D1257654

A CONCORDANCE

TO THE

GREEK TESTAMENT

A CONCORDANCE

TO THE

GREEK TESTAMENT

ACCORDING TO THE TEXTS OF

WESTCOTT AND HORT, TISCHENDORF
AND THE ENGLISH REVISERS

EDITED BY

REV. W. F. MOULTON, M.A., D.D.

MEMBER OF THE NEW TESTAMENT REVISION COMMITTEE
EDITOR OF THE ENGLISH EDITION OF *WINER'S* 'GRAMMAR OF NEW TESTAMENT GREEK'

AND

REV. A. S. GEDEN, D.D.

AUTHOR OF
'HEBREW EXERCISES TO ACCOMPANY THE GRAMMAR OF GESENIUS—KAUTZSCH'
'OUTLINES OF INTRODUCTION TO THE HEBREW BIBLE,' ETC.

FIFTH EDITION REVISED BY

REV. H. K. MOULTON, M.A., D.D.

FORMER NEW TESTAMENT PROFESSOR,
UNITED THEOLOGICAL COLLEGE, BANGALORE,
AND DEPUTY TRANSLATIONS SECRETARY
THE BRITISH AND FOREIGN BIBLE SOCIETY

WITH SUPPLEMENT ACCORDING TO THE TEXT OF
THE UNITED BIBLE SOCIETIES' THIRD EDITION

EDINBURGH
T. & T. CLARK, 36 GEORGE STREET

SUPPLEMENTARY PAGES COMPOSED BY
FYLDETYPE LTD., KIRKHAM, ENGLAND

PRINTED IN SCOTLAND BY
MORRISON AND GIBB LIMITED
EDINBURGH AND LONDON

FOR

T. & T. CLARK LTD., EDINBURGH

0 567 01021 X

First Edition 1897
Fifth Edition 1978

PREFACE TO FIRST EDITION

THE design and plan of the work now published may be very briefly indicated. There exists at the present time no Concordance to the text of the Greek Testament as exhibited in modern critical editions. The standard work of C. H. Bruder is, for all practical purposes, based entirely on the Textus Receptus. And although it is true that in its latest form, as issued in 1888, it professes to embody the principal readings of Tregelles and of Westcott and Hort, the result is unsatisfactory and incomplete; as would probably be readily acknowledged by any one who has made habitual use of this edition. The work of Bruder excepted, there is nothing available but volumes of small and totally insufficient compass, as for instance that of C. Schmoller. These again are all dependent solely on the Textus Receptus.

The present is a complete Concordance to the text of the Greek Testament, as set forth in the latest and best critical editions. A somewhat different principle therefore has been adopted and carried out than in earlier works of this class. The Greek text of Drs. Westcott and Hort, published at Cambridge and London, 1881, has been assumed as the standard; and with this have been compared the texts of the eighth edition of Tischendorf, and of the English Revisers. Marginal readings also have in all cases been included. Accordingly no word or phrase which finds a place in any one of these three editions is excluded from the Concordance; nothing which is absent from them is present here. Thus the method employed, it may fairly be claimed, precludes the omission of any expression which, by even a remote probability, might be regarded as forming part of the true text of the New Testament. On the other hand, passages disappear, as to the spuriousness of which there is practical unanimity among scholars.[1] A few readings have been received for which Tischendorf expressed a preference subsequent to the publication of his eighth edition. These are printed, for example, in the Editio Academica Octava, Leipzig, 1875, and in Scrivener's edition of the Greek Testament. The three texts are cited as TWH and R.

[1] Exception might perhaps be taken to this statement on the ground that marginal readings classed by WH as 'noteworthy rejected' have been retained. The question is one largely of convenience and utility. No essential distinction is drawn by Dr. Hort between these and other supposed interpolations, which nevertheless are printed in the body of the text between double brackets. It seemed preferable to find a place in the Concordance for all that stood in their margin, rather than to make a selection. See below, p. ix.

The adoption of one definite text as a standard was inevitable. That of WH has been assumed, as probably the best known and most widely used in this country. But the Concordance is, of course, equally and as readily available for the other two. Passages therefore are quoted here in the form in which they are exhibited by WH; while words or phrases found only in T or R appear as read in the particular edition in question. Differences of reading are set forth in a line immediately beneath the text concerned. But for simplicity's sake, and to avoid a great increase in the size of the work, variations are not recorded unless they affect the form or construction of the word under consideration. For example, in 1 Co. 13. 3 WH read *κἂν παραδῶ τὸ σῶμά μου ἵνα καυχήσωμαι*, T has *καὶ ἐὰν παραδῶ τὸ σῶμά μου ἵνα καυθήσομαι*, and the Revisers in their text presumably agree with T, in their margin with WH. Under *καίω* therefore the passage is cited as read by T, with the variants attached of WHR, but under *καυχάομαι* as read by WH; under *σῶμα* again the form of WH is followed, but no various readings are given.[1] Manuscript or other authority has not been cited, as lying outside of the range and function of a Concordance.

The passage referred to illustrates a further point in connection with the Revisers' text, of which mention should be made in order to avoid misconception. It has occasionally been necessary to cite the authority of R in favour of or against a reading, where the meaning of the words being unaffected no actual verdict was by them pronounced. Thus as between *καυθήσομαι* and *καυθήσωμαι* no judgement is expressed. In such instances it would have been cumbersome in the extreme to have inserted a reminder of the rules on which the Revisers acted. It has therefore been tacitly assumed that, had the necessity for formal decision arisen, their choice would in these cases have been harmonious with the principles that guided them elsewhere, and in favour of the best attested reading.

On the other hand, it has not been felt to be always desirable to follow the peculiar spelling of WH. The work is a Concordance to the New Testament, not to this or that particular editor. Where, therefore, on the authority of one or two MSS. forms have been adopted in their edition which are not met with in ordinary Greek lexicons, either Classical or New Testament, or in other printed Greek texts, the usual spelling has been retained in order to avoid confusion. But in cases where WH and T agree, their joint authority has been accepted.

In the form of the quotations themselves an attempt has been made to secure grammatical completeness, even at the cost of somewhat greater length.

[1] The same course has been adopted with regard to the use of brackets by WH or others. These have been inserted in the text as a rule only when the word under discussion is immediately concerned.

This has not always been found to be practicable. Noteworthy usages and constructions are indicated by small prefixed numerals, a table of which is given at the head of each article. With regard to these, it is difficult to exclude subjective considerations, the idiosyncrasies and judgements of an editor. Where conflicting views of the construction or meaning of a passage are admissible, it is inevitable that one or the other should be adopted; and those who hold the contrary opinion will find fault with and condemn the action taken. A sincere endeavour has been made to reduce such personal judgements to a minimum. And the principle has consistently been followed of inclusion, even on comparatively slight grounds, in a category, rather than exclusion; since it is easier for a reader to cast out what appears to him to be erroneously included, than to traverse a long series of quotations, in order to discover if aught has been by chance omitted. In critical cases the inference is deprecated that a prefixed numeral indicates a personal opinion. It often signifies no more than that the passage in question is susceptible of this or that interpretation; and is worthy therefore of a better treatment than to be passed over in silence. The headings themselves follow the usual order of the lexicon, with the one exception that where the active voice of a verb does not occur in the New Testament, the middle or passive is for convenience' sake substituted.

All the marginal readings in the 1881 edition of WH have been incorporated. To have included the readings of the Appendix would have considerably increased the size of the Concordance without any commensurate gain. For the same reason the alternative close to St. Mark's Gospel is omitted,[1] whose claim to any place in the text of the New Testament is of the slenderest. To promote clearness also and brevity, and to avoid repetition, the last twelve verses of the second Gospel have been marked by a bracket enclosing the verse-number, and the signs TWHR have been omitted. The verses are printed by T, but regarded as in all probability no part of the Gospel; WH place them within double brackets, the Revisers leave a blank space between vv. 8 and 9, and add a note to the effect that the oldest Greek manuscripts and some other authorities omit. Two other passages are similarly treated in the Concordance, Jo. 5. 3 *seq.* and 7. 53 to 8. 11. The former of these is omitted by all except R marg. The latter is wanting in T, set by WH within double brackets at the end of the Gospel, by the Revisers printed in the usual place, but bracketed, and with a marginal note that some ancient authorities omit.

Abbreviations have been employed in the text only in the case of indeclinable words and of the article. The latter is regularly represented by its initial letter. An exception will be found under the heading *βασιλεία*, where a

[1] Printed thus by WH:—*Πάντα δὲ τὰ παρηγγελμένα τοῖς περὶ τὸν Πέτρον συντόμως ἐξήγγειλαν. Μετὰ δὲ ταῦτα καὶ αὐτὸς ὁ Ἰησοῦς ἀπὸ ἀνατολῆς καὶ ἀχρὶ δύσεως ἐξαπέστειλεν δὶ αὐτῶν τὸ ἱερὸν καὶ ἄφθαρτον κήρυγμα τῆς αἰωνίου σωτηρίας.*

not very successful attempt has been made to save space by shortening the continually recurring formula *βασιλεία τ. οὐρανῶν*. It may reasonably be hoped that thus all confusion or misunderstanding will be obviated. Further, in a few instances references alone, apart from the text of the quotations, will be found cited for frequently recurring forms and particles. The only case that seems to call for special notice in this particular is that of the prepositions. Where a preposition always governs the same case, it has been thus treated compendiously; otherwise, quotations are uniformly given in full. The particles *καί* and *δέ* are altogether omitted.

Stops have been inserted at the close of quotations only where the text runs on to the passage next following. When this occurs, the verse-number if the same has not been repeated; if different, it has been inserted in italics.

Clearly to indicate the usage of words in the N.T., as compared with the Greek of the O.T. and of the classical writers, has been a more difficult task than was anticipated. A single asterisk denotes that the word to which it is affixed is not met with in the Septuagint or other Greek versions of the Old Testament, including the Apocrypha; a double asterisk, that it is found in one or both of the last named classes, but not in translations made by the LXX from the Hebrew Canonical Scriptures. For the greater part of the work the help has been available of the Oxford Concordance to the Septuagint. The few last letters, however, were necessarily sent to press before the concluding part of that work appeared; and there remained only to be satisfied—or dissatisfied—with reliance upon Trommius. No error of importance will, it is hoped, have accrued. Similarly a dagger indicates that a word is not in classical Greek use. But to assign a satisfactory time-limit beyond which no writer shall have a title to be called classical proved a matter of much difficulty. The choice of a fixed date for this purpose was clearly necessary; while against every date suggested well-founded objections might be raised. Finally the commencement of the Christian era has been selected, as offering on the whole the fewest disadvantages; although this excludes for instance Plutarch, and includes some who perhaps were best outside. The insertion of the dagger, therefore, must not be taken to mean more than that, as far as available information went, the word in question does not occur in Greek writers earlier than the Christian era.

Of all direct quotations from the Old Testament the Hebrew text is given immediately beneath the Greek; occasionally also of passages in which only an indirect or a disputed reference is present. The Hebrew has not however been quoted a second time, where the same passage occurs more than once in the course of a single article, as for example in the case of parallel narratives from the Gospels. In such instances the reference only is repeated. Nor has any attempt been made to indicate the sources of uncertain quotations or mere allusions. The Hebrew text employed has been uniformly that of S. Baer, in the Leipzig editions, 1869–95. For the Books of Exodus, Leviticus, Numbers, and Deuteronomy, which Dr. Baer has not yet published, recourse has been had to the edition of C. G. G. Theile, Leipzig, 1861.

It remains that I should present my very sincere thanks to all who have rendered me help in a task, the manifoldness and extent of which, with its demands upon hardly-spared time, had they been realized at the beginning, would have altogether discouraged me from the undertaking. To the Revs. J. A. Barnes, B.A., J. A. Barrow-Clough, B.D., F. J. Briggs, H. J. Foster, T. S. Gregory, B.A., W. H. Holmes, B.A., H. T. Hooper, E. E. Ormiston, A. Shipham, P. H. Taylor, W. G. Triggs, and A. H. Walker, B.A., for assistance rendered in various degrees at the commencement of the work. To the Rev. Dr. Moulton, of the Leys School, Cambridge, to whose wise counsels and abounding kindness I owe a debt that can neither be measured nor repaid. To the Rev. J. H. Moulton, M.A., who has rendered most generous assistance by reading through with me all the proof-sheets, and whose scholarly care has borne fruit on every page of the work. And if last not least to Messrs. Morrison & Gibb, printers, Edinburgh, and to all their employés, whose courtesy and diligence in a labour necessarily wearisome and protracted have been unfailing.

I need hardly add that for any suggestions, any indications of errors that have been overlooked, or improvements that might be made, I shall be most grateful. None is more sensible than the editor of the imperfections of the work accomplished. And if the service done contribute in any degree to further sacred scholarship, and to promote a wise understanding of the New Testament of our Lord and Saviour Jesus Christ, I am abundantly repaid.

ALFRED S. GEDEN.

RICHMOND, *March* 1897.

NOTE BY DR. MOULTON

IT seems desirable that I should add a word to explain the extent of my connexion with the Concordance. In its original inception I had long conversations and considerable correspondence with Mr. Geden in regard to the plan and special features of the work. Mr. Geden undertook the general responsibility, and the long and very arduous labour of preparing the text of the Concordance. I had expected to take my share in the revision of the work at a later stage. Unfortunately, when only a few sheets had been printed, I was prostrated for some months by serious illness; and my co-operation therefore was restricted, in detail, to such help as could be given in the later proofs. I have, however, endeavoured during the last few months to minister to accuracy by applying myself (in conjunction with Mr. Geden and my son, the Rev. J. H. Moulton) to the detection of errors, which cannot fail to find their way into a work of this kind.

This explanation will, I trust, make plain the difficulty which I have felt in venturing on such association with Mr. Geden, by means of a conjoint preface, as might seem to claim for myself an equal share in the credit that belongs to so laborious an undertaking. The urgent need of a Concordance to modern texts of the New Testament will be admitted by all. My personal gratitude to Mr. Geden is enhanced by the disappointment I feel that I have been prevented from doing more to lighten his heavy task. Future students will repay his strenuous and long-continued toil by their grateful use of a new instrument for the accurate investigation of the New Testament.

WILLIAM F. MOULTON.

CAMBRIDGE, *March* 1897.

PREFACE TO SECOND EDITION

IN this edition no change has been introduced into the Concordance beyond the correction of errors; most of which were sufficiently obvious, and unlikely in practice to mislead. To all who have rendered me assistance by pointing out oversights or mistakes I would here express my sincere thanks. For the almost uniform approval and courtesy of the reviewers I am no less grateful. Their criticisms have always been considered; and in some cases, as will be seen, I have been able to adopt suggestions. That all errors have been discovered and accounted for in the text or appendix is almost more than I can venture to anticipate. But those who are best acquainted with the facility with which the most patent blunders escape notice will be most lenient to the faults of an often weary eye and brain. The whole has been carefully revised; and no time or pains have been spared to secure complete accuracy.

The death of Dr. Moulton in February of last year deprived all who knew him of the help for which they had been accustomed to look, and never to look in vain. Had he lived, my debt to him for wise counsel and encouragement would have been not less in the present than in the first edition of this work. That it must go forth without his *imprimatur* is to me a source of deep regret.

ALFRED S. GEDEN.

RICHMOND, *January* 1899.

PREFACE TO FOURTH EDITION

THAT 'Moulton and Geden' still remains indispensable after sixty-six years is the best of all tributes to its conception and its accuracy. No attempt has been made in this Fourth Edition to improve upon its general lines, except to add a consolidated explanation of the abbreviations. Minor errors, however, will persist in raising their heads and, despite the vigilance of my grandfather, my father and Dr. Geden, sufficient of them have appeared to make a new edition desirable. In some places a correct original has become corrupted in the course of reprinting. It is not to be claimed that perfection has now been reached, but perhaps one or two steps forward have been taken. The verse numbering of John 1 : 38–51 has been altered to conform with modern Greek and English editions. It is a source of deep satisfaction to be the third generation associated with the Concordance, small though the contribution has been. I am grateful to Mr. John F. Recks of St. Louis, U.S.A. for a valuable list of corrections collected independently and to the staff of the Translations Department of the British and Foreign Bible Society for all the observant and accurate assistance that they have given me.

HAROLD K. MOULTON.

BIBLE HOUSE, LONDON.
July 1963.

PREFACE TO FIFTH EDITION

THE main reason for this new edition lies in the Supplement of 76 pages, giving full citations for ἀπό, εἰς, ἐκ, ἐν, ὅτι, οὖν and σύν, instead of the chapter and verse references provided in previous editions. This addition has involved over eight thousand instances, a task which was evidently considered too large when the original very detailed work was compiled. The varied uses of these words are, however, so extensive and important that it has been felt that full analysis would be helpful. Indeed I have ventured by the use of a small superior number before each citation to indicate its particular use. I realise that in many instances there are differences of opinion and I have checked my own judgment throughout with commentaries and other books of reference, particularly of course my father's Grammar of New Testament Greek, now completed by Dr. Nigel Turner. The entries on the seven words concerned have been retained in their places in the original edition, but cross references are given to their fuller treatment in the Supplement.

Opportunity has also been taken to correct a small number of misprints discovered in the course of using the present fourth edition.

The Greek text of the Supplement is primarily that of the United Bible Societies' 3rd. edition 1975. This coincides exactly with the forthcoming 26th. edition of the Nestle-Aland text, and thus provides the widest present-day circulation. The occasional differences from Westcott and Hort or from the Textus Receptus have been noted.

At the request of Dr. Ralph D. Winter of the Fuller Theological Seminary, Pasadena, U.S.A., supported by Dr. R. W. Funk and other American scholars, the numbering system used in Strong's Exhaustive Concordance to the English Authorised (King James) Version has been included. The numbers at the head of each word correspond with the numbers in Strong and with specially prepared English Bibles using this system. This has helped American students towards more rapid reference. The system is not of course essential for the independent use of this concordance.

I am grateful to Dr. Ian Moir of New College, Edinburgh, for his interest and help, to the Rev. David Holly of the Monastero di S. Gregorio, Rome, for a list of observant corrections and also to the Rev. B. F. Price of the British and Foreign Bible Society for careful checking of Hebrew quotations. Most of all I am grateful for being the third generation of my family, together with the third generation of the publishers, Messrs. T. & T. Clark, to be associated with this concordance. It is symbolic that I have throughout used the copy of Westcott and Hort presented first by my grandfather to my father, James Hope Moulton. After his death it was given to a Manchester student of his who, as Mrs. Doris Hurst, has now generously returned it to me. I have a goodly heritage.

HAROLD K. MOULTON.

BROMLEY, KENT.
June, 1977

SUMMARY OF ABBREVIATIONS AND TRANSLATIONS

*	Not in Septuagint or other Greek versions of the O.T., including the Apocrypha.
**	Not in Septuagint version of Hebrew Canonical Scriptures, but found either in the Apocrypha, or in other Greek versions of the O.T., or in both.
†	Not in Greek writers before the Christian era.
–	Minus, i.e. omitted.
[	Single square bracket before the verse number in references to Mk. 16. 9–20, Jo. 5. 3–4; 7. 53–8. 11 indicates that the passage is probably not original.
abs., absol.	absolute, without object, by itself.
acc., accus.	accusative
act.	active
adv.	adverb
aestimare	consider, regard
al.	*alius* etc., other
alt.	alternative
anarthr.	anarthrous, without article
antec.	antecedent
aor.	aorist
apostolus	apostle
art.	article
attract.	attracted (to case of antecedent)
aut	either, or
baptista	Baptist
bis	twice
c.	*cum*, with
cf.	*confer*, compare
Christiani	Christians
cogn.	cognate
comparat.	comparative
condit.	conditional
conj.	conjunction
constr.	construction

contra	against
dat.	dative
de Deo, Christi	of God, Christ
de femina	of the woman
de Jesu Christo	of Jesus Christ
dele	delete
demonstr.	demonstrative
de nocte	of the night
de pret.	*de pretio*, of price
de temp.	*de tempore*, of time
de voc. animal.	*de voce animali*, of an animal voice
dic.	*dicendi*, of speaking
distrib.	distributive
du.	*duplici*, double
enclit.	enclitic
etiam	also
fem.	feminine
filius	son
fut.	future
gen.	genitive
h.v.	*haec verba*, these words
ib.	*ibidem*, in the same place
illuc	thither, to that place
imper.	imperative
impers.	impersonal
in adv. loc.	in place of adverb
in constr. praegn./pregn.	*in constructione praegnanti*, construction with double sense
indic.	indicative
infin.	infinitive
in fine	at the end
in forma jurandi	i.e. introducing an oath
infr., infra	below
in loc.	*in loco*, in place of
instrum.	instrumental
interject.	interjection
interrog.	interrogative, question
intrans.	intransitive
jurand.	*jurandi*, of swearing
loc.	*locus* etc., place

l.c.	*loco citato*, in the passage quoted above
maritus	husband
mater	mother
med.	middle (voice)
metaph.	metaphor
marg., mg.	margin
neg., negat.	negative
nom.	nominative, or noun
nom. loci	*nomen loci.*, place name
nom. propr.	*nomen proprium*, proper noun
non marg., mg.	where a minus sign introduces an alternative reading denoting an omission, 'non marg.' or 'non mg.' indicates that the margin does not omit. Or, more directly, the text omits, the margin includes.
num.	number
numeri(s)	numbers
obj.	object
opt., optat.	optative
partic.	participle
partic. implic.	participle implied (not expressed)
pass., passim	in all places
pater	father
perf.	perfect
pers.	personal
plur.	plural
poeta	a poet
post	after
praeced. subj. claus. suae	preceded by subject of its own clause
prec.	*precandi*, of praying
prep., prepos.	preposition
pro	for, instead of
pron.	pronoun
quam	than, etc.
quater	four times
quinquies	five times
R	Greek text underlying English Revised Version, 1881
reciproc.	reciprocal
regio	region
rei	'of the thing' i.e. non-personal.
sentent.	*sententia*, sentence

seq.	*sequente*, followed by
simplic.	*simpliciter*, by itself, undoubled
solitarium	by itself, i.e. without δέ or second τέ
soror	sister
sub	under
subj.	subjunctive
sup.	*super*, above
T	Tischendorf's 8th. edition of the N.T., 1875
temp.	*temporis*, of time
ter	three times
trans.	transitive
tribus	tribe
vb., verba	verb(s), word(s)
vel	or
Vide, v.	see
voc.	vocative
WH	Westcott and Hort's edition of the N.T., 1881
[WH]	Single brackets in Westcott and Hort
[[WH]]	Double brackets in Westcott and Hort

A

'ΑΑΡΩ'Ν 2

Lu 1 5 *κ. γυνὴ αὐτῷ ἐκ τ. θυγατέρων 'Ααρών*
Ac 7 40 *εἰπόντες τῷ 'Ααρών*
He 5 4 *καθώσπερ κ. 'Ααρών*
7 11 *κ. οὐ κατὰ τ. τάξιν 'Α. λέγεσθαι*
9 4 *ἡ ῥάβδος 'Α. ἡ βλαστήσασα*

'ΑΒΑΔΔΩ'Ν 3

Re 9 11 *ὄνομα αὐτῷ 'Εβραϊστὶ 'Αβαδδών*

'ΑΒΑΡΗ'Σ* 4

II Co 11 9 *ἐν παντὶ ἀβαρῆ ἐμαυτὸν ὑμῖν ἐτήρησα*

'ΑΒΒΑ'* 5

'Αββᾶ, T

Mk 14 36 *'Αββὰ ὁ πατὴρ πάντα δυνατά σοι*
Ro 8 15 *πνεῦμα υἱοθεσίας ἐν ᾧ κράζομεν 'Αββὰ ὁ πατήρ*
Ga 4 6 *τὸ πνεῦμα τ. υἱοῦ αὐτοῦ . . . κρᾶζον 'Αββὰ ὁ πατήρ*

'ΑΒΕΙΛΗΝΗ' 9

Lu 3 1 *Λυσανίου τ. 'Αβειληνῆς τετρααρχοῦντος*
'Αβιληνῆς, T

"ΑΒΕΛ 6

"Αβελ, WH

Mt 23 35 *ἀπὸ τ. αἵματος "Α. τ. δικαίου*
Lu 11 51 *ἀπὸ αἵματος "Α. ἕως αἵματος Ζαχαριου*
He 11 4 *πίστει πλείονα θυσίαν "Α. παρὰ Καὶν προσήνεγκεν*
12 24 *αἵματι ῥαντισμοῦ κρεῖττον λαλοῦντι παρὰ τὸν "Α.*

'ΑΒΙΑ' 7

Mt 1 7 *'Ροβοὰμ δὲ ἐγέννησεν τ. 'Αβιά· 'Αβιὰ δὲ ἐγέννησεν τ. 'Ασάφ*
Lu 1 5 *Ζαχαρίας ἐξ ἐφημερίας 'Αβιά*

'ΑΒΙΑ'ΘΑΡ 8

Mk 2 26 *ἐπὶ 'Αβιάθαρ ἀρχιερέως*

'ΑΒΙΛΗΝΗ'

v. 'Αβειληνή

'ΑΒΙΟΥ'Δ 10

Mt 1 13 *Ζοροβάβελ δὲ ἐγέννησεν τ. 'Αβιούδ· 'Αβιουδ δὲ ἐγέννησεν τ. 'Ελιακείμ*

'ΑΒΡΑΑ'Μ 11

(1) Θεὸς 'Α. **(2)** σπέρμα 'Α.

Mt 1 1 *'Ιησοῦ Χριστοῦ υἱοῦ Δαυεὶδ υἱοῦ 'Αβραάμ*
2 *'Αβραὰμ ἐγέννησεν τ. 'Ισαάκ*
17 *πᾶσαι οὖν αἱ γενεαὶ ἀπὸ 'Α. ἕως Δαυείδ*
3 9 *πατέρα ἔχομεν τ. 'Αβραάμ*
9 *ἐκ τ. λίθων τούτων ἐγεῖραι τέκνα τῷ 'Αβραάμ*
8 11 *ἀνακλιθήσονται μετὰ 'Α. κ. 'Ισαὰκ κ. 'Ιακώβ*
22 32 [1] *ἐγώ εἰμι ὁ Θεὸς 'Αβραάμ*
אָנֹכִי אֱלֹהֵי אַבְרָהָם, Ex. iii. 6
Mk 12 26 [1] *ἐγὼ ὁ Θεὸς 'Αβραάμ*, Ex. iii. 6
Lu 1 55 *μνησθῆναι ἐλέους . . . τῷ 'Α. κ. τ. σπέρματι αὐτοῦ*
73 *ὅρκον ὃν ὤμοσεν πρὸς 'Αβραάμ*
3 8 *πατέρα ἔχομεν τ. 'Αβραάμ*
8 *ἐκ τ. λίθων τούτων ἐγεῖραι τέκνα τῷ 'Αβραάμ*
34 *τοῦ 'Ισαὰκ τοῦ 'Α. τοῦ Θάρα*
13 16 *ταύτην δὲ θυγατέρα 'Α. οὖσαν*
28 *ὅταν ὄψησθε 'Α. κ. 'Ισαὰκ κ. 'Ιακώβ*
16 22 *ἀπενεχθῆναι αὐτὸν . . . εἰς τ. κόλπον 'Αβραάμ*
23 *ὁρᾷ 'Αβραὰμ ἀπὸ μακρόθεν*
24 *πάτερ 'Αβραὰμ ἐλέησόν με*
25 *εἶπεν δὲ 'Αβραάμ*
29 *λέγει 'Αβραάμ*
30 *ὁ δὲ εἶπεν Οὐχί πάτερ 'Αβραάμ*
19 9 *καθότι κ. αὐτὸς υἱὸς 'Α. ἐστιν*
20 37 [1] *ὡς λέγει Κύριον τ. Θεὸν 'Αβραάμ*
Jo 8 33 [2] *σπέρμα 'Αβραάμ ἐσμεν*
37 [2] *οἶδα ὅτι σπέρμα 'Αβραάμ ἐστε*
39 *ὁ πατὴρ ἡμῶν 'Αβραάμ ἐστιν*
39 *εἰ τέκνα τοῦ 'Α. ἐστε τὰ ἔργα τοῦ 'Α. ποιεῖτε*
40 *τοῦτο 'Αβραὰμ οὐκ ἐποίησεν*
52 *'Αβραὰμ ἀπέθανεν κ. οἱ προφῆται*
53 *μὴ σὺ μείζων εἶ τ. πατρὸς ἡμῶν 'Α.*
56 *'Αβραὰμ ὁ πατὴρ ὑμῶν ἠγαλλιάσατο*
57 *κ. 'Αβραὰμ ἑώρακας;*
58 *πρὶν 'Αβραὰμ γενέσθαι ἐγώ εἰμι*

Ac 3 13 [1] ὁ Θεὸς Ἀβραὰμ κ. Ἰσαὰκ κ. Ἰακώβ
25 λέγων πρὸς Ἀβραάμ
7 2 ὁ Θεὸς τ. δόξης ὤφθη τ. πατρὶ ἡμῶν Ἀ.
16 ᾧ ὠνήσατο Ἀ. τιμῆς ἀργυρίου
17 τ. ἐπαγγελίας ἧς ὡμολόγησεν ὁ Θεὸς τῷ Ἀ.
32 [1] ὁ Θεὸς Ἀ. κ. Ἰσαὰκ κ. Ἰακώβ
אֱלֹהֵי א" אֱלֹהֵי יִצְחָק וֵאלֹהֵי יַעֲקֹב, Ex. iii. 6
13 26 ἄνδρες ἀδελφοὶ υἱοὶ γένους Ἀβραάμ
Ro 4 1 τί οὖν ἐροῦμεν Ἀβραὰμ τ. προπάτορα ἡμῶν
2 εἰ γὰρ Ἀ. ἐξ ἔργων ἐδικαιώθη
3 ἐπίστευσεν δὲ Ἀ. τ. Θεῷ
הֶאֱמִן בַּיהוָֹה, Gen. xv. 6
9 ἐλογίσθη τῷ Ἀ. ἡ πίστις εἰς δικαιοσύνην
12 τῆς ἐν ἀκροβυστίᾳ πίστεως τ. πατρὸς ἡμῶν Ἀ.
13 οὐ γὰρ διὰ νόμου ἡ ἐπαγγελία τῷ Ἀ.
16 ἀλλὰ κ. τῷ ἐκ πίστεως Ἀβραάμ
9 7 [2] οὐδ᾽ ὅτι εἰσὶν σπέρμα Ἀβραάμ
11 1 [2] ἐκ σπέρματος Ἀβραάμ
II Co 11 22 [2] σπέρμα Ἀβραάμ εἰσιν; κἀγώ
Ga 3 6 καθὼς Ἀ. ἐπίστευσεν τ. Θεῷ
7 οὗτοι υἱοί εἰσιν Ἀβραάμ
8 ἡ γραφὴ . . . προευηγγελίσατο τῷ Ἀβραάμ
9 εὐλογοῦνται σὺν τ. πιστῷ Ἀβραάμ
14 ἵνα εἰς τ. ἔθνη ἡ εὐλογία τοῦ Ἀ. γένηται
16 τῷ δὲ Ἀ. ἐρρέθησαν αἱ ἐπαγγελίαι
8 τῷ δὲ Ἀ. δι᾽ ἐπαγγελίας κεχάρισται ὁ Θεός
29 [2] ἄρα τοῦ Ἀβραὰμ σπέρμα ἐστέ
4 22 γέγραπται γὰρ ὅτι Ἀ. δύο υἱοὺς ἔσχεν
He 2 16 [2] ἀλλὰ σπέρματος Ἀ. ἐπιλαμβάνεται
6 13 τῷ γὰρ Ἀ. ἐπαγγειλάμενος ὁ Θεός
7 1 ὁ Μελχισεδὲκ . . . ὁ συναντήσας Ἀβραάμ
2 ᾧ κ. δεκάτην ἀπὸ πάντων ἐμέρισεν Ἀ.
4 ᾧ δεκάτην Ἀ. ἔδωκεν
5 καίπερ ἐξεληλυθότας ἐκ τ. ὀσφύος Ἀ
6 δεδεκάτωκεν Ἀβραάμ
9 δι᾽ Ἀβραὰμ κ. Λευεὶς ὁ δεκάτας λαμβάνων
11 8 πίστει καλούμενος Ἀ.
17 πίστει προσενήνοχεν Ἀ. τὸν Ἰσαάκ
Ja 2 21 Ἀ. ὁ πατὴρ ἡμῶν οὐκ ἐξ ἔργων ἐδικαιώθη
23 ἐπίστευσεν δὲ Ἀ. τῷ Θεῷ
הֶאֱמִן בַּיהוָֹה, Gen. xv. 6
I Pe 3 6 ὡς Σάρρα ὑπήκουεν τῷ Ἀ.

ἌΒΥΣΣΟΣ 12

Lu 8 31 ἵνα μὴ ἐπιτάξῃ αὐτοῖς εἰς τ. ἄβυσσον ἀπελθεῖν
Ro 10 7 ἤ Τίς καταβήσεται εἰς τὴν ἄβυσσον
מִי יַעֲבָר־לָנוּ אֶל־עֵבֶר הַיָּם, Deut. xxx. 13
Re 9 1 ἐδόθη αὐτῷ ἡ κλεὶς τ. φρέατος τ. ἀβύσσου
2 κ. ἤνοιξε τὸ φρέαρ τ. ἀβύσσου
11 ἔχουσιν ἐπ᾽ αὐτῶν βασιλέα τ. ἄγγελον τ. ἀβύσσου
11 7 τὸ θηρίον τὸ ἀναβαῖνον ἐκ τ. ἀβύσσου
17 8 κ. μέλλει ἀναβαίνειν ἐκ τ. ἀβύσσου
20 1 ἄγγελον . . . ἔχοντα τ. κλεῖν τ. ἀβύσσου
3 κ. ἔβαλεν αὐτὸν εἰς τὴν ἄβυσσον

ἌΓΑΒΟΣ 13

Ac 11 28 ἀναστὰς δὲ εἷς ἐξ αὐτῶν ὀνόματι Ἄ.
21 10 προφήτης ὀνόματι Ἄγαβος

ἈΓΑΘΟΕΡΓΈΩ* † 14

I Ti 6 18 ἀγαθοεργεῖν πλουτεῖν ἐν ἔργοις καλοῖς

ἈΓΑΘΟΠΟΙΈΩ† 15

Mk 3 4 ἔξεστιν τ. σάββασιν ἀγαθοποιῆσαι ἢ κακοποιῆσαι;
ἀγαθὸν ποιῆσαι, T
Lu 6 9 εἰ ἔξεστιν τ. σαββάτῳ ἀγαθοποιῆσαι ἢ κακοποιῆσαι;
33 κ. γὰρ ἐὰν ἀγαθοποιῆτε τ. ἀγαθοποιοῦντας ὑμᾶς
35 ἀγαθοποιεῖτε κ. δανίζετε μηδὲν ἀπελπίζοντες
I Pe 2 15 ἀγαθοποιοῦντας φιμοῖν τὴν τ. ἀφρόνων ἀνθρώπων ἀγνωσίαν
20 ἀλλ᾽ εἰ ἀγαθοποιοῦντες κ. πάσχοντες ὑπομενεῖτε
3 6 ἀγαθοποιοῦσαι κ. μὴ φοβούμεναι μηδεμίαν πτόησιν
17 κρεῖττον γὰρ ἀγαθοποιοῦντας . . . πάσχειν
III Jo 11 ὁ ἀγαθοποιῶν ἐκ τ. Θεοῦ ἐστίν

ἈΓΑΘΟΠΟΙΊΑ* † 16

I Pe 4 19 παρατιθέσθωσαν τ. ψυχὰς αὐτῶν ἐν ἀγαθοποιίᾳ

ἈΓΑΘΟΠΟΙΌΣ** 17

I Pe 2 14 εἰς ἐκδίκησιν κακοποιῶν ἔπαινον δὲ ἀγαθοποιῶν

ἈΓΑΘΌΣ 18

(1) ἔργον ἀγ. (2) τὸ ἀγ., τὰ ἀγαθά

Mt 5 45 τ. ἥλιον αὐτοῦ ἀνατέλλει ἐπὶ πονηροὺς κ. ἀγαθούς
7 11 εἰ οὖν ὑμεῖς . . . οἴδατε δόματα ἀγαθὰ διδόναι
11 πόσῳ μᾶλλον ὁ πατὴρ ὑμῶν . . . δώσει ἀγαθά
17 οὕτω πᾶν δένδρον ἀγαθὸν καρποὺς καλοὺς ποιεῖ
18 οὐ δύναται δένδρον ἀγαθὸν κάρπους πονηροὺς ἐνεγκεῖν
12 34 πῶς δύνασθε ἀγαθὰ λαλεῖν
35 [2] ὁ ἀγαθὸς ἄνθρωπος ἐκ τ. ἀγαθοῦ θησαυροῦ ἐκβάλλει ἀγαθά
τὰ ἀγ., TWH mg.
19 16 διδάσκαλε τί ἀγαθὸν ποιήσω ἵνα σχῶ ζωὴν αἰώνιον
διδ. ἀγαθέ, R mg.
17 [2] τί με ἐρωτᾷς περὶ τοῦ ἀγαθοῦ; εἷς ἐστιν ὁ ἀγαθός
τί με λέγεις ἀγαθόν; οὐδεὶς ἀγαθὸς εἰ μὴ εἷς ὁ Θεός, R mg.
20 15 ἢ ὁ ὀφθαλμός σου πονηρός ἐστιν, ὅτι ἐγὼ ἀγαθός εἰμι;
22 10 συνήγαγον πάντας . . . πονηρούς τε κ. ἀγαθούς
25 21 εὖ δοῦλε ἀγαθὲ κ. πιστέ
23 εὖ δοῦλε ἀγαθὲ κ. πιστέ.
Mk 3 4 ἔξεστιν τ. σάββασιν ἀγαθὸν ποιησαι
ἀγαθοποιῆσαι, WH
10 17 διδάσκαλε ἀγαθέ, τί ποιήσω ἵνα ζωὴν αἰώνιον κληρονομησω

Mk **10** 18 τί με λέγεις ἀγαθόν; οὐδεὶς ἀγαθός εἰ μὴ εἷς ὁ Θεός
Lu **1** 53 πεινῶντας ἐνέπλησεν ἀγαθῶν
6 45 ὁ ἀγαθὸς ἄνθρωπος ἐκ τ. ἀγαθοῦ θησαυροῦ τ. καρδίας
[2] προφέρει τὸ ἀγαθόν
8 8 κ. ἕτερον ἔπεσεν εἰς τ. γῆν τ. ἀγαθήν
15 οὗτοί εἰσιν οἵτινες ἐν καρδίᾳ καλῇ κ. ἀγαθῇ
10 42 Μαριὰμ γὰρ τ. ἀγαθὴν μερίδα ἐξελέξατο
11 13 εἰ οὖν ὑμεῖς . . . οἴδατε δόματα ἀγαθὰ διδόναι
13 πόσῳ μᾶλλον ὁ πατὴρ . . . δώσει ἀγαθὸν δόμα
πνεῦμα ἅγιον, TWH non marg. R
12 18 [2] συνάξω ἐκεῖ πάντα τ. σῖτον κ. τὰ ἀγαθά μου
19 ψυχή, ἔχεις πολλὰ ἀγαθὰ κείμενα εἰς ἔτη πολλά
16 25 [2] μνήσθητι ὅτι ἀπέλαβες τ. ἀγαθά σου ἐν τ. ζωῇ σου
18 18 διδάσκαλε ἀγαθέ, τί ποιήσας ζωὴν αἰώνιον κληρονομήσω;
19 τί με λέγεις ἀγαθόν; οὐδεὶς ἀγαθὸς εἰ μὴ εἷς ὁ Θεός
19 17 εὖγε ἀγαθὲ δοῦλε
23 50 Ἰωσὴφ . . . ἀνὴρ ἀγαθὸς κ. δίκαιος
Jo **1** 46 ἐκ Ναζαρὲτ δύναταί τι ἀγαθὸν εἶναι;
5 29 [2] οἱ τὰ ἀγαθὰ ποιήσαντες
7 12 οἱ μὲν ἔλεγον ὅτι ἀγαθός ἐστιν
Ac **9** 36 [1] αὕτη ἦν πλήρης ἔργων ἀγαθῶν
ἀγ. ἔργων, T
11 24 ὅτι ἦν ἀνὴρ ἀγαθός
23 1 ἐγὼ πάσῃ συνειδήσει ἀγαθῇ πεπολίτευμαι τ. Θεῷ
Ro **2** 7 [1] τοῖς μὲν καθ' ὑπομονὴν ἔργου ἀγαθοῦ
10 [2] δόξα δὲ κ. τιμὴ . . . παντὶ τ. ἐργαζομένῳ τ. ἀγαθόν
3 8 [2] ποιήσωμεν τ. κακὰ ἵνα ἔλθῃ τ. ἀγαθά
5 7 [2] ὑπὲρ γὰρ τ. ἀγαθοῦ τάχα τις κ. τολμᾷ ἀποθανεῖν
7 12 ὥστε . . . ἡ ἐντολὴ ἁγία κ. δικαία κ. ἀγαθή
13 [2] τὸ οὖν ἀγαθὸν ἐμοὶ ἐγένετο θάνατος;
13 [2] διὰ τ. ἀγαθοῦ μοι κατεργαζομένη θάνατον
18 οἶδα γὰρ ὅτι οὐκ οἰκεῖ ἐν ἐμοὶ . . . ἀγαθόν
19 οὐ γὰρ ὃ θέλω ποιῶ ἀγαθόν
8 28 τ. ἀγαπῶσι τ. Θεὸν πάντα συνεργεῖ εἰς ἀγαθόν
9 11 μηδὲ πραξάντων τι ἀγαθὸν ἢ φαῦλον
10 15 [2] ὡς ὡραῖοι οἱ πόδες τ. εὐαγγελιζομένων ἀγαθά
τὰ ἀγ., T
מַה־נָּאווּ . . . רַגְלֵי מְבַשֵּׂר טוֹב, Is. lii. 7
12 2 τί τὸ θέλημα τ. Θεοῦ τὸ ἀγαθὸν κ. εὐάρεστον
9 [2] κολλώμενοι τ. ἀγαθῷ
21 [2] ἀλλὰ νίκα ἐν τ. ἀγαθῷ τ. κακόν
13 3 [1] οἱ γὰρ ἄρχοντες οὐκ εἰσὶν φόβος τ. ἀγαθῷ ἔργῳ
3 [2] τὸ ἀγαθὸν ποίει
4 [2] Θεοῦ γὰρ διάκονός ἐστίν σοι εἰς τὸ ἀγαθόν
14 16 [2] μὴ βλασφημείσθω οὖν ὑμῶν τὸ ἀγαθόν
Ro **15** 2 [2] τῷ πλησίον ἀρεσκέτω εἰς τ. ἀγαθὸν πρὸς οἰκοδομήν
16 19 [2] θέλω δὲ ὑμᾶς σοφοὺς μὲν εἶναι εἰς τὸ ἀγαθόν
II Co **5** 10 εἴτε ἀγαθὸν εἴτε φαῦλον
9 8 [1] ἵνα . . . περισσεύητε εἰς πᾶν ἔργον ἀγαθόν
Ga **6** 6 κοινωνείτω δὲ ὁ κατηχούμενος . . . ἐν πᾶσιν ἀγαθοῖς
10 [2] ἐργαζώμεθα τὸ ἀγαθὸν πρὸς πάντας
Eph **2** 10 [1] κτισθέντες ἐν Χριστῷ Ἰησοῦ ἐπὶ ἔργοις ἀγαθοῖς
4 28 [2] ἐργαζόμενος τ. χερσὶν τὸ ἀγαθόν
29 ἀλλὰ εἴ τις ἀγαθὸς πρὸς οἰκοδομὴν τ. χρείας
6 8 εἰδότες ὅτι ἕκαστος ἐάν τι ποιήσῃ ἀγαθόν
Phl **1** 6 [1] ὁ ἐναρξάμενος ἐν ὑμῖν ἔργον ἀγαθόν
Col **1** 10 [1] ἐν παντὶ ἔργῳ ἀγαθῷ καρποφοροῦντες
I Th **3** 6 ὅτι ἔχετε μνείαν ἡμῶν ἀγαθὴν πάντοτε
5 15 [2] ἀλλὰ πάντοτε τὸ ἀγαθὸν διώκετε
II Th **2** 16 ὁ ἀγαπήσας ἡμᾶς κ. δοὺς . . . ἐλπίδα ἀγαθὴν ἐν χάριτι
17 [1] κ. στηρίξαι ἐν παντὶ ἔργῳ καὶ λόγῳ ἀγαθῷ
I Ti **1** 5 ἀγάπη ἐκ καθαρᾶς καρδίας κ. συνειδήσεως ἀγαθῆς
19 ἔχων πίστιν κ. ἀγαθὴν συνείδησιν
2 10 [1] ὃ πρέπει γυναιξὶν ἐπαγγελλομέναις θεοσέβειαν δι' ἔργων ἀγαθῶν
5 10 [1] εἰ παντὶ ἔργῳ ἀγαθῷ ἐπηκολούθησεν
II Ti **2** 21 [1] εἰς πᾶν ἔργον ἀγαθὸν ἡτοιμασμένον
3 17 [1] πρὸς πᾶν ἔργον ἀγαθὸν ἐξηρτισμένος
Tit **1** 16 [1] πρὸς πᾶν ἔργον ἀγαθὸν ἀδόκιμοι
2 5 τὰς νέας . . . ἁγνὰς οἰκουργοὺς ἀγαθάς
10 πᾶσαν πίστιν ἐνδεικνυμένους ἀγαθήν
ἀγάπην, WH marg., —πίστιν
3 1 [1] πρὸς πᾶν ἔργον ἀγαθὸν ἑτοίμους εἶναι
Phm 6 ἐν ἐπιγνώσει παντὸς ἀγαθοῦ τοῦ ἐν ἡμῖν
14 [2] ἵνα μὴ ὡς κατὰ ἀνάγκην τὸ ἀγαθόν σου ᾖ
He **9** 11 [2] Χριστὸς δὲ παραγενόμενος ἀρχιερεὺς τ. γενομένων ἀγαθῶν
10 1 [2] σκίαν γὰρ ἔχων ὁ νόμος τ. μελλόντων ἀγαθῶν
13 21 καταρτίσαι ὑμᾶς ἐν παντὶ ἀγαθῷ
ἐν π. ἔργῳ ἀγ., R mg.
Ja **1** 17 πᾶσα δόσις ἀγαθή
3 17 μεστὴ ἐλέους κ. καρπῶν ἀγαθῶν
I Pe **2** 18 οὐ μόνον τ. ἀγαθοῖς κ. ἐπιεικέσιν
3 10 ὁ γὰρ θέλων . . . ἰδεῖν ἡμέρας ἀγαθάς
הָאִישׁ הֶחָפֵץ . . . יָמִים לִרְאוֹת טוֹב, Ps. xxxiv. 13
11 ἐκκλινάτω δὲ ἀπὸ κακοῦ κ. ποιησάτω ἀγαθόν
סוּר מֵרָע וַעֲשֵׂה־טוֹב, Ps. xxxiv. 15
13 [2] ἐὰν τ. ἀγαθοῦ ζηλωταὶ γένησθε
16 συνείδησιν ἔχοντες ἀγαθήν
16 οἱ ἐπηρεάζοντες ὑμῶν τ. ἀγαθὴν ἐν Χριστῷ ἀναστροφήν
21 συνειδήσεως ἀγαθῆς ἐπερώτημα εἰς Θεόν
III Jo 11 [2] Ἀγαπητέ, μὴ μιμοῦ τ. κακόν, ἀλλὰ τ. ἀγαθόν

ἈΓΑΘΟΥΡΓΈΩ*† 18.5 cf. 15

Ac 14 17 καίτοι οὐκ ἀμάρτυρον αὐτὸν ἀφῆκεν ἀγαθουργῶν

ἈΓΑΘΩΣΎΝΗ† 19

Ro 15 14 ὅτι κ. αὐτοὶ μεστοί ἐστε ἀγαθωσύνης

Ga 5 22 χρηστότης ἀγαθωσύνη πίστις

Eph 5 9 ὁ γὰρ καρπὸς τ. φωτὸς ἐν πάσῃ ἀγαθωσύνῃ

II Th 1 11 πληρώσῃ πᾶσαν εὐδοκίαν ἀγαθωσύνης

ἈΓΑΛΛΊΑΣΙΣ† 20

Lu 1 14 ἔσται χαρά σοι κ. ἀγαλλίασις

44 ἐσκίρτησεν ἐν ἀγαλλιάσει τὸ βρέφος ἐν τ. κοιλίᾳ μου

Ac 2 46 μετελάμβανον τροφῆς ἐν ἀγαλλιάσει κ. ἀφελότητι καρδίας

He 1 9 ἔχρισέν σε ὁ Θεὸς . . . ἔλαιον ἀγαλλιάσεως

מְשָׁחֲךָ אֱלֹהִים . . . שֶׁמֶן שָׂשׂוֹן, Ps. xlv. 8

Ju 24 στῆσαι . . . ἀμώμους ἐν ἀγαλλιάσει

ἈΓΑΛΛΙΆΩ† 21

Mt 5 12 χαίρετε κ. ἀγαλλιᾶσθε

Lu 1 47 ἠγαλλίασεν τὸ πνεῦμά μου ἐπὶ τ. Θεῷ

10 21 ἐν αὐτῇ τ. ὥρᾳ ἠγαλλιάσατο τῷ πνεύματι τῷ ἁγίῳ

ἐν τῷ πν., T

Jo 5 35 ὑμεῖς δὲ ἠθελήσατε ἀγαλλιαθῆναι πρὸς ὥραν ἐν τ. φωτὶ αὐτοῦ

8 56 Ἀβραὰμ . . . ἠγαλλιάσατο ἵνα ἴδῃ τ. ἡμέραν τ. ἐμήν

Ac 2 26 κ. ἠγαλλιάσατο ἡ γλῶσσά μου

וַיָּגֶל כְּבוֹדִי, Ps. xvi. 9

16 34 ἠγαλλιάσατο πανοικεὶ πεπιστευκὼς τ. Θεῷ

I Pe 1 6 ἐν ᾧ ἀγαλλιᾶσθε

8 πιστεύοντες δὲ ἀγαλλιᾶτε χαρᾷ ἀνεκλαλήτῳ

ἀγαλλιᾶσθε, T

4 13 ἵνα κ. ἐν τ. ἀποκαλύψει τ. δόξης αὐτοῦ χαρῆτε ἀγαλλιώμενοι

Re 19 7 χαίρωμεν κ. ἀγαλλιῶμεν

ἌΓΑΜΟΣ** 22

I Co 7 8 λέγω δὲ τ. ἀγάμοις κ. τ. χήραις

11 ἐὰν δὲ κ. χωρισθῇ μενέτω ἄγαμος

32 ὁ ἄγαμος μεριμνᾷ τὰ τ. Κυρίου

34 κ. ἡ γυνὴ ἡ ἄγαμος κ. ἡ παρθένος

—ἡ ἄγ., TR non marg.

ἡ ἄγαμος μεριμνᾷ τὰ τ. Κυρίου

—ἡ ἄγ., WHR marg.

ἈΓΑΝΑΚΤΈΩ** 23

Mt 20 24 οἱ δέκα ἠγανάκτησαν περὶ τ. δύο ἀδελφῶν

21 15 ἰδόντες δὲ οἱ ἀρχιερεῖς κ. οἱ γραμματεῖς . . . ἠγανάκτησαν

26 8 ἰδόντες δὲ οἱ μαθηταὶ ἠγανάκτησαν

Mk 10 14 ἰδὼν δὲ ὁ Ἰησοῦς ἠγανάκτησεν

41 οἱ δέκα ἤρξαντο ἀγανακτεῖν περὶ Ἰακώβου κ. Ἰωάνου

14 4 ἦσαν δέ τινες ἀγανακτοῦντες πρὸς ἑαυτούς

—h. v., WH mg.

Lu 13 14 ἀγανακτῶν ὅτι τ. σαββάτῳ ἐθεράπευσεν ὁ Ἰησοῦς

ἈΓΑΝΆΚΤΗΣΙΣ** 24

II Co 7 11 ἀλλὰ ἀπολογίαν ἀλλὰ ἀγανάκτησιν ἀλλὰ φόβον

ἈΓΑΠΆΩ 25

(1) c. acc. rei. (2) cogn. acc. (3) absol.

Mt 5 43 ἀγαπήσεις τὸν πλησίον σου

אָהַבְתָּ לְרֵעֲךָ, Lev. xix. 18

44 ἀγαπᾶτε τ. ἐχθροὺς ὑμῶν

46 ἐὰν γὰρ ἀγαπήσητε τ. ἀγαπῶντας ὑμᾶς

6 24 ἢ γὰρ τ. ἕνα μισήσει κ. τ. ἕτερον ἀγαπήσει

19 19 ἀγαπήσεις τ. πλησίον σου ὡς σεαυτόν

אָהַבְתָּ לְרֵעֲךָ כָּמוֹךָ, Lev. xix. 18

22 37 ἀγαπήσεις Κύριον τ. Θεόν σου ἐν ὅλῃ τ. καρδίᾳ σου

אָהַבְתָּ אֵת יְהוָה אֱלֹהֶיךָ בְּכָל־לְבָבְךָ, Deut. vi. 6

39 ἀγαπήσεις τ. πλησίον σου ὡς σεαυτόν, Lev. xix. 18

Mk 7 6 ὁ λαὸς οὗτος τ. χείλεσί με ἀγαπᾷ

τιμᾷ, TWH non mg. R

10 21 ὁ δὲ Ἰησοῦς ἐμβλέψας αὐτῷ ἠγάπησεν αὐτόν

12 30 ἀγαπήσεις Κύριον τ. Θεόν σου ἐξ ὅλης καρδίας σου, Deut. vi. 6

31 ἀγαπήσεις τ. πλησίον σου ὡς σεαυτόν, Lev. xix. 18

33 τὸ ἀγαπᾶν αὐτὸν ἐξ ὅλης καρδίας

33 τὸ ἀγαπᾶν τ. πλησίον ὡς ἑαυτόν

Lu 6 27 ἀγαπᾶτε τ. ἐχθροὺς ὑμῶν

32 εἰ ἀγαπᾶτε τ. ἀγαπῶντας ὑμᾶς

32 κ. γὰρ οἱ ἁμαρτωλοὶ τ. ἀγαπῶντας αὐτοὺς ἀγαπῶσιν

35 πλὴν ἀγαπᾶτε τ. ἐχθροὺς ὑμῶν

7 5 ἀγαπᾷ γὰρ τ. ἔθνος ἡμῶν

42 τίς οὖν αὐτῶν πλεῖον ἀγαπήσει αὐτόν

47 [3] ὅτι ἠγάπησεν πολύ·

[3] ᾧ δὲ ὀλίγον ἀφίεται ὀλίγον ἀγαπᾷ

10 27 ἀγαπήσεις Κύριον τ. Θεόν σου ἐξ ὅλης καρδίας σου, Deut. vi. 6

11 43 [1] ὅτι ἀγαπᾶτε τ. πρωτοκαθεδρίαν ἐν τ. συναγωγαῖς

16 13 ἢ γὰρ τ. ἕνα μισήσει κ. τ. ἕτερον ἀγαπήσει

Jo 3 16 οὕτως γὰρ ἠγάπησεν ὁ Θεὸς τ. κόσμον

19 [1] ἠγάπησαν οἱ ἄνθρωποι μᾶλλον τὸ σκότος

35 ὁ πατὴρ ἀγαπᾷ τ. υἱόν

8 42 εἰ ὁ Θεὸς πατὴρ ὑμῶν ἦν ἠγαπᾶτε ἂν ἐμέ

10 17 διὰ τοῦτό με ὁ πατὴρ ἀγαπᾷ

11 5 ἠγάπα δὲ ὁ Ἰησοῦς τ. Μάρθαν

12 43 [1] ἠγάπησαν γὰρ τ. δόξαν τ. ἀνθρώπων

13 1 ἀγαπήσας τ. ἰδίους τοὺς ἐν τ. κόσμῳ εἰς τέλος ἠγάπησεν αὐτούς

23 εἷς ἐκ τ. μαθητῶν αὐτοῦ . . . ὃν ἠγάπα ὁ Ἰησοῦς

34 ἐντολὴν καινὴν δίδωμι ὑμῖν ἵνα ἀγαπᾶτε ἀλλήλους·

καθὼς ἠγάπησα ὑμᾶς

ἵνα κ. ὑμεῖς ἀγαπᾶτε ἀλλήλους

14 15 ἐὰν ἀγαπᾶτέ με

Jo **14** 21 ἐκεῖνός ἐστιν ὁ ἀγαπῶν με·

ὁ δὲ ἀγαπῶν με ἀγαπηθήσεται ὑπὸ τ. πατρός μου

κἀγὼ ἀγαπήσω **αὐτόν**

23 ἐάν τις ἀγαπᾷ με

κ. ὁ πατήρ μου ἀγαπήσει αὐτόν

24 ὁ μὴ ἀγαπῶν με

28 εἰ ἠγαπᾶτέ με ἐχάρητε ἄν

31 ἵνα γνῷ ὁ κόσμος ὅτι ἀγαπῶ τ. πατέρα

15 9 καθὼς ἠγάπησέν με ὁ πατήρ

κἀγὼ ὑμᾶς ἠγάπησα

ἠγάπ. ὑμ., T

12 αὕτη ἐστὶν ἡ ἐντολὴ ἡ ἐμή, ἵνα ἀγαπᾶτε ἀλλήλους

καθὼς ἠγάπησα ὑμᾶς

17 ταῦτα ἐντέλλομαι ὑμῖν ἵνα ἀγαπᾶτε ἀλλήλους

17 23 ἠγάπησας αὐτοὺς καθὼς ἐμὲ ἠγάπησας

24 ὅτι ἠγάπησάς με πρὸ καταβολῆς κόσμου

26 [2] ἡ ἀγάπη ἣν ἠγάπησάς με

19 26 ἰδὼν . . . τ. μαθητὴν παρεστῶτα ὃν ἠγάπα

21 7 ὁ μαθητὴς ἐκεῖνος ὃν ἠγάπα ὁ Ἰησοῦς

15 Σίμων Ἰωάνου ἀγαπᾷς με πλέον τούτων;

16 Σίμων Ἰωάνου ἀγαπᾷς με;

20 βλέπει τ. μαθητὴν ὃν ἠγάπα ὁ Ἰησοῦς

Ro **8** 28 τ. ἀγαπῶσι τ. Θεὸν πάντα συνεργεῖ εἰς ἀγαθόν

37 ὑπερνικῶμεν διὰ τ. ἀγαπήσαντος ἡμᾶς

9 13 τὸν Ἰακὼβ ἠγάπησα τὸν δὲ Ἠσαῦ ἐμίσησα

וָאֹהַב אֶת־יַעֲקֹב וְאֶת־עֵשָׂו שָׂנֵאתִי, Mal. i. 2 f.

25 καλέσω . . . τὴν οὐκ ἠγαπημένην ἠγαπημένην

וְרִחַמְתִּי אֶת־לֹא רֻחָמָה, Hos. ii. 25

13 8 μηδενὶ μηδὲν ὀφείλετε εἰ μὴ τὸ ἀλλήλους ἀγαπᾶν·

ὁ γὰρ ἀγαπῶν τ. ἕτερον νόμον πεπλήρωκεν

9 ἀγαπήσεις τ. πλησίον σου ὡς σεαυτόν

אָהַבְתָּ לְרֵעֲךָ כָּמוֹךָ, Lev. xix. 18

I Co **2** 9 ὅσα ἡτοίμασεν ὁ Θεὸς τ. ἀγαπῶσιν αὐτόν

8 3 εἰ δέ τις ἀγαπᾷ τ. Θεόν

II Co **9** 7 ἱλαρὸν γὰρ δότην ἀγαπᾷ ὁ Θεός

טוֹב־עַיִן הוּא יְבֹרָךְ, Prov. xxii. 9

11 11 διὰ τί; ὅτι οὐκ ἀγαπῶ ὑμᾶς;

12 15 εἰ περισσοτέρως ὑμᾶς ἀγαπῶ ἧσσον ἀγαπῶμαι;

ἀγαπῶν, dele.;, WH marg.

Ga **2** 20 ἐν πίστει ζῶ τῇ τ. υἱοῦ τ. Θεοῦ τ. ἀγαπήσαντός με

5 14 ἀγαπήσεις τ. πλησίον σου ὡς σεαυτόν Lev. xix. 18

Eph **1** 6 τ. χάριτος αὐτοῦ ἧς ἐχαρίτωσεν ἡμᾶς ἐν τ. ἠγαπημένῳ

2 4 [2] διὰ τ. πολλὴν ἀγάπην αὐτοῦ ἣν ἠγάπησεν ἡμᾶς

5 2 καθὼς κ. ὁ Χριστὸς ἠγάπησεν ὑμᾶς

25 οἱ ἄνδρες ἀγαπᾶτε τ. γυναῖκας,

[1] καθὼς κ. ὁ Χριστὸς ἠγάπησεν τ. ἐκκλησίαν

Eph **5** 28 οὕτως ὀφείλουσιν κ. οἱ ἄνδρες ἀγαπᾶν τ. ἑαυτῶν γυναῖκας

28 ὁ ἀγαπῶν τ. ἑαυτοῦ γυναῖκα ἑαυτὸν ἀγαπᾷ

33 ἕκαστος τὴν ἑαυτοῦ γυναῖκα οὕτως ἀγαπάτω

6 24 ἡ χάρις μετὰ πάντων τ. ἀγαπώντων τ. Κύριον ἡμῶν

Col **3** 12 ὡς ἐκλεκτοὶ τ. Θεοῦ ἅγιοι κ. ἠγαπημένοι

19 οἱ ἄνδρες ἀγαπᾶτε τ. γυναῖκας

I Th **1** 4 ἀδελφοὶ ἠγαπημένοι ὑπὸ τ. Θεοῦ

4 9 θεοδίδακτοί ἐστε εἰς τὸ ἀγαπᾶν ἀλλήλους

II Th **2** 13 ἀδελφοὶ ἠγαπημένοι ὑπὸ Κυρίου

16 ὁ ἀγαπήσας ἡμᾶς κ. δοὺς παράκλησιν αἰωνίαν

II Ti **4** 8 [1] πᾶσιν τ. ἠγαπηκόσι τ. ἐπιφάνειαν αὐτοῦ

10 [1] Δημᾶς γάρ με ἐγκατέλειπεν ἀγαπήσας τ. νῦν αἰῶνα

He **1** 9 [1] ἠγάπησας δικαιοσύνην κ. ἐμίσησας ἀνομίαν

אָהַבְתָּ צֶּדֶק וַתִּשְׂנָא רֶשַׁע, Ps. xlv. 8

12 6 ὃν γὰρ ἀγαπᾷ Κύριος παιδεύει

אֶת אֲשֶׁר יֶאֱהַב יְהוָה יוֹכִיחַ, Prov. iii. 11

Ja **1** 12 ὃν ἐπηγγείλατο τ. ἀγαπῶσιν αὐτόν

2 5 τ. βασιλείας ἧς ἐπηγγείλατο τ. ἀγαπῶσιν αὐτόν

8 ἀγαπήσεις τ. πλησίον σου ὡς σεαυτόν, Lev. xix. 18

I Pe **1** 8 ὃν οὐκ ἰδόντες ἀγαπᾶτε

22 ἐκ καρδίας ἀλλήλους ἀγαπήσατε ἐκτενῶς

2 17 [1] τ. ἀδελφότητα ἀγαπᾶτε

3 10 [1] ὁ γὰρ θέλων ζωὴν ἀγαπᾶν

הָאִישׁ הֶחָפֵץ חַיִּים, Ps. xxxiv. 13

II Pe **2** 15 [1] ὃς μισθὸν ἀδικίας ἠγάπησεν

ἠγάπησαν, dele. ὅς, WH mg.

I Jo **2** 10 ὁ ἀγαπῶν τ. ἀδελφὸν αὐτοῦ

15 [1] μὴ ἀγαπᾶτε τ. κόσμον

15 [1] ἐάν τις ἀγαπᾷ τ. κόσμον

3 10 κ. ὁ μὴ ἀγαπῶν τ. ἀδελφὸν αὐτοῦ

11 αὕτη ἐστὶν ἡ ἀγγελία . . . ἵνα ἀγαπῶμεν ἀλλήλους

14 οἴδαμεν ὅτι μεταβεβήκαμεν . . . ὅτι ἀγαπῶμεν τ. ἀδελφούς·

[3] ὁ μὴ ἀγαπῶν μένει ἐν τ. θανάτῳ

18 [3] μὴ ἀγαπῶμεν λόγῳ μηδὲ τ. γλώσσῃ

23 αὕτη ἐστὶν ἡ ἐντολὴ αὐτοῦ ἵνα . . . ἀγαπῶμεν ἀλλήλους

4 7 ἀγαπητοὶ ἀγαπῶμεν ἀλλήλους

[3] ὅτι . . . πᾶς ὁ ἀγαπῶν ἐκ τ. Θεοῦ γεγέννηται

8 [3] ὁ μὴ ἀγαπῶν οὐκ ἔγνω τ. Θεόν

10 οὐχ ὅτι ἡμεῖς ἠγαπήκαμεν τ. Θεόν,

ἠγαπήσαμεν, TWH marg.

ἀλλ' ὅτι αὐτὸς ἠγάπησεν ἡμᾶς

11 ἀγαπητοὶ εἰ οὕτως ὁ Θεὸς ἠγάπησεν ἡμᾶς

κ. ἡμεῖς ὀφείλομεν ἀλλήλους ἀγαπᾶν

12 ἐὰν ἀγαπῶμεν ἀλλήλους ὁ Θεὸς ἐν ἡμῖν μένει

19 [3] ἡμεῖς ἀγαπῶμεν ὅτι αὐτὸς πρῶτος ἠγάπησεν ἡμᾶς

20 ἐάν τις εἴπῃ ὅτι Ἀγαπῶ τ. Θεόν

20 ὁ γὰρ μὴ ἀγαπῶν τ. ἀδελφὸν αὐτοῦ ὃν ἑώρακεν

I Jo 4 20 τ. Θεὸν ὃν οὐχ ἑώρακεν οὐ δύναται ἀγαπᾶν
21 ταύτην τ. ἐντολὴν ἔχομεν . . . ἵνα ὁ ἀγαπῶν τ. Θεὸν
ἀγαπᾷ κ. τ. ἀδελφὸν αὐτοῦ
5 1 κ. πᾶς ὁ ἀγαπῶν τ. γεννήσαντα
ἀγαπᾷ τ. γεγεννημένον ἐξ αὐτοῦ
2 ἐν τούτῳ γινώσκομεν ὅτι ἀγαπῶμεν τ. τέκνα τ. Θεοῦ
ὅταν τ. Θεὸν ἀγαπῶμεν
II Jo 1 οὓς ἐγὼ ἀγαπῶ ἐν ἀληθείᾳ
5 ἣν εἴχαμεν ἀπ' ἀρχῆς ἵνα ἀγαπῶμεν ἀλλήλους
III Jo 1 ὃν ἐγὼ ἀγαπῶ ἐν ἀληθείᾳ
Ju 1 [3] τοῖς ἐν πατρὶ ἠγαπημένοις
Re 1 5 τ. ἀγαπῶντι ἡμᾶς κ. λύσαντι ἡμᾶς
3 9 ἵνα ἥξουσιν . . . κ. γνῶσιν ὅτι ἐγὼ ἠγάπησά σε
12 11 [1] οὐκ ἠγάπησαν τ. ψυχὴν αὐτῶν ἄχρι θανάτου
20 9 ἐκύκλευσαν . . . τ. πόλιν τ. ἠγαπημένην

ἈΓΆΠΗ † 26

(1) cogn. acc. (2) ἀγάπαι
(3) ἀγ. τ. Θεοῦ, τ. Χριστοῦ

Mt 24 12 ψυγήσεται ἡ ἀγάπη τ. πολλῶν
Lu 11 42 [3] παρέρχεσθε τ. κρίσιν κ. τ. ἀγάπην τ. Θεοῦ
Jo 5 42 [3] ἔγνωκα ὑμᾶς ὅτι τ. ἀγάπην τ. Θεοῦ οὐκ ἔχετε ἐν ἑαυτοῖς
οὐκ ἔχ. τ. ἀγ. τ. Θεοῦ, T
13 35 ἐὰν ἀγάπην ἔχητε ἐν ἀλλήλοις
15 9 μείνατε ἐν τ. ἀγάπῃ τ. ἐμῇ
10 μενεῖτε ἐν τ. ἀγάπῃ μου
10 κ. μένω αὐτοῦ ἐν τ. ἀγάπῃ
13 μείζονα ταύτης ἀγάπην οὐδεὶς ἔχει
17 26 [1] ἵνα ἡ ἀγάπη ἣν ἠγάπησάς με ἐν αὐτοῖς ᾖ
Ro 5 5 [3] ἡ ἀγάπη τ. θεοῦ ἐκκέχυται ἐν τ. καρδίαις ἡμῶν
8 συνίστησι δὲ τὴν ἑαυτοῦ ἀγάπην εἰς ἡμᾶς ὁ Θεός
8 35 [3] τίς ἡμᾶς χωρίσει ἀπὸ τ. ἀγάπης τ. Χριστοῦ;
39 [3] οὔτε τις κτίσις ἑτέρα δυνήσεται ἡμᾶς χωρίσαι ἀπὸ τ. ἀγάπης τ. Θεοῦ
12 9 ἡ ἀγάπη ἀνυπόκριτος
13 10 ἡ ἀγάπη τῷ πλησίον κακὸν οὐκ ἐργάζεται· πλήρωμα οὖν νόμου ἡ ἀγάπη
14 15 οὐκέτι κατὰ ἀγάπην περιπατεῖς
15 30 παρακαλῶ δὲ ὑμᾶς . . . διὰ τ. ἀγάπης τ. Πνεύματος
I Co 4 21 ἐν ῥάβδῳ ἔλθω πρὸς ὑμᾶς ἢ ἐν ἀγάπῃ
8 1 ἡ γνῶσις φυσιοῖ ἡ δὲ ἀγάπη οἰκοδομεῖ.
13 1 ἀγάπην δὲ μὴ ἔχω
2 ἀγάπην δὲ μὴ ἔχω
3 ἀγάπην δὲ μὴ ἔχω
4 ἡ ἀγάπη μακροθυμεῖ χρηστεύεται,
ἡ ἀγάπη οὐ ζηλοῖ,
ἡ ἀγάπη οὐ περπερεύεται
—ἡ ἀγ., WH; χρηστ. ἡ ἀγ., οὐ ζηλ. ἡ ἀγ., οὐ περπ., T

I Co 13 8 ἡ ἀγάπη οὐδέποτε πίπτει
13 νυνὶ δὲ μένει πίστις ἔλπις ἀγάπη τὰ τρία ταῦτα·
μείζων δὲ τούτων ἡ ἀγάπη.
14 1 διώκετε τ. ἀγάπην
16 14 πάντα ὑμῶν ἐν ἀγάπῃ γινέσθω
24 ἡ ἀγάπη μου μετὰ πάντων ὑμῶν ἐν Χριστῷ Ἰησοῦ
II Co 2 4 ἀλλὰ τ. ἀγάπην ἵνα γνῶτε
8 διὸ παρακαλῶ ὑμᾶς κυρῶσαι εἰς αὐτὸν ἀγάπην
5 14 [3] ἡ γὰρ ἀγάπη τ. Χριστοῦ συνέχει ἡμᾶς
6 6 ἐν ἀγάπῃ ἀνυποκρίτῳ
8 7 κ. τῇ ἐξ ἡμῶν ἐν ὑμῖν ἀγάπῃ
ἐξ ὑμῶν ἐν ἡμῖν, TWH marg. R non marg.
8 τὸ τ. ὑμετέρας ἀγάπης γνήσιον δοκιμάζων
24 τ. οὖν ἔνδειξιν τ. ἀγάπης ὑμῶν
13 11 ὁ Θεὸς τ. ἀγάπης κ. εἰρήνης ἔσται μεθ' ὑμῶν
13 [3] ἡ χάρις τ. Κυρίου Ἰησοῦ Χριστοῦ κ. ἡ ἀγάπη τ. Θεοῦ
Ga 5 6 πίστις δι' ἀγάπης ἐνεργουμένη
13 ἀλλὰ διὰ τ. ἀγάπης δουλεύετε ἀλλήλοις
22 ὁ δὲ καρπὸς τ. πνεύματός ἐστιν ἀγάπη
Eph 1 4 ἁγίους κ. ἀμώμους κατενώπιον αὐτοῦ ἐν ἀγάπῃ
15 κ. τ. ἀγάπην τὴν εἰς πάντας τ. ἁγίους
—τ. ἀγ., WH R non marg.
2 4 [1] διὰ τ. πολλὴν ἀγάπην αὐτοῦ ἣν ἠγάπησεν ἡμᾶς
3 18 ἐν ἀγάπῃ ἐρριζωμένοι κ. τεθεμελιωμένοι
ἐν ἀγάπῃ·, WH
19 [3] γνῶναί τε τ. ὑπερβάλλουσαν τ. γνώσεως ἀγάπην τ. Χριστοῦ
4 2 ἀνεχόμενοι ἀλλήλων ἐν ἀγάπῃ
15 ἀληθεύοντες δὲ ἐν ἀγάπῃ
16 τ. αὔξησιν τ. σώματος ποιεῖται εἰς οἰκοδομὴν ἑαυτοῦ ἐν ἀγάπῃ
5 2 κ. περιπατεῖτε ἐν ἀγάπῃ
6 23 εἰρήνη τ. ἀδελφοῖς κ. ἀγάπη
Phl 1 9 ἵνα ἡ ἀγάπη ὑμῶν ἔτι μᾶλλον κ. μᾶλλον περισσεύῃ
16 οἱ μὲν ἐξ ἀγάπης
2 1 εἴ τι παραμύθιον ἀγάπης
2 τ. αὐτὴν ἀγάπην ἔχοντες
Col 1 4 κ. τ. ἀγάπην ἣν ἔχετε εἰς πάντας τ. ἁγίους
8 ὁ κ. δηλώσας ἡμῖν τ. ὑμῶν ἀγάπην ἐν πνεύματι
13 μετέστησεν εἰς τ. βασιλείαν τ. υἱοῦ τ. ἀγάπης αὐτοῦ
2 2 συνβιβασθέντες ἐν ἀγάπῃ
3 14 ἐπὶ πᾶσι δὲ τούτοις τ. ἀγάπην
I Th 1 3 μνημονεύοντες ὑμῶν . . . τ. κόπου τ. ἀγάπης
3 6 εὐαγγελισαμένου ἡμῖν τ. πίστιν κ. τ. ἀγάπην ὑμῶν
12 περισσεύσαι τ. ἀγάπῃ εἰς ἀλλήλους
5 8 ἐνδυσάμενοι θώρακα πίστεως κ. ἀγάπης
13 ἡγεῖσθαι αὐτοὺς ὑπερεκπερισσοῦ ἐν ἀγάπῃ
II Th 1 3 πλεονάζει ἡ ἀγάπη ἑνὸς ἑκάστου πάντων ὑμῶν
2 10 ἀνθ' ὧν τ. ἀγάπην τ. ἀληθείας οὐκ ἐδέξαντο

II Th 3 5 [3] κατευθύναι ὑμῶν τ. καρδίας εἰς τ. ἀγάπην τ. Θεοῦ
I Ti 1 5 τὸ δὲ τέλος τ. παραγγελίας ἐστὶν ἀγάπη
14 μετὰ πίστεως κ. ἀγάπης τῆς ἐν Χριστῷ Ἰησοῦ
2 15 ἐὰν μείνωσιν ἐν πίστει κ. ἀγάπῃ
4 12 τύπος γίνου τ. πιστῶν ἐν λόγῳ, ἐν ἀναστροφῇ, ἐν ἀγάπῃ
6 11 δίωκε δὲ δικαιοσύνην, εὐσέβειαν, πίστιν ἀγάπην
II Ti 1 7 πνεῦμα . . . δυνάμεως κ. ἀγάπης κ. σωφρονισμοῦ
13 ἐν πίστει κ. ἀγάπῃ τῇ ἐν Χριστῷ Ἰησοῦ
2 22 δίωκε δὲ δικαιοσύνην, πίστιν, ἀγάπην
3 10 σὺ δὲ παρηκολούθησάς μου τ. διδασκαλίᾳ . . . τ. ἀγάπῃ
Tit 2 2 ὑγιαίνοντας τ. πίστει, τ. ἀγάπῃ, τ. ὑπομονῇ
10 πᾶσαν ἐνδεικνυμένους ἀγάπην
πᾶσ. πίστιν ἐνδ. ἀγαθήν, TWH non mg. R
Phm 5 ἀκούων σου τ. ἀγάπην κ. τ. πίστιν
7 ἔσχον κ. παράκλησιν ἐπὶ τ. ἀγάπῃ σου
9 διὰ τ. ἀγάπην μᾶλλον παρακαλῶ
He 6 10 ἐπιλαθέσθαι τ. ἔργου ὑμῶν κ. τ. ἀγάπης
10 24 εἰς παροξυσμὸν ἀγάπης κ. καλῶν ἔργων
I Pe 4 8 τὴν εἰς ἑαυτοὺς ἀγάπην ἐκτενῆ ἔχοντες, ὅτι ἀγάπη καλύπτει πλῆθος ἁμαρτιῶν
5 14 ἀσπάσασθε ἀλλήλους ἐν φιλήματι ἀγάπης
II Pe 1 7 ἐν δὲ τ. φιλαδελφίᾳ τ. ἀγάπην
2 13 [2] ἐντρυφῶντες ἐν ταῖς ἀγάπαις αὐτῶν
ἀπάταις, TWH non mg. R mg.
I Jo 2 5 [3] ἀληθῶς ἐν τούτῳ ἡ ἀγάπη τ. Θεοῦ τετελείωται
15 οὐκ ἔστιν ἡ ἀγάπη τ. πατρὸς ἐν αὐτῷ
3 1 ἴδετε ποταπὴν ἀγάπην δέδωκεν ἡμῖν ὁ πατήρ
16 ἐν τούτῳ ἐγνώκαμεν τ. ἀγάπην
17 [3] πῶς ἡ ἀγάπη τ. Θεοῦ μένει ἐν αὐτῷ
4 7 ὅτι ἡ ἀγάπη ἐκ τ. Θεοῦ ἐστίν
8 ὅτι ὁ Θεὸς ἀγάπη ἐστίν
9 [3] ἐν τούτῳ ἐφανερώθη ἡ ἀγάπη τ. Θεοῦ ἐν ἡμῖν
10 ἐν τούτῳ ἐστὶν ἡ ἀγάπη
12 ἡ ἀγάπη αὐτοῦ τετελειωμένη ἐν ἡμῖν ἐστίν
16 πεπιστεύκαμεν τ. ἀγάπην ἣν ἔχει ὁ Θεὸς ἐν ἡμῖν.
16 ὁ Θεὸς ἀγάπη ἐστίν,
16 κ. ὁ μένων ἐν τ. ἀγάπῃ ἐν τ. Θεῷ μένει
17 ἐν τούτῳ τετελείωται ἡ ἀγάπη μεθ' ἡμῶν
18 φόβος οὐκ ἔστιν ἐν τ. ἀγάπῃ,
18 ἀλλ' ἡ τελεία ἀγάπη ἔξω βάλλει τ. φόβον
18 ὁ δὲ φοβούμενος οὐ τετελείωται ἐν τ. ἀγάπῃ
5 3 [3] αὕτη γάρ ἐστιν ἡ ἀγάπη τ. Θεοῦ
II Jo 3 ἐν ἀληθείᾳ κ. ἀγάπῃ
6 κ. αὕτη ἐστὶν ἡ ἀγάπη
III Jo 6 οἳ ἐμαρτύρησάν σου τ. ἀγάπῃ ἐνώπιον ἐκκλησίας
Ju 2 ἔλεος ὑμῖν κ. εἰρήνη κ. ἀγάπη πληθυνθείη
12 [2] οὗτοί εἰσιν οἱ ἐν τ. ἀγάπαις ὑμῶν σπιλάδες
21 [3] ἑαυτοὺς ἐν ἀγάπῃ Θεοῦ τηρήσατε
Re 2 4 ὅτι τ. ἀγάπην σου τ. πρώτην ἀφῆκες
19 οἶδά σου τὰ ἔργα κ. τ. ἀγάπην κ. τ. πίστιν

ἈΓΑΠΗΤΌΣ 27

(1) υἱὸς ἀγ. (2) ἀδελφὸς ἀγ.

Mt 3 17 [1] οὗτός ἐστιν ὁ υἱός μου ὁ ἀγαπητός
12 18 ὁ ἀγαπητός μου ὃν εὐδόκησεν ἡ ψυχή μου
בְּחִירִי רָצְתָה נַפְשִׁי, Is. xlii. 1
17 5 [1] οὗτός ἐστιν ὁ υἱός μου ὁ ἀγαπητός
Mk 1 11 [1] σὺ εἶ ὁ υἱός μου ὁ ἀγαπητός
9 7 [1] οὗτός ἐστιν ὁ υἱός μου ὁ ἀγαπητός
12 6 [1] ἔτι ἕνα εἶχεν, υἱὸν ἀγαπητόν
Lu 3 22 [1] σὺ εἶ ὁ υἱός μου ὁ ἀγαπητός
—ὁ ἀγαπ., WH marg.
9 35 [1] οὗτός ἐστιν ὁ υἱός μου ὁ ἀγαπητός
ἐκλελεγμένος, TWHR non mg.
20 13 [1] πέμψω τ. υἱόν μου τ. ἀγαπητόν
Ac 15 25 σὺν τ. ἀγαπητοῖς ἡμῶν Βαρνάβᾳ Παύλῳ
Ro 1 7 πᾶσι τ. οὖσιν ἐν Ῥώμῃ ἀγαπητοῖς Θεοῦ
11 28 ἀγαπητοὶ διὰ τ. πατέρας
12 19 μὴ ἑαυτοὺς ἐκδικοῦντες ἀγαπητοί
16 5 ἀσπάσασθε Ἐπαίνετον τ. ἀγαπητόν μου
8 ἀσπάσασθε Ἀμπλίατον τ. ἀγαπητόν μου
9 ἀσπάσασθε . . . Στάχυν τ. ἀγαπητόν μου
12 ἀσπάσασθε Περσίδα τ. ἀγαπητήν
I Co 4 14 ἀλλ' ὡς τέκνα μου ἀγαπητὰ νουθετῶν
17 ὅς ἐστίν μου τέκνον ἀγαπητόν
10 14 διόπερ ἀγαπητοί μου φεύγετε
15 58 [2] ὥστε ἀδελφοί μου ἀγαπητοὶ ἑδραῖοι γίνεσθε
II Co 7 1 ταύτας οὖν ἔχοντες τ. ἐπαγγελίας ἀγαπητοί
12 19 τὰ δὲ πάντα, ἀγαπητοί, ὑπὲρ τ. ὑμῶν οἰκοδομῆς
Eph 5 1 ὡς τέκνα ἀγαπητά
6 21 [2] πάντα γνωρίσει ὑμῖν Τύχικος ὁ ἀγαπητὸς ἀδελφός
Phl 2 12 ὥστε ἀγαπητοί μου, καθὼς πάντοτε ὑπηκούσατε
4 1 [2] ἀδελφοί μου ἀγαπητοὶ κ. ἐπιπόθητοι
οὕτω στήκετε ἐν Κυρίῳ ἀγαπητοί
+μου, WH marg.
Col 1 7 ἀπὸ Ἐπαφρᾶ τ. ἀγαπητοῦ συνδούλου ἡμῶν
4 7 [2] τὰ κατ' ἐμὲ πάντα γνωρίσει ὑμῖν Τύχικος ὁ ἀγαπητὸς ἀδελφός
9 [2] σὺν Ὀνησίμῳ τ. πιστῷ κ. ἀγαπητῷ ἀδελφῷ
14 ἀσπάζεται ὑμᾶς Λουκᾶς ὁ ἰατρὸς ὁ ἀγαπητός
I Th 2 8 διότι ἀγαπητοὶ ἡμῖν ἐγενήθητε
I Ti 6 2 δουλευέτωσαν ὅτι πιστοί εἰσιν κ. ἀγαπητοί
II Ti 1 2 Τιμοθέῳ ἀγαπητῷ τέκνῳ
Phm 1 Φιλήμονι τ. ἀγαπητῷ κ. συνεργῷ ἡμῶν
16 [2] ἀλλὰ ὑπὲρ δοῦλον, ἀδελφὸν ἀγαπητόν
He 6 9 πεπείσμεθα δὲ περὶ ὑμῶν, ἀγαπητοί, τὰ κρείσσονα
Ja 1 16 [2] μὴ πλανᾶσθε ἀδελφοί μου ἀγαπητοί
19 [2] ἴστε ἀδελφοί μου ἀγαπητοί

Ja 2 5 [2] ἀκούσατε ἀδελφοί μου ἀγαπητοί
I Pe 2 11 ἀγαπητοὶ παρακαλῶ ὡς παροίκους
4 12 ἀγαπητοὶ μὴ ξενίζεσθε τῇ ἐν ὑμῖν πυρώσει
II Pe 1 17 [1] ὁ υἱός μου ὁ ἀγαπητός μου οὗτός ἐστιν
οὗτ. ἐστ. ὁ υἱ. μ. ὁ ἀγαπ., T
3 1 ταύτην ἤδη, ἀγαπητοί, δευτέραν ὑμῖν γράφω ἐπιστολήν
8 ἓν δὲ τοῦτο μὴ λανθανέτω ὑμᾶς ἀγαπητοί
14 διό, ἀγαπητοί, ταῦτα προσδοκῶντες
15 [2] καθὼς κ. ὁ ἀγαπητὸς ἡμῶν ἀδελφὸς Παῦλος
17 ὑμεῖς οὖν, ἀγαπητοί, προγινώσκοντες
I Jo 2 7 ἀγαπητοὶ οὐκ ἐντολὴν καινὴν γράφω ὑμῖν
3 2 ἀγαπητοὶ νῦν τέκνα Θεοῦ ἐσμέν
21 ἀγαπητοὶ ἐὰν ἡ καρδία μὴ καταγινώσκῃ
4 1 ἀγαπητοὶ μὴ παντὶ πνεύματι πιστεύετε
7 ἀγαπητοὶ ἀγαπῶμεν ἀλλήλους
11 ἀγαπητοὶ εἰ οὕτως ὁ Θεὸς ἠγάπησεν ἡμᾶς
III Jo 1 ὁ πρεσβύτερος Γαΐῳ τ. ἀγαπητῷ
2 ἀγαπητὲ περὶ πάντων εὔχομαί σε εὐοδοῦσθαι
5 ἀγαπητὲ πιστὸν ποιεῖς ὃ ἐὰν ἐργάσῃ
11 ἀγαπητὲ μὴ μιμοῦ τ. κακόν
Ju 3 ἀγαπητοὶ πᾶσαν σπουδὴν ποιούμενος γράφειν
17 ὑμεῖς δέ, ἀγαπητοί, μνήσθητε
20 ὑμεῖς δέ, ἀγαπητοί, ἐποικοδομοῦντες ἑαυτούς

ἍΓΑΡ, הָגָר 28

Ga 4 24 μία μὲν ἀπὸ ὄρους Σινά . . . ἥτις ἐστὶν Ἁγαρ
Ἁγαρ, T
25 τὸ δὲ Ἁγαρ Σινὰ ὄρος ἐστὶν ἐν τ. Ἀραβίᾳ
τὸ γὰρ Σ., TWH marg. R marg.

ἈΓΓΑΡΕΎΩ * 29

Mt 5 41 ὅστις σε ἀγγαρεύσει μίλιον ἕν
27 32 τοῦτον ἠγγάρευσαν ἵνα ἄρῃ τ. σταυρὸν αὐτοῦ
Mk 15 21 ἀγγαρεύουσιν παράγοντά τινα Σίμωνα Κυρηναῖον

ἈΓΓΕΙ͂ΟΝ 30

Mt 25 4 αἱ δὲ φρόνιμοι ἔλαβον ἔλαιον ἐν τ. ἀγγείοις

ἈΓΓΕΛΙ΄Α 31

I Jo 1 5 ἔστιν αὕτη ἡ ἀγγελία
3 11 αὕτη ἐστὶν ἡ ἀγγελία

ἈΓΓΈΛΛΩ 31.5 cf. 518

Jo 4 51 οἱ δοῦλοι ὑπήντησαν αὐτῷ κ. ἤγγειλαν
—κ. ἤγγ., WHR
20 18 ἔρχεται Μαριὰμ ἡ Μαγδαληνὴ ἀγγέλλουσα τ. μαθηταῖς

ἌΓΓΕΛΟΣ 32

(1) ἄγγ. Κυρίου, Θεοῦ

Mt 1 20 [1] ἄγγελος Κυρίου κατ' ὄναρ ἐφάνη αὐτῷ
24 [1] ὡς προσέταξεν αὐτῷ ὁ ἄγγελος Κυρίου
Mt 2 13 [1] ἄγγελος Κυρίου φαίνεται κατ' ὄναρ τῷ Ἰωσήφ
19 [1] ἄγγελος Κυρίου φαίνεται κατ' ὄναρ τῷ Ἰωσήφ
4 6 ὅτι τ. ἀγγέλοις αὐτοῦ ἐντελεῖται περὶ σοῦ
כִּי מַלְאָכָיו יְצַוֶּה־לָּךְ, Ps. xci. 11
11 ἰδοὺ ἄγγελοι προσῆλθον κ. διηκόνουν αὐτῷ
11 10 ἰδοὺ ἐγὼ ἀποστέλλω τ. ἄγγελόν μου
הִנְנִי שֹׁלֵחַ מַלְאָכִי, Mal. iii. 1
13 39 οἱ δὲ θερισταὶ ἄγγελοί εἰσιν
41 ἀποστελεῖ ὁ υἱὸς τ. ἀνθρώπου τ. ἀγγέλους αὐτοῦ
49 ἐξελεύσονται οἱ ἄγγελοι
16 27 μέλλει γὰρ ὁ υἱὸς τ. ἀνθρώπου ἔρχεσθαι . . . μετὰ τ. ἀγγέλων αὐτοῦ
18 10 οἱ ἄγγελοι αὐτῶν ἐν οὐρανοῖς βλέπουσιν
22 30 ἀλλ' ὡς ἄγγελοι ἐν τ. οὐρανῷ εἰσίν
24 31 κ. ἀποστελεῖ τ. ἀγγέλους αὐτοῦ
36 οὐδεὶς οἶδεν οὐδὲ οἱ ἄγγελοι τ. οὐρανῶν
25 31 κ. πάντες οἱ ἄγγελοι μετ' αὐτοῦ
41 τὸ πῦρ . . . τὸ ἡτοιμασμένον τ. διαβόλῳ κ. τ. ἀγγέλοις αὐτοῦ
26 53 παραστήσει μοι πλείω δώδεκα λεγιῶνας ἀγγέλων
28 2 [1] ἄγγελος γὰρ Κυρίου καταβὰς ἐξ οὐρανοῦ
5 ἀποκριθεὶς δὲ ὁ ἄγγελος
Mk 1 2 ἰδοὺ ἀποστέλλω τ. ἄγγελόν μου πρὸ προσώπου σου, Mal. iii. 1
13 κ. οἱ ἄγγελοι διηκόνουν αὐτῷ
8 38 ὅταν ἔλθῃ . . . μετὰ τ. ἀγγέλων τ. ἁγίων
12 25 ἀλλ' εἰσὶν ὡς ἄγγελοι ἐν τ. οὐρανοῖς
οἱ ἐν τ. οὐρ., WH marg.
13 27 κ. τότε ἀποστελεῖ τ. ἀγγέλους
32 οὐδεὶς οἶδεν οὐδὲ οἱ ἄγγελοι ἐν οὐρανῷ
οὐδὲ ἄγγελος, WH marg.
Lu 1 11 [1] ὤφθη δὲ αὐτῷ ἄγγελος Κυρίου
13 εἶπεν δὲ πρὸς αὐτὸν ὁ ἄγγελος
18 εἶπεν Ζαχαρίας πρὸς τ. ἄγγελον
19 κ. ἀποκριθεὶς ὁ ἄγγελος
26 ἀπεστάλη ὁ ἄγγελος Γαβριὴλ ἀπὸ τ. Θεοῦ
28 εἰσελθὼν πρὸς αὐτὴν ὁ ἄγγελος
—ὁ ἄγγ., WH R
30 εἶπεν ὁ ἄγγελος αὐτῇ
34 εἶπε δὲ Μαριὰμ πρὸς τ. ἄγγελον
35 κ. ἀποκριθεὶς ὁ ἄγγελος
38 ἀπῆλθεν ἀπ' αὐτῆς ὁ ἄγγελος
2 9 [1] ἄγγελος Κυρίου ἐπέστη αὐτοῖς
10 κ. εἶπεν αὐτοῖς ὁ ἄγγελος
13 ἐγένετο σὺν τ. ἀγγέλῳ πλῆθος στρατιᾶς οὐρανίου
15 ὡς ἀπῆλθον ἀπ' αὐτῶν εἰς τ. οὐρανὸν οἱ ἄγγελοι
21 τὸ κληθὲν ὑπὸ τ. ἀγγέλου
4 10 ὅτι τ. ἀγγέλοις αὐτοῦ ἐντελεῖται περὶ σοῦ, Ps. xci. 11
7 24 ἀπελθόντων δὲ τ. ἀγγέλων Ἰωάνου
27 ἰδοὺ ἀποστέλλω τ. ἄγγελόν μου πρὸ προσώπου σου, Mal. iii. 1
9 26 ὅταν ἔλθῃ ἐν τ. δόξῃ αὐτοῦ . . . κ. τ. ἁγίων ἀγγέλων
52 ἀπέστειλεν ἀγγέλους πρὸ προσώπου αὐτοῦ
12 8 [1] ὁμολογήσει ἐν αὐτῷ ἔμπροσθεν τ. ἀγγέλων τ. Θεοῦ

Lu 12 9 [1] ἀπαρνηθήσεται ἐνώπιον τ. ἀγγέλων τ. Θεοῦ
15 10 [1] γίνεται χαρὰ ἐνώπιον τ. ἀγγέλων τ. Θεοῦ
16 22 ἀπενεχθῆναι αὐτὸν ὑπὸ τ. ἀγγέλων
22 43 ὤφθη δὲ αὐτῷ ἄγγελος ἀπὸ τ. οὐρανοῦ
—h. v., [[WH]] R mg.
24 23 λέγουσαι κ. ὀπτασίαν ἀγγέλων ἑωρακέναι
Jo 1 51 [1] ὄψεσθε . . τ. ἀγγέλους τ. Θεοῦ ἀναβαίνοντας κ. καταβαίνοντας
5 4 [1] ἄγγελος γὰρ Κυρίου κατὰ καιρὸν κατέβαινεν
—h. v., TWHR non mg.
12 29 ἄλλοι ἔλεγον Ἄγγελος αὐτῷ λελάληκεν
20 12 θεωρεῖ δύο ἀγγέλους ἐν λευκοῖς καθεζομένους
Ac 5 19 [1] ἄγγελος δὲ Κυρίου διὰ νυκτὸς ἤνοιξεν τ. θύρας
6 15 εἶδαν τ. πρόσωπον αὐτοῦ ὡσεὶ πρόσωπον ἀγγέλου
7 30 ὤφθη αὐτῷ . . . ἄγγελος ἐν φλογὶ πυρός
35 τοῦτον ὁ Θεὸς . . . ἀπέσταλκεν σὺν χειρὶ ἀγγέλου
38 μετὰ τ. ἀγγέλου τ. λαλοῦντος αὐτῷ
53 οἵτινες ἐλάβετε τ. νόμον εἰς διαταγὰς ἀγγέλων
8 26 [1] ἄγγελος δὲ Κυρίου ἐλάλησεν πρὸς Φίλιππον
10 3 [1] εἶδεν ἐν ὁράματι . . . ἄγγελον τ. Θεοῦ εἰσελθόντα
7 ὡς δὲ ἀπῆλθεν ὁ ἄγγελος
22 ἐχρηματίσθη ὑπὸ ἀγγέλου ἁγίου
11 13 πῶς εἶδεν τ. ἄγγελον ἐν τ. οἴκῳ αὐτοῦ
12 7 [1] κ. ἰδοὺ ἄγγελος Κυρίου ἐπέστη
8 εἶπεν δὲ ὁ ἄγγελος πρὸς αὐτόν
9 ἀληθές ἐστιν τὸ γινόμενον διὰ τ. ἀγγέλου
10 εὐθέως ἀπέστη ὁ ἄγγελος ἀπ' αὐτοῦ
11 ὅτι ἐξαπέστειλεν ὁ Κύριος τ. ἄγγελον αὐτοῦ
15 ὁ ἄγγελός ἐστιν αὐτοῦ
23 [1] παραχρῆμα δὲ ἐπάταξεν αὐτὸν ἄγγελος Κυρίου
23 8 μήτε ἄγγελον μήτε πνεῦμα
9 εἰ δὲ πνεῦμα ἐλάλησεν αὐτῷ ἢ ἄγγελος
27 23 παρέστη γάρ μοι ταύτῃ τ. νυκτὶ τ. Θεοῦ . . . ἄγγελος
Ro 8 38 οὔτε ἄγγελοι οὔτε ἀρχαί
I Co 4 9 θέατρον ἐγενήθημεν τ. κόσμῳ κ. ἀγγέλοις κ. ἀνθρώποις
6 3 οὐκ οἴδατε ὅτι ἀγγέλους κρινοῦμεν;
11 10 ὀφείλει ἡ γυνὴ ἐξουσίαν ἔχειν . . . διὰ τ. ἀγγέλους
13 1 ἐὰν τ. γλώσσαις τ. ἀνθρώπων λαλῶ κ. τ. ἀγγέλων
II Co 11 14 αὐτὸς γὰρ ὁ Σατανᾶς μετασχηματίζεται εἰς ἄγγελον φωτός
12 7 ἄγγελος Σατανᾶ ἵνα με κολαφίζῃ
Ga 1 8 ἐὰν ἡμεῖς ἢ ἄγγελος ἐξ οὐρανοῦ εὐαγγελίσηται
3 19 διαταγεὶς δι' ἀγγέλων
4 14 [1] ἀλλὰ ὡς ἄγγελον θεοῦ ἐδέξασθέ με
Col 2 18 θέλων ἐν ταπεινοφροσύνῃ κ. θρησκείᾳ τ. ἀγγέλων
II Th 1 7 μετ' ἀγγέλων δυνάμεως αὐτοῦ
I Ti 3 16 ὤφθη ἀγγέλοις·
I Ti 5 21 διαμαρτύρομαι ἐνώπιον τ. Θεοῦ . . . κ. τ. ἐκλεκτῶν ἀγγέλων
He 1 4 τοσούτῳ κρείττων γενόμενος τ. ἀγγέλων
5 τίνι γὰρ εἶπέν ποτε τ. ἀγγέλων
6 [1] προσκυνησάτωσαν αὐτῷ πάντες ἄγγελοι Θεοῦ
הִשְׁתַּחֲווּ־לוֹ כָּל־אֱלֹהִים, Ps. xcvii. 7
7 κ. πρὸς μὲν τ. ἀγγέλους λέγει
Ὁ ποιῶν τ. ἀγγέλους αὐτοῦ πνεύματα
עֹשֶׂה מַלְאָכָיו רוּחוֹת, Ps. civ. 4
13 πρὸς τίνα δὲ τ. ἀγγέλων εἴρηκέν ποτε
2 2 ὁ δι' ἀγγέλων λαληθεὶς λόγος
5 οὐ γὰρ ἀγγέλοις ὑπέταξεν τ. οἰκουμένην τ. μέλλουσαν
7 ἠλάττωσας αὐτὸν βραχύ τι παρ' ἀγγέλους
וַתְּחַסְּרֵהוּ מְּעַט מֵאֱלֹהִים, Ps. viii. 6
9 τὸν δὲ βραχύ τι παρ' ἀγγέλους ἠλαττωμένον
16 οὐ γὰρ δήπου ἀγγέλων ἐπιλαμβάνεται
12 22 προσεληλύθατε Σιὼν ὄρει . . . κ. μυριάσιν ἀγγέλων
13 2 ἔλαθόν τινες ξενίσαντες ἀγγέλους
Ja 2 25 ὑποδεξαμένη τ. ἀγγέλους
I Pe 1 12 εἰς ἃ ἐπιθυμοῦσιν ἄγγελοι παρακύψαι
3 22 ὑποταγέντων αὐτῷ ἀγγέλων κ. ἐξουσιῶν
II Pe 2 4 εἰ γὰρ ὁ Θεὸς ἀγγέλων ἁμαρτησάντων οὐκ ἐφείσατο
11 ἄγγελοι ἰσχύϊ κ. δυνάμει μείζονες ὄντες
Ju 6 ἀγγέλους τε τ. μὴ τηρήσαντας τ. ἑαυτῶν ἀρχήν
Re 1 1 ἀποστείλας διὰ τ. ἀγγέλου αὐτοῦ
20 οἱ ἑπτὰ ἀστέρες ἄγγελοι τ. ἑπτὰ ἐκκλησιῶν εἰσίν
2 1 τ. ἀγγέλῳ τῷ ἐν Ἐφέσῳ ἐκκλησίας γράψον
τῆς ἐν Ἐφ., T
8 κ. τ. ἀγγέλῳ τῷ ἐν Σμύρνῃ ἐκκλησίας γράψον
τῆς ἐν Ζμύρνῃ, T
12 κ. τ. ἀγγέλῳ τῆς ἐν Περγάμῳ ἐκκλησίας γράψον
18 κ. τ. ἀγγέλῳ τῷ ἐν Θυατείροις ἐκκλησίας γράψον
τῆς ἐν Θ., T
3 1 κ. τ. ἀγγέλῳ τῆς ἐν Σάρδεσιν ἐκκλησίας γράψον
τῷ ἐν Σ., WH marg.
5 ἐνώπιον τ. πατρός μου κ. ἐνώπιον τ. ἀγγέλων αὐτοῦ
7 κ. τ. ἀγγέλῳ τῆς ἐν Φιλαδελφίᾳ ἐκκλησίας γράψον
τῷ ἐν Φιλ., WH marg.
14 κ. τ. ἀγγέλῳ τῆς ἐν Λαοδικίᾳ ἐκκλησίας γράψον
5 2 εἶδον ἄγγελον ἰσχυρὸν κηρύσσοντα
11 ἤκουσα φωνὴν ἀγγέλων πολλῶν
7 1 μετὰ τοῦτο εἶδον τέσσαρας ἀγγέλους
2 κ. εἶδον ἄλλον ἄγγελον ἀναβαίνοντα
2 ἔκραξεν φωνῇ μεγάλῃ τ. τέσσαρσιν ἀγγέλοις
11 κ. πάντες οἱ ἄγγελοι εἱστήκεισαν κύκλῳ τ. θρόνου

Re 8 2 εἶδον τ. ἑπτὰ ἀγγέλους
3 ἄλλος ἄγγελος ἦλθεν
4 ἐκ χειρὸς τ. ἀγγέλου ἐνώπιον τ. Θεοῦ
5 εἴληφεν ὁ ἄγγελος τ. λιβανωτόν
6 οἱ ἑπτὰ ἄγγελοι οἱ ἔχοντες τ. ἑπτὰ σαλπιγγας
8 κ. ὁ δεύτερος ἄγγελος ἐσάλπισεν
10 κ. ὁ τρίτος ἄγγελος ἐσάλπισεν
12 κ. ὁ τέταρτος ἄγγελος ἐσάλπισεν
13 τ. σάλπιγγος τ. τριῶν ἀγγέλων τ. μελλόντων σαλπίζειν
9 1 κ. ὁ πέμπτος ἄγγελος ἐσάλπισεν
11 ἔχουσιν ἐπ᾽ αὐτῶν βασιλέα τ. ἄγγελον τ. ἀβύσσου
13 κ. ὁ ἕκτος ἄγγελος ἐσάλπισεν
14 λέγοντα τῷ ἕκτῳ ἀγγέλῳ
14 λῦσον τ. τέσσαρας ἀγγέλους
15 κ. ἐλύθησαν οἱ τέσσαρες ἄγγελοι
10 1 εἶδον ἄλλον ἄγγελον ἰσχυρόν
5 κ. ὁ ἄγγελος ὃν εἶδον
7 ἐν τ. ἡμέραις τ. φωνῆς τ. ἑβδόμου ἀγγέλου
8 τ. βιβλίον τ. ἠνεῳγμένον ἐν τ. χειρὶ τ. ἀγγέλου
9 κ. ἀπῆλθα πρὸς τ. ἄγγελον
10 ἔλαβον τὸ βιβλαρίδιον ἐκ τ. χειρὸς τ. ἀγγέλου
11 15 κ. ὁ ἕβδομος ἄγγελος ἐσάλπισεν
12 7 ὁ Μιχαὴλ κ. οἱ ἄγγελοι αὐτοῦ
7 ὁ δράκων ἐπολέμησεν κ. οἱ ἄγγελοι αὐτοῦ
9 οἱ ἄγγελοι αὐτοῦ μετ᾽ αὐτοῦ ἐβλήθησαν
14 6 εἶδον ἄλλον ἄγγελον πετόμενον
8 ἄλλος δεύτερος ἄγγελος ἠκολούθησεν
[ἄγγελος], WH ; ἄγγ. δεύτ., T
9 ἄλλος ἄγγελος τρίτος ἠκολούθησεν αὐτοῖς
10 ἐνώπιον ἀγγέλων ἁγίων
ἐν. τῶν ἀγγ., dele ἁγ., WH mg.
15 ἄλλος ἄγγελος ἐξῆλθεν ἐκ τ. ναοῦ
17 ἄλλος ἄγγελος ἐξῆλθεν ἐκ τ. ναοῦ τοῦ ἐν τ. οὐρανῷ
18 ἄλλος ἄγγελος ἐξῆλθεν ἐκ τ. θυσιαστηρίου
19 ἔβαλεν ὁ ἄγγελος τὸ δρέπανον αὐτοῦ εἰς τ. γῆν
15 1 ἀγγέλους ἑπτὰ ἔχοντας πληγὰς ἑπτὰ τ. ἐσχάτας
6 ἐξῆλθαν οἱ ἑπτὰ ἄγγελοι οἱ ἔχοντες τ. ἑπτὰ πληγάς
7 ἔδωκεν τ. ἑπτὰ ἀγγέλοις ἑπτὰ φιάλας χρυσᾶς
8 ἄχρι τελεσθῶσιν αἱ ἑπτὰ πληγαὶ τ. ἑπτὰ ἀγγέλων
16 1 ἤκουσα μεγάλης φωνῆς . . . λεγούσης τ. ἑπτὰ ἀγγέλοις
5 κ. ἤκουσα τ. ἀγγέλου τ. ὑδάτων
17 1 ἦλθεν εἷς ἐκ τ. ἑπτὰ ἀγγέλων
7 κ. εἶπέν μοι ὁ ἄγγελος
18 1 μετὰ ταῦτα εἶδον ἄλλον ἄγγελον καταβαίνοντα
21 ἦρεν εἷς ἄγγελος ἰσχυρὸς λίθον
19 17 εἶδον ἕνα ἄγγελον ἑστῶτα ἐν τ. ἡλίῳ
20 1 εἶδον ἄγγελον καταβαίνοντα ἐκ τ. οὐρανοῦ
21 9 ἦλθεν εἷς ἐκ τ. ἑπτὰ ἀγγέλων
12 κ. ἐπὶ τ. πυλῶσιν ἀγγέλους δώδεκα
17 μέτρον ἀνθρώπου ὅ ἐστιν ἀγγέλου
22 6 κ. ὁ Κύριος . . . ἀπέστειλεν τ. ἄγγελον αὐτοῦ
8 ἔπεσα προσκυνῆσαι ἔμπροσθεν τ. ποδῶν τ. ἀγγέλου
16 ἐγὼ Ἰησοῦς ἔπεμψα τ. ἄγγελόν μου

ἌΓΓΟΣ 32.5

Mt 13 48 συνέλεξαν τὰ καλὰ εἰς ἄγγη

ἌΓΕ 33

Ja 4 13 ἄγε νῦν οἱ λέγοντες
5 1 ἄγε νῦν οἱ πλούσιοι

ἈΓΈΛΗ 34

Mt 8 30 ἦν δὲ μακρὰν ἀπ᾽ αὐτῶν ἀγέλη χοίρων πολλῶν βοσκομένη
31 ἀπόστειλον ἡμᾶς εἰς τ. ἀγέλην τ. χοίρων
32 ὥρμησεν πᾶσα ἡ ἀγέλη κατὰ τ. κρημνοῦ
Mk 5 11 ἦν δὲ ἐκεῖ πρὸς τ. ὄρει ἀγέλη χοίρων μεγάλη βοσκομένη
13 ὥρμησεν ἡ ἀγέλη κατὰ τ. κρημνοῦ
Lu 8 32 ἦν δὲ ἐκεῖ ἀγέλη χοίρων ἱκανῶν βοσκομένη ἐν τ. ὄρει
33 ὥρμησεν ἡ ἀγέλη κατὰ τ. κρημνοῦ

ἈΓΕΝΕΑΛΌΓΗΤΟΣ* † 35

He 7 3 ἀπάτωρ ἀμήτωρ ἀγενεαλόγητος

ἈΓΕΝΉΣ* 36

I Co 1 28 τ. ἀγενῆ τ. κόσμου κ. τ. ἐξουθενημένα

ἉΓΙΆΖΩ 37

Mt 6 9 ἁγιασθήτω τὸ ὄνομά σου
23 17 ἢ ὁ ναὸς ὁ ἁγιάσας τ. χρυσόν
19 ἢ τ. θυσιαστήριον τὸ ἁγιάζον τ. δῶρον
Lu 11 2 ἁγιασθήτω τ. ὄνομά σου
Jo 10 36 ὃν ὁ πατὴρ ἡγίασεν
17 17 ἁγίασον αὐτοὺς ἐν τ. ἀληθείᾳ
19 κ. ὑπὲρ αὐτῶν ἐγὼ ἁγιάζω ἐμαυτόν,
—ἐγώ, T[WH]
ἵνα ὦσιν κ. αὐτοὶ ἡγιασμένοι ἐν ἀληθείᾳ
Ac 20 32 δοῦναι τ. κληρονομίαν ἐν τ. ἡγιασμένοις πᾶσιν
26 18 τοῦ λαβεῖν αὐτοὺς . . . κλῆρον ἐν τ. ἡγιασμένοις
Ro 15 16 ἡγιασμένη ἐν πνεύματι ἁγίῳ
I Co 1 2 ἡγιασμένοις ἐν Χριστῷ Ἰησοῦ
6 11 ἀλλὰ ἀπελούσασθε ἀλλὰ ἡγιάσθητε
7 14 ἡγίασται γὰρ ὁ ἀνὴρ ὁ ἄπιστος ἐν τ. γυναικί,
κ. ἡγίασται ἡ γυνὴ ἡ ἄπιστος ἐν τ. ἀδελφῷ
Eph 5 26 ἵνα αὐτὴν ἁγιάσῃ
I Th 5 23 αὐτὸς δὲ ὁ Θεὸς τ. εἰρήνης ἁγιάσαι ὑμᾶς ὁλοτελεῖς
I Tim 4 5 ἁγιάζεται γὰρ διὰ λόγου Θεοῦ κ. ἐντεύξεως
II Ti 2 21 σκεῦος εἰς τίμην ἡγιασμένον
He 2 11 ὅ τε γὰρ ἁγιάζων κ. οἱ ἁγιαζόμενοι ἐξ ἑνὸς πάντες
9 13 εἰ γὰρ τ. αἷμα . . . ἁγιάζει πρὸς τὴν τ. σαρκὸς καθαρότητα
10 10 ἐν ᾧ θελήματι ἡγιασμένοι ἐσμέν
14 τετελείωκεν εἰς τὸ διηνεκὲς τ. ἁγιαζομένους
29 τὸ αἷμα τ. διαθήκης κοινὸν ἡγησάμενος ἐν ᾧ ἡγιάσθη
13 12 ἵνα ἁγιάσῃ διὰ τ. ἰδίου αἵματος τ. λαόν
I Pe 3 15 Κύριον δὲ τ. Χριστὸν ἁγιάσατε ἐν τ. καρδίαις ὑμῶν
Re 22 11 κ. ὁ ἅγιος ἁγιασθήτω ἔτι

ἉΓΙΑΣΜΌΣ † 38

Ro 6 19 τὰ μέλη ὑμῶν δοῦλα τ. δικαιοσύνῃ εἰς ἁγιασμόν

22 ἔχετε τ. καρπὸν ὑμῶν εἰς ἁγιασμόν

I Co 1 30 ὃς ἐγενήθη σοφία ἡμῖν . . . δικαιοσύνη τε κ. ἁγιασμός

I Th 4 3 τοῦτο γάρ ἐστι θέλημα τ. Θεοῦ ὁ ἁγιασμὸς ὑμῶν

4 τὸ ἑαυτοῦ σκεῦος κτᾶσθαι ἐν ἁγιασμῷ

7 οὐ γὰρ ἐκάλεσεν ἡμᾶς ὁ Θεὸς ἐπὶ ἀκαθαρσίᾳ, ἀλλ' ἐν ἁγιασμῷ

II Th 2 13 ἐν ἁγιασμῷ πνεύματος

I Ti 2 15 ἐὰν μείνωσιν ἐν πίστει κ. ἀγάπῃ κ. ἁγιασμῷ

He 12 14 εἰρήνην διώκετε μετὰ πάντων κ. ἁγιασμόν

I Pe 1 2 ἐν ἁγιασμῷ πνεύματος

ἍΓΙΟΣ 39

(1) πνεῦμα ἅγ. (2) τὸ ἅγιον, τὰ ἅγια
(3) ὁ ἅγιος τ. Θεοῦ (4) ἅγιοι

Mt 1 18 [1] εὑρέθη ἐν γαστρὶ ἔχουσα ἐκ Πνεύματος Ἁγίου

20 [1] τὸ γὰρ ἐν αὐτῇ γεννηθὲν ἐκ Πνεύματός ἐστιν Ἁγίου

3 11 [1] αὐτὸς ὑμᾶς βαπτίσει ἐν πνεύματι ἁγίῳ κ. πυρί

4 5 παραλαμβάνει αὐτὸν ὁ διάβολος εἰς τ. ἁγίαν πόλιν

7 6 [2] μὴ δῶτε τὸ ἅγιον τ. κυσίν

12 32 [1] ὃς δ' ἂν εἴπῃ κατὰ τ. Πνεύματος τ. Ἁγίου

24 15 τὸ βδέλυγμα τ. ἐρημώσεως . . . ἑστὸς ἐν τόπῳ ἁγίῳ

27 52 [4] πολλὰ σώματα τ. κεκοιμημένων ἁγίων

53 εἰσῆλθον εἰς τ. ἁγίαν πόλιν

28 19 [1] βαπτίζοντες αὐτοὺς εἰς τ. ὄνομα τ. Πατρὸς κ. τ. Υἱοῦ κ. τ. Ἁγίου Πνεύματος

Mk 1 8 [1] αὐτὸς δὲ βαπτίσει ὑμᾶς πνεύματι ἁγίῳ

24 [3] οἶδά σε τίς εἶ ὁ ἅγιος τ. Θεοῦ

3 29 [1] ὃς δ' ἂν βλασφημήσῃ εἰς τὸ Πνεῦμα τὸ Ἅγιον

6 20 εἰδὼς αὐτὸν ἄνδρα δίκαιον κ. ἅγιον

8 38 ὅταν ἔλθῃ . . . μετὰ τ. ἀγγέλων τ. ἁγίων

12 36 [1] αὐτὸς Δαυεὶδ εἶπεν ἐν τ. πνεύματι τ. ἁγίῳ

13 11 [1] οὐ γάρ ἐστε ὑμεῖς οἱ λαλοῦντες, ἀλλὰ τ. Πνεῦμα τ. Ἅγιον

Lu 1 15 [1] κ. πνεύματος ἁγίου πλησθήσεται

35 [1] πνεῦμα ἅγιον ἐπελεύσεται ἐπὶ σέ

35 [2] διὸ κ. τὸ γεννώμενον ἅγιον κληθήσεται υἱὸς Θεοῦ

41 [1] ἐπλήσθη πνεύματος ἁγίου ἡ Ἐλεισάβετ

49 κ. ἅγιον τὸ ὄνομα αὐτοῦ

67 [1] Ζαχαρίας ὁ πατὴρ αὐτοῦ ἐπλήσθη πνεύματος ἁγίου

70 καθὼς ἐλάλησεν διὰ στόματος τ. ἁγίων . . . προφητῶν αὐτοῦ

72 μνησθῆναι διαθήκης ἁγίας αὐτοῦ

2 23 πᾶν ἄρσεν . . . ἅγιον τ. Κυρίῳ κληθήσεται

קַדֶּשׁ־לִי כָל־בְּכוֹר, Ex. xiii. 2

25 [1] κ. πνεῦμα ἦν ἅγιον ἐπ' αὐτόν

26 [1] ἦν αὐτῷ κεχρηματισμένον ὑπὸ τ. Πνεύματος τ. Ἁγίου

Lu 3 16 [1] αὐτὸς ὑμᾶς βαπτίσει ἐν πνεύματι ἁγίῳ κ. πυρί

22 [1] καταβῆναι τὸ πνεῦμα τὸ ἅγιον σωματικῷ εἴδει

4 1 [1] Ἰησοῦς δὲ πλήρης πνεύματος ἁγίου ὑπέστρεψεν

34 [3] οἶδά σε τίς εἶ ὁ ἅγιος τ. Θεοῦ

9 26 ὅταν ἔλθῃ ἐν τ. δόξῃ αὐτοῦ . . . κ. τ. ἁγίων ἀγγέλων

10 21 [1] ἐν αὐτῇ τ. ὥρᾳ ἠγαλλιάσατο τῷ πνεύματι τῷ ἁγίῳ

11 13 [1] πόσῳ μᾶλλον ὁ πατὴρ ὁ ἐξ οὐρανοῦ δώσει πνεῦμα ἅγιον
ἀγαθὸν δόμα, WH marg.

12 10 [1] τῷ δὲ εἰς τ. Ἅγιον Πνεῦμα βλασφημήσαντι οὐκ ἀφεθήσεται

12 [1] τὸ γὰρ Ἅγιον Πνεῦμα διδάξει ὑμᾶς

Jo 1 33 [1] οὗτός ἐστιν ὁ βαπτίζων ἐν πνεύματι ἁγίῳ

6 69 [3] ἐγνώκαμεν ὅτι σὺ εἶ ὁ ἅγιος τ. Θεοῦ

7 39 [1] οὔπω γὰρ ἦν πνεῦμα ἅγιον δεδόμενον
—ἅγ. δεδ. TWHR non marg.

14 26 [1] ὁ δὲ παράκλητος τ. Πνεῦμα τ. Ἅγιον

17 11 πάτερ ἅγιε τήρησον αὐτούς

20 22 [1] λέγει αὐτοῖς Λάβετε πνεῦμα ἅγιον

Ac 1 2 [1] ἐντειλάμενος τ. ἀποστόλοις διὰ Πνεύματος Ἁγίου

5 [1] ὑμεῖς δὲ ἐν πνεύματι βαπτισθήσεσθε ἁγίῳ

8 [1] ἐπελθόντος τ. ἁγίου πνεύματος ἐφ' ὑμᾶς

16 [1] ἣν προεῖπεν τὸ Πνεῦμα τὸ Ἅγιον

2 4 [1] κ. ἐπλήσθησαν πάντες πνεύματος ἁγίου

33 [1] τ. τε ἐπαγγελίαν τ. πνεύματος τ. ἁγίου λαβών

38 [1] λήμψεσθε τ. δωρεὰν τ. ἁγίου πνεύματος

3 14 ὑμεῖς δὲ τ. ἅγιον κ. δίκαιον ἠρνήσασθε

21 διὰ στόματος τ. ἁγίων ἀπ' αἰῶνος αὐτοῦ προφητῶν

4 8 [1] τότε Πέτρος πλησθεὶς πνεύματος ἁγίου

25 [1] ὁ τ. πατρὸς ἡμῶν διὰ πνεύματος ἁγίου στόματος Δαυείδ

27 συνήχθησαν γάρ . . . ἐπὶ τ. ἅγιον παῖδά σου Ἰησοῦν

30 διὰ τ. ὀνόματος τ. ἁγίου παιδός σου Ἰησοῦ

31 [1] κ. ἐπλήσθησαν ἅπαντες τ. ἁγίου πνεύματος

5 3 [1] ψεύσασθαί σε τ. Πνεῦμα τ. Ἅγιον

32 [1] ἡμεῖς ἐσμὲν μάρτυρες . . κ. τὸ Πνεῦμα τὸ Ἅγιον

6 5 [1] ἄνδρα πλήρη πίστεως κ. πνεύματος ἁγίου

13 οὐ παύεται λαλῶν ῥήματα κατὰ τ. τόπου τ. ἁγίου τούτου

7 33 ὁ γὰρ τόπος ἐφ' ᾧ ἕστηκας γῆ ἁγία ἐστίν

כִּי הַמָּקוֹם אֲשֶׁר אַתָּה עוֹמֵד עָלָיו אַדְמַת־קֹדֶשׁ הוּא, Ex. iii. 5

51 [1] ὑμεῖς ἀεὶ τ. πνεύματι τ. ἁγίῳ ἀντιπίπτετε

55 [1] ὑπάρχων δὲ πλήρης πνεύματος ἁγίου

8 15 [1] ὅπως λάβωσιν πνεῦμα ἅγιον

17 [1] κ. ἐλάμβανον πνεῦμα ἅγιον

18 [1] διὰ τ. ἐπιθέσεως τ. χειρῶν τ. ἀποστόλων δίδοται τὸ πνεῦμα τὸ ἅγιον
—τὸ ἅγ., TWHR marg.

Ac 8 19 [1] ἵνα ᾧ ἐὰν ἐπιθῶ τ. χεῖρας λαμβάνῃ πνεῦμα ἅγιον
9 13 [4] ὅσα κακὰ τ. ἁγίοις σου ἐποίησεν
17 [1] ὅπως ἀναβλέψῃς κ. πλησθῇς πνεύματος ἁγίου
31 [1] τ. παρακλήσει τ. ἁγίου πνεύματος ἐπληθύνετο
32 [4] κατελθεῖν κ. πρὸς τ. ἁγίους τ. κατοικοῦντας Λύδδα
41 [4] φωνήσας δὲ τ. ἁγίους κ. τ. χήρας
10 22 ἐχρηματίσθη ὑπὸ ἀγγέλου ἁγίου
38 [1] ὡς ἔχρισεν αὐτὸν ὁ Θεὸς πνεύματι ἁγίῳ κ. δυνάμει
44 [1] ἐπέπεσεν τ. πνεῦμα τ. ἅγιον ἐπὶ πάντας τ. ἀκούοντας
45 [1] κ. ἐπὶ τὰ ἔθνη ἡ δωρεὰ τ. πνεύματος τ. ἁγίου ἐκκέχυται
τ. ἁγ. πν., T
47 [1] οἵτινες τὸ πνεῦμα τὸ ἅγιον ἔλαβον
11 15 [1] ἐπέπεσεν τὸ πνεῦμα τὸ ἅγιον ἐπ' αὐτούς
16 [1] ὑμεῖς δὲ βαπτισθήσεσθε ἐν πνεύματι ἁγίῳ
24 [1] πλήρης πνεύματος ἁγίου κ. πίστεως
13 2 [1] εἶπεν τὸ Πνεῦμα τὸ Ἅγιον
4 [1] αὐτοὶ μὲν οὖν ἐκπεμφθέντες ὑπὸ τ. ἁγίου πνεύματος
9 [1] Σαῦλος δὲ . . . πλησθεὶς πνεύματος ἁγίου
52 [1] οἵ τε μαθηταὶ ἐπληροῦντο χαρᾶς κ. πνεύματος ἁγίου
15 8 [1] δοὺς τὸ πνεῦμα τὸ ἅγιον
28 [1] ἔδοξεν γὰρ τ. πνεύματι τ. ἁγίῳ κ. ἡμῖν
29 [1] εὖ πράξετε φερόμενοι ἐν τ. ἁγίῳ πνεύματι
—φερ. ἐν τ. ἁγ. πν., TWH non marg. R
16 6 [1] κωλυθέντες ὑπὸ τ. ἁγίου πνεύματος
19 2 [1] εἰ πνεῦμα ἅγιον ἐλάβετε πιστεύσαντες;
2 [1] ἀλλ' οὐδ' εἰ πνεῦμα ἅγιόν ἐστιν ἠκούσαμεν
6 [1] ἦλθεν τὸ πνεῦμα τὸ ἅγιον ἐπ' αὐτούς
20 23 [1] πλὴν ὅτι τ. πνεῦμα τ. ἅγιον κατὰ πόλιν διαμαρτύρεταί μοι
28 [1] ἐν ᾧ ὑμᾶς τ. Πνεῦμα τ. Ἅγιον ἔθετο ἐπισκόπους
21 11 [1] τάδε λέγει τὸ Πνεῦμα τὸ Ἅγιον
28 κεκοίνωκεν τ. ἅγιον τόπον τοῦτον
26 10 [4] κ. πολλούς τε τ. ἁγίων ἐγὼ . . . κατέκλεισα
28 25 [1] καλῶς τὸ Πνεῦμα τὸ Ἅγιον ἐλάλησεν
Ro 1 2 ὃ προεπηγγείλατο . . . ἐν γραφαῖς ἁγίαις
7 [4] πᾶσι τ. οὖσιν ἐν Ῥώμῃ ἀγαπητοῖς Θεοῦ κλητοῖς ἁγίοις
5 5 [1] διὰ πνεύματος ἁγίου τ. δοθέντος ἡμῖν
7 12 ὥστε ὁ μὲν νόμος ἅγιος,
κ. ἡ ἐντολὴ ἁγία κ. δικαία κ. ἀγαθή
8 27 [4] ὅτι κατὰ Θεὸν ἐντυγχάνει ὑπὲρ ἁγίων
9 1 [1] συνμαρτυρούσης μοι τ. συνειδήσεώς μου ἐν πνεύματι ἁγίῳ
11 16 εἰ δὲ ἡ ἀπαρχὴ ἁγία κ. τ. φύραμα·
κ. εἰ ἡ ῥίζα ἁγία κ. οἱ κλάδοι
12 1 θυσίαν ζῶσαν ἁγίαν τ. Θεῷ εὐάρεστον
13 [4] τ. χρείαις τ. ἁγίων κοινωνοῦντες
14 17 [1] δικαιοσύνη κ. εἰρήνη κ. χαρὰ ἐν Πνεύματι Ἁγίῳ
15 13 [1] ἐν δυνάμει πνεύματος ἁγίου
16 [1] ἡγιασμένη ἐν πνεύματι ἁγίῳ
Ro 15 19 [1] ἐν δυνάμει πνεύματος ἁγίου
πν. Θεοῦ, TR mg.;—ἁγίου [WH] R mg. alter
25 [4] πορεύομαι εἰς Ἰερουσαλὴμ διακονῶν τ. ἁγίοις
26 [4] κοινωνίαν τινὰ ποιήσασθαι εἰς τ. πτωχοὺς τ. ἁγίων
31 [4] ἡ διακονία μου . . . εὐπρόσδεκτος τ. ἁγίοις γένηται
16 2 [4] ἵνα προσδέξησθε αὐτὴν ἐν Κυρίῳ ἀξίως τ. ἁγίων
15 [4] κ. τοὺς σὺν αὐτοῖς πάντας ἁγίους
16 ἀσπάσασθε ἀλλήλους ἐν φιλήματι ἁγίῳ
I Co 1 2 [4] ἡγιασμένοις ἐν Χριστῷ Ἰησοῦ κλητοῖς ἁγίοις
3 17 ὁ γὰρ ναὸς τ. Θεοῦ ἅγιός ἐστιν
6 1 [4] κρίνεσθαι ἐπὶ τ. ἀδίκων κ. οὐχὶ ἐπὶ τ. ἁγίων.
2 [4] ἢ οὐκ οἴδατε ὅτι οἱ ἅγιοι τ. κόσμον κρινοῦσιν;
19 [1] τὸ σῶμα ὑμῶν ναὸς τοῦ ἐν ὑμῖν ἁγίου πνεύματός ἐστιν
πν. ἁγ., WH marg.
7 14 νῦν δὲ ἅγιά ἐστιν
34 ἵνα ᾖ ἁγία κ. τ. σώματι κ. τ. πνεύματι
12 3 [1] οὐδεὶς δύναται εἰπεῖν Κύριος Ἰησοῦς, εἰ μὴ ἐν πνεύματι ἁγίῳ
14 33 [4] ὡς ἐν πάσαις τ. ἐκκλησίαις τ. ἁγίων
16 1 [4] περὶ δὲ τ. λογίας τῆς εἰς τ. ἁγίους
15 [4] κ. εἰς διακονίαν τ. ἁγίοις ἔταξαν ἑαυτούς
20 ἀσπάσασθε ἀλλήλους ἐν φιλήματι ἁγίῳ
II Co 1 1 [4] σὺν τ. ἁγίοις πᾶσι τ. οὖσιν ἐν ὅλῃ τ. Ἀχαΐᾳ
6 6 [1] ἐν χρηστότητι ἐν πνεύματι ἁγίῳ
8 4 [4] τ. κοινωνίαν τ. διακονίας τῆς εἰς τ. ἁγίους
9 1 [4] περὶ μὲν γὰρ τ. διακονίας τῆς εἰς τ. ἁγίους
12 [4] προσαναπληροῦσα τὰ ὑστερήματα τ. ἁγίων
13 12 ἀσπάσασθε ἀλλήλους ἐν ἁγίῳ φιλήματι.
[4] ἀσπάζονται ὑμᾶς οἱ ἅγιοι πάντες
13 [1] ἡ κοινωνία τ. Ἁγίου Πνεύματος
Eph 1 1 [4] τ. ἁγίοις τ. οὖσιν ἐν Ἐφέσῳ
4 εἶναι ἡμᾶς ἁγίους κ. ἀμώμους
13 [1] ἐσφραγίσθητε τ. πνεύματι τ. ἐπαγγελίας τ. ἁγίῳ
15 [4] κ. τὴν εἰς πάντας τοὺς ἁγίους
18 [4] τίς ὁ πλοῦτος τ. δόξης τ. κληρονομίας αὐτοῦ ἐν τ. ἁγίοις
2 19 [4] συνπολῖται τ. ἁγίων
21 αὔξει εἰς ναὸν ἅγιον ἐν Κυρίῳ
3 5 ὡς νῦν ἀπεκαλύφθη τ. ἁγίοις ἀποστόλοις αὐτοῦ
8 [4] ἐμοὶ τ. ἐλαχιστοτέρῳ πάντων ἁγίων
18 [4] ἵνα ἐξισχύσητε καταλαβέσθαι σὺν πᾶσι τ. ἁγίοις
4 12 [4] πρὸς τ. καταρτισμὸν τ. ἁγίων
30 [1] μὴ λυπεῖτε τ. Πνεῦμα τ. Ἅγιον τ. Θεοῦ
5 3 [4] καθὼς πρέπει ἁγίοις
27 ἀλλ' ἵνα ᾖ ἁγία κ. ἄμωμος
6 18 [4] ἐν πάσῃ . . . δεήσει περὶ πάντων τ. ἁγίων
Phl 1 1 [4] πᾶσι τ. ἁγίοις ἐν Χριστῷ Ἰησοῦ τ. οὖσιν ἐν Φιλίπποις
4 21 ἀσπάσασθε πάντα ἅγιον ἐν Χριστῷ Ἰησοῦ
22 [4] ἀσπάζονται ὑμᾶς πάντες οἱ ἅγιοι

Col 1 2 [4] τοῖς ἐν Κολοσσαῖς ἁγίοις κ. πιστοῖς ἀδελφοῖς
4 [4] τ. ἀγάπην ἣν ἔχετε εἰς πάντας τ. ἁγίους
12 [4] εἰς τὴν μερίδα τ. κλήρου τ. ἁγίων ἐν τ. φωτί
22 παραστῆσαι ὑμᾶς ἁγίους κ. ἀμώμους
26 [4] νῦν δὲ ἐφανερώθη τ. ἁγίοις αὐτοῦ
3 12 ὡς ἐκλεκτοὶ τ. Θεοῦ ἅγιοι κ. ἠγαπημένοι
I Th 1 5 [1] ἐν δυνάμει κ. ἐν πνεύματι ἁγίῳ
6 [1] ἐν θλίψει πολλῇ μετὰ χαρᾶς πνεύματος ἁγίου
3 13 [4] ἐν τ. παρουσίᾳ τ. Κυρίου ἡμῶν . . . μετὰ πάντων τ. ἁγίων αὐτοῦ
4 8 [1] τ. Θεὸν τ. διδόντα τ. πνεῦμα αὐτοῦ τ. ἅγιον εἰς ὑμᾶς
5 26 ἀσπάσασθε τ. ἀδελφοὺς πάντας ἐν φιλήματι ἁγίῳ
27 ἀναγνωσθῆναι τ. ἐπιστολὴν πᾶσι τ. ἁγίοις ἀδελφοῖς
—ἁγίοις, TWH non mg. R non mg.
II Th 1 10 [4] ὅταν ἔλθῃ ἐνδοξασθῆναι ἐν τ. ἁγίοις αὐτοῦ
I Ti 5 10 [4] εἰ ἁγίων πόδας ἔνιψεν
II Ti 1 9 Θεοῦ τ. σώσαντος ἡμᾶς κ. καλέσαντος κλήσει ἁγίᾳ
14 [1] φύλαξον διὰ πνεύματος ἁγίου τ. ἐνοικοῦντος ἐν ἡμῖν
Tit 3 5 [1] διὰ λουτροῦ παλινγενεσίας κ. ἀνακαινώσεως πνεύματος ἁγίου
Phm 5 [4] ἣν ἔχεις . . . εἰς πάντας τ. ἁγίους
7 [4] ὅτι τὰ σπλάγχνα τ. ἁγίων ἀναπέπαυται διὰ σοῦ
He 2 4 [1] κ. πνεύματος ἁγίου μερισμοῖς
3 1 ὅθεν ἀδελφοὶ ἅγιοι
7 [1] καθὼς λέγει τὸ Πνεῦμα τὸ Ἅγιον
6 4 [1] κ. μετόχους γενηθέντας πνεύματος ἁγίου
10 [4] διακονήσαντες τ. ἁγίοις κ. διακονοῦντες
8 2 τ. ἁγίων λειτουργὸς κ. τ. σκηνῆς τ. ἀληθινῆς
9 1 εἶχεν μὲν οὖν . . . δικαιώματα λατρείας τό τε ἅγιον κοσμικόν
2 ἡ πρόθεσις τ. ἄρτων ἥτις λέγεται Ἅγια
Τὰ ἅγ., WH marg.
3 σκηνὴ ἡ λεγομένη Ἅγια Ἁγίων
Τὰ ἅγ. τῶν ἁγ., WH marg.
8 [1] τοῦτο δηλοῦντος τ. Πνεύματος τ. Ἁγίου μήπω πεφανερῶσθαι τὴν τ. ἁγίων ὁδόν
12 διὰ δὲ τ. ἰδίου αἵματος εἰσῆλθεν ἐφάπαξ εἰς τ. ἅγια
24 [2] οὐ γὰρ εἰς χειροποίητα εἰσῆλθεν ἅγια Χριστός
25 [2] ὥσπερ ὁ ἀρχιερεὺς εἰσέρχεται εἰς τ. ἅγια κατ' ἐνιαυτόν
10 15 [1] μαρτυρεῖ δὲ ἡμῖν κ. τὸ Πνεῦμα τὸ Ἅγιον
19 παρρησίαν εἰς τὴν εἴσοδον τ. ἁγίων
13 11 [2] ὧν γὰρ εἰσφέρεται ζῴων τὸ αἷμα . . . εἰς τ. ἅγια
24 [4] ἀσπάσασθε . . . πάντας τ. ἁγίους
I Pe 1 12 [1] διὰ τ. εὐαγγελισαμένων ὑμᾶς πνεύματι ἁγίῳ ἀποσταλέντι ἀπ' οὐρανοῦ
ἐν πν. ἁγ., T
15 κατὰ τ. καλέσαντα ὑμᾶς ἅγιον

I Pe 1 15 κ. αὐτοὶ ἅγιοι ἐν πάσῃ ἀναστροφῇ γενήθητε
16 ἅγιοι ἔσεσθε ὅτι ἐγὼ ἅγιος
וִהְיִיתֶם קְדֹשִׁים כִּי קָדוֹשׁ אָנִי, Lev. xi. 44
2 5 οἰκοδομεῖσθε οἶκος πνευματικὸς εἰς ἱεράτευμα ἅγιον
9 βασίλειον ἱεράτευμα, ἔθνος ἅγιον
3 5 οὕτω γάρ ποτε κ. αἱ ἅγιαι γυναῖκες αἱ ἐλπίζουσαι εἰς Θεόν
II Pe 1 18 σὺν αὐτῷ ὄντες ἐν τ. ἁγίῳ ὄρει
τ. ὄρ. τῷ ἁγ., T
21 [1] ἀλλὰ ὑπὸ Πνεύματος Ἁγίου φερόμενοι ἐλάλησαν ἀπὸ Θεοῦ
2 21 ὑποστρέψαι ἐκ τ. παραδοθείσης αὐτοῖς ἁγίας ἐντολῆς
3 2 μνησθῆναι τ. προειρημένων ῥημάτων ὑπὸ τ. ἁγίων προφητῶν
11 ποταποὺς δεῖ ὑπάρχειν ὑμᾶς ἐν ἁγίαις ἀναστροφαῖς
I Jo 2 20 κ. ὑμεῖς χρίσμα ἔχετε ἀπὸ τ. ἁγίου
Ju 3 [4] ἀγωνίζεσθαι τῇ ἅπαξ παραδοθείσῃ τ. ἁγίοις πίστει.
14 ἰδού, ἦλθεν Κύριος ἐν ἁγίαις μυριάσιν αὐτοῦ
20 ἐποικοδομοῦντες ἑαυτοὺς τ. ἁγιωτάτῃ ὑμῶν πίστει,
[1] ἐν πνεύματι ἁγίῳ προσευχόμενοι
Re 3 7 τάδε λέγει ὁ ἅγιος ὁ ἀληθινός
ὁ ἀληθ. ὁ ἅγ., WH marg.
4 8 ἅγιος ἅγιος ἅγιος Κύριος ὁ Θεὸς ὁ παντοκράτωρ
5 8 [4] αἵ εἰσιν αἱ προσευχαὶ τ. ἁγίων
6 10 ὁ δεσπότης ὁ ἅγιος κ. ἀληθινός
8 3 [4] ἵνα δώσει τ. προσευχαῖς τ. ἁγίων πάντων
4 [4] ἀνέβη ὁ καπνὸς τ. θυμιαμάτων τ. προσευχαῖς τ. ἁγίων
11 2 τ. πόλιν τ. ἁγίαν πατήσουσιν μῆνας τεσσεράκοντα κ. δύο
18 [4] δοῦναι τ. μίσθον τ. δούλοις σου τ. προφήταις κ. τ. ἁγίοις
13 7 [4] ἐδόθη αὐτῷ ποιῆσαι πόλεμον μετὰ τ. ἁγίων
—h. v., [WH] R marg.
10 [4] ὧδέ ἐστιν ἡ ὑπομονὴ κ. ἡ πίστις τ. ἁγίων
14 10 βασανισθήσεται . . . ἐνώπιον ἀγγέλων ἁγίων
τῶν ἀγγ., dele. ἁγ., WH marg.
12 [4] ὧδε ἡ ὑπομονὴ τ. ἁγίων ἐστίν
16 6 [4] ὅτι αἷμα ἁγίων κ. προφητῶν ἐξέχεαν
17 6 [4] εἶδον τ. γυναῖκα μεθύουσαν ἐκ τ. αἵματος τ. ἁγίων
18 20 [4] εὐφραίνου ἐπ' αὐτῇ, οὐρανέ, κ. οἱ ἅγιοι κ. οἱ ἀπόστολοι
24 [4] ἐν αὐτῇ αἷμα προφητῶν καὶ ἁγίων εὑρέθη
19 8 [4] τὸ γὰρ βύσσινον τὰ δικαιώματα τῶν ἁγίων ἐστίν
20 6 μακάριος κ. ἅγιος ὁ ἔχων μέρος
9 [4] ἐκύκλευσαν τ. παρεμβολὴν τ. ἁγίων
21 2 τ. πόλιν τ. ἁγίαν Ἰερουσαλὴμ καινὴν εἶδον
10 ἔδειξέν μοι τ. πόλιν τ. ἁγίαν Ἰερουσαλήμ

Re 22 11 κ. ὁ ἅγιος ἁγιασθήτω ἔτι
19 ἀφελεῖ ὁ Θεὸς τὸ μέρος αὐτοῦ . . . ἐκ τ. πόλεως τ. ἁγίας
21 [4] ἡ χάρις τ. Κυρίου Ἰησοῦ Χριστοῦ μετὰ τ. ἁγίων
μετὰ πάντων, TR marg.

ʽΑΓΙΟ΄ΤΗΣ**† 41

II Co 1 12 ἐν ἁγιότητι κ. εἰλικρινίᾳ τ. Θεοῦ
He 12 10 εἰς τὸ μεταλαβεῖν τ. ἁγιότητος αὐτοῦ

ʽΑΓΙΩΣΥ΄ΝΗ† 42

Ro 1 4 κατὰ πνεῦμα ἁγιωσύνης
II Co 7 1 ἐπιτελοῦντες ἁγιωσύνην ἐν φόβῳ Θεοῦ
I Th 3 13 εἰς τὸ στηρίξαι ὑμῶν τ. καρδίας ἀμέμπτους ἐν ἁγιωσύνῃ

ʼΑΓΚΑ΄ΛΗ 43

Lu 2 28 αὐτὸς ἐδέξατο αὐτὸ εἰς τ. ἀγκάλας

ʼ΄ΑΓΚΙΣΤΡΟΝ 44

Mt 17 27 πορευθεὶς εἰς θάλασσαν βάλε ἄγκιστρον

ʼ΄ΑΓΚΥΡΑ** 45

Ac 27 29 ἐκ πρύμνης ῥίψαντες ἀγκύρας τέσσαρας
30 ὡς ἐκ πρῴρης ἀγκύρας μελλόντων ἐκτείνειν
40 τ. ἀγκύρας περιελόντες
He 6 19 ἣν ὡς ἄγκυραν ἔχομεν τ. ψύχης

ʼ΄ΑΓΝΑΦΟΣ*† 46

Mt 9 16 οὐδεὶς δὲ ἐπιβάλλει ἐπίβλημα ῥάκους ἀγνάφου
Mk 2 21 οὐδεὶς ἐπίβλημα ῥάκους ἀγνάφου ἐπιράπτει

ʽΑΓΝΕΙ΄Α 47

ἁγνία, WH

I Ti 4 12 ἐν ἀγάπῃ ἐν πίστει ἐν ἁγνείᾳ
5 2 νεωτέρας ὡς ἀδελφὰς ἐν πάσῃ ἁγνείᾳ

ʽΑΓΝΙ΄ΖΩ 48

Jo 11 55 ἵνα ἁγνίσωσιν ἑαυτούς
Ac 21 24 τουτοὺς παραλαβὼν ἁγνίσθητι σὺν αὐτοῖς
26 σὺν αὐτοῖς ἁγνισθεὶς εἰσῄει εἰς τὸ ἱερόν
24 18 ἐν αἷς εὗρόν με ἡγνισμένον ἐν τ. ἱερῷ
Ja 4 8 ἁγνίσατε καρδίας δίψυχοι
I Pe 1 22 τ. ψυχὰς ὑμῶν ἡγνικότες
I Jo 3 3 πᾶς ὁ ἔχων τ. ἐλπίδα ταύτην ἐπʼ αὐτῷ ἁγνίζει ἑαυτόν

ʽΑΓΝΙΣΜΟ΄Σ 49

Ac 21 26 διαγγέλλων τ. ἐκπλήρωσιν τ. ἡμερῶν τ. ἁγνισμοῦ

ʼΑΓΝΟΕ΄Ω 50

Mk 9 32 οἱ δὲ ἠγνόουν τὸ ῥῆμα
Lu 9 45 οἱ δὲ ἠγνόουν τ. ῥῆμα τοῦτο
Ac 13 27 τοῦτον ἀγνοήσαντες
17 23 ὃ οὖν ἀγνοοῦντες εὐσεβεῖτε
Ro 1 13 οὐ θέλω δὲ ὑμᾶς ἀγνοεῖν ἀδελφοί
2 4 ἀγνοῶν ὅτι τὸ χρηστὸν τ. Θεοῦ εἰς μετάνοιάν σε ἄγει
6 3 ἢ ἀγνοεῖτε ὅτι ὅσοι ἐβαπτίσθημεν
7 1 ἢ ἀγνοεῖτε ἀδελφοί
Ro 10 3 ἀγνοοῦντες γὰρ τὴν τ. Θεοῦ δικαιοσύνην
11 25 οὐ γὰρ θέλω ὑμᾶς ἀγνοεῖν ἀδελφοί
I Co 10 1 οὐ θέλω γὰρ ὑμᾶς ἀγνοεῖν ἀδελφοί
12 1 περὶ δὲ τ. πνευματικῶν, ἀδελφοί, οὐ θέλω ὑμᾶς ἀγνοεῖν
14 38 εἰ δέ τις ἀγνοεῖ ἀγνοεῖται
ἀγνοείτω, WH marg. R non mg.
II Co 1 8 οὐ γὰρ θέλομεν ὑμᾶς ἀγνοεῖν ἀδελφοί
2 11 οὐ γὰρ αὐτοῦ τὰ νοήματα ἀγνοοῦμεν
6 9 ὡς ἀγνοούμενοι κ. ἐπιγινωσκόμενοι
Ga 1 22 ἤμην δὲ ἀγνοούμενος τ. προσώπῳ
I Th 4 13 οὐ θέλομεν δὲ ὑμᾶς ἀγνοεῖν ἀδελφοί
I Ti 1 13 ἠλεήθην ὅτι ἀγνοῶν ἐποίησα ἐν ἀπιστίᾳ
He 5 2 μετριοπαθεῖν δυνάμενος τ. ἀγνοοῦσι κ. πλανωμένοις
II Pe 2 12 ἐν οἷς ἀγνοοῦσιν βλασφημοῦντες

ʼΑΓΝΟ΄ΗΜΑ 51

He 9 7 ὃ προσφέρει ὑπὲρ ἑαυτοῦ κ. τῶν τ. λαοῦ ἀγνοημάτων

ʼ΄ΑΓΝΟΙΑ 52

Ac 3 17 οἶδα ὅτι κατὰ ἄγνοιαν ἐπράξατε
17 30 τ. μὲν οὖν χρόνους τ. ἀγνοίας ὑπεριδὼν ὁ Θεός
Eph 4 18 ἀπηλλοτριωμένοι . . . διὰ τ. ἄγνοιαν τ. οὖσαν ἐν αὐτοῖς
I Pe 1 14 μὴ συνσχηματιζόμενοι ταῖς πρότερον ἐν τ. ἀγνοίᾳ ὑμῶν ἐπιθυμίαις

ʽΑΓΝΟ΄Σ 53

II Co 7 11 ἐν παντὶ συνεστήσατε ἑαυτοὺς ἁγνοὺς εἶναι τῷ πράγματι
11 2 παρθένον ἁγνὴν παραστῆσαι τ. Χριστῷ
Phl 4 8 ὅσα ἐστὶν ἀληθῆ . . . ὅσα δίκαια ὅσα ἁγνά
I Ti 5 22 σεαυτὸν ἁγνὸν τήρει
Tit 2 5 τὰς νέας φιλάνδρους εἶναι . . . σώφρονας ἁγνὰς οἰκουργούς
Ja 3 17 ἡ δὲ ἄνωθεν σοφία πρῶτον μὲν ἁγνή ἐστιν
I Pe 3 2 ἐποπτεύσαντες τὴν ἐν φόβῳ ἁγνὴν ἀναστροφὴν ὑμῶν
I Jo 3 3 ἁγνίζει ἑαυτὸν καθὼς ἐκεῖνος ἁγνός ἐστιν

ʽΑΓΝΟ΄ΤΗΣ*† 54

II Co 6 6 ἐν νηστείαις ἐν ἁγνότητι ἐν γνώσει
11 3 μή πως . . . φθαρῇ τ. νοήματα ὑμῶν ἀπὸ τ. ἁπλότητος κ. τ. ἁγνότητος
—κ. τ. ἁγν., T [WH]

ʽΑΓΝΩ΄Σ* 55

Phl 1 17 οἱ δὲ ἐξ ἐριθίας τ. Χριστὸν καταγγέλλουσιν οὐχ ἁγνῶς

ʼΑΓΝΩΣΙ΄Α 56

I Co 15 34 ἀγνωσίαν γὰρ Θεοῦ τινὲς ἔχουσι
I Pe 2 15 ἀγαθοποιοῦντας φιμοῖν τὴν τ. ἀφρόνων ἀνθρώπων ἀγνωσίαν

ʼ΄ΑΓΝΩΣΤΟΣ** 57

Ac 17 23 βωμὸν ἐν ᾧ ἐπεγέγραπτο Ἀγνώστῳ Θεῷ

ʼΑΓΟΡΑʹ 58

Mt 11 16 ὁμοία ἐστὶ παιδίοις καθημένοις ἐν τ. ἀγοραῖς
20 3 εἶδεν ἄλλους ἑστῶτας ἐν τ. ἀγορᾷ ἀργούς
23 7 φιλοῦσι δὲ . . . τ. ἀσπασμοὺς ἐν τ. ἀγοραῖς
Mk 6 56 ἐν τ. ἀγοραῖς ἐτίθεσαν τ. ἀσθενοῦντας
πλατείαις, WH mg.
7 4 ἀπ᾽ ἀγορᾶς ἐὰν μὴ ῥαντίσωνται οὐκ ἐσθίουσιν
ἀπὸ ἀγ., T
12 38 τ. θελόντων ἐν στολαῖς περιπατεῖν κ. ἀσπασμοὺς ἐν τ. ἀγοραῖς
Lu 7 32 ὅμοιοί εἰσιν παιδίοις τοῖς ἐν ἀγορᾷ καθημένοις
11 43 ὅτι ἀγαπᾶτε . . . τ. ἀσπασμοὺς ἐν τ. ἀγοραῖς
20 46 κ. φιλούντων ἀσπασμοὺς ἐν τ. ἀγοραῖς
Ac 16 19 εἵλκυσαν εἰς τ. ἀγορὰν ἐπὶ τ. ἄρχοντας
17 17 διελέγετο μὲν οὖν . . . ἐν τ. ἀγορᾷ κατὰ πᾶσαν ἡμέραν

ʼΑΓΟΡΑʹΖΩ 59

(1) metaph.

Mt 13 44 ἀγοράζει τ. ἀγρὸν ἐκεῖνον
46 πέπρακεν πάντα ὅσα εἶχεν κ. ἠγόρασεν αὐτόν
14 15 ἵνα . . . ἀγοράσωσιν ἑαυτοῖς βρώματα
21 12 ἐξέβαλεν πάντας τ. πωλοῦντας κ. ἀγοράζοντας ἐν τ. ἱερῷ
25 9 πορεύεσθε . . . πρὸς τ. πωλοῦντας κ. ἀγοράσατε ἑαυταῖς.
10 ἀπερχομένων δὲ αὐτῶν ἀγοράσαι
27 7 ἠγόρασαν ἐξ αὐτῶν τ. ἀγρὸν τ. κεραμέως
Mk 6 36 ἵνα ἀπελθόντες . . . ἀγοράσωσιν ἑαυτοῖς
37 ἀπελθόντες ἀγοράσωμεν δηναρίων διακοσίων ἄρτους
11 15 ἤρξατο ἐκβάλλειν τ. πωλοῦντας κ. τ. ἀγοράζοντας ἐν τ. ἱερῷ
15 46 κ. ἀγοράσας σινδόνα
16 1 Μαρία ἡ τ. Ἰακώβου κ. Σαλώμη ἠγόρασαν ἀρώματα
Lu 9 13 εἰ μήτι πορευθέντες ἡμεῖς ἀγοράσωμεν . . . βρώματα
14 18 ὁ πρῶτος εἶπεν αὐτῷ Ἀγρὸν ἠγόρασα
19 κ. ἕτερος εἶπεν Ζεύγη βοῶν ἠγόρασα πέντε
17 28 ἤσθιον ἔπινον ἠγόραζον
22 36 κ. ὁ μὴ ἔχων . . . ἀγορασάτω μάχαιραν
Jo 4 8 ἵνα τροφὰς ἀγοράσωσιν
6 5 πόθεν ἀγοράσωμεν ἄρτους
13 29 ἀγόρασον ὧν χρείαν ἔχομεν εἰς τ. ἑορτήν
I Co 6 20 [1] ἠγοράσθητε γὰρ τιμῆς
7 23 [1] τιμῆς ἠγοράσθητε
30 οἱ ἀγοράζοντες ὡς μὴ κατέχοντες
II Pe 2 1 [1] κ. τ. ἀγοράσαντα αὐτοὺς δεσπότην ἀρνούμενοι
Re 3 18 συμβουλεύω σοι ἀγοράσαι παρ᾽ ἐμοῦ χρυσίον
5 9 [1] ἠγόρασας τ. Θεῷ ἐν τ. αἵματί σου
13 17 ἵνα μή τις δύνηται ἀγοράσαι ἢ πωλῆσαι
14 3 [1] οἱ ἠγορασμένοι ἀπὸ τ. γῆς
4 [1] οὗτοι ἠγοράσθησαν ἀπὸ τ. ἀνθρώπων
18 11 ὅτι τ. γόμον αὐτῶν οὐδεὶς ἀγοράζει οὐκέτι

ʼΑΓΟΡΑΙ̑ΟΣ* 60

Ac 17 5 προσλαβόμενοι τ. ἀγοραίων ἄνδρας τινὰς πονηρούς
19 38 ἀγοραῖοι ἄγονται

ʼΑΓΡΑ* 61

Lu 5 4 χαλάσατε τὰ δίκτυα ὑμῶν εἰς ἄγραν
9 θάμβος γὰρ περιέσχεν αὐτὸν . . . ἐπὶ τ. ἄγρᾳ τ. ἰχθύων

ʼΑΓΡΑʹΜΜΑΤΟΣ* 62

Ac 4 13 καταλαβόμενοι ὅτι ἄνθρωποι ἀγράμματοί εἰσιν

ʼΑΓΡΑΥΛΕʹΩ* 63

Lu 2 8 ποιμένες ἦσαν ἐν τ. χώρᾳ τ. αὐτῇ ἀγραυλοῦντες

ʼΑΓΡΕΥʹΩ 64

Mk 12 13 ἵνα αὐτὸν ἀγρεύσωσιν λόγῳ

ʼΑΓΡΙΕʹΛΑΙΟΣ* 65

Ro 11 17 σὺ δὲ ἀγριέλαιος ὢν ἐνεκεντρίσθης ἐν αὐτοῖς
24 εἰ γὰρ σὺ ἐκ τῆς κατὰ φύσιν ἐξεκόπης ἀγριελαίου

ʼΑΓΡΙΟΣ 66

Mt 3 4 ἡ δὲ τροφὴ ἦν αὐτοῦ ἀκρίδες κ. μέλι ἄγριον
Mk 1 6 ἔσθων ἀκρίδας κ. μέλι ἄγριον
Ju 13 κύματα ἄγρια θαλάσσης

ʼΑΓΡΙʹΠΠΑΣ 67

Ac 25 13 Ἀγρίππας ὁ βασίλευς κ. Βερνίκη κατήντησαν εἰς Καισαρίαν
22 Ἀγρίππας δὲ πρὸς τ. Φῆστον
23 τῇ δὲ ἐπαύριον ἐλθόντος τ. Ἀγρίππα κ. τ. Βερνίκης
24 Ἀγρίππα βασιλεῦ κ. πάντες οἱ συνπαρόντες ἡμῖν ἄνδρες
26 κ. μάλιστα ἐπὶ σοῦ βασιλεῦ Ἀγρίππα
26 1 Ἀγρίππας δὲ πρὸς τ. Παῦλον ἔφη
2 περὶ πάντων ὧν ἐγκαλοῦμαι ὑπὸ Ἰουδαίων βασιλεῦ Ἀγρίππα
19 ὅθεν βασιλεῦ Ἀγρίππα
27 πιστεύεις βασιλεῦ Ἀγρίππα τ. προφήταις;
28 ὁ δὲ Ἀγρίππας πρὸς τ. Παῦλον
32 Ἀγρίππας δὲ τ. Φήστῳ ἔφη

ʼΑΓΡΟʹΣ 68

(1) ἀγροί

Mt 6 28 καταμάθετε τὰ κρίνα τ. ἀγροῦ
30 εἰ δὲ τ. χόρτον τ. ἀγροῦ . . . ὁ Θεὸς οὕτως ἀμφιέννυσιν
13 24 ἀνθρώπῳ σπείραντι καλὸν σπέρμα ἐν τ. ἀγρῷ αὐτοῦ
27 οὐχὶ καλὸν σπέρμα ἔσπειρας ἐν τ. σῷ ἀγρῷ;
31 ὃν λαβὼν ἄνθρωπος ἔσπειρεν ἐν τ. ἀγρῷ αὐτοῦ
36 διασάφησον ἡμῖν τ. παραβολὴν τ. ζιζανίων τ. ἀγροῦ
38 ὁ δὲ ἀγρός ἐστιν ὁ κόσμος
44 ὁμοία . . . θησαυρῷ κεκρυμμένῳ ἐν τ. ἀγρῷ
44 ἀγοράζει τ. ἀγρὸν ἐκεῖνον

Mt 19 29 ¹ πᾶς ὅστις ἀφῆκεν οἰκίας . . ἢ τέκνα ἢ ἀγρούς
22 5 ὃς μὲν εἰς τ. ἴδιον ἀγρόν
24 18 κ. ὁ ἐν τ. ἀγρῷ μὴ ἐπιστρεψάτω ὀπίσω
40 τότε ἔσονται δύο ἐν τῷ ἀγρῷ
27 7 ἠγόρασαν ἐξ αὐτῶν τ. ἀγρὸν τ. κεραμέως
8 διὸ ἐκλήθη ὁ ἀγρὸς ἐκεῖνος ἀγρὸς αἵματος
10 κ. ἔδωκαν αὐτὰ εἰς τ. ἀγρὸν τ. κεραμέως
וָאַשְׁלִיךְ אֹתוֹ . . . אֶל־הַיּוֹצֵר, Zech. xi. 13
Mk 5 14 ¹ ἀπήγγειλαν εἰς τ. πόλιν κ. εἰς τ. ἀγρούς
6 36 ¹ ἵνα ἀπελθόντες εἰς τ. κύκλῳ ἀγρους κ. κώμας
56 ¹ ὅπου ἂν εἰσεπορεύετο εἰς κώμας ἢ εἰς πόλεις ἢ εἰς ἀγρούς
10 29 ¹ οὐδείς ἐστιν ὃς ἀφῆκεν οἰκίαν . . . ἢ τέκνα ἢ ἀγρούς
30 ¹ ἐὰν μὴ λάβῃ ἑκατονταπλασίονα νῦν . . . κ. τέκνα κ. ἀγρούς
11 8 ¹ ἄλλοι δὲ στοιβάδας κόψαντες ἐκ τ. ἀγρῶν
13 16 ὁ εἰς τ. ἀγρὸν μὴ ἐπιστρεψάτω εἰς τὰ ὀπίσω
15 21 παράγοντά τινα Σίμωνα Κυρηναῖον ἐρχόμενον ἀπ᾽ ἀγροῦ
16 [12 δυσὶν ἐξ αὐτῶν περιπατοῦσιν ἐφανερώθη . . . πορευομένοις εἰς ἀγρόν
Lu 8 34 ¹ ἀπήγγειλαν εἰς τ. πόλιν κ. εἰς τ. ἀγρούς
9 12 ¹ ἵνα πορευθέντες εἰς τ. κύκλῳ κώμας κ. ἀγρούς
12 28 εἰ δὲ ἐν ἀγρῷ τ. χόρτον ὄντα σήμερον
14 18 ὁ πρῶτος εἶπεν αὐτῷ Ἀγρὸν ἠγόρασα
15 15 ¹ ἔπεμψεν αὐτὸν εἰς τ. ἀγροὺς αὐτοῦ
25 ἦν δὲ ὁ υἱὸς αὐτοῦ ὁ πρεσβύτερος ἐν ἀγρῷ
17 7 ὃς εἰσελθόντι ἐκ τ. ἀγροῦ ἐρεῖ αὐτῷ εὐθέως
31 κ. ὁ ἐν ἀγρῷ ὁμοίως μὴ ἐπιστρεψάτω εἰς τὰ ὀπίσω
36 δύο ἔσονται ἐν τ. ἀγρῷ
—h. v., TWHR non mg.
23 26 ἐπιλαβόμενοι Σίμωνά τινα Κυρηναῖον ἐρχόμενον ἀπ᾽ ἀγροῦ
Ac 4 37 ὑπάρχοντος αὐτῷ ἀγροῦ

ἈΓΡΥΠΝΈΩ 69

Mk 13 33 βλέπετε ἀγρυπνεῖτε
Lu 21 36 ἀγρυπνεῖτε δὲ ἐν παντὶ καιρῷ δεόμενοι
Eph 6 18 εἰς αὐτὸ ἀγρυπνοῦντες ἐν πάσῃ προσκαρτερήσει
He 13 17 αὐτοὶ γὰρ ἀγρυπνοῦσιν ὑπὲρ τ. ψυχῶν ὑμῶν

ἈΓΡΥΠΝΊΑ** 70

II Co 6 5 ἐν κόποις ἐν ἀγρυπνίαις ἐν νηστείαις
11 27 ἐν ἀγρυπνίαις πολλάκις

ἌΓΩ 71

(1) ἄγωμεν (2) ἄγ. ἡμέραν

Mt 10 18 κ. ἐπὶ ἡγεμόνας δὲ κ. βασιλεῖς ἀχθήσεσθε
21 2 λύσαντες ἀγάγετέ μοι
ἄγετέ, WH mg.
7 ἤγαγον τὴν ὄνον κ. τὸν πῶλον
26 46 ¹ ἐγείρεσθε ἄγωμεν
Mk 1 38 ¹ ἄγωμεν ἀλλαχοῦ εἰς τ. ἐχομένας κωμοπόλεις
13 11 καὶ ὅταν ἄγωσιν ὑμᾶς παραδιδόντες
Mk 14 42 ¹ ἐγείρεσθε ἄγωμεν
Lu 4 1 ἤγετο ἐν τ. πνεύματι ἐν τῇ ἐρήμῳ
9 ἤγαγεν δὲ αὐτὸν εἰς Ἰερουσαλήμ
29 ἤγαγον αὐτὸν ἕως ὀφρύος τ. ὄρους
40 ὅσοι εἶχον ἀσθενοῦντας . . ἤγαγον αὐτοὺς πρὸς αὐτόν
10 34 ἤγαγεν αὐτὸν εἰς πανδοχεῖον
18 40 ἐκέλευσεν αὐτὸν ἀχθῆναι πρὸς αὐτόν
19 27 πλὴν τ. ἐχθρούς μου τούτους . . . ἀγάγετε ὧδε
30 κ. λύσαντες αὐτὸν ἀγάγετε
35 ἤγαγον αὐτὸν πρὸς τ. Ἰησοῦν
22 54 συλλαβόντες δὲ αὐτὸν ἤγαγον
23 1 ἤγαγον αὐτὸν ἐπὶ τ. Πειλᾶτον
32 ἤγοντο δὲ κ. ἕτεροι κακοῦργοι δύο
24 21 ² τρίτην ταύτην ἡμέραν ἄγει
Jo 1 42 ἤγαγεν αὐτὸν πρὸς τ. Ἰησοῦν
7 45 διὰ τί οὐκ ἠγάγετε αὐτόν;
8 [3 ἄγουσι δὲ οἱ γραμματεῖς κ. οἱ Φαρισαῖοι γυναῖκα
9 13 ἄγουσιν αὐτὸν πρὸς τ. Φαρισαίους
10 16 κἀκεῖνα δεῖ με ἀγαγεῖν
11 7 ¹ ἄγωμεν εἰς τ. Ἰουδαίαν πάλιν
15 ¹ ἀλλὰ ἄγωμεν πρὸς αὐτόν
16 ¹ ἄγωμεν κ. ἡμεῖς
14 31 ¹ ἐγείρεσθε ἄγωμεν ἐντεῦθεν
18 13 κ. ἤγαγον πρὸς Ἄνναν πρῶτον
28 ἄγουσιν οὖν τ. Ἰησοῦν ἀπὸ τ. Καιάφα
19 4 ἴδε ἄγω ὑμῖν αὐτὸν ἔξω
13 ἤγαγεν ἔξω τ. Ἰησοῦν
Ac 5 21 ἀπέστειλαν εἰς τ. δεσμωτήριον ἀχθῆναι αὐτούς
26 ἦγεν αὐτοὺς οὐ μετὰ βίας
27 ἀγαγόντες δὲ αὐτούς
6 12 ἤγαγον εἰς τὸ συνέδριον
8 32 ὡς πρόβατον ἐπὶ σφαγὴν ἤχθη
כַּשֶּׂה לַטֶּבַח יוּבָל, Is. liii. 7
9 2 ὅπως δεδεμένους ἀγάγῃ εἰς Ἰερουσαλήμ
21 ἵνα δεδεμένους αὐτοὺς ἀγάγῃ ἐπὶ τ. ἀρχιερεῖς
27 ἤγαγεν πρὸς τ. ἀποστόλους
11 26 κ. εὑρὼν ἤγαγεν εἰς Ἀντιόχειαν
13 23 ἤγαγεν τῷ Ἰσραὴλ σωτῆρα Ἰησοῦν
17 15 ἤγαγον ἕως Ἀθηνῶν
19 ἐπὶ τ. Ἄρειον Πάγον ἤγαγον
18 12 ἤγαγον αὐτὸν ἐπὶ τὸ βῆμα
19 37 ἠγάγετε γὰρ τ. ἄνδρας τούτους
38 ² ἀγοραῖοι ἄγονται
20 12 ἤγαγον δὲ τ. παῖδα ζῶντα
21 16 ἄγοντες παρ᾽ ᾧ ξενισθῶμεν
34 ἐκέλευσεν ἄγεσθαι αὐτὸν εἰς τ. παρεμβολήν
22 5 ἄξων κ. τοὺς ἐκεῖσε ὄντας
23 10 ἄγειν τε εἰς τ. παρεμβολήν
18 ὁ μὲν οὖν παραλαβὼν αὐτὸν ἤγαγεν πρὸς τ. χιλίαρχον
18 ἠρώτησεν τοῦτον τ. νεανίαν ἀγαγεῖν πρὸς σέ
31 ἤγαγον διὰ νυκτὸς εἰς τ. Ἀντιπατρίδα
25 6 ἐκέλευσεν τ. Παῦλον ἀχθῆναι
17 ἐκέλευσα ἀχθῆναι τ. ἄνδρα
23 κελεύσαντος τ. Φήστου ἤχθη ὁ Παῦλος
Ro 2 4 ἀγνοῶν ὅτι τὸ χρηστὸν τ. Θεοῦ εἰς μετάνοιάν σε ἄγει
8 14 ὅσοι γὰρ πνεύματι Θεοῦ ἄγονται

I Co 12 2 πρὸς τ. εἴδωλα τ. ἄφωνα ὡς ἂν ἤγεσθε ἀπαγόμενοι
Ga 5 18 εἰ δὲ πνεύματι ἄγεσθε
I Th 4 14 τ. κοιμηθέντας διὰ τ. Ἰησοῦ ἄξει σὺν αὐτῷ
II Ti 3 6 ἀγόμενα ἐπιθυμίαις ποικίλαις
4 11 Μάρκον ἀναλαβὼν ἄγε μετὰ σεαυτοῦ
He 2 10 πολλοὺς υἱοὺς εἰς δόξαν ἀγαγόντα

ἈΓΩΓΗ΄ 72

II Ti 3 10 σὺ δὲ παρηκολούθησάς μου τ. διδασκαλίᾳ τ. ἀγωγῇ

ἈΓΩ΄Ν 73

Phl 1 30 τ. αὐτὸν ἀγῶνα ἔχοντες
Col 2 1 ἡλίκον ἀγῶνα ἔχω ὑπὲρ ὑμῶν
I Th 2 2 λαλῆσαι . . . τὸ εὐαγγέλιον τ. Θεοῦ ἐν πολλῷ ἀγῶνι
I Ti 6 12 ἀγωνίζου τ. καλὸν ἀγῶνα τ. πίστεως
II Ti 4 7 τ. καλὸν ἀγῶνα ἠγώνισμαι
He 12 1 δι' ὑπομονῆς τρέχωμεν τ. προκείμενον ἡμῖν ἀγῶνα

ἈΓΩΝΙ΄Α** 74

Lu 22 44 κ. γενόμενος ἐν ἀγωνίᾳ
—h. v., [[WH]] R mg.

ἈΓΩΝΙ΄ΖΟΜΑΙ** 75

Lu 13 24 ἀγωνιζεσθε εἰσελθεῖν διὰ τ. στενῆς θύρας
Jo 18 36 οἱ ὑπηρέται οἱ ἐμοὶ ἠγωνίζοντο ἄν
ἂν οἱ ἐμ. ἠγ., T
I Co 9 25 πᾶς δὲ ὁ ἀγωνιζόμενος
Col 1 29 ἀγωνιζόμενος κατὰ τ. ἐνέργειαν αὐτοῦ
4 12 πάντοτε ἀγωνιζόμενος ὑπὲρ ὑμῶν ἐν τ. προσευχαῖς
I Ti 4 10 εἰς τοῦτο γὰρ κοπιῶμεν κ. ἀγωνιζόμεθα
ὀνειδιζόμεθα, WH mg.
6 12 ἀγωνίζου τ. καλὸν ἀγῶνα τ. πίστεως
II Ti 4 7 τ. καλὸν ἀγῶνα ἠγώνισμαι

ἈΔΑ΄Μ 76

Lu 3 38 τοῦ Σὴθ τοῦ Ἀδὰμ τοῦ Θεοῦ
Ro 5 14 ἐβασίλευσεν ὁ θάνατος ἀπὸ Ἀ. μέχρι Μωυσέως
14 ἐπὶ τ. ὁμοιώματι τ. παραβάσεως Ἀδάμ.
I Co 15 22 ὥσπερ γὰρ ἐν τῷ Ἀ. πάντες ἀποθνήσκουσιν
45 ἐγένετο ὁ πρῶτος ἄνθρωπος Ἀ. εἰς ψυχὴν ζῶσαν·
וַיְהִי הָאָדָם לְנֶפֶשׁ חַיָּה, Gen. ii. 7
ὁ ἔσχατος Ἀ. εἰς πνεῦμα ζωοποιοῦν
I Ti 2 13 Ἀ. γὰρ πρῶτος ἐπλάσθη εἶτα Εὔα·
14 κ. Ἀ. οὐκ ἠπατήθη
Ju 14 ἐπροφήτευσεν δὲ κ. τούτοις ἕβδομος ἀπὸ Ἀ. Ἐνώχ
Cf. sub Ἀδμείν

ἈΔΑ΄ΠΑΝΟΣ* 77

I Co 9 18 ἵνα εὐαγγελιζόμενος ἀδάπανον θήσω τὸ εὐαγγέλιον

ἈΔΔΕΙ΄ 78

Lu 3 28 τοῦ Μελχεὶ τοῦ Ἀδδεὶ τοῦ Κωσάμ

ἈΔΕΛΦΗ΄ 79

Mt 12 50 αὐτός μου ἀδελφὸς κ. ἀδελφὴ κ. μήτηρ ἐστίν
13 56 αἱ ἀδελφαὶ αὐτοῦ οὐχὶ πᾶσαι πρὸς ἡμᾶς εἰσίν;
19 29 πᾶς ὅστις ἀφῆκεν οἰκίας ἢ ἀδελφοὺς ἢ ἀδελφάς
Mk 3 32 ἰδοὺ ἡ μήτηρ σου κ. οἱ ἀδελφοί σου καὶ αἱ ἀδελφαί σου
—κ. αἱ ἀδ. σ., WH non mg. R
35 οὗτος ἀδελφός μου κ. ἀδελφὴ κ. μήτηρ ἐστίν
6 3 οὐκ εἰσὶν αἱ ἀδελφαὶ αὐτοῦ ὧδε πρὸς ἡμᾶς
10 29 οὐδείς ἐστιν ὃς ἀφῆκεν οἰκίαν ἢ ἀδελφοὺς ἢ ἀδελφάς
30 ἐὰν μὴ λάβῃ ἑκατονταπλασίονα νῦν . . . οἰκίας κ. ἀδελφοὺς κ. ἀδελφάς
Lu 10 39 κ. τῇδε ἦν ἀδελφὴ καλουμένη Μαριάμ
40 ἡ ἀδελφή μου μόνην με κατέλειπεν διακονεῖν
14 26 κ. οὐ μισεῖ τ. πατέρα ἑαυτοῦ . . . κ. τ. ἀδελφοὺς κ. τ. ἀδελφάς
Jo 11 1 ἐκ τ. κώμης Μαρίας κ. Μάρθας τ. ἀδελφῆς αὐτῆς
3 ἀπέστειλαν οὖν αἱ ἀδελφαὶ πρὸς αὐτόν
5 ἠγάπα δὲ ὁ Ἰησοῦς τ. Μάρθαν κ. τ. ἀδελφὴν αὐτῆς
28 ἐφώνησεν Μαριὰμ τ. ἀδελφὴν αὐτῆς λάθρα
39 λέγει αὐτῷ ἡ ἀδελφὴ τ. τετελευτηκότος Μάρθα
19 25 ἡ μήτηρ αὐτοῦ κ. ἡ ἀδελφὴ τ. μητρὸς αὐτοῦ
Ac 23 16 ἀκούσας δὲ ὁ υἱὸς τ. ἀδελφῆς Παύλου τ. ἐνέδραν
Ro 16 1 συνίστημι δὲ ὑμῖν Φοίβην τ. ἀδελφὴν ἡμῶν
15 ἀσπάσασθε . . . Νηρέα κ. τ. ἀδελφὴν αὐτοῦ
I Co 7 15 οὐ δεδούλωται ὁ ἀδελφὸς ἢ ἡ ἀδελφὴ ἐν τ. τοιούτοις
9 5 μὴ οὐκ ἔχομεν ἐξουσίαν ἀδελφὴν γυναῖκα περιάγειν
I Ti 5 2 νεωτέρας ὡς ἀδελφὰς ἐν πάσῃ ἁγνίᾳ
Phm 2 κ. Ἀπφίᾳ τ. ἀδελφῇ
Ja 2 15 ἐὰν ἀδελφὸς ἢ ἀδελφὴ γυμνοὶ ὑπάρχωσιν
II Jo 13 ἀσπάζεταί σε τὰ τέκνα τ. ἀδελφῆς σου τ. ἐκλεκτῆς

ἈΔΕΛΦΟ΄Σ 80

(1) ἀδελφ. τ. Κυρίου (2) ἄνδρες ἀδελφοί

Mt 1 2 Ἰακὼβ δὲ ἐγέννησεν τ. Ἰούδαν κ. τ. ἀδελφοὺς αὐτοῦ
11 Ἰωσείας δὲ ἐγέννησεν τ. Ἰεχονίαν κ. τ. ἀδελφοὺς αὐτοῦ
4 18 περιπατῶν δὲ . . . εἶδεν δύο ἀδελφούς, Σίμωνα τ. λεγόμενον Πέτρον κ. Ἀνδρέαν τ. ἀδελφὸν αὐτοῦ
21 προβὰς ἐκεῖθεν εἶδεν ἄλλους δύο ἀδελφούς,
Ἰάκωβον τὸν τ. Ζεβεδαίου κ. Ἰωάνην τ. ἀδελφὸν αὐτοῦ
5 22 πᾶς ὁ ὀργιζόμενος τ. ἀδελφῷ αὐτοῦ

Mt 5 22 ὃς δ᾽ ἂν εἴπῃ τ. ἀδελφῷ αὐτοῦ Ῥακά
23 κἀκεῖ μνησθῇς ὅτι ὁ ἀδελφός σου ἔχει τὶ κατὰ σοῦ
24 πρῶτον διαλλάγηθι τ. ἀδελφῷ σου
47 ἐὰν ἀσπάσησθε τ. ἀδελφοὺς ὑμῶν μόνον
7 3 τὸ κάρφος τὸ ἐν τ. ὀφθαλμῷ τ. ἀδελφοῦ σου
4 ἢ πῶς ἐρεῖς τ. ἀδελφῷ σου
5 διαβλέψεις ἐκβαλεῖν τὸ κάρφος ἐκ τ. ὀφθαλμοῦ τ. ἀδελφοῦ σου
10 2 Σίμων ὁ λεγόμενος Πέτρος κ. Ἀνδρέας ὁ ἀδελφὸς αὐτοῦ,
κ. Ἰάκωβος ὁ τ. Ζεβεδαίου κ. Ἰωάνης ὁ ἀδελφὸς αὐτοῦ
21 παραδώσει δὲ ἀδελφὸς ἀδελφὸν εἰς θάνατον
12 46 [1] ἡ μήτηρ κ. οἱ ἀδελφοὶ αὐτοῦ εἱστήκεισαν ἔξω
47 [1] ἡ μήτηρ σου κ. οἱ ἀδελφοί σου ἔξω ἑστήκασιν
—h. v., [T] WH non mg. R marg.
48 [1] κ. τίνες εἰσὶν οἱ ἀδελφοί μου;
49 [1] ἰδοὺ ἡ μήτηρ μου κ. οἱ ἀδελφοί μου
50 αὐτός μου ἀδελφὸς κ. ἀδελφὴ κ. μήτηρ ἐστίν
13 55 [1] κ. οἱ ἀδελφοὶ αὐτοῦ Ἰάκωβος καὶ Ἰωσὴφ
14 3 διὰ Ἡρῳδιάδα τ. γυναῖκα Φιλίππου τ. ἀδελφοῦ αὐτοῦ
17 1 παραλαμβάνει . . . Ἰάκωβον κ. Ἰωάνην τ. ἀδελφὸν αὐτοῦ
18 15 ἐὰν δὲ ἁμαρτήσῃ ὁ ἀδελφός σου
15 ἐκέρδησας τ. ἀδελφόν σου
21 ποσάκις ἁμαρτήσει εἰς ἐμὲ ὁ ἀδελφός μου
35 ἐὰν μὴ ἀφῆτε ἕκαστος τ. ἀδελφῷ αὐτοῦ
19 29 πᾶς ὅστις ἀφῆκεν οἰκίας ἢ ἀδελφούς
20 24 ἠγανάκτησαν περὶ τ. δύο ἀδελφῶν
22 24 ἐπιγαμβρεύσει ὁ ἀδελφὸς αὐτοῦ τ. γυναῖκα αὐτοῦ,

יְבָמָהּ יָבֹא עָלֶיהָ וּלְקָחָהּ לוֹ לְאִשָּׁה
Deut. xxv. 5

κ. ἀναστήσει σπέρμα τ. ἀδελφῷ αὐτοῦ
וְיִבְּמָהּ, Deut. *l.c.*
25 ἦσαν δὲ παρ᾽ ἡμῖν ἑπτὰ ἀδελφοί
25 ἀφῆκεν τ. γυναῖκα αὐτοῦ τ. ἀδελφῷ αὐτοῦ
23 8 πάντες δὲ ὑμεῖς ἀδελφοί ἐστε
25 40 ἐφ᾽ ὅσον ἐποιήσατε ἑνὶ τούτων τ. ἀδελφῶν μου τ. ἐλαχίστων
28 10 [1] ἀπαγγείλατε τ. ἀδελφοῖς μου
Mk 1 16 εἶδεν Σίμωνα κ. Ἀνδρέαν τ. ἀδελφὸν Σίμωνος
19 εἶδεν Ἰάκωβον τὸν τ. Ζεβεδαίου κ. Ἰωάνην τ. ἀδελφὸν αὐτοῦ
3 17 Ἰωάνην τ. ἀδελφὸν τ. Ἰακώβου
31 [1] ἔρχονται ἡ μήτηρ αὐτοῦ κ. οἱ ἀδελφοὶ αὐτοῦ
32 [1] ἡ μήτηρ σου κ. οἱ ἀδελφοί σου ἔξω ζητοῦσίν σε
33 τίς ἐστιν ἡ μήτηρ μου κ. οἱ ἀδελφοί μου
—μου (2), WH
34 [1] ἴδε ἡ μήτηρ μου κ. οἱ ἀδελφοί μου
35 οὗτος ἀδελφός μου κ. ἀδελφὴ κ. μήτηρ ἐστίν
5 37 Ἰωάνην τ. ἀδελφὸν Ἰακώβου
6 3 κ. ἀδελφὸς Ἰακώβου κ. Ἰωσῆτος

Mk 6 17 διὰ Ἡρῳδιάδα τ. γυναῖκα Φιλίππου τ. ἀδελφοῦ αὐτοῦ
18 οὐκ ἔξεστίν σοι ἔχειν τ. γυναῖκα τ. ἀδελφοῦ σου
10 29 οὐδείς ἐστιν ὃς ἀφῆκεν οἰκίαν ἢ ἀδελφοὺς ἢ ἀδελφάς
30 ἐὰν μὴ λάβῃ ἑκατονταπλασίονα νῦν . . . οἰκίας κ. ἀδελφοὺς κ. ἀδελφάς
ἀδελφὰς κ. ἀδ., WH mg.
12 19 ὅτι ἐάν τινος ἀδελφὸς ἀποθάνῃ, Deut. xxv. 5
19 ἵνα λάβῃ ὁ ἀδελφὸς αὐτοῦ τ. γυναῖκα, κ. ἐξαναστήσῃ σπέρμα τ. ἀδελφῷ αὐτοῦ.
20 ἑπτὰ ἀδελφοὶ ἦσαν
13 12 κ. παραδώσει ἀδελφὸς ἀδελφὸν εἰς θάνατον
Lu 3 1 Φιλίππου δὲ τ. ἀδελφοῦ αὐτοῦ τετρααρχοῦντος τ. Ἰτουραίας
19 περὶ Ἡρῳδιάδος τ. γυναικὸς τ. ἀδελφοῦ αὐτοῦ
6 14 Σίμωνα . . . κ. Ἀνδρέαν τ. ἀδελφὸν αὐτοῦ
41 τὸ κάρφος τὸ ἐν τ. ὀφθαλμῷ τ. ἀδελφοῦ σου
42 πῶς δύνασαι λέγειν τ. ἀδελφῷ σου
ἀδελφὲ ἄφες ἐκβάλω τὸ κάρφος τὸ ἐν τ. ὀφθαλμῷ σου
42 διαβλέψεις τὸ κάρφος τὸ ἐν τ. ὀφθαλμῷ τ. ἀδελφοῦ σου ἐκβαλεῖν
8 19 [1] παρεγένετο δὲ πρὸς αὐτὸν ἡ μήτηρ κ. οἱ ἀδελφοὶ αὐτοῦ
20 [1] ἡ μήτηρ σου κ. οἱ ἀδελφοί σου ἑστήκασιν ἔξω
21 [1] μήτηρ μου κ. ἀδελφοί μου οὗτοί εἰσιν.
12 13 διδάσκαλε εἰπὲ τ. ἀδελφῷ μου
14 12 μὴ φώνει τ. φίλους σου μηδὲ τ. ἀδελφούς σου
26 κ. οὐ μισεῖ τ. πατέρα ἑαυτοῦ . . . κ. τ. ἀδελφοὺς κ. τ. ἀδελφάς
15 27 ὁ ἀδελφός σου ἥκει
32 ὁ ἀδελφός σου οὗτος νεκρὸς ἦν κ. ἔζησεν
16 28 ἔχω γὰρ πέντε ἀδελφούς
17 3 ἐὰν ἁμάρτῃ ὁ ἀδελφός σου
18 29 οὐδείς ἐστιν ὃς ἀφῆκεν οἰκίαν ἢ γυναῖκα ἢ ἀδελφούς
20 28 ἐάν τινος ἀδελφὸς ἀποθάνῃ ἔχων γυναῖκα, Deut. xxv. 5
28 ἵνα λάβῃ ὁ ἀδελφὸς αὐτοῦ τ. γυναῖκα, κ. ἐξαναστήσῃ σπέρμα τ. ἀδελφῷ αὐτοῦ.
29 ἑπτὰ οὖν ἀδελφοὶ ἦσαν
21 16 παραδοθήσεσθε δὲ κ. ὑπὸ γονέων κ. ἀδελφῶν
22 32 στήρισον τ. ἀδελφούς σου
Jo 1 40 ἦν Ἀνδρέας ὁ ἀδελφὸς Σίμωνος Πέτρου
41 εὑρίσκει οὗτος πρῶτον τ. ἀδελφὸν τ. ἴδιον Σίμωνα
2 12 [1] αὐτὸς κ. ἡ μήτηρ αὐτοῦ κ. οἱ ἀδελφοὶ
+αὐτοῦ, T
6 8 Ἀνδρέας ὁ ἀδελφὸς Σίμωνος Πέτρου
7 3 [1] εἶπον οὖν πρὸς αὐτὸν οἱ ἀδελφοὶ αὐτοῦ
5 [1] οὐδὲ γὰρ οἱ ἀδελφοὶ αὐτοῦ ἐπίστευον εἰς αὐτόν
10 [1] ὡς δὲ ἀνέβησαν οἱ ἀδελφοὶ αὐτοῦ
11 2 ἧς ὁ ἀδελφὸς Λάζαρος ἠσθένει
19 ἵνα παραμυθήσωνται αὐτὰς περὶ τ. ἀδελφοῦ
21 οὐκ ἂν ἀπέθανεν ὁ ἀδελφός μου
23 ἀναστήσεται ὁ ἀδελφός σου
32 οὐκ ἄν μου ἀπέθανεν ὁ ἀδελφός

Jo 20 17 [1] πορεύου δὲ πρὸς τ. ἀδελφούς μου
21 23 ἐξῆλθεν οὖν οὗτος ὁ λόγος εἰς τ. ἀδελφοὺς
Ac 1 14 [1] σὺν . . . Μαριὰμ τ. μητρὶ τ. Ἰησοῦ κ. σὺν τ. ἀδελφοῖς αὐτοῦ
15 ἀναστὰς Πέτρος ἐν μέσῳ τ. ἀδελφῶν
16 [2] ἄνδρες ἀδελφοὶ ἔδει πληρωθῆναι τ. γραφὴν
2 29 [2] ἄνδρες ἀδελφοὶ ἐξὸν εἰπεῖν
37 [2] τί ποιήσωμεν ἄνδρες ἀδελφοί;
3 17 κ. νῦν ἀδελφοὶ οἶδα
22 προφήτην ὑμῖν ἀναστήσει Κύριος ὁ Θεὸς ἐκ τ. ἀδελφῶν ὑμῶν
נָבִיא מִקִּרְבְּךָ מֵאַחֶיךָ כָּמֹנִי יָקִים לְךָ יְהוָה
Deut. xviii. 15
6 3 ἐπισκέψασθε δὲ ἀδελφοὶ ἄνδρας
7 2 [2] ἄνδρες ἀδελφοὶ κ. πατέρες ἀκούσατε
13 ἐγνωρίσθη Ἰωσὴφ τ. ἀδελφοῖς αὐτοῦ
23 ἐπισκέψασθαι τ. ἀδελφοὺς αὐτοῦ τ. υἱοὺς Ἰσραήλ
25 ἐνόμιζεν δὲ συνιέναι τ. ἀδελφοὺς
26 ἄνδρες ἀδελφοί ἐστε
37 προφήτην ὑμῖν ἀναστήσει ὁ Θεὸς ἐκ τ. ἀδελφῶν ὑμῶν, Deut. xviii. 15
9 17 Σαοὺλ ἀδελφέ, ὁ Κύριος ἀπέσταλκέν με
30 ἐπιγνόντες δὲ οἱ ἀδελφοὶ
10 23 κ. τινες τ. ἀδελφῶν τῶν ἀπὸ Ἰόππης συνῆλθαν αὐτῷ
11 1 οἱ ἀπόστολοι κ. οἱ ἀδελφοὶ οἱ ὄντες κατὰ τ. Ἰουδαίαν
12 ἦλθον δὲ σὺν ἐμοὶ κ. οἱ ἓξ ἀδελφοὶ οὗτοι
29 πέμψαι τ. κατοικοῦσιν ἐν τ. Ἰουδαίᾳ ἀδελφοῖς
12 2 ἀνεῖλεν δὲ Ἰάκωβον τ. ἀδελφὸν Ἰωάνου μαχαίρῃ
17 ἀπαγγείλατε Ἰακώβῳ κ. τ. ἀδελφοῖς ταῦτα
13 15 [2] ἄνδρες ἀδελφοὶ εἴ τις ἔστιν ἐν ὑμῖν λόγος παρακλήσεως
26 [2] ἄνδρες ἀδελφοὶ υἱοὶ γένους Ἀβραὰμ
38 [2] γνωστὸν οὖν ἔστω ὑμῖν ἄνδρες ἀδελφοί
14 2 ἐκάκωσαν τ. ψυχὰς τ. ἐθνῶν κατὰ τ. ἀδελφῶν
15 1 ἐδίδασκον τ. ἀδελφοὺς
3 ἐποίουν χαρὰν μεγάλην πᾶσι τ. ἀδελφοῖς
7 [2] ἄνδρες ἀδελφοὶ ὑμεῖς ἐπίστασθε
13 [2] ἄνδρες ἀδελφοὶ ἀκούσατέ μου
22 ἄνδρας ἡγουμένους ἐν τ. ἀδελφοῖς
23 οἱ ἀπόστολοι κ. οἱ πρεσβύτεροι ἀδελφοὶ τοῖς κατὰ τ. Ἀντιόχειαν κ. Συρίαν κ. Κιλικίαν ἀδελφοῖς
32 διὰ λόγου πολλοῦ παρεκάλεσαν τ. ἀδελφοὺς
33 ἀπελύθησαν μετ' εἰρήνης ἀπὸ τ. ἀδελφῶν
36 ἐπιστρέψαντες δὴ ἐπισκεψώμεθα τ. ἀδελφοὺς κατὰ πόλιν πᾶσαν
40 παραδοθεὶς τ. χάριτι τ. Κυρίου ὑπὸ τ. ἀδελφῶν
16 2 ὃς ἐμαρτυρεῖτο ὑπὸ τῶν ἐν Λύστροις κ. Ἰκονίῳ ἀδελφῶν
40 κ. ἰδόντες παρεκάλεσαν τ. ἀδελφοὺς
17 6 ἔσυρον Ἰάσονα κ. τινας ἀδελφοὺς ἐπὶ τ. πολιτάρχας
10 οἱ δὲ ἀδελφοὶ εὐθέως διὰ νυκτὸς ἐξέπεμψαν

Ac 17 14 εὐθέως δὲ τότε τ. Παῦλον ἐξαπέστειλαν οἱ ἀδελφοὶ
18 18 τ. ἀδελφοῖς ἀποταξάμενος
27 προτρεψάμενοι οἱ ἀδελφοὶ —h. v., WH marg.
21 7 ἀσπασάμενοι τ. ἀδελφοὺς
17 ἀσμένως ἀπεδέξαντο ἡμᾶς οἱ ἀδελφοί
20 θεωρεῖς ἀδελφὲ πόσαι μυριάδες εἰσὶν
22 1 [2] ἄνδρες ἀδελφοὶ κ. πατέρες
5 ἐπιστολὰς δεξάμενος πρὸς τ. ἀδελφοὺς
13 Σαοὺλ ἀδελφὲ ἀνάβλεψον
23 1 [2] ἄνδρες ἀδελφοὶ ἐγὼ πάσῃ συνειδήσει ἀγαθῇ πεπολίτευμαι
5 οὐκ ᾔδειν ἀδελφοὶ ὅτι ἐστὶν ἀρχιερεύς
6 [2] ἄνδρες ἀδελφοὶ ἐγὼ Φαρισαῖός εἰμι
28 14 οὗ εὑρόντες ἀδελφοὺς
15 κἀκεῖθεν οἱ ἀδελφοὶ ἀκούσαντες τὰ περὶ ἡμῶν
17 [2] ἐγὼ ἄνδρες ἀδελφοὶ οὐδὲν ἐναντίον ποιήσας
21 οὔτε παραγενόμενός τις τ. ἀδελφῶν
Ro 1 13 οὐ θέλω δὲ ὑμᾶς ἀγνοεῖν ἀδελφοί
7 1 ἢ ἀγνοεῖτε ἀδελφοί
4 ὥστε ἀδελφοί μου κ. ὑμεῖς ἐθανατώθητε τ. νόμῳ
8 12 ἄρα οὖν ἀδελφοὶ ὀφειλέται ἐσμέν
29 πρωτότοκον ἐν πολλοῖς ἀδελφοῖς
9 3 ἀνάθεμα εἶναι . . . ἀπὸ τ. Χριστοῦ ὑπὲρ τ. ἀδελφῶν μου
10 1 ἀδελφοὶ ἡ μὲν εὐδοκία τ. ἐμῆς καρδίας
11 25 οὐ γὰρ θέλω ὑμᾶς ἀγνοεῖν ἀδελφοί
12 1 παρακαλῶ οὖν ὑμᾶς ἀδελφοί
14 10 σὺ δὲ τί κρίνεις τ. ἀδελφόν σου; ἢ κ. σὺ τί ἐξουθενεῖς τ. ἀδελφόν σου;
13 τὸ μὴ τιθέναι πρόσκομμα τ. ἀδελφῷ
15 εἰ γὰρ διὰ βρῶμα ὁ ἀδελφός σου λυπεῖται
21 μηδὲ ἐν ᾧ ὁ ἀδελφός σου προσκόπτει
15 14 πέπεισμαι δὲ ἀδελφοί μου
30 παρακαλῶ δὲ ὑμᾶς ἀδελφοί [ἀδελφοί], WH
16 14 ἀσπάσασθε Ἀσύνκριτον . . . κ. τοὺς σὺν αὐτοῖς ἀδελφούς
17 παρακαλῶ δὲ ὑμᾶς ἀδελφοί
23 ἀσπάζεται ὑμᾶς . . . Κούαρτος ὁ ἀδελφός
1 Co 1 1 κ. Σωσθένης ὁ ἀδελφὸς
10 παρακαλῶ δὲ ὑμᾶς ἀδελφοί
11 ἐδηλώθη γάρ μοι περὶ ὑμῶν ἀδελφοί μου
26 βλέπετε γὰρ τ. κλῆσιν ὑμῶν ἀδελφοί
2 1 κἀγὼ ἐλθὼν πρὸς ὑμᾶς ἀδελφοί
3 1 κἀγώ, ἀδελφοί, οὐκ ἠδυνήθην λαλῆσαι ὑμῖν
4 6 ταῦτα δέ, ἀδελφοί, μετεσχημάτισα
5 11 ἐάν τις ἀδελφὸς ὀνομαζόμενος ᾖ πόρνος
6 5 ὃς δυνήσεται διακρῖναι ἀνὰ μέσον τ. ἀδελφοῦ αὐτοῦ,
6 ἀλλὰ ἀδελφὸς μετὰ ἀδελφοῦ κρίνεται
8 ἀδικεῖτε κ. ἀποστερεῖτε κ. τοῦτο ἀδελφούς
7 12 εἴ τις ἀδελφὸς γυναῖκα ἔχει ἄπιστον
14 ἡγίασται ἡ γυνὴ ἡ ἄπιστος ἐν τ. ἀδελφῷ
15 οὐ δεδούλωται ὁ ἀδελφὸς ἢ ἡ ἀδελφὴ
24 ἕκαστος ἐν ᾧ ἐκλήθη ἀδελφοί
29 τοῦτο δέ φημι ἀδελφοί
8 11 ἀπόλλυται γὰρ ὁ ἀσθενῶν ἐν τῇ σῇ γνώσει, ὁ ἀδελφὸς
12 οὕτω δὲ ἁμαρτάνοντες εἰς τ. ἀδελφοὺς
13 εἰ βρῶμα σκανδαλίζει τ. ἀδελφόν μου
13 ἵνα μὴ τ. ἀδελφόν μου σκανδαλίσω

I Co 9 5 [1] ὡς κ. οἱ λοιποὶ ἀπόστολοι κ. οἱ ἀδελφοὶ τ. Κυρίου
10 1 οὐ θέλω γὰρ ὑμᾶς ἀγνοεῖν ἀδελφοί
11 33 ὥστε ἀδελφοί μου συνερχόμενοι εἰς τὸ φαγεῖν
12 1 περὶ δὲ τ. πνευματικῶν ἀδελφοί
14 6 νῦν δέ, ἀδελφοί, ἐὰν ἔλθω πρὸς ὑμᾶς
20 ἀδελφοὶ μὴ παιδία γίνεσθε τ. φρεσίν
26 τί οὖν ἐστὶν ἀδελφοί;
39 ὥστε ἀδελφοί μου ζηλοῦτε τὸ προφητεύειν
15 1 γνωρίζω δὲ ὑμῖν ἀδελφοί
6 ἔπειτα ὤφθη ἐπάνω πεντακοσίοις ἀδελφοῖς ἐφάπαξ
31 νὴ τ. ὑμετέραν καύχησιν ἀδελφοί
50 τοῦτο δέ φημι ἀδελφοί
58 ὥστε, ἀδελφοί μου ἀγαπητοί, ἑδραῖοι γίνεσθε
16 11 ἐκδέχομαι γὰρ αὐτὸν μετὰ τ. ἀδελφῶν
12 περὶ δὲ Ἀπολλῶ τ. ἀδελφοῦ
12 ἵνα ἔλθῃ πρὸς ὑμᾶς μετὰ τ. ἀδελφῶν
15 παρακαλῶ δὲ ὑμᾶς ἀδελφοί
20 ἀσπάζονται ὑμᾶς οἱ ἀδελφοὶ πάντες
II Co 1 1 κ. Τιμόθεος ὁ ἀδελφός
8 οὐ γὰρ θέλομεν ὑμᾶς ἀγνοεῖν ἀδελφοί
2 13 τῷ μὴ εὑρεῖν με Τίτον τ. ἀδελφόν μου
8 1 γνωρίζομεν δὲ ὑμῖν ἀδελφοί
18 συνεπέμψαμεν δὲ μετ᾽ αὐτοῦ τ. ἀδελφόν τ. ἀδ. μετ᾽ αὐτ., T
22 συνεπέμψαμεν δὲ αὐτοῖς τ. ἀδελφὸν ἡμῶν
23 εἴτε ἀδελφοὶ ἡμῶν, ἀπόστολοι ἐκκλησιῶν
9 3 ἔπεμψα δὲ τ. ἀδελφούς
5 ἀναγκαῖον οὖν ἡγησάμην παρακαλέσαι τ. ἀδελφούς
11 9 προσανεπλήρωσαν οἱ ἀδελφοὶ ἐλθόντες ἀπὸ Μακεδονίας
12 18 κ. συναπέστειλα τ. ἀδελφόν
13 11 λοιπὸν ἀδελφοὶ χαίρετε
Ga 1 2 κ. οἱ σὺν ἐμοὶ πάντες ἀδελφοί
11 γνωρίζω γὰρ ὑμῖν ἀδελφοὶ τ. εὐαγγέλιον
19 [1] οὐκ εἶδον εἰ μὴ Ἰάκωβον τ. ἀδελφὸν τ. Κυρίου
3 15 ἀδελφοὶ κατὰ ἄνθρωπον λέγω
4 12 ὅτι κἀγὼ ὡς ὑμεῖς ἀδελφοί
28 ἡμεῖς δὲ ἀδελφοὶ κατὰ Ἰσαὰκ ἐπαγγελίας τέκνα
31 διὸ ἀδελφοὶ οὐκ ἐσμὲν παιδίσκης τέκνα
5 11 ἐγὼ δὲ ἀδελφοὶ εἰ περιτομὴν ἔτι κηρύσσω
13 ἐπ᾽ ἐλευθερίᾳ ἐκλήθητε ἀδελφοί
6 1 ἀδελφοὶ ἐὰν κ. προλημφθῇ ἄνθρωπος
18 ἡ χάρις τ. Κυρίου . . . μετὰ τ. πνεύματος ὑμῶν ἀδελφοί
Eph 6 21 Τύχικος ὁ ἀγαπητὸς ἀδελφός
23 εἰρήνη τ. ἀδελφοῖς κ. ἀγάπη
Phl 1 12 γινώσκειν δὲ ὑμᾶς βούλομαι ἀδελφοί
14 τ. πλείονας τ. ἀδελφῶν ἐν Κυρίῳ πεποιθότας
2 25 Ἐπαφρόδιτον τ. ἀδελφὸν κ. συνεργόν
3 1 τὸ λοιπὸν ἀδελφοί μου χαίρετε ἐν Κυρίῳ
13 ἀδελφοί, ἐγὼ ἐμαυτὸν οὔπω λογίζομαι κατειληφέναι
17 συμμιμηταί μου γίνεσθε ἀδελφοί
4 1 ἀδελφοί μου ἀγαπητοὶ κ. ἐπιπόθητοι
8 τὸ λοιπόν, ἀδελφοί, ὅσα ἐστὶν ἀληθῆ
21 ἀσπάζονται ὑμᾶς οἱ σὺν ἐμοὶ ἀδελφοί
Col 1 1 κ. Τιμόθεος ὁ ἀδελφός
2 ἁγίοις κ. πιστοῖς ἀδελφοῖς ἐν Χριστῷ
4 7 Τύχικος ὁ ἀγαπητὸς ἀδελφός
9 σὺν Ὀνησίμῳ τ. πιστῷ κ. ἀγαπητῷ ἀδελφῷ
15 ἀσπάσασθε τοὺς ἐν Λαοδικίᾳ ἀδελφούς
I Th 1 4 ἀδελφοὶ ἠγαπημένοι ὑπὸ τ. Θεοῦ
2 1 αὐτοὶ γὰρ οἴδατε ἀδελφοί
9 μνημονεύετε γὰρ ἀδελφοὶ τ. κόπον ἡμῶν
14 ὑμεῖς γὰρ μιμηταὶ ἐγενήθητε ἀδελφοί
17 ἡμεῖς δὲ ἀδελφοὶ ἀπορφανισθέντες
3 2 ἐπέμψαμεν Τιμόθεον τ. ἀδελφὸν ἡμῶν
7 διὰ τοῦτο παρεκλήθημεν ἀδελφοὶ ἐφ᾽ ὑμῖν
4 1 λοιπὸν οὖν, ἀδελφοί, ἐρωτῶμεν ὑμᾶς
6 πλεονεκτεῖν ἐν τ. πράγματι τ. ἀδελφὸν αὐτοῦ
10 ποιεῖτε αὐτὸ εἰς πάντας τ. ἀδελφοὺς τοὺς ἐν ὅλῃ τ. Μακεδονίᾳ.
παρακαλοῦμεν δὲ ὑμᾶς ἀδελφοὶ περισσεύειν μᾶλλον
13 οὐ θέλομεν δὲ ὑμᾶς ἀγνοεῖν ἀδελφοί
5 1 περὶ δὲ τ. χρόνων κ. τ. καιρῶν ἀδελφοί
4 ὑμεῖς δὲ ἀδελφοὶ οὐκ ἐστὲ ἐν σκότει
12 ἐρωτῶμεν δὲ ὑμᾶς ἀδελφοί
14 παρακαλοῦμεν δὲ ὑμᾶς ἀδελφοί
25 ἀδελφοὶ προσεύχεσθε κ. περὶ ἡμῶν.
26 ἀσπάσασθε τ. ἀδελφοὺς πάντας
27 ἀναγνωσθῆναι τ. ἐπιστολὴν πᾶσι τ. ἀδελφοῖς
II Th 1 3 εὐχαριστεῖν ὀφείλομεν . . . περὶ ὑμῶν ἀδελφοί
2 1 ἐρωτῶμεν δὲ ὑμᾶς ἀδελφοί
13 ἀδελφοὶ ἠγαπημένοι ὑπὸ Κυρίου
15 ἄρα οὖν ἀδελφοὶ στήκετε
3 1 προσεύχεσθε ἀδελφοὶ περὶ ἡμῶν
6 παραγγέλλομεν δὲ ὑμῖν ἀδελφοί
6 στέλλεσθαι ὑμᾶς ἀπὸ παντὸς ἀδελφοῦ ἀτάκτως περιπατοῦντος
13 ὑμεῖς δὲ ἀδελφοὶ μὴ ἐνκακήσητε καλοποιοῦντες
15 ἀλλὰ νουθετεῖτε ὡς ἀδελφόν
I Ti 4 6 ταῦτα ὑποτιθέμενος τ. ἀδελφοῖς
5 1 νεωτέρους, ὡς ἀδελφούς
6 2 μὴ καταφρονείτωσαν ὅτι ἀδελφοί εἰσιν.
II Ti 4 21 ἀσπάζεταί σε Εὔβουλος . . . κ. οἱ ἀδελφοὶ πάντες
Phm 1 κ. Τιμόθεος ὁ ἀδελφός
7 τὰ σπλάγχνα τ. ἁγίων ἀναπέπαυται διὰ σοῦ ἀδελφέ.
16 ἀλλὰ ὑπὲρ δοῦλον ἀδελφὸν ἀγαπητόν
20 ναί, ἀδελφέ, ἐγώ σου ὀναίμην ἐν Κυρίῳ
He 2 11 οὐκ ἐπαισχύνεται ἀδελφοὺς αὐτοὺς καλεῖν
12 ἀπαγγελῶ τὸ ὄνομά σου τ. ἀδελφοῖς μου
אֲסַפְּרָה שִׁמְךָ לְאֶחָי, Ps. xxii. 23
17 ὤφειλεν κατὰ πάντα τ. ἀδελφοῖς ὁμοιωθῆναι
3 1 ὅθεν ἀδελφοὶ ἅγιοι
12 βλέπετε ἀδελφοὶ μή ποτε ἔσται . . καρδία πονηρά
7 5 τοῦτ᾽ ἔστιν τ. ἀδελφοὺς αὐτῶν
8 11 κ. ἕκαστος τ. ἀδελφὸν αὐτοῦ λέγων
וְאִישׁ אֶת־אָחִיו לֵאמֹר, Jer. xxxi. 34
10 19 ἔχοντες οὖν ἀδελφοὶ παρρησίαν

He 13 22 παρακαλῶ δὲ ὑμᾶς ἀδελφοί
23 γινώσκετε τ. ἀδελφὸν ἡμῶν Τιμόθεον ἀπολελυμένον
Ja 1 2 πᾶσαν χαρὰν ἡγήσασθε ἀδελφοί μου
9 καυχάσθω δὲ ὁ ἀδελφὸς ὁ ταπεινός
16 μὴ πλανᾶσθε ἀδελφοί μου ἀγαπητοί
19 ἴστε ἀδελφοί μου ἀγαπητοί
2 1 ἀδελφοί μου μὴ ἐν προσωπολημψίαις ἔχετε
5 ἀκούσατε ἀδελφοί μου ἀγαπητοί
14 τί ὄφελος ἀδελφοί μου
15 ἐὰν ἀδελφὸς ἢ ἀδελφὴ γυμνοὶ ὑπάρχωσιν
3 1 μὴ πολλοὶ διδάσκαλοι γίνεσθε ἀδελφοί μου
10 οὐ χρή, ἀδελφοί μου, ταῦτα οὕτω γίνεσθαι
12 μὴ δύναται, ἀδελφοί μου, συκῆ ἐλαίας ποιῆσαι;
4 11 μὴ καταλαλεῖτε ἀλλήλων ἀδελφοί·
ὁ καταλαλῶν ἀδελφοῦ
ἢ κρίνων τ. ἀδελφὸν αὐτοῦ
5 7 μακροθυμήσατε οὖν ἀδελφοί
9 μὴ στενάζετε ἀδελφοὶ κατ' ἀλλήλων
κατ' ἀλλ. ἀδ., T
10 ὑπόδειγμα λάβετε ἀδελφοὶ τ. κακοπαθίας
12 πρὸ πάντων δέ, ἀδελφοί μου, μὴ ὀμνύετε
19 ἀδελφοί μου, ἐάν τις ἐν ὑμῖν πλανηθῇ
I Pe 5 12 διὰ Σιλουανοῦ ὑμῖν τ. πιστοῦ ἀδελφοῦ
II Pe 1 10 διὸ μᾶλλον ἀδελφοὶ σπουδάσατε
3 15 ὁ ἀγαπητὸς ἡμῶν ἀδελφὸς Παῦλος
I Jo 2 9 κ. τ. ἀδελφὸν αὐτοῦ μισῶν
10 ὁ ἀγαπῶν τ. ἀδελφὸν αὐτοῦ
11 ὁ δὲ μισῶν τ. ἀδελφὸν αὐτοῦ
3 10 κ. ὁ μὴ ἀγαπῶν τ. ἀδελφὸν αὐτοῦ
12 οὐ καθὼς Καὶν . . . ἔσφαξεν τ. ἀδελφὸν αὐτοῦ
12 τὰ δὲ τ. ἀδελφοῦ αὐτοῦ δίκαια
13 μὴ θαυμάζετε ἀδελφοί
14 ὅτι ἀγαπῶμεν τ. ἀδελφούς
15 πᾶς ὁ μισῶν τ. ἀδελφὸν αὐτοῦ
16 ἡμεῖς ὀφείλομεν ὑπὲρ τ. ἀδελφῶν τ. ψυχὰς θεῖναι
17 κ. θεωρῇ τ. ἀδελφὸν αὐτοῦ χρείαν ἔχοντα
4 20 κ. τ. ἀδελφὸν αὐτοῦ μισῇ
20 ὁ γὰρ μὴ ἀγαπῶν τ. ἀδελφὸν αὐτοῦ ὃν ἑώρακεν
21 ἵνα ὁ ἀγαπῶν τ. Θεὸν ἀγαπᾷ κ. τ. ἀδελφὸν αὐτοῦ
5 16 ἐάν τις ἴδῃ τ. ἀδελφὸν αὐτοῦ ἁμαρτάνοντα
III Jo 3 ἐρχομένων ἀδελφῶν κ. μαρτυρούντων
5 πιστὸν ποιεῖς ὃ ἐὰν ἐργάσῃ εἰς τ. ἀδελφούς
10 οὔτε αὐτὸς ἐπιδέχεται τ. ἀδελφούς
Ju 1 Ἰούδας Ἰησοῦ Χριστοῦ δοῦλος ἀδελφὸς δὲ Ἰακώβου
Re 1 9 ὁ ἀδελφὸς ὑμῶν κ. συνκοινωνός
6 11 οἱ σύνδουλοι αὐτῶν κ. οἱ ἀδελφοὶ αὐτῶν
12 10 ἐβλήθη ὁ κατήγωρ τ. ἀδελφῶν ἡμῶν
19 10 σύνδουλός σου εἰμὶ κ. τ. ἀδελφῶν σου
22 9 σύνδουλός σου εἰμὶ κ. τ. ἀδελφῶν σου τ. προφητῶν

ἈΔΕΛΦΌΤΗΣ**† 81

I Pe 2 17 τ. ἀδελφότητα ἀγαπᾶτε
5 9 τῇ ἐν τ. κόσμῳ ὑμῶν ἀδελφότητι ἐπιτελεῖσθαι

ἌΔΗΛΟΣ 82

Lu 11 44 ὅτι ἐστὲ ὡς τὰ μνημεῖα τὰ ἄδηλα
I Co 14 8 κ. γὰρ ἐὰν ἄδηλον σάλπιγξ φωνὴν δῷ

ἈΔΗΛΌΤΗΣ* 83

I Ti 6 17 μηδὲ ἠλπικέναι ἐπὶ πλούτου ἀδηλότητι

ἈΔΉΛΩΣ* 84

I Co 9 26 ἐγὼ τοίνυν οὕτω τρέχω ὡς οὐκ ἀδήλως

ἈΔΗΜΟΝΈΩ** 85

Mt 26 37 ἤρξατο λυπεῖσθαι κ. ἀδημονεῖν
Mk 14 33 ἤρξατο ἐκθαμβεῖσθαι κ. ἀδημονεῖν
Phl 2 26 ἐπειδὴ ἐπιποθῶν ἦν πάντας ὑμᾶς ἰδεῖν κ. ἀδημονῶν

ᾍΔΗΣ 86

Mt 11 23 ἕως ᾅδου καταβήσῃ
16 18 πύλαι ᾅδου οὐ κατισχύσουσιν αὐτῆς
Lu 10 15 ἕως τ. ᾅδου καταβήσῃ
16 23 ἐν τῷ ᾅδῃ ἐπάρας τ. ὀφθαλμοὺς αὐτοῦ
Ac 2 27 οὐκ ἐνκαταλείψεις τ. ψυχήν μου εἰς ᾅδην
לֹא־תַעֲזֹב נַפְשִׁי לִשְׁאוֹל, Ps. xvi. 10
31 οὔτε ἐνκατελείφθη εἰς ᾅδην
Re 1 18 ἔχω τ. κλεῖς τ. θανάτου κ. τ. ᾅδου
6 8 κ. ὁ ᾅδης ἠκολούθει μετ' αὐτοῦ
20 13 ὁ θάνατος κ. ὁ ᾅδης ἔδωκαν τ. νεκροὺς τοὺς ἐν αὐτοῖς
14 ὁ θάνατος κ. ὁ ᾅδης ἐβλήθησαν εἰς τ. λίμνην τ. πυρός

ἈΔΙΆΚΡΙΤΟΣ 87

Ja 3 17 ἡ δὲ ἄνωθεν σοφία . . . ἀδιάκριτος ἀνυπόκριτος

ἈΔΙΆΛΕΙΠΤΟΣ* 88

Ro 9 2 ἀδιάλειπτος ὀδύνη τ. καρδίᾳ μου
II Ti 1 3 ὡς ἀδιάλειπτον ἔχω τὴν περὶ σοῦ μνείαν

ἈΔΙΑΛΕΊΠΤΩΣ** 89

Ro 1 9 ὡς ἀδιαλείπτως μνείαν ὑμῶν ποιοῦμαι
I Th 1 2/3 ἀδιαλείπτως μνημονεύοντες ὑμῶν τ. ἔργου τ. πίστεως
2 13 κ. ἡμεῖς εὐχαριστοῦμεν τ. Θεῷ ἀδιαλείπτως
5 17 ἀδιαλείπτως προσεύχεσθε

ἈΔΙΚΈΩ 91

(1) ἀδικέομαι

Mt 20 13 ἑταῖρε οὐκ ἀδικῶ σε
Lu 10 19 κ. οὐδὲν ὑμᾶς οὐ μὴ ἀδικήσει
ἀδικήσῃ, WH mg.
Ac 7 24 [1] ἰδών τινα ἀδικούμενον
26 ἵνα τί ἀδικεῖτε ἀλλήλους;
27 ὁ δὲ ἀδικῶν τὸν πλησίον ἀπώσατο αὐτόν
25 10 Ἰουδαίους οὐδὲν ἠδίκηκα
11 εἰ μὲν οὖν ἀδικῶ

I Co 6 7 [1] διὰ τί οὐχὶ μᾶλλον ἀδικεῖσθε;
8 ἀλλὰ ὑμεῖς ἀδικεῖτε κ. ἀποστερεῖτε
II Co 7 2 οὐδένα ἠδικήσαμεν οὐδένα ἐφθείραμεν
12 οὐχ ἕνεκεν τ. ἀδικήσαντος
[1] ἀλλ' οὐδὲ ἕνεκεν τ. ἀδικηθέντος
Ga 4 12 οὐδέν με ἠδικήσατε
Col 3 25 ὁ γὰρ ἀδικῶν κομίσεται ὃ ἠδίκησεν
Phm 18 εἰ δέ τι ἠδίκησέν σε ἢ ὀφείλει
II Pe 2 13 [1] ἀδικούμενοι μισθὸν ἀδικίας
κομιούμενοι, T
Re 2 11 [1] ὁ νικῶν οὐ μὴ ἀδικηθῇ ἐκ τ. θανάτου
τ. δευτέρου
6 6 τὸ ἔλαιον κ. τ. οἶνον μὴ ἀδικήσῃς
7 2 οἷς ἐδόθη αὐτοῖς ἀδικῆσαι τ. γῆν
3 μὴ ἀδικήσητε τ. γῆν
9 4 ἐρρέθη αὐταῖς ἵνα μὴ ἀδικήσουσιν τ.
χόρτον τ. γῆς
10 ἡ ἐξουσία αὐτῶν ἀδικῆσαι τ. ἀνθρώπους
19 κ. ἐν αὐταῖς ἀδικοῦσιν
11 5 εἴ τις αὐτοὺς θέλει ἀδικῆσαι
5 εἴ τις θελήσῃ αὐτοὺς ἀδικῆσαι
22 11 ὁ ἀδικῶν ἀδικησάτω ἔτι

ἈΔΊΚΗΜΑ 92

Ac 18 14 εἰ μὲν ἦν ἀδίκημά τι
24 20 αὐτοὶ οὗτοι εἰπάτωσαν τί εὗρον ἀδίκημα
Re 18 5 ἐμνημόνευσεν ὁ θεὸς τ. ἀδικήματα αὐτῆς

ἈΔΙΚΊΑ 93

(1) μισθὸς ἀδικίας

Lu 13 27 ἀπόστητε ἀπ' ἐμοῦ πάντες ἐργάται ἀδι-
κίας
16 8 ἐπήνεσεν ὁ κύριος τ. οἰκονόμον τ.
ἀδικίας
9 φίλους ἐκ τοῦ μαμωνᾶ τ. ἀδικιας
18 6 ἀκούσατε τί ὁ κριτὴς τ. ἀδικιας λέγει
Jo 7 18 κ. ἀδικία ἐν αὐτῷ οὐκ ἔστιν
Ac 1 18 [1] ἐκτήσατο χωρίον ἐκ μισθοῦ τ. ἀδικίας
8 23 εἰς γὰρ χολὴν πικρίας κ. σύνδεσμον
ἀδικίας
Ro 1 18 ἐπὶ πᾶσαν ἀσέβειαν κ. ἀδικίαν ἀν-
θρώπων
τῶν τ. ἀλήθειαν ἐν ἀδικίᾳ κατεχόντων
29 πεπληρωμένους πάσῃ ἀδικίᾳ
2 8 πειθομένοις δὲ τ. ἀδικίᾳ
3 5 εἰ δὲ ἡ ἀδικία ἡμῶν θεοῦ δικαιοσύνην
συνίστησιν
6 13 μηδὲ παριστάνετε τ. μέλη ὑμῶν ὅπλα
ἀδικίας
9 14 μὴ ἀδικία παρὰ τ. θεῷ;
I Co 13 6 οὐ χαίρει ἐπὶ τ. ἀδικίᾳ
II Co 12 13 χαρίσασθέ μοι τ. ἀδικίαν ταύτην
II Th 2 10 ἐν πάσῃ ἀπάτῃ ἀδικίας τ. ἀπολλυμένοις
12 ἀλλὰ εὐδοκήσαντες τῇ ἀδικίᾳ
II Ti 2 19 ἀποστήτω ἀπὸ ἀδικίας πᾶς ὁ ὀνομάζων
τὸ ὄνομα Κυρίου
He 1 9 ἠγάπησας δικαιοσύνην κ. ἐμίσησας ἀδι-
κίαν
ἀνομίαν, WHR
אָהַבְתָּ צֶּדֶק וַתִּשְׂנָא רֶשַׁע, Ps. xlv. 8
8 12 ὅτι ἵλεως ἔσομαι τ. ἀδικίαις αὐτῶν
כִּי אֶסְלַח לַעֲוֺנָם, Jer. xxxi. 34
Ja 3 6 ὁ κόσμος τ. ἀδικίας ἡ γλῶσσα καθίσταται

II Pe 2 13 [1] ἀδικούμενοι μισθὸν ἀδικίας
15 [1] ὃς μισθὸν ἀδικίας ἠγάπησεν
I Jo 1 9 κ. καθαρίσῃ ἡμᾶς ἀπὸ πάσης ἀδικίας
5 17 πᾶσα ἀδικία ἁμαρτία ἐστίν

ἌΔΙΚΟΣ 94

Mt 5 45 βρέχει ἐπὶ δικαίους κ. ἀδίκους
Lu 16 10 ὁ ἐν ἐλαχίστῳ ἄδικος
κ. ἐν πολλῷ ἄδικός ἐστιν.
11 εἰ οὖν ἐν τ. ἀδίκῳ μαμωνᾷ πιστοὶ οὐκ
ἐγένεσθε
18 11 οὐκ εἰμὶ ὥσπερ οἱ λοιποὶ τ. ἀνθρώπων
ἅρπαγες ἄδικοι
Ac 24 15 ἀνάστασιν μέλλειν ἔσεσθαι δικαίων τε κ.
ἀδίκων
Ro 3 5 μὴ ἄδικος ὁ Θεὸς ὁ ἐπιφέρων τ. ὀργήν;
I Co 6 1 τολμᾷ τις ὑμῶν . . . κρίνεσθαι ἐπὶ τ.
ἀδίκων
9 ἄδικοι θεοῦ βασιλείαν οὐ κληρονομήσουσιν
He 6 10 οὐ γὰρ ἄδικος ὁ θεὸς ἐπιλαθέσθαι τ.
ἔργου ὑμῶν
I Pe 3 18 ἅπαξ περὶ ἁμαρτιῶν ἀπέθανεν δίκαιος
ὑπὲρ ἀδίκων
II Pe 2 9 ἀδίκους δὲ εἰς ἡμέραν κρίσεως κολαζο-
μένους τηρεῖν

ἈΔΊΚΩΣ 95

I Pe 2 19 πάσχων ἀδίκως

ἈΔΜΕΊΝ 95.5

Lu 3 33 τοῦ Ναασσὼν τοῦ Ἀ. τοῦ Ἀρνεί
—τ. Ἀδμ., R non mg.; Ἀδάμ, WH mg.

ἈΔΌΚΙΜΟΣ 96

Ro 1 28 παρέδωκεν αὐτοὺς ὁ Θεὸς εἰς ἀδόκιμον
νοῦν
I Co 9 27 μή πως ἄλλοις κηρύξας αὐτὸς ἀδόκιμος
γένωμαι
II Co 13 5 εἰ μήτι ἀδόκιμοί ἐστε
6 γνώσεσθε ὅτι ἡμεῖς οὐκ ἐσμὲν ἀδόκιμοι
7 ἡμεῖς δὲ ὡς ἀδόκιμοι ὦμεν
II Ti 3 8 ἀδόκιμοι περὶ τ. πίστιν
Tit 1 16 πρὸς πᾶν ἔργον ἀγαθὸν ἀδόκιμοι
He 6 8 ἀδόκιμος κ. κατάρας ἐγγύς

ἌΔΟΛΟΣ* 97

I Pe 2 2 τὸ λογικὸν ἄδολον γάλα ἐπιποθήσατε

ἉΔΡΑΜΥΝΤΗΝΌΣ 98

Ac 27 2 ἐπιβάντες δὲ πλοίῳ Ἀδραμυντηνῷ
Ἀδραμυττηνῷ, TR

ἉΔΡΊΑΣ 99

Ac 27 27 διαφερομένων ἡμῶν ἐν τ. Ἀδρίᾳ
Ἀδρίᾳ, TR

ἉΔΡΌΤΗΣ* 100

II Co 8 20 μή τις ἡμᾶς μωμήσηται ἐν τ. ἁδρότητι
ταύτῃ

ἈΔΥΝΑΤΈΩ 101

Mt 17 20 κ. οὐδὲν ἀδυνατήσει ὑμῖν
Lu 1 37 οὐκ ἀδυνατήσει παρὰ τ. Θεοῦ πᾶν ῥῆμα

ἈΔΎΝΑΤΟΣ 102

Mt 19 26 παρὰ ἀνθρώποις τοῦτο ἀδύνατόν ἐστιν
Mk 10 27 παρὰ ἀνθρώποις ἀδύνατον
Lu 18 27 τὰ ἀδύνατα παρὰ ἀνθρώποις δυνατὰ παρὰ τ. Θεῷ ἐστίν
Ac 14 8 κ. τις ἀνὴρ ἀδύνατος ἐν Λύστροις τ. ποσίν
ἐν Λ. ἀδ., T
Ro 8 3 τὸ γὰρ ἀδύνατον τ. νόμου
15 1 ἡμεῖς οἱ δυνατοὶ τὰ ἀσθενήματα τ. ἀδυνάτων βαστάζειν
He 6 4 ἀδύνατον γὰρ τ. ἅπαξ φωτισθέντας
18 ἐν οἷς ἀδύνατον ψεύσασθαι Θεόν
10 4 ἀδύνατον γὰρ αἷμα ταύρων κ. τράγων ἀφαιρεῖν ἁμαρτίας
11 6 χωρὶς δὲ πίστεως ἀδύνατον εὐαρεστῆσαι

ᾌΔΩ 103

Eph 5 19 ᾄδοντες κ. ψάλλοντες τ. καρδίᾳ ὑμῶν τ. Κυρίῳ
Col 3 16 ἐν χάριτι ᾄδοντες ἐν τ. καρδίαις ὑμῶν τῷ Θεῷ
Re 5 9 ᾄδουσιν ᾠδὴν καινὴν
14 3 ᾄδουσιν ὡς ᾠδὴν καινὴν ἐνώπιον τ. θρόνου
15 3 ᾄδουσιν τ. ᾠδὴν Μωυσέως τ. δούλου τ. Θεοῦ

ἈΕΙ΄ 104

Ac 7 51 ὑμεῖς ἀεὶ τ. πνεύματι τ. ἁγίῳ ἀντιπίπτετε
II Co 4 11 ἀεὶ γὰρ ἡμεῖς οἱ ζῶντες εἰς θάνατον παραδιδόμεθα
6 10 ὡς λυπούμενοι ἀεὶ δὲ χαιροντες
Tit 1 12 Κρῆτες ἀεὶ ψεῦσται
He 3 10 ἀεὶ πλανῶνται τ. καρδίᾳ
עַם תֹּעֵי לֵבָב הֵם, Ps. xcv. 10
I Pe 3 15 ἕτοιμοι ἀεὶ πρὸς ἀπολογίαν
II Pe 1 12 διὸ μελλήσω ἀεὶ ὑμᾶς ὑπομιμνήσκειν περὶ τούτων

ἈΕΤΟ΄Σ 105

Mt 24 28 ἐκεῖ συναχθήσονται οἱ ἀετοί
Lu 17 37 ἐκεῖ κ. οἱ ἀετοὶ ἐπισυναχθήσονται
Re 4 7 τὸ τέταρτον ζῷον ὅμοιον ἀετῷ πετομένῳ
8 13 ἤκουσα ἑνὸς ἀετοῦ πετομένου ἐν μεσουρανήματι
12 14 ἐδόθησαν τ. γυναικὶ αἱ δύο πτέρυγες τ. ἀετοῦ τ. μεγάλου

ἌΖΥΜΟΣ 106

Mt 26 17 τ. δὲ πρώτῃ τ. ἀζύμων
Mk 14 1 ἦν δὲ τὸ πάσχα κ. τὰ ἄζυμα μετὰ δύο ἡμέρας
12 κ. τ. πρώτῃ ἡμέρᾳ τ. ἀζύμων
Lu 22 1 ἤγγιζε δὲ ἡ ἑορτὴ τ. ἀζύμων
7 ἦλθεν δὲ ἡ ἡμέρα τ. ἀζύμων
Ac 12 3 ἦσαν δὲ ἡμέραι τῶν ἀζύμων
20 6 ἐξεπλεύσαμεν μετὰ τ. ἡμέρας τ. ἀζύμων
I Co 5 7 ἵνα ἦτε νέον φύραμα καθώς ἐστε ἄζυμοι
8 ἐν ἀζύμοις εἰλικρινίας κ. ἀληθείας

ἈΖΩ΄Ρ 107

Mt 1 13 Ἐλιακεὶμ δὲ ἐγέννησεν τὸν Ἀζώρ·
14 Ἀζὼρ δὲ ἐγέννησεν τὸν Σαδώκ

ἌΖΩΤΟΣ 108

Ac 8 40 Φίλιππος δὲ εὑρέθη εἰς Ἄζωτον

ἈΗ΄Ρ 109

Ac 22 23 κονιορτὸν βαλλόντων εἰς τ. ἀέρα
I Co 9 26 οὕτως πυκτεύω ὡς οὐκ ἀέρα δέρων
14 9 ἔσεσθε γὰρ εἰς ἀέρα λαλοῦντες
Eph 2 2 κατὰ τ. ἄρχοντα τ. ἐξουσίας τ. ἀέρος
I Th 4 17 εἰς ἀπάντησιν τ. Κυρίου εἰς ἀέρα
Re 9 2 ἐσκοτώθη ὁ ἥλιος κ. ὁ ἀὴρ ἐκ. τ. καπνοῦ τ. φρέατος
16 17 ὁ ἕβδομος ἐξέχεεν τ. φιάλην αὐτοῦ ἐπὶ τ. ἀέρα

ἈΘΑΝΑΣΙ΄Α** 110

I Co 15 53 δεῖ γὰρ . . . τὸ θνητὸν τοῦτο ἐνδύσασθαι ἀθανασίαν
54 ὅταν δὲ . . . τὸ θνητὸν τοῦτο ἐνδύσηται τ. ἀθανασίαν
—τὴν, T [WH] R
I Ti 6 16 ὁ μόνος ἔχων ἀθανασίαν

ἈΘΕ΄ΜΙΤΟΣ** 111

Ac 10 28 ὡς ἀθέμιτόν ἐστιν ἀνδρὶ Ἰουδαίῳ κολλᾶσθαι . . . ἀλλοφύλῳ
I Pe 4 3 κώμοις πότοις κ. ἀθεμίτοις εἰδωλολατρείαις

ἌΘΕΟΣ* 112

Eph 2 12 ἐλπίδα μὴ ἔχοντες κ. ἄθεοι ἐν τ. κόσμῳ

ἌΘΕΣΜΟΣ** 113

II Pe 2 7 καταπονούμενον ὑπὸ τῆς τ. ἀθέσμων ἐν ἀσελγείᾳ ἀναστροφῆς
3 17 ἵνα μὴ τῇ τ. ἀθέσμων πλάνῃ συναπαχθέντες ἐκπέσητε

ἈΘΕΤΕ΄Ω 114

Mk 6 26 οὐκ ἠθέλησεν ἀθετῆσαι αὐτήν
7 9 καλῶς ἀθετεῖτε τ. ἐντολὴν τ. Θεοῦ
Lu 7 30 τ. βουλὴν τ. Θεοῦ ἠθέτησαν εἰς ἑαυτούς
10 16 ὁ ἀθετῶν ὑμᾶς ἐμὲ ἀθετεῖ·
ὁ δὲ ἐμὲ ἀθετῶν ἀθετεῖ τ. ἀποστείλαντά με
Jo 12 48 ὁ ἀθετῶν ἐμὲ κ. μὴ λαμβάνων τὰ ῥήματά μου
I Co 1 19 κ. τ. σύνεσιν τ. συνετῶν ἀθετήσω
וּבִינַת נְבֹנָיו תִּסְתַּתָּר, Is. xxix. 14
Ga 2 21 οὐκ ἀθετῶ τ. χάριν τ. Θεοῦ
3 15 ὅμως ἀνθρώπου κεκυρωμένην διαθήκην οὐδεὶς ἀθετεῖ
I Th 4 8 τοιγαροῦν ὁ ἀθετῶν οὐκ ἄνθρωπον ἀθετεῖ
I Ti 5 12 ἔχουσαι κρίμα ὅτι τ. πρώτην πίστιν ἠθέτησαν
He 10 28 ἀθετήσας τις νόμον Μωυσέως
Ju 8 κυριότητα δὲ ἀθετοῦσιν

ἈΘΕ΄ΤΗΣΙΣ 115

He 7 18 ἀθέτησις μὲν γὰρ γίνεται προαγούσης ἐντολῆς
9 26 εἰς ἀθέτησιν τ. ἁμαρτίας

ἈΘῆΝΑΙ 116

Ac 17 15 οἱ δὲ καθιστάνοντες τ. Παῦλον ἤγαγον ἕως Ἀθηνῶν
16 ἐν δὲ τ. Ἀθήναις ἐκδεχομένου αὐτοὺς τ. Παύλου
18 1 μετὰ ταῦτα χωρισθεὶς ἐκ τ. Ἀθηνῶν
1 Th 3 1 ηὐδοκήσαμεν καταλειφθῆναι ἐν Ἀθήναις μόνοι

ἈΘΗΝΑῖΟΣ 117

Ac 17 21 Ἀθηναῖοι δὲ πάντες κ. οἱ ἐπιδημοῦντες ξένοι
22 ἄνδρες Ἀθηναῖοι κατὰ πάντα ὡς δεισιδαιμονεστέρους

ἈΘΛΈΩ* 118

II Ti 2 5 ἐὰν δὲ κ. ἀθλῇ τις οὐ στεφανοῦται ἐὰν μὴ νομίμως ἀθλήσῃ

ἌΘΛΗΣΙΣ* 119

He 10 32 πολλὴν ἄθλησιν ὑπεμείνατε παθημάτων

ἈΘΡΟΊΖΩ 119.5 cf. 4867

Lu 24 33 εὗρον ἠθροισμένους τοὺς ἕνδεκα

ἈΘΥΜΈΩ 120

Col 3 21 μὴ ἐρεθίζετε τὰ τέκνα ὑμῶν ἵνα μὴ ἀθυμῶσιν

ἈΘῷΟΣ 121

Mt 27 4 ἥμαρτον παραδοὺς αἷμα ἀθῷον
δίκαιον, WH non mg. R mg.
24 ἀθῷός εἰμι ἀπὸ τοῦ αἵματος τούτου

ΑἼΓΕΙΟΣ 122

He 11 37 περιῆλθον ἐν μηλωταῖς ἐν αἰγείοις δέρμασιν
αἰγίοις, WH

ΑἸΓΙΑΛΌΣ 123

Mt 13 2 πᾶς ὁ ὄχλος ἐπὶ τ. αἰγιαλὸν εἱστήκει
48 ἣν ὅτε ἐπληρώθη ἀναβιβάσαντες ἐπὶ τ. αἰγιαλόν
Jo 21 4 ἔστη Ἰησοῦς εἰς τ. αἰγιαλόν
ἐπὶ τ. αἰγ., TWH marg.
Ac 21 5 θέντες τὰ γόνατα ἐπὶ τ. αἰγιαλόν
27 39 κόλπον δέ τινα κατενόουν ἔχοντα αἰγιαλόν
40 κατεῖχον εἰς τ. αἰγιαλόν

ΑἸΓΎΠΤΙΟΣ 124

Ac 7 22 ἐπαιδεύθη Μωυσῆς πάσῃ σοφίᾳ Αἰγυπτίων
24 πατάξας τ. Αἰγύπτιον
28 ὃν τρόπον ἀνεῖλες ἐχθὲς τ. Αἰγύπτιον
21 38 οὐκ ἄρα σὺ εἶ ὁ Αἰγύπτιος
He 11 29 ἧς πεῖραν λαβόντες οἱ Αἰγύπτιοι κατεπόθησαν

ΑἼΓΥΠΤΟΣ 125

Mt 2 13 κ. φεῦγε εἰς Αἴγυπτον
14 ἀνεχώρησεν εἰς Αἴγυπτον
15 ἐξ Αἰγύπτου ἐκάλεσα τ. υἱόν μου
מִמִּצְרַיִם קָרָאתִי לִבְנִי, Hos. xi. 1
19 ἄγγελος Κυρίου φαίνεται κατ' ὄναρ τ. Ἰωσὴφ ἐν Αἰγύπτῳ
Ac 2 10 Αἴγυπτον κ. τὰ μέρη τ. Λιβύης
7 9 ζηλώσαντες τὸν Ἰωσὴφ ἀπέδοντο εἰς Αἴγυπτον
10 ἔδωκεν . . . σοφίαν ἐναντίον Φαραὼ βασιλέως Αἰγύπτου,
κ. κατέστησεν αὐτὸν ἡγούμενον ἐπ' Αἴγυπτον
11 ἦλθεν δὲ λιμὸς ἐφ' ὅλην τ. Αἴγυπτον κ. Χαναάν
12 ἀκούσας δὲ Ἰακὼβ ὄντα σιτία εἰς Αἴγυπτον
15 κατέβη δὲ Ἰακὼβ εἰς Αἴγυπτον
εἰς Αἴγ., [WH]
17 ηὔξησεν ὁ λαὸς κ. ἐπληθύνθη ἐν Αἰγύπτῳ,
18 ἄχρι οὗ ἀνέστη βασιλεὺς ἕτερος ἐπ' Αἴγυπτον
34 εἶδον τ. κάκωσιν τ. λαοῦ μου τοῦ ἐν Αἰγύπτῳ
רָאִיתִי אֶת־עֳנִי עַמִּי אֲשֶׁר בְּמִצְרָיִם, Ex. iii. 7
34 ἀποστείλω σε εἰς Αἴγυπτον
אֶשְׁלָחֲךָ אֶל־פַּרְעֹה, Ex. iii. 10
36 ποιήσας τέρατα κ. σημεῖα ἐν τῇ Αἰγύπτῳ
ἐν γῇ Αἰγ., T
39 ἐστράφησαν ἐν τ. καρδίαις αὐτῶν εἰς Αἴγυπτον
40 ὁ γὰρ Μωυσῆς οὗτος ὃς ἐξήγαγεν ἡμᾶς ἐκ γῆς Αἰγύπτου
זֶה מֹשֶׁה הָאִישׁ אֲשֶׁר הֶעֱלָנוּ מֵאֶרֶץ מִצְרָיִם
Ex. xxxii. 1
13 17 τ. λαὸν ὕψωσεν ἐν τ. παροικίᾳ ἐν γῇ Αἰγύπτου
Αἰγύπτῳ, T
He 3 16 οὐ πάντες οἱ ἐξελθόντες ἐξ Αἰγύπτου διὰ Μωυσέως;
8 9 ἐξαγαγεῖν αὐτοὺς ἐκ γῆς Αἰγύπτου
לְהוֹצִיאָם מֵאֶרֶץ מִצְרָיִם, Jer. xxxi. 32
11 26 μείζονα πλοῦτον ἡγησάμενος τῶν Αἰγύπτου θησαυρῶν
27 πίστει κατέλιπεν Αἴγυπτον
Ju 5 ὅτι Κύριος λαὸν ἐκ γῆς Αἰγύπτου σώσας
Re 11 8 ἥτις καλεῖται πνευματικῶς Σόδομα κ. Αἴγυπτος

ἈΐΔΙΟΣ** 126

Ro 1 20 ἥ τε ἀΐδιος αὐτοῦ δύναμις κ. θειότης
Ju 6 δεσμοῖς ἀϊδίοις ὑπὸ ζόφον τετήρηκεν

ΑἸΔΏΣ** 127

I Ti 2 9 μετὰ αἰδοῦς κ. σωφροσύνης κοσμεῖν ἑαυτάς

ΑἸΘΊΟΨ 128

Ac 8 27 ἀνὴρ Αἰθίοψ εὐνοῦχος δυνάστης Κανδάκης βασιλίσσης Αἰθιόπων

ʽΑΙ͂ΜΑ 129

(1) σὰρξ κ. αἷμα

Mt **16** 17 [1] σὰρξ κ. αἷμα οὐκ ἀπεκάλυψέν **σοι**
23 30 οὐκ ἂν ἤμεθα αὐτῶν κοινωνοὶ **ἐν** τ. αἵματι τ. προφητῶν
35 ὅπως ἔλθῃ ἐφ' ὑμᾶς πᾶν αἷμα δίκαιον
35 ἀπὸ τ. αἵματος Ἅβελ τ. δικαίου
ἕως τ. αἵματος Ζαχαρίου υἱοῦ Βαραχίου
26 28 τοῦτο γάρ ἐστιν τὸ αἷμά μου
27 4 ἥμαρτον παραδοὺς αἷμα ἀθῷον
6 ἐπεὶ τιμὴ αἵματός ἐστιν
8 διὸ ἐκλήθη ὁ ἀγρὸς ἐκεῖνος ἀγρὸς αἵματος
24 ἀθῷός εἰμι ἀπὸ τ. αἵματος τούτου
25 τὸ αἷμα αὐτοῦ ἐφ' ἡμᾶς κ. ἐπὶ τὰ τέκνα ἡμῶν
49 ἐξῆλθεν ὕδωρ κ. αἷμα
—h. v., T [[WH]] R non marg.
Mk **5** 25 γυνὴ οὖσα ἐν ῥύσει αἵματος δώδεκα ἔτη
29 εὐθὺς ἐξηράνθη ἡ πηγὴ τ. αἵματος αὐτῆς
14 24 τοῦτό ἐστιν τὸ αἷμά μου
Lu **8** 43 γυνὴ οὖσα ἐν ῥύσει αἵματος ἀπὸ ἐτῶν δώδεκα
44 παραχρῆμα ἔστη ἡ ῥύσις τ. αἵματος αὐτῆς
11 50 ἵνα ἐκζητηθῇ τὸ αἷμα πάντων τ. προφητῶν
51 ἀπὸ αἵματος Ἅβελ
ἕως αἵματος Ζαχαρίου τ. ἀπολομένου
13 1 ὧν τὸ αἷμα Πειλᾶτος ἔμιξεν
22 20 τοῦτο τὸ ποτήριον ἡ καινὴ διαθήκη ἐν τ. αἵματί μου
—h. v., [[WH]] R marg.
44 κ. ἐγένετο ὁ ἱδρὼς αὐτοῦ ὡσεὶ θρόμβοι αἵματος
—h. v., [[WH]] R marg.
Jo **1** 13 οἳ οὐκ ἐξ αἱμάτων . . . ἐγεννήθησαν
6 53 ἐὰν μὴ . . . πίητε αὐτοῦ τὸ αἷμα
54 [1] ὁ τρώγων μου τ. σάρκα κ. πίνων μου τ. αἷμα
55 τὸ αἷμά μου ἀληθής ἐστιν πόσις
56 [1] ὁ τρώγων μου τ. σάρκα κ. πίνων μου τ. αἷμα
19 34 ἐξῆλθεν εὐθὺς αἷμα καὶ ὕδωρ
Ac **1** 19 Ἁκελδαμάχ τοῦτ' ἔστιν Χωρίον Αἵματος
χωρ. αἵματος, T
2 19 αἷμα κ. πῦρ κ. ἀτμίδα καπνοῦ·
דָּם וָאֵשׁ וְתִימְרוֹת עָשָׁן, Joel iii. 3
20 ὁ ἥλιος μεταστραφήσεται εἰς σκότος κ. ἡ σελήνη εἰς αἷμα
הַשֶּׁמֶשׁ יֵהָפֵךְ לְחֹשֶׁךְ וְהַיָּרֵחַ לְדָם, Joel iii. 4
5 28 ἐπαγαγεῖν ἐφ' ἡμᾶς τὸ αἷμα τ. ἀνθρώπου τούτου
15 20 τοῦ ἀπέχεσθαι . . . πνικτοῦ κ. τοῦ αἵματος
29 ἀπέχεσθαι εἰδωλοθύτων κ. αἵματος κ. πνικτῶν
18 6 τὸ αἷμα ὑμῶν ἐπὶ τ. κεφαλὴν ὑμῶν
20 26 ὅτι καθαρός εἰμι ἀπὸ τ. αἵματος πάντων
28 ἣν περιεποιήσατο διὰ τ. αἵματος τ. ἰδίου
21 25 φυλάσσεσθαι αὐτοὺς τό τε εἰδωλόθυτον κ. αἷμα κ. πνικτόν
22 20 ὅτε ἐξεχύννετο τὸ αἷμα Στεφάνου τ. μάρτυρός σου
Ro **3** 15 ὀξεῖς οἱ πόδες αὐτῶν ἐκχέαι αἷμα

Ro **3** 25 ἱλαστήριον διὰ πίστεως ἐν τ. αὐτοῦ αἵματι
5 9 δικαιωθέντες νῦν ἐν τ. αἵματι αὐτοῦ
I Co **10** 16 οὐχὶ κοινωνία ἐστὶν τ. αἵματος τ. Χριστοῦ;
τ. αἵμ. τ. Χρ. ἐστίν, Τ
11 25 τοῦτο τὸ ποτήριον ἡ καινὴ διαθήκη ἐστὶν ἐν τ. ἐμῷ αἵματι
27 ἔνοχος ἔσται τ. σώματος κ. τ. αἵματος τ. Κυρίου
15 50 [1] σὰρξ κ. αἷμα βασιλείαν Θεοῦ κληρονομῆσαι οὐ δύναται
Ga **1** 16 [1] εὐθέως οὐ προσανεθέμην σαρκὶ κ. αἵματι
Eph **1** 7 ἐν ᾧ ἔχομεν τ. ἀπολύτρωσιν διὰ τ αἵματος αὐτοῦ
2 13 ἐγενήθητε ἐγγὺς ἐν τ. αἵματι τ. Χριστοῦ
6 12 [1] οὐκ ἔστιν ἡμῖν ἡ πάλη πρὸς αἷμα κ. σάρκα
Col **1** 20 εἰρηνοποιήσας διὰ τ. αἵματος τ. σταυροῦ αὐτοῦ
He **2** 14 [1] ἐπεὶ οὖν τ. παιδία κεκοινώνηκεν αἵματος κ. σαρκός
9 7 μόνος ὁ ἀρχιερεὺς οὐ χωρὶς αἵματος
12 οὐδὲ δι' αἵματος τράγων κ. μόσχων
διὰ δὲ τ. ἰδίου αἵματος εἰσῆλθεν ἐφάπαξ
13 εἰ γὰρ τὸ αἷμα τράγων καὶ ταύρων . . . ἁγιάζει
14 πόσῳ μᾶλλον τὸ αἷμα τ. Χριστοῦ
18 ὅθεν οὐδὲ ἡ πρώτη χωρὶς αἵματος ἐνκεκαίνισται
19 λαβὼν τὸ αἷμα τ. μόσχων κ. τ. τράγων
20 τοῦτο τὸ αἷμα τ. διαθήκης
הִנֵּה דַם־הַבְּרִית, Ex. xxiv. 8
21 πάντα τὰ σκεύη τ. λειτουργίας τ. αἵματι ὁμοίως ἐράντισεν.
22 κ. σχέδον ἐν αἵματι πάντα καθαρίζεται κατὰ τ. νόμον
25 εἰσέρχεται εἰς τὰ ἅγια κατ' ἐνιαυτὸν ἐν αἵματι ἀλλοτρίῳ
10 4 ἀδύνατον γὰρ αἷμα ταύρων κ. τράγων ἀφαιρεῖν ἁμαρτίας
19 παρρησίαν εἰς τ. εἴσοδον τ. ἁγίων ἐν τ. αἵματι Ἰησοῦ
29 τὸ αἷμα τ. διαθήκης κοινὸν ἡγησάμενος
11 28 πίστει πεποίηκεν τὸ πάσχα κ. τ. πρόσχυσιν τ. αἵματος
12 4 οὔπω μέχρις αἵματος ἀντικατέστητε
24 αἵματι ῥαντισμοῦ κρεῖττον λαλοῦντι παρὰ τὸν Ἅβελ
13 11 ὧν γὰρ εἰσφέρεται ζῴων τὸ αἷμα
12 ἵνα ἁγιάσῃ διὰ τ. ἰδίου αἵματος τ. λαόν
20 ἐν αἵματι διαθήκης αἰωνίου
I Pe **1** 2 εἰς ὑπακοὴν κ. ῥαντισμὸν αἵματος Ἰησοῦ Χριστοῦ
19 τιμίῳ αἵματι ὡς ἀμνοῦ ἀμώμου
I Jo **1** 7 τὸ αἷμα Ἰησοῦ τ. υἱοῦ αὐτοῦ καθαρίζει ἡμᾶς
5 6 οὗτός ἐστιν ὁ ἐλθὼν δι' ὕδατος κ. αἵματος
6 ἀλλ' ἐν τ. ὕδατι κ. ἐν τ. αἵματι
8 τὸ πνεῦμα κ. τὸ ὕδωρ κ. τὸ αἷμα
Re **1** 5 λύσαντι ἡμᾶς ἐκ τ. ἁμαρτιῶν ἡμῶν ἐν τ. αἵματι αὐτοῦ
5 9 ἠγόρασας τ. Θεῷ ἐν τ. αἵματί σου
6 10 οὐ κρίνεις κ. ἐκδικεῖς τὸ αἷμα ἡμῶν
12 ἡ σελήνη ὅλη ἐγένετο ὡς αἷμα
7 14 ἐλεύκαναν αὐτὰς ἐν τ. αἵματι τ. ἀρνίου
8 7 ἐγένετο χάλαζα κ. πῦρ μεμιγμένα ἐν αἵματι

Re 8 8 ἐγένετο τὸ τρίτον τ. θαλάσσης αἷμα
11 6 ἐξουσίαν ἔχουσιν ἐπὶ τ. ὑδάτων στρέφειν αὐτὰ εἰς αἷμα
12 11 αὐτοὶ ἐνίκησαν αὐτὸν διὰ τὸ αἷμα τ. ἀρνίου
14 20 ἐξῆλθεν αἷμα ἐκ τῆς ληνοῦ ἄχρι τ. χαλινῶν τ. ἵππων
16 3 ἐγένετο αἷμα ὡς νεκροῦ
4 κ. ἐγένετο αἷμα
6 ὅτι αἷμα ἁγίων κ. προφητῶν ἐξέχεαν, αἵματα, T
κ. αἷμα αὐτοῖς δέδωκας πεῖν
17 6 εἶδον τ. γυναῖκα μεθύουσαν ἐκ τ. αἵματος τ. ἁγίων
κ. ἐκ τ. αἵματος τ. μαρτύρων Ἰησοῦ
18 24 ἐν αὐτῇ αἷμα προφητῶν κ. ἁγίων εὑρέθη αἵματα, T
19 2 ἐξεδίκησεν τὸ αἷμα τ. δούλων αὐτοῦ ἐκ χειρὸς αὐτῆς
13 περιβεβλημένος ἱμάτιον ῥεραντισμένον αἵματι

ʿΑΙΜΑΤΕΚΧΥΣΙ΄Α* † 130

He 9 22 χωρὶς αἱματεκχυσίας οὐ γίνεται ἄφεσις

ʿΑΙΜΟΡΡΟΕ΄Ω 131

Mt 9 20 γυνὴ αἱμορροοῦσα δώδεκα ἔτη

ʼΑΙΝΕ΄ΑΣ 132

Ac 9 33 εὗρεν δὲ ἐκεῖ ἄνθρωπόν τινα ὀνόματι Αἰνέαν
34 Αἰνέα ἰᾶταί σε Ἰησοῦς Χριστός

ʼΑΙ΄ΝΕΣΙΣ† 133

He 13 15 ἀναφέρωμεν θυσίαν αἰνέσεως διὰ παντὸς τ. Θεῷ

ʼΑΙΝΕ΄Ω 134

Lu 2 13 πλῆθος στρατιᾶς ουρανίου αἰνούντων τ. Θεόν
20 δοξάζοντες κ. αἰνοῦντες τ. Θεόν
19 37 ἤρξαντο . . . χαίροντες αἰνεῖν τ. Θεόν
24 53 αἰνοῦντες κ. εὐλογοῦντες τ. Θεόν —αἰν. κ., WH non mg. R; —κ. εὐλ., TWH marg.
Ac 2 47 αἰνοῦντες τ. Θεὸν κ. ἔχοντες χάριν πρὸς ὅλον τ. λαόν
3 8 περιπατῶν κ. ἁλλόμενος κ. αἰνῶν τ. Θεόν.
9 κ. εἶδεν πᾶς ὁ λαὸς αὐτὸν περιπατοῦντα κ. αἰνοῦντα τ. Θεόν
Ro 15 11 αἰνεῖτε πάντα τὰ ἔθνη τ. Κύριον
הַלְלוּ אֶת־יְהוָה כָּל־גּוֹיִם, Ps. cxvii. 1
Re 19 5 αἰνεῖτε τ. Θεῷ ἡμῶν πάντες οἱ δοῦλοι αὐτοῦ

ʼΑΙ΄ΝΙΓΜΑ 135

1 Co 13 12 βλέπομεν γὰρ ἄρτι δι' ἐσόπτρου ἐν αἰνίγματι

ʼΑΙ΄ΝΟΣ 136

Mt 21 16 ἐκ στόματος νηπίων κ. θηλαζόντων κατηρτίσω αἶνον
מִפִּי עוֹלְלִים וְיֹנְקִים יִסַּדְתָּ עֹז, Ps. viii. 3
Lu 18 43 πᾶς ὁ λαὸς ἰδὼν ἔδωκεν αἶνον τ. Θεῷ

ʼΑΙΝΩ΄Ν 137

Jo 3 23 βαπτίζων ἐν Αἰνὼν ἐγγὺς τοῦ Σαλείμ

ʿΑΙΡΕ΄ΟΜΑΙ 138

Phl 1 22 κ. τί αἱρήσομαι οὐ γνωρίζω αἱρήσομαι;, WH mg. R mg.
II Th 2 13 ὅτι εἵλατο ὑμᾶς ὁ Θεὸς ἀπ' ἀρχῆς
He 11 25 μᾶλλον ἑλόμενος συνκακουχεῖσθαι τ. λαῷ τ. Θεοῦ

ʿΑΙ΄ΡΕΣΙΣ 139

Ac 5 17 ἡ οὖσα αἵρεσις τ. Σαδδουκαίων
15 5 ἐξανέστησαν δέ τινες τῶν ἀπὸ τ. αἱρέσεως τ. Φαρισαίων πεπιστευκότες
24 5 πρωτοστάτην τε τῆς τ. Ναζωραίων αἱρέσεως
14 κατὰ τ. ὁδὸν ἣν λέγουσιν αἵρεσιν
26 5 κατὰ τ. ἀκριβεστάτην αἵρεσιν τ. ἡμετέρας θρησκείας
28 22 περὶ μὲν γὰρ τ. αἱρέσεως ταύτης
1 Co 11 19 δεῖ μὲν κ. αἱρέσεις ἐν ὑμῖν εἶναι
Gal 5 20 διχοστασίαι αἱρέσεις φθόνοι
II Pe 2 1 οἵτινες παρεισάξουσιν αἱρέσεις ἀπωλείας

ʿΑΙΡΕΤΙ΄ΖΩ 140

Mt 12 18 ἰδοὺ ὁ παῖς μου ὃν ἡρέτισα
הֵן עַבְדִּי אֶתְמָךְ־בּוֹ, Is. xlii. 1

ʿΑΙΡΕΤΙΚΟ΄Σ 141

Tit 3 10 αἱρετικὸν ἄνθρωπον . . . παραιτοῦ

ʼΑΙ΄ΡΩ 142

(1) αἴρ. ἁμαρτίαν, ἁμαρτίας (2) αἴρ. ἀπό, ἐκ

Mt 4 6 ἐπὶ χειρῶν ἀροῦσίν σε
9 6 ἔγειρε ἆρόν σου τ. κλίνην
16 [2] αἴρει γὰρ τὸ πλήρωμα αὐτοῦ ἀπὸ τ. ἱματίου
11 29 ἄρατε τ. ζυγόν μου ἐφ' ὑμᾶς
13 12 [2] κ. ὃ ἔχει ἀρθήσεται ἀπ' αὐτοῦ
14 12 προσελθόντες οἱ μαθηταὶ αὐτοῦ ἦραν τὸ πτῶμα
20 ἦραν τ. περισσεῦον τ. κλασμάτων
15 37 τὸ περισσεῦον τ. κλασματων ἦραν
16 24 ἀράτω τ. σταυρὸν αὐτοῦ
17 27 τ. ἀναβάντα πρῶτον ἰχθὺν ἆρον
20 14 ἆρον τὸ σὸν κ. ὕπαγε
21 21 ἄρθητι κ. βλήθητι εἰς τ. θάλασσαν
43 [2] ὅτι ἀρθήσεται ἀφ' ὑμῶν ἡ βασιλεία τ. Θεοῦ
24 17 μὴ καταβάτω ἆραι τὰ ἐκ τ. οἰκίας αὐτοῦ
18 μὴ ἐπιστρεψάτω ὀπίσω ἆραι τὸ ἱμάτιον αὐτοῦ
39 ἕως ἦλθεν ὁ κατακλυσμὸς κ. ἦρεν ἅπαντας
25 28 [2] ἄρατε οὖν ἀπ' αὐτοῦ τὸ τάλαντον
29 [2] κ. ὃ ἔχει ἀρθήσεται ἀπ' αὐτοῦ
27 32 τοῦτον ἠγγάρευσαν ἵνα ἄρῃ τ. σταυρὸν αὐτοῦ
Mk 2 3 φέροντες . . . παραλυτικὸν αἰρόμενον ὑπὸ τεσσάρων
9 ἔγειρου κ. ἆρον τ. κράβαττόν σου
11 ἔγειρε ἆρον τ. κράβαττόν σου
12 κ. εὐθὺς ἄρας τ. κράβαττον ἐξῆλθεν
21 [2] αἴρει τὸ πλήρωμα ἀπ' αὐτοῦ τὸ καινὸν τ. παλαιοῦ
4 15 αἴρει τ. λόγον τ. ἐσπαρμένον εἰς αὐτούς
25 [2] κ. ὃ ἔχει ἀρθήσεται ἀπ' αὐτοῦ
6 8 ἵνα μηδὲν αἴρωσιν εἰς ὁδόν

Mk 6 29 ἦραν τὸ πτῶμα αὐτοῦ
43 ἦραν κλάσματα δώδεκα κοφίνων πληρώματα
8 8 ἦραν περισσεύματα κλασμάτων ἑπτὰ σφυρίδας
19 πόσους κοφίνους κλασμάτων πλήρεις ἤρατε;
20 πόσων σφυρίδων πληρώματα κλασμάτων ἤρατε;
34 ἀράτω τ. σταυρὸν αὐτοῦ
11 23 ἄρθητι κ. βλήθητι εἰς τ. θάλασσαν
13 15 ² μηδὲ εἰσελθάτω τι ἆραι ἐκ τ. οἰκίας αὐτοῦ
ἆραί τι, T
16 μὴ ἐπιστρεψάτω εἰς τὰ ὀπίσω ἆραι τὸ ἱμάτιον αὐτοῦ
15 21 ἵνα ἄρῃ τ. σταυρὸν αὐτοῦ
24 βάλλοντες κλῆρον ἐπ' αὐτά, τίς τί ἄρῃ
16 [18 κ. ἐν τ. χερσὶν ὄφεις ἀροῦσιν
Lu 4 11 ὅτι ἐπὶ χειρῶν ἀροῦσίν σε
עַל כַּפַּיִם יִשָּׂאוּנְךָ, Ps. xci. 12
5 24 ἔγειρε κ. ἄρας τὸ κλινίδιόν σου πορεύου
25 ἄρας ἐφ' ὃ κατέκειτο ἀπῆλθεν
6 29 ἀπὸ τ. αἴροντός σου τὸ ἱμάτιον
30 ἀπὸ τ. αἴροντος τὰ σὰ μὴ ἀπαίτει
8 12 ² αἴρει τ. λόγον ἀπὸ τ. καρδίας αὐτῶν
18 ² κ. ὃ δοκεῖ ἔχειν ἀρθήσεται ἀπ' αὐτοῦ
9 3 μηδὲν αἴρετε εἰς τὴν ὁδόν
17 ἤρθη τὸ περισσεῦσαν αὐτοῖς κλασμάτων κόφινοι δώδεκα
23 ἀράτω τ. σταυρὸν αὐτοῦ καθ' ἡμέραν
11 22 τ. πανοπλίαν αὐτοῦ αἴρει
52 ὅτι ἤρατε τ. κλεῖδα τ. γνώσεως
ἐκρύψατε, WH marg.
17 13 κ. αὐτοὶ ἦραν φωνὴν λέγοντες
31 μὴ καταβάτω ἆραι αὐτά
19 21 αἴρεις ὃ οὐκ ἔθηκας
22 αἴρων ὃ οὐκ ἔθηκα
24 ² ἄρατε ἀπ' αὐτοῦ τ. μνᾶν
26 ² ἀπὸ δὲ τ. μὴ ἔχοντος κ. ὃ ἔχει ἀρθήσεται
22 36 ἀλλὰ νῦν ὁ ἔχων βαλλάντιον ἀράτω
23 18 αἶρε τοῦτον
Jo 1 29 ¹ ὁ ἀμνὸς τ. Θεοῦ ὁ αἴρων τ. ἁμαρτίαν τ. κόσμου
2 16 ἄρατε ταῦτα ἐντεῦθεν
5 8 ἔγειρε ἆρον τ. κράβαττόν σου κ. περιπάτει
9 ἦρεν τ. κράβαττον αὐτοῦ κ. περιεπάτει
10 οὐκ ἔξεστίν σοι ἆραι τ. κράβαττον
11 ἐκεῖνός μοι εἶπεν Ἆρον τ. κράβαττόν σου κ. περιπάτει
12 τίς ἐστιν . . . ὁ εἰπών σοι Ἆρον κ. περιπάτει
8 59 ἦραν οὖν λίθους ἵνα βάλωσιν ἐπ' αὐτόν
10 18 ² οὐδεὶς ἦρεν αὐτὴν ἀπ' ἐμοῦ
αἴρει, TWH marg., R non marg.
24 ἕως πότε τ. ψυχὴν ἡμῶν αἴρεις;
11 39 ἄρατε τ. λίθον
41 ἦραν οὖν τ. λίθον.
ὁ δὲ Ἰησοῦς ἦρεν τ. ὀφθαλμοὺς ἄνω
48 ἀροῦσιν ἡμῶν κ. τ. τόπον κ. τὸ ἔθνος
15 2 πᾶν κλῆμα ἐν ἐμοὶ μὴ φέρον καρπὸν αἴρει αὐτό
16 22 ² τ. χαρὰν ὑμῶν οὐδεὶς ἀρεῖ ἀφ' ὑμῶν
αἴρει, TWH marg. R
17 15 ² οὐκ ἐρωτῶ ἵνα ἄρῃς αὐτοὺς ἐκ τ. κόσμου
19 15 ἆρον ἆρον σταύρωσον αὐτόν
Jo 19 31 ἵνα κατεαγῶσιν αὐτῶν τὰ σκέλη κ. ἀρθῶσιν
38 ἵνα ἄρῃ τὸ σῶμα τ. Ἰησοῦ
38 ἦλθεν οὖν κ. ἦρεν τὸ σῶμα αὐτοῦ
ἦλθον οὖν κ. ἦραν αὐτόν, T
20 1 ² βλέπει τ. λίθον ἠρμένον ἐκ τ. μνημείου
2 ² ἦραν τ. Κύριον ἐκ τ. μνημείου
13 λέγει αὐτοῖς ὅτι Ἦραν τ. Κύριόν μου
ὅτι ἦραν, TWH marg.
15 κἀγὼ αὐτὸν ἀρῶ
Ac 4 24 ὁμοθυμαδὸν ἦραν φωνὴν πρὸς τ. Θεόν
8 33 ἐν τ. ταπεινώσει ἡ κρίσις αὐτοῦ ἤρθη
מֵעֹצֶר וּמִמִּשְׁפָּט לֻקָּח, Is. liii. 8
33 ² ὅτι αἴρεται ἀπὸ τ. γῆς ἡ ζωὴ αὐτοῦ
כִּי נִגְזַר מֵאֶרֶץ חַיִּים, Is. *l.c.*
20 9 ἔπεσεν ἀπὸ τ. τριστέγου κάτω κ. ἤρθη νεκρός
21 11 ἄρας τ. ζώνην τ. Παύλου
36 ἠκολούθει γὰρ τὸ πλῆθος τ. λαοῦ κράζοντες Αἶρε αὐτόν
22 22 ² αἶρε ἀπὸ τ. γῆς τ. τοιοῦτον
27 13 ἄραντες ἆσσον παρελέγοντο τ. Κρήτην
17 ἣν ἄραντες βοηθείαις ἐχρῶντο
1 Co 5 2 ² ἵνα ἀρθῇ ἐκ μέσου ὑμῶν ὁ τὸ ἔργον τοῦτο πράξας
6 15 ἄρας οὖν τὰ μέλη τ. Χριστοῦ
Eph 4 31 ² πᾶσα πικρία . . . κ. βλασφημία ἀρθήτω ἀφ' ὑμῶν
Col 2 14 κ. αὐτὸ ἦρκεν ἐκ τ. μέσου
1 Jo 3 5 ¹ ἵνα τ. ἁμαρτίας ἄρῃ
Re 10 5 ἦρεν τ. χεῖρα αὐτοῦ τ. δεξιὰν εἰς τ. οὐρανόν
18 21 ἦρεν εἷς ἄγγελος ἰσχυρὸς λίθον ὡς μύλινον μέγαν

̓ΑΙΣΘΑ΄ΝΟΜΑΙ 143

Lu 9 45 ἦν παρακεκαλυμμένον ἀπ' αὐτῶν ἵνα μὴ αἴσθωνται αὐτό

̓ΑΙ΄ΣΘΗΣΙΣ 144

Phl 1 9 περισσεύῃ ἐν ἐπιγνώσει κ. πάσῃ αἰσθήσει

̓ΑΙΣΘΗΤΗ΄ΡΙΟΝ 145

He 5 14 τῶν διὰ τ. ἕξιν τὰ αἰσθητήρια γεγυμνασμένα ἐχόντων

̓ΑΙΣΧΡΟΚΕΡΔΗ΄Σ* 146

1 Ti 3 8 διακόνους ὡσαύτως . . . μὴ αἰσχροκερδεῖς
Tit 1 7 δεῖ γὰρ τ. ἐπίσκοπον . . . μὴ αἰσχροκερδῆ

̓ΑΙΣΧΡΟΚΕΡΔΩ͂Σ* † 147

1 Pe 5 2 μηδὲ αἰσχροκερδῶς ἀλλὰ προθύμως

̓ΑΙΣΧΡΟΛΟΓΙ΄Α* 148

Col 3 8 νυνὶ δὲ ἀπόθεσθε . . . αἰσχρολογίαν ἐκ τ. στόματος ὑμῶν

̓ΑΙΣΧΡΟ΄Σ 149

1 Co 11 6 εἰ δὲ αἰσχρὸν γυναικὶ τὸ κείρασθαι
14 35 αἰσχρὸν γάρ ἐστιν γυναικὶ λαλεῖν ἐν ἐκκλησίᾳ
Eph 5 12 τὰ γὰρ κρυφῇ γινόμενα ὑπ' αὐτῶν αἰσχρόν ἐστιν κ. λέγειν
Tit 1 11 διδάσκοντες ἃ μὴ δεῖ αἰσχροῦ κέρδους χάριν

ʼΑΙΣΧΡΟʹΤΗΣ * 151

Eph 5 4 αἰσχρότης κ. μωρολογία

ʼΑΙΣΧΥʹΝΗ 152

Lu 14 9 τότε ἄρξῃ μετὰ αἰσχύνης τ. ἔσχατον τόπον κατέχειν
II Co 4 2 ἀπειπάμεθα τὰ κρυπτὰ τ. αἰσχύνης
Phl 3 19 ἡ δόξα ἐν τ. αἰσχύνῃ αὐτῶν
He 12 2 ὑπέμεινεν σταυρὸν αἰσχύνης καταφρονήσας
Ju 13 ἐπαφρίζοντα τὰς ἑαυτῶν αἰσχύνας
Re 3 18 μὴ φανερωθῇ ἡ αἰσχύνη τ. γυμνότητός σου

ʼΑΙΣΧΥʹΝΟΜΑΙ 153

Lu 16 3 ἐπαιτεῖν αἰσχύνομαι
II Co 10 8 ἐάν τε γὰρ περισσότερόν τι καυχήσωμαι . . . οὐκ αἰσχυνθήσομαι
Phl 1 20 ὅτι ἐν οὐδενὶ αἰσχυνθήσομαι
I Pe 4 16 εἰ δὲ ὡς Χριστιανὸς μὴ αἰσχυνέσθω
I Jo 2 28 κ. μὴ αἰσχυνθῶμεν ἀπ' αὐτοῦ

ʼΑΙΤΕʹΩ 154

(1) αἰτέομαι

Mt 5 42 τῷ αἰτοῦντί σε δός
6 8 πρὸ τοῦ ὑμᾶς αἰτῆσαι αὐτόν
7 7 αἰτεῖτε κ. δοθήσεται ὑμῖν
8 πᾶς γὰρ ὁ αἰτῶν λαμβάνει
9 ὃν αἰτήσει ὁ υἱὸς αὐτοῦ ἄρτον
10 ἢ κ. ἰχθὺν αἰτήσει
11 δώσει ἀγαθὰ τ. αἰτοῦσιν αὐτόν
14 7 [1] ὡμολόγησεν αὐτῇ δοῦναι ὃ ἐὰν αἰτήσηται
18 19 [1] περὶ παντὸς πράγματος οὗ ἐὰν αἰτήσωνται
20 20 προσκυνοῦσα κ. αἰτοῦσά τι ἀπ' αὐτοῦ
22 [1] οὐκ οἴδατε τί αἰτεῖσθε
21 22 [1] πάντα ὅσα ἂν αἰτήσητε ἐν τ. προσευχῇ
27 20 [1] ἔπεισαν τ. ὄχλους ἵνα αἰτήσωνται τ. Βαραββᾶν
58 [1] οὗτος . . . ᾐτήσατο τὸ σῶμα τ. Ἰησοῦ
Mk 6 22 αἴτησόν με ὃ ἐὰν θέλῃς
23 ὅτι ὃ ἐάν με αἰτήσῃς δώσω σοι
24 [1] τί αἰτήσωμαι;
25 [1] εἰσελθοῦσα εὐθὺς . . . ᾐτήσατο λέγουσα
10 35 θέλομεν ἵνα ὃ ἐὰν αἰτήσωμέν σε
38 [1] οὐκ οἴδατε τί αἰτεῖσθε
11 24 [1] πάντα ὅσα προσεύχεσθε κ. αἰτεῖσθε
15 8 [1] ἀναβὰς ὁ ὄχλος ἤρξατο αἰτεῖσθαι
43 [1] τολμήσας εἰσῆλθεν . . . . κ. ᾐτήσατο τὸ σῶμα τ. Ἰησοῦ
Lu 1 63 αἰτήσας πινακίδιον ἔγραψεν
6 30 παντὶ αἰτοῦντί σε δίδου
11 9 αἰτεῖτε κ. δοθήσεται ὑμῖν
10 πᾶς γὰρ ὁ αἰτῶν λαμβάνει
11 τίνα δὲ ἐξ ὑμῶν τ. πατέρα αἰτήσει ὁ υἱὸς
αἰτ. τ. πατ., WH marg.
12 ἢ κ. αἰτήσει ᾠόν
13 δώσει πνεῦμα ἅγιον τ. αἰτοῦσιν αὐτόν
12 20 ταύτῃ τ. νυκτὶ τ. ψυχήν σου αἰτοῦσιν ἀπὸ σοῦ
ἀπαιτοῦσιν, T
48 ᾧ παρέθεντο πολὺ περισσότερον αἰτήσουσιν αὐτόν
23 23 [1] αἰτούμενοι αὐτὸν σταυρωθῆναι
Lu 23 25 [1] ἀπέλυσεν δὲ τὸν . . . βεβλημένον εἰς φυλακὴν ὃν ᾐτοῦντο
52 [1] οὗτος . . . ᾐτήσατο τὸ σῶμα τ. Ἰησοῦ
Jo 4 9 πῶς σὺ Ἰουδαῖος ὢν παρ' ἐμοῦ πεῖν αἰτεῖς;
10 σὺ ἂν ᾔτησας αὐτόν
11 22 [1] κ. νῦν οἶδα ὅτι ὅσα ἂν αἰτήσῃ τ. Θεόν
14 13 ὅτι ἂν αἰτήσητε ἐν τ. ὀνόματί μου
αἰτῆτε, WH marg.
14 ἐάν τι αἰτήσητέ με ἐν τ. ὀνόματί μου
15 7 [1] ὃ ἐὰν θέλητε αἰτήσασθε
16 ἵνα ὅτι ἂν αἰτήσητε τ. πατέρα ἐν τ. ὀνόματί μου
αἰτῆτε, WH marg.
16 23 ἄν τι αἰτήσητε τ. πατέρα δώσει ὑμῖν
24 ἕως ἄρτι οὐκ ᾐτήσατε οὐδὲν ἐν τ. ὀνόματί μου· αἰτεῖτε κ. λήμψεσθε
26 [1] ἐν ἐκείνῃ τ. ἡμέρᾳ ἐν τ. ὀνόματί μου αἰτήσεσθε
Ac 3 2 τοῦ αἰτεῖν ἐλεημοσύνην
14 [1] ᾐτήσασθε ἄνδρα φονέα χαρισθῆναι ὑμῖν
7 46 [1] ᾐτήσατο εὑρεῖν σκήνωμα τ. Θεῷ Ἰακώβ
9 2 [1] ᾐτήσατο παρ' αὐτοῦ ἐπιστολὰς εἰς Δαμασκόν
12 20 [1] ᾐτοῦντο εἰρήνην
13 21 κἀκεῖθεν ᾐτήσαντο βασιλέα
28 [1] ᾐτήσαντο Πειλᾶτον ἀναιρεθῆναι αὐτόν
ᾔτησαν τὸν Π., WH marg.
16 29 αἰτήσας δὲ φῶτα εἰσεπήδησεν
25 3 [1] αἰτούμενοι χάριν κατ' αὐτοῦ
15 [1] αἰτούμενοι κατ' αὐτοῦ καταδίκην
I Co 1 22 ἐπειδὴ κ. Ἰουδαῖοι σημεῖα αἰτοῦσιν
Eph 3 13 [1] διὸ αἰτοῦμαι μὴ ἐνκακεῖν ἐν τ. θλίψεσί μου
20 [1] ποιῆσαι ὑπερεκπερισσοῦ ὧν αἰτούμεθα
Col 1 9 [1] αἰτούμενοι ἵνα πληρωθῆτε τ. ἐπίγνωσιν τ. θελήματος αὐτοῦ
Ja 1 5 αἰτείτω παρὰ τ. διδόντος Θεοῦ πᾶσιν ἁπλῶς
6 αἰτείτω δὲ ἐν πίστει
4 2 [1] οὐκ ἔχετε διὰ τὸ μὴ αἰτεῖσθαι ὑμᾶς·
3 αἰτεῖτε κ. οὐ λαμβάνετε,
[1] διότι κακῶς αἰτεῖσθε
I Pe 3 15 ἕτοιμοι ἀεὶ πρὸς ἀπολογίαν παντὶ τ. αἰτοῦντι ὑμᾶς λόγον
I Jo 3 22 ὃ ἂν αἰτῶμεν λαμβάνομεν ἀπ' αὐτοῦ
5 14 [1] ἐάν τι αἰτώμεθα κατὰ τ. θέλημα αὐτοῦ
15 [1] ὃ ἐὰν αἰτώμεθα,
οἴδαμεν ὅτι ἔχομεν τὰ αἰτήματα ἃ ᾐτήκαμεν ἀπ' αὐτοῦ
16 αἰτήσει κ. δώσει αὐτῷ ζωήν

ʼΑΙʹΤΗΜΑ 155

Lu 23 24 κ. Πειλᾶτος ἐπέκρινεν γενέσθαι τὸ αἴτημα αὐτῶν
Phl 4 6 μετὰ εὐχαριστίας τὰ αἰτήματα ὑμῶν γνωριζέσθω πρὸς τ. Θεόν
I Jo 5 15 οἴδαμεν ὅτι ἔχομεν τὰ αἰτήματα ἃ ᾐτήκαμεν

ʼΑΙΤΙʹΑ 156

Mt 19 3 εἰ ἔξεστιν ἀπολῦσαι τ. γυναῖκα αὐτοῦ κατὰ πᾶσαν αἰτίαν;
10 εἰ οὕτως ἐστὶν ἡ αἰτία τ. ἀνθρώπου μετὰ τ. γυναικός
27 37 ἐπέθηκαν ἐπάνω τ. κεφαλῆς αὐτοῦ τ. αἰτίαν αὐτοῦ γεγραμμένην
Mk 15 26 ἦν ἡ ἐπιγραφὴ τ. αἰτίας αὐτοῦ ἐπιγεγραμμένη
Lu 8 47 δι' ἣν αἰτίαν ἥψατο αὐτοῦ ἀπήγγειλεν
Jo 18 38 ἐγὼ οὐδεμίαν εὑρίσκω ἐν αὐτῷ αἰτίαν

Jo 19 4 **ἵνα** γνῶτε ὅτι οὐδεμίαν αἰτίαν εὑρίσκω ἐν αὐτῷ
ὅτι αἰτ. οὐχ εὑρ., T
6 ἐγὼ γὰρ οὐχ εὑρίσκω ἐν αὐτῷ **αἰτίαν**
Ac 10 21 τίς ἡ αἰτία δι' ἣν πάρεστε;
13 28 μηδεμίαν αἰτίαν θανάτου εὑρόντες
22 24 ἵνα ἐπιγνῷ δι' ἣν αἰτίαν οὕτως ἐπεφώνουν αὐτῷ
23 28 βουλόμενός τε ἐπιγνῶναι τ. αἰτίαν
25 18 οἱ κατήγοροι οὐδεμίαν αἰτίαν ἔφερον ὧν ἐγὼ ὑπενόουν πονηρῶν
27 μὴ κ. τὰς κατ' αὐτοῦ αἰτίας σημᾶναι
28 18 διὰ τὸ μηδεμίαν αἰτίαν θανάτου ὑπάρχειν ἐν ἐμοί
20 διὰ ταύτην **οὖν** τ. αἰτίαν παρεκάλεσα ὑμᾶς ἰδεῖν
II Ti 1 6 δι' ἣν αἰτίαν ἀναμιμνήσκω σε
12 δι' ἣν αἰτίαν κ. ταῦτα πάσχω
Tit 1 13 δι' ἣν αἰτίαν ἔλεγχε αὐτοὺς ἀποτόμως
He 2 11 δι' ἣν αἰτίαν οὐκ ἐπαισχύνεται ἀδελφοὺς αὐτοὺς καλεῖν

'ΑΙ'ΤΙΟΝ* 158

Lu 23 4 οὐδὲν εὑρίσκω αἴτιον ἐν τ. ἀνθρώπῳ τούτῳ
14 οὐθὲν εὗρον ἐν τ. ἀνθρώπῳ τούτῳ αἴτιον
22 οὐδὲν αἴτιον θανάτου εὗρον ἐν αὐτῷ
Ac 19 40 μηδενὸς αἰτίου ὑπάρχοντος

'ΑΙ'ΤΙΟΣ 159

He 5 9 ἐγένετο πᾶσιν τ. ὑπακούουσιν αὐτῷ αἴτιος σωτηρίας αἰωνίου

'ΑΙΤΙ'ΩΜΑ* † 157

Ac 25 7 πολλὰ κ. βαρέα αἰτιώματα καταφέροντες

'ΑΙΦΝΙ'ΔΙΟΣ** 160

Lu 21 34 κ. ἐπιστῇ ἐφ' ὑμᾶς αἰφνίδιος ἡ ἡμέρα ἐκείνη ὡς πάγις.
ἐφνίδιος, WH
I Th 5 3 τότε αἰφνίδιος αὐτοῖς ἐπίσταται ὄλεθρος

'ΑΙΧΜΑΛΩΣΙ'Α 161

Eph 4 8 ἀναβὰς εἰς ὕψος ᾐχμαλώτευσεν αἰχμαλωσίαν, Ps. lxviii. 19
Re 13 10 εἴ τις εἰς αἰχμαλωσίαν, εἰς αἰχμαλωσίαν ὑπάγει

'ΑΙΧΜΑΛΩΤΕΥ'Ω † 162

Eph 4 8 ἀναβὰς εἰς ὕψος ᾐχμαλώτευσεν αἰχμαλωσίαν
עָלִיתָ לַמָּרוֹם שָׁבִיתָ שֶּׁבִי, Ps. lxviii. 19

'ΑΙΧΜΑΛΩΤΙ'ΖΩ 163

Lu 21 24 αἰχμαλωτισθήσονται εἰς τὰ ἔθνη πάντα
Ro 7 23 αἰχμαλωτίζοντά με ἐν τῷ νόμῳ τ. ἁμαρτίας
II Co 10 5 αἰχμαλωτίζοντες πᾶν νόημα εἰς τ. ὑπακοὴν τ. Χριστοῦ
II Ti 3 6 αἰχμαλωτίζοντες γυναικάρια σεσωρευμένα ἁμαρτίαις

'ΑΙΧΜΑ'ΛΩΤΟΣ 164

Lu 4 18 κηρύξαι αἰχμαλώτοις ἄφεσιν
לִקְרֹא לִשְׁבוּיִם דְּרוֹר, Is. lxi. 1

'ΑΙΩ'Ν 165

(1) ὁ νῦν αἰών, ὁ αἰ. οὗτος (2) ὁ αἰ. ὁ μέλλων, ὁ ἐρχόμενος (3) εἰς τ. αἰῶνα, τ. αἰῶνας (4) εἰς τ. αἰῶνας τ. αἰώνων (5) ἀπ' αἰῶνος

Mt 6 13 [3] ἡ βασιλεία κ. ἡ δύναμις κ. δόξα εἰς τ. αἰῶνας
—h. v., TWHR non mg.
12 32 [1] [2] οὔτε ἐν τούτῳ τ. αἰῶνι οὔτε ἐν τ. μέλλοντι
13 22 ἡ μέριμνα τ. αἰῶνος
39 ὁ δὲ θερισμὸς συντέλεια αἰῶνός ἐστιν
40 οὕτως ἔσται ἐν τῇ συντελείᾳ τ. αἰῶνος
49 οὕτως ἔσται ἐν τῇ συντελείᾳ τ. αἰῶνος
21 19 [3] μηκέτι ἐκ σοῦ καρπὸς γένηται εἰς τ. αἰῶνα
24 3 τί τὸ σημεῖον . . . συντελείας τ. αἰῶνος;
28 20 ἐγὼ μεθ' ὑμῶν εἰμι . . . ἕως τ. συντελείας τ. αἰῶνος.
Mk 3 29 [3] οὐκ ἔχει ἄφεσιν εἰς τ. αἰῶνα
4 19 αἱ μέριμναι τ. αἰῶνος
10 30 [2] ἐν τ. αἰῶνι τ. ἐρχομένῳ ζωὴν αἰώνιον
11 14 [3] μηκέτι εἰς τ. αἰῶνα ἐκ σοῦ μηδεὶς καρπὸν φάγοι
Lu 1 33 [3] βασιλεύσει ἐπὶ τ. οἶκον Ἰακὼβ εἰς τ. αἰῶνας
55 [3] τῷ Ἀβραὰμ κ. τ. σπέρματι αὐτοῦ εἰς τ. αἰῶνα
70 [5] διὰ στόματος τ. ἁγίων ἀπ' αἰῶνος προφητῶν αὐτοῦ
16 8 [1] οἱ υἱοὶ τ. αἰῶνος τούτου φρονιμώτεροι ὑπὲρ τ. υἱοὺς τ. φωτός
18 30 [2] ἐν τ. αἰῶνι τ. ἐρχομένῳ ζωὴν αἰώνιον
20 34 [1] οἱ υἱοὶ τ. αἰῶνος τούτου γαμοῦσιν
35 οἱ δὲ καταξιωθέντες τ. αἰῶνος ἐκείνου τυχεῖν
Jo 4 14 [3] οὐ μὴ διψήσει εἰς τ. αἰῶνα
6 51 [3] ζήσει εἰς τ. αἰῶνα
58 [3] ὁ τρώγων τοῦτον τ. ἄρτον ζήσει εἰς τ. αἰῶνα
8 35 [3] ὁ δὲ δοῦλος οὐ μένει ἐν τ. οἰκίᾳ εἰς τ. αἰῶνα·
[3] ὁ υἱὸς μένει εἰς τ. αἰῶνα
51 [3] θάνατον οὐ μὴ θεωρήσῃ εἰς τ. αἰῶνα
52 [3] οὐ μὴ γεύσηται θανάτου εἰς τ. αἰῶνα
9 32 ἐκ τ. αἰῶνος οὐκ ἠκούσθη
10 28 [3] οὐ μὴ ἀπόλωνται εἰς τ. αἰῶνα
11 26 [3] οὐ μὴ ἀποθάνῃ εἰς τ. αἰῶνα
12 34 [3] ὁ Χριστὸς μένει εἰς τ. αἰῶνα
13 8 [3] οὐ μὴ νίψῃς μου τ. πόδας εἰς τ. αἰῶνα
14 16 [3] ἵνα ᾖ μεθ' ὑμῶν εἰς τ. αἰῶνα
μ. ὑμ. εἰς τ. αἰ. ᾖ., WH marg.
Ac 3 21 [5] διὰ στόματος τ. ἁγίων ἀπ' αἰῶνος αὐτου προφητῶν
15 18 [5] λέγει Κύριος ποιῶν ταῦτα γνωστὰ ἀπ' αἰῶνος
Ro 1 25 [3] ὅς ἐστιν εὐλογητὸς εἰς τ. αἰῶνας
9 5 [3] Θεὸς εὐλογητὸς εἰς τ. αἰῶνας
11 36 [3] αὐτῷ ἡ δόξα εἰς τ. αἰῶνας

Ro 12 2 [1] μὴ συνσχηματίζεσθε τ. αἰῶνι τούτῳ
16 27 [3 4] ᾧ ἡ δόξα εἰς τ. αἰῶνας τ. αἰώνων
—τ. αἰώνων, WHR
I Co 1 20 [1] ποῦ συνζητητὴς τ. αἰῶνος τούτου;
2 6 [1] σοφίαν δὲ οὐ τ. αἰῶνος τούτου,
[1] οὐδὲ τ. ἀρχόντων τ. αἰῶνος τούτου τ. καταργουμένων
7 ἣν προώρισεν ὁ Θεὸς πρὸ τ. αἰώνων εἰς δόξαν ἡμῶν.
8 [1] ἣν οὐδεὶς τ. ἀρχόντων τ. αἰῶνος τούτου ἔγνωκεν
3 18 [1] εἴ τις δοκεῖ σοφὸς εἶναι ἐν ὑμῖν ἐν τ. αἰῶνι τούτῳ
8 13 [3] οὐ μὴ φάγω κρέα εἰς τ. αἰῶνα
10 11 εἰς οὓς τὰ τέλη τ. αἰώνων κατήντηκεν
II Co 4 4 [1] ὁ θεὸς τ αἰῶνος τούτου
9 9 [3] ἡ δικαιοσύνη αὐτοῦ μένει εἰς τ. αἰῶνα
צִדְקָתוֹ עֹמֶדֶת לָעַד, Ps. cxii. 9
11 31 [3] ὁ ὢν εὐλογητὸς εἰς τ. αἰῶνας
Ga 1 4 ὅπως ἐξέληται ἡμᾶς ἐκ τ. αἰῶνος τ. ἐνεστῶτος πονηροῦ
5 [4] ᾧ ἡ δόξα εἰς τ. αἰῶνας τ. αἰώνων
Eph 1 21 [1 2] οὐ μόνον ἐν τ. αἰῶνι τούτῳ
2 2 ἐν αἷς ποτὲ περιεπατήσατε κατὰ τ. αἰῶνα τ. κόσμου τούτου
7 [2] ἵνα ἐνδείξηται ἐν τ. αἰῶσι τ. ἐπερχομένοις
3 9 ἡ οἰκονομία τ. μυστηρίου τ. ἀποκεκρυμμένου ἀπὸ τ. αἰώνων
11 κατὰ πρόθεσιν τ. αἰώνων
21 αὐτῷ ἡ δόξα . . . εἰς πάσας τ. γενεὰς τ. αἰῶνος τ. αἰώνων
Phl 4 20 [4] τ. δὲ Θεῷ . . . ἡ δόξα εἰς τ. αἰῶνας τ. αἰώνων
Col 1 26 τὸ μυστήριον τὸ ἀποκεκρυμμένον ἀπὸ τ. αἰώνων κ. ἀπὸ τ. γενεῶν
I Ti 1 17 τ. δὲ βασιλεῖ τ. αἰώνων . . .
[4] τιμὴ κ. δόξα εἰς τ. αἰῶνας τ. αἰώνων
6 17 [1] τ. πλουσίοις ἐν τ. νῦν αἰῶνι παράγγελλε
II Ti 4 10 [1] ἀγαπήσας τὸν νῦν αἰῶνα
18 [4] ᾧ ἡ δόξα εἰς τ. αἰῶνας τ. αἰώνων
Tit 2 12 [1] σωφρόνως κ. δικαίως κ. εὐσεβῶς ζήσωμεν ἐν τ. νῦν αἰῶνι
He 1 2 δι' οὗ κ. ἐποίησεν τ. αἰῶνας
8 [3] ὁ θρόνος σου ὁ Θεὸς εἰς τ. αἰῶνα τ. αἰῶνος
[τ. αἰῶνος], WH
כִּסְאֲךָ אֱלֹהִים עוֹלָם וָעֶד, Ps. xlv. 7
5 6 [3] σὺ ἱερεὺς εἰς τ. αἰῶνα κατὰ τ. τάξιν Μελχισεδέκ
אַתָּה־כֹהֵן לְעוֹלָם עַל־דִּבְרָתִי מַלְכִּי־צֶדֶק, Ps. cx. 4
6 5 [2] δυνάμεις τε μέλλοντος αἰῶνος
20 [3] κατὰ τ. τάξιν Μελχισεδὲκ ἀρχιερεὺς γενόμενος εἰς τ. αἰῶνα
7 17 [3] σὺ ἱερεὺς εἰς τ. αἰῶνα κατὰ τ. τάξιν Μελχισεδέκ, Ps. cx. 4
21 [3] σὺ ἱερεὺς εἰς τ. αἰῶνα, Ps. cx. 4
24 [3] διὰ τὸ μένειν αὐτὸν εἰς τ. αἰῶνα
28 [3] υἱὸν εἰς τ. αἰῶνα τετελειωμένον
9 26 νυνὶ δὲ ἅπαξ ἐπὶ συντελείᾳ τ. αἰώνων
11 3 πίστει νοοῦμεν κατηρτίσθαι τ αἰῶνας ῥήματι Θεοῦ

He 13 8 [3] Ἰησοῦς Χριστὸς ἐχθὲς κ. σήμερον ὁ αὐτὸς κ. εἰς τ. αἰῶνας
21 [4] ᾧ ἡ δόξα εἰς τ. αἰῶνας τ. αἰώνων
I Pe 1 25 [3] τὸ δὲ ῥῆμα Κυρίου μένει εἰς τ. αἰῶνα
וּדְבַר אֱלֹהֵינוּ יָקוּם לְעוֹלָם, Is. xl. 8
4 11 [4] ᾧ ἐστιν ἡ δόξα κ. τὸ κράτος εἰς τ. αἰῶνας τ. αἰώνων
5 11 [3 4] αὐτῷ τὸ κράτος εἰς τ. αἰῶνας τ. αἰώνων
—τ. αἰώνων, WH
II Pe 3 18 αὐτῷ ἡ δόξα κ. νῦν κ. εἰς ἡμέραν αἰῶνος
I Jo 2 17 [3] ὁ δὲ ποιῶν τὸ θέλημα τ. Θεοῦ μένει εἰς τ. αἰῶνα
II Jo 2 [3] μεθ' ἡμῶν ἔσται εἰς τ. αἰῶνα
Ju 13 [3] οἷς ὁ ζόφος τ. σκότους εἰς αἰῶνα τετήρηται
25 μόνῳ Θεῷ . . . κράτος κ. ἐξουσία πρὸ παντὸς τ. αἰῶνος
[3] κ. νῦν κ. εἰς πάντας τ. αἰῶνας
Re 1 6 [3 4] αὐτῷ ἡ δόξα κ. τὸ κράτος εἰς τ. αἰῶνας τ. αἰώνων
—τ. αἰώνων, WHR marg.
18 [4] ἰδοὺ ζῶν εἰμὶ εἰς τ. αἰῶνας τ. αἰώνων
4 9 [4] εὐχαριστίαν . . . τ. ζῶντι εἰς τ. αἰῶνας τ. αἰώνων
10 [4] προσκυνήσουσιν τ. ζῶντι εἰς τ. αἰῶνας τ. αἰώνων
5 13 [4] ἡ δόξα κ. τὸ κράτος εἰς τ. αἰῶνας τ. αἰώνων
7 12 [4] ἡ ἰσχὺς τ. Θεῷ ἡμῶν εἰς τ. αἰῶνας τ. αἰώνων
10 6 [4] ὤμοσεν ἐν τ. ζῶντι εἰς τ. αἰῶνας τ. αἰώνων
11 15 [4] βασιλεύσει εἰς τ. αἰῶνας τ. αἰώνων
14 11 [4] ὁ καπνὸς τ. βασανισμοῦ αὐτῶν εἰς αἰῶνας αἰώνων ἀναβαίνει
15 3 ὁ βασιλεὺς τ. αἰώνων
ἐθνῶν, TWH marg. R marg.
7 [4] τ. Θεοῦ τ. ζῶντος εἰς τ. αἰῶνας τ. αἰώνων
19 3 [4] ὁ καπνὸς αὐτῆς ἀναβαίνει εἰς τ. αἰῶνας τ. αἰώνων
20 10 [4] βασανισθήσονται ἡμέρας κ. νυκτὸς εἰς τ. αἰῶνας τ. αἰώνων
22 5 [4] βασιλεύσουσιν εἰς τ. αἰῶνας τ. αἰώνων

’ΑΙΩ´ΝΙΟΣ 166

(1) αἰωνία (2) ζωὴ αἰών. (3) χρόνοι αἰών.

Mt 18 8 βληθῆναι εἰς τὸ πῦρ τὸ αἰώνιον
19 16 [2] τί ἀγαθὸν ποιήσω ἵνα σχῶ ζωὴν αἰώνιον;
29 [2] κ. ζωὴν αἰώνιον κληρονομήσει
25 41 πορεύεσθε ἀπ' ἐμοῦ κατηραμένοι εἰς τὸ πῦρ τὸ αἰώνιον
46 ἀπελεύσονται οὗτοι εἰς κόλασιν αἰώνιον·
[2] οἱ δὲ δίκαιοι εἰς ζωὴν αἰώνιον
Mk 3 29 ἀλλὰ ἔνοχός ἐστιν αἰωνίου ἁμαρτήματος
10 17 [2] τί ποιήσω ἵνα ζωὴν αἰώνιον κληρονομήσω
30 [2] ἐν τ. αἰῶνι τ. ἐρχομένῳ ζωὴν αἰώνιον
Lu 10 25 [2] τί ποιήσας ζωὴν αἰώνιον κληρονομήσω
16 9 ἵνα . . . δέξωνται ὑμᾶς εἰς τ. αἰωνίους σκηνάς

Lu 18 18 [2] τί ποιήσας ζωὴν αἰώνιον κληρονομήσω
30 [2] ἐν τ. αἰῶνι τ. ἐρχομένῳ ζωὴν αἰώνιον
Jo 3 15 [2] ἵνα πᾶς ὁ πιστεύων ἐν αὐτῷ ἔχῃ ζωὴν αἰώνιον
16 [2] ἵνα πᾶς ὁ πιστεύων εἰς αὐτὸν . . . ἔχῃ ζωὴν αἰώνιον
36 [2] ὁ πιστεύων εἰς τ. υἱὸν ἔχει ζωὴν αἰώνιον
4 14 [2] πηγὴ ὕδατος ἀλλομένου εἰς ζωὴν αἰώνιον
36 [2] συνάγει καρπὸν εἰς ζωὴν αἰώνιον
5 24 [2] ὁ . . . πιστεύων τ. πέμψαντί με ἔχει ζωὴν αἰώνιον
39 [2] ὑμεῖς δοκεῖτε ἐν αὐταῖς ζωὴν αἰώνιον ἔχειν
6 27 [2] τ. βρῶσιν τ. μένουσαν εἰς ζωὴν αἰώνιον
40 [2] ἵνα πᾶς ὁ θεωρῶν τ. υἱὸν . . . ἔχῃ ζωὴν αἰώνιον
47 [2] ὁ πιστεύων ἔχει ζωὴν αἰώνιον
54 [2] ὁ τρώγων μου τ. σάρκα . . . ἔχει ζωὴν αἰώνιον
68 [2] ῥήματα ζωῆς αἰωνίου ἔχεις
10 28 [2] κἀγὼ δίδωμι αὐτοῖς ζωὴν αἰώνιον
12 25 [2] εἰς ζωὴν αἰώνιον φυλάξει αὐτήν
50 [2] ἡ ἐντολὴ αὐτοῦ ζωὴ αἰώνιός ἐστιν
17 2 [2] ἵνα . . . δώσει αὐτοῖς ζωὴν αἰώνιον.
3 [2] αὕτη δέ ἐστιν ἡ αἰώνιος ζωή
Ac 13 46 [2] οὐκ ἀξίους κρίνετε ἑαυτοὺς τ. αἰωνίου ζωῆς
48 [2] ὅσοι ἦσαν τεταγμένοι εἰς ζωὴν αἰώνιον
Ro 2 7 [2] τοῖς μὲν . . . ἀφθαρσίαν ζητοῦσιν ζωὴν αἰώνιον
5 21 [2] ἡ χάρις βασιλεύσῃ διὰ δικαιοσύνης εἰς ζωὴν αἰώνιον
6 22 [2] τὸ δὲ τέλος ζωὴν αἰώνιον
23 [2] τὸ δὲ χάρισμα τ. Θεοῦ ζωὴ αἰώνιος
16 25 [3] κατὰ ἀποκάλυψιν μυστηρίου χρόνοις αἰωνίοις σεσιγημένου
26 κατ' ἐπιταγὴν τ. αἰωνίου Θεοῦ
II Co 4 17 αἰώνιον βάρος δόξης κατεργάζεται ἡμῖν
18 τὰ δὲ μὴ βλεπόμενα αἰώνια
5 1 οἰκίαν ἀχειροποίητον αἰώνιον ἐν τ. οὐρανοῖς
Ga 6 8 [2] ἐκ τ. πνεύματος θερίσει ζωὴν αἰώνιον
II Th 1 9 οἵτινες δίκην τίσουσιν ὄλεθρον αἰώνιον
2 16 [1] ὁ ἀγαπήσας ἡμᾶς κ. δοὺς παράκλησιν αἰωνίαν
I Ti 1 16 [2] τ. μελλόντων πιστεύειν ἐπ' αὐτῷ εἰς ζωὴν αἰώνιον
6 12 [2] ἐπιλαβοῦ τ. αἰωνίου ζωῆς
16 ᾧ τιμὴ κ. κράτος αἰώνιον
II Ti 1 9 [3] χάριν τ. δοθεῖσαν ἡμῖν ἐν Χριστῷ Ἰησοῦ πρὸ χρόνων αἰωνίων
2 10 ἵνα κ. αὐτοὶ σωτηρίας τύχωσιν . . . μετὰ δόξης αἰωνίου
Tit 1 2 [2] ἐπ' ἐλπίδι ζωῆς αἰωνίου
[3] ἣν ἐπηγγείλατο ὁ ἀψευδὴς Θεὸς πρὸ χρόνων αἰωνίων
3 7 [2] ἵνα . . . κληρονόμοι γενηθῶμεν κατ' ἐλπίδα ζωῆς αἰωνίου
Phm 15 ἐχωρίσθη πρὸς ὥραν ἵνα αἰώνιον αὐτὸν ἀπέχῃς
He 5 9 ἐγένετο πᾶσιν τ. ὑπακούουσιν αὐτῷ αἴτιος σωτηρίας αἰωνίου
6 2 ἀναστάσεως νεκρῶν κ. κρίματος αἰωνίου
9 12 [1] αἰωνίαν λύτρωσιν εὑράμενος
14 ὃς διὰ πνεύματος αἰωνίου ἑαυτὸν προσήνεγκεν
He 9 15 τ. ἐπαγγελίαν λάβωσιν οἱ κεκλημένοι τ. αἰωνίου κληρονομίας
13 20 ἐν αἵματι διαθήκης αἰωνίου
I Pe 5 10 ὁ καλέσας ὑμᾶς εἰς τ. αἰώνιον αὐτοῦ δόξαν
II Pe 1 11 ἐπιχορηγηθήσεται ὑμῖν ἡ εἴσοδος εἰς τ. αἰώνιον βασιλείαν
I Jo 1 2 [2] ἀπαγγέλλομεν ὑμῖν τ. ζωὴν τ. αἰώνιον
2 25 [2] ἡ ἐπαγγελία ἣν αὐτὸς ἐπηγγείλατο ἡμῖν τ. ζωὴν τ. αἰώνιον
3 15 [2] πᾶς ἀνθρωποκτόνος οὐκ ἔχει ζωὴν αἰώνιον ἐν αὐτῷ μένουσαν
5 11 [2] ὅτι ζωὴν αἰώνιον ἔδωκεν ὁ Θεὸς ἡμῖν
13 [2] ἵνα εἰδῆτε ὅτι ζωὴν ἔχετε αἰώνιον
20 [2] οὗτός ἐστιν ὁ ἀληθινὸς Θεὸς κ. ζωὴ αἰώνιος
Ju 7 πυρὸς αἰωνίου δίκην ὑπέχουσαι
21 [2] προσδεχόμενοι τὸ ἔλεος τ. Κυρίου ἡμῶν . . . εἰς ζωὴν αἰώνιον
Re 14 6 εἶδον ἄλλον ἄγγελον . . . ἔχοντα εὐαγγέλιον αἰώνιον

ἈΚΑΘΑΡΣΊΑ 167

Mt 23 27 γέμουσιν ὀστέων νεκρῶν κ. πάσης ἀκαθαρσίας
Ro 1 24 παρέδωκεν αὐτοὺς ὁ Θεὸς . . . εἰς ἀκαθαρσίαν
6 19 ὥσπερ γὰρ παρεστήσατε τὰ μέλη ὑμῶν δοῦλα τ. ἀκαθαρσίᾳ
II Co 12 21 κ. μὴ μετανοησάντων ἐπὶ τ. ἀκαθαρσίᾳ
Ga 5 19 τὰ ἔργα τ. σαρκὸς ἅτινά ἐστιν πορνεία ἀκαθαρσία ἀσέλγεια
Eph 4 19 παρέδωκαν τ. ἀσελγείᾳ εἰς ἐργασίαν ἀκαθαρσίας πάσης
5 3 πορνεία δὲ κ. ἀκαθαρσία πᾶσα
Col 3 5 πορνείαν ἀκαθαρσίαν πάθος
I Th 2 3 ἡ γὰρ παράκλησις ἡμῶν οὐκ ἐκ πλάνης οὐδὲ ἐξ ἀκαθαρσίας
4 7 οὐ γὰρ ἐκάλεσεν ἡμᾶς ὁ Θεὸς ἐπ' ἀκαθαρσίᾳ

ἈΚΆΘΑΡΤΟΣ 168

(1) πνεῦμα ἀκάθ.

Mt 10 1 [1] ἔδωκεν αὐτοῖς ἐξουσίαν πνευμάτων ἀκαθάρτων
12 43 [1] ὅταν δὲ τὸ ἀκάθαρτον πνεῦμα ἐξέλθῃ ἀπὸ τ. ἀνθρώπου
Mk 1 23 [1] ἄνθρωπος ἐν πνεύματι ἀκαθάρτῳ
26 [1] κ. σπαράξαν αὐτὸν τὸ πνεῦμα τὸ ἀκάθαρτον
27 [1] κατ' ἐξουσίαν κ. τ. πνεύμασι τ. ἀκαθάρτοις ἐπιτάσσει
3 11 [1] τὰ πνεύματα τὰ ἀκάθαρτα ὅταν αὐτὸν ἐθεώρουν
30 [1] ὅτι ἔλεγον Πνεῦμα ἀκάθαρτον ἔχει
5 2 [1] ἄνθρωπος ἐν πνεύματι ἀκαθάρτῳ
8 [1] ἔξελθε τὸ πνεῦμα τὸ ἀκάθαρτον ἐκ τ. ἀνθρώπου
13 [1] κ. ἐξελθόντα τὰ πνεύματα τὰ ἀκάθαρτα
6 7 [1] ἐδίδου αὐτοῖς ἐξουσίαν τ. πνευμάτων τ. ἀκαθάρτων
7 25 [1] ἧς εἶχεν τὸ θυγάτριον αὐτῆς πνεῦμα ἀκάθαρτον
9 25 [1] ἐπετίμησεν τ. πνεύματι τ. ἀκαθάρτῳ

Lu 4 33 ἄνθρωπος ἔχων πνεῦμα δαιμονίου ἀκαθάρτου
36 [1] ἐν ἐξουσίᾳ κ. δυνάμει ἐπιτάσσει τ. ἀκαθάρτοις πνεύμασι
6 18 [1] οἱ ἐνοχλούμενοι ἀπὸ πνευμάτων ἀκαθάρτων
8 29 [1] παρήγγελλεν γὰρ τ. πνεύματι τ. ἀκαθάρτῳ
9 42 [1] ἐπετίμησεν δὲ ὁ Ἰησοῦς τ. πνεύματι τ. ἀκαθάρτῳ
11 24 [1] ὅταν τὸ ἀκάθαρτον πνεῦμα ἐξέλθῃ ἀπὸ τ. ἀνθρώπου
Ac 5 16 [1] φέροντες . . . ἐνοχλουμένους ὑπὸ πνευμάτων ἀκαθάρτων
8 7 [1] πολλοὶ γὰρ τ. ἐχόντων πνεύματα ἀκάθαρτα
10 14 οὐδέποτε ἔφαγον πᾶν κοινὸν κ. ἀκάθαρτον
28 μηδένα κοινὸν ἢ ἀκάθαρτον λέγειν ἄνθρωπον
11 8 ὅτι κοινὸν ἢ ἀκάθαρτον οὐδέποτε εἰσῆλθεν
I Co 7 14 ἐπεὶ ἄρα τὰ τέκνα ὑμῶν ἀκάθαρτά ἐστιν
II Co 6 17 ἀκαθάρτου μὴ ἅπτεσθε

טָמֵא אַל־תִּגָּעוּ, Is. lii. 11

Eph 5 5 πᾶς πόρνος ἢ ἀκάθαρτος ἢ πλεονέκτης
Re 16 13 [1] εἶδον ἐκ τ. στόματος τ. δράκοντος . . . πνεύματα τρία ἀκάθαρτα
17 4 γέμον βδελυγμάτων κ. τὰ ἀκάθαρτα τ. πορνείας αὐτῆς
18 2 [1] φυλακὴ παντὸς πνεύματος ἀκαθάρτου κ. φυλακὴ παντὸς ὀρνέου ἀκαθάρτου κ. μεμισημένου

ἈΚΑΙΡΕΌΜΑΙ* 170

Phl 4 10 ἐφ' ᾧ κ. ἐφρονεῖτε ἠκαιρεῖσθε δέ

ἈΚΑΊΡΩΣ** 171

II Ti 4 2 ἐπίστηθι εὐκαίρως ἀκαίρως

ἌΚΑΚΟΣ 172

Ro 16 18 ἐξαπατῶσιν τ. καρδίας τ. ἀκάκων
He 7 26 ἡμῖν κ. ἔπρεπεν ἀρχιερεὺς ὅσιος ἄκακος

ἌΚΑΝΘΑΙ 173

Mt 7 16 μήτι συλλέγουσιν ἀπὸ ἀκανθῶν σταφυλάς
13 7 ἄλλα δὲ ἔπεσεν ἐπὶ τ. ἀκάνθας, κ. ἀνέβησαν αἱ ἄκανθαι
22 ὁ δὲ εἰς τ. ἀκάνθας σπαρείς
27 29 πλέξαντες στέφανον ἐξ ἀκανθῶν
Mk 4 7 ἄλλο ἔπεσεν εἰς τ. ἀκάνθας, κ. ἀνέβησαν αἱ ἄκανθαι
18 ἄλλοι εἰσὶν οἱ εἰς τ. ἀκάνθας σπειρόμενοι
ἐπὶ τ. ἀκ., T
Lu 6 44 οὐ γὰρ ἐξ ἀκανθῶν συλλέγουσιν σῦκα
8 7 ἕτερον ἔπεσεν ἐν μέσῳ τ. ἀκανθῶν, κ. συνφυεῖσαι αἱ ἄκανθαι ἀπέπνιξαν αὐτό
14 τὸ δὲ εἰς τ. ἀκάνθας πεσόν
Jo 19 2 οἱ στρατιῶται πλέξαντες στέφανον ἐξ ἀκανθῶν
He 6 8 ἐκφέρουσα δὲ ἀκάνθας κ. τριβόλους

ἈΚΆΝΘΙΝΟΣ 174

Mk 15 17 περιτιθέασιν αὐτῷ πλέξαντες ἀκάνθινον στέφανον
Jo 19 5 φορῶν τ. ἀκάνθινον στέφανον

ἌΚΑΡΠΟΣ 175

Mt 13 22 συνπνίγει τ. λόγον κ. ἄκαρπος γίνεται
Mk 4 19 συνπνίγουσιν τ. λόγον κ. ἄκαρπος γίνεται
I Co 14 14 ὁ δὲ νοῦς μου ἄκαρπός ἐστιν
Eph 5 11 μὴ συνκοινωνεῖτε τ. ἔργοις τ. ἀκάρποις τ. σκότους
Tit 3 14 ἵνα μὴ ὦσιν ἄκαρποι
II Pe 1 8 οὐκ ἀργοὺς οὐδὲ ἀκάρπους καθίστησιν
Ju 12 δένδρα φθινοπωρινὰ ἄκαρπα

ἈΚΑΤΆΓΝΩΣΤΟΣ** † 176

Tit 2 8 λόγον ὑγιῆ ἀκατάγνωστον

ἈΚΑΤΑΚΆΛΥΠΤΟΣ 177

I Co 11 5 προσευχομένη ἢ προφητεύουσα ἀκατακαλύπτῳ τ. κεφαλῇ
13 πρέπον ἐστὶν γυναῖκα ἀκατακάλυπτον τ. Θεῷ προσεύχεσθαι;

ἈΚΑΤΆΚΡΙΤΟΣ* † 178

Ac 16 37 δείραντες ἡμᾶς δημοσίᾳ ἀκατακρίτους
22 25 εἰ ἄνθρωπον Ῥωμαῖον κ. ἀκατάκριτον ἔξεστιν ὑμῖν μαστίζειν;

ἈΚΑΤΆΛΥΤΟΣ** 179

He 7 16 κατὰ δύναμιν ζωῆς ἀκαταλύτου

ἈΚΑΤΆΠΑΣΤΟΣ* † 180 cf. 180.5

II Pe 2 14 ὀφθαλμοὺς . . . μεστοὺς μοιχαλίδος κ. ἀκαταπάστους ἁμαρτίας.
ἀκαταπαύστους, TR

ἈΚΑΤΆΠΑΥΣΤΟΣ* 180.5 cf. 180

II Pe 2 14 ὀφθαλμοὺς . . . μεστοὺς μοιχαλίδος κ. ἀκαταπαύστους ἁμαρτίας.
ἀκαταπάστους, WH

ἈΚΑΤΑΣΤΑΣΊΑ 181

Lu 21 9 ὅταν δὲ ἀκούσητε πολέμους κ. ἀκαταστασίας
I Co 14 33 οὐ γάρ ἐστιν ἀκαταστασίας ὁ Θεός
II Co 6 5 ἐν φυλακαῖς ἐν ἀκαταστασίαις ἐν κόποις
12 20 μή πως ἔρις . . . φυσιώσεις ἀκαταστασίαι
Ja 3 16 ἐκεῖ ἀκαταστασία κ. πᾶν φαῦλον πρᾶγμα

ἈΚΑΤΆΣΤΑΤΟΣ 182

Ja 1 8 ἀνὴρ δίψυχος ἀκατάστατος ἐν πάσαις τ. ὁδοῖς αὐτοῦ
3 8 τ. δὲ γλῶσσαν . . . ἀκατάστατον κακόν

ἈΚΕΛΔΑΜΆΧ *Vide* ἈΧΕΛΔΑΜΆΧ, 886.5

ἈΚΈΡΑΙΟΣ** 185

Mt 10 16 γίνεσθε οὖν . . . ἀκέραιοι ὡς αἱ περιστεραί
Ro 16 19 σοφοὺς εἶναι εἰς τὸ ἀγαθὸν ἀκεραίους δὲ εἰς τὸ κακόν
Phl 2 15 ἵνα γένησθε ἄμεμπτοι κ. ἀκέραιοι

ἈΚΛΙΝΉΣ** 186

He 10 23 κατέχωμεν τ. ὁμολογίαν τ. ἐλπίδος ἀκλινῆ

᾿ΑΚΜΑ´ΖΩ 187

Re 14 18 ὅτι ἤκμασαν αἱ σταφυλαὶ αὐτῆς

᾿ΑΚΜΗ´Ν* 188

Mt 15 16 ἀκμὴν κ. ὑμεῖς ἀσύνετοί ἐστε;

᾿ΑΚΟΗ´ 189

(1) ἀκοῇ ἀκούειν (2) ἀκοαί

Mt 4 24 ἀπῆλθεν ἡ ἀκοὴ αὐτοῦ εἰς ὅλην τ. Συρίαν
13 14 [1] ἀκοῇ ἀκούσετε κ. οὐ μὴ συνῆτε
שִׁמְעוּ שָׁמוֹעַ וְאַל־תָּבִינוּ, Is. vi. 9
14 1 ἤκουσεν Ἡρῴδης ὁ τετραάρχης τ. ἀκοὴν Ἰησοῦ
24 6 [2] μελλήσετε δὲ ἀκούειν πολέμους κ. ἀκοὰς πολέμων
Mk 1 28 ἐξῆλθεν ἡ ἀκοὴ αὐτοῦ εὐθὺς πανταχοῦ
7 35 [2] ἠνοίγησαν αὐτοῦ αἱ ἀκοαί
13 7 [2] ὅταν δὲ ἀκούσητε πολέμους κ. ἀκοὰς πολέμων
Lu 7 1 [2] ἐπειδὴ ἐπλήρωσεν πάντα τὰ ῥήματα αὐτοῦ εἰς τ. ἀκοὰς τ. λαοῦ
Jo 12 38 Κύριε τίς ἐπίστευσεν τ. ἀκοῇ ἡμῶν;
מִי הֶאֱמִין לִשְׁמֻעָתֵנוּ, Is. liii. 1
Ac 17 20 [2] ξενίζοντα γάρ τινα εἰσφέρεις εἰς τ. ἀκοὰς ἡμῶν
28 26 [1] ἀκοῇ ἀκούσετε κ. οὐ μὴ συνῆτε, Is. vi. 9
Ro 10 16 Κύριε τίς ἐπίστευσεν τ. ἀκοῇ ἡμῶν; Is. liii. 1
17 ἄρα ἡ πίστις ἐξ ἀκοῆς,
ἡ δὲ ἀκοὴ διὰ ῥήματος Χριστοῦ
I Co 12 17 εἰ ὅλον τὸ σῶμα ὀφθαλμὸς ποῦ ἡ ἀκοή;
εἰ ὅλον ἀκοὴ ποῦ ἡ ὄσφρησις;
Ga 3 2 ἐξ ἔργων νόμου τὸ πνεῦμα ἐλάβετε, ἢ ἐξ ἀκοῆς πίστεως;
5 ἐξ ἔργων νόμου ἢ ἐξ ἀκοῆς πίστεως;
I Th 2 13 παραλαβόντες λόγον ἀκοῆς παρ' ἡμῶν τ. Θεοῦ
II Ti 4 3 κνηθόμενοι τ. ἀκοήν·
4 κ. ἀπὸ μὲν τ. ἀληθείας τ. ἀκοὴν ἀποστρέψουσιν
He 4 2 οὐκ ὠφέλησεν ὁ λόγος τ. ἀκοῆς ἐκείνους
5 11 [2] ἐπεὶ νωθροὶ γεγόνατε τ. ἀκοαῖς
II Pe 2 8 βλέμματι γὰρ κ. ἀκοῇ δίκαιος

᾿ΑΚΟΛΟΥΘΕ´Ω 190

(1) absol. (2) ἀκολ. μετά

Mt 4 20 οἱ δὲ εὐθέως ἀφέντες τὰ δίκτυα ἠκολούθησαν αὐτῷ
22 οἱ δὲ εὐθέως ἀφέντες τὸ πλοῖον . . . ἠκολούθησαν αὐτῷ
25 ἠκολούθησαν αὐτῷ ὄχλοι πολλοί
8 1 ἠκολούθησαν αὐτῷ ὄχλοι πολλοί
10 [1] εἶπεν τ. ἀκολουθοῦσιν
19 διδάσκαλε ἀκολουθήσω σοι ὅπου ἐὰν ἀπέρχῃ
22 ὁ δὲ Ἰησοῦς λέγει αὐτῷ Ἀκολούθει μοι
23 ἠκολούθησαν αὐτῷ οἱ μαθηταὶ αὐτοῦ
9 9 λέγει αὐτῷ Ἀκολούθει μοι·
κ. ἀναστὰς ἠκολούθησεν αὐτῷ
ἠκολούθει, T
Mt 9 19 ἐγερθεὶς ὁ Ἰησοῦς ἠκολούθει αὐτῷ
ἠκολούθησεν, WH marg.
27 [1] ἠκολούθησαν αὐτῷ δύο τυφλοί
—αὐτῷ, WH non marg.
10 38 ὃς οὐ λαμβάνει . . . κ. ἀκολουθεῖ ὀπίσω μου
12 15 ἠκολούθησαν αὐτῷ πολλοί
14 13 ἀκούσαντες οἱ ὄχλοι ἠκολούθησαν αὐτῷ πεζῇ
16 24 ἀράτω τ. σταυρὸν αὐτοῦ κ. ἀκολουθείτω μοι
19 2 ἠκολούθησαν αὐτῷ ὄχλοι πολλοί
21 κ. δεῦρο ἀκολούθει μοι
27 ἡμεῖς ἀφήκαμεν πάντα κ. ἠκολουθήσαμέν σοι
28 ὑμεῖς οἱ ἀκολουθήσαντές μοι
20 29 ἠκολούθησεν αὐτῷ ὄχλος πολύς
34 εὐθέως ἀνέβλεψαν κ. ἠκολούθησαν αὐτῷ
21 9 [1] οἱ δὲ ὄχλοι οἱ προάγοντες αὐτὸν κ. οἱ ἀκολουθοῦντες ἔκραζον
26 58 ὁ δὲ Πέτρος ἠκολούθει αὐτῷ ἀπὸ μακρόθεν
27 55 αἵτινες ἠκολούθησαν τῷ Ἰησοῦ ἀπὸ τ. Γαλιλαίας
Mk 1 18 εὐθὺς ἀφέντες τὰ δίκτυα ἠκολούθησαν αὐτῷ
2 14 λέγει αὐτῷ Ἀκολούθει μοι·
κ. ἀναστὰς ἠκολούθησεν αὐτῷ
15 ἦσαν γὰρ πολλοὶ κ. ἠκολούθουν αὐτῷ
3 7 [1] πολὺ πλῆθος ἀπὸ τ. Γαλιλαίας ἠκολούθησεν
5 24 ἠκολούθει αὐτῷ ὄχλος πολύς
6 1 ἀκολουθοῦσιν αὐτῷ οἱ μαθηταὶ αὐτοῦ
8 34 ὅστις θέλει ὀπίσω μου ἀκολουθεῖν
εἴ τις . . . ἐλθεῖν, WHR
34 ἀράτω τ. σταυρὸν αὐτοῦ κ. ἀκολουθείτω μοι
9 38 [2] ὃς οὐκ ἀκολουθεῖ ἡμῖν,
—h. v., WHR; ὃς οὐκ ἀκολ. μεθ' ἡμῶν, WH mg.
κ. ἐκωλύομεν αὐτὸν ὅτι οὐκ ἠκολούθει ἡμῖν
—ὅτι οὐκ ἠκ. ἡμ., WH marg.
10 21 κ. δεῦρο ἀκολούθει μοι
28 ἡμεῖς ἀφήκαμεν πάντα κ. ἠκολουθήκαμέν σοι
32 [1] οἱ δὲ ἀκολουθοῦντες ἐφοβοῦντο
52 εὐθὺς ἀνέβλεψεν κ. ἠκολούθει αὐτῷ ἐν τῇ ὁδῷ
11 9 [1] οἱ προάγοντες κ. οἱ ἀκολουθοῦντες ἔκραζον
14 13 ἀκολουθήσατε αὐτῷ
54 ὁ Πέτρος ἀπὸ μακρόθεν ἠκολούθησεν αὐτῷ
15 41 ἠκολούθουν αὐτῷ κ. διηκόνουν αὐτῷ
16 [17 σημεῖα δὲ τ. πιστεύσασιν ἀκολουθήσει ταῦτα
ταῦτα παρακολουθήσει, TWH marg.
Lu 5 11 ἀφέντες πάντα ἠκολούθησαν αὐτῷ
27 εἶπεν αὐτῷ Ἀκολούθει μοι·
28 κ. καταλιπὼν πάντα ἀναστὰς ἠκολούθει αὐτῷ.
7 9 στραφεὶς τ. ἀκολουθοῦντι αὐτῷ ὄχλῳ εἶπεν
9 11 οἱ δὲ ὄχλοι γνόντες ἠκολούθησαν αὐτῷ
23 ἀράτω τ. σταυρὸν αὐτοῦ καθ' ἡμέραν, κ. ἀκολουθείτω μοι
49 [2] ἐκωλύομεν αὐτὸν ὅτι οὐκ ἀκολουθεῖ μεθ' ἡμῶν
57 ἀκολουθήσω σοι ὅπου ἂν ἀπέρχῃ

Lu 9 59 εἶπεν δὲ πρὸς ἕτερον Ἀκολούθει μοι
61 εἶπεν δὲ κ. ἕτερος Ἀκολουθήσω σοι κύριε
18 22 δεῦρο ἀκολούθει μοι
28 ἡμεῖς ἀφέντες τὰ ἴδια ἠκολουθήσαμέν σοι
43 ἠκολούθει αὐτῷ δοξάζων τ. Θεόν
22 10 ἀκολουθήσατε αὐτῷ εἰς τ. οἰκίαν
39 ἠκολούθησαν δὲ αὐτῷ κ. οἱ μαθηταί
54 [1] ὁ δὲ Πέτρος ἠκολούθει μακρόθεν
23 27 ἠκολούθει δὲ αὐτῷ πολὺ πλῆθος τ. λαοῦ
Jo 1 37 κ. ἠκολούθησαν τῷ Ἰησοῦ
38 [1] θεασάμενος αὐτοὺς ἀκολουθοῦντας
40 εἷς ἐκ τῶν δύο τῶν . . . ἀκολουθησάντων αὐτῷ
43 λέγει αὐτῷ ὁ Ἰησοῦς Ἀκολούθει μοι
6 2 ἠκολούθει δὲ αὐτῷ ὄχλος πολύς
8 12 ὁ ἀκολουθῶν μοι οὐ μὴ περιπατήσῃ ἐν τ. σκοτίᾳ
10 4 τὰ πρόβατα αὐτῷ ἀκολουθεῖ
5 ἀλλοτρίῳ δὲ οὐ μὴ ἀκολουθήσουσιν
27 κ. ἀκολουθοῦσίν μοι
11 31 οἱ οὖν Ἰουδαῖοι οἱ ὄντες μετ᾽ αὐτῆς . . . ἠκολούθησαν αὐτῇ
12 26 ἐὰν ἐμοί τις διακονῇ ἐμοὶ ἀκολουθείτω
13 36 οὐ δύνασαί μοι νῦν ἀκολουθῆσαι,
[1] ἀκολουθήσεις δὲ ὕστερον
37 διὰ τί οὐ δύναμαί σοι ἀκολουθεῖν ἄρτι; ἀκολουθῆσαι, T
18 15 ἠκολούθει δὲ τῷ Ἰησοῦ Σίμων Πέτρος
20 6 ἔρχεται οὖν κ. Σίμων Πέτρος ἀκολουθῶν αὐτῷ
21 19 λέγει αὐτῷ Ἀκολούθει μοι
20 [1] βλέπει τ. μαθητὴν . . . ἀκολουθοῦντα
22 σύ μοι ἀκολούθει
Ac 12 8 περιβαλοῦ τὸ ἱμάτιόν σου κ. ἀκολούθει μοι·
9 [1] κ. ἐξελθὼν ἠκολούθει
13 43 ἠκολούθησαν πολλοὶ τ. Ἰουδαίων
21 36 [1] ἠκολούθει γὰρ τὸ πλῆθος τ. λαοῦ κράζοντες
1 Co 10 4 [1] ἔπινον γὰρ ἐκ πνευματικῆς ἀκολουθούσης πέτρας
Re 6 8 [2] κ. ὁ ᾅδης ἠκολούθει μετ᾽ αὐτοῦ
14 4 οὗτοι οἱ ἀκολουθοῦντες τ. ἀρνίῳ
8 [1] ἄλλος δεύτερος ἄγγελος ἠκολούθησεν
9 ἄλλος ἄγγελος τρίτος ἠκολούθησεν αὐτοῖς
13 [2] τὰ γὰρ ἔργα αὐτῶν ἀκολουθεῖ μετ᾽ αὐτῶν
19 14 τὰ στρατεύματα τὰ ἐν τ. οὐρανῷ ἠκολούθει αὐτῷ

ἈΚΟΎΩ 191

(1) c. gen. (2) seq. παρά (3) ἀκούομαι (4) ἀκοῇ ἀκ.

Mt 2 3 ἀκούσας δὲ ὁ βασιλεὺς Ἡρῴδης
9 [1] οἱ δὲ ἀκούσαντες τ. βασιλέως ἐπορεύθησαν
18 [3] φωνὴ ἐν Ῥαμὰ ἠκούσθη
קוֹל בְּרָמָה נִשְׁמָע, Jer. xxxi. 15
22 ἀκούσας δὲ ὅτι Ἀρχέλαος βασιλεύει
4 12 ἀκούσας δὲ ὅτι Ἰωάνης παρεδόθη
5 21 ἠκούσατε ὅτι ἐρρέθη τ. ἀρχαίοις
27 ἠκούσατε ὅτι ἐρρέθη
33 πάλιν ἠκούσατε ὅτι ἐρρέθη τ. ἀρχαίοις
38 ἠκούσατε ὅτι ἐρρέθη
43 ἠκούσατε ὅτι ἐρρέθη
7 24 πᾶς οὖν ὅστις ἀκούει μου τ. λόγους τούτους
26 πᾶς ὁ ἀκούων μου τ. λόγους τούτους
8 10 ἀκούσας δὲ ὁ Ἰησοῦς ἐθαύμασεν
9 12 ὁ δὲ ἀκούσας εἶπεν

Mt 10 14 μηδὲ ἀκούσῃ τ. λόγους ὑμῶν
27 ὃ εἰς τὸ οὖς ἀκούετε
11 2 ὁ δὲ Ἰωάνης ἀκούσας ἐν τ. δεσμωτηρίῳ τὰ ἔργα τ. Χριστοῦ
4 ἀπαγγείλατε Ἰωάνει ἃ ἀκούετε κ. βλέπετε
5 κ. κωφοὶ ἀκούουσιν
15 ὁ ἔχων ὦτα ἀκούειν ἀκουέτω
—ἀκούειν, TWHR marg.
12 19 οὐδὲ ἀκούσει τις ἐν τ. πλατείαις τ. φωνὴν αὐτοῦ
וְלֹא־יַשְׁמִיעַ בַּחוּץ קוֹלוֹ, Is. xlii. 2
24 οἱ δὲ Φαρισαῖοι ἀκούσαντες εἶπον
42 ἀκοῦσαι τ. σοφίαν Σολομῶνος
13 9 ὁ ἔχων ὦτα ἀκούειν ἀκουέτω
—ἀκούειν, TWHR non mg.
13 ὅτι βλέποντες οὐ βλέπουσιν κ. ἀκούοντες οὐκ ἀκούουσιν
14 [4] ἀκοῇ ἀκούσετε κ. οὐ μὴ συνῆτε
שִׁמְעוּ שָׁמוֹעַ וְאַל־תָּבִינוּ, Is. vi. 9
15 τ. ὠσὶ βαρέως ἤκουσαν
וְאָזְנָיו הַכְבֵּד, Is. vi. 10
15 μήποτε . . . τ. ὠσὶν ἀκούσωσιν
פֶּן . . . בְאָזְנָיו יִשְׁמָע, Is. *l.c.*
16 κ. τὰ ὦτα ὑμῶν ὅτι ἀκούουσιν
17 ἀκοῦσαι ἃ ἀκούετε κ. οὐκ ἤκουσαν
18 ὑμεῖς οὖν ἀκούσατε τ. παραβολὴν τ. σπείραντος.
19 παντὸς ἀκούοντος τ. λόγον τ. βασιλείας
20 οὗτός ἐστιν ὁ τ. λόγον ἀκούων
22 οὗτός ἐστιν ὁ τ. λόγον ἀκούων
23 οὗτός ἐστιν ὁ τ. λόγον ἀκούων κ. συνιείς
43 ὁ ἔχων ὦτα ἀκούειν ἀκουέτω
—ἀκούειν, TWHR non mg.
14 1 ἤκουσεν Ἡρῴδης ὁ τετραάρχης τ. ἀκοὴν Ἰησοῦ
13 ἀκούσας δέ ὁ Ἰησοῦς ἀνεχώρησεν ἐκεῖθεν
13 κ. ἀκούσαντες οἱ ὄχλοι ἠκολούθησαν αὐτῷ
15 10 εἶπεν αὐτοῖς Ἀκούετε κ. συνίετε
12 οἱ Φαρισαῖοι ἀκούσαντες τ. λόγον
31 βλέποντας κωφοὺς ἀκούοντας
λαλοῦντας, TWH non mg. R
17 5 [1] ἀκούετε αὐτοῦ
6 ἀκούσαντες οἱ μαθηταὶ ἔπεσαν
18 15 [1] ἐάν σου ἀκούσῃ
16 ἐὰν δὲ μὴ ἀκούσῃ
19 22 ἀκούσας δὲ ὁ νεανίσκος τ. λόγον τοῦτον
—τ. λόγ. τοῦτ., T
25 ἀκούσαντες δὲ οἱ μαθηταί
20 24 ἀκούσαντες οἱ δέκα ἠγανάκτησαν
ἀκούσ. δὲ, T
30 ἀκούσαντες ὅτι Ἰησοῦς παράγει
21 16 ἀκούεις τί οὗτοι λέγουσιν;
33 ἄλλην παραβολὴν ἀκούσατε
45 ἀκούσαντες οἱ ἀρχιερεῖς . . τ. παραβολὰς αὐτοῦ
ἀκουσ. δὲ, TWH marg.
22 22 κ. ἀκούσαντες ἐθαύμασαν
33 ἀκούσαντες οἱ ὄχλοι ἐξεπλήσσοντο
34 ἀκούσαντες ὅτι ἐφίμωσεν τ. Σαδδουκαίους
24 6 μελλήσετε δὲ ἀκούειν πολέμους
26 65 ἴδε νῦν ἠκούσατε τ. βλασφημίαν

Mt 27 13 οὐκ ἀκούεις πόσα σοῦ καταμαρτυροῦσιν;
47 τινὲς δὲ τῶν ἐκεῖ ἑστηκότων ἀκούσαντες ἔλεγον
28 14 [3] ἐὰν ἀκουσθῇ τοῦτο ἐπὶ τ. ἡγεμόνος
Mk 2 1 [3] ἠκούσθη ὅτι ἐν οἴκῳ ἐστίν
17 ἀκούσας ὁ Ἰησοῦς λέγει αὐτοῖς
3 8 πλῆθος πολὺ ἀκούοντες ὅσα ποιεῖ
21 ἀκούσαντες οἱ παρ' αὐτοῦ ἐξῆλθον
4 3 ἔλεγεν αὐτοῖς ἐν τ. διδαχῇ αὐτοῦ Ἀκούετε
9 ὃς ἔχει ὦτα ἀκούειν ἀκουέτω
12 ἀκούοντες ἀκούωσιν κ. μὴ συνιῶσιν
15 κ. ὅταν ἀκούσωσιν
16 ὅταν ἀκούσωσιν τ. λόγον
18 οὗτοί εἰσιν οἱ τ. λόγον ἀκούσαντες
20 οἵτινες ἀκούουσιν τ. λόγον κ. παραδέχονται
23 εἴ τις ἔχει ὦτα ἀκούειν ἀκουέτω
24 βλέπετε τί ἀκούετε
33 καθὼς ἠδύναντο ἀκούειν
5 27 ἀκούσασα τὰ περὶ τοῦ Ἰησοῦ
6 2 κ. οἱ πολλοὶ ἀκούοντες ἐξεπλήσσοντο
11 [1] ὃς ἂν τόπος μὴ δέξηται ὑμᾶς μηδὲ ἀκούσωσιν ὑμῶν
14 ἤκουσεν ὁ βασιλεὺς Ἡρῴδης
16 ἀκούσας δὲ ὁ Ἡρῴδης ἔλεγεν
20 [1] ἀκούσας αὐτοῦ πολλὰ ἠπόρει,
[1] κ. ἡδέως αὐτοῦ ἤκουεν
29 ἀκούσαντες οἱ μαθηταὶ αὐτοῦ ἦλθαν
55 ὅπου ἤκουον ὅτι ἐστίν
7 14 [1] ἀκούσατέ μου πάντες κ. σύνετε
16 εἴ τις ἔχει ὦτα ἀκούειν ἀκουέτω
—h. v., TWHR non mg.
25 ἀλλ' εὐθὺς ἀκούσασα γυνὴ περὶ αὐτοῦ
37 κ. τ. κωφοὺς ποιεῖ ἀκούειν
8 18 κ. ὦτα ἔχοντες οὐκ ἀκούετε;
9 7 [1] ἀκούετε αὐτοῦ
10 41 ἀκούσαντες οἱ δέκα ἤρξαντο ἀγανακτεῖν
47 ἀκούσας ὅτι Ἰησοῦς ὁ Ναζαρηνός ἐστιν
11 14 ἤκουον οἱ μαθηταὶ αὐτοῦ
18 ἤκουσαν οἱ ἀρχιερεῖς κ. οἱ γραμματεῖς
12 28 [1] ἀκούσας αὐτῶν συνζητούντων
29 πρώτη ἐστὶν Ἄκουε Ἰσραήλ
שְׁמַע יִשְׂרָאֵל, Deut. vi. 4
37 [1] ὁ πολὺς ὄχλος ἤκουεν αὐτοῦ ἡδέως
13 7 ὅταν δὲ ἀκούσητε πολέμους
ἀκούητε, WH marg.
14 11 οἱ δὲ ἀκούσαντες ἐχάρησαν
58 [1] ὅτι ἡμεῖς ἠκούσαμεν αὐτοῦ λέγοντος
64 [1] ἠκούσατε τ. βλασφημίας;
15 35 κ. τινὲς τ. παρεστηκότων ἀκούσαντες ἔλεγον
16 [11 κἀκεῖνοι ἀκούσαντες ὅτι ζῇ
Lu 1 41 ὡς ἤκουσεν τ. ἀσπασμὸν τ. Μαρίας ἡ Ἐλεισάβετ
58 ἤκουσαν οἱ περίοικοι κ. οἱ συγγενεῖς αὐτῆς
66 ἔθεντο πάντες οἱ ἀκούσαντες ἐν τ. καρδίᾳ αὐτῶν
2 18 πάντες οἱ ἀκούσαντες ἐθαύμασαν
20 αἰνοῦντες τ. Θεὸν ἐπὶ πᾶσιν οἷς ἤκουσαν κ. εἶδον
46 [1] κ. ἀκούοντα αὐτῶν κ. ἐπερωτῶντα αὐτούς·
47 [1] ἐξίσταντο δὲ πάντες οἱ ἀκούοντες αὐτοῦ
4 23 ὅσα ἠκούσαμεν γενόμενα εἰς τὴν Καφαρναούμ

Lu 4 28 ἐπλήσθησαν πάντες θυμοῦ . . . ἀκούοντες ταῦτα
5 1 κ. ἀκούειν τ. λόγον τ. Θεοῦ
15 συνήρχοντο ὄχλοι πολλοὶ ἀκούειν
6 17 [1] οἳ ἦλθαν ἀκοῦσαι αὐτοῦ
27 ἀλλὰ ὑμῖν λέγω τ. ἀκούουσιν
47 [1] πᾶς ὁ ἐρχόμενος πρός με κ. ἀκούων μου τ. λόγων
49 ὁ δὲ ἀκούσας κ. μὴ ποιήσας
7 3 ἀκούσας δὲ περὶ τ. Ἰησοῦ
9 ἀκούσας δὲ ταῦτα ὁ Ἰησοῦς
22 ἀπαγγείλατε Ἰωάνει ἃ εἴδετε κ. ἠκούσατε
22 κ. κωφοὶ ἀκούουσιν
29 πᾶς ὁ λαὸς ἀκούσας . . . ἐδικαίωσαν τ. Θεόν
8 8 ὁ ἔχων ὦτα ἀκούειν ἀκουέτω
10 ἵνα . . . ἀκούοντες μὴ συνιῶσιν
12 οἱ δὲ παρὰ τ. ὁδὸν εἰσὶν οἱ ἀκούσαντες
13 οἳ ὅταν ἀκούσωσιν
14 οὗτοί εἰσιν οἱ ἀκούσαντες
15 ἀκούσαντες τ. λόγον κατέχουσιν
18 βλέπετε οὖν πῶς ἀκούετε
21 οἱ τ. λόγον τ. Θεοῦ ἀκούοντες κ. ποιοῦντες
50 ὁ δὲ Ἰησοῦς ἀκούσας ἀπεκρίθη αὐτῷ
9 7 ἤκουσεν δὲ Ἡρῴδης ὁ τετραάρχης τὰ γινόμενα
9 περὶ οὗ ἀκούω τοιαῦτα
35 [1] αὐτοῦ ἀκούετε
10 16 [1] ὁ ἀκούων ὑμῶν ἐμοῦ ἀκούει
24 ἀκοῦσαι ἃ ἀκούετε κ. οὐκ ἤκουσαν
39 ἣ καὶ . . . ἤκουεν τ. λόγον αὐτοῦ
11 28 μακάριοι οἱ ἀκούοντες τ. λόγον τ. Θεοῦ
31 ἦλθεν ἐκ τ. περάτων τ. γῆς ἀκοῦσαι τ. σοφίαν τ. Σολομῶνος
12 3 [3] ὅσα ἐν τ. σκοτίᾳ εἴπατε ἐν τ. φωτὶ ἀκουσθήσεται
14 15 ἀκούσας δέ τις τ. συνανακειμένων ταῦτα
35 ὁ ἔχων ὦτα ἀκούειν ἀκουέτω
15 1 [1] ἦσαν δὲ αὐτῷ ἐγγίζοντες . . . ἀκούειν αὐτοῦ
25 [1] ἤκουσεν συμφωνίας κ. χορῶν
16 2 τί τοῦτο ἀκούω περὶ σοῦ;
14 ἤκουον δὲ ταῦτα πάντα οἱ Φαρισαῖοι
29 [1] ἔχουσιν Μωυσέα κ. τ. προφήτας· ἀκουσάτωσαν αὐτῶν
31 [1] εἰ Μωυσέως κ. τ. προφητῶν οὐκ ἀκούουσιν
18 6 ἀκούσατε τί ὁ κριτὴς τ. ἀδικίας λέγει
22 ἀκούσας δὲ ὁ Ἰησοῦς εἶπεν αὐτῷ
23 ὁ δὲ ἀκούσας ταῦτα περίλυπος ἐγενήθη
26 εἶπαν δὲ οἱ ἀκούσαντες
36 [1] ἀκούσας δὲ ὄχλου διαπορευομένου
19 11 ἀκουόντων δὲ αὐτῶν ταῦτα
48 [1] ὁ λαὸς γὰρ ἅπας ἐξεκρέμετο αὐτοῦ ἀκούων
20 16 ἀκούσαντες δὲ εἶπαν Μὴ γένοιτο
45 ἀκούοντος δὲ παντὸς τ. λαοῦ
21 9 ὅταν δὲ ἀκούσητε πολέμους
38 [1] πᾶς ὁ λαὸς ὤρθριζεν . . . ἀκούειν αὐτοῦ
22 71 αὐτοὶ γὰρ ἠκούσαμεν ἀπὸ τ. στόματος αὐτοῦ
23 6 Πειλᾶτος δὲ ἀκούσας ἐπηρώτησεν
8 διὰ τὸ ἀκούειν περὶ αὐτοῦ
Jo 1 37 [1] ἤκουσαν οἱ δύο μαθηταὶ αὐτοῦ λαλοῦντος
40 [2] εἷς ἐκ τ. δύο τ. ἀκουσάντων παρὰ Ἰωάνου

Jo **3** 8 τ. φωνὴν αὐτοῦ ἀκούεις
29 [1] ὁ ἑστηκὼς κ. ἀκούων αὐτοῦ
32 ὃ ἑώρακεν κ. ἤκουσεν τοῦτο μαρτυρεῖ
4 1 ὡς οὖν ἔγνω ὁ Κύριος ὅτι ἤκουσαν οἱ Φαρισαῖοι
42 αὐτοὶ γὰρ ἀκηκόαμεν
47 οὗτος ἀκούσας ὅτι Ἰησοῦς ἥκει
5 24 ὁ τ. λόγον μου ἀκούων
25 [1] ὅτε οἱ νεκροὶ ἀκούσουσιν τ. φωνῆς τ. υἱοῦ τ. Θεοῦ,
κ. οἱ ἀκούσαντες ζήσουσιν
28 [1] πάντες οἱ ἐν τ. μνημείοις ἀκούσουσιν τ. φωνῆς αὐτοῦ
30 καθὼς ἀκούω κρίνω
37 οὔτε φωνὴν αὐτοῦ πώποτε ἀκηκόατε
6 45 [2] πᾶς ὁ ἀκούσας παρὰ τ. πατρὸς κ. μαθὼν
60 πολλοὶ οὖν ἀκούσαντες ἐκ τ. μαθητῶν αὐτοῦ
60 [1] τίς δύναται αὐτοῦ ἀκούειν;
7 32 [1] ἤκουσαν οἱ Φαρισαῖοι τ. ὄχλου γογγύζοντος
40 [1] ἐκ τ. ὄχλου οὖν ἀκούσαντες τ. λόγων τούτων
51 [2] ἐὰν μὴ ἀκούσῃ πρῶτον παρ' αὐτοῦ
8 [9 οἱ δὲ ἀκούσαντες ἐξήρχοντο
26 [2] κἀγὼ ἃ ἤκουσα παρ' αὐτοῦ
38 [2] ὑμεῖς οὖν ἃ ἠκούσατε παρὰ τ. πατρὸς ποιεῖτε
ἃ ἑωράκατε, WH marg.
40 [2] ἣν ἤκουσα παρὰ τ. Θεοῦ
43 ὅτι οὐ δύνασθε ἀκούειν τ. λόγον τ. ἐμόν
47 ὁ ὢν ἐκ τ. Θεοῦ τὰ ῥήματα τ. Θεοῦ ἀκούει·
διὰ τοῦτο ὑμεῖς οὐκ ἀκούετε
9 27 εἶπον ὑμῖν ἤδη κ. οὐκ ἠκούσατε·
τί πάλιν θέλετε ἀκούειν;
31 [1] οἴδαμεν ὅτι ὁ Θεὸς ἁμαρτωλῶν οὐκ ἀκούει,
[1] ἀλλ' ἐάν τις θεοσεβὴς ᾖ . . . τούτου ἀκούει.
32 [3] ἐκ τ. αἰῶνος οὐκ ἠκούσθη
35 ἤκουσεν Ἰησοῦς ὅτι ἐξέβαλον αὐτὸν
40 ἤκουσαν ἐκ τ. Φαρισαίων ταῦτα
10 3 [1] τὰ πρόβατα τ. φωνῆς αὐτοῦ ἀκούει
8 [1] οὐκ ἤκουσαν αὐτῶν τὰ πρόβατα
16 [1] κ. τ. φωνῆς μου ἀκούσουσιν
20 [1] τί αὐτοῦ ἀκούετε;
27 [1] τὰ πρόβατα τὰ ἐμὰ τ. φωνῆς μου ἀκούουσιν
11 4 ἀκούσας δὲ ὁ Ἰησοῦς εἶπεν
6 ὡς οὖν ἤκουσεν ὅτι ἀσθενεῖ
20 ὡς ἤκουσεν ὅτι Ἰησοῦς ἔρχεται
29 ἐκείνη δὲ ὡς ἤκουσεν ἠγέρθη ταχὺ
41 [1] εὐχαριστῶ σοι ὅτι ἤκουσάς μου,
42 [1] ἐγὼ δὲ ᾔδειν ὅτι πάντοτέ μου ἀκούεις
12 12 ἀκούσαντες ὅτι ἔρχεται Ἰησοῦς
18 ὅτι ἤκουσαν τοῦτο αὐτὸν πεποιηκέναι τὸ σημεῖον
29 ὁ οὖν ὄχλος ὁ ἑστὼς κ. ἀκούσας
34 ἡμεῖς ἠκούσαμεν ἐκ τ. νόμου
47 [1] ἐάν τίς μου ἀκούσῃ τ. ῥημάτων
14 24 κ. ὁ λόγος ὃν ἀκούετε
28 ἠκούσατε ὅτι ἐγὼ εἶπον ὑμῖν
15 15 [2] πάντα ἃ ἤκουσα παρὰ τ. πατρός μου
16 13 ἀλλ' ὅσα ἀκούει λαλήσει
ἀκούσει, WH marg. R

Jo **18** 21 ἐρώτησον τ. ἀκηκοότας
37 [1] πᾶς ὁ ὢν ἐκ τ. ἀληθείας ἀκούει μου τ. φωνῆς
19 8 ὅτε οὖν ἤκουσεν ὁ Πειλᾶτος τοῦτον τ. λόγον
13 [1] ὁ οὖν Πειλᾶτος ἀκούσας τ. λόγων τούτων
21 7 ἀκούσας ὅτι ὁ Κύριός ἐστιν
Ac **1** 4 [1] τ. ἐπαγγελίαν τ. πατρὸς ἣν ἠκούσατέ μου
2 6 [1] ὅτι ἤκουσεν εἷς ἕκαστος τ. ἰδίᾳ διαλέκτῳ λαλούντων αὐτῶν
ἤκουον, T
8 πῶς ἡμεῖς ἀκούομεν ἕκαστος τ. ἰδίᾳ διαλέκτῳ
11 [1] ἀκούομεν λαλούντων αὐτῶν τ. ἡμετέραις γλώσσαις
22 ἀκούσατε τ. λόγους τούτους
33 ὃ ὑμεῖς κ. βλέπετε κ. ἀκούετε
37 ἀκούσαντες δὲ κατενύγησαν τ. καρδίαν
3 22 [1] αὐτοῦ ἀκούσεσθε κατὰ πάντα
אֵלָיו תִּשְׁמָעוּן כְּכֹל, Deut. xviii. 15 f.
23 [1] ἥτις ἂν μὴ ἀκούσῃ τ. προφήτου ἐκείνου
אֲשֶׁר לֹא־יִשְׁמַע אֶל־דְּבָרַי אֲשֶׁר יְדַבֵּר בִּשְׁמִי
Deut. xviii. 19
4 4 πολλοὶ δὲ τ. ἀκουσάντων τ. λόγον ἐπίστευσαν
19 [1] ὑμῶν ἀκούειν μᾶλλον ἢ τ. Θεοῦ
20 ἃ εἴδαμεν κ. ἠκούσαμεν
24 οἱ δὲ ἀκούσαντες ὁμοθυμαδὸν ἦραν φωνὴν
5 5 ἀκούων δὲ ὁ Ἀνανίας τ. λόγους τούτους
5 ἐγένετο φόβος μέγας ἐπὶ πάντας τ. ἀκούοντας
11 ἐγένετο φόβος μέγας . . . ἐπὶ πάντας τ. ἀκούοντας ταῦτα
21 ἀκούσαντες δὲ εἰσῆλθον . . . εἰς τὸ ἱερὸν
24 ὡς δὲ ἤκουσαν τ. λόγους τούτους
33 οἱ δὲ ἀκούσαντες διεπρίοντο
6 11 [1] ἀκηκόαμεν αὐτοῦ λαλοῦντος ῥήματα βλάσφημα
14 [1] ἀκηκόαμεν γὰρ αὐτοῦ λέγοντος
7 2 ἄνδρες ἀδελφοὶ κ. πατέρες ἀκούσατε
12 ἀκούσας δὲ Ἰακὼβ ὄντα σιτία εἰς Αἴγυπτον
34 [1] κ. τ. στεναγμοῦ αὐτοῦ ἤκουσα
וְאֶת־צַעֲקָתָם שָׁמַעְתִּי, Ex. iii. 7
54 ἀκούοντες δὲ ταῦτα διεπρίοντο
8 6 ἐν τῷ ἀκούειν αὐτοὺς κ. βλέπειν
14 ἀκούσαντες δὲ οἱ ἐν Ἱεροσολύμοις ἀπόστολοι
30 [1] προσδραμὼν δὲ ὁ Φίλιππος ἤκουσεν αὐτοῦ ἀναγινώσκοντος
9 4 ἤκουσεν φωνὴν λέγουσαν αὐτῷ
7 [1] ἀκούοντες μὲν τ. φωνῆς
13 [2] Κύριε ἤκουσα ἀπὸ πολλῶν περὶ τ. ἀνδρὸς τούτου
21 ἐξίσταντο δὲ πάντες οἱ ἀκούοντες
38 οἱ μαθηταὶ ἀκούσαντες ὅτι Πέτρος ἐστὶν ἐν αὐτῇ
10 22 [2] κ. ἀκοῦσαι ῥήματα παρὰ σοῦ
33 πάρεσμεν ἀκοῦσαι πάντα τὰ προστεταγμένα σοι
44 ἐπέπεσεν . . . ἐπὶ πάντας τ. ἀκούοντας τ. λόγον

Ac **10** 46 [1] ἤκουον γὰρ αὐτῶν λαλούντων γλώσσαις
11 1 ἤκουσαν δὲ οἱ ἀπόστολοι
7 [1] ἤκουσα δὲ κ. φωνῆς λεγούσης μοι
18 ἀκούσαντες δὲ ταῦτα ἡσύχασαν
22 [3] ἠκούσθη δὲ ὁ λόγος εἰς τὰ ὦτα τ. ἐκκλησίας
13 7 ἐπεζήτησεν ἀκοῦσαι τ. λόγον τ. Θεοῦ
16 οἱ φοβούμενοι τ. Θεὸν ἀκούσατε
44 συνήχθη ἀκοῦσαι τ. λόγον τ. Θεοῦ
48 ἀκούοντα δὲ τὰ ἔθνη ἔχαιρον
14 9 [1] οὗτος ἤκουεν τ. Παύλου λαλοῦντος
ἤκουσεν, T
14 ἀκούσαντες δὲ οἱ ἀπόστολοι
15 7 ἀκοῦσαι τὰ ἔθνη τ. λόγον τ. εὐαγγελίου
12 [1] ἤκουον Βαρνάβα κ. Παύλου ἐξηγουμένων
13 [1] ἄνδρες ἀδελφοὶ ἀκούσατέ μου
24 ἐπειδὴ ἠκούσαμεν ὅτι τινὲς ἐξ ἡμῶν ἐτάραξαν ὑμᾶς
16 14 κ. τις γυνὴ ὀνόματι Λυδία . . . ἤκουεν
38 ἐφοβήθησαν δὲ ἀκούσαντες ὅτι Ῥωμαῖοί εἰσιν
17 8 ἐτάραξαν δὲ . . . τ. πολιτάρχας ἀκούοντας ταῦτα
21 ἢ λέγειν τι ἢ ἀκούειν τι καινότερον
32 ἀκούσαντες δὲ ἀνάστασιν νεκρῶν
32 [1] ἀκουσόμεθά σου περὶ τούτου κ. πάλιν
18 8 πολλοὶ τ. Κορινθίων ἀκούοντες ἐπίστευον
26 [1] ἀκούσαντες δὲ αὐτοῦ Πρίσκιλλα κ. Ἀκύλας
27 [1] ἐπιδημοῦντές τινες Κορίνθιοι κ. ἀκούσαντες αὐτοῦ
—h. v., TWH non marg. R
19 2 οὐδ᾽ εἰ πνεῦμα ἅγιόν ἐστιν ἠκούσαμεν
5 ἀκούσαντες δὲ ἐβαπτίσθησαν
10 ὥστε πάντας τ. κατοικοῦντας τ. Ἀσίαν ἀκοῦσαι τ. λόγον τ. Κυρίου
26 θεωρεῖτε κ. ἀκούετε ὅτι οὐ μόνον Ἐφέσου
28 ἀκούσαντες δὲ κ. γενόμενοι πλήρεις θυμοῦ
21 12 ὡς δὲ ἠκούσαμεν ταῦτα
20 οἱ δὲ ἀκούσαντες ἐδόξαζον τ. Θεόν
22 ἀκούσονται ὅτι ἐλήλυθας
22 1 [1] ἀκούσατέ μου τῆς πρὸς ὑμᾶς νυνὶ ἀπολογίας.
2 ἀκούσαντες δὲ ὅτι τ. Ἑβραΐδι διαλέκτῳ προσεφώνει
7 [1] ἤκουσα φωνῆς λεγούσης μοι
9 τ. δὲ φωνὴν οὐκ ἤκουσαν
14 κ. ἀκοῦσαι φωνὴν ἐκ τ. στόματος αὐτοῦ
15 ὧν ἑώρακας κ. ἤκουσας
22 [1] ἤκουον δὲ αὐτοῦ ἄχρι τούτου τ. λόγου
26 ἀκούσας δὲ ὁ ἑκατοντάρχης
23 16 ἀκούσας δὲ ὁ υἱὸς τ. ἀδελφῆς Παύλου τ. ἐνέδραν
24 4 [1] παρακαλῶ ἀκοῦσαί σε ἡμῶν συντόμως
24 [1] ἤκουσεν αὐτοῦ περὶ τῆς εἰς Χριστὸν Ἰησοῦν πίστεως
25 22 [1] ἐβουλόμην κ. αὐτὸς τ. ἀνθρώπου ἀκοῦσαι.
[1] αὔριον, φησίν, ἀκούσῃ αὐτοῦ
26 3 [1] διὸ δέομαι μακροθύμως ἀκοῦσαί μου
14 ἤκουσα φωνὴν λέγουσαν πρός με
29 [1] ἀλλὰ κ. πάντας τ. ἀκούοντάς μου σήμερον
28 15 κἀκεῖθεν οἱ ἀδελφοὶ ἀκούσαντες τὰ περὶ ἡμῶν
22 [2] παρὰ σοῦ ἀκοῦσαι ἃ φρονεῖς
26 [4] ἀκοῇ ἀκούσετε κ. οὐ μὴ συνῆτε

שִׁמְעוּ שָׁמוֹעַ וְאַל־תָּבִינוּ, Is. vi. 9

Ac **28** 27 κ. τ. ὠσὶ βαρέως ἤκουσαν

וְאָזְנָיו הַכְבֵּד, Is. vi. 10

27 μήποτε . . . τ. ὠσὶν ἀκούσωσιν

פֶּן . . בְּאָזְנָיו יִשְׁמָע, Is. *l.c.*

28 [3] αὐτοὶ κ. ἀκούσονται
Ro **10** 14 [1] πῶς δὲ πιστεύσωσιν οὗ οὐκ ἤκουσαν;
[3] πῶς δὲ ἀκούσωσιν χωρὶς κηρύσσοντος;
ἀκούσονται, T
18 ἀλλὰ λέγω Μὴ οὐκ ἤκουσαν;
11 8 ἔδωκεν αὐτοῖς . . . ὦτα τοῦ μὴ ἀκούειν
15 21 κ. οἳ οὐκ ἀκηκόασιν συνήσουσιν

וַאֲשֶׁר לֹא־שָׁמְעוּ הִתְבּוֹנָנוּ, Is. lii. 15

I Co **2** 9 ἃ ὀφθαλμὸς οὐκ εἶδεν κ. οὖς οὐκ ἤκουσεν
5 1 [3] ὅλως ἀκούεται ἐν ὑμῖν πορνεία
11 18 ἀκούω σχίσματα ἐν ὑμῖν ὑπάρχειν
14 2 οὐδεὶς γὰρ ἀκούει
II Co **12** 4 κ. ἤκουσεν ἄρρητα ῥήματα
6 ἢ ἀκούει ἐξ ἐμοῦ
Ga **1** 13 ἠκούσατε γὰρ τ. ἐμὴν ἀναστροφήν ποτε
23 μόνον δὲ ἀκούοντες ἦσαν
4 21 τ. νόμον οὐκ ἀκούετε;
Eph **1** 13 ἀκούσαντες τ. λόγον τ. ἀληθείας
15 κἀγὼ ἀκούσας τὴν καθ᾽ ὑμᾶς πίστιν
3 2 εἴγε ἠκούσατε τ. οἰκονομίαν τ. χάριτος τ. Θεοῦ
4 21 εἴγε αὐτὸν ἠκούσατε
29 ἵνα δῷ χάριν τ. ἀκούουσιν
Phl **1** 27 ἵνα . . . ἀκούω τὰ περὶ ὑμῶν
30 κ. νῦν ἀκούετε ἐν ἐμοί
2 26 διότι ἠκούσατε ὅτι ἠσθένησεν
4 9 ἃ . . . παρελάβετε κ. ἠκούσατε κ. εἴδετε ἐν ἐμοί
Col **1** 4 ἀκούσαντες τ. πίστιν ὑμῶν ἐν Χριστῷ Ἰησοῦ
6 ἀφ᾽ ἧς ἡμέρας ἠκούσατε
9 κ. ἡμεῖς ἀφ᾽ ἧς ἡμέρας ἠκούσαμεν
23 [1] ἀπὸ τ. ἐλπίδος τ. εὐαγγελίου οὗ ἠκούσατε
II Th **3** 11 ἀκούομεν γάρ τινας περιπατοῦντας
I Ti **4** 16 [1] κ. σεαυτὸν σώσεις κ. τ. ἀκούοντάς σου
II Ti **1** 13 [1] [2] ὧν παρ᾽ ἐμοῦ ἤκουσας
2 2 [2] ἃ ἤκουσας παρ᾽ ἐμοῦ διὰ πολλῶν μαρτύρων
14 ἐπὶ καταστροφῇ τ. ἀκουόντων
4 17 ἵνα . . . ἀκούσωσιν πάντα τὰ ἔθνη
Phm 5 ἀκούων σου τ. ἀγάπην κ. τ. πίστιν
He **2** 1 [3] δεῖ περισσοτέρως προσέχειν ἡμᾶς τ. ἀκουσθεῖσιν
3 ὑπὸ τ. ἀκουσάντων εἰς ἡμᾶς ἐβεβαιώθη
3 7 [1] σήμερον ἐὰν τ. φωνῆς αὐτοῦ ἀκούσητε

הַיּוֹם אִם־בְּקֹלוֹ תִשְׁמָעוּ, Ps. xcv. 7

15 [1] σήμερον ἐὰν τ. φωνῆς αὐτοῦ ἀκούσητε
16 τίνες γὰρ ἀκούσαντες παρεπίκραναν;
4 2 μὴ συνκεκερασμένους τ. πίστει τ. ἀκούσασιν
7 [1] σήμερον ἐὰν τ. φωνῆς αὐτοῦ ἀκούσητε, Ps. xcv. 7
12 19 [1] ἧς οἱ ἀκούσαντες παρῃτήσαντο
Ja **1** 19 ἔστω δὲ πᾶς ἄνθρωπος ταχὺς εἰς τὸ ἀκοῦσαι

Ja 2 5 ἀκούσατε ἀδελφοί μου ἀγαπητοί
5 11 τ. ὑπομονὴν Ἰὼβ ἠκούσατε
II Pe 1 18 ταύτην τ. φωνὴν ἡμεῖς ἠκούσαμεν ἐξ οὐρανοῦ ἐνεχθεῖσαν
I Jo 1 1 ὃ ἦν ἀπ' ἀρχῆς ὃ ἀκηκόαμεν
3 ὃ ἑωράκαμεν κ. ἀκηκόαμεν ἀπαγγέλλομεν κ. ὑμῖν
5 ἡ ἀγγελία ἣν ἀκηκόαμεν ἀπ' αὐτοῦ
2 7 ὁ λόγος ὃν ἠκούσατε
18 καθὼς ἠκούσατε ὅτι ἀντίχριστος ἔρχεται
24 ὑμεῖς ὃ ἠκούσατε ἀπ' ἀρχῆς ἐν ὑμῖν μενέτω·
ἐὰν ἐν ὑμῖν μείνῃ ὃ ἀπ' ἀρχῆς ἠκούσατε
3 11 ἡ ἀγγελία ἣν ἠκούσατε ἀπ' ἀρχῆς
4 3 ὃ ἀκηκόατε ὅτι ἔρχεται
5 [1] ὁ κόσμος αὐτῶν ἀκούει
6 [1] ὁ γινώσκων τ. Θεὸν ἀκούει ἡμῶν,
[1] ὃς οὐκ ἔστιν ἐκ τ. Θεοῦ οὐκ ἀκούει ἡμῶν
5 14 [1] ἐάν τι αἰτώμεθα κατὰ τὸ θέλημα αὐτοῦ ἀκούει ἡμῶν.
15 [1] κ. ἐὰν οἴδαμεν ὅτι ἀκούει ἡμῶν
II Jo 6 καθὼς ἠκούσατε ἀπ' ἀρχῆς
III Jo 4 ἵνα ἀκούω τὰ ἐμὰ τέκνα ἐν τ. ἀληθείᾳ περιπατοῦντα
Re 1 3 οἱ ἀκούοντες τ. λόγους τ. προφητείας
10 ἤκουσα ὀπίσω μου φωνὴν μεγάλην
2 7 ὁ ἔχων οὖς ἀκουσάτω τί τὸ Πνεῦμα λέγει
11 ὁ ἔχων οὖς ἀκουσάτω τί τὸ Πνεῦμα λέγει
17 ὁ ἔχων οὖς ἀκουσάτω τί τὸ Πνεῦμα λέγει
29 ὁ ἔχων οὖς ἀκουσάτω τί τὸ Πνεῦμα λέγει
3 3 μνημόνευε οὖν πῶς εἴληφας κ. ἤκουσας
6 ὁ ἔχων οὖς ἀκουσάτω τί τὸ Πνεῦμα λέγει
13 ὁ ἔχων οὖς ἀκουσάτω τί τὸ Πνεῦμα λέγει
20 [1] ἐάν τις ἀκούσῃ τ. φωνῆς μου
22 ὁ ἔχων οὖς ἀκουσάτω τί τὸ Πνεῦμα λέγει
4 1 ἡ φωνὴ ἡ πρώτη ἣν ἤκουσα
5 11 ἤκουσα φωνὴν ἀγγέλων πολλῶν
13 πᾶν κτίσμα . . . κ. τὰ ἐν αὐτοῖς πάντα ἤκουσα λέγοντας
καὶ ἤκ., T
6 1 [1] ἤκουσα ἑνὸς ἐκ τ. τεσσάρων ζῴων λέγοντος
3 [1] ἤκουσα τ. δευτέρου ζῴου λέγοντος
5 [1] ἤκουσα τ. τρίτου ζῴου λέγοντος
6 ἤκουσα ὡς φωνὴν ἐν μέσῳ τ. τεσσάρων ζῴων
7 ἤκουσα φωνὴν τ. τετάρτου ζῴου λέγοντος
7 4 ἤκουσα τ. ἀριθμὸν τ. ἐσφραγισμένων
8 13 [1] ἤκουσα ἑνὸς ἀετοῦ πετομένου
9 13 ἤκουσα φωνὴν μίαν ἐκ τ. κεράτων τ. θυσιαστηρίου
16 ἤκουσα τ. ἀριθμὸν αὐτῶν
20 ἃ οὔτε βλέπειν δύνανται οὔτε ἀκούειν
10 4 ἤκουσα φωνὴν ἐκ τ. οὐρανοῦ
8 ἡ φωνὴ ἣν ἤκουσα ἐκ τ. οὐρανοῦ
11 12 [1] ἤκουσαν φωνῆς μεγάλης ἐκ τ. οὐρανοῦ
12 10 ἤκουσα φωνὴν μεγάλην ἐν τ. οὐρανῷ λέγουσαν
13 9 εἴ τις ἔχει οὖς ἀκουσάτω
14 2 ἤκουσα φωνὴν ἐκ τ. οὐρανοῦ
2 ἡ φωνὴ ἣν ἤκουσα ὡς κιθαρῳδῶν
13 [1] ἤκουσα φωνῆς ἐκ τ. οὐρανοῦ
16 1 [1] ἤκουσα μεγάλης φωνῆς ἐκ τ. ναοῦ
5 [1] ἤκουσα τ. ἀγγέλου τ. ὑδάτων
7 [1] ἤκουσα τ. θυσιαστηρίου λέγοντος
Re 18 4 ἤκουσα ἄλλην φωνὴν ἐκ τ. οὐρανοῦ
22 [3] φωνὴ κιθαρῳδῶν . . . οὐ μὴ ἀκουσθῇ ἐν σοὶ ἔτι
22 [3] φωνὴ μύλου οὐ μὴ ἀκουσθῇ ἐν σοὶ ἔτι
23 [3] φωνὴ νυμφίου κ. νύμφης οὐ μὴ ἀκουσθῇ ἐν σοὶ ἔτι
19 1 ἤκουσα ὡς φωνὴν μεγάλην ὄχλου πολλοῦ
6 ἤκουσα ὡς φωνὴν ὄχλου πολλοῦ
21 3 [1] ἤκουσα φωνῆς μεγάλης ἐκ τ. θρόνου
22 8 κἀγὼ Ἰωάννης ὁ ἀκούων κ. βλέπων ταῦτα.
βλέπ. κ. ἀκ., T
κ. ὅτε ἤκουσα κ. ἔβλεψα
17 ὁ ἀκούων εἰπάτω Ἔρχου
18 μαρτυρῶ ἐγὼ παντὶ τ. ἀκούοντι τ. λόγους τ. προφητείας

ἈΚΡΑΣΊΑ** 192

Mt 23 25 ἔσωθεν δὲ γέμουσιν ἐξ ἁρπαγῆς κ. ἀκρασίας
I Co 7 5 ἵνα μὴ πειράζῃ ὑμᾶς ὁ Σατανᾶς διὰ τ. ἀκρασίαν ὑμῶν

ἈΚΡΑΤΉΣ 193

II Ti 3 3 διάβολοι ἀκρατεῖς ἀνήμεροι

ἌΚΡΑΤΟΣ 194

Re 14 10 ἐκ τ. οἴνου τ. θυμοῦ τ. Θεοῦ τ. κεκερασμένου ἀκράτου

ἈΚΡΊΒΕΙΑ 195

Ac 22 3 πεπαιδευμένος κατὰ ἀκρίβειαν τ. πατρῴου νόμου

ἈΚΡΙΒΉΣ 196

Ac 26 5 κατὰ τ. ἀκριβεστάτην αἵρεσιν τ. ἡμετέρας θρησκείας

ἈΚΡΙΒΌΩ** 198

Mt 2 7 ἠκρίβωσεν παρ' αὐτῶν τ. χρόνον τ. φαινομένου ἀστέρος
16 κατὰ τ. χρόνον ὃν ἠκρίβωσεν παρὰ τ. μάγων

ἈΚΡΙΒΩ͂Σ 199

(1) ἀκριβέστερον

Mt 2 8 πορευθέντες ἐξετάσατε ἀκριβῶς περὶ τ. παιδίου
Lu 1 3 παρηκολουθηκότι ἄνωθεν πᾶσιν ἀκριβῶς
Ac 18 25 ἐδίδασκεν ἀκριβῶς τὰ περὶ τ. Ἰησοῦ
26 [1] ἀκριβέστερον αὐτῷ ἐξέθεντο τὴν ὁδὸν τ. Θεοῦ
23 15 [1] διαγινώσκειν ἀκριβέστερον τὰ περὶ αὐτοῦ
20 [1] ὡς μέλλων τι ἀκριβέστερον πυνθάνεσθαι περὶ αὐτοῦ
24 22 [1] ἀκριβέστερον εἰδὼς τὰ περὶ τῆς ὁδοῦ
Eph 5 15 βλέπετε οὖν ἀκριβῶς πῶς περιπατεῖτε
I Th 5 2 αὐτοὶ γὰρ ἀκριβῶς οἴδατε

'ΑΚΡΙ'Σ 200

Mt 3 4 ἡ δὲ τροφὴ ἦν αὐτοῦ ἀκρίδες κ. μέλι ἄγριον
Mk 1 6 ἔσθων ἀκρίδας κ. μέλι ἄγριον
Re 9 3 ἐκ τ. καπνοῦ ἐξῆλθον ἀκρίδες εἰς τ. γῆν
7 τὰ ὁμοιώματα τ. ἀκρίδων ὅμοια ἵπποις

'ΑΚΡΟΑΤΗ'ΡΙΟΝ * 201

Ac 25 23 κ. εἰσελθόντων εἰς τὸ ἀκροατήριον

'ΑΚΡΟΑΤΗ'Σ 202

Ro 2 13 οὐ γὰρ οἱ ἀκροαταὶ νόμου δίκαιοι παρὰ τ. Θεῷ
Ja 1 22 γίνεσθε δὲ ποιηταὶ λόγου κ. μὴ ἀκροαταὶ μόνον
μόν. ἀκρ., T
23 εἴ τις ἀκροατὴς λόγου ἐστὶν κ. οὐ ποιητής
25 οὐκ ἀκροατὴς ἐπιλησμονῆς γενόμενος

'ΑΚΡΟΒΥΣΤΙ'Α † 203

Ac 11 3 εἰσῆλθεν πρὸς ἄνδρας ἀκροβυστίαν ἔχοντας
Ro 2 25 ἡ περιτομή σου ἀκροβυστια γέγονεν.
26 ἐὰν οὖν ἡ ἀκροβυστία τὰ δικαιώματα τ. νόμου φυλάσσῃ,
οὐχ ἡ ἀκροβυστία αὐτοῦ εἰς περιτομὴν λογισθήσεται;
27 κ. κρινεῖ ἡ ἐκ φύσεως ἀκροβυστία
3 30 ὃς δικαιώσει . . . ἀκροβυστίαν διὰ τ. πίστεως
4 9 ἢ κ. ἐπὶ τ. ἀκροβυστίαν;
10 ἐν περιτομῇ ὄντι ἢ ἐν ἀκροβυστίᾳ;
οὐκ ἐν περιτομῇ ἀλλ' ἐν ἀκροβυστίᾳ
11 σφραγῖδα τ. δικαιοσύνης τ. πίστεως τῆς ἐν τ. ἀκροβυστιᾳ
11 πατέρα πάντων τ. πιστευόντων δι' ἀκροβυστίας
12 τ. ἴχνεσι τῆς ἐν ἀκροβυστίᾳ πίστεως
I Co 7 18 ἐν ἀκροβυστίᾳ κέκληταί τις;
19 κ. ἡ ἀκροβυστία οὐδέν ἐστιν
Ga 2 7 πεπίστευμαι τὸ εὐαγγέλιον τ. ἀκροβυστίας
5 6 οὔτε περιτομή τι ἰσχύει οὔτε ἀκροβυστία
6 15 οὔτε γὰρ περιτομή τι ἔστιν οὔτε ἀκροβυστία
Eph 2 11 οἱ λεγόμενοι ἀκροβυστία ὑπὸ τ. λεγομένης περιτομῆς
Col 2 13 ὑμᾶς νεκροὺς ὄντας . . . τ. ἀκροβυστίᾳ τ. σαρκὸς ὑμῶν
3 11 ὅπου οὐκ ἔνι . . . περιτομὴ κ. ἀκροβυστία

'ΑΚΡΟΓΩΝΙΑΙ'ΟΣ † 204

Eph 2 20 ὄντος ἀκρογωνιαίου αὐτοῦ Χριστοῦ Ἰησοῦ
I Pe 2 6 ἰδοὺ τίθημι ἐν Σιὼν λίθον ἐκλεκτὸν ἀκρογωνιαῖον
ἀκρογ. ἐκλ., TR
הִנְנִי יִסַּד בְּצִיּוֹן אָבֶן אֶבֶן בֹּחַן פִּנַּת יִקְרַת
מוּסָד מוּסָּד, Is. xxviii. 16

'ΑΚΡΟΘΙ'ΝΙΟΝ * 205

He 7 4 ᾧ δεκάτην Ἀβραὰμ ἔδωκεν ἐκ τ. ἀκροθινίων

"ΑΚΡΟΝ 206

Mt 24 31 ἀπ' ἄκρων οὐρανῶν ἕως τ. ἄκρων αὐτῶν
Mk 13 27 ἀπ' ἄκρου γῆς ἕως ἄκρου οὐρανοῦ
Lu 16 24 ἵνα βάψῃ τὸ ἄκρον τ. δακτύλου αὐτοῦ ὕδατος
He 11 21 προσεκύνησεν ἐπὶ τὸ ἄκρον τῆς ῥάβδου αὐτοῦ

'ΑΚΥ'ΛΑΣ 207

Ac 18 2 εὑρών τινα Ἰουδαῖον ὀνόματι Ἀκύλαν
18 σὺν αὐτῷ Πρίσκιλλα κ. Ἀκύλας
26 ἀκούσαντες δὲ αὐτοῦ Πρίσκιλλα καὶ Ἀκύλας
Ro 16 3 ἀσπάσασθε Πρίσκαν κ. Ἀκύλαν τ. συνεργούς μου
I Co 16 19 ἀσπάζεται ὑμᾶς ἐν Κυρίῳ πολλὰ Ἀκύλας καὶ Πρίσκα
II Ti 4 19 ἄσπασαι Πρίσκαν κ. Ἀκύλαν

'ΑΚΥΡΟ'Ω ** 208

Mt 15 6 ἠκυρώσατε τ. λόγον τ. Θεοῦ
Mk 7 13 ἀκυροῦντες τ. λόγον τ. Θεοῦ
Ga 3 17 ὁ μετὰ τετρακόσια κ. τριάκοντα ἔτη γεγονὼς νόμος οὐκ ἀκυροῖ

'ΑΚΩΛΥ'ΤΩΣ ** 209

Ac 28 31 διδάσκων . . . μετὰ πάσης παρρησίας ἀκωλύτως

"ΑΚΩΝ 210

I Co 9 17 εἰ δὲ ἄκων οἰκονομίαν πεπίστευμαι

'ΑΛΑ'ΒΑΣΤΡΟΝ 211

Mt 26 7 γυνὴ ἔχουσα ἀλάβαστρον μύρου βαρυτίμου
Mk 14 3 γυνὴ ἔχουσα ἀλάβαστρον μύρου νάρδου πιστικῆς πολυτελοῦς·
συντρίψασα τὴν ἀλάβαστρον κατέχεεν
Lu 7 37 κομίσασα ἀλάβαστρον μύρου

'ΑΛΑΖΟΝΙ'Α ** 212

Ja 4 16 νῦν δὲ καυχᾶσθε ἐν τ. ἀλαζονίαις ὑμῶν
I Jo 2 16 κ. ἡ ἀλαζονία τ. βίου

'ΑΛΑΖΩ'Ν 213

Ro 1 30 ὑπερηφάνους ἀλαζόνας ἐφευρετὰς κακῶν
II Ti 3 2 ἔσονται γὰρ οἱ ἄνθρωποι φίλαυτοι φιλάργυροι ἀλαζόνες

'ΑΛΑΛΑ'ΖΩ 214

Mk 5 38 κλαίοντας κ. ἀλαλάζοντας πολλά
I Co 13 1 γέγονα χαλκὸς ἠχῶν ἢ κύμβαλον ἀλαλάζον

'ΑΛΑ'ΛΗΤΟΣ * † 215

Ro 8 26 αὐτὸ τὸ πνεῦμα ὑπερεντυγχάνει στεναγμοῖς ἀλαλήτοις

"ΑΛΑΛΟΣ 216

Mk 7 37 ποιεῖ . . . ἀλάλους λαλεῖν
9 17 ἔχοντα πνεῦμα ἄλαλον
25 τὸ ἄλαλον κ. κωφὸν πνεῦμα

ἍΛΑΣ 217

Mt 5 13 ὑμεῖς ἐστὲ τὸ ἅλας τ. γῆς·
ἅλα, T
ἐὰν δὲ τὸ ἅλας μωρανθῇ
ἅλα, T
Mk 9 50 καλὸν τὸ ἅλας·
ἅλα, T
ἐὰν δὲ τὸ ἅλας ἄναλον γένηται.
ἅλα, T
50 ἔχετε ἐν ἑαυτοῖς ἅλα
Lu 14 34 καλὸν οὖν τὸ ἅλας·
ἅλα, T
ἐὰν δὲ κ. τὸ ἅλας μωρανθῇ
ἅλα, T
Col 4 6 ὁ λόγος ὑμῶν . . . ἅλατι ἠρτυμένος

ἉΛΕΎΣ 217.5

Mt 4 18 ἦσαν γὰρ ἁλεεῖς
19 ποιήσω ὑμᾶς ἁλεεῖς ἀνθρώπων
Mk 1 16 ἦσαν γὰρ ἁλεεῖς
17 ποιήσω ὑμᾶς γενέσθαι ἁλεεῖς ἀνθρώπων
Lu 5 2 οἱ δὲ ἁλεεῖς ἀπ' αὐτῶν ἀποβάντες

ἈΛΕΊΦΩ 218

Mt 6 17 σὺ δὲ νηστεύων ἄλειψαί σου τ. κεφαλὴν
Mk 6 13 ἤλειφον ἐλαίῳ πολλοὺς ἀρρώστους
16 1 ἵνα ἐλθοῦσαι ἀλείψωσιν αὐτόν
Lu 7 38 κατεφίλει τ. πόδας αὐτοῦ κ. ἤλειφεν τ. μύρῳ
46 ἐλαίῳ τ. κεφαλήν μου οὐκ ἤλειψας·
αὕτη δὲ μύρῳ ἤλειψέν μου τ. πόδας
Jo 11 2 ἦν δὲ Μαριὰμ ἡ ἀλείψασα τ. Κύριον μύρῳ
12 3 ἤλειψεν τ. πόδας τ. Ἰησοῦ
Ja 5 14 ἀλείψαντες ἐλαίῳ ἐν τ. ὀνόματι τ. Κυρίου

ἈΛΕΚΤΟΡΟΦΩΝΊΑ* † 219

Mk 13 35 ἢ ὀψὲ ἢ μεσονύκτιον ἢ ἀλεκτοροφωνίας ἢ πρωΐ

ἈΛΈΚΤΩΡ 220

Mt 26 34 πρὶν ἀλέκτορα φωνῆσαι
74 κ. εὐθὺς ἀλέκτωρ ἐφώνησεν
75 ὅτι πρὶν ἀλέκτορα φωνῆσαι
Mk 14 30 πρὶν ἢ δὶς ἀλέκτορα φωνῆσαι
68 κ. ἀλέκτωρ ἐφώνησεν
—h. v., WHR marg.
72 εὐθὺς ἐκ δευτέρου ἀλέκτωρ ἐφώνησεν
72 ὅτι πρὶν ἀλέκτορα δὶς φωνῆσαι
Lu 22 34 οὐ φωνήσει σήμερον ἀλέκτωρ
60 παραχρῆμα . . . ἐφώνησεν ἀλέκτωρ
61 ὅτι πρὶν ἀλέκτορα φωνῆσαι σήμερον
Jo 13 38 οὐ μὴ ἀλέκτωρ φωνήσῃ
18 27 κ. εὐθέως ἀλέκτωρ ἐφώνησεν

ἈΛΕΞΑΝΔΡΕΎΣ 221

Ac 6 9 τῶν ἐκ τ. συναγωγῆς . . . Κυρηναίων κ. Ἀλεξανδρέων
18 24 Ἰουδαῖος δέ τις Ἀπολλῶς . . . Ἀλεξανδρεὺς τ. γένει

ἈΛΕΞΑΝΔΡΙΝΌΣ 222

Ac 27 6 εὑρὼν ὁ ἑκατοντάρχης πλοῖον Ἀλεξανδρινὸν
28 11 ἀνήχθημεν ἐν πλοίῳ . . . Ἀλεξανδρινῷ

ἈΛΈΞΑΝΔΡΟΣ 223

Mk 15 21 Σίμωνα Κυρηναῖον . . . τ. πατέρα Ἀλεξάνδρου κ. Ῥούφου
Ac 4 6 Ἄννας ὁ ἀρχιερεὺς . . . κ. Ἰωάννης κ. Ἀλέξανδρος
19 33 ἐκ δὲ τ. ὄχλου συνεβίβασαν Ἀλέξανδρον
33 ὁ δὲ Ἀλέξανδρος κατασείσας τ. χεῖρα
I Ti 1 20 ὧν ἐστιν Ὑμέναιος κ. Ἀλέξανδρος
II Ti 4 14 Ἀλέξανδρος ὁ χαλκεὺς πολλά μοι κακὰ ἐνεδείξατο

ἌΛΕΥΡΟΝ 224

Mt 13 33 ἐνέκρυψεν εἰς ἀλεύρου σάτα τρία
Lu 13 21 ἔκρυψεν εἰς ἀλεύρου σάτα τρία

ἈΛΉΘΕΙΑ 225

(1) ἐπ' ἀληθείας (2) ἀλήθ. Θεοῦ, Χριστοῦ (3) ἀλήθ. λέγειν, εἰπεῖν, λαλεῖν (4) ἀλήθ. ποιεῖν

Mt 22 16 τὴν ὁδὸν τ. Θεοῦ ἐν ἀληθείᾳ διδάσκεις
Mk 5 33 [3] εἶπεν αὐτῷ πᾶσαν τ. ἀλήθειαν
12 14 [1] ἀλλ' ἐπ' ἀληθείας τ. ὁδὸν τ. Θεοῦ διδάσκεις
32 [1] καλῶς διδάσκαλε ἐπ' ἀληθείας εἶπες
Lu 4 25 [1] ἐπ' ἀληθείας δὲ λέγω ὑμῖν
20 21 [1] ἀλλ' ἐπ' ἀληθείας τ. ὁδὸν τ. Θεοῦ διδάσκεις
22 59 [1] ἐπ' ἀληθείας κ. οὗτος μετ' αὐτοῦ ἦν
Jo 1 14 πλήρης χάριτος κ. ἀληθείας
17 ἡ χάρις κ. ἡ ἀλήθεια διὰ Ἰησοῦ Χριστοῦ ἐγένετο
3 21 [4] ὁ δὲ ποιῶν τ. ἀλήθειαν
4 23 προσκυνήσουσιν τ. πατρὶ ἐν πνεύματι κ. ἀληθείᾳ
24 ἐν πνεύματι κ. ἀληθείᾳ δεῖ προσκυνεῖν
5 33 μεμαρτύρηκεν τ. ἀληθείᾳ
8 32 γνώσεσθε τ. ἀλήθειαν,
κ. ἡ ἀλήθεια ἐλευθερώσει ὑμᾶς
40 [3] ἄνθρωπον ὃς τ. ἀλήθειαν ὑμῖν λελάληκα
44 ἐν τ. ἀληθείᾳ οὐκ ἔστηκεν,
ὅτι οὐκ ἔστιν ἀλήθεια ἐν αὐτῷ
45 [3] ἐγὼ δὲ ὅτι τ. ἀλήθειαν λέγω
46 [3] εἰ ἀλήθειαν λέγω
14 6 ἐγώ εἰμι ἡ ὁδὸς κ. ἡ ἀλήθεια κ. ἡ ζωή
17 ἄλλον παράκλητον . . . τὸ πνεῦμα τ. ἀληθείας
15 26 ὅταν ἔλθῃ ὁ παράκλητος . . . τὸ πνεῦμα τ. ἀληθείας
16 7 [3] ἀλλ' ἐγὼ τ. ἀλήθειαν λέγω ὑμῖν
13 ὅταν δὲ ἔλθῃ ἐκεῖνος, τὸ πνεῦμα τ. ἀληθείας,
ὁδηγήσει ὑμᾶς εἰς τ. ἀλήθειαν πᾶσαν
ἐν τῇ ἀληθ. πάσῃ, TWH marg.
17 17 ἁγίασον αὐτοὺς ἐν τῇ ἀληθείᾳ·
ὁ λόγος ὁ σὸς ἀλήθειά ἐστιν
19 ἵνα ὦσιν κ. αὐτοὶ ἡγιασμένοι ἐν ἀληθείᾳ
18 37 ἵνα μαρτυρήσω τ. ἀληθείᾳ·
πᾶς ὁ ὢν ἐκ τ. ἀληθείας
38 τί ἐστιν ἀλήθεια;
Ac 4 27 [1] συνήχθησαν γὰρ ἐπ' ἀληθείας ἐν τ. πόλει ταύτῃ
10 34 [1] ἐπ' ἀληθείας καταλαμβάνομαι
26 25 ἀληθείας κ. σωφροσύνης ῥήματα ἀποφθέγγομαι

Ro 1 18 τῶν τ. ἀλήθειαν ἐν ἀδικίᾳ κατεχόντων

25[2] οἵτινες μετήλλαξαν τ. ἀλήθειαν τ. Θεοῦ ἐν τ. ψεύδει

2 2 τὸ κρίμα τ. Θεοῦ ἐστὶν κατὰ ἀλήθειαν

8 κ. ἀπειθοῦσι τῇ ἀληθείᾳ

20 ἔχοντα τ. μόρφωσιν τ. γνώσεως κ. τ. ἀληθείας

3 7 [2] εἰ δὲ ἡ ἀλήθεια τ. Θεοῦ ἐν τ. ἐμῷ ψεύσματι ἐπερίσσευσεν

9 1 [3] ἀλήθειαν λέγω ἐν Χριστῷ

15 8 [2] διάκονον γεγενῆσθαι περιτομῆς ὑπὲρ ἀληθείας Θεοῦ

I Co 5 8 ἐν ἀζύμοις εἰλικρινίας κ. ἀληθείας

13 6 συνχαίρει δὲ τ. ἀληθείᾳ

II Co 4 2 τ. φανερώσει τ. ἀληθείας συνιστάνοντες ἑαυτούς

6 7 ἐν λόγῳ ἀληθείας

7 14 ὡς πάντα ἐν ἀληθείᾳ ἐλαλήσαμεν ὑμῖν, οὕτω κ. ἡ καύχησις ἡμῶν . . . ἀλήθεια ἐγενήθη

11 10 [2] ἔστιν ἀλήθεια Χριστοῦ ἐν ἐμοί

12 6 [3] ἀλήθειαν γὰρ ἐρῶ

13 8 οὐ γὰρ δυνάμεθά τι κατὰ τ. ἀληθείας, ἀλλὰ ὑπὲρ τ. ἀληθείας

Ga 2 5 ἵνα ἡ ἀλήθεια τ. εὐαγγελίου διαμείνῃ πρὸς ὑμᾶς

14 οὐκ ὀρθοποδοῦσιν πρὸς τ. ἀλήθειαν τ. εὐαγγελίου

5 7 τίς ὑμᾶς ἐνέκοψεν ἀληθείᾳ μὴ πείθεσθαι;

Eph 1 13 ἀκούσαντες τ. λόγον τ. ἀληθείας

4 21 καθὼς ἔστιν ἀλήθεια ἐν τῷ Ἰησοῦ

καθώς ἐστιν ἀληθείᾳ, ἐν, WH marg.

24 κτισθέντα ἐν δικαιοσύνῃ κ. ὁσιότητι τ. ἀληθείας

25 [3] λαλεῖτε ἀλήθειαν ἕκαστος μετὰ τοῦ πλησίον αὐτοῦ

5 9 ὁ γὰρ καρπὸς τ. φωτὸς ἐν πάσῃ . . . ἀληθείᾳ

6 14 περιζωσάμενοι τ. ὀσφὺν ὑμῶν ἐν ἀληθείᾳ

Phl 1 18 εἴτε προφάσει εἴτε ἀληθείᾳ

Col 1 5 ἣν προηκούσατε ἐν τ. λόγῳ τ. ἀληθείας τ. εὐαγγελίου

6 ἐπέγνωτε τ. χάριν τ. Θεοῦ ἐν ἀληθείᾳ

II Th 2 10 ἀνθ' ὧν τ. ἀγάπην τ. ἀληθείας οὐκ ἐδέξαντο

12 ἵνα κριθῶσιν πάντες οἱ μὴ πιστεύσαντες τ. ἀληθείᾳ

13 ἐν ἁγιασμῷ πνεύματος κ. πίστει ἀληθείας

I Ti 2 4 εἰς ἐπίγνωσιν ἀληθείας ἐλθεῖν

7 [3] ἀλήθειαν λέγω οὐ ψεύδομαι, διδάσκαλος ἐθνῶν ἐν πίστει κ. ἀληθείᾳ

3 15 στύλος κ. ἑδραίωμα τ. ἀληθείας

4 3 εἰς μετάλημψιν μετὰ εὐχαριστίας τοῖς . . . ἐπεγνωκόσι τ. ἀλήθειαν

6 5 ἀπεστερημένων τ. ἀληθείας

II Ti 2 15 ὀρθοτομοῦντα τ. λόγον τ. ἀληθείας

18 οἵτινες περὶ τ. ἀλήθειαν ἠστόχησαν

25 μετάνοιαν εἰς ἐπίγνωσιν ἀληθείας

3 7 μηδέποτε εἰς ἐπίγνωσιν ἀληθείας ἐλθεῖν δυνάμενα

8 οὕτως κ. οὗτοι ἀνθίστανται τ. ἀληθείᾳ

4 4 ἀπὸ μὲν τ. ἀληθείας τ. ἀκοὴν ἀποστρέψουσιν

Tit 1 1 κατὰ . . . ἐπίγνωσιν ἀληθείας τῆς κατ' εὐσέβειαν

Tit 1 14 ἀνθρώπων ἀποστρεφομένων τ. ἀλήθειαν

He 10 26 μετὰ τὸ λαβεῖν τ. ἐπίγνωσιν τ. ἀληθείας

Ja 1 18 βουληθεὶς ἀπεκύησεν ἡμᾶς λόγῳ ἀληθείας

3 14 μὴ κατακαυχᾶσθε κ. ψεύδεσθε κατὰ τ. ἀληθείας

μὴ κατακ. τ. ἀλ. κ. ψεύδ., T

5 19 ἐάν τις ἐν ὑμῖν πλανηθῇ ἀπὸ τ. ἀληθείας

I Pe 1 22 τ. ψυχὰς ὑμῶν ἡγνικότες ἐν τ. ὑπακοῇ τ. ἀληθείας

II Pe 1 12 ἐστηριγμένους ἐν τ. παρούσῃ ἀληθείᾳ

2 2 δι' οὓς ἡ ὁδὸς τ. ἀληθείας βλασφημηθήσεται

I Jo 1 6 [4] ψευδόμεθα κ. οὐ ποιοῦμεν τ. ἀλήθειαν

8 ἡ ἀλήθεια οὐκ ἔστιν ἐν ἡμῖν

2 4 ἐν τούτῳ ἡ ἀλήθεια οὐκ ἔστιν

21 οὐκ ἔγραψα ὑμῖν ὅτι οὐκ οἴδατε τ. ἀλήθειαν

21 κ. ὅτι πᾶν ψεῦδος ἐκ τ. ἀληθείας οὐκ ἔστιν

3 18 μὴ ἀγαπῶμεν λόγῳ . . . ἀλλὰ ἐν ἔργῳ κ. ἀληθείᾳ

19 ἐν τούτῳ γνωσόμεθα ὅτι ἐκ τ. ἀληθείας ἐσμέν

4 6 ἐκ τούτου γινώσκομεν τὸ πνεῦμα τ. ἀληθείας

5 6 ὅτι τὸ πνεῦμά ἐστιν ἡ ἀλήθεια

II Jo 1 οὓς ἐγὼ ἀγαπῶ ἐν ἀληθείᾳ

1 πάντες οἱ ἐγνωκότες τ. ἀλήθειαν,

2 διὰ τ. ἀλήθειαν τ. μένουσαν ἐν ἡμῖν

3 ἐν ἀληθείᾳ κ. ἀγάπῃ

4 εὕρηκα ἐκ τ. τέκνων σου περιπατοῦντας ἐν ἀληθείᾳ

III Jo 1 ὃν ἐγὼ ἀγαπῶ ἐν ἀληθείᾳ

3 ἐρχομένων ἀδελφῶν κ. μαρτυρούντων σου τ. ἀληθείᾳ,

καθὼς σὺ ἐν ἀληθείᾳ περιπατεῖς

4 ἵνα ἀκούω τὰ ἐμὰ τέκνα ἐν τ. ἀληθείᾳ περιπατοῦντα

8 ἵνα συνεργοὶ γινώμεθα τ. ἀληθείᾳ

12 Δημητρίῳ μεμαρτύρηται . . . ὑπὸ αὐτῆς τ. ἀληθείας

ἈΛΗΘΕΥ'Ω 226

Ga 4 16 ὥστε ἐχθρὸς ὑμῶν γέγονα ἀληθεύων ὑμῖν;

Eph 4 15 ἀληθεύοντες δὲ ἐν ἀγάπῃ

ἈΛΗΘΗ'Σ 227

Mt 22 16 διδάσκαλε οἴδαμεν ὅτι ἀληθὴς εἶ

Mk 12 14 διδάσκαλε οἴδαμεν ὅτι ἀληθὴς εἶ

Jo 3 33 ἐσφράγισεν ὅτι ὁ Θεὸς ἀληθής ἐστιν

4 18 τοῦτο ἀληθὲς εἴρηκας

5 31 ἡ μαρτυρία μου οὐκ ἔστιν ἀληθής

32 οἶδα ὅτι ἀληθής ἐστιν ἡ μαρτυρία

6 55 ἡ γὰρ σάρξ μου ἀληθής ἐστιν βρῶσις, κ. τὸ αἷμά μου ἀληθής ἐστιν πόσις

7 18 οὗτος ἀληθής ἐστιν

8 13 ἡ μαρτυρία σου οὐκ ἔστιν ἀληθής

14 ἀληθής ἐστιν ἡ μαρτυρία μου

ἡ μαρτ. μ. ἀλ. ἐστ., WH marg.

17 δύο ἀνθρώπων ἡ μαρτυρία ἀληθής ἐστιν

26 ὁ πέμψας με ἀληθής ἐστιν

10 41 πάντα δὲ ὅσα εἶπεν Ἰωάνης . . . ἀληθῆ ἦν

19 35 ἐκεῖνος οἶδεν ὅτι ἀληθῆ λέγει

21 24 οἴδαμεν ὅτι ἀληθὴς αὐτοῦ ἡ μαρτυρία ἐστίν

Ac 12 9 ὅτι ἀληθές ἐστιν τὸ γινόμενον διὰ τ. ἀγγέλου
Ro 3 4 γινέσθω δὲ ὁ Θεὸς ἀληθής
II Co 6 8 ὡς πλάνοι κ. ἀληθεῖς
Phl 4 8 ὅσα ἐστὶν ἀληθῆ ὅσα σεμνά
Tit 1 13 ἡ μαρτυρία αὕτη ἐστὶν ἀληθής
I Pe 5 12 ἐπιμαρτυρῶν ταύτην εἶναι ἀληθῆ χάριν τ. Θεοῦ
II Pe 2 22 συμβέβηκεν αὐτοῖς τὸ τ. ἀληθοῦς παροιμίας
I Jo 2 8 ὅ ἐστιν ἀληθὲς ἐν αὐτῷ κ. ἐν ὑμῖν
27 ἀληθές ἐστιν κ. οὐκ ἔστιν ψεῦδος
III Jo 12 οἶδας ὅτι ἡ μαρτυρία ἡμῶν ἀληθής ἐστιν

ἈΛΗΘΙΝΌΣ 228

Lu 16 11 τὸ ἀληθινὸν τίς ὑμῖν πιστεύσει;
Jo 1 9 ἦν τὸ φῶς τὸ ἀληθινόν
4 23 οἱ ἀληθινοὶ προσκυνηταὶ προσκυνήσουσιν τ. πατρὶ ἐν πνεύματι
37 ἐν γὰρ τούτῳ ὁ λόγος ἐστὶν ἀληθινός
6 32 δίδωσιν ὑμῖν τ. ἄρτον ἐκ τ. οὐρανοῦ τ. ἀληθινόν
7 28 ἀλλ' ἔστιν ἀληθινὸς ὁ πέμψας με
8 16 ἡ κρίσις ἡ ἐμὴ ἀληθινή ἐστιν
15 1 ἐγώ εἰμι ἡ ἄμπελος ἡ ἀληθινή
17 3 ἵνα γινώσκωσίν σε τ. μόνον ἀληθινὸν Θεόν
19 35 ἀληθινὴ αὐτοῦ ἐστὶν ἡ μαρτυρία
I Th 1 9 δουλεύειν Θεῷ ζῶντι κ. ἀληθινῷ
He 8 2 τ. ἁγίων λειτουργὸς κ. τ. σκηνῆς τ. ἀληθινῆς
9 24 ἀντίτυπα τ. ἀληθινῶν
10 22 προσερχώμεθα μετὰ ἀληθινῆς καρδίας
I Jo 2 8 τὸ φῶς τὸ ἀληθινὸν ἤδη φαίνει
5 20 διάνοιαν ἵνα γινώσκομεν τ. ἀληθινόν· κ. ἐσμεν ἐν τ. ἀληθινῷ
20 οὗτός ἐστιν ὁ ἀληθινὸς Θεός
Re 3 7 τάδε λέγει ὁ ἅγιος ὁ ἀληθινός
ὁ ἀλ. ὁ ἅγ., WH marg.
14 ὁ μάρτυς ὁ πιστὸς κ. ἀληθινός
[ὁ] ἀληθ., WH
6 10 ὁ δεσπότης ὁ ἅγιος κ. ἀληθινός
15 3 δίκαιαι κ. ἀληθιναὶ αἱ ὁδοί σου
16 7 ἀληθιναὶ κ. δίκαιαι αἱ κρίσεις σου
19 2 ὅτι ἀληθιναὶ κ. δίκαιαι αἱ κρίσεις αὐτοῦ
9 οὗτοι οἱ λόγοι ἀληθινοὶ τ. Θεοῦ εἰσίν
οἱ ἀληθ., WH marg.
11 πιστὸς καλούμενος κ. ἀληθινός
21 5 οὗτοι οἱ λόγοι πιστοὶ κ. ἀληθινοί εἰσιν
22 6 οὗτοι οἱ λόγοι πιστοὶ κ. ἀληθινοί

ἈΛΉΘΩ 229

Mt 24 41 δύο ἀλήθουσαι ἐν τ. μύλῳ
Lu 17 35 ἔσονται δύο ἀλήθουσαι ἐπὶ τὸ αὐτό

ἈΛΗΘΩ͂Σ 230

Mt 14 33 ἀληθῶς Θεοῦ υἱὸς εἶ
26 73 ἀληθῶς κ. σὺ ἐξ αὐτῶν εἶ
27 54 ἀληθῶς Θεοῦ υἱὸς ἦν οὗτος
Mk 14 70 ἀληθῶς ἐξ αὐτῶν εἶ
15 39 ἀληθῶς οὗτος ὁ ἄνθρωπος υἱὸς Θεοῦ ἦν
Lu 9 27 λέγω δὲ ὑμῖν ἀληθῶς
12 44 ἀληθῶς λέγω ὑμῖν
21 3 ἀληθῶς λέγω ὑμῖν
Jo 1 48 ἴδε ἀληθῶς Ἰσραηλείτης
4 42 οὗτός ἐστιν ἀληθῶς ὁ σωτὴρ τ. κόσμου
6 14 οὗτός ἐστιν ἀληθῶς ὁ προφήτης
7 26 μήποτε ἀληθῶς ἔγνωσαν οἱ ἄρχοντες
40 οὗτός ἐστιν ἀληθῶς ὁ προφήτης
8 31 ἀληθῶς μαθηταί μου ἐστέ
17 8 αὐτοὶ ἔλαβον κ. ἔγνωσαν ἀληθῶς
Ac 12 11 νῦν οἶδα ἀληθῶς
I Th 2 13 ἀλλὰ καθὼς ἀληθῶς ἐστὶν λόγον Θεοῦ
ἐστ. ἀλ., T
I Jo 2 5 ἀληθῶς ἐν τούτῳ ἡ ἀγάπη τ. Θεοῦ τετελείωται

ἉΛΙΕΎΣ. *Vide* ἉΛΕΕΎΣ, 217.5

ἉΛΙΕΎΩ 232

Jo 21 3 ὑπάγω ἁλιεύειν

ἉΛΊΖΩ 233

Mt 5 13 ἐὰν δὲ τὸ ἅλας μωρανθῇ ἐν τίνι ἁλισθήσεται;
Mk 9 49 πᾶς γὰρ πυρὶ ἁλισθήσεται
πᾶσα γὰρ θυσία ἁλὶ ἁλισθ., WH mg.

ἈΛΊΣΓΗΜΑ* † 234

Ac 15 20 τοῦ ἀπέχεσθαι τ. ἀλισγημάτων τ. εἰδώλων

ἈΛΛΆ 235

[1] ἀλλά γε [2] ἀλλ' ἤ [3] ἀλλὰ καί
[4] ἀλλὰ μὲν οὖν γε [5] ἀλλὰ οὐ, ἀλλ' οὐ

Mt **4.** 4; **5.** 15, 17, 39; **6.** 13, 18; **7.** 21; **8.** 4, 8; **9.** 12, 13, 17, 18, 24; **10.** 20, 34; **11.** 8, 9; **13.** 21; **15.** 11; **16.** 12, 17, 23; **17.** 12; **18.** 22, 30; **19.** 6, 11; **20.** 23, 26, 28; **21.** [3]21; **22.** 30, 32; **24.** 6; **26.** 39; **27.** 24.

Mk **1.** 44, 45; **2.** 17 (*bis*), 22 —**h. v.**, T [WH]; **3.** 26, [5]27, 29; **4.** 17, 22; **5.** 19, 26, 39; **6.** 9, 52; **7.** 5, 15, 19, 25, 28 —TWH non mg. R; **8.** 33; **9.** 8, εἰ μή, WH non mg. R, 13, 22, 37; **10.** 8, [5]27, 40, 43, 45; **11.** 23, 32; **12.** 14, 25, 27; **13.** 7, 11 (*bis*), 20, 24; **14.** 28, [5]29, [5]36, 49; **16.** 7.

Lu **1.** 60; **5.** 14, 31, 32, 38; **6.** 27; **7.** 7, 25, 26; **8.** 16, 27, 52; **9.** 56 —h. v., TWH non mg. R non mg.; **11.** 4 —h. v., TWHR non mg., 33, 42; **12.** [3]7, [2]51; **13.** 3, 5; **14.** 10, 13; **16.** [3]21, 30; **17.** [5]8; **18.** 13; **20.** 21, 38; **21.** [5]9; **22.** 26, 36, 42, 53; **23.** 15; **24.** 6 —h. v., [[WH]] R marg., [1]21, [3]22.

Jo **1.** 8, 13, 31, 33; **3.** 8, 16, 17, 28, 36; **4.** 2, 14, 23; **5.** [3]18, 22, 24, 30, 34, 42; **6.** 9, 22, 23 ἄλλα, T, 26, 27, 32, 36, 38, 39, 64; **7.** 10, 12, 16, 22, 24, 27, 28, 44, 49; **8.** 12, 16, 26, 28, 37, 42, 49, 55; **9.** 3, 9, 31; **10.** 1, 5, [5]8, 18, 26, 33; **11.** 4, 11, 15, 30, 42, 51, 52, 54; **12.** 6, 9, 16, 27, 30, 42, 44, 47, 49; **13.** [3]9, 10, [5]10, 18; **14.** 24, 31; **15.** 16, 19, 21, 25; **16.** 2, 4, 6, 7, [5]12, 13, 20, 25, 33; **17.** 9, 15, [3]20; **18.** 28, 40; **19.** 21, 24, 34; **20.** 7, 27; **21.** 8, 23.

Ac **1.** 4, 8; **2.** 16; **4.** 17, 32; **5.** 4, 13; **7.** 39, [5]48; **9.** 6; **10.** 20, 35, 41; **13.** 25; **15.** 11, 20; **16.** 37; **18.** 9, 21; **19.** 2, 26, [3]27; **20.** 24; **21.** [3]13, 24; **26.** 16, 20, 25, [3]29; **27.** [3]10.

Ro 1. 21, [3]32 ; 2. 13, 29 (*bis*) ; 3. 27, 31 ; 4. [5]2, 4, 10, [3]12, 13, [3]16, 20, [3]24 ; 5. [3]3, [3]11, 14, [5]15 ; 6. [3]5, 13, 14, 15 ; 7. 7, 13, 15, 17, 19, 20 ; 8. 4, 9, 15, 20, [3]23, 26, 32, 37 ; 9. 7, 8, [3]10, 11, 16, [3]24, 32 ; 10. [5]2, 8, [5]16, 18, 19 ; 11. 4, 11, 18, 20 ; 12. 2, 3, 16, 19, 20, 21 ; 13. 3, [3]5, 14 ; 14. 13, 17, 20 ; 15. 3, 21 ; 16. [3]4, 18.

I Co 1. 17, 27 ; 2. 4, 5, 7, 9, 12, 13 ; 3. 1, 2, 6, 7 ; 4. 3, [5]4, 14, [5]15, 19, 20 ; 5. 8 ; 6. 6, 8, 11 (*ter*), [5]12 (*bis*), 13 ; 7. 4 (*bis*), 7, 10, 19, 21, 35 ; 8. 6 [ἀλλ'], WH, 7 ; 9. [1]2, [5]12, 12, 21, 27 ; 10. [5]5, 13, 20, [5]23 (*bis*), 24, 29, 33 ; 11. 8, 9, 17 ; 12. 14, 22, 24, 25 ; 14. 2, 17, 19, 20, 22 (*bis*), 33, 34 ; 15. 10 (*bis*), 35, 37, 39, 40, [5]46, 46.

II Co 1. 9 (*bis*), 12, [2]13, 19, 24 ; 2. 4, 5, 13, 17 (*bis*) ; 3. 3 (*bis*), 5, 6, 14, 15 ; 4. 2 (*bis*), 5, [5]8 (*bis*), [5]9 (*bis*), 16 (*bis*), 18 ; 5. 4, 12, 15, 16 ; 6. 4 ; 7. 5, 6, [3]7, 9, 11 (*sexies*), 12 —ἀλλ', T [WH] R, 12, 14 ; 8. 5, 7, 8, [3]10, 13, [3]19, [3]21 ; 9. [3]12 ; 10. 4, 12, 13, 18 ; 11. [3]1, [5]6, 6, 17 ; 12. 14 (*bis*), 16 ; 13. 3, 4 (*bis*), 7, 8.

Ga 1. 1, [3]8, 12, 17 ; 2. 3, 7, 14 ; 3. 12, 16, 22 ; 4. 2, 7, 8, 14, 17, 23, 29, 30, 31 ; 5. 6, 13 ; 6. 13, 15.

Eph 1. [3]21 ; 2. 19 ; 4. 29 ; 5. 4, 15, 17, 18, 24, 27, 29 ; 6. 4, 6, 12.

Phl 1. [3]18, 20, [3]29 ; 2. 3, [3]4, 7, 12, 17, 27, [3]27 ; 3. 7 —T, [4]8, 9 ; 4. 6, 17.

Col. 2. 5 ; 3. 11, 22.

I Th 1. [3]5, 8 ; 2. 2, 4 (*bis*), 7, [3]8, 13 ; 4. 7, 8 ; 5. 6, 9, 15.

II Th. 2. 12 ; 3. 8, 9, 11, 15.

I Ti 1. 13, 16 ; 2. 10, 12 ; 3. 3 ; 4. 12 ; 5. 1, [3]13, 23 ; 6. 2, 4, 17.

II Ti 1. 7, 8, 9, [5]12, 17 ; 2. 9, [3]20, 24 ; 3. [5]9 ; 4. 3, [3]8, 16.

Tit. 1. 8, 15 ; 2. 10 ; 3. 5.

Phm 14, 16.

He 2. 16 ; 3. 13, [5]16 ; 4. [5]2 ; 5. 4, 5 ; 7. 16 ; 9. 24 ; 10. 3, 25, 39 ; 11. 13 ; 12. 11, 22, [3]26 ; 13. 14.

Ja 1. 25, 26 ; 2. 18 ; 3. 15 ; 4. 11.

I Pe 1. 15, 19, 23 ; 2. 16, [3]18, 20, 25 ; 3. 4, 14, 15, 21 ; 4. 2, 13 ; 5. 2 (*bis*), 3.

II Pe 1. 16, 21 ; 2. 4, 5 ; 3. 9 (*bis*).

I Jo 2. [3]2, 7, 16, [5]19, 19, 21, 27 ; 3. 18 ; 4. 1, 10, 18 ; 5. 6, 18.

II Jo [3]1, 5, 8, 12.

III Jo 9, 11, [5]13.

Ju 6, 9.

Re 2. 4, 6, 9 (*bis*), 14, 20 ; 3. 4, 9 ; 9. 5 ; 10. 7, 9 ; 17. 12 ; 20. 6.

᾿ΑΛΛΑ´ΣΣΩ 236

Ac 6 14 ἀλλάξει τὰ ἔθη ἃ παρέδωκεν ἡμῖν Μωυσῆς
Ro 1 23 ἤλλαξαν τ. δόξαν τ. ἀφθάρτου Θεοῦ
I Co 15 51 πάντες δὲ ἀλλαγησόμεθα
52 ἡμεῖς ἀλλαγησόμεθα
Ga 4 20 ἀλλάξαι τ. φωνήν μου
He 1 12 ὡσεὶ περιβόλαιον ἀλλάξεις αὐτούς, ἑλίξεις, WHR
ὡς ἱμάτιον κ. ἀλλαγήσονται
—ὡς ἱμάτ., T

כֻּלָּם כַּבֶּגֶד יִבְלוּ כַּלְּבוּשׁ תַּחֲלִיפֵם וְיַחֲלֹפוּ

Ps. cii. 27

᾿ΑΛΛΑΧΟ´ΘΕΝ ** 237

Jo 10 1 ἀλλὰ ἀναβαίνων ἀλλαχόθεν

᾿ΑΛΛΑΧΟΥ͂* 237.5

Mk 1 38 ἄγωμεν ἀλλαχοῦ εἰς τ. ἐχομένας κωμοπόλεις

᾿ΑΛΛΗΓΟΡΕ´Ω* 238

Ga 4 24 ἅτινά ἐστιν ἀλληγορούμενα

῾ΑΛΛΗΛΟΥΙΑ´ 239

ἀλληλούϊα, T

Re 19 1 φωνὴν μεγάλην ὄχλου πολλοῦ ἐν τ. οὐρανῷ λεγόντων ῾Αλληλουιά
3 κ. δεύτερον εἴρηκαν ῾Αλληλουιά
4 προσεκύνησαν τ. Θεῷ . . . λέγοντες ᾿Αμὴν ῾Αλληλουιά
6 ὡς φωνὴν βροντῶν ἰσχυρῶν λεγόντων ῾Αλληλουιά

᾿ΑΛΛΗ´ΛΩΝ 240

(1) πρὸς ἀλλήλους (2) εἰς ἀλλήλους

Mt 24 10 ἀλλήλους παραδώσουσιν, κ. μισήσουσιν ἀλλήλους
25 32 ἀφορίσει αὐτοὺς ἀπ' ἀλλήλων
Mk 4 41 [1] ἔλεγον πρὸς ἀλλήλους
8 16 [1] διελογίζοντο πρὸς ἀλλήλους
9 34 [1] πρὸς ἀλλήλους γὰρ διελέχθησαν ἐν τῇ ὁδῷ
50 εἰρηνεύετε ἐν ἀλλήλοις
15 31 [1] οἱ ἀρχιερεῖς ἐμπαίζοντες πρὸς ἀλλήλους . . . ἔλεγον
Lu 2 15 [1] οἱ ποιμένες ἐλάλουν πρὸς ἀλλήλους
4 36 [1] συνελάλουν πρὸς ἀλλήλους
6 11 [1] διελάλουν πρὸς ἀλλήλους
7 32 ὅμοιοί εἰσιν παιδίοις . . . προσφωνοῦσιν ἀλλήλοις
8 25 [1] λέγοντες πρὸς ἀλλήλους
12 1 ὥστε καταπατεῖν ἀλλήλους
20 14 [1] οἱ γεωργοὶ διελογίζοντο πρὸς ἀλλήλους
23 12 ἐγένοντο δὲ φίλοι ὅ τε ῾Ηρῴδης κ. ὁ Πειλᾶτος . . . μετ' ἀλλήλων
24 14 [1] αὐτοὶ ὡμίλουν πρὸς ἀλλήλους
17 [1] οὓς ἀντιβάλλετε πρὸς ἀλλήλους περιπατοῦντες
32 [1] κ. εἶπαν πρὸς ἀλλήλους
Jo 4 33 [1] ἔλεγον οὖν οἱ μαθηταὶ πρὸς ἀλλήλους
5 44 δόξαν παρὰ ἀλλήλων λαμβάνοντες
6 43 μὴ γογγύζετε μετ' ἀλλήλων
52 [1] ἐμάχοντο οὖν πρὸς ἀλλήλους οἱ ᾿Ιουδαῖοι
11 56 ἔλεγον μετ' ἀλλήλων ἐν τ. ἱερῷ ἑστηκότες
13 14 κ. ὑμεῖς ὀφείλετε ἀλλήλων νίπτειν τ. πόδας
22 [2] ἔβλεπον εἰς ἀλλήλους οἱ μαθηταί
34 ἵνα ἀγαπᾶτε ἀλλήλους
34 ἵνα κ. ὑμεῖς ἀγαπᾶτε ἀλλήλους
35 ἐὰν ἀγάπην ἔχητε ἐν ἀλλήλοις
15 12 ἵνα ἀγαπᾶτε ἀλλήλους
17 ἵνα ἀγαπᾶτε ἀλλήλους
16 17 [1] εἶπαν οὖν ἐκ τ. μαθητῶν αὐτοῦ πρὸς ἀλλήλους

Jc 16 19 περὶ τούτου ζητεῖτε μετ' ἀλλήλων
19 24 [1] εἶπαν οὖν πρὸς ἀλλήλους
Ac 4 15 [1] συνέβαλλον πρὸς ἀλλήλους
7 26 ἵνα τί ἀδικεῖτε ἀλλήλους;
15 39 ὥστε ἀποχωρισθῆναι αὐτοὺς ἀπ' ἀλλήλων
19 38 ἐγκαλείτωσαν ἀλλήλοις
21 6 προσευξάμενοι ἀπησπασάμεθα ἀλλήλους
26 31 [1] ἀναχωρήσαντες ἐλάλουν πρὸς ἀλλήλους
28 4 [1] πρὸς ἀλλήλους ἔλεγον
25 [1] ἀσύμφωνοι δὲ ὄντες πρὸς ἀλλήλους ἀπελύοντο
Ro 1 12 διὰ τῆς ἐν ἀλλήλοις πίστεως ὑμῶν τε κ. ἐμοῦ
27 [2] ἐξεκαύθησαν ἐν τ. ὀρέξει αὐτῶν εἰς ἀλλήλους
2 15 μεταξὺ ἀλλήλων τ. λογισμῶν κατηγορούντων
12 5 τὸ δὲ καθ' εἷς ἀλλήλων μέλη
10 [2] τ. φιλαδελφίᾳ εἰς ἀλλήλους φιλόστοργοι·
τ. τιμῇ ἀλλήλους προηγούμενοι
16 [2] τὸ αὐτὸ εἰς ἀλλήλους φρονοῦντες
13 8 εἰ μὴ τὸ ἀλλήλους ἀγαπᾶν
14 13 μηκέτι οὖν ἀλλήλους κρίνωμεν
19 [2] τὰ τ. οἰκοδομῆς τῆς εἰς ἀλλήλους
15 5 δῴη ὑμῖν τὸ αὐτὸ φρονεῖν ἐν ἀλλήλοις
7 διὸ προσλαμβάνεσθε ἀλλήλους
14 δυνάμενοι κ. ἀλλήλους νουθετεῖν
16 16 ἀσπάσασθε ἀλλήλους ἐν φιλήματι ἁγίῳ
I Co 7 5 μὴ ἀποστερεῖτε ἀλλήλους
11 33 συνερχόμενοι εἰς τὸ φαγεῖν ἀλλήλους ἐκδέχεσθε
12 25 τὸ αὐτὸ ὑπὲρ ἀλλήλων μεριμνῶσιν τὰ μέλη
16 20 ἀσπάσασθε ἀλλήλους ἐν φιλήματι ἁγίῳ
II Co 13 12 ἀσπάσασθε ἀλλήλους ἐν ἁγίῳ φιλήματι
Ga 5 13 διὰ τ. ἀγάπης δουλεύετε ἀλλήλοις
15 εἰ δὲ ἀλλήλους δάκνετε κ. κατεσθίετε, βλέπετε μὴ ὑπ' ἀλλήλων ἀναλωθῆτε
17 ταῦτα γὰρ ἀλλήλοις ἀντίκειται
26 ἀλλήλους προκαλούμενοι, ἀλλήλοις φθονοῦντες
ἀλλήλους, WH marg.
6 2 ἀλλήλων τὰ βάρη βαστάζετε
Eph 4 2 ἀνεχόμενοι ἀλλήλων ἐν ἀγάπῃ
25 ὅτι ἐσμὲν ἀλλήλων μέλη
32 [2] γίνεσθε δὲ εἰς ἀλλήλους χρηστοί
5 21 ὑποτασσόμενοι ἀλλήλοις ἐν φόβῳ Χριστοῦ
Phl 2 3 τ. ταπεινοφροσύνῃ ἀλλήλους ἡγούμενοι ὑπερέχοντας ἑαυτῶν
Col 3 9 [2] μὴ ψεύδεσθε εἰς ἀλλήλους
13 ἀνεχόμενοι ἀλλήλων
I Th 3 12 [2] περισσεύσαι τ. ἀγάπῃ εἰς ἀλλήλους κ. εἰς πάντας
4 9 εἰς τὸ ἀγαπᾶν ἀλλήλους
18 ὥστε παρακαλεῖτε ἀλλήλους ἐν τ. λόγοις τούτοις
5 11 διὸ παρακαλεῖτε ἀλλήλους
15 [2] τὸ ἀγαθὸν διώκετε εἰς ἀλλήλους κ. εἰς πάντας
II Th 1 3 [2] πλεονάζει ἡ ἀγάπη ἑνὸς ἑκάστου . . . εἰς ἀλλήλους
Tit 3 3 μισοῦντες ἀλλήλους
He 10 24 κατανοῶμεν ἀλλήλους εἰς παροξυσμὸν ἀγάπης
Ja 4 11 μὴ καταλαλεῖτε ἀλλήλων ἀδελφοί
Ja 5 9 μὴ στενάζετε ἀδελφοὶ κατ' ἀλλήλων
κατ' ἀλλ. ἀδ., T
16 ἐξομολογεῖσθε οὖν ἀλλήλοις τ. ἁμαρτίας, κ. προσεύχεσθε ὑπὲρ ἀλλήλων
I Pe 1 22 ἐκ καρδίας ἀλλήλους ἀγαπήσατε ἐκτενῶς
4 9 [2] φιλόξενοι εἰς ἀλλήλους ἄνευ γογγυσμοῦ
5 5 πάντες δὲ ἀλλήλοις τ. ταπεινοφροσύνην ἐγκομβώσασθε
ἀλλήλοις. Τὴν, R marg.
14 ἀσπάσασθε ἀλλήλους ἐν φιλήματι ἀγάπης
I Jo 1 7 κοινωνίαν ἔχομεν μετ' ἀλλήλων
3 11 αὕτη ἐστὶν ἡ ἀγγελία . . . ἵνα ἀγαπῶμεν ἀλλήλους
23 αὕτη ἐστὶν ἡ ἐντολὴ αὐτοῦ ἵνα . . . ἀγαπῶμεν ἀλλήλους
4 7 ἀγαπητοὶ ἀγαπῶμεν ἀλλήλους
11 κ. ἡμεῖς ὀφείλομεν ἀλλήλους ἀγαπᾶν
12 ἐὰν ἀγαπῶμεν ἀλλήλους
II Jo 5 κ. νῦν ἐρωτῶ σε . . . ἵνα ἀγαπῶμεν ἀλλήλους
Re 6 4 ἵνα ἀλλήλους σφάξουσιν
11 10 δῶρα πέμψουσιν ἀλλήλοις

ἈΛΛΟΓΕΝΗ΄Σ† 241

Lu 17 18 εἰ μὴ ὁ ἀλλογενὴς οὗτος

ἍΛΛΟΜΑΙ 242

Jo 4 14 πηγὴ ὕδατος ἁλλομένου εἰς ζωὴν αἰώνιον
Ac 3 8 περιπατῶν κ. ἁλλόμενος κ. αἰνῶν τ. Θεόν
14 10 ἥλατο κ. περιεπάτει

ἌΛΛΟΣ 243

(1) c. art. (2) ἄλλ. δέ

Mt 2 12 δι' ἄλλης ὁδοῦ ἀνεχώρησαν εἰς τ. χώραν αὐτῶν
4 21 εἶδεν ἄλλους δύο ἀδελφούς
5 39 [1] στρέψον αὐτῷ κ. τ. ἄλλην
8 9 κ. ἄλλῳ Ἔρχου κ. ἔρχεται
10 23 [1] φεύγετε εἰς τ. ἄλλην
—h. v., TWH non mg. R
12 13 [1] ἀπεκατεστάθη ὑγιὴς ὡς ἡ ἄλλη
13 5 [2] ἄλλα δὲ ἔπεσεν ἐπὶ τ. πετρώδη
7 [2] ἄλλα δὲ ἔπεσεν ἐπὶ τ. ἀκάνθας
8 [2] ἄλλα δὲ ἔπεσεν ἐπὶ τ. γῆν τ. καλήν
24 ἄλλην παραβολὴν παρέθηκεν αὐτοῖς
31 ἄλλην παραβολὴν παρέθηκεν αὐτοῖς
33 ἄλλην παραβολὴν ἐλάλησεν αὐτοῖς
16 14 [2] ἄλλοι δὲ Ἠλείαν
19 9 ὃς ἂν . . . γαμήσῃ ἄλλην μοιχᾶται
ποιεῖ αὐτὴν μοιχευθῆναι, WH mg. R mg.
20 3 εἶδεν ἄλλους ἑστῶτας ἐν τ. ἀγορᾷ ἀργούς
6 εὗρεν ἄλλους ἑστῶτας
21 8 [2] ἄλλοι δὲ ἔκοπτον κλάδους ἀπὸ τ. δένδρων
33 ἄλλην παραβολὴν ἀκούσατε
36 πάλιν ἀπέστειλεν ἄλλους δούλους
41 τ. ἀμπελῶνα ἐκδώσεται ἄλλοις γεωργοῖς
22 4 πάλιν ἀπέστειλεν ἄλλους δούλους
25 16 ἐκέρδησεν ἄλλα πέντε·
17 ὡσαύτως ὁ τὰ δύο ἐκέρδησεν ἄλλα δύο
20 προσήνεγκεν ἄλλα πέντε τάλαντα
20 ἴδε ἄλλα πέντε τάλαντα ἐκέρδησα
22 ἴδε ἄλλα δύο τάλαντα ἐκέρδησα
26 71 εἶδεν αὐτὸν ἄλλη

Mt 27 42 ἄλλους ἔσωσεν ἑαυτὸν οὐ δύναται σῶσαι
49 [2] ἄλλος δὲ λαβὼν λόγχην
—h. v., T [[WH]] R non mg.
61 [1] ἦν δὲ ἐκεῖ Μαριὰμ ἡ Μαγδαληνὴ κ. ἡ ἄλλη Μαρία
28 1 [1] ἦλθεν Μαρία ἡ Μαγδαληνὴ κ. ἡ ἄλλη Μαρία
Mk 4 5 ἄλλο ἔπεσεν ἐπὶ τ. πετρῶδες
7 ἄλλο ἔπεσεν εἰς τ. ἀκάνθας
8 ἄλλα ἔπεσεν εἰς τ. γῆν τ. καλήν
18 ἄλλοι εἰσὶν οἱ εἰς τ. ἀκάνθας σπειρόμενοι
36 ἄλλα πλοῖα ἦν μετ᾽ αὐτοῦ
6 15 [2] ἄλλοι δὲ ἔλεγον ὅτι Ἠλείας ἐστίν·
[2] ἄλλοι δὲ ἔλεγον ὅτι προφήτης
7 4 ἄλλα πολλά ἐστιν ἃ παρέλαβον κρατεῖν
8 28 κ. ἄλλοι Ἠλείαν·
[2] ἄλλοι δὲ ὅτι εἷς τ. προφητῶν
10 11 ὃς ἂν ἀπολύσῃ τ. γυναῖκα αὐτοῦ κ. γαμήσῃ ἄλλην
12 ἐὰν αὐτὴ ἀπολύσασα τ. ἄνδρα αὐτῆς γαμήσῃ ἄλλον
11 8 [2] ἄλλοι δὲ στιβάδας κόψαντες ἐκ τ. ἀγρῶν
12 4 πάλιν ἀπέστειλεν πρὸς αὐτοὺς ἄλλον δοῦλον
5 κ. ἄλλον ἀπέστειλεν· κἀκεῖνον ἀπέκτειναν·
κ. πολλοὺς ἄλλους οὓς μὲν δέροντες
9 δώσει τ. ἀμπελῶνα ἄλλοις
31 μείζων τούτων ἄλλη ἐντολὴ οὐκ ἔστιν
32 οὐκ ἔστιν ἄλλος πλὴν αὐτοῦ
13 2 διὰ τριῶν ἡμερῶν ἄλλος ἀναστήσεται
—h. v., TWH non mg. R
14 58 διὰ τριῶν ἡμερῶν ἄλλον ἀχειροποίητον οἰκοδομήσω
15 31 ἄλλους ἔσωσεν ἑαυτὸν οὐ δύναται σῶσαι
41 ἄλλαι πολλαὶ αἱ συναναβᾶσαι αὐτῷ
Lu 5 29 κ. ἄλλων οἳ ἦσαν μετ᾽ αὐτῶν κατακείμενοι
6 29 [1] πάρεχε κ. τ. ἄλλην
7 8 κ. ἄλλῳ Ἔρχου κ. ἔρχεται
19 σὺ εἶ ὁ ἐρχόμενος ἢ ἄλλον προσδοκῶμεν;
ἕτερον, WH
20 σὺ εἶ ὁ ἐρχόμενος ἢ ἄλλον προσδοκῶμεν;
ἕτερον, WH mg.
9 8 [2] ἄλλων δὲ ὅτι προφήτης τις τ. ἀρχαίων ἀνέστη
19 [2] ἄλλοι δὲ Ἠλείαν·
[2] ἄλλοι δὲ ὅτι προφήτης τις τ. ἀρχαίων ἀνέστη
20 16 δώσει τ. ἀμπελῶνα ἄλλοις
22 59 ἄλλος τις διισχυρίζετο λέγων
23 35 ἄλλους ἔσωσεν σωσάτω ἑαυτόν
Jo 4 37 ὅτι ἄλλος ἐστὶν ὁ σπείρων
κ. ἄλλος ὁ θερίζων
38 ἄλλοι κεκοπιάκασιν
5 7 ἄλλος πρὸ ἐμοῦ καταβαίνει
32 ἄλλος ἐστὶν ὁ μαρτυρῶν περὶ ἐμοῦ
43 ἐὰν ἄλλος ἔλθῃ ἐν τ. ὀνόματι τ. ἰδίῳ
6 22 εἶδον ὅτι πλοιάριον ἄλλο οὐκ ἦν ἐκεῖ
23 ἄλλα ἦλθον πλοιάρια ἐκ Τιβεριάδος
ἀλλά, WHR
7 12 [2] ἄλλοι δὲ ἔλεγον Οὔ
—δέ, T [WH]
41 ἄλλοι ἔλεγον Οὗτός ἐστιν ὁ Χριστός·

Jo 7 41 ἄλλοι ἔλεγον Μὴ γὰρ ἐκ τ. Γαλιλαίας ὁ Χριστὸς ἔρχεται;
οἱ δὲ ἔλ., WHR
9 9 ἄλλοι ἔλεγον ὅτι Οὗτός ἐστιν·
ἄλλοι ἔλεγον Οὐχὶ ἀλλὰ ὅμοιος αὐτῷ ἐστίν
16 [2] ἄλλοι δὲ ἔλεγον
—δέ, T [WH]
10 16 κ. ἄλλα πρόβατα ἔχω
21 ἄλλοι ἔλεγον Ταῦτα τ. ῥήματα
12 29 ἄλλοι ἔλεγον Ἄγγελος αὐτῷ λελάληκεν
14 16 κ. ἄλλον παράκλητον δώσει ὑμῖν
15 24 ἃ οὐδεὶς ἄλλος ἐποίησεν
18 15 Σίμων Πέτρος κ. ἄλλος μαθητής
16 [1] ἐξῆλθεν οὖν ὁ μαθητὴς ὁ ἄλλος
34 ἢ ἄλλοι εἶπόν σοι περὶ ἐμοῦ;
19 18 μετ᾽ αὐτοῦ ἄλλους δύο ἐντεῦθεν κ. ἐντεῦθεν
32 [1] κ. τ. ἄλλου τ. συνσταυρωθέντος αὐτῷ
20 2 [1] ἔρχεται . . . πρὸς τ. ἄλλον μαθητὴν ὃν ἐφίλει ὁ Ἰησοῦς
3 [1] ἐξῆλθεν οὖν ὁ Πέτρος κ. ὁ ἄλλος μαθητής
4 [1] ὁ ἄλλος μαθητὴς προέδραμεν τάχειον τ. Πέτρου
8 [1] τότε οὖν εἰσῆλθεν κ. ὁ ἄλλος μαθητής
25 [1] ἔλεγον οὖν αὐτῷ οἱ ἄλλοι μαθηταί
30 πολλὰ μὲν οὖν κ. ἄλλα σημεῖα
21 2 ἄλλοι ἐκ τ. μαθητῶν αὐτοῦ δύο
8 [1] οἱ δὲ ἄλλοι μαθηταὶ τ. πλοιαρίῳ ἦλθον
18 ἄλλος ζώσει σε
25 ἔστιν δὲ κ. ἄλλα πολλὰ ἃ ἐποίησεν ὁ Ἰησοῦς
—h. v., T
Ac 2 12 ἄλλος πρὸς ἄλλον λέγοντες
4 12 οὐκ ἔστιν ἐν ἄλλῳ οὐδενὶ ἡ σωτηρία
15 2 ἔταξαν ἀναβαίνειν . . . τινας ἄλλους ἐξ αὐτῶν
19 32 ἄλλοι μὲν οὖν ἄλλο τι ἔκραζον
21 34 [2] ἄλλοι δὲ ἄλλο τι ἐπεφώνουν ἐν τ. ὄχλῳ
I Co 1 16 λοιπὸν οὐκ οἶδα εἴ τινα ἄλλον ἐβάπτισα
3 10 [2] θεμέλιον ἔθηκα ἄλλος δὲ ἐποικοδομεῖ
11 θεμέλιον γὰρ ἄλλον οὐδεὶς δύναται θεῖναι
9 2 εἰ ἄλλοις οὐκ εἰμὶ ἀπόστολος
12 εἰ ἄλλοι τῆς ὑμῶν ἐξουσίας μετέχουσιν
27 μή πως ἄλλοις κηρύξας
10 29 ἵνα τί γὰρ ἡ ἐλευθερία μου κρίνεται ὑπὸ ἄλλης συνειδήσεως;
12 8 [2] ἄλλῳ δὲ λόγος γνώσεως
9 [2] ἄλλῳ δὲ χαρίσματα ἰαμάτων
10 [2] ἄλλῳ δὲ ἐνεργήματα δυνάμεων,
[2] ἄλλῳ δὲ προφητεία,
[δὲ], WH
[2] ἄλλῳ δὲ διακρίσεις πνευμάτων
[δὲ], WH
10 [2] ἄλλῳ δὲ ἑρμηνεία γλωσσῶν
14 19 ἵνα κ. ἄλλους κατηχήσω
29 [1] κ. οἱ ἄλλοι διακρινέτωσαν·
30 ἐὰν δὲ ἄλλῳ ἀποκαλυφθῇ καθημένῳ
15 39 ἀλλὰ ἄλλη μὲν ἀνθρώπων,
[2] ἄλλη δὲ σὰρξ κτηνῶν,
[2] ἄλλη δὲ σὰρξ πτηνῶν,
[2] ἄλλη δὲ ἰχθύων
41 ἄλλη δόξα ἡλίου κ. ἄλλη δόξα σελήνης,
κ. ἄλλη δόξα ἀστέρων
II Co 1 13 οὐ γὰρ ἄλλα γράφομεν ὑμῖν
8 13 οὐ γὰρ ἵνα ἄλλοις ἄνεσις

II Co 11 4 εἰ μὲν γὰρ ὁ ἐρχόμενος ἄλλον Ἰησοῦν κηρύσσει
8 ἄλλας ἐκκλησίας ἐσύλησα
Ga 1 7 ὃ οὐκ ἔστιν ἄλλο
5 10 ἐγὼ πέποιθα . . . ὅτι οὐδὲν ἄλλο φρονήσετε
Phl 3 4 εἴ τις δοκεῖ ἄλλος πεποιθέναι ἐν σαρκί
I Th 2 6 οὔτε ἀφ' ὑμῶν οὔτε ἀπ' ἄλλων
He 4 8 οὐκ ἂν περὶ ἄλλης ἐλάλει μετὰ ταῦτα ἡμέρας
11 35 [2] ἄλλοι δὲ ἐτυμπανίσθησαν
Ja 5 12 μὴ ὀμνύετε . . . μήτε ἄλλον τινὰ ὅρκον
Re 2 24 οὐ βάλλω ἐφ' ὑμᾶς ἄλλο βάρος
6 4 ἐξῆλθεν ἄλλος ἵππος πυρρός
7 2 εἶδον ἄλλον ἄγγελον ἀναβαίνοντα
8 3 κ. ἄλλος ἄγγελος ἦλθεν
10 1 εἶδον ἄλλον ἄγγελον ἰσχυρόν
12 3 ὤφθη ἄλλο σημεῖον ἐν τ. οὐρανῷ
13 11 εἶδον ἄλλο θηρίον ἀναβαῖνον ἐκ τ. γῆς
14 6 εἶδον ἄλλον ἄγγελον πετόμενον ἐν μεσουρανήματι
8 ἄλλος δεύτερος ἄγγελος ἠκολούθησεν
9 ἄλλος ἄγγελος τρίτος ἠκολούθησεν αὐτοῖς
15 ἄλλος ἄγγελος ἐξῆλθεν ἐκ τ. ναοῦ
17 ἄλλος ἄγγελος ἐξῆλθεν ἐκ τ. ναοῦ
18 ἄλλος ἄγγελος ἐξῆλθεν ἐκ τ. θυσιαστηρίου
15 1 εἶδον ἄλλο σημεῖον ἐν τ. οὐρανῷ
17 10 [1] ὁ εἷς ἔστιν ὁ ἄλλος οὔπω ἦλθεν
18 1 μετὰ ταῦτα εἶδον ἄλλον ἄγγελον καταβαίνοντα
4 ἤκουσα ἄλλην φωνὴν ἐκ τ. οὐρανοῦ
20 12 κ. ἄλλο βιβλίον ἠνοίχθη

ἈΛΛΟΤΡΙΕΠΊΣΚΟΠΟΣ *† 244

I Pe 4 15 μὴ γάρ τις ὑμῶν πασχέτω ὡς φονεὺς . . . ἢ ὡς ἀλλοτριεπίσκοπος

ἈΛΛΌΤΡΙΟΣ 245

(1) οἱ ἀλλότριοι

Mt 17 25 [1] ἀπὸ τ. υἱῶν αὐτῶν ἢ ἀπὸ τ. ἀλλοτρίων;
26 [1] εἰπόντος δὲ ἀπὸ τ. ἀλλοτρίων
Lu 16 12 εἰ ἐν τ. ἀλλοτρίῳ πιστοὶ οὐκ ἐγένεσθε
Jo 10 5 ἀλλοτρίῳ δὲ οὐ μὴ ἀκολουθήσουσιν
5 [1] ὅτι οὐκ οἴδασιν τ. ἀλλοτρίων τ. φωνήν
Ac 7 6 ἔσται τὸ σπέρμα αὐτοῦ πάροικον ἐν γῇ ἀλλοτρίᾳ
גֵּר יִהְיֶה זַרְעֲךָ בְּאֶרֶץ לֹא לָהֶם, Gen. xv. 13
Ro 14 4 σὺ τίς εἶ ὁ κρίνων ἀλλότριον οἰκέτην;
15 20 ἵνα μὴ ἐπ' ἀλλότριον θεμέλιον οἰκοδομῶ
II Co 10 15 οὐκ εἰς τὰ ἄμετρα καυχώμενοι ἐν ἀλλοτρίοις κόποις
16 οὐκ ἐν ἀλλοτρίῳ κανόνι εἰς τὰ ἕτοιμα καυχήσασθαι
I Ti 5 22 μηδὲ κοινώνει ἁμαρτίαις ἀλλοτρίαις
He 9 25 εἰσέρχεται εἰς τὰ ἅγια . . . ἐν αἵματι ἀλλοτρίῳ
11 9 παρῴκησεν εἰς γῆν τ. ἐπαγγελίας ὡς ἀλλοτρίαν
34 παρεμβολὰς ἔκλιναν ἀλλοτρίων

ἈΛΛΌΦΥΛΟΣ 246

Ac 10 28 ὡς ἀθέμιτόν ἐστιν ἀνδρὶ Ἰουδαίῳ . . . προσέρχεσθαι ἀλλοφύλῳ

ἌΛΛΩΣ 247

I Ti 5 25 τὰ ἄλλως ἔχοντα κρυβῆναι οὐ δύνανται

ἈΛΟΆΩ 248

I Co 9 9 οὐ φιμώσεις βοῦν ἀλοῶντα
לֹא־תַחְסֹם שׁוֹר בְּדִישׁוֹ, Deut. xxv. 4
10 κ. ὁ ἀλοῶν ἐπ' ἐλπίδι τοῦ μετέχειν
I Ti 5 18 βοῦν ἀλοῶντα οὐ φιμώσεις, Deut. *l.c.*

ἌΛΟΓΟΣ 249

Ac 25 27 ἄλογον γάρ μοι δοκεῖ
II Pe 2 12 ὡς ἄλογα ζῷα γεγεννημένα φυσικά
Ju 10 ὅσα δὲ φυσικῶς ὡς τὰ ἄλογα ζῷα ἐπίστανται

ἈΛΌΗ 250

Jo 19 39 φέρων ἕλιγμα σμύρνης κ. ἀλόης

ἍΛΣ 251

Mk 9 49 πᾶσα γὰρ θυσία ἁλὶ ἁλισθήσεται —h. v., TWH non mg. R non mg.

ἉΛΥΚΌΣ 252

Ja 3 12 οὔτε ἁλυκὸν γλυκὺ ποιῆσαι ὕδωρ

ἌΛΥΠΟΣ* 253

Phl 2 28 κἀγὼ ἀλυπότερος ὦ

ἍΛΥΣΙΣ** 254

Mk 5 3 οὐδὲ ἁλύσει οὐκέτι οὐδεὶς ἐδύνατο αὐτὸν δῆσαι,
4 διὰ τὸ αὐτὸν πολλάκις πέδαις κ. ἁλύσεσι δεδέσθαι
κ. διεσπᾶσθαι ὑπ' αὐτοῦ τ. ἁλύσεις
Lu 8 29 ἐδεσμεύετο ἁλύσεσι κ. πέδαις φυλασσόμενος
Ac 12 6 δεδεμένος ἁλύσεσι δυσί
7 ἐξέπεσαν αὐτοῦ αἱ ἁλύσεις ἐκ τ. χειρῶν
21 33 ἐκέλευσεν δεθῆναι ἁλύσεσι δυσί
28 20 εἵνεκεν γὰρ τ. ἐλπίδος τ. Ἰσραὴλ τ. ἅλυσιν ταύτην περίκειμαι
Eph 6 20 ὑπὲρ οὗ πρεσβεύω ἐν ἁλύσει
II Ti 1 16 τ. ἅλυσίν μου οὐκ ἐπαισχύνθη
Re 20 1 ἅλυσιν μεγάλην ἐπὶ τ. χεῖρα αὐτοῦ

ἈΛΥΣΙΤΕΛΉΣ* 255

He 13 17 ἀλυσιτελὲς γὰρ ὑμῖν τοῦτο

ἌΛΦΑ 255.5

ἄλφα, ω, pass. T

Re 1 8 ἐγώ εἰμι τὸ Ἄλφα κ. τὸ Ὦ
21 6 ἐγὼ τὸ Ἄλφα κ. τὸ Ὦ
22 13 ἐγὼ τὸ Ἄλφα κ. τὸ Ὦ

ἈΛΦΑΙ͂ΟΣ 256

Ἁλφαῖος, WH

Mt 10 3 Ἰάκωβος ὁ τ. Ἀλφαίου
Mk 2 14 παράγων εἶδεν Λευεὶν τὸν τ. Ἀλφαίου
3 18 Ἰάκωβον τὸν τ. Ἀλφαίου
Lu 6 15 Ἰάκωβον Ἀλφαίου
Ac 1 13 Ἰάκωβος Ἀλφαίου

ἍΛΩΝ 257

Mt 3 12 διακαθαριεῖ τ. ἅλωνα αὐτοῦ
Lu 3 17 διακαθᾶραι τ. ἅλωνα αὐτοῦ

ἈΛΩ΄ΠΗΞ 258

Mt 8 20 αἱ ἀλώπεκες φωλεοὺς ἔχουσιν
Lu 9 58 αἱ ἀλώπεκες φωλεοὺς ἔχουσιν
13 32 πορευθέντες εἴπατε τ. ἀλώπεκι ταύτῃ

ἍΛΩΣΙΣ 259

II Pe 2 12 γεγεννημένα φυσικὰ εἰς ἅλωσιν κ. φθοράν

ἍΜΑ 260

(1) ἅμα σύν (2) ἅμα καί

Mt 13 29 μήποτε . . . ἐκριζώσητε ἅμα αὐτοῖς τ. σῖτον
20 1 ὅστις ἐξῆλθεν ἅμα πρωί
Ac 24 26 ² ἅμα κ. ἐλπίζων
27 40 ἅμα ἀνέντες τ. ζευκτηρίας τ. πηδαλίων
Ro 3 12 πάντες ἐξέκλιναν ἅμα ἠχρεώθησαν
הַכֹּל סָר יַחְדָּו נֶאֱלָחוּ, Ps. xiv. 3
Col 4 3 ² προσευχόμενοι ἅμα κ. περὶ ἡμῶν
I Th 4 17 ¹ ἅμα σὺν αὐτοῖς ἁρπαγησόμεθα ἐν νεφέλαις
5 10 ¹ ἵνα . . . ἅμα σὺν αὐτῷ ζήσωμεν
I Ti 5 13 ² ἅμα δὲ κ. ἀργαὶ μανθάνουσιν
Phm 22 ² ἅμα δὲ κ. ἑτοίμαζέ μοι ξενίαν

ἈΜΑΘΗ΄Σ** 261

II Pe 3 16 ἃ οἱ ἀμαθεῖς κ. ἀστήρικτοι στρεβλοῦσιν

ἈΜΑΡΑ΄ΝΤΙΝΟΣ* 262

I Pe 5 4 κομιεῖσθε τ. ἀμαράντινον τ. δόξης στέφανον

ἈΜΑ΄ΡΑΝΤΟΣ** 263

I Pe 1 4 εἰς κληρονομίαν ἄφθαρτον κ. ἀμίαντον κ. ἀμάραντον

ἉΜΑΡΤΑ΄ΝΩ 264

(1) ἁμαρτ. ἁμαρτίαν (2) ἁμαρτ. εἰς

Mt 18 15 ἐὰν δὲ ἁμαρτήσῃ ὁ ἀδελφός σου
21 ² ποσάκις ἁμαρτήσει εἰς ἐμὲ ὁ ἀδελφός μου
27 4 ἥμαρτον παραδοὺς αἷμα δίκαιον
Lu 15 18 ² πάτερ ἥμαρτον εἰς τ. οὐρανὸν κ. ἐνώπιόν σου
21 ² πάτερ ἥμαρτον εἰς τ. οὐρανὸν κ. ἐνώπιόν σου
17 3 ἐὰν ἁμάρτῃ ὁ ἀδελφός σου
Lu 17 4 ² κ. ἐὰν ἑπτάκις τ. ἡμέρας ἁμαρτήσῃ εἰς σέ
Jo 5 14 μηκέτι ἁμάρτανε
8 [11 πορεύου ἀπὸ τοῦ νῦν μηκέτι ἁμάρτανε
9 2 τίς ἥμαρτεν οὗτος ἢ οἱ γονεῖς αὐτοῦ
3 οὔτε οὗτος ἥμαρτεν οὔτε οἱ γονεῖς αὐτοῦ
Ac 25 8 ² οὔτε εἰς Καίσαρά τι ἥμαρτον
Ro 2 12 ὅσοι γὰρ ἀνόμως ἥμαρτον
12 κ. ὅσοι ἐν νόμῳ ἥμαρτον
3 23 πάντες γὰρ ἥμαρτον
5 12 ἐφ' ᾧ πάντες ἥμαρτον
14 ἐπὶ τοὺς μὴ ἁμαρτήσαντας ἐπὶ τ. ὁμοιώματι τ. παραβάσεως Ἀδάμ
16 οὐχ ὡς δι' ἑνὸς ἁμαρτήσαντος
6 15 ἁμαρτήσωμεν ὅτι οὐκ ἐσμὲν ὑπὸ νόμον
I Co 6 18 ² ὁ δὲ πορνεύων εἰς τὸ ἴδιον σῶμα ἁμαρτάνει
7 28 ἐὰν δὲ κ. γαμήσῃς οὐχ ἥμαρτες· κ. ἐὰν γήμῃ ἡ παρθένος οὐχ ἥμαρτεν
36 ὃ θέλει ποιείτω· οὐχ ἁμαρτάνει
8 12 ² οὕτως δὲ ἁμαρτάνοντες εἰς τ. ἀδελφούς
12 ² εἰς Χριστὸν ἁμαρτάνετε
15 34 ἐκνήψατε δικαίως κ. μὴ ἁμαρτάνετε
Eph 4 26 ὀργίζεσθε κ. μὴ ἁμαρτάνετε
I Ti 5 20 τ. ἁμαρτάνοντας ἐνώπιον πάντων ἔλεγχε
Tit 3 11 ἐξέστραπται ὁ τοιοῦτος κ. ἁμαρτάνει
He 3 17 τίσι δὲ προσώχθισεν . . . οὐχὶ τ. ἁμαρτήσασιν
10 26 ἑκουσίως γὰρ ἁμαρτανόντων ἡμῶν
I Pe 2 20 ποῖον γὰρ κλέος εἰ ἁμαρτάνοντες . . . ὑπομενεῖτε
II Pe 2 4 εἰ γὰρ ὁ Θεὸς ἀγγέλων ἁμαρτησάντων οὐκ ἐφείσατο
I Jo 1 10 ἐὰν εἴπωμεν ὅτι οὐχ ἡμαρτήκαμεν
2 1 ταῦτα γράφω ὑμῖν ἵνα μὴ ἁμάρτητε. κ. ἐάν τις ἁμάρτῃ
3 6 πᾶς ὁ ἐν αὐτῷ μένων οὐχ ἁμαρτάνει· πᾶς ὁ ἁμαρτάνων οὐχ ἑώρακεν αὐτόν
8 ὅτι ἀπ' ἀρχῆς ὁ διάβολος ἁμαρτάνει
9 κ. οὐ δύναται ἁμαρτάνειν
5 16 ¹ ἁμαρτάνοντα ἁμαρτίαν μὴ πρὸς θάνατον
16 δώσει αὐτῷ ζωὴν τ. ἁμαρτάνουσιν μὴ πρὸς θάνατον
18 πᾶς ὁ γεγεννημένος ἐκ τ. Θεοῦ οὐχ ἁμαρτάνει

ἉΜΑ΄ΡΤΗΜΑ 265

Mk 3 28 πάντα ἀφεθήσεται τ. υἱοῖς τ. ἀνθρώπων τὰ ἁμαρτήματα
29 ἀλλὰ ἔνοχός ἐστιν αἰωνίου ἁμαρτήματος.
Ro 3 25 διὰ τ. πάρεσιν τ. προγεγονότων ἁμαρτημάτων
I Co 6 18 πᾶν ἁμάρτημα ὃ ἐὰν ποιήσῃ ἄνθρωπος
II Pe 1 9 λήθην λαβὼν τ. καθαρισμοῦ τ. πάλαι αὐτοῦ ἁμαρτημάτων
ἁμαρτιῶν, WH non mg.

ἉΜΑΡΤΙ΄Α 266

(1) ἁμ. ἀφιέναι (2) ἄφεσις ἁμ.
(3) ἁμ. ποιεῖν, ἔχειν (4) ὑπέρ, περὶ ἁμ.

Mt 1 21 σώσει τ. λαὸν αὐτοῦ ἀπὸ τ. ἁμαρτιῶν αὐτῶν
3 6 ἐξομολογούμενοι τ. ἁμαρτίας αὐτῶν
9 2 ¹ ἀφίενταί σου αἱ ἁμαρτίαι

Mt 9 5 [1] ἀφίενταί σου αἱ ἁμαρτίαι
6 [1] ἐξουσίαν ἔχει . . . ἐπὶ τ. γῆς ἀφιέναι ἁμαρτίας
12 31 [1] πᾶσα ἁμαρτία κ. βλασφημία ἀφεθήσεται τ. ἀνθρώποις
26 28 [2] ἐκχυννόμενον εἰς ἄφεσιν ἁμαρτιῶν
Mk 1 4 [2] κηρύσσων βάπτισμα μετανοίας εἰς ἄφεσιν ἁμαρτιῶν
5 ἐξομολογούμενοι τ. ἁμαρτίας αὐτῶν
2 5 [1] ἀφίενταί σου αἱ ἁμαρτίαι
7 [1] τίς δύναται ἀφιέναι ἁμαρτίας
9 [1] ἀφίενταί σου αἱ ἁμαρτίαι
10 [1] ἐξουσίαν ἔχει . . . ἀφιέναι ἁμαρτίας ἐπὶ τ. γῆς
Lu 1 77 [2] τοῦ δοῦναι γνῶσιν σωτηρίας . . . ἐν ἀφέσει ἁμαρτιῶν αὐτῶν
3 3 [2] κηρύσσων βάπτισμα μετανοίας εἰς ἄφεσιν ἁμαρτιῶν
5 20 [1] ἀφέωνταί σοι αἱ ἁμαρτίαι σου
21 [1] τίς δύναται ἁμαρτίας ἀφεῖναι
23 [1] ἀφέωνταί σοι αἱ ἁμαρτίαι σου
24 [1] ἐξουσίαν ἔχει ἐπὶ τ. γῆς ἀφιέναι ἁμαρτίας
7 47 [1] ἀφέωνται αἱ ἁμαρτίαι αὐτῆς αἱ πολλαί
αὐτ. αἱ ἁμ., T
48 [1] ἀφέωνταί σου αἱ ἁμαρτίαι
49 [1] τίς οὗτός ἐστιν ὃς κ. ἁμαρτίας ἀφίησιν
11 4 [1] κ. ἄφες ἡμῖν τ. ἁμαρτίας ἡμῶν
24 47 [2] κηρυχθῆναι . . . μετάνοιαν εἰς ἄφεσιν ἁμαρτιῶν
Jo 1 29 ὁ αἴρων τ. ἁμαρτίαν τ. κόσμου
8 [3 ἐπὶ ἁμαρτίᾳ γυναῖκα κατειλημμένην
γυν. ἐπὶ μοιχείᾳ κατ., WH non mg., R
21 ἐν τ. ἁμαρτίᾳ ὑμῶν ἀποθανεῖσθε
24 ἀποθανεῖσθε ἐν τ. ἁμαρτίαις ὑμῶν
24 ἀποθανεῖσθε ἐν τ. ἁμαρτίαις ὑμῶν
34 [3] πᾶς ὁ ποιῶν τ. ἁμαρτίαν δοῦλός ἐστιν τ. ἁμαρτίας
[τ. ἁμαρτίας], WH
46 [4] τίς ἐξ ὑμῶν ἐλέγχει με περὶ ἁμαρτίας;
9 34 ἐν ἁμαρτίαις σὺ ἐγεννήθης ὅλος
41 [3] εἰ τυφλοὶ ἦτε οὐκ ἂν εἴχετε ἁμαρτίαν
41 ἡ ἁμαρτία ὑμῶν μένει
15 22 [3] ἁμαρτίαν οὐκ εἴχοσαν·
[4] νῦν δὲ πρόφασιν οὐκ ἔχουσιν περὶ τ. ἁμαρτίας αὐτῶν
24 [3] ἁμαρτίαν οὐκ εἴχοσαν
16 8 [4] ἐλθὼν ἐκεῖνος ἐλέγξει τ. κόσμον περὶ ἁμαρτίας
9 [4] περὶ ἁμαρτίας μὲν ὅτι οὐ πιστεύουσιν εἰς ἐμέ
19 11 [3] ὁ παραδούς μέ σοι μείζονα ἁμαρτίαν ἔχει
20 23 [1] ἄν τινων ἀφῆτε τ. ἁμαρτίας
Ac 2 38 [2] βαπτισθήτω ἕκαστος ὑμῶν . . . εἰς ἄφεσιν τ. ἁμαρτιῶν ὑμῶν
3 19 πρὸς τὸ ἐξαλειφθῆναι ὑμῶν τ. ἁμαρτίας
5 31 [2] τοῦ δοῦναι μετάνοιαν τ. Ἰσραὴλ κ. ἄφεσιν ἁμαρτιῶν
7 60 μὴ στήσῃς αὐτοῖς ταύτην τ. ἁμαρτίαν
τ. ἁμ. ταύτ., T
10 43 [2] ἄφεσιν ἁμαρτιῶν λαβεῖν διὰ τ. ὀνόματος αὐτοῦ
13 38 [2] διὰ τούτου ὑμῖν ἄφεσις ἁμαρτιῶν καταγγέλλεται
22 16 ἀναστὰς βάπτισαι κ. ἀπόλουσαι τ. ἁμαρτίας σου

Ac 26 18 [2] τοῦ λαβεῖν αὐτοὺς ἄφεσιν ἁμαρτιῶν
Ro 3 9 προῃτιασάμεθα γὰρ . . . πάντας ὑφ' ἁμαρτίαν εἶναι
20 διὰ γὰρ νόμου ἐπίγνωσις ἁμαρτίας
4 7 μακάριοι . . . ὧν ἐπεκαλύφθησαν αἱ ἁμαρτίαι,
אַשְׁרֵי . . . כְּסוּי חֲטָאָה, Ps. xxxii. 1
8 μακάριος ἀνὴρ οὗ οὐ μὴ λογίσηται Κύριος ἁμαρτίαν
אַשְׁרֵי אָדָם לֹא־יַחְשֹׁב יְהוָה לוֹ עָוֹן, Ps. xxxii. 2
5 12 ὥσπερ . . . ἡ ἁμαρτία εἰς τ. κόσμον εἰσῆλθεν
κ. διὰ τ. ἁμαρτίας ὁ θάνατος
13 ἄχρι γὰρ νόμου ἁμαρτία ἦν ἐν κόσμῳ·
ἁμαρτία δὲ οὐκ ἐλλογᾶτο μὴ ὄντος νόμου
20 οὗ δὲ ἐπλεόνασεν ἡ ἁμαρτία
21 ὥσπερ ἐβασίλευσεν ἡ ἁμαρτία ἐν τ. θανάτῳ
6 1 ἐπιμένωμεν τ. ἁμαρτίᾳ ἵνα ἡ χάρις πλεονάσῃ;
2 οἵτινες ἀπεθάνομεν τ. ἁμαρτίᾳ
6 ἵνα καταργηθῇ τὸ σῶμα τ. ἁμαρτίας,
τοῦ μηκέτι δουλεύειν ἡμᾶς τ. ἁμαρτίᾳ·
7 ὁ γὰρ ἀποθανὼν δεδικαίωται ἀπὸ τ. ἁμαρτίας
10 τ. ἁμαρτίᾳ ἀπέθανεν ἐφάπαξ
11 λογίζεσθε ἑαυτοὺς εἶναι νεκροὺς μὲν τ. ἁμαρτίᾳ
12 μὴ οὖν βασιλευέτω ἡ ἁμαρτία
13 τὰ μέλη ὑμῶν ὅπλα ἀδικίας τ. ἁμαρτίᾳ
14 ἁμαρτία γὰρ ὑμῶν οὐ κυριεύσει
16 ἤτοι ἁμαρτίας εἰς θάνατον
17 ὅτι ἦτε δοῦλοι τ. ἁμαρτίας
18 ἐλευθερωθέντες δὲ ἀπὸ τ. ἁμαρτίας
20 ὅτε γὰρ δοῦλοι ἦτε τ. ἁμαρτίας
22 νυνὶ δὲ ἐλευθερωθέντες ἀπὸ τ. ἁμαρτίας
23 τὰ γὰρ ὀψώνια τ. ἁμαρτίας θάνατος
7 5 τὰ παθήματα τ. ἁμαρτιῶν τὰ διὰ τ. νόμου
7 ὁ νόμος ἁμαρτία; μὴ γένοιτο·
ἀλλὰ τ. ἁμαρτίαν οὐκ ἔγνων εἰ μὴ διὰ νόμου
8 ἀφορμὴν δὲ λαβοῦσα ἡ ἁμαρτία διὰ τ. ἐντολῆς
8 χωρὶς γὰρ νόμου ἁμαρτία νεκρά
9 ἐλθούσης δὲ τ. ἐντολῆς ἡ ἁμαρτία ἀνέζησεν
11 ἡ γὰρ ἁμαρτία ἀφορμὴν λαβοῦσα διὰ τ. ἐντολῆς
13 ἀλλὰ ἡ ἁμαρτία ἵνα φανῇ ἁμαρτία
13 ἵνα γένηται καθ' ὑπερβολὴν ἁμαρτωλὸς ἡ ἁμαρτία
14 πεπραμένος ὑπὸ τ. ἁμαρτίαν
17 ἀλλὰ ἡ ἐνοικοῦσα ἐν ἐμοὶ ἁμαρτία
20 ἀλλὰ ἡ οἰκοῦσα ἐν ἐμοὶ ἁμαρτία
23 αἰχμαλωτίζοντά με ἐν τ. νόμῳ τ. ἁμαρτίας
25 τῇ δὲ σαρκὶ νόμῳ ἁμαρτίας
8 2 ἠλευθέρωσέν σε ἀπὸ τ. νόμου τ. ἁμαρτίας
3 τ. ἑαυτοῦ υἱὸν πέμψας ἐν ὁμοιώματι σαρκὸς ἁμαρτίας
[4] κ. περὶ ἁμαρτίας
κατέκρινεν τ. ἁμαρτίαν ἐν τ. σαρκί
10 τὸ μὲν σῶμα νεκρὸν διὰ ἁμαρτίαν
11 27 ὅταν ἀφέλωμαι τ. ἁμαρτίας αὐτῶν

Ro 14 23 πᾶν δὲ ὃ οὐκ ἐκ πίστεως ἁμαρτία ἐστίν
I Co 15 3 [4] Χριστὸς ἀπέθανεν ὑπὲρ τ. ἁμαρτιῶν ἡμῶν
17 ἔτι ἐστὲ ἐν τ. ἁμαρτίαις ὑμῶν
56 τὸ δὲ κέντρον τ. θανάτου ἡ ἁμαρτία, ἡ δὲ δύναμις τ. ἁμαρτίας ὁ νόμος
II Co 5 21 [3] τὸν μὴ γνόντα ἁμαρτίαν ὑπὲρ ἡμῶν ἁμαρτίαν ἐποίησεν
11 7 [3] ἢ ἁμαρτίαν ἐποίησα ἐμαυτὸν ταπεινῶν
Gal 1 4 [4] τ. δόντος ἑαυτὸν ὑπὲρ τ. ἁμαρτιῶν ἡμῶν
περὶ τ. ἁμ. ἡμ., TWH mg.
2 17 ἄρα Χριστὸς ἁμαρτίας διάκονος;
3 22 συνέκλεισεν ἡ γραφὴ τὰ πάντα ὑπὸ ἁμαρτίαν
Eph 2 1 ὑμᾶς ὄντας νεκροὺς τ. παραπτώμασι κ. τ. ἁμαρτίαις ὑμῶν
Col 1 14 [2] ἐν ᾧ ἔχομεν . . . τ. ἄφεσιν τ. ἁμαρτιῶν
I Th 2 16 εἰς τὸ ἀναπληρῶσαι αὐτῶν τ. ἁμαρτίας πάντοτε
II Th 2 3 ἐὰν μὴ . . . ἀποκαλυφθῇ ὁ ἄνθρωπος τ. ἁμαρτίας
ἀνομίας, TWH non mg., R mg.
I Ti 5 22 μηδὲ κοινώνει ἁμαρτίαις ἀλλοτρίαις
24 τινῶν ἀνθρώπων αἱ ἁμαρτίαι πρόδηλοί εἰσιν
II Ti 3 6 αἰχμαλωτίζοντες γυναικάρια σεσωρευμένα ἁμαρτίαις
He 1 3 καθαρισμὸν τ. ἁμαρτιῶν ποιησάμενος
2 17 εἰς τὸ ἱλάσκεσθαι τ. ἁμαρτίας τ. λαοῦ
3 13 ἵνα μὴ σκληρυνθῇ τις ἐξ ὑμῶν ἀπάτῃ τ. ἁμαρτίας
4 15 πεπειρασμένον δὲ κατὰ πάντα καθ' ὁμοιότητα χωρὶς ἁμαρτίας
5 1 [4] ἵνα προσφέρῃ δῶρά τε κ. θυσίας ὑπὲρ ἁμαρτιῶν
3 [4] οὕτως κ. περὶ ἑαυτοῦ προσφέρειν περὶ ἁμαρτιῶν
7 27 [4] πρότερον ὑπὲρ τ. ἰδίων ἁμαρτιῶν θυσίας ἀναφέρειν
8 12 κ. τ. ἁμαρτιῶν αὐτῶν οὐ μὴ μνησθῶ ἔτι
וּלְחַטָּאתָם לֹא אֶזְכָּר־עוֹד, Jer. xxxi. 34
9 26 εἰς ἀθέτησιν τ. ἁμαρτίας . . . πεφανέρωται
28 ἅπαξ προσενεχθεὶς εἰς τὸ πολλῶν ἀνενεγκεῖν ἁμαρτίας,
ἐκ δευτέρου χωρὶς ἁμαρτίας ὀφθήσεται
10 2 διὰ τὸ μηδεμίαν ἔχειν ἔτι συνείδησιν ἁμαρτιῶν
3 ἐν αὐταῖς ἀνάμνησις ἁμαρτιῶν κατ' ἐνιαυτόν,
4 ἀδύνατον γὰρ αἷμα ταύρων κ. τράγων ἀφαιρεῖν ἁμαρτίας
6 [4] ὁλοκαυτώματα κ. περὶ ἁμαρτίας οὐκ εὐδόκησας
עוֹלָה וַחֲטָאָה לֹא שָׁאָלְתָּ, Ps. xl. 7
8 [4] ὁλοκαυτώματα κ. περὶ ἁμαρτίας οὐκ ἠθέλησας, Ps. *l.c.*
11 αἵτινες οὐδέποτε δύνανται περιελεῖν ἁμαρτίας
12 [4] οὗτος δὲ μίαν ὑπὲρ ἁμαρτιῶν προσενέγκας θυσίαν
17 τ. ἁμαρτιῶν αὐτῶν . . . οὐ μὴ μνησθήσομαι ἔτι, Jer. *l.c.*

He 10 18 [4] οὐκέτι προσφορὰ περὶ ἁμαρτίας
26 [4] οὐκέτι περὶ ἁμαρτιῶν ἀπολείπεται θυσία
11 25 ἢ πρόσκαιρον ἔχειν ἁμαρτίας ἀπόλαυσιν
12 1 ὄγκον ἀποθέμενοι πάντα κ. τ. εὐπερίστατον ἁμαρτίαν
4 πρὸς τ. ἁμαρτίαν ἀνταγωνιζόμενοι
13 11 [4] ὧν γὰρ εἰσφέρεται ζῴων τὸ αἷμα περὶ ἁμαρτίας
Ja 1 15 εἶτα ἡ ἐπιθυμία συλλαβοῦσα τίκτει ἁμαρτίαν,
ἡ δὲ ἁμαρτία ἀποτελεσθεῖσα ἀποκύει θάνατον
2 9 εἰ δὲ προσωπολημπτεῖτε ἁμαρτίαν ἐργάζεσθε
4 17 εἰδότι οὖν καλὸν ποιεῖν κ. μὴ ποιοῦντι ἁμαρτία αὐτῷ ἐστίν
5 15 [3] κἂν ἁμαρτίας ᾖ πεποιηκώς
16 ἐξομολογεῖσθε οὖν ἀλλήλοις τ. ἁμαρτίας
20 καλύψει πλῆθος ἁμαρτιῶν
I Pe 2 22 [3] ὃς ἁμαρτίαν οὐκ ἐποίησεν
24 ὃς τ. ἁμαρτίας ἡμῶν αὐτὸς ἀνήνεγκεν
24 ἵνα τ. ἁμαρτίαις ἀπογενόμενοι
3 18 [4] κ. Χριστὸς ἅπαξ περὶ ἁμαρτιῶν ἀπέθανεν
4 1 ὅτι ὁ παθὼν σαρκὶ πέπαυται ἁμαρτίαις
ἁμαρτίας, TWH mg. R non mg.
8 ὅτι ἀγάπη καλύπτει πλῆθος ἁμαρτιῶν
II Pe 1 9 λήθην λαβὼν τ. καθαρισμοῦ τ. πάλαι αὐτοῦ ἁμαρτιῶν
ἁμαρτημάτων, TWH mg.
2 14 ὀφθαλμοὺς ἔχοντες . . . ἀκαταπάστους ἁμαρτίας
I Jo 1 7 τὸ αἷμα Ἰησοῦ . . . καθαρίζει ἡμᾶς ἀπὸ πάσης ἁμαρτίας
8 [3] ἐὰν εἴπωμεν ὅτι ἁμαρτίαν οὐκ ἔχομεν
9 ἐὰν ὁμολογῶμεν τ. ἁμαρτίας ἡμῶν
9 [1] ἵνα ἀφῇ ἡμῖν τ. ἁμαρτίας
2 2 [4] αὐτὸς ἱλασμός ἐστιν περὶ τ. ἁμαρτιῶν ἡμῶν
12 [1] ὅτι ἀφέωνται ὑμῖν αἱ ἁμαρτίαι
3 4 [3] πᾶς ὁ ποιῶν τ. ἁμαρτίαν κ. τ. ἀνομίαν ποιεῖ,
κ. ἡ ἁμαρτία ἐστὶν ἡ ἀνομία
5 ἵνα τὰς ἁμαρτίας ἄρῃ·
κ. ἁμαρτία ἐν αὐτῷ οὐκ ἔστιν
8 [3] ὁ ποιῶν τ. ἁμαρτίαν
9 [3] πᾶς ὁ γεγεννημένος ἐκ τ. Θεοῦ ἁμαρτίαν οὐ ποιεῖ
4 10 [4] ἀπέστειλεν τ. υἱὸν αὐτοῦ ἱλασμὸν περὶ τ. ἁμαρτιῶν ἡμῶν
5 16 ἁμαρτάνοντα ἁμαρτίαν μὴ πρὸς θάνατον
16 ἔστιν ἁμαρτία πρὸς θάνατον
17 πᾶσα ἀδικία ἁμαρτία ἐστίν,
κ. ἔστιν ἁμαρτία οὐ πρὸς θάνατον
Re 1 5 τῷ . . . λύσαντι ἡμᾶς ἐκ τ. ἁμαρτιῶν ἡμῶν
18 4 ἵνα μὴ συνκοινωνήσητε τ. ἁμαρτίαις αὐτῆς
5 ἐκολλήθησαν αὐτῆς αἱ ἁμαρτίαι ἄχρι τ. οὐρανοῦ

ἈΜΆΡΤΥΡΟΣ* 267

Ac 14 17 καίτοι οὐκ ἀμάρτυρον αὐτὸν ἀφῆκεν ἀγαθουργῶν

ʽΑΜΑΡΤΩΛΟ´Σ 268

(1) ἁμαρτωλοί

Mt **9** 10 [1] πολλοὶ τελῶναι κ. ἁμαρτωλοὶ ἐλθόντες
11 [1] διὰ τί μετὰ τ. τελωνῶν κ. ἁμαρτωλῶν ἐσθίει
13 [1] οὐ γὰρ ἦλθον καλέσαι δικαίους ἀλλὰ ἁμαρτωλούς
11 19 [1] τελωνῶν φίλος κ. ἁμαρτωλῶν
26 45 [1] ὁ υἱὸς τ. ἀνθρώπου παραδίδοται εἰς χεῖρας ἁμαρτωλῶν
Mk **2** 15 [1] πολλοὶ τελῶναι κ. ἁμαρτωλοὶ συνανέκειντο τῷ Ἰησοῦ
16 [1] ἰδόντες ὅτι ἐσθίει μετὰ τ. ἁμαρτωλῶν κ. τελωνῶν
τελ. κ. ἁμ., T
16 [1] ὅτι μετὰ τ. τελωνῶν κ. ἁμαρτωλῶν ἐσθίει
17 [1] οὐκ ἦλθον καλέσαι δικαίους ἀλλὰ ἁμαρτωλούς
8 38 ἐν τ. γενεᾷ ταύτῃ τ. μοιχαλίδι κ. ἁμαρτωλῷ
14 41 [1] παραδίδοται ὁ υἱὸς τ. ἀνθρωπου εἰς τ. χεῖρας τ. ἁμαρτωλῶν
Lu **5** 8 ἔξελθε ἀπ᾽ ἐμοῦ ὅτι ἀνὴρ ἁμαρτωλός εἰμι
30 [1] διὰ τί μετὰ τ. τελωνῶν κ. ἁμαρτωλῶν ἐσθίετε
32 [1] οὐκ ἐλήλυθα καλέσαι δικαίους ἀλλὰ ἁμαρτωλοὺς εἰς μετάνοιαν
6 32 [1] κ. γὰρ οἱ ἁμαρτωλοὶ τ. ἀγαπῶντας αὐτοὺς ἀγαπῶσιν
33 [1] κ. οἱ ἁμαρτωλοὶ τὸ αὐτὸ ποιοῦσιν
34 [1] κ. ἁμαρτωλοὶ ἁμαρτωλοῖς δανίζουσιν
7 34 [1] φίλος τελωνῶν κ. ἁμαρτωλῶν
37 ἥτις ἦν ἐν τῇ πόλει ἁμαρτωλός
39 ὅτι ἁμαρτωλός ἐστιν
13 2 [1] ἁμαρτωλοὶ παρὰ πάντας τ. Γαλιλαίους
15 1 [1] ἦσαν δὲ αὐτῷ ἐγγίζοντες πάντες οἱ τελῶναι κ. οἱ ἁμαρτωλοί
2 [1] ὅτι οὗτος ἁμαρτωλοὺς προσδέχεται
7 χαρὰ ἐν τ. οὐρανῷ ἔσται ἐπὶ ἑνὶ ἁμαρτωλῷ μετανοοῦντι
10 γίνεται χαρὰ . . . ἐπὶ ἑνὶ ἁμαρτωλῷ μετανοοῦντι
18 13 ἱλάσθητί μοι τ. ἁμαρτωλῷ
19 7 παρὰ ἁμαρτωλῷ ἀνδρὶ εἰσῆλθεν καταλῦσαι
24 7 [1] παραδοθῆναι εἰς χεῖρας ἀνθρώπων ἁμαρτωλῶν
Jo **9** 16 πῶς δύναται ἄνθρωπος ἁμαρτωλὸς τοιαῦτα σημεῖα ποιεῖν;
24 οἴδαμεν ὅτι οὗτος ὁ ἄνθρωπος ἁμαρτωλός ἐστιν
25 εἰ ἁμαρτωλός ἐστιν οὐκ οἶδα
31 [1] οἴδαμεν ὅτι ὁ Θεὸς ἁμαρτωλῶν οὐκ ἀκούει
ἁμ. ὁ Θεός, T
Ro **3** 7 τί ἔτι κἀγὼ ὡς ἁμαρτωλὸς κρίνομαι
5 8 [1] ἔτι ἁμαρτωλῶν ὄντων Χριστὸς ὑπὲρ ἡμῶν ἀπέθανεν
19 [1] ἁμαρτωλοὶ κατεστάθησαν οἱ πολλοί
7 13 ἵνα γένηται καθ᾽ ὑπερβολὴν ἁμαρτωλὸς ἡ ἁμαρτία
Ga **2** 15 [1] κ. οὐκ ἐξ ἐθνῶν ἁμαρτωλοί
17 [1] εἰ δὲ . . . εὑρέθημεν κ. αὐτοὶ ἁμαρτωλοί
1 Ti **1** 9 [1] ἀσέβεσι κ. ἁμαρτωλοῖς
15 [1] Χριστὸς Ἰησοῦς ἦλθεν εἰς τ. κόσμον ἁμαρτωλοὺς σῶσαι
He **7** 26 [1] κεχωρισμένος ἀπὸ τ. ἁμαρτωλῶν
12 3 [1] ὑπομεμενηκότα ὑπὸ τ. ἁμαρτωλῶν εἰς ἑαυτοὺς ἀντιλογίαν
Ja **4** 8 [1] καθαρίσατε χεῖρας ἁμαρτωλοι
5 20 ὁ ἐπιστρέψας ἁμαρτωλὸν ἐκ πλάνης ὁδοῦ αὐτοῦ
1 Pe **4** 18 ὁ δὲ ἀσεβὴς κ. ἁμαρτωλὸς ποῦ φανεῖται;
ὁ ἁμαρτ., TWH mg.
Ju 15 [1] ὧν ἐλάλησαν κατ᾽ αὐτοῦ ἁμαρτωλοὶ ἀσεβεῖς

˝ΑΜΑΧΟΣ* 269

1 Ti **3** 3 ἐπιεικῆ ἄμαχον ἀφιλάργυρον
Tit **3** 2 ἀμάχους εἶναι ἐπιεικεῖς

᾽ΑΜΑ´Ω 270

Ja **5** 4 ὁ μισθὸς τ. ἐργατῶν τ. ἀμησάντων τ. χώρας ὑμῶν

᾽ΑΜΕ´ΘΥΣΤΟΣ 271

Re **21** 20 ὁ δωδέκατος ἀμέθυστος

᾽ΑΜΕΛΕ´Ω 272

(1) c. gen.

Mt **22** 5 οἱ δὲ ἀμελήσαντες ἀπῆλθον
1 Ti **4** 14 [1] μὴ ἀμέλει τοῦ ἐν σοὶ χαρίσματος
He **2** 3 [1] πῶς ἡμεῖς ἐκφευξόμεθα τηλικαύτης ἀμελήσαντες σωτηρίας
8 9 [1] κἀγὼ ἠμέλησα αὐτῶν
וְאָנֹכִי בָּעַלְתִּי בָם, Jer. xxxi. 32

˝ΑΜΕΜΠΤΟΣ 273

Lu **1** 6 πορευόμενοι ἐν πάσαις τ. ἐντολαῖς . . . τ. Κυρίου ἄμεμπτοι
Phl **2** 15 ἵνα γένησθε ἄμεμπτοι κ. ἀκέραιοι
3 6 κατὰ δικαιοσύνην τὴν ἐν νόμῳ γενόμενος ἄμεμπτος
1 Th **3** 13 εἰς τὸ στηρίξαι ὑμῶν τ. καρδίας ἀμέμπτους ἐν ἁγιωσύνῃ
ἀμέμπτως, WH mg.
He **8** 7 εἰ γὰρ ἡ πρώτη ἐκείνη ἦν ἄμεμπτος

᾽ΑΜΕ´ΜΠΤΩΣ 274

1 Th **2** 10 ὡς ὁσίως κ. δικαίως κ. ἀμέμπτως . . . ἐγενήθημεν
3 13 εἰς τὸ στηρίξαι ὑμῶν τ. καρδίας ἀμέμπτως ἐν ἁγιωσύνῃ
ἀμέμπτους, TWH non mg. R
5 23 ἀμέμπτως ἐν τ. παρουσίᾳ τ. Κυρίου ἡμῶν . . . τηρηθείη

᾽ΑΜΕ´ΡΙΜΝΟΣ** 275

Mt **28** 14 ὑμᾶς ἀμερίμνους ποιήσομεν
1 Co **7** 32 θέλω δὲ ὑμᾶς ἀμερίμνους εἶναι

᾽ΑΜΕΤΑ´ΘΕΤΟΣ** 276

He **6** 17 βουλόμενος ὁ Θεὸς ἐπιδεῖξαι . . . τὸ ἀμετάθετον τ. βουλῆς αὐτοῦ
18 ἵνα διὰ δύο πραγμάτων ἀμεταθέτων

᾽ΑΜΕΤΑΚΙ´ΝΗΤΟΣ* 277

1 Co **15** 58 ἑδραῖοι γίνεσθε ἀμετακίνητοι

ἈΜΕΤΑΜΈΛΗΤΟΣ* 278

Ro 11 29 ἀμεταμέλητα γὰρ τὰ χαρίσματα κ. ἡ κλῆσις τ. Θεοῦ

II Co 7 10 μετάνοιαν εἰς σωτηρίαν ἀμεταμέλητον ἐργάζεται

ἈΜΕΤΑΝΟΉΤΟΣ*† 279

Ro 2 5 κατὰ δὲ τ. σκληρότητά σου κ. ἀμετανόητον καρδίαν

ἌΜΕΤΡΟΣ* 280

II Co 10 13 ἡμεῖς δὲ οὐκ εἰς τὰ ἄμετρα καυχήσομεθα
15 οὐκ εἰς τὰ ἄμετρα καυχώμενοι

ἈΜΉΝ אָמֵן 281

(1) ἀμὴν ἀμήν (2) in. fin. sent.
(3) ὁ Ἀμήν, τὸ ἀμήν

In Syn. Gospels always ἀμὴν λέγω, exc. (2)

Mt 5 18 ἀμὴν γὰρ λέγω ὑμῖν
26 ἀμὴν λέγω σοι
6 2 ἀμὴν λέγω ὑμῖν ἀπέχουσιν τ. μισθὸν αὐτῶν
5 ἀμὴν λέγω ὑμῖν ἀπέχουσιν τ. μισθὸν αὐτῶν
13 [2] ἡ δόξα εἰς τ. αἰῶνας. ἀμήν
—h. v., TWHR non mg.
16 ἀμὴν λέγω ὑμῖν ἀπέχουσιν τ. μισθὸν αὐτῶν
8 10 ἀμὴν λέγω ὑμῖν παρ' οὐδενὶ τοσαύτην πίστιν ἐν τ. Ἰσραὴλ εὗρον
10 15 ἀμὴν λέγω ὑμῖν ἀνεκτότερον ἔσται γῇ Σοδόμων
23 ἀμὴν γὰρ λέγω ὑμῖν
42 ἀμὴν λέγω ὑμῖν οὐ μὴ ἀπολέσῃ τ. μισθὸν αὐτοῦ
11 11 ἀμὴν λέγω ὑμῖν οὐκ ἐγήγερται
13 17 ἀμὴν γὰρ λέγω ὑμῖν ὅτι πολλοὶ προφῆται . . . ἐπεθύμησαν
16 28 ἀμὴν λέγω ὑμῖν ὅτι εἰσίν τινες τῶν ὧδε ἑστώτων
17 20 ἀμὴν γὰρ λέγω ὑμῖν
18 3 ἀμὴν λέγω ὑμῖν ἐὰν μὴ στραφῆτε
13 ἀμὴν λέγω ὑμῖν ὅτι χαίρει ἐπ' αὐτῷ μᾶλλον
18 ἀμὴν λέγω ὑμῖν ὅσα ἐὰν δήσητε
19 πάλιν ἀμὴν λέγω ὑμῖν
—ἀμήν, T [WH] R
19 23 ἀμὴν λέγω ὑμῖν ὅτι πλούσιος δυσκόλως εἰσελεύσεται
28 ἀμὴν λέγω ὑμῖν ὅτι ὑμεῖς . . . καθήσεσθε
21 21 ἀμὴν λέγω ὑμῖν ἐὰν ἔχητε πίστιν
31 ἀμὴν λέγω ὑμῖν ὅτι οἱ τελῶναι . . . προάγουσιν ὑμᾶς
23 36 ἀμὴν λέγω ὑμῖν ἥξει ταῦτα πάντα
24 2 ἀμὴν λέγω ὑμῖν οὐ μὴ ἀφεθῇ ὧδε λίθος
34 ἀμὴν λέγω ὑμῖν ὅτι οὐ μὴ παρέλθῃ ἡ γενεὰ αὕτη
47 ἀμὴν λέγω ὑμῖν ὅτι ἐπὶ πᾶσι τ. ὑπάρχουσιν αὐτοῦ καταστήσει
25 12 ἀμὴν λέγω ὑμῖν οὐκ οἶδα ὑμᾶς
40 ἀμὴν λέγω ὑμῖν ἐφ' ὅσον ἐποιήσατε
45 ἀμὴν λέγω ὑμῖν ἐφ' ὅσον οὐκ ἐποιήσατε
26 13 ἀμὴν λέγω ὑμῖν ὅπου ἐὰν κηρυχθῇ

Mt 26 21 ἀμὴν λέγω ὑμῖν ὅτι εἷς ἐξ ὑμῶν παραδώσει με
34 ἀμὴν λέγω σοι ὅτι . . . τρὶς ἀπαρνήσῃ με
Mk 3 28 ἀμὴν λέγω ὑμῖν ὅτι πάντα ἀφεθήσεται
8 12 ἀμὴν λέγω εἰ δοθήσεται
ἀμ. λ. ὑμῖν, TWH mg. R
9 1 ἀμὴν λέγω ὑμῖν ὅτι εἰσίν τινες ὧδε τ. ἑστηκότων
41 ἀμὴν λέγω ὑμῖν ὅτι οὐ μὴ ἀπολέσῃ τ. μισθὸν αὐτοῦ
10 15 ἀμὴν λέγω ὑμῖν ὃς ἂν μὴ δέξηται
29 ἀμὴν λέγω ὑμῖν οὐδείς ἐστιν
11 23 ἀμὴν λέγω ὑμῖν ὅτι ὃς ἂν εἴπῃ
12 43 ἀμὴν λέγω ὑμῖν ὅτι ἡ χήρα αὕτη . . . ἔβαλεν
13 30 ἀμὴν λέγω ὑμῖν ὅτι οὐ μὴ παρέλθῃ
14 9 ἀμὴν δὲ λέγω ὑμῖν ὅπου ἐὰν κηρυχθῇ
18 ἀμὴν λέγω ὑμῖν ὅτι εἷς ἐξ ὑμῶν παραδώσει με
25 ἀμὴν λέγω ὑμῖν ὅτι οὐκέτι οὐ μὴ πίω
30 ἀμὴν λέγω σοι ὅτι σὺ σήμερον . . . τρίς με ἀπαρνήσῃ
16 [20 [2] τ. λόγον βεβαιοῦντος διὰ τ. ἐπακολουθούντων σημείων. ἀμήν
—αμ., [T] WH non mg.
Lu 4 24 ἀμὴν λέγω ὑμῖν ὅτι οὐδεὶς προφήτης δεκτός ἐστιν
12 37 ἀμὴν λέγω ὑμῖν ὅτι περιζώσεται
18 17 ἀμὴν λέγω ὑμῖν ὃς ἂν μὴ δέξηται
29 ἀμὴν λέγω ὑμῖν ὅτι οὐδείς ἐστιν
21 32 ἀμὴν λέγω ὑμῖν ὅτι οὐ μὴ παρέλθῃ
23 43 ἀμήν σοι λέγω σήμερον μετ' ἐμοῦ ἔσῃ
Jo 1 51 [1] ἀμὴν ἀμὴν λέγω ὑμῖν
etiam [1] 5. 19, 24, 25 ; 6. 26, 32, 47, 53 ; 8. 34, 51, 58 ; 10. 1, 7 ; 12. 24 ; 13. 16, 20, 21 ; 14. 12 ; 16. 20, 23.
3 3 [1] ἀμὴν ἀμὴν λέγω σοι
etiam [1] 3. 5, 11 ; 13. 38 ; 21. 18
Ro 1 25 [2] ὅς ἐστιν εὐλογητὸς εἰς τ. αἰῶνας. ἀμήν
9 5 [2] Θεὸς εὐλογητὸς εἰς τ. αἰῶνας. ἀμήν
11 36 [2] αὐτῷ ἡ δόξα εἰς τ. αἰῶνας. ἀμήν
15 33 [2] ὁ δὲ Θεὸς τ. εἰρήνης μετὰ πάντων ὑμῶν. ἀμήν
16 24 [2] ἡ χάρις τ. Κυρίου ἡμῶν . . . μετὰ πάντων ὑμῶν. ἀμήν
—h. v., TWHR non mg.
27 [2] ᾧ ἡ δόξα εἰς τ. αἰῶνας. ἀμήν
—h. v., R mg.
I Co 14 16 [3] πῶς ἐρεῖ τὸ ἀμὴν ἐπὶ τ. σῇ εὐχαριστίᾳ
16 24 [2] ἡ ἀγάπη μου μετὰ πάντων ὑμῶν ἐν Χριστῷ Ἰησοῦ. ἀμήν
—ἀμήν, TWH
II Co 1 20 [3] διὸ κ. δι' αὐτοῦ τὸ ἀμὴν
Gal 1 5 [2] ᾧ ἡ δόξα εἰς τ. αἰῶνας τ. αἰώνων. ἀμήν
6 18 [2] ἡ χάρις τ. Κυρίου ἡμῶν . . . μετὰ τ. πνεύματος ὑμῶν, ἀδελφοί. ἀμήν
Eph 3 21 [2] αὐτῷ ἡ δόξα . . . εἰς πάσας τ. γενεὰς τ. αἰῶνος τ. αἰώνων. ἀμήν
Phl 4 20 [2] τ. δὲ Θεῷ . . . ἡ δόξα εἰς τ. αἰῶνας τ. αἰώνων. ἀμήν
I Th 3 13 [2] μετὰ πάντων τῶν ἁγίων αὐτοῦ. ἀμήν
—ἀμήν, WH non mg., R non mg.
I Ti 1 17 [2] μόνῳ Θεῷ . . . δόξα εἰς τ. αἰῶνας τ. αἰώνων. ἀμήν.

I Ti **6** 16 ² ᾧ τιμὴ κ. κράτος αἰώνιον. ἀμήν
II Ti **4** 18 ² ᾧ ἡ δόξα εἰς τ. αἰῶνας τ. αἰώνων. ἀμήν
Phm 25 ² ἡ χάρις τ. Κυρίου . . . μετὰ τ. πνεύματος ὑμῶν. ἀμήν
—ἀμήν, TWHR mg.
He **13** 21 ² ᾧ ἡ δόξα εἰς τ. αἰῶνας τ. αἰώνων. ἀμήν
25 ² ἡ χάρις μετὰ πάντων ὑμῶν. ἀμήν
—ἀμήν, TWH non mg.
I Pe **4** 11 ² ᾧ ἐστιν ἡ δόξα . . . εἰς τ. αἰῶνας τ. αἰώνων. ἀμήν
5 11 ² αὐτῷ τὸ κράτος εἰς τ. αἰῶνας. ἀμήν
II Pe **3** 18 ² αὐτῷ ἡ δόξα κ. νῦν κ. εἰς ἡμέραν αἰῶνος. ἀμήν
—ἀμήν, TWH
Ju 25 ² μόνῳ Θεῷ σωτῆρι ἡμῶν . . . δόξα . . . κ. νῦν κ. εἰς πάντας τ. αἰῶνας. ἀμήν
Re **1** 6 ² αὐτῷ ἡ δόξα . . . εἰς τ. αἰῶνας. ἀμήν
7 ² ναί ἀμήν
3 14 ³ τάδε λέγει ὁ Ἀμήν
5 14 κ. τὰ τέσσερα ζῷα ἔλεγον Ἀμήν
7 12 ² λέγοντες Ἀμήν· ἡ εὐλογία . . . τ. Θεῷ ἡμῶν εἰς τ. αἰῶνας τ. αἰώνων. ἀμήν
ἀμήν (2), [WH]
19 4 προσεκύνησαν τ. Θεῷ . . . λέγοντες Ἀμήν
22 20 ² ναί ἔρχομαι ταχύ· ἀμήν
21 ² ἡ χάρις τ. Κυρίου . . . μετὰ τ. ἁγίων. ἀμήν
—ἀμ., TWH

ἈΜΉΤΩΡ* 282

He **7** 3 ἀπάτωρ ἀμήτωρ ἀγενεαλόγητος

ἈΜΊΑΝΤΟΣ** 283

He **7** 26 ὅσιος ἄκακος ἀμίαντος
13 4 τίμιος ὁ γάμος ἐν πᾶσιν κ. ἡ κοίτη ἀμίαντος
Ja **1** 27 θρησκεία καθαρὰ κ. ἀμίαντος
I Pe **1** 4 εἰς κληρονομίαν ἄφθαρτον κ. ἀμίαντον

ἈΜΙΝΑΔΆΒ 284

Mt **1** 4 Ἀρὰμ δὲ ἐγέννησεν τὸν Ἀμιναδάβ· Ἀμ. δὲ ἐγέννησεν τ. Ναασσών
Lu **3** 33 τοῦ Ναασσὼν τοῦ Ἀμ. τοῦ Ἀδμεὶν τοῦ Ἀρνεί
—τ. Ἀμ., WHR mg.

ἌΜΜΟΣ 285

Mt **7** 26 ὅστις ᾠκοδόμησεν αὐτοῦ τ. οἰκίαν ἐπὶ τὴν ἄμμον
Ro **9** 27 ἐὰν ᾖ ὁ ἀριθμὸς . . . ὡς ἡ ἄμμος τ. θαλάσσης
כִּי אִם־יִהְיֶה עַמְּךָ יִשְׂרָאֵל כְּחוֹל הַיָּם, Is. x. 22
He **11** 12 ὡς ἡ ἄμμος ἡ παρὰ τὸ χεῖλος τ. θαλάσσης
Re **12** 18 ἐστάθη ἐπὶ τὴν ἄμμον τ. θαλάσσης
20 8 ὧν ὁ ἀριθμὸς αὐτῶν ὡς ἡ ἄμμος τ. θαλάσσης

ἈΜΝΌΣ 286

Jo **1** 29 ἴδε ὁ ἀμνὸς τ. Θεοῦ
36 ἴδε ὁ ἀμνὸς τ. Θεοῦ
Ac **8** 32 ὡς ἀμνὸς ἐναντίον τ. κείροντος αὐτὸν ἄφωνος
כְּרָחֵל לִפְנֵי גֹזְזֶיהָ נֶאֱלָמָה, Is. liii. 7
I Pe **1** 19 τιμίῳ αἵματι ὡς ἀμνοῦ ἀμώμου κ. ἀσπίλου

ἈΜΟΙΒΉ** 287

I Ti **5** 4 ἀμοιβὰς ἀποδιδόναι τ. προγόνοις

ἌΜΠΕΛΟΣ 288

Mt **26** 29 οὐ μὴ πίω ἀπ' ἄρτι ἐκ τούτου τ. γενήματος τ. ἀμπέλου
Mk **14** 25 οὐκέτι οὐ μὴ πίω ἐκ τ. γενήματος τ. ἀμπέλου
Lu **22** 18 οὐ μὴ πίω ἀπὸ τοῦ νῦν ἀπὸ τ. γενήματος τ. ἀμπέλου
Jo **15** 1 ἐγώ εἰμι ἡ ἄμπελος ἡ ἀληθινή
4 ἐὰν μὴ μένῃ ἐν τῇ ἀμπέλῳ
5 ἐγώ εἰμι ἡ ἄμπελος ὑμεῖς τὰ κλήματα
Ja **3** 12 μὴ δύναται . . . συκῆ ἐλαίας ποιῆσαι ἢ ἄμπελος σῦκα;
Re **14** 18 τρύγησον τ. βότρυας τῆς ἀμπέλου τ. γῆς
19 ἐτρύγησεν τὴν ἄμπελον τ. γῆς

ἈΜΠΕΛΟΥΡΓΌΣ 289

Lu **13** 7 εἶπεν δὲ πρὸς τ. ἀμπελουργόν

ἈΜΠΕΛΏΝ 290

(1) κύριος τ. ἀμπελῶνος

Mt **20** 1 μισθώσασθαι ἐργάτας εἰς τ. ἀμπελῶνα αὐτοῦ
2 ἀπέστειλεν αὐτοὺς εἰς τ. ἀμπελῶνα αὐτοῦ
4 ὑπάγετε κ. ὑμεῖς εἰς τ. ἀμπελῶνα
7 ὑπάγετε κ. ὑμεῖς εἰς τ. ἀμπελῶνα
8 ¹ λέγει ὁ κύριος τ. ἀμπελῶνος τ. ἐπιτρόπῳ αὐτοῦ
21 28 σήμερον ἐργάζου ἐν τ. ἀμπελῶνι
+μου, WH mg.
33 ὅστις ἐφύτευσεν ἀμπελῶνα
39 ἐξέβαλον ἔξω τ. ἀμπελῶνος
40 ¹ ὅταν οὖν ἔλθῃ ὁ κύριος τ. ἀμπελῶνος
41 τ. ἀμπελῶνα ἐκδώσεται ἄλλοις γεωργοῖς
Mk **12** 1 ἀμπελῶνα ἄνθρωπος ἐφύτευσεν
2 ἵνα παρὰ τ. γεωργῶν λάβῃ ἀπὸ τ. καρπῶν τ. ἀμπελῶνος
8 ἐξέβαλον αὐτὸν ἔξω τ. ἀμπελῶνος
9 ¹ τί ποιήσει ὁ κύριος τ. ἀμπελῶνος;
9 δώσει τ. ἀμπελῶνα ἄλλοις
Lu **13** 6 συκῆν εἶχέν τις πεφυτευμένην ἐν τ. ἀμπελῶνι αὐτοῦ
20 9 ἄνθρωπος ἐφύτευσεν ἀμπελῶνα
10 ἵνα ἀπὸ τ. καρποῦ τ. ἀμπελῶνος δώσουσιν αὐτῷ
13 ¹ εἶπεν δὲ ὁ κύριος τ. ἀμπελῶνος
15 ἐκβαλόντες αὐτὸν ἔξω τ. ἀμπελῶνος
15 ¹ τί οὖν ποιήσει αὐτοῖς ὁ κύριος τ. ἀμπελῶνος
16 δώσει τ. ἀμπελῶνα ἄλλοις
I Co **9** 7 τίς φυτεύει ἀμπελῶνα

ἈΜΠΛΙᾶΤΟΣ 291

Ro 16 8 ἀσπάσασθε Ἀμπλιᾶτον τ. ἀγαπητόν μου
Ἀμπλίατον, T

ἈΜΎΝΟΜΑΙ 292

Ac 7 24 ἰδών τινα ἀδικούμενον ἠμύνατο

ἈΜΦΙΆΖΩ 292.2

Lu 12 28 εἰ δὲ ἐν ἀγρῷ τ. χόρτον . . . ὁ Θεὸς οὕτως ἀμφιάζει
ἀμφιέζει, T

ἈΜΦΙΒΆΛΛΩ 292.4

Mk 1 16 εἶδεν . . . ἀμφιβάλλοντας ἐν τῇ θαλάσσῃ

ἈΜΦΊΒΛΗΣΤΡΟΝ 293

Mt 4 18 εἶδεν δύο ἀδελφοὺς . . . βάλλοντας ἀμφίβληστρον εἰς τ. θάλασσαν

ἈΜΦΙΈΖΩ

v. ἀμφιάζω

ἈΜΦΙΈΝΝΥΜΙ * 294

Mt 6 30 εἰ δὲ τ. χορτὸν τ. ἀγροῦ . . . ὁ Θεὸς οὕτως ἀμφιέννυσιν
11 8 ἄνθρωπον ἐν μαλακοῖς ἠμφιεσμένον
Lu 7 25 ἄνθρωπον ἐν μαλακοῖς ἱματίοις ἠμφιεσμένον

ἈΜΦΊΠΟΛΙΣ 295

Ac 17 1 διοδεύσαντες δὲ τὴν Ἀμφίπολιν

ἌΜΦΟΔΟΝ 296

Mk 11 4 πῶλον δεδεμένον πρὸς θύραν ἔξω ἐπὶ τ. ἀμφόδου
Ac 19 28 δραμόντες εἰς τὸ ἄμφοδον
—h. v., TWH non mg. R

ἈΜΦΌΤΕΡΟΙ 297

Mt 9 17 κ. ἀμφότεροι συντηροῦνται
13 30 ἄφετε συναυξάνεσθαι ἀμφότερα
15 14 ἀμφότεροι εἰς βόθυνον πεσοῦνται
Lu 1 6 ἦσαν δὲ δίκαιοι ἀμφότεροι ἐναντίον τ. Θεοῦ
7 ἀμφότεροι προβεβηκότες ἐν τ. ἡμέραις αὐτῶν ἦσαν
5 7 ἔπλησαν ἀμφότερα τὰ πλοῖα
6 39 οὐχὶ ἀμφότεροι εἰς βόθυνον ἐμπεσοῦνται;
7 42 ἀμφοτέροις ἐχαρίσατο
Ac 8 38 κατέβησαν ἀμφότεροι εἰς τὸ ὕδωρ
19 16 κ. κατακυριεύσας ἀμφοτέρων
23 8 Φαρισαῖοι δὲ ὁμολογοῦσιν τὰ ἀμφότερα
Eph 2 14 ὁ ποιήσας τὰ ἀμφότερα ἕν
16 ἵνα . . . ἀποκαταλλάξῃ τ. ἀμφοτέρους ἐν ἑνὶ σώματι τ. Θεῷ
18 δι' αὐτοῦ ἔχομεν τ. προσαγωγὴν οἱ ἀμφότεροι

ἈΜΏΜΗΤΟΣ * 298

II Pe 3 14 σπουδάσατε ἄσπιλοι κ. ἀμώμητοι αὐτῷ εὑρεθῆναι

ἌΜΩΜΟΝ * 298.5

Re 18 13 πᾶν σκεῦος . . . μαρμάρου κ. κιννάμωμον κ. ἄμωμον

ἌΜΩΜΟΣ 299

Eph 1 4 εἶναι ἡμᾶς ἁγίους κ. ἀμώμους κατενώπιον αὐτοῦ
5 27 ἀλλ' ἵνα ᾖ ἁγία κ. ἄμωμος
Phl 2 15 τέκνα Θεοῦ ἄμωμα μέσον γενεᾶς σκολιᾶς
Col 1 22 παραστῆσαι ὑμᾶς ἁγίους κ. ἀμώμους κ. ἀνεγκλήτους
He 9 14 ἑαυτὸν προσήνεγκεν ἄμωμον τ. Θεῷ
I Pe 1 19 τιμίῳ αἵματι ὡς ἀμνοῦ ἀμώμου κ. ἀσπίλου Χριστοῦ
Ju 24 στῆσαι . . . ἀμώμους ἐν ἀγαλλιάσει
Re 14 5 ἄμωμοί εἰσιν

ἈΜΏΣ 300

Mt 1 10 Μανασσῆς δὲ ἐγέννησεν τ. Ἀμώς·
Ἀμὼς δὲ ἐγέννησεν τ. Ἰωσείαν
Lu 3 25 τοῦ Ματταθίου τοῦ Ἀμὼς τοῦ Ναούμ

ἌΝ 302

(1) ἕως ἄν (2) ὃς ἄν (3) ὅστις ἄν (4) c. indic. (5) c. opt. (6) ὅσοι ἄν (7) ὅπως ἄν (8) ὡς ἄν (9) ἄν τις, ἄν condit.

Mt 2 13 [1] ἴσθι ἐκεῖ ἕως ἂν εἴπω σοί
5 18 [1] ἕως ἂν παρέλθῃ ὁ οὐρανὸς κ. ἡ γῆ
18 [1] ἕως ἂν πάντα γένηται
[ἂν], WH
19 [2] ὃς δ' ἂν ποιήσῃ κ. διδάξῃ
21 [2] ὃς δ' ἂν φονεύσῃ
22 [2] ὃς δ' ἂν εἴπῃ τ. ἀδελφῷ αὐτοῦ
22 [2] ὃς δ' ἂν εἴπῃ Μωρέ
26 [1] ἕως ἂν ἀποδῷς τ. ἔσχατον κοδράντην
31 [2] ὃς ἂν ἀπολύσῃ τ. γυναῖκα αὐτοῦ
10 11 [2] εἰς ἣν δ' ἂν πόλιν ἢ κώμην εἰσέλθητε
11 [1] κἀκεῖ μείνατε ἕως ἂν ἐξέλθητε
14 [2] κ. ὃς ἂν μὴ δέξηται ὑμᾶς
33 [3] ὅστις δ' ἂν ἀρνήσηταί με
ὅστ. δὲ ἀρν., WH non mg.
42 [2] ὃς ἂν ποτίσῃ ἕνα τ. μικρῶν τούτων ποτήριον
ἐάν, T
11 6 [2] ὃς ἂν μὴ σκανδαλισθῇ ἐν ἐμοί
ἐάν, T
21 [4] πάλαι ἂν ἐν σάκκῳ κ. σποδῷ μετενόησαν
23 [4] ἔμεινεν ἂν μέχρι τῆς σήμερον
12 7 [4] οὐκ ἂν κατεδικάσατε τ. ἀναιτίους
20 [1] ἕως ἂν ἐκβάλῃ εἰς νῖκος τ. κρίσιν
לֶאֱמֶת יוֹצִיא מִשְׁפָּט, Is. xlii. 3
32 [2] ὃς δ' ἂν εἴπῃ κατὰ τ. πνεύματος τ. ἁγίου
50 [3] ὅστις γὰρ ἂν ποιήσῃ τὸ θέλημα
15 5 [2] ὃς ἂν εἴπῃ τ. πατρὶ ἢ τ. μητρί
16 25 [2] ὃς δ' ἂν ἀπολέσῃ τ. ψυχὴν αὐτοῦ
28 [1] ἕως ἂν ἴδωσιν τ. υἱὸν τ. ἀνθρώπου ἐρχόμενον
18 6 [2] ὃς δ' ἂν σκανδαλίσῃ ἕνα τ. μικρῶν τούτων
19 9 [2] ὃς ἂν ἀπολύσῃ τ. γυναῖκα αὐτοῦ
20 26 [2] ὃς ἂν θέλῃ ἐν ὑμῖν μέγας γενέσθαι
ἐάν, T
27 [2] ὃς ἂν θέλῃ ἐν ὑμῖν εἶναι πρῶτος

Mt 21 22 [6] πάντα ὅσα ἂν αἰτήσητε ἐν τ. προσευχῇ
44 [2] ἐφ' ὃν δ' ἂν πέσῃ
—h. v., T [WH] R mg.
22 44 [1] ἕως ἂν θῶ τ. ἐχθρούς σου ὑποκάτω τ. ποδῶν σου
עַד אָשִׁית אֹיְבֶיךָ הֲדֹם לְרַגְלֶיךָ, Ps. cx. 1
23 16 [2] ὃς ἂν ὀμόσῃ ἐν τ. ναῷ οὐδέν ἐστιν·
[2] ὃς δ' ἂν ὀμόσῃ ἐν τ. χρυσῷ τ. ναοῦ
18 [2] ὃς ἂν ὀμόσῃ ἐν τ. θυσιαστηρίῳ οὐδέν ἐστιν·
[2] ὃς δ' ἂν ὀμόσῃ ἐν τ. δώρῳ τῷ ἐπάνω αὐτοῦ
30 [4] οὐκ ἂν ἤμεθα αὐτῶν κοινωνοί
39 [1] ἕως ἂν εἴπητε
24 22 [4] οὐκ ἂν ἐσώθη πᾶσα σάρξ
34 [1] ἕως ἂν πάντα ταῦτα γένηται
[ἂν], WH
43 [4] εἰ ᾔδει ὁ οἰκοδεσπότης . . . ἐγρηγόρησεν ἄν,
[4] κ. οὐκ ἂν εἴασε διορυχθῆναι τ. οἰκίαν αὐτοῦ
25 27 [4] ἐκομισάμην ἂν τὸ ἐμὸν σὺν τόκῳ
26 48 [2] ὃν ἂν φιλήσω αὐτός ἐστιν
ἐάν, T

Mk 3 28 [6] κ. αἱ βλασφημίαι ὅσα ἂν βλασφημήσωσιν
ἐάν, WH
29 [2] ὃς δ' ἂν βλασφημήσῃ εἰς τὸ πνεῦμα τὸ ἅγιον
35 [2] ὃς ἂν ποιήσῃ τὸ θέλημα τ. Θεοῦ
6 10 [1] ἐκεῖ μένετε ἕως ἂν ἐξέλθητε ἐκεῖθεν.
11 [2] κ. ὃς ἂν τόπος μὴ δέξηται ὑμᾶς
56 [4] ὅπου ἂν εἰσεπορεύετο εἰς κώμας
ἐάν, T
56 [6] ὅσοι ἂν ἥψαντο αὐτοῦ ἐσώζοντο
8 35 [2] [4] ὃς δ' ἂν ἀπολέσει τ. ψυχὴν αὐτοῦ
9 1 [1] ἕως ἂν ἴδωσιν τ. βασιλείαν τ. Θεοῦ
37 [2] ὃς ἂν ἓν τ. τοιούτων παιδίων δέξηται
37 [2] κ. ὃς ἂν ἐμὲ δέχηται
41 [2] ὃς γὰρ ἂν ποτίσῃ ὑμᾶς ποτήριον ὕδατος
42 [2] ὃς ἂν σκανδαλίσῃ ἕνα τ. μικρῶν τούτων
10 11 [2] ὃς ἂν ἀπολύσῃ τ. γυναῖκα αὐτοῦ
15 [2] ὃς ἂν μὴ δέξηται τ. βασιλείαν τ. Θεοῦ
43 [2] ἀλλ' ὃς ἂν θέλῃ μέγας γενέσθαι ἐν ὑμῖν
44 [2] κ. ὃς ἂν θέλῃ ἐν ὑμῖν εἶναι πρῶτος
11 23 [2] ὃς ἂν εἴπῃ τ. ὄρει τούτῳ
12 36 [1] ἕως ἂν θῶ τ. ἐχθρούς σου ὑποκάτω τ. ποδῶν σου, Ps. *l.c.*
13 20 [4] οὐκ ἂν ἐσώθη πᾶσα σάρξ
14 44 [2] ὃν ἂν φιλήσω αὐτός ἐστιν

Lu 1 62 [5] τὸ τί ἂν θέλοι καλεῖσθαι αὐτό
2 26 πρὶν ἢ ἂν ἴδῃ τ. Χριστὸν Κύριον
35 [7] ὅπως ἂν ἀποκαλυφθῶσιν . . . διαλογισμοί
4 6 [2] ᾧ ἂν θέλω δίδωμι αὐτήν
ἐάν, T
6 11 [5] διελάλουν . . . τί ἂν ποιήσαιεν τῷ Ἰησοῦ
7 39 [4] ἐγίνωσκεν ἂν τίς κ. ποταπὴ ἡ γυνή
8 18 [2] ὃς ἂν γὰρ ἔχῃ δοθήσεται αὐτῷ·
[2] κ. ὃς ἂν μὴ ἔχῃ
9 4 [2] εἰς ἣν ἂν οἰκίαν εἰσέλθητε

Lu 9 5 [6] κ. ὅσοι ἂν μὴ δέχωνται ὑμᾶς
24 [2] ὃς γὰρ ἂν θέλῃ τ. ψυχὴν αὐτοῦ σῶσαι
ἐάν, T
24 [2] ὃς δ' ἂν ἀπολέσῃ τ. ψυχὴν αὐτοῦ
26 [2] ὃς γὰρ ἂν ἐπαισχυνθῇ με
27 [1] ἕως ἂν ἴδωσιν τ. βασιλείαν τ. Θεοῦ
46 [5] τὸ τίς ἂν εἴη μείζων αὐτῶν
48 [2] ὃς ἂν δέξηται τοῦτο τὸ παιδίον
ἐάν, T
48 [2] κ. ὃς ἂν ἐμὲ δέξηται
57 ἀκολουθήσω σοι ὅπου ἂν ἀπέρχῃ
10 5 [2] εἰς ἣν δ' ἂν εἰσέλθητε οἰκίαν
8 [2] κ. εἰς ἣν ἂν πόλιν εἰσέρχησθε
10 [2] εἰς ἣν δ' ἂν πόλιν εἰσέλθητε
13 [4] πάλαι ἂν ἐν σάκκῳ κ. σποδῷ καθήμενοι μετενόησαν
22 [2] ᾧ ἂν βούληται ὁ υἱὸς ἀποκαλύψαι
ἐάν, T
35 [3] ὅτι ἂν προσδαπανήσῃς
12 8 [2] [4] πᾶς ὃς ἂν ὁμολογήσει ἐν ἐμοί
ὁμολογήσῃ, T
39 [4] εἰ ᾔδει ὁ οἰκοδεσπότης . . . ἐγρηγόρησεν ἄν,
—ἐγρ. ἄν, TWH mg.
[4] κ. οὐκ ἂν ἀφῆκεν διορυχθῆναι τ. οἶκον αὐτοῦ
—ἄν, WH non mg. R
13 25 [2] ἀφ' οὗ ἂν ἐγερθῇ ὁ οἰκοδεσπότης
15 26 [5] ἐπυνθάνετο τί ἂν εἴη ταῦτα
—ἄν, T
17 6 [4] ἐλέγετε ἂν τῇ συκαμίνῳ ταύτῃ
6 [4] κ. ὑπήκουσεν ἂν ὑμῖν
33 [2] [4] ὃς δ' ἂν ἀπολέσει
κ. ὃς ἐάν, T
18 17 [2] ὃς ἂν μὴ δέξηται τ. βασιλείαν τ. Θεοῦ
36 [5] ἐπυνθάνετο τί ἂν εἴη τοῦτο
—ἄν, TWH non mg. R
19 23 [4] κἀγὼ ἐλθὼν σὺν τόκῳ ἂν αὐτὸ ἔπραξα
20 18 [2] ἐφ' ὃν δ' ἂν πέσῃ
43 [1] ἕως ἂν θῶ τ. ἐχθρούς σου ὑποπόδιον τ. ποδῶν σου
עַד אָשִׁית אֹיְבֶיךָ הֲדֹם לְרַגְלֶיךָ, Ps. cx. 1
21 32 [1] ἕως ἂν πάντα γένηται
[ἂν], WH

Jo 1 33 [2] ἐφ' ὃν ἂν ἴδῃς τὸ πνεῦμα καταβαῖνον
2 5 [3] ὅ τι ἂν λέγῃ ὑμῖν ποιήσατε
4 10 [4] σὺ ἂν ᾔτησας αὐτόν,
[4] κ. ἔδωκεν ἄν σοι ὕδωρ ζῶν
14 [2] ὃς δ' ἂν πίῃ ἐκ τ. ὕδατος
5 19 [9] ἂν μή τι βλέπῃ τὸν πατέρα ποιοῦντα·
[2] ἃ γὰρ ἂν ἐκεῖνος ποιῇ
46 [4] εἰ γὰρ ἐπιστεύετε Μωυσεῖ ἐπιστεύετε ἂν ἐμοί
8 19 [4] εἰ ἐμὲ ᾔδειτε κ. τ. πατέρα μου ἂν ᾔδειτε
42 [4] εἰ ὁ Θεὸς πατὴρ ὑμῶν ἦν ἠγαπᾶτε ἂν ἐμέ
9 41 [4] εἰ τυφλοὶ ἦτε οὐκ ἂν εἴχετε ἁμαρτίαν
11 21 [4] εἰ ἦς ὧδε οὐκ ἂν ἀπέθανεν ὁ ἀδελφός μου
22 [6] οἶδα ὅτι ὅσα ἂν αἰτήσῃ τ. Θεόν
32 [4] εἰ ἦς ὧδε οὐκ ἄν μου ἀπέθανεν ὁ ἀδελφός
12 32 [9] κἀγὼ ἂν ὑψωθῶ ἐκ τ. γῆς
ἐάν, T

Jo 13 20 [9] ὁ λαμβάνων ἄν τινα πέμψω
14 2 [4] εἰ δὲ μή εἶπον ἂν ὑμῖν
7 [4] εἰ ἐγνώκειτέ με κ. τ. πατέρα μου ἂν ᾔδειτε
τ. πατ. μ. γνώσεσθε, T
13 [3] ὅτι ἂν αἰτήσητε ἐν τ. ὀνόματί μου
28 [4] εἰ ἠγαπᾶτέ με ἐχάρητε ἄν
15 16 [3] ἵνα ὅτι ἂν αἰτήσητε τ. πατέρα ἐν τ. ὀνόματί μου
19 [4] εἰ ἐκ τ. κόσμου ἦτε ὁ κόσμος ἂν τὸ ἴδιον ἐφίλει
16 23 [9] ἄν τι αἰτήσητε τ. πατέρα δώσει ὑμῖν
18 30 [4] οὐκ ἄν σοι παρεδώκαμεν αὐτόν
36 [4] οἱ ὑπηρέται οἱ ἐμοὶ ἠγωνίζοντο ἄν
οἱ ὑπ. ἂν οἱ ἐμ. ἠγ., T
20 23 [9] ἄν τινων ἀφῆτε τ. ἁμαρτίας ἀφέωνται αὐτοῖς·
[9] ἄν τινων κρατῆτε κεκράτηνται

Ac 2 21 [2] πᾶς ὃς ἂν ἐπικαλέσηται τὸ ὄνομα Κυρίου
ἐὰν, WH
כֹּל אֲשֶׁר־יִקְרָא בְּשֵׁם יְהוָה, Joel iii. 5
35 [1] ἕως ἂν θῶ τ. ἐχθρούς σου ὑποπόδιον τ. ποδῶν σου, Ps. *l.c.*
39 [6] ὅσους ἂν προσκαλέσηται Κύριος ὁ Θεὸς ἡμῶν
45 [4] [9] καθότι ἄν τις χρείαν εἶχεν
3 19 [7] ὅπως ἂν ἔλθωσιν καιροὶ ἀναψύξεως
22 [6] πάντα ὅσα ἂν λαλήσῃ πρὸς ὑμᾶς
23 [3] πᾶσα ψυχὴ ἥτις ἂν μὴ ἀκούσῃ τ. προφήτου ἐκείνου
הָאִישׁ אֲשֶׁר לֹא־יִשְׁמַע אֶל־דְּבָרַי אֲשֶׁר יְדַבֵּר בִּשְׁמִי, Deut. xviii. 19
4 35 [4] [9] καθότι ἄν τις χρείαν εἶχεν
5 24 [5] διηπόρουν . . . τί ἂν γένοιτο τοῦτο
7 3 [2] δεῦρο εἰς τ. γῆν ἣν ἄν σοι δείξω
אֶל־הָאָרֶץ אֲשֶׁר אַרְאֶךָּ, Gen. xii. 1
7 [2] [4] τὸ ἔθνος ᾧ ἂν δουλεύσουσιν
ἐὰν, T
8 31 [5] πῶς γὰρ ἂν δυναίμην
9 2 [7] [9] ὅπως ἄν τινας εὕρῃ τῆς ὁδοῦ ὄντας
ἐὰν, WH
10 17 [5] διηπόρει . . . τί ἂν εἴη τὸ ὅραμα
15 17 [7] ὅπως ἂν ἐκζητήσωσιν οἱ κατάλοιποι τ. ἀνθρώπων
לְמַעַן יִירְשׁוּ אֶת־שְׁאֵרִית אֱדוֹם, Am. ix. 12
17 18 [5] τί ἂν θέλοι ὁ σπερμολόγος οὗτος λέγειν;
18 14 [4] κατὰ λόγον ἂν ἀνεσχόμην ὑμῶν
26 29 [4] [5] εὐξαίμην ἂν τ. Θεῷ
εὐξάμην, T

Ro 3 4 [7] ὅπως ἂν δικαιωθῇς ἐν τ. λόγοις σου
לְמַעַן־תִּצְדַּק בְּדָבְרֶךָ, Ps. li. 6
9 15 [2] ἐλεήσω ὃν ἂν ἐλεῶ κ. οἰκτειρήσω ὃν ἂν οἰκτείρω
הַנֹּתִי אֶת־אֲשֶׁר אָחֹן וְרִחַמְתִּי אֶת־אֲשֶׁר אֲרַחֵם, Ex. xxxiii. 19
29 [4] ὡς Σόδομα ἂν ἐγενήθημεν,
כִּסְדֹם הָיִינוּ, Is. i. 9

Ro 9 29 [4] κ. ὡς Γόμορρα ἂν ὡμοιώθημεν
לַעֲמֹרָה דָּמִינוּ, *ib.*
10 13 [2] πᾶς γὰρ ὃς ἂν ἐπικαλέσηται τὸ ὄνομα Κυρίου
כֹּל אֲשֶׁר־יִקְרָא בְּשֵׁם יְהוָה, Joel iii. 5
15 24 [8] ὡς ἂν πορεύωμαι εἰς τ. Σπανίαν
16 2 [2] ἐν ᾧ ἂν ὑμῶν χρῄζῃ πράγματι

I Co 2 8 [4] οὐκ ἂν τ. Κύριον τ. δόξης ἐσταύρωσαν
4 5 [1] ἕως ἂν ἔλθῃ ὁ Κύριος
7 5 εἰ μήτι ἂν ἐκ συμφώνου πρὸς καιρόν
[ἂν], WH
11 27 [2] ὥστε ὃς ἂν ἐσθίῃ τ. ἄρτον . . . ἀναξίως
31 [4] εἰ δὲ ἑαυτοὺς διεκρίνομεν οὐκ ἂν ἐκρινόμεθα
34 [8] ὡς ἂν ἔλθω
12 2 [4] [8] ὡς ἂν ἤγεσθε
16 2 [3] θησαυρίζων ὅ τι ἂν εὐοδῶται
ὅτι ἐὰν, WH

II Co 3 15 ἡνίκα ἂν ἀναγινώσκηται Μωυσῆς
16 ἡνίκα δ' ἂν ἐπιστρέψῃ πρὸς Κύριον
δὲ ἐὰν, TWH non mg.
8 12 καθὸ ἂν ἔχῃ εὐπρόσδεκτος
ἐὰν, WH
10 9 [8] ἵνα μὴ δόξω ὡς ἂν ἐκφοβεῖν ὑμᾶς
11 21 [2] ἐν ᾧ δ' ἄν τις τολμᾷ

Ga 1 10 [4] Χριστοῦ δοῦλος οὐκ ἂν ἤμην
3 19 ἄχρις ἂν ἔλθῃ τὸ σπέρμα
ἄχρ. οὗ, TWH mg.
21 [4] ὄντως ἐν νόμῳ ἂν ἦν ἡ δικαιοσύνη
ἐκ νόμου ἦν ἄν, TWH mg. R; [ἂν], WH mg.

Phl 2 23 [8] ὡς ἂν ἀφίδω τὰ περὶ ἐμέ

Col 3 17 [3] πᾶν ὅ τι ἂν ποιῆτε ἐν λόγῳ ἢ ἐν ἔργῳ
ὅτι ἐὰν, WH

He 1 13 [1] ἕως ἂν θῶ τ. ἐχθρούς σου ὑποπόδιον τ. ποδῶν σου, Ps. cx. 1
4 8 [4] οὐκ ἂν περὶ ἄλλης ἐλάλει μετὰ ταῦτα ἡμέρας
8 4 [4] οὐδ' ἂν ἦν ἱερεύς
7 [4] οὐκ ἂν δευτέρας ἐζητεῖτο τόπος
10 2 [4] ἐπεὶ οὐκ ἂν ἐπαύσαντο προσφερόμεναι
11 15 [4] εἶχον ἂν καιρὸν ἀνακάμψαι

I Jo 2 5 [2] ὃς δ' ἂν τηρῇ αὐτοῦ τ. λόγον
19 [4] εἰ γὰρ ἐξ ἡμῶν ἦσαν μεμενήκεισαν ἂν μεθ' ἡμῶν
3 17 [2] ὃς δ' ἂν ἔχῃ τ. βίον τ. κόσμου
22 [2] ὃ ἂν αἰτῶμεν λαμβάνομεν ἀπ' αὐτοῦ
ἐὰν, T
4 15 [2] ὃς ἂν ὁμολογήσῃ ὅτι Ἰησοῦς ἐστὶν ὁ υἱὸς τ. Θεοῦ
ἐὰν, WH

Re 2 25 [2] ἄχρι οὗ ἂν ἥξω
14 4 [4] οὗτοι οἱ ἀκολουθοῦντες τ. ἀρνίῳ ὅπου ἂν ὑπάγει
ὑπάγῃ, T

'ΑΝΑ' 303

(1) ἀνὰ μέσον **(2) ἀνὰ εἷς ἕκαστος**

Mt 13 25 [1] ἐπέσπειρεν ζιζάνια ἀνὰ μέσον τ. σίτου
20 9 οἱ περὶ τ. ἑνδεκάτην ὥραν ἔλαβον ἀνὰ δηνάριον
10 ἔλαβον τὸ ἀνὰ δηνάριον κ. αὐτοί

Mk 7 31 [1] ἦλθεν . . . ἀνὰ μέσον τ. ὁρίων Δεκαπόλεως
Lu 9 3 μήτε ἀνὰ δύο χιτῶνας ἔχειν
—ἀνὰ, WHR
14 κατακλίνατε αὐτοὺς κλισίας ὡσεὶ ἀνὰ πεντήκοντα
10 1 ἀπέστειλεν αὐτοὺς ἀνὰ δύο [δύο] πρὸ προσώπου αὐτοῦ
Jo 2 6 χωροῦσαι ἀνὰ μετρητὰς δύο ἢ τρεῖς
1 Co 6 5 [1] διακρῖναι ἀνὰ μέσον τ. ἀδελφοῦ αὐτοῦ
14 27 κατὰ δύο ἢ τὸ πλεῖστον τρεῖς κ. ἀνὰ μέρος
Re 4 8 ἔχων ἀνὰ πτέρυγας ἕξ
7 17 [1] τὸ ἀρνίον τὸ ἀνὰ μέσον τ. θρόνου ποιμανεῖ αὐτούς
21 21 [2] ἀνὰ εἷς ἕκαστος τ. πυλώνων

ἈΝΑΒΑΘΜΌΣ 304

Ac 21 35 ὅτε δὲ ἐγένετο ἐπὶ τ. ἀναβαθμούς
40 ὁ Παῦλος ἑστὼς ἐπὶ τ. ἀναβαθμῶν

ἈΝΑΒΑΊΝΩ 305

(1) ἀναβ. εἰς (2) ἀναβ. ἐπί

Mt 3 16 βαπτισθεὶς δὲ ὁ Ἰησοῦς εὐθὺς ἀνέβη ἀπὸ τ. ὕδατος
5 1 [1] ἰδὼν δὲ τ. ὄχλους ἀνέβη εἰς τὸ ὄρος
13 7 κ. ἀνέβησαν αἱ ἄκανθαι
14 23 [1] ἀνέβη εἰς τὸ ὄρος κατ' ἰδίαν προσεύξασθαι
32 [1] ἀναβάντων αὐτῶν εἰς τὸ πλοῖον
15 29 [1] ἀναβὰς εἰς τὸ ὄρος ἐκάθητο ἐκεῖ
17 27 τ. ἀναβάντα πρῶτον ἰχθὺν ἆρον
20 17 [1] μέλλων δὲ ἀναβαίνειν Ἰησοῦς εἰς Ἱεροσόλυμα
κ. ἀναβαίνων ὁ Ἰ., TWH mg. R
18 [1] ἰδοὺ ἀναβαίνομεν εἰς Ἱεροσόλυμα
Mk 1 10 εὐθὺς ἀναβαίνων ἐκ τ. ὕδατος
3 13 [1] ἀναβαίνει εἰς τὸ ὄρος
4 7 κ. ἀνέβησαν αἱ ἄκανθαι
8 ἐδίδου καρπὸν ἀναβαίνοντα κ. αὐξανόμενα
32 ὅταν σπαρῇ ἀναβαίνει
6 51 [1] ἀνέβη πρὸς αὐτοὺς εἰς τὸ πλοῖον
10 32 [1] ἦσαν δὲ ἐν τῇ ὁδῷ ἀναβαίνοντες εἰς Ἱεροσόλυμα
33 [1] ἰδοὺ ἀναβαίνομεν εἰς Ἱεροσόλυμα
15 8 ἀναβὰς ὁ ὄχλος ἤρξατο αἰτεῖσθαι
Lu 2 4 [1] ἀνέβη δὲ κ. Ἰωσὴφ ἀπὸ τ. Γαλιλαίας
42 ἀναβαινόντων αὐτῶν κατὰ τὸ ἔθος τ. ἑορτῆς
5 19 [2] ἀναβάντες ἐπὶ τὸ δῶμα
9 28 [1] ἀνέβη εἰς τὸ ὄρος προσεύξασθαι
18 10 [1] ἄνθρωποι δύο ἀνέβησαν εἰς τὸ ἱερὸν προσεύξασθαι
31 [1] ἰδοὺ ἀναβαίνομεν εἰς Ἱερουσαλήμ
19 4 [2] προδραμὼν εἰς τὸ ἔμπροσθεν ἀνέβη ἐπὶ συκομορέαν
28 [1] ἐπορεύετο ἔμπροσθεν ἀναβαίνων εἰς Ἱεροσόλυμα
24 38 διὰ τί διαλογισμοὶ ἀναβαίνουσιν ἐν τῇ καρδίᾳ ὑμῶν;
Jo 1 51 τ. ἀγγέλους τ. Θεοῦ ἀναβαίνοντας κ. καταβαίνοντας
2 13 [1] ἀνέβη εἰς Ἱεροσόλυμα ὁ Ἰησοῦς
3 13 [1] οὐδεὶς ἀναβέβηκεν εἰς τ. οὐρανόν
Jo 5 1 [1] ἀνέβη Ἰησοῦς εἰς Ἱεροσόλυμα
6 62 ἐὰν οὖν θεωρῆτε τ. υἱὸν τ. ἀνθρώπου ἀναβαίνοντα
7 8 [1] ὑμεῖς ἀνάβητε εἰς τ. ἑορτήν·
[1] ἐγὼ οὔπω ἀναβαίνω εἰς τ. ἑορτὴν ταύτην
οὐκ ἀναβ., TWH mg. R mg.
10 [1] ὡς δὲ ἀνέβησαν οἱ ἀδελφοὶ αὐτοῦ εἰς τ. ἑορτήν,
τότε κ. αὐτὸς ἀνέβη
7 14 [1] ἀνέβη Ἰησοῦς εἰς τὸ ἱερόν
10 1 ἀλλὰ ἀναβαίνων ἀλλαχόθεν
11 55 [1] ἀνέβησαν πολλοὶ εἰς Ἱεροσόλυμα ἐκ τ. χώρας
12 20 ἦσαν δὲ Ἕλληνές τινες ἐκ τ. ἀναβαινόντων
20 17 οὔπω γὰρ ἀναβέβηκα πρὸς τ. πατέρα
17 ἀναβαίνω πρὸς τ. πατέρα μου κ. πατέρα ὑμῶν
21 11 ἀνέβη οὖν Σίμων Πέτρος
Ac 1 13 [1] εἰς τὸ ὑπερῷον ἀνέβησαν
2 34 [1] οὐ γὰρ Δαυεὶδ ἀνέβη εἰς τ. οὐρανούς
3 1 [1] Πέτρος δὲ κ. Ἰωάνης ἀνέβαινον εἰς τὸ ἱερόν
7 23 [2] ἀνέβη ἐπὶ τ. καρδίαν αὐτοῦ
8 31 παρεκάλεσέν τε τ. Φίλιππον ἀναβάντα καθίσαι
39 ὅτε δὲ ἀνέβησαν ἐκ τ. ὕδατος
10 4 [1] αἱ προσευχαί σου . . . ἀνέβησαν εἰς μνημόσυνον
9 [2] ἀνέβη Πέτρος ἐπὶ τὸ δῶμα προσεύξασθαι
11 2 [1] ὅτε δὲ ἀνέβη Πέτρος εἰς Ἱερουσαλήμ
15 2 [1] ἔταξαν ἀναβαίνειν Παῦλον κ. Βαρνάβαν
18 22 ἀναβὰς κ. ἀσπασάμενος τ. ἐκκλησίαν
20 11 ἀναβὰς δὲ κ. κλάσας τ. ἄρτον
21 6 [1] ἀνέβημεν εἰς τὸ πλοῖον
ἐνέβημεν, WHR
12 [1] τοῦ μὴ ἀναβαίνειν αὐτὸν εἰς Ἱερουσαλήμ
15 [1] ἀποσκευασάμενοι ἀνεβαίνομεν εἰς Ἱεροσόλυμα
31 ἀνέβη φάσις τ. χιλιάρχῳ τ. σπείρης
24 11 [1] ἀφ' ἧς ἀνέβην προσκυνήσων εἰς Ἱερουσαλήμ
25 1 [1] μετὰ τρεῖς ἡμέρας ἀνέβη εἰς Ἱεροσόλυμα
9 [1] θέλεις εἰς Ἱεροσόλυμα ἀναβάς
Ro 10 6 [1] τίς ἀναβήσεται εἰς τ. οὐρανόν;
מִי יַעֲלֶה־לָּנוּ הַשָּׁמַיְמָה, Deut. xxx. 12
1 Co 2 9 [2] ἐπὶ καρδίαν ἀνθρώπου οὐκ ἀνέβη
Gal 2 1 [1] πάλιν ἀνέβην εἰς Ἱεροσόλυμα
2 ἀνέβην δὲ κατὰ ἀποκάλυψιν
Eph 4 8 [1] ἀναβὰς εἰς ὕψος ᾐχμαλώτευσεν αἰχμαλωσίαν
עָלִיתָ לַמָּרוֹם שָׁבִיתָ שֶּׁבִי, Ps. lxviii. 19
9 τὸ δὲ Ἀνέβη τί ἐστίν
10 αὐτός ἐστιν κ. ὁ ἀναβάς
Re 4 1 ἡ φωνὴ ἡ πρώτη . . . ὡς σάλπιγγος λέγων Ἀνάβα ὧδε
7 2 εἶδον ἄλλον ἄγγελον ἀναβαίνοντα ἀπὸ ἀνατολῆς ἡλίου
8 4 ἀνέβη ὁ καπνὸς τ. θυμιαμάτων
9 2 ἀνέβη καπνὸς ἐκ τ. φρέατος
11 7 τὸ θηρίον τὸ ἀναβαῖνον ἐκ τῆς ἀβύσσου
12 ἤκουσα φωνῆς μεγάλης . . . λεγούσης αὐτοῖς Ἀνάβατε ὧδε,

Re 11 12 [1] κ. ἀνέβησαν εἰς τ. οὐρανὸν ἐν τ. νεφέλῃ
13 1 εἶδον ἐκ τ. θαλάσσης θηρίον ἀναβαῖνον
11 εἶδον ἄλλο θηρίον ἀναβαῖνον ἐκ τ. γῆς
14 11 ὁ καπνὸς τ. βασανισμοῦ αὐτῶν εἰς αἰῶνας αἰώνων ἀναβαίνει
17 8 μέλλει ἀναβαίνειν ἐκ τῆς ἀβύσσου
19 3 ὁ καπνὸς αὐτῆς ἀναβαίνει εἰς τ. αἰῶνας τ. αἰώνων
20 9 [2] ἀνέβησαν ἐπὶ τὸ πλάτος τ. γῆς

ἈΝΑΒΆΛΛΟΜΑΙ 306

Ac 24 22 ἀνεβάλετο δὲ αὐτοὺς ὁ Φῆλιξ

ἈΝΑΒΙΒΆΖΩ 307

Mt 13 48 ἣν . . . ἀναβιβάσαντες ἐπὶ τ. αἰγιαλόν

ἈΝΑΒΛΈΠΩ 308

Mt 11 5 τυφλοὶ ἀναβλέπουσιν
14 19 ἀναβλέψας εἰς τ. οὐρανόν
20 34 εὐθέως ἀνέβλεψαν κ. ἠκολούθησαν αὐτῷ
Mk 6 41 ἀναβλέψας εἰς τ. οὐρανόν
7 34 ἀναβλέψας εἰς τ. οὐρανόν
8 24 κ. ἀναβλέψας ἔλεγεν
10 51 Ῥαββουνεὶ ἵνα ἀναβλέψω
52 εὐθὺς ἀνέβλεψεν κ. ἠκολούθει αὐτῷ
16 4 ἀναβλέψασαι θεωροῦσιν ὅτι ἀνακεκύλισται ὁ λίθος
Lu 7 22 τυφλοὶ ἀναβλέπουσιν
9 16 ἀναβλέψας εἰς τ. οὐρανόν
18 41 Κύριε ἵνα ἀναβλέψω.
42 κ. ὁ Ἰησοῦς εἶπεν αὐτῷ Ἀνάβλεψον
43 κ. παραχρῆμα ἀνέβλεψεν
19 5 ἀναβλέψας ὁ Ἰησοῦς εἶπεν πρὸς αὐτόν
21 1 ἀναβλέψας δὲ εἶδεν τ. βάλλοντας . . . τὰ δῶρα αὐτῶν
Jo 9 11 ἀπελθὼν οὖν κ. νιψάμενος ἀνέβλεψα
15 πάλιν οὖν ἠρώτων αὐτὸν . . . πῶς ἀνέβλεψεν
18 ὅτι ἦν τυφλὸς κ. ἀνέβλεψεν, ἕως ὅτου ἐφώνησαν τ. γονεῖς αὐτοῦ τ. ἀναβλέψαντος
Ac 9 12 ἐπιθέντα αὐτῷ τ. χεῖρας ὅπως ἀναβλέψῃ
17 ὁ Κύριος ἀπέσταλκέν με . . . ὅπως ἀναβλέψῃς
18 εὐθέως ἀπέπεσαν . . . ὡς λεπίδες ἀνέβλεψέν τε
22 13 Σαοὺλ ἀδελφὲ ἀνάβλεψον· κἀγὼ αὐτῇ τ. ὥρᾳ ἀνέβλεψα εἰς αὐτόν

ἈΝΆΒΛΕΨΙΣ † 309

Lu 4 18 κηρύξαι αἰχμαλώτοις ἄφεσιν κ. τυφλοῖς ἀνάβλεψιν

לִקְרֹא לִשְׁבוּיִם דְּרוֹר וְלַאֲסוּרִים פְּקַח־קוֹחַ

Is. lxi. 1

ἈΝΑΒΟΆΩ 310

Mt 27 46 ἀνεβόησεν ὁ Ἰησοῦς φωνῇ μεγάλῃ
ἐβόησεν, WH

ἈΝΑΒΟΛΉ 311

Ac 25 17 ἀναβολὴν μηδεμίαν ποιησάμενος

ἈΝΆΓΑΙΟΝ * 311.5

Mk 14 15 αὐτὸς ὑμῖν δείξει ἀνάγαιον μέγα ἐστρωμένον
Lu 22 12 κἀκεῖνος ὑμῖν δείξει ἀνάγαιον μέγα ἐστρωμένον

ἈΝΑΓΓΈΛΛΩ 312

Mt 28 11 ἀνήγγειλαν τ. ἀρχιερεῦσιν ἅπαντα τὰ γενόμενα
ἀπήγγειλαν, WH
Jo 4 25 ὅταν ἔλθῃ ἐκεῖνος ἀναγγελεῖ ἡμῖν ἅπαντα
5 15 ἀπῆλθεν ὁ ἄνθρωπος κ. ἀνήγγειλε τ. Ἰουδαίοις.
εἶπεν, TWH non mg.
16 13 τὰ ἐρχόμενα ἀναγγελεῖ ὑμῖν
14 ἐκ τ. ἐμοῦ λήμψεται κ. ἀναγγελεῖ ὑμῖν
15 ἐκ τ. ἐμοῦ λαμβάνει κ. ἀναγγελεῖ ὑμῖν
Ac 14 27 ἀνήγγελλον ὅσα ἐποίησεν ὁ Θεὸς μετ' αὐτῶν
15 4 ἀνήγγειλάν τε ὅσα ὁ Θεὸς ἐποίησεν μετ' αὐτῶν
19 18 ἀναγγέλλοντες τ. πράξεις αὐτῶν
20 20 τοῦ μὴ ἀναγγεῖλαι ὑμῖν κ. διδάξαι ὑμᾶς
27 τοῦ μὴ ἀναγγεῖλαι πᾶσαν τ. βουλὴν τ. Θεοῦ ὑμῖν
Ro 15 21 ὄψονται οἷς οὐκ ἀνηγγέλη περὶ αὐτοῦ
οἷς οὐκ ἀν. π. αὐτ. ὄψ., TWH mg.
II Co 7 7 ἀναγγέλλων ἡμῖν τὴν ὑμῶν ἐπιπόθησιν
I Pe 1 12 ἃ νῦν ἀνηγγέλη ὑμῖν διὰ τ. εὐαγγελισαμένων ὑμᾶς
I Jo 1 5 ἣν ἀκηκόαμεν ἀπ' αὐτοῦ κ. ἀναγγέλλομεν ὑμῖν

ἈΝΑΓΕΝΝΆΩ ** † 313

I Pe 1 3 ὁ κατὰ τὸ πολὺ αὐτοῦ ἔλεος ἀναγεννήσας ἡμᾶς
23 ἀναγεγεννημένοι οὐκ ἐκ σπορᾶς φθαρτῆς

ἈΝΑΓΙΝΏΣΚΩ 314

Mt 12 3 οὐκ ἀνέγνωτε τί ἐποίησεν Δαυείδ
5 ἢ οὐκ ἀνέγνωτε ἐν τ. νόμῳ
19 4 οὐκ ἀνέγνωτε ὅτι ὁ κτίσας ἀπ' ἀρχῆς
21 16 οὐδέποτε ἀνέγνωτε
42 οὐδέποτε ἀνέγνωτε ἐν τ. γραφαῖς
22 31 οὐκ ἀνέγνωτε τὸ ῥηθὲν ὑμῖν ὑπὸ τ. Θεοῦ
24 15 ὁ ἀναγινώσκων νοείτω
Mk 2 25 οὐδέποτε ἀνέγνωτε τί ἐποίησεν Δαυείδ
12 10 οὐδὲ τ. γραφὴν ταύτην ἀνέγνωτε;
26 οὐκ ἀνέγνωτε ἐν τῇ βίβλῳ Μωυσέως
13 14 ὁ ἀναγινώσκων νοείτω
Lu 4 16 ἀνέστη ἀναγνῶναι
6 3 οὐδὲ τοῦτο ἀνέγνωτε
10 26 πῶς ἀναγινώσκεις;
Jo 19 20 τοῦτον οὖν τ. τίτλον πολλοὶ ἀνέγνωσαν τ. Ἰουδαίων
Ac 8 28 ἀνεγίνωσκεν Ἠσαίαν τ. προφήτην
30 προσδραμὼν δὲ ὁ Φίλιππος ἤκουσεν αὐτοῦ ἀναγινώσκοντος Ἠσαίαν τ. προφήτην
30 ἆρά γε γινώσκεις ἃ ἀναγινώσκεις;
32 ἡ δὲ περιοχὴ τ. γραφῆς ἣν ἀνεγίνωσκεν
13 27 τ. φωνὰς τ. προφητῶν τὰς κατὰ πᾶν σάββατον ἀναγινωσκομένας
15 21 ἐν τ. συναγωγαῖς κατὰ πᾶν σάββατον ἀναγινωσκόμενος

Ac 15 31 ἀναγνόντες δὲ ἐχάρησαν ἐπὶ τ. παρακλήσει
23 34 ἀναγνοὺς δὲ κ. ἐπερωτήσας
II Co 1 13 ἀλλ' ἢ ἃ ἀναγινώσκετε ἢ κ. ἐπιγινώσκετε
3 2 γινωσκομένη κ. ἀναγινωσκομένη ὑπὸ πάντων ἀνθρώπων
15 ἡνίκα ἂν ἀναγινώσκηται Μωυσῆς
Eph 3 4 πρὸς ὃ δύνασθε ἀναγινώσκοντες νοῆσαι
Col 4 16 ὅταν ἀναγνωσθῇ παρ' ὑμῖν ἡ ἐπιστολή, ποιήσατε ἵνα κ. ἐν τῇ Λαυδικέων ἐκκλησίᾳ ἀναγνωσθῇ,
κ. τὴν ἐκ Λαοδικίας ἵνα κ. ὑμεῖς ἀναγνῶτε
I Th 5 27 ὁρκίζω ὑμᾶς . . . ἀναγνωσθῆναι τ. ἐπιστολὴν πᾶσι τ. ἀδελφοῖς
Re 1 3 μακάριος ὁ ἀναγινώσκων

ἈΝΑΓΚΆΖΩ 315

Mt 14 22 εὐθέως ἠνάγκασεν τ. μαθητὰς ἐμβῆναι
Mk 6 45 εὐθὺς ἠνάγκασεν τ. μαθητὰς αὐτοῦ ἐμβῆναι
Lu 14 23 κ. ἀνάγκασον εἰσελθεῖν
Ac 26 11 πολλάκις τιμωρῶν αὐτοὺς ἠνάγκαζον βλασφημεῖν
28 19 ἠναγκάσθην ἐπικαλέσασθαι Καίσαρα
II Co 12 11 ὑμεῖς με ἠναγκάσατε
Ga 2 3 ἀλλ' οὐδὲ Τίτος . . . ἠναγκάσθη περιτμηθῆναι
14 πῶς τὰ ἔθνη ἀναγκάζεις Ἰουδαΐζειν;
6 12 οὗτοι ἀναγκάζουσιν ὑμᾶς περιτέμνεσθαι

ἈΝΑΓΚΑΙ̂ΟΣ** 316

Ac 10 24 συνκαλεσάμενος . . . τ. ἀναγκαίους φίλους
13 46 ὑμῖν ἦν ἀναγκαῖον πρῶτον λαληθῆναι τ. λόγον τ. Θεοῦ
I Co 12 22 τὰ δοκοῦντα μέλη . . . ἀσθενέστερα ὑπάρχειν ἀναγκαῖά ἐστιν
II Co 9 5 ἀναγκαῖον οὖν ἡγησάμην παρακαλέσαι τ. ἀδελφούς
Phl 1 24 τὸ δὲ ἐπιμένειν τ. σαρκὶ ἀναγκαιότερον δι' ὑμᾶς
2 25 ἀναγκαῖον δὲ ἡγησάμην Ἐπαφρόδιτον . . . πέμψαι
Tit 3 14 καλῶν ἔργων προΐστασθαι εἰς τ. ἀναγκαίας χρείας
He 8 3 ὅθεν ἀναγκαῖον ἔχειν τι κ. τοῦτον

ἈΝΑΓΚΑΣΤΩ͂Σ* 317

I Pe 5 2 ποιμάνατε . . . μὴ ἀναγκαστῶς ἀλλὰ ἑκουσίως

ἈΝΆΓΚΗ 318

(1) ἔχειν ἀν. (2) ἐξ ἀνάγκης

Mt 18 7 ἀνάγκη γὰρ ἐλθεῖν τὰ σκάνδαλα
Lu 14 18 [1] ἔχω ἀνάγκην ἐξελθὼν ἰδεῖν αὐτόν
21 23 ἔσται γὰρ ἀνάγκη μεγάλη ἐπὶ τ. γῆς
23 17 [1] ἀνάγκην δὲ εἶχεν ἀπολύειν αὐτοῖς κατὰ ἑορτὴν ἕνα
—h. v., TWHR non mg.
Ro 13 5 διὸ ἀνάγκη ὑποτάσσεσθαι
I Co 7 26 τοῦτο καλὸν ὑπάρχειν διὰ τ. ἐνεστῶσαν ἀνάγκην
7 37 [1] μὴ ἔχων ἀνάγκην
9 16 ἀνάγκη γάρ μοι ἐπίκειται
II Co 6 4 ἐν θλίψεσιν ἐν ἀνάγκαις ἐν στενοχωρίαις
9 7 [2] μὴ ἐκ λύπης ἢ ἐξ ἀνάγκης
12 10 ἐν ὕβρεσιν ἐν ἀνάγκαις ἐν διωγμοῖς
I Th 3 7 παρεκλήθημεν . . . ἐπὶ πάσῃ τ. ἀνάγκῃ κ. θλίψει ἡμῶν
Phm 14 ἵνα μὴ ὡς κατὰ ἀνάγκην τὸ ἀγαθόν σου ᾖ
He 7 12 [2] ἐξ ἀνάγκης κ. νόμου μετάθεσις γίνεται
27 [1] ὃς οὐκ ἔχει καθ' ἡμέραν ἀνάγκην . . . θυσίας ἀναφέρειν
9 16 θάνατον ἀνάγκη φέρεσθαι τ. διαθεμένου
23 ἀνάγκη οὖν τὰ μὲν ὑποδείγματα . . . τούτοις καθαρίζεσθαι
Ju 3 [1] ἀνάγκην ἔσχον γράψαι ὑμῖν

ἈΝΑΓΝΩΡΊΖΟΜΑΙ 319

Ac 7 13 ἐν τ. δευτέρῳ ἀνεγνωρίσθη Ἰωσὴφ τ. ἀδελφοῖς αὐτοῦ
ἐγνωρίσθη, WH non mg.

ἈΝΆΓΝΩΣΙΣ 320

Ac 13 15 μετὰ δὲ τ. ἀνάγνωσιν τ. νόμου κ. τ. προφητῶν
II Co 3 14 τὸ αὐτὸ κάλυμμα ἐπὶ τ. ἀναγνώσει τ. παλαιᾶς διαθήκης μένει
I Ti 4 13 πρόσεχε τ. ἀναγνώσει

ἈΝΆΓΩ 321

(1) ἀνάγομαι, *embark*

Mt 4 1 τότε ὁ Ἰησοῦς ἀνήχθη εἰς τὴν ἔρημον
Lu 2 22 ἀνήγαγον αὐτὸν εἰς Ἱεροσόλυμα
4 5 ἀναγαγὼν αὐτὸν ἔδειξεν αὐτῷ πάσας τ. βασιλείας
8 22 [1] κ. ἀνήχθησαν
Ac 7 41 ἀνήγαγον θυσίαν τ. εἰδώλῳ
9 39 ὃν παραγενόμενον ἀνήγαγον εἰς τὸ ὑπερῷον
12 4 βουλόμενος . . . ἀναγαγεῖν αὐτὸν τ. λαῷ
13 13 [1] ἀναχθέντες δὲ ἀπὸ τῆς Πάφου
16 11 [1] ἀναχθέντες οὖν ἀπὸ Τρῳάδος
34 ἀναγαγών τε αὐτοὺς εἰς τ. οἶκον
18 21 [1] ἀνήχθη ἀπὸ τῆς Ἐφέσου
20 3 [1] μέλλοντι ἀνάγεσθαι εἰς τὴν Συρίαν
13 [1] ἀνήχθημεν ἐπὶ τὴν Ἄσσον
21 1 [1] ὡς δὲ ἐγένετο ἀναχθῆναι ἡμᾶς
2 [1] ἐπιβάντες ἀνήχθημεν
27 2 [1] ἐπιβάντες δὲ πλοίῳ Ἀδραμυντηνῷ . . . ἀνήχθημεν
4 [1] κἀκεῖθεν ἀναχθέντες
12 [1] οἱ πλείονες ἔθετο βουλὴν ἀναχθῆναι ἐκεῖθεν
21 [1] ἔδει μὲν . . . μὴ ἀνάγεσθαι ἀπὸ τ. Κρήτης
28 10 [1] κ. ἀναγομένοις ἐπέθεντο τὰ πρὸς τ. χρείας
11 [1] ἀνήχθημεν ἐν πλοίῳ παρακεχειμακότι ἐν τ. νήσῳ
Ro 10 7 τοῦτ' ἔστιν Χριστὸν ἐκ νεκρῶν ἀναγαγεῖν
He 13 20 ὁ ἀναγαγὼν ἐκ νεκρῶν τ. ποιμένα τ. προβάτων

᾽ΑΝΑΔΕΙ΄ΚΝΥΜΙ 322

Lu **10** 1 ἀνέδειξεν ὁ Κύριος ἑτέρους ἑβδομήκοντα
Ac 1 24 ἀνάδειξον ὃν ἐξελέξω ἐκ τούτων τ. δύο ἕνα

᾽ΑΝΑ΄ΔΕΙΞΙΣ** 323

Lu 1 80 ἕως ἡμέρας ἀναδείξεως αὐτοῦ πρὸς τὸν Ἰσραήλ

᾽ΑΝΑΔΕ΄ΧΟΜΑΙ** 324

Ac **28** 7 ὃς ἀναδεξάμενος ἡμᾶς ἡμέρας τρεῖς φιλοφρόνως ἐξένισεν
He 11 17 ὁ τ. ἐπαγγελίας ἀναδεξάμενος

᾽ΑΝΑΔΙ΄ΔΩΜΙ** 325

Ac **23** 33 ἀναδόντες τ. ἐπιστολὴν τ. ἡγεμόνι

᾽ΑΝΑΖΑ΄Ω** † 326

Lu 15 24 ὅτι οὗτος ὁ υἱός μου νεκρὸς ἦν κ. ἀνέζησεν
ἔζησεν, WH mg.
Ro 7 9 ἐλθούσης δὲ τ. ἐντολῆς ἡ ἁμαρτία ἀνέζησεν

᾽ΑΝΑΖΗΤΕ΄Ω 327

Lu 2 44 ἀνεζήτουν αὐτὸν ἐν τ. συγγενεῦσιν
45 ὑπέστρεψαν εἰς Ἱερουσαλὴμ ἀναζητοῦντες αὐτόν
Ac 11 25 ἐξῆλθεν δὲ εἰς Ταρσὸν ἀναζητῆσαι Σαῦλον

᾽ΑΝΑΖΩ΄ΝΝΥΜΑΙ 328

I Pe 1 13 διὸ ἀναζωσάμενοι τ. ὀσφύας τ. διανοίας ὑμῶν

᾽ΑΝΑΖΩΠΥΡΕ΄Ω** 329

II Ti 1 6 ἀναμιμνήσκω σε ἀναζωπυρεῖν τὸ χάρισμα τ. Θεοῦ

᾽ΑΝΑΘΑ΄ΛΛΩ 330

Phl 4 10 ἤδη ποτὲ ἀνεθάλετε τὸ ὑπὲρ ἐμοῦ φρονεῖν

᾽ΑΝΑ΄ΘΕΜΑ 331

(1) ἀναθ. ἀναθεματίζειν

Lu 21 5 ὅτι λίθοις καλοῖς κ. ἀναθέμασιν κεκόσμηται
ἀναθήμασιν, WH
Ac 23 14 [1] ἀναθέματι ἀνεθεματίσαμεν ἑαυτούς
Ro 9 3 ηὐχόμην γὰρ ἀνάθεμα εἶναι αὐτὸς ἐγώ
I Co 12 3 οὐδεὶς ἐν πνεύματι Θεοῦ λαλῶν λέγει ἀνάθεμα Ἰησοῦς
16 22 εἴ τις οὐ φιλεῖ τ. Κύριον ἤτω ἀνάθεμα
Ga 1 8 ἐὰν . . . εὐαγγελίσηται ὑμῖν παρ᾽ ὃ εὐηγγελισάμεθα ὑμῖν ἀνάθεμα ἔστω
9 εἴ τις ὑμᾶς εὐαγγελίζεται παρ᾽ ὃ παρελάβετε ἀνάθεμα ἔστω

᾽ΑΝΑΘΕΜΑΤΙ΄ΖΩ† 332

Mk 14 71 ὁ δὲ ἤρξατο ἀναθεματίζειν κ. ὀμνύναι
Ac 23 12 ποιήσαντες συστροφὴν οἱ Ἰουδαῖοι ἀνεθεμάτισαν ἑαυτούς
14 ἀναθέματι ἀνεθεματίσαμεν ἑαυτούς
21 οἵτινες ἀνεθεμάτισαν ἑαυτούς

᾽ΑΝΑΘΕΩΡΕ΄Ω* 333

Ac 17 23 ἀναθεωρῶν τὰ σεβάσματα ὑμῶν
He 13 7 ὧν ἀναθεωροῦντες τ. ἔκβασιν τ. ἀναστροφῆς

᾽ΑΝΑ΄ΘΗΜΑ** 334

Lu 21 5 ὅτι λίθοις καλοῖς κ. ἀναθήμασιν κεκόσμηται
ἀναθέμασιν, T

᾽ΑΝΑΙΔΙ΄Α ** 335

Lu 11 8 διά γε τ. ἀναιδίαν αὐτοῦ

᾽ΑΝΑΙ΄ΡΕΣΙΣ 336

Ac 8 1 Σαῦλος δὲ ἦν συνευδοκῶν τ. ἀναιρέσει αὐτοῦ

᾽ΑΝΑΙΡΕ΄Ω 337

(1) ἀνεῖλα, ἀνειλάμην

Mt 2 16 ἀποστείλας ἀνεῖλεν πάντας τ. παῖδας τ. ἐν Βηθλεέμ
Lu 22 2 ἐζήτουν . . . πῶς ἀνέλωσιν αὐτόν
23 32 ἤγοντο δὲ κ. ἕτεροι κακοῦργοι δύο σὺν αὐτῷ ἀναιρεθῆναι
Ac 2 23 [1] διὰ χειρὸς ἀνόμων προσπήξαντες ἀνείλατε
5 33 ἐβούλοντο ἀνελεῖν αὐτούς
36 ὃς ἀνῃρέθη
7 21 [1] ἀνείλατο αὐτὸν ἡ θυγάτηρ Φαραώ
28 μὴ ἀνελεῖν με σὺ θέλεις
ὃν τρόπον ἀνεῖλες ἐχθὲς τ. Αἰγύπτιον;
9 23 συνεβουλεύσαντο οἱ Ἰουδαῖοι ἀνελεῖν αὐτόν
24 ὅπως αὐτὸν ἀνέλωσιν
29 οἱ δὲ ἐπεχείρουν ἀνελεῖν αὐτόν
10 39 [1] ὃν κ. ἀνεῖλαν κρεμάσαντες ἐπὶ ξύλου
12 2 ἀνεῖλεν δὲ Ἰάκωβον τὸν ἀδελφὸν Ἰωάνου μαχαίρῃ
13 28 ᾐτήσαντο Πειλᾶτον ἀναιρεθῆναι αὐτόν
16 27 ὁ δεσμοφύλαξ . . . ἤμελλεν ἑαυτὸν ἀναιρεῖν
22 20 φυλάσσων τὰ ἱμάτια τ. ἀναιρούντων αὐτόν
23 15 ἡμεῖς δὲ . . . ἕτοιμοί ἐσμεν τοῦ ἀνελεῖν αὐτόν
21 μήτε φαγεῖν μήτε πεῖν ἕως οὗ ἀνέλωσιν αὐτόν
27 μέλλοντα ἀναιρεῖσθαι ὑπ᾽ αὐτῶν
25 3 ἐνέδραν ποιοῦντες ἀνελεῖν αὐτὸν κατὰ τὴν ὁδόν
26 10 ἀναιρουμένων τε αὐτῶν κατήνεγκα ψῆφον
II Th 2 8 ὃν ὁ Κύριος Ἰησοῦς ἀνελεῖ τ. πνεύματι τ. στόματος αὐτοῦ
ἀναλοῖ, WH mg.; ἀναλώσει, R mg
He 10 9 ἀναιρεῖ τὸ πρῶτον ἵνα τὸ δεύτερον στήσῃ

᾽ΑΝΑΙ΄ΤΙΟΣ 338

Mt 12 5 οἱ ἱερεῖς . . . τὸ σάββατον βεβηλοῦσιν κ. ἀναίτιοί εἰσιν
7 οὐκ ἂν κατεδικάσατε τ. ἀναιτίους

᾽ΑΝΑΚΑΘΙ΄ΖΩ* 339

Lu 7 15 κ. ἀνεκάθισεν ὁ νεκρός
ἐκάθισεν, WH mg.
Ac 9 40 ἰδοῦσα τ. Πέτρον ἀνεκάθισεν

ἈΝΑΚΑΙΝΙ΄ΖΩ 340

He 6 6 πάλιν ἀνακαινίζειν εἰς μετάνοιαν

ἈΝΑΚΑΙΝΟ΄Ω*† 341

II Co 4 16 ἀλλ' ὁ ἔσω ἡμῶν ἀνακαινοῦται ἡμέρᾳ κ. ἡμέρᾳ
Col 3 10 ἐνδυσάμενοι τ. νέον τ. ἀνακαινούμενον εἰς ἐπίγνωσιν

ἈΝΑΚΑΙ΄ΝΩΣΙΣ*† 342

Ro 12 2 μεταμορφοῦσθε τ. ἀνακαινώσει τ. νοός
μεταμορφοῦσθαι, WH mg.
Tit 3 5 διὰ λουτροῦ παλινγενεσίας κ. ἀνακαινώσεως πνεύματος ἁγίου

ἈΝΑΚΑΛΥ΄ΠΤΩ 343

II Co 3 14 τὸ αὐτὸ κάλυμμα . . . μένει μὴ ἀνακαλυπτόμενον
18 ἀνακεκαλυμμένῳ προσώπῳ τ. δόξαν Κυρίου κατοπτριζόμενοι

ἈΝΑΚΑ΄ΜΠΤΩ 344

Mt 2 12 χρηματισθέντες κατ' ὄναρ μὴ ἀνακάμψαι πρὸς Ἡρῴδην
Lu 10 6 εἰ δὲ μήγε ἐφ' ὑμᾶς ἀνακάμψει
Ac 18 21 πάλιν ἀνακάμψω πρὸς ὑμᾶς τ. Θεοῦ θέλοντος
He 11 15 εἶχον ἂν καιρὸν ἀνακάμψαι

ἈΝΑ΄ΚΕΙΜΑΙ** 345

(1) ἀνακείμενος

Mt 9 10 [1] ἐγένετο αὐτοῦ ἀνακειμένου ἐν τ. οἰκίᾳ
22 10 [1] ἐπλήσθη ὁ νυμφὼν ἀνακειμένων
11 [1] εἰσελθὼν δὲ ὁ βασιλεὺς θεάσασθαι τ. ἀνακειμένους
26 7 [1] κατέχεεν ἐπὶ τ. κεφαλῆς αὐτοῦ ἀνακειμένου
20 ἀνέκειτο μετὰ τ. δώδεκα μαθητῶν
Mk 6 26 [1] διὰ τ. ὅρκους κ. τ. ἀνακειμένους
14 18 [1] ἀνακειμένων αὐτῶν κ. ἐσθιόντων
16 [14 [1] ἀνακειμένοις αὐτοῖς τ. ἕνδεκα ἐφανερώθη
Lu 22 27 [1] τίς γὰρ μείζων ὁ ἀνακείμενος ἢ ὁ διακονῶν;
[1] οὐχὶ ὁ ἀνακείμενος;
Jo 6 11 [1] εὐχαριστήσας διέδωκεν τ. ἀνακειμένοις
12 2 [1] ὁ δὲ Λάζαρος εἷς ἦν ἐκ τ. ἀνακειμένων σὺν αὐτῷ
13 23 [1] ἦν ἀνακείμενος εἷς ἐκ τ. μαθητῶν αὐτοῦ
28 [1] τοῦτο δὲ οὐδεὶς ἔγνω τ. ἀνακειμένων

ἈΝΑΚΕΦΑΛΑΙΟ΄ΟΜΑΙ** 346

Ro 13 9 ἐν τ. λόγῳ τούτῳ ἀνακεφαλαιοῦται
Eph 1 10 ἀνακεφαλαιώσασθαι τὰ πάντα ἐν τ. Χριστῷ

ἈΝΑΚΛΙ΄ΝΩ** 347

Mt 8 11 ἀνακλιθήσονται μετὰ Ἀβραὰμ κ. Ἰσαὰκ κ. Ἰακώβ
14 19 κελεύσας τ. ὄχλους ἀνακλιθῆναι ἐπὶ τ. χόρτου
Mk 6 39 ἐπέταξεν αὐτοῖς ἀνακλιθῆναι πάντας
ἀνακλῖναι, TWH mg.
Lu 2 7 ἀνέκλινεν αὐτὸν ἐν φάτνῃ
12 37 περιζώσεται κ. ἀνακλινεῖ αὐτοὺς
13 29 ἀνακλιθήσονται ἐν τ. βασιλείᾳ τ. Θεοῦ

ἈΝΑΚΡΑ΄ΖΩ 349

Mk 1 23 κ. ἀνέκραξεν λέγων
6 49 ἔδοξαν ὅτι φάντασμά ἐστιν κ. ἀνέκραξαν
Lu 4 33 ἀνέκραξεν φωνῇ μεγάλῃ
8 28 ἰδὼν δὲ τ. Ἰησοῦν ἀνακράξας προσέπεσεν αὐτῷ
23 18 ἀνέκραγον δὲ παμπληθεί λέγοντες

ἈΝΑΚΡΙ΄ΝΩ 350

Lu 23 14 ἰδοὺ ἐγὼ ἐνώπιον ὑμῶν ἀνακρίνας
Ac 4 9 εἰ ἡμεῖς σήμερον ἀνακρινόμεθα ἐπὶ εὐεργεσίᾳ
12 19 ἀνακρίνας τ. φύλακας
17 11 καθ' ἡμέραν ἀνακρίνοντες τ. γραφάς
24 8 παρ' οὗ δυνήσῃ αὐτὸς ἀνακρίνας περὶ πάντων τούτων
28 18 οἵτινες ἀνακρίναντές με ἐβούλοντο ἀπολῦσαι
I Co 2 14 ὅτι πνευματικῶς ἀνακρίνεται·
15 ὁ δὲ πνευματικὸς ἀνακρίνει μὲν πάντα, αὐτὸς δὲ ὑπ' οὐδενὸς ἀνακρίνεται
4 3 εἰς ἐλάχιστόν ἐστιν ἵνα ὑφ' ὑμῶν ἀνακριθῶ
3 ἀλλ' οὐδὲ ἐμαυτὸν ἀνακρίνω
4 ὁ δὲ ἀνακρίνων με Κύριός ἐστιν
9 3 ἡ ἐμὴ ἀπολογία τοῖς ἐμὲ ἀνακρίνουσίν ἐστιν αὕτη
10 25 μηδὲν ἀνακρίνοντες διὰ τ. συνείδησιν
27 μηδὲν ἀνακρίνοντες διὰ τ. συνείδησιν
14 24 ἐλέγχεται ὑπὸ πάντων ἀνακρίνεται ὑπὸ πάντων

ἈΝΑ΄ΚΡΙΣΙΣ** 351

Ac 25 26 ὅπως τ. ἀνακρίσεως γενομένης σχῶ τί γράψω

ἈΝΑΚΥΛΙ΄Ω* 351.5

Mk 16 4 θεωροῦσιν ὅτι ἀνακεκύλισται ὁ λίθος

ἈΝΑΚΥ΄ΠΤΩ 352

Lu 13 11 μὴ δυναμένη ἀνακύψαι εἰς τὸ παντελές
21 28 ἀνακύψατε κ. ἐπάρατε τ. κεφαλὰς ὑμῶν
Jo 8 [7 ἀνέκυψεν κ. εἶπεν αὐτοῖς
[10 ἀνακύψας δὲ ὁ Ἰησοῦς

ἈΝΑΛΑΜΒΑ΄ΝΩ 353

Mk 16 [19 ὁ μὲν οὖν Κύριος Ἰησοῦς . . . ἀνελήμφθη εἰς τ. οὐρανόν
Ac 1 2 ἄχρι ἧς ἡμέρας . . . ἀνελήμφθη
11 οὗτος ὁ Ἰησοῦς ὁ ἀναλημφθεὶς ἀφ' ὑμῶν εἰς τ. οὐρανόν
22 ἕως τ. ἡμέρας ἧς ἀνελήμφθη ἀφ' ἡμῶν
7 43 ἀνελάβετε τ. σκηνὴν τ. Μολόχ
נְשָׂאתֶם אֵת סִכּוּת מַלְכְּכֶם, Am. v. 26
10 16 εὐθὺς ἀνελήμφθη τὸ σκεῦος εἰς τ. οὐρανόν
20 13 ἐκεῖθεν μέλλοντες ἀναλαμβάνειν τ. Παῦλον
14 ἀναλαβόντες αὐτὸν ἤλθομεν εἰς Μιτυλήνην
23 31 οἱ μὲν οὖν στρατιῶται . . . ἀναλαβόντες τ. Παῦλον
Eph 6 13 διὰ τοῦτο ἀναλάβετε τ. πανοπλίαν τ. Θεοῦ

Eph 6 16 ἐν πᾶσιν ἀναλαβόντες τ. θυρεὸν τ. πίστεως
I Ti 3 16 ἀνελήμφθη ἐν δόξῃ
II Ti 4 11 Μάρκον ἀναλαβὼν ἄγε μετὰ σεαυτοῦ

ἈΝΑ΄ΛΗΜΨΙΣ * 354

Lu 9 51 ἐν τῷ συμπληροῦσθαι τ. ἡμέρας τ. ἀναλήμψεως αὐτοῦ

ἈΝΑΛΙ΄ΣΚΩ 355

Lu 9 54 θέλεις εἴπωμεν πῦρ καταβῆναι . . . κ. ἀναλῶσαι αὐτούς
Gal 5 15 βλέπετε μὴ ὑπ' ἀλλήλων ἀναλωθῆτε
II Th 2 8 ὃν ὁ Κύριος Ἰησοῦς ἀναλώσει τ. πνεύματι τ. στόματος αὐτοῦ
ἀνελεῖ, TWHR non mg.; ἀναλοῖ, WH mg.

ἈΝΑΛΟΓΙ΄Α ** 356

Ro 12 6 εἴτε προφητείαν κατὰ τ. ἀναλογίαν τ. πίστεως

ἈΝΑΛΟΓΙ΄ΖΟΜΑΙ ** 357

He 12 3 ἀναλογίσασθε γὰρ τὸν τοιαύτης ὑπομεμενηκότα . . . ἀντιλογίαν

Ἄ΄ΝΑΛΟΣ ** 358

Mk 9 50 ἐὰν δὲ τὸ ἅλας ἄναλον γένηται

ἈΝΑ΄ΛΥΣΙΣ * 359

II Ti 4 6 ὁ καιρὸς τ. ἀναλύσεώς μου ἐφέστηκεν

ἈΝΑΛΥ΄Ω 360

Lu 12 36 πότε ἀναλύσῃ ἐκ τ. γάμων
Phl 1 23 τ. ἐπιθυμίαν ἔχων εἰς τὸ ἀναλῦσαι

ἈΝΑΜΑ΄ΡΤΗΤΟΣ 361

Jo 8 [7 ὁ ἀναμάρτητος ὑμῶν πρῶτος ἐπ' αὐτὴν βαλέτω λίθον

ἈΝΑΜΕ΄ΝΩ 362

I Th 1 10 ἀναμένειν τ. υἱὸν αὐτοῦ ἐκ τ. οὐρανῶν

ἈΝΑΜΙΜΝΗ΄ΣΚΩ 363

Mk 11 21 ἀναμνησθεὶς ὁ Πέτρος λέγει αὐτῷ
14 72 ἀνεμνήσθη ὁ Πέτρος τὸ ῥῆμα
I Co 4 17 ὃς ὑμᾶς ἀναμνήσει τὰς ὁδούς μου
II Co 7 15 ἀναμιμνησκομένου τὴν πάντων ὑμῶν ὑπακοήν
II Ti 1 6 δι' ἣν αἰτίαν ἀναμιμνήσκω σε ἀναζωπυρεῖν
He 10 32 ἀναμιμνήσκεσθε δὲ τὰς πρότερον ἡμέρας

ἈΝΑ΄ΜΝΗΣΙΣ 364

Lu 22 19 τοῦτο ποιεῖτε εἰς τ. ἐμὴν ἀνάμνησιν
—h. v., [[WH]] R mg.
I Co 11 24 τοῦτο ποιεῖτε εἰς τ. ἐμὴν ἀνάμνησιν
25 τοῦτο ποιεῖτε . . . εἰς τ. ἐμὴν ἀνάμνησιν
He 10 3 ἐν αὐταῖς ἀνάμνησις ἁμαρτιῶν κατ' ἐνιαυτόν

ἈΝΑΝΕΟ΄ΟΜΑΙ 365

Eph 4 23 ἀνανεοῦσθαι δὲ τ. πνεύματι τ. νοὸς ὑμῶν

ἈΝΑΝΗ΄ΦΩ * 366

II Ti 2 26 μήποτε . . . ἀνανήψωσιν ἐκ τῆς τ. διαβόλου παγίδος

ἈΝΑΝΙ΄ΑΣ חֲנַנְיָה 367

Ἁνανίας, WH

(1) of Jerusalem (2) of Damascus
(3) high priest

Ac 5 1 [1] ἀνὴρ δέ τις Ἀνανίας ὀνόματι
3 [1] εἶπεν δὲ ὁ Πέτρος Ἀνανία
5 [1] ἀκούων δὲ ὁ Ἀνανίας τ. λόγους τούτους
9 10 [2] ἦν δέ τις μαθητὴς ἐν Δαμασκῷ ὀνόματι Ἀνανίας,
[2] κ. εἶπεν πρὸς αὐτὸν ἐν ὁράματι ὁ Κύριος Ἀνανία
12 [2] εἶδεν . . . ἄνδρα Ἀνανίαν ὀνόματι εἰσελθόντα
13 [2] ἀπεκρίθη δὲ Ἀνανίας
17 [2] ἀπῆλθεν δὲ Ἀνανίας
22 12 [2] Ἀνανίας δέ τις ἀνὴρ εὐλαβὴς κατὰ τ νόμον
23 2 [3] ὁ δὲ ἀρχιερεὺς Ἀνανίας ἐπέταξεν τ. παρεστῶσιν αὐτῷ
24 1 [3] κατέβη ὁ ἀρχιερεὺς Ἀνανίας μετὰ πρεσβυτέρων τινῶν

ἈΝΑΝΤΙ΄ΡΗΤΟΣ ** 368

Ac 19 36 ἀναντιρήτων οὖν ὄντων τούτων
ἀναντιρρήτων, T

ἈΝΑΝΤΙΡΗ΄ΤΩΣ * 369

Ac 10 29 διὸ κ. ἀναντιρήτως ἦλθον μεταπεμφθείς
ἀναντιρρήτως, T

ἈΝΑ΄ΞΙΟΣ 370

I Co 6 2 ἀνάξιοί ἐστε κριτηρίων ἐλαχίστων;

ἈΝΑΞΙ΄ΩΣ ** 371

I Co 11 27 ὥστε ὃς ἂν ἐσθίῃ τ. ἄρτον . . . ἀναξίως

ἈΝΑ΄ΠΑΥΣΙΣ 372

Mt 11 29 εὑρήσετε ἀνάπαυσιν τ. ψυχαῖς ὑμῶν
12 43 διέρχεται δι' ἀνύδρων τόπων ζητοῦν ἀνάπαυσιν
Lu 11 24 διέρχεται δι' ἀνύδρων τόπων ζητοῦν ἀνάπαυσιν
Re 4 8 ἀνάπαυσιν οὐκ ἔχουσιν ἡμέρας κ. νυκτός
14 11 οὐκ ἔχουσιν ἀνάπαυσιν ἡμέρας κ. νυκτός

ἈΝΑΠΑΥ΄Ω 373

(1) ἀναπαύομαι

Mt 11 28 κἀγὼ ἀναπαύσω ὑμᾶς
26 45 [1] καθεύδετε λοιπὸν κ. ἀναπαύεσθε
Mk 6 31 [1] δεῦτε ὑμεῖς αὐτοὶ . . . κ. ἀναπαύσασθε ὀλίγον
14 41 [1] καθεύδετε τὸ λοιπὸν κ. ἀναπαύεσθε
Lu 12 19 [1] ἀναπαύου φάγε πίε
h. v., [WH]
I Co 16 18 ἀνέπαυσαν γὰρ τὸ ἐμὸν πνεῦμα κ. τὸ ὑμῶν
II Co 7 13 [1] ἀναπέπαυται τὸ πνεῦμα αὐτοῦ ἀπὸ πάντων ὑμῶν

Phm 7 [1] τὰ σπλάγχνα τ. ἁγίων ἀναπέπαυται διὰ σοῦ
20 ἀνάπαυσόν μου τὰ σπλάγχνα ἐν Χριστῷ
1 Pe 4 14 [1] τὸ τ. Θεοῦ πνεῦμα ἐφ' ὑμᾶς ἀναπαύεται
Re 6 11 [1] ἐρρέθη αὐτοῖς ἵνα ἀναπαύσονται ἔτι χρόνον μικρόν
ἀναπαύσωνται, T
14 13 [1] ναὶ λέγει τὸ Πνεῦμα ἵνα ἀναπαήσονται ἐκ τ. κόπων αὐτῶν

'ΑΝΑΠΕΙ'ΘΩ 374

Ac 18 13 παρὰ τ. νόμον ἀναπείθει οὗτος τ. ἀνθρώπους

'ΑΝΑ'ΠΕΙΡΟΣ* † 374.5

ἀνάπηρος, T

Lu 14 13 κάλει πτωχοὺς ἀναπείρους χωλούς
21 ἀναπείρους κ. τυφλοὺς κ. χωλοὺς εἰσάγαγε ὧδε

'ΑΝΑΠΕ'ΜΠΩ* 375

Lu 23 7 ἀνέπεμψεν αὐτὸν πρὸς Ἡρῴδην
11 ἀνέπεμψεν αὐτὸν τ. Πειλάτῳ
15 ἀνέπεμψεν γὰρ αὐτὸν πρὸς ἡμᾶς
Ac 25 21 ἕως οὗ ἀναπέμψω αὐτὸν πρὸς Καίσαρα
Phm 11 Ὀνήσιμον . . . ὃν ἀνέπεμψά σοι αὐτόν

'ΑΝΑΠΗΔΑ'Ω 375.5

Mk 10 50 ἀναπηδήσας ἦλθεν πρὸς τ. Ἰησοῦν

376 **ΑΝΑ'ΠΗΡΟΣ**** *Vide* 'ΑΝΑ'ΠΕΙΡΟΣ, 374.5

'ΑΝΑΠΙ'ΠΤΩ 377

Mt 15 35 παραγγείλας τ. ὄχλῳ ἀναπεσεῖν ἐπὶ τ. γῆν
Mk 6 40 κ. ἀνέπεσαν πρασιαὶ πρασιαί
8 6 παραγγέλλει τ. ὄχλῳ ἀναπεσεῖν ἐπὶ τ. γῆς
Lu 11 37 εἰσελθὼν δὲ ἀνέπεσεν
14 10 πορευθεὶς ἀνάπεσε εἰς τ. ἔσχατον τόπον
17 7 ὃς . . . ἐρεῖ αὐτῷ Εὐθέως παρελθὼν ἀνάπεσε
22 14 ὅτε ἐγένετο ἡ ὥρα ἀνέπεσεν
Jo 6 10 ποιήσατε τ. ἀνθρώπους ἀναπεσεῖν
10 ἀνέπεσαν οὖν οἱ ἄνδρες τ. ἀριθμὸν ὡς πεντακισχίλιοι
13 12 ἔλαβεν τὰ ἱμάτια αὐτοῦ κ. ἀνέπεσεν
25 ἀναπεσὼν ἐκεῖνος οὕτως ἐπὶ τὸ στῆθος τ. Ἰησοῦ
ἐπιπεσὼν οὖν ἐκ., T
21 20 ὃς κ. ἀνέπεσεν ἐν τ. δείπνῳ ἐπὶ τὸ στῆθος αὐτοῦ

'ΑΝΑΠΛΗΡΟ'Ω 378

Mt 13 14 ἀναπληροῦται αὐτοῖς ἡ προφητεία Ἠσαίου
1 Co 14 16 ὁ ἀναπληρῶν τ. τόπον τ. ἰδιώτου
16 17 τὸ ὑμέτερον ὑστέρημα οὗτοι ἀνεπλήρωσαν
Gal 6 2 κ. οὕτως ἀναπληρώσατε τ. νόμον τ. Χριστοῦ
ἀναπληρώσετε, T
Phl 2 30 ἵνα ἀναπληρώσῃ τὸ ὑμῶν ὑστέρημα
1 Th 2 16 εἰς τὸ ἀναπληρῶσαι αὐτῶν τ. ἁμαρτίας πάντοτε

'ΑΝΑΠΟΛΟ'ΓΗΤΟΣ* 379

Ro 1 20 εἰς τὸ εἶναι αὐτοὺς ἀναπολογήτους
2 1 διὸ ἀναπολόγητος εἶ ὦ ἄνθρωπε πᾶς ὁ κρίνων

'ΑΝΑΠΤΥ'ΣΣΩ 380

Lu 4 17 ἀναπτύξας τὸ βιβλίον εὗρεν τόπον
ἀνοίξας, WHR

'ΑΝΑ'ΠΤΩ 381

Lu 12 49 τί θέλω εἰ ἤδη ἀνήφθη;
Ja 3 5 ἰδοὺ ἡλίκον πῦρ ἡλίκην ὕλην ἀνάπτει

'ΑΝΑΡΙ'ΘΜΗΤΟΣ 382

He 11 12 ὡς ἡ ἄμμος ἡ παρὰ τὸ χεῖλος τ. θαλάσσης ἡ ἀναρίθμητος

'ΑΝΑΣΕΙ'Ω** 383

Mk 15 11 οἱ δὲ ἀρχιερεῖς ἀνέσεισαν τ. ὄχλον
Lu 23 5 λέγοντες ὅτι Ἀνασείει τ. λαόν

'ΑΝΑΣΚΕΥΑ'ΖΩ* 384

Ac 15 24 ἀνασκευάζοντες τ. ψυχὰς ὑμῶν

'ΑΝΑΣΠΑ'Ω 385

Lu 14 5 οὐκ εὐθέως ἀνασπάσει αὐτὸν ἐν ἡμέρᾳ τ. σαββάτου
Ac 11 10 κ. ἀνεσπάσθη πάλιν ἅπαντα εἰς τ. οὐρανόν

'ΑΝΑ'ΣΤΑΣΙΣ 386

(1) ἐν τῇ ἀναστ. (2) ἀνάστ. νεκρῶν, ἐκ νεκρῶν

Mt 22 23 Σαδδουκαῖοι λέγοντες μὴ εἶναι ἀνάστασιν
28 [1] ἐν τ. ἀναστάσει οὖν τίνος τῶν ἑπτὰ ἔσται γυνή;
30 [1] ἐν γὰρ τ. ἀναστάσει οὔτε γαμοῦσιν
31 [2] περὶ δὲ τ. ἀναστάσεως τ. νεκρῶν οὐκ ἀνέγνωτε
Mk 12 18 οἵτινες λέγουσιν ἀνάστασιν μὴ εἶναι
23 [1] ἐν τ. ἀναστάσει τίνος αὐτῶν ἔσται γυνή;
Lu 2 34 οὗτος κεῖται εἰς πτῶσιν κ. ἀνάστασιν πολλῶν
14 14 [1] ἀνταποδοθήσεται γάρ σοι ἐν τ. ἀναστάσει τ. δικαίων
20 27 οἱ λέγοντες ἀνάστασιν μὴ εἶναι
33 [1] ἡ γυνὴ οὖν ἐν τ. ἀναστάσει τίνος αὐτῶν γίνεται γυνή
35 [2] τ. αἰῶνος ἐκείνου τυχεῖν κ. τ. ἀναστάσεως τῆς ἐκ νεκρῶν
36 υἱοί εἰσιν Θεοῦ τ. ἀναστάσεως υἱοὶ ὄντες
Jo 5 29 οἱ τὰ ἀγαθὰ ποιήσαντες εἰς ἀνάστασιν ζωῆς·
οἱ τὰ φαῦλα πράξαντες εἰς ἀνάστασιν κρίσεως
11 24 [1] οἶδα ὅτι ἀναστήσεται ἐν τ. ἀναστάσει
25 ἐγώ εἰμι ἡ ἀνάστασις κ. ἡ ζωή
Ac 1 22 μάρτυρα τ. ἀναστάσεως αὐτοῦ σὺν ἡμῖν γενέσθαι
2 31 προϊδὼν ἐλάλησεν περὶ τ. ἀναστάσεως τ. Χριστοῦ

Ac 4 2 [2] καταγγέλλειν ἐν τ. Ἰησοῦ τ. ἀνάστασιν τὴν ἐκ νεκρῶν
33 ἀπεδίδουν τὸ μαρτύριον οἱ ἀπόστολοι τ. Κυρίου Ἰησοῦ τ. ἀναστάσεως
17 18 ὅτι τ. Ἰησοῦν κ. τ. ἀνάστασιν εὐηγγελίζετο
32 [2] ἀκούσαντες δὲ ἀνάστασιν νεκρῶν
23 6 [2] περὶ ἐλπίδος κ. ἀναστάσεως νεκρῶν κρίνομαι
8 Σαδδουκαῖοι γὰρ λέγουσιν μὴ εἶναι ἀνάστασιν
24 15 ἐλπίδα ἔχων εἰς τ. Θεὸν . . . ἀνάστασιν μέλλειν ἔσεσθαι
21 [2] περὶ ἀναστάσεως νεκρῶν ἐγὼ κρίνομαι
26 23 [2] εἰ πρῶτος ἐξ ἀναστάσεως νεκρῶν φῶς μέλλει καταγγέλλειν
Ro 1 4 [2] κατὰ πνεῦμα ἁγιωσύνης ἐξ ἀναστάσεως νεκρῶν
6 5 ἀλλὰ κ. τ. ἀναστάσεως ἐσόμεθα
I Co 15 12 [2] πῶς λέγουσιν . . . ὅτι ἀνάστασις νεκρῶν οὐκ ἔστιν;
13 [2] εἰ δὲ ἀνάστασις νεκρῶν οὐκ ἔστιν
21 [2] κ. δι' ἀνθρώπου ἀνάστασις νεκρῶν
42 [2] οὕτως κ. ἡ ἀνάστασις τ. νεκρῶν
Phl 3 10 τοῦ γνῶναι αὐτὸν κ. τ. δύναμιν τ. ἀναστάσεως αὐτοῦ
II Ti 2 18 λέγοντες ἀνάστασιν ἤδη γεγονέναι
τὴν ἀν., WH mg. R non mg.
He 6 2 [2] ἀναστάσεως νεκρῶν κ. κρίματος αἰωνίου
11 35 ἔλαβον γυναῖκες ἐξ ἀναστάσεως τ. νεκροὺς αὐτῶν
35 ἵνα κρείττονος ἀναστάσεως τύχωσιν
I Pe 1 3 [2] ἀναγεννήσας ἡμᾶς . . . δι' ἀναστάσεως Ἰησοῦ Χριστοῦ ἐκ νεκρῶν
3 21 ὑμᾶς ἀντίτυπον νῦν σώζει βάπτισμα . . . δι' ἀναστάσεως Ἰησοῦ Χριστοῦ
Re 20 5 αὕτη ἡ ἀνάστασις ἡ πρώτη
6 ὁ ἔχων μέρος ἐν τ. ἀναστάσει τ. πρώτῃ

ἈΝΑΣΤΑΤΟ´Ω† 387

Ac 17 6 οἱ τ. οἰκουμένην ἀναστατώσαντες
21 38 ὁ Αἰγύπτιος ὁ πρὸ τούτων τ. ἡμερῶν ἀναστατώσας
Gal 5 12 ὄφελον κ. ἀποκόψονται οἱ ἀναστατοῦντες ὑμᾶς

ἈΝΑΣΤΑΥΡΟ´Ω* 388

He 6 6 ἀνασταυροῦντας ἑαυτοῖς τ. υἱὸν τ. Θεοῦ

ἈΝΑΣΤΕΝΑ´ΖΩ 389

Mk 8 12 ἀναστενάξας τ. πνεύματι αὐτοῦ λέγει

ἈΝΑΣΤΡΕ´ΦΩ 390

Mt 17 22 ἀναστρεφομένων δὲ αὐτῶν ἐν τ. Γαλιλαίᾳ
συστρεφομένων, TWHR mg.
Jo 2 15 κ. τ. τραπέζας ἀνέστρεψεν
ἀνέτρεψεν, WH non mg.
Ac 5 22 ἀναστρέψαντες δὲ ἀπήγγειλαν
15 16 μετὰ ταῦτα ἀναστρέψω κ. ἀνοικοδομήσω τ. σκηνὴν Δαυείδ
בַּיּוֹם הַהוּא אָקִים אֶת־סֻכַּת דָּוִיד, Am. ix. 11

II Co 1 12 ἐν χάριτι Θεοῦ ἀνεστράφημεν ἐν τ. κόσμῳ
Eph 2 3 ἐν οἷς κ. ἡμεῖς πάντες ἀνεστράφημέν ποτε
I Ti 3 15 πῶς δεῖ ἐν οἴκῳ Θεοῦ ἀναστρέφεσθαι
He 10 33 κοινωνοὶ τῶν οὕτως ἀναστρεφομένων γενηθέντες
13 18 ἐν πᾶσι καλῶς θέλοντες ἀναστρέφεσθαι
I Pe 1 17 ἐν φόβῳ τὸν τ. παροικίας ὑμῶν χρόνον ἀναστράφητε
II Pe 2 18 τοὺς ὀλίγως ἀποφεύγοντας τοὺς ἐν πλάνῃ ἀναστρεφομένους

ἈΝΑΣΤΡΟΦΗ´** 391

Gal 1 13 ἠκούσατε γὰρ τ. ἐμὴν ἀναστροφήν ποτε
Eph 4 22 ἀποθέσθαι ὑμᾶς κατὰ τ. προτέραν ἀναστροφήν
I Ti 4 12 ἐν λόγῳ ἐν ἀναστροφῇ ἐν ἀγάπῃ
He 13 7 ὧν ἀναθεωροῦντες τ. ἔκβασιν τ. ἀναστροφῆς
Ja 3 13 δειξάτω ἐκ τ. καλῆς ἀναστροφῆς τὰ ἔργα αὐτοῦ
I Pe 1 15 κ. αὐτοὶ ἅγιοι ἐν πάσῃ ἀναστροφῇ γενήθητε
18 ἐλυτρώθητε ἐκ τ. ματαίας ὑμῶν ἀναστροφῆς πατροπαραδότου
2 12 τ. ἀναστροφὴν ὑμῶν ἐν τ. ἔθνεσιν ἔχοντες καλήν
3 1 διὰ τῆς τ. γυναικῶν ἀναστροφῆς ἄνευ λόγου κερδηθήσονται
2 ἐποπτεύσαντες τὴν ἐν φόβῳ ἁγνὴν ἀναστροφὴν ὑμῶν
16 οἱ ἐπηρεάζοντες ὑμῶν τ. ἀγαθὴν ἐν Χριστῷ ἀναστροφήν
II Pe 2 7 καταπονούμενον ὑπὸ τῆς τ. ἀθέσμων ἐν ἀσελγείᾳ ἀναστροφῆς
3 11 ποταποὺς δεῖ ὑπάρχειν ὑμᾶς ἐν ἁγίαις ἀναστροφαῖς

ἈΝΑΤΑ´ΣΣΟΜΑΙ* 392

Lu 1 1 πολλοὶ ἐπεχείρησαν ἀνατάξασθαι διήγησιν

ἈΝΑΤΕ´ΛΛΩ 393

(1) trans.

Mt 4 16 φῶς ἀνέτειλεν αὐτοῖς
אוֹר נָגַהּ עֲלֵיהֶם, Is. ix. 1
5 45 [1] τ. ἥλιον αὐτοῦ ἀνατέλλει ἐπὶ πονηροὺς κ. ἀγαθούς
13 6 ἡλίου δὲ ἀνατείλαντος ἐκαυματίσθη
Mk 4 6 κ. ὅτε ἀνέτειλεν ὁ ἥλιος ἐκαυματίσθη
16 2 ἀνατείλαντος τ. ἡλίου
ἀνατέλλοντος, WH mg.
Lu 12 54 ὅταν ἴδητε νεφέλην ἀνατέλλουσαν ἐπὶ δυσμῶν
He 7 14 ἐξ Ἰούδα ἀνατέταλκεν ὁ Κύριος ἡμῶν
Ja 1 11 ἀνέτειλεν γὰρ ὁ ἥλιος σὺν τ. καύσωνι
II Pe 1 19 ἕως . . . φωσφόρος ἀνατείλῃ ἐν τ. καρδίαις ὑμῶν

ἈΝΑΤΙ´ΘΕΜΑΙ 394

Ac 25 14 ὁ Φῆστος τ. βασιλεῖ ἀνέθετο τὰ κατὰ τ. Παῦλον
Ga 2 2 ἀνεθέμην αὐτοῖς τὸ εὐαγγέλιον

Ἀνατολή 395

(1) ἀπὸ ἀνατ.

Mt 2 1 [1] μάγοι ἀπὸ ἀνατολῶν παρεγένοντο εἰς Ἱεροσόλυμα
2 εἴδομεν γὰρ αὐτοῦ τ. ἀστέρα ἐν τ. ἀνατολῇ
9 ὁ ἀστὴρ ὃν εἶδον ἐν τ. ἀνατολῇ
8 11 [1] πολλοὶ ἀπὸ ἀνατολῶν κ. δυσμῶν ἥξουσιν
24 27 [1] ὥσπερ γὰρ ἡ ἀστραπὴ ἐξέρχεται ἀπὸ ἀνατολῶν
Lu 1 78 ἐν οἷς ἐπισκέψεται ἡμᾶς ἀνατολὴ ἐξ ὕψους
13 29 [1] ἥξουσιν ἀπὸ ἀνατολῶν κ. δυσμῶν
Re 7 2 εἶδον ἄλλον ἄγγελον ἀναβαίνοντα ἀπὸ ἀνατολῆς ἡλίου
ἀνατολῶν, WH mg.
16 12 ἡ ὁδὸς τ. βασιλέων τῶν ἀπὸ ἀνατολῆς ἡλίου
ἀνατολῶν, WH mg.
21 13 [1] ἀπὸ ἀνατολῆς πυλῶνες τρεῖς

Ἀνατρέπω 396

Jo 2 15 κ. τ. τραπέζας ἀνέτρεψεν
ἀνέστρεψεν, TWH mg. R
II Ti 2 18 ἀνατρέπουσιν τήν τινων πίστιν
Tit 1 11 οἵτινες ὅλους οἴκους ἀνατρέπουσιν

Ἀνατρέφω** 397

Lu 4 16 ἦλθεν εἰς Ναζαρὰ οὗ ἦν ἀνατεθραμμένος
τεθραμμένος, WH non mg.
Ac 7 20 ὃς ἀνετράφη μῆνας τρεῖς ἐν τ. οἴκῳ τ. πατρός
21 ἀνεθρέψατο αὐτὸν ἑαυτῇ εἰς υἱόν
22 3 ἀνατεθραμμένος δὲ ἐν τ. πόλει ταύτῃ

Ἀναφαίνω 398

Lu 19 11 παραχρῆμα μέλλει ἡ βασιλεία τ. Θεοῦ ἀναφαίνεσθαι
Ac 21 3 ἀναφάναντες δὲ τὴν Κύπρον

Ἀναφέρω 399

Mt 17 1 ἀναφέρει αὐτοὺς εἰς ὄρος ὑψηλὸν κατ' ἰδίαν
Mk 9 2 ἀναφέρει αὐτοὺς εἰς ὄρος ὑψηλὸν κατ' ἰδίαν μόνους
Lu 24 51 κ. ἀνεφέρετο εἰς τ. οὐρανόν
—h. v., T [[WH]] R mg.
He 7 27 πρότερον ὑπὲρ τ. ἰδίων ἁμαρτιῶν θυσίας ἀναφέρειν
27 τοῦτο γὰρ ἐποίησεν ἐφάπαξ ἑαυτὸν ἀνενέγκας
προσενέγκας, TWH mg.
9 28 ἅπαξ προσενεχθεὶς εἰς τὸ πολλῶν ἀνενεγκεῖν ἁμαρτίας
13 15 δι' αὐτοῦ ἀναφέρωμεν θυσίαν αἰνέσεως
Ja 2 21 ἀνενέγκας Ἰσαὰκ τ. υἱὸν αὐτοῦ ἐπὶ τὸ θυσιαστήριον
I Pe 2 5 ἀνενέγκαι πνευματικὰς θυσίας
24 ὃς τ. ἁμαρτίας ἡμῶν αὐτὸς ἀνήνεγκεν

Ἀναφωνέω 400

Lu 1 42 κ. ἀνεφώνησεν κραυγῇ μεγάλῃ

Ἀνάχυσις* 401

I Pe 4 4 μὴ συντρεχόντων ὑμῶν εἰς τ. αὐτὴν τ. ἀσωτίας ἀνάχυσιν

Ἀναχωρέω 402

Mt 2 12 δι' ἄλλης ὁδοῦ ἀνεχώρησαν εἰς τ. χώραν αὐτῶν.
13 ἀναχωρησάντων δὲ αὐτῶν
14 ἀνεχώρησεν εἰς Αἴγυπτον
22 ἀνεχώρησεν εἰς τὰ μέρη τ. Γαλιλαίας
4 12 ἀνεχώρησεν εἰς τ. Γαλιλαίαν
9 24 κ. ἐλθὼν ὁ Ἰησοῦς . . . ἔλεγεν Ἀναχωρεῖτε
12 15 ὁ δὲ Ἰησοῦς γνοὺς ἀνεχώρησεν ἐκεῖθεν
14 13 ἀκούσας δὲ ὁ Ἰησοῦς ἀνεχώρησεν ἐκεῖθεν
15 21 ἀνεχώρησεν εἰς τὰ μέρη Τύρου κ. Σιδῶνος
27 5 ῥίψας τὰ ἀργύρια εἰς τ. ναὸν ἀνεχώρησεν
Mk 3 7 ὁ Ἰησοῦς μετὰ τ. μαθητῶν αὐτοῦ ἀνεχώρησεν πρὸς τ. θάλασσαν
Jo 6 15 ἀνεχώρησεν πάλιν εἰς τὸ ὄρος αὐτὸς μόνος
φεύγει, T
Ac 23 19 ἀναχωρήσας κατ' ἰδίαν ἐπυνθάνετο
26 31 ἀναχωρήσαντες ἐλάλουν πρὸς ἀλλήλους

Ἀνάψυξις 403

Ac 3 19 ὅπως ἂν ἔλθωσιν καιροὶ ἀναψύξεως

Ἀναψύχω 404

II Ti 1 16 ὅτι πολλάκις με ἀνέψυξεν

Ἀνδραποδιστής* 405

I Ti 1 10 ἀρσενοκοίταις ἀνδραποδισταῖς ψεύσταις

Ἀνδρέας 406

Mt 4 18 Σίμωνα . . . Πέτρον κ. Ἀνδρέαν τ. ἀδελφὸν αὐτοῦ
10 2 πρῶτος Σίμων . . . Πέτρος κ. Ἀνδρέας ὁ ἀδελφὸς αὐτοῦ
Mk 1 16 εἶδεν Σίμωνα κ. Ἀνδρέαν τ. ἀδελφὸν Σίμωνος
29 ἦλθαν εἰς τ. οἰκίαν Σίμωνος κ. Ἀνδρέου
3 18 κ. Ἀνδρέαν κ. Φίλιππον κ. Βαρθολομαῖον
13 3 Πέτρος κ. Ἰάκωβος κ. Ἰωάνης κ. Ἀνδρέας
Lu 6 14 Σίμωνα . . . Πέτρον κ. Ἀνδρέαν τ. ἀδελφὸν αὐτοῦ
Jo 1 40 ἦν Ἀνδρέας ὁ ἀδελφὸς Σίμωνος Πέτρου
44 ἀπὸ Βηθσαιδὰ ἐκ τ. πόλεως Ἀνδρέου κ. Πέτρου
6 8 Ἀνδρέας ὁ ἀδελφὸς Σίμωνος Πέτρου
12 22 ἔρχεται Φίλιππος κ. λέγει τ. Ἀνδρέᾳ· ἔρχεται Ἀνδρέας κ. Φίλιππος κ. λέγουσιν τ. Ἰησοῦ
Ac 1 13 ὅ τε Πέτρος κ. Ἰωάνης Ἰάκωβος κ. Ἀνδρέας

Ἀνδρίζομαι 407

I Co 16 13 στήκετε ἐν τ. πίστει ἀνδρίζεσθε

Ἀνδρόνικος 408

Ro 16 7 ἀσπάσασθε Ἀνδρόνικον κ. Ἰουνίαν τ. συγγενεῖς μου

᾽ΑΝΔΡΟΦΟ΄ΝΟΣ** 409

I Ti 1 9 ἀνδροφόνοις πόρνοις ἀρσενοκοίταις

᾽ΑΝΕ΄ΓΚΛΗΤΟΣ** 410

I Co 1 8 ὃς κ. βεβαιώσει ὑμᾶς ἕως τέλους ἀνεγκλήτους
Col 1 22 παραστῆσαι ὑμᾶς . . . ἀνεγκλήτους κατενώπιον αὐτοῦ
I Ti 3 10 εἶτα διακονείτωσαν ἀνέγκλητοι ὄντες
Tit 1 6 εἴ τίς ἐστιν ἀνέγκλητος
7 δεῖ γὰρ τ. ἐπίσκοπον ἀνέγκλητον εἶναι

᾽ΑΝΕΚΔΙΗ΄ΓΗΤΟΣ*† 411

II Co 9 15 χάρις τ. Θεῷ ἐπὶ τῇ ἀνεκδιηγήτῳ αὐτοῦ δωρεᾷ

᾽ΑΝΕΚΛΑ΄ΛΗΤΟΣ*† 412

I Pe 1 8 ἀγαλλιᾶτε χαρᾷ ἀνεκλαλήτῳ κ. δεδοξασμένῃ

᾽ΑΝΕ΄ΚΛΕΙΠΤΟΣ* 413

Lu 12 33 θησαυρὸν ἀνέκλειπτον ἐν τ. οὐρανοῖς

᾽ΑΝΕΚΤΟ΄Σ* 414

Mt 10 15 ἀνεκτότερον ἔσται γῇ Σοδόμων κ. Γομόρρων
11 22 Τύρῳ κ. Σιδῶνι ἀνεκτότερον ἔσται ἐν ἡμέρᾳ κρίσεως
24 γῇ Σοδόμων ἀνεκτότερον ἔσται ἐν ἡμέρᾳ κρίσεως
Lu 10 12 Σοδόμοις ἐν τ. ἡμέρᾳ ἐκείνῃ ἀνεκτότερον ἔσται
14 πλὴν Τύρῳ κ. Σιδῶνι ἀνεκτότερον ἔσται ἐν τ. κρίσει

᾽ΑΝΕΛΕΗ΄ΜΩΝ 415

Ro 1 31 ἀσυνθέτους ἀστόργους ἀνελεήμονας

᾽ΑΝΕ΄ΛΕΟΣ*† 415.5

Ja 2 13 ἡ γὰρ κρίσις ἀνέλεος τῷ μὴ ποιήσαντι ἔλεος

᾽ΑΝΕΜΙ΄ΖΟΜΑΙ*† 416

Ja 1 6 ἔοικεν κλύδωνι θαλάσσης ἀνεμιζομένῳ κ. ῥιπιζομένῳ

῎ΑΝΕΜΟΣ 417

(1) ἄνεμοι (2) metaph.

Mt 7 25 [1] ἦλθαν οἱ ποταμοὶ κ. ἔπνευσαν οἱ ἄνεμοι
27 [1] ἦλθαν οἱ ποταμοὶ κ. ἔπνευσαν οἱ ἄνεμοι
8 26 [1] ἐγερθεὶς ἐπετίμησεν τ. ἀνέμοις κ. τ. θαλάσσῃ
27 [1] κ. οἱ ἄνεμοι κ. ἡ θάλασσα αὐτῷ ὑπακούουσιν
11 7 κάλαμον ὑπὸ ἀνέμου σαλευόμενον;
14 24 ἦν γὰρ ἐναντίος ὁ ἄνεμος
30 βλέπων δὲ τ. ἄνεμον ἐφοβήθη
32 ἐκόπασεν ὁ ἄνεμος
24 31 [1] ἐπισυνάξουσιν τ. ἐκλεκτοὺς αὐτοῦ ἐκ τ. τεσσάρων ἀνέμων
Mk 4 37 γίνεται λαῖλαψ μεγάλη ἀνέμου
Mk 4 39 διεγερθεὶς ἐπετίμησεν τ. ἀνέμῳ
39 ἐκόπασεν ὁ ἄνεμος
41 κ. ὁ ἄνεμος κ. ἡ θάλασσα ὑπακούει αὐτῷ
6 48 ἦν γὰρ ὁ ἄνεμος ἐναντίος αὐτοῖς
51 ἐκόπασεν ὁ ἄνεμος
13 27 [1] ἐπισυνάξει τ. ἐκλεκτοὺς αὐτοῦ ἐκ τ. τεσσάρων ἀνέμων
Lu 7 24 κάλαμον ὑπὸ ἀνέμου σαλευόμενον;
8 23 κατέβη λαῖλαψ ἀνέμου εἰς τ. λίμνην εἰς τ. λ. ἀν., WH mg.
24 ὁ δὲ διεγερθεὶς ἐπετίμησεν τ. ἀνέμῳ
25 [1] κ. τ. ἀνέμοις ἐπιτάσσει κ. τ. ὕδατι
Jo 6 18 ἥ τε θάλασσα ἀνέμου μεγάλου πνέοντος διεγείρετο
Ac 27 4 [1] διὰ τὸ τ. ἀνέμους εἶναι ἐναντίους
7 μὴ προσεῶντος ἡμᾶς τ. ἀνέμου
14 ἔβαλεν κατ᾽ αὐτῆς ἄνεμος τυφωνικός
15 μὴ δυναμένου ἀντοφθαλμεῖν τ. ἀνέμῳ
Eph 4 14 [2] περιφερόμενοι παντὶ ἀνέμῳ τ. διδασκαλίας
Ja 3 4 τὰ πλοῖα . . . ὑπὸ ἀνέμων σκληρῶν ἐλαυνόμενα
Ju 12 [1] νεφέλαι ἄνυδροι ὑπὸ ἀνέμων παραφερόμεναι
Re 6 13 ὡς συκῆ . . . ὑπὸ ἀνέμου μεγάλου σειομένη
7 1 [1] τέσσαρας ἀγγέλους . . . κρατοῦντας τ. τέσσαρας ἀνέμους τ. γῆς, ἵνα μὴ πνέῃ ἄνεμος ἐπὶ τ. γῆς

᾽ΑΝΕ΄ΝΔΕΚΤΟΣ* 418

Lu 17 1 ἀνένδεκτόν ἐστιν τοῦ τὰ σκάνδαλα μὴ ἐλθεῖν

᾽ΑΝΕΞΕΡΑΥ΄ΝΗΤΟΣ** 419

Ro 11 33 ὡς ἀνεξεραύνητα τὰ κρίματα αὐτοῦ

᾽ΑΝΕΞΙ΄ΚΑΚΟΣ* 420

II Ti 2 24 ἤπιον εἶναι πρὸς πάντας διδακτικὸν ἀνεξίκακον

᾽ΑΝΕΞΙΧΝΙ΄ΑΣΤΟΣ† 421

Ro 11 33 ὡς . . . ἀνεξιχνίαστοι αἱ ὁδοὶ αὐτοῦ
Eph 3 8 εὐαγγελίσασθαι τὸ ἀνεξιχνίαστον πλοῦτος τ. Χριστοῦ

᾽ΑΝΕΠΑΙ΄ΣΧΥΝΤΟΣ*† 422

II Ti 2 15 ἐργάτην ἀνεπαίσχυντον

᾽ΑΝΕΠΙ΄ΛΗΜΠΤΟΣ* 423

I Ti 3 2 δεῖ οὖν τ. ἐπίσκοπον ἀνεπίλημπτον εἶναι
5 7 ταῦτα παράγγελλε ἵνα ἀνεπίλημπτοι ὦσιν
6 14 τηρῆσαί σε τ. ἐντολὴν ἄσπιλον ἀνεπίλημπτον

᾽ΑΝΕ΄ΡΧΟΜΑΙ 424

Jo 6 3 ἀνῆλθεν δὲ εἰς τὸ ὄρος Ἰησοῦς
Gal 1 17 οὐδὲ ἀνῆλθον εἰς Ἱεροσόλυμα πρὸς τοὺς πρὸ ἐμοῦ ἀποστόλους
18 μετὰ τρία ἔτη ἀνῆλθον εἰς Ἱεροσόλυμα

ἌΝΕΣΙΣ 425

Ac **24** 23 διαταξάμενος . . . τηρεῖσθαι αὐτὸν ἔχειν τε ἄνεσιν
II Co **2** 13 οὐκ ἔσχηκα ἄνεσιν τ. πνεύματί μου
7 5 οὐδεμίαν ἔσχηκεν ἄνεσιν ἡ σὰρξ ἡμῶν
8 13 οὐ γὰρ ἵνα ἄλλοις ἄνεσις ὑμῖν θλῖψις
II Th **1** 7 ὑμῖν τ. θλιβομένοις ἄνεσιν μεθ᾽ ἡμῶν

ἈΝΕΤΑ΄ΖΩ† 426

Ac **22** 24 εἴπας μάστιξιν ἀνετάζεσθαι αὐτόν
29 ἀπέστησαν ἀπ᾽ αὐτοῦ οἱ μέλλοντες αὐτὸν ἀνετάζειν

ἌΝΕΥ 427

Mt **10** 29 οὐ πεσεῖται ἐπὶ τ. γῆν ἄνευ τ. πατρὸς ὑμῶν
Mk **13** 2 διὰ τριῶν ἡμερῶν ἄλλος ἀναστήσεται ἄνευ χειρῶν
—h. v., TWH non mg. R
I Pe **3** 1 διὰ τῆς τ. γυναικῶν ἀναστροφῆς ἄνευ λόγου κερδηθήσονται
4 9 φιλόξενοι εἰς ἀλλήλους ἄνευ γογγυσμοῦ

ἈΝΕΥ΄ΘΕΤΟΣ*† 428

Ac **27** 12 ἀνευθέτου δὲ τ. λιμένος ὑπάρχοντος πρὸς παραχειμασίαν

ἈΝΕΥΡΙ΄ΣΚΩ** 429

Lu **2** 16 ἀνεῦραν τήν τε Μαριὰμ κ. τ. Ἰωσήφ
Ac **21** 4 ἀνευρόντες δὲ τ. μαθητάς

ἈΝΕ΄ΧΟΜΑΙ 430

Mt **17** 17 ἕως πότε ἀνέξομαι ὑμῶν;
Mk **9** 19 ἕως πότε ἀνέξομαι ὑμῶν;
Lu **9** 41 ἕως πότε . . . ἀνέξομαι ὑμῶν;
Ac **18** 14 κατὰ λόγον ἂν ἀνεσχόμην ὑμῶν
I Co **4** 12 διωκόμενοι ἀνεχόμεθα
II Co **11** 1 ὄφελον ἀνείχεσθέ μου μικρόν τι ἀφροσύνης·
ἀλλὰ κ. ἀνέχεσθέ μου
4 καλῶς ἀνέχεσθε
ἀνείχεσθε, TWH mg.
19 ἡδέως γὰρ ἀνέχεσθε τ. ἀφρόνων
20 ἀνέχεσθε γὰρ εἴ τις ὑμᾶς καταδουλοῖ
Eph **4** 2 ἀνεχόμενοι ἀλλήλων ἐν ἀγάπῃ
Col **3** 13 ἀνεχόμενοι ἀλλήλων κ. χαριζόμενοι ἑαυτοῖς
II Th **1** 4 ἐν πᾶσι τ. θλίψεσιν αἷς ἀνέχεσθε
ἐνέχεσθε, WH mg.
II Ti **4** 3 ὅτε τ. ὑγιαινούσης διδασκαλίας οὐκ ἀνέξονται
He **13** 22 ἀνέχεσθε τ. λόγου τ. παρακλήσεως
ἀνέχεσθαι, WH mg.

ἈΝΕΨΙΟ΄Σ 431

Col **4** 10 Μάρκος ὁ ἀνεψιὸς Βαρνάβα

ἌΝΗΘΟΝ* 432

Mt **23** 23 τὸ ἡδύοσμον κ. τὸ ἄνηθον κ. τὸ κύμινον

ἈΝΗ΄ΚΩ 433

Eph **5** 4 μωρολογία ἢ εὐτραπελία ἃ οὐκ ἀνῆκεν
Col **3** 18 ὑποτάσσεσθε τ. ἀνδράσιν ὡς ἀνῆκεν ἐν Κυρίῳ
Phm **8** πολλὴν . . . παρρησίαν ἔχων ἐπιτάσσειν σοι τὸ ἀνῆκον

ἈΝΗ΄ΜΕΡΟΣ* 434

II Ti **3** 3 ἀκρατεῖς ἀνήμεροι ἀφιλάγαθοι

ἈΝΗ΄Ρ 435

(1) vir (2) ἄνδρες, ἄ. ἀδελφοί
(3) ἄνδρ. Ἰουδαῖοι, Γαλιλαῖοι, Ἰσραηλεῖται

Mt **1** 16 [1] Ἰακὼβ δὲ ἐγέννησεν τ. Ἰωσὴφ τ. ἄνδρα Μαρίας
19 [1] Ἰωσὴφ δὲ ὁ ἀνὴρ αὐτῆς
7 24 ὁμοιωθήσεται ἀνδρὶ φρονίμῳ
26 ὁμοιωθήσεται ἀνδρὶ μωρῷ
12 41 ἄνδρες Νινευεῖται ἀναστήσονται ἐν τ. κρίσει
14 21 [1] οἱ δὲ ἐσθίοντες ἦσαν ἄνδρες ὡσεὶ πεντακισχίλιοι
35 ἐπιγνόντες αὐτὸν οἱ ἄνδρες τ. τόπου ἐκείνου
15 38 οἱ δὲ ἐσθίοντες ἦσαν τετρακισχίλιοι ἄνδρες
Mk **6** 20 εἰδὼς αὐτὸν ἄνδρα δίκαιον κ. ἅγιον
44 ἦσαν οἱ φαγόντες τ. ἄρτους πεντακισχίλιοι ἄνδρες
10 2 [1] εἰ ἔξεστιν ἀνδρὶ γυναῖκα ἀπολῦσαι
12 [1] ἐὰν αὐτὴ ἀπολύσασα τ. ἄνδρα αὐτῆς γαμήσῃ ἄλλον
Lu **1** 27 [1] ἀπεστάλη . . . πρὸς παρθένον ἐμνηστευμένην ἀνδρί
34 [1] ἐπεὶ ἄνδρα οὐ γινώσκω
2 36 [1] ζήσασα μετὰ ἀνδρὸς ἔτη ἑπτὰ ἀπὸ τ. παρθενίας αὐτοῦ
5 8 ἔξελθε ἀπ᾽ ἐμοῦ ὅτι ἀνὴρ ἁμαρτωλός εἰμι
12 ἰδοὺ ἀνὴρ πλήρης λέπρας
18 ἰδοὺ ἄνδρες φέροντες ἐπὶ κλίνης ἄνθρωπον
6 8 εἶπεν δὲ τ. ἀνδρὶ τῷ ξηρὰν ἔχοντι τ. χεῖρα
7 20 παραγενόμενοι δὲ πρὸς αὐτὸν οἱ ἄνδρες εἶπαν
8 27 ὑπήντησεν ἀνήρ τις ἐκ τ. πόλεως
[τις] ἀνήρ, WH mg.
38 ἐδεῖτο δὲ αὐτοῦ ὁ ἀνήρ
41 ἦλθεν ἀνὴρ ᾧ ὄνομα Ἰάειρος
9 14 [1] ἦσαν γὰρ ὡσεὶ ἄνδρες πεντακισχίλιοι
30 ἰδοὺ ἄνδρες δύο συνελάλουν αὐτῷ
32 εἶδαν . . . τ. δύο ἄνδρας τ. συνεστῶτας αὐτῷ
38 ἰδοὺ ἀνὴρ ἀπὸ τ. ὄχλου ἐβόησεν
11 31 ἐγερθήσεται ἐν τ. κρίσει μετὰ τ. ἀνδρῶν τ. γενεᾶς ταύτης
32 ἄνδρες Νινευεῖται ἀναστήσονται ἐν τ. κρίσει
14 24 οὐδεὶς τ. ἀνδρῶν ἐκείνων τ. κεκλημένων
16 18 [1] κ. ὁ ἀπολελυμένην ἀπὸ ἀνδρὸς γαμῶν μοιχεύει
17 12 ἀπήντησαν δέκα λεπροὶ ἄνδρες
19 2 ἰδοὺ ἀνὴρ ὀνόματι καλούμενος Ζακχαῖος

Lu 19 7 παρὰ ἁμαρτωλῷ ἀνδρὶ εἰσῆλθεν καταλῦσαι
22 63 οἱ ἄνδρες οἱ συνέχοντες αὐτόν
23 50 ἰδοὺ ἀνὴρ ὀνόματι Ἰωσήφ
50 ἀνὴρ ἀγαθὸς κ. δίκαιος
24 4 ἰδοὺ ἄνδρες δύο ἐπέστησαν αὐταῖς
19 ὃς ἐγένετο ἀνὴρ προφήτης
Jo 1 13 οὐδὲ ἐκ θελήματος ἀνδρός
30 ὀπίσω μου ἔρχεται ἀνὴρ
4 16 [1] ὕπαγε φώνησόν σου τ. ἄνδρα
τ. ἄνδρα σ., T
17 [1] εἶπεν αὐτῷ Οὐκ ἔχω ἄνδρα
ἄνδ. οὐκ ἔχ., T
17 [1] καλῶς εἶπες ὅτι Ἄνδρα οὐκ ἔχω·
18 [1] πέντε γὰρ ἄνδρας ἔσχες·
[1] κ. νῦν ὃν ἔχεις οὐκ ἔστιν σου ἀνήρ
6 10 [1] ἀνέπεσαν οὖν οἱ ἄνδρες τ. ἀριθμὸν ὡς πεντακισχίλιοι
—οἱ, WH mg.
Ac 1 10 ἰδοὺ ἄνδρες δύο παρειστήκεισαν αὐτοῖς
11 [3] οἱ κ. εἶπαν Ἄνδρες Γαλιλαῖοι τί ἑστήκατε
16 [2] ἄνδρες ἀδελφοὶ ἔδει πληρωθῆναι τ. γραφὴν
21 δεῖ οὖν τ. συνελθόντων ἡμῖν ἀνδρῶν
2 5 [3] Ἰουδαῖοι ἄνδρες εὐλαβεῖς
14 [3] ἄνδρες Ἰουδαῖοι κ. οἱ κατοικοῦντες Ἰερουσαλὴμ
22 [3] ἄνδρες Ἰσραηλεῖται ἀκούσατε τ. λόγους τούτους·
Ἰησοῦν τ. Ναζωραῖον ἄνδρα ἀποδεδειγμένον ἀπὸ τ. Θεοῦ
29 [2] ἄνδρες ἀδελφοὶ ἐξὸν εἰπεῖν μετὰ παρρησίας
37 [2] τί ποιήσωμεν ἄνδρες ἀδελφοί
3 2 κ. τις ἀνὴρ χωλὸς ἐκ κοιλίας μητρὸς αὐτοῦ
12 [3] ἄνδρες Ἰσραηλεῖται τί θαυμάζετε ἐπὶ τούτῳ
14 ᾐτήσασθε ἄνδρα φονέα χαρισθῆναι ὑμῖν
4 4 ἐγενήθη ἀριθμὸς τ. ἀνδρῶν ὡς χιλιάδες πέντε
5 1 ἀνὴρ δέ τις Ἀνανίας ὀνόματι
9 [1] οἱ πόδες τ. θαψάντων τ. ἄνδρα σου
10 [1] ἐξενέγκαντες ἔθαψαν πρὸς τ. ἄνδρα αὐτῆς
14 [1] πλήθη ἀνδρῶν τε κ. γυναικῶν
25 ἰδοὺ οἱ ἄνδρες οὓς ἔθεσθε ἐν τ. φυλακῇ
35 [3] ἄνδρες Ἰσραηλεῖται προσέχετε ἑαυτοῖς
36 ᾧ προσεκλίθη ἀνδρῶν ἀριθμὸς ὡς τετρακοσίων
6 3 ἐπισκέψασθε δὲ . . . ἄνδρας ἐξ ὑμῶν μαρτυρουμένους ἑπτά
5 Στέφανον ἄνδρα πλήρη πίστεως κ. πνεύματος ἁγίου
11 τότε ὑπέβαλον ἄνδρας λέγοντας
7 2 [2] ἄνδρες ἀδελφοὶ κ. πατέρες
26 [2] ἄνδρες ἀδελφοί ἐστε
8 2 συνεκόμισαν δὲ τ. Στέφανον ἄνδρες εὐλαβεῖς
3 [1] σύρων τε ἄνδρας κ. γυναῖκας
9 ἀνὴρ δέ τις ὀνόματι Σίμων
12 [1] ἐβαπτίζοντο ἄνδρες τε κ. γυναῖκες
27 ἰδοὺ ἀνὴρ Αἰθίοψ εὐνοῦχος
9 2 [1] ἐάν τινας εὕρῃ τῆς ὁδοῦ ὄντας ἄνδρας τε κ. γυναῖκας
Ac 9 7 οἱ δὲ ἄνδρες οἱ συνοδεύοντες αὐτῷ
12 εἶδεν ἄνδρα Ἁνανίαν ὀνόματι εἰσελθόντα
13 ἤκουσα ἀπὸ πολλῶν περὶ τ. ἀνδρὸς τούτου
38 ἀπέστειλαν δύο ἄνδρας πρὸς αὐτὸν
10 1 ἀνὴρ δέ τις ἐν Καισαρίᾳ ὀνόματι Κορνήλιος
5 νῦν πέμψον ἄνδρας εἰς Ἰόππην
17 ἰδοὺ οἱ ἄνδρες οἱ ἀπεσταλμένοι ὑπὸ τ. Κορνηλίου
19 ἰδοὺ ἄνδρες δύο ζητοῦντές σε
—δύο, T ; τρεῖς, [WH mg.] R
21 καταβὰς δὲ Πέτρος πρὸς τ. ἄνδρας
22 Κορνήλιος . . . ἀνὴρ δίκαιος κ. φοβούμενος τ. Θεόν
28 ὡς ἀθέμιτόν ἐστιν ἀνδρὶ Ἰουδαίῳ
30 ἰδοὺ ἀνὴρ ἔστη ἐνώπιόν μου
11 3 εἰσῆλθεν πρὸς ἄνδρας ἀκροβυστίαν ἔχοντας
11 ἐξαυτῆς τρεῖς ἄνδρες ἐπέστησαν ἐπὶ τ. οἰκίαν
12 εἰσήλθομεν εἰς τ. οἶκον τ. ἀνδρός
20 ἦσαν δέ τινες ἐξ αὐτῶν ἄνδρες Κύπριοι
24 ὅτι ἦν ἀνὴρ ἀγαθὸς κ. πλήρης πνεύματος ἁγίου
13 6 εὗρον ἄνδρα τινὰ μάγον ψευδοπροφήτην
7 ἦν σὺν τ. ἀνθυπάτῳ Σεργίῳ Παύλῳ ἀνδρὶ συνετῷ
15 [2] ἄνδρες ἀδελφοὶ εἴ τίς ἐστιν ἐν ὑμῖν λόγος
16 [3] ἄνδρες Ἰσραηλεῖται κ. οἱ φοβούμενοι τ. Θεόν
21 τὸν Σαοὺλ υἱὸν Κεὶς ἄνδρα ἐκ φυλῆς Βενιαμείν
22 εὗρον Δαυεὶδ ἄνδρα κατὰ τ. καρδίαν μου
[ἄνδρα], WH
מָצָאתִי דָּוִד עַבְדִּי, Ps. lxxxix. 21
26 [2] ἄνδρες ἀδελφοὶ υἱοὶ γένους Ἀβραάμ
38 [2] γνωστὸν οὖν ἔστω ὑμῖν ἄνδρες ἀδελφοί
14 8 κ. τις ἀνὴρ ἀδύνατος ἐν Λύστροις τ. ποσὶν ἐκάθητο
15 [2] ἄνδρες τί ταῦτα ποιεῖτε;
15 7 [2] ἄνδρες ἀδελφοὶ ὑμεῖς ἐπίστασθε
13 [2] ἄνδρες ἀδελφοὶ ἀκούσατέ μου
22 ἐκλεξαμένους ἄνδρας ἐξ αὐτῶν πέμψαι
22 ἄνδρας ἡγουμένους ἐν τ. ἀδελφοῖς
25 ἔδοξεν ἡμῖν . . . ἐκλεξαμένοις ἄνδρας πέμψαι πρὸς ὑμᾶς
ἐκλεξαμένους, TWH mg. R
16 9 ἀνὴρ Μακεδών τις ἦν ἑστὼς
17 5 προσλαβόμενοι τ. ἀγοραίων ἄνδρας τινὰς πονηροὺς
12 [1] κ. ἀνδρῶν οὐκ ὀλίγοι
22 ἄνδρες Ἀθηναῖοι κατὰ πάντα ὡς δεισιδαιμονεστέρους
31 μέλλει κρίνειν . . . ἐν ἀνδρὶ ᾧ ὥρισεν
34 τινὲς δὲ ἄνδρες κολληθέντες αὐτῷ ἐπίστευσαν
18 24 Ἰουδαῖος δέ τις Ἀπολλῶς ὀνόματι ἀνὴρ λόγιος
27 ὅπως ἀποδέξωνται τ. ἄνδρα
ἀποδέξασθαι αὐτόν, TWH non mg. R
19 7 ἦσαν δὲ οἱ πάντες ἄνδρες ὡσεὶ δώδεκα
25 [2] ἄνδρες ἐπίστασθε ὅτι ἐκ ταύτης τ. ἐργασίας

Ac 19 35 ἄνδρες Ἐφέσιοι τίς γάρ ἐστιν ἀνθρώπων
37 ἠγάγετε γὰρ τ. ἄνδρας τούτους
20 30 ἐξ ὑμῶν αὐτῶν ἀναστήσονται ἄνδρες
21 11 τ. ἄνδρα οὗ ἐστὶν ἡ ζώνη αὕτη
23 εἰσὶν ἡμῖν ἄνδρες τέσσαρες εὐχὴν ἔχοντες
26 τότε ὁ Παῦλος παραλαβὼν τ. ἄνδρας
28 [3] ἄνδρες Ἰσραηλεῖται βοηθεῖτε
38 ἐξαγαγὼν εἰς τὴν ἔρημον τ. τετρακισχιλίους ἄνδρας τ. σικαρίων
22 1 [2] ἄνδρες ἀδελφοὶ κ. πατέρες
3 ἐγώ εἰμι ἀνὴρ Ἰουδαῖος
4 [1] παραδιδοὺς εἰς φυλακὰς ἄνδρας τε κ. γυναῖκας
12 ἀνὴρ εὐλαβὴς κατὰ τ. νόμον
23 1 [2] ἄνδρες ἀδελφοὶ ἐγὼ πάσῃ συνειδήσει ἀγαθῇ πεπολίτευμαι
6 [2] ἄνδρες ἀδελφοὶ ἐγὼ Φαρισαῖός εἰμι
21 ἐνεδρεύουσιν γὰρ αὐτὸν ἐξ αὐτῶν ἄνδρες πλείους τεσσεράκοντα
27 τ. ἄνδρα τοῦτον συλλημφθέντα ὑπὸ τ. Ἰουδαίων
30 μηνυθείσης δέ μοι ἐπιβουλῆς εἰς τ. ἄνδρα ἔσεσθαι
24 5 εὑρόντες γὰρ τ. ἄνδρα τοῦτον λοιμόν
25 5 εἴ τί ἐστιν ἐν τ. ἀνδρὶ ἄτοπον
14 ἀνήρ τίς ἐστιν καταλελειμμένος ὑπὸ Φήλικος δέσμιος
17 ἐκέλευσα ἀχθῆναι τ. ἄνδρα
23 σύν τε χιλιάρχοις κ. ἀνδράσι τοῖς κατ' ἐξοχὴν τ. πόλεως
24 κ. πάντες οἱ συνπαρόντες ἡμῖν ἄνδρες
27 10 [2] ἄνδρες θεωρῶ ὅτι μετὰ ὕβρεως
21 [2] ἔδει μέν ὦ ἄνδρες πειθαρχήσαντάς μοι
25 [2] διὸ εὐθυμεῖτε ἄνδρες
28 17 [2] ἐγὼ ἄνδρες ἀδελφοὶ οὐδὲν ἐναντίον ποιήσας
Ro 4 8 μακάριος ἀνὴρ οὗ οὐ μὴ λογίσηται Κύριος ἁμαρτίαν
אַשְׁרֵי אָדָם לֹא יַחְשֹׁב יְהוָה לוֹ עָוֹן, Ps. xxxii. 2
7 2 [1] ἡ γὰρ ὕπανδρος γυνὴ τ. ζῶντι ἀνδρὶ δέδεται νόμῳ·
[1] ἐὰν δὲ ἀποθάνῃ ὁ ἀνήρ,
[1] κατήργηται ἀπὸ τ. νόμου τ. ἀνδρός.
3 [1] ἄρα οὖν ζῶντος τ. ἀνδρὸς μοιχαλὶς χρηματίσει,
[1] ἐὰν γένηται ἀνδρὶ ἑτέρῳ·
[1] ἐὰν δὲ ἀποθάνῃ ὁ ἀνήρ
3 [1] τοῦ μὴ εἶναι αὐτὴν μοιχαλίδα γενομένην ἀνδρὶ ἑτέρῳ
11 4 κατέλιπον ἐμαυτῷ ἑπτακισχιλίους ἄνδρας
הִשְׁאַרְתִּי בְיִשְׂרָאֵל שִׁבְעַת אֲלָפִים, 1 Ki. xix. 18
1 Co 7 2 [1] ἑκάστη τ. ἴδιον ἄνδρα ἐχέτω.
3 [1] τ. γυναικὶ ὁ ἀνὴρ τ. ὀφειλὴν ἀποδιδότω·
[1] ὁμοίως δὲ κ. ἡ γυνὴ τ. ἀνδρί.
4 [1] ἡ γυνὴ τ. ἰδίου σώματος οὐκ ἐξουσιάζει ἀλλὰ ὁ ἀνήρ·
[1] ὁμοίως δὲ κ. ὁ ἀνὴρ τ. ἰδίου σώματος οὐκ ἐξουσιάζει
10 [1] γυναῖκα ἀπὸ ἀνδρὸς μὴ χωρισθῆναι
11 [1] μενέτω ἄγαμος ἢ τ. ἀνδρὶ καταλλαγήτω·
[1] κ. ἄνδρα γυναῖκα μὴ ἀφιέναι

1 Co 7 13 [1] γυνὴ ἥτις ἔχει ἄνδρα ἄπιστον
13 [1] μὴ ἀφιέτω τ. ἄνδρα.
14 [1] ἡγίασται γὰρ ὁ ἀνὴρ ὁ ἄπιστος ἐν τ. γυναικί
16 [1] τί γὰρ οἶδας γύναι εἰ τ. ἄνδρα σώσεις;
[1] ἢ τί οἶδας ἄνερ εἰ τ. γυναῖκα σώσεις;
34 [1] πῶς ἀρέσῃ τ. ἀνδρί
39 [1] ἐφ' ὅσον χρόνον ζῇ ὁ ἀνὴρ αὐτῆς·
[1] ἐὰν δὲ κοιμηθῇ ὁ ἀνήρ
11 3 παντὸς ἀνδρὸς ἡ κεφαλὴ ὁ Χριστός ἐστιν·
[1] κεφαλὴ δὲ γυναικὸς ὁ ἀνήρ
4 [1] πᾶς ἀνὴρ προσευχόμενος ἢ προφητεύων κατὰ κεφαλῆς ἔχων
7 [1] ἀνὴρ μὲν γὰρ οὐκ ὀφείλει κατακαλύπτεσθαι τ. κεφαλήν
7 [1] ἡ γυνὴ δὲ δόξα ἀνδρός ἐστιν
8 [1] οὐ γάρ ἐστιν ἀνὴρ ἐκ γυναικός,
[1] ἀλλὰ γυνὴ ἐξ ἀνδρός·
9 [1] κ. γὰρ οὐκ ἐκτίσθη ἀνὴρ διὰ τ. γυναῖκα,
[1] ἀλλὰ γυνὴ διὰ τ. ἄνδρα
11 [1] πλὴν οὔτε γυνὴ χωρὶς ἀνδρὸς
[1] οὔτε ἀνὴρ χωρὶς γυναικὸς ἐν Κυρίῳ·
12 [1] ὥσπερ γὰρ ἡ γυνὴ ἐκ τ. ἀνδρός,
[1] οὕτως κ. ὁ ἀνὴρ διὰ τ. γυναικός
14 [1] ἀνὴρ μὲν ἐὰν κομᾷ
13 11 ὅτε γέγονα ἀνὴρ κατήργηκα τὰ τ. νηπίου
14 35 [1] ἐν οἴκῳ τ. ἰδίους ἄνδρας ἐπερωτάτωσαν
II Co 11 2 [1] ἡρμοσάμην γὰρ ὑμᾶς ἑνὶ ἀνδρί
Gal 4 27 [1] πολλὰ τὰ τέκνα τῆς ἐρήμου μᾶλλον ἢ τ. ἐχούσης τ. ἄνδρα
רַבִּים בְּנֵי־שׁוֹמֵמָה מִבְּנֵי בְעוּלָה, Is. liv. 1
Eph 4 13 μέχρι καταντήσωμεν . . . εἰς ἄνδρα τέλειον
5 22 [1] αἱ γυναῖκες τ. ἰδίοις ἀνδράσιν ὡς τ. Κυρίῳ·
23 [1] ὅτι ἀνήρ ἐστιν κεφαλὴ τ. γυναικός
24 [1] οὕτως κ. αἱ γυναῖκες τ. ἀνδράσιν ἐν παντί
25 [1] [2] οἱ ἄνδρες ἀγαπᾶτε τ. γυναῖκας
28 [1] οὕτως ὀφείλουσιν κ. οἱ ἄνδρες ἀγαπᾶν τὰς ἑαυτῶν γυναῖκας
33 [1] ἡ δὲ γυνὴ ἵνα φοβῆται τ. ἄνδρα
Col 3 18 [1] αἱ γυναῖκες ὑποτάσσεσθε τ. ἀνδράσιν
19 [1] [2] οἱ ἄνδρες ἀγαπᾶτε τ. γυναῖκας
1 Ti 2 8 [1] βούλομαι οὖν προσεύχεσθαι τ. ἄνδρας ἐν παντὶ τόπῳ
12 [1] οὐδὲ αὐθεντεῖν ἀνδρός
3 2 [1] δεῖ οὖν τ. ἐπίσκοπον . . . μιᾶς γυναικὸς ἄνδρα
12 [1] διάκονοι ἔστωσαν μιᾶς γυναικὸς ἄνδρες
5 9 [1] χήρα καταλεγέσθω . . . ἑνὸς ἀνδρὸς γυνή
Tit 1 6 [1] εἴ τίς ἐστιν ἀνέγκλητος μιᾶς γυναικὸς ἀνήρ
2 5 [1] ὑποτασσομένας τ. ἰδίοις ἀνδράσιν
Ja 1 8 ἀνὴρ δίψυχος ἀκατάστατος
12 μακάριος ἀνὴρ ὃς ὑπομένει πειρασμόν
20 ὀργὴ γὰρ ἀνδρὸς δικαιοσύνην Θεοῦ οὐκ ἐργάζεται
23 οὗτος ἔοικεν ἀνδρὶ κατανοοῦντι τὸ πρόσωπον
2 2 ἀνὴρ χρυσοδακτύλιος ἐν ἐσθῆτι λαμπρᾷ
3 2 οὗτος τέλειος ἀνήρ
1 Pe 3 1 [1] ὁμοίως γυναῖκες ὑποτασσόμεναι τ. ἰδίοις ἀνδράσιν

I Pe 3 5 [1] αἱ ἅγιαι γυναῖκες . . . ὑποτασσόμεναι τ. ἰδίοις ἀνδράσιν
7 [1] οἱ ἄνδρες ὁμοίως συνοικοῦντες κατὰ γνῶσιν
Re 21 2 [1] ὡς νύμφην κεκοσμημένην τ. ἀνδρὶ αὐτῆς

ἈΝΘΙ΄ΣΤΗΜΙ 436

Mt 5 39 ἐγὼ δὲ λέγω ὑμῖν μὴ ἀντιστῆναι τ. πονηρῷ
Lu 21 15 ᾗ οὐ δυνήσονται ἀντιστῆναι ἢ ἀντειπεῖν
Ac 6 10 οὐκ ἴσχυον ἀντιστῆναι τ. σοφίᾳ
13 8 ἀνθίστατο δὲ αὐτοῖς Ἐλύμας ὁ μάγος
Ro 9 19 τῷ γὰρ βουλήματι αὐτοῦ τίς ἀνθέστηκεν ;
13 2 τῇ τ. Θεοῦ διαταγῇ ἀνθέστηκεν·
οἱ δὲ ἀνθεστηκότες ἑαυτοῖς κρίμα λήμψονται
Ga 2 11 κατὰ πρόσωπον αὐτῷ ἀντέστην
Eph 6 13 ἵνα δυνηθῆτε ἀντιστῆναι ἐν τ. ἡμέρᾳ τ. πονηρᾷ
II Ti 3 8 ὃν τρόπον δὲ Ἰαννῆς κ. Ἰαμβρῆς ἀντέστησαν Μωυσεῖ,
οὕτως κ. οὗτοι ἀνθίστανται τ. ἀληθείᾳ
4 15 λίαν γὰρ ἀντέστη τ. ἡμετέροις λόγοις
Ja 4 7 ἀντίστητε δὲ τ. διαβόλῳ
I Pe 5 9 ᾧ ἀντίστητε στερεοὶ τ. πίστει

ἈΝΘΟΜΟΛΟΓΕ΄ΟΜΑΙ 437

Lu 2 38 κ. αὐτῇ τ. ὥρᾳ ἐπιστᾶσα ἀνθωμολογεῖτο τ. Θεῷ

ἌΝΘΟΣ 438

Ja 1 10 ὅτι ὡς ἄνθος χόρτου παρελεύσεται
11 κ. τὸ ἄνθος αὐτοῦ ἐξέπεσεν
I Pe 1 24 πᾶσα δόξα αὐτῆς ὡς ἄνθος χόρτου.
כָּל־חַסְדּוֹ כְּצִיץ הַשָּׂדֶה, Is. xl. 6
ἐξηράνθη ὁ χόρτος κ. τὸ ἄνθος ἐξέπεσεν
יָבֵשׁ חָצִיר נָבֵל צִיץ, *ib.* 8

ἈΝΘΡΑΚΙΑ΄** 439

Jo 18 18 οἱ δοῦλοι κ. οἱ ὑπηρέται ἀνθρακιὰν πεποιηκότες
21 9 βλέπουσιν ἀνθρακιὰν κειμένην

ἌΝΘΡΑΞ 440

Ro 12 20 ἄνθρακας πυρὸς σωρεύσεις ἐπὶ τ. κεφαλὴν αὐτοῦ
גֶּחָלִים אַתָּה חֹתֶה עַל־רֹאשׁוֹ, Pro. xxv. 22

ἈΝΘΡΩΠΑ΄ΡΕΣΚΟΣ † 441

Eph 6 6 μὴ κατ' ὀφθαλμοδουλίαν ὡς ἀνθρωπάρεσκοι
Col 3 22 μὴ ἐν ὀφθαλμοδουλίαις ὡς ἀνθρωπάρεσκοι

ἈΝΘΡΩ΄ΠΙΝΟΣ 442

Ac 17 25 οὐδὲ ὑπὸ χειρῶν ἀνθρωπίνων θεραπεύεται
Ro 6 19 ἀνθρώπινον λέγω διὰ τ. ἀσθένειαν τ. σαρκὸς ὑμῶν
I Co 2 13 οὐκ ἐν διδακτοῖς ἀνθρωπίνης σοφίας λόγοις
4 3 ἵνα ὑφ' ὑμῶν ἀνακριθῶ ἢ ὑπὸ ἀνθρωπίνης ἡμέρας
I Co 10 13 πειρασμὸς ὑμᾶς οὐκ εἴληφεν εἰ μὴ ἀνθρώπινος
Ja 3 7 δαμάζεται κ. δεδάμασται τ. φύσει τ. ἀνθρωπίνῃ
I Pe 2 13 ὑποτάγητε πάσῃ ἀνθρωπίνῃ κτίσει

ἈΝΘΡΩΠΟΚΤΟ΄ΝΟΣ* 443

Jo 8 44 ἐκεῖνος ἀνθρωποκτόνος ἦν ἀπ' ἀρχῆς
I Jo 3 15 πᾶς ὁ μισῶν τ. ἀδελφὸν αὐτοῦ ἀνθρωποκτόνος ἐστίν·
κ. οἴδατε ὅτι πᾶς ἀνθρωποκτόνος οὐκ ἔχει ζωὴν αἰώνιον

ἌΝΘΡΩΠΟΣ 444

(1) ὁ υἱὸς τοῦ ἀνθρ., υἱὸς ἀνθρ. (2) οἱ υἱοὶ τ. ἀνθρ. (3) τὰ τ. ἀνθρώπων (4) ὁ ἄνθρ. οὗτος, ἐκεῖνος (5) κατὰ ἄνθρ. (6) ἄνθρ. Θεοῦ

Mt 4 4 οὐκ ἐπ' ἄρτῳ μόνῳ ζήσεται ὁ ἄνθρωπος
לֹא עַל־הַלֶּחֶם לְבַדּוֹ יִחְיֶה הָאָדָם, Dt. viii. 3
19 ποιήσω ὑμᾶς ἁλεεῖς ἀνθρώπων
5 13 καταπατεῖσθαι ὑπὸ τ. ἀνθρώπων
16 λαμψάτω τὸ φῶς ὑμῶν ἔμπροσθεν τ. ἀνθρώπων
19 ὃς ἐὰν οὖν . . . διδάξῃ οὕτως τ. ἀνθρώπους
6 1 τ. δικαιοσύνην ὑμῶν μὴ ποιεῖν ἔμπροσθεν τ. ἀνθρώπων
2 ὅπως δοξασθῶσιν ὑπὸ τ. ἀνθρώπων
5 ὅπως φανῶσιν τ. ἀνθρώποις
14 ἐὰν γὰρ ἀφῆτε τ. ἀνθρώποις τὰ παραπτώματα αὐτῶν
15 ἐὰν δὲ μὴ ἀφῆτε τ. ἀνθρώποις
16 ὅπως φανῶσιν τ. ἀνθρώποις νηστεύοντες
18 ὅπως μὴ φανῇς τ. ἀνθρώποις νηστεύων
νηστ. τ. ἀνθρ., WH mg.
7 9 ἢ τίς ἐξ ὑμῶν ἄνθρωπος
12 ὅσα ἐὰν θέλητε ἵνα ποιῶσιν ὑμῖν οἱ ἄνθρωποι
8 9 κ. γὰρ ἐγὼ ἄνθρωπός εἰμι ὑπὸ ἐξουσίαν
20 [1] ὁ δὲ υἱὸς τ. ἀνθρώπου οὐκ ἔχει
27 οἱ δὲ ἄνθρωποι ἐθαύμασαν λέγοντες
9 6 [1] ἐξουσίαν ἔχει ὁ υἱὸς τ. ἀνθρώπου
8 τ. Θεὸν τ. δόντα ἐξουσίαν τοιαύτην τ. ἀνθρώποις
9 εἶδεν ἄνθρωπον καθήμενον ἐπὶ τὸ τελώνιον
32 προσήνεγκαν αὐτῷ ἄνθρωπον κωφὸν δαιμονιζόμενον,
—ἄνθρωπον, WHR
10 17 προσέχετε ἀπὸ τ. ἀνθρώπων
23 [1] ἕως ἔλθῃ ὁ υἱὸς τ. ἀνθρώπου
32 ὅστις ὁμολογήσει ἐν ἐμοὶ ἔμπροσθεν τ. ἀνθρώπων
33 ὅστις δὲ ἀρνήσηταί με ἔμπροσθεν τ. ἀνθρώπων
35 διχάσαι ἄνθρωπον κατὰ τ. πατρὸς αὐτοῦ
36 ἐχθροὶ τ. ἀνθρώπου οἱ οἰκιακοὶ αὐτοῦ
11 8 ἄνθρωπον ἐν μαλακοῖς ἠμφιεσμένον ;
19 [1] ἦλθεν ὁ υἱὸς τ. ἀνθρώπου ἐσθίων κ. πίνων
19 ἰδοὺ ἄνθρωπος φάγος κ. οἰνοπότης
12 8 [1] κύριος γάρ ἐστιν τ. σαββάτου ὁ υἱὸς τ. ἀνθρώπου
10 ἰδοὺ ἄνθρωπος χεῖρα ἔχων ξηράν
11 τίς ἔσται ἐξ ὑμῶν ἄνθρωπος

Mt 12 12 πόσῳ οὖν διαφέρει ἄνθρωπος προβάτου;
13 τότε λέγει τ. ἀνθρώπῳ
31 πᾶσα ἁμαρτία . . . ἀφεθήσεται τ. ἀνθρώποις
32 [1] ὃς ἐὰν εἴπῃ λόγον κατὰ τ. υἱοῦ τ. ἀνθρώπου
35 ὁ ἀγαθὸς ἄνθρωπος ἐκ τ. ἀγαθοῦ θησαυροῦ ἐκβάλλει τ. ἀγαθά·
κ. ὁ πονηρὸς ἄνθρωπος ἐκ τ. πονηροῦ θησαυροῦ ἐκβάλλει πονηρά
36 πᾶν ῥῆμα ἀργὸν ὃ λαλήσουσιν οἱ ἄνθρωποι
40 [1] οὕτως ἔσται ὁ υἱὸς τ. ἀνθρώπου ἐν τ. καρδίᾳ τ. γῆς
43 ὅταν δὲ τὸ ἀκάθαρτον πνεῦμα ἐξέλθῃ ἀπὸ τ. ἀνθρώπου
45 [4] γίνεται τὰ ἔσχατα τ. ἀνθρώπου ἐκείνου χείρονα
13 24 ὡμοιώθη ἡ βασιλεία τ. οὐρανῶν ἀνθρώπῳ σπείραντι καλὸν σπέρμα
25 ἐν δὲ τῷ καθεύδειν τ. ἀνθρώπους
28 ἐχθρὸς ἄνθρωπος τοῦτο ἐποίησεν
31 ὃν λαβὼν ἄνθρωπος ἔσπειρεν
37 [1] ὁ σπείρων τὸ καλὸν σπέρμα ἐστὶν ὁ υἱὸς τ. ἀνθρώπου
41 [1] ἀποστελεῖ ὁ υἱὸς τ. ἀνθρώπου τ. ἀγγέλους αὐτοῦ
44 ὃν εὑρὼν ἄνθρωπος ἔκρυψεν
45 ὁμοία ἐστὶν ἡ βασιλεία τ. οὐρανῶν ἀνθρώπῳ ἐμπόρῳ
—ἀνθρ., WH non mg.
52 πᾶς γραμματεὺς . . . ὅμοιός ἐστιν ἀνθρώπῳ οἰκοδεσπότῃ
15 9 διδάσκοντες διδασκαλίας ἐντάλματα ἀνθρώπων
מִצְוַת אֲנָשִׁים מְלֻמָּדָה, Is. xxix. 13
11 οὐ τὸ εἰσερχόμενον εἰς τὸ στόμα κοινοῖ τ. ἄνθρωπον
11 τοῦτο κοινοῖ τ. ἄνθρωπον
18 κἀκεῖνα κοινοῖ τ. ἄνθρωπον
20 ταῦτά ἐστιν τὰ κοινοῦντα τ. ἄνθρωπον·
τὸ δὲ ἀνίπτοις χερσὶν φαγεῖν οὐ κοινοῖ τ. ἄνθρωπον
16 13 [1] τίνα λέγουσιν οἱ ἄνθρωποι εἶναι τ. υἱὸν τ. ἀνθρώπου
23 [3] οὐ φρονεῖς τὰ τ. Θεοῦ ἀλλὰ τὰ τ. ἀνθρώπων
26 τί γὰρ ὠφεληθήσεται ἄνθρωπος
26 ἢ τί δώσει ἄνθρωπος ἀντάλλαγμα τ. ψυχῆς αὐτοῦ;
27 [1] μέλλει γὰρ ὁ υἱὸς τ. ἀνθρώπου ἔρχεσθαι
28 [1] ἕως ἂν ἴδωσιν τ. υἱὸν τ. ἀνθρώπου ἐρχόμενον
17 9 [1] ἕως οὗ ὁ υἱὸς τ. ἀνθρώπου ἐκ νεκρῶν ἐγερθῇ
12 [1] οὕτως κ. ὁ υἱὸς τ. ἀνθρώπου μέλλει πάσχειν
14 προσῆλθεν αὐτῷ ἄνθρωπος γονυπετῶν αὐτόν
22 [1] μέλλει ὁ υἱὸς τ. ἀνθρώπου παραδίδοσθαι εἰς χεῖρας ἀνθρώπων
18 7 πλὴν οὐαὶ τ. ἀνθρώπῳ
11 [1] ἦλθεν γὰρ ὁ υἱὸς τ. ἀνθρώπου σῶσαι τὸ ἀπολώλος
—h. v., TWHR non mg.
12 ἐὰν γένηταί τινι ἀνθρώπῳ ἑκατὸν πρόβατα

Mt 18 23 ὡμοιώθη ἡ βασιλεία τ. οὐρανῶν ἀνθρώπῳ βασιλεῖ
19 5 καταλείψει ἄνθρωπος τ. πατέρα κ. τ. μητέρα
יַעֲזָב־אִישׁ אֶת־אָבִיו וְאֶת־אִמּוֹ, Gen. ii. 24
6 ἄνθρωπος μὴ χωριζέτω
10 εἰ οὕτως ἐστὶν ἡ αἰτία τ. ἀνθρώπου
12 οἵτινες εὐνουχίσθησαν ὑπὸ τ. ἀνθρώπων
26 παρὰ ἀνθρώποις τοῦτο ἀδύνατόν ἐστιν
28 [1] ὅταν καθίσῃ ὁ υἱὸς τ. ἀνθρώπου ἐπὶ θρόνου δόξης αὐτοῦ
20 1 ὁμοία γάρ ἐστιν ἡ βασιλεία τ. οὐρανῶν ἀνθρώπῳ οἰκοδεσπότῃ
18 [1] ὁ υἱὸς τ. ἀνθρώπου παραδοθήσεται τ. ἀρχιερεῦσι
28 [1] ὥσπερ ὁ υἱὸς τ. ἀνθρώπου οὐκ ἦλθεν διακονηθῆναι
21 25 ἐξ οὐρανοῦ ἢ ἐξ ἀνθρώπων;
26 ἐὰν δὲ εἴπωμεν Ἐξ ἀνθρώπων
28 ἄνθρωπος εἶχεν τέκνα δύο
33 ἄνθρωπος ἦν οἰκοδεσπότης
22 2 ὡμοιώθη ἡ βασιλεία τ. οὐρανῶν ἀνθρώπῳ βασιλεῖ
11 εἶδεν ἐκεῖ ἄνθρωπον οὐκ ἐνδεδυμένον ἔνδυμα γάμου
16 οὐ γὰρ βλέπεις εἰς πρόσωπον ἀνθρώπων
23 4 ἐπιτιθέασιν ἐπὶ τ. ὤμους τ. ἀνθρώπων
5 ποιοῦσιν πρὸς τὸ θεαθῆναι τ. ἀνθρώποις
7 καλεῖσθαι ὑπὸ τ. ἀνθρώπων Ῥαββεί
14 κλείετε τ. βασιλείαν τ. οὐρανῶν ἔμπροσθεν τ. ἀνθρώπων
28 ἔξωθεν μὲν φαίνεσθε τ. ἀνθρώποις δίκαιοι
24 27 [1] οὕτως ἔσται ἡ παρουσία τ. υἱοῦ τ. ἀνθρώπου
30 [1] φανήσεται τὸ σημεῖον τ. υἱοῦ τ. ἀνθρώπου ἐν οὐρανῷ
30 [1] ὄψονται τ. υἱὸν τ. ἀνθρώπου ἐρχόμενον
37 [1] οὕτως ἔσται ἡ παρουσία τ. υἱοῦ τ. ἀνθρώπου
39 [1] οὕτως ἔσται ἡ παρουσία τ. υἱοῦ τ. ἀνθρώπου
44 [1] ᾗ οὐ δοκεῖτε ὥρᾳ ὁ υἱὸς τ. ανθρώπου ἔρχεται
25 14 ὥσπερ γὰρ ἄνθρωπος ἀποδημῶν ἐκάλεσεν
24 ἔγνων σε ὅτι σκληρὸς εἶ ἄνθρωπος
31 [1] ὅταν δὲ ἔλθῃ ὁ υἱὸς τ. ἀνθρώπου
26 2 [1] ὁ υἱὸς τ. ἀνθρώπου παραδίδοται εἰς τὸ σταυρωθῆναι
24 [1] ὁ μὲν υἱὸς τ. ἀνθρώπου ὑπάγει
24 [4] οὐαὶ δὲ τ. ἀνθρώπῳ ἐκείνῳ,
[1] δι' οὗ ὁ υἱὸς τ. ἀνθρώπου παραδίδοται·
[4] καλὸν ἦν αὐτῷ εἰ οὐκ ἐγεννήθη ὁ ἄνθρωπος ἐκεῖνος
45 [1] ὁ υἱὸς τ. ἀνθρώπου παραδίδοται εἰς χεῖρας ἁμαρτωλῶν
64 [1] ὄψεσθε τ. υἱὸν τ. ἀνθρώπου καθήμενον
72 ὅτι οὐκ οἶδα τ. ἄνθρωπον
74 ὅτι οὐκ οἶδα τ. ἄνθρωπον
27 32 ἐξερχόμενοι δὲ εὗρον ἄνθρωπον Κυρηναῖον
57 ἦλθεν ἄνθρωπος πλούσιος ἀπὸ Ἀριμαθαίας
Mk 1 17 ποιήσω ὑμᾶς γενέσθαι ἁλεεῖς ἀνθρώπων
23 ἄνθρωπος ἐν πνεύματι ἀκαθάρτῳ
2 10 [1] ἐξουσίαν ἔχει ὁ υἱὸς τ. ἀνθρώπου ἀφιέναι ἁμαρτίας
27 τὸ σάββατον διὰ τ. ἄνθρωπον ἐγένετο,
κ. οὐχ ὁ ἄνθρωπος διὰ τ. σάββατον·

Mk 2 *28* [1] ὥστε κύριός ἐστιν ὁ υἱὸς τ. ἀνθρώπου κ. τ. σαββάτου
3 1 ἦν ἐκεῖ ἄνθρωπος ἐξηραμμένην ἔχων τ. χεῖρα
3 λέγει τ. ἀνθρώπῳ τῷ τ. χεῖρα ἔχοντι ξηράν
5 λέγει τ. ἀνθρώπῳ Ἔκτεινον τ. χεῖρά σου
28 [2] πάντα ἀφεθήσεται τ. υἱοῖς τ. ἀνθρώπων τὰ ἁμαρτήματα
4 26 ὡς ἄνθρωπος βάλῃ τ. σπόρον ἐπὶ τ. γῆς
5 2 ἄνθρωπος ἐν πνεύματι ἀκαθάρτῳ
8 ἔξελθε τὸ πνεῦμα τὸ ἀκάθαρτον ἐκ τ. ἀνθρώπου
7 7 διδάσκοντες διδασκαλίας ἐντάλματα ἀνθρώπων, Is. *l.c.*
8 κρατεῖτε τ. παράδοσιν τ. ἀνθρώπων
11 ἐὰν εἴπῃ ἄνθρωπος τ. πατρὶ ἢ τ. μητρί
15 οὐδέν ἐστιν ἔξωθεν τ. ἀνθρώπου εἰσπορευόμενον εἰς αὐτόν
15 ἀλλὰ τὰ ἐκ τ. ἀνθρώπου ἐκπορευόμενά ἐστιν τὰ κοινοῦντα τ. ἄνθρωπον
18 πᾶν τὸ ἔξωθεν εἰσπορευόμενον εἰς τ. ἄνθρωπον
20 τὸ ἐκ τ. ἀνθρώπου ἐκπορευόμενον ἐκεῖνο κοινοῖ τ. ἄνθρωπον.
21 ἔσωθεν γὰρ ἐκ τ. καρδίας τ. ἀνθρώπων
23 πάντα ταῦτα τὰ πονηρὰ . . . κοινοῖ τ. ἄνθρωπον
8 24 βλέπω τ. ἀνθρώπους
27 τίνα με λέγουσιν οἱ ἄνθρωποι εἶναι;
31 [1] δεῖ τ. υἱὸν τ. ἀνθρώπου πολλὰ παθεῖν
33 [3] οὐ φρονεῖς τὰ τ. Θεοῦ ἀλλὰ τὰ τ. ἀνθρώπων
36 τί γὰρ ὠφελεῖ ἄνθρωπον
τὸν ἄνθρ., WH mg.
37 τί γὰρ δοῖ ἄνθρωπος ἀντάλλαγμα τ. ψυχῆς αὐτοῦ;
38 [1] ὁ υἱὸς τ. ἀνθρώπου ἐπαισχυνθήσεται αὐτόν
9 9 [1] εἰ μὴ ὅταν ὁ υἱὸς τ. ἀνθρώπου ἐκ νεκρῶν ἀναστῇ
12 [1] πῶς γέγραπται ἐπὶ τ. υἱὸν τ. ἀνθρώπου
31 [1] ὁ υἱὸς τ. ἀνθρώπου παραδίδοται εἰς χεῖρας ἀνθρώπων
10 7 καταλείψει ἄνθρωπος τ. πατέρα αὐτοῦ κ. τ. μητέρα, Gen. *l.c.*
9 ἄνθρωπος μὴ χωριζέτω
27 παρὰ ἀνθρώποις ἀδύνατον
33 [1] ὁ υἱὸς τ. ἀνθρώπου παραδοθήσεται τ. ἀρχιερεῦσι
45 [1] ὁ υἱὸς τ. ἀνθρώπου οὐκ ἦλθεν διακονηθῆναι
11 2 ἐφ' ὃν οὐδεὶς οὔπω ἀνθρώπων ἐκάθισεν
ἀνθρ. οὔπ., T
30 ἐξ οὐρανοῦ ἦν ἢ ἐξ ἀνθρώπων;
32 ἀλλὰ εἴπωμεν Ἐξ ἀνθρώπων;
12 1 ἀμπελῶνα ἄνθρωπος ἐφύτευσεν
14 οὐ γὰρ βλέπεις εἰς πρόσωπον ἀνθρώπων
13 26 [1] τότε ὄψονται τ. υἱὸν τ. ἀνθρώπου ἐρχόμενον
34 ὡς ἄνθρωπος ἀπόδημος ἀφεὶς τ. οἰκίαν αὐτοῦ
14 13 ἀπαντήσει ὑμῖν ἄνθρωπος κεράμιον ὕδατος βαστάζων
21 [1] ὅτι ὁ μὲν υἱὸς τ. ἀνθρώπου ὑπάγει
21 [4] οὐαὶ δὲ τ. ἀνθρώπῳ ἐκείνῳ,
[1] δι' οὗ ὁ υἱὸς τ. ἀνθρώπου παραδίδοται·
[4] καλὸν αὐτῷ εἰ οὐκ ἐγεννήθη ὁ ἄνθρωπος ἐκεῖνος

Mk 14 41 [1] παραδίδοται ὁ υἱὸς τ. ἀνθρώπου εἰς τ. χεῖρας τ. ἁμαρτωλῶν
62 [1] ὄψεσθε τ. υἱὸν τ. ἀνθρώπου ἐκ δεξιῶν καθήμενον
71 [4] ὅτι οὐκ οἶδα τ. ἄνθρωπον τοῦτον
15 39 [4] ἀληθῶς οὗτος ὁ ἄνθρωπος υἱὸς Θεοῦ ἦν
Lu 1 25 αἷς ἐπεῖδεν ἀφελεῖν ὄνειδός μου ἐν ἀνθρώποις
2 14 ἐπὶ γῆς εἰρήνη ἐν ἀνθρώποις εὐδοκίας
εὐδοκία, WH mg. R mg.
25 ἄνθρωπος ἦν ἐν Ἰερουσαλήμ
25 [4] κ. ὁ ἄνθρωπος οὗτος δίκαιος κ. εὐλαβής
52 προέκοπτεν . . . χάριτι παρὰ Θεῷ κ. ἀνθρώποις
4 4 οὐκ ἐπ' ἄρτῳ μόνῳ ζήσεται ὁ ἄνθρωπος
לֹא עַל־הַלֶּחֶם לְבַדּוֹ יִחְיֶה הָאָדָם, Dt. viii. 3
33 ἦν ἄνθρωπος ἔχων πνεῦμα δαιμονίου ἀκαθάρτου
5 10 ἀπὸ τοῦ νῦν ἀνθρώπους ἔσῃ ζωγρῶν
18 ἰδοὺ ἄνδρες φέροντες ἐπὶ κλίνης ἄνθρωπον
20 ἄνθρωπε ἀφέωνταί σοι αἱ ἁμαρτίαι σου
24 [1] ὁ υἱὸς τ. ἀνθρώπου ἐξουσίαν ἔχει
6 5 [1] κύριός ἐστιν τ. σαββάτου ὁ υἱὸς τ. ἀνθρώπου
κ. ἐστ. ὁ υἱ. τ. ἀνθρ. κ. τ. σαββ., TWH mg.
6 ἦν ἄνθρωπος ἐκεῖ κ. ἡ χεὶρ αὐτοῦ . . . ξηρά
22 ὅταν μισήσωσιν ὑμᾶς οἱ ἄνθρωποι
22 [1] ἕνεκα τ. υἱοῦ τ. ἀνθρώπου
26 οὐαὶ ὅταν καλῶς ὑμᾶς εἴπωσιν πάντες οἱ ἄνθρωποι
31 καθὼς θέλετε ἵνα ποιῶσιν ὑμῖν οἱ ἄνθρωποι
45 ὁ ἀγαθὸς ἄνθρωπος ἐκ τ. ἀγαθοῦ θησαυροῦ τ. καρδίας
48 ὅμοιός ἐστιν ἀνθρώπῳ οἰκοδομοῦντι οἰκίαν
49 ὅμοιός ἐστιν ἀνθρώπῳ οἰκοδομήσαντι οἰκίαν
7 8 κ. γὰρ ἐγὼ ἄνθρωπός εἰμι ὑπὸ ἐξουσίαν τασσόμενος
25 ἄνθρωπον ἐν μαλακοῖς ἱματίοις ἠμφιεσμένον;
31 τίνι οὖν ὁμοιώσω τ. ἀνθρώπους τ. γενεᾶς ταύτης;
34 [1] ἐλήλυθεν ὁ υἱὸς τ. ἀνθρώπου ἔσθων κ. πίνων
34 ἰδοὺ ἄνθρωπος φάγος κ. οἰνοπότης
8 29 παρήγγελλε γὰρ τ. πνεύματι . . . ἐξελθεῖν ἀπὸ τ. ἀνθρώπου
33 ἐξελθόντα δὲ τὰ δαιμόνια ἀπὸ τ. ἀνθρώπου
35 εὗρον καθήμενον τ. ἄνθρωπον
9 22 [1] δεῖ τ. υἱὸν τ. ἀνθρώπου πολλὰ παθεῖν
25 τί γὰρ ὠφελεῖται ἄνθρωπος
26 [1] τοῦτον ὁ υἱὸς τ. ἀνθρώπου ἐπαισχυνθήσεται
44 [1] ὁ γὰρ υἱὸς τ. ἀνθρώπου μέλλει παραδίδοσθαι εἰς χεῖρας ἀνθρώπων
56 [1] ὁ υἱὸς τ. ἀνθρώπου οὐκ ἦλθεν ψυχὰς ἀνθρώπων ἀπολέσαι
—h. v., TWH [WH mg.] R non mg.
58 [1] ὁ δὲ υἱὸς τ. ἀνθρώπου οὐκ ἔχει ποῦ τ. κεφαλὴν κλίνῃ
10 30 ἄνθρωπός τις κατέβαινεν ἀπὸ Ἰερουσαλήμ
11 24 ὅταν τὸ ἀκάθαρτον πνεῦμα ἐξέλθῃ ἀπὸ τ. ἀνθρώπου
26 [4] γίνεται τὰ ἔσχατα τ. ἀνθρώπου ἐκείνου χείρονα

Lu 11 30 [1] οὕτως ἔσται κ. ὁ υἱὸς τ. ἀνθρώπου τ. γενεᾷ ταύτῃ
44 οἱ ἄνθρωποι οἱ περιπατοῦντες ἐπάνω οὐκ οἴδασιν
46 φορτίζετε τ. ἀνθρώπους φορτία δυσβάστακτα
12 8 πᾶς ὃς ἂν ὁμολογήσει ἐν ἐμοὶ ἔμπροσθεν τ. ἀνθρώπων,
[1] κ. ὁ υἱὸς τ. ἀνθρώπου ὁμολογήσει ἐν αὐτῷ
9 ὁ δὲ ἀρνησάμενός με ἐνώπιον τ. ἀνθρώπων
10 [1] πᾶς ὃς ἐρεῖ λόγον εἰς τ. υἱὸν τ. ἀνθρώπου
14 ἄνθρωπε τίς με κατέστησεν κριτὴν
16 ἀνθρώπου τινὸς πλουσίου εὐφόρησεν ἡ χώρα
36 ὅμοιοι ἀνθρώποις προσδεχομένοις τ. κύριον ἑαυτῶν
40 [1] ᾗ ὥρᾳ οὐ δοκεῖτε ὁ υἱὸς τ. ἀνθρώπου ἔρχεται
13 4 δοκεῖτε ὅτι αὐτοὶ ὀφειλέται ἐγένοντο παρὰ πάντας τ. ἀνθρώπους
19 ὃν λαβὼν ἄνθρωπος ἔβαλεν εἰς κῆπον ἑαυτοῦ
14 2 ἰδοὺ ἄνθρωπός τις ἦν ὑδρωπικός
16 ἄνθρωπός τις ἐποίει δεῖπνον μέγα
30 [4] οὗτος ὁ ἄνθρωπος ἤρξατο οἰκοδομεῖν
15 4 τίς ἄνθρωπος ἐξ ὑμῶν ἔχων ἑκατὸν πρόβατα
11 ἄνθρωπός τις εἶχεν δύο υἱούς
16 1 ἄνθρωπός τις ἦν πλούσιος
15 ὑμεῖς ἐστε οἱ δικαιοῦντες ἑαυτοὺς ἐνώπιον τ. ἀνθρώπων
15 τὸ ἐν ἀνθρώποις ὑψηλὸν βδέλυγμα ἐνώπιον τ. Θεοῦ
19 ἄνθρωπος δέ τις ἦν πλούσιος
17 22 [1] μίαν τ. ἡμερῶν τ. υἱοῦ τ. ἀνθρώπου ἰδεῖν
24 [1] οὕτως ἔσται ὁ υἱὸς τ. ἀνθρώπου
26 [1] οὕτως ἔσται κ. ἐν τ. ἡμέραις τ. υἱοῦ τ. ἀνθρώπου
30 [1] ᾗ ἡμέρᾳ ὁ υἱὸς τ. ἀνθρώπου ἀποκαλύπτεται
18 2 κριτής τις ἦν . . . ἄνθρωπον μὴ ἐντρεπόμενος
4 οὐδὲ ἄνθρωπον ἐντρέπομαι
8 [1] πλὴν ὁ υἱὸς τ. ἀνθρώπου ἐλθὼν ἆρα εὑρήσει τ. πίστιν
10 ἄνθρωποι δύο ἀνέβησαν εἰς τὸ ἱερὸν προσεύξασθαι
11 ὅτι οὐκ εἰμὶ ὥσπερ οἱ λοιποὶ τ. ἀνθρώπων
27 τὰ ἀδύνατα παρὰ ἀνθρώποις
31 [1] τελεσθήσεται πάντα τὰ γεγραμμένα . . . τ. υἱῷ τ. ἀνθρώπου
19 10 [1] ἦλθεν γὰρ ὁ υἱὸς τ. ἀνθρώπου ζητῆσαι
12 ἄνθρωπός τις εὐγενὴς ἐπορεύθη εἰς χώραν μακράν
21 ὅτι ἄνθρωπος αὐστηρὸς εἶ
22 ᾔδεις ὅτι ἐγὼ ἄνθρωπος αὐστηρός εἰμι
30 ἐφ᾽ ὃν οὐδεὶς πώποτε ἀνθρώπων ἐκάθισεν
20 4 ἐξ οὐρανοῦ ἦν ἢ ἐξ ἀνθρώπων
6 ἐὰν δὲ εἴπωμεν Ἐξ ἀνθρώπων
9 ἄνθρωπος ἐφύτευσεν ἀμπελῶνα
21 26 ἀποψυχόντων ἀνθρώπων ἀπὸ φόβου
27 [1] ὄψονται τ. υἱὸν τ. ἀνθρώπου ἐρχόμενον
36 [1] σταθῆναι ἔμπροσθεν τ. υἱοῦ τ. ἀνθρώπου
22 10 συναντήσει ὑμῖν ἄνθρωπος κεράμιον ὕδατος βαστάζων
22 ὅτι ὁ υἱὸς μὲν τ. ἀνθρώπου κατὰ τὸ ὡρισμένον πορεύεται,
[4] πλὴν οὐαὶ τ. ἀνθρώπῳ ἐκείνῳ
48 [1] φιλήματι τ. υἱὸν τ. ἀνθρώπου παραδίδως;
58 ὁ δὲ Πέτρος ἔφη Ἄνθρωπε οὐκ εἰμί

Lu 22 60 ἄνθρωπε οὐκ οἶδα ὃ λέγεις
69 [1] ἀπὸ τοῦ νῦν δὲ ἔσται ὁ υἱὸς τ. ἀνθρώπου καθήμενος
23 4 [4] οὐδὲν εὑρίσκω αἴτιον ἐν τ. ἀνθρώπῳ τούτῳ
6 ἐπηρώτησεν εἰ ὁ ἄνθρωπος Γαλιλαῖός ἐστιν
[ὁ], WH
14 [4] προσηνέγκατέ μοι τ. ἄνθρωπον τοῦτον
14 [4] οὐθὲν εὗρον ἐν τ. ἀνθρώπῳ τούτῳ αἴτιον
47 [4] ὄντως ὁ ἄνθρωπος οὗτος δίκαιος ἦν
24 7 [1] τ. υἱὸν τ. ἀνθρώπου ὅτι δεῖ παραδοθῆναι εἰς χεῖρας ἀνθρώπων ἁμαρτωλῶν
Jo 1 4 ἡ ζωὴ ἦν τὸ φῶς τ. ἀνθρώπων
6 ἐγένετο ἄνθρωπος ἀπεσταλμένος παρὰ Θεοῦ
9 ὃ φωτίζει πάντα ἄνθρωπον
51 [1] τ. ἀγγέλους . . . καταβαίνοντας ἐπὶ τ. υἱὸν τ. ἀνθρώπου
2 10 πᾶς ἄνθρωπος πρῶτον τ. καλὸν οἶνον τίθησιν
25 ἵνα τις μαρτυρήσῃ περὶ τ. ἀνθρώπου·
αὐτὸς γὰρ ἐγίνωσκεν τί ἦν ἐν τ. ἀνθρώπῳ
3 1 ἦν δὲ ἄνθρωπος ἐκ τ. Φαρισαίων
4 πῶς δύναται ἄνθρωπος γεννηθῆναι γέρων ὤν;
13 [1] ὁ ἐκ τ. οὐρανοῦ καταβὰς ὁ υἱὸς τ. ἀνθρώπου
14 [1] οὕτως ὑψωθῆναι δεῖ τ. υἱὸν τ. ἀνθρώπου
19 ἠγάπησαν οἱ ἄνθρωποι μᾶλλον τὸ σκότος
27 οὐ δύναται ἄνθρωπος λαμβάνειν οὐδέν
4 28 ἡ γυνὴ . . . λέγει τ. ἀνθρώποις,
29 δεῦτε ἴδετε ἄνθρωπον ὃς εἶπέν μοι πάντα
50 ἐπίστευσεν ὁ ἄνθρωπος τ. λόγῳ
5 5 ἦν δέ τις ἄνθρωπος ἐκεῖ
7 Κύριε ἄνθρωπον οὐκ ἔχω
9 εὐθέως ἐγένετο ὑγιὴς ὁ ἄνθρωπος
12 τίς ἐστιν ὁ ἄνθρωπος ὁ εἰπών σοι
15 ἀπῆλθεν ὁ ἄνθρωπος
27 [1] ὅτι υἱὸς ἀνθρώπου ἐστίν
34 ἐγὼ δὲ οὐ παρὰ ἀνθρώπου τ. μαρτυρίαν λαμβάνω
41 δόξαν παρὰ ἀνθρώπων οὐ λαμβάνω
6 10 ποιήσατε τ. ἀνθρώπους ἀναπεσεῖν
14 οἱ οὖν ἄνθρωποι ἰδόντες ἃ ἐποίησεν σημεῖα
27 [1] ἣν ὁ υἱὸς τ. ἀνθρώπου ὑμῖν δώσει
53 [1] ἐὰν μὴ φάγητε τ. σάρκα τ. υἱοῦ τ. ἀνθρώπου
62 [1] ἐὰν οὖν θεωρῆτε τ. υἱὸν τ. ἀνθρώπου ἀναβαίνοντα
7 22 κ. ἐν σαββάτῳ περιτέμνετε ἄνθρωπον
23 εἰ περιτομὴν λαμβάνει ὁ ἄνθρωπος ἐν σαββάτῳ
—ὁ, T [WH] R
23 ὅλον ἄνθρωπον ὑγιῆ ἐποίησα ἐν σαββάτῳ
46 οὐδέποτε ἐλάλησεν οὕτως ἄνθρωπος
[4] ὡς οὗτος λαλεῖ ὁ ἄνθρωπος
—h. v., WHR
51 μὴ ὁ νόμος ἡμῶν κρίνει τ. ἄνθρωπον
8 17 δύο ἀνθρώπων ἡ μαρτυρία ἀληθής ἐστιν
עַל־פִּי שְׁנֵי עֵדִים . . . יָקוּם דָּבָר, Dt. xix. 15
28 [1] ὅταν ὑψώσητε τ. υἱὸν τ. ἀνθρώπου
40 ἄνθρωπον ὃς τ. ἀλήθειαν ὑμῖν λελάληκα
9 1 εἶδεν ἄνθρωπον τυφλὸν ἐκ γενετῆς
11 ὁ ἄνθρωπος ὁ λεγόμενος Ἰησοῦς πηλὸν ἐποίησεν
16 [4] οὐκ ἔστιν οὗτος παρὰ Θεοῦ ὁ ἄνθρωπος

Jo 9 16 πῶς δύναται ἄνθρωπος ἁμαρτωλός
24 ἐφώνησαν οὖν τ. ἄνθρωπον ἐκ δευτέρου ὃς ἦν τυφλός
24 [4] ἡμεῖς οἴδαμεν ὅτι οὗτος ὁ ἄνθρωπος ἁμαρτωλός ἐστιν
ὁ ἄνθρ. οὗτ., T
30 ἀπεκρίθη ὁ ἄνθρωπος κ. εἶπεν αὐτοῖς
35 [1] σὺ πιστεύεις εἰς τ. υἱὸν τ. ἀνθρώπου;
Θεοῦ, R non mg.
10 33 σὺ ἄνθρωπος ὢν ποιεῖς σεαυτὸν Θεόν
11 47 [4] οὗτος ὁ ἄνθρωπος πολλὰ ποιεῖ σημεῖα
50 ἵνα εἷς ἄνθρωπος ἀποθάνῃ ὑπὲρ τ. λαοῦ
12 23 [1] ἵνα δοξασθῇ ὁ υἱὸς τ. ἀνθρώπου
34 [1] δεῖ ὑψωθῆναι τ. υἱὸν τ. ἀνθρώπου.
[1] τίς ἐστιν οὗτος ὁ υἱὸς τ. ἀνθρώπου;
43 ἠγάπησαν γὰρ τ. δόξαν τ. ἀνθρώπων μᾶλλον
13 31 [1] νῦν ἐδοξάσθη ὁ υἱὸς τ. ἀνθρώπου
16 21 ὅτι ἐγεννήθη ἄνθρωπος εἰς τ. κόσμον
17 6 ἐφανέρωσά σου τὸ ὄνομα τ. ἀνθρώποις
18 14 συμφέρει ἕνα ἄνθρωπον ἀποθανεῖν ὑπὲρ τ. λαοῦ
17 [4] μὴ κ. σὺ ἐκ τ. μαθητῶν εἶ τ. ἀνθρώπου τούτου;
29 [4] τίνα κατηγορίαν φέρετε τ. ἀνθρώπου τούτου;
19 5 λέγει αὐτοῖς Ἰδοὺ ὁ ἄνθρωπος
Ac 4 9 εἰ . . . ἀνακρινόμεθα ἐπὶ εὐεργεσίᾳ ἀνθρώπου ἀσθενοῦς
12 οὐδὲ γὰρ ὄνομά ἐστιν ἕτερον . . . τὸ δεδομένον ἐν ἀνθρώποις
13 καταλαβόμενοι ὅτι ἄνθρωποι ἀγράμματοί εἰσιν
14 τόν τε ἄνθρωπον βλέποντες σὺν αὐτοῖς ἑστῶτα
16 [4] τί ποιήσωμεν τ. ἀνθρώποις τούτοις;
17 μηκέτι λαλεῖν ἐπὶ τ. ὀνόματι τούτῳ μηδενὶ ἀνθρώπων
22 ἐτῶν γὰρ ἦν πλειόνων τεσσεράκοντα ὁ ἄνθρωπος
5 4 οὐκ ἐψεύσω ἀνθρώποις
28 [4] ἐπαγαγεῖν ἐφ' ἡμᾶς τὸ αἷμα τ. ἀνθρώπου τούτου
29 πειθαρχεῖν δεῖ Θεῷ μᾶλλον ἢ ἀνθρώποις
34 ἐκέλευσεν ἔξω βραχὺ τ. ἀνθρώπους ποιῆσαι
35 [4] προσέχετε ἑαυτοῖς ἐπὶ τ. ἀνθρώποις τούτοις
38 [4] ἀπόστητε ἀπὸ τ. ἀνθρώπων τούτων
38 ἐὰν ᾖ ἐξ ἀνθρώπων ἡ βουλὴ αὕτη
6 13 [4] ὁ ἄνθρωπος οὗτος οὐ παύεται λαλῶν ῥήματα
7 56 [1] θεωρῶ . . . τ. υἱὸν τ. ἀνθρώπου ἐκ δεξιῶν ἑστῶτα
9 33 εὗρον δὲ ἐκεῖ ἄνθρωπόν τινα ὀνόματι Αἰνέαν
10 26 κ. ἐγὼ αὐτὸς ἄνθρωπός εἰμι
28 μηδένα κοινὸν ἢ ἀκάθαρτον λέγειν ἄνθρωπον
12 22 Θεοῦ φωνὴ κ. οὐκ ἀνθρώπου
14 11 οἱ θεοὶ ὁμοιωθέντες ἀνθρώποις κατέβησαν
15 κ. ἡμεῖς ὁμοιοπαθεῖς ἐσμὲν ὑμῖν ἄνθρωποι
15 17 ὅπως ἂν ἐκζητήσωσιν οἱ κατάλοιποι τ. ἀνθρώπων τ. Κύριον
לְמַעַן יִירְשׁוּ אֶת־שְׁאֵרִית אֱדוֹם, Am. ix. 12
26 ἀνθρώποις παραδεδωκόσιν τ. ψυχὰς αὐτῶν
16 17 [4] οὗτοι οἱ ἄνθρωποι δοῦλοι τ. Θεοῦ τ. ὑψίστου

Ac 16 20 [4] οὗτοι οἱ ἄνθρωποι ἐκταράσσουσιν ἡμῶν τ. πόλιν
35 [4] ἀπόλυσον τ. ἀνθρώπους ἐκείνους
37 ἀνθρώπους Ῥωμαίους ὑπάρχοντας
17 26 ἐποίησέν τε ἐξ ἑνὸς πᾶν ἔθνος ἀνθρώπων
29 χαράγματι τέχνης κ. ἐνθυμήσεως ἀνθρώπου
30 τὰ νῦν ἀπαγγέλλει τ. ἀνθρώποις πάντας πανταχοῦ μετανοεῖν
18 13 παρὰ τ. νόμον ἀναπείθει οὗτος τ. ἀνθρώπους
19 16 ἐφαλόμενος ὁ ἄνθρωπος ἐπ' αὐτούς
35 τίς γάρ ἐστιν ἀνθρώπων ὃς οὐ γινώσκει
21 28 [4] οὗτός ἐστιν ὁ ἄνθρωπος ὁ κατὰ τ. λαοῦ . . . διδάσκων
39 ἐγὼ ἄνθρωπος μέν εἰμι Ἰουδαῖος Ταρσεύς
22 15 ἔσῃ μάρτυς αὐτῷ πρὸς πάντας ἀνθρώπους
25 εἰ ἄνθρωπον Ῥωμαῖον . . . ἔξεστιν ὑμῖν μαστίζειν;
26 [4] ὁ γὰρ ἄνθρωπος οὗτος Ῥωμαῖός ἐστιν
23 9 [4] οὐδὲν κακὸν εὑρίσκομεν ἐν τ. ἀνθρώπῳ τούτῳ
24 16 ἀπρόσκοπον συνείδησιν ἔχειν πρὸς . . . τ. ἀνθρώπους
25 16 οὐκ ἔστιν ἔθος Ῥωμαίοις χαρίζεσθαί τινα ἄνθρωπον
22 ἐβουλόμην κ. αὐτὸς τ. ἀνθρώπου ἀκοῦσαι.
26 31 [4] οὐδὲν θανάτου . . . ἄξιον πράσσει ὁ ἄνθρωπος οὗτος
32 [4] ἀπολελύσθαι ἐδύνατο ὁ ἄνθρωπος οὗτος
28 4 [4] πάντως φονεύς ἐστιν ὁ ἄνθρωπος οὗτος
Ro 1 18 ἐπὶ πᾶσαν ἀσέβειαν κ. ἀδικίαν ἀνθρώπων
23 ἐν ὁμοιώματι εἰκόνος φθαρτοῦ ἀνθρώπου
2 1 ὦ ἄνθρωπε πᾶς ὁ κρίνων
3 ὦ ἄνθρωπε ὁ κρίνων τοὺς τὰ τοιαῦτα πράσσοντας
9 ἐπὶ πᾶσαν ψυχὴν ἀνθρώπου τ. κατεργαζομένου τὸ κακόν
16 κρίνει ὁ Θεὸς τὰ κρυπτὰ τ. ἀνθρώπων
29 οὗ ὁ ἔπαινος οὐκ ἐξ ἀνθρώπων
3 4 πᾶς δὲ ἄνθρωπος ψεύστης
5 [5] κατὰ ἄνθρωπον λέγω
28 λογιζόμεθα γὰρ δικαιοῦσθαι πίστει ἄνθρωπον
4 6 Δαυεὶδ λέγει τ. μακαρισμὸν τ. ἀνθρώπου
5 12 ὥσπερ δι' ἑνὸς ἀνθρώπου ἡ ἁμαρτία
12 οὕτως εἰς πάντας ἀνθρώπους ὁ θάνατος διῆλθεν
15 ἐν χάριτι τῇ τ. ἑνὸς ἀνθρώπου Ἰησοῦ Χριστοῦ
18 ὡς δι' ἑνὸς παραπτώματος εἰς πάντας ἀνθρώπους
18 οὕτως κ. δι' ἑνὸς δικαιώματος εἰς πάντας ἀνθρώπους
19 διὰ τ. παρακοῆς τ. ἑνὸς ἀνθρώπου
6 6 ὁ παλαιὸς ἡμῶν ἄνθρωπος συνεσταυρώθη
7 1 ὁ νόμος κυριεύει τ. ἀνθρώπου
22 συνήδομαι γὰρ τ. νόμῳ τ. Θεοῦ κατὰ τ. ἔσω ἄνθρωπον
24 ταλαίπωρος ἐγὼ ἄνθρωπος
9 20 ὦ ἄνθρωπε μενοῦνγε σὺ τίς εἶ
10 5 τ. δικαιοσύνην τὴν ἐκ νόμου ὁ ποιήσας ἄνθρωπος ζήσεται ἐν αὐτῇ
אֲשֶׁר יַעֲשֶׂה אֹתָם הָאָדָם וָחַי בָּהֶם, Lev. xviii. 5

Ro **12** 17 προνοούμενοι καλὰ ἐνώπιον πάντων ἀνθρώπων
18 μετὰ πάντων ἀνθρώπων εἰρηνεύοντες
14 18 κ. δόκιμος τ. ἀνθρώποις
20 κακὸν τ. ἀνθρώπῳ τῷ διὰ προσκόμματος ἐσθίοντι
I Co **1** 25 τὸ μωρὸν τ. Θεοῦ σοφώτερον τ. ἀνθρώπων ἐστίν·
κ. τὸ ἀσθενὲς τ. Θεοῦ ἰσχυρότερον τ. ἀνθρώπων
2 5 ἵνα ἡ πίστις ὑμῶν μὴ ᾖ ἐν σοφίᾳ ἀνθρώπων
9 ἐπὶ καρδίαν ἀνθρώπου οὐκ ἀνέβη
11 τίς γὰρ οἶδεν ἀνθρώπων τὰ τ. ἀνθρώπου εἰ μὴ τὸ πνεῦμα τ. ἀνθρώπου τὸ ἐν αὐτῷ;
14 ψυχικὸς δὲ ἄνθρωπος οὐ δέχεται τὰ τ. πνεύματος
3 3 [5] κ. κατὰ ἄνθρωπον περιπατεῖτε
4 οὐκ ἄνθρωποί ἐστε;
21 ὥστε μηδεὶς καυχάσθω ἐν ἀνθρώποις
4 1 οὕτως ἡμᾶς λογιζέσθω ἄνθρωπος
9 θέατρον ἐγενήθημεν τ. κόσμῳ . . . κ. ἀνθρώποις
6 18 πᾶν ἁμάρτημα ὃ ἐὰν ποιήσῃ ἄνθρωπος
7 1 καλὸν ἀνθρώπῳ γυναικὸς μὴ ἅπτεσθαι
7 θέλω δὲ πάντας ἀνθρώπους εἶναι ὡς κ. ἐμαυτόν
23 μὴ γίνεσθε δοῦλοι ἀνθρώπων
26 καλὸν ἀνθρώπῳ τὸ οὕτως εἶναι
9 8 [5] μὴ κατὰ ἄνθρωπον ταῦτα λαλῶ;
11 28 δοκιμαζέτω δὲ ἄνθρωπος ἑαυτόν
13 1 ἐὰν τ. γλώσσαις τ. ἀνθρώπων λαλῶ
14 2 ὁ γὰρ λαλῶν γλώσσῃ οὐκ ἀνθρώποις λαλεῖ
3 ὁ δὲ προφητεύων ἀνθρώποις λαλεῖ
15 19 ἐλεεινότεροι πάντων ἀνθρώπων ἐσμέν
21 ἐπειδὴ γὰρ δι' ἀνθρώπου θάνατος, κ. δι' ἀνθρώπου ἀνάστασις νεκρῶν
32 [5] εἰ κατὰ ἄνθρωπον ἐθηριομάχησα ἐν Ἐφέσῳ
39 ἀλλὰ ἄλλη μὲν ἀνθρώπων
45 ἐγένετο ὁ πρῶτος ἄνθρωπος Ἀδὰμ εἰς ψυχὴν ζῶσαν
וַיְהִי הָאָדָם לְנֶפֶשׁ חַיָּה, Gen. ii. 7
47 ὁ πρῶτος ἄνθρωπος ἐκ γῆς χοϊκός· ὁ δεύτερος ἄνθρωπος ἐξ οὐρανοῦ
II Co **3** 2 ἀναγινωσκομένη ὑπὸ πάντων ἀνθρώπων
4 2 συνιστάνοντες ἑαυτοὺς πρὸς πᾶσαν συνείδησιν ἀνθρώπων
16 εἰ κ. ὁ ἔξω ἡμῶν ἄνθρωπος διαφθείρεται
5 11 εἰδότες οὖν τ. φόβον τ. Κυρίου ἀνθρώπους πείθομεν
8 21 ἀλλὰ κ. ἐνώπιον ἀνθρώπων
12 2 οἶδα ἄνθρωπον ἐν Χριστῷ πρὸ ἐτῶν δεκατεσσάρων
3 οἶδα τ. τοιοῦτον ἄνθρωπον
4 ἃ οὐκ ἐξὸν ἀνθρώπῳ λαλῆσαι
Ga **1** 1 Παῦλος ἀπόστολος οὐκ ἀπ' ἀνθρώπων οὐδὲ δι' ἀνθρώπου
10 ἄρτι γὰρ ἀνθρώπους πείθω ἢ τ. Θεόν; ἢ ζητῶ ἀνθρώποις ἀρέσκειν; εἰ ἔτι ἀνθρώποις ἤρεσκον
11 [5] ὅτι οὐκ ἔστιν κατὰ ἄνθρωπον·
12 οὐδὲ γὰρ ἐγὼ παρὰ ἀνθρώπου παρέλαβον αὐτό
2 6 πρόσωπον ὁ Θεὸς ἀνθρώπου οὐ λαμβάνει
Ga **2** 16 οὐ δικαιοῦται ἄνθρωπος ἐξ ἔργων νόμου
3 15 [5] ἀδελφοὶ κατὰ ἄνθρωπον λέγω· ὅμως ἀνθρώπου κεκυρωμένην διαθήκην
5 3 μαρτύρομαι δὲ πάλιν παντὶ ἀνθρώπῳ περιτεμνομένῳ
6 1 ἐὰν κ. προλημφθῇ ἄνθρωπος ἔν τινι παραπτώματι
7 ὃ γὰρ ἐὰν σπείρῃ ἄνθρωπος
Eph **2** 15 ἵνα τοὺς δύο κτίσῃ ἐν αὐτῷ εἰς ἕνα καινὸν ἄνθρωπον
3 5 [2] οὐκ ἐγνωρίσθη τ. υἱοῖς τ. ἀνθρώπων
16 δυνάμει κραταιωθῆναι . . . εἰς τ. ἔσω ἄνθρωπον
4 8 ἔδωκεν δόματα τ. ἀνθρώποις
לָקַחְתָּ מַתָּנוֹת בָּאָדָם, Ps. lxviii. 19
14 ἐν τῇ κυβίᾳ τ. ἀνθρώπων
22 ἀποθέσθαι ὑμᾶς . . . τ. παλαιὸν ἄνθρωπον
24 κ. ἐνδύσασθαι τ. καινὸν ἄνθρωπον
5 31 καταλείψει ἄνθρωπος τ. πατέρα κ. τ. μητέρα
יַעֲזָב־אִישׁ אֶת־אָבִיו וְאֶת־אִמּוֹ, Gen. ii. 24
6 7 δουλεύοντες ὡς τ. Κυρίῳ κ. οὐκ ἀνθρώποις
Phl **2** 7 ἐν ὁμοιώματι ἀνθρώπων γενόμενος
8 σχήματι εὑρεθεὶς ὡς ἄνθρωπος
4 5 τὸ ἐπιεικὲς ὑμῶν γνωσθήτω πᾶσιν ἀνθρώποις
Col **1** 28 νουθετοῦντες πάντα ἄνθρωπον, κ. διδάσκοντες πάντα ἄνθρωπον ἐν πάσῃ σοφίᾳ, ἵνα παραστήσωμεν πάντα ἄνθρωπον τέλειον
2 8 κατὰ τ. παράδοσιν τ. ἀνθρώπων
22 κατὰ τὰ ἐντάλματα κ. διδασκαλίας τ. ἀνθρώπων
3 9 ἀπεκδυσάμενοι τ. παλαιὸν ἄνθρωπον
23 ὡς τ. Κυρίῳ κ. οὐκ ἀνθρώποις
I Th **2** 4 οὐχ ὡς ἀνθρώποις ἀρέσκοντες
6 οὔτε ζητοῦντες ἐξ ἀνθρώπων δόξαν
13 ἐδέξασθε οὐ λόγον ἀνθρώπων
15 κ. πᾶσιν ἀνθρώποις ἐναντίων
4 8 ὁ ἀθετῶν οὐκ ἄνθρωπον ἀθετεῖ
II Th **2** 3 κ. ἀποκαλυφθῇ ὁ ἄνθρωπος τ. ἀνομίας
3 2 ἵνα ῥυσθῶμεν ἀπὸ τ. ἀτόπων κ. πονηρῶν ἀνθρώπων
I Ti **2** 1 ποιεῖσθαι δεήσεις . . ὑπὲρ πάντων ἀνθρώπων
4 ὃς πάντας ἀνθρώπους θέλει σωθῆναι
5 εἷς κ. μεσίτης Θεοῦ κ. ἀνθρώπων ἄνθρωπος Χριστὸς Ἰησοῦς
4 10 ὅ. ἐστιν σωτὴρ πάντων ἀνθρώπων
5 24 τινῶν ἀνθρώπων αἱ ἁμαρτίαι πρόδηλοι εἰσιν
6 5 διαπαρατριβαὶ διεφθαρμένων ἀνθρώπων τ. νοῦν
9 αἵτινες βυθίζουσιν τ. ἀνθρώπους εἰς ὄλεθρον
11 [6] σὺ δὲ ὦ ἄνθρωπε Θεοῦ ταῦτα φεῦγε
16 ὃν εἶδεν οὐδεὶς ἀνθρώπων
II Ti **2** 2 ταῦτα παράθου πιστοῖς ἀνθρώποις
3 2 ἔσονται γὰρ οἱ ἄνθρωποι φίλαυτοι
8 ἄνθρωποι κατεφθαρμένοι τ. νοῦν
13 πονηροὶ δὲ ἄνθρωποι κ. γόητες

II Ti 3 17 [6] ἵνα ἄρτιος ᾖ ὁ τ. Θεοῦ ἄνθρωπος
Tit 1 14 ἐντολαῖς ἀνθρώπων ἀποστρεφομένων τ. ἀλήθειαν
2 11 ἡ χάρις τ. Θεοῦ σωτήριος πᾶσιν ἀνθρώποις
3 2 πᾶσαν ἐνδεικνυμένους πραΰτητα πρὸς πάντας ἀνθρώπους
8 ταῦτά ἐστιν καλὰ κ. ὠφέλιμα τ. ἀνθρώποις
10 αἱρετικὸν ἄνθρωπον . . . παραιτοῦ
He 2 6 τί ἐστιν ἄνθρωπος ὅτι μιμνήσκῃ αὐτοῦ;
מָה־אֱנוֹשׁ כִּי־תִזְכְּרֶנּוּ, Ps. viii. 5
[1] ἢ υἱὸς ἀνθρώπου ὅτι ἐπισκέπτῃ αὐτόν;
וּבֶן־אָדָם כִּי־תִפְקְדֶנּוּ, *ib.*
5 1 πᾶς γὰρ ἀρχιερεὺς ἐξ ἀνθρώπων λαμβανόμενος
ὑπὲρ ἀνθρώπων καθίσταται τὰ πρὸς τ. Θεόν
6 16 ἄνθρωποι γὰρ κατὰ τ. μείζονος ὀμνύουσιν
7 8 δεκάτας ἀποθνήσκοντες ἄνθρωποι λαμβάνουσιν
28 ὁ νόμος γὰρ ἀνθρώπους καθίστησιν ἀρχιερεῖς
8 2 ἣν ἔπηξεν ὁ Κύριος οὐκ ἄνθρωπος
9 27 καθ' ὅσον ἀπόκειται τ. ἀνθρώποις ἅπαξ ἀποθανεῖν
13 6 τί ποιήσει μοι ἄνθρωπος;
מַה־יַּעֲשֶׂה לִי אָדָם, Ps. cxviii. 6
Ja 1 7 [4] μὴ γὰρ οἰέσθω ὁ ἄνθρωπος ἐκεῖνος
19 ἔστω δὲ πᾶς ἄνθρωπος ταχὺς εἰς τὸ ἀκοῦσαι
2 20 θέλεις δὲ γνῶναι ὦ ἄνθρωπε κενέ
24 ὅτι ἐξ ἔργων δικαιοῦται ἄνθρωπος
3 8 τ. δὲ γλῶσσαν οὐδεὶς δαμάσαι δύναται ἀνθρώπων
9 ἐν αὐτῇ καταρώμεθα τ. ἀνθρώπους
5 17 Ἠλείας ἄνθρωπος ἦν ὁμοιοπαθὴς ἡμῖν
I Pe 2 4 ὑπὸ ἀνθρώπων μὲν ἀποδεδοκιμασμένον
15 φιμοῖν τὴν τ. ἀφρόνων ἀνθρώπων ἀγνωσίαν
3 4 ὁ κρυπτὸς τ. καρδίας ἄνθρωπος
4 2 εἰς τὸ μηκέτι ἀνθρώπων ἐπιθυμίαις . . . βιῶσαι χρόνον
6 [5] ἵνα κριθῶσιν μὲν κατὰ ἀνθρώπους σαρκί
II Pe 1 21 οὐ γὰρ θελήματι ἀνθρώπου ἠνέχθη προφητεία ποτέ,
ἀλλὰ ὑπὸ πνεύματος ἁγίου φερόμενοι ἐλάλησαν ἀπὸ Θεοῦ ἄνθρωποι
2 16 ἐν ἀνθρώπου φωνῇ φθεγξάμενον
3 7 εἰς ἡμέραν . . . ἀπωλείας τ. ἀσεβῶν ἀνθρώπων
I Jo 5 9 εἰ τ. μαρτυρίαν τ. ἀνθρώπων λαμβάνομεν
Ju 4 παρεισεδύησαν γάρ τινες ἄνθρωποι
Re 1 13 [1] εἶδον . . . ὅμοιον υἱὸν ἀνθρώπου
4 7 τὸ τρίτον ζῷον ἔχων τὸ πρόσωπον ὡς ἀνθρώπου
8 11 πολλοὶ τ. ἀνθρώπων ἀπέθανον ἐκ τ. ὑδάτων
9 4 ἵνα μὴ ἀδικήσουσιν . . . εἰ μὴ τ. ἀνθρώπους
5 ὡς βασανισμὸς σκορπίου ὅταν παίσῃ ἄνθρωπον

Re 9 6 ζητήσουσιν οἱ ἄνθρωποι τ. θάνατον
7 τὰ πρόσωπα αὐτῶν ὡς πρόσωπα ἀνθρώπων
10 ἡ ἐξουσία αὐτῶν ἀδικῆσαι τ. ἀνθρώπους
15 ἵνα ἀποκτείνωσιν τὸ τρίτον τ. ἀνθρώπων
18 ἀπεκτάνθησαν τὸ τρίτον τ. ἀνθρώπων
20 οἱ λοιποὶ τ. ἀνθρώπων οἱ οὐκ ἀπεκτάνθησαν
11 13 ἀπεκτάνθησαν ἐν τ. σεισμῷ ὀνόματα ἀνθρώπων
13 13 καταβαίνειν εἰς τ. γῆν ἐνώπιον τ. ἀνθρώπων
18 ἀριθμὸς γὰρ ἀνθρώπου ἐστίν
14 4 οὗτοι ἠγοράσθησαν ἀπὸ τ. ἀνθρώπων
14 [1] εἶδον . . . ἐπὶ τ. νεφέλην καθήμενον ὅμοιον υἱὸν ἀνθρώπου
16 2 ἐγένετο ἕλκος κακὸν κ. πονηρὸν ἐπὶ τ. ἀνθρώπους
8 ἐδόθη αὐτῷ καυματίσαι τ. ἀνθρώπους ἐν πυρί·
9 κ. ἐκαυματίσθησαν οἱ ἄνθρωποι καῦμα μέγα
18 ἀφ' οὗ ἄνθρωποι ἐγένοντο ἐπὶ τ. γῆς
ἄνθρωπος ἐγένετο, TWH mg. R mg.
16 21 χάλαζα μεγάλη . . . καταβαίνει ἐκ τ. οὐρανοῦ ἐπὶ τ. ἀνθρώπους·
κ. ἐβλασφήμησαν οἱ ἄνθρωποι τ. Θεόν
18 13 ῥεδῶν κ. σωμάτων κ. ψυχὰς ἀνθρώπων
21 3 ἰδοὺ ἡ σκηνὴ τ. Θεοῦ μετὰ τ. ἀνθρώπων
17 μέτρον ἀνθρώπου ὅ ἐστιν ἀγγέλου

ἈΝΘΥ΄ΠΑΤΟΣ* 446

Ac 13 7 ὃς ἦν σὺν τ. ἀνθυπάτῳ Σεργίῳ Παύλῳ
8 ζητῶν διαστρέψαι τ. ἀνθύπατον ἀπὸ τ. πίστεως
12 ἰδὼν ὁ ἀνθύπατος τὸ γεγονὸς ἐπίστευσεν
18 12 Γαλλίωνος δὲ ἀνθυπάτου ὄντος τ. Ἀχαίας
19 38 ἀγοραῖοι ἄγονται κ. ἀνθύπατοί εἰσιν

ἈΝΊΗΜΙ 447

Ac 16 26 πάντων τὰ δεσμὰ ἀνέθη
27 40 ἅμα ἀνέντες τ. ζευκτηρίας τ. πηδαλίων
Eph 6 9 ἀνιέντες τ. ἀπειλήν
He 13 5 οὐ μή σε ἀνῶ οὐδ' οὐ μή σε ἐγκαταλίπω
לֹא אַרְפְּךָ וְלֹא אֶעֶזְבֶךָּ, Josh. i. 5

ἌΝΙΠΤΟΣ* 449

Mt 15 20 τὸ δὲ ἀνίπτοις χερσὶ φαγεῖν
Mk 7 2 κοιναῖς χερσὶ τοῦτ' ἔστιν ἀνίπτοις

ἈΝΊΣΤΗΜΙ 450

Trans.: fut., aor. 1

Mt 22 24 ἀναστήσει σπέρμα τ. ἀδελφῷ αὐτοῦ
לָקְחָהּ לוֹ לְאִשָּׁה וְיִבְּמָהּ, Dt. xxv. 5
Mk 14 58 διὰ τριῶν ἡμερῶν ἄλλον ἀναστήσω ἀχειροποίητον
ἀχ. οἰκοδομήσω, TWH non mg. R
Jo 6 39 ἀλλὰ ἀναστήσω αὐτὸ τ. ἐσχάτῃ ἡμέρᾳ
40 ἀναστήσω αὐτὸν ἐγὼ τ. ἐσχάτῃ ἡμέρᾳ
44 κἀγὼ ἀναστήσω αὐτὸν ἐν τ. ἐσχάτῃ ἡμέρᾳ
54 κἀγὼ ἀναστήσω αὐτὸν τ. ἐσχάτῃ ἡμέρᾳ

Ac 2 24 ὃν ὁ Θεὸς ἀνέστησεν
32 τοῦτον τ. Ἰησοῦν ἀνέστησεν ὁ Θεός
3 22 προφήτην ὑμῖν ἀναστήσει Κύριος ὁ Θεός
נָבִיא . . . יָקִים לְךָ יְהוָה אֱלֹהֶיךָ, Dt. xviii. 15
26 ὑμῖν πρῶτον ἀναστήσας ὁ Θεὸς τ. παῖδα αὐτοῦ
7 37 προφήτην ὑμῖν ἀναστήσει ὁ Θεός, Dt. *l.c.*
9 41 δοὺς δὲ αὐτῇ χεῖρα ἀνέστησεν αὐτήν
13 32 ταύτην ὁ Θεὸς ἐκπεπλήρωκεν . . . ἀναστήσας Ἰησοῦν
34 ὅτι δὲ ἀνέστησεν αὐτὸν ἐκ νεκρῶν
17 31 ἀναστήσας αὐτὸν ἐκ νεκρῶν

Intrans.: aor. 2, med.

(1) ἀν. ἐκ νεκρῶν

Mt 9 9 ἀναστὰς ἠκολούθησεν αὐτῷ
12 41 ἄνδρες Νινευεῖται ἀναστήσονται ἐν τ. κρίσει
17 9 [1] ἕως οὗ ὁ υἱὸς τ. ἀνθρώπου ἐκ νεκρῶν ἀναστῇ
ἐγερθῇ, TWH non mg.
23 τ. τρίτῃ ἡμέρᾳ ἀναστήσεται
ἐγερθήσεται, TWH non mg. R
20 19 τ. τρίτῃ ἡμέρᾳ ἀναστήσεται
ἐγερθήσεται, TWH non mg.
26 62 ἀναστὰς ὁ ἀρχιερεὺς εἶπεν αὐτῷ
Mk 1 35 πρωὶ ἔννυχα λίαν ἀναστὰς ἐξῆλθεν
2 14 ἀναστὰς ἠκολούθησεν αὐτῷ
3 26 εἰ ὁ Σατανᾶς ἀνέστη ἐφ' ἑαυτόν
5 42 εὐθὺς ἀνέστη τὸ κοράσιον
7 24 ἐκεῖθεν δὲ ἀναστὰς ἀπῆλθεν
8 31 μετὰ τρεῖς ἡμέρας ἀναστῆναι
9 9 [1] ὅταν ὁ υἱὸς τ. ἀνθρώπου ἐκ νεκρῶν ἀναστῇ
10 [1] τί ἐστιν τὸ ἐκ νεκρῶν ἀναστῆναι
27 ἤγειρεν αὐτὸν κ. ἀνέστη
31 ἀποκτανθεὶς μετὰ τρεῖς ἡμέρας ἀναστήσεται
10 1 κ. ἐκεῖθεν ἀναστὰς ἔρχεται εἰς τὰ ὅρια τ. Ἰουδαίας
34 μετὰ τρεῖς ἡμέρας ἀναστήσεται
12 23 ἐν τῇ ἀναστάσει ὅταν ἀναστῶσιν
—ὅτ. ἀν., WHR
25 [1] ὅταν γὰρ ἐκ νεκρῶν ἀναστῶσιν
13 2 διὰ τριῶν ἡμερῶν ἄλλος ἀναστήσεται ἄνευ χειρῶν
—h. v., TWH non mg. R
14 57 κ. τινες ἀναστάντες ἐψευδομαρτύρουν
60 ἀναστὰς ὁ ἀρχιερεὺς εἰς μέσον
16 [9 ἀναστὰς δὲ πρωὶ πρώτῃ σαββάτου
Lu 1 39 ἀναστᾶσα δὲ Μαριὰμ ἐν ταῖς ἡμέραις ταύταις
4 16 ἀνέστη ἀναγνῶναι
29 ἀναστάντες ἐξέβαλον αὐτὸν ἔξω τ. πόλεως
38 ἀναστὰς δὲ ἀπὸ τ. συναγωγῆς
39 παραχρῆμα δὲ ἀναστᾶσα διηκόνει αὐτοῖς
5 25 παραχρῆμα ἀναστὰς ἐνώπιον αὐτῶν
28 καταλιπὼν πάντα ἀναστὰς ἠκολούθει αὐτῷ
6 8 ἀναστὰς ἔστη
8 55 ἀνέστη παραχρῆμα
9 8 ὅτι προφήτης τις τ. ἀρχαίων ἀνέστη
19 ὅτι προφήτης τις τ. ἀρχαίων ἀνέστη
22 κ. τῇ τρίτῃ ἡμέρᾳ ἀναστῆναι
ἐγερθῆναι, WH non mg.
10 25 ἰδοὺ νομικός τις ἀνέστη

Lu 11 7 οὐ δύναμαι ἀναστὰς δοῦναί σοι
8 εἰ κ. οὐ δώσει αὐτῷ ἀναστάς
32 ἄνδρες Νινευεῖται ἀναστήσονται ἐν τ. κρίσει
15 18 ἀναστὰς πορεύσομαι πρὸς τ. πατέρα μου
20 ἀναστὰς ἦλθεν πρὸς τ. πατέρα ἑαυτοῦ
16 31 [1] ἐάν τις ἐκ νεκρῶν ἀναστῇ
17 12 οἳ ἀνέστησαν πόρρωθεν
ἔστησαν, TWH non mg. R
19 ἀναστὰς πορεύου
18 33 τ. ἡμέρᾳ τ. τρίτῃ ἀναστήσεται
22 45 ἀναστὰς ἀπὸ τ. προσευχῆς
46 ἀναστάντες προσεύχεσθε
23 1 ἀναστὰν ἅπαν τὸ πλῆθος αὐτῶν
24 7 τ. τρίτῃ ἡμέρᾳ ἀναστῆναι
12 ὁ δὲ Πέτρος ἀναστὰς ἔδραμεν εἰς τ. μνημεῖον
—h. v., T [[WH]] R mg.
33 ἀναστάντες αὐτῇ τ. ὥρᾳ
46 [1] ἀναστῆναι ἐκ νεκρῶν τ. τρίτῃ ἡμέρᾳ
Jo 11 23 ἀναστήσεται ὁ ἀδελφός σου
24 οἶδα ὅτι ἀναστήσεται
31 ὅτι ταχέως ἀνέστη κ. ἐξῆλθεν
20 9 [1] ὅτι δεῖ αὐτὸν ἐκ νεκρῶν ἀναστῆναι
Ac 1 15 ἀναστὰς Πέτρος ἐν μέσῳ τ. ἀδελφῶν
5 6 ἀναστάντες δὲ οἱ νεώτεροι
17 ἀναστὰς δὲ ὁ ἀρχιερεύς
34 ἀναστὰς δέ τις ἐν τ. συνεδρίῳ Φαρισαῖος
36 πρὸ γὰρ τούτων τ. ἡμερῶν ἀνέστη Θευδᾶς
37 μετὰ τοῦτον ἀνέστη Ἰούδας ὁ Γαλιλαῖος
6 9 ἀνέστησαν δέ τινες τῶν ἐκ τ. συναγωγῆς
7 18 ἄχρι οὗ ἀνέστη βασιλεὺς ἕτερος ἐπ' Αἴγυπτον
8 26 ἀνάστηθι κ. πορεύου κατὰ μεσημβρίαν
27 κ. ἀναστὰς ἐπορεύθη
9 6 ἀλλὰ ἀνάστηθι κ. εἴσελθε εἰς τ. πόλιν
11 ἀνάστα πορεύθητι ἐπὶ τ. ῥύμην τ. καλουμένην Εὐθεῖαν
ἀναστὰς, TWH mg.
18 ἀναστὰς ἐβαπτίσθη
34 ἀνάστηθι κ. στρῶσον σεαυτῷ·
κ. εὐθέως ἀνέστη
39 ἀναστὰς δὲ Πέτρος συνῆλθεν αὐτοῖς
40 Ταβειθά ἀνάστηθι
10 13 ἀναστὰς Πέτρε θῦσον κ. φάγε
20 ἀλλὰ ἀναστὰς κατάβηθι
23 τῇ δὲ ἐπαύριον ἀναστὰς ἐξῆλθεν σὺν αὐτοῖς
26 ἀνάστηθι· κ. ἐγὼ αὐτὸς ἄνθρωπός εἰμι
41 [4] μετὰ τὸ ἀναστῆναι αὐτὸν ἐκ νεκρῶν
11 7 ἀναστὰς Πέτρε θῦσον κ. φάγε
28 ἀναστὰς δὲ εἷς ἐξ αὐτῶν ὀνόματι Ἅγαβος
12 7 ἀνάστα ἐν τάχει
13 16 ἀναστὰς δὲ Παῦλος
14 10 ἀνάστηθι ἐπὶ τ. πόδας σου ὀρθός
20 ἀναστὰς εἰσῆλθεν εἰς τ. πόλιν
15 7 ἀναστὰς Πέτρος εἶπεν πρὸς αὐτούς
17 3 [1] τ. Χριστὸν ἔδει παθεῖν κ. ἀναστῆναι ἐκ νεκρῶν
20 30 ἐξ ὑμῶν αὐτῶν ἀναστήσονται ἄνδρες
22 10 ἀναστὰς πορεύου εἰς Δαμασκόν
16 ἀναστὰς βάπτισαι
23 9 ἀναστάντες τινὲς τ. γραμματέων τ. μέρους τ. Φαρισαίων
26 16 ἀλλὰ ἀνάστηθι κ. στῆθι ἐπὶ τ. πόδας σου
30 ἀνέστη τε ὁ βασιλεὺς κ. ὁ ἡγεμών
Ro 15 12 ὁ ἀνιστάμενος ἄρχειν ἐθνῶν
אֲשֶׁר עֹמֵד לְנֵס עַמִּים, Is. xi. 10

I Co 10 7 κ. ἀνέστησαν παίζειν
וַיָּקֻמוּ לְצַחֵק, Ex. xxxii. 6
Eph 5 14 [1] ἀνάστα ἐκ τ. νεκρῶν
I Th 4 14 εἰ γὰρ πιστεύομεν ὅτι Ἰησοῦς ἀπέθανεν κ. ἀνέστη
16 οἱ νεκροὶ ἐν Χριστῷ ἀναστήσονται πρῶτον
He 7 11 κατὰ τ. τάξιν Μελχισεδὲκ ἕτερον ἀνίστασθαι ἱερέα
15 εἰ κατὰ τ. ὁμοιότητα Μελχισεδὲκ ἀνίσταται ἱερεὺς ἕτερος

ἌΝΝΑ 451

Lu 2 36 κ. ἦν Ἄννα προφῆτις
Ἅννα, WH

ἌΝΝΑΣ 452

Ἅννας, WH
Lu 3 2 ἐπὶ ἀρχιερέως Ἄννα καὶ Καιάφα
Jo 18 13 ἤγαγον πρὸς Ἄνναν πρῶτον
24 ἀπέστειλεν οὖν αὐτὸν ὁ Ἄννας δεδεμένον
Ac 4 6 Ἄννας ὁ ἀρχιερεὺς κ. Καιάφας

ἈΝΌΗΤΟΣ 453

Lu 24 25 ὦ ἀνόητοι κ. βραδεῖς τ. καρδίᾳ
Ro 1 14 σόφοις τε κ. ἀνοήτοις ὀφειλέτης εἰμί
Ga 3 1 ὦ ἀνόητοι Γαλάται
3 οὕτως ἀνόητοί ἐστε;
I Ti 6 9 ἐπιθυμίας πολλὰς ἀνοήτους κ. βλαβεράς
Tit 3 3 ἦμεν γάρ ποτε κ. ἡμεῖς ἀνόητοι

ἌΝΟΙΑ 454

Lu 6 11 αὐτοὶ δὲ ἐπλήσθησαν ἀνοίας
II Ti 3 9 ἡ γὰρ ἄνοια αὐτῶν ἔκδηλος ἔσται πᾶσιν

ἈΝΟΊΓΩ 455

(1) pass. (2) ἀν. στόμα (3) ἀν. ὀφθαλμούς
Mt 2 11 ἀνοίξαντες τ. θησαυροὺς αὐτῶν
3 16 [1] ἰδοὺ ἠνεῴχθησαν οἱ οὐρανοί
ἀνεῴχθησαν, T
5 2 [2] ἀνοίξας τὸ στόμα αὐτοῦ
7 7 [1] κρούετε κ. ἀνοιγήσεται ὑμῖν
8 [1] τῷ κρούοντι ἀνοιγήσεται.
ἀνοίγεται, WH mg.
9 30 [1 3] ἠνεῴχθησαν αὐτῶν οἱ ὀφθαλμοί
ἀνεῴχθησαν, T
13 35 [2] ἀνοίξω ἐν παραβολαῖς τὸ στόμα μου
אֶפְתְּחָה בְמָשָׁל פִּי, Ps. lxxviii. 2
17 27 [2] ἀνοίξας τὸ στόμα αὐτοῦ
20 33 [1 3] κύριε ἵνα ἀνοιγῶσιν οἱ ὀφθαλμοὶ ἡμῶν
25 11 κύριε κύριε ἄνοιξον ἡμῖν
27 52 [1] τὰ μνημεῖα ἀνεῴχθησαν
Mk 7 35 [1] ἠνοίγησαν αὐτοῦ αἱ ἀκοαί
Lu 1 64 [1 2] ἀνεῴχθη δὲ τὸ στόμα αὐτοῦ παραχρῆμα
3 21 [1] ἐγένετο δὲ . . . ἀνεῳχθῆναι τ. οὐρανόν
4 17 ἀνοίξας τὸ βιβλίον εὗρεν τ. τόπον
ἀναπτύξας, T
11 9 [1] κρούετε κ. ἀνοιγήσεται ὑμῖν
ἀνοιχθήσεται, T
10 [1] τῷ κρούοντι ἀνοιγήσεται
ἀνοιχθήσεται, T; ἀνοίγεται, WH mg.
12 36 ἵνα . . . εὐθέως ἀνοίξωσιν αὐτῷ
Lu 13 25 κύριε ἄνοιξον ἡμῖν
Jo 1 51 [1] ὄψεσθε τ. οὐρανὸν ἀνεῳγότα
9 10 [1 3] πῶς οὖν ἠνεῴχθησάν σου οἱ ὀφθαλμοί;
14 [3] ἀνέῳξεν αὐτοῦ τ. ὀφθαλμούς
17 [3] ὅτι ἠνέῳξέν σου τ. ὀφθαλμούς
ἤνοιξέν, T
21 [3] ἢ τίς ἤνοιξεν αὐτοῦ τ. ὀφθαλμούς
26 [3] πῶς ἤνοιξέν σου τ. ὀφθαλμούς;
30 [3] ἤνοιξέν μου τ. ὀφθαλμούς
32 [3] ὅτι ἠνέῳξέν τις ὀφθαλμοὺς τυφλοῦ γεγεννημένου
ἤνοιξέν, T
10 3 τούτῳ ὁ θυρωρὸς ἀνοίγει
21 [3] μὴ δαιμόνιον δύναται τυφλῶν ὀφθαλμοὺς ἀνοῖξαι;
11 37 [3] οὗτος ὁ ἀνοίξας τ. ὀφθαλμοὺς τ. τυφλοῦ
Ac 5 19 ἄγγελος δὲ Κυρίου . . . ἤνοιξεν τ. θύρας τ. φυλακῆς
ἀνοίξας, T
23 ἀνοίξαντες δὲ ἔσω οὐδένα εὕρομεν
8 32 [2] οὕτως οὐκ ἀνοίγει τὸ στόμα αὐτοῦ
וְלֹא יִפְתַּח־פִּיו, Is. liii. 7
35 [2] ἀνοίξας δὲ ὁ Φίλιππος τὸ στόμα αὐτοῦ
9 8 [1 3] ἀνεῳγμένων δὲ τ. ὀφθαλμῶν αὐτοῦ
ἠνοιγμένων, T
40 [3] ἡ δὲ ἤνοιξεν τ. ὀφθαλμοὺς αὐτῆς
10 11 [1] θεωρεῖ τ. οὐρανὸν ἀνεῳγμένον
34 [2] ἀνοίξας δὲ Πέτρος τὸ στόμα εἶπεν
12 10 [1] ἥτις αὐτομάτη ἠνοίγη αὐτοῖς
14 ἀπὸ τ. χαρᾶς οὐκ ἤνοιξεν τ. πυλῶνα
16 ἀνοίξαντες δὲ εἶδαν αὐτόν
14 27 ὅτι ἤνοιξεν τ. ἔθνεσιν θύραν πίστεως
16 26 [1] ἠνεῴχθησαν δὲ παραχρῆμα αἱ θύραι πᾶσαι
ἠνοίχθησαν, T
27 [1] ἰδὼν ἀνεῳγμένας τ. θύρας τ. φυλακῆς
18 14 [2] μέλλοντος δὲ τ. Παύλου ἀνοίγειν τὸ στόμα
26 18 [3] ἀνοῖξαι ὀφθαλμοὺς αὐτῶν
Ro 3 13 [1] τάφος ἀνεῳγμένος ὁ λάρυγξ αὐτῶν
קֶבֶר פָּתוּחַ גְּרוֹנָם, Ps. v. 10
I Co 16 9 θύρα γάρ μοι ἀνέῳγεν μεγάλη κ. ἐνεργής
II Co 2 12 [1] θύρας μοι ἀνεῳγμένης ἐν Κυρίῳ
6 11 [2] τὸ στόμα ἡμῶν ἀνέῳγεν πρὸς ὑμᾶς
Col 4 3 ἵνα ὁ Θεὸς ἀνοίξῃ ἡμῖν θύραν τ. λόγου
Re 3 7 ὁ ἀνοίγων κ. οὐδεὶς κλείσει, κ. κλείων κ. οὐδεὶς ἀνοίγει.
ἀνοίξει, T
8 [1] ἰδοὺ δέδωκα ἐνώπιόν σου θύραν ἠνεῳγμένην
20 ἐάν τις . . . ἀνοίξῃ τ. θύραν
4 1 [1] ἰδοὺ θύρα ἠνεῳγμένη ἐν τ. οὐρανῷ
5 2 τίς ἄξιος ἀνοῖξαι τὸ βιβλίον
3 οὐδεὶς ἐδύνατο . . . ἀνοῖξαι τὸ βιβλίον
4 ὅτι οὐδεὶς ἄξιος εὑρέθη ἀνοῖξαι τὸ βιβλίον
5 ἐνίκησεν ὁ λέων . . . ἀνοῖξαι τὸ βιβλίον
9 ἄξιος εἶ . . . ἀνοῖξαι τ. σφραγῖδας αὐτοῦ
6 1 ὅτε ἤνοιξεν τὸ ἀρνίον μίαν ἐκ τ. ἑπτὰ σφραγίδων
3 ὅτε ἤνοιξεν τ. σφραγῖδα τ. δευτέραν
5 ὅτε ἤνοιξεν τ. σφραγῖδα τ. τρίτην
7 ὅτε ἤνοιξεν τ. σφραγῖδα τ. τετάρτην
9 ὅτε ἤνοιξεν τ. πέμπτην σφραγῖδα
12 εἶδον ὅτε ἤνοιξεν τ. σφραγῖδα τ. ἕκτην

Re 8 1 ὅταν ἤνοιξεν τ. σφραγῖδα τ. ἑβδόμην
9 2 ἤνοιξεν τὸ φρέαρ τ. ἀβύσσου
10 2 [1] ἔχων ἐν τ. χειρὶ αὐτοῦ βιβλαρίδιον ἠνεῳγμένον
8 [1] λάβε τὸ βιβλίον τὸ ἠνεῳγμένον ἐν τ. χειρὶ τ. ἀγγέλου
11 19 [1] ἠνοίγη ὁ ναὸς τ. Θεοῦ ὁ ἐν τ. οὐρανῷ
12 16 [2] ἤνοιξεν ἡ γῆ τὸ στόμα αὐτῆς
13 6 [2] ἤνοιξεν τὸ στόμα αὐτοῦ εἰς βλασφημίας
15 5 [1] ἠνοίγη ὁ ναὸς τ. σκηνῆς τ. μαρτυρίου
19 11 [1] εἶδον τ. οὐρανὸν ἠνεῳγμένον
20 12 [1] βιβλία ἠνοίχθησαν·
[1] κ. ἄλλο βιβλίον ἠνοίχθη ὅ ἐστιν τ. ζωῆς

'ΑΝΟΙΚΟΔΟΜΕ'Ω 456

Ac 15 16 ἀνοικοδομήσω τ. σκηνὴν Δαυεὶδ τ. πεπτωκυῖαν·
אָקִים אֶת־סֻכַּת דָּוִיד הַנֹּפֶלֶת, Am. ix. 11
κ. τὰ κατεστραμμένα αὐτῆς ἀνοικοδομήσω
וְגָדַרְתִּי אֶת־פִּרְצֵיהֶן, *ib.*

'ΑΝΟΙΞΙΣ* 457

Eph 6 19 ἵνα μοι δοθῇ λόγος ἐν ἀνοίξει τ. στόματός μου

'ΑΝΟΜΙ'Α 458

Mt 7 23 ἀποχωρεῖτε ἀπ' ἐμοῦ οἱ ἐργαζόμενοι τ. ἀνομίαν
13 41 συλλέξουσιν ἐκ τ. βασιλείας αὐτοῦ . . . τ. ποιοῦντας τ. ἀνομίαν
23 28 ἔσωθεν δέ ἐστε μεστοὶ ὑποκρίσεως κ. ἀνομίας
24 12 διὰ τὸ πληθυνθῆναι τ. ἀνομίαν
Ro 4 7 μακάριοι ὧν ἀφέθησαν αἱ ἀνομίαι
אַשְׁרֵי נְשׂוּי־פֶּשַׁע, Ps. xxxii. 1
6 19 τὰ μέλη ὑμῶν δοῦλα . . . τ. ἀνομίᾳ εἰς τ. ἀνομίαν
εἰς τ. ἀν., [WH]
II Co 6 14 τίς γὰρ μετοχὴ δικαιοσύνῃ κ. ἀνομίᾳ;
II Th 2 3 κ. ἀποκαλυφθῇ ὁ ἄνθρωπος τ. ἀνομίας
ἁμαρτίας, WH mg. R non mg.
7 τὸ γὰρ μυστήριον ἤδη ἐνεργεῖται τ. ἀνομίας
Tit 2 14 ἵνα λυτρώσηται ἡμᾶς ἀπὸ πάσης ἀνομίας
He 1 9 κ. ἐμίσησας ἀνομίαν
ἀδικίαν, T
וַתִּשְׂנָא רֶשַׁע, Ps. xlv. 8
10 17 τ. ἀνομιῶν αὐτῶν οὐ μὴ μνησθήσομαι ἔτι
I Jo 3 4 πᾶς ὁ ποιῶν τ. ἁμαρτίαν κ. τ. ἀνομίαν ποιεῖ·
κ. ἡ ἁμαρτία ἐστὶν ἡ ἀνομία

'ΑΝΟΜΟΣ 459

Mk 15 28 κ. μετὰ ἀνόμων ἐλογίσθη, Is. *l.c.*
—h. v., TWHR non mg.
Lu 22 37 τὸ κ. μετὰ ἀνόμων ἐλογίσθη
וְאֶת־פֹּשְׁעִים נִמְנָה, Is. liii. 12
Ac 2 23 διὰ χειρὸς ἀνόμων προσπήξαντες ἀνείλατε
I Co 9 21 τ. ἀνόμοις ὡς ἄνομος,
μὴ ὢν ἄνομος Θεοῦ ἀλλ' ἔννομος Χριστοῦ,
ἵνα κερδανῶ τ. ἀνόμους
II Th 2 8 τότε ἀποκαλυφθήσεται ὁ ἄνομος
I Ti 1 9 ἀνόμοις δὲ κ. ἀνυποτάκτοις
II Pe 2 8 ψυχὴν δικαίαν ἀνόμοις ἔργοις ἐβασάνιζεν

'ΑΝΟ'ΜΩΣ** 460

Ro 2 12 ὅσοι γὰρ ἀνόμως ἥμαρτον,
ἀνόμως κ. ἀπολοῦνται

'ΑΝΟΡΘΟ'Ω 461

Lu 13 13 κ. παραχρῆμα ἀνωρθώθη
ἀνορθώθη, T
Ac 15 16 κ. ἀνορθώσω αὐτήν
וּבְנִיתִיהָ כִּימֵי עוֹלָם, Am. ix. 11
He 12 12 τὰ παραλελυμένα γόνατα ἀνορθώσατε

'ΑΝΟ'ΣΙΟΣ 462

I Ti 1 9 ἀνοσίοις κ. βεβήλοις
II Ti 3 2 ἀχάριστοι ἀνόσιοι ἄστοργοι

'ΑΝΟΧΗ'** 463

Ro 2 4 τ. ἀνοχῆς κ. τ. μακροθυμίας καταφρονεῖς
3 26 ἐν τ. ἀνοχῇ τ. Θεοῦ

'ΑΝΤΑΓΩΝΙ'ΖΟΜΑΙ** 464

He 12 4 πρὸς τ. ἁμαρτίαν ἀνταγωνιζόμενοι

'ΑΝΤΑ'ΛΛΑΓΜΑ 465

Mt 16 26 ἢ τί δώσει ἄνθρωπος ἀντάλλαγμα τ. ψυχῆς αὐτοῦ;
Mk 8 37 τί γὰρ δοῖ ἄνθρωπος ἀντάλλαγμα τ. ψυχῆς αὐτοῦ;

'ΑΝΤΑΝΑΠΛΗΡΟ'Ω* 466

Col 1 24 ἀνταναπληρῶ τὰ ὑστερήματα τ. θλίψεων τ. Χριστοῦ

'ΑΝΤΑΠΟΔΙ'ΔΩΜΙ 467

Lu 14 14 ὅτι οὐκ ἔχουσιν ἀνταποδοῦναί σοι·
ἀνταποδοθήσεται γάρ σοι ἐν τ. ἀναστάσει τ. δικαίων
Ro 11 35 ἢ τίς προέδωκεν αὐτῷ κ. ἀνταποδοθήσεται αὐτῷ;
12 19 ἐμοὶ ἐκδίκησις ἐγὼ ἀνταποδώσω λέγει Κύριος
לִי נָקָם וְשִׁלֵּם, Dt. xxxii. 35
I Th 3 9 τίνα γὰρ εὐχαριστίαν δυνάμεθα τ. Θεῷ ἀνταποδοῦναι
II Th 1 6 εἴπερ δίκαιον παρὰ Θεῷ ἀνταποδοῦναι τ. θλίβουσιν ὑμᾶς θλίψιν
He 10 30 ἐμοὶ ἐκδίκησις ἐγὼ ἀνταποδώσω, Dt. *l.c.*

'ΑΝΤΑΠΟ'ΔΟΜΑ† 468

Lu 14 12 μήποτε . . . γένηται ἀνταπόδομά σοι
Ro 11 9 κ. εἰς σκάνδαλον κ. εἰς ἀνταπόδομα αὐτοῖς
וְלִשְׁלוֹמִים לְמוֹקֵשׁ, Ps. lxix. 23

'ΑΝΤΑΠΟ'ΔΟΣΙΣ 469

Col 3 24 ἀπὸ Κυρίου ἀπολήμψεσθε τ. ἀνταπόδοσιν τ. κληρονομίας

'ΑΝΤΑΠΟΚΡΙ'ΝΟΜΑΙ† 470

Lu 14 6 οὐκ ἴσχυσαν ἀνταποκριθῆναι πρὸς ταῦτα
Ro 9 20 σὺ τίς εἶ ὁ ἀνταποκρινόμενος τ. Θεῷ;

'ΑΝΤΕΙ'ΠΟΝ 471

Lu 21 15 ᾗ οὐ δυνήσονται ἀντιστῆναι ἢ ἀντειπεῖν ἅπαντες οἱ ἀντικείμενοι ὑμῖν
Ac 4 14 οὐδὲν εἶχον ἀντειπεῖν

'ΑΝΤΕ'ΧΟΜΑΙ 472

Mt 6 24 ἢ ἑνὸς ἀνθέξεται κ. τ. ἑτέρου καταφρονήσει
Lu 16 13 ἢ ἑνὸς ἀνθέξεται κ. τ. ἑτέρου καταφρονήσει
I Th 5 14 ἀντέχεσθε τ. ἀσθενῶν
Tit 1 9 ἀντεχόμενον τοῦ κατὰ τ. διδαχὴν πιστοῦ λόγου

'ΑΝΤΙ' 473

(1) 'Ανθ' ὧν

Mt 2 22 'Αρχέλαος βασιλεύει . . . ἀντὶ τ. πατρὸς αὐτοῦ Ἡρῴδου
5 38 ἠκούσατε ὅτι ἐρρέθη 'Οφθαλμὸν ἀντὶ ὀφθαλμοῦ,
עַיִן תַּחַת עַיִן, Ex. xxi. 24
κ. ὀδόντα ἀντὶ ὀδόντος
שֵׁן תַּחַת שֵׁן, *ib.*
17 27 ἐκεῖνον λαβὼν δὸς αὐτοῖς ἀντὶ ἐμοῦ κ. σοῦ
20 28 δοῦναι τ. ψυχὴν αὐτοῦ λύτρον ἀντὶ πολλῶν
Mk 10 45 δοῦναι τ. ψυχὴν αὐτοῦ λύτρον ἀντὶ πολλῶν
Lu 1 20 [1] ἀνθ' ὧν οὐκ ἐπίστευσας τ. λόγοις μου
11 11 μὴ ἀντὶ ἰχθύος ὄφιν αὐτῷ ἐπιδώσει;
12 3 [1] ἀνθ' ὧν ὅσα ἐν τ. σκοτίᾳ εἴπατε
19 44 [1] ἀνθ' ὧν οὐκ ἔγνως τ. καιρὸν τ. ἐπισκοπῆς σου
Jo 1 16 ἡμεῖς πάντες ἐλάβομεν κ. χάριν ἀντὶ χάριτος
Ac 12 23 [1] ἀνθ' ὧν οὐκ ἔδωκεν τ. δόξαν τ. Θεῷ
Ro 12 17 μηδενὶ κακὸν ἀντὶ κακοῦ ἀποδιδόντες
I Co 11 15 ἡ κόμη ἀντὶ περιβολαίου δέδοται αὐτῇ
Eph 5 31 ἀντὶ τούτου καταλείψει ἄνθρωπος τ. πατέρα
עַל־כֵּן יַעֲזָב־אִישׁ אֶת־אָבִיו, Gen. ii. 24
I Th 5 15 ὁρᾶτε μή τις κακὸν ἀντὶ κακοῦ τινὶ ἀποδῷ
II Th 2 10 [1] ἀνθ' ὧν τ. ἀγάπην τ. ἀληθείας οὐκ ἐδέξαντο
He 12 2 ἀντὶ τ. προκειμένης αὐτῷ χαρᾶς
16 ὃς ἀντὶ βρώσεως μιᾶς ἀπέδετο τ. πρωτοτόκια ἑαυτοῦ
Ja 4 15 ἀντὶ τοῦ λέγειν ὑμᾶς
I Pe 3 9 μὴ ἀποδιδόντες κακὸν ἀντὶ κακοῦ, ἢ λοιδορίαν ἀντὶ λοιδορίας

'ΑΝΤΙΒΑ'ΛΛΩ** 474

Lu 24 17 οὓς ἀντιβάλλετε πρὸς ἀλλήλους περιπατοῦντες

'ΑΝΤΙΔΙΑΤΙ'ΘΕΜΑΙ* 475

II Ti 2 25 ἐν πραΰτητι παιδεύοντα τ. ἀντιδιατιθεμένους

'ΑΝΤΙ'ΔΙΚΟΣ 476

Mt 5 25 ἴσθι εὐνοῶν τ. ἀντιδίκῳ σου ταχὺ
25 μήποτέ σε παραδῷ ὁ ἀντίδικος τ. κριτῇ
Lu 12 58 ὡς γὰρ ὑπάγεις μετὰ τ. ἀντιδίκου σου ἐπ' ἄρχοντα
18 3 ἐκδίκησόν με ἀπὸ τ. ἀντιδίκου μου
I Pe 5 8 ὁ ἀντίδικος ὑμῶν διάβολος . . . περιπατεῖ

'ΑΝΤΙ'ΘΕΣΙΣ* 477

I Ti 6 20 ἀντιθέσεις τῆς ψευδωνύμου γνώσεως

'ΑΝΤΙΚΑΘΙ'ΣΤΗΜΙ 478

He 12 4 οὔπω μέχρις αἵματος ἀντικατέστητε

'ΑΝΤΙΚΑΛΕ'Ω* 479

Lu 14 12 μήποτε κ. αὐτοὶ ἀντικαλέσωσίν σε

'ΑΝΤΙ'ΚΕΙΜΑΙ 480

Lu 13 17 κατῃσχύνοντο πάντες οἱ ἀντικείμενοι αὐτῷ
21 15 ᾗ οὐ δυνήσονται ἀντιστῆναι ἢ ἀντειπεῖν ἅπαντες οἱ ἀντικείμενοι ὑμῖν
I Co 16 9 κ. ἀντικείμενοι πολλοί
Ga 5 17 ταῦτα γὰρ ἀλλήλοις ἀντίκειται
Phl 1 28 μὴ πτυρόμενοι ἐν μηδενὶ ὑπὸ τ. ἀντικειμένων
II Th 2 4 ὁ ἀντικείμενος κ. ὑπεραιρόμενος ἐπὶ πάντα λεγόμενον Θεόν
I Ti 1 10 εἴ τι ἕτερον τ. ὑγιαινούσῃ διδασκαλίᾳ ἀντίκειται
5 14 μηδεμίαν ἀφορμὴν διδόναι τ. ἀντικειμένῳ

"ΑΝΤΙΚΡΥΣ** 481

Ac 20 15 τῇ ἐπιούσῃ κατηντήσαμεν ἄντικρυς Χίου

'ΑΝΤΙΛΑΜΒΑ'ΝΟΜΑΙ 482

Lu 1 54 ἀντελάβετο 'Ισραὴλ παιδὸς αὐτοῦ
Ac 20 35 δεῖ ἀντιλαμβάνεσθαι τ. ἀσθενούντων
I Ti 6 2 οἱ τ. εὐεργεσίας ἀντιλαμβανόμενοι

'ΑΝΤΙΛΕ'ΓΩ 483

Lu 2 34 εἰς σημεῖον ἀντιλεγόμενον
20 27 οἱ ἀντιλέγοντες ἀνάστασιν μὴ εἶναι
λέγοντες, WHR
Jo 19 12 πᾶς ὁ βασιλέα ἑαυτὸν ποιῶν ἀντιλέγει τ. Καίσαρι
Ac 13 45 ἀντέλεγον τοῖς ὑπὸ Παύλου λαλουμένοις ἀντιλέγοντες κ. βλασφημοῦντες
—ἀντιλ. κ., WHR
28 19 ἀντιλεγόντων δὲ τ. 'Ιουδαίων
22 γνωστὸν ἡμῖν ἐστὶν ὅτι πανταχοῦ ἀντιλέγεται
Ro 10 21 πρὸς λαὸν ἀπειθοῦντα κ. ἀντιλέγοντα
אֶל־עַם סֹרֵר, Is. lxv. 2
Tit 1 9 τ. ἀντιλέγοντας ἐλέγχειν
2 9 ἐν πᾶσιν εὐαρέστους εἶναι μὴ ἀντιλέγοντας

'ΑΝΤΙ'ΛΗΜΨΙΣ 484

I Co 12 28 ἔπειτα χαρίσματα ἰαμάτων ἀντιλήμψεις κυβερνήσεις

'ΑΝΤΙΛΟΓΙ'Α 485

He 6 16 πάσης αὐτοῖς ἀντιλογίας πέρας εἰς βεβαίωσιν
7 7 χωρὶς δὲ πάσης ἀντιλογίας
12 3 τὸν τοιαύτην ὑπομεμενηκότα ὑπὸ τ. ἁμαρτωλῶν εἰς ἑαυτοὺς ἀντιλογίαν
Ju 11 τ. ἀντιλογίᾳ τοῦ Κορὲ ἀπώλοντο

'ΑΝΤΙΛΟΙΔΟΡΕ'Ω* 486

I Pe 2 23 ὃς λοιδορούμενος οὐκ ἀντελοιδόρει

'ΑΝΤΙ'ΛΥΤΡΟΝ** † 487

I Ti 2 6 ὁ δοὺς ἑαυτὸν ἀντίλυτρον ὑπὲρ πάντων

'ΑΝΤΙΜΕΤΡΕ'ΟΜΑΙ* † 488

Lu 6 38 ᾧ γὰρ μέτρῳ μετρεῖτε ἀντιμετρηθήσεται ὑμῖν
μετρηθήσεται, WH mg.

'ΑΝΤΙΜΙΣΘΙ'Α* † 489

Ro 1 27 τ. ἀντιμισθίαν ἣν ἔδει τ. πλάνης αὐτῶν
II Co 6 13 τ. δὲ αὐτὴν ἀντιμισθίαν . . . πλατύνθητε κ. ὑμεῖς

'ΑΝΤΙΟ'ΧΕΙΑ 490

(1) Syrian (2) Pisidian

Ac 11 19 [1] ἕως Φοινίκης κ. Κύπρου κ. 'Αντιοχείας
20 [1] οἵτινες ἐλθόντες εἰς 'Αντιόχειαν
22 [1] ἐξαπέστειλαν Βαρνάβαν ἕως 'Αντιοχείας
26 [1] κ. εὑρὼν ἤγαγεν εἰς 'Αντιόχειαν (v. 25 T)
26 [1] χρηματίσαι τε πρώτως ἐν 'Αντιοχείᾳ τοὺς μαθητὰς Χριστιανούς
27 [1] κατῆλθον ἀπὸ 'Ιεροσολύμων προφῆται εἰς 'Αντιόχειαν
13 1 [1] ἦσαν δέ ἐν 'Αντιοχείᾳ . . . προφῆται
14 [2] παρεγένοντο εἰς 'Αντιόχειαν τ. Πισιδίαν
14 19 [2] ἐπῆλθαν δὲ ἀπὸ 'Αντιοχείας κ. 'Ικονίου 'Ιουδαῖοι
21 [2] ὑπέστρεψαν εἰς τ. Λύστραν κ. εἰς 'Ικόνιον κ. εἰς 'Αντιόχειαν
26 [1] κἀκεῖθεν ἀπέπλευσαν εἰς 'Αντιόχειαν
15 22 [1] ἐκλεξαμένους ἄνδρας ἐξ αὐτῶν πέμψαι εἰς 'Αντιόχειαν.
23 [1] κατὰ τ. 'Αντιόχειαν κ. Συρίαν κ. Κιλικίαν
30 [1] οἱ μὲν οὖν ἀπολυθέντες κατῆλθον εἰς 'Αντιόχειαν
35 [1] Παῦλος δὲ κ. Βαρνάβας διέτριβον ἐν 'Αντιοχείᾳ
18 22 [1] ἀσπασάμενος τ. ἐκκλησίαν κατέβη εἰς 'Αντιόχειαν
Gal 2 11 [1] ὅτε δὲ ἦλθεν Κηφᾶς εἰς 'Αντιόχειαν
II Ti 3 11 [2] οἷά μοι ἐγένετο ἐν 'Αντιοχείᾳ

'ΑΝΤΙΟΧΕΥ'Σ 491

Ac 6 5 Νικόλαον προσήλυτον 'Αντιοχέα

'ΑΝΤΙΠΑΡΕ'ΡΧΟΜΑΙ** † 492

Lu 10 31 ἰδὼν αὐτὸν ἀντιπαρῆλθεν
32 ἐλθὼν κ. ἰδὼν ἀντιπαρῆλθεν

'ΑΝΤΙ'ΠΑΣ 493

Re 2 13 'Αντίπας ὁ μάρτυς μου ὁ πιστός μου
'Αντείπας, T

'ΑΝΤΙΠΑΤΡΙ'Σ 494

Ac 23 31 ἤγαγον διὰ νυκτὸς εἰς τ. 'Αντιπατρίδα

'ΑΝΤΙ'ΠΕΡΑ* 495

Lu 8 26 ἥτις ἐστὶν ἀντίπερα τ. Γαλιλαίας

'ΑΝΤΙΠΙ'ΠΤΩ 496

Ac 7 51 ὑμεῖς ἀεὶ τ. πνεύματι τ. ἁγίῳ ἀντιπίπτετε

'ΑΝΤΙΣΤΡΑΤΕΥ'ΟΜΑΙ* 497

Ro 7 23 ἕτερον νόμον . . . ἀντιστρατευόμενον τ. νόμῳ τ. νοός μου

'ΑΝΤΙΤΑ'ΣΣΟΜΑΙ 498

Ac 18 6 ἀντιτασσομένων δὲ αὐτῶν κ. βλασφημούντων
Ro 13 2 ὥστε ὁ ἀντιτασσόμενος τ. ἐξουσίᾳ
Ja 4 6 ὁ Θεὸς ὑπερηφάνοις ἀντιτάσσεται
לַלֵּצִים הוּא־יָלִיץ, Prov. iii. 34
5 6 οὐκ ἀντιτάσσεται ὑμῖν
I Pe 5 5 ὅτι ὁ Θεὸς ὑπερηφάνοις ἀντιτάσσεται, Prov. *l.c.*

'ΑΝΤΙ'ΤΥΠΟΣ** 499

He 9 24 οὐ γὰρ εἰς χειροποίητα εἰσῆλθεν ἅγια . . ἀντίτυπα τ. ἀληθινῶν
I Pe 3 21 ὃ κ. ὑμᾶς ἀντίτυπον νῦν σώζει βάπτισμα

'ΑΝΤΙ'ΧΡΙΣΤΟΣ* † 500

I Jo 2 18 καθὼς ἠκούσατε ὅτι ἀντίχριστος ἔρχεται, κ. νῦν ἀντίχριστοι πολλοὶ γεγόνασιν
22 οὗτός ἐστιν ὁ ἀντίχριστος
4 3 τοῦτό ἐστιν τὸ τ. ἀντιχρίστου
II Jo 7 οὗτός ἐστιν ὁ πλάνος κ. ὁ ἀντίχριστος

'ΑΝΤΛΕ'Ω 501

Jo 2 8 ἀντλήσατε νῦν κ. φέρετε τ. ἀρχιτρικλίνῳ
9 οἱ δὲ διάκονοι ᾔδεισαν οἱ ἠντληκότες τὸ ὕδωρ
4 7 ἔρχεται γυνὴ ἐκ τ. Σαμαρίας ἀντλῆσαι ὕδωρ
15 μηδὲ διέρχωμαι ἐνθάδε ἀντλεῖν

"ΑΝΤΛΗΜΑ* 502

Jo 4 11 Κύριε οὔτε ἄντλημα ἔχεις

'ΑΝΤΟΦΘΑΛΜΕ'Ω** 503

Ac 27 15 μὴ δυναμένου ἀντοφθαλμεῖν τ. ἀνέμῳ

"ΑΝΥΔΡΟΣ 504

Mt 12 43 διέρχεται δι' ἀνύδρων τόπων
Lu 11 24 διέρχεται δι' ἀνύδρων τόπων

II Pe 2 17 οὗτοί εἰσιν πηγαὶ ἄνυδροι
Ju 12 νεφέλαι ἄνυδροι ὑπὸ ἀνέμων παραφερόμεναι

ἈΝΥΠΌΚΡΙΤΟΣ †** 505

Ro 12 9 ἡ ἀγάπη ἀνυπόκριτος
II Co 6 6 ἐν ἀγάπῃ ἀνυποκρίτῳ
I Ti 1 5 ἀγάπη ἐκ . . . συνειδήσεως ἀγαθῆς κ. πίστεως ἀνυποκρίτου
II Ti 1 5 ὑπόμνησιν λαβὼν τῆς ἐν σοὶ ἀνυποκρίτου πίστεως
Ja 3 17 ἡ δὲ ἄνωθεν σοφία . . . ἀδιάκριτος ἀνυπόκριτος
I Pe 1 22 εἰς φιλαδελφίαν ἀνυπόκριτον

ἈΝΥΠΌΤΑΚΤΟΣ** 506

I Ti 1 9 ἀνόμοις δὲ κ. ἀνυποτάκτοις
Tit 1 6 μὴ ἐν κατηγορίᾳ ἀσωτίας ἢ ἀνυπότακτα
10 εἰσὶν γὰρ πολλοὶ ἀνυπότακτοι
He 2 8 οὐδὲν ἀφῆκεν αὐτῷ ἀνυπότακτον

ἌΝΩ 507

(1) τὰ ἄνω

Jo 2 7 ἐγέμισαν αὐτὰς ἕως ἄνω
8 23 [1] ἐγὼ ἐκ τῶν ἄνω εἰμί
11 41 ὁ δὲ Ἰησοῦς ἦρεν τ. ὀφθαλμοὺς ἄνω
Ac 2 19 δώσω τέρατα ἐν τ. οὐρανῷ ἄνω
נָתַתִּי מוֹפְתִים בַּשָּׁמַיִם, Joel iii. 3
Ga 4 26 ἡ δὲ ἄνω Ἰερουσαλὴμ ἐλευθέρα ἐστίν
Phl 3 14 εἰς τὸ βραβεῖον τῆς ἄνω κλήσεως τ. Θεοῦ
Col 3 1 [1] τὰ ἄνω ζητεῖτε
2 [1] τὰ ἄνω φρονεῖτε μὴ τὰ ἐπὶ τ. γῆς
He 12 15 μή τις ῥίζα πικρίας ἄνω φύουσα ἐνοχλῇ

ἌΝΩΘΕΝ 509

(1) ἀπ' ἄν., ἐκ τῶν ἄν. (2) πάλιν ἄν.

Mt 27 51 [1] τὸ καταπέτασμα τ. ναοῦ ἐσχίσθη ἀπ' ἄνωθεν ἕως κάτω εἰς δύο
—ἀπ', T [WH]
Mk 15 38 [1] τὸ καταπέτασμα τ. ναοῦ ἐσχίσθη εἰς δύο ἀπ' ἄνωθεν ἕως κάτω
Lu 1 3 παρηκολουθηκότι ἄνωθεν πᾶσιν ἀκριβῶς
Jo 3 3 ἐὰν μή τις γεννηθῇ ἄνωθεν
7 δεῖ ὑμᾶς γεννηθῆναι ἄνωθεν
31 ὁ ἄνωθεν ἐρχόμενος ἐπάνω πάντων ἐστίν
19 11 εἰ μὴ ἦν δεδομένον σοι ἄνωθεν
23 [1] ἐκ τῶν ἄνωθεν ὑφαντὸς δι' ὅλου
Ac 26 5 προγινώσκοντές με ἄνωθεν
Ga 4 9 [2] οἷς πάλιν ἄνωθεν δουλεῦσαι θέλετε
Ja 1 17 πᾶν δώρημα τέλειον ἄνωθέν ἐστιν
3 15 οὐκ ἔστιν αὕτη ἡ σοφία ἄνωθεν κατερχομένη
17 ἡ δὲ ἄνωθεν σοφία πρῶτον μὲν ἁγνή ἐστιν

ἈΝΩΤΕΡΙΚΌΣ* 510

Ac 19 1 διελθόντα τὰ ἀνωτερικὰ μέρη

ἈΝΏΤΕΡΟΝ 511

Lu 14 10 προσανάβηθι ἀνώτερον
He 10 8 ἀνώτερον λέγων

ἈΝΩΦΕΛΉΣ 512

Tit 3 9 εἰσὶν γὰρ ἀνωφελεῖς κ. μάταιοι
He 7 18 διὰ τὸ αὐτῆς ἀσθενὲς κ. ἀνωφελές

ἈΞΊΝΗ 513

Mt 3 10 ἤδη δὲ ἡ ἀξίνη πρὸς τ. ῥίζαν τ. δένδρων κεῖται
Lu 3 9 ἤδη δὲ κ. ἡ ἀξίνη πρὸς τ. ῥίζαν τ. δένδρων κεῖται

ἌΞΙΟΣ 514

(1) c. gen. rei (2) c. gen. pers.
(3) seq. ἵνα (4) seq. infin.

Mt 3 8 [1] ποιήσατε οὖν καρπὸν ἄξιον τ. μετανοίας
10 10 [1] ἄξιος γὰρ ὁ ἐργάτης τ. τροφῆς αὐτοῦ
11 ἐξετάσατε τίς ἐν αὐτῇ ἄξιός ἐστιν
13 ἐὰν μὲν ᾖ ἡ οἰκία ἀξία
13 ἐὰν δὲ μὴ ᾖ ἀξία
37 [2] ὁ φιλῶν πατέρα . . . ὑπὲρ ἐμὲ οὐκ ἔστιν μου ἄξιος·
[2] κ. ὁ φιλῶν υἱὸν . . . ὑπὲρ ἐμὲ οὐκ ἔστιν μου ἄξιος·
38 [2] κ. ὃς οὐ λαμβάνει τ. σταυρὸν αὐτοῦ . . . οὐκ ἔστιν μου ἄξιος
22 8 οἱ δὲ κεκλημένοι οὐκ ἦσαν ἄξιοι
Lu 3 8 [1] ποιήσατε οὖν καρποὺς ἀξίους τ. μετανοίας
ἀξ. καρπ., WH mg.
7 4 ὅτι ἄξιός ἐστιν ᾧ παρέξῃ τοῦτο
10 7 [1] ἄξιος γὰρ ὁ ἐργάτης τ. μισθοῦ αὐτοῦ
12 48 [1] ποιήσας δὲ ἄξια πληγῶν
15 19 [4] οὐκέτι εἰμὶ ἄξιος κληθῆναι υἱός σου
21 [4] οὐκέτι εἰμὶ ἄξιος κληθῆναι υἱός σου
23 15 [1] οὐδὲν ἄξιον θανάτου ἐστὶν πεπραγμένον αὐτῷ
41 [1] ἄξια γὰρ ὧν ἐπράξαμεν ἀπολαμβάνομεν
Jo 1 27 [3] οὗ οὐκ εἰμὶ ἐγὼ ἄξιος ἵνα λύσω αὐτοῦ τ. ἱμάντα
Ac 13 25 [4] οὗ οὐκ εἰμὶ ἄξιος τὸ ὑπόδημα τ. ποδῶν λῦσαι
46 [1] οὐκ ἀξίους κρίνετε ἑαυτοὺς τ. αἰωνίου ζωῆς
23 29 [1] μηδὲν δὲ ἄξιον θανάτου ἢ δεσμῶν
25 11 [1] εἰ μὲν οὖν . . . ἄξιον θανάτου πέπραχά τι
25 [1] κατελαβόμην μηδὲν ἄξιον αὐτὸν θανάτου πεπραχέναι
26 20 [1] ἄξια τ. μετανοίας ἔργα πράσσοντας
31 [1] οὐδὲν θανάτου ἢ δεσμῶν ἄξιον πράσσει
Ro 1 32 [1] οἱ τὰ τοιαῦτα πράσσοντες ἄξιοι θανάτου εἰσίν
8 18 οὐκ ἄξια τὰ παθήματα τοῦ νῦν καιροῦ πρὸς τὴν . . . δόξαν
I Co 16 4 [1] ἐὰν δὲ ἄξιον ᾖ τοῦ κἀμὲ πορεύεσθαι
ᾖ ἀξ., T
II Th 1 3 καθὼς ἄξιόν ἐστιν
I Ti 1 15 [1] πιστὸς ὁ λόγος κ. πάσης ἀποδοχῆς ἄξιος
4 9 [1] πιστὸς ὁ λόγος κ. πάσης ἀποδοχῆς ἄξιος
5 18 [1] ἄξιος ὁ ἐργάτης τ. μισθοῦ αὐτοῦ
6 1 [1] τ. ἰδίους δεσπότας πάσης τιμῆς ἀξίους ἡγείσθωσαν
He 11 38 [2] ὧν οὐκ ἦν ἄξιος ὁ κόσμος
Re 3 4 περιπατήσουσιν . . . ἐν λευκοῖς ὅτι ἄξιοί εἰσιν
4 11 [4] ἄξιος εἶ ὁ Κύριος καὶ ὁ Θεὸς ἡμῶν
5 2 [4] τίς ἄξιος ἀνοῖξαι τὸ βιβλίον
4 [4] οὐδεὶς ἄξιος εὑρέθη ἀνοῖξαι τὸ βιβλίον
9 [4] ἄξιος εἶ λαβεῖν τὸ βιβλίον
12 [4] ἄξιόν ἐστιν τὸ ἀρνίον τὸ ἐσφαγμένον λαβεῖν τ. δύναμιν
ἄξιος, TWH mg.
16 6 ἄξιοί εἰσιν

ἈΞΙΌΩ 515

Lu 7 7 οὐδὲ ἐμαυτὸν ἠξίωσα πρός σε ἐλθεῖν
Ac 15 38 Παῦλος δὲ ἠξίου . . . μὴ συνπαραλαμβάνειν τοῦτον
28 22 ἀξιοῦμεν δὲ παρὰ σοῦ ἀκοῦσαι
II Th 1 11 ἵνα ὑμᾶς ἀξιώσῃ τ. κλήσεως ὁ Θεὸς ἡμῶν
I Ti 5 17 οἱ καλῶς προεστῶτες πρεσβύτεροι διπλῆς τιμῆς ἀξιούσθωσαν
He 3 3 πλείονος γὰρ οὗτος δόξης παρὰ Μωυσῆν ἠξίωται
10 29 πόσῳ δοκεῖτε χείρονος ἀξιωθήσεται τιμωρίας

ἈΞΊΩΣ** 516

Ro 16 2 ἵνα προσδέξησθε αὐτὴν ἐν Κυρίῳ ἀξίως τ. ἁγίων
Eph 4 1 ἀξίως περιπατῆσαι τ. κλήσεως
Phl 1 27 μόνον ἀξίως τ. εὐαγγελίου τ. Χριστοῦ πολιτεύεσθε
Col 1 10 περιπατῆσαι ἀξίως τ. Κυρίου εἰς πᾶσαν ἀρεσκίαν
I Th 2 12 εἰς τὸ περιπατεῖν ὑμᾶς ἀξίως τ. Θεοῦ
III Jo 6 οὓς καλῶς ποιήσεις προπέμψας ἀξίως τ. Θεοῦ

ἈΌΡΑΤΟΣ 517

Ro 1 20 τὰ γὰρ ἀόρατα αὐτοῦ ἀπὸ κτίσεως κόσμου
Col 1 15 ὅς ἐστιν εἰκὼν τ. Θεοῦ τ. ἀοράτου
16 τὰ ὁρατὰ κ. τὰ ἀόρατα
I Ti 1 17 ἀφθάρτῳ ἀοράτῳ μόνῳ Θεῷ
He 11 27 τὸν γὰρ ἀόρατον ὡς ὁρῶν ἐκαρτέρησεν

ἈΠΑΓΓΈΛΛΩ 518

(1) ἀπαγγ. εἰς

Mt 2 8 ἐπὰν δὲ εὕρητε ἀπαγγείλατέ μοι
8 33 ἀπελθόντες εἰς τ. πόλιν ἀπήγγειλαν πάντα
11 4 πορευθέντες ἀπαγγείλατε Ἰωάνει
12 18 κρίσιν τ. ἔθνεσιν ἀπαγγελεῖ
מִשְׁפָּט לַגּוֹיִם יוֹצִיא, Is. xlii. 1
14 12 ἐλθόντες ἀπήγγειλαν τῷ Ἰησοῦ
28 8 ἔδραμον ἀπαγγεῖλαι τ. μαθηταῖς αὐτοῦ
10 ἀπαγγείλατε τ. ἀδελφοῖς μου
11 ἀπήγγειλαν τ. ἀρχιερεῦσιν ἅπαντα τ. γενόμενα
ἀνήγγειλαν, T
Mk 5 14 [1] ἀπήγγειλαν εἰς τ. πόλιν κ. εἰς τ. ἀγρούς
19 ἀπάγγειλον αὐτοῖς ὅσα ὁ Κύριός σοι πεποίηκεν
6 30 ἀπήγγειλαν αὐτῷ πάντα
16 [10 ἐκείνη πορευθεῖσα ἀπήγγειλεν τοῖς μετ' αὐτοῦ γενομένοις
[13 κἀκεῖνοι ἀπελθόντες ἀπήγγειλαν τ. λοίποις
Lu 7 18 ἀπήγγειλαν Ἰωάνει οἱ μαθηταὶ αὐτοῦ
22 πορευθέντες ἀπαγγείλατε Ἰωάνει ἃ εἴδετε
8 20 ἀπηγγέλη δὲ αὐτῷ
34 [1] ἀπήγγειλαν εἰς τ. πόλιν κ. εἰς τ. ἀγρούς
36 ἀπήγγειλαν δὲ αὐτοῖς οἱ ἰδόντες
47 ἀπήγγειλεν ἐνώπιον παντὸς τ. λαοῦ
9 36 οὐδενὶ ἀπήγγειλαν ἐν ἐκείναις τ. ἡμέραις οὐδέν
Lu 13 1 ἀπαγγέλλοντες αὐτῷ περὶ τ. Γαλιλαίων
14 21 ὁ δοῦλος ἀπήγγειλεν τ. κυρίῳ αὐτοῦ ταῦτα
18 37 ἀπήγγειλαν δὲ αὐτῷ
24 9 ἀπήγγειλαν ταῦτα πάντα τοῖς ἕνδεκα
Jo 16 25 παρρησίᾳ περὶ τ. πατρὸς ἀπαγγελῶ ὑμῖν
Ac 4 23 ἀπήγγειλαν ὅσα πρὸς αὐτοὺς οἱ ἀρχιερεῖς . . . εἶπαν
5 22 ἀναστρέψαντες δὲ ἀπήγγειλαν
25 παραγενόμενος δέ τις ἀπήγγειλεν αὐτοῖς
11 13 ἀπήγγειλεν δὲ ἡμῖν πῶς εἶδεν τ. ἄγγελον
12 14 εἰσδραμοῦσα δὲ ἀπήγγειλεν ἑστάναι τ. Πέτρον
17 ἀπαγγείλατε Ἰακώβῳ κ. τ. ἀδελφοῖς ταῦτα
15 27 κ. αὐτοὺς διὰ λόγου ἀπαγγέλλοντας τὰ αὐτά
16 36 ἀπήγγειλεν δὲ ὁ δεσμοφύλαξ τ. λόγους
38 ἀπήγγειλαν δὲ τ. στρατηγοῖς οἱ ῥαβδοῦχοι τ. ῥήματα ταῦτα
17 30 τὰ νῦν ἀπαγγέλλει τ. ἀνθρώποις
παραγγέλλει, R non mg.
22 26 προσελθὼν τ. χιλιάρχῳ ἀπήγγειλεν
23 16 εἰσελθὼν εἰς τ. παρεμβολὴν ἀπήγγειλεν τ. Παύλῳ
17 ἔχει γὰρ ἀπαγγεῖλαί τι αὐτῷ
τι ἀπαγγ., T
19 τί ἐστιν ὃ ἔχεις ἀπαγγεῖλαί μοι;
26 20 ἀπήγγελλον μετανοεῖν
28 21 οὔτε παραγενόμενός τις τ. ἀδελφῶν ἀπήγγειλεν
I Co 14 25 ἀπαγγέλλων ὅτι ὄντως ὁ Θεὸς ἐν ὑμῖν ἐστίν
I Th 1 9 αὐτοὶ γὰρ περὶ ἡμῶν ἀπαγγέλλουσιν
He 2 12 ἀπαγγελῶ τὸ ὄνομά σου τ. ἀδελφοῖς μου
אֲסַפְּרָה שִׁמְךָ לְאֶחָי, Ps. xxii. 23
I Jo 1 2 ἀπαγγέλλομεν ὑμῖν τ. ζωὴν τ. αἰώνιον
3 ὃ ἑωράκαμεν κ. ἀκηκόαμεν ἀπαγγέλλομεν κ. ὑμῖν

ἈΠΆΓΧΟΜΑΙ 519

Mt 27 5 κ. ἀπελθὼν ἀπήγξατο

ἈΠΆΓΩ 520

Mt 7 13 εὐρύχωρος ἡ ὁδὸς ἡ ἀπάγουσα εἰς τ. ἀπώλειαν
14 τεθλιμμένη ἡ ὁδὸς ἡ ἀπάγουσα εἰς τ. ζωήν
26 57 οἱ δὲ κρατήσαντες τ. Ἰησοῦν ἀπήγαγον πρὸς Καιάφαν
27 2 δήσαντες αὐτὸν ἀπήγαγον
31 ἀπήγαγον αὐτὸν εἰς τὸ σταυρῶσαι
Mk 14 44 κρατήσατε αὐτὸν κ. ἀπάγετε ἀσφαλῶς
53 ἀπήγαγον τ. Ἰησοῦν πρὸς τ. ἀρχιερέα
15 16 οἱ δὲ στρατιῶται ἀπήγαγον αὐτὸν ἔσω τ. αὐλῆς
Lu 13 15 κ. ἀπάγων ποτίζει
ἀπαγάγων, TWH mg.
21 12 ἀπαγομένους ἐπὶ βασιλεῖς κ. ἡγεμόνας
22 66 ἀπήγαγον αὐτὸν εἰς τὸ συνέδριον αὐτῶν
23 26 κ. ὡς ἀπήγαγον αὐτόν
ἀπῆγον, WH mg.
Ac 12 19 ἐκέλευσεν ἀπαχθῆναι
23 17 τ. νεανίαν τοῦτον ἄπαγε πρὸς τ. χιλίαρχον
24 7 ἐκ τ. χειρῶν ἡμῶν ἀπήγαγεν
—h. v., TWHR non mg.
I Co 12 2 ὡς ἂν ἤγεσθε ἀπαγόμενοι

ʼΑΠΑΙʹΔΕΥΤΟΣ 521

II Ti 2 23 τ. δὲ μωρὰς κ. ἀπαιδεύτους ζητήσεις παραιτοῦ

ʼΑΠΑΙʹΡΟΜΑΙ 522

Mt 9 15 ὅταν ἀπαρθῇ ἀπ᾽ αὐτῶν ὁ νυμφίος
Mk 2 20 ὅταν ἀπαρθῇ ἀπ᾽ αὐτῶν ὁ νυμφίος
Lu 5 35 κ. ὅταν ἀπαρθῇ ἀπ᾽ αὐτῶν ὁ νυμφίος

ʼΑΠΑΙΤΕʹΩ 523

Lu 6 30 ἀπὸ τ. αἴροντος τὰ σὰ μὴ ἀπαίτει
12 20 ταύτῃ τ. νυκτὶ τ. ψυχήν σου ἀπαιτοῦσιν ἀπὸ σοῦ
αἰτοῦσιν, WH

ʼΑΠΑΛΓΕʹΟΜΑΙ* 524

Eph 4 19 οἵτινες ἀπηλγηκότες ἑαυτοὺς παρέδωκαν τ. ἀσελγείᾳ

ʼΑΠΑΛΛΑʹΣΣΩ 525

Lu 12 58 δὸς ἐργασίαν ἀπηλλάχθαι ἀπ᾽ αὐτοῦ
Ac 19 12 ἀπαλλάσσεσθαι ἀπ᾽ αὐτῶν τὰς νόσους
He 2 15 ἵνα . . . ἀπαλλάξῃ τούτους ὅσοι φόβῳ θανάτου . . . ἔνοχοι ἦσαν δουλείας

ʼΑΠΑΛΛΟΤΡΙΟʹΟΜΑΙ 526

Eph 2 12 ἀπηλλοτριωμένοι τ. πολιτείας τ. Ἰσραήλ
4 18 ἀπηλλοτριωμένοι τ. ζωῆς τ. Θεοῦ
Col 1 21 ὑμᾶς ποτὲ ὄντας ἀπηλλοτριωμένους

ʽΑΠΑΛΟʹΣ 527

Mt 24 32 ὅταν ἤδη ὁ κλάδος αὐτῆς γένηται ἁπαλός
Mk 13 28 ὅταν ἤδη ὁ κλάδος αὐτῆς ἁπαλὸς γένηται

ʼΑΠΑΝΤΑʹΩ 528

Mk 14 13 ἀπαντήσει ὑμῖν ἄνθρωπος κεράμιον ὕδατος βαστάζων
Lu 17 12 ἀπήντησαν δέκα λεπροὶ ἄνδρες
ὑπήντησαν, TWH mg.

ʼΑΠΑʹΝΤΗΣΙΣ 529

Mt 25 6 ἐξέρχεσθε εἰς ἀπάντησιν
27 32 εὗρον ἄνθρωπον Κυρηναῖον εἰς ἀπάντησιν αὐτοῦ
—εἰς ἀπ. αὐτ., TWH non mg. R
Ac 28 15 ἦλθαν εἰς ἀπάντησιν ἡμῖν ἄχρι Ἀππίου Φόρου
I Th 4 17 ἁρπαγησόμεθα ἐν νεφέλαις εἰς ἀπάντησιν τ. Κυρίου

ʽΑΠΑΞ 530

(1) ἔτι ἅπ. (2) ἅπ. κ. δίς

II Co 11 25 ἅπαξ ἐλιθάσθην
Phl 4 16 ² κ. ἅπαξ κ. δὶς εἰς τ. χρείαν μοι ἐπέμψατε
I Th 2 18 ² ἠθελήσαμεν ἐλθεῖν . . . ἐγὼ μὲν Παῦλος κ. ἅπαξ κ. δίς
He 6 4 ἀδύνατον γὰρ τ. ἅπαξ φωτισθέντας
9 7 εἰς δὲ τ. δευτέραν ἅπαξ τ. ἐνιαυτοῦ μόνος ὁ ἀρχιερεύς
He 9 26 νυνὶ δὲ ἅπαξ ἐπὶ συντελείᾳ τ. αἰώνων
27 καθ᾽ ὅσον ἀπόκειται τ. ἀνθρώποις ἅπαξ ἀποθανεῖν
28 οὕτως κ. ὁ Χριστὸς ἅπαξ προσενεχθείς
10 2 τ. λατρεύοντας ἅπαξ κεκαθαρισμένους
12 26 ¹ ἔτι ἅπαξ ἐγὼ σείσω οὐ μόνον τ. γῆν
עוֹד אַחַת מְעַט הִיא וַאֲנִי מַרְעִישׁ . . . אֶת־הָאָרֶץ, Hag. ii. 16
27 ¹ τὸ δὲ Ἔτι ἅπαξ δηλοῖ τὴν τ. σαλευομένων μετάθεσιν
I Pe 3 18 ὅτι κ. Χριστὸς ἅπαξ περὶ ἁμαρτιῶν ἀπέθανεν
Ju 3 ἐπαγωνίζεσθαι τῇ ἅπαξ παραδοθείσῃ τ ἁγίοις πίστει
5 εἰδότας ἅπαξ πάντα

ʼΑΠΑΡΑʹΒΑΤΟΣ* 531

He 7 24 ἀπαράβατον ἔχει τ. ἱερωσύνην

ʼΑΠΑΡΑΣΚΕΥʹΑΣΤΟΣ* 532

II Co 9 4 μή πως . . . εὕρωσιν ὑμᾶς ἀπαρασκευάστους

ʼΑΠΑΡΝΕʹΟΜΑΙ 533

Mt 16 24 εἴ τις θέλει ὀπίσω μου ἐλθεῖν ἀπαρνησάσθω ἑαυτόν
26 34 πρὶν ἀλέκτορα φωνῆσαι τρὶς ἀπαρνήσῃ με
35 οὐ μή σε ἀπαρνήσομαι
75 πρὶν ἀλέκτορα φωνῆσαι τρὶς ἀπαρνήσῃ με
Mk 8 34 εἴ τις θέλει ὀπίσω μου ἐλθεῖν ἀπαρνησάσθω ἑαυτόν
14 30 πρὶν ἢ δὶς ἀλέκτορα φωνῆσαι τρίς με ἀπαρνήσῃ
31 οὐ μή σε ἀπαρνήσομαι
ἀπαρνήσωμαι, T
72 ὅτι πρὶν ἀλέκτορα δὶς φωνῆσαι τρίς με ἀπαρνήσῃ
Lu 9 23 εἴ τις θέλει ὀπίσω μου ἔρχεσθαι ἀπαρνησάσθω ἑαυτόν
ἀρνησάσθω, TWH non mg.
12 9 ἀπαρνηθήσεται ἐνώπιον τ. ἀγγέλων τ. Θεοῦ
22 34 ἕως τρίς με ἀπαρνήσῃ εἰδέναι
61 πρὶν ἀλέκτορα φωνῆσαι σήμερον ἀπαρνήσῃ με τρίς

ʼΑΠΑʹΡΤΙ 534

ἀπ᾽ ἄρτι, WH

Jo 13 19 ἀπάρτι λέγω ὑμῖν πρὸ τοῦ γενέσθαι
14 7 ἀπάρτι γινώσκετε αὐτὸν κ. ἑωράκατε αὐτόν
Re 14 13 μακάριοι οἱ νεκροὶ οἱ ἐν Κυρίῳ ἀποθνήσκοντες ἀπάρτι
ἀποθνήσκοντες. Ἀπ᾽ ἄρτι, R mg.

ʼΑΠΑΡΤΙΣΜΟʹΣ* 535

Lu 14 28 εἰ ἔχει εἰς ἀπαρτισμόν

ʼΑΠΑΡΧΗʹ 536

Ro 8 23 αὐτοὶ τ. ἀπαρχὴν τ. πνεύματος ἔχοντες ἡμεῖς
11 16 εἰ δὲ ἡ ἀπαρχὴ ἁγία
16 5 ὅς ἐστιν ἀπαρχὴ τ. Ἀσίας εἰς Χριστόν

I Co 15 20 ἀπαρχὴ τ. κεκοιμημένων
23 ἀπαρχὴ Χριστὸς ἔπειτα οἱ τ. Χριστοῦ
16 15 τ. οἰκίαν Στεφανᾶ ὅτι ἐστὶν ἀπαρχὴ τ. Ἀχαίας
II Th 2 13 ὅτι εἵλατο ὑμᾶς ὁ Θεὸς ἀπαρχὴν
ἀπ' ἀρχῆς, TWH non mg. R non mg.
Ja 1 18 εἰς τὸ εἶναι ἡμᾶς ἀπαρχήν τινα τῶν αὐτοῦ κτισμάτων
Re 14 4 ἀπαρχὴ τ. Θεῷ κ. τ. ἀρνίῳ

ἍΠΑΣ 537

(1) ἅπ., c. art.

Mt 6 32 οἶδεν γὰρ . . . ὅτι χρῄζετε τούτων ἁπάντων
24 39 ἕως ἦλθεν ὁ κατακλυσμὸς κ. ἦρεν ἅπαντας
28 11 [1] ἀπήγγειλαν τ. ἀρχιερεῦσιν ἅπαντα τ. γενόμενα
Mk 1 27 κ. ἐθαμβήθησαν ἅπαντες
8 25 ἐνέβλεπεν τηλαυγῶς ἅπαντα
11 32 ἅπαντες γὰρ εἶχον τ. Ἰωάνην
16 [15 [1] πορευθέντες εἰς τ. κόσμον ἅπαντα
Lu 3 21 [1] ἐν τῷ βαπτισθῆναι ἅπαντα τ. λαόν
4 6 [1] σοὶ δώσω τ. ἐξουσίαν ταύτην ἅπασαν
40 ἅπαντες ὅσοι εἶχον ἀσθενοῦντας νόσοις
πάντες, TWH mg.
5 26 ἔκστασις ἔλαβεν ἅπαντας
7 16 ἔλαβεν δὲ φόβος ἅπαντας
πάντας, WH non mg.
8 37 [1] ἠρώτησεν αὐτὸν ἅπαν τὸ πλῆθος τῆς περιχώρου
9 15 κ. κατέκλιναν ἅπαντας
πάντας, WH mg.
15 13 συναγαγὼν ἅπαντα ὁ νεώτερος υἱός
πάντα, WH non mg.
17 27 ἦλθεν ὁ κατακλυσμὸς κ. ἀπώλεσεν ἅπαντας
πάντας, WH non mg.
29 ἔβρεξεν πῦρ . . . ἀπ' οὐρανοῦ κ. ἀπώλεσεν ἅπαντας
πάντας, WH non mg.
19 37 [1] ἤρξαντο ἅπαν τὸ πλῆθος τ. μαθητῶν
48 [1] ὁ λαὸς γὰρ ἅπας ἐξεκρέμετο αὐτοῦ ἀκούων
20 6 [1] ὁ λαὸς ἅπας καταλιθάσει ἡμᾶς
21 4 ἅπαντες γὰρ οὗτοι ἐκ τ. περισσεύοντος αὐτοῖς ἔβαλον
πάντες, WH
4 [1] αὕτη δὲ . . . ἅπαντα τ. βίον ὃν εἶχεν ἔβαλεν
πάντα, WH
15 [1] ᾗ οὐ δυνήσονται ἀντιστῆναι . . . ἅπαντες οἱ ἀντικείμενοι ὑμῖν
πάντες, WH mg.
23 1 [1] κ. ἀναστὰν ἅπαν τὸ πλῆθος αὐτῶν
Jo 4 25 ὅταν ἔλθῃ ἐκεῖνος ἀναγγελεῖ ἡμῖν ἅπαντα
Ac 2 7 οὐχ ἰδοὺ ἅπαντες οὗτοί εἰσιν οἱ λαλοῦντες Γαλιλαῖοι;
πάντες, WH
2 44 εἶχον ἅπαντα κοινά
4 31 ἐπλήσθησαν ἅπαντες τ. ἁγίου πνεύματος
32 ἦν αὐτοῖς ἅπαντα κοινά
πάντα, WH
5 12 ἦσαν ὁμοθυμαδὸν ἅπαντες ἐν τ. στοᾷ Σολομῶντος
πάντες, WH
16 οἵτινες ἐθεραπεύοντο ἅπαντες
Ac 10 8 ἐξηγησάμενος ἅπαντα αὐτοῖς
11 10 ἀνεσπάσθη πάλιν ἅπαντα εἰς τὸν οὐρανόν
16 3 ᾔδεισαν γὰρ ἅπαντες ὅτι Ἕλλην ὁ πατὴρ αὐτοῦ
πάντες τ. πατέρα αὐτ., T
28 ἅπαντες γάρ ἐσμεν ἐνθάδε
33 [1] ἐβαπτίσθη αὐτὸς κ. οἱ αὐτοῦ ἅπαντες παραχρῆμα
25 24 [1] οὗ ἅπαν τὸ πλῆθος τ. Ἰουδαίων ἐνέτυχέν μοι
27 33 παρεκάλει ὁ Παῦλος ἅπαντας μεταλαβεῖν τροφῆς
Ga 3 28 ἅπαντες γὰρ ὑμεῖς εἷς ἐστὲ ἐν Χριστῷ Ἰησοῦ
πάντες, WH
Eph 6 13 ἵνα δυνηθῆτε . . . ἅπαντα κατεργασάμενοι στῆναι
II Th 2 12 [1] ἵνα κριθῶσιν ἅπαντες οἱ μὴ πιστεύσαντες τ. ἀληθείᾳ
πάντες, WH non mg.
I Ti 1 16 [1] ἵνα . . . ἐνδείξηται Χριστὸς Ἰησοῦς τ. ἅπασαν μακροθυμίαν
Ja 3 2 πολλὰ γὰρ πταίομεν ἅπαντες

ἈΠΑΣΠΑ'ΖΟΜΑΙ** 537.5

Ac 21 6 προσευξάμενοι ἀπησπασάμεθα ἀλλήλους

ἈΠΑΤΑ'Ω 538

Eph 5 6 μηδεὶς ὑμᾶς ἀπατάτω κενοῖς λόγοις
I Ti 2 14 κ. Ἀδὰμ οὐκ ἠπατήθη
Ja 1 26 ἀλλὰ ἀπατῶν καρδίαν ἑαυτοῦ

ἈΠΑ'ΤΗ 539

Mt 13 22 ἡ ἀπάτη τ. πλούτου συνπνίγει τ. λόγον
Mk 4 19 αἱ μέριμναι τ. αἰῶνος κ. ἡ ἀπάτη τ. πλούτου . . . συνπνίγουσιν τ. λόγον
Eph 4 22 τ. φθειρόμενον κατὰ τ. ἐπιθυμίας τ. ἀπάτης
Col 2 8 ὁ συλαγωγῶν διὰ τ. φιλοσοφίας κ. κενῆς ἀπάτης
II Th 2 10 ἐν πάσῃ ἀπάτῃ ἀδικίας τ. ἀπολλυμένοις
He 3 13 ἵνα μὴ σκληρυνθῇ τις ἐξ ὑμῶν ἀπάτῃ τ. ἁμαρτίας
II Pe 2 13 ἐντρυφῶντες ἐν τ. ἀπάταις αὐτῶν
ἀγάπαις, WH mg. R non mg.

ἈΠΑ'ΤΩΡ* 540

He 7 3 ἀπάτωρ ἀμήτωρ ἀγενεαλόγητος

ἈΠΑΥ'ΓΑΣΜΑ** 541

He 1 3 ὃς ὢν ἀπαύγασμα τ. δόξης

ἈΠΕΙ'ΘΕΙΑ** 543

(1) υἱοὶ τῆς ἀπ.

Ro 11 30 νῦν δὲ ἠλεήθητε τῇ τούτων ἀπειθείᾳ
ἀπειθίᾳ, WH
32 συνέκλεισεν γὰρ ὁ Θεὸς τ. πάντας εἰς ἀπείθειαν
ἀπειθίαν, WH
Eph 2 2 [1] τ. πνεύματος τ. νῦν ἐνεργοῦντος ἐν τ. υἱοῖς τ. ἀπειθείας
ἀπειθίας, WH

Eph 5 6 [1] ἔρχεται ἡ ὀργὴ τ. Θεοῦ ἐπὶ τ. υἱοὺς τ. ἀπειθείας
ἀπειθίας, WH
Col 3 6 [1] ἔρχεται ἡ ὀργὴ τ. Θεοῦ ἐπὶ τ. υἱοὺς τ. ἀπειθείας
—ἐπ. τ. υἱ. τ. ἀπ., TWHR mg.
He 4 6 οἱ πρότερον εὐαγγελισθέντες οὐκ εἰσῆλθον δι' ἀπείθειαν
11 ἵνα μὴ ἐν τ. αὐτῷ τις ὑποδείγματι πέσῃ τ. ἀπειθείας

ἈΠΕΙΘΈΩ 544

(1) c. dat.

Jo 3 36 [1] ὁ δὲ ἀπειθῶν τ. υἱῷ οὐκ ὄψεται ζωήν
Ac 14 2 οἱ δὲ ἀπειθήσαντες Ἰουδαῖοι ἐπήγειραν
19 9 ὡς δέ τινες ἐσκληρύνοντο κ. ἠπείθουν
Ro 2 8 [1] τοῖς δὲ ἐξ ἐριθίας κ. ἀπειθοῦσιν τ. ἀληθείᾳ
10 21 πρὸς λαὸν ἀπειθοῦντα κ. ἀντιλέγοντα
אֶל עַם סוֹרֵר, Is. lxv. 2
11 30 [1] ὥσπερ γὰρ ὑμεῖς ποτὲ ἠπειθήσατε τ. Θεῷ
31 οὕτως κ. οὗτοι νῦν ἠπείθησαν
15 31 ἵνα ῥυσθῶ ἀπὸ τ. ἀπειθούντων ἐν τ. Ἰουδαίᾳ
He 3 18 τίσι δὲ ὤμοσεν . . . εἰ μὴ τ. ἀπειθήσασιν;
11 31 πίστει Ῥαὰβ ἡ πόρνη οὐ συναπώλετο τ. ἀπειθήσασιν
1 Pe 2 8 [1] οἱ προσκόπτουσιν τ. λόγῳ ἀπειθοῦντες
3 1 [1] ἵνα εἴ τινες ἀπειθοῦσιν τ. λόγῳ
3 20 τοῖς ἐν φυλακῇ πνεύμασιν . . . ἐκήρυξεν ἀπειθήσασίν ποτε
4 17 [1] τί τὸ τέλος τ. ἀπειθούντων τῷ τ. Θεοῦ εὐαγγελίῳ;

ἈΠΕΙΘΉΣ 545

Lu 1 17 ἐπιστρέψαι . . . ἀπειθεῖς ἐν φρονήσει δικαίων
Ac 26 19 οὐκ ἐγενόμην ἀπειθὴς τῇ οὐρανίῳ ὀπτασίᾳ
Ro 1 30 γονεῦσιν ἀπειθεῖς
II Ti 3 2 ἔσονται γὰρ οἱ ἄνθρωποι . . . γονεῦσιν ἀπειθεῖς
Tit 1 16 βδελυκτοὶ ὄντες κ. ἀπειθεῖς
3 3 ἦμεν γάρ ποτε κ. ἡμεῖς ἀνόητοι ἀπειθεῖς

ἈΠΕΙΘΙΆ *Vide* **ἈΠΕΊΘΕΙΑ**, 543

ἈΠΕΙΛΈΩ 546

Ac 4 17 ἀπειλησώμεθα αὐτοῖς μηκέτι λαλεῖν ἐπὶ τ. ὀνόματι τούτῳ
1 Pe 2 23 πάσχων οὐκ ἠπείλει

ἈΠΕΙΛΉ 547

Ac 4 29 κ. τὰ νῦν Κύριε ἔπιδε ἐπὶ τ. ἀπειλὰς αὐτῶν
9 1 ὁ δὲ Σαῦλος ἔτι ἐνπνέων ἀπειλῆς κ. φόνου
Eph 6 9 ἀνιέντες τ. ἀπειλήν

ἌΠΕΙΜΙ 548

1 Co 5 3 ἐγὼ μὲν γὰρ ἀπὼν τ. σώματι
II Co 10 1 ἀπὼν δὲ θαρρῶ εἰς ὑμᾶς
11 οἱοί ἐσμεν τ. λόγῳ δι' ἐπιστολῶν ἀπόντες
13 2 κ. ἀπὼν νῦν τ. προημαρτηκόσιν
II Co 13 10 διὰ τοῦτο ταῦτα ἀπὼν γράφω
Phl 1 27 ἵνα εἴτε ἐλθὼν κ. ἰδὼν ὑμᾶς εἴτε ἀπὼν ἀκούω τὰ περὶ ὑμῶν
Col 2 5 εἰ γὰρ κ. τ. σαρκὶ ἄπειμι

ἌΠΕΙΜΙ 549

Ac 17 10 εἰς τ. συναγωγὴν τ. Ἰουδαίων ἀπῄεσαν

ἈΠΕΙ͂ΠΟΝ 550

II Co 4 2 ἀπειπάμεθα τὰ κρυπτὰ τ. αἰσχύνης

ἈΠΕΊΡΑΣΤΟΣ* † 551

Ja 1 13 ὁ γὰρ Θεὸς ἀπείραστός ἐστιν κακῶν

ἌΠΕΙΡΟΣ 552

He 5 13 ἄπειρος λόγου δικαιοσύνης

ἈΠΕΚΔΈΧΟΜΑΙ* 553

Ro 8 19 τ. ἀποκάλυψιν τ. υἱῶν τ. Θεοῦ ἀπεκδέχεται
23 υἱοθεσίαν ἀπεκδεχόμενοι
25 δι' ὑπομονῆς ἀπεκδεχόμεθα
1 Co 1 7 ἀπεκδεχομένους τ. ἀποκάλυψιν τ. Κυρίου ἡμῶν Ἰησοῦ Χριστοῦ
Ga 5 5 ἡμεῖς γὰρ πνεύματι ἐκ πίστεως ἐλπίδα δικαιοσύνης ἀπεκδεχόμεθα
Phl 3 20 ἐξ οὗ κ. σωτῆρα ἀπεκδεχόμεθα
He 9 28 ὀφθήσεται τοῖς αὐτὸν ἀπεκδεχομένοις εἰς σωτηρίαν
1 Pe 3 20 ὅτε ἀπεξεδέχετο ἡ τ. Θεοῦ μακροθυμία ἐν ἡμέραις Νῶε

ἈΠΕΚΔΎΟΜΑΙ* † 554

Col 2 15 ἀπεκδυσάμενος τ. ἀρχὰς κ. τ. ἐξουσίας
3 9 ἀπεκδυσάμενοι τ. παλαιὸν ἄνθρωπον σὺν τ. πράξεσιν αὐτοῦ

ἈΠΈΚΔΥΣΙΣ* † 555

Col 2 11 ἐν τ. ἀπεκδύσει τ. σώματος τ. σαρκός

ἈΠΕΛΑΎΝΩ 556

Ac 18 16 ἀπήλασεν αὐτοὺς ἀπὸ τ. βήματος

ἈΠΕΛΕΓΜΌΣ* † 557

Ac 19 27 τοῦτο κινδυνεύει ἡμῖν τὸ μέρος εἰς ἀπελεγμὸν ἐλθεῖν

ἈΠΕΛΕΎΘΕΡΟΣ* 558

1 Co 7 22 ὁ γὰρ ἐν Κυρίῳ κληθεὶς δοῦλος ἀπελεύθερος Κυρίου ἐστίν

ἈΠΕΛΛΗ͂Σ 559

Ro 16 10 ἀσπάσασθε Ἀπελλῆν τ. δόκιμον ἐν Χριστῷ

ἈΠΕΛΠΊΖΩ 560

Lu 6 35 κ. δανίζετε μηδὲν ἀπελπίζοντες

ἈΠΈΝΑΝΤΙ 561

Mt 27 24 ἀπενίψατο τ. χεῖρας ἀπέναντι τ. ὄχλου
κατέναντι, WH non mg.
61 καθήμεναι ἀπέναντι τ. τάφου
Mk 12 41 καθίσας ἀπέναντι τ. γαζοφυλακίου
κατέναντι, TWH non mg.

Ac 3 16 ἔδωκεν αὐτῷ τ. ὁλοκληρίαν ταύτην ἀπ. πάντων ὑμῶν
17 7 οὗτοι πάντες ἀπ. τ. δογμάτων Καίσαρος πράσσουσιν
Ro 3 18 οὐκ ἔστιν φόβος Θεοῦ ἀπ. τ. ὀφθαλμῶν αὐτῶν
אֵין־פַּחַד אֱלֹהִים לְנֶגֶד עֵינָיו, Ps. xxxvi. 2

Ἀπέραντος 562

1 Ti 1 4 προσέχειν μύθοις κ. γενεαλογίαις ἀπεράντοις

Ἀπερισπάστως* 563

1 Co 7 35 πρὸς τὸ εὔσχημον κ. εὐπάρεδρον τ. Κυρίῳ ἀπερισπάστως

Ἀπερίτμητος 564

Ac 7 51 ἀπερίτμητοι καρδίαις κ. τ. ὠσίν

Ἀπέρχομαι 565

(1) ἀπ. εἰς (2) ἀπ. πρός
(3) ἀπ. ἐπί (4) ἀπῆλθα

Mt 2 22 ἐφοβήθη ἐκεῖ ἀπελθεῖν
4 24 [1] ἀπῆλθεν ἡ ἀκοὴ αὐτοῦ εἰς ὅλην τ. Συρίαν
5 30 [1] ἵνα . . . μὴ ὅλον τὸ σῶμά σου εἰς γέενναν ἀπέλθῃ
8 18 [1] ἐκέλευσεν ἀπελθεῖν εἰς τὸ πέραν
19 ἀκολουθήσω σοι ὅπου ἐὰν ἀπέρχῃ
21 ἐπίτρεψόν μοι πρῶτον ἀπελθεῖν κ. θάψαι τ. πατέρα μου
32 [1 4] οἱ δὲ ἐξελθόντες ἀπῆλθαν εἰς τ. χοίρους. ἀπῆλθον, T
33 [1] ἀπελθόντες εἰς τ. πόλιν ἀπήγγειλαν πάντα
9 7 [1] ἐγερθεὶς ἀπῆλθεν εἰς τ. οἶκον αὐτοῦ
10 5 [1] εἰς ὁδὸν ἐθνῶν μὴ ἀπέλθητε
13 25 ἐπέσπειρεν ζιζάνια ἀνὰ μέσον τ. σίτου κ. ἀπῆλθεν
28 θέλεις οὖν ἀπελθόντες συλλέξωμεν αὐτά;
46 ἀπελθὼν πέπρακεν πάντα ὅσα εἶχεν
14 15 [1] ἵνα ἀπελθόντες εἰς τ. κώμας ἀγοράσωσιν ἑαυτοῖς βρώματα
16 οὐ χρείαν ἔχουσιν ἀπελθεῖν
16 4 καταλιπὼν αὐτοὺς ἀπῆλθεν
21 [1] ὅτι δεῖ αὐτὸν εἰς Ἱεροσόλυμα ἀπελθεῖν
18 30 ἀπελθὼν ἔβαλεν αὐτὸν εἰς φυλακήν
19 22 ἀκούσας δὲ ὁ νεανίσκος . . . ἀπῆλθεν λυπούμενος
20 5 οἱ δὲ ἀπῆλθον
21 29 (30, TR) ἐγώ κύριε· κ. οὐκ ἀπῆλθεν
30 (29, TR) οὐ θέλω· ὕστερον μεταμεληθεὶς ἀπῆλθεν
22 5 [1 3] οἱ δὲ ἀμελήσαντες ἀπῆλθον
22 [4] ἀφέντες αὐτὸν ἀπῆλθαν
25 10 ἀπερχομένων αὐτῶν ἀγοράσαι
18 ὁ δὲ τὸ ἓν λαβὼν ἀπελθὼν ὤρυξεν γῆν
25 ἀπελθὼν ἔκρυψα τὸ τάλαντόν σου ἐν τ. γῇ
46 [1] ἀπελεύσονται οὗτοι εἰς κόλασιν αἰώνιον
26 36 ἕως οὗ ἀπελθὼν ἐκεῖ προσεύξωμαι
42 πάλιν ἐκ δευτέρου ἀπελθὼν προσηύξατο
44 κ. ἀφεὶς αὐτοὺς πάλιν ἀπελθὼν προσηύξατο ἐκ τρίτου
αὐτ. πάλ., ἀπ., R
Mt 27 5 κ. ἀπελθὼν ἀπήγξατο
60 προσκυλίσας λίθον μέγαν . . . ἀπῆλθεν
28 8 ἀπελθοῦσαι ταχὺ ἀπὸ τ. μνημείου
10 [1] ἀπαγγείλατε . . . ἵνα ἀπέλθωσιν εἰς τ. Γαλιλαίαν
Mk 1 20 ἀπῆλθον ὀπίσω αὐτοῦ
35 [1] κ. ἀπῆλθεν εἰς ἔρημον τόπον
κ. ἀπ., [WH]
42 εὐθὺς ἀπῆλθεν ἀπ' αὐτοῦ ἡ λέπρα
3 13 [2] ἀπῆλθον πρὸς αὐτόν
5 17 παρακαλεῖν αὐτὸν ἀπελθεῖν ἀπὸ τ. ὁρίων αὐτῶν
20 ἀπῆλθεν κ. ἤρξατο κηρύσσειν
24 ἀπῆλθεν μετ' αὐτοῦ
6 28 ἀπελθὼν ἀπεκεφάλισεν αὐτὸν ἐν τ. φυλακῇ
32 [1] ἀπῆλθον ἐν τῷ πλοίῳ εἰς ἔρημον τόπον κατ' ἰδίαν
36 [1] ἵνα ἀπελθόντες εἰς τοὺς κύκλῳ ἀγροὺς κ. κώμας
37 ἀπελθόντες ἀγοράσωμεν δηναρίων διακοσίων ἄρτους
46 [1] ἀπῆλθεν εἰς τὸ ὄρος προσεύξασθαι
7 24 [1] ἐκεῖθεν δὲ ἀναστὰς ἀπῆλθεν εἰς τὰ ὅρια Τύρου
30 [1] ἀπελθοῦσα εἰς τ. οἶκον αὐτῆς
8 13 [1] ἀπῆλθεν εἰς τὸ πέραν
9 43 [1] ἢ τὰς δύο χεῖρας ἔχοντα ἀπελθεῖν εἰς τ. γέενναν
10 22 ὁ δὲ στυγνάσας ἐπὶ τ. λόγῳ ἀπῆλθεν λυπούμενος
11 4 ἀπῆλθον κ. εὗρον πῶλον δεδεμένον
12 12 [4] ἀφέντες αὐτὸν ἀπῆλθαν
ἀπῆλθον, T
14 10 [2] Ἰούδας Ἰσκαριὼθ . . . ἀπῆλθεν πρὸς τ. ἀρχιερεῖς
12 ποῦ θέλεις ἀπελθόντες ἑτοιμάσωμεν
39 πάλιν ἀπελθὼν προσηύξατο
16 [13 κἀκεῖθεν ἀπελθόντες ἀπήγγειλαν τ. λοιποῖς
Lu 1 23 [1] ἀπῆλθεν εἰς τ. οἶκον αὐτοῦ
38 ἀπῆλθεν ἀπ' αὐτῆς ὁ ἄγγελος
2 15 [1] ὡς ἀπῆλθον ἀπ' αὐτῶν εἰς τ. οὐρανὸν οἱ ἄγγελοι
5 13 εὐθέως ἡ λέπρα ἀπῆλθεν ἀπ' αὐτοῦ
14 ἀπελθὼν δεῖξον σεαυτὸν τ. ἱερεῖ
25 [1] ἀπῆλθεν εἰς τ. οἶκον αὐτοῦ
7 24 ἀπελθόντων δὲ τ. ἀγγέλων Ἰωάνου
8 31 [1] ἵνα μὴ ἐπιτάξῃ αὐτοῖς εἰς τὴν ἄβυσσον ἀπελθεῖν
37 ἠρώτησεν αὐτὸν ἅπαν τὸ πλῆθος . . . ἀπελθεῖν ἀπ' αὐτῶν
39 ἀπῆλθεν καθ' ὅλην τ. πόλιν κηρύσσων
9 57 ἀκολουθήσω σοι ὅπου ἂν ἀπέρχῃ
59 ἐπίτρεψόν μοι πρῶτον ἀπελθόντι θάψαι τ. πατέρα μου
60 σὺ δὲ ἀπελθὼν διάγγελλε τ. βασιλείαν τ. Θεοῦ
10 30 πληγὰς ἐπιθέντες ἀπῆλθον
17 23 μὴ ἀπέλθητε μηδὲ διώξητε
ἀπέλθ. μηδὲ, [WH]
19 32 ἀπελθόντες δὲ οἱ ἀπεσταλμένοι
22 4 ἀπελθὼν συνελάλησεν τ. ἀρχιερεῦσι κ. στρατηγοῖς
13 ἀπελθόντες δὲ εὗρον καθὼς εἰρήκει αὐτοῖς
23 33 [3] ὅτε ἀπῆλθον ἐπὶ τ. τόπον τ. καλούμενον Κρανίον
ἦλθαν, WHR

Lu 24 12 ἀπῆλθεν πρὸς αὐτὸν θαυμάζων τὸ γεγονός
—h.v., T [[WH]] R mg.
24 3 4 ἀπῆλθάν τινες τῶν σὺν ἡμῖν ἐπὶ τὸ μνημεῖον
ἀπῆλθόν, T
Jo 4 3 1 ἀπῆλθεν πάλιν εἰς τ. Γαλιλαίαν
8 1 οἱ γὰρ μαθηταὶ αὐτοῦ ἀπεληλύθεισαν εἰς τ. πόλιν
28 1 κ. ἀπῆλθεν εἰς τ. πόλιν
47 2 οὗτος ἀκούσας . . . ἀπῆλθεν πρὸς αὐτόν
5 15 ἀπῆλθεν ὁ ἄνθρωπος κ. εἶπεν τ. Ἰουδαίοις
6 1 μετὰ ταῦτα ἀπῆλθεν ὁ Ἰησοῦς πέραν τ. θαλάσσης
22 ἀλλὰ μόνοι οἱ μαθηταὶ αὐτοῦ ἀπῆλθον
66 1 πολλοὶ ἐκ τ. μαθητῶν αὐτοῦ ἀπῆλθον εἰς τὰ ὀπίσω
68 2 Κύριε πρὸς τίνα ἀπελευσόμεθα;
9 7 ἀπῆλθεν οὖν κ. ἐνίψατο
11 ἀπελθὼν οὖν κ. νιψάμενος ἀνέβλεψα
10 40 ἀπῆλθεν πάλιν πέραν τ. Ἰορδάνου
11 28 κ. τοῦτο εἰποῦσα ἀπῆλθεν
46 2 τινὲς δὲ ἐξ αὐτῶν ἀπῆλθον πρὸς τ. Φαρισαίους
54 1 ἀλλὰ ἀπῆλθεν ἐκεῖθεν εἰς τ. χώραν ἐγγὺς τῆς ἐρήμου
12 19 ἴδε ὁ κόσμος ὀπίσω αὐτοῦ ἀπῆλθεν
36 ἀπελθὼν ἐκρύβη ἀπ᾽ αὐτῶν
16 7 συμφέρει ὑμῖν ἵνα ἐγὼ ἀπέλθω.
ἐὰν γὰρ μὴ ἀπέλθω
18 6 1 4 ἀπῆλθαν εἰς τὰ ὀπίσω κ. ἔπεσαν χαμαί
20 10 2 ἀπῆλθον οὖν πάλιν πρὸς αὐτοὺς οἱ μαθηταί
Ac 4 15 κελεύσαντες δὲ αὐτοὺς ἔξω τ. συνεδρίου ἀπελθεῖν
5 26 τότε ἀπελθὼν ὁ στρατηγὸς σὺν τ. ὑπηρέταις
9 17 ἀπῆλθεν δὲ Ἀνανίας
10 7 ὡς δὲ ἀπῆλθεν ὁ ἄγγελος ὁ λαλῶν αὐτῷ
16 39 ἐξαγαγόντες ἠρώτων ἀπελθεῖν ἀπὸ τ. πόλεως
23 32 ἐάσαντες τ. ἱππεῖς ἀπέρχεσθαι σὺν αὐτῷ
28 29 κ. ταῦτα αὐτοῦ εἰπόντος ἀπῆλθον οἱ Ἰουδαῖοι
—h. v., TWHR non mg.
Ro 15 28 1 ἀπελεύσομαι δι᾽ ὑμῶν εἰς Σπανίαν
Ga 1 17 1 ἀλλὰ ἀπῆλθον εἰς Ἀραβίαν
Ja 1 24 κατενόησεν γὰρ ἑαυτὸν κ. ἀπελήλυθεν
Ju 7 κ. ἀπελθοῦσαι ὀπίσω σαρκὸς ἑτέρας
Re 9 12 ἡ οὐαὶ ἡ μία ἀπῆλθεν
10 9 2 4 κ. ἀπῆλθα πρὸς τ. ἄγγελον
11 14 ἡ οὐαὶ ἡ δευτέρα ἀπῆλθεν
12 17 ὠργίσθη ὁ δράκων ἐπὶ τ. γυναικὶ κ. ἀπῆλθεν ποιῆσαι πόλεμον
16 2 κ. ἀπῆλθεν ὁ πρῶτος
18 14 ἡ ὀπώρα σου τ. ἐπιθυμίας τ. ψυχῆς ἀπῆλθεν ἀπὸ σοῦ
21 1 4 ὁ γὰρ πρῶτος οὐρανὸς κ. ἡ πρώτη γῆ ἀπῆλθαν
4 4 τὰ πρῶτα ἀπῆλθαν
ἀπῆλθεν, WH mg.

ἈΠΕ΄ΧΩ 566

(1) intrans. (2) med.

Mt 6 2 ἀμὴν λέγω ὑμῖν ἀπέχουσιν τ. μισθὸν αὐτῶν
Mt 6 5 ἀμὴν λέγω ὑμῖν ἀπέχουσιν τ. μισθὸν αὐτῶν
16 ἀμὴν λέγω ὑμῖν ἀπέχουσιν τ. μισθὸν αὐτῶν
14 24 1 τὸ δὲ πλοῖον ἤδη σταδίους πολλοὺς ἀπὸ τ. γῆς ἀπεῖχεν
—στ. π. ἀπ. τ. γῆς ἀπεῖχ. TWH R non mg.
15 8 1 ἡ δὲ καρδία αὐτῶν πόρρω ἀπέχει ἀπ᾽ ἐμοῦ
וְלִבּוֹ רָחַק מִמֶּנִּי, Is. xxix. 13
Mk 7 6 ἡ δὲ καρδία αὐτῶν πόρρω ἀπέχει ἀπ᾽ ἐμοῦ, Is. *l.c.*
14 41 1 ἀπέχει· ἦλθεν ἡ ὥρα
Lu 6 24 ὅτι ἀπέχετε τ. παράκλησιν ὑμῶν
7 6 1 ἤδη δὲ αὐτοῦ οὐ μακρὰν ἀπέχοντος ἀπὸ τ. οἰκίας
—ἀπό, T
15 20 1 ἔτι δὲ αὐτοῦ μακρὰν ἀπέχοντος
24 13 1 εἰς κώμην ἀπέχουσαν σταδίους ἑξήκοντα ἀπὸ Ἱερουσαλήμ
Ac 15 20 2 ἀλλὰ ἐπιστεῖλαι αὐτοῖς τοῦ ἀπέχεσθαι τ. ἀλισγημάτων
29 2 ἀπέχεσθαι εἰδωλοθύτων κ. αἵματος
Phl 4 18 ἀπέχω δὲ πάντα κ. περισσεύω
I Th 4 3 2 θέλημα τ. Θεοῦ . . . ἀπέχεσθαι ὑμᾶς ἀπὸ τ. πορνείας
5 22 2 ἀπὸ παντὸς εἴδους πονηροῦ ἀπέχεσθε
I Ti 4 3 2 κωλυόντων γαμεῖν ἀπέχεσθαι βρωμάτων
Phm 15 ἵνα αἰώνιον αὐτὸν ἀπέχῃς
I Pe 2 11 2 ἀπέχεσθαι τ. σαρκικῶν ἐπιθυμιῶν

ἈΠΙΣΤΕ΄Ω** 569

Mk 16 [11 κἀκεῖνοι ἀκούσαντες . . . ἠπίστησαν
[16 ὁ δὲ ἀπιστήσας κατακριθήσεται
Lu 24 11 κ. ἠπίστουν αὐταῖς
41 ἔτι δὲ ἀπιστούντων αὐτῶν ἀπὸ τ. χαρᾶς κ. θαυμαζόντων
Ac 28 24 οἱ μὲν ἐπείθοντο τ. λεγομένοις οἱ δὲ ἠπίστουν
Ro 3 3 τί γάρ; εἰ ἠπίστησάν τινες
τί γὰρ εἰ ἠπ. τιν.; TR
II Ti 2 13 εἰ ἀπιστοῦμεν ἐκεῖνος πιστὸς μένει
I Pe 2 7 ἀπιστοῦσιν δὲ λίθος ὃν ἀπεδοκίμασαν οἱ οἰκοδομοῦντες

ἈΠΙΣΤΙ΄Α** 570 cf. 3639.5

Mt 13 58 οὐκ ἐποίησεν ἐκεῖ δυνάμεις πολλὰς διὰ τ. ἀπιστίαν αὐτῶν
Mk 6 6 ἐθαύμασεν διὰ τ. ἀπιστίαν αὐτῶν
9 24 πιστεύω βοήθει μου τ. ἀπιστίᾳ
16 [14 ὠνείδισεν τ. ἀπιστίαν αὐτῶν κ. σκληροκαρδίαν
Ro 3 3 μὴ ἡ ἀπιστία αὐτῶν τ. πίστιν τ. Θεοῦ καταργήσει;
4 20 εἰς δὲ τ. ἐπαγγελίαν τ. Θεοῦ οὐ διεκρίθη τ. ἀπιστίᾳ
11 20 τ. ἀπιστίᾳ ἐξεκλάσθησαν
23 κἀκεῖνοι δὲ ἐὰν μὴ ἐπιμένωσιν τ. ἀπιστίᾳ
I Ti 1 13 ὅτι ἀγνοῶν ἐποίησα ἐν ἀπιστίᾳ
He 3 12 μή ποτε ἔσται ἔν τινι ὑμῶν καρδία πονηρὰ ἀπιστίας
19 οὐκ ἠδυνήθησαν εἰσελθεῖν δι᾽ ἀπιστίαν

ʼΑΠΙΣΤΟΣ 571

Mt 17 17 ὦ γενεὰ ἄπιστος κ. διεστραμμένη
Mk 9 19 ὦ γενεὰ ἄπιστος
Lu 9 41 ὦ γενεὰ ἄπιστος κ. διεστραμμένη
12 46 τὸ μέρος αὐτοῦ μετὰ τ. ἀπίστων θήσει
Jo 20 27 μὴ γίνου ἄπιστος ἀλλὰ πίστος
Ac 26 8 τί ἄπιστον κρίνεται παρ' ὑμῖν
I Co 6 6 ἀδελφὸς μετὰ ἀδελφοῦ κρίνεται κ. τοῦτο ἐπὶ ἀπίστων
7 12 εἴ τις ἀδελφὸς γυναῖκα ἔχει ἄπιστον
13 γυνὴ ἥτις ἔχει ἄνδρα ἄπιστον
14 ἡγίασται γὰρ ὁ ἀνὴρ ὁ ἄπιστος ἐν τ. γυναικί,
κ. ἡγίασται ἡ γυνὴ ἡ ἄπιστος ἐν τ. ἀδελφῷ
15 εἰ δὲ ὁ ἄπιστος χωρίζεται χωριζέσθω
10 27 εἴ τις καλεῖ ὑμᾶς τ. ἀπίστων
14 22 ὥστε αἱ γλῶσσαι εἰς σημεῖόν εἰσιν . . . τ. ἀπίστοις·
ἡ δὲ προφητεία οὐ τ. ἀπίστοις ἀλλὰ τ. πιστεύουσιν
23 εἰσέλθωσιν δὲ ἰδιῶται ἢ ἄπιστοι
24 εἰσέλθῃ δέ τις ἄπιστος ἢ ἰδιώτης
II Co 4 4 ἐτύφλωσεν τὰ νοήματα τ. ἀπίστων
6 14 μὴ γίνεσθε ἑτεροζυγοῦντες ἀπίστοις
15 ἢ τίς μερὶς πιστῷ μετὰ ἀπίστου
I Ti 5 8 τ. πίστιν ἤρνηται κ. ἔστιν ἀπίστου χείρων
Tit 1 15 τ. δὲ μεμιαμμένοις κ. ἀπίστοις οὐδὲν καθαρόν
Re 21 8 τ. δὲ δειλοῖς κ. ἀπίστοις κ. ἐβδελυγμένοις

ʽΑΠΛΟΤΗΣ 572

Ro 12 8 ὁ μεταδιδοὺς ἐν ἁπλότητι
II Co 8 2 ἡ . . . πτωχεία αὐτῶν ἐπερίσσευσεν εἰς τ. πλοῦτος τ. ἁπλότητος αὐτῶν
9 11 ἐν παντὶ πλουτιζόμενοι εἰς πᾶσαν ἁπλότητα
13 δοξάζοντες τ. Θεὸν ἐπὶ τῇ . . . ἁπλότητι τ. κοινωνίας
11 3 φθαρῇ τὰ νοήματα ὑμῶν ἀπὸ τ. ἁπλότητος . . . τῆς εἰς τ. Χριστόν
Eph 6 5 ἐν ἁπλότητι τ. καρδίας ὑμῶν ὡς τ. Χριστῷ
Col 3 22 ἐν ἁπλότητι καρδίας φοβούμενοι τ. Κύριον

ʽΑΠΛΟΥΣ 573

Mt 6 22 ἐὰν οὖν ᾖ ὁ ὀφθαλμός σου ἁπλοῦς
Lu 11 34 ὅταν ὁ ὀφθαλμός σου ἁπλοῦς ᾖ

ʽΑΠΛΩΣ 574

Ja 1 5 αἰτείτω παρὰ τ. διδόντος Θεοῦ πᾶσιν ἁπλῶς

ʼΑΠΟ (See Supplement, p. 1035) 575

(1) ἀπ' ἄρτι (2) ἀπὸ τότε
(3) ἀπὸ τοῦ νῦν (4) ἀπὸ ὁ ὤν

Mt 1. 17 (*ter*), 21, 24; **2.** 1, 16; **3.** 4, 7, 13, 16; **4.** [2] 17, 25; **5.** 18, 29, 30, 42; **6.** 13; **7.** 15, 16 (*ter*), 20, 23; **8.** 1, 11, 30, 34; **9.** 15, 16, 22; **10.** 17, 28; **11.** 12, 19, 25, 29; **12.** 38, 43; **13.** 12, 35, 44; **14.** 2, 13, 24 —h. v., TWHR non mg., 26, 29; **15.** 1, 8, 22, 27 (*bis*), 28; **16.** 6, 11, 12 (*bis*), [2] 21, 21; **17.** 18 (*bis*), 25 (*ter*), 26; **18.** 7, 8, 9, 35; **19.** 1, 4, 8; **20.** 8, 20 παρ', TWH mg., 29; **21.** 8, 11, 43; **22.** 46; **23.** 33, 34, 35, [1] 39; **24.** 1, 21, 27, 29 ἐκ, T, 31, 32; **25.** 28, 29, 32 (*bis*), 34, 41; **26.** [2] 16, [1] 29, 39, 47, 58 —T [WH], [1] 64; **27.** 9, 21, 24, 40, 42, 45, 51 —T [WH], 55 (*bis*), 57, 64; **28.** 4, 7, 8.

Mk **1.** 9, 42; **2.** 20, 21; **3.** 7 (*bis*), 8 (*bis*), 22; **4.** 25; **5.** 6, 17, 29, 34, 35; **6.** 33, 43; **7.** 1, 4, 6, 17, 28, 33; **8.** 3, 11, 15; **9.** 9 ἐκ, WH non marg.; **10.** 6, 46; **11.** 12, 13; **12.** 2, 34, 38; **13.** 19, 27, 28; **14.** 35, 36, 54; **15.** 21, 30, 32, 38, 40, 43, 45; **16.** 8, [9 παρ', WHR.

Lu **1.** 2, 26, 38, [3] 48, 52, 70; **2.** 4, 15, 36; **3.** 7; **4.** 1, 13, 35 (*bis*), 38, 41, 42; **5.** 2, 3, 8, [3] 10, 13, 15, 35, 36 (*bis*); **6.** 13, 17, 18, 29, 30; **7.** 6—T, 21, 35, 45; **8.** 2 (*bis*), 12, 18, 29, 29 ὑπὸ, TWH mg., 33, 35, 37, 38, 43 (*bis*), 46; **9.** 5 (*bis*), 22, 33, 37, 38, 39, 45, 54; **10.** 21, 30; **11.** 4 —h. v., TWHR non mg., 24, 50 (*bis*), 51 (*bis*); **12.** 1, 4, 15, 20, [3] 52, 57, 58 [ἀπ'] WH; **13.** 7, 12 —WH, 15, 16, 25, 27, 29, 29 —T; **14.** 18; **15.** 16 ἐκ, WHR; **16.** 3, [2] 16, 18, 21 (*bis*), 23, 30; **17.** 25, 29 (*bis*); **18.** 3, 34; **19.** 3, 24, 26, 39, 42; **20.** 10, 46; **21.** 11, 26, 30; **22.** [3] 18, 18, 41, 42, 43 —h. v., [[WH]] R mg., 45 (*bis*), [3] 69, 71; **23.** 5, 26, 49 (*bis*), 51; **24.** 2, 9 —[WH] R mg., 13, 21, 27, 27 —WH mg., 31, 41, 42 —TWH non mg., R non mg., 47, 51.

Jo **1.** 44, 45; **3.** 2; **5.** 19, 30; **6.** 38; **7.** 17, 18, 28, 42; **8.** [9, [[3] 11, 28, 42, 44; **10.** 5, 18 (*bis*); **11.** 1, 18, 51, 53; **12.** 21, 36; **13.** 3, [1] 19 ἀπάρτι, T; **14.** [1] 7 ἀπάρτι, T, 10; **15.** 4, 27; **16.** 13, 22, 30; **18.** 28, 34; **19.** 27, 38; **21.** 2, 6, 8 (*bis*), 10.

Ac 1. 4, 9, 11, 12, 22 (*bis*), 25; **2.** 5, 17, 18, 22, 40; **3.** 20, 21, 24, 26; **4.** 36; **5.** 2, 3, 38, 41; **6.** 9; **7.** 45; **8.** 10, 22, 26, 33, 35; **9.** 8, 13, 18; **10.** 23, 30, 37, 38; **11.** 11, 19, 27; **12.** 1, 10, 14, 19, 20; **13.** 8, 13 (*bis*), 14, 23, 29, 31, 39, 50; **14.** 15, 19; **15.** 1, 4 ὑπό, T, 5, 7, 18, 19, 33, 38 (*bis*), 39; **16.** 11, 18, 33, 39, 40; **17.** 2, 13, 27; **18.** 2 (*bis*), 5, [3] 6, 16, 21; **19.** 9, 9 —h. v., TWH non mg. R, 12 (*bis*); **20.** 6, 9 (*bis*), 17, 18 (*bis*), 26; **21.** 1, 7, 10, 16, 21, 23 ἐφ', TWH mg. R, 27; **22.** 11, 22, 29; **23.** 21, 23, 34; **24.** 11, 18; **25.** 1, 7; **26.** 4, 18, 22; **27.** 21, 34, 44; **28.** 3, 21, 23 (*bis*).

Ro. 1. 7, 18, 20; **5.** 9, 14; **6.** 7, 18, 22; **7.** 2, 3, 6; **8.** 2, 21, 35, 39; **9.** 3; **11.** 25, 26; **15.** 15 (*bis*), 19, 23, 24, 31; **16.** 17.

I Co **1.** 3, 30; **4.** 5; **6.** 19; **7.** 10, 27; **10.** 14; **11.** 23; **14.** 36.

II Co **1.** 2, 14, 16; **2.** 3, 5; **3.** 5, 18 (*bis*); **5.** 6, [3] 16; **7.** 1, 13; **8.** 10; **9.** 2; **11.** 3, 9; **12.** 8.

Ga **1.** 1, 3, 6; **2.** 6, 12; **3.** 2; **4.** 24; **5.** 4.

Eph **1.** 2; **3.** 9; **4.** 31; **6.** 23.

Phl **1.** 2, 5, 28; **4.** 15.

Col **1.** 2, 6, 7, 9, 23, 26 (*bis*); **2.** 20; **3.** 24.

I Th **1.** 8, 9; **2.** 6 (*bis*), 17; **3.** 6; **4.** 3, 16; **5.** **22.**

II Th **1.** 2, 7, 9 (*bis*); **2.** 2, 13 —WH mg. R mg.; **3.** 2, 3, 6.

I Ti **1.** 2; **3.** 7; **6.** 10.

II Ti **1.** 2, 3; **2.** 19, 21; **3.** 15; **4.** 4, 18.

Tit **1.** 4; **2.** 14.

Phm 3.

He **3.** 12; **4.** 3, 4, 10 (*bis*); **5.** 7, 8; **6.** 1, 7; **7.** 1, 2, 13, 26; **8.** 11; **9.** 14, 26; **10.** 22; **11.** 12, 15, 34; **12.** 15, 25; **13.** 24.

Ja **1.** 13, 17, 27; **4.** 7; **5.** 4, 19.

I Pe **1.** 12; **3.** 10, 11; **4.** 17 (*bis*).

II Pe **1.** 21; **3.** 4 (*bis*).

I Jo **1.** 1, 5, 7, 9; **2.** 7, 13, 14, 20, 24 (*bis*), 27, 28; **3.** 8, 11, 17, 22; **4.** 21; **5.** 15, 21.

II Jo 5, 6.

III Jo 7.

Ju 14, 23.
Re 1. ⁴4, 4, 5 ; 3. 12 ; 6. 16 (*bis*) ; 7. 2 ; 9. 6, 18 ; 12. 6, 14 ; 13. 8 ; 14. 3, 4, ¹13 ἀπάρτι, T, 20 ; 16. 12, 17, 18 ; 17. 8 ; 18. 10, 14 (*bis*), 15 (*bis*), 17 ; 19. 5 ἐκ, T ; 20. 9 —TWH non marg. R non marg., 11 ; 21. 2, 4 ἐκ, TWH non marg. R, 10, 13 (*quater*) ; 22. 19 (*bis*).

ἈΠΟΒΑΊΝΩ 576

Lu 5 2 οἱ δὲ ἁλεεῖς ἀπ' αὐτῶν ἀποβάντες
21 13 ἀποβήσεται ὑμῖν εἰς μαρτύριον
Jo 21 9 ὡς οὖν ἀπέβησαν εἰς τ. γῆν
Phl 1 19 τοῦτό μοι ἀποβήσεται εἰς σωτηρίαν

ἈΠΟΒΆΛΛΩ 577

Mk 10 50 ὁ δὲ ἀποβαλὼν τὸ ἱμάτιον αὐτοῦ
He 10 35 μὴ ἀποβάλητε οὖν τ. παρρησίαν ὑμῶν

ἈΠΟΒΛΈΠΩ 578

He 11 26 ἀπέβλεπεν γὰρ εἰς τ. μισθαποδοσίαν

ἈΠΌΒΛΗΤΟΣ** 579

I Ti 4 4 πᾶν κτίσμα Θεοῦ καλὸν κ. οὐδὲν ἀπόβλητον

ἈΠΟΒΟΛΉ* 580

Ac 27 22 ἀποβολὴ γὰρ ψυχῆς οὐδεμία ἔσται ἐξ ὑμῶν
Ro 11 15 εἰ γὰρ ἡ ἀποβολὴ αὐτῶν καταλλαγὴ κόσμου

ἈΠΟΓΊΝΟΜΑΙ** 581

I Pe 2 24 ἵνα τ. ἁμαρτίαις ἀπογενόμενοι τ. δικαιοσύνῃ ζήσωμεν

ἈΠΟΓΡΑΦΉ 582

Lu 2 2 αὕτη ἀπογραφὴ πρώτη ἐγένετο
Ac 5 37 ἀνέστη Ἰούδας ὁ Γαλιλαῖος ἐν τ. ἡμέραις τ. ἀπογραφῆς

ἈΠΟΓΡΆΦΟΜΑΙ 583

Lu 2 1 ἀπογράφεσθαι πᾶσαν τ. οἰκουμένην
3 ἐπορεύοντο πάντες ἀπογράφεσθαι
5 ἀπογράψασθαι σὺν Μαριὰμ τ. ἐμνηστευμένῃ αὐτῷ
He 12 23 ἐκκλησίᾳ πρωτοτόκων ἀπογεγραμμένων ἐν οὐρανοῖς

ἈΠΟΔΕΊΚΝΥΜΙ 584

Ac 2 22 ἄνδρα ἀποδεδειγμένον ἀπὸ τ. Θεοῦ
25 7 αἰτιώματα καταφέροντες ἃ οὐκ ἴσχυον ἀποδεῖξαι
I Co 4 9 ὁ Θεὸς ἡμᾶς τ. ἀποστόλους ἐσχάτους ἀπέδειξεν
II Th 2 4 ἀποδεικνύντα ἑαυτὸν ὅτι ἔστιν Θεός

ἈΠΌΔΕΙΞΙΣ** 585

I Co 2 4 ἀλλ' ἐν ἀποδείξει πνεύματος κ. δυνάμεως

ἈΠΟΔΕΚΑΤΕΎΩ*† 586

Lu 18 12 ἀποδεκατεύω πάντα ὅσα κτῶμαι

ἈΠΟΔΕΚΑΤΌΩ† 586.5

Mt 23 23 ὅτι ἀποδεκατοῦτε τὸ ἡδύοσμον κ. τὸ ἄνηθον
Lu 11 42 ὅτι ἀποδεκατοῦτε τὸ ἡδύοσμον κ. τὸ πήγανον
He 7 5 ἐντολὴν ἔχουσιν ἀποδεκατοῖν τ. λαὸν κατὰ τ. νόμον

ἈΠΌΔΕΚΤΟΣ* 587

I Ti 2 3 τοῦτο καλὸν κ. ἀπόδεκτον ἐνώπιον τ. σωτῆρος ἡμῶν Θεοῦ
5 4 τοῦτο γάρ ἐστιν ἀπόδεκτον ἐνώπιον τ. Θεοῦ

ἈΠΟΔΈΧΟΜΑΙ** 588

Lu 8 40 ἀπεδέξατο αὐτὸν ὁ ὄχλος
9 11 κ. ἀποδεξάμενος αὐτοὺς ἐλάλει αὐτοῖς
Ac 2 41 οἱ μὲν οὖν ἀποδεξάμενοι τ. λόγον αὐτοῦ ἐβαπτίσθησαν
18 27 οἱ ἀδελφοὶ ἔγραψαν τ. μαθηταῖς ἀποδέξασθαι αὐτόν
μαθ. ὅπως ἀποδέξωνται τ. ἄνδρα, WH mg.
21 17 ἀσμένως ἀπεδέξαντο ἡμᾶς οἱ ἀδελφοί
24 3 πάντῃ τε κ. πανταχοῦ ἀποδεχόμεθα κράτιστε Φῆλιξ
28 30 ἀπεδέχετο πάντας τ. εἰσπορευομένους πρὸς αὐτόν

ἈΠΟΔΗΜΈΩ 589

Mt 21 33 ἐξέδετο αὐτὸν γεωργοῖς κ. ἀπεδήμησεν
25 14 ὥσπερ γὰρ ἄνθρωπος ἀποδημῶν
15 ἑκάστῳ κατὰ τ. ἰδίαν δύναμιν κ. ἀπεδήμησεν
Mk 12 1 ἐξέδετο αὐτὸν γεωργοῖς κ. ἀπεδήμησεν
Lu 15 13 ὁ νεώτερος υἱὸς ἀπεδήμησεν εἰς χώραν μακράν
20 9 ἐξέδετο αὐτὸν γεωργοῖς κ. ἀπεδήμησεν χρόνους ἱκανούς

ἈΠΌΔΗΜΟΣ* 590

Mk 13 34 ὡς ἄνθρωπος ἀπόδημος ἀφεὶς τ. οἰκίαν αὐτοῦ

ἈΠΟΔΊΔΩΜΙ 591

(1) absol. (2) ἀπ. ὅρκον, λόγον

Mt 5 26 ἕως ἂν ἀποδῷς τ. ἔσχατον κοδράντην
33 ² ἀποδώσεις δὲ τ. Κυρίῳ τ. ὅρκους σου
6 4 ὁ πατήρ σου ὁ βλέπων ἐν τ. κρυπτῷ ἀποδώσει σοι
6 ὁ πατήρ σου ὁ βλέπων ἐν τ. κρυπτῷ ἀποδώσει σοι
18 ὁ πατήρ σου ὁ βλέπων ἐν τ. κρυφαίῳ ἀποδώσει σοι
12 36 ² ἀποδώσουσιν περὶ αὐτοῦ λόγον ἐν ἡμέρᾳ κρίσεως
16 27 τότε ἀποδώσει ἑκάστῳ κατὰ τ. πρᾶξιν αὐτοῦ
18 25 ¹ μὴ ἔχοντος δὲ αὐτοῦ ἀποδοῦναι,
¹ ἐκέλευσεν αὐτὸν πραθῆναι . . . κ. ἀποδοθῆναι
26 μακροθύμησον ἐπ' ἐμοὶ κ. πάντα ἀποδώσω σοι
28 ¹ ἀπόδος εἴ τι ὀφείλεις
29 μακροθύμησον ἐπ' ἐμοὶ κ. ἀποδώσω σοι
30 ἕως ἀποδῷ τὸ ὀφειλόμενον
34 ἕως οὗ ἀποδῷ πᾶν τὸ ὀφειλόμενον

Mt 20 8 κάλεσον τ. ἐργάτας κ. ἀπόδος τ. μισθόν
21 41 οἵτινες ἀποδώσουσιν αὐτῷ τ. καρπούς
22 21 ἀπόδοτε οὖν τὰ Καίσαρος Καίσαρι
27 58 [1] τότε ὁ Πειλᾶτος ἐκέλευσεν ἀποδοθῆναι
Mk 12 17 τὰ Καίσαρος ἀπόδοτε Καίσαρι
Lu 4 20 ἀποδοὺς τ. ὑπηρέτῃ ἐκάθισεν
7 42 [1] μὴ ἐχόντων αὐτῶν ἀποδοῦναι
9 42 ἀπέδωκεν αὐτὸν τ. πατρὶ αὐτοῦ
10 35 ἐγὼ ἐν τῷ ἐπανέρχεσθαί με ἀποδώσω σοι
12 59 ἕως κ. τὸ ἔσχατον λεπτὸν ἀποδῷς
16 2 [2] ἀπόδος τ. λόγον τ. οἰκονομίας σου
19 8 εἴ τινός τι ἐσυκοφάντησα ἀποδίδωμι τετραπλοῦν
20 25 τοίνυν ἀπόδοτε τὰ Καίσαρος Καίσαρι
Ac 4 33 δυνάμει μεγάλῃ ἀπεδίδουν τὸ μαρτύριον οἱ ἀπόστολοι
5 8 εἰ τοσούτου τὸ χωρίον ἀπέδοσθε
7 9 οἱ πατριάρχαι ζηλώσαντες τ. Ἰωσὴφ ἀπέδοντο εἰς Αἴγυπτον
19 40 [2] περὶ οὗ οὐ δυνησόμεθα ἀποδοῦναι λόγον
Ro 2 6 ὃς ἀποδώσει ἑκάστῳ κατὰ τὰ ἔργα αὐτοῦ
12 17 μηδενὶ κακὸν ἀντὶ κακοῦ ἀποδιδόντες
13 7 ἀπόδοτε πᾶσι τ. ὀφειλάς
I Co 7 3 τ. γυναικὶ ὁ ἀνὴρ τ. ὀφειλὴν ἀποδιδότω
I Th 5 15 ὁρᾶτε μή τις κακὸν ἀντὶ κακοῦ τινὶ ἀποδῷ
ἀποδοῖ, T
I Ti 5 4 ἀμοιβὰς ἀποδιδόναι τ. προγόνοις
II Ti 4 8 ὁ τ. δικαιοσύνης στέφανος ὃν ἀποδώσει μοι ὁ Κύριος
14 ἀποδώσει αὐτῷ ὁ Κύριος κατὰ τ. ἔργα αὐτοῦ
He 12 11 ὕστερον δὲ καρπὸν εἰρηνικὸν . . . ἀποδίδωσι δικαιοσύνης
16 ὃς ἀντὶ βρώσεως μιᾶς ἀπέδετο τὰ πρωτοτόκια ἑαυτοῦ
ἀπέδοτο, T
13 17 [2] ἀγρυπνοῦσιν ὑπὲρ τ. ψυχῶν ὑμῶν ὡς λόγον ἀποδώσοντες
I Pe 3 9 μὴ ἀποδιδόντες κακὸν ἀντὶ κακοῦ
4 5 [2] οἳ ἀποδώσουσι λόγον τῷ ἑτοίμως κρίνοντι
Re 18 6 ἀπόδοτε αὐτῇ ὡς κ. αὐτὴ ἀπέδωκεν
22 2 κατὰ μῆνα ἕκαστον ἀποδιδοῦν τ. καρπὸν αὐτοῦ
ἀποδιδοὺς, TWH mg.
12 ἀποδοῦναι ἑκάστῳ ὡς τὸ ἔργον ἐστὶν αὐτοῦ

ἈΠΟΔΙΟΡΊΖΩ* 592

Iu 19 οὗτοί εἰσιν οἱ ἀποδιορίζοντες

ἈΠΟΔΟΚΙΜΆΖΩ 593

Mt 21 42 λίθον ὃν ἀπεδοκίμασαν οἱ οἰκοδομοῦντες
אֶבֶן מָאֲסוּ הַבּוֹנִים, Ps. cxviii. 22
Mk 8 31 ἀποδοκιμασθῆναι ὑπὸ τῶν πρεσβυτέρων κ. τ. ἀρχιερέων
12 10 λίθον ὃν ἀπεδοκίμασαν οἱ οἰκοδομοῦντες, Ps. *l.c.*
Lu 9 22 ἀποδοκιμασθῆναι ἀπὸ τ. πρεσβυτέρων κ. ἀρχιερέων
17 25 ἀποδοκιμασθῆναι ἀπὸ τ. γενεᾶς ταύτης
20 17 λίθον ὃν ἀπεδοκίμασαν οἱ οἰκοδομοῦντες, Ps. *l.c.*
He 12 17 θέλων κληρονομῆσαι τ. εὐλογίαν ἀπεδοκιμάσθη
I Pe 2 4 λίθον ζῶντα ὑπὸ ἀνθρώπων μὲν ἀποδεδοκιμασμένον
7 λίθος ὃν ἀπεδοκίμασαν οἱ οἰκοδομοῦντες, Ps. *l.c.*

ἈΠΟΔΟΧΉ* 594

I Ti 1 15 πιστὸς ὁ λόγος κ. πάσης ἀποδοχῆς ἄξιος
4 9 πιστὸς ὁ λόγος κ. πάσης ἀποδοχῆς ἄξιος

ἈΠΌΘΕΣΙΣ* 595

I Pe 3 21 οὐ σαρκὸς ἀπόθεσις ῥύπου
II Pe 1 14 ταχινή ἐστιν ἡ ἀπόθεσις τ. σκηνώματός μου

ἈΠΟΘΉΚΗ 596

Mt 3 12 συνάξει τ. σῖτον αὐτοῦ εἰς τ. ἀποθήκην
6 26 οὐδὲ συνάγουσιν εἰς ἀποθήκας
13 30 τ. δὲ σῖτον συνάγετε εἰς τ. ἀποθήκην μου
Lu 3 17 συναγαγεῖν τ. σῖτον εἰς τ. ἀποθήκην αὐτοῦ
12 18 καθελῶ μου τ. ἀποθήκας
24 οἷς οὐκ ἔστιν ταμεῖον οὐδὲ ἀποθήκη

ἈΠΟΘΗΣΑΥΡΊΖΩ** 597

I Ti 6 19 ἀποθησαυρίζοντας ἑαυτοῖς θεμέλιον καλὸν εἰς τὸ μέλλον

ἈΠΟΘΛΊΒΩ 598

Lu 8 45 οἱ ὄχλοι συνέχουσίν σε κ. ἀποθλίβουσιν

ἈΠΟΘΝΉΣΚΩ 599

(1) c. dat. (2) ἀποθν. ἐν (3) ἀποθν. ὑπὲρ, περί
Mt 8 32 [2] κ. ἀπέθανον ἐν τ. ὕδασιν
9 24 οὐ γὰρ ἀπέθανεν τὸ κοράσιον
22 24 ἐάν τις ἀποθάνῃ μὴ ἔχων τέκνα
וּמֵת אַחַד מֵהֶם וּבֵן אֵין־לוֹ, Dt. xxv. 5
27 ὕστερον δὲ πάντων ἀπέθανεν ἡ γυνή
26 35 κἂν δέῃ με σὺν σοὶ ἀποθανεῖν
Mk 5 35 λέγοντες ὅτι ἡ θυγάτηρ σου ἀπέθανεν
39 τὸ παιδίον οὐκ ἀπέθανεν
9 26 ὥστε τ. πολλοὺς λέγειν ὅτι ἀπέθανεν
12 19 ὅτι ἐάν τινος ἀδελφὸς ἀποθάνῃ, Dt. *l.c.*
20 κ. ἀποθνήσκων οὐκ ἀφῆκεν σπέρμα·
21 κ. ὁ δεύτερος ἔλαβεν αὐτὴν κ. ἀπέθανεν
22 ἔσχατον πάντων κ. ἡ γυνὴ ἀπέθανεν
15 44 ὁ δὲ Πειλᾶτος ἐθαύμασεν εἰ ἤδη τέθνηκεν
44 ἐπηρώτησεν αὐτὸν εἰ πάλαι ἀπέθανεν
Lu 8 42 κ. αὐτὴ ἀπέθνησκεν
52 μὴ κλαίετε· οὐ γὰρ ἀπέθανεν ἀλλὰ καθεύδει.
οὐκ ἀπέθ., T
53 κ. κατεγέλων αὐτοῦ εἰδότες ὅτι ἀπέθανεν
16 22 ἐγένετο ἀποθανεῖν τ. πτωχόν
22 ἀπέθανεν δὲ κ. ὁ πλούσιος κ. ἐτάφη
20 28 ἐάν τινος ἀδελφὸς ἀποθάνῃ ἔχων γυναῖκα, Dt. *l.c.*
29 ὁ πρῶτος λαβὼν γυναῖκα ἀπέθανεν ἄτεκνος
31 οἱ ἑπτὰ οὐ κατέλιπον τέκνα κ. ἀπέθανον·
32 ὕστερον κ. ἡ γυνὴ ἀπέθανεν
36 οὐδὲ γὰρ ἀποθανεῖν ἔτι δύνανται
Jo 4 47 ἤμελλεν γὰρ ἀποθνήσκειν
49 κατάβηθι πρὶν ἀποθανεῖν τὸ παιδίον μου
6 49 οἱ πατέρες ὑμῶν ἔφαγον . . . τὸ μάννα κ. ἀπέθανον
50 ἵνα τις ἐξ αὐτοῦ φάγῃ κ. μὴ ἀποθάνῃ.
ἀποθνήσκῃ, WH mg.

Jo 6 58 οὐ καθὼς ἔφαγον οἱ πατέρες κ. ἀπέθανον
8 21 [2] ἐν τ. ἁμαρτίᾳ ὑμῶν ἀποθανεῖσθε
24 [2] εἶπον οὖν ὑμῖν ὅτι ἀποθανεῖσθε ἐν τ. ἁμαρτίαις ὑμῶν·
[2] ἐὰν γὰρ μὴ πιστεύσητε ὅτι ἐγώ εἰμι ἀποθανεῖσθε ἐν τ. ἁμαρτίαις ὑμῶν
52 Ἀβραὰμ ἀπέθανεν κ. οἱ προφῆται
53 μὴ σὺ μείζων . . . Ἀβραὰμ ὅστις ἀπέθανεν; κ. οἱ προφῆται ἀπέθανον
11 14 εἶπεν αὐτοῖς ὁ Ἰησοῦς παρρησίᾳ Λάζαρος ἀπέθανεν
16 ἄγωμεν κ. ἡμεῖς ἵνα ἀποθάνωμεν μετ' αὐτοῦ
21 οὐκ ἂν ἀπέθανεν ὁ ἀδελφός μου
25 ὁ πιστεύων εἰς ἐμὲ κἂν ἀποθάνῃ ζήσεται·
26 κ. πᾶς ὁ ζῶν . . . οὐ μὴ ἀποθάνῃ εἰς τ. αἰῶνα
32 οὐκ ἄν μου ἀπέθανεν ὁ ἀδελφός
37 ποιῆσαι ἵνα κ. οὗτος μὴ ἀποθάνῃ
50 [3] ἵνα εἷς ἄνθρωπος ἀποθάνῃ ὑπὲρ τ. λαοῦ
51 [3] ὅτι ἔμελλεν Ἰησοῦς ἀποθνήσκειν ὑπὲρ τ. ἔθνους
12 24 ἐὰν μὴ ὁ κόκκος τ. σίτου πεσὼν εἰς τ. γῆν ἀποθάνῃ
24 ἐὰν δὲ ἀποθάνῃ πολὺν καρπὸν φέρει
33 σημαίνων ποίῳ θανάτῳ ἤμελλεν ἀποθνήσκειν
18 14 [3] συμφέρει ἕνα ἄνθρωπον ἀποθανεῖν ὑπὲρ τ. λαοῦ
32 σημαίνων ποίῳ θανάτῳ ἤμελλεν ἀποθνήσκειν
19 7 κατὰ τ. νόμον ὀφείλει ἀποθανεῖν
21 23 ὅτι ὁ μαθητὴς ἐκεῖνος οὐκ ἀποθνήσκει·
οὐκ εἶπεν δὲ ὁ Ἰησοῦς ὅτι οὐκ ἀποθνήσκει
Ac 7 4 κἀκεῖθεν μετὰ τὸ ἀποθανεῖν τ. πατέρα αὐτοῦ
9 37 ἐγένετο δὲ . . . ἀσθενήσασαν αὐτὴν ἀποθανεῖν
21 13 ἀλλὰ κ. ἀποθανεῖν εἰς Ἱερουσαλὴμ ἑτοίμως ἔχω
25 11 οὐ παραιτοῦμαι τὸ ἀποθανεῖν
Ro 5 6 [3] εἴ γε Χριστὸς . . . κατὰ καιρὸν ὑπὲρ ἀσεβῶν ἀπέθανεν.
7 [3] μόλις γὰρ ὑπὲρ δικαίου τις ἀποθανεῖται·
[3] ὑπὲρ γὰρ τ. ἀγαθοῦ τάχα τις κ. τολμᾷ ἀποθανεῖν
8 [3] ἔτι ἁμαρτωλῶν ὄντων ἡμῶν Χριστὸς ὑπὲρ ἡμῶν ἀπέθανεν
15 εἰ γὰρ τῷ τ. ἑνὸς παραπτώματι οἱ πολλοὶ ἀπέθανον
6 2 [1] οἵτινες ἀπεθάνομεν τ. ἁμαρτίᾳ
7 ὁ γὰρ ἀποθανὼν δεδικαίωται ἀπὸ τ. ἁμαρτίας
8 εἰ δὲ ἀπεθάνομεν σὺν Χριστῷ
9 Χριστὸς ἐγερθεὶς ἐκ νεκρῶν οὐκέτι ἀποθνήσκει
10 [1] ὃ γὰρ ἀπέθανεν τ. ἁμαρτίᾳ ἀπέθανεν ἐφάπαξ
7 2 ἐὰν δὲ ἀποθάνῃ ὁ ἀνήρ
3 ἐὰν δὲ ἀποθάνῃ ὁ ἀνήρ
6 ἀποθανόντες ἐν ᾧ κατειχόμεθα
10 ἡ ἁμαρτία ἀνέζησεν ἐγὼ δὲ ἀπέθανον
8 13 εἰ γὰρ κατὰ σάρκα ζῆτε μέλλετε ἀποθνήσκειν
34 Χριστὸς Ἰησοῦς ὁ ἀποθανών
14 7 [1] οὐδεὶς ἑαυτῷ ἀποθνήσκει
8 ἐάν τε ἀποθνήσκωμεν,
[1] τ. Κυρίῳ ἀποθνήσκομεν.
ἐάν τε οὖν ζῶμεν ἐάν τε ἀποθνήσκωμεν
9 εἰς τοῦτο γὰρ Χριστὸς ἀπέθανεν κ. ἔζησεν
15 [3] μὴ . . . ἐκεῖνον ἀπόλλυε ὑπὲρ οὗ Χριστὸς ἀπέθανεν
I Co 8 11 ὁ ἀδελφὸς δι' ὃν Χριστὸς ἀπέθανεν
I Co 9 15 καλὸν γάρ μοι μᾶλλον ἀποθανεῖν
15 3 [3] ὅτι Χριστὸς ἀπέθανεν ὑπὲρ τ. ἁμαρτιῶν ἡμῶν
22 [2] ὥσπερ γὰρ ἐν τ. Ἀδὰμ πάντες ἀποθνήσκουσιν
31 καθ' ἡμέραν ἀποθνήσκω
32 φάγωμεν κ. πίωμεν αὔριον γὰρ ἀποθνήσκομεν
אָכוֹל וְשָׁתוֹ כִּי מָחָר נָמוּת, Is. xxii. 13
36 σὺ ὃ σπείρεις οὐ ζωοποιεῖται ἐὰν μὴ ἀποθάνῃ
II Co 5 15 [3] κρίναντας τοῦτο ὅτι εἷς ὑπὲρ πάντων ἀπέθανεν·
ἄρα οἱ πάντες ἀπέθανον·
[3] κ. ὑπὲρ πάντων ἀπέθανεν ἵνα οἱ ζῶντες μηκέτι ἑαυτοῖς ζῶσιν
[3] ἀλλὰ τῷ ὑπὲρ αὐτῶν ἀποθανόντι κ. ἐγερθέντι
6 9 ὡς ἀποθνήσκοντες κ. ἰδοὺ ζῶμεν
Ga 2 19 [1] ἐγὼ μὲν διὰ νόμου νόμῳ ἀπέθανον
21 ἄρα Χριστὸς δωρεὰν ἀπέθανεν
Phl 1 21 ἐμοὶ γὰρ . . . τὸ ἀποθανεῖν κέρδος
Col 2 20 εἰ ἀπεθάνετε σὺν Χριστῷ ἀπὸ τ. στοιχείων τ. κόσμου
3 3 ἀπεθάνετε γὰρ κ. ἡ ζωὴ ὑμῶν κέκρυπται
I Th 4 14 εἰ γὰρ πιστεύομεν ὅτι Ἰησοῦς ἀπέθανεν κ. ἀνέστη
5 10 [3] διὰ τ. Κυρίου ἡμῶν Ἰησοῦ Χριστοῦ τ. ἀποθανόντος περὶ ἡμῶν
ὑπὲρ, WH mg.
He 7 8 ὧδε μὲν δεκάτας ἀποθνήσκοντες ἄνθρωποι λαμβάνουσιν
9 27 ἀπόκειται τ. ἀνθρώποις ἅπαξ ἀποθανεῖν
10 28 ἐπὶ δυσὶν ἢ τρισὶν μάρτυσιν ἀποθνήσκει
11 4 δι' αὐτῆς ἀποθανὼν ἔτι λαλεῖ
13 κατὰ πίστιν ἀπέθανον οὗτοι πάντες
21 πίστει Ἰακὼβ ἀποθνήσκων
37 [2] ἐν φόνῳ μαχαίρης ἀπέθανον
I Pe 3 18 [3] κ. Χριστὸς ἅπαξ περὶ ἁμαρτιῶν ἀπέθανεν
ἔπαθεν, WH mg. R non mg.
Ju 12 δένδρα φθινοπωρινὰ . . . δὶς ἀποθανόντα
Re 3 2 στήρισον τὰ λοιπὰ ἃ ἔμελλον ἀποθανεῖν
8 9 ἀπέθανεν τὸ τρίτον τ. κτισμάτων τῶν ἐν τ. θαλάσσῃ
11 πολλοὶ τ. ἀνθρώπων ἀπέθανον ἐκ τ. ὑδάτων
9 6 κ. ἐπιθυμήσουσιν ἀποθανεῖν
14 13 [2] μακάριοι οἱ νεκροὶ οἱ ἐν Κυρίῳ ἀποθνήσκοντες ἀπ' ἄρτι.
ἀποθνήσκοντες. Ἀπ' ἄρτι, R mg.
16 3 πᾶσα ψυχὴ ζωῆς ἀπέθανεν τὰ ἐν τ. θαλάσσῃ

ἈΠΟΚΑΘΙΣΤΗΜΙ, ἈΠΟΚΑΘΙΣΤΑΝΩ 600

Mt 12 13 ἀπεκατεστάθη ὑγιὴς ὡς ἡ ἄλλη
17 11 Ἠλείας μὲν ἔρχεται κ. ἀποκαταστήσει πάντα
Mk 3 5 ἀπεκατεστάθη ἡ χεὶρ αὐτοῦ
8 25 ἀπεκατέστη κ. ἐνέβλεπεν τηλαυγῶς ἅπαντα
9 12 Ἠλείας μὲν ἐλθὼν πρῶτον ἀποκαθιστάνει πάντα
ἀποκατιστάνει, WH
Lu 6 10 ἀπεκατεστάθη ἡ χεὶρ αὐτοῦ
Ac 1 6 εἰ ἐν τ. χρόνῳ τούτῳ ἀποκαθιστάνεις τ. βασιλείαν τῷ Ἰσραήλ;
He 13 19 ἵνα τάχειον ἀποκατασταθῶ ὑμῖν

Ἀποκαλύπτω 601

Mt 10 26 οὐδὲν γάρ ἐστιν κεκαλυμμένον ὃ οὐκ ἀποκαλυφθήσεται
11 25 ἀπεκάλυψας αὐτὰ νηπίοις
27 ᾧ ἐὰν βούληται ὁ υἱὸς ἀποκαλύψαι
16 17 σὰρξ κ. αἷμα οὐκ ἀπεκάλυψέν σοι
Lu 2 35 ὅπως ἂν ἀποκαλυφθῶσιν ἐκ πολλῶν καρδιῶν διαλογισμοί
10 21 ἀπεκάλυψας αὐτὰ νηπίοις
22 ᾧ ἂν βούληται ὁ υἱὸς ἀποκαλύψαι
12 2 οὐδὲν δὲ συγκεκαλυμμένον ἐστὶν ὃ οὐκ ἀποκαλυφθήσεται
17 30 ᾗ ἡμέρᾳ ὁ υἱὸς τ. ἀνθρώπου ἀποκαλύπτεται
Jo 12 38 ὁ βραχίων Κυρίου τίνι ἀπεκαλύφθη;
זְרוֹעַ יְהוָה עַל־מִי נִגְלָתָה, Is. liii. 1
Ro 1 17 δικαιοσύνη γὰρ Θεοῦ ἐν αὐτῷ ἀποκαλύπτεται
18 ἀποκαλύπτεται γὰρ ὀργὴ Θεοῦ ἀπ' οὐρανοῦ
8 18 πρὸς τ. μέλλουσαν δόξαν ἀποκαλυφθῆναι εἰς ἡμᾶς
I Co 2 10 ἡμῖν γὰρ ἀπεκάλυψεν ὁ Θεὸς διὰ τ. πνεύματος
3 13 ὅτι ἐν πυρὶ ἀποκαλύπτεται
14 30 ἐὰν δὲ ἄλλῳ ἀποκαλυφθῇ καθημένῳ
Ga 1 16 ἀποκαλύψαι τ. υἱὸν αὐτοῦ ἐν ἐμοί
3 23 συνκλειόμενοι εἰς τ. μέλλουσαν πίστιν ἀποκαλυφθῆναι
Eph 3 5 ὡς νῦν ἀπεκαλύφθη τ. ἁγίοις ἀποστόλοις αὐτοῦ
Phl 3 15 κ. τοῦτο ὁ Θεὸς ὑμῖν ἀποκαλύψει
II Th 2 3 ἐὰν μὴ . . . ἀποκαλυφθῇ ὁ υἱὸς τ. ἀνομίας
6 εἰς τὸ ἀποκαλυφθῆναι αὐτὸν ἐν τῷ αὐτοῦ καιρῷ
8 τότε ἀποκαλυφθήσεται ὁ ἄνομος
I Pe 1 5 εἰς σωτηρίαν ἑτοίμην ἀποκαλυφθῆναι ἐν καιρῷ ἐσχάτῳ
12 οἷς ἀπεκαλύφθη ὅτι οὐχ ἑαυτοῖς . . . διηκόνουν αὐτά
5 1 ὁ κ. τ. μελλούσης ἀποκαλύπτεσθαι δόξης κοινωνός

Ἀποκάλυψις 602

Lu 2 32 φῶς εἰς ἀποκάλυψιν ἐθνῶν
Ro 2 5 ἐν ἡμέρᾳ . . . ἀποκαλύψεως δικαιοκρισίας τ. Θεοῦ
8 19 τ. ἀποκάλυψιν τ. υἱῶν τ. Θεοῦ ἀπεκδέχεται
16 25 κατὰ ἀποκάλυψιν μυστηρίου χρόνοις αἰωνίοις σεσιγημένου
I Co 1 7 ἀπεκδεχομένους τ. ἀποκάλυψιν τ. Κυρίου ἡμῶν
14 6 ἐὰν μὴ ὑμῖν λαλήσω ἢ ἐν ἀποκαλύψει
26 ἕκαστος ψαλμὸν ἔχει . . . ἀποκάλυψιν ἔχει
II Co 12 1 ἐλεύσομαι δὲ εἰς ὀπτασίας κ. ἀποκαλύψεις Κυρίου
7 κ. τ. ὑπερβολῇ τ. ἀποκαλύψεων ἵνα μὴ ὑπεραίρωμαι
ἀποκαλύψεων. διὸ ἵνα κ.τ.λ., WH
Ga 1 12 ἀλλὰ δι' ἀποκαλύψεως Ἰησοῦ Χριστοῦ
2 2 ἀνέβην δὲ κατὰ ἀποκάλυψιν
Eph 1 17 δῴη ὑμῖν πνεῦμα σοφίας κ. ἀποκαλύψεως
3 3 κατὰ ἀποκάλυψιν ἐγνωρίσθη μοι τὸ μυστήριον
II Th 1 7 ἐν τ. ἀποκαλύψει τ. Κυρίου Ἰησοῦ ἀπ' οὐρανοῦ
I Pe 1 7 εὑρεθῇ εἰς ἔπαινον . . . ἐν ἀποκαλύψει Ἰησοῦ Χριστοῦ
13 ἐλπίσατε ἐπὶ τ. φερομένην ὑμῖν χάριν ἐν ἀποκαλύψει Ἰησοῦ Χριστοῦ
4 13 ἵνα κ. ἐν τ. ἀποκαλύψει τ. δόξης αὐτοῦ χαρῆτε
Re 1 1 ἀποκάλυψις Ἰησοῦ Χριστοῦ ἣν ἔδωκεν αὐτῷ

Ἀποκαραδοκία* † 603

Ro 8 19 ἡ γὰρ ἀποκαραδοκία τ. κτίσεως
Phl 1 20 κατὰ τ. ἀποκαραδοκίαν κ. ἐλπίδα μου

Ἀποκαταλλάσσω* † 604

Eph 2 16 ἵνα . . . ἀποκαταλλάξῃ τ. ἀμφοτέρους ἐν ἑνὶ σώματι τ. Θεῷ
Col 1 20 δι' αὐτοῦ ἀποκαταλλάξαι τὰ πάντα εἰς αὐτόν
22 νυνὶ δὲ ἀποκατήλλαξεν ἐν τ. σώματι τ. σαρκὸς αὐτοῦ
ἀποκατηλλάγητε, WH mg. R mg.

Ἀποκατάστασις* 605

Ac 3 21 ἄχρι χρόνων ἀποκαταστάσεως πάντων

Ἀπόκειμαι 606

Lu 19 20 ἣν εἶχον ἀποκειμένην ἐν σουδαρίῳ
Col 1 5 διὰ τ. ἐλπίδα τ. ἀποκειμένην ὑμῖν ἐν τ. οὐρανοῖς
II Ti 4 8 ἀπόκειταί μοι ὁ τ. δικαιοσύνης στέφανος
He 9 27 καθ' ὅσον ἀπόκειται τ. ἀνθρώποις ἅπαξ ἀποθανεῖν

Ἀποκεφαλίζω 607

Mt 14 10 πέμψας ἀπεκεφάλισεν Ἰωάνην ἐν τ. φυλακῇ
Mk 6 16 ὃν ἐγὼ ἀπεκεφάλισα Ἰωάνην
28 κ. ἀπελθὼν ἀπεκεφάλισεν αὐτὸν ἐν τ. φυλακῇ
Lu 9 9 Ἰωάνην ἐγὼ ἀπεκεφάλισα

Ἀποκλείω 608

Lu 13 25 ἀφ' οὗ ἂν . . . ἀποκλείσῃ τ. θύραν·

Ἀποκόπτω 609

Mk 9 43 ἐὰν σκανδαλίσῃ σε ἡ χείρ σου ἀπόκοψον αὐτήν
45 ἐὰν ὁ πούς σου σκανδαλίζῃ σε ἀπόκοψον αὐτόν
Jo 18 10 ἀπέκοψεν αὐτοῦ τὸ ὠτάριον τὸ δεξιόν
26 συγγενὴς ὢν οὗ ἀπέκοψεν Πέτρος τὸ ὠτίον
Ac 27 32 τότε ἀπέκοψαν οἱ στρατιῶται τὰ σχοινία τ. σκάφης
Ga 5 12 ὄφελον κ. ἀποκόψονται οἱ ἀναστατοῦντες ὑμᾶς

Ἀπόκριμα* 610

II Co 1 9 αὐτοὶ ἐν ἑαυτοῖς τὸ ἀπόκριμα τ. θανάτου ἐσχήκαμεν

ἈΠΟΚΡΙ΄ΝΟΜΑΙ 611

(1) med. (2) c. accus. (3) ἀποκρ. πρός

Mt 3 15 ἀποκριθεὶς δὲ ὁ Ἰησοῦς εἶπεν αὐτῷ
4 4 ὁ δὲ ἀποκριθεὶς εἶπεν
8 8 ἀποκριθεὶς δὲ ὁ ἑκατόνταρχος ἔφη
11 4 ἀποκριθεὶς ὁ Ἰησοῦς εἶπεν αὐτοῖς
25 ἐν ἐκείνῳ τ. καιρῷ ἀποκριθεὶς ὁ Ἰησοῦς εἶπεν
12 38 τότε ἀπεκρίθησαν αὐτῷ τινες τ. γραμματέων
39 ὁ δὲ ἀποκριθεὶς εἶπεν αὐτοῖς
48 ὁ δὲ ἀποκριθεὶς εἶπεν τ. λέγοντι αὐτῷ
13 11 ὁ δὲ ἀποκριθεὶς εἶπεν
37 ὁ δὲ ἀποκριθεὶς εἶπεν
14 28 ἀποκριθεὶς δὲ ὁ Πέτρος εἶπεν αὐτῷ
15 3 ὁ δὲ ἀποκριθεὶς εἶπεν αὐτοῖς
13 ὁ δὲ ἀποκριθεὶς εἶπεν
15 ἀποκριθεὶς δὲ ὁ Πέτρος εἶπεν αὐτῷ
23 ὁ δὲ οὐκ ἀπεκρίθη αὐτῇ λόγον
24 ὁ δὲ ἀποκριθεὶς εἶπεν
26 ὁ δὲ ἀποκριθεὶς εἶπεν
28 τότε ἀποκριθεὶς ὁ Ἰησοῦς εἶπεν αὐτῇ
16 2 ὁ δὲ ἀποκριθεὶς εἶπεν αὐτοῖς
16 ἀποκριθεὶς δὲ Σίμων Πέτρος εἶπεν
17 ἀποκριθεὶς δὲ ὁ Ἰησοῦς εἶπεν αὐτῷ
17 4 ἀποκριθεὶς δὲ ὁ Πέτρος εἶπεν τ. Ἰησοῦ
11 ὁ δὲ ἀποκριθεὶς εἶπεν
17 ἀποκριθεὶς δὲ ὁ Ἰησοῦς εἶπεν
[τότε] ἀποκρ. ὁ Ἰ., WH mg.
19 4 ὁ δὲ ἀποκριθεὶς εἶπεν
27 τότε ἀποκριθεὶς ὁ Πέτρος εἶπεν αὐτῷ
20 13 ὁ δὲ ἀποκριθεὶς ἑνὶ αὐτῶν εἶπεν
22 ἀποκριθεὶς δὲ ὁ Ἰησοῦς εἶπεν
21 21 ἀποκριθεὶς δὲ ὁ Ἰησοῦς εἶπεν αὐτοῖς
24 ἀποκριθεὶς δὲ ὁ Ἰησοῦς εἶπεν αὐτοῖς
27 κ. ἀποκριθέντες τῷ Ἰησοῦ εἶπαν
29 ὁ δὲ ἀποκριθεὶς εἶπεν
30 ὁ δὲ ἀποκριθεὶς εἶπεν
22 1 κ. ἀποκριθεὶς ὁ Ἰησοῦς πάλιν εἶπεν
29 ἀποκριθεὶς δὲ ὁ Ἰησοῦς εἶπεν αὐτοῖς
46 οὐδεὶς ἐδύνατο ἀποκριθῆναι αὐτῷ λόγον
24 2 ὁ δὲ ἀποκριθεὶς εἶπεν αὐτοῖς
4 ἀποκριθεὶς ὁ Ἰησοῦς εἶπεν αὐτοῖς
25 9 ἀπεκρίθησαν δὲ αἱ φρόνιμοι
12 ὁ δὲ ἀποκριθεὶς εἶπεν
26 ἀποκριθεὶς δὲ ὁ κύριος αὐτοῦ εἶπεν αὐτῷ
37 τότε ἀποκριθήσονται αὐτῷ οἱ δίκαιοι
40 ἀποκριθεὶς ὁ βασιλεὺς ἐρεῖ αὐτοῖς
44 τότε ἀποκριθήσονται κ. αὐτοί
45 τότε ἀποκριθήσεται αὐτοῖς
26 23 ὁ δὲ ἀποκριθεὶς εἶπεν
25 ἀποκριθεὶς δὲ Ἰούδας ὁ παραδιδοὺς αὐτὸν εἶπεν
33 ἀποκριθεὶς δὲ ὁ Πέτρος εἶπεν αὐτῷ
62 [2] ὁ ἀρχιερεὺς εἶπεν αὐτῷ Οὐδὲν ἀποκρίνῃ;
—;, T
63 ἀποκριθεὶς ὁ ἀρχιερεὺς εἶπεν αὐτῷ
—ἀποκρ., WHR
66 οἱ δὲ ἀποκριθέντες εἶπαν
27 12 [1 2] ἐν τῷ κατηγορεῖσθαι αὐτὸν . . . οὐδὲν ἀπεκρίνατο
14 οὐκ ἀπεκρίθη αὐτῷ πρὸς οὐδὲ ἓν ῥῆμα
21 ἀποκριθεὶς δὲ ὁ ἡγεμὼν εἶπεν αὐτοῖς
25 ἀποκριθεὶς πᾶς ὁ λαὸς εἶπεν
28 5 ἀποκριθεὶς δὲ ὁ ἄγγελος εἶπεν τ. γυναιξίν
Mk 3 33 ἀποκριθεὶς αὐτοῖς λέγει
Mk 6 37 ὁ δὲ ἀποκριθεὶς εἶπεν αὐτοῖς
7 28 ἡ δὲ ἀπεκρίθη κ. λέγει αὐτῷ
8 4 ἀπεκρίθησαν αὐτῷ οἱ μαθηταὶ αὐτοῦ
29 ἀποκριθεὶς ὁ Πέτρος λέγει αὐτῷ
9 5 κ. ἀποκριθεὶς ὁ Πέτρος λέγει τ. Ἰησοῦ
6 [2] οὐ γὰρ ᾔδει τί ἀποκριθῇ
17 ἀπεκρίθη αὐτῷ εἷς ἐκ τ. ὄχλου
19 ὁ δὲ ἀποκριθεὶς αὐτοῖς λέγει
10 3 ὁ δὲ ἀποκριθεὶς εἶπεν αὐτοῖς
24 ὁ δὲ Ἰησοῦς πάλιν ἀποκριθεὶς λέγει αὐτοῖς
51 ἀποκριθεὶς αὐτῷ ὁ Ἰησοῦς εἶπεν
11 14 ἀποκριθεὶς εἶπεν αὐτῇ
22 ἀποκριθεὶς ὁ Ἰησοῦς λέγει αὐτοῖς
29 ἐρωτήσω ὑμᾶς ἕνα λόγον κ. ἀποκρίθητέ μοι
30 ἐξ οὐρανοῦ ἦν ἢ ἐξ ἀνθρώπων; ἀποκρίθητέ μοι
33 ἀποκριθέντες τ. Ἰησοῦ λέγουσιν
12 28 εἰδὼς ὅτι καλῶς ἀπεκρίθη αὐτοῖς
29 ἀπεκρίθη ὁ Ἰησοῦς
34 ὁ Ἰησοῦς ἰδὼν αὐτὸν ὅτι νουνεχῶς ἀπεκρίθη
35 κ. ἀποκριθεὶς ὁ Ἰησοῦς ἔλεγεν
14 40 [2] οὐκ ᾔδεισαν τί ἀποκριθῶσιν αὐτῷ
48 ἀποκριθεὶς ὁ Ἰησοῦς εἶπεν αὐτοῖς
60 [2] ἐπηρώτησεν τ. Ἰησοῦν λέγων Οὐκ ἀποκρίνῃ οὐδέν;
—;, T
61 [1 2] ὁ δὲ ἐσιώπα κ. οὐκ ἀπεκρίνατο οὐδέν
15 2 ὁ δὲ ἀποκριθεὶς αὐτῷ λέγει
4 [2] πάλιν ἐπηρώτα αὐτὸν λέγων Οὐκ ἀποκρίνῃ οὐδέν;
5 [2] ὁ δὲ Ἰησοῦς οὐκέτι οὐδὲν ἀπεκρίθη
9 ὁ δὲ Πειλᾶτος ἀπεκρίθη αὐτοῖς λέγων
12 ὁ δὲ Πειλᾶτος πάλιν ἀποκριθεὶς ἔλεγεν αὐτοῖς
Lu 1 19 ἀποκριθεὶς ὁ ἄγγελος εἶπεν αὐτῷ
35 ἀποκριθεὶς ὁ ἄγγελος εἶπεν αὐτῇ
60 ἀποκριθεῖσα ἡ μήτηρ αὐτοῦ εἶπεν
3 11 ἀποκριθεὶς δὲ ἔλεγεν αὐτοῖς
16 [1] ἀπεκρίνατο λέγων πᾶσιν ὁ Ἰωάνης
4 4 [3] ἀπεκρίθη πρὸς αὐτὸν ὁ Ἰησοῦς
8 ἀποκριθεὶς ὁ Ἰησοῦς εἶπεν αὐτῷ
12 ἀποκριθεὶς εἶπεν αὐτῷ ὁ Ἰησοῦς
5 5 ἀποκριθεὶς Σίμων εἶπεν
22 ἀποκριθεὶς εἶπεν πρὸς αὐτούς
31 ἀποκριθεὶς ὁ Ἰησοῦς εἶπεν πρὸς αὐτούς
6 3 [3] ἀποκριθεὶς πρὸς αὐτοὺς εἶπεν ὁ Ἰησοῦς
7 22 ἀποκριθεὶς εἶπεν αὐτοῖς
40 ἀποκριθεὶς ὁ Ἰησοῦς εἶπεν πρὸς αὐτόν
43 ἀποκριθεὶς Σίμων εἶπεν
8 21 ὁ δὲ ἀποκριθεὶς εἶπεν πρὸς αὐτούς
50 ὁ δὲ Ἰησοῦς ἀκούσας ἀπεκρίθη αὐτῷ
9 19 οἱ δὲ ἀποκριθέντες εἶπαν
20 Πέτρος δὲ ἀποκριθεὶς εἶπεν
41 ἀποκριθεὶς δὲ ὁ Ἰησοῦς εἶπεν
49 ἀποκριθεὶς δὲ Ἰωάνης εἶπεν
10 27 ὁ δὲ ἀποκριθεὶς εἶπεν
28 εἶπεν δὲ αὐτῷ Ὀρθῶς ἀπεκρίθης
41 ἀποκριθεὶς δὲ εἶπεν αὐτῇ ὁ Κύριος
11 7 κἀκεῖνος ἔσωθεν ἀποκριθεὶς εἴπῃ
45 ἀποκριθεὶς δέ τις τ. νομικῶν λέγει αὐτῷ
13 2 ἀποκριθεὶς εἶπεν αὐτοῖς
8 ὁ δὲ ἀποκριθεὶς λέγει αὐτῷ
14 ἀποκριθεὶς δὲ ὁ ἀρχισυνάγωγος
15 ἀπεκρίθη δὲ αὐτῷ ὁ Κύριος
25 κ. ἀποκριθεὶς ἐρεῖ ὑμῖν
14 3 ἀποκριθεὶς ὁ Ἰησοῦς εἶπεν πρὸς τ. νομικούς

Lu 14 5 [3] ἀποκριθεὶς πρὸς αὐτοὺς εἶπεν
—ἀποκρ., WHR
15 29 ὁ δὲ ἀποκριθεὶς εἶπεν τ. πατρὶ αὐτοῦ
17 17 ἀποκριθεὶς δὲ ὁ Ἰησοῦς εἶπεν
20 ἐπερωτηθεὶς δὲ ὑπὸ τ. Φαρισαίων . . . ἀπεκρίθη αὐτοῖς
37 ἀποκριθέντες λέγουσιν αὐτῷ
19 40 κ. ἀποκριθεὶς εἶπεν
20 3 ἀποκριθεὶς δὲ εἶπεν πρὸς αὐτούς
7 κ. ἀπεκρίθησαν μὴ εἰδέναι πόθεν
39 ἀποκριθέντες δέ τινες τ. γραμματέων εἶπαν
22 51 ἀποκριθεὶς δὲ ὁ Ἰησοῦς εἶπεν
68 ἐὰν δὲ ἐρωτήσω οὐ μὴ ἀποκριθῆτε
23 3 ὁ δὲ ἀποκριθεὶς αὐτῷ ἔφη
9 [1 2] αὐτὸς δὲ οὐδὲν ἀπεκρίνατο αὐτῷ
40 ἀποκριθεὶς δὲ ὁ ἕτερος ἐπιτιμῶν αὐτῷ ἔφη
24 18 ἀποκριθεὶς δὲ εἷς ὀνόματι Κλεόπας
Jo 1 21 κ. ἀπεκρίθη Οὔ
26 ἀπεκρίθη αὐτοῖς ὁ Ἰωάνης λέγων
48 ἀπεκρίθη Ἰησοῦς κ. εἶπεν αὐτῷ
49 ἀπεκρίθη αὐτῷ Ναθαναήλ
50 ἀπεκρίθη Ἰησοῦς κ. εἶπεν αὐτῷ
2 18 ἀπεκρίθησαν οὖν οἱ Ἰουδαῖοι κ. εἶπαν αὐτῷ
19 ἀπεκρίθη Ἰησοῦς κ. εἶπεν αὐτοῖς
3 3 ἀπεκρίθη Ἰησοῦς κ. εἶπεν αὐτῷ
5 ἀπεκρίθη ὁ Ἰησοῦς Ἀμὴν ἀμὴν λέγω σοι
9 ἀπεκρίθη Νικόδημος κ. εἶπεν αὐτῷ
10 ἀπεκρίθη Ἰησοῦς κ. εἶπεν αὐτῷ
27 ἀπεκρίθη Ἰωάνης κ. εἶπεν
4 10 ἀπεκρίθη Ἰησοῦς κ. εἶπεν αὐτῇ
13 ἀπεκρίθη Ἰησοῦς κ. εἶπεν αὐτῇ
17 ἀπεκρίθη ἡ γυνὴ κ. εἶπεν αὐτῷ
5 7 ἀπεκρίθη αὐτῷ ὁ ἀσθενῶν
11 ὃς δὲ ἀπεκρίθη αὐτοῖς
—ὃς δέ, T
17 [1] ὁ δὲ ἀπεκρίνατο αὐτοῖς
19 [1] ἀπεκρίνατο οὖν ὁ Ἰησοῦς κ. ἔλεγεν αὐτοῖς
6 7 ἀπεκρίθη αὐτῷ Φίλιππος
ἀποκρίνεται, T
26 ἀπεκρίθη αὐτοῖς ὁ Ἰησοῦς κ. εἶπεν
29 ἀπεκρίθη ὁ Ἰησοῦς κ. εἶπεν αὐτοῖς
43 ἀπεκρίθη Ἰησοῦς κ. εἶπεν αὐτοῖς
68 ἀπεκρίθη αὐτῷ Σίμων Πέτρος
70 ἀπεκρίθη αὐτοῖς ὁ Ἰησοῦς
7 16 ἀπεκρίθη οὖν αὐτοῖς Ἰησοῦς κ. εἶπεν
20 ἀπεκρίθη ὁ ὄχλος Δαιμόνιον ἔχεις
21 ἀπεκρίθη Ἰησοῦς κ. εἶπεν αὐτοῖς
46 ἀπεκρίθησαν οἱ ὑπηρέται
47 ἀπεκρίθησαν οὖν αὐτοῖς οἱ Φαρισαῖοι
52 ἀπεκρίθησαν κ. εἶπαν αὐτῷ
8 14 ἀπεκρίθη Ἰησοῦς κ. εἶπεν αὐτοῖς
19 ἀπεκρίθη Ἰησοῦς
33 [3] ἀπεκρίθησαν πρὸς αὐτόν
34 ἀπεκρίθη αὐτοῖς ὁ Ἰησοῦς
39 ἀπεκρίθησαν κ. εἶπαν αὐτῷ
48 ἀπεκρίθησαν οἱ Ἰουδαῖοι κ. εἶπαν αὐτῷ
49 ἀπεκρίθη Ἰησοῦς
54 ἀπεκρίθη Ἰησοῦς
9 3 ἀπεκρίθη Ἰησοῦς
11 ἀπεκρίθη ἐκεῖνος
20 ἀπεκρίθησαν οὖν οἱ γονεῖς αὐτοῦ κ. εἶπαν
25 ἀπεκρίθη οὖν ἐκεῖνος
27 ἀπεκρίθη αὐτοῖς
30 ἀπεκρίθη ὁ ἄνθρωπος κ. εἶπεν αὐτοῖς
34 ἀπεκρίθησαν κ. εἶπαν αὐτῷ

Jo 9 36 ἀπεκρίθη ἐκεῖνος κ. εἶπεν
—h. v., WH mg.
10 25 ἀπεκρίθη αὐτοῖς ὁ Ἰησοῦς
32 ἀπεκρίθη αὐτοῖς ὁ Ἰησοῦς
33 ἀπεκρίθησαν αὐτῷ οἱ Ἰουδαῖοι
34 ἀπεκρίθη αὐτοῖς ὁ Ἰησοῦς
11 9 ἀπεκρίθη Ἰησοῦς
12 23 ὁ δὲ Ἰησοῦς ἀποκρίνεται αὐτοῖς λέγων
30 ἀπεκρίθη κ. εἶπεν Ἰησοῦς
Ἰ. κ. εἶπ., T
34 ἀπεκρίθη οὖν αὐτῷ ὁ ὄχλος
13 7 ἀπεκρίθη Ἰησοῦς κ. εἶπεν αὐτῷ
8 ἀπεκρίθη Ἰησοῦς αὐτῷ
26 ἀποκρίνεται οὖν ὁ Ἰησοῦς
36 ἀπεκρίθη Ἰησοῦς Ὅπου ὑπάγω
38 ἀποκρίνεται Ἰησοῦς
14 23 ἀπεκρίθη Ἰησοῦς κ. εἶπεν αὐτῷ
16 31 ἀπεκρίθη αὐτοῖς Ἰησοῦς
18 5 ἀπεκρίθησαν αὐτῷ Ἰησοῦν τ. Ναζωραῖον
8 ἀπεκρίθη Ἰησοῦς
20 ἀπεκρίθη αὐτῷ Ἰησοῦς
22 οὕτως ἀποκρίνῃ τ. ἀρχιερεῖ;
23 ἀπεκρίθη αὐτῷ Ἰησοῦς
30 ἀπεκρίθησαν κ. εἶπαν αὐτῷ
34 ἀπεκρίθη Ἰησοῦς
35 ἀπεκρίθη ὁ Πειλᾶτος
36 ἀπεκρίθη Ἰησοῦς
37 ἀπεκρίθη ὁ Ἰησοῦς
19 7 ἀπεκρίθησαν αὐτῷ οἱ Ἰουδαῖοι
11 ἀπεκρίθη αὐτῷ Ἰησοῦς
15 ἀπεκρίθησαν οἱ ἀρχιερεῖς
22 ἀπεκρίθη ὁ Πειλᾶτος
20 28 ἀπεκρίθη Θωμᾶς κ. εἶπεν αὐτῷ
21 5 ἀπεκρίθησαν αὐτῷ Οὔ
Ac 3 12 [1 3] ἰδὼν δὲ ὁ Πέτρος ἀπεκρίνατο πρὸς τ. λαόν
4 19 ὁ δὲ Πέτρος κ. Ἰωάνης ἀποκριθέντες εἶπαν πρὸς αὐτούς
5 8 [3] ἀπεκρίθη δὲ πρὸς αὐτὴν Πέτρος
29 ἀποκριθεὶς δὲ Πέτρος κ. οἱ ἀπόστολοι εἶπαν
8 24 ἀποκριθεὶς δὲ ὁ Σίμων εἶπεν
34 ἀποκριθεὶς δὲ ὁ εὐνοῦχος τ. Φιλίππῳ εἶπεν
37 ἀποκριθεὶς δὲ εἶπεν
—h. v., TWH non mg. R non mg.
9 13 ἀποκριθεὶς δὲ Ἀνανίας
10 46 τότε ἀπεκρίθη Πέτρος
11 9 ἀπεκρίθη δὲ ἐκ δευτέρου φωνὴ ἐκ τ. οὐρανοῦ
15 13 ἀπεκρίθη Ἰάκωβος λέγων
19 15 ἀποκριθὲν δὲ τὸ πνεῦμα τὸ πονηρὸν εἶπεν αὐτοῖς
21 13 ἀπεκρίθη ὁ Παῦλος
+κ. εἶπεν, T
22 8 ἐγὼ δὲ ἀπεκρίθην
28 ἀπεκρίθη δὲ ὁ χιλίαρχος
24 10 ἀπεκρίθη τε ὁ Παῦλος
25 ἔμφοβος γενόμενος ὁ Φῆλιξ ἀπεκρίθη
25 4 ὁ μὲν οὖν Φῆστος ἀπεκρίθη
9 ἀποκριθεὶς τ. Παύλῳ εἶπεν
12 τότε ὁ Φῆστος . . . ἀπεκρίθη
16 [3] πρὸς οὓς ἀπεκρίθην
Col 4 6 εἰδέναι πῶς δεῖ ὑμᾶς ἑνὶ ἑκάστῳ ἀποκρίνεσθαι
Re 7 13 ἀπεκρίθη εἷς ἐκ τ. πρεσβυτέρων

ἈΠΌΚΡΙΣΙΣ 612

Lu 2 47 ἐξίσταντο δὲ πάντες . . ἐπὶ τ. συνέσει
κ. τ. ἀποκρίσεσιν αὐτοῦ
20 26 θαυμάσαντες ἐπὶ τ. ἀποκρίσει αὐτοῦ ἐσί-
γησαν
Jo 1 22 ἵνα ἀπόκρισιν δῶμεν τ. πέμψασιν ἡμᾶς
19 9 ὁ δὲ Ἰησοῦς ἀπόκρισιν οὐκ ἔδωκεν αὐτῷ

ἈΠΟΚΡΎΠΤΩ 613

Lu 10 21 ἀπέκρυψας ταῦτα ἀπὸ σοφῶν κ. συνετῶν
1 Co 2 7 λαλοῦμεν Θεοῦ σοφίαν ἐν μυστηρίῳ τ. ἀπο-
κεκρυμμένην
Eph 3 9 ἡ οἰκονομία τ. μυστηρίου τ. ἀποκεκρυμμένου
ἀπὸ τ. αἰώνων
Col 1 26 τὸ μυστήριον τὸ ἀποκεκρυμμένον ἀπὸ τ.
αἰώνων κ. ἀπὸ τ. γενεῶν

ἈΠΌΚΡΥΦΟΣ 614

Mk 4 22 οὐδὲ ἐγένετο ἀπόκρυφον
Lu 8 17 οὐδὲ ἀπόκρυφον ὃ οὐ μὴ γνωσθῇ
Col 2 3 πάντες οἱ θησαυροὶ τ. σοφίας κ. γνώσεως
ἀπόκρυφοι

ἈΠΟΚΤΕΊΝΩ 615

(1) ἀποκτέννω, -ννύω (2) ἀποκτ. ἐν

Mt 10 28 [1] μὴ φοβηθῆτε ἀπὸ τ. ἀποκτεινόντων τὸ
σῶμα,
ἀποκτεννόντων, T
τ. δὲ ψυχὴν μὴ δυναμένων ἀποκτεῖναι
14 5 θέλων αὐτὸν ἀποκτεῖναι
16 21 δεῖ αὐτὸν . . . ἀποκτανθῆναι κ. τ. τρίτῃ
ἡμέρᾳ ἐγερθῆναι
17 23 ἀποκτενοῦσιν αὐτὸν κ. τ. τρίτῃ ἡμέρᾳ ἐγερ-
θήσεται
21 35 ὃν μὲν ἔδειραν ὃν δὲ ἀπέκτειναν
38 δεῦτε ἀποκτείνωμεν αὐτόν
39 ἐξέβαλον ἔξω τ. ἀμπελῶνος κ. ἀπέκτειναν
22 6 κρατήσαντες τ. δούλους αὐτοῦ ὕβρισαν κ.
ἀπέκτειναν
23 34 ἐξ αὐτῶν ἀποκτενεῖτε κ. σταυρώσετε
37 Ἰερουσαλὴμ Ἰερουσαλὴμ ἡ ἀποκτείνουσα τ.
προφήτας
24 9 παραδώσουσιν ὑμᾶς εἰς θλίψιν κ. ἀποκτε-
νοῦσιν ὑμᾶς
26 4 ἵνα τ. Ἰησοῦν δόλῳ κρατήσωσιν καὶ ἀποκ-
τείνωσιν
Mk 3 4 ψυχὴν σῶσαι ἢ ἀποκτεῖναι;
6 19 ἐνεῖχεν αὐτῷ κ. ἤθελεν αὐτὸν ἀποκτεῖναι
8 31 δεῖ τ. υἱὸν τ. ἀνθρώπου . . . ἀποκτανθῆναι
9 31 παραδίδοται εἰς χεῖρας ἀνθρώπων κ. ἀποκ-
τενοῦσιν αὐτόν,
κ. ἀποκτανθεὶς μετὰ τρεῖς ἡμέρας ἀναστή-
σεται
10 34 μαστιγώσουσιν αὐτὸν κ. ἀποκτενοῦσιν
12 5 κἀκεῖνον ἀπέκτειναν
5 [1] οὓς μὲν δέροντες οὓς δὲ ἀποκτέννυντες
ἀποκτέννοντες, T
7 δεῦτε ἀποκτείνωμεν αὐτόν
8 κ. λαβόντες ἀπέκτειναν αὐτόν
14 1 πῶς αὐτὸν ἐν δόλῳ κρατήσαντες ἀποκτεί-
νωσιν
Lu 9 22 δεῖ τ. υἱὸν τ. ἀνθρώπου . . . ἀποκτανθῆναι
11 47 οἱ δὲ πατέρες ὑμῶν ἀπέκτειναν αὐτούς
48 ὅτι αὐτοὶ μὲν ἀπέκτειναν αὐτούς
49 ἐξ αὐτῶν ἀποκτενοῦσιν κ. διώξουσιν

Lu 12 4 [1] μὴ φοβηθῆτε ἀπὸ τῶν ἀποκτεινόντων τὸ
σῶμα
ἀποκτεννόντων, T
5 φοβήθητε τὸν μετὰ τὸ ἀποκτεῖναι ἔχοντα
ἐξουσίαν ἐμβαλεῖν εἰς τ. γέενναν
13 4 ἐφ' οὓς ἔπεσεν ὁ πύργος . . . κ. ἀπέκτεινεν
αὐτούς
31 ὅτι Ἡρῴδης θέλει σε ἀποκτεῖναι
34 Ἰερουσαλὴμ Ἰερουσαλὴμ ἡ ἀποκτείνουσα τ.
προφήτας
18 33 μαστιγώσαντες ἀποκτενοῦσιν αὐτόν
20 14 οὗτός ἐστιν ὁ κληρονόμος· ἀποκτείνωμεν
αὐτόν
15 ἐκβαλόντες αὐτὸν ἔξω τ. ἀμπελῶνος ἀπέκ-
τειναν
Jo 5 18 μᾶλλον ἐζήτουν αὐτὸν οἱ Ἰουδαῖοι ἀποκτεῖναι
7 1 ὅτι ἐζήτουν αὐτὸν οἱ Ἰουδαῖοι ἀποκτεῖναι
19 τί με ζητεῖτε ἀποκτεῖναι;
20 τίς σε ζητεῖ ἀποκτεῖναι;
25 οὐχ οὗτός ἐστιν ὃν ζητοῦσιν ἀποκτεῖναι;
8 22 μήτι ἀποκτενεῖ ἑαυτόν
37 ἀλλὰ ζητεῖτέ με ἀποκτεῖναι
40 νῦν δὲ ζητεῖτέ με ἀποκτεῖναι
11 53 ἐβουλεύσαντο ἵνα ἀποκτείνωσιν αὐτόν
12 10 ἵνα κ. τ. Λάζαρον ἀποκτείνωσιν
16 2 ἵνα πᾶς ὁ ἀποκτείνας ὑμᾶς δόξῃ λατρείαν
προσφέρειν τ. Θεῷ
18 31 ἡμῖν οὐκ ἔξεστιν ἀποκτεῖναι οὐδένα
Ac 3 15 τ. δὲ ἀρχηγὸν τ. ζωῆς ἀπεκτείνατε
7 52 ἀπέκτειναν τ. προκαταγγείλαντας περὶ τ.
ἐλεύσεως τ. δικαίου
21 31 ζητούντων τε αὐτὸν ἀποκτεῖναι
23 12 ἕως οὗ ἀποκτείνωσιν τ. Παῦλον
14 ἕως οὗ ἀποκτείνωμεν τ. Παῦλον
27 42 ἵνα τ. δεσμώτας ἀποκτείνωσιν
Ro 7 11 ἡ γὰρ ἁμαρτία . . . ἐξηπάτησέν με κ.
δι' αὐτῆς ἀπέκτεινεν
11 3 Κύριε τ. προφήτας σου ἀπέκτειναν
אֶת־נְבִיאֶיךָ הָרְגוּ בֶחָרֶב, 1 Ki. xix. 10
II Co 3 6 [1] τὸ γὰρ γράμμα ἀποκτείνει
ἀποκτέννει, T
Eph 2 16 [2] ἀποκτείνας τ. ἔχθραν ἐν αὐτῷ
1 Th 2 15 τῶν κ. τ. Κύριον ἀποκτεινάντων Ἰησοῦν
Re 2 13 ὃς ἀπεκτάνθη παρ' ὑμῖν
23 [2] τὰ τέκνα αὐτῆς ἀποκτενῶ ἐν θανάτῳ
6 8 [2] ἐδόθη αὐτοῖς ἐξουσία . . . ἀποκτεῖναι ἐν
ῥομφαίᾳ
11 [1] οἱ μέλλοντες ἀποκτέννεσθαι ὡς κ. αὐτοὶ
9 5 ἐδόθη αὐταῖς ἵνα μη ἀποκτείνωσιν αὐτούς
15 ἵνα ἀποκτείνωσιν τὸ τρίτον τ. ἀνθρώπων
18 ἀπὸ τ. τριῶν πληγῶν τούτων ἀπεκτάνθησαν
τὸ τρίτον τ. ἀνθρώπων
20 [2] οἱ λοιποὶ . . . οἳ οὐκ ἀπεκτάνθησαν ἐν τ.
πληγαῖς ταύταις
11 5 οὕτως δεῖ αὐτὸν ἀποκτανθῆναι
7 νικήσει αὐτοὺς κ. ἀποκτενεῖ αὐτούς
13 [2] ἀπεκτάνθησαν ἐν τ. σεισμῷ ὀνόματα ἀν-
θρώπων
13 10 [2] εἴ τις ἐν μαχαίρῃ ἀποκτενεῖ,
ἀποκτείνει, WH mg.
[2] δεῖ αὐτὸν ἐν μαχαίρῃ ἀποκτανθῆναι
15 ἵνα ὅσοι ἐὰν μὴ προσκυνήσωσιν τ. εἰκόνι
τ. θηρίου ἀποκτανθῶσιν
19 21 [2] οἱ λοιποὶ ἀπεκτάνθησαν ἐν τ. ῥομφαίᾳ τ.
καθημένου ἐπὶ τ. ἵππου

ἈΠΟΚΥΈΩ ** 616

Ja 1 15 ἡ δὲ ἁμαρτία ἀποτελεσθεῖσα ἀποκυεῖ θάνατον
18 βουληθεὶς ἀπεκύησεν ἡμᾶς λόγῳ ἀληθείας

ἈΠΟΚΥΛΊΩ † 617

Mt 28 2 προσελθὼν ἀπεκύλισεν τ. λίθον
Mk 16 3 τίς ἀποκυλίσει ἡμῖν τ. λίθον ἐκ τ. θύρας τ. μνημείου
Lu 24 2 εὗρον δὲ τ. λίθον ἀποκεκυλισμένον ἀπὸ τ. μνημείου

ἈΠΟΛΑΜΒΆΝΩ 618

Mk 7 33 ἀπολαβόμενος αὐτὸν ἀπὸ τ. ὄχλου κατ' ἰδίαν
Lu 6 34 κ. ἁμαρτωλοὶ ἁμαρτωλοῖς δανίζουσιν ἵνα ἀπολάβωσιν τὰ ἴσα
15 27 ὅτι ὑγιαίνοντα αὐτὸν ἀπέλαβεν
16 25 ὅτι ἀπέλαβες τὰ ἀγαθά σου ἐν τ. ζωῇ σου
18 30 ὃς οὐχὶ μὴ ἀπολάβῃ πολλαπλασίονα ἐν τ. καιρῷ τούτῳ
λάβῃ, WH non mg.
23 41 ἄξια γὰρ ὧν ἐπράξαμεν ἀπολαμβάνομεν
Ro 1 27 τ. ἀντιμισθίαν ἣν ἔδει . . . ἐν αὐτοῖς ἀπολαμβάνοντες
Ga 4 5 ἵνα τ. υἱοθεσίαν ἀπολάβωμεν
Col 3 24 εἰδότες ὅτι ἀπὸ Κυρίου ἀπολήμψεσθε τ. ἀνταπόδοσιν τ. κληρονομίας
II Jo 8 ἵνα . . . μισθὸν πλήρη ἀπολάβητε

ἈΠΌΛΑΥΣΙΣ ** 619

I Ti 6 17 ἐπὶ Θεῷ τ. παρέχοντι ἡμῖν πάντα πλουσίως εἰς ἀπόλαυσιν
He 11 25 ἢ πρόσκαιρον ἔχειν ἁμαρτίας ἀπόλαυσιν

ἈΠΟΛΕΊΠΩ 620

II Ti 4 13 τ. φελόνην ὃν ἀπέλειπον ἐν Τρῳάδι
ἀπέλιπον, TWH mg.
20 Τρόφιμον δὲ ἀπέλειπον ἐν Μιλήτῳ ἀσθενοῦντα
ἀπέλιπον, TWH mg.
Tit 1 5 τούτου χάριν ἀπέλειπόν σε ἐν Κρήτῃ
ἀπέλιπόν, TWH mg.
He 4 6 ἐπεὶ οὖν ἀπολείπεται τινὰς εἰσελθεῖν εἰς αὐτήν
9 ἄρα ἀπολείπεται σαββατισμὸς τ. λαῷ τ. Θεοῦ
10 26 οὐκέτι περὶ ἁμαρτιῶν ἀπολείπεται θυσία
Ju 6 ἀλλὰ ἀπολιπόντας τὸ ἴδιον οἰκητήριον

ἈΠΌΛΛΥΜΙ 622

(1) ἀπ. τ. ψυχήν (2) ἀπ. ἐν, c. dat.

Mt 2 13 μέλλει γὰρ Ἡρῴδης ζητεῖν τὸ παιδίον τοῦ ἀπολέσαι αὐτό
5 29 συμφέρει γάρ σοι ἵνα ἀπόληται ἓν τ. μελῶν σου
30 συμφέρει γάρ σοι ἵνα ἀπόληται ἓν τ. μελῶν σου
8 25 Κύριε σῶσον ἀπολλύμεθα
9 17 ὁ οἶνος ἐκχεῖται κ. οἱ ἀσκοὶ ἀπόλλυνται
10 6 πορεύεσθε δὲ μᾶλλον πρὸς τ. πρόβατα τ. ἀπολωλότα
Mt 10 28 [1] [2] τ. δυνάμενον κ. ψυχὴν κ. σῶμα ἀπολέσαι ἐν γεέννῃ
39 [1] ὁ εὑρὼν τ. ψυχὴν αὐτοῦ ἀπολέσει αὐτήν·
[1] κ. ὁ ἀπολέσας τ. ψυχὴν αὐτοῦ ἕνεκεν ἐμοῦ εὑρήσει αὐτήν
42 οὐ μὴ ἀπολέσῃ τ. μισθὸν αὐτοῦ
ἀπόληται ὁ μισθὸς αὐτ., WH mg.
12 14 συμβούλιον ἔλαβον κατ' αὐτοῦ ὅπως αὐτὸν ἀπολέσωσιν
15 24 οὐκ ἀπεστάλην εἰ μὴ εἰς τ. πρόβατα τ. ἀπολωλότα
16 25 [1] ὃς γὰρ ἐὰν θέλῃ τ. ψυχὴν αὐτοῦ σῶσαι ἀπολέσει αὐτήν·
[1] ὃς δ' ἂν ἀπολέσῃ τ. ψυχὴν αὐτοῦ ἕνεκεν ἐμοῦ εὑρήσει αὐτήν
18 11 ἦλθεν γὰρ ὁ υἱὸς τ. ἀνθρώπου σῶσαι τὸ ἀπολωλός
—h. v., TWHR non mg.
14 ἵνα ἀπόληται ἓν τ. μικρῶν τούτων
21 41 κακοὺς κακῶς ἀπολέσει αὐτούς
22 7 πέμψας τὰ στρατεύματα αὐτοῦ ἀπώλεσεν τ. φονεῖς ἐκείνους
26 52 [2] πάντες γὰρ οἱ λαβόντες μάχαιραν ἐν μαχαίρῃ ἀπολοῦνται
27 20 ἔπεισαν τ. ὄχλους ἵνα . . . Ἰησοῦν ἀπολέσωσιν
Mk 1 24 ἦλθες ἀπολέσαι ἡμᾶς;
2 22 ὁ οἶνος ἀπόλλυται κ. οἱ ἀσκοί
3 6 συμβούλιον ἐδίδουν κατ' αὐτοῦ ὅπως αὐτὸν ἀπολέσωσιν
4 38 οὐ μέλει σοι ὅτι ἀπολλύμεθα;
8 35 [1] ὃς γὰρ ἐὰν θέλῃ τὴν ἑαυτοῦ ψυχὴν σῶσαι ἀπολέσει αὐτήν·
[1] ὃς δ' ἂν ἀπολέσει τ. ψυχὴν αὐτοῦ ἕνεκεν ἐμοῦ κ. τ. εὐαγγελίου σώσει αὐτήν
9 22 αὐτὸν ἔβαλεν κ. εἰς ὕδατα ἵνα ἀπολέσῃ αὐτόν
41 ὅτι οὐ μὴ ἀπολέσῃ τ. μισθὸν αὐτοῦ
11 18 ἐζήτουν πῶς αὐτὸν ἀπολέσωσιν
12 9 ἐλεύσεται κ. ἀπολέσει τ. γεωργούς
Lu 4 34 ἦλθες ἀπολέσαι ἡμᾶς;
5 37 αὐτὸς ἐκχυθήσεται κ. οἱ ἀσκοὶ ἀπολοῦνται
6 9 [1] ψυχὴν σῶσαι ἢ ἀπολέσαι;
8 24 ἐπιστάτα ἐπιστάτα ἀπολλύμεθα
9 24 [1] ὃς γὰρ ἂν θέλῃ τ. ψυχὴν αὐτοῦ σῶσαι ἀπολέσει αὐτήν·
[1] ὃς δ' ἂν ἀπολέσῃ τ. ψυχὴν αὐτοῦ ἕνεκεν ἐμοῦ οὗτος σώσει αὐτήν
25 ἑαυτὸν δὲ ἀπολέσας ἢ ζημιωθείς
56 [1] ὁ υἱὸς τ. ἀνθρώπου οὐκ ἦλθεν ψυχὰς ἀνθρώπων ἀπολέσαι
—h. v., TWH [WH mg.] R non mg.
11 51 ἕως αἵματος Ζαχαρίου τ. ἀπολομένου μεταξὺ τ. θυσιαστηρίου
13 3 ἐὰν μὴ μετανοῆτε πάντες ὁμοίως ἀπολεῖσθε
5 ἐὰν μὴ μετανοήσητε πάντες ὡσαύτως ἀπολεῖσθε
33 οὐκ ἐνδέχεται προφήτην ἀπολέσθαι ἔξω Ἱερουσαλήμ
15 4 κ. ἀπολέσας ἐξ αὐτῶν ἓν
4 πορεύεται ἐπὶ τὸ ἀπολωλός
6 εὗρον τὸ πρόβατόν μου τὸ ἀπολωλός
8 ἐὰν ἀπολέσῃ δραχμὴν μίαν
9 ὅτι εὗρον τ. δραχμὴν ἣν ἀπώλεσα
17 [2] ἐγὼ δὲ λιμῷ ὧδε ἀπόλλυμαι
24 ἦν ἀπολωλὼς κ. εὑρέθη
32 ἀπολωλὼς κ. εὑρέθη

Lu 17 27 ἦλθεν ὁ κατακλυσμὸς κ. ἀπώλεσεν πάντας
29 ἔβρεξεν πῦρ . . . ἀπ' οὐρανοῦ κ. ἀπώλεσεν πάντας
33 [1] ὃς ἐὰν ζητήσῃ τ. ψυχὴν αὐτοῦ περιποιήσασθαι ἀπολέσει αὐτήν·
[1] ὃς δ' ἂν ἀπολέσει ζωογονήσει αὐτήν
19 10 ἦλθεν γὰρ ὁ υἱὸς τ. ἀνθρώπου . . . σῶσαι τὸ ἀπολωλός
47 οἱ γραμματεῖς ἐζήτουν αὐτὸν ἀπολέσαι
20 16 ἐλεύσεται κ. ἀπολέσει τ. γεωργοὺς τούτους
21 18 θρὶξ ἐκ τ. κεφαλῆς ὑμῶν οὐ μὴ ἀπόληται
Jo 3 16 ἵνα πᾶς ὁ πιστεύων εἰς αὐτὸν μὴ ἀπόληται
6 12 συναγάγετε τὰ . . . κλάσματα ἵνα μή τι ἀπόληται
27 ἐργάζεσθε μὴ τ. βρῶσιν τ. ἀπολλυμένην
39 ἵνα πᾶν ὃ δέδωκέν μοι μὴ ἀπολέσω ἐξ αὐτοῦ
10 10 εἰ μὴ ἵνα κλέψῃ κ. θύσῃ κ. ἀπολέσῃ
28 οὐ μὴ ἀπόλωνται εἰς τ. αἰῶνα
11 50 συμφέρει ὑμῖν ἵνα . . . μὴ ὅλον τὸ ἔθνος ἀπόληται
12 25 [1] ὁ φιλῶν τ. ψυχὴν αὐτοῦ ἀπολλύει αὐτήν
17 12 κ. οὐδεὶς ἐξ αὐτῶν ἀπώλετο
18 9 οὓς δέδωκάς μοι οὐκ ἀπώλεσα ἐξ αὐτῶν οὐδένα
Ac 5 37 κἀκεῖνος ἀπώλετο
27 34 οὐδενὸς γὰρ ὑμῶν θρὶξ ἀπὸ τ. κεφαλῆς ἀπολεῖται
Ro 2 12 ὅσοι γὰρ ἀνόμως ἥμαρτον ἀνόμως κ. ἀπολοῦνται
14 15 [2] μὴ τ. βρώματί σου ἐκεῖνον ἀπόλλυε
I Co 1 18 ὁ λόγος γὰρ ὁ τ. σταυροῦ τ. μὲν ἀπολλυμένοις μωρία ἐστίν
19 ἀπολῶ τ. σοφίαν τ. σοφῶν
אָבְדָה חָכְמַת חֲכָמָיו, Is. xxix. 14
8 11 [2] ἀπόλλυται γὰρ ὁ ἀσθενῶν ἐν τ. σῇ γνώσει
10 9 ὑπὸ τ. ὄφεων ἀπώλλυντο
10 ἀπώλοντο ὑπὸ τ. ὀλοθρευτοῦ
15 18 ἄρα κ. οἱ κοιμηθέντες ἐν Χριστῷ ἀπώλοντο
II Co 2 15 Χριστοῦ εὐωδία ἐσμὲν τ. Θεῷ . . . ἐν τ. ἀπολλυμένοις
4 3 ἐν τ. ἀπολλυμένοις ἐστὶν κεκαλυμμένον
9 καταβαλλόμενοι ἀλλ' οὐκ ἀπολλύμενοι
II Th 2 10 ἐν πάσῃ ἀπάτῃ ἀδικίας τ. ἀπολλυμένοις
He 1 11 αὐτοὶ ἀπολοῦνται σὺ δὲ διαμένεις
הֵמָּה יֹאבֵדוּ וְאַתָּה תַעֲמֹד, Ps. cii. 27
Ja 1 11 ἡ εὐπρέπεια τ. προσώπου αὐτοῦ ἀπώλετο
4 12 εἷς ἐστιν . . . κριτὴς ὁ δυνάμενος σῶσαι κ. ἀπολέσαι
I Pe 1 7 πολυτιμότερον χρυσίου τ. ἀπολλυμένου
II Pe 3 6 δι' ὧν ὁ τότε κόσμος ὕδατι κατακλυσθεὶς ἀπώλετο
9 μὴ βουλόμενός τινας ἀπολέσθαι
II Jo 8 ἵνα μὴ ἀπολέσητε ἃ ἠργασάμεθα
Ju 5 τὸ δεύτερον τ. μὴ πιστεύσαντας ἀπώλεσεν
11 [2] τ. ἀντιλογίᾳ τοῦ Κορὲ ἀπώλοντο
Re 18 14 πάντα τ. λιπαρὰ κ. τ. λαμπρὰ ἀπώλετο ἀπὸ σοῦ
ἀπώλοντο, T

Ἀπολλύων 623

Re 9 11 ἐν τ. Ἑλληνικῇ ὄνομα ἔχει Ἀπολλύων

Ἀπολλωνία 624

Ac 17 1 διοδεύσαντες δὲ τ. Ἀμφίπολιν κ. τ. Ἀπολλωνίαν

Ἀπολλῶς 625

Ac 18 24 Ἰουδαῖος δέ τις Ἀπολλῶς ὀνόματι
19 1 ἐγένετο δὲ ἐν τῷ τὸν Ἀπολλῶ εἶναι ἐν Κορίνθῳ
I Co 1 12 ἐγὼ μέν εἰμι Παύλου ἐγὼ δὲ Ἀπολλῶ
3 4 ἕτερος δέ Ἐγὼ Ἀπολλῶ
5 τί οὖν ἐστιν Ἀπολλῶς
6 ἐγὼ ἐφύτευσα Ἀπολλῶς ἐπότισεν
22 εἴτε Παῦλος εἴτε Ἀπολλῶς εἴτε Κηφᾶς
4 6 μετεσχημάτισα εἰς ἐμαυτὸν κ. Ἀπολλῶν δι' ὑμᾶς
16 12 περὶ δὲ Ἀπολλῶ τ. ἀδελφοῦ
Tit 3 13 Ζηνᾶν τ. νομικὸν κ. Ἀπολλῶν σπουδαίως πρόπεμψον

Ἀπολογέομαι 626

Lu 12 11 μὴ μεριμνήσητε πῶς ἢ τί ἀπολογήσησθε
21 14 θέτε οὖν . . . μὴ προμελετᾶν ἀπολογηθῆναι
Ac 19 33 ἤθελεν ἀπολογεῖσθαι τ. δήμῳ
24 10 εὐθύμως τὰ περὶ ἐμαυτοῦ ἀπολογοῦμαι
25 8 τ. Παύλου ἀπολογουμένου
26 1 τότε ὁ Παῦλος ἐκτείνας τ. χεῖρα ἀπελογεῖτο
2 ἐπὶ σοῦ μέλλων σήμερον ἀπολογεῖσθαι
24 ταῦτα δὲ αὐτοῦ ἀπολογουμένου
Ro 2 15 τ. λογισμῶν κατηγορούντων ἢ ἀπολογουμένων
II Co 12 19 πάλαι δοκεῖτε ὅτι ὑμῖν ἀπολογούμεθα;

Ἀπολογία** 627

Ac 22 1 ἀκούσατέ μου τῆς πρὸς ὑμᾶς νυνὶ ἀπολογίας
25 16 τόπον τε ἀπολογίας λάβοι περὶ τ. ἐγκλήματος
I Co 9 3 ἡ ἐμὴ ἀπολογία τοῖς ἐμὲ ἀνακρίνουσίν ἐστιν αὕτη
II Co 7 11 πόσην κατειργάσατο ὑμῖν σπουδὴν ἀλλὰ ἀπολογίαν
Phl 1 7 ἔν τε τ. δεσμοῖς μου κ. ἐν τ. ἀπολογίᾳ
16 εἰδότες ὅτι εἰς ἀπολογίαν τ. εὐαγγελίου κεῖμαι
II Ti 4 16 ἐν τ. πρώτῃ μου ἀπολογίᾳ οὐδείς μοι παρεγένετο
I Pe 3 15 ἕτοιμοι ἀεὶ πρὸς ἀπολογίαν παντὶ τ. αἰτοῦντι ὑμᾶς λόγον

Ἀπολούω 628

Ac 22 16 ἀναστὰς βάπτισαι κ. ἀπόλουσαι τ. ἁμαρτίας σου
I Co 6 11 ἀλλὰ ἀπελούσασθε ἀλλὰ ἡγιάσθητε

Ἀπολύτρωσις 629

Lu 21 28 διότι ἐγγίζει ἡ ἀπολύτρωσις ὑμῶν
Ro 3 24 διὰ τ. ἀπολυτρώσεως τῆς ἐν Χριστῷ Ἰησοῦ
8 23 υἱοθεσίαν ἀπεκδεχόμενοι τ. ἀπολύτρωσιν τ. σώματος ἡμῶν
I Co 1 30 δικαιοσύνη τε κ. ἁγιασμὸς κ. ἀπολύτρωσις
Eph 1 7 ἐν ᾧ ἔχομεν τ. ἀπολύτρωσιν διὰ τ. αἵματος αὐτοῦ
14 εἰς ἀπολύτρωσιν τ. περιποιήσεως
4 30 ἐν ᾧ ἐσφραγίσθητε εἰς ἡμέραν ἀπολυτρώσεως

Col 1 14 ἐν ᾧ ἔχομεν τ. ἀπολύτρωσιν
He 9 15 εἰς ἀπολύτρωσιν τῶν ἐπὶ τ. πρώτῃ διαθήκῃ παραβάσεων
11 35 οὐ προσδεξάμενοι τ. ἀπολύτρωσιν

ἈΠΟΛΎΩ 630

(1) ἀπολ. γυναῖκα (2) ἀπολ. τ. ἄνδρα

Mt 1 19 [1] ἐβουλήθη λάθρᾳ ἀπολῦσαι αὐτήν
5 31 [1] ὃς ἂν ἀπολύσῃ τ. γυναῖκα αὐτοῦ, Dt. xxiv. 1
32 [1] πᾶς ὁ ἀπολύων τ. γυναῖκα αὐτοῦ
32 [1] κ. ὃς ἐὰν ἀπολελυμένην γαμήσῃ μοιχᾶται
h. v., [WH]
14 15 ἀπόλυσον τ. ὄχλους
22 ἕως οὗ ἀπολύσῃ τ. ὄχλους.
κ. ἀπολύσας τ. ὄχλους ἀνέβη εἰς τὸ ὄρος
15 23 ἀπόλυσον αὐτὴν ὅτι κράζει ὄπισθεν ἡμῶν
32 ἀπολῦσαι αὐτοὺς νήστεις οὐ θέλω
39 ἀπολύσας τ. ὄχλους ἐνέβη εἰς τὸ πλοῖον
18 27 σπλαγχνισθεὶς δὲ ὁ κύριος τ. δούλου ἐκείνου ἀπέλυσεν αὐτόν
19 3 [1] εἰ ἔξεστιν ἀπολῦσαι τ. γυναῖκα αὐτοῦ κατὰ πᾶσαν αἰτίαν;
7 τί οὖν Μωυσῆς ἐνετείλατο δοῦναι βιβλίον ἀποστασίου κ. ἀπολῦσαι
+αὐτήν, WH mg.
8 [1] Μωυσῆς . . . ἐπέτρεψεν ὑμῖν ἀπολῦσαι τ. γυναῖκας ὑμῶν
9 [1] ὃς ἂν ἀπολύσῃ τ. γυναῖκα αὐτοῦ
9 [1] κ. ὁ ἀπολελυμένην γαμήσας μοιχᾶται
—h. v., TWH non mg. R mg.
27 15 εἰώθει ὁ ἡγεμὼν ἀπολύειν ἕνα τ. ὄχλῳ δέσμιον
17 τίνα θέλετε ἀπολύσω ὑμῖν;
21 τίνα θέλετε ἀπὸ τῶν δύο ἀπολύσω ὑμῖν;
26 τότε ἀπέλυσεν αὐτοῖς τ. Βαραββᾶν
Mk 6 36 ἀπόλυσον αὐτούς
45 ἕως αὐτὸς ἀπολύει τὸν ὄχλον
8 3 ἐὰν ἀπολύσω αὐτοὺς νήστεις εἰς οἶκον αὐτῶν
9 κ. ἀπέλυσεν αὐτούς
10 2 [1] εἰ ἔξεστιν ἀνδρὶ γυναῖκα ἀπολῦσαι
4 [1] ἐπέτρεψεν Μωυσῆς βιβλίον ἀποστασίου γράψαι κ. ἀπολῦσαι
11 [1] ὃς ἂν ἀπολύσῃ τ. γυναῖκα αὐτοῦ
12 [2] ἐὰν αὐτὴ ἀπολύσασα τ. ἄνδρα αὐτῆς γαμήσῃ ἄλλον
15 6 κατὰ δὲ ἑορτὴν ἀπέλυεν αὐτοῖς ἕνα δέσμιον
9 θέλετε ἀπολύσω ὑμῖν τ. βασιλέα τ. Ἰουδαίων;
11 ἵνα μᾶλλον τ. Βαραββᾶν ἀπολύσῃ αὐτοῖς
15 ὁ δὲ Πειλᾶτος . . . ἀπέλυσεν αὐτοῖς τ. Βαραββᾶν
Lu 2 29 νῦν ἀπολύεις τ. δοῦλόν σου δέσποτα
6 37 ἀπολύετε κ. ἀπολυθήσεσθε
8 38 ἀπέλυσεν δὲ αὐτὸν λέγων
9 12 ἀπόλυσον τ. ὄχλον
13 12 γύναι ἀπολέλυσαι τ. ἀσθενείας σου
ἀπὸ τ. ἀσθ. σ., T
14 4 ἐπιλαβόμενος ἰάσατο αὐτὸν κ. ἀπέλυσεν
16 18 [1] πᾶς ὁ ἀπολύων τ. γυναῖκα αὐτοῦ
18 [1] κ. ὁ ἀπολελυμένην ἀπὸ ἀνδρὸς γαμῶν μοιχεύει
22 68 οὐ μὴ ἀποκριθῆτε ἢ ἀπολύσητε
—ἢ ἀπολ., TWH non mg. R
23 16 παιδεύσας οὖν αὐτὸν ἀπολύσω
Lu 23 17 ἀνάγκην δὲ εἶχεν ἀπολύειν αὐτοῖς κατὰ ἑορτὴν ἕνα
—h. v., TWHR non mg.
18 ἀπόλυσον δὲ ἡμῖν τ. Βαραββᾶν
20 θέλων ἀπολῦσαι τ. Ἰησοῦν
22 παιδεύσας οὖν αὐτὸν ἀπολύσω
25 ἀπέλυσεν δὲ τὸν διὰ στάσιν κ. φόνον βεβλημένον
Jo 18 39 ἵνα ἕνα ἀπολύσω ὑμῖν ἐν τ. πάσχα·
βούλεσθε οὖν ἀπολύσω ὑμῖν τ. βασιλέα τ. Ἰουδαίων;
19 10 οὐκ οἶδας ὅτι ἐξουσίαν ἔχω ἀπολῦσαί σε
12 ἐκ τούτου ὁ Πειλᾶτος ἐζήτει ἀπολῦσαι αὐτόν
12 ἐὰν τοῦτον ἀπολύσῃς οὐκ εἶ φίλος τ. Καίσαρος
Ac 3 13 κρίναντος ἐκείνου ἀπολύειν
4 21 οἱ δὲ προσαπειλησάμενοι ἀπέλυσαν αὐτούς
23 ἀπολυθέντες δὲ ἦλθον πρὸς τ. ἰδίους
5 40 παρήγγειλαν μὴ λαλεῖν ἐπὶ τ. ὀνόματι τ. Ἰησοῦ κ. ἀπέλυσαν
13 3 ἐπιθέντες τ. χεῖρας αὐτοῖς ἀπέλυσαν
15 30 οἱ μὲν οὖν ἀπολυθέντες κατῆλθον εἰς Ἀντιόχειαν
33 ἀπελύθησαν μετ' εἰρήνης ἀπὸ τ. ἀδελφῶν
16 35 ἀπόλυσον τ. ἀνθρώπους ἐκείνους
36 ἀπέσταλκαν οἱ στρατηγοὶ ἵνα ἀπολυθῆτε
17 9 λαβόντες τὸ ἱκανὸν . . . ἀπέλυσαν αὐτούς
19 40 κ. ταῦτα εἰπὼν ἀπέλυσεν τ. ἐκκλησίαν
23 22 ὁ μὲν οὖν χιλίαρχος ἀπέλυσεν τ. νεανίσκον
26 32 ἀπολελύσθαι ἐδύνατο ὁ ἄνθρωπος οὗτος
28 18 οἵτινες ἀνακρίναντές με ἐβούλοντο ἀπολῦσαι
25 ἀσύμφωνοι δὲ ὄντες πρὸς ἀλλήλους ἀπελύοντο
He 13 23 γινώσκετε τ. ἀδελφὸν ἡμῶν Τιμόθεον ἀπολελυμένον

ἈΠΟΜΆΣΣΟΜΑΙ** 631

Lu 10 11 τ. κονιορτὸν τ. κολληθέντα ἡμῖν . . . ἀπομασσόμεθα ὑμῖν

ἈΠΟΝΈΜΩ 632

1 Pe 3 7 ὡς ἀσθενεστέρῳ σκεύει τ. γυναικείῳ ἀπονέμοντες τιμήν

ἈΠΟΝΊΠΤΩ 633

Mt 27 24 ἀπενίψατο τ. χεῖρας κατέναντι τ. ὄχλου

ἈΠΟΠΊΠΤΩ 634

Ac 9 18 εὐθέως ἀπέπεσαν αὐτοῦ ἀπὸ τ. ὀφθαλμῶν ὡς λεπίδες

ἈΠΟΠΛΑΝΆΩ 635

Mk 13 22 πρὸς τὸ ἀποπλανᾶν εἰ δυνατὸν τ. ἐκλεκτούς
1 Ti 6 10 ἧς τινὲς ὀρεγόμενοι ἀπεπλανήθησαν ἀπὸ τ. πίστεως

ἈΠΟΠΛΈΩ* 636

Ac 13 4 ἐκεῖθέν τε ἀπέπλευσαν εἰς Κύπρον
14 26 κἀκεῖθεν ἀπέπλευσαν εἰς Ἀντιόχειαν
20 15 κἀκεῖθεν ἀποπλεύσαντες
27 1 ὡς δὲ ἐκρίθη τοῦ ἀποπλεῖν ἡμᾶς εἰς τ. Ἰταλίαν

ʼΑΠΟΠΝΙʹΓΩ 638

Mt 13 7 ἀνέβησαν αἱ ἄκανθαι κ. ἀπέπνιξαν αὐτά
ἔπνιξαν, TWH mg.
Lu 8 7 συνφυεῖσαι αἱ ἄκανθαι ἀπέπνιξαν αὐτό
33 ὥρμησεν ἡ ἀγέλη . . . εἰς τ. λίμνην κ. ἀπεπνίγη

ʼΑΠΟΡΕʹΩ 639

Mk 6 20 πολλὰ ἠπόρει κ. ἡδέως αὐτοῦ ἤκουεν
ἐποίει, R mg.
Lu 24 4 ἐγένετο ἐν τ. ἀπορεῖσθαι αὐτὰς περὶ τούτου
Jo 13 22 ἀπορούμενοι περὶ τίνος λέγει
Ac 25 20 ἀπορούμενος δὲ ἐγὼ τὴν περὶ τούτων ζήτησιν
II Co 4 8 ἀπορούμενοι ἀλλʼ οὐκ ἐξαπορούμενοι
Ga 4 20 ἀλλάξαι τ. φωνήν μου ὅτι ἀποροῦμαι ἐν ὑμῖν

ʼΑΠΟΡΙʹΑ 640

Lu 21 25 ἐπὶ τ. γῆς συνοχὴ ἐθνῶν ἐν ἀπορίᾳ

ʼΑΠΟΡΙʹΠΤΩ 641

Ac 27 43 ἀπορίψαντας πρώτους ἐπὶ τ. γῆν ἐξιέναι

ʼΑΠΟΡΦΑΝΙʹΖΩ* 642

I Th 2 17 ἀπορφανισθέντες ἀφʼ ὑμῶν πρὸς καιρὸν ὥρας

ʼΑΠΟΣΚΙʹΑΣΜΑ*† 644

Ja 1 17 παρʼ ᾧ οὐκ ἔνι παραλλαγὴ ἢ τροπῆς ἀποσκίασμα

ʼΑΠΟΣΠΑʹΩ 645

Mt 26 51 ἀπέσπασεν τ. μάχαιραν αὐτοῦ
Lu 22 41 αὐτὸς ἀπεσπάσθη ἀπʼ αὐτῶν ὡσεὶ λίθου βολήν
Ac 20 30 τοῦ ἀποσπᾶν τ. μαθητὰς ὀπίσω ἑαυτῶν
21 1 ὡς δὲ ἐγένετο ἀναχθῆναι ἡμᾶς ἀποσπασθέντας ἀπʼ αὐτῶν
ἀποσπασθέντες, WH mg.

ʼΑΠΟΣΤΑΣΙʹΑ 646

Ac 21 21 ὅτι ἀποστασίαν διδάσκεις ἀπὸ Μωυσέως
II Th 2 3 ἐὰν μὴ ἔλθῃ ἡ ἀποστασία πρῶτον

ʼΑΠΟΣΤΑʹΣΙΟΝ 647

Mt 5 31 δότω αὐτῇ ἀποστάσιον
כָּתַב לָהּ סֵפֶר כְּרִיתֻת, Dt. xxiv. 1
19 7 τί οὖν Μωυσῆς ἐνετείλατο δοῦναι βιβλίον ἀποστασίου
Mk 10 4 ἐπέτρεψεν Μωυσῆς βιβλίον ἀποστασίου γράψαι

ʼΑΠΟΣΤΕΓΑʹΖΩ** 648

Mk 2 4 ἀπεστέγασαν τ. στέγην ὅπου ἦν

ʼΑΠΟΣΤΕʹΛΛΩ 649

(1) ἀποστ. εἰς (2) ἀποστ. πρός (3) c. infin.

Mt 2 16 ἀποστείλας ἀνεῖλεν πάντας τ. παῖδας τ. ἐν Βηθλεέμ
8 31 [1] ἀπόστειλον ἡμᾶς εἰς τ. ἀγέλην τ. χοίρων
10 5 τούτους τ. δώδεκα ἀπέστειλεν ὁ Ἰησοῦς
16 ἐγὼ ἀποστέλλω ὑμᾶς ὡς πρόβατα ἐν μέσῳ λύκων
40 ὁ ἐμὲ δεχόμενος δέχεται τ. ἀποστείλαντά με
11 10 ἐγὼ ἀποστέλλω τ. ἄγγελόν μου πρὸ προσώπου σου
הִנְנִי שֹׁלֵחַ מַלְאָכִי, Mal. iii. 1
13 41 ἀποστελεῖ ὁ υἱὸς τ. ἀνθρώπου τ. ἀγγέλους αὐτοῦ
14 35 [1] ἀπέστειλαν εἰς ὅλην τ. περίχωρον ἐκείνην
15 24 [1] οὐκ ἀπεστάλην εἰ μὴ εἰς τὰ πρόβατα τὰ ἀπολωλότα
20 2 [1] ἀπέστειλεν αὐτοὺς εἰς τ. ἀμπελῶνα αὐτοῦ
21 1 τότε Ἰησοῦς ἀπέστειλεν δύο μαθητάς
3 εὐθὺς δὲ ἀποστελεῖ αὐτούς
34 [2] ἀπέστειλεν τ. δούλους αὐτοῦ πρὸς τ. γεωργούς
36 πάλιν ἀπέστειλεν ἄλλους δούλους πλείονας τ. πρώτων
37 [2] ὕστερον δὲ ἀπέστειλεν πρὸς αὐτοὺς τ. υἱὸν αὐτοῦ
22 3 [3] ἀπέστειλεν τ. δούλους αὐτοῦ καλέσαι τ. κεκλημένους
4 πάλιν ἀπέστειλεν ἄλλους δούλους
16 ἀποστέλλουσιν αὐτῷ τ. μαθητὰς αὐτῶν μετὰ τ. Ἡρῳδιανῶν
23 34 [2] ἐγὼ ἀποστέλλω πρὸς ὑμᾶς προφήτας
37 [2] λιθοβολοῦσα τ. ἀπεσταλμένους πρὸς αὐτήν
24 31 ἀποστελεῖ τ. ἀγγέλους αὐτοῦ μετὰ σάλπιγγος μεγάλης
27 19 [2] ἀπέστειλεν πρὸς αὐτὸν ἡ γυνὴ αὐτοῦ
Mk 1 2 ἰδοὺ ἀποστέλλω τ. ἄγγελόν μου πρὸ προσώπου σου, Mal. *l.c.*
ἐγὼ ἀποστ., T
3 14 [3] ἵνα ἀποστέλλῃ αὐτοὺς κηρύσσειν
31 [2] ἔξω στήκοντες ἀπέστειλαν πρὸς αὐτόν
4 29 εὐθὺς ἀποστέλλει τ. δρέπανον
5 10 ἵνα μὴ αὐτὰ ἀποστείλῃ ἔξω τ. χώρας
6 7 ἤρξατο αὐτοὺς ἀποστέλλειν δύο δύο
17 αὐτὸς γὰρ ὁ Ἡρῴδης ἀποστείλας ἐκράτησεν τ. Ἰωάνην
27 εὐθὺς ἀποστείλας ὁ βασιλεὺς σπεκουλάτορα
8 26 [1] ἀπέστειλεν αὐτὸν εἰς οἶκον αὐτοῦ
9 37 οὐκ ἐμὲ δέχεται ἀλλὰ τ. ἀποστείλαντά με
11 1 ἀποστέλλει δύο τ. μαθητῶν αὐτοῦ
3 εὐθὺς αὐτὸν ἀποστέλλει πάλιν ὧδε
ἀπ. πάλ. αὐτ., WH mg.
12 2 [2] ἀπέστειλεν πρὸς τ. γεωργοὺς τ. καιρῷ δοῦλον
3 ἔδειραν κ. ἀπέστειλαν κενόν.
4 [2] κ. πάλιν ἀπέστειλεν πρὸς αὐτοὺς ἄλλον δοῦλον
5 κ. ἄλλον ἀπέστειλεν
6 [2] ἀπέστειλεν αὐτὸν ἔσχατον πρὸς αὐτούς
13 [2] ἀποστέλλουσιν πρὸς αὐτόν τινας τ. Φαρισαίων

Mk **13** 27 τότε ἀποστελεῖ τ. ἀγγέλους
14 13 ἀποστέλλει δύο τ. μαθητῶν αὐτοῦ
Lu **1** 19 [3] ἀπεστάλην λαλῆσαι πρός σε
26 ἀπεστάλη ὁ ἄγγελος Γαβριὴλ ἀπὸ τ. Θεοῦ
4 18 [3] ἀπέσταλκέν με κηρύξαι αἰχμαλώτοις ἄφεσιν
שְׁלָחַנִי . . . לִקְרֹא לִשְׁבוּיִם דְּרוֹר, Is. lxi. 1
18 ἀποστεῖλαι τεθραυσμένους ἐν ἀφέσει
וְלַאֲסוּרִים פְּקַח־קוֹחַ, *ib.*
43 ὅτι ἐπὶ τοῦτο ἀπεστάλην
7 3 [2] ἀπέστειλεν πρὸς αὐτὸν πρεσβυτέρους τ. Ἰουδαίων
20 [2] Ἰωάνης ὁ Βαπτιστὴς ἀπέστειλεν ἡμᾶς πρός σε
ἀπέσταλκεν, T
27 ἰδοὺ ἀποστέλλω τ. ἄγγελόν μου πρὸ προσώπου σου, Mal. *l.c.*
9 2 [3] ἀπέστειλεν αὐτοὺς κηρύσσειν τ. βασιλείαν τ. Θεοῦ
48 ὃς ἂν ἐμὲ δέξηται δέχεται τ. ἀποστείλαντά με
52 ἀπέστειλεν ἀγγέλους πρὸ προσώπου αὐτοῦ
10 1 ἀπέστειλεν αὐτοὺς ἀνὰ δύο [δύο] πρὸ προσώπου αὐτοῦ
3 ἰδοὺ ἀποστέλλω ὑμᾶς ὡς ἄρνας ἐν μέσῳ λύκων
16 ὁ δὲ ἐμὲ ἀθετῶν ἀθετεῖ τ. ἀποστείλαντά με
11 49 [1] ἀποστελῶ εἰς αὐτοὺς προφήτας κ. ἀποστόλους
13 34 [2] λιθοβολοῦσα τ. ἀπεσταλμένους πρὸς αὐτήν
14 17 ἀπέστειλεν τ. δοῦλον αὐτοῦ τ. ὥρᾳ τ. δείπνου
32 πρεσβείαν ἀποστείλας ἐρωτᾷ πρὸς εἰρήνην
19 14 ἀπέστειλαν πρεσβείαν ὀπίσω αὐτοῦ
29 ἀπέστειλεν δύο τ. μαθητῶν
32 ἀπελθόντες δὲ οἱ ἀπεσταλμένοι
20 10 [2] καιρῷ ἀπέστειλεν πρὸς τ. γεωργοὺς δοῦλον
20 παρατηρήσαντες ἀπέστειλαν ἐνκαθέτους
22 8 ἀπέστειλεν Πέτρον κ. Ἰωάνην
35 ὅτε ἀπέστειλα ὑμᾶς ἄτερ βαλλαντίου
Jo **1** 6 ἐγένετο ἄνθρωπος ἀπεσταλμένος παρὰ Θεοῦ
19 [2] ὅτε ἀπέστειλαν πρὸς αὐτὸν οἱ Ἰουδαῖοι . . . ἱερεῖς κ. Λευείτας
24 ἀπεσταλμένοι ἦσαν ἐκ τ. Φαρισαίων
3 17 [1] οὐ γὰρ ἀπέστειλεν ὁ Θεὸς τ. υἱὸν εἰς τ. κόσμον
28 ἀλλ' ὅτι ἀπεσταλμένος εἰμὶ ἔμπροσθεν ἐκείνου
34 ὃν γὰρ ἀπέστειλεν ὁ Θεός
4 38 ἐγὼ ἀπέστειλα ὑμᾶς θερίζειν ὃ οὐχ ὑμεῖς κεκοπιάκατε
ἀπέσταλκα, T
5 33 [2] ὑμεῖς ἀπεστάλκατε πρὸς Ἰωάνην
36 μαρτυρεῖ περὶ ἐμοῦ ὅτι ὁ πατήρ με ἀπέσταλκεν
38 ὅτι ὃν ἀπέστειλεν ἐκεῖνος
6 29 ἵνα πιστεύητε εἰς ὃν ἀπέστειλεν ἐκεῖνος
57 καθὼς ἀπέστειλέν με ὁ ζῶν πατήρ
7 29 κἀκεῖνός με ἀπέστειλεν
ἀπέσταλκεν, T
32 ἀπέστειλεν οἱ ἀρχιερεῖς κ. οἱ Φαρισαῖοι ὑπηρέτας

Jo **8** 42 ἀλλ' ἐκεῖνός με ἀπέστειλεν
9 7 τ. κολυμβήθραν τοῦ Σιλωὰμ ὃ ἑρμηνεύεται ἀπεσταλμένος
10 36 [1] ὃν ὁ πατὴρ ἡγίασεν κ. ἀπέστειλεν εἰς τ. κόσμον
11 3 [2] ἀπέστειλαν οὖν αἱ ἀδελφαὶ πρὸς αὐτόν
42 ἵνα πιστεύσωσιν ὅτι σύ με ἀπέστειλας
17 3 ἵνα γινώσκωσί σε . . . κ. ὃν ἀπέστειλας Ἰησοῦν Χριστόν
8 ἐπίστευσαν ὅτι σύ με ἀπέστειλας
18 [1] καθὼς ἐμὲ ἀπέστειλας εἰς τ. κόσμον,
[1] κἀγὼ ἀπέστειλα αὐτοὺς εἰς τ. κόσμον
21 ἵνα ὁ κόσμος πιστεύῃ ὅτι σύ με ἀπέστειλας
23 ἵνα γινώσκῃ ὁ κόσμος ὅτι σύ με ἀπέστειλας
25 οὗτοι ἔγνωσαν ὅτι σύ με ἀπέστειλας
18 24 [2] ἀπέστειλεν οὖν αὐτὸν ὁ Ἄννας δεδεμένον
20 21 καθὼς ἀπέσταλκέν με ὁ πατήρ
Ac **3** 20 ὅπως ἂν . . . ἀποστείλῃ τ. προκεχειρισμένον ὑμῖν Χριστὸν Ἰησοῦν
26 ἀπέστειλεν αὐτὸν εὐλογοῦντα ὑμᾶς
5 21 [1] ἀπέστειλαν εἰς τὸ δεσμωτήριον
7 14 ἀποστείλας δὲ Ἰωσὴφ μετεκαλέσατο Ἰακώβ
34 [1] νῦν δεῦρο ἀποστείλω σε εἰς Αἴγυπτον
וְעַתָּה לְכָה וְאֶשְׁלָחֲךָ אֶל פַּרְעֹה, Ex. iii. 10
35 τοῦτον ὁ Θεὸς κ. ἄρχοντα κ. λυτρωτὴν ἀπέσταλκεν
8 14 [2] ἀπέστειλαν πρὸς αὐτοὺς Πέτρον κ. Ἰωάνην
9 17 Σαοὺλ ἀδελφὲ ὁ Κύριος ἀπέσταλκέν με
38 [2] ἀπέστειλαν δύο ἄνδρας πρὸς αὐτόν
10 8 [1] ἀπέστειλεν αὐτοὺς εἰς τὴν Ἰόππην
17 ἰδοὺ οἱ ἄνδρες οἱ ἀπεσταλμένοι ὑπὸ τ. Κορνηλίου
20 ὅτι ἐγὼ ἀπέσταλκα αὐτούς
36 τ. λόγον ἀπέστειλεν τ. υἱοῖς Ἰσραήλ
τ. λόγ. ὃν ἀπ., TWH mg. R non mg.
11 11 [2] ἀπεσταλμένοι ἀπὸ Καισαρίας πρός με
13 [1] ἀπόστειλον εἰς Ἰόππην
30 [2] ἀποστείλαντες πρὸς τ. πρεσβυτέρους διὰ χειρὸς Βαρνάβα
13 15 [2] ἀπέστειλαν οἱ ἀρχισυνάγωγοι πρὸς αὐτούς
15 27 ἀπεστάλκαμεν οὖν Ἰούδαν κ. Σίλαν
33 ἀπελύθησαν μετ' εἰρήνης . . . πρὸς τ. ἀποστείλαντας αὐτούς
16 35 ἀπέστειλαν οἱ στρατηγοὶ τ. ῥαβδούχους
36 ἀπέσταλκαν οἱ στρατηγοὶ ἵνα ἀπολυθῆτε
19 22 [1] ἀποστείλας δὲ εἰς τ. Μακεδονίαν δύο τ. διακονούντων αὐτῷ
21 25 περὶ δὲ τ. πεπιστευκότων ἐθνῶν ἡμεῖς ἀπεστείλαμεν
ἐπεστείλαμεν, TWH mg. R non mg.
22 21 [1] ἐγὼ εἰς ἔθνη μακρὰν ἀποστελῶ σε
ἐξαποστελῶ, TWH non mg. R
26 17 [1] εἰς οὓς ἐγὼ ἀποστέλλω σε
28 28 τ. ἔθνεσιν ἀπεστάλη τοῦτο τὸ σωτήριον τ. Θεοῦ
Ro **10** 15 πῶς δὲ κηρύξωσιν ἐὰν μὴ ἀποσταλῶσιν;
I Co **1** 17 [3] οὐ γὰρ ἀπέστειλέν με Χριστὸς βαπτίζειν
II Co **12** 17 [2] μή τινα ὧν ἀπέσταλκα πρὸς ὑμᾶς
II Ti **4** 12 [1] Τύχικον δὲ ἀπέστειλα εἰς Ἔφεσον
He **1** 14 [1] λειτουργικὰ πνεύματα εἰς διακονίαν ἀποστελλόμενα
I Pe **1** 12 πνεύματι ἁγίῳ ἀποσταλέντι ἀπ' οὐρανοῦ
I Jo **4** 9 τ. υἱὸν αὐτοῦ τ. μονογενῆ ἀπέσταλκεν ὁ Θεός

1 Jo 4 10 αὐτὸς . . . ἀπέστειλεν τ. υἱὸν αὐτοῦ ἱλασμόν
14 ὁ πατὴρ ἀπέσταλκεν τ. υἱὸν σωτῆρα τ. κόσμου
Re 1 1 ἐσήμανεν ἀποστείλας διὰ τ. ἀγγέλου αὐτοῦ
5 6 [1] τὰ ἑπτὰ πνεύματα τ. Θεοῦ ἀπεσταλμένοι εἰς πᾶσαν τ. γῆν
ἀπεσταλμένα, TWH mg.
22 6 ὁ Θεὸς τ. πνευμάτων τ. προφητῶν ἀπέστειλεν τ. ἄγγελον αὐτοῦ

᾽ΑΠΟΣΤΕΡΕ´Ω 650

Mk 10 19 μὴ ἀποστερήσῃς
1 Co 6 7 διὰ τί οὐχὶ μᾶλλον ἀποστερεῖσθε;
8 ἀλλὰ ὑμεῖς ἀδικεῖτε κ. ἀποστερεῖτε
7 5 μὴ ἀποστερεῖτε ἀλλήλους
1 Ti 6 5 ἀνθρώπων . . . ἀπεστερημένων τ. ἀληθείας

᾽ΑΠΟΣΤΟΛΗ´ 651

Ac 1 25 λαβεῖν τ. τόπον τ. διακονίας ταύτης κ. ἀποστολῆς
Ro 1 5 δι᾽ οὗ ἐλάβομεν χάριν κ. ἀποστολήν
1 Co 9 2 ἡ γὰρ σφραγίς μου τ. ἀποστολῆς ὑμεῖς ἐστέ
Ga 2 8 ὁ γὰρ ἐνεργήσας Πέτρῳ εἰς ἀποστολὴν τ. περιτομῆς

᾽ΑΠΟ´ΣΤΟΛΟΣ 652

(1) ἀπ. Χριστοῦ, Χρ. ᾽Ιησοῦ, ᾽Ιησ. Χρ.
(2) ἀπ. κ. πρεσβύτεροι

Mt 10 2 τῶν δὲ δώδεκα ἀποστόλων τὰ ὀνόματά ἐστιν ταῦτα
Mk 3 14 ἐποίησεν δώδεκα οὓς κ. ἀποστόλους ὠνόμασεν
—οὓς κ. ἀπ. ὠν., TR non mg.
6 30 συνάγονται οἱ ἀπόστολοι πρὸς τ. ᾽Ιησοῦν
Lu 6 13 ἐκλεξάμενος ἀπ᾽ αὐτῶν δώδεκα οὓς κ. ἀποστόλους ὠνόμασεν
9 10 κ. ὑποστρέψαντες οἱ ἀπόστολοι
11 49 ἀποστελῶ εἰς αὐτοὺς προφήτας κ. ἀποστόλους
17 5 κ. εἶπαν οἱ ἀπόστολοι τ. Κυρίῳ
22 14 ἀνέπεσεν κ. οἱ ἀπόστολοι σὺν αὐτῷ
24 10 ἔλεγον πρὸς τ. ἀποστόλους ταῦτα
Jo 13 16 οὐδὲ ἀπόστολος μείζων τ. πέμψαντος αὐτόν
Ac 1 2 ἐντειλάμενος τ. ἀποστόλοις διὰ πνεύματος ἁγίου
26 συνκατεψηφίσθη μετὰ τ. ἕνδεκα ἀποστόλων
2 37 εἶπάν τε πρὸς τ. Πέτρον κ. τ. λοιποὺς ἀποστόλους
42 προσκαρτεροῦντες τ. διδαχῇ τ. ἀποστόλων
43 πολλὰ δὲ τέρατα κ. σημεῖα διὰ τ. ἀποστόλων ἐγίνετο
4 33 δυνάμει μεγάλῃ ἀπεδίδουν τὸ μαρτύριον οἱ ἀπόστολοι
35 ἐτίθουν παρὰ τ. πόδας τ. ἀποστόλων
36 ᾽Ιωσὴφ δὲ ὁ ἐπικληθεὶς Βαρνάβας ἀπὸ τ. ἀποστόλων
37 ἔθηκεν παρὰ τ. πόδας τ. ἀποστόλων
5 2 παρὰ τ. πόδας τ. ἀποστόλων ἔθηκεν
12 διὰ δὲ τ. χειρῶν τ. ἀποστόλων ἐγίνετο σημεῖα
18 ἐπέβαλον τ. χεῖρας ἐπὶ τ. ἀποστόλους
29 ἀποκριθεὶς δὲ Πέτρος κ. οἱ ἀπόστολοι εἶπαν

Ac 5 40 προσκαλεσάμενοι τ. ἀποστόλους
6 6 οὓς ἔστησαν ἐνώπιον τ. ἀποστόλων
8 1 πάντες δὲ διεσπάρησαν . . . πλὴν τ. ἀποστόλων
14 ἀκούσαντες δὲ οἱ ἐν ῾Ιεροσολύμοις ἀπόστολοι
18 διὰ τ. ἐπιθέσεως τ. χειρῶν τ. ἀποστόλων δίδοται τὸ πνεῦμα
9 27 Βαρνάβας δὲ . . . ἤγαγεν πρὸς τ. ἀποστόλους
11 1 ἤκουσαν δὲ οἱ ἀπόστολοι κ. οἱ ἀδελφοί
14 4 οἱ δὲ σὺν τ. ἀποστόλοις
14 ἀκούσαντες δὲ οἱ ἀπόστολοι Βαρνάβας κ. Παῦλος
15 2 [2] ἔταξαν ἀναβαίνειν Παῦλον κ. Βαρνάβαν . . . πρὸς τ. ἀποστόλους κ. πρεσβυτέρους
4 [2] παρεδέχθησαν ἀπὸ τ. ἐκκλησίας κ. τ. ἀποστόλων κ. τ. πρεσβυτέρων
6 [2] συνήχθησάν τε οἱ ἀπόστολοι κ. οἱ πρεσβύτεροι
22 [2] τότε ἔδοξεν τ. ἀποστόλοις κ. τ. πρεσβυτέροις
23 [2] οἱ ἀπόστολοι κ. οἱ πρεσβύτεροι ἀδελφοί
16 4 [2] τ. δόγματα τ. κεκριμένα ὑπὸ τ. ἀποστόλων κ. πρεσβυτέρων
Ro 1 1 Παῦλος . . . κλητὸς ἀπόστολος
11 13 ἐφ᾽ ὅσον μὲν οὖν εἰμὶ ἐγὼ ἐθνῶν ἀπόστολος
16 7 οἵτινές εἰσιν ἐπίσημοι ἐν τ. ἀποστόλοις
1 Co 1 1 [1] Παῦλος κλητὸς ἀπόστολος ᾽Ιησοῦ Χριστοῦ
4 9 ὁ Θεὸς ἡμᾶς τ. ἀποστόλους ἐσχάτους ἀπέδειξεν
9 1 οὐκ εἰμὶ ἀπόστολος;
2 εἰ ἄλλοις οὐκ εἰμὶ ἀπόστολος
5 ὡς κ. οἱ λοιποὶ ἀπόστολοι
12 28 οὓς μὲν ἔθετο ὁ Θεὸς ἐν τ. ἐκκλησίᾳ πρῶτον ἀποστόλους
29 μὴ πάντες ἀπόστολοι;
15 7 εἶτα τ. ἀποστόλοις πᾶσιν
9 ἐγὼ γάρ εἰμι ὁ ἐλάχιστος τ. ἀποστόλων, ὃς οὐκ εἰμὶ ἱκανὸς καλεῖσθαι ἀπόστολος
II Co 1 1 [1] Παῦλος ἀπόστολος Χριστοῦ ᾽Ιησοῦ
8 23 εἴτε ἀδελφοὶ ἡμῶν ἀπόστολοι ἐκκλησιῶν
11 5 λογίζομαι γὰρ μηδὲν ὑστερηκέναι τῶν ὑπερλίαν ἀποστόλων
13 [1] μετασχηματιζόμενοι εἰς ἀποστόλους Χριστοῦ
12 11 οὐδὲν γὰρ ὑστέρησα τῶν ὑπερλίαν ἀποστόλων
12 τὰ μὲν σημεῖα τ. ἀποστόλου κατειργάσθη ἐν ὑμῖν
Ga 1 1 Παῦλος ἀπόστολος οὐκ ἀπ᾽ ἀνθρώπων
17 οὐδὲ ἀνῆλθον εἰς ῾Ιεροσόλυμα πρὸς τοὺς πρὸ ἐμοῦ ἀποστόλους
19 ἕτερον δὲ τ. ἀποστόλων οὐκ εἶδον
Eph 1 1 [1] Παῦλος ἀπόστολος Χριστοῦ ᾽Ιησοῦ
2 20 ἐποικοδομηθέντες ἐπὶ τ. θεμελίῳ τ. ἀποστόλων κ. προφητῶν
3 5 ὡς νῦν ἀπεκαλύφθη τ. ἁγίοις ἀποστόλοις αὐτοῦ κ. προφήταις
4 11 αὐτὸς ἔδωκεν τοὺς μὲν ἀποστόλους
Phl 2 25 ᾽Επαφρόδιτον τ. ἀδελφὸν . . . ὑμῶν δὲ ἀπόστολον
Col 1 1 [1] Παῦλος ἀπόστολος Χριστοῦ ᾽Ιησοῦ
1 Th 2 6 [1] δυνάμενοι ἐν βάρει εἶναι ὡς Χριστοῦ ἀπόστολοι
1 Ti 1 1 [1] Παῦλος ἀπόστολος Χριστοῦ ᾽Ιησοῦ

I Ti 2 7 εἰς ὃ ἐτέθην ἐγὼ κῆρυξ κ. ἀπόστολος
II Ti 1 1 [1] Παῦλος ἀπόστολος Χριστοῦ Ἰησοῦ
11 εἰς ὃ ἐτέθην ἐγὼ κῆρυξ κ. ἀπόστολος κ. διδάσκαλος
Tit 1 1 [1] Παῦλος δοῦλος Θεοῦ ἀπόστολος δὲ Ἰησοῦ Χριστοῦ
He 3 1 κατανοήσατε τ. ἀπόστολον κ. ἀρχιερέα τ. ὁμολογίας ἡμῶν
I Pe 1 1 [1] Πέτρος ἀπόστολος Ἰησοῦ Χριστοῦ
II Pe 1 1 [1] Σίμων Πέτρος δοῦλος ἀπόστολος Ἰησοῦ Χριστοῦ
3 2 μνησθῆναι . . . τῆς τ. ἀποστόλων ὑμῶν ἐντολῆς
Ju 17 μνήσθητε τ. ῥημάτων τ. προειρημένων ὑπὸ τ. ἀποστόλων τ. Κυρίου ἡμῶν
Re 2 2 ἐπείρασας τ. λέγοντας ἑαυτοὺς ἀποστόλους κ. οὐκ εἰσίν
18 20 κ. οἱ ἅγιοι κ. οἱ ἀπόστολοι κ. οἱ προφῆται
21 14 ἐπ' αὐτῶν δώδεκα ὀνόματα τ. δώδεκα ἀποστόλων τ. ἀρνίου

ἈΠΟΣΤΟΜΑΤΊΖΩ* 653

Lu 11 53 ἀποστοματίζειν αὐτὸν περὶ πλειόνων

ἈΠΟΣΤΡΈΦΩ 654

Mt 5 42 τ. θέλοντα ἀπὸ σοῦ δανίσασθαι μὴ ἀποστραφῇς
26 52 ἀπόστρεψον τ. μάχαιράν σου εἰς τ. τόπον αὐτῆς
Lu 23 14 τ. ἄνθρωπον τοῦτον ὡς ἀποστρέφοντα τ. λαόν
Ac 3 26 ἐν τῷ ἀποστρέφειν ἕκαστον ἀπὸ τ. πονηριῶν ὑμῶν
Ro 11 26 ἀποστρέψει ἀσεβείας ἀπὸ Ἰακώβ
לְשָׁבֵי פֶשַׁע בְּיַעֲקֹב, Is. lix. 20
II Ti 1 15 ἀπεστράφησάν με πάντες οἱ ἐν τ. Ἀσίᾳ
4 4 ἀπὸ μὲν τ. ἀληθείας τ. ἀκοὴν ἀποστρέψουσιν
Tit 1 14 ἐντολαῖς ἀνθρώπων ἀποστρεφομένων τ. ἀλήθειαν
He 12 25 ἡμεῖς οἱ τὸν ἀπ' οὐρανῶν ἀποστρεφόμενοι

ἈΠΟΣΤΥΓΈΩ* 655

Ro 12 9 ἀποστυγοῦντες τὸ πονηρόν

ἈΠΟΣΥΝΆΓΩΓΟΣ*† 656

Jo 9 22 ἐάν τις αὐτὸν ὁμολογήσῃ Χριστὸν ἀποσυνάγωγος γένηται
12 42 ἵνα μὴ ἀποσυνάγωγοι γένωνται
16 2 ἀποσυναγώγους ποιήσουσιν ὑμᾶς

ἈΠΟΤΆΣΣΟΜΑΙ 657

Mk 6 46 ἀποταξάμενος αὐτοῖς ἀπῆλθεν εἰς τὸ ὄρος
Lu 9 61 ἐπίτρεψόν μοι ἀποτάξασθαι τοῖς εἰς τ. οἶκόν μου
14 33 ὃς οὐκ ἀποτάσσεται πᾶσι τοῖς ἑαυτοῦ ὑπάρχουσιν
Ac 18 18 τ. ἀδελφοῖς ἀποταξάμενος
21 ἀλλὰ ἀποταξάμενος κ. εἰπών
II Co 2 13 ἀποταξάμενος αὐτοῖς ἐξῆλθον εἰς Μακεδονιαν

ἈΠΟΤΕΛΈΩ** 658

Lu 13 32 ἰάσεις ἀποτελῶ σήμερον κ. αὔριον
Ja 1 15 ἡ δὲ ἁμαρτία ἀποτελεσθεῖσα ἀποκύει θάνατον

ἈΠΟΤΊΘΕΜΑΙ 659

Mt 14 3 κρατήσας τ. Ἰωάνην . . . ἐν τ. φυλακῇ ἀπέθετο
Ac 7 58 οἱ μάρτυρες ἀπέθεντο τὰ ἱμάτια αὐτῶν
Ro 13 12 ἀποθώμεθα οὖν τὰ ἔργα τ. σκότους
Eph 4 22 ἀποθέσθαι ὑμᾶς . . . τ. παλαιὸν ἄνθρωπον
25 διὸ ἀποθέμενοι τὸ ψεῦδος λαλεῖτε ἀλήθειαν
Col 3 8 νυνὶ δὲ ἀπόθεσθε κ. ὑμεῖς τὰ πάντα
He 12 1 ὄγκον ἀποθέμενοι πάντα
Ja 1 21 διὸ ἀποθέμενοι πᾶσαν ῥυπαρίαν
I Pe 2 1 ἀποθέμενοι οὖν πᾶσαν κακίαν

ἈΠΟΤΙΝΆΣΣΩ 660

Lu 9 5 τ. κονιορτὸν ἀπὸ τ. ποδῶν ὑμῶν ἀποτινάσσετε
Ac 28 5 ὁ μὲν οὖν ἀποτινάξας τὸ θηρίον εἰς τὸ πῦρ

ἈΠΟΤΊΝΩ 661

Phm 19 ἐγὼ Παῦλος ἔγραψα τ. ἐμῇ χειρὶ ἐγὼ ἀποτίσω

ἈΠΟΤΟΛΜΆΩ* 662

Ro 10 20 Ἠσαίας δὲ ἀποτολμᾷ κ. λέγει

ἈΠΟΤΟΜΊΑ** 663

Ro 11 22 ἴδε οὖν χρηστότητα κ. ἀποτομίαν Θεοῦ· ἐπὶ μὲν τ. πεσόντας ἀποτομία

ἈΠΟΤΌΜΩΣ** 664

II Co 13 10 ἵνα παρὼν μὴ ἀποτόμως χρήσωμαι
Tit 1 13 δι' ἣν αἰτίαν ἔλεγχε αὐτοὺς ἀποτόμως

ἈΠΟΤΡΈΠΟΜΑΙ** 665

II Ti 3 5 κ. τούτους ἀποτρέπου

ἈΠΟΥΣΊΑ* 666

Phl 2 12 νῦν πολλῷ μᾶλλον ἐν τ. ἀπουσίᾳ μου

ἈΠΟΦΈΡΩ 667

Mk 15 1 δήσαντες τ. Ἰησοῦν ἀπήνεγκαν
Lu 16 22 ἐγένετο δὲ . . . ἀπενεχθῆναι αὐτὸν ὑπὸ τ. ἀγγέλων
Ac 19 12 ὥστε κ. ἐπὶ τ. ἀσθενοῦντας ἀποφέρεσθαι . . . σουδάρια
I Co 16 3 τούτους πέμψω ἀπενεγκεῖν τ. χάριν ὑμῶν
Re 17 3 ἀπήνεγκέν με εἰς ἔρημον ἐν πνεύματι
21 10 ἀπήνεγκέν με ἐν πνεύματι ἐπὶ ὄρος μέγα

ἈΠΟΦΕΎΓΩ** 668

II Pe 1 4 ἀποφυγόντες τῆς ἐν τ. κόσμῳ ἐν ἐπιθυμίᾳ φθορᾶς
2 18 δελεάζουσιν . . . τ. ὀλίγως ἀποφεύγοντας τοὺς ἐν πλάνῃ ἀναστρεφομένους
20 ἀποφυγόντες τὰ μιάσματα τ. κόσμου

ἈΠΟΦΘΈΓΓΟΜΑΙ 669

Ac 2 4 καθὼς τ. Πνεῦμα ἐδίδου ἀποφθέγγεσθαι αὐτοῖς
14 ἐπῆρεν τ. φωνὴν αὐτοῦ κ. ἀπεφθέγξατο αὐτοῖς
26 25 ἀληθείας κ. σωφροσύνης ῥήματα ἀποφθέγγομαι

᾿ΑΠΟΦΟΡΤΙ´ΖΟΜΑΙ* 670

Ac 21 3 ἐκεῖσε γὰρ τὸ πλοῖον ἦν ἀποφορτιζόμενον τ. γόμον

᾿ΑΠΟ´ΧΡΗΣΙΣ* 671

Col 2 22 ἅ ἐστιν πάντα εἰς φθορὰν τ. ἀποχρήσει

᾿ΑΠΟΧΩΡΕ´Ω 672

Mt 7 23 ἀποχωρεῖτε ἀπ᾿ ἐμοῦ οἱ ἐργαζόμενοι τ. ἀνομίαν
Lu 9 39 κ. μόλις ἀποχωρεῖ ἀπ᾿ αὐτοῦ
20 20 ἀποχωρήσαντες ἀπέστειλαν ἐνκαθετοὺς
παρατηρήσαντες, TWH non mg. R
Ac 13 13 Ἰωάνης δὲ ἀποχωρήσας ἀπ᾿ αὐτῶν

᾿ΑΠΟΧΩΡΙ´ΖΟΜΑΙ 673

Ac 15 39 ὥστε ἀποχωρισθῆναι αὐτοὺς ἀπ᾿ ἀλλήλων
Re 6 14 ὁ οὐρανὸς ἀπεχωρίσθη ὡς βιβλίον ἑλισσόμενον

᾿ΑΠΟΨΥ´ΧΩ** 674

Lu 21 26 ἀποψυχόντων ἀνθρώπων ἀπὸ φόβου

῎ΑΠΠΙΟΣ 675

Ac 28 15 ἄχρι Ἀππίου Φόρου κ. Τριῶν Ταβερνῶν

᾿ΑΠΡΟ´ΣΙΤΟΣ* 676

1 Ti 6 16 φῶς οἰκῶν ἀπρόσιτον

᾿ΑΠΡΟ´ΣΚΟΠΟΣ †** 677

Ac 24 16 ἀπρόσκοπον συνείδησιν ἔχειν πρὸς τ. Θεόν
1 Co 10 32 ἀπρόσκοποι κ. Ἰουδαίοις γίνεσθε κ. Ἕλλησι
Phl 1 10 ἵνα ἦτε εἰλικρινεῖς κ. ἀπρόσκοποι εἰς ἡμέραν Χριστοῦ

᾿ΑΠΡΟΣΩΠΟΛΗ´ΜΠΤΩΣ †* 678

1 Pe 1 17 εἰ πατέρα ἐπικαλεῖσθε τ. ἀπροσωπολήμπτως κρίνοντα

᾿ΑΠΤΑΙΣΤΟΣ** 679

Ju 24 τ. δὲ δυναμένῳ φυλάξαι ὑμᾶς ἀπταίστους

680, 681 **῞ΑΠΤΩ** cf. 4014.5

(1) ἅπτειν λύχνον, πυράν

Mt 8 3 ἐκτείνας τ. χεῖρα ἥψατο αὐτοῦ
15 ἥψατο τ. χειρὸς αὐτῆς
9 20 ἥψατο τ. κρασπέδου τ. ἱματίου αὐτοῦ
21 ἐὰν μόνον ἅψωμαι τ. ἱματίου αὐτοῦ
29 τότε ἥψατο τ. ὀφθαλμῶν αὐτῶν
14 36 ἵνα μόνον ἅψωνται τ. κρασπέδου τ. ἱματίου αὐτοῦ·
κ. ὅσοι ἥψαντο διεσώθησαν
17 7 προσῆλθεν ὁ Ἰησοῦς κ. ἁψάμενος αὐτῶν εἶπεν
20 34 σπλαγχνισθεὶς δὲ ὁ Ἰησοῦς ἥψατο τ. ὀμμάτων αὐτῶν
Mk 1 41 ἐκτείνας τ. χεῖρα αὐτοῦ ἥψατο
3 10 ὥστε ἐπιπίπτειν αὐτῷ ἵνα αὐτοῦ ἅψωνται
5 27 ἥψατο τ. ἱματίου αὐτοῦ
28 ἐὰν ἅψωμαι κἂν τ. ἱματίων αὐτοῦ
Mk 5 30 τίς μου ἥψατο τ. ἱματίων;
31 κ. λέγεις Τίς μου ἥψατο;
6 56 ἵνα κἂν τ. κρασπέδου τ. ἱματίου αὐτοῦ ἅψωνται·
κ. ὅσοι ἂν ἥψαντο αὐτοῦ ἐσῴζοντο
7 33 πτύσας ἥψατο τ. γλώσσης αὐτοῦ
8 22 παρακαλοῦσιν αὐτὸν ἵνα αὐτοῦ ἅψηται
10 13 προσέφερον αὐτῷ παιδία ἵνα αὐτῶν ἅψηται
ἅψ. αὐτ., T
Lu 5 13 ἐκτείνας τ. χεῖρα ἥψατο αὐτοῦ
6 19 πᾶς ὁ ὄχλος ἐζήτουν ἅπτεσθαι αὐτοῦ
7 14 προσελθὼν ἥψατο τῆς σοροῦ
39 τίς κ. ποταπὴ ἡ γυνὴ ἥτις ἅπτεται αὐτοῦ
8 16 [1] οὐδεὶς δὲ λύχνον ἅψας καλύπτει αὐτὸν σκεύει
44 ἥψατο τ. κρασπέδου τ. ἱματίου αὐτοῦ
45 εἶπεν ὁ Ἰησοῦς Τίς ὁ ἁψάμενός μου;
46 ὁ δὲ Ἰησοῦς εἶπεν Ἥψατό μού τις
47 δι᾿ ἣν αἰτίαν ἥψατο αὐτοῦ ἀπήγγειλεν
11 33 [1] οὐδεὶς λύχνον ἅψας εἰς κρύπτην τίθησιν
15 8 [1] οὐχὶ ἅπτει λύχνον
18 15 προσέφερον δὲ αὐτῷ κ. τὰ βρέφη ἵνα αὐτῶν ἅπτηται
22 51 ἁψάμενος τ. ὠτίου ἰάσατο αὐτόν
Jo 20 17 λέγει αὐτῇ Ἰησοῦς Μή μου ἅπτου
ἅπτ. μου, WH mg.
Ac 28 2 [1] ἅψαντες γὰρ πυρὰν προσελάβοντο πάντας ἡμᾶς
1 Co 7 1 καλὸν ἀνθρώπῳ γυναικὸς μὴ ἅπτεσθαι
2 Co 6 17 ἀκαθάρτου μὴ ἅπτεσθε
טָמֵא אַל־תִּגָּעוּ, Is. lii. 11
Col 2 21 μὴ ἅψῃ μηδὲ γεύσῃ μηδὲ θίγῃς
1 Jo 5 18 ὁ πονηρὸς οὐχ ἅπτεται αὐτοῦ

᾿ΑΠΦΙ´Α 682

Phm 2 κ. Ἀπφίᾳ τῇ ἀδελφῇ

᾿ΑΠΩΘΕ´ΟΜΑΙ 683

Ac 7 27 ὁ δὲ ἀδικῶν τὸν πλησίον ἀπώσατο αὐτόν
39 οὐκ ἠθέλησαν ὑπήκοοι γενέσθαι . . . ἀλλὰ ἀπώσαντο
13 46 ἐπειδὴ ἀπωθεῖσθε αὐτόν
Ro 11 1 μὴ ἀπώσατο ὁ Θεὸς τ. λαὸν αὐτοῦ;
2 οὐκ ἀπώσατο ὁ Θεὸς τ. λαὸν αὐτοῦ
לֹא יִטֹּשׁ יְהוָה עַמּוֹ, Ps. xciv. 14
1 Ti 1 19 πίστιν κ. ἀγαθὴν συνείδησιν ἥν τινες ἀπωσάμενοι

᾿ΑΠΩ´ΛΕΙΑ 684

(1) υἱὸς τῆς ἀπ. (2) εἰς ἀπ.

Mt 7 13 [2] εὐρύχωρος ἡ ὁδὸς ἡ ἀπάγουσα εἰς τ. ἀπώλειαν
26 8 εἰς τί ἡ ἀπώλεια αὕτη;
Mk 14 4 εἰς τί ἡ ἀπώλεια αὕτη τ. μύρου γέγονεν;
Jo 17 12 [1] οὐδεὶς ἐξ αὐτῶν ἀπώλετο εἰ μὴ ὁ υἱὸς τ. ἀπωλείας
Ac 8 20 [2] τὸ ἀργύριόν σου σὺν σοὶ εἴη εἰς ἀπώλειαν
Ro 9 22 [2] σκεύη ὀργῆς κατηρτισμένα εἰς ἀπώλειαν
Phl 1 28 ἥτις ἐστὶν αὐτοῖς ἔνδειξις ἀπωλείας
3 19 ὧν τὸ τέλος ἀπώλεια
2 Th 2 3 [1] κ. ἀποκαλυφθῇ . . . ὁ υἱὸς τ. ἀπωλείας

I Ti **6** 9 [2] αἵτινες βυθίζουσιν τ. ἀνθρώπους εἰς ὄλεθρον κ. ἀπώλειαν
He **10** 39 [2] ἡμεῖς δὲ οὐκ ἐσμὲν ὑποστολῆς εἰς ἀπώλειαν
II Pe **2** 1 οἵτινες παρεισάξουσιν αἱρέσεις ἀπωλείας
1 ἐπάγοντες ἑαυτοῖς ταχινὴν ἀπώλειαν
3 ἡ ἀπώλεια αὐτῶν οὐ νυστάζει
3 7 εἰς ἡμέραν κρίσεως κ. ἀπωλείας τ. ἀσεβῶν ἀνθρώπων
16 στρεβλοῦσιν . . . πρὸς τ. ἰδίαν αὐτῶν ἀπώλειαν
Re **17** 8 [2] μέλλει ἀναβαίνειν ἐκ τῆς ἀβύσσου κ. εἰς ἀπώλειαν ὑπάγει
11 [2] ἐκ τῶν ἑπτά ἐστιν κ. εἰς ἀπώλειαν ὑπάγει

ἉΡ 684.5

Re 16 16 εἰς τ. τόπον τ. καλούμενον Ἑβραϊστὶ Ἂρ Μαγεδών
Ἁρμαγεδών, TR

ἎΡΑ 686

(1) ἄρα γε, ἄραγε (2) ἄρα οὖν (3) τίς, τί ἄρα (4) εἰ, εἴπερ ἄρα

Mt 7 20 [1] ἄραγε ἀπὸ τ. καρπῶν αὐτῶν ἐπιγνώσεσθε αὐτούς
12 28 ἄρα ἔφθασεν ἐφ' ὑμᾶς ἡ βασιλεία τ. Θεοῦ
17 26 [1] ἄραγε ἐλεύθεροί εἰσιν οἱ υἱοί
18 1 [3] τίς ἄρα μείζων ἐστὶν ἐν τ. βασιλείᾳ τ. οὐρανῶν;
19 25 [3] τίς ἄρα δύναται σωθῆναι;
27 [3] τί ἄρα ἔσται ἡμῖν;
24 45 [3] τίς ἄρα ἐστὶν ὁ πιστὸς δοῦλος κ. φρόνιμος
Mk 4 41 [3] τίς ἄρα οὗτός ἐστιν
11 13 [4] ἦλθεν εἰ ἄρα τι εὑρήσει ἐν αὐτῇ
Lu 1 66 [3] τί ἄρα τὸ παιδίον τοῦτο ἔσται;
8 25 [3] τίς ἄρα οὗτός ἐστιν
11 20 ἄρα ἔφθασεν ἐφ' ὑμᾶς ἡ βασιλεία τ. Θεοῦ
48 ἄρα μάρτυρές ἐστε κ. συνευδοκεῖτε τ. ἔργοις
12 42 [3] τίς ἄρα ἐστὶν ὁ πιστὸς οἰκονόμος ὁ φρόνιμος
22 23 [3] τίς ἄρα εἴη ἐξ αὐτῶν ὁ τοῦτο μέλλων πράσσειν
Ac **8** 22 [4] εἰ ἄρα ἀφεθήσεταί σοι ἡ ἐπίνοια τ. καρδίας σου
11 18 ἄρα κ. τ. ἔθνεσιν ὁ Θεὸς τ. μετάνοιαν εἰς ζωὴν ἔδωκεν
12 18 [3] τί ἄρα ὁ Πέτρος ἐγένετο
17 27 [1] [4] εἰ ἄρα γε ψηλαφήσειαν αὐτὸν κ. εὕροιεν
21 38 οὐκ ἄρα σὺ εἶ ὁ Αἰγύπτιος
Ro **5** 18 [2] ἄρα οὖν ὡς δι' ἑνὸς παραπτώματος
7 3 [2] ἄρα οὖν ζῶντος τ. ἀνδρὸς μοιχαλὶς χρηματίσει
21 εὑρίσκω ἄρα τ. νόμον
25 [2] ἄρα οὖν αὐτὸς ἐγὼ τῷ μὲν νοΐ δουλεύω
8 1 οὐδὲν ἄρα νῦν κατάκριμα τοῖς ἐν Χριστῷ Ἰησοῦ
12 [2] ἄρα οὖν ἀδελφοὶ ὀφειλέται ἐσμέν
9 16 [2] ἄρα οὖν οὐ τ. θέλοντος οὐδὲ τ. τρέχοντος
18 [2] ἄρα οὖν ὃν θέλει ἐλεεῖ
10 17 ἄρα ἡ πίστις ἐξ ἀκοῆς
14 12 [2] ἄρα οὖν ἕκαστος ἡμῶν περὶ ἑαυτοῦ λόγον δώσει
Ro **14** 19 [2] ἄρα οὖν τὰ τ. εἰρήνης διώκωμεν
I Co 5 10 ἐπεὶ ὠφείλετε ἄρα ἐκ τ. κόσμου ἐξελθεῖν
7 14 ἐπεὶ ἄρα τὰ τέκνα ὑμῶν ἀκάθαρτά ἐστιν
15 14 κενὸν ἄρα τὸ κήρυγμα ἡμῶν
15 [4] εἴπερ ἄρα νεκροὶ οὐκ ἐγείρονται
18 ἄρα κ. οἱ κοιμηθέντες ἐν Χριστῷ ἀπώλοντο
II Co 1 17 μήτι ἄρα τ. ἐλαφρίᾳ ἐχρησάμην;
5 14 ἄρα οἱ πάντες ἀπέθανον
7 12 ἄρα εἰ κ. ἔγραψα ὑμῖν
Ga 2 21 ἄρα Χριστὸς δωρεὰν ἀπέθανεν
3 7 γινώσκετε ἄρα ὅτι οἱ ἐκ πίστεως οὗτοι υἱοί εἰσιν Ἀβραάμ
29 ἄρα τοῦ Ἀβραὰμ σπέρμα ἐστέ
5 11 ἄρα κατήργηται τὸ σκάνδαλον τ. σταυροῦ
6 10 [2] ἄρα οὖν ὡς καιρὸν ἔχωμεν ἐργαζώμεθα τ. ἀγαθόν
Eph 2 19 [2] ἄρα οὖν οὐκέτι ἐστὲ ξένοι κ. πάροικοι
I Th 5 6 [2] ἄρα οὖν μὴ καθεύδωμεν ὡς οἱ λοιποί
II Th 2 15 [2] ἄρα οὖν ἀδελφοὶ στήκετε
He 4 9 ἄρα ἀπολείπεται σαββατισμὸς τ. λαῷ τ. Θεοῦ
12 8 ἄρα νόθοι κ. οὐχ υἱοί ἐστε

ἎΡΑ 687

(1) Ἆρά γε

Lu 18 8 ἆρα εὑρήσει τ. πίστιν ἐπὶ τ. γῆς;
Ac 8 30 [1] ἆρά γε γινώσκεις ἃ ἀναγινώσκεις;
Ga 2 17 ἆρα Χριστὸς ἁμαρτίας διάκονος;

ἈΡΑ΄ 685

Ro 3 14 ὧν τὸ στόμα ἀρᾶς κ. πικρίας γέμει
אָלָה פִּיהוּ מָלֵא וּמִרְמוֹת וָתֹךְ, Ps. x. 7

ἈΡΑΒΙ΄Α 688

Ga **1** 17 ἀλλὰ ἀπῆλθον εἰς Ἀραβίαν
4 25 τὸ δὲ Ἄγαρ Σινὰ ὄρος ἐστὶν ἐν τ. Ἀραβίᾳ

ἈΡΑ΄Μ 689

Mt **1** 3 Ἑσρὼμ δὲ ἐγέννησεν τ. Ἀράμ·
4 Ἀρὰμ δὲ ἐγέννησεν τ. Ἀμιναδάβ
Lu **3** 33 τοῦ Ἀμιναδὰβ τοῦ Ἀρὰμ τοῦ Ἑσρών
τ. Ἀρνεί, R non mg.; τ. Ἀδμεὶν τ. Ἀρνεί, TWHR mg. alter

ἌΡΑΦΟΣ* † 689.5

Jo 19 23 ἦν δὲ ὁ χιτὼν ἄραφος

ἌΡΑΨ 690

Ac 2 11 Κρῆτες κ. Ἄραβες ἀκούομεν λαλούντων αὐτῶν

ἈΡΓΕ΄Ω 691

II Pe 2 3 οἷς τὸ κρίμα ἔκπαλαι οὐκ ἀργεῖ

ἈΡΓΟ΄Σ 692

Mt 12 36 πᾶν ῥῆμα ἀργὸν ὃ λαλήσουσιν οἱ ἄνθρωποι
20 3 εἶδεν ἄλλους ἑστῶτας ἐν τ. ἀγορᾷ ἀργούς
6 τί ὧδε ἑστήκατε ὅλην τ. ἡμέραν ἀργοί;
I Ti 5 13 ἅμα δὲ κ. ἀργαὶ μανθάνουσιν περιερχόμεναι **τ. οἰκίας,**
οὐ μόνον δὲ ἀργαὶ ἀλλὰ κ. φλύαροι κ. περίεργοι

Ti 1 12 Κρῆτες ἀεὶ ψεῦσται κακὰ θηρία γαστέρες ἀργαί
Ja 2 20 ἡ πίστις χωρὶς τ. ἔργων ἀργή ἐστιν
II Pe 1 8 οὐκ ἀργοὺς οὐδὲ ἀκάρπους καθίστησιν

ἈΡΓΥ´ΡΕΟΣ 693

Ac 19 24 ποιῶν ναοὺς ἀργυροῦς Ἀρτέμιδος [ἀργυροῦς], WH
II Ti 2 20 οὐκ ἔστιν μόνον σκεύη χρυσᾶ κ. ἀργυρᾶ
Re 9 20 ἵνα μὴ προσκυνήσουσιν . . . τ. εἴδωλα τ. χρυσᾶ κ. τ. ἀργυρᾶ

ἈΡΓΥ´ΡΙΟΝ 694

(1) ἀργύρια

Mt 25 18 ἔκρυψεν τὸ ἀργύριον τ. κυρίου αὐτοῦ
27 [1] ἔδει σε οὖν βαλεῖν τὰ ἀργύριά μου τ. τραπεζείταις
26 15 [1] οἱ δὲ ἔστησαν αὐτῷ τριάκοντα ἀργύρια τρ. στατῆρας, WH mg.
27 3 [1] μεταμεληθεὶς ἔστρεψεν τὰ τριάκοντα ἀργύρια τ. ἀρχιερεῦσιν
5 [1] ῥίψας τὰ ἀργύρια εἰς τ. ναὸν ἀνεχώρησεν
6 [1] οἱ δὲ ἀρχιερεῖς λαβόντες τὰ ἀργύρια
9 [1] κ. ἔλαβον τὰ τριάκοντα ἀργύρια
וָאֶקְחָה שְׁלֹשִׁים הַכֶּסֶף, Zech. xi. 13
28 12 [1] ἀργύρια ἱκανὰ ἔδωκαν τ. στρατιώταις
15 [1] οἱ δὲ λαβόντες τὰ ἀργύρια —τὰ, WH non mg.
Mk 14 11 ἐπηγγείλαντο αὐτῷ ἀργύριον δοῦναι
Lu 9 3 μήτε πήραν μήτε ἄρτον μήτε ἀργύριον
19 15 τ. δούλους τούτους οἷς δεδώκει τὸ ἀργύριον
23 διὰ τί οὐκ ἔδωκάς μου τὸ ἀργύριον ἐπὶ τράπεζαν;
22 5 συνέθεντο αὐτῷ ἀργύριον δοῦναι
Ac 3 6 ἀργύριον κ. χρυσίον οὐχ ὑπάρχει μοι
7 16 ἐν τ. μνήματι ᾧ ὠνήσατο Ἀβραὰμ τιμῆς ἀργυρίου
8 20 τὸ ἀργύριόν σου σὺν σοὶ εἴη εἰς ἀπώλειαν
19 19 εὗρον ἀργυρίου μυριάδας πέντε
20 33 ἀργυρίου ἢ χρυσίου ἢ ἱματισμοῦ οὐδενὸς ἐπεθύμησα
I Co 3 12 εἰ δέ τις ἐποικοδομεῖ ἐπὶ τ. θεμέλιον χρυσίον ἀργύριον χρυσ. καὶ ἀργ., WH mg.
I Pe 1 18 οὐ φθαρτοῖς ἀργυρίῳ ἢ χρυσίῳ ἐλυτρώθητε

ἈΡΓΥΡΟΚΟ´ΠΟΣ 695

Ac 19 24 Δημήτριος γάρ τις ὀνόματι ἀργυροκόπος

ἌΡΓΥΡΟΣ 696

Mt 10 9 μὴ κτήσησθε χρυσὸν μηδὲ ἄργυρον
Ac 17 29 οὐκ ὀφείλομεν νομίζειν χρυσῷ ἢ ἀργύρῳ . . . τ. θεῖον εἶναι ὅμοιον
Ja 5 3 ὁ χρυσὸς ὑμῶν κ. ὁ ἄργυρος κατίωται
Re 18 12 γόμον χρυσοῦ κ. ἀργύρου κ. λίθου τιμίου

ἌΡΕΙΟΣ ΠΑ´ΓΟΣ 697

Ἄριος, T

Ac 17 19 ἐπιλαβόμενοι δὲ αὐτοῦ ἐπὶ τ. Ἄρειον Πάγον ἤγαγον
22 σταθεὶς δὲ Παῦλος ἐν μέσῳ τ. Ἀρείου Πάγου

ἈΡΕΟΠΑΓΙ´ΤΗΣ 698

Ac 17 34 ἐν οἷς κ. Διονύσιος ὁ Ἀρεοπαγίτης [ὁ], WH; Ἀρεοπαγείτης, T

ἈΡΕΣΚΙ´Α 699

Col 1 10 περιπατῆσαι ἀξίως τ. Κυρίου εἰς πᾶσαν ἀρεσκίαν

ἈΡΕ´ΣΚΩ 700

(1) ἀρ. Θεῷ, Κυρίῳ (2) ἀρ. ἐνώπιον

Mt 14 6 ὠρχήσατο ἡ θυγάτηρ . . . . κ. ἤρεσεν τ. Ἡρῴδῃ
Mk 6 22 ἤρεσεν τ. Ἡρῴδῃ κ. τ. συνανακειμένοις
Ac 6 5 [2] ἤρεσεν ὁ λόγος ἐνώπιον πάντος τ. πλήθους
Ro 8 8 [1] οἱ δὲ ἐν σαρκὶ ὄντες Θεῷ ἀρέσαι οὐ δύνανται
15 1 ὀφείλομεν δὲ ἡμεῖς οἱ δυνατοὶ . . . μὴ ἑαυτοῖς ἀρέσκειν·
2 ἕκαστος ἡμῶν τῷ πλησίον ἀρεσκέτω
3 κ. γὰρ ὁ Χριστὸς οὐχ ἑαυτῷ ἤρεσεν
I Co 7 32 [1] ὁ ἄγαμος μεριμνᾷ τὰ τ. Κυρίου πῶς ἀρέσῃ τ. Κυρίῳ·
33 ὁ δὲ γαμήσας μεριμνᾷ τὰ τ. κόσμου πῶς ἀρέσῃ τ. γυναικί
34 ἡ δὲ γαμήσασα μεριμνᾷ τὰ τ. κόσμου πῶς ἀρέσῃ τ. ἀνδρί
10 33 καθὼς κἀγὼ πάντα πᾶσιν ἀρέσκω
Ga 1 10 ἢ ζητῶ ἀνθρώποις ἀρέσκειν; εἰ ἔτι ἀνθρώποις ἤρεσκον
I Th 2 4 οὐχ ὡς ἀνθρώποις ἀρέσκοντες
15 [1] ἡμᾶς ἐκδιωξάντων κ. Θεῷ μὴ ἀρεσκόντων
4 1 [1] τὸ πῶς δεῖ ὑμᾶς περιπατεῖν κ. ἀρέσκειν Θεῷ
II Ti 2 4 ἵνα τ. στρατολογήσαντι ἀρέσῃ

ἈΡΕΣΤΟ´Σ 701

Jo 8 29 ὅτι ἐγὼ τ. ἀρεστὰ αὐτῷ ποιῶ πάντοτε
Ac 6 2 οὐκ ἀρεστόν ἐστιν ἡμᾶς . . . διακονεῖν τραπέζαις
12 3 ἰδὼν δὲ ὅτι ἀρεστόν ἐστιν τ. Ἰουδαίοις
I Jo 3 22 τὰ ἀρεστὰ ἐνώπιον αὐτοῦ ποιοῦμεν

ἈΡΕ´ΤΑΣ 702

II Co 11 32 ὁ ἐθνάρχης Ἀρέτα τ. βασιλέως Ἁρέτα, WH

ἈΡΕΤΗ´ 703

Phl 4 8 εἴ τις ἀρετὴ κ. εἴ τις ἔπαινος
I Pe 2 9 ὅπως τ. ἀρετὰς ἐξαγγείλητε τοῦ ἐκ σκότους ὑμᾶς καλέσαντος
II Pe 1 3 διὰ τ. ἐπιγνώσεως τ. καλέσαντος ἡμᾶς διὰ δόξης κ. ἀρετῆς ἰδίᾳ δόξῃ κ. ἀρετῇ, TWH mg. R non mg.
5 ἐπιχορηγήσατε ἐν τ. πίστει ὑμῶν τ. ἀρετήν, ἐν δὲ τ. ἀρετῇ τ. γνῶσιν

ἈΡΗ´Ν 704

Lu 10 3 ἀποστέλλω ὑμᾶς ὡς ἄρνας ἐν μέσῳ λύκων

ἈΡΙΘΜΕ´Ω 705

Mt 10 30 αἱ τρίχες τ. κεφαλῆς πᾶσαι ἠριθμημέναι εἰσίν

Lu 12 7 κ. αἱ τρίχες τ. κεφαλῆς ὑμῶν πᾶσαι ἠρίθμηνται
Re 7 9 ὃν ἀριθμῆσαι αὐτὸν οὐδεὶς ἐδύνατο

ἈΡΙΘΜΌΣ 706

Lu 22 3 Ἰούδαν . . . ὄντα ἐκ τ. ἀριθμοῦ τῶν δώδεκα
Jo 6 10 ἀνέπεσαν οὖν οἱ ἄνδρες τ. ἀριθμὸν ὡς πεντακισχίλιοι
Ac 4 4 ἐγενήθη ἀριθμὸς τ. ἀνδρῶν ὡς χιλιάδες πέντε
5 36 ᾧ προσεκλίθη ἀνδρῶν ἀριθμὸς ὡς τετρακοσίων
6 7 ἐπληθύνετο ὁ ἀριθμὸς τ. μαθητῶν ἐν Ἰερουσαλὴμ
11 21 πολύς τε ἀριθμὸς ὁ πιστεύσας ἐπέστρεψεν ἐπὶ τ. Κύριον
16 5 ἐπερίσσευον τ. ἀριθμῷ καθ' ἡμέραν
Ro 9 27 ἐὰν ᾖ ὁ ἀριθμὸς τ. υἱῶν Ἰσραὴλ ὡς ἡ ἄμμος τ. θαλάσσης
כִּי אִם־יִהְיֶה עַמְּךָ יִשְׂרָאֵל כְּחוֹל הַיָּם, Is. x. 22, cp. Hos. ii. 1
Re 5 11 κ. ἦν ὁ ἀριθμὸς αὐτῶν μυριάδες μυριάδων
7 4 ἤκουσα τ. ἀριθμὸν τ. ἐσφραγισμένων
9 16 ὁ ἀριθμὸς τ. στρατευμάτων τ. ἱππικοῦ
16 ἤκουσα τ. ἀριθμὸν αὐτῶν
13 17 ἢ τ. ἀριθμὸν τ. ὀνόματος αὐτοῦ
18 ψηφισάτω τ. ἀριθμὸν τ. θηρίου· ἀριθμὸς γὰρ ἀνθρώπου ἐστίν, κ. ὁ ἀριθμὸς αὐτοῦ ἑξακόσιοι ἑξήκοντα ἕξ
15 2 τ. νικῶντας . . . ἐκ τ. ἀριθμοῦ τ. ὀνόματος αὐτοῦ
20 8 ὧν ὁ ἀριθμὸς αὐτῶν ὡς ἡ ἄμμος τ. θαλάσσης

ἈΡΙΜΑΘΑΊΑ 707

Ἁριμαθαία, WH

Mt 27 57 ἦλθεν ἄνθρωπος πλούσιος ἀπὸ Ἀριμαθαίας
Mk 15 43 ἐλθὼν Ἰωσὴφ ὁ ἀπὸ Ἀριμαθαίας
—ὁ, WH non mg.
Lu 23 51 ἀνὴρ ὀνόματι Ἰωσὴφ . . . ἀπὸ Ἀριμαθαίας πόλεως τ. Ἰουδαίων
Jo 19 38 ἠρώτησεν τ. Πειλᾶτον Ἰωσὴφ ἀπὸ Ἀριμαθαίας
ὁ ἀπ. Ἀρ., T

ἌΡΙΟΣ *Vide* ἌΡΕΙΟΣ, 697

ἈΡΊΣΤΑΡΧΟΣ 708

Ac 19 29 συναρπάσαντες Γαῖον κ. Ἀρίσταρχον Μακεδόνας
20 4 Θεσσαλονικέων δὲ Ἀρίσταρχος καὶ Σέκουνδος
27 2 ὄντος σὺν ἡμῖν Ἀριστάρχου Μακεδόνος Θεσσαλονικέως
Col 4 10 ἀσπάζεται ὑμᾶς Ἀρίσταρχος ὁ συναιχμάλωτός μου
Phm 24 Μάρκος Ἀρίσταρχος Δημᾶς . . . οἱ συνεργοί μου

ἈΡΙΣΤΆΩ 709

Lu 11 37 ἐρωτᾷ αὐτὸν Φαρισαῖος ὅπως ἀριστήσῃ παρ' αὐτῷ
Jo 21 12 δεῦτε ἀριστήσατε
15 ὅτε οὖν ἠρίστησαν

ἈΡΙΣΤΕΡΌΣ 710

Mt 6 3 μὴ γνώτω ἡ ἀριστερά σου
Mk 10 37 δὸς ἡμῖν ἵνα . . . εἷς ἐξ ἀριστερῶν καθίσωμεν
σου ἐξ ἀρ., T
Lu 23 33 ὃν μὲν ἐκ δεξιῶν ὃν δὲ ἐξ ἀριστερῶν
II Co 6 7 διὰ τ. ὅπλων τ. δικαιοσύνης τ. δεξιῶν κ. ἀριστερῶν

ἈΡΙΣΤΌΒΟΥΛΟΣ 711

Ro 16 10 ἀσπάσασθε τοὺς ἐκ τῶν Ἀριστοβούλου

ἌΡΙΣΤΟΝ 712

Mt 22 4 ἰδοὺ τὸ ἄριστόν μου ἡτοίμακα
Lu 11 38 ὅτι οὐ πρῶτον ἐβαπτίσθη πρὸ τ. ἀρίστου
14 12 ὅταν ποιῇς ἄριστον ἢ δεῖπνον

ἈΡΚΕΤΌΣ** 713

Mt 6 34 ἀρκετὸν τ. ἡμέρᾳ ἡ κακία αὐτῆς
10 25 ἀρκετὸν τ. μαθητῇ ἵνα γένηται ὡς ὁ διδάσκαλος
I Pe 4 3 ἀρκετὸς γὰρ ὁ παρεληλυθὼς χρόνος

ἈΡΚΈΩ 714

(1) Impers. (

Mt 25 9 [1] μήποτε οὐ μὴ ἀρκέσῃ ἡμῖν κ. ὑμῖν
Lu 3 14 ἀρκεῖσθε τ. ὀψωνίοις ὑμῶν
Jo 6 7 διακοσίων δηναρίων ἄρτοι οὐκ ἀρκοῦσιν αὐτοῖς
14 8 [1] δεῖξον ἡμῖν τ. πατέρα κ. ἀρκεῖ ἡμῖν
II Co 12 9 ἀρκεῖ σοι ἡ χάρις μου
I Ti 6 8 ἔχοντες δὲ διατροφὰς κ. σκεπάσματα τούτοις ἀρκεσθησόμεθα
He 13 5 ἀρκούμενοι τ. παροῦσιν
III Jo 10 κ. μὴ ἀρκούμενος ἐπὶ τούτοις

ἌΡΚΟΣ 715

Re 13 2 οἱ πόδες αὐτοῦ ὡς ἄρκου

ἉΡΜΑ 716

Ac 8 28 ἦν δὲ ὑποστρέφων κ. καθήμενος ἐπὶ τ. ἅρματος αὐτοῦ
29 πρόσελθε κ. κολλήθητι τ. ἅρματι τούτῳ
38 ἐκέλευσεν στῆναι τὸ ἅρμα
Re 9 9 ἡ φωνὴ τ. πτερύγων αὐτῶν ὡς φωνὴ ἁρμάτων ἵππων

ἉΡΜΑΓΕΔΏΝ 717

Re 16 16 συνήγαγεν αὐτοὺς εἰς τ. τόπον τ. καλούμενον Ἑβραϊστὶ Ἁρμαγεδών
Ἃρ Μαγεδών, WH

ἉΡΜΌΖΟΜΑΙ 718

II Co 11 2 ἡρμοσάμην γὰρ ὑμᾶς ἑνὶ ἀνδρὶ

ἉΡΜΌΣ** 719

He 4 12 διικνούμενος ἄχρι μερισμοῦ . . . ἁρμῶν τε κ. μυελῶν

ἈΡΝΕΊ 719.5

Lu 3 33 τοῦ Ἀδμεὶν τοῦ Ἀ. τοῦ Ἑσρὼν
Ἀρὰμ, R mg.

ἈΡΝΈΟΜΑΙ 720

(1) ἀρν. τινα (2) ἀρν. τι

Mt 10 33 [1] ὅστις δὲ ἀρνήσηταί με ἔμπροσθεν τ. ἀνθρώπων,
[1] ἀρνήσομαι κἀγὼ αὐτὸν ἔμπροσθεν τ. πατρός μου
26 70 ὁ δὲ ἠρνήσατο ἔμπροσθεν πάντων
72 κ. πάλιν ἠρνήσατο μετὰ ὅρκου
Mk 14 68 ὁ δὲ ἠρνήσατο λέγων
70 ὁ δὲ πάλιν ἠρνεῖτο
Lu 8 45 ἀρνουμένων δὲ πάντων
9 23 [1] εἴ τις θέλει ὀπίσω μου ἔρχεσθαι ἀρνησάσθω ἑαυτόν
ἀπαρνησάσθω, WH mg.
12 9 [1] ὁ δὲ ἀρνησάμενός με ἐνώπιον τ. ἀνθρώπων
22 57 [1] ὁ δὲ ἠρνήσατο λέγων
ἠρν. αὐτὸν, T
Jo 1 20 ὡμολόγησεν κ. οὐκ ἠρνήσατο
13 38 [1] ἕως οὗ ἀρνήσῃ με τρίς
18 25 ἠρνήσατο ἐκεῖνος κ. εἶπεν
27 πάλιν οὖν ἠρνήσατο Πέτρος
Ac 3 13 κ. ἠρνήσασθε κατὰ πρόσωπον Πειλάτου
14 [1] ὑμεῖς δὲ τ. ἅγιον κ. δίκαιον ἠρνήσασθε
4 16 κ. οὐ δυνάμεθα ἀρνεῖσθαι
7 35 [1] τοῦτον τ. Μωυσῆν ὃν ἠρνήσαντο εἰπόντες
I Ti 5 8 [2] τ. πίστιν ἤρνηται κ. ἔστιν ἀπίστου χείρων
II Ti 2 12 [1] εἰ ἀρνησόμεθα κἀκεῖνος ἀρνήσεται ἡμᾶς
13 [1] ἀρνήσασθαι γὰρ ἑαυτὸν οὐ δύναται
3 5 [2] τ. δὲ δύναμιν αὐτῆς ἠρνημένοι
Tit 1 16 τ. δὲ ἔργοις ἀρνοῦνται
2 12 [2] ἀρνησάμενοι τ. ἀσέβειαν κ. τ. κοσμικὰς ἐπιθυμίας
He 11 24 πίστει Μωυσῆς . . . ἠρνήσατο λέγεσθαι υἱὸς θυγατρὸς Φαραώ
II Pe 2 1 [1] τ. ἀγοράσαντα αὐτοὺς δεσπότην ἀρνούμενοι
I Jo 2 22 εἰ μὴ ὁ ἀρνούμενος ὅτι Ἰησοῦς οὐκ ἔστιν ὁ Χριστός;
[1] οὗτός ἐστιν ὁ ἀντίχριστος ὁ ἀρνούμενος τ. πατέρα κ. τ. υἱόν.
23 [1] πᾶς ὁ ἀρνούμενος τ. υἱὸν οὐδὲ τ. πατέρα ἔχει
Ju 4 [1] τ. μόνον δεσπότην κ. Κύριον ἡμῶν . . . ἀρνούμενοι
Re 2 13 [2] οὐκ ἠρνήσω τ. πίστιν μου
3 8 [2] οὐκ ἠρνήσω τὸ ὄνομά μου

ἈΡΝΊΟΝ 721

(1) ἀρνία

Jo 21 15 [1] βόσκε τὰ ἀρνία μου
Re 5 6 ἀρνίον ἑστηκὸς ὡς ἐσφαγμένον
8 οἱ εἴκοσι τέσσαρες πρεσβύτεροι ἔπεσαν ἐνώπιον τ. ἀρνίου
12 ἄξιόν ἐστιν τὸ ἀρνίον τὸ ἐσφαγμένον
13 τ. ἀρνίῳ ἡ εὐλογία κ. ἡ τιμὴ
6 1 ὅτε ἤνοιξεν τὸ ἀρνίον μίαν ἐκ τ. ἑπτὰ σφραγίδων
Re 6 16 κρύψατε ἡμᾶς . . . ἀπὸ τ. ὀργῆς τ. ἀρνίου
7 9 ἑστῶτες ἐνώπιον τ. θρόνου κ. ἐνώπιον τ. ἀρνίου
10 ἡ σωτηρία τ. Θεῷ ἡμῶν . . . κ. τ. ἀρνίῳ
14 ἐλεύκαναν αὐτὰς ἐν τ. αἵματι τ. ἀρνίου
17 τὸ ἀρνίον τὸ ἀνὰ μέσον τ. θρόνου ποιμανεῖ αὐτούς
12 11 αὐτοὶ ἐνίκησαν αὐτὸν διὰ τὸ αἷμα τ. ἀρνίου
13 8 ἐν τ. βιβλίῳ τ. ζωῆς τ. ἀρνίου τ. ἐσφαγμένου
11 εἶχεν κέρατα δύο ὅμοια ἀρνίῳ
14 1 ἰδοὺ τὸ ἀρνίον ἑστὸς ἐπὶ τὸ ὄρος Σιών
4 οὗτοι οἱ ἀκολουθοῦντες τ. ἀρνίῳ ὅπου ἂν ὑπάγει
4 ἀπαρχὴ τ. Θεῷ κ. τ. ἀρνίῳ
10 ἐνώπιον ἀγγέλων ἁγίων κ. ἐνώπιον τ. ἀρνίου
15 3 ᾄδουσιν . . . τ. ᾠδὴν τ. ἀρνίου
17 14 οὗτοι μετὰ τ. ἀρνίου πολεμήσουσιν, κ. τὸ ἀρνίον νικήσει αὐτούς
19 7 ὅτι ἦλθεν ὁ γάμος τ. ἀρνίου
9 μακάριοι οἱ εἰς τὸ δεῖπνον τ. γάμου τ. ἀρνίου κεκλημένοι
21 9 δείξω σοι τ. νύμφην τ. γυναῖκα τ. ἀρνίου
14 ἐπ' αὐτῶν δώδεκα ὀνόματα τ. δώδεκα ἀποστόλων τ. ἀρνίου
22 ὁ γὰρ Κύριος . . . ναὸς αὐτῆς ἐστὶν κ. το ἀρνίον
23 ὁ λύχνος αὐτῆς τὸ ἀρνίον
27 οἱ γεγραμμένοι ἐν τ. βιβλίῳ τ. ζωῆς τ. ἀρνίου
22 1 ἐκπορευόμενον ἐκ τ. θρόνου τ. Θεοῦ κ. τ. ἀρνίου
3 ὁ θρόνος τ. Θεοῦ κ. τ. ἀρνίου ἐν αὐτῇ ἔσται

ἌΡΝΑΣ *Vide* ἈΡΗ'Ν, 704

ἈΡΟΤΡΙΆΩ 722

Lu 17 7 τίς δὲ ἐξ ὑμῶν δοῦλον ἔχων ἀροτριῶντα ἢ ποιμαίνοντα
I Co 9 10 ὅτι ὀφείλει ἐπ' ἐλπίδι ὁ ἀροτριῶν ἀροτριᾶν

ἌΡΟΤΡΟΝ 723

Lu 9 62 οὐδεὶς ἐπιβαλὼν τ. χεῖρα ἐπ' ἄροτρον

ἉΡΠΑΓΉ 724

Mt 23 25 ἔσωθεν δὲ γεμοῦσιν ἐξ ἁρπαγῆς κ. ἀκρασίας
Lu 11 39 τὸ δὲ ἔσωθεν ὑμῶν γέμει ἁρπαγῆς κ. πονηρίας
He 10 34 τ. ἁρπαγὴν τ. ὑπαρχόντων ὑμῶν μετὰ χαρᾶς προσδέξασθε

ἉΡΠΑΓΜΌΣ* 725

Phl 2 6 οὐχ ἁρπαγμὸν ἡγήσατο τὸ εἶναι ἴσα Θεῷ

ἉΡΠΆΖΩ 726

Mt 11 12 βιασταὶ ἁρπάζουσιν αὐτήν
12 29 πῶς δύναταί τις . . . τὰ σκεύη αὐτοῦ ἁρπάσαι
13 19 ἁρπάζει τὸ ἐσπαρμένον ἐν τ. καρδίᾳ αὐτοῦ
Jo 6 15 γνοὺς ὅτι μέλλουσιν ἔρχεσθαι κ. ἁρπάζειν αὐτόν
10 12 ὁ λύκος ἁρπάζει αὐτά
28 οὐχ ἁρπάσει τις αὐτὰ ἐκ τ. χειρός μου

Jo 10 29 οὐδεὶς δύναται ἁρπάζειν ἐκ τ. χειρὸς τ. πατρός
Ac 8 39 πνεῦμα κυρίου ἥρπασεν τ. Φίλιππον
23 10 ἐκέλευσεν τὸ στράτευμα καταβὰν ἁρπάσαι αὐτὸν ἐκ μέσου αὐτῶν
II Co 12 2 ἁρπαγέντα τ. τοιοῦτον ἕως τρίτου οὐρανοῦ
4 ὅτι ἡρπάγη εἰς τ. παράδεισον
I Th 4 17 ἅμα σὺν αὐτοῖς ἁρπαγησόμεθα ἐν νεφέλαις
Ju 23 σώζετε ἐκ πυρὸς ἁρπάζοντες
Re 12 5 ἡρπάσθη τὸ τέκνον αὐτῆς πρὸς τ. Θεὸν

ἍΡΠΑΞ 727

Mt 7 15 ἔσωθεν δέ εἰσιν λύκοι ἅρπαγες
Lu 18 11 ὥσπερ οἱ λοιποὶ τ ἀνθρώπων ἅρπαγες ἄδικοι
I Co 5 10 ἢ τ. πλεονέκταις κ. ἅρπαξιν ἢ εἰδωλολάτραις
11 ἐάν τις ἀδελφὸς ὀνομαζόμενος ᾖ . . . ἅρπαξ
6 10 οὐ λοίδοροι οὐχ ἅρπαγες βασιλείαν Θεοῦ κληρονομήσουσιν

ἈΡΡΑΒΩΝ 728

II Co 1 22 δοὺς τ. ἀρραβῶνα τ. πνεύματος ἐν τ. καρδίαις ἡμῶν
ἀραβῶνα, T
5 5 ὁ δοὺς ἡμῖν τ. ἀρραβῶνα τ. πνεύματος
ἀραβῶνα, T
Eph 1 14 ὅ ἐστιν ἀρραβὼν τ. κληρονομίας ἡμῶν

ἌΡΡΑΦΟΣ *Vide* ἌΡΑΦΟΣ, 689.5

ἌΡΡΗΝ *Vide* ἌΡΣΗΝ, 733.5

ἌΡΡΗΤΟΣ** 731

II Co 12 4 ἤκουσεν ἄρρητα ῥήματα

ἌΡΡΩΣΤΟΣ 732

Mt 14 14 ἐθεράπευσεν τ. ἀρρώστους αὐτῶν
Mk 6 5 εἰ μὴ ὀλίγοις ἀρρώστοις ἐπιθεὶς τ. χεῖρας
13 ἤλειφον ἐλαίῳ πολλοὺς ἀρρώστους
16 [18 ἐπὶ ἀρρώστους χεῖρας ἐπιθήσουσιν
I Co 11 30 διὰ τοῦτο ἐν ὑμῖν πολλοὶ ἀσθενεῖς κ. ἄρρωστοι

ἈΡΣΕΝΟΚΟΙΤΗΣ* † 733

I Co 6 9 οὔτε μαλακοὶ οὔτε ἀρσενοκοῖται οὔτε κλέπται
I Ti 1 10 πόρνοις ἀρσενοκοίταις ἀνδραποδισταῖς

ἌΡΣΗΝ 733.5

Mt 19 4 ὁ κτίσας ἀπ' ἀρχῆς ἄρσεν κ. θῆλυ ἐποίησεν αὐτούς
זָכָר וּנְקֵבָה בָּרָא אֹתָם, Gen. i. 27
Mk 10 6 ἀπὸ δὲ ἀρχῆς κτίσεως ἄρσεν κ. θῆλυ ἐποίησεν αὐτούς, Gen. *l.c.*
Lu 2 23 πᾶν ἄρσεν διανοῖγον μήτραν
כָּל־בְּכוֹר פֶּטֶר כָּל־רֶחֶם, Ex. xiii. 2
Rc 1 27 ὁμοίως τε κ. οἱ ἄρσενες ἀφέντες τ. φυσικὴν χρῆσιν τ. θηλείας
ἄρρενες, T
Ro 1 27 ἄρσενες ἐν ἄρσεσιν τ. ἀσχημοσύνην κατεργαζόμενοι
ἄρρενες ἐν ἄρρεσιν, T
Ga 3 28 οὐκ ἔνι ἄρσεν κ. θῆλυ
Re 12 5 κ. ἔτεκεν υἱὸν ἄρσεν
13 ἥτις ἔτεκεν τ. ἄρσενα

ἈΡΤΕΜᾶΣ 734

Tit 3 12 ὅταν πέμψω Ἀρτεμᾶν πρός σε ἢ Τύχικον

ἌΡΤΕΜΙΣ 735

Ac 19 24 ποιῶν ναοὺς ἀργυροῦς Ἀρτέμιδος
27 τὸ τ. μεγάλης θεᾶς Ἀρτέμιδος ἱερὸν
ἱερ. Ἀρτ., T
28 μεγάλη ἡ Ἄρτεμις Ἐφεσίων
34 μεγάλη ἡ Ἄρτεμις Ἐφεσίων
35 τὴν Ἐφεσίων πόλιν νεωκόρον οὖσαν τ. μεγάλης Ἀρτέμιδος κ. τ. Διοπετοῦς

ἈΡΤΕΜΩΝ* † 736

Ac 27 40 ἐπάραντες τ. ἀρτέμωνα τ. πνεούσῃ

ἌΡΤΙ 737

(1) ἀπ' ἄρτι (2) ἕως ἄρτι (3) ἡ ἄ. ὥρα

Mt 3 15 ὁ Ἰησοῦς εἶπεν αὐτῷ Ἄφες ἄρτι
9 18 ἡ θυγάτηρ μου ἄρτι ἐτελεύτησεν
11 12 [2] ἀπὸ δὲ τ. ἡμερῶν Ἰωάνου τ. Βαπτιστοῦ ἕως ἄρτι
23 39 [1] οὐ μή με ἴδητε ἀπ' ἄρτι
26 29 [1] οὐ μὴ πίω ἀπ' ἄρτι ἐκ τούτου τ. γενήματος τῆς ἀμπέλου
53 παραστήσει μοι ἄρτι πλείω δώδεκα λεγιῶνας ἀγγέλων
64 [1] ἀπ' ἄρτι ὄψεσθε τ. υἱὸν τ. ἀνθρώπου καθήμενον
Jo 2 10 [2] σὺ τετήρηκας τ. καλὸν οἶνον ἕως ἄρτι
5 17 [2] ὁ πατήρ μου ἕως ἄρτι ἐργάζεται
9 19 πῶς οὖν βλέπει ἄρτι;
25 ἓν οἶδα ὅτι τυφλὸς ὢν ἄρτι βλέπω
13 7 ὃ ἐγὼ ποιῶ σὺ οὐκ οἶδας ἄρτι
19 [1] ἀπ' ἄρτι λέγω ὑμῖν πρὸ τοῦ γενέσθαι
ἀπάρτι, T
33 κ. ὑμῖν λέγω ἄρτι
37 διὰ τί οὐ δύναμαί σοι ἀκολουθεῖν ἄρτι;
14 7 [1] ἀπ' ἄρτι γινώσκετε αὐτὸν κ. ἑωράκατε
ἀπάρτι, T
16 12 οὐ δύνασθε βαστάζειν ἄρτι
24 [2] ἕως ἄρτι οὐκ ᾐτήσατε οὐδὲν ἐν τ. ὀνόματί μου
31 ἀπεκρίθη αὐτοῖς Ἰησοῦς Ἄρτι πιστεύετε;
I Co 4 11 [3] ἄχρι τ. ἄρτι ὥρας κ. πεινῶμεν
13 [2] πάντων περίψημα ἕως ἄρτι
8 7 [2] τινὲς δὲ τ. συνηθείᾳ ἕως ἄρτι τ. εἰδώλου
13 12 βλέπομεν γὰρ ἄρτι δι' ἐσόπτρου ἐν αἰνίγματι
12 ἄρτι γινώσκω ἐκ μέρους
15 6 [2] ἐξ ὧν οἱ πλείονες μένουσιν ἕως ἄρτι
16 7 οὐ θέλω γὰρ ὑμᾶς ἄρτι ἐν παρόδῳ ἰδεῖν
Ga 1 9 κ. ἄρτι πάλιν λέγω
10 ἄρτι γὰρ ἀνθρώπους πείθω ἢ τ. Θεόν;
4 20 ἤθελον δὲ παρεῖναι πρὸς ὑμᾶς ἄρτι
I Th 3 6 ἄρτι δὲ ἐλθόντος Τιμοθέου πρὸς ἡμᾶς ἀφ' ὑμῶν

II Th 2 7 μόνον ὁ κατέχων ἄρτι ἕως ἐκ μέσου γένηται
I Pe 1 6 ὀλίγον ἄρτι εἰ δέον λυπηθέντες
8 εἰς ὃν ἄρτι μὴ ὁρῶντες
I Jo 2 9 [2] ἐν τ. σκοτίᾳ ἐστὶν ἕως ἄρτι
Re 12 10 ἄρτι ἐγένετο ἡ σωτηρία κ. ἡ δύναμις . . . τ. Θεοῦ ἡμῶν
14 13 [1] μακάριοι οἱ νεκροὶ οἱ ἐν Κυρίῳ ἀποθνήσκοντες ἀπ' ἄρτι
ἀπάρτι, T ; ἀποθν. Ἀπ' ἄρτι, R mg.

ἈΡΤΙΓΈΝΝΗΤΟΣ*† 738

I Pe 2 2 ὡς ἀρτιγέννητα βρέφη

ἌΡΤΙΟΣ* 739

II Ti 3 17 ἵνα ἄρτιος ᾖ ὁ τ. Θεοῦ ἄνθρωπος

ἌΡΤΟΣ 740

(1) ἄρ. τ. προθέσεως, πρόθ. τ. ἄρτων (2) ἄρ. τ. Θεοῦ, ἐκ τ. οὐρανοῦ (3) ἄρ. ἐσθίειν, τρώγειν (4) ἄρ. λαμβάνειν (5) ἄρ. τ. ζωῆς, ὁ ζῶν

Mt 4 3 εἰπὸν ἵνα οἱ λίθοι οὗτοι ἄρτοι γένωνται
4 οὐκ ἐπ' ἄρτῳ μόνῳ ζήσεται ὁ ἄνθρωπος
לֹא עַל־הַלֶּחֶם לְבַדּוֹ יִחְיֶה הָאָדָם, Dt. viii. 3
6 11 τ. ἄρτον ἡμῶν τ. ἐπιούσιον δὸς ἡμῖν σήμερον
7 9 ὃν αἰτήσει ὁ υἱὸς αὐτοῦ ἄρτον
12 4 [1 3] τ. ἄρτους τ. προθέσεως ἔφαγον
14 17 οὐκ ἔχομεν ὧδε εἰ μὴ πέντε ἄρτους κ. δύο ἰχθύας
19 [4] λαβὼν τ. πέντε ἄρτους κ. τ. δύο ἰχθύας
19 κλάσας ἔδωκεν τ. μαθηταῖς τ. ἄρτους
15 2 [3] οὐ γὰρ νίπτονται τ. χεῖρας ὅταν ἄρτον ἐσθίωσιν
26 [4] οὐκ ἔστιν καλὸν λαβεῖν τ. ἄρτον τ. τέκνων
33 πόθεν ἡμῖν ἐν ἐρημίᾳ ἄρτοι τοσοῦτοι
34 πόσους ἄρτους ἔχετε
36 [4] ἔλαβεν τ. ἑπτὰ ἄρτους κ. τ. ἰχθύας
16 5 [4] ἐλθόντες οἱ μαθηταὶ εἰς τὸ πέραν ἐπελάθοντο ἄρτους λαβεῖν
λαβ. ἄρτ., WH mg.
7 [4] ὅτι ἄρτους οὐκ ἐλάβομεν
8 τί διαλογίζεσθε ἐν ἑαυτοῖς . . . ὅτι ἄρτους οὐκ ἔχετε;
9 οὐδὲ μνημονεύετε τ. πέντε ἄρτους τ. πεντακισχιλίων
10 οὐδὲ τ. ἑπτὰ ἄρτους τ. τετρακισχιλίων
11 πῶς οὐ νοεῖτε ὅτι οὐ περὶ ἄρτων εἶπον ὑμῖν
12 ὅτι οὐκ εἶπεν προσέχειν ἀπὸ τ. ζύμης τ. ἄρτων
τ. ἄρτ., [WH]; ζ. τ. Φαρισαίων κ. Σαδδουκαίων, T
26 26 [4] λαβὼν ὁ Ἰησοῦς ἄρτον κ. εὐλογήσας
Mk 2 26 [1 3] τ. ἄρτους τ. προθέσεως ἔφαγεν
3 20 [3] ὥστε μὴ δύνασθαι αὐτοὺς μηδὲ ἄρτον φαγεῖν
6 8 ἵνα μηδὲν αἴρωσιν εἰς ὁδὸν . . . μὴ ἄρτον μὴ πήραν
37 ἀπελθόντες ἀγοράσωμεν δηναρίων διακοσίων ἄρτους
Mk 6 38 πόσους ἔχετε ἄρτους;
ἄρτ. ἔχ., T
41 [4] λαβὼν τ. πέντε ἄρτους κ. τ. δύο ἰχθύας . . . εὐλόγησεν·
κ. κατέκλασεν τ. ἄρτους
44 [3] ἦσαν οἱ φαγόντες τ. ἄρτους πεντακισχίλιοι ἄνδρες
52 οὐ γὰρ συνῆκαν ἐπὶ τ. ἄρτοις
7 2 [3] ἰδόντες τινὰς τ. μαθητῶν αὐτοῦ ὅτι κοιναῖς χερσὶν . . . ἐσθίουσιν τ. ἄρτους
5 [3] ἀλλὰ κοιναῖς χερσὶν ἐσθίουσιν τ. ἄρτον
27 [4] οὐ γάρ ἐστιν καλὸν λαβεῖν τ. ἄρτον τ. τέκνων
8 4 πόθεν τούτους δυνήσεταί τις ὧδε χορτάσαι ἄρτων
5 πόσους ἔχετε ἄρτους;
6 [4] λαβὼν τ. ἑπτὰ ἄρτους εὐχαριστήσας ἔκλασεν
14 [4] ἐπελάθοντο λαβεῖν ἄρτους,
κ. εἰ μὴ ἕνα ἄρτον οὐκ εἶχον μεθ' ἑαυτῶν
16 ὅτι ἄρτους οὐκ ἔχουσιν
17 τί διαλογίζεσθε ὅτι ἄρτους οὐκ ἔχετε;
19 ὅτε τ. πέντε ἄρτους ἔκλασα εἰς τ. πεντακισχιλίους
14 22 [4] λαβὼν ἄρτον εὐλογήσας ἔκλασεν
Lu 4 3 εἰπὲ τ. λίθῳ τούτῳ ἵνα γένηται ἄρτος
4 οὐκ ἐπ' ἄρτῳ μόνῳ ζήσεται ὁ ἄνθρωπος, Dt. *l.c.*
6 4 [1 4] τ. ἄρτους τ. προθέσεως λαβὼν ἔφαγεν
7 33 [3] ἐλήλυθεν γὰρ Ἰωάνης ὁ Βαπτιστὴς μὴ ἔσθων ἄρτον
9 3 μηδὲν αἴρετε εἰς τὴν ὁδὸν . . . μήτε πήραν μήτε ἄρτον
13 οὐκ εἰσὶν ἡμῖν πλεῖον ἢ ἄρτοι πέντε κ. ἰχθύες δύο
π. ἄρτ., WH mg.
16 [4] λαβὼν δὲ τ. πέντε ἄρτους κ. τ. δύο ἰχθύας
11 3 τ. ἄρτον ἡμῶν τ. ἐπιούσιον δίδου ἡμῖν
5 φίλε χρῆσόν μοι τρεῖς ἄρτους
11 τίνα δὲ ἐξ ὑμῶν τ. πατέρα αἰτήσει ὁ υἱὸς ἄρτον
—ἄρτον, WH non mg. R mg.
14 1 [3] ἐν τ. ἐλθεῖν αὐτὸν . . . σαββάτῳ φαγεῖν ἄρτον
15 [3] μακάριος ὅστις φάγεται ἄρτον ἐν τ. βασιλείᾳ τ. Θεοῦ
15 17 πόσοι μίσθιοι τ. πατρός μου περισσεύονται ἄρτων
22 19 [4] λαβὼν ἄρτον εὐχαριστήσας ἔκλασεν
24 30 [4] λαβὼν τ. ἄρτον εὐλόγησεν
35 ὡς ἐγνώσθη αὐτοῖς ἐν τ. κλάσει τ. ἄρτου
Jo 6 5 πόθεν ἀγοράσωμεν ἄρτους
7 διακοσίων δηναρίων ἄρτοι οὐκ ἀρκοῦσιν αὐτοῖς
9 ὃς ἔχει πέντε ἄρτους κριθίνους κ. δύο ὀψάρια
11 [4] ἔλαβεν οὖν τ. ἄρτους ὁ Ἰησοῦς
13 δώδεκα κοφίνους κλασμάτων ἐκ τ. πέντε ἄρτων τ. κριθίνων
23 [3] ἐγγὺς τ. τόπου ὅπου ἔφαγον τ. ἄρτον
26 ὅτι ἐφάγετε ἐκ τ. ἄρτων κ. ἐχορτάσθητε
31 [2 3] ἄρτον ἐκ τ. οὐρανοῦ ἔδωκεν αὐτοῖς φαγεῖν
דְּגַן שָׁמַיִם נָתַן לָמוֹ, Ps. lxxviii. 24
32 [2] οὐ Μωυσῆς ἔδωκεν ὑμῖν τ. ἄρτον ἐκ τ. οὐρανοῦ·

Jo 6 32 [2] ἀλλ' ὁ πατήρ μου δίδωσιν ὑμῖν τ. ἄρτον ἐκ τ. οὐρανοῦ τ. ἀληθινόν.
33 [2] ὁ γὰρ ἄρτος τ. Θεοῦ ἐστὶν ὁ καταβαίνων ἐκ τ. οὐρανοῦ
34 πάντοτε δὸς ἡμῖν τ. ἄρτον τοῦτον
35 [5] ἐγώ εἰμι ὁ ἄρτος τ. ζωῆς
41 [2] ἐγώ εἰμι ὁ ἄρτος ὁ καταβὰς ἐκ τ. οὐρανοῦ
48 [5] ἐγώ εἰμι ὁ ἄρτος τ. ζωῆς
50 [2] οὗτός ἐστιν ὁ ἄρτος ὁ ἐκ τ. οὐρανοῦ καταβαίνων
51 [5] ἐγώ εἰμι ο ἄρτος ὁ ζῶν
51 ἐάν τις φάγῃ ἐκ τούτου τ. ἄρτου ζήσει εἰς τ. αἰῶνα,
ἐκ τ. ἐμοῦ ἄρτ., T
κ. ὁ ἄρτος δὲ ὃν ἐγὼ δώσω ἡ σάρξ μου ἐστίν
58 [2] οὗτός ἐστιν ὁ ἄρτος ὁ ἐξ οὐρανοῦ καταβάς
58 [3] ὁ τρώγων τοῦτον τ. ἄρτον ζήσει εἰς τ. αἰῶνα
13 18 [3] ὁ τρώγων μου τ. ἄρτον ἐπῆρεν ἐπ' ἐμὲ τ. πτέρναν αὐτοῦ
אֹכֵל לַחְמִי הִגְדִּיל עָלַי עָקֵב, Ps. xli. 10
21 9 βλέπουσιν . . . ὀψάριον ἐπικείμενον κ. ἄρτον
13 [4] λαμβάνει τ. ἄρτον κ. δίδωσιν αὐτοῖς
Ac 2 42 ἦσαν δὲ προσκαρτεροῦντες . τ. κλάσει τ. ἄρτου
46 κλῶντές τε κατ' οἶκον ἄρτον
20 7 συνηγμένων ἡμῶν κλάσαι ἄρτον
11 ἀναβὰς δὲ κ. κλάσας τ. ἄρτον
27 35 [4] λαβὼν ἄρτον εὐχαρίστησεν τ. Θεῷ
I Co 10 16 τ. ἄρτον ὃν κλῶμεν
17 ὅτι εἷς ἄρτος ἓν σῶμα οἱ πολλοί ἐσμεν· οἱ γὰρ πάντες ἐκ τ. ἑνὸς ἄρτου μετέχομεν
11 23 [4] ὁ Κύριος Ἰησοῦς ἐν τ. νυκτὶ ᾗ παρεδίδετο ἔλαβεν ἄρτον
26 [3] ὁσάκις γὰρ ἐὰν ἐσθίητε τ. ἄρτον τοῦτον
27 [3] ὥστε ὃς ἂν ἐσθίῃ τ. ἄρτον . . . ἀναξίως
28 οὕτως ἐκ τ. ἄρτου ἐσθιέτω
II Co 9 10 κ. ἄρτον εἰς βρῶσιν χορηγήσει
II Th 3 8 [3] οὐδὲ δωρεὰν ἄρτον ἐφάγομεν παρά τινος
12 [3] ἵνα μετὰ ἡσυχίας ἐργαζόμενοι τὸν ἑαυτῶν ἄρτον ἐσθίωσιν
He 9 2 [1] ἥ τε λυχνία κ. ἡ τράπεζα κ. ἡ πρόθεσις τ. ἄρτων

ἈΡΤΎΩ ** 741

Mk 9 50 ἐν τίνι αὐτὸ ἀρτύσετε;
Lu 14 34 ἐὰν δὲ κ. τὸ ἅλας μωρανθῇ ἐν τίνι ἀρτυθήσεται;
Col 4 6 ὁ λόγος ὑμῶν πάντοτε ἐν χάριτι ἅλατι ἠρτυμένος

ἈΡΦΑΞΆΔ 742

Lu 3 36 τοῦ Καινὰμ τοῦ Ἀρφαξὰδ τοῦ Σήμ

ἈΡΧΆΓΓΕΛΟΣ *† 743

I Th 4 16 ἐν φωνῇ ἀρχαγγέλου . . . καταβήσεται ἀπ' οὐρανοῦ
Ju 9 ὁ δὲ Μιχαὴλ ὁ ἀρχάγγελος

ἈΡΧΑΙ͂ΟΣ 744

Mt 5 21 ἠκούσατε ὅτι ἐρρέθη τ. ἀρχαίοις
33 πάλιν ἠκούσατε ὅτι ἐρρέθη τ. ἀρχαίοις
Lu 9 8 ὅτι προφήτης τις τ. ἀρχαίων ἀνέστη
19 ὅτι προφήτης τις τ. ἀρχαίων ἀνέστη
Ac 15 7 ἀφ' ἡμερῶν ἀρχαίων ἐν ὑμῖν ἐξελέξατο ὁ Θεός
21 Μωυσῆς γὰρ ἐκ γενεῶν ἀρχαίων . . . τ. κηρύσσοντας αὐτὸν ἔχει
21 16 Μνάσωνί τινι Κυπρίῳ ἀρχαίῳ μαθητῇ
II Co 5 17 τὰ ἀρχαῖα παρῆλθεν ἰδοὺ γέγονεν καινά
II Pe 2 5 ἀρχαίου κόσμου οὐκ ἐφείσατο
Re 12 9 ἐβλήθη ὁ δράκων ὁ μέγας ὁ ὄφις ὁ ἀρχαῖος
20 2 ἐκράτησεν τ. δράκοντα ὁ ὄφις ὁ ἀρχαῖος
τ. ὄφιν τ. ἀρχαῖον, WH mg.

ἈΡΧΈΛΑΟΣ 745

Mt 2 22 ἀκούσας δὲ ὅτι Ἀ. βασιλεύει τ. Ἰουδαίας

ἈΡΧΉ 746

(1) ἀπ' ἀρχῆς (2) ἀρχαί (3) ἐν ἀρχῇ (4) ἐξ ἀρχῆς

Mt 19 4 [1] ὁ κτίσας ἀπ' ἀρχῆς ἄρσεν κ. θῆλυ ἐποίησεν αὐτούς
8 [1] ἀπ' ἀρχῆς δὲ οὐ γέγονεν οὕτως
24 8 πάντα δὲ ταῦτα ἀρχὴ ὠδίνων
21 [1] οἵα οὐ γέγονεν ἀπ' ἀρχῆς κόσμου ἕως τοῦ νῦν
Mk 1 1 ἀρχὴ τ. εὐαγγελίου Ἰησοῦ Χριστοῦ
10 6 [1] ἀπὸ δὲ ἀρχῆς κτίσεως ἄρσεν κ. θῆλυ ἐποίησεν αὐτούς
13 8 ἀρχὴ ὠδίνων ταῦτα
19 [1] οἵα οὐ γέγονεν τοιαύτη ἀπ' ἀρχῆς κτίσεως
Lu 1 2 [1] καθὼς παρέδοσαν ἡμῖν οἱ ἀπ' ἀρχῆς αὐτόπται
12 11 [2] ὅταν δὲ εἰσφέρωσιν ὑμᾶς ἐπὶ τ. συναγωγὰς κ. τ. ἀρχάς
20 20 ὥστε παραδοῦναι αὐτὸν τ. ἀρχῇ κ. τ ἐξουσίᾳ τ. ἡγεμόνος
Jo 1 1 [3] ἐν ἀρχῇ ἦν ὁ λόγος
2 [3] οὗτος ἦν ἐν ἀρχῇ πρὸς τ. Θεόν
2 11 ταύτην ἐποίησεν ἀρχὴν τ. σημείων ὁ Ἰησοῦς
6 64 [4] ᾔδει γὰρ ἐξ ἀρχῆς ὁ Ἰησοῦς
8 25 τ. ἀρχὴν ὅτι κ. λαλῶ ὑμῖν;
44 [1] ἐκεῖνος ἀνθρωποκτόνος ἦν ἀπ' ἀρχῆς
15 27 [1] ὅτι ἀπ' ἀρχῆς μετ' ἐμοῦ ἐστέ
16 4 [4] ταῦτα δὲ ὑμῖν ἐξ ἀρχῆς οὐκ εἶπον
Ac 10 11 [2] τέσσαρσιν ἀρχαῖς καθιέμενον ἐπὶ τ. γῆς
11 5 [2] τέσσαρσιν ἀρχαῖς καθιεμένην ἐκ τ. οὐρανοῦ
15 [3] ὥσπερ κ. ἐφ' ἡμᾶς ἐν ἀρχῇ
26 4 [1] τὴν μὲν οὖν βίωσίν μου ἐκ νεότητος τὴν ἀπ' ἀρχῆς γενομένην
Ro 8 38 [2] οὔτε ἄγγελοι οὔτε ἀρχαί
I Co 15 24 ὅταν καταργήσῃ πᾶσαν ἀρχὴν κ. πᾶσαν ἐξουσίαν
Eph 1 21 ὑπεράνω πάσης ἀρχῆς κ. ἐξουσίας
3 10 [2] ἵνα γνωρισθῇ νῦν τ. ἀρχαῖς κ. τ. ἐξουσίαις
6 12 [2] οὐκ ἔστιν ἡμῖν ἡ πάλη πρὸς αἷμα . . . ἀλλὰ πρὸς τ. ἀρχάς
Phl 4 15 [3] ἐν ἀρχῇ τ. εὐαγγελίου
Col 1 16 [2] εἴτε κυριότητες εἴτε ἀρχαὶ εἴτε ἐξουσίαι
18 ὅς ἐστιν ἡ ἀρχὴ πρωτότοκος ἐκ τ. νεκρῶν
—ἡ, T [WH] R

Col 2 10 ὅς ἐστιν ἡ κεφαλὴ πάσης ἀρχῆς κ. ἐξουσίας
15 [2] ἀπεκδυσάμενος τ. ἀρχὰς κ. τ. ἐξουσίας
II Th 2 13 [1] ὅτι εἵλατο ὑμᾶς ὁ Θεὸς ἀπ' ἀρχῆς εἰς σωτηρίαν
ἀπαρχήν, WH mg. R mg.
Tit 3 1 [2] ὑπομίμνησκε αὐτοὺς ἀρχαῖς ἐξουσίαις ὑποτάσσεσθαι
He 1 10 [2] σὺ κατ' ἀρχὰς κύριε τ. γῆν ἐθεμελίωσας
לְפָנִים הָאָרֶץ יָסַדְתָּ, Ps. cii. 26
2 3 ἥτις ἀρχὴν λαβοῦσα λαλεῖσθαι διὰ τ. Κυρίου
3 14 ἐάνπερ τ. ἀρχὴν τ. ὑποστάσεως . . . βεβαίαν κατάσχωμεν
5 12 διδάσκειν ὑμᾶς τίνα τ. στοιχεῖα τ. ἀρχῆς τ. λογίων τ. Θεοῦ
6 1 ἀφέντες τὸν τ. ἀρχῆς τ. Χριστοῦ λόγον
7 3 μήτε ἀρχὴν ἡμερῶν μήτε ζωῆς τέλος ἔχων
II Pe 3 4 [1] πάντα οὕτως διαμένει ἀπ' ἀρχῆς κτίσεως
I Jo 1 1 [1] ὃ ἦν ἀπ' ἀρχῆς
2 7 [1] ἐντολὴν παλαιὰν ἣν εἴχετε ἀπ' ἀρχῆς
13 [1] γράφω ὑμῖν πατέρες ὅτι ἐγνώκατε τὸν ἀπ' ἀρχῆς
14 [1] ἔγραψα ὑμῖν πατέρες ὅτι ἐγνώκατε τὸν ἀπ' ἀρχῆς
24 [1] ὑμεῖς ὃ ἠκούσατε ἀπ' ἀρχῆς
24 [1] ἐὰν ἐν ὑμῖν μείνῃ ὃ ἀπ' ἀρχῆς ἠκούσατε
3 8 [1] ὅτι ἀπ' ἀρχῆς ὁ διάβολος ἁμαρτάνει
11 [1] ἡ ἀγγελία ἣν ἠκούσατε ἀπ' ἀρχῆς
II Jo 5 [1] ἀλλὰ ἣν εἴχαμεν ἀπ' ἀρχῆς
6 [1] καθὼς ἠκούσατε ἀπ' ἀρχῆς
Ju 6 ἀγγέλους τε τοὺς μὴ τηρήσαντας τὴν ἑαυτῶν ἀρχὴν
Re 3 14 τάδε λέγει ὁ Ἀμὴν . . . ἡ ἀρχὴ τ. κτίσεως τ. Θεοῦ
21 6 ἐγὼ τὸ Ἄλφα κ. τὸ Ὦ ἡ ἀρχὴ κ. τὸ τέλος
22 13 ἐγὼ τὸ Ἄλφα κ. τὸ Ὦ . . . ἡ ἀρχὴ κ. τὸ τέλος

ἈΡΧΗΓΌΣ 747

Ac 3 15 τὸν δὲ ἀρχηγὸν τ. ζωῆς ἀπεκτείνατε
5 31 τοῦτον ὁ Θεὸς ἀρχηγὸν κ. σωτῆρα ὕψωσεν
He 2 10 τ. ἀρχηγὸν τ. σωτηρίας αὐτῶν διὰ παθημάτων τελειῶσαι
12 2 ἀφορῶντες εἰς τὸν τ. πίστεως ἀρχηγὸν . . . Ἰησοῦν

ἈΡΧΙΕΡΑΤΙΚΌΣ*† 748

Ac 4 6 ὅσοι ἦσαν ἐκ γένους ἀρχιερατικοῦ

ἈΡΧΙΕΡΕΎΣ 749

(1) οἱ ἀρχιερεῖς (2) ἀρχ. κ. γραμματεῖς
(3) ἀρχ. κ. πρεσβύτεροι (4) ἀρχ. κ. Φαρισαῖοι

Mt 2 4 [1] συναγαγὼν πάντας τ. ἀρχιερεῖς
16 21 [1,3] πολλὰ παθεῖν ἀπὸ τ. πρεσβυτέρων κ. ἀρχιερέων
20 18 [1] ὁ υἱὸς τ. ἀνθρώπου παραδοθήσεται τ. ἀρχιερεῦσι
21 15 [1,2] ἰδόντες δὲ οἱ ἀρχιερεῖς κ. οἱ γραμματεῖς τὰ θαυμάσια
Mt 21 23 [1,3] προσῆλθαν . . . οἱ ἀρχιερεῖς κ. οἱ πρεσβύτεροι τ. λαοῦ
45 [1,4] ἀκούσαντες οἱ ἀρχιερεῖς κ. οἱ Φαρισαῖοι
26 3 [1,3] τότε συνήχθησαν οἱ ἀρχιερεῖς κ. οἱ πρεσβύτεροι τ. λαοῦ
εἰς τ. αὐλὴν τ. ἀρχιερέως τ. λεγομένου Καιάφα
14 [1] τότε πορευθεὶς εἷς τ. δώδεκα . . . πρὸς τ. ἀρχιερεῖς
47 [1,3] Ἰούδας . . . ἦλθεν . . . ἀπὸ τ. ἀρχιερέων κ. πρεσβυτέρων τ. λαοῦ
51 πατάξας τ. δοῦλον τ. ἀρχιερέως
57 ἀπήγαγον πρὸς Καιάφαν τ. ἀρχιερέα
58 ὁ δὲ Πέτρος ἠκολούθει . . . ἕως τ. αὐλῆς τ. ἀρχιερέως
59 [1] οἱ δὲ ἀρχιερεῖς κ. τὸ συνέδριον ὅλον
62 ἀναστὰς ὁ ἀρχιερεὺς εἶπεν αὐτῷ
63 κ. ὁ ἀρχιερεὺς εἶπεν αὐτῷ
65 τότε ὁ ἀρχιερεὺς διέρηξεν τὰ ἱμάτια αὐτοῦ
27 1 [1,3] συμβούλιον ἔλαβον πάντες οἱ ἀρχιερεῖς
3 [1,3] ἔστρεψεν τὰ τριάκοντα ἀργύρια τ. ἀρχιερεῦσι κ. πρεσβυτέροις
6 [1] οἱ δὲ ἀρχιερεῖς λαβόντες τὰ ἀργύρια
12 [1,3] ἐν τ. κατηγορεῖσθαι αὐτὸν ὑπὸ τ. ἀρχιερέων κ. πρεσβυτέρων
20 [1,3] οἱ δὲ ἀρχιερεῖς κ. οἱ πρεσβύτεροι ἔπεισαν τ. ὄχλους
41 [1] ὁμοίως κ. οἱ ἀρχιερεῖς ἐμπαίζοντες
62 [1,4] συνήχθησαν οἱ ἀρχιερεῖς κ. οἱ Φαρισαῖοι
28 11 [1] ἀπήγγειλαν τ. ἀρχιερεῦσιν ἅπαντα τὰ γενόμενα
Mk 2 26 ἐπὶ Ἀβιάθαρ ἀρχιερέως
τοῦ ἀρχ., R mg.
8 31 [1,3] ἀποδοκιμασθῆναι ὑπὸ τ. πρεσβυτέρων κ. τ. ἀρχιερέων
10 33 [1] ὁ υἱὸς τ. ἀνθρώπου παραδοθήσεται τ. ἀρχιερεῦσιν
11 18 [1,2] ἤκουσαν οἱ ἀρχιερεῖς κ. οἱ γραμματεῖς
27 [1,2] ἔρχονται πρὸς αὐτὸν οἱ ἀρχιερεῖς κ. οἱ γραμματεῖς
14 1 [1,2] ἐζήτουν οἱ ἀρχιερεῖς κ. οἱ γραμματεῖς
10 [1] ἀπῆλθεν πρὸς τ. ἀρχιερεῖς
43 [1,2] μετ' αὐτοῦ ὄχλος . . . παρὰ τ. ἀρχιερέων κ. τ. γραμματέων
47 ἔπαισεν τ. δοῦλον τ. ἀρχιερέως
53 ἀπήγαγον τ. Ἰησοῦν πρὸς τ. ἀρχιερέα· [1,2,3] κ. συνέρχονται πάντες οἱ ἀρχιερεῖς
54 ἠκολούθησεν αὐτῷ ἕως ἔσω εἰς τ. αὐλὴν τ. ἀρχιερέως
55 [1] οἱ δὲ ἀρχιερεῖς κ. ὅλον τὸ συνέδριον
60 ἀναστὰς ὁ ἀρχιερεὺς εἰς μέσον
61 πάλιν ὁ ἀρχιερεὺς ἐπηρώτα αὐτόν
63 ὁ δὲ ἀρχιερεὺς διαρήξας τ. χιτῶνας αὐτοῦ
66 ἔρχεται μία τ. παιδισκῶν τ. ἀρχιερέως
15 1 [1] συμβούλιον ποιήσαντες οἱ ἀρχιερεῖς
3 [1] κατηγόρουν αὐτοῦ οἱ ἀρχιερεῖς πολλά
10 [1] ὅτι διὰ φθόνον παραδεδώκεισαν αὐτὸν οἱ ἀρχιερεῖς.
οἱ ἀρχ., [WH]
11 [1] οἱ δὲ ἀρχιερεῖς ἀνέσεισαν τ. ὄχλον
31 [1] ὁμοίως κ. οἱ ἀρχιερεῖς ἐμπαίζοντες
Lu 3 2 ἐπὶ ἀρχιερέως Ἄννα κ. Καιάφα
9 22 [1,3] ἀποδοκιμασθῆναι ἀπὸ τ. πρεσβυτέρων κ. ἀρχιερέων
19 47 [1,2] οἱ δὲ ἀρχιερεῖς κ. οἱ γραμματεῖς ἐζήτουν αὐτὸν ἀπολέσαι

Lu 20 1 [1 2] ἐπέστησαν οἱ ἀρχιερεῖς κ. οἱ γραμματεῖς
ἱερεῖς, T
19 [1 2] ἐζήτησαν οἱ γραμματεῖς κ. οἱ ἀρχιερεῖς
22 2 [1 2] ἐζήτουν οἱ ἀρχιερεῖς κ. οἱ γραμματεῖς
4 [1] συνελάλησεν τ. ἀρχιερεῦσιν κ. στρατηγοῖς
50 ἐπάταξεν εἷς τις ἐξ αὐτῶν τ. ἀρχιερέως τ. δοῦλον
52 [1] εἶπεν δὲ Ἰησοῦς πρὸς τοὺς . . . ἀρχιερεῖς κ. στρατηγοὺς τ. ἱεροῦ
54 εἰσήγαγον εἰς τ. οἰκίαν τ. ἀρχιερέως
66 [1 2] συνήχθη τὸ πρεσβυτέριον . . . ἀρχιερεῖς τε κ. γραμματεῖς
23 4 [1] ὁ δὲ Πειλᾶτος εἶπεν πρὸς τ. ἀρχιερεῖς
10 [1 2] εἱστήκεισαν δὲ οἱ ἀρχιερεῖς κ. οἱ γραμματεῖς
13 [1] Πειλᾶτος δὲ συνκαλεσάμενος τ. ἀρχιερεῖς
24 20 [1] ὅπως τε παρέδωκαν αὐτὸν οἱ ἀρχιερεῖς κ. οἱ ἄρχοντες ἡμῶν
Io 7 32 [1 4] ἀπέστειλαν οἱ ἀρχιερεῖς κ. οἱ Φαρισαῖοι ὑπηρέτας
45 [1 4] ἦλθον οὖν οἱ ὑπηρέται πρὸς τ. ἀρχιερεῖς κ. Φαρισαίους
11 47 [1 4] συνήγαγον οὖν οἱ ἀρχιερεῖς κ. οἱ Φαρισαῖοι συνέδριον
49 ἀρχιερεὺς ὢν τ. ἐνιαυτοῦ ἐκείνου
51 ἀλλὰ ἀρχιερεὺς ὢν τ. ἐνιαυτοῦ ἐκείνου
57 [1 4] δεδώκεισαν δὲ οἱ ἀρχιερεῖς κ. οἱ Φαρισαῖοι ἐντολάς
12 10 [1] ἐβουλεύσαντο δὲ οἱ ἀρχιερεῖς
18 3 [1 4] ἐκ τ. ἀρχιερέων κ. ἐκ τ. Φαρισαίων ὑπηρέτας
10 ἔπαισεν τὸν τ. ἀρχιερέως δοῦλον
13 ὃς ἦν ἀρχιερεὺς τ. ἐνιαυτοῦ ἐκείνου
15 ὁ δὲ μαθητὴς ἐκεῖνος ἦν γνωστὸς τ. ἀρχιερεῖ, κ. συνεισῆλθεν τῷ Ἰησοῦ εἰς τ. αὐλὴν τ. ἀρχιερέως
16 ὁ μαθητὴς ὁ ἄλλος ὁ γνωστὸς τ. ἀρχιερέως
19 ὁ οὖν ἀρχιερεὺς ἠρώτησεν τ. Ἰησοῦν
22 οὕτως ἀποκρίνῃ τ. ἀρχιερεῖ;
24 ἀπέστειλεν οὖν . . . δεδεμένον πρὸς Καιάφαν τ. ἀρχιερέα
26 λέγει εἷς ἐκ τ. δούλων τ. ἀρχιερέως
35 [1] τὸ ἔθνος τὸ σὸν κ. οἱ ἀρχιερεῖς παρέδωκάν σε ἐμοί
19 6 [1] ὅτε οὖν εἶδον αὐτὸν οἱ ἀρχιερεῖς
15 [1] ἀπεκρίθησαν οἱ ἀρχιερεῖς
21 [1] ἔλεγον οὖν τ. Πειλάτῳ οἱ ἀρχιερεῖς τ. Ἰουδαίων
Ac 4 1 [1] ἐπέστησαν αὐτοῖς οἱ ἀρχιερεῖς
ἱερεῖς, TWH mg. R non mg.
6 Ἅννας ὁ ἀρχιερεὺς κ. Καιάφας
23 [1 3] ὅσα πρὸς αὐτοὺς οἱ ἀρχιερεῖς κ. οἱ πρεσβύτεροι εἶπαν
5 17 ἀναστὰς δὲ ὁ ἀρχιερεύς
21 παραγενόμενος δὲ ὁ ἀρχιερεύς
24 [1] ὅ τε στρατηγὸς τ. ἱεροῦ κ. οἱ ἀρχιερεῖς
27 ἐπηρώτησεν αὐτοὺς ὁ ἀρχιερεύς
7 1 εἶπεν δὲ ὁ ἀρχιερεύς
9 1 ὁ δὲ Σαῦλος . . . προσελθὼν τ. ἀρχιερεῖ
14 [1] ὧδε ἔχει ἐξουσίαν παρὰ τ. ἀρχιερέων
21 [1] ἵνα δεδεμένους αὐτοὺς ἀγάγῃ ἐπὶ τ. ἀρχιερεῖς
19 14 ἦσαν δέ τινος Σκευᾶ Ἰουδαίου ἀρχιερέως ἑπτὰ υἱοί
22 5 ὡς κ. ὁ ἀρχιερεὺς μαρτυρεῖ μοι
30 [1] ἐκέλευσεν συνελθεῖν τ. ἀρχιερεῖς
Ac 23 2 ὁ δὲ ἀρχιερεὺς Ἀνανίας ἐπέταξεν
4 τ. ἀρχιερέα τ. Θεοῦ λοιδορεῖς;
5 οὐκ ᾔδειν ἀδελφοὶ ὅτι ἐστὶν ἀρχιερεύς
14 [1 3] οἵτινες προσελθόντες τ. ἀρχιερεῦσι κ. τ. πρεσβυτέροις
24 1 κατέβη ὁ ἀρχιερεὺς Ἀνανίας
25 2 [1] ἐνεφάνισάν τε αὐτῷ οἱ ἀρχιερεῖς
15 [1 3] ἐνεφάνισαν οἱ ἀρχιερεῖς κ. οἱ πρεσβύτεροι τ. Ἰουδαίων
26 10 [1] τὴν παρὰ τ. ἀρχιερέων ἐξουσίαν λαβών
12 [1] μετ' ἐξουσίας κ. ἐπιτροπῆς τῆς τ. ἀρχιερέων
He 2 17 ἵνα ἐλεήμων γένηται κ. πιστὸς ἀρχιερεὺς τὰ πρὸς τ. Θεόν
3 1 τ. ἀπόστολον κ. ἀρχιερέα τ. ὁμολογίας ἡμῶν Ἰησοῦν
4 14 ἔχοντες οὖν ἀρχιερέα μέγαν
15 οὐ γὰρ ἔχομεν ἀρχιερέα μὴ δυνάμενον συνπαθῆσαι
5 1 πᾶς γὰρ ἀρχιερεὺς ἐξ ἀνθρώπων λαμβανόμενος
5 οὐχ ἑαυτὸν ἐδόξασεν γενηθῆναι ἀρχιερέα
10 ἀρχιερεὺς κατὰ τ. τάξιν Μελχισεδέκ
6 20 κατὰ τ. τάξιν Μελχισεδὲκ ἀρχιερεὺς γενόμενος
7 26 τοιοῦτος γὰρ ἡμῖν κ. ἔπρεπεν ἀρχιερεύς
27 [1] οὐκ ἔχει . . . ἀναγκὴν ὥσπερ οἱ ἀρχιερεῖς
28 [1] ὁ νόμος γὰρ ἀνθρώπους καθίστησιν ἀρχιερεῖς ἔχοντας ἀσθένειαν
8 1 τοιοῦτον ἔχομεν ἀρχιερέα
3 πᾶς γὰρ ἀρχιερεὺς εἰς τὸ προσφέρειν . . . καθίσταται
9 7 ἅπαξ τ. ἐνιαυτοῦ μόνος ὁ ἀρχιερεύς
11 Χριστὸς δὲ παραγενόμενος ἀρχιερεὺς τ. γενομένων ἀγαθῶν
25 ὥσπερ ὁ ἀρχιερεὺς εἰσέρχεται εἰς τὰ ἅγια
10 11 πᾶς μὲν ἀρχιερεὺς ἕστηκεν καθ' ἡμέραν λειτουργῶν
ἱερεύς, TWH non mg. R non mg.
13 11 ὧν γὰρ εἰσφέρεται ζῴων τὸ αἷμα . . . διὰ τ. ἀρχιερέως

ἈΡΧΙΠΟΙ´ΜΗΝ ** † 750

1 Pe 5 4 φανερωθέντος τ. ἀρχιποίμενος

ἌΡΧΙΠΠΟΣ 751

Col 4 17 εἴπατε Ἀρχίππῳ
Phm 2 Ἀρχίππῳ τῷ συνστρατιώτῃ ἡμῶν

ἈΡΧΙΣΥΝΑ´ΓΩΓΟΣ * 752

(1) ἀρχισυνάγωγοι

Mk 5 22 [1] ἔρχεται εἷς τ. ἀρχισυναγώγων
35 ἔρχονται ἀπὸ τ. ἀρχισυναγώγου
36 παρακούσας τ. λόγον λαλούμενον λέγει τ. ἀρχισυναγώγῳ
38 ἔρχονται εἰς τ. οἶκον τ. ἀρχισυναγώγου
Lu 8 49 ἔρχεταί τις παρὰ τ. ἀρχισυναγώγου
13 14 ἀποκριθεὶς δὲ ὁ ἀρχισυνάγωγος
Ac 13 15 [1] ἀπέστειλαν οἱ ἀρχισυνάγωγοι πρὸς αὐτούς
18 8 Κρίσπος δὲ ὁ ἀρχισυνάγωγος ἐπίστευσεν τ. Κυρίῳ
17 Σωσθένην τ. ἀρχισυνάγωγον ἔτυπτον

ἈΡΧΙΤΕ´ΚΤΩΝ 753

1 Co 3 10 ὡς σοφὸς ἀρχιτέκτων θεμέλιον ἔθηκα

’ΑΡΧΙΤΕΛΩ´ΝΗΣ * † 754

Lu 19 2 κ. αὐτὸς ἦν ἀρχιτελώνης

’ΑΡΧΙΤΡΙ´ΚΛΙΝΟΣ * † 755

Jo 2 8 ἀντλήσατε νῦν κ. φέρετε τ. ἀρχιτρικλίνῳ
9 ὡς δὲ ἐγεύσατο ὁ ἀρχιτρίκλινος τὸ ὕδωρ
9 φωνεῖ τ. νυμφίον ὁ ἀρχιτρίκλινος

˝ΑΡΧΩ 756, 757

(1) act. (2) ἄρχ. ἀπό

Mt 4 17 [2] ἀπὸ τότε ἤρξατο ὁ Ἰησοῦς κηρύσσειν
11 7 ἤρξατο ὁ Ἰησοῦς λέγειν τ. ὄχλοις περὶ Ἰωάνου
20 τότε ἤρξατο ὀνειδίζειν τ. πόλεις
12 1 ἤρξαντο τίλλειν στάχυας κ. ἐσθίειν
14 30 ἀρξάμενος καταποντίζεσθαι ἔκραξεν
16 21 [2] ἀπὸ τότε ἤρξατο Ἰησοῦς Χριστὸς δεικνύειν
22 ὁ Πέτρος ἤρξατο ἐπιτιμᾶν αὐτῷ
18 24 ἀρξαμένου δὲ αὐτοῦ συναίρειν
20 8 [2] ἀρξάμενος ἀπὸ τ. ἐσχάτων ἕως τ. πρώτων
24 49 ἐὰν δὲ . . . ἄρξηται τύπτειν τ. συνδούλους αὐτοῦ
26 22 λυπούμενοι σφόδρα ἤρξαντο λέγειν αὐτῷ εἷς ἕκαστος
37 ἤρξατο λυπεῖσθαι κ. ἀδημονεῖν
74 τότε ἤρξατο καταθεματίζειν κ. ὀμνύειν
Mk 1 45 ὁ δὲ ἐξελθὼν ἤρξατο κηρύσσειν πολλά
2 23 οἱ μαθηταὶ αὐτοῦ ἤρξαντο ὁδὸν ποιεῖν
4 1 πάλιν ἤρξατο διδάσκειν παρὰ τ. θάλασσαν
5 17 ἤρξαντο παρακαλεῖν αὐτὸν ἀπελθεῖν
20 ἀπῆλθεν κ. ἤρξατο κηρύσσειν ἐν τῇ Δεκαπόλει
6 2 ἤρξατο διδάσκειν ἐν τῇ συναγωγῇ
7 ἤρξατο αὐτοὺς ἀποστέλλειν δύο δύο
34 ἤρξατο διδάσκειν αὐτοὺς πολλά
55 ἤρξαντο ἐπὶ τ. κραβάττοις τ. κακῶς ἔχοντας περιφέρειν
8 11 ἤρξαντο συνζητεῖν αὐτῷ
31 ἤρξατο διδάσκειν αὐτοὺς
32 προσλαβόμενος ὁ Πέτρος αὐτὸν ἤρξατο ἐπιτιμᾶν αὐτῷ
10 28 ἤρξατο λέγειν ὁ Πέτρος αὐτῷ
32 ἤρξατο αὐτοῖς λέγειν τὰ μέλλοντα αὐτῷ συμβαίνειν
41 ἀκούσαντες οἱ δέκα ἤρξαντο ἀγανακτεῖν
42 [1] οἱ δοκοῦντες ἄρχειν τ. ἐθνῶν
47 ἤρξατο κράζειν κ. λέγειν
11 15 ἤρξατο ἐκβάλλειν τ. πωλοῦντας κ. τ. ἀγοράζοντας
12 1 ἤρξατο αὐτοῖς ἐν παραβολαῖς λαλεῖν
13 5 ὁ δὲ Ἰησοῦς ἤρξατο λέγειν αὐτοῖς
14 19 ἤρξαντο λυπεῖσθαι κ. λέγειν αὐτῷ εἷς κατὰ εἷς
33 ἤρξατο ἐκθαμβεῖσθαι κ. ἀδημονεῖν
65 ἤρξαντό τινες ἐμπτύειν αὐτῷ
69 ἡ παιδίσκη ἰδοῦσα αὐτὸν ἤρξατο πάλιν λέγειν τ. παρεστῶσιν
ἰδ. αὐτ. εἶπεν τ. παρ., WH mg.
71 ὁ δὲ ἤρξατο ἀναθεματίζειν κ. ὀμνύναι
15 8 ἀναβὰς ὁ ὄχλος ἤρξατο αἰτεῖσθαι
18 ἤρξαντο ἀσπάζεσθαι αὐτόν
Lu 3 8 μὴ ἄρξησθε λέγειν ἐν ἑαυτοῖς
23 αὐτὸς ἦν Ἰησοῦς ἀρχόμενος ὡσεὶ ἐτῶν τριάκοντα

Lu 4 21 ἤρξατο δὲ λέγειν πρὸς αὐτούς
5 21 ἤρξαντο διαλογίζεσθαι οἱ γραμματεῖς κ. οἱ Φαρισαῖοι
7 15 ἀνεκάθισεν ὁ νεκρὸς κ. ἤρξατο λαλεῖν
24 ἤρξατο λέγειν πρὸς τ. ὄχλους περὶ Ἰωάνου
38 τ. δάκρυσιν ἤρξατο βρέχειν τ. πόδας αὐτοῦ
49 ἤρξαντο οἱ συνανακείμενοι λέγειν ἐν ἑαυτοῖς
9 12 ἡ δὲ ἡμέρα ἤρξατο κλίνειν
11 29 τ. δὲ ὄχλων ἐπαθροιζομένων ἤρξατο λέγειν
53 ἤρξαντο οἱ γραμματεῖς κ. οἱ Φαρισαῖοι δεινῶς ἐνέχειν
12 1 ἤρξατο λέγειν πρὸς τ. μαθητὰς αὐτοῦ πρῶτον
45 ἐὰν δὲ . . . ἄρξηται τύπτειν τ. παῖδας κ. τ. παιδίσκας
13 25 ἀφ’ οὗ ἂν . . . ἄρξησθε ἔξω ἑστάναι
26 τότε ἄρξεσθε λέγειν
ἄρξησθε, WH mg.
14 9 τότε ἄρξῃ μετὰ αἰσχύνης τ. ἔσχατον τόπον κατέχειν
18 [2] ἤρξαντο ἀπὸ μιᾶς πάντες παραιτεῖσθαι
29 πάντες οἱ θεωροῦντες ἄρξωνται αὐτῷ ἐμπαίζειν
30 οὗτος ὁ ἄνθρωπος ἤρξατο οἰκοδομεῖν
15 14 αὐτὸς ἤρξατο ὑστερεῖσθαι
24 κ. ἤρξαντο εὐφραίνεσθαι
19 37 ἤρξαντο ἅπαν τὸ πλῆθος τ. μαθητῶν χαίροντες αἰνεῖν τ. Θεόν
45 ἤρξατο ἐκβάλλειν τ. πωλοῦντας
20 9 ἤρξατο δὲ πρὸς τ. λαὸν λέγειν τ. παραβολὴν ταύτην
21 28 ἀρχομένων δὲ τούτων γίνεσθαι
22 23 αὐτοὶ ἤρξαντο συνζητεῖν πρὸς ἑαυτούς
23 2 ἤρξαντο δὲ κατηγορεῖν αὐτοῦ
5 [2] ἀρξάμενος ἀπὸ τ. Γαλιλαίας ἕως ὧδε
30 τότε ἄρξονται λέγειν τ. ὄρεσιν
24 27 [2] ἀρξάμενος ἀπὸ Μωυσέως κ. ἀπὸ πάντων τ. προφητῶν
47 [2] ἀρξάμενοι ἀπὸ Ἰερουσαλήμ
Jo 8 [9 [2] ἀρξάμενοι ἀπὸ τ. πρεσβυτέρων
13 5 ἤρξατο νίπτειν τ. πόδας τ. μαθητῶν
Ac 1 1 ὧν ἤρξατο Ἰησοῦς ποιεῖν τε κ. διδάσκειν
22 [2] ἀρξάμενος ἀπὸ τ. βαπτίσματος Ἰωάνου
2 4 ἤρξαντο λαλεῖν ἑτέραις γλώσσαις
8 35 [2] ἀρξάμενος ἀπὸ τ. γραφῆς ταύτης
10 37 [2] ἀρξάμενος ἀπὸ τ. Γαλιλαίας
11 4 ἀρξάμενος δὲ Πέτρος ἐξετίθετο αὐτοῖς καθεξῆς
15 ἐν δὲ τῷ ἄρξασθαί με λαλεῖν
18 26 οὗτός τε ἤρξατο παρρησιάζεσθαι ἐν τ συναγωγῇ
24 2 ἤρξατο κατηγορεῖν ὁ Τέρτυλλος
27 35 κ. κλάσας ἤρξατο ἐσθίειν
Ro 15 12 [1] ἔσται . . . ὁ ἀνιστάμενος ἄρχειν ἐθνῶν
וְהָיָה . . . אֲשֶׁר עֹמֵד לְנֵס עַמִּים, Is. xi. 10
II Co 3 1 ἀρχόμεθα πάλιν ἑαυτοὺς συνιστάνειν;
I Pe 4 17 [2] ὁ καιρὸς τοῦ ἄρξασθαι τὸ κρίμα ἀπὸ τ. οἴκου τ. Θεοῦ

˝ΑΡΧΩΝ 758

(1) οἱ ἄρχοντες (2) ἄρ. τ. δαιμονίων
(3) ἄρ. τ. κόσμου

Mt 9 18 ἄρχων εἷς ἐλθὼν προσεκύνει αὐτῷ
23 ἐλθὼν ὁ Ἰησοῦς εἰς τ. οἰκίαν τ. ἄρχοντος

Mt 9 34 [2] ἐν τ. ἄρχοντι τ. δαιμονίων ἐκβάλλει τὰ δαιμόνια
h. v., [WH]
12 24 [2] εἰ μὴ ἐν τ. Βεεζεβοὺλ ἄρχοντι τ. δαιμονίων
20 25 [1] ὅτι οἱ ἄρχοντες τ. ἐθνῶν κατακυριεύουσιν αὐτῶν
Mk 3 22 [2] ἐν τ. ἄρχοντι τ. δαιμονίων ἐκβάλλει τὰ δαιμόνια
Lu 8 41 οὗτος ἄρχων τ. συναγωγῆς ὑπῆρχεν
11 15 [2] ἐν Βεεζεβοὺλ τ. ἄρχοντι τ. δαιμονίων ἐκβάλλει τὰ δαιμόνια
12 58 ὡς γὰρ ὑπάγεις μετὰ τ. ἀντιδίκου σου ἐπ' ἄρχοντα
14 1 [1] ἐν τῷ ἐλθεῖν αὐτὸν εἰς οἶκόν τινος τ. ἀρχόντων τ. Φαρισαίων
18 18 ἐπηρώτησέν τις αὐτὸν ἄρχων
23 13 [1] συνκαλεσάμενος τ. ἀρχιερεῖς κ. τ. ἄρχοντας
35 [1] ἐξεμυκτήριζον δὲ κ. οἱ ἄρχοντες
24 20 [1] ὅπως τε παρέδωκαν αὐτὸν οἱ ἀρχιερεῖς κ. οἱ ἄρχοντες ἡμῶν
Jo 3 1 Νικόδημος . . . ἄρχων τ. Ἰουδαίων
7 26 [1] μήποτε ἀληθῶς ἔγνωσαν οἱ ἄρχοντες
48 [1] μή τις ἐκ τ. ἀρχόντων ἐπίστευσεν εἰς αὐτόν
12 31 [3] νῦν ὁ ἄρχων τ. κόσμου τούτου ἐκβληθήσεται ἔξω
42 [1] κ. ἐκ τ. ἀρχόντων πολλοὶ ἐπίστευσαν εἰς αὐτόν
14 30 [3] ἔρχεται γὰρ ὁ τ. κόσμου ἄρχων
16 11 [3] ὅτι ὁ ἄρχων τ. κόσμου τούτου κέκριται
Ac 3 17 [1] ὥσπερ κ. οἱ ἄρχοντες ὑμῶν
4 5 [1] συναχθῆναι αὐτῶν τ. ἄρχοντας κ. τ. πρεσβυτέρους
8 [1] ἄρχοντες τ. λαοῦ κ. πρεσβύτεροι
26 [1] οἱ ἄρχοντες συνήχθησαν ἐπὶ τὸ αὐτό
רוֹזְנִים נוֹסְדוּ־יָחַד, Ps. ii. 2
7 27 τίς σε κατέστησεν ἄρχοντα κ. δικαστὴν ἐφ' ἡμῶν;
35 τίς σε κατέστησεν ἄρχοντα κ. δικαστήν, τοῦτον ὁ Θεὸς κ. ἄρχοντα κ. λυτρωτὴν ἀπέσταλκεν
13 27 [1] οἱ γὰρ κατοικοῦντες ἐν Ἰερουσαλὴμ κ. οἱ ἄρχοντες αὐτῶν
14 5 [1] ὡς δὲ ἐγένετο ὁρμὴ . . . σὺν τ. ἄρχουσιν αὐτῶν
16 19 [1] εἵλκυσαν εἰς τ. ἀγορὰν ἐπὶ τ. ἄρχοντας
23 5 ἄρχοντα τ. λαοῦ σου οὐκ ἐρεῖς κακῶς
נָשִׂיא בְעַמְּךָ לֹא תָאֹר, Ex. xxii. 27
Ro 13 3 [1] οἱ γὰρ ἄρχοντες οὐκ εἰσὶν φόβος τ. ἀγαθῷ ἔργῳ
I Co 2 6 [1] σοφίαν δὲ οὐ . . . τ. ἀρχόντων τ. αἰῶνος τούτου τ. καταργουμένων
8 [1] ἣν οὐδεὶς τ. ἀρχόντων τ. αἰῶνος τούτου ἔγνωκεν
Eph 2 2 κατὰ τ. ἄρχοντα τ. ἐξουσίας τ. ἀέρος
Re 1 5 ὁ ἄρχων τ. βασιλέων τ. γῆς

ἌΡΩΜΑ 759

Mk 16 1 Μαρία ἡ τ. Ἰακώβου κ. Σαλώμη ἠγόρασαν ἀρώματα
Lu 23 56 ὑποστρέψασαι δὲ ἡτοίμασαν ἀρώματα κ. μύρα
Lu 24 1 φέρουσαι ἃ ἡτοίμασαν ἀρώματα
Jo 19 40 ἔδησαν αὐτὸ ὀθονίοις μετὰ τ. ἀρωμάτων

ἈΣΆΛΕΥΤΟΣ 761

Ac 27 41 ἡ μὲν πρῷρα ἐρείσασα ἔμεινεν ἀσάλευτος
He 12 28 βασιλείαν ἀσάλευτον παραλαμβάνοντες

ἈΣΆΦ 760

Mt 1 7 Ἀβιὰ δὲ ἐγέννησεν τ. Ἀσάφ·
8 Ἀσὰφ δὲ ἐγέννησεν τ. Ἰωσαφάτ

ἌΣΒΕΣΤΟΣ 762

Mt 3 12 τὸ δὲ ἄχυρον κατακαύσει πυρὶ ἀσβέστῳ
Mk 9 43 ἀπελθεῖν εἰς τ. γέενναν εἰς τὸ πῦρ τὸ ἄσβεστον
Lu 3 17 τὸ δὲ ἄχυρον κατακαύσει πυρὶ ἀσβέστῳ

ἈΣΈΒΕΙΑ 763

Ro 1 18 ἐπὶ πᾶσαν ἀσέβειαν κ. ἀδικίαν ἀνθρώπων
11 26 ἀποστρέψει ἀσεβείας ἀπὸ Ἰακώβ
לְשָׁבֵי פֶשַׁע בְּיַעֲקֹב, Is. lix. 20
II Ti 2 16 ἐπὶ πλεῖον γὰρ προκόψουσιν ἀσεβείας
Tit 2 12 ἀρνησάμενοι τ. ἀσέβειαν κ. τ. κοσμικὰς ἐπιθυμίας
Ju 15 περὶ πάντων τ. ἔργων ἀσεβείας αὐτῶν ὧν ἠσέβησαν
18 κατὰ τὰς ἑαυτῶν ἐπιθυμίας πορευόμενοι τ. ἀσεβειῶν

ἈΣΕΒΈΩ 764

II Pe 2 6 ὑπόδειγμα μελλόντων ἀσεβεῖν τεθεικώς
ἀσεβέσιν, WH
Ju 15 περὶ πάντων τ. ἔργων ἀσεβείας αὐτῶν ὧν ἠσέβησαν

ἈΣΕΒΉΣ 765

Ro 4 5 πιστεύοντι δὲ ἐπὶ τ. δικαιοῦντα τ. ἀσεβῆ
ἀσεβήν, T
5 6 κατὰ καιρὸν ὑπὲρ ἀσεβῶν ἀπέθανεν
I Ti 1 9 ἀσεβέσιν κ. ἁμαρτωλοῖς
I Pe 4 18 ὁ δὲ ἀσεβὴς κ. ἁμαρτωλὸς ποῦ φανεῖται;
II Pe 2 5 κατακλυσμὸν κόσμῳ ἀσεβῶν ἐπάξας
6 ὑπόδειγμα μελλόντων ἀσεβέσιν τεθεικώς
ἀσεβεῖν, TR
3 7 εἰς ἡμέραν κρίσεως κ. ἀπωλείας τ. ἀσεβῶν ἀνθρώπων
Ju 4 οἱ πάλαι προγεγραμμένοι εἰς τοῦτο τὸ κρίμα ἀσεβεῖς
15 κ. ἐλέγξαι πάντας τ. ἀσεβεῖς
15 ὧν ἐλάλησαν κατ' αὐτοῦ ἁμαρτωλοὶ ἀσεβεῖς

ἈΣΈΛΓΕΙΑ ** 766

Mk 7 22 δόλος ἀσέλγεια ὀφθαλμὸς πονηρός
Ro 13 13 μὴ κοίταις κ. ἀσελγείαις
II Co 12 21 μὴ μετανοησάντων ἐπὶ τῇ . . . ἀσελγείᾳ ᾗ ἔπραξαν
Ga 5 19 τὰ ἔργα τ. σαρκὸς ἅτινά ἐστιν πορνεία ἀκαθαρσία ἀσέλγεια
Eph 4 19 ἑαυτοὺς παρέδωκαν τ. ἀσελγείᾳ
I Pe 4 3 πεπορευμένους ἐν ἀσελγείαις ἐπιθυμίαις
II Pe 2 2 πολλοὶ ἐξακολουθήσουσιν αὐτῶν τ. ἀσελγείαις
7 καταπονούμενον ὑπὸ τῆς τ. ἀθέσμων ἐν ἀσελγείᾳ ἀναστροφῆς

II Pe 2 18 δελεάζουσιν ἐν ἐπιθυμίαις σαρκὸς ἀσελγείαις
Ju 4 τὴν τ. Θεοῦ ἡμῶν χάριτα μετατιθέντες εἰς ἀσέλγειαν

ἌΣΗΜΟΣ 767

Ac 21 39 τ. Κιλικίας οὐκ ἀσήμου πόλεως πολίτης

ἈΣΉΡ 768

Lu 2 36 θυγάτηρ Φανουὴλ ἐκ φυλῆς Ἀσήρ
Re 7 6 ἐκ φυλῆς Ἀσὴρ δώδεκα χιλιάδες

ἈΣΘΈΝΕΙΑ 769

(1) ἀσθένειαι (2) ἐν ἀσθενείᾳ

Mt 8 17 [1] αὐτὸς τ. ἀσθενείας ἡμῶν ἔλαβεν
אָכֵן חֳלָיֵנוּ הוּא נָשָׂא, Is. liii. 4
Lu 5 15 [1] θεραπεύεσθαι ἀπὸ τ. ἀσθενειῶν αὐτῶν
8 2 [1] αἳ ἦσαν τεθεραπευμέναι ἀπὸ . . . ἀσθενειῶν
13 11 γυνὴ πνεῦμα ἔχουσα ἀσθενείας
12 γύναι ἀπολέλυσαι τ. ἀσθενείας σοῦ
ἀπὸ τ. ἀσθ., T
Jo 5 5 [2] τριάκοντα κ. ὀκτὼ ἔτη ἔχων ἐν τ. ἀσθενείᾳ αὐτοῦ
11 4 αὕτη ἡ ἀσθένεια οὐκ ἔστιν πρὸς θάνατον
Ac 28 9 οἱ λοιποὶ οἱ ἐν τῇ νήσῳ ἔχοντες ἀσθενείας
Ro 6 19 ἀνθρώπινον λέγω διὰ τ. ἀσθένειαν τ. σαρκὸς ὑμῶν
8 26 τὸ πνεῦμα συναντιλαμβάνεται τ. ἀσθενείᾳ ἡμῶν
I Co 2 3 [2] ἐν ἀσθενείᾳ κ. ἐν φόβῳ . . . ἐγενόμην πρὸς ὑμᾶς
15 43 [2] σπείρεται ἐν ἀσθενείᾳ
II Co 11 30 τὰ τ. ἀσθενείας μου καυχήσομαι
12 5 [1] οὐ καυχήσομαι εἰ μὴ ἐν τ. ἀσθενείαις
+μου, T
9 [2] ἡ γὰρ δύναμις ἐν ἀσθενείᾳ τελεῖται.
[1] ἥδιστα οὖν μᾶλλον καυχήσομαι ἐν τ. ἀσθενείαις
+μου, TR
10 [1] διὸ εὐδοκῶ ἐν ἀσθενείαις
13 4 κ. γὰρ ἐσταυρώθη ἐξ ἀσθενείας
Ga 4 13 δι' ἀσθένειαν τ. σαρκὸς εὐηγγελισάμην ὑμῖν τὸ πρότερον
I Ti 5 23 [1] διὰ τ. στόμαχον κ. τ. πυκνάς σου ἀσθενείας
He 4 15 [1] ἀρχιερέα μὴ δυνάμενον συνπαθῆσαι τ. ἀσθενείαις ἡμῶν
5 2 ἐπεὶ κ. αὐτὸς περίκειται ἀσθένειαν
7 28 ἀνθρώπους καθίστησιν ἀρχιερεῖς ἔχοντας ἀσθένειαν
11 34 ἐδυναμώθησαν ἀπὸ ἀσθενείας

ἈΣΘΕΝΈΩ 770

(1) ἀσθ. τῇ πίστει

Mt 10 8 ἀσθενοῦντας θεραπεύετε
25 36 ἠσθένησα κ. ἐπεσκέψασθέ με
39 πότε δέ σε εἴδομεν ἀσθενοῦντα
Mk 6 56 ἐν τ. ἀγοραῖς ἐτίθεσαν τ. ἀσθενοῦντας
Lu 4 40 ὅσοι εἶχον ἀσθενοῦντας νόσοις ποικίλαις
9 2 ἀπέστειλεν αὐτοὺς . . . ἰᾶσθαι τ. ἀσθενοῦντας
—τ. ἀσθ., TWHR mg.
Jo 4 46 οὗ ὁ υἱὸς ἠσθένει ἐν Καφαρναούμ
5 3 ἐν ταύταις κατέκειτο πλῆθος τ. ἀσθενούντων
7 ἀπεκρίθη αὐτῷ ὁ ἀσθενῶν
13 ὁ δὲ ἀσθενῶν οὐκ ᾔδει τίς ἐστιν
ἰαθεὶς, WHR
6 2 τὰ σημεῖα ἃ ἐποίει ἐπὶ τ. ἀσθενούντων
11 1 ἦν δέ τις ἀσθενῶν Λάζαρος ἀπὸ Βηθανίας
2 ἧς ὁ ἀδελφὸς Λάζαρος ἠσθένει
3 Κύριε ἴδε ὃν φιλεῖς ἀσθενεῖ
6 ὡς οὖν ἤκουσεν ὅτι ἀσθενεῖ
Ac 9 37 ἐγένετο δὲ . . . ἀσθενήσασαν αὐτὴν ἀποθανεῖν
19 12 ὥστε κ. ἐπὶ τ. ἀσθενοῦντας ἀποφέρεσθαι . . . σουδάρια
20 35 δεῖ ἀντιλαμβάνεσθαι τ. ἀσθενούντων
Ro 4 19 [1] κ. μὴ ἀσθενήσας τ. πίστει
8 3 ἐν ᾧ ἠσθένει διὰ τ. σαρκός
14 1 [1] τ. δὲ ἀσθενοῦντα τ. πίστει προσλαμβάνεσθε
2 ὁ δὲ ἀσθενῶν λάχανα ἐσθίει
21 ἐν ᾧ ὁ ἀδελφός σου προσκόπτει ἢ σκανδαλίζεται ἢ ἀσθενεῖ
—ἢ σκανδ. ἢ ἀσθ., TWHR non mg.
I Co 8 11 ἀπόλλυται γὰρ ὁ ἀσθενῶν ἐν τ. σῇ γνώσει
12 τύπτοντες αὐτῶν τ. συνείδησιν ἀσθενοῦσαν
II Co 11 21 ὡς ὅτι ἡμεῖς ἠσθενήκαμεν
29 τίς ἀσθενεῖ κ. οὐκ ἀσθενῶ;
12 10 ὅταν γὰρ ἀσθενῶ τότε δυνατός εἰμι
13 3 ὃς εἰς ὑμᾶς οὐκ ἀσθενεῖ
4 κ. γὰρ ἡμεῖς ἀσθενοῦμεν ἐν αὐτῷ
σὺν αὐτ., WH mg. R mg.
9 χαίρομεν γὰρ ὅταν ἡμεῖς ἀσθενῶμεν
Phl 2 26 διότι ἠκούσατε ὅτι ἠσθένησεν.
27 κ. γὰρ ἠσθένησεν παραπλήσιον θανάτου
II Ti 4 20 Τρόφιμον δὲ ἀπέλειπον ἐν Μιλήτῳ ἀσθενοῦντα
Ja 5 14 ἀσθενεῖ τις ἐν ὑμῖν;

ἈΣΘΈΝΗΜΑ* 771

Ro 15 1 ὀφείλομεν δὲ ἡμεῖς οἱ δυνατοὶ τ. ἀσθενήματα τ. ἀδυνάτων βαστάζειν

ἈΣΘΕΝΉΣ 772

(1) τὸ ἀσθ., τὰ ἀσθ. (2) ἀσθενέστερος

Mt 25 43 ἀσθενὴς κ. ἐν φυλακῇ κ. οὐκ ἐπεσκέψασθέ με
44 πότε σε εἴδομεν . . . ἢ ἀσθενῆ ἢ ἐν φυλακῇ
26 41 τὸ μὲν πνεῦμα πρόθυμον ἡ δὲ σὰρξ ἀσθενής
Mk 14 38 τὸ μὲν πνεῦμα πρόθυμον ἡ δὲ σὰρξ ἀσθενής
Lu 10 9 θεραπεύετε τοὺς ἐν αὐτῇ ἀσθενεῖς
Ac 4 9 εἰ . . . ἀνακρινόμεθα ἐπὶ εὐεργεσίᾳ ἀνθρώπου ἀσθενοῦς
5 15 ὥστε κ. εἰς τ. πλατείας ἐκφέρειν τ. ἀσθενεῖς
16 φέροντες ἀσθενεῖς κ. ὀχλουμένους
Ro 5 6 εἴ γε Χριστὸς ὄντων ἡμῶν ἀσθενῶν ἔτι
I Co 1 25 [1] τὸ ἀσθενὲς τ. Θεοῦ ἰσχυρότερον τ. ἀνθρώπων

I Co 1 27 [1] τὰ ἀσθενῆ τ. κόσμου ἐξελέξατο ὁ Θεός
4 10 ἡμεῖς ἀσθενεῖς ὑμεῖς δὲ ἰσχυροί
8 7 ἡ συνείδησις αὐτῶν ἀσθενὴς οὖσα μολύνεται
9 μή πως ἡ ἐξουσία ὑμῶν αὕτη πρόσκομμα γένηται τ. ἀσθενέσιν
10 ἡ συνείδησις αὐτοῦ ἀσθενοῦς ὄντος
9 22 ἐγενόμην τ. ἀσθενέσιν ἀσθενής,
ἵνα τ. ἀσθενεῖς κερδήσω
11 30 διὰ τοῦτο ἐν ὑμῖν πολλοὶ ἀσθενεῖς κ. ἄρρωστοι
12 22 [2] τὰ δοκοῦντα μέλη τ. σώματος ἀσθενέστερα ὑπάρχειν
II Co 10 10 ἡ δὲ παρουσία τ. σώματος ἀσθενής
Ga 4 9 πῶς ἐπιστρέφετε πάλιν ἐπὶ τὰ ἀσθενῆ κ. πτωχὰ στοιχεῖα
I Th 5 14 ἀντέχεσθε τ. ἀσθενῶν
He 7 18 [1] διὰ τὸ αὐτῆς ἀσθενὲς κ. ἀνωφελές
I Pe 3 7 [2] ὡς ἀσθενεστέρῳ σκεύει τ. γυναικείῳ ἀπονέμοντες τιμήν

ἈΣΙ´Α 773

Ac 2 9 οἱ κατοικοῦντες . . . Πόντον κ. τ. Ἀσίαν
6 9 κ. τῶν ἀπὸ Κιλικίας κ. Ἀσίας
16 6 κωλυθέντες . . . λαλῆσαι τ. λόγον ἐν τ. Ἀσίᾳ
19 1 εἶπεν αὐτῷ τὸ πνεῦμα ὑποστρέφειν εἰς τ. Ἀσίαν
—h. v., TWH non mg. R
10 ὥστε πάντας τ. κατοικοῦντας τ. Ἀσίαν ἀκοῦσαι
22 αὐτὸς ἔπεσχεν χρόνον εἰς τ. Ἀσίαν
26 οὐ μόνον Ἐφέσου ἀλλὰ σχεδὸν πάσης τ. Ἀσίας
27 ἣν ὅλη ἡ Ἀσία κ. ἡ οἰκουμένη σέβεται
[ἡ] Ἀσ., WH
20 4 συνείπετο δὲ αὐτῷ ἄχρι τ. Ἀσίας
—ἄχ. τ. Ἀσ., TWH non mg. R mg.
16 ὅπως μὴ γένηται αὐτῷ χρονοτριβῆσαι ἐν τ. Ἀσίᾳ
18 ἀφ' ἧς ἐπέβην εἰς τ. Ἀσίαν
21 27 οἱ ἀπὸ τ. Ἀσίας Ἰουδαῖοι
24 19 τινὲς δὲ ἀπὸ τ. Ἀσίας Ἰουδαῖοι
27 2 μέλλοντι πλεῖν εἰς τοὺς κατὰ τ. Ἀσίαν τόπους
Ro 16 5 ὅς ἐστιν ἀπαρχὴ τ. Ἀσίας εἰς Χριστόν
I Co 16 19 ἀσπάζονται ὑμᾶς αἱ ἐκκλησίαι τ. Ἀσίας
II Co 1 8 ὑπὲρ τ. θλίψεως ἡμῶν τ. γενομένης ἐν τῇ Ἀσίᾳ
II Ti 1 15 ἀπεστράφησάν με πάντες οἱ ἐν τ. Ἀσίᾳ
I Pe 1 1 ἐκλεκτοῖς παρεπιδήμοις διασπορᾶς . . . Ἀσίας
Re 1 4 Ἰωάνης τ. ἑπτὰ ἐκκλησίαις ταῖς ἐν τ. Ἀσίᾳ

ἈΣΙΑΝΟ´Σ 774

Ac 20 4 Ἀσιανοὶ δὲ Τύχικος κ. Τρόφιμος

ἈΣΙΑ´ΡΧΗΣ* 775

Ac 19 31 τινὲς δὲ κ. τ. Ἀσιαρχῶν

ἈΣΙΤΙ´Α* 776

Ac 27 21 πολλῆς τε ἀσιτίας ὑπαρχούσης

ἌΣΙΤΟΣ* 777

Ac 27 33 ἄσιτοι διατελεῖτε

ἈΣΚΕ´Ω** 778

Ac 24 16 ἐν τούτῳ κ. αὐτὸς ἀσκῶ

ἈΣΚΟ´Σ 779

Mt 9 17 οὐδὲ βάλλουσιν οἶνον νέον εἰς ἀσκοὺς παλαιούς·
εἰ δὲ μήγε ῥήγνυνται οἱ ἀσκοί,
κ. ὁ οἶνος ἐκχεῖται κ. οἱ ἀσκοὶ ἀπόλλυνται·
ἀλλὰ βάλλουσιν οἶνον νέον εἰς ἀσκοὺς καινούς
Mk 2 22 οὐδεὶς βάλλει οἶνον νέον εἰς ἀσκοὺς παλαιούς·
εἰ δὲ μὴ ῥήξει ὁ οἶνος τοὺς ἀσκούς,
κ. ὁ οἶνος ἀπόλλυται κ. οἱ ἀσκοί·
ἀλλὰ οἶνον νέον εἰς ἀσκοὺς καινούς
—h. v., T [WH]
Lu 5 37 οὐδεὶς βάλλει οἶνον νέον εἰς ἀσκοὺς παλαιούς·
εἰ δὲ μήγε ῥήξει ὁ οἶνος ὁ νέος τ. ἀσκούς,
κ. αὐτὸς ἐκχυθήσεται κ. οἱ ἀσκοὶ ἀπολοῦνται·
38 ἀλλὰ οἶνον νέον εἰς ἀσκοὺς καινοὺς βλητέον

ἈΣΜΕ´ΝΩΣ** 780

Ac 21 17 ἀσμένως ἀπεδέξαντο ἡμᾶς οἱ ἀδελφοί

ἌΣΟΦΟΣ 781

Eph 5 15 περιπατεῖτε μὴ ὡς ἄσοφοι ἀλλ' ὡς σόφοι

ἈΣΠΑ´ΖΟΜΑΙ 782

(1) c. acc. rei (2) ἀσπ. ἐν φιλήματι

Mt 5 47 ἐὰν ἀσπάσησθε τ. ἀδελφοὺς ὑμῶν μόνον
10 12 [1] εἰσερχόμενοι δὲ εἰς τ. οἰκίαν ἀσπάσασθε αὐτήν
Mk 9 15 προστρέχοντες ἠσπάζοντο αὐτόν
15 18 ἤρξαντο ἀσπάζεσθαι αὐτόν
Lu 1 40 ἠσπάσατο τὴν Ἐλεισάβετ
10 4 μηδένα κατὰ τὴν ὁδὸν ἀσπάσησθε
Ac 18 22 [1] ἀσπασάμενος τ. ἐκκλησίαν
20 1 ἀσπασάμενος ἐξῆλθεν πορεύεσθαι εἰς Μακεδονίαν
21 7 ἀσπασάμενοι τ. ἀδελφούς
19 κ. ἀσπασάμενος αὐτούς
25 13 κατήντησαν εἰς Καισαρίαν ἀσπασάμενοι τ. Φῆστον
Ro 16 3 ἀσπάσασθε Πρίσκαν κ. Ἀκύλαν
5 ἀσπάσασθε Ἐπαίνετον τ. ἀγαπητόν μου
6 ἀσπάσασθε Μαρίαν ἥτις πολλὰ ἐκοπίασεν
7 ἀσπάσασθε Ἀνδρόνικον κ. Ἰουνίαν
8 ἀσπάσασθε Ἀμπλιᾶτον τ. ἀγαπητόν μου ἐν Κυρίῳ.
9 ἀσπάσασθε Οὐρβανὸν τ. συνεργὸν ἡμῶν ἐν Χριστῷ
10 ἀσπάσασθε Ἀπελλῆν τ. δόκιμον ἐν Χριστῷ
ἀσπάσασθε τοὺς ἐκ τῶν Ἀριστοβούλου
11 ἀσπάσασθε Ἡρῳδίωνα τ. συγγενῆ μου.
ἀσπάσασθε τοὺς ἐκ τῶν Ναρκίσσου
12 ἀσπάσασθε Τρύφαιναν κ. Τρυφῶσαν
12 ἀσπάσασθε Περσίδα τ. ἀγαπητήν

Ro 16 13 ἀσπάσασθε Ῥοῦφον τ. ἐκλεκτὸν ἐν Κυρίῳ
14 ἀσπάσασθε Ἀσύνκριτον Φλέγοντα Ἑρμῆν
15 ἀσπάσασθε Φιλόλογον κ. Ἰουλίαν
16 [2] ἀσπάσασθε ἀλλήλους ἐν φιλήματι ἁγίῳ. ἀσπάζονται ὑμᾶς αἱ ἐκκλησίαι πᾶσαι τ. Χριστοῦ
21 ἀσπάζεται ὑμᾶς Τιμόθεος ὁ συνεργός μου
22 ἀσπάζομαι ὑμᾶς ἐγὼ Τέρτιος
23 ἀσπάζεται ὑμᾶς Γαῖος ὁ ξενός μου
23 ἀσπάζεται ὑμᾶς Ἔραστος ὁ οἰκονόμος
I Co 16 19 ἀσπάζονται ὑμᾶς αἱ ἐκκλησίαι τ. Ἀσίας· ἀσπάζεται ὑμᾶς ἐν Κυρίῳ πολλὰ Ἀκύλας κ. Πρίσκα
20 ἀσπάζονται ὑμᾶς οἱ ἀδελφοὶ πάντες. [2] ἀσπάσασθε ἀλλήλους ἐν φιλήματι ἁγίῳ
II Co 13 12 [2] ἀσπάσασθε ἀλλήλους ἐν ἁγίῳ φιλήματι. ἀσπάζονται ὑμᾶς οἱ ἅγιοι πάντες
Phl 4 21 ἀσπάσασθε πάντα ἅγιον ἐν Χριστῷ Ἰησοῦ. ἀσπάζονται ὑμᾶς οἱ σὺν ἐμοὶ ἀδελφοί.
22 ἀσπάζονται ὑμᾶς πάντες οἱ ἅγιοι
Col 4 10 ἀσπάζεται ὑμᾶς Ἀρίσταρχος ὁ συναιχμάλωτός μου
12 ἀσπάζεται ὑμᾶς Ἐπαφρᾶς ὁ ἐξ ὑμῶν
14 ἀσπάζεται ὑμᾶς Λουκᾶς ὁ ἰατρὸς ὁ ἀγαπητός
15 ἀσπάσασθε τοὺς ἐν Λαοδικίᾳ ἀδελφούς
I Th 5 26 [2] ἀσπάσασθε τ. ἀδελφοὺς πάντας ἐν φιλήματι ἁγίῳ
II Ti 4 19 ἄσπασαι Πρίσκαν κ. Ἀκύλαν
21 ἀσπάζεταί σε Εὔβουλος κ. Πούδης
Tit 3 15 ἀσπάζονταί σε οἱ μετ' ἐμοῦ πάντες. ἄσπασαι τ. φιλοῦντας ἡμᾶς ἐν πίστει
Phm 23 ἀσπάζεταί σε Ἐπαφρᾶς ὁ συναιχμάλωτός μου
He 11 13 [1] πόρρωθεν αὐτὰς ἰδόντες κ. ἀσπασάμενοι
13 24 ἀσπάσασθε πάντας τ. ἡγουμένους ὑμῶν
24 ἀσπάζονται ὑμᾶς οἱ ἀπὸ τ. Ἰταλίας
I Pe 5 13 ἀσπάζεται ὑμᾶς ἡ ἐν Βαβυλῶνι συνεκλεκτή
14 [2] ἀσπάσασθε ἀλλήλους ἐν φιλήματι ἀγάπης
II Jo 13 ἀσπάζεταί σε τὰ τέκνα τ. ἀδελφῆς σου
III Jo 15 ἀσπάζονταί σε οἱ φίλοι. ἀσπάζου τ. φίλους κατ' ὄνομα

ἈΣΠΑΣΜΟ΄Σ* 783

Mt 23 7 φιλοῦσι δὲ . . . τ. ἀσπασμοὺς ἐν τ. ἀγοραῖς
Mk 12 38 τ. γραμματέων τ. θελόντων . . . ἀσπασμοὺς ἐν τ. ἀγοραῖς
Lu 1 29 διελογίζετο ποταπὸς εἴη ὁ ἀσπασμὸς οὗτος
41 ὡς ἤκουσεν τ. ἀσπασμὸν τ. Μαρίας ἡ Ἐλεισάβετ
44 ὡς ἐγένετο ἡ φωνὴ τ. ἀσπασμοῦ σου
11 43 ἀγαπᾶτε . . . τ. ἀσπασμοὺς ἐν τ. ἀγοραῖς
20 46 τ. γραμματέων τ. . . . φιλούντων ἀσπασμοὺς ἐν τ. ἀγοραῖς
I Co 16 21 ὁ ἀσπασμὸς τ. ἐμῇ χειρὶ Παύλου
Col 4 18 ὁ ἀσπασμὸς τ. ἐμῇ χειρὶ Παύλου
II Th 3 17 ὁ ἀσπασμὸς τ. ἐμῇ χειρὶ Παύλου

ἌΣΠΙΛΟΣ** † 784

I Ti 6 14 τηρῆσαί σε τ. ἐντολὴν ἄσπιλον
Ja 1 27 ἄσπιλον ἑαυτὸν τηρεῖν ἀπὸ τ. κόσμου
I Pe 1 19 τιμίῳ αἵματι ὡς ἀμνοῦ ἀμώμου κ. ἀσπίλου Χριστοῦ
II Pe 3 14 σπουδάσατε ἄσπιλοι κ. ἀμώμητοι αὐτῷ εὑρεθῆναι

ἈΣΠΙΣ 785

Ro 3 13 ἰὸς ἀσπίδων ὑπὸ τὰ χείλη αὐτῶν
חֲמַת עַכְשׁוּב תַּחַת שְׂפָתֵימוֹ, Ps. cxl. 4

ἌΣΠΟΝΔΟΣ* 786

II Ti 3 3 ἄστοργοι ἄσπονδοι διάβολοι

ἈΣΣΑ΄ΡΙΟΝ* 787

Mt 10 29 οὐχὶ δύο στρουθία ἀσσαρίου πωλεῖται;
Lu 12 6 οὐχὶ πέντε στρουθία πωλοῦνται ἀσσαρίων δύο;

ἌΣΣΟΝ* 788

Ac 27 13 ἄραντες ἆσσον παρελέγοντο τ. Κρήτην

ἌΣΣΟΣ 789

Ac 20 13 ἀνήχθημεν ἐπὶ τὴν Ἄσσον
14 ὡς δὲ συνέβαλλεν ἡμῖν εἰς τὴν Ἄσσον

ἈΣΤΑΤΕ΄Ω** † 790

I Co 4 11 κ. κολαφιζόμεθα κ. ἀστατοῦμεν

ἈΣΤΕΙ͂ΟΣ 791

Ac 7 20 κ. ἦν ἀστεῖος τ. Θεῷ
He 11 23 διότι εἶδον ἀστεῖον τὸ παιδίον

ἈΣΤΗ΄Ρ 792

(1) ἀστ. ἑπτά

Mt 2 2 εἴδομεν γὰρ αὐτοῦ τ. ἀστέρα ἐν τ. ἀνατολῇ
7 ἠκρίβωσεν . . . τ. χρόνον τ. φαινομένου ἀστέρος
9 ὁ ἀστὴρ ὃν εἶδον ἐν τ. ἀνατολῇ
10 ἰδόντες δὲ τ. ἀστέρα
24 29 οἱ ἀστέρες πεσοῦνται ἀπὸ τ. οὐρανοῦ
Mk 13 25 οἱ ἀστέρες ἔσονται ἐκ τ. οὐρανοῦ πίπτοντες
I Co 15 41 ἄλλη δόξα ἀστέρων· ἀστὴρ γὰρ ἀστέρος διαφέρει ἐν δόξῃ
Ju 13 ἀστέρες πλανῆται
Re 1 16 [1] ἔχων ἐν τ. δεξιᾷ χειρὶ αὐτοῦ ἀστέρας ἑπτά
20 [1] τὸ μυστήριον τ. ἑπτὰ ἀστέρων οὓς εἶδες
20 [1] οἱ ἑπτὰ ἀστέρες ἄγγελοι τ. ἑπτὰ ἐκκλησιῶν εἰσίν
2 1 [1] τάδε λέγει ὁ κρατῶν τ. ἑπτὰ ἀστέρας
28 δώσω αὐτῷ τ. ἀστέρα τ. πρωινόν
3 1 [1] τάδε λέγει ὁ ἔχων . . . τ. ἑπτὰ ἀστέρας
6 13 οἱ ἀστέρες τ. οὐρανοῦ ἔπεσαν εἰς τ. γῆν
8 10 ἔπεσεν ἐκ τ. οὐρανοῦ ἀστὴρ μέγας
11 τὸ ὄνομα τ. ἀστέρος λέγεται ὁ Ἄψινθος
12 ἐπλήγη . . . τὸ τρίτον τ. ἀστέρων
9 1 εἶδον ἀστέρα ἐκ τ. οὐρανοῦ πεπτωκότα εἰς τ. γῆν

Re 12 1 ἐπὶ τ. κεφαλῆς αὐτῆς στέφανος ἀστέρων δώδεκα
4 ἡ οὐρὰ αὐτοῦ σύρει τὸ τρίτον τ. ἀστέρων τ. οὐρανοῦ
22 16 ἐγώ εἰμι . . . ὁ ἀστὴρ ὁ λαμπρὸς ὁ πρωινός

᾿ΑΣΤΗ´ΡΙΚΤΟΣ * 793

II Pe 2 14 δελεάζοντες ψυχὰς ἀστηρίκτους
3 16 ἃ οἱ ἀμαθεῖς κ. ἀστήρικτοι στρεβλοῦσιν

῎ΑΣΤΟΡΓΟΣ * 794

Ro 1 31 ἀσυνθέτους ἀστόργους ἀνελεήμονας
II Ti 3 3 ἀνόσιοι ἄστοργοι ἄσπονδοι

᾿ΑΣΤΟΧΕ´Ω ** 795

I Ti 1 6 ὧν τινὲς ἀστοχήσαντες
6 21 ἥν τινες ἐπαγγελλόμενοι περὶ τ. πίστιν ἠστόχησαν
II Ti 2 18 οἵτινες περὶ τ. ἀλήθειαν ἠστόχησαν

᾿ΑΣΤΡΑΠΗ´ 796

Mt 24 27 ὥσπερ γὰρ ἡ ἀστραπὴ ἐξέρχεται ἀπὸ ἀνατολῶν
28 3 ἦν δὲ ἡ εἰδέα αὐτοῦ ὡς ἀστραπή
Lu 10 18 ἐθεώρουν τ. Σατανᾶν ὡς ἀστραπὴν ἐκ τ. οὐρανοῦ πεσόντα
ἐκ τ. οὐρ. ὡς ἀστρ., WH mg.
11 36 ὡς ὅταν ὁ λύχνος τ. ἀστραπῇ φωτίζῃ σε
17 24 ὥσπερ γὰρ ἡ ἀστραπὴ ἀστράπτουσα ἐκ τῆς ὑπὸ τ. οὐρανόν
Re 4 5 ἐκ τ. θρόνου ἐκπορεύονται ἀστραπαί
8 5 ἐγένοντο βρονταὶ κ. φωναὶ κ. ἀστραπαὶ
ἀστρ. κ. φ., WH. mg.
11 19 ἐγένοντο ἀστραπαὶ κ. φωναὶ κ. βρονταί
16 18 ἐγένοντο ἀστραπαὶ κ. φωναὶ κ. βρονταί

᾿ΑΣΤΡΑ´ΠΤΩ 797

Lu 17 24 ὥσπερ γὰρ ἡ ἀστραπὴ ἀστράπτουσα ἐκ τῆς ὑπὸ τ. οὐρανόν
24 4 ἄνδρες δύο ἐπέστησαν αὐταῖς ἐν ἐσθῆτι ἀστραπτούσῃ

῎ΑΣΤΡΟΝ 798

Lu 21 25 σημεῖα ἐν ἡλίῳ κ. σελήνῃ κ. ἄστροις
Ac 7 43 ἀνελάβετε . . . τὸ ἄστρον τ. Θεοῦ Ῥομφά
נְשָׂאתֶם . . אֵת כִּיּוּן צַלְמֵיכֶם כּוֹכַב אֱלֹהֵיכֶם, Am. v. 26
27 20 μήτε δὲ ἡλίου μήτε ἄστρων ἐπιφαινόντων
He 11 12 καθὼς τ. ἄστρα τ. οὐρανοῦ τ. πλήθει

᾿ΑΣΥ´ΜΦΩΝΟΣ ** 800

Ac 28 25 ἀσύμφωνοι δὲ ὄντες πρὸς ἀλλήλους ἀπελύοντο

᾿ΑΣΥ´ΝΕΤΟΣ 801

Mt 15 16 ἀκμὴν κ. ὑμεῖς ἀσύνετοί ἐστε;
Mk 7 18 οὕτως κ. ὑμεῖς ἀσύνετοί ἐστε;
Ro 1 21 ἐσκοτίσθη ἡ ἀσύνετος αὐτῶν καρδία
1 31 γονεῦσιν ἀπειθεῖς ἀσυνέτους ἀσυνθέτους
10 19 ἐπ᾿ ἔθνει ἀσυνέτῳ παροργιῶ ὑμᾶς
בְּגוֹי נָבָל אַכְעִיסֵם, Dt. xxxii. 21

᾿ΑΣΥ´ΝΘΕΤΟΣ 802

Ro 1 31 ἀσυνέτους ἀσυνθέτους ἀστόργους

᾿ΑΣΥ´ΝΚΡΙΤΟΣ 799

Ro 16 14 ἀσπάσασθε Ἀσύνκριτον Φλέγοντα Ἑρμῆν

᾿ΑΣΦΑ´ΛΕΙΑ 803

Lu 1 4 ἵνα ἐπιγνῷς περὶ ὧν κατηχήθης λόγων τ. ἀσφάλειαν
Ac 5 23 δεσμωτήριον εὕρομεν κεκλεισμένον ἐν πάσῃ ἀσφαλείᾳ
I Th 5 3 ὅταν λέγωσιν Εἰρήνη κ. ἀσφάλεια

᾿ΑΣΦΑΛΗ´Σ 804

Ac 21 34 μὴ δυναμένου δὲ αὐτοῦ γνῶναι τὸ ἀσφαλὲς
22 30 βουλόμενος γνῶναι τὸ ἀσφαλές
25 26 περὶ οὗ ἀσφαλές τι γράψαι τ. κυρίῳ οὐκ ἔχω
Phl 3 1 ἐμοὶ μὲν οὐκ ὀκνηρὸν ὑμῖν δὲ ἀσφαλές
He 6 19 ὡς ἄγκυραν ἔχομεν τ. ψυχῆς ἀσφαλῆ τε κ. βεβαίαν

᾿ΑΣΦΑΛΙ´ΖΩ 805

Mt 27 64 κέλευσον οὖν ἀσφαλισθῆναι τ. τάφον
65 ὑπάγετε ἀσφαλίσασθε ὡς οἴδατε.
66 οἱ δὲ πορευθέντες ἠσφαλίσαντο τ. τάφον
Ac 16 24 τ. πόδας ἠσφαλίσατο αὐτῶν εἰς τὸ ξύλον

᾿ΑΣΦΑΛΩ͂Σ 806

Mk 14 44 κρατήσατε αὐτὸν κ. ἀπάγετε ἀσφαλῶς
Ac 2 36 ἀ. οὖν γινωσκέτω πᾶς οἶκος Ἰσραήλ
16 23 παραγγείλαντες τ. δεσμοφύλακι ἀ. τηρεῖν αὐτούς

᾿ΑΣΧΗΜΟΝΕ´Ω 807

I Co 7 36 εἰ δέ τις ἀσχημονεῖν ἐπὶ τ. παρθένον αὐτοῦ νομίζει
13 5 οὐ φυσιοῦται οὐκ ἀσχημονεῖ

᾿ΑΣΧΗΜΟΣΥ´ΝΗ 808

Ro 1 27 ἄρσενες ἐν ἄρσεσιν τ. ἀσχημοσύνην κατεργαζόμενοι
Re 16 15 ἵνα μὴ . . . βλέπωσιν τ. ἀσχημοσύνην αὐτοῦ

᾿ΑΣΧΗ´ΜΩΝ 809

I Co 12 23 τὰ ἀσχήμονα ἡμῶν εὐσχημοσύνην περισσοτέραν ἔχει

᾿ΑΣΩΤΙ´Α 810

Eph 5 18 μὴ μεθύσκεσθε οἴνῳ ἐν ᾧ ἐστὶν ἀσωτία
Tit 1 6 μὴ ἐν κατηγορίᾳ ἀσωτίας
I Pe 4 4 μὴ συντρεχόντων ὑμῶν εἰς τ. αὐτὴν τ. ἀσωτίας ἀνάχυσιν

'ΑΣΩ'ΤΩΣ* 811

Lu 15 13 ζῶν ἀσώτως

'ΑΤΑΚΤΕ'Ω* 812

II Th 3 7 ὅτι οὐκ ἠτακτήσαμεν ἐν ὑμῖν

"ΑΤΑΚΤΟΣ** 813

I Th 5 14 νουθετεῖτε τ. ἀτάκτους

'ΑΤΑ'ΚΤΩΣ** 814

II Th 3 6 στέλλεσθαι ὑμᾶς ἀπὸ παντὸς ἀδελφοῦ ἀ. περιπατοῦντος
11 ἀκούομεν γάρ τινας περιπατοῦντας ἐν ὑμῖν ἀτάκτως

"ΑΤΕΚΝΟΣ 815

Lu 20 28 κ. οὗτος ἄτεκνος ᾖ
29 ὁ πρῶτος λαβὼν γυναῖκα ἀπέθανεν ἄτεκνος

'ΑΤΕΝΙ'ΖΩ** 816

(1) ἀτεν. εἰς

Lu 4 20 οἱ ὀφθαλμοὶ ἐν τ. συναγωγῇ ἦσαν ἀτενίζοντες αὐτῷ
22 56 ἰδοῦσα δὲ αὐτὸν παιδίσκη τις . . . κ. ἀτενίσασα αὐτῷ
Ac 1 10 [1] ὡς ἀτενίζοντες ἦσαν εἰς τ. οὐρανόν
3 4 [1] ἀτενίσας δὲ Πέτρος εἰς αὐτόν
12 ἢ ἡμῖν τί ἀτενίζετε
6 15 [1] ἀτενίσαντες εἰς αὐτὸν πάντες οἱ καθεζόμενοι
7 55 [1] ἀτενίσας εἰς τ. οὐρανόν
10 4 ὁ δὲ ἀτενίσας αὐτῷ κ. ἔμφοβος γενόμενος
11 6 [1] εἰς ἣν ἀτενίσας κατενόουν
13 9 [1] Σαῦλος δὲ . . . ἀτενίσας εἰς αὐτὸν εἶπεν
14 9 ὃς ἀτενίσας αὐτῷ
23 1 ἀτενίσας δὲ Παῦλος τ. συνεδρίῳ
II Co 3 7 [1] ὥστε μὴ δύνασθαι ἀτενίσαι . . . εἰς τὸ πρόσωπον Μωυσέως
13 [1] πρὸς τὸ μὴ ἀτενίσαι τ. υἱοὺς Ἰσραὴλ εἰς τὸ τέλος τ. καταργουμένου

"ΑΤΕΡ** 817

Lu 22 6 ἐζήτει εὐκαιρίαν τοῦ παραδοῦναι αὐτὸν ἄτερ ὄχλου αὐτοῖς
35 ὅτε ἀπέστειλα ὑμᾶς ἄτερ βαλλαντίου

'ΑΤΙΜΑ'ΖΩ 818

Mk 12 4 κἀκεῖνον ἐκεφαλίωσαν κ. ἠτίμασαν
Lu 20 11 οἱ δὲ κἀκεῖνον δείραντες κ. ἀτιμάσαντες
Jo 8 49 κ. ὑμεῖς ἀτιμάζετέ με
Ac 5 41 χαίροντες . . . ὅτι κατηξιώθησαν ὑπὲρ τ. ὀνόματος ἀτιμασθῆναι
Ro 1 24 τοῦ ἀτιμάζεσθαι τὰ σώματα αὐτῶν ἐν αὐτοῖς
2 23 διὰ τ. παραβάσεως τ. νόμου τ. Θεὸν ἀτιμάζεις;
Ja 2 6 ὑμεῖς δὲ ἠτιμάσατε τ. πτωχόν

'ΑΤΙΜΙ'Α 819

Ro 1 26 παρέδωκεν αὐτοὺς ὁ Θεὸς εἰς πάθη ἀτιμίας
9 21 ὃ μὲν εἰς τιμὴν σκεῦος ὃ δὲ εἰς ἀτιμίαν
I Co 11 14 ἀνὴρ μὲν ἐὰν κομᾷ ἀτιμία αὐτῷ ἐστίν
15 43 σπείρεται ἐν ἀτιμίᾳ
II Co 6 8 διὰ δόξης κ. ἀτιμίας
11 21 κατὰ ἀτιμίαν λέγω
II Ti 2 20 ἃ μὲν εἰς τιμὴν ἃ δὲ εἰς ἀτιμίαν

"ΑΤΙΜΟΣ 820

Mt 13 57 οὐκ ἔστιν προφήτης ἄτιμος
Mk 6 4 ὅτι οὐκ ἔστιν προφήτης ἄτιμος
I Co 4 10 ὑμεῖς ἔνδοξοι ἡμεῖς δὲ ἄτιμοι
12 23 ἃ δοκοῦμεν ἀτιμότερα εἶναι τ. σώματος

'ΑΤΜΙ'Σ 822

Ac 2 19 αἷμα κ. πῦρ κ. ἀτμίδα καπνοῦ
דָּם וָאֵשׁ וְתִימְרוֹת עָשָׁן, Joel iii. 3
Ja 4 14 ἀτμὶς γάρ ἐστε ἡ πρὸς ὀλίγον φαινομένη —ἡ, WH non mg.

"ΑΤΟΜΟΣ** 823

I Co 15 52 πάντες δὲ ἀλλαγησόμεθα ἐν ἀτόμῳ

"ΑΤΟΠΟΣ 824

Lu 23 41 οὗτος δὲ οὐδὲν ἄτοπον ἔπραξεν
Ac 25 5 εἴ τί ἐστιν ἐν τ. ἀνδρὶ ἄτοπον
28 6 θεωρούντων μηδὲν ἄτοπον εἰς αὐτὸν γινόμενον
II Th 3 2 ἵνα ῥυσθῶμεν ἀπὸ τ. ἀτόπων κ. πονηρῶν ἀνθρώπων

'ΑΤΤΑΛΙ'Α 825

Ac 14 25 κατέβησαν εἰς Ἀτταλίαν

'ΑΥΓΑ'ΖΩ 826

II Co 4 4 εἰς τὸ μὴ αὐγάσαι τ. φωτισμὸν τ. εὐαγγελίου

'ΑΥΓΗ' 827

Ac 20 11 ἐφ' ἱκανόν τε ὁμιλήσας ἄχρι αὐγῆς

'ΑΥ'ΓΟΥΣΤΟΣ 828

Lu 2 1 ἐξῆλθεν δόγμα παρὰ Καίσαρος Αὐγούστου

'ΑΥΘΑ'ΔΗΣ 829

Tit 1 7 μὴ αὐθάδη μὴ ὀργίλον
II Pe 2 10 τολμηταὶ αὐθάδεις

'ΑΥΘΑΙ'ΡΕΤΟΣ** 830

II Co 8 3 κ. παρὰ δύναμιν αὐθαίρετοι
17 αὐθαίρετος ἐξῆλθεν πρὸς ὑμᾶς

'ΑΥΘΕΝΤΕ'Ω* 831

I Ti 2 12 οὐδὲ αὐθεντεῖν ἀνδρός

'ΑΥΛΕ'ΟΜΑΙ** 832

Mt 11 17 ηὐλήσαμεν ὑμῖν κ. οὐκ ὠρχήσασθε
Lu 7 32 ηὐλήσαμεν ὑμῖν κ. οὐκ ὠρχήσασθε
I Co 14 7 πῶς γνωσθήσεται τὸ αὐλούμενον ἢ κιθαριζόμενον;

’ΑΥΛΗ΄ 833

Mt 26 3 τότε συνήχθησαν οἱ ἀρχιερεῖς . . . εἰς τ. αὐλὴν τ. ἀρχιερέως
58 ἠκολούθει αὐτῷ ἀπὸ μακρόθεν ἕως τ. αὐλῆς τ. ἀρχιερέως
69 ὁ δὲ Πέτρος ἐκάθητο ἔξω ἐν τ. αὐλῇ
Mk 14 54 ἠκολούθησεν αὐτῷ ἕως ἔσω εἰς τ. αὐλὴν τ. ἀρχιερέως
66 ὄντος τ. Πέτρου κάτω ἐν τῇ αὐλῇ
15 16 οἱ δὲ στρατιῶται ἀπήγαγον αὐτὸν ἔσω τ. αὐλῆς
Lu 11 21 ὅταν ὁ ἰσχυρὸς . . . φυλάσσῃ τὴν ἑαυτοῦ αὐλήν
22 55 περιαψάντων δὲ πῦρ ἐν μέσῳ τ. αὐλῆς
Jo 10 1 ὁ μὴ εἰσερχόμενος διὰ τ. θύρας εἰς τ. αὐλὴν τ. προβάτων
16 ἃ οὐκ ἔστιν ἐκ τ. αὐλῆς ταύτης
18 15 συνεισῆλθεν τ. Ἰησοῦ εἰς τ. αὐλὴν τ. ἀρχιερέως
Re 11 2 τ. αὐλὴν τὴν ἔξωθεν τ. ναοῦ ἔκβαλε ἔξωθεν

’ΑΥΛΗΤΗ΄Σ* 834

Mt 9 23 ἰδὼν τ. αὐλητὰς κ. τ. ὄχλον
Re 18 22 φωνὴ κιθαρῳδῶν κ. μουσικῶν κ. αὐλητῶν

’ΑΥΛΙ΄ΖΟΜΑΙ 835

Mt 21 17 κ. ηὐλίσθη ἐκεῖ
Lu 21 37 ηὐλίζετο εἰς τὸ ὄρος τὸ καλούμενον ἐλαιῶν

’ΑΥΛΟ΄Σ 836

I Co 14 7 εἴτε αὐλὸς εἴτε κιθάρα

’ΑΥΞΑ΄ΝΩ 837

(1) trans. (2) αὐξ. εἰς (3) αὐξ. τ. αὔξησιν

Mt 6 28 καταμάθετε τὰ κρίνα τ. ἀγροῦ πῶς αὐξάνουσιν
13 32 ὅταν δὲ αὐξηθῇ μεῖζον τ. λαχάνων ἐστίν
Mk 4 8 ἐδίδου καρπὸν ἀναβαίνοντα κ. αὐξανόμενα
αὐξανόμενον, T
Lu 1 80 τὸ δὲ παιδίον ηὔξανεν κ. ἐκραταιοῦτο πνεύματι
2 40 τὸ δὲ παιδίον ηὔξανεν κ. ἐκραταιοῦτο
12 27 κατανοήσατε τὰ κρίνα πῶς αὐξάνει
—αὐξ., TWH mg.
13 19 κ. ηὔξησεν κ. ἐγένετο εἰς δένδρον
Jo 3 30 ἐκεῖνον δεῖ αὐξάνειν
Ac 6 7 ὁ λόγος τ. Θεοῦ ηὔξανεν
7 17 ηὔξησεν ὁ λαὸς κ. ἐπληθύνθη ἐν Αἰγύπτῳ
12 24 ὁ δὲ λόγος τ. Κυρίου ηὔξανεν κ. ἐπληθύνετο
19 20 οὕτως κατὰ κράτος τ. Κυρίου ὁ λόγος ηὔξανεν
I Co 3 6 [1] Ἀπολλὼς ἐπότισεν ἀλλὰ ὁ Θεὸς ηὔξανεν
7 [1] οὔτε ὁ ποτίζων ἀλλ’ ὁ αὐξάνων Θεός
II Co 9 10 [1] αὐξήσει τὰ γενήματα τ. δικαιοσύνης ὑμῶν
10 15 αὐξανομένης τ. πίστεως ὑμῶν
Eph 2 21 [2] πᾶσα οἰκοδομὴ . . . αὔξει εἰς ναὸν ἅγιον ἐν Κυρίῳ
4 15 [2] αὐξήσωμεν εἰς αὐτὸν τὰ πάντα
Col 1 6 καρποφορούμενον κ. αὐξανόμενον
10 καρποφοροῦντες κ. αὐξανόμενοι τ. ἐπιγνώσει τ. Θεοῦ
2 19 [3] αὔξει τ. αὔξησιν τ. Θεοῦ
I Pe 2 2 [2] ἵνα ἐν αὐτῷ αὐξηθῆτε εἰς σωτηρίαν
II Pe 3 18 αὐξάνετε δὲ ἐν χάριτι

’ΑΥ΄ΞΗΣΙΣ** 838

Eph 4 16 τ. αὔξησιν τ. σώματος ποιεῖται
Col 2 19 αὔξει τ. αὔξησιν τ. Θεοῦ

’ΑΥ΄ΡΙΟΝ 839

Mt 6 30 κ. αὔριον εἰς κλίβανον βαλλόμενον
34 μὴ οὖν μεριμνήσητε εἰς τὴν αὔριον, ἡ γὰρ αὔριον μεριμνήσει αὐτῆς
Lu 10 35 ἐπὶ τὴν αὔριον ἐκβαλὼν δύο δηνάρια ἔδωκεν τ. πανδοχεῖ
12 28 κ. αὔριον εἰς κλίβανον βαλλόμενον
13 32 ἰάσεις ἀποτελῶ σήμερον κ. αὔριον
33 δεῖ με σήμερον κ. αὔριον κ. τ. ἐχομένῃ πορεύεσθαι
Ac 4 3 ἔθεντο εἰς τήρησιν εἰς τὴν αὔριον
5 ἐπὶ τὴν αὔριον συναχθῆναι αὐτῶν τ. ἄρχοντας
23 20 ὅπως αὔριον τ. Παῦλον καταγάγῃς εἰς τ. συνέδριον
25 22 αὔριον φησὶν ἀκούσῃ αὐτοῦ
I Co 15 32 φάγωμεν κ. πίωμεν αὔριον γὰρ ἀποθνήσκομεν
אָכוֹל וְשָׁתוֹ כִּי מָחָר נָמוּת, Is. xxii. 13
Ja 4 13 σήμερον ἢ αὔριον πορευσόμεθα εἰς τήνδε τ. πόλιν
14 οἵτινες οὐκ ἐπίστασθε τὸ τῆς αὔριον
—τὸ, WH; τὰ, WH mg.

’ΑΥΣΤΗΡΟ΄Σ** 840

Lu 19 21 ἐφοβούμην γάρ σε ὅτι ἄνθρωπος αὐστηρὸς εἶ
22 ᾔδεις ὅτι ἐγὼ ἄνθρωπος αὐστηρός εἰμι

’ΑΥΤΑ΄ΡΚΕΙΑ* 841

II Co 9 8 ἐν παντὶ πάντοτε πᾶσαν αὐτάρκειαν ἔχοντες
I Ti 6 6 πορισμὸς μέγας ἡ εὐσέβεια μετὰ αὐταρκείας

’ΑΥΤΑ΄ΡΚΗΣ 842

Phl 4 11 ἔμαθον ἐν οἷς εἰμὶ αὐτάρκης εἶναι

’ΑΥΤΟΚΑΤΑ΄ΚΡΙΤΟΣ* † 843

Tit 3 11 ἁμαρτάνει ὢν αὐτοκατάκριτος

’ΑΥΤΟ΄ΜΑΤΟΣ 844

Mk 4 28 αὐτομάτη ἡ γῆ καρποφορεῖ
Ac 12 10 ἥτις αὐτομάτη ἠνοίγη αὐτοῖς

’ΑΥΤΟ΄ΠΤΗΣ* 845

Lu 1 2 καθὼς παρέδοσαν ἡμῖν οἱ ἀπ’ ἀρχῆς αὐτόπται

’ΑΥΤΟ΄Σ 846

(1) αὐτὸς δέ (2) αὐτὸς ἐγώ
(3) κ. αὐτός (4) αὐτ. μόνος
cf. inf. ὁ αὐτός, αὐτὸς ὁ

Mt 1 21 αὐτὸς γὰρ σώσει τ. λαὸν αὐτοῦ
3 4 [1] αὐτὸς δὲ ὁ Ἰωάνης εἶχεν τὸ ἔνδυμα αὐτοῦ
11 αὐτὸς ὑμᾶς βαπτίσει ἐν πνεύματι ἁγίῳ κ. πυρί
8 17 αὐτὸς τ. ἀσθενείας ἡμῶν ἔλαβεν

אָכֵן חֳלָיֵנוּ הוּא נָשָׂא, Is. liii. 4

Mt 8 24 [1] αὐτὸς δὲ ἐκάθευδεν
11 14 αὐτός ἐστιν Ἠλείας ὁ μέλλων ἔρχεσθαι
12 50 αὐτός μου ἀδελφὸς κ. ἀδελφὴ κ. μήτηρ ἐστίν
14 2 αὐτὸς ἠγέρθη ἀπὸ τ. νεκρῶν
16 20 ὅτι αὐτός ἐστιν ὁ Χριστός
21 27 [3] ἔφη αὐτοῖς κ. αὐτός
26 48 ὃν ἂν φιλήσω αὐτός ἐστιν
27 57 [3] ὃς κ. αὐτὸς ἐμαθητεύθη τῷ Ἰησοῦ
Mk 1 8 [1] αὐτὸς δὲ βαπτίσει ὑμᾶς πνεύματι ἁγίῳ
2 25 ὅτε . . . ἐπείνασεν αὐτὸς κ. οἱ μετ᾽ αὐτοῦ
3 13 προσκαλεῖται οὓς ἤθελεν αὐτός
4 27 μηκύνηται ὡς οὐκ οἶδεν αὐτός
38 [3] κ. αὐτὸς ἦν ἐν τ. πρύμνῃ . . . καθεύδων
ἦν αὐτ., T
5 40 [1] αὐτὸς δὲ ἐκβαλὼν πάντας
6 17 αὐτὸς γὰρ ὁ Ἡρῴδης ἀποστείλας
45 ἕως αὐτὸς ἀπολύει τ. ὄχλον
47 [4] αὐτὸς μόνος ἐπὶ τ. γῆς
8 10 εὐθὺς ἐμβὰς αὐτὸς εἰς τὸ πλοῖον
—αὐτ., TWH non mg. R
29 [3] κ. αὐτὸς ἐπηρώτα αὐτούς
12 36 αὐτὸς Δαυεὶδ εἶπεν ἐν τ. πνεύματι τ. ἁγίῳ
37 αὐτὸς Δαυεὶδ λέγει αὐτὸν Κύριον
14 15 [3] κ. αὐτὸς ὑμῖν δείξει ἀνάγαιον μέγα ἐστρωμένον
44 ὃν ἂν φιλήσω αὐτός ἐστιν
15 43 [3] ὃς κ. αὐτὸς ἦν προσδεχόμενος τ. βασιλείαν τ. Θεοῦ
Lu 1 17 [3] κ. αὐτὸς προελεύσεται ἐνώπιον αὐτοῦ
22 [3] κ. αὐτὸς ἦν διανεύων αὐτοῖς
2 28 [3] κ. αὐτὸς ἐδέξατο αὐτὸ εἰς τ. ἀγκάλας
3 15 μήποτε αὐτὸς εἴη ὁ Χριστός
16 αὐτὸς ὑμᾶς βαπτίσει ἐν πνεύματι ἁγίῳ κ. πυρί
23 [3] κ. αὐτὸς ἦν Ἰησοῦς ἀρχόμενος ὡσεὶ ἐτῶν τριάκοντα
4 15 [3] κ. αὐτὸς ἐδίδασκεν ἐν τ. συναγωγαῖς αὐτῶν
30 [1] αὐτὸς δὲ διελθὼν διὰ μέσου αὐτῶν ἐπορεύετο
5 1 [3] κ. αὐτὸς ἦν ἑστὼς παρὰ τ. λίμνην Γεννησαρέτ
14 [3] κ. αὐτὸς παρήγγειλεν αὐτῷ μηδενὶ εἰπεῖν
16 [1] αὐτὸς δὲ ἦν ὑποχωρῶν ἐν ταῖς ἐρήμοις
17 [3] κ. αὐτὸς ἦν διδάσκων
37 [3] κ. αὐτὸς ἐκχυθήσεται
6 3 ὅτε ἐπείνασεν αὐτὸς κ. οἱ μετ᾽ αὐτοῦ
8 [1] αὐτὸς δὲ ᾔδει τ. διαλογισμοὺς αὐτῶν
20 [3] κ. αὐτὸς ἐπάρας τ. ὀφθαλμοὺς αὐτοῦ
35 ὅτι αὐτὸς χρηστός ἐστιν ἐπὶ τ. ἀχαρίστους
42 αὐτὸς τὴν ἐν τ. ὀφθαλμῷ σου δόκον οὐ βλέπων
7 5 τ. συναγωγὴν αὐτὸς ᾠκοδόμησεν ἡμῖν
8 1 [3] κ. αὐτὸς διώδευεν κατὰ πόλιν κ. κώμην
22 [3] κ. αὐτὸς ἐνέβη εἰς πλοῖον κ. οἱ μαθηταὶ αὐτοῦ
37 [1] αὐτὸς δὲ ἐμβὰς εἰς πλοῖον ὑπέστρεψεν
41 [3] κ. αὐτὸς ἄρχων τ. συναγωγῆς ὑπῆρχεν
οὗτος, WH non mg.
54 [1] αὐτὸς δὲ κρατήσας τ. χειρὸς αὐτῆς
9 51 [3] κ. αὐτὸς τὸ πρόσωπον ἐστήρισεν τοῦ πορεύεσθαι
10 1 εἰς πᾶσαν πόλιν κ. τόπον οὗ ἤμελλεν αὐτὸς ἔρχεσθαι

Lu 10 38 [3] αὐτὸς εἰσῆλθεν εἰς κώμην τινά
κ. αὐτ., T
11 17 [1] αὐτὸς δὲ εἰδὼς αὐτῶν τὰ διανοήματα
28 [1] αὐτὸς δὲ εἶπεν Μενοῦν μακάριοι
15 14 [3] κ. αὐτὸς ἤρξατο ὑστερεῖσθαι
16 24 [3] κ. αὐτὸς φωνήσας εἶπεν
17 11 [3] κ. αὐτὸς διήρχετο διὰ μέσον Σαμαρίας κ. Γαλιλαίας
16 [3] κ. αὐτὸς ἦν Σαμαρείτης
18 39 [1] αὐτὸς δὲ πολλῷ μᾶλλον ἔκραζεν
19 2 [3] κ. αὐτὸς ἦν ἀρχιτελώνης,
[3] κ. αὐτὸς πλούσιος
κ. ἦν πλ., TWH mg.
9 [3] καθότι κ. αὐτὸς υἱὸς Ἀβραάμ ἐστιν
20 42 αὐτὸς γὰρ Δαυεὶδ λέγει ἐν βίβλῳ ψαλμῶν
22 41 αὐτὸς ἀπεσπάσθη ἀπ᾽ αὐτῶν ὡσεὶ λίθου βολήν
23 9 [1] αὐτὸς δὲ οὐδὲν ἀπεκρίνατο αὐτῷ
24 15 [3] κ. αὐτὸς Ἰησοῦς ἐγγίσας συνεπορεύετο αὐτοῖς
21 ἠλπίζομεν ὅτι αὐτός ἐστιν ὁ μέλλων λυτροῦσθαι
25 [3] κ. αὐτὸς εἶπεν πρὸς αὐτούς
28 [3] κ. αὐτὸς προσεποιήσατο πορρώτερον πορεύεσθαι
31 [3] κ. αὐτὸς ἄφαντος ἐγένετο ἀπ᾽ αὐτῶν
36 αὐτὸς ἔστη ἐν μέσῳ αὐτῶν
39 [2] ἴδετε . . . ὅτι ἐγώ εἰμι αὐτός
Jo 2 12 αὐτὸς κ. ἡ μήτηρ αὐτοῦ
24 [1] αὐτὸς δὲ Ἰησοῦς οὐκ ἐπίστευεν αὐτὸν αὐτοῖς
25 αὐτὸς γὰρ ἐγίνωσκεν τί ἦν ἐν τ. ἀνθρώπῳ
4 2 καίτοιγε Ἰησοῦς αὐτὸς οὐκ ἐβάπτιζεν
12 κ. αὐτὸς ἐξ αὐτοῦ ἔπιεν
44 αὐτὸς γὰρ Ἰησοῦς ἐμαρτύρησεν
53 ἐπίστευσεν αὐτὸς κ. ἡ οἰκία αὐτοῦ ὅλη
5 20 πάντα δείκνυσιν αὐτῷ ἃ αὐτὸς ποιεῖ
6 6 αὐτὸς γὰρ ᾔδει τί ἔμελλεν ποιεῖν
15 [4] ἀνεχώρησεν πάλιν εἰς τὸ ὄρος αὐτὸς μόνος
7 4 κ. ζητεῖ αὐτὸς ἐν παρρησίᾳ εἶναι
αὐτό, WH mg. R. mg.
9 ταῦτα εἰπὼν αὐτὸς ἔμεινεν ἐν τ. Γαλιλαίᾳ
αὐτοῖς, WH non mg. R.
10 [3] τότε κ. αὐτὸς ἀνέβη οὐ φανερῶς
9 21 αὐτὸν ἐρωτήσατε αὐτὸς ἡλικίαν ἔχει,
—αὐτός, T
αὐτὸς περὶ ἑαυτοῦ λαλήσει
12 24 [4] αὐτὸς μόνος μένει
49 αὐτός μοι ἐντολὴν δέδωκεν
18 1 εἰς ὃν εἰσῆλθεν αὐτὸς κ. οἱ μαθηταὶ αὐτοῦ
Ac 2 34 λέγει δὲ αὐτός
3 10 αὐτὸς ἦν ὁ πρὸς τ. ἐλεημοσύνην καθήμενος
οὗτος, WHR
7 15 ἐτελεύτησεν αὐτὸς κ. οἱ πατέρες ἡμῶν
8 13 [3] ὁ δὲ Σίμων κ. αὐτὸς ἐπίστευσεν
10 26 [2 3] κ. ἐγὼ αὐτὸς ἄνθρωπός εἰμι
42 ὅτι αὐτός ἐστιν ὁ ὡρισμένος ὑπὸ τ. Θεοῦ
οὗτος, WHR
14 12 ἐπειδὴ αὐτὸς ἦν ὁ ἡγούμενος τ. λόγου
16 33 ἐβαπτίσθη αὐτὸς κ. οἱ αὐτοῦ ἅπαντες
17 25 αὐτὸς διδοὺς πᾶσι ζωὴν κ. πνοήν
18 19 [1] αὐτὸς δὲ εἰσελθὼν εἰς τ. συναγωγήν
19 22 αὐτὸς ἐπέσχεν χρόνον εἰς τ. Ἀσίαν
20 13 μέλλων αὐτὸς πεζεύειν
35 ὅτι αὐτὸς εἶπεν Μακάριόν ἐστιν

Ac 21 24 [3] ἀλλὰ στοιχεῖς κ. αὐτὸς φυλάσσων τ. νόμον
22 20 [3] κ. αὐτὸς ἤμην ἐφεστώς
24 8 παρ' οὗ δυνήσῃ αὐτὸς ἀνακρίνας
16 [3] ἐν τούτῳ κ. αὐτὸς ἀσκῶ
25 22 [3] ἐβουλόμην κ. αὐτὸς τ. ἀνθρώπου ἀκοῦσαι
Ro 7 25 [2] αὐτὸς ἐγὼ τῷ μὲν νοΐ δουλεύω νόμῳ Θεοῦ
9 3 [2] ηὐχόμην γὰρ ἀνάθεμα εἶναι αὐτὸς ἐγώ
15 14 [2] [3] πέπεισμαι δὲ . . . κ. αὐτὸς ἐγὼ περὶ ὑμῶν
I Co 2 15 [1] αὐτὸς δὲ ὑπ' οὐδενὸς ἀνακρίνεται
3 15 [1] αὐτὸς δὲ σωθήσεται
9 20 μὴ ὢν αὐτὸς ὑπὸ νόμον
27 μή πως ἄλλοις κηρύξας αὐτὸς ἀδόκιμος γένωμαι
II Co 10 1 [1] [2] αὐτὸς δὲ ἐγὼ Παῦλος παρακαλῶ ὑμᾶς
7 καθὼς αὐτὸς Χριστοῦ οὕτως κ. ἡμεῖς
12 13 [2] ὅτι αὐτὸς ἐγὼ οὐ κατενάρκησα ὑμῶν
Eph 2 14 αὐτὸς γάρ ἐστιν ἡ εἰρήνη ἡμῶν
4 10 αὐτός ἐστιν κ. ὁ ἀναβάς
11 [3] κ. αὐτὸς ἔδωκεν τοὺς μὲν ἀποστόλους
5 23 αὐτὸς σωτὴρ τ. σώματος
27 ἵνα παραστήσῃ αὐτὸς ἑαυτῷ ἔνδοξον τ. ἐκκλησίαν
Phl 2 24 [3] ὅτι κ. αὐτὸς ταχέως ἐλεύσομαι
Col 1 17 [3] κ. αὐτός ἐστιν πρὸ πάντων
18 [3] κ. αὐτός ἐστιν ἡ κεφαλὴ τ. σώματος τ. ἐκκλησίας
18 ἵνα γένηται ἐν πᾶσιν αὐτὸς πρωτεύων
He 1 5 [3] κ. αὐτὸς ἔσται μοι εἰς υἱόν

וְהוּא יִהְיֶה־לִּי לְבֵן, 2 Sam. vii. 14

2 14 [3] κ. αὐτὸς παραπλησίως μετέσχεν τ. αὐτῶν
18 ἐν ᾧ γὰρ πέπονθεν αὐτὸς πειρασθείς
4 10 [3] κ. αὐτὸς κατέπαυσεν ἀπὸ τ. ἔργων αὐτοῦ
5 2 [3] ἐπεὶ κ. αὐτὸς περίκειται ἀσθένειαν
13 5 αὐτὸς γὰρ εἴρηκεν
Ja 1 13 πειράζει δὲ αὐτὸς οὐδένα
I Pe 2 24 ὃς τ. ἁμαρτίας ἡμῶν αὐτὸς ἀνήνεγκεν
5 10 αὐτὸς καταρτίσει στηρίξει σθενώσει
I Jo 1 7 ὡς αὐτός ἐστιν ἐν τ. φωτί
2 2 [3] κ. αὐτὸς ἱλασμός ἐστιν περὶ τ. ἁμαρτιῶν ἡμῶν
6 [3] ὀφείλει . . . κ. αὐτὸς περιπατεῖν
25 ἣν αὐτὸς ἐπηγγείλατο ἡμῖν
3 24 [3] ἐν αὐτῷ μένει κ. αὐτὸς ἐν αὐτῷ
4 10 ἀλλ' ὅτι αὐτὸς ἠγάπησεν ἡμᾶς
13 [3] ὅτι ἐν αὐτῷ μένομεν κ. αὐτὸς ἐν ἡμῖν
15 [3] ὁ Θεὸς ἐν αὐτῷ μένει κ. αὐτὸς ἐν τ. Θεῷ
19 ἀγαπῶμεν ὅτι αὐτὸς πρῶτος ἠγάπησεν ἡμᾶς
III Jo 10 οὔτε αὐτὸς ἐπιδέχεται τ. ἀδελφούς
Re 3 20 [3] δειπνήσω μετ' αὐτοῦ κ. αὐτὸς μετ' ἐμοῦ
14 10 [3] κ. αὐτὸς πίεται ἐκ τ. οἴνου τ. θυμοῦ τ. Θεοῦ
17 [3] ἔχων κ. αὐτὸς δρέπανον ὀξύ
17 11 [3] κ. αὐτὸς ὄγδοός ἐστιν
19 12 ὄνομα γεγραμμένον ὃ οὐδεὶς οἶδεν εἰ μὴ αὐτός
15 [3] κ. αὐτὸς ποιμανεῖ αὐτοὺς ἐν ῥάβδῳ σιδηρᾷ·
[3] κ. αὐτὸς πατεῖ τὴν ληνὸν τ. οἴνου τ. θυμοῦ
21 7 [3] κ. αὐτὸς ἔσται μοι υἱός

ʼΑΥΤΗʹ 846.1

(1) κ. αὐτή

Mk 10 12 ἐὰν αὐτὴ ἀπολύσασα τ. ἄνδρα αὐτῆς
Lu 1 36 [1] κ. αὐτὴ συνειληφεν υἱὸν ἐν γήρει αὐτῆς
2 37 [1] κ. αὐτὴ χήρα ἕως ἐτῶν ὀγδοήκοντα τεσσάρων
7 12 [1] κ. αὐτὴ ἦν χήρα
αὕτη, T
8 42 [1] κ. αὐτὴ ἀπέθνησκεν
αὕτη, TR
Ro 16 2 [1] κ. γὰρ αὐτὴ προστάτις πολλῶν ἐγενήθη
I Co 7 12 [1] κ. αὐτὴ συνευδοκεῖ οἰκεῖν μετ' αὐτοῦ
αὕτη, TWH
11 14 οὐδὲ ἡ φύσις αὐτὴ διδάσκει ὑμᾶς
He 11 11 [1] πίστει κ. αὐτὴ Σάρρα δύναμιν . . . ἔλαβεν
αὐτῇ Σάρρᾳ, WH mg.
Re 18 6 [1] ἀπόδοτε αὐτῇ ὡς κ. αὐτὴ ἀπέδωκεν

ʼΑΥΤΟʹ 846.2

Lu 11 14 ἦν ἐκβάλλων δαιμόνιον κ. αὐτὸ ἦν κωφόν
—κ. αὐτ. ἦν, WHR
II Co 7 11 ἰδοὺ γὰρ αὐτὸ τοῦτο . . . πόσην κατειργάσατο ὑμῖν σπουδήν

ʼΑΥΤΟΥ͂ 846.3

(1) οὐ . . . αὐτοῦ (2) κατ' αὐτοῦ (3) παρ' αὐτοῦ (4) δι' αὐτοῦ (5) αὐτ. μόνου, ἐμοῦ (6) ἐπ' αὐτοῦ (7) gen. abs.

Mt **1.** 2, 11, 18, [7] 20, 21 (*bis*), 23, 24, 25; **2.** 2, 3, 11, 13, 14, 20, 21, 22; **3.** 3, 4 (*ter*), 6, 7 —TWH, [1] 12, 12 (*bis*), 12 —TWH non mg. R, 13; **4.** 6, 18, 21, 24; **5.** [7] 1, 1, 2, 22 (*bis*), 25, 28, 31, 32, 35, 41, 45; **6.** 27, 29, 33; **7.** 9, 24, 26, 28; **8.** [7] 1 *αὐτῷ*, T, 3 (*bis*), [7] 5, 14, 23, [7] 28; **9.** 7, [7] 10, 10, 11, 16, [7] 18, 19, 20, 21, 24, 37, 38; **10.** 1, 2 (*bis*), 10, 24, 25 (*ter*), 35, 36, 38, 39 (*bis*), 42; **11.** 1, 2, 11, 20; **12.** 1, 3, 4, 10, [2] 14, 19, 21, 26, 29 (*bis*), 33 (*bis*), 36, [7] 46, 46, 49 —T[WH], 49; **13.** 12, 19, 24, 25, 31, 32, 36, 41 (*bis*), 44, 52, 54, 55 (*bis*), 56, 57 —TWH, 57; **14.** 2, 3, 11, 12, 31, 36; **15.** 5, 5 —h. v., WHR non mg., 23, 30, 32; **16.** 13, 21, 24 (*bis*), 25 (*bis*), 26 (*bis*), 27 (*ter*), 28; **17.** 1, 2 (*bis*), 3, [7] 5, 5, 18, 27, **18.** 6, [5] 15, 23, [7] 24, [7] 25, 25 —TWH, 25 —TWH, 28, 29, 31, 32, 34, 35; **19.** 3, 5, 9, 23, 28; **20.** 1, 2, 8, [3] 20, *ἀπ' αὐτ.*, WH non mg., 28; **21.** [7] 10, [7] 23, 34 (*bis*), 35, 37, 38, 45; **22.** 2, 3, 5, 6, 7, 8, 13, 24 (*ter*), 25 (*bis*), 33, 45; **23.** 1, 18, 20, 22, 26; **24.** 1, [7] 3, 17, 18, 31 (*bis*), 43, 45, 46, 47, 48, 49, 51; **25.** 6 —TWH, 10, 14, 18, 21, 23, 26, 28, 29, 31 (*ter*), 32, 33, 34, 41; **26.** 1, 7, 24, 27, 36 —TWH, 39, [7] 47, 47, 51 (*bis*), 56 —TWH non mg. R, 65, 67; **27.** [7] 19, 19, 25, 29 (*ter*), 30, 31, 32 —h. v., TWH non mg. R, 32, 35, 37 (*bis*), 49 —h. v., T [[WH]] R non mg., 53, 54, 60, 64 —TWH non marg.; **28.** 2, 3 (*bis*), 4, 7, 8, 9, 13.

Mk **1.** 3, 5, 6, [1] 7, 19, 20, 22, 25, 26, 28, 36, 41, 42; **2.** 8, 15 (*bis*), 16, 21, 23, 25; **3.** 2, 5, [2] 6, 7, 9, 10, 14, [3] 21, 27 (*bis*), 31 (*bis*); **4.** 2, 25, 32, 36; **5.** [7] 2, 4, [7] 18, 18, 22, 24, 27, 28, 30, 31, [7] 35, 37, 40 (*bis*), **6.** 1 (*bis*), 2, 3, 4 *ἑαυτοῦ*, T, 4 (*bis*), 14, 17, 20 (*bis*), 21 (*bis*), 22 *αὐτῆς*, TR non mg., 27, 28, 29 (*bis*), 35, 45, 56 (*bis*); **7.** 2 17, 19, 25 (*bis*), 33 —T, 33 (*bis*) 35 (*bis*); **8.** 1 —TWH, 4, 6, 10, [3] 11, 12, 22, 23, 25, 26, 27 (*bis*), 30, 33, 34 (*bis*), 35 *ἑαυτοῦ*, WH non mg., 35, 36, 37, 38; **9.** 3, 7, 21, 25, 27, [7] 28, 28, 31, 41, 42; **10.** 7, 7 —WH, 7 —h. v., TWHR mg., 11, [7] 17, 23, 24, 45, [7] 46, 46, 50; **11.** 1, 3, 14, 18, 23, [7] 27; **12.** 19, 19 —TWH, 19, 32, 37 (*bis*), 38, 43; **13** [7] 1, 1, [7] 3, 15, 16, 27 —T [WH], 34 (*ter*); **14** [7] 3 (*bis*), 3, 4 —h v., TWH non mg. R

12, 13, 21, 23, 32, 33, 35, [7]43, 43, 47, [2]56, [2]57, 58, 63, 65; **15.** 3, 19, 20, 21, 24, 26, 27, 39; **16.** 7, [10.

Lu **1.** 8, 13, 14, 15, 17, 23 (*bis*) 24, 31, 32, 33, 48, 49, 50, 51, 54, 55, 58, 59, 60, 62, 63, 64 (*bis*), 66, 67, 68, 69, 70, 72, 75, 76, 77, 80; **2.** 21, 27, 28 —TWH, 33, 33 —WH, 33, 34, 38, 41, 43, 47 (*bis*), 48, 51; **3.** 1, 4, 7, [1]16, [1]17, 17 (*bis*), 19 (*bis*); **4.** 10, 13, 14, 22, 24 ἑαυτοῦ, T, 32 (*bis*), 35 (*bis*), 37, 42; **5.** 12, 13 (*bis*), 15, 18, 25, 29, 29 αὐτῶν, TWH non mg. R, 30; **6.** 1, 3, 4, 6, 7, 10, 13, 14, 17 (*bis*), 19, [3]19, 20 (*bis*), 40, 45 —TWH, 45; **7.** 1, 3, [7]6, 11, 12, 15, 16, 17, 18, 28, 30, 36, 38 (*ter*), 39; **8.** 5, 9, 18, 19 —WH, 19, 22, 38, 41, 44, 47, [7]49, 53; **9.** 14, 23, 24 (*bis*), 26, 29 (*bis*), 31, 32, 33, [7]34, 35, 39, [7]42, 42, 43, 51, 51 —WH, 52, 53, 54 —TWH, 62 — WH non mg.; **10.** 1, 2, 7, 34 (*bis*), 35, 37, 39; **11.** 1 (*bis*), 8 (*bis*), [3]16, 18, 21, 22 (*ter*), [7]53, 54, 54 —h. v., TWH non mg. R; **12.** 1, 15, 22 [WH], 25, 27, 31, τ. Θεοῦ R mg., 39, 42, 43, 44, 45, 46, 47 (*bis*), [3]48, 58; **13.** 6, 15, [7]17, 17, 19; **14.** 2, 8, 17, 21 (*bis*), 26 ἑαυτοῦ, WHR, [7]29, [7]32; **15.** 1, 5, 13, [7]14, 15, 16 —WH non mg. R, 20 ἑαυτοῦ, WH, [7]20, 20 (*bis*), 22 (*bis*), 25, 28, 29 —T; **16.** 1, 18, 20, 21, 23 (*bis*), 24; **17.** 1, 2, [7]12, 16, 24 —h. v., WH non mg. R mg., 31, 33; **18.** 7, 13 ἑαυτοῦ, WH, 14, [7]40; **19.** 14 (*bis*), 24, 26 —TWH, 31, 33, 34, [7]36, [7]37, 48; **20.** [7]1, 20, 26 τοῦ, WHR, 26, 28 (*bis*), 44, 45 —TWH; **21.** 38; **22.** 36, 44 —h. v., [[WH]] R mg., [7]47, 50, 59, [7]60, 71; **23.** 2, 8 (*bis*), 10, 11, [2]14, 34, 55; **24.** 8, 23, 26, 47, 50.

Jo **1.** [4]3, 3, [4]7, [4]10, 12, 14, 15, 16, [1]27, 35, 37, 47; **2.** 2, 5, 11 (*bis*), 12, 12 —WHR, 12, 17, 21, 22, 23 (*bis*); **3.** 2, 4, 8, 16 —TWH, [4]17, 20, 21, 22, 29, 32, 33, 35; **4.** 2, 5, 8, 12 (*ter*), 27, 34, 41, 47, [7]51, 51 —T, 51, 53; **5.** 5, 9, 28, 35, 37 (*bis*), 38; **6.** 3, 8, 12, 16, 22 (*bis*), 24, 39, 41, 50, 52 —T [WH], 53, 60 (*bis*), 61, 66 (*bis*); **7.** 3, 5, 7 (*bis*), 10, 12, 13, 17, [3]29, 30, 32, 38, [3]51, [53 αὐτοῦ, R; **8** [6 h. v., [WH], 20, [3]26, [7]30, 44, 55; **9.** 2 (*bis*), 3, 6, 14, 17, 18, 20, 21, 22, 23, 27, 31, 40; **10.** 3, 4, 5, 11, 20; **11.** 2, 13, 16, 32, 44; **12.** 3, 4, 16, 17, 19, 25 (*bis*), [7]37, 41 (*bis*), 50; **13.** 1, 12, 16, 18, 23; **14.** 10, 11 αὐτὰ, TWH non mg. R; **15.** 10, 13 (*bis*), 15, 20; **16.** 17, 29; **17.** 1; **18.** 1 (*bis*), 2, 10, 19 (*bis*), [7]22, 25, 26; **19.** 2, 18, 23, 24, 25 (*bis*), 29, 33, 34, 35, 36, 38 αὐτόν, T; **20.** 7, 25 (*bis*), 26, 30 —TWH non mg. R, 31; **21.** 2, 20, 24.

Ac **1.** [7]10, 14, 18, 20 (*bis*), 22; **2.** 14, [4]22, 24, 29, 30 (*bis*), 31, 41; **3.** 2, 7, [7]11, 13, 16 (*bis*), [4]16, 18, 21, 22, 26; **4.** 26; **5.** 1, 7, 10, 31, 37; **6.** 11, 14, 15; **7.** 4, 5, 6, 9, 10 (*bis*), 13, 13 Ἰωσήφ, WHR, 14, [7]21, 22, 23 (*bis*), 25, [7]31, 34 αὐτῶν, TR; **8.** 1, 28, 30, 32, 33 (*ter*), 35, 39; **9.** [3]2, 8, 18, 25; **10.** 2, 22, 24, 38, 43; **11.** 13; **12.** 5, 7, 10, 11, [7]13, 15; **13.** 8, 24, 29, 31, 36; **14.** 3, 8; **15.** 14, 18 —h. v., TWH non mg. R; **16.** 3, 32, 33; **17.** 16, [7]19; **18.** 2, 8, 26, [7]27, 27 —h. v., TWH non mg. R; **19.** 12; **20.** 10, 32, 36, 38; **21.** [7]14, 19, 33, [7]34, [7]40; **22.** 14 (*bis*), 16, 22, 29; **23.** 2, [7]7, 15, 19, 20; **24.** [7]2 [WH], 8 —h. v., TWHR non mg., 8, 23, 24, [7]25; **25.** [2]3, 5, [7]7, [2]15, 22, [7]25, [2]27; **26.** [7]24; **28.** 3, 4, 29 —h. v., TWHR non mg.

Ro **1.** 2, 3, 5, 9, 20 (*bis*); **2.** 4, 6, 26; **3.** 7, 20, 24, 25 (*bis*), 26; **4.** 5, 13; **5.** 9, [4]9, 10 (*bis*); **6.** 3, 5, 9; **8.** 9, 11, 29; **9.** 19, 22, 23; **11.** 1, 2, 33 (*bis*), 34, 36, [4]36; **12.** 20; **15.** 10, 21; **16.** [5]2, 13, 15.

I Co **1.** 9, 30; **6.** 5, 14; **7.** 12, 36, 37; **8.** 3, [4]6, 10; **9.** 7, 23; **10.** 22; **11.** 4; **14.** 25; **15.** 10, 23, 25, 27.

II Co **1.** [4]20; **2.** 11, 14; **3.** 7, 13 ἑαυτοῦ, T; **7.** 7, 13, 15; **8.** 18; **9.** 9, 15; **11.** 3, 15, 33; **12.** [4]17.

Ga **1.** 15, 16; **3.** 16; **4.** 4, 6.

Eph **1.** 4, 5, 6, 7 (*bis*), 9 (*bis*), 11, 12, 14, 17, 18 (*bis*), 19 (*bis*), 20, 22, 23; **2.** 4, 7, 10, 14, [4]18, 20; **3.** 5, 7, 12, 16 (*bis*); **4.** 16 ἑαυτοῦ, WHR, 25; **5.** 30, 31 —T; **6.** 10.

Phl **1.** 29; **2.** 22; **3.** 10 (*ter*), 21; **4.** 19.

Col **1.** 9, 11, 13, [4]16, [4]20, 20, [4]20 [WH], 22 (*bis*), 24, 26, 29; **2.** 18; **3.** 9, [4]17.

I Th **1.** 10; **2.** 19; **3.** 13; **4.** 6, 8.

II Th **1.** 7, 9, 10; **2.** 6, 8 (*bis*).

I Ti **5.** 18.

II Ti **1.** 8; **2.** 19, 26; **4.** 1 (*bis*), 8, 14, 18.

Tit **1.** 3; **3.** 5.

He **1.** 3 (*bis*), 7 (*bis*), 8 σου, TWH mg. R non mg.; **2.** 4, 6, 8; **3.** 2, 5, 6, 7, 15, 18; **4.** 1, 4, 7, 10 (*bis*), 13 (*bis*); **5.** 7; **6.** 10, 17; **7.** [4]25; **8.** 11 (*bis*); **9.** 26; **10.** 13 (*bis*), 20, 30; **11.** 4, 7, 21, 22, 23; **12.** 5, 10; **13.** 13, [4]15, 15, 21 (*bis*).

Ja **1.** 8, 9, 10, 11 (*ter*), 18 ἑαυτοῦ, WH mg., 23, 25, 26 ἑαυτοῦ, WH non mg. (*bis*); **2.** 21, 22; **3.** 13; **4.** 11; **5.** 20, 20 —R, 20 —TWH non mg. R.

I Pe **1.** 3, [4]21; **2.** 9, [4]14, 21, 22, 24, [1]24 —WHR, **3.** 12; **4.** 13; **5.** 10.

II Pe **1.** 3, 9; **3.** 4, 13.

I Jo **1.** 3, 5, 6, 7, 10; **2.** 3, 4, 5, 9, 10, 11 (*bis*), 12, 17 [WH], 27 (*bis*), 28 (*bis*), 29; **3.** 9, 10, 12 (*ter*), 15 ἑαυτοῦ, WH mg., 16, 17 (*ter*), 19, 22 (*ter*), 23 (*bis*), 24; **4.** 9, [4]9, 10, 12, 13, 20 (*bis*), 21 (*bis*); **5.** 1, 2, 3 (*bis*), 9, 10, 11, 14, 15, 16, 18, 20.

II Jo 6, 11.

III Jo 10.

Ju 14, [2]15, 24.

Re **1.** 1 (*ter*), 4, 5, 6, 14 (*bis*), 15 (*bis*), 16 (*quater*), 17 (*bis*); **2.** 1, 18 [WH], 18; **3.** 5 (*ter*), 20, 21; **5.** 2, 5, 9; **6.** 5, 8 [WH], 8; **7.** 15; **10.** 1 (*ter*), 2 (*bis*), 5; **11.** 15, 19 (*bis*); **12.** 3, 4, 5, 7 (*bis*), 9 (*bis*), 10, 15, 16; **13.** 1 (*bis*), 2 (*quater*), 3 (*bis*), 4, 6 (*ter*), [1]8, 12, [1]12, 17, 18; **14.** 1 (*ter*), 7, 9 (*ter*), 10, 11 (*bis*), 14 (*bis*), 16, 19; **15.** 2 (*bis*), 8; **16.** 2 (*bis*), 3, 4, 8, 10 (*bis*), 12 (*bis*), 15 (*bis*), 17, 19; **17.** 14, 17; **18.** 1; **19.** 2 (*bis*), 5, 7, 10, 12 (*bis*), 13, 15, 16, 19, 20 (*ter*), 21; **20.** 1, 3, 4, 6, 7, [6]11 αὐτόν, TWH mg.; **21.** 3; **22.** 2, 3, 4 (*bis*), 6 (*bis*), 12, 19.

᾿ΑΥΤΗ͂Σ 846.4

(1) ἧς . . . αὐτῆς **(2)** δι᾿ αὐτῆς **(3)** σοῦ αὐτῆς **(4)** κατ᾿ αὐτῆς **(5)** ἐπ᾿ αὐτῆς

Mt **1.** 19; **2.** 16, 18; **6.** 34; **7.** [2]13, 27; **8.** 15; **9.** 25, 26 αὕτη, TWH non mg. R; **10.** 35 (*bis*); **11.** 19; **14.** 8, 11; **15.** 28; **16.** 18; **20** 20; **21.** 2, 43; **23.** 37 [WH]; **24.** 29, 32; **26.** 13, 52.

Mk **1.** 30, 31 —TWH; **5.** 26 ἑαυτῆς, TWH mg., 29; **6.** 22 αὐτοῦ, WHR mg., 24, 28; **7.** [1]25, 26, 30; **10.** 12; **12.** 44 (*bis*); **13.** 24, 28; **14.** 9; **16.** [11.

Lu **1.** 5, 18, 36, 38, 41, 56, 58 (*bis*); **2.** 7, 19, [3]35, 36, 51; **4.** 38, 39; **7.** 35, 38, 44, 47; **8.** 44, 54, 55, 56; **10.** 10, 38 —TWH [WH mg.], 42; **12.** 53 —T; **21.** 4, 20, 21.

Jo 4. 27, 28 ; 8. [5 —WH non mg. ; 11. 1, 2, [2]4, 5, 28, 31 ; 12. 3 ; 16. 21.
Ac 5. 10 ; 8. 27 ; 9. 40 ; 13. 17 ; 15. 16 ; 16. 15, 16, 18, 19 ; 19. 27 ; 27. [4]14.
Ro 7. [2]11 ; 13. 3.
I Co 7. 13, 39 ; 10. 26 ; 11. 5 ἑαυτῆς, WH mg.
Ga 4. 25, 30.
Eph 5. 25.
Col 4. 15 αὐτῶν, TR non mg.
II Ti 3. 5.
He 6. [5]7 ; 7. [5]11, 18 ; 9. 5 ; 11. [2]4 ; 12. [2]11, [2]15 ταύτης, TWH mg. R
Ja 5. 18.
I Pe 1. 24.
II Jo 1.
Re 2. 5, 21, 22, 22 αὐτῶν, WH marg. R marg., 23 ; 6. 13 ; 8. 12 ; 12. 1 (*bis*), 4, 5, 14, 16, 17 ; 14. 8, 18 ; 16. 21 ; 17. 2, 4 (*bis*), 5, 16 ; 18. 3 (*ter*), 4 (*ter*), 5 (*bis*), 6, 7, 8, 9 (*bis*), 10, 15 (*bis*), 18, 19, 20 ; 19. 2 (*bis*), 3 ; 21. 2, 11, 15 (*bis*), 16 (*bis*), 17, 18, 22, 23, 24, 25 ; 22. 2.

ʼΑΥΤΩ͂ 846.5

(1) ἐν αὐτῷ (2) ἐπʼ αὐτῷ (3) αὐτ. μόνῳ (4) παρʼ αὐτῷ (5) τῷ . . . αὐτῷ

Mt 1. 20, 24 ; 2. 2, 5, 8, 11 (*bis*) ; 3. 15 πρὸς αὐτόν, TWH marg., 16 —TWH non marg. R mg. ; 4. 3, 6, 7, 8, 9, 10 (*bis*), 11, 20, 22, 24, 25 ; 5. 1 [WH], 39, 40 ; 7. 9, 10 ; 8. 1 αὐτοῦ, WH, 1, 2, 4, 5, 7, 15, 16, 19, 20, 21, 22, 23 (*bis*), 27, 28 ; 9. 2, 9 (*bis*), 14, 18, 19, 27 —WH non marg., 28 (*bis*), 32 ; 10. [1]32 ; 11. 3 ; 12. 2, 4, 15, 22, 32 (*bis*), 38, 46, 47 —h. v., [T] WH non mg. R. mg., 48 ; 13. 10, 12, 27, 28, 36, 51, 57 ; 14. [1]2, 4, 13, 15, 17, 28, 31, 33, 35 ; 15. 12, 15, 25, 30, 33 ; 16. 17, 22 ; 17. [1]12, 14, 18, 26 ; 18. 6, [2]13, 21 [WH], 21, 22, 24, 26, 27, 28, 32, 34 —WHR ; 19. 2, 3, 7, 10, 13, 16, 17, 18 —TWH marg., 20, 21, 27 ; 20. 7, 20, 21 —WH marg., 22, 29, 33, 34 ; 21. 14, 16, 23, 25, 32 (*ter*), 33, [1]33, 41 (*bis*) ; 22. 12, 16, 19, 21 —TWH, 23, 37, 42, 46 ; 23. [1]20, [1]21 ; 24. 1, 3 ; 25. 21, 23, 26, 37 ; 26. 7, 15, 18, 22, 24, 25, 33, 34, 35, 50, 52, 58, 62, 63, 64, 69 ; 27. 11 —TWH non mg., 13, 14, 28, 29, 31, 34, 38, 55 ; 28. 9.
Mk 1. 13, 18, 25, 27, 30, 37, 40, 41 —T, 43, 44 ; 2. 4, 14 (*bis*), 15, 18, 24, 26 ; 3. 9, 10, 11, 32 ; 4. 25, 38, 41 ; 5. 2, 6 αὐτόν WH, 8, 9, 19, 20, 24, 31, 33 (*bis*) ; 6. 1, [1]3, [1]14, 19, 30, 35 —T, 37 ; 7. 28, 32 (*bis*), 34 ; 8. 4, 11, 19, 20 —T, 22, 23, 28, 29, 32 ; 9. 13, 17, 21, 23, 25, 38, 42 ; 10. 13, 18, 20, 21 (*bis*), 28, 32, 34 (*bis*), 35 (*bis*), 37, 39, 48, 49, 51 (*bis*), 52 (*bis*) ; 11. 7, 21, 23, 28, 31 ; 12. 14, 16, 17, 26, 32, 34 ; 13. 1, 2 ; 14. 11, 12, 13, 19, 21, 29, 30, 40, 45, 46, 51, 53 —TWH non mg., 54, 61, 65 (*bis*), 67, 72 ; 15. 2, 17, 19 (*bis*), 20, 23, 27, 32, 41 (*bis*).
Lu 1. 5, 11, 19, 32, 74 ; 2. 5, 26 ; 4. 3, 5, 6, 8, [3]8, 9 [WH], 12, 16, 17, 20, 22, 35 ; 5. 1, 9, 11, 14, 27, 28, 29 ; 6. 10 ; 7. 2, 6 —T, 9, 11, 43 ; 8. 1, 3 αὐτοῖς, TWHR non mg., 18, 19, 20, 25, 27, 28, 38, 39, 42, 45 —h. v., WHR mg., 47, 50, 51 ; 9. 10, 11, 12, 18, 30, 32 (*bis*), 37, 52, 58, 60 ; 10. 28, 37 ; 11. 5, 6, 8, (*bis*), 11 —h. v., WH non marg. R marg., 11, 12, 27, [4]37, 45, 54 —h. v., TWH non mg. R ; 12. [1]8, 10, 13, 14, 15, 20, 21 αὐτῷ, WH, 36, 41 —WHR ; 13. 1, 8, 15, 17, 23, 31 ; 14. 15, 16, 18, 25, 29 ; 15. 1, 16, 18, 21, 27, 30, 31 ; 16. 1, 2, 6, 7, 31 ; 17. 2, 3 (*bis*), 4, 7, 8, 12 —WH, 16, 19, 37 ; 18. 7, 15, 19, 22, 37, 39, 42, 43 ; 19. 15, 17, 22, 25 ; 20. 5, 10, 38 ; 22. 5, 9, 10, 14, 33, 39, 43 —h. v., [[WH]] R mg., 48, 56 (*bis*), 61, 63 ; 23. 3, 9, 15, [1]22, 26, 27, 32, 36 (*bis*), [2]38, 40, 43, 49 (*bis*), 55 ; 24. 19, 42.
Jo 1. [1]4, 6, 22, 25, 38, 39, [4]40, 41, 42, 43, 45, 46 (*bis*), 48 (*bis*), 49, 50, 51 ; 2. 10, 18 ; 3. 1, 2, 3, 9, 10, [1]15, 26, 27 ; 4. 9, 11, 14 (*bis*), [1]14, 17 —T [WH], 19, 25, 33, 50 (*bis*), 51, 52, 53 ; 5. 6, 7, 8, 14, 20 (*bis*), 27 ; 6. 2, 7, 8, 25, 30, [1]56, 65, 68 ; 7. [1]18, 26, 52 ; 8. [4, 13, 19, 25, 29, 31, 39, 41, [1]44, 48, 52 ; 9. [1]3, 7, 9, 10, 12, 24, 26, 34, 37, 38, 40 ; 10. 4, 13, 24, 33 ; 11. 8, [1]10, 12, 20, 24, 27, 30, 32, 34, [2]38, 39 ; 12. 2 (*bis*), 6, 13, [2]16, 16, 18, 29, 34 ; 13. 3, 6, 7 8 (*bis*), 9, 10, 24, 25, 26, 27, 28, 29, [1]31, [1]32 —h. v., WHR, 32 αὐτῷ, WH, 36, 37 ; 14. 5, 6, 8, 9, 21, 22, 23, [4]23 ; 15. [1]5 ; 17. 2 (*bis*) ; 18. 5, 20, 23, 25, 30, 31, 33, 37, 38, [1]38 ; 19. 3, [1]4 —T, [1]6, 7 —T, 9, 10, 11 —T, 32 ; 20. 6, 15, 16, 25, 28, 29 ; 21. 3, 5, 15 (*bis*), 16 (*ter*), 17 (*quater*), 19, 22, 23.
Ac 2. 30 ; 3. 10, 16 ; 4. 32, 37 ; 5. 17, 21, [1]32 —TWH non mg. R non mg., 32, 36, 37, 40 ; 7. 5 (*ter*), 8, 10, 23, 30, 33, 35, 38, 40, 47 ; 8. [2]2, 11, 31, 35, 37 —TWH non mg. R ; 9. 4, 7, 12, 16, 27, 34, 39 ; 10. 3, 4 (*bis*), 7 (*bis*), 19 —WH non marg., 23, 25, 27, 35, 41 ; 12. 8 ; 13. 31 ; 14. 9 ; 16. 3, 32 ; 17. [1]16, 18, [1]24, [1]28, 34 ; 18. 18, 26 ; 19. 1 —h. v., TWH non mg. R, 22, 31, 38 ; 20. 3, 4, 10, [1]10, 16 (*bis*) ; 21. [4]8, 20, 29 ; 22. 15, 24, 27 ; 23. 2, 9, 11, 17, 28, 32, 33 ; 24. 10, 23, 26 [WH], 26 ; 25. 2 ; 28. 8, 23.
Ro 1. [1]17 ; 4. 3, 22, 23 ; 6. 4, 8 ; 8. 32 ; 9. [2]33 ; 10. [2]11 ; 11. 4, 35 (*bis*), 36 ; 15. [2]12.
I Co 1. [1]5 ; 2. [1]11, 14 ; 11. 14 ; 15. 27, 28 (*bis*), 38.
II Co 1. [1]19, [1]20 ; 5. 9, [1]21 ; 7. 14 ; 13. [1]4 σὺν αὐτ., WH mg. R. mg., 4.
Ga 2. 11, 13 ; 3. 6.
Eph. 1. [1]4, [1]9, [1]10 ; 2. [1]15 αὐτῷ, WH, [1]16 ; 3. 21 ; 4. [1]21 ; 6. [4]9, [1]20.
Phl 2. 9 ; 3. [1]9, 21 αὐτῷ, WH.
Col 1. [1]16, [1]17, [1]19 ; 2. [1]6, [1]7, [1]9, [1]10, 12, 13, [1]15 ; 3. 4 ; 4. 13.
I Th 4. 14 ; 5. 10.
II Th 1. [1]12 ; 3. 14.
I Ti 1. 8, [2]16.
II Ti 1. 18 ; 4. 14.
He 1. 5, 6 ; 2. 8 [WH], 8 (*bis*), 10, [2]13 ; 5. 9 ; 7. 10 ; 10. [1]38 ; 12. 2 ; 13. 21 —TWH non mg. R.
Ja 1. 5 ; 2. 23 ; 4. 17 ; 5. [2]7, 15.
I Pe 1. 21 ; 2. [1]2, [2]6 ; 3. 22 ; 5. 7, 11.
II Pe 1. 17, 18 ; 3. 14, 15, 18.
I Jo 1. [1]5 ; 2. [1]5, [1]6, [1]8, [1]10, [1]15, [1]27, [1]28 ; 3. 2, [2]3, [1]5, [1]6, [1]9, [1]15 ἑαυτῷ, TWH mg., [1]17, [1]24 (*bis*) ; 4. [1]13, [1]15, [1]16 ; 5. [1]10 αὐτῷ, WH non mg., 16.
II Jo 10, 11.
Re 1. 1, 6 ; 2. [5]7, [5]17, 17, 26, 28 ; 3. [5]21 ; 6. 2, [5]4 [WH], 4, 8 ; 7. 14, 15 ; 8. 3 ; 9. 1, 11 ; 10. [1]6, 9 ; 11. [1]1 ; 13. 2, 5 (*bis*), 7 —h. v., [WH] R marg., 7, 14, 15 αὐτῇ, WHR ; 14. 7 ; 16. 8, 9 ; 19. 7, 10, 14 ; 21. [5]6 —WH, 7 ; 22. 3.

'ΑΥΤΗ͂ 846.6

(1) ἐν αὐτῇ (2) ἐπ' αὐτῇ

Mt 1. [1]20; 5. 31; 10. [1]11; 12. 39; 14. 7; 15. 23, 28; 16. 4; 20. 21; 21. [1]19, 19; 22. 39 αὕτη, WH non mg., R non mg.
Mk 5. 23, 33, 34, 41, 43; 6. 23; 7. 27, 29; 11. [1]13, 14; 14. 5, 6.
Lu 1. 30, 35, 36, 45, 56, 58; 7. 12, [2]13 αὐτήν, T, 13, 48; 8. 48, 55; 10. [1]9, 40, 41; 11. 29; 13. [1]6, 12, 13; 24. [1]18.
Jo 2. 4; 4. 7, 10, 13, 16, 17, 21, 26; 8. [10 τ. γυναικί, WH mg.; 11. 23, 25, 31, 33, 40; 20. 13, 15, 16, 17, 18.
Ac 1. [1]20; 7. [1]5; 9. [1]38, 41; 20. [1]22.
Ro 6. [1]2; 9. 12; 10. [1]5; 16. 2.
I Co 11. 15 (*bis*).
Col 2. 7 —T [WH] R non marg.; 4. 2.
He 11. 11 αὐτή, TWH non mg. R
Ja 3. [1]9 (*bis*).
II Pe 3. [1]10.
II Jo [1]6.
Re 1. [1]3; 2. 21; 10. [1]6, 6 —h. v. [WH] R mg. 13. [1]12, 15 αὐτῷ, T; 16. 19; 18. 6 (*bis*), 7, [2]9 αὐτήν, TWH non marg. R, [2]20, [1]24; 19. 8, [1]15; 20. [1]13; 21. [1]22, 23; 22. [1]3.

'ΑΥΤΟ'Ν 846.7

(1) ἐπ' αὐτόν (2) δι' αὐτόν
(3) κατ' αὐτόν (4) ὃν . . . αὐτόν

Mt. 3. 5, 14, 15 αὐτῷ, WH non marg., 15, [1]16; 4. 5 (*bis*), 8, 11; 5. 15, 29; 6. 8; 7. 11; 8. 5, 7, 18, 25, 31, 34; 9. 31; 10. 4, 33; 12. 10, 14, 16, [1]18, 22; 13. 2 (*bis*), 4, 20, 46; 14. 5 (*bis*), 12, 22, 26, 35, 36 [WH]; 15. 23; 16. 1, 21, 22; 17. 8 τὸν, TWH mg. R, 10, 12, 14, 16 (*bis*), 17, 23, 25; 18. 8, 9, 15, 25, 27, 28, 29, 30, 32, 34; 19. 3; 20. 18, 19; 21. 9, 13, 33, 38, 39, 44 —h. v., T [WH] R mg., 46 (*bis*); 22. 13, 15, 22, 23, 35, 43, 45, 46; 23. 15, 21; 24. 47, 51; 26. 15, 16, 25, 48 (*bis*), 49, 50, 56, 59, 61 —WH, 67, 71 —WH, 71; 27. 1, 2, 3, 11, 12, 18, 19, [2]19, [1]27, 28, 30, 31 (*ter*), 35, 36, 39, [1]42, 43, 44, 48, 49, 64; 28. 7, 13, 14 —TWH, 17.
Mk 1. 5, 10, 12, 26, 32, 34, 36, 37, 40 (*bis*), 43, 45 (*bis*); 2. 3, 13, 15, 23; 3. 2 (*bis*), 6, 8, 9, 11, 12, 13, 19, 21, 31 (*bis*), 32, 34; 4. 1 (*bis*), 10 (*bis*), 16, 36, 38; 5. 3, 4 (*bis*), 6 αὐτῷ, T, 9, 10, 12, 17, 18, 19, [1]21, 22, 23, 24; 6. 17, 19, 20 (*bis*), 28, 29 αὐτό, WHR, 49, 50, 54, 56; 7. 1, 5, 12, 15 (*bis*), 17, 18, 26, 32, 33; 8. 11, 22, 23 (*bis*), 26, 32, 38; 9. 11, [1]13, 15 (*bis*), 18, 18 —T, 19, 20 (*quater*), 22 (*bis*), 25, 27, 28, 31, 32, 38, 39, 45, 47; 10. 1, 2 (*bis*), 10, 17 (*bis*), 21, 26 ἑαυτούς, TR mg., 33 (*bis*), 34, 49; 11. 2, 3, 4, [1]7, 17, 18 (*bis*), 27; 12. 1, 3, 6, 7, 8 (*bis*), 12 (*bis*), 13 (*bis*), 18 (*bis*), 28, 33, 34 (*bis*), 37; 13. 3; 14. 1, 10, 11, 44 (*bis*), 45, 46, 50, 51, 55, 61, 64, 65 (*bis*), 69; 15. 2, 4, 10, 13, 14, 16, 17, 18, 20 (*ter*), 20 —T, 22, 24, 25, 29, 32, 36 (*bis*), 44, 46 (*bis*); 16. 1, 6, 7, [14.
Lu 1. 8, [1]12, 13, 21, 50; 2. 4, 7, 21 (*bis*), 22, [1]25, 44 (*bis*), 45 —T, 45, 46, 48 (*bis*); 3. 10, 12, 14, [1]22; 4. 4, 5, 9, 29 (*ter*), 35 (*bis*), 38, 40, 41, 42 (*bis*); 5. 3, 9, 12, 17 αὐτούς, R mg., 18, 18 —T [WH], 19 (*bis*), 33; 6. 1, 6, 7 —T, 12; 7. 3 (*bis*), 4, 6 —TWH, 9, 15, 20, 36, 39, 40, 42; 8. 4, 5, 9, 16, 19, 24, 29, 30 (*bis*), 31, 32, 37, 38, 40 (*bis*), 41, 42 (*bis*); 9. 9, 18, 29, 39 (*ter*), 42 (*bis*), 45, 49, 50, 53, 57, 62 [WH]; 10. [1]6, 25, 26, 30, 31, [3]33, 34 (*bis*), 38; 11. 1 (*bis*), 5, 13, 22, 27, 37, 39, 53, 54 —TWH mg.; 12. 44, 46, 48; 14. 1 (*bis*), 4, 5, 9, 12, 18, [1]31; 15. 15, 20 (*bis*), 22, 27, 28; 16. 2, 14, 22, 27; 17. 25; 18. 3, 18, 24, 33, 35, 40 (*ter*); 19. 4, 5, 6, 9, 11, 14, 15, 30, 35, 39, 46, 47; 20. 2, 9, 10, 14 (*bis*), 15, 18, [1]19, 20, 21, 27, 40, 44; 21. 7, 38; 22. 2, 4, 6, 43 —h. v., [[WH]] R mg., 47, 49, 51, [1]52 πρὸς αὐτόν, T, 54, 56, 57 —WHR, 57, 58, 63, 64 64 – TWH, 65, 66; 23. 1, 3, 7 (*bis*), 8, 9, 11 (*bis*), 15, 16, 21, 22, 23, 26, 27, 33, 39, 53; 24. 16, 18, 20 (*bis*), 23, 24, 29, 30, 31, 51, 52 —T [[WH]] R marg.
Jo 1. 10, 11, 12, 19 —T, 19, 21, 25, 29, 31, [1]32, 33, [1]33, 42, 47; 2. 3, 11, 19, 20, 24 αὐτὸν, WH, 24; 3. 2, 4, 16, 18, 26, [1]36; 4. 4, 10, 15, 23, 24 —T, 30, 31, 39, 40 (*bis*), 45, 47, 48, 49, 52; 5. 12, 14, 15, 18, 23; 6. 5, 6, 15, 21, 25, 28, 34, 40 (*bis*), 44 (*bis*), 54, 64, 71; 7. 1, 3, 5, 11, 18, 29, 30, [1]30, 31, 32, 35, 39, [2]43, 44, [1]44, 45, 48, 50 —T; 8. [2, [6 h.v., [WH], [7 [WH], 20, 30, 33, 55 (*quater*), 57, [1]59; 9. 2, 8, 13, 15, 21, 22, 23, 28, 34, 35 (*bis*), 36, 37; 10. 24, 31, 39, 41, 42; 11. 3, 11, 15, 17, 29, 32, 34, 36, 44 (*bis*), 45, 48 (*bis*), 53, 57; 12. 4, [2]11, 17, 18, 21, 26, 37, 42, 47, 48 (*bis*); 13. 2, 11, 16, 32 (*bis*); 14. 7, 7 —WH non mg., 21, 23 (*bis*); 16. 7, 19; 18. 2, [1]4, 5, 12, 24, 30, 31, 31 —T; 19. 2, 3, 4, 6, 12, 15, 16, 18, 24, 33, 38 αὐτοῦ, WHR, 39; 20. 2, 9, 13, 15 (*ter*); 21. 12, 22, 23.
Ac 1. 3, 6, 9, 11; 2. 24, 25, 36; 3. 4, 7 (*bis*), 9, 10, 12, 26; 5. 6; 6. 12, 15; 7. 2, 3, 4, 5, 8, 10 (*bis*), 21 (*bis*), 27, [1]54, [1]57; 8. 20, 32, 38, 39, 40; 9. 3 (*bis*), 8, 10, 11, 15, 16, [1]17, 23, 24, 25, 26, 27, 29, 30 (*bis*), 35, 38, 43 —TWH; 10. 3, [1]10, 13, 15, 26, 35, 38, 40, 41, 43, 48; 11. 2; 12. 4 (*bis*), 6, 7, 8, 16, 17, 19, 20, 23; 13. 9, [1]11, 22, 28, 30, 34, 46; 14. 17 αὐτὸν, WHR, 19, 20; 15. 21; 16. 3, 9; 17. 15, 27, 31; 18. 12, 26, 27 τ. ἄνδρα, WH mg.; 19. 2, 4, 30, 31, 33; 20. 14, 18, 37, 38; 21. 12, 27, [1]27, 30, 31, 34, 35, 36; 22. 13, 18, 20, 22, 24 (*bis*), 25, 29 (*bis*), 30; 23. 3, 10, 15 (*ter*), 18, 21 (*bis*), 30 αὐτούς, T, 35; 24. 23, 26; 25. 2, 3 (*bis*), 7, 19, 21 (*ter*), 24, 25, 26; 26. 26; 28. 6 (*ter*), 8, 16, 17, 21, 23, 30.
Ro 3. 26; 4. 11, 13, 18, [2]23; 8. 29, 32; 10. 9, 12; 11. 36; 12. 20 (*bis*); 14. 3, 4; 15. 11.
I Co 2. 9, 16; 8. 6; 15. 25; 16. 11 (*ter*), 12.
II Co 2. 8; 7. 15.
Ga 1. 1, 16, 18.
Eph 1. 5, 20, 20 —WH, 22; 4. 15, 21.
Phl 1. 29; 2. 9, 27 (*bis*), 28 (*bis*), 29; 3. 10, 21.
Col 1. 16, 20; 2. 12; 3. 10; 4. 10.
II Th 2. [1]1, 4, 6.
Phm 12, 15, 17.
He 2. 6, 7 (*bis*), 7 —h. v., T [WH] R mg.; 3. 2, 3; 5. 5, 7; 7. 1, 21, 24; 9. 26, 28; 11. 5, 6, 19; 13. 13.
Ja 1. 12; 2. 5, 14; 5. [1]14, 15, 19.
I Pe 1. 21; 3. 6; 5. [1]7.
I Jo 1. 10; 2. 3, 4; 3. 1, 2, 6 (*bis*), 12; 5. 10, 14, 18.
II Jo 10.
Re 1. 7 (*bis*), [1]7, 17; 3. 12, [1]12, 20; 6. [1]2, [1]4, [1]5; 7. [4]9; 8. 5; 9. 6; 11. 5; 12. 11; 13. 8, 10; 17. 10; 19. 5, [1]11; 20. 2, 3 (*bis*), [1]11 αὐτοῦ, WH non mg.; 22. [1]18

ʼΑΥΤΉΝ 846.8

(1) δι' αὐτήν (2) ἐπ' αὐτήν
(3) πρὸς αὐτήν (4) ἣν . . . αὐτήν

Mt 1. 19 (*bis*), 25; 5. 28 —T [WH], 28, 30, 32; 7. 14; 8. 15; 9. [2] 18, 22; 10. 12, [2] 13, 39 (*bis*); 11. 12; 12. 41, 42; 14. 4; 15. 23; 16. 25 (*bis*); 19. 7 —TWH non marg.; 21. [2] 19; 22. 28; 23. [3] 37.
Mk 1. 31 (*bis*); 4. 30; 6. 17, 26, 28 (*bis*); 8. 35 (*bis*); 9. 43; 10. [2] 11, 15; 11. 2, [2] 13; 12. 21, 23; 14. 6.
Lu 1. [3] 28, 57, [3] 61; 2. 6; 4. 6, 39; 6. 48, 48 —R mg.; 7. 13, [2] 13 αὐτῇ, WH; 8. 52; 9. 24 (*bis*); 11. 32; 13. 7, 8 (*bis*), 9, 12, 18, [3] 34; 16. 16; 17. 33 (*bis*); 18. 5, 17; 19. [2] 41; 20. 31, 33; 21. 21.
Jo 8. [3 [[2] 7; 10. 17, 18 (*quater*); 11. 31, 33; 12. 7, 25 (*bis*); 18. 10; 19. 27.
Ac 5. [3] 8, [3] 9, 10; 7. 5, 44; 9. 37, 37 —WH non marg., 41 (*bis*); 12. [3] 15; 15. 16; 21. 3; 27. 8, 32.
Ro 7. 3; 16. 2.
I Co 7. 12.
Ga 1. 13.
Eph 5. 26, 29.
Col 4. 17.
He 4. 6; 5. [1] 3; 12. 17.
I Pe 3. 11.
I Jo 2. 21.
Re 2. 20 ἑαυτήν, WHR, 22; 3. [4] 8; 11. 2; 12. 6, 15; 17. 6, 7, 16 (*bis*); 18. 7 αὐτήν, WH, 8, [2] 9 αὐτῇ, WH mg., [2] 11; 21. 23, 24, 26, 27.

ʼΑΥΤΌ 846.9

(1) αὐτὸ τοῦτο, τοῦτο αὐτό (2) ἐπ' αὐτό
(3) εἰς αὐτό

Mt. 2. 13; 12. 11; 17. 19; 18. 2, 13; 26. 39, 42; 27. 59, 60.
Mk 4. 4, 7; 6. 29 αὐτόν, T; 9. 18, 28, 36 (*bis*), 50; 14. 25.
Lu 1. 59, 62; 2. 28, [2] 40; 8. 5, 7; 9. 40, 45, 47; 14. 35; 15. 4; 19. 23; 22. 16; 23. 53.
Jo 1. 5; 6. 39; 7. 4 αὐτός, TWH non mg., R non mg.; 12. 7, [2] 14; 14. 17, 17 —WH, 17; 15. 2 (*bis*), 6 αὐτά, WHR; 18. 11; 19. 40; 21. 6.
Ac 7. 6; 27. [3] 6.
Ro 7. 17, 20; 9. [1 3] 17; 13. [1 3] 6.
I Co 3. 13; 4. [1] 17 —WH non mg. R
II Co 2. [1] 3; 5. [1 3] 5; 7. [1] 11.
Ga 1. 12; 2. [1] 10.
Eph 6. [3] 18, [1 3] 22.
Phl 1. [1] 6.
Col 2. 14 (*bis*); 4. 4, [1 3] 8.
I Th 4. 10.
I Pe 4. 10.
II Pe 1. [1] 5.
Re 5. 3, 4; 10. 9, 10 (*bis*).

ʼΑΥΤΟΊ 846.91

(1) αὐτοὶ δέ (2) ἡμεῖς αὐτοί
(3) κ. αὐτοί (4) ὑμεῖς αὐτοί

Mt 5 4 ὅτι αὐτοὶ παρακληθήσονται
5 ὅτι αὐτοὶ κληρονομήσουσιν τ. γῆν
6 ὅτι αὐτοὶ χορτασθήσονται
7 ὅτι αὐτοὶ ἐλεηθήσονται
8 ὅτι αὐτοὶ τ. Θεὸν ὄψονται
9 ὅτι αὐτοὶ υἱοὶ Θεοῦ κληθήσονται
—αὐτοί, T [WH]
12 27 διὰ τοῦτο αὐτοὶ κριταὶ ἔσονται ὑμῶν
19 28 [3] καθίσεσθε κ. αὐτοὶ ἐπὶ δώδεκα θρόνους
ὑμεῖς, WH non mg. R
20 10 [3] ἔλαβον τὸ ἀνὰ δηνάριον κ. αὐτοί
23 4 [1] αὐτοὶ δὲ τ. δακτύλῳ αὐτῶν οὐ θέλουσι κινῆσαι αὐτά
25 44 [3] τότε ἀποκριθήσονται κ. αὐτοί
Mk 6 31 [4] δεῦτε ὑμεῖς αὐτοὶ κατ' ἰδίαν
7 36 αὐτοὶ μᾶλλον περισσότερον ἐκήρυσσον
Lu 2 50 [3] κ. αὐτοὶ οὐ συνῆκαν τὸ ῥῆμα
6 11 [1] αὐτοὶ δὲ ἐπλήσθησαν ἀνοίας
8 13 [3] κ. αὐτοὶ ῥίζαν οὐκ ἔχουσιν
οὗτοι, TWH non mg. R
9 36 [3] κ. αὐτοὶ ἐσίγησαν
11 4 [3] κ. γὰρ αὐτοὶ ἀφίομεν παντὶ ὀφείλοντι ἡμῖν
19 διὰ τοῦτο αὐτοὶ ὑμῶν κριταὶ ἔσονται
46 [3] κ. αὐτοὶ ἑνὶ τ. δακτύλων ὑμῶν οὐ προσψαύετε
48 ὅτι αὐτοὶ μὲν ἀπέκτειναν αὐτούς
52 αὐτοὶ οὐκ εἰσήλθατε
13 4 δοκεῖτε ὅτι αὐτοὶ ὀφειλέται ἐγένοντο
14 1 [3] κ. αὐτοὶ ἦσαν παρατηρούμενοι αὐτόν
12 [3] μήποτε κ. αὐτοὶ ἀντικαλέσωσίν σε
16 28 [3] ἵνα μὴ κ. αὐτοὶ ἔλθωσιν εἰς τ. τόπον τοῦτον
17 13 [3] κ. αὐτοὶ ἦραν φωνήν
18 34 [3] κ. αὐτοὶ οὐδὲν τούτων συνῆκαν
22 23 [3] κ. αὐτοὶ ἤρξαντο συνζητεῖν πρὸς ἑαυτούς
71 αὐτοὶ γὰρ ἠκούσαμεν ἀπὸ τ. στόματος αὐτοῦ
24 14 [3] κ. αὐτοὶ ὡμίλουν πρὸς ἀλλήλους
35 [3] κ. αὐτοὶ ἐξηγοῦντο τὰ ἐν τῇ ὁδῷ
52 [3] κ. αὐτοὶ προσκυνήσαντες αὐτὸν ὑπέστρεψαν εἰς Ἰερουσαλήμ
Jo 3 28 [4] αὐτοὶ ὑμεῖς μοι μαρτυρεῖτε
4 42 αὐτοὶ γὰρ ἀκηκόαμεν
45 αὐτοὶ γὰρ ἦλθον εἰς τ. ἑορτήν
6 24 ἐνέβησαν αὐτοὶ εἰς τὰ πλοιάρια
17 8 [3] κ. αὐτοὶ ἔλαβον κ. ἔγνωσαν ἀληθῶς
11 [3] κ. αὐτοὶ ἐν τ. κόσμῳ εἰσίν
οὗτοι, WH mg. R
19 [3] ἵνα ὦσιν κ. αὐτοὶ ἡγιασμένοι ἐν ἀληθείᾳ
21 [3] ἵνα κ. αὐτοὶ ἐν ἡμῖν ὦσιν
18 28 [3] κ. αὐτοὶ οὐκ εἰσῆλθον εἰς τὸ πραιτώριον
Ac 2 22 καθὼς αὐτοὶ οἴδατε
13 4 αὐτοὶ μὲν οὖν ἐκπεμφθέντες ὑπὸ τ. ἁγίου πνεύματος
14 [1] αὐτοὶ δὲ διελθόντες ἀπὸ τ. Πέργης
15 32 [3] κ. αὐτοὶ προφῆται ὄντες
16 37 ἀλλὰ ἐλθόντες αὐτοὶ ἡμᾶς ἐξαγαγέτωσαν
18 15 ὄψεσθε αὐτοί
20 34 αὐτοὶ γινώσκετε
22 19 Κύριε αὐτοὶ ἐπίστανται
24 15 [3] ἣν κ. αὐτοὶ οὗτοι προσδέχονται
20 ἢ αὐτοὶ οὗτοι εἰπάτωσαν
27 36 [3] κ. αὐτοὶ προσελάβοντο τροφῆς
28 28 αὐτοὶ κ. ἀκούσονται
Ro 8 23 [2 3] κ. αὐτοὶ τ. ἀπαρχὴν τ. πνεύματος ἔχοντες ἡμεῖς,
[3] κ. αὐτοὶ ἐν ἑαυτοῖς στενάζομεν

Ro 11 31 [3] τ. ὑμετέρῳ ἐλέει ἵνα κ. αὐτοὶ νῦν ἐλεηθῶσιν
15 14 [3] ὅτι κ. αὐτοὶ μεστοί ἐστε ἀγαθωσύνης
II Co 1 4 ἧς παρακαλούμεθα αὐτοὶ ὑπὸ τ. Θεοῦ
9 αὐτοὶ ἐν ἑαυτοῖς τὸ ἀπόκριμα τ. θανάτου ἐσχήκαμεν
6 16 κ. αὐτοὶ ἔσονταί μου λαός
וְאַתֶּם תִּהְיוּ־לִי לְעָם, Lev. xxvi. 12
10 12 αὐτοὶ ἐν ἑαυτοῖς ἑαυτοὺς μετροῦντες
Ga 2 9 [1] αὐτοὶ δὲ εἰς τ. περιτομήν
17 [3] εἰ δὲ . . . εὑρέθημεν κ. αὐτοὶ ἁμαρτωλοί
6 13 οὐδὲ γὰρ οἱ περιτεμνόμενοι αὐτοὶ νόμον φυλάσσουσιν
I Th 1 9 αὐτοὶ γὰρ περὶ ἡμῶν ἀπαγγέλλουσιν
2 1 αὐτοὶ γὰρ οἴδατε ἀδελφοί
14 [3] καθὼς κ. αὐτοὶ ὑπὸ τ. Ἰουδαίων
3 3 αὐτοὶ γὰρ οἴδατε ὅτι εἰς τοῦτο κείμεθα
4 9 [4] αὐτοὶ γὰρ ὑμεῖς θεοδίδακτοί ἐστε
5 2 αὐτοὶ γὰρ ἀκριβῶς οἴδατε
II Th 3 7 αὐτοὶ γὰρ οἴδατε πῶς δεῖ μιμεῖσθαι ἡμᾶς
II Ti 2 10 [3] ἵνα κ. αὐτοὶ σωτηρίας τύχωσιν
He 1 11 αὐτοὶ ἀπολοῦνται σὺ δὲ διαμένεις
הֵמָּה יֹאבֵדוּ וְאַתָּה תַעֲמֹד, Ps. cii. 27
3 10 [1] αὐτοὶ δὲ οὐκ ἔγνωσαν τ. ὁδούς μου
וְהֵם לֹא־יָדְעוּ דְרָכָי, Ps. xcv. 10
8 9 ὅτι αὐτοὶ οὐκ ἐνέμειναν ἐν τ. διαθήκῃ μου
אֲשֶׁר־הֵמָּה הֵפֵרוּ אֶת־בְּרִיתִי, Jer. xxxi. (xxxviii.) 32
10 [3] κ. αὐτοὶ ἔσονταί μοι εἰς λαόν
וְהֵמָּה יִהְיוּ־לִי לְעָם, *ib.* 33
13 3 [3] ὡς κ. αὐτοὶ ὄντες ἐν σώματι
17 αὐτοὶ γὰρ ἀγρυπνοῦσιν ὑπὲρ τ. ψυχῶν ὑμῶν
Ja 2 6 [3] οὐχ . . . κ. αὐτοὶ ἕλκουσιν ὑμᾶς εἰς κριτήρια;
7 οὐκ αὐτοὶ βλασφημοῦσιν τὸ καλὸν ὄνομα
I Pe 1 15 [3] κ. αὐτοὶ ἅγιοι ἐν πάσῃ ἀναστροφῇ γενήθητε
2 5 [3] κ. αὐτοὶ ὡς λίθοι ζῶντες οἰκοδομεῖσθε
II Pe 2 19 αὐτοὶ δοῦλοι ὑπάρχοντες τ. φθορᾶς
I Jo 4 5 αὐτοὶ ἐκ τ. κόσμου εἰσίν
Re 6 11 [3] οἱ μέλλοντες ἀποκτέννεσθαι ὡς κ. αὐτοί
12 11 [3] κ. αὐτοὶ ἐνίκησαν αὐτὸν διὰ τὸ αἷμα τ. ἀρνίου
21 3 [3] κ. αὐτοὶ λαοὶ αὐτοῦ ἔσονται

ʼΑΥΤΩ͂Ν 846.92

(1) ὧν . . . αὐτῶν (2) gen. a s. **(3)** παρʼ αὐτῶν (4) διʼ αὐτῶν (5) κατʼ αὐτῶν **(6)** ὑμῶν αὐτῶν (7) ἐπʼ αὐτῶν

Mt 1. 21; **2.** [3] 4, [3] 7, 11, 12, [2] 13; **3.** 6; **4.** 8, 21 (*bis*), 22, 23; **5.** 3, 10; **6.** 2, 5, 7, 14, 15 —T [WH], 16 (*bis*), 26; **7.** 6, 16, 20, 29; **8.** 30, 34; **9.** 2, 4, 15 (*bis*), 29, 30, [2] 32, 35, 36; **10.** 17, 29; **11.** 1; **12.** 9, 25; **13.** 15, 43, 54, 58; **14.** 14, [2] 32; **15.** 8, 27; **17.** 2, 6, 7, 8, [2] 9, 12, [2] 22, [2] 24, 25; **18.** 2, 10, 12, 17, 20; **20.** 13, 25 (*bis*), [2] 29, 34; **21.** 3, 7 (*bis*), 41, 45; **22.** 7, 16, 18, 35; **23.** 3, 4, 5 (*bis*), 30, 34 (*bis*); **24.** 31; **25.** 1 ἑαυτῶν, WH, 2, 3 —T [WH], 4 —TWH, [2] 10, 19; **26.** [2] 21, [2] 26, 36, 43, 73; **27.** 7, [2] 17, 39, 48; **28.** [2] 11.

Mk **1.** 5, 20, 23, 39; **2.** 5, 6, 19 (*bis*), 20; **3.** 5; 5. 17; **6.** 6, 50, 52, [2] 54; **7.** 6; **8.** 3 (*bis*); **9.** 2, [2] 9, 36, 48; **10.** 13, 42 (*ter*); **11.** 7 ἑαυτῶν, WH mg., 8, [2] 12; **12.** 15, 23, 28; **14.** [2] 18, [2] 22, 40, 59, 69, 70; **15.** 29; **16.** [12, [14.

Lu **1.** 7, 16, 20, 51, 66, 77; **2.** 8, 15, 22, [2] 42, 46, 51; **3.** 15; **4.** [2] 2, 6, 15, 26, 27, 29, 30, 40, 42; **5.** 2, 6, 15, 20, 22, 25, 29 αὐτοῦ, WH marg., 30, 34, 35; **6.** 8, 13, 17 (*bis*), 23, 26; **7.** [2] 42, 42; **8.** 12, [2] 23, 37; **9.** [2] 37, 45, 46, 47, [2] 57; **10.** [3] 7; **11.** 15, 17, 49; **12.** 6; **13.** [1] 1; **15.** 4, 12; **16.** 29; **17.** 15; **18.** 8, 15, 34; **19.** [2] 11, [2] 33, 35, 36 ἑαυτῶν, WH; **20.** 23, 33; **21.** 1, 8, 12; **22.** 23, 24, 25 (*bis*), 41, 50, 55, 58, 66; **23.** 1, 23, 24, 25, 51; **24.** [2] 5, 11, 13, 16, 30, [2] 31, 31, [2] 36, 36, [2] 41, 43, 45, 51.

Jo **3.** 19, 22; **4.** 38, [3] 52; **7.** 44, 50; **8.** 59 —h. v. TWHR non marg.; **10.** 4, 8, 20, 32, 39; **11.** 37, 46, 49; **12.** 36, 37, 40 (*bis*); **13.** 12; **15.** 22, 25; **16.** 4 —T, 4; **17.** 9, 12 (*bis*), 19, 20; **18.** 5, 9, 18; **19.** 31; **20.** 24, 26.

Ac **1.** [2] 9, 9, 19; **2.** 3, 6, 11; **3.** [3] 5; **4.** [2] 1, 5, [4] 16, 29, [2] 31; **5.** 15, 24; **6.** 1; **7.** 19, 34 αὐτοῦ WH, 39, 41, 54, 57, 58; **8.** 15, 16; **9.** 24, 28, 39; **10.** 9 ἐκείνων, WH, [2] 10, 46; **11.** 20, 21, 22, 28, 29; **12.** 20; **13.** [2] 2, 13, 19, 27, [2] 42, 50; **14.** 3, 5, 11, 14 ἑαυτῶν, WH non mg., 16, 27; **15.** 2, 4, 9 (*bis*), [4] 12, 22, 23, 26, 38; **16.** 19, [5] 22, 22, 24, 25; **17.** 4, 12, 26, 33; **18.** [2] 6, [2] 20, 27 —h. v., TWH non mg. R; **19.** 9, 12, [5] 16, 18, 19; **20.** [6] 30, [WH]; **21.** 1, 26; **22.** 22, [2] 23; **23.** 10 (*bis*), 21, 27, 28 —h. v., [WH] R mg., 29, 30 ἐξ αὐτῆς, WHR; **25.** [2] 17; **26.** [2] 10, 18; **27.** 21; **28.** [2] 6, [2] 17, 27.

Ro **1.** 21 (*bis*), 24 (*bis*), 26, 27 (*bis*); **2.** 15 (*bis*); **3.** 3, 13 (*ter*), [1] 14 —TWH non mg. R, 15, 16, 18; **10.** 1, 18 (*bis*); **11.** 9, 10 (*bis*), 11, 12 (*ter*), 14, 15, 27; **15.** 27 (*bis*); **16.** 5, 17.

I Co **1.** 2; **3.** 19; **5.** [6] 13; **7.** [6] 35; **8.** 7, 12; **10.** 5, 7, 8, 9, 10; **12.** 18; **15.** 10, 29; **16.** 19.

II Co **3.** 14, 15; **5.** 15, 19; **6.** 16, 17; **8.** 2 (*ter*); **9.** 14; **11.** [1] 15.

Ga **2.** 13.

Eph. **4.** 17, 18; **5.** 7, 12; **6.** 9.

Phl **3.** 19.

Col **2.** 2; **4.** 15 αὐτῆς, WHR mg.

I Th **2.** 16; **5.** 13.

II Ti **2.** 17; **3.** 9.

Tit **1.** 12 (*bis*), 15.

He **2.** 10; **7.** 5, 6, 25; **8.** 9 (*ter*), 10 (*bis*), 11, 12 (*bis*); **10.** 1 —TWH non mg. R, 16 (*bis*), 17 (*bis*); **11.** 16, 28, 35.

Ja **1.** 27; **3.** 3; **5.** 3.

I Pe **3.** 12, 14; **4.** 19 —WH non mg.

II Pe **2.** 2, 3, 11, 12, 13; **3.** 3, 16.

I Jo **4.** 5.

III Jo 9.

Ju 15 —WHR, 15, 16 (*bis*).

Re **2.** 16, 22 αὐτῆς, TWH non mg. R non mg.; **3.** 4; **4.** 4, 8, 10; **5.** 11; **6.** 11 (*bis*), 14; **7.** 3, 9, 11, 14, 17; **8.** 12; **9.** 4 αὐτοῖς, TWH mg., 5, 6, 7 (*bis*), 8, 9, 10 (*bis*), [7] 11, 16, [7] 17, 17, 18, 19 (*ter*), 20, 21 (*quater*); **11.** 5 (*bis*), 6, 7 (*bis*), 8 (*bis*), 9 (*bis*), 11, 12, 16 (*bis*); **12.** 8, 11 (*bis*); **13.** 16 (*bis*); **14.** 1, 2, 5, 11, 13 (*ter*); **16.** 10, 11 (*ter*); **17.** [7] 9, 13, 17 (*bis*); **18.** 11, 19; **19.** [7] 18 αὐτοὺς, WH non marg. R, 19,

21 ; 20. 4, [1]8, 12, 13 ; 21. 3 (*bis*), 3 —TWH non mg. R mg., 4, 8, [7]14, 24 ; 22. 4, 14 (*bis*).

ΑΥΤΟΙ͂Σ 846.93

(1) οἷς . . . αὐτοῖς (2) ἐπ' αὐτοῖς (3) ἐν αὐτοῖς (4) παρ' αὐτοῖς (5) ὑμῖν αὐτοῖς

Mt 3. 7 ; 4. 16, 19 ; 6. 1, 8 ; 7. 12, 23 ; 8. 4, 26, 32 ; 9. 15, 18, 28, 30 ; 10. 1, 5, 18 ; 11. 4 ; 12. 3, 11, 16, 25, 39 ; 13. 3, 10, 11 —TWH non marg., 13, 14, 24, 28, 29, 31, 33 [WH], 34, 52, 57 ; 14. [2]14, 16 (*bis*), 27 ; 15. 3, 10, 34 ; 16. 1, 2, 6, 15 ; 17. 3, 9, 13, 20, 22, 27 ; 18. 19 ; 19. 8, 11, 13 (*bis*), 14 —WH non marg. R, 15, 26, 28 ; 20. 6, 7, 8 —TWH non marg., 17, 23, 31 ; 21. 2, 6, 13, 16, 21, 24, 27, 31, 36, 42 ; 22. 1, 20, 21, 29, 43 ; 24. 2, 4, 45 ; 25. 14, [3]16, 40, 45 ; 26. 10, 19, 27, 31, 38, 45, 48 ; 27. 17, 21, 22, 26, 65 ; 28. 16, 18.

Mk 1. 17, 31, 38, 44 ; 2. 2, 8 [WH], 17, 19, 25, 27 ; 3. 4, 12, 17, 23, 33 ; 4. 2, 11, 12, 13, 15 *αὐτούς*, WHR, 21, 24, 33, 34, 35, 40 ; 5. 13, 16, 19, 39, 43 ; 6. 4, 7, 8, 10, 11, 31, 37 (*ter*), 38, 39, 41, 46, 48, 50 ; 7. 6, 9, 14, 18, 36 (*bis*) ; 8. 1, 15, 17, 21, 27, 30, 34 ; 9. 1, 4, 7, 9, 12, 19, 29, 31 [WH], 35, 36 ; 10. 3, 5, 11, 13 *τ. προσφέρουσιν*, T, 14, 24, 27, 32, 36, 38, 39, 42 ; 11. 2, 5, 6, 17 —WH non marg., 22, 29, 33 ; 12. 1, 15, 16, 17 —WH, 24, 28, 43, 44 ; 13. 5, 9 ; 14. 7 —T, 10, 13, 16, 20, 22, 23, 24, 27, 34, 41, 44, 48 ; 15. 6, 8, 9, 11, 12, 14, 15 ; 16. [14, [15, [19.

Lu 1. 7, 22 (*bis*) ; 2. 7, 9, 10, 17, 50, 51 ; 3. 11, 14 *πρὸς αὐτούς*, T ; 4. 39 ; 5. 7, 14 —WH marg. ; 6. 5, 31, 39 ; 7. 6, 22 ; 8. 3 *αὐτῷ*, R mg., 25, 31, 32 (*bis*), 36, 56 ; 9. 1, 11, 13, 17, 20, 21, [3]46, 48, 55 ; 10. 9, 18 ; 11. 2, 17 ; 12. 37 ; 13. 2, 32 ; 15. 2, 6, 12 ; 16. 15, 28 ; 17. 14, 20, 37 ; 18. 1, [2]7, 15, 29 ; 19. 13, 32, 46 ; 20. 8, 15, 17, 34 ; 21. 4, 10, 29 ; 22. 4, 6, 10, 13, 19, [3]24, 25, 35, 36, 38, 40, 46, 67 ; 23. 17 —h. v., TWHR non mg., 20 —T, 34 —h. v., [[WH]] R mg.; 24. 15, 19, 27, 29, 30, 33, 35, 36 —h. v., T [[WH]] R mg., 38, 40 —h. v., T [[WH]] R mg., 41, 46.

Jo 1. 12, 26, 38, 39 ; 2. 7, 8, 19, 24 ; 4. 32, 34, [4]40 ; 5. 11, 17, 19 ; 6. 7, 20, 26, 29, 31, 32, 35, 43, 53, 61, 70 ; 7. 6, 9 *αὐτὸς*, TWH marg., 16, 21, 45, 47 [WH] ; 8. [7 [WH], 12, 14, 21, 23, 25, 27, 34, 39, 42, 58 ; 9. 15, [3]16, 27, 30, 41 ; 10. 6 (*bis*) 7 —TWH, 25 —T, 28, 32, 34 ; 11. 11, 14, 44, 46, 49 ; 12. 23, 35 ; 13. 12 ; 15. 22, [3]24 ; 16. 19, 31 ; 17. 2, 8, [3]10, 14, 22, [3]23, 26, [3]26 (*bis*) ; 18. 4, 5, 6, 21, 31, 38 ; 19. 4, 5, 6, 15, 16 ; 20. 2, 13, 17, 19, 20, 21, 22, 23, 25 ; 21. 3, 5, 6, 10 12, 13.

Ac 1. 3, 4, 10, 26 ; 2. 3, 4, 14 ; 3. 5, 8 ; 4. 1, 3, 14, 17, [3]24, 32, [3]34 ; 5. 13, 25 ; 6. 6 ; 7. 25, 26, 43, 60 ; 8. 5, 18 ; 9. 27, 39 ; 10. 8, 20, 23, 48 *αὐτοὺς*, WH ; 11. 3, 4, 12, 17, 26 ; 12. 10, 17, 17 —T ; 13. 3, 8, 21, 22, 42, 43 ; 14. [3]15, 18, 23 ; 15. 8, 20, 38 ; 16. 4, 23 ; 17. 2, 34 ; 18. 2, [4]3, [3]11, 27 —h. v., TWH non mg. R ; 19. 6, 15 ; 20. 7, 18, 36 ; 21. [4]7, 24, [2]24, 26 ; 22. 2 ; 23. 21, 31 ; 24. [3]21 ; 25. [3]6, 11 ; 26. 11, 30 ; 27. 10, 27 ; 28. [4]14.

Ro 1. [3]19, 19, 24 ; 4. 11 ; 9. 26 [WH] ; 10. 2 ; 11. 8, 9, [3]17, 27 ; 15. 27, 28 ; 16. 14, 15.

I Co 7. 8 ; 11. [3,5]13.

II Co 2. 13 ; 5. 19 ; 6. [3]16 ; 8. 22.

Ga 2. 2 ; 3 [3]12.

Eph 2. [3]10 ; 4. [3]18.

Phl 1. 28.

I Th 4. 17 ; 5. 3, 13 *ἑαυτοῖς*, WHR.

II Th 2. 11.

I Ti 4. 16.

II Ti 2. 25 ; 4, 16.

Tit 3. 13.

He 6. 16 ; 8. 8 *αὐτοὺς*, TWH non marg., 10 ; 11 16 ; 12. 10, 19.

Ja 2. 16 (*bis*).

I Pe 1. [3]11.

II Pe 2. [3]8, 19, 20, 21 (*bis*), 22.

Ju 11.

Re 5. [3]13 ; 6. 11 (*bis*) ; 7. [1]2 ; 8. 2 ; 9. 3 *αὐταῖς*, WH, 4 *αὐταῖς*, WH, 5 *αὐταῖς*, WH non mg.; 11. [2]10, [3]11, 12 ; 12. [3]12 ; 13. 16 ; 14. 9 ; 16. 6 ; 20. 4, 11, [3]13.

ΑΥΤΑΙ͂Σ 846.94

(1) ἐν αὐταῖς

Mt 28. 9, 10.

Mk 16. 6.

Lu 8. 3 ; 13. [1]14 ; 24. 4, 10, 11.

Jo 5. [1]39.

I Co 14. 34.

Phl 4. 3.

I Ti 1. [1]18 ; 5. 16.

He 10. [1]3.

II Pe 3. [1]16.

Re 9. 3 *αὐτοῖς*, T, 4 *αὐτοῖς*, T, 5 *αὐτοῖς*, TWH marg., [1]19 ; 15. [1]1.

ΑΥΤΟΥ͂Σ 846.95

(1) κ. αὐτούς (2) ἐπ' αὐτούς (3) πρὸς αὐτούς (4) οὓς . . . αὐτούς

Mt 1. 18 ; 2. 8, 9 ; 4. 21, 24 ; 5. 2 ; 7. 6, 16, 20, 24. 26, 29 ; 10. 21, 26 ; 12. 15 ; 13. 15, 42, 50, 54 (*bis*) ; 14. 18, [3]25 ; 15. 14, 30 (*bis*), 32 ; 16. 4 ; 17. 1, 5, 27 ; 19. 2, 4 ; 20. 2, 12, 25, 32 ; 21. 3, 14, 17, [3]37, 41 ; 22. 41 ; 25. 32 ; 26. 40, 43, 44 ; 28. 19, 20.

Mk 1. [1]19, 20, 22, 27 *πρὸς ἑαυτούς*, WH mg. R ; 2. 13 ; 3. 5, 14, 20, 23 ; 4. 2, 15 *αὐτοῖς*, T ; 5. 12, 14 ; 6. 7, 33 (*bis*), [2]34, 36, 48, [3]48, 48, [3]51 ; 8. 3, 5, 9, 13, 29, 31 ; 9. 2, 14, [3]14, 16, [3]16, 33 ; 10. 1, 6 [WH], 32, 42 ; 11. 6 ; 12. [3]4, [3]6, [3]12 ; 13. 12 ; 14. 37, 40 ; 16. [18.

Lu 1. 65 ; 2. 6, 9, [3]18, [3]20, 27, 34, 43, 46, [3]49 ; 3. [3]13, [3]14 *αὐτοῖς*, WH ; 4. [3]21, [3]23, 31, 40 (*bis*), [3]43 ; 5. 17 *αὐτόν*, TWHR non marg., [3]22, [3]31, [3]34, [3]36 ; 6. [3]3, [3]9, 10, 32, 47 ; 8. [3]21, [3]22 ; 9 2, [3]3, [2]5, 10, 11, [3]13, 14, 16, 18, 33, 34 (*bis*), 54 ; 10. 1, [3]2, 38 ; 11. [3]5, 31, 47, 48, 49 ; 12. [3]15, [3]16, 24, 37 ; 13. 4, [3]23 ; 14. [3]5, [3]7, [3]25 ; 15. [3]3 ; 16. [3]30 ; 18. 1, [3]31 ; 19. 11, [3]13, [2]27, 27, [3]33 ; 20. [3]3, [3]19, [3]23, [3]25, [3]41 ; 22. [3]15, 45, 47, [3]70 ; 23. [3]12 *αὐτούς*, WHR, [3]14, [3]22 ; 24. 15, [3]17, [3]25, [3]44, 50 (*bis*), 51.

Jo 1. 38 ; 6. 17 —WHR, [3]17 ; 7. [3]50 ; 8. [2 [WH] ; 9. 19 ; 12. 40 ; 13. 1 ; 17. 6, 11, 12, 14, 15 (*bis*), 17, 18, 23 ; 18. 7, [3]29 ; 20. [3]10 *αὐτοὺς*, WHR.

Ac 1. [3]7 ; 2. [3]38, 40 ; 3. [3]11 ; 4. 2, 7, [3]8, 13, 15, 18, [3]19, 21 (*bis*), [3]23, [2]33 ; 5. 13, 18, 19, 21, 22, 26, 27 (*bis*), 33, [3]35, 38, 39 ; 7. 26, 34, 36, 42 ; 8. 6, 11, [3]14, [2]17 ; 9. 21 ; 10. 8 20, 23, 24, [3]28, 48

αὐτοῖς, T; **11.** [2] 15; **12.** [3] 21; **13.** 2, [3] 15, 17, 18, 43, 50, [2] 51; **14.** 1, 5, 23; **15.** [3] 2, 5, [3] 7, 13, [24] 17, [1] 27, 33, 34 —TWH non mg. R, 39; **16.** 7, 10, 20, 23, 24, 30, 33, 34, [3] 37, 39; **17.** [3] 2, 5, 6, 9, 16; **18.** [3] 6, 16; **19.** [3] 2, [2] 6, [2] 16, [2] 17; **20.** 2, [3] 6; **21.** 19, 21, 25, [2] 32; **22.** 30; **23.** 30 πρὸς αὐτὸν, WHR; **24.** 22; **26.** 11, 18; **27.** 43; **28.** [3] 17, 23, 27.
Ro **1.** 20, 24, 26, 28; **11.** 11, 23.
II Co **8.** 24; **9.** 13.
Ga **4.** 17; **6.** [2] 16.
Eph **6.** [3] 9.
Col **2.** 15.
I Th **2.** [2] 16; **5.** 13.
II Th **1.** 4; **2.** 10, 11.
Tit **1.** 13; **3.** 1.
He **1.** 4, 12; **2.** 11; **4.** 8; **8.** 8 αὐτοῖς, WH mg., 9, 10; **10.** [3] 16, 16; **11.** 16.
Ja **3.** 3.
II Pe **2.** 1; **3.** 5.
I Jo **4.** 4.
Re **2.** 2, 27; **3.** 9; **5.** 10; **7.** [2] 15, [2] 16, 17 (*bis*); **8.** 6 αὐτοὺς, WH; **9.** 5; **11.** 5 (*bis*), 7 (*bis*), 11, 12; **12.** 4, 10; **13.** 7 —h. v., [WH] R mg.; **16.** 14, 16; **17.** 14; **19.** 15, [2] 18 αὐτῶν, TWH mg.; **20.** [2] 4, 8, 9, 10; **22.** 5.

’ΑΥΤΑ΄Σ 846.96

(1) πρὸς αὐτάς **(2)** περὶ αὐτάς

Mk **16.** 8.
Lu **23.** [1] 28; **24.** 4, [1] 5.
Jo **2.** 7; **11.** 19; **14.** 21.
Col **3.** [1] 19.
He **11.** 13.
Ju [2] 7.
Re **7.** 14.

’ΑΥΤΑ΄ 846.97

(1) ἐπ’ αὐτά

Mt **6.** 26; **10.** 1; **11.** 25; **13.** 4, 7, 28, 30 (*bis*), 39; **19.** 14; **23.** 4; **27.** 6, 10.
Mk **5.** 10; **8.** 7; **10.** 14, 16, [1] 16; **15.** [1] 24.
Lu **4.** 41; **5.** 7; **10.** 21; **14.** 19; **17.** 31; **18.** 16 [WH], 16.
Jo **5.** 36; **10.** 3, 12, 27, 28; **13.** 17; **14.** 11 αὐτοῦ, WH mg.; **15.** 6 αὐτὸ, T
Ac **2.** 45.
Ro **1.** 32; **2.** 3.
Ga **3.** 10, 12.
Eph. **6.** 4.
I Pe **1.** 12.
Re **10.** 4; **11.** 6; **18.** 14; **22.** [1] 18

‘Ο ’ΑΥΤΟ΄Σ 846.98

(1) τὸ αὐτὸ, τὰ αὐτὰ ποιεῖν **(2)** ἐπὶ τ. αὐτό **(3)** κατὰ τ. αὐτό **(4)** τὰ αὐτά **(5)** κατὰ τ. αὐτά **(6)** τὸ αὐτὸ φρονεῖν **(7)** ἓν κ. τὸ αὐτό

Mt 5 46 [1] οὐχὶ κ. οἱ τελῶναι τὸ αὐτὸ ποιοῦσιν; οὕτως ποι., WH mg.
47 [1] οὐχὶ κ. οἱ ἐθνικοὶ τὸ αὐτὸ ποιοῦσιν;
22 34 [2] οἱ δὲ Φαρισαῖοι . . . συνήχθησαν ἐπὶ τὸ αὐτό
26 44 προσηύξατο ἐκ τρίτου τ. αὐτὸν λόγον εἰπὼν πάλιν
Mt **27** 44 τὸ δ’ αὐτὸ κ. οἱ λῃσταὶ . . . ὠνείδιζον αὐτόν
Mk **14** 39 προσηύξατο τ. αὐτὸν λόγον εἰπών h. v., [WH]
Lu 2 8 ποιμένες ἦσαν ἐν τ. χώρᾳ τ. αὐτῇ ἀγραυλοῦντες
6 23 [5] κατὰ τὰ αὐτὰ γὰρ ἐποίουν τ. προφήταις
26 [5] κατὰ τὰ αὐτὰ γὰρ ἐποίουν τ. ψευδοπροφήταις
33 [1] κ. οἱ ἁμαρτωλοὶ τὸ αὐτὸ ποιοῦσιν
17 30 [5] κατὰ τ. αὐτὰ ἔσται ᾗ ἡμέρᾳ ὁ υἱὸς τ. ἀνθρώπου ἀποκαλύπτεται
35 [2] ἔσονται δύο ἀλήθουσαι ἐπὶ τὸ αὐτό
23 40 ὅτι ἐν τ. αὐτῷ κρίματι εἶ
Ac 1 15 [2] ἦν τε ὄχλος ὀνομάτων ἐπὶ τὸ αὐτὸ ὡς ἑκατὸν εἴκοσιν
2 1 [2] ἦσαν πάντες ὁμοῦ ἐπὶ τὸ αὐτό
44 [2] πάντες δὲ οἱ πιστεύσαντες ἦσαν ἐπὶ τὸ αὐτό
47 [2] προσετίθει τ. σωζομένους καθ’ ἡμέραν ἐπὶ τὸ αὐτό
4 26 [2] οἱ ἄρχοντες συνήχθησαν ἐπὶ τὸ αὐτό
רוֹזְנִים נוֹסְדוּ־יָחַד, Ps. ii. 2
14 1 [3] κατὰ τὸ αὐτὸ εἰσελθεῖν αὐτοὺς εἰς τ. συναγωγὴν τ. Ἰουδαίων
15 27 [4] αὐτοὺς διὰ λόγου ἀπαγγέλλοντας τ. αὐτά
Ro 2 1 [4] τὰ γὰρ αὐτὰ πράσσεις ὁ κρίνων
9 21 ἐκ τ. αὐτοῦ φυράματος ποιῆσαι ὃ μὲν εἰς τιμὴν σκεῦος
10 12 ὁ γὰρ αὐτὸς Κύριος πάντων
12 4 τὰ δὲ μέλη πάντα οὐ τ. αὐτὴν ἔχει πρᾶξιν
16 [6] τὸ αὐτὸ εἰς ἀλλήλους φρονοῦντες
15 5 [6] δῴη ὑμῖν τὸ αὐτὸ φρονεῖν ἐν ἀλλήλοις
I Co 1 10 ἵνα τὸ αὐτὸ λέγητε πάντες
10 ἦτε δὲ κατηρτισμένοι ἐν τ. αὐτῷ νοΐ κ. ἐν τ. αὐτῇ γνώμῃ
7 5 [2] κ. πάλιν ἐπὶ τὸ αὐτὸ ἦτε
10 3 πάντες τὸ αὐτὸ πνευματικὸν βρῶμα ἔφαγον, τὸ αὐτό, [WH]
4 κ. πάντες τὸ αὐτὸ πνευματικὸν ἔπιον πόμα
11 5 [7] ἓν γάρ ἐστιν κ. τὸ αὐτὸ τ. ἐξυρημένῃ
20 [2] συνερχομένων οὖν ὑμῶν ἐπὶ τὸ αὐτό
12 4 διαιρέσεις δὲ χαρισμάτων εἰσὶν τὸ δὲ αὐτὸ πνεῦμα·
5 κ. διαιρέσεις διακονιῶν εἰσὶν κ. ὁ αὐτὸς Κύριος·
6 κ. διαιρέσεις ἐνεργημάτων εἰσὶν κ. ὁ αὐτὸς Θεός
ὁ δὲ αὐτὸς, TWH mg. R
8 [3] ἄλλῳ δὲ λόγος γνώσεως κατὰ τὸ αὐτὸ πνεῦμα·
9 ἑτέρῳ πίστις ἐν τ. αὐτῷ πνεύματι
11 [7] πάντα δὲ ταῦτα ἐνεργεῖ τὸ ἓν κ. τὸ αὐτὸ πνεῦμα
25 τὸ αὐτὸ ὑπὲρ ἀλλήλων μεριμνῶσιν μέλη
14 23 [2] ἐὰν οὖν συνέλθῃ ἡ ἐκκλησία ὅλη ἐπὶ τὸ αὐτό
15 39 οὐ πᾶσα σὰρξ ἡ αὐτὴ σάρξ
II Co 1 6 ἐν ὑπομονῇ τ. αὐτῶν παθημάτων ὧν κ. ἡμεῖς πάσχομεν
3 14 ἄχρι γὰρ τῆς σήμερον ἡμέρας τὸ αὐτὸ κάλυμμα . . . μένει
18 τ. αὐτὴν εἰκόνα μεταμορφούμεθα
4 13 ἔχοντες δὲ τὸ αὐτὸ πνεῦμα τ. πίστεως

II Co 6 13 τ. δὲ αὐτὴν ἀντιμισθίαν . . . πλατύνθητε κ. ὑμεῖς
8 16 τ. Θεῷ τ. διδόντι τ. αὐτὴν σπουδὴν ὑπὲρ ὑμῶν
12 18 οὐ τ. αὐτῷ πνεύματι περιεπατήσαμεν; οὐ τ. αὐτοῖς ἴχνεσιν;
13 11 [6] παρακαλεῖσθε τὸ αὐτὸ φρονεῖτε
Eph 6 9 [1] οἱ κύριοι τὰ αὐτὰ ποιεῖτε πρὸς αὐτούς
Phl 1 30 τ. αὐτὸν ἀγῶνα ἔχοντες οἷον εἴδετε ἐν ἐμοί
2 2 [6] ἵνα τὸ αὐτὸ φρονῆτε, τ. αὐτὴν ἀγάπην ἔχοντες, [6] σύνψυχοι τὸ αὐτὸ φρονοῦντες
τὸ ἕν, TWH non mg. R non mg.
18 τὸ δὲ αὐτὸ κ. ὑμεῖς χαίρετε
3 1 [4] τὰ αὐτὰ γράφειν ὑμῖν
16 πλὴν εἰς ὃ ἐφθάσαμεν τ. αὐτῷ στοιχεῖν
4 2 [6] παρακαλῶ τὸ αὐτὸ φρονεῖν ἐν Κυρίῳ
I Th 2 14 [4] ὅτι τὰ αὐτὰ ἐπάθετε κ. ὑμεῖς
He 1 12 σὺ δὲ ὁ αὐτὸς εἶ
וְאַתָּה הוּא, Ps. cii. 28
2 14 κ. αὐτὸς παραπλησίως μετέσχεν τ. αὐτῶν
4 11 ἵνα μὴ ἐν τ. αὐτῷ τις ὑποδείγματι πέσῃ τ. ἀπειθείας
6 11 ἕκαστον ὑμῶν τ. αὐτὴν ἐνδείκνυσθαι σπουδήν
10 1 τ. αὐταῖς θυσίαις ἃς προσφέρουσιν εἰς τὸ διηνεκές
11 τ. αὐτὰς πολλάκις προσφέρων θυσίας
11 9 τ. συνκληρονόμων τ. ἐπαγγελίας τ. αὐτῆς
13 8 Ἰησοῦς Χριστὸς ἐχθὲς κ. σήμερον ὁ αὐτός
Ja 3 10 ἐκ τ. αὐτοῦ στόματος ἐξέρχεται εὐλογία κ. κατάρα
11 μήτι ἡ πηγὴ ἐκ τ. αὐτῆς ὀπῆς βρύει τὸ γλυκύ
I Pe 4 1 κ. ὑμεῖς τ. αὐτὴν ἔννοιαν ὁπλίσασθε
4 μὴ συντρεχόντων ὑμῶν εἰς τ. αὐτὴν τ. ἀσωτίας ἀνάχυσιν
5 9 [4] τὰ αὐτὰ τ. παθημάτων τῇ . . . ἀδελφότητι ἐπιτελεῖσθαι
II Pe 3 7 οἱ δὲ νῦν οὐρανοὶ κ. ἡ γῆ τ. αὐτῷ λόγῳ τεθησαυρισμένοι εἰσίν

ΑΥΤΟ΄Σ Ὁ 846.99

(1) αὐτὴ ἡ ὥρα, ἡμέρα (2) αὐτὸς ὁ Θεός, Κύριος (3) αὐτὰ τ. ἔργα

Mt 3 4 αὐτὸς δὲ ὁ Ἰωάνης εἶχεν τὸ ἔνδυμα αὐτοῦ
Mk 6 17 αὐτὸς γὰρ ὁ Ἡρῴδης ἀποστείλας
22 εἰσελθούσης τ. θυγατρὸς αὐτῆς τ. Ἡρῳδιάδος
αὐτοῦ, WHR mg.
16 [14 ὕστερον δὲ ἀνακειμένοις αὐτοῖς τ. ἕνδεκα ἐφανερώθη
Lu 1 36 οὗτος μὴν ἕκτος ἐστὶν αὐτῇ τ. καλουμένῃ στείρᾳ
2 38 [1] κ. αὐτῇ τ. ὥρᾳ ἐπιστᾶσα
10 7 ἐν αὐτῇ δὲ τ. οἰκίᾳ μένετε
21 [1] ἐν αὐτῇ τ. ὥρᾳ ἠγαλλιάσατο τ. πνεύματι τ. ἁγίῳ
12 12 [1] τὸ γὰρ Ἅγιον Πνεῦμα διδάξει ὑμᾶς ἐν αὐτῇ τ. ὥρᾳ
Lu 13 1 παρῆσαν δέ τινες ἐν αὐτῷ τ. καιρῷ
31 [1] ἐν αὐτῇ τ. ὥρᾳ προσῆλθάν τινες Φαρισαῖοι
20 19 [1] ἐπιβαλεῖν ἐπ' αὐτὸν τ. χεῖρας ἐν αὐτῇ τ. ὥρᾳ
23 12 [1] ἐγένοντο δὲ φίλοι . . . ἐν αὐτῇ τ. ἡμέρᾳ μετ' ἀλλήλων
24 13 [1] δύο ἐξ αὐτῶν ἐν αὐτῇ τ. ἡμέρᾳ ἦσαν πορευόμενοι
33 [1] ἀναστάντες αὐτῇ τ. ὥρᾳ
Jo 5 36 [3] αὐτὰ τὰ ἔργα ἃ ποιῶ
9 18 ἕως ὅτου ἐφώνησαν τ. γονεῖς αὐτοῦ τ. ἀναβλέψαντος
14 11 [3] διὰ τὰ ἔργα αὐτὰ πιστεύετε
αὐτοῦ, WH mg.
16 27 αὐτὸς γὰρ ὁ πατὴρ φιλεῖ ὑμᾶς
21 25 οὐδ' αὐτὸν οἶμαι τ. κόσμον χωρήσειν τὰ γραφόμενα βιβλία
—h. v., T
Ac 16 18 [1] κ. ἐξῆλθεν αὐτῇ τ. ὥρᾳ
22 13 [1] κἀγὼ αὐτῇ τ. ὥρᾳ ἀνέβλεψα εἰς αὐτόν
Ro 8 16 αὐτὸ τὸ πνεῦμα συνμαρτυρεῖ τ. πνεύματι ἡμῶν
21 κ. αὐτὴ ἡ κτίσις ἐλευθερωθήσεται
26 ἀλλὰ αὐτὸ τὸ Πνεῦμα ὑπερεντυγχάνει
I Co 1 24 αὐτοῖς δὲ τ. κλητοῖς
11 14 οὐδὲ ἡ φύσις αὐτὴ διδάσκει ὑμᾶς
15 28 τότε κ. αὐτὸς ὁ υἱὸς ὑποταγήσεται
II Co 8 19 [2] πρὸς τὴν αὐτοῦ τ. Κυρίου δόξαν
—αὐτοῦ, WHR
11 14 αὐτὸς γὰρ ὁ Σατανᾶς μετασχηματίζεται
I Th 3 11 [2] αὐτὸς δὲ ὁ Θεὸς κ. πατὴρ ἡμῶν
4 16 [2] ὅτι αὐτὸς ὁ Κύριος ἐν κελεύσματι . . . καταβήσεται
5 23 [2] αὐτὸς δὲ ὁ Θεὸς τ. εἰρήνης
II Th 2 16 [2] αὐτὸς δὲ ὁ Κύριος ἡμῶν Ἰησοῦς Χριστός
3 16 [2] αὐτὸς δὲ ὁ Κύριος τ. εἰρήνης
He 9 19 αὐτό τε τὸ βιβλίον κ. πάντα τ. λαὸν ἐράντισεν
23 αὐτὰ δὲ τὰ ἐπουράνια κρείττοσι θυσίαις παρὰ ταύτας.
24 οὐ γὰρ εἰς χειροποίητα εἰσῆλθεν . . . ἀλλ' εἰς αὐτὸν τ. οὐρανόν
10 1 οὐκ αὐτὴν τ. εἰκόνα τ. πραγμάτων
III Jo 12 Δημητρίῳ μεμαρτύρηται ὑπὸ πάντων κ. ὑπὸ αὐτῆς τ. ἀληθείας
Re 21 3 [2] αὐτὸς ὁ Θεὸς μετ' αὐτῶν ἔσται

᾿ΑΥΤΟΥ΄, adv. 847

Mt 26 36 λέγει τ. μαθηταῖς Καθίσατε αὐτοῦ
Mk 6 33 κ. συνῆλθον αὐτοῦ
—h. v., TWH non mg. R
Lu 9 27 εἰσίν τινες τῶν αὐτοῦ ἑστηκότων
Ac 15 34 ἔδοξεν δὲ τῷ Σιλᾷ ἐπιμεῖναι αὐτοῦ
—h. v., TWH non mg. R non mg.; αὐτούς, WH mg. alter
18 19 κἀκείνους κατέλιπεν αὐτοῦ
21 4 ἐπεμείναμεν αὐτοῦ ἡμέρας ἑπτά

῾ΑΥΤΟΥ΄ 848

Mt 6 34 ἡ γὰρ αὔριον μεριμνήσει αὑτῆς
ἑαυτῆς, T
Lu 12 17 διελογίζετο ἐν αὑτῷ λέγων
ἑαυτῷ, T
21 οὕτως ὁ θησαυρίζων αὑτῷ
αὐτῷ, T; h. v., [WH]

Lu 23 12 προϋπῆρχον γὰρ ἐν ἔχθρᾳ ὄντες πρὸς αὐτούς
αὐτούς, T
24 12 ἀπῆλθεν πρὸς αὐτὸν θαυμάζων τὸ γεγονός
—h. v., T [[WH]] R mg.
Jo 2 24 αὐτὸς δὲ Ἰησοῦς οὐκ ἐπίστευεν αὐτὸν αὐτοῖς
αὑτὸν, T
13 32 κ. ὁ Θεὸς δοξάσει αὐτὸν ἐν αὐτῷ
αὑτῷ, T
19 17 βαστάζων αὐτῷ τ. σταυρόν
ἑαυτῷ, T
20 10 ἀπῆλθον οὖν πάλιν πρὸς αὐτοὺς οἱ μαθηταί
αὑτοὺς, T
Ac 14 17 οὐκ ἀμάρτυρον αὐτὸν ἀφῆκεν ἀγαθουργῶν
αὑτὸν, T
Ro 1 27 τ. ἀντιμισθίαν . . . τ. πλάνης αὐτῶν ἐν αὐτοῖς ἀπολαμβάνοντες
ἑαυτοῖς, T
II Co 3 5 λογίσασθαί τι ὡς ἐξ αὐτῶν
ἑαυτῶν, T
Eph 2 15 ἵνα τοὺς δύο κτίσῃ ἐν αὐτῷ εἰς ἕνα καινὸν ἄνθρωπον
αὑτῷ, T
Phl 3 21 τοῦ δύνασθαι αὐτὸν κ. ὑποτάξαι αὐτῷ τὰ πάντα
αὑτῷ, T
I Jo 5 10 ὁ πιστεύων . . . ἔχει τ. μαρτυρίαν ἐν αὐτῷ
αὑτῷ, TWH mg. R
Re 8 6 ἡτοίμασαν αὐτοὺς ἵνα σαλπίσωσιν
αὑτοὺς, T
18 7 ὅσα ἐδόξασεν αὐτὴν κ. ἐστρηνίασεν
αὑτὴν, T

ἈΥΤΌΦΩΡΟΣ** 848.5

Jo 8 [4 αὕτη ἡ γυνὴ κατείληπται ἐπ' αὐτοφώρῳ μοιχευομένη

ἈΥΤΌΧΕΙΡ* 849

Ac 27 19 τ. τρίτῃ αὐτόχειρες τ. σκευὴν τ. πλοίου ἔριψαν

ἈΥΧΈΩ* 849.5

Ja 3 5 ἡ γλῶσσα μικρὸν μέλος ἐστὶν κ. μεγάλα αὐχεῖ

ἈΥΧΜΗΡΌΣ* 850

II Pe 1 19 ὡς λύχνῳ φαίνοντι ἐν αὐχμηρῷ τόπῳ

ἈΦΑΙΡΈΩ 851

Mt 26 51 ἀφεῖλεν αὐτοῦ τὸ ὠτίον
Mk 14 47 ἀφεῖλεν αὐτοῦ τὸ ὠτάριον
Lu 1 25 αἷς ἐπεῖδεν ἀφελεῖν ὄνειδός μου ἐν ἀνθρώποις
10 42 ἥτις οὐκ ἀφαιρεθήσεται αὐτῆς
16 3 ὁ κύριός μου ἀφαιρεῖται τ. οἰκονομίαν ἀπ' ἐμοῦ
22 50 ἀφεῖλεν τὸ οὖς αὐτοῦ τὸ δεξιόν
Ro 11 27 ὅταν ἀφέλωμαι τ. ἁμαρτίας αὐτῶν
וְזֶה כָּל־פְּרִי הָסִר חַטָּאתוֹ, Is. xxvii. 9, cf. Jer. xxxi. 34
He 10 4 ἀδύνατον γὰρ αἷμα ταύρων κ. τράγων ἀφαιρεῖν ἁμαρτίας
Re 22 19 κ. ἐάν τις ἀφέλῃ ἀπὸ τ. λόγων τ. βιβλίου
19 ἀφελεῖ ὁ Θεὸς τὸ μέρος αὐτοῦ ἀπὸ τ. ξύλου τ. ζωῆς

ἈΦΑΝΉΣ 852

He 4 13 οὐκ ἔστιν κτίσις ἀφανὴς ἐνώπιον αὐτοῦ

ἈΦΑΝΊΖΩ 853

Mt 6 16 ἀφανίζουσιν γὰρ τὰ πρόσωπα αὐτῶν
19 ὅπου σὴς κ. βρῶσις ἀφανίζει
20 ὅπου οὔτε σὴς οὔτε βρῶσις ἀφανίζει
Ac 13 41 ἴδετε οἱ καταφρονηταὶ κ. θαυμάσατε κ ἀφανίσθητε
רְאוּ בַגּוֹיִם וְהַבִּיטוּ וְהִתַּמְּהוּ תְּמָהוּ, Hab. i. 5
Ja 4 14 ἀτμὶς γάρ ἐστε ἡ πρὸς ὀλίγον φαινομένη ἔπειτα κ. ἀφανιζομένη

ἈΦΑΝΙΣΜΌΣ 854

He 8 13 τὸ δὲ παλαιούμενον κ. γηράσκον ἐγγὺς ἀφανισμοῦ

ἌΦΑΝΤΟΣ* 855

Lu 24 31 αὐτὸς ἄφαντος ἐγένετο ἀπ' αὐτῶν

ἈΦΕΔΡΏΝ*† 856

Mt 15 17 κ. εἰς ἀφεδρῶνα ἐκβάλλεται
Mk 7 19 κ. εἰς τ. ἀφεδρῶνα ἐκπορεύεται
ὀχετὸν, WH mg.

ἈΦΕΙΔΊΑ* 857

Col 2 23 ἐν ἐθελοθρησκίᾳ κ. ταπεινοφροσύνῃ κ. ἀφειδίᾳ σώματος

ἈΦΕΛΌΤΗΣ*† 858

Ac 2 46 μετελάμβανον τροφῆς ἐν ἀγαλλιάσει κ. ἀφελότητι καρδίας

ἌΦΕΣΙΣ 859

(1) ἄφ. ἁμαρτιῶν

Mt 26 28 [1] τὸ περὶ πολλῶν ἐκχυννόμενον εἰς ἄφεσιν ἁμαρτιῶν
Mk 1 4 [1] κηρύσσων βάπτισμα μετανοίας εἰς ἄφεσιν ἁμαρτιῶν
3 29 οὐκ ἔχει ἄφεσιν εἰς τ. αἰῶνα
Lu 1 77 [1] γνῶσιν σωτηρίας . . . ἐν ἀφέσει ἁμαρτιῶν αὐτῶν
3 3 [1] κηρύσσων βάπτισμα μετανοίας εἰς ἄφεσιν ἁμαρτιῶν
4 18 κηρύξαι αἰχμαλώτοις ἄφεσιν
לִקְרֹא לִשְׁבוּיִם דְּרוֹר, Is. lxi. 1
18 ἀποστεῖλαι τεθραυσμένους ἐν ἀφέσει
וְלַאֲסוּרִים פְּקַח־קוֹחַ, *ib.*, cf. Is. lviii. 6
24 47 [1] κηρυχθῆναι ἐπὶ τ. ὀνόματι αὐτοῦ μετάνοιαν εἰς ἄφεσιν ἁμαρτιῶν
καὶ ἄφ., WH mg. R non mg.
Ac 2 38 [1] βαπτισθήτω ἕκαστος ὑμῶν ἐν τ. ὀνόματι Ἰησοῦ Χριστοῦ εἰς ἄφεσιν τ. ἁμαρτιῶν ὑμῶν
5 31 [1] τοῦ δοῦναι μετάνοιαν τῷ Ἰσραὴλ κ. ἄφεσιν ἁμαρτιῶν
10 43 [1] ἄφεσιν ἁμαρτιῶν λαβεῖν διὰ τ. ὀνόματος αὐτοῦ

Ac 13 38 [1] διὰ τούτου ὑμῖν ἄφεσις ἁμαρτιῶν καταγγέλλεται
26 18 [1] τοῦ λαβεῖν αὐτοὺς ἄφεσιν ἁμαρτιῶν
Eph 1 7 ἐν ᾧ ἔχομεν τ. ἀπολύτρωσιν διὰ τ. αἵματος αὐτοῦ τ. ἄφεσιν τ. παραπτωμάτων
Col 1 14 [1] ἐν ᾧ ἔχομεν τ. ἀπολύτρωσιν τ. ἄφεσιν τ. ἁμαρτιῶν
He 9 22 χωρὶς αἱματεκχυσίας οὐ γίνεται ἄφεσις
10 18 ὅπου δὲ ἄφεσις τούτων

ἉΦΗ΄ 860

Eph 4 16 ἐξ οὗ πᾶν τὸ σῶμα . . . συνβιβαζόμενον διὰ πάσης ἁφῆς τ. ἐπιχορηγίας
Col 2 19 ἐξ οὗ πᾶν τὸ σῶμα διὰ τ. ἁφῶν κ. συνδέσμων . . . συνβιβαζόμενον

ἈΦΘΑΡΣΙ΄Α ** 861

Ro 2 7 τοῖς μὲν καθ' ὑπομονὴν ἔργου ἀγαθοῦ . . . ἀφθαρσίαν ζητοῦσιν
I Co 15 42 ἐγείρεται ἐν ἀφθαρσίᾳ
50 οὐδὲ ἡ φθορὰ τ. ἀφθαρσίαν κληρονομεῖ
53 δεῖ γὰρ τὸ φθαρτὸν τοῦτο ἐνδύσασθαι ἀφθαρσίαν
54 ὅταν δὲ τὸ φθαρτὸν τοῦτο ἐνδύσηται ἀφθαρσίαν
—τὸ φθ. τ. ἐνδ. ἀφθ., WH non mg. R mg.
Eph 6 24 τ. ἀγαπώντων τ. Κύριον ἡμῶν Ἰησοῦν Χριστὸν ἐν ἀφθαρσίᾳ
II Ti 1 10 φωτίσαντος δὲ ζωὴν κ. ἀφθαρσίαν διὰ τ. εὐαγγελίου

ἌΦΘΑΡΤΟΣ ** 862

Ro 1 23 ἤλλαξαν τ. δόξαν τ. ἀφθάρτου Θεοῦ
I Co 9 25 ἵνα φθαρτὸν στέφανον λάβωσιν ἡμεῖς δὲ ἄφθαρτον
15 52 κ. οἱ νεκροὶ ἐγερθήσονται ἄφθαρτοι
I Ti 1 17 τ. δὲ βασιλεῖ τ. αἰώνων ἀφθάρτῳ ἀοράτῳ
I Pe 1 4 εἰς κληρονομίαν ἄφθαρτον κ. ἀμίαντον
23 ἀναγεγεννημένοι οὐκ ἐκ σπορᾶς φθαρτῆς ἀλλὰ ἀφθάρτου
3 4 ἐν τ. ἀφθάρτῳ τ. ἡσυχίου κ. πραέως πνεύματος

ἈΦΘΟΡΙ΄Α † 862.5

Tit 2 7 ἐν τ. διδασκαλίᾳ ἀφθορίαν

ἈΦΙ΄ΗΜΙ 863

(1) ἀφ. ἁμαρτίας, ἁμαρτήματα (2) ἀφ. ὀφειλήματα, ὀφειλήν, παραπτώματα (3) seq. inf. (4) seq. subj., ἵνα (5) ἀφ. ἀνομίας

Mt 3 15 εἶπεν αὐτῷ Ἄφες ἄρτι
15 τότε ἀφίησιν αὐτόν
4 11 τότε ἀφίησιν αὐτὸν ὁ διάβολος
20 οἱ δὲ εὐθέως ἀφέντες τὰ δίκτυα
22 οἱ δὲ εὐθέως ἀφέντες τὸ πλοῖον
5 24 ἄφες ἐκεῖ τὸ δῶρόν σου ἔμπροσθεν τ. θυσιαστηρίου
40 ἄφες αὐτῷ κ. τὸ ἱμάτιον
6 12 [2] ἄφες ἡμῖν τὰ ὀφειλήματα ἡμῶν,
ὡς κ. ἡμεῖς ἀφήκαμεν τ. ὀφειλέταις ἡμῶν
14 [2] ἐὰν γὰρ ἀφῆτε τ. ἀνθρώποις τὰ παραπτώματα αὐτῶν,
Mt 6 14 ἀφήσει κ. ὑμῖν ὁ πατὴρ ὑμῶν ὁ οὐράνιος·
15 [2] ἐὰν δὲ μὴ ἀφῆτε τ. ἀνθρώποις τὰ παραπτώματα αὐτῶν,
[2] οὐδὲ ὁ πατὴρ ὑμῶν ἀφήσει τὰ παραπτώματα ὑμῶν
7 4 [4] ἄφες ἐκβάλω τὸ κάρφος ἐκ τ. ὀφθαλμοῦ σου
8 15 ἀφῆκεν αὐτὴν ὁ πυρετός
22 [3] ἄφες τ. νεκροὺς θάψαι τοὺς ἑαυτῶν νεκρούς
9 2 [1] ἀφίενταί σου αἱ ἁμαρτίαι
5 [1] ἀφίενταί σου αἱ ἁμαρτίαι
6 [1] ἐξουσίαν ἔχει ὁ υἱὸς τ. ἀνθρώπου ἐπὶ τ. γῆς ἀφιέναι ἁμαρτίας
12 31 [1] πᾶσα ἁμαρτία κ. βλασφημία ἀφεθήσεται τ. ἀνθρώποις·
ἡ δὲ τ. πνεύματος βλασφημία οὐκ ἀφεθήσεται·
32 κ. ὃς ἐὰν εἴπῃ λόγον κατὰ τ. υἱοῦ τ. ἀνθρώπου ἀφεθήσεται αὐτῷ·
ὃς δ' ἂν εἴπῃ κατὰ τ. πνεύματος τ. ἁγίου οὐκ ἀφεθήσεται αὐτῷ
οὐ μὴ ἀφεθῇ, WH mg.
13 30 [3] ἄφετε συναυξάνεσθαι ἀμφότερα ἕως τ. θερισμοῦ
36 τότε ἀφεὶς τ. ὄχλους
15 14 ἄφετε αὐτούς
18 12 οὐχὶ ἀφήσει τὰ ἐνενήκοντα ἐννέα
ἀφεὶς, TR
21 ποσάκις ἁμαρτήσει . . . κ. ἀφήσω αὐτῷ;
27 τὸ δάνειον ἀφῆκεν αὐτῷ
32 [2] πᾶσαν τ. ὀφειλὴν ἐκείνην ἀφῆκά σοι
35 ἐὰν μὴ ἀφῆτε ἕκαστος τ. ἀδελφῷ αὐτοῦ
19 14 ἄφετε τὰ παιδία
27 ἰδοὺ ἡμεῖς ἀφήκαμεν πάντα
29 πᾶς ὅστις ἀφῆκεν οἰκίας ἢ ἀδελφούς
22 22 ἀφέντες αὐτὸν ἀπῆλθαν
25 ἀφῆκεν τ. γυναῖκα αὐτοῦ τ. ἀδελφῷ αὐτοῦ
23 13 [3] οὐδὲ τ. εἰσερχομένους ἀφίετε εἰσελθεῖν
23 ἀφήκατε τὰ βαρύτερα τ. νόμου
23 ταῦτα δὲ ἔδει ποιῆσαι κἀκεῖνα μὴ ἀφεῖναι
38 ἰδοὺ ἀφίεται ὑμῖν ὁ οἶκος ὑμῶν
24 2 οὐ μὴ ἀφεθῇ ὧδε λίθος ἐπὶ λίθον
40 εἷς παραλαμβάνεται κ. εἷς ἀφίεται
41 μία παραλαμβάνεται κ. μία ἀφίεται
26 44 κ. ἀφεὶς αὐτοὺς πάλιν ἀπελθὼν
56 τότε οἱ μαθηταὶ πάντες ἀφέντες αὐτὸν ἔφυγον
27 49 [4] ἄφες ἴδωμεν εἰ ἔρχεται Ἠλείας
50 ὁ δὲ Ἰησοῦς πάλιν κράξας . . . ἀφῆκεν τὸ πνεῦμα
Mk 1 18 κ. εὐθὺς ἀφέντες τὰ δίκτυα
20 ἀφέντες τ. πατέρα αὐτῶν Ζεβεδαῖον
31 ἀφῆκεν αὐτὴν ὁ πυρετός
34 [3] οὐκ ἤφιεν λαλεῖν τὰ δαιμόνια
2 5 [1] τέκνον ἀφίενταί σου αἱ ἁμαρτίαι
7 [1] τίς δύναται ἀφιέναι ἁμαρτίας
9 [1] ἀφίενταί σου αἱ ἁμαρτίαι
10 [1] ἐξουσίαν ἔχει ὁ υἱὸς τ. ἀνθρώπου ἀφιέναι ἁμαρτίας ἐπὶ τ. γῆς
ἐπὶ τ. γῆς ἀφ. ἁμ., TWH mg. R
3 28 [1] πάντα ἀφεθήσεται τ. υἱοῖς τ. ἀνθρώπων τὰ ἁμαρτήματα
4 12 μήποτε ἐπιστρέψωσιν κ. ἀφεθῇ αὐτοῖς
36 ἀφέντες τ. ὄχλον
5 19 οὐκ ἀφῆκεν αὐτόν

Mk 5 37 [3] οὐκ ἀφῆκεν οὐδένα μετ' αὐτοῦ συνακολουθῆσαι
7 8 ἀφέντες τ. ἐντολὴν τ. Θεοῦ
12 [3] οὐκέτι ἀφίετε αὐτὸν οὐδὲν ποιῆσαι τ. πατρί
27 [3] ἄφες πρῶτον χορτασθῆναι τὰ τέκνα
8 13 ἀφεὶς αὐτοὺς πάλιν ἐμβάς
10 14 [3] ἄφετε τὰ παιδία ἔρχεσθαι πρός με
28 ἰδοὺ ἡμεῖς ἀφήκαμεν π άντα
29 οὐδείς ἐστιν ὃς ἀφῆκεν οἰκίαν ἢ ἀδελφούς
30 ὃς δὲ ἀφῆκεν οἰκίαν κ. ἀδελφὰς κ. ἀδελφούς
—h. v., TWH non mg. R
11 6 κ. ἀφῆκαν αὐτούς
16 [4] οὐκ ἤφιεν ἵνα τις διενέγκῃ σκεῦος
25 ἀφίετε εἴ τι ἔχετε κατά τινος·
[2] ἵνα κ. ὁ πατὴρ ὑμῶν . . . ἀφῇ ὑμῖν τὰ παραπτώματα ὑμῶν.
26 εἰ δὲ ὑμεῖς οὐκ ἀφίετε,
—h. v., TWHR non mg.
[2] οὐδὲ ὁ πατὴρ ὑμῶν . . . ἀφήσει τὰ παραπτώματα ὑμῶν
—h. v., TWHR non mg.
12 12 ἀφέντες αὐτὸν ἀπῆλθαν
19 ἐὰν . . . καταλίπῃ γυναῖκα κ. μὴ ἀφῇ τέκνον
וּמֵת אַחַד מֵהֶם וּבֵן אֵין־לוֹ, Dt. xxv. 5
20 ὁ πρῶτος . . . ἀποθνήσκων οὐκ ἀφῆκεν σπέρμα
22 κ. οἱ ἑπτὰ οὐκ ἀφῆκαν σπέρμα
13 2 οὐ μὴ ἀφεθῇ ὧδε λίθος ἐπὶ λίθον
34 ὡς ἄνθρωπος ἀπόδημος ἀφεὶς τ. οἰκίαν αὐτοῦ
14 6 ὁ δὲ Ἰησοῦς εἶπεν Ἄφετε αὐτήν
50 κ. ἀφέντες αὐτὸν ἔφυγον πάντες
15 36 [4] ἄφετε ἴδωμεν εἰ ἔρχεται Ἠλείας
37 ὁ δὲ Ἰησοῦς ἀφεὶς φωνὴν μεγάλην ἐξέπνευσεν
Lu 4 39 ἐπετίμησεν τ. πυρετῷ κ. ἀφῆκεν αὐτήν
5 11 ἀφέντες πάντα ἠκολούθησαν αὐτῷ
20 [1] ἄνθρωπε ἀφέωνταί σοι αἱ ἁμαρτίαι σου
21 [1] τίς δύναται ἁμαρτίας ἀφεῖναι
23 [1] ἀφέωνταί σοι αἱ ἁμαρτίαι σου
24 [1] ὅτι ὁ υἱὸς τ. ἀνθρώπου ἐξουσίαν ἔχει ἐπὶ τ. γῆς ἀφιέναι ἁμαρτίας
6 42 [4] ἄφες ἐκβάλω τὸ κάρφος τὸ ἐν τ. ὀφθαλμῷ σου
7 47 [1] ἀφέωνται αἱ ἁμαρτίαι αὐτῆς αἱ πολλαί
47 ᾧ δὲ ὀλίγον ἀφίεται ὀλίγον ἀγαπᾷ
48 [1] ἀφέωνταί σου αἱ ἁμαρτίαι
49 [1] τίς οὗτός ἐστιν ὃς κ. ἁμαρτίας ἀφίησιν;
8 51 [3] οὐκ ἀφῆκεν εἰσελθεῖν τινὰ σὺν αὐτῷ
9 60 [3] ἄφες τ. νεκροὺς θάψαι τοὺς ἑαυτῶν νεκρούς
10 30 ἀπῆλθον ἀφέντες ἡμιθανῆ
11 4 [1] ἄφες ἡμῖν τ. ἁμαρτίας ἡμῶν,
κ. γὰρ αὐτοὶ ἀφίομεν παντὶ ὀφείλοντι ἡμῖν
12 10 πᾶς ὃς ἐρεῖ λόγον εἰς τ. υἱὸν τ. ἀνθρώπου ἀφεθήσεται αὐτῷ·
τῷ δὲ εἰς τὸ ἅγιον πνεῦμα βλασφημήσαντι οὐκ ἀφεθήσεται
39 [3] οὐκ ἀφῆκεν διορυχθῆναι τ. οἶκον αὐτοῦ
οὐκ ἂν ἀφ., TWH mg.
13 8 ἄφες αὐτὴν κ. τοῦτο τὸ ἔτος
35 ἰδοὺ ἀφίεται ὑμῖν ὁ οἶκος ὑμῶν
17 3 κ. ἐὰν μετανοήσῃ ἄφες αὐτῷ
Lu 17 4 ἐὰν . . . ἐπιστρέψῃ πρός σε λέγων Μετανοῶ ἀφήσεις αὐτῷ
34 ὁ εἷς παραλημφθήσεται κ. ὁ ἕτερος ἀφεθήσεται
35 ἡ μία παραλημφθήσεται ἡ δὲ ἑτέρα ἀφεθήσεται
36 ὁ εἷς παραλημφθήσεται κ. ὁ ἕτερος ἀφεθήσεται
—h. v., TWHR non mg.
18 16 [3] ἄφετε τὰ παιδία ἔρχεσθαι πρός με
28 ἰδοὺ ἡμεῖς ἀφέντες τὰ ἴδια ἠκολουθήσαμέν σοι
29 ὅτι οὐδείς ἐστιν ὃς ἀφῆκεν οἰκίαν ἢ γυναῖκα
19 44 οὐκ ἀφήσουσιν λίθον ἐπὶ λίθον ἐν σοί
21 6 ἐν αἷς οὐκ ἀφεθήσεται λίθος ἐπὶ λίθῳ ὧδε
23 34 πάτερ ἄφες αὐτοῖς
—h. v., [[WH]] R mg.
Jo 4 3 ἀφῆκεν τ. Ἰουδαίαν
28 ἀφῆκεν οὖν τ. ὑδρίαν αὐτῆς ἡ γυνή
52 ἐχθὲς ὥραν ἑβδόμην ἀφῆκεν αὐτὸν ὁ πυρετός
8 29 οὐκ ἀφῆκέν με μόνον
10 12 ὁ μισθωτὸς . . . ἀφίησιν τὰ πρόβατα κ. φεύγει
11 44 [3] λύσατε αὐτὸν κ. ἄφετε αὐτὸν ὑπάγειν
48 ἐὰν ἀφῶμεν αὐτὸν οὕτως
12 7 [4] εἶπεν οὖν ὁ Ἰησοῦς Ἄφες αὐτήν
14 18 οὐκ ἀφήσω ὑμᾶς ὀρφανούς
27 εἰρήνην ἀφίημι ὑμῖν
16 28 πάλιν ἀφίημι τ. κόσμον
32 κἀμὲ μόνον ἀφῆτε
18 8 [3] εἰ οὖν ἐμὲ ζητεῖτε ἄφετε τούτους ὑπάγειν
20 23 [1] ἄν τινων ἀφῆτε τ. ἁμαρτίας ἀφέωνται αὐτοῖς
ἀφίονται, WH mg.
Ac 5 38 ἀπόστητε ἀπὸ τ. ἀνθρώπων τούτων κ. ἄφετε αὐτούς
8 22 εἰ ἄρα ἀφεθήσεταί σοι ἡ ἐπίνοια τ. καρδίας σου
14 17 καίτοι οὐκ ἀμάρτυρον αὐτὸν ἀφῆκεν ἀγαθουργῶν
Ro 1 27 κ. οἱ ἄρσενες ἀφέντες τ. φυσικὴν χρῆσιν τ. θηλείας
4 7 [5] μακάριοι ὧν ἀφέθησαν αἱ ἀνομίαι
אַשְׁרֵי נְשׂוּי־פֶּשַׁע, Ps. xxxii. 1
I Co 7 11 κ. ἄνδρα γυναῖκα μὴ ἀφιέναι
12 εἰ . . . αὕτη συνευδοκεῖ οἰκεῖν μετ' αὐτοῦ μὴ ἀφιέτω αὐτήν
13 κ. οὗτος συνευδοκεῖ οἰκεῖν μετ' αὐτῆς μὴ ἀφιέτω τ. ἄνδρα
He 2 8 οὐδὲν ἀφῆκεν αὐτῷ ἀνυπότακτον
6 1 ἀφέντες τὸν τ. ἀρχῆς τ. Χριστοῦ λόγον
Ja 5 15 κἂν ἁμαρτίας ᾖ πεποιηκὼς ἀφεθήσεται αὐτῷ
I Jo 1 9 [1] δίκαιος ἵνα ἀφῇ ἡμῖν τ. ἁμαρτίας
2 12 [1] ὅτι ἀφέωνται ὑμῖν αἱ ἁμαρτίαι διὰ τὸ ὄνομα αὐτοῦ
Re 2 4 ὅτι τ. ἀγάπην σου τ. πρώτην ἀφῆκες
20 ὅτι ἀφεῖς τ. γυναῖκα Ἰεζάβελ
11 9 [3] τὰ πτώματα αὐτῶν οὐκ ἀφίουσιν τεθῆναι εἰς μνῆμα

ἈΦΙΚΝΈΟΜΑΙ 864

Ro 16 19 ἡ γὰρ ὑμῶν ὑπακοὴ εἰς πάντας ἀφίκετο

ἈΦΙΛΆΓΑΘΟΣ * † 865

II Ti 3 3 ἀνήμεροι ἀφιλάγαθοι προδόται

'ΑΦΙΛΑ'ΡΓΥΡΟΣ* † 866

I Ti 3 3 ἀλλὰ ἐπιεικῆ ἄμαχον ἀφιλάργυρον
He 13 5 ἀφιλάργυρος ὁ τρόπος

"ΑΦΙΞΙΣ ** 867

Ac 20 29 εἰσελεύσονται μετὰ τ. ἄφιξίν μου λύκοι βαρεῖς

'ΑΦΙ'ΣΤΗΜΙ 868

(1) trans. (2) seq. gen.

Lu 2 37 [2] ἣ οὐκ ἀφίστατο τ. ἱεροῦ
4 13 ὁ διάβολος ἀπέστη ἀπ' αὐτοῦ ἄχρι καιροῦ
8 13 ἐν καιρῷ πειρασμοῦ ἀφίστανται
13 27 ἀπόστητε ἀπ' ἐμοῦ πάντες ἐργάται ἀδικίας
Ac 5 37 [1] ἀπέστησεν λαὸν ὀπίσω αὐτοῦ
38 ἀπόστητε ἀπὸ τ. ἀνθρώπων τούτων
12 10 εὐθέως ἀπέστη ὁ ἄγγελος ἀπ' αὐτοῦ
15 38 Μάρκον . . . τ. ἀποστάντα ἀπ' αὐτῶν ἀπὸ Παμφυλίας
19 9 ἀποστὰς ἀπ' αὐτῶν ἀφώρισεν τ. μαθητάς
22 29 ἀπέστησαν ἀπ' αὐτοῦ οἱ μέλλοντες αὐτὸν ἀνετάζειν
II Co 12 8 παρεκάλεσα ἵνα ἀποστῇ ἀπ' ἐμοῦ
I Ti 4 1 [2] ἐν ὑστέροις καιροῖς ἀποστήσονταί τινες τ. πίστεως
II Ti 2 19 ἀποστήτω ἀπὸ ἀδικίας πᾶς ὁ ὀνομάζων τὸ ὄνομα Κυρίου
He 3 12 ἐν τ. ἀποστῆναι ἀπὸ Θεοῦ ζῶντος

"ΑΦΝΩ 869

Ac 2 2 ἐγένετο ἄφνω ἐκ τ. οὐρανοῦ ἦχος
16 26 ἄφνω δὲ σεισμὸς ἐγένετο μέγας
28 6 ἢ καταπίπτειν ἄφνω νεκρόν

'ΑΦΟ'ΒΩΣ 870

Lu 1 74 τοῦ δοῦναι ἡμῖν ἀφόβως ἐκ χειρὸς ἐχθρῶν ῥυσθέντας
I Co 16 10 βλέπετε ἵνα ἀφόβως γένηται πρὸς ὑμᾶς
Phl 1 14 τολμᾶν ἀφόβως τ. λόγον τ. Θεοῦ λαλεῖν
Ju 12 ἀφόβως ἑαυτοὺς ποιμαίνοντες

'ΑΦΟΜΟΙΟ'ΟΜΑΙ ** 871

He 7 3 ἀφωμοιωμένος δὲ τ. υἱῷ τ. Θεοῦ

'ΑΦΟΡΑ'Ω 872

Phl 2 23 ὡς ἂν ἀφίδω τὰ περὶ ἐμέ
He 12 2 ἀφορῶντες εἰς τὸν τ. πίστεως ἀρχηγόν

'ΑΦΟΡΙ'ΖΩ 873

Mt 13 49 ἀφοριοῦσιν τ. πονηροὺς ἐκ μέσου τ. δικαίων
25 32 ἀφορίσει αὐτοὺς ἀπ' ἀλλήλων, ὥσπερ ὁ ποιμὴν ἀφορίζει τὰ πρόβατα ἀπὸ τ. ἐρίφων
Lu 6 22 ὅταν ἀφορίσωσιν ὑμᾶς κ. ὀνειδίσωσιν
Ac 13 2 ἀφορίσατε δή μοι τ. Βαρνάβαν κ. Σαῦλον
19 9 ἀποστὰς ἀπ' αὐτῶν ἀφώρισεν τ. μαθητάς
Ro 1 1 ἀφωρισμένος εἰς εὐαγγέλιον Θεοῦ
II Co 6 17 διὸ ἐξέλθατε ἐκ μέσου αὐτῶν κ. ἀφορίσθητε

צְאוּ מִתּוֹכָהּ הִבָּרוּ, Is. lii. 11

Ga 1 15 ὁ Θεὸς ὁ ἀφορίσας με ἐκ κοιλίας μητρός μου
2 12 ὑπέστελλεν κ. ἀφώριζεν ἑαυτόν

'ΑΦΟΡΜΗ' 874

Lu 11 54 ζητοῦντες ἀφορμήν τινα λαβεῖν αὐτοῦ —h. v., TWH non mg. R
Ro 7 8 ἀφορμὴν δὲ λαβοῦσα ἡ ἁμαρτία διὰ τ. ἐντολῆς
11 ἡ γὰρ ἁμαρτία ἀφορμὴν λαβοῦσα διὰ τ. ἐντολῆς
II Co 5 12 ἀλλὰ ἀφορμὴν διδόντες ὑμῖν καυχήματος ὑπὲρ ἡμῶν
11 12 ἵνα ἐκκόψω τ. ἀφορμὴν τ. θελόντων ἀφορμήν
Ga 5 13 μόνον μὴ τ. ἐλευθερίαν εἰς ἀφορμὴν τ. σαρκί
I Ti 5 14 μηδεμίαν ἀφορμὴν διδόναι τ. ἀντικειμένῳ

'ΑΦΡΙ'ΖΩ* 875

Mk 9 18 ἀφρίζει κ. τρίζει τ. ὀδόντας
20 πεσὼν ἐπὶ τ. γῆς ἐκυλίετο ἀφρίζων

'ΑΦΡΟ'Σ* 876

Lu 9 39 σπαράσσει αὐτὸν μετὰ ἀφροῦ

'ΑΦΡΟΣΥ'ΝΗ 877

Mk 7 22 βλασφημία ὑπερηφανία ἀφροσύνη
II Co 11 1 ὄφελον ἀνείχεσθέ μου μικρόν τι ἀφροσύνης
17 οὐ κατὰ Κύριον λαλῶ ἀλλ' ὡς ἐν ἀφροσύνῃ
21 ἐν ἀφροσύνῃ λέγω

"ΑΦΡΩΝ 878

Lu 11 40 ἄφρονες οὐχ ὁ ποιήσας τὸ ἔξωθεν
12 20 ἄφρων ταύτῃ τ. νυκτὶ τ. ψυχήν σου αἰτοῦσιν ἀπὸ σοῦ
Ro 2 20 παιδευτὴν ἀφρόνων
I Co 15 36 ἄφρων σὺ ὃ σπείρεις
II Co 11 16 μή τίς με δόξῃ ἄφρονα εἶναι
16 κἂν ὡς ἄφρονα δέξασθέ με
19 ἡδέως γὰρ ἀνέχεσθε τ. ἀφρόνων
12 6 ἐὰν γὰρ θελήσω καυχήσασθαι οὐκ ἔσομαι ἄφρων
11 γέγονα ἄφρων
Eph 5 17 διὰ τοῦτο μὴ γίνεσθε ἄφρονες
I Pe 2 15 ἀγαθοποιοῦντας φιμοῖν τὴν τ. ἀφρόνων ἀνθρώπων ἀγνωσίαν.

'ΑΦΥΠΝΟ'Ω †** 879

Lu 8 23 πλεόντων δὲ αὐτῶν ἀφύπνωσεν

'ΑΦΥΣΤΕΡΕ'Ω 879.5

Ja 5 4 ὁ μισθὸς . . . ὁ ἀφυστερημένος ἀφ' ὑμῶν

"ΑΦΩΝΟΣ 880

Ac 8 32 ὡς ἀμνὸς ἐναντίον τ. κείροντος αὐτὸν ἄφωνος

כְּרָחֵל לִפְנֵי גֹזְזֶיהָ נֶאֱלָמָה, Is. liii. 7

I Co 12 2 πρὸς τὰ εἴδωλα τὰ ἄφωνα ὡς ἂν ἤγεσθε ἀπαγόμενοι
14 10 τοσαῦτα . . . γένη φωνῶν εἰσὶν ἐν κόσμῳ κ. οὐδὲν ἄφωνον
II Pe 2 16 ὑποζύγιον ἄφωνον

ἌΧΑΖ 881

Ἄχας, WH

Mt 1 9 Ἰωάθαμ δὲ ἐγέννησεν τ. Ἄχαζ· Ἄχαζ δὲ ἐγέννησεν τ. Ἐζεκίαν

ἈΧΑΪ́Α 882

Ἀχαΐα, T

Ac 18 12 Γαλλίωνος δὲ ἀνθυπάτου ὄντος τ. Ἀχαίας
27 βουλομένου δὲ αὐτοῦ διελθεῖν εἰς τ. Ἀχαίαν
—h. v., WH mg.
19 21 διελθὼν τ. Μακεδονίαν κ. Ἀχαίαν
Ro 15 26 ηὐδόκησαν γὰρ Μακεδονία κ. Ἀχαία
I Co 16 15 ὅτι ἐστὶν ἀπαρχὴ τ. Ἀχαίας
II Co 1 1 σὺν τ. ἁγίοις πᾶσιν τ. οὖσιν ἐν ὅλῃ τ. Ἀχαΐᾳ
9 2 ὅτι Ἀχαΐα παρεσκεύασται ἀπὸ πέρυσι
11 10 ἡ καύχησις αὕτη οὐ φραγήσεται εἰς ἐμὲ ἐν τ. κλίμασι τ. Ἀχαίας
I Th 1 7 τύπον πᾶσι τ. πιστεύουσιν ἐν τ. Μακεδονίᾳ κ. ἐν τ. Ἀχαΐᾳ
8 ἐξήχηται ὁ λόγος τ. Κυρίου οὐ μόνον ἐν τ. Μακεδονίᾳ κ. Ἀχαΐᾳ
κ. ἐν τῇ Ἀχ., T

ἈΧΑΪΚΌΣ 883

I Co 16 17 χαίρω δὲ ἐπὶ τ. παρουσίᾳ Στεφανᾶ κ. Φορτουνάτου κ. Ἀχαϊκοῦ

ἈΧΆΡΙΣΤΟΣ** 884

Lu 6 35 αὐτὸς χρηστός ἐστιν ἐπὶ τ. ἀχαρίστους
II Ti 3 2 γονεῦσιν ἀπειθεῖς ἀχάριστοι ἀνόσιοι

ἈΧΕΊΜ 885

Mt 1 14 Σαδὼκ δὲ ἐγέννησεν τ. Ἀχείμ· Ἀχεὶμ δὲ ἐγέννησεν τ. Ἐλιούδ

ἈΧΕΙΡΟΠΟΊΗΤΟΣ*† 886

Mk 14 58 διὰ τριῶν ἡμερῶν ἄλλον ἀχειροποίητον οἰκοδομήσω
ἄλλ. ἀναστήσω ἀχ., WH mg.
II Co 5 1 οἰκίαν ἀχειροποίητον αἰώνιον ἐν τ. οὐρανοῖς
Col 2 11 ἐν ᾧ κ. περιετμήθητε περιτομῇ ἀχειροποιήτῳ

ἈΧΕΛΔΑΜΆΧ 886.5

Ac 1 19 Ἀχ. τοῦτ' ἔστιν χωρίον αἵματος
Ἁκελδαμάχ, WH

ἈΧΛΎΣ** 887

Ac 13 11 παραχρῆμα δὲ ἔπεσεν ἐπ' αὐτὸν ἀχλὺς κ. σκότος

ἈΧΡΕΊΟΣ 888

Mt 25 30 τ. ἀχρεῖον δοῦλον ἐκβάλετε εἰς τὸ σκοτος τὸ ἐξώτερον
Lu 17 10 λέγετε ὅτι Δοῦλοι ἀχρεῖοί ἐσμεν

ἈΧΡΕΌΟΜΑΙ 889

Ro 3 12 πάντες ἐξέκλιναν ἅμα ἠχρεώθησαν
הַכֹּל סָר יַחְדָּו נֶאֱלָחוּ, Ps. xiv. 3

ἌΧΡΗΣΤΟΣ 890

Phm 11 Ὀνήσιμον τόν ποτέ σοι ἄχρηστον

ἌΧΡΙ 891

(1) ἄχ. καιροῦ (2) ἄχ. οὗ (3) ἄχ. τοῦ νῦν, τοῦ δεῦρο (4) seq. fin. vb.

Mt 13 30 ἄφετε συναυξάνεσθαι ἀμφότερα ἄχρι τ. θερισμοῦ
ἕως, WH non mg.; μέχρι, TWH mg. alter
24 38 ἄχρι ἧς ἡμέρας εἰσῆλθεν Νῶε εἰς τ. κιβωτόν
Lu 1 20 ἄχρι ἧς ἡμέρας γένηται ταῦτα
4 13 [1] ὁ διάβολος ἀπέστη ἀπ' αὐτοῦ ἄχρι καιροῦ
17 27 ἄχρι ἧς ἡμέρας εἰσῆλθεν Νῶε εἰς τ. κιβωτόν
21 24 [2] ἄχρι οὗ πληρωθῶσιν καιροὶ ἐθνῶν
Ac 1 2 ἄχρι ἧς ἡμέρας ἐντειλάμενος . . . ἀνελήμφθη
22 ἄχρι τ. ἡμέρας ἧς ἀνελήμφθη ἀφ' ἡμῶν
ἕως, WH
2 29 τὸ μνῆμα αὐτοῦ ἔστιν ἐν ἡμῖν ἄχρι τ. ἡμέρας ταύτης
3 21 δέξασθαι ἄχρι χρόνων ἀποκαταστάσεως πάντων
7 18 [2] ἄχρι οὗ ἀνέστη βασιλεὺς ἕτερος ἐπ' Αἴγυπτον
11 5 κ. ἦλθεν ἄχρι ἐμοῦ
13 6 διελθόντες δὲ ὅλην τ. νῆσον ἄχρι Πάφου
11 [1] μὴ βλέπων τ. ἥλιον ἄχρι καιροῦ
20 4 συνείπετο δὲ αὐτῷ ἄχρι τ. Ἀσίας Σώπατρος Πύρρου
—ἄχρι τ. Ἀσ., TWH non mg. R mg.
6 ἤλθομεν πρὸς αὐτοὺς εἰς τ. Τρῳάδα ἄχρι ἡμερῶν πέντε
11 ἐφ' ἱκανόν τε ὁμιλήσας ἄχρι αὐγῆς
22 4 ὃς ταύτην τὴν ὁδὸν ἐδίωξα ἄχρι θανάτου
22 ἤκουον δὲ αὐτοῦ ἄχρι τούτου τ. λόγου
23 1 πεπολίτευμαι τ. Θεῷ ἄχρι ταύτης τ. ἡμέρας
26 22 ἄχρι τ. ἡμέρας ταύτης ἕστηκα
27 33 [2] ἄχρι δὲ οὗ ἡμέρα ἤμελλεν γίνεσθαι
28 15 ἦλθαν εἰς ἀπάντησιν ἡμῖν ἄχρι Ἀππίου Φόρου
Ro 1 13 [3] ἐκωλύθην ἄχρι τοῦ δεῦρο
5 13 ἄχρι γὰρ νόμου ἁμαρτία ἦν ἐν κόσμῳ
8 22 [3] πᾶσα ἡ κτίσις συνστενάζει κ. συνωδίνει ἄχρι τοῦ νῦν
11 25 [2] ἄχρι οὗ τὸ πλήρωμα τ. ἐθνῶν εἰσέλθῃ
ἄχρις, T
I Co 4 11 ἄχρι τῆς ἄρτι ὥρας κ. πεινῶμεν
11 26 [2] τ. θάνατον τ. Κυρίου καταγγέλλετε ἄχρι οὗ ἔλθῃ

1Co15 25 [2] ἄχρι οὗ θῇ πάντας τ. ἐχθροὺς ὑπὸ τ. πόδας αὐτοῦ
עַד־אָשִׁית אֹיְבֶיךָ הֲדֹם לְרַגְלֶיךָ, Ps. cx. 1
IICo3 14 ἄχρι γὰρ τ. σήμερον ἡμέρας τὸ αὐτὸ κάλυμμα . . . μένει
10 13 μέτρου ἐφικέσθαι ἄχρι κ. ὑμῶν
14 ἄχρι γὰρ κ. ὑμῶν ἐφθάσαμεν
Ga 3 19 [2] ἄχρις ἂν ἔλθῃ τὸ σπέρμα ᾧ ἐπήγγελται
ἄχρις οὗ, TWH mg.
4 2 ἄχρι τ. προθεσμίας τ. πατρός
Phl 1 5 [3] ἀπὸ τ. πρώτης ἡμέρας ἄχρι τοῦ νῦν
6 ἐπιτελέσει ἄχρι ἡμέρας Ἰησοῦ Χριστοῦ
He 3 13 [2] ἄχρις οὗ τὸ σήμερον καλεῖται
4 12 δικνούμενος ἄχρι μερισμοῦ ψυχῆς κ. πνεύματος
6 11 πρὸς τ. πληροφορίαν τ. ἐλπίδος ἄχρι τέλους
Re 2 10 γίνου πιστὸς ἄχρι θανάτου
25 [2] ὃ ἔχετε κρατήσατε ἄχρι οὗ ἂν ἥξω.
26 κ. ὁ νικῶν κ. ὁ τηρῶν ἄχρι τέλους τὰ ἔργα μου
7 3 [4] ἄχρι σφραγίσωμεν τ. δούλους τ. Θεοῦ ἡμῶν
12 11 κ. οὐκ ἠγάπησαν τ. ψυχὴν αὐτῶν ἄχρι θανάτου
14 20 ἐξῆλθεν αἷμα ἐκ τῆς ληνοῦ ἄ. τ. χαλινῶν τ. ἵππων

Re 15 8 [4] ἄχρι τελεσθῶσιν αἱ ἑπτὰ πληγαὶ τ. ἑπτὰ ἀγγέλων
17 17 [4] ἄχρι τελεσθήσονται οἱ λόγοι τ. Θεοῦ
18 5 ὅτι ἐκολλήθησαν αὐτῆς αἱ ἁμαρτίαι ἄ. τ. οὐρανοῦ
20 3 [4] ἄχρι τελεσθῇ τὰ χίλια ἔτη
5 [4] οὐκ ἔζησαν ἄχρι τελεσθῇ τὰ χίλια ἔτη

ἌΧΥΡΟΝ 892

Mt 3 12 τὸ δὲ ἄχυρον κατακαύσει πυρὶ ἀσβέστῳ
Lu 3 17 τὸ δὲ ἄχυρον κατακαύσει πυρὶ ἀσβέστῳ

ἈΨΕΥΔΉΣ** 893

Tit 1 2 ἣν ἐπηγγείλατο ὁ ἀψευδὴς Θεὸς πρὸ χρόνων αἰωνίων

ἌΨΙΝΘΟΣ* † 894

Re 8 11 τὸ ὄνομα τ. ἀστέρος λέγεται ὁ Ἄψινθος· κ. ἐγένετο τὸ τρίτον τ. ὑδάτων εἰς ἄψινθον

ἌΨΥΧΟΣ** 895

1Co14 7 ὅμως τὰ ἄψυχα φωνὴν διδόντα

B

ΒΆΑΛ 896

Ro 11 4 οἵτινες οὐκ ἔκαμψαν γόνυ τῇ Βάαλ
כָּל־הַבִּרְכַּיִם אֲשֶׁר לֹא־כָרְעוּ לַבַּעַל, 1 Ki. xix. 18

ΒΑΒΥΛΏΝ 897

Mt 1 11 ἐπὶ τ. μετοικεσίας Βαβυλῶνος.
12 μετὰ δὲ τ. μετοικεσίαν Βαβυλῶνος
17 ἀπὸ Δαυεὶδ ἕως τ. μετοικεσίας Βαβυλῶνος
17 κ. ἀπὸ τ. μετοικεσίας Βαβυλῶνος ἕως τ. Χριστοῦ
Ac 7 43 μετοικιῶ ὑμᾶς ἐπέκεινα Βαβυλῶνος
הִגְלֵתִי אֶתְכֶם מֵהָלְאָה לְדַמָּשֶׂק, Am. v. 27
1 Pe 5 13 ἀσπάζεται ὑμᾶς ἡ ἐν Βαβυλῶνι συνεκλεκτή
Re 14 8 ἔπεσεν ἔπεσεν Βαβυλὼν ἡ μεγάλη
16 19 Βαβυλὼν ἡ μεγάλη ἐμνήσθη ἐνώπιον τ. Θεοῦ
17 5 μυστήριον Βαβυλὼν ἡ μεγάλη
18 2 ἔπεσεν ἔπεσεν Βαβυλὼν ἡ μεγάλη
10 οὐαὶ οὐαὶ ἡ πόλις ἡ μεγάλη Βαβυλών
21 βληθήσεται Βαβυλὼν ἡ μεγάλη πόλις

ΒΑΘΜΌΣ 898

1 Ti 3 13 βαθμὸν ἑαυτοῖς καλὸν περιποιοῦνται

ΒΆΘΟΣ 899

(1) τὰ βάθη

Mt 13 5 διὰ τὸ μὴ ἔχειν βάθος γῆς
Mk 4 5 διὰ τὸ μὴ ἔχειν βάθος γῆς
Lu 5 4 ἐπανάγαγε εἰς τὸ βάθος
Ro 8 39 οὔτε ὕψωμα οὔτε βάθος
11 33 ὦ βάθος πλούτου κ. σοφίας κ. γνώσεως Θεοῦ
1 Co 2 10 [1] τὸ γὰρ πνεῦμα πάντα ἐραυνᾷ κ. τὰ βάθη τ. Θεοῦ
IICo8 2 ἡ κατὰ βάθους πτωχεία αὐτῶν
Eph 3 18 τί τ. πλάτος κ. μῆκος κ. ὕψος κ. βάθος
βάθ. κ. ὕψ., TWH mg.

ΒΑΘΎΝΩ 900

Lu 6 48 ὃς ἔσκαψεν κ. ἐβάθυνεν

ΒΑΘΎΣ 901

Lu 24 1 τῇ δὲ μιᾷ τ. σαββάτων ὄρθρου βαθέως
Jo 4 11 κ. τὸ φρέαρ ἐστὶν βαθύ
Ac 20 9 καταφερόμενος ὕπνῳ βαθεῖ
Re 2 24 οἵτινες οὐκ ἔγνωσαν τὰ βαθέα τ. Σατανᾶ

ΒΑΪ́ΟΝ ** † 902

Jo 12 13 ἔλαβον τὰ βαΐα τ. φοινίκων

ΒΑΛΑΆΜ 903

IIPe 2 15 ἐξακολουθήσαντες τῇ ὁδῷ τοῦ Β. τοῦ Βεώρ
Ju 11 τ. πλάνῃ τοῦ Β. μισθοῦ ἐξεχύθησαν
Re 2 14 ὅτι ἔχεις ἐκεῖ τ. κρατοῦντας τ. διδαχὴν Β.

ΒΑΛΆΚ 904

Re 2 *14* ὃς ἐδίδασκεν τῷ Β. βαλεῖν σκάνδαλον

ΒΑΛΛΑ΄ΝΤΙΟΝ 905

Lu 10 4 μὴ βαστάζετε βαλλάντιον
12 33 ποιήσατε ἑαυτοῖς βαλλάντια μὴ παλαιούμενα
22 35 ὅτε ἀπέστειλα ὑμᾶς ἄτερ βαλλαντίου
36 ἀλλὰ νῦν ὁ ἔχων βαλλάντιον ἀράτω

ΒΑ΄ΛΛΩ 906

(1) β. εἰς (2) β. ἐπί (3) β. κλῆρον
(4) ἔβαλα

Mt 3 10 [1] πᾶν οὖν δένδρον . . . ἐκκόπτεται κ. εἰς πῦρ βάλλεται
4 6 εἰ υἱὸς εἶ τ. Θεοῦ βάλε σεαυτὸν κάτω
18 [1] βάλλοντας ἀμφίβληστρον εἰς τ. θάλασσαν
5 13 εἰ μὴ βληθὲν ἔξω καταπατεῖσθαι
25 [1] κ. εἰς φυλακὴν βληθήσῃ
29 ἔξελε αὐτὸν κ. βάλε ἀπὸ σοῦ
29 [1] μὴ ὅλον τὸ σῶμά σου βληθῇ εἰς γέενναν
30 ἔκκοψον αὐτὴν κ. βάλε ἀπὸ σοῦ
6 30 [1] αὔριον εἰς κλίβανον βαλλόμενον
7 6 μηδὲ βάλητε τ. μαργαρίτας ὑμῶν ἔμπροσθεν τ. χοίρων
19 [1] πᾶν δένδρον . . . ἐκκόπτεται κ. εἰς πῦρ βάλλεται
8 6 ὁ παῖς μου βέβληται ἐν τ. οἰκίᾳ παραλυτικός
14 εἶδεν τ. πενθερὰν αὐτοῦ βεβλημένην
9 2 [2] προσέφερον αὐτῷ παραλυτικὸν ἐπὶ κλίνης βεβλημένον
17 [1] οὐδὲ βάλλουσιν οἶνον νέον εἰς ἀσκοὺς παλαιούς
17 [1] ἀλλὰ βάλλουσιν οἶνον νέον εἰς ἀσκοὺς καινούς
10 34 [2] ὅτι ἦλθον βαλεῖν εἰρήνην ἐπὶ τ. γῆν· οὐκ ἦλθον βαλεῖν εἰρήνην ἀλλὰ μάχαιραν
13 42 [1] βαλοῦσιν αὐτοὺς εἰς τὴν κάμινον τ. πυρός
47 [1] ὁμοία ἐστὶν . . . σαγήνῃ βληθείσῃ εἰς τ. θάλασσαν
48 τὰ δὲ σαπρὰ ἔξω ἔβαλον
50 [1] βαλοῦσιν αὐτοὺς εἰς τὴν κάμινον τ. πυρός
15 26 λαβεῖν τ. ἄρτον τ. τέκνων κ. βαλεῖν τ. κυναρίοις
17 27 πορευθεὶς εἰς θάλασσαν βάλε ἄγκιστρον
18 8 ἔκκοψον αὐτὸν κ. βάλε ἀπὸ σοῦ
8 [1] ἤ . . . δύο πόδας ἔχοντα βληθῆναι εἰς τὸ πῦρ τὸ αἰώνιον
9 ἔξελε αὐτὸν κ. βάλε ἀπὸ σοῦ
9 [1] ἢ δύο ὀφθαλμοὺς ἔχοντα βληθῆναι εἰς τ. γέενναν τ. πυρός
30 [1] ἀπελθὼν ἔβαλεν αὐτὸν εἰς φυλακήν
21 21 [1] ἄρθητι κ. βλήθητι εἰς τ. θάλασσαν
25 27 ἔδει σε οὖν βαλεῖν τὰ ἀργύριά μου τ. τραπεζείταις
26 12 βαλοῦσα γὰρ αὕτη τὸ μύρον τοῦτο
27 6 [1] οὐκ ἔξεστι βαλεῖν αὐτὰ εἰς τὸν κορβανᾶν
35 [3] διεμερίσαντο τὰ ἱμάτια αὐτοῦ βάλλοντες κλῆρον
βαλόντες, TWH mg.
Mk 2 22 [1] οὐδεὶς βάλλει οἶνον νέον εἰς ἀσκοὺς παλαιούς
4 26 [2] ὡς ἄνθρωπος βάλῃ τ. σπόρον ἐπὶ τ. γῆς
Mk 7 27 λαβεῖν τ. ἄρτον τ. τέκνων κ. τ. κυναρίοις βαλεῖν
30 [2] εὗρεν τὸ παιδίον βεβλημένον ἐπὶ τ. κλίνην
33 [1] ἔβαλεν τ. δακτύλους αὐτοῦ εἰς τὰ ὦτα αὐτοῦ
9 22 [1] πολλάκις αὐτὸν κ. εἰς πῦρ ἔβαλεν
42 [1] εἰ . . . βέβληται εἰς τ. θάλασσαν
45 [1] ἢ τ. δύο πόδας ἔχοντα βληθῆναι εἰς τ. γέενναν
47 [1] ἢ δύο ὀφθαλμοὺς ἔχοντα βληθῆναι εἰς γέενναν
11 23 [1] ἄρθητι κ. βλήθητι εἰς τ. θάλασσαν
12 41 [1] πῶς ὁ ὄχλος βάλλει χαλκὸν εἰς τὸ γαζοφυλάκιον.
κ. πολλοὶ πλούσιοι ἔβαλλον πολλά·
42 κ. ἐλθοῦσα μία χήρα πτωχὴ ἔβαλεν λεπτὰ δύο
43 [1] πλεῖον πάντων ἔβαλεν τ. βαλλόντων εἰς τὸ γαζοφυλάκιον.
βέβληκεν, T
44 πάντες γὰρ ἐκ τ. περισσεύοντος αὐτοῖς ἔβαλον·
αὕτη δὲ ἐκ τ. ὑστερήσεως αὐτῆς πάντα ὅσα εἶχεν ἔβαλεν
15 24 [3] βάλλοντες κλῆρον ἐπ' αὐτά
Lu 3 9 [1] πᾶν οὖν δένδρον . . . ἐκκόπτεται κ. εἰς πῦρ βάλλεται
4 9 βάλε σεαυτὸν ἐντεῦθεν κάτω
5 37 [1] οὐδεὶς βάλλει οἶνον νέον εἰς ἀσκοὺς παλαιούς
38 [1] ἀλλὰ οἶνον νέον εἰς ἀσκοὺς καινοὺς βλητέον
12 28 [1] τ. χόρτον . . . αὔριον εἰς κλίβανον βαλλόμενον
49 [2] πῦρ ἦλθον βαλεῖν ἐπὶ τ. γῆν
58 [1] κ. ὁ πράκτωρ σε βαλεῖ εἰς φυλακήν
13 8 ἕως ὅτου σκάψω περὶ αὐτὴν κ. βάλω κόπρια
19 [1] ὃν λαβὼν ἄνθρωπος ἔβαλεν εἰς κῆπον ἑαυτοῦ
14 35 ἔξω βάλλουσιν αὐτό
16 20 Λάζαρος ἐβέβλητο πρὸς τ. πυλῶνα αὐτοῦ
21 1 [1] εἶδεν τ. βάλλοντας εἰς τὸ γαζοφυλάκιον τὰ δῶρα αὐτῶν
2 εἶδεν δέ τινα χήραν . . . βάλλουσαν ἐκεῖ λεπτὰ δύο
3 ἡ χήρα αὕτη ἡ πτωχὴ πλεῖον πάντων ἔβαλεν·
4 [1] πάντες γὰρ οὗτοι ἐκ τ. περισσεύοντος αὐτοῖς ἔβαλον εἰς τὰ δῶρα,
αὕτη δὲ ἐκ τ. ὑστερήματος αὐτῆς πάντα τ. βίον . . . ἔβαλεν
23 19 ὅστις ἦν διὰ στάσιν . . βληθεὶς ἐν τ. φυλακῇ
25 [1] ἀπέλυσεν δὲ τὸν διὰ στάσιν . . . βεβλημένον εἰς φυλακήν
34 [3] διαμεριζόμενοι δὲ τὰ ἱμάτια αὐτοῦ ἔβαλον κλῆρον
Jo 3 24 [1] οὔπω γὰρ ἦν βεβλημένος εἰς τ. φυλακὴν Ἰωάνης
5 7 [1] ἵνα . . . βάλῃ με εἰς τ. κολυμβήθραν
7 44 [2] οὐδεὶς ἔβαλεν ἐπ' αὐτὸν τ. χεῖρας
ἐπέβαλεν, T
8 [7 [2] πρῶτος ἐπ' αὐτὴν βαλέτω λίθον
ἐπ' αὐτ. [τὸν] λ. βαλ., WH mg.
59 [2] ἦραν οὖν λίθους ἵνα βάλωσιν ἐπ' αὐτόν

Jo 12 6 τὰ βαλλόμενα ἐβάσταζεν
13 2 [1] τ. διαβόλου ἤδη βεβληκότος εἰς τ. καρδίαν
5 [1] εἶτα βάλλει ὕδωρ εἰς τ. νιπτῆρα
15 6 ἐβλήθη ἔξω ὡς τὸ κλῆμα
6 [1] συνάγουσιν αὐτὰ κ. εἰς τὸ πῦρ βάλλουσιν
18 11 [1] βάλε τ. μάχαιραν εἰς τ. θήκην
19 24 [2] [3] ἐπὶ τ. ἱματισμόν μου ἔβαλον κλῆρον
עַל־לְבוּשִׁי יַפִּילוּ גוֹרָל, Ps. xxii. 19
20 25 [1] ἐὰν μὴ . . . βάλω τ. δάκτυλόν μου εἰς τ. τύπον τ. ἥλων,
[1] κ. βάλω μου τ. χεῖρα εἰς τ. πλευρὰν αὐτοῦ
27 [1] κ. βάλε εἰς τ. πλευράν μου
21 6 [1] βάλετε εἰς τ. δεξιὰ μέρη τ. πλοίου τὸ δίκτυον,
κ. εὑρήσετε. Ἔβαλον οὖν
7 [1] ἔβαλεν ἑαυτὸν εἰς τ. θάλασσαν
Ac 16 23 [1] ἔβαλον εἰς φυλακήν
24 [1] ἔβαλεν αὐτοὺς εἰς τ. ἐσωτέραν φυλακήν
37 [1] [4] ἔβαλαν εἰς φυλακήν
22 23 [1] κονιορτὸν βαλλόντων εἰς τ. ἀέρα
27 14 μετ' οὐ πολὺ δὲ ἔβαλεν κατ' αὐτῆς ἄνεμος τυφωνικός
Ja 3 3 [1] τ. ἵππων τ. χαλινοὺς εἰς τὰ στόματα βάλλομεν
1 Jo 4 18 ἡ τελεία ἀγάπη ἔξω βάλλει τ. φόβον
Re 2 10 [1] μέλλει βάλλειν ὁ διάβολος ἐξ ὑμῶν εἰς φυλακήν
βαλεῖν, T
14 ὃς ἐδίδασκεν τῷ Βαλὰκ βαλεῖν σκάνδαλον
22 [1] ἰδοὺ βάλλω αὐτὴν εἰς κλίνην
24 [2] οὐ βάλλω ἐφ' ὑμᾶς ἄλλο βάρος
4 10 βαλοῦσιν τ. στεφάνους αὐτῶν ἐνώπιον τ. θρόνου
6 13 ὡς συκῆ βάλλει τ. ὀλύνθους αὐτῆς
βάλλουσα, T
8 5 [1] κ. ἔβαλεν εἰς τ. γῆν
7 [1] κ. ἐβλήθη εἰς τ. γῆν
8 [1] ὡς ὄρος μέγα . . . ἐβλήθη εἰς τ. θάλασσαν
12 4 [1] ἔβαλεν αὐτοὺς εἰς τ. γῆν
9 ἐβλήθη ὁ δράκων ὁ μέγας
9 [1] ὁ Σατανᾶς . . . ἐβλήθη εἰς τ. γῆν,
κ. οἱ ἄγγελοι αὐτοῦ μετ' αὐτοῦ ἐβλήθησαν
10 ὅτι ἐβλήθη ὁ κατήγωρ τ. ἀδελφῶν ἡμῶν
13 [1] ὅτι ἐβλήθη εἰς τ. γῆν
15 ἔβαλεν ὁ ὄφις ἐκ τ. στόματος αὐτοῦ . . . ὕδωρ ὡς ποταμόν
16 κατέπιεν τ. ποταμὸν ὃν ἔβαλεν ὁ δράκων ἐκ τ. στόματος αὐτοῦ
14 16 ἔβαλεν ὁ καθήμενος ἐπὶ τ. νεφέλης τὸ δρέπανον αὐτοῦ
19 [1] ἔβαλεν ὁ ἄγγελος τὸ δρέπανον αὐτοῦ εἰς τ. γῆν
19 [1] κ. ἔβαλεν εἰς τὴν ληνὸν τ. θυμοῦ τ. Θεοῦ τ. μέγαν
18 19 [2] ἔβαλον χοῦν ἐπὶ τ. κεφαλὰς αὐτῶν
ἐπέβαλον, WH mg.
21 [1] ἔβαλεν εἰς τ. θάλασσαν λέγων,
οὕτως ὁρμήματι βληθήσεται Βαβυλὼν ἡ μεγάλη πόλις
19 20 [1] ζῶντες ἐβλήθησαν οἱ δύο εἰς τ. λίμνην τ. πυρός
20 3 [1] ἔβαλεν αὐτὸν εἰς τὴν ἄβυσσον
10 [1] ὁ διάβολος . . . ἐβλήθη εἰς τ. λίμνην τ. πυρὸς κ. θείου

Re 20 14 [1] ὁ θάνατος κ. ὁ ᾅδης ἐβλήθησαν εἰς τ. λίμνην τ. πυρός
15 [1] ἐβλήθη εἰς τ. λίμνην τ. πυρός

ΒΑΠΤΙ´ΖΩ 907

(1) β. ἐν (2) β. εἰς (3) c. dat. (4) βάπτισμα βαπτ. (5) β. ὑπέρ

Mt 3 6 [1] ἐβαπτίζοντο ἐν τῷ Ἰορδάνῃ ποταμῷ ὑπ' αὐτοῦ
11 [1] [2] ἐγὼ μὲν ὑμᾶς βαπτίζω ἐν ὕδατι εἰς μετάνοιαν
11 [1] αὐτὸς ὑμᾶς βαπτίσει ἐν πνεύματι ἁγίῳ κ. πυρί
13 παραγίνεται ὁ Ἰησοῦς . . . πρὸς τ. Ἰωάνην τοῦ βαπτισθῆναι ὑπ' αὐτοῦ
14 ἐγὼ χρείαν ἔχω ὑπὸ σοῦ βαπτισθῆναι
16 βαπτισθεὶς δὲ ὁ Ἰησοῦς
28 19 [2] βαπτίζοντες αὐτοὺς εἰς τ. ὄνομα τ. πατρὸς κ. τ. υἱοῦ κ τ. ἁγίου πνεύματος
βαπτίσαντες, WH mg.
Mk 1 4 [1] ἐγένετο Ἰωάνης ὁ βαπτίζων ἐν τῇ ἐρήμῳ
5 [1] κ. ἐβαπτίζοντο ὑπ' αὐτοῦ ἐν τ. Ἰορδάνῃ ποταμῷ
8 [3] ἐγὼ ἐβάπτισα ὑμᾶς ὕδατι·
[1] [3] αὐτὸς δὲ βαπτίσει ὑμᾶς πνεύματι ἁγίῳ
ἐν πν. ἁγ., T
9 [2] ἐβαπτίσθη εἰς τὸν Ἰορδάνην ὑπὸ Ἰωάνου
6 14 Ἰωάνης ὁ βαπτίζων ἐγήγερται ἐκ νεκρῶν
24 ἡ δὲ εἶπεν Τὴν κεφαλὴν Ἰωάνου τ. βαπτίζοντος
7 4 κ. ἀπ' ἀγορᾶς ἐὰν μὴ βαπτίσωνται οὐκ ἐσθίουσιν
ῥαντίσωνται, WH non mg. R mg.
10 38 [4] δύνασθε . . . τὸ βάπτισμα ὃ ἐγὼ βαπτίζομαι βαπτισθῆναι;
39 [4] τὸ βάπτισμα ὃ ἐγὼ βαπτίζομαι βαπτισθήσεσθε
16 [16 ὁ πιστεύσας κ. βαπτισθεὶς σωθήσεται
Lu 3 7 ἔλεγεν οὖν τ. ἐκπορευομένοις ὄχλοις βαπτισθῆναι ὑπ' αὐτοῦ
12 ἦλθον δὲ κ. τελῶναι βαπτισθῆναι
16 [3] ἐγὼ μὲν ὕδατι βαπτίζω ὑμᾶς
16 [1] αὐτὸς ὑμᾶς βαπτίσει ἐν πνεύματι ἁγίῳ κ. πυρί
21 ἐγένετο δὲ ἐν τῷ βαπτισθῆναι ἅπαντα τ. λαόν,
κ. Ἰησοῦ βαπτισθέντος κ. προσευχομένου
7 29 [4] βαπτισθέντες τὸ βάπτισμα Ἰωάνου
30 μὴ βαπτισθέντες ὑπ' αὐτοῦ
11 38 ὅτι οὐ πρῶτον ἐβαπτίσθη πρὸ τ. ἀρίστου
12 50 [4] βάπτισμα δὲ ἔχω βαπτισθῆναι
Jo 1 25 τί οὖν βαπτίζεις
26 [1] ἐγὼ βαπτίζω ἐν ὕδατι
28 ὅπου ἦν ὁ Ἰωάνης βαπτίζων
31 [1] διὰ τοῦτο ἦλθον ἐγὼ ἐν ὕδατι βαπτίζων
33 [1] ὁ πέμψας με βαπτίζειν ἐν ὕδατι
33 [1] οὗτός ἐστιν ὁ βαπτίζων ἐν πνεύματι ἁγίῳ
3 22 ἐκεῖ διέτριβεν μετ' αὐτῶν κ. ἐβάπτιζεν.
23 [1] ἦν δὲ κ. ὁ Ἰωάνης βαπτίζων ἐν Αἰνών
23 παρεγίνοντο κ. ἐβαπτίζοντο
26 ἴδε οὗτος βαπτίζει
4 1 πλείονας μαθητὰς ποιεῖ κ. βαπτίζει ἢ Ἰωάνης·
2 καίτοιγε Ἰησοῦς αὐτὸς οὐκ ἐβάπτιζεν

Jo 10 40 ὅπου ἦν Ἰωάνης τὸ πρῶτον βαπτίζων
Ac 1 5 [3] Ἰωάνης μὲν ἐβάπτισεν ὕδατι,
[1] ὑμεῖς δὲ ἐν πνεύματι βαπτισθήσεσθε ἁγίῳ
2 38 [1] βαπτισθήτω ἕκαστος ὑμῶν ἐν τ. ὀνόματι Ἰησοῦ Χριστοῦ
ἐπὶ τ. ὀν., T
41 οἱ μὲν οὖν ἀποδεξάμενοι τ. λόγον αὐτοῦ ἐβαπτίσθησαν
8 12 ἐβαπτίζοντο ἄνδρες τε κ. γυναῖκες
13 βαπτισθεὶς ἦν προσκαρτερῶν τ. Φιλίππῳ
16 [2] μόνον δὲ βεβαπτισμένοι ὑπῆρχον εἰς τ. ὄνομα τ. Κυρίου Ἰησοῦ
36 τί κωλύει με βαπτισθῆναι
38 κ. ἐβάπτισεν αὐτόν
9 18 κ. ἀναστὰς ἐβαπτίσθη
10 47 μήτι τὸ ὕδωρ δύναται κωλῦσαί τις τοῦ μὴ βαπτισθῆναι τούτους
48 [1] προσέταξεν δὲ αὐτοὺς ἐν τ. ὀνόματι Ἰησοῦ Χριστοῦ βαπτισθῆναι
11 16 [3] Ἰωάνης μὲν ἐβάπτισεν ὕδατι,
[1] ὑμεῖς δὲ βαπτισθήσεσθε ἐν πνεύματι ἁγίῳ
16 15 ὡς δὲ ἐβαπτίσθη κ. ὁ οἶκος αὐτῆς
33 ἐβαπτίσθη αὐτὸς κ. οἱ αὐτοῦ ἅπαντες παραχρῆμα
18 8 πολλοὶ τ. Κορινθίων ἀκούοντες ἐπίστευον κ. ἐβαπτίζοντο
19 3 [2] εἰς τί οὖν ἐβαπτίσθητε;
4 [4] Ἰωάνης ἐβάπτισεν βάπτισμα μετανοίας
5 [2] ἀκούσαντες δὲ ἐβαπτίσθησαν εἰς τ. ὄνομα τ. Κυρίου Ἰησοῦ
22 16 ἀναστὰς βάπτισαι κ. ἀπόλουσαι τ. ἁμαρτίας σου
Ro 6 3 [2] ὅσοι ἐβαπτίσθημεν εἰς Χριστὸν Ἰησοῦν,
[2] εἰς τ. θάνατον αὐτοῦ ἐβαπτίσθημεν
1 Co 1 13 [2] ἢ εἰς τὸ ὄνομα Παύλου ἐβαπτίσθητε;
14 εὐχαριστῶ ὅτι οὐδένα ὑμῶν ἐβάπτισα
15 [2] ἵνα μή τις εἴπῃ ὅτι εἰς τὸ ἐμὸν ὄνομα ἐβαπτίσθητε.
16 ἐβάπτισα δὲ κ. τὸν Στεφανᾶ οἶκον· λοιπὸν οὐκ οἶδα εἴ τινα ἄλλον ἐβάπτισα.
17 οὐ γὰρ ἀπέστειλέν με Χριστὸς βαπτίζειν
10 2 [1 2] πάντες εἰς τ. Μωυσῆν ἐβαπτίσαντο ἐν τ. νεφέλῃ
ἐβαπτίσθησαν, TWH mg. R
12 13 [2] ἡμεῖς πάντες εἰς ἓν σῶμα ἐβαπτίσθημεν
15 29 [5] τί ποιήσουσιν οἱ βαπτιζόμενοι ὑπὲρ τ. νεκρῶν;
29 [5] τί κ. βαπτίζονται ὑπὲρ αὐτῶν;
Ga 3 27 [2] ὅσοι γὰρ εἰς Χριστὸν ἐβαπτίσθητε

ΒΆΠΤΙΣΜΑ* † 908

(1) βάπτ. μετανοίας (2) βαπτίζειν βάπτ.

Mt 3 7 ἰδὼν δὲ πολλοὺς . . . ἐρχομένους ἐπὶ τὸ βάπτισμα
21 25 τὸ βάπτισμα τὸ Ἰωάνου πόθεν ἦν;
Mk 1 4 [1] κηρύσσων . . . βάπτισμα μετανοίας εἰς ἄφεσιν ἁμαρτιῶν
10 38 [2] δύνασθε . . . τὸ βάπτισμα ὃ ἐγὼ βαπτίζομαι βαπτισθῆναι;
39 [2] τὸ βάπτισμα ὃ ἐγὼ βαπτίζομαι βαπτισθήσεσθε
11 30 τὸ βάπτισμα τὸ Ἰωάνου ἐξ οὐρανοῦ ἦν
Lu 3 3 [1] κηρύσσων βάπτισμα μετανοίας εἰς ἄφεσιν ἁμαρτιῶν
7 29 [2] βαπτισθέντες τὸ βάπτισμα Ἰωάνου
12 50 [2] βάπτισμα δὲ ἔχω βαπτισθῆναι
20 4 τὸ βάπτισμα Ἰωάνου ἐξ οὐρανοῦ ἦν
τὸ Ἰω., T
Ac 1 22 ἀρξάμενος ἀπὸ τ. βαπτίσματος Ἰωάνου
10 37 μετὰ τὸ βάπτισμα ὃ ἐκήρυξεν Ἰωάνης
13 24 [1] προκηρύξαντος Ἰωάνου . . . βάπτισμα μετανοίας
18 25 ἐπιστάμενος μόνον τὸ βάπτισμα Ἰωάνου
19 3 οἱ δὲ εἶπαν Εἰς τὸ Ἰωάνου βάπτισμα
4 [1 2] Ἰωάνης ἐβάπτισεν βάπτισμα μετανοίας
Ro 6 4 συνετάφημεν οὖν αὐτῷ διὰ τ. βαπτίσματος εἰς τ. θάνατον
Eph 4 5 εἷς Κύριος μία πίστις ἓν βάπτισμα
Col 2 12 συνταφέντες αὐτῷ ἐν τ. βαπτίσματι
1 Pe 3 21 ὑμᾶς ἀντίτυπον νῦν σώζει βάπτισμα

ΒΑΠΤΙΣΜΌΣ* † 909

Mk 7 4 βαπτισμοὺς ποτηρίων κ. ξεστῶν κ. χαλκίων
He 6 2 μὴ πάλιν θεμέλιον καταβαλλόμενοι . . . βαπτισμῶν διδαχήν
9 10 μόνον ἐπὶ βρώμασι κ. πόμασι κ. διαφόροις βαπτισμοῖς

ΒΑΠΤΙΣΤΉΣ* † 910

Mt 3 1 παραγίνεται Ἰωάνης ὁ βαπτιστής
11 11 οὐκ ἐγήγερται ἐν γεννητοῖς γυναικῶν μείζων Ἰωάνου τ. βαπτιστοῦ
12 ἀπὸ δὲ τ. ἡμερῶν Ἰωάνου τ. βαπτιστοῦ
14 2 οὗτός ἐστιν Ἰωάνης ὁ βαπτιστής
8 δός μοι . . . τ. κεφαλὴν Ἰωάνου τ. βαπτιστοῦ
16 14 οἱ μὲν Ἰωάνην τ. βαπτιστήν
17 13 ὅτι περὶ Ἰωάνου τ. βαπτιστοῦ εἶπεν αὐτοῖς
Mk 6 25 ἵνα ἐξαυτῆς δῷς μοι . . . τ. κεφαλὴν Ἰωάνου τ. βαπτιστοῦ
8 28 λέγοντες ὅτι Ἰωάνην τ. βαπτιστήν
Lu 7 20 Ἰωάνης ὁ βαπτιστὴς ἀπέστειλεν ἡμᾶς πρός σε
33 ἐλήλυθεν γὰρ Ἰωάνης ὁ βαπτιστὴς μὴ ἔσθων ἄρτον
9 19 οἱ δὲ ἀποκριθέντες εἶπαν Ἰωάνην τ. βαπτιστήν

ΒΆΠΤΩ 911

Lu 16 24 ἵνα βάψῃ τὸ ἄκρον τ. δακτύλου αὐτοῦ ὕδατος
Jo 13 26 ᾧ ἐγὼ βάψω τ. ψωμίον κ. δώσω αὐτῷ. βάψας οὖν τὸ ψωμίον
Re 19 13 περιβεβλημένος ἱμάτιον βεβαμμένον αἵματι
ῥεραντισμένον, WHR non mg.; περιρεραμμένον, T

ΒΑΡΑΒΒᾶΣ 912

Mt 27 16 εἶχον δὲ τότε δέσμιον ἐπίσημον λεγόμενον Βαραββᾶν
17 Βαραββᾶν ἢ Ἰησοῦν τ. λεγόμενον Χριστόν;
20 ἵνα αἰτήσωνται τ. Βαραββᾶν
21 οἱ δὲ εἶπαν Τὸν Βαραββᾶν
26 τότε ἀπέλυσεν αὐτοῖς τ. Βαραββᾶν
Mk 15 7 ἦν δὲ ὁ λεγόμενος Βαραββᾶς . . . δεδεμένος

Mk 15 11 ἵνα μᾶλλον τ. Βαραββᾶν ἀπολύσῃ αὐτοῖς
15 ὁ δὲ Πειλᾶτος . . . ἀπέλυσεν αὐτοῖς τ. Βαραββᾶν
Lu 23 18 αἶρε τοῦτον, ἀπόλυσον δὲ ἡμῖν τ. Βαραββᾶν
Jo 18 40 μὴ τοῦτον ἀλλὰ τ. Βαραββᾶν· ἦν δὲ ὁ Βαραββᾶς λῃστής

ΒΑΡΑ΄Κ 913

He 11 32 περὶ Γεδεὼν Βαρὰκ Σαμψὼν Ἰεφθάε

ΒΑΡΑΧΙ΄ΑΣ 914

Mt 23 35 ἕως τ. αἵματος Ζαχαρίου υἱοῦ Βαραχίου

ΒΑ΄ΡΒΑΡΟΣ 915

Ac 28 2 οἵ τε βάρβαροι παρεῖχαν οὐ τ. τυχοῦσαν φιλανθρωπίαν ἡμῖν
4 ὡς δὲ εἶδαν οἱ βάρβαροι κρεμάμενον τὸ θηρίον
Ro 1 14 Ἕλλησί τε κ. βαρβάροις . . . ὀφειλέτης εἰμί
I Co 14 11 ἔσομαι τ. λαλοῦντι βάρβαρος· κ. ὁ λαλῶν ἐν ἐμοὶ βάρβαρος
Col 3 11 ὅπου οὐκ ἔνι Ἕλλην κ. Ἰουδαῖος . . . βάρβαρος Σκύθης

ΒΑΡΕ΄ΟΜΑΙ 916

Mt 26 43 ἦσαν γὰρ αὐτῶν οἱ ὀφθαλμοὶ βεβαρημένοι
Lu 9 32 ὁ δὲ Πέτρος κ. οἱ σὺν αὐτῷ ἦσαν βεβαρημένοι ὕπνῳ
21 34 μήποτε βαρηθῶσιν αἱ καρδίαι ὑμῶν
II Co 1 8 ὅτι καθ' ὑπερβολὴν ὑπὲρ δύναμιν ἐβαρήθημεν
5 4 οἱ ὄντες ἐν τ. σκήνει στενάζομεν βαρούμενοι
I Ti 5 16 μὴ βαρείσθω ἡ ἐκκλησία

ΒΑΡΕ΄ΩΣ 917

Mt 13 15 κ. τ. ὠσὶν β. ἤκουσαν
וְאָזְנָיו הַכְבֵּד, Is. vi. 10
Ac 28 27 κ. τ. ὠσὶν β. ἤκουσαν, *ib.*

ΒΑΡΘΟΛΟΜΑΙ͂ΟΣ 918

Mt 10 3 Φίλιππος κ. Βαρθολομαῖος
Mk 3 18 Ἀνδρέαν κ. Φίλιππον κ. Βαρθολομαῖον
Lu 6 14 κ. Φίλιππον κ. Βαρθολομαῖον
Ac 1 13 Βαρθολομαῖος κ. Μαθθαῖος

ΒΑΡΙΗΣΟΥ͂Σ 919

Ac 13 6 ἄνδρα τινὰ μάγον ψευδοπροφήτην Ἰουδαῖον ᾧ ὄνομα Βαριησοῦς
Βαριησοῦ, T

ΒΑΡΙΩΝΑ͂Σ 920

Mt 16 17 μακάριος εἶ Σίμων Βαριωνᾶ

ΒΑΡΝΑ΄ΒΑΣ 921

(1) Β. κ. Σαῦλος (2) Παῦλος κ. Β.
(3) Β. κ. Παῦλος

Ac 4 36 Ἰωσὴφ δὲ ὁ ἐπικληθεὶς Βαρνάβας ἀπὸ τ. ἀποστόλων
Ac 9 27 Βαρνάβας δὲ ἐπιλαβόμενος αὐτόν
11 22 ἐξαπέστειλαν Βαρνάβαν ἕως Ἀντιοχείας
30 [1] ἀποστείλαντες . . . διὰ χειρὸς Βαρνάβα κ. Σαύλου
12 25 [1] Βαρνάβας δὲ κ. Σαῦλος ὑπέστρεψαν εἰς Ἰερουσαλήμ
13 1 ὅ τε Βαρνάβας κ. Συμεὼν ὁ καλούμενος Νίγερ
2 [1] ἀφορίσατε δή μοι τ. Βαρνάβαν κ. Σαῦλον
7 [1] οὗτος προσκαλεσάμενος Βαρνάβαν κ. Σαῦλον
43 [2] ἠκολούθησαν πολλοὶ τ. Ἰουδαίων . . . τ. Παύλῳ κ. τ. Βαρνάβᾳ
46 [2] παρρησιασάμενοί τε ὁ Παῦλος κ. ὁ Βαρνάβας εἶπαν
50 [2] ἐπήγειραν διωγμὸν ἐπὶ τ. Παῦλον κ. Βαρνάβαν
14 12 ἐκάλουν τε τ. Βαρνάβαν Δία
14 [3] ἀκούσαντες δὲ οἱ ἀπόστολοι Βαρνάβας κ. Παῦλος
20 τῇ ἐπαύριον ἐξῆλθεν σὺν τ. Βαρνάβᾳ εἰς Δέρβην
15 2 [2] ζητήσεως οὐκ ὀλίγης τ. Παύλῳ κ. τ. Βαρνάβᾳ
2 [2] ἔταξαν ἀναβαίνειν Παῦλον κ. Βαρνάβαν
12 [3] ἤκουον Βαρνάβα κ. Παύλου ἐξηγουμένων
22 [2] πέμψαι εἰς Ἀντιόχειαν σὺν τ. Παύλῳ κ. Βαρνάβᾳ
25 [3] σὺν τ. ἀγαπητοῖς ἡμῶν Βαρνάβᾳ κ. Παύλῳ
35 [2] Παῦλος δὲ κ. Βαρνάβας διέτριβον ἐν Ἀντιοχείᾳ
36 εἶπεν πρὸς Βαρνάβαν Παῦλος
37 Βαρνάβας δὲ ἐβούλετο συνπαραλαβεῖν κ. τ. Ἰωάνην
39 τόν τε Βαρνάβαν παραλαβόντα τ. Μάρκον
I Co 9 6 ἢ μόνος ἐγὼ κ. Βαρνάβας οὐκ ἔχομεν ἐξουσίαν
Ga 2 1 ἀνέβην εἰς Ἱεροσόλυμα μετὰ Βαρνάβα
9 δεξιὰς ἔδωκαν ἐμοὶ κ. Βαρνάβᾳ κοινωνίας
13 ὥστε κ. Βαρνάβας συναπήχθη αὐτῶν τ. ὑποκρίσει
Col 4 10 Μάρκος ὁ ἀνεψιὸς Βαρνάβα

ΒΑ΄ΡΟΣ 922

(1) τὰ βάρη

Mt 20 12 τ. βαστάσασι τὸ βάρος τ. ἡμέρας κ. τὸν καύσωνα
Ac 15 28 μηδὲν πλέον ἐπιτίθεσθαι ὑμῖν βάρος
II Co 4 17 αἰώνιον βάρος δόξης κατεργάζεται ἡμῖν
Ga 6 2 [1] ἀλλήλων τὰ βάρη βαστάζετε
I Th 2 6 δυνάμενοι ἐν βάρει εἶναι
Re 2 24 οὐ βάλλω ἐφ' ὑμᾶς ἄλλο βάρος

ΒΑΡΣΑΒΒΑ͂Σ 923

Ac 1 23 Ἰωσὴφ τ. καλούμενον Βαρσαββᾶν
15 22 Ἰούδαν τ. καλούμενον Βαρσαββᾶν

ΒΑΡΤΙ΄ΜΑΙΟΣ 924

Mk 10 46 ὁ υἱὸς Τιμαίου Βαρτίμαιος τυφλὸς προσαίτης

ΒΑΡΥ΄Σ 926

(1) βαρύτερος

Mt 23 4 δεσμεύουσιν δὲ φορτία βαρέα
23 [1] ἀφήκατε τὰ βαρύτερα τ. νόμου

Ac 20 29 εἰσελεύσονται μετὰ τ. ἄφιξίν μου λύκοι βαρεῖς εἰς ὑμᾶς
25 7 πολλὰ κ. βαρέα αἰτιώματα καταφέροντες
II Co 10 10 αἱ ἐπιστολαὶ μὲν φησὶν βαρεῖαι κ. ἰσχυραί
I Jo 5 3 αἱ ἐντολαὶ αὐτοῦ βαρεῖαι οὐκ εἰσίν

ΒΑΡΥ΄ΤΙΜΟΣ* 927

Mt 26 7 γυνὴ ἔχουσα ἀλάβαστρον μύρου βαρυτίμου.
πολυτίμου, T

ΒΑΣΑΝΙ΄ΖΩ 928

Mt 8 6 ὁ παῖς μου βέβληται . . . δεινῶς βασανιζόμενος
29 ἦλθες ὧδε πρὸ καιροῦ βασανίσαι ἡμᾶς;
14 24 βασανιζόμενον ὑπὸ τ. κυμάτων
Mk 5 7 ὁρκίζω σε τ. Θεὸν μή με βασανίσῃς
6 48 ἰδὼν αὐτοὺς βασανιζομένους ἐν τῷ ἐλαύνειν
Lu 8 28 δέομαί σου μή με βασανίσῃς
II Pe 2 8 ψυχὴν δικαίαν ἀνόμοις ἔργοις ἐβασάνιζεν
Re 9 5 ἵνα βασανισθήσονται μῆνας πέντε
11 10 οὗτοι οἱ δύο προφῆται ἐβασάνισαν τ. κατοικοῦντας ἐπὶ τ. γῆς
12 2 ὠδίνουσα κ. βασανιζομένη τεκεῖν
14 10 βασανισθήσεται ἐν πυρὶ κ. θείῳ
20 10 βασανισθήσονται ἡμέρας κ. νυκτὸς

ΒΑΣΑΝΙΣΜΟ΄Σ** 929

Re 9 5 ὁ βασανισμὸς αὐτῶν ὡς βασανισμὸς σκορπίου
14 11 ὁ καπνὸς τ. βασανισμοῦ αὐτῶν . . . ἀναβαίνει
18 7 τοσοῦτον δότε αὐτῇ βασανισμὸν κ. πένθος
10 ἑστηκότες διὰ τ. φόβον τ. βασανισμοῦ αὐτῆς
15 στήσονται διὰ τ. φόβον τ. βασανισμοῦ αὐτῆς

ΒΑΣΑΝΙΣΤΗ΄Σ* 930

Mt 18 34 ὁ κύριος αὐτοῦ παρέδωκεν αὐτὸν τ. βασανισταῖς

ΒΑ΄ΣΑΝΟΣ 931

Mt 4 24 ποικίλαις νόσοις κ. βασάνοις συνεχομένους
Lu 16 23 ὑπάρχων ἐν βασάνοις
28 ἵνα μὴ κ. αὐτοὶ ἔλθωσιν εἰς τ. τόπον τοῦτον τῆς βασάνου

ΒΑΣΙΛΕΙ΄Α 932

(1) βασ. τ. Θεοῦ (2) βασ. τ. οὐρανῶν (3) υἱοὶ τῆς βασ. (4) βασ. Θεοῦ (5) βασ. τ. Χριστοῦ κ. Θεοῦ, τ. Κυρίου

Mt 3 2 ² ἤγγικεν γὰρ ἡ βασιλεία τ. οὐρανῶν
4 8 δείκνυσιν αὐτῷ πάσας τ. βασιλείας τ. κόσμου
17 ² ἤγγικεν γὰρ ἡ βασιλεία τ. οὐρανῶν
23 κηρύσσων τὸ εὐαγγέλιον τ. βασιλείας
5 3 ² ὅτι αὐτῶν ἐστὶν ἡ βασιλεία τ. οὐρανῶν
10 ² ὅτι αὐτῶν ἐστὶν ἡ βασιλεία τ. οὐρανῶν
19 ² ἐλάχιστος κληθήσεται ἐν τῇ βασ. τ. οὐρανῶν
Mt 5 19 ² οὗτος μέγας κληθήσεται ἐν τῇ βασ. τ. οὐρανῶν
20 ² οὐ μὴ εἰσέλθητε εἰς τ. βασιλείαν τ. οὐρανῶν
6 10 ἐλθάτω ἡ βασιλεία σου
13 ὅτι σοῦ ἐστὶν ἡ βασιλεία
—h. v., TWHR non mg.
33 ζητεῖτε δὲ πρῶτον τ. βασιλείαν κ. τ. δικαιοσύνην αὐτοῦ
7 21 ² οὐ πᾶς . . . εἰσελεύσεται εἰς τ. βασιλείαν τ. οὐρανῶν
21 ² οὗτος εἰσελεύσεται εἰς τ. βασιλείαν τ. οὐρανῶν
—h. v., TWH non mg. R
8 11 ² ἀνακλιθήσονται . . . ἐν τ. βασιλείᾳ τ. οὐρανῶν·
12 ³ οἱ δὲ υἱοὶ τ. βασιλείας ἐκβληθήσονται
9 35 κηρύσσων τὸ εὐαγγέλιον τ. βασιλείας
10 7 ² ὅτι ἤγγικεν ἡ βασιλεία τ. οὐρανῶν
11 11 ² ὁ δὲ μικρότερος ἐν τ. βασιλείᾳ τ. οὐρανῶν
12 ² ἡ βασιλεία τ. οὐρανῶν βιάζεται
12 25 πᾶσα βασ. μερισθεῖσα καθ' ἑαυτῆς ἐρημοῦται
26 πῶς οὖν σταθήσεται ἡ βασιλεία αὐτοῦ
28 ¹ ἄρα ἔφθασεν ἐφ' ὑμᾶς ἡ βασιλεία τ. Θεοῦ
13 11 ² ὑμῖν δέδοται γνῶναι τ. μυστήρια τῆς βασ. τ. οὐρανῶν
19 παντὸς ἀκούοντος τ. λόγον τ. βασιλείας
24 ² ὡμοιώθη ἡ βασ. τ. οὐρανῶν ἀνθρώπῳ σπείραντι καλὸν σπέρμα
31 ² ὁμοία ἐστὶν ἡ βασ. τ. οὐρανῶν κόκκῳ σινάπεως
33 ² ὁμοία ἐστὶν ἡ βασ. τ. οὐρανῶν ζύμῃ
38 ³ οὗτοί εἰσιν οἱ υἱοὶ τ. βασιλείας
41 συλλέξουσιν ἐκ τ. βασιλείας αὐτοῦ πάντα τὰ σκάνδαλα
43 ὡς ὁ ἥλιος ἐν τ. βασιλείᾳ τ. πατρὸς αὐτῶν
44 ² ὁμοία ἐστὶν ἡ βασιλεία τ. οὐρανῶν θησαυρῷ
45 ² πάλιν ὁμοία ἐστὶν ἡ βασ. τ. οὐρανῶν ἐμπόρῳ
47 ² πάλιν ὁμοία ἐστὶν ἡ βασ. τ. οὐρανῶν σαγήνῃ
52 ² πᾶς γραμματεὺς μαθητευθεὶς τῇ βασ. τ. οὐρανῶν
16 19 ² δώσω σοὶ τ. κλεῖδας τ. βασιλείας τ. οὐρανῶν
28 τ. υἱὸν τ. ἀνθρώπου ἐρχόμενον ἐν τ. βασιλείᾳ αὐτοῦ
18 1 ² τίς ἄρα μείζων ἐστὶν ἐν τῇ βασ. τ. οὐρανῶν
3 ² οὐ μὴ εἰσέλθητε εἰς τ. βασιλείαν τ. οὐρανῶν
4 ² οὗτός ἐστιν ὁ μείζων ἐν τῇ βασ. τ. οὐρανῶν
23 ² ὡμοιώθη ἡ βασ. τ. οὐρανῶν ἀνθρώπῳ βασιλεῖ
19 12 ² οἵτινες εὐνούχισαν ἑαυτοὺς διὰ τ. βασιλείαν τ. οὐρανῶν
14 ² τ. γὰρ τοιούτων ἐστὶν ἡ βασ. τ. οὐρανῶν
23 ² πλούσιος δυσκόλως εἰσελεύσεται εἰς τ. βασ. τ. οὐρανῶν
24 ¹ ² ἢ πλούσιον εἰς τ. βασιλείαν τ. Θεοῦ
βασ. τ. οὐρανῶν, T
20 1 ² ὁμοία γάρ ἐστιν ἡ βασ. τ. οὐρανῶν ἀνθρώπῳ οἰκοδεσπότῃ

Mt 20 21 εἷς ἐκ δεξιῶν κ. εἷς ἐξ εὐωνύμων σου ἐν τ. βασιλείᾳ σου
21 31 [1] προάγουσιν ὑμᾶς εἰς τ. βασιλείαν τ. Θεοῦ
43 [1] ἀρθήσεται ἀφ᾽ ὑμῶν ἡ βασ. τ. Θεοῦ
22 2 [2] ὡμοιώθη ἡ βασ. τ. οὐρανῶν ἀνθρώπῳ βασιλεῖ
23 13 [2] ὅτι κλείετε τὴν βασ. τ. οὐρανῶν ἔμπροσθεν τ. ἀνθρώπων
24 7 ἐγερθήσεται . . . βασιλεία ἐπὶ βασιλείαν
14 κηρυχθήσεται τοῦτο τὸ εὐαγγέλιον τ. βασιλείας
25 1 [2] ὁμοιωθήσεται ἡ βασ. τ. οὐρανῶν δέκα παρθένοις
34 κληρονομήσατε τ. ἡτοιμασμένην ὑμῖν βασιλείαν
26 29 ὅταν αὐτὸ πίνω . . ἐν τ. βασιλείᾳ τ. πατρός μου
Mk 1 15 [1] ἤγγικεν ἡ βασιλεία τ. Θεοῦ
3 24 ἐὰν βασιλεία ἐφ᾽ ἑαυτὴν μερισθῇ,
οὐ δύναται σταθῆναι ἡ βασιλεία ἐκείνη
4 11 [1] ὑμῖν τὸ μυστήριον δέδοται τ. βασιλείας τ. Θεοῦ
26 [1] οὕτως ἐστὶν ἡ βασιλεία τ. Θεοῦ
30 [1] πῶς ὁμοιώσωμεν τ. βασιλείαν τ. Θεοῦ;
6 23 ἕως ἡμίσους τ. βασιλείας μου
9 1 [1] ἕως ἂν ἴδωσιν τὴν βασ. τ. Θεοῦ ἐληλυθυῖαν ἐν δυνάμει
47 [1] μονόφθαλμον εἰσελθεῖν εἰς τ. βασιλείαν τ. Θεοῦ
10 14 [1] τ. γὰρ τοιούτων ἐστὶν ἡ βασ. τ. Θεοῦ
15 [1] ὃς ἂν μὴ δέξηται τὴν βασ. τ. Θεοῦ ὡς παιδίον
23 [1] πῶς δυσκόλως οἱ τ. χρήματα ἔχοντες εἰς τ. βασ. τ. Θεοῦ εἰσελεύσονται
24 [1] πῶς δύσκολόν ἐστιν εἰς τ. βασ. τ. Θεοῦ εἰσελθεῖν
25 [1] ἢ πλούσιον εἰς τ. βασ. τ. Θεοῦ εἰσελθεῖν
11 10 εὐλογημένη ἡ ἐρχομένη βασιλεία τ. πατρὸς ἡμῶν Δαυείδ
12 34 [1] οὐ μακρὰν εἶ ἀπὸ τ. βασιλείας τ. Θεοῦ
13 8 ἐγερθήσεται . . . βασιλεία ἐπὶ βασιλείαν
14 25 [1] ὅταν αὐτὸ πίνω . . . ἐν τ. βασιλείᾳ τ. Θεοῦ
15 43 [1] ὃς κ. αὐτὸς ἦν προσδεχόμενος τὴν βασ. τ. Θεοῦ
Lu 1 33 τῆς βασιλείας αὐτοῦ οὐκ ἔσται τέλος
4 5 ἔδειξεν αὐτῷ πάσας τ. βασιλείας τ. οἰκουμένης
43 [1] εὐαγγελίσασθαί με δεῖ τὴν βασ. τ. Θεοῦ
6 20 [1] ὅτι ὑμετέρα ἐστὶν ἡ βασ. τ. Θεοῦ
7 28 [1] ὁ δὲ μικρότερος ἐν τῇ βασ. τ. Θεοῦ
8 1 [1] εὐαγγελιζόμενος τ. βασιλείαν τ. Θεοῦ
10 [1] ὑμῖν δέδοται γνῶναι τ. μυστήρια τῆς βασ. τ. Θεοῦ
9 2 [1] ἀπέστειλεν αὐτοὺς κηρύσσειν τὴν βασ. τ. Θεοῦ
11 [1] ἐλάλει αὐτοῖς περὶ τ. βασιλείας τ. Θεοῦ
27 [1] ἕως ἂν ἴδωσιν τ. βασιλείαν τ. Θεοῦ
60 [1] σὺ δὲ ἀπελθὼν διάγγελλε τὴν βασ. τ. Θεοῦ
62 [1] εὔθετός ἐστιν τ. βασιλείᾳ τ. Θεοῦ
10 9 [1] ἤγγικεν ἐφ᾽ ὑμᾶς ἡ βασ. τ. Θεοῦ
11 [1] ὅτι ἤγγικεν ἡ βασ. τ. Θεοῦ
11 2 ἐλθάτω ἡ βασιλεία σου
17 πᾶσα βασ. ἐφ᾽ ἑαυτὴν διαμερισθεῖσα ἐρημοῦται

Lu 11 18 πῶς σταθήσεται ἡ βασιλεία αὐτοῦ;
20 [1] ἄρα ἔφθασεν ἐφ᾽ ὑμᾶς ἡ βασ. τ. Θεοῦ
12 31 πλὴν ζητεῖτε τ. βασιλείαν αὐτοῦ
32 εὐδόκησεν ὁ πατὴρ ὑμῶν δοῦναι ὑμῖν τ βασιλείαν
13 18 [1] τίνι ὁμοία ἐστὶν ἡ βασ. τ. Θεοῦ;
20 [1] τίνι ὁμοιώσω τὴν βασ. τ. Θεοῦ;
28 [1] ὅταν ὄψησθε Ἀβραὰμ . . . ἐν τῇ βασ. τ. Θεοῦ
29 [1] ἀνακλιθήσονται ἐν τ. βασιλείᾳ τ. Θεοῦ
14 15 [1] μακάριος ὅστις φάγεται ἄρτον ἐν τῇ βασ. τ. Θεοῦ
16 16 [1] ἀπὸ τότε ἡ βασ. τ. Θεοῦ εὐαγγελίζεται
17 20 [1] πότε ἔρχεται ἡ βασιλεία τ. Θεοῦ
20 [1] οὐκ ἔρχεται ἡ βασ. τ. Θεοῦ μετὰ παρατηρήσεως
21 [1] ἡ βασ. τ. Θεοῦ ἐντὸς ὑμῶν ἐστίν
18 16 [1] τ. γὰρ τοιούτων ἐστὶν ἡ βασιλεία τ. Θεοῦ
17 [1] ὃς ἂν μὴ δέξηται τὴν βασ. τ. Θεοῦ ὡς παιδίον
24 [1] πῶς δυσκόλως οἱ τ. χρήματα ἔχοντες εἰς τ. βασ. τ. Θεοῦ εἰσπορεύονται
25 [1] ἢ πλούσιον εἰς τ. βασ. τ. Θεοῦ εἰσελθεῖν
29 [1] οὐδείς ἐστιν ὃς ἀφῆκεν οἰκίαν . . . εἵνεκεν τῆς βασ. τ. Θεοῦ
19 11 [1] παραχρῆμα μέλλει ἡ βασ. τ. Θεοῦ ἀναφαίνεσθαι
12 λαβεῖν ἑαυτῷ βασιλείαν κ. ὑποστρέψαι
15 ἐν τῷ ἐπανελθεῖν αὐτὸν λαβόντα τ. βασιλείαν
21 10 ἐγερθήσεται . . . βασιλεία ἐπὶ βασιλείαν
31 [1] ὅτι ἐγγύς ἐστιν ἡ βασιλεία τ. Θεοῦ
22 16 [1] ἕως ὅτου πληρωθῇ ἐν τῇ βασ. τ. Θεοῦ
18 [1] ἕως οὗ ἡ βασιλεία τ. Θεοῦ ἔλθῃ
29 καθὼς διέθετό μοι ὁ πατήρ μου βασιλείαν,
30 ἵνα ἔσθητε κ. πίνητε . . . ἐν τ. βασιλείᾳ μου
23 42 ὅταν ἔλθῃς εἰς τὴν βασιλείαν σου
ἐν τ. βασιλείᾳ, TWH mg. R non mg.
51 [1] ὃς προσεδέχετο τ. βασιλείαν τ. Θεοῦ
Jo 3 3 [1] οὐ δύναται ἰδεῖν τ. βασιλείαν τ. Θεοῦ
5 [1 2] οὐ δύναται εἰσελθεῖν εἰς τ. βασιλείαν τ. Θεοῦ
βασ. τ. οὐρανῶν, T
18 36 ἡ βασ. ἡ ἐμὴ οὐκ ἔστιν ἐκ τ. κόσμου τούτου·
εἰ ἐκ τ. κόσμου τούτου ἦν ἡ βασ. ἡ ἐμή
36 νῦν δὲ ἡ βασ. ἡ ἐμὴ οὐκ ἔστιν ἐντεῦθεν
Ac 1 3 [1] λέγων τὰ περὶ τ. βασιλείας τ. Θεοῦ
6 εἰ ἐν τ. χρόνῳ τούτῳ ἀποκαθιστάνεις τὴν βασ. τῷ Ἰσραήλ
8 12 [1] εὐαγγελιζομένῳ περὶ τ. βασιλείας τ. Θεοῦ
14 22 [1] δεῖ ἡμᾶς εἰσελθεῖν εἰς τ. βασιλείαν τ. Θεοῦ
19 8 [1] πείθων περὶ τ. βασιλείας τ. Θεοῦ
τὰ περί, T
20 25 ἐν οἷς διῆλθον κηρύσσων τ. βασιλείαν
28 23 [1] διαμαρτυρόμενος τ. βασιλείαν τ. Θεοῦ
31 [1] κηρύσσων τ. βασιλείαν τ. Θεοῦ
Ro 14 17 [1] οὐ γάρ ἐστιν ἡ βασ. τ. Θεοῦ βρῶσις κ. πόσις
1 Co 4 20 [1] οὐ γὰρ ἐν λόγῳ ἡ βασιλεία τ. Θεοῦ
6 9 [4] ἄδικοι Θεοῦ βασιλείαν οὐ κληρονομήσουσιν
10 [4] οὐχ ἅρπαγες βασιλείαν Θεοῦ κληρονομήσουσιν
15 24 ὅταν παραδιδῷ τ. βασιλείαν τ. Θεῷ κ. πατρί

I Co 15 50 [4] σὰρξ κ. αἷμα βασιλείαν Θεοῦ κληρονομῆσαι οὐ δύναται

Ga 5 21 [4] οἱ τὰ τοιαῦτα πράσσοντες βασιλείαν Θεοῦ οὐ κληρονομήσουσιν

Eph 5 5 [5] οὐκ ἔχει κληρονομίαν ἐν τῇ βασ. τ. Χριστοῦ κ. Θεοῦ

Col 1 13 μετέστησεν εἰς τ. βασ. τ. υἱοῦ τ. ἀγάπης αὐτοῦ

4 11 [1] οὗτοι μόνοι συνεργοὶ εἰς τ. βασ. τ. Θεοῦ

I Th 2 12 τ. καλοῦντος ὑμᾶς εἰς τὴν ἑαυτοῦ βασιλείαν κ. δόξαν

II Th 1 5 [1] εἰς τὸ καταξιωθῆναι ὑμᾶς τ. βασιλείας τ. Θεοῦ

II Ti 4 1 κ. τ. ἐπιφανείαν αὐτοῦ κ. τ. βασιλείαν αὐτοῦ

18 σώσει εἰς τ. βασιλείαν αὐτοῦ τ. ἐπουράνιον

He 1 8 ἡ ῥάβδος τ. εὐθύτητος ῥάβδος τ. βασιλείας αὐτοῦ

βασ. σου, TWH mg. R non mg.

שֵׁבֶט מִישֹׁר שֵׁבֶט מַלְכוּתֶךָ, Ps. xlv. 7

11 33 οἳ διὰ πίστεως κατηγωνίσαντο βασιλείας

12 28 διὸ βασιλείαν ἀσάλευτον παραλαμβάνοντες

Ja 2 5 τ. πτωχοὺς τ. κόσμῳ . . . κληρονόμους τ. βασιλείας ἧς ἐπηγγείλατο

II Pe 1 11 [5] ἐπιχορηγηθήσεται ὑμῖν ἡ εἴσοδος εἰς τ. αἰώνιον βασ. τ. Κυρίου ἡμῶν

Re 1 6 ἐποίησεν ἡμᾶς βασιλείαν ἱερεῖς τ. Θεῷ

ἡμῖν, WH mg.

9 συνκοινωνὸς ἐν τ. θλίψει κ. βασιλείᾳ κ. ὑπομονῇ ἐν Ἰησοῦ

5 10 ἐποίησας αὐτοὺς τ. Θεῷ ἡμῶν βασιλείαν κ. ἱερεῖς

11 15 [5] ἐγένετο ἡ βασιλεία τ. κόσμου τ. Κυρίου ἡμῶν

12 10 [1] ἄρτι ἐγένετο ἡ σωτηρία . . . κ. ἡ βασ. τ. Θεοῦ ἡμῶν

16 10 ἐγένετο ἡ βασιλεία αὐτοῦ ἐσκοτωμένη

17 12 οἵτινες βασιλείαν οὔπω ἔλαβον

17 δοῦναι τ. βασιλείαν αὐτῶν τ. θηρίῳ

18 ἡ ἔχουσα βασιλείαν ἐπὶ τ. βασιλέων τ. γῆς

ΒΑΣΙ΄ΛΕΙΟΣ 933, 934

Lu 7 25 οἱ ἐν ἱματισμῷ ἐνδόξῳ . . . ὑπάρχοντες ἐν τ. βασιλείοις εἰσίν

I Pe 2 9 βασίλειον ἱεράτευμα

מַמְלֶכֶת כֹּהֲנִים, Ex. xix. 6

ΒΑΣΙΛΕΥ΄Σ 935

(1) βασιλεῖς τ. γῆς (2) βασ. τ. Ἰουδαίων (3) βασ. Ἰσραήλ (4) βασ. τ. βασιλέων, βασιλευόντων (5) βασ. τ. αἰώνων

Mt 1 6 Ἰεσσαὶ δὲ ἐγέννησεν τ. Δαυεὶδ τ. βασιλέα

2 1 ἐν ἡμέραις Ἡρῴδου τ. βασιλέως

2 [2] ποῦ ἐστὶν ὁ τεχθεὶς βασιλεὺς τ. Ἰουδαίων;

3 ἀκούσας δὲ ὁ βασιλεὺς Ἡρῴδης ἐταράχθη

2 9 οἱ δὲ ἀκούσαντες τ. βασιλέως ἐπορεύθησαν

5 35 ὅτι πόλις ἐστὶν τ. μεγάλου βασιλέως

10 18 ἐπὶ ἡγεμόνας δὲ κ. βασιλεῖς ἀχθήσεσθε

11 8 οἱ τ. μαλακὰ φοροῦντες ἐν τ. οἴκοις τ. βασιλέων

14 9 κ. λυπηθεὶς ὁ βασιλεύς

Mt 17 25 [1] οἱ βασιλεῖς τ. γῆς ἀπὸ τίνων λαμβάνουσιν τέλη

18 23 ὡμοιώθη ἡ βασιλεία τ. οὐρανῶν ἀνθρώπῳ βασιλεῖ

21 5 ἰδοὺ ὁ βασιλεύς σου ἔρχεταί σοι

הִנֵּה מַלְכֵּךְ יָבוֹא לָךְ, Zech. ix. 9

22 2 ὡμοιώθη ἡ βασιλεία τ. οὐρανῶν ἀνθρώπῳ βασιλεῖ

7 ὁ δὲ βασιλεὺς ὠργίσθη

11 εἰσελθὼν δὲ ὁ βασιλεὺς

13 τότε ὁ βασιλεὺς εἶπεν τ. διακόνοις

25 34 τότε ἐρεῖ ὁ βασιλεὺς τοῖς ἐκ δεξιῶν αὐτοῦ

40 κ. ἀποκριθεὶς ὁ βασιλεὺς ἐρεῖ αὐτοῖς

27 11 [2] σὺ εἶ ὁ βασιλεὺς τ. Ἰουδαίων;

29 [2] χαῖρε βασιλεῦ τ. Ἰουδαίων

ὁ βασιλεύς, TWH mg.

37 [2] οὗτός ἐστιν Ἰησοῦς ὁ βασιλεὺς τ. Ἰουδαίων

42 [3] βασιλεὺς Ἰσραήλ ἐστιν

Mk 6 14 ἤκουσεν ὁ βασιλεὺς Ἡρῴδης

22 ὁ δὲ βασιλεὺς εἶπεν τ. κορασίῳ

25 εἰσελθοῦσα εὐθὺς μετὰ σπουδῆς πρὸς τ. βασιλέα

26 περίλυπος γενόμενος ὁ βασιλεὺς

27 κ. εὐθὺς ἀποστείλας ὁ βασιλεὺς σπεκουλάτορα

13 9 ἐπὶ ἡγεμόνων κ. βασιλέων σταθήσεσθε

15 2 [2] σὺ εἶ ὁ βασιλεὺς τ. Ἰουδαίων;

9 [2] θέλετε ἀπολύσω ὑμῖν τ. βασιλέα τ. Ἰουδαίων;

12 [2] ὃν λέγετε τ. βασιλέα τ. Ἰουδαίων

18 [2] χαῖρε βασιλεῦ τ. Ἰουδαίων

26 [2] ἦν . . . ἐπιγεγραμμένη Ὁ βασιλεὺς τ. Ἰουδαίων

32 [3] ὁ Χριστὸς ὁ βασιλεὺς Ἰσραὴλ καταβάτω νῦν

Lu 1 5 ἐν τ. ἡμέραις Ἡρῴδου βασιλέως τ. Ἰουδαίας

10 24 πολλοὶ . . . βασιλεῖς ἠθέλησαν ἰδεῖν ἃ ὑμεῖς βλέπετε

14 31 ἢ τίς βασιλεὺς πορευόμενος ἑτέρῳ βασιλεῖ συνβαλεῖν

19 38 εὐλογημένος ὁ ἐρχόμενος ὁ βασ. ἐν ὀνόματι Κυρίου

—ὁ ἐρχ., TWH mg.

21 12 ἀπαγομένους ἐπὶ βασιλεῖς κ. ἡγεμόνας

22 25 οἱ βασιλεῖς τ. ἐθνῶν κυριεύουσιν αὐτῶν

23 2 λέγοντα ἑαυτὸν Χριστὸν βασιλέα εἶναι

3 [2] σὺ εἶ ὁ βασιλεὺς τ. Ἰουδαίων;

37 [2] εἰ σὺ εἶ ὁ βασιλεὺς τ. Ἰουδαίων;

38 [2] ὁ βασιλεὺς τ. Ἰουδαίων οὗτος

Jo 1 49 [3] σὺ βασιλεὺς εἶ τοῦ Ἰσραήλ

6 15 ἁρπάζειν αὐτὸν ἵνα ποιήσωσιν βασιλέα

12 13 [3] εὐλογημένος ὁ ἐρχόμενος . . . κ. ὁ βασιλεὺς τοῦ Ἰσραήλ

15 ἰδοὺ ὁ βασιλεύς σου ἔρχεται, Zech. *l.c.*

18 33 [2] σὺ εἶ ὁ βασιλεὺς τ. Ἰουδαίων;

37 οὐκοῦν βασιλεὺς εἶ σύ;

37 σὺ λέγεις ὅτι βασιλεύς εἰμι

βασ. εἰμι; WH mg.

39 [2] βούλεσθε οὖν ἀπολύσω ὑμῖν τ. βασιλέα τ. Ἰουδαίων;

19 3 [2] χαῖρε ὁ βασιλεὺς τ. Ἰουδαίων

12 πᾶς ὁ βασιλέα ἑαυτὸν ποιῶν

14 ἴδε ὁ βασιλεὺς ὑμῶν

15 τ. βασιλέα ὑμῶν σταυρώσω;

Jo 19 15 οὐκ ἔχομεν βασιλέα εἰ μὴ Καίσαρα
19 [2] Ἰησοῦς ὁ Ναζωραῖος ὁ βασιλεὺς τ. Ἰουδαίων
21 [2] μὴ γράφε Ὁ βασιλεὺς τ. Ἰουδαίων·
[2] ἀλλ᾽ ὅτι ἐκεῖνος εἶπεν Βασιλεὺς τ. Ἰουδαίων εἰμί
Ac 4 26 [1] παρέστησαν οἱ βασιλεῖς τ. γῆς
יִתְיַצְּבוּ מַלְכֵי־אֶרֶץ, Ps. ii. 2
7 10 ἔδωκεν αὐτῷ χάριν . . . ἐναντίον Φαραὼ βασιλέως Αἰγύπτου
18 ἄχρι οὗ ἀνέστη βασιλεὺς ἕτερος ἐπ᾽ Αἴγυπτον
9 15 τοῦ βαστάσαι τὸ ὄνομά μου ἐνώπιον τ. ἐθνῶν τε κ. βασιλέων
12 1 ἐπέβαλεν Ἡρῴδης ὁ βασιλεὺς τ. χεῖρας
ὁ βασ. Ἡρ., T
20 πείσαντες Βλάστον τὸν ἐπὶ τ. κοιτῶνος τ. βασιλέως
13 21 κἀκεῖθεν ᾐτήσαντο βασιλέα
22 ἤγειρεν τ. Δαυεὶδ αὐτοῖς εἰς βασιλέα
17 7 βασιλέα ἕτερον λέγοντες εἶναι Ἰησοῦν
25 13 Ἀγρίππας ὁ βασιλεὺς κ. Βερνίκη κατήντησαν
14 ὁ Φῆστος τ. βασιλεῖ ἀνέθετο τὰ κατὰ τ. Παῦλον
24 κ. φησιν ὁ Φῆστος Ἀγρίππα βασιλεῦ
26 μάλιστα ἐπὶ σοῦ βασιλεῦ Ἀγρίππα
26 2 ὧν ἐγκαλοῦμαι ὑπὸ Ἰουδαίων βασιλεῦ Ἀγρίππα
7 ἐγκαλοῦμαι ὑπὸ Ἰουδαίων βασιλεῦ
13 κατὰ τὴν ὁδὸν εἶδον βασιλεῦ
19 ὅθεν βασιλεῦ Ἀγρίππα
26 ἐπίσταται γὰρ περὶ τούτων ὁ βασιλεύς
27 πιστεύεις βασιλεῦ Ἀγρίππα τ. προφήταις;
30 ἀνέστη τε ὁ βασιλεὺς κ. ὁ ἡγεμών
II Co 11 32 ὁ ἐθνάρχης Ἀρέτα τ. βασιλέως
I Ti 1 17 [5] τ. δὲ βασιλεῖ τ. αἰώνων
2 2 ὑπὲρ βασιλέων κ. πάντων τῶν ἐν ὑπεροχῇ ὄντων
6 15 [4] ὁ βασιλεὺς τ. βασιλευόντων
He 7 1 οὗτος γὰρ ὁ Μελχισεδὲκ βασιλεὺς Σαλήμ
1 Ἀβραὰμ ὑποστρέφοντι ἀπὸ τ. κοπῆς τ. βασιλέων
2 πρῶτον μὲν ἑρμηνευόμενος βασιλεὺς δικαιοσύνης,
ἔπειτα δὲ κ. βασιλεὺς Σαλὴμ ὅ ἐστιν βασιλεὺς εἰρήνης
11 23 οὐκ ἐφοβήθησαν τὸ διάταγμα τ. βασιλέως
27 μὴ φοβηθεὶς τ. θυμὸν τ. βασιλέως
I Pe 2 13 εἴτε βασιλεῖ ὡς ὑπερέχοντι
17 τ. βασιλέα τιμᾶτε
Re 1 5 [1] ὁ ἄρχων τ. βασιλέων τ. γῆς
6 15 [1] οἱ βασιλεῖς τ. γῆς κ. οἱ μεγιστᾶνες
9 11 ἔχουσιν ἐπ᾽ αὐτῶν βασιλέα τ. ἄγγελον τῆς ἀβύσσου
10 11 δεῖ σε πάλιν προφητεῦσαι ἐπὶ . . . βασιλεῦσι πολλοῖς
15 3 [5] ἀληθιναὶ αἱ ὁδοί σου ὁ βασιλεὺς τ. αἰώνων
Βασ. τ. ἐθνῶν, TWH mg. R mg.
16 12 ἡ ὁδὸς τ. βασιλέων τῶν ἀπὸ ἀνατολῆς ἡλίου
14 ἃ ἐκπορεύεται ἐπὶ τ. βασιλεῖς τ. οἰκουμένης ὅλης
17 2 [1] μεθ᾽ ἧς ἐπόρνευσαν οἱ βασιλεῖς τ. γῆς
10 κ. βασιλεῖς ἑπτά εἰσιν
12 τ. δέκα κέρατα ἃ εἶδες δέκα βασιλεῖς εἰσιν
Re 17 12 ἐξουσίαν ὡς βασιλεῖς μίαν ὥραν λαμβάνουσιν
14 [4] κύριος κυρίων ἐστὶν κ. βασιλεὺς βασιλέων
18 [1] ἡ ἔχουσα βασιλείαν ἐπὶ τ. βασιλέων τ. γῆς
18 3 [1] οἱ βασιλεῖς τ. γῆς μετ᾽ αὐτῆς ἐπόρνευσαν
9 [1] κόψονται ἐπ᾽ αὐτὴν οἱ βασιλεῖς τ. γῆς
19 16 [4] βασιλεὺς βασιλέων κ. κύριος κυρίων
18 ἵνα φάγητε σάρκας βασιλέων
19 [1] εἶδον τὸ θηρίον κ. τ. βασιλεῖς τ. γῆς
21 24 [1] οἱ βασιλεῖς τ. γῆς φέρουσιν τ. δόξαν αὐτῶν

ΒΑΣΙΛΕΥ΄Ω 936

Mt 2 22 ἀκούσας δὲ ὅτι Ἀρχέλαος βασιλεύει τ. Ἰουδαίας
Lu 1 33 βασιλεύσει ἐπὶ τ. οἶκον Ἰακὼβ εἰς τ. αἰῶνας
19 14 οὐ θέλομεν τοῦτον βασιλεῦσαι ἐφ᾽ ἡμᾶς
27 τοὺς μὴ θελήσαντάς με βασιλεῦσαι ἐπ᾽ αὐτούς
Ro 5 14 ἐβασίλευσεν ὁ θάνατος ἀπὸ Ἀδὰμ μέχρι Μωυσέως
17 εἰ γὰρ . . . ὁ θάνατος ἐβασίλευσεν διὰ τ. ἑνός
17 ἐν ζωῇ βασιλεύσουσιν διὰ τ. ἑνὸς Ἰησοῦ Χριστοῦ
21 ἵνα ὥσπερ ἐβασίλευσεν ἡ ἁμαρτία ἐν τ. θανάτῳ,
οὕτως κ. ἡ χάρις βασιλεύσῃ διὰ δικαιοσύνης
6 12 μὴ οὖν βασιλευέτω ἡ ἁμαρτία ἐν τ. θνητῷ ὑμῶν σώματι
I Co 4 8 χωρὶς ἡμῶν ἐβασιλεύσατε;
κ. ὄφελόν γε ἐβασιλεύσατε
15 25 δεῖ γὰρ αὐτὸν βασιλεύειν
I Ti 6 15 ὁ βασιλεὺς τ. βασιλευόντων
Re 5 10 κ. βασιλεύουσιν ἐπὶ τ. γῆς
βασιλεύσουσιν, T
11 15 βασιλεύσει εἰς τ. αἰῶνας τ. αἰώνων
17 εἴληφες τ. δύναμίν σου τ. μεγάλην κ ἐβασίλευσας
19 6 ὅτι ἐβασίλευσεν Κύριος ὁ Θεὸς ἡμῶν ὁ παντοκράτωρ
20 4 ἐβασίλευσαν μετὰ τ. Χριστοῦ χίλια ἔτη
6 βασιλεύσουσιν μετ᾽ αὐτοῦ τὰ χίλια ἔτη
22 5 βασιλεύσουσιν εἰς τ. αἰῶνας τ. αἰώνων

ΒΑΣΙΛΙΚΟ΄Σ 937

Jo 4 46 κ. ἦν τις βασιλικός
49 λέγει πρὸς αὐτὸν ὁ βασιλικός
βασιλίσκος, WH mg.
Ac 12 20 διὰ τὸ τρέφεσθαι αὐτῶν τ. χώραν ἀπὸ τ βασιλικῆς
21 ὁ Ἡρῴδης ἐνδυσάμενος ἐσθῆτα βασιλικήν
Ja 2 8 εἰ μέντοι νόμον τελεῖτε βασιλικόν

ΒΑΣΙ΄ΛΙΣΣΑ 938

Mt 12 42 βασίλισσα νότου ἐγερθήσεται ἐν τ. κρίσει
Lu 11 31 βασίλισσα νότου ἐγερθήσεται ἐν τ. κρίσει
Ac 8 27 δυνάστης Κανδάκης βασιλίσσης Αἰθιόπων
Re 18 7 λέγει ὅτι Κάθημαι βασίλισσα

ΒΑ΄ΣΙΣ 939

Ac 3 7 παραχρῆμα δὲ ἐστερεώθησαν αἱ βάσεις αὐτοῦ

ΒΑΣΚΑΙ΄ΝΩ 940

Ga 3 1 τίς ὑμᾶς ἐβάσκανεν

ΒΑΣΤΑ΄ΖΩ 941

Mt 3 11 οὗ οὐκ εἰμὶ ἱκανὸς τὰ ὑποδήματα βαστάσαι
8 17 κ. τ. νόσους ἐβάστασεν
וּמַכְאֹבֵינוּ סְבָלָם, Is. liii. 4
20 12 τ. βαστάσασι τὸ βάρος τ. ἡμέρας κ. τ. καύσωνα
Mk 14 13 ἄνθρωπος κεράμιον ὕδατος βαστάζων
Lu 7 14 οἱ δὲ βαστάζοντες ἔστησαν
10 4 μὴ βαστάζετε βαλλάντιον
11 27 μακαρία ἡ κοιλία ἡ βαστάσασά σε
14 27 ὅστις οὐ βαστάζει τ. σταυρὸν ἑαυτοῦ
22 10 ἄνθρωπος κεράμιον ὕδατος βαστάζων
Jo 10 31 ἐβάστασαν πάλιν λίθους οἱ Ἰουδαῖοι
12 6 τὰ βαλλόμενα ἐβάσταζεν
16 12 ἀλλ᾽ οὐ δύνασθε βαστάζειν ἄρτι
19 17 κ. βαστάζων αὐτῷ τ. σταυρόν
20 15 Κύριε εἰ σὺ ἐβάστασας αὐτόν
Ac 3 2 ἀνὴρ χωλὸς ἐκ κοιλίας μητρὸς αὐτοῦ ὑπάρχων ἐβαστάζετο
9 15 τοῦ βαστάσαι τὸ ὄνομά μου ἐνώπιον τ. ἐθνῶν
15 10 οὔτε ἡμεῖς ἰσχύσαμεν βαστάσαι
21 35 συνέβη βαστάζεσθαι αὐτὸν ὑπὸ τ. στρατιωτῶν
Ro 11 18 οὐ σὺ τ. ῥίζαν βαστάζεις
15 1 τὰ ἀσθενήματα τ. ἀδυνάτων βαστάζειν
Ga 5 10 ὁ δὲ ταράσσων ὑμᾶς βαστάσει τὸ κρίμα
6 2 ἀλλήλων τὰ βάρη βαστάζετε
5 ἕκαστος γὰρ τὸ ἴδιον φορτίον βαστάσει
17 τὰ στίγματα τ. Ἰησοῦ ἐν τ. σώματί μου βαστάζω
Re 2 2 ὅτι οὐ δύνῃ βαστάσαι κακούς
3 κ. ὑπομονὴν ἔχεις κ. ἐβάστασας
17 7 τὸ μυστήριον . . . τ. θηρίου τ. βαστάζοντος αὐτήν

ΒΑ΄ΤΟΣ 942

(1) fem.

Mk 12 26 ἐν τῇ βίβλῳ Μωυσέως ἐπὶ τοῦ βάτου
Lu 6 44 οὐδὲ ἐκ βάτου σταφυλὴν τρυγῶσιν
20 37 [1] κ. Μωυσῆς ἐμήνυσεν ἐπὶ τῆς βάτου
Ac 7 30 ἄγγελος ἐν φλογὶ πυρὸς βάτου
35 [1] σὺν χειρὶ ἀγγέλου τ. ὀφθέντος αὐτῷ ἐν τῇ βάτῳ

ΒΑ΄ΤΟΣ† 943

Lu 16 6 ἑκατὸν βάτους ἐλαίου

ΒΑ΄ΤΡΑΧΟΣ 944

Re 16 13 πνεύματα τρία ἀκάθαρτα ὡς βάτραχοι

ΒΑΤΤΑΛΟΓΕ΄Ω*† 945

Mt 6 7 προσευχόμενοι δὲ μὴ βατταλογήσητε

ΒΔΕ΄ΛΥΓΜΑ† 946

Mt 24 15 ὅταν οὖν ἴδητε τὸ βδέλυγμα τ. ἐρημώσεως
Mk 13 14 ὅταν δὲ ἴδητε τὸ βδέλυγμα τ. ἐρημώσεως
Lu 16 15 τὸ ἐν ἀνθρώποις ὑψηλὸν βδέλυγμα ἐνώπιον τ. Θεοῦ
Re 17 4 γέμον βδελυγμάτων κ. τὰ ἀκάθαρτα τ. πορνείας αὐτῆς
5 ἡ μήτηρ τ. πορνῶν κ. τ. βδελυγμάτων τ. γῆς
21 27 οὐ μὴ εἰσέλθῃ . . . πᾶν κοινὸν κ. ὁ ποιῶν βδέλυγμα

ΒΔΕΛΥΚΤΟ΄Σ† 947

Tit 1 16 βδελυκτοὶ ὄντες κ. ἀπειθεῖς

ΒΔΕΛΥ΄ΣΣΟΜΑΙ 948

Ro 2 22 ὁ βδελυσσόμενος τὰ εἴδωλα ἱεροσυλεῖς;
Re 21 8 ἀπίστοις κ. ἐβδελυγμένοις κ. φονεῦσι

ΒΕ΄ΒΑΙΟΣ** 949

Ro 4 16 εἰς τὸ εἶναι βεβαίαν τ. ἐπαγγελίαν
II Co 1 7 ἡ ἐλπὶς ἡμῶν βεβαία ὑπὲρ ὑμῶν
He 2 2 εἰ γὰρ ὁ δι᾽ ἀγγέλων λαληθεὶς λόγος ἐγένετο βέβαιος
3 6 ἐὰν τ. παρρησίαν . . . μέχρι τέλους βεβαίαν κατάσχωμεν
μ. τέλ. βεβ., [WH]
14 ἐάνπερ τ. ἀρχὴν τ. ὑποστάσεως μέχρι τέλους βεβαίαν κατάσχωμεν
6 19 ὡς ἄγκυραν ἔχομεν τ. ψυχῆς ἀσφαλῆ τε κ. βεβαίαν
9 17 διαθήκη γὰρ ἐπὶ νεκροῖς βεβαία
II Pe 1 10 σπουδάσατε βεβαίαν ὑμῶν τ. κλῆσιν . . . ποιεῖσθαι
19 ἔχομεν βεβαιότερον τ. προφητικὸν λόγον

ΒΕΒΑΙΟ΄Ω 950

Mk 16 [20 τ. λόγον βεβαιοῦντος διὰ τ. ἐπακολουθούντων σημείων
Ro 15 8 εἰς τὸ βεβαιῶσαι τ. ἐπαγγελίας τ. πατέρων
I Co 1 6 καθὼς τὸ μαρτύριον τ. Χριστοῦ ἐβεβαιώθη ἐν ὑμῖν
8 ὃς κ. βεβαιώσει ὑμᾶς ἕως τέλους ἀνεγκλήτους
II Co 1 21 ὁ δὲ βεβαιῶν ἡμᾶς σὺν ὑμῖν . . . Θεός
Col 2 7 βεβαιούμενοι τ. πίστει
He 2 3 ὑπὸ τ. ἀκουσάντων εἰς ἡμᾶς ἐβεβαιώθη
13 9 καλὸν γὰρ χάριτι βεβαιοῦσθαι τ. καρδίαν

ΒΕΒΑΙ΄ΩΣΙΣ 951

Phl 1 7 ἐν τ. ἀπολογίᾳ κ. βεβαιώσει τ. εὐαγγελίου
He 6 16 πάσης αὐτοῖς ἀντιλογίας πέρας εἰς βεβαίωσιν ὁ ὅρκος

ΒΕ΄ΒΗΛΟΣ 952

I Ti 1 9 ἀνοσίοις κ. βεβήλοις
4 7 τ. δὲ βεβήλους κ. γραώδεις μύθους παραιτοῦ
6 20 ἐκτρεπόμενος τὰς βεβήλους κενοφωνίας
II Ti 2 16 τὰς δὲ βεβήλους κενοφωνίας περιΐστασο
He 12 16 μή τις πόρνος ἢ βέβηλος ὡς Ἠσαῦ

ΒΕΒΗΛΟ΄Ω 953

Mt 12 5 οἱ ἱερεῖς ἐν τ. ἱερῷ τὸ σάββατον βεβηλοῦσιν
Ac 24 6 ὃς κ. τὸ ἱερὸν ἐπείρασεν βεβηλῶσαι

BEEZEBOY'Λ 954

Βεελζεβούλ, TR

Mt 10 25 εἰ τ. οἰκοδεσπότην Β. ἐπεκάλεσαν
12 24 εἰ μὴ ἐν τῷ Β. ἄρχοντι τ. δαιμονίων
27 εἰ ἐγὼ ἐν Β. ἐκβάλλω τὰ δαιμόνια
Mk 3 22 ἔλεγον ὅτι Β. ἔχει
Lu 11 15 ἐν Β. τ. ἄρχοντι τ. δαιμονίων ἐκβάλλει τὰ δαιμόνια
18 ὅτι λέγετε ἐν Β. ἐκβάλλειν με τὰ δαιμόνια.
19 εἰ δὲ ἐγὼ ἐν Β. ἐκβάλλω τὰ δαιμόνια

ΒΕΛΙ'ΑΡ 955

II Co 6 15 τίς δὲ συμφώνησις Χριστοῦ πρὸς Βελίαρ
Βελίαλ, R non mg.

ΒΕΛΟ'ΝΗ* 955.5 cf. 4476

Lu 18 25 κάμηλον διὰ τρήματος βελόνης εἰσελθεῖν

ΒΕ'ΛΟΣ 956

Eph 6 16 πάντα τὰ βέλη τ. πονηροῦ τ. πεπυρωμένα σβέσαι

ΒΕ'ΛΤΙΟΝ 957

II Ti 1 18 ὅσα ἐν Ἐφέσῳ διηκόνησεν βέλτιον σὺ γινώσκεις

ΒΕΝΙΑΜΕΙ'Ν 958

Ac 13 21 Σαοὺλ υἱὸν Κεὶς ἄνδρα ἐκ φυλῆς Βενιαμείν
Ro 11 1 ἐκ σπέρματος Ἀβραάμ φυλῆς Βενιαμείν
Phl 3 5 ἐκ γένους Ἰσραὴλ φυλῆς Βενιαμείν
Re 7 8 ἐκ φυλῆς Β. δώδεκα χιλιάδες

ΒΕΡΝΙ'ΚΗ 959

Ac 25 13 Ἀγρίππας ὁ βασιλεὺς κ. Βερνίκη κατήντησαν
23 ἐλθόντος τ. Ἀγρίππα κ. τ. Βερνίκης μετὰ πολλῆς φαντασίας
26 30 ἀνέστη τε ὁ βασιλεὺς κ. ὁ ἡγεμὼν ἥ τε Βερνίκη

ΒΕ'ΡΟΙΑ 960

Ac 17 10 ἐξέπεμψεν τόν τε Παῦλον κ. τ. Σίλαν εἰς Βέροιαν
13 κ. ἐν τ. Βεροίᾳ κατηγγέλη . . . ὁ λόγος τ. Θεοῦ

ΒΕΡΟΙΑΙ'ΟΣ 961

Ac 20 4 συνείπετο δὲ αὐτῷ Σώπατρος Πύρρου Βεροιαῖος

ΒΕΩ'Ρ 961.5

II Pe 2 15 ἀκολουθήσαντες τῇ ὁδῷ τοῦ Βαλαὰμ τοῦ Βεώρ
Βοσόρ, TWH mg. R mg.

ΒΗΘΑΒΑΡΑ' 962

Jo 1 28 ταῦτα ἐν Β. ἐγένετο πέραν τ. Ἰορδάνου
Βηθανίᾳ, TWHR non mg.; Βηθαραβᾷ, R mg. alt.

ΒΗΘΑΝΙ'Α 963

Mt 21 17 ἐξῆλθον ἔξω τ. πόλεως εἰς Βηθανίαν
26 6 τοῦ δὲ Ἰησοῦ γενομένου ἐν Βηθανίᾳ
Mk 8 22 κ. ἔρχονται εἰς Βηθανίαν
Βηθσαιδάν, TWH non mg. R
11 1 ὅτε ἐγγίζουσιν εἰς Ἱεροσόλυμα εἰς Βηθφαγὴ κ. Βηθανίαν
Ἱερ. κ. εἰς Βηθ., TWH mg.
11 ἐξῆλθεν εἰς Βηθανίαν μετὰ τῶν δώδεκα.
12 κ. τῇ ἐπαύριον ἐξελθόντων αὐτῶν ἀπὸ Βηθανίας
14 3 κ. ὄντος αὐτοῦ ἐν Βηθανίᾳ
Lu 19 29 ὡς ἤγγισεν εἰς Βηθφαγὴ κ. Βηθανίαν
Βηθανιά, WH
24 50 ἐξήγαγεν δὲ αὐτοὺς ἕως πρὸς Βηθανίαν
Jo 1 28 ταῦτα ἐν Βηθανίᾳ ἐγένετο πέραν τ. Ἰορδάνου
Βηθαβαρᾷ, R mg.; Βηθαραβᾷ, R mg. alt.
11 1 ἦν δέ τις ἀσθενῶν Λάζαρος ἀπὸ Βηθανίας
18 ἦν δὲ Βηθανία ἐγγὺς τ. Ἱεροσολύμων
12 1 ὁ οὖν Ἰησοῦς . . . ἦλθεν εἰς Βηθανίαν

ΒΗΘΕΣΔΑ'. *Vide infra*

ΒΗΘΖΑΘΑ' 964

Jo 5 2 κολυμβήθρα ἡ ἐπιλεγομένη Ἑβραϊστὶ Βηθζαθά
Βηθεσδά, R non mg.; Βηθσαιδά, WH mg R mg. alt.

ΒΗΘΛΕΕ'Μ 965

Mt 2 1 τ. δὲ Ἰησοῦ γεννηθέντος ἐν Β. τ. Ἰουδαίας
5 οἱ δὲ εἶπαν αὐτῷ Ἐν Β. τ. Ἰουδαίας
6 κ. σὺ Βηθλεὲμ γῆ Ἰούδα
וְאַתָּה בֵּית־לֶחֶם אֶפְרָתָה, Mic. v. 1
8 πέμψας αὐτοὺς εἰς Β. εἶπεν
16 ἀνεῖλεν πάντας τ. παῖδας τοὺς ἐν Βηθλεέμ
Lu 2 4 εἰς πόλιν Δαυεὶδ ἥτις καλεῖται Βηθλεέμ
15 διέλθωμεν δὴ ἕως Βηθλεέμ
Jo 7 42 ἀπὸ Βηθλεὲμ . . . ἔρχεται ὁ Χριστός

ΒΗΘΣΑΙΔΑ' 966

Mt 11 21 οὐαί σοι Χοραζείν· οὐαί σοι Βηθσαιδάν
Mk 6 45 ἠνάγκασεν . . . προάγειν εἰς τὸ πέραν πρὸς Βηθσαιδάν
8 22 κ. ἔρχονται εἰς Βηθσαιδάν
Βηθανίαν, WH mg.
Lu 9 10 ὑπεχώρησεν . . . εἰς πόλιν καλουμένην Βηθσαιδά
10 13 οὐαί σοι Χοραζείν· οὐαί σοι Βηθσαιδά
Jo 1 44 ἦν δὲ ὁ Φίλιππος ἀπὸ Βηθσαιδά
5 2 κολυμβήθρα ἡ ἐπιλεγομένη Ἑβραϊστὶ Βηθσαιδά
Βηθζαθά, TWH non mg. R mg. alt.; Βηθεσδά, R non mg.
12 21 προσῆλθαν Φιλίππῳ τῷ ἀπὸ Βηθσαιδὰ τ. Γαλιλαίας

ΒΗΘΦΑΓΗ' 967

Mt 21 1 ἦλθον εἰς Βηθφαγὴ εἰς τὸ ὄρος τ. ἐλαιῶν
Mk 11 1 ὅτε ἐγγίζουσιν εἰς Ἱεροσόλυμα εἰς Β. κ. Βηθανίαν
—Βηθφ. κ., TWH mg.
Lu 19 29 ὡς ἤγγισεν εἰς Β. κ. Βηθανίαν

ΒΗ͂ΜΑ 968

Mt 27 19 καθημένου δὲ αὐτοῦ ἐπὶ τ. βήματος
Jo 19 13 ἐκάθισεν ἐπὶ βήματος
Ac 7 5 οὐκ ἔδωκεν αὐτῷ . . . οὐδὲ βῆμα ποδός
12 21 καθίσας ἐπὶ τ. βήματος
18 12 ἤγαγον αὐτὸν ἐπὶ τὸ βῆμα
16 ἀπήλασεν αὐτοὺς ἀπὸ τ. βήματος
17 ἔτυπτον ἔμπροσθεν τ. βήματος
25 6 τῇ ἐπαύριον καθίσας ἐπὶ τ. βήματος
10 ἑστὼς ἐπὶ τ. βήματος Καίσαρός εἰμι
17 τῇ ἑξῆς καθίσας ἐπὶ τ. βήματος
Ro 14 10 πάντες γὰρ παραστησόμεθα τ. βήματι τ. Θεοῦ
II Co 5 10 φανερωθῆναι δεῖ ἔμπροσθεν τ. βήματος τ. Χριστοῦ

ΒΗ΄ΡΥΛΛΟΣ** 969

Re 21 20 ὁ ὄγδοος βήρυλλος

ΒΙ΄Α 970

Ac 5 26 ἦγεν αὐτοὺς οὐ μετὰ βίας
21 35 συνέβη βαστάζεσθαι αὐτὸν . . . διὰ τ. βίαν τ. ὄχλου
24 7 μετὰ πολλῆς βίας ἐκ τ. χειρῶν ἡμῶν ἀπήγαγεν
—h. v., TWHR non mg.
27 41 ἡ δὲ πρύμνα ἐλύετο ὑπὸ τ. βίας

ΒΙΑ΄ΖΟΜΑΙ 971

Mt 11 12 ἡ βασιλεία τ. οὐρανῶν βιάζεται
Lu 16 16 κ. πᾶς εἰς αὐτὴν βιάζεται

ΒΙ΄ΑΙΟΣ 972

Ac 2 2 ἦχος ὥσπερ φερομένης πνοῆς βιαίας

ΒΙΑΣΤΗ΄Σ*† 973

Mt 11 12 βιασταὶ ἁρπάζουσιν αὐτήν

ΒΙΒΛΑΡΙ΄ΔΙΟΝ*† 974

Re 10 2 ἔχων ἐν τ. χειρὶ αὐτοῦ βιβλαρίδιον ἠνεῳγμένον
8 ὕπαγε λάβε τ. βιβλαρίδιον τ. ἠνεῳγμένον
βιβλίον, WHR
9 λέγων αὐτῷ δοῦναι μοι τὸ βιβλαρίδιον
10 ἔλαβον τ. βιβλαρίδιον ἐκ τῆς χειρὸς τ. ἀγγέλου

ΒΙΒΛΙ΄ΟΝ 975

(1) β. ἀποστασίου (2) β. τ. ζωῆς

Mt 19 7 [1] ἐνετείλατο δοῦναι βιβλίον ἀποστασίου
כָּתַב לָהּ סֵפֶר כְּרִיתֻת, Dt. xxiv. 1
Mk 10 4 [1] ἐπέτρεψεν Μωυσῆς βιβλίον ἀποστασίου γράψαι
Lu 4 17 ἐπεδόθη αὐτῷ βιβλίον τ. προφήτου Ἠσαίου· κ. ἀνοίξας τὸ βιβλίον
20 κ. πτύξας τὸ βιβλίον
Jo 20 30 ἃ οὐκ ἔστιν γεγραμμένα ἐν τ. βιβλίῳ τούτῳ
21 25 οὐδ᾽ αὐτὸν οἶμαι τ. κόσμον χωρήσειν τ. γραφόμενα βιβλία
—h. v., T
Ga 3 10 ὃς οὐκ ἐμμένει πᾶσι τ. γεγραμμένοις ἐν τ. βιβλίῳ τ. νόμου
אֲשֶׁר לֹא־יָקִים אֶת־דִּבְרֵי הַתּוֹרָה־הַזֹּאת
Dt. xxvii. 26
II Ti 4 13 τὰ βιβλία μάλιστα τὰς μεμβράνας
He 9 19 αὐτό τε τ. βιβλίον κ. πάντα τ. λαὸν ἐράντισεν
10 7 ἐν κεφαλίδι βιβλίου γέγραπται περὶ ἐμοῦ
בִּמְגִלַּת־סֵפֶר כָּתוּב עָלָי, Ps. xl. 8
Re 1 11 ὃ βλέπεις γράψον εἰς βιβλίον
5 1 βιβλίον γεγραμμένον ἔσωθεν κ. ὄπισθεν
2 τίς ἄξιος ἀνοῖξαι τὸ βιβλίον
3 οὐδεὶς ἐδύνατο ἐν τ. οὐρανῷ . . . ἀνοῖξαι τὸ βιβλίον
4 οὐδεὶς ἄξιος εὑρέθη ἀνοῖξαι τὸ βιβλίον
5 ἐνίκησεν ὁ λέων . . . ἀνοῖξαι τὸ βιβλίον
8 ὅτε ἔλαβεν τὸ βιβλίον
9 ἄξιος εἶ λαβεῖν τὸ βιβλίον
6 14 ὁ οὐρανὸς ἀπεχωρίσθη ὡς βιβλίον ἑλισσόμενον
10 8 ὕπαγε λάβε τ. βιβλίον τ. ἠνεῳγμένον
βιβλαρίδιον, T
13 8 [2] οὗ οὐ γέγραπται τὸ ὄνομα αὐτοῦ ἐν τ. βιβλίῳ τ. ζωῆς
17 8 [2] ὧν οὐ γέγραπται τὸ ὄνομα ἐπὶ τὸ βιβλίον τ. ζωῆς
20 12 κ. βιβλία ἠνοίχθησαν·
[2] κ. ἄλλο βιβλίον ἠνοίχθη ὅ ἐστιν τ. ζωῆς·
κ. ἐκρίθησαν οἱ νεκροὶ ἐκ τ. γεγραμμένων ἐν τ. βιβλίοις
21 27 [2] εἰ μὴ οἱ γεγραμμένοι ἐν τ. βιβλίῳ τ. ζωῆς τ. ἀρνίου
22 7 μακάριος ὁ τηρῶν τ. λόγους τ. προφητείας τ. βιβλίου τούτου
9 σύνδουλος . . . τ. τηρούντων τ. λόγους τ. βιβλίου τούτου
10 μὴ σφραγίσῃς τ. λόγους τ. προφητείας τ. βιβλίου τούτου
18 μαρτυρῶ ἐγὼ παντὶ τ. ἀκούοντι τ. λόγους τ. προφητείας τ. βιβλίου τούτου
18 ἐπιθήσει ὁ Θεὸς . . . τ. πληγὰς τ. γεγραμμένας ἐν τ. βιβλίῳ τούτῳ·
19 κ. ἐάν τις ἀφέλῃ ἀπὸ τ. λόγων τ. βιβλίου τ. προφητείας ταύτης,
ἀφελεῖ ὁ Θεὸς τ. μέρος αὐτοῦ ἀπὸ . . τ. γεγραμμένων ἐν τ. βιβλίῳ τούτῳ

ΒΙ΄ΒΛΟΣ 976

(1) β. τ. ζωῆς

Mt 1 1 βίβλος γενέσεως Ἰησοῦ Χριστοῦ
Mk 12 26 οὐκ ἀνέγνωτε ἐν τῇ βίβλῳ Μωυσέως
Lu 3 4 ὡς γέγραπται ἐν βίβλῳ λόγων Ἠσαίου
20 42 αὐτὸς γὰρ Δαυεὶδ λέγει ἐν βίβλῳ ψαλμῶν
Ac 1 20 γέγραπται γὰρ ἐν βίβλῳ ψαλμῶν
7 42 καθὼς γέγραπται ἐν βίβλῳ τ. προφητῶν
19 19 συνενέγκαντες τὰς βίβλους κατέκαιον
Phl 4 3 [1] ὧν τὰ ὀνόματα ἐν βίβλῳ ζωῆς
Re 3 5 [1] οὐ μὴ ἐξαλείψω τὸ ὄνομα αὐτοῦ ἐκ τῆς βίβλου τ. ζωῆς
20 15 [1] εἴ τις οὐχ εὑρέθη ἐν τῇ βίβλῳ τ. ζωῆς γεγραμμένος

ΒΙΒΡΩ΄ΣΚΩ 977

Jo 6 13 ἃ ἐπερίσσευσαν τ. βεβρωκόσιν

ΒΙΘΥΝΙ΄Α 978

Ac 16 7 ἐπείραζον εἰς τ. Βιθυνίαν πορευθῆναι
I Pe 1 1 ἐκλεκτοῖς παρεπιδήμοις διασπορᾶς . . . Ἀσίας κ. Βιθυνίας

ΒΙ΄ΟΣ 979

Mk 12 44 πάντα ὅσα εἶχεν ἔβαλεν ὅλον τ. βίον αὐτῆς
Lu 8 14 ὑπὸ . . . πλούτου κ. ἡδονῶν τ. βίου πορευόμενοι συνπνίγονται
43 ἰατροῖς προσαναλώσασα ὅλον τ. βίον —h. v., WHR mg.
15 12 διεῖλεν αὐτοῖς τ. βίον
30 οὗτος ὁ καταφαγών σου τ. βίον μετὰ πορνῶν
21 4 πάντα τ. βίον ὃν εἶχεν ἔβαλεν
I Ti 2 2 ἵνα ἤρεμον κ. ἡσύχιον βίον διάγωμεν
II Ti 2 4 οὐδεὶς στρατευόμενος ἐμπλέκεται ταῖς τ. βίου πραγματίαις
I Jo 2 16 ἡ ἀλαζονία τ. βίου
3 17 ὃς δ᾽ ἂν ἔχῃ τ. βίον τ. κόσμου

ΒΙΟ΄Ω 980

I Pe 4 2 θελήματι Θεοῦ τ. ἐπίλοιπον ἐν σαρκὶ βιῶσαι χρόνον

ΒΙ΄ΩΣΙΣ ** † 981

Ac 26 4 τὴν μὲν οὖν βίωσίν μου ἐκ νεότητος
τὴν ἐκ νεότ., T

ΒΙΩΤΙΚΟ΄Σ * 982

Lu 21 34 ἐν κραιπάλῃ κ. μέθῃ κ. μερίμναις βιωτικαῖς
I Co 6 3 οὐκ οἴδατε ὅτι ἀγγέλους κρινοῦμεν; μήτιγε βιωτικά;
4 βιωτικὰ μὲν οὖν κριτήρια ἐὰν ἔχητε

ΒΛΑΒΕΡΟ΄Σ 983

I Ti 6 9 ἐπιθυμίας πολλὰς ἀνοήτους κ. βλαβεράς

ΒΛΑ΄ΠΤΩ 984

Mk 16 [18 κἂν θανάσιμόν τι πίωσιν οὐ μὴ αὐτοὺς βλάψῃ
L 4 35 ἐξῆλθεν ἀπ᾽ αὐτοῦ μηδὲν βλάψαν αὐτόν

ΒΛΑΣΤΑ΄ΝΩ 985

Mt 13 26 ὅτε δὲ ἐβλάστησεν ὁ χόρτος
Mk 4 27 κ. ὁ σπόρος βλαστᾷ κ. μηκύνηται
He 9 4 ἡ ῥάβδος Ἀαρὼν ἡ βλαστήσασα
Ja 5 18 ἡ γῆ ἐβλάστησεν τ. καρπὸν αὐτῆς

ΒΛΑ΄ΣΤΟΣ 986

Ac 12 20 πείσαντες Βλάστον τὸν ἐπὶ τ. κοιτῶνος τ. βασιλέως

ΒΛΑΣΦΗΜΕ΄Ω 987

(1) βλ. εἰς (2) βλ. βλασφημίας

Mt 9 3 εἶπαν ἐν ἑαυτοῖς Οὗτος βλασφημεῖ
26 65 διέρηξεν τὰ ἱμάτια αὐτοῦ λέγων Ἐβλασφήμησεν
27 39 οἱ δὲ παραπορευόμενοι ἐβλασφήμουν αὐτόν
Mk 2 7 τί οὗτος οὕτως λαλεῖ; βλασφημεῖ
3 28 [2] αἱ βλασφημίαι ὅσα ἐὰν βλασφημήσωσιν·
29 [1] ὃς δ᾽ ἂν βλασφημήσῃ εἰς τὸ πνεῦμα τὸ ἅγιον
15 29 κ. οἱ παραπορευόμενοι ἐβλασφήμουν αὐτόν
Lu 12 10 [1] τῷ δὲ εἰς τ. ἅγιον πνεῦμα βλασφημήσαντι
22 65 ἕτερα πολλὰ βλασφημοῦντες
23 39 εἷς δὲ τ. κρεμασθέντων κακούργων ἐβλασφήμει αὐτόν
Jo 10 36 ὑμεῖς λέγετε ὅτι Βλασφημεῖς
Ac 13 45 ἀντέλεγον τοῖς ὑπὸ Παύλου λαλουμένοις βλασφημοῦντες
18 6 ἀντιτασσομένων δὲ αὐτῶν κ. βλασφημούντων
19 37 οὔτε βλασφημοῦντας τ. θεὸν ἡμῶν
26 11 ἠνάγκαζον βλασφημεῖν
Ro 2 24 τὸ γὰρ ὄνομα τ. Θεοῦ δι᾽ ὑμᾶς βλασφημεῖται
תָּמִיד כָּל־הַיּוֹם שְׁמִי מִנֹּאָץ, Is. lii. 5
8 8 κ. μὴ καθὼς βλασφημούμεθα
14 16 μὴ βλασφημείσθω οὖν ὑμῶν τὸ ἀγαθόν
I Co 10 30 τί βλασφημοῦμαι ὑπὲρ οὗ ἐγὼ εὐχαριστῶ
I Ti 1 20 ἵνα παιδευθῶσιν μὴ βλασφημεῖν
6 1 ἵνα μὴ τὸ ὄνομα τ. Θεοῦ . . . βλασφημῆται
Tit 2 5 ἵνα μὴ ὁ λόγος τ. Θεοῦ βλασφημῆται
3 2 μηδένα βλασφημεῖν
Ja 2 7 οὐκ αὐτοὶ βλασφημοῦσιν τὸ καλὸν ὄνομα
I Pe 4 4 ἐν ᾧ ξενίζονται . . . βλασφημοῦντες
II Pe 2 2 δι᾽ οὓς ἡ ὁδὸς τ. ἀληθείας βλασφημηθήσεται
10 δόξας οὐ τρέμουσιν βλασφημοῦντες
12 ἐν οἷς ἀγνοοῦσιν βλασφημοῦντες
Ju 8 δόξας δὲ βλασφημοῦσιν
10 οὗτοι δὲ ὅσα μὲν οὐκ οἴδασι βλασφημοῦσιν
Re 13 6 ἤνοιξεν τ. στόμα αὐτοῦ . . . βλασφημῆσαι τ. ὄνομα αὐτοῦ
16 9 ἐβλασφήμησαν τὸ ὄνομα τ. Θεοῦ
11 ἐβλασφήμησαν τ. Θεὸν τ. οὐρανοῦ
21 ἐβλασφήμησαν οἱ ἄνθρωποι τ. Θεόν

ΒΛΑΣΦΗΜΙ΄Α 988

(1) βλ. βλασφημεῖν

Mt 12 31 πᾶσα ἁμαρτία κ. βλασφημία ἀφεθήσεται τ. ἀνθρωποις·
ἡ δὲ τ. πνεύματος βλασφημία οὐκ ἀφεθήσεται
15 19 ἐκ γὰρ τ. καρδίας ἐξέρχονται . . . ψευδομαρτυρίαι βλασφημίαι
26 65 ἴδε νῦν ἠκούσατε τ. βλασφημίαν
Mk 3 28 [1] αἱ βλασφημίαι ὅσα ἐὰν βλασφημήσωσιν
7 22 ὀφθαλμὸς πονηρὸς βλασφημία
14 64 ἠκούσατε τῆς βλασφημίας;
Lu 5 21 τίς ἐστιν οὗτος ὃς λαλεῖ βλασφημίας;
Jo 10 33 περὶ καλοῦ ἔργου οὐ λιθάζομέν σε ἀλλὰ περὶ βλασφημίας
Eph 4 31 πᾶσα πικρία . . . κ. βλασφημία ἀρθήτω ἀφ᾽ ὑμῶν
Col 3 8 νυνὶ δὲ ἀπόθεσθε κ. ὑμεῖς τὰ πάντα . . . κακίαν βλασφημίαν
I Ti 6 4 ἐξ ὧν γίνεται φθόνος ἔρις βλασφημίαι
Ju 9 οὐκ ἐτόλμησεν κρίσιν ἐπενεγκεῖν βλασφημίας

Re 2 9 τ. βλασφημίαν ἐκ τ. λεγόντων Ἰουδαίους εἶναι ἑαυτούς
13 1 ἐπὶ τ. κεφαλὰς αὐτοῦ ὀνόματα βλασφημίας
5 στόμα λαλοῦν μεγάλα κ. βλασφημίας
6 ἤνοιξεν τὸ στόμα αὐτοῦ εἰς βλασφημίας πρὸς τ. Θεόν
17 3 γέμοντα ὀνόματα βλασφημίας

ΒΛΑ΄ΣΦΗΜΟΣ 989

Ac 6 11 λαλοῦντος ῥήματα βλάσφημα εἰς Μωυσῆν κ. τ. Θεόν
I Ti 1 13 τὸ πρότερον ὄντα βλάσφημον κ. διώκτην
II Ti 3 2 ἔσονται γὰρ οἱ ἄνθρωποι . . . ὑπερήφανοι βλάσφημοι
II Pe 2 11 φέρουσιν κατ' αὐτῶν παρὰ Κυρίῳ βλάσφημον κρίσιν

ΒΛΕ΄ΜΜΑ * 990

II Pe 2 8 βλέμματι γὰρ κ. ἀκοῇ δίκαιος

ΒΛΕ΄ΠΩ 991

(1) βλ. εἰς (2) βλ. ἀπό (3) seq. μή (4) seq. πῶς

Mt 5 28 πᾶς ὁ βλέπων γυναῖκα πρὸς τὸ ἐπιθυμῆσαι αὐτήν
6 4 ὁ πατήρ σου ὁ βλέπων ἐν τ. κρυπτῷ
6 ὁ πατήρ σου ὁ βλέπων ἐν τ. κρυπτῷ
18 ὁ πατήρ σου ὁ βλέπων ἐν τ. κρυφαίῳ
7 3 τί δὲ βλέπεις τὸ κάρφος τὸ ἐν τ. ὀφθαλμῷ
11 4 ἀπαγγείλατε Ἰωάνει ἃ ἀκούετε κ. βλέπετε
12 22 ὥστε τ. κωφὸν λαλεῖν κ. βλέπειν
13 13 ὅτι βλέποντες οὐ βλέπουσιν
14 βλέποντες βλέψετε κ. οὐ μὴ ἴδητε
רְאוּ רָאוֹ וְאַל־תֵּדָעוּ, Is. vi. 9
16 μακάριοι οἱ ὀφθαλμοὶ ὅτι βλέπουσιν
17 πολλοὶ προφῆται . . . ἐπεθύμησαν ἰδεῖν ἃ βλέπετε
14 30 βλέπων δὲ τ. ἄνεμον ἐφοβήθη
15 31 βλέποντας κωφοὺς λαλοῦντας
31 κ. τυφλοὺς βλέποντας
18 10 οἱ ἄγγελοι αὐτῶν . . . διὰ παντὸς βλέπουσιν τ. πρόσωπον τ. πατρός μου
22 16 [1] οὐ γὰρ βλέπεις εἰς πρόσωπον ἀνθρώπων
24 2 οὐ βλέπετε ταῦτα πάντα;
4 [3] βλέπετε μή τις ὑμᾶς πλανήσῃ
Mk 4 12 ἵνα βλέποντες βλέπωσιν κ. μὴ ἴδωσιν
24 βλέπετε τί ἀκούετε
5 31 βλέπεις τ. ὄχλον συνθλίβοντά σε
8 15 [2] ὁρᾶτε βλέπετε ἀπὸ τ. ζύμης τ. Φαρισαίων
18 ὀφθαλμοὺς ἔχοντες οὐ βλέπετε
23 ἐπηρώτα αὐτὸν Εἴ τι βλέπεις
βλέπει, TWH mg.
24 βλέπω τ. ἀνθρώπους ὅτι ὡς δένδρα ὁρῶ
12 14 [1] οὐ γὰρ βλέπεις εἰς πρόσωπον ἀνθρώπων
38 [2] βλέπετε ἀπὸ τ. γραμματέων
13 2 βλέπεις ταύτας τ. μεγάλας οἰκοδομάς;
5 [3] βλέπετε μή τις ὑμᾶς πλανήσῃ
9 βλέπετε δὲ ὑμεῖς ἑαυτούς
23 ὑμεῖς δὲ βλέπετε
33 βλέπετε ἀγρυπνεῖτε
Lu 6 41 τί δὲ βλέπεις τὸ κάρφος τὸ ἐν τ. ὀφθαλμῷ
42 αὐτὸς τὴν ἐν τ. ὀφθαλμῷ σου δοκὸν οὐ βλέπων
7 21 τυφλοῖς πολλοῖς ἐχαρίσατο βλέπειν

Lu 7 44 βλέπεις ταύτην τ. γυναῖκα;
8 10 ἵνα βλέποντες μὴ βλέπωσιν
16 ἵνα οἱ εἰσπορευόμενοι βλέπωσιν τὸ φῶς
18 [4] βλέπετε οὖν πῶς ἀκούετε
9 62 [1] οὐδεὶς ἐπιβαλὼν τ. χεῖρα ἐπ' ἄροτρον κ. βλέπων εἰς τὰ ὀπίσω
οὐδ. εἰς τ. ὀπ. βλ. κ. ἐπιβ. τ. χ. αὐτοῦ ἐπ' ἄρ., WH mg.
10 23 μακάριοι οἱ ὀφθαλμοὶ οἱ βλέποντες ἃ βλέπετε
24 πολλοὶ προφῆται . . . ἠθέλησαν ἰδεῖν ἃ ὑμεῖς βλέπετε
11 33 ἵνα οἱ εἰσπορευόμενοι τὸ φῶς βλέπωσιν
21 8 [3] βλέπετε μὴ πλανηθῆτε
30 βλέποντες ἀφ' ἑαυτῶν γινώσκετε
24 12 παρακύψας βλέπει τὰ ὀθόνια
—h. v., T [[WH]] R mg.
Jo 1 29 τῇ ἐπαύριον βλέπει τ. Ἰησοῦν ἐρχόμενον
5 19 ἂν μή τι βλέπῃ τ. πατέρα ποιοῦντα
9 7 ἐνίψατο κ. ἦλθεν βλέπων
15 κ. ἐνιψάμην κ. βλέπω
19 πῶς οὖν βλέπει ἄρτι;
21 πῶς δὲ νῦν βλέπει οὐκ οἴδαμεν
25 ἓν οἶδα ὅτι τυφλὸς ὢν ἄρτι βλέπω
39 ἵνα οἱ μὴ βλέποντες βλέπωσιν, κ. οἱ βλέποντες τυφλοὶ γένωνται
41 νῦν δὲ λέγετε ὅτι Βλέπομεν
11 9 ὅτι τὸ φῶς τ. κόσμου τούτου βλέπει
13 22 [1] ἔβλεπον εἰς ἀλλήλους οἱ μαθηταί
20 1 βλέπει τ. λίθον ἠρμένον ἐκ τ. μνημείου
5 παρακύψας βλέπει κείμενα τὰ ὀθόνια
21 9 βλέπουσιν ἀνθρακιὰν κειμένην
20 ἐπιστραφεὶς ὁ Πέτρος βλέπει τ. μαθητὴν . . . ἀκολουθοῦντα
Ac 1 9 βλεπόντων αὐτῶν ἐπήρθη
11 [1] τί ἑστήκατε βλέποντες εἰς τ. οὐρανόν;
2 33 ἐξέχεεν τοῦτο ὃ ὑμεῖς κ. βλέπετε κ. ἀκούετε
3 4 [1] εἶπεν Βλέψον εἰς ἡμᾶς
4 14 τόν τε ἄνθρωπον βλέποντες σὺν αὐτοῖς ἑστῶτα
8 6 ἐν τ. ἀκούειν αὐτοὺς κ. βλέπειν τὰ σημεῖα
9 8 ἀνεῳγμένων δὲ τ. ὀφθαλμῶν αὐτοῦ οὐδὲν ἔβλεπεν
9 ἦν ἡμέρας τρεῖς μὴ βλέπων
12 9 ἐδόκει δὲ ὅραμα βλέπειν
13 11 μὴ βλέπων τ. ἥλιον ἄχρι καιροῦ
40 [3] βλέπετε οὖν μὴ ἐπέλθῃ τὸ εἰρημένον
22 11 [2] ὡς δὲ οὐδὲν ἔβλεπον ἀπὸ τ. δόξης
οὐκ ἐνέβλεπον, TWH non mg. R
27 12 λιμένα τ. Κρήτης βλέποντα κατὰ λίβα
28 26 βλέποντες βλέψετε κ. οὐ μὴ ἴδητε, Is. *l.c.*
Ro 7 23 βλέπω δὲ ἕτερον νόμον ἐν τ. μέλεσί μου
8 24 ἐλπὶς δὲ βλεπομένη οὐκ ἔστιν ἐλπίς· ὃ γὰρ βλέπει τίς ἐλπίζει;
25 εἰ δὲ ὃ οὐ βλέπομεν ἐλπίζομεν
11 8 ἔδωκεν αὐτοῖς ὁ Θεὸς . . . ὀφθαλμοὺς τοῦ μὴ βλέπειν
לֹא־נָתַן יְהוָה לָכֶם . . . עֵינַיִם לִרְאוֹת
Deut. xxix. 3, cf. Is. xxix. 10
10 σκοτισθήτωσαν οἱ ὀφθαλμοὶ αὐτῶν τοῦ μὴ βλέπειν
תֶּחְשַׁכְנָה עֵינֵיהֶם מֵרְאוֹת, Ps. lxix. 24
I Co 1 26 βλέπετε γὰρ τ. κλῆσιν ὑμῶν
3 10 [4] ἕκαστος δὲ βλεπέτω πῶς ἐποικοδομεῖ

I Co 8 9 [3] βλέπετε δὲ μή πως ἡ ἐξουσία ὑμῶν . . . πρόσκομμα γένηται
10 12 [3] ὥστε ὁ δοκῶν ἑστάναι βλεπέτω μὴ πέσῃ
18 βλέπετε τὸν Ἰσραὴλ κατὰ σάρκα
13 12 βλέπομεν γὰρ ἄρτι δι' ἐσόπτρου ἐν αἰνίγματι
16 10 βλέπετε ἵνα ἀφόβως γένηται πρὸς ὑμᾶς
II Co 4 18 μὴ σκοπούντων ἡμῶν τὰ βλεπόμενα, ἀλλὰ τὰ μὴ βλεπόμενα· τὰ γὰρ βλεπόμενα πρόσκαιρα, τὰ δὲ μὴ βλεπόμενα αἰώνια
7 8 βλέπω γὰρ ὅτι ἡ ἐπιστολὴ ἐκείνη . . . ἐλύπησεν ὑμᾶς
—γὰρ, WHR mg.
10 7 τὰ κατὰ πρόσωπον βλέπετε
12 6 μή τις εἰς ἐμὲ λογίσηται ὑπὲρ ὃ βλέπει με
Ga 5 15 [3] βλέπετε μὴ ὑπ' ἀλλήλων ἀναλωθῆτε
Eph 5 15 [4] βλέπετε οὖν ἀκριβῶς πῶς περιπατεῖτε
Phl 3 2 βλέπετε τ. κύνας, βλέπετε τ. κακοὺς ἐργάτας, βλέπετε τ. κατατομήν
Col 2 5 χαίρων κ. βλέπων ὑμῶν τ. τάξιν
8 [3] βλέπετε μή τις ὑμᾶς ἔσται ὁ συλαγωγῶν
4 17 βλέπε τ. διακονίαν ἣν παρέλαβες ἐν Κυρίῳ
He 2 9 τὸν δὲ βραχύ τι παρ' ἀγγέλους ἠλαττωμένον βλέπομεν Ἰησοῦν
3 12 [3] βλέπετε ἀδελφοὶ μή ποτε ἔσται . . . καρδία πονηρά
19 κ. βλέπομεν ὅτι οὐκ ἠδυνήθησαν εἰσελθεῖν
10 25 ὅσῳ βλέπετε ἐγγίζουσαν τ. ἡμέραν
11 1 πραγμάτων ἔλεγχος οὐ βλεπομένων
3 εἰς τὸ μὴ ἐκ φαινομένων τὸ βλεπόμενον γεγονέναι
7 πίστει χρηματισθεὶς Νῶε περὶ τ. μηδέπω βλεπομένων
12 25 [3] βλέπετε μὴ παραιτήσησθε τ. λαλοῦντα
Ja 2 22 βλέπεις ὅτι ἡ πίστις συνήργει τ. ἔργοις αὐτοῦ
II Jo 8 βλέπετε ἑαυτοὺς ἵ. μὴ ἀπολέσητε
Re 1 11 ὃ βλέπεις γράψον εις βιβλίον
12 ἐπέστρεψα βλέπειν τ. φωνήν
3 18 ἐγχρῖσαι τ. ὀφθαλμούς σου ἵνα βλέπῃς
5 3 οὐδεὶς ἐδύνατο . . . ἀνοῖξαι τὸ βιβλίον οὔτε βλέπειν αὐτό
4 οὐδεὶς ἄξιος εὑρέθη ἀνοῖξαι τ. βιβλίον οὔτε βλέπειν αὐτό
6 1 ἔρχου κ. βλέπε
—κ. βλ., TWHR non mg.
3 ἔρχου κ. βλέπε
—κ. βλ., TWHR non mg.
5 ἔρχου κ. βλέπε
—κ. βλ., TWHR non mg.
7 ἔρχου κ. βλέπε
—κ. βλ., TWHR non mg.
9 20 ἃ οὔτε βλέπειν δύνανται οὔτε ακούειν
11 9 κ. βλέπουσιν ἐκ τ. λαῶν . . . τὸ πτῶμα αὐτῶν
16 15 ἵνα μὴ . . . βλέπωσιν τ. ἀσχημοσύνην αὐτοῦ
17 8 βλεπόντων τὸ θηρίον ὅτι ἦν κ. οὐκ ἔστιν
18 9 ὅταν βλέπωσιν τ. καπνὸν τ. πυρώσεως αὐτῆς
18 ἔκραξαν βλέποντες τ. καπνὸν τ. πυρώσεως αὐτῆς
22 8 κἀγὼ Ἰωάννης ὁ ἀκούων κ. βλέπων ταῦτα·
βλ. κ. ἀκ., T
κ. ὅτε ἤκουσα κ. ἔβλεψα
ἔβλεπον, WH mg.

ΒΛΗΤΕ'ΟΝ * † 992

Lu 5 38 οἶνον νέον εἰς ἀσκοὺς καινοὺς βλητέον

ΒΟΑΝΗΡΓΕ'Σ 993

Mk 3 17 ἐπέθηκεν αὐτοῖς ὀνόματα Βοανηργές

ΒΟΑ'Ω 994

Mt 3 3 φωνὴ βοῶντος ἐν τῇ ἐρήμῳ
קוֹל קוֹרֵא בַּמִּדְבָּר, Is. xl. 3
27 46 ἐβόησεν ὁ Ἰησοῦς φωνῇ μεγάλῃ
ἀνεβόησεν, T
Mk 1 3 φωνὴ βοῶντος ἐν τῇ ἐρήμῳ, Is. *l.c.*
15 34 ἐβόησεν ὁ Ἰησοῦς φωνῇ μεγάλῃ
Lu 3 4 φωνὴ βοῶντος ἐν τῇ ἐρήμῳ, Is. *l.c.*
9 38 ἰδοὺ ἀνὴρ ἀπὸ τ. ὄχλου ἐβόησεν
18 7 τ. ἐκδίκησιν τ. ἐκλεκτῶν αὐτοῦ τ. βοώντων αὐτῷ
38 ἐβόησεν λέγων Ἰησοῦ . . . ἐλέησόν με
Jo 1 23 ἐγὼ φωνὴ βοῶντος ἐν τῇ ἐρήμῳ, Is. *l.c.*
Ac 8 7 πνεύματα ἀκάθαρτα βοῶντα φωνῇ μεγάλῃ
17 6 ἔσυρον Ἰάσονα . . . ἐπὶ τ. πολιτάρχας βοῶντες
25 24 βοῶντες μὴ δεῖν αὐτὸν ζῆν μηκέτι
Ga 4 27 ῥῆξον κ. βόησον ἡ οὐκ ὠδίνουσα
פִּצְחִי רִנָּה וְצַהֲלִי לֹא־חָלָה, Is. liv. 1

ΒΟΕ'Σ *Vide* ΒΟΟ'Σ, 1003

ΒΟΗ' 995

Ja 5 4 αἱ βοαὶ τ. θερισάντων εἰς τ. ὦτα Κυρίου . . . εἰσελήλυθαν

ΒΟΗ'ΘΕΙΑ 996

Ac 27 17 βοηθείαις ἐχρῶντο
He 4 16 ἵνα . . . χάριν εὕρωμεν εἰς εὔκαιρον βοήθειαν

ΒΟΗΘΕ'Ω 997

Mt 15 25 λέγουσα Κύριε βοήθει μοι
Mk 9 22 ἀλλ' εἴ τι δύνῃ βοήθησον ἡμῖν
24 πιστεύω· βοήθει μου τ. ἀπιστίᾳ
Ac 16 9 διαβὰς εἰς Μακεδονίαν βοήθησον ἡμῖν
21 28 κράζοντες Ἄνδρες Ἰσραηλεῖται βοηθεῖτε
II Co 6 2 ἐν ἡμέρᾳ σωτηρίας ἐβοήθησά σοι
בְּיוֹם יְשׁוּעָה עֲזַרְתִּיךָ, Is. xlix. 8
He 2 18 δύναται τ. πειραζομένοις βοηθῆσαι
Re 12 16 ἐβοήθησεν ἡ γῆ τ. γυναικί

ΒΟΗΘΟ'Σ 998

He 13 6 ὥστε θαρροῦντας ἡμᾶς λέγειν Κύριος ἐμοὶ βοηθός
יְהוָה לִי בְּעֹזְרָי, Ps. cxviii. 7

ΒΟ'ΘΥΝΟΣ 999

Mt 12 11 ἐὰν ἐμπέσῃ τοῦτο τ. σάββασιν εἰς βόθυνον
15 14 ἀμφότεροι εἰς βόθυνον πεσοῦνται
Lu 6 39 οὐχὶ ἀμφότεροι εἰς βόθυνον ἐμπεσοῦνται;

ΒΟΛΗ' 1000

Lu 22 41 ἀπεσπάσθη ἀπ' αὐτῶν ὡσεὶ λίθου βολήν

ΒΟΛΙ'ΖΩ * † 1001

Ac 27 28 κ. βολίσαντες εὗρον ὀργυιὰς εἴκοσι·
βραχὺ δὲ διαστήσαντες κ. πάλιν βολίσαντες

ΒΟΟ'Σ, ΒΟΕ'Σ 1003

Βοάζ, R

Mt 1 5 Σαλμὼν δὲ ἐγέννησεν τ. Βοὲς ἐκ τῆς Ῥαχάβ·
Βοὲς δὲ ἐγέννησεν τ. Ἰωβὴδ ἐκ τῆς Ῥούθ
Lu 3 32 τοῦ Ἰωβὴδ τοῦ Βοὸς τοῦ Σαλά

ΒΟ'ΡΒΟΡΟΣ 1004

II Pe 2 22 ὗς λουσαμένη εἰς κυλισμὸν βορβόρου

ΒΟΡΡΑ῀Σ 1005

Lu 13 29 ἥξουσιν . . . ἀπὸ βορρᾶ κ. νότου
Re 21 13 ἀπὸ βορρᾶ πυλῶνες τρεῖς

ΒΟ'ΣΚΩ 1006

Mt 8 30 ἀγέλη χοίρων πολλῶν βοσκομένη
33 οἱ δὲ βόσκοντες ἔφυγον
Mk 5 11 ἀγέλη χοίρων μεγάλη βοσκομένη
14 κ. οἱ βόσκοντες αὐτοὺς ἔφυγον
Lu 8 32 ἀγέλη χοίρων ἱκανῶν βοσκομένη ἐν τ. ὄρει
βοσκομένων, TWH mg.
34 ἰδόντες δὲ οἱ βόσκοντες τὸ γεγονὸς ἔφυγον
15 15 ἔπεμψεν αὐτὸν εἰς τ. ἀγροὺς αὐτοῦ βόσκειν
χοίρους
Jo 21 15 λέγει αὐτῷ Βόσκε τὰ ἀρνία μου
17 λέγει αὐτῷ Ἰησοῦς Βόσκε τὰ προβάτιά μου

ΒΟΣΟ'Ρ 1007

II Pe 2 15 ἐξακολουθήσαντες τῇ ὁδῷ τοῦ Βαλαὰμ τοῦ
Βοσόρ
Βεώρ, WH non mg. R non mg.

ΒΟΤΑ'ΝΗ 1008

He 6 7 γῆ . . . τίκτουσα βοτάνην εὔθετον ἐκείνοις

ΒΟ'ΤΡΥΣ 1009

Re 14 18 τρύγησον τ. βότρυας τῆς ἀμπέλου τ. γῆς

ΒΟΥΛΕΥ'ΟΜΑΙ 1011

Lu 14 31 οὐχὶ καθίσας πρῶτον βουλεύσεται εἰ δυνατός
ἐστιν
Jo 11 53 ἐβουλεύσαντο ἵνα ἀποκτείνωσιν αὐτόν
12 10 ἐβουλεύσαντο δὲ οἱ ἀρχιερεῖς
Ac 5 33 κ. ἐβουλεύοντο ἀνελεῖν αὐτόν
ἐβούλοντο, WHR
27 39 εἰς ὃν ἐβουλεύοντο εἰ δύναιντο ἐξῶσαι τὸ
πλοῖον
II Co 1 17 ἢ ἃ βουλεύομαι κατὰ σάρκα βουλεύομαι

ΒΟΥΛΕΥΤΗ'Σ 1010

Mk 15 43 Ἰωσὴφ ἀπο Ἀριμαθαίας ευσχημων βουλευ-
τής
Lu 23 50 ἀνὴρ ὀνόματι Ἰωσὴφ βουλευτὴς ὑπάρχων

ΒΟΥΛΗ' 1012

(1) β. τ. Θεοῦ

Lu 7 30 [1] οἱ νομικοὶ τ. βουλὴν τ. Θεοῦ ἠθέτησαν εἰς
ἑαυτούς
23 51 οὗτος οὐκ ἦν συνκατατεθειμένος τ. βουλῇ
κ. τ. πράξει αὐτῶν
Ac 2 23 [1] τοῦτον τ. ὡρισμένῃ βουλῇ κ. προγνώσει
τ. Θεοῦ
4 28 ὅσα ἡ χείρ σου κ. ἡ βουλὴ προώρισεν
γενέσθαι
5 38 ἐὰν ᾖ ἐξ ἀνθρώπων ἡ βουλὴ αὕτη
13 36 [1] Δαυεὶδ μὲν γὰρ . . . ὑπηρετήσας τῇ τ.
Θεοῦ βουλῇ ἐκοιμήθη
19 1 θέλοντος δὲ τ. Παύλου κατὰ τ. ἰδίαν βουλὴν
πορεύεσθαι
—h. v., TWH non mg. R
20 27 [1] τοῦ μὴ ἀναγγεῖλαι πᾶσαν τ. βουλὴν τ.
Θεοῦ ὑμῖν
27 12 οἱ πλείονες ἔθεντο βουλὴν ἀναχθῆναι ἐκεῖ-
θεν
42 τ. δὲ στρατιωτῶν βουλὴ ἐγένετο
I Co 4 5 φανερώσει τ. βουλὰς τ. καρδιῶν
Eph 1 11 τὰ πάντα ἐνεργοῦντος κατὰ τ. βουλὴν τ.
θελήματος αὐτοῦ
He 6 17 ἐπιδεῖξαι . . . τὸ ἀμετάθετον τ. βουλῆς
αὐτοῦ

ΒΟΥ'ΛΗΜΑ 1013

Ac 27 43 ἐκώλυσεν αὐτοὺς τ. βουλήματος
Ro 9 19 τ. γὰρ βουλήματι αὐτοῦ τίς ἀνθέστηκεν;
I Pe 4 3 τὸ βούλημα τ. ἐθνῶν κατείργασθαι

ΒΟΥ'ΛΟΜΑΙ 1014 cf. 4783.5

(1) seq. subj. (2) ἐβουλήθην

Mt 1 19 [2] ἐβουλήθη λάθρᾳ ἀπολῦσαι αὐτήν
11 27 κ. ᾧ ἐὰν βούληται ὁ υἱὸς ἀποκαλύψαι
Mk 15 15 βουλόμενος τ. ὄχλῳ τὸ ἱκανὸν ποιῆσαι
Lu 10 22 κ. ᾧ ἂν βούληται ὁ υἱὸς ἀποκαλύψαι
22 42 εἰ βούλει παρένεγκε τοῦτο τὸ ποτήριον ἀπ'
ἐμοῦ
Jo 18 39 [1] βούλεσθε οὖν ἀπολύσω ὑμῖν τ. βασιλέα
τ. Ἰουδαίων;
Ac 5 28 βούλεσθε ἐπαγαγεῖν ἐφ' ἡμᾶς τὸ αἷμα
33 κ. ἐβούλοντο ἀνελεῖν αὐτούς
ἐβουλεύοντο, T
12 4 βουλόμενος μετὰ τὸ πάσχα ἀναγαγεῖν αὐτὸν
τ. λαῷ
15 37 Βαρνάβας δὲ ἐβούλετο συνπαραλαβεῖν κ. τ.
Ἰωάνην
17 20 βουλόμεθα οὖν γνῶναι
18 15 κριτὴς ἐγὼ τούτων οὐ βούλομαι εἶναι
27 βουλομένου δὲ αὐτοῦ διελθεῖν εἰς τ. Ἀχαίαν
—h. v., WH mg.
19 30 Παύλου δὲ βουλομένου εἰσελθεῖν εἰς τ. δῆμον
22 30 τῇ δὲ ἐπαύριον βουλόμενος γνῶναι τὸ ἀσ-
φαλές
23 28 βουλόμενός τε ἐπιγνῶναι τ. αἰτίαν
25 20 εἰ βούλοιτο πορεύεσθαι εἰς Ἱεροσόλυμα
22 ἐβουλόμην κ. αὐτὸς τ. ἀνθρώπου ἀκοῦσαι
27 43 ὁ δὲ ἑκατοντάρχης βουλόμενος διασῶσαι τ.
Παῦλον
28 18 οἵτινες ἀνακρίναντές με ἐβούλοντο ἀπολῦσαι
I Co 12 11 διαιροῦν ἰδίᾳ ἑκάστῳ καθὼς βούλεται
II Co 1 15 ἐβουλόμην πρότερον πρὸς ὑμᾶς ἐλθεῖν

II Co 1 17 τοῦτο οὖν βουλόμενος
Phl 1 12 γινώσκειν δὲ ὑμᾶς βούλομαι ἀδελφοί
I Ti 2 8 βούλομαι οὖν προσεύχεσθαι τ. ἄνδρας ἐν παντὶ τόπῳ
5 14 βούλομαι οὖν νεωτέρας γαμεῖν
6 9 οἱ δὲ βουλόμενοι πλουτεῖν
Tit 3 8 περὶ τούτων βούλομαί σε διαβεβαιοῦσθαι
Phm 13 ὃν ἐγὼ ἐβουλόμην πρὸς ἐμαυτὸν κατέχειν
He 6 17 περισσότερον βουλόμενος ὁ Θεὸς ἐπιδεῖξαι τ. κληρονόμοις
Ja 1 18 [2] βουληθεὶς ἀπεκύησεν ἡμᾶς λόγῳ ἀληθείας
3 4 ὅπου ἡ ὁρμὴ τ. εὐθύνοντος βούλεται.
4 4 [2] ὃς ἐὰν οὖν βουληθῇ φίλος εἶναι τ. κόσμου
II Pe 3 9 μὴ βουλόμενός τινας ἀπολέσθαι
II Jo 12 [2] οὐκ ἐβουλήθην διὰ χάρτου κ. μέλανος
III Jo 10 κ. τοὺς βουλομένους κωλύει
Ju 5 ὑπομνῆσαι δὲ ὑμᾶς βούλομαι

ΒΟΥΝΟ΄Σ 1015

Lu 3 5 πᾶν ὄρος κ. βουνὸς ταπεινωθήσεται
כָּל־הַר וְגִבְעָה יִשְׁפָּלוּ, Is. xl. 4
23 30 τότε ἄρξονται λέγειν . . . τ. βουνοῖς Καλύψατε ἡμᾶς

ΒΟΥ῀Σ 1016

Lu 13 15 ἕκαστος ὑμῶν τ. σαββάτῳ οὐ λύει τ. βοῦν αὐτοῦ
14 5 τίνος ὑμῶν υἱὸς ἢ βοῦς εἰς φρέαρ πεσεῖται
19 ζεύγη βοῶν ἠγόρασα πέντε
Jo 2 14 εὗρεν ἐν τ. ἱερῷ τ. πωλοῦντας βόας κ. πρόβατα
15 πάντας ἐξέβαλεν ἐκ τ. ἱεροῦ τά τε πρόβατα κ. τ. βόας
I Co 9 9 οὐ φιμώσεις βοῦν ἀλοῶντα.
κημώσεις, TWH mg.
לֹא־תַחְסֹם שׁוֹר בְּדִישׁוֹ, Dt. xxv. 4
μὴ τ. βοῶν μέλει τ. Θεῷ
I Ti 5 18 βοῦν ἀλοῶντα οὐ φιμώσεις, Dt. *l.c*

ΒΡΑΒΕΙ῀ΟΝ* 1017

I Co 9 24 εἷς δὲ λαμβάνει τὸ βραβεῖον
Phl 3 14 κατὰ σκοπὸν διώκω εἰς τ. βραβεῖον τῆς ἄνω κλήσεως τ. Θεοῦ

ΒΡΑΒΕΥ΄Ω** 1018

Col 3 15 ἡ εἰρήνη τ. Χριστοῦ βραβευέτω ἐν τ. καρδίαις ὑμῶν

ΒΡΑΔΥ΄ΝΩ 1019

I Ti 3 15 ἐὰν δὲ βραδύνω
II Pe 3 9 οὐ βραδύνει Κύριος τ. ἐπαγγελίας

ΒΡΑΔΥΠΛΟΕ΄Ω*† 1020

Ac 27 7 ἐν ἱκαναῖς δὲ ἡμέραις βραδυπλοοῦντες

ΒΡΑΔΥ΄Σ* 1021

Lu 24 25 ὦ ἀνόητοι κ. βραδεῖς τ. καρδίᾳ
Ja 1 19 ἔστω δὲ πᾶς ἄνθρωπος . . . βραδὺς εἰς τὸ λαλῆσαι,
βραδὺς εἰς ὀργήν

ΒΡΑΔΥΤΗ΄Σ* 1022

II Pe 3 9 ὥς τινες βραδυτῆτα ἡγοῦνται

ΒΡΑΧΙ΄ΩΝ 1023

Lu 1 51 ἐποίησεν κράτος ἐν βραχίονι αὐτοῦ
Jo 12 38 κ. ὁ βραχίων Κυρίου τίνι ἀπεκαλύφθη;
וּזְרוֹעַ יְהוָה עַל־מִי נִגְלָתָה, Is. liii. 1
Ac 13 17 μετὰ βραχίονος ὑψηλοῦ ἐξήγαγεν αὐτοὺς ἐξ αὐτῆς

ΒΡΑΧΥ΄Σ 1024

Lu 22 58 μετὰ βραχὺ ἕτερος ἰδὼν αὐτὸν ἔφη
Jo 6 7 ἵνα ἕκαστος βραχὺ λάβῃ
βραχύ τι, T
Ac 5 34 ἐκέλευσεν ἔξω βραχὺ τ. ἀνθρώπους ποιησαι
27 28 βραχὺ δὲ διαστήσαντες
He 2 7 ἠλάττωσας αὐτὸν βραχύ τι παρ᾽ ἀγγέλους
תְּחַסְּרֵהוּ מְעַט מֵאֱלֹהִים, Ps. viii. 6
9 τὸν δὲ βραχύ τι παρ᾽ ἀγγέλους ἠλαττωμένον
13 22 κ. γὰρ διὰ βραχέων ἐπέστειλα ὑμῖν

ΒΡΕ΄ΦΟΣ** 1025

Lu 1 41 ἐσκίρτησεν τὸ βρέφος ἐν τ. κοιλίᾳ αὐτῆς
44 ἐσκίρτησεν ἐν ἀγαλλιάσει τὸ βρέφος ἐν τ. κοιλίᾳ μου
2 12 εὑρήσετε βρέφος ἐσπαργανωμένον
16 ἀνεῦραν . . . τὸ βρέφος κείμενον ἐν τ. φάτνῃ
18 15 προσέφερον δὲ αὐτῷ κ. τὰ βρέφη
Ac 7 19 τοῦ ποιεῖν τὰ βρέφη ἔκθετα αὐτῶν
II Ti 3 15 ὅτι ἀπὸ βρέφους ἱερὰ γράμματα οἶδας
I Pe 2 2 ὡς ἀρτιγέννητα βρέφη

ΒΡΕ΄ΧΩ 1026

Mt 5 45 βρέχει ἐπὶ δικαίους κ. ἀδίκους
Lu 7 38 τ. δάκρυσιν ἤρξατο βρέχειν τ. πόδας αὐτοῦ
44 αὕτη δὲ τ. δάκρυσιν ἔβρεξέν μου τ. πόδας
17 29 ἔβρεξεν πῦρ κ. θεῖον ἀπ᾽ οὐρανοῦ
Ja 5 17 προσευχῇ προσεύξατο τοῦ μὴ βρέχειν·
κ. οὐκ ἔβρεξεν ἐπὶ τ. γῆς ἐνιαυτοὺς τρεῖς
Re 11 6 ἵνα μὴ ὑετὸς βρέχῃ τ. ἡμέρας τ. προφητείας αὐτῶν

ΒΡΟΝΤΗ΄ 1027

Mk 3 17 Βοανηργὲς ὅ ἐστιν υἱοὶ βροντῆς
Jo 12 29 ὁ οὖν ὄχλος . . . ἀκούσας ἔλεγεν βροντὴν γεγονέναι
Re 4 5 ἐκ τ. θρόνου ἐκπορεύονται ἀστραπαὶ κ. φωναὶ κ. βρονταί
6 1 ἤκουσα . . . λέγοντος ὡς φωνῇ βροντῆς
8 5 ἐγένοντο βρονταὶ κ. φωναὶ κ. ἀστραπαί
10 3 ἐλάλησαν αἱ ἑπτὰ βρονταὶ τὰς ἑαυτῶν φωνάς·
4 κ. ὅτε ἐλάλησαν αἱ ἑπτὰ βρονταί
4 σφράγισον ἃ ἐλάλησαν αἱ ἑπτὰ βρονταί
11 19 ἐγένοντο ἀστραπαὶ κ. φωναὶ κ. βρονταί
14 2 ἤκουσα . . . ὡς φωνὴν βροντῆς μεγάλης
16 18 ἐγένοντο ἀστραπαὶ κ. φωναὶ κ. βρονταί
19 6 ἤκουσα . . . ὡς φωνὴν βροντῶν ἰσχυρῶν

ΒΡΟΧΗ′ † 1028

Mt 7 25 κατέβη ἡ βροχὴ κ. ἦλθαν οἱ ποταμοί
27 κατέβη ἡ βροχὴ κ. ἦλθαν οἱ ποταμοί

ΒΡΟ′ΧΟΣ 1029

I Co 7 35 οὐχ ἵνα βρόχον ὑμῖν ἐπιβάλω

ΒΡΥΓΜΟ′Σ 1030

Mt 8 12 ἐκεῖ ἔσται ὁ κλαυθμὸς κ. ὁ βρυγμὸς τ. ὀδόντων
add. 13. 42, 50; 22. 13; 24. 51; 25. 30; Lu 13. 28

ΒΡΥ′ΧΩ 1031

Ac 7 54 ἔβρυχον τ. ὀδόντας ἐπ᾽ αὐτόν

ΒΡΥ′Ω* 1032

Ja 3 11 μήτι ἡ πηγὴ ἐκ τ. αὐτῆς ὀπῆς βρύει τ. γλυκὺ κ. τ. πικρόν

ΒΡΩ͂ΜΑ 1033

Mt 14 15 ἵνα ἀπελθόντες . . . ἀγοράσωσιν ἑαυτοῖς βρώματα
Mk 7 19 καθαρίζων πάντα τὰ βρώματα
Lu 3 11 ὁ ἔχων βρώματα ὁμοίως ποιείτω
9 13 εἰ μήτι πορευθέντες ἡμεῖς ἀγοράσωμεν . . . βρώματα
Jo 4 34 ἐμὸν βρῶμά ἐστιν ἵνα ποιήσω τὸ θέλημα
Ro 14 15 εἰ γὰρ διὰ βρῶμα ὁ ἀδελφός σου λυπεῖται
15 μὴ τ. βρώματί σου ἐκεῖνον ἀπόλλυε
20 μὴ ἕνεκεν βρώματος κατάλυε τὸ ἔργον τ. Θεοῦ
I Co 3 2 γάλα ὑμᾶς ἐπότισα οὐ βρῶμα
6 13 τὰ βρώματα τ. κοιλίᾳ,
κ. ἡ κοιλία τ. βρώμασιν
8 8 βρῶμα δὲ ἡμᾶς οὐ παραστήσει τ. Θεῷ
13 εἰ βρῶμα σκανδαλίζει τ. ἀδελφόν μου
10 3 πάντες τὸ αὐτὸ πνευματικὸν βρῶμα ἔφαγον
I Ti 4 3 ἀπέχεσθαι βρωμάτων
He 9 10 μόνον ἐπὶ βρώμασι κ. πόμασι
13 9 καλὸν γὰρ χάριτι βεβαιοῦσθαι τ. καρδίαν οὐ βρώμασιν

ΒΡΩ′ΣΙΜΟΣ 1034

Lu 24 41 ἔχετέ τι βρώσιμον ἐνθάδε;

ΒΡΩ͂ΣΙΣ 1035

Mt 6 19 ὅπου σὴς κ. βρῶσις ἀφανίζει
20 ὅπου οὔτε σὴς οὔτε βρῶσις ἀφανίζει
Jo 4 32 ἐγὼ βρῶσιν ἔχω φαγεῖν ἣν ὑμεῖς οὐκ οἴδατε
6 27 ἐργάζεσθε μὴ τ. βρῶσιν τ. ἀπολλυμένην, ἀλλὰ τ. βρῶσιν τ. μένουσαν εἰς ζωὴν αἰώνιον
55 ἡ γὰρ σάρξ μου ἀληθής ἐστιν βρῶσις
Ro 14 17 οὐ γάρ ἐστιν ἡ βασιλεία τ. Θεοῦ βρῶσις κ. πόσις
I Co 8 4 περὶ τ. βρώσεως οὖν τ. εἰδωλοθύτων
II Co 9 10 κ. ἄρτον εἰς βρῶσιν χορηγήσει
Col 2 16 μὴ οὖν τις ὑμᾶς κρινέτω ἐν βρώσει κ. ἐν πόσει
He 12 16 ὃς ἀντὶ βρώσεως μιᾶς ἀπέδετο τ. πρωτοτόκια ἑαυτοῦ

ΒΥΘΙ′ΖΩ** 1036

Lu 5 7 ὥστε βυθίζεσθαι αὐτά
I Ti 6 9 αἵτινες βυθίζουσιν τ. ἀνθρώπους εἰς ὄλεθρον

ΒΥΘΟ′Σ 1037

II Co 11 25 νυχθήμερον ἐν τ. βυθῷ πεποίηκα

ΒΥΡΣΕΥ′Σ* † 1038

Ac 9 43 ἐγένετο δὲ . . . μεῖναι ἐν Ἰόππῃ παρά τινι Σίμωνι βυρσεῖ
10 6 οὗτος ξενίζεται παρά τινι Σίμωνι βυρσεῖ
32 οὗτος ξενίζεται ἐν οἰκίᾳ Σίμωνος βυρσέως παρὰ θάλασσαν

ΒΥ′ΣΣΙΝΟΣ 1039, 1040

Re 18 12 γόμον . . . μαργαριτῶν κ. βυσσίνου κ. πορφύρας
16 ἡ πόλις ἡ μεγάλη ἡ περιβεβλημένη βύσσινον
19 8 ἐδόθη αὐτῇ ἵνα περιβάληται βύσσινον λαμπρὸν καθαρόν·
τὸ γὰρ βύσσινον τὰ δικαιώματα τ. ἁγίων ἐστίν
14 ἐνδεδυμένοι βύσσινον λευκὸν καθαρόν
ἐνδ. λευκοβύσσινον, WH mg.

ΒΥ′ΣΣΟΣ 1040

Lu 16 19 ἐνεδιδύσκετο πορφύραν κ. βύσσον

ΒΩΜΟ′Σ 1041

Ac 17 23 εὗρον κ. βωμὸν ἐν ᾧ ἐπεγέγραπτο

Γ

ΓΑΒΒΑΘΑ′ 1042

Jo 19 13 τόπον λεγόμενον Λιθόστρωτον Ἑβραϊστὶ δὲ Γαββαθά
Γαββαθᾶ, T

ΓΑΒΡΙΗ′Λ 1043

Lu 1 19 ἐγώ εἰμι Γ. ὁ παρεστηκὼς ἐνώπιον τ. Θεοῦ
26 ἀπεστάλη ὁ ἄγγελος Γ. ἀπὸ τ. Θεοῦ

ΓΑ′ΓΓΡΑΙΝΑ* 1044

II Ti 2 17 ὁ λόγος αὐτῶν ὡς γάγγραινα νομὴν ἕξει

ΓΑ′Δ 1045

Re 7 5 ἐκ φυλῆς Γὰδ δώδεκα χιλιάδες

ΓΑΔΑΡΗΝΟ′Σ 1046 cf. 1086

Mt 8 28 ἐλθόντος αὐτοῦ εἰς τὸ πέραν εἰς τ. χώραν τ. Γαδαρηνῶν

Lu 8 26 κατέπλευσαν εἰς τ. χώραν τ. Γαδαρηνῶν
Γερασηνῶν, WHR non mg.; Γεργεσηνῶν, TR marg. alter
37 ἅπαν τὸ πλῆθος τῆς περιχώρου τ. Γαδαρηνῶν
Γερασηνῶν, WHR; Γεργεσηνῶν, TR marg. alter

ΓΑ´ΖΑ 1048

Ac 8 26 τὴν ὁδὸν τ. καταβαίνουσαν ἀπὸ Ἱερουσαλὴμ εἰς Γάζαν

ΓΑ´ΖΑ 1047

Ac 8 27 ὃς ἦν ἐπὶ πάσης τ. γάζης αὐτῆς

ΓΑΖΟΦΥΛΑ´ΚΙΟΝ 1049

Mk 12 41 καθίσας κατέναντι τ. γαζοφυλακίου
ἐθεώρει πῶς ὁ ὄχλος βάλλει χαλκὸν εἰς τὸ γαζοφυλάκιον
43 πλεῖον πάντων ἔβαλεν τ. βαλλόντων εἰς τὸ γαζοφυλάκιον
Lu 21 1 εἶδεν τ. βάλλοντας εἰς τὸ γαζοφυλάκιον τὰ δῶρα αὐτῶν
Jo 8 20 ταῦτα τὰ ῥήματα ἐλάλησεν ἐν τ. γαζοφυλακίῳ

ΓΑΙ˜ΟΣ 1050

Γάϊος, T

Ac 19 29 συναρπάσαντες Γαῖον κ. Ἀρίσταρχον Μακεδόνας
20 4 Γαῖος Δερβαῖος κ. Τιμόθεος
Ro 16 23 ἀσπάζεται ὑμᾶς Γαῖος ὁ ξένος μου κ. ὅλης τ. ἐκκλησίας
I Co 1 14 οὐδένα ὑμῶν ἐβάπτισα εἰ μὴ Κρίσπον κ. Γαῖον
III Jo 1 ὁ πρεσβύτερος Γαΐῳ τ. ἀγαπητῷ

ΓΑ´ΛΑ 1051

I Co 3 2 γάλα ὑμᾶς ἐπότισα οὐ βρῶμα
9 7 κ. ἐκ τ. γάλακτος τ. ποιμνίου οὐκ ἐσθίει;
He 5 12 γεγόνατε χρείαν ἔχοντες γάλακτος
13 πᾶς γὰρ ὁ μετέχων γάλακτος
I Pe 2 2 τὸ λογικὸν ἄδολον γάλα ἐπιποθήσατε

ΓΑΛΑ´ΤΗΣ 1052

Ga 3 1 ὦ ἀνόητοι Γαλάται

ΓΑΛΑΤΙ´Α 1053 cf. 1057.5

I Co 16 1 ὥσπερ διέταξα τ. ἐκκλησίαις τ. Γαλατίας
Ga 1 2 Παῦλος ἀπόστολος . . . τ. ἐκκλησίαις τ. Γαλατίας
II Ti 4 10 Κρήσκης εἰς Γαλατίαν
Γαλλίαν, T
I Pe 1 1 ἐκλεκτοῖς παρεπιδήμοις διασπορᾶς Πόντου Γαλατίας

ΓΑΛΑΤΙΚΟ´Σ 1054

Ac 16 6 διῆλθον δὲ τ. Φρυγίαν κ. Γαλατικὴν χώραν
18 23 διερχόμενος καθεξῆς τ. Γαλατικὴν χώραν κ. Φρυγίαν

ΓΑΛΗ´ΝΗ** 1055

Mt 8 26 κ. ἐγένετο γαλήνη μεγάλη
Mk 4 39 κ. ἐγένετο γαλήνη μεγάλη
Lu 8 24 ἐπαύσαντο κ. ἐγένετο γαλήνη

ΓΑΛΙΛΑΙ´Α 1056

(1) θάλασσα τῆς Γ.

Mt 2 22 ἀνεχώρησεν εἰς τὰ μέρη τ. Γαλιλαίας
3 13 παραγίνεται ὁ Ἰησοῦς ἀπὸ τ. Γαλιλαίας ἐπὶ τ. Ἰορδάνην
4 12 ἀνεχώρησεν εἰς τ. Γαλιλαίαν
15 Γαλιλαία τ. ἐθνῶν
גְּלִיל הַגּוֹיִם, Is. viii. 23
18 [1] περιπατῶν δὲ παρὰ τ. θάλασσαν τ. Γαλιλαίας
23 κ. περιῆγεν ἐν ὅλῃ τ. Γαλιλαίᾳ
25 ὄχλοι πολλοὶ ἀπὸ τ. Γαλιλαίας κ. Δεκαπόλεως
15 29 [1] ἦλθεν παρὰ τ. θάλασσαν τ. Γαλιλαίας
17 22 συστρεφομένων δὲ αὐτῶν ἐν τ. Γαλιλαίᾳ
19 1 μετῆρεν ἀπὸ τ. Γαλιλαίας
21 11 ὁ προφήτης Ἰησοῦς ὁ ἀπὸ Ναζαρὲθ τ. Γαλιλαίας
26 32 προάξω ὑμᾶς εἰς τ. Γαλιλαίαν
27 55 αἵτινες ἠκολούθησαν τῷ Ἰησοῦ ἀπὸ τ. Γαλιλαίας
28 7 προάγει ὑμᾶς εἰς τ. Γαλιλαίαν
10 ἵνα ἀπέλθωσιν εἰς τ. Γαλιλαίαν
16 οἱ δὲ ἕνδεκα μαθηταὶ ἐπορεύθησαν εἰς τ. Γαλιλαίαν
Mk 1 9 ἦλθεν Ἰησοῦς ἀπὸ Ναζαρὲτ τ. Γαλιλαίας
14 ἦλθεν ὁ Ἰησοῦς εἰς τ. Γαλιλαίαν
16 [1] παράγων παρὰ τ. θάλασσαν τ. Γαλιλαίας
28 πανταχοῦ εἰς ὅλην τὴν περίχωρον τ. Γαλιλαίας
39 ἦλθεν κηρύσσων . . . εἰς ὅλην τ. Γαλιλαίαν
3 7 πολὺ πλῆθος ἀπὸ τ. Γαλιλαίας ἠκολούθησεν
6 21 τ. χιλιάρχοις κ. τ. πρώτοις τ. Γαλιλαίας
7 31 [1] ἦλθεν διὰ Σιδῶνος εἰς τ. θάλασσαν τ. Γαλιλαίας
9 30 ἐξελθόντες ἐπορεύοντο διὰ τ. Γαλιλαίας
14 28 προάξω ὑμᾶς εἰς τ. Γαλιλαίαν
15 41 ὅτε ἦν ἐν τ. Γαλιλαίᾳ
16 7 ὅτι προάγει ὑμᾶς εἰς τ. Γαλιλαίαν
Lu 1 26 ἀπεστάλη ὁ ἄγγελος Γαβριὴλ . . . εἰς πόλιν τ. Γαλιλαίας
2 4 ἀνέβη δὲ κ. Ἰωσὴφ ἀπὸ τ. Γαλιλαίας
39 ἐπέστρεψαν εἰς τ. Γαλιλαίαν
3 1 τετρααρχοῦντος τ. Γαλιλαίας Ἡρῴδου
4 14 ὑπέστρεψεν ὁ Ἰησοῦς . . . εἰς τ. Γαλιλαίαν
31 κατῆλθεν εἰς Καφαρναοὺμ πόλιν τ. Γαλιλαίας
44 ἦν κηρύσσων εἰς τ. συναγωγὰς τ. Γαλιλαίας
τ. Ἰουδαίας, WH non mg. R mg.
5 17 οἳ ἦσαν ἐληλυθότες ἐκ πάσης κώμης τ. Γαλιλαίας
8 26 ἥτις ἐστὶν ἀντίπερα τ. Γαλιλαίας
17 11 αὐτὸς διήρχετο διὰ μέσον Σαμαρίας κ. Γαλιλαίας
23 5 ἀρξάμενος ἀπὸ τ. Γαλιλαίας ἕως ὧδε
49 αἱ συνακολουθοῦσαι αὐτῷ ἀπὸ τ. Γαλιλαίας
55 αἵτινες ἦσαν συνεληλυθυῖαι ἐκ τ. Γαλιλαίας
24 6 ἔτι ὢν ἐν τ. Γαλιλαίᾳ
Jo 1 44 ἠθέλησεν ἐξελθεῖν εἰς τ Γαλιλαίαν

Jo 2 1 γάμοι ἐγένετο ἐν Κανὰ τ. Γαλιλαίας
11 ταύτην ἐποίησεν ἀρχὴν τ. σημείων . . . ἐν Κανὰ τ. Γαλιλαίας
4 3 ἀπῆλθεν πάλιν εἰς τ. Γαλιλαίαν
43 ἐξῆλθεν ἐκεῖθεν εἰς τ. Γαλιλαίαν
45 ὅτε οὖν ἦλθεν εἰς τ. Γαλιλαίαν
46 ἦλθεν οὖν πάλιν εἰς τὴν Κανὰ τ. Γαλιλαίας
47 ὅτι Ἰησοῦς ἥκει ἐκ τ. Ἰουδαίας εἰς τ. Γαλιλαίαν
54 ἐλθὼν ἐκ τ. Ἰουδαίας εἰς τ. Γαλιλαίαν
6 1 [1] ἀπῆλθεν ὁ Ἰησοῦς πέραν τ. θαλάσσης τ. Γαλιλαίας τ. Τιβεριάδος
7 1 περιεπάτει ὁ Ἰησοῦς ἐν τ. Γαλιλαίᾳ
9 ἔμεινεν ἐν τ. Γαλιλαίᾳ
41 μὴ γὰρ ἐκ τ. Γαλιλαίας ὁ Χριστὸς ἔρχεται
52 μὴ κ. σὺ ἐκ τ. Γαλιλαίας εἶ;
52 ὅτι ἐκ τ. Γαλιλαίας προφήτης οὐκ ἐγείρεται
προφ. ἐκ τ. Γαλ., T
12 21 Φιλίππῳ τῷ ἀπὸ Βηθσαιδὰ τ. Γαλιλαίας
21 2 Ναθαναὴλ ὁ ἀπὸ Κανὰ τ. Γαλιλαίας
Ac 9 31 ἡ μὲν οὖν ἐκκλησία καθ' ὅλης τ. Ἰουδαίας κ. Γαλιλαίας
10 37 ἀρξάμενος ἀπὸ τ. Γαλιλαίας
13 31 τ. συναναβᾶσιν αὐτῷ ἀπὸ τ. Γαλιλαίας εἰς Ἰερουσαλήμ

ΓΑΛΙΛΑΙ͂ΟΣ 1057

Mt 26 69 κ. σὺ ἦσθα μετὰ Ἰησοῦ τ. Γαλιλαίου
Mk 14 70 κ. γὰρ Γαλιλαῖος εἶ
Lu 13 1 παρῆσαν δέ τινες . . . ἀπαγγέλλοντες αὐτῷ περὶ τ. Γαλιλαίων
2 δοκεῖτε ὅτι οἱ Γαλιλαῖοι οὗτοι ἁμαρτωλοὶ παρὰ πάντας τ. Γαλιλαίους ἐγένοντο
22 59 κ. γὰρ Γαλιλαῖός ἐστιν
23 6 ἐπηρώτησεν εἰ ὁ ἄνθρωπος Γαλιλαῖός ἐστιν
Jo 4 45 ἐδέξαντο αὐτὸν οἱ Γαλιλαῖοι
Ac 1 11 ἄνδρες Γαλιλαῖοι τί ἑστήκατε βλέποντες
2 7 οὐχὶ ἰδοὺ πάντες οὗτοί εἰσιν οἱ λαλοῦντες Γαλιλαῖοι;
5 37 μετὰ τοῦτον ἀνέστη Ἰούδας ὁ Γαλιλαῖος

ΓΑΛΛΙ΄Α 1057.5 cf. 1053

II Ti 4 10 Κρήσκης εἰς Γαλλίαν
Γαλατίαν, WHR

ΓΑΛΛΙ΄ΩΝ 1058

Ac 18 12 Γαλλίωνος δὲ ἀνθυπάτου ὄντος τ. Ἀχαίας
14 εἶπεν ὁ Γαλλίων πρὸς τ. Ἰουδαίους
17 οὐδὲν τούτων τ. Γαλλίωνι ἔμελεν

ΓΑΜΑΛΙΗ΄Λ 1059

Ac 5 34 Φαρισαῖος ὀνόματι Γαμαλιήλ
22 3 ἀνατεθραμμένος δὲ . . . παρὰ τ. πόδας Γαμαλιήλ

ΓΑΜΕ΄Ω ** 1060

(1) de feminâ

Mt 5 32 ὃς ἐὰν ἀπολελυμένην γαμήσῃ μοιχᾶται
h. v., [WH]
19 9 ὃς ἂν . . . γαμήσῃ ἄλλην μοιχᾶται·
ποιεῖ αὐτὴν μοιχευθῆναι, WH mg. R mg.
κ. ὁ ἀπολελυμένην γαμήσας μοιχᾶται
—h. v., TWH non mg. R mg.
Mt 19 10 οὐ συμφέρει γαμῆσαι
22 25 ὁ πρῶτος γήμας ἐτελεύτησεν
30 ἐν γὰρ τ. ἀναστάσει οὔτε γαμοῦσιν οὔτε γαμίζονται
24 38 γαμοῦντες κ. γαμίζοντες
Mk 6 17 ὅτι αὐτὴν ἐγάμησεν
10 11 ὃς ἂν ἀπολύσῃ τ. γυναῖκα αὐτοῦ κ. γαμήσῃ ἄλλην
12 [1] ἐὰν αὐτὴ ἀπολύσασα . . . γαμήσῃ ἄλλον μοιχᾶται
12 25 ὅταν γὰρ ἐκ νεκρῶν ἀναστῶσιν οὔτε γαμοῦσιν οὔτε γαμίζονται
Lu 14 20 ἕτερος εἶπεν Γυναῖκα ἔγημα
16 18 πᾶς ὁ ἀπολύων τ. γυναῖκα αὐτοῦ κ. γαμῶν ἑτέραν μοιχεύει·
κ. ὁ ἀπολελυμένην . . . γαμῶν μοιχεύει
17 27 ἐγάμουν ἐγαμίζοντο
20 34 οἱ υἱοὶ τ. αἰῶνος τούτου γαμοῦσιν κ. γαμίσκονται·
γεννῶνται κ. γεννῶσιν, WH mg.
35 οἱ δὲ καταξιωθέντες . . . οὔτε γαμοῦσιν οὔτε γαμίζονται
I Co 7 9 εἰ δὲ οὐκ ἐγκρατεύονται γαμησάτωσαν·
κρεῖττον γάρ ἐστιν γαμεῖν ἢ πυροῦσθαι.
γαμῆσαι, WH mg.
10 τ. δὲ γεγαμηκόσι παραγγέλλω
28 ἐὰν δὲ κ. γαμήσῃς οὐχ ἥμαρτες·
[1] κ. ἐὰν γήμῃ ἡ παρθένος οὐχ ἥμαρτεν
33 ὁ δὲ γαμήσας μεριμνᾷ τὰ τ. κόσμου
34 [1] ἡ δὲ γαμήσασα μεριμνᾷ τὰ τ. κόσμου
36 οὐχ ἁμαρτάνει· γαμείτωσαν
39 [1] ἐλευθέρα ἐστὶν ᾧ θέλει γαμηθῆναι
I Ti 4 3 κωλυόντων γαμεῖν
5 11 [1] ὅταν γὰρ καταστρηνιάσωσιν τ. Χριστοῦ γαμεῖν θέλουσιν
14 [1] βούλομαι οὖν νεωτέρας γαμεῖν

1060.2 ΓΑΜΙ΄ΖΩ *† cf. 1060, 1547

Mt 22 30 ἐν γὰρ τ. ἀναστάσει οὔτε γαμοῦσιν οὔτε γαμίζονται
24 38 γαμοῦντες κ. γαμίζοντες
Mk 12 25 ὅταν γὰρ ἐκ νεκρῶν ἀναστῶσιν οὔτε γαμοῦσιν οὔτε γαμίζονται
Lu 17 27 ἐγάμουν ἐγαμίζοντο
20 35 οἱ δὲ καταξιωθέντες . . . οὔτε γαμοῦσιν οὔτε γαμίζονται
γαμίσκονται, WH mg.
I Co 7 38 ὥστε κ. ὁ γαμίζων τ. ἑαυτοῦ παρθένον καλῶς ποιεῖ·
κ. ὁ μὴ γαμίζων κρεῖσσον ποιήσει

ΓΑΜΙ΄ΣΚΟΜΑΙ * 1060.5 cf. 1548

Lu 20 34 οἱ υἱοὶ τ. αἰῶνος τούτου γαμοῦσιν κ. γαμίσκονται
γεννῶνται κ. γεννῶσιν, WH mg.
35 οἱ δὲ καταξιωθέντες . . . οὔτε γαμοῦσιν οὔτε γαμίσκονται
γαμίζονται, TWH non mg.

ΓΑ΄ΜΟΣ 1062

(1) γάμοι

Mt 22 2 [1] ὅστις ἐποίησεν γάμους τ. υἱῷ αὐτοῦ
3 [1] καλέσαι τ. κεκλημένους εἰς τ. γάμους
4 [1] δεῦτε εἰς τ. γάμους

Mt 22 8 ὁ μὲν γάμος ἕτοιμός ἐστιν
9 [1] ὅσους ἐὰν εὕρητε καλέσατε εἰς τ. γάμους
10 ἐπλήσθη ὁ γάμος ἀνακειμένων νυμφών, TWH
11 ἄνθρωπον οὐκ ἐνδεδυμένον ἔνδυμα γάμου
12 πῶς εἰσῆλθες ὧδε μὴ ἔχων ἔνδυμα γάμου;
25 10 [1] αἱ ἕτοιμοι εἰσῆλθον μετ' αὐτοῦ εἰς τ. γάμους
Lu 12 36 [1] πότε ἀναλύσῃ ἐκ τ. γάμων
14 8 [1] ὅταν κληθῇς ὑπό τινος εἰς γάμους
Jo 2 1 γάμος ἐγένετο ἐν Κανὰ τ. Γαλιλαίας
2 ἐκλήθη δὲ κ. ὁ Ἰησοῦς . . . εἰς τ. γάμον
3 ὅτι συνετελέσθη ὁ οἶνος τ. γάμου —h. v., WH non mg. R
He 13 4 τίμιος ὁ γάμος ἐν πᾶσιν
Re 19 7 ὅτι ἦλθεν ὁ γάμος τ. ἀρνίου
9 μακάριοι οἱ εἰς τὸ δεῖπνον τ. γάμου τ. ἀρνίου κεκλημένοι

ΓΑ'Ρ 1063 cf. 2228.5

(1) ἦ γάρ (2) καὶ γάρ (3) ἰδοὺ γάρ (4) μὴ γάρ

Mt 1. 20, 21; 2. 2, 5, 6, 13, 20; 3. 2, 3, 9, 15; 4. 6, 10, 17 —WH mg., 18; 5. 12, 18, 20, 29, 30, 46; 6. 7, 8, 14, 16, 21, [1]24, 32 (*bis*), 34; 7. 2, 8, 12, 25, 29; 8. [2]9; 9. 5, 13, 16, 21, 24; 10. 10, 17, 19, 20, 23, 26, 35; 11. 13, 18, 30; 12. 8, 33, 34, 37, 40, 50; 13. 12, 15, 17 —T; 14. 3, 4, 24; 15. 2, 4, 19, [2]27 [WH]; 16. 2 —h. v., [T] [[WH]] R mg., 3 —h. v., [T] [[WH]] R mg., 25, 26, 27; 17. 15, 20; 18. 7, 10, 11 —h. v., TWHR non mg., 20; 19. 12, 14, 22; 20. 1, 16 —h. v., TWH non mg. R; 21. 26, 32; 22. 14, 16, 28, 30; 23. 3, 5, 8, 9, 14, 17, 19, 39; 24. 5, 6, 7, 21, 24, 27, 37 δὲ, TR, 38; 25. 3, 14, 29, 35, 42; 26. 9, 10, 11, 12, 28, 31, 43, [3]45 —TWH non mg. R, 52, [2]73; 27. 18, 19, 23, 43; 28. 2, 5, 6.

Mk 1. 16, 22, 38; 2. 15; 3. 10, 21, 35 —TWH non mg.; 4. 22, 25; 5. 8, 28, 42; 6. 14, 17, 18, 20, 31, 48, 50, 52; 7. 3, 10, 21, 27; 8. 35, 36, 37, 38; 9. 6 (*bis*), 31, 34, 39, 40, 41, 49; 10. 14, 22, 27, [2]45; 11. 13, 18 (*bis*), 32; 12. 12, 14, 23, 25, 44; 13. 8, 9 —TWH, 11, 19, 22 δὲ, T, 33, 35; 14. 2, 5, 7, 40, 56, [2]70; 15. 10, 14; 16. 4, 8 (*bis*).

Lu 1. 15, 18, 30, [3]44, [3]48, [2]66, 76; 2. [3]10; 3. 8; 4. 10; 5. 9, 39 h. v., [WH]; 6. [3]23, 23, 26, [2]32, [2]33 —[WH] R, [2]33 —TWH, 38, 43, 44 (*bis*), 45, 48 —h. v., TWHR non mg.; 7. 5, 6, [2]8, 33; 8. 17, 18, 29 (*bis*), 40, 46, 52 —T; 9. 14 δὲ, T, 24, 25, 26, 44, 48, 50, 56 —h. v., TWH non mg. R non mg.; —γὰρ, WH mg.; 10. 7, 24, 42 —WH mg. R mg.; 11. [2]4, 10, 30; 12. 12, 23 —T, 30, 34, 52, 58; 14. 14 δὲ, T, 24, 28; 16. 2, [1]13, 28; 17. [3]21, 24; 18. 14 —WH, 16, 23, 25, 32; 19. 5, 10, 21, 48; 20. 6, 19, 33, 36 (*bis*), 38, 40, 42; 21. 4, 8, 9, 15, 23, 26, 35; 22. 2, 16, 18, 27, 37, [2]37, [2]59, 71; 23. 8, 12, 15, 22, 34 —h. v., [[WH]] R mg., 41.

Jo 2. 25; 3. 2, 16, 17, 19, 20, 24, 34 (*bis*); 4. 8, 9 —h. v., T [WH] R mg., 18, [2]23, 37, 42, 44, [2]45, 47; 5. 4 —h. v., TWHR non mg., 13, 19, 20, 21, 22, 26, 36, 46 (*bis*); 6. 6, 27, 33, 40, 55, 64, 71; 7. 1, 4, 5, 39, [4]41; 8. 24, 42 (*bis*); 9. 22, 30; 11. 39; 12. 8, 43, 47; 13. 11, 13, 15, 29; 14. 30; 16. 7, 13, 27; 18. 13; 19. 6, 31, 36; 20. 9, 17; 21. 7, 8.

Ac 1. 20; 2. 15 (*bis*), 25, 34, 39; 4. 3, 12, 16, 20, 22, 27, 34 (*bis*); 5. 26, 36; 6. 14; 7. 33, 40; 8. 7, 16, 21, 23, 31, 39; 9. [3]11, 16; 10. 46; 13. 8, 27, 36, 47; 15. 21, 28; 16. 3, 28, 37; 17. 20, 23, 28 (*bis*); 18. 3, 18, 28; 19. 24, 32, 35, 37, [2]40; 20. 10, 13, 16 (*bis*), 27; 21. 3, 13, 22 —WHR, 29, 36; 22. 22, 26; 23. 5, 8, 11, 17, 21; 24. 5; 25. 27; 26. 16, 26 (*ter*); 27. 22, 23, 25, 34 (*bis*); 28. 2, 20, 22, 27.

Ro 1. 9, 11, 16 (*bis*), 17, 18, 19, 20, 26; 2. 1 (*bis*), 2 δὲ, WH non mg. R non mg., 11, 12, 13, 14, 24, 25, 28; 3. 2 —[WH] R, 3, 7 δὲ, TWH non mg. R non mg., 9, 20, 22, 23, 28 οὖν, WH mg. R non mg.; 4. 2, 3, 9, 13, 14, 15; 5. 6 γε, WH non mg., 7 (*bis*), 10, 13, 15, 16, 17, 19; 6. 5, 7, 10, 14 (*bis*), 19, 20, 21, 23; 7. 1, 2, 5, 7, 8, 11, 14, 15 (*bis*), 18 (*bis*), 19, 22; 8. 2, 3, 5, 6, 7 (*bis*), 13, 14, 15, 18, 19, 20, 22, 24 (*bis*), 26, 38; 9. 3, 6, 9, 11, 15, 17, 19, 28; 10. 2, 3, 4, 5, 10, 11, 12 (*bis*), 13, 16; 11. [2]1, 15, 21, 23, 24, 25, 29, 30, 32, 34; 12. 3, 4, 19, 20; 13. 1, 3, 4 (*ter*), 6 (*bis*), 8, 9, 11; 14. 3, 4, 5 —[WH] R, 6, 7, 8, 9, 10, 11, 15, 17, 18; 15. [2]3, 4, 8, 18, 24, 26, 27 (*bis*); 16. [2]2, 18, 19.

I Co 1. 11, 17, 18, 19, 21, 26; 2. 2, 8, 10 δὲ, TWH mg. R non mg., 10, 11, 14, 16; 3. 2, 3 (*bis*), 4, 9, 11, 13, 17, 19 (*bis*), 21; 4. 4, 7, 9, 15 (*bis*) 20; 5. 3, [2]7, 12; 6. 16, 20; 7. 7 δὲ, TWHR non mg., 9, 14, 16, 22, 31, 40 δὲ, TWH mg. R; 8. [2]5, 10, 11; 9. 2, 9, 10, 15, 16 (*ter*), 17, 19; 10. 1, 4, 5, 17, 26, 29; 11. 5, 6, 7, 8, [2]9, 12, 18, 19, 21, [4]22, 23, 26, 29; 12. 8, 12, [2]13, [2]14; 13. 9, 12; 14. 2 (*bis*), [2]8, 9, 14 [WH], 17, 31, 33, 34, 35; 15. 3, 9, 16, 21, 22, 25, 27, 32, 34, 41, 52, 53; 16. 5, 7 (*bis*), 9, 10, 11, 18.

II Co 1. 8, 12, 13, 19, 20, 24; 2. 1 δὲ, TWH mg. R non mg., 2, 4, 9, [2]10, 11, 17; 3. 6, 9, [2]10, 11, 14; 4. 5, 11, 15, 17, 18; 5. 1, [2]2, [2]4, 7, 10, 12 —WHR, 13, 14; 6. 2, 14, 16; 7. 3, [2]5, 8 —WHR mg., 9, 10, [3]11; 8. 9, 10, 12, 13, 21; 9. 1, 2, 7; 10. 3, 4, 8, 12, 14 (*bis*), 18; 11. 2 (*bis*), 4, 5, 9, 13, 14, 19, 20; 12. 1 δὲ, TWH non mg. R non mg., 6 (*bis*), 9, 10, 11 (*bis*), 13, 14 (*bis*), 20; 13. [2]4 (*bis*), 8, 9.

Ga 1. 10, 11 δὲ, TWH mg., 12, 13; 2. 6, 8, 12, 18, 19, 21; 3. 10 (*bis*), 18, 21, 26, 27, 28; 4. 15, 22, 24, 25 δὲ, WH non mg. R non mg., 25, 27, 30; 5. 5, 6, 13, 14, 17 (*bis*); 6. 3, 5, 7, 9, 13, 15, 17.

Eph 2. 8, 10, 14; 5. 5, 6, 8, 9, 12, 13, 29; 6. 1.

Phl 1. 8, 18, 19 δὲ, WH mg., 21, 23; 2. 13, 20, 21, [2]27; 3. 3, 18, 20; 4. 11.

Col 2. 1, 5; 3. 3, 20, 25; 4. 13.

I Th 1. 8, 9; 2. 1, 3, 5, 9, 14, 19, 20; 3. 3, [2]4, 9; 4. 2, 3, 7, 9, [2]10, 14, 15; 5. 2, 5, 7, 18.

II Th 2. 7; 3. 2, 7, [2]10, 11.

I Ti 2. 5, 13; 3. 13; 4. 5, 8, 10, 16; 5. 4, 11, 15, 18; 6. 7, 10.

II Ti 1. 7, 12; 2. 7, 11, 13, 16; 3. 2, 6, 9; 4. 3, 6, 10, 11, 15.

Tit 1. 7, 10; 2. 11; 3. 3, 9, 12.

Phm 7, 15, 22.

He 1. 5; 2. 2, 5, 8, 10, 11, 16, 18; 3. 3, 4, 14, 16; 4. [2]2, 3 οὖν, WH mg. R mg., 4, 8, 10, 12, 15; 5. 1, [2]12, 13 (*bis*); 6. 4, 7, 10, 13, 16; 7. 1, 10, 11, 12, 13, 14, 17, 18, 19, 21, 26, 27, 28; 8. 3, 5, 7, 8; 9. 2, 13, 16, 17, 19, 24; 10. 1, 4, 14, 15, 23, 26, 30, [2]34, 36, 37; 11. 2, 5, 6, 10, 14, 16, 26, 27, 32; 12. 3, 6, 7, 10, 17 (*bis*), 18, 20, 25, [2]29; 13. 2, 4, 5, 9, 11, 14, 16, 17 (*bis*), 18, [2]22.

Ja 1. 6, [4]7, 11, 13, 20, 24 ; 2. 2, 10, 11, 13, 26 —WH non mg. ; 3. 2, 7, 16 ; 4. 14 —WH non mg. R, 14 —WH mg.
I Pe 2. 19, 20, 21, 25 ; 3. 5, 10, 17 ; 4. 3, 6, [4]15.
II Pe 1. 8, 9, 10, 11, 16, 17, 21 ; 2. 4, 8, 18, 19, 20, 21 ; 3. 4, 5.
I Jo 2. 19 ; 4. 20 ; 5. 3.
II Jo 11.
III Jo 3 —T, 7.
Ju 4.
Re 1. 3 ; 3. 2 ; 9. 19 (*bis*) ; 13. 18 ; 14. 4, 5 —WHR, 13 ; 16. 14 ; 17. 17 ; 19. 8, 10 ; 21. 1, 22, 23, 25 ; 22. 10.

ΓΑΣΤΗ'Ρ 1064

Mt 1 18 εὑρέθη ἐν γαστρὶ ἔχουσα ἐκ πνεύματος ἁγίου
23 ἰδοὺ ἡ παρθένος ἐν γαστρὶ ἕξει
הִנֵּה הָעַלְמָה הָרָה, Is. vii. 14
24 19 οὐαὶ δὲ ταῖς ἐν γαστρὶ ἐχούσαις
Mk 13 17 οὐαὶ δὲ ταῖς ἐν γαστρὶ ἐχούσαις
Lu 1 31 ἰδοὺ συλλήμψῃ ἐν γαστρί
21 23 οὐαὶ ταῖς ἐν γαστρὶ ἐχούσαις
I Th 5 3 ὥσπερ ἡ ὠδὶν τῇ ἐν γαστρὶ ἐχούσῃ
Tit 1 12 Κρῆτες ἀεὶ ψεῦσται κακὰ θηρία γαστέρες ἀργαί
Re 12 2 κ. ἐν γαστρὶ ἔχουσα

ΓΕ 1065

(1) ἄραγε (2) εἴ γε; εἴγε, T; (3) εἰ δὲ μήγε (4) καί γε (5) μενοῦνγε

Mt 6 1 [3] εἰ δὲ μήγε μισθὸν οὐκ ἔχετε
7 20 [1] ἄραγε ἀπὸ τ. καρπῶν αὐτῶν ἐπιγνώσεσθε αὐτούς
9 17 [3] εἰ δὲ μήγε ῥήγνυνται οἱ ἀσκοί
17 26 [1] ἄραγε ἐλεύθεροί εἰσιν οἱ υἱοί
Lu 5 36 [3] εἰ δὲ μήγε κ. τὸ καινὸν σχίσει
37 [3] εἰ δὲ μήγε ῥήξει ὁ οἶνος ὁ νέος
10 6 [3] εἰ δὲ μήγε ἐφ' ὑμᾶς ἀνακάμψει
11 8 διά γε τ. ἀναιδίαν αὐτοῦ
13 9 [3] εἰ δὲ μήγε ἐκκόψεις αὐτήν
14 32 [3] εἰ δὲ μήγε ἔτι αὐτοῦ πόρρω ὄντος
18 5 διά γε τὸ παρέχειν μοι κόπον τ. χήραν ταύτην
19 42 [4] καί γε ἐν τῇ ἡμέρᾳ σου ταύτῃ
—κ. γε, WHR
24 21 ἀλλά γε κ. σὺν πᾶσι τούτοις
Jo 4 2 καίτοιγε Ἰησοῦς αὐτὸς οὐκ ἐβάπτιζεν
Ac 2 18 [4] καί γε ἐπὶ τ. δούλους μου . . . ἐκχεῶ ἀπὸ τ. πνεύματός μου
וְגַם עַל־הָעֲבָדִים . . . אֶשְׁפּוֹךְ אֶת־רוּחִי
Joel iii. 2
8 30 ἆρά γε γινώσκεις ἃ ἀναγινώσκεις;
17 27 [1] εἰ ἄρα γε ψηλαφήσειαν αὐτὸν κ. εὕροιεν,
ἄραγε, T
[4] καί γε οὐ μακρὰν ἀπὸ ἑνὸς ἑκάστου ἡμῶν ὑπάρχοντα
Ro 5 6 [2] εἴ γε Χριστὸς . . . ὑπὲρ ἀσεβῶν ἀπέθανεν
ἔτι γὰρ Χριστός, TR
8 32 ὅς γε τ. ἰδίου υἱοῦ οὐκ ἐφείσατο
9 20 [5] ὦ ἄνθρωπε μενοῦνγε σὺ τίς εἶ;
10 18 [5] μὴ οὐκ ἤκουσαν; μενοῦνγε εἰς πᾶσαν τ. γῆν
I Co 4 8 κ. ὄφελόν γε ἐβασιλεύσατε
I Co 6 3 μήτιγε βιωτικά;
9 2 ἀλλά γε ὑμῖν εἰμί
II Co 5 3 [2] εἴ γε καὶ ἐνδυσάμενοι
εἴ περ, WH mg.
11 16 [3] εἰ δὲ μήγε κἂν ὡς ἄφρονα δέξασθέ με
Ga 3 4 [2] εἴ γε κ. εἰκῇ
Eph 3 2 [2] εἴ γε ἠκούσατε τὴν οἰκονομίαν τ. χάριτος τ. Θεοῦ
4 21 [2] εἴ γε αὐτὸν ἠκούσατε
Phl 3 8 [5] ἀλλὰ μὲν οὖν γε κ. ἡγοῦμαι πάντα ζημίαν εἶναι
μενοῦνγε, T
Col 1 23 [2] εἴ γε ἐπιμένετε τ. πίστει

ΓΕΔΕΩ'Ν 1066

He 11 32 ἐπιλείψει με γὰρ διηγούμενον ὁ χρόνος περὶ Γ. Βαρὰκ Σαμψών

ΓΕ'ΕΝΝΑ 1067

(1) γ. τ. πυρός

Mt 5 22 [1] ἔνοχος ἔσται εἰς τ. γέενναν τ. πυρός
29 κ. μὴ ὅλον τὸ σῶμά σου βληθῇ εἰς γέενναν
30 κ. μὴ ὅλον τὸ σῶμά σου εἰς γέενναν ἀπέλθῃ
10 28 τ. δυνάμενον κ. ψυχὴν κ. σῶμα ἀπολέσαι ἐν γεέννῃ
18 9 [1] ἢ δύο ὀφθαλμοὺς ἔχοντα βληθῆναι εἰς τ. γέενναν τ. πυρός
23 15 ποιεῖτε αὐτὸν υἱὸν γεέννης διπλότερον ὑμῶν
33 πῶς φύγητε ἀπὸ τ. κρίσεως τ. γεέννης;
Mk 9 43 ἢ τ. δύο χεῖρας ἔχοντα ἀπελθεῖν εἰς τ γέενναν
45 ἢ τ. δύο πόδας ἔχοντα βληθῆναι εἰς τ. γέενναν
47 ἢ δύο ὀφθαλμοὺς ἔχοντα βληθῆναι εἰς τ. γέενναν
—τήν, WH non mg.
Lu 12 5 τὸν . . . ἔχοντα ἐξουσίαν ἐμβαλεῖν εἰς τ γέενναν
Ja 3 6 κ. φλογιζομένη ὑπὸ τ. γεέννης

ΓΕΘΣΗΜΑΝΕΙ' 1068

Mt 26 36 ἔρχεται . . . ὁ Ἰησοῦς εἰς χωρίον λεγόμενον Γεθσημανεί
Mk 14 32 ἔρχονται εἰς χωρίον οὗ τὸ ὄνομα Γεθσημανεί

ΓΕΙ'ΤΩΝ 1069

Lu 14 12 μὴ φώνει τ. φίλους σου . . . μηδὲ γείτονας πλουσίους
15 6 συνκαλεῖ τ. φίλους κ. τ. γείτονας
9 συνκαλεῖ τ. φίλας κ. γείτονας
Jo 9 8 οἱ οὖν γείτονες κ. οἱ θεωροῦντες αὐτὸν τὸ πρότερον

ΓΕΛΑ'Ω 1070

Lu 6 21 μακάριοι οἱ κλαίοντες νῦν ὅτι γελάσετε
25 οὐαὶ οἱ γελῶντες νῦν ὅτι πενθήσετε κ κλαύσετε

ΓΕ'ΛΩΣ 1071

Ja 4 9 ὁ γέλως ὑμῶν εἰς πένθος μεταστραφήτω

ΓΕΜΙ΄ΖΩ 1072

Mk 4 37 ὥστε ἤδη γεμίζεσθαι τὸ πλοῖον
15 36 γεμίσας σπόγγον ὄξους
Lu 14 23 ἵνα γεμισθῇ μου ὁ οἶκος
15 16 ἐπεθύμει γεμίσαι τ. κοιλίαν αὐτοῦ ἀπὸ τ. κερατίων
χορτασθῆναι ἐκ τ. κ., WH non mg. R
Jo 2 7 γεμίσατε τ. ὑδρίας ὕδατος·
κ. ἐγέμισαν αὐτὰς ἕως ἄνω
6 13 ἐγέμισαν δώδεκα κοφίνους κλασμάτων
Re 8 5 ἐγέμισεν αὐτὸν ἐκ τ. πυρὸς τ. θυσιαστηρίου
15 8 ἐγεμίσθη ὁ ναὸς καπνοῦ

ΓΕ΄ΜΩ 1073

Mt 23 25 ἔσωθεν δὲ γέμουσιν ἐξ ἁρπαγῆς κ. ἀκρασίας
27 ἔσωθεν δὲ γέμουσιν ὀστέων νεκρῶν
Lu 11 39 τὸ δὲ ἔσωθεν ὑμῶν γέμει ἁρπαγῆς κ. πονηρίας
Ro 3 14 ὧν τὸ στόμα ἀρᾶς κ. πικρίας γέμει
אָלָה פִּיהוּ מָלֵא וּמִרְמוֹת, Ps. x. 7
Re 4 6 τέσσερα ζῷα γέμοντα ὀφθαλμῶν ἔμπροσθεν κ. ὄπισθεν
8 κυκλόθεν κ. ἔσωθεν γέμουσιν ὀφθαλμῶν
5 8 φιάλας χρυσᾶς γεμούσας θυμιαμάτων
15 7 ἑπτὰ φιάλας χρυσᾶς γεμούσας τ. θυμοῦ τ. Θεοῦ
17 3 γέμοντα ὀνόματα βλασφημίας
4 γέμον βδελυγμάτων κ. τὰ ἀκάθαρτα τ. πορνείας αὐτῆς
γέμων, TWH mg.
21 9 εἷς ἐκ τ. ἑπτὰ ἀγγέλων . . . τ. γεμόντων τῶν ἑπτὰ πληγῶν τ. ἐσχάτων

ΓΕΝΕΑ΄ 1074

(1) γενεαί (2) γεν. κ. γεν., γεν. τ. αἰῶνος

Mt 1 17 [1] πᾶσαι οὖν αἱ γενεαὶ ἀπὸ Ἀβραὰμ ἕως Δαυείδ
[1] γενεαὶ δεκατέσσαρες·
[1] κ. ἀπὸ Δαυεὶδ . . . γενεαὶ δεκατέσσαρες·
[1] κ. ἀπὸ τ. μετοικεσίας Βαβυλῶνος . . . γενεαὶ δεκατέσσαρες
11 16 τίνι δὲ ὁμοιώσω τ. γενεὰν ταύτην;
12 39 γενεὰ πονηρὰ κ. μοιχαλὶς σημεῖον ἐπιζητεῖ
41 ἀναστήσονται ἐν τ. κρίσει μετὰ τ. γενεᾶς ταύτης
42 ἐγερθήσεται ἐν τ. κρίσει μετὰ τ. γενεᾶς ταύτης
45 οὕτως ἔσται κ. τ. γενεᾷ ταύτῃ τ. πονηρᾷ
16 4 γενεὰ πονηρὰ κ. μοιχαλὶς σημεῖον ἐπιζητεῖ
17 17 ὦ γενεὰ ἄπιστος κ. διεστραμμένη
23 36 ἥξει ταῦτα πάντα ἐπὶ τ. γενεὰν ταύτην
24 34 οὐ μὴ παρέλθῃ ἡ γενεὰ αὕτη
Mk 8 12 τί ἡ γενεὰ αὕτη ζητεῖ σημεῖον;
ἀμὴν λέγω εἰ δοθήσεται τ. γενεᾷ ταύτῃ σημεῖον
38 ὃς γὰρ ἐὰν ἐπαισχυνθῇ με . . . ἐν τ. γενεᾷ ταύτῃ τ. μοιχαλίδι
9 19 ὦ γενεὰ ἄπιστος
13 30 ὅτι οὐ μὴ παρέλθῃ ἡ γενεὰ αὕτη
Lu 1 48 [1] ἀπὸ τοῦ νῦν μακαριοῦσίν με πᾶσαι αἱ γενεαί
50 [2] τὸ ἔλεος αὐτοῦ εἰς γενεὰς κ. γενεάς
7 31 τίνι οὖν ὁμοιώσω τ. ἀνθρώπους τ. γενεᾶς ταύτης;
9 41 ὦ γενεὰ ἄπιστος κ. διεστραμμένη
11 29 ἡ γενεὰ αὕτη γενεὰ πονηρά ἐστιν
30 οὕτως ἔσται κ. ὁ υἱὸς τ. ἀνθρώπου τ. γενεᾷ ταύτῃ
31 ἐγερθήσεται ἐν τ. κρίσει μετὰ τ. ἀνδρῶν τ. γενεᾶς ταύτης
32 ἀναστήσονται ἐν τ. κρίσει μετὰ τ. γενεᾶς ταύτης
50 ἵνα ἐκζητηθῇ τὸ αἷμα . . . ἀπὸ τ. γενεᾶς ταύτης
51 ἐκζητηθήσεται ἀπὸ τ. γενεᾶς ταύτης
16 8 φρονιμώτεροι . . . εἰς τ. γενεὰν τὴν ἑαυτῶν εἰσίν
17 25 ἀποδοκιμασθῆναι ἀπὸ τ. γενεᾶς ταύτης
21 32 ὅτι οὐ μὴ παρέλθῃ ἡ γενεὰ αὕτη
Ac 2 40 σώθητε ἀπὸ τ. γενεᾶς τ. σκολιᾶς ταύτης
8 33 τ. γενεὰν αὐτοῦ τίς διηγήσεται;
אֶת־דּוֹרוֹ מִי יְשׂוֹחֵחַ, Is. liii. 8
13 36 Δαυεὶδ μὲν γὰρ ἰδίᾳ γενεᾷ ὑπηρετήσας
14 16 [1] ἐν τ. παρῳχημέναις γενεαῖς εἴασεν πάντα τ. ἔθνη πορεύεσθαι
15 21 [1] ἐκ γενεῶν ἀρχαίων κατὰ πόλιν τ. κηρύσσοντας αὐτὸν ἔχει
Eph 3 5 [1] ὃ ἑτέραις γενεαῖς οὐκ ἐγνωρίσθη
21 [2] αὐτῷ ἡ δόξα . . . εἰς πάσας τ. γενεὰς τ. αἰῶνος τ. αἰώνων
Phl 2 15 τέκνα Θεοῦ ἄμωμα μέσον γενεᾶς σκολιᾶς κ. διεστραμμένης
Col 1 26 [1] τὸ μυστήριον τὸ ἀποκεκρυμμένον ἀπὸ τ. αἰώνων κ. ἀπὸ τ. γενεῶν
He 3 10 διὸ προσώχθισα τῇ γενεᾷ ταύτῃ
אָקוּט בְּדוֹר, Ps. xcv. 10

ΓΕΝΕΑΛΟΓΕ΄ΟΜΑΙ 1075

He 7 6 ὁ δὲ μὴ γενεαλογούμενος ἐξ αὐτῶν

ΓΕΝΕΑΛΟΓΙ΄Α* 1076

1 Ti 1 4 μηδὲ προσέχειν μύθοις κ. γενεαλογίαις ἀπεράντοις
Tit 3 9 μωρὰς δὲ ζητήσεις κ. γενεαλογίας . . . περιίστασο

ΓΕΝΕ΄ΣΙΑ* 1077

Mt 14 6 γενεσίοις δὲ γενομένοις τ. Ἡρῴδου
Mk 6 21 ὅτε Ἡρῴδης τ. γενεσίοις αὐτοῦ δεῖπνον ἐποίησεν

ΓΕ΄ΝΕΣΙΣ 1078, 1083

Mt 1 1 βίβλος γενέσεως Ἰησοῦ Χριστοῦ
18 τ. δὲ Ἰησοῦ Χριστοῦ ἡ γένεσις οὕτως ἦν
Lu 1 14 πολλοὶ ἐπὶ τ. γενέσει αὐτοῦ χαρήσονται
Ja 1 23 ἀνδρὶ κατανοοῦντι τὸ πρόσωπον τ. γενέσεως αὐτοῦ ἐν ἐσόπτρῳ
3 6 φλογίζουσα τ. τροχὸν τ. γενέσεως

ΓΕΝΕΤΗ΄ 1079

Jo 9 1 εἶδεν ἄνθρωπον τυφλὸν ἐκ γενετῆς

ΓΕ΄ΝΗΜΑ † 1079.5 cf. 1081

Mt 26 29 ου μη πίω ἀπ' ἄρτι ἐκ τούτου τ. γενήματος τῆς ἀμπέλου
Mk 14 25 οὐκέτι οὐ μὴ πίω ἐκ τ. γενήματος τῆς ἀμπέλου
Lu 12 18 συνάξω ἐκεῖ πάντα τὰ γενήματά μου κ. τ. ἀγαθά μου
πάντα τ. σῖτον, WH non mg. R
22 18 οὐ μὴ πίω ἀπὸ τοῦ νῦν ἀπὸ τ. γενήματος τῆς ἀμπέλου
II Co 9 10 αὐξήσει τὰ γενήματα τ. δικαιοσύνης ὑμῶν

ΓΕΝΝΑ΄Ω 1080

(1) γ. ἐκ, ἀπό (2) γ. ἄνωθεν (3) γ. ἐν

Mt 1 2 Ἀβραὰμ ἐγέννησεν τ. Ἰσαάκ·
Ἰσαὰκ δὲ ἐγέννησεν τ. Ἰακώβ·
Ἰακὼβ δὲ ἐγέννησεν τ. Ἰούδαν κ. τ. ἀδελφοὺς αὐτοῦ·
3 Ἰούδας δὲ ἐγέννησεν τ. Φαρὲς . . . ἐκ τῆς Θάμαρ·
Φαρὲς δὲ ἐγέννησεν τ. Ἑσρώμ·
Ἑσρὼμ δὲ ἐγέννησεν τ. Ἀράμ·
4 Ἀρὰμ δὲ ἐγέννησεν τ. Ἀμιναδάβ·
Ἀμιναδὰβ δὲ ἐγέννησεν τ. Ναασσών·
Ναασσὼν δὲ ἐγέννησεν τ. Σαλμών·
5 Σαλμὼν δὲ ἐγέννησεν τ. Βοὲς ἐκ τῆς Ῥαχάβ·
Βοὲς δὲ ἐγέννησεν τ. Ἰωβὴδ ἐκ τῆς Ῥούθ·
Ἰωβὴδ δὲ ἐγέννησεν τ. Ἰεσσαί·
6 Ἰεσσαὶ δὲ ἐγέννησεν τ. Δαυεὶδ τ. βασιλέα·
Δαυεὶδ δὲ ἐγέννησεν τ. Σολομῶνα ἐκ τῆς τ. Οὐρίου·
7 Σολομὼν δὲ ἐγέννησεν τ. Ῥοβοάμ·
Ῥοβοὰμ δὲ ἐγέννησεν τ. Ἀβιά·
Ἀβιὰ δὲ ἐγέννησεν τ. Ἀσάφ·
8 Ἀσὰφ δὲ ἐγέννησεν τ. Ἰωσαφάτ·
Ἰωσαφὰτ δὲ ἐγέννησεν τ. Ἰωράμ·
Ἰωρὰμ δὲ ἐγέννησεν τ. Ὀζείαν·
9 Ὀζείας δὲ ἐγέννησεν τ. Ἰωάθαμ·
Ἰωάθαμ δὲ ἐγέννησεν τ. Ἄχας·
Ἄχας δὲ ἐγέννησεν τ. Ἐζεκίαν·
10 Ἐζεκίας δὲ ἐγέννησεν τ. Μανασσῆ·
Μανασσῆς δὲ ἐγέννησεν τ. Ἀμώς·
Ἀμὼς δὲ ἐγέννησεν τ. Ἰωσείαν·
11 Ἰωσείας δὲ ἐγέννησεν τ. Ἰεχονίαν κ. τ. ἀδελφοὺς αὐτοῦ
12 Ἰεχονίας ἐγέννησεν τ. Σαλαθιήλ·
Σαλαθιὴλ δὲ ἐγέννησεν τ. Ζοροβάβελ·
13 Ζοροβάβελ δὲ ἐγέννησεν τ. Ἀβιούδ·
Ἀβιοὺδ δὲ ἐγέννησεν τ. Ἐλιακείμ·
Ἐλιακεὶμ δὲ ἐγέννησεν τ. Ἀζώρ·
14 Ἀζὼρ δὲ ἐγέννησεν τ. Σαδώκ·
Σαδὼκ δὲ ἐγέννησεν τ. Ἀχείμ·
Ἀχεὶμ δὲ ἐγέννησεν τ. Ἐλιούδ·
15 Ἐλιοὺδ δὲ ἐγέννησεν τ. Ἐλεάζαρ·
Ἐλεάζαρ δὲ ἐγέννησεν τ. Μαθθάν·
Μαθθὰν δὲ ἐγέννησεν τ. Ἰακώβ·
16 Ἰακὼβ δὲ ἐγέννησεν τ. Ἰωσὴφ τ. ἄνδρα Μαρίας,
[1] ἐξ ἧς ἐγεννήθη Ἰησοῦς ὁ λεγόμενος Χριστός
20 [3] τὸ γὰρ ἐν αὐτῇ γεννηθέν
2 1 [3] τ. δὲ Ἰησοῦ γεννηθέντος ἐν Βηθλεὲμ τ. Ἰουδαίας
4 ἐπυνθάνετο παρ' αὐτῶν ποῦ ὁ Χριστὸς γεννᾶται

Mt 19 12 [1] οἵτινες ἐκ κοιλίας μητρὸς ἐγεννήθησαν οὕτως
26 24 καλὸν ἦν αὐτῷ εἰ οὐκ ἐγεννήθη ὁ ἄνθρωπος ἐκεῖνος
Mk 14 21 καλὸν αὐτῷ εἰ οὐκ ἐγεννήθη ὁ ἄνθρωπος ἐκεῖνος
Lu 1 13 ἡ γυνή σου Ἐλεισάβετ γεννήσει υἱόν σοι
35 [1] διὸ κ. τὸ γεννώμενον ἅγιον
γενν. ἐκ σου, R mg.
57 ἐπλήσθη ὁ χρόνος . . . κ. ἐγέννησεν υἱόν
3 22 ἐγὼ σήμερον γεγέννηκά σε, Ps. *l.c.*
—h. v. TWH non mg. R
20 34 οἱ υἱοὶ τ. αἰῶνος τούτου γεννῶνται κ. γεννῶσιν
γαμοῦσιν κ. γαμίσκονται, TWH non mg. R
23 29 μακαρίαι . . . αἱ κοιλίαι αἱ οὐκ ἐγέννησαν
Jo 1 13 [1] ἀλλ' ἐκ Θεοῦ ἐγεννήθησαν
3 3 [2] ἐὰν μή τις γεννηθῇ ἄνωθεν
4 πῶς δύναται ἄνθρωπος γεννηθῆναι γέρων ὤν;
μὴ δύναται . . . δεύτερον εἰσελθεῖν κ. γεννηθῆναι;
5 [1] ἐὰν μή τις γεννηθῇ ἐξ ὕδατος κ. πνεύματος
6 [1] τὸ γεγεννημένον ἐκ τ. σαρκὸς σάρξ ἐστιν·
[1] κ. τὸ γεγεννημένον ἐκ τ. πνεύματος πνεῦμά ἐστιν
7 [2] δεῖ ὑμᾶς γεννηθῆναι ἄνωθεν
8 [1] οὕτως ἐστὶν πᾶς ὁ γεγεννημένος ἐκ τ. πνεύματος
8 41 [1] ἡμεῖς ἐκ πορνείας οὐκ ἐγεννήθημεν
οὐ γεγεννήμεθα, TWH mg.
9 2 τίς ἥμαρτεν . . . ἵνα τυφλὸς γεννηθῇ;
19 ὃν ὑμεῖς λέγετε ὅτι τυφλὸς ἐγεννήθη
20 οἴδαμεν ὅτι . . . τυφλὸς ἐγεννήθη
32 ὅτι ἠνέῳξέν τις ὀφθαλμοὺς τυφλοῦ γεγεννημένου
34 [3] ἐν ἁμαρτίαις σὺ ἐγεννήθης ὅλος
16 21 ὅταν δὲ γεννήσῃ τὸ παιδίον
21 ὅτι ἐγεννήθη ἄνθρωπος εἰς τ. κόσμον
18 37 ἐγὼ εἰς τοῦτο γεγέννημαι
Ac 2 8 [3] τ. ἰδίᾳ διαλέκτῳ ἡμῶν ἐν ᾗ ἐγεννήθημεν
7 8 κ. οὕτως ἐγέννησεν τ. Ἰσαάκ
20 [3] ἐν ᾧ καιρῷ ἐγεννήθη Μωυσῆς
29 ἐν γῇ Μαδιὰμ οὗ ἐγέννησεν υἱοὺς δύο
13 33 ἐγὼ σήμερον γεγέννηκά σε
אֲנִי הַיּוֹם יְלִדְתִּיךָ, Ps. ii. 7
22 3 [3] γεγεννημένος ἐν Ταρσῷ τ. Κιλικίας
28 ἐγὼ δὲ κ. γεγέννημαι
Ro 9 11 μήπω γὰρ γεννηθέντων
I Co 4 15 [3] ἐν γὰρ Χριστῷ Ἰησοῦ διὰ τ. εὐαγγελίου ἐγὼ ὑμᾶς ἐγέννησα
Ga 4 23 [1] ὁ μὲν ἐκ τ. παιδίσκης κατὰ σάρκα γεγέννηται
24 μία μὲν ἀπὸ ὄρους Σινὰ εἰς δουλείαν γεννῶσα
29 ὁ κατὰ σάρκα γεννηθεὶς ἐδίωκεν τὸν κατὰ πνεῦμα
II Ti 2 23 εἰδὼς ὅτι γεννῶσιν μάχας
Phm 10 [3] ὃν ἐγέννησα ἐν τ. δεσμοῖς
He 1 5 ἐγὼ σήμερον γεγέννηκά σε, Ps. *l.c.*
5 5 ἐγὼ σήμερον γεγέννηκά σε, Ps. *l.c.*
11 12 [1] διὸ κ. ἀφ' ἑνὸς ἐγεννήθησαν
ἐγενήθησαν, WH mg.
23 πίστει Μωυσῆς γεννηθεὶς ἐκρύβη

II Pe 2 12 ὡς ἄλογα ζῷα γεγεννημένα φυσικά
γεγενημένα, T
I Jo 2 29 [1] πᾶς ὁ ποιῶν τ. δικαιοσύνην ἐξ αὐτοῦ γεγέννηται
3 9 [1] πᾶς ὁ γεγεννημένος ἐκ τ. Θεοῦ
9 [1] οὐ δύναται ἁμαρτάνειν ὅτι ἐκ τ. Θεοῦ γεγέννηται
4 7 [1] πᾶς ὁ ἀγαπῶν ἐκ τ. Θεοῦ γεγέννηται
5 1 [1] πᾶς ὁ πιστεύων . . . ἐκ τ. Θεοῦ γεγέννηται·
κ. πᾶς ὁ ἀγαπῶν τ. γεννήσαντα
[1] ἀγαπᾷ τ. γεγεννημένον ἐξ αὐτοῦ
4 [1] πᾶν τὸ γεγεννημένον ἐκ τ. Θεοῦ νικᾷ τ. κόσμον
18 [1] πᾶς ὁ γεγεννημένος ἐκ τ. Θεοῦ οὐχ ἁμαρτάνει·
18 [1] ἀλλ' ὁ γεννηθεὶς ἐκ τ. Θεοῦ τηρεῖ αὐτόν

ΓΕ'ΝΝΗΜΑ 1081 cf. 1079.5

Mt 3 7 εἶπεν αὐτοῖς Γεννήματα ἐχιδνῶν
12 34 γεννήματα ἐχιδνῶν πῶς δύνασθε ἀγαθὰ λαλεῖν
23 33 ὄφεις γεννήματα ἐχιδνῶν
Lu 3 7 γεννήματα ἐχιδνῶν τίς ὑπέδειξεν ὑμῖν

ΓΕΝΝΗΣΑΡΕ'Τ 1082

Mt 14 34 ἦλθαν ἐπὶ τ. γῆν εἰς Γεννησαρέτ
Mk 6 53 διαπεράσαντες ἐπὶ τ. γῆν ἦλθον εἰς Γεννησαρέτ
Lu 5 1 αὐτὸς ἦν ἑστὼς παρὰ τ. λίμνην Γεννησαρέτ

ΓΕΝΝΗΤΟ'Σ 1084

Mt 11 11 οὐκ ἐγήγερται ἐν γεννητοῖς γυναικῶν μείζων Ἰωάνου
Lu 7 28 μείζων ἐν γεννητοῖς γυναικῶν Ἰωάνου οὐδείς ἐστιν

ΓΕ'ΝΟΣ 1085

Mt 13 47 σαγήνῃ . . . ἐκ παντὸς γένους συναγαγούσῃ
17 21 τοῦτο δὲ τὸ γένος οὐκ ἐκπορεύεται
—h. v., TWHR non mg.
Mk 7 26 Ἑλληνὶς Συροφοινίκισσα τ. γένει
9 29 τοῦτο τὸ γένος ἐν οὐδενὶ δύναται ἐξελθεῖν
Ac 4 6 ὅσοι ἦσαν ἐκ γένους ἀρχιερατικοῦ
36 Λευείτης Κύπριος τ. γένει
7 13 φανερὸν ἐγένετο τῷ Φαραὼ τὸ γένος Ἰωσήφ
19 οὗτος κατασοφισάμενος τὸ γένος ἡμῶν
13 26 υἱοὶ γένους Ἀβραάμ
17 28 τοῦ γὰρ κ. γένος ἐσμέν.
29 γένος οὖν ὑπάρχοντες τ. Θεοῦ
18 2 Ἀκύλαν Ποντικὸν τ. γένει
24 Ἰουδαῖος δέ τις Ἀπολλὼς . . . Ἀλεξανδρεὺς τ. γένει
I Co 12 10 ἑτέρῳ γένη γλωσσῶν
28 κυβερνήσεις γένη γλωσσῶν
14 10 τοσαῦτα . . . γένη φωνῶν εἰσὶν ἐν κόσμῳ
II Co 11 26 κινδύνοις ἐκ γένους
Ga 1 14 ὑπὲρ πολλοὺς συνηλικιώτας ἐν τ. γένει μου
Phl 3 5 ἐκ γένους Ἰσραὴλ φυλῆς Βενιαμείν
I Pe 2 9 ὑμεῖς δὲ γένος ἐκλεκτόν
עַמִּי בְחִירִי, Is. xliii. 20
Re 22 16 ἡ ῥίζα κ. τὸ γένος Δαυείδ

ΓΕΡΑΣΗΝΟ'Σ 1085.5 cf. 1046

Mk 5 1 ἦλθον . . . εἰς τ. χώραν τῶν Γερασηνῶν
Lu 8 26 κατέπλευσαν εἰς τ. χώραν τ. Γερασηνῶν
Γεργεσηνῶν, TR mg.; Γαδαρηνῶν, R mg. alter
37 ἅπαν τὸ πλῆθος τῆς περιχώρου τ. Γερασηνῶν
Γεργεσηνῶν, TR mg.; Γαδαρηνῶν, R mg. alter

1086 ΓΕΡΓΕΣΗΝΟ'Σ cf. 1046, 1085.5

Lu 8 26 κατέπλευσαν εἰς τ. χώραν τ. Γεργεσηνῶν
Γερασηνῶν, WHR non mg.; Γαδαρηνῶν, R mg. alter
37 ἅπαν τὸ πλῆθος τῆς περιχώρου τ. Γεργεσηνῶν
Γερασηνῶν, WHR non mg.; Γαδαρηνῶν, R mg. alter

ΓΕΡΟΥΣΙ'Α 1087

Ac 5 21 πᾶσαν τ. γερουσίαν τ. υἱῶν Ἰσραήλ

ΓΕ'ΡΩΝ 1088

Jo 3 4 πῶς δύναται ἄνθρωπος γεννηθῆναι γέρων ὤν;

ΓΕΥ'ΟΜΑΙ 1089

(1) γεύ. θανάτου (2) c. acc.

Mt 16 28 [1] οἵτινες οὐ μὴ γεύσωνται θανάτου
27 34 γευσάμενος οὐκ ἠθέλησεν πιεῖν
Mk 9 1 [1] οἵτινες οὐ μὴ γεύσωνται θανάτου
Lu 9 27 [1] οἳ οὐ μὴ γεύσωνται θανάτου
14 24 οὐδεὶς τ. ἀνδρῶν ἐκείνων . . . γεύσεταί μου τ. δείπνου
Jo 2 9 [2] ὡς δὲ ἐγεύσατο ὁ ἀρχιτρίκλινος τὸ ὕδωρ
8 52 [1] οὐ μὴ γεύσηται θανάτου εἰς τ. αἰῶνα
Ac 10 10 ἐγένετο δὲ πρόσπεινος κ. ἤθελεν γεύσασθαι
20 11 κλάσας τ. ἄρτον κ. γευσάμενος
23 14 μηδενὸς γεύσασθαι ἕως οὗ ἀποκτείνωμεν τ. Παῦλον
Col 2 21 μὴ ἅψῃ μηδὲ γεύσῃ μηδὲ θίγῃς
He 2 9 [1] ὅπως χάριτι Θεοῦ ὑπὲρ παντὸς γεύσηται θανάτου
6 4 γευσαμένους τε τ. δωρεᾶς τ. ἐπουρανίου
5 [2] κ. καλὸν γευσαμένους Θεοῦ ῥῆμα
I Pe 2 3 εἰ ἐγεύσασθε ὅτι χρηστὸς ὁ Κύριος

ΓΕΩΡΓΕ'ΟΜΑΙ 1090

He 6 7 εὔθετον ἐκείνοις δι' οὓς κ. γεωργεῖται

ΓΕΩ'ΡΓΙΟΝ 1091

I Co 3 9 Θεοῦ γεώργιον Θεοῦ οἰκοδομή ἐστε

ΓΕΩΡΓΌΣ 1092

Mt 21 33 ἐξέδετο αὐτὸν γεωργοῖς
34 ἀπέστειλεν τ. δούλους αὐτοῦ πρὸς τ. γεωργούς
35 λαβόντες οἱ γεωργοὶ τ. δούλους αὐτοῦ
38 οἱ δὲ γεωργοὶ ἰδόντες τ. υἱόν
40 τί ποιήσει τ. γεωργοῖς ἐκείνοις;
41 τ. ἀμπελῶνα ἐκδώσεται ἄλλοις γεωργοῖς
Mk 12 1 ἐξέδετο αὐτὸν γεωργοῖς
2 ἀπέστειλεν πρὸς τ. γεωργοὺς τ. καιρῷ δοῦλον,
ἵνα παρὰ τ. γεωργῶν λάβῃ ἀπὸ τ. καρπῶν
7 ἐκεῖνοι δὲ οἱ γεωργοὶ πρὸς ἑαυτοὺς εἶπαν
9 ἐλεύσεται κ. ἀπολέσει τ. γεωργούς
Lu 20 9 ἐξέδετο αὐτὸν γεωργοῖς
10 κ. καιρῷ ἀπέστειλεν πρὸς τ. γεωργοὺς δοῦλον
10 οἱ δὲ γεωργοὶ ἐξαπέστειλαν αὐτὸν δείραντες κενόν
14 ἰδόντες δὲ αὐτὸν οἱ γεωργοί
16 ἐλεύσεται κ. ἀπολέσει τ. γεωργοὺς τούτους
Jo 15 1 ὁ πατήρ μου ὁ γεωργός ἐστιν
II Ti 2 6 τ. κοπιῶντα γεωργὸν δεῖ πρῶτον τ. καρπῶν μεταλαμβάνειν
Ja 5 7 ὁ γεωργὸς ἐκδέχεται τ. τίμιον καρπὸν τ. γῆς

ΓΗ͂ 1093

(1) οὐρανὸς κ. γῆ (2) ἐπὶ τ. γῆς, τ. γῆν (3) γῆ Ἰσραήλ

Mt 2 6 κ. σὺ Βηλεὲμ γῆ Ἰούδα
וְאַתָּה בֵּית־לֶחֶם אֶפְרָתָה, Mic. v. 1
20 [3] πορεύου εἰς γῆν Ἰσραήλ
21 [3] εἰσῆλθεν εἰς γῆν Ἰσραήλ
4 15 γῆ Ζαβουλὼν κ. γῆ Νεφθαλείμ
אַרְצָה זְבֻלוּן וְאַרְצָה נַפְתָּלִי, Is. viii. 23
5 5 ὅτι αὐτοὶ κληρονομήσουσιν τ. γῆν
13 ὑμεῖς ἐστε τὸ ἅλας τ. γῆς
18 [1] ἕως ἂν παρέλθῃ ὁ οὐρανὸς κ. ἡ γῆ
35 [1] μὴ ὀμόσαι ὅλως . . . μήτε ἐν τ. γῇ
6 10 [1 2] ὡς ἐν οὐρανῷ κ. ἐπὶ γῆς
19 [2] μὴ θησαυρίζετε ὑμῖν θησαυροὺς ἐπὶ τ. γῆς
9 6 [2] ἐξουσίαν ἔχει . . . ἐπὶ τ. γῆς ἀφιέναι ἁμαρτίας
26 ἐξῆλθεν ἡ φήμη αὕτη εἰς ὅλην τ. γῆν ἐκείνην
31 διεφήμισαν αὐτὸν ἐν ὅλῃ τ. γῇ ἐκείνῃ
10 15 ἀνεκτότερον ἔσται γῇ Σοδόμων κ. Γομόρρων
29 [2] ἓν ἐξ αὐτῶν οὐ πεσεῖται ἐπὶ τ. γῆν
34 [2] ὅτι ἦλθον βαλεῖν εἰρήνην ἐπὶ τ. γῆν
11 24 γῇ Σοδόμων ἀνεκτότερον ἔσται ἐν ἡμέρᾳ κρίσεως
25 [1] Κύριε τ. οὐρανοῦ κ. τ. γῆς
12 40 οὕτως ἔσται ὁ υἱὸς τ. ἀνθρώπου ἐν τ. καρδίᾳ τ. γῆς
42 ἦλθεν ἐκ τ. περάτων τ. γῆς
13 5 ὅπου οὐκ εἶχεν γῆν πολλήν
5 διὰ τὸ μὴ ἔχειν βάθος γῆς
8 ἄλλα δὲ ἔπεσεν ἐπὶ τ. γῆν τ. καλήν
23 ὁ δὲ ἐπὶ τ. καλὴν γῆν σπαρείς
14 24 τὸ δὲ πλοῖον ἤδη σταδίους πολλοὺς ἀπὸ τ. γῆς ἀπεῖχεν
ἤδ. μέσον τ. θαλάσσης ἦν, TWH mg. R non mg.

Mt 14 34 [2] ἦλθαν ἐπὶ τ. γῆν εἰς Γεννησαρέτ
15 35 [2] παραγγείλας τ. ὄχλῳ ἀναπεσεῖν ἐπὶ τ γῆν
16 19 [2] ὃ ἐὰν δήσῃς ἐπὶ τ. γῆς
19 [2] κ. ὃ ἐὰν λύσῃς ἐπὶ τ. γῆς
17 25 οἱ βασιλεῖς τ. γῆς ἀπὸ τίνων λαμβάνουσιν τέλη
18 18 [2] ὅσα ἐὰν δήσητε ἐπὶ τ. γῆς
18 [2] κ. ὅσα ἐὰν λύσητε ἐπὶ τ. γῆς
19 [2] ἐὰν δύο συμφωνήσωσιν ἐξ ὑμῶν ἐπὶ τ. γῆς
23 9 [2] πατέρα μὴ καλέσητε ὑμῶν ἐπὶ τ. γῆς
35 [2] πᾶν αἷμα δίκαιον ἐκχυννόμενον ἐπὶ τ. γῆς
24 30 κόψονται πᾶσαι αἱ φυλαὶ τ. γῆς
35 [1] ὁ οὐρανὸς κ. ἡ γῆ παρελεύσεται
25 18 ὁ δὲ τὸ ἓν λαβὼν ἀπελθὼν ὤρυξεν γῆν
25 ἀπελθὼν ἔκρυψα τὸ τάλαντόν σου ἐν τ. γῇ
27 45 [2] σκότος ἐγένετο ἐπὶ πᾶσαν τ. γῆν
51 κ. ἡ γῆ ἐσείσθη
28 18 [1 2] ἐδόθη μοι πᾶσα ἐξουσία ἐν οὐρανῷ κ. ἐπὶ τ. γῆς
Mk 2 10 [2] ἐξουσίαν ἔχει . . . ἀφιέναι ἁμαρτίας ἐπὶ τ. γῆς
ἐπ. τ. γ. ἀφ. ἁμ., TWH mg.
4 1 [2] πᾶς ὁ ὄχλος πρὸς τ. θάλασσαν ἐπὶ τ. γῆς ἦσαν
5 ὅπου οὐκ εἶχεν γῆν πολλήν
5 διὰ τὸ μὴ ἔχειν βάθος γῆς
8 ἄλλα ἔπεσεν εἰς τ. γῆν τ. καλήν
20 [2] ἐκεῖνοί εἰσιν οἱ ἐπὶ τ. γῆν τ. καλὴν σπαρέντες
26 [2] ὡς ἄνθρωπος βάλῃ τ. σπόρον ἐπὶ τ. γῆς
28 αὐτομάτη ἡ γῆ καρποφορεῖ
31 [2] ὅταν σπαρῇ ἐπὶ τ. γῆς
31 [2] μικρότερον ὂν πάντων τ. σπερμάτων τῶν ἐπὶ τ. γῆς
6 47 [2] κ. αὐτὸς μόνος ἐπὶ τ. γῆς
53 [2] διαπεράσαντες ἐπὶ τ. γῆν ἦλθον εἰς Γεννησαρέτ
8 6 [2] παραγγέλλει τ. ὄχλῳ ἀναπεσεῖν ἐπὶ τ. γῆς
9 3 [2] οἷα γναφεὺς ἐπὶ τ. γῆς οὐ δύναται οὕτως λευκᾶναι
20 [2] πεσὼν ἐπὶ τ. γῆς ἐκυλίετο ἀφρίζων
13 27 [1] ἀπ' ἄκρου γῆς ἕως ἄκρου οὐρανοῦ
31 [1] ὁ οὐρανὸς κ. ἡ γῆ παρελεύσονται
14 35 [2] προελθὼν μικρὸν ἔπιπτεν ἐπὶ τ. γῆς
15 33 [2] σκότος ἐγένετο ἐφ' ὅλην τ. γῆν
Lu 2 14 [2] κ. ἐπὶ γῆς εἰρήνη
4 25 [2] ὡς ἐγένετο λιμὸς μέγας ἐπὶ πᾶσαν τ. γῆν
5 3 ἀπὸ τ. γῆς ἐπαναγαγεῖν ὀλίγον
11 [2] καταγαγόντες τὰ πλοῖα ἐπὶ τ. γῆν
24 [2] ἐξουσίαν ἔχει ἐπὶ τ. γῆς ἀφιέναι ἁμαρτίας
6 49 [2] οἰκοδομήσαντι οἰκίαν ἐπὶ τ. γῆν
8 8 ἕτερον ἔπεσεν εἰς τ. γῆν τ. ἀγαθήν
15 τὸ δὲ ἐν τ. καλῇ γῇ
27 [2] ἐξελθόντι δὲ αὐτῷ ἐπὶ τ. γῆν
10 21 [1] Κύριε τ. οὐρανοῦ κ. τ. γῆς
11 2 [1] ὡς ἐν οὐρανῷ καὶ ἐπὶ τ. γῆς
—h. v., TWHR non mg.
31 ἦλθεν ἐκ τ. περάτων τ. γῆς
12 49 [2] πῦρ ἦλθον βαλεῖν ἐπὶ τ. γῆν
51 ὅτι εἰρήνην παρεγενόμην δοῦναι ἐν τ. γῇ
56 [1] τὸ πρόσωπον τ. γῆς κ. τ. οὐρανοῦ οἴδατε δοκιμάζειν

Lu 13 7 ἵνα τί κ. τ. γῆν καταργεῖ;
14 35 οὔτε εἰς γῆν οὔτε εἰς κοπρίαν εὔθετόν ἐστιν
16 17 [1] τ. οὐρανὸν κ. τ. γῆν παρελθεῖν
18 8 [2] ἆρα εὑρήσει τ. πίστιν ἐπὶ τ. γῆς;
21 23 [2] ἔσται γὰρ ἀνάγκη μεγάλη ἐπὶ τ. γῆς
25 [2] ἐπὶ τ. γῆς συνοχὴ ἐθνῶν ἐν ἀπορίᾳ
33 [1] ὁ οὐρανὸς κ. ἡ γῆ παρελεύσονται
35 ἐπεισελεύσεται γὰρ . . . ἐπὶ πρόσωπον πάσης τ. γῆς
22 44 ὡσεὶ θρόμβοι αἵματος καταβαίνοντες ἐπὶ τ. γῆν
—h. v., [[WH]] R mg.
23 44 [2] σκότος ἐγένετο ἐφ᾽ ὅλην τ. γῆν
24 5 κ. κλινουσῶν τὰ πρόσωπα εἰς τ. γῆν
Jo 3 22 ἦλθεν ὁ Ἰησοῦς . . . εἰς τ. Ἰουδαίαν γῆν
31 ὁ ὢν ἐκ τ. γῆς ἐκ τ. γῆς ἐστιν κ. ἐκ τ. γῆς λαλεῖ
6 21 [2] ἐγένετο τ. πλοῖον ἐπὶ τ. γῆς εἰς ἣν ὑπῆγον
ἐπὶ τ. γῆν, T
8 [6 τ. δακτύλῳ κατέγραφεν εἰς τ. γῆν
[8 κατακύψας ἔγραφεν εἰς τ. γῆν
12 24 ἐὰν μὴ ὁ κόκκος τ. σίτου πεσὼν εἰς τ. γῆν ἀποθάνῃ
32 κἀγὼ ἂν ὑψωθῶ ἐκ τ. γῆς
17 4 [2] ἐγώ σε ἐδόξασα ἐπὶ τ. γῆς
21 8 οὐ γὰρ ἦσαν μακρὰν ἀπὸ τ. γῆς
9 ὡς οὖν ἀπέβησαν εἰς τ. γῆν
11 εἵλκυσεν τὸ δίκτυον εἰς τ. γῆν
Ac 1 8 ἐν πάσῃ τ. Ἰουδαίᾳ κ. Σαμαρίᾳ κ. ἕως ἐσχάτου τ. γῆς
2 19 [2] σημεῖα ἐπὶ τ. γῆς κάτω
מוֹפְתִים . . . בָּאָרֶץ, Joel iii. 3
3 25 ἐν τ. σπέρματί σου εὐλογηθήσονται πᾶσαι αἱ πατριαὶ τ. γῆς
הִתְבָּרְכוּ בְזַרְעֲךָ כֹּל גּוֹיֵי הָאָרֶץ, Gen. xxii. 18
4 24 [1] σὺ ὁ ποιήσας τ. οὐρανὸν κ. τ. γῆν
26 παρέστησαν οἱ βασιλεῖς τ. γῆς
יִתְיַצְּבוּ מַלְכֵי־אֶרֶץ, Ps. ii. 2
7 3 ἔξελθε ἐκ τ. γῆς σου κ. ἐκ τ. συγγενείας σου,
לֶךְ־לְךָ מֵאַרְצְךָ וּמִמּוֹלַדְתְּךָ וּמִבֵּית אָבִיךָ Gen. xii. 1
κ. δεῦρο εἰς τ. γῆν ἣν ἄν σοι δείξω.
אֶל־הָאָרֶץ אֲשֶׁר אַרְאֶךָּ, *ib.*
4 τότε ἐξελθὼν ἐκ γῆς Χαλδαίων
4 μετῴκισεν αὐτὸν εἰς τ. γῆν ταύτην
6 ἔσται τὸ σπέρμα αὐτοῦ πάροικον ἐν γῇ ἀλλοτρίᾳ
גֵּר יִהְיֶה זַרְעֲךָ בְּאֶרֶץ לֹא לָהֶם, Gen. xv. 13
29 ἐγένετο πάροικος ἐν γῇ Μαδιάμ
33 ὁ γὰρ τόπος ἐφ᾽ ᾧ ἕστηκας γῆ ἁγία ἐστίν
כִּי הַמָּקוֹם אֲשֶׁר אַתָּה עוֹמֵד עָלָיו אַדְמַת־קֹדֶשׁ הוּא, Ex. iii. 5
36 ποιήσας . . . σημεῖα ἐν γῇ Αἰγύπτῳ
ἐν τῇ Αἰ., WHR
40 ὃς ἐξήγαγεν ἡμᾶς ἐκ γῆς Αἰγύπτου
49 [1] κ. ἡ γῆ ὑποπόδιον τ. ποδῶν μου
ἡ δὲ γῆ, TWH mg.
וְהָאָרֶץ הֲדֹם רַגְלָי, Is. lxvi. 1
Ac 8 33 ὅτι αἴρεται ἀπὸ τ. γῆς ἡ ζωὴ αὐτοῦ
כִּי נִגְזַר מֵאֶרֶץ חַיִּים, Is. liii. 8
9 4 [2] κ. πεσὼν ἐπὶ τ. γῆν
8 ἠγέρθη δὲ Σαῦλος ἀπὸ τ. γῆς
10 11 [2] τέσσαρσιν ἀρχαῖς καθιέμενον ἐπὶ τ. γῆς
12 πάντα τ. τετράποδα κ. ἑρπετὰ τ. γῆς
11 6 εἶδον τὰ τετράποδα τ. γῆς
13 17 ὕψωσεν ἐν τ. παροικίᾳ ἐν γῇ Αἰγύπτου
ἐν γῇ Αἰγύπτῳ, T
19 καθελὼν ἔθνη ἑπτὰ ἐν γῇ Χαναάν, κατεκληρονόμησεν τ. γῆν αὐτῶν
47 τοῦ εἶναί σε εἰς σωτηρίαν ἕως ἐσχάτου τ. γῆς
לִהְיוֹת יְשׁוּעָתִי עַד־קְצֵה הָאָרֶץ, Is. xlix. 6
14 15 [1] ὃς ἐποίησεν τ. οὐρανὸν κ. τ. γῆν
17 24 [1] οὗτος οὐρανοῦ κ. γῆς ὑπάρχων κύριος
26 κατοικεῖν ἐπὶ παντὸς προσώπου τ. γῆς
22 22 αἶρε ἀπὸ τ. γῆς τ. τοιοῦτον
26 14 πάντων τε καταπεσόντων ἡμῶν εἰς τ. γῆν
27 39 τ. γῆν οὐκ ἐπεγίνωσκον
43 [2] ἀπορίψαντας πρώτους ἐπὶ τ. γῆν ἐξιέναι
44 [2] οὕτως ἐγένετο πάντας διασωθῆναι ἐπὶ τ. γῆν
Ro 9 17 ὅπως διαγγελῇ τὸ ὄνομά μου ἐν πάσῃ τ. γῇ
לְמַעַן סַפֵּר שְׁמִי בְּכָל־הָאָרֶץ, Ex. ix. 16
28 [2] λόγον συντετμημένον ποιήσει Κύριος ἐπὶ τ. γῆς
כִּי כָלָה וְנֶחֱרָצָה אֲדֹנָי יְהוִה צְבָאוֹת עֹשֶׂה בְּקֶרֶב כָּל־הָאָרֶץ, Is. x. 23
10 18 εἰς πᾶσαν τ. γῆν ἐξῆλθεν ὁ φθόγγος αὐτῶν
בְּכָל־הָאָרֶץ יָצָא קַוָּם, Ps. xix. 5
1 Co 8 5 [1 2] εἴτε ἐν οὐρανῷ εἴτε ἐπὶ γῆς
10 26 τ. Κυρίου γὰρ ἡ γῆ κ. τὸ πλήρωμα αὐτῆς
לַיהוָה הָאָרֶץ וּמְלוֹאָהּ, Ps. xxiv. 1
15 47 ὁ πρῶτος ἄνθρωπος ἐκ γῆς χοϊκός
Eph 1 10 [1 2] τὰ ἐπὶ τ. οὐρανοῖς κ. τὰ ἐπὶ τ. γῆς
3 15 [1 2] πᾶσα πατριὰ ἐν οὐρανοῖς κ. ἐπὶ γῆς ὀνομάζεται
4 9 ὅτι κ. κατέβη εἰς τὰ κατώτερα μέρη τ. γῆς
6 3 [2] ἵνα . . . ἔσῃ μακροχρόνιος ἐπὶ τ. γῆς
לְמַעַן יַאֲרִכוּן יָמֶיךָ עַל הָאֲדָמָה, Ex. xx. 12
Col 1 16 [1 2] ἐκτίσθη τὰ πάντα ἐν τ. οὐρανοῖς κ. ἐπὶ τ. γῆς
20 [1 2] εἴτε τὰ ἐπὶ τ. γῆς εἴτε τὰ ἐν τ. οὐρανοῖς
3 2 [2] τὰ ἄνω φρονεῖτε μὴ τὰ ἐπὶ τ. γῆς
5 [2] νεκρώσατε οὖν τὰ μέλη τὰ ἐπὶ τ. γῆς
He 1 10 σὺ κατ᾽ ἀρχὰς Κύριε τ. γῆν ἐθεμελίωσας
לְפָנִים הָאָרֶץ יָסַדְתָּ, Ps. cii. 26
6 7 γῆ γὰρ ἡ πιοῦσα τὸν ἐπ᾽ αὐτῆς ἐρχόμενον . . . ὑετόν
8 4 [2] εἰ μὲν οὖν ἦν ἐπὶ γῆς
9 ἐξαγαγεῖν αὐτοὺς ἐκ γῆς Αἰγύπτου
לְהוֹצִיאָם מֵאֶרֶץ מִצְרָיִם, Jer. xxxi. 32
11 9 πίστει παρῴκησεν εἰς γῆν τ. ἐπαγγελίας

He 11 13 [2] ὅτι ξένοι κ. παρεπίδημοί εἰσιν ἐπὶ τ. γῆς
29 πίστει διέβησαν . . . ὡς διὰ ξηρᾶς γῆς
38 ἐπὶ ἐρημίαις πλανώμενοι . . . κ. τ. ὀπαῖς τ. γῆς
12 25 [2] οὐκ ἐξέφυγον ἐπὶ γῆς παραιτησάμενοι τ. χρηματίζοντα
26 οὗ ἡ φωνὴ τ. γῆν ἐσάλευσεν τότε
26 [1] σείσω οὐ μόνον τ. γῆν ἀλλὰ κ. τ. οὐρανόν
אֲנִי מַרְעִישׁ אֶת־הַשָּׁמַיִם וְאֶת־הָאָרֶץ, Hagg. ii. 6
Ja 5 5 [2] ἐτρυφήσατε ἐπὶ τ. γῆς
7 ὁ γεωργὸς ἐκδέχεται τ. τίμιον καρπὸν τ. γῆς
12 [1] μὴ ὀμνύετε μήτε τ. οὐρανὸν μήτε τ. γῆν
17 [2] οὐκ ἔβρεξεν ἐπὶ τ. γῆς ἐνιαυτοὺς τρεῖς
18 ἡ γῆ ἐβλάστησεν τ. καρπὸν αὐτῆς
II Pe 3 5 κ. γῆ ἐξ ὕδατος κ. δι' ὕδατος συνεστῶσα
7 [1] οἱ δὲ νῦν οὐρανοὶ κ. ἡ γῆ
10 γῆ κ. τὰ ἐν αὐτῇ ἔργα εὑρεθήσεται
13 [1] καινοὺς δὲ οὐρανοὺς κ. γῆν καινὴν . . . προσδοκῶμεν
καιν. γῆν, T
Ju 5 Κύριος λαὸν ἐκ γῆς Αἰγύπτου σώσας
Re 1 5 ὁ ἄρχων τ. βασιλέων τ. γῆς
7 κόψονται ἐπ' αὐτὸν πᾶσαι αἱ φυλαὶ τ. γῆς
3 10 [2] πειράσαι τ. κατοικοῦντας ἐπὶ τ. γῆς
5 3 [1 2] οὐδεὶς ἐδύνατο ἐν τ. οὐρανῷ οὐδὲ ἐπὶ τ. γῆς,
οὐδὲ ὑποκάτω τ. γῆς
6 ἀπεσταλμένοι εἰς πᾶσαν τ. γῆν
10 [2] κ. βασιλεύουσιν ἐπὶ τ. γῆς
13 [1 2] πᾶν κτίσμα ὃ ἐν τ. οὐρανῷ κ. ἐπὶ τ. γῆς
κ. ὑποκάτω τ. γῆς
6 4 λαβεῖν τ. εἰρήνην ἐκ τ. γῆς
8 ἐξουσία ἐπὶ τὸ τέταρτον τ. γῆς,
ἀποκτεῖναι . . . ὑπὸ τ. θηρίων τ. γῆς
10 [2] ἐκδικεῖς τὸ αἷμα ἡμῶν ἐκ τ. κατοικούντων ἐπὶ τ. γῆς
13 [1 2] οἱ ἀστέρες τ. οὐρανοῦ ἔπεσαν εἰς τ. γῆν
15 οἱ βασιλεῖς τ. γῆς κ. οἱ μεγιστᾶνες
7 1 ἀγγέλους ἑστῶτας ἐπὶ τ. τέσσαρας γωνίας τ. γῆς,
κρατοῦντας τ. τέσσαρας ἀνέμους τ. γῆς,
[2] ἵνα μὴ πνέῃ ἄνεμος ἐπὶ τ. γῆς
2 ἐδόθη αὐτοῖς ἀδικῆσαι τ. γῆν κ. τ. θάλασσαν,
3 λέγων Μὴ ἀδικήσητε τ. γῆν
8 5 κ. ἔβαλεν εἰς τ. γῆν
7 ἐβλήθη εἰς τ. γῆν·
κ. τὸ τρίτον τ. γῆς κατεκάη
13 [2] οὐαὶ τ. κατοικοῦντας ἐπὶ τ. γῆς
9 1 [1] εἶδον ἀστέρα ἐκ τ. οὐρανοῦ πεπτωκότα εἰς τ. γῆν
3 ἐκ τ. καπνοῦ ἐξῆλθον ἀκρίδες εἰς τ. γῆν
3 ὡς ἔχουσιν ἐξουσίαν οἱ σκορπίοι τ. γῆς
4 ἵνα μὴ ἀδικήσουσιν τ. χόρτον τ. γῆς
10 2 [2] τὸν δὲ εὐώνυμον ἐπὶ τ. γῆς
5 [2] ὃν εἶδον ἑστῶτα ἐπὶ τ. θαλάσσης κ. ἐπὶ τ. γῆς
6 [1] ὃς ἔκτισεν . . . τ. γῆν κ. τὰ ἐν αὐτῇ
8 [2] τ. ἑστῶτος ἐπὶ τ. θαλάσσης κ. ἐπὶ τ. γῆς
11 4 αἱ ἐνώπιον τ. Κυρίου τ. γῆς ἑστῶτες
6 πατάξαι τ. γῆν ἐν πάσῃ πληγῇ
10 [2] οἱ κατοικοῦντες ἐπὶ τ. γῆς χαίρουσιν ἐπ' αὐτοῖς

Re 11 10 [2] ἐβασάνισαν τ. κατοικοῦντας ἐπὶ τ. γῆς
18 διαφθεῖραι τ. διαφθείροντας τ. γῆν
12 4 κ. ἔβαλεν αὐτοὺς εἰς τ. γῆν
9 ἐβλήθη εἰς τ. γῆν
12 οὐαὶ τ. γῆν κ. τ. θάλασσαν
13 ὅτι ἐβλήθη εἰς τ. γῆν
16 ἐβοήθησεν ἡ γῆ τ. γυναικί,
κ. ἤνοιξεν ἡ γῆ τὸ στόμα αὐτῆς
13 3 ἐθαυμάσθη ὅλη ἡ γῆ ὀπίσω τ. θηρίου
8 [2] προσκυνήσουσιν αὐτὸν πάντες οἱ κατοικοῦντες ἐπὶ τ. γῆς
11 ἄλλο θηρίον ἀναβαῖνον ἐκ τ. γῆς
12 ποιεῖ τ. γῆν κ. τοὺς ἐν αὐτῇ κατοικοῦντας
13 ἵνα κ. πῦρ ποιῇ . . . καταβαίνειν εἰς τ. γῆν
14 [2] πλανᾷ τ. κατοικοῦντας ἐπὶ τ. γῆς
[2] λέγων τ. κατοικοῦσιν ἐπὶ τ. γῆς
14 3 οἱ ἠγορασμένοι ἀπὸ τ. γῆς
6 [2] εὐαγγελίσαι ἐπὶ τ. καθημένους ἐπὶ τ. γῆς
7 [1] προσκυνήσατε τ. ποιήσαντι τ. οὐρανὸν κ. τ. γῆν
15 ὅτι ἐξηράνθη ὁ θερισμὸς τ. γῆς
16 [2] ἔβαλεν . . . τὸ δρέπανον αὐτοῦ ἐπὶ τ. γῆν,
κ. ἐθερίσθη ἡ γῆ
18 τρύγησον τ. βότρυας τῆς ἀμπέλου τ. γῆς
19 ἔβαλεν ὁ ἄγγελος τὸ δρέπανον αὐτοῦ εἰς τ. γῆν,
κ. ἐτρύγησεν τὴν ἄμπελον τ. γῆς
16 1 ἐκχέετε τὰς ἑπτὰ φιάλας . . . εἰς τ. γῆν
2 ἐξέχεεν τ. φιάλην αὐτοῦ εἰς τ. γῆν
18 [2] ἀφ' οὗ ἄνθρωποι ἐγένοντο ἐπὶ τ. γῆς
17 2 μεθ' ἧς ἐπόρνευσαν οἱ βασιλεῖς τ. γῆς,
κ. ἐμεθύσθησαν οἱ κατοικοῦντες τ. γῆν
5 ἡ μήτηρ τ. πορνῶν κ. τ. βδελυγμάτων τ. γῆς
8 [2] θαυμασθήσονται οἱ κατοικοῦντες ἐπὶ τ. γῆς
18 ἡ ἔχουσα βασιλείαν ἐπὶ τ. βασιλέων τ. γῆς
18 1 ἡ γῆ ἐφωτίσθη ἐκ τ. δόξης αὐτοῦ
3 οἱ βασιλεῖς τ. γῆς μετ' αὐτῆς ἐπόρνευσαν,
κ. οἱ ἔμποροι τ. γῆς ἐκ τ. δυνάμεως . . . ἐπλούτησαν
9 κόψονται ἐπ' αὐτὴν οἱ βασιλεῖς τ. γῆς
11 οἱ ἔμποροι τ. γῆς κλαίουσιν
23 οἱ ἔμποροί σου ἦσαν οἱ μεγιστᾶνες τ. γῆς
24 [2] αἷμα . . . πάντων τ. ἐσφαγμένων ἐπὶ τ. γῆς
19 2 ἥτις ἔφθειρεν τ. γῆν ἐν τ. πορνείᾳ αὐτῆς
19 εἶδον . . . τ. βασιλεῖς τ. γῆς
20 8 τὰ ἔθνη τὰ ἐν τ. τέσσαρσι γωνίαις τ. γῆς
9 ἀνέβησαν ἐπὶ τὸ πλάτος τ. γῆς
11 [1] οὗ ἀπὸ τ. προσώπου ἔφυγεν ἡ γῆ κ. ὁ οὐρανός
21 1 [1] εἶδον οὐρανὸν καινὸν κ. γῆν καινήν·
[1] ὁ γὰρ πρῶτος οὐρανὸς κ. ἡ πρώτη γῆ ἀπῆλθαν
24 οἱ βασιλεῖς τ. γῆς φέρουσιν τ. δόξαν αὐτῶν εἰς αὐτήν

ΓΗ͂ΡΑΣ 1094

Lu 1 36 κ. αὐτὴ συνείληφεν υἱὸν ἐν γήρει αὐτῆς

ΓΗΡΑ´ΣΚΩ 1095

Jo 21 18 ὅταν δὲ γηράσῃς
He 8 13 τὸ δὲ παλαιούμενον κ. γηράσκον

ΓΙ΄ΝΟΜΑΙ 1096

(1) γ. ὡς, ὡσεί (2) seq. dat. (3) seq. ἵνα (4) γ. εἰς (5) γ. ἐπί (6) μὴ γένοιτο (7) τὸ γεγονός

Mt 1 22 τοῦτο δὲ ὅλον γέγονεν
4 3 εἰπὸν ἵνα οἱ λίθοι οὗτοι ἄρτοι γένωνται
5 18 ἕως ἂν πάντα γένηται
45 ὅπως γένησθε υἱοὶ τ. πατρὸς ὑμῶν
6 10 γενηθήτω τὸ θέλημά σου
16 [1] μὴ γίνεσθε ὡς οἱ ὑποκριταὶ σκυθρωποί
7 28 ἐγένετο ὅτε ἐτέλεσεν ὁ Ἰησοῦς
8 13 [2] ὡς ἐπίστευσας γενηθήτω σοι
16 ὀψίας δὲ γενομένης
24 σεισμὸς μέγας ἐγένετο ἐν τ. θαλάσσῃ
26 κ. ἐγένετο γαλήνη μεγάλη
9 10 ἐγένετο αὐτοῦ ἀνακειμένου ἐν τ. οἰκίᾳ
16 χεῖρον σχίσμα γίνεται
29 [2] κατὰ τ. πίστιν ὑμῶν γενηθήτω ὑμῖν
10 16 γίνεσθε οὖν φρόνιμοι ὡς οἱ ὄφεις
25 [1] ἀρκετὸν τ. μαθητῇ ἵνα γένηται ὡς ὁ διδάσκαλος αὐτοῦ
11 1 ἐγένετο ὅτε ἐτέλεσεν ὁ Ἰησοῦς
20 ἐν αἷς ἐγένοντο αἱ πλεῖσται δυνάμεις αὐτοῦ
21 εἰ ἐν Τύρῳ κ. Σιδῶνι ἐγένοντο αἱ δυνάμεις αἱ γενόμεναι ἐν ὑμῖν
23 εἰ ἐν Σοδόμοις ἐγενήθησαν αἱ δυνάμεις αἱ γενόμεναι ἐν σοί
26 οὕτως εὐδοκία ἐγένετο ἔμπροσθέν σου
12 45 γίνεται τὰ ἔσχατα τ. ἀνθρώπου ἐκείνου χείρονα τ. πρώτων
13 21 γενομένης δὲ θλίψεως ἢ διωγμοῦ
22 συνπνίγει τ. λόγον κ. ἄκαρπος γίνεται
32 μεῖζον τ. λαχάνων ἐστὶν κ. γίνεται δένδρον
53 ἐγένετο ὅτε ἐτέλεσεν ὁ Ἰησοῦς
14 6 γενεσίοις δὲ γενομένοις τ. Ἡρῴδου
15 ὀψίας δὲ γενομένης
23 ὀψίας δὲ γενομένης
15 28 [2] γενηθήτω σοι ὡς θέλεις
16 2 ὀψίας γενομένης λέγετε Εὐδία
—h. v., [T] [[WH]] R mg.
17 2 τὰ δὲ ἱμάτια αὐτοῦ ἐγένετο λευκὰ ὡς τὸ φῶς
18 3 [1] ἐὰν μὴ . . . γένησθε ὡς τὰ παιδία
12 [2] ἐὰν γένηταί τινι ἀνθρώπῳ ἑκατὸν πρόβατα
13 ἐὰν γένηται εὑρεῖν αὐτό
19 [2] γενήσεται αὐτοῖς παρὰ τ. πατρός μου
31 ἰδόντες οὖν οἱ σύνδουλοι αὐτοῦ τὰ γενόμενα
γινόμενα, T
31 διεσάφησαν τ. κυρίῳ ἑαυτῶν πάντα τὰ γενόμενα
19 1 ἐγένετο ὅτε ἐτέλεσεν ὁ Ἰησοῦς
8 ἀπ᾽ ἀρχῆς δὲ οὐ γέγονεν οὕτως
20 8 ὀψίας δὲ γενομένης
26 ὃς ἂν θέλῃ ἐν ὑμῖν μέγας γενέσθαι
21 4 [3] τοῦτο δὲ γέγονεν ἵνα πληρωθῇ τὸ ῥηθέν
19 οὐ μηκέτι ἐκ σοῦ καρπὸς γένηται
21 κἂν τ. ὄρει τούτῳ εἴπητε . . . γενήσεται
42 [4] οὗτος ἐγενήθη εἰς κεφαλὴν γωνίας·
הָיְתָה לְרֹאשׁ פִּנָּה, Ps. cxviii. 22
παρὰ Κυρίου ἐγένετο αὕτη
מֵאֵת יְהוָֹה הָיְתָה זֹּאת, *ib.* 23
23 15 ὅταν γένηται ποιεῖτε αὐτὸν υἱὸν γεέννης
26 ἵνα γένηται κ. τὸ ἐκτὸς αὐτοῦ καθαρόν

Mt 24 6 δεῖ γὰρ γενέσθαι
20 ἵνα μὴ γένηται ἡ φυγὴ ὑμῶν χειμῶνος
21 οἵα οὐ γέγονεν ἀπ᾽ ἀρχῆς κόσμου ἕως τοῦ νῦν,
οὐκ ἐγένετο, T
οὐδ᾽ οὐ μὴ γένηται
32 ὅταν ἤδη ὁ κλάδος αὐτῆς γένηται ἁπαλός
34 ἕως ἂν πάντα ταῦτα γένηται
44 διὰ τοῦτο κ. ὑμεῖς γίνεσθε ἕτοιμοι
25 6 μέσης δὲ νυκτὸς κραυγὴ γέγονεν
26 1 ἐγένετο ὅτε ἐτέλεσεν ὁ Ἰησοῦς
2 μετὰ δύο ἡμέρας τὸ πάσχα γίνεται
5 ἵνα μὴ θόρυβος γένηται ἐν τ. λαῷ
6 τ. δὲ Ἰησοῦ γενομένου ἐν Βηθανίᾳ
20 ὀψίας δὲ γενομένης
42 γενηθήτω τὸ θέλημά σου
54 ὅτι οὕτως δεῖ γενέσθαι
56 [3] τοῦτο δὲ ὅλον γέγονεν ἵνα πληρωθῶσιν αἱ γραφαί
27 1 πρωίας δὲ γενομένης
24 ἀλλὰ μᾶλλον θόρυβος γίνεται
45 [5] σκότος ἐγένετο ἐπὶ πᾶσαν τ. γῆν
54 ἰδόντες τ. σεισμὸν κ. τὰ γινόμενα
57 ὀψίας δὲ γενομένης
28 2 σεισμὸς ἐγένετο μέγας
4 [1] κ. ἐγενήθησαν ὡς νεκροί
11 ἀπήγγειλαν τ. ἀρχιερεῦσιν ἅπαντα τὰ γενόμενα
Mk 1 4 ἐγένετο Ἰωάνης ὁ βαπτίζων ἐν τῇ ἐρήμῳ
9 κ. ἐγένετο ἐν ἐκείναις τ. ἡμέραις
11 φωνὴ ἐγένετο ἐκ τῶν οὐρανῶν
—ἐγέν., T [WH]
17 ποιήσω ὑμᾶς γενέσθαι ἁλεεῖς ἀνθρώπων
32 ὀψίας δὲ γενομένης
2 15 κ. γίνεται κατακεῖσθαι αὐτὸν ἐν τ. οἰκίᾳ αὐτοῦ
ἐγένετο, R
21 χεῖρον σχίσμα γίνεται
23 ἐγένετο αὐτὸν ἐν τ. σάββασιν διαπορεύεσθαι
27 τὸ σάββατον διὰ τ. ἄνθρωπον ἐγένετο
4 4 ἐγένετο ἐν τῷ σπείρειν
10 ὅτε ἐγένετο κατὰ μόνας
11 ἐν παραβολαῖς τὰ πάντα γίνεται
17 εἶτα γενομένης θλίψεως ἢ διωγμοῦ
19 συνπνίγουσιν τ. λόγον κ. ἄκαρπος γίνεται
22 οὐδὲ ἐγένετο ἀπόκρυφον
32 γίνεται μεῖζον πάντων τῶν λαχάνων
35 ἐν ἐκείνῃ τ. ἡμέρᾳ ὀψίας γενομένης
37 γίνεται λαῖλαψ μεγάλη ἀνέμου
39 κ. ἐγένετο γαλήνη μεγάλη
5 14 [7] ἦλθον ἰδεῖν τί ἐστιν τὸ γεγονός
16 [2] πῶς ἐγένετο τ. δαιμονιζομένῳ
33 [2] εἰδυῖα ὃ γέγονεν αὐτῇ
6 2 γενομένου σαββάτου ἤρξατο διδάσκειν
2 δυνάμεις τοιαῦται διὰ τῶν χειρῶν αὐτοῦ γινόμεναι
γίνονται, T
14 φανερὸν γὰρ ἐγένετο τὸ ὄνομα αὐτοῦ
21 γενομένης ἡμέρας εὐκαίρου
26 περίλυπος γενόμενος ὁ βασιλεύς
35 κ. ἤδη ὥρας πολλῆς γενομένης
γινομένης, TWH mg.
47 κ. ὀψίας γενομένης
9 3 τ. ἱμάτια αὐτοῦ ἐγένετο στίλβοντα
6 ἔκφοβοι γὰρ ἐγένοντο

Mk 9 7 ἐγένετο νεφέλη ἐπισκιάζουσα αὐτοῖς·
κ. ἐγένετο φωνὴ ἐκ τ. νεφέλης
21 πόσος χρόνος ἐστὶν ὡς τοῦτο γέγονεν αὐτῷ;
26 [1] ἐγένετο ὡσεὶ νεκρός
33 ἐν τ. οἰκίᾳ γενόμενος ἐπηρώτα αὐτούς
50 ἐὰν δὲ τὸ ἅλας ἄναλον γένηται
10 43 ὃς ἂν θέλῃ μέγας γενέσθαι ἐν ὑμῖν
44 κ. ὃς ἂν θέλῃ ἐν ὑμῖν γενέσθαι πρῶτος εἶναι, WHR
11 19 ὅταν ὀψὲ ἐγένετο
23 ἀλλὰ πιστεύῃ ὅτι ὃ λαλεῖ γίνεται
12 10 [4] οὗτος ἐγενήθη εἰς κεφαλὴν γωνίας· Ps. *l.c.*
11 παρὰ Κυρίου ἐγένετο αὕτη, *ib.* 23
13 7 μὴ θροεῖσθε· δεῖ γενέσθαι
18 προσεύχεσθε δὲ ἵνα μὴ γένηται χειμῶνος
19 οἷα οὐ γέγονεν τοιαύτη ἀπ' ἀρχῆς κτίσεως
19 κ. οὐ μὴ γένηται
28 ὅταν ἤδη ὁ κλάδος αὐτῆς ἁπαλὸς γένηται
29 ὅταν ἴδητε ταῦτα γινόμενα
30 μέχρις οὗ ταῦτα πάντα γένηται
14 4 εἰς τί ἡ ἀπωλεία αὕτη τ. μύρου γέγονεν;
17 κ. ὀψίας γενομένης
15 33 γενομένης ὥρας ἕκτης σκότος ἐγένετο ἐφ' ὅλην τ. γῆν
42 κ. ἤδη ὀψίας γενομένης
16 [10 ἀπήγγειλεν τοῖς μετ' αὐτοῦ γενομένοις
Lu 1 2 ὑπηρέται γενόμενοι τ. λόγου
5 ἐγένετο ἐν τ. ἡμέραις Ἡρῴδου βασιλέως
8 ἐγένετο δὲ ἐν τῷ ἱερατεύειν αὐτόν
20 ἄχρι ἧς ἡμέρας γένηται ταῦτα
23 ἐγένετο ὡς ἐπλήσθησαν αἱ ἡμέραι
38 [2] γένοιτό μοι κατὰ τὸ ῥῆμά σου
41 [1] ἐγένετο ὡς ἤκουσεν τ. ἀσπασμόν
44 ὡς ἐγένετο ἡ φωνὴ τ. ἀσπασμοῦ σου
59 ἐγένετο ἐν τ. ἡμέρᾳ τ. ὀγδόῃ
65 [5] ἐγένετο ἐπὶ πάντας φόβος
2 1 ἐγένετο δὲ ἐν τ. ἡμέραις ἐκείναις
2 αὕτη ἀπογραφὴ πρώτη ἐγένετο ἡγεμονεύοντος τ. Συρίας Κυρηνίου
ἐγέν. πρ., T
6 ἐγένετο δὲ ἐν τῷ εἶναι αὐτοὺς ἐκεῖ
13 ἐξαίφνης ἐγένετο σὺν τ. ἀγγέλῳ πλῆθος
15 [1] ἐγένετο ὡς ἀπῆλθον ἀπ' αὐτῶν
15 [7] ἴδωμεν τὸ ῥῆμα τοῦτο τὸ γεγονός
42 ὅτε ἐγένετο ἐτῶν δώδεκα
46 ἐγένετο μετὰ ἡμέρας τρεῖς
3 2 [5] ἐγένετο ῥῆμα Θεοῦ ἐπὶ Ἰωάνην
21 ἐγένετο δὲ ἐν τῷ βαπτισθῆναι ἅπαντα τ. λαόν
22 κ. φωνὴν ἐξ οὐρανοῦ γενέσθαι
4 3 εἰπὲ τ. λίθῳ τούτῳ ἵνα γένηται ἄρτος
23 [4] ὅσα ἠκούσαμεν γενόμενα εἰς τὴν Καφαρναούμ
25 [5] ὡς ἐγένετο λιμὸς μέγας ἐπὶ πᾶσαν τ. γῆν
36 [5] ἐγένετο θάμβος ἐπὶ πάντας
42 γενομένης δὲ ἡμέρας
5 1 ἐγένετο δὲ ἐν τῷ τ. ὄχλον ἐπικεῖσθαι αὐτῷ
12 ἐγένετο ἐν τ. εἶναι αὐτὸν ἐν μιᾷ τ. πόλεων
17 ἐγένετο ἐν μιᾷ τ. ἡμερῶν
6 1 ἐγένετο δὲ ἐν σαββάτῳ
6 ἐγένετο δὲ ἐν ἑτέρῳ σαββάτῳ
12 ἐγένετο δὲ ἐν τ. ἡμέραις ταύταις
13 κ. ὅτε ἐγένετο ἡμέρα
16 Ἰούδαν Ἰσκαριὼθ ὃς ἐγένετο προδότης
36 γίνεσθε οἰκτίρμονες

Lu 6 48 πλημμύρης δὲ γενομένης
49 ἐγένετο τὸ ῥῆγμα τ. οἰκίας ἐκείνης μέγα
7 11 κ. ἐγένετο ἐν τῷ ἑξῆς
8 1 κ. ἐγένετο ἐν τῷ καθεξῆς
17 οὐ γάρ ἐστιν κρυπτὸν ὃ οὐ φανερὸν γενήσεται
22 ἐγένετο δὲ ἐν μιᾷ τ. ἡμερῶν
24 ἐπαύσαντο κ. ἐγένετο γαλήνη
34 [7] ἰδόντες δὲ οἱ βόσκοντες τὸ γεγονός
35 [7] ἐξῆλθον δὲ ἰδεῖν τὸ γεγονός
40 ἐγένετο δὲ ἐν τῷ ὑποστρέφειν τ. Ἰησοῦν
ἐν δὲ τ. ὑπ., WHR
56 [7] παρήγγειλεν αὐτοῖς μηδενὶ εἰπεῖν τὸ γεγονός
9 7 ἤκουσεν δὲ Ἡρῴδης . . . τὰ γινόμενα πάντα
18 ἐγένετο ἐν τῷ εἶναι αὐτὸν προσευχόμενον
28 ἐγένετο δὲ μετὰ τ. λόγους τούτους
29 ἐγένετο ἐν τ. προσεύχεσθαι αὐτόν
33 ἐγένετο ἐν τ. διαχωρίζεσθαι αὐτοὺς ἀπ' αὐτοῦ
34 ἐγένετο νεφέλη κ. ἐπεσκίαζεν αὐτούς
35 φωνὴ ἐγένετο ἐκ τ. νεφέλης
36 ἐν τῷ γενέσθαι τ. φωνήν
37 ἐγένετο δὲ τῇ ἑξῆς ἡμέρᾳ
51 ἐγένετο δὲ ἐν τ. συμπληροῦσθαι τ. ἡμέρας
10 13 εἰ ἐν Τύρῳ κ. Σιδῶνι ἐγενήθησαν αἱ δυνάμεις αἱ γενόμεναι ἐν ὑμῖν
21 ὅτι οὕτως εὐδοκία ἐγένετο ἔμπροσθέν σου
ἐγέν. εὐδ., T
32 ὁμοίως δὲ κ. Λευείτης γενόμενος κατὰ τ. τόπον
—γεν., WHR
36 πλησίον δοκεῖ σοι γεγονέναι τ. ἐμπεσόντος εἰς τ. λῃστάς
38 ἐγένετο δὲ ἐν τῷ πορεύεσθαι αὐτούς
ἐν δὲ τ. πορ., WHR
11 1 ἐγένετο ἐν τ. εἶναι αὐτὸν ἐν τόπῳ τινί
2 γενηθήτω τὸ θέλημά σου
—h. v., TWHR non mg.
14 ἐγένετο δὲ τ. δαιμονίου ἐξελθόντος
26 γίνεται τὰ ἔσχατα τ. ἀνθρώπου ἐκείνου χείρονα τ. πρώτων
27 ἐγένετο δὲ ἐν τ. λέγειν αὐτὸν ταῦτα
30 καθὼς γὰρ ἐγένετο ὁ Ἰωνᾶς τ. Νινευείταις σημεῖον
12 40 κ. ὑμεῖς γίνεσθε ἕτοιμοι
54 ὄμβρος ἔρχεται κ. γίνεται οὕτως
55 καύσων ἔσται κ. γίνεται
13 2 ἁμαρτωλοὶ παρὰ πάντας τ. Γαλιλαίους ἐγένοντο
4 ὀφειλέται ἐγένοντο παρὰ πάντας τ. ἀνθρώπους
17 ἔχαιρεν ἐπὶ πᾶσι τ. ἐνδόξοις τ. γινομένοις ὑπ' αὐτοῦ
19 [4] ηὔξησεν κ. ἐγένετο εἰς δένδρον
14 1 ἐγένετο ἐν τ. ἐλθεῖν αὐτὸν εἰς οἶκον
12 μήποτε . . . γένηται ἀνταπόδομά σοι
22 κύριε γέγονεν ὃ ἐπέταξας
15 10 γίνεται χαρὰ ἐνώπιον τ. ἀγγέλων τ. Θεοῦ
14 ἐγένετο λιμὸς ἰσχυρὰ κατὰ τ. χώραν ἐκείνην
16 11 εἰ οὖν ἐν τ. ἀδίκῳ μαμωνᾷ πιστοὶ οὐκ ἐγένεσθε
12 εἰ ἐν τ. ἀλλοτρίῳ πιστοὶ οὐκ ἐγένεσθε
22 ἐγένετο δὲ ἀποθανεῖν τ. πτωχόν
17 11 ἐγένετο ἐν τ. πορεύεσθαι εἰς Ἰερουσαλήμ
14 ἐγένετο ἐν τ. ὑπάγειν αὐτούς

Lu 17 26 καθὼς ἐγένετο ἐν τ. ἡμέραις Νῶε
28 ὁμοίως καθὼς ἐγένετο ἐν τ. ἡμέραις Λώτ
18 23 ὁ δὲ ἀκούσας ταῦτα περίλυπος ἐγενήθη
35 ἐγένετο δὲ ἐν τ. ἐγγίζειν αὐτὸν εἰς Ἰερειχώ
19 9 σήμερον σωτηρία τ. οἴκῳ τούτῳ ἐγένετο
15 ἐγένετο ἐν τ. ἐπανελθεῖν αὐτόν
17 ὅτι ἐν ἐλαχίστῳ πιστὸς ἐγένου
19 κ. σὺ ἐπάνω γίνου πέντε πόλεων
29 [1] ἐγένετο ὡς ἤγγισεν εἰς Βηθφαγή
20 1 ἐγένετο ἐν μιᾷ τ. ἡμερῶν
14 ἵνα ἡμῶν γένηται ἡ κληρονομία
16 [6] ἀκούσαντες δὲ εἶπαν Μὴ γένοιτο
17 [4] οὗτος ἐγενήθη εἰς κεφαλὴν γωνίας, Ps. *l.c.*
33 τίνος αὐτῶν γίνεται γυνή;
ἔσται, R
21 7 ὅταν μέλλῃ ταῦτα γίνεσθαι
9 δεῖ γὰρ ταῦτα γενέσθαι πρῶτον
28 ἀρχομένων δὲ τούτων γίνεσθαι
31 ὅταν ἴδητε ταῦτα γινόμενα
32 ἕως ἂν πάντα γένηται
36 ἐκφυγεῖν ταῦτα πάντα τὰ μέλλοντα γίνεσθαι
22 14 ὅτε ἐγένετο ἡ ὥρα ἀνέπεσεν
24 ἐγένετο δὲ κ. φιλονεικία ἐν αὐτοῖς
26 [1] ὁ μείζων ἐν ὑμῖν γινέσθω ὡς ὁ νεώτερος
40 [5] γενόμενος δὲ ἐπὶ τ. τόπου
42 μὴ τὸ θέλημά μου ἀλλὰ τὸ σὸν γινέσθω
γενέσθω, WH mg.
44 κ. γενόμενος ἐν ἀγωνίᾳ
—h. v., [[WH]] R mg.
44 [1] ἐγένετο ὁ ἱδρὼς αὐτοῦ ὡσεὶ θρόμβοι αἵματος
—h. v., [[WH]] R mg.
66 ὡς ἐγένετο ἡμέρα
23 8 ἤλπιζέν τι σημεῖον ἰδεῖν ὑπ' αὐτοῦ γινόμενον
12 ἐγένοντο δὲ φίλοι ὅ τε Ἡρῴδης κ. ὁ Πειλᾶτος
19 διὰ στάσιν τινὰ γενομένην ἐν τ. πόλει
24 ἐπέκρινεν γενέσθαι τὸ αἴτημα αὐτῶν
31 ἐν τ. ξηρῷ τί γένηται;
44 [5] σκότος ἐγένετο ἐφ' ὅλην τ. γῆν
47 ἰδὼν δὲ ὁ ἑκατοντάρχης τὸ γενόμενον
48 θεωρήσαντες τὰ γενόμενα
24 4 ἐγένετο ἐν τ. ἀπορεῖσθαι αὐτὰς περὶ τούτου
5 ἐμφόβων δὲ γενομένων αὐτῶν
12 [7] πρὸς αὐτὸν θαυμάζων τὸ γεγονός
—h. v., T [[WH]] R mg.
15 ἐγένετο ἐν τ. ὁμιλεῖν αὐτούς
18 οὐκ ἔγνως τὰ γενόμενα ἐν αὐτῇ
19 ὃς ἐγένετο ἀνὴρ προφήτης
21 ἀφ' οὗ ταῦτα ἐγένετο
22 [5] γενόμεναι ὀρθριναὶ ἐπὶ τὸ μνημεῖον
30 ἐγένετο ἐν τ. κατακλιθῆναι αὐτὸν μετ' αὐτῶν
31 αὐτὸς ἄφαντος ἐγένετο ἀπ' αὐτῶν
37 πτοηθέντες δὲ κ. ἔμφοβοι γενόμενοι
51 ἐγένετο ἐν τ. εὐλογεῖν αὐτὸν αὐτούς
Jo 1 3 πάντα δι' αὐτοῦ ἐγένετο,
κ. χωρὶς αὐτοῦ ἐγένετο οὐδὲ ἕν.
4 ὃ γέγονεν ἐν αὐτῷ ζωὴ ἦν
οὐδὲ ἓν ὃ γέγ., TWH mg. R non mg.
6 ἐγένετο ἄνθρωπος ἀπεσταλμένος παρὰ Θεοῦ
10 ὁ κόσμος δι' αὐτοῦ ἐγένετο
12 ἔδωκεν αὐτοῖς ἐξουσίαν τέκνα Θεοῦ γενέσθαι
14 ὁ λόγος σὰρξ ἐγένετο
15 ὁ ὀπίσω μου ἐρχόμενος ἔμπροσθέν μου γέγονεν
17 ἡ χάρις κ. ἡ ἀλήθεια διὰ Ἰησοῦ Χριστοῦ ἐγένετο

Jo 1 28 ταῦτα ἐν Βηθανίᾳ ἐγένετο πέραν τ. Ἰορδάνου
30 ὃς ἔμπροσθέν μου γέγονεν
2 1 γάμος ἐγένετο ἐν Κανὰ τ. Γαλιλαίας
9 ὡς δὲ ἐγεύσατο . . . τὸ ὕδωρ οἶνον γεγενημένον
3 9 πῶς δύναται ταῦτα γενέσθαι;
25 ἐγένετο οὖν ζήτησις ἐκ τ. μαθητῶν Ἰωάνου
4 14 γενήσεται ἐν αὐτῷ πηγὴ ὕδατος
5 [4 ὑγιὴς ἐγίνετο ᾧ δήποτε κατείχετο νοσήματι
—h. v., TWHR non mg.
6 θέλεις ὑγιὴς γενέσθαι;
9 εὐθέως ἐγένετο ὑγιὴς ὁ ἄνθρωπος
14 ἴδε ὑγιὴς γέγονας·
μηκέτι ἁμάρτανε ἵνα μὴ χεῖρόν σοί τι γένηται
6 16 ὡς δὲ ὀψία ἐγένετο
17 κ. σκοτία ἤδη ἐγεγόνει
κατέλαβεν δὲ αὐτοὺς ἡ σκοτία, T
19 τ. Ἰησοῦν . . . ἐγγὺς τ. πλοίου γινόμενον
21 [5] εὐθέως ἐγένετο τὸ πλοῖον ἐπὶ τ. γῆς
25 Ῥαββεί πότε ὧδε γέγονας;
7 43 σχίσμα οὖν ἐγένετο ἐν τ. ὄχλῳ δι' αὐτόν
8 33 ὅτι ἐλεύθεροι γενήσεσθε
58 πρὶν Ἀβραὰμ γενέσθαι ἐγὼ εἰμί
9 22 ἵνα ἐάν τις αὐτὸν ὁμολογήσῃ Χριστὸν ἀποσυνάγωγος γένηται
27 μὴ κ. ὑμεῖς θέλετε αὐτοῦ μαθηταὶ γενέσθαι;
39 ἵνα . . . οἱ βλέποντες τυφλοὶ γένωνται
10 16 γενήσονται μία ποίμνη εἷς ποιμήν
γενήσεται, T
19 σχίσμα πάλιν ἐγένετο ἐν τ. Ἰουδαίοις
22 ἐγένετο δὲ τὰ ἐγκαίνια ἐν τ. Ἱεροσολύμοις
35 πρὸς οὓς ὁ λόγος τ. Θεοῦ ἐγένετο
ἐγέν. τ. Θ., T
12 29 ὁ οὖν ὄχλος . . . ἔλεγεν βροντὴν γεγονέναι
30 οὐ δι' ἐμὲ ἡ φωνὴ αὕτη γέγονεν
36 ἵνα υἱοὶ φωτὸς γένησθε
42 ἵνα μὴ ἀποσυνάγωγοι γένωνται
13 2 κ. δείπνου γινομένου
19 ἀπ' ἄρτι λέγω ὑμῖν πρὸ τοῦ γενέσθαι,
ἵνα πιστεύητε ὅταν γένηται
14 22 τί γέγονεν ὅτι ἡμῖν μέλλεις ἐμφανίζειν
29 νῦν εἴρηκα ὑμῖν πρὶν γενέσθαι
29 ἵνα ὅταν γένηται πιστεύσητε
15 7 ὃ ἐὰν θέλητε αἰτήσασθε κ. γενήσεται ὑμῖν
8 κ. γένησθε ἐμοὶ μαθηταί
γενήσεσθε, TWH mg. R non mg.
16 20 [4] ἡ λύπη ὑμῶν εἰς χαρὰν γενήσεται
19 36 ἐγένετο γὰρ ταῦτα
20 27 κ. μὴ γίνου ἄπιστος
21 4 πρωίας δὲ ἤδη γινομένης
Ac 1 16 περὶ Ἰούδα τ. γενομένου ὁδηγοῦ
18 πρηνὴς γενόμενος ἐλάκησεν μέσος
19 γνωστὸν ἐγένετο πᾶσι τ. κατοικοῦσιν Ἰερουσαλήμ
20 γενηθήτω ἡ ἔπαυλις αὐτοῦ ἔρημος
תְּהִי־טִירָתָם נְשַׁמָּה, Ps. lxix. 26
22 μάρτυρα τ. ἀναστάσεως αὐτοῦ σὺν ἡμῖν γενέσθαι
2 2 ἐγένετο ἄφνω ἐκ τ. οὐρανοῦ ἦχος
6 γενομένης δὲ τ. φωνῆς ταύτης
43 [2] ἐγίνετο δὲ πάσῃ ψυχῇ φόβος
43 σημεῖα διὰ τ. ἀποστόλων ἐγίνετο
4 4 [1] ἐγενήθη ἀριθμὸς τ. ἀνδρῶν ὡς χιλιάδες πέντε
5 [5] ἐγένετο δὲ ἐπὶ τὴν αὔριον συναχθῆναι

Ac **4** 11 [4] ὁ λίθος . . . ὁ γενόμενος εἰς κεφαλὴν γωνίας
16 γνωστὸν σημεῖον γέγονεν δι' αὐτῶν
21 [7] πάντες ἐδόξαζον τ. Θεὸν ἐπὶ τ. γεγονότι
22 [5] ἐφ' ὃν γεγόνει τὸ σημεῖον τοῦτο τ. ἰάσεως
28 ὅσα ἡ χείρ σου κ. ἡ βουλὴ προώρισεν γενέσθαι
30 σημεῖα κ. τέρατα γίνεσθαι διὰ τ. ὀνόματος
5 5 [5] ἐγένετο φόβος μέγας ἐπὶ πάντας
7 [1] ἐγένετο δὲ ὡς ὡρῶν τριῶν διάστημα,
[7] κ. ἡ γυνὴ αὐτοῦ μὴ εἰδυῖα τὸ γεγονός
11 [5] ἐγένετο φόβος μέγας ἐφ' ὅλην τ. ἐκκλησίαν
12 διὰ δὲ τ. χειρῶν τ. ἀποστόλων ἐγίνετο σημεῖα κ. τέρατα
24 τί ἂν γένοιτο τοῦτο
36 [4] διελύθησαν κ. ἐγένοντο εἰς οὐδέν
6 1 ἐγένετο γογγυσμὸς τ. Ἑλληνιστῶν
7 13 φανερὸν ἐγένετο τῷ Φαραὼ τ. γένος Ἰωσήφ
29 ἐγένετο πάροικος ἐν γῇ Μαδιάμ
31 ἐγένετο φωνὴ Κυρίου
32 ἔντρομος δὲ γενόμενος Μωυσῆς
38 οὗτός ἐστιν ὁ γενόμενος ἐν τ. ἐκκλησίᾳ
39 ᾧ οὐκ ἠθέλησαν ὑπήκοοι γενέσθαι
40 [2] οὐκ οἴδαμεν τί ἐγένετο αὐτῷ
לֹא יָדַעְנוּ מֶה־הָיָה לוֹ, Ex. xxxii. 1
52 οὗ νῦν ὑμεῖς προδόται κ. φονεῖς ἐγένεσθε
8 1 ἐγένετο δὲ ἐν ἐκείνῃ τ. ἡμέρᾳ διωγμὸς μέγας
8 ἐγένετο δὲ πολλὴ χαρὰ ἐν τ. πόλει ἐκείνῃ
13 θεωρῶν τε σημεῖα κ. δυνάμεις μεγάλας γινομένας
9 3 ἐγένετο αὐτὸν ἐγγίζειν τῇ Δαμασκῷ
19 ἐγένετο δὲ μετὰ τῶν ἐν Δαμασκῷ μαθητῶν
32 ἐγένετο δὲ Πέτρον διερχόμενον διὰ πάντων
37 ἐγένετο δὲ ἐν τ. ἡμέραις ἐκείναις
42 γνωστὸν δὲ ἐγένετο καθ' ὅλης Ἰόππης
43 ἐγένετο δὲ ἡμέρας ἱκανὰς μεῖναι
10 4 ὁ δὲ ἀτενίσας αὐτῷ κ. ἔμφοβος γενόμενος
10 ἐγένετο δὲ πρόσπεινος
10 [5] ἐγένετο ἐπ' αὐτὸν ἔκστασις
13 ἐγένετο φωνὴ πρὸς αὐτόν
16 [5] τοῦτο δὲ ἐγένετο ἐπὶ τρίς
25 ὡς δὲ ἐγένετο τοῦ εἰσελθεῖν τ. Πέτρον
37 τὸ γενόμενον ῥῆμα καθ' ὅλης τ. Ἰουδαίας
40 ἔδωκεν αὐτὸν ἐμφανῆ γενέσθαι
11 10 [5] τοῦτο δὲ ἐγένετο ἐπὶ τρίς
19 [5] ἀπὸ τ. θλίψεως τ. γενομένης ἐπὶ Στεφάνῳ
26 [2] ἐγένετο δὲ αὐτοῖς κ. ἐνιαυτὸν ὅλον συναχθῆναι
28 [5] ἥτις ἐγένετο ἐπὶ Κλαυδίου
12 5 προσευχὴ δὲ ἦν ἐκτενῶς γινομένη
9 ὅτι ἀληθές ἐστιν τὸ γινόμενον διὰ τ. ἀγγέλου
11 ὁ Πέτρος ἐν ἑαυτῷ γενόμενος εἶπεν
18 γενομένης δὲ ἡμέρας
18 τί ἄρα ὁ Πέτρος ἐγένετο
23 γενόμενος σκωληκόβρωτος ἐξέψυξεν
13 5 γενόμενοι ἐν Σαλαμῖνι
12 [7] τότε ἰδὼν ὁ ἀνθύπατος τὸ γεγονός
32 εὐαγγελιζόμεθα τὴν πρὸς τ. πατέρας ἐπαγγελίαν γενομένην
14 1 ἐγένετο δὲ ἐν Ἰκονίῳ
3 διδόντι σημεῖα κ. τέρατα γίνεσθαι
5 ὡς δὲ ἐγένετο ὁρμὴ τ. ἐθνῶν
15 2 γενομένης δὲ στάσεως κ. ζητήσεως οὐκ ὀλίγης
7 πολλῆς δὲ ζητήσεως γενομένης

Ac **15** 25 ἔδοξεν ἡμῖν γενομένοις ὁμοθυμαδόν
39 ἐγένετο δὲ παροξυσμός
16 16 ἐγένετο δὲ πορευομένων ἡμῶν εἰς τ. προσευχήν
26 ἄφνω δὲ σεισμὸς ἐγένετο μέγας
27 ἔξυπνος δὲ γενόμενος ὁ δεσμοφύλαξ
29 κ. ἔντρομος γενόμενος
35 ἡμέρας δὲ γενομένης
19 1 ἐγένετο δὲ ἐν τῷ τ. Ἀπολλὼ εἶναι ἐν Κορίνθῳ
10 [5] τοῦτο δὲ ἐγένετο ἐπὶ ἔτη δύο
17 τοῦτο δὲ ἐγένετο γνωστὸν πᾶσιν Ἰουδαίοις
21 μετὰ τὸ γενέσθαι με ἐκεῖ
23 ἐγένετο δὲ κατὰ τ. καιρὸν ἐκεῖνον
26 ὅτι οὐκ εἰσὶν θεοὶ οἱ διὰ χειρῶν γινόμενοι
28 γενόμενοι πλήρεις θυμοῦ
34 φωνὴ ἐγένετο μία ἐκ πάντων
20 3 γενομένης ἐπιβουλῆς αὐτῷ ὑπὸ τ. Ἰουδαίων
3 ἐγένετο γνώμης τοῦ ὑποστρέφειν διὰ Μακεδονίας
16 [2] ὅπως μὴ γένηται αὐτῷ χρονοτριβῆσαι ἐν τ. Ἀσίᾳ·
[4] ἔσπευδεν γὰρ . . . τ. ἡμέραν τ. πεντηκοστῆς γενέσθαι εἰς Ἱεροσόλυμα
18 πῶς μεθ' ὑμῶν τ. πάντα χρόνον ἐγενόμην
37 ἱκανὸς δὲ κλαυθμὸς ἐγένετο πάντων
21 1 ὡς δὲ ἐγένετο ἀναχθῆναι ἡμᾶς
5 ὅτε δὲ ἐγένετο ἐξαρτίσαι ἡμᾶς τ. ἡμέρας
14 τ. Κυρίου τὸ θέλημα γινέσθω
17 [4] γενομένων δὲ ἡμῶν εἰς Ἱεροσόλυμα
30 ἐγένετο συνδρομὴ τ. λαοῦ
35 [5] ὅτε δὲ ἐγένετο ἐπὶ τ. ἀναβαθμούς
40 πολλῆς δὲ σιγῆς γενομένης
γεν. σιγ., WH mg.
22 6 [2] ἐγένετο δέ μοι πορευομένῳ
17 [2] ἐγένετο δέ μοι ὑποστρέψαντι εἰς Ἰερουσαλήμ
23 7 ἐγένετο στάσις τ. Φαρισαίων κ. Σαδδουκαίων
ἐπέπεσεν, WH mg.
9 ἐγένετο δὲ κραυγὴ μεγάλη
10 πολλῆς δὲ γινομένης στάσεως
12 γενομένης δὲ ἡμέρας
24 3 [2] διορθωμάτων γινομένων τῷ ἔθνει τούτῳ
25 ἔμφοβος γενόμενος ὁ Φῆλιξ
25 15 [4] γενομένου μου εἰς Ἱεροσόλυμα
26 ὅπως τ. ἀνακρίσεως γενομένης σχῶ τί γράψω
26 4 τὴν μὲν οὖν βίωσίν μου . . . τὴν ἀπ' ἀρχῆς γενομένην
6 [4] τῆς εἰς τ. πατέρας ἡμῶν ἐπαγγελίας γενομένης
19 οὐκ ἐγενόμην ἀπειθὴς τῇ οὐρανίῳ ὀπτασίᾳ
22 ὧν τε οἱ προφῆται ἐλάλησαν μελλόντων γίνεσθαι
29 γενέσθαι τοιούτους ὁποῖος κ. ἐγώ εἰμι
27 7 μόλις γενόμενοι κατὰ τὴν Κνίδον
16 περικρατεῖς γενέσθαι τ. σκάφης
27 ὡς δὲ τεσσαρεσκαιδεκάτη νὺξ ἐγένετο
29 ηὔχοντο ἡμέραν γενέσθαι
33 ἄχρι δὲ οὗ ἡμέρα ἤμελλεν γίνεσθαι
36 εὔθυμοι δὲ γενόμενοι πάντες
39 ὅτε δὲ ἡμέρα ἐγένετο
42 τ. δὲ στρατιωτῶν βουλὴ ἐγένετο
44 οὕτως ἐγένετο πάντας διασωθῆναι ἐπὶ τ. γῆν
28 6 [4] θεωρούντων μηδὲν ἄτοπον εἰς αὐτὸν γινόμενον
8 ἐγένετο δὲ τ. πατέρα τ. Ποπλίου

Ac 28 9 τούτου δὲ γενομένου
17 ἐγένετο δὲ μετὰ ἡμέρας τρεῖς
Ro 1 3 τ. γενομένου ἐκ σπέρματος Δαυεὶδ κατὰ σάρκα
2 25 ἡ περιτομή σου ἀκροβυστία γέγονεν
3 4 [6] μὴ γένοιτο· γινέσθω δὲ ὁ Θεὸς ἀληθής
6 [6] μὴ γένοιτο· ἐπεὶ πῶς κρινεῖ ὁ Θεός
19 ἵνα . . . ὑπόδικος γένηται πᾶς ὁ κόσμος τ. Θεῷ
31 [6] μὴ γένοιτο· ἀλλὰ νόμον ἱστάνομεν
4 18 εἰς τὸ γενέσθαι αὐτὸν πατέρα πολλῶν ἐθνῶν
6 2 [6] ἵνα ἡ χάρις πλεονάσῃ· μὴ γένοιτο
5 εἰ γὰρ σύμφυτοι γεγόναμεν τ. ὁμοιώματι
15 [6] ἁμαρτήσωμεν ὅτι οὐκ ἐσμὲν ὑπὸ νόμον . . . μὴ γένοιτο
7 3 [2] ἐὰν γένηται ἀνδρὶ ἑτέρῳ
3 [2] μὴ εἶναι αὐτὴν μοιχαλίδα γενομένην ἀνδρὶ ἑτέρῳ
4 [2] εἰς τὸ γενέσθαι ὑμᾶς ἑτέρῳ
7 [6] ὁ νόμος ἁμαρτία; μὴ γένοιτο
13 [2 6] τὸ οὖν ἀγαθὸν ἐμοὶ ἐγένετο θάνατος; μὴ γένοιτο
13 ἵνα γένηται καθ' ὑπερβολὴν ἁμαρτωλός
9 14 [6] μὴ ἀδικία παρὰ τ. Θεῷ; μὴ γένοιτο
29 ὡς Σόδομα ἂν ἐγενήθημεν
כִּסְדֹם הָיִינוּ, Is. i. 9
10 20 ἐμφανὴς ἐγενόμην τοῖς ἐμὲ μὴ ἐπερωτῶσιν
נִדְרַשְׁתִּי לְלוֹא שָׁאָלוּ, Is. lxv. 1
11 1 [6] μὴ ἀπώσατο ὁ Θεὸς τ. λαὸν αὐτοῦ; μὴ γένοιτο
5 λεῖμμα κατ' ἐκλογὴν χάριτος γέγονεν
6 ἐπεὶ ἡ χάρις οὐκέτι γίνεται χάρις
9 [4] γενηθήτω ἡ τράπεζα αὐτῶν εἰς παγίδα
יְהִי שֻׁלְחָנָם לִפְנֵיהֶם לְפָח, Ps. lxix. 23
11 [6] μὴ ἔπταισαν ἵνα πέσωσιν; μὴ γένοιτο
17 συνκοινωνὸς . . . τ. πιότητος τ. ἐλαίας ἐγένου
25 [2] πώρωσις ἀπὸ μέρους τῷ Ἰσραὴλ γέγονεν
34 ἢ τίς σύμβουλος αὐτοῦ ἐγένετο;
וְאִישׁ עֲצָתוֹ יוֹדִיעֶנּוּ, Is. xl. 13
12 16 μὴ γίνεσθε φρόνιμοι παρ' ἑαυτοῖς
15 8 λέγω γὰρ Χριστὸν διάκονον γεγενῆσθαι περιτομῆς
γενέσθαι, WH mg.
16 ἵνα γένηται ἡ προσφορὰ τ. ἐθνῶν εὐπρόσδεκτος
31 ἵνα . . . ἡ διακονία μου . . . εὐπρόσδεκτος τ. ἁγίοις γένηται
16 2 κ. γὰρ αὐτὴ πρόστατις πολλῶν ἐγενήθη
7 οἳ κ. πρὸ ἐμοῦ γέγοναν ἐν Χριστῷ
I Co 1 30 [2] ὃς ἐγενήθη σοφία ἡμῖν ἀπὸ Θεοῦ
2 3 κἀγὼ . . . ἐν τρόμῳ πολλῷ ἐγενόμην πρὸς ὑμᾶς
3 13 ἑκάστου τὸ ἔργον φανερὸν γενήσεται
18 [3] μωρὸς γενέσθω ἵνα γένηται σοφός
4 5 [2] τότε ὁ ἔπαινος γενήσεται ἑκάστῳ
9 [2] ὅτι θέατρον ἐγενήθημεν τ. κόσμῳ
13 ὡς περικαθάρματα τ. κόσμου ἐγενήθημεν
16 μιμηταί μου γίνεσθε
6 15 [6] ποιήσω πόρνης μέλη; μὴ γένοιτο
7 21 εἰ κ. δύνασαι ἐλεύθερος γενέσθαι

I Co 7 23 μὴ γίνεσθε δοῦλοι ἀνθρώπων
36 κ. οὕτως ὀφείλει γίνεσθαι
8 9 μή πως ἡ ἐξουσία ὑμῶν αὕτη πρόσκομμα γένηται
9 15 ἵνα οὕτως γένηται ἐν ἐμοί
20 [2] ἐγενόμην τ. Ἰουδαίοις ὡς Ἰουδαῖος
22 [2] ἐγενόμην τ. ἀσθενέσιν ἀσθενής
22 [2] τοῖς πᾶσι γέγονα πάντα
23 ἵνα συνκοινωνὸς αὐτοῦ γένωμαι
27 μή πως ἄλλοις κηρύξας αὐτὸς ἀδόκιμος γένωμαι
10 6 ταῦτα δὲ τύποι ἡμῶν ἐγενήθησαν
7 μηδὲ εἰδωλολάτραι γίνεσθε
20 οὐ θέλω δὲ ὑμᾶς κοινωνοὺς τ. δαιμονίων γίνεσθαι
32 [2] ἀπρόσκοποι κ. Ἰουδαίοις γίνεσθε
11 1 μιμηταί μου γίνεσθε
19 ἵνα κ. οἱ δόκιμοι φανεροὶ γένωνται ἐν ὑμῖν
13 1 γέγονα χαλκὸς ἠχῶν ἢ κύμβαλον ἀλαλάζον
11 ὅτε γέγονα ἀνήρ
14 20 μὴ παιδία γίνεσθε τ. φρεσίν
20 τ. δὲ φρεσὶν τέλειοι γίνεσθε
25 τὰ κρυπτὰ τ. καρδίας αὐτοῦ φανερὰ γίνεται
26 πάντα πρὸς οἰκοδομὴν γινέσθω
40 πάντα δὲ εὐσχημόνως κ. κατὰ τάξιν γινέσθω
15 10 ἡ χάρις αὐτοῦ ἡ εἰς ἐμὲ οὐ κενὴ ἐγενήθη
37 οὐ τ. σῶμα τ. γενησόμενον σπείρεις
45 [4] ἐγένετο ὁ πρῶτος ἄνθρωπος Ἀδὰμ εἰς ψυχὴν ζῶσαν
וַיְהִי הָאָדָם לְנֶפֶשׁ חַיָּה, Gen. ii. 7
54 τότε γενήσεται ὁ λόγος ὁ γεγραμμένος
58 ὥστε ἀδελφοί μου ἀγαπητοὶ ἑδραῖοι γίνεσθε
16 2 ἵνα μὴ ὅταν ἔλθω τότε λογίαι γίνωνται
10 βλέπετε ἵνα ἀφόβως γένηται πρὸς ὑμᾶς
14 πάντα ὑμῶν ἐν ἀγάπῃ γινέσθω
II Co 1 8 ὑπὲρ τ. θλίψεως ἡμῶν τ. γενομένης ἐν τ. Ἀσίᾳ
19 ὁ τ. Θεοῦ γὰρ υἱὸς . . . οὐκ ἐγένετο ναὶ κ. οὔ,
ἀλλὰ ναὶ ἐν αὐτῷ γέγονεν
3 7 εἰ δὲ ἡ διακονία τ. θανάτου . . . ἐγενήθη ἐν δόξῃ
5 17 ἰδοὺ γέγονεν καινά
21 ἵνα ἡμεῖς γενώμεθα δικαιοσύνη Θεοῦ ἐν αὐτῷ
6 14 μὴ γίνεσθε ἑτεροζυγοῦντες ἀπίστοις
7 14 οὕτως κ. ἡ καύχησις ἡμῶν . . . ἀλήθεια ἐγενήθη
8 14 [4] ἵνα κ. τὸ ἐκείνων περίσσευμα γένηται εἰς τὸ ὑμῶν ὑστέρημα·
ὅπως γένηται ἰσότης
12 11 γέγονα ἄφρων· ὑμεῖς με ἠναγκάσατε
Ga 2 17 [6] ἆρα Χριστὸς ἁμαρτίας διάκονος; μὴ γένοιτο
3 13 γενόμενος ὑπὲρ ἡμῶν κατάρα
14 [4] ἵνα εἰς τὰ ἔθνη ἡ εὐλογία τοῦ Ἀβραὰμ γένηται
17 ὁ μετὰ τετρακόσια κ. τριάκοντα ἔτη γεγονὼς νόμος
21 [6] ὁ οὖν νόμος κατὰ τ. ἐπαγγελιῶν τ. Θεοῦ; μὴ γένοιτο
24 [4] ὁ νόμος παιδαγωγὸς ἡμῶν γέγονεν εἰς Χριστόν
4 4 τ. υἱὸν αὐτοῦ γενόμενον ἐκ γυναικός, γενόμενον ὑπὸ νόμον
12 [1] γίνεσθε ὡς ἐγὼ ὅτι κἀγὼ ὡς ὑμεῖς

Ga 4 16 ὥστε ἐχθρὸς ὑμῶν γέγονα ἀληθεύων ὑμῖν
5 26 μὴ γινώμεθα κενόδοξοι
6 14 [6] ἐμοὶ δὲ μὴ γένοιτο καυχᾶσθαι
Eph 2 13 ὑμεῖς οἵ ποτε ὄντες μακρὰν ἐγενήθητε ἐγγύς
3 7 οὗ ἐγενήθην διάκονος κατὰ τ. δωρεὰν τ. χάριτος τ. Θεοῦ
4 32 [4] γίνεσθε δὲ εἰς ἀλλήλους χρηστοί
5 1 γίνεσθε οὖν μιμηταὶ τ. Θεοῦ
7 μὴ οὖν γίνεσθε συνμέτοχοι αὐτῶν
12 τὰ γὰρ κρυφῇ γινόμενα ὑπ' αὐτῶν
17 διὰ τοῦτο μὴ γίνεσθε ἄφρονες
6 3 ἵνα εὖ σοι γένηται κ. ἔσῃ μακροχρόνιος ἐπὶ τ. γῆς
לְמַעַן יַאֲרִיכֻן יָמֶיךָ וּלְמַעַן יִיטַב לָךְ עַל הָאֲדָמָה, Dt. v. 16
Phl 1 13 τ. δεσμούς μου φανεροὺς ἐν Χριστῷ γενέσθαι
2 7 ἐν ὁμοιώματι ἀνθρώπων γενόμενος
8 γενόμενος ὑπήκοος μέχρι θανάτου
15 ἵνα γένησθε ἄμεμπτοι κ. ἀκέραιοι
3 6 κατὰ δικαιοσύνην τὴν ἐν νόμῳ γενόμενος ἄμεμπτος
17 συνμιμηταί μου γίνεσθε ἀδελφοί
Col 1 18 ἵνα γένηται ἐν πᾶσιν αὐτὸς πρωτεύων
23 οὗ ἐγενόμην ἐγὼ Παῦλος διάκονος
25 ἧς ἐγενόμην ἐγὼ διάκονος
3 15 κ. εὐχάριστοι γίνεσθε
4 11 [2] οἵτινες ἐγενήθησάν μοι παρηγορία
I Th 1 5 [4] τὸ εὐαγγέλιον ἡμῶν οὐκ ἐγενήθη εἰς ὑμᾶς ἐν λόγῳ μόνον
5 [2] οἴδατε οἷοι ἐγενήθημεν ὑμῖν δι' ὑμᾶς.
6 κ. ὑμεῖς μιμηταὶ ἡμῶν ἐγενήθητε κ. τ. Κυρίου
7 ὥστε γενέσθαι ὑμᾶς τύπον πᾶσι τ. πιστεύουσιν
2 1 ὅτι οὐ κενὴ γέγονεν
5 οὔτε γάρ ποτε ἐν λόγῳ κολακίας ἐγενήθημεν
7 ἀλλὰ ἐγενήθημεν ἤπιοι ἐν μέσῳ ὑμῶν
νήπιοι, WHR mg.
8 διότι ἀγαπητοὶ ἡμῖν ἐγενήθητε
10 [2] ὡς ὁσίως . . . ὑμῖν τ. πιστεύουσιν ἐγενήθημεν
14 ὑμεῖς γὰρ μιμηταὶ ἐγενήθητε
3 4 καθὼς κ. ἐγένετο κ. οἴδατε
5 [4] μή πως . . . εἰς κενὸν γένηται ὁ κόπος ἡμῶν
II Th 2 7 μόνον ὁ κατέχων ἄρτι ἕως ἐκ μέσου γένηται
I Ti 2 14 ἡ δὲ γυνὴ ἐξαπατηθεῖσα ἐν παραβάσει γέγονεν
4 12 τύπος γίνου τ. πιστῶν ἐν λόγῳ
5 9 χήρα . . . ἐτῶν ἑξήκοντα γεγονυῖα
6 4 ἐξ ὧν γίνεται φθόνος
II Ti 1 17 ἀλλὰ γενόμενος ἐν Ῥώμῃ
2 18 λέγοντες ἀνάστασιν ἤδη γεγονέναι
3 9 ὡς κ. ἡ ἐκείνων ἐγένετο
11 [2] οἷά μοι ἐγένετο ἐν Ἀντιοχείᾳ
Tit 3 7 ἵνα . . . κληρονόμοι γενηθῶμεν κατ' ἐλπίδα ζωῆς αἰωνίου
Phm 6 ὅπως ἡ κοινωνία τ. πίστεώς σου ἐνεργὴς γένηται
He 1 4 τοσούτῳ κρείττων γενόμενος τ. ἀγγέλων
2 2 εἰ γὰρ ὁ δι' ἀγγέλων λαληθεὶς λόγος ἐγένετο βέβαιος

He 2 17 ἵνα ἐλεήμων γένηται κ. πιστὸς ἀρχιερεύς
3 14 μέτοχοι γὰρ τ. Χριστοῦ γεγόναμεν
4 3 τ. ἔργων ἀπὸ καταβολῆς κόσμου γενηθέντων
5 5 οὐχ ἑαυτὸν ἐδόξασεν γενηθῆναι ἀρχιερέα
9 [2] ἐγένετο πᾶσι τ. ὑπακούουσιν αὐτῷ αἴτιος σωτηρίας αἰωνίου
11 ἐπεὶ νωθροὶ γεγόνατε τ. ἀκοαῖς
12 κ. γεγόνατε χρείαν ἔχοντες γάλακτος
6 4 μετόχους γενηθέντας πνεύματος ἁγίου
12 ἵνα μὴ νωθροὶ γένησθε
20 ἀρχιερεὺς γενόμενος εἰς τ. αἰῶνα
7 12 ἐξ ἀνάγκης κ. νόμου μετάθεσις γίνεται
16 ὃς οὐ κατὰ νόμον ἐντολῆς σαρκίνης γέγονεν
18 ἀθέτησις μὲν γὰρ γίνεται προαγούσης ἐντολῆς
20 οἱ μὲν γὰρ χωρὶς ὁρκωμοσίας εἰσὶν ἱερεῖς γεγονότες
22 κ. κρείττονος διαθήκης γέγονεν ἔγγυος Ἰησοῦς.
23 κ. οἱ μὲν πλείονές εἰσιν γεγονότες ἱερεῖς
26 ὑψηλότερος τ. οὐρανῶν γενόμενος
9 11 παραγενόμενος ἀρχιερεὺς τ. γενομένων ἀγαθῶν
μελλόντων, TWH mg. R non mg.
15 ὅπως θανάτου γενομένου
22 χωρὶς αἱματεκχυσίας οὐ γίνεται ἄφεσις
10 33 κοινωνοὶ τ. οὕτως ἀναστρεφομένων γενηθέντες
11 3 εἰς τὸ μὴ ἐκ φαινομένων τὸ βλεπόμενον γεγονέναι
6 τ. ἐκζητοῦσιν αὐτὸν μισθαποδότης γίνεται
7 τῆς κατὰ πίστιν δικαιοσύνης ἐγένετο κληρονόμος
12 διὸ κ. ἀφ' ἑνὸς ἐγενήθησαν
ἐγεννήθησαν, TWH non mg. R
24 πίστει Μωυσῆς μέγας γενόμενος
34 ἐγενήθησαν ἰσχυροὶ ἐν πολέμῳ
12 8 ἧς μέτοχοι γεγόνασιν πάντες
Ja 1 12 δόκιμος γενόμενος λήμψεται τ. στέφανον τ. ζωῆς
22 γίνεσθε δὲ ποιηταὶ λόγου
25 οὐκ ἀκροατὴς ἐπιλησμονῆς γενόμενος
2 4 ἐγένεσθε κριταὶ διαλογισμῶν πονηρῶν
10 γέγονεν πάντων ἔνοχος
11 γέγονας παραβάτης νόμου
3 1 μὴ πολλοὶ διδάσκαλοι γίνεσθε
9 τ. ἀνθρώπους τ. καθ' ὁμοίωσιν Θεοῦ γεγονότας
10 οὐ χρὴ . . . ταῦτα οὕτως γίνεσθαι
5 2 τὰ ἱμάτια ὑμῶν σητόβρωτα γέγονεν
I Pe 1 15 κ. αὐτοὶ ἅγιοι ἐν πάσῃ ἀναστροφῇ γενήθητε
2 7 [4] οὗτος ἐγενήθη εἰς κεφαλὴν γωνίας
הָיְתָה לְרֹאשׁ פִּנָּה, Ps. cxviii. 22
3 6 ἧς ἐγενήθητε τέκνα
13 ἐὰν τ. ἀγαθοῦ ζηλωταὶ γένησθε
4 12 μὴ ξενίζεσθε τῇ ἐν ὑμῖν πυρώσει . . . γινομένῃ
5 3 ἀλλὰ τύποι γινόμενοι τ. ποιμνίου
II Pe 1 4 ἵνα διὰ τούτων γένησθε θείας κοινωνοὶ φύσεως
16 ἐπόπται γενηθέντες τῆς ἐκείνου μεγαλειότητος
20 πᾶσα προφητεία γραφῆς ἰδίας ἐπιλύσεως οὐ γίνεται
2 1 ἐγένοντο δὲ κ. ψευδοπροφῆται ἐν τ. λαῷ

II Pe 2 12 ὡς ἄλογα ζῷα γεγενημένα φυσικὰ εἰς ἅλωσιν
γεγεννημένα, WHR
20 [2] γέγονεν αὐτοῖς τὰ ἔσχατα χείρονα τ. πρώτων
I Jo 2 18 κ. νῦν ἀντίχριστοι πολλοὶ γεγόνασιν
II Jo 12 ἀλλὰ ἐλπίζω γενέσθαι πρὸς ὑμᾶς
III Jo 8 [2] ἵνα συνεργοὶ γινώμεθα τ. ἀληθείᾳ
Re 1 1 δεῖξαι . . . ἃ δεῖ γενέσθαι ἐν τάχει
9 ἐγενόμην ἐν τῇ νήσῳ τ. καλουμένῃ Πάτμῳ
10 ἐγενόμην ἐν πνεύματι ἐν τ. κυριακῇ ἡμέρᾳ
18 ἐγενόμην νεκρὸς κ. ἰδοὺ ζῶν εἰμί
19 γράψον . . . ἃ μέλλει γίνεσθαι μετὰ ταῦτα
γενέσθαι, T
2 8 ὃς ἐγένετο νεκρὸς κ. ἔζησεν
10 γίνου πιστὸς ἄχρι θανάτου
3 2 γίνου γρηγορῶν
4 1 δείξω σοι ἃ δεῖ γενέσθαι.
2 μετὰ ταῦτα εὐθέως ἐγενόμην ἐν πνεύματι
6 12 σεισμὸς μέγας ἐγένετο,
[1] κ. ὁ ἥλιος ἐγένετο μέλας ὡς σάκκος τρίχινος,
μέλ. ἐγέν., T
[1] κ. ἡ σελήνη ὅλη ἐγένετο ὡς αἷμα
8 1 ἐγένετο σιγὴ ἐν τ. οὐρανῷ ὡς ἡμίωρον
5 ἐγένοντο βρονταὶ κ. φωναὶ κ. ἀστραπαί
7 ἐγένετο χάλαζα κ. πῦρ μεμιγμένα ἐν αἵματι
8 ἐγένετο τὸ τρίτον τ. θαλάσσης αἷμα
11 [4] ἐγένετο τὸ τρίτον τ. ὑδάτων εἰς ἄψινθον
11 13 ἐν ἐκείνῃ τ. ὥρᾳ ἐγένετο σεισμὸς μέγας
13 οἱ λοιποὶ ἔμφοβοι ἐγένοντο
15 ἐγένοντο φωναὶ μεγάλαι ἐν τ. οὐρανῷ λέγοντες,
ἐγένετο ἡ βασιλεία τ. κόσμου τ. Κυρίου ἡμῶν
19 ἐγένοντο ἀστραπαὶ κ. φωναὶ κ. βρονταί
12 7 ἐγένετο πόλεμος ἐν τ. οὐρανῷ
10 ἄρτι ἐγένετο ἡ σωτηρία . . . τ. Θεοῦ ἡμῶν
16 2 ἐγένετο ἕλκος κακὸν κ. πονηρὸν
3 ἐγένετο αἷμα ὡς νεκροῦ
4 κ. ἐγένετο αἷμα
ἐγένοντο, WH. mg. R mg.
10 ἐγένετο ἡ βασιλεία αὐτοῦ ἐσκοτωμένη
17 ἐξῆλθεν φωνὴ . . . λέγουσα Γέγονεν
18 ἐγένοντο ἀστραπαὶ κ. φωναὶ κ. βρονταί,
κ. σεισμὸς ἐγένετο μέγας,
[5] οἷος οὐκ ἐγένετο ἀφ' οὗ ἄνθρωποι ἐγένοντο ἐπὶ τ. γῆς
ἄνθρωπος ἐγένετο, TWH mg. R mg.
19 [4] ἐγένετο ἡ πόλις ἡ μεγάλη εἰς τρία μέρη
18 2 ἐγένετο κατοικητήριον δαιμονίων
21 6 κ. εἶπέν μοι Γέγοναν
22 6 δεῖξαι . . . ἃ δεῖ γενέσθαι ἐν τάχει

ΓΙΝΩ'ΣΚΩ 1097

(1) γνούς (2) seq. τίς, τί (3) γνοῖ (4) γιν. τ. πατέρα, θεόν (5) γιν. Ἰησοῦν, Χριστόν

Mt 1 25 κ. οὐκ ἐγίνωσκεν αὐτήν
6 3 [2] μὴ γνώτω ἡ ἀριστερά σου τί ποιεῖ
7 23 ὅτι οὐδέποτε ἔγνων ὑμᾶς
9 30 ὁρᾶτε μηδεὶς γινωσκέτω
10 26 κ. κρυπτὸν ὃ οὐ γνωσθήσεται
12 7 [2] εἰ δὲ ἐγνώκειτε τί ἐστιν
15 [1] ὁ δὲ Ἰησοῦς γνοὺς ἀνεχώρησεν ἐκεῖθεν
33 ἐκ γὰρ τ. καρποῦ τ. δένδρον γινώσκεται
13 11 ὑμῖν δέδοται γνῶναι τὰ μυστήρια

Mt 16 3 τὸ μὲν πρόσωπον τ. οὐρανοῦ γινώσκετε διακρίνειν
8 [1] γνοὺς δὲ ὁ Ἰησοῦς εἶπεν
21 45 ἔγνωσαν ὅτι περὶ αὐτῶν λέγει
22 18 [1] γνοὺς δὲ ὁ Ἰησοῦς τ. πονηρίαν αὐτῶν
24 32 γινώσκετε ὅτι ἐγγὺς τὸ θέρος
33 γινώσκετε ὅτι ἐγγύς ἐστιν ἐπὶ θύραις
39 οὐκ ἔγνωσαν ἕως ἦλθεν ὁ κατακλυσμός
43 ἐκεῖνο δὲ γινώσκετε
50 ἐν ὥρᾳ ᾗ οὐ γινώσκει
25 24 ἔγνων σε ὅτι σκληρὸς εἶ ἄνθρωπος
26 10 [1] γνοὺς δὲ ὁ Ἰησοῦς εἶπεν αὐτοῖς
Mk 4 13 πῶς πάσας τ. παραβολὰς γνώσεσθε
5 29 ἔγνω τ. σώματι ὅτι ἴαται
43 [3] διεστείλατο αὐτοῖς πολλὰ ἵνα μηδεὶς γνοῖ τοῦτο
6 33 κ. ἔγνωσαν πολλοι
ἐπέγνωσαν, TWH mg.; +αὐτούς, T
38 [1] κ. γνόντες λέγουσιν Πέντε
7 24 οὐδένα ἤθελεν γνῶναι
8 17 [1] κ. γνοὺς λέγει αὐτοῖς
9 30 [3] οὐκ ἤθελεν ἵνα τις γνοῖ
12 12 ἔγνωσαν γὰρ ὅτι πρὸς αὐτοὺς τ. παραβολὴν εἶπεν
13 28 γινώσκετε ὅτι ἐγγὺς τὸ θέρος ἐστίν
29 γινώσκετε ὅτι ἐγγύς ἐστιν ἐπὶ θυραῖς
15 10 ἐγίνωσκεν γὰρ ὅτι διὰ φθόνον παραδεδώκεισαν
45 [1] κ. γνοὺς ἀπὸ τ. κεντυρίωνος
Lu 1 18 κατὰ τί γνώσομαι τοῦτο;
34 πῶς ἔσται τοῦτο ἐπεὶ ἄνδρα οὐ γινώσκω;
2 43 οὐκ ἔγνωσαν οἱ γονεῖς αὐτοῦ
6 44 ἕκαστον γὰρ δένδρον ἐκ τ. ἰδίου καρποῦ γινώσκεται
7 39 [2] ἐγίνωσκεν ἂν τίς κ. ποταπὴ ἡ γυνή
8 10 ὑμῖν δέδοται γνῶναι τ. μυστήρια
17 οὐδὲ ἀπόκρυφον ὃ οὐ μὴ γνωσθῇ
46 ἐγὼ γὰρ ἔγνων δύναμιν ἐξεληλυθυῖαν ἀπ' ἐμοῦ
9 11 [1] οἱ δὲ ὄχλοι γνόντες ἠκολούθησαν αὐτῷ
10 11 πλὴν τοῦτο γινώσκετε
22 [2] οὐδεὶς γινώσκει τίς ἐστιν ὁ υἱός
12 2 κ. κρυπτὸν ὃ οὐ γνωσθήσεται
39 τοῦτο δὲ γινώσκετε
46 ἐν ὥρᾳ ᾗ οὐ γινώσκει
47 [1] ὁ δοῦλος ὁ γνοὺς τὸ θέλημα τ. κυρίου αὐτοῦ
48 [1] ὁ δὲ μὴ γνοὺς ποιήσας δὲ ἄξια πληγῶν
16 4 [2] ἔγνων τί ποιήσω
15 ὁ δὲ Θεὸς γινώσκει τ. καρδίας ὑμῶν
18 34 οὐκ ἐγίνωσκον τὰ λεγόμενα
19 15 [2 3] ἵνα γνοῖ τί διεπραγματεύσαντο
42 ἔκλαυσεν ἐπ' αὐτὴν λέγων ὅτι Εἰ ἔγνως
44 ἀνθ' ὧν οὐκ ἔγνως τ. καιρὸν τ. ἐπισκοπῆς σου
20 19 ἔγνωσαν γὰρ ὅτι πρὸς αὐτοὺς εἶπεν
21 20 τότε γνῶτε ὅτι ἤγγικεν ἡ ἐρήμωσις αὐτῆς
30 ἀφ' ἑαυτῶν γινώσκετε ὅτι ἤδη ἐγγὺς τὸ θέρος
31 γινώσκετε ὅτι ἐγγύς ἐστιν ἡ βασιλεία τ. Θεοῦ
24 18 οὐκ ἔγνως τὰ γενόμενα ἐν αὐτῇ
35 ὡς ἐγνώσθη αὐτοῖς ἐν τ. κλάσει τ. ἄρτου
Jo 1 10 ὁ κόσμος αὐτὸν οὐκ ἔγνω
49 πόθεν με γινώσκεις;

Jo 2 24 διὰ τὸ αὐτὸν γινώσκειν πάντας
25 [2] αὐτὸς γὰρ ἐγίνωσκεν τί ἦν ἐν τ. ἀνθρώπῳ
3 10 κ. ταῦτα οὐ γινώσκεις;
4 1 ὡς οὖν ἔγνω ὁ Κύριος
53 ἔγνω οὖν ὁ πατήρ
5 6 [1] γνοὺς ὅτι πολὺν ἤδη χρόνον ἔχει
42 ἀλλὰ ἔγνωκα ὑμᾶς
6 15 [1] Ἰησοῦς οὖν γνοὺς ὅτι μέλλουσιν ἔρχεσθαι
69 ἐγνώκαμεν ὅτι σὺ εἶ ὁ ἅγιος τ. Θεοῦ
7 17 γνώσεται περὶ τ. διδαχῆς
26 μήποτε ἀληθῶς ἔγνωσαν οἱ ἄρχοντες
27 οὐδεὶς γινώσκει πόθεν ἐστίν
49 ὁ ὄχλος οὗτος ὁ μὴ γινώσκων τ. νόμον
51 [2] ἐὰν μὴ . . . γνῷ τί ποιεῖ
8 27 οὐκ ἔγνωσαν ὅτι τ. πατέρα αὐτοῖς ἔλεγεν
28 τότε γνώσεσθε ὅτι ἐγώ εἰμι
32 κ. γνώσεσθε τ. ἀλήθειαν
43 διὰ τί τ. λαλιὰν τ. ἐμὴν οὐ γινώσκετε;
52 νῦν ἐγνώκαμεν ὅτι δαιμόνιον ἔχεις
55 κ. οὐκ ἐγνώκατε αὐτόν
10 6 [2] ἐκεῖνοι δὲ οὐκ ἔγνωσαν τίνα ἦν
14 γινώσκω τὰ ἐμά
κ. γινώσκουσί με τὰ ἐμά,
15 καθὼς γινώσκει με ὁ πατὴρ
[4] κἀγὼ γινώσκω τ. πατέρα
27 κἀγὼ γινώσκω αὐτά
38 ἵνα γνῶτε καὶ γινώσκητε ὅτι ἐν ἐμοὶ ὁ πατήρ
11 57 ἐάν τις γνῷ ποῦ ἐστίν
12 9 ἔγνω οὖν ὁ ὄχλος πολὺς ἐκ τ. Ἰουδαίων
16 ταῦτα οὐκ ἔγνωσαν αὐτοῦ οἱ μαθηταὶ τὸ πρῶτον
13 7 σὺ οὐκ οἶδας ἄρτι γνώσῃ δὲ μετὰ ταῦτα
12 [2] γινώσκετε τί πεποίηκα ὑμῖν;
28 τοῦτο δὲ οὐδεὶς ἔγνω τ. ἀνακειμένων
35 ἐν τούτῳ γνώσονται πάντες
14 7 εἰ ἐγνώκειτέ με
ἐγνώκατε ἐμέ, T
[4] κ. τὸν πατέρα μου γνώσεσθε·
μ. ἂν ἤδειτε, WHR
ἀπ' ἄρτι γινώσκετε αὐτὸν κ. ἑωράκατε
9 τοσοῦτον χρόνον μεθ' ὑμῶν εἰμὶ κ. οὐκ ἔγνωκάς με
17 οὐ θεωρεῖ αὐτὸ οὐδὲ γινώσκει·
ὑμεῖς γινώσκετε αὐτό
20 ἐν ἐκείνῃ τ. ἡμέρᾳ ὑμεῖς γνώσεσθε
γν. ὑμ., T
31 ἀλλ' ἵνα γνῷ ὁ κόσμος
15 18 γινώσκετε ὅτι ἐμὲ πρῶτον ὑμῶν μεμίσηκεν
16 3 [4] ὅτι οὐκ ἔγνωσαν τ. πατέρα οὐδὲ ἐμέ
19 ἔγνω Ἰησοῦς ὅτι ἤθελον αὐτὸν ἐρωτᾶν
17 3 [4] ἵνα γινώσκωσίν σε τ. μόνον ἀληθινὸν Θεόν
γινώσκουσιν, T
7 νῦν ἔγνωκαν ὅτι πάντα ὅσα ἔδωκάς μοι
ἔγνων, WH mg.
8 ἔγνωσαν ἀληθῶς ὅτι παρὰ σοῦ ἐξῆλθον
23 ἵνα γινώσκῃ ὁ κόσμος ὅτι σύ με ἀπέστειλας
25 κ. ὁ κόσμος σε οὐκ ἔγνω,
ἐγὼ δέ σε ἔγνων,
κ. οὗτοι ἔγνωσαν ὅτι σύ με ἀπέστειλας
19 4 ἵνα γνῶτε ὅτι οὐδεμίαν αἰτίαν εὑρίσκω
21 17 σὺ γινώσκεις ὅτι φιλῶ σε

Ac 1 7 οὐχ ὑμῶν ἐστὶν γνῶναι χρόνους
2 36 ἀσφαλῶς οὖν γινωσκέτω πᾶς οἶκος Ἰσραήλ
8 30 ἆρά γε γινώσκεις ἃ ἀναγινώσκεις;
9 24 ἐγνώσθη δὲ τ. Σαύλῳ ἡ ἐπιβουλὴ αὐτῶν
17 13 ὡς δὲ ἔγνωσαν οἱ ἀπὸ τ. Θεσσαλονίκης Ἰουδαῖοι
19 [2] δυνάμεθα γνῶναι τίς ἡ καινὴ αὕτη . . . διδαχή;
20 [2] βουλόμεθα οὖν γνῶναι τίνα θέλει ταῦτα
19 15 [5] τ. μὲν Ἰησοῦν γινώσκω
35 ὃς οὐ γινώσκει τὴν Ἐφεσίων πόλιν νεωκόρον οὖσαν
20 34 αὐτοὶ γινώσκετε ὅτι τ. χρείαις μου . . . ὑπηρέτησαν
21 24 γνώσονται πάντες ὅτι ὧν κατήχηνται περὶ σοῦ
34 μὴ δυναμένου δὲ αὐτοῦ γνῶναι τὸ ἀσφαλές
37 ὁ δὲ ἔφη Ἑλληνιστὶ γινώσκεις;
22 14 προεχειρίσατό σε γνῶναι τὸ θέλημα αὐτοῦ
30 βουλόμενος γνῶναι τὸ ἀσφαλές
23 6 [1] γνοὺς δὲ ὁ Παῦλος ὅτι τὸ ἓν μέρος
Ro 1 21 [1 4] διότι γνόντες τ. Θεόν
2 18 κ. γινώσκεις τὸ θέλημα
3 17 ὁδὸν εἰρήνης οὐκ ἔγνωσαν
דֶּרֶךְ שָׁלוֹם לֹא יָדָעוּ, Is. lix. 8
6 6 τοῦτο γινώσκοντες ὅτι ὁ παλαιὸς ἡμῶν ἄνθρωπος συνεσταυρώθη
7 1 γινώσκουσι γὰρ νόμον λαλῶ
7 τ. ἁμαρτίαν οὐκ ἔγνων εἰ μὴ διὰ νόμου
15 ὃ γὰρ κατεργάζομαι οὐ γινώσκω
10 19 ἀλλὰ λέγω Μὴ Ἰσραὴλ οὐκ ἔγνω;
11 34 τίς γὰρ ἔγνω νοῦν Κυρίου;
מִי־תִכֵּן אֶת־רוּחַ יְהוָה, Is. xl. 13
I Co 1 21 [4] οὐκ ἔγνω ὁ κόσμος διὰ τ. σοφίας τ. Θεόν
2 8 ἣν οὐδεὶς τ. ἀρχόντων τ. αἰῶνος τούτου ἔγνωκεν·
εἰ γὰρ ἔγνωσαν
11 οὕτως κ. τὰ τ. Θεοῦ οὐδεὶς ἔγνωκεν
14 οὐ δύναται γνῶναι ὅτι πνευματικῶς ἀνακρίνεται
16 τίς γὰρ ἔγνω νοῦν Κυρίου, Is. *l.c.*
3 20 Κύριος γινώσκει τ. διαλογισμοὺς τ. σοφῶν
יְהוָה יֹדֵעַ מַחְשְׁבוֹת אָדָם, Ps. xciv. 11
4 19 γνώσομαι οὐ τ. λόγον τ. πεφυσιωμένων
8 2 εἴ τις δοκεῖ ἐγνωκέναι τι
οὔπω ἔγνω καθὼς δεῖ γνῶναι·
3 εἰ δέ τις ἀγαπᾷ τ. Θεὸν οὗτος ἔγνωσται ὑπ' αὐτοῦ
13 9 ἐκ μέρους γὰρ γινώσκομεν
12 ἄρτι γινώσκω ἐκ μέρους
14 7 πῶς γνωσθήσεται τὸ αὐλούμενον
9 πῶς γνωσθήσεται τὸ λαλούμενον
II Co 2 4 τ. ἀγάπην ἵνα γνῶτε ἣν ἔχω περισσοτέρως
9 ἵνα γνῶ τ. δοκιμὴν ὑμῶν
3 2 γινωσκομένη κ. ἀναγινωσκομένη ὑπὸ πάντων ἀνθρώπων
5 16 [5] εἰ κ. ἐγνώκαμεν κατὰ σάρκα Χριστόν,
ἀλλὰ νῦν οὐκέτι γινώσκομεν
21 [1] τὸν μὴ γνόντα ἁμαρτίαν ὑπὲρ ἡμῶν ἁμαρτίαν ἐποίησεν
8 9 γινώσκετε γὰρ τ. χάριν τ. Κυρίου ἡμῶν
13 6 ἐλπίζω δὲ ὅτι γνώσεσθε ὅτι ἡμεῖς οὐκ ἐσμὲν ἀδόκιμοι

Ga 2 9 [1] γνόντες τ. χάριν τ. δοθεῖσάν μοι
3 7 γινώσκετε ἄρα ὅτι οἱ ἐκ πίστεως
4 9 [1,4] γνόντες Θεὸν μᾶλλον δὲ γνωσθέντες ὑπὸ Θεοῦ
Eph 3 19 γνῶναί τε τ. ὑπερβάλλουσαν τ. γνώσεως ἀγάπην
5 5 τοῦτο γὰρ ἴστε γινώσκοντες
6 22 ἵνα γνῶτε τὰ περὶ ἡμῶν
Phl 1 12 γινώσκειν δὲ ὑμᾶς βούλομαι
2 19 [1] ἵνα κἀγὼ εὐψυχῶ γνοὺς τὰ περὶ ὑμῶν
22 τὴν δὲ δοκιμὴν αὐτοῦ γινώσκετε
3 10 τοῦ γνῶναι αὐτὸν κ. τ. δύναμιν τ. ἀναστάσεως αὐτοῦ
4 5 τὸ ἐπιεικὲς ὑμῶν γνωσθήτω πᾶσιν ἀνθρώποις
Col 4 8 ἵνα γνῶτε τὰ περὶ ἡμῶν
I Th 3 5 ἔπεμψα εἰς τὸ γνῶναι τ. πίστιν ὑμῶν
II Ti 1 18 ὅσα ἐν Ἐφέσῳ διηκόνησεν βέλτιον σὺ γινώσκεις
2 19 ἔγνω Κύριος τ. ὄντας αὐτοῦ
יָדַע יְהוָה אֶת־אֲשֶׁר־לוֹ, Num. xvi. 5
3 1 τοῦτο δὲ γίνωσκε
He 3 10 αὐτοὶ δὲ οὐκ ἔγνωσαν τὰς ὁδούς μου
וְהֵם לֹא־יָדְעוּ דְרָכָי, Ps. xcv. 10
8 11 λέγων Γνῶθι τ. Κύριον
לֵאמֹר דְּעוּ אֶת־יְהוָה, Jer. xxxi. 34
10 34 γινώσκοντες ἔχειν ἑαυτοὺς κρείσσονα ὕπαρξιν
13 23 γινώσκετε τ. ἀδελφὸν ἡμῶν Τιμόθεον ἀπολελυμένον
Ja 1 3 γινώσκοντες ὅτι τὸ δοκίμιον ὑμῶν
2 20 θέλεις δὲ γνῶναι ὦ ἄνθρωπε κενέ
5 20 γινώσκετε ὅτι ὁ ἐπιστρέψας ἁμαρτωλόν
γινωσκέτω, TWH mg. R non mg.
II Pe 1 20 τοῦτο πρῶτον γινώσκοντες
3 3 τοῦτο πρῶτον γινώσκοντες
I Jo 2 3 ἐν τούτῳ γινώσκομεν ὅτι ἐγνώκαμεν αὐτόν
4 ὁ λέγων ὅτι ἔγνωκα αὐτόν
5 ἐν τούτῳ γινώσκομεν ὅτι ἐν αὐτῷ ἐσμέν
13 ὅτι ἐγνώκατε τὸν ἀπ' ἀρχῆς
13 [4] ὅτι ἐγνώκατε τ. πατέρα
14 ὅτι ἐγνώκατε τὸν ἀπ' ἀρχῆς
18 ὅθεν γινώσκομεν ὅτι ἐσχάτη ὥρα ἐστίν
29 γινώσκετε ὅτι πᾶς ὁ ποιῶν τ. δικαιοσύνην
3 1 διὰ τοῦτο ὁ κόσμος οὐ γινώσκει ἡμᾶς, ὅτι οὐκ ἔγνω αὐτόν
6 οὐχ ἑώρακεν αὐτὸν οὐδὲ ἔγνωκεν αὐτόν
16 ἐν τούτῳ ἐγνώκαμεν τ. ἀγάπην
19 ἐν τούτῳ γνωσόμεθα ὅτι ἐκ τ. ἀληθείας ἐσμέν
20 μείζων ἐστὶν ὁ Θεὸς . . . κ. γινώσκει πάντα
24 ἐν τούτῳ γινώσκομεν ὅτι μένει ἐν ἡμῖν
4 2 ἐν τούτῳ γινώσκετε τὸ πνεῦμα τ. Θεοῦ
6 [4] ὁ γινώσκων τ. Θεὸν ἀκούει ἡμῶν
6 ἐκ τούτου γινώσκομεν τὸ πνεῦμα τ. ἀληθείας
7 [4] πᾶς ὁ ἀγαπῶν . . . γινώσκει τ. Θεόν·
8 [4] ὁ μὴ ἀγαπῶν οὐκ ἔγνω τ. Θεόν
13 ἐν τούτῳ γινώσκομεν ὅτι ἐν αὐτῷ μένομεν
16 ἡμεῖς ἐγνώκαμεν κ. πεπιστεύκαμεν τ. ἀγάπην
5 2 ἐν τούτῳ γινώσκομεν ὅτι ἀγαπῶμεν τὰ τέκνα
20 διάνοιαν ἵνα γινώσκομεν τ. ἀληθινόν
II Jo 1 πάντες οἱ ἐγνωκότες τ. ἀλήθειαν
Re 2 23 γνώσονται πᾶσαι αἱ ἐκκλησίαι
24 οἵτινες οὐκ ἔγνωσαν τ. βαθέα τ. Σατανᾶ
Re 3 3 κ. οὐ μὴ γνῷς ποίαν ὥραν ἥξω ἐπὶ σε
γνώσῃ, TWH mg.
9 ἵνα . . . γνῶσιν ὅτι ἐγὼ ἠγάπησά σε

ΓΛΕΥ͂ΚΟΣ 1098

Ac 2 13 ὅτι γλεύκους μεμεστωμένοι εἰσίν

ΓΛΥΚΥ΄Σ 1099

Ja 3 11 μήτι ἡ πηγὴ . . . βρύει τὸ γλυκὺ κ. τὸ πικρόν;
12 οὔτε ἁλυκὸν γλυκὺ ποιῆσαι ὕδωρ
Re 10 9 ἐν τ. στόματί σου ἔσται γλυκὺ ὡς μέλι
10 ἦν ἐν τ. στόματί μου ὡς μέλι γλυκύ

ΓΛΩ͂ΣΣΑ 1100

(1) γλῶσσαι (2) γλ. λαλεῖν

Mk 7 33 πτύσας ἥψατο τ. γλώσσης αὐτοῦ
35 ἐλύθη ὁ δεσμὸς τ. γλώσσης αὐτοῦ
16 [17 [1,2] γλώσσαις λαλήσουσιν καιναῖς
—καιν., WH non mg. R mg.
Lu 1 64 ἀνεῴχθη δὲ ἡ γλῶσσα αὐτοῦ
16 24 ἵνα . . . καταψύξῃ τ. γλῶσσάν μου
Ac 2 3 [1] ὤφθησαν αὐτοῖς διαμεριζόμεναι γλῶσσαι ὡσεὶ πυρός
4 [1,2] ἤρξαντο λαλεῖν ἑτέραις γλώσσαις
11 [1,2] ἀκούομεν λαλούντων αὐτῶν ἡμετέραις γλώσσαις
26 κ. ἠγαλλιάσατο ἡ γλῶσσά μου
וַיָּגֶל כְּבוֹדִי, Ps. xvi. 9
10 46 [1,2] ἤκουον γὰρ αὐτῶν λαλούντων γλώσσαις
19 6 [1,2] ἐλάλουν τε γλώσσαις κ. ἐπροφήτευον
Ro 3 13 [1] τ. γλώσσαις αὐτῶν ἐδολιοῦσαν
לְשׁוֹנָם יַחֲלִיקוּן, Ps. v. 10
14 11 πᾶσα γλῶσσα ἐξομολογήσεται τ. Θεῷ
תִּשָּׁבַע כָּל־לָשׁוֹן, Is. xlv. 23
I Co 12 10 [1] ἑτέρῳ γένη γλωσσῶν,
[1] ἄλλῳ δὲ ἑρμηνεία γλωσσῶν
28 [1] κυβερνήσεις γένη γλωσσῶν
30 [1,2] μὴ πάντες γλώσσαις λαλοῦσιν;
13 1 [1,2] ἐὰν τ. γλώσσαις τ. ἀνθρώπων λαλῶ κ. τ. ἀγγέλων
8 [1] εἴτε γλῶσσαι παύσονται
14 2 [2] ὁ γὰρ λαλῶν γλώσσῃ οὐκ ἀνθρώποις λαλεῖ
4 [2] ὁ λαλῶν γλώσσῃ ἑαυτὸν οἰκοδομεῖ
5 [1,2] θέλω δὲ πάντας ὑμᾶς λαλεῖν γλώσσαις
5 [1,2] μείζων δὲ ὁ προφητεύων ἢ ὁ λαλῶν γλώσσαις
6 [1,2] ἐὰν ἔλθω πρὸς ὑμᾶς γλώσσαις λαλῶν
9 διὰ τ. γλώσσης ἐὰν μὴ εὔσημον λόγον δῶτε
13 [2] διὸ ὁ λαλῶν γλώσσῃ προσευχέσθω ἵνα διερμηνεύῃ.
14 ἐὰν γὰρ προσεύχωμαι γλώσσῃ
18 [1,2] πάντων ὑμῶν μᾶλλον γλώσσαις λαλῶ
γλώσσῃ, TWH mg.
19 ἢ μυρίους λόγους ἐν γλώσσῃ
22 [1] ὥστε αἱ γλῶσσαι εἰς σημεῖόν εἰσιν
23 [1,2] ἐὰν . . . πάντες λαλῶσιν γλώσσαις
26 ὅταν συνέρχησθε ἕκαστος . . . γλῶσσαν ἔχει
27 [2] εἴτε γλώσσῃ τις λαλεῖ

I Co 14 39 [1 2] τὸ λαλεῖν μὴ κωλυετε γλώσσαις
Phl 2 11 πᾶσα γλῶσσα ἐξομολογήσηται, Is. *l.c.*
Ja 1 26 μὴ χαλιναγωγῶν γλῶσσαν ἑαυτοῦ
3 5 οὕτως κ. ἡ γλῶσσα μικρὸν μέλος ἐστὶν
6 κ. ἡ γλῶσσα πῦρ,
ἡ γλῶσσα. πῦρ,—καὶ, T
ὁ κόσμος τ. ἀδικίας ἡ γλῶσσα καθίσταται
8 τ. δὲ γλῶσσαν οὐδεὶς δαμάσαι δύναται ἀνθρώπων
I Pe 3 10 παυσάτω τ. γλῶσσαν ἀπὸ κακοῦ
נְצֹר לְשׁוֹנְךָ מֵרָע, Ps. xxxiv. 14
I Jo 3 18 μὴ ἀγαπῶμεν λόγῳ μηδὲ τ. γλώσσῃ
Re 5 9 ἠγόρασας τ. Θεῷ . . . ἐκ πάσης φυλῆς κ. γλώσσης κ. λαοῦ κ. ἔθνους
7 9 [1] ὄχλος πολὺς . . . ἐκ παντὸς ἔθνους κ. φυλῶν κ. λαῶν κ. γλωσσῶν
10 11 [1] δεῖ σε πάλιν προφητεῦσαι ἐπὶ λαοῖς κ. ἔθνεσι κ. γλώσσαις
11 9 [1] ἐκ τ. λαῶν κ. φυλῶν κ. γλωσσῶν
13 7 ἐδόθη αὐτῷ ἐξουσία ἐπὶ πᾶσαν φυλὴν κ. λαὸν κ. γλῶσσαν
14 6 ἐπὶ πᾶν ἔθνος κ. φυλὴν κ. γλῶσσαν κ. λαόν
16 10 [1] ἐμασῶντο τ. γλώσσας αὐτῶν ἐκ τ. πόνου
17 15 [1] λαοὶ κ. ὄχλοι εἰσὶν κ. ἔθνη κ. γλῶσσαι

ΓΛΩΣΣΟ'ΚΟΜΟΝ † 1101

Jo 12 6 τὸ γλωσσόκομον ἔχων τ. βαλλόμενα ἐβάσταζεν
13 29 ἐπεὶ τὸ γλωσσόκομον εἶχεν Ἰούδας

ΓΝΑΦΕΥ'Σ 1102

Mk 9 3 οἷα γναφεὺς ἐπὶ τ. γῆς οὐ δύναται οὕτως λευκᾶναι

ΓΝΗ'ΣΙΟΣ ** 1103

II Co 8 8 τὸ τ. ὑμετέρας ἀγάπης γνήσιον δοκιμάζων
Phl 4 3 ἐρωτῶ κ. σὲ γνήσιε σύνζυγε συνλαμβάνου αὐταῖς
I Ti 1 2 Τιμοθέῳ γνησίῳ τέκνῳ ἐν πίστει
Tit 1 4 Τίτῳ γνησίῳ τέκνῳ κατὰ κοινὴν πίστιν

ΓΝΗΣΙ'ΩΣ** 1104

Phl 2 20 ὅστις γνησίως τὰ περὶ ὑμῶν μεριμνήσει

ΓΝΟ'ΦΟΣ 1105

He 12 18 οὐ γὰρ προσεληλύθατε . . . κεκαυμένῳ πυρὶ κ. γνόφῳ

ΓΝΩ'ΜΗ 1106

Ac 20 3 ἐγένετο γνώμης τοῦ ὑποστρέφειν διὰ Μακεδονίας
I Co 1 10 ἦτε δὲ κατηρτισμένοι ἐν . . . τ. αὐτῇ γνώμῃ
7 25 γνώμην δὲ δίδωμι ὡς ἠλεημένος ὑπὸ Κυρίου
40 ἐὰν οὕτως μείνῃ κατὰ τ. ἐμὴν γνώμην
II Co 8 10 κ. γνώμην ἐν τούτῳ δίδωμι
Phm 14 χωρὶς δὲ τ. σῆς γνώμης οὐδὲν ἠθέλησα ποιῆσαι
Re 17 13 οὗτοι μίαν γνώμην ἔχουσιν
17 ἔδωκεν εἰς τ. καρδίας αὐτῶν ποιῆσαι τ. γνώμην αὐτοῦ,
κ. ποιῆσαι μίαν γνώμην

ΓΝΩΡΙ'ΖΩ 1107

Lu 2 15 ὃ ὁ Κύριος ἐγνώρισεν ἡμῖν
17 ἰδόντες δὲ ἐγνώρισαν περὶ τ. ῥήματος
Jo 15 15 πάντα ἃ ἤκουσα . . . ἐγνώρισα ὑμῖν
17 26 ἐγνώρισα αὐτοῖς τὸ ὄνομά σου κ. γνωρίσω
Ac 2 28 ἐγνώρισάς μοι ὁδοὺς ζωῆς
תּוֹדִיעֵנִי אֹרַח חַיִּים, Ps. xvi. 11
7 13 ἐν τ. δευτέρῳ ἐγνωρίσθη Ἰωσὴφ τ. ἀδελφοῖς αὐτοῦ
ἀνεγνωρίσθη, TWH mg.
Ro 9 22 γνωρίσαι τὸ δυνατὸν αὐτοῦ
23 ἵνα γνωρίσῃ τ. πλοῦτον τ. δόξης αὐτοῦ
16 26 εἰς ὑπακοὴν πίστεως εἰς πάντα τὰ ἔθνη γνωρισθέντος
I Co 12 3 διὸ γνωρίζω ὑμῖν ὅτι οὐδεὶς . . . λέγει
15 1 γνωρίζω δὲ ὑμῖν ἀδελφοὶ τὸ εὐαγγέλιον
II Co 8 1 γνωρίζομεν δὲ ὑμῖν ἀδελφοὶ τ. χάριν τ. Θεοῦ
Ga 1 11 γνωρίζω γὰρ ὑμῖν ἀδελφοὶ τὸ εὐαγγέλιον
γνωρ. δὲ, TWH mg.
Eph 1 9 γνωρίσας ἡμῖν τὸ μυστήριον τ. θελήματος αὐτοῦ
3 3 κατὰ ἀποκάλυψιν ἐγνωρίσθη μοι τὸ μυστήριον
5 ὃ ἑτέραις γενεαῖς οὐκ ἐγνωρίσθη
10 ἵνα γνωρισθῇ νῦν τ. ἀρχαῖς κ. τ. ἐξουσίαις
6 19 ἐν παρρησίᾳ γνωρίσαι τὸ μυστήριον τ. εὐαγγελίου
21 πάντα γνωρίσει ὑμῖν Τύχικος
Phl 1 22 κ. τί αἱρήσομαι οὐ γνωρίζω
4 6 τὰ αἰτήματα ὑμῶν γνωριζέσθω πρὸς τ. Θεόν
Col 1 27 οἷς ἠθέλησεν ὁ Θεὸς γνωρίσαι
4 7 τὰ κατ' ἐμὲ πάντα γνωρίσει ὑμῖν Τύχικος
9 πάντα ὑμῖν γνωρισοῦσιν τὰ ὧδε
γνωριοῦσιν, T
II Pe 1 16 ἐγνωρίσαμεν ὑμῖν τὴν τ. Κυρίου ἡμῶν . . . δύναμιν

ΓΝΩ'ΣΙΣ 1108

(1) γν. Θεοῦ, Κυρίου, Χριστοῦ

Lu 1 77 τοῦ δοῦναι γνῶσιν σωτηρίας τ. λαῷ αὐτοῦ
11 52 ὅτι ἤρατε τ. κλεῖδα τ. γνώσεως
Ro 2 20 ἔχοντα τ. μόρφωσιν τ. γνώσεως
11 33 [1] ὦ βάθος πλούτου κ. σοφίας κ. γνώσεως Θεοῦ
15 14 πεπληρωμένοι πάσης τ. γνώσεως
I Co 1 5 ἐπλουτίσθητε . . . ἐν παντὶ λόγῳ κ. πάσῃ γνώσει
8 1 οἴδαμεν ὅτι πάντες γνῶσιν ἔχομεν.
ἡ γνῶσις φυσιοῖ
7 ἀλλ' οὐκ ἐν πᾶσιν ἡ γνῶσις
10 ἐὰν γάρ τις ἴδῃ σὲ τ. ἔχοντα γνῶσιν
11 ἀπόλλυται γὰρ ὁ ἀσθενῶν ἐν τ. σῇ γνώσει
12 8 ἄλλῳ δὲ λόγος γνώσεως κατὰ τὸ αὐτὸ πνεῦμα
13 2 κἂν . . . εἰδῶ τὰ μυστήρια πάντα κ. πᾶσαν τ. γνῶσιν
8 εἴτε γνῶσις καταργηθήσεται
14 6 ἐὰν μὴ ὑμῖν λαλήσω ἢ ἐν ἀποκαλύψει ἢ ἐν γνώσει
II Co 2 14 τ. ὀσμὴν τ. γνώσεως αὐτοῦ φανεροῦντι δι ἡμῶν

II Co 4 6 πρὸς φωτισμὸν τ. γνώσεως τ. δόξης τ. Θεοῦ
6 6 ἐν ἁγνότητι ἐν γνώσει ἐν μακροθυμίᾳ
8 7 ὥσπερ ἐν παντὶ περισσεύετε πίστει . . . κ. γνώσει
10 5 [1] πᾶν ὕψωμα ἐπαιρόμενον κατὰ τ. γνώσεως τ. Θεοῦ
11 6 εἰ δὲ κ. ἰδιώτης τ. λόγῳ ἀλλ' οὐ τ. γνώσει
Eph 3 19 γνῶναί τε τ. ὑπερβάλλουσαν τ. γνώσεως ἀγάπην
Phl 3 8 [1] διὰ τὸ ὑπερέχον τ. γνώσεως Χριστοῦ Ἰησοῦ
Col 2 3 πάντες οἱ θησαυροὶ τ. σοφίας κ. γνώσεως ἀπόκρυφοι
I Ti 6 20 ἐκτρεπόμενος . . . ἀντιθέσεις τῆς ψευδωνύμου γνώσεως
I Pe 3 7 οἱ ἄνδρες ὁμοίως συνοικοῦντες κατὰ γνῶσιν
II Pe 1 5 ἐπιχορηγήσατε . . . τ. ἀρετὴν ἐν δὲ τ. ἀρετῇ τ. γνῶσιν,
6 ἐν δὲ τ. γνώσει τ. ἐγκράτειαν
3 18 [1] αὐξάνετε δὲ ἐν χάριτι κ. γνώσει τ. Κυρίου ἡμῶν

ΓΝΩ΄ΣΤΗΣ† 1109

Ac 26 3 μάλιστα γνώστην ὄντα σε πάντων τῶν . . ἐθῶν

ΓΝΩΣΤΟ΄Σ 1110

Lu 2 44 ἀνεζήτουν αὐτὸν ἐν τ. συγγενεῦσιν κ. τ. γνωστοῖς
23 49 εἱστήκεισαν δὲ πάντες οἱ γνωστοὶ αὐτῷ
Jo 18 15 ὁ δὲ μαθητὴς ἐκεῖνος ἦν γνωστὸς τ. ἀρχιερεῖ
16 ὁ μαθητὴς ὁ ἄλλος ὁ γνωστὸς τ. ἀρχιερέως
Ac 1 19 γνωστὸν ἐγένετο πᾶσιν τ. κατοικοῦσιν Ἱερουσαλήμ
2 14 τοῦτο ὑμῖν γνωστὸν ἔστω
4 10 γνωστὸν ἔστω πᾶσιν ὑμῖν
16 ὅτι μὲν γὰρ γνωστὸν σημεῖον γέγονεν δι' αὐτῶν
9 42 γνωστὸν δὲ ἐγένετο καθ' ὅλης Ἰόππης
13 38 γνωστὸν οὖν ἔστω ὑμῖν
15 18 ποιῶν ταῦτα γνωστὰ ἀπ' αἰῶνος
γνωστόν, WH mg.
19 17 τοῦτο δὲ ἐγένετο γνωστὸν πᾶσιν Ἰουδαίοις
28 22 περὶ μὲν γὰρ τ. αἱρέσεως ταύτης γνωστὸν ἡμῖν ἐστίν
28 γνωστὸν οὖν ὑμῖν ἔστω
Ro 1 19 διότι τὸ γνωστὸν τ. Θεοῦ φανερόν ἐστιν ἐν αὐτοῖς

ΓΟΓΓΥ΄ΖΩ† 1111

Mt 20 11 λαβόντες δὲ ἐγόγγυζον κατὰ τ. οἰκοδεσπότου
Lu 5 30 κ. ἐγόγγυζον οἱ Φαρισαῖοι κ. οἱ γραμματεῖς αὐτῶν
Jo 6 41 ἐγόγγυζον οὖν οἱ Ἰουδαῖοι περὶ αὐτοῦ
43 μὴ γογγύζετε μετ' ἀλλήλων
61 ὅτι γογγύζουσιν περὶ τούτου οἱ μαθηταὶ αὐτοῦ
7 32 ἤκουσαν οἱ Φαρισαῖοι τ. ὄχλου γογγύζοντος περὶ αὐτοῦ ταῦτα
I Co 10 10 μηδὲ γογγύζετε,
καθάπερ τινὲς αὐτῶν ἐγόγγυσαν

ΓΟΓΓΥΣΜΟ΄Σ† 1112

Jo 7 12 κ. γογγυσμὸς περὶ αὐτοῦ ἦν πολὺς ἐν τ ὄχλοις
Ac 6 1 ἐγένετο γογγυσμὸς τ. Ἑλληνιστῶν πρὸς τ. Ἑβραίους
Phl 2 14 πάντα ποιεῖτε χωρὶς γογγυσμῶν κ. διαλογισμῶν
I Pe 4 9 φιλόξενοι εἰς ἀλλήλους ἄνευ γογγυσμοῦ

ΓΟΓΓΥΣΤΗ΄Σ**† 1113

Ju 16 οὗτοί εἰσιν γογγυσταὶ μεμψίμοιροι

ΓΟ΄ΗΣ* 1114

II Ti 3 13 πονηροὶ δὲ ἄνθρωποι κ. γόητες

ΓΟΛΓΟΘΑ΄ 1115

Γολγοθᾶ, T

Mt 27 33 ἐλθόντες εἰς τόπον λεγόμενον Γολγοθά
Mk 15 22 φέρουσιν αὐτὸν ἐπὶ τ. Γολγοθὰν τόπον
Jo 19 17 Κρανίου τόπον ὃ λέγεται Ἑβραϊστὶ Γολγοθά
Γολγόθ, WH mg.

ΓΟ΄ΜΟΡΡΑ 1116

Mt 10 15 ἀνεκτότερον ἔσται γῇ . . . Γομόρρων ἐν ἡμέρᾳ κρίσεως
Ro 9 29 ὡς Γόμορρα ἂν ὡμοιώθημεν
לַעֲמֹרָה דָּמִינוּ, Is. i. 9
II Pe 2 6 πόλεις Σοδόμων κ. Γομόρρας τεφρώσας κατέκρινεν
Ju 7 ὡς Σόδομα κ. Γόμορρα

ΓΟ΄ΜΟΣ 1117

Ac 21 3 ἐκεῖσε γὰρ τὸ πλοῖον ἦν ἀποφορτιζόμενον τ. γόμον
Re 18 11 τ. γόμον αὐτῶν οὐδεὶς ἀγοράζει οὐκέτι·
12 γόμον χρυσοῦ κ. ἀργύρου κ. λίθου τιμίου

ΓΟΝΕΙ΄Σ 1118

Mt 10 21 ἐπαναστήσονται τέκνα ἐπὶ γονεῖς
Mk 13 12 ἐπαναστήσονται τέκνα ἐπὶ γονεῖς
Lu 2 27 ἐν τ. εἰσαγαγεῖν τ. γονεῖς τὸ παιδίον Ἰησοῦν
41 ἐπορεύοντο οἱ γονεῖς αὐτοῦ κατ' ἔτος εἰς Ἱερουσαλήμ
43 κ. οὐκ ἔγνωσαν οἱ γονεῖς αὐτοῦ
8 56 ἐξέστησαν οἱ γονεῖς αὐτῆς
18 29 οὐδείς ἐστιν ὃς ἀφῆκεν οἰκίαν ἢ . . . ἀδελφοὺς ἢ γονεῖς
21 16 παραδοθήσεσθε δὲ κ. ὑπὸ γονέων κ. ἀδελφῶν
Jo 9 2 τίς ἥμαρτεν οὗτος ἢ οἱ γονεῖς αὐτοῦ
3 οὔτε οὗτος ἥμαρτεν οὔτε οἱ γονεῖς αὐτοῦ
18 ἕως ὅτου ἐφώνησαν τ. γονεῖς αὐτοῦ τ ἀναβλέψαντος
20 ἀπεκρίθησαν οὖν οἱ γονεῖς αὐτοῦ
22 ταῦτα εἶπαν οἱ γονεῖς αὐτοῦ
23 διὰ τοῦτο οἱ γονεῖς αὐτοῦ εἶπαν
Ro 1 30 ἐφευρετὰς κακῶν γονεῦσιν ἀπειθεῖς
II Co 12 14 οὐ γὰρ ὀφείλει τὰ τέκνα τ. γονεῦσι θησαυρίζειν,

II Co 12 14 ἀλλὰ οἱ γονεῖς τ. τέκνοις
Eph 6 1 τὰ τέκνα ὑπακούετε τ. γονεῦσιν ὑμῶν ἐν Κυρίῳ
Col 3 20 τὰ τέκνα ὑπακούετε τ. γονεῦσι κατὰ πάντα
II Ti 3 2 ἔσονται γὰρ οἱ ἄνθρωποι . . . βλάσφημοι γονεῦσιν ἀπειθεῖς

ΓΟ΄ΝΥ 1119

Mk 15 19 τιθέντες τὰ γόνατα προσεκύνουν αὐτῷ
Lu 5 8 προσέπεσεν τ. γόνασιν Ἰησοῦ
22 41 θεὶς τὰ γόνατα προσηύχετο
Ac 7 60 θεὶς δὲ τὰ γόνατα ἔκραξεν
9 40 κ. θεὶς τὰ γόνατα προσηύξατο
20 36 ταῦτα εἰπὼν θεὶς τὰ γόνατα αὐτοῦ
21 5 θέντες τὰ γόνατα ἐπὶ τ. αἰγιαλόν
Ro 11 4 οἵτινες οὐκ ἔκαμψαν γόνυ τῇ Βάαλ
כָּל־הַבִּרְכַּיִם אֲשֶׁר לֹא־כָרְעוּ לַבַּעַל, I Ki. xix. 18
14 11 ὅτι ἐμοὶ κάμψει πᾶν γόνυ
כִּי־לִי תִּכְרַע כָּל־בֶּרֶךְ, Is. xlv. 23
Eph 3 14 τούτου χάριν κάμπτω τὰ γόνατά μου πρὸς τ. πατέρα
Phl 2 10 ἵνα ἐν τ. ὀνόματι Ἰησοῦ πᾶν γόνυ κάμψῃ
He 12 12 τὰ παραλελυμένα γόνατα ἀνορθώσατε

ΓΟΝΥΠΕΤΕ΄Ω* 1120

Mt 17 14 προσῆλθεν αὐτῷ ἄνθρωπος γονυπετῶν αὐτόν
27 29 γονυπετήσαντες ἔμπροσθεν αὐτοῦ
Mk 1 40 παρακαλῶν αὐτὸν κ. γονυπετῶν
—κ. γον., [WH] R mg.
10 17 προσδραμὼν εἷς κ. γονυπετήσας αὐτόν

ΓΡΑ΄ΜΜΑ 1121

(1) ἱερὰ γράμματα

Lu 16 6 δέξαι σου τὰ γράμματα
7 δέξαι σου τὰ γράμματα
Jo 5 47 εἰ δὲ τοῖς ἐκείνου γράμμασιν οὐ πιστεύετε
7 15 πῶς οὗτος γράμματα οἶδεν
Ac 26 24 τὰ πολλά σε γράμματα εἰς μανίαν περιτρέπει
28 21 ἡμεῖς οὔτε γράμματα περὶ σοῦ ἐδεξάμεθα
Ro 2 27 τὸν διὰ γράμματος κ. περιτομῆς παραβάτην νόμου
29 περιτομὴ καρδίας ἐν πνεύματι οὐ γράμματι
7 6 ὥστε δουλεύειν ἡμᾶς . . . οὐ παλαιότητι γράμματος
II Co 3 6 καινῆς διαθήκης οὐ γράμματος ἀλλὰ πνεύματος·
τὸ γὰρ γράμμα ἀποκτείνει τὸ δὲ πνεῦμα ζωοποιεῖ.
7 εἰ δὲ ἡ διακονία τ. θανάτου ἐν γράμμασιν
Ga 6 11 πηλίκοις ὑμῖν γράμμασιν ἔγραψα τ. ἐμῇ χειρί
II Ti 3 15 [1] ὅτι ἀπὸ βρέφους ἱερὰ γράμματα οἶδας

ΓΡΑΜΜΑΤΕΥ΄Σ 1122

(1) γραμ. κ. ἀρχιερεῖς (2) γραμμ. κ. Φαρισαῖοι

Mt 2 4 [1] συναγαγὼν πάντας τ. ἀρχιερεῖς κ. γραμματεῖς τ. λαοῦ
5 20 [2] ἐὰν μὴ περισσεύσῃ . . . πλεῖον τ. γραμματέων κ. Φαρισαίων
7 29 κ. οὐχ ὡς οἱ γραμματεῖς αὐτῶν
8 19 προσελθὼν εἷς γραμματεὺς εἶπεν αὐτῷ
9 3 τινὲς τ. γραμματέων εἶπαν ἐν ἑαυτοῖς
12 38 [2] ἀπεκρίθησαν αὐτῷ τινὲς τ. γραμματέων κ. Φαρισαίων
13 52 πᾶς γραμματεὺς μαθητευθεὶς τ. βασιλείᾳ τ. οὐρανῶν
15 1 [2] προσέρχονται τ. Ἰησοῦ ἀπὸ Ἱεροσολύμων Φαρισαῖοι κ. γραμματεῖς
16 21 [1] πολλὰ παθεῖν ἀπὸ τ. πρεσβυτέρων κ. ἀρχιερέων κ. γραμματέων
17 10 τί οὖν οἱ γραμματεῖς λέγουσιν
20 18 [1] παραδοθήσεται τ. ἀρχιερεῦσι κ. γραμματεῦσι
21 15 [1] ἰδόντες δὲ οἱ ἀρχιερεῖς κ. οἱ γραμματεῖς τὰ θαυμάσια
23 2 [2] ἐκάθισαν οἱ γραμματεῖς κ. οἱ Φαρισαῖοι
13 [2] οὐαὶ δὲ ὑμῖν γραμματεῖς κ. Φαρισαῖοι ὑποκριταί
—h. v., TWHR non mg.
14 [2] οὐαὶ δὲ ὑμῖν γραμματεῖς κ. Φαρισαῖοι ὑποκριταί
15 [2] οὐαὶ ὑμῖν γραμματεῖς κ. Φαρισαῖοι ὑποκριταί
Sic vv. 23, 25, 27, 29.
34 ἐγὼ ἀποστέλλω πρὸς ὑμᾶς προφήτας κ. σοφοὺς κ. γραμματεῖς
26 57 ὅπου οἱ γραμματεῖς κ. οἱ πρεσβύτεροι συνήχθησαν
27 41 [1] οἱ ἀρχιερεῖς ἐμπαίζοντες μετὰ τ. γραμματέων κ. πρεσβυτέρων
Mk 1 22 κ. οὐχ ὡς οἱ γραμματεῖς
2 6 ἦσαν δέ τινες τ. γραμματέων ἐκεῖ καθήμενοι
16 [2] οἱ γραμματεῖς τ. Φαρισαίων ἰδόντες ὅτι ἐσθίει
—οἱ, T
3 22 οἱ γραμματεῖς οἱ ἀπὸ Ἱεροσολύμων καταβάντες
7 1 [2] συνάγονται πρὸς αὐτὸν οἱ Φαρισαῖοι κ. τινες τ. γραμματέων
5 [2] ἐπερωτῶσιν αὐτὸν οἱ Φαρισαῖοι κ. οἱ γραμματεῖς
8 31 [1] ἀποδοκιμασθῆναι ὑπὸ τ. πρεσβυτέρων κ. τ. ἀρχιερέων κ. τ. γραμματέων
9 11 ὅτι λέγουσιν οἱ γραμματεῖς
[2] λέγ. οἱ Φαρισαῖοι κ. οι γρ., T
14 εἶδαν . . . γραμματεῖς συνζητοῦντας πρὸς αὐτούς
10 33 [1] παραδοθήσεται τ. ἀρχιερεῦσι κ. τ. γραμματεῦσι
11 18 [1] ἤκουσαν οἱ ἀρχιερεῖς κ. οἱ γραμματεῖς
27 [1] ἔρχονται πρὸς αὐτὸν οἱ ἀρχιερεῖς κ. οἱ γραμματεῖς κ. οἱ πρεσβύτεροι
12 28 προσελθὼν εἷς τ. γραμματέων
32 εἶπεν αὐτῷ ὁ γραμματεύς
35 πῶς λέγουσιν οἱ γραμματεῖς
38 βλέπετε ἀπὸ τ. γραμματέων
14 1 [1] ἐζήτουν οἱ ἀρχιερεῖς κ. οἱ γραμματεῖς
43 [1] ὄχλος . . . παρα τ. ἀρχιερέων κ. τ. γραμματέων κ. τ. πρεσβυτέρων
53 [1] συνέρχονται πάντες οἱ ἀρχιερεῖς κ. οἱ πρεσβύτεροι κ. οἱ γραμματεῖς
15 1 [1] συμβούλιον ποιήσαντες οἱ ἀρχιερεις μετ-

Mk 15 1 τ. πρεσβυτέρων κ. γραμματέων
τῶν γρ., T
31 [1] οἱ ἀρχιερεῖς ἐμπαίζοντες πρὸς ἀλλήλους μετὰ τ. γραμματέων
Lu 5 21 [2] ἤρξαντο διαλογίζεσθαι οἱ γραμματεῖς κ. οἱ Φαρισαῖοι
30 [2] ἐγόγγυζον οἱ Φαρισαῖοι κ. οἱ γραμματεῖς αὐτῶν
6 7 [2] παρετηροῦντο δὲ αὐτὸν οἱ γραμματεῖς κ. οἱ Φαρισαῖοι
9 22 [1] ἀποδοκιμασθῆναι ἀπὸ τ. πρεσβυτέρων κ. ἀρχιερέων κ. γραμματέων
11 53 [2] ἤρξαντο οἱ γραμματεῖς κ. οἱ Φαρισαῖοι δεινῶς ἐνέχειν
15 2 [2] διεγόγγυζον οἵ τε Φαρισαῖοι κ. οἱ γραμματεῖς
19 47 [1] οἱ δὲ ἀρχιερεῖς κ. οἱ γραμματεῖς ἐζήτουν αὐτὸν ἀπολέσαι
20 1 [1] ἐπέστησαν οἱ ἀρχιερεῖς κ. οἱ γραμματεῖς σὺν τ. πρεσβυτέροις
19 [1] ἐζήτησαν οἱ γραμματεῖς κ. οἱ ἀρχιερεῖς ἐπιβαλεῖν ἐπ' αὐτόν
39 ἀποκριθέντες δέ τινες τ. γραμματέων
46 προσέχετε ἀπὸ τ. γραμματέων
22 2 [1] ἐζήτουν οἱ ἀρχιερεῖς κ. οἱ γραμματεῖς
66 [1] συνήχθη τὸ πρεσβυτέριον τ. λαοῦ ἀρχιερεῖς τε κ. γραμματεῖς
23 10 [1] εἱστήκεισαν δὲ οἱ ἀρχιερεῖς κ. οἱ γραμματεῖς
Jo 8 [3 [2] ἄγουσι δὲ οἱ γραμματεῖς κ. οἱ Φαρισαῖοι γυναῖκα
Ac 4 5 συναχθῆναι αὐτῶν τ. ἄρχοντας κ. τ. πρεσβυτέρους κ. τ. γραμματεῖς
6 12 συνεκίνησάν τε τ. λαὸν κ. τ. πρεσβυτέρους κ. τ. γραμματεῖς
19 35 καταστείλας δὲ τ. ὄχλον ὁ γραμματεύς
ὁ γρ. τ. ὄχλ., T
23 9 [2] ἀναστάντες τινὲς τ. γραμματέων τ. μέρους τ. Φαρισαίων
I Co 1 20 ποῦ σοφός; ποῦ γραμματεύς;

ΓΡΑΠΤΟ'Σ 1123

Ro 2 15 τὸ ἔργον τ. νόμου γραπτὸν ἐν τ. καρδίαις αὐτῶν

ΓΡΑΦΗ' 1124

(1) αἱ γραφαί (2) γρ. ἅγιαι (3) πᾶσα γραφή

Mt 21 42 [1] οὐδέποτε ἀνέγνωτε ἐν τ. γραφαῖς
22 29 [1] πλανᾶσθε μὴ εἰδότες τ. γραφάς
26 54 [1] πῶς οὖν πληρωθῶσιν αἱ γραφαί
56 [1] ἵνα πληρωθῶσιν αἱ γραφαὶ τ. προφητῶν
Mk 12 10 οὐδὲ τ. γραφὴν ταύτην ἀνέγνωτε;
24 [1] οὐ διὰ τοῦτο πλανᾶσθε μὴ εἰδότες τ. γραφάς
14 49 [1] ἀλλ' ἵνα πληρωθῶσιν αἱ γραφαί
15 28 κ. ἐπληρώθη ἡ γραφὴ ἡ λέγουσα
—h. v., TWHR non mg.
Lu 4 21 σήμερον πεπλήρωται ἡ γραφὴ αὕτη ἐν τ. ὠσὶν ὑμῶν
24 27 [1] διηρμήνευεν αὐτοῖς ἐν πάσαις τ. γραφαῖς
32 [1] ὡς διήνοιγεν ἡμῖν τ. γραφάς
45 [1] διήνοιξεν αὐτῶν τ. νοῦν τοῦ συνιέναι τ. γραφάς
Jo 2 22 ἐπίστευσαν τ. γραφῇ
5 39 [1] ἐραυνᾶτε τὰς γραφάς
7 38 καθὼς εἶπεν ἡ γραφή
42 οὐχ ἡ γραφὴ εἶπεν
10 35 οὐ δύναται λυθῆναι ἡ γραφή
13 18 ἀλλ' ἵνα ἡ γραφὴ πληρωθῇ
17 12 ἵνα ἡ γραφὴ πληρωθῇ
19 24 ἵνα ἡ γραφὴ πληρωθῇ
28 ἵνα τελειωθῇ ἡ γραφή
36 ἐγένετο γὰρ ταῦτα ἵνα ἡ γραφὴ πληρωθῇ
37 κ. πάλιν ἑτέρα γραφὴ λέγει
20 9 οὐδέπω γὰρ ᾔδεισαν τ. γραφήν
Ac 1 16 ἔδει πληρωθῆναι τ. γραφήν
8 32 ἡ δὲ περιοχὴ τ. γραφῆς ἣν ἀνεγίνωσκεν
35 ἀρξάμενος ἀπὸ τ. γραφῆς ταύτης
17 2 [1] ἐπὶ σάββατα τρία διελέξατο αὐτοῖς ἀπὸ τ. γραφῶν
11 [1] καθ' ἡμέραν ἀνακρίνοντες τ. γραφάς
18 24 [1] δυνατὸς ὢν ἐν τ. γραφαῖς
28 [1] ἐπιδεικνὺς διὰ τ. γραφῶν εἶναι τ. Χριστὸν Ἰησοῦν
Ro 1 2 [2] ὃ προεπηγγείλατο διὰ τ. προφητῶν αὐτοῦ ἐν γραφαῖς ἁγίαις
4 3 τί γὰρ ἡ γραφὴ λέγει;
9 17 λέγει γὰρ ἡ γραφὴ τῷ Φαραώ
10 11 λέγει γὰρ ἡ γραφή
11 2 ἢ οὐκ οἴδατε ἐν Ἠλείᾳ τί λέγει ἡ γραφή;
15 4 [1] ἵνα . . . διὰ τ. παρακλήσεως τ. γραφῶν τ. ἐλπίδα ἔχωμεν
16 26 διά τε γραφῶν προφητικῶν
I Co 15 3 [1] ὅτι Χριστὸς ἀπέθανεν . . . κατὰ τ. γραφάς
4 [1] ὅτι ἐγήγερται τ. ἡμέρᾳ τ. τρίτῃ κατὰ τ. γραφάς
Ga 3 8 προϊδοῦσα δὲ ἡ γραφή
22 συνέκλεισεν ἡ γραφὴ τὰ πάντα ὑπὸ ἁμαρτίαν
4 30 ἀλλὰ τί λέγει ἡ γραφή;
I Ti 5 18 λέγει γὰρ ἡ γραφή;
II Ti 3 16 [3] πᾶσα γραφὴ θεόπνευστος κ. ὠφέλιμος πρὸς διδασκαλίαν
Ja 2 8 εἰ μέντοι νόμον τελεῖτε βασιλικὸν κατὰ τ. γραφήν
23 ἐπληρώθη ἡ γραφὴ ἡ λέγουσα
4 5 ἢ δοκεῖτε ὅτι κενῶς ἡ γραφὴ λέγει;
I Pe 2 6 διότι περιέχει ἐν γραφῇ
II Pe 1 20 πᾶσα προφήτεια γραφῆς ἰδίας ἐπιλύσεως οὐ γίνεται
3 16 [1] στρεβλοῦσιν ὡς κ. τ. λοιπὰς γραφάς

ΓΡΑ'ΦΩ 1125 cf. 2608.5

(1) γρ. διά (2) γρ. ἐν, εἰς (3) γρ. ἐπί (4) καθώς, καθάπερ γέγραπται, καὶ γεγραμμένον (5) seq. acc.

Mt 2 5 [1] οὕτως γὰρ γέγραπται διὰ τ. προφήτου
4 4 γέγραπται Οὐκ ἐπ' ἄρτῳ μόνῳ ζήσεται ὁ ἄνθρωπος, Dt. viii. 3
6 γέγραπται γὰρ ὅτι Τοῖς ἀγγέλοις αὐτοῦ ἐντελεῖται, Ps. xci. 11
7 πάλιν γέγραπται Οὐκ ἐκπειράσεις, Dt. vi. 16
10 γέγραπται γὰρ Κύριον τ. Θεόν σου προσκυνήσεις, Dt. vi. 13
11 10 οὗτός ἐστιν περὶ οὗ γέγραπται

Mt 21 13 γέγραπται Ὁ οἶκός μου οἶκος προσευχῆς, Is. lvi. 7
26 24 [4] ὑπάγει καθὼς γέγραπται περὶ αὐτοῦ
31 γέγραπται γὰρ Πατάξω τ. ποιμένα, Zech. xiii. 7
27 37 ἐπέθηκαν . . . τ. αἰτίαν αὐτοῦ γεγραμμένην
Mk 1 2 [2 4] καθὼς γέγραπται ἐν τῷ Ἠσαΐᾳ τ. προφήτῃ
7 6 ὡς γέγραπται ὅτι Οὗτος ὁ λαὸς τ. χείλεσί με τιμᾷ, Is. xxix. 13
9 12 [3] κ. πῶς γέγραπται ἐπὶ τ. υἱὸν τ. ἀνθρώπου
13 [3 4] καθὼς γέγραπται ἐπ' αὐτόν
10 4 [5] ἐπέτρεψεν Μωυσῆς βιβλίον ἀποστασίου γράψαι
5 [5] πρὸς τ. σκληροκαρδίαν ὑμῶν ἔγραψεν ὑμῖν τ. ἐντολὴν ταύτην
11 17 οὐ γέγραπται ὅτι Ὁ οἶκός μου οἶκος προσευχῆς, Is. lvi. 7
12 19 διδάσκαλε Μωυσῆς ἔγραψεν ἡμῖν
14 21 [4] ὑπάγει καθὼς γέγραπται περὶ αὐτοῦ
27 ὅτι γέγραπται Πατάξω τ. ποιμένα, Zech. *l.c.*
Lu 1 3 ἔδοξεν κἀμοὶ . . . καθεξῆς σοι γράψαι
63 αἰτήσας πινακίδιον ἔγραψεν λέγων
2 23 [2 4] καθὼς γέγραπται ἐν νόμῳ Κυρίου
3 4 [2] ὡς γέγραπται ἐν βίβλῳ λόγων Ἠσαΐου τ. προφήτου
4 4 γέγραπται ὅτι οὐκ ἐπ' ἄρτῳ μόνῳ ζήσεται, Dt. viii. 3
8 γέγραπται Κύριον τ. Θεόν σου προσκυνήσεις, *ib.* vi. 13
10 γέγραπται γὰρ ὅτι Τοῖς ἀγγέλοις αὐτοῦ ἐντελεῖται, Ps. *l.c.*
17 εὗρεν τ. τόπον οὗ ἦν γεγραμμένον
7 27 οὗτός ἐστιν περὶ οὗ γέγραπται
10 26 [2] ἐν τ. νόμῳ τί γέγραπται
16 6 [5] καθίσας ταχέως γράψον πεντήκοντα
γρ. ταχ., WH mg.
7 [5] δέξαι σου τ. γράμματα κ. γράψον ὀγδοήκοντα
18 31 [1] τελεσθήσεται πάντα τὰ γεγραμμένα διὰ τ. προφητῶν
19 46 γέγραπται Καὶ ἔσται ὁ οἶκός μου οἶκος προσευχῆς, Is. *l.c.*
20 17 τί οὖν ἐστιν τὸ γεγραμμένον τοῦτο
28 διδάσκαλε Μωυσῆς ἔγραψεν ἡμῖν
21 22 τοῦ πλησθῆναι πάντα τὰ γεγραμμένα
22 37 τοῦτο τ. γεγραμμένον δεῖ τελεσθῆναι ἐν ἐμοί
24 44 [2] δεῖ πληρωθῆναι πάντα τ. γεγραμμένα ἐν τ. νόμῳ Μωυσέως
46 εἶπεν αὐτοῖς ὅτι οὕτως γέγραπται παθεῖν τ. Χριστόν
Jo 1 46 [2 5] ὃν ἔγραψεν Μωυσῆς ἐν τ. νόμῳ κ. οἱ προφῆται
2 17 ἐμνήσθησαν οἱ μαθηταὶ αὐτοῦ ὅτι γεγραμμένον ἐστίν
5 46 περὶ γὰρ ἐμοῦ ἐκεῖνος ἔγραψεν
6 31 [4] καθώς ἐστιν γεγραμμένον
45 [2] ἔστιν γεγραμμένον ἐν τ. προφήταις
8 [6 [2] κάτω κύψας τ. δακτύλῳ ἔγραφεν εἰς τ. γῆν
κατέγραφεν, WH non mg.
[8 [2] πάλιν κατακύψας ἔγραφεν εἰς τ. γῆν
τ. δακτύλῳ ἔγρ., WH mg. R

Jo 8 17 [2] ἐν τῷ νόμῳ δὲ τ. ὑμετέρῳ γέγραπται
γεγραμμένον ἐστίν, T
10 34 [2] οὐκ ἔστιν γεγραμμένον ἐν τ. νόμῳ ὑμῶν
12 14 [4] ἐκάθισεν ἐπ' αὐτὸ καθώς ἐστιν γεγραμμένον
16 [3] ὅτι ταῦτα ἦν ἐπ' αὐτῷ γεγραμμένα
15 25 [2] ἵνα πληρωθῇ ὁ λόγος ὁ ἐν τῷ νόμῳ αὐτῶν γεγραμμένος
19 19 [5] ἔγραψεν δὲ κ. τίτλον ὁ Πειλᾶτος
19 ἦν δὲ γεγραμμένον Ἰησοῦς ὁ Ναζωραῖος
20 κ. ἦν γεγραμμένον Ἑβραϊστὶ Ῥωμαϊστὶ Ἑλληνιστί
21 μὴ γράφε Ὁ βασιλεὺς τ. Ἰουδαίων
22 [5] ἀπεκρίθη ὁ Πειλᾶτος Ὃ γέγραφα γέγραφα
20 30 [2] ἃ οὐκ ἔστιν γεγραμμένα ἐν τ. βιβλίῳ τούτῳ·
31 ταῦτα δὲ γέγραπται ἵνα πιστεύητε
21 24 [5] οὗτός ἐστιν ὁ μαθητὴς . . . ὁ γράψας ταῦτα
—ὁ, T
25 ἅτινα ἐὰν γράφηται καθ' ἕν,
—h. v., T
οὐδ' αὐτὸν οἶμαι τ. κόσμον χωρήσειν τ. γραφόμενα βιβλία
—h. v., T
Ac 1 20 [2] γέγραπται γὰρ ἐν βίβλῳ ψαλμῶν
7 42 [2 4] καθὼς γέγραπται ἐν βίβλῳ τ. προφητῶν
13 29 ὡς δὲ ἐτέλεσαν πάντα τὰ περὶ αὐτοῦ γεγραμμένα
γεγρ. π. αὐτ., WH mg.
33 [2] ὡς κ. ἐν τ. ψαλμῷ γέγραπται τ. δευτέρῳ
ἐν τ. πρώτῳ ψ. γέγρ., T
15 15 [4] συμφωνοῦσιν οἱ λόγοι τ. προφητῶν καθὼς γέγραπται
23 [1] γράψαντες διὰ χειρὸς αὐτῶν
18 27 οἱ ἀδελφοὶ ἔγραψαν τ. μαθηταῖς ἀποδέξασθαι αὐτόν
23 5 γέγραπται γὰρ ὅτι Ἄρχοντα τ. λαοῦ σου, Ex. xxii. 28
25 [5] γράψας ἐπιστολὴν ἔχουσαν τ. τύπον τοῦτον
24 14 [2] πᾶσι τοῖς κατὰ τ. νόμον κ. τοῖς ἐν τ. προφήταις γεγραμμένοις
25 26 [5] ἀσφαλές τι γράψαι τ. κυρίῳ οὐκ ἔχω
26 [5] ὅπως τ. ἀνακρίσεως γενομένης σχῶ τί γράψω
Ro 1 17 [4] καθὼς γέγραπται Ὁ δὲ δίκαιος, Hab. ii. 4
2 24 [4] δι' ὑμᾶς βλασφημεῖται ἐν τ. ἔθνεσι καθὼς γέγραπται
3 4 [4] καθάπερ γέγραπται Ὅπως ἂν δικαιωθῇς, Ps. li. 6
10 [4] καθὼς γέγραπται ὅτι Οὐκ ἔστιν δίκαιος, Ps. xiv. 1
4 17 [4] καθὼς γέγραπται ὅτι Πατέρα πολλῶν ἐθνῶν, Gen. xvii. 5
23 [1] οὐκ ἐγράφη δὲ δι' αὐτὸν μόνον
8 36 [4] καθὼς γέγραπται ὅτι Ἕνεκέν σου θανατούμεθα, Ps. xliv. 23
9 13 [4] καθάπερ γέγραπται Τὸν Ἰακὼβ ἠγάπησα, Mal. i. 2 f.
33 [4] καθὼς γέγραπται Ἰδοὺ τίθημι ἐν Σιών, Is. xxviii. 16
10 5 Μωυσῆς γὰρ γράφει ὅτι τ. δικαιοσύνην τὴν ἐκ νόμου
15 [4] καθάπερ γέγραπται Ὡς ὡραῖοι οἱ πόδες, Is. lii. 7
11 8 [4] καθάπερ γέγραπται Ἔδωκεν αὐτοῖς ὁ Θεός, *ib.* xxix. 10

Ro 11 26 [4] καθὼς γέγραπται Ἥξει ἐκ Σιών, *ib.* lix. 20
12 19 γέγραπται γὰρ Ἐμοὶ ἐκδίκησις, Dt. xxxii. 35
14 11 γέγραπται γὰρ Ζῶ ἐγώ, Is. xlv. 23
15 3 [4] ἀλλὰ καθὼς γέγραπται Οἱ ὀνειδισμοί, Ps. lxix. 10
4 [2] εἰς τ. ἡμετέραν διδασκαλίαν ἐγράφη
9 [4] καθὼς γέγραπται Διὰ τοῦτο ἐξομολογήσομαί σοι, Ps. xviii. 50
15 τολμηροτέρως δὲ ἔγραψα ὑμῖν
21 [4] ἀλλὰ καθὼς γέγραπται Ὄψονται οἷς οὐκ ἀνηγγέλη, Is. lii. 15
16 22 [5] ἐγὼ Τέρτιος ὁ γράψας τ. ἐπιστολὴν ἐν Κυρίῳ
I Co 1 19 γέγραπται γὰρ Ἀπολῶ τ. σοφίαν, Is. xxix. 14
31 [4] καθὼς γέγραπται Ὁ καυχώμενος, Jer. ix. 23
2 9 [4] ἀλλὰ καθὼς γέγραπται Ἃ ὀφθαλμὸς οὐκ εἶδεν, Is. lxiv. 4
3 19 γέγραπται γὰρ Ὁ δρασσόμενος τ. σοφούς, Job v. 13
4 6 ἵνα . . . μάθητε τὸ μὴ ὑπὲρ ἃ γέγραπται
14 [5] οὐκ ἐντρέπων ὑμᾶς γράφω ταῦτα
5 9 [2] ἔγραψα ὑμῖν ἐν τ. ἐπιστολῇ
11 νῦν δὲ ἔγραψα ὑμῖν μὴ συναναμίγνυσθαι
7 1 περὶ δὲ ὧν ἐγράψατε
9 9 [2] ἐν γὰρ τῷ Μωυσέως νόμῳ γέγραπται
10 [1] δι' ἡμᾶς γὰρ ἐγράφη
15 [5] οὐκ ἔγραψα δὲ ταῦτα ἵνα οὕτως γένηται
10 7 ὥσπερ γέγραπται Ἐκάθισεν ὁ λαός, Ex. xxxii. 6
11 ἐγράφη δὲ πρὸς νουθεσίαν ἡμῶν
14 21 [2] ἐν τ. νόμῳ γέγραπται
37 [5] ἐπιγινωσκέτω ἃ γράφω ὑμῖν
15 45 οὕτως γὰρ γέγραπται Ἐγένετο ὁ πρῶτος ἄνθρωπος, Gen. ii. 7
54 τότε γενήσεται ὁ λόγος ὁ γεγραμμένος
II Co 1 13 [5] οὐ γὰρ ἄλλα γράφομεν ὑμῖν
2 3 [5] κ. ἔγραψα τοῦτο αὐτό
4 [1] ἔγραψα ὑμῖν διὰ πολλῶν δακρύων
9 [2] εἰς τοῦτο γὰρ κ. ἔγραψα
4 13 κατὰ τὸ γεγραμμένον Ἐπίστευσα διὸ ἐλάλησα, Ps. cxvi. 10
7 12 ἄρα εἰ κ. ἔγραψα ὑμῖν
8 15 [4] καθὼς γέγραπται Ὁ τὸ πολὺ οὐκ ἐπλεόνασεν, Ex. xvi. 18
9 1 περισσόν μοί ἐστιν τὸ γράφειν ὑμῖν
9 [4] καθὼς γέγραπται Ἐσκόρπισεν ἔδωκεν τ. πένησιν, Ps. cxii. 9
13 10 [5] διὰ τοῦτο ταῦτα ἀπὼν γράφω
Ga 1 20 [5] ἃ δὲ γράφω ὑμῖν
3 10 γέγραπται γὰρ ὅτι Ἐπικατάρατος πᾶς ὃς οὐκ ἐμμένει πᾶσι τ. γεγραμμένοις ἐν τ. βιβλίῳ τ. νόμου
אָרוּר אֲשֶׁר לֹא יָקִים אֶת־דִּבְרֵי הַתּוֹרָה־הַזֹּאת, Dt. xxvii. 26
13 ὅτι γέγραπται Ἐπικατάρατος πᾶς ὁ κρεμάμενος ἐπὶ ξύλου, Dt. xxi. 23
4 22 γέγραπται γὰρ ὅτι Ἀβραὰμ δύο υἱοὺς ἔσχεν, Gen. xxi. 2, 9
27 γέγραπται γὰρ Εὐφράνθητι στεῖρα, Is. liv. 1
6 11 πηλίκοις ὑμῖν γράμμασιν ἔγραψα τ. ἐμῇ χειρί

Phl 3 1 [5] τὰ αὐτὰ γράφειν ὑμῖν
I Th 4 9 περὶ δὲ τ. φιλαδελφίας οὐ χρείαν ἔχετε γράφειν ὑμῖν
5 1 περὶ δὲ τ. χρόνων . . . οὐ χρείαν ἔχετε ὑμῖν γράφεσθαι
II Th 3 17 ὅ ἐστιν σημεῖον ἐν πάσῃ ἐπιστολῇ· οὕτως γράφω
I Ti 3 14 [5] ταῦτά σοι γράφω ἐλπίζων ἐλθεῖν
Phm 19 ἐγὼ Παῦλος ἔγραψα τ. ἐμῇ χειρί
21 πεποιθὼς τ. ὑπακοῇ σου ἔγραψά σοι
He 10 7 [2] ἐν κεφαλίδι βιβλίου γέγραπται περὶ ἐμοῦ
בִּמְגִלַּת־סֵפֶר כָּתוּב עָלָי, Ps. xl. 8
I Pe 1 16 διότι γέγραπται ὅτι Ἅγιοι ἔσεσθε, Lev. xi. 44
—ὅτι, T [WH]
5 12 δι' ὀλίγων ἔγραψα
II Pe 3 1 [5] ταύτην ἤδη . . . δευτέραν ὑμῖν γράφω ἐπιστολήν
15 καθὼς κ. ὁ ἀγαπητὸς ἡμῶν ἀδελφὸς Παῦλος . . . ἔγραψεν ὑμῖν
I Jo 1 4 [5] κ. ταῦτα γράφομεν ἡμεῖς
2 1 [5] τεκνία μου ταῦτα γράφω ὑμῖν
7 [5] οὐκ ἐντολὴν καινὴν γράφω ὑμῖν
8 [5] πάλιν ἐντολὴν καινὴν γράφω ὑμῖν
12 γράφω ὑμῖν τεκνία ὅτι ἀφέωνται ὑμῖν
13 γράφω ὑμῖν πατέρες ὅτι ἐγνώκατε τὸν ἀπ' ἀρχῆς·
γράφω ὑμῖν νεανίσκοι ὅτι νενικήκατε τ. πονηρόν.
ἔγραψα ὑμῖν παιδία ὅτι ἐγνώκατε τ. πατέρα·
14 ἔγραψα ὑμῖν πατέρες ὅτι ἐγνώκατε τὸν ἀπ' ἀρχῆς·
ἔγραψα ὑμῖν νεανίσκοι ὅτι ἰσχυροί ἐστε
21 οὐκ ἔγραψα ὑμῖν ὅτι οὐκ οἴδατε
26 [5] ταῦτα ἔγραψα ὑμῖν περὶ τ. πλανώντων ὑμᾶς
5 13 [5] ταῦτα ἔγραψα ὑμῖν ἵνα εἰδῆτε
II Jo 5 [5] οὐχ ὡς ἐντολὴν γράφων σοι καινήν
καιν. γρ. σοι, T
12 πολλὰ ἔχων ὑμῖν γράφειν
III Jo 9 [5] ἔγραψά τι τῇ ἐκκλησίᾳ
13 πολλὰ εἶχον γράψαι σοι,
[1] ἀλλ' οὐ θέλω διὰ μέλανος κ. καλάμου σοι γράφειν
Ju 3 πᾶσαν σπουδὴν ποιούμενος γράφειν σοι περὶ τ. κοινῆς ἡμῶν σωτηρίας,
ἀνάγκην ἔσχον γράψαι ὑμῖν
Re 1 3 [2] τηροῦντες τὰ ἐν αὐτῇ γεγραμμένα
11 [2] ὃ βλέπεις γράψον εἰς βιβλίον
19 [5] γράψον οὖν ἃ εἶδες
2 1 τ. ἀγγέλῳ τῷ ἐν Ἐφέσῳ ἐκκλησίας γράψον
8 τ. ἀγγέλῳ τῷ ἐν Σμύρνῃ ἐκκλησίας γράψον
12 τ. ἀγγέλῳ τῆς ἐν Περγάμῳ ἐκκλησίας γράψον
17 [8] ἐπὶ τὴν ψῆφον ὄνομα καινὸν γεγραμμένον
18 τ. ἀγγέλῳ τῷ ἐν Θυατείροις ἐκκλησίας γράψον
3 1 τ. ἀγγέλῳ τῆς ἐν Σάρδεσιν ἐκκλησίας γράψον
7 τ. ἀγγέλῳ τῆς ἐν Φιλαδελφίᾳ ἐκκλησίας γράψον
12 [8] [5] γράψω ἐπ' αὐτὸν τὸ ὄνομα τ. Θεοῦ μου
14 τ. ἀγγέλῳ τῆς ἐν Λαοδικίᾳ ἐκκλησίας γράψον
5 1 βιβλίον γεγραμμένον ἔσωθεν κ. ὄπισθεν

Re **10** 4 ὅτε ἐλάλησαν αἱ **ἑπτὰ βρονταὶ** ἤμελλον γράφειν
4 [5] κ. μὴ αὐτὰ γράψῃς
13 8 οὗ οὐ γέγραπται τὸ ὄνομα αὐτοῦ
14 1 ἔχουσαι τὸ ὄνομα . . . τ. πατρὸς αὐτοῦ γεγραμμένον
13 γράψον Μακάριοι οἱ νεκροὶ οἱ ἐν Κυρίῳ ἀποθνήσκοντες
17 5 [3] ἐπὶ τὸ μέτωπον αὐτῆς ὄνομα γεγραμμένον
8 [3] ὧν οὐ γέγραπται τὸ ὄνομα ἐπὶ τ. βιβλίον τ. ζωῆς
19 9 γράψον Μακάριοι οἱ εἰς τὸ δεῖπνον . . . κεκλημένοι
12 ἔχων ὄνομα γεγραμμένον ὃ οὐδεὶς οἶδεν
16 [3] ἔχει ἐπὶ τὸ ἱμάτιον . . . ὄνομα γεγραμμένον
20 12 [2] ἐκρίθησαν οἱ νεκροὶ ἐκ τ. γεγραμμένων ἐν τ. βιβλίοις
15 [2] εἴ τις οὐχ εὑρέθη ἐν τῇ βίβλῳ τ. ζωῆς γεγραμμένον
21 5 λέγει Γράψον ὅτι οὗτοι οἱ λόγοι πιστοί
27 [2] εἰ μὴ οἱ γεγραμμένοι ἐν τ. βιβλίῳ τ. ζωῆς τ. ἀρνίου
22 18 [2] ἐπιθήσει . . . τ. πληγὰς τ. γεγραμμένας ἐν τ. βιβλίῳ τούτῳ
19 [2] ἀφελεῖ ὁ Θεὸς τὸ μέρος αὐτοῦ . . . ἐκ . . . τ. γεγραμμένων ἐν τ. βιβλίῳ τούτῳ

ΓΡΑΩ΄ΔΗΣ * 1126

I Ti **4** 7 τ. δὲ βεβήλους κ. γραώδεις μύθους παραιτοῦ

ΓΡΗΓΟΡΕ΄Ω † 1127

Mt **24** 42 γρηγορεῖτε οὖν ὅτι οὐκ οἴδατε
43 εἰ ᾔδει ὁ οἰκοδεσπότης . . . ἐγρηγόρησεν ἄν
25 13 γρηγορεῖτε οὖν ὅτι οὐκ οἴδατε
26 38 μείνατε ὧδε κ. γρηγορεῖτε μετ᾽ ἐμοῦ
40 οὐκ ἰσχύσατε μίαν ὥραν γρηγορῆσαι μετ᾽ ἐμοῦ;
41 γρηγορεῖτε κ. προσεύχεσθε
Mk **13** 34 τ. θυρωρῷ ἐνετείλατο ἵνα γρηγορῇ
35 γρηγορεῖτε οὖν· οὐκ οἴδατε γάρ
37 ὃ δὲ ὑμῖν λέγω πᾶσι λέγω γρηγορεῖτε
14 34 μείνατε ὧδε κ. γρηγορεῖτε
37 οὐκ ἴσχυσας μίαν ὥραν γρηγορῆσαι;
38 γρηγορεῖτε κ. προσεύχεσθε
Lu **12** 37 οὓς ἐλθὼν ὁ κύριος εὑρήσει γρηγοροῦντας
39 εἰ ᾔδει ὁ οἰκοδεσπότης . . . ἐγρηγόρησεν ἄν —ἐγρ. ἄν, TWH mg.
Ac **20** 31 διὸ γρηγορεῖτε μνημονεύοντες
I Co **16** 13 γρηγορεῖτε στήκετε ἐν τ. πίστει
Col **4** 2 γρηγοροῦντες ἐν αὐτῇ ἐν εὐχαριστίᾳ
I Th **5** 6 ἄρα οὖν μὴ καθεύδωμεν . . . ἀλλὰ γρηγορῶμεν κ. νήφωμεν
10 ἵνα εἴτε γρηγορῶμεν εἴτε καθεύδωμεν
I Pe **5** 8 νήψατε γρηγορήσατε
Re **3** 2 γίνου γρηγορῶν
3 ἐὰν οὖν μὴ γρηγορήσῃς
16 15 μακάριος ὁ γρηγορῶν

ΓΥΜΝΑ΄ΖΩ ** 1128

I Ti **4** 7 γύμναζε δὲ σεαυτὸν πρὸς εὐσέβειαν
He **5** 14 τῶν διὰ τ. ἕξιν τὰ αἰσθητήρια γεγυμνασμένα ἐχόντων
He **12** 11 καρπὸν εἰρηνικὸν τοῖς δι᾽ αὐτῆς γεγυμνασμένοις ἀποδίδωσιν
II Pe **2** 14 καρδίαν γεγυμνασμένην πλεονεξίας ἔχοντες

ΓΥΜΝΑΣΙ΄Α ** 1129

I Ti **4** 8 ἡ γὰρ σωματικὴ γυμνασία πρὸς ὀλίγον ἐστὶν ὠφέλιμος

ΓΥΜΝΙΤΕΥ΄Ω * † 1130

I Co **4** 11 κ. διψῶμεν κ. γυμνιτεύομεν κ. κολαφιζόμεθα

ΓΥΜΝΟ΄Σ 1131

Mt **25** 36 γυμνὸς κ. περιεβάλετέ με
38 ἢ γυμνὸν κ. περιεβάλομεν;
43 γυμνὸς κ. οὐ περιεβάλετέ με
44 πότε σὲ εἴδομεν πεινῶντα . . ἢ ξένον γυμνόν
Mk **14** 51 περιβεβλημένος σινδόνα ἐπὶ γυμνοῦ
52 ὁ δὲ καταλιπὼν τ. σινδόνα γυμνὸς ἔφυγεν
Jo **21** 7 τ. ἐπενδύτην διεζώσατο· ἦν γὰρ γυμνός
Ac **19** 16 ὥστε γυμνοὺς κ. τετραυματισμένους ἐκφυγεῖν
I Co **15** 37 οὐ τὸ σῶμα τὸ γενησόμενον σπείρεις ἀλλὰ γυμνὸν κόκκον
II Co **5** 3 εἴ γε κ. ἐνδυσάμενοι οὐ γυμνοὶ εὑρεθησόμεθα
He **4** 13 πάντα δὲ γυμνὰ κ. τετραχηλισμένα τ. ὀφθαλμοῖς αὐτοῦ
Ja **2** 15 ἐὰν ἀδελφὸς ἢ ἀδελφὴ γυμνοὶ ὑπάρχωσιν
Re **3** 17 οὐκ οἶδας ὅτι σὺ εἶ . . . πτωχὸς κ. τυφλὸς κ. γυμνός
16 15 ἵνα μὴ γυμνὸς περιπατῇ
17 16 ἠρημωμένην ποιήσουσιν αὐτὴν κ. γυμνήν

ΓΥΜΝΟ΄ΤΗΣ † 1132

Ro **8** 35 ἢ λιμὸς ἢ γυμνότης ἢ κίνδυνος
II Co **11** 27 ἐν ψύχει κ. γυμνότητι
Re **3** 18 ἵνα . . . μὴ φανερωθῇ ἡ αἰσχύνη τ. γυμνότητός σου

ΓΥΝΑΙΚΑ΄ΡΙΟΝ * 1133

II Ti **3** 6 αἰχμαλωτίζοντες γυναικάρια σεσωρευμένα ἁμαρτίαις

ΓΥΝΑΙΚΕΙ΄ΟΣ 1134

I Pe **3** 7 ὡς ἀσθενεστέρῳ σκεύει τ. γυναικείῳ ἀπονέμοντες τιμήν

ΓΥΝΗ΄ 1135

(1) γυν. ἀπολύειν (2) γυν. γαμεῖν, ἔχειν, λαβεῖν (3) γύναι

Mt **1** 20 μὴ φοβηθῇς παραλαβεῖν Μαρίαν τ. γυναῖκά σου
24 παρέλαβεν τ. γυναῖκα αὐτοῦ
5 28 πᾶς ὁ βλέπων γυναῖκα πρὸς τὸ ἐπιθυμῆσαι
31 [1] ὃς ἂν ἀπολύσῃ τ. γυναῖκα αὐτοῦ, Dt. xxiv. 1
32 [1] πᾶς ὁ ἀπολύων τ. γυναῖκα αὐτοῦ
9 20 γυνὴ αἱμορροοῦσα δώδεκα ἔτη
22 ἐσώθη ἡ γυνὴ ἀπὸ τ. ὥρας ἐκείνης

Mt 11 11 οὐκ ἐγήγερται ἐν γεννητοῖς γυναικῶν μείζων Ἰωάνου
13 33 ἣν λαβοῦσα γυνὴ ἐνέκρυψεν εἰς ἀλεύρου σάτα τρία
14 3 διὰ Ἡρῳδιάδα τ. γυναῖκα Φιλίππου τ. ἀδελφοῦ αὐτοῦ
21 ἄνδρες ὡσεὶ πεντακισχίλιοι χωρὶς γυναικῶν κ. παιδίων
15 22 γυνὴ Χαναναία ἀπὸ τ. ὁρίων ἐκείνων ἐξελθοῦσα
28 [8] ὦ γύναι μεγάλη σου ἡ πίστις
38 τετρακισχίλιοι ἄνδρες χωρὶς γυναικῶν κ. παιδίων
παιδ. κ. γυν., WH mg.
18 25 ἐκέλευσεν αὐτὸν . . . πραθῆναι κ. τ γυναῖκα κ. τ. τέκνα
19 3 [1] εἰ ἔξεστιν ἀπολῦσαι τ. γυναῖκα αὐτοῦ
5 κ. κολληθήσεται τῇ γυναικὶ αὐτοῦ
וְדָבַק בְּאִשְׁתּוֹ, Gen. ii. 24
8 [1] ἐπέτρεψεν ὑμῖν ἀπολῦσαι τ. γυναῖκας ὑμῶν
9 [1] ὃς ἂν ἀπολύσῃ τ. γυναῖκα αὐτοῦ
10 ἡ αἰτία τ. ἀνθρώπου μετὰ τ. γυναικός
29 πᾶς ὅστις ἀφῆκεν οἰκίας . . . ἢ γυναῖκα ἢ τέκνα
—ἢ γυν., TWHR non mg.
22 24 ἐπιγαμβρεύσει ὁ ἀδελφὸς αὐτοῦ τ. γυναῖκα αὐτοῦ
יְבָמָהּ יָבֹא עָלֶיהָ וּלְקָחָהּ לוֹ לְאִשָּׁה, Dt. xxv. 5
25 ἀφῆκεν τ. γυναῖκα αὐτοῦ τ. ἀδελφῷ αὐτοῦ
27 ὕστερον δὲ πάντων ἀπέθανεν ἡ γυνή
28 τίνος τῶν ἑπτὰ ἔσται γυνή;
26 7 προσῆλθεν αὐτῷ γυνὴ ἔχουσα ἀλάβαστρον μύρου
10 τί κόπους παρέχετε τ. γυναικί;
27 19 ἀπέστειλεν πρὸς αὐτὸν ἡ γυνὴ αὐτοῦ
55 ἦσαν δὲ ἐκεῖ γυναῖκες πολλαί
28 5 ἀποκριθεὶς δὲ ὁ ἄγγελος εἶπεν τ. γυναιξίν
Mk 5 25 γυνὴ οὖσα ἐν ῥύσει αἵματος δώδεκα ἔτη
33 ἡ δὲ γυνὴ φοβηθεῖσα κ. τρέμουσα
6 17 διὰ Ἡρῳδιάδα τ. γυναῖκα Φιλίππου τ. ἀδελφοῦ αὐτοῦ
18 [2] οὐκ ἔξεστίν σοι ἔχειν τ. γυναῖκα τ. ἀδελφοῦ σου
7 25 ἀλλ' εὐθὺς ἀκούσασα γυνὴ περὶ αὐτοῦ
26 ἡ δὲ γυνὴ ἦν Ἑλληνίς
10 2 [1] εἰ ἔξεστιν ἀνδρὶ γυναῖκα ἀπολῦσαι
7 κ. προσκολληθήσεται πρὸς τ. γυναῖκα αὐτοῦ, Gen. *l.c.*
—h. v., TWHR mg.
11 [1] ὃς ἂν ἀπολύσῃ τ. γυναῖκα αὐτοῦ
12 19 ἐάν τινος ἀδελφὸς ἀποθάνῃ κ. καταλίπῃ γυναῖκα
כִּי . . . מֵת אַחַד מֵהֶם וּבֵן אֵין־לוֹ, Dt. xxv. 5
19 [2] ἵνα λάβῃ ὁ ἀδελφὸς αὐτοῦ τ. γυναῖκα, *ib.*
20 [2] κ. ὁ πρῶτος ἔλαβεν γυναῖκα
22 ἔσχατον πάντων κ. ἡ γυνὴ ἀπέθανεν
23 τίνος αὐτῶν ἔσται γυνή;
[2] οἱ γὰρ ἑπτὰ ἔσχον αὐτὴν γυναῖκα
14 3 ἦλθεν γυνὴ ἔχουσα ἀλάβαστρον μύρου

Mk 15 40 ἦσαν δὲ κ. γυναῖκες ἀπὸ μακρόθεν θεωροῦσαι
Lu 1 5 κ. γυνὴ αὐτῷ ἐκ τ. θυγατέρων Ἀαρών
13 ἡ γυνή σου Ἐλεισάβετ γεννήσει υἱόν σοι
18 ἡ γυνή μου προβεβηκυῖα ἐν τ. ἡμέραις αὐτῆς
24 συνέλαβεν Ἐλεισάβετ ἡ γυνὴ αὐτοῦ
28 εὐλογημένη σὺ ἐν γυναιξίν
—h. v., TWH non mg. R non mg.
42 εὐλογημένη σὺ ἐν γυναιξίν
3 19 περὶ Ἡρῳδιάδος τ. γυναικὸς τ. ἀδελφοῦ αὐτοῦ
4 26 εἰ μὴ εἰς Σάρεπτα . . . πρὸς γυναῖκα χήραν
צָרְפַתָה . . . אִשָּׁה אַלְמָנָה, 1 Ki. xvii. 9
7 28 μείζων ἐν γεννητοῖς γυναικῶν Ἰωάνου οὐδείς ἐστιν
37 γυνὴ ἥτις ἦν ἐν τ. πόλει ἁμαρτωλός
39 ἐγίνωσκεν ἂν τίς κ. ποταπὴ ἡ γυνή
44 στραφεὶς πρὸς τ. γυναῖκα τ. Σίμωνι ἔφη, βλέπεις ταύτην τ. γυναῖκα;
50 εἶπεν δὲ πρὸς τ. γυναῖκα
8 2 γυναῖκές τινες αἳ ἦσαν τεθεραπευμέναι
3 Ἰωάνα γυνὴ Χουζᾶ ἐπιτρόπου Ἡρῴδου
43 γυνὴ οὖσα ἐν ῥύσει αἵματος ἀπὸ ἐτῶν δώδεκα
47 ἰδοῦσα δὲ ἡ γυνὴ ὅτι οὐκ ἔλαθεν
10 38 γυνὴ δέ τις ὀνόματι Μάρθα ὑπεδέξατο αὐτόν
11 27 ἐπάρασά τις φωνὴν γυνὴ ἐκ τ. ὄχλου
γυν. φων., T
13 11 γυνὴ πνεῦμα ἔχουσα ἀσθενείας ἔτη δέκα ὀκτώ
12 [3] γύναι ἀπολέλυσαι τ. ἀσθενείας σου
21 ἣν λαβοῦσα γυνὴ ἔκρυψεν εἰς ἀλεύρου σάτα τρία
14 20 [2] γυναῖκα ἔγημα κ. διὰ τοῦτο οὐ δύναμαι ἐλθεῖν
26 κ. οὐ μισεῖ τ. πατέρα ἑαυτοῦ κ. τ. μητέρα κ. τ. γυναῖκα
15 8 ἢ τίς γυνὴ δραχμὰς ἔχουσα δέκα
16 18 [1] πᾶς ὁ ἀπολύων τ. γυναῖκα αὐτοῦ
17 32 μνημονεύετε τ. γυναικὸς Λώτ
18 29 ὃς ἀφῆκεν οἰκίαν ἢ γυναῖκα ἢ ἀδελφούς
20 28 [2] ἐάν τινος ἀδελφὸς ἀποθάνῃ ἔχων γυναῖκα
28 [2] ἵνα λάβῃ ὁ ἀδελφὸς αὐτοῦ τ. γυναῖκα
29 [2] ὁ πρῶτος λαβὼν γυναῖκα ἀπέθανεν ἄτεκνος
32 ὕστερον κ. ἡ γυνὴ ἀπέθανεν
33 ἡ γυνὴ οὖν ἐν τ. ἀναστάσει τίνος αὐτῶν γίνεται γυνή;
[2] οἱ γὰρ ἑπτὰ ἔσχον αὐτὴν γυναῖκα
22 57 [3] οὐκ οἶδα αὐτὸν γύναι
23 27 πολὺ πλῆθος . . . γυναικῶν αἳ ἐκόπτοντο
49 γυναῖκες αἱ συνακολουθοῦσαι αὐτῷ ἀπὸ τ Γαλιλαίας
αἱ γυν., WH mg.
55 κατακολουθήσασαι δὲ αἱ γυναῖκες
24 22 γυναῖκές τινες ἐξ ἡμῶν ἐξέστησαν ἡμᾶς
24 εὗρον οὕτως καθὼς αἱ γυναῖκες εἶπον
καθ. καὶ αἱ γυν., T
Jo 2 4 [3] τί ἐμοὶ κ. σοί γύναι
4 7 ἔρχεται γυνὴ ἐκ τ. Σαμαρίας ἀντλῆσαι ὕδωρ
9 λέγει οὖν αὐτῷ ἡ γυνὴ ἡ Σαμαρεῖτις
9 παρ' ἐμοῦ πεῖν αἰτεῖς γυναικὸς Σαμαρείτιδος οὔσης

Jo 4 11 λέγει αὐτῷ ἡ γυνή
—ἡ γυν., WH non mg.
15 λέγει πρὸς αὐτὸν ἡ γυνή
17 ἀπεκρίθη ἡ γυνὴ κ. εἶπεν αὐτῷ
19 λέγει αὐτῷ ἡ γυνή
21 [3] πίστευέ μοι γύναι
25 λέγει αὐτῷ ἡ γυνή
27 ἐθαύμαζον ὅτι μετὰ γυναικὸς ἐλάλει
28 ἀφῆκεν οὖν τ. ὑδρίαν αὐτῆς ἡ γυνή
39 διὰ τ. λόγον τ. γυναικὸς μαρτυρούσης
42 τῇ τε γυναικὶ ἔλεγον
8 [3 ἄγουσιν δὲ γυναῖκα ἐπὶ μοιχείᾳ κατειλημμένην
ἐπὶ ἁμαρτίᾳ γυν. κατ., WH mg.
[4 αὕτη ἡ γυνὴ κατείληπται ἐπ' αὐτοφώρῳ μοιχευομένη
[9 κ. ἡ γυνὴ ἐν μέσῳ οὖσα
[10 [8] εἶπεν αὐτῇ Γύναι ποῦ εἰσίν;
εἶπ. τ. γυναικί Ποῦ, WH mg.
16 21 ἡ γυνὴ ὅταν τίκτῃ λύπην ἔχει
19 26 [8] γύναι ἴδε ὁ υἱός σου
20 13 [8] γύναι τί κλαίεις;
15 [8] γύναι τί κλαίεις; τίνα ζητεῖς;
Ac 1 14 σὺν γυναιξὶ κ. Μαριὰμ τ. μητρὶ τ. Ἰησοῦ
5 1 σὺν Σαπφείρῃ τ. γυναικὶ αὐτοῦ
2 συνειδυίης κ. τ. γυναικός
7 ἡ γυνὴ αὐτοῦ μὴ εἰδυῖα τὸ γεγονὸς εἰσῆλθεν
14 πλήθη ἀνδρῶν τε κ. γυναικῶν
8 3 σύρων τε ἄνδρας κ. γυναῖκας
12 ἐβαπτίζοντο ἄνδρες τε κ. γυναῖκες
9 2 ἐάν τινας εὕρῃ τῆς ὁδοῦ ὄντας ἄνδρας τε κ. γυναῖκας
13 50 οἱ δὲ Ἰουδαῖοι παρώτρυναν τ. σεβομένας γυναῖκας
16 1 υἱὸς γυναικὸς Ἰουδαίας πιστῆς
13 καθίσαντες ἐλαλοῦμεν τ. συνελθούσαις γυναιξίν
14 κ. τις γυνὴ ὀνόματι Λυδία
17 4 γυναικῶν τε τ. πρώτων οὐκ ὀλίγαι
12 τ. Ἑλληνίδων γυναικῶν τ. εὐσχημόνων κ. ἀνδρῶν οὐκ ὀλίγοι
34 ἐν οἷς . . . γυνὴ ὀνόματι Δάμαρις
18 2 εὑρών τινα Ἰουδαῖον . . . κ. Πρίσκιλλαν γυναῖκα αὐτοῦ
21 5 προπεμπόντων ἡμᾶς πάντων σὺν γυναιξὶ κ. τέκνοις
22 4 παραδιδοὺς εἰς φυλακὰς ἄνδρας τε κ. γυναῖκας
24 24 σὺν Δρουσίλλῃ τ. ἰδίᾳ γυναικὶ οὔσῃ Ἰουδαίᾳ
Ro 7 2 ἡ γὰρ ὕπανδρος γυνὴ τ. ζῶντι ἀνδρὶ δέδεται νόμῳ
I Co 5 1 [2] ὥστε γυναῖκά τινα τ. πατρὸς ἔχειν
7 1 καλὸν ἀνθρώπῳ γυναικὸς μὴ ἅπτεσθαι·
2 [2] διὰ δὲ τ. πορνείας ἕκαστος τ. ἑαυτοῦ γυναῖκα ἐχέτω
3 τ. γυναικὶ ὁ ἀνὴρ τ. ὀφειλὴν ἀποδιδότω·
ὁμοίως δὲ κ. ἡ γυνὴ τ. ἀνδρί.
4 ἡ γυνὴ τ. ἰδίου σώματος οὐκ ἐξουσιάζει ἀλλὰ ὁ ἀνήρ·
ὁμοίως δὲ κ. ὁ ἀνὴρ . . . οὐκ ἐξουσιάζει ἀλλὰ ἡ γυνή
10 γυναῖκα ἀπὸ ἀνδρὸς μὴ χωρισθῆναι
11 κ. ἄνδρα γυναῖκα μὴ ἀφιέναι
12 [2] εἴ τις ἀδελφὸς γυναῖκα ἔχει ἄπιστον
13 κ. γυνὴ ἥτις ἔχει ἄνδρα ἄπιστον

I Co 7 14 ἡγίασται γὰρ ὁ ἀνὴρ ὁ ἄπιστος ἐν τ. γυναικί,
κ. ἡγίασται ἡ γυνὴ ἡ ἄπιστος ἐν τ. ἀδελφῷ
16 [8] τί γὰρ οἶδας γύναι εἰ τ. ἄνδρα σώσεις;
ἢ τί οἶδας ἄνερ εἰ τ. γυναῖκα σώσεις;
27 δέδεσαι γυναικί; μὴ ζήτει λύσιν·
λέλυσαι ἀπὸ γυναικός; μὴ ζήτει γυναῖκα
29 [2] ἵνα κ. οἱ ἔχοντες γυναῖκας ὡς μὴ ἔχοντες ὦσιν
33 μεριμνᾷ τὰ τ. κόσμου πῶς ἀρέσῃ τ. γυναικί
34 κ. ἡ γυνὴ ἡ ἄγαμος κ. ἡ παρθένος μεριμνᾷ τὰ τ. Κυρίου
ἡ γυν. κ. ἡ παρθ.· ἡ ἄγ., TR non mg.
39 γυνὴ δέδεται ἐφ' ὅσον χρόνον ζῇ ὁ ἀνὴρ αὐτῆς
9 5 μὴ οὐκ ἔχομεν ἐξουσίαν ἀδελφὴν γυναῖκα περιάγειν
11 3 κεφαλὴ δὲ γυναικὸς ὁ ἀνήρ
5 πᾶσα δὲ γυνὴ προσευχομένη ἢ προφητεύουσα
6 εἰ γὰρ οὐ κατακαλύπτεται γυνὴ κ. κειράσθω·
εἰ δὲ αἰσχρὸν γυναικὶ τὸ κείρασθαι ἢ ξυρᾶσθαι
7 ἡ γυνὴ δὲ δόξα ἀνδρός ἐστιν.
8 οὐ γάρ ἐστιν ἀνὴρ ἐκ γυναικός,
ἀλλὰ γυνὴ ἐξ ἀνδρός·
9 κ. γὰρ οὐκ ἐκτίσθη ἀνὴρ διὰ τ. γυναῖκα,
ἀλλὰ γυνὴ διὰ τ. ἄνδρα·
10 διὰ τοῦτο ὀφείλει ἡ γυνὴ ἐξουσίαν ἔχειν ἐπὶ τ. κεφαλῆς
11 πλὴν οὔτε γυνὴ χωρὶς ἀνδρὸς
οὔτε ἀνὴρ χωρὶς γυναικὸς ἐν Κυρίῳ·
12 ὥσπερ γὰρ ἡ γυνὴ ἐκ τ. ἀνδρός,
οὕτως κ. ὁ ἀνὴρ διὰ τ. γυναικός
13 πρέπον ἐστὶν γυναῖκα ἀκατακάλυπτον τ. Θεῷ προσεύχεσθαι;
15 γυνὴ δὲ ἐὰν κομᾷ δόξα αὐτῇ ἐστίν
14 34 αἱ γυναῖκες ἐν τ. ἐκκλησίαις σιγάτωσαν
35 αἰσχρὸν γάρ ἐστιν γυναικὶ λαλεῖν ἐν ἐκκλησίᾳ
Ga 4 4 τ. υἱὸν αὐτοῦ γενόμενον ἐκ γυναικός
Eph 5 22 αἱ γυναῖκες τ. ἰδίοις ἀνδράσιν ὡς τ. Κυρίῳ·
23 ὅτι ἀνήρ ἐστιν κεφαλὴ τ. γυναικός
24 οὕτως κ. αἱ γυναῖκες τ. ἀνδράσιν ἐν παντί
25 οἱ ἄνδρες ἀγαπᾶτε τ. γυναῖκας
28 οὕτως ὀφείλουσιν κ. οἱ ἄνδρες ἀγαπᾶν τὰς ἑαυτῶν γυναῖκας
28 ὁ ἀγαπῶν τὴν ἑαυτοῦ γυναῖκα
31 κ. προσκολληθήσεται πρὸς τ. γυναῖκα αὐτοῦ
πρ. τῇ γυναικί, TWH mg.; —αὐτοῦ, T
וְדָבַק בְּאִשְׁתּוֹ, Gen. ii. 24
33 ἕκαστος τὴν ἑαυτοῦ γυναῖκα οὕτως ἀγαπάτω ὡς ἑαυτόν·
ἡ δὲ γυνὴ ἵνα φοβῆται τ. ἄνδρα
Col 3 18 αἱ γυναῖκες ὑποτάσσεσθε τ. ἀνδράσιν
19 οἱ ἄνδρες ἀγαπᾶτε τ. γυναῖκας
I Ti 2 9 ὡσαύτως γυναῖκας ἐν καταστολῇ κοσμίῳ
10 ὃ πρέπει γυναιξὶν ἐπαγγελλομέναις θεοσέβειαν
11 γυνὴ ἐν ἡσυχίᾳ μανθανέτω ἐν πάσῃ ὑποταγῇ·
12 διδάσκειν δὲ γυναικὶ οὐκ ἐπιτρέπω
14 ἡ δὲ γυνὴ ἐξαπατηθεῖσα ἐν παραβάσει γέγονεν
3 2 τ. ἐπίσκοπον . . . μιᾶς γυναικὸς ἄνδρα
11 γυναῖκας ὡσαύτως σεμνάς

1 Ti 3 12 διάκονοι ἔστωσαν μιᾶς γυναικὸς ἄνδρες
5 9 χήρα καταλεγέσθω . . . ἑνὸς ἀνδρὸς γυνή
Tit 1 6 εἴ τίς ἐστιν ἀνέγκλητος μιᾶς γυναικὸς ἀνήρ
He 11 35 ἔλαβον γυναῖκες ἐξ ἀναστάσεως τ. νεκροὺς αὐτῶν
γυναῖκας, WH mg.
1 Pe 3 1 ὁμοίως γυναῖκες ὑποτασσόμεναι τ. ἰδίοις ἀνδράσιν
1 διὰ τῆς τ. γυναικῶν ἀναστροφῆς . . . κερδηθήσονται
5 αἱ ἅγιαι γυναῖκες αἱ ἐλπίζουσαι εἰς Θεὸν ἐκόσμουν ἑαυτάς
Re 2 20 ὅτι ἀφεῖς τ. γυναῖκα Ἰεζάβελ
+σου, WH mg. R mg.
9 8 εἶχαν τρίχας ὡς τρίχας γυναικῶν
12 1 γυνὴ περιβεβλημένη τ. ἥλιον
4 ὁ δράκων ἕστηκεν ἐνώπιον τ. γυναικὸς τ. μελλούσης τεκεῖν
6 ἡ γυνὴ ἔφυγεν εἰς τὴν ἔρημον
13 ἐδίωξεν τ. γυναῖκα ἥτις ἔτεκεν τ. ἄρσενα
14 ἐδόθησαν τ. γυναικὶ αἱ δύο πτέρυγες
15 ἔβαλεν ὁ ὄφις . . . ὀπίσω τ. γυναικὸς ὕδωρ ὡς ποταμόν
16 ἐβοήθησεν ἡ γῆ τ. γυναικί
17 ὠργίσθη ὁ δράκων ἐπὶ τ. γυναικί
14 4 οὗτοί εἰσιν οἱ μετὰ γυναικῶν οὐκ ἐμολύνθησαν
17 3 εἶδον γυναῖκα καθημένην ἐπὶ θηρίον κόκκινον
Re 17 4 ἡ γυνὴ ἦν περιβεβλημένη πορφυροῦν
6 εἶδον τ. γυναῖκα μεθύουσαν ἐκ τ. αἵματος τ. ἁγίων
7 ἐγὼ ἐρῶ σοι τ. μυστήριον τ. γυναικός
9 ὅπου ἡ γυνὴ κάθηται ἐπ᾽ αὐτῶν
18 ἡ γυνὴ ἣν εἶδες ἔστιν ἡ πόλις ἡ μεγάλη
19 7 ἡ γυνὴ αὐτοῦ ἡτοίμασεν ἑαυτήν
21 9 δείξω σοι τ. νύμφην τ. γυναῖκα τ. ἀρνίου

ΓΩ´Γ 1136

Re 20 8 πλανῆσαι τὰ ἔθνη . . . τὸν Γὼγ κ. Μαγώγ

ΓΩΝΙ´Α 1137

Mt 6 5 ἐν τ. γωνίαις τ. πλατειῶν ἑστῶτες
21 42 οὗτος ἐγενήθη εἰς κεφαλὴν γωνίας
הָיְתָה לְרֹאשׁ פִּנָּה, Ps. cxviii. 22
Mk 12 10 οὗτος ἐγενήθη εἰς κεφαλὴν γωνίας, ib.
Lu 20 17 οὗτος ἐγενήθη εἰς κεφαλὴν γωνίας, ib.
Ac 4 11 ὁ γενόμενος εἰς κεφαλὴν γωνίας, ib.
26 26 οὐ γάρ ἐστιν ἐν γωνίᾳ πεπραγμένον τοῦτο
1 Pe 2 7 οὗτος ἐγενήθη εἰς κεφαλὴν γωνίας, ib.
Re 7 1 τέσσαρας ἀγγέλους ἑστῶτας ἐπὶ τ. τέσσαρας γωνίας τ. γῆς
20 8 πλανῆσαι τὰ ἔθνη τὰ ἐν τ. τέσσαρσι γωνίαις τ. γῆς

Δ

ΔΑΙΜΟΝΙ´ΖΟΜΑΙ** 1139

Mt 4 24 προσήνεγκαν αὐτῷ . . . δαιμονιζομένους κ. σεληνιαζομένους
8 16 προσήνεγκαν αὐτῷ δαιμονιζομένους πολλούς
28 ὑπήντησαν αὐτῷ δύο δαιμονιζόμενοι ἐκ τ. μνημείων ἐξερχόμενοι
33 ἀπήγγειλαν πάντα κ. τὰ τ. δαιμονιζομένων
9 32 προσήνεγκαν αὐτῷ κωφὸν δαιμονιζόμενον
12 22 προσήνεγκαν αὐτῷ δαιμονιζόμενον τυφλὸν κ. κωφόν
προσηνέχθη . . . -νος τυφλὸς κ. κωφός, TWH mg. R
15 22 ἡ θυγάτηρ μου κακῶς δαιμονίζεται
Mk 1 32 ἔφερον πρὸς αὐτὸν . . . τ. δαιμονιζομένους
5 15 θεωροῦσιν τ. δαιμονιζόμενον καθήμενον ἱματισμένον
16 πῶς ἐγένετο τ. δαιμονιζομένῳ
18 παρεκάλει αὐτὸν ὁ δαιμονισθείς
Lu 8 36 ἀπήγγειλαν δὲ . . . πῶς ἐσώθη ὁ δαιμονισθείς
Jo 10 21 ταῦτα τ. ῥήματα οὐκ ἔστιν δαιμονιζομένου

ΔΑΙΜΟ´ΝΙΟΝ 1140

(1) δαιμ. ἐκβάλλειν (2) δαιμ. ἔχειν
(3) ἄρχων τ. δαιμ. (4) ξένα δαιμ.

Mt 7 22 [1] τ. σῷ ὀνόματι δαιμόνια ἐξεβάλομεν
9 33 [1] ἐκβληθέντος τ. δαιμονίου ἐλάλησεν ὁ κωφός
Mt 9 34 [1] [3] ἐν τ. ἄρχοντι τ. δαιμονίων ἐκβάλλει τὰ δαιμόνια
h. v., [WH]
10 8 [1] λεπροὺς καθαρίζετε δαιμόνια ἐκβάλλετε
11 18 [2] κ. λέγουσιν Δαιμόνιον ἔχει
12 24 [1] οὗτος οὐκ ἐκβάλλει τὰ δαιμόνια
[3] εἰ μὴ ἐν τ. Βεεζεβοὺλ ἄρχοντι τ. δαιμονίων
27 [1] εἰ ἐγὼ ἐν Βεεζεβοὺλ ἐκβάλλω τὰ δαίμονια
28 [1] εἰ δὲ ἐν πνεύματι Θεοῦ ἐγὼ ἐκβάλλω τὰ δαιμόνια
17 18 ἐξῆλθεν ἀπ᾽ αὐτοῦ τὸ δαιμόνιον
Mk 1 34 [1] δαιμόνια πολλὰ ἐξέβαλεν,
κ. οὐκ ἤφιεν λαλεῖν τ. δαιμόνια
39 [1] ἦλθεν κηρύσσων . . . κ. τ. δαιμόνια ἐκβάλλων
3 15 [1] ἔχειν ἐξουσίαν ἐκβάλλειν τὰ δαιμόνια
22 [1] [3] ἐν τ. ἄρχοντι τ. δαιμονίων ἐκβάλλει τὰ δαιμόνια
6 13 [1] δαιμόνια πολλὰ ἐξέβαλλον
7 26 [1] ἵνα τὸ δαιμόνιον ἐκβάλῃ ἐκ τ. θυγατρὸς αὐτῆς
29 ἐξελήλυθεν ἐκ τ. θυγατρός σου τὸ δαιμόνιον
30 εὗρεν . . . τὸ δαιμόνιον ἐξεληλυθός
9 38 [1] εἴδαμέν τινα ἐν τ. ὀνόματί σου ἐκβάλλοντα δαιμόνια
16 9 [1] παρ᾽ ἧς ἐκβεβλήκει ἑπτὰ δαιμόνια
17 [1] ἐν τ. ὀνόματί μου δαιμόνια ἐκβαλοῦσιν
Lu 4 33 ἦν ἄνθρωπος ἔχων πνεῦμα δαιμονίου ἀκαθάρτου

Lu 4 35 ῥίψαν αὐτὸν τὸ δαιμόνιον εἰς τὸ μέσον
41 ἐξήρχετο δὲ κ. δαιμόνια ἀπὸ πολλῶν
ἐξήρχοντο, TWH mg.
7 33 [2] κ. λέγετε Δαιμόνιον ἔχει
8 2 ἀφ' ἧς δαιμόνια ἑπτὰ ἐξεληλύθει
27 [2] ὑπήντησεν ἀνήρ τις ἐκ τ. πόλεως ἔχων δαιμόνια
29 ἠλαύνετο ἀπὸ τ. δαιμονίου εἰς τὰς ἐρήμους
ὑπὸ τ. δ., TWH mg.
30 ὅτι εἰσῆλθεν δαιμόνια πολλὰ εἰς αὐτόν
33 ἐξελθόντα δὲ τὰ δαιμόνια ἀπὸ τ. ἀνθρώπου
35 τ. ἄνθρωπον ἀφ' οὗ τὰ δαιμόνια ἐξῆλθεν
38 ὁ ἀνὴρ ἀφ' οὗ ἐξεληλύθει τὰ δαιμόνια
9 1 ἔδωκεν . . . ἐξουσίαν ἐπὶ πάντα τὰ δαιμόνια
42 ἔρρηξεν αὐτὸν τὸ δαιμόνιον κ. συνεσπάραξεν
49 [1] εἴδαμέν τινα ἐν τ. ὀνόματί σου ἐκβάλλοντα δαιμόνια
10 17 κ. τὰ δαιμόνια ὑποτάσσεται ἡμῖν
11 14 [1] ἦν ἐκβάλλων δαιμόνιον κωφόν·
ἐγένετο δὲ τ. δαιμονίου ἐξελθόντος
15 [1 3] ἐν Βεεζεβοὺλ ἄρχοντι τ. δαιμονίων ἐκβάλλει τ. δαιμόνια
18 [1] ὅτι λέγετε ἐν Βεεζεβοὺλ ἐκβάλλειν με τὰ δαιμόνια.
19 [1] εἰ δὲ ἐγὼ ἐν Βεεζεβοὺλ ἐκβάλλω τὰ δαιμόνια
20 [1] εἰ δὲ ἐν δακτύλῳ Θεοῦ ἐγὼ ἐκβάλλω τὰ δαιμόνια
13 32 [1] ἐκβάλλω δαιμόνια κ. ἰάσεις ἀποτελῶ
Jo 7 20 [2] δαιμόνιον ἔχεις· τίς σε ζητεῖ ἀποκτεῖναι;
8 48 [2] οὐ καλῶς λέγομεν ἡμεῖς ὅτι . . . δαιμόνιον ἔχεις;
49 [2] ἐγὼ δαιμόνιον οὐκ ἔχω
52 [2] νῦν ἐγνώκαμεν ὅτι δαιμόνιον ἔχεις
10 20 [2] δαιμόνιον ἔχει κ. μαίνεται
21 μὴ δαιμόνιον δύναται τυφλῶν ὀφθαλμοὺς ἀνοῖξαι;
Ac 17 18 [4] ξένων δαιμονίων δοκεῖ καταγγελεὺς εἶναι
I Co 10 20 ἃ θύουσιν τ. ἔθνη δαιμονίοις κ. οὐ Θεῷ θύουσιν·
οὐ θέλω δὲ ὑμᾶς κοινωνοὺς τ. δαιμονίων γίνεσθαι.
21 οὐ δύνασθε ποτήριον Κυρίου πίνειν κ. ποτήριον δαιμονίων·
οὐ δύνασθε τραπέζης Κυρίου μετέχειν κ. τραπέζης δαιμονίων
I Ti 4 1 προσέχοντες πνεύμασι πλάνοις κ. διδασκαλίαις δαιμονίων
Ja 2 19 τὰ δαιμόνια πιστεύουσιν κ. φρίσσουσιν
Re 9 20 ἵνα μὴ προσκυνήσουσιν τὰ δαιμόνια
16 14 εἰσὶν γὰρ πνεύματα δαιμονίων ποιοῦντα σημεῖα
18 2 ἐγένετο κατοικτήριον δαιμονίων

ΔΑΙΜΟΝΙΩ΄ΔΗΣ** † 1141

Ja 3 15 ἐπίγειος ψυχική δαιμονιώδης

ΔΑΙ΄ΜΩΝ 1142

Mt 8 31 οἱ δὲ δαίμονες παρεκάλουν αὐτόν

ΔΑ΄ΚΝΩ 1143

Ga 5 15 εἰ δὲ ἀλλήλους δάκνετε κ. κατεσθίετε

ΔΑ΄ΚΡΥ, ΔΑ΄ΚΡΥΟΝ 1144

Mk 9 24 ὁ πατὴρ τ. παιδίου μετὰ δακρύων ἔλεγεν
—μ. δακρ., TWH non mg. R non mg.
Lu 7 38 τ. δάκρυσιν ἤρξατο βρέχειν τ. πόδας αὐτοῦ
44 αὕτη δὲ τ. δάκρυσιν ἔβρεξέν μου τ. πόδας
Ac 20 19 δουλεύων τ. Κυρίῳ μετὰ . . . δακρύων κ. πειρασμῶν
31 οὐκ ἐπαυσάμην μετὰ δακρύων νουθετῶν ἕνα ἕκαστον
II Co 2 4 ἔγραψα ὑμῖν διὰ πολλῶν δακρύων
II Ti 1 4 μεμνημένος σου τ. δακρύων
He 5 7 μετὰ κραυγῆς ἰσχυρᾶς κ. δακρύων προσενέγκας
12 17 καίπερ μετὰ δακρύων ἐκζητήσας αὐτήν
Re 7 17 ἐξαλείψει ὁ Θεὸς πᾶν δάκρυον ἐκ τ. ὀφθαλμῶν αὐτῶν
21 4 ἐξαλείψει πᾶν δάκρυον ἐκ τ. ὀφθαλμῶν αὐτῶν

ΔΑΚΡΥ΄Ω 1145

Jo 11 35 ἐδάκρυσεν ὁ Ἰησοῦς

ΔΑΚΤΥ΄ΛΙΟΣ 1146

Lu 15 22 δότε δακτύλιον εἰς τ. χεῖρα αὐτοῦ

ΔΑ΄ΚΤΥΛΟΣ 1147

Mt 23 4 αὐτοὶ δὲ τ. δακτύλῳ αὐτῶν οὐ θέλουσιν κινῆσαι αὐτά
Mk 7 33 ἔβαλεν τ. δακτύλους αὐτοῦ εἰς τὰ ὦτα αὐτοῦ
—αὐτ., post δακτ., T
Lu 11 20 εἰ δὲ ἐν δακτύλῳ Θεοῦ ἐγὼ ἐκβάλλω τ. δαιμόνια
46 αὐτοὶ ἑνὶ τ. δακτύλων ὑμῶν οὐ προσψαύετε
16 24 ἵνα βάψῃ τὸ ἄκρον τ. δακτύλου αὐτοῦ ὕδατος
Jo 8 [6 τ. δακτύλῳ κατέγραφεν εἰς τ. γῆν
[8 τ. δακτύλῳ ἔγραφεν εἰς τ. γῆν
—τ. δακτ., WH non mg.
20 25 βάλω τ. δάκτυλόν μου εἰς τ. τύπον τ. ἥλων
μου τ. δάκτ., T
27 φέρε τ. δάκτυλόν σου ὧδε

ΔΑΛΜΑΝΟΥΘΑ΄ 1148

Mk 8 10 ἦλθεν εἰς τὰ μέρη Δαλμανουθά

ΔΑΛΜΑΤΙ΄Α 1149

II Ti 4 10 Κρήσκης εἰς Γαλατίαν Τίτος εἰς Δαλματίαν

ΔΑΜΑ΄ΖΩ 1150

Mk 5 4 οὐδεὶς ἴσχυεν αὐτὸν δαμάσαι
Ja 3 7 πᾶσα γὰρ φύσις . . . δαμάζεται κ. δεδάμασται τ. φύσει τ. ἀνθρωπινῇ·
8 τ. δὲ γλῶσσαν οὐδεὶς δαμάσαι δύναται ἀνθρώπων
δύν. δαμ. ἀνθρ., T

ΔΑ΄ΜΑΛΙΣ 1151

He 9 13 σποδὸς δαμάλεως ῥαντίζουσα τ. κεκοινωμένους

ΔΑ΄ΜΑΡΙΣ 1152

Ac 17 34 ἐν οἷς . . . γυνὴ ὀνόματι Δάμαρις

ΔΑΜΑΣΚΗΝΟ´Σ 1153

II Co 11 32 ὁ ἐθνάρχης . . . ἐφρούρει τ. πόλιν Δαμασκηνῶν

ΔΑΜΑΣΚΟ´Σ 1154

Ac 9 2 ᾐτήσατο παρ' αὐτοῦ ἐπιστολὰς εἰς Δαμασκόν
3 ἐγένετο αὐτὸν ἐγγίζειν τ. Δαμασκῷ
8 χειραγωγοῦντες δὲ αὐτὸν εἰσήγαγον εἰς Δαμασκόν
10 ἦν δέ τις μαθητὴς ἐν Δαμασκῷ ὀνόματι Ἀνανίας
19 ἐγένετο δὲ μετὰ τῶν ἐν Δαμασκῷ μαθητῶν
22 συνέχυννεν Ἰουδαίους τ. κατοικοῦντας ἐν Δαμασκῷ
27 πῶς ἐν Δαμασκῷ ἐπαρρησιάσατο ἐν τ. ὀνόματι Ἰησοῦ
22 5 εἰς Δαμασκὸν ἐπορευόμην
6 ἐγένετο δέ μοι . . . ἐγγίζοντι τῇ Δαμασκῷ
10 ἀναστὰς πορεύου εἰς Δαμασκόν
11 χειραγωγούμενος . . . ἦλθον εἰς Δαμασκόν
26 12 ἐν οἷς πορευόμενος εἰς τὴν Δαμασκόν
20 τοῖς ἐν Δαμασκῷ πρῶτον . . . ἀπήγγελλον μετανοεῖν
II Co 11 32 ἐν Δαμασκῷ ὁ ἐθνάρχης Ἀρέτα τ. βασιλέως
Ga 1 17 πάλιν ὑπέστρεψα εἰς Δαμασκόν

ΔΑ´ΝΕΙΟΝ. *Vide* ΔΑ´ΝΙΟΝ

ΔΑΝΙ´ΖΩ 1155

Mt 5 42 τ. θέλοντα ἀπὸ σοῦ δανίσασθαι μὴ ἀποστραφῇς
Lu 6 34 ἐὰν δανίσητε παρ' ὧν ἐλπίζετε λαβεῖν
34 κ. ἁμαρτωλοὶ ἁμαρτωλοῖς δανίζουσιν
35 δανίζετε μηδὲν ἀπελπίζοντες

ΔΑΝΙΗ´Λ 1158

Mt 24 15 τὸ ῥηθὲν διὰ Δ. τ. προφήτου

ΔΑ´ΝΙΟΝ 1156

Mt 18 27 τὸ δάνιον ἀφῆκεν αὐτῷ
δάνειον, T

ΔΑΝΙΣΤΗ´Σ 1157

Lu 7 41 δύο χρεοφειλέται ἦσαν δανιστῇ τινι

ΔΑΠΑΝΑ´Ω** 1159

Mk 5 26 δαπανήσασα τὰ παρ' αὐτῆς πάντα
Lu 15 14 δαπανήσαντος δὲ αὐτοῦ πάντα
Ac 21 24 δαπάνησον ἐπ' αὐτοῖς
II Co 12 15 ἐγὼ δὲ ἥδιστα δαπανήσω κ. ἐκδαπανηθήσομαι
Ja 4 3 ἵνα ἐν τ. ἡδοναῖς ὑμῶν δαπανήσητε

ΔΑΠΑ´ΝΗ 1160

Lu 14 28 οὐχὶ πρῶτον καθίσας ψηφίζει τ. δαπάνην

ΔΑΥΕΙ´Δ 1160.5

(1) υἱός, υἱὲ Δ. (2) σπέρμα Δ.

Mt 1 1 [1] βίβλος γενέσεως Ἰησοῦ Χριστοῦ υἱοῦ Δ. υἱοῦ Ἀβραάμ
6 Ἰεσσαὶ δὲ ἐγέννησεν Δ. τ. βασιλέα.
Δ. δὲ ἐγέννησεν τ. Σολομῶνα ἐκ τῆς τ Οὐρίου
17 πᾶσαι οὖν αἱ γενεαὶ ἀπὸ Ἀβραὰμ ἕως Δαυείδ
17 ἀπὸ Δαυεὶδ ἕως τ. μετοικεσίας Βαβυλῶνος
20 [1] Ἰωσὴφ υἱὸς Δ. μὴ φοβηθῇς παραλαβεῖν Μαρίαν
9 27 [1] ἐλέησον ἡμᾶς υἱὲ Δαυείδ
12 3 οὐκ ἀνέγνωτε τί ἐποίησεν Δαυείδ
23 [1] μήτι οὗτός ἐστιν ὁ υἱὸς Δαυείδ
15 22 [1] ἐλέησόν με Κύριε υἱὸς Δαυείδ
20 30 [1] Κύριε ἐλέησον ἡμᾶς υἱὲ Δαυείδ
31 [1] Κύριε ἐλέησον ἡμᾶς υἱὲ Δαυείδ
21 9 [1] λέγοντες Ὡσαννὰ τ. υἱῷ Δαυείδ
15 [1] λέγοντας Ὡσαννὰ τ. υἱῷ Δαυείδ
22 42 λέγουσιν αὐτῷ Τοῦ Δαυείδ
43 πῶς οὖν Δ. ἐν πνεύματι καλεῖ αὐτὸν Κύριον;
45 εἰ οὖν Δ. καλεῖ αὐτὸν Κύριον
Mk 2 25 οὐδέποτε ἀνέγνωτε τί ἐποίησεν Δαυείδ
10 47 [1] υἱὲ Δαυεὶδ Ἰησοῦ ἐλέησόν με
48 [1] υἱὲ Δαυεὶδ ἐλέησόν με
11 10 εὐλογημένη ἡ ἐρχομένη βασιλεία τ. πατρὸς ἡμῶν Δαυείδ
12 35 [1] ὅτι ὁ Χριστὸς υἱὸς Δαυείδ ἐστιν;
αὐτὸς Δ. εἶπεν ἐν τ. πνεύματι τ. ἁγίῳ
37 αὐτὸς Δ. λέγει αὐτὸν Κύριον
Lu 1 27 ἀνδρὶ ᾧ ὄνομα Ἰωσὴφ ἐξ οἴκου Δαυείδ
32 δώσει αὐτῷ . . . τ. θρόνον Δ. τ. πατρὸς αὐτοῦ
69 κέρας σωτηρίας ἡμῖν ἐν οἴκῳ Δ. παιδὸς αὐτοῦ
2 4 εἰς πόλιν Δ. ἥτις καλεῖται Βηθλεέμ,
διὰ τὸ εἶναι αὐτὸν ἐξ οἴκου κ. πατριᾶς Δαυείδ
11 ἐτέχθη ὑμῖν σήμερον σωτὴρ . . . ἐν πόλει Δαυείδ
3 31 τοῦ Ναθὰμ τοῦ Δαυεὶδ τοῦ Ἰεσσαί
6 3 οὐδὲ τοῦτο ἀνέγνωτε ὃ ἐποίησεν Δαυείδ
18 38 [1] Ἰησοῦ υἱὲ Δαυεὶδ ἐλέησόν με
39 [1] υἱὲ Δαυεὶδ ἐλέησόν με
20 41 [1] πῶς λέγουσιν τ. Χριστὸν εἶναι Δ. υἱόν;
42 αὐτὸς γὰρ Δαυεὶδ λέγει ἐν βίβλῳ ψαλμῶν
44 Δ. οὖν αὐτὸν Κύριον καλεῖ
Jo 7 42 [2] οὐχ ἡ γραφὴ εἶπεν ὅτι ἐκ τ. σπέρματος Δαυείδ,
κ. ἀπὸ Βηθλεὲμ τ. κώμης ὅπου ἦν Δ. ἔρχεται ὁ Χριστός
Ac 1 16 ἣν προεῖπεν τὸ πνεῦμα τὸ ἅγιον διὰ στόματος Δαυείδ
2 25 Δαυεὶδ γὰρ λέγει εἰς αὐτόν
29 ἐξὸν εἰπεῖν . . . περὶ τ. πατριάρχου Δαυείδ
34 οὐ γὰρ Δ. ἀνέβη εἰς τ. οὐρανούς
4 25 ὁ τ. πατρὸς ἡμῶν διὰ πνεύματος ἁγίου στόματος Δ. παιδός σου εἰπών
7 45 ἕως τ. ἡμερῶν Δαυείδ
13 22 ἤγειρεν τὸν Δαυεὶδ αὐτοῖς εἰς βασιλέα
22 εὗρον Δ. τὸν τοῦ Ἰεσσαί
מָצָאתִי דָּוִד עַבְדִּי, Ps. lxxxix. 21
34 δώσω ὑμῖν τὰ ὅσια Δ. τὰ πιστά
אֶכְרְתָה לָכֶם בְּרִית עוֹלָם חַסְדֵי דָוִד הַנֶּאֱמָנִים, Is. lv. 3

Ac 13 36 Δαυεὶδ μὲν γὰρ ἰδίᾳ γενεᾷ ὑπηρετήσας
15 16 ἀνοικοδομήσω τ. σκηνὴν Δ. τ. πεπτωκυῖαν
Ro 1 3 ² τ. γενομένου ἐκ σπέρματος Δ. κατὰ σάρκα
4 6 καθάπερ κ. Δ. λέγει τ. μακαρισμὸν τ. ἀνθρώπου
11 9 καὶ Δ. λέγει Γενηθήτω ἡ τράπεζα αὐτῶν
II Ti 2 8 ² μνήμονευε Ἰησοῦν Χριστὸν . . . ἐκ σπέρματος Δαυείδ
He 4 7 σήμερον ἐν Δ. λέγων μετὰ τοσοῦτον χρόνον
11 32 περὶ . . . Δαυείδ τε κ. Σαμουὴλ κ. τ. προφητῶν
Re 3 7 ὁ ἔχων τὴν κλεῖν Δαυείδ
τοῦ Δ., TWH mg.
5 5 ὁ λέων ὁ ἐκ τ. φυλῆς Ἰούδα ἡ ῥίζα Δαυείδ
22 16 ἐγώ εἰμι ἡ ῥίζα κ. τὸ γένος Δαυείδ

ΔΕΉΣΙΣ 1162

Lu 1 13 διότι εἰσηκούσθη ἡ δέησίς σου
2 37 νηστείαις κ. δεήσεσι λατρεύουσα νύκτα κ. ἡμέραν
5 33 νηστεύουσιν πυκνὰ κ. δεήσεις ποιοῦνται
Ro 10 1 ἡ δέησις πρὸς τ. Θεὸν ὑπὲρ αὐτῶν
II Co 1 11 συνυπουργούντων κ. ὑμῶν ὑπὲρ ἡμῶν τ. δεήσει
9 14 κ. αὐτῶν δεήσει ὑπὲρ ὑμῶν
Eph 6 18 διὰ πάσης προσευχῆς κ. δεήσεως προσευχόμενοι
18 ἀγρυπνοῦντες ἐν πάσῃ προσκαρτερήσει κ. δεήσει
Phl 1 4 πάντοτε ἐν πάσῃ δεήσει μου ὑπὲρ πάντων ὑμῶν
μετὰ χαρᾶς τ. δέησιν ποιούμενος
19 ἀποβήσεται εἰς σωτηρίαν διὰ τῆς ὑμῶν δεήσεως
4 6 τ. προσευχῇ κ. τ. δεήσει . . . τ. αἰτήματα ὑμῶν γνωριζέσθω
I Ti 2 1 ποιεῖσθαι δεήσεις προσευχὰς ἐντεύξεις
5 5 προσμένει τ. δεήσεσι κ. τ. προσευχαῖς
II Ti 1 3 ἔχω τὴν περὶ σοῦ μνείαν ἐν τ. δεήσεσί μου
He 5 7 δεήσεις τε κ. ἱκετηρίας πρὸς τ. δυνάμενον σώζειν
Ja 5 16 πολὺ ἰσχύει δέησις δικαίου ἐνεργουμένη
I Pe 3 12 τὰ ὦτα αὐτοῦ εἰς δέησιν αὐτῶν
אָזְנָיו אֶל־שַׁוְעָתָם, Ps. xxxiv. 16 (Heb.) 15 (Eng.)

ΔΕΙ͂ 1163

(1) δέον (2) δεῖ γενέσθαι (3) καθό, καθὼς δεῖ

Mt 16 21 ὅτι δεῖ αὐτὸν εἰς Ἱεροσόλυμα ἀπελθεῖν
17 10 ὅτι Ἠλείαν δεῖ ἐλθεῖν πρῶτον
18 33 οὐκ ἔδει κ. σὲ ἐλεῆσαι τ. σύνδουλόν σου
23 23 ταῦτα δὲ ἔδει ποιῆσαι κἀκεῖνα μὴ ἀφεῖναι
24 6 ² δεῖ γὰρ γενέσθαι
25 27 ἔδει σε οὖν βαλεῖν τ. ἀργύριά μου τ. τραπεζείταις
26 35 κἂν δέῃ με σὺν σοὶ ἀποθανεῖν
54 ² ὅτι οὕτως δεῖ γενέσθαι
Mk 8 31 δεῖ τ. υἱὸν τ. ἀνθρώπου πολλὰ παθεῖν
9 11 ὅτι Ἠλείαν δεῖ ἐλθεῖν πρῶτον
13 7 ² μὴ θροεῖσθε· δεῖ γενέσθαι
10 εἰς πάντα τ. ἔθνη πρῶτον δεῖ κηρυχθῆναι τὸ εὐαγγέλιον
14 ἑστηκότα ὅπου οὐ δεῖ

Mk 14 31 ἐὰν δέῃ με συναποθανεῖν σοι
με δέῃ, T
Lu 2 49 ἐν τοῖς τ. πατρός μου δεῖ εἶναί με
4 43 εὐαγγελίσασθαί με δεῖ τ. βασιλειαν τ. Θεοῦ
δεῖ με, TWH mg.
9 22 δεῖ τ. υἱὸν τ. ἀνθρώπου πολλὰ παθεῖν
11 42 ταῦτα δὲ ἔδει ποιῆσαι κἀκεῖνα μὴ παρεῖναι
12 12 διδάξει ὑμᾶς . . . ἃ δεῖ εἰπεῖν
13 14 ἓξ ἡμέραι εἰσὶν ἐν αἷς δεῖ ἐργάζεσθαι
16 οὐκ ἔδει λυθῆναι ἀπὸ τ. δεσμοῦ τούτου
33 πλὴν δεῖ με σήμερον κ. αὔριον . . . πορεύεσθαι
15 32 εὐφρανθῆναι δὲ κ. χαρῆναι ἔδει
17 25 πρῶτον δὲ δεῖ αὐτὸν πολλὰ παθεῖν
18 1 πρὸς τὸ δεῖν πάντοτε προσεύχεσθαι αὐτούς
19 5 σήμερον γὰρ ἐν τ. οἴκῳ σου δεῖ με μεῖναι
21 9 ² δεῖ γὰρ ταῦτα γενέσθαι πρῶτον
22 7 ᾗ ἔδει θύεσθαι τὸ πάσχα
37 τοῦτο τ. γεγραμμένον δεῖ τελεσθῆναι ἐν ἐμοί
24 7 τ. υἱὸν τ. ἀνθρώπου ὅτι δεῖ παραδοθῆναι
26 οὐχὶ ταῦτα ἔδει παθεῖν τ. Χριστόν
44 δεῖ πληρωθῆναι πάντα τὰ γεγραμμένα ἐν τ. νόμῳ Μωυσέως
Jo 3 7 δεῖ ὑμᾶς γεννηθῆναι ἄνωθεν
14 οὕτως ὑψωθῆναι δεῖ τ. υἱὸν τ. ἀνθρώπου
30 ἐκεῖνον δεῖ αὐξάνειν ἐμὲ δὲ ἐλαττοῦσθαι
4 4 ἔδει δὲ αὐτὸν διέρχεσθαι διὰ τ. Σαμαρίας
20 ἐν Ἱεροσολύμοις ἐστὶν ὁ τόπος ὅπου προσκυνεῖν δεῖ
24 ἐν πνεύματι κ. ἀληθείᾳ δεῖ προσκυνεῖν
προσκ. δεῖ, T
9 4 ἡμᾶς δεῖ ἐργάζεσθαι τὰ ἔργα τ. πέμψαντός με
10 16 κἀκεῖνα δεῖ με ἀγαγεῖν
12 34 δεῖ ὑψωθῆναι τ. υἱὸν τ. ἀνθρώπου
20 9 δεῖ αὐτὸν ἐκ νεκρῶν ἀναστῆναι
Ac 1 16 ἔδει πληρωθῆναι τ. γραφήν
21 δεῖ οὖν τ. συνελθόντων ἡμῖν ἀνδρῶν
3 21 ὃν δεῖ οὐρανὸν μὲν δέξασθαι
4 12 ἐν ᾧ δεῖ σωθῆναι ἡμᾶς
5 29 πειθαρχεῖν δεῖ Θεῷ μᾶλλον ἢ ἀνθρώποις
9 6 λαληθήσεταί σοι ὅτι σε δεῖ ποιεῖν
16 ὅσα δεῖ αὐτὸν ὑπὲρ τ. ὀνόματός μου παθεῖν
14 22 διὰ πολλῶν θλίψεων δεῖ ἡμᾶς εἰσελθεῖν εἰς τ. βασιλείαν τ. Θεοῦ
15 5 δεῖ περιτέμνειν αὐτούς
16 30 τί με δεῖ ποιεῖν ἵνα σωθῶ;
17 3 τ. Χριστὸν ἔδει παθεῖν κ. ἀναστῆναι ἐκ νεκρῶν
18 21 δεῖ με πάντως τ. ἑορτὴν . . . ποιῆσαι εἰς Ἱεροσόλυμα
—h. v., TWH non mg. R
19 21 δεῖ με κ. Ῥώμην ἰδεῖν
36 ¹ δέον ἐστὶν ὑμᾶς κατεσταλμένους ὑπάρχειν
20 35 οὕτως κοπιῶντας δεῖ ἀντιλαμβάνεσθαι τ. ἀσθενούντων
21 22 πάντως δεῖ συνελθεῖν πλῆθος
—δεῖ συν. πλ., WHR
23 11 οὕτω σε δεῖ κ. εἰς Ῥώμην μαρτυρῆσαι
24 19 οὓς ἔδει ἐπὶ σοῦ παρεῖναι
25 10 οὗ με δεῖ κρίνεσθαι
24 βοῶντες μὴ δεῖν αὐτὸν ζῆν μηκέτι
26 9 πρὸς τ. ὄνομα Ἰησοῦ . . . δεῖν πολλὰ ἐναντία πρᾶξαι
27 21 ἔδει μὲν . . . πειθαρχήσαντάς μοι μὴ ἀνάγεσθαι

Ac 27 24 Καίσαρί σε δεῖ παραστῆναι
26 εἰς νῆσον δέ τινα δεῖ ἡμᾶς ἐκπεσεῖν
Ro 1 27 τ. ἀντιμισθίαν ἣν ἔδει τ. πλάνης αὐτῶν
8 26 [3] τὸ γὰρ τί προσευξώμεθα καθὸ δεῖ
12 3 μὴ ὑπερφρονεῖν παρ' ὃ δεῖ φρονεῖν
I Co 8 2 [3] οὔπω ἔγνω καθὼς δεῖ γνῶναι
11 19 δεῖ γὰρ κ. αἱρέσεις ἐν ὑμῖν εἶναι
15 25 δεῖ γὰρ αὐτὸν βασιλεύειν
53 δεῖ γὰρ τὸ φθαρτὸν τοῦτο ἐνδύσασθαι ἀφθαρσίαν
II Co 2 3 λύπην σχῶ ἀφ' ὧν ἔδει με χαίρειν
5 10 φανερωθῆναι δεῖ ἔμπροσθεν τ. βήματος τ. Χριστοῦ
11 30 εἰ καυχᾶσθαι δεῖ
12 1 καυχᾶσθαι δεῖ οὐ συμφέρον μὲν ἐλεύσομαι δέ
καυχ. δέ, WH mg.
Eph 6 20 ὡς δεῖ με λαλῆσαι
Col 4 4 ὡς δεῖ με λαλῆσαι
6 εἰδέναι πῶς δεῖ ὑμᾶς ἑνὶ ἑκάστῳ ἀποκρίνεσθαι
I Th 4 1 τὸ πῶς δεῖ ὑμᾶς περιπατεῖν κ. ἀρέσκειν Θεῷ
II Th 3 7 αὐτοὶ γὰρ οἴδατε πῶς δεῖ μιμεῖσθαι ἡμᾶς
I Ti 3 2 δεῖ οὖν τ. ἐπίσκοπον ἀνεπίλημπτον εἶναι
7 δεῖ δὲ κ. μαρτυρίαν καλὴν ἔχειν ἀπὸ τῶν ἔξωθεν
15 ἵνα εἰδῇς πῶς δεῖ ἐν οἴκῳ Θεοῦ ἀναστρέφεσθαι
5 13 [1] λαλοῦσαι τὰ μὴ δέοντα
II Ti 2 6 τ. κοπιῶντα γεωργὸν δεῖ πρῶτον τ. καρπῶν μεταλαμβάνειν
24 δοῦλον δὲ Κυρίου οὐ δεῖ μάχεσθαι
Tit 1 7 δεῖ γὰρ τ. ἐπίσκοπον ἀνέγκλητον εἶναι
11 οὓς δεῖ ἐπιστομίζειν
11 διδάσκοντες ἃ μὴ δεῖ αἰσχροῦ κέρδους χάριν
He 2 1 διὰ τοῦτο δεῖ περισσοτέρως προσέχειν ἡμᾶς τ. ἀκουσθεῖσιν
9 26 ἐπεὶ ἔδει αὐτὸν πολλάκις παθεῖν
11 6 πιστεῦσαι γὰρ δεῖ τ. προσερχόμενον τ. Θεῷ
I Pe 1 6 [1] ὀλίγον ἄρτι εἰ δέον λυπηθέντες
II Pe 3 11 ποταποὺς δεῖ ὑπάρχειν ὑμᾶς ἐν ἁγίαις ἀναστροφαῖς
Re 1 1 [2] ἃ δεῖ γενέσθαι ἐν τάχει
4 1 [2] δείξω σοι ἃ δεῖ γενέσθαι
10 11 δεῖ σε πάλιν προφητεῦσαι ἐπὶ λαοῖς
11 5 οὕτως δεῖ αὐτὸν ἀποκτανθῆναι
13 10 δεῖ αὐτὸν ἐν μαχαίρῃ ἀποκτανθῆναι
17 10 ὅταν ἔλθῃ ὀλίγον αὐτὸν δεῖ μεῖναι
20 3 μετὰ ταῦτα δεῖ λυθῆναι αὐτὸν μικρὸν χρόνον
22 6 [2] ἃ δεῖ γενέσθαι ἐν τάχει

ΔΕΙ´ΓΜΑ* 1164

Ju 7 ὡς Σόδομα κ. Γόμορρα . . . πρόκεινται δεῖγμα

ΔΕΙΓΜΑΤΙ´ΖΩ* † 1165

Mt 1 19 μὴ θέλων αὐτὴν δειγματίσαι
Col 2 15 ἐδειγμάτισεν ἐν παρρησίᾳ

ΔΕΙΚΝΥ´Ω, ΔΕΙ´ΚΝΥΜΙ 1166

Mt 4 8 δείκνυσιν αὐτῷ πάσας τ. βασιλείας τ. κόσμου
8 4 σεαυτὸν δεῖξον τ. ἱερεῖ
16 21 ἤρξατο Ἰησοῦς Χριστὸς δεικνύειν τ. μαθηταῖς αὐτοῦ
Mk 1 44 σεαυτὸν δεῖξον τ. ἱερεῖ
14 15 αὐτὸς ὑμῖν δείξει ἀνάγαιον μέγα ἐστρωμένον
Lu 4 5 ἔδειξεν αὐτῷ πάσας τ. βασιλείας τ. οἰκουμένης
5 14 ἀπελθὼν δεῖξον σεαυτὸν τ. ἱερεῖ
20 24 δείξατέ μοι δηνάριον
22 12 κἀκεῖνος ὑμῖν δείξει ἀνάγαιον μέγα ἐστρωμένον
24 40 ἔδειξεν αὐτοῖς τ. χεῖρας κ. τ. πόδας
—h. v., T [[WH]] R mg.
Jo 2 18 τί σημεῖον δεικνύεις ἡμῖν
5 20 πάντα δείκνυσιν αὐτῷ ἃ αὐτὸς ποιεῖ·
κ. μείζονα τούτων δείξει αὐτῷ ἔργα
10 32 πολλὰ ἔργα ἔδειξα ὑμῖν καλὰ ἐκ τ. πατρός
ἔργ. κ. ἔδ. ὑμ., T
14 8 δεῖξον ἡμῖν τ. πατέρα κ. ἀρκεῖ ἡμῖν
9 πῶς σὺ λέγεις Δεῖξον ἡμῖν τ. πατέρα;
20 20 τοῦτο εἰπὼν ἔδειξεν κ. τ. χεῖρας κ. τ. πλευρὰν αὐτοῖς
Ac 7 3 δεῦρο εἰς τ. γῆν ἣν ἄν σοι δείξω
אֶל־הָאָרֶץ אֲשֶׁר אַרְאֶךָּ, Gen. xii. 1
10 28 κἀμοὶ ὁ Θεὸς ἔδειξεν μηδένα κοινὸν . . . λέγειν
ἔδ. ὁ Θ., T
I Co 12 31 κ. ἔτι καθ' ὑπερβολὴν ὁδὸν ὑμῖν δείκνυμι
I Ti 6 15 ἣν καιροῖς ἰδίοις δείξει ὁ μακάριος . . . δυνάστης
He 8 5 κατὰ τ. τύπον τ. δειχθέντα σοι ἐν τ. ὄρει
בְּתַבְנִיתָם אֲשֶׁר־אַתָּה מָרְאֶה בָּהָר, Ex. xxv. 40
Ja 2 18 δεῖξόν μοι τ. πίστιν σου χωρὶς τ. ἔργων,
κἀγώ σοι δείξω ἐκ τ. ἔργων μου τ. πίστιν
3 13 δειξάτω ἐκ τ. καλῆς ἀναστροφῆς τὰ ἔργα αὐτοῦ
Re 1 1 δεῖξαι τ. δούλοις αὐτοῦ ἃ δεῖ γενέσθαι ἐν τάχει
4 1 δείξω σοι ἃ δεῖ γενέσθαι
17 1 δείξω σοι τὸ κρίμα τ. πόρνης τ. μεγάλης
21 9 δείξω σοι τ. νύμφην τ. γυναῖκα τ. ἀρνίου
10 ἔδειξέν μοι τ. πόλιν τ. ἁγίαν Ἰερουσαλήμ
22 1 ἔδειξέν μοι ποταμὸν ὕδατος ζωῆς
6 δεῖξαι τ. δούλοις αὐτοῦ ἃ δεῖ γενέσθαι ἐν τάχει
8 προσκυνῆσαι ἔμπροσθεν τ. ποδῶν τ. ἀγγέλου τ. δεικνύοντός μοι ταῦτα
δεικνύντος, T

ΔΕΙΛΙ´Α 1167

II Ti 1 7 οὐ γὰρ ἔδωκεν ἡμῖν ὁ Θεὸς πνεῦμα δειλίας

ΔΕΙΛΙΑ´Ω 1168

Jo 14 27 μὴ ταρασσέσθω ὑμῶν ἡ καρδία μηδὲ δειλιάτω

ΔΕΙΛΟ´Σ 1169

Mt 8 26 τί δειλοί ἐστε ὀλιγόπιστοι;
Mk 4 40 τί δειλοί ἐστε; οὔπω ἔχετε πίστιν;
Re 21 8 τ. δὲ δειλοῖς κ. ἀπίστοις . . . τὸ μέρος αὐτῶν ἐν τ. λίμνῃ

ΔΕΙ͂ΝΑ** 1170

Mt 26 18 ὑπάγετε εἰς τ. πόλιν πρὸς τὸν δεῖνα

ΔΕΙΝΩ͂Σ 1171

Mt 8 6 βέβληται ἐν τ. οἰκίᾳ παραλυτικὸς δ. βασανιζόμενος
Lu 11 53 ἤρξαντο οἱ γραμματεῖς κ. οἱ Φαρισαῖοι δ. ἐνέχειν

ΔΕΙΠΝΕ΄Ω 1172

Lu 17 8 ἑτοίμασον τί δειπνήσω
22 20 τὸ ποτήριον ὡσαύτως μετὰ τὸ δειπνῆσαι —h. v., [[WH]] R mg.
1Co 11 25 ὡσαύτως κ. τὸ ποτήριον μετὰ τὸ δειπνῆσαι
Re 3 20 εἰσελεύσομαι πρὸς αὐτὸν κ. δειπνήσω μετ' αὐτοῦ

ΔΕΙ͂ΠΝΟΝ 1173

(1) δ. ποιεῖν

Mt 23 6 φιλοῦσιν δὲ τ. πρωτοκλισίαν ἐν τ. δείπνοις
Mk 6 21 [1] ὅτε Ἡρῴδης τ. γενεσίοις αὐτοῦ δεῖπνον ἐποίησεν
12 39 τ. θελόντων . . . πρωτοκλισίας ἐν τ. δείπνοις
Lu 14 12 [1] ὅταν ποιῇς ἄριστον ἢ δεῖπνον
16 [1] ἄνθρωπός τις ἐποίει δεῖπνον μέγα
17 ἀπέστειλεν τ. δοῦλον αὐτοῦ τ. ὥρᾳ τ. δείπνου
24 οὐδεὶς τ. ἀνδρῶν ἐκείνων τ. κεκλημένων γεύσεταί μου τ. δείπνου
20 46 φιλούντων . . . πρωτοκλισίας ἐν τ. δείπνοις
Jo 12 2 [1] ἐποίησαν οὖν αὐτῷ δεῖπνον ἐκεῖ
13 2 κ. δείπνου γινομένου
4 ἐγείρεται ἐκ τ. δείπνου
21 20 ὃς κ. ἀνέπεσεν ἐν τ. δείπνῳ ἐπὶ τὸ στῆθος αὐτοῦ
1Co 11 20 οὐκ ἔστιν κυριακὸν δεῖπνον φαγεῖν·
21 ἕκαστος γὰρ τὸ ἴδιον δεῖπνον προλαμβάνει ἐν τ. φαγεῖν
Re 19 9 μακάριοι οἱ εἰς τ. δεῖπνον τ. γάμου τ. ἀρνίου κεκλημένοι
17 συνάχθητε εἰς τὸ δεῖπνον τὸ μέγα τ. Θεοῦ

ΔΕΙΣΙΔΑΙΜΟΝΙ΄Α * 1175

Ac 25 19 ζητήματα δέ τινα περὶ τ. ἰδίας δεισιδαιμονίας

ΔΕΙΣΙΔΑΙ΄ΜΩΝ * 1174

Ac 17 22 κατὰ πάντα ὡς δεισιδαιμονεστέρους ὑμᾶς θεωρῶ

ΔΕ΄ΚΑ 1176

Mt 20 24 ἀκούσαντες οἱ δ. ἠγανάκτησαν περὶ τ. δύο ἀδελφῶν
25 1 ὁμοιωθήσεται ἡ βασιλεία τ. οὐρανῶν δ. παρθένοις
28 δότε τ. ἔχοντι τὰ δέκα τάλαντα
Mk 10 41 ἀκούσαντες οἱ δ. ἤρξαντο ἀγανακτεῖν περὶ Ἰακώβου κ. Ἰωάνου
Lu 13 4 ἢ ἐκεῖνοι οἱ δέκα ὀκτώ
11 πνεῦμα ἔχουσα ἀσθενείας ἔτη δέκα ὀκτώ
16 ἣν ἔδησεν ὁ Σατανᾶς ἰδοὺ δ. κ. ὀκτὼ ἔτη
Lu 14 31 βουλεύσεται εἰ δυνατός ἐστιν ἐν δέκα χιλιάσιν
15 8 ἢ τίς γυνὴ δραχμὰς ἔχουσα δέκα
17 12 ἀπήντησαν δ. λεπροὶ ἄνδρες
17 οὐχ οἱ δέκα ἐκαθαρίσθησαν;
19 13 καλέσας δὲ δέκα δούλους ἑαυτοῦ ἔδωκεν αὐτοῖς δέκα μνᾶς
16 ἡ μνᾶ σου δέκα προσηργάσατο μνᾶς
17 ἴσθι ἐξουσίαν ἔχων ἐπάνω δ. πόλεων
24 δότε τῷ τ. δέκα μνᾶς ἔχοντι
25 κύριε ἔχει δέκα μνᾶς
Ac 25 6 διατρίψας δὲ ἐν αὐτοῖς ἡμέρας οὐ πλείους ὀκτὼ ἢ δέκα
Re 2 10 ἵνα . . . ἔχητε θλίψιν ἡμερῶν δέκα
12 3 δράκων . . . ἔχων κεφαλὰς ἑπτὰ κ. κέρατα δέκα
13 1 θηρίον . . . ἔχον κέρατα δ. κ. κεφαλὰς ἑπτά, κ. ἐπὶ τ. κεράτων αὐτοῦ δ. διαδήματα
18 ὁ ἀριθμὸς αὐτοῦ ἑξακόσιοι δέκα ἕξ
ἑξ. ἑξήκοντα ἕξ, TWHR non mg.
17 3 θηρίον . . . ἔχων κεφαλὰς ἑπτὰ κ. κέρατα δέκα
7 τ. θηρίου . . . τ. ἔχοντος τ. ἑπτὰ κεφαλὰς κ. τὰ δ. κέρατα
12 τὰ δ. κέρατα ἃ εἶδες δ. βασιλεῖς εἰσίν
16 τὰ δ. κέρατα ἃ εἶδες κ. τὸ θηρίον

ΔΕΚΑΠΕ΄ΝΤΕ 1178

Jo 11 18 ἐγγὺς τ. Ἱεροσολύμων ὡς ἀπὸ σταδίων δεκαπέντε
Ac 27 5 διαπλεύσαντες δι' ἡμερῶν δεκαπέντε —δι' ἡμ. δ., TWH non mg. R
28 εὗρον ὀργυιὰς δεκαπέντε
Ga 1 18 ἐπέμεινα πρὸς αὐτὸν ἡμέρας δεκαπέντε

ΔΕΚΑ΄ΠΟΛΙΣ 1179

Mt 4 25 ὄχλοι πολλοὶ ἀπὸ τ. Γαλιλαίας κ. Δεκαπόλεως
Mk 5 20 ἤρξατο κηρύσσειν ἐν τ. Δεκαπόλει
7 31 ἀνὰ μέσον τ. ὁρίων Δεκαπόλεως

ΔΕΚΑΤΕ΄ΣΣΑΡΕΣ 1180

Mt 1 17 ἀπὸ Ἀβραὰμ ἕως Δαυεὶδ γενεαὶ δεκατ.· κ. ἀπὸ Δαυεὶδ ἕως τ. μετοικεσίας Βαβυλῶνος γενεαὶ δεκατέσσαρες· κ. ἀπὸ τ. μετοικεσίας Βαβυλῶνος ἕως τ. Χριστοῦ γενεαὶ δεκατέσσαρες
II Co 12 2 οἶδα ἄνθρωπον ἐν Χριστῷ πρὸ ἐτῶν δεκατεσσάρων
Ga 2 1 ἔπειτα διὰ δεκατεσσάρων ἐτῶν πάλιν ἀνέβην

ΔΕΚΑ΄ΤΗ 1181

He 7 2 ᾧ κ. δεκάτην ἀπὸ πάντων ἐμέρισεν Ἀβραάμ
4 ᾧ δεκάτην Ἀβραὰμ ἔδωκεν ἐκ τ. ἀκροθινίων
8 ὧδε μὲν δεκάτας ἀποθνήσκοντες ἄνθρωποι λαμβάνουσιν
9 δι' Ἀβραὰμ κ. Λευεὶς ὁ δεκάτας λαμβάνων δεδεκάτωται

ΔΕ΄ΚΑΤΟΣ 1182

Jo 1 39 ὥρα ἦν ὡς δεκάτη
Ac 19 9 ἀπὸ ὥρας ε̄ ἕως δεκάτης
—h. v., TWH non mg. R
Re 11 13 τὸ δέκατον τ. πόλεως ἔπεσεν
21 20 ὁ δέκατος χρυσόπρασος

ΔΕΚΑΤΟ΄Ω† 1183

He 7 6 ὁ δὲ μὴ γενεαλογούμενος ἐξ αὐτῶν δεδεκάτωκεν Ἀβραάμ
9 δι' Ἀβραὰμ κ. Λευεὶς ὁ δεκάτας λαμβάνων δεδεκάτωται

ΔΕΚΤΟ΄Σ† 1184

Lu 4 19 κηρύξαι ἐνιαυτὸν Κυρίου δεκτόν
לִקְרֹא שְׁנַת־רָצוֹן לַיהוָה, Is. lxi. 2
24 οὐδεὶς προφήτης δεκτός ἐστιν ἐν τ. πατρίδι αὐτοῦ
Ac 10 35 ὁ φοβούμενος αὐτὸν . . . δεκτὸς αὐτῷ ἐστίν
II Co 6 2 καιρῷ δεκτῷ ἐπήκουσά σου
בְּעֵת רָצוֹן עֲנִיתִיךָ, Is. xlix. 8
Phl 4 18 θυσίαν δεκτὴν εὐάρεστον τ. Θεῷ

ΔΕΛΕΑ΄ΖΩ* 1185

Ja 1 14 ὑπὸ τ. ἰδίας ἐπιθυμίας ἐξελκόμενος κ. δελεαζόμενος
II Pe 2 14 δελεάζοντες ψυχὰς ἀστηρίκτους
18 δελεάζουσιν ἐν ἐπιθυμίαις σαρκὸς . . . τ. ὀλίγως ἀποφεύγοντας

ΔΕ΄ΝΔΡΟΝ 1186

(1) δ. ἀγαθόν, καλόν (2) δ. σαπρόν

Mt 3 10 ἡ ἀξίνη πρὸς τ. ῥίζαν τ. δένδρων κεῖται· πᾶν οὖν δένδρον μὴ ποιοῦν καρπὸν καλὸν
7 17 [1] οὕτω πᾶν δένδρον ἀγαθὸν καρποὺς καλοὺς ποιεῖ·
[2] τὸ δὲ σαπρὸν δένδρον καρποὺς πονηροὺς ποιεῖ.
18 [1] οὐ δύναται δένδρον ἀγαθὸν καρποὺς πονηροὺς ἐνεγκεῖν,
[2] οὐδὲ δένδρον σαπρὸν καρποὺς καλοὺς ποιεῖν.
19 πᾶν δένδρον μὴ ποιοῦν καρπὸν καλὸν ἐκκόπτεται
12 33 [1] ἢ ποιήσατε τὸ δένδρον καλόν
33 [2] ἢ ποιήσατε τὸ δένδρον σαπρόν
33 ἐκ γὰρ τ. καρποῦ τὸ δένδρον γινώσκεται
13 32 μεῖζον τ. λαχάνων ἐστὶν κ. γίνεται δένδρον
21 8 ἄλλοι δὲ ἔκοπτον κλάδους ἀπὸ τ. δένδρων
Mk 8 24 ὅτι ὡς δένδρα ὁρῶ περιπατοῦντας
Lu 3 9 ἡ ἀξίνη πρὸς τ. ῥίζαν τ. δένδρων κεῖται· πᾶν οὖν δένδρον μὴ ποιοῦν καρπὸν καλὸν
6 43 [1] οὐ γάρ ἐστιν δένδρον καλὸν ποιοῦν καρπὸν σαπρόν,
[2] οὐδὲ πάλιν δένδρον σαπρὸν ποιοῦν καρπὸν καλόν·
44 ἕκαστον γὰρ δένδρον ἐκ τ. ἰδίου καρποῦ γινώσκεται
13 19 ηὔξησεν κ. ἐγένετο εἰς δένδρον
21 29 ἴδετε τ. συκῆν κ. πάντα τ. δένδρα
Ju 12 δένδρα φθινοπωρινὰ ἄκαρπα
Re 7 1 ἵνα μὴ πνέῃ ἄνεμος ἐπὶ τ. γῆς . . . μήτε ἐπὶ πᾶν δένδρον
3 μὴ ἀδικήσητε τ. γῆν . . . μήτε τὰ δένδρα
8 7 τὸ τρίτον τ. δένδρων κατεκάη
9 4 ἵνα μὴ ἀδικήσουσιν τ. χόρτον . . . οὐδὲ πᾶν δένδρον

ΔΕΞΙΟΛΑ΄ΒΟΣ*† 1187

Ac 23 23 ἱππεῖς ἑβδομήκοντα κ. δεξιολάβους διακοσίους

ΔΕΞΙΟ΄Σ 1188

(1) ἐκ δεξιῶν (2) ἐν δεξιᾷ (3) ἡ δεξ., δεξ. χείρ

Mt 5 29 εἰ δὲ ὁ ὀφθαλμός σου ὁ δεξιὸς σκανδαλίζει σε
30 [3] εἰ δὲ ἡ δεξιά σου χεὶρ σκανδαλίζει σε
39 ὅστις σε ῥαπίζει εἰς τ. δεξιὰν σιαγόνα σου
6 3 [3] μὴ γνώτω ἡ ἀριστερά σου τί ποιεῖ ἡ δεξιά σου
20 21 [1] εἷς ἐκ δεξιῶν κ. εἷς ἐξ εὐωνύμων σου
23 [1] τὸ δὲ καθίσαι ἐκ δεξιῶν μου
22 44 [1] κάθου ἐκ δεξιῶν μου
שֵׁב לִימִינִי, Ps. cx. 1
25 33 [1] στήσει τὰ μὲν πρόβατα ἐκ δεξιῶν αὐτοῦ
34 [1] τότε ἐρεῖ ὁ βασιλεὺς τοῖς ἐκ δεξιῶν αὐτοῦ
26 64 [1] τ. υἱὸν τ. ἀνθρώπου καθήμενον ἐκ δεξιῶν τ. δυνάμεως
27 29 [3] ἐπέθηκαν . . . κάλαμον ἐν τ. δεξιᾷ αὐτοῦ
38 [1] εἷς ἐκ δεξιῶν κ. εἷς ἐξ εὐωνύμων
Mk 10 37 [1] ἵνα εἷς σου ἐκ δεξιῶν κ. εἷς ἐξ ἀριστερῶν καθίσωμεν
40 [1] τὸ δὲ καθίσαι ἐκ δεξιῶν μου
12 36 [1] κάθου ἐκ δεξιῶν μου, Ps. *l.c.*
14 62 [1] τ. υἱὸν τ. ἀνθρώπου ἐκ δεξιῶν καθήμενον τ. δυνάμεως
15 27 [1] σταυροῦσιν δύο λῃστὰς ἕνα ἐκ δεξιῶν
16 5 εἶδον νεανίσκον καθήμενον ἐν τ. δεξιοῖς
[19 [1] ἐκάθισεν ἐκ δεξιῶν τ. Θεοῦ
Lu 1 11 [1] ἑστὼς ἐκ δεξιῶν τ. θυσιαστηρίου τ. θυμιάματος
6 6 [3] ἡ χεὶρ αὐτοῦ ἡ δεξιὰ ἦν ξηρά
20 42 [1] κάθου ἐκ δεξιῶν μου, Ps. *l.c.*
22 50 ἀφεῖλεν τὸ οὖς αὐτοῦ τὸ δεξιόν
69 [1] ἔσται ὁ υἱὸς τ. ἀνθρώπου καθήμενος ἐκ δεξιῶν τ. δυνάμεως
23 33 [1] τ. κακούργους ὃν μὲν ἐκ δεξιῶν
Jo 18 10 ἀπέκοψεν αὐτοῦ τὸ ὠτάριον τὸ δεξιόν
21 6 βάλετε εἰς τὰ δεξιὰ μέρη τ. πλοίου τὸ δίκτυον
Ac 2 25 [1] ὅτι ἐκ δεξιῶν μου ἐστὶν ἵνα μὴ σαλευθῶ
כִּי מִימִינִי בַּל־אֶמּוֹט, Ps. xvi. 8
33 [3] τ. δεξιᾷ οὖν τ. Θεοῦ ὑψωθεὶς
34 [1] κάθου ἐκ δεξιῶν μου, Ps. cx. 1
3 7 [3] πιάσας αὐτὸν τ. δεξιᾶς χειρὸς ἤγειρεν αὐτόν
5 31 [3] ἀρχηγὸν κ. σωτῆρα ὕψωσεν τ. δεξιᾷ αὐτοῦ
7 55 [1] εἶδεν . . . Ἰησοῦν ἑστῶτα ἐκ δεξιῶν τ. Θεοῦ
56 [1] θεωρῶ . . . τ. υἱὸν τ. ἀνθρώπου ἐκ δεξιῶν ἑστῶτα τ. Θεοῦ

Ro 8 34 [2] ὅς ἐστιν ἐν δεξιᾷ τ. Θεοῦ
II Co 6 7 διὰ τ. ὅπλων τ. δικαιοσύνης τ. δεξιῶν κ. ἀριστερῶν
Ga 2 9 δεξιὰς ἔδωκαν ἐμοὶ κ. Βαρνάβᾳ κοινωνίας
Eph 1 20 [2] καθίσας ἐν δεξιᾷ αὐτοῦ ἐν τ. ἐπουρανίοις
Col 3 1 [2] οὗ ὁ Χριστός ἐστιν ἐν δεξιᾷ τ. Θεοῦ καθήμενος
He 1 3 [2] ἐκάθισεν ἐν δεξιᾷ τ. μεγαλωσύνης ἐν ὑψηλοῖς
13 [1] κάθου ἐκ δεξιῶν μου, Ps. *l.c.*
8 1 [2] ὃς ἐκάθισεν ἐν δεξιᾷ τ. θρόνου τ. μεγαλωσύνης
10 12 [2] οὗτος δὲ . . . ἐκάθισεν ἐν δεξιᾷ τ. Θεοῦ
12 2 [2] ἐν δεξιᾷ τε τ. θρόνου τ. Θεοῦ κεκάθικεν
I Pe 3 22 [2] ὅς ἐστιν ἐν δεξιᾷ Θεοῦ
Re 1 16 [3] ἔχων ἐν τ. δεξιᾷ χειρὶ αὐτοῦ ἀστέρας ἑπτά
17 [3] ἔθηκεν τ. δεξιὰν αὐτοῦ ἐπ' ἐμέ
20 [3] τὸ μυστήριον τ. ἑπτὰ ἀστέρων οὓς εἶδες ἐπὶ τ. δεξιᾶς μου
2 1 [3] ὁ κρατῶν τ. ἑπτὰ ἀστέρας ἐν τ. δεξιᾷ αὐτοῦ
5 1 [3] εἶδον ἐπὶ τ. δεξιὰν τ. καθημένου ἐπὶ τ. θρόνου
7 [3] εἴληφεν ἐκ τ. δεξιᾶς τ. καθημένου ἐπὶ τ. θρόνου
10 2 ἔθηκεν τ. πόδα αὐτοῦ τ. δεξιὸν ἐπὶ τ. θαλάσσης
5 [3] ἦρεν τ. χεῖρα αὐτοῦ τ. δεξιὰν εἰς τ. οὐρανόν
13 16 [3] ἵνα δῶσιν αὐτοῖς χάραγμα ἐπὶ τ. χειρὸς αὐτῶν τ. δεξιᾶς

ΔΕ΄ΟΜΑΙ 1189

(1) δέ. ὑπέρ, περί

Mt 9 38 δεήθητε οὖν τ. κυρίου τ. θερισμοῦ
Lu 5 12 ἐδεήθη αὐτοῦ λέγων
8 28 δέομαί σου μή με βασανίσῃς
38 ἐδεῖτο δὲ αὐτοῦ ὁ ἀνὴρ ἀφ' οὗ ἐξεληλύθει τ. δαιμόνια
ἐδέετο, T
9 38 δέομαί σου ἐπιβλέψαι ἐπὶ τ. υἱόν μου
40 ἐδεήθην τ. μαθητῶν σου
10 2 δεήθητε οὖν τ. κυρίου τ. θερισμοῦ
21 36 ἀγρυπνεῖτε δὲ ἐν παντὶ καιρῷ δεόμενοι
22 32 [1] ἐγὼ δὲ ἐδεήθην περὶ σοῦ
Ac 4 31 δεηθέντων αὐτῶν ἐσαλεύθη ὁ τόπος
8 22 δεήθητι τ. Κυρίου εἰ ἄρα ἀφεθήσεταί σοι
24 [1] δεήθητε ὑμεῖς ὑπὲρ ἐμοῦ πρὸς τ. Κύριον
34 δέομαί σου περὶ τίνος ὁ προφήτης λέγει τοῦτο;
10 2 δεόμενος τ. Θεοῦ διὰ παντός
21 39 δέομαι δέ σου ἐπίτρεψόν μοι λαλῆσαι
26 3 διὸ δέομαι μακροθύμως ἀκοῦσαί μου
Ro 1 10 δεόμενος εἴ πως ἤδη ποτὲ εὐοδωθήσομαι
II Co 5 20 [1] δεόμεθα ὑπὲρ Χριστοῦ καταλλάγητε τ. Θεῷ
8 4 μετὰ πολλῆς παρακλήσεως δεόμενοι ἡμῶν
10 2 δέομαι δὲ τὸ μὴ παρὼν θαρρῆσαι
Ga 4 12 γίνεσθε ὡς ἐγὼ . . . ἀδελφοί δέομαι ὑμῶν
I Th 3 10 ὑπερεκπερισσοῦ δεόμενοι εἰς τὸ ἰδεῖν ὑμῶν τὸ πρόσωπον

ΔΕ΄ΟΝ *Vide* ΔΕΙ΄, 1163

ΔΕ΄ΟΣ** 1189.5

He 12 28 δι' ἧς λατρεύωμεν μετὰ εὐλαβείας κ. δέους

ΔΕΡΒΑΙ΄ΟΣ 1190

Ac 20 4 συνείπετο δὲ αὐτῷ . . . Γαῖος Δερβαῖος κ. Τιμόθεος

ΔΕ΄ΡΒΗ 1191

Ac 14 6 τ. πόλεις τ. Λυκαονίας Λύστραν κ. Δέρβην
20 τῇ ἐπαύριον ἐξῆλθεν σὺν τ. Βαρνάβᾳ εἰς Δέρβην
16 1 κατήντησεν δὲ κ. εἰς Δέρβην κ. εἰς Λύστραν

ΔΕ΄ΡΜΑ 1192

He 11 37 περιῆλθον ἐν μηλωταῖς ἐν αἰγίοις δέρμασιν

ΔΕΡΜΑ΄ΤΙΝΟΣ 1193

Mt 3 4 ζώνην δερματίνην περὶ τ. ὀσφὺν αὐτοῦ
Mk 1 6 ζώνην δερματίνην περὶ τ. ὀσφὺν αὐτου

ΔΕ΄ΡΩ 1194

(1) δέρ. ἀέρα

Mt 21 35 ὃν μὲν ἔδειραν ὃν δὲ ἀπέκτειναν
Mk 12 3 λαβόντες αὐτὸν ἔδειραν κ. ἀπέστειλαν κενόν
5 οὓς μὲν δέροντες οὓς δὲ ἀποκτέννυντες
13 9 εἰς συναγωγὰς δαρήσεσθε
Lu 12 47 ὁ δοῦλος ὁ γνοὺς τ. θέλημα . . . δαρήσεται πολλάς·
48 ὁ δὲ μὴ γνοὺς . . . δαρήσεται ὀλίγας
20 10 οἱ δὲ γεωργοὶ ἐξαπέστειλαν αὐτὸν δείραντες κενόν
11 οἱ δὲ κἀκεῖνον δείραντες . . . ἐξαπέστειλαν κενόν
22 63 οἱ συνέχοντες αὐτὸν ἐνέπαιζον αὐτῷ δέροντες
Jo 18 23 εἰ δὲ καλῶς τί με δέρεις;
Ac 5 40 δείραντες παρήγγειλαν μὴ λαλεῖν ἐπὶ τ. ὀνόματι τ. Ἰησοῦ
16 37 δείραντες ἡμᾶς δημοσίᾳ ἀκατακρίτους
22 19 ἐγὼ ἤμην . . δέρων κατὰ τ. συναγωγὰς τ. πιστεύοντας ἐπὶ σέ
I Co 9 26 [1] οὕτως πυκτεύω οὐχ ὡς ἀέρα δέρων
II Co 11 20 εἴ τις εἰς πρόσωπον ὑμᾶς δέρει

ΔΕΣΜΕΥ΄Ω 1195, 1196

Mt 23 4 δεσμεύουσιν δὲ φορτία βαρέα
Lu 8 29 ἐδεσμεύετο ἁλύσεσιν κ. πέδαις φυλασσόμενος
Ac 22 4 δεσμεύων κ. παραδιδοὺς εἰς φυλακὰς ἄνδρας τε κ. γυναῖκας

ΔΕ΄ΣΜΗ 1197

Mt 13 30 δήσατε αὐτὰ εἰς δέσμας πρὸς τὸ κατακαῦσαι αὐτά

ΔΕ΄ΣΜΙΟΣ 1198

(1) δέσμ. Χριστοῦ

Mt 27 15 εἰώθει ὁ ἡγεμὼν ἀπολύειν ἕνα τ. ὄχλῳ δέσμιον
16 εἶχον δὲ τότε δέσμιον ἐπίσημον

Mk 15 6 κατὰ δὲ ἑορτὴν ἀπέλυεν αὐτοῖς ἕνα δέσμιον
Ac 16 25 ἐπηκροῶντο δὲ αὐτῶν οἱ δέσμιοι
27 νομίζων ἐκπεφευγέναι τ. δεσμίους
23 18 ὁ δέσμιος Παῦλος προσκαλεσάμενός με ἠρώτησεν
25 14 ἀνήρ τίς ἐστιν καταλελειμμένος ὑπὸ Φήλικος δέσμιος
27 ἄλογον γάρ μοι δοκεῖ πέμποντα δέσμιον
28 16 ὁ ἑκατόνταρχος παρέδωκεν τ. δεσμίους τ. στρατοπεδάρχῳ
—h. v., TWH non mg. R non mg.
17 δέσμιος ἐξ Ἱεροσολύμων παρεδόθην εἰς τ. χεῖρας τ. Ῥωμαίων
Eph 3 1 [1] ἐγὼ Παῦλος ὁ δέσμιος τ. Χριστοῦ Ἰησοῦ
4 1 παρακαλῶ οὖν ὑμᾶς ἐγὼ ὁ δέσμιος ἐν Κυρίῳ
II Ti 1 8 μηδὲ ἐμὲ τ. δέσμιον αὐτοῦ
Phm 1 [1] Παῦλος δέσμιος Χριστοῦ Ἰησοῦ
9 [1] νυνὶ δὲ κ. δέσμιος Χριστοῦ Ἰησοῦ
He 10 34 κ. γὰρ τ. δεσμίοις συνεπαθήσατε
13 3 μιμνήσκεσθε τ. δεσμίων ὡς συνδεδεμένοι

ΔΕΣΜΟ'Σ 1199

(1) δεσμά, τὰ δεσμά

Mk 7 35 ἐλύθη ὁ δεσμὸς τ. γλώσσης αὐτοῦ
Lu 8 29 [1] διαρήσσων τὰ δεσμὰ ἠλαύνετο ἀπὸ τ. δαιμονίου
13 16 οὐκ ἔδει λυθῆναι ἀπὸ τ. δεσμοῦ τούτου
Ac 16 26 [1] πάντων τὰ δεσμὰ ἀνέθη
20 23 [1] λέγον ὅτι δεσμὰ κ. θλίψεις με μένουσιν
23 29 μηδὲν δὲ ἄξιον θανάτου ἢ δεσμῶν ἔχοντα ἔγκλημα
26 29 παρεκτὸς τ. δεσμῶν τούτων
31 οὐδὲν θανάτου ἢ δεσμῶν ἄξιον πράσσει
Phl 1 7 ἔν τε τ. δεσμοῖς μου κ. ἐν τ. ἀπολογίᾳ
13 ὥστε τ. δεσμούς μου φανεροὺς ἐν Χριστῷ γενέσθαι
14 πεποιθότας τ. δεσμοῖς μου
17 οἰόμενοι θλίψιν ἐγείρειν τ. δεσμοῖς μου
Col 4 18 μνημονεύετέ μου τ. δεσμῶν
II Ti 2 9 ἐν ᾧ κακοπαθῶ μέχρι δεσμῶν
Phm 10 ὃν ἐγέννησα ἐν τ. δεσμοῖς
13 ἵνα ὑπὲρ σοῦ μοι διακονῇ ἐν τ. δεσμοῖς τ. εὐαγγελίου
He 11 36 ἔτι δὲ δεσμῶν κ. φυλακῆς
Ju 6 εἰς κρίσιν μεγάλης ἡμέρας δεσμοῖς ἀϊδίοις . . . τετήρηκεν

ΔΕΣΜΟΦΥ'ΛΑΞ* † 1200

Ac 16 23 παραγγείλαντες τ. δεσμοφύλακι ἀσφαλῶς τηρεῖν αὐτούς
27 ἔξυπνος δὲ γενόμενος ὁ δεσμοφύλαξ
36 ἀπήγγειλεν δὲ ὁ δεσμοφύλαξ τ. λόγους πρὸς τ. Παῦλον

ΔΕΣΜΩΤΗ'ΡΙΟΝ 1201

Mt 11 2 ἀκούσας ἐν τ. δεσμωτηρίῳ τὰ ἔργα τ. Χριστοῦ
Ac 5 21 ἀπέστειλαν εἰς τὸ δεσμωτήριον
23 τὸ δεσμωτήριον εὕρομεν κεκλεισμένον
16 26 ὥστε σαλευθῆναι τὰ θεμέλια τ. δεσμωτηρίου

ΔΕΣΜΩ'ΤΗΣ 1202

Ac 27 1 παρεδίδουν . . . τινας ἑτέρους δεσμώτας ἑκατοντάρχῃ
42 ἵνα τ. δεσμώτας ἀποκτείνωσιν

ΔΕΣΠΟ'ΤΗΣ 1203

Lu 2 29 ἀπολύεις τ. δοῦλόν σου δέσποτα κατὰ τὸ ῥῆμά σου
Ac 4 24 δέσποτα σὺ ὁ ποιήσας τ. οὐρανόν
I Ti 6 1 τ. ἰδίους δεσπότας πάσης τιμῆς ἀξίους ἡγείσθωσαν
2 οἱ δὲ πιστοὺς ἔχοντες δεσπότας
II Ti 2 21 ἔσται σκεῦος εἰς τιμὴν . . . εὔχρηστον τ. δεσπότῃ
Tit 2 9 δούλους ἰδίοις δεσπόταις ὑποτάσσεσθαι
I Pe 2 18 ὑποτασσόμενοι ἐν παντὶ φόβῳ τ. δεσπόταις
II Pe 2 1 κ. τ. ἀγοράσαντα αὐτοὺς δεσπότην ἀρνούμενοι
Ju 4 τ. μόνον δεσπότην κ. Κύριον ἡμῶν . . . ἀρνούμενοι
Re 6 10 ἕως πότε ὁ δεσπότης ὁ ἅγιος κ. ἀληθινός

ΔΕΥ'ΡΟ 1204

(1) ἄχρι τοῦ δεῦρο

Mt 19 21 δεῦρο ἀκολούθει μοι
Mk 10 21 δεῦρο ἀκολούθει μοι
Lu 18 22 δεῦρο ἀκολούθει μοι
Jo 11 43 Λάζαρε δεῦρο ἔξω
Ac 7 3 δεῦρο εἰς τ. γῆν ἣν ἄν σοι δείξω
לֶךְ־לְךָ . . . אֶל־הָאָרֶץ אֲשֶׁר אַרְאֶךָּ, Gen. xii. 1
34 νῦν δεῦρο ἀποστείλω σε εἰς Αἴγυπτον
עַתָּה לְכָה וְאֶשְׁלָחֲךָ אֶל־פַּרְעֹה, Ex. iii. 10
Ro 1 13 [1] ἐκωλύθην ἄχρι τοῦ δεῦρο
Re 17 1 δεῦρο δείξω σοι τὸ κρίμα τ. πόρνης τ. μεγάλης
21 9 δεῦρο δείξω σοι τ. νύμφην τ. γυναῖκα τ. ἀρνίου

ΔΕΥ'ΤΕ 1205

(1) δ. εἰς, πρός

Mt 4 19 δεῦτε ὀπίσω μου
11 28 [1] δεῦτε πρός με πάντες οἱ κοπιῶντες
21 38 δεῦτε ἀποκτείνωμεν αὐτόν
22 4 [1] δεῦτε εἰς τ. γάμους
25 34 δεῦτε οἱ εὐλογημένοι τ. πατρός μου
28 6 δεῦτε ἴδετε τ. τόπον ὅπου ἔκειτο
Mk 1 17 δεῦτε ὀπίσω μου
6 31 [1] δεῦτε ὑμεῖς αὐτοὶ κατ' ἰδίαν εἰς ἔρημον τόπον
12 7 δεῦτε ἀποκτείνωμεν αὐτόν
Jo 4 29 δεῦτε ἴδετε ἄνθρωπον ὃς εἶπέν μοι πάντα
21 12 δεῦτε ἀριστήσατε
Re 19 17 δεῦτε συνάχθητε εἰς τὸ δεῖπνον τὸ μέγα τ. Θεοῦ

ΔΕΥΤΕΡΑΙ'ΟΣ* 1206

Ac 28 13 δευτεραῖοι ἤλθομεν εἰς Ποτιόλους

ΔΕΥΤΕΡΟ'ΠΡΩΤΟΣ* † 1207

Lu 6 1 ἐγένετο δὲ ἐν σαββάτῳ δευτεροπρώτῳ διαπορεύεσθαι αὐτόν
—δευτ., WH non mg. R. non mg.

ΔΕΥ'ΤΕΡΟΣ 1208

(1) ἐκ δευτ. (2) δεύτερον, τὸ δεύτ.

Mt 21 30 προσελθὼν δὲ τ. δευτέρῳ εἶπεν ὡσαύτως
τ. ἑτέρῳ, T
22 26 ὁμοίως κ. ὁ δεύτερος κ. ὁ τρίτος ἕως τῶν ἑπτά
39 δευτέρα ὁμοία αὕτη
26 42 [1] πάλιν ἐκ δευτέρου ἀπελθὼν προσηύξατο
Mk 12 21 ὁ δεύτερος ἔλαβεν αὐτὴν κ. ἀπέθανεν
31 δευτέρα αὕτη Ἀγαπήσεις τ. πλησίον σου
14 72 [1] εὐθὺς ἐκ δευτέρου ἀλέκτωρ ἐφώνησεν
Lu 12 38 κἂν ἐν τ. δευτέρᾳ κἂν ἐν τ. τρίτῃ φυλακῇ ἔλθῃ
19 18 ἦλθεν ὁ δεύτερος λέγων
20 30 ὁ δεύτερος κ. ὁ τρίτος ἔλαβεν αὐτήν
Jo 3 4 [2] εἰς τ. κοιλίαν τ. μητρὸς αὐτοῦ δεύτερον εἰσελθεῖν
4 54 τοῦτο δὲ πάλιν δεύτερον σημεῖον ἐποίησεν ὁ Ἰησοῦς
9 24 [1] ἐφώνησαν οὖν τ. ἄνθρωπον ἐκ δευτέρου ὃς ἦν τυφλός
21 16 [2] λέγει αὐτῷ πάλιν δεύτερον
Ac 7 13 ἐν τ. δευτέρῳ ἐγνωρίσθη Ἰωσὴφ τ. ἀδελφοῖς αὐτοῦ
10 15 [1] φωνὴ πάλιν ἐκ δευτέρου πρὸς αὐτόν
11 9 [1] ἀπεκρίθη δὲ ἐκ δευτέρου φωνὴ ἐκ τ. οὐρανοῦ
φ. ἐκ δευτ., TWH mg.
12 10 διελθόντες δὲ πρώτην φυλακὴν κ. δευτέραν
13 33 ὡς κ. ἐν τ. ψαλμῷ γέγραπται τ. δευτέρῳ
ἐν τ. πρώτῳ ψ. γέγρ., T
I Co 12 28 [2] πρῶτον ἀποστόλους δεύτερον προφήτας
15 47 ὁ δεύτερος ἄνθρωπος ἐξ οὐρανοῦ
II Co 1 15 ἵνα δευτέραν χαρὰν σχῆτε
13 2 [2] προλέγω ὡς παρὼν τὸ δεύτερον
Tit 3 10 μετὰ μίαν κ. δευτέραν νουθεσίαν παραιτοῦ
He 8 7 οὐκ ἂν δευτέρας ἐζητεῖτο τόπος
9 3 μετὰ δὲ τὸ δεύτερον καταπέτασμα σκηνή
7 εἰς δὲ τ. δευτέραν ἅπαξ τ. ἐνιαυτοῦ μόνος ὁ ἀρχιερεύς
28 [1] ἐκ δευτέρου χωρὶς ἁμαρτίας ὀφθήσεται
10 9 [2] ἀναιρεῖ τὸ πρῶτον ἵνα τὸ δεύτερον στήσῃ
II Pe 3 1 ταύτην ἤδη . . . δευτέραν ὑμῖν γράφω ἐπιστολήν
Ju 5 [2] τὸ δεύτερον τοὺς μὴ πιστεύσαντας ἀπώλεσεν
Re 2 11 ὁ νικῶν οὐ μὴ ἀδικηθῇ ἐκ τ. θανάτου τ. δευτέρου
4 7 τὸ δεύτερον ζῷον ὅμοιον μόσχῳ
6 3 ὅτε ἤνοιξεν τ. σφραγῖδα τ. δευτέραν,
ἤκουσα τ. δευτέρου ζῴου λέγοντος
8 8 ὁ δεύτερος ἄγγελος ἐσάλπισεν
11 14 ἡ οὐαὶ ἡ δευτέρα ἀπῆλθεν
14 8 ἄλλος δεύτερος ἄγγελος ἠκολούθησεν
ἄγγ. δεύτ., T
16 3 ὁ δεύτερος ἐξέχεεν τ. φιάλην αὐτοῦ εἰς τ. θάλασσαν
19 3 [2] δεύτερον εἴρηκαν Ἁλληλουιά
20 6 ἐπὶ τούτων ὁ δεύτερος θάνατος οὐκ ἔχει ἐξουσίαν
Re 20 14 οὗτος ὁ θάνατος ὁ δεύτερός ἐστιν
21 8 ὅ ἐστιν ὁ θάνατος ὁ δεύτερος
19 ὁ δεύτερος σάπφειρος

ΔΕ'ΧΟΜΑΙ 1209

(1) δέχ. λόγον

Mt 10 14 ὃς ἂν μὴ δέξηται ὑμᾶς
40 ὁ δεχόμενος ὑμᾶς ἐμὲ δέχεται·
κ. ὁ ἐμὲ δεχόμενος δέχεται τ. ἀποστείλαντά με.
41 ὁ δεχόμενος προφήτην εἰς ὄνομα προφήτου
41 κ. ὁ δεχόμενος δίκαιον εἰς ὄνομα δικαίου
11 14 εἰ θέλετε δέξασθαι
18 5 ὃς ἐὰν δέξηται ἓν παιδίον τοιοῦτο ἐπὶ τ. ὀνόματί μου ἐμὲ δέχεται
Mk 6 11 ὃς ἂν τόπος μὴ δέξηται ὑμᾶς
9 37 ὃς ἂν ἓν τ. τοιούτων παιδίων δέξηται ἐπὶ τ. ὀνόματί μου ἐμὲ δέχεται·
κ. ὃς ἂν ἐμὲ δέχηται οὐκ ἐμὲ δέχεται ἀλλὰ τ. ἀποστείλαντά με
10 15 ὃς ἂν μὴ δέξηται τ. βασιλείαν τ. Θεοῦ ὡς παιδίον
Lu 2 28 αὐτὸς ἐδέξατο αὐτὸ εἰς τ. ἀγκάλας
8 13 [1] οἳ ὅταν ἀκούσωσιν μετὰ χαρᾶς δέχονται τ. λόγον
9 5 ὅσοι ἂν μὴ δέχωνται ὑμᾶς
48 ὃς ἂν δέξηται τοῦτο τ. παιδίον ἐπὶ τ ὀνόματί μου ἐμὲ δέχεται·
κ. ὃς ἂν ἐμὲ δέξηται δέχεται τ. ἀποστείλαντά με
53 οὐκ ἐδέξαντο αὐτόν
10 8 εἰς ἣν ἂν πόλιν εἰσέρχησθε κ. δέχωνται ὑμᾶς
10 εἰς ἣν δ' ἂν πόλιν εἰσέλθητε κ. μὴ δέχωνται ὑμᾶς
16 4 ἵνα . . . δέξωνταί με εἰς τ. οἴκους ἑαυτῶν
6 δέξαι σου τὰ γράμματα
7 δέξαι σου τὰ γράμματα
9 ἵνα . . . δέξωνται ὑμᾶς εἰς τὰς αἰωνίους σκηνάς
18 17 ὃς ἂν μὴ δέξηται τ. βασιλείαν τ. Θεοῦ ὡς παιδίον
22 17 δεξάμενος ποτήριον εὐχαριστήσας εἶπεν
Jo 4 45 ἐδέξαντο αὐτὸν οἱ Γαλιλαῖοι
Ac 3 21 ὃν δεῖ οὐρανὸν μὲν δέξασθαι
7 38 ὃς ἐδέξατο λόγια ζῶντα δοῦναι ὑμῖν
59 Κύριε Ἰησοῦ δέξαι τὸ πνεῦμά μου
8 14 [1] ἀκούσαντες . . . ὅτι δέδεκται ἡ Σαμαρία τ. λόγον τ. Θεοῦ
11 1 [1] ἤκουσαν δὲ . . . ὅτι κ. τ. ἔθνη ἐδέξαντο τ. λόγον τ. Θεοῦ
17 11 [1] οἵτινες ἐδέξαντο τ. λόγον μετὰ πάσης προθυμίας
22 5 παρ' ὧν κ. ἐπιστολὰς δεξάμενος πρὸς τ. ἀδελφούς
28 21 ἡμεῖς οὔτε γράμματα περὶ σοῦ ἐδεξάμεθα ἀπὸ τῆς Ἰουδαίας
I Co 2 14 ψυχικὸς δὲ ἄνθρωπος οὐ δέχεται τὰ τ. πνεύματος
II Co 6 1 παρακαλοῦμεν μὴ εἰς κενὸν τ. χάριν τ Θεοῦ δέξασθαι ὑμᾶς
7 15 ὡς μετὰ φόβου κ. τρόμου ἐδέξασθε αὐτόν
8 17 ὅτι τὴν μὲν παράκλησιν ἐδέξατο
11 4 ἢ εὐαγγέλιον ἕτερον ὃ οὐκ ἐδέξασθε
16 κἂν ὡς ἄφρονα δέξασθέ με

Ga 4 14 ὡς ἄγγελον Θεοῦ ἐδέξασθέ με
Eph 6 17 τ. περικεφαλαίαν τ. σωτηρίου δέξασθε
Phl 4 18 δεξάμενος παρὰ Ἐπαφροδίτου τὰ παρ' ὑμῶν
Col 4 10 ἐὰν ἔλθῃ πρὸς ὑμᾶς δέξασθε αὐτόν
I Th 1 6 [1] δεξάμενοι τ. λόγον ἐν θλίψει πολλῇ
2 13 [1] παραλαβόντες λόγον ἀκοῆς . . . τ. Θεοῦ ἐδέξασθε οὐ λόγον ἀνθρώπων
II Th 2 10 τ. ἀγάπην τ. ἀληθείας οὐκ ἐδέξαντο εἰς τὸ σωθῆναι αὐτούς
He 11 31 δεξαμένη τ. κατασκόπους μετ' εἰρήνης
Ja 1 21 [1] ἐν πραΰτητι δέξασθε τ. ἔμφυτον λόγον

ΔΕ'Ω 1210

(1) δ. τ. **λόγον**

Mt 12 29 ἐὰν μὴ πρῶτον δήσῃ τ. ἰσχυρόν
13 30 δήσατε αὐτὰ εἰς δέσμας πρὸς τὸ κατακαῦσαι αὐτά
14 3 κρατήσας τ. Ἰωάνην ἔδησεν
16 19 ὃ ἐὰν δήσῃς ἐπὶ τ. γῆς ἔσται δεδεμένον ἐν τ. οὐρανοῖς
18 18 ὅσα ἐὰν δήσητε ἐπὶ τ. γῆς ἔσται δεδεμένα ἐν οὐρανῷ
21 2 εὐθὺς εὑρήσετε ὄνον δεδεμένην
22 13 δήσαντες αὐτοῦ πόδας κ. χεῖρας
27 2 δήσαντες αὐτὸν ἀπήγαγον
Mk 3 27 ἐὰν μὴ πρῶτον τ. ἰσχυρὸν δήσῃ
5 3 οὐδὲ ἁλύσει οὐκέτι οὐδεὶς ἐδύνατο αὐτὸν δῆσαι,
4 διὰ τὸ αὐτὸν πολλάκις πέδαις κ. ἁλύσεσι δεδέσθαι
6 17 ἔδησεν αὐτὸν ἐν φυλακῇ
11 2 εἰσπορευόμενοι εἰς αὐτὴν εὑρήσετε πῶλον δεδεμένον
4 εὗρον πῶλον δεδεμένον πρὸς θύραν ἔξω
15 1 δήσαντες τ. Ἰησοῦν ἀπήνεγκαν
7 Βαραββᾶς μετὰ τ. στασιαστῶν δεδεμένος
Lu 13 16 ἣν ἔδησεν ὁ Σατανᾶς
19 30 εἰσπορευόμενοι εὑρήσετε πῶλον δεδεμένον
Jo 11 44 δεδεμένος τ. πόδας καὶ τ. χεῖρας κειρίαις
18 12 συνέλαβον τ. Ἰησοῦν κ. ἔδησαν αὐτόν
24 ἀπέστειλεν οὖν αὐτὸν ὁ Ἅννας δεδεμένον πρὸς Καιάφαν
19 40 ἔδησαν αὐτὸ ὀθονίοις μετὰ τ. ἀρωμάτων
Ac 9 2 ὅπως . . . δεδεμένους ἀγάγῃ εἰς Ἰερουσαλήμ
14 δῆσαι πάντας τ. ἐπικαλουμένους τ. ὄνομά σου
21 ἵνα δεδεμένους αὐτοὺς ἀγάγῃ ἐπὶ τ. ἀρχιερεῖς
12 6 ἦν ὁ Πέτρος κοιμώμενος . . . δεδεμένος ἁλύσεσι δυσί
20 22 νῦν ἰδοὺ δεδεμένος ἐγὼ τ. πνεύματι
21 11 δήσας ἑαυτοῦ τ. πόδας κ. τ. χεῖρας
11 τὸν ἄνδρα . . . οὕτως δήσουσιν ἐν Ἰερουσαλὴμ οἱ Ἰουδαῖοι
13 ἐγὼ γὰρ οὐ μόνον δεθῆναι . . ἑτοίμως ἔχω
33 ἐκέλευσεν δεθῆναι ἁλύσεσι δυσί
22 5 ἄξων . . . δεδεμένους εἰς Ἰερουσαλήμ
29 ὅτι αὐτὸν ἦν δεδεκώς
24 27 κατέλιπεν τὸν Παῦλον δεδεμένον
Ro 7 2 ἡ γὰρ ὕπανδρος γυνὴ τ. ζῶντι ἀνδρὶ δέδεται νόμῳ
I Co 7 27 δέδεσαι γυναικί; μὴ ζήτει λύσιν
39 γυνὴ δέδεται ἐφ' ὅσον χρόνον ζῇ ὁ ἀνὴρ αὐτῆς
Col 4 3 δι' ὃ καὶ δέδεμαι
II Ti 2 9 [1] ὁ λόγος τ. Θεοῦ οὐ δέδεται
Re 9 14 λῦσον τ. τέσσαρας ἀγγέλους τ. δεδεμένους ἐπὶ τ. ποταμῷ . . . Εὐφράτῃ
20 2 ἔδησεν αὐτὸν χίλια ἔτη

ΔΗ' 1211

Mt 13 23 ὃς δὴ καρποφορεῖ
Lu 2 15 διέλθωμεν δὴ ἕως Βηθλεέμ
Ac 6 3 ἐπισκέψασθε δὴ . . . ἄνδρας ἐξ ὑμῶν μαρτυρουμένους
δέ, TWH non mg. R mg.; **οὖν**, R; [δὴ], WH mg.
13 2 ἀφορίσατε δή μοι τ. Βαρνάβαν κ. Σαῦλον
15 36 ἐπιστρέψαντες δὴ ἐπισκεψώμεθα τ. ἀδελφούς
I Co 6 20 δοξάσατε δὴ τ. Θεὸν ἐν τ. σώματι ὑμῶν
He 2 16 οὐ γὰρ δή που ἀγγέλων ἐπιλαμβάνεται
δήπου, T

1211.5 ΔΗΛΑΥΓΩ͂Σ * † cf. 5081

Mk 8 25 ἐνέβλεπεν δηλαυγῶς ἅπαντα
τηλαυγῶς, WH non mg.

ΔΗ͂ΛΟΣ 1212

Mt 26 73 κ. γὰρ ἡ λαλιά σου δῆλόν σε ποιεῖ
ἡ λαλ. σ. ὁμοιάζει, WH marg.
I Co 15 27 δῆλον ὅτι ἐκτὸς τ. ὑποτάξαντος αὐτῷ τὰ πάντα
Ga 3 11 ὅτι δὲ ἐν νόμῳ οὐδεὶς δικαιοῦται παρὰ τ. Θεῷ δῆλον

ΔΗΛΟ'Ω 1213

I Co 1 11 ἐδηλώθη γάρ μοι περὶ ὑμῶν
3 13 ἡ γὰρ ἡμέρα δηλώσει
Col 1 8 ὁ κ. δηλώσας ἡμῖν τ. ὑμῶν ἀγάπην ἐν πνεύματι
He 9 8 τοῦτο δηλοῦντος τ. πνεύματος τ. ἁγίου
12 27 τὸ δὲ Ἔτι ἅπαξ δηλοῖ τὴν τ. σαλευομένων μετάθεσιν
I Pe 1 11 εἰς τίνα ἢ ποῖον καιρὸν ἐδήλου τὸ ἐν αὐτοῖς πνεῦμα Χριστοῦ
ἐδηλοῦτο ἐν, WH mg.
II Pe 1 14 καθὼς κ. ὁ Κύριος ἡμῶν Ἰησοῦς Χριστὸς ἐδήλωσέν μοι

ΔΗΜΑ͂Σ 1214

Col 4 14 ἀσπάζεται ὑμᾶς Λουκᾶς ὁ ἰατρὸς ὁ ἀγαπητὸς κ. Δημᾶς
II Ti 4 10 Δημᾶς γάρ με ἐγκατέλειπεν
Phm 24 ἀσπάζεταί σε . . . Δημᾶς Λουκᾶς οἱ συνεργοί μου

ΔΗΜΗΓΟΡΕ'Ω 1215

Ac 12 21 καθίσας ἐπὶ τ. βήματος ἐδημηγόρει πρὸς αὐτούς

ΔΗΜΗ'ΤΡΙΟΣ 1216

Ac 19 24 Δημήτριος γάρ τις ὀνόματι ἀργυροκόπος
38 εἰ μὲν οὖν Δημήτριος κ. οἱ σὺν αὐτῷ τεχνῖται ἔχουσιν πρός τινα λόγον
III Jo 12 Δημητρίῳ μεμαρτύρηται ὑπὸ πάντων

ΔΗΜΙΟΥΡΓΟ'Σ ** 1217

He 11 10 ἧς τεχνίτης κ. δημιουργὸς ὁ Θεός

ΔΗ͂ΜΟΣ 1218
Ac 12 22 ὁ δὲ δῆμος ἐπεφώνει
17 5 ἐζήτουν αὐτοὺς προαγαγεῖν εἰς τ. δῆμον
19 30 Παύλου δὲ βουλομένου εἰσελθεῖν εἰς τ. δῆμον
33 ὁ δὲ Ἀλέξανδρος . . . ἤθελεν ἀπολογεῖσθαι τ. δήμῳ

ΔΗΜΌΣΙΟΣ** 1219
Ac 5 18 ἔθεντο αὐτοὺς ἐν τηρήσει δημοσίᾳ
16 37 δείραντες ἡμᾶς δημοσίᾳ ἀκατακρίτους
18 28 δημοσίᾳ ἐπιδεικνὺς διὰ τ. γραφῶν
20 20 διδάξαι ὑμᾶς δημοσίᾳ κ. κατ᾽ οἴκους

ΔΗΝΆΡΙΟΝ* 1220
Mt 18 28 ὃς ὤφειλεν αὐτῷ ἑκατὸν δηνάρια
20 2 συμφωνήσας δὲ μετὰ τ. ἐργατῶν ἐκ δηναρίου τ. ἡμέραν
9 οἱ περὶ τ. ἑνδεκάτην ὥραν ἔλαβον ἀνὰ δηνάριον
10 ἔλαβον τὸ ἀνὰ δηνάριον κ. αὐτοί
13 οὐχὶ δηναρίου συνεφώνησάς μοι;
22 19 οἱ δὲ προσήνεγκαν αὐτῷ δηνάριον
Mk 6 37 ἀπελθόντες ἀγοράσωμεν δηναρίων διακοσίων ἄρτους
12 15 φέρετέ μοι δηνάριον ἵνα ἴδω
14 5 ἠδύνατο γὰρ . . . πραθῆναι ἐπάνω δηναρίων τριακοσίων
τριακ. δην., WH marg.
Lu 7 41 ὁ εἷς ὤφειλεν δηνάρια πεντακόσια
10 35 ἐκβαλὼν δύο δηνάρια ἔδωκεν τ. πανδοχεῖ
ἔδ. δ. δην., WH marg.
20 24 δείξατέ μοι δηνάριον
Jo 6 7 διακοσίων δηναρίων ἄρτοι οὐκ ἀρκοῦσιν αὐτοῖς
12 5 διὰ τί τοῦτο τὸ μύρον οὐκ ἐπράθη τριακοσίων δηναρίων
Re 6 6 χοῖνιξ σίτου δηναρίου,
κ. τρεῖς χοίνικες κριθῶν δηναρίου

ΔΉΠΟΤΕ 1221
Jo 5 [4 ᾧ δήποτε κατείχετο νοσήματι
—h. v., TWHR non mg.

ΔΉΠΟΥ 1222
He 2 16 οὐ γὰρ δήπου ἀγγέλων ἐπιλαμβάνεται
δή που, WH

ΔΙΆ 1223
c. gen.

(1) διὰ προφήτου, -τῶν (2) διὰ Χριστοῦ, Ἰησοῦ (3) διὰ στόματος (4) δι᾽ ἡμέρας, -ρῶν, νυκτός (5) διὰ παντός (6) διὰ χειρός, -ρῶν (7) διὰ Θεοῦ, θελήματος Θ.

Mt 1 22 [1] ἵνα πληρωθῇ τὸ ῥηθὲν ὑπὸ Κυρίου διὰ τ. προφήτου
2 5 [1] οὕτως γὰρ γέγραπται διὰ τ. προφήτου
12 δι᾽ ἄλλης ὁδοῦ ἀνεχώρησαν εἰς τ. χώραν αὐτῶν
15 [1] ἵνα πληρωθῇ τὸ ῥηθὲν ὑπὸ Κυρίου διὰ τ. προφήτου
Mt 2 17 [1] τότε ἐπληρώθη τὸ ῥηθὲν διὰ Ἰερεμίου τ. προφήτου
23 [1] ὅπως πληρωθῇ τὸ ῥηθὲν διὰ τ. προφητῶν
3 3 [1] οὗτος γάρ ἐστιν ὁ ῥηθεὶς διὰ Ἠσαίου τ. προφήτου
4 4 [3] ἐπὶ παντὶ ῥήματι ἐκπορευομένῳ διὰ στόματος Θεοῦ
עַל־כָּל־מוֹצָא פִי־יְהוָה, Dt. viii. 3
14 [1] ἵνα πληρωθῇ τὸ ῥηθὲν διὰ Ἠσαίου τ. προφήτου
7 13 εἰσέλθατε διὰ τ. στενῆς πύλης
13 πολλοί εἰσιν οἱ εἰσερχόμενοι δι᾽ αὐτῆς
8 17 [1] ὅπως πληρωθῇ τὸ ῥηθὲν διὰ Ἠσαίου τ. προφήτου
28 μὴ ἰσχύειν τινὰ παρελθεῖν διὰ τῆς ὁδοῦ ἐκείνης
11 2 πέμψας διὰ τ. μαθητῶν αὐτοῦ
12 1 ἐπορεύθη . . . τ. σάββασι διὰ τ. σπορίμων
17 [1] ἵνα πληρωθῇ τὸ ῥηθὲν διὰ Ἠσαίου τ. προφήτου
43 διέρχεται δι᾽ ἀνύδρων τόπων
13 35 [1] ὅπως πληρωθῇ τὸ ῥηθὲν διὰ τ. προφήτου
18 7 δι᾽ οὗ τὸ σκάνδαλον ἔρχεται
10 [5] διὰ παντὸς βλέπουσιν τὸ πρόσωπον τ. πατρός μου
19 24 κάμηλον διὰ τρήματος ῥαφίδος εἰσελθεῖν
21 4 [1] ἵνα πληρωθῇ τὸ ῥηθὲν διὰ τ. προφήτου
24 15 [1] τὸ βδέλυγμα . . . τὸ ῥηθὲν διὰ Δανιὴλ τ. προφήτου
26 24 δι᾽ οὗ ὁ υἱὸς τ. ἀνθρώπου παραδίδοται
61 [4] διὰ τριῶν ἡμερῶν οἰκοδομῆσαι
27 9 [1] τότε ἐπληρώθη τὸ ῥηθὲν διὰ Ἰερεμίου τ. προφήτου
Mk 2 1 [4] εἰσελθὼν πάλιν εἰς Καφαρναοὺμ δι᾽ ἡμερῶν
23 ἐγένετο αὐτὸν . . . διαπορεύεσθαι διὰ τ. σπορίμων
5 5 [5] διὰ παντὸς νυκτὸς κ. ἡμέρας
διαπαντός, T
6 2 [6] αἱ δυνάμεις τοιαῦται διὰ τ. χειρῶν αὐτοῦ γινόμεναι
7 31 ἦλθεν διὰ Σιδῶνος εἰς τ. θάλασσαν τ. Γαλιλαίας
9 30 ἐξελθόντες ἐπορεύοντο διὰ τ. Γαλιλαίας
10 25 κάμηλον διὰ τρυμαλιᾶς ῥαφίδος διελθεῖν
11 16 ἵνα τις διενέγκῃ σκεῦος διὰ τ. ἱεροῦ
13 2 [4] διὰ τριῶν ἡμερῶν ἄλλος ἀναστήσεται ἄνευ χειρῶν
—h. v., TWH non mg. R
14 21 δι᾽ οὗ ὁ υἱὸς τ. ἀνθρώπου παραδίδοται
58 [4] διὰ τριῶν ἡμερῶν ἄλλον ἀχειροποίητον οἰκοδομήσω
16 [20 τ. λόγον βεβαιοῦντος διὰ τ. ἐπακολουθούντων σημείων
Lu 1 70 [3] καθὼς ἐλάλησεν διὰ στόματος τ. ἁγίων . . . προφητῶν αὐτοῦ
4 30 αὐτὸς δὲ διελθὼν διὰ μέσου αὐτῶν
5 5 [4] δι᾽ ὅλης νυκτὸς κοπιάσαντες οὐδὲν ἐλάβομεν
19 διὰ τ. κεράμων καθῆκαν αὐτόν
6 1 ἐγένετο δὲ . . . διαπορεύεσθαι αὐτὸν διὰ σπορίμων
8 4 εἶπεν διὰ παραβολῆς

Lu 9 37 [4] ἐγένετο δὲ διὰ τ. ἡμέρας
τῇ ἑξῆς ἡμέρᾳ, TWH non mg. R
11 24 διέρχεται δι' ἀνύδρων τόπων
13 24 ἀγωνίζεσθε εἰσελθεῖν διὰ τ. στενῆς θύρας
17 1 πλὴν οὐαὶ δι' οὗ ἔρχεται
18 25 κάμηλον διὰ τρήματος βελόνης εἰσελθεῖν
31 [1] τελεσθήσεται πάντα τ. γεγραμμένα διὰ τ. προφητῶν
22 22 δι' οὗ παραδίδοται
24 53 [5] ἦσαν διὰ παντὸς ἐν τ. ἱερῷ
διαπαντός, T
Jo 1 3 πάντα δι' αὐτοῦ ἐγένετο
7 ἵνα πάντες πιστεύσωσιν δι' αὐτοῦ
10 ὁ κόσμος δι' αὐτοῦ ἐγένετο
17 ὁ νόμος διὰ Μωυσέως ἐδόθη·
[2] ἡ χάρις κ. ἡ ἀλήθεια διὰ Ἰησοῦ Χριστοῦ ἐγένετο
3 17 ἵνα σωθῇ ὁ κόσμος δι' αὐτοῦ
4 4 ἔδει δὲ αὐτὸν διέρχεσθαι διὰ τ. Σαμαρίας
8 59 διελθὼν διὰ μέσου αὐτῶν ἐπορεύετο
—h. v., TWHR non mg.
10 1 ὁ μὴ εἰσερχόμενος διὰ τ. θύρας εἰς τ. αὐλὴν
2 ὁ δὲ εἰσερχόμενος διὰ τ. θύρας
9 δι' ἐμοῦ ἐάν τις εἰσέλθῃ
11 4 ἵνα δοξασθῇ ὁ υἱὸς τ. Θεοῦ δι' αὐτῆς
14 6 οὐδεὶς ἔρχεται πρὸς τ. πατέρα εἰ μὴ δι' ἐμοῦ
17 20 περὶ τ. πιστευόντων διὰ τ. λόγου αὐτῶν εἰς ἐμέ
19 23 ἐκ τῶν ἄνωθεν ὑφαντὸς δι' ὅλου
Ac 1 2 ἐντειλάμενος τ. ἀποστόλοις διὰ πνεύματος ἁγίου
3 [4] δι' ἡμερῶν τεσσεράκοντα ὀπτανόμενος αὐτοῖς
16 [8] ἣν προεῖπεν τὸ Πνεῦμα τὸ Ἅγιον διὰ στόματος Δαυείδ
2 16 [1] τὸ εἰρημένον διὰ τ. προφήτου Ἰωήλ
22 οἷς ἐποίησεν δι' αὐτοῦ ὁ Θεός
23 [6] διὰ χειρὸς ἀνόμων προσπήξαντες ἀνείλατε
25 [5] προορώμην τ. Κύριον ἐνώπιόν μου διὰ παντός
διαπαντός, T
שִׁוִּיתִי יְהוָה לְנֶגְדִּי תָמִיד, Ps. xvi. 8
43 πολλὰ δὲ . . . σημεῖα διὰ τ. ἀποστόλων ἐγίνετο
3 16 ἡ πίστις ἡ δι' αὐτοῦ
18 [8] ὁ προκατήγγειλεν διὰ στόματος πάντων τ. προφητῶν
21 [8] ὧν ἐλάλησεν ὁ Θεὸς διὰ στόματος τ. ἁγίων . . . προφητῶν
4 16 ὅτι μὲν γὰρ γνωστὸν σημεῖον γέγονεν δι' αὐτῶν
25 [8] ὁ τ. πατρὸς ἡμῶν διὰ πνεύματος ἁγίου στόματος Δαυεὶδ . . . εἰπών
30 [8] σημεῖα κ. τέρατα γίνεσθαι διὰ τ. ὀνόματος . . . Ἰησοῦ
5 12 [6] διὰ δὲ τ. χειρῶν τ. ἀποστόλων ἐγίνετο σημεῖα
19 [4] διὰ νυκτὸς ἤνοιξεν τ. θύρας τ. φυλακῆς
7 25 [6] ὁ Θεὸς διὰ χειρὸς αὐτοῦ δίδωσιν σωτηρίαν
8 18 διὰ τ. ἐπιθέσεως τ. χειρῶν τ. ἀποστόλων δίδοται τ. πνεῦμα
20 τ. δωρεὰν τ. Θεοῦ ἐνόμισας διὰ χρημάτων κτᾶσθαι
9 25 διὰ τείχους καθῆκαν αὐτὸν
32 ἐγένετο δὲ Πέτρον διερχόμενον διὰ πάντων
Ac 10 2 [5] δεόμενος τ. Θεοῦ διὰ παντός
διαπαντός, T
36 [2] εὐαγγελιζόμενος εἰρήνην διὰ Ἰησοῦ Χριστοῦ
43 ἄφεσιν ἁμαρτιῶν λαβεῖν διὰ τ. ὀνόματος αὐτοῦ
11 28 ἐσήμαινεν διὰ τ. πνεύματος
30 [6] ἀποστείλαντες πρὸς τ. πρεσβυτέρους διὰ χειρὸς Βαρνάβα κ. Σαύλου
12 9 ἀληθές ἐστιν τὸ γινόμενον διὰ τ. ἀγγέλου
13 38 διὰ τούτου ὑμῖν ἄφεσις ἁμαρτιῶν καταγγέλλεται
49 διεφέρετο δὲ ὁ λόγος τ. Κυρίου δι' ὅλης τῆς χώρας
καθ' ὅλης, T
14 3 [6] σημεῖα κ. τέρατα γίνεσθαι διὰ τ. χειρῶν αὐτῶν
22 διὰ πολλῶν θλίψεων δεῖ ἡμᾶς εἰσελθεῖν
15 7 [3] διὰ τ. στόματός μου ἀκοῦσαι τὰ ἔθνη
11 διὰ τ. χάριτος τ. Κυρίου Ἰησοῦ πιστεύομεν σωθῆναι
12 ὅσα ἐποίησεν ὁ Θεὸς . . . ἐν τ. ἔθνεσιν δι' αὐτῶν
23 [6] γράψαντες διὰ χειρὸς αὐτῶν
27 κ. αὐτοὺς διὰ λόγου ἀπαγγέλλοντας τὰ αὐτά
32 διὰ λόγου πολλοῦ παρεκάλεσαν τ. ἀδελφοὺς
16 9 [4] ὅραμα διὰ νυκτὸς τ. Παύλῳ ὤφθη
17 10 [4] εὐθέως διὰ νυκτὸς ἐξέπεμψαν τ. τε Παῦλον κ. τ. Σίλαν
18 9 εἶπεν δὲ ὁ Κύριος ἐν νυκτὶ δι' ὁράματος
27 συνεβάλετο πολὺ τ. πεπιστευκόσι διὰ τ. χάριτος
28 ἐπιδεικνὺς διὰ τ. γραφῶν
19 11 [6] ὁ Θεὸς ἐποίει διὰ τ. χειρῶν Παύλου
26 [6] οὐκ εἰσὶν θεοὶ οἱ διὰ χειρῶν γινόμενοι
20 3 ἐγένετο γνώμης τοῦ ὑποστρέφειν διὰ Μακεδονίας
28 ἣν περιεποιήσατο διὰ τ. αἵματος τ. ἰδίου
21 4 οἵτινες τ. Παύλῳ ἔλεγον διὰ τ. πνεύματος
19 ὧν ἐποίησεν ὁ Θεὸς . . . διὰ τ. διακονίας αὐτοῦ
23 31 [4] ἤγαγον διὰ νυκτὸς εἰς τ. Ἀντιπατρίδα
24 2 πολλῆς εἰρήνης τυγχάνοντες διὰ σοῦ,
κ. διορθωμάτων γινομένων . . . διὰ τ. σῆς προνοίας
16 [5] ἀπρόσκοπον συνείδησιν ἔχειν . . . διὰ παντός.
διαπαντός, T
17 δι' ἐτῶν δὲ πλειόνων ἐλεημοσύνας ποιήσων
27 5 [4] διαπλεύσαντες δι' ἡμερῶν δεκάπεντε
—δι' ἡμ. δεκ, TWH non mg. R
28 25 [1] ἐλάλησεν διὰ Ἠσαΐου τ. προφήτου
Ro 1 2 [1] ὃ προεπηγγείλατο διὰ τ. προφητῶν αὐτοῦ
5 δι' οὗ ἐλάβομεν χάριν
8 [2] εὐχαριστῶ τ. Θεῷ μου διὰ Ἰησοῦ Χριστοῦ
12 συνπαρακληθῆναι ἐν ὑμῖν διὰ τῆς ἐν ἀλλήλοις πίστεως
2 12 διὰ νόμου κριθήσονται
16 [2] κρίνει ὁ Θεὸς τ. κρυπτὰ . . . διὰ Χριστοῦ Ἰησοῦ
23 διὰ τ. παραβάσεως τ. νόμου τ. Θεὸν ἀτιμάζεις;
27 τὸν διὰ γράμματος κ. περιτομῆς παραβάτην νόμου
3 20 διὰ γὰρ νόμου ἐπίγνωσις ἁμαρτίας
22 δικαιοσύνη δὲ Θεοῦ διὰ πίστεως Ἰησοῦ Χριστοῦ

Ro 3 24 δικαιούμενοι δωρεὰν . . . διὰ τ. ἀπολυτρώσεως τῆς ἐν Χριστῷ Ἰησοῦ
25 ἱλαστήριον διὰ πίστεως ἐν τῷ αὐτοῦ αἵματι
27 διὰ ποίου νόμου; τ. ἔργων;
οὐχὶ ἀλλὰ διὰ νόμου πίστεως
30 ὃς δικαιώσει . . . ἀκροβυστίαν διὰ τ. πίστεως.
31 νόμον οὖν καταργοῦμεν διὰ τ. πίστεως;
4 11 πατέρα πάντων τ. πιστευόντων δι' ἀκροβυστίας
13 οὐ γὰρ διὰ νόμου ἡ ἐπαγγελία τῷ Ἀβραάμ
13 ἀλλὰ διὰ δικαιοσύνης πίστεως
5 1 [2] εἰρήνην ἔχωμεν πρὸς τ. Θεὸν διὰ τ. Κυρίου ἡμῶν Ἰησοῦ Χριστοῦ
2 δι' οὗ κ. τ. προσαγωγὴν ἐσχήκαμεν
5 ἐκκέχυται ἐν τ. καρδίαις ἡμῶν διὰ πνεύματος ἁγίου
9 σωθησόμεθα δι' αὐτοῦ ἀπὸ τ. ὀργῆς
10 κατηλλάγημεν τ. Θεῷ διὰ τ. θανάτου τ. υἱοῦ αὐτοῦ
11 [2] καυχώμενοι ἐν τ. Θεῷ διὰ τ. Κυρίου ἡμῶν Ἰησοῦ Χριστοῦ,
δι' οὗ νῦν τ. καταλλαγὴν ἐλάβομεν
12 ὥσπερ δι' ἑνὸς ἀνθρώπου ἡ ἁμαρτία . . . εἰσῆλθεν,
κ. διὰ τ. ἁμαρτίας ὁ θάνατος
16 οὐχ ὡς δι' ἑνὸς ἁμαρτήσαντος
17 ὁ θάνατος ἐβασίλευσεν διὰ τ. ἑνός
17 [2] ἐν ζωῇ βασιλεύσουσιν διὰ τ. ἑνὸς Ἰησοῦ Χριστοῦ.
18 ἄρα οὖν ὡς δι' ἑνὸς παραπτώματος
18 οὕτως κ. δι' ἑνὸς δικαιώματος
19 ὥσπερ γὰρ διὰ τ. παρακοῆς τ. ἑνὸς ἀνθρώπου
19 οὕτως κ. διὰ τ. ὑπακοῆς τ. ἑνός
21 ἵνα . . . ἡ χάρις βασιλεύσῃ διὰ δικαιοσύνης εἰς ζωὴν αἰώνιον
[2] διὰ Ἰησοῦ Χριστοῦ τ. Κυρίου ἡμῶν
6 4 συνετάφημεν οὖν αὐτῷ διὰ τ. βαπτίσματος
4 ὥσπερ ἠγέρθη Χριστὸς . . . διὰ τ. δόξης τ. πατρός
7 4 ἐθανατώθητε τ. νόμῳ διὰ τ. σώματος τ. Χριστοῦ
5 τὰ παθήματα τ. ἁμαρτιῶν τὰ διὰ τ. νόμου
7 τ. ἁμαρτίαν οὐκ ἔγνων εἰ μὴ διὰ νόμου
8 ἀφορμὴν δὲ λαβοῦσα ἡ ἁμαρτία διὰ τ. ἐντολῆς
11 ἡ γὰρ ἁμαρτία ἀφορμὴν λαβοῦσα διὰ τ. ἐντολῆς
ἐξηπάτησέν με κ. δι' αὐτῆς ἀπέκτεινεν
13 διὰ τ. ἀγαθοῦ μοι κατεργαζομένη θάνατον,
ἵνα γένηται . . . ἁμαρτωλὸς ἡ ἁμαρτία διὰ τ. ἐντολῆς
25 [2] χάρις δὲ τ. Θεῷ διὰ Ἰησοῦ Χριστοῦ
8 3 ἐν ᾧ ἠσθένει διὰ τ. σαρκός
11 διὰ τ. ἐνοικοῦντος αὐτοῦ πνεύματος ἐν ὑμῖν
διὰ τὸ ἐνοικοῦν αὐτοῦ πνεῦμα, WH mg. R mg.
25 δι' ὑπομονῆς ἀπεκδεχόμεθα
37 ὑπερνικῶμεν διὰ τ. ἀγαπήσαντος ἡμᾶς
10 17 ἡ δὲ ἀκοὴ διὰ ῥήματος Χριστοῦ
11 10 [5] τ. νῶτον αὐτῶν διὰ παντὸς σύνκαμψον
διαπαντός, T
מָתְנֵיהֶם תָּמִיד הַמְעַד, Ps. lxix. 24
36 ἐξ αὐτοῦ κ. δι' αὐτοῦ κ. εἰς αὐτὸν τὰ πάντα

Ro 12 1 παρακαλῶ οὖν ὑμᾶς . . . διὰ τ. οἰκτιρμῶν τ. Θεοῦ
3 λέγω γὰρ διὰ τ. χάριτος τ. δοθείσης μοι
14 14 οὐδὲν κοινὸν δι' ἑαυτοῦ
20 κακὸν τ. ἀνθρώπῳ τῷ διὰ προσκόμματος ἐσθίοντι
15 4 διὰ τ. ὑπομονῆς κ. διὰ τ. παρακλήσεως τ. γραφῶν
18 ὧν οὐ κατειργάσατο Χριστὸς δι' ἐμοῦ
28 ἀπελεύσομαι δι' ὑμῶν εἰς Σπανίαν
30 [2] παρακαλῶ οὖν ὑμᾶς . . . διὰ τ. Κυρίου ἡμῶν Ἰησοῦ Χριστοῦ,
κ. διὰ τ. ἀγάπης τ. πνεύματος
32 [7] ἐν χαρᾷ ἐλθὼν πρὸς ὑμᾶς διὰ θελήματος Θεοῦ
16 18 διὰ τ. χρηστολογίας κ. εὐλογίας ἐξαπατῶσιν
26 διά τε γραφῶν προφητικῶν
27 [2] μόνῳ σοφῷ Θεῷ διὰ Ἰησοῦ Χριστοῦ
I Co 1 1 [7] ἀπόστολος Ἰησοῦ Χριστοῦ διὰ θελήματος Θεοῦ
9 δι' οὗ ἐκλήθητε εἰς κοινωνίαν τ. υἱοῦ αὐτοῦ
10 παρακαλῶ δὲ ὑμᾶς . . . διὰ τ. ὀνόματος τ. Κυρίου ἡμῶν
21 οὐκ ἔγνω ὁ κόσμος διὰ τ. σοφίας τ. Θεόν,
εὐδόκησεν ὁ Θεὸς διὰ τ. μωρίας τ. κηρύγματος
2 10 ἀπεκάλυψεν ὁ Θεὸς διὰ τ. πνεύματος
3 5 διάκονοι δι' ὧν ἐπιστεύσατε
15 οὕτως δὲ ὡς διὰ πυρός
4 15 διὰ τ. εὐαγγελίου ἐγὼ ὑμᾶς ἐγέννησα
6 14 κ. ἡμᾶς ἐξεγερεῖ διὰ τ. δυνάμεως αὐτοῦ
8 6 δι' οὗ τὰ πάντα κ. ἡμεῖς δι' αὐτοῦ
δι' ὅν, WH mg.
10 1 πάντες διὰ τ. θαλάσσης διῆλθον
11 12 οὕτως κ. ὁ ἀνὴρ διὰ τ. γυναικός
12 8 ᾧ μὲν γὰρ διὰ τ. πνεύματος δίδοται λόγος σοφίας
13 12 βλέπομεν γὰρ ἄρτι δι' ἐσόπτρου ἐν αἰνίγματι
14 9 ὑμεῖς διὰ τ. γλώσσης ἐὰν μὴ εὔσημον λόγον δῶτε
15 2 δι' οὗ κ. σῴζεσθε
21 ἐπειδὴ γὰρ δι' ἀνθρώπου θάνατος,
κ. δι' ἀνθρώπου ἀνάστασις νεκρῶν
57 [2] τ. διδόντι ἡμῖν τὸ νῖκος διὰ τ. Κυρίου ἡμῶν Ἰησοῦ Χριστοῦ
16 3 οὓς ἐὰν δοκιμάσητε δι' ἐπιστολῶν
II Co 1 1 [7] ἀπόστολος Χριστοῦ Ἰησοῦ διὰ θελήματος Θεοῦ
4 διὰ τ. παρακλήσεως ἧς παρακαλούμεθα
5 [2] οὕτως διὰ τ. Χριστοῦ περισσεύει
11 ἵνα . . . τὸ εἰς ἡμᾶς χάρισμα διὰ πολλῶν εὐχαριστηθῇ ὑπὲρ ἡμῶν
16 δι' ὑμῶν διελθεῖν εἰς Μακεδονίαν
19 ὁ ἐν ὑμῖν δι' ἡμῶν κηρυχθείς,
δι' ἐμοῦ κ. Σιλουανοῦ κ. Τιμοθέου
20 διὸ κ. δι' αὐτοῦ τὸ ἀμήν,
τ. Θεῷ πρὸς δόξαν δι' ἡμῶν
2 4 ἔγραψα ὑμῖν διὰ πολλῶν δακρύων
14 τ. ὀσμὴν τ. γνώσεως αὐτοῦ φανεροῦντι δι' ἡμῶν
3 4 [2] πεποίθησιν δὲ τοιαύτην ἔχομεν διὰ τ. Χριστοῦ
11 εἰ γὰρ τὸ καταργούμενον διὰ δόξης
4 5 [2] ἑαυτοὺς δὲ δούλους ὑμῶν διὰ Ἰησοῦ
διὰ Ἰησοῦν, TWH non mg. R non mg

II Co 4 15 ἵνα . . . διὰ τ. πλειόνων τ. εὐχαριστίαν περισσεύσῃ
5 7 διὰ πίστεως γὰρ περιπατοῦμεν οὐ διὰ εἴδους
10 ἵνα κομίσηται ἕκαστος τὰ διὰ τ. σώματος
18 [2] τ. καταλλάξαντος ἡμᾶς ἑαυτῷ διὰ Χριστοῦ
20 ὡς τ. Θεοῦ παρακαλοῦντος δι' ἡμῶν
6 7 διὰ τ. ὅπλων τ. δικαιοσύνης τ. δεξιῶν κ. ἀριστερῶν,
8 διὰ δόξης κ. ἀτιμίας, διὰ δυσφημίας κ. εὐφημίας
8 5 [7] ἑαυτοὺς ἔδωκαν . . . ἡμῖν διὰ θελήματος Θεοῦ
8 διὰ τῆς ἑτέρων σπουδῆς
18 οὗ ὁ ἔπαινος ἐν τ. εὐαγγελίῳ διὰ πασῶν τ. ἐκκλησιῶν
9 11 ἥτις κατεργάζεται δι' ἡμῶν εὐχαριστίαν τ. Θεῷ
12 περισσεύουσα διὰ πολλῶν εὐχαριστιῶν τ. Θεῷ·
13 διὰ τ. δοκιμῆς τ. διακονίας ταύτης δοξάζοντες
10 1 παρακαλῶ ὑμᾶς διὰ τ. πραΰτητος κ. ἐπιεικίας τ. Χριστοῦ
9 ὡς ἂν ἐκφοβεῖν ὑμᾶς διὰ τ. ἐπιστολῶν
11 οἷοί ἐσμεν τ. λόγῳ δι' ἐπιστολῶν ἀπόντες
11 33 διὰ θυρίδος ἐν σαργάνῃ ἐχαλάσθην διὰ τ. τείχους
12 17 δι' αὐτοῦ ἐπλεονέκτησα ὑμᾶς;
Ga 1 1 ἀπόστολος οὐκ ἀπ' ἀνθρώπων οὐδὲ δι' ἀνθρώπου,
[2] ἀλλὰ διὰ Ἰησοῦ Χριστοῦ
12 ἀλλὰ δι' ἀποκαλύψεως Ἰησοῦ Χριστοῦ
15 καλέσας διὰ τ. χάριτος αὐτοῦ
2 1 ἔπειτα διὰ δεκατεσσάρων ἐτῶν πάλιν ἀνέβην
16 ἐὰν μὴ διὰ πίστεως Χριστοῦ Ἰησοῦ
19 ἐγὼ γὰρ διὰ νόμου νόμῳ ἀπέθανον
21 εἰ γὰρ διὰ νόμου δικαιοσύνη
3 14 ἵνα τ. ἐπαγγελίαν τ. πνεύματος λάβωμεν διὰ τ. πίστεως
18 δι' ἐπαγγελίας κεχάρισται ὁ Θεός
19 διαταγεὶς δι' ἀγγέλων
26 υἱοὶ Θεοῦ ἐστὲ διὰ τ. πίστεως ἐν Χριστῷ Ἰησοῦ
4 7 [7] κ. κληρονόμος διὰ Θεοῦ
23 ὁ δὲ ἐκ τ. ἐλευθέρας δι' ἐπαγγελίας
διὰ τῆς ἐπ., TWH mg
5 6 πίστις δι' ἀγάπης ἐνεργουμένη
13 διὰ τ. ἀγάπης δουλεύετε ἀλλήλοις
6 14 δι' οὗ ἐμοὶ κόσμος ἐσταύρωται
Eph 1 1 [7] ἀπόστολος Χριστοῦ Ἰησοῦ διὰ θελήματος Θεοῦ
5 [2] προορίσας ἡμᾶς εἰς υἱοθεσίαν διὰ Ἰησοῦ Χριστοῦ
7 ἔχομεν τ. ἀπολύτρωσιν διὰ τ. αἵματος αὐτοῦ
2 8 τ. γὰρ χάριτί ἐστε σεσωσμένοι διὰ πίστεως
16 ἀποκαταλλάξῃ τ. ἀμφοτέρους . . . διὰ τ. σταυροῦ
18 δι' αὐτοῦ ἔχομεν τ. προσαγωγὴν
3 6 συνμέτοχα τ. ἐπαγγελίας . . . διὰ τ. εὐαγγελίου
10 ἵνα γνωρισθῇ νῦν . . . διὰ τ. ἐκκλησίας
12 ἐν ᾧ ἔχομεν τ. παρρησίαν . . . διὰ τ. πίστεως αὐτοῦ
16 δυνάμει κραταιωθῆναι διὰ τ. πνεύματος αὐτοῦ
17 κατοικῆσαι τ. Χριστὸν διὰ τ. πίστεως
4 6 εἷς Θεὸς . . . ὁ ἐπὶ πάντων κ. διὰ πάντων κ. ἐν πᾶσιν

Eph 4 16 συνβιβαζόμενον διὰ πάσης ἁφῆς τ. ἐπιχορηγίας
6 18 διὰ πάσης προσευχῆς κ. δεήσεως προσευχόμενοι
Phl 1 11 [2] καρπὸν δικαιοσύνης τὸν διὰ Ἰησοῦ Χριστοῦ
19 ἀποβήσεται εἰς σωτηρίαν διὰ τῆς ὑμῶν δεήσεως
20 εἴτε διὰ ζωῆς εἴτε διὰ θανάτου
26 διὰ τ. ἐμῆς παρουσίας πάλιν πρὸς ὑμᾶς
3 9 δικαιοσύνην . . . τὴν διὰ πίστεως Χριστοῦ
Col 1 1 [7] ἀπόστολος Χριστοῦ Ἰησοῦ διὰ θελήματος Θεοῦ
16 τὰ πάντα δι' αὐτοῦ κ. εἰς αὐτὸν ἔκτισται
20 δι' αὐτοῦ ἀποκαταλλάξαι τὰ πάντα εἰς αὐτόν, εἰρηνοποιήσας διὰ τ. αἵματος τ. σταύρου αὐτοῦ δι' αὐτοῦ
[δι' αὐτοῦ], WH
22 ἀποκατήλλαξεν ἐν τ. σώματι τ. σαρκὸς αὐτοῦ διὰ τ. θανάτου
2 8 ὁ συλαγωγῶν διὰ τ. φιλοσοφίας κ. κενῆς ἀπάτης
12 ἐν ᾧ κ. συνηγέρθητε διὰ τ. πίστεως τ. ἐνεργείας τ. Θεοῦ
19 πᾶν τὸ σῶμα διὰ τ. ἁφῶν κ. συνδέσμων ἐπιχορηγούμενον
3 17 εὐχαριστοῦντες τ. Θεῷ πατρὶ δι' αὐτοῦ
I Th 3 7 παρεκλήθημεν ἀδελφοὶ ἐφ' ὑμῖν . . . διὰ τῆς ὑμῶν πίστεως
4 2 [2] τίνας παραγγελίας ἐδώκαμεν ὑμῖν διὰ τ Κυρίου Ἰησοῦ
14 [2] τ. κοιμηθέντας διὰ τ. Ἰησοῦ ἄξει σὺν αὐτῷ
5 9 [2] εἰς περιποίησιν σωτηρίας διὰ τ. Κυρίου ἡμῶν Ἰησοῦ Χριστοῦ
II Th 2 2 μηδὲ θροεῖσθαι μήτε διὰ πνεύματος μήτε διὰ λόγου,
μήτε δι' ἐπιστολῆς ὡς δι' ἡμῶν
14 εἰς ὃ ἐκάλεσεν ὑμᾶς διὰ τ. εὐαγγελίου ἡμῶν
15 ἃς ἐδιδάχθητε εἴτε διὰ λόγου εἴτε δι' ἐπιστολῆς ἡμῶν
3 14 οὐχ ὑπακούει τ. λόγῳ ἡμῶν διὰ τ. ἐπιστολῆς
16 [5] δῴη ὑμῖν τ. εἰρήνην διὰ παντὸς ἐν παντὶ τρόπῳ
διαπαντός, T
I Ti 2 10 ἐπαγγελλομέναις θεοσέβειαν δι' ἔργων ἀγαθῶν
15 σωθήσεται δὲ διὰ τ. τεκνογονίας
4 5 ἁγιάζεται γὰρ διὰ λόγου Θεοῦ κ. ἐντεύξεως
14 ὃ ἐδόθη σοι διὰ π ροφητείας
II Ti 1 1 [7] ἀπόστολος Χριστοῦ Ἰησοῦ διὰ θελήματος Θεοῦ
6 διὰ τ. ἐπιθέσεως τ. χειρῶν μου
10 φανερωθεῖσαν δὲ νῦν διὰ τ. ἐπιφανείας
10 φωτίσαντος δὲ ζωὴν κ. ἀφθαρσίαν διὰ τ. εὐαγγελίου
14 τ. καλὴν παραθήκην φύλαξον διὰ πνεύματος ἁγίου
2 2 ἃ ἤκουσας παρ' ἐμοῦ διὰ πολλῶν μαρτύρων
3 15 σοφίσαι εἰς σωτηρίαν διὰ πίστεως τῆς ἐν Χριστῷ Ἰησοῦ
4 17 ἵνα δι' ἐμοῦ τὸ κήρυγμα πληροφορηθῇ
Tit 3 5 ἔσωσεν ἡμᾶς διὰ λουτροῦ παλινγενεσίας
6 [2] διὰ Ἰησοῦ Χριστοῦ τ. σωτῆρος ἡμῶν
Phm 7 τὰ σπλάγχνα τ. ἁγίων ἀναπέπαυται διὰ σοῦ
22 διὰ τ. προσευχῶν ὑμῶν χαρισθήσομαι ὑμῖν
He 1 2 δι' οὗ κ. ἐποίησεν τ. αἰῶνας

He 2 2 ὁ δι' ἀγγέλων λαληθεὶς λόγος
3 ἀρχὴν λαβοῦσα λαλεῖσθαι διὰ τ. Κυρίου
10 δι' ὃν τὰ πάντα κ. δι' οὗ τὰ πάντα
10 τ. ἀρχηγὸν τ. σωτηρίας διὰ παθημάτων τελειῶσαι
14 ἵνα διὰ τ. θανάτου καταργήσῃ τὸν τ. κράτος ἔχοντα τ. θανάτου
15 διὰ παντὸς τ. ζῆν ἔνοχοι ἦσαν δουλείας
3 16 οὐ πάντες οἱ ἐξελθόντες ἐξ Αἰγύπτου διὰ Μωυσέως
6 12 μιμηταὶ δὲ τῶν διὰ πίστεως κ. μακροθυμίας κληρονομούντων
18 διὰ δυο πραγμάτων ἀμεταθέτων
7 9 δι' Ἀβραὰμ κ. Λευεὶς ὁ δεκάτας λαμβάνων
11 εἰ μὲν οὖν τελείωσις διὰ τ. Λευειτικῆς ἱερωσύνης ἦν
19 δι' ἧς ἐγγίζομεν τ. Θεῷ
21 διὰ τ. λέγοντος πρὸς αὐτόν
25 τ. προσερχομένους δι' αὐτοῦ τ. Θεῷ
9 6 [5] διὰ παντὸς εἰσίασιν οἱ ἱερεῖς
διαπαντὸς, T
11 διὰ τ. μείζονος κ. τελειοτέρας σκηνῆς
12 οὐδὲ δι' αἵματος τράγων κ. μόσχων,
διὰ δὲ τ. ἰδίου αἵματος εἰσῆλθεν ἐφάπαξ
14 ὃς διὰ πνεύματος αἰωνίου ἑαυτὸν προσήνεγκεν
26 διὰ τ. θυσίας αὐτοῦ πεφανέρωται
10 10 διὰ τ. προσφορᾶς τ. σώματος Ἰησοῦ
20 διὰ τ. καταπετάσματος τοῦτ' ἔστιν τ. σαρκὸς αὐτοῦ
11 4 δι' ἧς ἐμαρτυρήθη εἶναι δίκαιος
4 δι' αὐτῆς ἀποθανὼν ἔτι λαλεῖ
7 δι' ἧς κατέκρινεν τ. κόσμον
29 διέβησαν τ. ἐρυθρὰν θάλασσαν ὡς διὰ ξηρᾶς γῆς
33 οἱ διὰ πίστεως κατηγωνίσαντο βασιλείας
39 οὗτοι πάντες μαρτυρηθέντες διὰ τ. πίστεως
12 1 δι' ὑπομονῆς τρέχωμεν τ. προκείμενον ἡμῖν ἀγῶνα
11 τοῖς δι' αὐτῆς γεγυμνασμένοις ἀποδίδωσιν
15 μὴ . . . δι' αὐτῆς μιανθῶσιν οἱ πολλοί
διὰ ταύτης, TWH mg. R
28 δι' ἧς λατρεύωμεν εὐαρέστως τ. Θεῷ
13 2 διὰ ταύτης γὰρ ἔλαθόν τινες ξενίσαντες
11 ὧν γὰρ εἰσφέρεται ζῴων τὸ αἷμα . . . διὰ τ. ἀρχιερέως
12 ἵνα ἁγιάσῃ διὰ τ. ἰδίου αἵματος τ. λαόν
15 δι' αὐτοῦ ἀναφέρωμεν θυσίαν αἰνέσεως
[5] διὰ παντὸς τ. Θεῷ
διαπαντὸς, T
21 [2] τὸ εὐάρεστον ἐνώπιον αὐτοῦ διὰ Ἰησοῦ Χριστοῦ
22 διὰ βραχέων ἐπέστειλα ὑμῖν
Ja 2 12 ὡς διὰ νόμου ἐλευθερίας μέλλοντες κρίνεσθαι
I Pe 1 3 δι' ἀναστάσεως Ἰησοῦ Χριστοῦ ἐκ νεκρῶν
5 τοὺς ἐν δυνάμει Θεοῦ φρουρουμένους διὰ πίστεως
7 διὰ πυρὸς δὲ δοκιμαζομένου
12 ἀνηγγέλη ὑμῖν διὰ τ. εὐαγγελισαμένων ὑμᾶς
21 τοὺς δι' αὐτοῦ πιστοὺς εἰς Θεόν
23 διὰ λόγου ζῶντος Θεοῦ κ. μένοντος
2 5 [2] θυσίας εὐπροσδέκτους Θεῷ διὰ Ἰησοῦ Χριστοῦ
14 ὡς δι' αὐτοῦ πεμπομένοις εἰς ἐκδίκησιν
3 1 διὰ τῆς τ. γυναικῶν ἀναστροφῆς . . . κερδηθήσονται

I Pe 3 20 ὀκτὼ ψυχαὶ διεσώθησαν δι' ὕδατος
21 δι' ἀναστάσεως Ἰησοῦ Χριστοῦ
4 11 [2] ἵνα . . δοξάζηται ὁ Θεὸς διὰ Ἰησοῦ Χριστοῦ
5 12 διὰ Σιλουανοῦ ὑμῖν τ. πιστοῦ ἀδελφοῦ
12 δι' ὀλίγων ἔγραψα
II Pe 1 3 διὰ τ. ἐπιγνώσεως τ. καλέσαντος ἡμᾶς διὰ δόξης κ. ἀρετῆς,
ἰδίᾳ δόξῃ κ. ἀρετῇ, TWH mg. R non mg.
4 δι' ὧν τὰ τίμια κ. μέγιστα ἡμῖν ἐπαγγέλματα δεδώρηται,
ἵνα διὰ τούτων γένησθε . . . κοινωνοί
3 5 γῆ ἐξ ὕδατος κ. δι' ὕδατος συνεστῶσα
6 δι' ὧν ὁ τότε κόσμος ὕδατι κατακλυσθεὶς
I Jo 4 9 ἵνα ζήσωμεν δι' αὐτοῦ
5 6 οὗτός ἐστιν ὁ ἐλθὼν δι' ὕδατος κ. αἵματος
II Jo 12 οὐκ ἐβουλήθην διὰ χάρτου κ. μέλανος
III Jo 13 οὐ θέλω διὰ μέλανος κ. καλάμου σοι γράφειν
Ju 25 [2] διὰ Ἰησοῦ Χριστοῦ τ. Κυρίου ἡμῶν
Re 1 1 ἀποστείλας διὰ τ. ἀγγέλου αὐτοῦ
21 24 περιπατήσουσιν τὰ ἔθνη διὰ τ. φωτὸς αὐτῆς

c. acc.

(1) διὰ τοῦτο (2) διὰ Ἰησοῦν, Χριστόν, Κύριον (3) seq. infin. (4) διὰ τί, διατί T (5) διὰ ταῦτα

Mt 6 25 [1] διὰ τοῦτο λέγω ὑμῖν
9 11 [4] διὰ τί μετὰ τ. τελωνῶν κ. ἁμαρτωλῶν ἐσθίει
14 [4] διὰ τί ἡμεῖς κ. οἱ Φαρισαῖοι νηστεύομεν
10 22 μισούμενοι ὑπὸ πάντων διὰ τὸ ὄνομά μου
12 27 [1] διὰ τοῦτο αὐτοὶ κριταὶ ἔσονται ὑμῶν
31 [1] διὰ τοῦτο λέγω ὑμῖν
13 5 [3] διὰ τὸ μὴ ἔχειν βάθος γῆς
6 [3] διὰ τὸ μὴ ἔχειν ῥίζαν ἐξηράνθη
10 [4] διὰ τί ἐν παραβολαῖς λαλεῖς αὐτοῖς;
13 [1] διὰ τοῦτο ἐν παραβολαῖς αὐτοῖς λαλῶ
21 γενομένης δὲ θλίψεως ἢ διωγμοῦ διὰ τ. λόγον
52 [1] δια τοῦτο πᾶς γραμματεὺς μαθητευθεὶς
58 οὐκ ἐποίησεν ἐκεῖ δυνάμεις πολλὰς διὰ τ. ἀπιστίαν αὐτῶν
14 2 [1] διὰ τοῦτο αἱ δυνάμεις ἐνεργοῦσιν ἐν αὐτῷ
3 ἐν φυλακῇ ἀπέθετο διὰ Ἡρῳδιάδα τ. γυναῖκα Φιλίππου
9 διὰ τ. ὅρκους κ. τ. συνανακειμένους
15 2 [4] διὰ τί οἱ μαθηταί σου παραβαίνουσιν
3 [4] διὰ τί κ. ὑμεῖς παραβαίνετε τ. ἐντολὴν . . . διὰ τ. παράδοσιν ὑμῶν
6 ἠκυρώσατε τ. λόγον τ. Θεοῦ διὰ τ. παράδοσιν ὑμῶν
17 19 [4] διὰ τί ἡμεῖς οὐκ ἠδυνήθημεν ἐκβαλεῖν αὐτό;
20 ὁ δὲ λέγει αὐτοῖς Διὰ τ. ὀλιγοπιστίαν ὑμῶν
18 23 [1] διὰ τοῦτο ὡμοιώθη ἡ βασιλεία τ. οὐρανῶν
19 12 εὐνούχισαν ἑαυτοὺς διὰ τ. βασιλείαν τ. οὐρανῶν
21 25 [4] διὰ τί οὖν οὐκ ἐπιστεύσατε αὐτῷ;
43 [1] διὰ τοῦτο λέγω ὑμῖν
23 13 [1] διὰ τοῦτο λήψεσθε περισσότερον κρίμα
—h. v., TWHR non mg.
34 [1] διὰ τοῦτο ἰδοὺ ἐγὼ ἀποστέλλω
24 9 μισούμενοι ὑπὸ πάντων τ. ἐθνῶν διὰ τ. ὄνομά μου

Mt 24 12 [3] διὰ τὸ πληθυνθῆναι τ. ἀνομίαν
22 διὰ δὲ τ. ἐκλεκτοὺς κολοβωθήσονται
44 [1] διὰ τοῦτο κ. ὑμεῖς γίνεσθε ἕτοιμοι
27 18 ᾔδει γὰρ ὅτι διὰ φθόνον παρέδωκαν αὐτόν
19 πολλὰ γὰρ ἔπαθον σήμερον κατ' ὄναρ δι' αὐτόν
Mk 2 4 μὴ δυνάμενοι προσενέγκαι αὐτῷ διὰ τ. ὄχλον
18 [4] διὰ τί οἱ μαθηταὶ Ἰωάνου . . . νηστεύουσιν
27 τὸ σάββατον διὰ τ. ἄνθρωπον ἐγένετο, κ. οὐχ ὁ ἄνθρωπος διὰ τὸ σάββατον
3 9 πλοιάριον προσκαρτερῇ αὐτῷ διὰ τ. ὄχλον
4 5 [3] διὰ τὸ μὴ ἔχειν βάθος γῆς
6 [3] διὰ τὸ μὴ ἔχειν ῥίζαν ἐξηράνθη
17 γενομένης θλίψεως ἢ διωγμοῦ διὰ τ. λόγον
5 4 [3] διὰ τὸ αὐτὸν πολλάκις πέδαις . . . δεδέσθαι
6 6 ἐθαύμασεν διὰ τ. ἀπιστίαν αὐτῶν
14 [1] διὰ τοῦτο ἐνεργοῦσιν αἱ δυνάμεις ἐν αὐτῷ
17 ἔδησεν αὐτὸν ἐν φυλακῇ διὰ Ἡρῳδιάδα τ. γυναῖκα Φιλίππου
26 διὰ τ. ὅρκους κ. τ. ἀνακειμένους
7 5 [4] διὰ τί οὐ περιπατοῦσιν οἱ μαθηταί σου κατὰ τ. παράδοσιν
29 διὰ τοῦτον τ. λόγον ὕπαγε
11 24 [1] διὰ τοῦτο λέγω ὑμῖν
31 [4] διὰ τί οὖν οὐκ ἐπιστεύσατε αὐτῷ;
12 24 [1] οὐ διὰ τοῦτο πλανᾶσθε
13 13 μισούμενοι ὑπὸ πάντων διὰ τὸ ὄνομά μου
20 διὰ τ. ἐκλεκτοὺς οὓς ἐξελέξατο
15 10 διὰ φθόνον παραδεδώκεισαν αὐτόν
Lu 1 78 διὰ σπλάγχνα ἐλέους Θεοῦ ἡμῶν
2 4 [3] διὰ τὸ εἶναι αὐτὸν ἐξ οἴκου κ. πατριᾶς Δαυείδ
5 19 ποίας εἰσενέγκωσιν αὐτὸν διὰ τ. ὄχλον
30 [4] διὰ τί μετὰ τ. τελωνῶν κ. ἁμαρτωλῶν ἐσθίετε
6 48 [3] διὰ τὸ καλῶς οἰκοδομῆσθαι αὐτήν
—h. v., R mg.
8 6 [3] ἐξηράνθη διὰ τὸ μὴ ἔχειν ἰκμάδα
19 οὐκ ἠδύναντο συντυχεῖν αὐτῷ διὰ τ. ὄχλον
47 δι' ἣν αἰτίαν ἥψατο αὐτοῦ ἀπήγγειλεν
9 7 [3] διὰ τὸ λέγεσθαι ὑπό τινων
11 8 [3] διὰ τὸ εἶναι φίλον αὐτοῦ, διά γε τ. ἀναιδίαν αὐτοῦ ἐγερθεὶς δώσει
19 [1] διὰ τοῦτο αὐτοὶ ὑμῶν κριταὶ ἔσονται
49 [1] διὰ τοῦτο κ. ἡ σοφία τ. Θεοῦ εἶπεν
12 22 [1] διὰ τοῦτο λέγω ὑμῖν
14 20 [1] διὰ τοῦτο οὐ δύναμαι ἐλθεῖν
17 11 αὐτὸς διήρχετο διὰ μέσον Σαμαρίας
18 5 [3] διά γε τὸ παρέχειν μοι κόπον
19 11 [3] διὰ τὸ ἐγγὺς εἶναι Ἰερουσαλὴμ αὐτόν
23 [4] διὰ τί οὐκ ἔδωκάς μου τὸ ἀργύριον ἐπὶ τράπεζαν
31 [4] ἐάν τις ὑμᾶς ἐρωτᾷ Διὰ τί λύετε;
20 5 [4] διὰ τί οὖν οὐκ ἐπιστεύσατε αὐτῷ;
21 17 μισούμενοι ὑπὸ πάντων διὰ τὸ ὄνομά μου
23 8 [3] διὰ τὸ ἀκούειν περὶ αὐτοῦ
19 διὰ στάσιν τινὰ γενομένην ἐν τ. πόλει
25 τὸν διὰ στάσιν κ. φόνον βεβλημένον εἰς φυλακήν
24 38 [4] διὰ τί διαλογισμοὶ ἀναβαίνουσιν ἐν τ. καρδίᾳ ὑμῶν;
Jo 1 31 [1] διὰ τοῦτο ἦλθον ἐγὼ ἐν ὕδατι βαπτίζων
2 24 [3] διὰ τὸ αὐτὸν γινώσκειν πάντας
3 29 χαρᾷ χαίρει διὰ τ. φωνὴν τ. νυμφίου
Jo 4 39 ἐπίστευσαν . . . διὰ τ. λόγον τ. γυναικὸς μαρτυρούσης
41 πολλῷ πλείους ἐπίστευσαν διὰ τ. λόγον αὐτοῦ
42 οὐκέτι διὰ τ. σὴν λαλίαν πιστεύομεν
5 16 [1] διὰ τοῦτο ἐδίωκον οἱ Ἰουδαῖοι τ. Ἰησοῦν
18 [1] διὰ τοῦτο οὖν μᾶλλον ἐζήτουν αὐτόν
6 57 κἀγὼ ζῶ διὰ τ. πατέρα
57 κἀκεῖνος ζήσει δι' ἐμέ
65 [1] διὰ τοῦτο εἴρηκα ὑμῖν
7 13 οὐδεὶς . . . παρρησίᾳ ἐλάλει περὶ αὐτοῦ διὰ τ. φόβον τ. Ἰουδαίων
22 [1] διὰ τοῦτο Μωυσῆς δέδωκεν ὑμῖν τ. περιτομήν
—δ. τοῦτ., T
43 σχίσμα οὖν ἐγένετο ἐν τ. ὄχλῳ δι' αὐτόν
45 [4] διὰ τί οὐκ ἠγάγετε αὐτόν;
8 43 [4] διὰ τί τ. λαλίαν τ. ἐμὴν οὐ γινώσκετε;
46 [4] διὰ τί ὑμεῖς οὐ πιστεύετέ μοι;
47 [1] διὰ τοῦτο ὑμεῖς οὐκ ἀκούετε
9 23 [1] διὰ τοῦτο οἱ γονεῖς αὐτοῦ εἶπαν
10 17 [1] διὰ τοῦτό με ὁ πατὴρ ἀγαπᾷ
19 σχίσμα πάλιν ἐγένετο . . . διὰ τ. λόγους τούτους
32 διὰ ποῖον αὐτῶν ἔργον ἐμὲ λιθάζετε;
11 15 χαίρω δι' ὑμᾶς
42 διὰ τ. ὄχλον τ. περιεστῶτα εἶπον
12 5 [4] διὰ τί τοῦτο τὸ μύρον οὐκ ἐπράθη
9 [2] ἦλθαν οὐ διὰ τ. Ἰησοῦν μόνον
11 πολλοὶ δι' αὐτὸν ὑπῆγον τ. Ἰουδαίων
18 [1] διὰ τοῦτο κ. ὑπήντησεν αὐτῷ ὁ ὄχλος
27 [1] διὰ τοῦτο ἦλθον εἰς τ. ὥραν ταύτην
30 οὐ δι' ἐμὲ ἡ φωνὴ αὕτη γέγονεν ἀλλὰ δι' ὑμᾶς
39 [1] διὰ τοῦτο οὐκ ἠδύναντο πιστεύειν
42 διὰ τ. Φαρισαίους οὐχ ὡμολόγουν
13 11 [1] διὰ τοῦτο εἶπεν
37 [4] διὰ τί οὐ δύναμαί σοι ἀκολουθεῖν ἄρτι;
14 11 διὰ τὰ ἔργα αὐτὰ πιστεύετε
15 3 καθαροί ἐστε διὰ τ. λόγον ὃν λελάληκα ὑμῖν
19 [1] διὰ τοῦτο μισεῖ ὑμᾶς ὁ κόσμος
21 ταῦτα πάντα ποιήσουσιν εἰς ὑμᾶς διὰ τὸ ὄνομά μου
16 15 [1] διὰ τοῦτο εἶπον
21 οὐκέτι μνημονεύει τ. θλίψεως διὰ τ. χαράν
19 11 [1] διὰ τοῦτο ὁ παραδούς μέ σοι μείζονα ἁμαρτίαν ἔχει
38 κεκρυμμένος δὲ διὰ τ. φόβον τ. Ἰουδαίων
42 διὰ τ. παρασκευὴν τ. Ἰουδαίων
20 19 τ. θυρῶν κεκλεισμένων . . . διὰ τ. φόβον τ. Ἰουδαίων
Ac 2 26 [1] διὰ τοῦτο ηὐφράνθη μου ἡ καρδία
לָכֵן שָׂמַח לִבִּי, Ps. xvi. 9
4 2 [3] διαπονούμενοι διὰ τὸ διδάσκειν αὐτοὺς τ. λαόν
21 μηδὲν εὑρίσκοντες τὸ πῶς κολάσωνται αὐτοὺς διὰ τ. λαόν
5 3 [4] διὰ τί ἐπλήρωσεν ὁ Σατανᾶς τ. καρδίαν σου
8 11 [3] διὰ τὸ ἱκανῷ χρόνῳ . . . ἐξεστακέναι αὐτούς
10 21 τίς ἡ αἰτία δι' ἣν πάρεστε;
12 20 [3] διὰ τὸ τρέφεσθαι αὐτῶν τ. χώραν ἀπὸ τ. βασιλικῆς
16 3 περιέτεμεν αὐτὸν διὰ τ. Ἰουδαίους

Ac 18 2 [3] διὰ τὸ διατεταχέναι Κλαύδιον
3 [3] διὰ τὸ ὁμότεχνον εἶναι ἔμενεν παρ' αὐτοῖς
21 34 γνῶναι τὸ ἀσφαλὲς διὰ τ. θόρυβον
35 βαστάζεσθαι αὐτὸν . . . διὰ τ. βίαν τ. ὄχλου
22 24 ἵνα ἐπιγνῷ δι' ἣν αἰτίαν οὕτως ἐπεφώνουν αὐτῷ
23 28 ἐπιγνῶναι τ. αἰτίαν δι' ἣν ἐνεκάλουν αὐτῷ
27 4 [3] διὰ τὸ τ. ἀνέμους εἶναι ἐναντίους
9 [3] διὰ τὸ κ. τ. νηστείαν ἤδη παρεληλυθέναι
28 2 διὰ τ. ὑετὸν τ. ἐφεστῶτα κ. διὰ τὸ ψύχος
18 [3] διὰ τὸ μηδεμίαν αἰτίαν θανάτου ὑπάρχειν
20 διὰ ταύτην οὖν τ. αἰτίαν παρεκάλεσα ὑμᾶς
Ro 1 26 [1] διὰ τοῦτο παρέδωκεν αὐτοὺς ὁ Θεός
2 24 τὸ γὰρ ὄνομα τ. Θεοῦ δι' ὑμᾶς βλασφημεῖται
וְתָמִיד כָּל־הַיּוֹם שְׁמִי מִנֹּאָץ, Is. lii. 5
3 25 διὰ τ. πάρεσιν τ. προγεγονότων ἁμαρτημάτων
4 16 [1] διὰ τοῦτο ἐκ πίστεως ἵνα κατὰ χάριν
23 οὐκ ἐγράφη δὲ δι' αὐτὸν μόνον
24 ἀλλὰ κ. δι' ἡμᾶς
25 ὃς παρεδόθη διὰ τὰ παραπτώματα ἡμῶν, κ. ἠγέρθη διὰ τ. δικαίωσιν ἡμῶν
5 12 [1] διὰ τοῦτο ὥσπερ δι' ἑνὸς ἀνθρώπου
6 19 ἀνθρώπινον λέγω διὰ τ. ἀσθένειαν τ. σαρκὸς ὑμῶν
8 10 τὸ μὲν σῶμα νεκρὸν διὰ ἁμαρτίαν, τὸ δὲ πνεῦμα ζωὴ διὰ δικαιοσύνην
11 διὰ τὸ ἐνοικοῦν αὐτοῦ πνεῦμα ἐν ὑμῖν
διὰ τ. ἐνοικοῦντος αὐτ. πνεύματος, TWH non mg. R non mg.
20 οὐχ ἑκοῦσα ἀλλὰ διὰ τ. ὑποτάξαντα
9 32 [4] διὰ τί; ὅτι οὐκ ἐκ πίστεως
11 28 κατὰ μὲν τὸ εὐαγγέλιον ἐχθροὶ δι' ὑμᾶς· κατὰ δὲ τ. ἐκλογὴν ἀγαπητοὶ διὰ τ. πατέρας
13 5 ὑποτάσσεσθαι οὐ μόνον διὰ τ. ὀργήν, ἀλλὰ κ. διὰ τ. συνείδησιν.
6 [1] διὰ τοῦτο κ. τ. φόρους τελεῖτε
14 15 εἰ γὰρ διὰ βρῶμα ὁ ἀδελφός σου λυπεῖται
15 9 [1] διὰ τοῦτο ἐξομολογήσομαί σοι ἐν ἔθνεσιν
עַל־כֵּן אוֹדְךָ בַגּוֹיִם, Ps. xviii. 50
15 διὰ τ. χάριν τ. δοθεῖσάν μοι ἀπὸ τ. Θεοῦ
I Co 4 6 μετεσχημάτισα εἰς ἐμαυτὸν . . . δι' ὑμᾶς
10 [2] ἡμεῖς μωροὶ διὰ Χριστόν
17 [1] διὰ τοῦτο ἔπεμψα ὑμῖν Τιμόθεον
6 7 [4] διὰ τί οὐχὶ μᾶλλον ἀδικεῖσθε;
[4] διὰ τί οὐχὶ μᾶλλον ἀποστερεῖσθε;
7 2 διὰ δὲ τ. πορνείας ἕκαστος τὴν ἑαυτοῦ γυναῖκα ἐχέτω
5 ἵνα μὴ πειράζῃ ὑμᾶς . . . διὰ τ. ἀκρασίαν ὑμῶν
26 καλὸν ὑπάρχειν διὰ τ. ἐνεστῶσαν ἀνάγκην
8 6 δι' ὃν τὰ πάντα κ. ἡμεῖς δι' αὐτοῦ
δι' οὗ, TWH non mg. R
11 δι' ὃν Χριστὸς ἀπέθανεν
9 10 ἢ δι' ἡμᾶς πάντως λέγει;
δι' ἡμᾶς γὰρ ἐγράφη
23 πάντα δὲ ποιῶ διὰ τὸ εὐαγγέλιον
10 25 μηδὲν ἀνακρίνοντες διὰ τ. συνείδησιν
27 μηδὲν ἀνακρίνοντες διὰ τ. συνείδησιν
28 μὴ ἐσθίετε δι' ἐκεῖνον τ. μηνύσαντα
11 9 οὐκ ἐκτίσθη ἀνὴρ διὰ τ. γυναῖκα,

I Co 11 9 ἀλλὰ γυνὴ διὰ τ. ἄνδρα·
10 [1] διὰ τοῦτο ὀφείλει ἡ γυνὴ ἐξουσίαν ἔχειν ἐπὶ τ. κεφαλῆς διὰ τ. ἀγγέλους
30 [1] διὰ τοῦτο ἐν ὑμῖν πολλοὶ ἀσθενεῖς
II Co 2 10 εἴ τι κεχάρισμαι δι' ὑμᾶς ἐν προσώπῳ Χριστοῦ
3 7 μὴ δύνασθαι ἀτενίσαι . . . διὰ τ. δόξαν τ. προσώπου αὐτοῦ
4 1 [1] διὰ τοῦτο ἔχοντες τ. διακονίαν ταύτην
5 [2] ἑαυτοὺς δὲ δούλους ὑμῶν διὰ Ἰησοῦν
διὰ Ἰησοῦ, WH mg. R mg.
11 [2] εἰς θάνατον παραδιδόμεθα διὰ Ἰησοῦν
15 τὰ γὰρ πάντα δι' ὑμᾶς
7 13 [1] διὰ τοῦτο παρακεκλήμεθα
8 9 δι' ὑμᾶς ἐπτώχευσεν πλούσιος ὤν
9 14 διὰ τ. ὑπερβάλλουσαν χάριν τ. Θεοῦ ἐφ' ὑμῖν
11 11 [4] διὰ τί; ὅτι οὐκ ἀγαπῶ ὑμᾶς;
13 10 [1] διὰ τοῦτο ταῦτα ἀπὼν γράφω
Ga 2 4 διὰ δὲ τ. παρεισάκτους ψευδαδέλφους
4 13 δι' ἀσθένειαν τ. σαρκὸς εὐηγγελισάμην ὑμῖν τὸ πρότερον
Eph 1 15 [1] διὰ τοῦτο κἀγὼ ἀκούσας τὴν καθ' ὑμᾶς πίστιν
2 4 διὰ τ. πολλὴν ἀγάπην αὐτοῦ
4 18 ἀπηλλοτριωμένοι . . . διὰ τ. ἄγνοιαν τ. οὖσαν ἐν αὐτοῖς,
διὰ τ. πώρωσιν τ. καρδίας αὐτῶν
5 6 [5] διὰ ταῦτα γὰρ ἔρχεται ἡ ὀργὴ τ. Θεοῦ
17 [1] διὰ τοῦτο μὴ γίνεσθε ἄφρονες
6 13 [1] διὰ τοῦτο ἀναλάβετε τ. πανοπλίαν τ. Θεοῦ
Phl 1 7 [3] διὰ τὸ ἔχειν με ἐν τ. καρδίᾳ ὑμᾶς
15 τινὲς μὲν κ. διὰ φθόνον κ. ἔριν,
τινὲς δὲ κ. δι' εὐδοκίαν τ. Χριστὸν κηρύσσουσιν
24 ἀναγκαιότερον δι' ὑμᾶς
2 30 διὰ τὸ ἔργον Κυρίου μέχρι θανάτου ἤγγισεν
3 7 [2] ταῦτα ἥγημαι διὰ τ. Χριστὸν ζημίαν
8 ἡγοῦμαι πάντα ζημίαν εἶναι διὰ τὸ ὑπερέχον τ. γνώσεως Χριστοῦ
8 δι' ὃν τὰ πάντα ἐζημιώθην
Col 1 5 διὰ τ. ἐλπίδα τ. ἀποκειμένην ὑμῖν ἐν τ. οὐρανοῖς
9 [1] διὰ τοῦτο κ. ἡμεῖς . . . οὐ παυόμεθα
3 6 δι' ἃ ἔρχεται ἡ ὀργὴ τ. Θεοῦ
4 3 δι' ὃ κ. δέδεμαι
I Th 1 5 οἷοι ἐγενήθημεν ὑμῖν δι' ὑμᾶς
2 13 [1] διὰ τοῦτο κ. ἡμεῖς εὐχαριστοῦμεν
3 5 [1] διὰ τοῦτο κἀγὼ μηκέτι στέγων
7 [1] διὰ τοῦτο παρεκλήθημεν ἀδελφοὶ ἐφ' ὑμῖν
9 ἐπὶ πάσῃ τ. χαρᾷ ᾗ χαίρομεν δι' ὑμᾶς
5 13 ἡγεῖσθαι αὐτοὺς . . . ἐν ἀγάπῃ διὰ τὸ ἔργον αὐτῶν
II Th 2 11 [1] διὰ τοῦτο πέμπει αὐτοῖς ὁ Θεὸς ἐνέργειαν πλάνης
I Ti 1 16 [1] διὰ τοῦτο ἠλεήθην
5 23 οἴνῳ ὀλίγῳ χρῶ διὰ τ. στόμαχον
II Ti 1 6 δι' ἣν αἰτίαν ἀναμιμνήσκω σε
12 δι' ἣν αἰτίαν κ. ταῦτα πάσχω
2 10 [1] διὰ τοῦτο πάντα ὑπομένω διὰ τ. ἐκλεκτούς
Tit 1 13 δι' ἣν αἰτίαν ἔλεγχε αὐτοὺς ἀποτόμως
Phm 9 διὰ τ. ἀγάπην μᾶλλον παρακαλῶ

Phm 15 ¹ τάχα γὰρ διὰ τοῦτο ἐχωρίσθη πρὸς ὥραν
He 1 9 ¹ διὰ τοῦτο ἔχρισέν σε ὁ Θεός
עַל־כֵּן מְשָׁחֲךָ אֱלֹהִים, Ps. xlv. 8
14 διὰ τ. μέλλοντας κληρονομεῖν σωτηρίαν;
2 1 ¹ διὰ τοῦτο δεῖ περισσοτέρως προσέχειν ἡμᾶς
9 διὰ τὸ πάθημα τ. θανάτου δόξῃ . . . ἐστεφανωμένον
10 δι' ὃν τὰ πάντα κ. δι' οὗ τὰ πάντα
11 δι' ἣν αἰτίαν οὐκ ἐπαισχύνεται
3 19 οὐκ ἠδυνήθησαν εἰσελθεῖν δι' ἀπιστίαν
4 6 οὐκ εἰσῆλθον δι' ἀπείθειαν
5 3 δι' αὐτὴν ὀφείλει . . . περὶ ἑαυτοῦ προσφέρειν
12 ὀφείλοντες εἶναι διδάσκαλοι διὰ τ. χρόνον
14 τῶν διὰ τ. ἕξιν τ. αἰσθητήρια γεγυμνασμένα ἐχόντων
6 7 δι' οὓς κ. γεωργεῖται
7 18 διὰ τὸ αὐτῆς ἀσθενὲς κ. ἀνωφελές
23 ³ διὰ τὸ θανάτῳ κωλύεσθαι παραμένειν
24 ³ διὰ τὸ μένειν αὐτὸν εἰς τ. αἰῶνα
9 15 ¹ διὰ τοῦτο διαθήκης καινῆς μεσίτης ἐστίν
10 2 ³ διὰ τὸ μηδεμίαν ἔχειν ἔτι συνείδησιν ἁμαρτιῶν
Ja 4 2 ³ διὰ τὸ μὴ αἰτεῖσθαι ὑμᾶς
I Pe 1 20 φανερωθέντος δὲ ἐπ' ἐσχάτου τ. χρόνων δι' ὑμᾶς
2 13 ² ὑποτάγητε πάσῃ ἀνθρωπίνῃ κτίσει διὰ τ. Κύριον
19 εἰ διὰ συνείδησιν Θεοῦ ὑποφέρει τις λύπας
3 14 εἰ κ. πάσχοιτε διὰ δικαιοσύνην
II Pe 2 2 δι' οὓς ἡ ὁδὸς τ. ἀληθείας βλασφημηθήσεται
3 9 ἀλλὰ μακροθυμεῖ δι' ὑμᾶς
εἰς ὑμ., WHR
12 δι' ἣν οὐρανοὶ πυρούμενοι λυθήσονται
I Jo 2 12 ἀφέωνται ὑμῖν αἱ ἁμαρτίαι διὰ τὸ ὄνομα αὐτοῦ
3 1 ¹ διὰ τοῦτο ὁ κόσμος οὐ γινώσκει ἡμᾶς
4 5 ¹ διὰ τοῦτο ἐκ τ. κόσμου λαλοῦσιν
II Jo 2 διὰ τ. ἀλήθειαν τ. μένουσαν ἐν ἡμῖν
III Jo 10 ¹ διὰ τοῦτο ἐὰν ἔλθω ὑπομνήσω αὐτοῦ τ. ἔργα
Re 1 9 ἐγενόμην ἐν τῇ νήσῳ . . . διὰ τ. λόγον τ. Θεοῦ,
κ. διὰ τ. μαρτυρίαν Ἰησοῦ
—διὰ, WHR
2 3 ἐβάστασας διὰ τὸ ὄνομά μου
4 11 διὰ τὸ θέλημά σου ἦσαν κ. ἐκτίσθησαν
6 9 εἶδον . . . τ. ψυχὰς τ. ἐσφαγμένων διὰ τ. λόγον τ. Θεοῦ,
κ. διὰ τ. μαρτυρίαν ἣν εἶχον
7 15 ¹ διὰ τοῦτό εἰσιν ἐνώπιον τ. θρόνου τ. Θεοῦ
12 11 αὐτοὶ ἐνίκησαν αὐτὸν διὰ τὸ αἷμα τ. ἀρνίου,
κ. διὰ τ. λόγον τ. μαρτυρίας αὐτῶν
12 ¹ διὰ τοῦτο εὐφραίνεσθε οὐρανοί
13 14 πλανᾷ . . . διὰ τὰ σημεῖα ἃ ἐδόθη αὐτῷ ποιῆσαι
17 7 ⁴ εἶπέν μοι ὁ ἄγγελος Διὰ τί ἐθαύμασας;
18 8 ¹ διὰ τοῦτο ἐν μιᾷ ἡμέρᾳ ἥξουσιν αἱ πληγαὶ αὐτῆς
10 ἀπὸ μακρόθεν ἑστηκότες διὰ τ. φόβον τ. βασανισμοῦ αὐτῆς
15 ἀπὸ μακρόθεν στήσονται διὰ τ. φόβον τ. βασανισμοῦ αὐτῆς
Re 20 4 τ. ψυχὰς τ. πεπελεκισμένων διὰ τ. μαρτυρίαν Ἰησοῦ,
κ. διὰ τ. λόγον τ. Θεοῦ

ΔΙΑΒΑΙ΄ΝΩ 1224

Lu 16 26 οἱ θέλοντες διαβῆναι ἔνθεν πρὸς ὑμᾶς
Ac 16 9 διαβὰς εἰς Μακεδονίαν βοήθησον ἡμῖν
He 11 29 πίστει διέβησαν τ. ἐρυθρὰν θάλασσαν

ΔΙΑΒΑ΄ΛΛΩ 1225

Lu 16 1 οὗτος διεβλήθη αὐτῷ ὡς διασκορπίζων τὰ ὑπάρχοντα αὐτοῦ

ΔΙΑΒΕΒΑΙΟ΄ΟΜΑΙ* 1226

I Ti 1 7 μήτε περὶ τίνων διαβεβαιοῦνται
Tit 3 8 περὶ τούτων βούλομαί σε διαβεβαιοῦσθαι

ΔΙΑΒΛΕ΄ΠΩ* 1227

Mt 7 5 τότε διαβλέψεις ἐκβαλεῖν τὸ κάρφος
Mk 8 25 ἔθηκεν τ. χεῖρας ἐπὶ τ. ὀφθαλμοὺς αὐτοῦ κ. διέβλεψεν
Lu 6 42 τότε διαβλέψεις τ. κάρφος . . . ἐκβαλεῖν

ΔΙΑ΄ΒΟΛΟΣ 1228

(1) ἐκ τ. διαβ. εἶναι (2) υἱὸς, τέκνα τ. διαβ. (3) διάβολοι

Mt 4 1 πειρασθῆναι ὑπὸ τ. διαβόλου
5 παραλαμβάνει αὐτὸν ὁ διάβολος εἰς τ. ἁγίαν πόλιν
8 πάλιν παραλαμβάνει αὐτὸν ὁ διάβολος εἰς ὄρος ὑψηλὸν λίαν
11 τότε ἀφίησιν αὐτὸν ὁ διάβολος
13 39 ὁ δὲ ἐχθρὸς ὁ σπείρας αὐτά ἐστιν ὁ διάβολος
25 41 εἰς τὸ πῦρ τὸ αἰώνιον τὸ ἡτοιμασμένον τ. διαβόλῳ
Lu 4 2 ἡμέρας τεσσεράκοντα πειραζόμενος ὑπὸ τ. διαβόλου
3 εἶπεν δὲ αὐτῷ ὁ διάβολος
6 εἶπεν αὐτῷ ὁ διάβολος
13 ὁ διάβολος ἀπέστη ἀπ' αὐτοῦ ἄχρι καιροῦ
8 12 εἶτα ἔρχεται ὁ διάβολος κ. αἴρει τ. λόγον
Jo 6 70 ἐξ ὑμῶν εἷς διάβολός ἐστιν
8 44 ¹ ὑμεῖς ἐκ τ. πατρὸς τ. διαβόλου ἐστέ
13 2 τ. διαβόλου ἤδη βεβληκότος εἰς τ. καρδίαν
Ac 10 38 ἰώμενος πάντας τ. καταδυναστευομένους ὑπὸ τ. διαβόλου
13 10 ² υἱὲ διαβόλου ἐχθρὲ πάσης δικαιοσύνης
Eph 4 27 μηδὲ δίδοτε τόπον τ. διαβόλῳ
6 11 δύνασθαι ὑμᾶς στῆναι πρὸς τ. μεθοδίας τ. διαβόλου
I Ti 3 6 ἵνα μὴ τυφωθεὶς εἰς κρίμα ἐμπέσῃ τ. διαβόλου
7 ἵνα μὴ εἰς ὀνειδισμὸν ἐμπέσῃ κ. παγίδα τ. διαβόλου
11 ³ γυναῖκας ὡσαύτως σεμνὰς μὴ διαβόλους
II Ti 2 26 μήποτε . . . ἀνανήψωσιν ἐκ τῆς τ. διαβόλου παγίδος
3 3 ³ ἄσπονδοι διάβολοι ἀκρατεῖς
Tit 2 3 ³ ἐν καταστήματι ἱεροπρεπεῖς μὴ διαβόλους
He 2 14 τὸν τὸ κράτος ἔχοντα τ. θανάτου τοῦτ' ἔστιν τ. διάβολον

Ja 4 7 ἀντίστητε δὲ τ. διαβόλῳ
I Pe 5 8 ὁ ἀντίδικος ὑμῶν διάβολος . . . **περιπατεῖ**
I Jo 3 8 [1] ὁ ποιῶν τ. ἁμαρτίαν ἐκ τ. διαβόλου **ἐστίν**.
ὅτι ἀπ' ἀρχῆς ὁ διάβολος ἁμαρτάνει
8 ἵνα λύσῃ τὰ ἔργα τ. διαβόλου
10 [2] ἐν τούτῳ φανερά ἐστιν . . . **τὰ τέκνα τ.** διαβόλου
Ju 9 ὅτε τ. διαβόλῳ διακρινόμενος **διελέγετο**
Re 2 10 μέλλει βάλλειν ὁ διάβολος ἐξ ὑμῶν εἰς φυλακήν
12 9 ὁ ὄφις ὁ ἀρχαῖος ὁ καλούμενος Διάβολος
12 κατέβη ὁ διάβολος πρὸς ὑμᾶς **ἔχων θυμὸν** μέγαν
20 2 ὅς ἐστιν διάβολος κ. ὁ Σατανᾶς
ὅ ἐστ. ὁ διάβ., T
10 ὁ διάβολος ὁ πλανῶν αὐτοὺς **ἐβλήθη εἰς τ.** λίμνην

ΔΙΑΓΓΕ΄ΛΛΩ 1229

Lu 9 60 σὺ δὲ ἀπελθὼν διάγγελλε **τ. βασιλείαν τ.** Θεοῦ
Ac 21 26 διαγγέλλων **τ.** ἐκπλήρωσιν τ. ἡμερῶν **τ.** ἁγνισμοῦ
Ro 9 17 ὅπως διαγγελῇ τὸ ὄνομά μου ἐν πάσῃ τ. γῇ
לְמַעַן סַפֵּר שְׁמִי בְּכָל־הָאָרֶץ, Ex. ix. 16

ΔΙΑΓΙ΄ΝΟΜΑΙ ** 1230

Mk 16 1 διαγενομένου τ. σαββάτου
Ac 25 13 ἡμερῶν δὲ διαγενομένων **τινῶν**
27 9 ἱκανοῦ δὲ χρόνου διαγενομένου

ΔΙΑΓΙΝΩ΄ΣΚΩ 1231

Ac 23 15 **ὡς** μέλλοντας διαγινώσκειν **ἀκριβέστερον** τὰ περὶ αὐτοῦ
24 22 ὅταν . . . καταβῇ διαγνώσομαι τὰ καθ' ὑμᾶς

ΔΙΑ΄ΓΝΩΣΙΣ ** 1233

Ac 25 21 τηρηθῆναι αὐτὸν εἰς **τὴν τ. Σεβαστοῦ διάγνωσιν**

ΔΙΑΓΟΓΓΥ΄ΖΩ † 1234

Lu 15 2 διεγόγγυζον οἵ τε Φαρισαῖοι κ. οἱ **γραμματεῖς**
19 7 ἰδόντες πάντες διεγόγγυζον

ΔΙΑΓΡΗΓΟΡΕ΄Ω * † 1235

Lu 9 32 διαγρηγορήσαντες δὲ εἶδαν τ. δόξαν **αὐτοῦ**

ΔΙΑ΄ΓΩ 1236

I Ti 2 2 ἵνα ἤρεμον κ. ἡσύχιον βίον **διάγωμεν**
Tit 3 3 ἐν κακίᾳ κ. φθόνῳ διάγοντες

ΔΙΑΔΕ΄ΧΟΜΑΙ 1237

Ac 7 45 ἣν κ. εἰσήγαγον **διαδεξάμενοι οἱ πατέρες** ἡμῶν

ΔΙΑ΄ΔΗΜΑ 1238

Re 12 3 ἐπὶ τ. κεφαλὰς αὐτοῦ ἑπτὰ διαδήματα
13 1 ἐπὶ τ. κεράτων αὐτοῦ δέκα διαδήματα
19 12 ἐπὶ τ. κεφαλὴν αὐτοῦ διαδήματα **πολλά**

ΔΙΑΔΙ΄ΔΩΜΙ 1239

Lu 11 22 τὰ σκῦλα αὐτοῦ διαδίδωσιν
18 22 ὅσα ἔχεις πώλησον κ. διάδος **πτωχοῖς**

Jo 6 11 εὐχαριστήσας διέδωκεν τ. **ἀνακειμένοις**
εὐχαρίστησεν κ. ἔδωκεν, T
Ac 4 35 διεδίδετο δὲ ἑκάστῳ καθότι ἄν **τις χρείαν** εἶχεν

ΔΙΑ΄ΔΟΧΟΣ 1240

Ac 24 27 ἔλαβεν διάδοχον ὁ Φῆλιξ Πόρκιον **Φῆστον**

ΔΙΑΖΩ΄ΝΝΥΜΙ 1241

Jo 13 4 λαβὼν λέντιον διέζωσεν ἑαυτόν
5 ἐκμάσσειν τ. λεντίῳ ᾧ ἦν διεζωσμένος
21 7 Σίμων οὖν Πέτρος . . . τ. ἐπενδύτην **διεζώσατο**

ΔΙΑΘΗ΄ΚΗ 1242

(1) καινὴ διαθ. (2) διαθῆκαι

Mt 26 28 τὸ αἷμά μου τ. διαθήκης τὸ περὶ πολλῶν ἐκχυννόμενον
[1] τ. καινῆς διαθ., R mg.
Mk 14 24 τὸ αἷμά μου τ. διαθήκης τὸ ἐκχυννόμενον ὑπὲρ πολλῶν
[1] τ. καινῆς διαθ., R mg.
Lu 1 72 μνησθῆναι διαθήκης ἁγίας αὐτοῦ
22 20 [1] ἡ καινὴ διαθήκη ἐν τ. αἵματί μου
Ac 3 25 κ. υἱοὶ . . . τ. διαθήκης ἧς ὁ Θεὸς **διέθετο**
7 8 ἔδωκεν αὐτῷ διαθήκην περιτομῆς
Ro 9 4 [2] ὧν ἡ υἱοθεσία κ. ἡ δόξα κ. αἱ διαθῆκαι
11 27 αὕτη αὐτοῖς ἡ παρ' ἐμοῦ διαθήκη
וְזֹאת בְּרִיתִי אֹתָם, Is. lix. 21
I Co 11 25 [1] ἡ καινὴ διαθήκη ἐστὶν ἐν τ. ἐμῷ αἵματι
II Co 3 6 [1] ὃς κ. ἱκάνωσεν ἡμᾶς διακόνους καινῆς διαθήκης
14 τὸ αὐτὸ κάλυμμα ἐπὶ τ. ἀναγνώσει τ. παλαιᾶς διαθήκης μένει
Ga 3 15 ὅμως ἀνθρώπου κεκυρωμένην διαθήκην οὐδεὶς ἀθετεῖ
17 διαθήκην προκεκυρωμένην ὑπὸ τ. Θεοῦ . . . νόμος οὐκ ἀκυροῖ
4 24 [2] αὗται γάρ εἰσιν δύο διαθῆκαι
Eph 2 12 [2] ξένοι τ. διαθηκῶν τ. **ἐπαγγελίας**
He 7 22 κρείττονος διαθήκης γέγονεν ἔγγυος **Ἰησοῦς**
8 6 ὅσῳ κ. κρείττονός ἐστιν διαθήκης μεσίτης
8 [1] συντελέσω ἐπὶ τ. οἶκον Ἰσραὴλ . . . διαθήκην καινήν,
וְכָרַתִּי אֶת־בֵּית יִשְׂרָאֵל . . . בְּרִית חֲדָשָׁה
Jer. xxxi. 31
9 οὐ κατὰ τ. διαθήκην ἣν ἐποίησα τ. **πατράσιν** αὐτῶν
לֹא כַבְּרִית אֲשֶׁר כָּרַתִּי אֶת־אֲבוֹתָם, *ib.* 32
9 ὅτι αὐτοὶ οὐκ ἐνέμειναν ἐν τ. διαθήκῃ **μου**
אֲשֶׁר־הֵמָּה הֵפֵרוּ אֶת־בְּרִיתִי, *ib.*
10 αὕτη ἡ διαθήκη ἣν διαθήσομαι τ. **οἴκῳ** Ἰσραήλ
זֹאת הַבְּרִית אֲשֶׁר אֶכְרֹת אֶת־בֵּית יִשְׂרָאֵל
ib. 33
9 4 ἔχουσα . . . τὴν κιβωτὸν τ. **διαθήκης**
4 ἐν ᾗ . . . αἱ πλάκες τ. διαθήκης
15 [1] διὰ τοῦτο διαθήκης καινῆς μεσίτης **ἐστίν**
15 εἰς ἀπολύτρωσιν τῶν ἐπὶ τ. πρώτῃ **διαθήκῃ** παραβάσεων

He 9 16 ὅπου γὰρ διαθήκη θάνατον ἀνάγκη φέρεσθαι τ. διαθεμένου.
17 διαθήκη γὰρ ἐπὶ νεκροῖς βεβαία
20 τοῦτο τὸ αἷμα τ. διαθήκης ἧς ἐνετείλατο . . . ὁ Θεός
הִנֵּה דַם־הַבְּרִית אֲשֶׁר כָּרַת יְהוָה, Ex. xxiv. 8
10 16 αὕτη ἡ διαθήκη ἣν διαθήσομαι πρὸς αὐτούς, Jer. *l.c.*
29 τὸ αἷμα τ. διαθήκης κοινὸν ἡγησάμενος
12 24 διαθήκης νέας μεσίτῃ Ἰησοῦ
13 20 ὁ ἀναγαγὼν ἐκ νεκρῶν . . . ἐν αἵματι διαθήκης αἰωνίου
Re 11 19 ὤφθη ἡ κιβωτὸς τ. διαθήκης αὐτοῦ ἐν τ. ναῷ αὐτοῦ

ΔΙΑΙ΄ΡΕΣΙΣ 1243

I Co 12 4 διαιρέσεις δὲ χαρισμάτων εἰσὶν τὸ δὲ αὐτὸ πνεῦμα·
5 κ. διαιρέσεις διακονιῶν εἰσὶν κ. ὁ αὐτὸς Κύριος·
6 κ. διαιρέσεις ἐνεργημάτων εἰσὶν κ. ὁ αὐτὸς Θεός

ΔΙΑΙΡΕ΄Ω 1244

Lu 15 12 ὁ δὲ διεῖλεν αὐτοῖς τ. βίον
I Co 12 11 διαιροῦν ἰδίᾳ ἑκάστῳ καθὼς βούλεται

ΔΙΑΚΑΘΑΙ΄ΡΩ* 1245

Lu 3 17 διακαθᾶραι τ. ἅλωνα αὐτοῦ

ΔΙΑΚΑΘΑΡΙ΄ΖΩ*† 1245.5

Mt 3 12 διακαθαριεῖ τ. ἅλωνα αὐτοῦ

ΔΙΑΚΑΤΕΛΕ΄ΓΧΟΜΑΙ*† 1246

Ac 18 28 εὐτόνως γὰρ τ. Ἰουδαίοις διακατηλέγχετο

ΔΙΑΚΟΝΕ΄Ω* 1247

(1) seq. acc. (2) absol.

Mt 4 11 ἄγγελοι προσῆλθον κ. διηκόνουν αὐτῷ
8 15 ἠγέρθη κ. διηκόνει αὐτῷ
20 28 [2] οὐκ ἦλθεν διακονηθῆναι ἀλλὰ διακονῆσαι
25 44 πότε σὲ εἴδομεν πεινῶντα . . . κ. οὐ διηκονήσαμέν σοι;
27 55 αἵτινες ἠκολούθησαν τ. Ἰησοῦ . . . διακονοῦσαι αὐτῷ
Mk 1 13 οἱ ἄγγελοι διηκόνουν αὐτῷ
31 ἀφῆκεν αὐτὴν ὁ πυρετὸς κ. διηκόνει αὐτοῖς
10 45 [2] οὐκ ἦλθεν διακονηθῆναι ἀλλὰ διακονῆσαι
15 41 ἠκολούθουν αὐτῷ κ. διηκόνουν αὐτῷ
Lu 4 39 παραχρῆμα δὲ ἀναστᾶσα διηκόνει αὐτοῖς
8 3 αἵτινες διηκόνουν αὐτοῖς ἐκ τ. ὑπαρχόντων αὐταῖς
10 40 [2] ἡ ἀδελφή μου μόνην με κατέλειπεν διακονεῖν
12 37 παρελθὼν διακονήσει αὐτοῖς
17 8 περιζωσάμενος διακόνει μοι
22 26 [2] ὁ ἡγούμενος ὡς ὁ διακονῶν.
27 [2] τίς γὰρ μείζων ὁ ἀνακείμενος ἢ ὁ διακονῶν;
27 [2] ἐγὼ δὲ ἐν μέσῳ ὑμῶν εἰμὶ ὡς ὁ διακονῶν
Jo 12 2 [2] ἡ Μάρθα διηκόνει
Jo 12 26 ἐὰν ἐμοί τις διακονῇ ἐμοὶ ἀκολουθείτω
26 ἐάν τις ἐμοὶ διακονῇ τιμήσει αὐτὸν ὁ πατήρ
Ac 6 2 καταλείψαντας τ. λόγον τ. Θεοῦ διακονεῖν τραπέζαις
19 22 ἀποστείλας δὲ . . . δύο τ. διακονούντων αὐτῷ
Ro 15 25 πορεύομαι εἰς Ἱερουσαλὴμ διακονῶν τ. ἁγίοις
II Co 3 3 ἐπιστολὴ Χριστοῦ διακονηθεῖσα ὑφ' ἡμῶν
8 19 ἐν τ. χάριτι ταύτῃ τ. διακονουμένῃ ὑφ' ἡμῶν
20 ἐν τ. ἁδρότητι ταύτῃ τ. διακονουμένῃ ὑφ' ἡμῶν
I Ti 3 10 [2] εἶτα διακονείτωσαν ἀνέγκλητοι ὄντες
13 [2] οἱ γὰρ καλῶς διακονήσαντες βαθμὸν ἑαυτοῖς καλὸν περιποιοῦνται
II Ti 1 18 [1] ὅσα ἐν Ἐφέσῳ διηκόνησεν
Phm 13 ἵνα ὑπὲρ σοῦ μοι διακονῇ ἐν τ. δεσμοῖς τ. εὐαγγελίου
He 6 10 διακονήσαντες τ. ἁγίοις κ. διακονοῦντες
I Pe 1 12 [1] οὐχ ἑαυτοῖς ὑμῖν δὲ διηκόνουν αὐτά
4 10 [1] εἰς ἑαυτοὺς αὐτὸ διακονοῦντες
11 [2] εἴ τις διακονεῖ ὡς ἐξ ἰσχύος ἧς χορηγεῖ ὁ Θεός

ΔΙΑΚΟΝΙ΄Α 1248

(1) διακονίαι (2) εἰς διακονίαν

Lu 10 40 ἡ δὲ Μάρθα περιεσπᾶτο περὶ πολλὴν διακονίαν
Ac 1 17 ἔλαχεν τ. κλῆρον τ. διακονίας ταύτης
25 λαβεῖν τ. τόπον τ. διακονίας ταύτης κ. ἀποστολῆς
6 1 παρεθεωροῦντο ἐν τ. διακονίᾳ τ. καθημερινῇ αἱ χῆραι αὐτῶν
4 ἡμεῖς . . . τ. διακονίᾳ τ. λόγου προσκαρτερήσομεν
11 29 [2] ὥρισαν ἕκαστος αὐτῶν εἰς διακονίαν πέμψαι
12 25 ὑπέστρεψαν εἰς Ἱερουσαλὴμ πληρώσαντες τ. διακονίαν
20 24 ὡς τελειώσω . . . τ. διακονίαν ἣν ἔλαβον
21 19 ὧν ἐποίησεν ὁ Θεὸς ἐν τ. ἔθνεσιν διὰ τ. διακονίας αὐτοῦ
Ro 11 13 τ. διακονίαν μου δοξάζω
12 7 εἴτε διακονίαν ἐν τ. διακονίᾳ
15 31 ἡ διακονία μου ἡ εἰς Ἱερουσαλὴμ
I Co 12 5 [1] διαιρέσεις διακονιῶν εἰσὶν κ. ὁ αὐτὸς Κύριος
16 15 [2] εἰς διακονίαν τ. ἁγίοις ἔταξαν ἑαυτούς
II Co 3 7 εἰ δὲ ἡ διακονία τ. θανάτου . . . ἐγενήθη ἐν δόξῃ
8 πῶς οὐχὶ μᾶλλον ἡ διακονία τ. πνεύματος ἔσται ἐν δόξῃ;
9 εἰ γὰρ ἡ διακονία τ. κατακρίσεως δόξα, τ. διακονίᾳ, TWH mg. R mg.
πολλῷ μᾶλλον περισσεύει ἡ διακονία τ. δικαιοσύνης δόξῃ
4 1 διὰ τοῦτο ἔχοντες τ. διακονίαν ταύτην
5 18 δόντος ἡμῖν τ. διακονίαν τ. καταλλαγῆς
6 3 ἵνα μὴ μωμηθῇ ἡ διακονία
8 4 τ. κοινωνίαν τ. διακονίας τῆς εἰς τ. ἁγίους
9 1 περὶ μὲν γὰρ τ. διακονίας τῆς εἰς τ. ἁγίους
12 ἡ διακονία τ. λειτουργίας ταύτης
13 διὰ τ. δοκιμῆς τ. διακονίας ταύτης δοξάζοντες τὸν Θεόν

II Co 11 8 λαβὼν ὀψώνιον πρὸς τὴν ὑμῶν διακονίαν

Eph 4 12 πρὸς τ. καταρτισμὸν τ. ἁγίων εἰς ἔργον διακονίας

Col 4 17 βλέπε τ. διακονίαν ἣν παρέλαβες ἐν Κυρίῳ

I Ti 1 12 [2] ὅτι πιστόν με ἡγήσατο θέμενος εἰς διακονίαν

II Ti 4 5 τ. διακονίαν σου πληροφόρησον

11 [2] ἔστιν γάρ μοι εὔχρηστος εἰς διακονίαν

He 1 14 [2] λειτουργικὰ πνεύματα εἰς διακονίαν ἀποστελλόμενα

Re 2 19 οἶδά σου . . . τ. πίστιν κ. τ. διακονίαν

ΔΙΆΚΟΝΟΣ 1249

(1) διάκ. Θεοῦ, Χριστοῦ (2) ἐπίσκοποι κ. διάκ.

Mt 20 26 ἔσται ὑμῶν διάκονος

22 13 τότε ὁ βασιλεὺς εἶπεν τ. διακόνοις

23 11 ὁ δὲ μείζων ὑμῶν ἔσται ὑμῶν διάκονος

Mk 9 35 ἔσται πάντων ἔσχατος κ. πάντων διάκονος

10 43 ἔσται ὑμῶν διάκονος

Jo 2 5 λέγει ἡ μήτηρ αὐτοῦ τ. διακόνοις

9 οἱ δὲ διάκονοι ᾔδεισαν οἱ ἠντληκότες τὸ ὕδωρ

12 26 ἐκεῖ κ. ὁ διάκονος ὁ ἐμὸς ἔσται

Ro 13 4 [1] Θεοῦ γὰρ διάκονός ἐστίν σοι εἰς τὸ ἀγαθόν

4 [1] Θεοῦ γὰρ διάκονός ἐστιν ἔκδικος εἰς ὀργὴν

15 8 λέγω γὰρ Χριστὸν διάκονον γεγενῆσθαι περιτομῆς

16 1 Φοίβην . . . οὖσαν κ. διάκονον τ. ἐκκλησίας τῆς ἐν Κενχρεαῖς

I Co 3 5 διάκονοι δι' ὧν ἐπιστεύσατε

II Co 3 6 ὃς κ. ἱκάνωσεν ἡμᾶς διακόνους καινῆς διαθήκης

6 4 [1] συνιστάνοντες ἑαυτοὺς ὡς Θεοῦ διάκονοι

11 15 εἰ κ. οἱ διάκονοι αὐτοῦ μετασχηματίζονται ὡς διάκονοι δικαιοσύνης

23 [1] διάκονοι Χριστοῦ εἰσίν;

Ga 2 17 ἆρα Χριστὸς ἁμαρτίας διάκονος;

Eph 3 7 οὗ ἐγενήθην διάκονος κατὰ τ. δωρεὰν τ. χάριτος τ. Θεοῦ

6 21 Τύχικος ὁ ἀγαπητὸς ἀδελφὸς κ. πιστὸς διάκονος ἐν Κυρίῳ

Phl 1 1 [2] σὺν ἐπισκόποις κ. διακόνοις

Col 1 7 [1] ὅς ἐστιν πιστὸς ὑπὲρ ἡμῶν διάκονος τ. Χριστοῦ

23 οὗ ἐγενόμην ἐγὼ Παῦλος διάκονος

25 ἧς ἐγενόμην ἐγὼ διάκονος κατὰ τ. οἰκονομίαν τ. Θεοῦ

4 7 Τύχικος ὁ ἀγαπητὸς ἀδελφὸς κ. πιστὸς διάκονος

I Th 3 2 [1] Τιμόθεον τ. ἀδελφὸν ἡμῶν κ. διάκονον τ Θεοῦ

συνεργὸν, WH mg. R mg.

I Ti 3 8 διακόνους ὡσαύτως σεμνούς

12 διάκονοι ἔστωσαν μιᾶς γυναικὸς ἄνδρες

4 6 [1] καλὸς ἔσῃ διάκονος Χριστοῦ Ἰησοῦ

ΔΙΑΚΌΣΙΟΙ 1250

Mk 6 37 ἀγοράσωμεν δηναρίων διακοσίων ἄρτους

Jo 6 7 διακοσίων δηναρίων ἄρτοι οὐκ ἀρκοῦσιν αὐτοῖς

21 8 ὡς ἀπὸ πηχῶν διακοσίων

Ac 23 23 ἑτοιμάσατε στρατιώτας διακοσίους

23 κ. δεξιολάβους διακοσίους

27 37 αἱ πᾶσαι ψυχαὶ ἐν τ. πλοίῳ διακόσιαι ἑβδομήκοντα ἕξ

πλ. ὡς ἑβδ., WH non mg. R marg.

Re 11 3 προφητεύσουσιν ἡμέρας χιλίας διακοσίας ἑξήκοντα

12 6 ἵνα ἐκεῖ τρέφωσιν αὐτὴν ἡμέρας χιλίας διακοσίας ἑξήκοντα

ΔΙΑΚΟΎΩ 1251

Ac 23 35 διακούσομαί σου ἔφη ὅταν κ. οἱ κατήγοροί σου παραγένωνται

ΔΙΑΚΡΊΝΩ 1252

(1) διακρίνομαι

Mt 16 3 τὸ μὲν πρόσωπον τ. οὐρανοῦ γινώσκετε διακρίνειν

21 21 [1] ἐὰν ἔχητε πίστιν κ. μὴ διακριθῆτε

Mk 11 23 [1] ὃς ἂν . . . μὴ διακριθῇ ἐν τ. καρδίᾳ αὐτοῦ

Ac 10 20 [1] πορεύου σὺν αὐτοῖς μηδὲν διακρινόμενος

11 2 [1] διεκρίνοντο πρὸς αὐτὸν οἱ ἐκ περιτομῆς

12 εἶπεν δὲ . . . συνελθεῖν αὐτοῖς μηδὲν διακρίναντα

15 9 οὐθὲν διέκρινεν μεταξὺ ἡμῶν τε κ. αὐτῶν

Ro 4 20 [1] εἰς δὲ τ. ἐπαγγελίαν τ. Θεοῦ οὐ διεκρίθη τ. ἀπιστίᾳ

14 23 [1] ὁ δὲ διακρινόμενος ἐὰν φάγῃ κατακέκριται

I Co 4 7 τίς γάρ σε διακρίνει;

6 5 ὃς δυνήσεται διακρῖναι ἀνὰ μέσον τ. ἀδελφοῦ αὐτοῦ

11 29 μὴ διακρίνων τὸ σῶμα

31 εἰ δὲ ἑαυτοὺς διεκρίνομεν οὐκ ἂν ἐκρινόμεθα

14 29 οἱ ἄλλοι διακρινέτωσαν

Ja 1 6 [1] αἰτείτω δὲ ἐν πίστει μηδὲν διακρινόμενος·

[1] ὁ γὰρ διακρινόμενος ἔοικεν κλύδωνι θαλάσσης

2 4 [1] οὐ διεκρίθητε ἐν ἑαυτοῖς

Ju 9 [1] ὅτε τ. διαβόλῳ διακρινόμενος διελέγετο

22 [1] οὓς μὲν ἐλεᾶτε διακρινομένους

ΔΙΆΚΡΙΣΙΣ 1253

Ro 14 1 μὴ εἰς διακρίσεις διαλογισμῶν

I Co 12 10 ἄλλῳ δὲ διακρίσεις πνευμάτων

διάκρισις, T

He 5 14 γεγυμνασμένα . . . πρὸς διάκρισιν καλοῦ τε κ. κακοῦ

ΔΙΑΚΩΛΎΩ** 1254

Mt 3 14 ὁ δὲ διεκώλυεν αὐτὸν λέγων

ΔΙΑΛΑΛΈΩ** 1255

Lu 1 65 ἐν ὅλῃ τ. ὀρεινῇ τ. Ἰουδαίας διελαλεῖτο πάντα τ. ῥήματα ταῦτα

6 11 διελάλουν πρὸς ἀλλήλους

ΔΙΑΛΈΓΟΜΑΙ 1256

Mk 9 34 πρὸς ἀλλήλους γὰρ διελέχθησαν ἐν τῇ ὁδῷ

Ac 17 2 ἐπὶ σάββατα τρία διελέξατο αὐτοῖς ἀπὸ τ γραφῶν

17 διελέγετο μὲν οὖν ἐν τ. συναγωγῇ τ Ἰουδαίοις

Ac 18 4 διελέγετο δὲ ἐν τ. συναγωγῇ κατὰ πᾶν σάββατον
19 αὐτὸς δὲ . . . διελέξατο τ. Ἰουδαίοις
19 8 ἐπὶ μῆνας τρεῖς διαλεγόμενος κ. πείθων
9 καθ' ἡμέραν διαλεγόμενος ἐν τ. σχολῇ Τυράννου
20 7 ὁ Παῦλος διελέγετο αὐτοῖς
9 διαλεγομένου τ. Παύλου ἐπὶ πλεῖον
24 12 οὔτε ἐν τ. ἱερῷ εὗρόν με πρός τινα διαλεγόμενον
25 διαλεγομένου δὲ αὐτοῦ περὶ δικαιοσύνης
He 12 5 ἥτις ὑμῖν ὡς υἱοῖς διαλέγεται
Ju 9 διελέγετο περὶ τοῦ Μωυσέως σώματος

ΔΙΑΛΕΙ'ΠΩ 1257

Lu 7 45 οὐ διέλιπεν καταφιλοῦσά μου τ. πόδας
διέλειπεν, TWH mg.

ΔΙΑ'ΛΕΚΤΟΣ 1258

Ac 1 19 ὥστε κληθῆναι τὸ χωρίον ἐκεῖνο τ. διαλέκτῳ αὐτῶν Ἁκελδαμάχ
2 6 ἤκουσεν εἷς ἕκαστος τ. ἰδίᾳ διαλέκτῳ λαλούντων αὐτῶν
8 πῶς ἡμεῖς ἀκούομεν ἕκαστος τ. ἰδίᾳ διαλέκτῳ ἡμῶν
21 40 προσεφώνησεν τ. Ἑβραΐδι διαλέκτῳ λέγων
22 2 ἀκούσαντες δὲ ὅτι τ. Ἑβραΐδι διαλέκτῳ προσεφώνει αὐτοῖς
26 14 ἤκουσα φωνὴν λέγουσαν πρός με τ. Ἑβραΐδι διαλέκτῳ

ΔΙΑΛΙΜΠΑ'ΝΩ** † 1258.5

Ac 8 24 ὃς πολλὰ κλαίων οὐ διελίμπανεν
—h. v., TWH non mg. R

ΔΙΑΛΛΑ'ΣΣΟΜΑΙ 1259

Mt 5 24 πρῶτον διαλλάγηθι τ. ἀδελφῷ σου

ΔΙΑΛΟΓΙ'ΖΟΜΑΙ 1260

(1) διαλ. πρός

Mt 16 7 οἱ δὲ διελογίζοντο ἐν ἑαυτοῖς λέγοντες
8 τί διαλογίζεσθε ἐν ἑαυτοῖς ὀλιγόπιστοι
21 25 οἱ δὲ διελογίζοντο ἐν ἑαυτοῖς λέγοντες
παρ' ἑαυτ., TWH marg.
Mk 2 6 διαλογιζόμενοι ἐν τ. καρδίαις αὐτῶν
8 ἐπιγνοὺς . . . ὅτι οὕτως διαλογίζονται ἐν ἑαυτοῖς
8 τί ταῦτα διαλογίζεσθε ἐν τ. καρδίαις ὑμῶν
8 16 [1] διελογίζοντο πρὸς ἀλλήλους
17 τί διαλογίζεσθε ὅτι ἄρτους οὐκ ἔχετε;
9 33 τί ἐν τῇ ὁδῷ διελογίζεσθε;
11 31 [1] διελογίζοντο πρὸς ἑαυτοὺς λέγοντες
Lu 1 29 διελογίζετο ποταπὸς εἴη ὁ ἀσπασμὸς οὗτος
3 15 διαλογιζομένων πάντων ἐν τ. καρδίαις αὐτῶν περὶ τ. Ἰωάνου
5 21 ἤρξαντο διαλογίζεσθαι οἱ γραμματεῖς κ. οἱ Φαρισαῖοι
22 τί διαλογίζεσθε ἐν τ. καρδίαις ὑμῶν;
12 17 διελογίζετο ἐν αὐτῷ λέγων
20 14 [1] ἰδόντες δὲ αὐτὸν οἱ γεωργοὶ διελογίζοντο πρὸς ἀλλήλους

ΔΙΑΛΟΓΙΣΜΟ'Σ 1261

Mt 15 19 ἐκ γὰρ τ. καρδίας ἐξέρχονται διαλογισμοὶ πονηροί
Mk 7 21 ἐκ τ. καρδίας τ. ἀνθρώπων οἱ διαλογισμοὶ οἱ κακοὶ ἐκπορεύονται
Lu 2 35 ὅπως ἂν ἀποκαλυφθῶσιν ἐκ πολλῶν καρδιῶν διαλογισμοί
5 22 ἐπιγνοὺς δὲ ὁ Ἰησοῦς τ. διαλογισμοὺς αὐτῶν
6 8 αὐτὸς δὲ ᾔδει τ. διαλογισμοὺς αὐτῶν
9 46 εἰσῆλθεν δὲ διαλογισμὸς ἐν αὐτοῖς
47 ὁ δὲ Ἰησοῦς εἰδὼς τ. διαλογισμὸν τ. καρδίας αὐτῶν
24 38 διὰ τί διαλογισμοὶ ἀναβαίνουσιν ἐν τ. καρδίᾳ ὑμῶν;
Ro 1 21 ἐματαιώθησαν ἐν τ. διαλογισμοῖς αὐτῶν
14 1 προσλαμβάνεσθε μὴ εἰς διακρίσεις διαλογισμῶν
1 Co 3 20 Κύριος γινώσκει τ. διαλογισμοὺς τ. σοφῶν
יְהוָה יֹדֵעַ מַחְשְׁבוֹת אָדָם, Ps. xciv. 11
Phl 2 14 πάντα ποιεῖτε χωρὶς γογγυσμῶν κ. διαλογισμῶν
1 Ti 2 8 ἐπαίροντας ὁσίους χεῖρας χωρὶς ὀργῆς κ. διαλογισμῶν
διαλογισμοῦ, TWH mg. R
Ja 2 4 ἐγένεσθε κριταὶ διαλογισμῶν πονηρῶν

ΔΙΑΛΥ'ΟΜΑΙ 1262

Ac 5 36 πάντες . . . διελύθησαν κ. ἐγένοντο εἰς οὐδέν

ΔΙΑΜΑΡΤΥ'ΡΟΜΑΙ 1263

(1) διαμ. ἐνώπιον τ. Θεοῦ

Lu 16 28 ὅπως διαμαρτύρηται αὐτοῖς
Ac 2 40 ἑτέροις τε λόγοις πλείοσιν διεμαρτύρατο
8 25 οἱ μὲν οὖν διαμαρτυράμενοι κ. λαλήσαντες τ. λόγον
10 42 παρήγγειλεν ἡμῖν . . . διαμαρτύρασθαι ὅτι οὗτός ἐστιν ὁ ὡρισμένος
18 5 διαμαρτυρόμενος τ. Ἰουδαίοις εἶναι τ. Χριστὸν Ἰησοῦν
20 21 διαμαρτυρόμενος Ἰουδαίοις τε κ. Ἕλλησι τὴν εἰς Θεὸν μετάνοιαν
23 τὸ πνεῦμα τὸ ἅγιον κατὰ πόλιν διαμαρτύρεταί μοι
24 διαμαρτύρασθαι τὸ εὐαγγέλιον τ. χάριτος τ. Θεοῦ
23 11 ὡς γὰρ διεμαρτύρω τὰ περὶ ἐμοῦ εἰς Ἰερουσαλήμ
28 23 οἷς ἐξετίθετο διαμαρτυρόμενος τ. βασιλείαν τ. Θεοῦ
1 Th 4 6 καθὼς κ. προείπαμεν ὑμῖν κ. διεμαρτυράμεθα
1 Ti 5 21 [1] διαμαρτύρομαι ἐνώπιον τ. Θεοῦ
2 Ti 2 14 [1] διαμαρτυρόμενος ἐνώπιον τ. Θεοῦ μὴ λογομαχεῖν
4 1 [1] διαμαρτύρομαι ἐνώπιον τ. Θεοῦ
He 2 6 διεμαρτύρατο δέ πού τις λέγων

ΔΙΑΜΑ'ΧΟΜΑΙ 1264

Ac 23 9 ἀναστάντες τινὲς τ. γραμματέων . . . διεμάχοντο λέγοντες

ΔΙΑΜΈΝΩ 1265

Lu 1 22 αὐτὸς ἦν διανεύων αὐτοῖς κ. διέμενεν κωφός
22 28 ὑμεῖς δέ ἐστε οἱ διαμεμενηκότες μετ' ἐμοῦ
Ga 2 5 ἵνα ἡ ἀλήθεια τ. εὐαγγελίου διαμείνῃ πρὸς ὑμᾶς
He 1 11 αὐτοὶ ἀπολοῦνται σὺ δὲ διαμένεις
הֵמָּה יֹאבֵדוּ וְאַתָּה תַעֲמֹד, Ps. cii. 27
II Pe 3 4 πάντα οὕτως διαμένει ἀπ' ἀρχῆς κτίσεως

ΔΙΑΜΕΡΊΖΩ 1266

Mt 27 35 διεμερίσαντο τὰ ἱμάτια αὐτοῦ
Mk 15 24 διαμερίζονται τὰ ἱμάτια αὐτοῦ
Lu 11 17 πᾶσα βασιλεία ἐφ' ἑαυτὴν διαμερισθεῖσα ἐρημοῦται
διαμ. ἐφ. ἑ., TWH mg.
18 εἰ δὲ ὁ Σατανᾶς ἐφ' ἑαυτὸν διεμερίσθη
12 52 ἔσονται γὰρ ἀπὸ τ. νῦν πέντε ἐν ἑνὶ οἴκῳ διαμεμερισμένοι
53 διαμερισθήσονται πατὴρ ἐπὶ υἱῷ κ. υἱὸς ἐπὶ πατρί
22 17 λάβετε τοῦτο κ. διαμερίσατε εἰς ἑαυτούς
23 34 διαμεριζόμενοι δὲ τὰ ἱμάτια αὐτοῦ
Jo 19 24 διεμερίσαντο τὰ ἱμάτιά μου ἑαυτοῖς
יְחַלְּקוּ בְגָדַי לָהֶם, Ps. xxii. 19
Ac 2 3 ὤφθησαν αὐτοῖς διαμεριζόμεναι γλῶσσαι ὡσεὶ πυρός
45 διεμέριζον αὐτὰ πᾶσιν

ΔΙΑΜΕΡΙΣΜΌΣ 1267

Lu 12 51 οὐχὶ λέγω ὑμῖν ἀλλ' ἢ διαμερισμόν

ΔΙΑΝΈΜΟΜΑΙ 1268

Ac 4 17 ἵνα μὴ ἐπὶ πλεῖον διανεμηθῇ εἰς τ. λαόν

ΔΙΑΝΕΎΩ 1269

Lu 1 22 αὐτὸς ἦν διανεύων αὐτοῖς κ. διέμενεν κωφός

ΔΙΑΝΌΗΜΑ 1270

Lu 11 17 αὐτὸς δὲ εἰδὼς αὐτῶν τὰ διανοήματα

ΔΙΆΝΟΙΑ 1271

Mt 22 37 ἀγαπήσεις Κύριον τ. Θεόν σου . . . ἐν ὅλῃ τ. διανοίᾳ σου
אָהַבְתָּ אֵת יְהוָה אֱלֹהֶיךָ בְּכָל־לְבָבְךָ, Dt. vi. 5
Mk 12 30 ἀγαπήσεις Κύριον τ. Θεόν σου . . . ἐξ ὅλης τ. διανοίας σου, Deut. *l.c.*
Lu 1 51 διεσκόρπισεν ὑπερηφάνους διανοίᾳ καρδίας αὐτῶν
10 27 ἀγαπήσεις Κύριον τ. Θεόν σου . . . ἐν ὅλῃ τ. διανοίᾳ σου, Deut. *l.c.*
Eph 2 3 ποιοῦντες τὰ θελήματα τ. σαρκὸς κ. τ. διανοιῶν
4 18 ἐσκοτωμένοι τ. διανοίᾳ ὄντες
Col 1 21 ἐχθροὺς τ. διανοίᾳ ἐν τ. ἔργοις τ. πονηροῖς
He 8 10 διδοὺς νόμους μου εἰς τ. διάνοιαν αὐτῶν
נָתַתִּי אֶת־תּוֹרָתִי בְּקִרְבָּם, Jer. xxxi. 33
He 10 16 ἐπὶ τ. διάνοιαν αὐτῶν ἐπιγράψω αὐτούς
עַל־לִבָּם אֶכְתְּבֶנָּה, Jer. *l.c.*
I Pe 1 13 ἀναζωσάμενοι τ. ὀσφύας τ. διανοίας ὑμῶν
II Pe 3 1 διεγείρω ὑμῶν ἐν ὑπομνήσει τ. εἰλικρινῆ διάνοιαν
I Jo 5 20 δέδωκεν ἡμῖν διάνοιαν ἵνα γινώσκομεν τ. ἀληθινόν

ΔΙΑΝΟΊΓΩ 1272

Mk 7 34 Ἐφφαθὰ ὅ ἐστιν Διανοίχθητι
Lu 2 23 πᾶν ἄρσεν διανοῖγον μήτραν
כָּל־פֶּטֶר רֶחֶם, Ex. xiii. 2
24 31 αὐτῶν δὲ διηνοίχθησαν οἱ ὀφθαλμοί
32 ὡς διήνοιγεν ἡμῖν τ. γραφάς
45 τότε διήνοιξεν αὐτῶν τ. νοῦν
Ac 7 56 θεωρῶ τ. οὐρανοὺς διηνοιγμένους
16 14 ἧς ὁ Κύριος διήνοιξεν τ. καρδίαν
17 3 διελέξατο αὐτοῖς . . . διανοίγων κ. παρατιθέμενος

ΔΙΑΝΥΚΤΕΡΕΎΩ 1273

Lu 6 12 ἦν διανυκτερεύων ἐν τ. προσευχῇ τ. Θεοῦ

ΔΙΑΝΎΩ** 1274

Ac 21 7 ἡμεῖς δὲ τ. πλοῦν διανύσαντες ἀπὸ Τύρου

ΔΙΑΠΑΝΤΌΣ *Vide* ΔΙΆ, c. gen.

1274.5 ΔΙΑΠΑΡΑΤΡΙΒΉ*† cf. 3859

I Ti 6 5 διαπαρατριβαὶ διεφθαρμένων ἀνθρώπων τ. νοῦν

ΔΙΑΠΕΡΆΩ 1276

Mt 9 1 ἐμβὰς εἰς πλοῖον διεπέρασεν
14 34 διαπεράσαντες ἦλθαν ἐπὶ τ. γῆν Γεννησαρέτ
Mk 5 21 διαπεράσαντος τ. Ἰησοῦ ἐν τ. πλοίῳ
6 53 διαπεράσαντες ἐπὶ τ. γῆν ἦλθον εἰς Γεννησαρέτ
Lu 16 26 μηδὲ ἐκεῖθεν πρὸς ἡμᾶς διαπερῶσιν
Ac 21 2 εὑρόντες πλοῖον διαπερῶν εἰς Φοινίκην

ΔΙΑΠΛΈΩ* 1277

Ac 27 5 τό τε πέλαγος τὸ κατὰ τ. Κιλικίαν κ. Παμφυλίαν διαπλεύσαντες

ΔΙΑΠΟΝΈΟΜΑΙ 1278

Mk 14 4 οἱ δὲ μαθηταὶ αὐτοῦ διεπονοῦντο κ. ἔλεγον —h. v., TWH non mg. R
Ac 4 2 διαπονούμενοι διὰ τὸ διδάσκειν αὐτοὺς τ. λαόν
16 18 διαπονηθεὶς δὲ Παῦλος κ. ἐπιστρέψας

ΔΙΑΠΟΡΕΎΟΜΑΙ 1279

Mk 2 23 ἐγένετο αὐτὸν ἐν τ. σάββασιν διαπορεύεσθαι διὰ τ. σπορίμων
παραπορεύεσθαι, TWH mg.
Lu 6 1 ἐγένετο δὲ ἐν σαββάτῳ διαπορεύεσθαι αὐτὸν διὰ σπορίμων
13 22 διεπορεύετο κατὰ πόλεις κ. κώμας διδάσκων

Lu 18 36 ἀκούσας δὲ ὄχλου διαπορευομένου
Ac 16 4 ὡς δὲ διεπορεύοντο τ. πόλεις
Ro 15 24 ἐλπίζω γὰρ διαπορευόμενος θεάσασθαι ὑμᾶς

ΔΙΑΠΟΡΕ'Ω** 1280

Lu 9 7 διηπόρει διὰ τὸ λέγεσθαι ὑπό τινων
Ac 2 12 ἐξίσταντο δὲ πάντες κ. διηποροῦντο
5 24 διηπόρουν περὶ αὐτῶν τί ἂν γένοιτο τοῦτο
10 17 ὡς δὲ ἐν ἑαυτῷ διηπόρει ὁ Πέτρος

ΔΙΑΠΡΑΓΜΑΤΕΥ'ΟΜΑΙ* 1281

Lu 19 15 ἵνα γνοῖ τί διεπραγματεύσαντο
γν. τίς τί διεπραγματεύσατο, T

ΔΙΑΠΡΙ'Ω 1282

Ac 5 33 οἱ δὲ ἀκούσαντες διεπρίοντο
7 54 ἀκούοντες δὲ ταῦτα διεπρίοντο τ. καρδίαις αὐτῶν

ΔΙΑΡΠΑ'ΖΩ 1283

Mt 12 29 τότε τ. οἰκίαν αὐτοῦ διαρπάσει
διαρπάσῃ, T
Mk 3 27 εἰς τ. οἰκίαν τ. ἰσχυροῦ εἰσελθὼν τὰ σκεύη αὐτοῦ διαρπάσαι
27 τότε τ. οἰκίαν αὐτοῦ διαρπάσει

ΔΙΑΡΡΗ'ΣΣΩ, ΔΙΑΡΗ'ΣΣΩ 1284

Mt 26 65 τότε ὁ ἀρχιερεὺς διέρηξεν τὰ ἱμάτια αὐτοῦ
διέρρηξεν, T
Mk 14 63 ὁ δὲ ἀρχιερεὺς διαρήξας τ. χιτῶνας αὐτοῦ
διαρρήξας, T
Lu 5 6 διερήσσετο δὲ τὰ δίκτυα αὐτῶν
8 29 διαρήσσων τὰ δεσμὰ ἠλαύνετο ἀπὸ τ. δαιμονίου
Ac 14 14 διαρρήξαντες τὰ ἱμάτια ἑαυτῶν ἐξεπήδησαν εἰς τ. ὄχλον

ΔΙΑΣΑΦΕ'Ω 1285

Mt 13 36 διασάφησον ἡμῖν τ. παραβολὴν τ. ζιζανίων τ. ἀγροῦ
φράσον, T
18 31 ἐλθόντες διεσάφησαν τ. κυρίῳ ἑαυτῶν πάντα τ. γενόμενα

ΔΙΑΣΕΙ'Ω 1286

Lu 3 14 μηδένα διασείσητε

ΔΙΑΣΚΟΡΠΙ'ΖΩ 1287

Mt 25 24 συνάγων ὅθεν οὐ διεσκόρπισας
26 ᾔδεις ὅτι . . . συνάγω ὅθεν οὐ διεσκόρπισα
26 31 διασκορπισθήσονται τὰ πρόβατα τ. ποίμνης
תְּפוּצֶיןָ הַצֹּאן, Zech. xiii. 7
Mk 14 27 τὰ πρόβατα διασκορπισθήσονται, Zech. *l.c.*
Lu 1 51 διεσκόρπισεν ὑπερηφάνους διανοίᾳ καρδίας αὐτῶν
15 13 ἐκεῖ διεσκόρπισεν τ. οὐσίαν αὐτοῦ ζῶν ἀσώτως
16 1 διεβλήθη αὐτῷ ὡς διασκορπίζων τὰ ὑπάρχοντα αὐτοῦ
Jo 11 52 ἵνα κ. τὰ τέκνα τ. Θεοῦ τὰ διεσκορπισμένα συναγάγῃ εἰς ἕν
Ac 5 37 πάντες ὅσοι ἐπείθοντο αὐτῷ διεσκορπίσθησαν

ΔΙΑΣΠΑ'Ω 1288

Mk 5 4 διεσπάσθαι ὑπ' αὐτοῦ τ. ἁλύσεις
Ac 23 10 φοβηθεὶς ὁ χιλίαρχος μὴ διασπασθῇ ὁ Παῦλος ὑπ' αὐτῶν

ΔΙΑΣΠΕΙ'ΡΩ 1289

Ac 8 1 πάντες δὲ διεσπάρησαν κατὰ τ. χώρας τ. Ἰουδαίας
4 οἱ μὲν οὖν διασπαρέντες διῆλθον
11 19 οἱ μὲν οὖν διασπαρέντες ἀπὸ τ. θλίψεως τ. γενομένης ἐπὶ Στεφάνῳ

ΔΙΑΣΠΟΡΑ' 1290

Jo 7 35 μὴ εἰς τ. διασπορὰν τ. Ἑλλήνων μέλλει πορεύεσθαι
Ja 1 1 Ἰάκωβος . . . τ. δώδεκα φυλαῖς ταῖς ἐν τ. διασπορᾷ
1 Pe 1 1 Πέτρος . . . ἐκλεκτοῖς παρεπιδήμοις διασπορᾶς Πόντου

ΔΙΑΣΤΕ'ΛΛΟΜΑΙ 1291

Mt 16 20 τότε διεστείλατο τ. μαθηταῖς ἵνα μηδενὶ εἴπωσιν
ἐπετίμησεν, WH non mg.
Mk 5 43 διεστείλατο αὐτοῖς πολλὰ ἵνα μηδεὶς γνοῖ τοῦτο
7 36 διεστείλατο αὐτοῖς ἵνα μηδενὶ λέγωσιν· ὅσον δὲ αὐτοῖς διεστέλλετο
8 15 διεστέλλετο αὐτοῖς λέγων
9 9 διεστείλατο αὐτοῖς ἵνα μηδενὶ . . . διηγήσωνται
Ac 15 24 οἷς οὐ διεστειλάμεθα
He 12 20 οὐκ ἔφερον γὰρ τὸ διαστελλόμενον

ΔΙΑ'ΣΤΗΜΑ 1292

Ac 5 7 ἐγένετο δὲ ὡς ὡρῶν τριῶν διάστημα

ΔΙΑΣΤΟΛΗ' 1293

Ro 3 22 οὐ γάρ ἐστιν διαστολή
10 12 οὐ γάρ ἐστιν διαστολὴ Ἰουδαίου τε κ. Ἕλληνος
1 Co 14 7 ἐὰν διαστολὴν τ. φθόγγοις μὴ δῷ

ΔΙΑΣΤΡΕ'ΦΩ 1294

Mt 17 17 ὦ γενεὰ ἄπιστος κ. διεστραμμένη
Lu 9 41 ὦ γενεὰ ἄπιστος κ. διεστραμμένη
23 2 τοῦτον εὕραμεν διαστρέφοντα τὸ ἔθνος ἡμῶν
Ac 13 8 ζητῶν διαστρέψαι τ. ἀνθύπατον ἀπὸ τ. πίστεως
10 οὐ παύσῃ διαστρέφων τὰς ὁδοὺς τ. Κυρίου τ. εὐθείας;
20 30 ἀναστήσονται ἄνδρες λαλοῦντες διεστραμμένα
Phl 2 15 τέκνα Θεοῦ ἄμωμα μέσον γενεᾶς σκολιᾶς κ. διεστραμμένης

ΔΙΑΣΩ'ΖΩ 1295

Mt 14 36 ὅσοι ἥψαντο διεσώθησαν
Lu 7 3 ὅπως ἐλθὼν διασώσῃ τ. δοῦλον αὐτοῦ
Ac 23 24 ἵνα ἐπιβιβάσαντες τ. Παῦλον διασώσωσιν πρὸς Φήλικα
27 43 ὁ δὲ ἑκατοντάρχης βουλόμενος διασῶσαι τ. Παῦλον
44 οὕτως ἐγένετο πάντας διασωθῆναι ἐπὶ τ. γῆν.
28 1 κ. διασωθέντες τότε ἐπέγνωμεν
4 ὃν διασωθέντα ἐκ τ. θαλάσσης ἡ δίκη ζῆν οὐκ εἴασεν
I Pe 3 20 εἰς ἣν ὀλίγοι . . . ψυχαὶ διεσώθησαν δι' ὕδατος

ΔΙΑΤΑΓΗ'† 1296

Ac 7 53 οἵτινες ἐλάβετε τ. νόμον εἰς διαταγὰς ἀγγέλων
Ro 13 2 ὁ ἀντιτασσόμενος τ. ἐξουσίᾳ τῇ τ. Θεοῦ διαταγῇ ἀνθέστηκεν

ΔΙΑ'ΤΑΓΜΑ 1297

He 11 23 οὐκ ἐφοβήθησαν τὸ διάταγμα τ. βασιλέως

ΔΙΑΤΑΡΑ'ΣΣΟΜΑΙ** 1298

Lu 1 29 ἡ δὲ ἐπὶ τ. λόγῳ διεταράχθη

ΔΙΑΤΑ'ΣΣΩ 1299

(1) τὸ διατεταγμένον, τὰ διαταχθέντα
(2) διατ. διά

Mt 11 1 ἐτέλεσεν ὁ Ἰησοῦς διατάσσων τ. δώδεκα μαθηταῖς αὐτοῦ
Lu 3 13 [1] μηδὲν πλέον παρὰ τὸ διατεταγμένον ὑμῖν πράσσετε
8 55 διέταξεν αὐτῇ δοθῆναι φαγεῖν
17 9 [1] ὅτι ἐποίησεν τὰ διαταχθέντα
10 [1] ὅταν ποιήσητε πάντα τὰ διαταχθέντα ὑμῖν
Ac 7 44 καθὼς διετάξατο ὁ λαλῶν τ. Μωυσῇ
18 2 διὰ τὸ διατεταχέναι Κλαύδιον χωρίζεσθαι πάντας τ. Ἰουδαίους ἀπὸ τ. Ῥώμης
τεταχέναι, T
20 13 οὕτως γὰρ διατεταγμένος ἦν
23 31 [1] οἱ μὲν οὖν στρατιῶται κατὰ τὸ διατεταγμένον αὐτοῖς
24 23 διαταξάμενος τ. ἑκατοντάρχῃ τηρεῖσθαι αὐτόν
I Co 7 17 οὕτως ἐν τ. ἐκκλησίαις πάσαις διατάσσομαι
9 14 οὕτως κ. ὁ Κύριος διέταξεν τοῖς τὸ εὐαγγέλιον καταγγέλλουσιν
11 34 τὰ δὲ λοιπὰ ὡς ἂν ἔλθω διατάξομαι
16 1 ὥσπερ διέταξα τ. ἐκκλησίαις τ. Γαλατίας
Ga 3 19 [2] διαταγεὶς δι' ἀγγέλων ἐν χειρὶ μεσίτου
Tit 1 5 ὡς ἐγώ σοι διεταξάμην

ΔΙΑΤΕΛΕ'Ω 1300

Ac 27 33 ἄσιτοι διατελεῖσθε μηθὲν προσλαβόμενοι

ΔΙΑΤΗΡΕ'Ω 1301

Lu 2 51 ἡ μήτηρ αὐτοῦ διετήρει πάντα τὰ ῥήματα ἐν τ. καρδίᾳ αὐτῆς
Ac 15 29 ἐξ ὧν διατηροῦντες ἑαυτοὺς εὖ πράξετε

1302 ΔΙΑΤΙ' *Vide* ΔΙΑ', c. acc., p. 197

ΔΙΑΤΙ'ΘΕΜΑΙ 1303

(1) διατ. διαθήκην

Lu 22 29 κἀγὼ διατίθεμαι ὑμῖν καθὼς διέθετό μοι ὁ πατήρ μου βασιλείαν
Ac 3 25 [1] τ. διαθήκης ἧς ὁ Θεὸς διέθετο πρὸς τ. πατέρας ὑμῶν
διέθ. ὁ Θεός, T
He 8 10 [1] αὕτη ἡ διαθήκη ἣν διαθήσομαι τ. οἴκῳ Ἰσραήλ
ואת הַבְּרִית אֲשֶׁר אֶכְרֹת אֶת־בֵּית יִשְׂרָאֵל
Jer. xxxi. 33
9 16 θάνατον ἀνάγκη φέρεσθαι τ. διαθεμένου
17 ἐπεὶ μὴ τότε ἰσχύει ὅτε ζῇ ὁ διαθέμενος
10 16 [1] αὕτη ἡ διαθήκη ἣν διαθήσομαι πρὸς αὐτούς, Jer. *l.c.*

ΔΙΑΤΡΙ'ΒΩ 1304

Jo 3 22 ἐκεῖ διέτριβεν μετ' αὐτῶν κ. ἐβάπτιζεν
11 54 κἀκεῖ διέτριβεν μετὰ τ. μαθητῶν
ἔμεινεν, WHR
Ac 12 19 κατελθὼν ἀπὸ τ. Ἰουδαίας εἰς Καισαρίαν διέτριβεν
14 3 ἱκανὸν μὲν οὖν χρόνον διέτριψαν παρρησιαζόμενοι
28 διέτριβον δὲ χρόνον οὐκ ὀλίγον σὺν τ. μαθηταῖς
15 35 Παῦλος δὲ κ. Βαρνάβας διέτριβον ἐν Ἀντιοχείᾳ
16 12 ἦμεν δὲ ἐν ταύτῃ τ. πόλει διατρίβοντες ἡμέρας τινάς
20 6 οὗ διετρίψαμεν ἡμέρας ἑπτά
25 6 διατρίψας δὲ ἐν αὐτοῖς ἡμέρας οὐ πλείους ὀκτὼ ἢ δέκα
14 ὡς δὲ πλείους ἡμέρας διέτριβον ἐκεῖ

ΔΙΑΤΡΟΦΗ' ** 1305

I Ti 6 8 ἔχοντες δὲ διατροφὰς κ. σκεπάσματα τούτοις ἀρκεσθησόμεθα
διατροφὴν, WH marg.

ΔΙΑΥΓΑ'ΖΩ ** 1306

II Pe 1 19 ἕως οὗ ἡμέρα διαυγάσῃ

ΔΙΑΥΓΗ'Σ ** 1307

Re 21 21 ἡ πλατεῖα τ. πόλεως χρυσίον καθαρὸν ὡς ὕαλος διαυγής

ΔΙΑΦΕ'ΡΩ 1308

(1) c. gen. (2) τὰ διαφέροντα

Mt 6 26 [1] οὐχ ὑμεῖς μᾶλλον διαφέρετε αὐτῶν;
10 31 [1] πολλῶν στρουθίων διαφέρετε ὑμεῖς
12 12 [1] πόσῳ οὖν διαφέρει ἄνθρωπος προβάτου;
Mk 11 16 οὐκ ἤφιεν ἵνα τις διενέγκῃ σκεῦος διὰ τ. ἱεροῦ
Lu 12 7 [1] πολλῶν στρουθίων διαφέρετε
24 [1] πόσῳ μᾶλλον ὑμεῖς διαφέρετε τ. πετεινῶν
Ac 13 49 διεφέρετο δὲ ὁ λόγος τ. Κυρίου δι' ὅλης τ. χώρας

Ac 27 27 διαφερομένων ἡμῶν ἐν τῷ Ἀδρίᾳ
Ro 2 18 [2] δοκιμάζεις τὰ διαφέροντα
I Co 15 41 [1] ἀστὴρ γὰρ ἀστέρος διαφέρει ἐν δόξῃ
Ga 2 6 ὁποῖοί ποτε ἦσαν οὐδέν μοι διαφέρει
4 1 [1] οὐδὲν διαφέρει δούλου κύριος πάντων ὤν
Phl 1 10 [2] εἰς τὸ δοκιμάζειν ὑμᾶς τὰ διαφέροντα

ΔΙΑΦΕΥ'ΓΩ 1309

Ac 27 42 μή τις ἐκκολυμβήσας διαφύγῃ

1310 ΔΙΑΦΗΜΙ'ΖΩ * cf. 5346.5

Mt 9 31 οἱ δὲ ἐξελθόντες διεφήμισαν αὐτὸν ἐν ὅλῃ τ. γῇ ἐκείνῃ
28 15 διεφημίσθη ὁ λόγος οὗτος παρὰ Ἰουδαίοις ἐφημίσθη, TWH mg.
Mk 1 45 ἤρξατο κηρύσσειν πολλὰ κ. διαφημίζειν τ. λόγον

ΔΙΑΦΘΕΙ'ΡΩ 1311

Lu 12 33 ὅπου κλέπτης οὐκ ἐγγίζει οὐδὲ σὴς διαφθείρει
II Co 4 16 εἰ κ. ὁ ἔξω ἡμῶν ἄνθρωπος διαφθείρεται
I Ti 6 5 διαπαρατριβαὶ διεφθαρμένων ἀνθρώπων τ. νοῦν
Re 8 9 τὸ τρίτον τ. πλοίων διεφθάρησαν
11 18 διαφθεῖραι τ. διαφθείροντας τ. γῆν

ΔΙΑΦΘΟΡΑ' 1312

Ac 2 27 οὐδὲ δώσεις τ. ὅσιόν σου ἰδεῖν διαφθοράν
לֹא־תִתֵּן חֲסִידְךָ לִרְאוֹת שָׁחַת, Ps. xvi. 10
31 οὔτε ἡ σὰρξ αὐτοῦ εἶδεν διαφθοράν
13 34 μηκέτι μέλλοντα ὑποστρέφειν εἰς διαφθοράν
35 οὐ δώσεις τ. ὅσιόν σου ἰδεῖν διαφθοράν, Ps. *l.c.*
36 προσετέθη πρὸς τ. πατέρας αὐτοῦ κ. εἶδεν διαφθοράν.
37 ὃν δὲ ὁ Θεὸς ἤγειρεν οὐκ εἶδεν διαφθοράν

ΔΙΑ'ΦΟΡΟΣ 1313

Ro 12 6 χαρίσματα κατὰ τ. χάριν τ. δοθεῖσαν ἡμῖν διάφορα
He 1 4 ὅσῳ διαφορώτερον παρ' αὐτοὺς κεκληρονόμηκεν ὄνομα
8 6 νῦν δὲ διαφορωτέρας τέτυχεν λειτουργίας
9 10 μόνον ἐπὶ βρώμασι κ. πόμασι κ. διαφόροις βαπτισμοῖς

ΔΙΑΦΥΛΑ'ΣΣΩ 1314

Lu 4 10 τ. ἀγγέλοις αὐτοῦ ἐντελεῖται περὶ σοῦ τοῦ διαφυλάξαι σε
מַלְאָכָיו יְצַוֶּה־לָּךְ לִשְׁמָרְךָ, Ps. xci. 11

ΔΙΑΧΕΙΡΙ'ΖΟΜΑΙ * 1315

Ac 5 30 ὃν ὑμεῖς διεχειρίσασθε κρεμάσαντες ἐπὶ ξύλου
26 21 συλλαβόμενοι ἐν τ. ἱερῷ ἐπειρῶντο διαχειρίσασθαι

1315.5 ΔΙΑΧΛΕΥΑ'ΖΩ * cf. 5512

Ac 2 13 ἕτεροι δὲ διαχλευάζοντες ἔλεγον

ΔΙΑΧΩΡΙ'ΖΟΜΑΙ 1316

Lu 9 33 ἐγένετο ἐν τ. διαχωρίζεσθαι αὐτοὺς ἀπ αὐτοῦ

ΔΙΔΑΚΤΙΚΟ'Σ * † 1317

I Ti 3 2 δεῖ οὖν τ. ἐπίσκοπον ἀνεπίλημπτον εἶναι . . . διδακτικόν
II Ti 2 24 ἤπιον εἶναι πρὸς πάντας διδακτικὸν ἀνεξίκακον

ΔΙΔΑΚΤΟ'Σ 1318

Jo 6 45 ἔσονται πάντες διδακτοὶ Θεοῦ
כָּל־בָּנַיִךְ לִמּוּדֵי יְהוָה, Is. liv. 13
I Co 2 13 οὐκ ἐν διδακτοῖς ἀνθρωπίνης σοφίας λόγοις, ἀλλ' ἐν διδακτοῖς πνεύματος

ΔΙΔΑΣΚΑΛΙ'Α 1319

(1) διδ. διδάσκειν (2) ὑγιαινοῦσα διδ.

Mt 15 9 [1] διδάσκοντες διδασκαλίας ἐντάλματα ἀνθρώπων
מִצְוַת אֲנָשִׁים מְלֻמָּדָה, Is. xxix. 13
Mk 7 7 [1] διδάσκοντες διδασκαλίας ἐντάλματα ἀνθρώπων, Is. *l.c.*
Ro 12 7 εἴτε ὁ διδάσκων ἐν τ. διδασκαλίᾳ
15 4 εἰς τ. ἡμετέραν διδασκαλίαν ἐγράφη
Eph 4 14 περιφερόμενοι παντὶ ἀνέμῳ τ. διδασκαλίας
Col 2 22 κατὰ τὰ ἐντάλματα κ. διδασκαλίας τ. ἀνθρώπων
I Ti 1 10 [2] εἴ τι ἕτερον τ. ὑγιαινούσῃ διδασκαλίᾳ ἀντίκειται
4 1 προσέχοντες πνεύμασι πλάνοις κ. διδασκαλίαις δαιμονίων
6 ἐντρεφόμενος τ. λόγοις . . . τ. καλῆς διδασκαλίας ᾗ παρηκολούθηκας
13 πρόσεχε τ. ἀναγνώσει τ. παρακλήσει τ. διδασκαλίᾳ
16 ἔπεχε σεαυτῷ κ. τ. διδασκαλίᾳ
5 17 μάλιστα οἱ κοπιῶντες ἐν λόγῳ κ. διδασκαλίᾳ
6 1 ἵνα μὴ . . . ἡ διδασκαλία βλασφημῆται
3 μὴ προσέρχεται . . . τῇ κατ' εὐσέβειαν διδασκαλίᾳ
II Ti 3 10 σὺ δὲ παρηκολούθησάς μου τ. διδασκαλίᾳ
16 πᾶσα γραφὴ θεόπνευστος κ. ὠφέλιμος πρὸς διδασκαλίαν
4 3 [2] ὅτε τ. ὑγιαινούσης διδασκαλίας οὐκ ἀνέξονται
Tit 1 9 [2] ἵνα δυνατὸς ᾖ κ. παρακαλεῖν ἐν τ. διδασκαλίᾳ τ. ὑγιαινούσῃ
2 1 [2] σὺ δὲ λάλει ἃ πρέπει τ. ὑγιαινούσῃ διδασκαλίᾳ
7 παρεχόμενος . . . ἐν τ. διδασκαλίᾳ ἀφθορίαν
10 ἵνα τ. διδασκαλίαν τὴν τ. σωτῆρος ἡμῶν Θεοῦ κοσμῶσιν

ΔΙΔΑ'ΣΚΑΛΟΣ ** 1320

(1) διδάσκαλε (2) διδάσκαλοι

Mt 8 19 [1] διδάσκαλε ἀκολουθήσω σοι ὅπου ἐὰν ἀπέρχῃ
9 11 διὰ τί μετὰ τ. τελωνῶν . . . ἐσθίει ὁ διδάσκαλος ὑμῶν;

Mt 10 24 οὐκ ἔστιν μαθητὴς ὑπὲρ τ. διδάσκαλον
25 ἀρκετὸν τ. μαθητῇ ἵνα γένηται ὡς ὁ διδάσκαλος αὐτοῦ
12 38 [1] διδάσκαλε θέλομεν ἀπὸ σοῦ σημεῖον ἰδεῖν
17 24 ὁ διδάσκαλος ὑμῶν οὐ τελεῖ τὰ δίδραχμα;
19 16 [1] διδάσκαλε τί ἀγαθὸν ποιήσω ἵνα σχῶ ζωὴν αἰώνιον;
διδ. ἀγαθέ, R marg.
22 16 [1] διδάσκαλε οἴδαμεν ὅτι ἀληθὴς εἶ
24 [1] διδάσκαλε Μωυσῆς εἶπεν
36 [1] διδάσκαλε ποία ἐντολὴ μεγάλη ἐν τ. νόμῳ;
23 8 εἷς γάρ ἐστιν ὑμῶν ὁ διδάσκαλος
26 18 ὁ διδάσκαλος λέγει Ὁ καιρός μου ἐγγύς ἐστιν
Mk 4 38 [1] διδάσκαλε οὐ μέλει σοι ὅτι ἀπολλύμεθα
5 35 τί ἔτι σκύλλεις τ. διδάσκαλον
9 17 [1] διδάσκαλε ἤνεγκα τ. υἱόν μου πρός σε
38 [1] διδάσκαλε εἴδαμέν τινα ἐν τ. ὀνόματί σου ἐκβάλλοντα δαιμόνια
10 17 [1] διδάσκαλε ἀγαθὲ τί ποιήσω ἵνα ζωὴν αἰώνιον κληρονομήσω
20 [1] διδάσκαλε ταῦτα πάντα ἐφυλαξάμην
35 [1] διδάσκαλε θέλομεν ἵνα ὃ ἐὰν αἰτήσωμέν σε
12 14 [1] διδάσκαλε οἴδαμεν ὅτι ἀληθὴς εἶ
19 [1] διδάσκαλε Μωυσῆς ἔγραψεν ἡμῖν
32 [1] καλῶς διδάσκαλε επ' ἀληθείας εἶπες
13 1 [1] διδάσκαλε ἴδε ποταποὶ λίθοι κ. ποταπαὶ οἰκοδομαί
14 14 ὁ διδάσκαλος λέγει Ποῦ ἐστὶν τὸ κατάλυμά μου
Lu 2 46 [2] καθεζόμενον ἐν μέσῳ τ. διδασκάλων
3 12 [1] διδάσκαλε τί ποιήσωμεν;
6 40 οὐκ ἔστιν μαθητὴς ὑπὲρ τ. διδάσκαλον· κατηρτισμένος δὲ πᾶς ἔσται ὡς ὁ διδάσκαλος αὐτοῦ
7 40 [1] ὁ δὲ Διδάσκαλε εἰπέ φησιν
8 49 μηκέτι σκύλλε τ. διδάσκαλον
9 38 [1] διδάσκαλε δέομαί σου ἐπιβλέψαι ἐπὶ τ. υἱόν μου
10 25 [1] διδάσκαλε τί ποιήσας ζωὴν αἰώνιον κληρονομήσω
11 45 [1] διδάσκαλε ταῦτα λέγων κ. ἡμᾶς ὑβρίζεις
12 13 [1] διδάσκαλε εἰπὲ τ. ἀδελφῷ μου
18 18 [1] διδάσκαλε ἀγαθὲ τί ποιήσας ζωὴν αἰώνιον κληρονομήσω;
19 39 [1] διδάσκαλε ἐπιτίμησον τ. μαθηταῖς σου
20 21 [1] διδάσκαλε οἴδαμεν ὅτι ὀρθῶς λέγεις
28 [1] διδάσκαλε Μωυσῆς ἔγραψεν ἡμῖν
39 [1] διδάσκαλε καλῶς εἶπας
21 7 [1] διδάσκαλε πότε οὖν ταῦτα ἔσται
22 11 λέγει σοι ὁ διδάσκαλος Ποῦ ἐστὶν τὸ κατάλυμα
Jo 1 38 [1] Ῥαββεὶ ὃ λέγεται μεθερμηνευόμενον Διδάσκαλε
3 2 οἴδαμεν ὅτι ἀπὸ Θεοῦ ἐλήλυθας διδάσκαλος
10 σὺ εἶ ὁ διδάσκαλος τοῦ Ἰσραήλ
8 [4 [1] διδάσκαλε αὕτη ἡ γυνὴ κατείληπται
11 28 ὁ διδάσκαλος πάρεστιν κ. φωνεῖ σε
13 13 ὑμεῖς φωνεῖτέ με Ὁ διδάσκαλος κ. ὁ κύριος
14 εἰ οὖν ἐγὼ ἔνιψα . . . ὁ κύριος κ. ὁ διδάσκαλος
20 16 [1] Ῥαββουνεὶ ὃ λέγεται Διδάσκαλε

Ac 13 1 [2] ἦσαν δὲ ἐν Ἀντιοχείᾳ . . . προφῆται κ. διδάσκαλοι
Ro 2 20 σεαυτὸν . . . διδάσκαλον νηπίων
I Co 12 28 [2] ἔθετο ὁ Θεὸς ἐν τ. ἐκκλησίᾳ . . . τρίτον διδασκάλους
29 [2] μὴ πάντες διδάσκαλοι;
Eph 4 11 [2] αὐτὸς ἔδωκεν . . . τοὺς δὲ ποιμένας κ. διδασκάλους
I Ti 2 7 διδάσκαλος ἐθνῶν ἐν πίστει κ. ἀληθείᾳ
II Ti 1 11 εἰς ὃ ἐτέθην ἐγὼ κῆρυξ κ. ἀπόστολος κ. διδάσκαλος
4 3 [2] ἑαυτοῖς ἐπισωρεύσουσιν διδασκάλους
He 5 12 [2] ὀφείλοντες εἶναι διδάσκαλοι διὰ τ. χρόνον
Ja 3 1 [2] μὴ πολλοὶ διδάσκαλοι γίνεσθε

ΔΙΔΆΣΚΩ 1321

(1) c. dat. pers. (2) c. acc. rei

Mt 4 23 διδάσκων ἐν τ. συναγωγαῖς αὐτῶν
5 2 ἀνοίξας τὸ στόμα αὐτοῦ ἐδίδασκεν αὐτούς
19 ὃς ἐὰν οὖν . . . διδάξῃ οὕτως τ. ἀνθρώπους
19 ὃς δ' ἂν ποιήσῃ κ. διδάξῃ
7 29 ἦν γὰρ διδάσκων αὐτοὺς ὡς ἐξουσίαν ἔχων
9 35 διδάσκων ἐν τ. συναγωγαῖς αὐτῶν
11 1 μετέβη ἐκεῖθεν τοῦ διδάσκειν . . . ἐν τ πόλεσιν αὐτῶν
13 54 ἐδίδασκεν αὐτοὺς ἐν τ. συναγωγῇ αὐτῶν
15 9 [2] διδάσκοντες διδασκαλίας ἐντάλματα ἀνθρώπων
מִצְוַת אֲנָשִׁים מְלֻמָּדָה, Is. xxix. 13
21 23 προσῆλθαν αὐτῷ διδάσκοντι οἱ ἀρχιερεῖς
22 16 [2] τὴν ὁδὸν τ. Θεοῦ ἐν ἀληθείᾳ διδάσκεις
26 55 καθ' ἡμέραν ἐν τ. ἱερῷ ἐκαθεζόμην διδάσκων
28 15 ἐποίησαν ὡς ἐδιδάχθησαν
20 διδάσκοντες αὐτοὺς τηρεῖν πάντα ὅσα ἐνετειλάμην ὑμῖν
Mk 1 21 τ. σάββασιν εἰσελθὼν εἰς τὴν συναγωγὴν ἐδίδασκεν
τ. σαβ. ἐδίδ. εἰς τ. συν., TWH marg.
22 ἦν γὰρ διδάσκων αὐτοὺς ὡς ἐξουσίαν ἔχων
2 13 ὁ ὄχλος ἤρχετο πρὸς αὐτὸν κ. ἐδίδασκεν αὐτούς
4 1 ἤρξατο διδάσκειν παρὰ τ. θάλασσαν
2 [2] ἐδίδασκεν αὐτοὺς ἐν παραβολαῖς πολλά
6 2 ἤρξατο διδάσκειν ἐν τ. συναγωγῇ
6 περιῆγεν τ. κώμας κύκλῳ διδάσκων
30 [2] ἀπήγγειλαν . . . ὅσα ἐποίησαν κ. ὅσα ἐδίδαξαν
34 [2] ἤρξατο διδάσκειν αὐτοὺς πολλά
7 7 [2] διδάσκοντες διδασκαλίας ἐντάλματα ἀνθρώπων, Is. *l.c.*
8 31 ἤρξατο διδάσκειν αὐτούς
9 31 ἐδίδασκεν γὰρ τ. μαθητὰς αὐτοῦ
10 1 ὡς εἰώθει πάλιν ἐδίδασκεν αὐτούς
11 17 ἐδίδασκεν κ. ἔλεγεν αὐτοῖς
12 14 [2] ἐπ' ἀληθείας τὴν ὁδὸν τ. Θεοῦ διδάσκεις
35 ἔλεγεν διδάσκων ἐν τ. ἱερῷ
14 49 καθ' ἡμέραν ἤμην πρὸς ὑμᾶς ἐν τ. ἱερῷ διδάσκων
Lu 4 15 αὐτὸς ἐδίδασκεν ἐν τ. συναγωγαῖς αὐτῶν
31 ἦν διδάσκων αὐτοὺς ἐν τ. σάββασιν

Lu 5 3 καθίσας δὲ ἐκ τ. πλοίου ἐδίδασκεν τ. ὄχλους
17 αὐτὸς ἦν διδάσκων
6 6 ἐγένετο εἰσελθεῖν αὐτὸν εἰς τ. συναγωγὴν κ. διδάσκειν
11 1 Κύριε δίδαξον ἡμᾶς προσεύχεσθαι, καθὼς κ. Ἰωάνης ἐδίδαξεν τ. μαθητὰς αὐτοῦ
12 12 [2] τὸ γὰρ ἅγιον πνεῦμα διδάξει ὑμᾶς ἐν αὐτῇ τ. ὥρᾳ
13 10 ἦν δὲ διδάσκων ἐν μιᾷ τ. συναγωγῶν
22 διεπορεύετο κατὰ πόλεις κ. κώμας διδάσκων
26 ἐν τ. πλατείαις ἡμῶν ἐδίδαξας
19 47 ἦν διδάσκων τὸ καθ' ἡμέραν ἐν τ. ἱερῷ
20 1 διδάσκοντος αὐτοῦ τ. λαὸν ἐν τ. ἱερῷ
21 οἴδαμεν ὅτι ὀρθῶς λέγεις κ. διδάσκεις
21 [2] ἐπ' ἀληθείας τὴν ὁδὸν τ. Θεοῦ διδάσκεις
21 37 ἦν δὲ τ. ἡμέρας ἐν τ. ἱερῷ διδάσκων
διδ. ἐν τ. ἱερ., WH mg.
23 5 διδάσκων καθ' ὅλης τ. Ἰουδαίας
Jo 6 59 ταῦτα εἶπεν ἐν συναγωγῇ διδάσκων ἐν Καφαρναούμ
7 14 ἀνέβη Ἰησοῦς εἰς τὸ ἱερὸν κ. ἐδίδασκεν
28 ἔκραξεν οὖν ἐν τ. ἱερῷ διδάσκων ὁ Ἰησοῦς
35 μέλλει πορεύεσθαι κ. διδάσκειν τ. Ἕλληνας;
8 [2 καθίσας ἐδίδασκεν αὐτούς
h. v., [WH]
20 διδάσκων ἐν τ. ἱερῷ
28 καθὼς ἐδίδαξέν με ὁ πατήρ
9 34 κ. σὺ διδάσκεις ἡμᾶς;
14 26 [2] ἐκεῖνος ὑμᾶς διδάξει πάντα
18 20 ἐγὼ πάντοτε ἐδίδαξα ἐν συναγωγῇ
Ac 1 1 ὧν ἤρξατο Ἰησοῦς ποιεῖν τε κ. διδάσκειν
4 2 διαπονούμενοι διὰ τὸ διδάσκειν αὐτοὺς τ. λαόν
18 μὴ φθέγγεσθαι μηδὲ διδάσκειν ἐπὶ τ. ὀνόματι τ. Ἰησοῦ
5 21 εἰσῆλθον ὑπὸ τ. ὄρθρον εἰς τὸ ἱερὸν κ. ἐδίδασκον
25 εἰσὶν ἐν τ. ἱερῷ . . . διδάσκοντες τ. λαόν
28 παρηγγείλαμεν ὑμῖν μὴ διδάσκειν ἐπὶ τ. ὀνόματι τούτῳ
42 κατ' οἶκον οὐκ ἐπαύσαντο διδάσκοντες
11 26 ἐγένετο δὲ αὐτοῖς . . . διδάξαι ὄχλον ἱκανόν
15 1 ἐδίδασκον τ. ἀδελφούς
35 διέτριβον ἐν Ἀντιοχείᾳ διδάσκοντες κ. εὐαγγελιζόμενοι
18 11 [2] διδάσκων ἐν αὐτοῖς τ. λόγον τ. Θεοῦ
25 [2] ἐλάλει κ. ἐδίδασκεν ἀκριβῶς τὰ περὶ τ. Ἰησοῦ
20 20 τοῦ μὴ . . . διδάξαι ὑμᾶς δημοσίᾳ κ. κατ' οἴκους
21 21 [2] ἀποστασίαν διδάσκεις ἀπὸ Μωυσέως
28 ὁ κατὰ τ. λαοῦ . . . πάντας πανταχῇ διδάσκων
28 31 [2] διδάσκων τὰ περὶ τοῦ Κυρίου Ἰησοῦ Χριστοῦ
Ro 2 21 ὁ οὖν διδάσκων ἕτερον σεαυτὸν οὐ διδάσκεις;
12 7 εἴτε ὁ διδάσκων ἐν τ. διδασκαλίᾳ
I Co 4 17 καθὼς πανταχοῦ ἐν πάσῃ ἐκκλησίᾳ διδάσκω
11 14 οὐδὲ ἡ φύσις αὐτὴ διδάσκει ὑμᾶς
Ga 1 12 οὐδὲ . . . παρὰ ἀνθρώπου παρέλαβον αὐτὸ οὔτε ἐδιδάχθην
Eph 4 21 εἴγε αὐτὸν ἠκούσατε κ. ἐν αὐτῷ ἐδιδάχθητε
Col 1 28 διδάσκοντες πάντα ἄνθρωπον ἐν πάσῃ σοφίᾳ
2 7 καθὼς ἐδιδάχθητε
3 16 διδάσκοντες κ. νουθετοῦντες ἑαυτούς

II Th 2 15 [2] κρατεῖτε τ. παραδόσεις ἃς ἐδιδάχθητε
I Ti 2 12 διδάσκειν δὲ γυναικὶ οὐκ ἐπιτρέπω
4 11 [2] παράγγελλε ταῦτα κ. δίδασκε
6 2 [2] ταῦτα δίδασκε κ. παρακάλει
II Ti 2 2 οἵτινες ἱκανοὶ ἔσονται κ. ἑτέρους διδάξαι
Tit 1 11 [2] διδάσκοντες ἃ μὴ δεῖ
He 5 12 [2] πάλιν χρείαν ἔχετε τοῦ διδάσκειν ὑμᾶς
8 11 οὐ μὴ διδάξωσιν ἕκαστος τ. πολίτην αὐτοῦ
לֹא יְלַמְּדוּ עוֹד אִישׁ אֶת־רֵעֵהוּ, Jer. xxxi. 34
I Jo 2 27 οὐ χρείαν ἔχετε ἵνα τις διδάσκῃ ὑμᾶς· ἀλλ' ὡς τὸ αὐτοῦ χρίσμα διδάσκει ὑμᾶς περὶ πάντων
27 καθὼς ἐδίδαξεν ὑμᾶς μένετε ἐν αὐτῷ
Re 2 14 [1] ὃς ἐδίδασκεν τῷ Βαλὰκ βαλεῖν σκάνδαλον
20 διδάσκει κ. πλανᾷ τ. ἐμοὺς δούλους

ΔΙΔΑΧΗ΄ 1322

(1) διδ. καινή (2) διδαχαί

Mt 7 28 ἐξεπλήσσοντο οἱ ὄχλοι ἐπὶ τ. διδαχῇ αὐτοῦ
16 12 προσέχειν . . . ἀπὸ τ. διδαχῆς τ. Φαρισαίων κ. Σαδδουκαίων
22 33 οἱ ὄχλοι ἐξεπλήσσοντο ἐπὶ τ. διδαχῇ αὐτοῦ
Mk 1 22 ἐξεπλήσσοντο ἐπὶ τ. διδαχῇ αὐτοῦ
27 [1] τί ἐστιν τοῦτο; διδαχὴ καινή
διδ. κ. κατ' ἐξουσίαν, T
4 2 ἔλεγεν αὐτοῖς ἐν τ. διδαχῇ αὐτοῦ
11 18 πᾶς γὰρ ὁ ὄχλος ἐξεπλήσσετο ἐπὶ τ. διδαχῇ αὐτοῦ
12 38 ἐν τ. διδαχῇ αὐτοῦ ἔλεγεν
Lu 4 32 ἐξεπλήσσοντο ἐπὶ τ. διδαχῇ αὐτοῦ
Jo 7 16 ἡ ἐμὴ διδαχὴ οὐκ ἔστιν ἐμή
17 γνώσεται περὶ τ. διδαχῆς
18 19 ἠρώτησεν τ. Ἰησοῦν . . . περὶ τ. διδαχῆς αὐτοῦ
Ac 2 42 ἦσαν δὲ προσκαρτεροῦντες τ. διδαχῇ τ. ἀποστόλων
5 28 πεπληρώκατε τὴν Ἰερουσαλὴμ τ. διδαχῆς ὑμῶν
13 12 ἐκπληττόμενος ἐπὶ τ. διδαχῇ τ. Κυρίου
17 19 [1] τίς ἡ καινὴ αὕτη ἡ ὑπὸ σοῦ λαλουμένη διδαχή;
Ro 6 17 εἰς ὃν παρεδόθητε τύπον διδαχῆς
16 17 παρὰ τ. διδαχὴν ἣν ὑμεῖς ἐμάθετε ποιοῦντας
I Co 14 6 ἐὰν μὴ ὑμῖν λαλήσω . . . ἢ ἐν προφητείᾳ ἢ ἐν διδαχῇ
ἢ διδ., T
26 ἕκαστος ψαλμὸν ἔχει διδαχὴν ἔχει
II Ti 4 2 παρακάλεσον ἐν πάσῃ μακροθυμίᾳ κ. διδαχῇ
Tit 1 9 ἀντεχόμενον τοῦ κατὰ τ. διδαχὴν πιστοῦ λόγου
He 6 2 βαπτισμῶν διδαχὴν ἐπιθέσεώς τε χειρῶν
διδαχῆς, TWH mg. R non mg.
13 9 [2] διδαχαῖς ποικίλαις κ. ξέναις μὴ παραφέρεσθε
II Jo 9 πᾶς ὁ . . . μὴ μένων ἐν τ. διδαχῇ τ. Χριστοῦ Θεὸν οὐκ ἔχει·
ὁ μένων ἐν τ. διδαχῇ οὗτος κ. τ. πατέρα κ. τ. υἱὸν ἔχει
10 ταύτην τ. διδαχὴν οὐ φέρει
Re 2 14 ἔχεις ἐκεῖ κρατοῦντας τ. διδαχὴν Βαλαάμ
15 οὕτως ἔχεις κ. σὺ κρατοῦντας τ. διδαχὴν Νικολαϊτῶν
24 ὅσοι οὐκ ἔχουσιν τ. διδαχὴν ταύτην

ΔΙ΄ΔΡΑΧΜΟΝ 1323

Mt 17 24 προσῆλθον οἱ τὰ δίδραχμα λαμβάνοντες τ. Πέτρῳ,
κ. εἶπαν Ὁ διδάσκαλος ὑμῶν οὐ τελεῖ τὰ δίδραχμα;
—τὰ, T

ΔΙ΄ΔΥΜΟΣ 1324

Jo 11 16 εἶπεν οὖν Θωμᾶς ὁ λεγόμενος Δίδυμος
20 24 Θωμᾶς δὲ εἷς ἐκ τ. δώδεκα ὁ λεγόμενος Δίδυμος
21 2 ἦσαν ὁμοῦ Σίμων Πέτρος κ. Θωμᾶς ὁ λεγόμενος Δίδυμος

ΔΙ΄ΔΩΜΙ 1325

(1) δίδ. δόματα (2) seq. infin. (3) δίδ. ἐκ (4) δίδ. εἰς, ἐν (5) διδόασιν, δοῖ, ἐδίδοσαν (6) δίδ. ἐπί

Mt 4 9 ταῦτά σοι πάντα δώσω
5 31 ὃς ἂν ἀπολύσῃ τ. γυναῖκα αὐτοῦ δότω αὐτῇ ἀποστάσιον
כָּתַב לָהּ סֵפֶר כְּרִיתֻת, Dt. xxiv. 1
42 τῷ αἰτοῦντί σε δός
6 11 τ. ἄρτον ἡμῶν τ. ἐπιούσιον δὸς ἡμῖν σήμερον
7 6 μὴ δῶτε τὸ ἅγιον τ. κυσίν
7 αἰτεῖτε κ. δοθήσεται ὑμῖν
11 [1] εἰ οὖν ὑμεῖς . . . οἴδατε δόματα ἀγαθὰ διδόναι τ. τέκνοις ὑμῶν,
πόσῳ μᾶλλον ὁ πατὴρ ὑμῶν . . . δώσει ἀγαθὰ τ. αἰτοῦσιν αὐτόν
9 8 ἐδόξασαν τ. Θεὸν τ. δόντα ἐξουσίαν τοιαύτην τ. ἀνθρώποις
10 1 ἔδωκεν αὐτοῖς ἐξουσίαν πνευμάτων ἀκαθάρτων
8 δωρεὰν ἐλάβετε δωρεὰν δότε
19 δοθήσεται γὰρ ὑμῖν ἐν ἐκείνῃ τ. ὥρᾳ τί λαλήσητε
12 39 σημεῖον οὐ δοθήσεται αὐτῇ
13 8 ἐδίδου καρπὸν ὃ μὲν ἑκατὸν ὃ δὲ ἑξήκοντα
11 [2] ὑμῖν δέδοται γνῶναι τὰ μυστήρια τ. βασιλείας τ. οὐρανῶν,
ἐκείνοις δὲ οὐ δέδοται
12 ὅστις γὰρ ἔχει δοθήσεται αὐτῷ
14 7 ὡμολόγησεν αὐτῇ δοῦναι ὃ ἐὰν αἰτήσηται
8 δός μοι . . . τ. κεφαλὴν Ἰωάνου τ. Βαπτιστοῦ
9 διὰ τ. ὅρκους κ. τ. συνανακειμένους ἐκέλευσεν δοθῆναι
11 ἠνέχθη ἡ κεφαλὴ . . . κ. ἐδόθη τ. κορασίῳ
16 [2] δότε αὐτοῖς ὑμεῖς φαγεῖν
19 κλάσας ἔδωκεν τ. μαθηταῖς τ. ἄρτους
15 36 ἔκλασεν κ. ἐδίδου τ. μαθηταῖς
16 4 σημεῖον οὐ δοθήσεται αὐτῇ
19 δώσω σοι τ. κλεῖδας τ. βασιλείας τ. οὐρανῶν
26 ἢ τί δώσει ἄνθρωπος ἀντάλλαγμα τ. ψυχῆς αὐτοῦ;
17 27 ἐκεῖνον λαβὼν δὸς αὐτοῖς ἀντὶ ἐμοῦ κ. σοῦ
19 7 τί οὖν Μωυσῆς ἐνετείλατο δοῦναι βιβλίον ἀποστασίου
11 οὐ πάντες χωροῦσιν τ. λόγον ἀλλ' οἷς δέδοται
21 πώλησόν σου τ. ὑπάρχοντα κ. δὸς τ. πτωχοῖς

Mt 20 4 ὃ ἐὰν ᾖ δίκαιον δώσω ὑμῖν
14 θέλω δὲ τούτῳ τ. ἐσχάτῳ δοῦναι ὡς κ. σοί
23 οὐκ ἔστιν ἐμὸν δοῦναι
28 δοῦναι τ. ψυχὴν αὐτοῦ λύτρον ἀντὶ πολλῶν
21 23 τίς σοι ἔδωκεν τ. ἐξουσίαν ταύτην
43 δοθήσεται ἔθνει ποιοῦντι τ. καρποὺς αὐτῆς
22 17 ἔξεστιν δοῦναι κῆνσον Καίσαρι ἢ οὔ;
24 24 δώσουσιν σημεῖα μεγάλα κ. τέρατα
29 ἡ σελήνη οὐ δώσει τὸ φέγγος αὐτῆς
45 τοῦ δοῦναι αὐτοῖς τ. τροφὴν ἐν καιρῷ
25 8 [3] δότε ἡμῖν ἐκ τ. ἐλαίου ὑμῶν
15 ᾧ μὲν ἔδωκεν πέντε τάλαντα
28 δότε τ. ἔχοντι τὰ δέκα τάλαντα.
29 τῷ γὰρ ἔχοντι παντὶ δοθήσεται
35 [2] ἐπείνασα γὰρ κ. ἐδώκατέ μοι φαγεῖν
42 [2] ἐπείνασα γὰρ κ. οὐκ ἐδώκατέ μοι φαγεῖν
26 9 ἐδύνατο γὰρ τοῦτο πραθῆναι πολλοῦ κ. δοθῆναι πτωχοῖς
15 τί θέλετέ μοι δοῦναι
26 δοὺς τ. μαθηταῖς εἶπεν
27 εὐχαριστήσας ἔδωκεν αὐτοῖς λέγων
48 ὁ δὲ παραδιδοὺς αὐτὸν ἔδωκεν αὐτοῖς σημεῖον
27 10 [4] κ. ἔδωκαν αὐτὰ εἰς τ. ἀγρὸν τ. κεραμέως
ἔδωκα, WH mg. R mg.
וָאַשְׁלִיךְ אֹתוֹ בֵּית יְהוָה אֶל־הַיּוֹצֵר, Zech. xi. 13
34 [2] ἔδωκαν αὐτῷ πιεῖν οἶνον μετὰ χολῆς μεμιγμένον
28 12 ἀργύρια ἱκανὰ ἔδωκαν τ. στρατιώταις
18 ἐδόθη μοι πᾶσα ἐξουσία ἐν οὐρανῷ κ. ἐπὶ τ. γῆς

Mk 2 26 ἔδωκεν κ. τοῖς σὺν αὐτῷ οὖσιν
3 6 συμβούλιον ἐδίδουν κατ' αὐτοῦ
ἐποίησαν, TWH mg.
4 7 συνέπνιξαν αὐτὸ κ. καρπὸν οὐκ ἔδωκεν
8 ἐδίδου καρπὸν ἀναβαίνοντα κ. αὐξανόμενα
11 ὑμῖν τὸ μυστήριον δέδοται τ. βασιλείας τ. Θεοῦ
25 ὃς γὰρ ἔχει δοθήσεται αὐτῷ
5 43 [2] εἶπεν δοθῆναι αὐτῇ φαγεῖν
6 2 τίς ἡ σοφία ἡ δοθεῖσα τούτῳ
7 ἐδίδου αὐτοῖς ἐξουσίαν τ. πνευμάτων τ. ἀκαθάρτων
22 αἴτησόν με ὃ ἐὰν θέλῃς κ. δώσω σοι
23 ὅτι ἐάν με αἰτήσῃς δώσω σοι ἕως ἡμίσους τ. βασιλείας μου
25 θέλω ἵνα ἐξαυτῆς δῷς μοι . . . τ. κεφαλὴν Ἰωάνου
28 ἔδωκεν αὐτὴν τ. κορασίῳ·
κ. τὸ κοράσιον ἔδωκεν αὐτὴν τ. μητρὶ αὐτῆς
37 [2] δότε αὐτοῖς ὑμεῖς φαγεῖν
37 [2] ἀγοράσωμεν . . . κ. δώσομεν αὐτοῖς φαγεῖν
δώσωμεν, T
41 κατέκλασεν τ. ἄρτους κ. ἐδίδου τ. μαθηταῖς
8 6 ἔκλασεν κ. ἐδίδου τ. μαθηταῖς αὐτοῦ
12 εἰ δοθήσεται τ. γενεᾷ ταύτῃ σημεῖον
37 [5] τί γὰρ δοῖ ἄνθρωπος ἀντάλλαγμα τ. ψυχῆς αὐτοῦ;
10 21 ὅσα ἔχεις πώλησον κ. δὸς τ. πτωχοῖς
37 δὸς ἡμῖν ἵνα εἷς σου ἐκ δεξιῶν . . . καθίσωμεν
40 τὸ δὲ καθίσαι ἐκ δεξιῶν μου . . . οὐκ ἔστιν ἐμὸν δοῦναι
45 δοῦναι τ. ψυχὴν αὐτοῦ λύτρον ἀντὶ πολλῶν

Mk 11 28 ἢ τίς σοι ἔδωκεν τ. ἐξουσίαν ταύτην
τ. ἐξ. ταύτ. ἔδ., T
12 9 δώσει τ. ἀμπελῶνα ἄλλοις
14 ἔξεστιν δοῦναι κῆνσον Καίσαρι ἢ οὔ;
κῆνσ. Κ. δοῦν., T
δῶμεν ἢ μὴ δῶμεν;
13 11 ὃ ἐὰν δοθῇ ὑμῖν ἐν ἐκείνῃ τ. ὥρᾳ
22 δώσουσιν σημεῖα κ. τέρατα
ποιήσουσιν, T
24 ἡ σελήνη οὐ δώσει τὸ φέγγος αὐτῆς
34 δοὺς τ. δούλοις αὐτοῦ τ. ἐξουσίαν
14 5 ἠδύνατο γὰρ τοῦτο τὸ μύρον . . . δοθῆναι
τ. πτωχοῖς
11 ἐπηγγείλαντο αὐτῷ ἀργύριον δοῦναι
22 ἔκλασεν κ. ἔδωκεν αὐτοῖς
23 λαβὼν ποτήριον εὐχαριστήσας ἔδωκεν αὐτοῖς
44 δεδώκει δὲ ὁ παραδιδοὺς αὐτὸν σύσσημον
αὐτοῖς
15 23 ἐδίδουν αὐτῷ ἐσμυρνισμένον οἶνον
Lu 1 32 δώσει αὐτῷ Κύριος ὁ Θεὸς θρόνον Δαυείδ
74 [2] τοῦ δοῦναι ἡμῖν ἀφόβως . . . λατρεύειν
αὐτῷ
77 τοῦ δοῦναι γνῶσιν σωτηρίας τ. λαῷ αὐτοῦ
2 24 τοῦ δοῦναι θυσίαν κατὰ τὸ εἰρημένον
4 6 σοὶ δώσω τ. ἐξουσίαν ταύτην ἅπασαν
6 ᾧ ἂν θέλω δίδωμι αὐτήν
6 4 ἔδωκεν τοῖς μετ' αὐτοῦ
30 παντὶ αἰτοῦντί σε δίδου
38 δίδοτε κ. δοθήσεται ὑμῖν·
[4] μέτρον καλὸν . . . δώσουσιν εἰς τ. κόλπον
ὑμῶν
7 15 ἔδωκεν αὐτὸν τ. μητρὶ αὐτοῦ
44 [6] ὕδωρ μοι ἐπὶ πόδας οὐκ ἔδωκας
ὕδ. μου ἐπὶ τ. πόδας, TWH mg
45 φίλημά μοι οὐκ ἔδωκας
8 10 [2] ὑμῖν δέδοται γνῶναι τ. μυστήρια τ.
βασιλείας τ. Θεοῦ
18 ὃς ἂν γὰρ ἔχῃ δοθήσεται αὐτῷ
55 [2] διέταξεν αὐτῇ δοθῆναι φαγεῖν
9 1 ἔδωκεν αὐτοῖς δύναμιν κ. ἐξουσίαν ἐπὶ
πάντα τὰ δαιμόνια
13 [2] δότε αὐτοῖς φαγεῖν ὑμεῖς
16 [2] ἐδίδου τ. μαθηταῖς παραθεῖναι τ. ὄχλῳ
10 19 δέδωκα ὑμῖν τ. ἐξουσίαν τοῦ πατεῖν ἐπάνω
ὄφεων
35 ἐκβαλὼν δύο δηνάρια ἔδωκεν τ. πανδοχεῖ
ἔδ. δύο δην., WH mg.
11 3 τ. ἄρτον ἡμῶν τ. ἐπιούσιον δίδου ἡμῖν τὸ
καθ' ἡμέραν
7 οὐ δύναμαι ἀναστὰς δοῦναί σοι
8 εἰ κ. οὐ δώσει αὐτῷ ἀναστάς
8 ἐγερθεὶς δώσει αὐτῷ ὅσων χρῄζει
9 αἰτεῖτε κ. δοθήσεται ὑμῖν
13 [1] εἰ οὖν ὑμεῖς . . . οἴδατε δόματα ἀγαθὰ
διδόναι τ. τέκνοις ὑμῶν,
πόσῳ μᾶλλον ὁ πατὴρ . . . δώσει πνεῦμα
ἅγιον τ. αἰτοῦσιν αὐτόν
29 σημεῖον οὐ δοθήσεται αὐτῇ
41 πλὴν τὰ ἐνόντα δότε ἐλεημοσύνην
12 32 εὐδόκησεν ὁ πατὴρ ὑμῶν δοῦναι ὑμῖν τ.
βασιλείαν.
33 πωλήσατε τ. ὑπάρχοντα ὑμῶν κ. δότε
ἐλεημοσύνην
42 τοῦ διδόναι ἐν καιρῷ τὸ σιτομέτριον
48 παντὶ δὲ ᾧ ἐδόθη πολύ
51 [4] εἰρήνην παρεγενόμην δοῦναι ἐν τ. γῇ
Lu 12 58 ἐν τῇ ὁδῷ δὸς ἐργασίαν ἀπηλλάχθαι ἀπ'
αὐτοῦ
14 9 ἐρεῖ σοι Δὸς τούτῳ τόπον
15 12 δός μοι τὸ ἐπιβάλλον μέρος τ. οὐσίας
16 οὐδεὶς ἐδίδου αὐτῷ
22 [4] δότε δακτύλιον εἰς τ. χεῖρα αὐτοῦ
29 ἐμοὶ οὐδέποτε ἔδωκας ἔριφον
16 12 τὸ ἡμέτερον τίς δώσει ὑμῖν;
τίς ὑμῖν δώσ., WH mg.
17 18 ὑποστρέψαντες δοῦναι δόξαν τ. Θεῷ
18 43 πᾶς ὁ λαὸς ἰδὼν ἔδωκεν αἶνον τ. Θεῷ
19 8 τὰ ἡμίσειά μου τ. ὑπαρχόντων τ. πτωχοῖς
δίδωμι
13 ἔδωκεν αὐτοῖς δέκα μνᾶς
15 οἷς δεδώκει τ. ἀργύριον
23 διὰ τί οὐκ ἔδωκάς μου τ. ἀργύριον ἐπὶ
τράπεζαν
24 δότε τῷ τὰς δέκα μνᾶς ἔχοντι
26 παντὶ τ. ἔχοντι δοθήσεται
20 2 τίς ἐστιν ὁ δούς σοι τ. ἐξουσίαν ταύτην;
10 ἵνα ἀπὸ τ. καρποῦ τ. ἀμπελῶνος δώσουσιν
αὐτῷ
16 δώσει τ. ἀμπελῶνα ἄλλοις
22 ἔξεστιν ἡμᾶς Καίσαρι φόρον δοῦναι ἢ οὔ;
21 15 ἐγὼ γὰρ δώσω ὑμῖν στόμα κ. σοφίαν
22 5 συνέθεντο αὐτῷ ἀργύριον δοῦναι
19 ἔκλασεν κ. ἔδωκεν αὐτοῖς λέγων,
τοῦτό ἐστιν τὸ σῶμά μου τὸ ὑπὲρ ὑμῶν
διδόμενον
23 2 κωλύοντα φόρους Καίσαρι διδόναι
Jo 1 12 ἔδωκεν αὐτοῖς ἐξουσίαν τέκνα Θεοῦ γενέσθαι
17 ὁ νόμος διὰ Μωυσέως ἐδόθη
22 ἵνα ἀπόκρισιν δῶμεν τ. πέμψασιν ἡμᾶς
3 16 ὥστε τ. υἱὸν τ. μονογενῆ ἔδωκεν
27 ἐὰν μὴ ᾖ δεδομένον αὐτῷ ἐκ τ. οὐρανοῦ
34 [3] οὐ γὰρ ἐκ μέτρου δίδωσιν τὸ πνεῦμα
35 [4] πάντα δέδωκεν ἐν τ. χειρὶ αὐτοῦ
4 5 ὃ ἔδωκεν Ἰακὼβ τ. Ἰωσὴφ τ. υἱῷ αὐτοῦ
7 [2] λέγει αὐτῇ ὁ Ἰησοῦς Δός μοι πεῖν
10 [2] τίς ἐστιν ὁ λέγων σοι Δός μοι πεῖν
10 ἔδωκεν ἂν σοι ὕδωρ ζῶν
12 ὃς ἔδωκεν ἡμῖν τὸ φρέαρ
14 ὃς δ' ἂν πίῃ ἐκ τ. ὕδατος οὗ ἐγὼ δώσω
αὐτῷ
14 τὸ ὕδωρ ὃ δώσω αὐτῷ
ὃ ἐγὼ δώσ., TR
15 Κύριε δός μοι τοῦτο τὸ ὕδωρ
5 22 τ. κρίσιν πᾶσαν δέδωκεν τ. υἱῷ
26 [2] οὕτως κ. τ. υἱῷ ἔδωκεν ζωὴν ἔχειν ἐν
ἑαυτῷ
27 κ. ἐξουσίαν ἔδωκεν αὐτῷ κρίσιν ποιεῖν
36 τὰ γὰρ ἔργα ἃ δέδωκέν μοι ὁ πατήρ
6 11 εὐχαρίστησεν κ. ἔδωκεν τ. ἀνακειμένοις
εὐχαριστήσας διέδωκεν, WHR
27 ἣν ὁ υἱὸς τ. ἀνθρώπου ὑμῖν δώσει
δίδωσιν ὑμῖν, T
31 [2] ἄρτον ἐκ τ. οὐρανοῦ ἔδωκεν αὐτοῖς φαγεῖν
דְּגַן שָׁמַיִם נָתַן לָמוֹ, Ps. lxxviii. 24
32 οὐ Μωυσῆς ἔδωκεν ὑμῖν τ. ἄρτον ἐκ τ.
οὐρανοῦ,
δέδωκεν, TWH mg.
ἀλλ' ὁ πατήρ μου δίδωσιν ὑμῖν τ. ἄρτον . . .
τ. ἀληθινόν·
33 ὁ γὰρ ἄρτος τ. Θεοῦ ἐστὶν ὁ . . . ζωὴν
διδοὺς τ. κόσμῳ

Jo 6 34 πάντοτε δὸς ἡμῖν τ. ἄρτον τοῦτον
37 πᾶν ὃ δίδωσί μοι ὁ πατήρ
39 ἵνα πᾶν ὃ δέδωκέν μοι μὴ ἀπολέσω ἐξ αὐτοῦ
51 ὁ ἄρτος δὲ ὃν ἐγὼ δώσω
52 [2] πῶς δύναται οὗτος ἡμῖν δοῦναι τ. σάρκα αὐτοῦ φαγεῖν
65 ἐὰν μὴ ᾖ δεδομένον αὐτῷ ἐκ τ. πατρός
7 19 οὐ Μωυσῆς ἔδωκεν ὑμῖν τ. νόμον
δέδωκεν, TWH mg.
22 διὰ τοῦτο Μωυσῆς δέδωκεν ὑμῖν τ. περιτομήν
39 οὔπω γὰρ ἦν πνεῦμα ἅγιον δεδομένον
—ἅγ. δεδ. TWHR non mg.
9 24 δὸς δόξαν τ. Θεῷ
10 28 κἀγὼ δίδωμι αὐτοῖς ζωὴν αἰώνιον
29 ὁ πατήρ μου ὃ δέδωκέν μοι πάντων μεῖζόν ἐστιν
ὃς δεδ. . . . μείζων, WH mg. R non mg.
11 22 ὅσα ἂν αἰτήσῃ τ. Θεὸν δώσει σοι ὁ Θεός
57 δεδώκεισαν δὲ οἱ ἀρχιερεῖς κ. οἱ Φαρισαῖοι ἐντολάς
12 5 διὰ τί τοῦτο τὸ μύρον οὐκ ἐπράθη . . . κ. ἐδόθη πτωχοῖς
49 αὐτός μοι ἐντολὴν δέδωκεν
13 3 πάντα ἔδωκεν αὐτῷ ὁ πατὴρ εἰς τ. χεῖρας
15 ὑπόδειγμα γὰρ ἔδωκα ὑμῖν
δέδωκα, T
26 ᾧ ἐγὼ βάψω τ. ψωμίον κ. δώσω αὐτῷ. βάψας οὖν τὸ ψωμίον λαμβάνει κ. δίδωσιν Ἰούδᾳ Σίμωνος Ἰσκαριώτου
29 ἢ τ. πτωχοῖς ἵνα τι δῷ
34 ἐντολὴν καινὴν δίδωμι ὑμῖν
14 16 ἄλλον παράκλητον δώσει ὑμῖν
27 εἰρήνην τ. ἐμὴν δίδωμι ὑμῖν· οὐ καθὼς ὁ κόσμος δίδωσιν ἐγὼ δίδωμι ὑμῖν
31 καθὼς ἐντολὴν ἔδωκέν μοι ὁ πατήρ
καθ. ἐνετείλατό μοι, T
15 16 ἵνα ὅτι ἂν αἰτήσητε τ. πατέρα ἐν τ. ὀνόματί μου δῷ ὑμῖν
16 23 ἄν τι αἰτήσητε τ. πατέρα δώσει ὑμῖν ἐν τ. ὀνόματί μου
17 2 καθὼς ἔδωκας αὐτῷ ἐξουσίαν πάσης σαρκός, ἵνα πᾶν ὃ δέδωκας αὐτῷ δώσει αὐτοῖς ζωὴν αἰώνιον
δώσῃ, T
4 τὸ ἔργον τελειώσας ὃ δέδωκάς μοι ἵνα ποιήσω
6 τ. ἀνθρώποις οὓς ἔδωκάς μοι ἐκ τ. κόσμου. σοὶ ἦσαν κἀμοὶ αὐτοὺς ἔδωκας
7 πάντα ὅσα ἔδωκάς μοι παρὰ σοῦ εἰσίν·
δέδωκάς, TWH mg.
8 ὅτι τ. ῥήματα ἃ ἔδωκάς μοι δέδωκα αὐτοῖς
δέδωκάς, WH mg.
9 οὐ περὶ τ. κόσμου ἐρωτῶ ἀλλὰ περὶ ὧν δέδωκάς μοι
11 τήρησον αὐτοὺς ἐν τ. ὀνόματί σου ᾧ δέδωκάς μοι
12 ἐγὼ ἐτήρουν αὐτοὺς ἐν τ. ὀνόματί σου ᾧ δέδωκάς μοι
14 ἐγὼ δέδωκα αὐτοῖς τ. λόγον σου
22 κἀγὼ τ. δόξαν ἣν δέδωκάς μοι δέδωκα αὐτοῖς
24 πατὴρ ὃ δέδωκάς μοι θέλω ἵνα ὅπου εἰμὶ ἐγὼ

Jo 17 24 ἵνα θεωρῶσιν τ. δόξαν τ. ἐμὴν ἣν δέδωκάς μοι
ἔδωκας, WH mg.
18 9 οὓς δέδωκάς μοι οὐκ ἀπώλεσα
11 τὸ ποτήριον ὃ δέδωκέν μοι ὁ πατήρ
22 εἷς παρεστηκὼς . . . ἔδωκεν ῥάπισμα τῷ Ἰησοῦ
19 3 [5] ἐδίδοσαν αὐτῷ ῥαπίσματα
9 ὁ δὲ Ἰησοῦς ἀπόκρισιν οὐκ ἔδωκεν αὐτῷ
11 εἰ μὴ ἦν δεδομένον σοι ἄνωθεν
21 13 λαμβάνει τ. ἄρτον κ. δίδωσιν αὐτοῖς
Ac 1 26 ἔδωκαν κλήρους αὐτοῖς
2 4 [2] καθὼς τὸ Πνεῦμα ἐδίδου ἀποφθέγγεσθαι αὐτοῖς
19 δώσω τέρατα ἐν τ. οὐρανῷ ἄνω
נָתַתִּי מוֹפְתִים בַּשָּׁמַיִם, Joel iii. 3
27 [2] οὐδὲ δώσεις τ. ὅσιόν σου ἰδεῖν διαφθοράν
לֹא־תִתֵּן חֲסִידְךָ לִרְאוֹת שָׁחַת, Ps. xvi. 10
3 6 ὃ δὲ ἔχω τοῦτό σοι δίδωμι
16 ἡ πίστις ἡ δι' αὐτοῦ ἔδωκεν αὐτῷ τ. ὁλοκληρίαν ταύτην
4 12 [4] οὐδὲ γὰρ ὄνομά ἐστιν ἕτερον . . . τὸ δεδομένον ἐν ἀνθρώποις
29 [2] δὸς τ. δούλοις σοι μετὰ παρρησίας πάσης λαλεῖν
5 31 τοῦ δοῦναι μετάνοιαν τῷ Ἰσραὴλ κ. ἄφεσιν ἁμαρτιῶν
32 ὃ ἔδωκεν ὁ Θεὸς τ. πειθαρχοῦσιν αὐτῷ
7 5 οὐκ ἔδωκεν αὐτῷ κληρονομίαν ἐν αὐτῇ οὐδὲ βῆμα ποδός.
[4] κ. ἐπηγγείλατο δοῦναι αὐτῷ εἰς κατάσχεσιν αὐτήν
8 ἔδωκεν αὐτῷ διαθήκην περιτομῆς
10 ἔδωκεν αὐτῷ χάριν κ. σοφίαν ἐναντίον Φαραώ
25 ὁ Θεὸς διὰ χειρὸς αὐτοῦ δίδωσιν σωτηρίαν αὐτοῖς
38 ὃς ἐδέξατο λόγια ζῶντα δοῦναι ὑμῖν
δοῦν. ἡμῖν, TWH mg. R
8 18 διὰ τ. ἐπιθέσεως τ. χειρῶν τ. ἀποστόλων δίδοται τὸ πνεῦμα
19 δότε κἀμοὶ τ. ἐξουσίαν ταύτην
9 41 δοὺς δὲ αὐτῇ χεῖρα ἀνέστησεν αὐτήν
10 40 ἔδωκεν αὐτὸν ἐμφανῆ γενέσθαι
11 17 τ. ἴσην δωρεὰν ἔδωκεν αὐτοῖς ὁ Θεὸς ὡς κ. ἡμῖν
18 κ. τ. ἔθνεσιν ὁ Θεὸς τ. μετάνοιαν εἰς ζωὴν ἔδωκεν
12 23 ἀνθ' ὧν οὐκ ἔδωκεν τ. δόξαν τ. Θεῷ
13 20 ἔδωκεν κριτὰς ἕως Σαμουὴλ προφήτου
21 ἔδωκεν αὐτοῖς ὁ Θεὸς τ. Σαοὺλ υἱὸν Κείς
34 δώσω ὑμῖν τὰ ὅσια Δαυεὶδ τὰ πιστά
אֶכְרְתָה לָכֶם . . . חַסְדֵי דָוִד הַנֶּאֱמָנִים, Is. lv. 3
35 [2] οὐ δώσεις τ. ὅσιόν σου ἰδεῖν διαφθοράν, Ps. *l.c.*
14 3 [2] διδόντι σημεῖα κ. τέρατα γίνεσθαι διὰ τ. χειρῶν αὐτῶν
διδόντος, T
17 οὐρανόθεν ὑμῖν ὑετοὺς διδούς
15 8 ἐμαρτύρησεν αὐτοῖς δοὺς τὸ πνεῦμα τὸ ἅγιον
17 25 αὐτὸς διδοὺς πᾶσι ζωὴν κ. πνοήν

Ac 19 31 [4] παρεκάλουν μὴ δοῦναι ἑαυτὸν εἰς τὸ θέατρον
20 32 [4] τ. δυναμένῳ . . . δοῦναι τ. κληρονομίαν ἐν τ. ἡγιασμένοις πᾶσιν
35 μακάριόν ἐστιν μᾶλλον διδόναι ἢ λαμβάνειν
24 26 ἐλπίζων ὅτι χρήματα δοθήσεται αὐτῷ ὑπὸ τ. Παύλου
Ro 4 20 ἐνεδυναμώθη τ. πίστει δοὺς δόξαν τ. Θεῷ
5 5 ἐκκέχυται . . . διὰ πνεύματος ἁγίου τ. δοθέντος ἡμῖν
11 8 ἔδωκεν αὐτοῖς ὁ Θεὸς πνεῦμα κατανύξεως
נָסַךְ עֲלֵיכֶם יְהוָה רוּחַ תַּרְדֵּמָה, Is. xxix. 10
12 3 λέγω γὰρ διὰ τ. χάριτος τ. δοθείσης μοι
6 χαρίσματα κατὰ τ. χάριν τ. δοθεῖσαν ἡμῖν διάφορα
19 δότε τόπον τ. ὀργῇ
14 12 ἕκαστος ἡμῶν περὶ ἑαυτοῦ λόγον δώσει τ. Θεῷ
15 5 [2] δῴη ὑμῖν τὸ αὐτὸ φρονεῖν ἐν ἀλλήλοις
15 διὰ τ. χάριν τ. δοθεῖσάν μοι ἀπὸ τ. Θεοῦ
I Co 1 4 ἐπὶ τ. χάριτι τ. Θεοῦ τ. δοθείσῃ ἡμῖν ἐν Χριστῷ Ἰησοῦ
3 5 ἑκάστῳ ὡς ὁ Κύριος ἔδωκεν
10 κατὰ τ. χάριν τ. Θεοῦ τ. δοθεῖσάν μοι
7 25 γνώμην δὲ δίδωμι ὡς ἠλεημένος ὑπὸ Κυρίου
9 12 ἵνα μή τινα ἐνκοπὴν δῶμεν τ. εὐαγγελίῳ τ. Χριστοῦ
11 15 ἡ κόμη ἀντὶ περιβολαίου δέδοται αὐτῇ
12 7 ἑκάστῳ δὲ δίδοται ἡ φανέρωσις τ. πνεύματος πρὸς τὸ συμφέρον.
8 ᾧ μὲν γὰρ διὰ τ. πνεύματος δίδοται λόγος σοφίας
24 τ. ὑστερουμένῳ περισσοτέραν δοὺς τιμήν
14 7 ὅμως τὰ ἄψυχα φωνὴν διδόντα
7 ἐὰν διαστολὴν τ. φθόγγοις μὴ δῷ
8 κ. γὰρ ἐὰν ἄδηλον σάλπιγξ φωνὴν δῷ
9 διὰ τ. γλώσσης ἐὰν μὴ εὔσημον λόγον δῶτε
15 38 ὁ δὲ Θεὸς δίδωσιν αὐτῷ σῶμα καθὼς ἠθέλησεν
57 τ. δὲ Θεῷ χάρις τ. διδόντι ἡμῖν τὸ νῖκος
II Co 1 22 [4] δοὺς τ. ἀρραβῶνα τ. πνεύματος ἐν τ. καρδίαις ἡμῶν
5 5 Θεὸς ὁ δοὺς ἡμῖν τ. ἀρραβῶνα τ. πνεύματος
12 ἀφορμὴν διδόντες ὑμῖν καυχήματος ὑπὲρ ἡμῶν
18 ἐκ τ. Θεοῦ τοῦ δόντος ἡμῖν τ. διακονίαν τ. καταλλαγῆς
6 3 [4] μηδεμίαν ἐν μηδενὶ διδόντες προσκοπήν
8 1 [4] τ. χάριν τ. Θεοῦ τὴν δεδομένην ἐν τ. ἐκκλησίαις τ. Μακεδονίας
5 ἑαυτοὺς ἔδωκαν πρῶτον τ. Κυρίῳ
10 γνώμην ἐν τούτῳ δίδωμι
16 χάρις δὲ τ. Θεῷ τ. διδόντι τ. αὐτὴν σπουδήν
9 9 ἐσκόρπισεν ἔδωκεν τ. πένησιν
פִּזַּר נָתַן לָאֶבְיוֹנִים, Ps. cxii. 9
10 8 περὶ τ. ἐξουσίας ἡμῶν ἧς ἔδωκεν ὁ Κύριος εἰς οἰκοδομήν
12 7 ἐδόθη μοι σκόλοψ τ. σαρκί
13 10 κατὰ τ. ἐξουσίαν ἣν ὁ Κύριος ἔδωκέν μοι εἰς οἰκοδομήν
Ga 1 4 Ἰησοῦ Χριστοῦ τ. δόντος ἑαυτὸν ὑπὲρ τ. ἁμαρτιῶν ἡμῶν
Ga 2 9 γνόντες τ. χάριν τ. δοθεῖσάν μοι
9 δεξιὰς ἔδωκαν ἐμοὶ κ. Βαρνάβᾳ κοινωνίας
3 21 εἰ γὰρ ἐδόθη νόμος ὁ δυνάμενος ζωοποιῆσαι
22 ἵνα ἡ ἐπαγγελία ἐκ πίστεως Ἰησοῦ Χριστοῦ δοθῇ τ. πιστεύουσιν
4 15 τ. ὀφθαλμοὺς ὑμῶν ἐξορύξαντες ἐδώκατέ μοι
Eph 1 17 ὁ Θεὸς . . . δῴη ὑμῖν πνεῦμα σοφίας κ. ἀποκαλύψεως
δώῃ, *vel* δῷ, WH mg.
22 αὐτὸν ἔδωκεν κεφαλὴν ὑπὲρ πάντα τ. ἐκκλησίᾳ
3 2 τ. οἰκονομίαν τ. χάριτος τ. Θεοῦ τῆς δοθείσης μοι εἰς ὑμᾶς
7 κατὰ τ. δωρεὰν τ. χάριτος τ. Θεοῦ τ. δοθείσης μοι
8 ἐμοὶ τ. ἐλαχιστοτέρῳ . . . ἐδόθη ἡ χάρις αὕτη
16 [2] ἵνα δῷ ὑμῖν κατὰ τὸ πλοῦτος τ. δόξης αὐτοῦ δυνάμει κραταιωθῆναι
4 7 ἑνὶ δὲ ἑκάστῳ ἡμῶν ἐδόθη ἡ χάρις
8 [1] ἔδωκεν δόματα τ. ἀνθρώποις
לָקַחְתָּ מַתָּנוֹת בָּאָדָם, Ps. lxviii. 19
11 αὐτὸς ἔδωκεν τοὺς μὲν ἀποστόλους
27 μηδὲ δίδοτε τόπον τ. διαβόλῳ
29 ἵνα δῷ χάριν τ. ἀκούουσιν
6 19 ἵνα μοι δοθῇ λόγος ἐν ἀνοίξει τ. στόματός μου
Col 1 25 [4] κατὰ τ. οἰκονομίαν τ. Θεοῦ τ. δοθεῖσάν μοι εἰς ὑμᾶς
I Th 4 2 οἴδατε γὰρ τίνας παραγγελίας ἐδώκαμεν ὑμῖν
8 [4] τ. Θεὸν τ. διδόντα τὸ πνεῦμα αὐτοῦ τὸ ἅγιον εἰς ὑμᾶς
II Th 1 8 διδόντος ἐκδίκησιν τοῖς μὴ εἰδόσι Θεόν
2 16 ὁ ἀγαπήσας ἡμᾶς κ. δοὺς παράκλησιν αἰωνίαν
3 9 ἵνα ἑαυτοὺς τύπον δῶμεν ὑμῖν
16 ὁ Κύριος τ. εἰρήνης δῴη ὑμῖν τ. εἰρήνην διὰ παντός
I Ti 2 6 ὁ δοὺς ἑαυτὸν ἀντίλυτρον ὑπὲρ πάντων
4 14 τοῦ ἐν σοὶ χαρίσματος ὃ ἐδόθη σοι διὰ προφητείας
5 14 μηδεμίαν ἀφορμὴν διδόναι τ. ἀντικειμένῳ λοιδορίας χάριν
II Ti 1 7 οὐ γὰρ ἔδωκεν ἡμῖν ὁ Θεὸς πνεῦμα δειλίας
9 κατὰ ἰδίαν πρόθεσιν κ. χάριν τ. δοθεῖσαν ἡμῖν ἐν Χριστῷ Ἰησοῦ
16 δῴη ἔλεος ὁ Κύριος τῷ Ὀνησιφόρου οἴκῳ
18 [2] δῴη αὐτῷ ὁ Κύριος εὑρεῖν ἔλεος παρὰ Κυρίου
2 7 δώσει γάρ σοι ὁ Κύριος σύνεσιν ἐν πᾶσιν
25 μήποτε δῴη αὐτοῖς ὁ Θεὸς μετάνοιαν
δώῃ, WH mg.
Tit 2 14 ὃς ἔδωκεν ἑαυτὸν ὑπὲρ ἡμῶν
He 2 13 ἐγὼ κ. τὰ παιδία ἅ μοι ἔδωκεν ὁ Θεός
אָנֹכִי וְהַיְלָדִים אֲשֶׁר נָתַן־לִי יְהוָה, Is. viii. 18
7 4 ᾧ δεκάτην Ἀβραὰμ ἔδωκεν ἐκ τ. ἀκροθινίων
8 10 [4] διδοὺς νόμους μου εἰς τ. διάνοιαν αὐτῶν
נָתַתִּי אֶת־תּוֹרָתִי בְּקִרְבָּם, Jer. xxxi. 33
10 16 [6] διδοὺς νόμους μου ἐπὶ καρδίας αὐτῶν, Jer. *l.c.*

Ja 1 5 αἰτείτω παρὰ τ. διδόντος Θεοῦ πᾶσιν ἁπλῶς
5 κ. δοθήσεται αὐτῷ
2 16 μὴ δῶτε δὲ αὐτοῖς τὰ ἐπιτήδεια τ. σώματος
4 6 μείζονα δὲ δίδωσιν χάριν
6 ταπεινοῖς δὲ δίδωσιν χάριν
לַעֲנָיִים יִתֶּן־חֵן, Prov. iii. 34
5 18 ὁ οὐρανὸς ὑετὸν ἔδωκεν
ἔδ. ὑετ., TWH mg.
I Pe 1 21 Θεὸν τ. ἐγείραντα αὐτὸν ἐκ νεκρῶν κ. δόξαν αὐτῷ δόντα
5 5 ταπεινοῖς δὲ δίδωσιν χάριν, Prov. *l.c.*
II Pe 3 15 κατὰ τ. δοθεῖσαν αὐτῷ σοφίαν ἔγραψεν ὑμῖν
I Jo 3 1 ἴδετε ποταπὴν ἀγάπην δέδωκεν ἡμῖν ὁ πατήρ
23 καθὼς ἔδωκεν ἐντολὴν ἡμῖν
24 γινώσκομεν . . . ἐκ τ. πνεύματος οὗ ἡμῖν ἔδωκεν
4 13 [3] ὅτι ἐκ τ. πνεύματος αὐτοῦ δέδωκεν ἡμῖν
5 11 ζωὴν αἰώνιον ἔδωκεν ὁ Θεὸς ἡμῖν
16 αἰτήσει κ. δώσει αὐτῷ ζωήν
20 δέδωκεν ἡμῖν διάνοιαν ἵνα γινώσκομεν τ. ἀληθινόν
Re 1 1 ἀποκάλυψις Ἰησοῦ Χριστοῦ ἣν ἔδωκεν αὐτῷ ὁ Θεός
2 7 [2] τ. νικῶντι δώσω αὐτῷ φαγεῖν ἐκ τ. ξύλου τ. ζωῆς
10 δώσω σοι τ. στέφανον τ. ζωῆς
17 τ. νικῶντι δώσω αὐτῷ τοῦ μάννα τ. κεκρυμμένου,
κ. δώσω αὐτῷ ψῆφον λευκήν
21 ἔδωκα αὐτῇ χρόνον ἵνα μετανοήσῃ
23 δώσω ὑμῖν ἑκάστῳ κατὰ τὰ ἔργα ὑμῶν
26 δώσω αὐτῷ ἐξουσίαν ἐπὶ τ. ἐθνῶν
28 δώσω αὐτῷ τ. ἀστέρα τ. πρωινόν
3 8 ἰδοὺ δέδωκα ἐνώπιόν σου θύραν ἠνεῳγμένην
9 [3] ἰδοὺ διδῶ ἐκ τ. συναγωγῆς τοῦ Σατανᾶ
21 [2] ὁ νικῶν δώσω αὐτῷ καθίσαι μετ᾽ ἐμοῦ
4 9 ὅταν δώσουσιν τὰ ζῷα δόξαν κ. τιμήν
6 2 ἐδόθη αὐτῷ στέφανος
4 [2] τ. καθημένῳ ἐπ᾽ αὐτὸν ἐδόθη αὐτῷ λαβεῖν τ. εἰρήνην ἐκ τ. γῆς
4 κ. ἐδόθη αὐτῷ μάχαιρα μεγάλη
8 ἐδόθη αὐτοῖς ἐξουσία ἐπὶ τὸ τέταρτον τ. γῆς
11 ἐδόθη αὐτοῖς ἑκάστῳ στολὴ λευκή
7 2 [2] οἷς ἐδόθη αὐτοῖς ἀδικῆσαι τ. γῆν
8 2 ἐδόθησαν αὐτοῖς ἑπτὰ σάλπιγγες
ἐδόθη, WH marg.
3 ἐδόθη αὐτῷ θυμιάματα πολλά,
[6] ἵνα δώσει τ. προσευχαῖς τ. ἁγίων πάντων ἐπὶ τὸ θυσιαστήριον
9 1 ἐδόθη αὐτῷ ἡ κλεὶς τ. φρέατος τῆς ἀβύσσου
3 ἐδόθη αὐταῖς ἐξουσία
αὐτοῖς, T
5 ἐδόθη αὐταῖς ἵνα μὴ ἀποκτείνωσιν αὐτούς
ἐδ. αὐτοῖς, TWH mg.
10 9 λέγων αὐτῷ δοῦναί μοι τὸ βιβλαρίδιον
11 1 ἐδόθη μοι κάλαμος ὅμοιος ῥάβδῳ
2 μὴ αὐτὴν μετρήσῃς ὅτι ἐδόθη τ. ἔθνεσιν
3 δώσω τ. δυσὶν μάρτυσίν μου
Re 11 13 οἱ λοιποὶ . . . ἔδωκαν δόξαν τ. θεῷ τ. οὐρανοῦ
18 δοῦναι τ. μισθὸν τ. δούλοις σου τ. προφήταις
12 14 ἐδόθησαν τ. γυναικὶ αἱ δύο πτέρυγες τ. ἀετοῦ
13 2 ἔδωκεν αὐτῷ ὁ δράκων τ. δύναμιν αὐτοῦ
4 ὅτι ἔδωκεν τ. ἐξουσίαν τ. θηρίῳ
5 ἐδόθη αὐτῷ στόμα λαλοῦν μεγάλα κ. βλασφημίας,
κ. ἐδόθη αὐτῷ ἐξουσία ποιῆσαι μῆνας τεσσεράκοντα κ. δύο
7 [2] ἐδόθη αὐτῷ ποιῆσαι πόλεμον μετὰ τ. ἁγίων
—h. v., [WH] R mg.
7 ἐδόθη αὐτῷ ἐξουσία ἐπὶ πᾶσαν φυλὴν κ. λαόν
14 [2] διὰ τὰ σημεῖα ἃ ἐδόθη αὐτῷ ποιῆσαι
15 [2] ἐδόθη αὐτῇ δοῦναι πνεῦμα τ. εἰκόνι τ. θηρίου
ἐδ. αὐτῷ, T
16 [6] ἵνα δῶσιν αὐτοῖς χάραγμα ἐπὶ τ. χειρὸς αὐτῶν τ. δεξιᾶς
δώσει, WH mg.
14 7 φοβήθητε τ. Θεὸν κ. δότε αὐτῷ δόξαν
15 7 ἔδωκεν τ. ἑπτὰ ἀγγέλοις ἑπτὰ φιάλας χρυσᾶς
16 6 [2] αἷμα αὐτοῖς δέδωκας πεῖν
ἔδωκας, TWH mg
8 [2] ἐδόθη αὐτῷ καυματίσαι τ. ἀνθρώπους ἐν πυρί
9 οὐ μετενόησαν δοῦναι αὐτῷ δόξαν
19 δοῦναι αὐτῇ τὸ ποτήριον τ. οἴνου τ. θυμοῦ τ. ὀργῆς αὐτοῦ
17 13 [5] τ. δύναμιν κ. ἐξουσίαν αὐτῶν τ. θηρίῳ διδόασιν
17 [2 4] ὁ γὰρ Θεὸς ἔδωκεν εἰς τ. καρδίας αὐτῶν
17 δοῦναι τ. βασιλείαν αὐτῶν τ. θηρίῳ
18 7 τοσοῦτον δότε αὐτῇ βασανισμὸν κ. πένθος
19 7 ἀγαλλιῶμεν κ. δώσομεν τ. δόξαν αὐτῷ
δῶμεν, TWH mg. R
8 ἐδόθη αὐτῷ ἵνα περιβάληται βύσσινον
20 4 κρίμα ἐδόθη αὐτοῖς
13 ἔδωκεν ἡ θάλασσα τ. νεκροὺς τοὺς ἐν αὐτῇ,
κ. ὁ θάνατος κ. ὁ ᾅδης ἔδωκαν τ. νεκροὺς τοὺς ἐν αὐτοῖς
21 6 [2] ἐγὼ τ. διψῶντι δώσω ἐκ τ. πηγῆς τ. ὕδατος τ. ζωῆς δωρεάν
δώσ. αὐτῷ, T

ΔΙΕΓΕΙ΄ΡΩ ** 1326

Mk 4 39 διεγερθεὶς ἐπετίμησεν τ. ἀνέμῳ
Lu 8 24 προσελθόντες δὲ διήγειραν αὐτόν
24 ὁ δὲ διεγερθεὶς ἐπετίμησεν τ. ἀνέμῳ
Jo 6 18 ἥ τε θάλασσα ἀνέμου μεγάλου πνέοντος διεγείρετο
διηγείρετο, T
II Pe 1 13 δίκαιον δὲ ἡγοῦμαι . . . διεγείρειν ὑμᾶς ἐν ὑπομνήσει
3 1 ἐν αἷς διεγείρω ὑμῶν ἐν ὑπομνήσει τ. εἰλικρινῆ διάνοιαν

1326.5 ΔΙΕΝΘΥΜΕ΄ΟΜΑΙ *† cf. 1760

Ac 10 19 τοῦ δὲ Πέτρου διενθυμουμένου περὶ τ. ὁράματος

ΔΙΕ΄ΞΟΔΟΣ 1327

Mt 22 9 πορεύεσθε οὖν ἐπὶ τὰς διεξόδους τ. ὁδῶν

ΔΙΕΡΜΗΝΕΥΤΗ΄Σ*† 1328

1Co14 28 ἐὰν δὲ μὴ ᾖ διερμηνευτής
ἑρμηνευτής, WH marg.

ΔΙΕΡΜΗΝΕΥ΄Ω**† 1329

Lu 24 27 διερμήνευσεν αὐτοῖς ἐν πάσαις τ. γραφαῖς τὰ περὶ ἑαυτοῦ
ἑρμηνεύειν, WH mg.
Ac 9 36 Ταβειθά ἣ διερμηνευομένη λέγεται Δορκάς
1Co12 30 μὴ πάντες διερμηνεύουσιν;
14 5 ἐκτὸς εἰ μὴ διερμηνεύῃ
13 διὸ ὁ λαλῶν γλώσσῃ προσευχέσθω ἵνα διερμηνεύῃ
27 εἴτε γλώσσῃ τις λαλεῖ . . . εἷς διερμηνευέτω

ΔΙΕ΄ΡΧΟΜΑΙ 1330

(1) διέρχ. διά (2) c. acc.

Mt 12 43 [1] διέρχεται δι' ἀνύδρων τόπων
19 24 [1] κάμηλον διὰ τρυπήματος ῥαφίδος διελθεῖν
εἰσελθεῖν, TWH non mg.
Mk 4 35 διέλθωμεν εἰς τὸ πέραν
10 25 [1] κάμηλον διὰ τρυμαλιᾶς ῥαφίδος διελθεῖν
Lu 2 15 διέλθωμεν δὴ ἕως Βηθλεὲμ
35 [2] σοῦ αὐτῆς τ. ψυχὴν διελεύσεται ῥομφαία
4 30 [1] αὐτὸς δὲ διελθὼν διὰ μέσου αὐτῶν ἐπορεύετο
5 15 διήρχετο δὲ μᾶλλον ὁ λόγος περὶ αὐτοῦ
8 22 διέλθωμεν εἰς τὸ πέραν τ. λίμνης
9 6 ἐξερχόμενοι δὲ διήρχοντο κατὰ τ. κώμας
11 24 [1] διέρχεται δι' ἀνύδρων τόπων
17 11 [1] αὐτὸς διήρχετο διὰ μέσον Σαμαρίας κ. Γαλιλαίας
19 1 [2] εἰσελθὼν διήρχετο τὴν Ἰερειχώ
4 ὅτι ἐκείνης ἤμελλεν διέρχεσθαι
Jo 4 4 [1] ἔδει δὲ αὐτὸν διέρχεσθαι διὰ τ. Σαμαρίας
15 ἵνα μὴ διψῶ μηδὲ διέρχωμαι ἐνθάδε ἀντλεῖν
8 59 [1] διελθὼν διὰ μέσου αὐτῶν ἐπορεύετο
—h.v., TWHR non mg.
Ac 8 4 οἱ μὲν οὖν διασπαρέντες διῆλθον
40 διερχόμενος εὐηγγελίζετο τ. πόλεις πάσας
9 32 [1] ἐγένετο δὲ Πέτρον διερχόμενον διὰ πάντων
38 μὴ ὀκνήσῃς διελθεῖν ἕως ἡμῶν
10 38 ὃς διῆλθεν εὐεργετῶν κ. ἰώμενος
11 19 οἱ μὲν οὖν διασπαρέντες . . . διῆλθον ἕως Φοινίκης
12 10 [2] διελθόντες δὲ πρώτην φυλακὴν κ. δευτέραν
13 6 [2] διελθόντες δὲ ὅλην τ. νῆσον ἄχρι Πάφου
14 αὐτοὶ δὲ διελθόντες ἀπὸ τ. Πέργης
14 24 [2] διελθόντες τ. Πισιδίαν
15 3 [2] διήρχοντο τήν τε Φοινίκην κ. Σαμαρίαν
41 [2] διήρχετο δὲ τ. Συρίαν κ. τ. Κιλικίαν
16 6 [2] διῆλθον δὲ τ. Φρυγίαν κ. Γαλατικὴν χώραν
17 23 διερχόμενος γὰρ κ. ἀναθεωρῶν τὰ σεβάσματα ὑμῶν
18 23 [2] διερχόμενος καθεξῆς τ. Γαλατικὴν χώραν κ. Φρυγίαν
27 βουλομένου δὲ αὐτοῦ διελθεῖν εἰς τ. Ἀχαίαν
τινὲς Κορίνθιοι . . . παρεκάλουν διελθεῖν σὺν αὐτοῖς εἰς τ. πατρίδα αὐτῶν, WH mg.
Ac 19 1 [2] ἐγένετο δὲ . . . Παῦλον διελθόντα τ ἀνωτερικὰ μέρη
21 [2] διελθὼν τ. Μακεδονίαν κ. Ἀχαίαν
20 2 [2] διελθὼν δὲ τὰ μέρη ἐκεῖνα
25 ἐν οἷς διῆλθον κηρύσσων τ. βασιλείαν
Ro 5 12 οὕτως εἰς πάντας ἀνθρώπους ὁ θάνατος διῆλθεν
1Co10 1 [1] πάντες διὰ τ. θαλάσσης διῆλθον
16 5 [2] ἐλεύσομαι δὲ πρὸς ὑμᾶς ὅταν Μακεδονίαν διέλθω·
[2] Μακεδονίαν γὰρ διέρχομαι
IICo1 16 [1] δι' ὑμῶν διελθεῖν εἰς Μακεδονίαν
He 4 14 [2] ἀρχιερέα μέγαν διεληλυθότα τ. οὐρανοὺς

ΔΙΕΡΩΤΑ΄Ω* 1331

Ac 10 17 διερωτήσαντες τ. οἰκίαν τ. Σίμωνος

ΔΙΕΤΗ΄Σ** 1332

Mt 2 16 ἀνεῖλεν πάντας τ. παῖδας . . . ἀπὸ διετοῦς κ. κατωτέρω

ΔΙΕΤΙ΄Α*† 1333

Ac 24 27 διετίας δὲ πληρωθείσης
28 30 ἐνέμεινεν δὲ διετίαν ὅλην ἐν ἰδίῳ μισθώματι

ΔΙΗΓΕ΄ΟΜΑΙ 1334

Mk 5 16 διηγήσαντο αὐτοῖς οἱ ἰδόντες
9 9 διεστείλατο αὐτοῖς ἵνα μηδενὶ ἃ εἶδον διηγήσωνται
Lu 8 39 διηγοῦ ὅσα σοι ἐποίησεν ὁ Θεός
9 10 ὑποστρέψαντες οἱ ἀπόστολοι διηγήσαντο αὐτῷ ὅσα ἐποίησαν
Ac 8 33 τ. γενεὰν αὐτοῦ τίς διηγήσεται
אֶת־דּוֹרוֹ מִי יְשׂוֹחֵחַ, Is. liii. 8
9 27 διηγήσατο αὐτοῖς πῶς ἐν τῇ ὁδῷ εἶδεν τ. Κύριον
12 17 διηγήσατο αὐτοῖς πῶς ὁ Κύριος αὐτὸν ἐξήγαγεν ἐκ τ. φυλακῆς
—αὐτοῖς, T
He 11 32 ἐπιλείψει με γὰρ διηγούμενον ὁ χρόνος περὶ Γεδεών

ΔΙΗ΄ΓΗΣΙΣ 1335

Lu 1 1 ἐπειδήπερ πολλοὶ ἐπεχείρησαν ἀνατάξασθαι διήγησιν

ΔΙΗΝΕΚΗ΄Σ** 1336

He 7 3 μένει ἱερεὺς εἰς τὸ διηνεκές
10 1 τ. αὐταῖς θυσίαις αἷς προσφέρουσιν εἰς τὸ διηνεκές
12 μίαν ὑπὲρ ἁμαρτιῶν προσενέγκας θυσίαν εἰς τὸ διηνεκές
14 μιᾷ γὰρ προσφορᾷ τετελείωκεν εἰς τὸ διηνεκὲς τ. ἁγιαζομένους

ΔΙΘΑ΄ΛΑΣΣΟΣ* 1337

Ac 27 41 περιπεσόντες δὲ εἰς τόπον διθάλασσον

ΔΙΙΚΝΕ΄ΟΜΑΙ 1338

He 4 12 δικνούμενος ἄχρι μερισμοῦ ψυχῆς κ. πνεύματος

ΔΙΊΣΤΗΜΙ 1339

Lu 22 59 διαστάσης ὡσεὶ ὥρας μιᾶς
24 51 ἐν τ. εὐλογεῖν αὐτὸν αὐτοὺς διέστη ἀπ' αὐτῶν
Ac 27 28 βραχὺ δὲ διαστήσαντες κ. πάλιν βολίσαντες

ΔΙΙΣΧΥΡΊΖΟΜΑΙ* 1340

διϊσχυρίζομαι, T

Lu 22 59 ἄλλος τις διισχυρίζετο λέγων
Ac 12 15 ἡ δὲ διισχυρίζετο οὕτως ἔχειν

ΔΙΚΑΙΟΚΡΙΣΊΑ*† 1341

Ro 2 5 ἐν ἡμέρᾳ . . . ἀποκαλύψεως δικαιοκρισίας τ. Θεοῦ

ΔΊΚΑΙΟΣ 1342

(1) δίκαιον, τὸ δίκ.

Mt 1 19 Ἰωσὴφ δὲ ὁ ἀνὴρ αὐτῆς δίκαιος ὢν
5 45 βρέχει ἐπὶ δικαίους κ. ἀδίκους
9 13 οὐ γὰρ ἦλθον καλέσαι δικαίους
10 41 ὁ δεχόμενος δίκαιον εἰς ὄνομα δικαίου μισθὸν δικαίου λήμψεται
13 17 πολλοὶ προφῆται κ. δίκαιοι ἐπεθύμησαν ἰδεῖν ἃ βλέπετε
43 τότε οἱ δίκαιοι ἐκλάμψουσιν ὡς ὁ ἥλιος
49 ἀφοριοῦσιν τ. πονηροὺς ἐκ μέσου τ. δικαίων
20 4 [1] ὃ ἐὰν ᾖ δίκαιον δώσω ὑμῖν
23 28 ἔξωθεν μὲν φαίνεσθε τ. ἀνθρώποις δίκαιοι
29 κοσμεῖτε τὰ μνημεῖα τ. δικαίων
35 ὅπως ἔλθῃ ἐφ' ὑμᾶς πᾶν αἷμα δίκαιον ἐκχυννόμενον ἐπὶ τ. γῆς, ἀπὸ τ. αἵματος Ἅβελ τ. δικαίου
25 37 τότε ἀποκριθήσονται αὐτῷ οἱ δίκαιοι
46 οἱ δὲ δίκαιοι εἰς ζωὴν αἰώνιον
27 4 ἥμαρτον παραδοὺς αἷμα δίκαιον
αἷμ. ἀθῷον, TWH mg. R non mg.
19 μηδὲν σοι κ. τ. δικαίῳ ἐκείνῳ
24 ἀθῷός εἰμι ἀπὸ τ. αἵματος τ. δικαίου τούτου
—τ. δικ., TWH non mg. R mg.
Mk 2 17 οὐκ ἦλθον καλέσαι δικαίους
6 20 εἰδὼς αὐτὸν ἄνδρα δίκαιον κ. ἅγιον
Lu 1 6 ἦσαν δὲ δίκαιοι ἀμφότεροι ἐναντίον τ. Θεοῦ
17 ἐπιστρέψαι . . . ἀπειθεῖς ἐν φρονήσει δικαίων
2 25 ὁ ἄνθρωπος οὗτος δίκαιος κ. εὐλαβής
5 32 οὐκ ἐλήλυθα καλέσαι δικαίους
12 57 [1] τί δὲ κ. ἀφ' ἑαυτῶν οὐ κρίνετε τὸ δίκαιον
14 14 ἀνταποδοθήσεται γάρ σοι ἐν τ. ἀναστάσει τ. δικαίων
15 7 ἐπὶ ἑνὶ ἁμαρτωλῷ μετανοοῦντι ἢ ἐπὶ ἐνενήκοντα ἐννέα δικαίοις
18 9 πρός τινας τ. πεποιθότας ἐφ' ἑαυτοῖς ὅτι εἰσὶν δίκαιοι
20 20 ὑποκρινομένους ἑαυτοὺς δικαίους εἶναι
23 47 ὄντως ὁ ἄνθρωπος οὗτος δίκαιος ἦν
50 Ἰωσὴφ . . . ἀνὴρ ἀγαθὸς κ. δίκαιος
—κ. δίκ., WH mg.
Jo 5 30 ἡ κρίσις ἡ ἐμὴ δικαία ἐστίν
7 24 τ. δικαίαν κρίσιν κρίνετε
17 25 πατὴρ δίκαιε κ. ὁ κόσμος σε οὐκ ἔγνω
Ac 3 14 ὑμεῖς δὲ τ. ἅγιον κ. δίκαιον ἠρνήσασθε
Ac 4 19 [1] εἰ δίκαιόν ἐστιν ἐνώπιον τ. Θεοῦ
7 52 τ. προκαταγγείλαντας περὶ τ. ἐλεύσεως τ. δικαίου
10 22 Κορνήλιος . . . ἀνὴρ δίκαιος κ. φοβούμενος τ. Θεόν
22 14 προεχειρίσατό σε . . . ἰδεῖν τ. δίκαιον
24 15 ἀνάστασιν μέλλειν ἔσεσθαι δικαίων τε κ. ἀδίκων
Ro 1 17 ὁ δὲ δίκαιος ἐκ πίστεως ζήσεται
וְצַדִּיק בֶּאֱמוּנָתוֹ יִחְיֶה, Hab. ii. 4
2 13 οὐ γὰρ οἱ ἀκροαταὶ νόμου δίκαιοι παρὰ τ. Θεῷ
3 10 οὐκ ἔστιν δίκαιος οὐδὲ εἷς
אֵין עֹשֵׂה־טוֹב, Ps. xiv. 1
26 εἰς τὸ εἶναι αὐτὸν δίκαιον κ. δικαιοῦντα τὸν ἐκ πίστεως Ἰησοῦ
5 7 μόλις γὰρ ὑπὲρ δικαίου τις ἀποθανεῖται
19 διὰ τ. ὑπακοῆς τ. ἑνὸς δίκαιοι κατασταθήσονται οἱ πολλοί
7 12 ὥστε . . . ἡ ἐντολὴ ἁγία κ. δικαία κ. ἀγαθή
Ga 3 11 ὁ δίκαιος ἐκ πίστεως ζήσεται, Hab. *l.c.*
Eph 6 1 [1] τοῦτο γάρ ἐστιν δίκαιον
Phl 1 7 [1] καθώς ἐστιν δίκαιον ἐμοὶ τοῦτο φρονεῖν
4 8 ὅσα ἐστὶν ἀληθῆ ὅσα σεμνὰ ὅσα δίκαια
Col 4 1 [1] τὸ δίκαιον κ. τ. ἰσότητα τ. δούλοις παρέχεσθε
II Th 1 5 ἔνδειγμα τ. δικαίας κρίσεως τ. Θεοῦ
6 [1] εἴπερ δίκαιον παρὰ Θεῷ ἀνταποδοῦναι τ. θλίβουσιν ὑμᾶς θλίψιν
I Ti 1 9 δικαίῳ νόμος οὐ κεῖται
II Ti 4 8 ὃν ἀποδώσει μοι ὁ Κύριος . . . ὁ δίκαιος κριτής
Tit 1 8 σώφρονα δίκαιον ὅσιον
He 10 38 ὁ δὲ δίκαιός μου ἐκ πίστεως ζήσεται, Hab. *l.c.*
—μου, [WH] R mg.
11 4 δι' ἧς ἐμαρτυρήθη εἶναι δίκαιος
12 23 πνεύμασι δικαίων τετελειωμένων
Ja 5 6 κατεδικάσατε ἐφονεύσατε τ. δίκαιον
16 πολὺ ἰσχύει δέησις δικαίου ἐνεργουμένη
I Pe 3 12 ὀφθαλμοὶ Κυρίου ἐπὶ δικαίους
עֵינֵי יְהוָה אֶל־צַדִּיקִים, Ps. xxxiv. 16
18 περὶ ἁμαρτιῶν ἀπέθανεν δίκαιος ὑπὲρ ἀδίκων
4 18 εἰ ὁ δίκαιος μόλις σῴζεται
II Pe 1 13 [1] δίκαιον δὲ ἡγοῦμαι
2 7 δίκαιον Λὼτ καταπονούμενον . . . ἐρύσατο
8 βλέμματι γὰρ κ. ἀκοῇ δίκαιος ἐγκατοικῶν ἐν αὐτοῖς
ὁ δίκ., TWH mg. R
ἡμέραν ἐξ ἡμέρας ψυχὴν δικαίαν ἀνόμοις ἔργοις ἐβασάνιζεν
I Jo 1 9 πιστός ἐστιν κ. δίκαιος ἵνα ἀφῇ ἡμῖν
2 1 παράκλητον ἔχομεν . . . Ἰησοῦν Χριστὸν δίκαιον
29 ἐὰν εἰδῆτε ὅτι δίκαιός ἐστιν
3 7 ὁ ποιῶν τ. δικαιοσύνην δίκαιός ἐστιν, καθὼς ἐκεῖνος δίκαιός ἐστιν
12 τὰ δὲ τ. ἀδελφοῦ αὐτοῦ δίκαια
Re 15 3 δίκαιαι κ. ἀληθιναὶ αἱ ὁδοί σου
16 5 δίκαιος εἶ ὁ ὢν κ. ὁ ἦν ὁ ὅσιος
7 ἀληθιναὶ κ. δίκαιαι αἱ κρίσεις σου
19 2 ἀληθιναὶ κ. δίκαιαι αἱ κρίσεις αὐτοῦ
22 11 ὁ δίκαιος δικαιοσύνην ποιησάτω ἔτι

ΔΙΚΑΙΟΣΥ'ΝΗ 1343

(1) δικ. ποιεῖν, ἐργάζεσθαι (2) δικ. Θεοῦ, ἐκ Θεοῦ (3) δικ. πίστεως, ἐκ πίστ., ἐπὶ τ. πίστει, κατὰ πίστιν

Mt 3 15 οὕτως γὰρ πρέπον ἐστὶν ἡμῖν πληρῶσαι πᾶσαν δικαιοσύνην
5 6 μακάριοι οἱ πεινῶντες κ. διψῶντες τ. δικαιοσύνην
10 μακάριοι οἱ δεδιωγμένοι ἕνεκεν δικαιοσύνης
20 ἐὰν μὴ περισσεύσῃ ὑμῶν ἡ δικαιοσύνη
6 1 [1] προσέχετε τ. δικαιοσύνην ὑμῶν μὴ ποιεῖν ἔμπροσθεν τ. ἀνθρώπων
33 [2] ζητεῖτε δὲ πρῶτον τ. βασιλείαν κ. τ. δικαιοσύνην αὐτοῦ
21 32 ἦλθεν γὰρ Ἰωάνης πρὸς ὑμᾶς ἐν ὁδῷ δικαιοσύνης
Lu 1 75 λατρεύειν αὐτῷ ἐν ὁσιότητι κ. δικαιοσύνῃ ἐνώπιον αὐτοῦ
Jo 16 8 ἐλθὼν ἐκεῖνος ἐλέγξει τ. κόσμον . . . περὶ δικαιοσύνης
10 περὶ δικαιοσύνης δὲ ὅτι πρὸς τ. πατέρα ὑπάγω
Ac 10 35 [1] ὁ φοβούμενος αὐτὸν κ. ἐργαζόμενος δικαιοσύνην
13 10 ἐχθρὲ πάσης δικαιοσύνης
17 31 ἐν ᾗ μέλλει κρίνειν τ. οἰκουμένην ἐν δικαιοσύνῃ
24 25 διαλεγομένου δὲ αὐτοῦ περὶ δικαιοσύνης
Ro 1 17 [2] δικαιοσύνη γὰρ Θεοῦ ἐν αὐτῷ ἀποκαλύπτεται
3 5 [2] εἰ δὲ ἡ ἀδικία ἡμῶν Θεοῦ δικαιοσύνην συνίστησιν
21 [2] χωρὶς νόμου δικαιοσύνη Θεοῦ πεφανέρωται
22 [2] δικαιοσύνη δὲ Θεοῦ διὰ πίστεως Ἰησου Χριστοῦ
25 [2] εἰς ἔνδειξιν τ. δικαιοσύνης αὐτοῦ
26 [2] πρὸς τ. ἔνδειξιν τ. δικαιοσύνης αὐτοῦ ἐν τῷ νῦν καιρῷ
4 3 κ. ἐλογίσθη αὐτῷ εἰς δικαιοσύνην
וַיַּחְשְׁבֶהָ לּוֹ צְדָקָה, Gen. xv. 6
5 λογίζεται ἡ πίστις αὐτοῦ εἰς δικαιοσύνην
6 ᾧ ὁ Θεὸς λογίζεται δικαιοσύνην χωρὶς ἔργων
9 ἐλογίσθη τῷ Ἀβραὰμ ἡ πίστις εἰς δικαιοσύνην
11 [3] σημεῖον ἔλαβεν περιτομῆς σφραγῖδα τ. δικαιοσύνης τ. πίστεως
11 εἰς τὸ λογισθῆναι αὐτοῖς τ. δικαιοσύνην —τὴν, T [WH]
13 [3] οὐ γὰρ διὰ νόμου ἡ ἐπαγγελία . . . ἀλλὰ διὰ δικαιοσύνης πίστεως
22 διὸ κ. ἐλογίσθη αὐτῷ εἰς δικαιοσύνην, Gen. *l.c.*
5 17 οἱ τ. περισσείαν . . . τ. δωρεᾶς τ. δικαιοσύνης λαμβάνοντες
21 ἵνα . . . ἡ χάρις βασιλεύσῃ διὰ δικαιοσύνης εἰς ζωὴν αἰώνιον
6 13 παραστήσατε . . . τὰ μέλη ὑμῶν ὅπλα δικαιοσύνης τ. Θεῷ
16 ἤτοι ἁμαρτίας εἰς θάνατον ἢ ὑπακοῆς εἰς δικαιοσύνην
18 ἐδουλώθητε τ. δικαιοσύνῃ
19 παραστήσατε τὰ μέλη ὑμῶν δοῦλα τ. δικαιοσύνῃ εἰς ἁγιασμόν
20 ἐλεύθεροι ἦτε τ. δικαιοσύνῃ

Ro 8 10 τὸ δὲ πνεῦμα ζωὴ διὰ δικαιοσύνην
9 30 ἔθνη τὰ μὴ διώκοντα δικαιοσύνην κατέλαβεν δικαιοσύνην,
[3] δικαιοσύνην δὲ τὴν ἐκ πίστεως·
31 Ἰσραὴλ δὲ διώκων νόμον δικαιοσύνης
10 3 [2] ἀγνοοῦντες γὰρ τὴν τ. Θεοῦ δικαιοσύνην κ. τ. ἰδίαν δικαιοσύνην ζητοῦντες στῆσαι, —δικ., WHR
[2] τ. δικαιοσύνῃ τ. Θεοῦ οὐχ ὑπετάγησαν·
4 τέλος γὰρ νόμου Χριστὸς εἰς δικαιοσύνην παντὶ τ. πιστεύοντι.
5 Μωυσῆς γὰρ γράφει τ. δικαιοσύνην τὴν ἐκ νόμου
6 [3] ἡ δὲ ἐκ πίστεως δικαιοσύνη οὕτως λέγει
10 καρδίᾳ γὰρ πιστεύεται εἰς δικαιοσύνην
14 17 δικαιοσύνη κ. εἰρήνη κ. χαρὰ ἐν πνεύματι ἁγίῳ
I Co 1 30 ὃς ἐγενήθη σοφία ἡμῖν ἀπὸ Θεοῦ δικαιοσύνη τε κ. ἁγιασμός
II Co 3 9 περισσεύει ἡ διακονία τ. δικαιοσύνης δόξῃ
5 21 [2] ἵνα ἡμεῖς γενώμεθα δικαιοσύνη Θεοῦ ἐν αὐτῷ
6 7 διὰ τ. ὅπλων τ. δικαιοσύνης τ. δεξιῶν κ. ἀριστερῶν
14 τίς γὰρ μετοχὴ τ. δικαιοσύνῃ κ. ἀνομίᾳ;
9 9 ἡ δικαιοσύνη αὐτοῦ μένει εἰς τ. αἰῶνα
צִדְקָתוֹ עֹמֶדֶת לָעַד, Ps. cxii. 9
10 αὐξήσει τ. γενήματα τ. δικαιοσύνης ὑμῶν
11 15 οἱ διάκονοι αὐτοῦ μετασχηματίζονται ὡς διάκονοι δικαιοσύνης
Ga 2 21 εἰ γὰρ διὰ νόμου δικαιοσύνη
3 6 ἐλογίσθη αὐτῷ εἰς δικαιοσύνην, Gen. *l.c.*
21 ὄντως ἐν νομῷ ἂν ἦν ἡ δικαιοσύνη ἐκ νόμου ἦν ἄν, TWH mg. R
5 5 [3] πνεύματι ἐκ πίστεως ἐλπίδα δικαιοσύνης ἀπεκδεχόμεθα
Eph 4 24 τ. καινὸν ἄνθρωπον τὸν κατὰ Θεὸν κτισθέντα ἐν δικαιοσύνῃ
5 9 ὁ γὰρ καρπὸς τ. φωτὸς ἐν πάσῃ ἀγαθωσύνῃ κ. δικαιοσύνῃ
6 14 ἐνδυσάμενοι τ. θώρακα τ. δικαιοσύνης
Phl 1 11 πεπληρωμένοι καρπὸν δικαιοσύνης τὸν διὰ Ἰησοῦ Χριστοῦ
3 6 κατὰ δικαιοσύνην τὴν ἐν νόμῳ γενόμενος ἄμεμπτος
9 μὴ ἔχων ἐμὴν δικαιοσύνην τὴν ἐκ νόμου,
[2, 3] ἀλλὰ . . . τὴν ἐκ Θεοῦ δικαιοσύνην ἐπὶ τ. πίστει
I Ti 6 11 δίωκε δὲ δικαιοσύνην
II Ti 2 22 δίωκε δὲ δικαιοσύνην
3 16 ὠφέλιμος . . . πρὸς παιδείαν τὴν ἐν δικαιοσύνῃ
4 8 ἀπόκειταί μοι ὁ τ. δικαιοσύνης στέφανος
Tit 3 5 οὐκ ἐξ ἔργων τῶν ἐν δικαιοσύνῃ ἃ ἐποιήσαμεν
He 1 9 ἠγάπησας δικαιοσύνην κ. ἐμίσησας ἀνομίαν
אָהַבְתָּ צֶּדֶק וַתִּשְׂנָא רֶשַׁע, Ps. xlv. 8
5 13 ἄπειρος λόγου δικαιοσύνης
7 2 πρῶτον μὲν ἑρμηνευόμενος βασιλεὺς δικαιοσύνης
11 7 [3] τῆς κατὰ πίστιν δικαιοσύνης ἐγένετο κληρονόμος
33 [1] οἳ διὰ πίστεως . . . ἠργάσαντο δικαιοσύνην

He 12 11 καρπὸν εἰρηνικὸν τοῖς δι' αὐτῆς γεγυμνασμένοις ἀποδίδωσιν δικαιοσύνης
Ja 1 20 [1 2] ὀργὴ γὰρ ἀνδρὸς δικαιοσύνην Θεοῦ οὐκ ἐργάζεται
2 23 ἐλογίσθη αὐτῷ εἰς δικαιοσύνην, Gen. *l.c.*
3 18 καρπὸς δὲ δικαιοσύνης ἐν εἰρήνῃ σπείρεται
I Pe 2 24 ἵνα . . . τ. δικαιοσύνῃ ζήσωμεν
3 14 εἰ κ. πάσχοιτε διὰ δικαιοσύνην μακάριοι
II Pe 1 1 τοῖς ἰσότιμον ἡμῖν λαχοῦσιν πίστιν ἐν δικαιοσύνῃ
2 5 ὄγδοον Νῶε δικαιοσύνης κήρυκα ἐφύλαξεν
21 κρεῖττον γὰρ ἦν αὐτοῖς μὴ ἐπεγνωκέναι τὴν ὁδὸν τ. δικαιοσύνης
3 13 ἐν οἷς δικαιοσύνη κατοικεῖ
I Jo 2 29 [1] πᾶς ὁ ποιῶν τ. δικαιοσύνην ἐξ αὐτοῦ γεγέννηται
3 7 [1] ὁ ποιῶν τ. δικαιοσύνην δίκαιός ἐστιν
10 [1] πᾶς ὁ μὴ ποιῶν δικαιοσύνην οὐκ ἔστιν ἐκ τ. Θεοῦ
Re 19 11 ἐν δικαιοσύνῃ κρίνει κ. πολεμεῖ
22 11 [1] ὁ δίκαιος δικαιοσύνην ποιησάτω ἔτι

ΔΙΚΑΙΌΩ 1344

(1) δικ. ἀπό, ἐκ (2) δικ. ἐν, παρά

Mt 11 19 [1] ἐδικαιώθη ἡ σοφία ἀπὸ τ. ἔργων αὐτῆς
12 37 [1] ἐκ γὰρ τ. λόγων σου δικαιωθήσῃ
Lu 7 29 πᾶς ὁ λαὸς ἀκούσας κ. οἱ τελῶναι ἐδικαίωσαν τ. Θεόν
35 [1] ἐδικαιώθη ἡ σοφία ἀπὸ πάντων τ. τέκνων αὐτῆς
10 29 ὁ δὲ θέλων δικαιῶσαι ἑαυτόν
16 15 ὑμεῖς ἐστε οἱ δικαιοῦντες ἑαυτοὺς ἐνώπιον τ. ἀνθρώπων
18 14 κατέβη οὗτος δεδικαιωμένος εἰς τ. οἶκον αὐτοῦ
Ac 13 38 [1] ἀπὸ πάντων ὧν οὐκ ἠδυνήθητε ἐν νόμῳ Μωυσέως δικαιωθῆναι,
39 [2] ἐν τούτῳ πᾶς ὁ πιστεύων δικαιοῦται
Ro 2 13 οἱ ποιηταὶ νόμου δικαιωθήσονται
3 4 [2] ὅπως ἂν δικαιωθῇς ἐν τ. λόγοις σου
לְמַעַן־תִּצְדַּק בְּדָבְרֶךָ, Ps. li. 6 (Heb.), 4 (Eng.)
20 [1] ἐξ ἔργων νόμου οὐ δικαιωθήσεται πᾶσα σάρξ
כִּי לֹא־יִצְדַּק לְפָנֶיךָ כָל־חָי, Ps. cxliii. 2
24 δικαιούμενοι δωρεὰν τῇ αὐτοῦ χάριτι
26 εἰς τὸ εἶναι αὐτὸν δίκαιον κ. δικαιοῦντα τὸν ἐκ πίστεως Ἰησοῦ
28 λογιζόμεθα γὰρ δικαιοῦσθαι πίστει ἄνθρωπον
30 [1] ὃς δικαιώσει περιτομὴν ἐκ πίστεως
4 2 [1] εἰ γὰρ Ἀβραὰμ ἐξ ἔργων ἐδικαιώθη
5 πιστεύοντι δὲ ἐπὶ τ. δικαιοῦντα τ. ἀσεβῆ
5 1 [1] δικαιωθέντες οὖν ἐκ πίστεως εἰρήνην ἔχωμεν
9 [2] δικαιωθέντες νῦν ἐν τ. αἵματι αὐτοῦ
6 7 [1] ὁ γὰρ ἀποθανὼν δεδικαίωται ἀπὸ τ. ἁμαρτίας
8 30 οὓς ἐκάλεσεν τούτους κ. ἐδικαίωσεν· οὓς δὲ ἐδικαίωσεν τούτους κ. ἐδόξασεν
33 Θεὸς ὁ δικαιῶν.
δικαιῶν ;, R mg.
I Co 4 4 [2] ἀλλ' οὐκ ἐν τούτῳ δεδικαίωμαι
6 11 [2] ἀλλὰ ἐδικαιώθητε ἐν τ. ὀνόματι τ. Κυρίου ἡμῶν
Ga 2 16 [1] εἰδότες δὲ ὅτι οὐ δικαιοῦται ἄνθρωπος ἐξ ἔργων νόμου
16 [1] ἵνα δικαιωθῶμεν ἐκ πίστεως Χριστοῦ
16 [1] ὅτι ἐξ ἔργων νόμου οὐ δικαιωθήσεται πᾶσα σάρξ, Ps. *l.c.*
17 [2] εἰ δὲ ζητοῦντες δικαιωθῆναι ἐν Χριστῷ
3 8 [1] ὅτι ἐκ πίστεως δικαιοῖ τὰ ἔθνη ὁ Θεός
11 [2] ἐν νόμῳ οὐδεὶς δικαιοῦται παρὰ τ. Θεῷ
24 [1] ἵνα ἐκ πίστεως δικαιωθῶμεν
5 4 [2] οἵτινες ἐν νόμῳ δικαιοῦσθε
I Ti 3 16 [2] ἐδικαιώθη ἐν πνεύματι
Tit 3 7 ἵνα δικαιωθέντες τῇ ἐκείνου χάριτι κληρονόμοι γενηθῶμεν
Ja 2 21 [1] Ἀβραὰμ ὁ πατὴρ ἡμῶν οὐκ ἐξ ἔργων ἐδικαιώθη
24 [1] ὁρᾶτε ὅτι ἐξ ἔργων δικαιοῦται ἄνθρωπος
25 [1] ὁμοίως δὲ κ. Ῥαὰβ ἡ πόρνη οὐκ ἐξ ἔργων ἐδικαιώθη

ΔΙΚΑΊΩΜΑ 1345

Lu 1 6 πορευόμενοι ἐν πάσαις τ. ἐντολαῖς κ. δικαιώμασι τ. Κυρίου
Ro 1 32 οἵτινες τ. δικαίωμα τ. Θεοῦ ἐπιγνόντες
2 26 ἐὰν οὖν ἡ ἀκροβυστία τὰ δικαιώματα τ. νόμου φυλάσσῃ
5 16 τὸ δὲ χάρισμα ἐκ πολλῶν παραπτωμάτων εἰς δικαίωμα
18 οὕτως κ. δι' ἑνὸς δικαιώματος εἰς πάντας ἀνθρώπους εἰς δικαίωσιν ζωῆς
8 4 ἵνα τὸ δικαίωμα τ. νόμου πληρωθῇ ἐν ἡμῖν
He 9 1 εἶχεν μὲν οὖν κ. ἡ πρώτη δικαιώματα λατρείας
10 δικαιώματα σαρκὸς μέχρι καιροῦ διορθώσεως ἐπικείμενα
Re 15 4 τὰ δικαιώματά σου ἐφανερώθησαν
19 8 τὸ γὰρ βύσσινον τὰ δικαιώματα τ. ἁγίων ἐστίν

ΔΙΚΑΊΩΣ 1346

Lu 23 41 κ. ἡμεῖς μὲν δικαίως
I Co 15 34 ἐκνήψατε δικ. κ. μὴ ἁμαρτάνετε
I Th 2 10 ὡς ὁσίως κ. δικ. κ. ἀμέμπτως ὑμῖν . . . ἐγενήθημεν
Tit 2 12 σωφρόνως κ. δικ. κ. εὐσεβῶς ζήσωμεν
I Pe 2 23 παρεδίδου δὲ τ. κρίνοντι δικαίως

ΔΙΚΑΊΩΣΙΣ 1347

Ro 4 25 ὃς . . . ἠγέρθη διὰ τ. δικαίωσιν ἡμῶν
5 18 οὕτως κ. δι' ἑνὸς δικαιώματος εἰς πάντας ἀνθρώπους εἰς δικαίωσιν ζωῆς

ΔΙΚΑΣΤΉΣ 1348

Ac 7 27 τίς σε κατέστησεν ἄρχοντα κ. δικαστὴν ἐφ' ἡμῶν ;
מִי שָׂמְךָ לְאִישׁ שַׂר וְשֹׁפֵט עָלֵינוּ, Ex. ii. 14
35 τίς σε κατέστησεν ἄρχοντα κ. δικαστήν, Ex. *l.c.*

1349 ΔΊΚΗ cf. 2613.5

Ac 28 4 ὃν διασωθέντα . . . ἡ δίκη ζῆν οὐκ εἴασεν
II Th 1 9 οἵτινες δίκην τίσουσιν ὄλεθρον αἰώνιον
Ju 7 πυρὸς αἰωνίου δίκην ὑπέχουσαι

ΔΙ΄ΚΤΥΟΝ 1350

Mt 4 20 οἱ δὲ εὐθέως ἀφέντες τὰ δίκτυα ἠκολούθησαν αὐτῷ
21 καταρτίζοντας τὰ δίκτυα αὐτῶν
Mk 1 18 εὐθὺς ἀφέντες τὰ δίκτυα ἠκολούθησαν αὐτῷ
19 κ. αὐτοὺς ἐν τ. πλοίῳ καταρτίζοντας τὰ δίκτυα
Lu 5 2 οἱ δὲ ἁλεεῖς . . . ἔπλυνον τὰ δίκτυα
4 χαλάσατε τὰ δίκτυα ὑμῶν εἰς ἄγραν
5 ἐπὶ δὲ τ. ῥήματί σου χαλάσω τὰ δίκτυα
6 διερήσσετο δὲ τὰ δίκτυα αὐτῶν
Jo 21 6 βάλετε εἰς τὰ δεξιὰ μέρη τ. πλοίου τὸ δίκτυον
8 σύροντες τὸ δίκτυον τ. ἰχθύων
11 εἵλκυσεν τὸ δίκτυον εἰς τ. γῆν
11 τοσούτων ὄντων οὐκ ἐσχίσθη τὸ δίκτυον

ΔΙ΄ΛΟΓΟΣ*† 1351

I Ti 3 8 διακόνους ὡσαύτως σεμνούς μὴ διλόγους

ΔΙΟ΄ 1352

(1) διὸ καί

Mt 27 8 διὸ ἐκλήθη ὁ ἀγρὸς ἐκεῖνος ἀγρὸς αἵματος
Mk 5 33 διὸ πεποιήκει λάθρᾳ
—h. v., TWH non mg. R
Lu 1 35 [1] διὸ κ. τὸ γεννώμενον ἅγιον κληθήσεται υἱὸς Θεοῦ
7 7 διὸ οὐδὲ ἐμαυτὸν ἠξίωσα πρὸς σε ἐλθεῖν
Ac 10 29 [1] διὸ κ. ἀναντιρρήτως ἦλθον μεταπεμφθείς
15 19 διὸ ἐγὼ κρίνω μὴ παρενοχλεῖν
20 31 διὸ γρηγορεῖτε
24 26 [1] διὸ κ. πυκνότερον αὐτὸν μεταπεμπόμενος
25 26 διὸ προήγαγον αὐτὸν ἐφ᾿ ὑμῶν
26 3 διὸ δέομαι μακροθύμως ἀκοῦσαί μου
27 25 διὸ εὐθυμεῖτε ἄνδρες
34 διὸ παρακαλῶ ὑμᾶς μεταλαβεῖν τροφῆς
Ro 1 24 διὸ παρέδωκεν αὐτοὺς ὁ Θεός
2 1 διὸ ἀναπολόγητος εἶ ὦ ἄνθρωπε
4 22 [1] διὸ κ. ἐλογίσθη αὐτῷ εἰς δικαιοσύνην
13 5 διὸ ἀνάγκη ὑποτάσσεσθαι
15 7 διὸ προσλαμβάνεσθε ἀλλήλους
22 [1] διὸ κ. ἐνεκοπτόμην τὰ πολλά
I Co 12 3 διὸ γνωρίζω ὑμῖν
14 13 διὸ ὁ λαλῶν γλώσσῃ προσευχέσθω ἵνα διερμηνεύῃ
II Co 1 20 [1] διὸ κ. δι᾿ αὐτοῦ τὸ ἀμήν
2 8 διὸ παρακαλῶ ὑμᾶς κυρῶσαι εἰς αὐτὸν ἀγάπην
4 13 ἐπίστευσα διὸ ἐλάλησα,
[1] διὸ καί, T
הֶאֱמַנְתִּי כִּי אֲדַבֵּר, Ps. cxvi. 10
[1] κ. ἡμεῖς πιστεύομεν διὸ κ. λαλοῦμεν
16 διὸ οὐκ ἐγκακοῦμεν
5 9 [1] διὸ κ. φιλοτιμούμεθα
6 17 διὸ Ἐξέλθατε ἐκ μέσου αὐτῶν, Is. lii. 11
12 7 διὸ ἵνα μὴ ὑπεραίρωμαι ἐδόθη μοι σκόλοψ
—διό, T
10 διὸ εὐδοκῶ ἐν ἀσθενείαις
Ga 4 31 διὸ ἀδελφοὶ οὐκ ἐσμὲν παιδίσκης τέκνα
Eph 2 11 διὸ μνημονεύετε
3 13 διὸ αἰτοῦμαι μὴ ἐνκακεῖν ἐν τ. θλίψεσί μου
4 8 διὸ λέγει Ἀναβὰς εἰς ὕψος ᾐχμαλώτευσεν, Ps. lxviii. 19
25 διὸ ἀποθέμενοι τὸ ψεῦδος λαλεῖτε ἀλήθειαν
5 14 διὸ λέγει Ἔγειρε ὁ καθεύδων, Is. lx. 1
Phl 2 9 [1] διὸ κ. ὁ Θεὸς αὐτὸν ὑπερύψωσεν
I Th 3 1 διὸ μηκέτι στέγοντες ηὐδοκήσαμεν
5 11 διὸ παρακαλεῖτε ἀλλήλους
Phm 8 διὸ πολλὴν ἐν Χριστῷ παρρησίαν ἔχων
He 3 7 διὸ καθὼς λέγει τὸ Πνεῦμα τὸ Ἅγιον
10 διὸ Προσώχθισα τ. γενεᾷ ταύτῃ, Ps. xcv. 10
6 1 διὸ ἀφέντες τὸν τ. ἀρχῆς τ. Χριστοῦ λόγον
10 5 διὸ εἰσερχόμενος εἰς τ. κόσμον λέγει
11 12 [1] διὸ κ. ἀφ᾿ ἑνὸς ἐγεννήθησαν
16 διὸ οὐκ ἐπαισχύνεται αὐτοὺς ὁ Θεός
12 12 διὸ τ. παρειμένας χεῖρας . . . ἀνορθώσατε
28 διὸ βασιλείαν ἀσάλευτον παραλαμβάνοντες
13 12 [1] διὸ κ. Ἰησοῦς ἵνα ἁγιάσῃ . . . τ. λαόν
Ja 1 21 διὸ ἀποθέμενοι πᾶσαν ῥυπαρίαν
4 6 διὸ λέγει Ὁ Θεὸς ὑπερηφάνοις ἀντιτάσσεται Prov. iii. 34
I Pe 1 13 διὸ ἀναζωσάμενοι τ. ὀσφύας τ. διανοίας ὑμῶν
II Pe 1 10 διὸ μᾶλλον ἀδελφοὶ σπουδάσατε
12 διὸ μελλήσω ἀεὶ ὑμᾶς ὑπομιμνήσκειν
3 14 διὸ ἀγαπητοὶ ταῦτα προσδοκῶντες

ΔΙΟΔΕΥ΄Ω 1353

Lu 8 1 αὐτὸς διώδευεν κατὰ πόλιν κ. κώμην
Ac 17 1 διοδεύσαντες δὲ τ. Ἀμφίπολιν κ. τ. Ἀπολλωνίαν

ΔΙΟΝΥ΄ΣΙΟΣ 1354

Ac 17 34 ἐν οἷς κ. Διονύσιος ὁ Ἀρεοπαγίτης

ΔΙΟ΄ΠΕΡ ** 1355

I Co 8 13 διόπερ εἰ βρῶμα σκανδαλίζει τ. ἀδελφόν μου
10 14 διόπερ ἀγαπητοί μου φεύγετε ἀπὸ τ. εἰδωλολατρείας

ΔΙΟΠΕΤΗ΄Σ * 1356

Ac 19 35 πόλιν νεωκόρον οὖσαν τ. μεγάλης Ἀρτέμιδος κ. τ. Διοπετοῦς

ΔΙΟ΄ΡΘΩΜΑ * 1356.5

Ac 24 2 διορθωμάτων γινομένων τ. ἔθνει τούτῳ

ΔΙΟ΄ΡΘΩΣΙΣ * 1357

He 9 10 μέχρι καιροῦ διορθώσεως ἐπικείμενα

ΔΙΟΡΥ΄ΣΣΩ 1358

Mt 6 19 ὅπου κλέπται διορύσσουσιν κ. κλέπτουσιν
20 ὅπου κλέπται οὐ διορύσσουσιν οὐδὲ κλέπτουσιν
24 43 οὐκ ἂν εἴασεν διορυχθῆναι τ. οἰκίαν αὐτοῦ
Lu 12 39 οὐκ ἀφῆκεν διορυχθῆναι τ. οἶκον αὐτοῦ

ΔΙΟ΄ΣΚΟΥΡΟΙ 1359

Ac 28 11 ἐν πλοίῳ . . . Ἀλεξανδρινῷ παρασήμῳ Διοσκούροις

ΔΙΌΤΙ 1360

Lu 1 13 διότι εἰσηκούσθη ἡ δέησίς σου
2 7 διότι οὐκ ἦν αὐτοῖς τόπος ἐν τ. καταλύματι
21 28 διότι ἐγγίζει ἡ ἀπολύτρωσις ὑμῶν
Ac 13 35 διότι κ. ἐν ἑτέρῳ λέγει
18 10 διότι ἐγώ εἰμι μετὰ σοῦ
10 διότι λαός ἐστίν μοι πολὺς ἐν τ. πόλει ταύτῃ
20 26 διότι μαρτύρομαι ὑμῖν ἐν τ. σήμερον ἡμέρᾳ
22 18 διότι οὐ παραδέξονταί σου μαρτυρίαν περὶ ἐμοῦ
Ro 1 19 διότι τὸ γνωστὸν τ. Θεοῦ φανερόν ἐστιν ἐν αὐτοῖς
21 διότι γνόντες τ. Θεόν
3 20 διότι ἐξ ἔργων νόμου οὐ δικαιωθήσεται πᾶσα σάρξ, Ps. cxliii. 2
8 7 διότι τὸ φρόνημα τ. σαρκὸς ἔχθρα εἰς Θεόν
21 διότι κ. αὐτὴ ἡ κτίσις ἐλευθερωθήσεται
ὅτι, WHR
I Co 15 9 διότι ἐδίωξα τ. ἐκκλησίαν τ. Θεοῦ
Phl 2 26 διότι ἠκούσατε ὅτι ἠσθένησεν
I Th 2 8 διότι ἀγαπητοὶ ἡμῖν ἐγενήθητε
18 διότι ἠθελήσαμεν ἐλθεῖν πρὸς ὑμᾶς
4 6 διότι ἔκδικος Κύριος περὶ πάντων τούτων
He 11 5 οὐχ ηὑρίσκετο διότι μετέθηκεν αὐτὸν ὁ Θεός
23 διότι εἶδον ἀστεῖον τὸ παιδίον
Ja 4 3 οὐ λαμβάνετε διότι κακῶς αἰτεῖσθε
I Pe 1 16 διότι γέγραπται ὅτι Ἅγιοι ἔσεσθε
24 διότι Πᾶσα σὰρξ ὡς χόρτος, Is. xl. 6.
2 6 διότι περιέχει ἐν γραφῇ

ΔΙΟΤΡΈΦΗΣ 1361

III Jo 9 ὁ φιλοπρωτεύων αὐτῶν Διοτρέφης οὐκ ἐπιδέχεται ἡμᾶς
Διοτρεφὴς, T

ΔΙΠΛΌΟΣ 1362

Mt 23 15 ποιεῖτε αὐτὸν υἱὸν γεέννης διπλότερον ὑμῶν
I Ti 5 17 οἱ καλῶς προεστῶτες πρεσβύτεροι διπλῆς τιμῆς ἀξιούσθωσαν
Re 18 6 διπλώσατε τὰ διπλᾶ κατὰ τ. ἔργα αὐτῆς·
[τὰ], WH
ἐν τ. ποτηρίῳ ᾧ ἐκέρασεν κεράσατε αὐτῇ διπλοῦν

ΔΙΠΛΌΩ* 1363

Re 18 6 διπλώσατε τὰ διπλᾶ κατὰ τὰ ἔργα αὐτῆς

ΔΊΣ 1364

Mk 14 30 πρὶν ἢ δὶς ἀλέκτορα φωνῆσαι
72 πρὶν ἀλέκτορα δὶς φωνῆσαι
φων. δὶς, T
Lu 18 12 νηστεύω δὶς τ. σαββάτου
Phl 4 16 ἅπαξ κ. δὶς εἰς τ. χρείαν μοι ἐπέμψατε
I Th 2 18 ἠθελήσαμεν ἐλθεῖν . . . ἐγὼ μὲν Παῦλος κ. ἅπαξ κ. δίς
Ju 12 δένδρα . . . ἄκαρπα δὶς ἀποθανόντα
Re 9 16 ὁ ἀριθμὸς τ. στρατευμάτων τ. ἱππικοῦ δὶς μυριάδες μυριάδων
δισμυριάδες, T

ΔΙΣΜΥΡΙΆΣ *Vide sup.* ΔΊΣ, 1364

ΔΙΣΤΆΖΩ* 1365

Mt 14 31 ὀλιγόπιστε εἰς τί ἐδίστασας;
28 17 οἱ δὲ ἐδίστασαν

ΔΊΣΤΟΜΟΣ 1366

He 4 12 τομώτερος ὑπὲρ πᾶσαν μάχαιραν δίστομον
Re 1 16 ἐκ τ. στόματος αὐτοῦ ῥομφαία δίστομος ὀξεῖα
2 12 τάδε λέγει ὁ ἔχων τ. ῥομφαίαν τὴν δίστομον τ. ὀξεῖαν

ΔΙΣΧΊΛΙΟΙ 1367

Mk 5 13 ὥρμησεν ἡ ἀγέλη κατὰ τ. κρημνοῦ . . . ὡς δισχίλιοι

ΔΙΫΛΊΖΩ† 1368

Mt 23 24 ὁδηγοὶ τυφλοὶ διυλίζοντες τ. κώνωπα
οἱ διϋλ., T

ΔΙΧΆΖΩ** 1369

Mt 10 35 ἦλθον γὰρ διχάσαι ἄνθρωπον κατὰ τ. πατρὸς αὐτοῦ

ΔΙΧΟΣΤΑΣΊΑ** 1370

Ro 16 17 σκοπεῖν τοὺς τ. διχοστασίας κ. τὰ σκάνδαλα . . . ποιοῦντας
Ga 5 20 ἐριθίαι διχοστασίαι αἱρέσεις

ΔΙΧΟΤΟΜΈΩ 1371

Mt 24 51 κ. διχοτομήσει αὐτόν
Lu 12 46 κ. διχοτομήσει αὐτόν

ΔΙΨΆΩ 1372

Mt 5 6 μακάριοι οἱ πεινῶντες κ. διψῶντες τ. δικαιοσύνην
25 35 ἐδίψησα κ. ἐποτίσατέ με
37 πότε σε εἴδαμεν . . . διψῶντα κ. ἐποτίσαμεν;
42 ἐδίψησα κ. οὐκ ἐποτίσατέ με
44 πότε σε εἴδομεν πεινῶντα ἢ διψῶντα
Jo 4 13 πᾶς ὁ πίνων ἐκ τ. ὕδατος τούτου διψήσει πάλιν
14 ὃς δ᾽ ἂν πίῃ ἐκ τ. ὕδατος οὗ ἐγὼ δώσω αὐτῷ οὐ μὴ διψήσει εἰς τ. αἰῶνα
15 δός μοι τοῦτο τὸ ὕδωρ ἵνα μὴ διψῶ
6 35 ὁ πιστεύων εἰς ἐμὲ οὐ μὴ διψήσει πώποτε
7 37 ἐάν τις διψᾷ ἐρχέσθω πρός με κ. πινέτω
19 28 ἵνα τελειωθῇ ἡ γραφὴ λέγει Διψῶ
Ro 12 20 ἐὰν διψᾷ πότιζε αὐτόν
אִם־צָמֵא הַשְׁקֵהוּ מָיִם, Prov. xxv. 21
I Co 4 11 ἄχρι τῆς ἄρτι ὥρας κ. πεινῶμεν κ. διψῶμεν
Re 7 16 οὐδὲ διψήσουσιν ἔτι
21 6 ἐγὼ τ. διψῶντι δώσω ἐκ τ. πηγῆς τ. ὕδατος τ. ζωῆς
22 17 ὁ διψῶν ἐρχέσθω

ΔΊΨΟΣ 1373

II Co 11 27 ἐν λιμῷ κ. δίψει

ΔΙ´ΨΥΧΟΣ* † 1374

Ja 1 8 λήμψεταί τι παρὰ τ. Κυρίου ἀνὴρ δίψυχος
Κυρίου, ἀν., TWH mg. R non mg.
4 8 ἁγνίσατε καρδίας δίψυχοι

ΔΙΩΓΜΟ´Σ 1375

Mt 13 21 γενομένης δὲ θλίψεως ἢ διωγμοῦ διὰ τ. λόγον
Mk 4 17 γενομένης θλίψεως ἢ διωγμοῦ διὰ τ. λόγον
10 30 ἐὰν μὴ λάβῃ ἑκατονταπλασίονα νῦν . . . μετὰ διωγμῶν
μ. διωγμοῦ, WH mg.
Ac 8 1 ἐγένετο δὲ . . . διωγμὸς μέγας ἐπὶ τ. ἐκκλησίαν τὴν ἐν Ἱεροσολύμοις
13 50 ἐπήγειραν διωγμὸν ἐπὶ τ. Παῦλον κ. Βαρνάβαν
Ro 8 35 θλίψις ἢ στενοχωρία ἢ διωγμὸς ἢ λιμός
II Co 12 10 διὸ εὐδοκῶ . . . ἐν διωγμοῖς κ. στενοχωρίαις
II Th 1 4 ἐν πᾶσι τ. διωγμοῖς ὑμῶν κ. τ. θλίψεσιν αἷς ἀνέχεσθε
II Ti 3 11 σὺ δὲ παρηκολούθησάς μου . . . τ. διωγμοῖς τ. παθήμασιν
11 οἵους διωγμοὺς ὑπήνεγκα

ΔΙΩ´ΚΤΗΣ* † 1376

I Ti 1 13 τὸ πρότερον ὄντα βλάσφημον κ. διώκτην

ΔΙΩ´ΚΩ 1377

(1) acc. **rei**

Mt 5 10 μακάριοι οἱ δεδιωγμένοι ἕνεκεν δικαιοσύνης
11 ὅταν ὀνειδίσωσιν ὑμᾶς κ. διώξωσιν
12 οὕτως γὰρ ἐδίωξαν τ. προφήτας τοὺς πρὸ ὑμῶν
44 προσεύχεσθε ὑπὲρ τ. διωκόντων ὑμᾶς
10 23 ὅταν δὲ διώκωσιν ὑμᾶς ἐν τ. πόλει ταύτῃ
23 κἂν ἐκ ταύτης διώκωσιν ὑμᾶς
—h. v., TWH non mg. R
23 34 διώξετε ἀπὸ πόλεως εἰς πόλιν
Lu 11 49 ἐξ αὐτῶν ἀποκτενοῦσιν κ. διώξουσιν
ἐκδιώξουσιν, T
17 23 μὴ ἀπέλθητε μηδὲ διώξητε
21 12 διώξουσιν παραδιδόντες εἰς τ. συναγωγάς
Jo 5 16 διὰ τοῦτο ἐδίωκον οἱ Ἰουδαῖοι τ. Ἰησοῦν
15 20 εἰ ἐμὲ ἐδίωξαν κ. ὑμᾶς διώξουσιν
Ac 7 52 τίνα τ. προφητῶν οὐκ ἐδίωξαν οἱ πατέρες ὑμῶν;
9 4 Σαοὺλ Σαοὺλ τί με διώκεις;
5 ἐγώ εἰμι Ἰησοῦς ὃν σὺ διώκεις
22 4 [1] ὃς ταύτην τ. ὁδὸν ἐδίωξα ἄχρι θανάτου
7 Σαοὺλ Σαοὺλ τί με διώκεις;
8 ἐγώ εἰμι Ἰησοῦς ὁ Ναζωραῖος ὃν σὺ διώκεις
26 11 ἐδίωκον ἕως κ. εἰς τὰς ἔξω πόλεις
14 Σαοὺλ Σαοὺλ τί με διώκεις;
15 ἐγώ εἰμι Ἰησοῦς ὃν σὺ διώκεις
Ro 9 30 [1] ἔθνη τὰ μὴ διώκοντα δικαιοσύνην
31 [1] Ἰσραὴλ δὲ διώκων νόμον δικαιοσύνης
12 13 [1] τ. φιλοξενίαν διώκοντες·
14 εὐλογεῖτε τ. διώκοντας ὑμᾶς
14 19 [1] ἄρα οὖν τὰ τ. εἰρήνης διώκωμεν
διώκομεν, TWH mg. R **mg.**
I Co 4 12 διωκόμενοι ἀνεχόμεθα
I Co 14 1 [1] διώκετε τ. ἀγάπην
15 9 διότι ἐδίωξα τ. ἐκκλησίαν τ. Θεοῦ
II Co 4 9 διωκόμενοι ἀλλ' οὐκ ἐγκαταλειπόμενοι
Ga 1 13 καθ' ὑπερβολὴν ἐδίωκον τ. ἐκκλησίαν τ. Θεοῦ
23 ὁ διώκων ἡμᾶς ποτὲ νῦν εὐαγγελίζεται
4 29 ὁ κατὰ σάρκα γεννηθεὶς ἐδίωκεν τὸν κατὰ πνεῦμα
5 11 εἰ περιτομὴν ἔτι κηρύσσω τί ἔτι διώκομαι;
6 12 μόνον ἵνα τ. σταυρῷ τ. Χριστοῦ μὴ διώκωνται
διώκονται, T
Phl 3 6 κατὰ ζῆλος διώκων τ. ἐκκλησίαν
12 διώκω δὲ εἰ κ. καταλάβω
14 κατὰ σκοπὸν διώκω εἰς τὸ βραβεῖον
I Th 5 15 [1] πάντοτε τὸ ἀγαθὸν διώκετε εἰς ἀλλήλους κ. εἰς πάντας
I Ti 6 11 [1] δίωκε δὲ δικαιοσύνην εὐσέβειαν
II Ti 2 22 [1] δίωκε δὲ δικαιοσύνην πίστιν
3 12 πάντες δὲ οἱ θέλοντες ζῆν εὐσεβῶς ἐν Χριστῷ Ἰησοῦ διωχθήσονται
He 12 14 [1] εἰρήνην διώκετε μετὰ πάντων
I Pe 3 11 [1] ζητησάτω εἰρήνην κ. διωξάτω αὐτήν
בַּקֵּשׁ שָׁלוֹם וְרָדְפֵהוּ, Ps. xxxiv. 15
Re 12 13 ἐδίωξεν τ. γυναῖκα ἥτις ἔτεκεν τ. ἄρσενα

ΔΟ´ΓΜΑ 1378

Lu 2 1 ἐξῆλθεν δόγμα παρὰ Καίσαρος Αὐγούστου
Ac 16 4 φυλάσσειν τὰ δόγματα τὰ κεκριμένα ὑπὸ τ. ἀποστόλων
17 7 οὗτοι πάντες ἀπέναντι τ. δογμάτων Καίσαρος πράσσουσιν
Eph 2 15 τ. νόμον τ. ἐντολῶν ἐν δόγμασιν καταργήσας
Col 2 14 ἐξαλείψας τὸ καθ' ἡμῶν χειρόγραφον τ. δόγμασιν

ΔΟΓΜΑΤΙ´ΖΟΜΑΙ 1379

Col 2 20 τί ὡς ζῶντες ἐν κόσμῳ δογματίζεσθε;

ΔΟΚΕ´Ω 1380

(1) seq. infin. (2) οἱ δοκοῦντες (3) impers.

Mt 3 9 [1] μὴ δόξητε λέγειν ἐν ἑαυτοῖς
6 7 δοκοῦσιν γὰρ ὅτι ἐν τ. πολυλογίᾳ αὐτῶν εἰσακουσθήσονται
17 25 τί σοι δοκεῖ Σίμων;
18 12 τί ὑμῖν δοκεῖ;
21 28 τί δὲ ὑμῖν δοκεῖ;
22 17 εἰπὸν οὖν ἡμῖν τί σοι δοκεῖ
42 τί ὑμῖν δοκεῖ περὶ τ. Χριστοῦ;
24 44 ᾗ οὐ δοκεῖτε ὥρᾳ ὁ υἱὸς τ. ἀνθρώπου ἔρχεται
26 53 ἢ δοκεῖς ὅτι οὐ δύναμαι παρακαλέσαι τ. πατέρα μου
66 τί ὑμῖν δοκεῖ;
Mk 6 49 ἔδοξαν ὅτι φάντασμά ἐστιν
10 42 [1] [2] οἱ δοκοῦντες ἄρχειν τ. ἐθνῶν κατακυριεύουσιν αὐτῶν
Lu 1 3 [1] [3] ἔδοξεν κἀμοὶ παρηκολουθηκότι ἄνωθεν πᾶσιν ἀκριβῶς . . . γράψαι
8 18 [1] κ. ὃ δοκεῖ ἔχειν ἀρθήσεται ἀπ' αὐτοῦ

Lu 10 36 [1] τίς τούτων τ. τριῶν πλησίον δοκεῖ σοι γεγονέναι
12 40 ᾗ ὥρᾳ οὐ δοκεῖτε ὁ υἱὸς τ. ἀνθρώπου ἔρχεται
51 δοκεῖτε ὅτι εἰρήνην παρεγενόμην δοῦναι ἐν τ. γῇ;
13 2 δοκεῖτε ὅτι οἱ Γαλιλαῖοι οὗτοι ἁμαρτωλοί
4 δοκεῖτε ὅτι αὐτοὶ ὀφειλέται ἐγένοντο
19 11 διὰ τὸ . . . δοκεῖν αὐτοὺς ὅτι παραχρῆμα μέλλει
22 24 [1] τίς αὐτῶν δοκεῖ εἶναι μείζων
24 37 [1] ἔμφοβοι γενόμενοι ἐδόκουν πνεῦμα θεωρεῖν
Jo 5 39 [1] ὑμεῖς δοκεῖτε ἐν αὐταῖς ζωὴν αἰώνιον ἔχειν
45 μὴ δοκεῖτε ὅτι ἐγὼ κατηγορήσω ὑμῶν
11 13 ἐκεῖνοι δὲ ἔδοξαν ὅτι περὶ τ. κοιμήσεως τ. ὕπνου λέγει
31 δόξαντες ὅτι ὑπάγει εἰς τὸ μνημεῖον
56 τί δοκεῖ ὑμῖν; ὅτι οὐ μὴ ἔλθῃ εἰς τ. ἑορτήν;
13 29 τινὲς γὰρ ἐδόκουν . . . ὅτι λέγει αὐτῷ Ἰησοῦς
16 2 [1] ἵνα πᾶς ὁ ἀποκτείνας ὑμᾶς δόξῃ λατρείαν προσφέρειν τ. Θεῷ
20 15 ἐκείνη δοκοῦσα ὅτι ὁ κηπουρός ἐστιν
Ac 12 9 [1] ἐδόκει δὲ ὅραμα βλέπειν
15 22 [3] τότε ἔδοξεν τ. ἀποστόλοις κ. τ. πρεσβυτέροις
25 [3] ἔδοξεν ἡμῖν γενομένοις ὁμοθυμαδόν
28 [3] ἔδοξεν γὰρ τ. πνεύματι τ. ἁγίῳ κ. ἡμῖν
34 [3] ἔδοξεν δὲ τ. Σίλᾳ ἐπιμεῖναι αὐτοῦ —h. v., TWH non mg. R non mg.
17 18 [1] ξένων δαιμονίων δοκεῖ καταγγελεὺς εἶναι
25 27 [3] ἄλογον γάρ μοι δοκεῖ
26 9 ἐγὼ μὲν οὖν ἔδοξα ἐμαυτῷ
27 13 [1] δόξαντες τ. προθέσεως κεκρατηκέναι
I Co 3 18 [1] εἴ τις δοκεῖ σοφὸς εἶναι ἐν ὑμῖν ἐν τ. αἰῶνι τούτῳ
4 9 δοκῶ γὰρ ὁ Θεὸς ἡμᾶς τ. ἀποστόλους ἐσχάτους ἀπέδειξεν
7 40 [1] δοκῶ γὰρ κἀγὼ πνεῦμα Θεοῦ ἔχειν
δοκῶ δὲ, TWH mg. R
8 2 [1] εἴ τις δοκεῖ ἐγνωκέναι τι
10 12 [1] ὥστε ὁ δοκῶν ἑστάναι βλεπέτω μὴ πέσῃ
11 16 [1] εἰ δέ τις δοκεῖ φιλόνεικος εἶναι
12 22 [1] τὰ δοκοῦντα μέλη τ. σώματος ἀσθενέστερα ὑπάρχειν
23 [1] ἃ δοκοῦμεν ἀτιμότερα εἶναι τ. σώματος
14 37 [1] εἴ τις δοκεῖ προφήτης εἶναι ἢ πνευματικός
II Co 10 9 [1] ἵνα μὴ δόξω ὡς ἂν ἐκφοβεῖν ὑμᾶς διὰ τ. ἐπιστολῶν
11 16 [1] μή τίς με δόξῃ ἄφρονα εἶναι
12 19 πάλαι δοκεῖτε ὅτι ὑμῖν ἀπολογούμεθα
Ga 2 2 [2] κατ᾽ ἰδίαν δὲ τ. δοκοῦσιν
6 [1 2] ἀπὸ δὲ τ. δοκούντων εἶναί τι
6 [2] ἐμοὶ γὰρ οἱ δοκοῦντες οὐδὲν προσανέθεντο
9 [1 2] οἱ δοκοῦντες στῦλοι εἶναι
6 3 [1] εἰ γὰρ δοκεῖ τις εἶναί τι μηδὲν ὤν
Phl 3 4 [1] εἴ τις δοκεῖ ἄλλος πεποιθέναι ἐν σαρκί
He 4 1 [1] μή ποτε . . . δοκῇ τις ἐξ ὑμῶν ὑστερηκέναι
10 29 πόσῳ δοκεῖτε χείρονος ἀξιωθήσεται τιμωρίας
12 10 [3] κατὰ τὸ δοκοῦν αὐτοῖς ἐπαίδευον
He 12 11 [1] πᾶσα μὲν παιδεία πρὸς μὲν τὸ παρὸν οὐ δοκεῖ χαρᾶς εἶναι
Ja 1 26 [1] εἴ τις δοκεῖ θρῆσκος εἶναι
4 5 ἢ δοκεῖτε ὅτι κενῶς ἡ γραφὴ λέγει;

ΔΟΚΙΜΑ΄ΖΩ 1381

(1) δοκ. τὰ διαφέροντα

Lu 12 56 τὸ πρόσωπον τ. γῆς κ. τ. οὐρανοῦ οἴδατε δοκιμάζειν·
τ. καιρὸν δὲ τοῦτον πῶς οὐκ οἴδατε δοκιμαζειν
πῶς οὐ δοκιμάζετε, T
14 19 πορεύομαι δοκιμάσαι αὐτά
Ro 1 28 καθὼς οὐκ ἐδοκίμασαν τ. Θεὸν ἔχειν ἐν ἐπιγνώσει
2 18 [1] δοκιμάζεις τὰ διαφέροντα
12 2 εἰς τὸ δοκιμάζειν ὑμᾶς τί τὸ θέλημα τ. Θεοῦ
14 22 μακάριος ὁ μὴ κρίνων ἑαυτὸν ἐν ᾧ δοκιμάζει
I Co 3 13 ἑκάστου τὸ ἔργον ὁποῖόν ἐστιν τὸ πῦρ αὐτὸ δοκιμάσει
11 28 δοκιμαζέτω δὲ ἄνθρωπος ἑαυτόν
16 3 οὓς ἐὰν δοκιμάσητε δι᾽ ἐπιστολῶν
II Co 8 8 τὸ τ. ὑμετέρας ἀγάπης γνήσιον δοκιμάζων
22 ὃν ἐδοκιμάσαμεν ἐν πολλοῖς πολλάκις σπουδαῖον ὄντα
13 5 ἑαυτοὺς δοκιμάζετε
Ga 6 4 τὸ δὲ ἔργον ἑαυτοῦ δοκιμαζέτω ἕκαστος
Eph 5 10 δοκιμάζοντες τί ἐστιν εὐάρεστον τ. Κυρίῳ
Phl 1 10 [1] εἰς τὸ δοκιμάζειν ὑμᾶς τὰ διαφέροντα
I Th 2 4 καθὼς δεδοκιμάσμεθα ὑπὸ τ. Θεοῦ πιστευθῆναι τὸ εὐαγγέλιον
4 ἀρέσκοντες . . . Θεῷ τ. δοκιμάζοντι τ. καρδίας ἡμῶν
5 21 πάντα δὲ δοκιμάζετε
I Ti 3 10 κ. οὗτοι δὲ δοκιμαζέσθωσαν πρῶτον
I Pe 1 7 διὰ πυρὸς δὲ δοκιμαζομένου
I Jo 4 1 δοκιμάζετε τὰ πνεύματα

ΔΟΚΙΜΑΣΙ΄Α ** 1381.5

He 3 9 οὗ ἐπείρασαν οἱ πατέρες ὑμῶν ἐν δοκιμασίᾳ
אֲשֶׁר נִסּוּנִי אֲבוֹתֵיכֶם בְּחָנוּנִי, Ps. xcv. 9

ΔΟΚΙΜΗ΄ ** 382

Ro 5 4 ἡ θλίψις ὑπομονὴν κατεργάζεται ἡ δὲ ὑπομονὴ δοκιμήν,
ἡ δὲ δοκιμὴ ἐλπίδα
II Co 2 9 ἵνα γνῶ τ. δοκιμὴν ὑμῶν
8 2 ἐν πολλῇ δοκιμῇ θλίψεως ἡ περισσεία τ. χαρᾶς αὐτῶν . . . ἐπερίσσευσεν
9 13 διὰ τ. δοκιμῆς τ. διακονίας ταύτης
13 3 ἐπεὶ δοκιμὴν ζητεῖτε τοῦ ἐν ἐμοὶ λαλοῦντος Χριστοῦ
Phl 2 22 τ. δὲ δοκιμὴν αὐτοῦ γινώσκετε

ΔΟΚΙ΄ΜΙΟΝ 1383

Ja 1 3 τὸ δοκίμιον ὑμῶν τ. πίστεως κατεργάζεται ὑπομονήν
I Pe 1 7 ἵνα τὸ δοκίμιον ὑμῶν τ. πίστεως . . . εὑρεθῇ εἰς ἔπαινον

ΔΟ´ΚΙΜΟΣ 1384

Ro 14 18 εὐάρεστος τ. Θεῷ κ. δόκιμος τ. ἀνθρώποις
16 10 ἀσπάσασθε Ἀπελλῆν τ. δόκιμον ἐν Χριστῷ
I Co 11 19 ἵνα οἱ δόκιμοι φανεροὶ γένωνται ἐν ὑμῖν
II Co 10 18 οὐ γὰρ ὁ ἑαυτὸν συνιστάνων ἐκεῖνός ἐστιν δόκιμος
13 7 οὐχ ἵνα ἡμεῖς δόκιμοι φανῶμεν
II Ti 2 15 σπούδασον σεαυτὸν δόκιμον παραστῆσαι τ. Θεῷ
Ja 1 12 δόκιμος γενόμενος λήμψεται τ. στέφανον τ. ζωῆς

ΔΟΚΟ´Σ 1385

Mt 7 3 τὴν δὲ ἐν τ. σῷ ὀφθαλμῷ δοκὸν οὐ κατανοεῖς;
4 ἰδοὺ ἡ δοκὸς ἐν τ. ὀφθαλμῷ σου
5 ἔκβαλε πρῶτον ἐκ τ. ὀφθαλμοῦ σου τὴν δοκόν
Lu 6 41 τὴν δὲ δοκὸν τὴν ἐν τ. ἰδίῳ ὀφθαλμῷ οὐ κατανοεῖς;
42 αὐτὸς τὴν ἐν τ. ὀφθαλμῷ σου δοκὸν οὐ βλέπων
42 ἔκβαλε πρῶτον τὴν δοκὸν ἐκ τ. ὀφθαλμοῦ σου

ΔΟ´ΛΙΟΣ 1386

II Co 11 13 ψευδαπόστολοι ἐργάται δόλιοι

ΔΟΛΙ´ΟΩ† 1387

Ro 3 13 τ. γλώσσαις αὐτῶν ἐδολιοῦσαν
לְשׁוֹנָם יַחֲלִיקוּן, Ps. v. 10

ΔΟ´ΛΟΣ 1388

Mt 26 4 συνεβουλεύσαντο ἵνα τ. Ἰησοῦν δόλῳ κρατήσωσιν
Mk 7 22 πονηρίαι δόλος ἀσέλγεια
14 1 πῶς αὐτὸν ἐν δόλῳ κρατήσαντες ἀποκτείνωσιν
Jo 1 47 ἀληθῶς Ἰσραηλείτης ἐν ᾧ δόλος οὐκ ἔστιν
Ac 13 10 πλήρης παντὸς δόλου κ. πάσης ῥᾳδιουργίας
Ro 1 29 μεστοὺς φθόνου φόνου ἔριδος δόλου
II Co 12 16 ὑπάρχων πανοῦργος δόλῳ ὑμᾶς ἔλαβον
I Th 2 3 ἡ γὰρ παράκλησις ἡμῶν οὐκ ἐκ πλάνης . . οὐδὲ ἐν δόλῳ
I Pe 2 1 ἀποθέμενοι οὖν πᾶσαν κακίαν κ. πάντα δόλον
22 οὐδὲ εὑρέθη δόλος ἐν τ. στόματι αὐτοῦ
3 10 παυσάτω . . . χείλη τοῦ μὴ λαλῆσαι δόλον
נְצֹר . . . שְׂפָתֶיךָ מִדַּבֵּר מִרְמָה, Ps. xxxiv. 14

ΔΟΛΟ´Ω 1389

II Co 4 2 μηδὲ δολοῦντες τ. λόγον τ. Θεοῦ

ΔΟ´ΜΑ 1390

Mt 7 11 εἰ οὖν ὑμεῖς . . . οἴδατε δόματα ἀγαθὰ διδόναι τ. τέκνοις ὑμῶν
Lu 11 13 εἰ οὖν ὑμεῖς . . . οἴδατε δόματα ἀγαθὰ διδόναι τ. τέκνοις ὑμῶν,
Lu 11 13 πόσῳ μᾶλλον ὁ πατὴρ . . . δώσει ἀγαθὸν δόμα τ. αἰτοῦσιν αὐτόν;
δώσ. πνεῦμα ἅγιον, TWH non mg. R
Eph 4 8 ἔδωκεν δόματα τ. ἀνθρώποις
לָקַחְתָּ מַתָּנוֹת בָּאָדָם, Ps. lxviii. 19
Phl 4 17 οὐχ ὅτι ἐπιζητῶ τὸ δόμα

ΔΟ´ΞΑ 1391

(1) δ. Θεοῦ, τ. Θεοῦ (2) δ. Κυρίου, τ. Χριστοῦ (3) δ. ἐν ὑψίστοις (4) δ. κ. τιμή (5) δόξαι

Mt 4 8 δείκνυσιν αὐτῷ πάσας τ. βασιλείας τ. κόσμου κ. τ. δόξαν αὐτῶν
6 13 ἡ δύναμις κ. ἡ δόξα εἰς τ. αἰῶνας —h. v., TWHR non mg.
29 οὐδὲ Σολομὼν ἐν πάσῃ τ. δόξῃ αὐτοῦ περιεβάλετο ὡς ἓν τούτων
16 27 μέλλει γὰρ . . . ἔρχεσθαι ἐν τ. δόξῃ τ. πατρὸς αὐτοῦ
19 28 ὅταν καθίσῃ ὁ υἱὸς τ. ἀνθρώπου ἐπὶ θρόνου δόξης αὐτοῦ
24 30 ὄψονται τ. υἱὸν τ. ἀνθρώπου ἐρχόμενον . . . μετὰ δυνάμεως κ. δόξης πολλῆς
25 31 ὅταν δὲ ἔλθῃ ὁ υἱὸς τ. ἀνθρώπου ἐν τ. δόξῃ αὐτοῦ
31 τότε καθίσει ἐπὶ θρόνου δόξης αὐτοῦ
Mk 8 38 ὅταν ἔλθῃ ἐν τ. δόξῃ τ. πατρὸς αὐτοῦ
10 37 δὸς ἡμῖν ἵνα . . . καθίσωμεν ἐν τ. δόξῃ σου
13 26 ὄψονται τ. υἱὸν τ. ἀνθρώπου ἐρχόμενον . . . μετὰ δυνάμεως πολλῆς κ. δόξης
Lu 2 9 [2] δόξα Κυρίου περιέλαμψεν αὐτούς
14 [3] δόξα ἐν ὑψίστοις Θεῷ
32 φῶς εἰς . . . δόξαν λαοῦ σου Ἰσραήλ
4 6 σοὶ δώσω τ. ἐξουσίαν ταύτην ἅπασαν κ. τ. δόξαν αὐτῶν
9 26 ὅταν ἔλθῃ ἐν τ. δόξῃ αὐτοῦ
31 οἱ ὀφθέντες ἐν δόξῃ ἔλεγον τὴν ἔξοδον αὐτοῦ
32 διαγρηγορήσαντες δὲ εἶδαν τ. δόξαν αὐτοῦ
12 27 οὐδὲ Σολομὼν ἐν πάσῃ τ. δόξῃ αὐτοῦ περιεβάλετο ὡς ἓν τούτων
14 10 τότε ἔσται σοι δόξα ἐνώπιον πάντων τ. συνανακειμένων σοί
17 18 οὐχ εὑρέθησαν ὑποστρέψαντες δοῦναι δόξαν τ. Θεῷ
19 38 [3] δόξα ἐν ὑψίστοις
21 27 ὄψονται τ. υἱὸν τ. ἀνθρώπου ἐρχόμενον . . . μετὰ δυνάμεως κ. δόξης πολλῆς
24 26 ἔδει . . . εἰσελθεῖν εἰς τ. δόξαν αὐτοῦ
Jo 1 14 ἐθεασάμεθα τ. δόξαν αὐτοῦ, δόξαν ὡς
2 11 ἐφανέρωσεν τ. δόξαν αὐτοῦ
5 41 δόξαν παρὰ ἀνθρώπων οὐ λαμβάνω
44 δόξαν παρὰ ἀλλήλων λαμβάνοντες, κ. τ. δόξαν τὴν παρὰ τ. μόνου Θεοῦ οὐ ζητεῖτε
7 18 ὁ ἀφ' ἑαυτοῦ λαλῶν τ. δόξαν τ. ἰδίαν ζητεῖ· ὁ δὲ ζητῶν τ. δόξαν τ. πέμψαντος αὐτόν
8 50 ἐγὼ δὲ οὐ ζητῶ τ. δόξαν μου
54 ἐὰν ἐγὼ δοξάσω ἐμαυτὸν ἡ δόξα μου οὐδέν ἐστιν
9 24 δὸς δόξαν τ. Θεῷ
11 4 [1] οὐκ ἔστιν πρὸς θάνατον ἀλλ' ὑπὲρ τ. δόξης τ. Θεοῦ

Jo 11 40 [1] ἐὰν πιστεύσῃς ὄψῃ τ. δόξαν τ. Θεοῦ
12 41 ὅτι εἶδεν τ. δόξαν αὐτοῦ
43 ἠγάπησαν γὰρ τ. δόξαν τ. ἀνθρώπων
[1] μᾶλλον ἤπερ τ. δόξαν τ. Θεοῦ
17 5 δόξασόν με σὺ . . . τ. δόξῃ ᾗ εἶχον πρὸ τοῦ τ. κόσμον εἶναι
22 τ. δόξαν ἣν δέδωκάς μοι δέδωκα αὐτοῖς
24 ἵνα θεωρῶσιν τ. δόξαν τ. ἐμήν
Ac 7 2 ὁ Θεὸς τ. δόξης ὤφθη τ. πατρὶ ἡμῶν Ἀβραάμ
55 [1] εἶδεν δόξαν Θεοῦ
12 23 ἀνθ᾽ ὧν οὐκ ἔδωκεν τ. δόξαν τ. Θεῷ
22 11 ὡς δὲ οὐκ ἐνέβλεπον ἀπὸ τ. δόξης τ. φωτὸς ἐκείνου
Ro 1 23 [1] ἤλλαξαν τ. δόξαν τ. ἀφθάρτου Θεοῦ
2 7 [4] δόξαν κ. τιμὴν κ. ἀφθαρσίαν ζητοῦσιν
10 [4] δόξα δὲ κ. τιμὴ κ. εἰρήνη παντὶ τ. ἐργαζομένῳ τὸ ἀγαθόν
3 7 εἰ δὲ ἡ ἀλήθεια τ. Θεοῦ . . . ἐπερίσσευσεν εἰς τ. δόξαν αὐτοῦ
23 [1] πάντες γὰρ . . . ὑστεροῦνται τ. δόξης τ. Θεοῦ
4 20 ἐνεδυναμώθη τ. πίστει δοὺς δόξαν τ. Θεῷ
5 2 [1] καυχώμεθα ἐπ᾽ ἐλπίδι τ. δόξης τ. Θεοῦ
6 4 ὥσπερ ἠγέρθη Χριστὸς ἐκ νεκρῶν διὰ τ. δόξης τ. πατρός
8 18 πρὸς τ. μέλλουσαν δόξαν ἀποκαλυφθῆναι εἰς ἡμᾶς
21 εἰς τ. ἐλευθερίαν τ. δόξης τ. τέκνων τ. Θεοῦ
9 4 ὧν ἡ υἱοθεσία κ. ἡ δόξα
23 ἵνα γνωρίσῃ τ. πλοῦτον τ. δόξης αὐτοῦ ἐπὶ σκεύη ἐλέους,
ἃ προητοίμασεν εἰς δόξαν
11 36 αὐτῷ ἡ δόξα εἰς τ. αἰῶνας
15 7 [1] καθὼς κ. ὁ Χριστὸς προσελάβετο ἡμᾶς εἰς δόξαν τ. Θεοῦ
16 27 ᾧ ἡ δόξα εἰς τ. αἰῶνας
Co 2 7 ἣν προώρισεν ὁ Θεὸς πρὸ τ. αἰώνων εἰς δόξαν ἡμῶν
8 οὐκ ἂν τ. Κύριον τ. δόξης ἐσταύρωσαν
10 31 [1] πάντα εἰς δόξαν Θεοῦ ποιεῖτε
11 7 [1] εἰκὼν κ. δόξα Θεοῦ ὑπάρχων·
ἡ γυνὴ δὲ δόξα ἀνδρός ἐστιν
15 γυνὴ δὲ ἐὰν κομᾷ δόξα αὐτῇ ἐστίν
15 40 ἑτέρα μὲν ἡ τ. ἐπουρανίων δόξα
41 ἄλλη δόξα ἡλίου κ. ἄλλη δόξα σελήνης κ. ἄλλη δόξα ἀστέρων·
ἀστὴρ γὰρ ἀστέρος διαφέρει ἐν δόξῃ
43 σπείρεται ἐν ἀτιμίᾳ ἐγείρεται ἐν δόξῃ
II Co 1 20 διὸ κ. δι᾽ αὐτοῦ τὸ ἀμὴν τ. Θεῷ πρὸς δόξαν δι᾽ ἡμῶν
3 7 εἰ δὲ ἡ διακονία τ. θανάτου . . . ἐγενήθη ἐν δόξῃ
7 διὰ τ. δόξαν τ. προσώπου αὐτοῦ τ. καταργουμένην·
8 πῶς οὐχὶ μᾶλλον ἡ διακονία τ. πνεύματος ἔσται ἐν δόξῃ;
9 εἰ γὰρ ἡ διακονία τ. κατακρίσεως δόξα,
τ. διακονίᾳ, TWH mg. R mg.
πολλῷ μᾶλλον περισσεύει ἡ διακονία τ. δικαιοσύνης δόξῃ.
10 κ. γὰρ οὐ δεδόξασται . . . εἵνεκεν τ. ὑπερβαλλούσης δόξης.
11 εἰ γὰρ τὸ καταργούμενον διὰ δόξης, πολλῷ μᾶλλον τὸ μένον ἐν δόξῃ

II Co 3 18 [2] ἀνακεκαλυμμένῳ προσώπῳ τ. δόξαν Κυρίου κατοπτριζόμενοι,
τ. αὐτὴν εἰκόνα μεταμορφούμεθα ἀπὸ δόξης εἰς δόξαν
4 4 [2] εἰς τὸ μὴ αὐγάσαι τ. φωτισμὸν τ. εὐαγγελίου τ. δόξης τ. Χριστοῦ
6 [1] πρὸς φωτισμὸν τ. γνώσεως τ. δόξης τ. Θεοῦ
15 [1] ἵνα ἡ χάρις . . . περισσεύσῃ εἰς τ. δόξαν τ. Θεοῦ
17 αἰώνιον βάρος δόξης κατεργάζεται ἡμῖν
6 8 διὰ δόξης κ. ἀτιμίας
8 19 [2] πρὸς τὴν τ. Κυρίου δόξαν κ. προθυμίαν ἡμῶν
23 [2] ἀπόστολοι ἐκκλησιῶν δόξα Χριστοῦ
Ga 1 5 ᾧ ἡ δόξα εἰς τ. αἰῶνας τ. αἰώνων
Eph 1 6 εἰς ἔπαινον δόξης τ. χάριτος αὐτοῦ
12 εἰς τὸ εἶναι ἡμᾶς εἰς ἔπαινον δόξης αὐτοῦ
14 εἰς ἔπαινον τ. δόξης αὐτοῦ
17 ὁ Θεὸς τ. Κυρίου ἡμῶν . . . ὁ πατὴρ τ. δόξης
18 τίς ὁ πλοῦτος τ. δόξης τ. κληρονομίας αὐτοῦ
3 13 ἥτις ἐστὶν δόξα ὑμῶν
16 ἵνα δῷ ὑμῖν κατὰ τὸ πλοῦτος τ. δόξης αὐτοῦ
21 αὐτῷ ἡ δόξα ἐν τ. ἐκκλησίᾳ κ. ἐν Χριστῷ Ἰησοῦ
Phl 1 11 [1] εἰς δόξαν κ. ἔπαινον Θεοῦ
2 11 [1] ἐξομολογήσηται ὅτι Κύριος Ἰησοῦς Χριστὸς εἰς δόξαν Θεοῦ πατρός
3 19 ἡ δόξα ἐν τ. αἰσχύνῃ αὐτῶν
21 σύμμορφον τ. σώματι τ. δόξης αὐτοῦ
4 19 κατὰ τὸ πλοῦτος αὐτοῦ ἐν δόξῃ
20 τ. δὲ Θεῷ κ. πατρὶ ἡμῶν ἡ δόξα εἰς τ αἰῶνας τ. αἰώνων
Col 1 11 δυναμούμενοι κατὰ τὸ κράτος τ. δόξης αὐτοῦ
27 τί τὸ πλοῦτος τ. δόξης τ. μυστηρίου τούτου ἐν τ. ἔθνεσιν,
ὅ ἐστιν Χριστὸς ἐν ὑμῖν ἡ ἐλπὶς τ. δόξης
3 4 τότε κ. ὑμεῖς σὺν αὐτῷ φανερωθήσεσθε ἐν δόξῃ
I Th 2 6 οὔτε ζητοῦντες ἐξ ἀνθρώπου δόξαν
12 τ. καλοῦντος ὑμᾶς εἰς τὴν ἑαυτοῦ βασιλείαν κ. δόξαν
20 ὑμεῖς γάρ ἐστε ἡ δόξα ἡμῶν κ. ἡ χαρά
II Th 1 9 ἀπὸ τ. δόξης τ. ἰσχύος αὐτοῦ
2 14 [2] εἰς περιποίησιν δόξης τ. Κυρίου ἡμῶν
I Ti 1 11 [1] κατὰ τ. εὐαγγέλιον τ. δόξης τ. μακαρίου Θεοῦ
17 [4] μόνῳ Θεῷ τιμὴ κ. δόξα εἰς τ. αἰῶνας τ. αἰώνων
3 16 ἀνελήμφθη ἐν δόξῃ
II Ti 2 10 ἵνα κ. αὐτοὶ σωτηρίας τύχωσιν . . . μετὰ δόξης αἰωνίου
4 18 ᾧ ἡ δόξα εἰς τ. αἰῶνας τ. αἰώνων
Tit 2 13 [1] προσδεχόμενοι τὴν . . . ἐπιφάνειαν τ. δόξης τ. μεγάλου Θεοῦ
He 1 3 ὃς ὢν ἀπαύγασμα τ. δόξης
2 7 [4] δόξῃ κ. τιμῇ ἐστεφάνωσας αὐτόν
כָּבוֹד וְהָדָר תְּעַטְּרֵהוּ, Ps. viii. 6
9 [4] διὰ τὸ πάθημα τ. θανάτου δόξῃ κ. τιμῇ ἐστεφανωμένον
10 πολλοὺς υἱοὺς εἰς δόξαν ἀγαγόντα

He 8 3 πλείονος γὰρ οὗτος δόξης παρὰ Μωυσῆν ἠξίωται
9 5 ὑπεράνω δὲ αὐτῆς Χερουβεὶν δόξης
13 21 ᾧ ἡ δόξα εἰς τ. αἰῶνας τ. αἰώνων
Ja 2 1 τ. πίστιν τ. Κυρίου ἡμῶν Ἰησοῦ Χριστοῦ τ. δόξης
I Pe 1 7 [4] ἵνα . . . εὑρεθῇ εἰς ἔπαινον κ. δόξαν κ. τιμήν
11 [5] προμαρτυρόμενον τὰ εἰς Χριστὸν παθήματα κ. τὰς μετὰ ταῦτα δόξας
21 πιστοὺς εἰς Θεὸν τὸν . . . δόξαν αὐτῷ δόντα
24 πᾶσα δόξα αὐτῆς ὡς ἄνθος χόρτου
כָּל־חַסְדּוֹ כְּצִיץ הַשָּׂדֶה, Is. xl. 6
4 11 ᾧ ἐστιν ἡ δόξα κ. τ. κράτος εἰς τ. αἰῶνας τ. αἰώνων
13 ἵνα κ. ἐν τ. ἀποκαλύψει τ. δόξης αὐτοῦ χαρῆτε
14 τὸ τ. δόξης κ. τὸ τ. Θεοῦ πνεῦμα ἐφ' ὑμᾶς ἀναπαύεται
5 1 ὁ κ. τ. μελλούσης ἀποκαλύπτεσθαι δόξης κοινωνός
4 κομιεῖσθε τ. ἀμαράντινον τ. δόξης στέφανον
10 ὁ καλέσας ὑμᾶς εἰς τὴν αἰώνιον αὐτοῦ δόξαν
II Pe 1 3 διὰ τ. ἐπιγνώσεως τ. καλέσαντος ἡμᾶς διὰ δόξης κ. ἀρετῆς
ἰδίᾳ δόξῃ κ. ἀρετῇ, TWH mg. R non mg.
17 [4] λαβὼν γὰρ παρὰ Θεοῦ πατρὸς τιμὴν κ. δόξαν,
φωνῆς ἐνεχθείσης αὐτῷ τοιᾶσδε ἀπὸ τ. μεγαλοπρεποῦς δόξης
2 10 [5] δόξας οὐ τρέμουσιν βλασφημοῦντες
3 18 αὐτῷ ἡ δόξα κ. νῦν κ. εἰς ἡμέραν αἰῶνος
Ju 8 [5] δόξας δὲ βλασφημοῦσιν
24 στῆσαι κατενώπιον τ. δόξης αὐτοῦ ἀμώμους ἐν ἀγαλλιάσει
25 μόνῳ Θεῷ σωτῆρι ἡμῶν . . . δόξα μεγαλωσύνη
Re 1 6 αὐτῷ ἡ δόξα κ. τὸ κράτος εἰς τ. αἰῶνας
4 9 [4] ὅταν δώσουσιν τὰ ζῷα δόξαν κ. τιμήν
11 [4] ἄξιος εἶ . . . λαβεῖν τ. δόξαν κ. τ. τιμὴν κ. τ. δύναμιν
5 12 [4] λαβεῖν τ. δύναμιν . . . κ. τιμὴν κ. δόξαν
13 [4] τ. ἀρνίῳ . . . ἡ τιμὴ κ. ἡ δόξα κ. τὸ κράτος εἰς τ. αἰῶνας τ. αἰώνων
7 12 [4] ἡ εὐλογία κ. ἡ δόξα . . . τ. Θεῷ ἡμῶν εἰς τ. αἰῶνας τ. αἰώνων
11 13 ἔδωκαν δόξαν τ. Θεῷ τ. οὐρανοῦ
14 7 φοβήθητε τ. Θεὸν κ. δότε αὐτῷ δόξαν
15 8 [1] ἐγεμίσθη ὁ ναὸς καπνοῦ ἐκ τ. δόξης τ. Θεοῦ
16 9 οὐ μετενόησαν δοῦναι αὐτῷ δόξαν
18 1 ἡ γῆ ἐφωτίσθη ἐκ τ. δόξης αὐτοῦ
19 1 [1] ἡ σωτηρία κ. ἡ δόξα κ. ἡ δύναμις τ. Θεοῦ ἡμῶν
7 δώσομεν τ. δόξαν αὐτῷ
δῶμεν, TWH mg. R
21 11 [1] τ. ἁγίαν Ἱερουσαλὴμ . . . ἔχουσαν τ. δόξαν τ. Θεοῦ
23 [1] ἡ γὰρ δόξα τ. Θεοῦ ἐφώτισεν αὐτήν
24 οἱ βασιλεῖς τ. γῆς φέρουσι τ. δόξαν αὐτῶν εἰς αὐτήν
26 [4] οἴσουσιν τ. δόξαν κ. τ. τιμὴν τ. ἐθνῶν εἰς αὐτήν

ΔΟΞΑ΄ΖΩ 1392

(1) δοξ. τ. Θεόν
Mt 5 16 ὅπως . . . δοξάσωσιν τ. πατέρα ὑμῶν τὸν ἐν τ. οὐρανοῖς
6 2 ὅπως δοξασθῶσιν ὑπὸ τ. ἀνθρώπων
9 8 [1] ἰδόντες δὲ οἱ ὄχλοι . . . ἐδόξασαν τ. Θεόν
15 31 [1] ἐδόξασαν τ. Θεὸν Ἰσραήλ
ἐδόξαζον, TWH mg.
Mk 2 12 [1] ὥστε ἐξίστασθαι πάντας κ. δοξάζειν τ. Θεόν
Lu 2 20 [1] δοξάζοντες κ. αἰνοῦντες τ. Θεόν
4 15 δοξαζόμενος ὑπὸ πάντων
5 25 [1] ἀπῆλθεν εἰς τ. οἶκον αὐτοῦ δοξάζων τ. Θεόν
5 26 [1] ἐδόξαζον τ. Θεόν
7 16 [1] ἐδόξαζον τ. Θεὸν λέγοντες
13 13 [1] παραχρῆμα ἀνωρθώθη κ. ἐδόξαζεν τ. Θεόν
17 15 [1] μετὰ φωνῆς μεγάλης δοξάζων τ. Θεόν
18 43 [1] ἠκολούθει αὐτῷ δοξάζων τ. Θεόν
23 47 [1] ἰδὼν δὲ ὁ ἑκατοντάρχης τὸ γενόμενον ἐδόξαζεν τ. Θεόν
Jo 7 39 ὅτι Ἰησοῦς οὔπω ἐδοξάσθη
8 54 ἐὰν ἐγὼ δοξάσω ἐμαυτόν
54 ἔστιν ὁ πατήρ μου ὁ δοξάζων με
11 4 ἵνα δοξασθῇ ὁ υἱὸς τ. Θεοῦ δι' αὐτῆς
12 16 ὅτε ἐδοξάσθη Ἰησοῦς τότε ἐμνήσθησαν
23 ἐλήλυθεν ἡ ὥρα ἵνα δοξασθῇ ὁ υἱὸς τ. ἀνθρώπου
28 πάτερ δόξασόν σου τὸ ὄνομα
28 κ. ἐδόξασα κ. πάλιν δοξάσω
13 31 νῦν ἐδοξάσθη ὁ υἱὸς τ. ἀνθρώπου,
κ. ὁ Θεὸς ἐδοξάσθη ἐν αὐτῷ.
32 εἰ ὁ Θεὸς ἐδοξάσθη ἐν αὐτῷ,
—h. v., WHR
κ. ὁ Θεὸς δοξάσει αὐτὸν ἐν αὐτῷ,
κ. εὐθὺς δοξάσει αὐτόν
14 13 ἵνα δοξασθῇ ὁ πατὴρ ἐν τ. υἱῷ
15 8 ἐν τούτῳ ἐδοξάσθη ὁ πατήρ μου
16 14 ἐκεῖνος ἐμὲ δοξάσει
17 1 δόξασόν σου τ. υἱόν,
ἵνα ὁ υἱὸς δοξάσῃ σε
4 ἐγώ σε ἐδόξασα ἐπὶ τ. γῆς
5 νῦν δόξασόν με σὺ πάτερ παρὰ σεαυτῷ
10 κ. δεδόξασμαι ἐν αὐτοῖς
21 19 [1] σημαίνων ποίῳ θανάτῳ δοξάσει τ. Θεόν
Ac 3 13 ὁ Θεὸς τ. πατέρων ἡμῶν ἐδόξασεν τ. παῖδα αὐτοῦ Ἰησοῦν
4 21 [1] πάντες ἐδόξαζον τ. Θεὸν ἐπὶ τ. γεγονότι
11 18 [1] ἐδόξασαν τ. Θεὸν λέγοντες
13 48 ἐδόξαζον τ. λόγον τ. Θεοῦ
21 20 [1] οἱ δὲ ἀκούσαντες ἐδόξαζον τ. Θεόν
Ro 1 21 [1] οὐχ ὡς Θεὸν ἐδόξασαν ἢ ηὐχαρίστησαν
8 30 οὓς δὲ ἐδικαίωσεν τούτους κ. ἐδόξασεν
11 13 τ. διακονίαν μου δοξάζω
15 6 [1] ἵνα ὁμοθυμαδὸν ἐν ἑνὶ στόματι δοξάζητε τ. Θεόν
9 [1] τὰ δὲ ἔθνη ὑπὲρ ἐλέους δοξάσαι τ. Θεόν
I Co 6 20 [1] δοξάσατε δὴ τ. Θεὸν ἐν τ. σώματι ὑμῶν
12 26 εἴτε δοξάζεται μέλος
II Co 3 10 κ. γὰρ οὐ δεδόξασται τὸ δεδοξασμένον ἐν τούτῳ τ. μέρει
9 13 [1] διὰ τ. δοκιμῆς τ. διακονίας ταύτης δοξάζοντες τ. Θεόν
Ga 1 24 [1] ἐδόξαζον ἐν ἐμοὶ τ. Θεόν
II Th 3 1 ἵνα ὁ λόγος τ. Κυρίου τρέχῃ κ. δοξάζηται

He 5 5 ὁ Χριστὸς οὐχ ἑαυτὸν ἐδόξασεν γενηθῆναι ἀρχιερέα
I Pe 1 8 ἀγαλλιᾶτε χαρᾷ ἀνεκλαλήτῳ κ. δεδοξασμένῃ
2 12 [1] ἵνα . . . ἐκ τ. καλῶν ἔργων ἐποπτεύοντες δοξάσωσιν τ. Θεόν
4 11 [1] ἵνα ἐν πᾶσιν δοξάζηται ὁ Θεὸς διὰ Ἰησοῦ
16 [1] δοξαζέτω δὲ τ. Θεὸν ἐν τ. ὀνόματι τούτῳ
Re 15 4 τίς οὐ μὴ φοβηθῇ Κύριε κ. δοξάσει τὸ ὄνομά σου;
18 7 ὅσα ἐδόξασεν αὐτὴν κ. ἐστρηνίασεν

ΔΟΡΚΑ'Σ 1393

Ac 9 36 Ταβειθὰ ἣ διερμηνευομένη λέγεται Δορκάς
39 ἱμάτια ὅσα ἐποίει μετ' αὐτῶν οὖσα ἡ Δορκάς

ΔΟ'ΣΙΣ 1394

Phl 4 15 ἐκοινώνησεν εἰς λόγον δόσεως κ. λήμψεως
Ja 1 17 πᾶσα δόσις ἀγαθὴ . . . ἄνωθέν ἐστιν

ΔΟ'ΤΗΣ† 1395

II Co 9 7 ἱλαρὸν γὰρ δότην ἀγαπᾷ ὁ Θεός
טוֹב עַיִן הוּא יְבֹרָךְ, Prov. xxii. 9

ΔΟΥΛΑΓΩΓΕ'Ω* 1396

I Co 9 27 ὑπωπιάζω μου τὸ σῶμα κ. δουλαγωγῶ

ΔΟΥΛΕΙ'Α 1397

δουλία, T

Ro 8 15 οὐ γὰρ ἐλάβετε πνεῦμα δουλείας πάλιν εἰς φόβον
21 ἐλευθερωθήσεται ἀπὸ τ. δουλείας τ. φθορᾶς
Ga 4 24 μία μὲν ἀπὸ ὄρους Σινὰ εἰς δουλείαν γεννῶσα
5 1 μὴ πάλιν ζυγῷ δουλείας ἐνέχεσθε
He 2 15 ὅσοι φόβῳ θανάτου . . . ἔνοχοι ἦσαν δουλείας

ΔΟΥΛΕΥ'Ω 1398

(1) δουλ. Θεῷ, τ. Κυρίῳ (2) abs.

Mt 6 24 οὐδεὶς δύναται δυσὶν κυρίοις δουλεύειν
24 [1] οὐ δύνασθε Θεῷ δουλεύειν κ. μαμωνᾷ
Lu 15 29 τοσαῦτα ἔτη δουλεύω σοι
16 13 οὐδεὶς οἰκέτης δύναται δυσὶν κυρίοις δουλεύειν
13 [1] οὐ δύνασθε Θεῷ δουλεύειν κ. μαμωνᾷ
Jo 8 33 οὐδενὶ δεδουλεύκαμεν πώποτε
Ac 7 7 τὸ ἔθνος ᾧ ἂν δουλεύσουσιν κρινῶ ἐγώ
אֶת־הַגּוֹי אֲשֶׁר יַעֲבֹדוּ דָּן אָנֹכִי, Gen. xv. 14
20 19 [1] δουλεύων τ. Κυρίῳ μετὰ πάσης ταπεινοφροσύνης
Ro 6 6 τοῦ μηκέτι δουλεύειν ἡμᾶς τ. ἁμαρτίᾳ
7 6 [2] ὥστε δουλεύειν ἡμᾶς ἐν καινότητι πνεύματος
25 αὐτὸς ἐγὼ τ. μὲν νοῒ δουλεύω νόμῳ Θεοῦ
9 12 ὁ μείζων δουλεύσει τ. ἐλάσσονι
רַב יַעֲבֹד צָעִיר, Gen. xxv. 23
12 11 [1] τ. πνεύματι ζέοντες τ. Κυρίῳ δουλεύοντες
τ. καιρῷ, R marg.
14 18 ὁ γὰρ ἐν τούτῳ δουλεύων τ. Χριστῷ
16 18 [1] οἱ γὰρ τοιοῦτοι τ. Κυρίῳ ἡμῶν Χριστῷ οὐ δουλεύουσιν
Ga 4 8 ἐδουλεύσατε τοῖς φύσει μὴ οὖσι θεοῖς
9 οἷς πάλιν ἄνωθεν δουλεῦσαι θέλετε
δουλεύειν, WH mg.
25 [2] δουλεύει γὰρ μετὰ τ. τέκνων αὐτῆς
5 13 διὰ τ. ἀγάπης δουλεύετε ἀλλήλοις
Eph 6 7 [1] μετ' εὐνοίας δουλεύοντες ὡς τ. Κυρίῳ
Phl 2 22 σὺν ἐμοὶ ἐδούλευσεν εἰς τὸ εὐαγγέλιον
Col 3 24 [1] τ. Κυρίῳ Χριστῷ δουλεύετε
I Th 1 9 [1] δουλεύειν Θεῷ ζῶντι κ. ἀληθινῷ
I Ti 6 2 [2] ἀλλὰ μᾶλλον δουλευέτωσαν
Tit 3 3 δουλεύοντες ἐπιθυμίαις κ. ἡδοναῖς ποικίλαις

ΔΟΥ'ΛΗ 1399

Lu 1 38 ἰδοὺ ἡ δούλη Κυρίου
48 ἐπέβλεψεν εἰς τ. ταπείνωσιν τ. δούλης αὐτοῦ
Ac 2 18 ἐπὶ τ. δούλους μου κ. ἐπὶ τ. δούλας μου . . . ἐκχεῶ ἀπὸ τ. πνεύματός μου
עַל־הָעֲבָדִים וְעַל־הַשְּׁפָחוֹת . . . אֶשְׁפּוֹךְ אֶת־
רוּחִי, Joel iii. 2

ΔΟΥ^ΛΟΣ 1400

Ro 6 19 ὥσπερ γὰρ παρεστήσατε τὰ μέλη ὑμῶν δοῦλα τ. ἀκαθαρσίᾳ
19 οὕτως νῦν παραστήσατε τὰ μέλη ὑμῶν δοῦλα τ. δικαιοσύνῃ

ΔΟΥ^ΛΟΣ 1401

(1) δ. Χριστοῦ, τοῦ Χρ., Ἰησοῦ Χρ. (2) δ. τ. Θεοῦ, τ. Κυρίου (3) δ. πονηρός, ἀχρεῖος, κακός (4) δ. ἁμαρτίας (5) δοῦλ. . . . ἐλεύθερος, ἀπελεύθ.

Mt 8 9 λέγω . . . τ. δούλῳ μου Ποίησον τοῦτο
10 24 οὐδὲ δοῦλος ὑπὲρ τ. κύριον αὐτοῦ
25 κ. ὁ δοῦλος ὡς ὁ κύριος αὐτοῦ
13 27 προσελθόντες δὲ οἱ δοῦλοι τ. οἰκοδεσπότου
28 οἱ δὲ δοῦλοι λέγουσιν αὐτῷ
οἱ δὲ αὐτῷ λέγ., WH
18 23 ὃς ἠθέλησεν συνᾶραι λόγον μετὰ τ. δούλων αὐτοῦ
26 πεσὼν οὖν ὁ δοῦλος προσεκύνει αὐτῷ
27 σπλαγχνισθεὶς δὲ ὁ κύριος τ. δούλου ἐκείνου
28 ἐξελθὼν δὲ ὁ δοῦλος ἐκεῖνος
32 [3] ὁ κύριος αὐτοῦ λέγει αὐτῷ Δοῦλε πονηρέ
20 27 ὃς ἂν θέλῃ ἐν ὑμῖν εἶναι πρῶτος ἔσται ὑμῶν δοῦλος
21 34 ἀπέστειλεν τ. δούλους αὐτοῦ πρὸς τ. γεωργούς
35 λαβόντες οἱ γεωργοὶ τ. δούλους αὐτοῦ
36 πάλιν ἀπέστειλεν ἄλλους δούλους πλείονας τ. πρώτων
22 3 ἀπέστειλεν τ. δούλους αὐτοῦ καλέσαι τ. κεκλημένους εἰς τ. γάμους
4 πάλιν ἀπέστειλεν ἄλλους δούλους
6 οἱ δὲ λοιποὶ κρατήσαντες τ. δούλους αὐτοῦ
8 τότε λέγει τ. δούλοις αὐτοῦ
10 ἐξελθόντες οἱ δοῦλοι ἐκεῖνοι εἰς τὰς ὁδούς
24 45 τίς ἄρα ἐστὶν ὁ πιστὸς δοῦλος κ. φρόνιμος
46 μακάριος ὁ δοῦλος ἐκεῖνος
48 [3] ἐὰν δὲ εἴπῃ ὁ κακὸς δοῦλος ἐκεῖνος
—ἐκεῖνος, T
50 ἥξει ὁ κύριος τ. δούλου ἐκείνου

Mt 25 14 ἄνθρωπος ἀποδημῶν ἐκάλεσεν τ. ἰδίους δούλους
19 μετὰ δὲ πολὺν χρόνον ἔρχεται ὁ κύριος τ. δούλων ἐκείνων
21 εὖ δοῦλε ἀγαθὲ κ. πιστέ
23 εὖ δοῦλε ἀγαθὲ κ. πιστέ
26 [3] πονηρὲ δοῦλε κ. ὀκνηρέ
30 [3] τ. ἀχρεῖον δοῦλον ἐκβάλετε εἰς τὸ σκότος τὸ ἐξώτερον
26 51 πατάξας τ. δοῦλον τ. ἀρχιερέως
Mk 10 44 ὃς ἂν θέλῃ ἐν ὑμῖν εἶναι πρῶτος ἔσται πάντων δοῦλος
12 2 ἀπέστειλεν πρὸς τ. γεωργοὺς τ. καιρῷ δοῦλον
4 πάλιν ἀπέστειλεν πρὸς αὐτοὺς ἄλλον δοῦλον
13 34 δοὺς τ. δούλοις αὐτοῦ τ. ἐξουσίαν
14 47 ἔπαισεν τ. δοῦλον τ. ἀρχιερέως
Lu 2 29 νῦν ἀπολύεις τ. δοῦλόν σου δέσποτα
7 2 ἑκατοντάρχου δέ τινος δοῦλος κακῶς ἔχων
3 ὅπως ἐλθὼν διασώσῃ τ. δοῦλον αὐτοῦ
8 λέγω . . . τ. δούλῳ μου Ποίησον τοῦτο
10 ὑποστρέψαντες . . . εὗρον τ. δοῦλον ὑγιαίνοντα
12 37 μακάριοι οἱ δοῦλοι ἐκεῖνοι
43 μακάριος ὁ δοῦλος ἐκεῖνος
45 ἐὰν δὲ εἴπῃ ὁ δοῦλος ἐκεῖνος ἐν τ. καρδίᾳ αὐτοῦ
46 ἥξει ὁ κύριος τ. δούλου ἐκείνου
47 ἐκεῖνος δὲ ὁ δοῦλος ὁ γνοὺς τὸ θέλημα τ. κυρίου αὐτοῦ
14 17 ἀπέστειλεν τ. δοῦλον αὐτοῦ τ. ὥρᾳ τ. δείπνου
21 παραγενόμενος ὁ δοῦλος ἀπήγγειλεν τ. κυρίῳ αὐτοῦ ταῦτα.
τότε ὀργισθεὶς ὁ οἰκοδεσπότης εἶπεν τ. δούλῳ αὐτοῦ
22 εἶπεν ὁ δοῦλος
23 εἶπεν ὁ κύριος πρὸς τ. δοῦλον
15 22 εἶπεν δὲ ὁ πατὴρ πρὸς τ. δούλους αὐτοῦ
17 7 τίς δὲ ἐξ ὑμῶν δοῦλον ἔχων ἀροτριῶντα
9 μὴ ἔχει χάριν τ. δούλῳ
10 [3] λέγετε ὅτι Δοῦλοι ἀχρεῖοί ἐσμεν
19 13 καλέσας δὲ δέκα δούλους ἑαυτοῦ
15 εἶπεν φωνηθῆναι αὐτῷ τ. δούλους τούτους
17 εὖγε ἀγαθὲ δοῦλε
22 [3] ἐκ τ. στόματός σου κρίνω σε πονηρὲ δοῦλε
20 10 καιρῷ ἀπέστειλεν πρὸς τ. γεωργοὺς δοῦλον
11 προσέθετο ἕτερον πέμψαι δοῦλον
22 50 ἐπάταξεν εἷς τις ἐξ αὐτῶν τ. ἀρχιερέως τ. δοῦλον
Jo 4 51 οἱ δοῦλοι αὐτοῦ ὑπήντησαν αὐτῷ
8 34 [4] πᾶς ὁ ποιῶν τ. ἁμαρτίαν δοῦλός ἐστιν τ. ἁμαρτίας.
35 ὁ δὲ δοῦλος οὐ μένει ἐν τ. οἰκίᾳ εἰς τ. αἰῶνα
13 16 οὐκ ἔστιν δοῦλος μείζων τ. κυρίου αὐτοῦ
15 15 οὐκέτι λέγω ὑμᾶς δούλους,
ὅτι ὁ δοῦλος οὐκ οἶδεν τί ποιεῖ αὐτοῦ ὁ κύριος
20 οὐκ ἔστιν δοῦλος μείζων τ. κυρίου αὐτοῦ
18 10 ἔπαισεν τὸν τ. ἀρχιερέως δοῦλον
10 ἦν δὲ ὄνομα τ. δούλῳ Μάλχος
18 εἱστήκεισαν δὲ οἱ δοῦλοι . . . ἀνθρακίαν πεποιηκότες
26 λέγει εἷς ἐκ τ. δούλων τ. ἀρχιερέως

Ac 2 18 κ. γε ἐπὶ τ. δούλους μου . . . ἐκχεῶ ἀπὸ τ. πνεύματός μου
וְגַם עַל־הָעֲבָדִים . . . אֶשְׁפּוֹךְ אֶת־רוּחִי, Joel iii. 2
4 29 δὸς τ. δούλοις σου μετὰ παρρησίας πάσης λαλεῖν
16 17 [2] οὗτοι οἱ ἄνθρωποι δοῦλοι τ. Θεοῦ τ. ὑψίστου εἰσίν
Ro 1 1 [1] Παῦλος δοῦλος Ἰησοῦ Χριστοῦ
6 16 ᾧ παριστάνετε ἑαυτοὺς δούλους εἰς ὑπακοήν, δοῦλοί ἐστε ᾧ ὑπακούετε
17 [4] ὅτι ἦτε δοῦλοι τ. ἁμαρτίας
20 [4] ὅτε γὰρ δοῦλοι ἦτε τ. ἁμαρτίας
I Co 7 21 δοῦλος ἐκλήθης; μή σοι μελέτω
22 [5] ὁ γὰρ ἐν Κυρίῳ κληθεὶς δοῦλος ἀπελεύθερος Κυρίου ἐστίν·
[1] [5] ὁμοίως ὁ ἐλεύθερος κληθεὶς δοῦλός ἐστιν Χριστοῦ
23 μὴ γίνεσθε δοῦλοι ἀνθρώπων
12 13 [5] εἴτε δοῦλοι εἴτε ἐλεύθεροι
II Co 4 5 ἑαυτοὺς δὲ δούλους ὑμῶν διὰ Ἰησοῦν
Ga 1 10 [1] Χριστοῦ δοῦλος οὐκ ἂν ἤμην
3 28 [5] οὐκ ἔνι δοῦλος οὐδὲ ἐλεύθερος
4 1 ἐφ᾽ ὅσον χρόνον ὁ κληρονόμος νήπιός ἐστιν οὐδὲν διαφέρει δούλου
7 ὥστε οὐκέτι εἶ δοῦλος ἀλλὰ υἱός
Eph 6 5 οἱ δοῦλοι ὑπακούετε τοῖς κατὰ σάρκα κυρίοις
6 [1] μὴ . . . ὡς ἀνθρωπάρεσκοι ἀλλ᾽ ὡς δοῦλοι Χριστοῦ
8 [5] εἴτε δοῦλος εἴτε ἐλεύθερος
Phl 1 1 [1] Παῦλος κ. Τιμόθεος δοῦλοι Χριστοῦ Ἰησοῦ
2 7 ἑαυτὸν ἐκένωσεν μορφὴν δούλου λαβών
Col 3 11 [5] ὅπου οὐκ ἔνι . . . βάρβαρος Σκύθης δοῦλος ἐλεύθερος
22 οἱ δοῦλοι ὑπακούετε . . . τοῖς κατὰ σάρκα κυρίοις
4 1 τ. ἰσότητα τ. δούλοις παρέχεσθε
12 [1] Ἐπαφρᾶς ὁ ἐξ ὑμῶν δοῦλος Χριστοῦ Ἰησοῦ
I Ti 6 1 ὅσοι εἰσὶν ὑπὸ ζυγὸν δοῦλοι
II Ti 2 24 [2] δοῦλον δὲ Κυρίου οὐ δεῖ μάχεσθαι
Tit 1 1 [2] Παῦλος δοῦλος Θεοῦ
2 9 δούλους ἰδίοις δεσπόταις ὑποτάσσεσθαι
Phm 16 οὐκέτι ὡς δοῦλον ἀλλὰ ὑπὲρ δοῦλον
Ja 1 1 [1] [2] Ἰάκωβος Θεοῦ κ. Κυρίου Ἰησοῦ Χριστοῦ δοῦλος
I Pe 2 16 [2] ἀλλ᾽ ὡς Θεοῦ δοῦλοι
II Pe 1 1 [1] Σίμων Πέτρος δοῦλος κ. ἀπόστολος Ἰησοῦ Χριστοῦ
2 19 αὐτοὶ δοῦλοι ὑπάρχοντες τ. φθορᾶς
Ju 1 [1] Ἰούδας Ἰησοῦ Χριστοῦ δοῦλος
Re 1 1 δεῖξαι τ. δούλοις αὐτοῦ ἃ δεῖ γενέσθαι ἐν τάχει,
κ. ἐσήμανεν ἀποστείλας διὰ τ. ἀγγέλου αὐτοῦ τ. δούλῳ αὐτοῦ Ἰωάνει
2 20 διδάσκει κ. πλανᾷ τ. ἐμοὺς δούλους
6 15 [5] πᾶς δοῦλος κ. ἐλεύθερος ἔκρυψαν ἑαυτούς
7 3 [2] ἄχρι σφραγίσωμεν τ. δούλους τ. Θεοῦ ἡμῶν
10 7 ὡς εὐηγγέλισεν τοὺς ἑαυτοῦ δούλους τ. προφήτας
11 18 δοῦναι τ. μισθὸν τ. δούλοις σου τ. προφήταις
13 16 [5] ποιεῖ πάντας . . . τ. ἐλευθέρους κ. τ. δούλους
15 3 [2] ᾄδουσιν τ. ᾠδὴν Μωυσέως τ. δούλου τ. Θεοῦ

Re 19 2 ἐξεδίκησεν τὸ αἷμα τ. δούλων αὐτοῦ ἐκ χειρὸς αὐτῆς
5 αἰνεῖτε τ. Θεῷ ἡμῶν πάντες οἱ δοῦλοι αὐτοῦ
18 ᵇ σάρκας πάντων ἐλευθέρων τε κ. δούλων
22 3 οἱ δοῦλοι αὐτοῦ λατρεύσουσιν αὐτῷ
6 δεῖξαι τ. δούλοις αὐτοῦ ἃ δεῖ γενέσθαι ἐν τάχει

ΔΟΥΛΟ΄Ω 1402

Ac 7 6 δουλώσουσιν αὐτὸ κ. κακώσουσιν ἔτη τετρακόσια
וַעֲבָדוּם וְעִנּוּ אֹתָם אַרְבַּע מֵאוֹת שָׁנָה, Gen. xv. 13
Ro 6 18 ἐδουλώθητε τ. δικαιοσύνῃ
22 δουλωθέντες δὲ τ. Θεῷ
I Co 7 15 οὐ δεδούλωται ὁ ἀδελφὸς . . . ἐν τ. τοιούτοις
9 19 πᾶσιν ἐμαυτὸν ἐδούλωσα
Ga 4 3 ὑπὸ τὰ στοιχεῖα τ. κόσμου ἤμεθα δεδουλωμένοι
Tit 2 3 μηδὲ οἴνῳ πολλῷ δεδουλωμένας
II Pe 2 19 ᾧ γάρ τις ἥττηται τούτῳ δεδούλωται

ΔΟΧΗ΄ 1403

Lu 5 29 ἐποίησεν δοχὴν μεγάλην Λευεὶς αὐτῷ
14 13 ὅταν δοχὴν ποιῇς κάλει πτωχούς
ποι. δοχ., T

ΔΡΑ΄ΚΩΝ 1404

Re 12 3 ἰδοὺ δράκων μέγας πυρρός
πυρ. μέγ., TWH mg. R
4 ὁ δράκων ἕστηκεν ἐνώπιον τ. γυναικὸς τ. μελλούσης τεκεῖν
7 ὁ Μιχαὴλ κ. οἱ ἄγγελοι αὐτοῦ τοῦ πολεμῆσαι μετὰ τ. δράκοντος,
κ. ὁ δράκων ἐπολέμησεν κ. οἱ ἄγγελοι αὐτοῦ
9 ἐβλήθη ὁ δράκων ὁ μέγας
13 ὅτε εἶδεν ὁ δράκων ὅτι ἐβλήθη εἰς τ. γῆν
16 τ. ποταμὸν ὃν ἔβαλεν ὁ δράκων ἐκ τ. στόματος αὐτου.
17 κ. ὠργίσθη ὁ δράκων ἐπὶ τ. γυναικί
13 2 ἔδωκεν αὐτῷ ὁ δράκων τ. δύναμιν αὐτοῦ
4 προσεκύνησαν τ. δράκοντι ὅτι ἔδωκεν τ. ἐξουσίαν τ. θηρίῳ
11 ἐλάλει ὡς δράκων
16 13 εἶδον ἐκ τ. στόματος τ. δράκοντος . . . πνεύματα τρία ἀκάθαρτα
20 2 ἐκράτησεν τ. δράκοντα ὁ ὄφις ὁ ἀρχαῖος

ΔΡΑ΄ΣΣΟΜΑΙ 1405

I Co 3 19 ὁ δρασσόμενος τ. σοφοὺς ἐν τ. πανουργίᾳ αὐτῶν
לֹכֵד חֲכָמִים בְּעָרְמָם, Job v. 13

ΔΡΑΧΜΗ΄ 1406

Lu 15 8 ἢ τίς γυνὴ δραχμὰς ἔχουσα δέκα,
ἐὰν ἀπολέσῃ δραχμὴν μίαν
9 ὅτι εὗρον τ. δραχμὴν ἣν ἀπώλεσα

ΔΡΕ΄ΠΑΝΟΝ 1407

Mk 4 29 εὐθὺς ἀποστέλλει τὸ δρέπανον
Re 14 14 ἔχων . . . ἐν τ. χειρὶ αὐτοῦ δρέπανον ὀξύ
Re 14 15 πέμψον τὸ δρέπανόν σου κ. θέρισον
16 ἔβαλεν ὁ καθήμενος ἐπὶ τ. νεφέλης τὸ δρέπανον αὐτοῦ
17 ἔχων κ. αὐτὸς δρέπανον ὀξύ
18 ἐφώνησεν φωνῇ μεγάλῃ τ. ἔχοντι τὸ δρέπανον τὸ ὀξύ,
λέγων Πέμψον σου τὸ δρέπανον τὸ ὀξύ
19 ἔβαλεν ὁ ἄγγελος τὸ δρέπανον αὐτοῦ εἰς τ. γῆν

ΔΡΟ΄ΜΟΣ 1408

Ac 13 25 ὡς δὲ ἐπλήρου Ἰωάνης τ. δρόμον
20 24 ὡς τελειώσω τ. δρόμον μου
II Ti 4 7 τ. δρόμον τετέλεκα

ΔΡΟΥ΄ΣΙΛΛΑ 1409

Ac 24 24 παραγενόμενος ὁ Φῆλιξ σὺν Δρουσίλλῃ τ ἰδίᾳ γυναικὶ οὔσῃ Ἰουδαίᾳ

ΔΥ΄ΝΑΜΑΙ 1410

(1) ἠδυνάμην, ἠδυνάσθην (2) c. accus. (3) absol.

Mt 3 9 δύναται ὁ Θεὸς ἐκ τ. λίθων τούτων ἐγεῖραι τέκνα τῷ Ἀβραάμ
5 14 οὐ δύναται πόλις κρυβῆναι ἐπάνω ὄρους κειμένη
36 ὅτι οὐ δύνασαι μίαν τρίχα λευκὴν ποιῆσαι ἢ μέλαιναν
6 24 οὐδεὶς δύναται δυσὶ κυρίοις δουλεύειν
24 οὐ δύνασθε Θεῷ δουλεύειν κ. μαμωνᾷ
27 τίς δὲ ἐξ ὑμῶν μεριμνῶν δύναται προσθεῖναι ἐπὶ τ. ἡλικίαν αὐτοῦ
7 18 οὐ δύναται δένδρον ἀγαθὸν καρποὺς πονηροὺς ἐνεγκεῖν
8 2 ἐὰν θέλῃς δύνασαί με καθαρίσαι
9 15 μὴ δύνανται οἱ υἱοὶ τ. νυμφῶνος πενθεῖν
28 πιστεύετε ὅτι δύναμαι τοῦτο ποιῆσαι
τοῦτ. δύν. ποι., WH marg.
10 28 τ. δὲ ψυχὴν μὴ δυναμένων ἀποκτεῖναι·
φοβήθητε δὲ μᾶλλον τ. δυνάμενον κ. ψυχὴν κ. σῶμα ἀπολέσαι
12 29 πῶς δύναταί τις εἰσελθεῖν εἰς τ. οἰκίαν τ. ἰσχυροῦ
34 πῶς δύνασθε ἀγαθὰ λαλεῖν
16 3 τὰ δὲ σημεῖα τ. καιρῶν οὐ δύνασθε
17 16 οὐκ ἠδυνήθησαν αὐτὸν θεραπεῦσαι
19 διὰ τί ἡμεῖς οὐκ ἠδυνήθημεν ἐκβαλεῖν αὐτό;
19 12 ὁ δυνάμενος χωρεῖν χωρείτω
25 τίς ἄρα δύναται σωθῆναι;
20 22 δύνασθε πιεῖν τὸ ποτήριον ὃ ἐγὼ μέλλω πίνειν;
λέγουσιν αὐτῷ Δυνάμεθα
22 46 οὐδεὶς ἐδύνατο ἀποκριθῆναι αὐτῷ λόγον
26 9 ἐδύνατο γὰρ τοῦτο πραθῆναι πολλοῦ
42 εἰ οὐ δύναται τοῦτο παρελθεῖν
53 δοκεῖς ὅτι οὐ δύναμαι παρακαλέσαι τ. πατέρα μου
61 δύναμαι καταλῦσαι τ. ναὸν τ. Θεοῦ
27 42 ἄλλους ἔσωσεν ἑαυτὸν οὐ δύναται σῶσαι
Mk 1 40 ἐὰν θέλῃς δύνασαί με καθαρίσαι
45 ὥστε μηκέτι αὐτὸν δύνασθαι φανερῶς εἰς πόλιν εἰσελθεῖν
2 4 μὴ δυνάμενοι προσενέγκαι αὐτῷ διὰ τ. ὄχλον
7 τίς δύναται ἀφιέναι ἁμαρτίας

Mk 2 19 μὴ δύνανται οἱ υἱοὶ τ. νυμφῶνος . . . νηστεύειν;
ὅσον χρόνον ἔχουσιν τ. νυμφίον μετ' αὐτῶν οὐ δύνανται νηστεύειν
3 20 ὥστε μὴ δύνασθαι αὐτοὺς μηδὲ ἄρτον φαγεῖν
23 πῶς δύναται Σατανᾶς Σατανᾶν ἐκβάλλειν;
24 οὐ δύναται σταθῆναι ἡ βασιλεία ἐκείνη
25 οὐ δυνήσεται ἡ οἰκία ἐκείνη στῆναι
26 οὐ δύναται στῆναι ἀλλὰ τέλος ἔχει
27 ἀλλ' οὐ δύναται οὐδεὶς . . . τὰ σκεύη αὐτοῦ διαρπάσαι
4 32 ὥστε δύνασθαι ὑπὸ τ. σκίαν αὐτοῦ τὰ πετεινὰ . . . κατασκηνοῖν
33 [1] καθὼς ἠδύναντο ἀκούειν
5 3 οὐδὲ ἁλύσει οὐκέτι οὐδεὶς ἐδύνατο αὐτὸν δῆσαι
6 5 οὐκ ἐδύνατο ἐκεῖ ποιῆσαι οὐδεμίαν δύναμιν
19 [1] ἤθελεν αὐτὸν ἀποκτεῖναι κ. οὐκ ἠδύνατο
7 15 ὃ δύναται κοινῶσαι αὐτόν
18 τὸ ἔξωθεν εἰσπορευόμενον εἰς τ. ἄνθρωπον οὐ δύναται αὐτὸν κοινῶσαι
24 [1] οὐκ ἠδυνάσθη λαθεῖν
8 4 πόθεν τούτους δυνήσεταί τις ὧδε χορτάσαι ἄρτων
9 3 οἷα γναφεὺς ἐπὶ τ. γῆς οὐ δύναται οὕτως λευκᾶναι
22 [2] ἀλλ' εἴ τι δύνῃ βοήθησον ἡμῖν
23 [3] τὸ Εἰ δύνῃ πάντα δυνατὰ τ. πιστεύοντι
δύνῃ;, T
28 ἡμεῖς οὐκ ἠδυνήθημεν ἐκβαλεῖν αὐτό;
29 τοῦτο τὸ γένος ἐν οὐδενὶ δύναται ἐξελθεῖν
39 δυνήσεται ταχὺ κακολογῆσαί με
10 26 κ. τίς δύναται σωθῆναι;
38 δύνασθε πιεῖν τὸ ποτήριον ὃ ἐγὼ πίνω
39 οἱ δὲ εἶπαν αὐτῷ Δυνάμεθα
14 5 [1] ἠδύνατο γὰρ τοῦτο τὸ μύρον πραθῆναι
7 ὅταν θέλητε δύνασθε αὐτοῖς εὖ ποιῆσαι
15 31 ἄλλους ἔσωσεν ἑαυτὸν οὐ δύναται σῶσαι
Lu 1 20 ἔσῃ σιωπῶν κ. μὴ δυνάμενος λαλῆσαι
22 ἐξελθὼν δὲ οὐκ ἐδύνατο λαλῆσαι αὐτοῖς
3 8 δύναται ὁ Θεὸς ἐκ τ. λίθων τούτων ἐγεῖραι τέκνα τῷ Ἀβραάμ
5 12 ἐὰν θέλῃς δύνασαί με καθαρίσαι
21 τίς δύναται ἁμαρτίας ἀφεῖναι
34 μὴ δύνασθε τ. υἱοὺς τ. νυμφῶνος . . . ποιῆσαι νηστεῦσαι;
6 39 μήτι δύναται τυφλὸς τυφλὸν ὁδηγεῖν;
42 πῶς δύνασαι λέγειν τ. ἀδελφῷ σου
8 19 [1] οὐκ ἠδύναντο συντυχεῖν αὐτῷ διὰ τ. ὄχλον
9 40 ἵνα ἐκβάλωσιν αὐτὸ κ. οὐκ ἠδυνήθησαν
11 7 οὐ δύναμαι ἀναστὰς δοῦναί σοι
12 25 τίς δὲ ἐξ ὑμῶν μεριμνῶν δύναται ἐπὶ τ. ἡλικίαν αὐτοῦ προσθεῖναι πῆχυν;
26 [3] εἰ οὖν οὐδὲ ἐλάχιστον δύνασθε
—h. v., WH mg.
13 11 μὴ δυναμένη ἀνακύψαι εἰς τὸ παντελές
14 20 διὰ τοῦτο οὐ δύναμαι ἐλθεῖν
26 οὐ δύναται εἶναί μου μαθητής
27 οὐ δύναται εἶναί μου μαθητής
33 οὐ δύναται εἶναί μου μαθητής
16 2 οὐ γὰρ δύνῃ ἔτι οἰκονομεῖν
13 οὐδεὶς οἰκέτης δυναται δυσὶ κυριοις δουλεύειν
13 οὐ δύνασθε Θεῷ δουλεύειν κ. μαμωνᾷ
26 ὅπως οἱ θέλοντες διαβῆναι . . . μὴ δύνωνται

Lu 18 26 κ. τίς δύναται σωθῆναι;
19 3 [1] οὐκ ἠδύνατο ἀπὸ τ. ὄχλου
20 36 οὐδὲ γὰρ ἀποθανεῖν ἔτι δύνανται
μέλλουσιν, WH marg.
21 15 ᾗ οὐ δυνήσονται ἀντιστῆναι ἢ ἀντειπεῖν
Jo 1 47 ἐκ Ναζαρὲτ δύναταί τι ἀγαθὸν εἶναι;
3 2 οὐδεὶς γὰρ δύναται ταῦτα τὰ σημεῖα ποιεῖν
3 οὐ δύναται ἰδεῖν τ. βασιλείαν τ. Θεοῦ
4 πῶς δύναται ἄνθρωπος γεννηθῆναι γέρων ὤν;
μὴ δύναται εἰς τ. κοιλίαν τ. μητρὸς αὐτοῦ δεύτερον εἰσελθεῖν
5 οὐ δύναται εἰσελθεῖν εἰς τ. βασιλείαν τ. Θεοῦ
9 πῶς δύναται ταῦτα γενέσθαι;
27 οὐ δύναται ἄνθρωπος λαμβάνειν οὐδέν
5 19 οὐ δύναται ὁ υἱὸς ποιεῖν ἀφ' ἑαυτοῦ οὐδέν
30 οὐ δύναμαι ἐγὼ ποιεῖν ἀπ' ἐμαυτοῦ οὐδέν
44 πῶς δύνασθε ὑμεῖς πιστεῦσαι
6 44 οὐδεὶς δύναται ἐλθεῖν πρός με
52 πῶς δύναται οὗτος ἡμῖν δοῦναι τ. σάρκα αὐτοῦ φαγεῖν;
60 τίς δύναται αὐτοῦ ἀκούειν;
65 οὐδεὶς δύναται ἐλθεῖν πρός με
7 7 οὐ δύναται ὁ κόσμος μισεῖν ὑμᾶς
34 ὅπου εἰμὶ ἐγὼ ὑμεῖς οὐ δύνασθε ἐλθεῖν
36 ὅπου εἰμὶ ἐγὼ ὑμεῖς οὐ δύνασθε ἐλθεῖν
8 21 ὅπου ἐγὼ ὑπάγω ὑμεῖς οὐ δύνασθε ἐλθεῖν
22 ὅπου ἐγὼ ὑπάγω ὑμεῖς οὐ δύνασθε ἐλθεῖν
43 ὅτι οὐ δύνασθε ἀκούειν τ. λόγον τ. ἐμόν
9 4 ἔρχεται νὺξ ὅτε οὐδεὶς δύναται ἐργάζεσθαι
16 πῶς δύναται ἄνθρωπος ἁμαρτωλὸς τοιαῦτα σημεῖα ποιεῖν;
33 [1] οὐκ ἠδύνατο ποιεῖν οὐδέν
10 21 μὴ δαιμόνιον δύναται τυφλῶν ὀφθαλμοὺς ἀνοῖξαι
29 οὐδεὶς δύναται ἁρπάζειν ἐκ τ. χειρὸς τ. πατρός
35 οὐ δύναται λυθῆναι ἡ γραφή
11 37 οὐκ ἐδύνατο οὗτος ὁ ἀνοίξας τ. ὀφθαλμοὺς . . . ποιῆσαι
12 39 [1] διὰ τοῦτο οὐκ ἠδύναντο πιστεύειν
13 33 ὅπου ἐγὼ ὑπάγω ὑμεῖς οὐ δύνασθε ἐλθεῖν
36 ὅπου ὑπάγω οὐ δύνασαί μοι νῦν ἀκολουθῆσαι
37 διὰ τί οὐ δύναμαί σοι ἀκολουθεῖν ἄρτι;
14 17 ὃ ὁ κόσμος οὐ δύναται λαβεῖν
15 4 καθὼς τὸ κλῆμα οὐ δύναται καρπὸν φέρειν ἀφ' ἑαυτοῦ
5 χωρὶς ἐμοῦ οὐ δύνασθε ποιεῖν οὐδέν
16 12 οὐ δύνασθε βαστάζειν ἄρτι
Ac 4 16 οὐ δυνάμεθα ἀρνεῖσθαι
20 οὐ δυνάμεθα γὰρ ἡμεῖς ἃ εἴδαμεν . . . μὴ λαλεῖν
5 39 οὐ δυνήσεσθε καταλῦσαι αὐτούς
8 31 πῶς γὰρ ἂν δυναίμην ἐὰν μή τις ὁδηγήσει με
10 47 μήτι τὸ ὕδωρ δύναται κωλῦσαί τις
13 39 ὧν οὐκ ἠδυνήθητε ἐν νόμῳ Μωυσέως δικαιωθῆναι
15 1 ἐὰν μὴ περιτμηθῆτε . . . οὐ δύνασθε σωθῆναι
17 19 δυνάμεθα γνῶναι τίς ἡ καινὴ αὕτη . . . διδαχή;
19 40 περὶ οὗ οὐ δυνησόμεθα ἀποδοῦναι λόγον
20 32 τ. δυναμένῳ οἰκοδομῆσαι κ. δοῦναι τ. κληρονομίαν

Ac 21 34 μὴ δυναμένου δὲ αὐτοῦ γνῶναι τὸ ἀσφαλές
24 8 παρ' οὗ δυνήσῃ αὐτὸς ἀνακρίνας . . . ἐπιγνῶναι
11 δυναμένου σου ἐπιγνῶναι
13 οὐδὲ παραστῆσαι δύνανταί σοι
25 11 οὐδείς με δύναται αὐτοῖς χαρίσασθαι
26 32 ἀπολελύσθαι ἐδύνατο ὁ ἄνθρωπος οὗτος
27 12 εἴ πως δύναιντο καταντήσαντες εἰς Φοίνικα παραχειμάσαι
15 μὴ δυναμένου ἀντοφθαλμεῖν τ. ἀνέμῳ
31 ὑμεῖς σωθῆναι οὐ δύνασθε
39 [3] εἰς ὃν ἐβουλεύοντο εἰ δύναιντο ἐκσῶσαι τ. πλοῖον
43 ἐκέλευσέν τε τ. δυναμένους κολυμβᾶν
Ro 8 7 τ. γὰρ νόμῳ τ. Θεοῦ οὐχ ὑποτάσσεται οὐδὲ γὰρ δύναται·
8 οἱ δὲ ἐν σαρκὶ ὄντες Θεῷ ἀρέσαι οὐ δύνανται
39 οὔτε τίς κτίσις ἑτέρα δυνήσεται ἡμᾶς χωρίσαι
15 14 δυνάμενοι κ. ἀλλήλους νουθετεῖν
16 25 τ. δὲ δυναμένῳ ὑμᾶς στηρίξαι κατὰ τὸ εὐαγγέλιόν μου
I Co 2 14 οὐ δύναται γνῶναι ὅτι πνευματικῶς ἀνακρίνεται
3 1 οὐκ ἠδυνήθην λαλῆσαι ὑμῖν ὡς πνευματικοῖς
2 [3] οὔπω γὰρ ἐδύνασθε,
[3] ἀλλ' οὐδὲ ἔτι νῦν δύνασθε
11 θεμέλιον γὰρ ἄλλον οὐδεὶς δύναται θεῖναι παρὰ τ. κείμενον
6 5 ὃς δυνήσεται διακρῖναι ἀνὰ μέσον τ. ἀδελφοῦ αὐτοῦ
7 21 εἰ κ. δύνασαι ἐλεύθερος γενέσθαι
10 13 [3] οὐκ ἐάσει ὑμᾶς πειρασθῆναι ὑπὲρ ὃ δύνασθε,
ἀλλὰ ποιήσει . . . κ. τ. ἔκβασιν τοῦ δύνασθαι ὑπενεγκεῖν
21 οὐ δύνασθε ποτήριον Κυρίου πίνειν κ. ποτήριον δαιμονίων·
οὐ δύνασθε τραπέζης Κυρίου μετέχειν κ. τραπέζης δαιμονίων
12 3 οὐδεὶς δύναται εἰπεῖν Κύριος Ἰησοῦς
21 οὐ δύναται δὲ ὁ ὀφθαλμὸς εἰπεῖν τ. χειρί
14 31 δύνασθε γὰρ καθ' ἕνα πάντες προφητεύειν
15 50 σὰρξ κ. αἷμα βασιλείαν Θεοῦ κληρονομῆσαι οὐ δύναται
II Co 1 4 εἰς τὸ δύνασθαι ἡμᾶς παρακαλεῖν τοὺς ἐν πάσῃ θλίψει
3 7 ὥστε μὴ δύνασθαι ἀτενίσαι τ. υἱοὺς Ἰσραήλ
13 8 [2] οὐ γὰρ δυνάμεθά τι κατὰ τ. ἀληθείας
Ga 3 21 εἰ γὰρ ἐδόθη νόμος ὁ δυνάμενος ζωοποιῆσαι
Eph 3 4 πρὸς ὃ δύνασθε ἀναγινώσκοντες νοῆσαι τ. σύνεσίν μου
20 τ. δὲ δυναμένῳ ὑπὲρ πάντα ποιῆσαι
6 11 πρὸς τὸ δύνασθαι ὑμᾶς στῆναι πρὸς τ. μεθοδίας τ. διαβόλου
13 ἵνα δυνηθῆτε ἀντιστῆναι ἐν τ. ἡμέρᾳ τ. πονηρᾷ
16 ἐν ᾧ δυνήσεσθε πάντα τὰ βέλη . . . σβέσαι
Phl 3 21 κατὰ τ. ἐνέργειαν τοῦ δύνασθαι αὐτὸν κ. ὑποτάξαι αὐτῷ τὰ πάντα
I Th 2 6 δυνάμενοι ἐν βάρει εἶναι
3 9 τίνα γὰρ εὐχαριστίαν δυνάμεθα τ. Θεῷ ἀνταποδοῦναι
I Ti 5 25 τὰ ἄλλως ἔχοντα κρυβῆναι οὐ δύνανται
6 7 ὅτι οὐδὲ ἐξενεγκεῖν δυνάμεθα
16 ὃν εἶδεν οὐδεὶς ἀνθρώπων οὐδὲ ἰδεῖν δύναται
II Ti 2 13 ἀρνήσασθαι γὰρ ἑαυτὸν οὐ δύναται
II Ti 3 7 μηδέποτε εἰς ἐπίγνωσιν ἀληθείας ἐλθεῖν δυνάμενα
15 ἱερὰ γράμματα . . . τ. δυνάμενά σε σοφίσαι εἰς σωτηρίαν
He 2 18 δύναται τ. πειραζομένοις βοηθῆσαι
3 19 οὐκ ἠδυνήθησαν εἰσελθεῖν δι' ἀπιστίαν
4 15 ἀρχιερέα μὴ δυνάμενον συνπαθῆσαι τ. ἀσθενείαις ἡμῶν
5 2 μετριοπαθεῖν δυνάμενος τ. ἀγνοοῦσιν κ. πλανωμένοις
7 πρὸς τ. δυνάμενον σώζειν αὐτὸν ἐκ θανάτου
7 25 ὅθεν κ. σώζειν εἰς τὸ παντελὲς δύναται
9 9 μὴ δυνάμεναι κατὰ συνείδησιν τελειῶσαι τ. λατρεύοντα
10 1 οὐδέποτε δύνανται τ. προσερχομένους τελειῶσαι
δύναται, TR marg.
11 αἵτινες οὐδέποτε δύνανται περιελεῖν ἁμαρτίας
Ja 1 21 δέξασθε τ. ἔμφυτον λόγον τ. δυνάμενον σῶσαι τ. ψυχὰς ὑμῶν
2 14 μὴ δύναται ἡ πίστις σῶσαι αὐτόν;
3 8 τ. δὲ γλῶσσαν οὐδεὶς δαμάσαι δύναται ἀνθρώπων
δύν. δαμ., T
12 μὴ δύναται . . . συκῆ ἐλαίας ποιῆσαι
4 2 ζηλοῦτε κ. οὐ δύνασθε ἐπιτυχεῖν
12 νομοθέτης κ. κριτὴς ὁ δυνάμενος σῶσαι κ. ἀπολέσαι
I Jo 3 9 οὐ δύναται ἁμαρτάνειν
4 20 τ. Θεὸν ὃν οὐχ ἑώρακεν οὐ δύναται ἀγαπᾶν
πῶς δύν., R mg.
Ju 24 τ. δὲ δυναμένῳ φυλάξαι ὑμᾶς ἀπταίστους
Re 2 2 οὐ δύνῃ βαστάσαι κακούς
3 8 ἣν οὐδεὶς δύναται κλεῖσαι αὐτήν
5 3 οὐδεὶς ἐδύνατο ἐν τ. οὐρανῷ ἀνοῖξαι τ. βιβλίον
6 17 κ. τίς δύναται σταθῆναι;
7 9 ὃν ἀριθμῆσαι αὐτὸν οὐδεὶς ἐδύνατο
9 20 ἃ οὔτε βλέπειν δύνανται οὔτε ἀκούειν
13 4 κ. τίς δύναται πολεμῆσαι μετ' αὐτοῦ
17 ἵνα μή τις δύνηται ἀγοράσαι ἢ πωλῆσαι
δύναται, WH mg.
14 3 οὐδεὶς ἐδύνατο μαθεῖν τ. ᾠδήν
15 8 οὐδεὶς ἐδύνατο εἰσελθεῖν εἰς τ. ναόν

ΔΥ΄ΝΑΜΙΣ 1411

(1) δύν. Θεοῦ, τοῦ Θ. (2) δύν. πνεύματος (3) δυνάμεις (4) δύν. τ. Κυρίου, τ. Χριστοῦ

Mt 6 13 ὅτι σοῦ ἐστιν ἡ βασιλεία κ. ἡ δύναμις κ. ἡ δόξα
—h. v., TWHR non mg.
7 22 [3] τ. σῷ ὀνόματι δυνάμεις πολλὰς ἐποιήσαμεν
11 20 [3] ἐν οἷς ἐγένοντο αἱ πλεῖσται δυνάμεις αὐτοῦ
21 [3] εἰ ἐν Τύρῳ κ. Σιδῶνι ἐγένοντο αἱ δυνάμεις αἱ γενόμεναι ἐν ὑμῖν
23 [3] εἰ ἐν Σοδόμοις ἐγενήθησαν αἱ δυνάμεις αἱ γενόμεναι ἐν σοί
13 54 [3] πόθεν τούτῳ ἡ σοφία αὕτη κ. αἱ δυνάμεις
58 [3] οὐκ ἐποίησεν ἐκεῖ δυνάμεις πολλάς
14 2 [3] διὰ τοῦτο αἱ δυνάμεις ἐνεργοῦσιν ἐν αὐτῷ
22 29 [1] πλανᾶσθε μὴ εἰδότες . . . τ. δύναμιν τ. Θεοῦ

Mt 24 29 [8] αἱ δυνάμεις τ. οὐρανῶν σαλευθήσονται
30 ἐρχόμενον ἐπὶ τ. νεφελῶν τ. οὐρανοῦ μετὰ δυνάμεως κ. δόξης πολλῆς
25 15 ἑκάστῳ κατὰ τ. ἰδίαν δύναμιν
26 64 καθήμενον ἐκ δεξιῶν τ. δυνάμεως
Mk 5 30 ἐπιγνοὺς ἐν ἑαυτῷ τὴν ἐξ αὐτοῦ δύναμιν ἐξελθοῦσαν
6 2 [8] αἱ δυνάμεις τοιαῦται διὰ τ. χειρῶν αὐτοῦ γινόμεναι;
5 οὐκ ἐδύνατο ἐκεῖ ποιῆσαι οὐδεμίαν δύναμιν
14 [8] διὰ τοῦτο ἐνεργοῦσιν αἱ δυνάμεις ἐν αὐτῷ
9 1 ἕως ἂν ἴδωσιν τ. βασιλείαν τ. Θεοῦ ἐληλυθυῖαν ἐν δυνάμει
39 ὃς ποιήσει δύναμιν ἐπὶ τ. ὀνόματί μου
12 24 [1] οὐ διὰ τοῦτο πλανᾶσθε μὴ εἰδότες . . . τ. δύναμιν τ. Θεοῦ;
13 25 [8] αἱ δυνάμεις αἱ ἐν τ. οὐρανοῖς σαλευθήσονται
26 ἐρχόμενον ἐν νεφέλαις μετὰ δυνάμεως πολλῆς κ. δόξης
14 62 ἐκ δεξιῶν καθήμενον τ. δυνάμεως
Lu 1 17 αὐτὸς προελεύσεται . . . ἐν πνεύματι κ. δυνάμει Ἠλεία
35 δύναμις ὑψίστου ἐπισκιάσει σε
4 14 [2] ὑπέστρεψεν ὁ Ἰησοῦς ἐν τ. δυνάμει τ. πνεύματος
36 ἐν ἐξουσίᾳ κ. δυνάμει ἐπιτάσσει τ. ἀκαθάρτοις πνεύμασιν
5 17 [4] δύναμις Κυρίου ἦν εἰς τὸ ἰᾶσθαι αὐτόν
6 19 δύναμις παρ' αὐτοῦ ἐξήρχετο
8 46 ἐγὼ γὰρ ἔγνων δύναμιν ἐξεληλυθυῖαν ἀπ' ἐμοῦ
9 1 ἔδωκεν αὐτοῖς δύναμιν κ. ἐξουσίαν ἐπὶ πάντα τὰ δαιμόνια
δύν. αὐτ., WH mg.
10 13 [8] εἰ ἐν Τύρῳ κ. Σιδῶνι ἐγενήθησαν αἱ δυνάμεις αἱ γενόμεναι ἐν ὑμῖν
19 δέδωκα ὑμῖν τ. ἐξουσίαν . . . ἐπὶ πᾶσαν τ. δύναμιν τ. ἐχθροῦ
19 37 [8] αἰνεῖν τ. Θεὸν . . . περὶ πασῶν ὧν εἶδον δυνάμεων
21 26 [8] αἱ γὰρ δυνάμεις τ. οὐρανῶν σαλευθήσονται
27 ἐρχόμενον ἐν νεφέλῃ μετὰ δυνάμεως κ. δόξης πολλῆς
22 69 [1] καθήμενος ἐκ δεξιῶν τ. δυνάμεως τ. Θεοῦ
24 49 ἕως οὗ ἐνδύσησθε ἐξ ὕψους δύναμιν
Ac 1 8 ἀλλὰ λήμψεσθε δύναμιν
2 22 [8] ἄνδρα ἀποδεδειγμένον . . . δυνάμεσι κ. τέρασι κ. σημείοις
3 12 ὡς ἰδίᾳ δυνάμει . . . πεποιηκόσι τοῦ περιπατεῖν αὐτόν
4 7 ἐν ποίᾳ δυνάμει ἢ ἐν ποίῳ ὀνόματι ἐποιήσατε τοῦτο ὑμεῖς;
33 δυνάμει μεγάλῃ ἀπεδίδουν τὸ μαρτύριον
6 8 Στέφανος δὲ πλήρης χάριτος κ. δυνάμεως
8 10 [1] οὗτός ἐστιν ἡ Δύναμις τ. Θεοῦ ἡ καλουμένη Μεγάλη
δύναμις . . . μεγ., T
13 [8] θεωρῶν τε σημεῖα κ. δυνάμεις μεγάλας γινομένας
10 38 ὡς ἔχρισεν αὐτὸν ὁ Θεὸς πνεύματι ἁγίῳ κ. δυνάμει
19 11 [8] δυνάμεις τε οὐ τ. τυχούσας ὁ Θεὸς ἐποίει
Ro 1 4 τ. ὁρισθέντος υἱοῦ Θεοῦ ἐν δυνάμει
16 [1] δύναμις γὰρ Θεοῦ ἐστὶν εἰς σωτηρίαν παντὶ τ. πιστεύοντι

Ro 1 20 ἥ τε ἀΐδιος αὐτοῦ δύναμις κ. θειότης
8 38 [8] οὔτε ἐνεστῶτα οὔτε μέλλοντα οὔτε δυνάμεις
9 17 ὅπως ἐνδείξωμαι ἐν σοὶ τ. δύναμίν μου
בַּעֲבוּר הַרְאֹתְךָ אֶת־כֹּחִי, Ex. ix. 16
15 13 [2] εἰς τὸ περισσεύειν ὑμᾶς ἐν τ. ἐλπίδι ἐν δυνάμει πνεύματος ἁγίου
19 ἐν δυνάμει σημείων κ. τεράτων,
[1 2] ἐν δυνάμει πνεύματος ἁγίου
πν. Θεοῦ, TR mg.
I Co 1 18 [1] τ. δὲ σωζομένοις ἡμῖν δύναμις Θεοῦ ἐστίν
24 [1] Χριστὸν Θεοῦ δύναμιν κ. Θεοῦ σοφίαν
2 4 ἐν ἀποδείξει πνεύματος κ. δυνάμεως
5 [1] ἵνα ἡ πίστις ὑμῶν . . . ᾖ . . . ἐν δυνάμει Θεοῦ
4 19 γνώσομαι οὐ τ. λόγον τ. πεφυσιωμένων ἀλλὰ τ. δύναμιν.
20 οὐ γὰρ ἐν λόγῳ ἡ βασιλεία τ. Θεοῦ ἀλλ' ἐν δυνάμει
5 4 [4] σὺν τ. δυνάμει τ. Κυρίου ἡμῶν Ἰησοῦ
6 14 κ. ἡμᾶς ἐξεγερεῖ διὰ τ. δυνάμεως αὐτοῦ
12 10 [8] ἄλλῳ δὲ ἐνεργήματα δυνάμεων
28 [8] ἔπειτα δυνάμεις ἔπειτα χαρίσματα ἰαμάτων
29 [8] μὴ πάντες δυνάμεις;
14 11 ἐὰν οὖν μὴ εἰδῶ τ. δύναμιν τ. φωνῆς
15 24 ὅταν καταργήσῃ . . . πᾶσαν ἐξουσίαν κ. δύναμιν
43 σπείρεται ἐν ἀσθενείᾳ ἐγείρεται ἐν δυνάμει
56 ἡ δὲ δύναμις τ. ἁμαρτίας ὁ νόμος
II Co 1 8 καθ' ὑπερβολὴν ὑπὲρ δύναμιν ἐβαρήθημεν
4 7 ἵνα ἡ ὑπερβολὴ τ. δυνάμεως ᾖ τ. Θεοῦ
6 7 [1] ἐν λόγῳ ἀληθείας ἐν δυνάμει Θεοῦ
8 3 ὅτι κατὰ δύναμιν μαρτυρῶ κ. παρὰ δύναμιν αὐθαίρετοι
12 9 ἡ γὰρ δύναμις ἐν ἀσθενείᾳ τελεῖται
9 [4] ἵνα ἐπισκηνώσῃ ἐπ' ἐμὲ ἡ δύναμις τ. Χριστοῦ
12 [8] σημείοις τε κ. τέρασι κ. δυνάμεσι
13 4 [1] ἀλλὰ ζῇ ἐκ δυνάμεως Θεοῦ
4 [1] ζήσομεν σὺν αὐτῷ ἐκ δυνάμεως Θεοῦ εἰς ὑμᾶς
Ga 3 5 [8] ὁ οὖν . . . ἐνεργῶν δυνάμεις ἐν ὑμῖν
Eph 1 19 τί τὸ ὑπερβάλλον μέγεθος τ. δυνάμεως αὐτοῦ
21 ὑπεράνω πάσης ἀρχῆς κ. ἐξουσίας κ. δυνάμεως
3 7 κατὰ τ. ἐνέργειαν τ. δυνάμεως αὐτοῦ
16 δυνάμει κραταιωθῆναι διὰ τ. πνεύματος αὐτοῦ
20 κατὰ τ. δύναμιν τ. ἐνεργουμένην ἐν ἡμῖν
Phl 3 10 τοῦ γνῶναι αὐτὸν κ. τ. δύναμιν τ. ἀναστάσεως αὐτοῦ
Col 1 11 ἐν πάσῃ δυνάμει δυναμούμενοι κατὰ τὸ κράτος τ. δόξης αὐτοῦ
29 κατὰ τ. ἐνέργειαν αὐτοῦ τ. ἐνεργουμένην ἐν ἐμοὶ ἐν δυνάμει
I Th 1 5 οὐκ ἐγενήθη εἰς ὑμᾶς ἐν λόγῳ μόνον ἀλλὰ κ. ἐν δυνάμει
II Th 1 7 μετ' ἀγγέλων δυνάμεως αὐτοῦ
11 πληρώσῃ . . . ἔργον πίστεως ἐν δυνάμει
2 9 κατ' ἐνέργειαν τοῦ Σατανᾶ ἐν πάσῃ δυνάμει κ. σημείοις
II Ti 1 7 οὐ γὰρ ἔδωκεν ἡμῖν ὁ Θεὸς πνεῦμα δειλίας ἀλλὰ δυνάμεως
8 [1] συνκακοπάθησον τ. εὐαγγελίῳ κατὰ δύναμιν Θεοῦ

II Ti 3 5 τ. δὲ δύναμιν αὐτῆς ἠρνημένοι
He 1 3 φέρων τε τὰ πάντα τ. ῥήματι τ. δυνάμεως αὐτοῦ
2 4 ³ σημείοις τε κ. τέρασι κ. ποικίλαις δυνάμεσι
6 5 ³ δυνάμεις τε μέλλοντος αἰῶνος
7 16 ἀλλὰ κατὰ δύναμιν ζωῆς ἀκαταλύτου
11 11 αὐτὴ Σάρρα δύναμιν εἰς καταβολὴν σπέρματος ἔλαβεν
34 ἔσβεσαν δύναμιν πυρός
I Pe 1 5 ¹ τοὺς ἐν δυνάμει Θεοῦ φρουρουμένους διὰ πίστεως
3 22 ³ ὑποταγέντων αὐτῷ ἀγγέλων κ. ἐξουσιῶν κ. δυνάμεων
II Pe 1 3 ὡς πάντα ὑμῖν τ. θείας δυνάμεως αὐτοῦ . . . δεδωρημένης
16 ⁴ ἐγνωρίσαμεν ὑμῖν τὴν τ. Κυρίου ἡμῶν Ἰησοῦ Χριστοῦ δύναμιν
2 11 ἄγγελοι ἰσχύϊ κ. δυνάμει μείζονες ὄντες
Re 1 16 ὡς ὁ ἥλιος φαίνει ἐν τ. δυνάμει αὐτοῦ
3 8 ὅτι μικρὰν ἔχεις δύναμιν
4 11 ἄξιος εἶ . . . λαβεῖν τ. δόξαν κ. τ. τιμὴν κ. τ. δύναμιν
5 12 ἄξιόν ἐστιν τὸ ἀρνίον τὸ ἐσφαγμένον λαβεῖν τ. δύναμιν
7 12 ἡ τιμὴ κ. ἡ δύναμις κ. ἡ ἰσχὺς τ. Θεῷ ἡμῶν
11 17 ὅτι εἴληφες τ. δύναμίν σου τ. μεγάλην
12 10 ἄρτι ἐγένετο ἡ σωτηρία κ. ἡ δύναμις
13 2 ἔδωκεν αὐτῷ ὁ δράκων τ. δύναμιν αὐτοῦ
15 8 ἐγεμίσθη ὁ ναὸς καπνοῦ . . . ἐκ τ. δυνάμεως αὐτοῦ
17 13 τ. δύναμιν κ. ἐξουσίαν αὐτῶν τ. θηρίῳ διδόασιν
18 3 ἐκ τ. δυνάμεως τ. στρήνους αὐτῆς ἐπλούτησαν
19 1 ¹ ἡ σωτηρία κ. ἡ δόξα κ. ἡ δύναμις τ. Θεοῦ ἡμῶν

ΔΥΝΑΜΟ'Ω† 1412

Eph 6 10 δυναμοῦσθε ἐν Κυρίῳ
ἐνδυναμοῦσθε, TWH non mg. R
Col 1 11 ἐν πάσῃ δυνάμει δυναμούμενοι κατὰ τὸ κράτος τ. δόξης αὐτοῦ
He 11 34 ἐδυναμώθησαν ἀπὸ ἀσθενείας

ΔΥΝΑ'ΣΤΗΣ 1413

Lu 1 52 καθεῖλεν δυνάστας ἀπὸ θρόνων
Ac 8 27 ἀνὴρ Αἰθίοψ εὐνοῦχος δυνάστης Κανδάκης
I Ti 6 15 δείξει ὁ μακάριος κ. μόνος δυνάστης

ΔΥΝΑΤΕ'Ω*† 1414

Ro 14 4 δυνατεῖ γὰρ ὁ Κύριος στῆσαι αὐτόν
II Co 9 8 δυνατεῖ δὲ ὁ Θεὸς πᾶσαν χάριν περισσεῦσαι εἰς ὑμᾶς
13 3 ὃς εἰς ὑμᾶς οὐκ ἀσθενεῖ ἀλλὰ δυνατεῖ ἐν ὑμῖν

ΔΥΝΑΤΟ'Σ 1415

(1) εἰ δυν. (2) ὁ δυνατός, οἱ δυν. (3) δυν. ἐν (4) τὸ δυν.

Mt 19 26 παρὰ δὲ Θεῷ πάντα δυνατά
δυν. πάντα, T
24 24 ¹ ὥστε πλανᾶσθαι εἰ δυνατὸν κ. τ. ἐκλεκτούς
26 39 ¹ εἰ δυνατόν ἐστιν παρελθάτω ἀπ' ἐμοῦ τὸ ποτήριον τοῦτο
Mk 9 23 πάντα δυνατὰ τ. πιστεύοντι
10 27 πάντα γὰρ δυνατὰ παρὰ τ. Θεῷ
παρὰ δὲ τ. Θεῷ δυνατόν, WH mg.
13 22 ¹ πρὸς τὸ ἀποπλανᾶν εἰ δυνατὸν τ. ἐκλεκτούς
14 35 ¹ ἵνα εἰ δυνατόν ἐστιν παρέλθῃ ἀπ' αὐτοῦ ἡ ὥρα
36 Ἀββὰ ὁ πατὴρ πάντα δυνατά σοι
Lu 1 49 ² ὅτι ἐποίησέν μοι μεγάλα ὁ δυνατός
14 31 ¹ βουλεύσεται εἰ δυνατός ἐστιν ἐν δέκα χιλιάσιν ὑπαντῆσαι
18 27 τὰ ἀδύνατα παρὰ ἀνθρώποις δυνατὰ παρὰ τ. Θεῷ ἐστίν
24 19 ³ δυνατὸς ἐν ἔργῳ κ. λόγῳ ἐναντίον τ. Θεοῦ
Ac 2 24 καθότι οὐκ ἦν δυνατὸν κρατεῖσθαι αὐτὸν ὑπ' αὐτοῦ
7 22 ³ ἦν δὲ δυνατὸς ἐν λόγοις κ. ἔργοις αὐτοῦ
11 17 ἐγὼ τίς ἤμην δυνατὸς κωλῦσαι τ. Θεόν;
18 24 ³ δυνατὸς ὢν ἐν τ. γραφαῖς
20 16 ¹ ἔσπευδεν γὰρ εἰ δυνατὸν εἴη αὐτῷ
25 5 ² οἱ οὖν ἐν ὑμῖν φησὶν δυνατοὶ συνκαταβάντες
Ro 4 21 ὃ ἐπήγγελται δυνατός ἐστιν κ. ποιῆσαι
9 22 ⁴ εἰ δὲ θέλων ὁ Θεὸς . . . γνωρίσαι τὸ δυνατὸν αὐτοῦ
11 23 δυνατὸς γάρ ἐστιν ὁ Θεὸς πάλιν ἐνκεντρίσαι αὐτούς
12 18 ¹ εἰ δυνατὸν τὸ ἐξ ὑμῶν . . . εἰρηνεύοντες
15 1 ² ὀφείλομεν δὲ ἡμεῖς οἱ δυνατοὶ τὰ ἀσθενήματα τ. ἀδυνάτων βαστάζειν
I Co 1 26 οὐ πολλοὶ σοφοὶ κατὰ σάρκα οὐ πολλοὶ δυνατοί
II Co 10 4 δυνατὰ τ. Θεῷ πρὸς καθαίρεσιν ὀχυρωμάτων
12 10 ὅταν γὰρ ἀσθενῶ τότε δυνατός εἰμι
13 9 ὅταν ἡμεῖς ἀσθενῶμεν ὑμεῖς δὲ δυνατοὶ ἦτε
Ga 4 15 ¹ εἰ δυνατὸν τ. ὀφθαλμοὺς ὑμῶν ἐξορύξαντες ἐδώκατέ μοι
II Ti 1 12 δυνατός ἐστιν τ. παραθήκην μου φυλάξαι
Tit 1 9 ἵνα δυνατὸς ᾖ κ. παρακαλεῖν
He 11 19 κ. ἐκ νεκρῶν ἐγείρειν δυνατὸς ὁ Θεός
Ja 3 2 δυνατὸς χαλιναγωγῆσαι κ. ὅλον τὸ σῶμα

ΔΥ'ΝΩ 1416

Mk 1 32 ὅτε ἔδυσεν ὁ ἥλιος
ἔδυ, T
Lu 4 40 δύνοντος δὲ τ. ἡλίου

ΔΥ'Ο 1417

(1) εἰς δύο (2) δύο δύο (3) ἀνὰ, κατὰ δύο

Mt 4 18 περιπατῶν δὲ . . . εἶδεν δύο ἀδελφούς
21 προβὰς ἐκεῖθεν εἶδεν ἄλλους δύο ἀδελφούς
5 41 ὕπαγε μετ' αὐτοῦ δύο
6 24 οὐδεὶς δύναται δυσὶ κυρίοις δουλεύειν
8 28 ὑπήντησαν αὐτῷ δύο δαιμονιζόμενοι
9 27 ἠκολούθησαν δύο τυφλοί
10 10 μὴ πήραν εἰς ὁδὸν μηδὲ δύο χιτῶνας
29 οὐχὶ δύο στρουθία ἀσσαρίου πωλεῖται;
14 17 οὐκ ἔχομεν ὧδε εἰ μὴ πέντε ἄρτους κ. δύο ἰχθύας
19 λαβὼν τ. πέντε ἄρτους κ. τ. δύο ἰχθύας
18 8 ἢ δύο χεῖρας ἢ δύο πόδας ἔχοντα βληθῆναι εἰς τὸ πῦρ τὸ αἰώνιον

Mt 18 9 ἢ δύο ὀφθαλμοὺς ἔχοντα βληθῆναι εἰς τ. γέενναν τ. πυρός
16 παράλαβε μετὰ σοῦ ἔτι ἕνα ἢ δύο, ἵνα ἐπὶ στόματος δύο μαρτύρων ἢ τριῶν σταθῇ πᾶν ῥῆμα
19 ἐὰν δύο συμφωνήσωσιν ἐξ ὑμῶν ἐπὶ τ. γῆς
20 οὗ γάρ εἰσιν δύο ἢ τρεῖς συνηγμένοι
19 5 ἔσονται οἱ δύο εἰς σάρκα μίαν.
הָיוּ לְבָשָׂר אֶחָד, Gen. ii. 24
6 ὥστε οὐκέτι εἰσὶν δύο ἀλλὰ σὰρξ μία
20 21 εἰπὲ ἵνα καθίσωσιν οὗτοι οἱ δύο υἱοί μου
24 οἱ δέκα ἠγανάκτησαν περὶ τ. δύο ἀδελφῶν
30 ἰδοὺ δύο τυφλοὶ καθήμενοι παρὰ τὴν ὁδόν
21 1 τότε Ἰησοῦς ἀπέστειλεν δύο μαθητάς
28 ἄνθρωπος εἶχεν τέκνα δύο
δύο τέκνα, TWH mg.
31 τίς ἐκ τ. δύο ἐποίησεν τὸ θέλημα τ. πατρός
22 40 ἐν ταύταις τ. δυσὶν ἐντολαῖς ὅλος ὁ νόμος κρέμαται
24 40 τότε ἔσονται δύο ἐν τ. ἀγρῷ
41 δύο ἀλήθουσαι ἐν τ. μύλῳ
25 15 ᾧ μὲν ἔδωκεν πέντε τάλαντα ᾧ δὲ δύο
17 ὡσαύτως ὁ τὰ δύο ἐκέρδησεν ἄλλα δύο
22 προσελθὼν κ. ὁ τὰ δύο τάλαντα εἶπεν, κύριε δύο τάλαντά μοι παρέδωκας· ἴδε ἄλλα δύο τάλαντα ἐκέρδησα
26 2 μετὰ δύο ἡμέρας τὸ πάσχα γίνεται
37 παραλαβὼν τ. Πέτρον κ. τ. δύο υἱοὺς Ζεβεδαίου
60 ὕστερον δὲ προσελθόντες δύο εἶπαν
27 21 τίνα θέλετε ἀπὸ τ. δύο ἀπολύσω ὑμῖν;
38 τότε σταυροῦνται σὺν αὐτῷ δύο λῃσταί
51 [1] τὸ καταπέτασμα τ. ναοῦ ἐσχίσθη . εἰς δύο
Mk 6 7 [2] ἤρξατο αὐτοὺς ἀποστέλλειν δύο δύο
9 μὴ ἐνδύσασθαι δύο χιτῶνας
38 πέντε κ. δύο ἰχθύας
41 λαβὼν τ. πέντε ἄρτους κ. τ. δύο ἰχθύας
41 τ. δύο ἰχθύας ἐμέρισεν πᾶσιν
9 43 ἢ τ. δύο χεῖρας ἔχοντα ἀπελθεῖν εἰς τ. γέενναν
45 ἢ τ. δύο πόδας ἔχοντα βληθῆναι εἰς τ. γέενναν
47 ἢ δύο ὀφθαλμοὺς ἔχοντα βληθῆναι εἰς γέενναν
10 8 ἔσονται οἱ δύο εἰς σάρκα μίαν, Gen. *l.c.* ὥστε οὐκέτι εἰσὶν δύο ἀλλὰ μία σάρξ
35 Ἰάκωβος κ. Ἰωάνης οἱ δύο υἱοὶ Ζεβεδαίου
—δύο, T [WH] R
11 1 ἀποστέλλει δύο τ. μαθητῶν αὐτοῦ
12 42 μία χήρα πτωχὴ ἔβαλεν λεπτὰ δύο
14 1 ἦν δὲ τὸ πάσχα κ. τὰ ἄζυμα μετὰ δύο ἡμέρας
13 ἀποστέλλει δύο τ. μαθητῶν αὐτοῦ
15 27 σὺν αὐτῷ σταυροῦσιν δύο λῃστάς
38 [1] τὸ καταπέτασμα τ. ναοῦ ἐσχίσθη εἰς δύο
16 [12 μετὰ δὲ ταῦτα δυσὶν ἐξ αὐτῶν περιπατοῦσιν ἐφανερώθη
Lu 2 24 ζεῦγος τρυγόνων ἢ δύο νοσσοὺς περιστερῶν
שְׁתֵּי־תֹרִים אוֹ שְׁנֵי בְּנֵי יוֹנָה, Lev. xii. 8
3 11 ὁ ἔχων δύο χιτῶνας μεταδότω τῷ μὴ ἔχοντι

Lu 5 2 εἶδεν πλοῖα δύο ἑστῶτα παρὰ τ. λίμνην
δύο πλοιάρια, TWH mg.
7 19 προσκαλεσάμενος δύο τινὰς τ. μαθητῶν αὐτοῦ
41 δύο χρεοφειλέται ἦσαν δανιστῇ τινί
9 3 μήτε δύο χιτῶνας ἔχειν
[3] ἀνὰ δύο χιτ., T
13 οὐκ εἰσὶν ἡμῖν πλεῖον ἢ ἄρτοι πέντε κ. ἰχθύες δύο
16 λαβὼν δὲ τ. πέντε ἄρτους κ. τ. δύο ἰχθύας
30 ἰδοὺ ἄνδρες δύο συνελάλουν αὐτῷ
32 εἶδαν . . . τ. δύο ἄνδρας τ. συνεστῶτας αὐτῷ
10 1 ἀνέδειξεν ὁ Κύριος ἑτέρους ἑβδομήκοντα δύο,
—δύο, T [WH] R non mg.
[3] κ. ἀπέστειλεν αὐτοὺς ἀνὰ δύο πρὸ προσώπου αὐτοῦ
+ [δύο], WH
17 ὑπέστρεψαν δὲ οἱ ἑβδομήκοντα δύο μετὰ χαρᾶς
—δύο, T [WH] R non mg.
35 ἐκβαλὼν δύο δηνάρια ἔδωκεν τ. πανδοχεῖ
ἔδ. δύο δην., WH mg.
12 6 οὐχὶ πέντε στρουθία πωλοῦνται ἀσσαρίων δύο;
52 διαμεμερισμένοι τρεῖς ἐπὶ δυσὶν κ. δύο ἐπὶ τρισίν
15 11 ἄνθρωπός τις εἶχεν δύο υἱούς
16 13 οὐδεὶς οἰκέτης δύναται δυσὶ κυρίοις δουλεύειν
17 34 ταύτῃ τ. νυκτὶ ἔσονται δύο ἐπὶ κλίνης μιᾶς
35 ἔσονται δύο ἀλήθουσαι ἐπὶ τὸ αὐτό
36 δύο ἔσονται ἐν τ ἀγρῷ
—h. v., TWHR non mg.
18 10 ἄνθρωποι δύο ἀνέβησαν εἰς τὸ ἱερὸν προσεύξασθαι
19 29 ἀπέστειλεν δύο τ. μαθητῶν
21 2 εἶδεν δέ τινα χήραν πενιχρὰν βάλλουσαν ἐκεῖ λεπτὰ δύο
δύο λ., T
22 38 ἰδοὺ μάχαιραι ὧδε δύο
23 32 ἤγοντο δὲ κ. ἕτεροι κακοῦργοι δύο
δύο κακ., T
55 κατακολουθήσασαι δὲ δύο γυναῖκες
—δύο, T; κατ. δὲ αἱ γυν., WH non mg. R
24 4 ἰδοὺ ἄνδρες δύο ἐπέστησαν αὐταῖς
13 δύο ἐξ αὐτῶν ἐν αὐτῇ τ. ἡμέρᾳ ἦσαν πορευόμενοι
Jo 1 35 εἱστήκει Ἰωάνης κ. ἐκ τ. μαθητῶν αὐτοῦ δύο
37 ἤκουσαν οἱ δύο μαθηταὶ αὐτοῦ λαλοῦντος
οἱ δύο αὐτ. μαθ., WH marg.
41 εἷς ἐκ τ. δύο τ. ἀκουσάντων παρὰ Ἰωάνου
2 6 [3] χωροῦσαι ἀνὰ μετρητὰς δύο ἢ τρεῖς
4 40 ἔμεινεν ἐκεῖ δύο ἡμέρας
43 μετὰ δὲ τ. δύο ἡμέρας ἐξῆλθεν ἐκεῖθεν
6 9 ὃς ἔχει πέντε ἄρτους κριθίνους κ. δύο ὀψάρια
8 17 δύο ἀνθρώπων ἡ μαρτυρία ἀληθής ἐστιν
עַל־פִּי שְׁנֵי עֵדִים . . . יָקוּם דָּבָר, Dt. xix. 15
11 6 ἔμεινεν ἐν ᾧ ἦν τόπῳ δύο ἡμέρας
19 18 μετ' αὐτοῦ ἄλλους δύο ἐντεῦθεν κ. ἐντεῦθεν
20 4 ἔτρεχον δὲ οἱ δύο ὁμοῦ

Jo 20 12 θεωρεῖ δύο ἀγγέλους ἐν λευκοῖς καθεζομένους
21 2 ἦσαν ὁμοῦ . . . ἄλλοι ἐκ τ. μαθητῶν αὐτοῦ δύο
Ac 1 10 ἰδοὺ ἄνδρες δύο παρειστήκεισαν αὐτοῖς
23 ἔστησαν δύο Ἰωσὴφ . . . κ. Μαθθίαν
24 ἀνάδειξον ὃν ἐξελέξω ἐκ τούτων τ. δύο ἕνα
7 29 οὗ ἐγέννησεν υἱοὺς δύο
9 38 ἀπέστειλαν δύο ἄνδρας πρὸς αὐτόν
10 7 φωνήσας δύο τ. οἰκετῶν
19 ἰδοὺ ἄνδρες δύο ζητοῦντές σε
—δύο, T; τρεῖς, [WH mg.] R
12 6 ἦν ὁ Πέτρος κοιμώμενος μεταξὺ δύο στρατιωτῶν,
δεδεμένος ἁλύσεσιν δυσίν
19 10 τοῦτο δὲ ἐγένετο ἐπὶ ἔτη δύο
22 ἀποστείλας δὲ εἰς τ. Μακεδονίαν δύο τ. διακονούντων αὐτῷ
34 ὡσεὶ ἐπὶ ὥρας δύο κραζόντων
21 33 ἐκέλευσεν δεθῆναι ἁλύσεσιν δυσίν
23 23 προσκαλεσάμενός τινας δύο τ. ἑκατοντάρχων
I Co 6 16 ἔσονται γὰρ φησὶν οἱ δύο εἰς σάρκα μίαν, Gen. *l.c.*
14 27 [8] κατὰ δύο ἢ τὸ πλεῖστον τρεῖς
29 προφῆται δὲ δύο ἢ τρεῖς λαλείτωσαν
II Co 13 1 ἐπὶ στόματος δύο μαρτύρων κ. τριῶν, Dt. *l.c.*
Ga 4 22 Ἀβραὰμ δύο υἱοὺς ἔσχεν
24 αὗται γάρ εἰσιν δύο διαθῆκαι
Eph 2 15 ἵνα τοὺς δύο κτίσῃ ἐν αὐτῷ εἰς ἕνα καινὸν ἄνθρωπον
5 31 ἔσονται οἱ δύο εἰς σάρκα μίαν, Gen. *l.c.*
Phl 1 23 συνέχομαι δὲ ἐκ τῶν δύο
I Ti 5 19 ἐκτὸς εἰ μὴ ἐπὶ δύο ἢ τριῶν μαρτύρων
He 6 18 ἵνα διὰ δύο πραγμάτων ἀμεταθέτων
10 28 ἐπὶ δυσὶν ἢ τρισὶ μάρτυσιν ἀποθνήσκει
Re 9 12 ἰδοὺ ἔρχεται ἔτι δύο οὐαὶ μετὰ ταῦτα
11 2 τ. πόλιν τ. ἁγίαν πατήσουσιν μῆνας τεσσεράκοντα κ. δύο.
—καὶ, T [WH]
3 κ. δώσω τ. δυσὶ μάρτυσί μου
4 οὗτοί εἰσιν αἱ δύο ἐλαῖαι κ. αἱ δύο λυχνίαι
10 οὗτοι οἱ δύο προφῆται ἐβασάνισαν τ. κατοικοῦντας ἐπὶ τ. γῆς
12 14 ἐδόθησαν τ. γυναικὶ αἱ δύο πτέρυγες τ. ἀετοῦ
13 5 ἐξουσία ποιῆσαι μῆνας τεσσεράκοντα κ. δύο
—καὶ, T [WH]
11 εἶχεν κέρατα δύο ὅμοια ἀρνίῳ
19 20 ζῶντες ἐβλήθησαν οἱ δύο εἰς τ. λίμνην

ΔΥΣΒΑ΄ΣΤΑΚΤΟΣ† 1419

Mt 23 4 δεσμεύουσιν δὲ φορτία βαρέα κ. δυσβάστακτα
—κ. δυσβ., TWH non mg. R mg.
Lu 11 46 φορτίζετε τ. ἀνθρώπους φορτία δυσβάστακτα

ΔΥΣΕΝΤΕ΄ΡΙΟΝ* 1420

Ac 28 8 πυρετοῖς κ. δυσεντερίῳ συνεχόμενον

ΔΥΣΕΡΜΗ΄ΝΕΥΤΟΣ*† 1421

He 5 11 πολὺς ἡμῖν ὁ λόγος κ. δυσερμήνευτος λέγειν

ΔΥ΄ΣΚΟΛΟΣ 1422

Mk 10 24 πῶς δύσκολόν ἐστιν εἰς τ. βασιλείαν τ. Θεοῦ εἰσελθεῖν

ΔΥΣΚΟ΄ΛΩΣ* 1423

Mt 19 23 πλούσιος δυσκ. εἰσελεύσεται εἰς τ. βασιλείαν τ. οὐρανῶν
Mk 10 23 πῶς δυσκ. οἱ τὰ χρήματα ἔχοντες . . . εἰσελεύσονται
Lu 18 24 πῶς δυσκ. οἱ τὰ χρήματα ἔχοντες . . εἰσπορεύονται

ΔΥΣΜΗ΄ 1424

Mt 8 11 πολλοὶ ἀπὸ ἀνατολῶν κ. δυσμῶν ἥξουσιν
24 27 ὥσπερ γὰρ ἡ ἀστραπὴ . . . φαίνεται ἕως δυσμῶν
Lu 12 54 ὅταν ἴδητε νεφέλην ἀνατέλλουσαν ἐπὶ δυσμῶν
13 29 ἥξουσιν ἀπὸ ἀνατολῶν κ. δυσμῶν
Re 21 13 κ. ἀπὸ δυσμῶν πυλῶνες τρεῖς

ΔΥΣΝΟ΄ΗΤΟΣ*† 1425

II Pe 3 16 ἐν αἷς ἐστὶν δυσνόητά τινα

ΔΥΣΦΗΜΕ΄Ω** 1425.5

I Co 4 13 δυσφημούμενοι παρακαλοῦμεν

ΔΥΣΦΗΜΙ΄Α** 1426

II Co 6 8 διὰ δυσφημίας κ. εὐφημίας

ΔΩ΄ΔΕΚΑ 1427

(1) οἱ δώδεκα

Mt 9 20 γυνὴ αἱμορροοῦσα δώδεκα ἔτη
10 1 προσκαλεσάμενος τ. δώδ. μαθητὰς αὐτοῦ
2 τῶν δὲ δώδ. ἀποστόλων τὰ ὀνόματά ἐστιν ταῦτα
5 [1] τούτους τ. δώδ. ἀπέστειλεν ὁ Ἰησοῦς
11 1 διατάσσων τοῖς δώδ. μαθηταῖς αὐτοῦ
14 20 ἦραν τὸ περισσεῦον τ. κλασμάτων δώδ. κοφίνους πλήρεις
19 28 καθήσεσθε κ. ὑμεῖς ἐπὶ δώδεκα θρόνους, κρίνοντες τ. δώδεκα φυλὰς τοῦ Ἰσραήλ
20 17 παρέλαβεν τ. δώδ. μαθητὰς κατ' ἰδίαν
—μαθ., T [WH]
26 14 [1] τότε πορευθεὶς εἷς τῶν δώδεκα
20 ὀψίας δὲ γενομένης ἀνέκειτο μετὰ τ. δώδ. μαθητῶν
—μαθητῶν, [WH] R mg.
47 [1] Ἰούδας εἷς τῶν δώδεκα ἦλθεν
53 παραστήσει μοι ἄρτι πλείω δώδεκα λεγιῶνας
Mk 3 14 ἐποίησεν δώδεκα οὓς κ. ἀποστόλους ὠνόμασεν
16 [1] κ. ἐποίησεν τ. δώδεκα
—h. v., R non marg.
4 10 [1] ἠρώτων αὐτὸν οἱ περὶ αὐτὸν σὺν τ. δώδεκα
5 25 γυνὴ οὖσα ἐν ῥύσει αἵματος δώδεκα ἔτη
42 ἦν γὰρ ἐτῶν δώδεκα
6 7 [1] προσκαλεῖται τοὺς δώδεκα
43 ἦραν κλάσματα δώδ. κοφίνων πληρώματα
8 19 λέγουσιν αὐτῷ Δώδεκα
9 35 [1] καθίσας ἐφώνησεν τοὺς δώδεκα
10 32 [1] παραλαβὼν πάλιν τοὺς δώδεκα
11 11 [1] ἐξῆλθεν εἰς Βηθανίαν μετὰ τῶν δώδεκα

Mk 14 10 [1] Ἰούδας Ἰσκαριὼθ ὁ εἷς τῶν δώδεκα
17 [1] ὀψίας γενομένης ἔρχεται μετὰ τῶν δώδεκα
20 [1] εἷς τῶν δώδ. ὁ ἐμβαπτόμενος μετ' ἐμοῦ
43 [1] παραγίνεται ὁ Ἰούδας εἷς τῶν δώδεκα
Lu 2 42 ὅτε ἐγένετο ἐτῶν δώδεκα
6 13 ἐκλεξάμενος ἀπ' αὐτῶν δώδεκα
8 1 [1] κ. οἱ δώδεκα σὺν αὐτῷ
42 θυγάτηρ μονογενὴς ἦν αὐτῷ ὡς ἐτῶν δώδεκα
43 γυνὴ οὖσα ἐν ῥύσει αἵματος ἀπὸ ἐτῶν δώδεκα
9 1 [1] συνκαλεσάμενος δὲ τ. δώδεκα
12 [1] προσελθόντες δὲ οἱ δώδεκα εἶπαν αὐτῷ
17 ἤρθη τὸ περισσεῦσαν αὐτοῖς κλασμάτων κόφινοι δώδεκα
18 31 [1] παραλαβὼν δὲ τοὺς δώδεκα
22 3 [1] ὄντα ἐκ τ. ἀριθμοῦ τῶν δώδεκα
30 τ. δώδεκα φυλὰς κρίνοντες τοῦ Ἰσραήλ
κρίν. τ. δώδ. φυλ., T
47 [1] ὁ λεγόμενος Ἰούδας εἷς τῶν δώδεκα
Jo 6 13 ἐγέμισαν δώδεκα κοφίνους κλασμάτων
67 [1] εἶπεν οὖν ὁ Ἰησοῦς τοῖς δώδεκα
70 [1] οὐκ ἐγὼ ὑμᾶς τ. δώδεκα ἐξελεξάμην
71 [1] εἷς ἐκ τῶν δώδεκα
εἷς ὤν, T
11 9 οὐχὶ δώδεκα ὧραί εἰσιν τ. ἡμέρας
20 24 [1] Θωμᾶς δὲ εἷς ἐκ τ. δώδεκα ὁ λεγόμενος Δίδυμος
Ac 6 2 [1] προσκαλεσάμενοι δὲ οἱ δώδ. τὸ πλῆθος τ. μαθητῶν
7 8 κ. Ἰακὼβ τ. δώδεκα πατριάρχας
19 7 ἦσαν δὲ οἱ πάντες ἄνδρες ὡσεὶ δώδεκα
24 11 οὐ πλείους εἰσίν μοι ἡμέραι δώδεκα
1 Co 15 5 [1] ὤφθη Κηφᾷ εἶτα τοῖς δώδεκα
Ja 1 1 Ἰάκωβος . . . τ. δώδεκα φυλαῖς ταῖς ἐν τ. διασπορᾷ
Re 7 5 ἐκ φυλῆς Ἰούδα δώδεκα χιλιάδες ἐσφραγισμένοι·
ἐκ φυλῆς Ῥουβὴν δώδεκα χιλιάδες·
ἐκ φυλῆς Γὰδ δώδεκα χιλιάδες·
6 ἐκ φυλῆς Ἀσὴρ δώδεκα χιλιάδες·
ἐκ φυλῆς Νεφθαλὶμ δώδεκα χιλιάδες·
ἐκ φυλῆς Μανασσῆ δώδεκα χιλιάδες·
7 ἐκ φυλῆς Συμεὼν δώδεκα χιλιάδες·
ἐκ φυλῆς Λευεὶ δώδεκα χιλιάδες·
ἐκ φυλῆς Ἰσσαχὰρ δώδεκα χιλιάδες·
8 ἐκ φυλῆς Ζαβουλὼν δώδεκα χιλιάδες·
ἐκ φυλῆς Ἰωσὴφ δώδεκα χιλιάδες·
ἐκ φυλῆς Βενιαμεὶν δώδεκα χιλιάδες ἐσφραγισμένοι
12 1 ἐπὶ τ. κεφαλῆς αὐτῆς στέφανος ἀστέρων δώδεκα
21 12 ἔχουσα πυλῶνας δώδεκα,
κ. ἐπὶ τ. πυλῶσιν ἀγγέλους δώδεκα,
κ. ὀνόματα ἐπιγεγραμμένα ἅ ἐστιν τ. δώδεκα φυλῶν υἱῶν Ἰσραήλ
14 τὸ τεῖχος τ. πόλεως ἔχων θεμελίους δώδεκα,
κ. ἐπ' αὐτῶν δώδεκα ὀνόματα τ. δώδεκα ἀποστόλων τ. ἀρνίου
16 ἐμέτρησεν τ. πόλιν . . . ἐπὶ σταδίων δώδεκα χιλιάδων
21 οἱ δώδεκα πυλῶνες δώδεκα μαργαρῖται
22 2 ξύλον ζωῆς ποιοῦν καρποὺς δώδεκα

ΔΩΔΕ΄ΚΑΤΟΣ 1428

Re 21 20 ὁ δωδέκατος ἀμέθυστος

ΔΩΔΕΚΑ΄ΦΥΛΟΝ *† 1429

Ac 26 7 εἰς ἣν τ. δωδεκάφυλον ἡμῶν . . . ἐλπίζει καταντῆσαι

ΔΩ͂ΜΑ 1430

Mt 10 27 κηρύξατε ἐπὶ τ. δωμάτων
24 17 ὁ ἐπὶ τ. δώματος μὴ καταβάτω ἆραι
Mk 13 15 ὁ ἐπὶ τ. δώματος μὴ καταβάτω
Lu 5 19 ἀναβάντες ἐπὶ τὸ δῶμα . . . καθῆκαν αὐτόν
12 3 ὃ πρὸς τὸ οὖς ἐλαλήσατε . . . κηρυχθήσεται ἐπὶ τ. δωμάτων
17 31 ὃς ἔσται ἐπὶ τ. δώματος
Ac 10 9 ἀνέβη Πέτρος ἐπὶ τὸ δῶμα προσεύξασθαι

ΔΩΡΕΑ΄ 1431

(1) δωρ. τ. Θεοῦ

Jo 4 10 [1] εἰ ᾔδεις τ. δωρεὰν τ. Θεοῦ
Ac 2 38 λήμψεσθε τ. δωρεὰν τ. ἁγίου πνεύματος
8 20 [1] τ. δωρεὰν τ. Θεοῦ ἐνόμισας διὰ χρημάτων κτᾶσθαι
10 45 κ. ἐπὶ τ. ἔθνη ἡ δωρεὰ τ. πνεύματος τ. ἁγίου ἐκκέχυται
11 17 εἰ οὖν τ. ἴσην δωρεὰν ἔδωκεν αὐτοῖς ὁ Θεός
Ro 5 15 ἡ δωρεὰ ἐν χάριτι τῇ τ. ἑνὸς ἀνθρώπου Ἰησοῦ Χριστοῦ
17 οἱ τ. περισσείαν . . . τ. δωρεᾶς τ. δικαιοσύνης λαμβάνοντες
—τ. δωρεᾶς, [WH] R mg.
II Co 9 15 χάρις τ. Θεῷ ἐπὶ τ. ἀνεκδιηγήτῳ αὐτοῦ δωρεᾷ
Eph 3 7 διάκονος κατὰ τ. δωρεὰν τ. χάριτος τ. Θεοῦ
4 7 ἐδόθη ἡ χάρις κατὰ τὸ μέτρον τ. δωρεᾶς τ. Χριστοῦ
He 6 4 γευσαμένους τε τ. δωρεᾶς τῆς ἐπουρανίου

ΔΩΡΕΑ΄Ν 1432

Mt 10 8 δωρεὰν ἐλάβετε δωρεὰν δότε
Jo 15 25 ἐμίσησάν με δωρεάν

שֹׂנְאַי חִנָּם, Ps. xxxv. 19

Ro 3 24 δικαιούμενοι δωρεὰν τῇ αὐτοῦ χάριτι
II Co 11 7 δωρεὰν τὸ τ. Θεοῦ εὐαγγέλιον εὐηγγελισάμην ὑμῖν
Ga 2 21 ἄρα Χριστὸς δωρεὰν ἀπέθανεν
II Th 3 8 οὐδὲ δωρ. ἄρτον ἐφάγομεν παρά τινος
Re 21 6 τ. διψῶντι δώσω ἐκ τ. πηγῆς τ. ὕδατος τ. ζωῆς δωρεάν
22 17 ὁ θέλων λαβέτω ὕδωρ ζωῆς δωρεάν

ΔΩΡΕ΄ΟΜΑΙ 1433

Mk 15 45 ἐδωρήσατο τὸ πτῶμα τῷ Ἰωσήφ
II Pe 1 3 τ. θείας δυνάμεως αὐτοῦ τὰ πρὸς ζωὴν . . . δεδωρημένης
4 δι' ὧν τὰ τίμια κ. μέγιστα ἡμῖν ἐπαγγέλματα δεδώρηται

ΔΩ΄ΡΗΜΑ ** 1434

Ro 5 16 οὐχ ὡς δι' ἑνὸς ἁμαρτήσαντος τὸ δώρημα
Ja 1 17 πᾶν δώρημα τέλειον ἄνωθέν ἐστιν

ΔΩ̂ΡΟΝ 1435

(1) δῶρ. Θεοῦ

Mt 2 11 ἀνοίξαντες τ. θησαυροὺς αὐτῶν προσήνεγκαν αὐτῷ δῶρα
5 23 ἐὰν οὖν προσφέρῃς τὸ δῶρόν σου ἐπὶ τὸ θυσιαστήριον
24 ἄφες ἐκεῖ τὸ δῶρόν σου ἔμπροσθεν τ. θυσιαστηρίου
24 τότε ἐλθὼν πρόσφερε τὸ δῶρόν σου
8 4 προσένεγκον τὸ δῶρον ὃ προσέταξεν Μωυσῆς
15 5 δῶρον ὃ ἐὰν ἐξ ἐμοῦ ὠφεληθῇς
23 18 ὃς δ' ἂν ὀμόσῃ ἐν τ. δώρῳ τῷ ἐπάνω αὐτοῦ
19 τί γὰρ μεῖζον τὸ δῶρον,
Mt 23 19 ἢ τὸ θυσιαστήριον τ. ἁγιάζον τ. δῶρον;
Mk 7 11 Κορβὰν ὅ ἐστιν δῶρον
Lu 21 1 εἶδεν τ. βάλλοντας εἰς τ. γαζοφυλάκιον τὰ δῶρα αὐτῶν
4 ἐκ τ. περισσεύοντος αὐτοῖς ἔβαλον εἰς τὰ δῶρα
Eph 2 8 [1] κ. τοῦτο οὐκ ἐξ ὑμῶν Θεοῦ τὸ δῶρον
He 5 1 ἵνα προσφέρῃ δῶρά τε κ. θυσίας
8 3 εἰς τὸ προσφέρειν δῶρά τε κ. θυσίας καθίσταται
4 ὄντων τ. προσφερόντων κατὰ νόμον τὰ δῶρα
9 9 καθ' ἣν δῶρά τε κ. θυσίαι προσφέρονται
11 4 μαρτυροῦντος ἐπὶ τ. δώροις αὐτοῦ τ. Θεοῦ
Re 11 10 δῶρα πέμψουσιν ἀλλήλοις

E

ἜΑ 1436

Lu 4 34 Ἔα, τί ἡμῖν κ. σοὶ Ἰησοῦ Ναζαρηνέ;

ἘΆΝ 1437

(1) ὃς ἐάν, ὅστις ἐάν (2) ὅσα, ὅσους ἐάν
(3) ὅπου, οὗ, ὁσάκις ἐάν (4) c. indic.
(5) ἐάν τις
cf. *infra*, ἐὰν μή

Mt 4 9 ἐὰν πεσὼν προσκυνήσῃς μοι
5 13 ἐὰν δὲ τὸ ἅλας μωρανθῇ
19 [1] ὃς ἐὰν οὖν λύσῃ μίαν τ. ἐντολῶν τούτων
23 ἐὰν οὖν προσφέρῃς τὸ δῶρόν σου
32 [1] ὃς ἐὰν ἀπολελυμένην γαμήσῃ μοιχᾶται
h. v., [WH]
46 ἐὰν γὰρ ἀγαπήσητε τ. ἀγαπῶντας ὑμᾶς
47 ἐὰν ἀσπάσησθε τ. ἀδελφοὺς ὑμῶν μόνον
6 14 ἐὰν γὰρ ἀφῆτε τ. ἀνθρώποις τὰ παραπτώματα αὐτῶν
22 ἐὰν οὖν ᾖ ὁ ὀφθαλμός σου ἁπλοῦς
—οὖν, T
23 ἐὰν δὲ ὁ ὀφθαλμός σου πονηρὸς ᾖ
7 12 [2] ὅσα ἐὰν θέλητε ἵνα ποιῶσιν ὑμῖν οἱ ἄνθρωποι
8 2 Κύριε ἐὰν θέλῃς δύνασαί με καθαρίσαι
19 [3] ἀκολουθήσω σοι ὅπου ἐὰν ἀπέρχῃ
9 21 ἐὰν μόνον ἅψωμαι τ. ἱματίου αὐτοῦ
10 13 ἐὰν μὲν ᾖ ἡ οἰκία ἀξία
42 [1] ὃς ἐὰν ποτίσῃ ἕνα τ. μικρῶν τούτων ποτήριον
ἄν, WH
11 6 [1] ὃς ἐὰν μὴ σκανδαλισθῇ ἐν ἐμοί
ἄν, WH
27 [1] ᾧ ἐὰν βούληται ὁ υἱὸς ἀποκαλύψαι
12 11 ἐὰν ἐμπέσῃ τοῦτο τ. σάββασιν εἰς βόθυνον
32 [1] ὃς ἐὰν εἴπῃ λόγον κατὰ τ. υἱοῦ τ. ἀνθρώπου
14 7 [1] ὡμολόγησεν αὐτῇ δοῦναι ὃ ἐὰν αἰτήσηται
15 5 [1] δῶρον ὃ ἐὰν ἐξ ἐμοῦ ὠφελήθῃς
14 τυφλὸς δὲ τυφλὸν ἐὰν ὁδηγῇ
16 19 [1] ὃ ἐὰν δήσῃς ἐπὶ τ. γῆς
19 [1] κ. ὃ ἐὰν λύσῃς ἐπὶ τ. γῆς
25 [1] ὃς γὰρ ἐὰν θέλῃ τ. ψυχὴν αὐτοῦ σῶσαι
26 ἐὰν τ. κόσμον ὅλον κερδήσῃ
17 20 ἐὰν ἔχητε πίστιν ὡς κόκκον σινάπεως
Mt 18 5 [1] ὃς ἐὰν δέξηται ἓν παιδίον τοιοῦτο
12 ἐὰν γένηταί τινι ἀνθρώπῳ ἑκατὸν πρόβατα
13 κ. ἐὰν γένηται εὑρεῖν αὐτό
15 ἐὰν δὲ ἁμαρτήσῃ ὁ ἀδελφός σου
15 ἐάν σου ἀκούσῃ
17 ἐὰν δὲ παρακούσῃ αὐτῶν
17 ἐὰν δὲ κ. τ. ἐκκλησίας παρακούσῃ
18 [2] ὅσα ἐὰν δήσητε ἐπὶ τ. γῆς
18 [2] κ. ὅσα ἐὰν λύσητε ἐπὶ τ. γῆς
19 [4] ἐὰν δύο συμφωνήσωσιν ἐξ ὑμῶν ἐπὶ τ. γῆς
συμφωνήσουσιν, T
[1] περὶ παντὸς πράγματος οὗ ἐὰν αἰτήσωνται
20 4 [1] ὃ ἐὰν ᾖ δίκαιον δώσω ὑμῖν
26 [1] ὃς ἐὰν θέλῃ ἐν ὑμῖν μέγας γενέσθαι
ἄν, WH
21 3 [5] ἐάν τις ὑμῖν εἴπῃ τι
21 ἐὰν ἔχητε πίστιν κ. μὴ διακριθῆτε
24 [1] ὃν ἐὰν εἴπητέ μοι
25 ἐὰν εἴπωμεν Ἐξ οὐρανοῦ ἐρεῖ ἡμῖν
26 ἐὰν δὲ εἴπωμεν Ἐξ ἀνθρώπων
22 9 [2] ὅσους ἐὰν εὕρητε
24 [5] ἐάν τις ἀποθάνῃ μὴ ἔχων τέκνα
כִּי . . . מֵת אַחַד מֵהֶם וּבֵן אֵין־לוֹ, Dt. xxv. 5
23 3 [2] πάντα οὖν ὅσα ἐὰν εἴπωσιν ὑμῖν
24 23 [5] τότε ἐάν τις ὑμῖν εἴπῃ
26 ἐὰν οὖν εἴπωσιν ὑμῖν
28 [3] ὅπου ἐὰν ᾖ τὸ πτῶμα
48 ἐὰν δὲ εἴπῃ ὁ κακὸς δοῦλος
26 13 [3] ὅπου ἐὰν κηρυχθῇ τὸ εὐαγγέλιον τοῦτο
48 [1] ὃν ἐὰν φιλήσω αὐτός ἐστιν
ἄν, WH
28 14 ἐὰν ἀκουσθῇ τοῦτο ἐπὶ τ. ἡγεμόνος
Mk 1 40 ἐὰν θέλῃς δύνασαί με καθαρίσαι
3 24 ἐὰν βασιλεία ἐφ' ἑαυτὴν μερισθῇ
25 κ. ἐὰν οἰκία ἐφ' ἑαυτὴν μερισθῇ
28 [2] αἱ βλασφημίαι ὅσα ἐὰν βλασφημήσωσιν
ἄν, T
5 28 ἐὰν ἅψωμαι κἂν τ. ἱματίων αὐτοῦ
6 10 [3] ὅπου ἐὰν εἰσέλθητε εἰς οἰκίαν
22 [1] αἴτησόν με ὃ ἐὰν θέλῃς
23 [1] ὃ ἐάν με αἰτήσῃς δώσω σοι
—ὃ, WH non mg.

Mk 6 56 [3] ὅπου ἐὰν εἰσεπορεύετο εἰς κώμας
ἄν, WH
7 11 ἐὰν εἴπῃ ἄνθρωπος τ. πατρὶ ἢ τ. μητρί,
[1] Κορβὰν . . . ὃ ἐὰν ἐξ ἐμοῦ ὠφεληθῇς
8 3 ἐὰν ἀπολύσω αὐτοὺς νήστεις εἰς οἶκον αὐτῶν
35 [1] ὃς γὰρ ἐὰν θέλῃ τὴν ἑαυτοῦ ψυχὴν σῶσαι
38 [1] ὃς γὰρ ἐὰν ἐπαισχυνθῇ με
9 18 [3] ὅπου ἐὰν αὐτὸν καταλάβῃ
43 ἐὰν σκανδαλίσῃ σε ἡ χείρ σου
45 ἐὰν ὁ πούς σου σκανδαλίζῃ σε
47 ἐὰν ὁ ὀφθαλμός σου σκανδαλίζῃ σε
50 ἐὰν δὲ τὸ ἅλας ἄναλον γένηται
10 12 ἐὰν αὐτὴ ἀπολύσασα τ. ἄνδρα αὐτῆς γαμήσῃ ἄλλον
35 [1] θέλομεν ἵνα ὃ ἐὰν αἰτήσωμέν σε
11 3 [5] ἐάν τις ὑμῖν εἴπῃ
31 ἐὰν εἴπωμεν Ἐξ οὐρανοῦ ἐρεῖ
12 19 [5] ὅτι ἐάν τινος ἀδελφὸς ἀποθάνῃ, Dt. *l.c.*
13 11 [1] ὃ ἐὰν δοθῇ ὑμῖν ἐν ἐκείνῃ τ. ὥρᾳ
21 [5] τότε ἐάν τις ὑμῖν εἴπῃ
14 9 [3] ὅπου ἐὰν κηρυχθῇ τὸ εὐαγγέλιον
14 [3] ὅπου ἐὰν εἰσέλθῃ
31 ἐὰν δέῃ με συναποθανεῖν σοι
με δέῃ, T
Lu 4 6 [1] ᾧ ἐὰν θέλω δίδωμι αὐτήν
ἄν, WH
7 σὺ οὖν ἐὰν προσκυνήσῃς ἐνώπιον ἐμοῦ
5 12 Κύριε ἐὰν θέλῃς δύνασαί με καθαρίσαι
6 33 ἐὰν ἀγαθοποιῆτε τ. ἀγαθοποιοῦντας ὑμᾶς
34 ἐὰν δανίσητε παρ' ὧν ἐλπίζετε λαβεῖν
9 24 [1] ὃς γὰρ ἐὰν θέλῃ τ. ψυχὴν αὐτοῦ σῶσαι
ἄν, WH
48 [1] ὃς ἐὰν δέξηται τοῦτο τὸ παιδίον
ἄν, WH
10 6 ἐὰν ἐκεῖ ᾖ υἱὸς εἰρήνης
22 [1] ᾧ ἐὰν βούληται ὁ υἱὸς ἀποκαλύψαι
ἄν, WH
12 38 κ. ἐὰν ἔλθῃ τ. ἑσπερινῇ φυλακῇ κ. εὑρήσει . . . κ. ἐὰν ἐν τ. δευτέρᾳ
κἂν ἐν τ. δευτέρᾳ κἂν, TWH non mg. R
45 ἐὰν δὲ εἴπῃ ὁ δοῦλος ἐκεῖνος
14 34 ἐὰν δὲ κ. τὸ ἅλας μωρανθῇ
15 8 ἐὰν ἀπολέσῃ δραχμὴν μίαν
16 30 [5] ἐάν τις ἀπὸ νεκρῶν πορευθῇ πρὸς αὐτούς
31 [5] οὐδ' ἐάν τις ἐκ νεκρῶν ἀναστῇ
17 3 ἐὰν ἁμάρτῃ ὁ ἀδελφός σου ἐπιτίμησον αὐτῷ·
κ. ἐὰν μετανοήσῃ ἄφες αὐτῷ·
4 κ. ἐὰν ἑπτάκις τ. ἡμέρας ἁμαρτήσῃ εἰς σέ
33 [1] ὃς ἐὰν ζητήσῃ τ. ψυχὴν αὐτοῦ περιποιήσασθαι
33 [1 4] κ. ὃς ἐὰν ἀπολέσει
ὃς δ' ἄν, WH
19 31 [5] ἐάν τις ὑμᾶς ἐρωτᾷ
40 [4] ἐὰν οὗτοι σιωπήσουσιν
20 5 ἐὰν εἴπωμεν Ἐξ οὐρανοῦ ἐρεῖ
6 ἐὰν δὲ εἴπωμεν Ἐξ ἀνθρώπων
28 [5] ἐάν τινος ἀδελφὸς ἀποθάνῃ ἔχων γυναῖκα
22 67 ἐὰν ὑμῖν εἴπω οὐ μὴ πιστεύσητε·
68 ἐὰν δὲ ἐρωτήσω οὐ μὴ ἀποκριθῆτε
Jo 3 12 ἐὰν εἴπω ὑμῖν τὰ ἐπουράνια
5 31 ἐὰν ἐγὼ μαρτυρῶ περὶ ἐμαυτοῦ
43 ἐὰν ἄλλος ἔλθῃ ἐν τ. ὀνόματι τ. ἰδίῳ
6 51 [5] ἐάν τις φάγῃ ἐκ τούτου τ. ἄρτου
62 ἐὰν οὖν θεωρῆτε τ. υἱὸν τ. ἀνθρώπου ἀναβαίνοντα

Jo 7 17 [5] ἐάν τις θέλῃ τὸ θέλημα αὐτοῦ ποιεῖν
37 [5] ἐάν τις διψᾷ ἐρχέσθω πρός με
8 16 ἐὰν κρίνω δὲ ἐγώ
31 ἐὰν ὑμεῖς μείνητε ἐν τ. λόγῳ τ. ἐμῷ
36 ἐὰν οὖν ὁ υἱὸς ὑμᾶς ἐλευθερώσῃ
51 [5] ἐάν τις τ. ἐμὸν λόγον τηρήσῃ
52 [5] ἐάν τις τ. λόγον μου τηρήσῃ
54 ἐὰν ἐγὼ δοξάσω ἐμαυτόν
9 22 [5] ἐάν τις αὐτὸν ὁμολογήσῃ Χριστόν
31 [5] ἐάν τις θεοσεβὴς ᾖ
10 9 [5] δι' ἐμοῦ ἐάν τις εἰσέλθῃ
11 9 [5] ἐάν τις περιπατῇ ἐν τ. ἡμέρᾳ
10 [5] ἐὰν δέ τις περιπατῇ ἐν τ. νυκτί
40 ἐὰν πιστεύσῃς ὄψῃ τ. δόξαν τ. Θεοῦ
48 ἐὰν ἀφῶμεν αὐτὸν οὕτως
57 [5] ἵνα ἐάν τις γνῷ ποῦ ἐστὶν μηνύσῃ
12 24 ἐὰν δὲ ἀποθάνῃ πολὺν καρπὸν φέρει
26 [5] ἐὰν ἐμοί τις διακονῇ ἐμοὶ ἀκολουθείτω
26 [5] ἐάν τις ἐμοὶ διακονῇ τιμήσει αὐτὸν ὁ πατήρ
32 κἀγὼ ἐὰν ὑψωθῶ ἐκ τ. γῆς
ἄν, WH
47 [5] ἐάν τίς μου ἀκούσῃ τ. ῥημάτων
13 17 μακάριοί ἐστε ἐὰν ποιῆτε αὐτά
35 ἐὰν ἀγάπην ἔχητε ἐν ἀλλήλοις
14 3 ἐὰν πορευθῶ κ. ἑτοιμάσω τόπον ὑμῖν
14 [5] ἐάν τι αἰτήσητε ἐν τ. ὀνόματί μου
αἰτῆτε, WH mg.
15 ἐὰν ἀγαπᾶτέ με
23 [5] ἐάν τις ἀγαπᾷ με
15 7 ἐὰν μείνητε ἐν ἐμοί
7 [1] ὃ ἐὰν θέλητε αἰτήσασθε
10 ἐὰν τ. ἐντολάς μου τηρήσητε
14 ἐὰν ποιῆτε ὃ ἐγὼ ἐντέλλομαι ὑμῖν
16 7 ἐὰν δὲ πορευθῶ πέμψω αὐτὸν πρὸς ὑμᾶς
19 12 ἐὰν τοῦτον ἀπολύσῃς
21 22 ἐὰν αὐτὸν θέλω μένειν ἕως ἔρχομαι
23 ἐὰν αὐτὸν θέλω μένειν ἕως ἔρχομαι
25 [1] ἅτινα ἐὰν γράφηται καθ' ἕν
—h. v., T
Ac 2 21 [1] πᾶς ὃς ἐὰν ἐπικαλέσηται τὸ ὄνομα Κυρίου
ἄν, T
5 38 ἐὰν ᾖ ἐξ ἀνθρώπων ἡ βουλὴ αὕτη
7 7 [1 4] τὸ ἔθνος ᾧ ἐὰν δουλεύσουσιν
ἄν, T
אֶת־הַגּוֹי אֲשֶׁר יַעֲבֹדוּ דָּן אָנֹכִי, Gen. xv. 14
8 19 [1] ἵνα ᾧ ἐὰν ἐπιθῶ τ. χεῖρας
9 2 [5] ὅπως ἐάν τινας εὕρῃ τῆς ὁδοῦ ὄντας
ἄν, T
13 41 [5] ἐάν τις ἐκδιηγῆται ὑμῖν
כִּי יְסֻפָּר, Hab. i. 5
26 5 ἐὰν θέλωσιν μαρτυρεῖν
Ro 2 25 περιτομὴ μὲν γὰρ ὠφελεῖ ἐὰν νόμον πράσσῃς·
ἐὰν δὲ παραβάτης νόμου ᾖς
26 ἐὰν οὖν ἡ ἀκροβυστία τὰ δικαιώματα τ. νόμου φυλάσσῃ
7 2 ἐὰν δὲ ἀποθάνῃ ὁ ἀνήρ
3 ἐὰν γένηται ἀνδρὶ ἑτέρῳ·
ἐὰν δὲ ἀποθάνῃ ὁ ἀνήρ
9 27 ἐὰν ᾖ ὁ ἀριθμὸς τ. υἱῶν Ἰσραὴλ ὡς ἡ ἄμμος τ. θαλάσσης
כִּי אִם־יִהְיֶה עַמְּךָ יִשְׂרָאֵל כְּחוֹל הַיָּם, Is x. 22

Ro 10 9 ἐὰν ὁμολογήσῃς τὸ ῥῆμα ἐν τ. στόματί σου
11 22 ἐὰν ἐπιμένῃς τ. χρηστότητι
12 20 ἀλλὰ ἐὰν πεινᾷ ὁ ἐχθρός σου ψώμιζε αὐτόν·
אִם־רָעֵב שֹׂנַאֲךָ הַאֲכִלֵהוּ לָחֶם, Prov. xxv. 21
ἐὰν διψᾷ πότιζε αὐτόν
וְאִם־צָמֵא הַשְׁקֵהוּ מָיִם, *ib.*
13 4 ἐὰν δὲ τὸ κακὸν ποιῇς φοβοῦ
14 8 ἐάν τε γὰρ ζῶμεν τ. Κυρίῳ ζῶμεν·
ἐάν τε ἀποθνήσκωμεν τ. Κυρίῳ ἀποθνήσκομεν.
ἐάν τε οὖν ζῶμεν ἐάν τε ἀποθνήσκωμεν
23 ὁ δὲ διακρινόμενος ἐὰν φάγῃ κατακέκριται
15 24 ἐὰν ὑμῶν πρῶτον ἀπὸ μέρους ἐμπλησθῶ
I Co 4 15 ἐὰν γὰρ μυρίους παιδαγωγοὺς ἔχητε ἐν Χριστῷ
19 ἐὰν ὁ Κύριος θελήσῃ
5 11 [5] ἐάν τις ἀδελφὸς ὀνομαζόμενος ᾖ πόρνος
6 4 βιωτικὰ μὲν οὖν κριτήρια ἐὰν ἔχητε
18 [1] πᾶν ἁμάρτημα ὃ ἐὰν ποιήσῃ ἄνθρωπος
7 8 καλὸν αὐτοῖς ἐὰν μείνωσιν ὡς κἀγώ
11 ἐὰν δὲ κ. χωρισθῇ
28 ἐὰν δὲ κ. γαμήσῃς οὐχ ἥμαρτες·
κ. ἐὰν γήμῃ ἡ παρθένος οὐχ ἥμαρτεν
36 ἐὰν ᾖ ὑπέρακμος
39 ἐὰν δὲ κοιμηθῇ ὁ ἀνήρ
40 μακαριωτέρα δέ ἐστιν ἐὰν οὕτως μείνῃ
8 8 οὔτε ἐὰν φάγωμεν περισσεύομεν
10 [5] ἐὰν γάρ τις ἴδῃ σε τ. ἔχοντα γνῶσιν
9 16 ἐὰν γὰρ εὐαγγελίζωμαι
10 28 [5] ἐὰν δέ τις ὑμῖν εἴπῃ
11 14 ἀνὴρ μὲν ἐὰν κομᾷ ἀτιμία αὐτῷ ἐστιν·
15 γυνὴ δὲ ἐὰν κομᾷ δόξα αὐτῇ ἐστίν
25 [3] τοῦτο ποιεῖτε ὁσάκις ἐὰν πίνητε
26 [3] ὁσάκις γὰρ ἐὰν ἐσθίητε τὸν ἄρτον τοῦτον
12 15 ἐὰν εἴπῃ ὁ πούς
16 κ. ἐὰν εἴπῃ τὸ οὖς
13 1 ἐὰν τ. γλώσσαις τ. ἀνθρώπων λαλῶ κ τ. ἀγγέλων
2 καὶ ἐὰν ἔχω προφητείαν
κἂν, WH
2 καὶ ἐὰν ἔχω πᾶσαν τ. πίστιν
κἂν, WH
3 καὶ ἐὰν ψωμίσω πάντα τὰ ὑπάρχοντά μου
κἂν, WH
3 καὶ ἐὰν παραδῶ τὸ σῶμά μου ἵνα καυθήσομαι
κἂν . . . καυχήσωμαι, WHR mg.
14 6 ἐὰν ἔλθω πρὸς ὑμᾶς γλώσσαις λαλῶν
8 ἐὰν ἄδηλον σάλπιγξ φωνὴν δῷ
14 ἐὰν γὰρ προσεύχωμαι γλώσσῃ
16 ἐπεὶ ἐὰν εὐλογῇς πνεύματι
23 ἐὰν οὖν συνέλθῃ ἡ ἐκκλησία ὅλη ἐπὶ τὸ αὐτό
24 ἐὰν δὲ πάντες προφητεύωσιν
30 ἐὰν δὲ ἄλλῳ ἀποκαλυφθῇ καθημένῳ
16 2 [1] θησαυρίζων ὅτι ἐὰν εὐοδῶται
ἄν, T
3 [1] οὓς ἐὰν δοκιμάσητε
4 ἐὰν δὲ ἄξιον ᾖ τοῦ κἀμὲ πορεύεσθαι
6 [3] ἵνα ὑμεῖς με προπέμψητε οὗ ἐὰν πορεύωμαι
7 ἐὰν ὁ Κύριος ἐπιτρέψῃ

I Co 16 10 ἐὰν δὲ ἔλθῃ Τιμόθεος
II Co 3 16 ἡνίκα δὲ ἐὰν ἐπιστρέψῃ πρὸς Κύριον
δ' ἄν, WH mg.
5 1 ἐὰν ἡ ἐπίγειος ἡμῶν οἰκία τ. σκήνους καταλυθῇ
8 12 [1] καθὸ ἐὰν ἔχῃ εὐπρόσδεκτος
ἄν, T
9 4 μή πως ἐὰν ἔλθωσιν σὺν ἐμοὶ Μακεδόνες
10 8 [4] ἐάν τε γὰρ περισσότερόν τι καυχήσωμαι
καυχήσομαι, T
12 6 ἐὰν γὰρ θελήσω καυχήσασθαι
13 2 ἐὰν ἔλθω εἰς τὸ πάλιν
Ga 1 8 ἐὰν ἡμεῖς ἢ ἄγγελος ἐξ οὐρανοῦ εὐαγγελίσηται ὑμῖν
5 2 ἐὰν περιτέμνησθε Χριστὸς ὑμᾶς οὐδὲν ὠφελήσει
10 [1] βαστάσει τὸ κρίμα ὅστις ἐὰν ᾖ
17 [1] ἵνα μὴ ἃ ἐὰν θέλητε ταῦτα ποιῆτε
6 1 ἐὰν κ. προλημφθῇ ἄνθρωπος ἔν τινι παραπτώματι
7 [1] ὃ γὰρ ἐὰν σπείρῃ ἄνθρωπος
Eph 6 8 [5] εἰδότες ὅτι ἕκαστος ἐάν τι ποιήσῃ ἀγαθόν
ἕκαστος ὃ ἐὰν ποιήσῃ, R
Col 3 13 [5] ἐάν τις πρός τινα ἔχῃ μομφήν
17 [1] πᾶν ὅτι ἐὰν ποιῆτε ἐν λόγῳ ἢ ἐν ἔργῳ
ὅ τι ἄν, T
23 [1] ὃ ἐὰν ποιῆτε ἐκ ψυχῆς ἐργάζεσθε
4 10 ἐὰν ἔλθῃ πρὸς ὑμᾶς
I Th 2 8 ὡς ἐὰν τρόφος θάλπῃ τὰ ἑαυτῆς τέκνα
3 8 [4] ἐὰν ὑμεῖς στήκετε ἐν Κυρίῳ
I Ti 1 8 [5] ἐάν τις αὐτῷ νομίμως χρῆται
2 15 ἐὰν μείνωσιν ἐν πίστει κ. ἀγάπῃ
3 15 ἐὰν δὲ βραδύνω
II Ti 2 5 [5] ἐὰν δὲ κ. ἀθλῇ τις
21 [5] ἐὰν οὖν τις ἐκκαθάρῃ ἑαυτὸν ἀπὸ τούτων
He 3 6 ἐὰν τ. παρρησίαν . . . βεβαίαν κατάσχωμεν
7 σήμερον ἐὰν τ. φωνῆς αὐτοῦ ἀκούσητε
הַיּוֹם אִם־בְּקֹלוֹ תִשְׁמָעוּ, Ps. xcv. 7
15 σήμερον ἐὰν τ. φωνῆς αὐτοῦ ἀκούσητε, *ib.*
4 7 σήμερον ἐὰν τ. φωνῆς αὐτοῦ ἀκούσητε, *ib.*
10 38 ἐὰν ὑποστείληται οὐκ εὐδοκεῖ ἡ ψυχή μου ἐν αὐτῷ
הִנֵּה עֻפְּלָה לֹא־יָשְׁרָה נַפְשׁוֹ בּוֹ, Hab. ii. 4
13 23 μεθ' οὗ ἐὰν τάχειον ἔρχηται ὄψομαι ὑμᾶς
Ja 2 2 ἐὰν γὰρ εἰσέλθῃ . . . ἀνὴρ χρυσοδακτύλιος
14 [5] ἐὰν πίστιν λέγῃ τις ἔχειν
15 ἐὰν ἀδελφὸς ἢ ἀδελφὴ γυμνοὶ ὑπάρχωσιν
4 4 [1] ὃς ἐὰν οὖν βουληθῇ φίλος εἶναι τ. κόσμου
15 ἐὰν ὁ Κύριος θέλῃ
θελήσῃ, TWH mg.
5 19 [5] ἐάν τις ἐν ὑμῖν πλανηθῇ ἀπὸ τ. ἀληθείας
I Pe 3 13 ἐὰν τ. ἀγαθοῦ ζηλωταὶ γένησθε
I Jo 1 6 ἐὰν εἴπωμεν ὅτι κοινωνίαν ἔχομεν
7 ἐὰν δὲ ἐν τ. φωτὶ περιπατῶμεν
8 ἐὰν εἴπωμεν ὅτι ἁμαρτίαν οὐκ ἔχομεν
9 ἐὰν ὁμολογῶμεν τ. ἁμαρτίας ἡμῶν
10 ἐὰν εἴπωμεν ὅτι οὐχ ἡμαρτήκαμεν
2 1 [5] κ. ἐάν τις ἁμάρτῃ
3 ἐὰν τ. ἐντολὰς αὐτοῦ τηρῶμεν
15 [5] ἐάν τις ἀγαπᾷ τ. κόσμον
24 ἐὰν ἐν ὑμῖν μείνῃ ὃ ἀπ' ἀρχῆς ἠκούσατε
28 ἵνα ἐὰν φανερωθῇ σχῶμεν παρρησίαν
29 ἐὰν εἰδῆτε ὅτι δίκαιός ἐστιν
3 2 οἴδαμεν ὅτι ἐὰν φανερωθῇ
20 [1] ὅτι ἐὰν καταγινώσκῃ ἡμῶν ἡ καρδία

I Jo 3 22 [1] ὃ ἐὰν αἰτῶμεν λαμβάνομεν ἀπ' αὐτοῦ
ἄν, WH
4 12 ἐὰν ἀγαπῶμεν ἀλλήλους
15 [1] ὃς ἐὰν ὁμολογήσῃ ὅτι Ἰησοῦς ἐστὶν ὁ υἱὸς τ. Θεοῦ
ἄν, T
20 [5] ἐάν τις εἴπῃ ὅτι Ἀγαπῶ τ. Θεόν
5 14 [5] ὅτι ἐάν τι αἰτώμεθα κατὰ τὸ θέλημα αὐτοῦ
15 ἐὰν οἴδαμεν ὅτι ἀκούει ἡμῶν
[1] ὃ ἐὰν αἰτώμεθα οἴδαμεν ὅτι ἔχομεν
16 [5] ἐάν τις ἴδῃ τ. ἀδελφὸν αὐτοῦ ἁμαρτάνοντα
III Jo 5 [1] πιστὸν ποιεῖς ὃ ἐὰν ἐργάσῃ εἰς τ. ἀδελφούς
10 διὰ τοῦτο ἐὰν ἔλθω ὑπομνήσω αὐτοῦ τὰ ἔργα
Re 3 19 [2] ἐγὼ ὅσους ἐὰν φιλῶ
20 [5] ἐάν τις ἀκούσῃ τ. φωνῆς **μου**
11 6 [3] ὁσάκις ἐὰν θελήσωσιν
22 18 [5] ἐάν τις ἐπιθῇ ἐπ' αὐτά
19 [5] **κ. ἐάν τις** ἀφέλῃ ἀπὸ τ. λόγων τ. βιβλίου

ἘᾺΝ ΜΉ 1437.2 cf. 3361

(1) **ὅς, ὅστις ἐὰν μή** (2) **ὅσοι ἐὰν μή**
(3) c. indic. (4) **ἐὰν μή τις**

Mt 5 20 ἐὰν μὴ περισσεύσῃ ὑμῶν ἡ δικαιοσύνη
6 15 ἐὰν δὲ μὴ ἀφῆτε τ. ἀνθρώποις
10 13 ἐὰν δὲ μὴ ᾖ ἀξία
11 6 [1] ὃς ἐὰν μὴ σκανδαλισθῇ ἐν ἐμοί
ἄν, WH
12 29 ἐὰν μὴ πρῶτον δήσῃ τ. ἰσχυρόν
18 3 ἐὰν μὴ στραφῆτε κ. γένησθε ὡς τ. παιδία
16 ἐὰν δὲ μὴ ἀκούσῃ
35 ἐὰν μὴ ἀφῆτε ἕκαστος τ. ἀδελφῷ αὐτοῦ
21 21 ἐὰν ἔχητε πίστιν κ. μὴ διακριθῆτε
26 42 ἐὰν μὴ αὐτὸ πίω
Mk 3 27 ἐὰν μὴ πρῶτον τ. ἰσχυρὸν δήσῃ
4 22 οὐ γάρ ἐστιν κρυπτὸν ἐὰν μὴ ἵνα φανερωθῇ
7 3 ἐὰν μὴ πυγμῇ νίψωνται τ. χεῖρας
4 ἐὰν μὴ ῥαντίσωνται οὐκ ἐσθίουσιν
10 30 ἐὰν μὴ λάβῃ ἑκατονταπλασίονα νῦν ἐν τ. καιρῷ τούτῳ
12 19 ἐάν τινος ἀδελφὸς ἀποθάνῃ . . . κ. μὴ ἀφῇ τέκνον
Lu 7 23 [1] ὃς ἐὰν μὴ σκανδαλισθῇ ἐν ἐμοί
13 3 ἐὰν μὴ μετανοῆτε πάντες ὁμοίως ἀπολεῖσθε
5 ἐὰν μὴ μετανοήσητε πάντες ὡσαύτως ἀπολεῖσθε
μετανοῆτε, WH mg.
Jo 3 2 ἐὰν μὴ ᾖ ὁ Θεὸς μετ' αὐτοῦ
3 [4] ἐὰν μή τις γεννηθῇ ἄνωθεν
5 [4] ἐὰν μή τις γεννηθῇ ἐξ ὕδατος κ. πνεύματος
27 ἐὰν μὴ ᾖ δεδομένον αὐτῷ ἐκ τ. οὐρανοῦ
4 48 ἐὰν μὴ σημεῖα κ. τέρατα ἴδητε
6 44 ἐὰν μὴ ὁ πατὴρ ὁ πέμψας με ἑλκύσῃ αὐτόν
53 ἐὰν μὴ φάγητε τ. σάρκα τ. υἱοῦ τ. ἀνθρώπου
65 ἐὰν μὴ ᾖ δεδομένον αὐτῷ ἐκ. τ. πατρός
7 51 ἐὰν μὴ ἀκούσῃ πρῶτον παρ' αὐτοῦ
8 24 ἐὰν γὰρ μὴ πιστεύσητε ὅτι ἐγώ εἰμι
12 24 ἐὰν μὴ ὁ κόκκος τ. σίτου . . . ἀποθάνῃ
47 [4] ἐάν τίς μου ἀκούσῃ τ. ῥημάτων κ. μὴ φυλάξῃ
13 8 ἐὰν μὴ νίψω σε
15 4 ἐὰν μὴ μένῃ ἐν τῇ ἀμπέλῳ
Jo 15 4 ἐὰν μὴ ἐν ἐμοὶ μένητε
6 [4] ἐὰν μή τις μένῃ ἐν ἐμοί
16 7 ἐὰν γὰρ μὴ ἀπέλθω
20 25 ἐὰν μὴ ἴδω ἐν τ. χερσὶν αὐτοῦ τ. τύπον τ. ἥλων
Ac 3 23 [1] ἥτις ἐὰν μὴ ἀκούσῃ τ. προφήτου ἐκείνου
ἄν, WH
8 31 [4] ἐὰν μή τις ὁδηγήσει με
15 1 ἐὰν μὴ περιτμηθῆτε τ. ἔθει τῷ Μωυσέως
27 31 ἐὰν μὴ οὗτοι μείνωσιν ἐν τ. πλοίῳ
Ro 10 15 πῶς δὲ κηρύξωσιν ἐὰν μὴ ἀποσταλῶσιν;
11 23 ἐὰν μὴ ἐπιμένωσι τ. ἀπιστίᾳ
I Co 8 8 οὔτε ἐὰν μὴ φάγωμεν ὑστερούμεθα
9 16 οὐαὶ γάρ μοι ἐστὶν ἐὰν μὴ εὐαγγελίσωμαι
εὐαγγελίζωμαι, TWH mg.
13 1 ἐὰν τ. γλώσσαις τ. ἀνθρώπων λαλῶ . ἀγάπην δὲ μὴ ἔχω
14 6 ἐὰν μὴ ὑμῖν λαλήσω ἢ ἐν ἀποκαλύψει
7 ἐὰν διαστολὴν τ. φθόγγοις μὴ δῷ
9 ἐὰν μὴ εὔσημον λόγον δῶτε
11 ἐὰν οὖν μὴ εἰδῶ τ. δύναμιν τ. φωνῆς
28 ἐὰν δὲ μὴ ᾖ διερμηνευτής
15 36 οὐ ζωοποιεῖται ἐὰν μὴ ἀποθάνῃ
Ga 2 16 ἐὰν μὴ διὰ πίστεως Χριστοῦ Ἰησοῦ
II Th 2 3 ἐὰν μὴ ἔλθῃ ἡ ἀποστασία πρῶτον
II Ti 2 5 οὐ στεφανοῦται ἐὰν μὴ νομίμως ἀθλήσῃ
Ja 2 14 [4] ἐὰν πίστιν λέγῃ τις ἔχειν ἔργα δὲ μὴ ἔχῃ
17 ἐὰν μὴ ἔχῃ ἔργα
I Jo 3 21 ἐὰν ἡ καρδία μὴ καταγινώσκῃ
Re 2 5 ἐὰν μὴ μετανοήσῃς
22 [3] ἐὰν μὴ μετανοήσουσιν ἐκ τ. ἔργων αὐτῆς
3 3 ἐὰν οὖν μὴ γρηγορήσῃς
13 15 [2, 3] ἵνα ὅσοι ἐὰν μὴ προσκυνήσωσιν τ. εἰκόνι τ. θηρίου
προσκυνήσουσιν, T

ἘΆΝΠΕΡ 1437.5 cf. 1437

He 3 14 ἐάνπερ τ. ἀρχὴν τ. ὑποστάσεως . . . βεβαίαν κατάσχωμεν
6 3 ἐάνπερ ἐπιτρέπῃ ὁ Θεός

ἙΑΥΤΟΥ͂ 1438

(1) 1 pers. (2) 2 pers. (3) **ἐν ἑαυτ.**
(4) **ἀφ' ἑαυτ.** (5) reciproc.

Mt 3 9 [2, 3] μὴ δόξητε λέγειν ἐν ἑαυτοῖς
6 34 ἡ γὰρ αὔριον μεριμνήσει ἑαυτῆς
αὐτῆς, WH
8 22 ἀφὲς τ. νεκροὺς θάψαι τοὺς ἑαυτῶν νεκρούς
9 3 [3] τινὲς τ. γραμματέων εἶπαν ἐν ἑαυτοῖς
21 [3] ἔλεγεν γὰρ ἐν ἑαυτῇ
12 25 πᾶσα βασιλεία μερισθεῖσα καθ' ἑαυτῆς ἐρημοῦται·
κ. πᾶσα πόλις ἢ οἰκία μερισθεῖσα καθ' ἑαυτῆς οὐ σταθήσεται
26 εἰ ὁ Σατανᾶς τ. Σατανᾶν ἐκβάλλει ἐφ' ἑαυτὸν ἐμερίσθη
45 παραλαμβάνεται μεθ' ἑαυτοῦ ἑπτὰ ἕτερα πνεύματα πονηρότερα ἑαυτοῦ
13 21 [3] οὐκ ἔχει δὲ ῥίζαν ἐν ἑαυτῷ
14 15 ἵνα . . . ἀγοράσωσιν ἑαυτοῖς βρώματα

Mt 15 30 ἔχοντες μεθ' ἑαυτῶν χωλούς
16 7 [3] οἱ δὲ διελογίζοντο ἐν ἑαυτοῖς
8 [2 3] τί διαλογίζεσθε ἐν ἑαυτοῖς
24 εἴ τις θέλει ὀπίσω μου ἐλθεῖν ἀπαρνησάσθω ἑαυτόν
18 4 ὅστις οὖν ταπεινώσει ἑαυτόν
31 διεσάφησαν τ. κυρίῳ ἑαυτῶν πάντα τ. γενόμενα
19 12 οἵτινες εὐνούχισαν ἑαυτούς
21 8 ὁ δὲ πλεῖστος ὄχλος ἔστρωσαν ἑαυτῶν τ. ἱμάτια ἐν τῇ ὁδῷ
25 [3] οἱ δὲ διελογίζοντο ἐν ἑαυτοῖς
παρ' ἑαυτ., TWH mg.
38 [5] οἱ δὲ γεωργοὶ . . . εἶπον ἐν ἑαυτοῖς
23 12 ὅστις δὲ ὑψώσει ἑαυτὸν ταπεινωθήσεται· κ. ὅστις ταπεινώσει ἑαυτὸν ὑψωθήσεται
31 [2] ὥστε μαρτυρεῖτε ἑαυτοῖς
25 1 αἵτινες λαβοῦσαι τ. λαμπάδας ἑαυτῶν
αὐτῶν, T
3 οὐκ ἔλαβον μεθ' ἑαυτῶν ἔλαιον·
4 αἱ δὲ φρόνιμοι ἔλαβον ἔλαιον . . . μετὰ τ. λαμπάδων ἑαυτῶν
7 ἐκόσμησαν τ. λαμπάδας ἑαυτῶν
9 [2] κ. ἀγοράσατε ἑαυτοῖς
26 11 [2] πάντοτε γὰρ τ. πτωχοὺς ἔχετε μεθ' ἑαυτῶν
27 42 ἑαυτὸν οὐ δύναται σῶσαι
Mk 1 27 ὥστε συνζητεῖν πρὸς ἑαυτούς
συνζ. αὐτούς, TWH non mg.
2 8 [3] ὅτι οὕτως διαλογίζονται ἐν ἑαυτοῖς
3 24 ἐὰν βασιλεία ἐφ' ἑαυτὴν μερισθῇ
25 ἐὰν οἰκία ἐφ' ἑαυτὴν μερισθῇ
26 εἰ ὁ Σατανᾶς ἀνέστη ἐφ' ἑαυτὸν κ. ἐμερίσθη
4 17 [3] οὐκ ἔχουσιν ῥίζαν ἐν ἑαυτοῖς
5 5 ἦν κράζων κ. κατακόπτων ἑαυτὸν λίθοις
26 δαπανήσασα τὰ παρ' ἑαυτῆς πάντα
αὐτῆς, WH non mg.
30 [3] ὁ Ἰησοῦς ἐπιγνοὺς ἐν ἑαυτῷ
6 4 προφήτης ἄτιμος εἰ μὴ ἐν τ. πατρίδι ἑαυτοῦ
αὐτοῦ, WH
36 ἵνα . . . ἀγοράσωσιν ἑαυτοῖς
51 [3] λίαν ἐν ἑαυτοῖς ἐξίσταντο
8 14 εἰ μὴ ἕνα ἄρτον οὐκ εἶχον μεθ' ἑαυτῶν ἐν τ. πλοίῳ
34 εἴ τις θέλει ὀπίσω μου ἐλθεῖν ἀπαρνησάσθω ἑαυτόν
35 ὃς γὰρ ἐὰν θέλῃ τὴν ἑαυτοῦ ψυχὴν σῶσαι
τ. ψυχ. αὐτοῦ, TWH mg.
9 8 οὐδένα εἶδον μεθ' ἑαυτῶν εἰ μὴ τ. Ἰησοῦν μόνον
οὐδ. εἶδ. ἀλλὰ τ. Ἰησ. μόν. μεθ' ἑαυτ., TWH mg.
10 τ. λόγον ἐκράτησαν πρὸς ἑαυτούς
50 [2 3] ἔχετε ἐν ἑαυτοῖς ἅλα
10 26 [5] ἐξεπλήσσοντο λέγοντες πρὸς ἑαυτούς
αὐτόν, WHR non mg.
11 7 ἐπιβάλλουσιν αὐτῷ τὰ ἱμάτια ἑαυτῶν
αὐτῶν, TWH non mg.
31 διελογίζοντο πρὸς ἑαυτούς
12 7 [5] ἐκεῖνοι δὲ οἱ γεωργοὶ πρὸς ἑαυτοὺς εἶπαν
33 τὸ ἀγαπᾶν τὸν πλησίον ὡς ἑαυτόν
13 9 [2] βλέπετε δὲ ὑμεῖς ἑαυτούς
14 4 ἦσαν δέ τινες ἀγανακτοῦντες πρὸς ἑαυτούς
—h. v., WH mg.

Mk 14 7 [2] πάντοτε γὰρ τ. πτωχοὺς ἔχετε μεθ' ἑαυτῶν
15 31 ἑαυτὸν οὐ δύναται σῶσαι
16 3 [5] ἔλεγον πρὸς ἑαυτάς
Lu 1 24 περιέκρυβεν ἑαυτὴν μῆνας πέντε
2 3 ἐπορεύοντο πάντες ἀπογράφεσθαι ἕκαστος εἰς τὴν ἑαυτοῦ πόλιν
39 ἐπέστρεψαν . . . εἰς πόλιν ἑαυτῶν Ναζαρέτ
3 8 [2 3] μὴ ἄρξησθε λέγειν ἐν ἑαυτοῖς
4 24 οὐδεὶς προφήτης δεκτός ἐστιν ἐν τ. πατρίδι ἑαυτοῦ
αὐτοῦ, WH
7 30 τ. βουλὴν τ. Θεοῦ ἠθέτησαν εἰς ἑαυτούς
39 [3] ἰδὼν δὲ ὁ Φαρισαῖος . . . εἶπεν ἐν ἑαυτῷ
49 [3] ἤρξαντο οἱ συνανακείμενοι λέγειν ἐν ἑαυτοῖς
9 23 εἴ τις θέλει ὀπίσω μου ἔρχεσθαι ἀρνησάσθω ἑαυτόν
25 ἑαυτὸν δὲ ἀπολέσας ἢ ζημιωθείς
47 ἔστησεν αὐτὸ παρ' ἑαυτῷ
60 ἄφες τ. νεκροὺς θάψαι τοὺς ἑαυτῶν νεκρούς
10 29 ὁ δὲ θέλων δικαιῶσαι ἑαυτόν
11 17 πᾶσα βασιλεία ἐφ' ἑαυτὴν διαμερισθεῖσα ἐρημοῦται
διαμ. ἐφ' ἑ., TWH mg.
18 εἰ δὲ κ. ὁ Σατανᾶς ἐφ' ἑαυτὸν διεμερίσθη
21 ὅταν ὁ ἰσχυρὸς . . . φυλάσσῃ τὴν ἑαυτοῦ αὐλήν
26 παραλαμβάνει ἕτερα πνεύματα πονηρότερα ἑαυτοῦ ἑπτά
12 1 [2] προσέχετε ἑαυτοῖς ἀπὸ τ. ζύμης τ. Φαρισαίων
17 [3] διελογίζετο ἐν ἑαυτῷ λέγων
αὐτῷ, WH
33 [2] ποιήσατε ἑαυτοῖς βαλλάντια μὴ παλαιούμενα
36 ὅμοιοι ἀνθρώποις προσδεχομένοις τ. κύριον ἑαυτῶν
57 [2 4] τί δὲ κ. ἀφ' ἑαυτῶν οὐ κρίνετε τὸ δίκαιον;
13 19 ὃν λαβὼν ἄνθρωπος ἔβαλεν εἰς κῆπον ἑαυτοῦ
34 ὃν τρόπον ὄρνις τὴν ἑαυτῆς νοσσίαν
14 11 πᾶς ὁ ὑψῶν ἑαυτὸν ταπεινωθήσεται· κ. ὁ ταπεινῶν ἑαυτὸν ὑψωθήσεται
26 εἴ τις . . . οὐ μισεῖ τ. πατέρα ἑαυτοῦ
αὐτοῦ, T
26 ἔτι τε κ. τὴν ἑαυτοῦ ψυχήν
27 ὅστις οὐ βαστάζει τ. σταυρὸν ἑαυτοῦ
33 ὃς οὐκ ἀποτάσσεται πᾶσι τοῖς ἑαυτοῦ ὑπάρχουσιν
15 17 εἰς ἑαυτὸν δὲ ἐλθὼν ἔφη
20 ἀναστὰς ἦλθεν πρὸς τ. πατέρα ἑαυτοῦ
αὐτοῦ, T
16 3 [3] εἶπεν δὲ ἐν ἑαυτῷ ὁ οἰκονόμος
4 ἵνα . . . δέξωνταί με εἰς τ. οἴκους ἑαυτῶν
5 προσκαλεσάμενος ἕνα ἕκαστον τ. χρεοφειλετῶν τ. κυρίου ἑαυτοῦ
8 φρονιμώτεροι . . . εἰς τ. γενεὰν τὴν ἑαυτῶν εἰσίν
9 [2] ἑαυτοῖς ποιήσατε φίλους ἐκ τ. μαμωνᾶ τ. ἀδικίας
15 ὑμεῖς ἐστε οἱ δικαιοῦντες ἑαυτοὺς ἐνώπιον τ. ἀνθρώπων

Lu 17 3 [2] προσέχετε ἑαυτοῖς
14 [2] πορευθέντες ἐπιδείξατε ἑαυτοὺς τ. ἱερεῦσιν
18 4 [3] μετὰ ταῦτα δὲ εἶπεν ἐν ἑαυτῷ
9 εἶπεν δὲ κ. πρός τινας τ. πεποιθότας ἐφ' ἑαυτοῖς
11 σταθεὶς ταῦτα πρὸς ἑαυτὸν προσηύχετο
—πρ. ἑαυτ., T
13 ἔτυπτεν τὸ στῆθος ἑαυτοῦ
αὐτοῦ, T
14 πᾶς ὁ ὑψῶν ἑαυτὸν ταπεινωθήσεται· ὁ δὲ ταπεινῶν ἑαυτὸν ὑψωθήσεται
19 12 λαβεῖν ἑαυτῷ βασιλείαν
13 καλέσας δὲ δέκα δούλους ἑαυτοῦ
36 ὑπεστρώννυον τ. ἱμάτια ἑαυτῶν ἐν τῇ ὁδῷ
αὐτῶν, T
20 5 [5] οἱ δὲ συνελογίσαντο πρὸς ἑαυτούς
20 ὑποκρινομένους ἑαυτοὺς δικαίους εἶναι
21 30 [2 4] βλέποντες ἀφ' ἑαυτῶν γινώσκετε
34 [2] προσέχετε δὲ ἑαυτοῖς
22 17 [2] λάβετε τοῦτο κ. διαμερίσατε εἰς ἑαυτούς
23 [5] αὐτοὶ ἤρξαντο συνζητεῖν πρὸς ἑαυτούς
23 2 λέγοντα ἑαυτὸν Χριστὸν βασιλέα εἶναι
28 [2] πλὴν ἐφ' ἑαυτὰς κλαίετε
35 ἄλλους ἔσωσεν σωσάτω ἑαυτόν
24 27 διερμήνευσεν αὐτοῖς ἐν πάσαις τ. γραφαῖς τὰ περὶ ἑαυτοῦ
Jo 5 18 ἴσον ἑαυτὸν ποιῶν τ. Θεῷ
19 [4] οὐ δύναται ὁ υἱὸς ποιεῖν ἀφ' ἑαυτοῦ οὐδέν
26 [3] ὥσπερ γὰρ ὁ πατὴρ ἔχει ζωὴν ἐν ἑαυτῷ, [3] οὕτως κ. τ. υἱῷ ἔδωκεν ζωὴν ἔχειν ἐν ἑαυτῷ
42 [2 3] τ. ἀγάπην τ. Θεοῦ οὐκ ἔχετε ἐν ἑαυτοῖς
6 53 [2 3] οὐκ ἔχετε ζωὴν ἐν ἑαυτοῖς
61 [3] εἰδὼς δὲ ὁ Ἰησοῦς ἐν ἑαυτῷ
7 18 [4] ὁ ἀφ' ἑαυτοῦ λαλῶν
35 [5] εἶπον οὖν οἱ Ἰουδαῖοι πρὸς ἑαυτούς
8 22 μήτι ἀποκτενεῖ ἑαυτόν
9 21 αὐτὸς περὶ ἑαυτοῦ λαλήσει
11 33 κ. ἐτάραξεν ἑαυτόν
38 [3] Ἰησοῦς οὖν πάλιν ἐμβριμώμενος ἐν ἑαυτῷ
51 [4] τοῦτο δὲ ἀφ' ἑαυτοῦ οὐκ εἶπεν
55 ἀνέβησαν πολλοὶ . . . ἵνα ἁγνίσωσιν ἑαυτούς
12 8 [2] τ. πτωχοὺς γὰρ πάντοτε ἔχετε μεθ' ἑαυτῶν
19 [5] οἱ οὖν Φαρισαῖοι εἶπαν πρὸς ἑαυτούς
13 4 λαβὼν λέντιον διέζωσεν ἑαυτόν
15 4 [4] τὸ κλῆμα οὐ δύναται καρπὸν φέρειν ἀφ' ἑαυτοῦ
16 13 [4] οὐ γὰρ λαλήσει ἀφ' ἑαυτοῦ
17 13 [3] ἵνα ἔχωσιν τ. χαρὰν τ. ἐμὴν πεπληρωμένην ἐν ἑαυτοῖς
18 34 [2 4] ἀφ' ἑαυτοῦ σὺ τοῦτο λέγεις
ἀπὸ σεαυτοῦ, WH
19 7 ὅτι υἱὸν Θεοῦ ἑαυτὸν ἐποίησεν
12 πᾶς ὁ βασιλέα ἑαυτὸν ποιῶν
17 βαστάζων ἑαυτῷ τ. σταυρόν
αὐτῷ, WH
24 διεμερίσαντο τ. ἱμάτιά μου ἑαυτοῖς
יְחַלְּקוּ בְגָדַי לָהֶם, Ps. xxii. 19
21 1 ἐφανέρωσεν ἑαυτὸν πάλιν Ἰησοῦς
7 ἔβαλεν ἑαυτὸν εἰς τ. θάλασσαν
Ac 1 3 οἷς κ. παρέστησεν ἑαυτὸν ζῶντα
5 35 [2] προσέχετε ἑαυτοῖς ἐπὶ τ. ἀνθρώποις τούτοις
36 λέγων εἶναί τινα ἑαυτόν

Ac 7 21 ἀνεθρέψατο αὐτὸν ἑαυτῇ εἰς υἱόν
8 9 λέγων εἶναί τινα ἑαυτὸν μέγαν
34 περὶ ἑαυτοῦ ἢ περὶ ἑτέρου τινός
10 17 [3] ὡς δὲ ἐν ἑαυτῷ διηπόρει ὁ Πέτρος
12 11 [3] ὁ Πέτρος ἐν ἑαυτῷ γενόμενος
13 46 [2] οὐκ ἀξίους κρίνετε ἑαυτοὺς τῆς αἰωνίου ζωῆς
14 14 διαρρήξαντες τ. ἱμάτια ἑαυτῶν
αὐτῶν, TWH mg.
15 29 [2] ἐξ ὧν διατηροῦντες ἑαυτοὺς εὖ πράξετε
16 27 ἤμελλεν ἑαυτὸν ἀναιρεῖν
19 31 παρεκάλουν μὴ δοῦναι ἑαυτὸν εἰς τὸ θέατρον
20 28 [2] προσέχετε ἑαυτοῖς κ. παντὶ τ. ποιμνίῳ
30 τοῦ ἀποσπᾶν τ. μαθητὰς ὀπίσω ἑαυτῶν
21 11 δήσας ἑαυτοῦ τ. πόδας κ. τ. χεῖρας
23 εὐχὴν ἔχοντες ἀφ' ἑαυτῶν
ἐφ' ἑ., TWH non mg. R
23 12 ἀνεθεμάτισαν ἑαυτούς
14 [1] ἀναθέματι ἀνεθεματίσαμεν ἑαυτούς
21 οἵτινες ἀνεθεμάτισαν ἑαυτούς
25 4 ἑαυτὸν δὲ μέλλειν ἐν τάχει ἐκπορεύεσθαι
28 16 ἐπετράπη τ. Παύλῳ μένειν καθ' ἑαυτόν
29 [3] πολλὴν ἔχοντες ἐν ἑαυτοῖς συζήτησιν
—h. v., TWHR non mg.
Ro 1 27 [3] τ. ἀντιμισθίαν ἣν ἔδει . . . ἐν ἑαυτοῖς ἀπολαμβάνοντες
αὐτοῖς, WH
2 14 οὗτοι νόμον μὴ ἔχοντες ἑαυτοῖς εἰσὶν νόμος
4 19 κατενόησεν τὸ ἑαυτοῦ σῶμα ἤδη νενεκρωμένον
5 8 συνίστησι δὲ τὴν ἑαυτοῦ ἀγάπην εἰς ἡμᾶς
6 11 [2] λογίζεσθε ἑαυτοὺς εἶναι νεκροὺς μὲν τ. ἁμαρτίᾳ
13 [2] παραστήσατε ἑαυτοὺς τ. Θεῷ
16 [2] ᾧ παριστάνετε ἑαυτοὺς δούλους εἰς ὑπακοήν
8 3 ὁ Θεὸς τὸν ἑαυτοῦ υἱὸν πέμψας
23 [1 3] κ. αὐτοὶ ἐν ἑαυτοῖς στενάζομεν
11 25 [2 3] ἵνα μὴ ἦτε ἐν ἑαυτοῖς φρόνιμοι
παρ' ἑαυτ., TWH mg.
12 16 [2] μὴ γίνεσθε φρόνιμοι παρ' ἑαυτοῖς
19 [2] μὴ ἑαυτοὺς ἐκδικοῦντες ἀγαπητοί
13 2 οἱ δὲ ἀνθεστηκότες ἑαυτοῖς κρίμα λήμψονται
14 7 οὐδεὶς γὰρ ἡμῶν ἑαυτῷ ζῇ, κ. οὐδεὶς ἑαυτῷ ἀποθνήσκει
12 ἕκαστος ἡμῶν περὶ ἑαυτοῦ λόγον δώσει τ. Θεῷ
14 ὅτι οὐδὲν κοινὸν δι' ἑαυτοῦ
22 μακάριος ὁ μὴ κρίνων ἑαυτὸν ἐν ᾧ δοκιμάζει
15 1 [1] ὀφείλομεν δὲ ἡμεῖς οἱ δυνατοὶ . . . μὴ ἑαυτοῖς ἀρέσκειν
3 κ. γὰρ ὁ Χριστὸς οὐχ ἑαυτῷ ἤρεσεν
16 4 ὑπὲρ τ. ψυχῆς μου τὸν ἑαυτῶν τράχηλον ὑπέθηκαν
18 Χριστῷ οὐ δουλεύουσιν ἀλλὰ τῇ ἑαυτῶν κοιλίᾳ
I Co 3 18 μηδεὶς ἑαυτὸν ἐξαπατάτω
6 7 [5] ὅτι κρίματα ἔχετε μεθ' ἑαυτῶν
19 [2] κ. οὐκ ἐστὲ ἑαυτῶν
7 2 ἕκαστος τὴν ἑαυτοῦ γυναῖκα ἐχέτω
37 τοῦτο κέκρικεν . . . τηρεῖν τὴν ἑαυτοῦ παρθένον
38 ὥστε κ. ὁ γαμίζων τὴν ἑαυτοῦ παρθένον καλῶς ποιεῖ
παρθ. ἑαυτ., WH mg.

I Co 10 24 μηδεὶς τὸ ἑαυτοῦ ζητείτω
29 [2] συνείδησιν δὲ λέγω οὐχὶ τὴν ἑαυτοῦ
11 5 καταισχύνει τ. κεφαλὴν ἑαυτῆς
αὐτῆς, TWH non mg.
28 δοκιμαζέτω δὲ ἄνθρωπος ἑαυτόν
29 κρίμα ἑαυτῷ ἐσθίει κ. πίνει
31 [1] εἰ δὲ ἑαυτοὺς διεκρίνομεν
13 5 οὐ ζητεῖ τὰ ἑαυτῆς
τὸ μὴ ἑαυτ., WH mg.
14 4 ὁ λαλῶν γλώσσῃ ἑαυτὸν οἰκοδομεῖ
28 ἑαυτῷ δὲ λαλείτω κ. τ. Θεῷ
16 2 κατὰ μίαν σαββάτου ἕκαστος ὑμῶν παρ' ἑαυτῷ τιθέτω
15 εἰς διακονίαν τ. ἁγίοις ἔταξαν ἑαυτούς
II Co 1 9 [1 3] αὐτοὶ ἐν ἑαυτοῖς τὸ ἀπόκριμα τ. θανάτου ἐσχήκαμεν,
[1 3] ἵνα μὴ πεποιθότες ὦμεν ἐν ἑαυτοῖς
3 1 [1] ἀρχόμεθα πάλιν ἑαυτοὺς συνιστάνειν;
5 [1 4] οὐχ ὅτι ἀφ' ἑαυτῶν ἱκανοί ἐσμεν λογίσασθαί τι ὡς ἐξ ἑαυτῶν
ἐξ αὐτῶν, WH
13 ἐτίθει κάλυμμα ἐπὶ τὸ πρόσωπον ἑαυτοῦ
αὐτοῦ, WHR
4 2 [1] συνιστάνοντες ἑαυτοὺς πρὸς πᾶσαν συνείδησιν ἀνθρώπων
5 [1] οὐ γὰρ ἑαυτοὺς κηρύσσομεν
5 [1] ἑαυτοὺς δὲ δούλους ὑμῶν διὰ Ἰησοῦν
5 12 [1] οὐ πάλιν ἑαυτοὺς συνιστάνομεν ὑμῖν
15 [1] ἵνα οἱ ζῶντες μηκέτι ἑαυτοῖς ζῶσιν
18 τ. Θεοῦ τ. καταλλάξαντος ἡμᾶς ἑαυτῷ διὰ Χριστοῦ
19 Θεὸς ἦν ἐν Χριστῷ κόσμον καταλλάσσων ἑαυτῷ
6 4 [1] ἐν παντὶ συνιστάνοντες ἑαυτοὺς ὡς Θεοῦ διάκονοι
7 1 [1] καθαρίσωμεν ἑαυτοὺς ἀπὸ παντὸς μολυσμοῦ σαρκός
11 [2] ἐν παντὶ συνεστήσατε ἑαυτοὺς ἁγνοὺς εἶναι
8 5 ἑαυτοὺς ἔδωκαν πρῶτον τ. Κυρίῳ
10 7 εἴ τις πέποιθεν ἑαυτῷ Χριστοῦ εἶναι, τοῦτο λογιζέσθω πάλιν ἐφ' ἑαυτοῦ
12 [1] συνκρῖναι ἑαυτούς τισι τῶν ἑαυτοὺς συνιστανόντων,
[3] ἀλλὰ αὐτοὶ ἐν ἑαυτοῖς ἑαυτοὺς μετροῦντες κ. συνκρίνοντες ἑαυτοὺς ἑαυτοῖς
14 [1] οὐ γὰρ ὡς μὴ ἐφικνούμενοι εἰς ὑμᾶς ὑπερεκτείνομεν ἑαυτούς
18 οὐ γὰρ ὁ ἑαυτὸν συνιστάνων
13 5 [2] ἑαυτοὺς πειράζετε εἰ ἐστὲ ἐν τ. πίστει,
[2] ἑαυτοὺς δοκιμάζετε.
[2] ἢ οὐκ ἐπιγινώσκετε ἑαυτούς
Ga 1 4 τοῦ δόντος ἑαυτὸν ὑπὲρ τ. ἁμαρτιῶν ἡμῶν
2 12 ὑπέστελλεν κ. ἀφώριζεν ἑαυτόν
20 τ. υἱοῦ τ. Θεοῦ τοῦ . . . παραδόντος ἑαυτὸν ὑπὲρ ἐμοῦ
6 3 φρεναπατᾷ ἑαυτόν
4 τὸ δὲ ἔργον ἑαυτοῦ δοκιμαζέτω ἕκαστος, κ. τότε εἰς ἑαυτὸν μόνον τὸ καύχημα ἕξει
8 ὁ σπείρων εἰς τ. σάρκα ἑαυτοῦ
Eph 4 16 ποιεῖται εἰς οἰκοδομὴν ἑαυτοῦ ἐν ἀγάπῃ
αὐτοῦ, T
19 οἵτινες ἀπηλγηκότες ἑαυτοὺς παρέδωκαν
32 [5] γίνεσθε δὲ . . . χαριζόμενοι ἑαυτοῖς
5 2 παρέδωκεν ἑαυτὸν ὑπὲρ ὑμῶν προσφοράν
19 [5] λαλοῦντες ἑαυτοῖς ψαλμοῖς κ. ὕμνοις

Eph 5 25 καθὼς κ. ὁ Χριστὸς . . ἑαυτὸν παρέδωκεν ὑπὲρ αὐτῆς
27 ἵνα παραστήσῃ αὐτὸς ἑαυτῷ ἔνδοξον τ. ἐκκλησίαν
28 οὕτως ὀφείλουσιν κ. οἱ ἄνδρες ἀγαπᾶν τὰς ἑαυτῶν γυναῖκας ὡς τὰ ἑαυτῶν σώματα·
ὁ ἀγαπῶν τὴν ἑαυτοῦ γυναῖκα ἑαυτὸν ἀγαπᾷ·
29 οὐδεὶς γάρ ποτε τὴν ἑαυτοῦ σάρκα ἐμίσησεν
33 ἕκαστος τὴν ἑαυτοῦ γυναῖκα οὕτως ἀγαπάτω ὡς ἑαυτόν
Phl 2 3 [2] ἀλλήλους ἡγούμενοι ὑπερέχοντας ἑαυτῶν
4 μὴ τὰ ἑαυτῶν ἕκαστοι σκοποῦντες
7 ἑαυτὸν ἐκένωσεν μορφὴν δούλου λαβών
8 σχήματι εὑρεθεὶς ὡς ἄνθρωπος ἐταπείνωσεν ἑαυτόν
12 [2] μετὰ φόβου κ. τρόμου τὴν ἑαυτῶν σωτηρίαν κατεργάζεσθε
21 οἱ πάντες γὰρ τὰ ἑαυτῶν ζητοῦσιν
Col 3 13 [5] ἀνεχόμενοι ἀλλήλων κ. χαριζόμενοι ἑαυτοῖς
16 [5] διδάσκοντες κ. νουθετοῦντες ἑαυτοὺς
I Th 2 7 ὡς ἐὰν τροφὸς θάλπῃ τὰ ἑαυτῆς τέκνα
8 [1] ἀλλὰ κ. τὰς ἑαυτῶν ψυχάς
11 ὡς πατὴρ τέκνα ἑαυτοῦ
12 τ. καλοῦντος ὑμᾶς εἰς τὴν ἑαυτοῦ βασιλείαν κ. δόξαν
4 4 εἰδέναι ἕκαστον ὑμῶν τὸ ἑαυτοῦ σκεῦος κτᾶσθαι
5 13 [3 5] εἰρηνεύετε ἐν ἑαυτοῖς
αὐτοῖς, T
II Th 2 4 ἀποδεικνύντα ἑαυτὸν ὅτι ἐστὶν Θεός
3 9 [1] ἵνα ἑαυτοὺς τύπον δῶμεν ὑμῖν
12 ἵνα . . . τὸν ἑαυτῶν ἄρτον ἐσθίωσιν
I Ti 2 6 ὁ δοὺς ἑαυτὸν ἀντίλυτρον ὑπὲρ πάντων
9 μετὰ αἰδοῦς κ. σωφροσύνης κοσμεῖν ἑαυτάς
3 13 βαθμὸν ἑαυτοῖς καλὸν περιποιοῦνται
6 10 ἑαυτοὺς περιέπειραν ὀδύναις πολλαῖς
19 ἀποθησαυρίζοντας ἑαυτοῖς θεμέλιον καλόν
II Ti 2 13 ἀρνήσασθαι γὰρ ἑαυτὸν οὐ δύναται
21 ἐὰν οὖν τις ἐκκαθάρῃ ἑαυτὸν ἀπὸ τούτων
4 3 ἑαυτοῖς ἐπισωρεύσουσιν διδασκάλους
Tit 2 14 ὃς ἔδωκεν ἑαυτὸν ὑπὲρ ἡμῶν,
ἵνα . . . καθαρίσῃ ἑαυτῷ λαὸν περιούσιον
He 3 13 [5] παρακαλεῖτε ἑαυτοὺς καθ' ἑκάστην ἡμέραν
5 3 οὕτως κ. περὶ ἑαυτοῦ προσφέρειν περὶ ἁμαρτιῶν.
4 κ. οὐχ ἑαυτῷ τις λαμβάνει τ. τιμήν
5 οὕτως κ. ὁ Χριστὸς οὐχ ἑαυτὸν ἐδόξασεν
6 6 ἀνασταυροῦντας ἑαυτοῖς τ. υἱὸν τ. Θεοῦ
13 ὤμοσεν καθ' ἑαυτοῦ λέγων
7 27 τοῦτο γὰρ ἐποίησεν ἐφάπαξ ἑαυτὸν ἀνενέγκας
9 7 ὃ προσφέρει ὑπὲρ ἑαυτοῦ κ. τῶν τ. λαοῦ ἀγνοημάτων
14 ἑαυτὸν προσήνεγκεν ἄμωμον τ. Θεῷ
25 οὐδ' ἵνα πολλάκις προσφέρῃ ἑαυτόν
10 25 [1] μὴ ἐγκαταλείποντες τ. ἐπισυναγωγὴν ἑαυτῶν
34 [2] γινώσκοντες ἔχειν ἑαυτοὺς κρείσσονα ὕπαρξιν κ. μένουσαν
ἑαυτοῖς, R mg.
12 3 ὑπομεμενηκότα ὑπὸ τ. ἁμαρτωλῶν εἰς ἑαυτοὺς ἀντιλογίαν
ἑαυτόν, TWH mg. R mg.

He 12 16 ὃς ἀντὶ βρώσεως μιᾶς ἀπέδετο τ. πρωτοτόκια ἑαυτοῦ
Ja 1 18 ἀπαρχήν τινα τῶν ἑαυτοῦ κτισμάτων
αὐτοῦ, TWH non mg. R
22 ² μὴ ἀκροαταὶ μόνον παραλογιζόμενοι ἑαυτούς
24 κατενόησεν γὰρ ἑαυτὸν κ. ἀπελήλυθεν
26 μὴ χαλιναγωγῶν γλῶσσαν ἑαυτοῦ,
αὐτοῦ, TWH mg.
ἀλλὰ ἀπατῶν καρδίαν ἑαυτοῦ
αὐτοῦ, TWH non mg.
27 ἄσπιλον ἑαυτὸν τηρεῖν ἀπὸ τ. κόσμου
2 4 ² ³ οὐ διεκρίθητε ἐν ἑαυτοῖς
17 οὕτως κ. ἡ πίστις . . . νεκρά ἐστιν καθ' ἑαυτήν
I Pe 1 12 οὐχ ἑαυτοῖς ὑμῖν δὲ διηκόνουν αὐτά
3 5 αἱ ἅγιαι γυναῖκες αἱ ἐλπίζουσαι εἰς Θεὸν ἐκόσμουν ἑαυτάς
4 8 ⁵ τὴν εἰς ἑαυτοὺς ἀγάπην ἐκτενῆ ἔχοντες
10 ⁵ εἰς ἑαυτοὺς αὐτὸ διακονοῦντες
II Pe 2 1 ἐπάγοντες ἑαυτοῖς ταχινὴν ἀπώλειαν
I Jo 1 8 ¹ ἑαυτοὺς πλανῶμεν
3 3 πᾶς ὁ ἔχων τ. ἐλπίδα ταύτην ἐπ' αὐτῷ ἁγνίζει ἑαυτόν
15 πᾶς ὁ μισῶν τ. ἀδελφὸν ἑαυτοῦ ἀνθρωποκτόνος ἐστίν
αὐτοῦ, TWH non mg. R
15 ⁸ οὐκ ἔχει ζωὴν αἰώνιον ἐν ἑαυτῷ μένουσαν
αὐτῷ, WH non marg. R
5 21 ² τεκνία φυλάξατε ἑαυτὰ ἀπὸ τ. εἰδώλων
II Jo 8 ² βλέπετε ἑαυτούς
Ju 6 ἀγγέλους τε τ. μὴ τηρήσαντας τὴν ἑαυτῶν ἀρχήν
12 ἀφόβως ἑαυτοὺς ποιμαίνοντες
13 ἀφρίζοντα τὰς ἑαυτῶν αἰσχύνας
18 κατὰ τὰς ἑαυτῶν ἐπιθυμίας πορευόμενοι τ. ἀσεβειῶν
20 ² ἐποικοδομοῦντες ἑαυτοὺς τ. ἁγιωτάτῃ ὑμῶν πίστει
21 ² ἑαυτοὺς ἐν ἀγάπῃ Θεοῦ τηρήσατε
Re 2 2 ἐπείρασας τ. λέγοντας ἑαυτοὺς ἀποστόλους
9 τ. βλασφημίαν ἐκ τ. λεγόντων Ἰουδαίους εἶναι ἑαυτούς
20 ἡ λέγουσα ἑαυτὴν προφῆτιν
αὐτήν, T
3 9 διδῶ ἐκ τ. συναγωγῆς τ. Σατανᾶ τ. λεγόντων ἑαυτοὺς Ἰουδαίους εἶναι
6 15 ἔκρυψαν ἑαυτοὺς εἰς τὰ σπήλαια
10 3 ἐλάλησαν αἱ ἑπτὰ βρονταὶ τὰς ἑαυτῶν φωνάς
7 ὡς εὐηγγέλισεν τοὺς ἑαυτοῦ δούλους τ. προφήτας
19 7 ἡ γυνὴ αὐτοῦ ἡτοίμασεν ἑαυτήν

ἘΑ΄Ω 1439

Mt 24 43 οὐκ ἂν εἴασεν διορυχθῆναι τ. οἰκίαν αὐτοῦ
Lu 4 41 ἐπιτιμῶν οὐκ εἴα αὐτὰ λαλεῖν
22 51 ἐᾶτε ἕως τούτου
Ac 14 16 ὃς . . . εἴασεν πάντα τὰ ἔθνη πορεύεσθαι ταῖς ὁδοῖς αὐτῶν
16 7 οὐκ εἴασεν αὐτοὺς τὸ πνεῦμα Ἰησοῦ
19 30 οὐκ εἴων αὐτὸν οἱ μαθηταί
23 32 ἐάσαντες τ. ἱππεῖς ἀπέρχεσθαι σὺν αὐτῷ
27 32 εἴασαν αὐτὴν ἐκπεσεῖν
Ac 27 40 τ. ἀγκύρας περιελόντες εἴων εἰς τ. θάλασσαν
28 4 ἡ δίκη ζῆν οὐκ εἴασεν
I Co 10 13 ὃς οὐκ ἐάσει ὑμᾶς πειρασθῆναι ὑπὲρ ὃ δύνασθε

ἙΒΔΟΜΗ΄ΚΟΝΤΑ 1440

Lu 10 1 ἀνέδειξεν ὁ Κύριος ἑτέρους ἑβδομήκοντα δύο
—δύο, T [WH] R non mg.
17 ὑπέστρεψαν δὲ οἱ ἑβδομήκοντα δύο μετὰ χαρᾶς
—δύο, T [WH] R non mg.
Ac 7 14 ἐν ψυχαῖς ἑβδομήκοντα πέντε
23 23 ἑτοιμάσατε . . . ἱππεῖς ἑβδομήκοντα
27 37 αἱ πᾶσαι ψυχαὶ ἐν τ. πλοίῳ ὡς ἑβδομήκοντα ἕξ
πλ. διακόσιαι ἑβδ. ἕξ, TWH mg. R non mg.

ἙΒΔΟΜΗΚΟΝΤΑ΄ΚΙΣ † 1441

Mt 18 22 οὐ λέγω σοι ἕως ἑπτάκις ἀλλὰ ἕως ἑβδ. ἑπτά

ἝΒΔΟΜΟΣ 1442

Jo 4 52 ἐχθὲς ὥραν ἑβδόμην ἀφῆκεν αὐτὸν ὁ πυρετός
He 4 4 εἴρηκεν γάρ που περὶ τ. ἑβδόμης οὕτως, κ. κατέπαυσεν ὁ Θεὸς ἐν τ. ἡμέρᾳ τ. ἑβδόμῃ
וַיִּשְׁבֹּת בַּיּוֹם הַשְּׁבִיעִי, Gen. ii. 2
Ju 14 ἐπροφήτευσεν δὲ κ. τούτοις ἕβδομος ἀπὸ Ἀδὰμ Ἑνὼχ
Re 8 1 ὅταν ἤνοιξεν τ. σφραγῖδα τ. ἑβδόμην
10 7 ἐν τ. ἡμέραις τ. φωνῆς τ. ἑβδόμου ἀγγέλου
11 15 ὁ ἕβδομος ἄγγελος ἐσάλπισεν
16 17 ὁ ἕβδομος ἐξέχεεν τ. φιάλην αὐτοῦ ἐπὶ τ. ἀέρα
21 20 ὁ ἕβδομος χρυσόλιθος

ἜΒΕΡ 1443

Lu 3 35 τοῦ Φάλεκ τοῦ Ἔβερ τοῦ Σαλα

ἙΒΡΑΙ΄ΟΣ 1445

Ἑβραῖος, WH

Ac 6 1 ἐγένετο γογγυσμὸς τ. Ἑλληνιστῶν πρὸς τ. Ἑβραίους
II Co 11 22 Ἑβραῖοί εἰσιν; κἀγώ
Phl 3 5 Ἑβραῖος ἐξ Ἑβραίων

ἙΒΡΑΙ΄Σ 1446

Ἑβραΐς, WH

Ac 21 40 προσεφώνησεν τῇ Ἑβραΐδι διαλέκτῳ
22 2 ἀκούσαντες δὲ ὅτι τῇ Ἑβραΐδι διαλέκτῳ προσεφώνει αὐτοῖς
26 14 ἤκουσα φωνὴν λέγουσαν πρός με τῇ Ἑβραΐδι διαλέκτῳ

ἙΒΡΑΪΣΤΊ 1447

Ἐβρ., WH

Jo 5 2 κολυμβήθρα ἡ ἐπιλεγομένη Ἑβραϊστὶ Βηθζαθά
19 13 εἰς τόπον λεγόμενον Λιθόστρωτον Ἑβρ. δὲ Γαββαθά
17 ὃ λέγεται Ἑβρ. Γολγοθά
20 ἦν γεγραμμένον Ἑβρ. Ῥωμαϊστὶ Ἑλληνιστί
20 16 στραφεῖσα ἐκείνη λέγει αὐτῷ Ἑβραϊστί
Re 9 11 ὄνομα αὐτῷ Ἑβραϊστὶ Ἀβαδδών
16 16 εἰς τ. τόπον τ. καλούμενον Ἑβραϊστὶ Ἅρ Μαγεδών

ἘΓΓΊΖΩ 1448

(1) c. dat. (2) seq. εἰς, ἐπί (3) ἤγγ. ἡ βασιλεία (4) de temp.

Mt 3 2 [3] ἤγγικεν γὰρ ἡ βασιλεία τ. οὐρανῶν
4 17 [3] ἤγγικεν γὰρ ἡ βασιλεία τ. οὐρανῶν
10 7 [3] ὅτι ἤγγικεν ἡ βασιλεία τ. οὐρανῶν
21 1 [2] ὅτε ἤγγισαν εἰς Ἱεροσόλυμα
34 [4] ὅτε δὲ ἤγγισεν ὁ καιρὸς τ. καρπῶν
26 45 [4] ἰδοὺ ἤγγικεν ἡ ὥρα
46 ἰδοὺ ἤγγικεν ὁ παραδιδούς με
Mk 1 15 [3] ἤγγικεν ἡ βασιλεία τ. Θεοῦ
11 1 [2] ὅτε ἐγγιζούσιν εἰς Ἱεροσόλυμα
14 42 ἰδοὺ ὁ παραδιδούς με ἤγγικεν
ἤγγισεν, T
Lu 7 12 [1] ὡς δὲ ἤγγισεν τ. πύλῃ τ. πόλεως
10 9 [2] [3] ἤγγικεν ἐφ' ὑμᾶς ἡ βασιλεία τ. Θεοῦ
11 [3] ὅτι ἤγγικεν ἡ βασιλεία τ. Θεοῦ
12 33 ὅπου κλέπτης οὐκ ἐγγίζει
15 1 [1] ἦσαν δὲ αὐτῷ ἐγγίζοντες πάντες οἱ τελῶναι
25 [1] ὡς ἐρχόμενος ἤγγισεν τ. οἰκίᾳ
18 35 [2] ἐγένετο δὲ ἐν τῷ ἐγγίζειν αὐτὸν εἰς Ἱερειχώ
40 ἐγγίσαντος δὲ αὐτοῦ ἐπηρώτησεν αὐτόν
19 29 [2] ἐγένετο ὡς ἤγγισεν εἰς Βηθφαγή
37 ἐγγίζοντος δὲ αὐτοῦ ἤδη πρὸς τ. καταβάσει τ. ὄρους
41 κ. ὡς ἤγγισεν ἰδὼν τ. πόλιν
21 8 [4] ὁ καιρὸς ἤγγικεν
20 γνῶτε ὅτι ἤγγικεν ἡ ἐρήμωσις αὐτῆς
28 διότι ἐγγίζει ἡ ἀπολύτρωσις ὑμῶν
22 1 [4] ἤγγιζεν δὲ ἡ ἑορτὴ τ. ἀζύμων
47 [1] ἤγγισεν τῷ Ἰησοῦ φιλῆσαι αὐτόν
24 15 αὐτὸς Ἰησοῦς ἐγγίσας συνεπορεύετο αὐτοῖς
28 [2] ἤγγισαν εἰς τ. κώμην οὗ ἐπορεύοντο
Ac 7 17 [4] καθὼς δὲ ἤγγιζεν ὁ χρόνος τ. ἐπαγγελίας
9 3 [1] ἐγένετο αὐτὸν ἐγγίζειν τ. Δαμασκῷ
10 9 [1] ὁδοιπορούντων ἐκείνων κ. τ. πόλει ἐγγιζόντων
21 33 τότε ἐγγίσας ὁ χιλίαρχος ἐπελάβετο αὐτοῦ
22 6 [1] ἐγένετο δέ μοι . . . ἐγγίζοντι τ. Δαμασκῷ
23 15 ἡμεῖς δὲ πρὸ τοῦ ἐγγίσαι αὐτόν
Ro 13 12 [4] ἡ δὲ ἡμέρα ἤγγικεν
Phl 2 30 διὰ τ. ἔργον Κυρίου μέχρι θανάτου ἤγγισεν
He 7 19 [1] δι' ἧς ἐγγίζομεν τ. Θεῷ
10 25 [4] ὅσῳ βλέπετε ἐγγίζουσαν τ. ἡμέραν
Ja 4 8 [1] ἐγγίσατε τ. Θεῷ κ. ἐγγίσει ὑμῖν
ἐγγιεῖ, T
5 8 [4] ὅτι ἡ παρουσία τ. Κυρίου ἤγγικεν
1 Pe 4 7 [4] πάντων δὲ τὸ τέλος ἤγγικεν

ἘΓΓΡΆΦΩ *Vide* **ἘΝΓΡΆΦΩ**, 1728.4

ἜΓΓΥΟΣ ** 1450

He 7 22 κ. κρείττονος διαθήκης γέγονεν ἔγγυος Ἰησοῦς

ἘΓΓΎΣ 1451

(1) οἱ ἐγγύς (2) ἐγγύτερον, ἔγγιστα

Mt 24 32 γινώσκετε ὅτι ἐγγὺς τὸ θέρος
33 γινώσκετε ὅτι ἐγγύς ἐστιν ἐπὶ θύραις
26 18 ὁ καιρός μου ἐγγύς ἐστιν
Mk 6 36 [2] ἀπελθόντες εἰς τοὺς ἔγγιστα ἀγροὺς κ. κώμας
τ. κύκλῳ ἀγρ., TWH non mg. R
13 28 γινώσκετε ὅτι ἐγγὺς τὸ θέρος ἐστίν
29 γινώσκετε ὅτι ἐγγύς ἐστιν ἐπὶ θύραις
Lu 19 11 διὰ τὸ ἐγγὺς εἶναι Ἰερουσαλὴμ αὐτόν
21 30 γινώσκετε ὅτι ἤδη ἐγγὺς τὸ θέρος ἐστίν
31 γινώσκετε ὅτι ἐγγύς ἐστιν ἡ βασιλεία τ. Θεοῦ
Jo 2 13 ἐγγὺς ἦν τὸ πάσχα τ. Ἰουδαίων
3 23 ἦν δὲ κ. ὁ Ἰωάνης βαπτίζων ἐν Αἰνὼν ἐγγὺς τοῦ Σαλείμ
6 4 ἦν δὲ ἐγγὺς τὸ πάσχα ἡ ἑορτὴ τ. Ἰουδαίων
19 ἐγγὺς τ. πλοίου γινόμενον
23 ἐγγὺς τ. τόπου ὅπου ἔφαγον τ. ἄρτον
7 2 ἦν δὲ ἐγγὺς ἡ ἑορτὴ τ. Ἰουδαίων ἡ σκηνοπηγία
11 18 ἦν δὲ Βηθανία ἐγγὺς τ. Ἱεροσολύμων
54 ἀπῆλθεν ἐκεῖθεν εἰς τ. χώραν ἐγγὺς τῆς ἐρήμου
55 ἦν δὲ ἐγγὺς τὸ πάσχα τ. Ἰουδαίων
19 20 ἐγγὺς ἦν ὁ τόπος τ. πόλεως
42 ὅτι ἐγγὺς ἦν τὸ μνημεῖον
Ac 1 12 ὅ ἐστιν ἐγγὺς Ἰερουσαλήμ
9 38 ἐγγὺς δὲ οὔσης Λύδδας τ. Ἰόππῃ
27 8 ᾧ ἐγγὺς ἦν πόλις Λασέα
Ro 10 8 ἐγγύς σου τὸ ῥῆμά ἐστιν
קָרוֹב אֵלֶיךָ הַדָּבָר מְאֹד, Dt. xxx. 14
13 11 [2] νῦν γὰρ ἐγγύτερον ἡμῶν ἡ σωτηρία
Eph 2 13 ὑμεῖς οἵ ποτε ὄντες μακρὰν ἐγενήθητε ἐγγύς
17 [1] εὐηγγελίσατο εἰρήνην ὑμῖν τοῖς μακρὰν κ. εἰρήνην τοῖς ἐγγύς
Phl 4 5 ὁ Κύριος ἐγγύς
He 6 8 ἀδόκιμος κ. κατάρας ἐγγύς
8 13 τὸ δὲ παλαιούμενον κ. γηράσκον ἐγγὺς ἀφανισμοῦ
Re 1 3 ὁ γὰρ καιρὸς ἐγγύς
22 10 ὁ καιρὸς γὰρ ἐγγύς ἐστιν

ἘΓΕΊΡΩ 1453

(1) ἔγειρε, ἐγείρεσθε (2) ἐγ. τέκνα (3) ἐγ. νεκρούς, νεκροὶ ἐγ. (4) ἐγ. ἐκ νεκρῶν, ἀπὸ τ. νεκρ.

Mt 1 24 ἐγερθεὶς δὲ ὁ Ἰωσὴφ ἀπὸ τ. ὕπνου
2 13 ἐγερθεὶς παράλαβε τὸ παιδίον
14 ὁ δὲ ἐγερθεὶς παρέλαβεν τὸ παιδίον
20 ἐγερθεὶς παράλαβε τὸ παιδίον
2 21 ὁ δὲ ἐγερθεὶς παρέλαβεν τὸ παιδίον
3 9 [2] ἐκ τ. λίθων τούτων ἐγεῖραι τέκνα τῷ Ἀβραάμ

Mt 8 15 ἠγέρθη κ. διηκόνει αὐτῷ
25 προσελθόντες ἤγειραν αὐτόν
26 τότε ἐγερθεὶς ἐπετίμησεν τ. ἀνέμοις
9 5 [1] ἢ εἰπεῖν Ἔγειρε κ. περιπάτει
6 [1] ἔγειρε ἆρόν σου τ. κλίνην
ἐγερθείς, TWH marg.
7 ἐγερθεὶς ἀπῆλθεν εἰς τ. οἶκον αὐτοῦ
19 ἐγερθεὶς ὁ Ἰησοῦς ἠκολούθει αὐτῷ
25 κ. ἠγέρθη τὸ κοράσιον
10 8 [3] νεκροὺς ἐγείρετε λεπροὺς καθαρίζετε
11 5 [3] κ. νεκροὶ ἐγείρονται
11 οὐκ ἐγήγερται ἐν γεννητοῖς γυναικῶν μείζων Ἰωάνου
12 11 οὐχὶ κρατήσει αὐτὸ καὶ ἐγερεῖ;
42 βασίλισσα νότου ἐγερθήσεται ἐν τ. κρίσει
14 2 [4] αὐτὸς ἠγέρθη ἀπὸ τ. νεκρῶν
16 21 κ. τ. τρίτῃ ἡμέρᾳ ἐγερθῆναι
17 7 ἐγέρθητε κ. μὴ φοβεῖσθε
9 [4] ἕως οὗ ὁ υἱὸς τ. ἀνθρώπου ἐκ νεκρῶν ἐγερθῇ
ἀναστῇ WH marg.
23 κ. τ. τρίτῃ ἡμέρᾳ ἐγερθήσεται
ἀναστήσεται, WH marg.
20 19 κ. τ. τρίτῃ ἡμέρᾳ ἐγερθήσεται
ἀναστήσεται, WH mg.
24 7 ἐγερθήσεται γὰρ ἔθνος ἐπὶ ἔθνος
11 πολλοὶ ψευδοπροφῆται ἐγερθήσονται
24 ἐγερθήσονται γὰρ ψευδόχριστοι κ. ψευδοπροφῆται
25 7 τότε ἠγέρθησαν πᾶσαι αἱ παρθένοι ἐκεῖναι
26 32 μετὰ δὲ τὸ ἐγερθῆναί με
46 [1] ἐγείρεσθε ἄγωμεν
27 52 πολλὰ σώματα τ. κεκοιμημένων ἁγίων ἠγέρθησαν
63 μετὰ τρεῖς ἡμέρας ἐγείρομαι
64 [4] ἠγέρθη ἀπὸ τ. νεκρῶν
28 6 ἠγέρθη γὰρ καθὼς εἶπεν
7 [4] ὅτι ἠγέρθη ἀπὸ τ. νεκρῶν
Mk 1 31 προσελθὼν ἤγειρεν αὐτήν
2 9 [1] ἢ εἰπεῖν ἐγείρου κ. ἆρον τ. κράβαττόν σου
ἔγειρε, T
11 [1] σοὶ λέγω Ἔγειρε ἆρον τ. κράβαττόν σου
12 ἠγέρθη κ. εὐθὺς ἄρας τ. κράβαττον
3 3 [1] ἔγειρε εἰς τὸ μέσον
4 27 καθεύδῃ κ. ἐγείρηται νύκτα κ. ἡμέραν
38 ἐγείρουσιν αὐτὸν κ. λέγουσιν αὐτῷ
5 41 [1] τὸ κοράσιον σοὶ λέγω ἔγειρε
6 14 [4] Ἰωάνης ὁ βαπτίζων ἐγήγερται ἐκ νεκρῶν
16 ὃν ἐγὼ ἀπεκεφάλισα Ἰωάνην οὗτος ἠγέρθη
9 27 κρατήσας τ. χειρὸς αὐτοῦ ἤγειρεν αὐτόν
10 49 [1] θάρσει ἔγειρε φωνεῖ σε
12 26 [3] περὶ δὲ τ. νεκρῶν ὅτι ἐγείρονται
13 8 ἐγερθήσεται γὰρ ἔθνος ἐπ᾽ ἔθνος
22 ἐγερθήσονται γὰρ ψευδόχριστοι κ. ψευδοπροφῆται
14 28 μετὰ τὸ ἐγερθῆναί με
42 [1] ἐγείρεσθε ἄγωμεν
16 6 ἠγέρθη οὐκ ἔστιν ὧδε
[14 [4] τ. θεασαμένοις αὐτὸν ἐγηγερμένον οὐκ ἐπίστευσαν
+ἐκ νεκρῶν, [WH]
Lu 1 69 ἤγειρεν κέρας σωτηρίας ἡμῖν
3 8 [3] ἐκ τ. λίθων τούτων ἐγεῖραι τέκνα τῷ Ἀβραάμ

Lu 5 23 [1] ἢ εἰπεῖν Ἔγειρε κ. περιπάτει
24 [1] σοὶ λέγω Ἔγειρε κ. ἄρας τὸ κλινίδιόν σου πορεύου
6 8 [1] ἔγειρε κ. στῆθι εἰς τὸ μέσον
7 14 νεανίσκε σοὶ λέγω ἐγέρθητι
16 προφήτης μέγας ἠγέρθη ἐν ἡμῖν
22 [3] νεκροὶ ἐγείρονται πτωχοὶ εὐαγγελίζονται
8 54 [1] ἡ παῖς ἔγειρε
ἐγείρου, T
9 7 [4] ὅτι Ἰωάνης ἠγέρθη ἐκ νεκρῶν
22 κ. τ. τρίτῃ ἡμέρᾳ ἐγερθῆναι
ἀναστῆναι, TWH marg.
11 8 ἐγερθεὶς δώσει αὐτῷ ὅσων χρῄζει
31 βασίλισσα νότου ἐγερθήσεται ἐν τ. κρίσει
13 25 ἀφ᾽ οὗ ἂν ἐγερθῇ ὁ οἰκοδεσπότης
20 37 [3] ὅτι δὲ ἐγείρονται οἱ νεκροί
21 10 ἐγερθήσεται ἔθνος ἐπ᾽ ἔθνος
24 6 οὐκ ἔστιν ὧδε ἀλλὰ ἠγέρθη
—h. v., [[WH]] R marg.
34 ὅτι ὄντως ἠγέρθη ὁ Κύριος
Jo 2 19 ἐν τρισὶν ἡμέραις ἐγερῶ αὐτόν
20 κ. σὺ ἐν τρισὶν ἡμέραις ἐγερεῖς αὐτόν;
22 [4] ὅτε οὖν ἠγέρθη ἐκ νεκρῶν
5 8 [1] ἔγειρε ἆρον τ. κράβαττόν σου
21 [3] ὥσπερ γὰρ ὁ πατὴρ ἐγείρει τ. νεκρούς
7 52 ὅτι ἐκ τ. Γαλιλαίας προφήτης οὐκ ἐγείρεται
11 29 ἠγέρθη ταχὺ κ. ἤρχετο πρὸς αὐτόν
ἐγείρεται τ. κ. ἔρχεται, T
12 1 [4] ὃν ἤγειρεν ἐκ νεκρῶν Ἰησοῦς
9 [4] ὃν ἤγειρεν ἐκ νεκρῶν
17 [4] ὅτε . . . ἤγειρεν αὐτὸν ἐκ νεκρῶν
13 4 ἐγείρεται ἐκ τ. δείπνου
14 31 [1] ἐγείρεσθε ἄγωμεν ἐντεῦθεν
21 14 [4] τοῦτο ἤδη τρίτον ἐφανερώθη . . . ἐγερθεὶς ἐκ νεκρῶν
Ac 3 7 πιάσας αὐτὸν τ. δεξιᾶς χειρὸς ἤγειρεν αὐτόν
15 [4] ὃν ὁ Θεὸς ἤγειρεν ἐκ νεκρῶν
4 10 [4] ὃν ὁ Θεὸς ἤγειρεν ἐκ νεκρῶν
5 30 ὁ Θεὸς τ. πατέρων ἡμῶν ἤγειρεν Ἰησοῦν
9 8 ἠγέρθη δὲ Σαῦλος ἀπὸ τ. γῆς
10 26 ὁ δὲ Πέτρος ἤγειρεν αὐτὸν λέγων
40 τοῦτον ὁ Θεὸς ἤγειρεν τ. τρίτῃ ἡμέρᾳ
12 7 ἤγειρεν αὐτὸν λέγων
13 22 ἤγειρεν τ. Δαυεὶδ αὐτοῖς εἰς βασιλέα
30 [4] ὁ δὲ Θεὸς ἤγειρεν αὐτὸν ἐκ νεκρῶν
37 ὃν δὲ ὁ Θεὸς ἤγειρεν
26 8 [3] εἰ ὁ Θεὸς νεκροὺς ἐγείρει
Ro 4 24 [4] τ. πιστεύουσιν ἐπὶ τ. ἐγείραντα Ἰησοῦν τ. Κύριον ἡμῶν ἐκ νεκρῶν.
25 ὃς . . . ἠγέρθη διὰ τ. δικαίωσιν ἡμῶν
6 4 [4] ὥσπερ ἠγέρθη ὁ Χριστὸς ἐκ νεκρῶν
9 [4] εἰδότες ὅτι Χριστὸς ἐγερθεὶς ἐκ νεκρῶν
7 4 [4] γενέσθαι ὑμᾶς ἑτέρῳ τῷ ἐκ νεκρῶν ἐγερθέντι
8 11 [4] τὸ πνεῦμα τ. ἐγείραντος τ. Ἰησοῦν ἐκ νεκρῶν
11 [4] ὁ ἐγείρας ἐκ νεκρῶν Χριστὸν Ἰησοῦν
34 [4] μᾶλλον δὲ ἐγερθεὶς ἐκ νεκρῶν
—ἐκ νεκρ., T [WH]
10 9 [4] ὅτι ὁ Θεὸς ἤγειρεν αὐτὸν ἐκ νεκρῶν
13 11 ὅτι ὥρα ἤδη ὑμᾶς ἐξ ὕπνου ἐγερθῆναι
1 Co 6 14 ὁ δὲ Θεὸς κ. τ. Κύριον ἤγειρεν
15 4 ὅτι ἐγήγερται τ. ἡμέρᾳ τ. τρίτῃ
12 [4] ὅτι ἐκ νεκρῶν ἐγήγερται
13 οὐδὲ Χριστὸς ἐγήγερται·

I Co 15 *14* εἰ δὲ Χριστὸς οὐκ ἐγήγερται
15 ἐμαρτυρήσαμεν κατὰ τ. Θεοῦ ὅτι ἤγειρεν τ. Χριστόν,
[3] ὃν οὐκ ἤγειρεν εἴπερ ἄρα νεκροὶ οὐκ ἐγείρονται·
16 [3] εἰ γὰρ νεκροὶ οὐκ ἐγείρονται, οὐδὲ Χριστὸς ἐγήγερται·
17 εἰ δὲ Χριστὸς οὐκ ἐγήγερται
20 [4] νυνὶ δὲ Χριστὸς ἐγήγερται ἐκ νεκρῶν
29 [3] εἰ ὅλως νεκροὶ οὐκ ἐγείρονται
32 [3] εἰ νεκροὶ οὐκ ἐγείρονται φάγωμεν κ. πίωμεν
35 [3] πῶς ἐγείρονται οἱ νεκροί;
42 σπείρεται ἐν φθορᾷ ἐγείρεται ἐν ἀφθαρσίᾳ·
43 σπείρεται ἐν ἀτιμίᾳ ἐγείρεται ἐν δόξῃ· σπείρεται ἐν ἀσθενείᾳ ἐγείρεται ἐν δυνάμει·
44 σπείρεται σῶμα ψυχικὸν ἐγείρεται σῶμα πνευματικόν
52 [3] οἱ νεκροὶ ἐγερθήσονται ἄφθαρτοι
II Co 1 9 [3] ἐπὶ τ. Θεῷ τ. ἐγείροντι τ. νεκρούς
4 14 εἰδότες ὅτι ὁ ἐγείρας τ. Κύριον Ἰησοῦν κ. ἡμᾶς σὺν Ἰησοῦ ἐγερεῖ
5 15 τῷ ὑπὲρ αὐτῶν ἀποθανόντι κ. ἐγερθέντι
Ga 1 1 [4] Θεοῦ πατρὸς τ. ἐγείραντος αὐτὸν ἐκ νεκρῶν
Eph 1 20 [4] ἐγείρας αὐτὸν ἐκ νεκρῶν
5 14 [1] ἔγειρε ὁ καθεύδων κ. ἀνάστα ἐκ τ. νεκρῶν
קוּמִי אוֹרִי כִּי בָא אוֹרֵךְ, Is. lx. 1, cf. xxvi. 19
Phl 1 17 οἰόμενοι θλίψιν ἐγείρειν τ. δεσμοῖς μου
Col 2 12 [4] τ. Θεοῦ τ. ἐγείραντος αὐτὸν ἐκ νεκρῶν
I Th 1 10 [4] ὃν ἤγειρεν ἐκ τ. νεκρῶν Ἰησοῦν
II Ti 2 8 [4] μνημόνευε Ἰησοῦν Χριστὸν ἐγηγερμένον ἐκ νεκρῶν
He 11 19 [4] ὅτι κ. ἐκ νεκρῶν ἐγείρειν δυνατὸς ὁ Θεός
Ja 5 15 κ. ἐγερεῖ αὐτὸν ὁ Κύριος
I Pe 1 21 [4] εἰς Θεὸν τ. ἐγείραντα αὐτὸν ἐκ νεκρῶν
Re 11 1 [1] ἔγειρε κ. μέτρησον τ. ναὸν τ. Θεοῦ

ἜΓΕΡΣΙΣ 1454

Mt 27 53 μετὰ τ. ἔγερσιν αὐτοῦ

ἘΓΚ., *v. alternatively* ἘΝΚ.

ἘΓΚΑΛΈΩ 1458

Ac 19 38 ἐγκαλείτωσαν ἀλλήλοις
40 κινδυνεύομεν ἐγκαλεῖσθαι στάσεως περὶ τῆς σήμερον
23 28 ἐπιγνῶναι τ. αἰτίαν δι' ἣν ἐνεκάλουν αὐτῷ
29 ὃν εὗρον ἐγκαλούμενον περὶ ζητημάτων τ. νόμου αὐτῶν
26 2 περὶ πάντων ὧν ἐγκαλοῦμαι ὑπὸ Ἰουδαίων
7 περὶ ἧς ἐλπίδος ἐγκαλοῦμαι ὑπὸ Ἰουδαίων
Ro 8 33 τίς ἐγκαλέσει κατὰ ἐκλεκτῶν Θεοῦ;

ἘΓΚΑΤΑΛΕΊΠΩ 1459

Mt 27 46 ἵνα τί με ἐγκατέλιπες;
לָמָה עֲזַבְתָּנִי, Ps. xxii. 1
Mk 15 34 εἰς τί ἐγκατέλιπές με, Ps. *l.c.*
ὠνείδισάς με, WH mg.
Ac 2 27 ὅτι οὐκ ἐνκαταλείψεις τ. ψυχήν μου εἰς ᾅδην
כִּי לֹא־תַעֲזֹב נַפְשִׁי לִשְׁאוֹל, Ps. xvi. 10
31 ὅτι οὔτε ἐνκατελείφθη εἰς ᾅδην
Ro 9 29 εἰ μὴ Κύριος Σαβαὼθ ἐγκατέλιπεν ἡμῖν σπέρμα
ἐνκατέλ., T
לוּלֵי יְהוָה צְבָאוֹת הוֹתִיר לָנוּ שָׂרִיד, Is. i. 9
II Co 4 9 διωκόμενοι ἀλλ' οὐκ ἐγκαταλειπόμενοι
II Ti 4 10 Δημᾶς γάρ με ἐγκατέλειπεν
ἐγκατέλιπεν, TWH mg.
16 ἀλλὰ πάντες με ἐγκατέλειπον
ἐγκατέλιπον, TWH mg.
He 10 25 μὴ ἐγκαταλείποντες τ. ἐπισυναγωγὴν ἑαυτῶν
13 5 οὐδ' οὐ μή σε ἐγκαταλίπω
ἐγκαταλείπω, T
וְלֹא אֶעֶזְבֶךָּ, Josh. i. 5

ἜΓΚΛΗΜΑ* 1462

Ac 23 29 μηδὲν δὲ ἄξιον θανάτου ἢ δεσμῶν ἔχοντα ἔγκλημα
25 16 τόπον τε ἀπολογίας λάβοι περὶ τ. ἐγκλήματος

ἘΓΚΟΜΒΟΌΟΜΑΙ*† 1463

I Pe 5 5 πάντες δὲ ἀλλήλοις τ. ταπεινοφροσύνην ἐγκομβώσασθε

ἘΓΚΡΆΤΕΙΑ** 1466

Ac 24 25 διαλεγομένου δὲ αὐτοῦ περὶ δικαιοσύνης κ. ἐγκρατείας
Ga 5 23 πίστις πραΰτης ἐγκράτεια
II Pe 1 6 ἐν δὲ τ. γνώσει τ. ἐγκράτειαν, ἐν δὲ τ. ἐγκρατείᾳ τ. ὑπομονήν

ἘΓΚΡΑΤΕΎΟΜΑΙ 1467

I Co 7 9 εἰ δὲ οὐκ ἐγκρατεύονται γαμησάτωσαν
9 25 πᾶς δὲ ὁ ἀγωνιζόμενος πάντα ἐγκρατεύεται

ἘΓΚΡΑΤΉΣ** 1468

Tit 1 8 δίκαιον ὅσιον ἐγκρατῆ

ἘΓΚΡΎΠΤΩ 1470

Mt 13 33 ἣν λαβοῦσα γυνὴ ἐνέκρυψεν εἰς ἀλεύρου σάτα τρία

ἘΓΧΡΊΩ 1472

Re 3 18 κολλούριον ἐγχρῖσαι τ. ὀφθαλμούς σου
ἔγχρισαι, T

ἘΓΏ 1473

(1) ἐγὼ μέν (2) ἰδού, ἴδε ἐγώ (3) ἐγώ εἰμι (4) ἐγὼ αὐτός

Mt 3 11 [1] ἐγὼ μὲν ὑμᾶς βαπτίζω ἐν ὕδατι
14 ἐγὼ χρείαν ἔχω ὑπὸ σοῦ βαπτισθῆναι

Mt 5 22 ἐγὼ δὲ λέγω ὑμῖν
28 ἐγὼ δὲ λέγω ὑμῖν
32 ἐγὼ δὲ λέγω ὑμῖν
34 ἐγὼ δὲ λέγω ὑμῖν μὴ ὀμόσαι ὅλως
39 ἐγὼ δὲ λέγω ὑμῖν μὴ ἀντιστῆναι τ. πονηρῷ
44 ἐγὼ δὲ λέγω ὑμῖν
8 7 ἐγὼ ἐλθὼν θεραπεύσω αὐτόν
9 κ. γὰρ ἐγὼ ἄνθρωπός εἰμι ὑπὸ ἐξουσίαν τασσόμενος
10 16 ἐγὼ ἀποστέλλω ὑμᾶς ὡς πρόβατα ἐν μέσῳ λύκων
11 10 [2] ἰδοὺ ἐγὼ ἀποστέλλω τ. ἄγγελόν μου
הִנְנִי שֹׁלֵחַ מַלְאָכִי, Mal. iii. 1
12 27 εἰ ἐγὼ ἐν Βεεζεβοὺλ ἐκβάλλω τὰ δαιμόνια
28 εἰ δὲ ἐν πνεύματι Θεοῦ ἐγὼ ἐκβάλλω τὰ δαιμόνια
14 27 [3] ἐγώ εἰμι μὴ φοβεῖσθε
20 15 ὅτι ἐγὼ ἀγαθός εἰμι
22 πιεῖν τ. ποτήριον ὃ ἐγὼ μέλλω πίνειν
21 27 οὐδὲ ἐγὼ λέγω ὑμῖν ἐν ποίᾳ ἐξουσίᾳ
29 ἐγὼ κύριε· κ. οὐκ ἀπῆλθεν
ver. 30, TR
22 32 [3] ἐγώ εἰμι ὁ Θεὸς Ἀβραάμ
אָנֹכִי . . . אֱלֹהֵי אַבְרָהָם, Ex. iii. 6
23 34 [2] ἰδοὺ ἐγὼ ἀποστέλλω πρὸς ὑμᾶς προφήτας
24 5 [3] λέγοντες Ἐγώ εἰμι ὁ Χριστός
25 27 ἐλθὼν ἐγὼ ἐκομισάμην ἂν τὸ ἐμὸν σὺν τόκῳ
26 15 κ. ἐγὼ ὑμῖν παραδώσω αὐτόν
κἀγὼ, WH
22 [3] μήτι ἐγώ εἰμι Κύριε;
25 [3] μήτι ἐγώ εἰμι ῥαββεί
33 ἐγὼ οὐδέποτε σκανδαλισθήσομαι
39 πλὴν οὐχ ὡς ἐγὼ θέλω ἀλλ' ὡς σύ
28 20 [2] ἰδοὺ ἐγὼ μεθ' ὑμῶν εἰμὶ πάσας τ. ἡμέρας
Mk 1 2 [2] ἰδοὺ ἐγὼ ἀποστέλλω τ. ἄγγελόν μου, Mal. *l.c.*
—ἐγὼ, WH
8 ἐγὼ ἐβάπτισα ὑμᾶς ὕδατι
6 16 ὃν ἐγὼ ἀπεκεφάλισα Ἰωάνην
50 [3] ἐγώ εἰμι μὴ φοβεῖσθε
9 25 ἐγὼ ἐπιτάσσω σοι ἔξελθε ἐξ αὐτοῦ
10 38 δύνασθε πιεῖν τ. ποτήριον ὃ ἐγὼ πίνω, ἢ τ. βάπτισμα ὃ ἐγὼ βαπτίζομαι βαπτισθῆναι,
39 τὸ ποτήριον ὃ ἐγὼ πίνω πίεσθε· κ. τ. βάπτισμα ὃ ἐγὼ βαπτίζομαι βαπτισθήσεσθε
11 33 οὐδὲ ἐγὼ λέγω ὑμῖν ἐν ποίᾳ ἐξουσίᾳ
12 26 ἐγὼ ὁ Θεὸς Ἀβραάμ, Ex. *l.c.*
13 6 [3] λέγοντες ὅτι Ἐγώ εἰμι
14 19 λέγειν αὐτῷ εἷς κατὰ εἷς Μήτι ἐγώ;
29 εἰ κ. πάντες σκανδαλισθήσονται ἀλλ' οὐκ ἐγώ
36 οὐ τί ἐγὼ θέλω ἀλλὰ τί σύ
58 ἐγὼ καταλύσω τ. ναὸν τοῦτον τ. χειροποίητον
62 [3] ὁ δὲ Ἰησοῦς εἶπεν Ἐγώ εἰμι
Lu 1 18 ἐγὼ γάρ εἰμι πρεσβύτης
19 [3] ἐγώ εἰμι Γαβριήλ

Lu 2 48 ὁ πατήρ σου κ. ἐγὼ ὀδυνώμενοι ζητοῦμέν σε
κἀγὼ, T
3 16 [1] ἐγὼ μὲν ὕδατι βαπτίζω ὑμᾶς
22 ἐγὼ σήμερον γεγέννηκά σε
—h. v., TWH non mg. R
7 8 κ. γὰρ ἐγὼ ἄνθρωπός εἰμι ὑπὸ ἐξουσίαν τασσόμενος
8 46 ἐγὼ γὰρ ἔγνων δύναμιν ἐξεληλυθυῖαν ἀπ' ἐμοῦ
9 9 Ἰωάνην ἐγὼ ἀπεκεφάλισα
10 35 ἐγὼ ἐν τ. ἐπανέρχεσθαί με ἀποδώσω σοι
11 19 εἰ δὲ ἐγὼ ἐν Βεεζεβοὺλ ἐκβάλλω τὰ δαιμόνια
20 εἰ δὲ ἐν δακτύλῳ Θεοῦ ἐγὼ ἐκβάλλω τὰ δαιμόνια
—ἐγὼ, T [WH]
15 17 ἐγὼ δὲ λιμῷ ὧδε ἀπόλλυμαι
16 9 κ. ἐγὼ ὑμῖν λέγω
19 22 ᾔδεις ὅτι ἐγὼ ἄνθρωπος αὐστηρός εἰμι
20 8 οὐδὲ ἐγὼ λέγω ὑμῖν ἐν ποίᾳ ἐξουσίᾳ
21 8 [3] λέγοντες Ἐγώ εἰμι
15 ἐγὼ γὰρ δώσω ὑμῖν στόμα κ. σοφίαν
22 27 ἐγὼ δὲ ἐν μέσῳ ὑμῶν εἰμὶ ὡς ὁ διακονῶν
32 ἐγὼ δὲ ἐδεήθην περὶ σοῦ
70 [3] ὑμεῖς λέγετε ὅτι ἐγώ εἰμι
23 14 ἐγὼ ἐνώπιον ὑμῶν ἀνακρίνας
24 39 [3] [4] ἴδετε . . . ὅτι ἐγώ εἰμι αὐτός
49 [2] κ. ἰδοὺ ἐγὼ ἐξαποστέλλω τ. ἐπαγγελίαν τ. πατρός μου ἐφ' ὑμᾶς
κἀγὼ ἐξαπ., T
Jo 1 20 [3] ἐγὼ οὐκ εἰμὶ ὁ Χριστός
23 ἐγὼ φωνὴ βοῶντος ἐν τῇ ἐρήμῳ
קוֹל קוֹרֵא בַּמִּדְבָּר, Is. xl. 3
26 ἐγὼ βαπτίζω ἐν ὕδατι
27 οὗ οὐκ εἰμὶ ἐγὼ ἄξιος ἵνα λύσω
[ἐγὼ], WH
30 οὗτός ἐστιν ὑπὲρ οὗ ἐγὼ εἶπον
31 διὰ τοῦτο ἦλθον ἐγὼ ἐν ὕδατι βαπτίζων
3 28 μαρτυρεῖτε ὅτι εἶπον ἐγώ,
—ἐγώ, T [WH]
[3] οὐκ εἰμὶ ἐγὼ ὁ Χριστός
4 14 ὃς δ' ἂν πίῃ ἐκ τ. ὕδατος οὗ ἐγὼ δώσω αὐτῷ
14 τὸ ὕδωρ ὃ ἐγὼ δώσω αὐτῷ
—ἐγώ, WH
26 [3] ἐγώ εἰμι ὁ λαλῶν σοι
32 ἐγὼ βρῶσιν ἔχω φαγεῖν
38 ἐγὼ ἀπέστειλα ὑμᾶς θερίζειν
5 7 ἐν ᾧ δὲ ἔρχομαι ἐγώ
30 οὐ δύναμαι ἐγὼ ποιεῖν ἀπ' ἐμαυτοῦ οὐδέν
31 ἐὰν ἐγὼ μαρτυρῶ περὶ ἐμαυτοῦ
34 ἐγὼ δὲ οὐ παρὰ ἀνθρώπου τ. μαρτυρίαν λαμβάνω
36 ἐγὼ δὲ ἔχω τ. μαρτυρίαν
43 ἐγὼ ἐλήλυθα ἐν τ. ὀνόματι τ. πατρός μου
45 μὴ δοκεῖτε ὅτι ἐγὼ κατηγορήσω ὑμῶν
6 20 [3] ἐγώ εἰμι μὴ φοβεῖσθε
35 [3] ἐγώ εἰμι ὁ ἄρτος τ. ζωῆς
40 ἀναστήσω αὐτὸν ἐγὼ τ. ἐσχάτῃ ἡμέρᾳ
41 [3] ἐγώ εἰμι ὁ ἄρτος ὁ καταβὰς ἐκ τ. οὐρανοῦ
48 [3] ἐγώ εἰμι ὁ ἄρτος τ. ζωῆς
51 [3] ἐγώ εἰμι ὁ ἄρτος ὁ ζῶν
51 κ. ὁ ἄρτος δὲ ὃν ἐγὼ δώσω

Jo 6 63 τὰ ῥήματα ἃ ἐγὼ λελάληκα ὑμῖν
70 οὐκ ἐγὼ ὑμᾶς τ. δώδεκα ἐξελεξάμην
7 7 ὅτι ἐγὼ μαρτυρῶ περὶ αὐτοῦ
8 ἐγὼ οὔπω ἀναβαίνω εἰς τ. ἑορτὴν ταύτην
17 ἢ ἐγὼ ἀπ' ἐμαυτοῦ λαλῶ
29 ἐγὼ οἶδα αὐτὸν
34 ὅπου εἰμὶ ἐγὼ ὑμεῖς οὐ δύνασθε ἐλθεῖν
36 ὅπου εἰμὶ ἐγὼ ὑμεῖς οὐ δύνασθε ἐλθεῖν
8 [11 οὐδὲ ἐγώ σε κατακρίνω
12 [3] ἐγώ εἰμι τὸ φῶς τ. κόσμου
14 κἂν ἐγὼ μαρτυρῶ περὶ ἐμαυτοῦ
15 ἐγὼ οὐ κρίνω οὐδένα.
16 κ. ἐὰν κρίνω δὲ ἐγώ
16 ἀλλ' ἐγὼ κ. ὁ πέμψας με πατήρ
18 [3] ἐγώ εἰμι ὁ μαρτυρῶν περὶ ἐμαυτοῦ
21 ἐγὼ ὑπάγω κ. ζητήσετέ με
21 ὅπου ἐγὼ ὑπάγω ὑμεῖς οὐ δύνασθε ἐλθεῖν
22 ὅπου ἐγὼ ὑπάγω ὑμεῖς οὐ δύνασθε ἐλθεῖν
23 [3] ἐγὼ ἐκ τῶν ἄνω εἰμί
23 [3] ἐγὼ οὐκ εἰμὶ ἐκ τ. κόσμου τούτου
24 [3] ἐὰν γὰρ μὴ πιστεύσητε ὅτι ἐγώ εἰμι
28 [3] τότε γνώσεσθε ὅτι ἐγώ εἰμι
29 ὅτι ἐγὼ τὰ ἀρεστὰ αὐτῷ ποιῶ πάντοτε
38 ἃ ἐγὼ ἑώρακα παρὰ τ. πατρί
42 ἐγὼ γὰρ ἐκ τ. Θεοῦ ἐξῆλθον
45 ἐγὼ δὲ ὅτι τ. ἀλήθειαν λέγω
49 ἐγὼ δαιμόνιον οὐκ ἔχω
50 ἐγὼ δὲ οὐ ζητῶ τ. δόξαν μου
54 ἐὰν ἐγὼ δοξάσω ἐμαυτόν
55 ἐγὼ δὲ οἶδα αὐτόν
58 [3] πρὶν Ἀβραὰμ γενέσθαι ἐγὼ εἰμι
9 9 [3] ἐκεῖνος ἔλεγεν ὅτι Ἐγώ εἰμι
39 εἰς κρίμα ἐγὼ εἰς τ. κόσμον τοῦτον ἦλθον
10 7 [3] ἐγώ εἰμι ἡ θύρα τ. προβάτων
9 [3] ἐγώ εἰμι ἡ θύρα
10 ἐγὼ ἦλθον ἵνα ζωὴν ἔχωσιν
11 [3] ἐγώ εἰμι ὁ ποιμὴν ὁ καλός
14 [3] ἐγώ εἰμι ὁ ποιμὴν ὁ καλός
17 ὅτι ἐγὼ τίθημι τ. ψυχήν μου
18 ἀλλ' ἐγὼ τίθημι αὐτὴν ἀπ' ἐμαυτοῦ
25 τὰ ἔργα ἃ ἐγὼ ποιῶ
30 ἐγὼ κ. ὁ πατὴρ ἕν ἐσμεν
34 ἐγὼ εἶπα Θεοί ἐστε
אֲנִי אָמַרְתִּי אֱלֹהִים אַתֶּם, Ps. lxxxii. 6
11 25 [3] ἐγώ εἰμι ἡ ἀνάστασις κ. ἡ ζωή
27 ἐγὼ πεπίστευκα ὅτι σὺ εἶ ὁ Χριστός
42 ἐγὼ δὲ ᾔδειν ὅτι πάντοτέ μου ἀκούεις
12 26 κ. ὅπου εἰμὶ ἐγώ
46 ἐγὼ φῶς εἰς τ. κόσμον ἐλήλυθα
47 ἐγὼ οὐ κρίνω αὐτόν
49 ὅτι ἐγὼ ἐξ ἐμαυτοῦ οὐκ ἐλάλησα
50 ἃ οὖν ἐγὼ λαλῶ
13 7 ὃ ἐγὼ ποιῶ σὺ οὐκ οἶδας ἄρτι
14 εἰ οὖν ἐγὼ ἔνιψα ὑμῶν τ. πόδας
15 καθὼς ἐγὼ ἐποίησα ὑμῖν
18 ἐγὼ οἶδα τίνας ἐξελεξάμην
19 [3] ἵνα πιστεύητε ὅταν γένηται ὅτι ἐγώ εἰμι
26 ᾧ ἐγὼ βάψω τὸ ψωμίον κ. δώσω αὐτῷ
33 ὅπου ἐγὼ ὑπάγω ὑμεῖς οὐ δύνασθε ἐλθεῖν
36 ὅπου ἐγὼ ὑπάγω οὐ δύνασαί μοι νῦν ἀκολουθῆσαι
—ἐγώ, WH
14 3 [3] ἵνα ὅπου εἰμὶ ἐγὼ κ. ὑμεῖς ἦτε
4 κ. ὅπου ἐγὼ ὑπάγω οἴδατε
6 [3] ἐγώ εἰμι ἡ ὁδὸς κ. ἡ ἀλήθεια κ. ἡ ζωή

Jo 14 10 οὐ πιστεύεις ὅτι ἐγὼ ἐν τ. πατρί
10 τὰ ῥήματα ἃ ἐγὼ λέγω ὑμῖν
11 πιστεύετέ μοι ὅτι ἐγὼ ἐν τ. πατρί
12 τὰ ἔργα ἃ ἐγὼ ποιῶ
12 ὅτι ἐγὼ πρὸς τ. πατέρα πορεύομαι
14 ἐάν τι αἰτήσητέ με . . . ἐγὼ ποιήσω
τοῦτο ποι., WH non mg. R
19 ὅτι ἐγὼ ζῶ κ. ὑμεῖς ζήσετε
20 γνώσεσθε ὅτι ἐγὼ ἐν τ. πατρί μου
26 ὑπομνήσει ὑμᾶς πάντα ἃ εἶπον ὑμῖν ἐγώ
—ἐγώ, T
27 οὐ καθὼς ὁ κόσμος δίδωσιν ἐγὼ δίδωμι ὑμῖν
28 ἠκούσατε ὅτι ἐγὼ εἶπον ὑμῖν
15 1 [3] ἐγώ εἰμι ἡ ἄμπελος ἡ ἀληθινή
5 [3] ἐγώ εἰμι ἡ ἄμπελος
10 καθὼς ἐγὼ τ. πατρὸς τ. ἐντολὰς τετήρηκα
καθ. κἀγὼ, T
14 ὃ ἐγὼ ἐντέλλομαι ὑμῖν
16 ἀλλ' ἐγὼ ἐξελεξάμην ὑμᾶς
19 ἀλλ' ἐγὼ ἐξελεξάμην ὑμᾶς ἐκ τ. κόσμου
20 μνημονεύετε τ. λόγου οὗ ἐγὼ εἶπον ὑμῖν
26 ὃν ἐγὼ πέμψω ὑμῖν παρὰ τ. πατρός
16 4 ὅτι ἐγὼ εἶπον ὑμῖν
7 ἀλλ' ἐγὼ τ. ἀλήθειαν λέγω ὑμῖν,
συμφέρει ὑμῖν ἵνα ἐγὼ ἀπέλθω
26 ὅτι ἐγὼ ἐρωτήσω τ. πατέρα περὶ ὑμῶν
27 ὅτι ἐγὼ παρὰ τ. πατρὸς ἐξῆλθον
33 ἐγὼ νενίκηκα τ. κόσμον
17 4 ἐγώ σε ἐδόξασα ἐπὶ τ. γῆς
9 ἐγὼ περὶ αὐτῶν ἐρωτῶ
12 ἐγὼ ἐτήρουν αὐτοὺς ἐν τ. ὀνόματί σου
14 ἐγὼ δέδωκα αὐτοῖς τ. λόγον σου
14 καθὼς ἐγὼ οὐκ εἰμὶ ἐκ τ. κόσμου
16 καθὼς ἐγὼ οὐκ εἰμὶ ἐκ τ. κόσμου
19 ὑπὲρ αὐτῶν ἐγὼ ἁγιάζω ἐμαυτόν
—ἐγώ, T [WH]
23 ἐγὼ ἐν αὐτοῖς κ. σὺ ἐν ἐμοί
24 ἵνα ὅπου εἰμὶ ἐγὼ κἀκεῖνοι ὦσιν
25 ἐγὼ δέ σε ἔγνων
18 5 [3] λέγει αὐτοῖς Ἐγώ εἰμι
6 [3] ὡς οὖν εἶπεν αὐτοῖς Ἐγώ εἰμι
8 [3] εἶπον ὑμῖν ὅτι ἐγώ εἰμι
20 ἐγὼ παρρησίᾳ λελάληκα τ. κόσμῳ·
ἐγὼ πάντοτε ἐδίδαξα ἐν συναγωγῇ
21 ἴδε οὗτοι οἴδασιν ἃ εἶπον ἐγώ
26 οὐκ ἐγώ σε εἶδον ἐν τ. κήπῳ μετ' αὐτοῦ;
35 [3] μήτι ἐγὼ Ἰουδαῖός εἰμι;
37 ἐγὼ εἰς τοῦτο γεγέννημαι
38 ἐγὼ οὐδεμίαν εὑρίσκω ἐν αὐτῷ αἰτίαν
19 6 ἐγὼ γὰρ οὐχ εὑρίσκω ἐν αὐτῷ αἰτίαν
Ac 7 7 τὸ ἔθνος ᾧ ἂν δουλεύσουσιν κρινῶ ἐγώ
אֶת־הַגּוֹי אֲשֶׁר יַעֲבֹדוּ דָּן אָנֹכִי, Gen. xv. 14
32 ἐγὼ ὁ Θεὸς τ. πατέρων σου
אָנֹכִי אֱלֹהֵי אָבִיךָ, Ex. iii. 6
9 5 [3] ἐγώ εἰμι Ἰησοῦς ὃν σὺ διώκεις
10 [2] ὁ δὲ εἶπεν Ἰδοὺ ἐγὼ Κύριε
16 ἐγὼ γὰρ ὑποδείξω αὐτῷ
10 20 ὅτι ἐγὼ ἀπέσταλκα αὐτούς
21 [2] [3] ἰδοὺ ἐγώ εἰμι ὃν ζητεῖτε
26 [4] κ. ἐγὼ αὐτὸς ἄνθρωπός εἰμι
11 5 ἐγὼ ἤμην ἐν πόλει Ἰόππῃ προσευχόμενος
17 ἐγὼ τίς ἤμην δυνατὸς κωλῦσαι τ. Θεόν
13 25 [3] οὐκ εἰμὶ ἐγώ

Ac 13 33 ἐγὼ σήμερον γεγέννηκά σε
אֲנִי הַיּוֹם יְלִדְתִּיךָ, Ps. ii. 7
41 ὅτι ἔργον ἐργάζομαι ἐγὼ ἐν τ. ἡμέραις ὑμῶν
כִּי־פֹעַל פֹּעֵל בִּימֵיכֶם, Hab. i. 5
15 19 διὸ ἐγὼ κρίνω μὴ παρενοχλεῖν
17 3 ὃν ἐγὼ καταγγέλλω ὑμῖν
23 τοῦτο ἐγὼ καταγγέλλω ὑμῖν
18 6 καθαρὸς ἐγώ
10 [3] διότι ἐγώ εἰμι μετὰ σοῦ
15 κριτὴς ἐγὼ τούτων οὐ βούλομαι εἶναι
20 22 νῦν ἰδοὺ δεδεμένος ἐγὼ τ. πνεύματι πορεύομαι εἰς Ἱερουσαλήμ
25 [2] νῦν ἰδοὺ ἐγὼ οἶδα
29 ἐγὼ οἶδα ὅτι εἰσελεύσονται . . . λύκοι βαρεῖς
21 13 ἐγὼ γὰρ οὐ μόνον δεθῆναι . . . ἑτοίμως ἔχω
39 ἐγὼ ἄνθρωπος μέν εἰμι Ἰουδαῖος Ταρσεύς
22 3 [3] ἐγώ εἰμι ἀνὴρ Ἰουδαῖος
8 ἐγὼ δὲ ἀπεκρίθην Τίς εἶ Κύριε;
8 [3] ἐγώ εἰμι Ἰησοῦς ὁ Ναζωραῖος ὃν σὺ διώκεις
19 ὅτι ἐγὼ ἤμην φυλακίζων κ. δέρων
21 ὅτι ἐγὼ εἰς ἔθνη μακρὰν ἐξαποστελῶ σε
28 ἐγὼ πολλοῦ κεφαλαίου τ. πολιτείαν ταύτην ἐκτησάμην
28 ἐγὼ δὲ κ. γεγέννημαι
23 1 ἐγὼ πάσῃ συνειδήσει ἀγαθῇ πεπολίτευμαι τ. Θεῷ
6 ἐγὼ Φαρισαῖός εἰμι υἱὸς Φαρισαίων· περὶ ἐλπίδος κ. ἀναστάσεως νεκρῶν ἐγὼ κρίνομαι
—ἐγώ, WH non mg.
24 21 περὶ ἀναστάσεως νεκρῶν ἐγὼ κρίνομαι σήμερον
25 18 οὐδεμίαν αἰτίαν ἔφερον ὧν ἐγὼ ὑπενόουν πονηρῶν
20 ἀπορούμενος δὲ ἐγὼ τὴν περὶ τούτων ζήτησιν
25 ἐγὼ δὲ κατελαβόμην μηδὲν ἄξιον . . . πεπραχέναι
26 9 [1] ἐγὼ μὲν οὖν ἔδοξα ἐμαυτῷ
10 πολλούς τε τ. ἁγίων ἐγὼ ἐν φυλακαῖς κατέκλεισα
15 ἐγὼ δὲ εἶπα Τίς εἶ Κύριε;
15 [3] ἐγώ εἰμι Ἰησοῦς ὃν σὺ διώκεις
17 εἰς οὓς ἐγὼ ἀποστέλλω σε
29 [3] γενέσθαι τοιούτους ὁποῖος κ. ἐγὼ εἰμι
καγὼ, T
27 23 [3] τ. Θεοῦ οὗ εἰμι ἐγώ
—ἐγώ, WH
28 17 ἐγὼ ἄνδρες ἀδελφοὶ οὐδὲν ἐναντίον ποιήσας τ. λαῷ
Ro 7 9 ἐγὼ δὲ ἔζων χωρὶς νόμου ποτέ
10 ἡ ἁμαρτία ἀνέζησεν ἐγὼ δὲ ἀπέθανον
14 ἐγὼ δὲ σάρκινός εἰμι
17 οὐκέτι ἐγὼ κατεργάζομαι αὐτό
20 εἰ δὲ ὃ οὐ θέλω ἐγὼ τοῦτο ποιῶ,
—ἐγώ, WH non mg. R
οὐκέτι ἐγὼ κατεργάζομαι αὐτό
24 ταλαίπωρος ἐγὼ ἄνθρωπος
25 [4] αὐτὸς ἐγὼ τ. μὲν νοῒ δουλεύω νόμῳ Θεοῦ
9 3 [4] ηὐχόμην γὰρ ἀνάθεμα εἶναι αὐτὸς ἐγώ

Ro 10 19 ἐγὼ παραζηλώσω ὑμᾶς ἐπ' οὐκ ἔθνει
אֲנִי אַקְנִיאֵם בְּלֹא־עָם, Dt. xxxii. 21
11 1 κ. γὰρ ἐγὼ Ἰσραηλείτης εἰμί
13 [3] ἐφ' ὅσον μὲν οὖν εἰμὶ ἐγὼ ἐθνῶν ἀπόστολος
19 ἐξεκλάσθησαν κλάδοι ἵνα ἐγὼ ἐνκεντρισθῶ
12 19 ἐμοὶ ἐκδίκησις ἐγὼ ἀνταποδώσω
לִי נָקָם וְשִׁלֵּם, Dt. xxxii. 35
14 11 ζῶ ἐγὼ λέγει Κύριος
כִּי נִשְׁבַּעְתִּי, Is. xlv. 23
15 14 [4] πέπεισμαι δὲ . . . κ. αὐτὸς ἐγὼ περὶ ὑμῶν
16 4 οἷς οὐκ ἐγὼ μόνος εὐχαριστῶ
22 ἀσπάζομαι ὑμᾶς ἐγὼ Τέρτιος
I Co 1 12 [1] [3] ἐγὼ μέν εἰμι Παύλου ἐγὼ δὲ Ἀπολλώ, ἐγὼ δὲ Κηφᾶ ἐγὼ δὲ Χριστοῦ
3 4 [1] [3] ὅταν γὰρ λέγῃ τις Ἐγὼ μέν εἰμι Παύλου, ἕτερος δὲ Ἐγὼ Ἀπολλώ
6 ἐγὼ ἐφύτευσα Ἀπολλὼς ἐπότισεν
4 15 ἐν γὰρ Χριστῷ Ἰησοῦ . . . ἐγὼ ὑμᾶς ἐγέννησα
5 3 [1] ἐγὼ μὲν γὰρ ἀπὼν τ. σώματι
6 12 οὐκ ἐγὼ ἐξουσιασθήσομαι ὑπό τινος
7 10 παραγγέλλω οὐκ ἐγὼ ἀλλὰ ὁ Κύριος
12 τοῖς δὲ λοιποῖς λέγω ἐγώ
28 ἐγὼ δὲ ὑμῶν φείδομαι
9 6 ἢ μόνος ἐγὼ κ. Βαρνάβας οὐκ ἔχομεν ἐξουσίαν
15 ἐγὼ δὲ οὐ κέχρημαι οὐδενὶ τούτων
26 ἐγὼ τοίνυν οὕτως τρέχω
10 30 εἰ ἐγὼ χάριτι μετέχω,
τί βλασφημοῦμαι ὑπὲρ οὗ ἐγὼ εὐχαριστῶ;
11 23 ἐγὼ γὰρ παρέλαβον ἀπὸ τ. Κυρίου
15 9 [3] ἐγὼ γάρ εἰμι ὁ ἐλάχιστος τ. ἀποστόλων
10 οὐκ ἐγὼ δὲ ἀλλὰ ἡ χάρις τ. Θεοῦ
11 εἴτε οὖν ἐγὼ εἴτε ἐκεῖνοι
16 10 τὸ γὰρ ἔργον Κυρίου ἐργάζεται ὡς ἐγώ
ὡς καγώ, TWH mg.
II Co 1 23 ἐγὼ δὲ μάρτυρα τ. Θεὸν ἐπικαλοῦμαι
2 2 εἰ γὰρ ἐγὼ λυπῶ ὑμᾶς
10 κ. γὰρ ἐγὼ ὃ κεχάρισμαι
10 1 [4] αὐτὸς δὲ ἐγὼ Παῦλος παρακαλῶ ὑμᾶς
11 23 παραφρονῶν λαλῶ ὑπερ ἐγώ
29 τίς σκανδαλίζεται κ. οὐκ ἐγὼ πυροῦμαι;
12 11 ἐγὼ γὰρ ὤφειλον ὑφ' ὑμῶν συνίστασθαι
13 [4] εἰ μὴ ὅτι αὐτὸς ἐγὼ οὐ κατενάρκησα ὑμῶν
15 ἐγὼ δὲ ἥδιστα δαπανήσω
16 ἐγὼ οὐ κατεβάρησα ὑμᾶς
Ga 1 12 οὐδὲ γὰρ ἐγὼ παρὰ ἀνθρώπου παρέλαβον αὐτό
2 19 ἐγὼ γὰρ διὰ νόμου νόμῳ ἀπέθανον
20 ζῶ δὲ οὐκέτι ἐγώ
4 12 γίνεσθε ὡς ἐγὼ ὅτι καγὼ ὡς ὑμεῖς
5 2 [2] ἴδε ἐγὼ Παῦλος λέγω ὑμῖν
10 ἐγὼ πέποιθα εἰς ὑμᾶς ἐν Κυρίῳ
11 ἐγὼ δὲ . . . εἰ περιτομὴν ἔτι κηρύσσω
6 17 ἐγὼ γὰρ τὰ στίγματα τ. Ἰησοῦ . . . βαστάζω
Eph 3 1 ἐγὼ Παῦλος ὁ δέσμιος τ. Χριστοῦ Ἰησοῦ
4 1 παρακαλῶ οὖν ὑμᾶς ἐγὼ ὁ δέσμιος ἐν Κυρίῳ
5 32 ἐγὼ δὲ λέγω εἰς Χριστόν
Phl 3 4 καίπερ ἐγὼ ἔχων πεποίθησιν κ. ἐν σαρκί

Phl 3 4 εἴ τις δοκεῖ ἄλλος πεποιθέναι ἐν σαρκὶ ἐγὼ μᾶλλον
13 ἐγὼ ἐμαυτὸν οὔπω λογίζομαι κατειληφέναι
4 11 ἐγὼ γὰρ ἔμαθον ἐν οἷς εἰμὶ αὐτάρκης εἶναι
Col 1 23 οὗ ἐγενόμην ἐγὼ Παῦλος διάκονος
25 ἧς εγενόμην ἐγὼ διάκονος
I Th 2 18 [1] ἠθελήσαμεν ἐλθεῖν πρὸς ὑμᾶς ἐγὼ μὲν Παῦλος
I Ti 1 11 ὃ ἐπιστεύθην ἐγώ
15 [3] ὧν πρῶτός εἰμι ἐγώ
2 7 εἰς ὃ ἐτέθην ἐγὼ κῆρυξ κ. ἀπόστολος
II Ti 1 11 εἰς ὃ ἐτέθην ἐγὼ κῆρυξ κ. ἀπόστολος
4 6 ἐγὼ γὰρ ἤδη σπένδομαι
Tit 1 3 ἐν κηρύγματι ὃ ἐπιστεύθην ἐγώ
5 ὡς ἐγώ σοι διεταξάμην
Phm 13 ὃν ἐγὼ ἐβουλόμην πρὸς ἐμαυτὸν κατέχειν
19 ἐγὼ Παῦλος ἔγραψα τ. ἐμῇ χειρί,
ἐγὼ ἀποτίσω
20 ἐγώ σου ὀναίμην ἐν Κυρίῳ
He 1 5 ἐγὼ σήμερον γεγέννηκά σε, Ps. *l.c.*
5 ἐγὼ ἔσομαι αὐτῷ εἰς πατέρα
אֲנִי אֶהְיֶה־לּוֹ לְאָב, 2 Sam. vii. 14
2 13 ἐγὼ ἔσομαι πεποιθὼς ἐπ' αὐτῷ
אֶחֱסֶה־בּוֹ, *ib.* xxii. 3
13 [2] ἰδοὺ ἐγὼ κ. τ. παιδία ἅ μοι ἔδωκεν ὁ Θεός
הִנֵּה אָנֹכִי וְהַיְלָדִים אֲשֶׁר נָתַן־לִי יְהוָה, Is. viii. 18
5 5 ἐγὼ σήμερον γεγέννηκά σε, Ps. *l.c.*
10 30 ἐμοὶ ἐκδίκησις ἐγὼ ἀνταποδώσω, Dt. *l.c.*
12 26 ἔτι ἅπαξ ἐγὼ σείσω οὐ μόνον τ. γῆν
עוֹד אַחַת מְעַט הִיא וַאֲנִי מַרְעִישׁ . . . אֶת־הָאָרֶץ, Hagg. ii. 6
I Pe 1 16 ἅγιοι ἔσεσθε ὅτι ἐγὼ ἅγιος
וִהְיִיתֶם קְדֹשִׁים כִּי קָדוֹשׁ אָנִי, Lev. xi. 44
II Pe 1 17 εἰς ὃν ἐγὼ εὐδόκησα
II Jo 1 οὓς ἐγὼ ἀγαπῶ ἐν ἀληθείᾳ,
κ. οὐκ ἐγὼ μόνος
III Jo 1 ὃν ἐγὼ ἀγαπῶ ἐν ἀληθείᾳ
Re 1 8 [3] ἐγώ εἰμι τὸ Ἄλφα κ. τὸ Ὦ
9 ἐγὼ Ἰωάνης ὁ ἀδελφὸς ὑμῶν
17 [3] ἐγώ εἰμι ὁ πρῶτος κ. ὁ ἔσχατος
2 23 [3] ὅτι ἐγώ εἰμι ὁ ἐραυνῶν νεφροὺς κ. καρδίας
3 9 ἵνα . . . γνῶσιν ὅτι ἐγὼ ἠγάπησά σε
19 ἐγὼ ὅσους ἐὰν φιλῶ ἐλέγχω
5 4 κ. ἐγὼ ἔκλαιον πολύ
—ἐγώ, T [WH]
17 7 ἐγὼ ἐρῶ σοι τὸ μυστήριον τ. γυναικός
21 6 ἐγὼ τὸ Ἄλφα κ. τὸ Ὦ
6 ἐγὼ τ. διψῶντι δώσω ἐκ τ. πηγῆς τ. ὕδατος
22 13 ἐγὼ τὸ Ἄλφα κ. τὸ Ὦ
16 ἐγὼ Ἰησοῦς ἔπεμψα τ. ἄγγελόν μου
16 [3] ἐγώ εἰμι ἡ ῥίζα κ. τὸ γένος Δαυείδ
18 μαρτυρῶ ἐγὼ παντὶ τ. ἀκούοντι τ. λόγους

ἘΜΟΥ͂ 1473.1

(1) ἕνεκεν ἐμ. **(2)** ἐμ. αὐτοῦ

Mt **5.** [1] 11 ; **7.** 23 ; **10.** [1] 18, [1] 39 ; **11.** 29 ; **12.** 30 (*ter*) ; **15.** 5, 8 ; **16.** 23, [1] 25 ; **17.** 27 ; **25.** 41 ; **26.** 23, 38, 39, 40.

Mk **7.** 6, 11 ; **8.** [1] 35 [WH] ; **10.** [1] 29 ; **13.** [1] 9 ; **14.** 18, 20, 36.

Lu **4.** 7 ; **5.** 8 ; **8.** 46 ; **9.** [1] 24 ; **10.** 16 ; **11.** 7, 23 (*ter*) ; **12.** 13 ; **13.** 27 ; **15.** 31 ; **16.** 3 ; **22.** 21, 28, 37, 42 ; **23.** 43 ; **24.** 44.

Jo **4.** 9 ; **5.** 7, 32 (*bis*), 36, 37, 39, 46 ; **8.** 18, 29 ; **10.** 8 —T, 9, 18, 25 ; **13.** 8, 18 μου, WHR non mg., 38 ; **14.** 6 ; **15.** 5, 26, 27 ; **16.** 32 ; **17.** 24 ; **18.** 34 ; **19.** 11.

Ac **8.** 24 ; **11.** 5 ; **20.** 34 ; **22.** 18 ; **23.** 11 ; **25.** 9.

Ro **1.** 12 ; **11.** 27 ; **15.** 18, 30 ; **16.** [2] 2, 7, 13.

II Co **1.** 19 ; **2.** 2 ; **7.** 7 ; **12.** 6, 8.

Ga **1.** 11, 17 ; **2.** 20.

Eph **6.** 19.

Phl **4.** 10.

II Ti **1.** 13 ; **2.** 2 ; **4.** 11, 17.

Tit **3.** 15.

He **10.** 7.

Re **1.** 12 ; **3.** 4, 18, 20, 21 ; **4.** 1 ; **10.** 8 ; **17.** 1 ; **21.** 9, 15 ; **22.** 12.

ΜΟΥ͂ 1473.2

(1) seq. nom. **(2)** gen. abs.

Mt **2.** 6, 15 ; **3.** 11, 17 ; **4.** 19 ; **7.** 21, [1] 24, [1] 26 ; **8.** 6, [1] 8, 8, 9, 21 ; **9.** 18 ; **10.** 22, 32, 33, [1] 37 (*bis*), 38, [1] 38 ; **11.** 10, 27, 29, 30 (*bis*) ; **12.** 18 (*quater*), 44, 48 (*bis*), 49 (*bis*), 50, [1] 50 ; **13.** 30, 35 ; **15.** 13, 22 ; **16.** 17, [1] 18, 23, 24 ; **17.** 5, [1] 15 ; **18.** 5, 10, 14 ὑμῶν, TWH mg. R non mg., 19, 21, 35 ; **20.** 21, 23 (*ter*) ; **21.** 13, 28 —TWH non mg. R, 37 ; **22.** 4 (*bis*), 44 (*bis*) ; **24.** 5, 9, 35, [1] 48 ; **25.** 27, 34, 40, 41 —TWH non mg. R ; **26.** 12, 18 (*bis*), 26, 28 29, 38, 39 —T, 42, 53 ; **27.** 46 (*bis*) ; **28.** 10.

Mk **1.** 2, 7, 7 [WH], 11, 17 ; **3.** 33, 33 —WH, 34 (*bis*), 35 ; **5.** 23, [1] 30, [1] 31 ; **6.** 23 ; **7.** 14 ; **8.** 33, 34 ; **9.** 7, 17, [1] 24, 37, 39, 41 —WHR ; **10.** 20, 40 ; **11.** 17 ; **12.** 6, 36 (*bis*) ; **13.** 6, 13, 31 ; **14.** [1] 8 μου τὸ σῶμα, T, 14 (*bis*), 22, 24, 34 ; **15.** 34, 34 [WH] ; **16.** [17.

Lu **1.** 18, 20, 25, 43, 44 (*bis*), 46, 47 (*bis*) ; **2.** 30, 49 ; **3.** 16, 22 ; **6.** [1] 47 ; **7.** 6, 7, 8, 27, [1] 44 μοι, WH non mg., [1] 44, [1] 45, 46, [1] 46 μου τ. πόδας, T ; **8.** 21 (*bis*), 45, 46 ; **9.** 23, 35, 38, 48, 59, 61 ; **10.** 22, [1] 29, 40 ; **11.** 6, 7, 24 ; **12.** 4, 13, 17, [1] 18, 18 —WH non mg. R, 18, 19, 45 ; **14.** [1] 23, [1] 24, [1] 26, 27, [1] 27, [1] 33 ; **15.** 6, 17, 18, 24, 29 ; **16.** 3, 5, 24, 27 ; **18.** 3, 21 —TWH ; **19.** [1] 8, [1] 23, 27 (*bis*), 46 ; **20.** 13, 42 (*bis*) ; **21.** 8, 12, 17, 33 ; **22.** 11, 19, 20, 28, 29, 30 (*bis*), 42, [2] 53 ; **23.** 42, 46 ; **24.** 39 (*bis*), 44, 49.

Jo **1.** 15 (*ter*), 27, 30 (*ter*) ; **2.** 4, 16 ; **4.** 49 ; **5.** 17, 24, 31, 43 ; **6.** 32, 40, 51, [1] 54 (*bis*), 55 (*bis*), [1] 56 (*bis*) ; **8.** 14, 19 (*bis*), 31, 38 —TWH non mg. R, 49, 50, 52, 54 (*bis*) ; **9.** [1] 11, [1] 15, [1] 30 ; **10.** 15, 16, 17, 18, 25, 27, 28, 29 —T, 37 ; **11.** 21, [1] 32, 41, [1] 42 ; **12.** 7, 27, [1] 47, 48 ; **13.** [1] 6, [1] 8, 9, 18 μετ' ἐμοῦ, TR mg., 37 ; **14.** 2, 7, 13, 14, 20, 21 (*bis*), 23 (*bis*), 24, 26, 28 ; **15.** 1, 7, 8, 10 (*bis*), 10 —WH non mg., 14, 15, 16, 20, 21, 23, 24 ; **16.** 23, 24, 26 ; **18.** [1] 37 ; **19.** 24 (*bis*) ; **20.** 13, [1] 17 ἅπτου μου, WH mg., 17 (*ter*), [1] 25 μου τ. δάκτυλον, T, [1] 25, 27 (*bis*), 28 (*bis*) ; **21.** 15, 16, 17.

Ac **1.** 4, [1] 8 ; **2.** 14, 17, 18 (*ter*), 25 —WHR, 25 (*bis*), [1] 26, 26 (*bis*), 27, 34 (*bis*) ; **7.** 34, 49 (*bis*), 50, 59 ; **9.** 15, 16 ; **10.** 30 (*bis*) ; **11.** 8 ; **13.** 22 (*bis*), 33 ; **15.** 7, 13, 17 ; **16.** 15 : **20.** 24, 25, 29,

34 ; 21. [1]13 ; 22. [1]1, [2]17 ; 24. 13, 17, [2]20 ; 25. 11, [2]15 ; 26. 3, 4 (*bis*), 29 ; 28. 19.
Ro 1. 8, 9 (*bis*), 10 ; 2. 16 ; 7. 4, 18, 23 (*ter*) ; 9. 1, 2, 3 (*bis*), 17 (*bis*), 25 (*bis*), 26 ; 10. 21 ; 11. 3, 13, [1]14 ; 15. 14, 31 ; 16. 3, 4, 5, 7 (*bis*), 8, 9, 11, 21 [WH], 21, 23, 25.
I Co 1. 4 —WHR mg., 11 ; 2. 4 (*bis*) ; 4. 14, 16, [1]17, 17, [2]18 ; 8. 13 (*bis*) ; 9. 1, [1]2, 15, [1]18, 18, [1]27 ; 10. 14, 29 ; 11. 1, [1]2, [1]24, 33 ; 13. 3 (*bis*) ; 14. 14 (*bis*), 19, 21, 39 ; 15. 58 ; 16. 24.
II Co 2. 13 (*bis*) ; 6. [1]16 ; 11. 1 (*bis*), 9, 30 [WH] ; 12. 5 —WHR, 9, 9 —WH, [2]21, 21.
Ga 1. 14, [1]14, 15 ; 4. 14, 19, 20 ; 6. 17.
Eph 1. 16 ; 3. 4, 13, 14 ; 6. 19.
Phl 1. 3, 4, 7, [1]7, 8, 13, 14, 17, 20 (*bis*) ; 2. [1]2, 12 (*ter*), 25 (*bis*) ; 3. 1, 8, 17 ; 4. 1 (*bis*), 1 —TWH non mg. R, 3, [1]14, 19.
Col 1. 24 ; 2. 1 ; 4. 10, [1]18.
II Ti 1. 3, 6, 12, 16 ; 2. 1, 8 ; 3. [1]10 ; 4. 6, [1]16.
Phm 4 (*bis*), [1]20, 23, 24.
He 1. 5, 13 ; 2. 12 ; 3. 9, 10, 11 (*bis*) ; 4. 3 (*bis*), 5 ; 5. 5 ; 8. 9 (*bis*), 10 ; 10. 16, 38 —[WH] R mg., 38 ; 12. 5.
Ja 1. 2, 16, 19 ; 2. 1, 3, 5, 14, 18 ; 3. 1, 10, 12 ; 5. 12, 19.
I Pe 5. 13.
II Pe 1. 14, 17, 17 —TR.
I Jo 2. 1.
Re 1. 10, 20 ; 2. 3, 7 —TWH non mg. R, 13 (*ter*), 13 [WH], 16, 26, 27 ; 3. 2, 5, [1]8, 8, 10, 12 (*quinquies*), 16, 20, 21 (*bis*) ; 7. 14 ; 10. 10 (*bis*), 11. 3 ; 18. 4 ; 22. 12, 16.

ἘΜΟΙ´ 1473.3

(1) τί ἐμ. κ. σοί

Mt 10. 32 ; 11. 6 ; 18. 26, 29 ; 25. 40, 45 ; 26. 31.
Mk 5. [1]7 ; 14. 6.
Lu 4. 6 ; 7. 23 ; 8. [1]28 ; 12. 8 ; 15. 29 ; 22. 37.
Jo 2. [1]4 ; 5. 46 ; 6. 56 ; 7. 23 ; 8. 12 μοι, WH ; 10. 38 (*bis*) ; 12. 26 (*ter*) ; 14. 10 (*bis*), 11, 20, 30 ; 15. 2, 4 (*bis*), 5, 6, 7, 8 ; 16. 33 ; 17. 6 κἀμοὶ, WH, 21, 23 ; 18. 35 ; 19. 10.
Ac 11. 12 ; 20. 22 ; 22. 9 ; 26. 13 ; 28. 18.
Ro 7. 8, 13, 17, 18, 20, 21 (*bis*) ; 12. 19 ; 14. 11.
I Co 4. 3 ; 9. 15 ; 14. 11 ; 15. 10 ; 16. 4.
II Co 1. 17 ; 9. 4 ; 11. 10 ; 13. 3.
Ga 1. 2, 16, 24 ; 2. 3, 6, 8, 9, 20 ; 6. 14 (*bis*).
Eph 3. 8.
Phl 1. 7, 21, 26, 30 (*bis*) ; 2. 16, 22 ; 3. 1 ; 4. 9, 21.
Col 1. 29
I Ti 1. 16.
II Ti 4. 8.
Phm 11, 16, 18.
He 10. 30 ; 13. 6.

ΜΟΙ´ 1473.4

(1) seq. verb.

Mt 2. 8 ; 4. 9 ; 7. 21, 22 ; 8. 21, 22 ; 9. 9 ; 11. [1]27 ; 14. 8, 18 ; 15. 25, 32 ; 16. 24 ; 17. 17 ; 19. 21, 28 ; 20. 13, 15 ; 21. 2, 24 ; 22. 19 ; 25. [1]20, [1]22, 35, 42 ; 26. [1]15, 53 ; 27. 10 ; 28. 18.
Mk 2. 14 ; 5. 9 ; 6. 25 ; 8. 2 —WH mg., 34 ; 10. 21 ; 11. 29, 30 ; 12. 15.
Lu 1. [1]25, 38, [1]43, 49 ; 4. 23 ; 5. 27 ; 7. 44 μου, TWH mg., [1]45 ; 9. 23, [1]38, 59 (*bis*), 61 ; 10. [1]22, [1]40 ; 11. 5, [1]7 ; 15. 6, 9, 12 ; 17. 8 ; 18. 5, 13, 22 ; 20. 3, 24 ; 22. 29 ; 23. 14.
Jo 1. [1]33, 44 ; 3. [1]28 ; 4. 7, 10, 15, 21, 29, 39 ; 5. [1]11, 36 ; 6. 37, 39 ; 8. 12 ἐμοί, T, 45, 46 ; 9. 11 ; 10. 27, 29, 37 ; 12. [1]49, 50 ; 13. [1]36 ; 14. 11, 11 —TWH non mg., 31 ; 17. 4, 6, 7, 8, 9, 11, 12, 22, 24 (*bis*) ; 18. 9, 11 ; 20. 15 ; 21. 19, [1]22.
Ac 2. 28 ; 3. 6 ; 5. 8 ; 7. 7, 42, [1]49, 49 ; 9. 15 ; 11. 7, 12 ; 12. 8 ; 13. 2 ; 18. 10 ; 20. 19, 23 ; 21. 37, 39 ; 22. 5, 6, 7, 9, 11, 13, 17, 18, 27 ; 23. 19, 30 ; 24. 11 ; 25. 24, [1]27 ; 27. 21, 23, 25.
Ro 7. 10, [1]13, 18 ; 9. 1, [1]2, 19 ; 12. 3 ; 15. 15, 30.
I Co 1. 11 ; 3. 10 ; 5. 12 ; 6. [1]12 (*bis*) ; 9. 15, 16, [1]16 (*bis*) ; 15. 32 ; 16. [1]9.
II Co 2. [1]12 ; 6. 18 ; 7. [1]4 (*bis*) ; 9. [1]1 ; 11. 28 ; 12. 7, 9, 13 ; 13. 10.
Ga 2. [1]6, 9 ; 4. 15, 21 ; 6. [1]17.
Eph 3. 2, 3, 7 ; 6. [1]19.
Phl 1. [1]19, [1]22 ; 2. 18 ; 3. 7 ; 4. 3, [1]15, [1]16.
Col 1. 25 ; 4. 11.
II Ti 3. [1]11 ; 4. 8 (*bis*), [1]11, [1]14, [1]16, [1]17.
Phm [1]13, [1]19, 22.
He 1. 5 ; 2. [1]13 ; 8. 10 ; 10. 5 ; 13. 6.
Ja 2. 18.
II Pe 1. 14.
Re 5. 5 ; 7. 13, 14 ; 10. 9 (*bis*), 11 ; 11 1 ; 17. 7, 15 ; 19. 9 (*bis*), 10 ; 21. 5 —TWH non mg. R, 6, 7, 10 ; 22. 1, 6, 8, 9, 10.

ἘΜΕ´ 1473.5

(1) τὸ, τὰ κατ᾽ ἐμέ

Mt 10. 37 (*bis*), 40 (*bis*) ; 18. 5, 6, 21 ; 19. 14 με, WH ; 26. 10, 11.
Mk 9. 37 (*ter*), 42 —TWHR mg. ; 14. 7.
Lu 1. 43 ; 4. 18 ; 9. 48 (*bis*) ; 10. 16 (*bis*) ; 22. 53 ; 23. 28 ; 24. 39.
Jo 3. 30 ; 6. 35 (*bis*), 37, 37 με, WH, 44 με, TWH non mg., 45, 57, 65 με, WH ; 7. 7, 38 ; 8. 19 (*bis*), 42 ; 10. 32 ; 11. 25, 26 ; 12. 8, 30, 44 (*bis*), 45, 46, 48 ; 13. 18, 20 (*bis*) ; 14. 1, 7 με, WH, 9, 12 ; 15. 18, 20, 23, 24 ; 16. 3, 9, 14, 23, 27 ; 17. 18, 20, 23 ; 18. 8.
Ac 3. 22 ; 7. 37 ; 8. 24 ; 13. 25 (*bis*) ; 22. 6, 8, 13 ; 23. 22 ; 24. 19 ; 26. 18.
Ro 1. [1]15 ; 10. 20 (*bis*) ; 15. 3.
I Co 9. 3 ; 15. 10.
II Co 2. 5 ; 11. 10 ; 12. 6, 9.
Eph 6. [1]21.
Phl 1. [1]12 ; 2. 23, 27.
Col 4. [1]7.
II Ti 1. 8.
Phm 17.
Re 1. 17.

ΜΕ´ 1473.6

(1) seq. verb.

Mt 3. 14 ; 8. [1]2 ; 10. 33, 40 ; 11. 28 ; 14. 28, 30, 15. [1]8, 9, 22 ; 16. 13 —TWHR non mg., [1]15 ; 18. 32 ; 19. 14 ἐμέ T, 17 ; 22. [1]18 ; 23. [1]39 ; 25. 35 (*bis*), 36 (*ter*), 42, 43 (*ter*) ; 26. 12, 21, [1]23, 32, 34, 35, 46, 55 (*bis*), 75 ; 27. [1]46 ; 28. [1]10.
Mk 1. [1]40 ; 5. [1]7 ; 6. 22, [1]23 ; 7. [1]6, 7 ; 8. [1]27, [1]29, 38 ; 9. 19, 37, 39 ; 10. 14, [1]18, 36 —WH non mg

47, 48 ; **12.** [1]15 ; **14.** 18, 28, [1]30, [1]31 *με δέῃ*, T, 42, 48, 49, [1]72 ; **15.** 34.

Lu **1.** 48 ; **2.** 49 (*bis*) ; **4.** 18 (*bis*), [1]43 *με δεῖ*, WH non mg. ; **5.** [1]12 ; **6.** [1]46, 47 ; **8.** [1]28 ; **9.** [1]18, [1]20, 26, 48 ; **10.** 16, 35, [1]40 ; **11.** 6, 18 ; **12.** 9, [1]14 ; **13.** 33, 35 ; **14.** 18, 19, 26 ; **15.** 19, 21 —h. v., T [WH] R non mg. ; **16.** 4, 24 ; **18.** 3, 5, 16, [1]19, 38, 39 ; **19.** 5, 27 ; ; **22.** [1]15, 21, [1]34 *εἰδέναι με*, T, 61 ; **24.** 39.

Jo **1.** 33, [1]49 ; **2.** 17 ; **4.** 34 ; **5.** 7, 11, 24, 30, [1]36, 37, 40, 43 ; **6.** 26, 36 —T [WH], 37 *ἐμέ*, T, 38, 39, 44 *ἐμέ*, WH mg. 44, 57 (*bis*), 65 *ἐμέ*, T ; **7.** 16, [1]19, 28, [1]29, 33, 34, 34 —T, 36, 36 —T, 37 —T ; **8.** 16, 18, 21, 26, 28, 29 (*bis*), [1]37, [1]40, [1]42. 46, 49, 54 ; **9.** 4 *ἡμᾶς*, T ; **10.** 14, 15, 16, [1]17 ; **11,** [1]42 ; **12.** 27, 44, 45, 49 ; **13.** 13, 20, 21, 33, 38 ; **14.** 7 *ἐμέ*, T, 9, 14—[WH] R mg., 15, [1]19, 19, 21 (*bis*), 23, 24 (*bis*), 28 ; **15.** 9, [1]16, 21, 25 ; **16.** 5 (*bis*), 10, 16 (*bis*), 17 (*bis*), 19 (*bis*) ; **17.** 5, [1]8, [1]21, [1]23, 24, [1]25, 26 ; **18.** [1]21, [1]23 ; **19.** 11 ; **20.** 21, 29 ; **21.** 15, 16, 17 (*bis*).

Ac **2.** 28 ; **7.** 28 ; **8.** 31, 36 ; **9.** [1]4, 17 ; **10.** 29 ; **11.** 11, 15 ; **12.** 11 ; **16.** 15, [1]30 ; **18.** 21 —h. v., TWH non mg. R ; **19.** 21 (*bis*) ; **20.** [1]23 ; **22.** [1]7, 10, 17, 21 ; **23.** 3 (*bis*), 18 ; **24.** 12, 18 ; **25.** [1]10, [1]11 ; **26.** 5, 13, 14, [1]14, 16 —TR mg. [1]21, [1]28 ; **28.** 18.

Ro **7.** 11, 23, [1]24 ; **8.** 2 *σε*, TWH non mg. ; **9.** [1]20 ; **15.** 16, [1]19.

I Co **1.** 17 ; **4.** 4 ; **16.** [1]6, 11.

II Co **2.** 2, 3, 13 ; **7.** [1]7 ; **11.** [1]16, 16, 32 ; **12.** 6, [1]7, [1]1[illegible] [illegible]1.

Ga **1.** 15 ; **2.** 20 ; **4.** 12, 14, 18.

Eph. **6.** 20.

Phl **1.** 7 ; **2.** 30 ; **4.** 13.

Col **4.** 4.

I Ti **1.** 12, [1]12.

II Ti **1.** 15, [1]16, 17 ; **3.** [1]11 ; **4.** 9, [1]10, [1]16, 17, 18.

Tit **3.** 12.

Phm 17.

He **8.** 11 ; **11.** 32.

Re **17.** 3 ; **21.** 10.

ἩΜΕΙ͂Σ 1473.7 .

(1) ἰδοὺ ἡμεῖς (2) **αὐτοὶ ἡμεῖς**

Mt **6** 12 ὡς κ. ἡμεῖς ἀφήκαμεν τ. ὀφειλέταις ἡμῶν
9 14 διὰ τί ἡμεῖς κ. οἱ Φαρισαῖοι νηστεύομεν
17 19 διὰ τί ἡμεῖς οὐκ ἠδυνήθημεν ἐκβαλεῖν αὐτό ;
19 27 [1] ἰδοὺ ἡμεῖς ἀφήκαμεν πάντα
28 14 ἐὰν ἀκουσθῇ τοῦτο ἐπὶ τ. ἡγεμόνος ἡμεῖς πείσομεν
Mk **9** 28 ὅτι ἡμεῖς οὐκ ἠδυνήθημεν ἐκβαλεῖν αὐτό ;
10 28 [1] ἰδοὺ ἡμεῖς ἀφήκαμεν πάντα
14 58 ἡμεῖς ἠκούσαμεν αὐτοῦ λέγοντος
Lu **3** 14 τί ποιήσωμεν καὶ ἡμεῖς ;
9 13 εἰ μήτι πορευθέντες ἡμεῖς ἀγοράσωμεν
18 28 [1] ἰδοὺ ἡμεῖς ἀφέντες τὰ ἴδια ἠκολουθήσαμέν σοι
23 41 κ. ἡμεῖς μὲν δικαίως
24 21 ἡμεῖς δὲ ἠλπίζομεν ὅτι αὐτός ἐστιν
Jo **1** 16 ἐκ τ. πληρώματος αὐτοῦ ἡμεῖς πάντες ἐλάβομεν
4 22 ἡμεῖς προσκυνοῦμεν ὃ οἴδαμεν
6 42 οὐ ἡμεῖς οἴδαμεν τ. πατέρα κ. τ. μητέρα
69 ἡμεῖς πεπιστεύκαμεν κ. ἐγνώκαμεν
7 35 ὅτι ἡμεῖς οὐχ εὑρήσομεν αὐτόν
—ἡμεῖς, T

Jo **8** 41 ἡμεῖς ἐκ πορνείας οὐκ ἐγεννήθημεν
48 οὐ καλῶς λέγομεν ἡμεῖς
9 21 ἢ τίς ἤνοιξεν αὐτοῦ τ. ὀφθαλμοὺς ἡμεῖς οὐκ οἴδαμεν
24 ἡμεῖς οἴδαμεν ὅτι οὗτος ὁ ἄνθρωπος ἁμαρτωλός ἐστιν
28 ἡμεῖς δὲ τ. Μωυσέως ἐσμὲν μαθηταί.
29 ἡμεῖς οἴδαμεν ὅτι Μωσεῖ λελάληκεν ὁ Θεός
40 μὴ κ. ἡμεῖς τυφλοί ἐσμεν ;
11 16 ἄγωμεν κ. ἡμεῖς ἵνα ἀποθάνωμεν μετ' αὐτοῦ
12 34 ἡμεῖς ἠκούσαμεν ἐκ τ. νόμου
17 11 ἵνα ὦσιν ἓν καθὼς ἡμεῖς
22 ἵνα ὦσιν ἓν καθὼς ἡμεῖς ἕν
19 7 ἡμεῖς νόμον ἔχομεν
21 3 ἐρχόμεθα κ. ἡμεῖς σὺν σοί
Ac **2** 8 πῶς ἡμεῖς ἀκούομεν ἕκαστος τ. ἰδίᾳ διαλέκτῳ ἡμῶν
32 οὗ πάντες ἡμεῖς ἐσμὲν μάρτυρες
3 15 οὗ ἡμεῖς μάρτυρές ἐσμεν
4 9 εἰ ἡμεῖς σήμερον ἀνακρινόμεθα ἐπὶ εὐεργεσίᾳ ἀνθρώπου ἀσθενοῦς
20 οὐ δυνάμεθα γὰρ ἡμεῖς ἃ εἴδαμεν κ. ἠκούσαμεν μὴ λαλεῖν
5 32 ἡμεῖς ἐσμὲν μάρτυρες τ. ῥημάτων τούτων
6 4 ἡμεῖς δὲ τ. προσευχῇ . . . προσκαρτερήσομεν
10 33 νῦν οὖν πάντες ἡμεῖς ἐνώπιον τ. Θεοῦ πάρεσμεν
39 ἡμεῖς μάρτυρες πάντων ὧν ἐποίησεν
47 οἵτινες τὸ πνεῦμα τὸ ἅγιον ἔλαβον ὡς κ. ἡμεῖς
13 32 ἡμεῖς ὑμᾶς εὐαγγελιζόμεθα τὴν πρὸς τ. πατέρας ἐπαγγελίαν
14 15 ἡμεῖς ὁμοιοπαθεῖς ἐσμὲν ὑμῖν ἄνθρωποι
15 10 ὃν οὔτε οἱ πατέρες ἡμῶν οὔτε ἡμεῖς ἰσχύσαμεν βαστάσαι
20 6 ἡμεῖς δὲ ἐξεπλεύσαμεν μετὰ τ. ἡμέρας τ. ἀζύμων
13 ἡμεῖς δὲ προελθόντες ἐπὶ τὸ πλοῖον ἀνήχθημεν
21 7 ἡμεῖς δὲ τ. πλοῦν διανύσαντες
12 παρεκαλοῦμεν ἡμεῖς τε κ. οἱ ἐντόπιοι
25 περὶ δὲ τ. πεπιστευκότων ἐθνῶν ἡμεῖς ἀπεστείλαμεν
23 15 ἡμεῖς δὲ πρὸ τοῦ ἐγγίσαι αὐτὸν ἕτοιμοί ἐσμεν
24 8 ἐπιγνῶναι ὧν ἡμεῖς κατηγοροῦμεν αὐτοῦ
28 21 ἡμεῖς οὔτε γράμματα περὶ σοῦ ἐδεξάμεθα
Ro **6** 4 οὕτως κ. ἡμεῖς ἐν καινότητι ζωῆς περιπατήσωμεν
8 23 [2] αὐτοὶ τ. ἀπαρχὴν τ. πνεύματος ἔχοντες ἡμεῖς
[ἡμεῖς], WH
15 1 ὀφείλομεν δὲ ἡμεῖς οἱ δυνατοὶ . . . βαστάζειν
I Co **1** 23 ἡμεῖς δὲ κηρύσσομεν Χριστὸν ἐσταυρωμένον
2 12 ἡμεῖς δὲ οὐ τὸ πνεῦμα τ. κόσμου ἐλάβομεν
16 ἡμεῖς δὲ νοῦν Χριστοῦ ἔχομεν
4 8 ἵνα κ. ἡμεῖς ὑμῖν συνβασιλεύσωμεν
10 ἡμεῖς μωροὶ διὰ Χριστὸν ὑμεῖς δὲ φρόνιμοι ἐν Χριστῷ·
ἡμεῖς ἀσθενεῖς ὑμεῖς δὲ ἰσχυροί·
ὑμεῖς ἔνδοξοι ἡμεῖς δὲ ἄτιμοι
8 6 εἷς Θεὸς . . . ἐξ οὗ τὰ πάντα κ. ἡμεῖς εἰς αὐτόν,
κ. εἷς Κύριος . . . δι' οὗ τὰ πάντα κ. ἡμεῖς δι' αὐτοῦ

I Co 9 11 εἰ ἡμεῖς ὑμῖν τὰ πνευματικὰ ἐσπείραμεν, μέγα εἰ ἡμεῖς ὑμῶν τὰ σαρκικὰ θερίσομεν;
12 εἰ ἄλλοι τῆς ὑμῶν ἐξουσίας μετέχουσιν οὐ μᾶλλον ἡμεῖς;
25 ἐκεῖνοι μὲν οὖν ἵνα φθαρτὸν στέφανον λάβωσιν ἡμεῖς δὲ ἄφθαρτον
11 16 ἡμεῖς τοιαύτην συνήθειαν οὐκ ἔχομεν
12 13 ἡμεῖς πάντες εἰς ἓν σῶμα ἐβαπτίσθημεν
15 30 τί κ. ἡμεῖς κινδυνεύομεν πᾶσαν ὥραν;
52 κ. ἡμεῖς ἀλλαγησόμεθα
II Co 1 6 τ. αὐτῶν παθημάτων ὧν κ. ἡμεῖς πάσχομεν
3 18 ἡμεῖς δὲ πάντες . . . τ. δόξαν Κυρίου κατοπτριζόμενοι
4 11 ἀεὶ γὰρ ἡμεῖς οἱ ζῶντες εἰς θάνατον παραδιδόμεθα
13 κ. ἡμεῖς πιστεύομεν διὸ κ. λαλοῦμεν
5 16 ὥστε ἡμεῖς ἀπὸ τοῦ νῦν οὐδένα οἴδαμεν κατὰ σάρκα
21 ἵνα ἡμεῖς γένωμεθα δικαιοσύνη Θεοῦ ἐν αὐτῷ
6 16 ἡμεῖς γὰρ ναὸς Θεοῦ ἐσμὲν ζῶντος
9 4 μή πως . . . καταισχυνθῶμεν ἡμεῖς
10 7 ὅτι καθὼς αὐτὸς Χριστοῦ οὕτως κ. ἡμεῖς
13 ἡμεῖς δὲ οὐκ εἰς τὰ ἄμετρα καυχησόμεθα
11 12 ἵνα ἐν ᾧ καυχῶνται εὑρεθῶσιν καθὼς κ. ἡμεῖς
21 ὡς ὅτι ἡμεῖς ἠσθενήκαμεν
13 4 κ. γὰρ ἡμεῖς ἀσθενοῦμεν ἐν αὐτῷ
6 γνώσεσθε ὅτι ἡμεῖς οὐκ ἐσμὲν ἀδόκιμοι
7 οὐχ ἵνα ἡμεῖς δόκιμοι φανῶμεν
7 ἡμεῖς δὲ ὡς ἀδόκιμοι ὦμεν
9 χαίρομεν γὰρ ὅταν ἡμεῖς ἀσθενῶμεν
Ga 1 8 ἀλλὰ κ. ἐὰν ἡμεῖς ἢ ἄγγελος ἐξ οὐρανοῦ εὐαγγελίσηται ὑμῖν
2 9 ἵνα ἡμεῖς εἰς τὰ ἔθνη αὐτοὶ δὲ εἰς τ. περιτομήν
15 ἡμεῖς φύσει Ἰουδαῖοι
16 κ. ἡμεῖς εἰς Χριστὸν Ἰησοῦν ἐπιστεύσαμεν
4 3 οὕτως κ. ἡμεῖς ὅτε ἦμεν νήπιοι
28 ἡμεῖς δὲ ἀδελφοὶ κατὰ Ἰσαὰκ . . . ἐπαγγελίας τέκνα ἐσμέν
ὑμεῖς . . . ἐστέ, TWH mg. R mg.
5 5 ἡμεῖς γὰρ πνεύματι ἐκ πίστεως ἐλπίδα δικαιοσύνης ἀπεκδεχόμεθα
Eph 2 3 ἐν οἷς κ. ἡμεῖς πάντες ἀνεστράφημέν ποτε
Phl 3 3 ἡμεῖς γάρ ἐσμεν ἡ περιτομή
Col 1 9 διὰ τοῦτο κ. ἡμεῖς ἀφ' ἧς ἡμέρας ἠκούσαμεν
28 ὃν ἡμεῖς καταγγέλλομεν
I Th 2 13 διὰ τοῦτο κ. ἡμεῖς εὐχαριστοῦμεν τ. Θεῷ
17 ἡμεῖς δὲ . . . ἀπορφανισθέντες ἀφ' ὑμῶν πρὸς καιρὸν ὥρας
3 6 ἐπιποθοῦντες ἡμᾶς ἰδεῖν καθάπερ κ. ἡμεῖς ὑμᾶς
12 καθάπερ κ. ἡμεῖς εἰς ὑμᾶς
4 15 ἡμεῖς οἱ ζῶντες οἱ περιλειπόμενοι εἰς τ. παρουσίαν τ. Κυρίου
17 ἔπειτα ἡμεῖς οἱ ζῶντες οἱ περιλειπόμενοι
5 8 ἡμεῖς δὲ ἡμέρας ὄντες νήφωμεν
II Th 2 13 ἡμεῖς δὲ ὀφείλομεν εὐχαριστεῖν τ. Θεῷ
Tit 3 3 ἦμεν γάρ ποτε κ. ἡμεῖς ἀνόητοι
5 οὐκ ἐξ ἔργων τῶν ἐν δικαιοσύνῃ ἃ ἐποιήσαμεν ἡμεῖς
He 2 3 πῶς ἡμεῖς ἐκφευξόμεθα τηλικαύτης ἀμελήσαντες σωτηρίας;
3 6 οὗ οἶκός ἐσμεν ἡμεῖς
10 39 ἡμεῖς δὲ οὐκ ἐσμὲν ὑποστολῆς εἰς ἀπώλειαν
12 1 κ. ἡμεῖς τοσοῦτον ἔχοντες . . . νέφος μαρτύρων
He 12 25 πολὺ μᾶλλον ἡμεῖς οἱ τὸν ἀπ' οὐρανῶν ἀποστρεφόμενοι
II Pe 1 18 ταύτην τ. φωνὴν ἡμεῖς ἠκούσαμεν ἐξ οὐρανοῦ ἐνεχθεῖσαν
I Jo 1 4 κ. ταῦτα γράφομεν ἡμεῖς
3 14 ἡμεῖς οἴδαμεν ὅτι μεταβεβήκαμεν ἐκ τ. θανάτου
16 κ. ἡμεῖς ὀφείλομεν ὑπὲρ τ. ἀδελφῶν τ. ψυχὰς θεῖναι
4 6 ἡμεῖς ἐκ τ. Θεοῦ ἐσμέν
10 οὐχ ὅτι ἡμεῖς ἠγαπήκαμεν τ. Θεόν
11 κ. ἡμεῖς ὀφείλομεν ἀλλήλους ἀγαπᾶν
14 ἡμεῖς τεθεάμεθα κ. μαρτυροῦμεν
16 ἡμεῖς ἐγνώκαμεν κ. πεπιστεύκαμεν τ. ἀγάπην
17 καθὼς ἐκεῖνός ἐστιν κ. ἡμεῖς ἐσμὲν ἐν τ. κόσμῳ τούτῳ
19 ἡμεῖς ἀγαπῶμεν ὅτι αὐτὸς πρῶτος ἠγάπησεν ἡμᾶς
III Jo 8 ἡμεῖς οὖν ὀφείλομεν ὑπολαμβάνειν τ. τοιούτους
12 κ. ἡμεῖς δὲ μαρτυροῦμεν

ἩΜΩ͂Ν 1473.8

(1) gen. abs. (2) ἡμ. κ. ὑμῶν, κ. αὐτῶν
(3) seq. nom.

Mt 1. 23; 6. 9, 11, 12 (*bis*); 8. 17; 15. 23; 20. 33; 21. 42; 23. 30; 25. 8; 27. 25; 28. ^{1}13.
Mk 9. 38 —h. v., WH non mg. R, ἡμῖν T, 40 (*bis*); 11. 10; 12. ^{3}7, 11, 29.
Lu 1. 55, 71, 72, 73, 74 —TWH, 75, 78, 79; 7. 5; 9. 49; 11. 2 —TWHR non mg., 3, 4; 13. 26; 16. ^{2}26; 20. ^{3}14; 23. 2; 24. 20, 22, 29, 32.
Jo 3. 11; 4. 12, 20; 6. 31; 7. 51; 8. 39, 53, 54 ὑμῶν, WH non mg. R; 9. 20; 10. 24; 11. 11, ^{3}48; 12. 38.
Ac 1. 22; 2. 8, 39; 3. 13, 22 —WHR, 25 ὑμῶν, WH non mg. R; 4. 25; 5. 30; 7. 2, 11, 12, 15, 19, 19 —TWH, 27, 38, 39, 40, 44, 45 (*bis*); 9. 38; 13. 17, 32; 15. ^{2}9, 10, 24, 25, 26; 16. ^{1}16, ^{3}20; 17. 20, 27; 19. 37; 20. ^{1}7, 21; 21. ^{1}17; 22. 14; 24. 4, 7 —h. v., TWHR non mg.; 26. 6, 7, ^{1}14; 27. 10, ^{1}18, ^{1}27; 28. 15.
Ro 1. 4, 7; 3. 5; 4. 1, 12, 16, 24, 25 (*bis*); 5. 1, 5, ^{1}6, ^{1}8, 8, 11, 21; 6. 6, 23; 7. 5, 25; 8. 16, 23, 26, 31 (*bis*), 32, 34, 39; 9. 10; 10. 16; 13. ^{3}11; 14. 7, 12; 15. 2, 6, 30; 16. 1, 9, 18, 20 —h. v., R mg., 24 —h. v., TWHR non mg.
I Co 1. 2, ^{2}2, 3, 7, 8, 9, 10; 2. 7; 4. 8; 5. 4 —T [WH], 4, 7; 6. 11 —T [WH] R, 11; 9. 1; 10. 1, 6, 11; 12. 23, 24; 15. 3, 14, 14 ὑμῶν, TWH mg. R non mg., 31, 57.
II Co 1. 2, 3, 4, 5, 6, 8, 11 (*bis*), 12 (*bis*), 14 (*bis*), 18, 19, 20, 22; 2. 14; 3. 2 (*bis*), 3, 5; 4. 3, 6, 7, 10, 11, 16 (*bis*), 17 —WH non mg., ^{1}18; 5. 1, 2, 12, 20, 21; 6. 11 (*bis*); 7. 3, 4, ^{1}5, 5, 9, 12, 13, 14; 8. 4, 7 ὑμῶν, TWH mg. R non mg., 9, 19, 19 (*bis*), 20, 22, 23, ^{3}24; 9. 3, 11; 10. 4, 8, 15.
Ga 1. 3 [WH marg.], 4 (*bis*); 2. 4; 3. 13, 24; 4. 6, 26; 6. 14, 18 [WH].
Eph 1. 2, 3, 14, 17; 2. 3, 14; 3. 11; 4. 7; 5. 2 ὑμῶν, WH non mg. R mg., 20; 6. 22, 24.
Phl 1. 2; 3. ^{3}20, 21; 4. 20.
Col 1. 2, 3, 7, 7 ὑμῶν, TWH mg. R mg.; 2. 14; 3. 4 ὑμῶν, TWH mg. R mg.; 4. 3, 8.

I Th 1. 2, 3, 5, 6, 9 ὑμῶν, WH mg.; 2. 1, 2, 3, 4, 9, 13, [3] 19, 19, 20; 3. 2, 5, 6, 7, 9, 11 (*bis*), 13 (*bis*); 4. 1; 5. 9, 10, 23, 25, 28.
II Th 1. 1, 2 —WHR, 7, 8, 10, 11, 12 (*bis*); 2. 1 [WH], [3] 1, 2, 14 (*bis*), 15, 16 (*bis*); 3. 1, 6 —WH non mg., 6, 14, 18.
I Ti 1. 1 (*bis*), 2, 12, 14; 2. 3; 6. 3, 14.
II Ti 1. 2, 8, 9, 10.
Tit 1. 3, 4; 2. 8, 10, 13, 14; 3. 4, 6.
Phm 1, 2, 3, 25 —TWH non mg. R. mg.
He 3. 1; 4. 15; 6. 20; 7. 14; 9. 14 ὑμῶν, TWH mg. R non mg., 24; 10. [1] 26; 11. 40 (*bis*); 12. 9, 29; 13. 18, 20, 23.
Ja 2. 1, 21; 3. 6.
I Pe 1. 3; 2. 24 ὑμῶν, WH mg.; 4. 17.
II Pe 1. 1, 1 —TWHR mg., 2, 8, 11, 14, 16; 2. 20 --WH non mg. R non mg.; 3. 15 (*bis*), 18.
I Jo 1. 1 (*bis*), 3, 9; 2. 2, 19 (*quinquies*); 3. 16, 19, [3] 20, 20, 21 —WHR, 21 —WH; 4. 6 (*bis*), 10, 17; 5. 4, 14, 15.
II Jo 2, 12 ὑμῶν, WH non mg. R
III Jo 12.
Ju 3, 4 (*bis*), 17, 21, 25 (*bis*).
Re 1. 5 [WH]; 4. 11; 5. 10; 6. 10; 7. 3, 10, 12; 11. 15; 12. 10 (*ter*); 19. 1, 5, 6 [WH].

ἩΜΙ͂Ν 1473.9

(1) τί ἡμ. κ. σοί (2) ἡμ. κ. ὑμῖν (3) seq. verb.

Mt. 3. 15; 6. 11, 12; 8. [1] 29; 13. 36; 15. 15, 33; 19. 27; 20. 12; 21. 25; 22. 17, 25; 24. 3; 25. 8, [2] 9, 11; 26. [3] 63, 68.
Mk 1. [1] 24; 9. 22, 38 —h. v., WH non mg. R., ἡμῶν WH mg., 38 —WH mg.; 10. 35, 37; 12. 19; 13. 4; 14. 15; 16. 3.
Lu 1. 1, 2, 69, 74 (73 T); 2. 15, 48; 4. [1] 34; 7. 5, 16; 9. 13; 10. 11, 17; 11. 3, 4 (*bis*); 13. 25; 17. 5; 20. 2, 28; 22. 8, 67; 23. 18; 24. 24, 32 —WH non mg., 32 (*bis*).
Jo 1. 14; 2. 18; 4. 12, 25; 6. 34, [3] 52; 8. [5 [WH]; 10. 24; 14. 8 (*bis*), 9, [3] 22; 16. 17; 17. 21; 18. [3] 31.
Ac 1. 17, 21, 22; 2. 29; 3. [3] 12; 6. 14; 7. 38 ὑμῖν, WH non mg., 40; 10. 41, 42; 11. 13, 17; 13. [3] 26, 47; 15. 8, 25, 28; 16. 9, 16, 17, 21; 19. 25, 27; 20. 14; 21. 16, 18, 23; 25. 24; 27. 2; 28. 2, 15, 22.
Ro 5. 5; 8. 4, [3] 32; 9. 29; 12. 6.
I Co 1. 18, 30; 2. [3] 10, 12; 4. 6; 8. [3] 6; 15. 57.
II Co 4. 12, 17; 5. 5. 18, 19; 6. 12; 7. 7; 8. 5, 7 ὑμῖν, WH non mg. R mg.; 10. 13.
Eph 1. 9; 3. 20; 4. 32 ὑμῖν, TWH non mg., R non mg.; 6. 12 ὑμῖν, WH mg.
Col 1. 8; 2. 13, 14; 4. 3.
I Th 2. 8; 3. 6.
I Ti 6. 17.
II Ti 1. 7, 9, 14.
Phm 6 ὑμῖν, TWH mg. R non mg.
He 1. 1; 4. 13; 5. 11; 7. [3] 26 ὑμῖν, T; 10. 15, 20; 12. 1 (*bis*); 13. 21 ὑμῖν, R mg.
Ja 3. 3; 4. 5; 5. 17.
II Pe 1. 1, [3] 3, [3] 4.
I Jo 1. 2, 8, 9, 10; 2. 25, ὑμῖν R. mg.; 3. 1, 23, 24, [3] 24; 4. 9, 12 (*bis*), 13 (*bis*), 16; 5. 11, 20.
II Jo 2.
Re 1. 6 ἡμᾶς, TWH non mg. R

ἩΜΑ͂Σ 1473.95

(1) πρὸς ἡμᾶς (2) δι' ἡμᾶς (3) αὐτοὺς ἡμᾶς

Mt 6. 13 (*bis*); 8. 29, 31 (*bis*); 9. 27; 13. [1] 56; 17 4; 20. 7, 30, 31; 27. [1] 4, 25.
Mk 1. 24; 5. 12; 6. [1] 3; 9. 5, 22.
Lu 1. 71, 78; 4. 34; 7. 20; 9. 33; 11. 1, 4, 45; 12. [1] 41; 16. [1] 26; 17. 13; 19. 14; 20. 6, 22; 23. [1] 15, 30 (*bis*), 39; 24. 22.
Jo 1. 22; 9. 4, 4 με, WHR, 34.
Ac 1. 21; 3. 4; 4. 12; 5. 28; 6. 2; 7. 40; 11. 15; 14. [1] 11, 22; 16. 10, 15, 37 (*ter*); 17. 28 ὑμᾶς, TWH non mg. R; 20. 5; 21. 1, 5 (*bis*), [1] 11, 17; 27. 1, 6, 7, 20, 26; 28. 2, 7, 10.
Ro 3. 8; 4. [2] 24; 5. 8; 6. 6; 7. 6 [WH]; 8. 18, 35, 37, 39; 9. 24; 13. 11 ὑμᾶς, TWH non mg. R; 15. 7 ὑμᾶς, TWH mg. R non mg.
I Co 4. 1, 9; 6. 14; 7. 15 ὑμᾶς, TWH non mg. R. mg.; 8. 8; 9. [2] 10 (*bis*); 10. 6.
II Co 1. 4 (*bis*), 5, 8, 10, 11, 14, 21 (*bis*), 22; 2. 14; 3. 6; 4. 14; 5. 5, 10, 14, 18; 7. 2, 6; 8. 6, 20; 10. 2.
Ga 1. 4, 23; 2. 4; 3. 13; 5. 1.
Eph 1. 3, 4 (*bis*), 5, 6, 8, 12, 19; 2. 4, 5, 7.
Phl 3. 17.
Col 1. 12 ὑμᾶς, TWH non mg. R. mg., 13; 2. 13 ὑμᾶς, TWH non mg. R.
I Th 1. 8, 10; 2. 15, 16, 18; 3. [1] 6, 6; 4. 7; 5. 9.
II Th 1. [3] 4; 2. 16; 3. 7, 9.
II Ti 1. 9; 2. 12.
Tit 2. 12, 14; 3. 5, 6, 15.
He 2. 1, 3; 13. 6.
Ja 1. 18 (*bis*).
I Pe 1. 3; 3. 18.
II Pe 1. 3.
I Jo 1. 7, 9; 3. 1; 4. 10, 11, 19.
III Jo 9, 10.
Re 1. 5 (*bis*), 6 ἡμῖν, WH mg.; 6. 16 (*bis*).

ἘΔΑΦΙ͂ΖΩ 1474

Lu 19 44 *ἐδαφιοῦσίν σε κ. τὰ τέκνα σου ἐν σοι*

ἜΔΑΦΟΣ 1475

Ac 22 7 *ἔπεσά τε εἰς τὸ ἔδαφος*

ἙΔΡΑΙ͂ΟΣ** 1476

I Co 7 37 *ὃς δὲ ἕστηκεν ἐν τ. καρδίᾳ αὐτοῦ ἑδραῖος*
15 58 *ἑδραῖοι γίνεσθε ἀμετακίνητοι*
Col 1 23 *εἴ γε ἐπιμένετε τ. πίστει τεθεμελιωμένοι κ. ἑδραῖοι*

ἙΔΡΑΙ͂ΩΜΑ* † 1477

I Ti 3 15 *στύλος κ. ἑδραίωμα τ. πίστεως*

ἘΖΕΚΙ͂ΑΣ 1478

Ἐζεκίας, T

Mt 1 9 *Ἄχας δὲ ἐγέννησεν τ. Ἐζεκίαν·*
10 *Ἐζεκίας δὲ ἐγέννησεν τ. Μανασσῆ*

ἘΘΕΛΟΘΡΗΣΚΙ͂Α* † 1479

Col 2 23 *λόγον μὲν ἔχοντα σοφίας ἐν ἐθελοθρησκίᾳ*

ἘΘΈΛΩ *Vide* ΘΈΛΩ, 2309

Ἐθίζω** 1480

Lu 2 27 κατὰ τὸ εἰθισμένον τ. νόμου

Ἐθνάρχης** † 1481

II Co 11 32 ἐν Δαμασκῷ ὁ ἐθνάρχης Ἀρέτα τ. βασιλέως

Ἐθνικός** 1482

Mt 5 47 οὐχὶ κ. οἱ ἐθνικοὶ τὸ αὐτὸ ποιοῦσιν;
6 7 μὴ βατταλογήσητε ὥσπερ οἱ ἐθνικοί
18 17 ἔστω σοι ὥσπερ ὁ ἐθνικὸς κ. ὁ τελώνης
III Jo 7 μηδὲν λαμβάνοντες ἀπὸ τ. ἐθνικῶν

Ἐθνικῶς* 1483

Ga 2 14 εἰ σὺ . . . ἐθνικῶς κ. οὐκ Ἰουδαϊκῶς ζῇς

Ἔθνος 1484

(1) τὰ ἔθνη (2) ἔθν. ἐπὶ ἔθν.

Mt 4 15 [1] Γαλιλαία τ. ἐθνῶν
גְּלִיל הַגּוֹיִם, Is. viii. 23
6 32 [1] πάντα γὰρ ταῦτα τὰ ἔθνη ἐπιζητοῦσιν
10 5 εἰς ὁδὸν ἐθνῶν μὴ ἀπέλθητε
18 [1] εἰς μαρτύριον αὐτοῖς κ. τ. ἔθνεσιν
12 18 [1] κρίσιν τ. ἔθνεσιν ἀπαγγελεῖ
מִשְׁפָּט לַגּוֹיִם יוֹצִיא, Is. xlii. 1
21 κ. τ. ὀνόματι αὐτοῦ ἔθνη ἐλπιοῦσιν
וּלְתוֹרָתוֹ אִיִּים יְיַחֵלוּ, *ib.* 4
20 19 [1] παραδώσουσιν αὐτὸν τ. ἔθνεσιν εἰς τὸ ἐμπαῖξαι
25 [1] οἱ ἄρχοντες τ. ἐθνῶν κατακυριεύουσιν αὐτῶν
21 43 δοθήσεται ἔθνει ποιοῦντι τ. καρποὺς αὐτῆς
24 7 [2] ἐγερθήσεται γὰρ ἔθνος ἐπὶ ἔθνος
ἐπ' ἔθν., T
9 [1] ἔσεσθε μισούμενοι ὑπὸ πάντων τ. ἐθνῶν
14 [1] κηρυχθήσεται . . . εἰς μαρτύριον πᾶσι τ. ἔθνεσιν
25 32 [1] συναχθήσονται ἔμπροσθεν αὐτοῦ πάντα τ. ἔθνη
28 19 [1] πορευθέντες οὖν μαθητεύσατε πάντα τ. ἔθνη
Mk 10 33 [1] παραδώσουσιν αὐτὸν τ. ἔθνεσιν
42 [1] οἱ δοκοῦντες ἄρχειν τ. ἐθνῶν κατακυριεύουσιν αὐτῶν
11 17 [1] οἶκος προσευχῆς κληθήσεται πᾶσι τ. ἔθνεσιν
בֵּית־תְּפִלָּה יִקָּרֵא לְכָל־הָעַמִּים, Is. lvi. 7
13 8 [2] ἐγερθήσεται γὰρ ἔθνος ἐπ' ἔθνος
10 [1] εἰς πάντα τ. ἔθνη πρῶτον δεῖ κηρυχθῆναι τὸ εὐαγγέλιον
Lu 2 32 φῶς εἰς ἀποκάλυψιν ἐθνῶν
7 5 ἀγαπᾷ γὰρ τὸ ἔθνος ἡμῶν
12 30 [1] ταῦτα γὰρ πάντα τὰ ἔθνη τ. κόσμου ἐπιζητοῦσιν
18 32 [1] παραδοθήσεται γὰρ τ. ἔθνεσιν
21 10 [2] ἐγερθήσεται ἔθνος ἐπ' ἔθνος
24 [1] αἰχμαλωτισθήσονται εἰς τὰ ἔθνη πάντα· κ. Ἰερουσαλὴμ ἔσται πατουμένη ὑπὸ ἐθνῶν, ἄχρι οὗ πληρωθῶσιν καιροὶ ἐθνῶν
25 ἐπὶ τ. γῆς συνοχὴ ἐθνῶν ἐν ἀπορίᾳ

Lu 22 25 [1] οἱ βασιλεῖς τ. ἐθνῶν κυριεύουσιν αὐτῶν
23 2 τοῦτον εὕραμεν διαστρέφοντα τὸ ἔθνος ἡμῶν
24 47 [1] κηρυχθῆναι . . . μετάνοιαν εἰς ἄφεσιν ἁμαρτιῶν εἰς πάντα τ. ἔθνη
Jo 11 48 ἀροῦσιν ἡμῶν κ. τ. τόπον κ. τὸ ἔθνος
50 ἵνα . . . μὴ ὅλον τὸ ἔθνος ἀπόληται
51 ἔμελλεν Ἰησοῦς ἀποθνήσκειν ὑπὲρ τ. ἔθνους,
52 κ. οὐχ ὑπὲρ τ. ἔθνους μόνον
18 35 τὸ ἔθνος τὸ σὸν κ. οἱ ἀρχιερεῖς παρέδωκάν σε ἐμοί
Ac 2 5 ἄνδρες εὐλαβεῖς ἀπὸ παντὸς ἔθνους τῶν ὑπὸ τ. οὐρανόν
4 25 ἵνα τί ἐφρύαξαν ἔθνη
לָמָּה רָגְשׁוּ גוֹיִם, Ps. ii. 1
27 σὺν ἔθνεσι κ. λαοῖς Ἰσραήλ
7 7 τὸ ἔθνος ᾧ ἂν δουλεύσουσιν κρινῶ ἐγώ
אֶת־הַגּוֹי אֲשֶׁר יַעֲבֹדוּ דָּן אָנֹכִי, Gen. xv. 14
45 [1] ἣν κ. εἰσήγαγον . . . μετὰ Ἰησοῦ ἐν τ. κατασχέσει τ. ἐθνῶν
8 9 ἐξιστάνων τὸ ἔθνος τ. Σαμαρίας
9 15 [1] τοῦ βαστάσαι τὸ ὄνομά μου ἐνώπιον τ. ἐθνῶν τε κ. βασιλέων
—τῶν, T [WH]
10 22 μαρτυρούμενός τε ὑπὸ ὅλου τ. ἔθνους τ. Ἰουδαίων
35 ἐν παντὶ ἔθνει ὁ φοβούμενος αὐτόν
45 [1] κ. ἐπὶ τ. ἔθνη ἡ δωρεὰ τ. πνεύματος τ. ἁγίου ἐκκέχυται
11 1 [1] ὅτι κ. τὰ ἔθνη ἐδέξαντο τ. λόγον τ. Θεοῦ
18 [1] ἄρα κ. τ. ἔθνεσιν ὁ Θεὸς τ. μετάνοιαν εἰς ζωὴν ἔδωκεν
13 19 καθελὼν ἔθνη ἑπτὰ ἐν γῇ Χανάαν
46 [1] ἰδοὺ στρεφόμεθα εἰς τὰ ἔθνη
47 τέθεικά σε εἰς φῶς ἐθνῶν
נְתַתִּיךָ לְאוֹר גּוֹיִם, Is. xlix. 6
48 [1] ἀκούοντα δὲ τ. ἔθνη ἔχαιρον
14 2 [1] ἐκάκωσαν τ. ψυχὰς τ. ἐθνῶν κατὰ τ. ἀδελφῶν
5 [1] ὡς δὲ ἐγένετο ὁρμὴ τ. ἐθνῶν τε κ. Ἰουδαίων
16 [1] ὃς . . . εἴασεν πάντα τ. ἔθνη πορεύεσθαι
27 [1] ὅτι ἤνοιξεν τ. ἔθνεσι θύραν πίστεως
15 3 [1] ἐκδιηγούμενοι τ. ἐπιστροφὴν τ. ἐθνῶν
7 [1] διὰ τ. στόματός μου ἀκοῦσαι τὰ ἔθνη τ. λόγον τ. εὐαγγελίου
12 [1] ὅσα ἐποίησεν ὁ Θεὸς σημεῖα κ. τέρατα ἐν τ. ἔθνεσιν
14 λαβεῖν ἐξ ἐθνῶν λαὸν τ. ὀνόματι αὐτοῦ
17 [1] πάντα τ. ἔθνη ἐφ' οὓς ἐπικέκληται τὸ ὄνομά μου ἐπ' αὐτούς
כָּל־הַגּוֹיִם אֲשֶׁר־נִקְרָא שְׁמִי עֲלֵיהֶם, Am. ix. 12
19 [1] τοῖς ἀπὸ τ. ἐθνῶν ἐπιστρέφουσιν ἐπὶ τ. Θεόν
23 τοῖς κατὰ τ. Ἀντιόχειαν . . . ἀδελφοῖς τοῖς ἐξ ἐθνῶν
17 26 ἐποίησέν τε ἐξ ἑνὸς πᾶν ἔθνος ἀνθρώπων
18 6 [1] ἀπὸ τοῦ νῦν εἰς τὰ ἔθνη πορεύσομαι
21 11 παραδώσουσιν εἰς χεῖρας ἐθνῶν
19 [1] ὧν ἐποίησεν ὁ Θεὸς ἐν τ. ἔθνεσιν
21 [1] ἀποστασίαν διδάσκεις τοὺς κατὰ τ. ἔθνη πάντας Ἰουδαίους

Ac 21 25 περὶ δὲ τ. πεπιστευκότων ἐθνῶν
22 21 ἐγὼ εἰς ἔθνη μακρὰν ἐξαποστελῶ σε
24 2 διορθωμάτων γινομένων τ. ἔθνει τούτῳ
10 ὄντα σε κριτὴν τ. ἔθνει τούτῳ ἐπιστάμενος
17 ἐλεημοσύνας ποιήσων εἰς τὸ ἔθνος μου
26 4 τὴν ἀπ' ἀρχῆς γινομένην ἐν τ. ἔθνει μου
17 ἐξαιρούμενός σε ἐκ τ. λαοῦ κ. ἐκ τ. ἐθνῶν
20 [1] κ. τ. ἔθνεσιν ἀπήγγελλον μετανοεῖν
23 [1] φῶς μέλλει καταγγέλλειν τῷ τε λαῷ κ. τ. ἔθνεσιν
28 19 οὐχ ὡς τ. ἔθνους μου ἔχων τι κατηγορεῖν
28 [1] τ. ἔθνεσιν ἀπεστάλη τοῦτο τὸ σωτήριον τ. Θεοῦ
Ro **1** 5 [1] εἰς ὑπακοὴν πίστεως ἐν πᾶσι τ. ἔθνεσιν
13 καθὼς κ. ἐν τ. λοιποῖς ἔθνεσιν
2 14 ὅταν γὰρ ἔθνη τὰ μὴ νόμον ἔχοντα
24 [1] τὸ γὰρ ὄνομα τ. Θεοῦ δι' ὑμᾶς βλασφημεῖται ἐν τ. ἔθνεσιν
וְתָמִיד כָּל־הַיּוֹם שְׁמִי מִנֹּאָץ, Is. lii. 5
3 29 ἢ Ἰουδαίων ὁ Θεὸς μόνον; οὐχὶ κ. ἐθνῶν; ναὶ κ. ἐθνῶν
4 17 πατέρα πολλῶν ἐθνῶν τέθεικά σε
אַב־הֲמוֹן גּוֹיִם נְתַתִּיךָ, Gen. xvii. 5
18 εἰς τὸ γενέσθαι αὐτὸν πατέρα πολλῶν ἐθνῶν
9 24 οὐ μόνον ἐξ Ἰουδαίων ἀλλὰ κ. ἐξ ἐθνῶν
30 ὅτι ἔθνη τὰ μὴ διώκοντα δικαιοσύνην
10 19 ἐγὼ παραζηλώσω ὑμᾶς ἐπ' οὐκ ἔθνει,
אֲנִי אַקְנִיאֵם בְּלֹא־עָם, Dt. xxxii. 21
ἐπ' ἔθνει ἀσυνέτῳ παροργιῶ ὑμᾶς
בְּגוֹי נָבָל אַכְעִיסֵם, *ib.*
11 11 [1] τῇ αὐτῶν παραπτώματι ἡ σωτηρία τ. ἔθνεσιν
12 τὸ ἥττημα αὐτῶν πλοῦτος ἐθνῶν
13 [1] ὑμῖν δὲ λέγω τ. ἔθνεσιν·
ἐφ' ὅσον μὲν οὖν εἰμὶ ἐγὼ ἐθνῶν ἀπόστολος
25 [1] ἄχρι οὗ τὸ πλήρωμα τ. ἐθνῶν εἰσέλθῃ
15 9 [1] τὰ δὲ ἔθνη ὑπὲρ ἐλέους δοξάσαι τ. Θεόν
9 διὰ τοῦτο ἐξομολογήσομαί σοι ἐν ἔθνεσιν
עַל־כֵּן אוֹדְךָ בַגּוֹיִם, Ps. xviii. 49 (Eng.), 50 (Heb.)
10 εὐφράνθητε ἔθνη μετὰ τ. λαοῦ αὐτοῦ
הַרְנִינוּ גוֹיִם עַמּוֹ, Dt. xxxii. 43
11 [1] αἰνεῖτε πάντα τὰ ἔθνη τ. Κύριον
הַלְלוּ אֶת־יְהוָה כָּל־גּוֹיִם, Ps. cxvii. 1
12 κ. ὁ ἀνιστάμενος ἄρχειν ἐθνῶν,
אֲשֶׁר עֹמֵד לְנֵס עַמִּים, Is. xi. 10
ἐπ' αὐτῷ ἔθνη ἐλπιοῦσιν
אֵלָיו גּוֹיִם יִדְרֹשׁוּ, *ib.*
16 [1] εἰς τὸ εἶναί με λειτουργὸν Χριστοῦ Ἰησοῦ εἰς τὰ ἔθνη
16 [1] ἵνα γένηται ἡ προσφορὰ τ. ἐθνῶν εὐπρόσδεκτος
18 ὧν οὐ κατειργάσατο Χριστὸς δι' ἐμοῦ εἰς ὑπακοὴν ἐθνῶν
27 [1] εἰ γὰρ τ. πνευματικοῖς αὐτῶν ἐκοινώνησαν τ. ἔθνη
16 4 [1] πᾶσαι αἱ ἐκκλησίαι τ. ἐθνῶν
26 [1] εἰς ὑπακοὴν πίστεως εἰς πάντα τὰ ἔθνη γνωρισθέντος

I Co **1** 23 ἔθνεσιν δὲ μωρίαν
5 1 [1] ἥτις οὐδὲ ἐν τ. ἔθνεσιν
10 20 [1] ἀλλ' ὅτι ἃ θύουσιν τὰ ἔθνη
—τ. ἔθν., T [WH]
12 2 οἴδατε ὅτι ὅτε ἔθνη ἦτε
II Co **11** 26 κινδύνοις ἐξ ἐθνῶν
Ga **1** 16 [1] ἵνα εὐαγγελίζωμαι αὐτὸν ἐν τ. ἔθνεσιν
2 2 [1] τὸ εὐαγγέλιον ὃ κηρύσσω ἐν τ. ἔθνεσιν
8 [1] ἐνήργησεν κ. ἐμοὶ εἰς τὰ ἔθνη
9 [1] ἵνα ἡμεῖς εἰς τὰ ἔθνη
12 [1] μετὰ τ. ἐθνῶν συνήσθιεν
14 [1] πῶς τὰ ἔθνη ἀναγκάζεις Ἰουδαΐζειν;
15 ἡμεῖς φύσει Ἰουδαῖοι κ. οὐκ ἐξ ἐθνῶν ἁμαρτωλοί
3 8 [1] ὅτι ἐκ πίστεως δικαιοῖ τὰ ἔθνη ὁ Θεός
8 [1] ἐνευλογηθήσονται ἐν σοὶ πάντα τ. ἔθνη
וְנִבְרְכוּ בְךָ כֹּל מִשְׁפְּחֹת הָאֲדָמָה, Gen. xii. 3
14 [1] ἵνα εἰς τ. ἔθνη ἡ εὐλογία τ. Ἀβραὰμ γένηται
Eph **2** 11 [1] ὅτι ποτὲ ὑμεῖς τὰ ἔθνη ἐν σαρκί
3 1 [1] ὁ δέσμιος τ. Χριστοῦ Ἰησοῦ ὑπὲρ ὑμῶν τ. ἐθνῶν
6 [1] εἶναι τὰ ἔθνη συνκληρονόμα
8 [1] τ. ἔθνεσιν εὐαγγελίσασθαι τὸ ἀνεξιχνίαστον πλοῦτος τ. Χριστοῦ
4 17 [1] καθὼς κ. τὰ ἔθνη περιπατεῖ
Col **1** 27 [1] τί τὸ πλοῦτος τ. δόξης τ. μυστηρίου τούτου ἐν τ. ἔθνεσιν
I Th **2** 16 [1] κωλυόντων ἡμᾶς τ. ἔθνεσι λαλῆσαι
4 5 [1] καθάπερ κ. τ. ἔθνη τὰ μὴ εἰδότα τ. Θεόν
I Ti **2** 7 διδάσκαλος ἐθνῶν ἐν πίστει κ. ἀληθείᾳ
3 16 ἐκηρύχθη ἐν ἔθνεσιν
II Ti **4** 17 [1] ἵνα . . . ἀκούσωσιν πάντα τὰ ἔθνη
I Pe **2** 9 βασίλειον ἱεράτευμα ἔθνος ἅγιον
מַמְלֶכֶת כֹּהֲנִים וְגוֹי קָדוֹשׁ, Ex. xix. 6
12 [1] τ. ἀναστροφὴν ὑμῶν ἐν τ. ἔθνεσιν ἔχοντες καλήν
4 3 [1] τὸ βούλημα τ. ἐθνῶν κατειργάσθαι
Re **2** 26 [1] δώσω αὐτῷ ἐξουσίαν ἐπὶ τ. ἐθνῶν
5 9 ἐκ πάσης φυλῆς κ. γλώσσης κ. λαοῦ κ. ἔθνους
7 9 ἐκ παντὸς ἔθνους κ. φυλῶν κ. λαῶν κ. γλωσσῶν
10 11 δεῖ σε πάλιν προφητεῦσαι ἐπὶ λαοῖς κ. ἔθνεσιν
11 2 [1] ὅτι ἐδόθη τ. ἔθνεσιν
9 βλέπουσιν ἐκ τ. λαῶν κ. φυλῶν κ. γλωσσῶν κ. ἐθνῶν
18 [1] κ. τὰ ἔθνη ὠργίσθησαν
12 5 [1] ὃς μέλλει ποιμαίνειν πάντα τ. ἔθνη ἐν ῥάβδῳ σιδηρᾷ
13 7 ἐξουσία ἐπὶ πᾶσαν φυλὴν κ. λαὸν κ. γλῶσσαν κ. ἔθνος
14 6 εὐαγγελίσαι ἐπὶ πᾶν ἔθνος κ. φυλὴν κ. γλῶσσαν κ. λαόν
8 [1] ἐκ τ. οἴνου τ. θυμοῦ τ. πορνείας αὐτῆς πεπότικεν πάντα τὰ ἔθνη
15 3 [1] ἀληθιναὶ αἱ ὁδοί σου ὁ βασιλεὺς τ. ἐθνῶν
τ. αἰώνων, WH non mg. R non mg.
4 [1] ὅτι πάντα τὰ ἔθνη ἥξουσιν
16 19 [1] αἱ πόλεις τ. ἐθνῶν ἔπεσαν

Re 17 15 τὰ ὕδατα . . . λαοὶ κ. ὄχλοι **εἰσὶν κ. ἔθνη** κ. γλῶσσαι
18 3 [1] ἐκ τ. οἴνου τ. θυμοῦ τ. πορνείας αὐτῆς πέπτωκαν πάντα τὰ ἔθνη
23 [1] ἐν τ. φαρμακίᾳ σου ἐπλανήθησαν πάντα τὰ ἔθνη
19 15 [1] ἵνα ἐν αὐτῇ πατάξῃ τὰ ἔθνη
20 3 [1] ἵνα μὴ πλανήσῃ ἔτι τὰ ἔθνη
8 [1] πλανῆσαι τὰ ἔθνη τὰ ἐν τ. τέσσαρσι γωνίαις τ. γῆς
21 24 [1] περιπατήσουσιν τὰ ἔθνη διὰ τ. φωτὸς αὐτῆς
26 [1] οἴσουσιν τ. δόξαν κ. τ. τιμὴν τ. ἐθνῶν εἰς αὐτήν
22 2 [1] τὰ φύλλα τ. ξύλου εἰς θεραπείαν τ. ἐθνῶν

ἜΘΟΣ** 1485

Lu 1 9 κατὰ τὸ ἔθος τ. ἱερατείας
2 42 κατὰ τὸ ἔθος τ. ἑορτῆς
22 39 ἐπορεύθη κατὰ τὸ ἔθος εἰς τὸ ὄρος τ. ἐλαιῶν
Jo 19 40 καθὼς ἔθος ἐστὶν τ. Ἰουδαίοις ἐνταφιάζειν
Ac 6 14 ἀλλάξει τὰ ἔθη ἃ παρέδωκεν ἡμῖν Μωυσῆς
15 1 ἐὰν μὴ περιτμηθῆτε τ. ἔθει τῷ Μωυσέως
16 21 καταγγέλλουσιν ἔθη ἃ οὐκ ἔξεστιν ἡμῖν παραδέχεσθαι
21 21 μηδὲ τ. ἔθεσιν περιπατεῖν
25 16 οὐκ ἔστιν ἔθος Ῥωμαίοις χαρίζεσθαί τινα ἄνθρωπον
26 3 πάντων τῶν κατὰ Ἰουδαίους ἐθῶν τε κ. ζητημάτων
28 17 οὐδὲν ἐναντίον ποιήσας τ. λαῷ ἢ τ. ἔθεσιν τ. πατρῴοις
He 10 25 καθὼς ἔθος τισίν

ἘΙ 1487

(1) in form. jur. (2) c. opt. (3) interrog.
(4) εἰ ἄρα (5) εἴ γε (6) εἴ πως
Cf. infra, εἰ μή, εἰ οὐ, **εἴπερ, εἴ τις**

Mt 4 3 εἰ υἱὸς εἶ τ. Θεοῦ
6 εἰ υἱὸς εἶ τ. Θεοῦ
5 29 εἰ δὲ ὁ ὀφθαλμός σου ὁ δεξιὸς σκανδαλίζει σε
30 εἰ ἡ δεξιά σου χεὶρ σκανδαλίζει σε
6 23 εἰ οὖν τὸ φῶς τὸ ἐν σοὶ σκότος ἐστίν
30 εἰ δὲ τ. χόρτον τ. ἀγροῦ . . . ὁ Θεὸς οὕτως ἀμφιέννυσιν
7 11 εἰ οὖν ὑμεῖς . . . οἴδατε δόματα ἀγαθὰ διδόναι
8 31 εἰ ἐκβάλλεις ἡμᾶς
10 25 εἰ τ. οἰκοδεσπότην Βεεζεβοὺλ ἐπεκάλεσαν
11 14 εἰ θέλετε δέξασθαι
21 εἰ ἐν Τύρῳ κ. Σιδῶνι ἐγένοντο αἱ δυνάμεις
23 εἰ ἐν Σοδόμοις ἐγενήθησαν αἱ δυνάμεις
12 7 εἰ δὲ ἐγνώκειτε τί ἐστιν
10 [3] εἰ ἔξεστιν τ. σάββασιν θεραπεύειν;
26 εἰ ὁ Σατανᾶς τ. Σατανᾶν ἐκβάλλει
27 εἰ ἐγὼ ἐν Βεεζεβοὺλ ἐκβάλλω τὰ δαιμόνια
28 εἰ δὲ ἐν πνεύματι Θεοῦ ἐγὼ ἐκβάλλω τὰ δαιμόνια
14 28 Κύριε εἰ σὺ εἶ
17 4 εἰ θέλεις ποιήσω ὧδε τρεῖς σκηνάς
18 8 εἰ δὲ ἡ χείρ σου . . . σκανδαλίζει σε

Mt 18 9 εἰ ὁ ὀφθαλμός σου σκανδαλίζει σε
19 3 [3] εἰ ἔξεστιν ἀπολῦσαι τ. γυναῖκα αὐτοῦ
10 εἰ οὕτως ἐστὶν ἡ αἰτία τ. ἀνθρώπου
17 εἰ δὲ θέλεις εἰς τ. ζωὴν εἰσελθεῖν
21 εἰ θέλεις τέλειος εἶναι
22 45 εἰ οὖν Δαυεὶδ καλεῖ αὐτὸν Κύριον
23 30 εἰ ἤμεθα ἐν τ. ἡμέραις τ. πατέρων ἡμῶν
24 24 ὥστε πλανᾶσθαι εἰ δυνατὸν κ. τ. ἐκλεκτούς
43 εἰ ᾔδει ὁ οἰκοδεσπότης ποίᾳ φυλακῇ
26 33 εἰ πάντες σκανδαλισθήσονται ἐν σοί
39 εἰ δυνατόν ἐστιν παρελθάτω ἀπ' ἐμοῦ
63 [3] ἵνα ἡμῖν εἴπῃς εἰ σὺ εἶ ὁ Χριστός
27 40 εἰ υἱὸς εἶ τ. Θεοῦ
43 ῥυσάσθω νῦν εἰ θέλει αὐτόν
49 [3] ἴδωμεν εἰ ἔρχεται Ἠλείας
Mk 3 2 [3] παρετήρουν αὐτὸν εἰ τ. σάββασι θεραπεύσει αὐτόν
θεραπεύει, T
26 εἰ ὁ Σατανᾶς ἀνέστη ἐφ' ἑαυτόν
8 12 [1] εἰ δοθήσεται τ. γενεᾷ ταύτῃ σημεῖον
9 23 [3] τὸ Εἰ δύνῃ πάντα δυνατὰ τ. πιστεύοντι
εἰ δύνῃ;, T
42 εἰ περίκειται μύλος ὀνικὸς περὶ τ. τράχηλον αὐτοῦ
10 2 [3] ἐπηρώτων αὐτὸν εἰ ἔξεστιν ἀνδρὶ γυναῖκα ἀπολῦσαι
11 13 [4] ἦλθεν εἰ ἄρα τι εὑρήσει ἐν αὐτῇ
13 22 πρὸς τὸ ἀποπλανᾶν εἰ δυνατὸν τ. ἐκλεκτούς
14 29 εἰ κ. πάντες σκανδαλισθήσονται
35 ἵνα εἰ δυνατόν ἐστιν παρέλθῃ ἀπ' ἐμοῦ
15 36 [3] ἴδωμεν εἰ ἔρχεται Ἠλείας
44 [3] ὁ δὲ Πειλᾶτος ἐθαύμασεν εἰ ἤδη τέθνηκεν
44 [3] ἐπηρώτησεν αὐτὸν εἰ ἤδη ἀπεθάνεν
Lu 4 3 εἰ υἱὸς εἶ τ. Θεοῦ
9 εἰ υἱὸς εἶ τ. Θεοῦ
6 7 [3] παρετηροῦντο . . . εἰ ἐν τ. σαββάτῳ θεραπεύει
θεραπεύσει, WH mg.
9 [3] ἐπερωτῶ ὑμᾶς εἰ ἔξεστιν τ. σαββάτῳ ἀγαθοποιῆσαι
32 εἰ ἀγαπᾶτε τ. ἀγαπῶντας ὑμᾶς
7 39 οὗτος εἰ ἦν ὁ προφήτης ἐγίνωσκεν ἄν
10 13 ὅτι εἰ ἐν Τύρῳ κ. Σιδῶνι ἐγενήθησαν αἱ δυνάμεις
11 8 εἰ κ. οὐ δώσει αὐτῷ ἀναστάς
13 εἰ οὖν ὑμεῖς . . . οἴδατε δόματα ἀγαθὰ διδόναι
18 εἰ δὲ κ. ὁ Σατανᾶς ἐφ' ἑαυτὸν διεμερίσθη
19 εἰ δὲ ἐγὼ ἐν Βεεζεβοὺλ ἐκβάλλω τ. δαιμόνια
20 εἰ δὲ ἐν δακτύλῳ Θεοῦ ἐγὼ ἐκβάλλω τ. δαιμόνια
36 εἰ οὖν τὸ σῶμά σου ὅλον φωτεινόν
12 26 εἰ οὖν οὐδὲ ἐλάχιστον δύνασθε
—h. v., WH mg.
28 εἰ δὲ ἐν ἀγρῷ τ. χόρτον . . . ὁ Θεὸς οὕτως ἀμφιάζει
39 εἰ ᾔδει ὁ οἰκοδεσπότης ποίᾳ ὥρᾳ
49 τί θέλω εἰ ἤδη ἀνήφθη;
13 23 [3] Κύριε εἰ ὀλίγοι οἱ σωζόμενοι;
14 28 [3] ψηφίζει τ. δαπάνην εἰ ἔχει εἰς ἀπαρτισμόν
31 [3] βουλεύσεται εἰ δυνατός ἐστιν ἐν δέκα χιλιάσιν ὑπαντῆσαι
17 2 εἰ λίθος μυλικὸς περίκειται περὶ τ. τράχηλον αὐτοῦ
6 εἰ ἔχετε πίστιν ὡς κόκκον σινάπεως
18 4 εἰ κ. τ. Θεὸν οὐ φοβοῦμαι

Lu 19 42 εἰ ἔγνως ἐν τ. ἡμέρᾳ ταύτῃ κ. σύ
22 42 εἰ βούλει παρένεγκε τοῦτο τ. ποτήριον ἀπ' ἐμοῦ
49 [3] Κύριε εἰ πατάξομεν ἐν μαχαίρῃ;
67 [3] εἰ σὺ εἶ ὁ Χριστὸς εἰπὸν ἡμῖν
23 6 [3] ἐπηρώτησεν εἰ ὁ ἄνθρωπος Γαλιλαῖός ἐστιν
31 εἰ ἐν ὑγρῷ ξύλῳ ταῦτα ποιοῦσιν
35 σωσάτω ἑαυτὸν εἰ οὗτός ἐστιν ὁ Χριστός
37 εἰ σὺ εἶ ὁ βασιλεὺς τ. Ἰουδαίων
Jo 3 12 εἰ τὰ ἐπίγεια εἶπον ὑμῖν
4 10 εἰ ᾔδεις τ. δωρεὰν τ. Θεοῦ
5 46 εἰ γὰρ ἐπιστεύετε Μωυσεῖ
7 4 εἰ ταῦτα ποιεῖς φανέρωσον σεαυτόν
23 εἰ περιτομὴν λαμβάνει ὁ ἄνθρωπος ἐν σαββάτῳ
8 19 εἰ ἐμὲ ᾔδειτε κ. τ. πατέρα μου ἂν ᾔδειτε
39 εἰ τέκνα τ. Ἀβραάμ ἐστε
42 εἰ ὁ Θεὸς πατὴρ ὑμῶν ἦν
46 εἰ ἀλήθειαν λέγω
9 25 [3] εἰ ἁμαρτωλός ἐστιν οὐκ οἶδα
41 εἰ τυφλοὶ ἦτε οὐκ ἂν εἴχετε ἁμαρτίαν
10 24 [3] εἰ σὺ εἶ ὁ Χριστός
35 εἰ ἐκείνους εἶπεν θεούς
38 εἰ δὲ ποιῶ κἂν ἐμοὶ μὴ πιστεύητε
11 12 Κύριε εἰ κεκοίμηται σωθήσεται
21 εἰ ἦς ὧδε οὐκ ἂν ἀπέθανεν ὁ ἀδελφός μου
32 εἰ ἦς ὧδε οὐκ ἄν μου ἀπέθανεν ὁ ἀδελφός
13 14 εἰ οὖν ἐγὼ ἔνιψα ὑμῶν τ. πόδας
17 εἰ ταῦτα οἴδατε
32 εἰ ὁ Θεὸς ἐδοξάσθη ἐν αὐτῷ
—h. v., WHR
14 7 εἰ ἐγνώκειτέ με κ. τ. πατέρα μου ἂν ᾔδειτε
28 εἰ ἠγαπᾶτέ με ἐχάρητε ἄν
15 18 εἰ ὁ κόσμος ὑμᾶς μισεῖ
19 εἰ ἐκ τ. κόσμου ἦτε
20 εἰ ἐμὲ ἐδίωξαν κ. ὑμᾶς διώξουσιν·
εἰ τ. λόγον μου ἐτήρησαν
18 8 εἰ οὖν ἐμὲ ζητεῖτε
23 εἰ κακῶς ἐλάλησα μαρτύρησον περὶ τ. κακοῦ·
εἰ δὲ καλῶς τί με δέρεις;
36 εἰ ἐκ τ. κόσμου ἦν ἡ βασιλεία ἡ ἐμή
20 15 εἰ σὺ ἐβάστασας αὐτόν
Ac 1 6 [3] εἰ ἐν τ. χρόνῳ τούτῳ ἀποκαθιστάνεις τ. βασιλείαν τῷ Ἰσραήλ;
4 9 εἰ ἡμεῖς σήμερον ἀνακρινόμεθα
19 [3] εἰ δίκαιόν ἐστιν ἐνώπιον τ. Θεοῦ
5 8 [3] εἰπέ μοι εἰ τοσούτου τὸ χωρίον ἀπέδοσθε
39 εἰ δὲ ἐκ Θεοῦ ἐστίν
7 1 [3] εἰ ταῦτα οὕτως ἔχει;
8 22 [4] εἰ ἄρα ἀφεθήσεταί σοι ἡ ἐπίνοια τ. καρδίας σου
37 εἰ πιστεύεις ἐξ ὅλης τ. καρδίας ἔξεστιν
—h. v., TWH non mg. R non mg.
10 18 [3] ἐπύθοντο εἰ Σίμων . . . ἔνθαδε ξενίζεται
11 17 εἰ οὖν τ. ἴσην δωρεὰν ἔδωκεν αὐτοῖς ὁ Θεός
16 15 εἰ κεκρίκατέ με πιστὴν τ. Κυρίῳ εἶναι
17 11 [2] ἀνακρίνοντες τ. γραφὰς εἰ ἔχοι ταῦτα οὕτως
27 [2] [4] εἰ ἄρα γε ψηλαφήσειαν αὐτὸν κ. εὕροιεν
18 14 εἰ μὲν ἦν ἀδίκημά τι
15 εἰ δὲ ζητήματά ἐστιν περὶ λόγου

Ac 19 2 [3] εἰ πνεῦμα ἅγιον ἐλάβετε πιστεύσαντες;
2 [3] ἀλλ' οὐδ' εἰ πνεῦμα ἅγιόν ἐστιν ἠκούσαμεν
38 εἰ μὲν οὖν Δημήτριος . . . ἔχουσιν πρός τινα λόγον
20 16 [2] ἔσπευδεν γὰρ εἰ δυνατὸν εἴη αὐτῷ
21 37 [3] εἰ ἔξεστίν μοι εἰπεῖν τι πρός σε;
22 25 [3] εἰ ἄνθρωπον Ῥωμαῖον . . . ἔξεστιν ὑμῖν μαστίζειν;
23 9 εἰ δὲ πνεῦμα ἐλάλησεν αὐτῷ ἢ ἄγγελος
25 11 εἰ μὲν οὖν ἀδικῶ
11 εἰ δὲ οὐδέν ἐστιν ὧν οὗτοι κατηγοροῦσίν μου
20 [2] εἰ βούλοιτο πορεύεσθαι εἰς Ἱεροσόλυμα
26 8 τί ἄπιστον κρίνεται . . . εἰ ὁ Θεὸς νεκροὺς ἐγείρει;
23 [8] εἰ παθητὸς ὁ Χριστός,
[8] εἰ πρῶτος ἐξ ἀναστάσεως νεκρῶν φῶς μέλλει καταγγέλλειν
27 12 [2] [6] εἴ πως δύναιντο καταντήσαντες εἰς Φοίνικα παραχειμάσαι
εἴπως, T
39 [2] ἐβουλεύοντο εἰ δύναιντο ἐκσῶσαι τ. πλοῖον
Ro 1 10 [6] εἴ πως ἤδη ποτὲ εὐοδωθήσομαι
εἴπως, T
2 17 εἰ δὲ σὺ Ἰουδαῖος ἐπονομάζῃ
3 3 τί γάρ; εἰ ἠπίστησάν τινες
γὰρ . . . τινες;, TR
5 εἰ δὲ ἡ ἀδικία ἡμῶν Θεοῦ δικαιοσύνην συνίστησιν
7 εἰ δὲ ἡ ἀλήθεια τ. Θεοῦ . . . ἐπερίσσευσεν
εἰ γάρ, WH mg. R mg.
4 2 εἰ γὰρ Ἀβραὰμ ἐξ ἔργων ἐδικαιώθη
14 εἰ γὰρ οἱ ἐκ νόμου κληρονόμοι
5 6 [5] εἴ γε Χριστὸς ὄντων ἡμῶν ἀσθενῶν ἔτι
ἔτι γὰρ Χρ., TR
10 εἰ γὰρ ἐχθροὶ ὄντες κατηλλάγημεν τ. Θεῷ
15 εἰ γὰρ τῷ τ. ἑνὸς παραπτώματι οἱ πολλοὶ ἀπέθανον
17 εἰ γὰρ τῷ τ. ἑνὸς παραπτώματι ὁ θάνατος ἐβασίλευσεν
6 5 εἰ γὰρ σύμφυτοι γεγόναμεν τ. ὁμοιώματι
8 εἰ δὲ ἀπεθάνομεν σὺν Χριστῷ
7 16 εἰ δὲ ὃ οὐ θέλω τοῦτο ποιῶ
20 εἰ δὲ ὃ οὐ θέλω τοῦτο ποιῶ
8 10 εἰ δὲ Χριστὸς ἐν ὑμῖν
11 εἰ δὲ τ. πνεῦμα τ. ἐγείραντος τ. Ἰησοῦν . . . οἰκεῖ ἐν ὑμῖν
13 εἰ γὰρ κατὰ σάρκα ζῆτε μέλλετε ἀποθνήσκειν·
εἰ δὲ πνεύματι τ. πράξεις τ. σώματος θανατοῦτε
17 εἰ δὲ τέκνα κ. κληρονόμοι
25 εἰ δὲ ὃ οὐ βλέπομεν ἐλπίζομεν
31 εἰ ὁ Θεὸς ὑπὲρ ἡμῶν
9 22 εἰ δὲ θέλων ὁ Θεὸς ἐνδείξασθαι τ. ὀργήν
11 6 εἰ δὲ χάριτι οὐκέτι ἐξ ἔργων
12 εἰ δὲ τὸ παράπτωμα αὐτῶν πλοῦτος κόσμου
14 [6] εἴ πως παραζηλώσω μου τ. σάρκα
εἴπως, T
15 εἰ γὰρ ἡ ἀποβολὴ αὐτῶν καταλλαγὴ κόσμου
16 εἰ δὲ ἡ ἀπαρχὴ ἁγία κ. τ. φύραμα·
κ. εἰ ἡ ῥίζα ἁγία κ. οἱ κλάδοι
17 εἰ δέ τινες τῶν κλάδων

Ro 11 18 εἰ δὲ κατακαυχᾶσαι
24 εἰ γὰρ σὺ ἐκ τῆς κατὰ φύσιν ἐξεκόπης ἀγριελαίου
12 18 εἰ δυνατὸν τὸ ἐξ ὑμῶν . . . εἰρηνεύοντες
14 15 εἰ γὰρ διὰ βρῶμα ὁ ἀδελφός σου λυπεῖται
15 27 εἰ γὰρ τ. πνευματικοῖς αὐτῶν ἐκοινώνησαν τὰ ἔθνη
I Co 2 8 εἰ γὰρ ἔγνωσαν οὐκ ἂν . . . ἐσταύρωσαν
4 7 εἰ δὲ κ. ἔλαβες
6 2 εἰ ἐν ὑμῖν κρίνεται ὁ κόσμος
7 15 εἰ δὲ ὁ ἄπιστος χωρίζεται χωριζέτω
16 [3] τί γὰρ οἶδας γύναι εἰ τ. ἄνδρα σώσεις,
[8] ἢ τί οἶδας ἄνερ εἰ τ. γυναῖκα σώσεις;
21 εἰ κ. δύνασαι ἐλεύθερος γενέσθαι
8 13 εἰ βρῶμα σκανδαλίζει τ. ἀδελφόν μου
9 11 εἰ ἡμεῖς ὑμῖν τὰ πνευματικὰ ἐσπείραμεν,
μέγα εἰ ἡμεῖς ὑμῶν τὰ σαρκικὰ θερίσομεν;
12 εἰ ἄλλοι τῆς ὑμῶν ἐξουσίας μετέχουσιν
17 εἰ γὰρ ἑκὼν τοῦτο πράσσω μισθὸν ἔχω·
εἰ δὲ ἄκων οἰκονομίαν πεπίστευμαι
10 30 εἰ ἐγὼ χάριτι μετέχω
11 6 εἰ δὲ αἰσχρὸν γυναικὶ τὸ κείρασθαι
31 εἰ δὲ ἑαυτοὺς διεκρίνομεν
12 17 εἰ ὅλον τ. σῶμα ὀφθαλμὸς ποῦ ἡ ἀκοή;
εἰ ὅλον ἀκοὴ ποῦ ἡ ὄσφρησις;
19 εἰ δὲ ἦν τὰ πάντα ἓν μέλος
14 10 [2] τοσαῦτα εἰ τύχοι γένη φωνῶν εἰσίν
15 2 τίνι λόγῳ εὐηγγελισάμην ὑμῖν εἰ κατέχετε
12 εἰ δὲ Χριστὸς κηρύσσεται
19 εἰ ἐν τ. ζωῇ ταύτῃ ἐν Χριστῷ ἠλπικότες ἐσμὲν μόνον
32 εἰ κατὰ ἄνθρωπον ἐθηριομάχησα ἐν Ἐφέσῳ
37 [2] γυμνὸν κόκκον εἰ τύχοι σίτου
44 εἰ ἔστιν σῶμα ψυχικόν
II Co 2 2 εἰ γὰρ ἐγὼ λυπῶ ὑμᾶς
9 εἰ εἰς πάντα ὑπήκοοί ἐστε
ᾗ, WH mg. R mg.
3 7 εἰ δὲ ἡ διακονία τ. θανάτου . . . ἐγενήθη ἐν δόξῃ
9 εἰ γὰρ ἡ διακονία τ. κατακρίσεως δόξα
11 εἰ γὰρ τὸ καταργούμενον διὰ δόξης
4 3 εἰ δὲ κ. ἔστιν κεκαλυμμένον τὸ εὐαγγέλιον ἡμῶν
16 εἰ κ. ὁ ἔξω ἡμῶν ἄνθρωπος διαφθείρεται
5 3 [5] εἴ γε κ. ἐνδυσάμενοι οὐ γυμνοὶ εὑρεθησόμεθα
εἴπερ, WH mg.
16 εἰ κ. ἐγνώκαμεν κατὰ σάρκα Χριστόν
7 8 εἰ κ. ἐλύπησα ὑμᾶς ἐν τ. ἐπιστολῇ,
οὐ μεταμέλομαι εἰ κ. μετεμελόμην·
βλέπω ὅτι ἡ ἐπιστολὴ ἐκείνη εἰ κ. πρὸς ὥραν ἐλύπησεν ὑμᾶς
12 ἄρα εἰ κ. ἔγραψα ὑμῖν
8 12 εἰ γὰρ ἡ προθυμία πρόκειται
11 4 εἰ μὲν γὰρ ὁ ἐρχόμενος ἄλλον Ἰησοῦν κηρύσσει
6 εἰ δὲ κ. ἰδιώτης τ. λόγῳ
15 οὐ μέγα οὖν εἰ κ. οἱ διάκονοι αὐτοῦ μετασχηματίζονται
30 εἰ καυχᾶσθαι δεῖ
12 11 εἰ κ. οὐδέν εἰμι
15 εἰ περισσοτέρως ὑμᾶς ἀγαπῶ
13 5 [3] ἑαυτοὺς πειράζετε εἰ ἐστὲ ἐν τ. πίστει
Ga 1 10 εἰ ἔτι ἀνθρώποις ἤρεσκον
2 14 εἰ σὺ . . . ἐθνικῶς κ. οὐκ Ἰουδαϊκῶς ζῇς
17 εἰ δὲ ζητοῦντες δικαιωθῆναι ἐν Χριστῷ
18 εἰ γὰρ ἃ κατέλυσα ταῦτα πάλιν οἰκοδομῶ
21 εἰ γὰρ διὰ νόμου δικαιοσύνη

Ga 3 4 [5] τοσαῦτα ἐπάθετε εἰκῇ; εἴ γε κ. εἰκῇ
18 εἰ γὰρ ἐκ νόμου ἡ κληρονομία
21 εἰ γὰρ ἐδόθη νόμος ὁ δυνάμενος ζωοποιῆσαι
29 εἰ δὲ ὑμεῖς Χριστοῦ
4 7 εἰ δὲ υἱὸς κ. κληρονόμος διὰ Θεοῦ
15 εἰ δυνατὸν τ. ὀφθαλμοὺς ὑμῶν ἐξορύξαντες ἐδώκατέ μοι
5 11 εἰ περιτομὴν ἔτι κηρύσσω
15 εἰ δὲ ἀλλήλους δάκνετε κ. κατεσθίετε
18 εἰ δὲ πνεύματι ἄγεσθε
25 εἰ ζῶμεν πνεύματι πνεύματι κ. στοιχῶμεν
6 3 εἰ γὰρ δοκεῖ τις εἶναί τι
Eph 3 2 [5] εἴ γε ἠκούσατε τ. οἰκονομίαν τ. χάριτος τ. Θεοῦ
4 21 [5] εἴ γε αὐτὸν ἠκούσατε
Phl 1 22 εἰ δὲ τὸ ζῆν ἐν σαρκί
2 17 ἀλλὰ εἰ κ. σπένδομαι ἐπὶ τ. θυσίᾳ
3 11 [6] εἴ πως καταντήσω εἰς τ. ἐξανάστασιν τὴν ἐκ νεκρῶν
εἴπως, T
12 διώκω δὲ εἰ κ. καταλάβω
Col 1 23 [5] εἴ γε ἐπιμένετε τ. πίστει τεθεμελιωμένοι κ. ἑδραῖοι
2 5 εἰ γὰρ κ. τ. σαρκὶ ἄπειμι
20 εἰ ἀπεθάνετε σὺν Χριστῷ
3 1 εἰ οὖν συνηγέρθητε τ. Χριστῷ
I Th 4 14 εἰ γὰρ πιστεύομεν ὅτι Ἰησοῦς ἀπέθανεν
I Ti 5 10 εἰ ἐτεκνοτρόφησεν εἰ ἐξενοδόχησεν,
εἰ ἁγίων πόδας ἔνιψεν,
εἰ θλιβομένοις ἐπήρκεσεν,
εἰ παντὶ ἔργῳ ἀγαθῷ ἐπηκολούθησεν
II Ti 2 12 εἰ γὰρ συναπεθάνομεν κ. συνζήσομεν·
εἰ ὑπομένομεν κ. συνβασιλεύσομεν·
εἰ ἀρνησόμεθα κἀκεῖνος ἀρνήσεται ἡμᾶς·
13 εἰ ἀπιστοῦμεν ἐκεῖνος πιστὸς μένει
Phm 17 εἰ οὖν με ἔχεις κοινωνόν
He 2 2 εἰ γὰρ ὁ δι' ἀγγέλων λαληθεὶς λόγος ἐγένετο βέβαιος
3 11 [1] εἰ εἰσελεύσονται εἰς τ. κατάπαυσίν μου
אִם־יְבֹאוּן אֶל־מְנוּחָתִי, Ps. xcv. 11
4 3 [1] εἰ εἰσελεύσονται εἰς τ. κατάπαυσίν μου, Ps. *l.c.*
5 [1] εἰ εἰσελεύσονται εἰς τ. κατάπαυσίν μου, Ps. *l.c.*
8 εἰ γὰρ αὐτοὺς Ἰησοῦς κατέπαυσεν
6 9 εἰ κ. οὕτως λαλοῦμεν
14 [1] εἰ μὴν εὐλογῶν εὐλογήσω σε
כִּי־בָרֵךְ אֲבָרֶכְךָ, Gen. xxii. 17
7 11 εἰ μὲν οὖν τελείωσις διὰ τ. Λευειτικῆς ἱερωσύνης ἦν
15 εἰ κατὰ τ. ὁμοιότητα Μελχισεδὲκ ἀνίσταται ἱερεὺς ἕτερος
8 4 εἰ μὲν οὖν ἦν ἐπὶ γῆς
7 εἰ γὰρ ἡ πρώτη ἐκείνη ἦν ἄμεμπτος
9 13 εἰ γὰρ τὸ αἷμα τράγων κ. ταύρων . . . ἁγιάζει
11 15 εἰ μὲν ἐκείνης ἐμνημόνευον
μνημονεύουσιν, T
12 8 εἰ δὲ χωρίς ἐστε παιδείας
Ja 2 8 εἰ μέντοι νόμον τελεῖτε βασιλικόν
9 εἰ δὲ προσωπολημπτεῖτε
3 3 εἰ δὲ τ. ἵππων τ. χαλίνους εἰς τ. στόματα βάλλομεν
14 εἰ δὲ ζῆλον πικρὸν ἔχετε
4 11 εἰ δὲ νόμον κρίνεις

I Pe 1 6 ὀλίγον ἄρτι εἰ δέον λυπηθέντες
17 εἰ πατέρα ἐπικαλεῖσθε τ. ἀπροσωπολήμπτως κρίνοντα
2 3 εἰ ἐγεύσασθε ὅτι χρηστὸς ὁ Κυριος
19 εἰ διὰ συνείδησιν Θεοῦ ὑποφέρει τις λύπας
20 ποῖον γὰρ κλέος εἰ ἁμαρτάνοντες . . . ὑπομενεῖτε;
ἀλλ' εἰ ἀγαθοποιοῦντες . . . ὑπομενεῖτε
3 14 [2] εἰ κ. πάσχοιτε διὰ δικαιοσύνην
17 [2] εἰ θέλοι τ. θέλημα τ. Θεοῦ
4 14 εἰ ὀνειδίζεσθε ἐν ὀνόματι Χριστοῦ
16 εἰ δὲ ὡς Χριστιανὸς μὴ αἰσχυνέσθω
17 εἰ δὲ πρῶτον ἀφ' ἡμῶν
18 εἰ ὁ δίκαιος μόλις σώζεται
הֵן צַדִּיק בָּאָרֶץ יְשֻׁלָּם, Prov. xi. 31
II Pe 2 20 εἰ γὰρ ἀποφυγόντες τὰ μιάσματα τ. κόσμου
I Jo 2 19 εἰ γὰρ ἐξ ἡμῶν ἦσαν
3 13 μὴ θαυμάζετε . . . εἰ μισεῖ ὑμᾶς ὁ κόσμος
4 1 [3] δοκιμάζετε τ. πνεύματα εἰ ἐκ τ. Θεοῦ ἐστίν
11 εἰ οὕτως ὁ Θεὸς ἠγάπησεν ἡμᾶς
5 9 εἰ τ. μαρτυρίαν τ. ἀνθρώπων λαμβάνομεν

ΈΙ ΜΗ΄ 1487.1

(1) εἰ δὲ μή, μήγε (2) εἰ μήτι (3) εἰ μὴ ἵνα, ὅτι (4) ἐκτὸς εἰ μή

Mt 5 13 εἰ μὴ βληθὲν ἔξω καταπατεῖσθαι ὑπὸ τ. ἀνθρώπων
6 1 [1] εἰ δὲ μήγε μισθὸν οὐκ ἔχετε
9 17 [1] εἰ δὲ μήγε ῥήγνυνται οἱ ἀσκοί
11 27 οὐδεὶς ἐπιγινώσκει τ. υἱὸν εἰ μὴ ὁ πατήρ· οὐδὲ τ. πατέρα τις ἐπιγινώσκει εἰ μὴ ὁ υἱός
12 4 εἰ μὴ τ. ἱερεῦσι μόνοις
24 οὐκ ἐκβάλλει τὰ δαιμόνια εἰ μὴ ἐν τῷ Βεεζεβοὺλ
39 εἰ μὴ τὸ σημεῖον Ἰωνᾶ τ. προφήτου
13 57 οὐκ ἔστιν προφήτης ἄτιμος εἰ μὴ ἐν τ. πατρίδι
14 17 οὐκ ἔχομεν ὧδε εἰ μὴ πέντε ἄρτους
15 24 οὐκ ἀπεστάλην εἰ μὴ εἰς τὰ πρόβατα τὰ ἀπολωλότα οἴκου Ἰσραήλ
16 4 σημεῖον οὐ δοθήσεται αὐτῇ εἰ μὴ τὸ σημεῖον Ἰωνᾶ
17 8 οὐδένα εἶδον εἰ μὴ τ. Ἰησοῦν μόνον
21 εἰ μὴ ἐν προσευχῇ κ. νηστείᾳ
—h. v., TWHR non mg.
19 17 οὐδεὶς ἀγαθὸς εἰ μὴ εἷς ὁ Θεός
εἷς ἐστὶν ὁ ἀγαθός, TWHR non mg.
21 19 οὐδὲν εὗρεν ἐν αὐτῇ εἰ μὴ φύλλα μόνον
24 22 εἰ μὴ ἐκολοβώθησαν αἱ ἡμέραι ἐκεῖναι
36 οὐδεὶς οἶδεν . . . οὐδὲ ὁ υἱὸς εἰ μὴ ὁ πατὴρ μόνος
Mk 2 7 τίς δύναται ἀφιέναι ἁμαρτίας εἰ μὴ εἷς ὁ Θεός
21 [1] εἰ δὲ μὴ αἴρει τὸ πλήρωμα ἀπ' αὐτοῦ
22 [1] εἰ δὲ μὴ ῥήξει ὁ οἶνος τ. ἀσκούς
26 οὓς οὐκ ἔξεστιν φαγεῖν εἰ μὴ τ. ἱερεῖς
5 37 οὐκ ἀφῆκεν οὐδένα . . . εἰ μὴ τ. Πέτρον
6 4 οὐκ ἔστιν προφήτης ἄτιμος εἰ μὴ ἐν τ. πατρίδι αὐτοῦ
5 εἰ μὴ ὀλίγοις ἀρρώστοις ἐπιθεὶς τ. χεῖρας
8 ἵνα μηδὲν αἴρωσιν εἰς ὁδὸν εἰ μὴ ῥάβδον μόνον
8 14 εἰ μὴ ἕνα ἄρτον οὐκ εἶχον μεθ' ἑαυτῶν

Mk 9 8 οὐδένα εἶδον μεθ' ἑαυτῶν εἰ μὴ τ. Ἰησοῦν μόνον
οὐδ. εἶδ. ἀλλὰ τ. Ἰησ. μόν. μεθ' ἑ., TWH mg.
9 εἰ μὴ ὅταν ὁ υἱὸς τ. ἀνθρώπου ἐκ νεκρῶν ἀναστῇ
29 ἐν οὐδενὶ δύναται ἐξελθεῖν εἰ μὴ ἐν προσευχῇ
10 18 οὐδεὶς ἀγαθὸς εἰ μὴ εἷς ὁ Θεός
11 13 οὐδὲν εὗρεν εἰ μὴ φύλλα
13 20 εἰ μὴ ἐκολόβωσεν Κύριος τ. ἡμέρας
32 οὐδεὶς οἶδεν . . . οὐδὲ ὁ υἱὸς εἰ μὴ ὁ πατήρ
Lu 4 26 πρὸς οὐδεμίαν αὐτῶν ἐπέμφθη Ἠλείας εἰ μὴ εἰς Σάρεπτα
27 οὐδεὶς αὐτῶν ἐκαθαρίσθη εἰ μὴ Ναιμὰν ὁ Σύρος
5 21 τίς δύναται ἁμαρτίας ἀφεῖναι εἰ μὴ μόνος ὁ Θεός;
36 [1] εἰ δὲ μήγε κ. τὸ καινὸν σχίσει
37 [1] εἰ δὲ μήγε ῥήξει ὁ οἶνος ὁ νέος τ. ἀσκούς
6 4 οὓς οὐκ ἔξεστιν φαγεῖν εἰ μὴ μόνους τ. ἱερεῖς
8 51 οὐκ ἀφῆκεν εἰσελθεῖν τινὰ σὺν αὐτῷ εἰ μὴ Πέτρον
9 13 [2] εἰ μήτι πορευθέντες ἡμεῖς ἀγοράσωμεν
10 6 [1] εἰ δὲ μήγε ἐφ' ὑμᾶς ἀνακάμψει
22 οὐδεὶς γινώσκει τίς ἐστιν ὁ υἱὸς εἰ μὴ ὁ πατήρ,
κ. τίς ἐστιν ὁ πατὴρ εἰ μὴ ὁ υἱός
11 29 σημεῖον οὐ δοθήσεται αὐτῇ εἰ μὴ τὸ σημεῖον Ἰωνᾶ
13 9 [1] εἰ δὲ μήγε ἐκκόψεις αὐτήν
14 32 [1] εἰ δὲ μήγε . . . πρεσβείαν ἀποστείλας
17 18 οὐχ εὑρέθησαν ὑποστρέψαντες . . . εἰ μὴ ὁ ἀλλογενὴς οὗτος
18 19 οὐδεὶς ἀγαθὸς εἰ μὴ εἷς ὁ Θεός
Jo 3 13 εἰ μὴ ὁ ἐκ τ. οὐρανοῦ καταβάς
6 22 πλοιάριον ἄλλο οὐκ ἦν ἐκεῖ εἰ μὴ ἕν
46 εἰ μὴ ὁ ὢν παρὰ τ. Θεοῦ
9 33 εἰ μὴ ἦν οὗτος παρὰ Θεοῦ
10 10 [3] ὁ κλέπτης οὐκ ἔρχεται εἰ μὴ ἵνα κλέψῃ
13 10 οὐκ ἔχει χρείαν εἰ μὴ τ. πόδας νίψασθαι
—εἰ μὴ τ. πόδ., T [WH] R mg.
14 2 [1] εἰ δὲ μὴ εἶπον ἂν ὑμῖν
6 οὐδεὶς ἔρχεται πρὸς τ. πατέρα εἰ μὴ δι' ἐμοῦ
11 [1] εἰ δὲ μὴ διὰ τ. ἔργα αὐτὰ πιστεύετε
15 22 εἰ μὴ ἦλθον κ. ἐλάλησα αὐτοῖς
24 εἰ τὰ ἔργα μὴ ἐποίησα ἐν αὐτοῖς
17 12 οὐδεὶς . . . ἀπώλετο εἰ μὴ ὁ υἱὸς τ. ἀπωλείας
18 30 εἰ μὴ ἦν οὗτος κακὸν ποιῶν
19 11 εἰ μὴ ἦν δεδομένον σοι ἄνωθεν
15 οὐκ ἔχομεν βασιλέα εἰ μὴ Καίσαρα
Ac 11 19 μηδενὶ λαλοῦντες τ. λόγον εἰ μὴ μόνον Ἰουδαίοις
26 32 ἀπολελύσθαι ἐδύνατο . . . εἰ μὴ ἐπεκέκλητο Καίσαρα
Ro 7 7 τ. ἁμαρτίαν οὐκ ἔγνων εἰ μὴ διὰ νόμον· τήν τε γὰρ ἐπιθυμίαν οὐκ ᾔδειν εἰ μὴ ὁ νόμος ἔλεγεν
9 29 εἰ μὴ Κύριος Σαβαὼθ ἐνκατέλιπεν ἡμῖν σπέρμα
לוּלֵי יְהוָה צְבָאוֹת הוֹתִיר לָנוּ שָׂרִיד כִּמְעָט
Is. i. 9

Ro 11 15 τίς ἡ πρόσλημψις εἰ μὴ ζωὴ ἐκ νεκρῶν;
13 1 οὐ γὰρ ἔστιν ἐξουσία εἰ μὴ ὑπὸ Θεοῦ
8 μηδενὶ μηδὲν ὀφείλετε εἰ μὴ τὸ ἀλλήλους ἀγαπᾶν
14 14 εἰ μὴ τ. λογιζομένῳ τι κοινὸν εἶναι
I Co 1 14 οὐδένα ὑμῶν ἐβάπτισα εἰ μὴ Κρίσπον
2 2 τὶ εἰδέναι ἐν ὑμῖν εἰ μὴ Ἰησοῦν Χριστόν
11 εἰ μὴ τὸ πνεῦμα τ. ἀνθρώπου τὸ ἐν αὐτῷ
11 οὐδεὶς ἔγνωκεν εἰ μὴ τὸ πνεῦμα τ. Θεοῦ
7 5 [2] εἰ μήτι ἂν ἐκ συμφώνου πρὸς καιρόν
17 εἰ μὴ ἑκάστῳ ὡς μεμέρικεν ὁ Κύριος
8 4 ὅτι οὐδεὶς Θεὸς εἰ μὴ εἷς
10 13 πειρασμὸς ὑμᾶς οὐκ εἴληφεν εἰ μὴ ἀνθρώπινος
12 3 οὐδεὶς δύναται εἰπεῖν Κύριος Ἰησοῦς εἰ μὴ ἐν πνεύματι ἁγίῳ
14 5 [4] ἐκτὸς εἰ μὴ διερμηνεύῃ
15 2 [4] ἐκτὸς εἰ μὴ εἰκῇ ἐπιστεύσατε
II Co 2 2 τίς ὁ εὐφραίνων με εἰ μὴ ὁ λυπούμενος ἐξ ἐμοῦ;
11 16 [1] εἰ δὲ μήγε κἂν ὡς ἄφρονα δέξασθέ με
12 5 οὐ καυχήσομαι εἰ μὴ ἐν τ. ἀσθενείαις
13 [3] εἰ μὴ ὅτι αὐτὸς ἐγὼ οὐ κατενάρκησα ὑμῶν
13 5 [2] εἰ μήτι ἀδόκιμοί ἐστε
Ga 1 7 εἰ μή τινές εἰσιν οἱ ταράσσοντες ὑμᾶς
19 ἕτερον . . . οὐκ εἶδον εἰ μὴ Ἰάκωβον
6 14 μὴ γένοιτο καυχᾶσθαι εἰ μὴ ἐν τ. σταυρῷ
Eph 4 9 [3] τί ἐστιν εἰ μὴ ὅτι κ. κατέβη
Phl 4 15 οὐδεμία μοι ἐκκλησία ἐκοινώνησεν . . εἰ μὴ ὑμεῖς μόνοι
I Ti 5 19 [4] ἐκτὸς εἰ μὴ ἐπὶ δύο ἢ τριῶν μαρτύρων
He 3 18 τίσι δὲ ὤμοσεν . . . εἰ μὴ τ. ἀπειθήσασιν;
I Jo 2 22 τίς ἐστιν ὁ ψεύστης εἰ μὴ ὁ ἀρνούμενος
5 5 τίς ἐστιν δὲ ὁ νικῶν τ. κόσμον εἰ μὴ ὁ πιστεύων
Re 2 5 [1] εἰ δὲ μὴ ἔρχομαί σοι
16 [1] εἰ δὲ μὴ ἔρχομαί σοι ταχύ
17 ὃ οὐδεὶς οἶδεν εἰ μὴ ὁ λαμβάνων
9 4 ἵνα μὴ ἀδικήσουσιν . . . εἰ μὴ τ. ἀνθρώπους
13 17 ἵνα μή τις δύνηται ἀγοράσαι . . . εἰ μὴ ὁ ἔχων τὸ χάραγμα
14 3 οὐδεὶς ἐδύνατο μαθεῖν . . εἰ μὴ αἱ ἑκατὸν τεσσεράκοντα τέσσαρες
19 12 ὃ οὐδεὶς οἶδεν εἰ μὴ αὐτός
21 27 εἰ μὴ οἱ γεγραμμένοι ἐν τ. βιβλίῳ τ. ζωῆς

’ΕΙ ’ΟΥ 1487.2

Mt 26 24 καλὸν ἦν αὐτῷ εἰ οὐκ ἐγεννήθη
42 εἰ οὐ δύναται τοῦτο παρελθεῖν
Mk 11 26 εἰ δὲ ὑμεῖς οὐκ ἀφίετε
—h. v., TWHR non mg.
14 21 καλὸν αὐτῷ εἰ οὐκ ἐγεννήθη
Lu 11 8 εἰ κ. οὐ δώσει αὐτῷ ἀναστάς
16 11 εἰ οὖν ἐν τ. ἀδίκῳ μαμωνᾷ πιστοὶ οὐκ ἐγένεσθε
12 εἰ ἐν τ. ἀλλοτρίῳ πιστοὶ οὐκ ἐγένεσθε
31 εἰ Μωυσέως κ. τ. προφητῶν οὐκ ἀκούουσιν
18 4 εἰ κ. τ. Θεὸν οὐ φοβοῦμαι
Jo 1 25 εἰ σὺ οὐκ εἶ ὁ Χριστός
5 47 εἰ δὲ τοῖς ἐκείνου γράμμασιν οὐ πιστεύετε
10 37 εἰ οὐ ποιῶ τὰ ἔργα τ. πατρός μου
Ac 25 11 εἰ δὲ οὐδέν ἐστιν ὧν οὗτοι κατηγοροῦσίν μου
Ro 8 9 εἰ δέ τις πνεῦμα Χριστοῦ οὐκ ἔχει
11 21 εἰ γὰρ ὁ Θεὸς τῶν κατὰ φύσιν κλάδων οὐκ ἐφείσατο

I Co 7 9 εἰ δὲ οὐκ ἐγκρατεύονται γαμησάτωσαν
9 2 εἰ ἄλλοις οὐκ εἰμὶ ἀπόστολος
11 6 εἰ γὰρ οὐ κατακαλύπτεται γυνή
15 13 εἰ δὲ ἀνάστασις νεκρῶν οὐκ ἔστιν
14 εἰ δὲ Χριστὸς οὐκ ἐγήγερται
16 εἰ γὰρ νεκροὶ οὐκ ἐγείρονται
17 εἰ δὲ Χριστὸς οὐκ ἐγήγερται
29 εἰ ὅλως νεκροὶ οὐκ ἐγείρονται
32 εἰ νεκροὶ οὐκ ἐγείρονται φάγωμεν κ. πίωμεν
16 22 εἴ τις οὐ φιλεῖ τ. Κύριον ἤτω ἀνάθεμα
II Th 3 10 εἴ τις οὐ θέλει ἐργάζεσθαι μηδὲ ἐσθιέτω
14 εἰ δέ τις οὐχ ὑπακούει τ. λόγῳ ἡμῶν
I Ti 3 5 εἰ δέ τις τ. ἰδίου οἴκου προστῆναι οὐκ οἶδεν
5 8 εἰ δέ τις τ. ἰδίων κ. μάλιστα οἰκείων οὐ προνοεῖ
He 12 25 εἰ γὰρ ἐκεῖνοι οὐκ ἐξέφυγον
Ja 2 11 εἰ δὲ οὐ μοιχεύεις φονεύεις δέ
3 2 εἴ τις ἐν λόγῳ οὐ πταίει
II Pe 2 4 εἰ γὰρ ὁ Θεὸς ἀγγέλων ἁμαρτησάντων οὐκ ἐφείσατο
Re 20 15 εἴ τις οὐχ εὑρέθη ἐν τῇ βίβλῳ τ. ζωῆς γεγραμμένος

’ΕΙ΄ΠΕΡ ** 1487.3

Ro 3 30 εἴπερ εἷς ὁ Θεός
8 9 εἴπερ πνεῦμα Θεοῦ οἰκεῖ ἐν ὑμῖν
17 εἴπερ συνπάσχομεν
I Co 8 5 κ. γὰρ εἴπερ εἰσὶν λεγόμενοι θεοί
15 15 εἴπερ ἄρα νεκροὶ οὐκ ἐγείρονται
II Co 5 3 εἴπερ κ. ἐνδυσάμενοι οὐ γυμνοὶ εὑρεθησόμεθα
εἴ γε TWH non mg. R
II Th 1 6 εἴπερ δίκαιον παρὰ Θεῷ ἀνταποδοῦναι

’ΕΙ΄ ΤΙΣ 1487.4

(1) εἴ τι (2) c. subj. (3) c. opt.
(4) εἴ τις ἕτερος (5) interrog.

Mt 16 24 εἴ τις θέλει ὀπίσω μου ἐλθεῖν
18 28 [1] ἀπόδος εἴ τι ὀφείλεις
Mk 4 23 εἴ τις ἔχει ὦτα ἀκούειν ἀκουέτω
7 16 εἴ τις ἔχει ὦτα ἀκούειν ἀκουέτω
—h. v., TWHR non mg.
8 23 [1 5] ἐπηρώτα αὐτὸν Εἴ τι βλέπεις;
βλέπει, TWH mg.
34 εἴ τις θέλει ὀπίσω μου ἐλθεῖν
ὅστις . . . ἀκολουθεῖν, T
9 22 [1] ἀλλ’ εἴ τι δύνῃ βοήθησον ἡμῖν
35 εἴ τις θέλει πρῶτος εἶναι
11 25 [1] ἀφίετε εἴ τι ἔχετε κατά τινος
Lu 9 23 εἴ τις θέλει ὀπίσω μου ἔρχεσθαι
14 26 εἴ τις ἔρχεται πρός με
19 8 [1] εἴ τινός τι ἐσυκοφάντησα
Ac 13 15 εἴ τις ἔστιν ἐν ὑμῖν λόγος παρακλήσεως
19 39 [1] εἰ δέ τι περαιτέρω ἐπιζητεῖτε
24 19 [1 3] οὓς ἔδει . . . κατηγορεῖν εἴ τι ἔχοιεν πρὸς ἐμέ
25 5 [1] εἴ τί ἐστιν ἐν τ. ἀνδρὶ ἄτοπον
Ro 8 9 εἰ δέ τις πνεῦμα Χριστοῦ οὐκ ἔχει
11 17 εἰ δέ τινες τ. κλάδων ἐξεκλάσθησαν
13 9 [4] εἴ τις ἑτέρα ἐντολὴ ἐν τ. λόγῳ τούτῳ ἀνακεφαλαιοῦται
I Co 1 16 [5] λοιπὸν οὐκ οἶδα εἴ τινα ἄλλον ἐβάπτισα
3 12 εἰ δέ τις ἐποικοδομεῖ ἐπὶ τ. θεμέλιον
14 εἴ τινος τὸ ἔργον μενεῖ

I Co 3 15 εἴ τινος τὸ ἔργον κατακαήσεται
17 εἴ τις τ. ναὸν τ. Θεοῦ φθείρει
18 εἴ τις δοκεῖ σοφὸς εἶναι ἐν ὑμῖν
7 12 εἴ τις ἀδελφὸς γυναῖκα ἔχει ἄπιστον
13 γυνὴ εἴ τις ἔχει ἄνδρα ἄπιστον
ἥτις, WHR
36 εἰ δέ τις ἀσχημονεῖν ἐπὶ τ. παρθένον αὐτοῦ νομίζει
8 2 εἴ τις δοκεῖ ἐγνωκέναι τι
3 εἰ δέ τις ἀγαπᾷ τ. Θεόν
10 27 εἴ τις καλεῖ ὑμᾶς τ. ἀπίστων
11 16 εἰ δέ τις δοκεῖ φιλόνεικος εἶναι
34 εἴ τις πεινᾷ ἐν οἴκῳ ἐσθιέτω
14 35 [1] εἰ δέ τι μανθάνειν θέλουσιν
37 εἴ τις δοκεῖ προφήτης εἶναι
38 εἰ δέ τις ἀγνοεῖ ἀγνοεῖται
ἀγνοείτω, WH mg. R non mg.
16 22 εἴ τις οὐ φιλεῖ τ. Κύριον ἤτω ἀνάθεμα
II Co 2 5 εἰ δέ τις λελύπηκεν
10 [1] κ. γὰρ ἐγὼ ὃ κεχάρισμαι εἴ τι κεχάρισμαι
5 17 ὥστε εἴ τις ἐν Χριστῷ καινὴ κτίσις
7 14 [1] εἴ τι αὐτῷ ὑπὲρ ὑμῶν κεκαύχημαι
10 7 εἴ τις πέποιθεν ἑαυτῷ Χριστοῦ εἶναι
11 20 ἀνέχεσθε γὰρ εἴ τις ὑμᾶς καταδουλοῖ, εἴ τις κατεσθίει εἴ τις λαμβάνει εἴ τις ἐπαίρεται,
εἴ τις εἰς πρόσωπον ὑμᾶς δέρει
Ga 1 9 εἴ τις ὑμᾶς εὐαγγελίζεται παρ' ὃ παρελάβετε
6 3 εἰ γὰρ δοκεῖ τις εἶναί τι
Eph 4 29 εἴ τις ἀγαθὸς πρὸς οἰκοδομὴν τ. χρείας
Phl 2 1 εἴ τις οὖν παράκλησις ἐν Χριστῷ,
[1] εἴ τι παραμύθιον ἀγάπης,
εἴ τις κοινωνία πνεύματος,
εἴ τις σπλάγχνα κ. οἰκτιρμοί
3 4 εἴ τις δοκεῖ ἄλλος πεποιθέναι ἐν σαρκί
15 [1] κ. εἴ τι ἑτέρως φρονεῖτε
4 8 εἴ τις ἀρετὴ κ. εἴ τις ἔπαινος
II Th 3 10 εἴ τις οὐ θέλει ἐργάζεσθαι
14 εἰ δέ τις οὐχ ὑπακούει τ. λόγῳ ἡμῶν
I Ti 1 10 [4] εἴ τι ἕτερον τ. ὑγιαινούσῃ διδασκαλίᾳ ἀντίκειται
3 1 εἴ τις ἐπισκοπῆς ὀρέγεται
5 εἰ δέ τις τ. ἰδίου οἴκου προστῆναι οὐκ οἶδεν
5 4 εἰ δέ τις χήρα τέκνα ἢ ἔκγονα ἔχει
8 εἰ δέ τις τ. ἰδίων κ. μάλιστα οἰκείων οὐ προνοεῖ
16 εἴ τις πιστὴ ἔχει χήρας
6 3 εἴ τις ἑτεροδιδασκαλεῖ
Tit 1 6 εἴ τίς ἐστιν ἀνέγκλητος
Phm 18 [1] εἰ δέ τι ἠδίκησέν σε ἢ ὀφείλει
Ja 1 5 εἰ δέ τις ὑμῶν λείπεται σοφίας
23 εἴ τις ἀκροατὴς λόγου ἐστὶν κ. οὐ ποιητής
26 εἴ τις δοκεῖ θρῆσκος εἶναι
3 2 εἴ τις ἐν λόγῳ οὐ πταίει
I Pe 3 1 εἴ τινες ἀπειθοῦσιν τ. λόγῳ
4 11 εἴ τις λαλεῖ ὡς λόγια Θεοῦ·
εἴ τις διακονεῖ ὡς ἐξ ἰσχύος
II Jo 10 εἴ τις ἔρχεται πρὸς ὑμᾶς
Re 11 5 κ. εἴ τις αὐτοὺς θέλει ἀδικῆσαι
5 [2] κ. εἴ τις θελήσῃ αὐτοὺς ἀδικῆσαι
θέλει, *vel* θελήσει, WH mg.
13 9 εἴ τις ἔχει οὖς ἀκουσάτω
10 εἴ τις εἰς αἰχμαλωσίαν εἰς αἰχμαλωσίαν ὑπάγει·

Re 13 10 εἴ τις ἐν μαχαίρῃ ἀποκτενεῖ
ἀποκτείνει, WH mg.
14 9 εἴ τις προσκυνεῖ τὸ θηρίον
11 εἴ τις λαμβάνει τὸ χάραγμα τ. ὀνόματος αὐτοῦ
20 15 εἴ τις οὐχ εὑρέθη ἐν τῇ βίβλῳ τ. ζωῆς γεγραμμένος

ἘΙΔΕ΄Α 1487.5

Mt 28 3 ἦν δὲ ἡ εἰδέα αὐτοῦ ὡς ἀστραπή

ἘΙ΄ΔΟΝ 1492

Cf. οἶδα, *infra*, *et* ὁράω

(1) εἶδα (2) seq. interrog. (3) ἴδε, ἴδετε (4) ἰδὼν εἶδον (5) ἰδεῖν ἐν ὁράματι, ὁράσει (6) ἰδεῖν περί

Mt 2 2 εἴδομεν γὰρ αὐτοῦ τ. ἀστέρα ἐν τ. ἀνατολῇ
9 ὁ ἀστὴρ ὃν εἶδον ἐν τ. ἀνατολῇ
10 ἰδόντες δὲ τ. ἀστέρα
11 ἐλθόντες εἰς τ. οἰκίαν εἶδον τὸ παιδίον
16 τότε Ἡρῴδης ἰδὼν ὅτι ἐνεπαίχθη
3 7 ἰδὼν δὲ πολλοὺς τ. Φαρισαίων κ. Σαδδουκαίων ἐρχομένους
16 εἶδεν τὸ πνεῦμα Θεοῦ καταβαῖνον ὡσεὶ περιστεράν
4 16 ὁ λαὸς ὁ καθήμενος ἐν σκοτίᾳ φῶς εἶδεν μέγα
הָעָם הַהֹלְכִים בַּחֹשֶׁךְ רָאוּ אוֹר גָּדוֹל, Is. ix. 1
18 περιπατῶν . . . εἶδεν δύο ἀδελφούς
21 προβὰς ἐκεῖθεν εἶδεν ἄλλους δύο ἀδελφους
5 1 ἰδὼν δὲ τ. ὄχλους ἀνέβη εἰς τὸ ὄρος
16 ὅπως ἴδωσιν ὑμῶν τὰ καλὰ ἔργα
8 14 εἶδεν τ. πενθερὰν αὐτοῦ βεβλημένην
18 ἰδὼν δὲ ὁ Ἰησοῦς ὄχλον περὶ αὐτόν
34 ἰδόντες αὐτὸν παρεκάλεσαν
9 2 ἰδὼν ὁ Ἰησοῦς τ. πίστιν αὐτῶν
4 ἰδὼν ὁ Ἰησοῦς τ. ἐνθυμήσεις αὐτῶν
εἰδώς, WH non mg. R non mg.
8 ἰδόντες δὲ οἱ ὄχλοι ἐφοβήθησαν
9 εἶδεν ἄνθρωπον καθήμενον ἐπὶ τὸ τελώνιον
11 ἰδόντες οἱ Φαρισαῖοι ἔλεγον τ. μαθηταῖς αὐτοῦ
22 ὁ δὲ Ἰησοῦς στραφεὶς κ. ἰδὼν αὐτήν
23 ἰδὼν τ. αὐλητὰς κ. τ. ὄχλον θορυβούμενον
36 ἰδὼν δὲ τ. ὄχλους ἐσπλαγχνίσθη
11 8 ἀλλὰ τί ἐξήλθατε ἰδεῖν;
9 ἀλλὰ τί ἐξήλθατε; προφήτην ἰδεῖν;
ἐξ. ἰδεῖν; προφήτην; R mg.
12 2 οἱ δὲ Φαρισαῖοι ἰδόντες εἶπαν αὐτῷ
38 θέλομεν ἀπὸ σοῦ σημεῖον ἰδεῖν
13 14 βλέποντες βλέψετε κ. οὐ μὴ ἴδητε
רְאוּ רָאוֹ וְאַל־תֵּדָעוּ, Is. vi. 9
15 μήποτε ἴδωσιν τ. ὀφθαλμοῖς
פֶּן־יִרְאֶה בְעֵינָיו, *ib.* 10
17 [1] ἐπεθύμησαν ἰδεῖν ἃ βλέπετε κ. οὐκ εἶδαν
ἴδαν, T
14 14 ἐξελθὼν εἶδεν πολὺν ὄχλον
26 οἱ δὲ μαθηταὶ ἰδόντες αὐτὸν . . . ἐταράχθησαν
ἰδ. δὲ αὐτ., T
16 28 ἕως ἂν ἴδωσιν τ. υἱὸν τ. ἀνθρώπου ἐρχόμενον

Mt 17 8 ἐπάραντες δὲ τ. ὀφθαλμοὺς αὐτῶν οὐδένα εἶδον
18 31 ἰδόντες οὖν οἱ σύνδουλοι αὐτοῦ τὰ γενόμενα
20 3 εἶδεν ἄλλους ἑστῶτας ἐν τ. ἀγορᾷ ἀργούς
21 15 ἰδόντες δὲ οἱ ἀρχιερεῖς . . . τὰ θαυμάσια
19 ἰδὼν συκῆν μίαν ἐπὶ τῆς ὁδοῦ
20 ἰδόντες οἱ μαθηταὶ ἐθαύμασαν
32 ὑμεῖς δὲ ἰδόντες οὐδὲ μετεμελήθητε
38 οἱ δὲ γεωργοὶ ἰδόντες τ. υἱόν
22 11 εἶδεν ἐκεῖ ἄνθρωπον οὐκ ἐνδεδυμένον ἔνδυμα γάμου
23 39 οὐ μή με ἴδητε ἀπ' ἄρτι
24 15 ὅταν οὖν ἴδητε τὸ βδέλυγμα τ. ἐρημώσεως
33 ὅταν ἴδητε πάντα ταῦτα
25 37 [1] Κύριε πότε σε εἴδαμεν πεινῶντα
εἴδομεν, T
38 [1] πότε δέ σε εἴδαμεν ξένον
εἴδομεν, T
39 πότε δέ σε εἴδομεν ἀσθενοῦντα
44 Κύριε πότε σὲ εἴδομεν πεινῶντα
26 8 ἰδόντες δὲ οἱ μαθηταὶ ἠγανάκτησαν
58 ἐκάθητο μετὰ τ. ὑπηρετῶν ἰδεῖν τὸ τέλος
71 εἶδεν αὐτὸν ἄλλη
27 3 τότε ἰδὼν Ἰούδας ὁ παραδοὺς αὐτόν
24 ἰδὼν δὲ ὁ Πειλᾶτος
49 [2] ἄφες ἴδωμεν εἰ ἔρχεται Ἠλείας
54 ἰδόντες τ. σεισμὸν κ. τὰ γινόμενα
28 6 [3] δεῦτε ἴδετε τ. τόπον ὅπου ἔκειτο
17 ἰδόντες αὐτὸν προσεκύνησαν
Mk 1 10 εἶδεν σχιζομένους τ. οὐρανούς
16 παράγων . . . εἶδεν Σίμωνα κ. Ἀνδρέαν
19 προβὰς ὀλίγον εἶδεν Ἰάκωβον τὸν τ. Ζεβεδαίου
2 5 κ. ἰδὼν ὁ Ἰησοῦς τ. πίστιν αὐτῶν
12 [1] ὅτι οὕτως οὐδέποτε εἴδαμεν
14 παράγων εἶδεν Λευεὶν τὸν τ. Ἀλφαίου
16 ἰδόντες ὅτι ἐσθίει μετὰ τ. ἁμαρτωλῶν
4 12 ἵνα βλέποντες βλέπωσιν κ. μὴ ἴδωσιν, Is. *l.c.*
5 6 ἰδὼν τ. Ἰησοῦν ἀπὸ μακρόθεν
14 [2] ἦλθον ἰδεῖν τί ἐστιν τὸ γεγονός
16 διηγήσαντο αὐτοῖς οἱ ἰδόντες
22 ἰδὼν αὐτὸν πίπτει πρὸς τ. πόδας αὐτοῦ
32 περιεβλέπετο ἰδεῖν τὴν τοῦτο ποιήσασαν
6 33 [1] εἶδαν αὐτοὺς ὑπάγοντας
εἶδον, T
34 ἐξελθὼν εἶδεν πολὺν ὄχλον
38 [3] ὑπάγετε ἴδετε
48 ἰδὼν αὐτοὺς βασανιζομένους ἐν τῷ ἐλαύνειν
49 οἱ δὲ ἰδόντες αὐτὸν ἐπὶ τ. θαλάσσης περιπατοῦντα
50 [1] πάντες γὰρ αὐτὸν εἶδαν
7 2 ἰδόντες τινὰς τ. μαθητῶν αὐτοῦ ὅτι κοιναῖς χερσὶν . . . ἐσθίουσιν
8 33 ὁ δὲ ἐπιστραφεὶς κ. ἰδὼν τ. μαθητὰς αὐτοῦ
9 1 ἕως ἂν ἴδωσιν τ. βασιλείαν τ. Θεοῦ ἐληλυθυῖαν
8 οὐκέτι οὐδένα εἶδον
9 ἵνα μηδενὶ ἃ εἶδον διηγήσωνται
14 [1] εἶδαν ὄχλον πολὺν περὶ αὐτούς
εἶδον, T
15 πᾶς ὁ ὄχλος ἰδόντες αὐτὸν ἐξεθαμβήθησαν
20 ἰδὼν αὐτὸν τ. πνεῦμα εὐθὺς συνεσπάραξεν αὐτόν

Mk 9 25 ἰδὼν δὲ ὁ Ἰησοῦς ὅτι ἐπισυντρέχει ὄχλος
38 [1] εἴδαμέν τινα ἐν τ. ὀνόματί σου ἐκβάλλοντα δαιμόνια
εἴδομεν, T
10 14 ἰδὼν δὲ ὁ Ἰησοῦς ἠγανάκτησεν
11 13 ἰδὼν συκῆν ἀπὸ μακρόθεν
20 εἶδον τ. συκῆν ἐξηραμμένην ἐκ ῥιζῶν
12 15 ὁ δὲ ἰδὼν αὐτῶν τ. ὑπόκρισιν
εἰδώς, WHR
15 φέρετέ μοι δηνάριον ἵνα ἴδω
28 ἰδὼν ὅτι καλῶς ἀπεκρίθη αὐτοῖς
εἰδώς, WHR
34 κ. ὁ Ἰησοῦς ἰδὼν αὐτόν
13 14 ὅταν δὲ ἴδητε τὸ βδέλυγμα τ. ἐρημώσεως
29 ὅταν ἴδητε ταῦτα γινόμενα
14 67 ἰδοῦσα τ. Πέτρον θερμαινόμενον
69 κ. ἡ παιδίσκη ἰδοῦσα αὐτόν
15 32 ἵνα ἴδωμεν κ. πιστεύσωμεν
36 [2] ἄφετε ἴδωμεν εἰ ἔρχεται Ἠλείας
39 ἰδὼν δὲ ὁ κεντυρίων ὁ παρεστηκώς
16 5 εἶδον νεανίσκον καθήμενον ἐν τ. δεξιοῖς
Lu 1 12 ἐταράχθη Ζαχαρίας ἰδών
2 15 ἴδωμεν τὸ ῥῆμα τοῦτο τὸ γεγονός
17 ἰδόντες δὲ ἐγνώρισαν περὶ τ. ῥήματος
20 ἐπὶ πᾶσιν οἷς ἤκουσαν κ. εἶδον
ἴδον, T
26 ἦν αὐτῷ κεχρηματισμένον . . . μὴ ἰδεῖν θάνατον
πρὶν ἢ ἂν ἴδη τ. Χριστὸν Κυρίου
30 ὅτι εἶδον οἱ ὀφθαλμοί μου τὸ σωτήριόν σου
48 ἰδόντες αὐτὸν ἐξεπλάγησαν
5 2 εἶδεν πλοῖα δύο ἑστῶτα παρὰ τ. λίμνην
ἴδεν, T
8 ἰδὼν δὲ Σίμων Πέτρος προσέπεσεν
12 ἰδὼν δὲ τ. Ἰησοῦν . . . ἐδεήθη αὐτοῦ
20 ἰδὼν τ. πίστιν αὐτῶν εἶπεν
26 [1] ὅτι εἴδαμεν παράδοξα σήμερον
εἴδομεν, T
7 13 ἰδὼν αὐτὴν ὁ Κύριος ἐσπλαγχνίσθη
22 ἀπαγγείλατε Ἰωάνει ἃ εἴδετε κ. ἠκούσατε
25 ἀλλὰ τί ἐξήλθατε ἰδεῖν;
26 ἀλλὰ τί ἐξήλθατε ἰδεῖν;
39 ἰδὼν δὲ ὁ Φαρισαῖος ὁ καλέσας αὐτόν
8 20 ἰδεῖν θέλοντές σε
28 ἰδὼν δὲ τὸν Ἰησοῦν . . . προσέπεσεν αὐτῷ
34 ἰδόντες δὲ οἱ βόσκοντες τὸ γεγονὸς ἔφυγον
35 ἐξῆλθον δὲ ἰδεῖν τὸ γεγονός
36 ἀπήγγειλαν δὲ αὐτοῖς οἱ ἰδόντες
47 ἰδοῦσα δὲ ἡ γυνὴ ὅτι οὐκ ἔλαθεν
9 9 ἐζήτει ἰδεῖν αὐτόν
27 ἕως ἂν ἴδωσιν τ. βασιλείαν τ. Θεοῦ
32 [1] διαγρηγορήσαντες δὲ εἶδαν τ. δόξαν αὐτοῦ
47 ὁ δὲ Ἰησοῦς ἰδὼν τ. διαλογισμὸν τ. καρδίας αὐτῶν
εἰδώς, TWH non mg.
49 [1] εἴδαμέν τινα ἐν τ. ὀνόματί σου ἐκβάλλοντα δαιμόνια
εἴδομέν, T
54 ἰδόντες δὲ οἱ μαθηταὶ . . . εἶπαν
10 24 ἠθέλησαν ἰδεῖν ἃ ὑμεῖς βλέπετε,
[1] κ. οὐκ εἶδαν
ἴδαν, T
31 ἰδὼν αὐτὸν ἀντιπαρῆλθεν
32 ἐλθὼν κ. ἰδὼν ἀντιπαρῆλθεν
33 κ. ἰδὼν ἐσπλαγχνίσθη
11 38 ὁ δὲ Φαρισαῖος ἰδὼν ἐθαύμασεν

Lu 12 54 ὅταν ἴδητε νεφέλην ἀνατέλλουσαν ἐπὶ δυσμῶν
13 12 ἰδὼν δὲ αὐτὴν ὁ Ἰησοῦς
35 οὐ μὴ ἴδητέ με ἕως εἴπητε
14 18 ἔχω ἀνάγκην ἐξέλθων ἰδεῖν **αὐτόν**
15 20 εἶδεν αὐτὸν ὁ πατὴρ αὐτοῦ
17 14 κ. ἰδὼν εἶπεν αὐτοῖς
15 εἷς δὲ ἐξ αὐτῶν ἰδὼν **ὅτι** ἰάθη
22 ὅτε ἐπιθυμήσετε μίαν τ. ἡμερῶν . . . ἰδεῖν
18 15 ἰδόντες δὲ οἱ μαθηταὶ ἐπετίμων **αὐτοῖς**
24 ἰδὼν δὲ αὐτὸν ὁ Ἰησοῦς
43 πᾶς ὁ λαὸς ἰδὼν ἔδωκεν δόξαν τ. Θεῷ
19 3 [2] ἐζήτει ἰδεῖν τ. Ἰησοῦν τίς ἐστιν
4 ἀνέβη ἐπὶ συκομορέαν ἵνα ἴδῃ **αὐτόν**
7 κ. ἰδόντες πάντες διεγόγγυζον
37 περὶ πασῶν ὧν εἶδον δυνάμεων
41 ὡς ἤγγισεν ἰδὼν τ. πόλιν
20 14 ἰδόντες δὲ αὐτὸν οἱ γεωργοί
21 1 ἀναβλέψας δὲ εἶδεν τ. βάλλοντας . . . τ. δῶρα αὐτῶν
2 εἶδεν δέ τινα χήραν πενιχράν
20 ὅταν δὲ ἴδητε κυκλουμένην ὑπὸ στρατοπέδων Ἰερουσαλήμ
29 [8] ἴδετε τ. συκῆν κ. πάντα τὰ δένδρα
31 ὅταν ἴδητε ταῦτα γινόμενα
22 49 ἰδόντες δὲ οἱ περὶ αὐτὸν τὸ ἐσόμενον
56 ἰδοῦσα δὲ **αὐτὸν** παιδίσκη τις
58 μετὰ βραχὺ ἕτερος ἰδὼν αὐτόν
23 8 ὁ δὲ Ἡρῴδης ἰδὼν τ. Ἰησοῦν ἐχάρη **λίαν**· ἦν γὰρ ἐξ ἱκανῶν χρόνων θέλων ἰδεῖν αὐτόν
8 ἤλπιζέν τι σημεῖον ἰδεῖν ὑπ' αὐτοῦ γινόμενον
47 ἰδὼν δὲ ὁ ἑκατοντάρχης τὸ γενόμενον
24 24 αὐτὸν δὲ οὐκ εἶδον
39 [8] ἴδετε τ. χεῖράς μου κ. τ. πόδας μου
39 [3] ψηλαφήσατέ με κ. ἴδετε
Jo 1 33 ἐφ' ὃν ἂν ἴδῃς τὸ πνεῦμα καταβαῖνον
39 [1] ἦλθαν οὖν κ. εἶδαν ποῦ μένει
46 [8] ἔρχου κ. ἴδε
47 εἶδεν Ἰησοῦς τ. Ναθαναὴλ ἐρχόμενον
48 ὄντα ὑπὸ τ. συκῆν εἶδόν σε
50 εἶδόν σε ὑποκάτω τ. συκῆς
3 3 οὐ δύναται ἰδεῖν τ. βασιλείαν τ. Θεοῦ
4 29 [3] δεῦτε ἴδετε ἄνθρωπον
48 ἐὰν μὴ σημεῖα κ. τέρατα ἴδητε
5 6 τοῦτον ἰδὼν ὁ Ἰησοῦς κατακείμενον
6 14 οἱ οὖν ἄνθρωποι ἰδόντες ἃ ἐποίησεν σημεῖα
22 εἶδον ὅτι πλοιάριον ἄλλο οὐκ ἦν ἐκεῖ
ἰδών, WH marg.
24 ὅτε οὖν εἶδεν ὁ ὄχλος
26 ζητεῖτέ με οὐχ ὅτι εἴδετε σημεῖα
30 τί οὖν ποιεῖς σὺ σημεῖον ἵνα ἴδωμεν
7 52 [8] ἐραύνησον κ. ἴδε
8 56 ἠγαλλιάσατο ἵνα ἴδῃ τ. ἡμέραν τ. ἐμήν
εἴδῃ, T
9 1 παράγων εἶδεν ἄνθρωπον τυφλὸν ἐκ γενετῆς
11 31 ἰδόντες τ. Μαριὰμ ὅτι ταχέως ἀνέστη
32 ἡ οὖν Μαριὰμ . . . ἰδοῦσα αὐτόν
33 Ἰησοῦς οὖν ὡς εἶδεν αὐτὴν κλαίουσαν
34 [8] Κύριε ἔρχου κ. ἴδε
12 9 ἵνα κ. τ. Λάζαρον ἴδωσιν
21 Κύριε θέλομεν τ. Ἰησοῦν ἰδεῖν
40 ἵνα μὴ ἴδωσιν τ. ὀφθαλμοῖς, Is. *l.c.*
41 ὅτι εἶδεν τ. δόξαν αὐτοῦ
18 26 οὐκ ἐγώ σε εἶδον ἐν τ. κήπῳ μετ' **αὐτοῦ;**

Jo 19 6 ὅτε οὖν **εἶδον** αὐτὸν οἱ ἀρχιερεῖς
ἴδον, T
26 Ἰησοῦς οὖν ἰδὼν τ. μητέρα
33 ὡς εἶδον ἤδη αὐτὸν τεθνηκότα
20 8 κ. εἶδεν κ. ἐπίστευσεν
20 ἐχάρησαν οὖν οἱ μαθηταὶ ἰδόντες **τ. Κύριον**
25 ἐὰν μὴ ἴδω ἐν τ. χερσὶν αὐτοῦ τ. τύπον τ. ἥλων
27 [8] κ. ἴδε τ. χεῖράς μου
29 μακάριοι οἱ μὴ ἰδόντες κ. πιστεύσαντες
21 21 τοῦτον οὖν ἰδὼν ὁ Πέτρος
Ac 2 27 οὐδὲ δώσεις τ. ὅσιόν σου ἰδεῖν διαφθοράν
לֹא־תִתֵּן חֲסִידְךָ לִרְאוֹת שָׁחַת, Ps. xvi. 10
31 οὔτε ἡ σὰρξ **αὐτοῦ** εἶδεν διαφθοράν
3 3 ὃς ἰδὼν Πέτρον κ. Ἰωάνην
9 εἶδεν πᾶς ὁ λαὸς αὐτὸν περιπατοῦντα
12 ἰδὼν δὲ ὁ Πέτρος ἀπεκρίνατο
4 20 [1] ἃ εἴδαμεν κ. ἠκούσαμεν μὴ λαλεῖν
6 15 [1] εἶδαν τ. πρόσωπον αὐτοῦ ὡσεὶ πρόσωπον ἀγγέλου
εἶδον, T
7 24 κ. ἰδών τινα ἀδικούμενον
31 ὁ δὲ Μωυσῆς ἰδὼν ἐθαύμασεν τὸ ὅραμα
34 [4] ἰδὼν εἶδον τ. κάκωσιν τ. λαοῦ μου
רָאֹה רָאִיתִי אֶת־עֳנִי עַמִּי, Ex. iii. 7
55 εἶδεν δόξαν Θεοῦ
8 18 ἰδὼν δὲ ὁ Σίμων
39 οὐκ εἶδεν αὐτὸν οὐκέτι ὁ εὐνοῦχος
9 12 [5] εἶδεν ἄνδρα ἐν ὁράματι Ἀνανίαν ὀνόματι εἰσελθόντα
—ἐν ὁρ., T [WH] R
27 πῶς ἐν τῇ ὁδῷ εἶδεν τ. Κύριον
35 [1] εἶδαν αὐτὸν πάντες οἱ κατοικοῦντες Λύδδα
40 ἰδοῦσα τ. Πέτρον ἀνεκάθισεν
10 3 [5] εἶδεν ἐν ὁράματι φανερῶς
17 τί ἂν εἴη τὸ ὅραμα ὃ εἶδεν
11 5 ἐγὼ . . . εἶδον ἐν ἐκστάσει ὅραμα
6 εἶδον τὰ τετράποδα τ. γῆς
13 πῶς εἶδεν τ. ἄγγελον ἐν τ. οἴκῳ **αὐτοῦ** σταθέντα
23 ἰδὼν τ. χάριν τὴν τ. Θεοῦ ἐχάρη
12 3 ἰδὼν δὲ ὅτι ἀρεστόν ἐστιν τ. Ἰουδαίοις
16 [1] ἀνοίξαντες δὲ εἶδαν αὐτὸν κ. ἐξέστησαν
13 12 τότε ἰδὼν ὁ ἀνθύπατος τ. γεγονός
35 οὐ δώσεις τ. ὅσιόν σου ἰδεῖν διαφθοράν, Ps. *l.c.*
36 Δαυεὶδ μὲν γὰρ . . . εἶδεν διαφθοράν·
37 ὃν δὲ ὁ Θεὸς ἤγειρεν οὐκ εἶδεν διαφθοράν
41 ἴδετε οἱ καταφρονηταὶ κ. θαυμάσατε
רְאוּ בַגּוֹיִם וְהַבִּיטוּ, Hab. i. 5
45 ἰδόντες δὲ οἱ Ἰουδαῖοι τ. ὄχλους
14 9 ἰδὼν ὅτι ἔχει πίστιν τοῦ σωθῆναι
11 οἵ τε ὄχλοι ἰδόντες ὃ ἐποίησεν Παῦλος
15 6 [6] συνήχθησάν τε . . . ἰδεῖν περὶ τ. λόγου τούτου
16 10 ὡς δὲ τὸ ὅραμα εἶδεν
19 ἰδόντες δὲ οἱ κύριοι αὐτῆς
καὶ ἰδ., WH mg.
27 ἰδὼν ἀνεῳγμένας τ. θύρας τ. φυλακῆς
40 ἰδόντες παρεκάλεσαν τ. ἀδελφούς
19 21 δεῖ με κ. Ῥώμην ἰδεῖν
21 32 οἱ δὲ ἰδόντες τ. χιλίαρχον
22 14 γνῶναι τ. θέλημα αὐτοῦ κ. ἰδεῖν τ. δίκαιον

Ac 22 18 ἐγένετο δέ μοι . . . ἰδεῖν αὐτὸν λέγοντά μοι
ἴδον, T
26 13 κατὰ τ. ὁδὸν εἶδον . . . περιλάμψαν με φῶς
16 μάρτυρα ὧν τε εἶδές με
—με, TR mg.
28 4 [1] ὡς δὲ εἶδαν οἱ βάρβαροι κρεμάμενον τὸ θηρίον
εἶδον, T
15 οὓς ἰδὼν ὁ Παῦλος
20 παρεκάλεσα ὑμᾶς ἰδεῖν κ. προσλαλῆσαι
26 βλέποντες βλέψετε κ. οὐ μὴ ἴδητε, Is. *l.c.*
27 μήποτε ἴδωσιν τ. ὀφθαλμοῖς, Is. *l.c.*
Ro 1 11 ἐπιποθῶ γὰρ ἰδεῖν ὑμᾶς
11 22 [3] ἴδε οὖν χρηστότητα κ. ἀποτομιαν Θεοῦ
I Co 2 9 ἃ ὀφθαλμὸς οὐκ εἶδεν
עַיִן לֹא־רָאָתָה, Is. lxiv. 3
8 10 ἐὰν γάρ τις ἴδῃ σε
16 7 οὐ θέλω γὰρ ὑμᾶς ἄρτι ἐν παρόδῳ ἰδεῖν
Ga 1 19 ἕτερον δὲ τ. ἀποστόλων οὐκ εἶδον
2 7 ἰδόντες ὅτι πεπίστευμαι τὸ εὐαγγέλιον τ. ἀκροβυστίας
14 ὅτε εἶδον ὅτε οὐκ ὀρθοποδοῦσιν
6 11 [2] ἴδετε πηλίκοις ὑμῖν γράμμασιν ἔγραψα
Phl 1 27 εἴτε ἐλθὼν κ. ἰδὼν ὑμᾶς
30 τ. αὐτὸν ἀγῶνα ἔχοντες οἷον εἴδετε ἐν ἐμοί
2 26 ἐπειδὴ ἐπιποθῶν ἦν πάντας ὑμᾶς ἰδεῖν
—ἰδεῖν, T [WH] R non mg.
28 ἵνα ἰδόντες αὐτὸν πάλιν χάρητε
4 9 ἃ κ. ἐμάθετε . . . κ. εἴδετε ἐν ἐμοί
I Th 2 17 περισσοτέρως ἐσπουδάσαμεν τὸ πρόσωπον ὑμῶν ἰδεῖν
3 6 ἐπιποθοῦντες ἡμᾶς ἰδεῖν
10 δεόμενοι εἰς τὸ ἰδεῖν ὑμῶν τὸ πρόσωπον
I Ti 6 16 ὃν εἶδεν οὐδεὶς ἀνθρώπων οὐδὲ ἰδεῖν δύναται
II Ti 1 4 ἐπιποθῶν σε ἰδεῖν
He 3 9 κ. εἶδον τὰ ἔργα μου τεσσεράκοντα ἔτη
גַּם־רָאוּ פָעֳלִי אַרְבָּעִים שָׁנָה, Ps. xcv. 9, 10
11 5 πίστει Ἐνὼχ μετετέθη τοῦ μὴ ἰδεῖν θάνατον
13 ἀλλὰ πόρρωθεν αὐτὰς ἰδόντες
23 διότι εἶδον ἀστεῖον τὸ παιδίον
Ja 5 11 τὸ τέλος Κυρίου εἴδετε
I Pe 1 8 ὃν οὐκ ἰδόντες ἀγαπᾶτε
3 10 ὁ γὰρ θέλων . . . ἰδεῖν ἡμέρας ἀγαθάς
מִי־הָאִישׁ . . . אֹהֵב יָמִים לִרְאוֹת טוֹב, Ps. xxxiv. 13
I Jo 3 1 [2] [3] ἴδετε ποταπὴν ἀγάπην δέδωκεν ἡμῖν ὁ πατήρ
5 16 ἐάν τις ἴδῃ τ. ἀδελφὸν αὐτοῦ ἁμαρτάνοντα
III Jo 14 ἐλπίζω δὲ εὐθέως σε ἰδεῖν
Re 1 2 ὃς ἐμαρτύρησεν ὅσα εἶδεν
ἴδεν, T
12 ἐπιστρέψας εἶδον ἑπτὰ λυχνίας χρυσᾶς
17 ὅτε εἶδον αὐτόν
19 γράψον οὖν ἃ εἶδες
20 τὸ μυστήριον τ. ἑπτὰ ἀστέρων οὓς εἶδες ἐπὶ τ. δεξιᾶς μου
4 1 μετὰ ταῦτα εἶδον
ἴδον, T
5 1 εἶδον ἐπὶ τ. δεξιὰν τ. καθημένου ἐπὶ τ. θρόνου
2 εἶδον ἄγγελον ἰσχυρὸν κηρύσσοντα

Re 5 6 εἶδον ἐν μέσῳ τ. θρόνου
11 εἶδον κ. ἤκουσα φωνὴν ἀγγέλων πολλῶν
6 1 εἶδον ὅτε ἤνοιξεν τὸ ἀρνίον
ἴδον, T
2 εἶδον κ. ἰδοὺ ἵππος λευκός
ἴδον, T
5 εἶδον κ. ἰδοὺ ἵππος μέλας
ἴδον, T
8 εἶδον κ. ἰδοὺ ἵππος χλωρός
ἴδον, T
9 εἶδον . . . τ. ψυχὰς τ. ἐσφαγμένων
ἴδον, T
12 εἶδον ὅτε ἤνοιξεν τ. σφραγῖδα τ. ἕκτην
ἴδον, T
7 1 μετὰ τοῦτο εἶδον τέσσαρας ἀγγέλους
ἴδον, T
2 εἶδον ἄλλον ἄγγελον ἀναβαίνοντα
ἴδον, T
9 μετὰ ταῦτα εἶδον κ. ἰδοὺ ὄχλος πολύς
ἴδον, T
8 2 εἶδον τ. ἑπτὰ ἀγγέλους
ἴδον, T
13 εἶδον κ. ἤκουσα ἑνὸς ἀετοῦ
ἴδον, T
9 1 εἶδον ἀστέρα ἐκ τ. οὐρανοῦ πεπτωκότα
ἴδον, T
17 [5] οὕτως εἶδον τ. ἵππους ἐν τ. ὁράσει
ἴδον, T
10 1 εἶδον ἄλλον ἄγγελον ἰσχυρὸν καταβαίνοντα
5 ὁ ἄγγελος ὃν εἶδον ἑστῶτα
12 13 ὅτε εἶδεν ὁ δράκων ὅτι ἐβλήθη εἰς τ. γῆν
13 1 εἶδον ἐκ τ. θαλάσσης θηρίον ἀναβαῖνον
2 τὸ θηρίον ὃ εἶδον ἦν ὅμοιον παρδάλει
11 εἶδον ἄλλο θηρίον ἀναβαῖνον ἐκ τ. γῆς
14 1 εἶδον κ. ἰδοὺ τὸ ἀρνίον ἑστός
ἴδον, T
6 εἶδον ἄλλον ἄγγελον πετόμενον ἐν μεσουρανήματι
14 εἶδον κ. ἰδοὺ νεφέλη λευκή
ἴδον, T
15 1 εἶδον ἄλλο σημεῖον ἐν τ. οὐρανῷ
ἴδον, T
2 εἶδον ὡς θάλασσαν ὑαλίνην
ἴδον, T
5 μετὰ ταῦτα εἶδον κ. ἠνοίγη ὁ ναός
ἴδον, T
16 13 εἶδον ἐκ τ. στόματος τ. δράκοντος . . . πνεύματα τρία ἀκάθαρτα
17 3 εἶδον γυναῖκα καθημένην ἐπὶ θηρίον κόκκινον
6 [1] εἶδον τ. γυναῖκα μεθύουσαν ἐκ τ. αἵματος
εἶδα, T
6 ἐθαύμασα ἰδὼν αὐτὴν θαῦμα μέγα
8 τὸ θηρίον ὃ εἶδες ἦν κ. οὐκ ἔστιν
12 τὰ δέκα κέρατα ἃ εἶδες δέκα βασιλεῖς εἰσίν
15 τὰ ὕδατα ἃ εἶδες . . . λαοὶ κ. ὄχλοι εἰσίν
16 τὰ δέκα κέρατα ἃ εἶδες κ. τὸ θηρίον
18 ἡ γυνὴ ἣν εἶδες ἔστιν ἡ πόλις ἡ μεγάλη
18 1 μετὰ ταῦτα εἶδον ἄλλον ἄγγελον καταβαίνοντα
7 κ. πένθος οὐ μὴ ἴδω
19 11 εἶδον τ. οὐρανὸν ἠνεῳγμένον
17 εἶδον ἕνα ἄγγελον ἑστῶτα ἐν τ. ἡλίῳ
19 εἶδον τὸ θηρίον κ. τ. βασιλεῖς τ. γῆς
ἴδον, T

Re 20 1 εἶδον ἄγγελον καταβαίνοντα ἐκ τ. οὐρανοῦ
ἴδον, T
4 εἶδον θρόνους κ. ἐκάθισαν ἐπ' αὐτούς
ἴδον, T
11 εἶδον θρόνον μέγαν λευκόν
12 εἶδον τ. νεκροὺς τ. μεγάλους κ. τ. μικρούς
21 1 εἶδον οὐρανὸν καινὸν κ. γῆν καινήν
2 τ. πόλιν τ. ἁγίαν Ἰερουσαλὴμ καινὴν εἶδον
22 ναὸν οὐκ εἶδον ἐν αὐτῇ

ΟἾΔΑ 1492.5

(1) seq. interrog. (2) seq. infin. (3) **οὐκ οἶδας, οἴδατε ὅτι ;** (4) εἰδ. τ. Θεόν (5) **εἰδήσω**

Mt 6 8 οἶδεν γὰρ ὁ πατὴρ ὑμῶν ὧν χρείαν ἔχετε
32 οἶδεν γὰρ ὁ πατὴρ ὑμῶν ὁ οὐράνιος
7 11 [2] εἰ οὖν ὑμεῖς . . . οἴδατε δόματα ἀγαθὰ διδόναι
9 4 εἰδὼς ὁ Ἰησοῦς τ. ἐνθυμήσεις αὐτῶν
ἰδών, TWH mg. R mg.
6 ἵνα δὲ εἰδῆτε ὅτι ἐξουσίαν ἔχει
12 25 εἰδὼς δὲ τ. ἐνθυμήσεις αὐτῶν
15 12 οἶδας ὅτι οἱ Φαρισαῖοι . . . ἐσκανδαλίσθησαν
20 22 [1] οὐκ οἴδατε τί αἰτεῖσθε
25 οἴδατε ὅτι οἱ ἄρχοντες τ. ἐθνῶν κατακυριεύουσιν
21 27 ἀποκριθέντες τῷ Ἰησοῦ εἶπαν Οὐκ οἴδαμεν
22 16 οἴδαμεν ὅτι ἀληθὴς εἶ
29 πλανᾶσθε μὴ εἰδότες τ. γραφάς
24 36 περὶ δὲ τ. ἡμέρας ἐκείνης . . . οὐδεὶς οἶδεν
42 [1] ὅτι οὐκ οἴδατε ποίᾳ ἡμέρᾳ . . . ἔρχεται
43 [1] εἰ ᾔδει ὁ οἰκοδεσπότης ποίᾳ φυλακῇ
25 12 ἀμὴν λέγω ὑμῖν οὐκ οἶδα ὑμᾶς
13 ὅτι οὐκ οἴδατε τ. ἡμέραν οὐδὲ τ. ὥραν
26 ᾔδεις ὅτι θερίζω ὅπου οὐκ ἔσπειρα
26 2 οἴδατε ὅτι μετὰ δύο ἡμέρας τὸ πάσχα γίνεται
70 [1] οὐκ οἶδα τί λέγεις
72 οὐκ οἶδα τ. ἄνθρωπον
74 οὐκ οἶδα τ. ἄνθρωπον
27 18 ᾔδει γὰρ ὅτι διὰ φθόνον παρέδωκαν αὐτόν
65 ἀσφαλίσασθε ὡς οἴδατε
28 5 οἶδα γὰρ ὅτι Ἰησοῦν τ. ἐσταυρωμένον ζητεῖτε
Mk 1 24 [1] οἶδά σε τίς εἶ ὁ ἅγιος τ. Θεοῦ
οἴδαμεν TWH marg.
34 οὐκ ἤφιεν λαλεῖν . . . ὅτι ᾔδεισαν αὐτόν
2 10 ἵνα δὲ εἰδῆτε ὅτι ἐξουσίαν ἔχει
4 13 οὐκ οἴδατε τ. παραβολὴν ταύτην
27 μηκύνηται ὡς οὐκ οἶδεν αὐτός
5 33 εἰδυῖα ὃ γέγονεν αὐτῇ
6 20 εἰδὼς αὐτὸν ἄνδρα δίκαιον κ. ἅγιον
9 6 [1] οὐ γὰρ ᾔδει τί ἀποκριθῇ
10 19 τ. ἐντολὰς οἶδας
38 [1] οὐκ οἴδατε τί αἰτεῖσθε
42 οἴδατε ὅτι οἱ δοκοῦντες ἄρχειν τ. ἐθνῶν
11 32 ἅπαντες γὰρ ᾔδεισαν τ. Ἰωάνην
εἶχον, TWH non mg. R
33 ἀποκριθέντες τῷ Ἰησοῦ λέγουσιν Οὐκ οἴδαμεν
12 14 οἴδαμεν ὅτι ἀληθὴς εἶ
15 ὁ δὲ εἰδὼς αὐτῶν τ. ὑπόκρισιν
ἰδών, T
24 πλανᾶσθε μὴ εἰδότας τ. γραφάς
28 εἰδὼς ὅτι καλῶς ἀπεκρίθη αὐτοῖς
ἰδών, T
Mk 13 32 περὶ δὲ τ. ἡμέρας ἐκείνης . . . οὐδεὶς οἶδεν
33 [1] οὐκ οἴδατε γὰρ πότε ὁ καιρός ἐστιν
35 [1] οὐκ οἴδατε γὰρ πότε ὁ κύριος τ. οἰκίας ἔρχεται
14 40 [1] οὐκ ᾔδεισαν τί ἀποκριθῶσιν αὐτῷ
68 [1] οὔτε οἶδα οὔτε ἐπίσταμαι σὺ τί λέγεις
71 οὐκ οἶδα τ. ἄνθρωπον τοῦτον
Lu 2 49 οὐκ ᾔδειτε ὅτι ἐν τοῖς τ. πατρός μου
4 34 [1] οἶδά σε τίς εἶ ὁ ἅγιος τ. Θεοῦ
41 ὅτι ᾔδεισαν τ. Χριστὸν αὐτὸν εἶναι
5 24 ἵνα δὲ εἰδῆτε ὅτι . . . ἐξουσίαν ἔχει
6 8 αὐτὸς δὲ ᾔδει τ. διαλογισμοὺς αὐτῶν
8 53 κατεγέλων αὐτοῦ εἰδότες ὅτι ἀπέθανεν
9 33 μὴ εἰδὼς ὃ λέγει
47 εἰδὼς τ. διαλογισμὸν τ. καρδίας αὐτῶν
ἰδών, WH mg. R
55 [1] οὐκ οἴδατε ποίου πνεύματός ἐστε
—h. v., TWH non mg. R non mg.
11 13 [2] εἰ οὖν ὑμεῖς . . . οἴδατε δόματα ἀγαθὰ διδόναι
17 αὐτὸς δὲ εἰδὼς αὐτῶν τὰ διανοήματα
44 οἱ ἄνθρωποι οἱ περιπατοῦντες ἐπάνω οὐκ οἴδασιν
12 30 ὑμῶν δὲ ὁ πατὴρ οἶδεν ὅτι χρῄζετε τούτων
39 [1] εἰ ᾔδει ὁ οἰκοδεσπότης ποίᾳ ὥρᾳ . . . ἔρχεται
56 [2] τὸ πρόσωπον τ. γῆς κ. τ. οὐρανοῦ οἴδατε δοκιμάζειν·
[2] τ. δὲ καιρὸν τοῦτον πῶς οὐκ οἴδατε δοκιμάζειν·
πῶς οὐ δοκιμάζετε;, T
13 25 [1] οὐκ οἶδα ὑμᾶς πόθεν ἐστέ
27 [1] λέγω ὑμῖν οὐκ οἶδα πόθεν ἐστέ
οὐκ οἶδ. ὑμᾶς πόθ. ἐ., T
18 20 τ. ἐντολὰς οἶδας
19 22 ᾔδεις ὅτι ἐγὼ ἄνθρωπος αὐστηρός εἰμι
20 7 [1] ἀπεκρίθησαν μὴ εἰδέναι πόθεν
21 οἴδαμεν ὅτι ὀρθῶς λέγεις κ. διδάσκεις
22 34 ἕως τρίς με ἀπαρνήσῃ εἰδέναι
τρίς ἀπ. μὴ εἰδ. με, T
57 οὐκ οἶδα αὐτὸν γύναι
60 ἄνθρωπε οὐκ οἶδα ὃ λέγεις
23 34 [1] οὐ γὰρ οἴδασι τί ποιοῦσιν
—h. v., [[WH]] R mg.
Jo 1 26 μέσος ὑμῶν στήκει ὃν ὑμεῖς οὐκ οἴδατε
31 κἀγὼ οὐκ ᾔδειν αὐτόν
33 κἀγὼ οὐκ ᾔδειν αὐτόν
2 9 [1] κ. οὐκ ᾔδει πόθεν ἐστίν·
οἱ δὲ διάκονοι ᾔδεισαν οἱ ἠντληκότες τὸ ὕδωρ
3 2 οἴδαμεν ὅτι ἀπὸ Θεοῦ ἐλήλυθας διδάσκαλος
8 [1] οὐκ οἶδας πόθεν ἔρχεται κ. ποῦ ὑπάγει
11 ὅτι ὃ οἴδαμεν λαλοῦμεν
4 10 εἰ ᾔδεις τ. δωρεὰν τ. Θεοῦ
22 ὑμεῖς προσκυνεῖτε ὃ οὐκ οἴδατε·
ἡμεῖς προσκυνοῦμεν ὃ οἴδαμεν
25 οἶδα ὅτι Μεσσίας ἔρχεται
32 ἐγὼ βρῶσιν ἔχω φαγεῖν ἣν ὑμεῖς οὐκ οἴδατε
42 αὐτοὶ γὰρ . . . οἴδαμεν ὅτι οὗτός ἐστιν ἀληθῶς ὁ σωτὴρ τ. κόσμου
5 13 [1] ὁ δὲ ἰαθεὶς οὐκ ᾔδει τίς ἐστιν
32 οἶδα ὅτι ἀληθής ἐστιν ἡ μαρτυρία
οἴδατε, T
6 6 [1] αὐτὸς γὰρ ᾔδει τί ἔμελλεν ποιεῖν
42 οὗ ἡμεῖς οἴδαμεν τ. πατέρα κ. τ. μητέρα
61 εἰδὼς δὲ ὁ Ἰησοῦς ἐν ἑαυτῷ
64 ᾔδει γὰρ ἐξ ἀρχῆς ὁ Ἰησοῦς

Jo 7 15 πῶς οὗτος γράμματα οἶδεν
27 [1] ἀλλὰ τοῦτον οἴδαμεν πόθεν ἐστίν
28 [1] κἀμὲ οἴδατε κ. οἴδατε πόθεν εἰμί
28 ὁ πέμψας με ὃν ὑμεῖς οὐκ οἴδατε·
29 ἐγὼ οἶδα αὐτόν
8 14 [1] ὅτι οἶδα πόθεν ἦλθον κ. ποῦ ὑπάγω·
[1] ὑμεῖς δὲ οὐκ οἴδατε πόθεν ἔρχομαι ἢ ποῦ ὑπάγω
19 οὔτε ἐμὲ οἴδατε οὔτε τ. πατέρα μου·
εἰ ἐμὲ ᾔδειτε κ. τ. πατέρα μου ἂν ᾔδειτε
37 οἶδα ὅτι σπέρμα Ἀβραάμ ἐστε
55 ἐγὼ δὲ οἶδα αὐτόν·
κἂν εἴπω ὅτι οὐκ οἶδα αὐτόν
55 ἀλλὰ οἶδα αὐτόν
56 ἠγαλλιάσατο ἵνα εἴδῃ τ. ἡμέραν τ. ἐμήν
ἴδῃ, WHR
9 12 λέγει Οὐκ οἶδα
20 οἴδαμεν ὅτι οὗτός ἐστιν ὁ υἱὸς ἡμῶν
21 [1] πῶς δὲ νῦν βλέπει οὐκ οἴδαμεν·
[1] ἢ τίς ἤνοιξεν . . . ἡμεῖς οὐκ οἴδαμεν
24 ἡμεῖς οἴδαμεν ὅτι . . . ἁμαρτωλός ἐστιν
25 [1] εἰ ἁμαρτωλός ἐστιν οὐκ οἶδα·
ἓν οἶδα ὅτι τυφλὸς ὢν ἄρτι βλέπω
29 ἡμεῖς οἴδαμεν ὅτι Μωυσεῖ λελάληκεν ὁ Θεός·
[1] τοῦτον δὲ οὐκ οἴδαμεν πόθεν ἐστίν
30 [1] ὅτι ὑμεῖς οὐκ οἴδατε πόθεν ἐστίν
31 οἴδαμεν ὅτι ὁ Θεὸς ἁμαρτωλῶν οὐκ ἀκούει
10 4 ὅτι οἴδασιν τ. φωνὴν αὐτοῦ
5 οὐκ οἴδασιν τ. ἀλλοτρίων τ. φωνήν
11 22 καὶ νῦν οἶδα ὅτι ὅσα ἂν αἰτήσῃ τ. Θεόν
24 οἶδα ὅτι ἀναστήσεται ἐν τ. ἀναστάσει
42 ἐγὼ δὲ ᾔδειν ὅτι πάντοτέ μου ἀκούεις
49 ὑμεῖς οὐκ οἴδατε οὐδέν
12 35 [1] ὁ περιπατῶν ἐν τ. σκοτίᾳ οὐκ οἶδεν ποῦ ὑπάγει
50 οἶδα ὅτι ἡ ἐντολὴ αὐτοῦ ζωὴ αἰώνιος
13 1 εἰδὼς ὁ Ἰησοῦς ὅτι ἦλθεν αὐτοῦ ἡ ὥρα
3 εἰδὼς ὅτι πάντα ἔδωκεν αὐτῷ ὁ πατήρ
7 ὃ ἐγὼ ποιῶ σὺ οὐκ οἶδας ἄρτι
11 ᾔδει γὰρ τ. παραδιδόντα αὐτόν
17 εἰ ταῦτα οἴδατε μακάριοί ἐστε
18 [1] ἐγὼ οἶδα τίνας ἐξελεξάμην
14 4 ὅπου ἐγὼ ὑπάγω οἴδατε τ. ὁδόν
κ. τ. ὁδὸν οἴδατε, R mg.
5 [1] Κύριε οὐκ οἴδαμεν ποῦ ὑπάγεις·
πῶς οἴδαμεν τὴν ὁδόν;
7 εἰ ἐγνώκειτέ με κ. τ. πατέρα μου ἂν ᾔδειτε
μου γνώσεσθε, T
15 15 [1] ὁ δοῦλος οὐκ οἶδεν τί ποιεῖ αὐτοῦ ὁ κύριος
21 ὅτι οὐκ οἴδασιν τ. πέμψαντά με
16 18 [1] οὐκ οἴδαμεν τί λαλεῖ
30 νῦν οἴδαμεν ὅτι οἶδας πάντα
18 2 ᾔδει δὲ κ. Ἰούδας . . . τ. τόπον
4 Ἰησοῦς οὖν εἰδὼς πάντα τὰ ἐρχόμενα ἐπ' αὐτόν
21 οὗτοι οἴδασιν ἃ εἶπον ἐγώ
19 10 [3] οὐκ οἶδας ὅτι ἐξουσίαν ἔχω...σταυρῶσαι σε;
28 εἰδὼς ὁ Ἰησοῦς ὅτι ἤδη πάντα τετέλεσται
Ἰησ. εἰδ., WH mg.
35 κ. ἐκεῖνος οἶδεν ὅτι ἀληθῆ λέγει
20 2 [1] οὐκ οἴδαμεν ποῦ ἔθηκαν αὐτόν
9 οὐδέπω γὰρ ᾔδεισαν τ. γραφήν
13 [1] οὐκ οἶδα ποῦ ἔθηκαν αὐτόν
14 οὐκ ᾔδει ὅτι Ἰησοῦς ἐστίν
21 4 οὐ μέντοι ᾔδεισαν οἱ μαθηταί
12 εἰδότες ὅτι ὁ Κύριός ἐστιν

Jo 21 15 σὺ οἶδας ὅτι φιλῶ σε
16 σὺ οἶδας ὅτι φιλῶ σε
17 Κύριε πάντα σὺ οἶδας
24 οἴδαμεν ὅτι ἀληθὴς αὐτοῦ ἡ μαρτυρία ἐστίν
Ac 2 22 καθὼς αὐτοὶ οἴδατε
30 εἰδὼς ὅτι ὅρκῳ ὤμοσεν αὐτῷ ὁ Θεός
3 16 τοῦτον ὃν θεωρεῖτε κ. οἴδατε
17 οἶδα ὅτι κατὰ ἄγνοιαν ἐπράξατε
5 7 ἡ γυνὴ αὐτοῦ μὴ εἰδυῖα τὸ γεγονός
7 18 ὃς οὐκ ᾔδει τὸν Ἰωσήφ
40 [1] οὐκ οἴδαμεν τί ἐγένετο αὐτῷ
לֹא יָדַעְנוּ מֶה־הָיָה לוֹ, Ex. xxxii. 1
10 37 ὑμεῖς οἴδατε τὸ γενόμενον ῥῆμα καθ' ὅλης τ. Ἰουδαίας
12 9 οὐκ ᾔδει ὅτι ἀληθές ἐστιν τὸ γινόμενον
11 νῦν οἶδα ἀληθῶς ὅτι ἐξαπέστειλεν ὁ Κύριος
16 3 ᾔδεισαν γὰρ ἅπαντες ὅτι Ἕλλην ὁ πατὴρ αὐτοῦ ὑπῆρχεν
19 32 [1] οἱ πλείους οὐκ ᾔδεισαν τίνος ἕνεκα συνεληλύθεισαν
20 22 τὰ ἐν αὐτῇ συναντήσαντα ἐμοὶ μὴ εἰδώς
25 νῦν ἰδοὺ ἐγὼ οἶδα
29 ἐγὼ οἶδα ὅτι εἰσελεύσονται μετὰ τ. ἄφιξίν μου
23 5 οὐκ ᾔδειν ἀδελφοὶ ὅτι ἐστὶν ἀρχιερεύς
24 22 ἀκριβέστερον εἰδὼς τὰ περὶ τῆς ὁδοῦ
26 4 τὴν μὲν οὖν βίωσίν μου . . . ἴσασιν πάντες Ἰουδαῖοι
27 οἶδα ὅτι πιστεύεις
Ro 2 2 οἴδαμεν δὲ ὅτι τὸ κρίμα τ. Θεοῦ ἐστὶν κατὰ ἀλήθειαν
3 19 οἴδαμεν δὲ ὅτι ὅσα ὁ νόμος λέγει
5 3 εἰδότες ὅτι ἡ θλίψις ὑπομονὴν κατεργάζεται
6 9 εἰδότες ὅτι Χριστὸς ἐγερθεὶς ἐκ νεκρῶν
16 [8] οὐκ οἴδατε ὅτι ᾧ παριστάνετε ἑαυτοὺς δούλους εἰς ὑπακοήν
7 7 τήν τε γὰρ ἐπιθυμίαν οὐκ ᾔδειν
14 οἴδαμεν γὰρ ὅτι ὁ νόμος πνευματικός ἐστιν
18 οἶδα γὰρ ὅτι οὐκ οἰκεῖ ἐν ἐμοί
8 22 οἴδαμεν γὰρ ὅτι πᾶσα ἡ κτίσις συνστενάζει
26 τὸ γὰρ τί προσευξώμεθα καθὸ δεῖ οὐκ οἴδαμεν
27 [1] οἶδεν τί τὸ φρόνημα τ. πνεύματος
28 οἴδαμεν δὲ ὅτι τ. ἀγαπῶσιν τ. Θεὸν πάντα συνεργεῖ
11 2 [1] ἢ οὐκ οἴδατε ἐν Ἠλείᾳ τί λέγει ἡ γραφή
13 11 κ. τοῦτο εἰδότες τ. καιρόν
14 14 οἶδα κ. πέπεισμαι ἐν Κυρίῳ Ἰησοῦ
15 29 οἶδα δὲ ὅτι ἐρχόμενος πρὸς ὑμᾶς
1 Co 1 16 [1] λοιπὸν οὐκ οἶδα εἴ τινα ἄλλον ἐβάπτισα
2 2 οὐ γὰρ ἔκρινά τι εἰδέναι ἐν ὑμῖν
εἰδ. τι, T
11 τίς γὰρ οἶδεν ἀνθρώπων τὰ τ. ἀνθρώπου
12 ἵνα εἰδῶμεν τὰ ὑπὸ τ. Θεοῦ χαρισθέντα ἡμῖν
3 16 [8] οὐκ οἴδατε ὅτι ναὸς Θεοῦ ἐστέ
5 6 [8] οὐκ οἴδατε ὅτι μικρὰ ζύμη ὅλον τ. φύραμα ζυμοῖ;
6 2 [8] ἢ οὐκ οἴδατε ὅτι οἱ ἅγιοι τ. κόσμον κρινοῦσιν;
3 [8] οὐκ οἴδατε ὅτι ἀγγέλους κρινοῦμεν;
9 [8] ἢ οὐκ οἴδατε ὅτι ἄδικοι Θεοῦ βασιλείαν οὐ κληρονομήσουσιν;
15 [8] οὐκ οἴδατε ὅτι τὰ μέλη ὑμῶν μέλη Χριστοῦ

I Co 6 16 [3] ἢ οὐκ οἴδατε ὅτι ὁ κολλώμενος τ. πόρνῃ

19 [3] ἢ οὐκ οἴδατε ὅτι τὸ σῶμα ὑμῶν ναός

7 16 [1] τί γὰρ οἶδας γύναι εἰ τ. ἄνδρα σώσεις;

[1] ἢ τί οἶδας ἄνερ εἰ τ. γυναῖκα σώσεις;

8 1 οἴδαμεν ὅτι πάντες γνῶσιν ἔχομεν

4 οἴδαμεν ὅτι οὐδὲν εἴδωλον ἐν κόσμῳ

9 13 [3] οὐκ οἴδατε ὅτι οἱ τὰ ἱερὰ ἐργαζόμενοι

24 [3] οὐκ οἴδατε ὅτι οἱ ἐν σταδίῳ τρέχοντες

11 3 θέλω δὲ ὑμᾶς εἰδέναι

12 2 οἴδατε ὅτι ὅτε ἔθνη ἦτε

13 2 κἂν . . . εἰδῶ τὰ μυστήρια πάντα

14 11 ἐὰν οὖν μὴ εἰδῶ τ. δύναμιν τ. φωνῆς

16 [1] ἐπειδὴ τί λέγεις οὐκ οἶδεν

15 58 εἰδότες ὅτι ὁ κόπος ὑμῶν οὐκ ἔστιν κενός

16 15 οἴδατε τ. οἰκίαν Στεφανᾶ

II Co 1 7 εἰδότες ὅτι ὡς κοινωνοί ἐστε τ. παθημάτων

4 14 εἰδότες ὅτι ὁ ἐγείρας τ. Κύριον Ἰησοῦν

5 1 οἴδαμεν γὰρ ὅτι ἐὰν ἡ ἐπίγειος ἡμῶν οἰκία . . . καταλυθῇ

6 εἰδότες ὅτι ἐνδημοῦντες ἐν τ. σώματι

11 εἰδότες οὖν τ. φόβον τ. Κυρίου

16 ὥστε ἡμεῖς ἀπὸ τοῦ νῦν οὐδένα οἴδαμεν κατὰ σάρκα

9 2 οἶδα γὰρ τ. προθυμίαν ὑμῶν

11 11 ὁ Θεὸς οἶδεν

31 ὁ Θεὸς κ. πατὴρ τ. Κυρίου Ἰησοῦ οἶδεν

12 2 οἶδα ἄνθρωπον ἐν Χριστῷ πρὸ ἐτῶν δεκατεσσάρων·

εἴτε ἐν σώματι οὐκ οἶδα·

εἴτε ἐκτὸς τ. σώματος οὐκ οἶδα·

ὁ Θεὸς οἶδεν

3 κ. οἶδα τ. τοιοῦτον ἄνθρωπον·

εἴτε ἐν σώματι εἴτε χωρὶς τ. σώματος οὐκ οἶδα·

[οὐκ οἶδα], WH

ὁ Θεὸς οἶδεν

Ga 2 16 εἰδότες δὲ ὅτι οὐ δικαιοῦται ἄνθρωπος

4 8 [4] τότε μὲν οὐκ εἰδότες Θεόν

13 οἴδατε δὲ ὅτι δι' ἀσθένειαν τ. σαρκὸς εὐηγγελισάμην ὑμῖν

Eph 1 18 [1] εἰς τὸ εἰδέναι ὑμᾶς τίς ἐστιν ἡ ἐλπίς

5 5 τοῦτο γὰρ ἴστε γινώσκοντες

6 8 εἰδότες ὅτι ἕκαστος ἐάν τι ποιήσῃ ἀγαθόν

9 εἰδότες ὅτι κ. αὐτῶν κ. ὑμῶν ὁ Κύριος

21 ἵνα δὲ εἰδῆτε κ. ὑμεῖς τὰ κατ' ἐμέ

κ. ὑμ. εἰδ., TWH mg.

Phl 1 16 εἰδότες ὅτι εἰς ἀπολογίαν τ. εὐαγγελίου κεῖμαι

19 οἶδα γὰρ ὅτι τοῦτό μοι ἀποβήσεται

25 κ. τοῦτο πεποιθὼς οἶδα ὅτι μενῶ

4 12 [2] οἶδα κ. ταπεινοῦσθαι,

[2] οἶδα κ. περισσεύειν

15 οἴδατε δὲ κ. ὑμεῖς Φιλιππήσιοι

Col 2 1 [1] θέλω γὰρ ὑμᾶς εἰδέναι ἡλίκον ἀγῶνα ἔχω

3 24 εἰδότες ὅτι ἀπὸ Κυρίου ἀπολήμψεσθε τ. ἀνταπόδοσιν

4 1 εἰδότες ὅτι κ. ὑμεῖς ἔχετε κύριον ἐν οὐρανῷ

6 [1] εἰδέναι πῶς δεῖ ὑμᾶς ἑνὶ ἑκάστῳ ἀποκρίνεσθαι

I Th 1 4 εἰδότες . . . τ. ἐκλογὴν ὑμῶν

5 [1] καθὼς οἴδατε οἷοι ἐγενήθημεν ὑμῖν

2 1 αὐτοὶ γὰρ οἴδατε ἀδελφοὶ τὴν εἴσοδον ἡμῶν

2 ὑβρισθέντες καθὼς οἴδατε ἐν Φιλίπποις

5 οὔτε . . . ἐν λόγῳ κολακίας ἐγενήθημεν καθὼς οἴδατε

I Th 2 11 ὡς ὁσίως . . . ἐγενήθημεν καθάπερ οἴδατε

3 3 αὐτοὶ γὰρ οἴδατε ὅτι εἰς τοῦτο κείμεθα

4 καθὼς κ. ἐγένετο κ. οἴδατε

4 2 [1] οἴδατε γὰρ τίνας παραγγελίας ἐδώκαμεν ὑμῖν

4 [2] εἰδέναι ἕκαστον ὑμῶν τὸ ἑαυτοῦ σκεῦος κτᾶσθαι

5 [4] καθάπερ κ. τ. ἔθνη τὰ μὴ εἰδότα τ. Θεόν

5 2 αὐτοὶ γὰρ ἀκριβῶς οἴδατε

12 εἰδέναι τ. κοπιῶντας ἐν ὑμῖν

II Th 1 8 [4] διδόντος ἐκδίκησιν τ. μὴ εἰδόσιν Θεόν

2 6 κ. νῦν τὸ κατέχον οἴδατε

3 7 [1] αὐτοὶ γὰρ οἴδατε πῶς δεῖ μιμεῖσθαι ἡμᾶς

I Ti 1 8 οἴδαμεν δὲ ὅτι καλὸς ὁ νόμος

9 εἰδὼς τοῦτο ὅτι δικαίῳ νόμος οὐ κεῖται

3 5 [2] εἰ δέ τις τ. ἰδίου οἴκου προστῆναι οὐκ οἶδεν

15 [1] ἵνα εἰδῇς πῶς δεῖ ἐν οἴκῳ Θεοῦ ἀναστρέφεσθαι

II Ti 1 12 οἶδα γὰρ ᾧ πεπίστευκα

15 οἶδας τοῦτο ὅτι ἀπεστράφησάν με

2 23 εἰδὼς ὅτι γεννῶσιν μάχας

3 14 [1] εἰδὼς παρὰ τίνων ἔμαθες,

15 κ. ὅτι ἀπὸ βρέφους ἱερὰ γράμματα οἶδας

Tit 1 16 [4] Θεὸν ὁμολογοῦσιν εἰδέναι

3 11 εἰδὼς ὅτι ἐξέστραπται ὁ τοιοῦτος

Phm 21 εἰδὼς ὅτι κ. ὑπὲρ ἃ λέγω ποιήσεις

He 8 11 [5] ὅτι πάντες εἰδήσουσίν με

כִּי כוּלָּם יֵדְעוּ אוֹתִי, Jer. xxxi. 34

10 30 οἴδαμεν γὰρ τ. εἰπόντα

12 17 ἴστε γὰρ ὅτι κ. μετέπειτα θέλων κληρονομῆσαι

Ja 1 19 ἴστε ἀδελφοί μου ἀγαπητοί

3 1 εἰδότες ὅτι μεῖζον κρίμα λημψόμεθα

4 4 [3] οὐκ οἴδατε ὅτι ἡ φιλία τ. κόσμου ἔχθρα

17 [2] εἰδότι οὖν καλὸν ποιεῖν κ. μὴ ποιοῦντι

I Pe 1 18 εἰδότες ὅτι οὐ φθαρτοῖς . . . ἐλυτρώθητε

5 9 [2] εἰδότες τὰ αὐτὰ τ. παθημάτων . . . ἐπιτελεῖσθαι

II Pe 1 12 ἀεὶ ὑμᾶς ὑπομιμνήσκειν περὶ τούτων καίπερ εἰδότας

14 εἰδὼς ὅτι ταχινή ἐστιν ἡ ἀπόθεσις

2 9 [2] οἶδεν Κύριος εὐσεβεῖς ἐκ πειρασμοῦ ῥύεσθαι

I Jo 2 11 [1] κ. οὐκ οἶδεν ποῦ ὑπάγει

20 χρίσμα ἔχετε ἀπὸ τ. ἁγίου κ. οἴδατε πάντα

ἀπὸ τ. ἁγ. οἴδ. πάντες, WH non mg.

21 οὐκ ἔγραψα ὑμῖν ὅτι οὐκ οἴδατε τ. ἀλήθειαν,

ἀλλ' ὅτι οἴδατε αὐτήν

29 ἐὰν εἰδῆτε ὅτι δίκαιός ἐστιν

3 2 οἴδαμεν ὅτι ἐὰν φανερωθῇ

5 οἴδατε ὅτι ἐκεῖνος ἐφανερώθη

14 ἡμεῖς οἴδαμεν ὅτι μεταβεβήκαμεν ἐκ τ. θανάτου

15 οἴδατε ὅτι πᾶς ἀνθρωποκτόνος οὐκ ἔχει

5 13 ἵνα εἰδῆτε ὅτι ζωὴν ἔχετε αἰώνιον

15 ἐὰν οἴδαμεν ὅτι ἀκούει ἡμῶν,

ὃ ἐὰν αἰτώμεθα οἴδαμεν ὅτι ἔχομεν τ. αἰτήματα

18 οἴδαμεν ὅτι πᾶς ὁ γεγεννημένος ἐκ τ. Θεοῦ οὐχ ἁμαρτάνει

19 οἴδαμεν ὅτι ἐκ τ. Θεοῦ ἐσμέν

20 οἴδαμεν δὲ ὅτι ὁ υἱὸς τ. Θεοῦ ἥκει

III Jo 12 οἶδας ὅτι ἡ μαρτυρία ἡμῶν ἀληθής ἐστιν
Ju 5 εἰδότας ἅπαξ πάντα
10 οὗτοι δὲ ὅσα μὲν οὐκ οἴδασιν βλασφημοῦσιν
Re 2 2 οἶδα τὰ ἔργα σου κ. τ. κόπον
9 οἶδά σου τ. θλῖψιν κ. τ. πτωχείαν
13 [1] οἶδα ποῦ κατοικεῖς
17 ὃ οὐδεὶς οἶδεν εἰ μὴ ὁ λαμβάνων
19 οἶδά σου τὰ ἔργα κ. τ. ἀγάπην
3 1 οἶδά σου τὰ ἔργα
8 οἶδά σου τὰ ἔργα
15 οἶδά σου τὰ ἔργα
17 οὐκ οἶδας ὅτι σὺ εἶ ὁ ταλαίπωρος
7 14 Κύριέ μου σὺ οἶδας
12 12 εἰδὼς ὅτι ὀλίγον καιρὸν ἔχει
19 12 ὃ οὐδεὶς οἶδεν εἰ μὴ αὐτός

ἘΙ͂ΔΟΣ 1491

Lu 3 22 καταβῆναι τὸ πνεῦμα τὸ ἅγιον σωματικῷ εἴδει ὡς περιστεράν
9 29 ἐγένετο . . . τὸ εἶδος τ. προσώπου αὐτοῦ ἕτερον
Jo 5 37 οὔτε εἶδος αὐτοῦ ἑωράκατε
II Co 5 7 διὰ πίστεως γὰρ περιπατοῦμεν οὐ διὰ εἴδους
I Th 5 22 ἀπὸ παντὸς εἴδους πονηροῦ ἀπέχεσθε

ἘΙΔΩ΄ΛΙΟΝ † 1493

I Co 8 10 τ. ἔχοντα γνῶσιν ἐν εἰδωλίῳ κατακείμενον

ἘΙΔΩΛΟ΄ΘΥΤΟΣ ** † 1494 cf. 2410.5

Ac 15 29 ἀπέχεσθαι εἰδωλοθύτων κ. αἵματος
21 25 φυλάσσεσθαι αὐτοὺς τό τε εἰδωλόθυτον κ. αἷμα
I Co 8 1 περὶ δὲ τ. εἰδωλοθύτων οἴδαμεν
4 περὶ τ. βρώσεως οὖν τ. εἰδωλοθύτων οἴδαμεν
7 τινὲς δὲ . . . ὡς εἰδωλόθυτον ἐσθίουσιν
10 οἰκοδομηθήσεται εἰς τὸ τὰ εἰδωλόθυτα ἐσθίειν
10 19 τί οὖν φημί; ὅτι εἰδωλόθυτον τί ἐστιν;
Re 2 14 φαγεῖν εἰδωλόθυτα κ. πορνεῦσαι
20 πορνεῦσαι κ. φαγεῖν εἰδωλόθυτα

ἘΙΔΩΛΟΛΑΤΡΙ΄Α * † 1495

εἰδωλολατρεία, T

I Co 10 14 φεύγετε ἀπὸ τ. εἰδωλολατρίας
Ga 5 20 ἀσελγεία εἰδωλολατρία φαρμακία
Col 3 5 κ. τ. πλεονεξίαν ἥτις ἐστὶν εἰδωλολατρία
I Pe 4 3 πεπορευομένους ἐν ἀσελγείαις . . . κ. ἀθεμίτοις εἰδωλολατρίαις

ἘΙΔΩΛΟΛΑ΄ΤΡΗΣ * † 1496

I Co 5 10 κ. ἅρπαξιν ἢ εἰδωλολάτραις
11 ἐάν τις ἀδελφὸς ὀνομαζόμενος ᾖ . . . πλεονέκτης ἢ εἰδωλολάτρης
6 9 οὔτε πόρνοι οὔτε εἰδωλολάτραι οὔτε μοιχοί
10 7 μηδὲ εἰδωλολάτραι γίνεσθε
Eph 5 5 πλεονέκτης ὅ ἐστιν εἰδωλολάτρης
Re 21 8 τ. δὲ δειλοῖς . . . κ. φαρμακοῖς κ. εἰδωλολάτραις
22 15 ἔξω οἱ κύνες . . . κ. οἱ φονεῖς κ. οἱ εἰδωλολάτραι

ἘΙ΄ΔΩΛΟΝ 1497

Ac 7 41 ἀνήγαγον θυσίαν τ. εἰδώλῳ
15 20 τοῦ ἀπέχεσθαι ἀπὸ τ. ἀλισγημάτων τ. εἰδώλων
Ro 2 22 ὁ βδελυσσόμενος τὰ εἴδωλα ἱεροσυλεῖς;
I Co 8 4 οἴδαμεν ὅτι οὐδὲν εἴδωλον ἐν κόσμῳ
7 τινὲς δὲ τ. συνηθείᾳ ἕως ἄρτι τ. εἰδώλου
10 19 ἢ ὅτι εἴδωλον τί ἐστιν;
12 2 πρὸς τ. εἴδωλα τ. ἄφωνα . . . ἀπαγόμενοι
II Co 6 16 τίς δὲ συνκατάθεσις ναῷ Θεοῦ μετὰ εἰδώλων;
I Th 1 9 πῶς ἐπεστρέψατε πρὸς τ. Θεὸν ἀπὸ τ. εἰδώλων
I Jo 5 21 τεκνία φυλάξατε ἑαυτὰ ἀπὸ τ. εἰδώλων
Re 9 20 ἵνα μὴ προσκυνήσουσιν τ. δαιμόνια κ. τ. εἴδωλα τ. χρυσᾶ

ἘΙΚΗ͂ 1500

εἰκῆ, T

Mt 5 22 πᾶς ὁ ὀργιζόμενος τ. ἀδελφῷ αὐτοῦ εἰκῇ —εἰκῇ, TWHR non mg.
Ro 13 4 οὐ γὰρ εἰκῇ τ. μάχαιραν φορεῖ
I Co 15 2 ἐκτὸς εἰ μὴ εἰκῇ ἐπιστεύσατε
Ga 3 4 τοσαῦτα ἐπάθετε εἰκῇ; εἴγε κ. εἰκῇ
4 11 μή πως εἰκῇ κεκοπίακα εἰς ὑμᾶς
Col 2 18 εἰκῇ φυσιούμενος ὑπὸ τ. νοὸς τ. σαρκὸς αὐτοῦ

ἘΙ΄ΚΟΣΙ 1501

Lu 14 31 ὑπαντῆσαι τῷ μετὰ εἴκ. χιλιάδων ἐρχομένῳ ἐπ' αὐτόν
Jo 6 19 ἐληλακότες οὖν ὡς σταδίους εἴκ. πέντε ἢ τριάκοντα
Ac 1 15 ἦν τε ὄχλος ὀνομάτων ἐπὶ τὸ αὐτὸ ὡς ἑκατὸν εἴκοσι
27 28 βολίσαντες εὗρον ὀργυιὰς εἴκοσι
I Co 10 8 ἔπεσαν μιᾷ ἡμέρᾳ εἴκοσι τρεῖς χιλιάδες εἰκοσιτρεῖς, T
Re 4 4 κυκλόθεν τ. θρόνου θρόνοι εἴκοσι τέσσαρες· κ. ἐπὶ τ. θρόνους εἴκοσι τέσσαρας πρεσβυτέρους
10 πεσοῦνται οἱ εἴκ. τέσσαρες πρεσβύτεροι ἐνώπιον τ. καθημένου
5 8 οἱ εἴκ. τέσσαρες πρεσβύτεροι ἔπεσαν ἐνώπιον τ. ἀρνίου
11 16 οἱ εἴκ. τέσσαρες πρεσβύτεροι οἱ ἐνώπιον τ. Θεοῦ καθήμενοι
19 4 ἔπεσαν οἱ πρεσβύτεροι οἱ εἴκοσι τέσσαρες

ἘΙ΄ΚΩ 1502

Ga 2 5 οἷς οὐδὲ πρὸς ὥραν εἴξαμεν τ. ὑποταγῇ

ἘΙΚΩ΄Ν 1504

Mt 22 20 τίνος ἡ εἰκὼν αὕτη κ. ἡ ἐπιγραφή;
Mk 12 16 τίνος ἡ εἰκὼν αὕτη κ. ἡ ἐπιγραφή;
Lu 20 24 τίνος ἔχει εἰκόνα κ. ἐπιγραφήν;
Ro 1 23 ἐν ὁμοιώματι εἰκόνος φθαρτοῦ ἀνθρώπου
8 29 κ. προώρισεν συμμόρφους τ. εἰκόνος τ. υἱοῦ αὐτοῦ
I Co 11 7 εἰκὼν κ. δόξα Θεοῦ ὑπάρχων
15 49 καθὼς ἐφορέσαμεν τ. εἰκόνα τ. χοϊκοῦ, φορέσωμεν κ. τ. εἰκόνα τ. ἐπουρανίου

II Co 3 18 τ. αὐτὴν εἰκόνα μεταμορφούμεθα ἀπὸ δόξης εἰς δόξαν
4 4 ὅς ἐστιν εἰκὼν τ. Θεοῦ
Col 1 15 ὅς ἐστιν εἰκὼν τ. Θεοῦ τ. ἀοράτου
3 10 τ. νέον τ. ἀνακαινούμενον . . . κατ᾽ εἰκόνα τ. κτίσαντος αὐτόν
He 10 1 οὐκ αὐτὴν τ. εἰκόνα τ. πραγμάτων
Re 13 14 ποιῆσαι εἰκόνα τ. θηρίῳ
15 ἐδόθη αὐτῇ δοῦναι πνεῦμα τ. εἰκόνι τ. θηρίου,
ἵνα κ. λαλήσῃ ἡ εἰκὼν τ. θηρίου,
κ. ποιήσῃ ἵνα ὅσοι ἐὰν μὴ προσκυνήσωσιν τ. εἰκόνι τ. θηρίου
τὴν εἰκόνα, WH marg.
14 9 εἴ τις προσκυνεῖ τὸ θηρίον κ. τ. εἰκόνα αὐτοῦ
11 οἱ προσκυνοῦντες τὸ θηρίον κ. τ. εἰκόνα αὐτοῦ
15 2 εἶδον . . . τ. νικῶντας ἐκ τ. θηρίου κ. ἐκ τ. εἰκόνος αὐτοῦ
16 2 ἐπὶ τ. ἀνθρώπους . . . τ. προσκυνοῦντας τ. εἰκόνι αὐτοῦ
19 20 ἐν οἷς ἐπλάνησεν . . . τ. προσκυνοῦντας τ. εἰκόνι αὐτοῦ
20 4 οἵτινες οὐ προσεκύνησαν τ. θηρίον οὐδὲ τ. εἰκόνα αὐτοῦ

ʼΕΙΛΙΚΡΙΝΗ΄Σ** 1506

Phl 1 10 ἵνα ἦτε εἰλικρινεῖς κ. ἀπρόσκοποι
II Pe 3 1 διεγείρω ὑμῶν ἐν ὑπομνήσει τ. εἰλικρινῆ διάνοιαν

ʼΕΙΛΙΚΡΙΝΙ΄Α** 1505

I Co 5 8 ἀλλ᾽ ἐν ἀζύμοις εἰλικρινίας κ. ἀληθείας
II Co 1 12 ἐν ἁγιότητι κ. εἰλικρινίᾳ τ. Θεοῦ
2 17 ἀλλ᾽ ὡς ἐξ εἰλικρινίας . . . ἐν Χριστῷ λαλοῦμεν

ʽΕΙΛΙ΄ΣΣΩ *Vide* ʽΕΛΙ΄ΣΣΩ, 1667

ʼΕΙΜΙ΄ 1510 cf. 1511.5

(1) ἐγώ εἰμι **(2)** οὐδέν, οὐθέν εἰμι **(3)** εἰμὶ ὅ εἰμι **(4)** seq. gen. **(5)** εἰμ. ἐκ

Mt 3 11 οὗ οὐκ εἰμὶ ἱκανὸς τὰ ὑποδήματα βαστάσαι
8 8 οὐκ εἰμὶ ἱκανὸς ἵνα μου ὑπὸ τ. στέγην εἰσέλθῃς
9 κ. γὰρ ἐγὼ ἄνθρωπός εἰμι ὑπὸ ἐξουσίαν τασσόμενος
11 29 ὅτι πραΰς εἰμι κ. ταπεινὸς τ. καρδίᾳ
14 27 [1] ἐγώ εἰμι μὴ φοβεῖσθε
18 20 ἐκεῖ εἰμὶ ἐν μέσῳ αὐτῶν
20 15 ὅτι ἐγὼ ἀγαθός εἰμι
22 32 [1] ἐγώ εἰμι ὁ Θεὸς Ἀβραὰμ κ. ὁ Θεὸς Ἰσαὰκ κ. ὁ Θεὸς Ἰακώβ
אָנֹכִי . . . אֱלֹהֵי אַבְרָהָם אֱלֹהֵי יִצְחָק וֵאלֹהֵי יַעֲקֹב, Ex. iii. 6
24 5 [1] λέγοντες Ἐγώ εἰμι ὁ **Χριστός**
26 22 [1] μήτι ἐγώ εἰμι Κύριε
25 [1] μήτι ἐγώ εἰμι ῥαββεί
27 24 ἀθῷός εἰμι ἀπὸ τ. αἵματος τούτου
43 εἶπεν γὰρ ὅτι Θεοῦ εἰμὶ υἱός
28 20 ἐγὼ μεθ᾽ ὑμῶν εἰμὶ πάσας τ. ἡμέρας
Mk 1 7 οὗ οὐκ εἰμὶ ἱκανὸς κύψας λῦσαι τ. ἱμάντα
Mk 6 50 [1] ἐγώ εἰμι μὴ φοβεῖσθε
13 6 [1] λέγοντες ὅτι Ἐγώ εἰμι
14 62 [1] ὁ δὲ Ἰησοῦς εἶπεν Ἐγώ εἰμι
Lu 1 18 [1] ἐγὼ γάρ εἰμι πρεσβύτης
19 [1] ἐγώ εἰμι Γαβριὴλ ὁ παρεστηκὼς ἐνώπιον τ. Θεοῦ
3 16 οὗ οὐκ εἰμὶ ἱκανὸς λῦσαι τ. ἱμάντα
5 8 ἔξελθε ἀπ᾽ ἐμοῦ ὅτι ἀνὴρ ἁμαρτωλός εἰμι
7 6 οὐ γὰρ ἱκανός εἰμι ἵνα ὑπὸ τ. στέγην μου εἰσέλθῃς
8 κ. γὰρ ἐγὼ ἄνθρωπός εἰμι ὑπὸ ἐξουσίαν τασσόμενος
15 19 οὐκέτι εἰμὶ ἄξιος κληθῆναι υἱός σου
21 οὐκέτι εἰμὶ ἄξιος κληθῆναι υἱός σου
18 11 ὅτι οὐκ εἰμὶ ὥσπερ οἱ λοιποὶ τ. ἀνθρώπων
19 22 ᾔδεις ὅτι ἐγὼ ἄνθρωπος αὐστηρός εἰμι
21 8 [1] λέγοντες Ἐγώ εἰμι
22 27 ἐγὼ δὲ ἐν μέσῳ ὑμῶν εἰμὶ ὡς ὁ διακονῶν
33 μετὰ σοῦ ἕτοιμός εἰμι κ. εἰς φυλακὴν . . πορεύεσθαι
58 ὁ δὲ Πέτρος ἔφη Ἄνθρωπε οὐκ εἰμί
22 70 [1] ὑμεῖς λέγετε ὅτι ἐγώ εἰμι
24 39 [1] ὅτι ἐγώ εἰμι αὐτός
Jo 1 20 ὡμολογήσατο ὅτι Ἐγὼ οὐκ εἰμὶ ὁ Χριστός
21 κ. λέγει Οὐκ εἰμί
27 οὗ οὐκ εἰμὶ ἐγὼ ἄξιος ἵνα λύσω αὐτοῦ τ. ἱμάντα
3 28 οὐκ εἰμὶ ἐγὼ ὁ Χριστός,
ἀλλ᾽ ὅτι ἀπεσταλμένος εἰμὶ ἔμπροσθεν ἐκείνου
4 26 [1] ἐγώ εἰμι ὁ λαλῶν σοι
6 20 [1] ἐγώ εἰμι μὴ φοβεῖσθε
35 [1] ἐγώ εἰμι ὁ ἄρτος τ. ζωῆς
41 [1] ἐγώ εἰμι ὁ ἄρτος ὁ καταβὰς ἐκ τ. οὐρανοῦ
48 [1] ἐγώ εἰμι ὁ ἄρτος τ. ζωῆς
51 [1] ἐγώ εἰμι ὁ ἄρτος ὁ ζῶν
7 28 κἀμὲ οἴδατε κ. οἴδατε πόθεν εἰμί
29 ἐγὼ οἶδα αὐτὸν ὅτι παρ᾽ αὐτοῦ εἰμί
33 ἔτι χρόνον μικρὸν μεθ᾽ ὑμῶν εἰμι
34 ὅπου εἰμὶ ἐγὼ ὑμεῖς οὐ δύνασθε ἐλθεῖν
36 ὅπου εἰμὶ ἐγὼ ὑμεῖς οὐ δύνασθε ἐλθεῖν
8 12 [1] ἐγώ εἰμι τὸ φῶς τ. κόσμου
16 ὅτι μόνος οὐκ εἰμί
18 [1] ἐγώ εἰμι ὁ μαρτυρῶν περὶ ἐμαυτοῦ
23 [5] ὑμεῖς ἐκ τῶν κάτω ἐστὲ ἐγὼ ἐκ τῶν ἄνω εἰμί·
[5] ὑμεῖς ἐκ τούτου τ. κόσμου ἐστὲ ἐγὼ οὐκ εἰμὶ ἐκ τ. κόσμου τούτου
24 [1] ἐὰν γὰρ μὴ πιστεύσητε ὅτι ἐγώ εἰμι
ἐγώ εἰμί, WH mg.
28 [1] τότε γνώσεσθε ὅτι ἐγώ εἰμι
ἐγώ εἰμί, WH mg.
58 [1] πρὶν Ἀβραὰμ γενέσθαι ἐγὼ εἰμί
9 5 ὅταν ἐν τ. κόσμῳ ὦ φῶς εἰμι τ. κόσμου
9 [1] ἐκεῖνος ἔλεγεν ὅτι Ἐγώ εἰμι
10 7 [1] ἐγώ εἰμι ἡ θύρα τ. προβάτων
9 [1] ἐγώ εἰμι ἡ θύρα
11 [1] ἐγώ εἰμι ὁ ποιμὴν ὁ καλός
14 [1] ἐγώ εἰμι ὁ ποιμὴν ὁ καλός
36 ὅτι εἶπον Υἱὸς τ. Θεοῦ εἰμί
11 25 [1] ἐγώ εἰμι ἡ ἀνάστασις κ. ἡ ζωή
12 26 ὅπου εἰμὶ ἐγὼ ἐκεῖ κ. ὁ διάκονος ὁ ἐμὸς ἔσται
13 13 κ. καλῶς λέγετε εἰμὶ γάρ
19 [1] ἵνα πιστεύητε ὅταν γένηται ὅτι ἐγώ εἰμι
ἐγώ εἰμί, WH mg.

Jo 13 33 τεκνία ἔτι μικρὸν μεθ' ὑμῶν εἰμί
14 3 ἵνα ὅπου εἰμὶ ἐγὼ κ. ὑμεῖς ἦτε
6 [1] ἐγώ εἰμι ἡ ὁδὸς κ. ἡ ἀλήθεια κ. ἡ ζωή
9 τοσοῦτον χρόνον μεθ' ὑμῶν εἰμί
15 1 [1] ἐγώ εἰμι ἡ ἄμπελος ἡ ἀληθινή
5 [1] ἐγώ εἰμι ἡ ἄμπελος ὑμεῖς τὰ κλήματα
16 32 κ. οὐκ εἰμὶ μόνος
17 11 οὐκέτι εἰμὶ ἐν τ. κόσμῳ
14 [5] καθὼς ἐγὼ οὐκ εἰμὶ ἐκ τ. κόσμου
16 [5] καθὼς ἐγὼ οὐκ εἰμὶ ἐκ τ. κόσμου
24 θέλω ἵνα ὅπου εἰμὶ ἐγὼ κἀκεῖνοι ὦσιν
18 5 [1] λέγει αὐτοῖς Ἐγώ εἰμι
6 [1] ὡς οὖν εἶπεν αὐτοῖς Ἐγώ εἰμι
8 [1] εἶπον ὑμῖν ὅτι ἐγώ εἰμι
17 λέγει ἐκεῖνος Οὐκ εἰμί
25 ἠρνήσατο ἐκεῖνος κ. εἶπεν Οὐκ εἰμί
35 μήτι ἐγὼ Ἰουδαῖός εἰμι;
37 σὺ λέγεις ὅτι βασιλεύς εἰμι
εἰμι ;, WH mg.
19 21 ὅτι ἐκεῖνος εἶπεν Βασιλεὺς τ. Ἰουδαίων εἰμί
Ac 9 5 [1] ἐγώ εἰμι Ἰησοῦς ὃν σὺ διώκεις
10 21 [1] ἰδοὺ ἐγώ εἰμι ὃν ζητεῖτε
26 κ. ἐγὼ αὐτὸς ἄνθρωπός εἰμι
13 25 [1] οὐκ εἰμὶ ἐγώ ἀλλ' ἰδοὺ ἔρχεται μετ' ἐμὲ οὗ οὐκ εἰμὶ ἄξιος τὸ ὑπόδημα τ. ποδῶν λῦσαι
18 10 [1] διότι ἐγώ εἰμι μετὰ σοῦ
20 26 ὅτι καθαρός εἰμι ἀπὸ τ. αἵματος πάντων
21 39 ἐγὼ ἄνθρωπος μέν εἰμι Ἰουδαῖος Ταρσεύς
22 3 [1] ἐγώ εἰμι ἀνὴρ Ἰουδαῖος
8 [1] ἐγώ εἰμι Ἰησοῦς ὁ Ναζωραῖος ὃν σὺ διώκεις
23 6 ἐγὼ Φαρισαῖός εἰμι υἱὸς Φαρισαίων
25 10 ἑστὼς ἐπὶ τ. βήματος Καίσαρός εἰμι
26 15 [1] ἐγώ εἰμι Ἰησοῦς ὃν σὺ διώκεις
29 [1] γενέσθαι τοιούτους ὁποῖος κ. ἐγώ εἰμι
27 23 [4] παρέστη γάρ μοι . . . τ. Θεοῦ οὗ εἰμι . . . ἄγγελος
Ro 1 14 σοφοῖς τε κ. ἀνοήτοις ὀφειλέτης εἰμί
7 14 ἐγὼ δὲ σάρκινός εἰμι
11 1 κ. γὰρ ἐγὼ Ἰσραηλείτης εἰμί
13 ἐφ' ὅσον μὲν οὖν εἰμι ἐγὼ ἐθνῶν ἀπόστολος
I Co 1 12 [4] ἐγὼ μέν εἰμι Παύλου
3 4 [4] ἐγὼ μέν εἰμι Παύλου
9 1 οὐκ εἰμὶ ἐλεύθερος; οὐκ εἰμὶ ἀπόστολος;
2 εἰ ἄλλοις οὐκ εἰμὶ ἀπόστολος ἀλλά γε ὑμῖν εἰμι
12 15 ἐὰν εἴπῃ ὁ πούς Ὅτι οὐκ εἰμὶ χείρ, [5] οὐκ εἰμὶ ἐκ τ. σώματος
16 κ. ἐὰν εἴπῃ τὸ οὖς Ὅτι οὐκ εἰμὶ ὀφθαλμός, [5] οὐκ εἰμὶ ἐκ τ. σώματος
13 2 [3] ἀγάπην δὲ μὴ ἔχω οὐδέν εἰμι
15 9 ἐγὼ γάρ εἰμι ὁ ἐλάχιστος τ. ἀποστόλων, ὃς οὐκ εἰμὶ ἱκανὸς καλεῖσθαι ἀπόστολος
10 [3] χάριτι δὲ Θεοῦ εἰμὶ ὅ εἰμι
II Co 12 10 ὅταν γὰρ ἀσθενῶ τότε δυνατός εἰμι
11 [2] οὐδὲν γὰρ ὑστέρησα . . . εἰ κ. οὐδέν εἰμι
Phl 4 11 ἐγὼ γὰρ ἔμαθον ἐν οἷς εἰμὶ αὐτάρκης εἶναι
Col 2 5 τ. πνεύματι σὺν ὑμῖν εἰμί
I Ti 1 15 ἁμαρτωλοὺς σῶσαι ὧν πρῶτός εἰμι ἐγώ
He 12 21 ἔκφοβός εἰμι κ. ἔντρομος
יָגֹרְתִּי מִפְּנֵי הָאַף וְהַחֵמָה, Dt. ix. 19
II Pe 1 13 ἐφ' ὅσον εἰμὶ ἐν τούτῳ τ. σκηνώματι
Re 1 8 [1] ἐγώ εἰμι τὸ Ἄλφα κ. τὸ Ὦ
17 [1] ἐγώ εἰμι ὁ πρῶτος κ. ὁ ἔσχατος
18 ἰδοὺ ζῶν εἰμι εἰς τ. αἰῶνας τ. αἰώνων

Re 2 23 [1] ἐγώ εἰμι ὁ ἐραυνῶν νεφροὺς κ. καρδίας
3 17 ὅτι λέγεις ὅτι πλούσιός εἰμι κ. πεπλούτηκα
18 7 κάθημαι βασίλισσα κ. χήρα οὐκ εἰμί
19 10 σύνδουλός σού εἰμι κ. τ. ἀδελφῶν σου
22 9 σύνδουλός σού εἰμι κ. τ. ἀδελφῶν σου
16 [1] ἐγώ εἰμι ἡ ῥίζα κ. τὸ γένος Δαυείδ

ἘΙ 1510.1

(1) συ, σὲ τίς εἶ (2) εἶ ἐκ

Mt 2 6 οὐδαμῶς ἐλαχίστη εἶ ἐν τ. ἡγεμόσιν Ἰούδα
צָעִיר לִהְיוֹת בְּאַלְפֵי יְהוּדָה, Mic. v. 1
4 3 εἰ υἱὸς εἶ τ. Θεοῦ
6 εἰ υἱὸς εἶ τ. Θεοῦ
5 25 ἕως ὅτου εἶ μετ' αὐτοῦ ἐν τῇ ὁδῷ
11 3 σὺ εἶ ὁ ἐρχόμενος ἢ ἕτερον προσδοκῶμεν;
14 28 εἰ σὺ εἶ κέλευσόν με ἐλθεῖν πρός σε
33 ἀληθῶς Θεοῦ υἱὸς εἶ
16 16 σὺ εἶ ὁ Χριστὸς ὁ υἱὸς τ. Θεοῦ τ. ζῶντος
17 μακάριος εἶ Σίμων Βαριωνᾶ
18 κἀγὼ δέ σοι λέγω ὅτι σὺ εἶ Πέτρος
23 σκάνδαλον εἶ ἐμοῦ
22 16 οἴδαμεν ὅτι ἀληθὴς εἶ
25 24 ἔγνων σε ὅτι σκληρὸς εἶ ἄνθρωπος
26 63 εἰ σὺ εἶ ὁ Χριστὸς ὁ υἱὸς τ. Θεοῦ
73 [2] ἀληθῶς κ. σὺ ἐξ αὐτῶν εἶ
27 11 σὺ εἶ ὁ βασιλεὺς τ. Ἰουδαίων;
40 εἰ υἱὸς εἶ τ. Θεοῦ κατάβηθι ἀπὸ τ. σταυροῦ
εἰ υἱὸς Θεοῦ εἶ, WH mg.
Mk 1 11 σὺ εἶ ὁ υἱός μου ὁ ἀγαπητός
24 [1] οἶδά σε τίς εἶ ὁ ἅγιος τ. Θεοῦ
3 11 σὺ εἶ ὁ υἱὸς τ. Θεοῦ
8 29 ὁ Πέτρος λέγει αὐτῷ Σὺ εἶ ὁ Χριστός
12 14 οἴδαμεν ὅτι ἀληθὴς εἶ
34 οὐ μακρὰν εἶ ἀπὸ τ. βασιλείας τ. Θεοῦ
[εἶ], WH
14 61 σὺ εἶ ὁ Χριστὸς ὁ υἱὸς τ. εὐλογητοῦ;
70 [2] ἀληθῶς ἐξ αὐτῶν εἶ·
κ. γὰρ Γαλιλαῖος εἶ
15 2 σὺ εἶ ὁ βασιλεὺς τ. Ἰουδαίων;
Lu 3 22 σὺ εἶ ὁ υἱός μου ὁ ἀγαπητός
υἱός μου εἶ σύ, WH mg.
4 3 εἰ υἱὸς εἶ τ. Θεοῦ
9 εἰ υἱὸς εἶ τ. Θεοῦ
34 [1] οἶδά σε τίς εἶ ὁ ἅγιος τ. Θεοῦ
41 λέγοντα ὅτι σὺ εἶ ὁ υἱὸς τ. Θεοῦ
7 19 σὺ εἶ ὁ ἐρχόμενος ἢ ἕτερον προσδοκῶμεν;
20 σὺ εἶ ὁ ἐρχόμενος ἢ ἄλλον προσδοκῶμεν;
15 31 τέκνον σὺ πάντοτε μετ' ἐμοῦ εἶ
19 21 ἐφοβούμην γάρ σε ὅτι ἄνθρωπος αὐστηρὸς εἶ
22 58 [2] κ. σὺ ἐξ αὐτῶν εἶ
67 εἰ σὺ εἶ ὁ Χριστὸς εἰπὸν ἡμῖν
70 σὺ οὖν εἶ ὁ υἱὸς τ. Θεοῦ;
23 3 σὺ εἶ ὁ βασιλεὺς τ. Ἰουδαίων;
37 εἰ σὺ εἶ ὁ βασιλεὺς τ. Ἰουδαίων
39 οὐχὶ σὺ εἶ ὁ Χριστός;
40 ὅτι ἐν τ. αὐτῷ κρίματι εἶ
Jo 1 19 [1] ἵνα ἐρωτήσωσιν αὐτὸν Σὺ τίς εἶ;
21 τί οὖν; σὺ Ἠλείας εἶ;
21 ὁ προφήτης εἶ σύ;
22 εἶπαν οὖν αὐτῷ Τίς εἶ;
25 τί οὖν βαπτίζεις εἰ σὺ οὐκ εἶ ὁ Χριστός
42 σὺ εἶ Σίμων ὁ υἱὸς Ἰωάνου
49 Ῥαββεὶ σὺ εἶ ὁ υἱὸς τ. Θεοῦ,

Jo 1 50 σὺ βασιλεὺς εἶ τοῦ Ἰσραήλ
3 10 σὺ εἶ ὁ διδάσκαλος τ. Ἰσραήλ
4 12 μὴ σὺ μείζων εἶ τ. πατρὸς ἡμῶν Ἰακώβ
19 θεωρῶ ὅτι προφήτης εἶ σύ
6 69 ἐγνώκαμεν ὅτι σὺ εἶ ὁ ἅγιος τ. Θεοῦ
7 52 [2] μὴ κ. σὺ ἐκ τ. Γαλιλαίας εἶ;
8 25 [1] ἔλεγον οὖν αὐτῷ Σὺ τίς εἶ;
48 Σαμαρείτης εἶ σὺ κ. δαιμόνιον ἔχεις
53 μὴ σὺ μείζων εἶ τ. πατρὸς ἡμῶν Ἀβραάμ
9 28 σὺ μαθητὴς εἶ ἐκείνου
10 24 εἰ σὺ εἶ ὁ Χριστὸς εἰπὸν ἡμῖν παρρησίᾳ
11 27 ἐγὼ πεπίστευκα ὅτι σὺ εἶ ὁ Χριστός
18 17 [2] μὴ κ. σὺ ἐκ τ. μαθητῶν εἶ τ. ἀνθρώπου τούτου;
25 [2] μὴ κ. σὺ ἐκ τ. μαθητῶν αὐτοῦ εἶ;
33 σὺ εἶ ὁ βασιλεὺς τ. Ἰουδαίων;
37 οὐκοῦν βασιλεὺς εἶ σύ;
19 9 λέγει τῷ Ἰησοῦ Πόθεν εἶ σύ;
12 ἐὰν τοῦτον ἀπολύσῃς οὐκ εἶ φίλος τ. Καίσαρος
21 12 [1] ἐξετάσαι αὐτὸν Σὺ τίς εἶ;
Ac 9 5 εἶπεν δέ Τίς εἶ Κύριε;
13 33 υἱός μου εἶ σύ

בְּנִי אַתָּה, Ps. ii. 7

21 38 οὐκ ἄρα σὺ εἶ ὁ Αἰγύπτιος
22 8 ἐγὼ δὲ ἀπεκρίθην Τίς εἶ Κύριε;
27 λέγε μοι σὺ Ῥωμαῖος εἶ;
26 15 ἐγὼ δὲ εἶπα Τίς εἶ Κύριε
Ro 2 1 διὸ ἀναπολόγητος εἶ ὦ ἄνθρωπε
9 20 [1] μενοῦνγε σὺ τίς εἶ ὁ ἀνταποκρινόμενος τ. Θεῷ;
14 4 [1] σὺ τίς εἶ ὁ κρίνων ἀλλότριον οἰκέτην;
Ga 4 7 ὥστε οὐκέτι εἶ δοῦλος ἀλλὰ υἱός
He 1 5 υἱός μου εἶ σύ, Ps. *l.c.*
12 σὺ δὲ ὁ αὐτὸς εἶ

וְאַתָּה הוּא, Ps. cii. 28

5 5 υἱός μου εἶ σύ, Ps. ii. 7
Ja 4 11 εἰ δὲ νόμον κρίνεις οὐκ εἶ ποιητὴς νόμου
12 [1] σὺ δὲ τίς εἶ ὁ κρίνων τὸν πλησίον;
Re 2 9 ἀλλὰ πλούσιος εἶ
3 1 ὄνομα ἔχεις ὅτι ζῇς κ. νεκρὸς εἶ
15 ὅτι οὔτε ψυχρὸς εἶ οὔτε ζεστός
16 οὕτως ὅτι χλιαρὸς εἶ κ. οὔτε ζεστὸς οὔτε ψυχρός
17 οὐκ οἶδας ὅτι σὺ εἶ ὁ ταλαιπωρὸς κ. ἐλεινός
4 11 ἄξιος εἶ ὁ Κύριος κ. ὁ Θεὸς ἡμῶν τ. δόξαν λαβεῖν
5 9 ἄξιος εἶ λαβεῖν τὸ βιβλίον
16 5 δίκαιος εἶ ὁ ὢν κ. ὁ ἦν ὁ ὅσιος

ἘΣΤΙ'Ν 1510.2

(1) c. partic. **(2)** ὅ ἐστιν **(3)** ἐστὶν ὅς **(4)** τοῦτ᾽ ἔστιν **(5)** seq. infin. **(6)** ἐστὶν ἐκ

Mt 1. [6]20, [1,2]23; 2. 2; 3. [1]3, 11, [5]15, 17; 5. 3, 10, 34, 35 (*bis*), [6]37, 48; 6. 13 —h. v., TWHR non mg., 21, 22, 23, 25; 7. [6]9 —WH, 12; 8. 27; 9. 5, 13, 15; 10. 2, 11, 24, [1]26, 37 (*bis*), 38; 11. 6, 10, 11, 14, 16, 30; 12. 6, 7, 8, 23, 30, 48, 50; 13. [1]19, [1]20, 21, [1]22, [1]23, 31, 32 (*bis*), 33, 37, 38, 39 (*bis*), 44, 45, 47, 52, 55, 57; 14. 2, 15, 26; 15. [1]20, [5]26; 16. 20; 17. [5]4, 5; 18. 1, 4, [5]7 —WH, [5]8, [5]9, 14; 19. 10, 14, 17, [5]24, 26; 20. 1, 15, [5]23, 26 ἔσται, TR; 21. 10, 11, 38, 42; 22. 8, 32, 38, 42, 45; 23. 8, 9, 10, 16, 17, 18; 24. 6, 26, 33, 45; 26. 18, 26, 28, 38, 39, 48, 66, [1]68; 27. 6, [2]33, 37, 42, [4]46, 62; 28. 6.

Mk 1. 27; 2. 1, 9, 19, 28; 3. [2]17, 29 ἔσται, T, 33, 35; 4. 22, 26, 41; 5. [1]14, [1,2]41; 6. 3, 4, 15, 35, 55; 7. [4]2, [3]4, [2]11, 15, [1]15, [5]27, [2]34; 9. [5]5, 7, 10, 21, [3]39, 40, 42, [5]43, [5]45, [5]47; 10. 14, [5]24, [5]25, [3]29, 40, 43, 47; 12. 7, 11, 27, 28, 29 (*bis*), 31, 32 (*bis*), 33, 35, 37, [2]42; 13. 28, 29, 33 [WH]; 14. 14, 22, 24, 34, 35, 44, [6]69; 15. [2]16, [1,2]22, [1,2]34, [2]42; 16. 6.

Lu 1. 36, [6]61, 63; 2. 11; 4. 22, 24; 5. 21, 23, 34, 39 h. v., [WH]; 6. 5, 20, 32, 33, 34 [WH], 35, 36, 40, [1]43, 47, 48, 49; 7. [3]4, [3]23, 27, 28 (*bis*), 39, [3]49; 8. 11 (*bis*), 17, 25, 26, 30; 9. 9, [5]33, 35, 38, 48, 50, 62; 10. 22 (*bis*), 29, 42 —h. v., WH mg, R mg.; 11. 21, 23, 29, 34 (*bis*), 35, 41; 12. 1, [1]2, [1]6, [6]15, 23, 24, 34, 42; 13. 18, 19, 21; 14. 17 εἰσίν, TWH mg., 22, 31, 35; 15. 31; 16. 10 (*bis*), [5]17; 17. [5]1, 21; 18. 16, [5]25, 27, [3]29; 19. 3, 9 —T [WH]; 20. [1]2, [1]6, 14, [1]17, 38, 44; 21. 30, 31; 22. 11, 19, 38, 53, 59, [1]64; 23. 6, 7, [1]15, 35; 24. 6 —h. v., [[WH]] R mg., [1]21, 29.

Jo 1. 4 ἦν, WH non mg. R, 19, 30, [1]33, 34, [1,2]42, 48; 2. 9, [1]17; 3. 6 (*bis*), [1]8, 19, [1]21, 29, 31, [6]31, 31 —h. v., TWH mg. R mg., 33; 4. [1]10, 11, 18, 20, [6]22, 23, 29, 34, 35, 37, [1]37, 42; 5. 2, 10, 12, 13, [1]15, 25, 27, 30, 31, [1]32, 32, [1]45; 6. 9 (*bis*), 14, 24, 29, [1]31, [1]33, 39, 40, 42, [1]45, 50, 51, 55 (*bis*), 58, 60, [1]63, 63 (*bis*), [1]64, 70; 7. 6, 7, 11, 12, 16, [6]17, 18 (*bis*), [6]22, [3]25, 26, 27 (*bis*), 28, 36, 40, 41; 8. 13, 14, 16, 17, 19, 26, 29, 34, 39, [6]44, 44, [1]50, 54, [1]54, 54; 9. 4, [1]8, 9 (*bis*), 12, 16, 17, 19, 20, 24, 25, 29, 30 (*bis*), 36, 37; 10. 1, 2, 12, 13, [6]16, 21, 29, [1]34; 11. 4, 10, 39, 57; 12. 9, [1]14, 31, 34, 35, 50; 13. 10, 16, 24, 25, [3]26; 14. 10, 17 ἔσται, TWH mg., [1]21, 24, 28; 15. 1, 12, 20; 16. 15, 17, 18, 32; 17. 3, 10, 17; 18. [6]36, 36, 38, 39; 19. 35, [5]40; 20. 14, 15, [1]30, 31; 21. 4, 7 (*bis*), 12, [1]20, 24 (*bis*), 25 —h. v., T.

Ac 1. [5]7, [2]12, [4]19; 2. 15, [1]16, [6]25, 29, 39; 4. 11, 12, [1]12, 19, [1,2]36; 5. [6]39; 6. [5]2; 7. 33, 37, [1]38; 8. 10, 21 (*bis*), 26; 9. 15, 20, [1]21, 22, 26, 38; 10. 4, 6, [5]28, 34, 35, 36, [1]42; 12. 3, [1]9, 15; 13. 15; 15. 18 —h. v., TWH non mg. R, [WH mg.]; 16. 12; 17. 3; 18. 10, 15; 19. 2, [4]4, 25, 34, [3]35, [5]36; 20. 10, [5]35; 21. 11, 22, 24, 28, [1]33; 22. 26, 29; 23. 5, 6, [3]19, 27, [6]34; 25. 5, [3]11, [1]14, [5]16; 26. [1]26; 28. 4, 22.

Ro 1. 9, [4]12, 16, 19, 25; 2. 2, 11, 28; 3. 8, 10, [1]11 (*bis*), [1]12, 12 —WH mg., 18, 22; 4. 15, 16, [5]21; 5. 14; 7. 3, 14, [4]18; 8. 9, 24, 34; 9. 2, [4]8; 10. [4]6, [4]7, 8, [4]8, 12; 11. [5]23; 13. 1, 4 (*bis*); 14. 17, 23; 16. 5.

I Co 1. 18 (*bis*), 25; 2. 14; 3. 5 (*bis*), 7, 11, 13, 17, 19, 21; 4. 3, 4, 17; 6. 7, 15, 16, 17, 18, 19; 7. [5]9, 14 (*bis*), 19 (*bis*), 22 (*bis*), 29, [3]39, 40; 9. 3, 16 (*bis*), 18; 10. 16 (*bis*), 19 (*bis*), 28; 11. 3, 5, 7, 8, [5]13, 14, 15, [5]20, 24, 25; 12. 12 (*bis*), 14, [6]15, [6]16, 22; 14. 14, 15, 25, 26, 33, [5]35, 37; 15. 12, 13, 44 (*bis*), 58; 16. 15.

II Co 1. 12, 18; 2. 3; 3. 17; 4. [1]3 (*bis*), 4; 7. 15; 9. [5]1, [1]12; 10. 18; 11. 10; 12. [3]13.

Ga 1. 7, 11; 3. [6]12, 16, 20 (*bis*); 4. 1, 2, [1]24, 24, 25, 26 (*bis*); 5. [5]3, 19, 22, 23; 6. 15.

Eph 1. 14, 18, 23 ; 2. 14 ; 3. 13 ; 4. 9, [1] 10, 15, 21 ; 5. 5, 10, [5] 12, 13, 18, 23, 32 ; 6. 1, 2, 9 (*bis*), 12, [2] 17.
Phl 1. 7, 28 ; 2. [1] 13 ; 4. 8.
Col 1. [1] 6, 7, 15, 17, 18 (*bis*), [2] 24, [2] 27 ὅς ἐστ., TWH mg. ; 2. 10, [2] 17 ἅ ἐστ., TWH non mg. R, 22, [1] 23 ; 3. [1] 1, 5, 14, 20, 25 ; 4. [6] 9.
I Th 2. 13 ; 4. [4] 3.
II Th 1. 3 ; 2. 4, 9 ; 3. 3, [2] 17.
I Ti 1. 5, 20 ; 3. 15, 16 ; 4. 8 (*bis*), 10 ; 5. [4] 4, 8 ; 6. 6, 10.
II Ti 1. [2] 6, [5] 12, 15 ; 2. 17, 20 ; 4. 11 (*bis*).
Tit 1. 6, 13 ; 3. 8.
Phm [4] 12.
He 2. 6, [4] 14 ; 4. 13 ; 5. 13, 14 ; 7. [2] 2, [4] 5, 15 ; 8. 6 ; 9. [5] 5, [4] 11, 15 ; 10. [4] 20 ; 11. 1, 6, [4] 16 ; 13. [4] 15.
Ja 1. 13, 17, 23, 27 ; 2. 17, 19, 20, 26 (*bis*) ; 3. 5, [1] 15, 17 ; 4. 4, 12, 16, 17 ; 5. 11.
I Pe 1. 25 ; 2. 15 ; 3. [2] 4, [4] 20, 22 ; 4. 11.
II Pe 1. 9, 14, 17 ; 3. 4, 16.
I Jo 1. 5 (*ter*), 7, 8, 9, 10 ; 2. 2, 4, 7, [2] 8, 9, 10, 11, 15, [6] 16 (*bis*), 18 (*bis*), [6] 21, 22 (*ter*), 25, 27 (*bis*), 29 ; 3. 2, 3, 4, 5, 7 (*bis*), [6] 8, 10, [6] 10, 11, 15, 20, 23 ; 4. [6] 1, [6] 2, [6] 3, 3 (*bis*), 4, [6] 6, [6] 7, 8, 10, 12, 15, 16, 17, 18, 20 ; 5. 1, 3, 4, [1] 5, 5, [1] 6 (*bis*), 6, 9 (*bis*), 11 (*bis*), 14, 16, 17 (*bis*), 20.
II Jo 6 (*bis*), 7.
III Jo [6] 11, 12.
Re 2. [2] 7 ; 5. 12, 13 —T [WH] ; 9. 19 ; 13. 10, 18 (*bis*), 18 —TWH non mg. ; 14. 12 ; 16. 21 ; 17. 8 (*bis*), 10, 11 (*bis*), [6] 11, 14, 18 ; 19. 8, 10 ; 20. [2] 2 ὅς ἐστ., WH, [2] 12, 14 ; 21. 1, [2] 8, 12, 16 (*bis*), [2] 17, 22 ; 22. 10, 12.

ἘΣΜΈΝ 1510.3

(1) ἕν, ἓν σῶμά ἐσμεν (2) seq. gen. (3) ἐσμ. ἐκ

Mk 5 9 Λεγιὼν ὄνομά μοι ὅτι πολλοί ἐσμεν
Lu 9 12 ὧδε ἐν ἐρήμῳ τόπῳ ἐσμέν
17 10 δοῦλοι ἀχρεῖοί ἐσμεν
Jo 8 33 σπέρμα Ἀβραάμ ἐσμεν
9 28 ἡμεῖς δὲ τ. Μωυσέως ἐσμὲν μαθηταί
40 μὴ κ. ἡμεῖς τυφλοί ἐσμεν;
10 30 [1] ἐγὼ κ. ὁ πατὴρ ἕν ἐσμεν
Ac 2 32 οὗ πάντες ἡμεῖς ἐσμὲν μάρτυρες
3 15 οὗ ἡμεῖς μάρτυρές ἐσμεν
5 32 ἡμεῖς ἐσμὲν μάρτυρες τ. ῥημάτων τούτων
14 15 κ. ἡμεῖς ὁμοιοπαθεῖς ἐσμὲν ὑμῖν ἄνθρωποι
16 28 ἅπαντες γάρ ἐσμεν ἐνθάδε
17 28 ἐν αὐτῷ γὰρ ζῶμεν κ. κινούμεθα κ. ἐσμέν
28 τοῦ γὰρ κ. γένος ἐσμέν
23 15 ἡμεῖς δὲ . . . ἕτοιμοί ἐσμεν τοῦ ἀνελεῖν αὐτόν
Ro 6 15 ἁμαρτήσωμεν ὅτι οὐκ ἐσμὲν ὑπὸ νόμον
8 12 ἄρα οὖν ἀδελφοὶ ὀφειλέται ἐσμὲν οὐ τ. σαρκί
16 συνμαρτυρεῖ τ. πνεύματι ἡμῶν ὅτι ἐσμὲν τέκνα Θεοῦ
12 5 [1] οὕτως οἱ πολλοὶ ἓν σῶμά ἐσμεν ἐν Χριστῷ
14 8 [2] ἐάν τε οὖν ζῶμεν ἐάν τε ἀποθνήσκωμεν τ. Κυρίου ἐσμέν
I Co 3 9 Θεοῦ γάρ ἐσμεν συνεργοί
10 17 [1] εἷς ἄρτος ἓν σῶμα οἱ πολλοί ἐσμεν
22 μὴ ἰσχυρότεροι αὐτοῦ ἐσμέν;
I Co 15 19 εἰ ἐν τ. ζωῇ ταύτῃ ἐν Χριστῷ ἠλπικότες ἐσμὲν μόνον
ἐλεεινότεροι πάντων ἀνθρώπων ἐσμέν
II Co 1 14 καύχημα ὑμῶν ἐσμὲν καθάπερ κ. ὑμεῖς ἡμῶν
24 ἀλλὰ συνεργοί ἐσμεν τ. χαρᾶς ὑμῶν
2 15 ὅτι Χριστοῦ εὐωδία ἐσμὲν τ. Θεῷ
17 οὐ γάρ ἐσμεν ὡς οἱ πολλοί
3 5 οὐχ ὅτι ἀφ' ἑαυτῶν ἱκανοί ἐσμεν λογίσασθαί τι
6 16 ἡμεῖς γὰρ ναὸς Θεοῦ ἐσμὲν ζῶντος
10 11 οἷοί ἐσμεν τ. λόγῳ δι' ἐπιστολῶν ἀπόντες
13 6 γνώσεσθε ὅτι ἡμεῖς οὐκ ἐσμὲν ἀδόκιμοι
Ga 3 25 ἐλθούσης δὲ τ. πίστεως οὐκέτι ὑπὸ παιδαγωγόν ἐσμεν
4 28 ἡμεῖς δὲ . . . ἐπαγγελίας τέκνα ἐσμέν ὑμεῖς . . . ἐστέ, TWH mg. R mg.
31 οὐκ ἐσμὲν παιδίσκης τέκνα ἀλλὰ τ. ἐλευθέρας
Eph 2 10 αὐτοῦ γάρ ἐσμεν ποίημα
4 25 ὅτι ἐσμὲν ἀλλήλων μέλη
5 30 ὅτι μέλη ἐσμὲν τ. σώματος αὐτοῦ
Phl 3 3 ἡμεῖς γάρ ἐσμεν ἡ περιτομή
I Th 5 5 [2] οὐκ ἐσμὲν νυκτὸς οὐδὲ σκότους
He 3 6 οὗ οἶκός ἐσμεν ἡμεῖς
4 2 κ. γάρ ἐσμεν εὐηγγελισμένοι καθάπερ κἀκεῖνοι
10 10 ἐν ᾧ θελήματι ἡγιασμένοι ἐσμέν
39 [2] ἡμεῖς δὲ οὐκ ἐσμὲν ὑποστολῆς εἰς ἀπώλειαν
I Jo 2 5 ἐν τούτῳ γινώσκομεν ὅτι ἐν αὐτῷ ἐσμέν
3 1 ἵνα τέκνα Θεοῦ κληθῶμεν κ. ἐσμέν
2 νῦν τέκνα Θεοῦ ἐσμέν
19 [3] ἐν τούτῳ γνωσόμεθα ὅτι ἐκ τ. ἀληθείας ἐσμέν
4 6 [3] ἡμεῖς ἐκ τ. Θεοῦ ἐσμέν
17 καθὼς ἐκεῖνός ἐστιν κ. ἡμεῖς ἐσμὲν ἐν τ. κόσμῳ τούτῳ
5 19 [3] οἴδαμεν ὅτι ἐκ τ. Θεοῦ ἐσμέν
20 κ. ἐσμὲν ἐν τ. ἀληθινῷ

ἘΣΤΈ 1510.4

(1) seq. gen. (2) ἐστ. ἐκ.
(3) τίνες ἐστέ (4) εἷς ἐστέ

Mt 5 11 μακάριοί ἐστε ὅταν ὀνειδίσωσιν ὑμᾶς
13 ὑμεῖς ἐστὲ τὸ ἅλας τ. γῆς
14 ὑμεῖς ἐστὲ τὸ φῶς τ. κόσμου
8 26 τί δειλοί ἐστε ὀλιγόπιστοι;
10 20 οὐ γὰρ ὑμεῖς ἐστὲ οἱ λαλοῦντες
15 16 ἀκμὴν κ. ὑμεῖς ἀσύνετοί ἐστε;
23 8 πάντες δὲ ὑμεῖς ἀδελφοί ἐστε
28 ἔσωθεν δέ ἐστε μεστοὶ ὑποκρίσεως κ. ἀνομίας
31 υἱοί ἐστε τ. φονευσάντων τ. προφήτας
Mk 4 40 τί δειλοί ἐστε; οὔπω ἔχετε πίστιν;
7 18 οὕτως κ. ὑμεῖς ἀσύνετοί ἐστε;
9 41 [1] ὃς γὰρ ἂν ποτίσῃ ὑμᾶς . . . ὅτι Χριστοῦ ἐστέ
13 11 οὐ γάρ ἐστε ὑμεῖς οἱ λαλοῦντες
Lu 6 22 μακάριοί ἐστε ὅταν μισήσωσιν ὑμᾶς οἱ ἄνθρωποι
9 55 [1] οὐκ οἴδατε ποίου πνεύματός ἐστε —h. v., TWH non mg. R non mg.
11 44 ὅτι ἐστὲ ὡς τ. μνημεῖα τὰ ἄδηλα
48 ἄρα μάρτυρές ἐστε κ. συνευδοκεῖτε τ. ἔργοις τ. πατέρων ὑμῶν

Lu 13 25 οὐκ οἶδα ὑμᾶς πόθεν ἐστέ
27 λέγω ὑμῖν οὐκ οἶδα πόθεν ἐστέ
16 15 ὑμεῖς ἐστὲ οἱ δικαιοῦντες ἑαυτοὺς ἐνώπιον τ. ἀνθρώπων
22 28 ὑμεῖς δέ ἐστε οἱ διαμεμενηκότες μετ' ἐμοῦ
24 38 εἶπεν αὐτοῖς Τί τεταραγμένοι ἐστέ;
Jo 8 23 [2] ὑμεῖς ἐκ τῶν κάτω ἐστέ, ἐγὼ ἐκ τῶν ἄνω εἰμί·
[2] ὑμεῖς ἐκ τούτου τ. κόσμου ἐστέ
31 ἀληθῶς μαθηταί μου ἐστέ
37 οἶδα ὅτι σπέρμα Ἀβραάμ ἐστε
39 εἰ τέκνα τοῦ Ἀβραάμ ἐστε
44 [2] ὑμεῖς ἐκ τ. πατρὸς τ. διαβόλου ἐστέ
47 [2] ὑμεῖς οὐκ ἀκούετε ὅτι ἐκ τ. Θεοῦ οὐκ ἐστέ
10 26 [2] ὅτι οὐκ ἐστὲ ἐκ τ. προβάτων τ. ἐμῶν
34 ἐγὼ εἶπα θεοί ἐστε
אֲנִי אָמַרְתִּי אֱלֹהִים אַתֶּם, Ps. lxxxii. 6
13 10 ὑμεῖς καθαροί ἐστε ἀλλ' οὐχὶ πάντες
11 οὐχὶ πάντες καθαροί ἐστε
17 μακάριοί ἐστε ἐὰν ποιῆτε αὐτά
35 γνώσονται πάντες ὅτι ἐμοὶ μαθηταί ἐστε
15 3 ἤδη ὑμεῖς καθαροί ἐστε
14 ὑμεῖς φίλοι μού ἐστε
19 [2] ὅτι δὲ ἐκ τ. κόσμου οὐκ ἐστέ
27 ὅτι ἀπ' ἀρχῆς μετ' ἐμοῦ ἐστέ
Ac 3 25 ὑμεῖς ἐστὲ οἱ υἱοὶ τ. προφητῶν
7 26 ἄνδρες ἀδελφοί ἐστε
19 15 [3] ὑμεῖς δὲ τίνες ἐστέ;
22 3 καθὼς πάντες ὑμεῖς ἐστὲ σήμερον
Ro 1 6 ἐν οἷς ἐστὲ κ. ὑμεῖς κλητοὶ Ἰησοῦ Χριστοῦ
6 14 οὐ γάρ ἐστε ὑπὸ νόμον ἀλλὰ ὑπὸ χάριν
16 δοῦλοί ἐστε ᾧ ὑπακούετε
8 9 ὑμεῖς δὲ οὐκ ἐστὲ ἐν σαρκί
15 14 κ. αὐτοὶ μεστοί ἐστε ἀγαθωσύνης
I Co 1 30 [2] ἐξ αὐτοῦ δὲ ὑμεῖς ἐστὲ ἐν Χριστῷ Ἰησοῦ
3 3 ἔτι γὰρ σαρκικοί ἐστε
3 οὐχὶ σαρκικοί ἐστε κ. κατὰ ἄνθρωπον περιπατεῖτε;
4 οὐκ ἄνθρωποί ἐστε;
9 Θεοῦ γεώργιον Θεοῦ οἰκοδομή ἐστε
16 οὐκ οἴδατε ὅτι ναὸς Θεοῦ ἐστέ
17 ὁ γὰρ ναὸς τ. Θεοῦ ἅγιός ἐστιν οἵτινές ἐστε ὑμεῖς
4 8 ἤδη κεκορεσμένοι ἐστέ
ἐστέ;, WH
5 2 κ. ὑμεῖς πεφυσιωμένοι ἐστέ
ἐστέ;, R mg.
7 ἵνα ἦτε νέον φύραμα καθώς ἐστε ἄζυμοι
6 2 ἀνάξιοί ἐστε κριτηρίων ἐλαχίστων
19 [1] κ. οὐκ ἐστὲ ἑαυτῶν
9 1 οὐ τὸ ἔργον μου ὑμεῖς ἐστὲ ἐν Κυρίῳ
2 ἡ γὰρ σφραγίς μου τ. ἀποστολῆς ὑμεῖς ἐστὲ ἐν Κυρίῳ
12 27 ὑμεῖς δέ ἐστε σῶμα Χριστοῦ
14 12 ἐπεὶ ζηλωταί ἐστε πνευμάτων
15 17 ἔτι ἐστὲ ἐν τ. ἁμαρτίαις ὑμῶν
II Co 1 7 εἰδότες ὅτι ὡς κοινωνοί ἐστε τ. παθημάτων
2 9 εἰ εἰς πάντα ὑπήκοοί ἐστε
3 2 ἡ ἐπιστολὴ ἡμῶν ὑμεῖς ἐστέ
3 φανερούμενοι ὅτι ἐστὲ ἐπιστολὴ Χριστοῦ
7 3 ἐν τ. καρδίαις ἡμῶν ἐστὲ εἰς τὸ συναποθανεῖν
13 5 ἑαυτοὺς πειράζετε εἰ ἐστὲ ἐν τ. πίστει
5 εἰ μήτι ἀδόκιμοί ἐστε
Ga 3 3 οὕτως ἀνόητοί ἐστε;
Ga 3 26 πάντες γὰρ υἱοὶ Θεοῦ ἐστὲ διὰ τ. πίστεως
28 [4] πάντες γὰρ ὑμεῖς εἷς ἐστὲ ἐν Χριστῷ Ἰησοῦ
29 ἄρα τοῦ Ἀβραὰμ σπέρμα ἐστέ
4 6 ὅτι δέ ἐστε υἱοί ἐξαπέστειλεν ὁ Θεός
28 ὑμεῖς δὲ . . . ἐπαγγελίας τέκνα ἐστέ
ἡμεῖς . . . ἐσμέν, WH non marg. R non marg.
5 18 εἰ δὲ πνεύματι ἄγεσθε οὐκ ἐστὲ ὑπὸ νόμον
Eph 2 5 χάριτί ἐστε σεσωσμένοι
8 τῇ γὰρ χάριτί ἐστε σεσωσμένοι διὰ πίστεως
19 ἄρα οὖν οὐκέτι ἐστὲ ξένοι κ. πάροικοι, ἀλλὰ ἐστὲ συνπολῖται τ. ἁγίων
Col 2 10 κ. ἐστὲ ἐν αὐτῷ πεπληρωμένοι
I Th 2 20 ὑμεῖς γάρ ἐστε ἡ δόξα ἡμῶν κ. ἡ χαρά
4 9 αὐτοὶ γὰρ ὑμεῖς θεοδίδακτοί ἐστε
5 4 ὑμεῖς δὲ ἀδελφοὶ οὐκ ἐστὲ ἐν σκότει
5 πάντες γὰρ ὑμεῖς υἱοὶ φωτός ἐστε
He 12 8 εἰ δὲ χωρίς ἐστε παιδείας
8 ἄρα νόθοι κ. οὐχ υἱοί ἐστε
Ja 4 14 ἀτμὶς γάρ ἐστε πρὸς ὀλίγον φαινομένη
I Jo 2 14 ἔγραψα ὑμῖν νεανίσκοι ὅτι ἰσχυροί ἐστε
4 4 [2] ὑμεῖς ἐκ τ. Θεοῦ ἐστὲ τεκνία

ἘΙΣΙ΄Ν 1510.5

(1) τίνες εἰσ. (2) εἰσ. οἱ, οἵτινες (3) εἰσ. τινες (4) εἰσ. πρὸς, εἰς (5) εἰσ. ἐκ (6) ἓν, εἰς τὸ ἓν εἰσ.

Mt 2 18 οὐκ ἤθελεν παρακληθῆναι ὅτι οὐκ εἰσίν
מֵאֲנָה לְהִנָּחֵם עַל־בָּנֶיהָ כִּי אֵינֶנּוּ, Jer. xxxi. 15
7 13 πολλοί εἰσιν οἱ εἰσερχόμενοι δι' αὐτῆς
14 ὀλίγοι εἰσὶν οἱ εὑρίσκοντες αὐτήν
15 ἔσωθεν δέ εἰσιν λύκοι ἅρπαγες
10 30 ὑμῶν δὲ κ. αἱ τρίχες τ. κεφαλῆς πᾶσαι ἠριθμημέναι εἰσίν
12 5 τὸ σάββατον βεβηλοῦσιν κ. ἀναίτιοί εἰσιν
48 [1] κ. τίνες εἰσὶν οἱ ἀδελφοί μου;
13 38 οὗτοί εἰσιν οἱ υἱοὶ τ. βασιλείας·
τὰ δὲ ζιζάνιά εἰσιν οἱ υἱοὶ τ. πονηροῦ
39 οἱ δὲ θερισταὶ ἄγγελοί εἰσιν
56 [4] αἱ ἀδελφαὶ αὐτοῦ οὐχὶ πᾶσαι πρὸς ἡμᾶς εἰσίν;
15 14 τυφλοί εἰσιν ὁδηγοί
16 28 [3] εἰσίν τινες τ. ὧδε ἑστώτων
17 26 ἄραγε ἐλεύθεροί εἰσιν οἱ υἱοί
18 20 οὗ γάρ εἰσιν δύο ἢ τρεῖς συνηγμένοι εἰς τὸ ἐμὸν ὄνομα
19 6 ὥστε οὐκέτι εἰσὶν δύο ἀλλὰ σάρξ μία
12 [2] εἰσὶν γὰρ εὐνοῦχοι οἵτινες . . . ἐγεννήθησαν οὕτως·
[2] κ. εἰσὶν εὐνοῦχοι οἵτινες εὐνουχίσθησαν ὑπὸ τ. ἀνθρώπων·
[2] κ. εἰσιν εὐνοῦχοι οἵτινες εὐνούχισαν ἑαυτούς
20 16 πολλοὶ γάρ εἰσιν κλητοὶ ὀλίγοι δὲ ἐκλεκτοί —h. v., TWH non marg. R
22 14 πολλοὶ γάρ εἰσιν κλητοὶ ὀλίγοι δὲ ἐκλεκτοί
30 ἀλλ' ὡς ἄγγελοι ἐν τ. οὐρανῷ εἰσιν
Mk 4 15 [2] οὗτοι δέ εἰσιν οἱ παρὰ τὴν ὁδόν
16 [2] οὗτοί εἰσιν ὁμοίως οἱ ἐπὶ τὰ πετρώδη σπειρόμενοι
ὁμ. εἰσ., T

Mk 4 17 οὐκ ἔχουσιν ῥίζαν . . . ἀλλὰ πρόσκαιροί εἰσιν
18 [2] κ. ἄλλοι εἰσὶν οἱ εἰς τ. ἀκάνθας σπειρόμενοι,
[2] οὗτοί εἰσιν οἱ τ. λόγον ἀκούσαντες
20 [2] ἐκεῖνοί εἰσιν οἱ ἐπὶ τ. γῆν τ. καλὴν σπαρέντες
6 3 οὐκ εἰσὶν αἱ ἀδελφαὶ αὐτοῦ ὧδε πρὸς ἡμᾶς;
8 3 κ. τινές αὐτῶν ἀπὸ μακρόθεν εἰσίν
μακρ. ἥκασιν, TR
9 1 [3] εἰσίν τινες ὧδε τ. ἑστηκότων
10 8 ὥστε οὐκέτι εἰσὶν δύο ἀλλὰ μία σάρξ
12 25 ἀλλ' εἰσὶν ὡς ἄγγελοι ἐν τ. οὐρανοῖς
Lu 7 25 οἱ ἐν ἱματισμῷ ἐνδόξῳ . . . ὑπάρχοντες ἐν τ. βασιλείοις εἰσίν
31 κ. τίνι εἰσὶν ὅμοιοι;
32 ὅμοιοί εἰσιν παιδίοις τοῖς ἐν ἀγορᾷ καθημένοις
8 12 [2] οἱ δὲ παρὰ τ. ὁδόν εἰσιν οἱ ἀκούσαντες
14 [2] οὗτοί εἰσιν οἱ ἀκούσαντες κ. . . . συνπνίγονται
15 [2] οὗτοί εἰσιν οἵτινες . . . ἀκούσαντες τ. λόγον κατέχουσιν
21 μήτηρ μου κ. ἀδελφοί μου οὗτοί εἰσιν
9 13 οὐκ εἰσὶν ἡμῖν πλεῖον ἢ ἄρτοι πέντε
27 [3] εἰσίν τινες τῶν αὐτοῦ ἑστηκότων
11 7 [4] τὰ παιδία μου μετ' ἐμοῦ εἰς τ. κοίτην εἰσίν
12 38 μακάριοί εἰσιν ἐκεῖνοι
13 14 ἓξ ἡμέραι εἰσὶν ἐν αἷς δεῖ ἐργάζεσθαι
30 [2] εἰσὶν ἔσχατοι οἳ ἔσονται πρῶτοι
[2] κ. εἰσὶν πρῶτοι οἳ ἔσονται ἔσχατοι
14 17 ἤδη ἕτοιμά εἰσιν
ἐστιν, WH non mg.
16 8 οἱ υἱοὶ τ. αἰῶνος τούτου φρονιμώτεροι . . . εἰσίν
18 9 τ. πεποιθότας ἐφ' ἑαυτοῖς ὅτι εἰσὶν δίκαιοι
20 36 ἰσάγγελοι γάρ εἰσιν κ. υἱοί εἰσιν Θεοῦ
21 22 ἡμέραι ἐκδικήσεως αὗταί εἰσιν
Jo 4 35 ὅτι λευκαί εἰσιν πρὸς θερισμόν
5 39 ἐκεῖναί εἰσιν αἱ μαρτυροῦσαι περὶ ἐμοῦ
6 64 ἀλλά εἰσιν ἐξ ὑμῶν τινὲς οἳ οὐ πιστεύουσιν.
[1] ᾔδει γὰρ . . . τίνες εἰσὶν οἱ μὴ πιστεύοντες
7 49 ὁ ὄχλος οὗτος ὁ μὴ γινώσκων τ. νόμον ἐπάρατοί εἰσιν
8 [10 γύναι ποῦ εἰσίν;
10 8 ὅσοι ἦλθον πρὸ ἐμοῦ κλέπται εἰσὶν κ. λῃσταί
11 9 οὐχὶ δώδεκα ὧραί εἰσιν τ. ἡμέρας;
14 2 ἐν τ. οἰκίᾳ τ. πατρός μου μοναὶ πολλαί εἰσιν
17 7 πάντα ὅσα ἔδωκάς μοι παρὰ σοῦ εἰσίν
9 περὶ ὧν δέδωκάς μοι ὅτι σοί εἰσιν
11 αὐτοὶ ἐν τ. κόσμῳ εἰσίν
14 [5] ὅτι οὐκ εἰσὶν ἐκ τ. κόσμου
16 [5] ἐκ τ. κόσμου οὐκ εἰσίν
Ac 2 7 [2] οὐχὶ ἰδοὺ πάντες οὗτοί εἰσιν οἱ λαλοῦντες Γαλιλαῖοι;
13 γλεύκους μεμεστωμένοι εἰσίν
4 13 καταλαβόμενοι ὅτι ἄνθρωποι ἀγράμματοί εἰσιν
5 25 ἰδοὺ οἱ ἄνδρες . . . εἰσὶν ἐν τ. ἱερῷ ἑστῶτες
13 31 οἵτινες νῦν εἰσὶν μάρτυρες αὐτοῦ πρὸς τ. λαόν

Ac 16 17 οὗτοι οἱ ἄνθρωποι δοῦλοι τ. Θεοῦ τ. ὑψίστου εἰσίν
38 ἐφοβήθησαν δὲ ἀκούσαντες ὅτι Ῥωμαῖοί εἰσιν
19 26 λέγων ὅτι οὐκ εἰσὶν θεοὶ οἱ διὰ χειρῶν γινόμενοι
38 ἀγοραῖοι ἄγονται κ. ἀνθύπατοί εἰσιν
21 20 πόσαι μυριάδες εἰσὶν ἐν τ. Ἰουδαίοις τ. πεπιστευκότων
23 εἰσὶν ἡμῖν ἄνδρες τέσσαρες εὐχὴν ἔχοντες
23 21 νῦν εἰσὶν ἕτοιμοι προσδεχόμενοι
24 11 οὐ πλείους εἰσίν μοι ἡμέραι δώδεκα
Ro 1 32 οἱ τὰ τοιαῦτα πράσσοντες ἄξιοι θανάτου εἰσίν
2 14 οὗτοι νόμον μὴ ἔχοντες ἑαυτοῖς εἰσὶν νόμος
8 14 οὗτοι υἱοὶ Θεοῦ εἰσίν
υἱ. εἰσ. Θεοῦ, T
9 4 οἵτινές εἰσιν Ἰσραηλεῖται
7 οὐδ' ὅτι εἰσὶν σπέρμα Ἀβραάμ
13 1 αἱ δὲ οὖσαι ὑπὸ Θεοῦ τεταγμέναι εἰσίν
3 οἱ γὰρ ἄρχοντες οὐκ εἰσὶν φόβος τ. ἀγαθῷ ἔργῳ
6 λειτουργοὶ γὰρ Θεοῦ εἰσίν
15 27 ηὐδόκησαν γὰρ κ. ὀφειλέται εἰσὶν αὐτῶν
16 7 οἵτινές εἰσιν ἐπίσημοι ἐν τ. ἀποστόλοις
I Co 1 11 ὅτι ἔριδες ἐν ὑμῖν εἰσίν
3 8 [6] ὁ φυτεύων δὲ κ. ὁ ποτίζων ἕν εἰσιν
20 γινώσκει τ. διαλογισμοὺς τ. σοφῶν ὅτι εἰσὶν μάταιοι
יָדַע מַחְשְׁבוֹת אָדָם כִּי הֵמָּה הָבֶל, Ps xciv. 11
8 5 κ. γὰρ εἴπερ εἰσὶν λεγόμενοι θεοί
5 ὥσπερ εἰσὶν θεοὶ πολλοὶ κ. κύριοι πολλοί
10 18 οὐχ οἱ ἐσθίοντες τ. θυσίας κοινωνοὶ τ. θυσιαστηρίου εἰσίν;
12 4 διαιρέσεις δὲ χαρισμάτων εἰσίν
5 κ. διαιρέσεις διακονιῶν εἰσίν
6 κ. διαιρέσεις ἐνεργημάτων εἰσίν
14 10 τοσαῦτα . . . γένη φωνῶν εἰσὶν ἐν κόσμῳ
22 [4] ὥστε αἱ γλῶσσαι εἰς σημεῖόν εἰσιν
II Co 11 22 Ἑβραῖοί εἰσιν; κἀγώ·
Ἰσραηλεῖταί εἰσιν; κἀγώ·
σπέρμα Ἀβραάμ εἰσιν; κἀγώ·
23 διάκονοι Χριστοῦ εἰσίν; . . . ὑπὲρ ἐγώ
Ga 1 7 [3] εἰ μή τινές εἰσιν οἱ ταράσσοντες ὑμᾶς
3 7 οὗτοι υἱοί εἰσιν Ἀβραάμ
10 [5] ὅσοι γὰρ ἐξ ἔργων νόμου εἰσίν ὑπὸ κατάραν εἰσίν
4 24 αὗται γάρ εἰσιν δύο διαθῆκαι
Eph 5 16 ὅτι αἱ ἡμέραι πονηραί εἰσιν
Col 2 3 ἐν ᾧ εἰσὶν πάντες οἱ θησαυροὶ . . . ἀπόκρυφοι
I Ti 5 24 τινῶν ἀνθρώπων αἱ ἁμαρτίαι πρόδηλοί εἰσιν
6 1 ὅσοι εἰσὶν ὑπὸ ζυγὸν δοῦλοι
2 μὴ καταφρονείτωσαν ὅτι ἀδελφοί εἰσιν·
ἀλλὰ μᾶλλον δουλευέτωσαν ὅτι πιστοί εἰσιν κ. ἀγαπητοί
II Ti 3 6 [5] ἐκ τούτων γάρ εἰσιν οἱ ἐνδύνοντες εἰς τ. οἰκίας
Tit 1 10 εἰσὶν γὰρ πολλοὶ ἀνυπότακτοι
3 9 εἰσὶν γὰρ ἀνωφελεῖς κ. μάταιοι
He 1 10 ἔργα τ. χειρῶν σού εἰσιν οἱ οὐρανοί
מַעֲשֵׂה יָדֶיךָ שָׁמָיִם, Ps. cii. 26
14 οὐχὶ πάντες εἰσὶν λειτουργικὰ πνεύματα

He 7 20 οἱ μὲν γὰρ χωρὶς ὁρκωμοσίας εἰσὶν ἱερεῖς γεγονότες
23 οἱ μὲν πλείονές εἰσιν γεγονότες ἱερεῖς
11 13 ξένοι κ. παρεπίδημοί εἰσιν ἐπὶ τ. γῆς
II Pe 2 17 οὗτοί εἰσιν πηγαὶ ἄνυδροι
3 7 οἱ δὲ νῦν οὐρανοὶ κ. ἡ γῆ τ. αὐτῷ λόγῳ τεθησαυρισμένοι εἰσίν
I Jo 2 19 [5] ἵνα φανερωθῶσιν ὅτι οὐκ εἰσὶν πάντες ἐξ ἡμῶν
4 5 [5] αὐτοὶ ἐκ τ. κόσμου εἰσίν
5 3 αἱ ἐντολαὶ αὐτοῦ βαρεῖαι οὐκ εἰσίν
7 τρεῖς εἰσιν οἱ μαρτυροῦντες
8 [4 6] κ. οἱ τρεῖς εἰς τὸ ἕν εἰσιν
Ju 12 οὗτοί εἰσιν οἱ ἐν τ. ἀγάπαις ὑμῶν σπιλάδες
16 οὗτοί εἰσιν γογγυσταὶ μεμψίμοιροι
19 οὗτοί εἰσιν οἱ ἀποδιορίζοντες ψυχικοί
Re 1 19 γράψον οὖν ἃ εἶδες κ. ἃ εἰσίν
20 οἱ ἑπτὰ ἀστέρες ἄγγελοι τ. ἑπτὰ ἐκκλησιῶν εἰσίν·
κ. αἱ λυχνίαι αἱ ἑπτὰ ἑπτὰ ἐκκλησίαι εἰσίν
2 2 ἐπείρασας τ. λέγοντας ἑαυτοὺς ἀποστόλους κ. οὐκ εἰσίν
9 τ. βλασφημίαν ἐκ τ. λεγόντων Ἰουδαίους εἶναι ἑαυτοὺς κ. οὐκ εἰσίν
3 4 περιπατήσουσιν μετ' ἐμοῦ ἐν λευκοῖς ὅτι ἄξιοί εἰσιν
9 τ. λεγόντων ἑαυτοὺς Ἰουδαίους εἶναι κ. οὐκ εἰσίν
4 5 ἅ εἰσιν τ. ἑπτὰ πνεύματα τ. Θεοῦ
5 6 οἵ εἰσιν τὰ ἑπτὰ πνεύματα τ. Θεοῦ
8 αἵ εἰσιν αἱ προσευχαὶ τ. ἁγίων
ἅ εἰσ., WH mg.
7 13 [1] τίνες εἰσὶν κ. πόθεν ἦλθον;
14 οὗτοί εἰσιν οἱ ἐρχόμενοι ἐκ τ. θλίψεως τ. μεγάλης
15 διὰ τοῦτό εἰσιν ἐνώπιον τ. θρόνου τ. Θεοῦ
11 4 οὗτοί εἰσιν αἱ δύο ἐλαῖαι
14 4 [2] οὗτοί εἰσιν οἳ μετὰ γυναικῶν οὐκ ἐμολύνθησαν,
—εἰσ., WH mg.
παρθένοι γάρ εἰσιν
5 ἄμωμοί εἰσιν
16 6 ἄξιοί εἰσιν
14 εἰσὶν γὰρ πνεύματα δαιμονίων ποιοῦντα σημεῖα
17 9 αἱ ἑπτὰ κεφαλαὶ ἑπτὰ ὄρη εἰσίν
10 κ. βασιλεῖς ἑπτά εἰσιν
12 τὰ δέκα κέρατα ἃ εἶδες δέκα βασιλεῖς εἰσίν
15 τὰ ὕδατα ἃ εἶδες . . . λαοὶ κ. ὄχλοι εἰσίν
19 9 οὗτοι οἱ λόγοι ἀληθινοὶ τ. Θεοῦ εἰσίν
21 5 ὅτι οὗτοι οἱ λόγοι πιστοὶ κ. ἀληθινοί εἰσιν

Ὦ 1510.6

(1) ἓν ὦσιν (2) ᾖ ἐκ

Mt 6 4 ὅπως ᾖ σου ἡ ἐλεημοσύνη ἐν τ. κρυπτῷ
ἡ σ. ἐλ. ᾖ, T
22 ἐὰν οὖν ᾖ ὁ ὀφθαλμός σου ἁπλοῦς
23 ἐὰν δὲ ὁ ὀφθαλμός σου πονηρὸς ᾖ
10 13 ἐὰν μὲν ᾖ ἡ οἰκία ἀξία
13 ἐὰν δὲ μὴ ᾖ ἀξία
20 4 ὃ ἐὰν ᾖ δίκαιον δώσω ὑμῖν
24 28 ὅπου ἐὰν ᾖ τὸ πτῶμα
Mk 3 14 ἐποίησεν δώδεκα . . . ἵνα ὦσιν μετ' αὐτοῦ
5 18 παρεκάλει αὐτὸν ὁ δαιμονισθεὶς ἵνα μετ' αὐτοῦ ᾖ
Lu 5 14 ἵνα εἰς μαρτύριον ᾖ ὑμῖν τοῦτο
εἰς μαρτ. αὐτοῖς, TWH non mg. R
10 6 ἐὰν ἐκεῖ ᾖ υἱὸς εἰρήνης
ᾖ ἐκεῖ, TWH mg.
11 34 ὅταν ὁ ὀφθαλμός σου ἁπλοῦς ᾖ
34 ἐπὰν δὲ πονηρὸς ᾖ
14 8 μήποτε ἐντιμότερός σου ᾖ κεκλημένος ὑπ' αὐτοῦ
20 28 ἐὰν . . . οὗτος ἄτεκνος ᾖ
כִּי . . . בֵּן אֵין־לוֹ, Dt. xxv. 5
Jo 3 2 ἐὰν μὴ ᾖ ὁ Θεὸς μετ' αὐτοῦ
27 ἐὰν μὴ ᾖ δεδομένον αὐτῷ ἐκ τ. οὐρανοῦ
6 65 ἐὰν μὴ ᾖ δεδομένον αὐτῷ ἐκ τ. πατρός
9 5 ὅταν ἐν τ. κόσμῳ ὦ
31 ἐάν τις θεοσεβὴς ᾖ
14 3 ἵνα ὅπου εἰμὶ ἐγὼ κ. ὑμεῖς ἦτε
16 ἵνα ᾖ μεθ' ὑμῶν εἰς τ. αἰῶνα
μ. ὑμ. ᾖ εἰς τ. αἰ., T; μ. ὑμ. εἰς τ. αἰ. ᾖ, WH mg.
15 11 ἵνα ἡ χαρὰ ἡ ἐμὴ ἐν ὑμῖν ᾖ
16 24 ἵνα ἡ χαρὰ ὑμῶν ᾖ πεπληρωμένη
17 11 [1] ἵνα ὦσιν ἓν καθὼς ἡμεῖς
19 ἵνα ὦσιν κ. αὐτοὶ ἡγιασμένοι ἐν ἀληθείᾳ
21 [1] ἵνα πάντες ἓν ὦσιν
21 ἵνα κ. αὐτοὶ ἐν ἡμῖν ὦσιν
22 [1] ἵνα ὦσιν ἓν καθὼς ἡμεῖς ἕν
23 ἵνα ὦσιν τετελειωμένοι εἰς ἕν
24 θέλω ἵνα ὅπου εἰμὶ ἐγὼ κἀκεῖνοι ὦσιν μετ' ἐμοῦ
26 ἵνα ἡ ἀγάπη ἣν ἠγάπησάς με ἐν αὐτοῖς ᾖ
Ac 5 38 [2] ἐὰν ᾖ ἐξ ἀνθρώπων ἡ βουλὴ αὕτη
Ro 2 25 ἐὰν δὲ παραβάτης νόμου ᾖς
9 27 ἐὰν ᾖ ὁ ἀριθμὸς τ. υἱῶν Ἰσραὴλ ὡς ἡ ἄμμος τ. θαλάσσης
כִּי אִם־יִהְיֶה עַמְּךָ יִשְׂרָאֵל כְּחוֹל הַיָּם, Is. x. 22
11 25 ἵνα μὴ ἦτε ἐν ἑαυτοῖς φρόνιμοι
I Co 1 10 ἵνα . . . μὴ ᾖ ἐν ὑμῖν σχίσματα,
ἦτε δὲ κατηρτισμένοι ἐν τ. αὐτῷ νοΐ
2 5 ἵνα ἡ πίστις ὑμῶν μὴ ᾖ ἐν σοφίᾳ ἀνθρώπων
5 7 ἵνα ἦτε νέον φύραμα
11 ἐάν τις ἀδελφὸς ὀνομαζόμενος ᾖ πόρνος
7 5 ἵνα . . . πάλιν ἐπὶ τὸ αὐτὸ ἦτε
29 ἵνα κ. οἱ ἔχοντες γυναῖκας ὡς μὴ ἔχοντες ὦσιν
34 ἵνα ᾖ ἁγία κ. τ. σώματι κ. τ. πνεύματι
36 ἐὰν ᾖ ὑπέρακμος
12 25 ἵνα μὴ ᾖ σχίσμα ἐν τ. σώματι
σχίσματα, T
14 28 ἐὰν δὲ μὴ ᾖ διερμηνευτής
15 28 ἵνα ᾖ ὁ Θεὸς πάντα ἐν πᾶσιν
16 4 ἐὰν δὲ ἄξιον ᾖ τοῦ κἀμὲ πορεύεσθαι
ᾖ ἄξ., T
II Co 1 9 ἵνα μὴ πεποιθότες ὦμεν ἐφ' ἑαυτοῖς
17 ἵνα ᾖ παρ' ἐμοὶ τὸ ναὶ ναί, κ. τὸ οὒ οὔ
4 7 ἵνα ἡ ὑπερβολὴ τ. δυνάμεως ᾖ τ. Θεοῦ
9 3 ἵνα καθὼς ἔλεγον παρεσκευασμένοι ἦτε
13 7 ἡμεῖς δὲ ὡς ἀδόκιμοι ὦμεν
9 ὑμεῖς δὲ δυνατοὶ ἦτε
Ga 5 10 βαστάσει τ. κρίμα ὅστις ἐὰν ᾖ
Eph 4 14 ἵνα μηκέτι ὦμεν νήπιοι
5 27 ἵνα ᾖ ἁγία κ. ἄμωμος
Phl 1 10 ἵνα ἦτε εἰλικρινεῖς κ. ἀπρόσκοποι

Phl 2 28 ἵνα . . . κἀγὼ ἀλυπότερος ὦ
I Ti 4 15 ἵνα σου ἡ προκοπὴ φανερὰ ᾖ πᾶσιν
5 7 ἵνα ἀνεπίλημπτοι ὦσιν
II Ti 3 17 ἵνα ἄρτιος ᾖ ὁ τ. Θεοῦ ἄνθρωπος
Tit 1 9 ἵνα δυνατὸς ᾖ κ. παρακαλεῖν
3 14 ἵνα μὴ ὦσιν ἄκαρποι
Phm 14 ἵνα μὴ ὡς κατὰ ἀνάγκην τὸ ἀγαθόν σου ᾖ
Ja 1 4 ἵνα ἦτε τέλειοι κ. ὁλόκληροι
5 15 κἂν ἁμαρτίας ᾖ πεποιηκώς
I Jo 1 4 ἵνα ἡ χαρὰ ἡμῶν ᾖ πεπληρωμένη
II Jo 12 ἵνα ἡ χαρὰ ὑμῶν πεπληρωμένη ᾖ

ΕἼΗΝ 1510.7

(1) ἂν εἴην

Lu 1 29 διελογίζετο ποταπὸς εἴη ὁ ἀσπασμὸς οὗτος
3 15 μήποτε αὐτὸς εἴη ὁ Χριστός
8 9 τίς αὕτη εἴη ἡ παραβολή;
9 46 [1] τὸ τίς ἂν εἴη μείζων αὐτῶν
15 26 [1] ἐπυνθάνετο τί ἂν εἴη ταῦτα
18 36 [1] ἐπυνθάνετο τί εἴη τοῦτο
τί ἂν εἴη, WH mg.
22 23 τὸ τίς ἄρα εἴη ἐξ αὐτῶν ὁ τοῦτο μέλλων πράσσειν
Ac 8 20 τὸ ἀργύριόν σου σὺν σοὶ εἴη εἰς ἀπώλειαν
10 17 [1] τί ἂν εἴη τὸ ὅραμα ὃ εἶδεν
20 16 ἔσπευδεν γὰρ εἰ δυνατὸν εἴη αὐτῷ
21 33 ἐπυνθάνετο τίς εἴη

ἼΣΘΙ 1510.8

(1) ἤτω

Mt 2 13 ἴσθι ἐκεῖ ἕως ἂν εἴπω σοι
5 25 ἴσθι εὐνοῶν τ. ἀντιδίκῳ σου ταχύ
37 ἔστω δὲ ὁ λόγος ὑμῶν ναὶ ναὶ οὒ οὔ
ἔσται, WH mg. R mg.
18 17 ἔστω σοι ὥσπερ ὁ ἐθνικὸς κ. ὁ τελώνης
Mk 5 34 ἴσθι ὑγιὴς ἀπὸ τ. μάστιγός σου
10 43 ὃς ἂν θέλῃ μέγας γενέσθαι . . . ἔστω ὑμῶν διάκονος
ἔσται, TWH non mg. R
Lu 12 35 ἔστωσαν ὑμῶν αἱ ὀσφύες περιεζωσμέναι
19 17 ἴσθι ἐξουσίαν ἔχων ἐπάνω δέκα πόλεων
Ac 1 20 μὴ ἔστω ὁ κατοικῶν ἐν αὐτῇ
בְּאָהֳלֵיהֶם אַל־יְהִי יֹשֵׁב, Ps. lxix. 26
2 14 τοῦτο ὑμῖν γνωστὸν ἔστω
4 10 γνωστὸν ἔστω πᾶσιν ὑμῖν
13 38 γνωστὸν οὖν ἔστω ὑμῖν
28 28 γνωστὸν οὖν ὑμῖν ἔστω
ἔστ. ὑμ., T
I Co 16 22 [1] εἴ τις οὐ φιλεῖ τ. Κύριον ἤτω ἀνάθεμα
II Co 12 16 ἔστω δὲ ἐγὼ οὐ κατεβάρησα ὑμᾶς
Ga 1 8 εὐαγγελίσηται ὑμῖν παρ' ὃ εὐηγγελισάμεθα ὑμῖν ἀνάθεμα ἔστω
9 εὐαγγελίζεται παρ' ὃ παρελάβετε ἀνάθεμα ἔστω
I Ti 3 12 διάκονοι ἔστωσαν μιᾶς γυναικὸς ἄνδρες
4 15 ταῦτα μελέτα ἐν τούτοις ἴσθι
Ja 1 19 ἔστω δὲ πᾶς ἄνθρωπος ταχὺς εἰς τ. ἀκοῦσαι,
5 12 [1] ἤτω δὲ ὑμῶν τὸ ναὶ ναί, κ. τὸ οὒ οὔ
I Pe 3 3 ὧν ἔστω οὐχ ὁ ἔξωθεν ἐμπλοκῆς τριχῶν

ΕἾΝΑΙ 1511

(1) τὸ εἶναι (2) εἶν. ἐκ (3) seq. gen.
(4) εἶν. τινα, τι

Mt 16 13 τίνα λέγουσιν οἱ ἄνθρωποι εἶναι
15 ὑμεῖς δὲ τίνα με λέγετε εἶναι;
17 4 Κύριε καλόν ἐστιν ἡμᾶς ὧδε εἶναι
19 21 εἰ θέλεις τέλειος εἶναι
20 27 ὃς ἂν θέλῃ ἐν ὑμῖν εἶναι πρῶτος
θέλ. εἶν. ὑμῶν πρ., WH mg.
22 23 Σαδδουκαῖοι λέγοντες μὴ εἶναι ἀνάστασιν
Mk 1 34 ὅτι ᾔδεισαν αὐτὸν Χριστὸν εἶναι
—Χρ. εἶν., T [WH] R mg.
8 27 τίνα με λέγουσιν οἱ ἄνθρωποι εἶναι
29 ὑμεῖς δὲ τίνα με λέγετε εἶναι;
9 5 Ῥαββεὶ καλόν ἐστιν ἡμᾶς ὧδε εἶναι
35 εἴ τις θέλει πρῶτος εἶναι
10 44 ὃς ἂν θέλῃ ἐν ὑμῖν εἶναι πρῶτος
θέλ. ὑμῶν γενέσθαι πρ., T
12 18 Σαδδουκαῖοι . . . οἵτινες λέγουσιν ἀνάστασιν μὴ εἶναι
14 64 οἱ δὲ πάντες κατέκριναν αὐτὸν ἔνοχον εἶναι θανάτου
Lu 2 4 [1,2] διὰ τὸ εἶναι αὐτὸν ἐξ οἴκου κ. πατριᾶς Δαυείδ
6 [1] ἐγένετο δὲ ἐν τῷ εἶναι αὐτοὺς ἐκεῖ
44 νομίσαντες δὲ αὐτὸν εἶναι ἐν τ. συνοδίᾳ
49 ἐν τοῖς τ. πατρός μου δεῖ εἶναί με
4 41 ὅτι ᾔδεισαν τ. Χριστὸν αὐτὸν εἶναι
5 12 [1] ἐγένετο ἐν τῷ εἶναι αὐτὸν ἐν μιᾷ τ. πόλεων
8 38 ἐδεῖτο δὲ αὐτοῦ ὁ ἀνὴρ . . . εἶναι σὺν αὐτῷ
9 18 [1] ἐγένετο ἐν τῷ εἶναι αὐτὸν προσευχόμενον κατὰ μόνας
18 τίνα με οἱ ὄχλοι λέγουσιν εἶναι;
20 ὑμεῖς δὲ τίνα με λέγετε εἶναι;
33 ἐπιστάτα καλόν ἐστιν ἡμᾶς ὧδε εἶναι
11 1 [1] ἐγένετο ἐν τῷ εἶναι αὐτὸν ἐν τόπῳ τινὶ προσευχόμενον
8 [1] εἰ κ. μὴ δώσει . . . διὰ τὸ εἶναι φίλον αὐτοῦ
14 26 οὐ δύναται εἶναί μου μαθητής
27 οὐ δύναται εἶναί μου μαθητής
33 οὐ δύναται εἶναί μου μαθητής
19 11 [1] διὰ τὸ ἐγγὺς εἶναι Ἰερουσαλὴμ αὐτόν
20 6 πεπεισμένος γάρ ἐστιν Ἰωάνην προφήτην εἶναι
20 ὑποκρινομένους ἑαυτοὺς δικαίους εἶναι
27 οἱ λέγοντες ἀνάστασιν μὴ εἶναι
41 πῶς λέγουσιν τ. Χριστὸν εἶναι Δαυεὶδ υἱόν
22 24 τὸ τίς αὐτῶν δοκεῖ εἶναι μείζων
23 2 λέγοντα ἑαυτὸν Χριστὸν βασιλέα εἶναι
Jo 1 46 [2] ἐκ Ναζαρὲτ δύναταί τι ἀγαθὸν εἶναι;
7 4 ζητεῖ αὐτὸς ἐν παρρησίᾳ εἶναι
17 5 [1] τ. δόξῃ ᾗ εἶχον πρὸ τοῦ τ. κόσμον εἶναι παρὰ σοί
Ac 2 12 τί θέλει τοῦτο εἶναι,
4 32 οὐδὲ εἷς τι τ. ὑπαρχόντων αὐτῷ ἔλεγεν ἴδιον εἶναι
5 36 [4] λέγων εἶναί τινα ἑαυτόν
8 9 [4] λέγων εἶναί τινα ἑαυτὸν μέγαν
37 πιστεύω τ. υἱὸν τ. Θεοῦ εἶναι τ. Ἰησοῦν Χριστόν
—h. v., TWH non mg. R non mg.

Ac 13 25 τί ἐμὲ ὑπονοεῖτε εἶναι;
47 [1] τοῦ εἶναί σε εἰς σωτηρίαν ἕως ἐσχάτου τ. γῆς
לִהְיוֹת יְשׁוּעָתִי עַד־קְצֵה הָאָרֶץ, Is. xlix. 6
16 13 οὗ ἐνομίζομεν προσευχὴν εἶναι
15 εἰ κεκρίκατέ με πιστὴν τ. Κυρίῳ εἶναι
17 7 βασιλέα ἕτερον λέγοντες εἶναι Ἰησοῦν
18 ξένων δαιμονίων δοκεῖ καταγγελεὺς εἶναι
20 βουλόμεθα οὖν γνῶναι τίνα θέλει ταῦτα εἶναι
29 οὐκ ὀφείλομεν νομίζειν χρυσῷ . . . τὸ θεῖον εἶναι ὅμοιον
18 3 [1] διὰ τ. ὁμότεχνον εἶναι ἔμενεν παρ᾽ αὐτοῖς
5 διαμαρτυρόμενος τ. Ἰουδαίοις εἶναι τ. Χριστὸν Ἰησοῦν
15 κριτὴς ἐγὼ τούτων οὐ βούλομαι εἶναι
28 ἐπιδεικνὺς διὰ τ. γραφῶν εἶναι τ. Χριστὸν Ἰησοῦν
19 1 [1] ἐγένετο δὲ ἐν τῷ τ. Ἀπολλὼ εἶναι ἐν Κορίνθῳ
23 8 Σαδδουκαῖοι γὰρ λέγουσιν μὴ εἶναι ἀνάστασιν
27 4 [1] διὰ τὸ τ. ἀνέμους εἶναι ἐναντίους
28 6 μεταβαλόμενοι ἔλεγον αὐτὸν εἶναι Θεόν
Ro 1 20 [1] εἰς τὸ εἶναι αὐτοὺς ἀναπολογήτους
22 φάσκοντες εἶναι σοφοὶ ἐμωράνθησαν
2 19 πέποιθάς τε σεαυτὸν ὁδηγὸν εἶναι τυφλῶν
3 9 προῃτιασάμεθα γὰρ . . . πάντας ὑφ᾽ ἁμαρτίαν εἶναι
26 [1] εἰς τὸ εἶναι αὐτὸν δίκαιον κ. δικαιοῦντα
4 11 [1] εἰς τὸ εἶναι αὐτὸν πατέρα πάντων τ. πιστευόντων
13 [1] τὸ κληρονόμον αὐτὸν εἶναι κόσμου
16 [1] εἰς τὸ εἶναι βεβαίαν τ. ἐπαγγελίαν
6 11 λογίζεσθε ἑαυτοὺς εἶναι νεκροὺς μὲν τ. ἁμαρτίᾳ
7 3 [1] τοῦ μὴ εἶναι αὐτὴν μοιχαλίδα
8 29 [1] εἰς τὸ εἶναι αὐτὸν πρωτότοκον ἐν πολλοῖς ἀδελφοῖς
9 3 ηὐχόμην γὰρ ἀνάθεμα εἶναι αὐτὸς ἐγώ
14 14 εἰ μὴ τ. λογιζομένῳ τι κοινὸν εἶναι
15 16 [1] εἰς τὸ εἶναί με λειτουργὸν Χριστοῦ Ἰησοῦ
16 19 θέλω δὲ ὑμᾶς σοφοὺς μὲν εἶναι εἰς τ. ἀγαθόν
I Co 3 18 εἴ τις δοκεῖ σοφὸς εἶναι ἐν ὑμῖν ἐν τ. αἰῶνι τούτῳ
7 7 θέλω δὲ πάντας ἀνθρώπους εἶναι ὡς κ. ἐμαυτόν
25 ὡς ἠλεημένος ὑπὸ Κυρίου πιστὸς εἶναι
26 [1] ὅτι καλὸν ἀνθρώπῳ τὸ οὕτως εἶναι
32 θέλω δὲ ὑμᾶς ἀμερίμνους εἶναι
10 6 [1] εἰς τὸ μὴ εἶναι ἡμᾶς ἐπιθυμητὰς κακῶν
11 16 εἰ δέ τις δοκεῖ φιλόνεικος εἶναι
19 δεῖ γὰρ κ. αἱρέσεις ἐν ὑμῖν εἶναι
12 23 ἃ δοκοῦμεν ἀτιμότερα εἶναι τ. σώματος
14 37 εἴ τις δοκεῖ προφήτης εἶναι ἢ πνευματικός
II Co 5 9 διὸ κ. φιλοτιμούμεθα . . . εὐάρεστοι αὐτῷ εἶναι
7 11 συνεστήσατε ἑαυτοὺς ἁγνοὺς εἶναι τ. πράγματι
9 5 ταύτην ἑτοίμην εἶναι οὕτως ὡς εὐλογίαν
10 7 [3] εἴ τις πέποιθεν ἑαυτῷ Χριστοῦ εἶναι
11 16 μή τίς με δόξῃ ἄφρονα εἶναι
Ga 2 6 [4] ἀπὸ δὲ τ. δοκούντων εἶναί τι
Ga 2 9 οἱ δοκοῦντες στῦλοι εἶναι
4 21 λέγετέ μοι οἱ ὑπὸ νόμον θέλοντες εἶναι
6 3 [4] εἰ γὰρ δοκεῖ τις εἶναί τι μηδὲν ὤν
Eph 1 4 εἶναι ἡμᾶς ἁγίους κ. ἀμώμους κατενώπιον αὐτοῦ
1 12 [1] εἰς τὸ εἶναι ἡμᾶς εἰς ἔπαινον δόξης αὐτοῦ
3 6 εἶναι τὰ ἔθνη συνκληρονόμα κ. σύνσωμα
Phl 1 23 [1] τ. ἐπιθυμίαν ἔχων εἰς τὸ ἀναλῦσαι κ. σὺν Χριστῷ εἶναι
2 6 [1] οὐχ ἁρπαγμὸν ἡγήσατο τὸ εἶναι ἴσα Θεῷ
3 8 ἡγοῦμαι πάντα ζημίαν εἶναι
4 11 ἐγὼ γὰρ ἔμαθον ἐν οἷς εἰμὶ αὐτάρκης εἶναι
I Th 2 6 δυνάμενοι ἐν βάρει εἶναι
I Ti 1 7 θέλοντες εἶναι νομοδιδάσκαλοι
2 12 ἀλλ᾽ εἶναι ἐν ἡσυχίᾳ
3 2 δεῖ οὖν τ. ἐπίσκοπον ἀνεπίλημπτον εἶναι
6 5 νομιζόντων πορισμὸν εἶναι τ. εὐσέβειαν
18 εὐμεταδότους εἶναι κοινωνικούς
II Ti 2 24 ἀλλὰ ἤπιον εἶναι πρὸς πάντας
Tit 1 7 δεῖ γὰρ τ. ἐπίσκοπον ἀνέγκλητον εἶναι
2 2 πρεσβύτας νηφαλίους εἶναι σεμνούς
4 ἵνα σωφρονίζωσιν τ. νέας φιλάνδρους εἶναι
9 δούλους . . . ἐν πᾶσιν εὐαρέστους εἶναι
3 1 πρὸς πᾶν ἔργον ἀγαθὸν ἑτοίμους εἶναι
2 ἀμάχους εἶναι ἐπιεικεῖς
He 5 12 ὀφείλοντες εἶναι διδάσκαλοι διὰ τ. χρόνον
11 4 δι᾽ ἧς ἐμαρτυρήθη εἶναι δίκαιος
12 11 [3] πρὸς μὲν τὸ παρὸν οὐ δοκεῖ χαρᾶς εἶναι
Ja 1 18 [1] εἰς τὸ εἶναι ἡμᾶς ἀπαρχήν τινα τῶν αὐτοῦ κτισμάτων
26 εἴ τις δοκεῖ θρῆσκος εἶναι
4 4 ὃς ἐὰν οὖν βουληθῇ φίλος εἶναι τ. κόσμου
I Pe 1 21 ὥστε τ. πίστιν ὑμῶν κ. ἐλπίδα εἶναι εἰς Θεόν
5 12 ἐπιμαρτυρῶν ταύτην εἶναι ἀληθῆ χάριν τ. Θεοῦ
I Jo 2 9 ὁ λέγων ἐν τ. φωτὶ εἶναι
Re 2 9 τ. βλασφημίαν ἐκ τ. λεγόντων Ἰουδαίους εἶναι ἑαυτούς
3 9 ἐκ τ. συναγωγῆς τ. Σατανᾶ τ. λεγόντων ἑαυτοὺς Ἰουδαίους εἶναι

ὯΝ 1511.1

(1) gen. abs. (2) **ἡ οὖσα, οὖσα ἐν** (3) **ὢν ἐκ, παρά** (4) **ὢν εἰς, πρός** (5) seq. gen. (6) **τὰ μὴ ὄντα**

Cf. infra, **ὁ ὢν κ. ὁ ἦν**

Mt 1 19 Ἰωσὴφ δὲ ὁ ἀνὴρ αὐτῆς δίκαιος ὢν
6 30 τ. χόρτον τ. ἀγροῦ σήμερον ὄντα
7 11 εἰ οὖν ὑμεῖς πονηροὶ ὄντες οἴδατε
12 30 ὁ μὴ ὢν μετ᾽ ἐμοῦ κατ᾽ ἐμοῦ ἐστίν
34 πῶς δύνασθε ἀγαθὰ λαλεῖν πονηροὶ ὄντες,
Mk 2 26 ἔδωκεν κ. τοῖς σὺν αὐτῷ οὖσιν
4 31 μικρότερον ὂν πάντων τ. σπερμάτων
5 25 [2] γυνὴ οὖσα ἐν ῥύσει αἵματος δώδεκα ἔτη
8 1 [1] πάλιν πολλοῦ ὄχλου ὄντος
11 11 [1] ὀψὲ ἤδη οὔσης τ. ὥρας
14 3 [1] ὄντος αὐτοῦ ἐν Βηθανίᾳ
66 [1] ὄντος τ. Πέτρου κάτω ἐν τ. αὐλῇ
Lu 2 5 σὺν Μαριὰμ τ. ἐμνηστευμένῃ αὐτῷ οὔσῃ ἐγκύῳ
3 23 ὢν υἱός ὡς ἐνομίζετο Ἰωσήφ
6 3 ὅποτε ἐπείνασεν αὐτὸς κ. οἱ μετ᾽ αὐτοῦ ὄντες —ὄντ., WH

Lu 8 43 [2] γυνὴ οὖσα ἐν ῥύσει αἵματος ἀπὸ ἐτῶν δώδεκα
11 23 ὁ μὴ ὢν μετ' ἐμοῦ κατ' ἐμοῦ ἐστίν
12 28 ἐν ἀγρῷ τ. χόρτον ὄντα σήμερον
13 16 ταύτην δὲ θυγατέρα Ἀβραὰμ οὖσαν
14 32 [1] ἔτι αὐτοῦ πόρρω ὄντος
20 36 υἱοί εἰσιν Θεοῦ τ. ἀναστάσεως υἱοὶ ὄντες
22 3 [3] Ἰούδαν . . . Ἰσκαριώτην ὄντα ἐκ τ. ἀριθμοῦ τ. δώδεκα
53 [1] καθ' ἡμέραν ὄντος μου μεθ' ὑμῶν ἐν τ. ἱερῷ
23 7 Ἡρῴδην ὄντα κ. αὐτὸν ἐν Ἱεροσολύμοις
12 προϋπῆρχον γὰρ ἐν ἔχθρᾳ ὄντες πρὸς αὐτούς
24 6 ἔτι ὢν ἐν τ. Γαλιλαίᾳ
44 ἐλάλησα πρὸς ὑμᾶς ἔτι ὢν σὺν ὑμῖν
Jo 1 18 [4] ὁ ὢν εἰς τ. κόλπον τ. πατρός
48 ὄντα ὑπὸ τ. συκῆν εἶδόν σε
3 4 πῶς δύναται ἄνθρωπος γεννηθῆναι γέρων ὤν;
13 ὁ υἱὸς τ. ἀνθρώπου ὁ ὢν ἐν τ. οὐρανῷ
—ὁ ὢν ἐν τ. οὐρ., WH non mg. R mg.
31 [3] ὁ ὢν ἐκ τ. γῆς ἐκ τ. γῆς ἐστίν
4 9 πῶς σὺ Ἰουδαῖος ὢν παρ' ἐμοῦ πεῖν αἰτεῖς γυναικὸς Σαμαρείτιδος οὔσης
5 13 [1] ὄχλου ὄντος ἐν τ. τόπῳ
6 46 [3] εἰ μὴ ὁ ὢν παρὰ τ. Θεοῦ
71 εἷς ὢν ἐκ τῶν δώδεκα
—ὤν, WHR
7 50 λέγει Νικόδημος . . . εἷς ὢν ἐξ αὐτῶν
8 [9 κ. ἡ γυνὴ ἐν μέσῳ οὖσα
47 [3] ὁ ὢν ἐκ τ. Θεοῦ τ. ῥήματα τ. Θεοῦ ἀκούει
9 25 ἓν οἶδα ὅτι τυφλὸς ὢν ἄρτι βλέπω
40 ἐκ τ. Φαρισαίων . . . οἱ μετ' αὐτοῦ ὄντες
10 12 ὁ μισθωτὸς κ. οὐκ ὢν ποιμήν
33 ὅτι σὺ ἄνθρωπος ὢν ποιεῖς σεαυτὸν Θεόν
11 31 οἱ οὖν Ἰουδαῖοι οἱ ὄντες μετ' αὐτῆς
49 ἀρχιερεὺς ὢν τ. ἐνιαυτοῦ ἐκείνου
51 ἀρχιερεὺς ὢν τ. ἐνιαυτοῦ ἐκείνου
12 17 ὁ ὄχλος ὁ ὢν μετ' αὐτοῦ
18 26 συγγενὴς ὢν οὗ ἀπέκοψεν Πέτρος τὸ ὠτίον
37 [3] πᾶς ὁ ὢν ἐκ τ. ἀληθείας
19 38 Ἰωσὴφ ἀπὸ Ἀριμαθαίας ὢν μαθητὴς τ. Ἰησοῦ
20 1 [1] σκοτίας ἔτι οὔσης
19 [1] οὔσης οὖν ὀψίας
21 11 [1] τοσούτων ὄντων οὐκ ἐσχίσθη τὸ δίκτυον
Ac 5 17 [2] ἡ οὖσα αἵρεσις τ. Σαδδουκαίων
7 2 ὤφθη τ. πατρὶ ἡμῶν Ἀβραὰμ ὄντι ἐν τ. Μεσοποταμίᾳ
5 [1] οὐκ ὄντος αὐτῷ τέκνου
12 [4] ἀκούσας δὲ Ἰακὼβ ὄντα σιτία εἰς Αἴγυπτον
8 23 [4] εἰς γὰρ χολὴν πικρίας . . . ὁρῶ σε ὄντα
9 2 [5] ὅπως ἐάν τινας εὕρῃ τῆς ὁδοῦ ὄντας
ὄντ. τ. ὁδ., T
38 [1] ἐγγὺς δὲ οὔσης Λύδδας τ. Ἰόππῃ
39 ὅσα ἐποίει μετ' αὐτῶν οὖσα ἡ Δορκάς
11 1 οἱ ἀδελφοὶ οἱ ὄντες κατὰ τ. Ἰουδαίαν
22 εἰς τὰ ὦτα τ. ἐκκλησίας τ. οὔσης ἐν Ἱερουσαλήμ
13 1 [2] ἦσαν δὲ ἐν Ἀντιοχείᾳ κατὰ τ. οὖσαν ἐκκλησίαν
14 13 ὅ τε ἱερεὺς τ. Διὸς τ. ὄντος πρὸ τ. πόλεως
15 32 κ. αὐτοὶ προφῆται ὄντες
16 3 διὰ τ. Ἰουδαίους τ. ὄντας ἐν τ. τόποις ἐκείνοις

Ac 16 21 ἃ οὐκ ἔξεστιν ἡμῖν παραδέχεσθαι . . . Ῥωμαίοις οὖσιν
17 16 θεωροῦντος κατείδωλον οὖσαν τ. πόλιν
18 12 [1] Γαλλίωνος δὲ ἀνθυπάτου ὄντος τ. Ἀχαίας
24 δυνατὸς ὢν ἐν τ. γραφαῖς
19 31 τινὲς δὲ κ. τ. Ἀσιαρχῶν ὄντες αὐτῷ φίλοι
35 τὴν Ἐφεσίων πόλιν νεωκόρον οὖσαν τ. μεγάλης Ἀρτέμιδος
36 [1] ἀναντιρήτων οὖν ὄντων τούτων
20 34 τ. οὖσιν μετ' ἐμοῦ ὑπηρέτησαν αἱ χεῖρες αὗται
21 8 [3] Φιλίππου τ. εὐαγγελίστου ὄντος ἐκ τῶν ἑπτά
22 5 ἄξων κ. τοὺς ἐκεῖσε ὄντας
9 οἱ δὲ σὺν ἐμοὶ ὄντες τὸ μὲν φῶς ἐθεάσαντο
24 10 ἐκ πολλῶν ἐτῶν ὄντα σε κριτὴν τ. ἔθνει τούτῳ
24 σὺν Δρουσίλλῃ τ. ἰδίᾳ γυναικὶ οὔσῃ Ἰουδαίᾳ
26 3 γνώστην ὄντα σε πάντων τ. κατὰ Ἰουδαίους ἐθῶν
21 ἕνεκα τούτων με Ἰουδαῖοι συλλαβόμενοι ὄντα ἐν τ. ἱερῷ
—ὄντα, WH
27 2 [1] ὄντος σὺν ἡμῖν Ἀριστάρχου Μακεδόνος
9 [1] ὄντος ἤδη ἐπισφαλοῦς τ. πλοός
28 17 συνκαλέσασθαι αὐτὸν τ. ὄντας τ. Ἰουδαίων πρώτους
25 ἀσύμφωνοι δὲ ὄντες πρὸς ἀλλήλους ἀπελύοντο
Ro 1 7 πᾶσι τ. οὖσιν ἐν Ῥώμῃ ἀγαπητοῖς Θεοῦ
4 10 ἐν περιτομῇ ὄντι ἢ ἐν ἀκροβυστίᾳ;
17 [6] καλοῦντος τὰ μὴ ὄντα ὡς ὄντα
5 6 [1] εἴγε Χριστὸς ὄντων ἡμῶν ἀσθενῶν ἔτι
8 [1] ἔτι ἁμαρτωλῶν ὄντων ἡμῶν
10 εἰ γὰρ ἐχθροὶ ὄντες κατηλλάγημεν τ. Θεῷ
13 [1] ἁμαρτία δὲ οὐκ ἐλλογᾶται μὴ ὄντος νόμου
7 23 τ. νόμῳ τ. ἁμαρτίας τ. ὄντι ἐν τ. μέλεσί μου
8 5 οἱ γὰρ κατὰ σάρκα ὄντες
8 οἱ δὲ ἐν σαρκὶ ὄντες
28 τοῖς κατὰ πρόθεσιν κλητοῖς οὖσιν
9 5 ὁ Χριστὸς τὸ κατὰ σάρκα ὁ ὢν ἐπὶ πάντων
11 17 σὺ δὲ ἀγριέλαιος ὢν ἐνεκεντρίσθης
12 3 λέγω γὰρ . . . παντὶ τ. ὄντι ἐν ὑμῖν
13 1 [2] αἱ δὲ οὖσαι ὑπὸ Θεοῦ τεταγμέναι εἰσίν
16 1 Φοίβην . . . οὖσαν διάκονον τ. ἐκκλησίας τῆς ἐν Κενχρεαῖς
11 ἀσπάσασθε τοὺς ἐκ τῶν Ναρκισσου τ. ὄντας ἐν Κυρίῳ
I Co 1 2 [2] τ. ἐκκλησίᾳ τ. Θεοῦ τ. οὔσῃ ἐν Κορίνθῳ
28 [6] ἐξελέξατο ὁ Θεὸς κ. τὰ μὴ ὄντα,
—καί, TR mg.
ἵνα τὰ ὄντα καταργήσῃ
8 7 ἡ συνείδησις αὐτῶν ἀσθενὴς οὖσα μολύνεται
10 οὐχὶ ἡ συνείδησις αὐτοῦ ἀσθενοῦς ὄντος οἰκοδομηθήσεται
9 19 ἐλεύθερος γὰρ ὢν ἐκ πάντων
20 μὴ ὢν αὐτὸς ὑπὸ νόμον
21 μὴ ὢν ἄνομος Θεοῦ
12 12 πάντα δὲ τὰ μέλη . . . πολλὰ ὄντα ἕν ἐστιν σῶμα
II Co 1 1 [2] τ. ἐκκλησίᾳ τ. Θεοῦ τ. οὔσῃ ἐκ Κορίνθῳ,
[2] σὺν τ. ἁγίοις πᾶσιν τ. οὖσιν ἐν ὅλῃ τ. Ἀχαΐᾳ
5 4 κ. γὰρ οἱ ὄντες ἐν τ. σκήνει στενάζομεν
8 9 δι' ὑμᾶς ἐπτώχευσεν πλούσιος ὤν

II Co 8 22 ὃν ἐδοκιμάσαμεν ἐν πολλοῖς πολλάκις σπουδαῖον ὄντα
11 19 ἀνέχεσθε τ. ἀφρόνων φρόνιμοι ὄντες
31 ὁ ὢν εὐλογητὸς εἰς τ. αἰῶνας
Ga 2 3 οὐδὲ Τίτος ὁ σὺν ἐμοὶ Ἕλλην ὤν
4 1 οὐδὲν διαφέρει δούλου κύριος πάντων ὤν
8 ἐδουλεύσατε τοῖς φύσει μὴ οὖσιν θεοῖς
6 3 εἰ γὰρ δοκεῖ τις εἶναί τι μηδὲν ὤν
Eph 1 1 τ. ἁγίοις τ. οὖσιν ἐν Ἐφέσῳ
—ἐν Ἐφ., [TWH] R mg.
2 1 ὑμᾶς ὄντας νεκροὺς τ. παραπτώμασιν
4 ὁ δὲ Θεὸς πλούσιος ὢν τ. ἐλέει
5 κ. ὄντας ὑμᾶς νεκροὺς τ. παραπτώμασιν
13 ὑμεῖς οἵ ποτε ὄντες μακράν
20 [1] ὄντος ἀκρογωνιαίου αὐτοῦ Χριστοῦ Ἰησοῦ
4 18 ἐσκοτωμένοι τ. διανοίᾳ ὄντες
18 [2] διὰ τ. ἄγνοιαν τ. οὖσαν ἐν αὐτοῖς
Phl 1 1 τ. ἁγίοις ἐν Χριστῷ Ἰησοῦ τ. οὖσιν ἐν Φιλίπποις
7 συνκοινωνούς μου τ. χάριτος πάντας ὑμᾶς ὄντας
Col 1 21 κ. ὑμᾶς ποτὲ ὄντας ἀπηλλοτριωμένους
2 13 ὑμᾶς νεκροὺς ὄντας τ. παραπτώμασιν
4 11 [3] οἱ ὄντες ἐκ περιτομῆς
I Th 2 14 [2] τ. ἐκκλησιῶν τ. Θεοῦ τ. οὐσῶν ἐν τ. Ἰουδαίᾳ
5 8 [5] ἡμεῖς δὲ ἡμέρας ὄντες
II Th 2 5 [4] οὐ μνημονεύετε ὅτι ἔτι ὢν πρὸς ὑμᾶς
I Ti 1 13 τὸ πρότερον ὄντα βλάσφημον κ. διώκτην
2 2 ὑπὲρ βασιλέων κ. πάντων τῶν ἐν ὑπεροχῇ ὄντων
3 10 εἶτα διακονείτωσαν ἀνέγκλητοι ὄντες
II Ti 2 19 [5] ἔγνω Κύριος τ. ὄντας αὐτοῦ
יָדַע יְהוָה אֶת־אֲשֶׁר־לוֹ, Num. xvi. 5
Tit 1 16 βδελυκτοὶ ὄντες κ. ἀπειθεῖς
3 11 ἁμαρτάνει ὢν αὐτοκατάκριτος
Phm 9 τοιοῦτος ὢν ὡς Παῦλος πρεσβύτης
He 1 3 ὃς ὢν ἀπαύγασμα τ. δόξης
3 2 πιστὸν ὄντα τ. ποιήσαντι αὐτόν
5 8 καίπερ ὢν υἱὸς ἔμαθεν . . . τ. ὑπακοήν
8 4 [1] ὄντων τ. προσφερόντων κατὰ νόμον τὰ δῶρα
13 3 ὡς κ. αὐτοὶ ὄντες ἐν σώματι
Ja 3 4 κ. τὰ πλοῖα τηλικαῦτα ὄντα
II Pe 1 18 σὺν αὐτῷ ὄντες ἐν τ. ἁγίῳ ὄρει
2 11 ἄγγελοι ἰσχύϊ κ. δυνάμει μείζονες ὄντες

Ὁ ὮΝ ΚΑῚ Ὁ ἮΝ 1511.2

Re 1 4 χάρις ὑμῖν κ. εἰρήνη ἀπὸ ὁ ὢν κ. ὁ ἦν κ. ὁ ἐρχόμενος
8 λέγει Κύριος ὁ Θεὸς ὁ ὢν κ. ὁ ἦν κ. ὁ ἐρχόμενος
4 8 ἅγιος Κύριος ὁ Θεὸς . . ὁ ἦν κ. ὁ ὢν κ. ὁ ἐρχόμενος
11 17 Κύριε ὁ Θεὸς . . . ὁ ὢν κ. ὁ ἦν
16 5 δίκαιος εἶ ὁ ὢν κ. ὁ ἦν ὁ ὅσιος

ἬΜΗΝ 1511.3

(1) seq. partic. (2) ἦμ. **πρός, παρά, εἰς** (3) ἦμ. **ἐκ, παρά** (4) seq. gen. (5) **ἦμεν, ἤμεθα**

Mt 1 18 τ. δὲ Ἰησοῦ Χριστοῦ ἡ γένεσις οὕτως ἦν
2 9 ἐστάθη ἐπάνω οὗ ἦν τ. παιδίον

Mt 2 15 ἦν ἐκεῖ ἕως τ. τελευτῆς Ἡρῴδου
3 4 ἡ δὲ τροφὴ ἦν αὐτοῦ ἀκρίδες
4 18 ἦσαν γὰρ ἁλεεῖς
7 27 ἦν ἡ πτῶσις αὐτῆς μεγάλη
29 [1] ἦν γὰρ διδάσκων αὐτοὺς ὡς ἐξουσίαν ἔχων
8 30 [1] ἦν δὲ μακρὰν ἀπ' αὐτῶν ἀγέλη χοίρων . . . βοσκομένη
9 36 [1] ὅτι ἦσαν ἐσκυλμένοι κ. ἐριμμένοι
12 4 [1] ὃ οὐκ ἐξὸν ἦν αὐτῷ φαγεῖν
40 ὥσπερ γὰρ ἦν Ἰωνᾶς ἐν τ. κοιλίᾳ τ. κήτους
14 21 οἱ δὲ ἐσθίοντες ἦσαν ἄνδρες ὡσεὶ πεντακισχίλιοι
23 ὀψίας δὲ γενομένης μόνος ἦν ἐκεῖ.
24 τὸ δὲ πλοῖον ἤδη μέσον τ. θαλάσσης ἦν
ἤδ. σταδίους πολλοὺς ἀπὸ τ. γῆς ἀπεῖχεν, WH non mg. R mg.
24 ἦν γὰρ ἐναντίος ὁ ἄνεμος
15 38 οἱ δὲ ἐσθίοντες ἦσαν τετρακισχίλιοι ἄνδρες
19 22 [1] ἦν γὰρ ἔχων κτήματα πολλά
21 25 τὸ βάπτισμα τὸ Ἰωάνου πόθεν ἦν;
33 ἄνθρωπος ἦν οἰκοδεσπότης
22 8 οἱ δὲ κεκλημένοι οὐκ ἦσαν ἄξιοι
25 ἦσαν δὲ παρ' ἡμῖν ἑπτὰ ἀδελφοί
23 30 [5] εἰ ἤμεθα ἐν τ. ἡμέραις τ. πατέρων ἡμῶν
[5] οὐκ ἂν ἤμεθα αὐτῶν κοινωνοί
24 38 ὡς γὰρ ἦσαν ἐν τ. ἡμέραις ἐκείναις
25 2 πέντε δὲ ἐξ αὐτῶν ἦσαν μωραί
21 ἐπὶ ὀλίγα ἦς πιστός
23 ἐπὶ ὀλίγα ἦς πιστός
πιστ. ἦς, WH mg.
35 ξένος ἤμην κ. συνηγάγετέ με
36 ἐν φυλακῇ ἤμην κ. ἤλθατε πρός με
43 ξένος ἤμην κ. οὐ συνηγάγετέ με
26 24 καλὸν ἦν αὐτῷ εἰ οὐκ ἐγεννήθη
43 [1] ἦσαν γὰρ αὐτῶν οἱ ὀφθαλμοὶ βεβαρημένοι
69 κ. σὺ ἦσθα μετὰ Ἰησοῦ τ. Γαλιλαίου
71 οὗτος ἦν μετὰ Ἰησοῦ τ. Ναζωραίου
27 54 ἀληθῶς Θεοῦ υἱὸς ἦν οὗτος
55 ἦσαν δὲ ἐκεῖ γυναῖκες πολλαί
56 ἐν αἷς ἦν Μαρία ἡ Μαγδαληνή
61 ἦν δὲ ἐκεῖ Μαριὰμ ἡ Μαγδαληνή
28 3 ἦν δὲ ἡ εἰδέα αὐτοῦ ὡς ἀστραπή
Mk 1 6 [1] ἦν ὁ Ἰωάνης ἐνδεδυμένος τρίχας καμήλου
13 ἦν ἐν τῇ ἐρήμῳ τεσσεράκοντα ἡμέρας
13 κ. ἦν μετὰ τ. θηρίων
16 ἦσαν γὰρ ἁλεεῖς
22 [1] ἦν γὰρ διδάσκων αὐτοὺς ὡς ἐξουσίαν ἔχων
23 εὐθὺς ἦν ἐν τ. συναγωγῇ αὐτῶν ἄνθρωπος
33 [1] ἦν ὅλη ἡ πόλις ἐπισυνηγμένη πρὸς τ. θύραν
45 ἀλλὰ ἔξω ἐπ' ἐρήμοις τόποις ἦν
[ἦν], WH
2 4 ἀπεστέγασαν τ. στέγην ὅπου ἦν
6 [1] ἦσαν δέ τινες τ. γραμματέων ἐκεῖ καθήμενοι
15 ἦσαν γὰρ πολλοὶ κ. ἠκολούθουν αὐτῷ
18 [1] ἦσαν οἱ μαθηταὶ Ἰωάνου κ. οἱ Φαρισαῖοι νηστεύοντες
3 1 ἦν ἐκεῖ ἄνθρωπος ἐξηραμμένην ἔχων τ. χεῖρα
4 1 [2] πᾶς ὁ ὄχλος πρὸς θάλασσαν ἐπὶ τ. γῆς ἦσαν
36 παραλαμβάνουσιν αὐτὸν ὡς ἦν ἐν τ. πλοίῳ,

Mk 4 36 κ. ἀλλὰ πλοῖα ἦν μετ' αὐτοῦ
πλοιάρια ἦσαν, T
38 [1] αὐτὸς ἦν ἐν τ. πρύμνῃ . . . καθεύδων
ἦν αὐτ., T
5 5 [1] ἦν κράζων κ. κατακόπτων ἑαυτὸν λίθοις
11 [1] ἦν δὲ ἐκεῖ πρὸς τ. ὄρει ἀγέλη χοίρων
. . . βοσκομένη
21 [2] κ. ἦν παρὰ τ. θάλασσαν
40 εἰσπορεύεται ὅπου ἦν τὸ παιδίον
42 [4] ἦν γὰρ ἐτῶν δώδεκα
6 31 ἦσαν γὰρ οἱ ἐρχόμενοι κ. οἱ ὑπάγοντες
πολλοί
34 ὅτι ἦσαν ὡς πρόβατα μὴ ἔχοντα ποιμένα
44 ἦσαν οἱ φαγόντες τ. ἄρτους πεντακισχίλιοι
ἄνδρες
47 ἦν τὸ πλοῖον ἐν μέσῳ τ. θαλάσσης
48 ἦν γὰρ ὁ ἄνεμος ἐναντίος αὐτοῖς
52 [1] ἀλλ' ἦν αὐτῶν ἡ καρδία πεπωρωμένη
7 26 ἡ δὲ γυνὴ ἦν Ἑλληνίς
8 9 ἦσαν δὲ ὡς τετραχισχίλιοι
9 4 [1] ἦσαν συνλαλοῦντες τῷ Ἰησοῦ
10 22 [1] ἦν γὰρ ἔχων κτήματα πολλά
32 [1] ἦσαν δὲ ἐν τῇ ὁδῷ ἀναβαίνοντες εἰς
Ἱεροσόλυμα,
[1] κ. ἦν προάγων αὐτοὺς ὁ Ἰησοῦς
11 13 ὁ γὰρ καιρὸς οὐκ ἦν σύκων
30 [3] τὸ βάπτισμα τὸ Ἰωάνου ἐξ οὐρανοῦ ἦν
32 εἶχον τ. Ἰωάνην ὄντως ὅτι προφήτης ἦν
12 20 ἑπτὰ ἀδελφοὶ ἦσαν
14 1 ἦν δὲ τὸ πάσχα κ. τὰ ἄζυμα μετὰ δύο
ἡμέρας
4 [1] ἦσαν δέ τινες ἀγανακτοῦντες πρὸς ἑαυτούς
οἱ δὲ μαθηταὶ αὐτοῦ διεπονοῦντο κ. ἔλεγον,
WH mg.
40 [1] ἦσαν γὰρ αὐτῶν οἱ ὀφθαλμοὶ καταβαρυ-
νόμενοι
49 [1] καθ' ἡμέραν ἤμην πρὸς ὑμᾶς ἐν τ. ἱερῷ
διδάσκων
54 [1] ἦν συνκαθήμενος μετὰ τ. ὑπηρετῶν
56 ἴσαι αἱ μαρτυρίαι οὐκ ἦσαν
59 οὐδὲ οὕτως ἴση ἦν ἡ μαρτυρία αὐτῶν
67 κ. σὺ μετὰ τ. Ναζαρηνοῦ ἦσθα τ. Ἰησοῦ
15 7 [1] ἦν δὲ ὁ λεγόμενος Βαραββᾶς . . . δεδε-
μένος
25 ἦν δὲ ὥρα τρίτη
26 [1] ἦν ἡ ἐπιγραφὴ τ. αἰτίας αὐτοῦ ἐπιγε-
γραμμένη
39 ἀληθῶς οὗτος ὁ ἄνθρωπος υἱὸς Θεοῦ ἦν
ἦν Θεοῦ, T
40 [1] ἦσαν δὲ κ. γυναῖκες ἀπὸ μακρόθεν θεω-
ροῦσαι
41 ὅτε ἦν ἐν τ. Γαλιλαίᾳ
42 ἐπεὶ ἦν παρασκευὴ ὅ ἐστιν προσάββατον
43 [1] ὃς κ. αὐτὸς ἦν προσδεχόμενος τ. βασι-
λείαν τ. Θεοῦ
46 [1] ὃ ἦν λελατομημένον ἐκ πέτρας
16 4 ἦν γὰρ μέγας σφόδρα
Lu 1 6 ἦσαν δὲ δίκαιοι ἀμφότεροι ἐναντίον τ. Θεοῦ
7 κ. οὐκ ἦν αὐτοῖς τέκνον,
καθότι ἦν ἡ Ἐλεισάβετ στεῖρα,
[1] κ. ἀμφότεροι προβεβηκότες ἐν τ. ἡμέραις
αὐτῶν ἦσαν
10 [1] πᾶν τὸ πλῆθος ἦν τ. λαοῦ προσευχόμενον
21 [1] ἦν ὁ λαὸς προσδοκῶν τ. Ζαχαρίαν
22 [1] αὐτὸς ἦν διανεύων αὐτοῖς
66 κ. γὰρ χεὶρ Κυρίου ἦν μετ' αὐτοῦ

Lu 1 80 ἦν ἐν ταῖς ἐρήμοις ἕως ἡμέρας ἀναδείξεως
αὐτοῦ πρὸς τὸν Ἰσραήλ
2 7 διότι οὐκ ἦν αὐτοῖς τόπος ἐν τ. καταλύματι
8 ποιμένες ἦσαν ἐν τ. χώρᾳ τ. αὐτῇ
25 ἄνθρωπος ἦν ἐν Ἰερουσαλὴμ ᾧ ὄνομα
Συμεών
25 κ. πνεῦμα ἦν ἅγιον ἐπ' αὐτόν·
26 [1] κ. ἦν αὐτῷ κεχρηματισμένον ὑπὸ τ.
πνεύματος τ. ἁγίου
33 [1] ἦν ὁ πατὴρ αὐτοῦ κ. ἡ μήτηρ θαυμάζοντες
36 κ. ἦν Ἅννα προφῆτις
40 χάρις Θεοῦ ἦν ἐπ' αὐτό
51 [1] ἦν ὑποτασσόμενος αὐτοῖς
3 23 [1] αὐτὸς ἦν Ἰησοῦς ἀρχόμενος ὡσεὶ ἐτῶν
τριάκοντα
4 16 [1] ἦλθεν εἰς Ναζαρὰ οὗ ἦν τεθραμμένος
17 [1] εὗρεν τ. τόπον οὗ ἦν γεγραμμένον
20 [1] πάντων οἱ ὀφθαλμοὶ ἐν τῇ συναγωγῇ
ἦσαν ἀτενίζοντες αὐτῷ
25 πολλαὶ χῆραι ἦσαν ἐν τ. ἡμέραις Ἠλείου
27 πολλοὶ λεπροὶ ἦσαν ἐν τ. Ἰσραὴλ ἐπὶ
Ἐλισαίου
31 [1] ἦν διδάσκων αὐτοὺς ἐν τ. σάββασιν
32 ὅτι ἐν ἐξουσίᾳ ἦν ὁ λόγος αὐτοῦ
33 [1] ἐν τ. συναγωγῇ ἦν ἄνθρωπος ἔχων
πνεῦμα δαιμονίου ἀκαθάρτου
38 [1] πενθερὰ δὲ τ. Σίμωνος ἦν συνεχομένη
πυρετῷ μεγάλῳ
44 [1] ἦν κηρύσσων εἰς τ. συναγωγὰς τ. Ἰουδαίας
5 1 [1] αὐτὸς ἦν ἑστὼς παρὰ τ. λίμνην Γεννησαρέτ
3 [4] ἐμβὰς δὲ εἰς ἓν τ. πλοίων ὃ ἦν Σίμωνος
10 οἳ ἦσαν κοινωνοὶ τ. Σίμωνι
16 [1] αὐτὸς δὲ ἦν ὑποχωρῶν ἐν ταῖς ἐρήμοις
17 [1] αὐτὸς ἦν διδάσκων·
[1] κ. ἦσαν καθήμενοι Φαρισαῖοι κ. νομο-
διδάσκαλοι,
[1] οἳ ἦσαν ἐληλυθότες ἐκ πάσης κώμης τ.
Γαλιλαίας
17 [2] δύναμις Κυρίου ἦν εἰς τὸ ἰᾶσθαι αὐτόν
18 [1] φέροντες ἐπὶ κλίνης ἄνθρωπον ὃς ἦν
παραλελυμένος
29 ἦν ὄχλος πολὺς τελωνῶν,
[1] κ. ἄλλων οἳ ἦσαν μετ' αὐτῶν κατακείμενοι
6 6 ἦν ἄνθρωπος ἐκεῖ,
κ. ἡ χεὶρ αὐτοῦ ἡ δεξιὰ ἦν ξηρά
12 [1] ἦν διανυκτερεύων ἐν τ. προσευχῇ τ. Θεοῦ
7 2 ὃς ἦν αὐτῷ ἔντιμος
12 κ. αὐτὴ ἦν χήρα·
κ. ὄχλος τ. πόλεως ἱκανὸς ἦν σὺν αὐτῇ
37 ἥτις ἦν ἐν τ. πόλει ἁμαρτωλός
39 οὗτος εἰ ἦν ὁ προφήτης
41 δύο χρεοφειλέται ἦσαν δανιστῇ τινί
8 2 [1] γυναῖκές τινες αἳ ἦσαν τεθεραπευμέναι
32 [1] ἦν δὲ ἐκεῖ ἀγέλη χοίρων ἱκανῶν βοσ-
κομένη
βοσκομένων, TWH mg.
40 [1] ἦσαν γὰρ πάντες προσδοκῶντες αὐτόν
42 ὅτι θυγάτηρ μονογενὴς ἦν αὐτῷ
9 14 ἦσαν γὰρ ὡσεὶ ἄνδρες πεντακισχίλιοι
30 οἵτινες ἦσαν Μωυσῆς κ. Ἠλείας
32 [1] ὁ δὲ Πέτρος κ. οἱ σὺν αὐτῷ ἦσαν βεβαρη-
μένοι ὕπνῳ
45 [1] ἦν παρακεκαλυμμένον ἀπ' αὐτῶν
53 [1] τὸ πρόσωπον αὐτοῦ ἦν πορευόμενον εἰς
Ἰερουσαλήμ
10 39 τῇδε ἦν ἀδελφὴ καλουμένη Μαριάμ

Lu 11 14 [1] ἦν ἐκβάλλων δαιμόνιον
κ. αὐτὸ ἦν κωφόν
—κ. αὐτ. ἦν, WHR
13 10 [1] ἦν δὲ διδάσκων ἐν μιᾷ τ. συναγωγῶν
11 [1] ἦν συνκύπτουσα κ. μὴ δυναμένη ἀνακύψαι
14 1 [1] αὐτοὶ ἦσαν παρατηρούμενοι αὐτόν
2 ἄνθρωπός τις ἦν ὑδρωπικὸς ἔμπροσθεν αὐτοῦ
15 1 [1] ἦσαν δὲ αὐτῷ ἐγγίζοντες πάντες οἱ τελῶναι
24 οὗτος ὁ υἱός μου νεκρὸς ἦν
24 [1] ἦν ἀπολωλὼς κ. εὑρέθη
25 ἦν δὲ ὁ υἱὸς αὐτοῦ ὁ πρεσβύτερος ἐν ἀγρῷ
32 ὅτι ὁ ἀδελφός σου οὗτος νεκρὸς ἦν
16 1 ἄνθρωπός τις ἦν πλούσιος
19 ἄνθρωπος δέ τις ἦν πλούσιος
17 16 κ. αὐτὸς ἦν Σαμαρείτης
18 2 κριτής τις ἦν ἔν τινι πόλει
3 χήρα δὲ ἦν ἐν τ. πόλει ἐκείνῃ
23 ἦν γὰρ πλούσιος σφόδρα
34 [1] ἦν τὸ ῥῆμα τοῦτο κεκρυμμένον ἀπ' αὐτῶν
19 2 αὐτὸς ἦν ἀρχιτελώνης κ. ἦν πλούσιος
κ. αὐτὸς πλ., WH non mg. R
3 ὅτι τ. ἡλικίᾳ μικρὸς ἦν
47 [1] ἦν διδάσκων τὸ καθ' ἡμέραν ἐν τ. ἱερῷ
20 4 [8] τὸ βάπτισμα Ἰωάνου ἐξ οὐρανοῦ ἦν
29 ἑπτὰ οὖν ἀδελφοὶ ἦσαν
21 37 [1] ἦν δὲ τ. ἡμέρας ἐν τ. ἱερῷ διδάσκων
22 56 κ. οὗτος σὺν αὐτῷ ἦν
59 ἐπ' ἀληθείας κ. οὗτος μετ' αὐτοῦ ἦν
23 8 [1] ἦν γὰρ ἐξ ἱκανῶν χρόνων θέλων ἰδεῖν αὐτόν
19 [1] ὅστις ἦν διὰ στάσιν τινὰ . . . βληθεὶς ἐν τ. φυλακῇ
38 ἦν δὲ κ. ἐπιγραφὴ ἐπ' αὐτῷ
44 ἦν ἤδη ὡσεὶ ὥρα ἕκτη
47 ὄντως ὁ ἄνθρωπος οὗτος δίκαιος ἦν
51 [1] οὗτος οὐκ ἦν συνκατατεθειμένος τ. βουλῇ κ. τ. πράξει αὐτῶν
53 [1] οὗ οὐκ ἦν οὐδεὶς οὔπω κείμενος.
54 κ. ἡμέρα ἦν παρασκευῆς
55 [1] αἵτινες ἦσαν συνεληλυθυῖαι ἐκ τ. Γαλιλαίας αὐτῷ
24 10 ἦσαν δὲ ἡ Μαγδαληνὴ Μαρία κ. Ἰωάνα
13 [1] δύο ἐξ αὐτῶν ἐν αὐτῇ τ. ἡμέρᾳ ἦσαν πορευόμενοι
27 [1] ἦν ἀρξάμενος ἀπὸ Μωυσέως
—ἦν, TWH non mg. R
32 [1] οὐχὶ ἡ καρδία ἡμῶν καιομένη ἦν
53 ἦσαν διὰ παντὸς ἐν τ. ἱερῷ
Jo 1 1 ἐν ἀρχῇ ἦν ὁ λόγος,
[2] κ. ὁ λόγος ἦν πρὸς τ. Θεόν,
κ. Θεὸς ἦν ὁ λόγος.
2 [2] οὗτος ἦν ἐν ἀρχῇ πρὸς τ. Θεόν
4 ἐν αὐτῷ ζωὴ ἦν,
ἐστίν, TWH marg.
κ. ἡ ζωὴ ἦν τὸ φῶς τ. ἀνθρώπων
8 οὐκ ἦν ἐκεῖνος τὸ φῶς
9 [1] ἦν τὸ φῶς τὸ ἀληθινὸν . . . ἐρχόμενον εἰς τ. κόσμον.
10 ἐν τ. κόσμῳ ἦν
15 οὗτος ἦν ὃν εἶπον
ὁ εἰπών, WH non mg.
15 ὅτι πρῶτός μου ἦν
24 [1] ἀπεσταλμένοι ἦσαν ἐκ τ. Φαρισαίων
28 [1] ὅπου ἦν ὁ Ἰωάνης βαπτίζων

Jo 1 30 ὅτι πρῶτός μου ἦν
39 ὥρα ἦν ὡς δεκάτη
40 ἦν Ἀνδρέας . . . εἷς ἐκ τ. δύο τ. ἀκουσάντων παρὰ Ἰωάνου
44 ἦν δὲ ὁ Φίλιππος ἀπὸ Βηθσαιδά
2 1 ἦν ἡ μήτηρ τοῦ Ἰησοῦ ἐκεῖ
6 [1] ἦσαν δὲ ἐκεῖ λίθιναι ὑδρίαι ἓξ . . κείμεναι
13 ἐγγὺς ἦν τὸ πάσχα τ. Ἰουδαίων
23 ὡς δὲ ἦν ἐν τ. Ἱεροσολύμοις ἐν τῷ πάσχα
25 αὐτὸς γὰρ ἐγίνωσκεν τί ἦν ἐν τ. ἀνθρώπῳ
3 1 [8] ἦν δὲ ἄνθρωπος ἐκ τ. Φαρισαίων
19 ἦν γὰρ αὐτῶν πονηρὰ τ. ἔργα
23 [1] ἦν δὲ κ. ὁ Ἰωάνης βαπτίζων ἐν Αἰνὼν ἐγγὺς τοῦ Σαλείμ,
ὅτι ὕδατα πολλὰ ἦν ἐκεῖ
24 [1] οὔπω γὰρ ἦν βεβλημένος εἰς τ. φυλακὴν
26 ὃς ἦν μετὰ σοῦ πέραν τ. Ἰορδάνου
4 6 ἦν δὲ ἐκεῖ πηγὴ τοῦ Ἰακώβ
6 ὥρα ἦν ὡς ἕκτη
46 κ. ἦν τις βασιλικός
ἦν δέ τις, TWH marg.
5 1 μετὰ ταῦτα ἦν ἑορτὴ τ. Ἰουδαίων
5 ἦν δέ τις ἄνθρωπος ἐκεῖ
9 ἦν δὲ σάββατον ἐν ἐκείνῃ τ. ἡμέρᾳ
35 ἐκεῖνος ἦν ὁ λύχνος ὁ καιόμενος κ. φαίνων
6 4 ἦν δὲ ἐγγὺς τὸ πάσχα ἡ ἑορτὴ τ. Ἰουδαίων
10 ἦν δὲ χόρτος πολὺς ἐν τ. τόπῳ
22 εἶδον ὅτι πλοιάριον ἄλλο οὐκ ἦν ἐκεῖ
62 ἀναβαίνοντα ὅπου ἦν τὸ πρότερον
7 2 ἦν δὲ ἐγγὺς ἡ ἑορτὴ τ. Ἰουδαίων ἡ σκηνοπηγία
12 γογγυσμὸς περὶ αὐτοῦ ἦν πολὺς ἐν τ. ὄχλοις
ἦν π. αὐτ. πολ., T
39 οὔπω γὰρ ἦν πνεῦμα
42 ἀπὸ Βηθλεὲμ τ. κώμης ὅπου ἦν Δαυείδ
8 42 εἰ ὁ Θεὸς πατὴρ ὑμῶν ἦν
44 ἐκεῖνος ἀνθρωποκτόνος ἦν ἀπ' ἀρχῆς
9 8 οἱ θεωροῦντες αὐτὸν τὸ πρότερον ὅτι προσαίτης ἦν
14 ἦν δὲ σάββατον ἐν ᾗ ἡμέρᾳ τ. πηλὸν ἐποίησεν
16 σχίσμα ἦν ἐν αὐτοῖς
18 ὅτι ἦν τυφλὸς κ. ἀνέβλεψεν
24 ἐφώνησαν οὖν τ. ἄνθρωπον . . . ὃς ἦν τυφλός
33 [8] εἰ μὴ ἦν οὗτος παρὰ Θεοῦ
41 εἰ τυφλοὶ ἦτε οὐκ ἂν εἴχετε ἁμαρτίαν
10 6 οὐκ ἔγνωσαν τίνα ἦν ἃ ἐλάλει αὐτοῖς
22 ἐγένετο τότε τὰ ἐνκαίνια . . . χειμὼν ἦν
40 [1] ὅπου ἦν Ἰωάνης τὸ πρῶτον βαπτίζων
41 πάντα δὲ ὅσα εἶπεν Ἰωάνης . . . ἀληθῆ ἦν
11 1 [1] ἦν δέ τις ἀσθενῶν Λάζαρος ἀπὸ Βηθανίας
2 ἦν δὲ Μαριὰμ ἡ ἀλείψασα τ. Κύριον μύρῳ
6 ἔμεινεν ἐν ᾧ ἦν τόπῳ δύο ἡμέρας
15 χαίρω δι' ὑμᾶς . . . ὅτι οὐκ ἤμην ἐκεῖ
18 ἦν δὲ Βηθανία ἐγγὺς τ. Ἱεροσολύμων
21 εἰ ἦς ὧδε οὐκ ἂν ἀπέθανεν ὁ ἀδελφός μου
30 ἦν ἔτι ἐν τῷ τόπῳ ὅπου ὑπήντησεν αὐτῷ
32 ὡς ἦλθεν ὅπου ἦν Ἰησοῦς
32 εἰ ἦς ὧδε οὐκ ἄν μου ἀπέθανεν ὁ ἀδελφός
38 ἦν δὲ σπήλαιον

Jo 11 55 ἦν δὲ ἐγγὺς τὸ πάσχα τ. Ἰουδαίων
12 1 ὅπου ἦν Λάζαρος
2 ὁ δὲ Λάζαρος εἷς ἦν ἐκ τ. ἀνακειμένων σὺν αὐτῷ
6 ἀλλ' ὅτι κλέπτης ἦν
16 [1] ἐμνήσθησαν ὅτι ταῦτα ἦν ἐπ' αὐτῷ γεγραμμένα
20 [3] ἦσαν δὲ Ἕλληνές τινες ἐκ τ. ἀναβαινόντων
13 5 [1] ἐκμάσσειν τ. λεντίῳ ᾧ ἦν διεζωσμένος
23 [1] ἦν ἀνακείμενος εἷς ἐκ τ. μαθητῶν αὐτοῦ
30 ἦν δὲ νύξ
15 19 [3] εἰ ἐκ τ. κόσμου ἦτε
16 4 ἐξ ἀρχῆς οὐκ εἶπον ὅτι μεθ' ὑμῶν **ἤμην**
17 6 σοὶ ἦσαν κἀμοὶ αὐτοὺς ἔδωκας
12 ὅτε **ἤμην** μετ' αὐτῶν
18 1 ὅπου ἦν κῆπος
10 ἦν δὲ ὄνομα τ. δούλῳ Μάλχος
13 ἦν γὰρ πενθερὸς τοῦ Καιάφα,
ὃς ἦν ἀρχιερεὺς τ. ἐνιαυτοῦ ἐκείνου.
14 ἦν δὲ Καιάφας ὁ συμβουλεύσας τ. Ἰουδαίοις
15 ὁ δὲ μαθητὴς ἐκεῖνος ἦν γνωστὸς τ. ἀρχιερεῖ
γνωστὸς ἦν, WH mg.
18 ἀνθρακίαν πεποιηκότες ὅτι ψῦχος ἦν
18 [1] ἦν δὲ κ. ὁ Πέτρος μετ' αὐτῶν ἑστώς
25 [1] ἦν δὲ Σίμων Πέτρος ἑστὼς κ. θερμαινόμενος
28 ἦν δὲ πρωΐ
30 [1] εἰ μὴ ἦν οὗτος κακὸν ποιῶν
36 [3] εἰ ἐκ τ. κόσμου τούτου ἦν ἡ βασιλεία ἡ ἐμή
40 ἦν δὲ ὁ Βαραββᾶς λῃστής
19 11 [1] εἰ μὴ ἦν δεδομένον σοι ἄνωθεν
14 ἦν δὲ παρασκευὴ τοῦ πάσχα,
ὥρα ἦν ὡσεὶ ἕκτη
19 [1] ἦν δὲ γεγραμμένον Ἰησοῦς ὁ Ναζωραῖος
20 ὅτι ἐγγὺς ἦν ὁ τόπος τ. πόλεως
20 [1] κ. ἦν γεγραμμένον Ἑβραϊστί
23 ἦν δὲ ὁ χιτὼν ἄραφος
31 ἐπεὶ παρασκευὴ ἦν
31 ἦν γὰρ μεγάλη ἡ ἡμέρα ἐκείνου τ. σαββάτου
41 ἦν δὲ ἐν τ. τόπῳ . . . κῆπος
41 [1] μνημεῖον καινὸν ἐν ᾧ οὐδέπω οὐδεὶς ἦν τεθειμένος
οὐδ. ἐτέθη, T
42 ὅτι ἐγγὺς ἦν τὸ μνημεῖον
20 7 τὸ σουδάριον ὃ ἦν ἐπὶ τ. κεφαλῆς αὐτοῦ
19 ὅπου ἦσαν οἱ μαθηταί
24 Θωμᾶς δὲ . . . οὐκ ἦν μετ' αὐτῶν
26 μεθ' ἡμέρας ὀκτὼ πάλιν ἦσαν ἔσω οἱ μαθηταὶ αὐτοῦ
21 2 ἦσαν ὁμοῦ Σίμων Πέτρος
7 ἦν γὰρ γυμνός
8 οὐ γὰρ ἦσαν μακρὰν ἀπὸ τ. γῆς
18 ὅτε ἦς νεώτερος ἐζώννυες σεαυτόν
Ac 1 10 [1] ὡς ἀτενίζοντες ἦσαν εἰς τ. οὐρανόν
13 [1] εἰς τ. ὑπερῷον ἀνέβησαν οὗ ἦσαν καταμένοντες
14 [1] οὗτοι πάντες ἦσαν προσκαρτεροῦντες ὁμοθυμαδόν
15 ἦν τε ὄχλος ὀνομάτων . ὡς ἑκατὸν εἴκοσι
17 [1] ὅτι κατηριθμημένος ἦν ἐν ἡμῖν
2 1 ἦσαν πάντες ὁμοῦ ἐπὶ τὸ αὐτό

Ac 2 2 [1] ἐπλήρωσεν ὅλον τ. οἶκον οὗ ἦσαν καθήμενοι
5 [1] ἦσαν δὲ ἐν Ἰερουσαλὴμ κατοικοῦντες
24 οὐκ ἦν δυνατὸν κρατεῖσθαι αὐτὸν ὑπ' αὐτοῦ
42 [1] ἦσαν δὲ προσκαρτεροῦντες τ. διδαχῇ τ. ἀποστόλων
43 φόβος τε ἦν μέγας ἐπὶ πάντας
—h. v., WHR non mg.
44 πάντες δὲ οἱ πιστεύσαντες ἦσαν ἐπὶ τ. αὐτό
—ἦσαν, WH non mg.
3 10 ὅτι οὗτος ἦν ὁ πρὸς τ. ἐλεημοσύνην καθήμενος
4 3 ἦν γὰρ ἑσπέρα ἤδη
6 ὅσοι ἦσαν ἐκ γένους ἀρχιερατικοῦ
13 ἐπεγίνωσκόν τε αὐτοὺς ὅτι σὺν τ. Ἰησοῦ ἦσαν
22 [4] ἐτῶν γὰρ ἦν τεσσεράκοντα
31 [1] ἐσαλεύθη ὁ τόπος ἐν ᾧ ἦσαν συνηγμένοι
32 τ. δὲ πλήθους . . . ἦν καρδία κ. ψυχὴ μία
32 ἀλλ' ἦν αὐτοῖς πάντα κοινά
33 χάρις τε μεγάλη ἦν ἐπὶ πάντας αὐτούς.
34 οὐδὲ γὰρ ἐνδεής τις ἦν ἐν αὐτοῖς
5 12 ἦσαν ὁμοθυμαδὸν πάντες ἐν τ. στοᾷ Σολομῶντος
7 9 ἦν ὁ Θεὸς μετ' αὐτοῦ
20 ἦν ἀστεῖος τ. Θεῷ
22 ἦν δὲ δυνατὸς ἐν λόγοις κ. ἔργοις αὐτοῦ
44 ἡ σκηνὴ τ. μαρτυρίου ἦν τ. πατράσιν ἡμῶν
8 1 [1] Σαῦλος δὲ ἦν συνευδοκῶν τ. ἀναιρέσει αὐτοῦ
13 [1] βαπτισθεὶς ἦν προσκαρτερῶν τ. Φιλίππῳ
16 [1] οὐδέπω γὰρ ἦν ἐπ' οὐδενὶ αὐτῶν ἐπιπεπτωκός
27 ὃς ἦν ἐπὶ πάσης τ. γάζης αὐτῆς
28 [1] ἦν δὲ ὑποστρέφων
32 ὁ δὲ περιοχὴ τ. γραφῆς . . . ἦν αὕτη
9 9 [1] ἦν ἡμέρας τρεῖς μὴ βλέπων
10 ἦν δέ τις μαθητὴς ἐν Δαμασκῷ ὀνόματι Ἁνανίας
28 [1] ἦν μετ' αὐτῶν εἰσπορευόμενος κ. ἐκπορευόμενος εἰς Ἰερουσαλήμ
33 [1] ὃς ἦν παραλελυμένος
36 ἐν Ἰόππῃ δέ τις ἦν μαθήτρια ὀνόματι Ταβειθά
36 αὕτη ἦν πλήρης ἔργων ἀγαθῶν
10 24 [1] ὁ δὲ Κορνήλιος ἦν προσδοκῶν αὐτούς
30 [1] μέχρι ταύτης τ. ὥρας **ἤμην** τ. ἐνάτην προσευχόμενος
38 ὅτι ὁ Θεὸς ἦν μετ' αὐτοῦ
11 5 [1] ἐγὼ **ἤμην** ἐν πόλει Ἰόππῃ προσευχόμενος
11 [5] ἐπέστησαν ἐπὶ τ. οἰκίαν ἐν ᾗ ἦμεν
ἤμην, WH mg.
17 ἐγὼ τίς **ἤμην** δυνατὸς κωλῦσαι τ. Θεόν;
20 ἦσαν δέ τινες ἐξ αὐτῶν ἄνδρες Κύπριοι
21 ἦν χεὶρ Κυρίου μετ' αὐτῶν
24 ὅτι ἦν ἀνὴρ ἀγαθός
12 3 ἦσαν δὲ ἡμέραι τ. ἀζύμων
5 [1] προσευχὴ δὲ ἦν ἐκτενῶς γινομένη
6 [1] τ. νυκτὶ ἐκείνῃ ἦν ὁ Πέτρος κοιμώμενος
12 [1] οὗ ἦσαν ἱκανοὶ συνηθροισμένοι κ. προσευχόμενοι
18 ἦν τάραχος οὐκ ὀλίγος ἐν τ. στρατιώταις
20 [1] ἦν δὲ θυμομαχῶν Τυρίοις κ. Σιδωνίοις

Ac 13 1 ἦσαν δὲ ἐν Ἀντιοχείᾳ . . . προφῆται
7 ὃς ἦν σὺν τ. ἀνθυπάτῳ Σεργίῳ Παύλῳ
46 ὑμῖν ἦν ἀναγκαῖον πρῶτον λαληθῆναι
48 [1] ὅσοι ἦσαν τεταγμένοι εἰς ζωὴν αἰώνιον
14 4 οἱ μὲν ἦσαν σὺν τ. Ἰουδαίοις
7 [1] κἀκεῖ εὐαγγελιζόμενοι ἦσαν
12 ἐπειδὴ αὐτὸς ἦν ὁ ἡγούμενος τ. λόγου
26 [1] ὅθεν ἦσαν παραδεδομένοι τ. χάριτι τ. Θεοῦ
16 1 μαθητής τις ἦν ἐκεῖ ὀνόματι Τιμόθεος
9 [1] ἀνὴρ Μακεδών τις ἦν ἑστώς
12 [1] [5] ἦμεν δὲ ἐν ταύτῃ τ. πόλει διατρίβοντες ἡμέρας τινάς
17 1 ὅπου ἦν συναγωγὴ τ. Ἰουδαίων
11 οὗτοι δὲ ἦσαν εὐγενέστεροι τῶν ἐν Θεσσαλονίκῃ
18 3 ἦσαν γὰρ σκηνοποιοὶ τ. τέχνῃ
7 [1] οὗ ἡ οἰκία ἦν συνομοροῦσα τ. συναγωγῇ
14 εἰ μὲν ἦν ἀδίκημά τι
25 [1] οὗτος ἦν κατηχημένος τὴν ὁδὸν τ. Κυρίου
19 7 ἦσαν δὲ οἱ πάντες ἄνδρες ὡσεὶ δώδεκα
14 ἦσαν δέ τινος Σκευᾶ Ἰουδαίου ἀρχιερέως ἑπτὰ υἱοί
16 ἐν ᾧ ἦν τὸ πνεῦμα τὸ πονηρόν
32 [1] ἦν γὰρ ἡ ἐκκλησία συνκεχυμένη
20 8 ἦσαν δὲ λαμπάδες ἱκαναὶ ἐν τ. ὑπερῴῳ, [5] οὗ ἦμεν συνηγμένοι
13 [1] οὕτως γὰρ διατεταγμένος ἦν
21 3 [1] ἐκεῖσε γὰρ τὸ πλοῖον ἦν ἀποφορτιζόμενον τ. γόμον
9 τούτῳ δὲ ἦσαν θυγατέρες τέσσαρες παρθένοι
29 [1] ἦσαν γὰρ προεωρακότες Τρόφιμον τ. Ἐφέσιον
22 19 [1] ὅτι ἐγὼ ἤμην φυλακίζων κ. δέρων
20 [1] αὐτὸς ἤμην ἐφεστὼς κ. συνευδοκῶν
29 [1] ὅτι αὐτὸν ἦν δεδεκώς
23 13 ἦσαν δὲ πλείους τεσσεράκοντα
27 8 ᾧ ἐγγὺς ἦν πόλις Λασέα
πόλ. ἦν, T
37 [5] ἤμεθα δὲ οἱ πᾶσαι ψυχαὶ ἐν τ. πλοίῳ
Ro 5 13 ἄχρι γὰρ νόμου ἁμαρτία ἦν ἐν κόσμῳ
6 17 ὅτι ἦτε δοῦλοι τ. ἁμαρτίας
20 ὅτε γὰρ δοῦλοι ἦτε τ. ἁμαρτίας, ἐλεύθεροι ἦτε τ. δικαιοσύνῃ
7 5 [5] ὅτε γὰρ ἦμεν ἐν τ. σαρκί
I Co 6 11 κ. ταῦτά τινες ἦτε
10 1 οἱ πατέρες ἡμῶν πάντες ὑπὸ τ. νεφέλην ἦσαν
4 ἡ πέτρα δὲ ἦν ὁ Χριστός
12 2 οἴδατε ὅτι ὅτε ἔθνη ἦτε
19 εἰ δὲ ἦν τὰ πάντα ἓν μέλος
13 11 ὅτε ἤμην νήπιος
16 12 πάντως οὐκ ἦν θέλημα ἵνα νῦν ἔλθῃ
II Co 5 19 [1] Θεὸς ἦν ἐν Χριστῷ κόσμον καταλλάσσων ἑαυτῷ
Ga 1 10 Χριστοῦ δοῦλος οὐκ ἂν ἤμην
22 [1] ἤμην δὲ ἀγνοούμενος τ. προσώπῳ
23 [1] μόνον δὲ ἀκούοντες ἦσαν
2 6 ὁποῖοί ποτε ἦσαν οὐδέν μοι διαφέρει
11 [1] ὅτι κατεγνωσμένος ἦν
3 21 [3] ὄντως ἐκ νόμου ἦν ἂν ἡ δικαιοσύνη
ἐν νόμῳ ἂν ἦν, WH non mg.
4 3 [5] οὕτως κ. ἡμεῖς ὅτε ἦμεν νήπιοι, [5] ὑπὸ τ. στοιχεῖα τ. κόσμου ἤμεθα δεδουλωμένοι
Eph 2 3 [5] ἤμεθα τέκνα φύσει ὀργῆς

Eph 2 12 ὅτι ἦτε τ. καιρῷ ἐκείνῳ χωρὶς Χριστοῦ
5 8 ἦτε γάρ ποτε σκότος
Phl 2 26 [1] ἐπειδὴ ἐπιποθῶν ἦν πάντας ὑμᾶς
3 7 ἀλλὰ ἅτινα ἦν μοι κέρδη
Col 2 14 τὸ καθ' ἡμῶν χειρόγραφον . . . ὃ ἦν ὑπεναντίον ἡμῖν
I Th 3 4 [2] [5] κ. γὰρ ὅτε πρὸς ὑμᾶς ἦμεν
II Th 3 10 [2] [5] κ. γὰρ ὅτε ἦμεν πρὸς ὑμᾶς
Tit 3 3 [5] ἦμεν γάρ ποτε κ. ἡμεῖς ἀνόητοι
He 2 15 διὰ παντὸς τοῦ ζῆν ἔνοχοι ἦσαν δουλείας
7 10 ἔτι γὰρ ἐν τ. ὀσφύϊ τ. πατρὸς ἦν
11 εἰ μὲν οὖν τελείωσις διὰ τ. Λευειτικῆς ἱερωσύνης ἦν
8 4 εἰ μὲν οὖν ἦν ἐπὶ γῆς
7 εἰ γὰρ ἡ πρώτη ἐκείνη ἦν ἄμεμπτος
11 38 ὧν οὐκ ἦν ἄξιος ὁ κόσμος
12 21 οὕτως φοβερὸν ἦν τὸ φανταζόμενον
Ja 1 24 εὐθέως ἐπελάθετο ὁποῖος ἦν
5 17 Ἠλείας ἄνθρωπος ἦν ὁμοιοπαθὴς ἡμῖν
I Pe 2 25 [1] ἦτε γὰρ ὡς πρόβατα πλανώμενοι
II Pe 2 21 κρεῖττον γὰρ ἦν αὐτοῖς μὴ ἐπεγνωκέναι
3 5 ὅτι οὐρανοὶ ἦσαν ἔκπαλαι
I Jo 1 1 ὃ ἦν ἀπ' ἀρχῆς
2 [2] τ. ζωὴν τ. αἰώνιον ἥτις ἦν πρὸς τ. πατέρα
2 19 [3] ἀλλ' οὐκ ἦσαν ἐξ ἡμῶν·
[3] εἰ γὰρ ἐξ ἡμῶν ἦσαν
ἦσ. ἐξ ἡμ., T
3 12 [3] οὐ καθὼς Καὶν ἐκ τ. πονηροῦ ἦν
12 ὅτι τὰ ἔργα αὐτοῦ πονηρὰ ἦν
Re 3 15 ὄφελον ψυχρὸς ἦς ἢ ζεστός
4 11 διὰ τ. θελημά σου ἦσαν κ. ἐκτίσθησαν
5 11 ἦν ὁ ἀριθμὸς αὐτῶν μυριάδες μυριάδων
9 8 οἱ ὀδόντες αὐτῶν ὡς λεόντων ἦσαν
10 10 ἦν ἐν τ. στόματί μου ὡς μέλι
13 2 τὸ θηρίον ὃ εἶδον ἦν ὅμοιον παρδάλει
17 4 [1] ἡ γυνὴ ἦν περιβεβλημένη πορφυροῦν
8 τὸ θηρίον ὃ εἶδες ἦν κ. οὐκ ἔστιν
8 βλεπόντων τὸ θηρίον ὅτι ἦν κ. οὐκ ἔστιν
11 τὸ θηρίον ὃ ἦν κ. οὐκ ἔστιν
18 23 οἱ ἔμποροί σου ἦσαν οἱ μεγιστᾶνες τ. γῆς
21 21 [3] ἀνὰ εἷς ἕκαστος τ. πυλώνων ἦν ἐξ ἑνὸς μαργαρίτου

ἜΣΟΜΑΙ 1511.4

(1) seq. partic. (2) ἔσ. ἐκ (3) οὐ μὴ ἔσται (4) ἔσ. εἰς, πρός

Mt 5 21 ὃς δ' ἂν φονεύσῃ ἔνοχος ἔσται τ. κρίσει
22 πᾶς ὁ ὀργιζόμενος . . . ἔνοχος ἔσται τ. κρίσει·
ὃς δ' εἴπῃ . . . Ῥακά ἔνοχος ἔσται τ. συνεδρίῳ·
ὃς δ' ἂν εἴπῃ Μωρὲ ἔνοχος ἔσται εἰς τ. γέενναν τ. πυρός
37 ἔσται δὲ ὁ λόγος ὑμῶν ναὶ ναὶ οὒ οὔ
ἔστω, TWH non mg. R non mg.
48 ἔσεσθε οὖν ὑμεῖς τέλειοι
6 5 ὅταν προσεύχησθε οὐκ ἔσεσθε ὡς οἱ ὑποκριταί
21 ἐκεῖ ἔσται κ. ἡ καρδία σου
22 ὅλον τὸ σῶμά σου φωτεινὸν ἔσται
23 ὅλον τὸ σῶμά σου σκοτεινὸν ἔσται
8 12 ἐκεῖ ἔσται ὁ κλαυθμὸς κ. ὁ βρυγμὸς τ. ὀδόντων
10 15 ἀνεκτότερον ἔσται γῇ Σοδόμων κ. Γομόρρων

Mt 10 22 [1] ἔσεσθε μισούμενοι ὑπὸ πάντων διὰ τὸ ὄνομά μου
11 22 Τύρῳ κ. Σίδωνι ἀνεκτότερον ἔσται ἐν ἡμέρᾳ κρίσεως
24 γῇ Σοδόμων ἀνεκτότερον ἔσται ἐν ἡμέρᾳ κρίσεως
12 11 [2] τίς ἔσται ἐξ ὑμῶν ἄνθρωπος
[ἔσται], WH
27 διὰ τοῦτο αὐτοὶ κριταὶ ἔσονται ὑμῶν
40 οὕτως ἔσται ὁ υἱὸς τ. ἀνθρώπου ἐν τ. καρδίᾳ τ. γῆς
45 οὕτως ἔσται κ. τ. γενεᾷ ταύτῃ τ. πονηρᾷ
13 40 οὕτως ἔσται ἐν τ. συντελείᾳ τ. αἰῶνος
42 ἐκεῖ ἔσται ὁ κλαυθμὸς κ. ὁ βρυγμὸς τ. ὀδόντων
49 οὕτως ἔσται ἐν τ. συντελείᾳ τ. αἰῶνος
50 ἐκεῖ ἔσται ὁ κλαυθμὸς κ. ὁ βρυγμὸς τ. ὀδόντων
16 19 [1] ἔσται δεδεμένον ἐν τ. οὐρανοῖς
19 [1] ἔσται λελυμένον ἐν τ. οὐρανοῖς
22 [3] οὐ μὴ ἔσται σοι τοῦτο
17 17 ἕως πότε ἔσομαι μεθ' ὑμῶν
μ. ὑμ. ἔσ., T
18 18 [1] ἔσται δεδεμένα ἐν οὐρανῷ
18 [1] ἔσται λελυμένα ἐν οὐρανῷ
19 5 [4] ἔσονται οἱ δύο εἰς σάρκα μίαν
הָיוּ לְבָשָׂר אֶחָד, Gen. ii. 24
27 τί ἄρα ἔσται ἡμῖν;
30 πολλοὶ δὲ ἔσονται πρῶτοι ἔσχατοι
20 16 οὕτως ἔσονται οἱ ἔσχατοι πρῶτοι
26 οὐχ οὕτως ἔσται ἐν ὑμῖν
ἐστὶν, WH
26 ἔσται ὑμῶν διάκονος
27 ἔσται ὑμῶν δοῦλος
22 13 ἐκεῖ ἔσται ὁ κλαυθμὸς κ. ὁ βρυγμὸς τ. ὀδόντων
28 τίνος τῶν ἑπτὰ ἔσται γυνή;
23 11 ὁ δὲ μείζων ὑμῶν ἔσται ὑμῶν διάκονος
24 3 εἰπὸν ἡμῖν πότε ταῦτα ἔσται
7 ἔσονται λιμοὶ κ. σεισμοὶ κατὰ τόπους
9 [1] ἔσεσθε μισούμενοι ὑπὸ πάντων τ. ἐθνῶν
21 ἔσται γὰρ τότε θλίψις μεγάλη
27 οὕτως ἔσται ἡ παρουσία τ. υἱοῦ τ. ἀνθρώπου
37 οὕτως ἔσται ἡ παρουσία τ. υἱοῦ τ. ἀνθρώπου
39 οὕτως ἔσται ἡ παρουσία τ. υἱοῦ τ. ἀνθρώπου
40 τότε ἔσονται δύο ἐν τ. ἀγρῷ
51 ἐκεῖ ἔσται ὁ κλαυθμὸς κ. ὁ βρυγμὸς τ. ὀδόντων
25 30 ἐκεῖ ἔσται ὁ κλαυθμὸς κ. ὁ βρυγμὸς τ. ὀδόντων
27 64 ἔσται ἡ ἐσχάτη πλάνη χείρων τ. πρώτης
Mk 9 19 [4] ἕως πότε πρὸς ὑμᾶς ἔσομαι
35 ἔσται πάντων ἔσχατος κ. πάντων διάκονος
10 8 [4] ἔσονται οἱ δύο εἰς σάρκα μίαν, Gen. *l.c.*
31 πολλοὶ δὲ ἔσονται πρῶτοι ἔσχατοι
43 ὃς ἂν θέλῃ μέγας γενέσθαι ἐν ὑμῖν ἔσται ὑμῶν διάκονος·
ἔστω, WH mg.
44 κ. ὃς ἂν θέλῃ ἐν ὑμῖν εἶναι πρῶτος ἔσται πάντων δοῦλος
11 23 ὃς ἂν . . . πιστεύῃ ὅτι ὃ λαλεῖ γίνεται ἔσται αὐτῷ
24 πιστεύετε ὅτι ἐλάβετε κ. ἔσται ὑμῖν
12 7 ἡμῶν ἔσται ἡ κληρονομία
23 τίνος αὐτῶν ἔσται γυνή;

Mk 13 4 εἰπὸν ἡμῖν πότε ταῦτα ἔσται;
8 ἔσονται σεισμοὶ κατὰ τόπους, ἔσονται λιμοί
13 [1] ἔσεσθε μισούμενοι ὑπὸ πάντων διὰ τ. ὄνομά μου
19 ἔσονται γὰρ αἱ ἡμέραι ἐκεῖναι θλίψις
25 οἱ ἀστέρες ἔσονται ἐκ τ. οὐρανοῦ πίπτοντες
14 2 μήποτε ἔσται θόρυβος τ. λαοῦ
Lu 1 14 ἔσται χαρά σοι κ. ἀγαλλίασις
15 ἔσται γὰρ μέγας ἐνώπιον Κυρίου
20 [1] ἔσῃ σιωπῶν κ. μὴ δυνάμενος λαλῆσαι
32 οὗτος ἔσται μέγας
33 τ. βασιλείας αὐτοῦ οὐκ ἔσται τέλος
34 πῶς ἔσται τοῦτο
45 ὅτι ἔσται τελείωσις τ. λελαλημένοις αὐτῇ
66 τί ἄρα τὸ παιδίον τοῦτο ἔσται;
2 10 χαρὰν μεγάλην ἥτις ἔσται παντὶ τ. λαῷ
3 5 [4] ἔσται τὰ σκολιὰ εἰς εὐθείας
הָיָה הֶעָקֹב לְמִישׁוֹר, Is. xl. 4
4 7 σὺ οὖν ἐὰν προσκυνήσῃς . . . ἔσται σου πᾶσα
5 10 [1] ἀπὸ τοῦ νῦν ἀνθρώπους ἔσῃ ζωγρῶν
6 35 ἔσται ὁ μισθὸς ὑμῶν πολύς, κ. ἔσεσθε υἱοὶ ὑψίστου
40 κατηρτισμένος δὲ πᾶς ἔσται ὡς ὁ διδάσκαλος αὐτοῦ
9 41 [4] ἕως πότε ἔσομαι πρὸς ὑμᾶς
10 12 Σοδόμοις ἐν τ. ἡμέρᾳ ἐκείνῃ ἀνεκτότερον ἔσται
14 Τύρῳ κ. Σίδωνι ἀνεκτότερον ἔσται ἐν τ. κρίσει
11 19 διὰ τοῦτο αὐτοὶ ὑμῶν κριταὶ ἔσονται
κρ. ἔσ. ὑμ., T
30 οὕτως ἔσται κ. ὁ υἱὸς τ. ἀνθρώπου τ. γενεᾷ ταύτῃ
36 ἔσται φωτεινὸν ὅλον
12 20 ἃ δὲ ἡτοίμασας τίνι ἔσται;
34 ἐκεῖ κ. ἡ καρδία ὑμῶν ἔσται
52 [1] ἔσονται γὰρ ἀπὸ τοῦ νῦν πέντε . . διαμεμερισμένοι
55 λέγετε ὅτι καύσων ἔσται
13 28 ἐκεῖ ἔσται ὁ κλαυθμὸς κ. ὁ βρυγμὸς τ. ὀδόντων
30 εἰσὶν ἔσχατοι οἳ ἔσονται πρῶτοι, κ. εἰσὶν πρῶτοι οἳ ἔσονται ἔσχατοι
14 10 τότε ἔσται σοι δόξα ἐνώπιον . . . τ. συνανακειμένων
14 κ. μακάριος ἔσῃ
15 7 οὕτως χαρὰ ἐν τ. οὐρανῷ ἔσται
17 24 οὕτως ἔσται ὁ υἱὸς τ. ἀνθρώπου
26 οὕτως ἔσται κ. ἐν τ. ἡμέραις τ. υἱοῦ τ. ἀνθρώπου
30 κατὰ τὰ αὐτὰ ἔσται ᾗ ἡμέρᾳ . . . ἀποκαλύπτεται
31 ὃς ἔσται ἐπὶ τ. δώματος
34 ταύτῃ τ. νυκτὶ ἔσονται δύο ἐπὶ κλίνης μιᾶς
35 ἔσονται δύο ἀλήθουσαι ἐπὶ τὸ αὐτό
36 δύο ἔσονται ἐν τ. ἀγρῷ
—h. v., TWHR non mg.
19 46 ἔσται ὁ οἶκός μου οἶκος προσευχῆς
20 33 τίνος αὐτῶν ἔσται γυνή;
γίνεται, TWH
21 7 πότε οὖν ταῦτα ἔσται;
11 κατὰ τόπους λοιμοὶ κ. λιμοὶ ἔσονται,

Lu 21 11 φόβηθρά τε κ. ἀπ' οὐρανοῦ σημεῖα μεγάλα ἔσται
17 [1] ἔσεσθε μισούμενοι ὑπὸ πάντων διὰ τὸ ὄνομά μου
23 ἔσται γὰρ ἀνάγκη μεγάλη ἐπὶ τ. γῆς
24 [1] Ἰερουσαλὴμ ἔσται πατουμένη ὑπὸ ἐθνῶν
24 ἄχρι οὗ πληρωθῶσιν κ. ἔσονται καιροὶ ἐθνῶν. —κ. ἔσονται, T [WH] R
25 κ. ἔσονται σημεῖα ἐν ἡλίῳ
22 69 [1] ἀπὸ τοῦ νῦν δὲ ἔσται ὁ υἱὸς τ. ἀνθρώπου καθήμενος
23 43 σήμερον μετ' ἐμοῦ ἔσῃ ἐν τ. παραδείσῳ
Jo 6 45 ἔσονται πάντες διδακτοὶ Θεοῦ
כָּל־בָּנַיִךְ לִמּוּדֵי יְהוָה, Is. liv. 13
8 36 ὄντως ἐλεύθεροι ἔσεσθε
55 ἔσομαι ὅμοιος ὑμῖν ψεύστης
12 26 ἐκεῖ κ. ὁ διάκονος ὁ ἐμὸς ἔσται
14 17 ὅτι παρ' ὑμῖν μένει κ. ἐν ὑμῖν ἔσται — ἐστίν, WH non marg.
19 24 λάχωμεν περὶ αὐτοῦ τίνος ἔσται
Ac 1 8 ἔσεσθέ μου μάρτυρες ἔν τε Ἰερουσαλήμ
2 17 ἔσται ἐν τ. ἐσχάταις ἡμέραις
הָיָה אַחֲרֵי־כֵן, Joel iii. 1
21 ἔσται πᾶς ὃς ἐὰν ἐπικαλέσηται τὸ ὄνομα Κυρίου
הָיָה כֹּל אֲשֶׁר־יִקְרָא בְּשֵׁם יְהוָה, *ib.* 5
3 23 ἔσται δὲ πᾶσα ψυχὴ . . . ἐξολεθρευθήσεται
הָיָה הָאִישׁ . . . אָנֹכִי אֶדְרֹשׁ, Dt. xviii. 19
7 6 ἔσται τὸ σπέρμα αὐτοῦ πάροικον ἐν γῇ ἀλλοτρίᾳ
גֵּר יִהְיֶה זַרְעֲךָ בְּאֶרֶץ לֹא לָהֶם, Gen. xv. 13
13 11 χεὶρ Κυρίου ἐπὶ σὲ κ. ἔσῃ τυφλός
22 15 ἔσῃ μάρτυς αὐτῷ πρὸς πάντας ἀνθρώπους
27 22 [2] ἀποβολὴ γὰρ ψυχῆς οὐδεμία ἔσται ἐξ ὑμῶν
25 οὕτως ἔσται καθ' ὃν τρόπον λελάληταί μοι
Ro 4 18 οὕτως ἔσται τὸ σπέρμα σου
כֹּה יִהְיֶה זַרְעֶךָ, Gen. xv. 5
6 5 ἀλλὰ κ. τ. ἀναστάσεως ἐσόμεθα
9 9 ἔσται τ. Σάρρᾳ υἱός
הִנֵּה־בֵן לְשָׂרָה אִשְׁתֶּךָ, *ib.* xviii. 10
26 κ. ἔσται ἐν τ. τόπῳ οὗ ἐρρέθη αὐτοῖς
וְהָיָה בִּמְקוֹם אֲשֶׁר יֵאָמֵר לָהֶם, Hos. ii. 1
15 12 ἔσται ἡ ῥίζα τοῦ Ἰεσσαί
הָיָה בַּיּוֹם הַהוּא שֹׁרֶשׁ יִשַׁי, Is. xi. 10
I Co 6 16 [4] ἔσονται γὰρ . . . οἱ δύο εἰς σάρκα μίαν, Gen. ii. 24
11 27 ἔνοχος ἔσται τ. σώματος κ. τ. αἵματος τ. Κυρίου
14 9 [1] ἔσεσθε γὰρ εἰς ἀέρα λαλοῦντες
11 ἔσομαι τ. λαλοῦντι βάρβαρος
II Co 3 8 ἡ διακονία τ. πνεύματος ἔσται ἐν δόξῃ
6 16 ἔσομαι αὐτῶν Θεός,
הָיִיתִי לָכֶם לֵאלֹהִים, Lev. xxvi. 12
κ. αὐτοὶ ἔσονταί μου λαός
וְאַתֶּם תִּהְיוּ־לִי לְעָם, *ib.*

II Co 6 18 [4] ἔσομαι ὑμῖν εἰς πατέρα,
אֲנִי אֶהְיֶה־לּוֹ לְאָב, 2 Sam. vii. 14
[4] κ. ὑμεῖς ἔσεσθέ μοι εἰς υἱοὺς κ. θυγατέρας
וְהוּא יִהְיֶה־לִּי לְבֵן, *ib.*
11 15 ὧν τὸ τέλος ἔσται κατὰ τὰ ἔργα αὐτῶν
12 6 ἐὰν γὰρ θελήσω καυχήσασθαι οὐκ ἔσομαι ἄφρων
13 11 ὁ Θεὸς τ. ἀγάπης κ. εἰρήνης ἔσται μεθ' ὑμῶν
Eph 5 31 [4] ἔσονται οἱ δύο εἰς σάρκα μίαν, Gen. *l.c.*
6 3 ἵνα . . . ἔσῃ μακροχρόνιος ἐπὶ τ. γῆς
לְמַעַן יַאֲרִיכֻן יָמֶיךָ . . . עַל הָאֲדָמָה, Dt. v. 16
Phl 4 9 ὁ Θεὸς τ. εἰρήνης ἔσται μεθ' ὑμῶν
Col 2 8 βλέπετε μή τις ὑμᾶς ἔσται ὁ συλαγωγῶν — ἔστ. ὑμ., WH mg.
I Th 4 17 οὕτως πάντοτε σὺν Κυρίῳ ἐσόμεθα
I Ti 4 6 καλὸς ἔσῃ διάκονος Χριστοῦ Ἰησοῦ
II Ti 2 2 οἵτινες ἱκανοὶ ἔσονται κ. ἑτέρους διδάξαι
21 ἔσται σκεῦος εἰς τιμήν
3 2 ἔσονται γὰρ οἱ ἄνθρωποι φίλαυτοι
9 ἡ γὰρ ἄνοια αὐτῶν ἔκδηλος ἔσται πᾶσιν
4 3 ἔσται γὰρ καιρὸς ὅτε τῆς ὑγιαινούσης διδασκαλίας οὐκ ἀνέξονται
He 1 5 [4] ἐγὼ ἔσομαι αὐτῷ εἰς πατέρα, 2 Sam. *l.c.*
[4] κ. αὐτὸς ἔσται μοι εἰς υἱόν, *ib.*
2 13 [1] ἐγὼ ἔσομαι πεποιθὼς ἐπ' αὐτῷ
אֶחֱסֶה־בּוֹ, 2 Sam. xxii. 3
3 12 μή ποτε ἔσται ἔν τινι ὑμῶν καρδία πονηρὰ ἀπιστίας
8 10 [4] ἔσομαι αὐτοῖς εἰς Θεόν,
הָיִיתִי לָהֶם לֵאלֹהִים, Jer. xxxi. 33
[4] κ. αὐτοὶ ἔσονταί μοι εἰς λαόν
וְהֵמָּה יִהְיוּ־לִי לְעָם, *ib.*
12 ὅτι ἵλεως ἔσομαι τ. ἀδικίαις αὐτῶν
כִּי אֶסְלַח לַעֲוֹנָם, *ib.* 34
Ja 1 25 οὗτος μακάριος ἐν τ. ποιήσει αὐτοῦ ἔσται
5 3 [4] ὁ ἰὸς αὐτῶν εἰς μαρτύριον ὑμῖν ἔσται
I Pe 1 16 ἅγιοι ἔσεσθε ὅτι ἐγὼ ἅγιος
הֱיִיתֶם קְדֹשִׁים כִּי קָדוֹשׁ אָנִי, Lev. xi. 44
II Pe 2 1 ὡς κ. ἐν ὑμῖν ἔσονται ψευδοδιδάσκαλοι
I Jo 3 2 οὔπω ἐφανερώθη τί ἐσόμεθα.
οἴδαμεν ὅτι ἐὰν φανερωθῇ ὅμοιοι αὐτῷ ἐσόμεθα
II Jo 2 μεθ' ὑμῶν ἔσται εἰς τ. αἰῶνα·
3 ἔσται μεθ' ἡμῶν χάρις ἔλεος εἰρήνη
Ju 18 ἐπ' ἐσχάτου χρόνου ἔσονται ἐμπαῖκται
Re 10 6 ὅτι χρόνος οὐκέτι ἔσται
9 ἐν τ. στόματί σου ἔσται γλυκὺ ὡς μέλ.
20 6 ἔσονται ἱερεῖς τ. Θεοῦ κ. τ. Χριστοῦ
21 3 αὐτοὶ λαοὶ αὐτοῦ ἔσονται,
κ. αὐτὸς ὁ Θεὸς μετ' αὐτῶν ἔσται — ἔστ. μ. αὐτ., T
4 ὁ θάνατος οὐκ ἔσται ἔτι
4 οὔτε πόνος οὐκ ἔσται ἔτι
7 ἔσομαι αὐτῷ Θεός
κ. αὐτὸς ἔσται μοι υἱός
25 νὺξ γὰρ οὐκ ἔσται ἐκεῖ
22 3 πᾶν κατάθεμα οὐκ ἔσται ἔτι

Re 22 3 κ. ὁ θρόνος τ. Θεοῦ κ τ. ἀρνίου ἐν αὐτῇ ἔσται
5 κ. νὺξ οὐκ ἔσται ἔτι
14 ἵνα ἔσται ἡ ἐξουσία αὐτῶν ἐπὶ τ. ξύλον τ. ζωῆς

1511.5 ἜΣΕΣΘΑΙ cf. 1510

Ac 11 28 λιμὸν μεγάλην μέλλειν ἔσεσθαι ἐφ' ὅλην τ. οἰκουμένην
23 30 μηνυθείσης δέ μοι ἐπιβουλῆς εἰς τ. ἄνδρα ἔσεσθαι
24 15 ἀνάστασιν μέλλειν ἔσεσθαι
27 10 θεωρῶ ὅτι μετὰ ὕβρεως . . . μέλλειν ἔσεσθαι τ. πλοῦν

ἘΣΌΜΕΝΟΣ 1511.6

Lu 22 49 ἰδόντες δὲ οἱ περὶ αὐτὸν τὸ ἐσόμενον

ἙΊΝΕΚΕΝ *Vide* ἝΝΕΚΑ, 1752

ἘΊΠΕΡ *Vide* sub ἘΙ, 262

ἘΙ̂ΠΟΝ 1511.7

(1) εἶπα, *indic.* (2) εἰπόν, *imper.* (3) c. acc. rei (4) c. acc. pers. (5) c. dat. instr., εἰπεῖν διά (6) εἰπ. ἐν τ. καρδίᾳ, ἐν ἑαυτ. (7) seq. infin. (8) seq. ἵνα (9) εἴπας, *partic.* (10) ὡς ἔπος εἰπεῖν

Mt 2 5 [1] οἱ δὲ εἶπαν αὐτῷ
8 πέμψας αὐτοὺς εἰς Βηθλεὲμ εἶπεν
13 ἴσθι ἐκεῖ ἕως ἂν εἴπω σοι
3 7 ἰδὼν δὲ πολλοὺς τ. Φαρισαίων . . . εἶπεν αὐτοῖς
15 ἀποκριθεὶς δὲ ὁ Ἰησοῦς εἶπεν αὐτῷ
πρὸς αὐτόν, TWH mg.
4 3 προσελθὼν ὁ πειράζων εἶπεν αὐτῷ
3 [2,8] εἰπὸν ἵνα οἱ λίθοι οὗτοι ἄρτοι γένωνται
εἰπέ, T
4 ὁ δὲ ἀποκριθεὶς εἶπεν
9 εἶπεν αὐτῷ Ταῦτα σοι πάντα δώσω
5 11 [3] ὅταν . . . εἴπωσιν πᾶν πονηρὸν καθ' ὑμῶν ψευδόμενοι
22 ὃς δ' ἂν εἴπῃ τ. ἀδελφῷ αὐτοῦ Ῥακά
22 ὃς δ' ἂν εἴπῃ Μωρέ
8 4 ὅρα μηδενὶ εἴπῃς
8 [5] ἀλλὰ μόνον εἰπὲ λόγῳ
10 ἀκούσας δὲ . . . εἶπεν τ. ἀκολουθοῦσιν
13 εἶπεν ὁ Ἰησοῦς τ. ἑκατοντάρχῃ
19 προσελθὼν εἷς γραμματεὺς εἶπεν αὐτῷ
21 ἕτερος δὲ τ. μαθητῶν εἶπεν αὐτῷ
32 κ. εἶπεν αὐτοῖς Ὑπάγετε
9 2 ἰδὼν ὁ Ἰησοῦς τ. πίστιν αὐτῶν εἶπεν τ. παραλυτικῷ
3 [1,6] τινὲς τ. γραμματέων εἶπαν ἐν ἑαυτοῖς
εἶπον, T
4 εἰδὼς ὁ Ἰησοῦς τ. ἐνθυμήσεις αὐτῶν εἶπεν
5 τί γάρ ἐστιν εὐκοπώτερον εἰπεῖν Ἀφίενταί αἱ ἁμαρτίαι,
ἢ εἰπεῖν Ἔγειρε κ. περιπάτει
12 ὁ δὲ ἀκούσας εἶπεν
15 εἶπεν αὐτοῖς ὁ Ἰησοῦς
22 ὁ δὲ Ἰησοῦς στραφεὶς κ. ἰδὼν αὐτὴν εἶπεν

Mt 10 27 [2,3] ὃ λέγω ὑμῖν ἐν τ. σκοτίᾳ εἴπατε ἐν τ. φωτί
11 3 πέμψας διὰ τ. μαθητῶν αὐτοῦ εἶπεν αὐτῷ
4 ἀποκριθεὶς ὁ Ἰησοῦς εἶπεν αὐτοῖς
25 ἐν ἐκείνῳ τ. καιρῷ ἀποκριθεὶς ὁ Ἰησοῦς εἶπεν
12 2 [1] οἱ δὲ Φαρισαῖοι ἰδόντες εἶπαν αὐτῷ
3 ὁ δὲ εἶπεν αὐτοῖς
11 ὁ δὲ εἶπεν αὐτοῖς
24 οἱ δὲ Φαρισαῖοι ἀκούσαντες εἶπον
25 εἰδὼς δὲ τ. ἐνθυμήσεις αὐτῶν εἶπεν αὐτοῖς
32 [3] ὃς ἐὰν εἴπῃ λόγον κατὰ τ. υἱοῦ τ. ἀνθρώπου
32 ὃς δ' ἂν εἴπῃ κατὰ τ. πνεύματος τ. ἁγίου
39 ὁ δὲ ἀποκριθεὶς εἶπεν αὐτοῖς
47 εἶπεν δέ τις αὐτῷ
—h. v., [T] WH non mg. R mg.
48 ὁ δὲ ἀποκριθεὶς εἶπεν τ. λέγοντι αὐτῷ
49 ἐκτείνας τ. χεῖρα αὐτοῦ ἐπὶ τ. μαθητὰς αὐτοῦ εἶπεν
13 10 [1] προσελθόντες οἱ μαθηταὶ εἶπαν αὐτῷ
11 ὁ δὲ ἀποκριθεὶς εἶπεν
+αὐτοῖς, WH mg.
27 προσελθόντες δὲ οἱ δοῦλοι . . . εἶπον αὐτῷ
37 ὁ δὲ ἀποκριθεὶς εἶπεν
52 ὁ δὲ εἶπεν αὐτοῖς
λέγει, WH marg.
57 ὁ δὲ Ἰησοῦς εἶπεν αὐτοῖς
14 2 κ. εἶπεν τ. παισὶν αὐτοῦ
16 ὁ δὲ Ἰησοῦς εἶπεν αὐτοῖς
18 ὁ δὲ εἶπεν Φέρετέ μοι ὧδε αὐτούς
28 ἀποκριθεὶς δὲ ὁ Πετρὸς εἶπεν αὐτῷ
αὐτ. ὁ Π. εἰπ., T
29 ὁ δὲ εἶπεν Ἐλθέ
15 3 ὁ δὲ ἀποκριθεὶς εἶπεν αὐτοῖς
4 ὁ γὰρ Θεὸς εἶπεν
ὁ γ. Θ. ἐνετείλατο λέγων, T
5 ὃς ἂν εἴπῃ τ. πατρὶ ἢ τ. μητρὶ Δῶρον
10 προσκαλεσάμενος τ. ὄχλον εἶπεν αὐτοῖς
13 ὁ δὲ ἀποκριθεὶς εἶπεν
15 ἀποκριθεὶς δὲ ὁ Πέτρος εἶπεν αὐτῷ
16 ὁ δὲ εἶπεν Ἀκμὴν κ. ὑμεῖς ἀσύνετοί ἐστε,
24 ὁ δὲ ἀποκριθεὶς εἶπεν
26 ὁ δὲ ἀποκριθεὶς εἶπεν
27 ἡ δὲ εἶπεν Ναὶ Κύριε
28 τότε ἀποκριθεὶς ὁ Ἰησοῦς εἶπεν αὐτῇ
32 προσκαλεσάμενος τ. μαθητὰς αὐτοῦ εἶπεν
34 οἱ δὲ εἶπον Ἑπτὰ κ. ὀλίγα ἰχθύδια
16 2 ὁ δὲ ἀποκριθεὶς εἶπεν αὐτοῖς
6 ὁ δὲ Ἰησοῦς εἶπεν αὐτοῖς
8 γνοὺς δὲ ὁ Ἰησοῦς εἶπεν
11 οὐ περὶ ἄρτων εἶπον ὑμῖν
12 [7] οὐκ εἶπεν προσέχειν ἀπὸ τ. ζύμης τ. ἄρτων
14 [1] οἱ δὲ εἶπαν Οἱ μὲν Ἰωάνην τ. βαπτιστήν
16 ἀποκριθεὶς δὲ Σίμων Πέτρος εἶπεν
17 ἀποκριθεὶς δὲ ὁ Ἰησοῦς εἶπεν αὐτῷ
20 διεστείλατο τ. μαθηταῖς ἵνα μηδενὶ εἴπωσιν
23 ὁ δὲ στραφεὶς εἶπεν τ. Πέτρῳ
24 τότε ὁ Ἰησοῦς εἶπεν τ. μαθηταῖς αὐτοῦ
17 4 ἀποκριθεὶς δὲ ὁ Πέτρος εἶπεν τ. Ἰησοῦ
7 κ. ἁψάμενος αὐτῶν εἶπεν
9 [3] μηδενὶ εἴπητε τὸ ὅραμα
11 ὁ δὲ ἀποκριθεὶς εἶπεν
13 ὅτι περὶ Ἰωάνου τ. βαπτιστοῦ εἶπεν αὐτοῖς
17 ἀποκριθεὶς δὲ ὁ Ἰησοῦς εἶπεν

Mt 17 19 [1] προσελθόντες οἱ μαθηταὶ τῷ Ἰησοῦ κατ' ἰδίαν εἶπαν
εἶπον, T
22 εἶπεν αὐτοῖς ὁ Ἰησοῦς
24 [1] προσῆλθον οἱ τὰ δίδραχμα λαμβάνοντες τ. Πέτρῳ κ. εἶπαν
26 εἰπόντος δὲ Ἀπὸ τ. ἀλλοτρίων
18 3 ἔστησεν αὐτὸ ἐν μέσῳ αὐτῶν κ. εἶπεν
17 [2] ἐὰν δὲ παρακούσῃ αὐτῶν εἰπὸν τ. ἐκκλησίᾳ
21 τότε προσελθὼν ὁ Πέτρος εἶπεν αὐτῷ
19 4 ὁ δὲ ἀποκριθεὶς εἶπεν
5 κ. εἶπεν Ἕνεκα τούτου καταλείψει ἄνθρωπος
11 ὁ δὲ εἶπεν αὐτοῖς
14 ὁ δὲ Ἰησοῦς εἶπεν
+ αὐτοῖς, TWH mg.
16 εἷς προσελθὼν αὐτῷ εἶπεν
17 ὁ δὲ εἶπεν αὐτῷ
18 ὁ δὲ Ἰησοῦς εἶπεν
ἔφη, WH non mg.
23 ὁ δὲ Ἰησοῦς εἶπεν τ. μαθηταῖς αὐτοῦ
26 ἐμβλέψας δὲ ὁ Ἰησοῦς εἶπεν αὐτοῖς
27 τότε ἀποκριθεὶς ὁ Πέτρος εἶπεν αὐτῷ
28 ὁ δὲ Ἰησοῦς εἶπεν αὐτοῖς
20 4 κ. ἐκείνοις εἶπεν Ὑπάγετε κ. ὑμεῖς
13 ὁ δὲ ἀποκριθεὶς ἑνὶ αὐτῶν εἶπεν
εἶπ. ἑνὶ αὐτ., WH mg.
17 ἐν τῇ ὁδῷ εἶπεν αὐτοῖς
21 ὁ δὲ εἶπεν αὐτῇ Τί θέλεις;
[8] λέγει αὐτῷ Εἰπὲ ἵνα καθίσωσιν οὗτοι οἱ δύο υἱοί μου
ἡ δὲ εἶπεν Εἰπ., WH mg.
22 ἀποκριθεὶς δὲ ὁ Ἰησοῦς εἶπεν
25 ὁ δὲ Ἰησοῦς προσκαλεσάμενος αὐτοὺς εἶπεν
32 στὰς ὁ Ἰησοῦς ἐφώνησεν αὐτοὺς κ. εἶπεν
21 3 [3] ἐάν τις ὑμῖν εἴπῃ τι
5 [2] εἴπατε τ. θυγατρὶ Σιών
גִּילִי מְאֹד בַּת־צִיּוֹן, Zech. ix. 9
16 [1] ἠγανάκτησαν κ. εἶπαν αὐτῷ
21 ἀποκριθεὶς δὲ ὁ Ἰησοῦς εἶπεν αὐτοῖς
21 κἂν τ. ὄρει τούτῳ εἴπητε
24 ἀποκριθεὶς δὲ ὁ Ἰησοῦς εἶπεν αὐτοῖς
24 [3] λόγον ἕνα ὃν ἐὰν εἴπητέ μοι
25 ἐὰν εἴπωμεν Ἐξ οὐρανοῦ
26 ἐὰν δὲ εἴπωμεν Ἐξ ἀνθρώπων
27 [1] ἀποκριθέντες τῷ Ἰησοῦ εἶπαν
28 προσελθὼν τ. πρώτῳ εἶπεν
29 ὁ δὲ ἀποκριθεὶς εἶπεν
30 προσελθὼν δὲ τῷ δευτέρῳ εἶπεν ὡσαύτως. ὁ δὲ ἀποκριθεὶς εἶπεν
38 [6] οἱ δὲ γεωργοὶ ἰδόντες τ. υἱὸν εἶπον ἐν ἑαυτοῖς
22 1 ἀποκριθεὶς ὁ Ἰησοῦς πάλιν εἶπεν ἐν παραβολαῖς αὐτοῖς
4 [2] εἴπατε τ. κεκλημένοις
13 τότε ὁ βασιλεὺς εἶπεν τ. διακόνοις
17 [2] [3] εἰπὸν οὖν ἡμῖν τί σοι δοκεῖ
18 γνοὺς δὲ ὁ Ἰησοῦς τ. πονηρίαν αὐτῶν εἶπεν
24 διδάσκαλε Μωυσῆς εἶπεν
29 ἀποκριθεὶς δὲ ὁ Ἰησοῦς εἶπεν αὐτοῖς
44 εἶπεν Κύριος τ. κυρίῳ μου
נְאֻם יְהוָה לַאדֹנִי, Ps. cx. 1
23 3 [3] πάντα οὖν ὅσα ἐὰν εἴπωσιν ὑμῖν

Mt 23 39 οὐ μή με ἴδητε ἀπ' ἄρτι ἕως ἂν εἴπητε
24 2 ὁ δὲ ἀποκριθεὶς εἶπεν αὐτοῖς
3 [2] εἰπὸν ἡμῖν πότε ταῦτα ἔσται
εἰπέ, T
4 ἀποκριθεὶς ὁ Ἰησοῦς εἶπεν αὐτοῖς
23 τότε ἐάν τις ὑμῖν εἴπῃ
26 ἐὰν οὖν εἴπωσιν ὑμῖν
48 [6] ἐὰν δὲ εἴπῃ ὁ κακὸς δοῦλος ἐκεῖνος ἐν τ. καρδίᾳ αὐτοῦ
25 8 [1] αἱ δὲ μωραὶ ταῖς φρονίμοις εἶπαν
12 ὁ δὲ ἀποκριθεὶς εἶπεν
22 προσελθὼν κ. ὁ τὰ δύο τάλαντα εἶπεν
24 προσελθὼν δὲ κ. ὁ τὸ ἓν τάλαντον εἰληφὼς εἶπεν
26 ἀποκριθεὶς δὲ ὁ κύριος αὐτοῦ εἶπεν αὐτῷ
26 1 εἶπεν τ. μαθηταῖς αὐτοῦ
10 γνοὺς δὲ ὁ Ἰησοῦς εἶπεν αὐτοῖς
15 πορευθεὶς . . . πρὸς τ. ἀρχιερεῖς εἶπεν
18 ὁ δὲ εἶπεν Ὑπάγετε εἰς τ. πόλιν πρὸς τ. δεῖνα,
[8] κ. εἴπατε αὐτῷ
21 ἐσθιόντων αὐτῶν εἶπεν
23 ὁ δὲ ἀποκριθεὶς εἶπεν
25 ἀποκριθεὶς δὲ Ἰούδας ὁ παραδιδοὺς αὐτὸν εἶπεν
25 [1] λέγει αὐτῷ Σὺ εἶπας
26 κ. δοὺς τ. μαθηταῖς εἶπεν
33 ἀποκριθεὶς δὲ ὁ Πέτρος εἶπεν αὐτῷ
35 [1] ὁμοίως κ. πάντες οἱ μαθηταὶ εἶπαν
εἶπον, T
44 [8] τ. αὐτὸν λόγον εἰπὼν πάλιν
49 εὐθέως προσελθὼν τῷ Ἰησοῦ εἶπεν
50 ὁ δὲ Ἰησοῦς εἶπεν αὐτῷ
55 ἐν ἐκείνῃ τ. ὥρᾳ εἶπεν ὁ Ἰησοῦς τ. ὄχλοις
61 [1] ὕστερον δὲ προσελθόντες δύο εἶπαν
εἶπον, T
62 ἀναστὰς ὁ ἀρχιερεὺς εἶπεν αὐτῷ
63 κ. ὁ ἀρχιερεὺς εἶπεν αὐτῷ,
ἐξορκίζω σε . . . ἵνα ἡμῖν εἴπῃς
64 [1] λέγει αὐτῷ ὁ Ἰησοῦς Σὺ εἶπας
εἶπας;, WH marg.
66 [1] οἱ δὲ ἀποκριθέντες εἶπαν
εἶπον, T
73 προσελθόντες οἱ ἑστῶτες εἶπον τ. Πέτρῳ
27 4 [1] οἱ δὲ εἶπαν Τί πρὸς ἡμᾶς;
εἶπον, T
6 [1] οἱ δὲ ἀρχιερεῖς λαβόντες τ. ἀργύρια εἶπαν
17 συνηγμένων οὖν αὐτῶν εἶπεν αὐτοῖς ὁ Πειλᾶτος
21 ἀποκριθεὶς δὲ ὁ ἡγεμὼν εἶπεν αὐτοῖς
21 [1] οἱ δὲ εἶπαν Τὸν Βαραββᾶν
25 ἀποκριθεὶς πᾶς ὁ λαὸς εἶπεν
43 εἶπεν γὰρ ὅτι Θεοῦ εἰμι υἱός
49 [1] οἱ δὲ λοιποὶ εἶπαν
ἔλεγον, TWH marg.
63 ἐκεῖνος ὁ πλάνος εἶπεν ἔτι ζῶν
64 μήποτε ἐλθόντες οἱ μαθηταὶ . . . εἴπωσιν τ. λαῷ
28 5 ἀποκριθεὶς δὲ ὁ ἄγγελος εἶπεν τ. γυναιξίν
6 ἠγέρθη γὰρ καθὼς εἶπεν
7 [2] ταχὺ πορευθεῖσαι εἴπατε τ. μαθηταῖς αὐτοῦ
7 ἰδοὺ εἶπον ὑμῖν
13 [2] εἴπατε ὅτι Οἱ μαθηταὶ αὐτοῦ . . . ἔκλεψαν αὐτόν
Mk 1 17 εἶπεν αὐτοῖς ὁ Ἰησοῦς

Mk 1 44 [3] ὅρα μηδενὶ μηδὲν εἴπῃς
2 9 τί ἐστιν εὐκοπώτερον εἰπεῖν . . . Ἀφίενταί σου αἱ ἁμαρτίαι,
ἢ εἰπεῖν Ἐγείρου κ. ἆρον τ. κράβαττόν σου
19 εἶπεν αὐτοῖς ὁ Ἰησοῦς
3 9 εἶπεν τ. μαθηταῖς αὐτοῦ ἵνα πλοιάριον προσκαρτερῇ αὐτῷ
4 39 κ. εἶπεν τ. θαλάσσῃ
40 εἶπεν αὐτοῖς Τί δειλοί ἐστε;
5 33 [3] εἶπεν αὐτῷ πᾶσαν τ. ἀλήθειαν
34 ὁ δὲ εἶπεν αὐτῇ
43 [7] εἶπεν δοθῆναι αὐτῇ φαγεῖν
6 22 ὁ δὲ βασιλεὺς εἶπεν τ. κορασίῳ
24 ἐξελθοῦσα εἶπεν τ. μητρὶ αὐτῆς
24 ἡ δὲ εἶπεν Τὴν κεφαλὴν Ἰωάνου τ. βαπτίζοντος
37 ὁ δὲ ἀποκριθεὶς εἶπεν αὐτοῖς
7 6 ὁ δὲ εἶπεν αὐτοῖς
10 Μωυσῆς γὰρ εἶπεν
11 ἐὰν εἴπῃ ἄνθρωπος τ. πατρὶ ἢ τ. μητρὶ Κορβάν
29 εἶπεν αὐτῇ Διὰ τοῦτον τ. λόγον ὕπαγε
8 5 [1] οἱ δὲ εἶπαν Ἑπτά
7 [7] εὐλογήσας αὐτὰ εἶπεν κ. ταῦτα παρατιθέναι
εὐλ. αὐτ. παρέθηκεν, T
26 μηδενὶ εἴπῃς εἰς τ. κώμην
—h. v., TWH non mg. R
28 [1] οἱ δὲ εἶπαν αὐτῷ λέγοντες
34 προσκαλεσάμενος τ. ὄχλον . . . εἶπεν αὐτοῖς
9 18 [1 8] εἶπα τ. μαθηταῖς σου ἵνα αὐτὸ ἐκβάλωσιν
21 ὁ δὲ εἶπεν Ἐκ παιδιόθεν
23 ὁ δὲ Ἰησοῦς εἶπεν αὐτῷ
29 εἶπεν αὐτοῖς Τοῦτο τὸ γένος ἐν οὐδενὶ δύναται ἐξελθεῖν
36 ἐναγκαλισάμενος αὐτὸ εἶπεν αὐτοῖς
39 ὁ δὲ Ἰησοῦς εἶπεν
10 3 ὁ δὲ ἀποκριθεὶς εἶπεν αὐτοῖς
4 [1] οἱ δὲ εἶπαν Ἐπέτρεψεν Μωυσῆς
5 ὁ δὲ Ἰησοῦς εἶπεν αὐτοῖς
14 ἰδὼν δὲ ὁ Ἰησοῦς ἠγανάκτησεν κ. εἶπεν αὐτοῖς
18 ὁ δὲ Ἰησοῦς εἶπεν αὐτῷ
21 ὁ δὲ Ἰησοῦς . . . ἠγάπησεν αὐτὸν κ. εἶπεν αὐτῷ
36 ὁ δὲ εἶπεν αὐτοῖς
37 [1] οἱ δὲ εἶπαν αὐτῷ
38 ὁ δὲ Ἰησοῦς εἶπεν αὐτοῖς
39 [1] οἱ δὲ εἶπαν αὐτῷ Δυνάμεθα.
ὁ δὲ Ἰησοῦς εἶπεν αὐτοῖς
49 στὰς ὁ Ἰησοῦς εἶπεν Φωνήσατε αὐτόν
51 ἀποκριθεὶς αὐτῷ ὁ Ἰησοῦς εἶπεν
51 ὁ δὲ τυφλὸς εἶπεν αὐτῷ
52 κ. ὁ Ἰησοῦς εἶπεν αὐτῷ
11 3 ἐάν τις ὑμῖν εἴπῃ Τί ποιεῖτε τοῦτο;
[2] εἴπατε Ὁ Κύριος αὐτοῦ χρείαν ἔχει
6 [1] οἱ δὲ εἶπαν αὐτοῖς καθὼς εἶπεν ὁ Ἰησοῦς
14 ἀποκριθεὶς εἶπεν αὐτῇ
23 ὃς ἂν εἴπῃ τ. ὄρει τούτῳ
29 ὁ δὲ Ἰησοῦς εἶπεν αὐτοῖς
31 ἐὰν εἴπωμεν Ἐξ οὐρανοῦ
32 ἀλλὰ εἴπωμεν Ἐξ ἀνθρώπων
12 7 [1] ἐκεῖνοι δὲ οἱ γεωργοὶ πρὸς ἑαυτοὺς εἶπαν
Mk 12 12 [3] ἔγνωσαν γὰρ ὅτι πρὸς αὐτοὺς τ. παραβολὴν εἶπεν
15 ὁ δὲ εἰδὼς αὐτῶν τ. ὑπόκρισιν εἶπεν αὐτοῖς
16 [1] οἱ δὲ εἶπαν αὐτῷ Καίσαρος.
17 ὁ δὲ Ἰησοῦς εἶπεν αὐτοῖς
—αὐτ., WH
26 πῶς εἶπεν αὐτῷ ὁ Θεός
32 εἶπεν αὐτῷ ὁ γραμματεύς,
καλῶς διδάσκαλε ἐπ' ἀληθείας εἶπες
34 ὁ Ἰησοῦς ἰδὼν αὐτὸν . . . εἶπεν αὐτῷ
36 αὐτὸς Δαυεὶδ εἶπεν ἐν τ. πνεύματι τ. ἁγίῳ,
εἶπεν Κύριος τ. κυρίῳ μου, Ps. *l.c.*
43 προσκαλεσάμενος τ. μαθητὰς αὐτοῦ εἶπεν αὐτοῖς
13 2 κ. ὁ Ἰησοῦς εἶπεν αὐτῷ
4 [2] εἰπὸν ἡμῖν πότε ταῦτα ἔσται
21 τότε ἐάν τις ὑμῖν εἴπῃ
14 6 ὁ δὲ Ἰησοῦς εἶπεν Ἄφετε αὐτήν
14 [2] ὅπου ἐὰν εἰσέλθῃ εἴπατε τ. οἰκοδεσπότῃ
16 εὗρον καθὼς εἶπεν αὐτοῖς
18 ἀνακειμένων αὐτῶν κ. ἐσθιόντων ὁ Ἰησοῦς εἶπεν
20 ὁ δὲ εἶπεν αὐτοῖς
22 ἔδωκεν αὐτοῖς κ. εἶπεν Λάβετε
24 εἶπεν αὐτοῖς Τοῦτό ἐστιν τὸ αἷμά μου
39 [3] προσηύξατο τ. αὐτὸν λόγον εἰπών
τ. αὐτ. λ. εἰπ., [WH]
48 ἀποκριθεὶς ὁ Ἰησοῦς εἶπεν αὐτοῖς
62 ὁ δὲ Ἰησοῦς εἶπεν Ἐγώ εἰμι
69 ἰδοῦσα αὐτὸν εἶπεν τ. παρεστῶσιν
ἤρξατο πάλιν λέγειν, TWH non mg. R
72 τὸ ῥῆμα ὡς εἶπεν αὐτῷ ὁ Ἰησοῦς
15 39 ἰδὼν . . . ὅτι οὕτως ἐξέπνευσεν εἶπεν
16 7 [2] εἴπατε τ. μαθηταῖς αὐτοῦ κ. τ. Πέτρῳ
7 ἐκεῖ αὐτὸν ὄψεσθε καθὼς εἶπεν ὑμῖν
8 [3] οὐδενὶ οὐδὲν εἶπον ἐφοβοῦντο γάρ
[15 εἶπεν αὐτοῖς Πορευθέντες . . . κηρύξατε
Lu 1 13 εἶπεν δὲ πρὸς αὐτὸν ὁ ἄγγελος
18 εἶπεν Ζαχαρίας πρὸς τ. ἄγγελον
19 ἀποκριθεὶς ὁ ἄγγελος εἶπεν αὐτῷ
28 εἰσελθὼν πρὸς αὐτὴν εἶπεν
30 εἶπεν ὁ ἄγγελος αὐτῇ
34 εἶπεν δὲ Μαριὰμ πρὸς τ. ἄγγελον
35 ἀποκριθεὶς ὁ ἄγγελος εἶπεν αὐτῇ
38 εἶπεν δὲ Μαριάμ
42 ἀνεφώνησεν κραυγῇ μεγάλῃ κ. εἶπεν
46 κ. εἶπεν Μαριάμ
60 ἀποκριθεῖσα ἡ μήτηρ αὐτοῦ εἶπεν
61 [1] κ. εἶπαν πρὸς αὐτήν
2 10 εἶπεν αὐτοῖς ὁ ἄγγελος
28 εὐλόγησεν τ. Θεὸν κ. εἶπεν
34 εἶπεν πρὸς Μαριὰμ τ. μητέρα αὐτοῦ
48 εἶπεν πρὸς αὐτὸν ἡ μήτηρ αὐτοῦ
49 κ. εἶπεν πρὸς αὐτούς
3 12 [1] ἦλθον δὲ κ. τελῶναι βαπτισθῆναι κ. εἶπαν πρὸς αὐτόν
13 ὁ δὲ εἶπεν πρὸς αὐτούς
14 κ. εἶπεν αὐτοῖς
πρὸς αὐτούς, T
4 3 εἶπεν δὲ αὐτῷ ὁ διάβολος
3 [8] εἰπὲ τ. λίθῳ τούτῳ ἵνα γένηται ἄρτος
6 εἶπεν αὐτῷ ὁ διάβολος
8 ἀποκριθεὶς ὁ Ἰησοῦς εἶπεν αὐτῷ
αὐτ. εἰπ. ὁ Ἰ., WH mg.
9 εἶπεν αὐτῷ Εἰ υἱὸς εἶ τ. Θεοῦ

Lu 4 12 ἀποκριθεὶς εἶπεν αὐτῷ ὁ Ἰησοῦς
23 κ. εἶπεν πρὸς αὐτούς
24 εἶπεν δὲ Ἀμὴν λέγω ὑμῖν
43 ὁ δὲ εἶπεν πρὸς αὐτούς
5 4 ὡς δὲ ἐπαύσατο λαλῶν εἶπεν πρὸς τ. Σίμωνα
5 ἀποκριθεὶς Σίμων εἶπεν
10 εἶπεν πρὸς τ. Σίμωνα Ἰησοῦς
13 ἥψατο αὐτοῦ εἰπών
λέγων, WHR
14 αὐτὸς παρήγγειλεν αὐτῷ μηδενὶ εἰπεῖν
20 ἰδὼν τ. πίστιν αὐτῶν εἶπεν
22 ἀποκριθεὶς εἶπεν πρὸς αὐτούς
23 τί ἐστιν εὐκοπώτερον εἰπεῖν Ἀφέωνταί σοι αἱ ἁμαρτίαι σου,
ἢ εἰπεῖν Ἔγειρε κ. περιπάτει;
24 ἵνα δὲ εἴδητε . . . εἶπεν τ. παραλελυμένῳ
27 ἐθεάσατο τελώνην . . . κ. εἶπεν αὐτῷ
31 ἀποκριθεὶς ὁ Ἰησοῦς εἶπεν πρὸς αὐτούς
33 [1] οἱ δὲ εἶπαν πρὸς αὐτόν
34 ὁ δὲ Ἰησοῦς εἶπεν πρὸς αὐτούς
6 2 [1] τινὲς δὲ τ. Φαρισαίων εἶπαν
εἶπον, T
3 ἀποκριθεὶς πρὸς αὐτοὺς εἶπεν ὁ Ἰησοῦς
ὁ Ἰησ. πρ. αὐτ. εἰπ., T
8 εἶπεν δὲ τ. ἀνδρὶ τῷ ξηρὰν ἔχοντι τ. χεῖρα
9 εἶπεν δὲ ὁ Ἰησοῦς πρὸς αὐτούς
10 περιβλεψάμενος πάντας αὐτοὺς εἶπεν αὐτῷ
26 [4] ὅταν καλῶς ὑμᾶς εἴπωσιν πάντες οἱ ἄνθρωποι
εἴπ. ὑμ., T
39 [8] εἶπεν δὲ κ. παραβολὴν αὐτοῖς
7 7 [5] ἀλλὰ εἰπὲ λόγῳ κ. ἰαθήτω ὁ παῖς μου
9 στραφεὶς τ. ἀκολουθοῦντι αὐτῷ ὄχλῳ εἶπεν
13 ἰδὼν αὐτὴν ὁ Κύριος ἐσπλαγχνίσθη . . . κ. εἶπεν αὐτῇ
14 κ. εἶπεν Νεανίσκε σοὶ λέγω ἐγέρθητι
20 [1] παραγενόμενοι δὲ πρὸς αὐτὸν οἱ ἄνδρες εἶπαν
22 κ. ἀποκριθεὶς εἶπεν αὐτοῖς
39 [6] ἰδὼν δὲ ὁ Φαρισαῖος . . . εἶπεν ἐν ἑαυτῷ λέγων
40 ἀποκριθεὶς ὁ Ἰησοῦς εἶπεν πρὸς αὐτόν, Σίμων ἔχω σοί τι εἰπεῖν·
ὁ δὲ Διδάσκαλε εἰπὲ φησίν
43 ἀποκριθεὶς Σίμων εἶπεν
43 ὁ δὲ εἶπεν αὐτῷ Ὀρθῶς ἔκρινας
48 εἶπεν δὲ αὐτῇ Ἀφέωνταί σου αἱ ἁμαρτίαι
50 εἶπεν δὲ πρὸς τ. γυναῖκα
8 4 [5] συνιόντος δὲ ὄχλου πολλοῦ . . . εἶπεν διὰ παραβολῆς
10 ὁ δὲ εἶπεν Ὑμῖν δέδοται γνῶναι
21 ὁ δὲ ἀποκριθεὶς εἶπεν πρὸς αὐτούς
22 αὐτὸς ἐνέβη εἰς πλοῖον . . . κ. εἶπεν πρὸς αὐτούς
25 εἶπεν δὲ αὐτοῖς Ποῦ ἡ πίστις ὑμῶν;
28 φωνῇ μεγάλῃ εἶπεν
30 ὁ δὲ εἶπεν Λεγιών
45 κ. εἶπεν ὁ Ἰησοῦς
45 ἀρνουμένων δὲ πάντων εἶπεν ὁ Πέτρος
46 ὁ δὲ Ἰησοῦς εἶπεν
48 ὁ δὲ εἶπεν αὐτῇ Θυγάτηρ
52 ὁ δὲ εἶπεν Μὴ κλαίετε
56 [8] ὁ δὲ παρήγγειλεν αὐτοῖς μηδενὶ εἰπεῖν τὸ γεγονός
9 3 κ. εἶπεν πρὸς αὐτούς

Lu 9 9 εἶπεν δὲ ὁ Ἡρῴδης Ἰωάνην ἐγὼ ἀπεκεφάλισα
12 [1] προσελθόντες δὲ οἱ δώδεκα εἶπαν αὐτῷ
εἶπον, T
13 εἶπεν δὲ πρὸς αὐτοὺς Δότε αὐτοῖς φαγεῖν ὑμεῖς·
[1] οἱ δὲ εἶπαν Οὐκ εἰσὶν ἡμῖν πλεῖον
14 εἶπεν δὲ πρὸς τ. μαθητὰς αὐτοῦ
19 [1] οἱ δὲ ἀποκριθέντες εἶπαν
20 εἶπεν δὲ αὐτοῖς Ὑμεῖς δὲ τίνα με λέγετε εἶναι;
Πέτρος δὲ ἀποκριθεὶς εἶπεν
22 παρήγγειλεν μηδενὶ λέγειν τοῦτο εἰπών
33 εἶπεν ὁ Πέτρος πρὸς τ. Ἰησοῦν
41 ἀποκριθεὶς δὲ ὁ Ἰησοῦς εἶπεν
43 εἶπεν πρὸς τ. μαθητὰς αὐτοῦ
48 ἔστησεν αὐτὸ παρ' ἑαυτῷ κ. εἶπεν αὐτοῖς
49 ἀποκριθεὶς δὲ Ἰωάνης εἶπεν
50 εἶπεν δὲ πρὸς αὐτὸν Ἰησοῦς
54 [1] ἰδόντες δὲ οἱ μαθηταὶ . . . εἶπαν,
[7] Κύριε θέλεις εἴπωμεν πῦρ καταβῆναι
55 στραφεὶς δὲ ἐπετίμησεν αὐτοῖς κ. εἶπεν
—κ. εἶπ., TWH non marg. R non mg.
57 ἐν τῇ ὁδῷ εἶπέν τις πρὸς αὐτόν
58 εἶπεν αὐτῷ ὁ Ἰησοῦς
59 εἶπεν δὲ πρὸς ἕτερον
59 ὁ δὲ εἶπεν Ἐπίτρεψόν μοι πρῶτον
60 εἶπεν δὲ αὐτῷ Ἄφες τ. νεκροὺς θάψαι
61 εἶπεν δὲ κ. ἕτερος
62 εἶπεν δὲ πρὸς αὐτὸν ὁ Ἰησοῦς
10 10 [2] ἐξελθόντες εἰς τ. πλατείας αὐτῆς εἴπατε
18 εἶπεν δὲ αὐτοῖς Ἐθεώρουν τ. Σατανᾶν
21 ἠγαλλιάσατο τ. πνεύματι τ. ἁγίῳ κ. εἶπεν
22 στραφεὶς πρὸς τ. μαθητὰς εἶπεν
—h. v., WHR
23 στραφεὶς πρὸς τ. μαθητὰς κατ' ἰδίαν εἶπεν
26 ὁ δὲ εἶπεν πρὸς αὐτόν
27 ὁ δὲ ἀποκριθεὶς εἶπεν
28 εἶπεν δὲ αὐτῷ Ὀρθῶς ἀπεκρίθης
29 ὁ δὲ θέλων δικαιῶσαι ἑαυτὸν εἶπεν πρὸς τ. Ἰησοῦν
30 ὑπολαβὼν ὁ Ἰησοῦς εἶπεν
35 ἐκβαλὼν δύο δηνάρια ἔδωκεν τ. πανδοχεῖ κ. εἶπεν
37 ὁ δὲ εἶπεν Ὁ ποιήσας τ. ἔλεος μετ' αὐτοῦ
εἶπεν δὲ αὐτῷ ὁ Ἰησοῦς
40 ἐπιστᾶσα δὲ εἶπεν
40 [2] [8] εἰπὸν οὖν αὐτῇ ἵνα μοι συναντιλάβηται
41 ἀποκριθεὶς δὲ εἶπεν αὐτῇ ὁ Κύριος
11 1 εἶπέν τις τ. μαθητῶν αὐτοῦ πρὸς αὐτόν
2 εἶπεν δὲ αὐτοῖς Ὅταν προσεύχησθε
5 κ. εἶπεν πρὸς αὐτούς
5 πορεύσεται πρὸς αὐτὸν μεσονυκτίου κ. εἴπῃ αὐτῷ
7 κἀκεῖνος ἔσωθεν ἀποκριθεὶς εἴπῃ
15 [1] τινὲς δὲ ἐξ αὐτῶν εἶπαν
εἶπον, T
17 αὐτὸς δὲ εἰδὼς αὐτῶν τὰ διανοήματα εἶπεν αὐτοῖς
27 γυνὴ ἐκ τ. ὄχλου εἶπεν αὐτῷ
28 αὐτὸς δὲ εἶπεν Μενοῦνγε μακάριοι
39 εἶπεν δὲ ὁ Κύριος πρὸς αὐτόν
46 ὁ δὲ εἶπεν Καὶ ὑμῖν τ. νομικοῖς οὐαὶ
49 διὰ τοῦτο κ. ἡ σοφία τ. Θεοῦ εἶπεν
12 3 [1] [3] ἀνθ' ὧν ὅσα ἐν τ. σκοτίᾳ εἴπατε
11 [8] μὴ μεριμνήσητε . . . τί εἴπητε

Lu 12 12 [3] διδάξει ὑμᾶς ἐν αὐτῇ τ. ὥρᾳ ἃ δεῖ εἰπεῖν
13 εἶπεν δέ τις ἐκ τ. ὄχλου αὐτῷ,
[7] διδάσκαλε εἰπὲ τ. ἀδελφῷ μου μερίσασθαι
14 ὁ δὲ εἶπεν αὐτῷ
15 εἶπεν δὲ πρὸς αὐτούς
16 [3] εἶπεν δὲ παραβολὴν πρὸς αὐτοὺς λέγων
18 κ. εἶπεν Τοῦτο ποιήσω
20 εἶπεν δὲ αὐτῷ ὁ Θεός
22 εἶπεν δὲ πρὸς τ. μαθητὰς αὐτοῦ
41 εἶπεν δὲ ὁ Πέτρος
42 κ. εἶπεν ὁ Κύριος
45 [6] ἐὰν δὲ εἴπῃ ὁ δοῦλος ἐκεῖνος ἐν τ καρδίᾳ αὐτοῦ
13 2 ἀποκριθεὶς εἶπεν αὐτοῖς
7 εἶπεν δὲ πρὸς τ. ἀμπελουργόν
12 ἰδὼν δὲ αὐτὴν ὁ Ἰησοῦς . . . εἶπεν αὐτῇ
15 ἀπεκρίθη δὲ αὐτῷ ὁ Κύριος κ. εἶπεν
20 πάλιν εἶπεν Τίνι ὁμοιώσω τ. βασιλείαν τ. Θεοῦ
23 εἶπεν δέ τις αὐτῷ
23 ὁ δὲ εἶπεν πρὸς αὐτούς
32 κ. εἶπεν αὐτοῖς,
[2] πορευθέντες εἴπατε τῇ ἀλώπεκι ταύτῃ
35 οὐ μὴ ἴδητέ με ἕως εἴπητε
14 3 ἀποκριθεὶς ὁ Ἰησοῦς εἶπεν πρὸς τ. νομικοὺς κ. Φαρισαίους
5 κ. πρὸς αὐτοὺς εἶπεν
κ. ἀποκριθεὶς π. αὐτ. εἶπ., T
15 ἀκούσας δέ τις τ. συνανακειμένων ταῦτα εἶπεν αὐτῷ
16 ὁ δὲ εἶπεν αὐτῷ
17 ἀπέστειλεν τ. δοῦλον αὐτοῦ . . . εἰπεῖν τ. κεκλημένοις
18 ὁ πρῶτος εἶπεν αὐτῷ
19 ἕτερος εἶπεν Ζεύγη βοῶν ἠγόρασα
20 ἕτερος εἶπεν Γυναῖκα ἔγημα
21 ὀργισθεὶς ὁ οἰκοδεσπότης εἶπεν τ. δούλῳ αὐτοῦ
22 κ. εἶπεν ὁ δοῦλος
23 εἶπεν ὁ κύριος πρὸς τ. δοῦλον
25 στραφεὶς εἶπεν πρὸς αὐτούς
15 3 [3] εἶπεν δὲ πρὸς αὐτοὺς τ. παραβολὴν ταύτην
11 εἶπεν δὲ Ἄνθρωπός τις εἶχεν δύο υἱούς·
12 κ. εἶπεν ὁ νεώτερος αὐτῶν τῷ πατρί
21 εἶπεν δὲ ὁ υἱὸς αὐτῷ
22 εἶπεν δὲ ὁ πατὴρ πρὸς τ. δούλους αὐτοῦ
27 ὁ δὲ εἶπεν αὐτῷ ὅτι Ὁ ἀδελφός σου ἥκει
29 ὁ δὲ ἀποκριθεὶς εἶπεν τ. πατρὶ αὐτοῦ
31 ὁ δὲ εἶπεν αὐτῷ Τέκνον
16 2 φωνήσας αὐτὸν εἶπεν αὐτῷ
3 [6] εἶπεν δὲ ἐν ἑαυτῷ ὁ οἰκονόμος
6 ὁ δὲ εἶπεν Ἑκατὸν βάτους ἐλαίου·
ὁ δὲ εἶπεν αὐτῷ Δέξαι σου τὰ γράμματα
7 ἔπειτα ἑτέρῳ εἶπεν Σὺ δὲ πόσον ὀφείλεις;
ὁ δὲ εἶπεν Ἑκατὸν κόρους σίτου
15 εἶπεν αὐτοῖς Ὑμεῖς ἐστε οἱ δικαιοῦντες ἑαυτούς
24 κ. αὐτὸς φωνήσας εἶπεν
25 εἶπεν δὲ Ἀβραάμ
27 εἶπεν δὲ Ἐρωτῶ σε οὖν πάτερ
30 ὁ δὲ εἶπεν Οὐχὶ πάτερ Ἀβραάμ
31 εἶπεν δὲ αὐτῷ Εἰ Μωυσέως . . . οὐκ ἀκούουσιν
17 1 εἶπεν δὲ πρὸς τ. μαθητὰς αὐτοῦ
5 [1] εἶπαν οἱ ἀπόστολοι τ Κυρίῳ

Lu 17 6 εἶπεν δὲ ὁ Κύριος
14 κ. ἰδὼν εἶπεν αὐτοῖς
17 ἀποκριθεὶς δὲ ὁ Ἰησοῦς εἶπεν
19 εἶπεν αὐτῷ Ἀναστὰς πορεύου
20 ἀπεκρίθη αὐτοῖς κ. εἶπεν
22 εἶπεν δὲ πρὸς τ. μαθητάς
37 ὁ δὲ εἶπεν αὐτοῖς
18 4 [6] μετὰ ταῦτα δὲ εἶπεν ἐν ἑαυτῷ
6 εἶπεν δὲ ὁ Κύριος
9 εἶπεν δὲ κ. πρός τινας τ. πεποιθότας ἐφ' ἑαυτοῖς
19 εἶπεν δὲ αὐτῷ ὁ Ἰησοῦς
21 ὁ δὲ εἶπεν Ταῦτα πάντα ἐφύλαξα
22 ἀκούσας δὲ ὁ Ἰησοῦς εἶπεν αὐτῷ
24 ἰδὼν δὲ αὐτὸν ὁ Ἰησοῦς εἶπεν
26 [1] εἶπαν δὲ οἱ ἀκούσαντες
27 ὁ δὲ εἶπεν Τὰ ἀδύνατα παρὰ ἀνθρώποις
28 εἶπεν δὲ ὁ Πέτρος
29 ὁ δὲ εἶπεν αὐτοῖς
31 παραλαβὼν δὲ τ. δώδεκα εἶπεν πρὸς αὐτούς
41 ὁ δὲ εἶπεν Κύριε ἵνα ἀναβλέψω.
42 κ. ὁ Ἰησοῦς εἶπεν αὐτῷ
19 5 ἀναβλέψας ὁ Ἰησοῦς εἶπεν πρὸς αὐτόν
8 σταθεὶς δὲ Ζακχαῖος εἶπεν πρὸς τ. Κύριον
9 εἶπεν δὲ πρὸς αὐτὸν ὁ Ἰησοῦς
11 [3] προσθεὶς εἶπεν παραβολήν
12 εἶπεν οὖν Ἄνθρωπός τις εὐγενής
13 ἔδωκεν αὐτοῖς δέκα μνᾶς κ. εἶπεν πρὸς αὐτούς
15 [7] εἶπεν φωνηθῆναι αὐτῷ τ. δούλους τούτους
17 εἶπεν αὐτῷ Εὖγε ἀγαθὲ δοῦλε
19 εἶπεν δὲ κ. τούτῳ
24 κ. τ. παρεστῶσιν εἶπεν
25 [1] εἶπαν αὐτῷ Κύριε ἔχει δέκα μνᾶς
28 εἰπὼν ταῦτα ἐπορεύετο ἔμπροσθεν
30 ἀπέστειλεν δύο τ. μαθητῶν εἰπών λέγων, WH
32 εὗρον καθὼς εἶπεν αὐτοῖς
33 [1] εἶπαν οἱ κύριοι αὐτοῦ πρὸς αὐτούς
34 [1] οἱ δὲ εἶπαν ὅτι Κύριος αὐτοῦ χρείαν ἔχει
39 [1] τινὲς τ. Φαρισαίων ἀπὸ τ. ὄχλου εἶπαν πρὸς αὐτόν
40 κ. ἀποκριθεὶς εἶπεν
20 2 [1] εἶπαν λέγοντες πρὸς αὐτόν
[2] εἰπὸν ἡμῖν ἐν ποίᾳ ἐξουσίᾳ ταῦτα ποιεῖς
3 ἀποκριθεὶς δὲ εἶπεν πρὸς αὐτούς,
[2] ἐρωτήσω κἀγὼ ὑμᾶς λόγον κ. εἴπατε μοι
5 ἐὰν εἴπωμεν Ἐξ οὐρανοῦ
6 ἐὰν δὲ εἴπωμεν Ἐξ ἀνθρώπων
8 κ. ὁ Ἰησοῦς εἶπεν αὐτοῖς
13 εἶπεν δὲ ὁ κύριος τ. ἀμπελῶνος
16 [1] ἀκούσαντες δὲ εἶπαν Μὴ γένοιτο.
17 ὁ δὲ ἐμβλέψας αὐτοῖς εἶπεν
19 [3] ἔγνωσαν γὰρ ὅτι πρὸς αὐτοὺς εἶπεν τ. παραβολὴν ταύτην
23 κατανοήσας δὲ αὐτῶν τ. πανουργίαν εἶπεν πρὸς αὐτούς
24 [1] οἱ δὲ εἶπαν Καίσαρος
25 ὁ δὲ εἶπεν πρὸς αὐτούς
34 κ. εἶπεν αὐτοῖς ὁ Ἰησοῦς
39 [1] ἀποκριθέντες δέ τινες τ. γραμματέων εἶπαν,

Lu 20 39 [1] διδάσκαλε καλῶς εἶπας
41 εἶπεν δὲ πρὸς αὐτούς
42 εἶπεν Κύριος τ. κυρίῳ μου, Ps. *l.c.*
45 ἀκούοντος δὲ παντὸς τ. λαοῦ εἶπεν τ. μαθηταῖς
21 3 κ. εἶπεν Ἀληθῶς λέγω ὑμῖν
5 κ. τινων λεγόντων περὶ τ. ἱεροῦ . . . εἶπεν
8 ὁ δὲ εἶπεν Βλέπετε μὴ πλανηθῆτε
29 [3] εἶπεν παραβολὴν αὐτοῖς
22 8 ἀπέστειλεν Πέτρον κ. Ἰωάνην εἰπών
9 [1] οἱ δὲ εἶπαν αὐτῷ
10 ὁ δὲ εἶπεν αὐτοῖς
15 κ. εἶπεν πρὸς αὐτούς
17 δεξάμενος ποτήριον εὐχαριστήσας εἶπεν
25 ὁ δὲ εἶπεν αὐτοῖς
33 ὁ δὲ εἶπεν αὐτῷ
34 ὁ δὲ εἶπεν Λέγω σοι Πέτρε
35 εἶπεν αὐτοῖς Ὅτε ἀπέστειλα ὑμᾶς
35 [1] οἱ δὲ εἶπαν Οὐθενός.
36 εἶπεν δὲ αὐτοῖς Ἀλλὰ νῦν ὁ ἔχων βαλλάντιον ἀράτω
ὁ δὲ εἶπεν, TR
38 [1] οἱ δὲ εἶπαν Κύριε ἰδοὺ μάχαιραι ὧδε δύο·
ὁ δὲ εἶπεν αὐτοῖς Ἱκανόν ἐστιν
40 γενόμενος δὲ ἐπὶ τ. τόπου εἶπεν αὐτοῖς
46 εἶπεν αὐτοῖς Τί καθεύδετε;
48 Ἰησοῦς δὲ εἶπεν αὐτῷ
49 [1] ἰδόντες δὲ οἱ περὶ αὐτὸν τὸ ἐσόμενον εἶπαν
51 ἀποκριθεὶς δὲ ὁ Ἰησοῦς εἶπεν
52 εἶπεν δὲ Ἰησοῦς πρὸς τ. παραγενομένους . . . ἀρχιερεῖς
56 ἀτενίσασα αὐτῷ εἶπεν
60 εἶπεν δὲ ὁ Πέτρος
61 ἀνεμνήσθη ὁ Πέτρος τ. λόγου τ. Κυρίου ὡς εἶπεν αὐτῷ
67 [3] εἰ σὺ εἶ ὁ Χριστὸς εἰπὸν ἡμῖν.
εἶπεν δὲ αὐτοῖς Ἐὰν ὑμῖν εἴπω
70 [1] εἶπαν δὲ πάντες
71 [1] οἱ δὲ εἶπαν Τί ἔτι ἔχομεν μαρτυρίας χρείαν
23 4 ὁ δὲ Πειλᾶτος εἶπεν πρὸς τ. ἀρχιερεῖς κ. τ. ὄχλους
14 Πειλᾶτος δὲ . . . εἶπεν πρὸς αὐτούς
22 ὁ δὲ τρίτον εἶπεν πρὸς αὐτούς
28 στραφεὶς δὲ πρὸς αὐτὰς Ἰησοῦς εἶπεν
43 εἶπεν αὐτῷ Ἀμήν σοι λέγω
46 φωνήσας φωνῇ μεγάλῃ ὁ Ἰησοῦς εἶπεν
46 τοῦτο δὲ εἰπὼν ἐξέπνευσεν
24 5 [1] ἐμφόβων δὲ γενομένων αὐτῶν . . . εἶπαν πρὸς αὐτάς
17 εἶπεν δὲ πρὸς αὐτούς
18 ἀποκριθεὶς δὲ εἷς ὀνόματι Κλεόπας εἶπεν πρὸς αὐτόν
19 εἶπεν αὐτοῖς Ποῖα;
[1] οἱ δὲ εἶπαν αὐτῷ
24 εὗρον οὕτως καθὼς αἱ γυναῖκες εἶπον
25 αὐτὸς εἶπεν πρὸς αὐτούς
32 [1] κ. εἶπαν πρὸς ἀλλήλους
38 εἶπεν αὐτοῖς Τί τεταραγμένοι ἐστέ;
40 [3] τοῦτο εἰπὼν ἔδειξεν αὐτοῖς τ. χεῖρας
—h. v., T [[WH]] R mg.
41 ἔτι δὲ ἀπιστούντων αὐτῶν . . εἶπεν αὐτοῖς

Lu 24 44 εἶπεν δὲ πρὸς αὐτούς
46 εἶπεν αὐτοῖς ὅτι Οὕτως γέγραπται
Jo 1 15 [4] οὗτος ἦν ὁ εἰπών
ὃν εἶπον, WH mg. TR
22 [1] εἶπαν οὖν αὐτῷ Τίς εἶ;
23 καθὼς εἶπεν Ἠσαίας ὁ προφήτης
25 [1] ἠρώτησαν αὐτὸν κ. εἶπαν αὐτῷ
30 οὗτός ἐστιν ὑπὲρ οὗ ἐγὼ εἶπον
33 ὁ πέμψας με βαπτίζειν ἐν ὕδατι ἐκεῖνός μοι εἶπεν
38 [1] οἱ δὲ εἶπαν αὐτῷ Ῥαββεί
42 ἐμβλέψας αὐτῷ ὁ Ἰησοῦς εἶπεν
46 εἶπεν αὐτῷ Ναθαναήλ
48 ἀπεκρίθη Ἰησοῦς κ. εἶπεν αὐτῷ
50 ἀπεκρίθη Ἰησοῦς κ. εἶπεν αὐτῷ
ὅτι εἰπόν σοι ὅτι εἶδόν σε
2 16 τοῖς τ. περιστερὰς πωλοῦσιν εἶπεν
18 [1] ἀπεκρίθησαν οὖν οἱ Ἰουδαῖοι κ. εἶπαν αὐτῷ
19 ἀπεκρίθη Ἰησοῦς κ. εἶπεν αὐτοῖς
20 [1] εἶπαν οὖν οἱ Ἰουδαῖοι
22 [3] ἐπίστευσαν . . . τ. λόγῳ ὃν εἶπεν ὁ Ἰησοῦς
3 2 εἶπεν αὐτῷ Ῥαββεὶ οἴδαμεν
3 ἀπεκρίθη Ἰησοῦς κ. εἶπεν αὐτῷ
7 μὴ θαυμάσῃς ὅτι εἰπόν σοι
9 ἀπεκρίθη Νικόδημος κ. εἶπεν αὐτῷ
10 ἀπεκρίθη Ἰησοῦς κ. εἶπεν αὐτῷ
12 [3] εἰ τ. ἐπίγεια εἶπον ὑμῖν
12 [3] ἐὰν εἴπω ὑμῖν τὰ ἐπουράνια
26 [1] ἦλθαν πρὸς τ. Ἰωάνην κ. εἶπαν αὐτῷ
εἶπον, T
27 ἀπεκρίθη Ἰωάνης κ. εἶπεν
28 αὐτοὶ ὑμεῖς μοι μαρτυρεῖτε ὅτι εἶπον
+ ἐγώ, [WH]
4 10 ἀπεκρίθη Ἰησοῦς κ. εἶπεν αὐτῇ
13 ἀπεκρίθη Ἰησοῦς κ. εἶπεν αὐτῇ
17 ἀπεκρίθη ἡ γυνὴ κ. εἶπεν αὐτῷ
—αὐτῷ, T [WH]
17 καλῶς εἶπες ὅτι Ἄνδρα οὐκ ἔχω
27 οὐδεὶς μέντοι εἶπεν
29 [3] ἴδετε ἄνθρωπον ὃς εἶπέν μοι πάντα ἃ ἐποίησα
32 ὁ δὲ εἶπεν αὐτοῖς
39 [3] μαρτυρούσης ὅτι εἶπέν μοι πάντα ἃ ἐποίησα
48 εἶπεν οὖν ὁ Ἰησοῦς πρὸς αὐτόν
50 [3] ἐπίστευσεν . . . τ. λόγῳ ὃν εἶπεν αὐτῷ ὁ Ἰησοῦς
52 [1] εἶπαν οὖν αὐτῷ
εἶπον, T
53 ἐκείνῃ τ. ὥρᾳ ἐν ᾗ εἶπεν αὐτῷ ὁ Ἰησοῦς
5 11 ὁ ποιήσας με ὑγιῆ ἐκεῖνός μοι εἶπεν
12 τίς ἐστιν ὁ ἄνθρωπος ὁ εἰπών σοι
14 εὑρίσκει αὐτὸν ὁ Ἰησοῦς . . . κ. εἶπεν αὐτῷ
15 ἀπῆλθεν ὁ ἄνθρωπος κ. εἶπεν τ. Ἰουδαίοις
ἀνήγγειλεν, WH mg.
6 10 εἶπεν ὁ Ἰησοῦς
25 εἶπον αὐτῷ Ῥαββεὶ πότε ὧδε γέγονας;
26 ἀπεκρίθη αὐτοῖς ὁ Ἰησοῦς κ. εἶπεν
28 εἶπον οὖν πρὸς αὐτόν
29 ἀπεκρίθη ὁ Ἰησοῦς κ. εἶπεν αὐτοῖς
30 εἶπον οὖν αὐτῷ
32 εἶπεν οὖν αὐτοῖς ὁ Ἰησοῦς
34 εἶπον οὖν πρὸς αὐτόν
35 εἶπεν αὐτοῖς ὁ Ἰησοῦς
36 ἀλλ' εἶπον ὑμῖν ὅτι κ. ἑωράκατέ με

Jo 6 41 ἐγόγγυζον οὖν οἱ Ἰουδαῖοι περὶ αὐτοῦ ὅτι εἶπεν
43 ἀπεκρίθη Ἰησοῦς κ. εἶπεν αὐτοῖς
53 εἶπεν οὖν αὐτοῖς ὁ Ἰησοῦς
59 ταῦτα εἶπεν ἐν συναγωγῇ διδάσκων ἐν Καφαρναούμ
60 [1] πολλοὶ οὖν ἀκούσαντες . . . εἶπαν
εἶπον, T
61 εἰδὼς δὲ ὁ Ἰησοῦς . . . εἶπεν αὐτοῖς
67 εἶπεν οὖν ὁ Ἰησοῦς τοῖς δώδεκα
7 3 εἶπον οὖν πρὸς αὐτὸν οἱ ἀδελφοὶ αὐτοῦ
9 ταῦτα δὲ εἰπὼν αὐτοῖς
16 ἀπεκρίθη οὖν αὐτοῖς Ἰησοῦς κ. εἶπεν
21 ἀπεκρίθη Ἰησοῦς κ. εἶπεν αὐτοῖς
33 εἶπεν οὖν ὁ Ἰησοῦς
35 εἶπον οὖν οἱ Ἰουδαῖοι πρὸς ἑαυτούς
36 [3] τίς ἐστιν ὁ λόγος οὗτος ὃν εἶπεν
38 καθὼς εἶπεν ἡ γραφή
39 [3] τοῦτο δὲ εἶπεν περὶ τ. πνεύματος
42 οὐχ ἡ γραφὴ εἶπεν
45 κ. εἶπον αὐτοῖς ἐκεῖνοι
52 [1] ἀπεκρίθησαν κ. εἶπαν αὐτῷ
8 [3 στήσαντες αὐτὴν ἐν μέσῳ εἶπον αὐτῷ
λέγουσιν, WH non mg. R
[7 ἀνέκυψεν κ. εἶπεν αὐτοῖς
[10 ἀνακύψας δὲ ὁ Ἰησοῦς εἶπεν αὐτῇ
[11 ἡ δὲ εἶπεν Οὐδείς Κύριε.
εἶπεν δὲ ὁ Ἰησοῦς
13 εἶπον οὖν αὐτῷ οἱ Φαρισαῖοι
14 ἀπεκρίθη Ἰησοῦς κ. εἶπεν αὐτοῖς
21 εἶπεν οὖν πάλιν αὐτοῖς
24 εἶπον οὖν ὑμῖν ὅτι ἀποθανεῖσθε
25 εἶπεν αὐτοῖς ὁ Ἰησοῦς
28 εἶπεν οὖν ὁ Ἰησοῦς
39 [1] ἀπεκρίθησαν κ. εἶπαν αὐτῷ
41 [1] εἶπαν αὐτῷ Ἡμεῖς ἐκ πορνείας οὐκ ἐγεννήθημεν
42 εἶπεν αὐτοῖς ὁ Ἰησοῦς
48 [1] ἀπεκρίθησαν οἱ Ἰουδαῖοι κ. εἶπαν αὐτῷ
52 [1] εἶπαν αὐτῷ οἱ Ἰουδαῖοι
55 κἂν εἴπω ὅτι οὐκ οἶδα αὐτόν
57 [1] εἶπαν οὖν οἱ Ἰουδαῖοι πρὸς αὐτόν
58 εἶπεν αὐτοῖς Ἰησοῦς
9 6 [3] ταῦτα εἰπὼν ἔπτυσεν χαμαί
7 εἶπεν αὐτῷ Ὕπαγε νίψαι
11 ἐπέχρισέν μου τ. ὀφθαλμοὺς κ. εἶπέν μοι
12 [1] εἶπαν αὐτῷ Ποῦ ἐστιν ἐκεῖνος
15 ὁ δὲ εἶπεν αὐτοῖς
17 ὁ δὲ εἶπεν ὅτι προφήτης ἐστίν
20 [1] ἀπεκρίθησαν οὖν οἱ γονεῖς αὐτοῦ κ. εἶπαν
22 [1] ταῦτα εἶπαν οἱ γονεῖς αὐτοῦ
εἶπον, T
23 [1] διὰ τοῦτο οἱ γονεῖς αὐτοῦ εἶπαν
24 [1] ἐφώνησαν οὖν τ. ἄνθρωπον ἐκ δευτέρου . . . κ. εἶπαν αὐτῷ
26 [1] εἶπαν οὖν αὐτῷ
εἶπον, T
27 ἀπεκρίθη αὐτοῖς Εἶπον ὑμῖν ἤδη
28 [1] ἐλοιδόρησαν αὐτὸν κ. εἶπαν
30 ἀπεκρίθη ὁ ἄνθρωπος κ. εἶπεν αὐτοῖς
34 [1] ἀπεκρίθησαν κ. εἶπαν αὐτῷ
35 εὑρὼν αὐτὸν εἶπεν
36 ἀπεκρίθη ἐκεῖνος κ. εἶπεν
κ. εἶπ., [WH]; —h. v., WH mg.
37 εἶπεν αὐτῷ ὁ Ἰησοῦς
39 κ. εἶπεν ὁ Ἰησοῦς

Jo 9 40 [1] ἤκουσαν ἐκ τ. Φαρισαίων . . . κ. εἶπαν αὐτῷ
41 εἶπεν αὐτοῖς ὁ Ἰησοῦς
10 6 [3] ταύτην τ. παροιμίαν εἶπεν αὐτοῖς ὁ Ἰησοῦς
7 εἶπεν οὖν πάλιν ὁ Ἰησοῦς
24 [2] εἰ σὺ εἶ ὁ Χριστὸς εἰπὸν ἡμῖν παρρησίᾳ.
25 ἀπεκρίθη αὐτοῖς ὁ Ἰησοῦς Εἶπον ὑμῖν
34 [1] οὐκ ἔστιν γεγραμμένον . . . ὅτι Ἐγὼ εἶπα θεοί ἐστε;
אֲנִי אָמַרְתִּי אֱלֹהִים אַתֶּם, Ps. lxxxii. 6
35 [4] εἰ ἐκείνους εἶπεν θεούς
36 βλασφημεῖς ὅτι εἶπον Υἱὸς τ. Θεοῦ εἰμί;
41 [3] πάντα δὲ ὅσα εἶπεν Ἰωάνης περὶ τούτου
11 4 ἀκούσας δὲ ὁ Ἰησοῦς εἶπεν
11 [3] ταῦτα εἶπεν κ. μετὰ τοῦτο λέγει αὐτοῖς
12 [1] εἶπαν οὖν οἱ μαθηταὶ αὐτῷ
εἶπον, T
14 τότε οὖν εἶπεν αὐτοῖς ὁ Ἰησοῦς παρρησίᾳ
16 εἶπεν οὖν Θωμᾶς ὁ λεγόμενος Δίδυμος
21 εἶπεν οὖν ἡ Μάρθα πρὸς Ἰησοῦν
25 εἶπεν αὐτῇ ὁ Ἰησοῦς
28 [3] τοῦτο εἰποῦσα ἀπῆλθεν,
[9] κ. ἐφώνησεν Μαριὰμ τ. ἀδελφὴν αὐτῆς λάθρᾳ εἴπασα
εἰποῦσα, T
34 ἐτάραξεν ἑαυτὸν κ. εἶπεν
37 [1] τινὲς δὲ ἐξ αὐτῶν εἶπαν
εἶπον, T
40 οὐκ εἶπόν σοι ὅτι ἐὰν πιστεύσῃς
41 ἦρεν τ. ὀφθαλμοὺς ἄνω κ. εἶπεν
42 διὰ τ. ὄχλον τ. περιεστῶτα εἶπον
43 [3] ταῦτα εἰπὼν φωνῇ μεγάλῃ ἐκραύγασεν
46 [1] [3] εἶπαν αὐτοῖς ἃ ἐποίησεν Ἰησοῦς
49 εἷς δέ τις ἐξ αὐτῶν Καιάφας . . . εἶπεν αὐτοῖς
51 τοῦτο δὲ ἀφ' ἑαυτοῦ οὐκ εἶπεν
12 6 [3] εἶπεν δὲ τοῦτο
7 εἶπεν οὖν ὁ Ἰησοῦς
19 [1] οἱ οὖν Φαρισαῖοι εἶπαν πρὸς ἑαυτούς
27 [3] νῦν ἡ ψυχή μου τετάρακται κ. τί εἴπω;
30 ἀπεκρίθη κ. εἶπεν Ἰησοῦς
Ἰησ. κ. εἶπ., T
35 εἶπεν οὖν αὐτοῖς ὁ Ἰησοῦς
38 [3] ἵνα ὁ λόγος Ἠσαίου . . . πληρωθῇ ὃν εἶπεν
39 ὅτι πάλιν εἶπεν Ἠσαίας
41 [3] ταῦτα εἶπεν Ἠσαίας
44 Ἰησοῦς δὲ ἔκραξεν κ. εἶπεν
49 [3] ἐντολὴν δέδωκεν τί εἴπω κ. τί λαλήσω
13 7 ἀπεκρίθη Ἰησοῦς κ. εἶπεν αὐτῷ
11 διὰ τοῦτο εἶπεν ὅτι Οὐχὶ πάντες καθαροί ἐστε
12 ἀνέπεσεν πάλιν εἶπεν αὐτοῖς
21 [3] ταῦτα εἰπὼν Ἰησοῦς ἐταράχθη τ. πνεύματι,
κ. ἐμαρτύρησεν κ. εἶπεν
24 λέγει αὐτῷ Εἰπὲ τίς ἐστιν
28 οὐδεὶς ἔγνω . . . πρὸς τί εἶπεν αὐτῷ
33 καθὼς εἶπον τ. Ἰουδαίοις
14 2 εἰ δὲ μὴ εἶπον ἂν ὑμῖν
23 ἀπεκρίθη Ἰησοῦς κ. εἶπεν αὐτῷ
26 [3] ὑπομνήσει ὑμᾶς πάντα ἃ εἶπον ὑμῖν ἐγώ
—ἐγώ, T
28 ἠκούσατε ὅτι ἐγὼ εἶπον ὑμῖν

Jo 15 20 [8] μνημονεύετε τ. λόγου οὗ ἐγὼ εἶπον ὑμῖν
16 4 ἵνα . . . μνημονεύητε αὐτῶν ὅτι ἐγὼ εἶπον ὑμῖν·
[8] ταῦτα δὲ ὑμῖν ἐξ ἀρχῆς οὐκ εἶπον
15 διὰ τοῦτο εἶπον ὅτι ἐκ τ. ἐμοῦ λήμψεται
17 [1] εἶπαν οὖν ἐκ τ. μαθητῶν αὐτοῦ πρὸς ἀλλήλους
εἶπον, T
19 ἔγνω Ἰησοῦς . . . κ. εἶπεν αὐτοῖς,
περὶ τούτου ζητεῖτε μετ' ἀλλήλων ὅτι εἶπον
17 1 ἐπάρας τ. ὀφθαλμοὺς αὐτοῦ εἰς τ. οὐρανὸν εἶπεν
18 1 [8] ταῦτα εἰπὼν Ἰησοῦς
6 ὡς οὖν εἶπεν αὐτοῖς Ἐγώ εἰμι
7 [1] οἱ δὲ εἶπαν Ἰησοῦν τ. Ναζωραῖον
εἶπον, T
8 ἀπεκρίθη Ἰησοῦς Εἶπον ὑμῖν ὅτι ἐγώ εἰμι
9 [8] ἵνα πληρωθῇ ὁ λόγος ὃν εἶπεν
11 εἶπεν οὖν ὁ Ἰησοῦς τ. Πέτρῳ
16 ἐξῆλθεν οὖν ὁ μαθητὴς ὁ ἄλλος . . . κ. εἶπεν τῇ θυρωρῷ
21 [8] ἴδε οὗτοι οἴδασιν ἃ εἶπον ἐγώ
22 [8] ταῦτα δὲ αὐτοῦ εἰπόντος
22 ἔδωκεν ῥάπισμα τῷ Ἰησοῦ εἰπών
25 εἶπον οὖν αὐτῷ
25 ἠρνήσατο ἐκεῖνος κ. εἶπεν
30 [1] ἀπεκρίθησαν κ. εἶπαν αὐτῷ
31 εἶπεν οὖν αὐτοῖς Πειλᾶτος
31 εἶπον αὐτῷ οἱ Ἰουδαῖοι
32 [8] ἵνα ὁ λόγος τ. Ἰησοῦ πληρωθῇ ὃν εἶπεν
33 ἐφώνησεν τ. Ἰησοῦν κ. εἶπεν αὐτῷ
34 ἢ ἄλλοι εἶπόν σοι περὶ ἐμοῦ;
σοὶ εἶπον, T
37 εἶπεν οὖν αὐτῷ ὁ Πειλᾶτος
38 [8] τοῦτο εἰπὼν πάλιν ἐξῆλθεν πρὸς τ. Ἰουδαίους
19 21 ἀλλ' ὅτι ἐκεῖνος εἶπεν
24 [1] εἶπαν οὖν πρὸς ἀλλήλους
30 ὅτε οὖν ἔλαβεν τὸ ὄξος ὁ Ἰησοῦς εἶπεν
20 14 [8] ταῦτα εἰποῦσα ἐστράφη εἰς τὰ ὀπίσω
15 εἰπέ μοι ποῦ ἔθηκας αὐτόν
17 πορεύου δὲ πρὸς τ. ἀδελφούς μου κ. εἰπὲ αὐτοῖς
18 [8] ὅτι . . . ταῦτα εἶπεν αὐτῇ
20 [8] τοῦτο εἰπὼν ἔδειξεν κ. τ. χεῖρας . . . αὐτοῖς
21 εἶπεν οὖν αὐτοῖς ὁ Ἰησοῦς πάλιν
22 [8] τοῦτο εἰπὼν ἐνεφύσησεν κ. λέγει αὐτοῖς
25 ὁ δὲ εἶπεν αὐτοῖς
26 ἔστη εἰς τὸ μέσον κ. εἶπεν
28 ἀπεκρίθη Θωμᾶς κ. εἶπεν αὐτῷ
21 6 ὁ δὲ εἶπεν αὐτοῖς
λέγει αὐτ., T
17 ἐλυπήθη . . . ὅτι εἶπεν αὐτῷ τὸ τρίτον
17 κ. εἶπεν αὐτῷ Κύριε πάντα σὺ οἶδας
λέγει, T
19 [8] τοῦτο δὲ εἶπεν σημαίνων
19 [8] κ. τοῦτο εἰπὼν λέγει αὐτῷ
20 ὃς κ. ἀνέπεσεν . . . ἐπὶ τὸ στῆθος αὐτοῦ κ. εἶπεν
23 οὐκ εἶπεν δὲ αὐτῷ ὁ Ἰησοῦς
κ. οὐκ εἶπ., T
Ac 1 7 εἶπεν πρὸς αὐτούς
9 [8] ταῦτα εἰπὼν βλεπόντων αὐτῶν ἐπήρθη
11 [1] ἄνδρες δύο . . . ἐν ἐσθήσεσι λευκαῖς οἳ κ. εἶπαν

Ac 1 15 ἀναστὰς Πέτρος ἐν μέσῳ τ. ἀδελφῶν εἶπεν
24 [1] κ. προσευξάμενοι εἶπαν
2 29 ἐξὸν εἰπεῖν μετὰ παρρησίας πρὸς ὑμᾶς
34 εἶπεν Κύριος τ. κυρίῳ μου
נְאֻם יְהוָה לַאדֹנִי, Ps. cx. 1
37 [1] εἶπάν τε πρὸς τ. Πέτρον
εἶπον, T
3 4 ἀτενίσας δὲ Πέτρος εἰς αὐτὸν . . . εἶπεν
6 εἶπεν δὲ Πέτρος
22 Μωυσῆς μὲν εἶπεν
4 8 Πέτρος πλησθεὶς πνεύματος ἁγίου εἶπεν πρὸς αὐτούς
19 [1] ἀποκριθέντες εἶπαν πρὸς αὐτούς
εἶπον, T
23 [1] [8] ἀπήγγειλαν ὅσα πρὸς αὐτοὺς . . . εἶπαν
24 [1] ἦραν φωνὴν πρὸς τ. Θεὸν κ. εἶπαν
25 ὁ τ. πατρὸς ἡμῶν διὰ πνεύματος ἁγίου στόματος Δαυεὶδ . . . εἰπών
5 3 εἶπεν δὲ ὁ Πέτρος
8 εἰπέ μοι εἰ τοσούτου τὸ χωρίον ἀπέδοσθε;
ἡ δὲ εἶπεν Ναὶ τοσούτου
19 ἐξαγαγών τε αὐτοὺς εἶπεν
29 [1] ἀποκριθεὶς δὲ Πέτρος κ. οἱ ἀπόστολοι εἶπαν
35 εἶπεν τέ πρὸς αὐτούς
6 2 [1] προσκαλεσάμενοι δὲ οἱ δώδεκα τ. πλῆθος τ. μαθητῶν εἶπαν
7 1 εἶπεν δὲ ὁ ἀρχιερεύς
3 κ. εἶπεν πρὸς αὐτόν
7 τὸ ἔθνος . . . κρινῶ ἐγὼ ὁ Θεὸς εἶπεν
26 συνήλλασσεν αὐτοὺς εἰς εἰρήνην εἰπών
27 ἀπώσατο αὐτὸν εἰπών
33 εἶπεν δὲ αὐτῷ ὁ Κύριος
35 τοῦτον τ. Μωυσῆν ὃν ἠρνήσαντο εἰπόντες
37 [9] οὗτός ἐστιν ὁ Μωυσῆς ὁ εἴπας τ. υἱοῖς Ἰσραήλ
40 εἰπόντες τῷ Ἀαρών
56 εἶδεν δόξαν Θεοῦ . . . κ. εἶπεν
60 [8] κ. τοῦτο εἰπὼν ἐκοιμήθη
8 20 Πέτρος δὲ εἶπεν πρὸς αὐτόν
24 ἀποκριθεὶς δὲ ὁ Σίμων εἶπεν
29 εἶπεν δὲ τὸ Πνεῦμα τ. Φιλίππῳ
30 ἤκουσεν αὐτοῦ ἀναγινώσκοντος . . . κ. εἶπεν
31 ὁ δὲ εἶπεν Πῶς γὰρ ἂν δυναίμην
34 ἀποκριθεὶς δὲ ὁ εὐνοῦχος τ. Φιλίππῳ εἶπεν
37 εἶπεν δὲ αὐτῷ ὁ Φίλιππος
—h. v., TWH non mg. R non mg.
37 ἀποκριθεὶς δὲ εἶπεν
—h. v., TWH non mg. R non mg.
9 5 εἶπεν δέ Τίς εἶ Κύριε;
10 εἶπεν πρὸς αὐτὸν ἐν ὁράματι ὁ Κύριος
10 ὁ δὲ εἶπεν Ἰδοὺ ἐγὼ Κύριε
15 εἶπεν δὲ πρὸς αὐτὸν ὁ Κύριος
17 ἐπιθεὶς ἐπ' αὐτὸν τ. χεῖρας εἶπεν
34 εἶπεν αὐτῷ ὁ Πέτρος
40 ἐπιστρέψας πρὸς τ. σῶμα εἶπεν
10 3 ἄγγελον τ. Θεοῦ . . . εἰπόντα αὐτῷ
4 ὁ δὲ . . . ἔμφοβος γενόμενος εἶπεν
4 εἶπεν δὲ αὐτῷ
14 ὁ δὲ Πέτρος εἶπεν Μηδαμῶς Κύριε
19 εἶπεν αὐτῷ τὸ Πνεῦμα
—αὐτῷ, WH non mg.
21 καταβὰς δὲ Πέτρος πρὸς τ. ἄνδρας εἶπεν

Ac 10 22 [1] οἱ δὲ εἶπαν Κορνήλιος ἑκατοντάρχης
34 ἀνοίξας δὲ Πέτρος τὸ στόμα εἶπεν
11 8 εἶπον δὲ Μηδαμῶς Κύριε
12 εἶπε δὲ τὸ πνεῦμά μοι συνελθεῖν αὐτοῖς
13 πῶς εἶδεν τ. ἄγγελον . . . σταθέντα κ. εἰπόντα
12 8 εἶπεν δὲ ὁ ἄγγελος πρὸς αὐτόν
11 ὁ Πέτρος ἐν ἑαυτῷ γενόμενος εἶπεν
15 [1] οἱ δὲ πρὸς αὐτὴν εἶπαν Μαίνῃ
15 [1] οἱ δὲ εἶπαν Ὁ ἄγγελός ἐστιν αὐτοῦ
ἔλεγον, TWH non mg.
17 εἶπέν τε Ἀπαγγείλατε Ἰακώβῳ
13 2 εἶπεν τὸ πνεῦμα τὸ ἅγιον
10 ἀτενίσας εἰς αὐτὸν εἶπεν
16 ἀναστὰς δὲ Παῦλος . . . εἶπεν
22 ᾧ κ. εἶπεν μαρτυρήσας
46 [1] παρρησιασάμενοί τε ὁ Παῦλος κ. ὁ Βαρνάβας εἶπαν
14 10 εἶπεν μεγάλῃ φωνῇ
15 7 ἀναστὰς Πέτρος εἶπεν πρὸς αὐτούς
36 εἶπεν πρὸς Βαρνάβαν Παῦλος
16 18 διαπονηθεὶς δὲ Παῦλος . . . τ. πνεύματι εἶπεν
20 [1] προσαγαγόντες τ. στρατηγοῖς εἶπαν
31 [1] οἱ δὲ εἶπαν Πίστευσον ἐπὶ τ. Κύριον Ἰησοῦν
17 32 [1] οἱ δὲ εἶπαν Ἀκουσόμεθά σου
18 6 ἐκτιναξάμενος τὰ ἱμάτια εἶπεν πρὸς αὐτούς
9 εἶπε δὲ ὁ Κύριος ἐν νυκτὶ δι' ὁράματος τ. Παύλῳ
14 εἶπεν ὁ Γαλλίων πρὸς τ. Ἰουδαίους
21 ἀλλὰ ἀποταξάμενος κ. εἰπών
19 2 εἶπέν τε πρὸς αὐτούς
3 εἶπέν τε Εἰς τί οὖν ἐβαπτίσθητε;
ὁ δὲ εἶπεν, TWH mg.
[1] οἱ δὲ εἶπαν Εἰς τὸ Ἰωάνου βάπτισμα.
4 εἶπεν δὲ Παῦλος
15 ἀποκριθὲν δὲ τ. πνεῦμα τ. πονηρὸν εἶπεν αὐτοῖς
21 ἔθετο ὁ Παῦλος πορεύεσθαι εἰς Ἱεροσόλυμα εἰπών
25 οὓς συναθροίσας . . . εἶπεν
41 κ. ταῦτα εἰπὼν ἀπέλυσεν τ. ἐκκλησίαν
20 10 συνπεριλαβὼν εἶπεν Μὴ θορυβεῖσθε
18 ὡς δὲ παρεγένοντο πρὸς αὐτὸν εἶπεν αὐτοῖς
35 μνημονεύειν τε τ. λόγων τ. Κυρίου Ἰησοῦ ὅτι αὐτὸς εἶπεν
36 [8] ταῦτα εἰπὼν θεὶς τ. γόνατα αὐτοῦ
21 11 δήσας ἑαυτοῦ τ. πόδας κ. τ. χεῖρας εἶπεν
13 ἀπεκρίθη ὁ Παῦλος κ. εἶπεν
—κ. εἶπεν, WHR
14 μὴ πειθομένου δὲ αὐτοῦ ἡσυχάσαμεν εἰπόντες
20 [1] εἶπάν τε αὐτῷ
37 [8] εἰ ἔξεστί μοι εἰπεῖν τι πρός σε
39 εἶπεν δὲ ὁ Παῦλος
22 8 εἶπέν τε πρὸς ἐμέ
10 εἶπον δὲ Τί ποιήσω Κύριε;
ὁ δὲ Κύριος εἶπεν πρός με
13 κ. ἐπιστὰς εἶπέν μοι
14 ὁ δὲ εἶπεν Ὁ Θεὸς τ. πατέρων ἡμῶν
19 κἀγὼ εἶπον Κύριε αὐτοὶ ἐπίστανται
21 κ. εἶπεν πρός με
24 [9] εἴπας μάστιξιν ἀνετάζεσθαι αὐτόν
25 εἶπεν πρὸς τ. ἑστῶτα ἑκατόνταρχον ὁ Παῦλος
27 προσελθὼν δὲ ὁ χιλίαρχος εἶπεν αὐτῷ
23 1 ἀτενίσας δὲ Παῦλος τ. συνεδρίῳ εἶπεν
Ac 23 3 τότε ὁ Παῦλος πρὸς αὐτὸν εἶπεν
4 [1] οἱ δὲ παρεστῶτες εἶπαν
7 [3] τοῦτο δὲ αὐτοῦ εἰπόντος
λαλήσαντος, T; λαλοῦντος, WH non mg.
11 τῇ δὲ ἐπιούσῃ νυκτὶ ἐπιστὰς αὐτῷ ὁ Κύριος εἶπεν
14 [1] οἵτινες προσελθόντες τ. ἀρχιερεῦσι . . . εἶπαν
20 εἶπεν δὲ ὅτι οἱ Ἰουδαῖοι συνέθεντο
23 προσκαλεσάμενός τινας δύο τ. ἑκατονταρχῶν εἶπεν
24 20 [2] ἢ αὐτοὶ οὗτοι εἰπάτωσαν
22 [9] ἀνεβάλετο δὲ αὐτοὺς ὁ Φῆλιξ . . εἴπας
25 9 ἀποκριθεὶς τ. Παύλῳ εἶπεν
10 εἶπεν δὲ ὁ Παῦλος
26 15 [1] ἐγὼ δὲ εἶπα Τίς εἶ Κύριε;
ὁ δὲ Κύριος εἶπεν
27 21 σταθεὶς ὁ Παῦλος ἐν μέσῳ αὐτῶν εἶπεν
31 εἶπεν ὁ Παῦλος τ. ἑκατοντάρχῃ
35 [9] εἴπας δὲ ταῦτα κ. λαβὼν ἄρτον
28 21 [1] οἱ δὲ πρὸς αὐτὸν εἶπαν
25 [8] εἰπόντος τ. Παύλου ῥῆμα ἕν
26 [2] πορεύθητι πρὸς τ. λαὸν τοῦτον κ. εἰπόν
לֵךְ וְאָמַרְתָּ לָעָם הַזֶּה, Is. vi. 9
29 [8] κ. ταῦτα αὐτοῦ εἰπόντος
—h. v., TWHR non mg.
Ro 10 6 [6] μὴ εἴπῃς ἐν τ. καρδίᾳ σου
I Co 1 15 ἵνα μή τις εἴπῃ ὅτι εἰς τὸ ἐμὸν ὄνομα ἐβαπτίσθητε
10 28 ἐὰν δέ τις ὑμῖν εἴπῃ
11 22 τί εἴπω ὑμῖν; ἐπαινέσω ὑμᾶς;
24 εὐχαριστήσας ἔκλασεν κ. εἶπεν
12 3 οὐδεὶς δύναται εἰπεῖν Κύριος Ἰησοῦς
15 ἐὰν εἴπῃ ὁ πούς
16 κ. ἐὰν εἴπῃ τὸ οὖς
21 οὐ δύναται δὲ ὁ ὀφθαλμὸς εἰπεῖν τ. χειρί
15 27 ὅταν δὲ εἴπῃ ὅτι πάντα ὑποτέτακται
II Co 4 6 ὁ Θεὸς ὁ εἰπὼν Ἐκ σκότους φῶς λάμψει
6 16 καθὼς εἶπεν ὁ Θεός
Ga 2 14 εἶπον τ. Κηφᾷ ἔμπροσθεν πάντων
Col 4 17 [2] εἴπατε Ἀρχίππῳ
Tit 1 12 εἶπέν τις ἐξ αὐτῶν ἴδιος αὐτῶν προφήτης
He 1 5 τίνι γὰρ εἶπέν ποτε τ. ἀγγέλων
3 10 προσώχθισα τ. γενεᾷ ταύτῃ κ. εἶπον
אָקוּט בְּדוֹר וָאֹמַר, Ps. xcv. 10
7 9 [10] ὡς ἔπος εἰπεῖν
10 7 τότε εἶπον Ἰδοὺ ἥκω
אָז אָמַרְתִּי הִנֵּה־בָאתִי, Ps. xl. 8
30 οἴδαμεν γὰρ τ. εἰπόντα Ἐμοὶ ἐκδίκησις
12 21 οὕτως φοβερὸν ἦν τὸ φανταζόμενον Μωυσῆς εἶπεν
Ja 2 3 ἐπιβλέψητε δὲ ἐπὶ τ. φοροῦντα τ. ἐσθῆτα τ. λαμπρὰν κ. εἴπητε
3 κ. τ. πτωχῷ εἴπητε
11 ὁ γὰρ εἰπὼν Μὴ μοιχεύσῃς
εἶπεν καὶ Μὴ φονεύσῃς
16 εἴπῃ δέ τις αὐτοῖς ἐξ ὑμῶν
I Jo 1 6 ἐὰν εἴπωμεν ὅτι κοινωνίαν ἔχομεν μετ' αὐτοῦ
8 ἐὰν εἴπωμεν ὅτι ἁμαρτίαν οὐκ ἔχομεν
10 ἐὰν εἴπωμεν ὅτι οὐχ ἡμαρτήκαμεν
4 20 ἐάν τις εἴπῃ ὅτι Ἀγαπῶ τ. Θεόν
Ju 9 οὐκ ἐτόλμησεν κρίσιν ἐπενεγκεῖν βλασφημίας ἀλλὰ εἶπεν

Re 7 14 κ. εἶπέν μοι Οὗτοί εἰσιν οἱ ἐρχόμενοι
17 7 εἶπέν μοι ὁ ἄγγελος
21 5 εἶπεν ὁ καθήμενος ἐπὶ τ. θρόνῳ
6 κ. εἶπέν μοι Γέγοναν
22 6 εἶπέν μοι Οὗτοι οἱ λόγοι πιστοὶ κ. ἀληθινοί
17 [2] ὁ ἀκούων εἰπάτω Ἔρχου

ʼΕΙ'ΠΩΣ *Vide sub* **ʼΕΙ**, 1487

ʼΕΙΡΗΝΕΥ'Ω 1514

Mk 9 50 εἰρηνεύετε ἐν ἀλλήλοις
Ro 12 18 εἰ δυνατὸν . . . μετὰ πάντων ἀνθρώπων εἰρηνεύοντες
II Co 13 11 τὸ αὐτὸ φρονεῖτε εἰρηνεύετε
I Th 5 13 εἰρηνεύετε ἐν ἑαυτοῖς

ʼΕΙΡΗ'ΝΗ 1515

(1) πορεύειν, ὑπάγειν εἰς εἰρ., ἐν εἰρ. **(2)** c. dat. **(3)** τὰ πρὸς εἰρ., τ. εἰρήνης **(4)** εὐαγγελίζεσθαι εἰρ. **(5)** Κύριος, Θεὸς τ. εἰρ., βασιλεὺς εἰρ. **(6)** εἰρ. τ. Θεοῦ, Χριστοῦ

Mt 10 13 ἐλθάτω ἡ εἰρήνη ὑμῶν ἐπ' αὐτήν
13 ἡ εἰρήνη ὑμῶν ἐφ' ὑμᾶς ἐπιστραφήτω
34 μὴ νομίσητε ὅτι ἦλθον βαλεῖν εἰρήνην ἐπὶ τ. γῆν·
οὐκ ἦλθον βαλεῖν εἰρήνην ἀλλὰ μάχαιραν
Mk 5 34 [1] ὕπαγε εἰς εἰρήνην
Lu 1 79 τοῦ κατευθῦναι τ. πόδας ἡμῶν εἰς ὁδὸν εἰρήνης
2 14 δόξα ἐν ὑψίστοις Θεῷ κ. ἐπὶ γῆς εἰρήνη
29 νῦν ἀπολύεις τ. δοῦλόν σου . . . ἐν εἰρήνῃ
7 50 [1] πορεύου εἰς εἰρήνην
8 48 [1] πορεύου εἰς εἰρήνην
10 5 [2] πρῶτον λέγετε Εἰρήνη τ. οἴκῳ τούτῳ.
6 κ. ἐὰν ἐκεῖ ᾖ υἱὸς εἰρήνης
ἐπαναπαήσεται ἐπ' αὐτὸν ἡ εἰρήνη ὑμῶν
11 21 ἐν εἰρήνῃ ἐστὶν τὰ ὑπάρχοντα αὐτοῦ
12 51 δοκεῖτε ὅτι εἰρήνην παρεγενόμην δοῦναι ἐν τ. γῇ
14 32 [3] πρεσβείαν ἀποστείλας ἐρωτᾷ πρὸς εἰρήνην
τὰ πρὸς εἰρ., TWH mg. R; εἰς εἰρ., WH mg. alt.
19 38 ἐν οὐρανῷ εἰρήνη κ. δόξα ἐν ὑψίστοις
42 [3] εἰ ἔγνως . . . τὰ πρὸς εἰρήνην
+σου, T
24 36 [2] λέγει αὐτοῖς Εἰρήνη ὑμῖν
—h. v., T [[WH]] R mg.
Jo 14 27 εἰρήνην ἀφίημι ὑμῖν,
εἰρήνην τ. ἐμὴν δίδωμι ὑμῖν
16 33 ταῦτα λελάληκα ὑμῖν ἵνα ἐν ἐμοὶ εἰρήνην ἔχητε
20 19 [2] λέγει αὐτοῖς Εἰρήνη ὑμῖν
21 [2] εἶπεν οὖν αὐτοῖς ὁ Ἰησοῦς πάλιν Εἰρήνη ὑμῖν
26 [2] ἔστη εἰς τὸ μέσον κ. εἶπεν Εἰρήνη ὑμῖν
Ac 7 26 συνήλλασσεν αὐτοὺς εἰς εἰρήνην
9 31 ἡ μὲν οὖν ἐκκλησία . . . εἶχεν εἰρήνην
10 36 [4] εὐαγγελιζόμενος εἰρήνην διὰ Ἰησοῦ Χριστοῦ
12 20 πείσαντες Βλάστον . . . ᾐτοῦντο εἰρήνην
15 33 ἀπελύθησαν μετ' εἰρήνης ἀπὸ τ. ἀδελφῶν
Ac 16 36 [1] νῦν οὖν ἐξελθόντες πορεύεσθε ἐν εἰρήνῃ
24 2 πολλῆς εἰρήνης τυγχάνοντες διὰ σοῦ
Ro 1 7 [2] χάρις ὑμῖν κ. εἰρήνη ἀπὸ Θεοῦ πατρὸς ἡμῶν
2 10 [2] δόξα δὲ κ. τιμὴ κ. εἰρήνη παντὶ τ. ἐργαζομένῳ τὸ ἀγαθόν
3 17 ὁδὸν εἰρήνης οὐκ ἔγνωσαν
דֶּרֶךְ שָׁלוֹם לֹא יָדָעוּ, Is. lix. 8
5 1 εἰρήνην ἔχωμεν πρὸς τ. Θεόν
8 6 τὸ δὲ φρόνημα τ. πνεύματος ζωὴ κ. εἰρήνη
14 17 δικαιοσύνη κ. εἰρήνη κ. χαρὰ ἐν πνεύματι ἁγίῳ
19 [3] ἄρα οὖν τὰ τ. εἰρήνης διώκωμεν
15 13 πληρῶσαι ὑμᾶς πάσης χαρᾶς κ. εἰρήνης
33 [5] ὁ δὲ Θεὸς τ. εἰρήνης μετὰ πάντων ὑμῶν
16 20 [5] ὁ δὲ Θεὸς τ. εἰρήνης συντρίψει τ. Σατανᾶν
I Co 1 3 [2] χάρις ὑμῖν κ. εἰρήνη ἀπὸ Θεοῦ πατρὸς ἡμῶν
7 15 ἐν δὲ εἰρήνῃ κέκληκεν ὑμᾶς ὁ Θεός
14 33 [5] οὐ γάρ ἐστιν ἀκαταστασίας ὁ Θεὸς ἀλλὰ εἰρήνης
16 11 προπέμψατε δὲ αὐτὸν ἐν εἰρήνῃ
II Co 1 2 [2] χάρις ὑμῖν κ. εἰρήνη ἀπὸ Θεοῦ πατρὸς ἡμῶν
13 11 [5] ὁ Θεὸς τ. ἀγάπης κ. εἰρήνης ἔσται μεθ' ὑμῶν
Ga 1 3 [2] χάρις ὑμῖν κ. εἰρήνη ἀπὸ Θεοῦ πατρός
5 22 ὁ δὲ καρπὸς τ. πνεύματός ἐστιν ἀγάπη χαρὰ εἰρήνη
6 16 εἰρήνη ἐπ' αὐτοὺς κ. ἔλεος
Eph 1 2 [2] χάρις ὑμῖν κ. εἰρήνη ἀπὸ Θεοῦ πατρὸς ἡμῶν
2 14 αὐτὸς γάρ ἐστιν ἡ εἰρήνη ἡμῶν
15 κτίσῃ ἐν αὐτῷ εἰς ἕνα καινὸν ἄνθρωπον ποιῶν εἰρήνην
17 [4] ἐλθὼν εὐηγγελίσατο εἰρήνην ὑμῖν τοῖς μακράν,
κ. εἰρήνην τοῖς ἐγγύς
4 3 τηρεῖν τ. ἑνότητα τ. πνεύματος ἐν τ. συνδέσμῳ τ. εἰρήνης
6 15 ἐν ἑτοιμασίᾳ τ. εὐαγγελίου τ. εἰρήνης
23 [2] εἰρήνη τ. ἀδελφοῖς κ. ἀγάπη
Phl 1 2 [2] χάρις ὑμῖν κ. εἰρήνη ἀπὸ Θεοῦ πατρὸς ἡμῶν
4 7 [6] ἡ εἰρήνη τ. Θεοῦ ἡ ὑπερέχουσα πάντα νοῦν
9 [5] ὁ Θεὸς τ. εἰρήνης ἔσται μεθ' ὑμῶν
Col 1 2 [2] χάρις ὑμῖν κ. εἰρήνη ἀπὸ Θεοῦ πατρὸς ἡμῶν
3 15 [6] ἡ εἰρήνη τ. Χριστοῦ βραβευέτω ἐν τ. καρδίαις ὑμῶν
I Th 1 1 [2] χάρις ὑμῖν κ. εἰρήνη
5 3 ὅταν λέγωσιν Εἰρήνη κ. ἀσφάλεια
23 [5] αὐτὸς δὲ ὁ Θεὸς τ. εἰρήνης ἁγιάσαι ὑμᾶς ὁλοτελεῖς
II Th 1 2 [2] χάρις ὑμῖν κ. εἰρήνη ἀπὸ Θεοῦ πατρός
3 16 [5] αὐτὸς δὲ ὁ Κύριος τ. εἰρήνης δῴη ὑμῖν τ. εἰρήνην διὰ παντός
I Ti 1 2 χάρις ἔλεος εἰρήνη ἀπὸ Θεοῦ πατρός
II Ti 1 2 χάρις ἔλεος εἰρήνη ἀπὸ Θεοῦ πατρός
2 22 δίωκε δὲ δικαιοσύνην πίστιν ἀγάπην εἰρήνην
Tit 1 4 χάρις κ. εἰρήνη ἀπὸ Θεοῦ πατρός
Phm 3 [2] χάρις ὑμῖν κ εἰρήνη ἀπὸ Θεοῦ πατρὸς ἡμῶν

He **7** 2 [5] βασιλεὺς Σαλὴμ ὅ ἐστιν βασιλεὺς εἰρήνης
11 31 δεξαμένη τ. κατασκόπους μετ᾽ εἰρήνης
12 14 εἰρήνην διώκετε μετὰ πάντων
13 20 [5] ὁ δὲ Θεὸς τ. εἰρήνης ὁ ἀναγαγὼν ἐκ νεκρῶν τ. ποιμένα
Ja **2** 16 [1] ὑπάγετε ἐν εἰρήνῃ
3 18 καρπὸς δὲ δικαιοσύνης ἐν εἰρήνῃ σπείρεται τ. ποιοῦσιν εἰρήνην
I Pe **1** 2 [2] χάρις ὑμῖν κ. εἰρήνη πληθυνθείη
3 11 ζητησάτω εἰρήνην κ. διωξάτω αὐτήν
בַּקֵּשׁ שָׁלוֹם וְרָדְפֵהוּ, Ps. xxxiv. 15
5 14 [2] εἰρήνη ὑμῖν πᾶσι τ. ἐν Χριστῷ
II Pe **1** 2 [2] χάρις ὑμῖν κ. εἰρήνη πληθυνθείη ἐν ἐπιγνώσει τ. Θεοῦ
3 14 ἄσπιλοι κ. ἀμώμητοι αὐτῷ εὑρεθῆναι ἐν εἰρήνῃ
II Jo 3 ἔσται μεθ᾽ ἡμῶν χάρις ἔλεος εἰρήνη παρὰ Θεοῦ πατρός
III Jo 15 [2] εἰρήνη σοι
Ju 2 [2] ἔλεος ὑμῖν κ. εἰρήνη κ. ἀγάπη πληθυνθείη
Re **1** 4 [2] χάρις ὑμῖν κ. εἰρήνη ἀπὸ ὁ ὢν κ. ὁ ἦν κ. ὁ ἐρχόμενος
6 4 ἐδόθη αὐτῷ λαβεῖν τ. εἰρήνην ἐκ τ. γῆς

᾿ΕΙΡΗΝΙΚΌΣ 1516

He **12** 11 ὕστερον δὲ καρπὸν εἰρηνικὸν . . . ἀποδίδωσιν δικαιοσύνης
Ja **3** 17 ἡ δὲ ἄνωθεν σοφία πρῶτον μὲν ἁγνή ἐστιν ἔπειτα εἰρηνική

᾿ΕΙΡΗΝΟΠΟΙΈΩ † 1517

Col **1** 20 εἰρηνοποιήσας διὰ τ. αἵματος τ. σταυροῦ αὐτοῦ

᾿ΕΙΡΗΝΟΠΟΙΌΣ* 1518

Mt **5** 9 μακάριοι οἱ εἰρηνοποιοί

᾿ΕΙΣ (See Supplement, p. 1042) 1519

(1) εἰς οὐδέν **(2)** εἰς τ. αἰῶνα, τ. αἰῶνας **(3)** de temp. **(4)** εἰς τέλος **(5)** in constr. pregn. **(6)** εἰς τί **(7)** εἶναι, γίνεσθαι εἰς **(8)** c. infin. **(9)** c. num.

Mt **2.** 1, 8, 11, 12, 13, 14, 20, 21, 22, 23; **3.** 10, 11, 12; **4.** 1, 5, 8, 12, 13, 18, 24; **5.** 1, [1] 13, 20, [5] 22, 25, 29, 30, 35, 39; **6.** 6, 13, [2] 13—h. v., TWHR non mg., 26 (*bis*), 30, [8] 34; **7.** 13, 14, 19, 21, 21—h. v., TWH non mg. R; **8.** 4, 5, 12, 14, 18, 23, 28 (*bis*), 31, 32 (*bis*), 33, 34; **9.** 1 (*bis*), 6, 7, 17 (*bis*), 23, 26, 28, 38; **10.** 5 (*bis*), 9, 10, 11, 12, 17, 18, 21, [4] 22, 23, 23—h. v., TWH non mg. R, [5] 27, 41 (*bis*), [5] 42; **11.** 7; **12.** 4, 9, 11, 20, 29, 41, 44; **13.** 2, 22, 30 [WH], 30, 33, 36, 42, 47, 48, 50, 54; **14.** 13, 15, 19, 22 (*bis*), 23, [6] 31, 32, 34, 35; **15.** 11, 14, 17 (*ter*), 21, 24, 29, 39 (*bis*); **16.** 5, 13, 21; **17.** 1, 15 (*bis*), 22, 24, 25, 27; **18.** 3, 6, 8 (*bis*), 9 (*bis*), 15—TWHR mg., 20, 21, 30; **19.** 1, [7] 5, 17, 23, 24; **20.** [5] 1, 2, 4, 7, 17, 18, 18—WH, [8] 19; **21.** 1 (*ter*), 2, 10, 12, 17, 18, [2] 19, 21, 23, 31, [7] 42, 46; **22.** 3, 4, 5, 9, 10, 13, 16; **23.** 34; **24.** 9, [4] 13, 14, 16 ἐπὶ, TWH mg., 38; **25.** 1, 6, 10, 21, 23, 30, 41, 46 (*bis*); **26.** [8] 2, [5] 3, [6] 8, 10, 13, 18, 28, 30, 32, 36, 41, 45, 52, 67, 71; **27.** 5, 6, 7, 10, 27, 30 (*bis*), [8] 31, [5] 32—h. v., TWH non mg. R, 33, [9] 51, 53; **28.** [3] 1, 7, 10, 11, 16 (*bis*), 19.

Mk **1.** 4, 9, 10, 12, 14, 21 (*bis*), 28, 29, 35, 38 (*bis*), 39 (*bis*), 44, 45; **2.** 1, 1 ἐν, TWH non mg., 11, 13 παρὰ, WHR, 22, 22—h. v., T [WH], 26; **3.** 1, 3, 7 πρὸς, WH, 13, 20, 27, 29, [2] 29; **4.** 1, 7, 8, [9] 8, [9] 8 ἐν, WH non mg. (*bis*), 15 ἐν, T, 18 ἐπὶ, T, 22, 35, 37; **5.** 1 (*bis*), 12 (*bis*), 13 (*bis*), 14 (*bis*), 18, 19, 21, 26, 34, 38; **6.** 1, 8 (*bis*), 10, 11, 31, 32, 36, 41, 45 (*bis*), 46, 51, 53, 56 (*ter*); **7.** 15, 17, 18, 19 (*ter*), 24 (*bis*), 30, 31, 33, 34; **8.** 3, 10 (*bis*), 13, [5] 19, [5] 20, 22, 23, 26 (*bis*), 26—h. v., TWH non mg. R, 27; **9.** 2, 22 (*bis*), 25, 28, 31, 33, 42—TWHR mg., 42, 43 (*ter*), 45 (*bis*), 47 (*bis*); **10.** 1, [7] 8, [5] 10, 15, 17, 23, 24, 25, 32, 33, 46; **11.** 1 (*bis*), 2 (*bis*), 8, 11 (*ter*), [2] 14, 15 (*bis*), 23, 27; **12.** [7] 10, 14, 41, 43; **13.** [5] 3, 9, [5] 9, 9, 10, 12, [4] 13, 14, 16 (*bis*); **14.** [6] 4, 8, 9 (*bis*), 13, 16, 20, 26, 28, 32, 38, 41, 54, [8] 55, [5] 60, 68; **15.** [6] 34, [9] 38, 41; **16.** 5, 7, [12, [15, [19.

Lu **1.** 9, [3] 20, 23, 26, [2] 33, 39 (*bis*), 40, [7] 44, 50, [2] 55, 56, 79; **2.** 3, 4 (*bis*), 15, 22, 27, 28, 32, 34 (*bis*), 39 (*bis*), 41, 45, 51; **3.** 3 (*bis*), [7] 5 (*bis*), 9, 17; **4.** 9, 14, 16 (*bis*), [7] 23, 26, 31, 35, 37, 38, 42, 44; **5.** 3, 4 (*bis*), 14, [7 8] 17, 19, 24, 25, 32, 37, 38; **6.** 4, 6, [5] 8, 12, 20, 38, 39; **7.** 1 (*bis*), 10, 11, 24, 30, 36, 44, 50; **8.** 8, 14, 17, 22 (*bis*), 23, 26, 29, 30, 31, 32, 33 (*bis*), 34 (*bis*), 37, 39, 41, 48, 51; **9.** 3, 4, 5, 10, 12, 13, 16, 28, 34, 44 (*bis*), 51, 52, 53, 56, [3] 61, 62; **10.** 1, 2, 5, 7, 8, 10 (*bis*), 11, 30, 34, 36, 38 (*bis*); **11.** 4, [7] 7, 24, 32, 33, 49; **12.** 5, 10 (*bis*), [3] 19 h. v., [WH], 21 h. v., [WH], 28, 58; **13.** [3] 9, 11, 19, [7] 19, [5] 21, 22; **14.** 1, 5, 8 (*bis*), 10, 21, 23, 28, 31, 32 πρὸς, TWH non mg. R, 35 (*bis*); **15.** 6, 13, 15, 17, 18, 21, 22 (*bis*); **16.** 4, 8, 9, 16, 22, 27, 28; **17.** 2, 4, 11, 12, 24, 27, 31; **18.** [4] 5, 10, 13, 14, 17, 24, 25, 31, 35; **19.** 4, 12, 28, 29, 30, 45; **20.** [7] 17; **21.** 1, 4, 12, 13, 21 (*bis*), 24, 37; **22.** 3, 10 (*bis*), 17, 19—h. v., [[WH]] R mg., 33 (*bis*), 39, 40, 46, 54, 65, 66; **23.** 25, 42 ἐν, TWH mg. R non mg., 46; **24.** 5, 7, 13, 20, 26, 28, 33, 47 καὶ, WH mg. R non mg., 47, 51—h. v., T [[WH]] R mg., 52.

Jo **1.** 7, 9, 11, 12, [7] 18, 43; **2.** 2, 11, 12, 13, 23; **3.** 4, 5, 13, 16, 17, 18 (*bis*), 19, 22, 24, 36; **4.** 3, 5, 8, [2] 14, 14, 28, 36, 38, 39, 43, 45 (*bis*), 46, 47, 54; **5.** 1, 7, 24 (*bis*), 29 (*bis*), 45; **6.** 3, [7] 9, 14, 15, 17 (*bis*), 21, [7] 21, 22, 24 (*bis*), 27, 29, 35, 40, [2] 51, [2] 58, 66; **7.** 3, 5, 8 (*bis*), 10, 14, 31, 35, 38, 39, 48, [53; **8.** [1, [[7] 2, [6, [8, 26, 30, [2] 35 (*bis*), [2] 51, [2] 52; **9.** [5] 7, 11, 35, 36, 39 (*bis*); **10.** 1, [2] 28, 36, 40, 42; **11.** 7, 25, 26, [2] 26, 27, 30, 31, 38, 45, 48, [9] 52, 54 (*bis*), 55, 56; **12.** 1, [3] 7, 11, 12 (*bis*), 13, 24, 25, 27, [2] 34, 36, 37, 42, 44 (*ter*), 46 (*bis*); **13.** [4] 1, 2, 3, 5, [2] 8, 22, 27, 29; **14.** 1 (*bis*), 12, [2] 16; **15.** 6, 21; **16.** 9, 13 ἐν, TWH mg., [7] 20, 21, 28, 32; **17.** 1, 18 (*bis*), 20, [9] 23; **18.** 1, 6, 11, 15, 28 (*bis*), 33, 37 (*ter*); **19.** 9, [5] 13, 17, 27, 37; **20.** 1, 3, 4, 6, [5] 7, 8, 11, 14, [5] 19, 25 (*bis*), [5] 26, 27; **21.** 3, [5] 4 ἐπὶ, TWH mg., 6, 7, 9, 11, 23.

Ac **1.** 10, 11 (*ter*), 12, 13, 25; **2.** [5] 5 ἐν, TWH non mg. R, 20 (*bis*), 22, 25, [5] 27, [5] 31, 34, 38, [5] 39; **3.** 1, 2, 3, 4 (*bis*), 8; **4.** 3, [3] 3, 5 ἐν, WHR, [7] 11, 17, 30; **5.** 15, 21 (*bis*), [7] 36; **6.** 11, 12, 15; **7.** 3, 4, [5] 4, 5, [5] 9, [5] 12, 15, [WH], 16, [8] 19, 21, 26, 34, 39, 53, 55; **8.** 3, 5, 16, [7] 20, [7] 23, 25, 26, 27, 38, [5] 40, 40; **9.** 1, 2 (*bis*), 6, 8, 17, [5]21 ἐν, WHR, 21, [7]26, 28, 30 (*bis*), 39 ; **10.** 4, 5, 8, 16, 22, 24, 32, 43 ; **11.** 2, 6, 8, 10, 12, 13, 18, 20, [5]22, 25, 26, 27, 29 ; **12.** 4, 10, 17, 19, 25 ἐξ, TWH mg. R non mg.; **13.** 2, 4 (*bis*), 9, 13 (*bis*), [7]14, 14, 22, 29, 31, 34, [3]42, 46, 47 (*bis*), 48, 51 ; **14.** 1, 6, 14, 20 (*bis*), 21 (*bis*), 21, [WH], 22, 23, 24, 25 ἐν, WH non mg., 25, 26 (*bis*) ; **15.** 2, [7]4, 22, 30, 38, 39 ; **16.** 1 (*bis*), 7, 8, 9, 10, 11, 12, 15, 16, 19, 23, 24, [5]24, 34, 37 ; **17.** 1, 5, 10 (*bis*), 20, [1]21 ; **18.** 1, 6, 7, 18, 19 (*bis*), [5]21 —h. v., TWH non mg. R, 22 (*bis*), 24, 27; **19.** 1, [6]3, 3, 4 (*bis*), 5, 8, 21, 22 (*bis*), 27, [1]27, 28 —h. v., TWH non mg. R, 29, 30, 31 ; **20.** 1, 2, 3, 6, [5]14, 14, 15 (*bis*), [7]16, 17, 18, 21 (*bis*), 22, 29, 38 ; **21.** 1 (*ter*), 2, 3 (*bis*), 4, 6 (*bis*), 7, 8 (*bis*), 11, 12, [5]13, 15, [5]17, 26, 28, 29, 34, 37, 38 ; **22.** 4, 5 (*bis*), 7, 10, 11, 13, 17, 21, 23, 24, 30 ; **23.** 10, 11, [5]11, 15, 16, 20, 28 —h. v., [WH] R mg., 30, 31, 32, 33 ; **24.** 11, 15 πρὸς, T, [7]17, 24 ; **25.** 1, 3, [5]4, 6, 8 (*ter*), 9, 13, [7]15, 20, 21, 23 ; **26.** 6, 7, 11, 12, 14, 16, 17, 18 (*bis*), 24 ; **27.** 1, 2, 3, 5, 6 (*bis*), 8, 12, 17, 26, 30, 38, 39, 40 (*bis*), 41 ; **28.** 5, [7]6, 12, 13 (*bis*), 14, 15, 16, 17, 23.

Ro **1.** 1, 5, [8]11, 16, 17, [8]20, 24, [2]25, 26 (*bis*), 27, 28 ; **2.** 4, 26 ; **3.** 7, 22, 25, [8]26 ; **4.** 3, 5, 9, [8]11 (*bis*), [8]16, [8]18, 20, 22 ; **5.** 2, 8, 12 (*bis*), 15, 16 (*bis*), 18 (*quater*), 21 ; **6.** 3 (*bis*), 4, [8]12, 16 (*ter*), 17, 19, h. v. [WH], 19, 22 ; **7.** [8]4, [8]5, 10 (*bis*) ; **8.** 7, 15, [5]18, [5]21, 28, [8]29 ; **9.** [2]5, 8, 17, 21 (*bis*), 22, 23, 31 ; **10.** 1, 4, 6, 7, 10 (*bis*), 12, 14, 18 (*bis*) ; **11.** 9 (*quater*), [8]11, 24, 32, 36, [2]36 ; **12.** [8]2, [8]3, 10, 16 ; **13.** 4 (*bis*), 6, 14 ; **14.** 1, 9, 19 ; **15.** 2, 4, 7, [8]8, [8]13, [8]16, 16, 18, 24, 25, 26, 28, 31 ; **16.** 5, 6, 19, 19 (*bis*), 26 (*bis*), [2]27.

I Co **1.** 9, 13, 15 ; **2.** 7 ; **4.** 3, 6 ; **5.** 5 ; **6.** [7]16, 18 ; **8.** 6, [8]10, 12 (*bis*), [2]13 ; **9.** [8]18 ; **10.** 2, [8]6, 11, 31 ; **11.** 17 (*bis*), [8]22, 24, 25, [8]33, 34 ; **12.** 13 ; **14.** 8, 9, [7]22, 36 ; **15.** 10, [7]45 (*bis*), 54 ; **16.** 1, 3, 15.

II Co **1.** [8]4, 5, 10, 11, 16 (*bis*), 21, 23 ; **2.** 4, 8, 9 (*bis*), 12 (*bis*), 13, 16 (*bis*) ; **3.** 7, 13, 18 ; **4.** [8]4, 11, 15, 17 ; **5.** 5 ; **6.** 1, [7]18 (*bis*) ; **7.** [8]3, 5, 9, 10, [7]15 ; **8.** 2, 4, [8]6, 6, 13, 14, 22, 23, 24 (*bis*) ; **9.** 1, 5, 8 (*bis*), [2]9, 10, 11, 13 (*ter*) ; **10.** 1, 5, 8 (*bis*), 13, 14, 15 (*bis*), 16 (*bis*) ; **11.** 3, 6, 10, 13, 14, 20, [2]31 ; **12.** 1, 4, 6 ; **13.** [3]2, 3, 4 [WH], 10 (*bis*).

Ga **1.** [2]5, 6, 17 (*ter*), 18, 21 ; **2.** 1, 2, 8 (*bis*), 9 (*bis*), 11, 16 ; **3.** 6, 14, [8]17, 23, 24, 27 ; **4.** 6, 11, 24 ; **5.** 10, 13 ; **6.** 4 (*bis*), 8 (*bis*).

Eph **1.** 5 (*bis*), 6, 8, 10, [8]12, [7]12, 14 (*bis*), 15, [8]18, 19 ; **2.** 15, 21, 22 ; **3.** 2, [5]16, 19 —WH mg., 21 ; **4.** 8, 9, 12 (*bis*), 13 (*ter*), 15, 16, 19, [3]30, 32 ; **5.** 2, [7]31, 32, 32 [WH] ; **6.** 18, 22.

Phl **1.** 5, [8]10, [3]10, 11, 12, 16, 19, [8]23, 25, 29 ; **2.** 11, 16, [3]16, 16 (*bis*), 22 ; **3.** 11, 14, 16 ; **4.** 15, 16, 17, [2]20.

Col **1.** 4, [7]6, 10, 11, 12, 13, 16, 20, 25, 29 ; **2.** 2 (*bis*), 5, [7]22 ; **3.** 9, 10, 15 ; **4.** 8, 11.

I Th **1.** [7]5 ; **2.** 9, [8]12, 12, [8]16, [4]16 ; **3.** [8]2, 3, [8]5, 5, [8]10, 12 (*ter*), [8]13 ; **4.** 8, [8]9, 10, 15, 17 (*bis*) ; **5.** 9 (*bis*), 15 (*bis*), 18.

II Th **1.** 3, [8]5, 11 ; **2.** [8]2, [5]4, [8]6, [8]10, [8]11, 13, 14 (*bis*) ; **3.** 5 (*bis*), [8]9.

I Ti **1.** 3, 6, 12, 15, 16, [2]17 ; **2.** 4, 7 ; **3.** 6, 7 ; **4.** 3, 10 ; **5.** 24 ; **6.** 7, 9 (*bis*), 12, 17, [3]19.

II Ti **1.** 11, [3]12 ; **2**, 20 (*bis*), 21 (*bis*), 25, 26 ; **3.** 6, 7, 15 ; **4.** 10 (*ter*), 11, 12, [5]18, [2]18.

Tit **3.** 12, 14.

Phm 5 πρὸς, TWH mg. R, 5, 6.

He **1.** 5 (*bis*), 6, [2]8, 14 ; **2.** 3, 10, [8]17 ; **3.** 5, 11, 18 ; **4.** 1, 3 (*bis*), 5, 6, 10, 11, 16 ; **5.** [2]6 ; **6.** 6, 8, 10, 16, 19, [2]20 ; **7.** [3]3, 14, [2]17, [2]21, [2]24, [8]25, [8]25, [2]28 ; **8.** [8]3, 10, [7]10 (*bis*) ; **9.** 6, 7, [3]9, 12, [8]14, [7]15, 24 (*bis*), 25, 26, [8]28, 28 ; **10.** [3]1, 5, [3]12, [3]14, 19, 24, 31, 39 (*bis*) ; **11.** [8]3, 7, 8 (*bis*), [5]9, 11, 26 ; **12.** 2, 3, 7, [8]10 ; **13.** [2]8, 11, [8]21, [2]21.

Ja **1.** [8]18, [3]19 (*bis*), 19, 25 ; **2.** 2, 6, 23 ; **3.** 3, [8]3 ; **4.** 9 (*bis*), 13 ; **5.** [7]3, 4.

I Pe **1.** 2, 3, 4 (*bis*), 5, 7, 8, 10, 11 (*bis*), 12, 21, [7]21, 22, [2]25, 25 ; **2.** 2, 5, [7]7, 8, 9 (*bis*), 14, 21 ; **3.** 5, [8]7, 9, 12, [5]20, 21, 22 ; **4.** [8]2, 4, 6, 7, 8, 9, 10, [2]11 ; **5.** 10, [2]11, [5]12.

II Pe **1.** 8, 11, 17 ; **2.** 4, [3]9, 12, 22 ; **3.** [3]7, 9 δι', T, 9, [3]18.

I Jo **2.** [2]17 ; **3.** 8, 14 ; **4.** 1, 9 ; **5.** [7 8]8, 10 (*bis*), 13.

II Jo [2]2, 7, 10.

III Jo 5.

Ju 4 (*bis*), 6, [2]13, 21, [2]25.

Re **1.** [2]6, 11 (*octies*), [2]18 ; **2.** 10, 22 (*bis*) ; **4.** [2]9, [2]10 ; **5.** [2]13 ; **6.** 13, 15 (*bis*) ; **7.** [2]12 ; **8.** 5, 7, 8, [7]11 ; **9.** 1, 3, 7, 9, [3]15 ; **10.** 5, [2]6 ; **11.** 6, 9, 12, [2]15 ; **12.** 4, 6, 9, 13, 14 (*bis*) ; **13.** 3, 6, 10 (*bis*), 13 ; **14.** [2]11, 19 (*bis*) ; **15.** [2]7, 8 ; **16.** 1, 2, 3, 4, 14, 16, [7]19 ; **17.** 3, 8, 11, 17 ; **18.** 21 ; **19.** [2]3, 9, 17, 20 ; **20.** 3, 8, 10, [2]10, 14, 15 ; **21.** 24, 26, 27 ; **22.** 2, [2]5, 14.

ΕἿΣ 1520

(1) εἷς ἐκ **(2)** εἷς τις **(3)** εἷς . . . οὐ **(4)** εἷς . . . εἷς, ἕτερος **(5)** καθ' εἷς, εἷς ἕκαστος **(6)** οὐδὲ εἷς **(7)** εἰς ἕν, ἓν κ. τὸ αὐτό

Mt 5 18 [3] ἰῶτα ἓν ἢ μία κεραία οὐ μὴ παρέλθῃ ἀπὸ τ. νόμου
19 ὃς ἐὰν οὖν λύσῃ μίαν τ. ἐντολῶν τούτων τ. ἐλαχίστων
29 ἵνα ἀπόληται ἓν τ. μελῶν σου
30 ἵνα ἀπόληται ἓν τ. μελῶν σου
36 ὅτι οὐ δύνασαι μίαν τρίχα λευκὴν ποιῆσαι ἢ μέλαιναν
41 ὅστις σε ἀγγαρεύσει μίλιον ἕν
6 24 [4] ἢ γὰρ τ. ἕνα μισήσει κ. τ. ἕτερον ἀγαπήσει·
[4] ἢ ἑνὸς ἀνθέξεται κ. τ. ἑτέρου καταφρονήσει
27 προσθεῖναι ἐπὶ τ. ἡλικίαν αὐτοῦ πῆχυν ἕνα
29 οὐδὲ Σολομὼν . . . περιεβάλετο ὡς ἓν τούτων
8 19 προσελθὼν εἷς γραμματεὺς εἶπεν αὐτῷ
9 18 ἰδοὺ ἄρχων εἷς προσελθὼν προσεκύνει αὐτῷ [εἷς], WH ; εἰσελθὼν, TWH mg.
10 29 [1 3] ἓν ἐξ αὐτῶν οὐ πεσεῖται ἐπὶ τ. γῆν
42 ὃς ἐὰν ποτίσῃ ἕνα τ. μικρῶν τούτων ποτήριον ψυχροῦ
12 11 τίς . . . ἄνθρωπος ὃς ἕξει πρόβατον ἕν
13 46 εὑρὼν δὲ ἕνα πολύτιμον μαργαρίτην
16 14 ἕτεροι δὲ Ἰερεμίαν ἢ ἕνα τ. προφητῶν
17 4 [4] ποιήσω ὧδε τρεῖς σκηνὰς σοὶ μίαν κ. Μωυσεῖ μίαν κ. Ἠλείᾳ μίαν
18 5 ὃς ἐὰν δέξηται ἓν παιδίον τοιοῦτο ἐπὶ τ. ὀνόματί μου
6 ὃς δ' ἂν σκανδαλίσῃ ἕνα τ. μικρῶν τούτων
10 ὁρᾶτε μὴ καταφρονήσητε ἑνὸς τ. μικρῶν τούτων

Mt 18 12 [1] ἐὰν . . . πλανηθῇ ἓν ἐξ αὐτῶν
14 ἵνα ἀπόληται ἓν τ. μικρῶν τούτων
16 παράλαβε μετὰ σοῦ ἔτι ἕνα ἢ δύο
ἔτ. ἕν. ἢ δ. μετ. σοῦ, WH mg.
24 προσήχθη εἷς αὐτῷ ὀφειλέτης μυρίων ταλάντων
28 ἐξελθὼν δὲ . . . εὗρεν ἕνα τ. συνδούλων αὐτοῦ
19 5 ἔσονται οἱ δύο εἰς σάρκα μίαν·
הָיוּ לְבָשָׂר אֶחָד, Gen. ii. 24
6 ὥστε οὐκέτι εἰσὶν δύο ἀλλὰ σὰρξ μία
16 ἰδοὺ εἷς προσελθὼν αὐτῷ εἶπεν
17 εἷς ἐστὶν ὁ ἀγαθός
οὐδεὶς ἀγαθὸς εἰ μὴ εἷς ὁ Θεός, R mg.
20 12 οὗτοι οἱ ἔσχατοι μίαν ὥραν ἐποίησαν
13 ὁ δὲ ἀποκριθεὶς ἑνὶ αὐτῶν εἶπεν
εἶπ. ἑνὶ αὐτ., WH mg.
21 [4] ἵνα καθίσωσιν . . . εἷς ἐκ δεξιῶν κ. εἷς ἐξ εὐωνύμων σου
21 19 ἰδὼν συκῆν μίαν ἐπὶ τῆς ὁδοῦ
24 ἐρωτήσω ὑμᾶς κἀγὼ λόγον ἕνα
22 35 [1] ἐπηρώτησεν εἷς ἐξ αὐτῶν νομικός
23 8 εἷς γάρ ἐστιν ὑμῶν ὁ διδάσκαλος
9 εἷς γάρ ἐστιν ὑμῶν ὁ πατὴρ ὁ οὐράνιος
10 ὅτι καθηγητὴς ὑμῶν ἐστὶν εἷς ὁ Χριστός
15 περιάγετε τ. θάλασσαν κ. τ. ξηρὰν ποιῆσαι ἕνα προσήλυτον
24 40 [4] εἷς παραλαμβάνεται κ. εἷς ἀφίεται
41 [4] μία παραλαμβάνεται κ. μία ἀφίεται
25 15 ᾧ μὲν ἔδωκεν πέντε τάλαντα ᾧ δὲ δύο ᾧ δὲ ἕν
18 ὁ δὲ τὸ ἓν λαβὼν ἀπελθὼν ὤρυξεν γῆν
24 προσελθὼν δὲ κ. ὁ τὸ ἓν τάλαντον εἰληφώς
40 ἐφ' ὅσον ἐποιήσατε ἑνὶ τούτων τ. ἀδελφῶν μου
45 ἐφ' ὅσον οὐκ ἐποιήσατε ἑνὶ τούτων τ. ἐλαχίστων
26 14 τότε πορευθεὶς εἷς τῶν δώδεκα
21 [1] εἷς ἐξ ὑμῶν παραδώσει με
22 [5] ἤρξαντο λέγειν αὐτῷ εἷς ἕκαστος
40 οὕτως οὐκ ἰσχύσατε μίαν ὥραν γρηγορῆσαι μετ' ἐμοῦ;
47 Ἰούδας εἷς τῶν δώδεκα ἦλθεν
51 εἷς τῶν μετὰ Ἰησοῦ ἐκτείνας τ. χεῖρα
69 προσῆλθεν αὐτῷ μία παιδίσκη
27 14 [6] οὐκ ἀπεκρίθη αὐτῷ πρὸς οὐδὲ ἓν ῥῆμα
15 εἰώθει ὁ ἡγεμὼν ἀπολύειν ἕνα τ. ὄχλῳ δέσμιον
38 [4] δύο λῃσταὶ εἷς ἐκ δεξιῶν κ. εἷς ἐξ εὐωνύμων
48 [1] εὐθέως δραμὼν εἷς ἐξ αὐτῶν
28 1 ὀψὲ δὲ σαββάτων τ. ἐπιφωσκούσῃ εἰς μίαν σαββάτων
Mk 2 7 τίς δύναται ἀφιέναι ἁμαρτίας εἰ μὴ εἷς ὁ Θεός
4 8 [4] ἔφερεν . . . ἓν ἑξήκοντα κ. ἓν ἕκατον
ἐν ἑξ. κ. ἐν ἑκ., WH non mg.; εἰς . . . εἰς, TWH mg. alt. R
20 [4] καρποφοροῦσιν ἓν τριάκοντα
ἐν, TWH non mg. R
[4] κ. ἓν ἑξήκοντα κ. ἓν ἑκατόν
ἐν, T [WH] R; ἕν, [WH mg.]
5 22 ἔρχεται εἷς τ. ἀρχισυναγώγων
6 15 ὅτι προφήτης ὡς εἷς τ. προφητῶν
8 14 [8] εἰ μὴ ἕνα ἄρτον οὐκ εἶχον μεθ' ἑαυτῶν ἐν τ. πλοίῳ

Mk 8 28 ἄλλοι δὲ ὅτι εἷς τ. προφητῶν
9 5 [4] ποιήσωμεν τρεῖς σκηνὰς σοὶ μίαν κ. Μωυσεῖ μίαν κ. Ἠλείᾳ μίαν
17 [1] ἀπεκρίθη αὐτῷ εἷς ἐκ τ. ὄχλου
37 ὃς ἂν ἓν τ. τοιούτων παιδίων δέξηται ἐπὶ τ. ὀνόματί μου
ἕν, [WH]
42 ὃς ἂν σκανδαλίσῃ ἕνα τ. μικρῶν τούτων τ. πιστευόντων
10 8 ἔσονται οἱ δύο εἰς σάρκα μίαν, Gen. *l.c.*
ὥστε οὐκέτι εἰσὶν δύο ἀλλὰ μία σάρξ
17 προσδραμὼν εἷς κ. γονυπετήσας αὐτόν
18 οὐδεὶς ἀγαθὸς εἰ μὴ εἷς ὁ Θεός
21 ἕν σε ὑστερεῖ
37 [4] δὸς ἡμῖν ἵνα εἷς σου ἐκ δεξιῶν κ. εἷς ἐξ ἀριστερῶν καθίσωμεν
11 29 ἐπερωτήσω ὑμᾶς ἕνα λόγον
12 6 ἔτι ἕνα εἶχεν υἱὸν ἀγαπητόν
28 προσελθὼν εἷς τ. γραμματέων
29 Κύριος ὁ Θεὸς ἡμῶν Κύριος εἷς ἐστίν
יְהוָה אֱלֹהֵינוּ יְהוָה אֶחָד, Dt. vi. 4
32 ἐπ' ἀληθείας εἶπες ὅτι εἷς ἐστίν
42 ἐλθοῦσα μία χήρα πτωχὴ ἔβαλεν λεπτὰ δύο
13 1 λέγει αὐτῷ εἷς τ. μαθητῶν αὐτοῦ
14 10 Ἰούδας Ἰσκαριὼθ ὁ εἷς τῶν δώδεκα
18 [1] εἷς ἐξ ὑμῶν παραδώσει με ὁ ἐσθίων μετ' ἐμοῦ
19 [5] ἤρξαντο λυπεῖσθαι κ. λέγειν αὐτῷ εἷς κατὰ εἷς
20 εἷς τῶν δώδεκα ὁ ἐμβαπτόμενος μετ' ἐμοῦ εἰς τὸ ἓν τρυβλίον
—ἕν, T [WH] R
37 οὐκ ἴσχυσας μίαν ὥραν γρηγορῆσαι
43 παραγίνεται ὁ Ἰούδας εἷς τῶν δώδεκα
47 [2] εἷς δέ τις τ. παρεστηκότων σπασάμενος τ. μάχαιραν
51 [2] εἷς τις νεανίσκος συνηκολούθει αὐτῷ
—εἷς, WHR
66 ἔρχεται μία τ. παιδισκῶν τ. ἀρχιερέως
15 6 κατὰ δὲ ἑορτὴν ἀπέλυεν αὐτοῖς ἕνα δέσμιον
27 [4] δύο λῃστὰς ἕνα ἐκ δεξιῶν κ. ἕνα ἐξ εὐωνύμων αὐτοῦ
16 2 λίαν πρωῒ τῇ μιᾷ τ. σαββάτων ἔρχονται ἐπὶ τὸ μνημεῖον
[τῇ], WH
Lu 4 40 [5] ὁ δὲ ἑνὶ ἑκάστῳ αὐτῶν τ. χεῖρας ἐπιτιθείς
5 3 ἐμβὰς δὲ εἰς ἓν τ. πλοίων
12 ἐγένετο ἐν τῷ εἶναι αὐτὸν ἐν μιᾷ τ. πόλεων
17 ἐγένετο ἐν μιᾷ τ. ἡμερῶν
7 41 [4] ὁ εἷς ὤφειλεν δηνάρια πεντακόσια
8 22 ἐγένετο δὲ ἐν μιᾷ τ. ἡμερῶν
9 33 [4] ποιήσωμεν σκηνὰς τρεῖς μίαν σοὶ κ. μίαν Μωυσεῖ κ. μίαν Ἠλείᾳ
10 42 ὀλίγων δέ ἐστιν χρεία ἢ ἑνός
ἑνὸς δέ ἐστ. χρ., TR non mg.; —h. v., WH mg. R mg. alt.
11 46 αὐτοὶ ἑνὶ τ. δακτύλων ὑμῶν οὐ προσψαύετε τ. φορτίοις
12 6 [1] ἓν ἐξ αὐτῶν οὐκ ἔστιν ἐπιλελησμένον ἐνώπιον τ. Θεοῦ
27 οὐδὲ Σολομὼν ἐν πάσῃ τ. δόξῃ αὐτοῦ περιεβάλετο ὡς ἓν τούτων
52 ἔσονται γὰρ ἀπὸ τοῦ νῦν πέντε ἐν ἑνὶ οἴκῳ διαμεμερισμένοι

Lu 18 10 ἦν δὲ διδάσκων ἐν μιᾷ τ. συναγωγῶν ἐν τ. σάββασιν
14 18 ἤρξαντο ἀπὸ μιᾶς πάντες παραιτεῖσθαι
15 4 κ. ἀπολέσας ἐξ αὐτῶν ἓν
7 οὕτως χαρὰ ἐν τ. οὐρανῷ ἔσται ἐπὶ ἑνὶ ἁμαρτωλῷ μετανοοῦντι
8 ἐὰν ἀπολέσῃ δραχμὴν μίαν
10 γίνεται χαρὰ ἐνώπιον τ. ἀγγέλων . . . ἐπὶ ἑνὶ ἁμαρτωλῷ μετανοοῦντι
15 ἐκολλήθη ἑνὶ τ. πολιτῶν τ. χώρας ἐκείνης
19 ποίησόν με ὡς ἕνα τ. μισθίων σου
21 ποίησόν με ὡς ἕνα τ. μισθίων σου
—h. v., T [WH] R non mg.
26 προσκαλεσάμενος ἕνα τ. παίδων
16 5 [5] προσκαλεσάμενος ἕνα ἕκαστον τ. χρεοφειλετῶν τ. κυρίου ἑαυτοῦ
13 [4] ἢ γὰρ τ. ἕνα μισήσει κ. τ. ἕτερον ἀγαπήσει·
[4] ἢ ἑνὸς ἀνθέξεται κ. τ. ἑτέρου καταφρονήσει
17 ἢ τ. νόμου μίαν κερέαν πεσεῖν
κερ. μί., TWH mg.
17 2 ἢ ἵνα σκανδαλίσῃ τ. μικρῶν τούτων ἕνα
15 [1] εἷς δὲ ἐξ αὐτῶν ἰδὼν ὅτι ἰάθη ὑπέστρεψεν
22 ἐπιθυμήσετε μίαν τ. ἡμερῶν τ. υἱοῦ τ. ἀνθρώπου ἰδεῖν
34 ταύτῃ τ. νυκτὶ ἔσονται δύο ἐπὶ κλίνης μιᾶς·
[μιᾶς], WH
[4] ὁ εἷς παραλημφθήσεται κ. ὁ ἕτερος ἀφεθήσεται
—ὁ, T
35 [4] ἡ μία παραλημφθήσεται ἡ δὲ ἑτέρα ἀφεθήσεται
36 [4] ὁ εἷς παραλημφθήσεται κ. ὁ ἕτερος ἀφεθήσεται
—h. v., TWHR non mg.
18 10 [4] εἷς Φαρισαῖος κ. ὁ ἕτερος τελώνης
ὁ εἷς, TWH mg. R
19 οὐδεὶς ἀγαθὸς εἰ μὴ εἷς ὁ Θεός
22 ἔτι ἕν σοι λείπει
20 1 ἐγένετο ἐν μιᾷ τ. ἡμερῶν
22 47 ὁ λεγόμενος Ἰούδας εἷς τῶν δώδεκα
50 [2] ἐπάταξεν εἷς τις ἐξ αὐτῶν τ. ἀρχιερέως τ. δοῦλον
59 διαστάσης ὡσεὶ ὥρας μιᾶς
23 17 ἀνάγκην δὲ εἶχεν ἀπολύειν αὐτοῖς κατὰ ἑορτὴν ἕνα
—h. v., TWHR non mg.; v. 19, R. mg. alt.
39 εἷς δὲ τ. κρεμασθέντων κακούργων ἐβλασφήμει αὐτόν
24 1 τῇ δὲ μιᾷ τ. σαββάτων ὄρθρου βαθέως
18 ἀποκριθεὶς δὲ εἷς ὀνόματι Κλεόπας
Jo 1 3 [6] χωρὶς αὐτοῦ ἐγένετο οὐδὲ ἕν
40 [1] ἦν Ἀνδρέας . . . εἷς ἐκ τ. δύο τ. ἀκουσάντων παρὰ Ἰωάνου
6 8 [1] λέγει αὐτῷ εἷς ἐκ τ. μαθητῶν αὐτοῦ
22 [3] εἶδον ὅτι πλοιάριον ἄλλο οὐκ ἦν ἐκεῖ εἰ μὴ ἕν
70 [1] κ. ἐξ ὑμῶν εἷς διάβολός ἐστιν;
71 [1] οὗτος γὰρ ἔμελλεν παραδιδόναι αὐτὸν εἷς ἐκ τῶν δώδεκα
εἷς ὢν ἐκ, T
7 21 ἓν ἔργον ἐποίησα κ. πάντες θαυμάζετε
50 [1] λέγει Νικόδημος . . . εἷς ὢν ἐξ αὐτῶν
8 [9 [5] οἱ δὲ ἀκούσαντες ἐξήρχοντο εἷς καθ' εἷς
41 ἕνα πατέρα ἔχομεν τ. Θεόν
9 25 ἓν οἶδα ὅτι τυφλὸς ὢν ἄρτι βλέπω

Jo 10 16 γενήσονται μία ποίμνη εἷς ποιμήν
30 ἐγὼ κ. ὁ πατὴρ ἕν ἐσμεν
11 49 [1] [2] εἷς δέ τις ἐξ αὐτῶν Καιάφας
50 συμφέρει ὑμῖν ἵνα εἷς ἄνθρωπος ἀποθάνῃ ὑπὲρ τ. λαοῦ
52 [7] ἵνα κ. τὰ τέκνα τ. Θεοῦ τὰ διεσκορπισμένα συναγάγῃ εἰς ἕν
12 2 [1] ὁ δὲ Λάζαρος εἷς ἦν ἐκ τ. ἀνακειμένων σὺν αὐτῷ
4 [1] λέγει δὲ Ἰούδας ὁ Ἰσκαριώτης εἷς τ. μαθητῶν αὐτοῦ
εἷς ἐκ τ. μαθ. αὐτ., T
13 21 [1] εἷς ἐξ ὑμῶν παραδώσει με
23 [1] ἦν ἀνακείμενος εἷς ἐκ τ. μαθητῶν αὐτοῦ ἐν τ. κόλπῳ τ. Ἰησοῦ
17 11 ἵνα ὦσιν ἓν καθὼς ἡμεῖς
21 ἵνα πάντες ἓν ὦσιν
22 ἵνα ὦσιν ἓν καθὼς ἡμεῖς ἕν
23 [7] ἵνα ὦσιν τετελειωμένοι εἰς ἕν
18 14 ὅτι συμφέρει ἕνα ἄνθρωπον ἀποθανεῖν ὑπὲρ τ. λαοῦ
22 εἷς παρεστηκὼς τ. ὑπηρετῶν ἔδωκεν ῥάπισμα τῷ Ἰησοῦ
26 [1] λέγει εἷς ἐκ τ. δούλων τ. ἀρχιερέως
39 ἵνα ἕνα ἀπολύσω ὑμῖν ἐν τῷ πάσχα
19 34 εἷς τ. στρατιωτῶν λόγχῃ αὐτοῦ τ. πλευρὰν ἔνυξεν
20 1 τῇ δὲ μιᾷ τ. σαββάτων Μαρία . . . ἔρχεται πρωΐ
7 χωρὶς ἐντετυλιγμένον εἰς ἕνα τόπον
12 [4] δύο ἀγγέλους . . . καθεζομένους ἕνα πρὸς τ. κεφαλῇ κ. ἕνα πρὸς τ. ποσίν
19 οὔσης οὖν ὀψίας τ. ἡμέρᾳ ἐκείνῃ τ. μιᾷ σαββάτων
24 [1] Θωμᾶς δὲ εἷς ἐκ τ. δώδεκα ὁ λεγόμενος Δίδυμος
21 25 [5] ἅτινα ἐὰν γράφηται καθ' ἕν
—h. v., T
Ac 1 22 μάρτυρα τ. ἀναστάσεως αὐτοῦ σὺν ἡμῖν γενέσθαι ἕνα τούτων
24 [1] ἀνάδειξον ὃν ἐξελέξω ἐκ τούτων τῶν δύο ἕνα
2 3 [5] ἐκάθισεν ἐφ' ἕνα ἕκαστον αὐτῶν
6 [5] ὅτι ἤκουσεν εἷς ἕκαστος τ. ἰδίᾳ διαλέκτῳ λαλούντων αὐτῶν
4 32 τ. δὲ πλήθους τ. πιστευσάντων ἦν καρδία κ. ψυχὴ μία·
[6] κ. οὐδὲ εἷς τι τ. ὑπαρχόντων αὐτῷ ἔλεγεν ἴδιον εἶναι
11 28 [1] ἀναστὰς δὲ εἷς ἐξ αὐτῶν ὀνόματι Ἅγαβος
12 10 ἐξελθόντες προῆλθον ῥύμην μίαν
17 26 ἐποίησέν τε ἐξ ἑνὸς πᾶν ἔθνος ἀνθρώπων
27 [5] κ. γε οὐ μακρὰν ἀπὸ ἑνὸς ἑκάστου ἡμῶν ὑπάρχοντα
19 34 [1] φωνὴ ἐγένετο μία ἐκ πάντων
20 7 ἐν δὲ τ. μιᾷ τ. σαββάτων . . . ὁ Παῦλος διελέγετο αὐτοῖς
31 [5] οὐκ ἐπαυσάμην μετὰ δακρύων νουθετῶν ἕνα ἕκαστον
21 7 ἐμείναμεν ἡμέραν μίαν παρ' αὐτοῖς
19 [5] ἐξηγεῖτο καθ' ἓν ἕκαστον ὧν ἐποίησεν ὁ Θεός
26 [5] ἕως οὗ προσηνέχθη ὑπὲρ ἑνὸς ἑκάστου αὐτῶν ἡ προσφορά
23 6 [4] τὸ ἓν μέρος ἐστὶν Σαδδουκαίων τὸ δὲ ἕτερον Φαρισαίων

Ac 23 17 προσκαλεσάμενος δὲ ὁ Παῦλος ἕνα τ. ἑκατονταρχῶν
24 21 ἢ περὶ μιᾶς ταύτης φωνῆς ἧς ἐκέκραξα
28 13 μετὰ μίαν ἡμέραν ἐπιγενομένου νότου
25 εἰπόντος τ. Παύλου ῥῆμα ἕν
Ro 3 10 [6] οὐκ ἔστιν δίκαιος οὐδὲ εἷς
אֵין עֹשֵׂה־טוֹב, Ps. xiv. 1
12 οὐκ ἔστιν ποιῶν χρηστότητα οὐκ ἔστιν ἕως ἑνός
אֵין עֹשֵׂה־טוֹב אֵין גַּם אֶחָד, *ib.* 3
30 εἴπερ εἷς ὁ Θεός
5 12 ὥσπερ δι' ἑνὸς ἀνθρώπου ἡ ἁμαρτία εἰς τ. κόσμον εἰσῆλθεν
15 εἰ γὰρ τῷ τ. ἑνὸς παραπτώματι οἱ πολλοὶ ἀπέθανον
15 ἐν χάριτι τῇ τ. ἑνὸς ἀνθρώπου Ἰησοῦ Χριστοῦ
16 οὐχ ὡς δι' ἑνὸς ἁμαρτήσαντος τὸ δώρημα·
τὸ μὲν γὰρ κρίμα ἐξ ἑνὸς εἰς κατάκριμα
17 εἰ γὰρ τῷ τ. ἑνὸς παραπτώματι ὁ θάνατος ἐβασίλευσεν διὰ τ. ἑνός,
εἰ γὰρ ἐν ἑνὸς παρ., WH mg.
πολλῷ μᾶλλον . . . ἐν ζωῇ βασιλεύσουσιν διὰ τ. ἑνὸς Ἰησοῦ Χριστοῦ
18 ὡς δι' ἑνὸς παραπτώματος εἰς πάντας ἀνθρώπους εἰς κατάκριμα·
οὕτως κ. δι' ἑνὸς δικαιώματος . . . εἰς δικαίωσιν ζωῆς.
19 ὥσπερ γὰρ διὰ τ. παρακοῆς τ. ἑνὸς ἀνθρώπου ἁμαρτωλοὶ κατεστάθησαν οἱ πολλοί,
οὕτως κ. διὰ τ. ὑπακοῆς τ. ἑνὸς δίκαιοι κατασταθήσονται οἱ πολλοί
9 10 Ῥεβέκκα ἐξ ἑνὸς κοίτην ἔχουσα
12 4 καθάπερ γὰρ ἐν ἑνὶ σώματι πολλὰ μέλη ἔχομεν
5 οὕτως οἱ πολλοὶ ἓν σῶμά ἐσμεν ἐν Χριστῷ,
[5] τὸ δὲ καθ' εἷς ἀλλήλων μέλη
15 6 ἵνα ὁμοθυμαδὸν ἐν ἑνὶ στόματι δοξάζητε τ. Θεόν
I Co 3 8 ὁ φυτεύων δὲ κ. ὁ ποτίζων ἕν εἰσιν
4 6 [4] ἵνα μὴ εἷς ὑπὲρ τ. ἑνὸς φυσιοῦσθε κατὰ τ. ἑτέρου
6 16 οὐκ οἴδατε ὅτι ὁ κολλώμενος τ. πόρνῃ ἓν σῶμά ἐστιν;
ἔσονται γὰρ φησὶν οἱ δύο εἰς σάρκα μίαν, Gen. *l.c.*
17 ὁ δὲ κολλώμενος τ. Κυρίῳ ἓν πνεῦμά ἐστιν
8 4 [3] κ. ὅτι οὐδεὶς Θεὸς εἰ μὴ εἷς
6 ἀλλ' ἡμῖν εἷς Θεὸς ὁ πατήρ
6 κ. εἷς Κύριος Ἰησοῦς Χριστός
9 24 πάντες μὲν τρέχουσιν εἷς δὲ λαμβάνει τὸ βραβεῖον
10 8 ἔπεσαν μιᾷ ἡμέρᾳ εἴκοσι τρεῖς χιλιάδες
17 [4] ὅτι εἷς ἄρτος ἓν σῶμα οἱ πολλοί ἐσμεν·
οἱ γὰρ πάντες ἐκ τ. ἑνὸς ἄρτου μετέχομεν
11 5 [7] ἓν γάρ ἐστιν κ. τὸ αὐτὸ τ. ἐξυρημένῃ
12 9 ἄλλῳ δὲ χαρίσματα ἰαμάτων ἐν τ. ἑνὶ πνεύματι
11 [7] πάντα δὲ ταῦτα ἐνεργεῖ τὸ ἓν κ. τὸ αὐτὸ πνεῦμα
12 καθάπερ γὰρ τὸ σῶμα ἕν ἐστιν
12 τὰ μέλη τ. σώματος πολλὰ ὄντα ἕν ἐστιν σῶμα

I Co 12 13 ἐν ἑνὶ πνεύματι ἡμεῖς πάντες εἰς ἓν σῶμα ἐβαπτίσθημεν
13 πάντες ἓν πνεῦμα ἐποτίσθημεν.
14 κ. γὰρ τὸ σῶμα οὐκ ἔστιν ἓν μέλος ἀλλὰ πολλά
18 [5] ἔθετο τὰ μέλη ἓν ἕκαστον αὐτῶν ἐν τ. σώματι
19 εἰ δὲ ἦν τὰ πάντα ἓν μέλος ποῦ τὸ σῶμα,
20 νῦν δὲ πολλὰ μέλη ἓν δὲ σῶμα
26 εἴτε πάσχει ἓν μέλος
14 27 εἴτε γλώσσῃ τις λαλεῖ . . . εἷς διερμηνευέτω
31 [5] δύνασθε γὰρ καθ' ἕνα πάντες προφητεύειν
16 2 κατὰ μίαν σαββάτου ἕκαστος ὑμῶν παρ' ἑαυτῷ τιθέτω
II Co 5 15 κρίναντας τοῦτο ὅτι εἷς ὑπὲρ πάντων ἀπέθανεν
11 2 ἡρμοσάμην γὰρ ὑμᾶς ἑνὶ ἀνδρὶ παρθένον ἁγνήν
24 ὑπὸ Ἰουδαίων πεντάκις τεσσεράκοντα παρὰ μίαν ἔλαβον
Ga 3 16 οὐ λέγει . . . ὡς ἐπὶ πολλῶν ἀλλ' ὡς ἐφ' ἑνός
20 ὁ δὲ μεσίτης ἑνὸς οὐκ ἔστιν,
ὁ δὲ Θεὸς εἷς ἐστίν
28 πάντες γὰρ ὑμεῖς εἷς ἐστὲ ἐν Χριστῷ Ἰησοῦ
4 22 [4] ἕνα ἐκ τ. παιδίσκης κ. ἕνα ἐκ τ. ἐλευθέρας
24 μία μὲν ἀπὸ ὄρους Σινά
5 14 ὁ γὰρ πᾶς νόμος ἐν ἑνὶ λόγῳ πεπλήρωται
Eph 2 14 ὁ ποιήσας τὰ ἀμφότερα ἓν
15 ἵνα τοὺς δύο κτίσῃ ἐν ἑαυτῷ εἰς ἕνα καινὸν ἄνθρωπον
16 κ. ἀποκαταλλάξῃ τ. ἀμφοτέρους ἐν ἑνὶ σώματι τ. Θεῷ
18 ἔχομεν τ. προσαγωγὴν οἱ ἀμφότεροι ἐν ἑνὶ πνεύματι πρὸς τ. πατέρα
4 4 [4] ἓν σῶμα κ. ἓν πνεῦμα,
καθὼς κ. ἐκλήθητε ἐν μιᾷ ἐλπίδι τ. κλήσεως ὑμῶν·
5 [4] εἷς κύριος μία πίστις ἓν βάπτισμα·
6 εἷς Θεὸς κ. πατὴρ πάντων
7 [5] ἑνὶ δὲ ἑκάστῳ ἡμῶν ἐδόθη ἡ χάρις
16 [5] κατ' ἐνέργειαν ἐν μέτρῳ ἑνὸς ἑκάστου μέρους
5 31 ἔσονται οἱ δύο εἰς σάρκα μίαν, Gen. *l.c.*
33 [5] πλὴν κ. ὑμεῖς οἱ καθ' ἕνα ἕκαστος . . . ἀγαπάτω
Phl 1 27 ἀκούω τὰ περὶ ὑμῶν ὅτι στήκετε ἐν ἑνὶ πνεύματι,
μιᾷ ψυχῇ συναθλοῦντες τ. πίστει τ. εὐαγγελίου
2 2 σύνψυχοι τὸ ἓν φρονοῦντες
τὸ αὐτό, WH mg. R mg.
3 13 ἓν δὲ τὰ μὲν ὀπίσω ἐπιλανθανόμενος
Col 3 15 εἰς ἣν κ. ἐκλήθητε ἐν ἑνὶ σώματι
[ἑνὶ], WH
4 6 [5] πῶς δεῖ ὑμᾶς ἑνὶ ἑκάστῳ ἀποκρίνεσθαι
I Th 2 11 [5] ὡς ἕνα ἕκαστον ὑμῶν . . . παρακαλοῦντες ὑμᾶς
5 11 [4] παρακαλεῖτε ἀλλήλους κ. οἰκοδομεῖτε εἷς τ. ἕνα
II Th 1 3 [5] πλεονάζει ἡ ἀγάπη ἑνὸς ἑκάστου πάντων ὑμῶν εἰς ἀλλήλους
I Ti 2 5 εἷς γὰρ Θεὸς εἷς κ. μεσίτης Θεοῦ κ. ἀνθρώπων

I Ti 3 2 δεῖ οὖν τ. ἐπίσκοπον . . . μιᾶς γυναικὸς ἄνδρα
12 διάκονοι ἔστωσαν μιᾶς γυναικὸς ἄνδρες
5 9 χήρα καταλεγέσθω . . . ἑνὸς ἀνδρὸς γυνή
Tit 1 6 εἴ τίς ἐστιν ἀνέγκλητος μιᾶς γυναικὸς ἀνήρ
3 10 αἱρετικὸν ἄνθρωπον μετὰ μίαν κ. δευτέραν νουθεσίαν παραιτοῦ
He 2 11 ὅ τε γὰρ ἁγιάζων κ. οἱ ἁγιαζόμενοι ἐξ ἑνὸς πάντες
10 12 οὗτος δὲ μίαν ὑπὲρ ἁμαρτιῶν προσενέγκας θυσίαν
14 μιᾷ γὰρ προσφορᾷ τετελείωκεν . . τ. ἁγιαζομένους
11 12 διὸ κ. ἀφ' ἑνὸς ἐγεννήθησαν
12 16 ὃς ἀντὶ βρώσεως μιᾶς ἀπέδετο τ. πρωτοτόκια ἑαυτοῦ
Ja 2 10 πταίσῃ δὲ ἐν ἑνί
19 σὺ πιστεύεις ὅτι εἷς Θεὸς ἔστιν
εἷς ὁ Θ. ἐστ., WH mg.; εἷς ἐστ. ὁ Θ., TR non mg.
4 12 εἷς ἐστὶν ὁ νομοθέτης κ. κρίτης
II Pe 3 8 ἓν δὲ τοῦτο μὴ λανθανέτω ὑμᾶς ἀγαπητοί, ὅτι μία ἡμέρα παρὰ Κυρίῳ ὡς χίλια ἔτη, κ. χίλια ἔτη ὡς ἡμέρα μία
אֶלֶף שָׁנִים בְּעֵינֶיךָ כְּיוֹם אֶתְמוֹל, Ps. xc. 4
I Jo 5 8 [7] οἱ τρεῖς εἰς τὸ ἕν εἰσιν
Re 4 8 [5] τὰ τέσσερα ζῷα ἓν καθ' ἓν αὐτῶν
5 5 [1] εἷς ἐκ τ. πρεσβυτέρων λέγει μοι
6 1 [1] εἶδον ὅτε ἤνοιξεν τὸ ἀρνίον μίαν ἐκ τ. ἑπτὰ σφραγίδων,
[1] κ. ἤκουσα ἑνὸς ἐκ τ. τεσσάρων ζῴων λέγοντος
7 13 [1] ἀπεκρίθη εἷς ἐκ τ. πρεσβυτέρων
8 13 ἤκουσα ἑνὸς ἀετοῦ πετομένου ἐν μεσουρανήματι
9 12 ἡ οὐαὶ ἡ μία ἀπῆλθεν
13 ἤκουσα φωνὴν μίαν ἐκ τ. κεράτων τ. θυσιαστηρίου
13 3 [1] μίαν ἐκ τ. κεφαλῶν αὐτοῦ ὡς ἐσφαγμένην εἰς θάνατον
15 7 [1] ἓν ἐκ τ. τεσσάρων ζῴων ἔδωκεν τ. ἑπτὰ ἀγγέλοις ἑπτὰ φιάλας χρυσᾶς
17 1 [1] ἦλθεν εἷς ἐκ τ. ἑπτὰ ἀγγέλων τ. ἐχόντων τ. ἑπτὰ φιάλας
10 οἱ πέντε ἔπεσαν ὁ εἷς ἔστιν
12 ἐξουσίαν ὡς βασιλεῖς μίαν ὥραν λαμβάνουσιν μετὰ τ. θηρίου.
13 οὗτοι μίαν γνώμην ἔχουσιν
17 κ. ποιῆσαι μίαν γνώμην
18 8 διὰ τοῦτο ἐν μιᾷ ἡμέρᾳ ἥξουσιν αἱ πληγαὶ αὐτῆς
10 ὅτι μιᾷ ὥρᾳ ἦλθεν ἡ κρίσις σου
μίαν ὥραν, WH mg.
16 ὅτι μιᾷ ὥρᾳ ἠρημώθη ὁ τοσοῦτος πλοῦτος
19 ὅτι μιᾷ ὥρᾳ ἠρημώθη
21 ἦρεν εἷς ἄγγελος ἰσχυρὸς λίθον ὡς μύλινον μέγαν
19 17 εἶδον ἕνα ἄγγελον ἑστῶτα ἐν τ. ἡλίῳ
21 9 [1] ἦλθεν εἷς ἐκ τ. ἑπτὰ ἀγγέλων τ. ἐχόντων τ. ἑπτὰ φιάλας
21 [5] ἀνὰ εἷς ἕκαστος τ. πυλώνων ἦν ἐξ ἑνὸς μαργαρίτου

ΕἸΣΑΓΩ 1521

Lu 2 27 ἐν τῷ εἰσαγαγεῖν τ. γονεῖς τὸ παιδίον Ἰησοῦν
14 21 τ. πτωχοὺς κ. ἀναπείρους κ. τυφλοὺς κ. χωλοὺς εἰσάγαγε ὧδε
22 54 εἰσήγαγον εἰς τ. οἰκίαν τ. ἀρχιερέως
Jo 18 16 εἶπεν τῇ θυρωρῷ κ. εἰσήγαγεν τ. Πέτρον
Ac 7 45 ἣν κ. εἰσήγαγον διαδεξάμενοι οἱ πατέρες ἡμῶν
9 8 χειραγωγοῦντες δὲ αὐτὸν εἰσήγαγον εἰς Δαμασκόν
21 28 ἔτι τε κ. Ἕλληνας εἰσήγαγεν εἰς τὸ ἱερόν
29 ὃν ἐνόμιζον ὅτι εἰς τὸ ἱερὸν εἰσήγαγεν ὁ Παῦλος
37 μέλλων τε εἰσάγεσθαι εἰς τ. παρεμβολὴν ὁ Παῦλος
22 24 ἐκέλευσεν ὁ χιλίαρχος εἰσάγεσθαι αὐτὸν εἰς τ. παρεμβολήν
He 1 6 ὅταν δὲ πάλιν εἰσαγάγῃ τ. πρωτότοκον εἰς τ. οἰκουμένην

ΕἸΣΑΚΟΥ´Ω 1522

Mt 6 7 δοκοῦσιν γὰρ ὅτι ἐν τ. πολυλογίᾳ αὐτῶν εἰσακουσθήσονται
Lu 1 13 διότι εἰσηκούσθη ἡ δέησίς σου
Ac 10 31 Κορνήλιε εἰσηκούσθη σου ἡ προσευχή
I Co 14 21 οὐδ' οὕτως εἰσακούσονταί μου λέγει Κύριος
לֹא אָבוּא שְׁמוֹעַ, Is. xxviii. 12
He 5 7 εἰσακουσθεὶς ἀπὸ τ. εὐλαβείας

ΕἸΣΔΕ´ΧΟΜΑΙ 1523

II Co 6 17 κἀγὼ εἰσδέξομαι ὑμᾶς
וּבָעֵת קַבְּצִי אֶתְכֶם, Zeph. iii. 20

ΕἼΣΕΙΜΙ 1524

Ac 3 3 ἰδὼν Πέτρον κ. Ἰωάνην μέλλοντας εἰσιέναι εἰς τὸ ἱερόν
21 18 τῇ δὲ ἐπιούσῃ εἰσῄει ὁ Παῦλος σὺν ἡμῖν πρὸς Ἰάκωβον
26 σὺν αὐτοῖς ἁγνισθεὶς εἰσῄει εἰς τὸ ἱερόν
He 9 6 εἰς μὲν τ. πρώτην σκηνὴν διὰ παντὸς εἰσίασιν οἱ ἱερεῖς

ΕἸΣΕ´ΡΧΟΜΑΙ 1525

(1) εἰσῆλθα (2) seq. διά (3) seq. πρός
Mt 2 21 εἰσῆλθεν εἰς γῆν Ἰσραήλ
5 20 οὐ μὴ εἰσέλθητε εἰς τ. βασιλείαν τ. οὐρανῶν
6 6 εἴσελθε εἰς τὸ ταμεῖόν σου
7 13 [1 2] εἰσέλθατε διὰ τ. στενῆς πύλης
13 [2] πολλοί εἰσιν οἱ εἰσερχόμενοι δι' αὐτῆς
21 οὐ πᾶς ὁ λέγων μοι . . . εἰσελεύσεται εἰς τ. βασιλείαν τ. οὐρανῶν
21 οὗτος εἰσελεύσεται εἰς τ. βασιλείαν τ. οὐρανῶν
—h. v., TWH non mg. R
8 5 εἰσελθόντος δὲ αὐτοῦ εἰς Καφαρναούμ
8 οὐκ εἰμὶ ἱκανὸς ἵνα μου ὑπὸ τ. στέγην εἰσέλθῃς
9 18 ἄρχων εἰσελθὼν προσεκύνει αὐτῷ
ἄρχ. [εἷς] προσελθών, WH non mg.;
ἄρχ. εἷς ἐλθών, R
25 εἰσελθὼν ἐκράτησεν τ. χειρὸς αὐτῆς
10 5 εἰς πόλιν Σαμαρειτῶν μὴ εἰσέλθητε
11 εἰς ἣν δ' ἂν πόλιν ἢ κώμην εἰσέλθητε
12 εἰσερχόμενοι δὲ εἰς τ. οἰκίαν ἀσπάσασθε αὐτήν

Mt 12 4 πῶς εἰσῆλθεν εἰς τ. οἶκον τ. Θεοῦ
29 πῶς δύναταί τις εἰσελθεῖν εἰς τ. οἰκίαν τ. ἰσχυροῦ
45 εἰσελθόντα κατοικεῖ ἐκεῖ
15 11 οὐ τὸ εἰσερχόμενον εἰς τὸ στόμα κοινοῖ τ. ἄνθρωπον
17 25 εἰσελθόντα εἰς τ. οἰκίαν προέφθασεν αὐτὸν ὁ Ἰησοῦς
ἐλθόντα, WH non mg.
18 3 οὐ μὴ εἰσέλθητε εἰς τ. βασιλείαν τ. οὐρανῶν
8 καλόν σοι ἐστὶν εἰσελθεῖν εἰς τ. ζωὴν κυλλὸν ἢ χωλόν
9 καλόν σοι ἐστὶν μονόφθαλμον εἰς τ. ζωὴν εἰσελθεῖν
19 17 εἰ δὲ θέλεις εἰς τ. ζωὴν εἰσελθεῖν
23 ὅτι πλούσιος δυσκόλως εἰσελεύσεται εἰς τ. βασιλείαν τ. οὐρανῶν
24 [2] εὐκοπώτερόν ἐστιν κάμηλον διὰ τρήματος ῥάφιδος εἰσελθεῖν,
διελθεῖν, WH mg. R
ἢ πλούσιον εἰς τ. βασιλείαν τ. Θεοῦ εἰσελθεῖν
—εἰσελ., TWH non mg.
21 10 εἰσελθόντος αὐτοῦ εἰς Ἱεροσόλυμα
12 εἰσῆλθεν Ἰησοῦς εἰς τὸ ἱερὸν τ. Θεοῦ
22 11 εἰσελθὼν δὲ ὁ βασιλεὺς θεάσασθαι τ. ἀνακειμένους
12 πῶς εἰσῆλθες ὧδε μὴ ἔχων ἔνδυμα γάμου;
23 14 ὑμεῖς γὰρ οὐκ εἰσέρχεσθε,
οὐδὲ τ. εἰσερχομένους ἀφίετε εἰσελθεῖν
24 38 ἄχρι ἧς ἡμέρας εἰσῆλθεν Νῶε εἰς τὴν κιβωτόν
25 10 αἱ ἕτοιμοι εἰσῆλθον μετ' αὐτοῦ εἰς τ. γάμους
21 εἴσελθε εἰς τ. χαρὰν τ. κυρίου σου
23 εἴσελθε εἰς τ. χαρὰν τ. κυρίου σου
26 41 ἵνα μὴ εἰσέλθητε εἰς πειρασμόν
58 εἰσελθὼν ἔσω ἐκάθητο μετὰ τ. ὑπηρετῶν
27 53 εἰσῆλθον εἰς τ. ἁγίαν πόλιν
Mk 1 21 εὐθὺς τ. σάββασιν εἰσελθὼν εἰς τ. συναγωγὴν ἐδίδασκεν
—εἰσελθών, TWH mg.
45 ὥστε μηκέτι αὐτὸν δύνασθαι φανερῶς εἰς πόλιν εἰσελθεῖν
2 1 εἰσελθὼν πάλιν εἰς Καφαρναοὺμ δι' ἡμερῶν
26 πῶς εἰσῆλθεν εἰς τ. οἶκον τ. Θεοῦ
3 1 εἰσῆλθεν πάλιν εἰς συναγωγήν
27 οὐ δύναται οὐδεὶς εἰς τ. οἰκίαν τ. ἰσχυροῦ εἰσελθὼν τ. σκεύη αὐτοῦ διαρπάσαι
5 12 πέμψον ἡμᾶς εἰς τ. χοίρους ἵνα εἰς αὐτοὺς εἰσέλθωμεν
13 ἐξελθόντα τ. πνεύματα τ. ἀκάθαρτα εἰσῆλθον εἰς τ. χοίρους
39 εἰσελθὼν λέγει αὐτοῖς
6 10 ὅπου ἐὰν εἰσέλθητε εἰς οἰκίαν
22 εἰσελθούσης τ. θυγατρὸς αὐτοῦ τ. Ἡρῳδιάδος
25 [3] εἰσελθοῦσα εὐθὺς μετὰ σπουδῆς πρὸς τ. βασιλέα
7 17 ὅτε εἰσῆλθεν εἰς οἶκον ἀπὸ τ. ὄχλου
24 εἰσελθὼν εἰς οἰκίαν οὐδένα ἤθελεν γνῶναι
25 εἰσελθοῦσα προσέπεσεν πρὸς τ. πόδας αὐτοῦ
ἐλθοῦσα, WH
8 26 μηδὲ εἰς τ. κώμην εἰσέλθῃς
9 25 ἔξελθε ἐξ αὐτοῦ κ. μηκέτι εἰσέλθῃς εἰς αὐτόν

Mk 9 28 εἰσελθόντος αὐτοῦ εἰς οἶκον
43 καλόν ἐστίν σε κυλλὸν εἰσελθεῖν εἰς τ. ζωήν
45 καλόν ἐστίν σε εἰσελθεῖν εἰς τ. ζωὴν χωλόν
47 καλόν σέ ἐστιν μονόφθαλμον εἰσελθεῖν εἰς τ. βασιλείαν τ. Θεοῦ
10 15 ὃς ἂν μὴ δέξηται . . . ὡς παιδίον οὐ μὴ εἰσέλθῃ εἰς αὐτήν
23 πῶς δυσκόλως οἱ τ. χρήματα ἔχοντες εἰς τ. βασιλείαν τ. Θεοῦ εἰσελεύσονται
24 πῶς δύσκολόν ἐστιν εἰς τ. βασιλείαν τ. Θεοῦ εἰσελθεῖν
25 ἢ πλούσιον εἰς τ. βασιλείαν τ. Θεοῦ εἰσελθεῖν
11 11 εἰσῆλθεν εἰς Ἱεροσόλυμα εἰς τὸ ἱερόν
15 εἰσελθὼν εἰς τὸ ἱερὸν ἤρξατο ἐκβάλλειν
13 15 [1] μηδὲ εἰσελθάτω τι ἆραι ἐκ τ. οἰκίας αὐτοῦ
14 14 ὅπου ἐὰν εἰσέλθῃ εἴπατε τ. οἰκοδεσπότῃ
15 43 [3] τολμήσας εἰσῆλθεν πρὸς τ. Πειλᾶτον
16 5 εἰσελθοῦσαι εἰς τὸ μνημεῖον
ἐλθοῦσαι, WH mg.
Lu 1 9 ἔλαχεν τοῦ θυμιᾶσαι εἰσελθὼν εἰς τ. ναὸν τ. Κυρίου
28 [3] εἰσελθὼν πρὸς αὐτὴν εἶπεν
40 εἰσῆλθεν εἰς τ. οἶκον Ζαχαρίου
4 16 εἰσῆλθεν κατὰ τὸ εἰωθὸς αὐτῷ . . . εἰς τ. συναγωγήν
38 εἰσῆλθεν εἰς τ. οἰκίαν Σίμωνος
6 4 ὡς εἰσῆλθεν εἰς τ. οἶκον τ. Θεοῦ
6 ἐγένετο δὲ ἐν ἑτέρῳ σαββάτῳ εἰσελθεῖν αὐτὸν εἰς τ. συναγωγήν
7 1 εἰσῆλθεν εἰς Καφαρναούμ
6 οὐ γὰρ ἱκανός εἰμι ἵνα ὑπὸ τ. στέγην μου εἰσέλθῃς
36 εἰσελθὼν εἰς τ. οἶκον τ. Φαρισαίου κατεκλίθη
44 εἰσῆλθόν σου εἰς τ. οἰκίαν
45 αὕτη δὲ ἀφ' ἧς εἰσῆλθον οὐ διέλιπεν καταφιλοῦσά μου τ. πόδας
8 30 ὅτι εἰσῆλθεν δαιμόνια πολλὰ εἰς αὐτόν
32 ἵνα ἐπιτρέψῃ αὐτοῖς εἰς ἐκείνους εἰσελθεῖν
33 ἐξελθόντα δὲ τ. δαιμόνια . . . εἰσῆλθον εἰς τ. χοίρους
41 παρεκάλει αὐτὸν εἰσελθεῖν εἰς τ. οἶκον αὐτοῦ
51 οὐκ ἀφῆκεν εἰσελθεῖν τινὰ σὺν αὐτῷ
9 4 εἰς ἣν ἂν οἰκίαν εἰσέλθητε
34 ἐφοβήθησαν δὲ ἐν τῷ εἰσελθεῖν αὐτοὺς εἰς τ. νεφέλην
46 εἰσῆλθεν δὲ διαλογισμὸς ἐν αὐτοῖς
52 πορευθέντες εἰσῆλθον εἰς κώμην Σαμαρειτῶν
10 5 εἰς ἣν δ' ἂν εἰσέλθητε οἰκίαν
8 εἰς ἣν ἂν πόλιν εἰσέρχησθε
10 εἰς ἣν δ' ἂν πόλιν εἰσέλθητε
38 αὐτὸς εἰσῆλθεν εἰς κώμην τινά
11 26 εἰσελθόντα κατοικεῖ ἐκεῖ
37 εἰσελθὼν δὲ ἀνέπεσεν
52 [1] αὐτοὶ οὐκ εἰσήλθατε,
κ. τ. εἰσερχομένους ἐκωλύσατε
13 24 [2] ἀγωνίζεσθε εἰσελθεῖν διὰ τ. στενῆς θύρας· ὅτι πολλοὶ . . . ζητήσουσιν εἰσελθεῖν κ. οὐκ ἰσχύσουσιν
14 23 ἀνάγκασον εἰσελθεῖν ἵνα γεμισθῇ μου ὁ οἶκος
15 28 ὠργίσθη δὲ κ. οὐκ ἤθελεν εἰσελθεῖν
17 7 ὃς εἰσελθόντι ἐκ τ. ἀγροῦ ἐρεῖ αὐτῷ εὐθέως

Lu 17 12 εἰσερχομένου αὐτοῦ εἴς τινα κώμην
27 ἄχρι ἧς ἡμέρας εἰσῆλθεν Νῶε εἰς τὴν κιβωτόν
18 17 ὃς ἂν μὴ δέξηται . . . ὡς παιδίον οὐ μὴ εἰσέλθῃ εἰς αὐτήν
25 [2] εὐκοπώτερον γάρ ἐστιν κάμηλον διὰ τρήματος βελόνης εἰσελθεῖν,
ἢ πλούσιον εἰς τ. βασιλείαν τ. Θεοῦ εἰσελθεῖν
19 1 εἰσελθὼν διήρχετο τὴν Ἰερειχώ
7 παρὰ ἁμαρτωλῷ ἀνδρὶ εἰσῆλθεν καταλῦσαι
45 εἰσελθὼν εἰς τὸ ἱερὸν ἤρξατο ἐκβάλλειν
21 21 οἱ ἐν τ. χώραις μὴ εἰσερχέσθωσαν εἰς αὐτήν
22 3 εἰσῆλθεν δὲ Σατανᾶς εἰς Ἰούδαν τ. καλούμενον Ἰσκαριώτην
10 εἰσελθόντων ὑμῶν εἰς τ. πόλιν
40 προσεύχεσθε μὴ εἰσελθεῖν εἰς πειρασμόν
46 προσεύχεσθε ἵνα μὴ εἰσέλθητε εἰς πειρασμόν
24 3 εἰσελθοῦσαι δὲ οὐχ εὗρον τὸ σῶμα τ. Κυρίου Ἰησοῦ
26 ἔδει παθεῖν τ. Χριστὸν κ. εἰσελθεῖν εἰς τ. δόξαν αὐτοῦ
29 εἰσῆλθεν τοῦ μεῖναι σὺν αὐτοῖς
Jo 3 4 μὴ δύναται εἰς τ. κοιλίαν τ. μητρὸς αὐτοῦ δεύτερον εἰσελθεῖν
5 οὐ δύναται εἰσελθεῖν εἰς τ. βασιλείαν τ. Θεοῦ
4 38 ὑμεῖς εἰς τ. κόπον αὐτῶν εἰσεληλύθατε
10 1 [2] ὁ μὴ εἰσερχόμενος διὰ τ. θύρας εἰς τ. αὐλὴν τ. προβάτων
2 [2] ὁ δὲ εἰσερχόμενος διὰ τ. θύρας
9 [2] δι' ἐμοῦ ἐάν τις εἰσέλθῃ σωθήσεται,
κ. εἰσελεύσεται κ. ἐξελεύσεται κ. νομὴν εὑρήσει
13 27 τότε εἰσῆλθεν εἰς ἐκεῖνον ὁ Σατανᾶς
18 1 εἰς ὃν εἰσῆλθεν αὐτὸς κ. οἱ μαθηταὶ αὐτοῦ
28 αὐτοὶ οὐκ εἰσῆλθον εἰς τὸ πραιτώριον
33 εἰσῆλθεν οὖν πάλιν εἰς τὸ πραιτώριον ὁ Πειλᾶτος
19 9 εἰσῆλθεν εἰς τὸ πραιτώριον πάλιν
20 5 βλέπει κείμενα τὰ ὀθόνια οὐ μέντοι εἰσῆλθεν.
6 ἔρχεται οὖν Σίμων Πέτρος . . . κ. εἰσῆλθεν εἰς τὸ μνημεῖον
8 τότε οὖν εἰσῆλθεν κ. ὁ ἄλλος μαθητής
Ac 1 13 ὅτε εἰσῆλθον εἰς τὸ ὑπερῷον ἀνέβησαν
21 ἐν παντὶ χρόνῳ ᾧ εἰσῆλθεν κ. ἐξῆλθεν ἐφ' ἡμᾶς ὁ Κυριος Ἰησοῦς
3 8 εἰσῆλθεν σὺν αὐτοῖς εἰς τὸ ἱερόν
5 7 ἡ γυνὴ αὐτοῦ μὴ εἰδυῖα τὸ γεγονὸς εἰσῆλθεν
10 εἰσελθόντες δὲ οἱ νεανίσκοι εὗρον αὐτὴν νεκράν
21 ἀκούσαντες δὲ εἰσῆλθον ὑπὸ τ. ὄρθρον εἰς τὸ ἱερόν
9 6 ἀλλὰ ἀνάστηθι κ. εἴσελθε εἰς τ. πόλιν
12 εἶδεν ἄνδρα Ἀνανίαν ὀνόματι εἰσελθόντα
17 ἀπῆλθεν δὲ Ἀνανίας κ. εἰσῆλθεν εἰς τ. οἰκίαν
10 3 [3] εἶδεν . . . ἄγγελον τ. Θεοῦ εἰσελθόντα πρὸς αὐτόν
24 [1] τῇ δὲ ἐπαύριον εἰσῆλθεν εἰς τ. Καισαρίαν
εἰσῆλθαν, TR non mg.
25 ὡς δὲ ἐγένετο τοῦ εἰσελθεῖν τ. Πέτρον
27 συνομιλῶν αὐτῷ εἰσῆλθεν
11 3 [3] εἰσῆλθεν πρὸς ἄνδρας ἀκροβυστίαν ἔχοντας
εἰσῆλθες, TWH mg. R
8 κοινὸν ἢ ἀκάθαρτον οὐδέποτε εἰσῆλθεν εἰς τ. στόμα μου

Ac 11 12 εἰσήλθομεν εἰς τ. οἶκον τ. ἀνδρός
14 1 κατὰ τὸ αὐτὸ εἰσελθεῖν αὐτοὺς εἰς τ. συναγωγὴν τ. Ἰουδαίων
20 ἀναστὰς εἰσῆλθεν εἰς τ. πόλιν
22 [2] διὰ πολλῶν θλίψεων δεῖ ἡμᾶς εἰσελθεῖν εἰς τ. βασιλείαν τ. Θεοῦ
16 15 εἰσελθόντες εἰς τ. οἶκόν μου μένετε
40 [3] ἐξελθόντες δὲ ἀπὸ τ. φυλακῆς εἰσῆλθον πρὸς τ. Λυδίαν
17 2 [3] κατὰ δὲ τὸ εἰωθὸς τ. Παύλῳ εἰσῆλθεν πρὸς αὐτούς
18 7 μεταβὰς ἐκεῖθεν εἰσῆλθεν εἰς οἰκίαν τινὸς ὀνόματι Τιτίου Ἰούστου
ἦλθεν, WHR
19 αὐτὸς δὲ εἰσελθὼν εἰς τ. συναγωγήν
19 8 εἰσελθὼν δὲ εἰς τ. συναγωγὴν ἐπαρρησιάζετο
30 Παύλου δὲ βουλομένου εἰσελθεῖν εἰς τ. δῆμον
20 29 εἰσελεύσονται μετὰ τ. ἄφιξίν μου λύκοι βαρεῖς εἰς ὑμᾶς
21 8 εἰσελθόντες εἰς τ. οἶκον Φιλίππου τ. εὐαγγελιστοῦ
23 16 παραγενόμενος κ. εἰσελθὼν εἰς τ. παρεμβολήν
33 οἵτινες εἰσελθόντες εἰς τ. Καισαρίαν
25 23 εἰσελθόντων εἰς τὸ ἀκροατήριον
28 8 [3] πρὸς ὃν ὁ Παῦλος εἰσελθὼν κ. προσευξάμενος
16 [1] ὅτε δὲ εἰσήλθαμεν εἰς Ῥώμην
εἰσήλθομεν, T
Ro 5 12 ὥσπερ δι' ἑνὸς ἀνθρώπου ἡ ἁμαρτία εἰς τ. κόσμον εἰσῆλθεν
11 25 ἄχρι οὗ τὸ πλήρωμα τ. ἐθνῶν εἰσέλθῃ
1Co 14 23 εἰσέλθωσιν δὲ ἰδιῶται ἢ ἄπιστοι
24 εἰσέλθῃ δέ τις ἄπιστος ἢ ἰδιώτης
He 3 11 εἰ εἰσελεύσονται εἰς τ. κατάπαυσίν μου
אִם־יְבֹאוּן אֶל־מְנוּחָתִי, Ps. xcv. 11
18 τίσι δὲ ὤμοσεν μὴ εἰσελεύσεσθαι εἰς τ. κατάπαυσιν αὐτοῦ
19 οὐκ ἠδυνήθησαν εἰσελθεῖν δι' ἀπιστίαν
4 1 καταλειπομένης ἐπαγγελίας εἰσελθεῖν εἰς τ. κατάπαυσιν αὐτοῦ
3 εἰσερχόμεθα γὰρ εἰς τ. κατάπαυσιν οἱ πιστεύσαντες
3 εἰ εἰσελεύσονται εἰς τ. κατάπαυσίν μου Ps. *l.c.*
5 εἰ εἰσελεύσονται εἰς τ. κατάπαυσίν μου, Ps. *l.c.*
6 ἐπεὶ οὖν ἀπολείπεται τινὰς εἰσελθεῖν εἰς αὐτήν,
[3] κ. οἱ πρότερον εὐαγγελισθέντες οὐκ εἰσῆλθον δι' ἀπείθειαν
10 ὁ γὰρ εἰσελθὼν εἰς τ. κατάπαυσιν αὐτοῦ
11 σπουδάσωμεν οὖν εἰσελθεῖν εἰς ἐκείνην τ. κατάπαυσιν
6 19 ἣν ὡς ἄγκυραν ἔχομεν . . . εἰσερχομένην εἰς τὸ ἐσώτερον τ. καταπετάσματος,
20 ὅπου πρόδρομος ὑπὲρ ἡμῶν εἰσῆλθεν Ἰησοῦς
9 12 [2] διὰ δὲ τ. ἰδίου αἵματος εἰσῆλθεν ἐφάπαξ εἰς τὰ ἅγια
24 οὐ γὰρ εἰς χειροποίητα εἰσῆλθεν ἅγια Χριστός
25 ὥσπερ ὁ ἀρχιερεὺς εἰσέρχεται εἰς τὰ ἅγια κατ' ἐνιαυτόν

He 10 5 διὸ εἰσερχόμενος εἰς τ. κόσμον λέγει
Ja 2 2 ἐὰν γὰρ εἰσέλθῃ εἰς συναγωγὴν ὑμῶν ἀνὴρ χρυσοδακτύλιος
2 εἰσέλθῃ δὲ κ. πτωχὸς ἐν ῥυπαρᾷ ἐσθῆτι
5 4 αἱ βοαὶ τ. θερισάντων εἰς ὦτα Κυρίου Σαβαὼθ εἰσελήλυθαν
Re 3 20 [a] ἐάν τις . . . ἀνοίξῃ τ. θύραν εἰσελεύσομαι πρὸς αὐτόν
11 11 πνεῦμα ζωῆς ἐκ τ. Θεοῦ εἰσῆλθεν ἐν αὐτοῖς
15 8 οὐδεὶς ἐδύνατο εἰσελθεῖν εἰς τ. ναόν
21 27 οὐ μὴ εἰσέλθῃ εἰς αὐτὴν πᾶν κοινόν
22 14 ἵνα . . . τ. πυλῶσιν εἰσέλθωσιν εἰς τ. πόλιν

ἘΙΣΚΑΛΕ'ΟΜΑΙ * 1528

Ac 10 23 εἰσκαλεσάμενος οὖν αὐτοὺς ἐξένισεν

ἘΙ'ΣΟΔΟΣ 1529

Ac 13 24 προκηρύξαντος Ἰωάνου πρὸ προσώπου τῆς εἰσόδου αὐτοῦ
I Th 1 9 ὁποίαν εἴσοδον ἔσχομεν πρὸς ὑμᾶς
2 1 αὐτοὶ γὰρ οἴδατε . . . τὴν εἴσοδον ἡμῶν τὴν πρὸς ὑμᾶς
He 10 19 παρρησίαν εἰς τ. εἴσοδον τ. ἁγίων ἐν τ. αἵματι Ἰησοῦ
II Pe 1 11 οὕτως γὰρ πλουσίως ἐπιχορηγηθήσεται ὑμῖν ἡ εἴσοδος

ἘΙΣΠΗΔΑ'Ω 1530 cf. 1600.5

Ac 16 29 αἰτήσας δὲ φῶτα εἰσεπήδησεν

ἘΙΣΠΟΡΕΥ'ΟΜΑΙ 1531

Mt 15 17 πᾶν τ. εἰσπορευόμενον εἰς τὸ στόμα εἰς τ. κοιλίαν χωρεῖ
Mk 1 21 εἰσπορεύονται εἰς Καφαρναούμ
4 19 αἱ περὶ τὰ λοιπὰ ἐπιθυμίαι εἰσπορευόμεναι συνπνίγουσιν τ. λόγον
5 40 εἰσπορεύεται ὅπου ἦν τὸ παιδίον
6 56 ὅπου ἂν εἰσεπορεύετο εἰς κώμας ἢ εἰς πόλεις ἢ εἰς ἀγρούς
7 15 οὐδέν ἐστιν ἔξωθεν τ. ἀνθρώπου εἰσπορευόμενον εἰς αὐτόν
18 πᾶν τὸ ἔξωθεν εἰσπορευόμενον εἰς τ. ἄνθρωπον οὐ δύναται αὐτὸν κοινῶσαι,
19 ὅτι οὐκ εἰσπορεύεται αὐτοῦ εἰς τ. καρδίαν
11 2 εὐθὺς εἰσπορευόμενοι εἰς αὐτὴν εὑρήσετε πῶλον δεδεμένον
Lu 8 16 ἵνα οἱ εἰσπορευόμενοι βλέπωσιν τὸ φῶς
11 33 ἵνα οἱ εἰσπορευόμενοι τὸ φῶς βλέπωσιν
18 24 πῶς δυσκόλως οἱ τὰ χρήματα ἔχοντες εἰς τ. βασιλείαν τ. Θεοῦ εἰσπορεύονται
19 30 ἐν ᾗ εἰσπορευόμενοι εὑρήσετε πῶλον δεδεμένον
22 10 ἀκολουθήσατε αὐτῷ εἰς τ. οἰκίαν εἰς ἣν εἰσπορεύεται
Ac 3 2 αἰτεῖν ἐλεημοσύνην παρὰ τ. εἰσπορευομένων εἰς τὸ ἱερόν
8 3 ἐλυμαίνετο τ. ἐκκλησίαν κατὰ τ. οἴκους εἰσπορευόμενος
9 28 ἦν μετ' αὐτῶν εἰσπορευόμενος κ. ἐκπορευόμενος εἰς Ἱερουσαλήμ
28 30 ἀπεδέχετο πάντας τ. εἰσπορευομένους πρὸς αὐτόν

ἘΙΣΤΡΕ'ΧΩ ** 1532

Ac 12 14 εἰσδραμοῦσα δὲ ἀπήγγειλεν ἑστάναι τ. Πέτρον πρὸ τ. πυλῶνος

ἘΙΣΦΕ'ΡΩ 1533

Mt 6 13 μὴ εἰσενέγκῃς ἡμᾶς εἰς πειρασμόν
Lu 5 18 ἐζήτουν αὐτὸν εἰσενέγκειν κ. θεῖναι ἐνώπιον αὐτοῦ·
19 κ. μὴ εὑρόντες ποίας εἰσενέγκωσιν αὐτὸν διὰ τ. ὄχλον
11 4 μὴ εἰσενέγκῃς ἡμᾶς εἰς πειρασμόν
12 11 ὅταν δὲ εἰσφέρωσιν ὑμᾶς ἐπὶ τ. συναγωγάς
Ac 17 20 ξενίζοντα γάρ τινα εἰσφέρεις εἰς τ. ἀκοὰς ἡμῶν
I Ti 6 7 οὐδὲν γὰρ εἰσηνέγκαμεν εἰς τ. κόσμον
He 13 11 ὧν γὰρ εἰσφέρεται ζῴων τὸ αἷμα περὶ ἁμαρτίας εἰς τὰ ἅγια

ἘΙ'ΤΑ 1534 cf. 1535.5

Mk 4 17 εἶτα γενομένης θλίψεως ἢ διωγμοῦ διὰ τ. λόγον
8 25 εἶτα πάλιν ἔθηκεν τ. χεῖρας ἐπὶ τ. ὀφθαλμοὺς αὐτοῦ
Lu 8 12 εἶτα ἔρχεται ὁ διάβολος
Jo 13 5 εἶτα βάλλει ὕδωρ εἰς τ. νιπτῆρα
19 27 εἶτα λέγει τῷ μαθητῇ
20 27 εἶτα λέγει τῷ Θωμᾷ
I Co 15 5 κ. ὅτι ὤφθη Κηφᾷ εἶτα τοῖς δώδεκα
ἔπειτα, TWH mg.
7 ἔπειτα ὤφθη Ἰακώβῳ εἶτα τ. ἀποστόλοις πᾶσιν
ἔπειτα, TWH mg.
24 εἶτα τὸ τέλος
I Ti 2 13 Ἀδὰμ γὰρ πρῶτος ἐπλάσθη εἶτα Εὕα
3 10 εἶτα διακονείτωσαν ἀνέγκλητοι ὄντες
He 12 9 εἶτα τοὺς μὲν τ. σαρκὸς ἡμῶν πατέρας εἴχομεν
Ja 1 15 εἶτα ἡ ἐπιθυμία συλλαβοῦσα τίκτει ἁμαρτίαν

ἘΙ'ΤΕ 1535

Ro 12 6 εἴτε προφητείαν κατὰ τ. ἀναλογίαν τ. πίστεως·
7 εἴτε διακονίαν ἐν τ. διακονίᾳ·
εἴτε ὁ διδάσκων ἐν τ. διδασκαλίᾳ·
8 εἴτε ὁ παρακαλῶν ἐν τ. παρακλήσει
I Co 3 22 εἴτε Παῦλος εἴτε Ἀπολλὼς εἴτε Κηφᾶς,
εἴτε κόσμος εἴτε ζωὴ εἴτε θάνατος,
εἴτε ἐνεστῶτα εἴτε μέλλοντα
8 5 εἴτε ἐν οὐρανῷ εἴτε ἐπὶ γῆς
10 31 εἴτε οὖν ἐσθίετε εἴτε πίνετε εἴτε τι ποιεῖτε
12 13 εἴτε Ἰουδαῖοι εἴτε Ἕλληνες,
εἴτε δοῦλοι εἴτε ἐλεύθεροι
26 κ. εἴτε πάσχει ἓν μέλος
26 εἴτε δοξάζεται μέλος
13 8 εἴτε δὲ προφητεῖαι καταργηθήσονται·
εἴτε γλῶσσαι παύσονται·
εἴτε γνῶσις καταργηθήσεται
14 7 τὰ ἄψυχα φωνὴν διδόντα εἴτε αὐλὸς εἴτε κιθάρα
27 εἴτε γλώσσῃ τις λαλεῖ
15 11 εἴτε οὖν ἐγὼ εἴτε ἐκεῖνοι
II Co 1 6 εἴτε δὲ θλιβόμεθα ὑπὲρ τῆς ὑμῶν παρακλήσεως

II Co 1 6 εἴτε παρακαλούμεθα ὑπὲρ τῆς ὑμῶν παρακλήσεως
5 9 εἴτε ἐνδημοῦντες εἴτε ἐκδημοῦντες
10 πρὸς ἃ ἔπραξεν εἴτε ἀγαθὸν εἴτε φαῦλον
13 εἴτε γὰρ ἐξέστημεν Θεῷ·
εἴτε σωφρονοῦμεν ὑμῖν
8 23 εἴτε ὑπὲρ Τίτου κοινωνὸς ἐμός
23 εἴτε ἀδελφοὶ ἡμῶν ἀπόστολοι ἐκκλησιῶν
12 2 εἴτε ἐν σώματι οὐκ οἶδα,
εἴτε ἐκτὸς τ. σώματος οὐκ οἶδα
3 εἴτε ἐν σώματι εἴτε χωρὶς τ. σώματος οὐκ οἶδα
Eph 6 8 εἴτε δοῦλος εἴτε ἐλεύθερος
Phl 1 18 εἴτε προφάσει εἴτε ἀληθείᾳ
20 εἴτε διὰ ζωῆς εἴτε διὰ θανάτου
27 εἴτε ἐλθὼν κ. ἰδὼν ὑμᾶς εἴτε ἀπών
Col 1 16 εἴτε θρόνοι εἴτε κυριότητες εἴτε ἀρχαὶ εἴτε ἐξουσίαι
20 εἴτε τὰ ἐπὶ τ. γῆς εἴτε τὰ ἐν τ. οὐρανοῖς
I Th 5 10 εἴτε γρηγορῶμεν εἴτε καθεύδωμεν
II Th 2 15 εἴτε διὰ λόγου εἴτε δι' ἐπιστολῆς ἡμῶν
I Pe 2 13 εἴτε βασιλεῖ ὡς ὑπερέχοντι,
14 εἴτε ἡγεμόσιν ὡς δι' αὐτοῦ πεμπομένοις

᾽ΕΙ῀ΤΕΝ* 1535.5

Mk 4 28 πρῶτον χόρτον εἶτεν στάχυν εἶτεν πλήρη σῖτον ἐν τ. στάχυϊ

᾽ΕΙ' ΤΙΣ *Vide sub* ᾽ΕΙ, 1487

᾽ΕΙ'ΩΘΑ 1536.5

Mt 27 15 εἰώθει ὁ ἡγεμὼν ἀπολύειν ἕνα τ. ὄχλῳ δέσμιον
Mk 10 1 ὡς εἰώθει πάλιν ἐδίδασκεν αὐτούς
Lu 4 16 εἰσῆλθεν κατὰ τὸ εἰωθὸς αὐτῷ
Ac 17 2 κατὰ δὲ τ. εἰωθὸς τ. Παύλῳ εἰσῆλθεν πρὸς αὐτούς

᾽ΕΚ, ᾽ΕΞ (See Supplement, p. 1058) 1537

(1) ἐκ τούτου **(2)** de temp. **(3)** de pret. **(4)** c. num. **(5)** in adv. loc. **(6)** seq. infin.

Mt **1.** 3, 5 (*bis*), 6, 16, 18, 20; **2.** 6, 15; **3.** 9, 17; **5.** 37; **6.** 27; **7.** 4, 5 (*bis*), 9; **8.** 28; **10.** 14 —WH non mg., 23 —h. v., TWH non mg. R, 29; **12.** 11, 33, 34, 35 (*bis*), 37 (*bis*), 42; **13.** 1 — WH non mg., 41, 47, 49, 52; **15.** 5, 11, 18 (*bis*), 19; **16.** 1; **17.** 5, 9 (*bis*); **18.** 12, 19; **19.** 12; **20.** [3] 2, 21 (*bis*), 23 (*bis*); **21.** 16, 19, 25 (*ter*), 26, [4] 31; **22.** 35, 44; **23.** 25, 34 (*bis*); **24.** 17, 29 ἀπὸ, WH, 31; **25.** 2, 8, 33 (*bis*), 34, 41; **26.** 21, 27, 29, [2] 42, [2] 44, 64, 73; **27.** [3] 7, 29, 38 (*bis*), 48, 53; **28.** 2.

Mk **1.** 10, 11, 25, 26, 29; **5.** 2 (*bis*), 8, 30; **6.** 14, [5] 51 —WHR, 54; **7.** 11, 15, 20, 21, 26, 29, 31; **9.** 7, 9 ἀπὸ, TWH mg., 9, 10, 17, [5] 21, 25; **10.** 20, 37 (*bis*), 40 (*bis*); **11.** 8, 14, 20, 30 (*bis*), 31, 32; **12.** 25, 30 (*quater*), 33 (*ter*), 36, 44 (*bis*); **13.** 1, 15, 25, 27; **14.** 18, 23, 25, 62, 69, 70, [2] 72; **15.** 27 (*bis*), [5] 39, 46; **16.** 3, [12, [14 —T [WH] R, [19.

Lu **1.** 5 (*bis*), 11, 15, 27, 35 —TWHR non mg., 61, 71 (*bis*), 74, 78; **2.** 4 (*bis*), 35, 36; **3.** 8, 22; **4.** 22; **5.** 3 ἐν, T, 17; **6.** 42, 44 (*ter*), 45 (*ter*); **8.** 3, 27; **9.** 7, 35; **10.** 7, 11, 18, 27; **11.** 5, 6, 11, 13, 15, 16, 27, 31, 49, 54; **12.** 6, 13, 15, 25, 36; **14.** 28, 33; **15.** 4 (*bis*), 16 ἀπὸ, T; **16.** 4, [3] 9, 31; **17.** 7 (*bis*), 15, 24; **18.** 21; **19.** 22; **20.** 4 (*bis*), 5, 6, 35, 42; **21.** 4 (*bis*), 16, 18; **22.** 3, 23, 50, 58, 69; **23.** 7, [2] 8, 33 (*bis*), 55; **24.** 13, 22, 46, 49.

Jo **1.** 13 (*quater*), 16, 19, 24, 32, 35, [4] 40, 44, 46; **2.** 15 (*bis*), 22; **3.** 1, 5, 6 (*bis*), 8, 13, 25, 27, 31 (*quater*), [5] 34; **4.** 6, 7, 12, 13, 14, 22, 30, 39, 47, 54; **5.** 24; **6.** 8, 11, 13, 23, 26, 31, 32 (*bis*), 33, 39, 41, 42, 50 (*bis*), 51 (*bis*), 58, 60, 64 (*bis*), 65, [1] 66, 66 —T, 70, 71; **7.** 17, 19, 22 (*bis*), 25, 31, 38, 40, 41, 42, 44, 48 (*bis*), 50, 52 (*bis*); **8.** [5] 23 (*bis*), 23 (*bis*), 41, 42, 44 (*bis*), 46, 47 (*bis*), 59; **9.** 1, 6, 16, [2] 24, [2] 32, 40; **10.** 16, 20, 26, 28, 29, 32, 39; **11.** 1, 19, 37, 45, 46, 49, 55; **12.** 1, 2, 3, 4 —WHR, 9 (*bis*), 17 (*bis*), 20, [2] 27, 28, 32, 34, 42, 49; **13.** 1, 4, 21, 23; **15.** 19 (*ter*); **16.** 4, 5, 14, 15, 17, 28; **17.** 6, 12, 14 (*bis*), 15 (*bis*), 16 (*bis*); **18.** 3, 3 [WH], 9, 17, 25, 26, 36 (*bis*), 37; **19.** 2, [1] 12, [5] 23; **20.** 1, 2, 9, [4] 24; **21.** 2, 14.

Ac **1.** [3] 18, [4] 24; **2.** 2, 25, 30, 34; **3.** 2, 15, 22, 23; **4.** 2, 6, 10; **5.** 38, 39; **6.** 3, 9; **7.** 3, 3 —WH non mg., 4, 10, 37, 40, 55, 56; **8.** 37 —h. v., TWH non mg. R non mg., 39; **9.** 3, [2] 33; **10.** 1, [2] 15, 41, 45; **11.** 2, 5, [2] 9, 9, 20, 28; **12.** 7, 11, 17, 25 εἰς, WH non mg. R mg.; **13.** 17, 21, 30, 34; **14.** 8; **15.** 2, 14, 21, 22, 23, 24, 29; **17.** 3, 4, 12, [4] 26, 31, 33; **18.** 1; **19.** 16, 25, 33, 34; **20.** 30; **21.** [4] 8; **22.** 6, 14, 18; **23.** 10, 21, 30 ἐξαυτῆς, WHR, 34; **24.** 7 —h. v., TWHR non mg., [2] 10; **26.** 4, 17 (*bis*), 23; **27.** 22, 29, 30 (*bis*); **28.** 4 (*bis*), 17.

Ro **1.** 3, 4, 17 (*bis*); **2.** 8, 18, 27, 29 (*bis*); **3.** 20, 26, 30; **4.** 2, 12, 14, 16 (*ter*), 24; **5.** 1, [4] 16, 16; **6.** 4, 9, 13, 17; **7.** 4, 24; **8.** 11 (*bis*), 34 —T [WH]; **9.** 5, 6, [4] 10, 11 (*bis*), 21, 24 (*bis*), 30, 32 (*bis*); **10.** 5, 6, 7, 9, 17; **11.** 1, 6, 14, 15, 24, 26, 36; **12.** 18; **13.** 3, 11; **14.** 23 (*bis*); **16.** 10, 11.

I Co **1.** 30; **2.** 12; **5.** 2, 10, 13; **7.** [5] 5, 7; **8.** 6; **9.** 7, 13, 14, 19; **10.** 4, [4] 17; **11.** 8 (*bis*), 12 (*bis*), 28 (*bis*); **12.** 15 (*bis*), 16 (*bis*), [5] 27; **13.** [5] 9 (*bis*), [5] 10, [5] 12; **15.** 6, 12, 20, 47 (*bis*).

II Co **1.** 10, 11; **2.** 2, 4, 16 (*bis*), 17 (*bis*); **3.** 1, 5 (*bis*); **4.** 6, 7; **5.** 1, 2, 8, 18; **6.** 17; **7.** 9; **8.** 7, [6] 11, 13; **9.** 7, [5] 7; **11.** 26 (*bis*); **12.** 6; **13.** 4 (*ter*).

Ga **1.** 1, 4, 8, 15; **2.** 12, 15, 16 (*quater*); **3.** 2 (*bis*), 5 (*bis*), 7, 8, 9, 10, 11, 12, 13, 18 (*bis*), 21 ἐν, WH non mg., 22, 24; **4.** 4, 22 (*bis*), 23 (*bis*); **5.** 5, 8; **6.** 8 (*bis*).

Eph **1.** 20; **2.** 8, 9; **3.** 15; **4.** 16, 29; **5.** 14; **6.** 6.

Phl **1.** 16, 17, [4] 23; **3.** 5 (*bis*), 9 (*bis*), 11, 20; **4.** 22.

Col **1.** 13, 18; **2.** 12, 14, 19; **3.** 8, 23; **4.** 9, 11, 12, 16.

I Th **1.** 10 (*ter*); **2.** 3 (*bis*), 6.

II Th **2.** 7.

I Ti **1.** 5; **6.** 4.

II Ti **2.** 8 (*bis*), 22, 26; **3.** 6, 11; **4.** 17.

Tit **1.** 10, 12; **2.** [5] 8; **3.** 5.

He **1.** 13; **2.** [4] 11; **3.** 13, 16; **4.** 1; **5.** 1, 7; **7.** 4, 5 (*bis*), 6, [5] 12, 14; **8.** 9; **9.** [2] 28; **10.** 38; **11.** 3, 19, 35; **13.** 10, 20.

Ja **2.** 16, 18, 21, 22, 24 (*bis*), 25; **3.** 10, 11, 13; **4.** 1; **5.** 20 (*bis*).

I Pe **1.** 3, 18, 21, 22, 23; **2.** 9, 12; **4.** 11.

II Pe **1.** 18; **2.** [2] 8, 9, 21; **3.** 5.

I Jo 2. 16 (*bis*), 19 (*quater*), 21, 29 ; 3. 8, 9 (*bis*), 10, 12, 14, 19, 24 ; 4. 1, 2, 3, 4, 5 (*bis*), 6 (*bis*), [1]6, 7 (*bis*), 13 ; 5. 1 (*bis*), 4, 18 (*bis*), 19.
II Jo 4.
III Jo 10 —**T**, 11.
Ju 5, 23.
Re 1. 5, 16 ; 2. 5, 7, 9, 10, 11, 21; 22 ; 3. 5, 9, [2]10, 12, 16, 18 ; 4. 5 ; 5. 5 (*bis*), 7, 9 ; 6. 1 (*bis*), 4 —[WH] R mg., 10, 14 ; 7. 4, 5 (*ter*), 6 (*ter*), 7 (*ter*), 8 (*ter*), 9, 13, 14, 17 ; 8. 4, 5, 10, 11, 13 ; 9. 1, 2 (*bis*), 3, 13, 17, 18 (*bis*), 20, 21 (*quater*) ; 10. 1, 4, 8, 10 ; **11.** 5, 7, 9, 11, 12 ; **12.** 15, 16 ; **13.** 1, 3, 11, 13 ; **14.** 2, 8, 10, 13 (*bis*), 15, 17, 18, 20 ; **15.** 2 (*ter*), 6, 7, 8 (*bis*) ; **16.** 1, 10, 11 (*ter*), 13 (*ter*), 17, 21 (*bis*); **17.** 1, 2, 6 (*bis*), 8, [4]11 ; **18.** 1 (*bis*), 3 (*bis*), 4 (*ter*), 12, 19, 20 ; **19.** 2, 5 ἀπὸ, WHR, 15, 21 (*bis*) ; **20.** 1, 7, 9, 12 ; **21.** 2, 3, 4 ἀπὸ, WH mg., 6, 9, 10, [4]21 ; **22.** 1, 19.

ἝΚΑΣΤΟΣ 1538

(1) εἷς ἕκαστος (2) c. verb. plur. **(3) ἕκαστοι (4) ἡμεῖς, ὑμεῖς, αὐτοὶ ἕκαστος**

Mt 16 27 τότε ἀποδώσει ἑκάστῳ κατὰ τ. πρᾶξιν αὐτοῦ
18 35 ἐὰν μὴ ἀφῆτε ἕκαστος τ. ἀδελφῷ αὐτοῦ
25 15 ἑκάστῳ κατὰ τ. ἰδίαν δύναμιν
26 22 [1] ἤρξαντο λέγειν αὐτῷ εἷς ἕκαστος
Mk 13 34 δοὺς . . . ἑκάστῳ τὸ ἔργον αὐτοῦ
Lu 2 3 [2] ἐπορεύοντο πάντες ἀπογράφεσθαι ἕκαστος εἰς τὴν ἑαυτοῦ πόλιν
4 40 [1] ὁ δὲ ἑνὶ ἑκάστῳ αὐτῶν τ. χεῖρας ἐπιτιθεὶς
6 44 ἕκαστον γὰρ δένδρον ἐκ τ. ἰδίου καρποῦ γινώσκεται
13 15 ἕκαστος ὑμῶν τ. σαββάτῳ οὐ λύει τ. βοῦν αὐτοῦ
16 5 [1] προσκαλεσάμενος ἕνα ἕκαστον τ. χρεοφειλετῶν τ. κυρίου ἑαυτοῦ
Jo 6 7 ἵνα ἕκαστος βραχὺ λάβῃ
7 [53 [2] ἐπορεύθησαν ἕκαστος εἰς τ. οἶκον αὐτοῦ
16 32 [2] ἵνα σκορπισθῆτε ἕκαστος εἰς τὰ ἴδια
19 23 ἐποίησαν τέσσερα μέρη ἑκάστῳ στρατιώτῃ μέρος
Ac 2 3 [1] ἐκάθισεν ἐφ' ἕνα ἕκαστον αὐτῶν
6 [1] ἤκουσεν εἷς ἕκαστος τ. ἰδίᾳ διαλέκτῳ λαλούντων αὐτῶν
8 [4] πῶς ἡμεῖς ἀκούομεν ἕκαστος τ. ἰδίᾳ διαλέκτῳ ἡμῶν
38 βαπτισθήτω ἕκαστος ὑμῶν ἐν τ. ὀνόματι Ἰησοῦ Χριστοῦ
3 26 ἐν τ. ἀποστρέφειν ἕκαστον ἀπὸ τ. πονηριῶν ὑμῶν
4 35 διεδίδετο δὲ ἑκάστῳ καθότι ἄν τις χρείαν εἶχεν
11 29 [2] ὥρισαν ἕκαστος αὐτῶν εἰς διακονίαν πέμψαι
17 27 [1] κ. γε οὐ μακρὰν ἀπὸ ἑνὸς ἑκάστου ἡμῶν ὑπάρχοντα
20 31 [1] οὐκ ἐπαυσάμην μετὰ δακρύων νουθετῶν ἕνα ἕκαστον
21 19 [1] ἐξηγεῖτο καθ' ἓν ἕκαστον ὧν ἐποίησεν ὁ Θεὸς
26 [1] ἕως οὗ προσηνέχθη ὑπὲρ ἑνὸς ἑκάστου αὐτῶν ἡ προσφορά
Ro 2 6 ὃς ἀποδώσει ἑκάστῳ κατὰ τὰ ἔργα αὐτοῦ
Ro 12 3 ἑκάστῳ ὡς ὁ Θεὸς ἐμέρισεν μέτρον πίστεως
14 5 ἕκαστος ἐν τ. ἰδίῳ νοῒ πληροφορείσθω
12 ἕκαστος ἡμῶν περὶ ἑαυτοῦ λόγον δώσει τ. Θεῷ
15 2 ἕκαστος ἡμῶν τῷ πλησίον ἀρεσκέτω εἰς τὸ ἀγαθὸν
I Co 1 12 ἕκαστος ὑμῶν λέγει
3 5 ἑκάστῳ ὡς ὁ Κύριος ἔδωκεν
8 ἕκαστος δὲ τ. ἴδιον μισθὸν λήμψεται κατὰ τ. ἴδιον κόπον
10 ἕκαστος δὲ βλεπέτω πῶς ἐποικοδομεῖ
13 ἑκάστου τὸ ἔργον φανερὸν γενήσεται
13 ἑκάστου τὸ ἔργον ὁποῖόν ἐστιν τὸ πῦρ αὐτὸ δοκιμάσει
4 5 τότε ὁ ἔπαινος γενήσεται ἑκάστῳ ἀπὸ τ. Θεοῦ
7 2 διὰ δὲ τ. πορνείας ἕκαστος τὴν ἑαυτοῦ γυναῖκα ἐχέτω,
κ. ἑκάστη τ. ἴδιον ἄνδρα ἐχέτω
7 ἕκαστος ἴδιον ἔχει χάρισμα ἐκ Θεοῦ
17 εἰ μὴ ἑκάστῳ ὡς μεμέρικεν ὁ Κύριος, ἕκαστον ὡς κέκληκεν ὁ Θεός
20 ἕκαστος ἐν τ. κλήσει ᾗ ἐκλήθη ἐν ταύτῃ μενέτω
24 ἕκαστος ἐν ᾧ ἐκλήθη . . . ἐν τούτῳ μενέτω παρὰ Θεῷ
11 21 ἕκαστος γὰρ τὸ ἴδιον δεῖπνον προλαμβάνει ἐν τῷ φαγεῖν
12 7 ἑκάστῳ δὲ δίδοται ἡ φανέρωσις τ. πνεύματος
11 διαιροῦν ἰδίᾳ ἑκάστῳ καθὼς βούλεται
18 [1] ἔθετο τὰ μέλη ἓν ἕκαστον αὐτῶν ἐν τ. σώματι
14 26 ἕκαστος ψαλμὸν ἔχει διδαχὴν ἔχει
15 23 ἕκαστος δὲ ἐν τ. ἰδίῳ τάγματι
38 ὁ δὲ Θεὸς δίδωσιν . . . ἑκάστῳ τ. σπερμάτων ἴδιον σῶμα
16 2 κατὰ μίαν σαββάτου ἕκαστος ὑμῶν παρ' ἑαυτῷ τιθέτω
II Co 5 10 ἵνα κομίσηται ἕκαστος τὰ διὰ τ. σώματος
9 7 ἕκαστος καθὼς προῄρηται τ. καρδίᾳ
Ga 6 4 τὸ γὰρ ἔργον ἑαυτοῦ δοκιμαζέτω ἕκαστος
[ἕκαστος], WH
5 ἕκαστος γὰρ τὸ ἴδιον φορτίον βαστάσει
Eph 4 7 [1] ἑνὶ δὲ ἑκάστῳ ἡμῶν ἐδόθη ἡ χάρις
16 [1] κατ' ἐνέργειαν ἐν μέτρῳ ἑνὸς ἑκάστου μέρους
25 [2] λαλεῖτε ἀλήθειαν ἕκαστος μετὰ τοῦ πλησίον αὐτοῦ
5 33 ἕκαστος τὴν ἑαυτοῦ γυναῖκα οὕτως ἀγαπάτω ὡς ἑαυτόν
6 8 εἰδότες ὅτι ἕκαστος ἐάν τι ποιήσῃ ἀγαθὸν
Phl 2 4 [3] μὴ τὰ ἑαυτῶν ἕκαστοι σκοποῦντες ἀλλὰ κ. τὰ ἑτέρων ἕκαστοι
ἕκαστος σκοπ., WH mg.
Col 4 6 [1] εἰδέναι πῶς δεῖ ὑμᾶς ἑνὶ ἑκάστῳ ἀποκρίνεσθαι
I Th 2 11 [1] ὡς ἕνα ἕκαστον ὑμῶν . . . παρακαλοῦντες ὑμᾶς
4 4 εἰδέναι ἕκαστον ὑμῶν τὸ ἑαυτοῦ σκεῦος κτᾶσθαι
II Th 1 3 [1] πλεονάζει ἡ ἀγάπη ἑνὸς ἑκάστου πάντων ὑμῶν εἰς ἀλλήλους
He 3 13 παρακαλεῖτε ἑαυτοὺς καθ' ἑκάστην ἡμέραν
6 11 ἐπιθυμοῦμεν δὲ ἕκαστον ὑμῶν τ. αὐτὴν ἐνδείκνυσθαι σπουδὴν

He 8 11 ² οὐ μὴ διδάξωσιν ἕκαστος τ. πολίτην αὐτοῦ κ. ἕκαστος τ. ἀδελφὸν αὐτοῦ
לֹא יְלַמְּדוּ עוֹד אִישׁ אֶת־רֵעֵהוּ וְאִישׁ אֶת־אָחִיו, Jer. xxxi. 34
11 21 πίστει Ἰακὼβ ἀποθνήσκων ἕκαστον τ. υἱῶν Ἰωσὴφ εὐλόγησεν
Ja 1 14 ἕκαστος δὲ πειράζεται ὑπὸ τ. ἰδίας ἐπιθυμίας ἐξελκόμενος
I Pe 1 17 τὸν ἀπροσωπολήμπτως κρίνοντα κατὰ τὸ ἑκάστου ἔργον
4 10 ἕκαστος καθὼς ἔλαβεν χάρισμα
Re 2 23 ⁴ δώσω ὑμῖν ἑκάστῳ κατὰ τὰ ἔργα ὑμῶν
5 8 ² ἔχοντες ἕκαστος κιθάραν
6 11 ⁴ ἐδόθη αὐτοῖς ἑκάστῳ στολὴ λευκή
20 13 ² ἐκρίθησαν ἕκαστος κατὰ τὰ ἔργα αὐτῶν
21 21 ¹ ἀνὰ εἷς ἕκαστος τ. πυλώνων ἦν ἐξ ἑνὸς μαργαρίτου
22 2 κατὰ μῆνα ἕκαστον ἀποδιδοῦν τ. καρπὸν αὐτοῦ
12 ἀποδοῦναι ἑκάστῳ ὡς τὸ ἔργον ἐστὶν αὐτοῦ

ἙΚΑ΄ΣΤΟΤΕ* 1539

II Pe 1 15 σπουδάσω δὲ κ. ἑκάστοτε ἔχειν ὑμᾶς μετὰ τ. ἐμὴν ἔξοδον

ἙΚΑΤΟ΄Ν 1540

(1) κατά, εἰς, ἐν ἑκ.

Mt 13 8 ὃ μὲν ἑκατὸν ὃ δὲ ἑξήκοντα ὃ δὲ τριάκοντα
23 ὃ μὲν ἑκατὸν ὃ δὲ ἑξήκοντα ὃ δὲ τριάκοντα
18 12 ἐὰν γένηταί τινι ἀνθρώπῳ ἑκατὸν πρόβατα
28 ὃς ὤφειλεν αὐτῷ ἑκατὸν δηνάρια
Mk 4 8 ¹ ἔφερεν εἰς τριάκοντα κ. ἐν ἑξήκοντα κ. ἐν ἑκατόν
εἰς ἑκ., TWH mg. R; ἓν ἑκ., WH mg. alt.
20 ¹ καρποφοροῦσιν ἐν τριάκοντα κ. ἐν ἑξήκοντα κ. ἐν ἑκατόν
[ἐν] ἑξ. κ. [ἐν] ἑκ., WH; ἓν . . . [ἓν] . . . [ἕν], WH mg.
6 40 ¹ πρασιαὶ πρασιαὶ κατὰ ἑκατὸν κ. κατὰ πεντήκοντα
Lu 15 4 τίς ἄνθρωπος ἐξ ὑμῶν ἔχων ἑκατὸν πρόβατα
16 6 ὁ δὲ εἶπεν Ἑκατὸν βάτους ἐλαίου
7 ὁ δὲ εἶπεν Ἑκατὸν κόρους σίτου
Jo 19 39 φέρων ἕλιγμα σμύρνης κ. ἀλόης ὡς λίτρας ἑκατόν
21 11 μεστὸν ἰχθύων μεγάλων ἑκατὸν πεντήκοντα τριῶν
Ac 1 15 ἦν τε ὄχλος ὀνομάτων ἐπὶ τ. αὐτὸ ὡς ἑκατὸν εἴκοσι
Re 7 4 ἑκατὸν τεσσεράκοντα τέσσαρες χιλιάδες ἐσφραγισμένοι
14 1 μετ᾽ αὐτοῦ ἑκατὸν τεσσεράκοντα τέσσαρες χιλιάδες
3 εἰ μὴ αἱ ἑκατὸν τεσσεράκοντα τέσσαρες χιλιάδες
21 17 ἐμέτρησεν τὸ τεῖχος αὐτῆς ἑκατὸν τεσσεράκοντα τεσσάρων πηχῶν

ἙΚΑΤΟΝΤΑΕΤΗ΄Σ 1541

Ro 4 19 ἑκατονταετής που ὑπάρχων
ἑκατονταέτης, T

ἙΚΑΤΟΝΤΑΠΛΑΣΙ΄ΩΝ 1542

Mt 19 29 ἑκατονταπλασίονα λήμψεται
πολλαπλασίονα, TWHR non mg.
Mk 10 30 ἐὰν μὴ λάβῃ ἑκατονταπλασίονα νῦν ἐν τ. καιρῷ τούτῳ
Lu 8 8 φυὲν ἐποίησεν καρπὸν ἑκατονταπλασίονα

ἙΚΑΤΟΝΤΑ΄ΡΧΗΣ 1543

(1) ἑκατόνταρχος

Mt 8 5 ¹ προσῆλθεν αὐτῷ ἑκατόνταρχος παρακαλῶν αὐτόν
ἑκατοντάρχης, T
8 ¹ ἀποκριθεὶς δὲ ὁ ἑκατόνταρχος ἔφη
ἑκατοντάρχης, T
13 εἶπεν ὁ Ἰησοῦς τῷ ἑκατοντάρχῃ
27 54 ¹ ὁ δὲ ἑκατόνταρχος κ. οἱ μετ᾽ αὐτοῦ τηροῦντες τ. Ἰησοῦν
ἑκατοντάρχης, T
Lu 7 2 ¹ ἑκατοντάρχου δέ τινος δοῦλος κακῶς ἔχων
6 ἔπεμψεν φίλους ὁ ἑκατοντάρχης
23 47 ἰδὼν δὲ ὁ ἑκατοντάρχης τὸ γενόμενον
Ac 10 1 ἑκατοντάρχης ἐκ σπείρης τ. καλουμένης Ἰταλικῆς
22 Κορνήλιος ἑκατοντάρχης ἀνὴρ δίκαιος
21 32 ὃς ἐξαυτῆς παραλαβὼν στρατιώτας κ. ἑκατοντάρχας
22 25 ¹ εἶπεν πρὸς τ. ἑστῶτα ἑκατόνταρχον ὁ Παῦλος
26 ἀκούσας δὲ ὁ ἑκατοντάρχης
23 17 προσκαλεσάμενος δὲ ὁ Παῦλος ἕνα τ. ἑκατονταρχῶν
23 προσκαλεσάμενός τινας δύο τ. ἑκατονταρχῶν
24 23 διαταξάμενος τ. ἑκατοντάρχῃ τηρεῖσθαι αὐτόν
27 1 παρεδίδουν . . . δεσμώτας ἑκατοντάρχῃ ὀνόματι Ἰουλίῳ
6 κἀκεῖ εὑρὼν ὁ ἑκατοντάρχης πλοῖον Ἀλεξανδρινόν
11 ὁ δὲ ἑκατοντάρχης τ. κυβερνήτῃ κ. τ. ναυκλήρῳ μᾶλλον ἐπείθετο
31 εἶπεν ὁ Παῦλος τ. ἑκατοντάρχῃ κ. τ. στρατιώταις
43 ὁ δὲ ἑκατοντάρχης βουλόμενος διασῶσαι τ. Παῦλον
28 16 ¹ ὁ ἑκατόνταρχος παρέδωκεν τ. δεσμίους τ. στρατοπεδάρχῳ
—h. v., TWH non mg. R non mg.

ἘΚΒΑΙ΄ΝΩ 1543.5 cf. 1831

He 11 15 εἰ μὲν ἐκείνης ἐμνημόνευον ἀφ᾽ ἧς ἐξέβησαν

ἘΚΒΑ΄ΛΛΩ 1544

(1) c. dat. instrum. (2) ἐκβ. ἐν

Mt 7 4 ἄφες ἐκβάλω τὸ κάρφος ἐκ τ. ὀφθαλμοῦ σου
5 ἔκβαλε πρῶτον ἐκ τ. ὀφθαλμοῦ σου τὴν δοκόν,
κ. τότε διαβλέψεις ἐκβαλεῖν τὸ κάρφος ἐκ τ. ὀφθαλμοῦ τ. ἀδελφοῦ σου
22 ¹ τ. σῷ ὀνόματι δαιμόνια ἐξεβάλομεν

Mt 8 12 οἱ δὲ υἱοὶ τ. βασιλείας ἐκβληθήσονται εἰς τὸ σκότος τὸ ἐξώτερον
ἐξελεύσονται, TWH marg.
16 [1] ἐξέβαλεν τὰ πνεύματα λόγῳ
31 εἰ ἐκβάλλεις ἡμᾶς
9 25 ὅτε δὲ ἐξεβλήθη ὁ ὄχλος
33 ἐκβληθέντος τ. δαιμονίου ἐλάλησεν ὁ κωφός
34 [2] ἐν τ. ἄρχοντι τ. δαιμονίων ἐκβάλλει τὰ δαιμόνια
h. v., [WH]
38 ὅπως ἐκβάλῃ ἐργάτας εἰς τ. θερισμὸν αὐτοῦ
10 1 ἐξουσίαν πνευμάτων ἀκαθάρτων ὥστε ἐκβάλλειν αὐτά
8 λεπροὺς καθαρίζετε δαιμόνια ἐκβάλλετε
12 20 ἕως ἂν ἐκβάλῃ εἰς νῖκος τ. κρίσιν
לֶאֱמֶת יוֹצִיא מִשְׁפָּט, Is. xlii. 3
24 [2] οὗτος οὐκ ἐκβάλλει τὰ δαιμόνια εἰ μὴ ἐν τ. Βεεζεβούλ
26 εἰ ὁ Σατανᾶς τ. Σατανᾶν ἐκβάλλει
27 [2] εἰ ἐγὼ ἐν Βεεζεβοὺλ ἐκβάλλω τὰ δαιμόνια,
[2] οἱ υἱοὶ ὑμῶν ἐν τίνι ἐκβάλλουσιν;
28 [2] εἰ δὲ ἐν πνεύματι Θεοῦ ἐγὼ ἐκβάλλω τὰ δαιμόνια
35 ὁ ἀγαθὸς ἄνθρωπος ἐκ τ. ἀγαθοῦ θησαύρου ἐκβάλλει τ. ἀγαθά·
κ. ὁ πονηρὸς ἄνθρωπος ἐκ τ. πονηροῦ θησαυροῦ ἐκβάλλει πονηρά
13 52 ὅστις ἐκβάλλει ἐκ τ. θησαυροῦ αὐτοῦ καινὰ κ. παλαιά
15 17 εἰς ἀφεδρῶνα ἐκβάλλεται
17 19 διὰ τί ἡμεῖς οὐκ ἠδυνήθημεν ἐκβαλεῖν αὐτό;
21 12 ἐξέβαλεν πάντας τ. πωλοῦντας κ. ἀγοράζοντας ἐν τ. ἱερῷ
39 λαβόντες αὐτὸν ἐξέβαλον ἔξω τ. ἀμπελῶνος
22 13 ἐκβάλετε αὐτὸν εἰς τὸ σκότος τὸ ἐξώτερον
25 30 τ. ἀχρεῖον δοῦλον ἐκβάλετε εἰς τὸ σκότος τὸ ἐξώτερον
Mk 1 12 εὐθὺς τὸ πνεῦμα αὐτὸν ἐκβάλλει εἰς τὴν ἔρημον
34 δαιμόνια πολλὰ ἐξέβαλεν
39 ἦλθεν κηρύσσων . . . κ. τὰ δαιμόνια ἐκβάλλων
43 ἐμβριμησάμενος αὐτῷ εὐθὺς ἐξέβαλεν αὐτόν
3 15 ἔχειν ἐξουσίαν ἐκβάλλειν τὰ δαιμόνια
22 [2] ἐν τ. ἄρχοντι τ. δαιμονίων ἐκβάλλει τὰ δαιμόνια
23 πῶς δύναται Σατανᾶς Σατανᾶν ἐκβάλλειν;
5 40 αὐτὸς δὲ ἐκβαλὼν πάντας
6 13 δαιμόνια πολλὰ ἐξέβαλλον
7 26 ἵνα τὸ δαιμόνιον ἐκβάλῃ ἐκ τ. θυγατρὸς αὐτῆς
9 18 εἶπα τ. μαθηταῖς σου ἵνα αὐτὸ ἐκβάλωσιν
28 ἡμεῖς οὐκ ἠδυνήθημεν ἐκβαλεῖν αὐτό;
38 [2] εἴδαμέν τινα ἐν τ. ὀνόματί σου ἐκβάλλοντα δαιμόνια
47 ἐὰν ὁ ὀφθαλμός σου σκανδαλίζῃ σε ἔκβαλε αὐτόν
11 15 ἤρξατο ἐκβάλλειν τ. πωλοῦντας κ. τ. ἀγοράζοντας ἐν τ. ἱερῷ
12 8 ἐξέβαλον αὐτὸν ἔξω τ. ἀμπελῶνος
16 [9 παρ' ἧς ἐκβεβλήκει ἑπτὰ δαιμόνια
[17 [2] ἐν τ. ὀνόματί σου δαιμόνια ἐκβαλοῦσιν
Lu 4 29 ἀναστάντες ἐξέβαλον αὐτὸν ἔξω τ. πόλεως
6 22 ὅταν . . . ἐκβάλωσιν τὸ ὄνομα ὑμῶν ὡς πονηρόν

Lu 6 42 ἄφες ἐκβάλω τὸ κάρφος τὸ ἐν τ. ὀφθαλμῷ σου
42 ἔκβαλε πρῶτον τὴν δοκὸν ἐκ τ. ὀφθαλμοῦ σου,
κ. τότε διαβλέψεις τὸ κάρφος τὸ ἐν τ. ὀφθαλμῷ τ. ἀδελφοῦ σου ἐκβαλεῖν
9 40 ἐδεήθην τ. μαθητῶν σου ἵνα ἐκβάλωσιν αὐτό
49 [2] εἴδαμέν τινα ἐν τ. ὀνόματί σου ἐκβάλλοντα δαιμόνια
10 2 ὅπως ἐργάτας ἐκβάλῃ εἰς τ. θερισμὸν αὐτοῦ
35 ἐκβαλὼν δύο δηνάρια ἔδωκεν τ. πανδοχεῖ
11 14 ἦν ἐκβάλλων δαιμόνιον
15 [2] ἐν Βεεζεβοὺλ τ. ἄρχοντι τ. δαιμονίων ἐκβάλλει τὰ δαιμόνια
18 [2] ὅτι λέγετε ἐν Βεεζεβοὺλ ἐκβάλλειν με τὰ δαιμόνια.
19 [2] εἰ δὲ ἐγὼ ἐν Βεεζεβοὺλ ἐκβάλλω τὰ δαιμόνια,
[2] οἱ υἱοὶ ὑμῶν ἐν τίνι ἐκβάλλουσιν;
20 [2] εἰ δὲ ἐν δακτύλῳ Θεοῦ ἐγὼ ἐκβάλλω τὰ δαιμόνια
13 28 ὅταν ὄψησθε Ἀβραὰμ . . . ὑμᾶς δὲ ἐκβαλλομένους ἔξω
32 ἰδοὺ ἐκβάλλω δαιμόνια κ. ἰάσεις ἀποτελῶ
19 45 ἤρξατο ἐκβάλλειν τ. πωλοῦντας
20 12 οἱ δὲ κ. τοῦτον τραυματίσαντες ἐξέβαλον
15 ἐκβαλόντες αὐτὸν ἔξω τ. ἀμπελῶνος ἀπέκτειναν
Jo 2 15 πάντας ἐξέβαλεν ἐκ τ. ἱεροῦ τά τε πρόβατα κ. τ. βόας
6 37 τ. ἐρχόμενον πρός με οὐ μὴ ἐκβάλω ἔξω
9 34 ἐξέβαλον αὐτὸν ἔξω.
35 ἤκουσεν Ἰησοῦς ὅτι ἐξέβαλον αὐτὸν ἔξω
10 4 ὅταν τὰ ἴδια πάντα ἐκβάλῃ
12 31 νῦν ὁ ἄρχων τ. κόσμου τούτου ἐκβληθήσεται ἔξω
Ac 7 58 ἐκβαλόντες ἔξω τ. πόλεως ἐλιθοβόλουν
9 40 ἐκβαλὼν δὲ ἔξω πάντας ὁ Πέτρος
13 50 ἐξέβαλον αὐτοὺς ἀπὸ τ. ὁρίων αὐτῶν
16 37 νῦν λάθρᾳ ἡμᾶς ἐκβάλλουσιν;
27 38 ἐκβαλλόμενοι τ. σῖτον εἰς τ. θάλασσαν
Ga 4 30 ἔκβαλε τ. παιδίσκην κ. τ. υἱὸν αὐτῆς
גָּרֵשׁ הָאָמָה הַזֹּאת וְאֶת־בְּנָהּ, Gen. xxi. 10
Ja 2 25 κ. ἑτέρᾳ ὁδῷ ἐκβαλοῦσα
III Jo 10 τ. βουλομένους κωλύει κ. τ. ἐκκλησίας ἐκβάλλει
Re 11 2 τ. αὐλὴν τὴν ἔξωθεν τ. ναοῦ ἔκβαλε ἔξωθεν

ἜΚΒΑΣΙΣ** 1545

I Co 10 13 ποιήσει σὺν τ. πειρασμῷ κ. τ. ἔκβασιν
He 13 7 ὧν ἀναθεωροῦντες τ. ἔκβασιν τ. ἀναστροφῆς

ἘΚΒΟΛΗ΄ 1546

Ac 27 18 τῇ ἑξῆς ἐκβολὴν ἐποιοῦντο

ἜΚΓΟΝΟΣ 1549

I Ti 5 4 εἰ δέ τις χήρα τέκνα ἢ ἔκγονα ἔχει

ἘΚΔΑΠΑΝΑ΄ΟΜΑΙ* 1550

II Co 12 15 ἥδιστα δαπανήσω κ. ἐκδαπανηθήσομαι ὑπὲρ τ. ψυχῶν ὑμῶν

ἘΚΔΕ'ΧΟΜΑΙ 1551

Jo 5 [3 ἐκδεχομένων τὴν τ. ὕδατος κίνησιν —h. v., TWHR non mg.

Ac 17 16 ἐν δὲ τ. Ἀθήναις ἐκδεχομένου αὐτοὺς τ. Παύλου

I Co 11 33 συνερχόμενοι εἰς τὸ φαγεῖν ἀλλήλους ἐκδέχεσθε

16 11 ἐκδέχομαι γὰρ αὐτὸν μετὰ τ. ἀδελφῶν

He 10 13 τὸ λοιπὸν ἐκδεχόμενος ἕως τεθῶσιν οἱ ἐχθροὶ αὐτοῦ ὑποπόδιον

11 10 ἐξεδέχετο γὰρ τὴν τ. θεμελίους ἔχουσαν πόλιν

Ja 5 7 ὁ γεωργὸς ἐκδέχεται τ. τίμιον καρπὸν τ. γῆς

ἜΚΔΗΛΟΣ** 1552

II Ti 3 9 ἡ γὰρ ἄνοια αὐτῶν ἔκδηλος ἔσται πᾶσιν

ἘΚΔΗΜΕ'Ω* 1553

II Co 5 6 ἐνδημοῦντες ἐν τ. σώματι ἐκδημοῦμεν ἀπὸ τ. Κυρίου

8 εὐδοκοῦμεν μᾶλλον ἐκδημῆσαι ἐκ τ. σώματος

9 εἴτε ἐνδημοῦντες εἴτε ἐκδημοῦντες

ἘΚΔΙ'ΔΟΜΑΙ 1554

Mt 21 33 ἐξέδετο αὐτὸν γεωργοῖς

41 τ. ἀμπελῶνα ἐκδώσεται ἄλλοις γεωργοῖς

Mk 12 1 ἐξέδετο αὐτὸν γεωργοῖς

Lu 20 9 ἐξέδετο αὐτὸν γεωργοῖς

ἘΚΔΙΗΓΕ'ΟΜΑΙ 1555

Ac 13 41 ὃ οὐ μὴ πιστεύσητε ἐάν τις ἐκδιηγῆται ὑμῖν
לֹא תַאֲמִינוּ כִּי יְסֻפָּר, Hab. i. 5

15 3 ἐκδιηγούμενοι τ. ἐπιστροφὴν τ. ἐθνῶν

ἘΚΔΙΚΕ'Ω 1556

Lu 18 3 ἐκδίκησόν με ἀπὸ τ. ἀντιδίκου μου

5 διά γε τὸ παρέχειν μοι κόπον . . . ἐκδικήσω αὐτήν

Ro 12 19 μὴ ἑαυτοὺς ἐκδικοῦντες ἀγαπητοί

II Co 10 6 ἐν ἑτοίμῳ ἔχοντες ἐκδικῆσαι πᾶσαν παρακοήν

Re 6 10 ἕως πότε . . . οὐ κρίνεις κ. ἐκδικεῖς τὸ αἷμα ἡμῶν

19 2 ἐξεδίκησεν τὸ αἷμα τ. δούλων αὐτοῦ ἐκ χειρὸς αὐτῆς

ἘΚΔΙ'ΚΗΣΙΣ 1557

Lu 18 7 ὁ δὲ Θεὸς οὐ μὴ ποιήσῃ τ. ἐκδίκησιν τ. ἐκλεκτῶν αὐτοῦ

8 ποιήσει τ. ἐκδίκησιν αὐτῶν ἐν τάχει

21 22 ὅτι ἡμέραι ἐκδικήσεως αὗταί εἰσιν

Ac 7 24 ἠμύνατο κ. ἐποίησεν ἐκδίκησιν τ. καταπονουμένῳ

Ro 12 19 ἐμοὶ ἐκδίκησις ἐγὼ ἀνταποδώσω λέγει Κύριος
לִי נָקָם וְשִׁלֵּם, Dt. xxxii. 35

II Co 7 11 πόσην κατειργάσατο ὑμῖν σπουδὴν . . . ἀλλὰ ζῆλον ἀλλὰ ἐκδίκησιν;

II Th 1 8 διδόντος ἐκδίκησιν τοῖς μὴ εἰδόσι Θεόν

He 10 30 ἐμοὶ ἐκδίκησις ἐγὼ ἀνταποδώσω, Dt. *l.c.*

I Pe 2 14 ὡς δι' αὐτοῦ πεμπομένοις εἰς ἐκδίκησιν κακοποιῶν

ἜΚΔΙΚΟΣ** 1558

Ro 13 4 ἔκδικος εἰς ὀργὴν τῷ τὸ κακὸν πράσσοντι

I Th 4 6 διότι ἔκδικος Κύριος περὶ πάντων τούτων

ἘΚΔΙΩ'ΚΩ 1559

Lu 11 49 ἐξ αὐτῶν ἀποκτενοῦσιν κ. ἐκδιώξουσιν
διώξουσιν, WHR

I Th 2 15 ἡμᾶς ἐκδιωξάντων κ. Θεῷ μὴ ἀρεσκόντων

ἜΚΔΟΤΟΣ** 1560

Ac 2 23 τοῦτον τ. ὡρισμένῃ βουλῇ κ. προγνώσει τ. Θεοῦ ἔκδοτον

ἘΚΔΟΧΗ'* 1561

He 10 27 φοβερὰ δέ τις ἐκδοχὴ κρίσεως

ἘΚΔΥ'Ω 1562

Mt 27 28 ἐκδύσαντες αὐτὸν χλαμύδα κοκκίνην περιέθηκαν αὐτῷ
ἐνδύσαντες, WH mg. R mg.

31 ὅτε ἐνέπαιξαν αὐτῷ ἐξέδυσαν αὐτὸν τ. χλαμύδα
ἐκδύσαντες, T

Mk 15 20 ὅτε ἐνέπαιξαν αὐτῷ ἐξέδυσαν αὐτὸν τ. πορφύραν

Lu 10 30 οἳ κ. ἐκδύσαντες αὐτὸν κ. πληγὰς ἐπιθέντες ἀπῆλθον

II Co 5 4 ἐφ' ᾧ οὐ θέλομεν ἐκδύσασθαι

ἘΚΕΙ' 1563

(1) *illuc* (2) οἱ ἐκεῖ (3) οὗ, ὅπου . . . ἐκεῖ

Mt 2 13 ἴσθι ἐκεῖ ἕως ἂν εἴπω σοι

15 ἦν ἐκεῖ ἕως τ. τελευτῆς Ἡρῴδου

22 [1] ἐφοβήθη ἐκεῖ ἀπελθεῖν

5 24 ἄφες ἐκεῖ τὸ δῶρόν σου ἔμπροσθεν τ. θυσιαστηρίου

6 21 [3] ἐκεῖ ἔσται κ. ἡ καρδία σου

8 12 ἐκ. ἔσται ὁ κλαυθμὸς κ. ὁ βρυγμὸς τ. ὀδόντων

12 45 εἰσελθόντα κατοικεῖ ἐκεῖ

13 42 ἐκ. ἔσται ὁ κλαυθμὸς κ. ὁ βρυγμὸς τ. ὀδόντων

50 ἐκ. ἔσται ὁ κλαυθμὸς κ. ὁ βρυγμὸς τ. ὀδόντων

58 οὐκ ἐποίησεν ἐκεῖ δυνάμεις πολλάς

14 23 ὀψίας δὲ γενομένης μόνος ἦν ἐκεῖ

15 29 ἀναβὰς εἰς τὸ ὄρος ἐκάθητο ἐκεῖ

17 20 [1] μετάβα ἔνθεν ἐκεῖ

18 20 [3] ἐκεῖ εἰμὶ ἐν μέσῳ αὐτῶν

19 2 ἐθεράπευσεν αὐτοὺς ἐκεῖ

21 17 ἐξῆλθεν . . . εἰς Βηθανίαν κ. ηὐλίσθη ἐκεῖ

22 11 εἶδεν ἐκ. ἄνθρωπον οὐκ ἐνδεδυμένον ἔνδυμα γάμου

13 ἐκ. ἔσται ὁ κλαυθμὸς κ. ὁ βρυγμὸς τ. ὀδόντων

24 28 [1 3] ἐκεῖ συναχθήσονται οἱ ἀετοί

Mt 24 51 ἐκ. ἔσται ὁ κλαυθμὸς κ. ὁ βρυγμὸς τ. ὀδόντων
25 30 ἐκ. ἔσται ὁ κλαυθμὸς κ. ὁ βρυγμὸς τ. ὀδόντων
26 36 [1] ἕως οὗ ἀπελθὼν ἐκεῖ προσεύξωμαι
71 [2] εἶδεν αὐτὸν ἄλλη κ. λέγει τοῖς ἐκεῖ
27 36 καθήμενοι ἐτήρουν αὐτὸν ἐκεῖ
47 τινὲς δὲ τῶν ἐκεῖ ἑστηκότων ἀκούσαντες
55 ἦσαν δὲ ἐκεῖ γυναῖκες πολλαὶ ἀπὸ μακρόθεν θεωροῦσαι
61 ἦν δὲ ἐκεῖ Μαριὰμ ἡ Μαγδαληνή
28 7 ἐκεῖ αὐτὸν ὄψεσθε
10 κ. ἐκεῖ με ὄψονται
κἀκεῖ, WH
Mk 1 38 ἵνα κ. ἐκεῖ κηρύξω
κἀκεῖ, T
2 6 ἦσαν δέ τινες τ. γραμματέων ἐκεῖ καθήμενοι
3 1 ἦν ἐκεῖ ἄνθρωπος ἐξηραμμένην ἔχων τ. χεῖρα
5 11 ἦν δὲ ἐκεῖ πρὸς τ. ὄρει ἀγέλη χοίρων μεγάλη βοσκομένη
6 5 οὐκ ἐδύνατο ἐκεῖ ποιῆσαι οὐδεμίαν δύναμιν
10 [3] ἐκεῖ μένετε ἕως ἂν ἐξέλθητε ἐκεῖθεν
33 [1] πεζῇ ἀπὸ πασῶν τ. πόλεων συνέδραμον ἐκεῖ
11 5 τινὲς τῶν ἐκ. ἑστηκότων ἔλεγον αὐτοῖς
13 21 ἴδε ὧδε ὁ Χριστὸς ἴδε ἐκεῖ
14 15 κ. ἐκεῖ ἑτοιμάσατε ἡμῖν
κἀκεῖ, T
16 7 ἐκεῖ αὐτὸν ὄψεσθε καθὼς εἶπεν ὑμῖν
Lu 2 6 ἐγένετο δὲ ἐν τ. εἶναι αὐτοὺς ἐκεῖ
6 6 ἦν ἄνθρωπος ἐκεῖ κ. ἡ χεὶρ αὐτοῦ . . . ἦν ξηρά
8 31 ἦν δὲ ἐκ. ἀγέλη χοίρων ἱκανῶν βοσκομένη
9 4 εἰς ἣν ἂν οἰκίαν εἰσέλθητε ἐκεῖ μένετε
10 6 ἐὰν ἐκεῖ ᾖ υἱὸς εἰρήνης
ᾖ ἐκ., TWH mg.
11 26 εἰσελθόντα κατοικεῖ ἐκεῖ
12 18 [1] συνάξω ἐκ. πάντα τ. σῖτον κ. τὰ ἀγαθά μου
34 [3] ἐκεῖ κ. ἡ καρδία ὑμῶν ἔσται
13 28 ἐκ. ἔσται ὁ κλαυθμὸς κ. ὁ βρυγμὸς τ. ὀδόντων
15 13 ἐκεῖ διεσκόρπισεν τ. οὐσίαν αὐτοῦ
17 21 οὐδὲ ἐροῦσιν Ἰδοὺ ὧδε ἢ ἐκεῖ
23 ἐροῦσιν ὑμῖν Ἰδοὺ ἐκεῖ ἢ Ἰδοὺ ὧδε
37 [1 3] ὅπου τὸ σῶμα ἐκεῖ κ. οἱ ἀετοὶ ἐπισυναχθήσονται
21 2 [1] εἶδεν δέ τινα χήραν πενιχρὰν βάλλουσαν ἐκεῖ λεπτὰ δύο
22 12 ἐκεῖ ἑτοιμάσατε
23 33 ἐκεῖ ἐσταύρωσαν αὐτὸν κ. τ. κακούργους
Jo 2 1 ἦν ἡ μήτηρ τ. Ἰησοῦ ἐκεῖ
6 ἦσαν δὲ ἐκεῖ λίθιναι ὑδρίαι ἓξ . . . κείμεναι
12 ἐκεῖ ἔμειναν οὐ πολλὰς ἡμέρας
3 22 ἐκεῖ διέτριβεν μετ' αὐτῶν κ. ἐβάπτιζεν
23 ὅτι ὕδατα πολλὰ ἦν ἐκεῖ
4 6 ἦν δὲ ἐκεῖ πηγὴ τοῦ Ἰακώβ
40 ἔμεινεν ἐκεῖ δύο ἡμέρας
5 5 ἦν δέ τις ἄνθρωπος ἐκ. τριάκοντα κ. ὀκτὼ ἔτη ἔχων ἐν τ. ἀσθενείᾳ αὐτοῦ
6 3 ἐκεῖ ἐκάθητο μετὰ τ. μαθητῶν αὐτοῦ
22 εἶδον ὅτι πλοιάριον ἄλλο οὐκ ἦν ἐκεῖ
24 εἶδεν ὁ ὄχλος ὅτι Ἰησοῦς οὐκ ἔστιν ἐκεῖ
10 40 κ. ἔμενεν ἐκεῖ
42 πολλοὶ ἐπίστευσαν εἰς αὐτὸν ἐκεῖ

Jo 11 8 [1] πάλιν ὑπάγεις ἐκεῖ;
15 χαίρω δι' ὑμᾶς . . . ὅτι οὐκ ἤμην ἐκεῖ
31 ὑπάγει εἰς τὸ μνημεῖον ἵνα κλαύσῃ ἐκεῖ
12 2 ἐποίησαν οὖν αὐτῷ δεῖπνον ἐκεῖ
9 ἔγνω οὖν ὁ ὄχλος πολὺς . . . ὅτι ἐκεῖ ἐστίν
26 [3] ἐκεῖ κ. ὁ διάκονος ὁ ἐμὸς ἔσται
18 2 [1] πολλάκις συνήχθη Ἰησοῦς ἐκ. μετὰ τ. μαθητῶν αὐτοῦ
μ. τ. μαθ. αὐτ. ἐκ., WH mg.
3 [1] ἔρχεται ἐκ. μετὰ φανῶν κ. λαμπάδων κ. ὅπλων
19 42 ἐκεῖ οὖν διὰ τ. παρασκευὴν . . . ἔθηκαν τ. Ἰησοῦν
Ac 9 33 εὗρεν δὲ ἐκεῖ ἄνθρωπόν τινα ὀνόματι Αἰνέαν
16 1 μαθητής τις ἦν ἐκεῖ ὀνόματι Τιμόθεος
17 14 ὑπέμεινάν τε ὅ τε Σίλας κ. ὁ Τιμόθεος ἐκεῖ
19 21 μετὰ τὸ γενέσθαι με ἐκεῖ
25 9 θέλεις εἰς Ἱεροσόλυμα ἀναβὰς ἐκεῖ περὶ τούτων κριθῆναι
14 ὡς δὲ πλείους ἡμέρας διέτριβον ἐκεῖ
Ro 9 26 ἐκεῖ κληθήσονται υἱοὶ Θεοῦ ζῶντος
אָמַרְתִּי לְלֹא־עַמִּי עַמִּי־אַתָּה, Hos. ii. 25
15 24 [1] ἐλπίζω γὰρ . . . ὑφ' ὑμῶν προπεμφθῆναι ἐκεῖ
Tit 3 12 ἐκεῖ γὰρ κέκρικα παραχειμάσαι
He 7 8 ἐκεῖ δὲ μαρτυρούμενος ὅτι ζῇ
Ja 2 3 σὺ στῆθι ἢ κάθου ἐκεῖ ὑπὸ τὸ ὑποπόδιόν μου
στ. ἐκ. ἢ καθ., TWH mg.
3 16 ἐκεῖ ἀκαταστασία κ. πᾶν φαῦλον πρᾶγμα
4 13 ποιήσομεν ἐκεῖ ἐνιαυτὸν κ. ἐμπορευσόμεθα
Re 2 14 ἔχεις ἐκεῖ κρατοῦντας τ. διδαχὴν Βαλαάμ
12 6 [3] ὅπου ἔχει ἐκεῖ τόπον ἡτοιμασμένον ἀπὸ τ. Θεοῦ,
ἵνα ἐκεῖ τρέφωσιν αὐτὴν ἡμέρας χιλίας
14 [3] ὅπου τρέφεται ἐκεῖ καιρὸν κ. καιροὺς κ. ἥμισυ καιροῦ
21 25 νὺξ γὰρ οὐκ ἔσται ἐκεῖ

ἘΚΕΙ͂ΘΕΝ 1564

Mt 4 21 προβὰς ἐκεῖθεν εἶδεν ἄλλους δύο ἀδελφούς
5 26 οὐ μὴ ἐξέλθῃς ἐκεῖθεν
9 9 παράγων ὁ Ἰησοῦς ἐκεῖθεν
27 παράγοντι ἐκ. τῷ Ἰησοῦ ἠκολούθησαν δύο τυφλοί
11 1 μετέβη ἐκ. τοῦ διδάσκειν κ. κηρύσσειν
12 9 μεταβὰς ἐκ. ἦλθεν εἰς τ. συναγωγὴν αὐτῶν
15 ὁ δὲ Ἰησοῦς γνοὺς ἀνεχώρησεν ἐκεῖθεν
13 53 ὅτε ἐτέλεσεν ὁ Ἰησοῦς . . . μετῆρεν ἐκεῖθεν
14 13 ἀνεχώρησεν ἐκ. ἐν πλοίῳ εἰς ἔρημον τόπον
15 21 ἐξελθὼν ἐκεῖθεν ὁ Ἰησοῦς
29 μεταβὰς ἐκεῖθεν ὁ Ἰησοῦς
19 15 ἐπιθεὶς τ. χεῖρας αὐτοῖς ἐπορεύθη ἐκεῖθεν
Mk 6 1 κ. ἐξῆλθεν ἐκεῖθεν
10 ἐκεῖ μένετε ἕως ἂν ἐξέλθητε ἐκεῖθεν
11 ἐκπορευόμενοι ἐκ. ἐκτινάξατε τ. χοῦν
7 24 ἐκ. δὲ ἀναστὰς ἀπῆλθεν εἰς τὰ ὅρια Τύρου
10 1 ἐκ. ἀναστὰς ἔρχεται εἰς τὰ ὅρια Ἰουδαίας
Lu 9 4 ἐκεῖ μένετε κ. ἐκεῖθεν ἐξέρχεσθε
12 59 οὐ μὴ ἐξέλθῃς ἐκεῖθεν
16 26 μηδὲ ἐκ. πρὸς ἡμᾶς διαπερῶσιν
Jo 4 43 μετὰ δὲ τ. δύο ἡμέρας ἐξῆλθεν ἐκεῖθεν

Jo 11 54 ἀπῆλθεν ἐκ. εἰς τ. χώραν ἐγγὺς τῆς ἐρήμου
Ac 13 4 ἐκεῖθέν τε ἀπέπλευσαν εἰς Κύπρον
18 7 μεταβὰς ἐκεῖθεν ἦλθεν εἰς οἰκίαν
20 13 ἐκ. μέλλοντες ἀναλαμβάνειν τ. Παῦλον
27 12 οἱ πλείονες ἔθεντο βουλὴν ἀναχθῆναι ἐκεῖθεν
Re 22 2 τ. ποταμοῦ ἔντευθεν κ. ἐκ. ξύλον ζωῆς

ἘΚΕΙ͂ΝΟΣ 1565

(1) ἡμέρα ἐκ. (2) ὥρα, καιρὸς ἐκ.
(3) οὗτος, ἄλλος, ἡμεῖς, ὑμεῖς . . . ἐκ.
(4) de Jesu Christo

Mt 3 1 [1] ἐν δὲ τ. ἡμέραις ἐκείναις παραγίνεται Ἰωάνης
7 22 [1] πολλοὶ ἐροῦσίν μοι ἐν ἐκείνῃ τ. ἡμέρᾳ
25 προσέπεσαν τ. οἰκίᾳ ἐκείνῃ κ. οὐκ ἔπεσεν
27 προσέκοψαν τ. οἰκίᾳ ἐκείνῃ κ. ἔπεσεν
8 13 [2] ἰάθη ὁ παῖς ἐν τ. ὥρᾳ ἐκείνῃ
28 ὥστε μὴ ἰσχύειν τινὰ παρελθεῖν διὰ τῆς ὁδοῦ ἐκείνης
9 22 [2] ἐσώθη ἡ γυνὴ ἀπὸ τ. ὥρας ἐκείνης
26 ἐξῆλθεν ἡ φήμη αὕτη εἰς ὅλην τ. γῆν ἐκείνην
31 διεφήμισαν αὐτὸν ἐν ὅλῃ τ. γῇ ἐκείνῃ
10 14 ἐξερχόμενοι ἔξω τ. οἰκίας ἢ τ. πόλεως ἐκείνης
15 ἀνεκτότερον ἔσται γῇ Σοδόμων . . . ἢ τ. πόλει ἐκείνῃ
19 [2] δοθήσεται γὰρ ὑμῖν ἐν ἐκείνῃ τ. ὥρᾳ τί λαλήσητε
11 25 [2] ἐν ἐκείνῳ τ. καιρῷ ἀποκριθεὶς ὁ Ἰησοῦς
12 1 [2] ἐν ἐκείνῳ τ. καιρῷ ἐπορεύθη ὁ Ἰησοῦς τ. σάββασιν διὰ τ. σπορίμων
45 γίνεται τὰ ἔσχατα τ. ἀνθρώπου ἐκείνου χείρονα τ. πρώτων
13 1 [1] ἐν τ. ἡμέρᾳ ἐκείνῃ ἐξελθὼν ὁ Ἰησοῦς
11 [3] ἐκείνοις δὲ οὐ δέδοται
44 ἀγοράζει τ. ἀγρὸν ἐκεῖνον
14 1 [2] ἐν ἐκείνῳ τ. καιρῷ ἤκουσεν Ἡρῴδης ὁ τετραάρχης
35 ἐπιγνόντες αὐτὸν οἱ ἄνδρες τ. τόπου ἐκείνου
ἀπέστειλαν εἰς ὅλην τ. περίχωρον ἐκείνην
15 22 γυνὴ Χαναναία ἀπὸ τ. ὁρίων ἐκείνων ἐξελθοῦσα
28 [2] ἰάθη ἡ θυγάτηρ αὐτῆς ἀπὸ τ. ὥρας ἐκείνης
17 18 [2] ἐθεραπεύθη ὁ παῖς ἀπὸ τ. ὥρας ἐκείνης
27 ἐκεῖνον λαβὼν δὸς αὐτοῖς ἀντὶ ἐμοῦ κ. σοῦ
18 1 [2] ἐν ἐκείνῃ τ. ὥρᾳ προσῆλθον οἱ μαθηταὶ τῷ Ἰησοῦ
26 πεσὼν δὲ ὁ δοῦλος ἐκεῖνος προσεκύνει αὐτῷ
—ἐκεῖνος, WHR
27 σπλαγχνισθεὶς δὲ ὁ κύριος τ. δούλου ἐκείνου
[ἐκείνου], WH
28 ἐξελθὼν δὲ ὁ δοῦλος ἐκεῖνος εὗρεν ἕνα τ. συνδούλων αὐτοῦ
32 πᾶσαν τ. ὀφειλὴν ἐκείνην ἀφῆκά σοι
20 4 κ. ἐκείνοις εἶπεν
21 40 τί ποιήσει τ. γεωργοῖς ἐκείνοις;
22 7 πέμψας τὰ στρατεύματα αὐτοῦ ἀπώλεσεν τ. φονεῖς ἐκείνους

Mt 22 10 ἐξελθόντες οἱ δοῦλοι ἐκεῖνοι εἰς τὰς ὁδοὺς
23 [1] ἐν ἐκείνῃ τ. ἡμέρᾳ προσῆλθον αὐτῷ Σαδδουκαῖοι
46 [1] οὐδὲ ἐτόλμησέν τις ἀπ' ἐκείνης τ. ἡμέρας
24 19 [1] οὐαὶ δὲ . . . τ. θηλαζούσαις ἐν ἐκείναις τ. ἡμέραις
22 [1] εἰ μὴ ἐκολοβώθησαν αἱ ἡμέραι ἐκεῖναι
22 [1] διὰ δὲ τ. ἐκλεκτοὺς κολοβωθήσονται αἱ ἡμέραι ἐκεῖναι
29 [1] εὐθέως δὲ μετὰ τ. θλῖψιν τ. ἡμερῶν ἐκείνων
36 [1] [2] περὶ δὲ τ. ἡμέρας ἐκείνης κ. ὥρας οὐδεὶς οἶδεν
38 [1] ὡς γὰρ ἦσαν ἐν τ. ἡμέραις ἐκείναις ταῖς πρὸ τ. κατακλυσμοῦ
—ἐκ., T [WH]
43 ἐκεῖνο δὲ γινώσκετε
46 μακάριος ὁ δοῦλος ἐκεῖνος
48 ἐὰν δὲ εἴπῃ ὁ κακὸς δοῦλος ἐκεῖνος ἐν τ. καρδίᾳ αὐτοῦ
—ἐκεῖνος, T
50 ἥξει ὁ κύριος τ. δούλου ἐκείνου ἐν ἡμέρᾳ
25 7 τότε ἠγέρθησαν πᾶσαι αἱ παρθένοι ἐκεῖναι
19 μετὰ δὲ πολὺν χρόνον ἔρχεται ὁ κύριος τ. δούλων ἐκείνων
26 24 οὐαὶ δὲ τ. ἀνθρώπῳ ἐκείνῳ
24 καλὸν ἦν αὐτῷ εἰ οὐκ ἐγεννήθη ὁ ἄνθρωπος ἐκεῖνος
29 [1] ἕως τ. ἡμέρας ἐκείνης ὅταν αὐτὸ πίνω . . . καινόν
55 [2] ἐν ἐκείνῃ τ. ὥρᾳ εἶπεν ὁ Ἰησοῦς τ. ὄχλοις
27 8 διὸ ἐκλήθη ὁ ἀγρὸς ἐκεῖνος ἀγρὸς αἵματος
19 [4] μηδέν σοι κ. τ. δικαίῳ ἐκείνῳ
63 [4] ἐμνήσθημεν ὅτι ἐκεῖνος ὁ πλάνος εἶπεν ἔτι ζῶν
Mk 1 9 [1] ἐγένετο ἐν ἐκείναις τ. ἡμέραις
2 20 [1] τότε νηστεύσουσιν ἐν ἐκείνῃ τ. ἡμέρᾳ
3 24 οὐ δύναται σταθῆναι ἡ βασιλεία ἐκείνη
25 οὐ δυνήσεται ἡ οἰκία ἐκείνη στῆναι
4 11 [3] ἐκείνοις δὲ τοῖς ἔξω ἐν παραβολαῖς τὰ πάντα γίνεται
20 ἐκεῖνοί εἰσιν οἱ ἐπὶ τ. γῆν τ. καλὴν σπαρέντες
35 [1] λέγει αὐτοῖς ἐν ἐκείνῃ τ. ἡμέρᾳ ὀψίας γενομένης
6 55 περιέδραμον ὅλην τ. χώραν ἐκείνην
7 20 ἐκεῖνο κοινοῖ τ. ἄνθρωπον
8 1 [1] ἐν ἐκείναις τ. ἡμέραις πάλιν πολλοῦ ὄχλου ὄντος
12 7 ἐκεῖνοι δὲ οἱ γεωργοὶ πρὸς ἑαυτοὺς εἶπαν
13 11 [2] ὃ ἐὰν δοθῇ ὑμῖν ἐν ἐκείνῃ τ. ὥρᾳ
17 [1] οὐαὶ δὲ . . . τ. θηλαζούσαις ἐν ἐκείναις τ. ἡμέραις
19 [1] ἔσονται γὰρ αἱ ἡμέραι ἐκεῖναι θλῖψις
24 [1] ἐν ἐκείναις τ. ἡμέραις μετὰ τ. θλῖψιν ἐκείνην
32 [1] [2] περὶ δὲ τ. ἡμέρας ἐκείνης ἢ τ. ὥρας οὐδεὶς οἶδεν
14 21 οὐαὶ δὲ τ. ἀνθρώπῳ ἐκείνῳ
21 καλὸν αὐτῷ εἰ οὐκ ἐγεννήθη ὁ ἄνθρωπος ἐκεῖνος
25 [1] ἕως τ. ἡμέρας ἐκείνης ὅταν αὐτὸ πίνω καινόν
16 [10 ἐκείνη πορευθεῖσα ἀπήγγειλεν τοῖς μετ' αὐτοῦ γενομένοις
[13 οὐδὲ ἐκείνοις ἐπίστευσαν

Mk 16 [20 ἐκεῖνοι δὲ ἐξελθόντες ἐκήρυξαν πανταχοῦ
Lu 2 1 [1] ἐγένετο δὲ ἐν τ. ἡμέραις ἐκείναις
4 2 [1] οὐκ ἔφαγεν οὐδὲν ἐν τ. ἡμέραις ἐκείναις
5 35 [1] τότε νηστεύσουσιν ἐν ἐκείναις τ. ἡμέραις
6 23 [1] χάρητε ἐν ἐκείνῃ τ. ἡμέρᾳ κ. σκιρτήσατε
48 προσέρηξεν ὁ ποταμὸς τ. οἰκίᾳ ἐκείνῃ
49 ἐγένετο τὸ ῥῆγμα τ. οἰκίας ἐκείνης μέγα
7 21 [2] ἐν ἐκείνῃ τ. ὥρᾳ ἐθεράπευσεν πολλοὺς ἀπὸ νόσων
8 32 ἵνα ἐπιτρέψῃ αὐτοῖς εἰς ἐκείνους εἰσελθεῖν
9 5 ἐξερχόμενοι ἀπὸ τ. πόλεως ἐκείνης τ. κονιορτὸν . . . ἀποτινάσσετε
36 [1] οὐδενὶ ἀπήγγειλαν ἐν ἐκείναις τ. ἡμέραις οὐδὲν ὧν ἑώρακαν
10 12 [1] Σοδόμοις ἐν τ. ἡμέρᾳ ἐκείνῃ ἀνεκτότερον ἔσται,
ἢ τ. πόλει ἐκείνῃ
31 ἱερεύς τις κατέβαινεν ἐν τῇ ὁδῷ ἐκείνῃ
11 26 γίνεται τὰ ἔσχατα τ. ἀνθρώπου ἐκείνου χείρονα τ. πρώτων
12 37 μακάριοι οἱ δοῦλοι ἐκεῖνοι
38 μακάριοί εἰσιν ἐκεῖνοι
—ἐκεῖνοι, T
43 μακάριος ὁ δοῦλος ἐκεῖνος
45 ἐὰν δὲ εἴπῃ ὁ δοῦλος ἐκεῖνος ἐν τ. καρδίᾳ αὐτοῦ
46 ἥξει ὁ κύριος τ. δούλου ἐκείνου ἐν ἡμέρᾳ
47 ἐκεῖνος δὲ ὁ δοῦλος ὁ γνοὺς τὸ θέλημα τ. κυρίου αὐτοῦ
13 4 ἢ ἐκεῖνοι οἱ δέκα ὀκτὼ ἐφ' οὓς ἔπεσεν ὁ πύργος ἐν τῷ Σιλωάμ
14 24 οὐδεὶς τ. ἀνδρῶν ἐκείνων τ. κεκλημένων
15 14 ἐγένετο λιμὸς ἰσχυρὰ κατὰ τ. χώραν ἐκείνην
15 πορευθεὶς ἐκολλήθη ἑνὶ τ. πολιτῶν τ. χώρας ἐκείνης
17 31 [1] ἐν ἐκείνῃ τ. ἡμέρᾳ ὃς ἔσται ἐπὶ τ. δώματος
18 3 χήρα δὲ ἦν ἐν τ. πόλει ἐκείνῃ
14 [3] κατέβη οὗτος δεδικαιωμένος . . . παρ' ἐκεῖνον
ἢ γὰρ ἐκεῖνος, T
19 4 ὅτι ἐκείνης ἤμελλεν διέρχεσθαι
20 18 πᾶς ὁ πεσὼν ἐπ' ἐκεῖνον τ. λίθον συνθλασθήσεται
35 οἱ δὲ καταξιωθέντες τ. αἰῶνος ἐκείνου τυχεῖν
21 23 [1] οὐαὶ . . . τ. θηλαζούσαις ἐν ἐκείναις τ. ἡμέραις
34 [1] ἐπιστῇ ἐφ' ὑμᾶς αἰφνίδιος ἡ ἡμέρα ἐκείνη ὡς παγίς
22 22 οὐαὶ τ. ἀνθρώπῳ ἐκείνῳ δι' οὗ παραδίδοται
Jo 1 8 οὐκ ἦν ἐκεῖνος τὸ φῶς
18 [4] μονογενὴς Θεὸς . . . ἐκεῖνος ἐξηγήσατο
33 ὁ πέμψας με βαπτίζειν ἐν ὕδατι ἐκεῖνός μοι εἶπεν
39 [1] παρ' αὐτῷ ἔμειναν τ. ἡμέραν ἐκείνην
2 21 [4] ἐκεῖνος δὲ ἔλεγεν περὶ τ. ναοῦ τ. σώματος αὐτοῦ
3 28 [4] ἀλλ' ὅτι ἀπεσταλμένος εἰμὶ ἔμπροσθεν ἐκείνου
30 [4] ἐκεῖνον δεῖ αὐξάνειν
4 25 ὅταν ἔλθῃ ἐκεῖνος ἀναγγελεῖ ἡμῖν ἅπαντα
39 ἐκ δὲ τ. πόλεως ἐκείνης πολλοὶ ἐπίστευσαν εἰς αὐτόν
53 [2] ἐκείνῃ τ. ὥρᾳ ἐν ᾗ εἶπεν αὐτῷ ὁ Ἰησοῦς
5 9 [1] ἦν δὲ σάββατον ἐν ἐκείνῃ τ. ἡμέρᾳ
11 [4] ὁ ποιήσας με ὑγιῆ ἐκεῖνός μοι εἶπεν

Jo 5 19 ἃ γὰρ ἂν ἐκεῖνος ποιῇ
35 ἐκεῖνος ἦν ὁ λύχνος ὁ καιόμενος κ. φαίνων
37 ἐκεῖνος μεμαρτύρηκεν περὶ ἐμοῦ
38 ὃν ἀπέστειλεν ἐκεῖνος τούτῳ ὑμεῖς οὐ πιστεύετε
39 ἐκεῖναί εἰσιν αἱ μαρτυροῦσαι περὶ ἐμοῦ
43 ἐὰν ἄλλος ἔλθῃ ἐν τ. ὀνόματι τ. ἰδίῳ ἐκεῖνον λήμψεσθε
46 περὶ γὰρ ἐμοῦ ἐκεῖνος ἔγραψεν
47 εἰ δὲ τοῖς ἐκείνου γράμμασιν οὐ πιστεύετε
6 29 ἵνα πιστεύητε εἰς ὃν ἀπέστειλεν ἐκεῖνος
7 11 [4] κ. ἔλεγον Ποῦ ἐστὶν ἐκεῖνος;
45 εἶπον αὐτοῖς ἐκεῖνοι
8 42 ἀλλ' ἐκεῖνός με ἀπέστειλεν
44 ἐκεῖνος ἀνθρωποκτόνος ἦν ἀπ' ἀρχῆς
9 9 [3] ἐκεῖνος ἔλεγεν ὅτι Ἐγώ εἰμι
11 ἀπεκρίθη ἐκεῖνος
12 [4] εἶπαν αὐτῷ Ποῦ ἐστὶν ἐκεῖνος;
25 ἀπεκρίθη οὖν ἐκεῖνος
28 [4] σὺ μαθητὴς εἶ ἐκείνου
36 ἀπεκρίθη ἐκεῖνος κ. εἶπεν
—h. v., WH mg.
37 [4] ὁ λαλῶν μετὰ σοῦ ἐκεῖνός ἐστιν
10 1 ἐκεῖνος κλέπτης ἐστὶν κ. λῃστής
6 ἐκεῖνοι δὲ οὐκ ἔγνωσαν τίνα ἦν ἃ ἐλάλει αὐτοῖς
35 εἰ ἐκείνους εἶπεν θεούς
11 13 ἐκεῖνοι δὲ ἔδοξαν ὅτι περὶ τ. κοιμήσεως τ. ὕπνου λέγει
29 ἐκείνη δὲ ὡς ἤκουσεν
49 ἀρχιερεὺς ὢν τ. ἐνιαυτοῦ ἐκείνου
51 ἀλλὰ ἀρχιερεὺς ὢν τ. ἐνιαυτοῦ ἐκείνου
53 [1] ἀπ' ἐκείνης οὖν τ. ἡμέρας ἐβουλεύσαντο
12 48 ἐκεῖνος κρινεῖ αὐτὸν ἐν τ. ἐσχάτῃ ἡμέρᾳ
13 25 ἀναπεσὼν ἐκεῖνος οὕτως ἐπὶ τὸ στῆθος τ. Ἰησοῦ
26 ἐκεῖνός ἐστιν ᾧ ἐγὼ βάψω τὸ ψωμίον κ. δώσω αὐτῷ
27 τότε εἰσῆλθεν εἰς ἐκεῖνον ὁ Σατανᾶς
30 λαβὼν οὖν τὸ ψωμίον ἐκεῖνος
14 20 [1] ἐν ἐκείνῃ τ. ἡμέρᾳ ὑμεῖς γνώσεσθε
21 ἐκεῖνός ἐστιν ὁ ἀγαπῶν με
26 ἐκεῖνος ὑμᾶς διδάξει πάντα
15 26 ἐκεῖνος μαρτυρήσει περὶ ἐμοῦ
16 8 ἐλθὼν ἐκεῖνος ἐλέγξει τ. κόσμον περὶ ἁμαρτίας
13 ὅταν δὲ ἔλθῃ ἐκεῖνος τὸ πνεῦμα τ. ἀληθείας
14 ἐκεῖνος ἐμὲ δοξάσει
23 [1] ἐν ἐκείνῃ τ. ἡμέρᾳ ἐμὲ οὐκ ἐρωτήσετε οὐδέν
26 [1] ἐν ἐκείνῃ τ. ἡμέρᾳ ἐν τ. ὀνόματί μου αἰτήσεσθε
18 13 ὃς ἦν ἀρχιερεὺς τ. ἐνιαυτοῦ ἐκείνου
15 ὁ δὲ μαθητὴς ἐκεῖνος ἦν γνωστὸς τ. ἀρχιερεῖ
17 λέγει ἐκεῖνος Οὐκ εἰμί
25 ἠρνήσατο ἐκεῖνος κ. εἶπεν
19 15 ἐκραύγασαν οὖν ἐκεῖνοι
21 [4] ἀλλ' ὅτι ἐκεῖνος εἶπεν
27 [2] ἀπ' ἐκείνης τ. ὥρας ἔλαβεν ὁ μαθητὴς αὐτήν
31 ἦν γὰρ μεγάλη ἡ ἡμέρα ἐκείνου τ. σαββάτου
[1] ἐκείνη, WH mg.
35 κ. ἐκεῖνος οἶδεν ὅτι ἀληθῆ λέγει
κἀκεῖνος, T
20 13 λέγουσιν αὐτῇ ἐκεῖνοι
15 ἐκείνη δοκοῦσα ὅτι ὁ κηπουρός ἐστιν

Jo 20 16 στραφεῖσα ἐκείνη λέγει αὐτῷ Ἐβραϊστί
19 [1] οὔσης οὖν ὀψίας τ. ἡμέρᾳ ἐκείνῃ τ. μιᾷ σαββάτων
21 3 ἐν ἐκείνῃ τ. νυκτὶ ἐπίασαν οὐδέν
7 λέγει οὖν ὁ μαθητὴς ἐκεῖνος ὃν ἠγάπα ὁ Ἰησοῦς
23 ὁ μαθητὴς ἐκεῖνος οὐκ ἀποθνήσκει
Ac 1 19 ὥστε κληθῆναι τὸ χωρίον ἐκεῖνο τ. διαλέκτῳ αὐτῶν Ἀχελδαμάχ
2 18 [1] ἐν τ. ἡμέραις ἐκείναις ἐκχεῶ ἀπὸ τ. πνεύματός μου

אַחֲרֵי־כֵן אֶשְׁפּוֹךְ אֶת־רוּחִי, Joel iii. 1

41 [1] προσετέθησαν ἐν τ. ἡμέρᾳ ἐκείνῃ ψυχαὶ ὡσεὶ τρισχίλιαι
3 13 κρίναντος ἐκείνου ἀπολύειν
23 ἥτις ἂν μὴ ἀκούσῃ τ. προφήτου ἐκείνου

הָאִישׁ אֲשֶׁר לֹא־יִשְׁמַע אֶל־דְּבָרַי אֲשֶׁר יְדַבֵּר בִּשְׁמִי, Dt. xviii. 19

7 41 [1] ἐμοσχοποίησαν ἐν τ. ἡμέραις ἐκείναις
8 1 [1] ἐγένετο δὲ ἐν ἐκείνῃ τ. ἡμέρᾳ διωγμὸς μέγας
8 ἐγένετο δὲ πολλὴ χαρὰ ἐν τ. πόλει ἐκείνῃ
9 37 [1] ἐγένετο δὲ ἐν τ. ἡμέραις ἐκείναις ἀσθενήσασαν αὐτὴν ἀποθανεῖν
10 9 τῇ δὲ ἐπαύριον ὁδοιπορούντων ἐκείνων αὐτῶν, T
12 1 [2] κατ' ἐκεῖνον δὲ τ. καιρὸν ἐπέβαλεν Ἡρῴδης . . . τ. χεῖρας
6 τ. νυκτὶ ἐκείνῃ ἦν ὁ Πέτρος κοιμώμενος
14 21 εὐαγγελισάμενοί τε τ. πόλιν ἐκείνην
16 3 διὰ τ. Ἰουδαίους τ. ὄντας ἐν τ. τόποις ἐκείνοις
33 [2] παραλαβὼν αὐτοὺς ἐν ἐκείνῃ τ. ὥρᾳ τῆς νυκτός
35 ἀπόλυσον τ. ἀνθρώπους ἐκείνους
19 16 ὥστε γυμνοὺς . . . ἐκφυγεῖν ἐκ τ. οἴκου ἐκείνου
23 [2] ἐγένετο δὲ κατὰ τ. καιρὸν ἐκεῖνον τάραχος οὐκ ὀλίγος
20 2 διελθὼν δὲ τὰ μέρη ἐκεῖνα
21 6 ἐκεῖνοι δὲ ὑπέστρεψαν εἰς τὰ ἴδια
22 11 ὡς δὲ οὐκ ἐνέβλεπον ἀπὸ τ. δόξης τ. φωτὸς ἐκείνου
28 7 ἐν δὲ τοῖς περὶ τ. τόπον ἐκεῖνον ὑπῆρχεν χωρία τ. πρώτῳ τῆς νήσου
Ro 6 21 τὸ γὰρ τέλος ἐκείνων θάνατος
14 14 εἰ μὴ τ. λογιζομένῳ τι κοινὸν εἶναι ἐκείνῳ κοινόν
15 μὴ τ. βρώματί σου ἐκεῖνον ἀπόλλυε
I Co 9 25 [3] ἐκεῖνοι μὲν οὖν ἵνα φθαρτὸν στέφανον λάβωσιν
10 11 ταῦτα δὲ τυπικῶς συνέβαινεν ἐκείνοις
28 μὴ ἐσθίετε δι' ἐκεῖνον τ. μηνύσαντα
15 11 εἴτε οὖν ἐγὼ εἴτε ἐκεῖνοι οὕτως κηρύσσομεν
II Co 7 8 ἡ ἐπιστολὴ ἐκείνη εἰ κ. πρὸς ὥραν ἐλύπησεν ὑμᾶς
8 9 [4] ἵνα ὑμεῖς τῇ ἐκείνου πτωχείᾳ πλουτήσητε
13 [3] ἐν τ. νῦν καιρῷ τὸ ὑμῶν περίσσευμα εἰς τὸ ἐκείνων ὑστέρημα,
14 [3] ἵνα κ. τὸ ἐκείνων περίσσευμα γένηται εἰς τὸ ὑμῶν ὑστέρημα
10 18 οὐ γὰρ ὁ ἑαυτὸν συνιστάνων ἐκεῖνός ἐστιν δόκιμος
Eph 2 12 [2] ὅτι ἦτε τ. καιρῷ ἐκείνῳ χωρὶς Χριστοῦ

II Th 1 10 [1] ἐπιστεύθη τὸ μαρτύριον ἡμῶν ἐφ' ὑμᾶς ἐν τ. ἡμέρᾳ ἐκείνῃ
II Ti 1 12 [1] τ. παραθήκην μου φυλάξαι εἰς ἐκείνην τ. ἡμέραν
18 [1] εὑρεῖν ἔλεος παρὰ Κυρίου ἐν ἐκείνῃ τ. ἡμέρᾳ
2 13 [4] εἰ ἀπιστοῦμεν ἐκεῖνος πιστὸς μένει
26 ἐζωγρημένοι ὑπ' αὐτοῦ εἰς τὸ ἐκείνου θέλημα
3 9 ὡς κ. ἡ ἐκείνων ἐγένετο
4 8 [1] ὃν ἀποδώσει μοι ὁ Κύριος ἐν ἐκείνῃ τ. ἡμέρᾳ
Tit 3 7 δικαιωθέντες τῇ ἐκείνου χάριτι
He 4 2 οὐκ ὠφέλησεν ὁ λόγος τ. ἀκοῆς ἐκείνους
11 σπουδάσωμεν οὖν εἰσελθεῖν εἰς ἐκείνην τ. κατάπαυσιν
6 7 βοτάνην εὔθετον ἐκείνοις δι' οὓς κ. γεωργεῖται
8 7 εἰ γὰρ ἡ πρώτη ἐκείνη ἦν ἄμεμπτος
10 [1] αὕτη ἡ διαθήκη ἣν διαθήσομαι . . . μετὰ τ. ἡμέρας ἐκείνας

וְזֹאת הַבְּרִית אֲשֶׁר אֶכְרֹת . . . אַחֲרֵי הַיָּמִים הָהֵם, Jer. xxxi. 33

10 16 [1] αὕτη ἡ διαθήκη ἣν διαθήσομαι . . . μετὰ τ. ἡμέρας ἐκείνας, *ib.*
11 15 εἰ μὲν ἐκείνης ἐμνημόνευον ἀφ' ἧς ἐξέβησαν
12 25 [3] εἰ γὰρ ἐκεῖνοι οὐκ ἐξέφυγον
Ja 1 7 μὴ γὰρ οἰέσθω ὁ ἄνθρωπος ἐκεῖνος
4 15 [3] ἐὰν ὁ Κύριος θέλῃ . . . ποιήσομεν τοῦτο ἢ ἐκεῖνο
II Pe 1 16 [4] ἐπόπται γενηθέντες τῆς ἐκείνου μεγαλειότητος
I Jo 2 6 [4] καθὼς ἐκεῖνος περιεπάτησεν κ. αὐτὸς περιπατεῖν
3 3 [4] ἁγνίζει ἑαυτὸν καθὼς ἐκεῖνος ἁγνός ἐστιν
5 [4] οἴδατε ὅτι ἐκεῖνος ἐφανερώθη
7 [4] δίκαιός ἐστιν καθὼς ἐκεῖνος δίκαιός ἐστιν
16 [4] ἐκεῖνος ὑπὲρ ἡμῶν τ. ψυχὴν αὐτοῦ ἔθηκεν
4 17 [3] [4] ὅτι καθὼς ἐκεῖνός ἐστιν κ. ἡμεῖς ἐσμέν
5 16 οὐ περὶ ἐκείνης λέγω ἵνα ἐρωτήσῃ
Re 9 6 [1] ἐν τ. ἡμέραις ἐκείναις ζητήσουσιν οἱ ἄνθρωποι τ. θάνατον
11 13 [2] ἐν ἐκείνῃ τ. ὥρᾳ ἐγένετο σεισμὸς μέγας

ἘΚΕΙ͂ΣΕ 1566

Ac 21 3 ἐκεῖσε γὰρ τὸ πλοῖον ἦν ἀποφορτιζόμενον τ. γόμον
22 5 ἄξων κ. τοὺς ἐκεῖσε ὄντας

ἘΚΖΗΤΕ΄Ω † 1567

Lu 11 50 ἵνα ἐκζητηθῇ τὸ αἷμα πάντων τ. προφητῶν
51 ἐκζητηθήσεται ἀπὸ τ. γενεᾶς ταύτης
Ac 15 17 ὅπως ἂν ἐκζητήσωσιν οἱ κατάλοιποι τ. ἀνθρώπων τ. Κύριον

לְמַעַן יִירְשׁוּ אֶת־שְׁאֵרִית אֱדוֹם, Am. ix. 12

Ro 3 11 οὐκ ἔστιν ἐκζητῶν τ. Θεόν
ὁ ζητῶν, WH mg.; ὁ ἐκζ., T

הֲיֵשׁ . . . דֹּרֵשׁ אֶת־אֱלֹהִים, Ps. xiv. 2

He 11 6 τ. ἐκζητοῦσιν αὐτὸν μισθαποδότης γίνεται
12 17 καίπερ μετὰ δακρύων ἐκζητήσας αὐτήν
I Pe 1 10 περὶ ἧς σωτηρίας ἐξεζήτησαν κ. ἐξηραύνησαν προφῆται

1567.5 **'ΕΚΖΗ'ΤΗΣΙΣ* †** cf. 2214

I Ti 1 4 αἵτινες ἐκζητήσεις παρέχουσιν μᾶλλον ἢ οἰκονομίαν Θεοῦ

'ΕΚΘΑΜΒΕ'ΟΜΑΙ †** 1568

Mk 9 15 πᾶς ὁ ὄχλος ἰδόντες αὐτὸν ἐξεθαμβήθησαν
14 33 ἤρξατο ἐκθαμβεῖσθαι κ. ἀδημονεῖν
16 5 εἶδον νεανίσκον καθήμενον ἐν τ. δεξίοις . . . κ. ἐξεθαμβήθησαν.
6 ὁ δὲ λέγει αὐταῖς Μὴ ἐκθαμβεῖσθε

"ΕΚΘΑΜΒΟΣ** 1569

Ac 8 11 συνέδραμεν πᾶς ὁ λαὸς πρὸς αὐτοὺς . . . ἔκθαμβοι

1569.5 **'ΕΚΘΑΥΜΑ'ΖΩ**** cf. 2296

Mk 12 17 ἐξεθαύμαζον ἐπ' αὐτῷ

"ΕΚΘΕΤΟΣ** 1570

Ac 7 19 τοῦ ποιεῖν τὰ βρέφη ἔκθετα αὐτῶν

'ΕΚΚΑΘΑΙ'ΡΩ 1571

I Co 5 7 ἐκκαθάρατε τ. παλαιὰν ζύμην
II Ti 2 21 ἐὰν οὖν τις ἐκκαθάρῃ ἑαυτὸν ἀπὸ τούτων

'ΕΚΚΑΙ'ΟΜΑΙ 1572

Ro 1 27 ἐξεκαύθησαν ἐν τ. ὀρέξει αὐτῶν εἰς ἀλλήλους

'ΕΚΚΕΝΤΕ'Ω 1574

Jo 19 37 ὄψονται εἰς ὃν ἐξεκέντησαν
הִבִּיטוּ אֵלַי אֵת אֲשֶׁר־דָּקָרוּ, Zech. xii. 10

Re 1 7 οἵτινες αὐτὸν ἐξεκέντησαν

'ΕΚΚΛΑ'ΟΜΑΙ 1575

Ro 11 17 εἰ δέ τινες τ. κλάδων ἐξεκλάσθησαν
19 ἐξεκλάσθησαν κλάδοι ἵνα ἐγὼ ἐνκεντρισθῶ
20 τ. ἀπιστίᾳ ἐξεκλάσθησαν σὺ δὲ τ. πίστει ἕστηκας

'ΕΚΚΛΕΙ'Ω 1576

Ro 3 27 ποῦ οὖν ἡ καύχησις; ἐξεκλείσθη
Ga 4 17 ἀλλὰ ἐκκλεῖσαι ὑμᾶς θέλουσιν

'ΕΚΚΛΗΣΙ'Α 1577

(1) ἐκκλ. Θεοῦ, Χριστοῦ (2) c. nom. loci (3) κατ' ἐκκλ.

Mt 16 18 ἐπὶ ταύτῃ τ. πέτρᾳ οἰκοδομήσω μου τ. ἐκκλησίαν
18 17 ἐὰν δὲ παρακούσῃ αὐτῶν εἰπὸν τ. ἐκκλησίᾳ·
ἐὰν δὲ κ. τ. ἐκκλησίας παρακούσῃ
Ac 5 11 ἐγένετο φόβος μέγας ἐφ' ὅλην τ. ἐκκλησίαν
7 38 οὗτός ἐστιν ὁ γενόμενος ἐν τ. ἐκκλησίᾳ ἐν τῇ ἐρήμῳ
8 1 [2] διωγμὸς μέγας ἐπὶ τ. ἐκκλησίαν τὴν ἐν Ἱεροσολύμοις

Ac 8 3 Σαῦλος δὲ ἐλυμαίνετο τ. ἐκκλησίαν
9 31 [2] ἡ μὲν οὖν ἐκκλησία καθ' ὅλης τ. Ἰουδαίας . . . εἶχεν εἰρήνην
11 22 [2] ἠκούσθη δὲ ὁ λόγος εἰς τὰ ὦτα τ. ἐκκλησίας τ. οὔσης ἐν Ἱερουσαλήμ
26 κ. ἐνιαυτὸν ὅλον συναχθῆναι ἐν τ. ἐκκλησίᾳ
12 1 κακῶσαί τινας τῶν ἀπὸ τ. ἐκκλησίας
5 προσευχὴ δὲ ἦν ἐκτενῶς γινομένη ὑπὸ τ. ἐκκλησίας πρὸς τ. Θεόν
13 1 [2 3] ἦσαν δὲ ἐν Ἀντιοχείᾳ κατὰ τ. οὖσαν ἐκκλησίαν προφῆται
14 23 [3] χειροτονήσαντες δὲ αὐτοῖς κατ' ἐκκλησίαν πρεσβυτέρους
27 παραγενόμενοι δὲ κ. συναγαγόντες τ. ἐκκλησίαν
15 3 οἱ μὲν οὖν προπεμφθέντες ὑπὸ τ. ἐκκλησίας
4 παρεδέχθησαν ἀπὸ τ. ἐκκλησίας κ. τ. ἀποστόλων
22 ἔδοξεν τ. ἀποστόλοις κ. τ. πρεσβυτέροις σὺν ὅλῃ τ. ἐκκλησίᾳ
41 ἐπιστηρίζων τ. ἐκκλησίας
16 5 αἱ μὲν οὖν ἐκκλησίαι ἐστερεοῦντο τ. πίστει
18 22 ἀναβὰς κ. ἀσπασάμενος τ. ἐκκλησίαν
19 32 ἦν γὰρ ἡ ἐκκλησία συνκεχυμένη
39 ἐν τῇ ἐννόμῳ ἐκκλησίᾳ ἐπιλυθήσεται
41 ταῦτα εἰπὼν ἀπέλυσεν τ. ἐκκλησίαν
20 17 μετεκαλέσατο τ. πρεσβυτέρους τ. ἐκκλησίας
28 [1] ἔθετο ἐπισκόπους ποιμαίνειν τ. ἐκκλησίαν τ. Θεοῦ
τ. Κυρίου, TR marg.
Ro 16 1 [2] οὖσαν διάκονον τ. ἐκκλησίας τῆς ἐν Κενχρεαῖς
4 οὐκ ἐγὼ μόνος εὐχαριστῶ ἀλλὰ κ. πᾶσαι αἱ ἐκκλησίαι τ. ἐθνῶν
5 κ. τὴν κατ' οἶκον αὐτῶν ἐκκλησίαν
16 [1] ἀσπάζονται ὑμᾶς αἱ ἐκκλησίαι πᾶσαι τ. Χριστοῦ
23 Γαῖος ὁ ξένος μου κ. ὅλης τ. ἐκκλησίας
I Co 1 2 [1 2] Παῦλος κλητὸς ἀπόστολος . . . τ. ἐκκλησίᾳ τ. Θεοῦ τ. οὔσῃ ἐν Κορίνθῳ
4 17 καθὼς πανταχοῦ ἐν πάσῃ ἐκκλησίᾳ διδάσκω
6 4 τ. ἐξουθενημένους ἐν τ. ἐκκλησίᾳ τούτους καθίζετε;
7 17 οὕτως ἐν τ. ἐκκλησίαις πάσαις διατάσσομαι
10 32 [1] ἀπρόσκοποι κ. Ἰουδαίοις γίνεσθε . . . κ. τ. ἐκκλησίᾳ τ. Θεοῦ
11 16 [1] ἡμεῖς τοιαύτην συνήθειαν οὐκ ἔχομεν οὐδὲ αἱ ἐκκλησίαι τ. Θεοῦ
18 πρῶτον μὲν γὰρ συνερχομένων ὑμῶν ἐν ἐκκλησίᾳ
22 [1] ἢ τ. ἐκκλησίας τ. Θεοῦ καταφρονεῖτε
12 28 οὓς μὲν ἔθετο ὁ Θεὸς ἐν τ. ἐκκλησίᾳ πρῶτον ἀποστόλους
14 4 ὁ δὲ προφητεύων ἐκκλησίαν οἰκοδομεῖ
5 ἵνα ἡ ἐκκλησία οἰκοδομὴν λάβῃ
12 πρὸς τ. οἰκοδομὴν τ. ἐκκλησίας ζητεῖτε ἵνα περισσεύητε
19 ἐν ἐκκλησίᾳ θέλω πέντε λόγους τ. νοΐ μου λαλῆσαι
23 ἐὰν οὖν συνέλθῃ ἡ ἐκκλησία ὅλη ἐπὶ τὸ αὐτὸ
28 ἐὰν δὲ μὴ ᾖ διερμηνευτὴς σιγάτω ἐν ἐκκλησίᾳ
33 ὡς ἐν πάσαις τ. ἐκκλησίαις τ. ἁγίων
34 αἱ γυναῖκες ἐν τ. ἐκκλησίαις σιγάτωσαν

I Co 14 35 αἰσχρὸν γάρ ἐστιν γυναικὶ λαλεῖν ἐν ἐκκλησίᾳ
15 9 [1] διότι ἐδίωξα τ. ἐκκλησίαν τ. Θεοῦ
16 1 [2] ὥσπερ διέταξα τ. ἐκκλησίαις τ. Γαλατίας
19 [2] ἀσπάζονται ὑμᾶς αἱ ἐκκλησίαι τ. Ἀσίας· ἀσπάζεται . . . Ἀκύλας κ. Πρίσκα σὺν τῇ κατ' οἶκον αὐτῶν ἐκκλησίᾳ
II Co 1 1 [1 2] Παῦλος ἀπόστολος . . . τ. ἐκκλησίᾳ τ. Θεοῦ τ. οὔσῃ ἐν Κορίνθῳ
8 1 [2] τ. χάριν τ. Θεοῦ τ. δεδομένην ἐν τ. ἐκκλησίαις τ. Μακεδονίας
18 οὗ ὁ ἔπαινος ἐν τ. εὐαγγελίῳ διὰ πασῶν τ. ἐκκλησιῶν
19 χειροτονηθεὶς ὑπὸ τ. ἐκκλησιῶν συνέκδημος ἡμῶν
23 εἴτε ἀδελφοὶ ἡμῶν ἀπόστολοι ἐκκλησιῶν
24 εἰς αὐτοὺς ἐνδείξασθε εἰς πρόσωπον τ. ἐκκλησιῶν
11 8 ἄλλας ἐκκλησίας ἐσύλησα
28 ἡ μέριμνα πασῶν τ. ἐκκλησιῶν
12 13 τί γάρ ἐστιν ὃ ἡσσώθητε ὑπὲρ τ. λοιπὰς ἐκκλησίας
Ga 1 2 [2] Παῦλος ἀπόστολος . . . τ. ἐκκλησίαις τ. Γαλατίας
13 [1] καθ' ὑπερβολὴν ἐδίωκον τ. ἐκκλησίαν τ. Θεοῦ
22 [2] ἀγνοούμενος τ. προσώπῳ τ. ἐκκλησίαις τ. Ἰουδαίας ταῖς ἐν Χριστῷ
Eph 1 22 αὐτὸν ἔδωκεν κεφαλὴν ὑπὲρ πάντα τ. ἐκκλησίᾳ
3 10 ἵνα γνωρισθῇ . . . διὰ τ. ἐκκλησίας ἡ πολυποίκιλος σοφία τ. Θεοῦ
21 αὐτῷ ἡ δόξα ἐν τ. ἐκκλησίᾳ κ. ἐν Χριστῷ Ἰησοῦ
5 23 ὡς κ. ὁ Χριστὸς κεφαλὴ τ. ἐκκλησίας
24 ὡς ἡ ἐκκλησία ὑποτάσσεται τ. Χριστῷ
25 καθὼς κ. ὁ Χριστὸς ἠγάπησεν τ. ἐκκλησίαν
27 ἵνα παραστήσῃ αὐτὸς ἑαυτῷ ἔνδοξον τ. ἐκκλησίαν
29 καθὼς κ. ὁ Χριστὸς τ. ἐκκλησίαν
32 ἐγὼ δὲ λέγω εἰς Χριστὸν κ. εἰς τ. ἐκκλησίαν
Phl 3 6 κατὰ ζῆλος διώκων τ. ἐκκλησίαν
4 15 οὐδεμία μοι ἐκκλησία ἐκοινώνησεν εἰς λόγον δόσεως κ. λήμψεως
Col 1 18 αὐτός ἐστιν ἡ κεφαλὴ τ. σώματος τ. ἐκκλησίας
24 ὑπὲρ τ. σώματος αὐτοῦ ὅ ἐστιν ἡ ἐκκλησία
4 15 ἀσπάσασθε . . . Νύμφαν κ. τὴν κατ' οἶκον αὐτῆς ἐκκλησίαν
οἴκ. αὐτῶν, TR non mg.
16 [2] ποιήσατε ἵνα κ. ἐν τῇ Λαοδικέων ἐκκλησίᾳ ἀναγνωσθῇ
I Th 1 1 [2] Παῦλος . . . τ. ἐκκλησίᾳ Θεσσαλονικέων ἐν Θεῷ πατρί
2 14 [1 2] μιμηταὶ ἐγενήθητε . . . τ. ἐκκλησιῶν τ. Θεοῦ τ. οὐσῶν ἐν τ. Ἰουδαίᾳ
II Th 1 1 [2] Παῦλος . . . τ. ἐκκλησίᾳ Θεσσαλονικέων ἐν Θεῷ πατρὶ ἡμῶν
4 [1] ὥστε αὐτοὺς ἡμᾶς ἐν ὑμῖν ἐνκαυχᾶσθαι ἐν τ. ἐκκλησίαις τ. Θεοῦ
I Ti 3 5 [1] πῶς ἐκκλησίας Θεοῦ ἐπιμελήσεται;
15 [1] ἥτις ἐστὶν ἐκκλησία Θεοῦ ζῶντος
5 16 μὴ βαρείσθω ἡ ἐκκλησία
Phm 2 Παῦλος δέσμιος Χριστοῦ Ἰησοῦ . . . τῇ κατ' οἶκόν σου ἐκκλησίᾳ
He 2 12 ἐν μέσῳ ἐκκλησίας ὑμνήσω σε

בְּתוֹךְ קָהָל אֲהַלְלֶךָּ, Ps. xxii. 23

He 12 23 προσεληλύθατε . . . ἐκκλησίᾳ πρωτοτόκων ἀπογεγραμμένων ἐν οὐρανοῖς
Ja 5 14 προσκαλεσάσθω τ. πρεσβυτέρους τ. ἐκκλησίας
III Jo 6 οἳ ἐμαρτύρησάν σου τ. ἀγάπῃ ἐνώπιον ἐκκλησίας
9 ἔγραψά τι τ. ἐκκλησίᾳ
10 τ. βουλομένους κωλύει κ. ἐκ τ. ἐκκλησίας ἐκβάλλει
Re 1 4 [2] Ἰωάνης τ. ἑπτὰ ἐκκλησίαις ταῖς ἐν τ. Ἀσίᾳ
11 πέμψον τ. ἑπτὰ ἐκκλησίαις
20 οἱ ἑπτὰ ἀστέρες ἄγγελοι τ. ἑπτὰ ἐκκλησιῶν εἰσίν·
κ. αἱ λυχνίαι αἱ ἑπτὰ ἑπτὰ ἐκκλησίαι εἰσίν
2 1 [2] τ. ἀγγέλῳ τῷ ἐν Ἐφέσῳ ἐκκλησίας γράψον
τῆς ἐν Ἐφ., T
7 ἀκουσάτω τί τὸ Πνεῦμα λέγει τ. ἐκκλησίαις
8 [2] τ. ἀγγέλῳ τῷ ἐν Σμύρνῃ ἐκκλησίας γράψον
τῆς ἐν Ζμύρνῃ, T
11 ἀκουσάτω τί τὸ Πνεῦμα λέγει τ. ἐκκλησίαις
12 [2] τ. ἀγγέλῳ τῆς ἐν Περγάμῳ ἐκκλησίας γράψον
17 ἀκουσάτω τί τὸ Πνεῦμα λέγει τ. ἐκκλησίαις
18 [2] τ. ἀγγέλῳ τῷ ἐν Θυατείροις ἐκκλησίας γράψον
τῆς ἐν Θυ., T
23 γνώσονται πᾶσαι αἱ ἐκκλησίαι
29 ἀκουσάτω τί τὸ Πνεῦμα λέγει τ. ἐκκλησίαις
3 1 [2] τ. ἀγγέλῳ τῆς ἐν Σάρδεσιν ἐκκλησίας γράψον
τῷ ἐν Σ., WH mg.
6 ἀκουσάτω τί τὸ Πνεῦμα λέγει τ. ἐκκλησίαις
7 [2] τ. ἀγγέλῳ τῆς ἐν Φιλαδελφίᾳ ἐκκλησίας γράψον
τῷ ἐν Φ., WH mg.
13 ἀκουσάτω τί τὸ Πνεῦμα λέγει τ. ἐκκλησίαις
14 [2] τ. ἀγγέλῳ τῆς ἐν Λαοδικίᾳ ἐκκλησίας γράψον
22 ἀκουσάτω τί τὸ Πνεῦμα λέγει τ. ἐκκλησίαις
22 16 μαρτυρῆσαι ὑμῖν ταῦτα ἐπὶ τ. ἐκκλησίαις

ἘΚΚΛΙ´ΝΩ 1578

Ro 3 12 πάντες ἐξέκλιναν ἅμα ἠχρεώθησαν

הַכֹּל סָר יַחְדָּו נֶאֱלָחוּ, Ps. xiv. 3

16 17 κ. ἐκκλίνετε ἀπ' αὐτῶν
I Pe 3 11 ἐκκλινάτω δὲ ἀπὸ κακοῦ
—δέ, T

סוּר מֵרָע, Ps. xxxiv. 15

ἘΚΚΟΛΥΜΒΑ´Ω * 1579

Ac 27 42 μή τις ἐκκολυμβήσας διαφύγῃ

ἘΚΚΟΜΙ´ΖΟΜΑΙ * 1580

Lu 7 12 ἐξεκομίζετο τεθνηκὼς μονογενὴς υἱός

1580.5 **Ἐ'ΚΚΟΠΗ' **** cf. 1464

I Co 9 12 ἵνα μή τινα ἐκκοπὴν δῶμεν τ. εὐαγγελίῳ τ. Χριστοῦ
ἐνκοπὴν, WHR

Ἐ'ΚΚΟ'ΠΤΩ 1581

Mt 3 10 πᾶν οὖν δένδρον μὴ ποιοῦν καρπὸν καλὸν ἐκκόπτεται
5 30 ἔκκοψον αὐτὴν κ. βάλε ἀπὸ σοῦ
7 19 πᾶν δένδρον μὴ ποιοῦν καρπὸν καλὸν ἐκκόπτεται
18 8 ἔκκοψον αὐτὸν κ. βάλε ἀπὸ σοῦ
Lu 3 9 πᾶν οὖν δένδρον μὴ ποιοῦν καρπὸν καλὸν ἐκκόπτεται
13 7 ἔκκοψον αὐτήν· ἵνα τί κ. τ. γῆν καταργεῖ;
9 εἰ δὲ μήγε ἐκκόψεις αὐτήν
Ro 11 22 ἐπεὶ κ. σὺ ἐκκοπήσῃ
24 εἰ γὰρ σὺ ἐκ τῆς κατὰ φύσιν ἐξεκόπης ἀγριελαίου
II Co 11 12 ἵνα ἐκκόψω τ. ἀφορμὴν τ. θελόντων ἀφορμήν

Ἐ'ΚΚΡΕ'ΜΟΜΑΙ 1582

Lu 19 48 ὁ λαὸς γὰρ ἅπας ἐξεκρέμετο αὐτοῦ ἀκουων

Ἐ'ΚΛΑΛΕ'Ω ** 1583

Ac 23 22 παραγγείλας μηδενὶ ἐκλαλῆσαι

Ἐ'ΚΛΑ'ΜΠΩ 1584

Mt 13 43 τότε οἱ δίκαιοι ἐκλάμψουσιν ὡς ὁ ἥλιος

Ἐ'ΚΛΑΝΘΑ'ΝΟΜΑΙ ** 1585

He 12 5 ἐκλέλησθε τ. παρακλήσεως

Ἐ'ΚΛΕ'ΓΟΜΑΙ 1586

Mk 13 20 διὰ τ. ἐκλεκτοὺς οὓς ἐξελέξατο
Lu 6 13 ἐκλεξάμενος ἀπ' αὐτῶν δώδεκα
9 35 οὗτός ἐστιν ὁ υἱός μου ὁ ἐκλελεγμένος
ἀγαπητός, R mg.
10 42 Μαριὰμ γὰρ τ. ἀγαθὴν μερίδα ἐξελέξατο
14 7 ἐπέχων πῶς τ. πρωτοκλισίας ἐξελέγοντο
Jo 6 70 οὐκ ἐγὼ ὑμᾶς τ. δώδεκα ἐξελεξάμην;
13 18 ἐγὼ οἶδα τίνας ἐξελεξάμην
15 16 οὐχ ὑμεῖς με ἐξελέξασθε,
ἀλλ' ἐγὼ ὑμᾶς ἐξελεξάμην
19 ἐγὼ ἐξελεξάμην ὑμᾶς ἐκ τ. κόσμου
Ac 1 2 ἐντειλάμενος τ. ἀποστόλοις διὰ πνεύματος ἁγίου οὓς ἐξελέξατο
24 ἀνάδειξον ὃν ἐξελέξω ἐκ τούτων τ. δύο ἕνα
6 5 ἐξελέξαντο Στέφανον
13 17 ὁ Θεὸς τ. λαοῦ τούτου Ἰσραὴλ ἐξελέξατο τ. πατέρας ἡμῶν
15 7 ἐν ὑμῖν ἐξελέξατο ὁ Θεὸς διὰ τ. στόματός μου ἀκοῦσαι τ. ἔθνη
22 ἐκλεξαμένους ἄνδρας ἐξ αὐτῶν πέμψαι εἰς Ἀντιόχειαν
25 ἐκλεξαμένοις ἄνδρας πέμψαι πρὸς ὑμᾶς
ἐκλεξαμένους, TWH mg.
I Co 1 27 τὰ μωρὰ τ. κόσμου ἐξελέξατο ὁ Θεός
I Co 1 27 κ. τὰ ἀσθενῆ τ. κόσμου ἐξελέξατο ὁ Θεός
28 τὰ ἀγενῆ τ. κόσμου κ. τὰ ἐξουθενημένα ἐξελέξατο ὁ Θεός
Eph 1 4 καθὼς ἐξελέξατο ἡμᾶς ἐν αὐτῷ πρὸ καταβολῆς κόσμου
Ja 2 5 οὐχ ὁ Θεὸς ἐξελέξατο τ. πτωχοὺς τ. κόσμῳ

Ἐ'ΚΛΕΙ'ΠΩ 1587

Lu 16 9 ἵνα ὅταν ἐκλίπῃ δέξωνται ὑμᾶς
22 32 ἵνα μὴ ἐκλίπῃ ἡ πίστις σου
23 45 ἕως ὥρας τ. ἡλίου ἐκλείποντος
ἐκλιπόντος, T; κ. ἐσκοτίσθη ὁ ἥλιος, WH mg.
He 1 12 τὰ ἔτη σου οὐκ ἐκλείψουσιν
שְׁנוֹתֶיךָ לֹא יִתָּמּוּ, Ps. cii. 28

Ἐ'ΚΛΕΚΤΟ'Σ 1588

(1) ἐκλ. Θεοῦ

Mt 20 16 πολλοὶ γάρ εἰσιν κλητοὶ ὀλίγοι δὲ ἐκλεκτοί
—h. v., TWH non mg. R
22 14 πολλοὶ γάρ εἰσιν κλητοὶ ὀλίγοι δὲ ἐκλεκτοί
24 22 διὰ δὲ τ. ἐκλεκτοὺς κολοβωθήσονται αἱ ἡμέραι ἐκεῖναι
24 ὥστε πλανᾶσθαι εἰ δυνατὸν κ. τ. ἐκλεκτούς
31 κ. ἐπισυνάξουσιν τ. ἐκλεκτοὺς αὐτοῦ ἐκ τ. τεσσάρων ἀνέμων
Mk 13 20 διὰ τ. ἐκλεκτοὺς οὓς ἐξελέξατο
22 πρὸς τὸ ἀποπλανᾶν εἰ δυνατὸν τ. ἐκλεκτούς
27 ἐπισυνάξει τ. ἐκλεκτοὺς αὐτοῦ ἐκ τ. τεσσάρων ἀνέμων
—αὐτ., T [WH]
Lu 18 7 οὐ μὴ ποιήσῃ τ. ἐκδίκησιν τ. ἐκλεκτῶν αὐτοῦ
23 35 εἰ οὗτός ἐστιν ὁ Χριστὸς τ. Θεοῦ ὁ ἐκλεκτός
Jo 1 34 [1] μεμαρτύρηκα ὅτι οὗτός ἐστιν ὁ ἐκλεκτὸς τ. Θεοῦ
ὁ υἱός, TWH non mg. R
Ro 8 33 [1] τίς ἐγκαλέσει κατὰ ἐκλεκτῶν Θεοῦ;
16 13 ἀσπάσασθε Ῥοῦφον τ. ἐκλεκτὸν ἐν Κυρίῳ
Col 3 12 [1] ἐνδύσασθε οὖν ὡς ἐκλεκτοὶ τ. Θεοῦ ἅγιοι κ. ἠγαπημένοι
I Ti 5 21 διαμαρτύρομαι ἐνώπιον τ. Θεοῦ . . . κ. τ. ἐκλεκτῶν ἀγγέλων
II Ti 2 10 διὰ τοῦτο πάντα ὑπομένω διὰ τ. ἐκλεκτούς
Tit 1 1 [1] κατὰ πίστιν ἐκλεκτῶν Θεοῦ
I Pe 1 1 Πέτρος ἀπόστολος . . . ἐκλεκτοῖς παρεπιδήμοις διασπορᾶς
2 4 ὑπὸ ἀνθρώπων μὲν ἀποδεδοκιμασμένον παρὰ δὲ Θεῷ ἐκλεκτόν
6 ἰδοὺ τίθημι ἐν Σιὼν λίθον ἐκλεκτὸν ἀκρογωνιαῖον
ἀκρογ. ἐκλ., TR
הִנְנִי יִסַּד בְּצִיּוֹן אָבֶן אֶבֶן בֹּחַן פִּנַּת, Is. xxviii. 16
9 ὑμεῖς δὲ γένος ἐκλεκτόν
עַמִּי בְחִירִי, *ib.* xliii. 20
II Jo 1 ὁ πρεσβύτερος ἐκλεκτῇ κυρίᾳ
Ἐκλ. κυρ. WH marg.
13 ἀσπάζεταί σε τὰ τέκνα τ. ἀδελφῆς σου τ. ἐκλεκτῆς
Re 17 14 οἱ μετ' αὐτοῦ κλητοὶ κ. ἐκλεκτοὶ κ. πιστοί

'ΕΚΛΟΓΗ' ** 1589

Ac 9 15 σκεῦος ἐκλογῆς ἐστίν μοι οὗτος
Ro 9 11 ἵνα ἡ κατ' ἐκλογὴν πρόθεσις τ. Θεοῦ μένῃ
11 5 κ. ἐν τ. νῦν καιρῷ λεῖμμα κατ' ἐκλογὴν χάριτος γέγονεν
7 τοῦτο οὐκ ἐπέτυχεν ἡ δὲ ἐκλογὴ ἐπέτυχεν
28 κατὰ δὲ τ. ἐκλογὴν ἀγαπητοὶ διὰ τ. πατέρας
I Th 1 4 εἰδότες ἀδελφοὶ ἠγαπημένοι ὑπὸ τ. Θεοῦ τ. ἐκλογὴν ὑμῶν
II Pe 1 10 σπουδάσατε βεβαίαν ὑμῶν τ. κλῆσιν κ. ἐκλογὴν ποιεῖσθαι

'ΕΚΛΥ'ΟΜΑΙ 1590

Mt 15 32 μήποτε ἐκλυθῶσιν ἐν τῇ ὁδῷ
Mk 8 3 ἐκλυθήσονται ἐν τῇ ὁδῷ
Ga 6 9 καιρῷ γὰρ ἰδίῳ θερίσομεν μὴ ἐκλυόμενοι
He 12 3 ἵνα μὴ κάμητε τ. ψυχαῖς ὑμῶν ἐκλυόμενοι
5 μηδὲ ἐκλύου ὑπ' αὐτοῦ ἐλεγχόμενος
אַל־תָּקֹץ בְּתוֹכַחְתּוֹ, Prov. iii. 11

'ΕΚΜΑ'ΣΣΩ** 1591

Lu 7 38 τ. θριξὶν τ. κεφαλῆς αὐτῆς ἐξέμασσεν
ἐξέμαξεν, TR
44 τ. θριξὶν αὐτῆς ἐξέμαξεν
Jo 11 2 ἐκμάξασα τ. πόδας αὐτοῦ τ. θριξὶν αὐτῆς
12 3 ἐξέμαξεν τ. θριξὶν αὐτῆς τ. πόδας αὐτοῦ
13 5 ἤρξατο . . . ἐκμάσσειν τ. λεντίῳ ᾧ ἦν διεζωσμένος

'ΕΚΜΥΚΤΗΡΙ'ΖΩ† 1592

Lu 16 14 ἤκουον δὲ ταῦτα πάντα οἱ Φαρισαῖοι . . . κ. ἐξεμυκτήριζον αὐτόν
23 35 ἐξεμυκτήριζον δὲ κ. οἱ ἄρχοντες

'ΕΚΝΕΥ'Ω 1593

Jo 5 13 ὁ γὰρ Ἰησοῦς ἐξένευσεν ὄχλου ὄντος ἐν τ. τόπῳ

'ΕΚΝΗ'ΦΩ 1594

I Co 15 34 ἐκνήψατε δικαίως κ. μὴ ἁμαρτάνετε

'ΕΚΟΥ'ΣΙΟΣ 1595

Phm 14 ἵνα μὴ ὡς κατὰ ἀνάγκην . . . ᾖ ἀλλὰ κατὰ ἑκούσιον

'ΕΚΟΥΣΙ'ΩΣ 1596

He 10 26 ἑκουσίως γὰρ ἁμαρτανόντων ἡμῶν
I Pe 5 2 ποιμάνατε . . . μὴ ἀναγκαστῶς ἀλλὰ ἑκουσίως
\+ κατὰ Θεόν, TR non mg

"ΕΚΠΑΛΑΙ* 1597

II Pe 2 3 οἷς τὸ κρίμα ἔκπαλαι οὐκ ἀργεῖ
3 5 οὐρανοὶ ἦσαν ἔκπαλαι

'ΕΚΠΕΙΡΑ'ΖΩ† 1598

Mt 4 7 οὐκ ἐκπειράσεις Κύριον τ. Θεόν σου
לֹא תְנַסּוּ אֶת־יְהוָֹה אֱלֹהֵיכֶם, Dt. vi. 16
Lu 4 12 οὐκ ἐκπειράσεις Κύριον τ. Θεόν σου, *ib.*
10 25 νομικός τις ἀνέστη ἐκπειράζων αὐτόν
I Co 10 9 μηδὲ ἐκπειράζωμεν τ. Κύριον, καθώς τινες αὐτῶν ἐξεπείρασαν
ἐπείρασαν, WH non mg.

'ΕΚΠΕ'ΜΠΩ 1599

Ac 13 4 αὐτοὶ μὲν οὖν ἐκπεμφθέντες ὑπὸ τ. ἁγίου πνεύματος
17 10 διὰ νυκτὸς ἐξέπεμψαν τόν τε Παῦλον κ. τ. Σίλαν εἰς Βέροιαν

1599.5 **'ΕΚΠΕΡΙΣΣΩ͂Σ*†** cf. 4053

Mk 14 31 ὁ δὲ ἐκπερισσῶς ἐλάλει

'ΕΚΠΕΤΑ'ΝΝΥΜΙ 1600

Ro 10 21 ἐξεπέτασα τ. χεῖράς μου πρὸς λαὸν ἀπειθοῦντα
פֵּרַשְׂתִּי יָדַי . . . אֶל־עַם סוֹרֵר, Is. lxv. 2

1600.5 **'ΕΚΠΗΔΑ'Ω** cf. 1530

Ac 14 14 ἐξεπήδησαν εἰς τ. ὄχλον

'ΕΚΠΙ'ΠΤΩ 1601

Ac 12 7 ἐξέπεσαν αὐτοῦ αἱ ἁλύσεις ἐκ τ. χειρῶν
27 17 φοβούμενοί τε μὴ εἰς τ. Σύρτιν ἐκπέσωσιν
26 εἰς νῆσον δέ τινα δεῖ ἡμᾶς ἐκπεσεῖν
29 φοβούμενοί τε μή που κατὰ τραχεῖς τόπους ἐκπέσωμεν
32 εἴασαν αὐτὴν ἐκπεσεῖν
Ro 9 6 οὐχ οἷον δὲ ὅτι ἐκπέπτωκεν ὁ λόγος τ. Θεοῦ
Ga 5 4 τ. χάριτος ἐξεπέσατε
Ja 1 11 τὸ ἄνθος αὐτοῦ ἐξέπεσεν, Is. *l.c.*
I Pe 1 24 ἐξηράνθη ὁ χόρτος κ. τὸ ἄνθος ἐξέπεσεν
יָבֵשׁ חָצִיר נָבֵל צִיץ, Is. xl. 8
II Pe 3 17 ἵνα μὴ . . . ἐκπέσητε τ. ἰδίου στηριγμοῦ

'ΕΚΠΛΕ'Ω* 1602

Ac 15 39 παραλαβόντα τ. Μάρκον ἐκπλεῦσαι εἰς Κύπρον
18 18 ὁ δὲ Παῦλος . . . ἐξέπλει εἰς τ. Συρίαν
20 6 ἡμεῖς δὲ ἐξεπλεύσαμεν μετὰ τ. ἡμέρας τ. ἀζύμων

'ΕΚΠΛΗΡΟ'Ω** 1603

Ac 13 33 ταύτην ὁ Θεὸς ἐκπεπλήρωκεν τ. τέκνοις ἡμῶν

'ΕΚΠΛΗ'ΡΩΣΙΣ** 1604

Ac 21 26 διαγγέλλων τ. ἐκπλήρωσιν τ. ἡμερῶν τ. ἁγνισμοῦ

ἘΚΠΛΉΣΣΟΜΑΙ 1605

(1) ἐκπλήττομαι

Mt 7 28 ἐξεπλήσσοντο οἱ ὄχλοι ἐπὶ τ. διδαχῇ αὐτοῦ
13 54 ὥστε ἐκπλήσσεσθαι αὐτοὺς κ. λέγειν
19 25 ἀκούσαντες δὲ οἱ μαθηταὶ ἐξεπλήσσοντο σφόδρα
22 33 ἀκούσαντες οἱ ὄχλοι ἐξεπλήσσοντο ἐπὶ τ. διδαχῇ αὐτοῦ
Mk 1 22 ἐξεπλήσσοντο ἐπὶ τ. διδαχῇ αὐτοῦ
6 2 οἱ πολλοὶ ἀκούοντες ἐξεπλήσσοντο
7 37 ὑπερπερισσῶς ἐξεπλήσσοντο λέγοντες
10 26 οἱ δὲ περισσῶς ἐξεπλήσσοντο
11 18 πᾶς γὰρ ὁ ὄχλος ἐξεπλήσσετο ἐπὶ τ. διδαχῇ αὐτοῦ
ἐξεπλήσσοντο, T
Lu 2 48 ἰδόντες αὐτὸν ἐξεπλάγησαν
4 32 ἐξεπλήσσοντο ἐπὶ τ. διδαχῇ αὐτοῦ
9 43 ἐξεπλήσσοντο δὲ πάντες ἐπὶ τ. μεγαλειότητι τ. Θεοῦ
Ac 13 12 [1] ἐκπληττόμενος ἐπὶ τ. διδαχῇ τ. Κυρίου
ἐκπλησσόμενος, T

ἘΚΠΝΈΩ* 1606

Mk 15 37 ὁ δὲ Ἰησοῦς ἀφεὶς φωνὴν μεγάλην ἐξέπνευσεν
39 ἰδὼν δὲ ὁ κεντυρίων . . . ὅτι οὕτως ἐξέπνευσεν
Lu 23 46 τοῦτο δὲ εἰπὼν ἐξέπνευσεν

ἘΚΠΟΡΕΎΟΜΑΙ 1607

Mt 3 5 τότε ἐξεπορεύετο πρὸς αὐτὸν Ἱεροσόλυμα
4 4 ἐπὶ παντὶ ῥήματι ἐκπορευομένῳ διὰ στόματος Θεοῦ
עַל־כָּל־מוֹצָא פִי־יְהוָה, Dt. viii. 3
15 11 τὸ ἐκπορευόμενον ἐκ τ. στόματος τοῦτο κοινοῖ τ. ἄνθρωπον
18 τὰ δὲ ἐκπορευόμενα ἐκ τ. στόματος ἐκ τ. καρδίας ἐξέρχεται
17 21 τοῦτο δὲ τὸ γένος οὐκ ἐκπορεύεται
—h. v., TWHR non mg.
20 29 ἐκπορευομένων αὐτῶν ἀπὸ Ἰερειχὼ
Mk 1 5 ἐξεπορεύετο πρὸς αὐτὸν πᾶσα ἡ Ἰουδαία χώρα
6 11 ἐκπορευόμενοι ἐκεῖθεν ἐκτινάξατε τ. χοῦν
7 15 τὰ ἐκ τ. ἀνθρώπου ἐκπορευόμενά ἐστιν τὰ κοινοῦντα τ. ἄνθρωπον
19 εἰς τ. ἀφεδρῶνα ἐκπορεύεται
20 τὸ ἐκ τ. ἀνθρώπου ἐκπορευόμενον ἐκεῖνο κοινοῖ τ. ἄνθρωπον.
21 ἔσωθεν γὰρ ἐκ τ. καρδίας . . . οἱ διαλογισμοὶ οἱ κακοὶ ἐκπορεύονται
23 πάντα ταῦτα τὰ πονηρὰ ἔσωθεν ἐκπορεύεται
10 17 ἐκπορευομένου αὐτοῦ εἰς ὁδόν
46 ἐκπορευομένου αὐτοῦ ἀπὸ Ἰερειχὼ
11 19 ἐξεπορεύοντο ἔξω τ. πόλεως
ἐξεπορεύετο, TWH marg. R non mg.
13 1 ἐκπορευομένου αὐτοῦ ἐκ τ. ἱεροῦ
Lu 3 7 ἔλεγεν οὖν τ. ἐκπορευομένοις ὄχλοις
4 22 τ. λόγοις τ. χάριτος τ. ἐκπορευομένοις ἐκ τ. στόματος αὐτοῦ
37 ἐξεπορεύετο ἦχος περὶ αὐτοῦ εἰς πάντα τόπον τῆς περιχώρου
Jo 5 29 ἐκπορεύσονται οἱ τ. ἀγαθὰ ποιήσαντες εἰς ἀνάστασιν ζωῆς
15 26 ὃ παρὰ τ. πατρὸς ἐκπορεύεται
Ac 9 28 ἦν μετ' αὐτῶν εἰσπορευόμενος κ. ἐκπορευόμενος
19 12 τά τε πνεύματα τὰ πονηρὰ ἐκπορεύεσθαι
25 4 ἑαυτὸν δὲ μέλλειν ἐν τάχει ἐκπορεύεσθαι
Eph 4 29 πᾶς λόγος σαπρὸς ἐκ τ. στόματος ὑμῶν μὴ ἐκπορευέσθω
Re 1 16 ἐκ τ. στόματος αὐτοῦ ῥομφαία δίστομος ὀξεῖα ἐκπορευομένη
4 5 ἐκ τ. θρόνου ἐκπορεύονται ἀστραπαί
9 17 ἐκ τ. στομάτων αὐτῶν ἐκπορεύεται πῦρ
18 ἐκ τ. πυρὸς . . . τ. ἐκπορευομένου ἐκ τ. στομάτων αὐτῶν
11 5 πῦρ ἐκπορεύεται ἐκ τ. στόματος αὐτῶν
16 14 ἃ ἐκπορεύεται ἐπὶ τ. βασιλεῖς τ. οἰκουμένης ὅλης
19 15 ἐκ τ. στόματος αὐτοῦ ἐκπορεύεται ῥομφαία ὀξεῖα
22 1 ποταμὸν ὕδατος ζωῆς . . . ἐκπορευόμενον ἐκ τ. θρόνου τ. Θεοῦ

ἘΚΠΟΡΝΕΎΩ† 1608

Ju 7 τ. ὅμοιον τρόπον τούτοις ἐκπορνεύσασαι

ἘΚΠΤΎΩ* 1609

Ga 4 14 τ. πειρασμὸν ὑμῶν ἐν τ. σαρκί μου οὐκ . . . ἐξεπτύσατε

ἘΚΡΙΖΌΩ† 1610

Mt 13 29 μήποτε . . . ἐκριζώσητε ἅμα αὐτοῖς τ. σῖτον
15 13 πᾶσα φυτεία ἣν οὐκ ἐφύτευσεν . . . ἐκριζωθήσεται
Lu 17 6 ἐκριζώθητι κ. φυτεύθητι ἐν τ. θαλάσσῃ
Ju 12 δένδρα φθινοπωρινὰ . . . ἐκριζωθέντα

ἜΚΣΤΑΣΙΣ 1611

Mk 5 42 ἐξέστησαν εὐθὺς ἐκστάσει μεγάλῃ
16 8 εἶχεν γὰρ αὐτὰς τρόμος κ. ἔκστασις
Lu 5 26 ἔκστασις ἔλαβεν ἅπαντας
Ac 3 10 ἐπλήσθησαν θάμβους κ. ἐκστάσεως
10 10 ἐγένετο ἐπ' αὐτὸν ἔκστασις
11 5 εἶδον ἐν ἐκστάσει ὅραμα
22 17 γενέσθαι με ἐν ἐκστάσει

ἘΚΣΤΡΈΦΟΜΑΙ 1612

Tit 3 11 εἰδὼς ὅτι ἐξέστραπται ὁ τοιοῦτος

ἘΚΣΏΖΩ* 1612.5 cf. 1856

Ac 27 39 εἰς ὃν ἐβουλεύοντο . . . ἐκσῶσαι τὸ πλοῖον
ἐξῶσαι, TWH mg. R non mg.

ἘΚΤΑΡΆΣΣΩ 1613

Ac 16 20 οὗτοι οἱ ἄνθρωποι ἐκταράσσουσιν ἡμῶν τ. πόλιν

ἘΚΤΕΊΝΩ 1614

Mt 8 3 ἐκτείνας τ. χεῖρα ἥψατο αυτου
12 13 ἔκτεινόν σου τ. χεῖρα.

Mt 12 13 κ. ἐξέτεινεν κ. ἀπεκατεστάθη ὑγιής
49 ἐκτείνας τ. χεῖρα αὐτοῦ ἐπὶ τ. μαθητὰς αὐτοῦ
14 31 εὐθέως δὲ ὁ Ἰησοῦς ἐκτείνας τ. χεῖρα
26 51 εἷς τῶν μετὰ Ἰησοῦ ἐκτείνας τ. χεῖρα
Mk 1 41 ἐκτείνας τ. χεῖρα αὐτοῦ ἥψατο
3 5 ἔκτεινον τ. χεῖρά σου.
—σου, TWH mg.
κ. ἐξέτεινεν κ. ἀπεκατεστάθη ἡ χεὶρ αὐτοῦ
Lu 5 13 ἐκτείνας τ. χεῖρα ἥψατο αὐτοῦ
6 10 ἔκτεινον τ. χεῖρά σου
22 53 οὐκ ἐξετείνατε τ. χεῖρας ἐπ' ἐμέ
Jo 21 18 ὅταν δὲ γηράσῃς ἐκτενεῖς τ. χεῖράς σου
Ac 4 30 ἐν τῷ τ. χεῖρά σου ἐκτείνειν σε εἰς ἴασιν
—σου, WH
26 1 τότε ὁ Παῦλος ἐκτείνας τ. χεῖρα ἀπελογεῖτο
27 30 ὡς ἐκ πρῴρης ἀγκύρας μελλόντων ἐκτείνειν

ἘΚΤΕΛΈΩ 1615

Lu 14 29 θέντος αὐτοῦ θεμέλιον κ. μὴ ἰσχύοντος ἐκτελέσαι
30 οὗτος ὁ ἄνθρωπος . . . οὐκ ἴσχυσεν ἐκτελέσαι

ἘΚΤΈΝΕΙΑ** † 1616

Ac 26 7 ἐν ἐκτενείᾳ νύκτα κ. ἡμέραν λατρεῦον

ἘΚΤΕΝΉΣ** 1618

I Pe 4 8 τὴν εἰς ἑαυτοὺς ἀγάπην ἐκτενῆ ἔχοντες

ἘΚΤΕΝΩ͂Σ 1619

Lu 22 44 γενόμενος ἐν ἀγωνίᾳ ἐκτενέστερον προσηύχετο
—h. v., [[WH]] R mg.
Ac 12 5 προσευχὴ δὲ ἦν ἐκτ. γινομένη ὑπὸ τ. ἐκκλησίας
I Pe 1 22 ἐκ καρδίας ἀλλήλους ἀγαπήσατε ἐκτενῶς

ἘΚΤΊΘΕΜΑΙ 1620

Ac 7 21 ἐκτεθέντος δὲ αὐτοῦ
11 4 ἀρξάμενος δὲ Πέτρος ἐξετίθετο αὐτοῖς καθεξῆς
18 26 ἀκριβέστερον αὐτῷ ἐξέθεντο τὴν ὁδὸν τ. Θεοῦ
28 23 οἷς ἐξετίθετο διαμαρτυρόμενος τ. βασιλείαν τ. Θεοῦ

ἘΚΤΙΝΆΣΣΩ 1621

Mt 10 14 ἐκτινάξατε τ. κονιορτὸν τ. ποδῶν ὑμῶν
ἐκ τ. ποδ. ὑμ., TWH mg.
Mk 6 11 ἐκτινάξατε τ. χοῦν τ. ὑποκάτω τ. ποδῶν ὑμῶν
Ac 13 51 οἱ δὲ ἐκτιναξάμενοι τ. κονιορτὸν τ. ποδῶν ἐπ' αὐτούς
18 6 ἐκτιναξάμενος τὰ ἱμάτια

ἝΚΤΟΣ 1622

Mt 20 5 πάλιν δὲ ἐξελθὼν περὶ ἕκτην κ. ἐνάτην ὥραν
27 45 ἀπὸ δὲ ἕκτης ὥρας σκότος ἐγένετο ἐπὶ πᾶσαν τ. γῆν
Mk 15 33 κ. γενομένης ὥρας ἕκτης
Lu 1 26 ἐν δὲ τ. μηνὶ τ. ἕκτῳ ἀπεστάλη ὁ ἄγγελος Γαβριὴλ
36 οὗτος μὴν ἕκτος ἐστὶν αὐτῇ τ. καλουμένῃ στείρᾳ
23 44 ἦν ἤδη ὡσεὶ ὥρα ἕκτη
Jo 4 6 ὥρα ἦν ὡς ἕκτη
19 14 ὥρα ἦν ὡς ἕκτη
Ac 10 9 ἀνέβη Πέτρος ἐπὶ τὸ δῶμα προσεύξασθαι περὶ ὥραν ἕκτην
Re 6 12 εἶδον ὅτε ἤνοιξεν τ. σφραγῖδα τ. ἕκτην
9 13 ὁ ἕκτος ἄγγελος ἐσάλπισεν
14 λέγοντα τ. ἕκτῳ ἀγγέλῳ ὁ ἔχων τ. σάλπιγγα
16 12 ὁ ἕκτος ἐξέχεεν τ. φιάλην αὐτοῦ ἐπὶ τ. ποταμόν
21 20 ὁ ἕκτος σάρδιον

ἘΚΤΌΣ 1623

Mt 23 26 ἵνα γένηται κ. τὸ ἐκτὸς αὐτοῦ καθαρόν
Ac 26 22 οὐδὲν ἐκτὸς λέγων ὧν τε οἱ προφῆται ἐλάλησαν
I Co 6 18 πᾶν ἁμάρτημα . . . ἐκτὸς τ. σώματός ἐστιν
14 5 ἐκτὸς εἰ μὴ διερμηνεύῃ
15 2 ἐκτὸς εἰ μὴ εἰκῇ ἐπιστεύσατε
27 δῆλον ὅτι ἐκτὸς τ. ὑποτάξαντος αὐτῷ τὰ πάντα
II Co 12 2 εἴτε ἐκτὸς τ. σώματος οὐκ οἶδα
I Ti 5 19 ἐκτὸς εἰ μὴ ἐπὶ δύο ἢ τριῶν μαρτύρων

ἘΚΤΡΈΠΟΜΑΙ 1624

I Ti 1 6 ἐξετράπησαν εἰς ματαιολογίαν
5 15 ἤδη γάρ τινες ἐξετράπησαν ὀπίσω τοῦ Σατανᾶ
6 20 ἐκτρεπόμενος τὰς βεβήλους κενοφωνίας
II Ti 4 4 ἐπὶ δὲ τ. μύθους ἐκτραπήσονται
He 12 13 ἵνα μὴ τὸ χωλὸν ἐκτραπῇ

ἘΚΤΡΈΦΩ 1625

Eph 5 29 ἀλλὰ ἐκτρέφει κ. θάλπει αὐτήν
6 4 ἐκτρέφετε αὐτὰ ἐν παιδείᾳ κ. νουθεσίᾳ Κυρίου

ἜΚΤΡΟΜΟΣ* † 1625.5 cf.1790

He 12 21 ἔκφοβός εἰμι κ. ἔκτρομος
ἔντρομος, TWH non mg. R

ἜΚΤΡΩΜΑ 1626

I Co 15 8 ὡσπερεὶ τ. ἐκτρώματι ὤφθη κἀμοί

ἘΚΦΈΡΩ 1627

Mk 8 23 ἐξήνεγκεν αὐτὸν ἔξω τ. κώμης
Lu 15 22 ταχὺ ἐξενέγκατε στολὴν τ. πρώτην
—ταχὺ, T
Ac 5 6 συνέστειλαν αὐτὸν κ. ἐξενέγκαντες ἔθαψαν
9 οἱ πόδες τ. θαψάντων τ. ἄνδρα σου ἐπὶ τ. θύρᾳ κ. ἐξοίσουσίν σε
10 ἐξενέγκαντες ἔθαψαν πρὸς τ. ἄνδρα αὐτῆς
15 ὥστε κ. εἰς τ. πλατείας ἐκφέρειν τ. ἀσθενεῖς
I Ti 6 7 ὅτι οὐδὲ ἐξενεγκεῖν τι δυνάμεθα
He 6 8 ἐκφέρουσα δὲ ἀκάνθας κ. τριβόλους

’ΕΚΦΕΥ΄ΓΩ 1628

Lu 21 36 ἵνα κατισχύσητε ἐκφυγεῖν ταῦτα πάντα
Ac 16 27 νομίζων ἐκπεφευγέναι τ. δεσμίους
19 16 ὥστε . . . τετραυματισμένους ἐκφυγεῖν ἐκ τ. οἴκου ἐκείνου
Ro 2 3 ὅτι σὺ ἐκφεύξῃ τὸ κρίμα τ. Θεοῦ
II Co 11 33 ἐξέφυγον τ. χεῖρας αὐτοῦ
I Th 5 3 κ. οὐ μὴ ἐκφύγωσιν
He 2 3 πῶς ἡμεῖς ἐκφευξόμεθα τηλικαύτης ἀμελήσαντες σωτηρίας
12 25 εἰ γὰρ ἐκεῖνοι οὐκ ἐξέφυγον

’ΕΚΦΟΒΕ΄Ω 1629

II Co 10 9 ὡς ἂν ἐκφοβεῖν ὑμᾶς διὰ τ. ἐπιστολῶν

’́ΕΚΦΟΒΟΣ 1630

Mk 9 6 ἔκφοβοι γὰρ ἐγένοντο
He 12 21 ἔκφοβός εἰμι κ. ἔντρομος
יָגֹ֫רְתִּי מִפְּנֵי הָאַף וְהַחֵמָה, Dt. ix. 19

’ΕΚΦΥ΄Ω** 1631

Mt 24 32 ὅταν ἤδη . . . τὰ φύλλα ἐκφύῃ
Mk 13 28 ὅταν ἤδη . . . ἐκφύῃ τὰ φύλλα

’ΕΚΧΕ΄Ω 1632 cf. 1632.5

Mt 9 17 ὁ οἶνος ἐκχεῖται κ. οἱ ἀσκοὶ ἀπόλλυνται
Jo 2 15 τ. κολλυβιστῶν ἐξέχεεν τὰ κέρματα
Ac 2 17 ἐκχεῶ ἀπὸ τ. πνεύματός μου ἐπὶ πᾶσαν σάρκα
אֶשְׁפּוֹךְ אֶת־רוּחִי עַל־כָּל־בָּשָׂר, Joel iii. 1
18 ἐν τ. ἡμέραις ἐκείναις ἐκχεῶ ἀπὸ τ. πνεύματός μου
בַּיָּמִים הָהֵמָּה אֶשְׁפּוֹךְ אֶת־רוּחִי, ib. 2
33 ἐξέχεεν τοῦτο ὃ ὑμεῖς κ. βλέπετε κ. ἀκούετε
Ro 3 15 ὀξεῖς οἱ πόδες αὐτῶν ἐκχέαι αἷμα
רַגְלֵיהֶם . . . יְמַהֲרוּ לִשְׁפֹּךְ דָּם, Is. lix. 7
Tit 3 6 οὗ ἐξέχεεν ἐφ᾽ ἡμᾶς πλουσίως
Re 16 1 ἐκχέετε τ. ἑπτὰ φιάλας τ. θυμοῦ τ. Θεοῦ εἰς τ. γῆν
2 ἐξέχεεν τ. φιάλην αὐτοῦ εἰς τ. γῆν
3 ὁ δεύτερος ἐξέχεεν τ. φιάλην αὐτοῦ εἰς τ. θάλασσαν
4 ὁ τρίτος ἐξέχεεν τ. φιάλην αὐτοῦ εἰς τ. ποταμούς
6 αἷμα ἁγίων κ. προφητῶν ἐξέχεαν
8 ὁ τέταρτος ἐξέχεεν τ. φιάλην αὐτοῦ ἐπὶ τ. ἥλιον
10 ὁ πέμπτος ἐξέχεεν τ. φιάλην αὐτοῦ ἐπὶ τ. θρόνον τ. θηρίου
12 ὁ ἕκτος ἐξέχεεν τ. φιάλην αὐτοῦ ἐπὶ τ. ποταμὸν τ. μέγαν
17 ὁ ἕβδομος ἐξέχεεν τ. φιάλην αὐτοῦ ἐπὶ τ. ἀέρα

1632.5 ’ΕΚΧΥ΄ΝΝΟΜΑΙ **† cf. 1632

Mt 23 35 πᾶν αἷμα δίκαιον ἐκχυννόμενον ἐπὶ τ. γῆς
26 28 τὸ αἷμά μου . . . τὸ περὶ πολλῶν ἐκχυννόμενον εἰς ἄφεσιν ἁμαρτιῶν
Mk 14 24 τὸ αἷμά μου . . . τὸ ἐκχυννόμενον ὑπὲρ πολλῶν
Lu 5 37 αὐτὸς ἐκχυθήσεται κ. οἱ ἀσκοὶ ἀπολοῦνται
11 50 τὸ αἷμα πάντων τ. προφητῶν τὸ ἐκκεχυμένον ἀπὸ καταβολῆς κόσμου
ἐκχυννόμενον, TWH marg.
22 20 τοῦτο τὸ ποτήριον . . . τὸ ὑπὲρ ὑμῶν ἐκχυννόμενον
—h. v., [[WH]] R mg.
Ac 1 18 ἐξεχύθη πάντα τὰ σπλάγχνα αὐτοῦ
10 45 ἐπὶ τὰ ἔθνη ἡ δωρεὰ τ. πνεύματος τ. ἁγίου ἐκκέχυται
22 20 ὅτε ἐξεχύννετο τὸ αἷμα Στεφάνου
Ro 5 5 ἡ ἀγάπη τ. Θεοῦ ἐκκέχυται ἐν τ. καρδίαις ἡμῶν
Ju 11 τ. πλάνῃ τ. Βαλαὰμ μισθοῦ ἐξεχύθησαν

’ΕΚΧΩΡΕ΄Ω 1633

Lu 21 21 οἱ ἐν μέσῳ αὐτῆς ἐκχωρείτωσαν

’ΕΚΨΥ΄ΧΩ 1634

Ac 5 5 ἀκούων δὲ ὁ Ἁνανίας . . . πεσὼν ἐξέψυξεν
10 ἔπεσεν δὲ παραχρῆμα πρὸς τ. πόδας αὐτοῦ κ. ἐξέψυξεν
12 23 γενόμενος σκωληκόβρωτος ἐξέψυξεν

‘ΕΚΩ΄Ν 1635

Ro 8 20 τ. γὰρ ματαιότητι ἡ κτίσις ὑπετάγη οὐχ ἑκοῦσα
I Co 9 17 εἰ γὰρ ἑκὼν τοῦτο πράσσω μισθὸν ἔχω

’ΕΛΑΙ΄Α 1636

Mt 21 1 ἦλθον εἰς Βηθφαγὴ εἰς τὸ ὄρος τ. ἐλαιῶν
24 3 καθημένου δὲ αὐτοῦ ἐπὶ τ. ὄρους τ. ἐλαιῶν
26 30 ὑμνήσαντες ἐξῆλθον εἰς τὸ ὄρος τ. ἐλαιῶν
Mk 11 1 εἰς . . . Βηθανίαν πρὸς τὸ ὄρος τ. ἐλαιῶν
13 3 καθημένου αὐτοῦ εἰς τὸ ὄρος τ. ἐλαιῶν
14 26 ὑμνήσαντες ἐξῆλθον εἰς τὸ ὄρος τ. ἐλαιῶν
Lu 19 29 ὡς ἤγγισεν εἰς . . . Βηθανιὰ πρὸς τὸ ὄρος τὸ καλούμενον ἐλαιῶν
ἐλαιών, T
37 ἤδη πρὸς τ. καταβάσει τ. ὄρους τ. ἐλαιῶν
21 37 ηὐλίζετο εἰς τὸ ὄρος τὸ καλούμενον ἐλαιῶν
ἐλαιών, T
22 39 ἐπορεύθη κατὰ τὸ ἔθος εἰς τὸ ὄρος τ. ἐλαιῶν
Jo 8 [1 Ἰησοῦς δὲ ἐπορεύθη εἰς τὸ ὄρος τ. ἐλαιῶν
Ro 11 17 συνκοινωνὸς τ. ῥίζης τ. πιότητος τ. ἐλαίας ἐγένου
24 οἱ κατὰ φύσιν ἐνκεντρισθήσονται τ. ἰδίᾳ ἐλαίᾳ
Ja 3 12 μὴ δύναται . . . συκῆ ἐλαίας ποιῆσαι
Re 11 4 οὗτοί εἰσιν αἱ δύο ἐλαῖαι κ. αἱ δύο λυχνίαι

’́ΕΛΑΙΟΝ 1637

Mt 25 3 οὐκ ἔλαβον μεθ᾽ ἑαυτῶν ἔλαιον·
4 αἱ δὲ φρόνιμοι ἔλαβον ἔλαιον ἐν τ. ἀγγείοις
8 δότε ἡμῖν ἐκ τ. ἐλαίου ὑμῶν
Mk 6 13 ἤλειφον ἐλαίῳ πολλοὺς ἀρρώστους
Lu 7 46 ἐλαίῳ τ. κεφαλήν μου οὐκ ἤλειψας
10 34 ἐπιχέων ἔλαιον κ. οἶνον
16 6 ὁ δὲ εἶπεν Ἑκατὸν βάτους ἐλαίου
He 1 9 ἔχρισέν σε ὁ Θεὸς ὁ Θεός σου ἔλαιον ἀγαλλιάσεως
מְשָׁחֲךָ אֱלֹהִים אֱלֹהֶיךָ שֶׁמֶן שָׂשׂוֹן, Ps. xlv. 8

Ja 5 14 ἀλείψαντες ἐλαίῳ ἐν τ. ὀνόματι τ. Κυρίου
Re 6 6 τὸ ἔλαιον κ. τ. οἶνον μὴ ἀδικήσῃς
18 13 οἶνον κ. ἔλαιον κ. σεμίδαλιν

ἘΛΑΙΩ'Ν † 1638

Lu 19 29 ὡς ἤγγισεν εἰς . . . Βηθανίαν πρὸς τὸ ὄρος τὸ καλούμενον ἐλαιών
ἐλαιῶν, WH
21 37 ηὐλίζετο εἰς τὸ ὄρος τὸ καλούμενον ἐλαιών
ἐλαιῶν, WH
Ac 1 12 ὑπέστρεψαν εἰς Ἱερουσαλὴμ ἀπὸ ὄρους τ. καλουμένου ἐλαιῶνος

ἘΛΑΜΕΙ'ΤΗΣ 1639

Ac 2 9 Πάρθοι κ. Μῆδοι κ. Ἐλαμεῖται

ἘΛΑ'ΣΣΩΝ 1640

(1) ἔλαττον

Jo 2 10 ὅταν μεθυσθῶσιν τ. ἐλάσσω
Ro 9 12 ὁ μείζων δουλεύσει τ. ἐλάσσονι
רַב יַעֲבֹד צָעִיר, Gen. xxv. 23
I Ti 5 9 [1] χήρα καταλεγέσθω μὴ ἔλαττον ἐτῶν ἑξήκοντα γεγονυῖα
He 7 7 τὸ ἔλαττον ὑπὸ τ. κρείττονος εὐλογεῖται

ἘΛΑΤΤΟΝΕ'Ω † 1641

II Co 8 15 ὁ τὸ ὀλίγον οὐκ ἠλαττόνησεν
הַמַּמְעִיט לֹא הֶחְסִיר, Ex. xvi. 18

ἘΛΑΤΤΟ'Ω 1642

Jo 3 30 ἐκεῖνον δεῖ αὐξάνειν ἐμὲ δὲ ἐλαττοῦσθαι
He 2 7 ἠλάττωσας αὐτὸν βραχύ τι παρ' ἀγγέλους
תְּחַסְּרֵהוּ מְּעַט מֵאֱלֹהִים, Ps. viii. 6
9 τὸν δὲ βραχύ τι παρ' ἀγγέλους ἠλαττωμένον βλέπομεν Ἰησοῦν

ἘΛΑΥ'ΝΩ 1643

Mk 6 48 ἰδὼν αὐτοὺς βασανιζομένους ἐν τῷ ἐλαύνειν
Lu 8 29 ἠλαύνετο ἀπὸ τ. δαιμονίου εἰς τὰς ἐρήμους
ὑπὸ, TWH mg.
Jo 6 19 ἐληλακότες οὖν ὡς σταδίους εἴκοσι πέντε
Ja 3 4 τὰ πλοῖα . . . ὑπὸ ἀνέμων σκληρῶν ἐλαυνόμενα
II Pe 2 17 ὁμίχλαι ὑπὸ λαίλαπος ἐλαυνόμεναι

ἘΛΑΦΡΙ'Α *† 1644

II Co 1 17 μή τι ἄρα τ. ἐλαφρίᾳ ἐχρησάμην

ἘΛΑΦΡΟ'Σ 1645

Mt 11 30 τὸ φορτίον μου ἐλαφρόν ἐστιν
II Co 4 17 τὸ γὰρ παραυτίκα ἐλαφρὸν τ. θλίψεως ἡμῶν

ἘΛΑ'ΧΙΣΤΟΣ 1646, 1647

(1) ἐλαχιστότερος

Mt 2 6 οὐδαμῶς ἐλαχίστη εἶ ἐν τ. ἡγεμόσιν Ἰούδα
צָעִיר לִהְיוֹת בְּאַלְפֵי יְהוּדָה, Mic. v. 1
5 19 ὃς ἐὰν οὖν λύσῃ μίαν τ. ἐντολῶν τούτων τ. ἐλαχίστων
19 ἐλάχιστος κληθήσεται ἐν τ. βασιλείᾳ τ. οὐρανῶν
25 40 ἐφ' ὅσον ἐποιήσατε ἑνὶ τούτων τ. ἀδελφῶν μου τ. ἐλαχίστων
45 ἐφ' ὅσον οὐκ ἐποιήσατε ἑνὶ τούτων τ. ἐλαχίστων
Lu 12 26 εἰ οὖν οὐδὲ ἐλάχιστον δύνασθε
16 10 ὁ πιστὸς ἐν ἐλαχίστῳ κ. ἐν πολλῷ πιστός ἐστιν,
κ. ὁ ἐν ἐλαχίστῳ ἄδικος κ. ἐν πολλῷ ἄδικός ἐστιν
19 17 ὅτι ἐν ἐλαχίστῳ πιστὸς ἐγένου
I Co 4 3 ἐμοὶ δὲ εἰς ἐλάχιστόν ἐστιν
6 2 ἀνάξιοί ἐστε κριτηρίων ἐλαχίστων
15 9 ἐγὼ γάρ εἰμι ὁ ἐλάχιστος τ. ἀποστόλων
Eph 3 8 [1] ἐμοὶ τ. ἐλαχιστοτέρῳ πάντων ἁγίων ἐδόθη ἡ χάρις αὕτη
Ja 3 4 τὰ πλοῖα . . . μετάγεται ὑπὸ ἐλαχίστου πηδαλίου

ἘΛΕΑ'ΖΑΡ 1648

Mt 1 15 Ἐλιοὺδ δὲ ἐγέννησεν τ. Ἐλεάζαρ·
Ἐλεάζαρ δὲ ἐγέννησεν τ. Ματθάν

ἘΛΕΑ'Ω *Vide* ἘΛΕΕ'Ω

1648.5 ἘΛΕΓΜΟ'Σ † cf. 1650

II Ti 3 16 ὠφέλιμος πρὸς διδασκαλίαν πρὸς ἐλεγμὸν πρὸς ἐπανόρθωσιν

ἜΛΕΓΞΙΣ † 1649

II Pe 2 16 ἔλεγξιν δὲ ἔσχεν ἰδίας παρανομίας

ἜΛΕΓΧΟΣ 1650

He 11 1 πραγμάτων ἔλεγχος οὐ βλεπομένων

ἘΛΕ'ΓΧΩ 1651

Mt 18 15 ὕπαγε ἔλεγξον αὐτὸν μεταξὺ σοῦ κ. αὐτοῦ μόνου
Lu 3 19 ἐλεγχόμενος ὑπ' αὐτοῦ περὶ Ἡρῳδιάδος
Jo 3 20 ἵνα μὴ ἐλεγχθῇ τὰ ἔργα αὐτοῦ
8 46 τίς ἐξ ὑμῶν ἐλέγχει με περὶ ἁμαρτίας;
16 8 ἐλθὼν ἐκεῖνος ἐλέγξει τ. κόσμον περὶ ἁμαρτίας
I Co 14 24 ἐλέγχεται ὑπὸ πάντων
Eph 5 11 μᾶλλον δὲ κ. ἐλέγχετε
13 τὰ δὲ πάντα ἐλεγχόμενα ὑπὸ τ. φωτὸς φανεροῦται
I Ti 5 20 τ. δὲ ἁμαρτάνοντας ἐνώπιον πάντων ἔλεγχε
II Ti 4 2 ἔλεγξον ἐπιτίμησον παρακάλεσον
Tit 1 9 ἵνα δυνατὸς ᾖ . . . τ. ἀντιλέγοντας ἐλέγχειν
13 δι' ἣν αἰτίαν ἔλεγχε αὐτοὺς ἀποτόμως
2 15 ἔλεγχε μετὰ πάσης ἐπιταγῆς
He 12 5 μηδὲ ἐκλύου ὑπ' αὐτοῦ ἐλεγχόμενος
וְאַל־תָּקֹץ בְּתוֹכַחְתּוֹ, Prov. iii. 11
Ja 2 9 ἐλεγχόμενοι ὑπὸ τ. νόμου ὡς παραβάται
Ju 15 ἐλέγξαι πάντας τ. ἀσεβεῖς περὶ πάντων τ. ἔργων ἀσεβείας αὐτῶν
22 οὓς μὲν ἐλέγχετε διακρινομένους·
ἐλεᾶτε, WHR
Re 3 19 ἐγὼ ὅσους ἐὰν φιλῶ ἐλέγχω κ. παιδεύω

ἘΛΕΕΙΝΌΣ * 1652

1Co 15 19 ἐλεεινότεροι πάντων ἀνθρώπων ἐσμέν
Re 3 17 οὐκ οἶδας ὅτι σὺ εἶ ὁ ταλαίπωρος κ. ἐλεεινός
ἐλεινὸς, WH ; ὁ ἐλ., WH mg.

ἘΛΕΈΩ 1653

(1) ἐλεάω

Mt 5 7 μακάριοι οἱ ἐλεήμονες ὅτι αὐτοὶ ἐλεηθήσονται
9 27 ἐλέησον ἡμᾶς υἱὲ Δαυείδ
15 22 ἐλέησόν με Κύριε υἱὸς Δαυείδ
17 15 Κύριε ἐλέησόν μου τ. υἱόν
18 33 οὐκ ἔδει κ. σε ἐλεῆσαι τ. σύνδουλόν σου, ὡς κἀγὼ σε ἠλέησα;
20 30 Κύριε ἐλέησον ἡμᾶς υἱὲ Δαυείδ
31 Κύριε ἐλέησον ἡμᾶς υἱὲ Δαυείδ
Mk 5 19 ὅσα ὁ Κύριός σοι πεποίηκεν κ. ἠλέησέν σε
10 47 υἱὲ Δαυεὶδ Ἰησοῦ ἐλέησόν με
48 υἱὲ Δαυεὶδ ἐλέησόν με
Lu 16 24 πάτερ Ἀβραὰμ ἐλέησόν με
17 13 Ἰησοῦ ἐπιστάτα ἐλέησον ἡμᾶς
18 38 Ἰησοῦ υἱὲ Δαυεὶδ ἐλέησόν με
39 υἱὲ Δαυεὶδ ἐλέησόν με
Ro 9 15 ἐλεήσω ὃν ἂν ἐλεῶ
חַנֹּתִי אֶת־אֲשֶׁר אָחֹן, Ex. xxxiii. 19
16 [1] οὐ τ. θέλοντος οὐδὲ τ. τρέχοντος ἀλλὰ τ. ἐλεῶντος Θεοῦ
18 ἄρα οὖν ὃν θέλει ἐλεεῖ
11 30 νῦν δὲ ἠλεήθητε τῇ τούτων ἀπειθίᾳ
31 τ. ὑμετέρῳ ἐλέει ἵνα κ. αὐτοὶ νῦν ἐλεηθῶσιν
32 ἵνα τ. πάντας ἐλεήσῃ
12 8 ὁ ἐλεῶν ἐν ἱλαρότητι
I Co 7 25 ὡς ἠλεημένος ὑπὸ Κυρίου πιστὸς εἶναι
II Co 4 1 καθὼς ἠλεήθημεν οὐκ ἐγκακοῦμεν
Phl 2 27 ἀλλὰ ὁ Θεὸς ἠλέησεν αὐτόν
I Ti 1 13 ἠλεήθην ὅτι ἀγνοῶν ἐποίησα ἐν ἀπιστίᾳ
16 ἀλλὰ διὰ τοῦτο ἠλεήθην
I Pe 2 10 οἱ οὐκ ἠλεημένοι νῦν δὲ ἐλεηθέντες
Ju 22 [1] οὓς μὲν ἐλεᾶτε διακρινομένους
ἐλέγχετε, T
23 [1] οὓς δὲ ἐλεᾶτε ἐν φόβῳ

ἘΛΕΗΜΟΣΎΝΗ 1654

(1) ποιεῖν ἐλεημ.

Mt 6 2 [1] ὅταν οὖν ποιῇς ἐλεημοσύνην
3 [1] σοῦ δὲ ποιοῦντος ἐλεημοσύνην
4 ὅπως ᾖ σου ἡ ἐλεημοσύνη ἐν τ. κρυπτῷ
ἡ σοῦ ἐλ. ᾖ, T
Lu 11 41 πλὴν τὰ ἐνόντα δότε ἐλεημοσύνην
12 33 πωλήσατε τὰ ὑπάρχοντα ὑμῶν κ. δότε ἐλεημοσύνην
Ac 3 2 τοῦ αἰτεῖν ἐλεημοσύνην παρὰ τ. εἰσπορευομένων εἰς τὸ ἱερόν
3 ἠρώτα ἐλεημοσύνην λαβεῖν
10 οὗτος ἦν ὁ πρὸς τ. ἐλεημοσύνην καθήμενος
9 36 [1] αὕτη ἦν πλήρης . . . ἐλεημοσυνῶν ὧν ἐποίει
10 2 [1] ποιῶν ἐλεημοσύνας πολλὰς τ. λαῷ
4 αἱ ἐλεημοσύναι σου ἀνέβησαν εἰς μνημόσυνον ἔμπροσθεν τ. Θεοῦ
31 αἱ ἐλεημοσύναι σου ἐμνήσθησαν ἐνώπιον τ. Θεοῦ
24 17 [1] ἐλεημοσύνας ποιήσων εἰς τὸ ἔθνος μου παρεγενόμην

ἘΛΕΉΜΩΝ 1655

Mt 5 7 μακάριοι οἱ ἐλεήμονες ὅτι αὐτοὶ ἐλεηθήσονται
He 2 17 ἵνα ἐλεήμων γένηται κ. πιστὸς ἀρχιερεύς

ἘΛΕΙΣΆΒΕΤ 1655.5 cf. 1665

Ἐλισάβετ, T

Lu 1 5 τὸ ὄνομα αὐτῆς Ἐλεισάβετ
7 καθότι ἦν ἡ Ἐλ. στεῖρα
[ἡ], WH
13 ἡ γυνή σου Ἐλ. γεννήσει υἱόν σοι
24 συνέλαβεν Ἐλ. ἡ γυνὴ αὐτοῦ
36 ἰδοὺ Ἐλ. ἡ συγγενίς σου κ. αὐτὴ συνείληφεν υἱόν
40 ἠσπάσατο τὴν Ἐλεισάβετ
41 ὡς ἤκουσεν τ. ἀσπασμὸν τ. Μαρίας ἡ Ἐλ.
41 ἐπλήσθη πνεύματος ἁγίου ἡ Ἐλεισάβετ
57 τῇ δὲ Ἐλ. ἐπλήσθη ὁ χρόνος τοῦ τεκεῖν αὐτήν

ἜΛΕΟΣ 1656

Mt 9 13 ἔλεος θέλω κ. οὐ θυσίαν
חֶסֶד חָפַצְתִּי וְלֹא־זָבַח, Hos. vi. 6
12 7 ἔλεος θέλω κ. οὐ θυσίαν, *ib.*
23 23 ἀφήκατε . . . τ. κρίσιν κ. τὸ ἔλεος κ. τ. πίστιν
Lu 1 50 τὸ ἔλεος αὐτοῦ εἰς γενεὰς κ. γενεὰς τ. φοβουμένοις αὐτόν
54 μνησθῆναι ἐλέους
58 ἐμεγάλυνεν Κύριος τὸ ἔλεος αὐτοῦ μετ' αὐτῆς
72 ποιῆσαι ἔλεος μετὰ τ. πατέρων ἡμῶν
78 διὰ σπλάγχνα ἐλέους Θεοῦ ἡμῶν
10 37 ὁ ποιήσας τὸ ἔλεος μετ' αὐτοῦ
Ro 9 23 ἵνα γνωρίσῃ τ. πλοῦτον τ. δόξης αὐτοῦ ἐπὶ σκεύη ἐλέους
11 31 τ. ὑμετέρῳ ἐλέει ἵνα κ. αὐτοὶ νῦν ἐλεηθῶσιν
15 9 τὰ δὲ ἔθνη ὑπὲρ ἐλέους δοξάσαι τ. Θεόν
Ga 6 16 εἰρήνη ἐπ' αὐτοὺς κ. ἔλεος
Eph 2 4 ὁ δὲ Θεὸς πλούσιος ὢν ἐν ἐλέει
I Ti 1 2 χάρις ἔλεος εἰρήνη ἀπὸ Θεοῦ πατρός
II Ti 1 2 χάρις ἔλεος εἰρήνη ἀπὸ Θεοῦ πατρός
16 δῴη ἔλεος ὁ Κύριος τῷ Ὀνησιφόρου οἴκῳ
18 δῴη αὐτῷ ὁ Κύριος εὑρεῖν ἔλεος παρὰ Κυρίου
Tit 3 5 κατὰ τὸ αὐτοῦ ἔλεος ἔσωσεν ἡμᾶς
He 4 16 ἵνα λάβωμεν ἔλεος
Ja 2 13 ἡ γὰρ κρίσις ἀνέλεος τῷ μὴ ποιήσαντι ἔλεος·
κατακαυχᾶται ἔλεος κρίσεως
3 17 μεστὴ ἐλέους κ. καρπῶν ἀγαθῶν
I Pe 1 3 ὁ κατὰ τὸ πολὺ αὐτοῦ ἔλεος ἀναγεννήσας ἡμᾶς
II Jo 3 ἔσται μεθ' ἡμῶν χάρις ἔλεος εἰρήνη παρὰ Θεοῦ πατρός
Ju 2 ἔλεος ὑμῖν κ. εἰρήνη κ. ἀγάπη πληθυνθείη
21 προσδεχόμενοι τὸ ἔλεος τ. Κυρίου ἡμῶν Ἰησοῦ Χριστοῦ

ἘΛΕΥΘΕΡΊΑ 1657

Ro 8 21 αὐτὴ ἡ κτίσις ἐλευθερωθήσεται . . . εἰς τ. ἐλευθερίαν τ. δόξης
1Co 10 29 ἵνα τί γὰρ ἡ ἐλευθερία μου κρίνεται ὑπὸ ἄλλης συνειδήσεως;

II Co 3 17 οὗ δὲ τὸ πνεῦμα Κυρίου ἐλευθερία
Ga 2 4 παρεισῆλθον κατασκοπῆσαι τ. ἐλευθερίαν ἡμῶν
5 1 τ. ἐλευθερίᾳ ἡμᾶς Χριστὸς ἠλευθέρωσεν
13 ὑμεῖς γὰρ ἐπ' ἐλευθερίᾳ ἐκλήθητε ἀδελφοί· μόνον μὴ τ. ἐλευθερίαν εἰς ἀφορμὴν τ. σαρκί
Ja 1 25 ὁ δὲ παρακύψας εἰς νόμον τέλειον τὸν τ. ἐλευθερίας
2 12 ὡς διὰ νόμου ἐλευθερίας μέλλοντες κρίνεσθαι
I Pe 2 16 μὴ ὡς ἐπικάλυμμα ἔχοντες τ. κακίας τ. ἐλευθερίαν
II Pe 2 19 ἐλευθερίαν αὐτοῖς ἐπαγγελλόμενοι

ἘΛΕΥ΄ΘΕΡΟΣ 1658

(1) c. dat. (2) ἐλευθ. ἐκ., ἀπό

Mt 17 26 ἄραγε ἐλεύθεροί εἰσιν οἱ υἱοί
Jo 8 33 πῶς σὺ λέγεις ὅτι Ἐλεύθεροι γενήσεσθε;
36 ὄντως ἐλεύθεροι ἔσεσθε
Ro 6 20 ¹ ἐλεύθεροι ἦτε τ. δικαιοσύνῃ
7 3 ² ἐλευθέρα ἐστὶν ἀπὸ τ. νόμου
I Co 7 21 εἰ κ. δύνασαι ἐλεύθερος γενέσθαι
22 ὁμοίως ὁ ἐλεύθερος κληθεὶς δοῦλός ἐστιν Χριστοῦ
39 ἐλευθέρα ἐστὶν ᾧ θέλει γαμηθῆναι
9 1 οὐκ εἰμὶ ἐλεύθερος;
19 ² ἐλεύθερος γὰρ ὢν ἐκ πάντων
12 13 εἰς ἓν σῶμα ἐβαπτίσθημεν . . . εἴτε δοῦλοι εἴτε ἐλεύθεροι
Ga 3 28 οὐκ ἔνι δοῦλος οὐδὲ ἐλεύθερος
4 22 ἕνα ἐκ τ. παιδίσκης κ. ἕνα ἐκ τ. ἐλευθέρας
23 ὁ δὲ ἐκ τ. ἐλευθέρας δι' ἐπαγγελίας
26 ἡ δὲ ἄνω Ἰερουσαλὴμ ἐλευθέρα ἐστίν
30 οὐ γὰρ μὴ κληρονομήσει . . . μετὰ τ. υἱοῦ τ. ἐλευθέρας
כִּי לֹא יִירַשׁ . . . עִם־בְּנִי עִם־יִצְחָק, Gen. xxi. 10
31 οὐκ ἐσμὲν παιδίσκης τέκνα ἀλλὰ τ. ἐλευθέρας
Eph 6 8 τοῦτο κομίσεται παρὰ Κυρίου εἴτε δοῦλος εἴτε ἐλεύθερος
Col 3 11 ὅπου οὐκ ἔνι Ἕλλην . . . δοῦλος ἐλεύθερος
I Pe 2 16 ὡς ἐλεύθεροι κ. μὴ ὡς ἐπικάλυμμα ἔχοντες . . . τ. ἐλευθερίαν
Re 6 15 πᾶς δοῦλος κ. ἐλεύθερος ἔκρυψαν ἑαυτοὺς
13 16 ποιεῖ πάντας . . . τ. ἐλευθέρους κ. τ. δούλους
19 18 σάρκας πάντων ἐλευθέρων τε κ. δούλων

ἘΛΕΥΘΕΡΟ΄Ω 1659

Jo 8 32 ἡ ἀλήθεια ἐλευθερώσει ὑμᾶς
36 ἐὰν οὖν ὁ υἱὸς ὑμᾶς ἐλευθερώσῃ
Ro 6 18 ἐλευθερωθέντες δὲ ἀπὸ τ. ἁμαρτίας
22 νυνὶ δὲ ἐλευθερωθέντες ἀπὸ τ. ἁμαρτίας
8 2 ἠλευθέρωσέν σε ἀπὸ τ. νόμου τ. ἁμαρτίας
ἠλ. με, WH mg. R
21 αὐτὴ ἡ κτίσις ἐλευθερωθήσεται ἀπὸ τ. δουλείας τ. φθορᾶς
Ga 5 1 τ. ἐλευθερίᾳ ἡμᾶς Χριστὸς ἠλευθέρωσεν

ἘΛΕΥΣΙΣ* 1660

Ac 7 52 ἀπέκτειναν τ. προκαταγγείλαντας περὶ τ. ἐλεύσεως τ. δικαίου

ἘΛΕΦΑ΄ΝΤΙΝΟΣ 1661

Re 18 12 πᾶν σκεῦος ἐλεφάντινον

ἘΛΙΑΚΕΙ΄Μ 1662

Mt 1 13 Ἀβιοὺδ δὲ ἐγέννησεν τ. Ἐλιακείμ· Ἐλιακεὶμ δὲ ἐγέννησεν τ. Ἀζώρ
Lu 3 30 τοῦ Ἰωνὰμ τοῦ Ἐλιακεὶμ τοῦ Μελεά

1662.5 ἝΛΙΓΜΑ* cf. 3395

Jo 19 39 φέρων ἕλιγμα σμύρνης κ. ἀλόης
μίγμα, TWH mg. R non mg.

ἘΛΙΕ΄ΖΕΡ 1663

Lu 3 29 τοῦ Ἰησοῦ τοῦ Ἐλιέζερ τοῦ Ἰωρείμ

ἘΛΙΟΥ΄Δ 1664

Mt 1 14 Ἀχεὶμ δὲ ἐγέννησεν τ. Ἐλιούδ·
15 Ἐλιοὺδ δὲ ἐγέννησεν τ. Ἐλεάζαρ

ἘΛΙΣΑ΄ΒΕΤ *Vide* ἘΛΕΙΣΑ΄ΒΕΤ, 1655.5

ἘΛΙΣΑΙ΄ΟΣ 1666

Lu 4 27 πολλοὶ λεπροὶ ἦσαν ἐν τ. Ἰσραὴλ ἐπὶ Ἐλισαίου τ. προφήτου
Ἑλισ., T

ἘΛΙ΄ΣΣΩ 1667

He 1 12 ὡσεὶ περιβόλαιον ἑλίξεις αὐτούς
ἀλλάξεις, T
כַּלְּבוּשׁ תַּחֲלִיפֵם, Ps. cii. 27
Re 6 14 ὁ οὐρανὸς ἀπεχωρίσθη ὡς βιβλίον ἑλισσόμενον
ἑλισσόμενος, WH marg.

ἙΛΚΟ΄ΟΜΑΙ* 1669

Lu 16 20 ἐβέβλητο πρὸς τ. πυλῶνα αὐτοῦ εἱλκωμένος

ἝΛΚΟΣ 1668

Lu 16 21 κ. οἱ κύνες ἐρχόμενοι ἐπέλειχον τὰ ἕλκη αὐτοῦ
Re 16 2 ἐγένετο ἕλκος κακὸν κ. πονηρόν
11 ἐβλασφήμησαν τ. Θεὸν τ. οὐρανοῦ . . ἐκ τ. ἑλκῶν αὐτῶν

ἙΛΚΥ΄Ω 1670

Jo 6 44 ἐὰν μὴ ὁ πατὴρ ὁ πέμψας με ἑλκύσῃ αὐτόν
12 32 πάντας ἑλκύσω πρὸς ἐμαυτόν
18 10 ἔχων μάχαιραν εἵλκυσεν αὐτήν
21 6 οὐκέτι αὐτὸ ἑλκύσαι ἴσχυον ἀπὸ τ. πλήθους τ. ἰχθύων
11 εἵλκυσεν τὸ δίκτυον εἰς τ. γῆν
Ac 16 19 εἵλκυσαν εἰς τ. ἀγορὰν ἐπὶ τ. ἄρχοντας

ἝΛΚΩ 1670.5 cf. 1670

Ac 21 30 εἷλκον αὐτὸν ἔξω τ. ἱεροῦ
Ja 2 6 αὐτοὶ ἕλκουσιν ὑμᾶς εἰς κριτήρια

ἙΛΛΑ΄Σ* 1671

Ac 20 2 διελθὼν δὲ τὰ μέρη ἐκεῖνα . . . ἦλθεν εἰς τ. Ἑλλάδα

ἝΛΛΗΝ** 1672

Jo 7 35 μὴ εἰς τ. διασπορὰν τ. Ἑλλήνων μέλλει πορεύεσθαι,
κ. διδάσκειν τ. Ἕλληνας;
12 20 ἦσαν δὲ Ἕλληνές τινες ἐκ τ. ἀναβαινόντων
Ac 11 20 ἐλάλουν κ. πρὸς τ. Ἕλληνας εὐαγγελιζόμενοι τ. Κύριον Ἰησοῦν
Ἑλληνιστάς, WHR mg.
14 1 ὥστε πιστεῦσαι Ἰουδαίων τε κ. Ἑλλήνων πολὺ πλῆθος
16 1 υἱὸς γυναικὸς Ἰουδαίας πιστῆς πατρὸς δὲ Ἕλληνος
3 ᾔδεισαν γὰρ ἅπαντες ὅτι Ἕλλην ὁ πατὴρ αὐτοῦ ὑπῆρχεν
ἅπ. τ. πατέρα αὐτ. ὅτι Ἑλλ. ὑπ., T
17 4 τῶν τε σεβομένων Ἑλλήνων πλῆθος πολύ
18 4 ἔπειθέν τε Ἰουδαίους κ. Ἕλληνας
19 10 ὥστε . . . ἀκοῦσαι τ. λόγον τ. Κυρίου Ἰουδαίους τε κ. Ἕλληνας
17 ἐγένετο γνωστὸν πᾶσιν Ἰουδαίοις τε κ. Ἕλλησιν τ. κατοικοῦσιν τὴν Ἔφεσον
20 21 διαμαρτυράμενος Ἰουδαίοις τε κ. Ἕλλησιν τὴν εἰς Θεὸν μετάνοιαν
21 28 ἔτι τε κ. Ἕλληνας εἰσήγαγεν εἰς τὸ ἱερόν
Ro 1 14 Ἕλλησίν τε κ. βαρβάροις . . . ὀφειλέτης εἰμί
16 παντὶ τ. πιστεύοντι Ἰουδαίῳ τε πρῶτον κ. Ἕλληνι
2 9 ἀνθρώπου τ. κατεργαζομένου τὸ κακὸν Ἰουδαίου τε πρῶτον κ. Ἕλληνος
10 παντὶ τ. ἐργαζομένῳ τὸ ἀγαθὸν Ἰουδαίῳ τε πρῶτον κ. Ἕλληνι
3 9 προῃτιασάμεθα γὰρ Ἰουδαίους τε κ. Ἕλληνας πάντας ὑφ' ἁμαρτίαν εἶναι
10 12 οὐ γάρ ἐστιν διαστολὴ Ἰουδαιου τε κ. Ἕλληνος
I Co 1 22 Ἕλληνες σοφίαν ζητοῦσιν
24 αὐτοῖς δὲ τ. κλητοῖς Ἰουδαίοις τε κ. Ἕλλησιν
10 32 ἀπρόσκοποι κ. Ἰουδαίοις γίνεσθε κ. Ἕλλησιν
12 13 πάντες εἰς ἓν σῶμα ἐβαπτίσθημεν εἴτε Ἰουδαῖοι εἴτε Ἕλληνες
Ga 2 3 οὐδὲ Τίτος ὁ σὺν ἐμοὶ Ἕλλην ὢν ἠναγκάσθη περιτμηθῆναι
3 28 οὐκ ἔνι Ἰουδαῖος οὐδὲ Ἕλλην
Col 3 11 ὅπου οὐκ ἔνι Ἕλλην κ. Ἰουδαῖος

ἙΛΛΗΝΙΚΟ΄Σ* 1673

Re 9 11 ἐν τῇ Ἑλληνικῇ ὄνομα ἔχει Ἀπολλύων

ἙΛΛΗΝΙ΄Σ* 1674

Mk 7 26 ἡ δὲ γυνὴ ἦν Ἑλληνὶς Συροφοινίκισσα τ. γένει
Ac 17 12 τ. Ἑλληνίδων γυναικῶν τ. εὐσχημόνων κ. ἀνδρῶν οὐκ ὀλίγοι

ἙΛΛΗΝΙΣΤΗ΄Σ*† 1675

Ac 6 1 ἐγένετο γογγυσμὸς τ. Ἑλληνιστῶν πρὸς τ. Ἑβραίους
9 29 ἐλάλει τε κ. συνεζήτει πρὸς τ. Ἑλληνιστάς
Ac 11 20 ἐλάλουν κ. πρὸς τ. Ἑλληνιστὰς εὐαγγελιζόμενοι τ. Κύριον Ἰησοῦν
Ἕλληνας, TR non mg.

ἙΛΛΗΝΙΣΤΙ΄* 1676

Jo 19 20 ἦν γεγραμμένον Ἑβραϊστὶ Ῥωμαϊστὶ Ἑλληνιστί
Ac 21 37 ὁ δὲ ἔφη Ἑλληνιστὶ γινώσκεις;

ἘΛΛΟΓΑ΄Ω*† 1677

Ro 5 13 ἁμαρτία δὲ οὐκ ἐλλογᾶται μὴ ὄντος νόμου
ἐλλογεῖται, T
Phm 18 τοῦτο ἐμοὶ ἐλλόγα

ἘΛΜΑΔΑ΄Μ 1678

Lu 3 28 τοῦ Κωσὰμ τοῦ Ἐλμαδὰμ τοῦ Ἤρ

ἘΛΠΙ΄ΖΩ 1679

(1) ἐλπ. εἰς, ἐν (2) ἐλπ. ἐπί

Mt 12 21 τ. ὀνόματι αὐτοῦ ἔθνη ἐλπιοῦσιν
לְתוֹרָתוֹ אִיִּים יְיַחֵלוּ, Is. xlii. 4
Lu 6 34 ἐὰν δανίσητε παρ' ὧν ἐλπίζετε λαβεῖν
23 8 ἤλπιζέν τι σημεῖον ἰδεῖν ὑπ' αὐτοῦ γινόμενον
24 21 ἡμεῖς δὲ ἠλπίζομεν ὅτι αὐτός ἐστιν
Jo 5 45 [1] Μωυσῆς εἰς ὃν ὑμεῖς ἠλπίκατε
Ac 24 26 ἅμα κ. ἐλπίζων ὅτι χρήματα δοθήσεται αὐτῷ
26 7 νύκτα κ. ἡμέραν λατρεῦον ἐλπίζει καταντῆσαι
Ro 8 24 ὃ γὰρ βλέπει τίς ἐλπίζει;
ὑπομένει, WH mg. R mg.; τις τί κ. ἐλπ., TWH mg. alt., R mg. alt.
25 εἰ δὲ ὃ οὐ βλέπομεν ἐλπίζομεν
15 12 [2] ἐπ' αὐτῷ ἔθνη ἐλπιοῦσιν
אֵלָיו גּוֹיִם יִדְרֹשׁוּ, Is. xi. 10
24 ἐλπίζω γὰρ διαπορευόμενος θεάσασθαι ὑμᾶς
I Co 13 7 πάντα πιστεύει πάντα ἐλπίζει πάντα ὑπομένει
15 19 [1] εἰ ἐν τ. ζωῇ ταύτῃ ἐν Χριστῷ ἠλπικότες ἐσμὲν μόνον
16 7 ἐλπίζω γὰρ χρόνον τινὰ ἐπιμεῖναι πρὸς ὑμᾶς
II Co 1 10 [1] εἰς ὃν ἠλπίκαμεν ὅτι κ. ἔτι ῥύσεται
13 ἐλπίζω δὲ ὅτι ἕως τέλους ἐπιγνώσεσθε
5 11 ἐλπίζω δὲ κ. ἐν τ. συνειδήσεσιν ὑμῶν πεφανερῶσθαι
8 5 κ. οὐ καθὼς ἠλπίσαμεν
13 6 ἐλπίζω δὲ ὅτι γνώσεσθε
Phl 2 19 ἐλπίζω δὲ ἐν Κυρίῳ Ἰησοῦ Τιμόθεον ταχέως πέμψαι
23 τοῦτον μὲν οὖν ἐλπίζω πέμψαι
I Ti 3 14 ἐλπίζων ἐλθεῖν πρός σε ἐν τάχει
4 10 [2] ὅτι ἠλπίκαμεν ἐπὶ Θεῷ ζῶντι
ἠλπίσαμεν, WH mg.
5 5 [2] ἡ δὲ ὄντως χήρα κ. μεμονωμένη ἤλπικεν ἐπὶ τ. Θεόν
6 17 [2] μηδὲ ἠλπικέναι ἐπὶ πλούτου ἀδηλότητι
Phm 22 ἐλπίζω γὰρ ὅτι διὰ τ. προσευχῶν ὑμῶν χαρισθήσομαι ὑμῖν
He 11 1 ἔστιν δὲ πίστις ἐλπιζομένων ὑπόστασις

I Pe 1 13 [2] ἐλπίσατε ἐπὶ τ. φερομένην ὑμῖν χάριν
3 5 [1] αἱ ἅγιαι γυναῖκες αἱ ἐλπίζουσαι εἰς Θεὸν ἐκόσμουν ἑαυτάς
II Jo 12 ἀλλὰ ἐλπίζω γενέσθαι πρὸς ὑμᾶς
III Jo 14 ἐλπίζω δὲ εὐθέως σε ἰδεῖν

ἘΛΠΙ'Σ 1680

(1) ἐλπ. ἔχειν (2) Θεὸς τ. ἐλπίδος (3) ἐλπίς

Ac 2 26 [3] ἔτι δὲ κ. ἡ σάρξ μου κατασκηνώσει ἐπ' ἐλπίδι
ἐφ' ἐλπ., T
אַף־בְּשָׂרִי יִשְׁכֹּן לָבֶטַח, Ps. xvi. 9
16 19 ἐξῆλθεν ἡ ἐλπὶς τ. ἐργασίας αὐτῶν
23 6 περὶ ἐλπίδος κ. ἀναστάσεως νεκρῶν κρίνομαι
24 15 [1] ἐλπίδα ἔχων εἰς τ. Θεόν
26 6 ἐπ' ἐλπίδι τῆς εἰς τ. πατέρας ἡμῶν ἐπαγγελίας γενομένης
7 περὶ ἧς ἐλπίδος ἐγκαλοῦμαι ὑπὸ Ἰουδαίων
27 20 λοιπὸν περιῃρεῖτο ἐλπὶς πᾶσα τοῦ σώζεσθαι ἡμᾶς
28 20 εἵνεκεν γὰρ τ. ἐλπίδος τοῦ Ἰσραὴλ τ. ἅλυσιν ταύτην περίκειμαι
Ro 4 18 ὃς παρ' ἐλπίδα ἐπ' ἐλπίδι ἐπίστευσεν
5 2 καυχώμεθα ἐπ' ἐλπίδι τ. δόξης τ. Θεοῦ
4 ἡ θλίψις ὑπομονὴν κατεργάζεται . . . ἡ δὲ δοκιμὴ ἐλπίδα,
5 ἡ δὲ ἐλπὶς οὐ καταισχύνει
8 20 [3] ἐφ' ἐλπίδι ὅτι κ. αὐτὴ ἡ κτίσις ἐλευθερωθήσεται
ἐφ' ἐλπ., T
24 τ. γὰρ ἐλπίδι ἐσώθημεν· ἐλπὶς δὲ βλεπομένη οὐκ ἔστιν ἐλπίς
12 12 τ. ἐλπίδι χαίροντες
15 4 [1] ἵνα διὰ τ. ὑπομονῆς . . . τ. ἐλπίδα ἔχωμεν
13 [2] ὁ δὲ Θεὸς τ. ἐλπίδος πληρώσαι ὑμᾶς πάσης . . . εἰρήνης ἐν τ. πιστεύειν, εἰς τὸ περισσεύειν ὑμᾶς ἐν τ. ἐλπίδι
I Co 9 10 ὅτι ὀφείλει ἐπ' ἐλπίδι ὁ ἀροτριῶν ἀροτριᾶν, κ. ὁ ἀλοῶν ἐπ' ἐλπίδι τοῦ μετέχειν
13 13 νυνὶ δὲ μένει πίστις ἐλπὶς ἀγάπη τὰ τρία ταῦτα
II Co 1 7 κ. ἡ ἐλπὶς ἡμῶν βεβαία ὑπὲρ ὑμῶν
3 12 [1] ἔχοντες οὖν τοιαύτην ἐλπίδα
10 15 [1] ἐλπίδα δὲ ἔχοντες αὐξανομένης τ. πίστεως ὑμῶν
Ga 5 5 πνεύματι ἐκ πίστεως ἐλπίδα δικαιοσύνης ἀπεκδεχόμεθα
Eph 1 18 τίς ἐστιν ἡ ἐλπὶς τ. κλήσεως αὐτοῦ
2 12 [1] ἐλπίδα μὴ ἔχοντες κ. ἄθεοι ἐν τ. κόσμῳ
4 4 καθὼς κ. ἐκλήθητε ἐν μιᾷ ἐλπίδι τ. κλήσεως ὑμῶν
Phl 1 20 κατὰ τ. ἀποκαραδοκίαν κ. ἐλπίδα μου
Col 1 5 διὰ τ. ἐλπίδα τ. ἀποκειμένην ὑμῖν ἐν τ. οὐρανοῖς
23 μὴ μετακινούμενοι ἀπὸ τ. ἐλπίδος τ. εὐαγγελίου
27 ὅ ἐστιν Χριστὸς ἐν ὑμῖν ἡ ἐλπὶς τ. δόξης
I Th 1 3 μνημονεύοντες ὑμῶν . . . τ. ὑπομονῆς τ. ἐλπίδος τ. Κυρίου ἡμῶν
2 19 τίς γὰρ ἡμῶν ἐλπὶς ἢ χαρὰ ἢ στέφανος καυχήσεως;
4 13 [1] καθὼς κ. οἱ λοιποὶ οἱ μὴ ἔχοντες ἐλπίδα
I Th 5 8 ἐνδυσάμενοι . . περικεφαλαίαν ἐλπίδα σωτηρίας
II Th 2 16 δοὺς παράκλησιν αἰωνίαν κ. ἐλπίδα ἀγαθὴν ἐν χάριτ.
I Ti 1 1 κατ' ἐπιταγὴν . . . Χριστοῦ Ἰησοῦ τ. ἐλπίδος ἡμῶν
Tit 1 2 ἐπ' ἐλπίδι ζωῆς αἰωνίου
2 13 προσδεχόμενοι τ. μακαρίαν ἐλπίδα
3 7 ἵνα . . . κληρονόμοι γενηθῶμεν κατ' ἐλπίδα ζωῆς αἰωνίου
He 3 6 ἐὰν . . . τὸ καύχημα τ. ἐλπίδος μέχρι τέλους βεβαίαν κατάσχωμεν
6 11 πρὸς τ. πληροφορίαν τ. ἐλπίδος ἄχρι τέλους
18 οἱ καταφυγόντες κρατῆσαι τ. προκειμένης ἐλπίδος
7 19 ἐπεισαγωγὴ δὲ κρείττονος ἐλπίδος
10 23 κατέχωμεν τ. ὁμολογίαν τ. ἐλπίδος ἀκλινῆ
I Pe 1 3 ὁ κατὰ τ. πολὺ αὐτοῦ ἔλεος ἀναγεννήσας ὑμᾶς εἰς ἐλπίδα ζῶσαν
21 ὥστε τ. πίστιν ὑμῶν κ. ἐλπίδα εἶναι εἰς Θεόν
3 15 παντὶ τ. αἰτοῦντι ὑμᾶς λόγον περὶ τῆς ἐν ὑμῖν ἐλπίδος
I Jo 3 3 [1] πᾶς ὁ ἔχων τ. ἐλπίδα ταύτην ἐπ' αὐτῷ

ἘΛΥ'ΜΑΣ 1681

Ac 13 8 ἀνθίστατο δὲ αὐτοῖς Ἐλ. ὁ μάγος

ἘΛΩΙ' 1682

Mt 27 46 ἐλωί ἐλωί λεμὰ σαβαχθανεί
ἠλεὶ ἠλεί, T; ἠλεί ἠλεί, WH **mg.**
Mk 15 34 ἐλωί ἐλωί λαμὰ σαβαχθανεί
ἐλωΐ ἐλωΐ, T

ἘΜΑΥΤΟΥ῀ 1683

(1) ἀπ' ἐμαυτοῦ

Mt 8 9 ἔχων ὑπ' ἐμαυτὸν στρατιώτας
Lu 7 7 διὸ οὐδὲ ἐμαυτὸν ἠξίωσα πρός σε ἐλθεῖν
8 ἔχων ὑπ' ἐμαυτὸν στρατιώτας
Jo 5 30 [1] οὐ δύναμαι ἐγὼ ποιεῖν ἀπ' ἐμαυτοῦ οὐδέν
31 ἐὰν ἐγὼ μαρτυρῶ περὶ ἐμαυτοῦ
7 17 [1] ἢ ἐγὼ ἀπ' ἐμαυτοῦ λαλῶ
28 [1] ἀπ' ἐμαυτοῦ οὐκ ἐλήλυθα
8 14 κἂν ἐγὼ μαρτυρῶ περὶ ἐμαυτοῦ
18 ἐγώ εἰμι ὁ μαρτυρῶν περὶ ἐμαυτοῦ
28 [1] ἀπ' ἐμαυτοῦ ποιῶ οὐδέν
42 [1] οὐδὲ γὰρ ἀπ' ἐμαυτοῦ ἐλήλυθα
54 ἐὰν ἐγὼ δοξάσω ἐμαυτόν
10 18 [1] ἀλλ' ἐγὼ τίθημι αὐτὴν ἀπ' ἐμαυτοῦ
12 32 πάντας ἑλκύσω πρὸς ἐμαυτόν
49 ὅτι ἐγὼ ἐξ ἐμαυτοῦ οὐκ ἐλάλησα
14 3 πάλιν ἔρχομαι κ. παραλήμψομαι ὑμᾶς πρὸς ἐμαυτόν
10 [1] τὰ ῥήματα ἃ ἐγὼ λέγω ὑμῖν ἀπ' ἐμαυτοῦ οὐ λαλῶ
21 ἐμφανίσω αὐτῷ ἐμαυτόν
17 19 ὑπὲρ αὐτῶν ἐγὼ ἁγιάζω ἐμαυτόν
Ac 20 24 οὐδενὸς λόγου ποιοῦμαι τ. ψυχὴν τιμίαν ἐμαυτῷ
24 10 εὐθύμως τὰ περὶ ἐμαυτοῦ ἀπολογοῦμαι
26 2 ἥγημαι ἐμαυτὸν μακάριον ἐπὶ σοῦ μέλλων σήμερον ἀπολογεῖσθαι

Ac 26 9 ἐγὼ μὲν οὖν ἔδοξα ἐμαυτῷ . . . δεῖν πολλὰ ἐναντία πρᾶξαι
Ro 11 4 κατέλιπον ἐμαυτῷ ἑπτακισχιλίους ἄνδρας
הִשְׁאַרְתִּי בְיִשְׂרָאֵל שִׁבְעַת אֲלָפִים, 1 Ki. xix. 18
1 Co 4 3 ἀλλ' οὐδὲ ἐμαυτὸν ἀνακρίνω·
4 οὐδὲν γὰρ ἐμαυτῷ σύνοιδα
6 ταῦτα δὲ . . . μετεσχημάτισα εἰς ἐμαυτὸν κ. Ἀπολλὼν δι' ὑμᾶς
7 7 θέλω δὲ πάντας ἀνθρώπους εἶναι ὡς κ. ἐμαυτόν
9 19 πᾶσιν ἐμαυτὸν ἐδούλωσα
10 33 μὴ ζητῶν τὸ ἐμαυτοῦ σύμφορον
II Co 2 1 ἔκρινα γὰρ ἐμαυτῷ τοῦτο
11 7 ἢ ἁμαρτίαν ἐποίησα ἐμαυτὸν ταπεινῶν
9 ἐν παντὶ ἀβαρῆ ἐμαυτὸν ὑμῖν ἐτήρησα
12 5 ὑπὲρ δὲ ἐμαυτοῦ οὐ καυχήσομαι
Ga 2 18 εἰ γὰρ . . . ταῦτα πάλιν οἰκοδομῶ παραβάτην ἐμαυτὸν συνιστάνω
Phl 3 13 ἐγὼ ἐμαυτὸν οὔπω λογίζομαι κατειληφέναι
Phm 13 ὃν ἐγὼ ἐβουλόμην πρὸς ἐμαυτὸν κατέχειν

ἘΜΒΑΙ'ΝΩ 1684

Mt 8 23 ἐμβάντι αὐτῷ εἰς πλοῖον
9 1 ἐμβὰς εἰς πλοῖον διεπέρασεν
13 2 ὥστε αὐτὸν εἰς πλοῖον ἐμβάντα καθῆσθαι
14 22 ἠνάγκασεν τ. μαθητὰς ἐμβῆναι εἰς πλοῖον
15 39 ἀπολύσας τ. ὄχλους ἐνέβη εἰς τὸ πλοῖον
Mk 4 1 ὥστε αὐτὸν εἰς πλοῖον ἐμβάντα καθῆσθαι ἐν τ. θαλάσσῃ
5 18 ἐμβαίνοντος αὐτοῦ εἰς τὸ πλοῖον
6 45 ἠνάγκασεν τ. μαθητὰς αὐτοῦ ἐμβῆναι εἰς τὸ πλοῖον
8 10 εὐθὺς ἐμβὰς εἰς τὸ πλοῖον μετὰ τ. μαθητῶν αὐτοῦ
13 πάλιν ἐμβὰς ἀπῆλθεν εἰς τὸ πέραν
Lu 5 3 ἐμβὰς δὲ εἰς ἓν τ. πλοίων
8 22 αὐτὸς ἐνέβη εἰς πλοῖον κ. οἱ μαθηταὶ αὐτοῦ
37 αὐτὸς δὲ ἐμβὰς εἰς πλοῖον ὑπέστρεψεν
Jo 5 4 ὁ οὖν πρῶτος ἐμβὰς μετὰ τ. ταραχὴν τ. ὕδατος
— h. v., TWHR non mg.
6 17 ἐμβάντες εἰς πλοῖον ἤρχοντο πέραν τ. θαλάσσης
24 ἐνέβησαν αὐτοὶ εἰς τὰ πλοιάρια
21 3 ἐξῆλθαν κ. ἐνέβησαν εἰς τὸ πλοῖον
Ac 21 6 ἀπησπασάμεθα ἀλλήλους κ. ἐνέβημεν εἰς τὸ πλοῖον
ἀνέβημεν, T

ἘΜΒΑ'ΛΛΩ 1685

Lu 12 5 φοβήθητε τὸν μετὰ τὸ ἀποκτεῖναι ἔχοντα ἐξουσίαν ἐμβαλεῖν εἰς τ. γέενναν

ἘΜΒΑ'ΠΤΩ* 1686

Mt 26 23 ὁ ἐμβάψας μετ' ἐμοῦ τ. χεῖρα ἐν τ. τρυβλίῳ
Mk 14 20 ὁ ἐμβαπτόμενος μετ' ἐμοῦ εἰς τὸ τρυβλίον

ἘΜΒΑΤΕΥ'Ω 1687

Col 2 18 ἃ ἑόρακεν ἐμβατεύων

ἘΜΒΙΒΑ'ΖΩ 1688

Ac 27 6 ἐνεβίβασεν ἡμᾶς εἰς αὐτό

ἘΜΒΛΕ'ΠΩ 1689

Mt 6 26 ἐμβλέψατε εἰς τὰ πετεινὰ τ. οὐρανοῦ
19 26 ἐμβλέψας δὲ ὁ Ἰησοῦς εἶπεν αὐτοῖς
Mk 8 25 ἐνέβλεπεν τηλαυγῶς ἅπαντα
10 21 ὁ δὲ Ἰησοῦς ἐμβλέψας αὐτῷ ἠγάπησεν αὐτόν
27 ἐμβλέψας αὐτοῖς ὁ Ἰησοῦς λέγει
14 67 ἐμβλέψασα αὐτῷ λέγει
Lu 20 17 ὁ δὲ ἐμβλέψας αὐτοῖς εἶπεν
22 61 στραφεὶς ὁ Κύριος ἐνέβλεψεν τ. Πέτρῳ
Jo 1 36 ἐμβλέψας τ. Ἰησοῦ περιπατοῦντι λέγει
42 ἐμβλέψας αὐτῷ ὁ Ἰησοῦς εἶπεν
Ac 22 11 ὡς δὲ οὐκ ἐνέβλεπον ἀπὸ τ. δόξης τ. φωτὸς ἐκείνου
οὐδὲν ἔβλεπον, WH marg.

ἘΜΒΡΙΜΑ'ΟΜΑΙ 1690

Mt 9 30 ἐνεβριμήθη αὐτοῖς ὁ Ἰησοῦς
Mk 1 43 ἐμβριμησάμενος αὐτῷ εὐθὺς ἐξέβαλεν αὐτόν
14 5 κ. ἐνεβριμῶντο αὐτῇ
ἐνεβριμοῦντο, T
Jo 11 33 Ἰησοῦς οὖν . . . ἐνεβριμήσατο τ. πνεύματι
38 Ἰησοῦς οὖν πάλιν ἐμβριμώμενος ἐν ἑαυτῷ
ἐμβριμούμενος, T

ἘΜΕ'Ω 1692

Re 3 16 μέλλω σε ἐμέσαι ἐκ τ. στόματός μου

ἘΜΜΑΙ'ΝΟΜΑΙ* † 1693

Ac 26 11 περισσῶς τε ἐμμαινόμενος αὐτοῖς

ἘΜΜΑΝΟΥΗ'Λ 1694

Mt 1 23 καλέσουσιν τὸ ὄνομα αὐτοῦ Ἐμμανουήλ
קָרָאת שְׁמוֹ עִמָּנוּאֵל, Is. vii. 14

ἘΜΜΑΟΥ'Σ 1695

Lu 24 13 πορευόμενοι εἰς κώμην . . ᾧ ὄνομα Ἐμμαούς

ἘΜΜΕ'ΝΩ 1696

Ac 14 22 παρακαλοῦντες ἐμμένειν τ. πίστει
28 30 ἐνέμεινεν δὲ διετίαν ὅλην ἐν ἰδίῳ μισθώματι
Ga 3 10 ὃς οὐκ ἐμμένει πᾶσι τ. γεγραμμένοις ἐν τ. βιβλίῳ τ. νόμου
אֲשֶׁר לֹא־יָקִים אֶת־דִּבְרֵי הַתּוֹרָה־הַזֹּאת, Dt. xxvii. 26
He 8 9 αὐτοὶ οὐκ ἐνέμειναν ἐν τ. διαθήκῃ μου
הֵמָּה הֵפֵרוּ אֶת־בְּרִיתִי, Jer. xxxi. 32

ἙΜΜΩ'Ρ 1697

Ac 7 16 ᾧ ὠνήσατο Ἀβραὰμ . . . παρὰ τ. υἱῶν Ἑμμὼρ ἐν Συχέμ
Ἐμμώρ, T

ἘΜΟ'Σ 1699

(1) τὸ ἐμόν, τὰ ἐμά

Mt 18 20 δύο ἢ τρεῖς συνηγμένοι εἰς τὸ ἐμὸν ὄνομα
19 29 πᾶς ὅστις ἀφῆκεν οἰκίας . . . ἕνεκεν τ. ἐμοῦ ὀνόματος
20 15 [1] οὐκ ἔξεστίν μοι ὃ θέλω ποιῆσαι ἐν τ. ἐμοῖς;
23 τὸ δὲ καθίσαι ἐκ δεξιῶν μου . . . οὐκ ἔστιν ἐμὸν δοῦναι
25 27 [1] ἐκομισάμην ἂν τὸ ἐμὸν σὺν τόκῳ
Mk 8 38 ὃς γὰρ ἐὰν ἐπαισχυνθῇ με κ. τ. ἐμοὺς λόγους
10 40 τὸ δὲ καθίσαι ἐκ δεξιῶν μου . . . οὐκ ἔστιν ἐμὸν δοῦναι
Lu 9 26 ὃς γὰρ ἂν ἐπαισχυνθῇ με κ. τ. ἐμοὺς λόγους
15 31 [1] πάντα τὰ ἐμὰ σά ἐστιν
22 19 τοῦτο ποιεῖτε εἰς τ. ἐμὴν ἀνάμνησιν
Jo 3 29 αὕτη οὖν ἡ χαρὰ ἡ ἐμὴ πεπλήρωται
4 34 ἐμὸν βρῶμά ἐστιν
5 30 ἡ κρίσις ἡ ἐμὴ δικαία ἐστίν· ὅτι οὐ ζητῶ τὸ θέλημα τὸ ἐμόν
47 πῶς τ. ἐμοῖς ῥήμασι πιστεύσετε;
6 38 οὐχ ἵνα ποιῶ τὸ θέλημα τὸ ἐμόν
51 ἐάν τις φάγῃ ἐκ τ. ἐμοῦ ἄρτου
ἐκ τούτου τ. ἄρτ., WHR
7 6 ὁ καιρὸς ὁ ἐμὸς οὔπω πάρεστιν
8 ὅτι ὁ ἐμὸς καιρὸς οὔπω πεπλήρωται
16 ἡ ἐμὴ διδαχὴ οὐκ ἔστιν ἐμή
8 16 ἡ κρίσις ἡ ἐμὴ ἀληθινή ἐστιν
31 ἐὰν ὑμεῖς μείνητε ἐν τ. λόγῳ τ. ἐμῷ
37 ὅτι ὁ λόγος ὁ ἐμὸς οὐ χωρεῖ ἐν ὑμῖν
43 διὰ τί τ. λαλιὰν τ. ἐμὴν οὐ γινώσκετε; ὅτι οὐ δύνασθε ἀκούειν τ. λόγον τ. ἐμόν
51 ἐάν τις τ. ἐμὸν λόγον τηρήσῃ
56 ἠγαλλιάσατο ἵνα ἴδῃ τ. ἡμέραν τ. ἐμήν
10 14 [1] γινώσκω τὰ ἐμὰ κ. γινώσκουσίν με τὰ ἐμά
26 ὅτι οὐκ ἐστὲ ἐκ τ. προβάτων τ. ἐμῶν
27 τὰ πρόβατα τὰ ἐμὰ τ. φωνῆς μου ἀκούουσιν
12 26 ἐκεῖ κ. ὁ διάκονος ὁ ἐμὸς ἔσται
13 35 γνώσονται πάντες ὅτι ἐμοὶ μαθηταί ἐστε
14 15 ἐὰν ἀγαπᾶτέ με τ. ἐντολὰς τ. ἐμὰς τηρήσετε
24 ὁ λόγος ὃν ἀκούετε οὐκ ἔστιν ἐμός
27 εἰρήνην τ. ἐμὴν δίδωμι ὑμῖν
15 9 μείνατε ἐν τ. ἀγάπῃ τ. ἐμῇ
11 ἵνα ἡ χαρὰ ἡ ἐμὴ ἐν ὑμῖν ᾖ
12 αὕτη ἐστὶν ἡ ἐντολὴ ἡ ἐμή
16 14 [1] ὅτι ἐκ τ. ἐμοῦ λήμψεται
15 πάντα ὅσα ἔχει ὁ πατὴρ ἐμά ἐστιν· [1] διὰ τοῦτο εἶπον ὅτι ἐκ τ. ἐμοῦ λαμβάνει
17 10 [1] τὰ ἐμὰ πάντα σά ἐστιν κ. τὰ σὰ ἐμά
13 ἵνα ἔχωσιν τ. χαρὰν τ. ἐμὴν πεπληρωμένην ἐν ἑαυτοῖς
24 ἵνα θεωρῶσιν τ. δόξαν τ. ἐμήν
18 36 ἡ βασιλεία ἡ ἐμὴ οὐκ ἔστιν ἐκ τ. κόσμου τούτου·
εἰ ἐκ τ. κόσμου τούτου ἦν η βασιλεία ἡ ἐμή,
οἱ ὑπηρέται οἱ ἐμοὶ ἠγωνίζοντο ἄν
ἂν οἱ ἐμοὶ ἠγων., T
36 νῦν δὲ ἡ βασιλεία ἡ ἐμὴ οὐκ ἔστιν ἐντεῦθεν
Ro 3 7 εἰ δὲ ἡ ἀλήθεια τ. Θεοῦ ἐν τ. ἐμῷ ψεύσματι ἐπερίσσευσεν
10 1 ἡ μὲν εὐδοκία τ. ἐμῆς καρδίας
I Co 1 15 ἵνα μή τις εἴπῃ ὅτι εἰς τὸ ἐμὸν ὄνομα ἐβαπτίσθητε
I Co 5 4 συναχθέντων ὑμῶν κ. τ. ἐμοῦ πνεύματος
7 40 μακαριωτέρα δέ ἐστιν ἐὰν οὕτως μείνῃ κατὰ τ. ἐμὴν γνώμην
9 3 ἡ ἐμὴ ἀπολογία τοῖς ἐμὲ ἀνακρίνουσίν ἐστιν αὕτη
11 24 τοῦτο ποιεῖτε εἰς τ. ἐμὴν ἀνάμνησιν
25 ἡ καινὴ διαθήκη ἐστὶν ἐν τ. ἐμῷ αἵματι· τοῦτο ποιεῖτε . . . εἰς τ. ἐμὴν ἀνάμνησιν
16 18 ἀνέπαυσαν γὰρ τ. ἐμὸν πνεῦμα κ. τὸ ὑμῶν
21 ὁ ἀσπασμὸς τ. ἐμῇ χειρὶ Παύλου
II Co 1 23 μάρτυρα τ. Θεὸν ἐπικαλοῦμαι ἐπὶ τ. ἐμὴν ψυχήν
2 3 ἡ ἐμὴ χαρὰ πάντων ὑμῶν ἐστίν
8 23 κοινωνὸς ἐμὸς κ. εἰς ὑμᾶς συνεργός
Ga 1 13 ἠκούσατε γὰρ τ. ἐμὴν ἀναστροφήν ποτε ἐν τ. Ἰουδαϊσμῷ
6 11 πηλίκοις ὑμῖν γράμμασιν ἔγραψα τ. ἐμῇ χειρί
Phl 1 26 διὰ τ. ἐμῆς παρουσίας πάλιν πρὸς ὑμᾶς
3 9 μὴ ἔχων ἐμὴν δικαιοσύνην τὴν ἐκ νόμου
Col 4 18 ὁ ἀσπασμὸς τ. ἐμῇ χειρὶ Παύλου
II Th 3 17 ὁ ἀσπασμὸς τ. ἐμῇ χειρὶ Παύλου
Phm 10 παρακαλῶ σε περὶ τ. ἐμοῦ τέκνου
12 αὐτὸν τοῦτ' ἔστιν τὰ ἐμὰ σπλάγχνα
19 ἐγὼ Παῦλος ἔγραψα τ. ἐμῇ χειρί
II Pe 1 15 ἑκάστοτε ἔχειν ὑμᾶς μετὰ τ. ἐμὴν ἔξοδον
III Jo 4 ἵνα ἀκούω τ. ἐμὰ τέκνα ἐν τ. ἀληθείᾳ περιπατοῦντα
Re 2 20 διδάσκει κ. πλανᾷ τ. ἐμοὺς δούλους

1699.5 ἘΜΠΑΙΓΜΟΝΗ' * † cf. 1701

II Pe 3 3 ἐλεύσονται ἐπ' ἐσχάτων τ. ἡμερῶν ἐν ἐμπαιγμονῇ ἐμπαῖκται

ἘΜΠΑΙΓΜΟ'Σ † 1701

He 11 36 ἕτεροι δὲ ἐμπαιγμῶν κ. μαστιγων πεῖραν ἔλαβον

ἘΜΠΑΙ'ΖΩ 1702

Mt 2 16 ἰδὼν ὅτι ἐνεπαίχθη ὑπὸ τ. μάγων
20 19 παραδώσουσιν αὐτὸν τ. ἔθνεσιν εἰς τὸ ἐμπαῖξαι
27 29 γονυπετήσαντες ἔμπροσθεν αὐτοῦ ἐνέπαιξαν αὐτῷ
31 ὅτε ἐνέπαιξαν αὐτῷ
41 ὁμοίως κ. οἱ ἀρχιερεῖς ἐμπαίζοντες . . . ἔλεγον
Mk 10 34 παραδώσουσιν αὐτὸν τ. ἔθνεσιν κ. ἐμπαίξουσιν αὐτῷ
15 20 ὅτε ἐνέπαιξαν αὐτῷ
31 ὁμοίως κ. οἱ ἀρχιερεῖς ἐμπαίζοντες . . . ἔλεγον
Lu 14 29 ἵνα μήποτε . . . πάντες οἱ θεωροῦντες ἄρξωνται αὐτῷ ἐμπαίζειν
18 32 παραδοθήσεται γὰρ τ. ἔθνεσιν κ. ἐμπαιχθήσεται
22 63 οἱ ἄνδρες οἱ συνέχοντες αὐτὸν ἐνέπαιζον αὐτῷ
23 11 ἐξουθενήσας δὲ ὁ Ἡρῴδης . . . κ. ἐμπαίξας
36 ἐνέπαιξαν δὲ αὐτῷ κ. οἱ στρατιῶται

ἘΜΠΑΙ'ΚΤΗΣ † 1703

II Pe 3 3 ἐλεύσονται ἐπ' ἐσχάτων τ. ἡμερῶν ἐν ἐμπαιγμονῇ ἐμπαῖκται
Ju 18 ἐπ' ἐσχάτου χρόνου ἔσονται ἐμπαῖκται

ἘΜΠΙ´ΜΠΛΗΜΙ, ἘΜΠΙΠΛΑ´Ω 1705

Lu 1 53 πεινῶντας ἐνέπλησεν ἀγαθῶν
6 25 οὐαὶ ὑμῖν οἱ ἐμπεπλησμένοι νῦν
Jo 6 12 ὡς δὲ ἐνεπλήσθησαν
Ac 14 17 ἐμπιπλῶν τροφῆς κ. εὐφροσύνης τ. καρδίας ὑμῶν
Ro 15 24 ἐὰν ὑμῶν πρῶτον ἀπὸ μέρους ἐμπλησθῶ

1705.5 ἘΜΠΙ´ΠΡΗΜΙ, ἘΜΠΡΗ´ΘΩ cf. 1714, 4092

Mt 22 7 τ. πόλιν αὐτῶν ἐνέπρησεν
Ac 28 6 οἱ δὲ προσεδόκων αὐτὸν μέλλειν ἐμπιπρᾶσθαι
πίμπρασθαι, WHR

ἘΜΠΙ´ΠΤΩ 1706

Mt 12 11 ἐὰν ἐμπέσῃ τοῦτο τ. σάββασιν εἰς βόθυνον
Lu 6 39 οὐχὶ ἀμφότεροι εἰς βόθυνον ἐμπεσοῦνται
10 36 πλησίον δοκεῖ σοι γεγονέναι τ. ἐμπεσόντος εἰς τ. λῃστάς
I Ti 3 6 ἵνα μὴ τυφωθεὶς εἰς κρίμα ἐμπέσῃ τ. διαβόλου
7 ἵνα μὴ εἰς ὀνειδισμὸν ἐμπέσῃ
6 9 οἱ δὲ βουλόμενοι πλουτεῖν ἐμπίπτουσιν εἰς πειρασμόν
He 10 31 φοβερὸν τὸ ἐμπεσεῖν εἰς χεῖρας Θεοῦ ζῶντος

ἘΜΠΛΕ´ΚΩ 1707

II Ti 2 4 οὐδεὶς στρατευόμενος ἐμπλέκεται ταῖς τ. βίου πραγματίαις
II Pe 2 20 τούτοις δὲ πάλιν ἐμπλακέντες ἡττῶνται

ἘΜΠΛΟΚΗ´* 1708

I Pe 3 3 ὧν ἔστω οὐχ ὁ ἔξωθεν ἐμπλοκῆς τριχῶν

ἘΜΠΟΡΕΥ´ΟΜΑΙ 1710

Ja 4 13 ποιήσομεν ἐκεῖ ἐνιαυτὸν κ. ἐμπορευσόμεθα
II Pe 2 3 ἐν πλεονεξίᾳ πλαστοῖς λόγοις ὑμᾶς ἐμπορεύσονται

ἘΜΠΟΡΙ´Α 1711

Mt 22 5 ὃς μὲν εἰς τ. ἴδιον ἀγρὸν ὃς δὲ ἐπὶ τ. ἐμπορίαν αὐτοῦ

ἘΜΠΟ´ΡΙΟΝ 1712

Jo 2 16 μὴ ποιεῖτε τ. οἶκον τ. πατρός μου οἶκον ἐμπορίου

ἜΜΠΟΡΟΣ 1713

Mt 13 45 ὁμοία ἐστὶν ἡ βασιλεία τ. οὐρανῶν ἀνθρώπῳ ἐμπόρῳ
—ἀνθρ., WH non mg.
Re 18 3 οἱ ἔμποροι τ. γῆς ἐκ τ. δυνάμεως τ. στρήνους αὐτῆς ἐπλούτησαν
11 οἱ ἔμποροι τ. γῆς κλαίουσιν κ. πενθοῦσιν ἐπ' αὐτήν
15 οἱ ἔμποροι τούτων οἱ πλουτήσαντες ἀπ' αὐτῆς
23 οἱ ἔμποροί σου ἦσαν οἱ μεγιστᾶνες τ. γῆς

ἘΜΠΡΗ´ΘΩ *Vide* ἘΜΠΙ´ΠΡΗΜΙ 1705.5

ἜΜΠΡΟΣΘΕΝ 1715

(1) εἰς τὸ ἔμπρ., ἔμπρ. κ. ὄπισθεν
(2) τὰ ἔμπρ. (3) πορεύειν ἔμπρ.

Mt 5 16 οὕτως λαμψάτω τὸ φῶς ὑμῶν ἔμπρ. τ. ἀνθρώπων
24 ἄφες ἐκεῖ τὸ δῶρόν σου ἔμπρ. τ. θυσιαστηρίου
6 1 τ. δικαιοσύνην ὑμῶν μὴ ποιεῖν ἔμπρ. τ. ἀνθρώπων
2 μὴ σαλπίσῃς ἔμπροσθέν σου
7 6 μηδὲ βάλητε τ. μαργαρίτας ὑμῶν ἔμπρ. τ. χοίρων
10 32 ὅστις ὁμολογήσει ἐν ἐμοὶ ἔμπρ. τ. ἀνθρώπων,
ὁμολογήσω κἀγὼ ἐν αὐτῷ ἔμπρ. τ. πατρός μου
33 ὅστις δὲ ἀρνήσηταί με ἔμπρ. τ. ἀνθρώπων,
ἀρνήσομαι κἀγὼ αὐτὸν ἔμπρ. τ. πατρός μου
11 10 ὃς κατασκευάσει τὴν ὁδόν σου ἔμπροσθέν σου
וּפִנָּה־דֶרֶךְ לְפָנָי, Mal. iii. 1
26 οὕτως εὐδοκία ἐγένετο ἔμπροσθέν σου
17 2 μετεμορφώθη ἔμπρ. αὐτῶν
18 14 οὕτως οὐκ ἔστιν θέλημα ἔμπρ. τ. πατρός μου
23 14 κλείετε τ. βασιλείαν τ. οὐρανῶν ἔμπρ. τ. ἀνθρώπων
25 32 συναχθήσονται ἔμπρ. αὐτοῦ πάντα τὰ ἔθνη
26 70 ὁ δὲ ἠρνήσατο ἔμπρ. πάντων
27 11 ὁ δὲ Ἰησοῦς ἐστάθη ἔμπρ. τ. ἡγεμόνος
29 γονυπετήσαντες ἔμπροσθεν αὐτοῦ
Mk 2 12 ἐξῆλθεν ἔμπρ. πάντων
9 2 μετεμορφώθη ἔμπρ. αὐτῶν
Lu 5 19 καθῆκαν αὐτὸν σὺν τ. κλινιδίῳ εἰς τὸ μέσον ἔμπρ. τ. Ἰησοῦ
7 27 ὃς κατασκευάσει τὴν ὁδόν σου ἔμπροσθέν σου, Mal. *l.c.*
10 21 οὕτως εὐδοκία ἐγένετο ἔμπροσθέν σου
12 8 πᾶς ὃς ἂν ὁμολογήσει ἐν ἐμοὶ ἔμπρ. τ. ἀνθρώπων,
κ. ὁ υἱὸς τ. ἀνθρώπου ὁμολογήσει ἐν αὐτῷ ἔμπρ. τ. ἀγγέλων τ. Θεοῦ
14 2 ἄνθρωπός τις ἦν ὑδρωπικὸς ἔμπρ. αὐτοῦ
19 4 [1] προδραμὼν εἰς τὸ ἔμπρ. ἀνέβη ἐπὶ συκομορέαν
27 κατασφάξατε αὐτοὺς ἔμπροσθέν μου
28 [3] ἐπορεύετο ἔμπρ. ἀναβαίνων εἰς Ἱεροσόλυμα
21 36 σταθῆναι ἔμπρ. τ. υἱοῦ τ. ἀνθρώπου
Jo 1 15 ὁ ὀπίσω μου ἐρχόμενος ἔμπροσθέν μου γέγονεν
30 ὀπίσω μου ἔρχεται ἀνὴρ ὃς ἔμπρ. μου γέγονεν
3 28 ἀπεσταλμένος εἰμὶ ἔμπρ. ἐκείνου
10 4 ὅταν τὰ ἴδια πάντα ἐκβάλῃ ἔμπρ. αὐτῶν πορεύεται
12 37 τοσαῦτα δὲ αὐτοῦ σημεῖα πεποιηκότος ἔμπρ. αὐτῶν
Ac 10 4 ἀνέβησαν εἰς μνημόσυνον ἔμπρ. τ. Θεοῦ
18 17 ἔτυπτον ἔμπρ. τ. βήματος
II Co 5 10 φανερωθῆναι δεῖ ἔμπρ. τ. βήματος τ. Χριστοῦ
Ga 2 14 εἶπον τῷ Κηφᾷ ἔμπρ. πάντων
Phl 3 13 [2] τοῖς δὲ ἔμπροσθεν ἐπεκτεινόμενος

1 Th 1 3 μνημονεύοντες . . . ἔμπρ. τ. Θεοῦ κ. πατρὸς ἡμῶν
2 19 ἢ οὐχὶ κ. ὑμεῖς ἔμπρ. τ. Κυρίου ἡμῶν Ἰησοῦ
3 9 ᾗ χαίρομεν δι' ὑμᾶς ἔμπρ. τ. Θεοῦ ἡμῶν
13 ἀμέμπτους ἐν ἁγιωσύνῃ ἔμπρ. τ. Θεοῦ κ. πατρὸς ἡμῶν
1 Jo 3 19 ἔμπρ. αὐτοῦ πείσομεν τ. καρδίαν ἡμῶν
Re 4 6 [1] τέσσερα ζῷα γέμοντα ὀφθαλμῶν ἔμπρ. κ. ὄπισθεν
ἔνπροσθεν, T
19 10 ἔπεσα ἔμπρ. τ. ποδῶν αὐτοῦ προσκυνῆσαι αὐτῷ
22 8 ἔπεσα προσκυνῆσαι ἔμπρ. τ. ποδῶν τ. ἀγγέλου

ἘΜΠΤΎΩ 1716

Mt 26 67 τότε ἐνέπτυσαν εἰς τὸ πρόσωπον αὐτοῦ
27 30 ἐμπτύσαντες εἰς αὐτὸν ἔλαβον τ. κάλαμον
Mk 10 34 ἐμπτύσουσιν αὐτῷ κ. μαστιγώσουσιν αὐτόν
14 65 ἤρξαντό τινες ἐμπτύειν αὐτῷ
15 19 ἔτυπτον αὐτοῦ τ. κεφαλὴν καλάμῳ κ. ἐνέπτυον αὐτῷ
Lu 18 32 ὑβρισθήσεται κ. ἐμπτυσθήσεται

ἘΜΦΑΝΉΣ 1717

Ac 10 40 ἔδωκεν αὐτὸν ἐμφανῆ γενέσθαι
Ro 10 20 ἐμφανὴς ἐγενόμην τοῖς ἐμὲ μὴ ἐπερωτῶσιν
נִדְרַשְׁתִּי לְלוֹא שָׁאָלוּ, Is. lxv. 1

ἘΜΦΑΝΊΖΩ 1718

Mt 27 53 εἰσῆλθον εἰς τ. ἁγίαν πόλιν κ. ἐνεφανίσθησαν πολλοῖς
Jo 14 21 ἐμφανίσω αὐτῷ ἐμαυτόν
22 τί γέγονεν ὅτι ἡμῖν μέλλεις ἐμφανίζειν σεαυτόν
Ac 23 15 νῦν οὖν ὑμεῖς ἐμφανίσατε τ. χιλιάρχῳ
22 μηδενὶ ἐκλαλῆσαι ὅτι ταῦτα ἐνεφάνισας πρὸς ἐμέ
24 1 οἵτινες ἐνεφάνισαν τ. ἡγεμόνι κατὰ τ. Παύλου
25 2 ἐνεφάνισάν τε αὐτῷ οἱ ἀρχιερεῖς
15 ἐνεφάνισαν οἱ ἀρχιερεῖς κ. οἱ πρεσβύτεροι τ. Ἰουδαίων
He 9 24 νῦν ἐμφανισθῆναι τ. προσώπῳ τ. Θεοῦ ὑπὲρ ἡμῶν
11 14 οἱ γὰρ τοιαῦτα λέγοντες ἐμφανίζουσιν ὅτι πατρίδα ἐπιζητοῦσιν

ἜΜΦΟΒΟΣ ** 1719

Lu 24 5 ἐμφόβων δὲ γενομένων αὐτῶν
37 πτοηθέντες δὲ κ. ἔμφοβοι γενόμενοι
Ac 10 4 ὁ δὲ ἀτενίσας αὐτῷ κ. ἔμφοβος γενόμενος
24 25 ἔμφοβος γενόμενος ὁ Φῆλιξ
Re 11 13 οἱ λοιποὶ ἔμφοβοι ἐγένοντο

ἘΜΦΥΣΆΩ 1720

Jo 20 22 τοῦτο εἰπὼν ἐνεφύσησεν κ. λέγει αὐτοῖς

ἜΜΦΥΤΟΣ ** 1721

Ja 1 21 ἐν πραΰτητι δέξασθε τ. ἔμφυτον λόγον

ἘΝ (See Supplement, p. 1067) 1722

(1) de temp. **(2)** instrum. **(3)** c. infin. **(4)** in constr. prægn. **(5)** adv. locut.

Mt 1. 18, 20, 23; 2. 1, [1]1, 2, 5, 6, 9, 16 (*bis*), 18, 19; 3. [1]1, 1, 3, 6, 9, 11 (*bis*), 12, 17; 4. 13, 16 (*bis*), 21, 23 (*ter*); 5. 12, [2]13, 15, 16, 19 (*bis*), 25, 28, 34, 35, 36, 45; 6. 1, 2 (*bis*), [5]4 (*bis*), 5 (*bis*), [5]6 (*bis*), 7, 9, 10, [5]18 (*bis*), 20, 23, 29; 7. [2]2 (*bis*), 3 (*bis*), 4, 6, 11, 15, 21, [1]22; 8. 6, 10, 11, [1]13, 24, 32; 9. 3, 4, 10, 21, 31, 33, [2]34, h. v., [WH], 35; 10. 11, [1]15, 16, 17, [1]19, 20, 23, 27 (*bis*), 28, 32 (*ter*), 33; 11. 1, 2, 6, 8 (*bis*), 11 (*bis*), 16, 20, 21 (*ter*), [1]22, 23 (*bis*), [1]24, [1]25; 12. [1]1, [1]2, 5 (*bis*), 19, [2]24, [2]27 (*bis*), [2]28, [1]32 (*bis*), [1]36, 40 (*bis*), 41, 42, 50; 13. [1]1, 3, [3]4, 10, 13, 19, 21, 24, [3]25, 27, [1]30, 31, 32, 34, 35, 40, 43, 44, [1]49, 54, 57 (*ter*); 14. [1]1, 2, 3, 6, 10, 13, 33; 15. 32, 33; 16. 7, 8, 17, 19 (*bis*), 27, 28; 17. 5, 12, 21 —h. v., TWHR non mg., 22; 18. [1]1, 1, 2, 4, 6, 10 (*bis*), 14, 18 (*bis*), 19, 20; 19. 21, 28; 20. 3, 15, 17, 21, 26 (*bis*), 27 —WH mg.; 21. 8 (*bis*), 9 (*bis*), 12, 14, 15, 19, 22, [2]23, [2]24, 25 παρ', TWH mg. R, [2]27, 28, 32, 33, 38, [1]41, 42 (*bis*); 22. 1, 15, 16, [1]23, 28, 30 (*bis*), 36, 37 (*ter*), 40, 43; 23. 6 (*bis*), 7, 16 (*bis*), 18 (*bis*), 20 (*ter*), 21 (*ter*), 22 (*ter*), [1]30, 30, 34, 39; 24. 14, 15, 16, 18, 19, [1]19, 26 (*bis*), 30, [1]38, 40, 41, [1]45, 48, [1]50 (*bis*); 25. 4, 16, 25, 31, 36, 39, 43, 44; 26. 5 (*bis*), 6 (*bis*), 13, 23, 29, 31 (*bis*), 33, [1]34, [2]52, [1]55, 55, 69; 27. [3]12, 29, [1]40, 56, 59 —T [WH], 60 (*bis*); 28. 18.

Mk 1. 2, 3, 4, 5, 8 —WH, [1]9, 11, 13, 15, [4]16, 19, 20, 23 (*bis*); 2. 1 εἰς, WH mg., 6, 8 (*bis*), 15, [1]19, [1]20, [1]23; 3. [1]2 —WH, [2]22, 23; 4. 1, 2 (*bis*), [3]4, 11, 15 εἰς, WHR, 17, 20 ἕν, WH mg., 20 (*bis*), [WH]; [ἓν] WH mg., [2]24, 28, 30, [1]35, 36, 38; 5. 2, 3, 5 (*bis*), 13, 20, 21, 25, 27, 30 (*bis*); 6. 2, 3, 4 (*ter*), 14, 17, 27, 29, 32 —T, 47, [3]48, 51, 56; 8. [1]1, 3, 14, 27, 38 (*bis*); 9. 1, [2]29 (*bis*), 33 (*bis*), 34, 36, 38, 41, [2]50, 50 (*bis*); 10. 21, [1]30 (*bis*), 32, 37, 43 (*bis*), 44 —T, 52; 11. 9, 10, 13, 15, 23, 25, 26 —h. v., TWHR non mg., 27, [2]28, [2]29, [2]33; 12. 1, 11, 23, 25, 26, 35, 36, 38 (*ter*), 39 (*bis*); 13. [1]11, 14, 17, [1]17, [1]24, 25, 26, 32; 14. [2]1, 2, 3, 6, 25, 49, 66; 15. 7, [1]29 —T [WH], 40, 41, 46; 16. 5, [12, [[2]17, [18 —h. v., T [WH] R.

Lu 1. 1, [1]5, 6, [1]7, [3]8, 8, 17, [4]17, [1]18, [3]21, 21, 22, [1]25, 25, [1]26, 28 —h. v., TWH non mg. R non mg., 31, 36, [1]39, 41, 42, 44 (*bis*), [2]51, [1]59, 65, 66, 69, 75, 77, 78, 79, 80; 2. [1]1, [3]6, 7 (*bis*), 8, 11, 12, 14 (*bis*), 16, 19, 21, 23, 24, 25, 27, [3]27, 29, 34, [1]36, [3]43, 43, 44, 46 (*bis*), 49, 51, 52 —WH; 3. [1]1, 2, 4 (*bis*), 8, 15, 16, 17, 20, [3]21, 22 —h. v., WH mg.; 4. 1, [4]1, [1]2, [1]5, 14, 15, [1]16, 18, 20, 21, 23, 24, [1]25, 27, 28, [1]31, 32, 33, 36; 5. [3]1, 3 ἐκ, WHR, 7, [3]12, 12, 16, [1]17, 22, 29, [1]34, [1]35; 6. [1]1, [1]6, [1]7, [1]12, 12, [1]23, 23, 41 (*bis*), 42 (*ter*); 7. 9, [1]11, 16, [4]17, [1]21, 23, 25 (*ter*), 28 (*bis*), 32, 37 (*bis*), 39, 49; 8. [1]1, [3]5, 7, 10, [1]13, 15 (*ter*), [1]22, 27 (*bis*), 32, [3]40, [3]42, 43; 9. 12, [3]18, 26, [3]29, 31 (*bis*), [3]33, [3]34, [3]36, [1]36, 46, 48, 49 ἐπὶ, T, [3]51, 57; 10. [4]3, 7, 9, [1]12, 13 (*ter*), 14, 17, 20 (*bis*), [1]21, 21 —WH, 26, 27 (*ter*), 31 [WH] [3]35, [3]38; 11. [3]1, 1, [2]15, [2]18, [2]19 (*bis*), [2]20, 21, [3]27, 31, 32, 35, [2]36 —TWH non mg. R, [3]37, 43 (*bis*); 12. [1]1, 3 (*ter*), 8 (*bis*), [1]12, [3]15, 17, 27, 28, 33, [1]38, [1]38 —WH mg., [1]42, 45, [1]46 (*bis*), [4]51, 52, 58;

13. [1]1, 4, 4 —WHR, 6 (*bis*), 7, 10, [1]10, [1]14 (*bis*), 19, 26, 28, 29, [1]31, 35; **14.** [3]1, [1]5, 14, 15, [2]31, [2]34; **15.** 4, 7, 25; **16.** 3, 10 (*quater*), 11, 12, 15, 23 (*ter*), 24, 25, 26; **17.** 6, [3]11, [3]14, 24 —h. v., WH non mg. R mg., [1]26 (*bis*), [1]28, [1]31, 31 (*bis*), 36 —h. v., TWHR non mg.; **18.** 2, 3, 4, [5]8, 22, [1]30 (*bis*), [3]35; **19.** 5, [1]13, [3]15, 17, 20, 30, 36, 38 (*ter*), [1]42, 44 (*bis*), 47; **20.** [1]1, 1, [2]2, [2]8, [1]19, 33, 42, 46 (*quater*); **21.** [1]6, [4]14, 19, 21 (*ter*), 23, [1]23, 25 (*bis*), 27, 34, [1]36, 37, 38; **22.** 7 —WH, 16, 20 —h. v., [[WH]] R. mg., 24, 26, 27, 28, 30, 37, 44 —h. v., [[WH]] R. mg., [2]49, 53, 55; **23.** 4, 7, [1]7, 9, [1]12, 12, 14, 19, [4]19, 22, [1]29, 31 (*bis*), 40, 42 εἰς, WH non mg. R. mg., 43, 53; **24.** [3]4, 4, 6, [1]13, [3]15, 18, [1]18, 19, 27, [3]30, 32 —WH non mg., 32, 35 (*bis*), 36, 38, 44, 49, [3]51, 53.

Jo **1.** 1, 2, 4, 5, 10, 14, 23, 26, 28, 31, 33 (*bis*), 45, 47; **2.** 1, 11, 14, [1]19 [WH], [1]20, 23 (*ter*), 25; **3.** 13 —h. v., WH non mg., R mg., 14, 15, 21, 23, [4]35; **4.** 14, 20 (*bis*), 21 (*bis*), 23, 24, [1]31, 37, 44, 45 (*bis*), 46, [1]52, [1]53; **5.** 2, 3, [[4]4, 5, [1]7, [1]9, 13, 14, [1]16, 26 (*bis*), [1]28, 28, 35, 38, 39, 42, 43 (*bis*); **6.** 10, 31, [1]39 —WHR, [1]40 —WHR, [1]44, 45, 49, 53, 56 (*bis*), 59, 61; **7.** 1 (*bis*), [5]4 (*bis*), 9, [5]10, 11, 12 —T, 18, [1]22 [WH], [1]23 (*bis*), 28, [1]37, 43; **8.** [3, [5, [9, 12, 17, 20 (*bis*), 21, 24 (*bis*), 31, 35, 37, 44 (*bis*); **9.** 3, 5, [1]14, 16, 30, 34; **10.** 19, 22, 23 (*bis*), 25, 34, 38 (*bis*); **11.** 6, [1]9, [1]10, 10, 17, 20, 24, [1]24, 30, 31, 38, 54, 56; **12.** 13, 20, 25, 35 (*bis*), 46, [1]48; **13.** 1, 23, 31, 32 —h. v., WHR, 32, 35 (*bis*); **14.** 2, 10 (*ter*), 11 (*bis*), 13 (*bis*), 14, 17, [1]20, 20 (*ter*), 26, 30; **15.** 2, 4 (*quater*), 5 (*bis*), 6, 7 (*bis*), 8, 9, 10 (*bis*), 11, 16, 24, 25; **16.** 13 εἰς, WH non mg R, [1]23, 23, 24, 25 (*bis*), [1]26, 26, 29, 30, 33 (*bis*); **17.** 10, 11 (*ter*), 12, 13 (*bis*), 17, 19, 21 (*ter*), 23 (*bis*), 26 (*bis*); **18.** 20 (*bis*), [5]20, 26, 38, 39 [WH]; **19.** 4 —T, 6, [1]31, 41 (*ter*); **20.** 12, 25, 30, 31; **21.** [1]3, 20.

Ac 1. 3, 5, [1]6, 7, 8, 8 [WH], 10, [1]15, 15, 17, 20 (*bis*); **2.** [3]1, 5 [WH], εἰς WH mg., 8, [1]17, [1]18, 19, 22, 29, 38 ἐπὶ, T, [1]41, 43 —h. v., WHR non mg., 46 (*bis*); **3.** 6, 25, [3]26; **4.** 2, 5 εἰς, T, 7, [2]7 (*bis*), [2]9, 10 (*bis*), 12 (*bis*), [2]12, 24, 27, [3]30, 31, 34; **5.** 4 (*bis*), 12 (*bis*), 18, 20, 22, 23, 25 (*bis*), 27, 32 —TWH non mg. R non mg., 34, [1]37, 42; **6.** [1]1, 1, 7, 8, 15; **7.** 2 (*bis*), 4, 5, 6, 7, [1]13, 14, 16 (*bis*), 17, [1]20, 20, 22 —WH, 22, 29 (*bis*), 30 (*bis*), 34, 35, 36 (*ter*), 38 (*ter*), 39, [1]41, 41, 42 (*bis*), 44, 45, 48; **8.** [1]1, 1, [3]6, 8, 9, 14, 21, 33; **9.** [3]3, 10 (*bis*), 11, 12 —h. v., T [WH] R, 13, 17, 19, 20, 21 εἰς, T, 22, 25, 27 (*ter*), 29, 36, [1]37, 37, 38, 43; **10.** 1, 3, 12, 17, 30 (*bis*), 32, 35, 39, 39 —WH, 40 —WH, 48; **11.** 5 (*bis*), 11, 13, 14, [3]15, 15, 16, 22, 23 —T [WH] R non mg., 26 (*bis*), [1]27, 29; **12.** 5, 7, [5]7, 11, 18; **13.** 1, 5 (*bis*), 15, 17 (*bis*), 18, 19, 26, 27, 33, 35, 39 (*bis*), 40, [1]41; **14.** 1, 8, 15, [1]16, 25 εἰς, TWH mg.; **15.** 7, 12, 21, 22, 29 —h. v., TWH non mg. R, 35, 36; **16.** 2, 3, 4, 6, 12, 18, 32, [1]33, [4]36; **17.** 11, 13, 16 (*bis*), 17 (*bis*), 22, 23, 24 (*bis*), 28, [1]31, 34; **18.** 4, [1]9, 10, 11, 18, 24, 26, 27 (*bis*) —h. v., TWH non mg R; **19.** [3]1, 1, [1]9, 16, 21, 39; **20.** 5, [1]7, 8, 10, 15 —h. v., TWH non mg. R non mg., 16, 19, 22, 25, [1]26, 28, 32; **21.** 11, 19, 20 —h. v., T, 27, 29, 34; **22.** 3 (*bis*), 17 (*bis*), [5]18; **23.** 6, 9, 35; **24.** 12 (*bis*), 14, 16, 18 (*bis*), 21; **25.** [5]4, 5 (*bis*), 6, 24; **26.** 4 (*bis*), [5]7, 10 (*bis*), 12, 18, 20, 21, 26, [5]28, [5]29 (*bis*); **27.** [1]7, 21, 27, 31, 37; **28.** 7, 9, 11, 18, 29 —h. v., TWHR non mg., 30.

Ro **1.** 2, 4, 5, 6, 7, 8, 9 (*bis*), 10, 12 (*bis*), 13 (*bis*), 15, 17, 18, 19, 21, [4]23, [4]24, 24, [4]25, 27 (*ter*), 28; **2.** 1, 5, 12, 15, [1]16, 17, 19, 20, 23, 24, [5]28 (*bis*), 28, [5]29, 29; **3.** 4, [3]4, 7, 16, 19, 24, 25, 26, [1]26; **4.** 10 (*quater*), 11, 12; **5.** 2, 3, 5, 9, 10, 11, 13, 15, 17 —TWH non mg. R, 17, 21; **6.** 2, 4, 11, 12, 23; **7.** 5 (*bis*), 6 (*bis*), 8, 17, 18 (*bis*), 20, 23 (*bis*); **8.** 1, 2, 3 (*ter*), 4, 8, 9 (*ter*), 10, 11 (*bis*), 15, 23, 29, 34, 37, 39; **9.** 1 (*bis*), 7, 17 (*bis*), 22, 25, 26, 33; **10.** 5, 6, 8 (*bis*), 9 (*bis*), 20 (*bis*) —TWH non mg. R; **11.** 2, [1]5, 17, 25 παρ', TWH mg. R; **12.** 3, 4, 5, 7 (*bis*), 8 (*quater*), 21; **13.** 9, 9 [WH], [1]13; **14.** 5, 14, 17, 18, 21, 22; **15.** 5, 6, 9, [3]13, 13 (*bis*), 16, 17, 19 (*bis*), 23, 26, 27, 29, 30, 31, 32; **16.** 1, 2 (*bis*), 3, 7 (*bis*), 8, 9, 10, 11, 12 (*bis*), 13, 16, [5]20, 22.

I Co **1.** 2 (*ter*), 4, [5]5, 5 (*bis*), 6, 7, [1]8, 10 (*ter*), 11, 17, 21, 30, 31; **2.** 2, 3 (*ter*), 4 (*bis*), 5 (*bis*), 6, 7, 11, 13 (*bis*); **3.** 1, 3, 13, 16, 18, [1]18, 19, 21; **4.** 2, 4, 6, 10, 15, [4]15, 17 (*ter*), 20 (*bis*), 21 (*bis*); **5.** 1 (*bis*), 4, [1]5, 8 (*ter*), 9; **6.** 2, 4, 5, 11 (*bis*), 19, 20; **7.** 14 (*bis*), 15 (*bis*), 17, 18, 20 (*bis*), 22, 24 (*bis*), 37 (*bis*), 39; **8.** 4, 5, 7, 10, 11; **9.** 1, 2, 9, 15, 18, 24; **10.** 2 (*bis*), 5 (*bis*), 8 —TWH non mg., 25; **11.** 11, 13, 18 (*bis*), 19 (*bis*), [3]21, 22, [1]23, 25, 30, 34; **12.** 3 (*bis*), 6, 9 (*bis*), 13, 18, 25, 28; **13.** 12; **14.** 6 (*ter*), 6 —T, 10, 11, 16 —T [WH] R, 19 (*bis*), 21 (*ter*), 25, 28, 33, 34, 35 (*bis*); **15.** 1, [5]3, 12, 17, 18, 19 (*bis*), 22 (*bis*), 23 (*bis*), 28, 31, 32, 41, 42 (*bis*), 43 (*quater*), 52 (*ter*), 58 (*bis*); **16.** 7, 8, 11, 13, 14, 19, 20, 24.

II Co **1.** 1 (*bis*), 4, 6, 8, 9, 12 (*quater*), [1]14, 19 (*bis*), 20, 22; **2.** 1, 10, 12, 14 (*bis*), 15 (*bis*), 17; **3.** 2, 3 (*bis*), 7 (*bis*), 8, 10, 11, 14; **4.** 2, 3, 4, 6 (*bis*), 7, 8, 10 (*bis*), 11, 12 (*bis*); **5.** 1, 2, 4, 6, 11, 12 (*bis*), 17, 19 (*bis*), 21; **6.** [1]2, 3, 4 (*quinquies*), 5 (*sexies*), 6 (*sexies*), 7 (*bis*), 12 (*bis*), 16; **7.** 1, 3, 5, 6, 7 (*bis*), 8, 9, 11, 14, 16 (*bis*); **8.** 1, 2, 7 (*ter*), 10, [1]13, 16, 18, 19 σὺν, T, 20, 22; **9.** 3, 4, 8, 11; **10.** 1, 3, [5]6, 12, 14, 15 (*bis*), 16, 17; **11.** 3, 6 (*bis*), 9, 10 (*bis*), 12, 17 (*bis*), 21 (*bis*), 23 (*quater*), 25, 26 (*quater*), 27 (*quater*), 32, 33; **12.** 2 (*bis*), 3, 5, 9 (*bis*), 10 (*quater*), 10 καὶ, TWH non mg., 12, 19; **13.** 3 (*bis*), 4 σὺν, WH mg. R mg., 5 (*bis*), 12.

Ga 1. 6, 13, 14 (*bis*), 16 (*bis*), 22, 24; **2.** 2, 4, 17, 20 (*ter*); **3.** 5, 8, 10, 11, 12, 14, 19, 21 ἐκ, TWH mg. R, 26, 28; **4.** 14, 18, [3]18, 19, 20, 25; **5.** 4, 6, 10, 14 (*bis*); **6.** 1 (*bis*), 6, 12, 13, 14, 17.

Eph 1. 1 —ἐν Ἐφέσῳ [TWH] R mg., 1, 3 (*ter*), 4 (*bis*), 6, 7, 8, 9, 10 (*bis*), 11, 12, 13 (*bis*), 15, 17, 18, 20 (*ter*), [1]21 (*bis*), 23; **2.** 2, 3 (*bis*), 4, 5 —TWH non mg. R non mg., 6 (*bis*), [1]7, 7 (*bis*), 10 (*bis*), 11 (*bis*), 12, 13 (*bis*), 15 (*ter*), 16 (*bis*), 18, 21 (*bis*), 22 (*bis*); **3.** [5]3, 4, 5, 6, 9, 10, 11, 12, 13, 15, 17, 18, 20, 21 (*bis*); **4.** 1, 2, 3, 4, 6, 14 (*bis*), 15, 16 (*bis*), 17 (*bis*), 18, 19, 21 (*bis*), 24, 30, 32; **5.** 2, 3, 5, 8, 9, 18 (*bis*), 19 —TWH [WH mg.] R, 20, 21, [5]24, 26; **6.** 1 [WH], 2, 4, 5, 9, 10 (*bis*), 12, [1]13, 14, 15, 16 (*bis*), [1]18, 18 (*bis*), 19, [5]19, 20 (*bis*), 21, 24.

Phl 1. 1 (*bis*), 4, 6, 7 (*ter*), 8, 9, 13 (*bis*), 14, 18, 20 (*ter*), 22, 26 (*bis*), 27, 28, 30 (*bis*); **2.** 1, 5 (*bis*), 6, 7, 10, 12 (*bis*), 13, 15 (*bis*), 19, 24, 29; **3.** 1, 3 (*bis*), 4 (*bis*), 6, 9, 14, 19, 20; **4.** 1, 2, 3 (*bis*), 4, [5]6, 7, 9, 10, 11, 12 (*bis*), 13, 15, 16, 19 (*bis*), 21.

Col 1. 2 (*bis*), 4, 5 (*bis*), 6 (*ter*), 8, 9, 10, 11, 12, 14, 16 (*bis*), 17, 18, 19, 20, 21, 22, 23, 24 (*bis*), 27 (*bis*), 28 (*bis*), 29 (*bis*) ; 2. 1 (*bis*), 2, 3, 4, 6, 7, 7 —T [WH] R non mg., 7, 9, 10, 11 (*ter*), 12 (*bis*), [5]15, 15, 16 (*ter*), 18, 20, 23 (*bis*) ; 3. 1, 3, 4, 7 (*bis*), 11, 15 (*bis*), 16 (*quater*), 17 (*ter*), 18, 20, 22 (*bis*) ; 4. 1, 2 (*bis*), 5, 6, 7, 12 (*bis*), 13 (*bis*), 15, 16, 17.

I Th 1. 1, 5 (*ter*), 5 —WH non mg. R, 6, 7 (*bis*), [4]8, [4]8 —WHR, [4]8 ; 2. 2 (*ter*), 3, 5 (*bis*), [5]6/7, 7, 13, 14 (*bis*), 17, 19; 3. 1, 2, 3, 8, 13 (*bis*); 4. 1, 4, 5, 6, 7, 10, 15, 16 (*quater*), 17, 18 ; 5. [1]2, 3, 4, 12 (*bis*), 13 (*bis*), [5]18, 18, 23, 26.

II Th 1. 1, 4 (*ter*), 7, 8, 10 (*bis*), [1]10, [5]11, 12 (*bis*) ; 2. [1]6, 9, 10, 13, 16, 17 ; 3. 4, 6, 7, 8, 11, 12, 16, 17.

I Ti 1. 2, 3, 4, 13, 14, 16, 18 ; 2. [5]2, 2, 7, 8, 9 (*bis*), 11 (*bis*), 12, 14, 15; 3. 4, 9, 11, 13 (*bis*), [5]14 —T, 15, 16 (*quinquies*) ; 4. [1]1, 2, 12 (*quinquies*), 14, 15 ; 5. 2, 10, 17 ; 6. [1]17, 18.

II Ti 1. 1, 3 (*bis*), 5 (*ter*), 6, 9, 13 (*bis*), 14, 15, 17, [1]18, 18 ; 2. 1 (*bis*), 7, 9, 10, 20, 25 ; 3. [1]1, 11 (*ter*), 12, 14, 15, 16 ; 4. 2, 5, [1]8, 13, 16, 20 (*bis*).

Tit 1. 3, 5, 6, 9, 13 [WH] ; 2. 3, 7, 9, 10, [1]12 ; 3. 3, 5, [5]15.

Phm 6, 8, 10, 13, 16 (*bis*), 20 (*bis*), 23.

He 1. 1, 2, 3 (*bis*) ; 2. [3]8, 12, 18 ; 3. 2, 5, 8 (*bis*), 9, 11, 12, [3]12, [3]15, 15, 17 ; 4. 3, [1]4, 5, 7, [4]11 ; 5. 6, [1]7 ; 6. 17, 18 ; 7. 10 ; 8. 1, 5, [1]9, 9, [3]13 ; 9. 2, 4, [2]22, 23, 25 ; 10. 3, 7, 10, 12, 19, 22, 29, 32, 38 ; 11. 2, 9, 18, 19, 34, [2]37, 37 (*bis*), 38 ἐπί, TWH non mg. R. ; 12. 2, 23 ; 13. 3, 4, 9, 18, [2]20, 21 (*bis*).

Ja 1. 1, 4, 6, 8, 9, 10, 11, 21, 23, 25, 27 ; 2. 1, 2 (*bis*), 4, 5, 10, 16 ; 3. 2, 6, 9 (*bis*), 13 (*bis*), 14, 18 ; 4. 1 (*bis*), 3, 5, 16 ; 5. [1]3, [1]5, 10, 13, 14 (*bis*), 19.

I Pe 1. 2, 4, 5, [1]5, 6 (*bis*), 7, 11, 12 —WH, 13, 14, 15, 17, 22 ; 2. 2, 6 (*bis*), 12 (*bis*), [1]12, 18, 22, 24; 3. 2, 4, 15 (*bis*), 16 (*bis*), 19 (*bis*), [1]20, 22; 4. 2, 3, 4, 11, 12, 13, 14, 16, 19; 5. 1, 2, [1]6, 9, 10, 13, 14 (*bis*).

II Pe 1. 1, 2, 4 (*bis*), 5 (*bis*), 6 (*ter*), 7 (*bis*), 12, 13 (*bis*), 18, 19 (*bis*) ; 2. 1 (*bis*), 3, 7, 8, 10, 12 (*bis*), [1]13, 13, [2]16, 18 (*bis*), 20 ; 3. 1, [4]1, 3, 10 (*bis*), 11, 13, 14, 16 (*ter*), 18.

I Jo 1. 5, 6, 7 (*bis*), 8, 10 ; 2. 3, 4, 5 (*ter*), 6, 8 (*bis*), 9 (*bis*), 10 (*bis*), 11 (*bis*), 14, 15 (*bis*), 16, 24 (*ter*), 24 [WH], 27 (*bis*), 28 (*bis*) ; 3. 5, 6, 9, 10, 14, 15, 16, 17, 18, 19, 24 (*quater*) ; 4. 2 (*bis*), 3, 4 (*bis*), 9 (*bis*), 10, 12 (*bis*), 13 (*ter*), 15 (*bis*), 16 (*quater*), 17, [1]17, 17, 18 (*bis*) ; 5. 2, 6 (*ter*), 10, 11, 19, 20 (*bis*).

II Jo 1, 2, 3, 4, 6, 7, 9 (*bis*).

III Jo 1, 3, 4.

Ju 1, 10, 12, 14, 20, 21, 23, 24.

Re 1. [5]1, 3, 4, [2]5, 9 (*ter*), 10, [1]10, 13, 15, 16 (*bis*) ; 2. 1 (*ter*), 7, 8, 12, [1]13, [2]16, 18, [2]23, 24, [2]27 ; 3. 1, 4 (*bis*), 5, 7, 12, 14, 21 (*bis*) ; 4. 1, 2 (*bis*), 4 —WH non mg., 6 ; 5. [2]2, 3, 6 (*bis*), [2]9, 13 (*bis*) ; 6. 5, 6, [2]8 (*ter*) ; 7. 9, 14, 15 ; 8. 1, 7, 9, 13 ; 9. [1]6, 10, 11, 17, 19 (*bis*), [2]19, [2]20 ; 10. 2, 6 (*ter*), 6 — h. v., [WH] R mg., [1]7, 8, 9, 10 ; 11. 1, [2]6, [4]11 [WH], 12, [1]13, [2]13, 15, 19 (*bis*) ; 12. 1, 2, 3, [2]5, 7, 8, 10, 12 ; 13. 6, 8, [2]10 (*bis*), 12 ; 14. 2, 5, 6, [2]7, [2]9, 10, [2]10, 13, 14, [2]15, 17 ; 15. 1 (*bis*), 5 ; 16. 3, [2]8 ; 17. 3, 4, [2]16 —T [WH] ; 18. [2]2, 6, 7, [1]8, [2]8, [2]16 —[WH] R, 19 (*bis*), 22 (*ter*), 23 (*bis*), [2]23, 24 ; 19. 1, [2]2, 11, 14, [2]15 (*bis*), 17, [2]17 —[WH] R, 17, [2]20 (*bis*), [2]21 ; 20. 6, 8, 12, 13 (*bis*, 15 ; 21. 8, 10, 22, 27 ; 22. 2, 3, [5]6, 16 ἐπί, TWH non mg. R, 18, 19.

ἘΝΑΓΚΑΛΊΖΟΜΑΙ † 1723

Mk 9 36 ἐναγκαλισάμενος αὐτὸ εἶπεν αὐτοῖς
10 16 ἐναγκαλισάμενος αὐτὰ κατευλόγει

ἘΝΆΛΙΟΣ * 1724

Ja 3 7 ἑρπετῶν τε κ. ἐναλίων

ἜΝΑΝΤΙ † 1725

Lu 1 8 ἐν τ. ἱερατεύειν αὐτὸν . . . ἔναντι τ. Θεοῦ
Ac 7 10 ἔδωκεν αὐτῷ . . . σοφίαν ἔναντι Φαραω
ἐναντίον, WH
8 21 ἡ γὰρ καρδία σου οὐκ ἔστιν εὐθεῖα ἔναντι τ. Θεοῦ

ἘΝΑΝΤΊΟΝ 1726

Lu 1 6 ἦσαν δὲ δίκαιοι ἀμφότεροι ἐναντίον τ. Θεοῦ
20 26 οὐκ ἴσχυσαν ἐπιλαβέσθαι τ. ῥήματος ἐναντίον τ. λαοῦ
24 19 δυνατὸς ἐν ἔργῳ κ. λόγῳ ἐναντίον τ. Θεοῦ
Ac 7 10 ἔδωκεν αὐτῷ . . . σοφίαν ἐναντίον Φαραω
ἔναντι, T
8 32 ὡς ἀμνὸς ἐναντίον τ. κείροντος ἄφωνος
כְּרָחֵל לִפְנֵי גֹזְזֶיהָ נֶאֱלָמָה, Is. liii. 7

ἘΝΑΝΤΊΟΣ 1727

(1) ἐξ ἐναντίας (2) ἄνεμος ἐναντίος

Mt 14 24 [2] ἦν γὰρ ἐναντίος ὁ ἄνεμος
Mk 6 48 [2] ἦν γὰρ ὁ ἄνεμος ἐναντίος αὐτοῖς
15 39 [1] ὁ κεντυρίων ὁ παρεστηκὼς ἐξ ἐναντίας αὐτοῦ
Ac 26 9 δεῖν πολλὰ ἐναντία πρᾶξαι
27 4 [2] διὰ τὸ τ. ἀνέμους εἶναι ἐναντίους
28 17 ἐγὼ . . . οὐδὲν ἐναντίον ποιήσας τ. λαῷ
I Th 2 15 κ. πᾶσιν ἀνθρώποις ἐναντίων
Tit 2 8 [1] ἵνα ὁ ἐξ ἐναντίας ἐντραπῇ

ἘΝΆΡΧΟΜΑΙ 1728

Ga 3 3 ἐναρξάμενοι πνεύματι
Phl 1 6 ὅτι ὁ ἐναρξάμενος ἐν ὑμῖν ἔργον ἀγαθὸν

ἜΝΑΤΟΣ 1728.2 cf. 1766

Mt 20 5 πάλιν δὲ ἐξελθὼν περὶ ἕκτην κ. ἐνάτην ὥραν
27 45 σκότος ἐγένετο . . . ἕως ὥρας ἐνάτης
46 περὶ δὲ τ. ἐνάτην ὥραν ἐβόησεν ὁ Ἰησοῦς
Mk 15 33 σκότος ἐγένετο . . . ἕως ὥρας ἐνάτης
34 τ. ἐνάτῃ ὥρᾳ ἐβόησεν ὁ Ἰησοῦς
Lu 23 44 σκότος ἐγένετο . . . ἕως ὥρας ἐνάτης
Ac 3 1 ἐπὶ τ. ὥραν τ. προσευχῆς τ. ἐνάτην
10 3 ὡσεὶ περὶ ὥραν ἐνάτην τ. ἡμέρας
30 ἤμην τ. ἐνάτην προσευχόμενος
Re 21 20 ὁ ἔνατος τοπάζιον

ἘΝΓΡΆΦΟΜΑΙ 1728.4

Lu 10 20 τὰ ὀνόματα ὑμῶν ἐνγέγραπται ἐν τ. οὐρανοῖς

II Co 3 2 ἡ ἐπιστολὴ ἡμῶν ὑμεῖς ἐστὲ ἐνγεγραμμένη ἐν τ. καρδίαις ἡμῶν
3 ἐπιστολὴ Χριστοῦ . . . ἐνγεγραμμένη οὐ μέλανι

ἘΝΔΕΗ´Σ 1729

Ac 4 34 οὐδὲ γὰρ ἐνδεής τις ἦν ἐν αὐτοῖς

Ἔ͂ΝΔΕΙΓΜΑ* 1730

II Th 1 5 ἔνδειγμα τ. δικαίας κρίσεως τ. Θεοῦ

ἘΝΔΕΙ´ΚΝΥΜΑΙ 1731

Ro 2 15 οἵτινες ἐνδείκνυνται τὸ ἔργον τ. νόμου γραπτὸν ἐν τ. καρδίαις αὐτῶν
9 17 ὅπως ἐνδείξωμαι ἐν σοὶ τ. δύναμίν μου
בַּעֲבוּר הַרְאֹתְךָ אֶת־כֹּחִי, Ex. ix. 16
22 εἰ δὲ θέλων ὁ Θεὸς ἐνδείξασθαι τ. ὀργήν
II Co 8 24 τὴν οὖν ἔνδειξιν τ. ἀγάπης ὑμῶν . . . ἐνδείξασθε
ἐνδεικνύμενοι, TWH mg.
Eph 2 7 ἵνα ἐνδείξηται ἐν τ. αἰῶσι τ. ἐπερχομένοις τὸ ὑπερβάλλον πλοῦτος
I Ti 1 16 ἵνα ἐν ἐμοὶ πρώτῳ ἐνδείξηται Ἰησοῦς Χριστὸς τ. ἅπασαν μακροθυμίαν
II Ti 4 14 Ἀλέξανδρος πολλά μοι κακὰ ἐνεδείξατο
Tit 2 10 πᾶσαν πίστιν ἐνδεικνυμένους ἀγαθήν
3 2 πᾶσαν ἐνδεικνυμένους πραΰτητα
He 6 10 τ. ἀγάπης ἧς ἐνδείξασθε εἰς τὸ ὄνομα αὐτοῦ
11 ἕκαστον ὑμῶν τ. αὐτὴν ἐνδείκνυσθαι σπουδήν

Ἔ͂ΝΔΕΙΞΙΣ* 1732

Ro 3 25 εἰς ἔνδειξιν τ. δικαιοσύνης αὐτοῦ
26 πρὸς τ. ἔνδειξιν τ. δικαιοσύνης αὐτοῦ
II Co 8 24 τ. οὖν ἔνδειξιν τ. ἀγάπης ὑμῶν . . . ἐνδείξασθε
Phl 1 28 ἥτις ἐστὶν αὐτοῖς ἔνδειξις ἀπωλείας

Ἔ͂ΝΔΕΚΑ 1733

Mt 28 16 οἱ δὲ ἕνδεκα μαθηταὶ ἐπορεύθησαν
Mk 16 [14 ὕστερον δὲ ἀνακειμένοις αὐτοῖς τ. ἕνδεκα ἐφανερώθη
Lu 24 9 ἀπήγγειλαν ταῦτα πάντα τοῖς ἕνδεκα
33 κ. εὗρον ἠθροισμένους τ. ἕνδεκα
Ac 1 26 συνκατεψηφίσθη μετὰ τ. ἕνδεκα ἀποστόλων
2 14 σταθεὶς δὲ ὁ Πέτρος σὺν τοῖς ἕνδεκα

ἙΝΔΕ´ΚΑΤΟΣ 1734

Mt 20 6 περὶ δὲ τ. ἑνδεκάτην ἐξελθὼν
9 ἐλθόντες δὲ οἱ περὶ τ. ἑνδεκάτην ὥραν
Re 21 20 ὁ ἑνδέκατος ὑάκινθος

ἘΝΔΕ´ΧΟΜΑΙ 1735

Lu 13 33 οὐκ ἐνδέχεται προφήτην ἀπολέσθαι ἔξω Ἰερουσαλήμ

ἘΝΔΗΜΕ´Ω* 1736

II Co 5 6 εἰδότες ὅτι ἐνδημοῦντες ἐν τ. σώματι
8 ἐνδημῆσαι πρὸς τ. Κύριον
9 εἴτε ἐνδημοῦντες εἴτε ἐκδημοῦντες

ἘΝΔΙΔΥ´ΣΚΩ 1737

Mk 15 17 ἐνδιδύσκουσιν αὐτὸν πορφύραν
Lu 16 19 ἐνεδιδύσκετο πορφύραν κ. βύσσινον

Ἔ͂ΝΔΙΚΟΣ* 1738

Ro 3 8 ὧν τὸ κρίμα ἔνδικόν ἐστιν
He 2 2 πᾶσα παράβασις κ. παρακοὴ ἔλαβεν ἔνδικον μισθαποδοσίαν

ἘΝΔΟΞΑ´ΖΟΜΑΙ† 1740

II Th 1 10 ὅταν ἔλθῃ ἐνδοξασθῆναι ἐν τ. ἁγίοις αὐτοῦ
12 ὅπως ἐνδοξασθῇ τὸ ὄνομα τ. Κυρίου ἡμῶν Ἰησοῦ

Ἔ͂ΝΔΟΞΟΣ 1741

Lu 7 25 οἱ ἐν ἱματισμῷ ἐνδόξῳ κ. τρυφῇ ὑπάρχοντες
13 17 ἔχαιρεν ἐπὶ πᾶσι τ. ἐνδόξοις τ. γινομένοις ὑπ᾽ αὐτοῦ
I Co 4 10 ὑμεῖς ἔνδοξοι ἡμεῖς δὲ ἄτιμοι
Eph 5 27 ἵνα παραστήσῃ αὐτὸς ἑαυτῷ ἔνδοξον τ. ἐκκλησίαν

Ἔ͂ΝΔΥΜΑ 1742

Mt 3 4 αὐτὸς δὲ ὁ Ἰωάνης εἶχεν τὸ ἔνδυμα αὐτοῦ ἀπὸ τριχῶν καμήλου
6 25 οὐχὶ ἡ ψυχὴ πλεῖόν ἐστιν τ. τροφῆς κ. τὸ σῶμα τ. ἐνδύματος;
28 περὶ ἐνδύματος τί μεριμνᾶτε;
7 15 οἵτινες ἔρχονται πρὸς ὑμᾶς ἐν ἐνδύμασι προβάτων
22 11 εἶδεν ἐκεῖ ἄνθρωπον οὐκ ἐνδεδυμένον ἔνδυμα γάμου
12 πῶς εἰσῆλθες ὧδε μὴ ἔχων ἔνδυμα γάμου;
28 3 τὸ ἔνδυμα αὐτοῦ λευκὸν ὡς χιών
Lu 12 23 ἡ ψυχὴ πλεῖόν ἐστιν τ. τροφῆς κ. τὸ σῶμα τ. ἐνδύματος

ἘΝΔΥΝΑΜΟ´Ω† 1743

Ac 9 22 Σαῦλος δὲ μᾶλλον ἐνεδυναμοῦτο
Ro 4 20 ἀλλὰ ἐνεδυναμώθη τ. πίστει
Eph 6 10 ἐνδυναμοῦσθε ἐν Κυρίῳ
δυναμοῦσθε, WH mg.
Phl 4 13 πάντα ἰσχύω ἐν τ. ἐνδυναμοῦντί με
I Ti 1 12 χάριν ἔχω τ. ἐνδυναμώσαντί με Χριστῷ Ἰησοῦ
ἐνδυναμοῦντί, WH mg. R mg.
II Ti 2 1 ἐνδυναμοῦ ἐν τ. χάριτι τῇ ἐν Χριστῷ Ἰησοῦ
4 17 ὁ δὲ Κύριός μοι παρέστη κ. ἐνεδυνάμωσέν με

ἘΝΔΥ´ΝΩ 1744

II Ti 3 6 ἐκ τούτων γάρ εἰσιν οἱ ἐνδύνοντες εἰς τ. οἰκίας

Ἔ͂ΝΔΥΣΙΣ 1745

I Pe 3 3 ἡ ἐνδύσεως ἱματίων κόσμος

ἘΝΔΥ´Ω 1746

Mt 6 25 μηδὲ τ. σώματι ὑμῶν τί ἐνδύσησθε
22 11 εἶδεν ἐκεῖ ἄνθρωπον οὐκ ἐνδεδυμένον ἔνδυμα γάμου

Mt 27 28 ἐνδύσαντες αὐτὸν χλαμύδα κοκκίνην περιέθηκαν αὐτῷ
ἐκδύσαντες, TWH non mg. R non mg.
31 ἐνέδυσαν αὐτὸν τὰ ἱμάτια αὐτοῦ
Mk 1 6 ἦν ὁ Ἰωάνης ἐνδεδυμένος τρίχας καμήλου
6 9 μὴ ἐνδύσασθαι δύο χιτῶνας
ἐνδύσησθε, TWH mg. R
15 20 ἐνέδυσαν αὐτὸν τ. ἱμάτια αὐτοῦ
Lu 8 27 χρόνῳ ἱκανῷ οὐκ ἐνεδύσατο ἱμάτιον
12 22 μηδὲ τ. σώματι ὑμῶν τί ἐνδύσησθε
15 22 ἐξενέγκατε στολὴν τ. πρώτην κ. ἐνδύσατε αὐτόν
24 49 ἕως οὗ ἐνδύσησθε ἐξ ὕψους δύναμιν
Ac 12 21 ὁ Ἡρῴδης ἐνδυσάμενος ἐσθῆτα βασιλικὴν
Ro 13 12 ἐνδυσώμεθα δὲ τὰ ὅπλα τ. φωτός
14 ἐνδύσασθε τ. Κύριον Ἰησοῦν Χριστόν
1Co15 53 δεῖ γὰρ τὸ φθαρτὸν τοῦτο ἐνδύσασθαι ἀφθαρσίαν,
κ. τὸ θνητὸν τοῦτο ἐνδύσασθαι ἀθανασίαν·
54 ὅταν δὲ τὸ φθαρτὸν τοῦτο ἐνδύσηται ἀφθαρσίαν,
—τὸ φθ. τοῦτο ἐνδ. ἀφθ., WH non mg. R mg.
κ. τὸ θνητὸν τοῦτο ἐνδύσηται τ. ἀθανασίαν
—κ., WH non mg. R mg.
IICo5 3 εἴγε κ. ἐνδυσάμενοι οὐ γυμνοὶ εὑρεθησόμεθα
Ga 3 27 ὅσοι γὰρ εἰς Χριστὸν ἐβαπτίσθητε Χριστὸν ἐνεδύσασθε
Eph 4 24 ἐνδύσασθαι τ. καινὸν ἄνθρωπον
6 11 ἐνδύσασθε τ. πανοπλίαν τ. Θεοῦ
14 ἐνδυσάμενοι τ. θώρακα τ. δικαιοσύνης
Col 3 10 ἐνδυσάμενοι τ. νέον
12 ἐνδύσασθε οὖν ὡς ἐκλεκτοὶ τ. Θεοῦ . . . σπλάγχνα οἰκτιρμοῦ
I Th 5 8 ἐνδυσάμενοι θώρακα πίστεως κ. ἀγάπης
Re 1 13 ὅμοιον υἱὸν ἀνθρώπου ἐνδεδυμένον ποδήρη
15 6 ἐνδεδυμένοι λίθον καθαρὸν λαμπρόν
19 14 ἐνδεδυμένοι βύσσινον λευκὸν καθαρόν

1746.5 **ἘΝΔΩ΄ΜΗΣΙΣ * †** cf. 1739

Re 21 18 ἡ ἐνδώμησις τ. τείχους αὐτῆς ἴασπις

ἘΝΕ΄ΔΡΑ 1747,1749

Ac 23 16 ἀκούσας δὲ ὁ υἱὸς τ. ἀδελφῆς Παύλου τ. ἐνέδραν
25 3 ἐνέδραν ποιοῦντες ἀνελεῖν αὐτὸν κατὰ τὴν ὁδόν

ἘΝΕΔΡΕΥ΄Ω 1748

Lu 11 54 ἐνεδρεύοντες αὐτὸν θηρεῦσαί τι ἐκ τ. στόματος αὐτοῦ
Ac 23 21 ἐνεδρεύουσιν γὰρ αὐτὸν ἐξ αὐτῶν ἄνδρες

ἘΝΕΙΛΕ΄Ω 1750

Mk 15 46 καθελὼν αὐτὸν ἐνείλησεν τ. σινδόνι

ἜΝΕΙΜΙ 1751

Lu 11 41 πλὴν τὰ ἐνόντα δότε ἐλεημοσύνην

ἛΝΕΚΑ, ἛΝΕΚΕΝ 1752

(1) εἵνεκεν (2) οὗ, τίνος ἕν.

Mt 5 10 μακάριοι οἱ δεδιωγμένοι ἕνεκεν δικαιοσύνης
11 εἴπωσιν πᾶν πονηρὸν καθ' ὑμῶν ψευδόμενοι ἕνεκεν ἐμοῦ

Mt 10 18 ἐπὶ ἡγεμόνας δὲ κ. βασιλεῖς ἀχθήσεσθε ἕνεκεν ἐμοῦ
39 ὁ ἀπολέσας τ. ψυχὴν αὐτοῦ ἕνεκεν ἐμοῦ
16 25 ὃς δ' ἂν ἀπολέσῃ τ. ψυχὴν αὐτοῦ ἕνεκεν ἐμοῦ
19 5 ἕνεκα τούτου καταλείψει ἄνθρωπος τ. πατέρα
עַל־כֵּן יַעֲזָב־אִישׁ אֶת־אָבִיו, Gen. ii. 24
29 πᾶς ὅστις ἀφῆκεν οἰκίας . . . ἕνεκεν τ. ἐμοῦ ὀνόματος
ἕνεκα, T
Mk 8 35 ὃς δ' ἂν ἀπολέσει τ. ψυχὴν αὐτοῦ ἕνεκεν ἐμοῦ κ. τ. εὐαγγελίου
10 7 ἕνεκεν τούτου καταλείψει ἄνθρωπος τ. πατέρα αὐτοῦ, Gen. *l.c.*
29 ὃς ἀφῆκεν οἰκίαν . . . ἕνεκεν ἐμοῦ κ. ἕνεκεν τοῦ εὐαγγελίου
[ἕνεκεν], WH
13 9 ἐπὶ ἡγεμόνων κ. βασιλέων σταθήσεσθε ἕνεκεν ἐμοῦ
Lu 4 18 [1,2] οὗ εἵνεκεν ἔχρισέν με εὐαγγελίσασθαι πτωχοῖς
יַעַן מָשַׁח יְהוָה אֹתִי לְבַשֵּׂר עֲנָוִים, Is. lxv. 1
6 22 ὅταν μισήσωσιν ὑμᾶς οἱ ἄνθρωποι . . ἕνεκα τ. υἱοῦ τ. ἀνθρώπου
9 24 ὃς δ' ἂν ἀπολέσῃ τ. ψυχὴν αὐτοῦ ἕνεκεν ἐμοῦ
18 29 [1] ὃς ἀφῆκεν οἰκίαν . . . εἵνεκεν τ. βασιλείας τ. Θεοῦ
21 12 ἀπαγομένους ἐπὶ βασιλεῖς κ. ἡγεμόνας ἕνεκεν τ. ὀνόματός μου
Ac 19 32 [2] οἱ πλείους οὐκ ᾔδεισαν τίνος ἕνεκα συνεληλύθεισαν
26 21 ἕνεκα τούτων με Ἰουδαῖοι συλλαβόμενοι ἐν τ. ἱερῷ
28 20 [1] εἵνεκεν γὰρ τ. ἐλπίδος τοῦ Ἰσραὴλ
Ro 8 36 ὅτι ἕνεκέν σου θανατούμεθα ὅλην τ. ἡμέραν
כִּי עָלֶיךָ הֹרַגְנוּ כָל־הַיּוֹם, Ps. xliv. 23
14 20 μὴ ἕνεκεν βρώματος κατάλυε τὸ ἔργον τ. Θεοῦ
IICo3 10 [1] εἵνεκεν τῆς ὑπερβαλλούσης δόξης
7 12 εἰ κ. ἔγραψα ὑμῖν οὐχ ἕνεκεν τ. ἀδικήσαντος,
ἀλλ' οὐδὲ ἕνεκεν τ. ἀδικηθέντος·
—ἀλλ', T [WH] R
ἀλλ' ἕνεκεν τ. φανερωθῆναι τ. σπουδὴν ὑμῶν

ἘΝΕΝΗ΄ΚΟΝΤΑ 1752.2 cf. 1768

Mt 18 12 οὐχὶ ἀφήσει τὰ ἐνενήκοντα ἐννέα
13 χαίρει ἐπ' αὐτῷ μᾶλλον ἢ ἐπὶ τοῖς ἐν. ἐννέα
Lu 15 4 οὐ καταλείπει τὰ ἐν. ἐννέα ἐν τῇ ἐρήμῳ
7 οὕτως χαρὰ . . . ἐπὶ ἑνὶ ἁμαρτωλῷ μετανοοῦντι ἢ ἐπὶ ἐν. ἐννέα δικαίοις

ἘΝΕΟ΄Σ 1752.4 cf. 1769

Ac 9 7 οἱ δὲ ἄνδρες οἱ συνοδεύοντες αὐτῷ εἱστήκεισαν ἐνεοί

ἘΝΕ΄ΡΓΕΙΑ ** 1753

Eph 1 19 κατὰ τ. ἐνέργειαν τ. κράτους τῆς ἰσχύος αὐτοῦ

Eph 3 7 κατὰ τ. ἐνέργειαν τ. δυνάμεως αὐτοῦ
4 16 κατ' ἐνέργειαν ἐν μέτρῳ ἑνὸς ἑκάστου μέρους
Phl 3 21 κατὰ τ. ἐνέργειαν τοῦ δύνασθαι αὐτὸν κ. ὑποτάξαι αὐτῷ τὰ πάντα
Col 1 29 ἀγωνιζόμενος κατὰ τ. ἐνέργειαν αὐτοῦ τ. ἐνεργουμένην ἐν ἐμοί
2 12 διὰ τ. πίστεως τ. ἐνεργείας τ. Θεοῦ
IITh 2 9 οὗ ἐστιν ἡ παρουσία κατ' ἐνέργειαν τοῦ Σατανᾶ
11 διὰ τοῦτο πέμπει αὐτοῖς ὁ Θεὸς ἐνέργειαν πλάνης

ἘΝΕΡΓΈΩ 1754

Mt 14 2 διὰ τοῦτο αἱ δυνάμεις ἐνεργοῦσιν ἐν αὐτῷ
Mk 6 14 διὰ τοῦτο ἐνεργοῦσιν αἱ δυνάμεις ἐν αὐτῷ
Ro 7 5 τὰ παθήματα τ. ἁμαρτιῶν . . . ἐνηργεῖτο ἐν τ. μέλεσιν ἡμῶν
ICo12 6 ὁ αὐτὸς Θεὸς ὁ ἐνεργῶν τὰ πάντα ἐν πᾶσιν
11 πάντα δὲ ταῦτα ἐνεργεῖ τὸ ἓν κ. τὸ αὐτὸ πνεῦμα
IICo1 6 ὑπὲρ τῆς ὑμῶν παρακλήσεως τ. ἐνεργουμένης ἐν ὑπομονῇ
4 12 ὥστε ὁ θάνατος ἐν ἡμῖν ἐνεργεῖται
Ga 2 8 ὁ γὰρ ἐνεργήσας Πέτρῳ εἰς ἀποστολὴν τ. περιτομῆς
ἐνήργησεν κ. ἐμοὶ εἰς τὰ ἔθνη
3 5 ὁ οὖν . . . ἐνεργῶν δυνάμεις ἐν ὑμῖν
5 6 ἀλλὰ πίστις δι' ἀγάπης ἐνεργουμένη
Eph 1 11 κατὰ πρόθεσιν τοῦ τὰ πάντα ἐνεργοῦντος κατὰ τ. βουλὴν τ. θελήματος αὐτοῦ
20 κατὰ τ. ἐνέργειαν . . . ἣν ἐνήργηκεν ἐν τ. Χριστῷ
ἐνήργησεν, WH marg. R
2 2 τ. πνεύματος τ. νῦν ἐνεργοῦντος ἐν τ. υἱοῖς τ. ἀπειθίας
3 20 κατὰ τ. δύναμιν τ. ἐνεργουμένην ἐν ἡμῖν
Phl 2 13 Θεὸς γάρ ἐστιν ὁ ἐνεργῶν ἐν ὑμῖν κ. τὸ θέλειν κ. τὸ ἐνεργεῖν
Col 1 29 κατὰ τ. ἐνέργειαν αὐτοῦ τ. ἐνεργουμένην ἐν ἐμοὶ ἐν δυνάμει
I Th 2 13 ὃς κ. ἐνεργεῖται ἐν ὑμῖν τ. πιστεύουσιν
IITh 2 7 τὸ γὰρ μυστήριον ἤδη ἐνεργεῖται τ. ἀνομίας
Ja 5 16 πολὺ ἰσχύει δέησις δικαίου ἐνεργουμένη

ἘΝΈΡΓΗΜΑ * 1755

ICo12 6 διαιρέσεις ἐνεργημάτων εἰσίν
10 ἄλλῳ δὲ ἐνεργήματα δυνάμεων

ἘΝΕΡΓΉΣ * 1756

ICo16 9 θύρα γάρ μοι ἀνέῳγεν μεγάλη κ. ἐνεργής
Phm 6 ὅπως ἡ κοινωνία τ. πίστεώς σου ἐνεργὴς γένηται
He 4 12 ζῶν γὰρ ὁ λόγος τ. Θεοῦ κ. ἐνεργής

ἘΝΕΥΛΟΓΈΟΜΑΙ † 1757

Ac 3 25 ἐν τ. σπέρματί σου ἐνευλογηθήσονται πᾶσαι αἱ πατριαὶ τ. γῆς
εὐλογηθήσονται, WH
וְהִתְבָּרְכוּ בְזַרְעֲךָ כֹּל גּוֹיֵי הָאָרֶץ, Gen. xxii. 18

Ga 3 8 ἐνευλογηθήσονται ἐν σοὶ πάντα τὰ ἔθνη
וְנִבְרְכוּ בְךָ כֹּל מִשְׁפְּחֹת הָאֲדָמָה, ib. xii. 3

ἘΝΈΧΩ 1758

Mk 6 19 ἡ δὲ Ἡρῳδιὰς ἐνεῖχεν αὐτῷ
Lu 11 53 ἤρξαντο οἱ γραμματεῖς κ. οἱ Φαρισαῖοι δεινῶς ἐνέχειν
Ga 5 1 μὴ πάλιν ζυγῷ δουλείας ἐνέχεσθε
IITh 1 4 ἐν πᾶσι . . . τ. θλίψεσιν αἷς ἐνέχεσθε
ἀνέχεσθε, TWH non mg. R

ἘΝΘΆΔΕ ** 1759

Lu 24 41 ἔχετέ τι βρώσιμον ἐνθάδε;
Jo 4 15 μηδὲ διέρχωμαι ἐνθάδε ἀντλεῖν
16 φώνησόν σου τ. ἄνδρα κ. ἐλθὲ ἐνθάδε
Ac 10 18 εἰ Σίμων ὁ ἐπικαλούμενος Πέτρος ἐνθ. ξενίζεται
16 28 ἅπαντες γάρ ἐσμεν ἐνθάδε
17 6 οἱ τ. οἰκουμένην ἀναστατώσαντες οὗτοι κ. ἐνθ. πάρεισιν
25 17 συνελθόντων οὖν αὐτῶν ἐνθάδε
24 τὸ πλῆθος τ. Ἰουδαίων ἐνέτυχέν μοι κ. ἐν Ἱεροσολύμοις κ. ἐνθάδε

ἜΝΘΕΝ 1759.5 cf. 1782

Mt 17 20 μετάβα ἔνθεν ἐκεῖ
Lu 16 26 ὅπως οἱ θέλοντες διαβῆναι ἔνθ. πρὸς ὑμᾶς μὴ δύνωνται

ἘΝΘΥΜΈΟΜΑΙ 1760 cf. 1326.5

Mt 1 20 ταῦτα δὲ αὐτοῦ ἐνθυμηθέντος
9 4 ἵνα τί ἐνθυμεῖσθε πονηρὰ ἐν τ. καρδίαις ὑμῶν

ἘΝΘΎΜΗΣΙΣ ** 1761

Mt 9 4 εἰδὼς ὁ Ἰησοῦς τ. ἐνθυμήσεις αὐτῶν
12 25 εἰδὼς δὲ τ. ἐνθυμήσεις αὐτῶν
Ac 17 29 χαράγματι τέχνης κ. ἐνθυμήσεως ἀνθρώπου
He 4 12 κριτικὸς ἐνθυμήσεων κ. ἐννοιῶν καρδίας

ἜΝΙ 1762

I Co 6 5 οὕτως οὐκ ἔνι ἐν ὑμῖν οὐδεὶς σοφὸς
Ga 3 28 οὐκ ἔνι Ἰουδαῖος οὐδὲ Ἕλλην·
οὐκ ἔνι δοῦλος οὐδὲ ἐλεύθερος·
οὐκ ἔνι ἄρσεν κ. θῆλυ
Col 3 11 ὅπου οὐκ ἔνι Ἕλλην κ. Ἰουδαῖος
Ja 1 17 παρ' ᾧ οὐκ ἔνι παραλλαγή

ἘΝΙΑΥΤΌΣ 1763

Lu 4 19 κηρύξαι ἐνιαυτὸν Κυρίου δεκτόν
לִקְרֹא שְׁנַת־רָצוֹן לַיהוָה, Is. lxi. 2
Jo 11 49 ἀρχιερεὺς ὢν τ. ἐνιαυτοῦ ἐκείνου
51 ἀλλὰ ἀρχιερεὺς ὢν τ. ἐνιαυτοῦ ἐκείνου
18 13 ὃς ἦν ἀρχιερεὺς τ. ἐνιαυτοῦ ἐκείνου
Ac 11 26 ἐγένετο δὲ αὐτοῖς κ. ἐνιαυτὸν ὅλον συναχθῆναι ἐν τ. ἐκκλησίᾳ
18 11 ἐκάθισεν δὲ ἐνιαυτὸν κ. μῆνας ἕξ
Ga 4 10 ἡμέρας παρατηρεῖσθε ——— κ. καιροὺς κ. ἐνιαυτούς

He 9 7 εἰς δὲ τ. δευτέραν ἅπαξ τ. ἐνιαυτοῦ μόνος ὁ ἀρχιερεύς
25 ὥσπερ ὁ ἀρχιερεὺς εἰσέρχεται εἰς τὰ ἅγια κατʼ ἐνιαυτον
10 1 κατʼ ἐνιαυτὸν τ. αὐταῖς θυσίαις ἃς προσφέρουσιν
3 ἐν αὐταῖς ἀνάμνησις ἁμαρτιῶν κατʼ ἐνιαυτόν
Ja 4 13 ποιήσομεν ἐκεῖ ἐνιαυτὸν κ. ἐμπορευσόμεθα
5 17 οὐκ ἔβρεξεν ἐπὶ τ. γῆς ἐνιαυτοὺς τρεῖς κ. μῆνας ἕξ
Re 9 15 οἱ ἡτοιμασμένοι εἰς τ. ὥραν κ. ἡμέραν κ. μῆνα κ. ἐνιαυτόν

ʼΕΝΙ´ΣΤΗΜΙ 1764

Ro 8 38 οὔτε ἐνεστῶτα οὔτε μέλλοντα
I Co 3 22 πάντα γὰρ ὑμῶν ἐστὶν . . . εἴτε ἐνεστῶτα εἴτε μέλλοντα
7 26 τοῦτο καλὸν ὑπάρχειν διὰ τ. ἐνεστῶσαν ἀνάγκην
Ga 1 4 ὅπως ἐξέληται ἡμᾶς ἐκ τ. αἰῶνος τ. ἐνεστῶτος πονηροῦ
II Th 2 2 ὡς ὅτι ἐνέστηκεν ἡ ἡμέρα τ. Κυρίου
II Ti 3 1 ἐν ἐσχάταις ἡμέραις ἐνστήσονται καιροὶ χαλεποί
He 9 9 ἥτις παραβολὴ εἰς τ. καιρὸν τ. ἐνεστηκότα

ʼΕΝΙΣΧΥ´Ω 1765

Lu 22 43 ὤφθη δὲ αὐτῷ ἄγγελος ἀπὸ τ. οὐρανοῦ ἐνισχύων αὐτόν
—h. v., [[WH]] R mg.
Ac 9 19 λαβὼν τροφὴν ἐνισχύθη
ἐνισχύσεν, T

ʼΕΝΚΑ´ΘΕΤΟΣ 1765.1

Lu 20 20 κ. παρατηρήσαντες ἀπέστειλαν ἐνκαθέτους

ʼΕΝΚΑΙ´ΝΙΑ† 1765.2

Jo 10 22 ἐγένετο τότε τὰ ἐνκαίνια ἐν τ. Ἱεροσολύμοις

ʼΕΝΚΑΙΝΙ´ΖΩ† 1765.3

He 9 18 ὅθεν οὐδὲ ἡ πρώτη χωρὶς αἵματος ἐνκεκαίνισται
10 20 ἣν ἐνεκαίνισεν ἡμῖν ὁδὸν πρόσφατον κ. ζῶσαν

ʼΕΝΚΑΚΕ´Ω** 1765.4

Lu 18 1 πάντοτε προσεύχεσθαι αὐτοὺς κ. μὴ ἐνκακεῖν
II Co 4 1 καθὼς ἠλεήθημεν οὐκ ἐγκακοῦμεν
16 διὸ οὐκ ἐγκακοῦμεν
Ga 6 9 τὸ δὲ καλὸν ποιοῦντες μὴ ἐνκακῶμεν
Eph 3 13 αἰτοῦμαι μὴ ἐνκακεῖν ἐν τ. θλίψεσί μου ὑπὲρ ὑμῶν
II Th 3 13 ὑμεῖς δὲ ἀδελφοὶ μὴ ἐνκακήσητε καλοποιοῦντες
ἐγκακ., T

ʼΕΝΚΑΤΟΙΚΕ´Ω* 1765.5

II Pe 2 8 ἐνκατοικῶν ἐν αὐτοῖς

ʼΕΝΚΑΥΧΑ´ΟΜΑΙ† 1765.6 cf. 2744

II Th 1 4 ὥστε αὐτοὺς ἡμᾶς ἐν ὑμῖν ἐνκαυχᾶσθαι

ʼΕΝΚΕΝΤΡΙ´ΖΩ** 1765.7

Ro 11 17 σὺ δὲ ἀγριέλαιος ὢν ἐνεκεντρίσθης ἐν αὐτοῖς
19 ἐξεκλάσθησαν κλάδοι ἵνα ἐγὼ ἐνκεντρισθῶ
23 κἀκεῖνοι δὲ ἐὰν μὴ ἐπιμένωσι τ. ἀπιστίᾳ ἐνκεντρισθήσονται·
δυνατὸς γάρ ἐστιν ὁ Θεὸς πάλιν ἐνκεντρίσαι αὐτούς
24 παρὰ φύσιν ἐνεκεντρίσθης εἰς καλλιέλαιον, πόσῳ μᾶλλον οὗτοι . . . ἐνκεντρισθήσονται τ. ἰδίᾳ ἐλαίᾳ

ʼΕΝΚΟΠΗ´* 1765.8

I Co 9 12 ἵνα μή τινα ἐνκοπὴν δῶμεν τ. εὐαγγελίῳ
ἐκκοπὴν, T

ʼΕΝΚΟ´ΠΤΩ* 1765.9

Ac 24 4 ἵνα δὲ μὴ ἐπὶ πλεῖόν σε ἐνκόπτω
Ro 15 22 διὸ κ. ἐνεκοπτόμην τὰ πολλά
Ga 5 7 τίς ὑμᾶς ἐνέκοψεν ἀληθείᾳ μὴ πείθεσθαι;
I Th 2 18 κ. ἐνέκοψεν ἡμᾶς ὁ Σατανᾶς
I Pe 3 7 εἰς τὸ μὴ ἐγκόπτεσθαι τ. προσευχὰς ὑμῶν
ἐνκόπτ., T

ʼΕΝΚΡΙ´ΝΩ* 1765.92

II Co 10 12 οὐ γὰρ τολμῶμεν ἐνκρῖναι ἢ συνκρῖναι ἑαυτούς

ʼ´ΕΝΚΥΟΣ 1765.94

Lu 2 5 σὺν Μαριὰμ τ. ἐμνηστευμένῃ αὐτῷ οὔσῃ ἐνκύῳ
ἐγκύῳ, T

ʼΕΝΝΕ´Α 1768 cf. 1752.2

Mt 18 12 οὐχὶ ἀφήσει τὰ ἐνενήκοντα ἐννέα
13 χαίρει ἐπʼ αὐτῷ μᾶλλον ἢ ἐπὶ τοῖς ἐνενήκοντα ἐννέα
Lu 15 4 οὐ καταλείπει τὰ ἐνενήκοντα ἐννέα ἐν τῇ ἐρήμῳ
7 χαρὰ . . . ἐπὶ ἑνὶ ἁμαρτωλῷ μετανοοῦντι ἢ ἐπὶ ἐνενήκοντα ἐν. δικαίοις
17 17 οἱ δὲ ἐννέα ποῦ;

ʼΕΝΝΕΥ´Ω 1770

Lu 1 62 ἐνένευον δὲ τ. πατρὶ αὐτοῦ

ʼ´ΕΝΝΟΙΑ 1771

He 4 12 κριτικὸς ἐνθυμησέων κ. ἐννοιῶν καρδίας
I Pe 4 1 κ. ὑμεῖς τ. αὐτὴν ἔννοιαν ὁπλίσασθε

ʼ´ΕΝΝΟΜΟΣ** 1772

Ac 19 39 ἐν τῇ ἐννόμῳ ἐκκλησίᾳ ἐπιλυθήσεται
I Co 9 21 μὴ ὢν ἄνομος Θεοῦ ἀλλʼ ἔννομος Χριστοῦ

ʼ´ΕΝΝΥΧΑ*† 1773

Mk 1 35 πρωὶ ἔννυχα λίαν ἀναστὰς ἐξῆλθεν

ʼΕΝΟΙΚΕ΄Ω 1774

Ro 7 17 ἀλλὰ ἡ ἐνοικοῦσα ἐν ἐμοὶ ἁμαρτία
8 11 διὰ τ. ἐνοικοῦντος αὐτοῦ πνεύματος ἐν ὑμῖν
τὸ ἐνοικοῦν αὐτοῦ πνεῦμα, WH marg. R marg.
II Co 6 16 ἐνοικήσω ἐν αὐτοῖς κ. ἐνπεριπατήσω
נָתַתִּי מִשְׁכָּנִי בְּתוֹכְכֶם . . . וְהִתְהַלַּכְתִּי בְּתוֹכְכֶם, Lev. xxvi. 11, 12
Col 3 16 ὁ λόγος τ. Χριστοῦ ἐνοικείτω ἐν ὑμῖν πλουσίως
II Ti 1 5 ἥτις ἐνῴκησεν πρῶτον ἐν τ. μάμμῃ σου Λωΐδι
14 φύλαξον διὰ πνεύματος ἁγίου τ. ἐνοικοῦντος ἐν ἡμῖν

ʼΕΝΟΡΚΙ΄ΖΩ † 1774.5 cf. 3726

I Th 5 27 ἐνορκίζω ὑμᾶς τ. Κύριον

ʽΕΝΟ΄ΤΗΣ* 1775

Eph 4 3 σπουδάζοντες τηρεῖν τ. ἑνότητα τ. πνεύματος
13 μέχρι καταντήσωμεν οἱ πάντες εἰς τ. ἑνότητα τ. πίστεως

ʼΕΝΟΧΛΕ΄Ω 1776

Lu 6 18 οἱ ἐνοχλούμενοι ἀπὸ πνευμάτων ἀκαθάρτων
He 12 15 μή τις ῥίζα πικρίας ἄνω φύουσα ἐνοχλῇ

ʼ΄ΕΝΟΧΟΣ 1777

Mt 5 21 ὃς δ' ἂν φονεύσῃ ἔνοχος ἔσται τ. κρίσει
22 πᾶς ὁ ὀργιζόμενος . . . ἔνοχος ἔσται τ. κρίσει
22 ὃς δ' ἂν εἴπῃ . . . Ῥακὰ ἔνοχος ἔσται τ. συνεδρίῳ·
ὃς δ' ἂν εἴπῃ Μωρὲ ἔνοχος ἔσται εἰς τ. γέενναν τ. πυρός
26 66 ἔνοχος θανάτου ἐστίν
Mk 3 29 ἀλλὰ ἔνοχός ἐστιν αἰωνίου ἁμαρτήματος
14 64 οἱ δὲ πάντες κατέκριναν αὐτὸν ἔνοχον εἶναι θανάτου
I Co 11 27 ἔνοχος ἔσται τ. σώματος κ. τ. αἵματος τ. Κυρίου
He 2 15 διὰ παντὸς τ. ζῆν ἔνοχοι ἦσαν δουλείας
Ja 2 10 γέγονεν πάντων ἔνοχος

ʼΕΝΠΕΡΙΠΑΤΕ΄Ω † 1777.2 cf. 1704

II Co 6 16 ἐνοικήσω ἐν αὐτοῖς κ. ἐνπεριπατήσω
נָתַתִּי מִשְׁכָּנִי בְּתוֹכְכֶם . . . וְהִתְהַלַּכְתִּי בְּתוֹכְכֶם, Lev. xxvi. 11, 12

ʼΕΝΠΝΕ΄Ω 1777.5 cf. 1709

Ac 9 1 ὁ δὲ Σαῦλος ἔτι ἐνπνέων ἀπειλῆς κ. φόνου

ʼ΄ΕΝΤΑΛΜΑ † 1778

Mt 15 9 διδάσκοντες διδασκαλίας ἐντάλματα ἀνθρώπων
מִצְוַת אֲנָשִׁים מְלֻמָּדָה, Is. xxix. 13
Mk 7 7 διδάσκοντες διδασκαλίας ἐντάλματα ἀνθρώπων, Is. *l.c.*
Col 2 22 κατὰ τ. ἐντάλματα κ. διδασκαλίας τ. ἀνθρώπων

ʼΕΝΤΑΦΙΑ΄ΖΩ † 1779

Mt 26 12 πρὸς τὸ ἐνταφιάσαι με ἐποίησεν
Jo 19 40 καθὼς ἔθος ἐστὶν τ. Ἰουδαίοις ἐνταφιάζειν

ʼΕΝΤΑΦΙΑΣΜΟ΄Σ * † 1780

Mk 14 8 προέλαβεν μυρίσαι τὸ σωμά μου εἰς τ. ἐνταφιασμόν
Jo 12 7 ἵνα εἰς τ. ἡμέραν τ. ἐνταφιασμοῦ μου τηρήσῃ αὐτό

ʼΕΝΤΕ΄ΛΛΟΜΑΙ 1781

Mt 4 6 ὅτι τ. ἀγγέλοις αὐτοῦ ἐντελεῖται περὶ σοῦ
כִּי מַלְאָכָיו יְצַוֶּה־לָּךְ, Ps. xci. 11
15 4 ὁ γὰρ Θεὸς ἐνετείλατο λέγων
ὁ γ. Θεὸς εἶπεν, WHR
17 9 ἐνετείλατο αὐτοῖς ὁ Ἰησοῦς
19 7 τί οὖν Μωυσῆς ἐνετείλατο δοῦναι βιβλίον ἀποστασίου
28 20 τηρεῖν πάντα ὅσα ἐνετειλάμην ὑμῖν
Mk 10 3 τί ὑμῖν ἐνετείλατο Μωυσῆς;
13 34 τῷ θυρωρῷ ἐνετείλατο ἵνα γρηγορῇ
Lu 4 10 ὅτι τ. ἀγγέλοις αὐτοῦ ἐντελεῖται περὶ σοῦ, Ps. *l.c.*
Jo 8 [5 ἐν δὲ τ. νόμῳ ἡμῖν Μωυσῆς ἐνετείλατο
14 31 καθὼς ἐνετείλατο μοι ὁ πατήρ
κ. ἐντολὴν ἔδωκέν μοι, WH
15 14 ἐὰν ποιῆτε ὃ ἐγὼ ἐντέλλομαι ὑμῖν
17 ταῦτα ἐντέλλομαι ὑμῖν ἵνα ἀγαπᾶτε ἀλλήλους
Ac 1 2 ἐντειλάμενος τ. ἀποστόλοις διὰ πνεύματος ἁγίου
13 47 οὕτως γὰρ ἐντέταλται ἡμῖν ὁ Κύριος
He 9 20 τ. διαθήκης ἧς ἐνετείλατο πρὸς ὑμᾶς ὁ Θεός
הַבְּרִית אֲשֶׁר כָּרַת יְהוָה עִמָּכֶם, Ex. xxiv. 8
11 22 περὶ τ. ὀστέων αὐτοῦ ἐνετείλατο

ʼΕΝΤΕΥ΄ΘΕΝ 1782 cf. 1759.5

Lu 4 9 βάλε σεαυτὸν ἐντεῦθεν κάτω
13 31 ἔξελθε κ. πορεύου ἐντεῦθεν
Jo 2 16 ἄρατε ταῦτα ἐντεῦθεν
7 3 μετάβηθι ἐντεῦθεν
14 31 ἐγείρεσθε ἄγωμεν ἐντεῦθεν
18 36 νῦν δὲ ἡ βασιλεία ἡ ἐμὴ οὐκ ἔστιν ἐντεῦθεν
19 18 μετ' αὐτοῦ ἄλλους δύο ἐντ. κ. ἐντεῦθεν
Ja 4 1 οὐκ ἐντεῦθεν ἐκ τ. ἡδονῶν ὑμῶν
Re 22 2 τ. ποταμοῦ ἐντ. κ. ἐκεῖθεν ξύλον ζωῆς

ʼ΄ΕΝΤΕΥΞΙΣ ** 1783

I Ti 2 1 προσευχὰς ἐντεύξεις εὐχαριστίας
4 5 ἁγιάζεται γὰρ διὰ λόγου Θεοῦ κ. ἐντεύξεως

ʼ΄ΕΝΤΙΜΟΣ 1784

Lu 7 2 ὃς ἦν αὐτῷ ἔντιμος
14 8 μήποτε ἐντιμότερός σου ᾖ κεκλημένος ὑπ' αὐτοῦ

Phl 2 29 τ. τοιούτους ἐντίμους ἔχετε
I Pe 2 4 παρὰ δὲ Θεῷ ἐκλεκτὸν ἔντιμον
6 τίθημι ἐν Σιὼν λίθον ἐκλεκτὸν ἀκρογωνιαῖον ἔντιμον
ἀκρ. ἐκλ., TR
יִסַּד בְּצִיּוֹן אָבֶן אֶבֶן בֹּחַן פִּנַּת יִקְרַת מוּסָד
מוּסָּד, Is. xxviii. 16

ἘΝΤΟΛΗ΄ 1785

(1) ἐντ. Θεοῦ, Κυρίου (2) ἐντ. . . . ἵνα

Mt 5 19 ὃς ἐὰν οὖν λύσῃ μίαν τ. ἐντολῶν τούτων τ. ἐλαχίστων
15 3 [1] παραβαίνετε τ. ἐντολὴν τ. Θεοῦ διὰ τ. παράδοσιν ὑμῶν
19 17 εἰ δὲ θέλεις εἰς τ. ζωὴν εἰσελθεῖν τήρει τ. ἐντολάς
22 36 ποία ἐντολὴ μεγάλη ἐν τ. νόμῳ;
38 αὕτη ἐστὶν ἡ μεγάλη κ. πρώτη ἐντολή
40 ἐν ταύταις τ. δυσὶν ἐντολαῖς ὅλος ὁ νόμος κρέμαται
Mk 7 8 [1] ἀφέντες τ. ἐντολὴν τ. Θεοῦ
9 [1] καλῶς ἀθετεῖτε τ. ἐντολὴν τ. Θεοῦ
10 5 πρὸς τ. σκληροκαρδίαν ὑμῶν ἔγραψεν ὑμῖν τ. ἐντολὴν ταύτην
19 τ. ἐντολὰς οἶδας
12 28 ποία ἐστὶν ἐντολὴ πρώτη πάντων
31 μείζων τούτων ἄλλη ἐντολὴ οὐκ ἔστιν
Lu 1 6 [1] πορευόμενοι ἐν πάσαις τ. ἐντολαῖς κ. δικαιώμασι τ. Κυρίου
15 29 οὐδέποτε ἐντολήν σου παρῆλθον
18 20 τ. ἐντολὰς οἶδας
23 56 τὸ μὲν σάββατον ἡσύχασαν κατὰ τ. ἐντολήν
Jo 10 18 ταύτην τ. ἐντολὴν ἔλαβον παρὰ τ. πατρός μου
11 57 δεδώκεισαν δὲ οἱ ἀρχιερεῖς κ. οἱ Φαρισαῖοι ἐντολάς
12 49 αὐτός μοι ἐντολὴν δέδωκεν
50 οἶδα ὅτι ἡ ἐντολὴ αὐτοῦ ζωὴ αἰώνιός ἐστιν
13 34 [2] ἐντολὴν καινὴν δίδωμι ὑμῖν ἵνα ἀγαπᾶτε ἀλλήλους
14 15 ἐὰν ἀγαπᾶτέ με τ. ἐντολὰς τ. ἐμὰς τηρήσετε
21 ὁ ἔχων τ. ἐντολάς μου κ. τηρῶν αὐτάς
31 καθὼς ἐντολὴν ἔδωκέν μοι ὁ πατήρ
κ. ἐνετείλατό μοι, T
15 10 ἐὰν τ. ἐντολάς μου τηρήσητε
10 καθὼς ἐγὼ τ. πατρὸς τ. ἐντολὰς τετήρηκα
12 [2] αὕτη ἐστὶν ἡ ἐντολὴ ἡ ἐμὴ ἵνα ἀγαπᾶτε ἀλλήλους
Ac 17 15 [2] λαβόντες ἐντολὴν πρὸς τ. Σίλαν κ. τ. Τιμόθεον
Ro 7 8 ἀφορμὴν δὲ λαβοῦσα ἡ ἁμαρτια διὰ τ. ἐντολῆς
9 ἐλθούσης δὲ τ. ἐντολῆς ἡ ἁμαρτία ἀνέζησεν
10 εὑρέθη μοι ἡ ἐντολὴ ἡ εἰς ζωήν
11 ἡ γὰρ ἁμαρτία ἀφορμὴν λαβοῦσα διὰ τ. ἐντολῆς
12 ὥστε . . . ἡ ἐντολὴ ἁγία κ. δικαία κ. ἀγαθή
13 ἵνα γένηται . . . ἁμαρτωλὸς ἡ ἁμαρτία διὰ τ. ἐντολῆς
13 9 εἴ τις ἑτέρα ἐντολὴ ἐν τ. λόγῳ τούτῳ ἀνακεφαλαιοῦται
I Co 7 19 [1] ἀλλὰ τήρησις ἐντολῶν Θεοῦ
14 37 [1] ἐπιγινωσκέτω . . . ὅτι Κυρίου ἐστὶν ἐντολή
—ἐντ.. T

Eph 2 15 τ. νόμον τ. ἐντολῶν ἐν δόγμασι καταργήσας
6 2 ἥτις ἐστὶν ἐντολὴ πρώτη ἐν ἐπαγγελίᾳ
Col 4 10 περὶ οὗ ἐλάβετε ἐντολάς
I Ti 6 14 τηρῆσαί σε τ. ἐντολὴν ἄσπιλον
Tit 1 14 ἐντολαῖς ἀνθρώπων ἀποστρεφομένων τ. ἀλήθειαν
He 7 5 ἐντολὴν ἔχουσιν ἀποδεκατοῖν τ. λαόν
16 ὃς οὐ κατὰ νόμον ἐντολῆς σαρκίνης γέγονεν
18 ἀθέτησις μὲν γὰρ γίνεται προαγούσης ἐντολῆς
9 19 λαληθείσης γὰρ πάσης ἐντολῆς κατὰ τ. νόμον
II Pe 2 21 ὑποστρέψαι ἐκ τ. παραδοθείσης αὐτοῖς ἁγίας ἐντολῆς
3 2 μνησθῆναι . . . τῆς τ. ἀποστόλων ὑμῶν ἐντολῆς
I Jo 2 3 ἐὰν τ. ἐντολὰς αὐτοῦ τηρῶμεν
4 τ. ἐντολὰς αὐτοῦ μὴ τηρῶν
7 οὐκ ἐντολὴν καινὴν γράφω ὑμῖν,
ἀλλ' ἐντολὴν παλαιὰν ἣν εἴχετε ἀπ' ἀρχῆς·
ἡ ἐντολὴ ἡ παλαιά ἐστιν ὁ λόγος ὃν ἠκούσατε.
8 πάλιν ἐντολὴν καινὴν γράφω ὑμῖν
3 22 ὅτι τ. ἐντολὰς αὐτοῦ τηροῦμεν
23 [2] αὕτη ἐστὶν ἡ ἐντολὴ αὐτοῦ ἵνα πιστεύσωμεν
23 καθὼς ἔδωκεν ἐντολὴν ἡμῖν.
24 κ. ὁ τηρῶν τ. ἐντολὰς αὐτοῦ ἐν αὐτῷ μένει
4 21 [2] ταύτην τ. ἐντολὴν ἔχομεν ἀπ' αὐτοῦ ἵνα . . . ἀγαπᾷ
5 2 ὅταν . . . τ. ἐντολὰς αὐτοῦ ποιῶμεν
3 ἵνα τ. ἐντολὰς αὐτοῦ τηρῶμεν·
κ. αἱ ἐντολαὶ αὐτοῦ βαρεῖαι οὐκ εἰσίν
II Jo 4 καθὼς ἐντολὴν ἐλάβομεν παρὰ τ. πατρός
5 [2] οὐχ ὡς ἐντολὴν γράφων σοι καινὴν . . ἵνα ἀγαπῶμεν ἀλλήλους
6 ἵνα περιπατῶμεν κατὰ τ. ἐντολὰς αὐτοῦ·
[2] αὕτη ἡ ἐντολή ἐστιν καθὼς ἠκούσατε ἀπ' ἀρχῆς ἵνα ἐν αὐτῇ περιπατῆτε
Re 12 17 [1] μετὰ τ. λοιπῶν . . . τ. τηρούντων τ. ἐντολὰς τ. Θεοῦ
14 12 [1] οἱ τηροῦντες τ. ἐντολὰς τ. Θεοῦ κ. τ. πίστιν Ἰησοῦ

ἘΝΤΟ΄ΠΙΟΣ* 1786

Ac 21 12 παρεκαλοῦμεν ἡμεῖς τε κ. οἱ ἐντόπιοι

ἘΝΤΟ΄Σ 1787

Mt 23 26 καθάρισον πρῶτον τὸ ἐ. τ. ποτηρίου κ. τ παροψίδος
Lu 17 21 ἡ βασιλεία τ. Θεοῦ ἐντὸς ὑμῶν ἐστιν

ἘΝΤΡΕ΄ΠΩ 1788

Mt 21 37 ἐντραπήσονται τ. υἱόν μου
Mk 12 6 ἐντραπήσονται τ. υἱόν μου
Lu 18 2 ἄνθρωπον μὴ ἐντρεπόμενος
4 εἰ κ. . . . οὐδὲ ἄνθρωπον ἐντρέπομαι
20 13 ἴσως τοῦτον ἐντραπήσονται
I Co 4 14 οὐκ ἐντρέπων ὑμᾶς γράφω ταῦτα
II Th 3 14 μὴ συναναμίγνυσθαι αὐτῷ ἵνα ἐντραπῇ
Tit 2 8 ἵνα ὁ ἐξ ἐναντίας ἐντραπῇ
He 12 9 πατέρας εἴχομεν παιδευτὰς κ. ἐνετρεπόμεθα

ἘΝΤΡΕ΄ΦΟΜΑΙ* 1789

I Ti 4 6 ἐντρεφόμενος τ. λόγοις τ. πίστεως

ἜΝΤΡΟΜΟΣ 1790 cf. 1625.5

Ac 7 32 ἔντρομος δὲ γενόμενος Μωυσῆς
16 29 ἔντρομος γενόμενος προσέπεσεν τ. Παύλῳ κ. Σίλᾳ
He 12 21 ἔκφοβός εἰμι κ. ἔντρομος
ἔκτρομος, WH marg.
יָגֹרְתִּי מִפְּנֵי הָאַף וְהַחֵמָה, Dt. ix. 19

ἘΝΤΡΟΠΗ΄ 1791

I Co 6 5 πρὸς ἐντροπὴν ὑμῖν λέγω
15 34 πρὸς ἐντροπὴν ὑμῖν λαλῶ

ἘΝΤΡΥΦΑ΄Ω 1792

II Pe 2 13 ἐντρυφῶντες ἐν τ. ἀπάταις αὐτῶν συνευωχούμενοι ὑμῖν

ἘΝΤΥΓΧΑ΄ΝΩ 1793

Ac 25 24 περὶ οὗ ἅπαν τὸ πλῆθος τ. Ἰουδαίων ἐνέτυχέν μοι
ἐνέτυχόν, TWH mg.
Ro 8 27 κατὰ Θεὸν ἐντυγχάνει ὑπὲρ ἁγίων
34 ὃς κ. ἐντυγχάνει ὑπὲρ ἡμῶν
11 2 ὡς ἐντυγχάνει τ. Θεῷ κατὰ τοῦ Ἰσραήλ
He 7 25 πάντοτε ζῶν εἰς τὸ ἐντυγχάνειν ὑπὲρ αὐτῶν

ἘΝΤΥΛΙ΄ΣΣΩ* 1794

Mt 27 59 ὁ Ἰωσὴφ ἐνετύλιξεν αὐτὸ ἐν σινδόνι καθαρᾷ
—ἐν, T [WH]
Lu 23 53 καθελὼν ἐνετύλιξεν αὐτὸ σινδόνι
Jo 20 7 χωρὶς ἐντετυλιγμένον εἰς ἕνα τόπον

ἘΝΤΥΠΟ΄Ω 1795

II Co 3 7 ἡ διακονία τ. θανάτου ἐν γράμμασιν ἐντετυπωμένη λίθοις

ἘΝΥΒΡΙ΄ΖΩ** 1796

He 10 29 τὸ πνεῦμα τ. χάριτος ἐνυβρίσας

ἘΝΥΠΝΙΑ΄ΖΟΜΑΙ 1797

Ac 2 17 οἱ πρεσβύτεροι ὑμῶν ἐνυπνίοις ἐνυπνιασθήσονται
זִקְנֵיכֶם חֲלֹמוֹת יַחֲלֹמוּן, Joel iii. 1
Ju 8 ὁμοίως μέντοι κ. οὗτοι ἐνυπνιαζόμενοι

ἘΝΥ΄ΠΝΙΟΝ 1798

Ac 2 17 οἱ πρεσβύτεροι ὑμῶν ἐνυπνίοις ἐνυπνιασθήσονται, Joel, *l.c.*

ἘΝΩ΄ΠΙΟΝ † 1799

(1) ἐν. Κυρίου, Θεοῦ

Lu 1 15 [1] ἔσται γὰρ μέγας ἐνώπιον Κυρίου
17 αὐτὸς προελεύσεται ἐν. αὐτοῦ ἐν πνεύματι κ. δυνάμει Ἠλείᾳ
19 [1] ἐγώ εἰμι Γαβριὴλ ὁ παρεστηκὼς ἐν. τ. Θεοῦ
75 λατρεύειν αὐτῷ ἐν ὁσιότητι κ. δικαιοσύνῃ ἐν. αὐτοῦ
76 [1] προπορεύσῃ γὰρ ἐνώπιον Κυρίου
πρὸ προσώπου Κ., TR

Lu 4 7 σὺ οὖν ἐὰν προσκυνήσῃς ἐν. ἐμοῦ
5 18 ἐζήτουν . . . θεῖναι αὐτὸν ἐν. αὐτοῦ
25 παραχρῆμα ἀναστὰς ἐν. αὐτῶν
8 47 δι' ἣν αἰτίαν ἥψατο αὐτοῦ ἀπήγγειλεν ἐν. παντὸς τ. λαοῦ
11 53 λέγοντος δὲ αὐτοῦ ταῦτα πρὸς αὐτοὺς ἐν. παντὸς τ. λαοῦ
κἀκεῖθεν ἐξελθόντος αὐτοῦ, TWH non mg. R
12 6 [1] ἓν ἐξ αὐτῶν οὐκ ἔστιν ἐπιλελησμένον ἐν. τ. Θεοῦ
9 ὁ δὲ ἀρνησάμενός με ἐν. τ. ἀνθρώπων, ἀπαρνηθήσεται ἐν. τ. ἀγγέλων τ. Θεοῦ
13 26 ἐφάγομεν ἐνώπιόν σου κ. ἐπίομεν
14 10 ἔσται σοι δόξα ἐν. πάντων τ. συνανακειμένων σοι
15 10 γίνεται χαρὰ ἐν. τ. ἀγγέλων τ. Θεοῦ
18 ἥμαρτον εἰς τ. οὐρανὸν κ. ἐνώπιόν σου
21 ἥμαρτον εἰς τ. οὐρανὸν κ. ἐνώπιόν σου
16 15 ὑμεῖς ἐστὲ οἱ δικαιοῦντες ἑαυτοὺς ἐν. τ. ἀνθρώπων
15 [1] τὸ ἐν ἀνθρώποις ὑψηλὸν βδέλυγμα ἐν. τ. Θεοῦ
23 14 ἐγὼ ἐνώπιον ὑμῶν ἀνακρίνας
24 11 ἐφάνησαν ἐν. αὐτῶν ὡσεὶ λῆρος τ. ῥήματα ταῦτα
43 λαβὼν ἐνώπιον αὐτῶν ἔφαγεν
Jo 20 30 ἄλλα σημεῖα ἐποίησεν ὁ Ἰησοῦς ἐν. τ. μαθητῶν
Ac 2 25 προορώμην τ. Κύριον ἐν. μου διὰ παντός
שִׁוִּיתִי יְהוָה לְנֶגְדִּי תָמִיד, Ps. xvi. 8
4 10 ἐν τούτῳ οὗτος παρέστηκεν ἐν. ὑμῶν ὑγιής
19 [1] εἰ δίκαιόν ἐστιν ἐν. τ. Θεοῦ
6 5 ἤρεσεν ὁ λόγος ἐν. παντὸς τ. πλήθους
6 οὓς ἔστησαν ἐν. τ. ἀποστόλων
7 46 [1] ὃς εὗρεν χάριν ἐν. τ. Θεοῦ
9 15 τοῦ βαστάσαι τὸ ὄνομά μου ἐν. τ. ἐθνῶν
10 30 ἀνὴρ ἔστη ἐνώπιόν μου ἐν ἐσθῆτι λαμπρᾷ
31 [1] αἱ ἐλεημοσύναι σου ἐμνήσθησαν ἐν. τ. Θεοῦ
33 [1] νῦν οὖν πάντες ἡμεῖς ἐν. τ. Θεοῦ πάρεσμεν
19 9 κακολογοῦντες τὴν ὁδὸν ἐν. τ. πλήθους
19 συνενέγκαντες τὰς βίβλους κατέκαιον ἐν. πάντων
27 35 εὐχαρίστησεν τ. Θεῷ ἐν. πάντων
Ro 3 20 οὐ δικαιωθήσεται πᾶσα σὰρξ ἐν. αὐτοῦ
12 17 προνοούμενοι καλὰ ἐν. πάντων ἀνθρώπων
14 22 [1] κατὰ σεαυτὸν ἔχε ἐν. τ. Θεοῦ
I Co 1 29 [1] ὅπως μὴ καυχήσηται πᾶσα σὰρξ ἐν. τ. Θεοῦ
II Co 4 2 [1] συνιστάνοντες ἑαυτοὺς . . . ἐν. τ. Θεοῦ
7 12 [1] τ. σπουδὴν ὑμῶν τὴν ὑπὲρ ἡμῶν πρὸς ὑμᾶς ἐν. τ. Θεοῦ
8 21 [1] προνοοῦμεν γὰρ καλὰ οὐ μόνον ἐν. Κυρίου, ἀλλὰ κ. ἐνώπιον ἀνθρώπων
Ga 1 20 [1] ἰδοὺ ἐν. τ. Θεοῦ ὅτι οὐ ψεύδομαι
I Ti 2 3 [1] τοῦτο καλὸν κ. ἀπόδεκτον ἐν. τ. σωτῆρος ἡμῶν Θεοῦ
5 4 [1] τοῦτο γάρ ἐστιν ἀπόδεκτον ἐν. τ. Θεοῦ
20 τ. δὲ ἁμαρτάνοντας ἐν. πάντων ἔλεγχε
21 [1] διαμαρτύρομαι ἐν. τ. Θεοῦ κ. Χριστοῦ Ἰησοῦ
6 12 ὡμολόγησας τ. καλὴν ὁμολογίαν ἐν. πολλῶν μαρτύρων

I Ti 6 13 [1] παραγγέλλω σοι ἐν. τ. Θεοῦ τ. ζωογονοῦντος τὰ πάντα
ἐν. Θεοῦ, T
II Ti 2 14 [1] διαμαρτυρόμενος ἐν. τ. Θεοῦ μὴ λογομαχεῖν
ἐν. τ. Κυρίου, WH mg. R non mg.
4 1 [1] διαμαρτύρομαι ἐν. τ. Θεοῦ κ. Χριστοῦ Ἰησοῦ
He 4 13 οὐκ ἔστιν κτίσις ἀφανὴς ἐν. αὐτοῦ
13 21 ποιῶν ἐν ἡμῖν τὸ εὐάρεστον ἐν. αὐτοῦ
Ja 4 10 [1] ταπεινώθητε ἐν. Κυρίου κ. ὑψώσει ὑμᾶς
I Pe 3 4 [1] ὅ ἐστιν ἐν. τ. Θεοῦ πολυτελές
I Jo 3 22 τὰ ἀρεστὰ ἐν. αὐτοῦ ποιοῦμεν
III Jo 6 οἱ ἐμαρτύρησάν σου τ. ἀγάπῃ ἐν. ἐκκλησίας
Re 1 4 ἀπὸ τ. ἑπτὰ πνευμάτων ἃ ἐν. τ. θρόνου αὐτοῦ
2 14 βαλεῖν σκάνδαλον ἐν. τ. υἱῶν Ἰσραήλ
3 2 [1] οὐ γὰρ εὕρηκά σου ἔργα πεπληρωμένα ἐν. τ. Θεοῦ μου
5 ὁμολογήσω τὸ ὄνομα αὐτοῦ ἐν. τ. πατρός μου κ. ἐν. τ. ἀγγέλων αὐτοῦ
8 δέδωκα ἐνώπιόν σου θύραν ἠνεῳγμένην
9 προσκυνήσουσιν ἐν. τ. ποδῶν σου
4 5 ἑπτὰ λαμπάδες πυρὸς καιόμεναι ἐν. τ. θρόνου
6 ἐν. τ. θρόνου ὡς θάλασσα ὑαλίνη
10 πεσοῦνται οἱ . . . πρεσβύτεροι ἐν. τ. καθημένου ἐπὶ τ. θρόνου
10 βαλοῦσιν τ. στεφάνους αὐτοῦ ἐν. τ. θρόνου
5 8 οἱ εἴκοσι τέσσαρες πρεσβύτεροι ἔπεσαν ἐν. τ. ἀρνίου
7 9 ἑστῶτες ἐν. τ. θρόνου κ. ἐν. τ. ἀρνίου
11 ἔπεσαν ἐν. τ. θρόνου ἐπὶ τ. πρόσωπα αὐτῶν
15 διὰ τοῦτό εἰσιν ἐν. τ. θρόνου τ. Θεοῦ
8 2 [1] οἳ ἐν. τ. Θεοῦ ἑστήκασιν
3 ἐπὶ τὸ θυσιαστήριον τὸ χρυσοῦν τὸ ἐν. τ. θρόνου
4 [1] ἀνέβη ὁ καπνὸς . . . ἐκ χειρὸς τ. ἀγγέλου ἐν. τ. Θεοῦ
9 13 [1] φωνὴν μίαν ἐκ . . . τ. θυσιαστηρίου τ. χρυσοῦ τοῦ ἐν. τ. Θεοῦ
11 4 [1] αἱ δύο λυχνίαι αἱ ἐν. τ. Κυρίου τ. γῆς ἑστῶτες
16 [1] οἱ εἴκοσι τέσσαρες πρεσβύτεροι οἱ ἐν. τ. Θεοῦ καθήμενοι
12 4 ὁ δράκων ἕστηκεν ἐν. τ. γυναικὸς τ. μελλούσης τεκεῖν
10 [1] ὁ κατηγορῶν αὐτοὺς ἐν. τ. Θεοῦ ἡμῶν
13 12 τ. ἐξουσίαν τ. πρώτου θηρίου πᾶσαν ποιεῖ ἐν. αὐτοῦ
13 καταβαίνειν εἰς τ. γῆν ἐν. τ. ἀνθρώπων
14 ἃ ἐδόθη αὐτῷ ποιῆσαι ἐν. τ. θηρίου
14 3 ᾄδουσιν ὡς ᾠδὴν καινὴν ἐν. τ. θρόνου, κ. ἐν. τ. τεσσάρων ζῴων κ. τ. πρεσβυτέρων
10 βασανισθήσεται ἐν πυρὶ κ. θείῳ ἐν. ἀγγέλων ἁγίων
15 4 προσκυνήσουσιν ἐνώπιόν σου
16 19 [1] Βαβυλὼν ἡ μεγάλη ἐμνήσθη ἐν. τ. Θεοῦ
19 20 ὁ ψευδοπροφήτης ὁ ποιήσας τ. σημεῖα ἐν. αὐτοῦ
20 12 εἶδον τ. νεκροὺς . . . ἑστῶτας ἐν. τ. θρόνου

ἘΝΏΣ 1800

Lu 3 38 τοῦ Καινὰμ τοῦ Ἐνὼς τοῦ Σήθ

ἘΝΩΤΊΖΟΜΑΙ† 1801

Ac 2 14 ἐνωτίσασθε τὰ ῥήματά μου

ἘΝΏΧ 1802

Ἑνώχ, WH

Lu 3 37 τοῦ Μαθουσάλα τοῦ Ἐνὼχ τοῦ Ἰάρετ
He 11 5 πίστει Ἐ. μετετέθη τοῦ μὴ ἰδεῖν θάνατον
Ju 14 ἐπροφήτευσεν δὲ κ. τούτοις ἕβδομος ἀπὸ Ἀδὰμ Ἐνώχ

ἝΞ 1803

Mt 17 1 μεθ' ἡμέρας ἓξ παραλαμβάνει ὁ Ἰησοῦς τ. Πέτρον
Mk 9 2 μετὰ ἡμέρας ἓξ παραλαμβάνει ὁ Ἰησοῦς τ. Πέτρον
Lu 4 25 ὅτε ἐκλείσθη ὁ οὐρανὸς ἔτη τρία κ. μῆνας ἕξ
13 14 ἓξ ἡμέραι εἰσὶν ἐν αἷς δεῖ ἐργάζεσθαι
Jo 2 6 ἦσαν δὲ ἐκεῖ λίθιναι ὑδρίαι ἓξ . . . κείμεναι
20 τεσσεράκοντα κ. ἓξ ἔτεσιν οἰκοδομήθη ὁ ναὸς οὗτος
12 1 πρὸ ἓξ ἡμερῶν τοῦ πάσχα
Ac 11 12 ἦσαν δὲ σὺν ἐμοὶ κ. οἱ ἓξ ἀδελφοὶ οὗτοι
18 11 ἐκάθισεν δὲ ἐνιαυτὸν κ. μῆνας ἕξ
27 37 αἱ πᾶσαι ψυχαὶ ἐν τ. πλοίῳ ὡς ἑβδομήκοντα ἕξ
πλ. διακόσιαι ἑβδ. ἕξ, TWH mg. R non mg.
Ja 5 17 οὐκ ἔβρεξεν ἐπὶ τ. γῆς ἐνιαυτοὺς τρεῖς κ. μῆνας ἕξ
Re 4 8 ἔχων ἀνὰ πτέρυγας ἕξ
13 18 ὁ ἀριθμὸς αὐτοῦ ἑξακόσιοι ἑξήκοντα ἕξ
ἑξ. δεκαέξ, R mg.; χξϛ', T

ἘΞΑΓΓΈΛΛΩ 1804

I Pe 2 9 ὅπως τ. ἀρετὰς ἐξαγγείλητε τοῦ ἐκ σκότους ὑμᾶς καλέσαντος

ἘΞΑΓΟΡΆΖΩ 1805

Ga 3 13 Χριστὸς ἡμᾶς ἐξηγόρασεν ἐκ τ. κατάρας τ. νόμου
4 5 ἵνα τοὺς ὑπὸ νόμον ἐξαγοράσῃ
Eph 5 16 ἐξαγοραζόμενοι τ. καιρόν
Col 4 5 τ. καιρὸν ἐξαγοραζόμενοι

ἘΞΆΓΩ 1806

Mk 15 20 ἐξάγουσιν αὐτὸν ἵνα σταυρώσωσιν αὐτόν
Lu 24 50 ἐξήγαγεν δὲ αὐτοὺς ἕως πρὸς Βηθανίαν
Jo 10 3 φωνεῖ κατ' ὄνομα κ. ἐξάγει αὐτά
Ac 5 19 ἐξαγαγών τε αὐτοὺς εἶπεν
7 36 οὗτος ἐξήγαγεν αὐτούς
40 ὃς ἐξήγαγεν ἡμᾶς ἐκ γῆς Αἰγύπτου
הָאִישׁ אֲשֶׁר הֶעֱלָנוּ מֵאֶרֶץ מִצְרַיִם, Ex. xxxii. 1
12 17 πῶς ὁ Κύριος αὐτὸν ἐξήγαγεν ἐκ τ. φυλακῆς
13 17 μετὰ βραχίονος ὑψηλοῦ ἐξήγαγεν αὐτοὺς ἐξ αὐτῆς
16 37 ἀλλὰ ἐλθόντες αὐτοὶ ἡμᾶς ἐξαγαγέτωσαν

Ac 16 39 ἐξαγαγόντες ἠρώτων ἀπελθεῖν ἀπὸ τ. πόλεως
21 38 ἐξαγαγὼν εἰς τὴν ἔρημον τ. τετρακισχιλίους ἄνδρας
He 8 9 ἐξαγαγεῖν αὐτοὺς ἐκ γῆς Αἰγύπτου
לְהוֹצִיאָם מֵאֶרֶץ מִצְרָיִם, Jer. xxxi. 32

'ΕΞΑΙΡΕ'Ω 1807

Mt 5 29 ἔξελε αὐτὸν κ. βάλε ἀπὸ σοῦ
18 9 ἔξελε αὐτὸν κ. βάλε ἀπὸ σοῦ
Ac 7 10 ἐξείλατο αὐτὸν ἐκ πασῶν τ. θλίψεων αὐτοῦ
34 κ. κατέβην ἐξελέσθαι αὐτούς
וָאֵרֵד לְהַצִּילוֹ, Ex. iii. 8
12 11 ἐξείλατό με ἐκ χειρὸς Ἡρῴδου
23 27 ἐπιστὰς σὺν τ. στρατεύματι ἐξειλάμην
26 17 ἐξαιρούμενός σε ἐκ τ. λαοῦ κ. ἐκ τ. ἐθνῶν
Ga 1 4 ὅπως ἐξέληται ἡμᾶς ἐκ τ. αἰῶνος τ. ἐνεστῶτος πονηροῦ

'ΕΞΑΙ'ΡΩ 1808

I Co 5 13 ἐξάρατε τ. πονηρὸν ἐξ ὑμῶν αὐτῶν
בִּעַרְתָּ הָרָע מִקִּרְבֶּךָ, Dt. xxiv. 7

'ΕΞΑΙΤΕ'ΟΜΑΙ* 1809

Lu 22 31 ὁ Σατανᾶς ἐξῃτήσατο ὑμᾶς

'ΕΞΑΙ'ΦΝΗΣ 1810

ἐξέφνης, WH, exc. Ac. xxii. 6
Mk 13 36 μὴ ἐλθὼν ἐξ. εὕρῃ ὑμᾶς καθεύδοντας
Lu 2 13 ἐξ. ἐγένετο σὺν τ. ἀγγέλῳ πλῆθος στρατιᾶς οὐρανίου
9 39 πνεῦμα λαμβάνει αὐτὸν κ. ἐξ. κράζει
Ac 9 3 ἐξαίφνης τε αὐτὸν περιήστραψεν φῶς ἐκ τ. οὐρανοῦ
22 6 ἐξαίφνης ἐκ τ. οὐρανοῦ περιαστράψαι φῶς ἱκανὸν περὶ ἐμέ

'ΕΞΑΚΟΛΟΥΘΕ'Ω 1811

II Pe 1 16 οὐ γὰρ σεσοφισμένοις μύθοις ἐξακολουθήσαντες
2 2 πολλοὶ ἐξακολουθήσουσιν αὐτῶν τ. ἀσελγείαις
15 ἐξακολουθήσαντες τῇ ὁδῷ τ. Βαλαὰμ τ. Βεώρ

'ΕΞΑΚΟ'ΣΙΟΙ 1812

Re 13 18 ὁ ἀριθμὸς αὐτοῦ ἑξακόσιοι ἑξήκοντα ἕξ
ἑξακόσιαι, WH mg.; χξς', T
14 20 ἐξῆλθεν αἷμα . . . ἀπὸ σταδίων χιλίων ἑξακοσίων

'ΕΞΑΛΕΙ'ΦΩ 1813

Ac 3 19 πρὸς τὸ ἐξαλειφθῆναι ὑμῶν τ. ἁμαρτίας
ἐξαλιφθῆναι, WH
Col 2 14 ἐξαλείψας τὸ καθ' ἡμῶν χειρόγραφον τ. δόγμασιν
Re 3 5 οὐ μὴ ἐξαλείψω τὸ ὄνομα αὐτοῦ ἐκ τῆς βίβλου τ. ζωῆς
7 17 ἐξαλείψει ὁ Θεὸς πᾶν δάκρυον ἐκ τ. ὀφθαλμῶν αὐτῶν
21 4 ἐξαλείψει πᾶν δάκρυον ἐκ τ. ὀφθαλμῶν αὐτῶν

'ΕΞΑ'ΛΛΟΜΑΙ 1814

Ac 3 8 ἐξαλλόμενος ἔστη κ. περιεπάτει

'ΕΞΑΝΑ'ΣΤΑΣΙΣ* 1815

Phl 3 11 εἴ πως καταντήσω εἰς τ. ἐξανάστασιν τὴν ἐκ νεκρῶν

'ΕΞΑΝΑΤΕ'ΛΛΩ 1816

Mt 13 5 εὐθέως ἐξανέτειλεν διὰ τὸ μὴ ἔχειν βάθος γῆς
Mk 4 5 εὐθὺς ἐξανέτειλεν διὰ τὸ μὴ ἔχειν βάθος γῆς

'ΕΞΑΝΙ'ΣΤΗΜΙ 1817

Mk 12 19 ἐξαναστήσῃ σπέρμα τ. ἀδελφῷ αὐτοῦ
לְקָחָהּ לוֹ לְאִשָּׁה וְיִבְּמָהּ, Dt. xxv. 5
Lu 20 28 ἐξαναστήσῃ σπέρμα τ. ἀδελφῷ αὐτοῦ, Dt. *l.c.*
Ac 15 5 ἐξανέστησαν δέ τινες τῶν ἀπὸ τ. αἱρέσεως τ. Φαρισαίων

'ΕΞΑΠΑΤΑ'Ω 1818

Ro 7 11 ἡ γὰρ ἁμαρτία ἀφορμὴν λαβοῦσα διὰ τ. ἐντολῆς ἐξηπάτησέν με
16 18 διὰ τ. χρηστολογίας . . . ἐξαπατῶσιν τ. καρδίας τ. ἀκάκων
I Co 3 18 μηδεὶς ἑαυτὸν ἐξαπατάτω
II Co 11 3 ὡς ὁ ὄφις ἐξηπάτησεν Εὕαν
II Th 2 3 μή τις ὑμᾶς ἐξαπατήσῃ κατὰ μηδένα τρόπον
I Ti 2 14 ἡ δὲ γυνὴ ἐξαπατηθεῖσα ἐν παραβάσει γέγονεν

'ΕΞΑ'ΠΙΝΑ† 1819

Mk 9 8 ἐξ. περιβλεψάμενοι οὐκέτι εἶδον

'ΕΞΑΠΟΡΕ'ΟΜΑΙ 1820

II Co 1 8 ὥστε ἐξαπορηθῆναι ἡμᾶς κ. τοῦ ζῆν
4 8 ἀπορούμενοι ἀλλ' οὐκ ἐξαπορούμενοι

'ΕΞΑΠΟΣΤΕ'ΛΛΩ 1821

Lu 1 53 πλουτοῦντας ἐξαπέστειλεν κενούς
20 10 οἱ δὲ γεωργοὶ ἐξαπέστειλαν αὐτὸν δείραντες κενόν
11 οἱ δὲ κἀκεῖνον δείραντες . . . ἐξαπέστειλαν κενόν
24 49 ἐγὼ ἐξαποστέλλω τ. ἐπαγγελίαν τ. πατρός μου ἐφ' ὑμᾶς
Ac 7 12 ἐξαπέστειλεν τ. πατέρας ἡμῶν πρῶτον
9 30 ἐξαπέστειλαν αὐτὸν εἰς Ταρσόν
11 22 ἐξαπέστειλαν Βαρνάβαν ἕως Ἀντιοχείας
12 11 οἶδα ἀληθῶς ὅτι ἐξαπέστειλεν ὁ Κύριος τ. ἄγγελον αὐτοῦ
13 26 ἡμῖν ὁ λόγος τ. σωτηρίας ταύτης ἐξαπεστάλη

Ac 17 14 εὐθέως δὲ τότε τ. Παῦλον ἐξαπέστειλαν οἱ ἀδελφοί
22 21 ἐγὼ εἰς ἔθνη μακρὰν ἐξαποστελῶ σε
ἀποστελῶ, WH marg.
Ga 4 4 ἐξαπέστειλεν ὁ Θεὸς τ. υἱὸν αὐτοῦ
6 ἐξαπέστειλεν ὁ Θεὸς τὸ πνεῦμα τ. υἱοῦ αὐτοῦ

ἘΞΑΡΤΊΖΩ† 1822

Ac 21 5 ὅτε δὲ ἐγένετο ἐξαρτίσαι ἡμᾶς τ. ἡμέρας
ἡμ. ἐξαρτ., TWH marg.
II Ti 3 17 πρὸς πᾶν ἔργον ἀγαθὸν ἐξηρτισμένος

ἘΞΑΣΤΡΆΠΤΩ† 1823

Lu 9 29 ὁ ἱματισμὸς αὐτοῦ λευκὸς ἐξαστράπτων

ἘΞΑΥΤῆΣ* 1824

Mk 6 25 θέλω ἵνα ἐξαυτῆς δῷς μοι . . . τ. κεφαλὴν Ἰωάνου
Ac 10 33 ἐξαυτῆς οὖν ἔπεμψα πρός σε
11 11 ἐξ. τρεῖς ἄνδρες ἐπέστησαν ἐπὶ τ. οἰκίαν
21 32 ὃς ἐξ. παραλαβὼν στρατιώτας κ. ἑκατοντάρχας
23 30 ἐξαυτῆς ἔπεμψα πρός σε
ἐξ αὐτῶν, T
Phl 2 23 τοῦτον μὲν οὖν ἐλπίζω πέμψαι . . . ἐξαυτῆς

ἘΞΕΓΕΊΡΩ 1825

Ro 9 17 εἰς αὐτὸ τοῦτο ἐξήγειρά σε
בַּעֲבוּר זֹאת הֶעֱמַדְתִּיךָ, Ex. ix. 16
I Co 6 14 κ. ἡμᾶς ἐξεγερεῖ διὰ τ. δυνάμεως αὐτοῦ
ἐξήγειρεν, WH mg.

ἜΞΕΙΜΙ 1826

Ac 13 42 ἐξιόντων δὲ αὐτῶν παρεκάλουν
17 15 λαβόντες ἐντολὴν πρὸς τ. Σίλαν κ. τ. Τιμόθεον . . . ἐξῄεσαν
20 7 μέλλων ἐξιέναι τῇ ἐπαύριον
27 43 ἀπορίψαντας πρώτους ἐπὶ τ. γῆν ἐξιέναι

ἘΞΈΛΚΟΜΑΙ 1828

Ja 1 14 ὑπὸ τ. ἰδίας ἐπιθυμίας ἐξελκόμενος

ἘΞΈΡΑΜΑ *† 1829

II Pe 2 22 κύων ἐπιστρέψας ἐπὶ τὸ ἴδιον ἐξέραμα
כֶּלֶב שָׁב עַל־קֵאוֹ, Prov. xxvi. 11

ἘΞΕΡΑΥΝΆΩ 1830

I Pe 1 10 περὶ ἧς σωτηρίας . . . ἐξηραύνησαν προφῆται

ἘΞΈΡΧΟΜΑΙ 1831 cf. 1543.5

(1) ἐξέρχ. παρά, ἀπό (2) ἐξέρχ. εἰς (3) seq. infin., ἵνα (4) ἐξέρχ. ἐπί, ἐν (5) ἐξέρχ. κ. εἰσέρχ. (6) ἐξῆλθα

Mt 2 6 ἐκ σοῦ γὰρ ἐξελεύσεται ἡγούμενος
מִמְּךָ לִי יֵצֵא לִהְיוֹת מוֹשֵׁל, Mic. v. 1

Mt 5 26 οὐ μὴ ἐξέλθῃς ἐκεῖθεν ἕως ἂν ἀποδῷς
8 12 [2] οἱ δὲ υἱοὶ τ. βασιλείας ἐξελεύσονται εἰς τ. σκότος τ. ἐξώτερον
ἐκβληθήσονται, WH non mg. R
28 δύο δαιμονιζόμενοι ἐκ τ. μνημείων ἐξερχόμενοι
32 οἱ δὲ ἐξελθόντες ἀπῆλθαν εἰς τ. χοίρους
34 [2] πᾶσα ἡ πόλις ἐξῆλθεν εἰς ὑπάντησιν τῷ Ἰησοῦ
9 26 [2] ἐξῆλθεν ἡ φήμη αὕτη εἰς ὅλην τ. γῆν ἐκείνην
31 οἱ δὲ ἐξελθόντες διεφήμισαν αὐτόν
32 αὐτῶν δὲ ἐξερχομένων
10 11 κἀκεῖ μείνατε ἕως ἂν ἐξέλθητε
14 ἐξερχόμενοι ἔξω τ. οἰκίας ἢ τ. πόλεως ἐκείνης
11 7 [2 3 6] τί ἐξήλθατε εἰς τὴν ἔρημον θεάσασθαι;
8 [3 6] ἀλλὰ τί ἐξήλθατε ἰδεῖν;
9 [3 6] ἀλλὰ τί ἐξήλθατε; προφήτην ἰδεῖν;
12 14 ἐξελθόντες δὲ οἱ Φαρισαῖοι συμβούλιον ἔλαβον κατ' αὐτοῦ
43 [1] ὅταν δὲ τὸ ἀκάθαρτον πνεῦμα ἐξέλθῃ ἀπὸ τ. ἀνθρώπου
44 εἰς τ. οἶκόν μου ἐπιστρέψω ὅθεν ἐξῆλθον
13 1 ἐξελθὼν ὁ Ἰησοῦς τ. οἰκίας
ἐκ τ. οἰκ., TWH mg.
3 [3] ἐξῆλθεν ὁ σπείρων τοῦ σπείρειν
49 ἐξελεύσονται οἱ ἄγγελοι
14 14 ἐξελθὼν εἶδεν πολὺν ὄχλον
15 18 τὰ δὲ ἐκπορευόμενα ἐκ τ. στόματος ἐκ τ. καρδίας ἐξέρχεται
19 ἐκ γὰρ τ. καρδίας ἐξέρχονται διαλογισμοὶ πονηροί
21 ἐξελθὼν ἐκεῖθεν ὁ Ἰησοῦς
22 [1] γυνὴ Χαναναία ἀπὸ τ. ὁρίων ἐκείνων ἐξελθοῦσα
17 18 [1] ἐξῆλθεν ἀπ' αὐτοῦ τὸ δαιμόνιον
18 28 ἐξελθὼν δὲ ὁ δοῦλος ἐκεῖνος
20 1 [3] ὅστις ἐξῆλθεν ἅμα πρωῒ μισθώσασθαι ἐργάτας
3 ἐξελθὼν περὶ τρίτην ὥραν
5 πάλιν δὲ ἐξελθὼν περὶ ἕκτην κ. ἐνάτην ὥραν
6 περὶ δὲ τ. ἑνδεκάτην ἐξελθὼν
21 17 ἐξῆλθεν ἔξω τ. πόλεως εἰς Βηθανίαν
22 10 [2] ἐξελθόντες οἱ δοῦλοι ἐκεῖνοι εἰς τὰς ὁδούς
24 1 [1] ἐξελθὼν ὁ Ἰησοῦς ἀπὸ τ. ἱεροῦ ἐπορεύετο
26 ἰδοὺ ἐν τῇ ἐρήμῳ ἐστὶν μὴ ἐξέλθητε
27 [1] ὥσπερ γὰρ ἡ ἀστραπὴ ἐξέρχεται ἀπὸ ἀνατολῶν
25 1 [2] αἵτινες . . . ἐξῆλθον εἰς ὑπάντησιν τ. νυμφίου
6 [2] ἐξέρχεσθε εἰς ἀπάντησιν
26 30 [2] ὑμνήσαντες ἐξῆλθον εἰς τὸ ὄρος τ. ἐλαιῶν
55 [4 6] ὡς ἐπὶ λῃστὴν ἐξήλθατε μετὰ μαχαιρῶν
71 [2] ἐξελθόντα δὲ εἰς τ. πυλῶνα
ἐξ. δὲ αὐτὸν, T
75 ἐξελθὼν ἔξω ἔκλαυσεν πικρῶς
27 32 ἐξερχόμενοι δὲ εὗρον ἄνθρωπον Κυρηναῖον
49 ἐξῆλθεν ὕδωρ κ. αἷμα
—h. v., T [[WH]] R non mg.
53 ἐξελθόντες ἐκ τ. μνημείων μετὰ τ. ἔγερσιν αὐτοῦ
Mk 1 25 φιμώθητι κ. ἔξελθε ἐξ αὐτοῦ
26 φωνῆσαν φωνῇ μεγάλῃ ἐξῆλθεν ἐξ αὐτοῦ

Mk 1 28 [2] ἐξῆλθεν ἡ ἀκοὴ αὐτοῦ εὐθὺς πανταχοῦ
29 εὐθὺς ἐκ τ. συναγωγῆς ἐξελθόντες
ἐξελθὼν, WH mg. R mg.
35 πρωὶ ἔννυχα λίαν ἀναστὰς ἐξῆλθεν
38 [2] εἰς τοῦτο γὰρ ἐξῆλθον
45 ὁ δὲ ἐξελθὼν ἤρξατο κηρύσσειν πολλά
2 12 ἄρας τ. κράβαττον ἐξῆλθεν ἔμπροσθεν πάντων
13 [1] ἐξῆλθεν πάλιν παρὰ τ. θάλασσαν
3 6 ἐξελθόντες οἱ Φαρισαῖοι . . . συμβούλιον ἐδίδουν
21 [3] ἀκούσαντες οἱ παρ' αὐτοῦ ἐξῆλθον κρατῆσαι αὐτόν
4 3 [3] ἐξῆλθεν ὁ σπείρων σπεῖραι
5 2 ἐξελθόντος αὐτοῦ ἐκ τ. πλοίου
8 ἔξελθε τὸ πνεῦμα τὸ ἀκάθαρτον ἐκ τ. ἀνθρώπου
13 ἐξελθόντα τὰ πνεύματα τὰ ἀκάθαρτα εἰσῆλθον
30 ἐπιγνοὺς ἐν ἑαυτῷ τὴν ἐξ αὐτοῦ δύναμιν ἐξελθοῦσαν
6 1 ἐξῆλθεν ἐκεῖθεν
10 ἐκεῖ μένετε ἕως ἂν ἐξέλθητε ἐκεῖθεν
12 ἐξελθόντες ἐκήρυξαν ἵνα μετανοῶσιν
24 ἐξελθοῦσα εἶπεν τ. μητρὶ αὐτῆς
34 ἐξελθὼν εἶδεν πολὺν ὄχλον
54 ἐξελθόντων αὐτῶν ἐκ τ. πλοίου
7 29 ἐξελήλυθεν ἐκ τ. θυγατρός σου τὸ δαιμόνιον
30 εὗρεν . . . τὸ δαιμόνιον ἐξεληλυθός
31 πάλιν ἐξελθὼν ἐκ τ. ὁρίων Τύρου
8 11 ἐξῆλθον οἱ Φαρισαῖοι
27 ἐξῆλθεν ὁ Ἰησοῦς κ. οἱ μαθηταὶ αὐτοῦ
9 25 ἐγὼ ἐπιτάσσω σοι ἔξελθε ἐξ αὐτοῦ
26 κράξας κ. πολλὰ σπαράξας ἐξῆλθεν
29 [4] τοῦτο τὸ γένος ἐν οὐδενὶ δύναται ἐξελθεῖν
30 κἀκεῖθεν ἐξελθόντες ἐπορεύοντο διὰ τ. Γαλιλαίας
11 11 [2] ἐξῆλθεν εἰς Βηθανίαν μετὰ τῶν δώδεκα
12 [1] τῇ ἐπαύριον ἐξελθόντων αὐτῶν ἀπὸ Βηθανίας
14 16 ἐξῆλθον οἱ μαθηταί
26 [2] ὑμνήσαντες ἐξῆλθον εἰς τὸ ὄρος τ. ἐλαιῶν
48 [4] [6] ὡς ἐπὶ λῃστὴν ἐξήλθατε μετὰ μαχαιρῶν
68 [2] ἐξῆλθεν ἔξω εἰς τὸ προαύλιον
16 8 ἐξελθοῦσαι ἔφυγον ἀπὸ τ. μνημείου
[20 ἐκεῖνοι δὲ ἐξελθόντες ἐκήρυξαν πανταχοῦ
Lu 1 22 ἐξελθὼν δὲ οὐκ ἐδύνατο λαλῆσαι αὐτοῖς
2 1 [1] ἐξῆλθεν δόγμα παρὰ Καίσαρος Αὐγούστου
4 14 φήμη ἐξῆλθεν καθ' ὅλης τῆς περιχώρου
35 [1] φιμώθητι κ. ἔξελθε ἀπ' αὐτοῦ
35 [1] ῥίψαν αὐτὸν τὸ δαιμόνιον εἰς τὸ μέσον ἐξῆλθεν ἀπ' αὐτοῦ
36 ἐπιτάσσει τ. ἀκαθάρτοις πνεύμασι κ. ἐξέρχονται
41 [1] ἐξήρχετο δὲ κ. δαιμόνια ἀπὸ πολλῶν
ἐξήρχοντο, TWH marg.
42 ἐξελθὼν ἐπορεύθη εἰς ἔρημον τόπον
5 8 [1] ἔξελθε ἀπ' ἐμοῦ
27 μετὰ ταῦτα ἐξῆλθεν κ. ἐθεάσατο τελώνην
6 12 [2] ἐγένετο δὲ . . . ἐξελθεῖν αὐτὸν εἰς τὸ ὄρος προσεύξασθαι
19 [1] δύναμις παρ' αὐτοῦ ἐξήρχετο
7 17 [4] ἐξῆλθεν ὁ λόγος οὗτος ἐν ὅλῃ τ. Ἰουδαίᾳ
24 [2] [3] [6] τί ἐξήλθατε εἰς τὴν ἔρημον θεάσασθαι;
ἐξεληλύθατε, T
Lu 7 25 [3] [6] ἀλλὰ τί ἐξήλθατε ἰδεῖν;
ἐξεληλύθατε, T
26 [3] [6] ἀλλὰ τί ἐξήλθατε ἰδεῖν;
ἐξεληλύθατε, T
8 2 [1] ἀφ' ἧς δαιμόνια ἑπτὰ ἐξεληλύθει
5 [3] ἐξῆλθεν ὁ σπείρων τοῦ σπεῖραι τ. σπόρον αὐτοῦ
27 [4] ἐξελθόντι δὲ αὐτῷ ἐπὶ τ. γῆν
29 [1] παρήγγελλε γὰρ τ. πνεύματι . . . ἐξελθεῖν ἀπὸ τ. ἀνθρώπου
33 [1] ἐξελθόντα δὲ τὰ δαιμόνια ἀπὸ τ. ἀνθρώπου
35 [3] ἐξῆλθον δὲ ἰδεῖν τὸ γεγονός
35 [1] ἀφ' οὗ τὰ δαιμόνια ἐξῆλθεν
38 [1] ὁ ἀνὴρ ἀφ' οὗ ἐξεληλύθει τὰ δαιμόνια
46 [1] ἐγὼ γὰρ ἔγνων δύναμιν ἐξεληλυθυῖαν ἀπ' ἐμοῦ
9 4 ἐκεῖ μένετε κ. ἐκεῖθεν ἐξέρχεσθε
5 [1] ἐξερχόμενοι ἀπὸ τ. πόλεως ἐκείνης
6 ἐξερχόμενοι δὲ διήρχοντο κατὰ τ. κώμας
10 10 [2] ἐξελθόντες εἰς τ. πλατείας αὐτῆς εἴπατε
11 14 ἐγένετο δὲ τ. δαιμονίου ἐξελθόντος
24 [1] ὅταν τὸ ἀκάθαρτον πνεῦμα ἐξέλθῃ ἀπὸ τ. ἀνθρώπου
24 ὑποστρέψω εἰς τ. οἶκόν μου ὅθεν ἐξῆλθον
53 κἀκεῖθεν ἐξελθόντος αὐτοῦ
—h. v., WH mg.
12 59 οὐ μὴ ἐξέλθῃς ἐκεῖθεν
13 31 ἔξελθε κ. πορεύου ἐντεῦθεν
14 18 [3] ἔχω ἀνάγκην ἐξελθὼν ἰδεῖν αὐτόν
21 [2] ἔξελθε ταχέως εἰς τ. πλατείας
23 [2] ἔξελθε εἰς τὰς ὁδοὺς κ. φραγμούς
15 28 ὁ δὲ πατὴρ αὐτοῦ ἐξελθὼν παρεκάλει αὐτόν
17 29 [1] ᾗ δὲ ἡμέρᾳ ἐξῆλθεν Λὼτ ἀπὸ Σοδόμων
21 37 τ. δὲ νύκτας ἐξερχόμενος ηὐλίζετο εἰς τὸ ὄρος
22 39 ἐξελθὼν ἐπορεύθη κατὰ τὸ ἔθος εἰς τὸ ὄρος τ. ἐλαιῶν
52 [4] [6] ὡς ἐπὶ λῃστὴν ἐξήλθατε μετὰ μαχαιρῶν
ἐξεληλύθατε, T
62 ἐξελθὼν ἔξω ἔκλαυσεν πικρῶς
Jo 1 44 [2] ἠθέλησεν ἐξελθεῖν εἰς τ. Γαλιλαίαν
4 30 ἐξῆλθον ἐκ τ. πόλεως
43 μετὰ δὲ τ. δύο ἡμέρας ἐξῆλθεν ἐκεῖθεν
8 [9 ἐξήρχοντο εἷς καθ' εἷς
42 ἐγὼ γὰρ ἐκ τ. Θεοῦ ἐξῆλθον κ. ἥκω
59 Ἰησοῦς δὲ ἐκρύβη κ. ἐξῆλθεν ἐκ τ. ἱεροῦ
10 9 [5] εἰσελεύσεται κ. ἐξελεύσεται κ. νομὴν εὑρήσει
39 ἐξῆλθεν ἐκ τ. χειρὸς αὐτῶν
11 31 ὅτι ταχέως ἀνέστη κ. ἐξῆλθεν
44 ἐξῆλθεν ὁ τεθνηκώς
12 13 [2] ἐξῆλθον εἰς ὑπάντησιν αὐτῷ
13 3 [1] ἀπὸ Θεοῦ ἐξῆλθεν κ. πρὸς τ. Θεὸν ὑπάγει
30 λαβὼν οὖν τὸ ψωμίον ἐκεῖνος ἐξῆλθεν εὐθύς
31 ὅτε οὖν ἐξῆλθεν λέγει Ἰησοῦς
16 27 [1] πεπιστεύκατε ὅτι ἐγὼ παρὰ τ. πατρος ἐξῆλθον.
28 ἐξῆλθον ἐκ τ. πατρός
30 [1] ἐν τούτῳ πιστεύομεν ὅτι ἀπὸ Θεοῦ ἐξῆλθες
17 8 [1] ἔγνωσαν ἀληθῶς ὅτι παρὰ σοῦ ἐξῆλθον
18 1 ταῦτα εἰπὼν Ἰησοῦς ἐξῆλθεν σὺν τ. μαθηταῖς αὐτοῦ
4 Ἰησοῦς οὖν . . . ἐξῆλθεν κ. λέγει αὐτοῖς

Jo 18 16 ἐξῆλθεν οὖν ὁ μαθητὴς ὁ ἄλλος
29 ἐξῆλθεν οὖν ὁ Πειλᾶτος ἔξω πρὸς αὐτούς
38 πάλιν ἐξῆλθεν πρὸς τ. Ἰουδαίους
19 4 ἐξῆλθεν πάλιν ἔξω ὁ Πειλᾶτος
5 ἐξῆλθεν οὖν ὁ Ἰησοῦς ἔξω
17 [2] ἐξῆλθεν εἰς τ. λεγόμενον Κρανίου Τόπον
34 ἐξῆλθεν εὐθὺς αἷμα κ. ὕδωρ
20 3 ἐξῆλθεν οὖν ὁ Πέτρος κ. ὁ ἄλλος μαθητής
21 3 [6] ἐξῆλθαν κ. ἐνέβησαν εἰς τὸ πλοῖον
ἐξῆλθον, T
23 [2] ἐξῆλθεν οὖν οὗτος ὁ λόγος εἰς τ. ἀδελφούς
Ac 1 21 [4 5] ᾧ εἰσῆλθεν κ. ἐξῆλθεν ἐφ' ἡμᾶς ὁ Κύριος Ἰησοῦς
7 3 ἔξελθε ἐκ τ. γῆς σου
לֶךְ־לְךָ מֵאַרְצְךָ, Gen. xii. 1
4 τότε ἐξελθὼν ἐκ γῆς Χαλδαίων
7 μετὰ ταῦτα ἐξελεύσονται κ. λατρεύσουσίν μοι
אַחֲרֵי־כֵן יֵצְאוּ בִּרְכֻשׁ גָּדוֹל, *ib.* xv. 14
8 7 βοῶντα φωνῇ μεγάλῃ ἐξήρχοντο
10 23 τῇ δὲ ἐπαύριον ἀναστὰς ἐξῆλθεν σὺν αὐτοῖς
11 25 [2] ἐξῆλθεν δὲ εἰς Ταρσὸν ἀναζητῆσαι Σαῦλον
12 9 ἐξελθὼν ἠκολούθει
10 ἐξελθόντες προῆλθον ῥύμην μίαν
17 ἐξελθὼν ἐπορεύθη εἰς ἕτερον τόπον
14 20 [2] τῇ ἐπαύριον ἐξῆλθεν σὺν τ. Βαρνάβᾳ εἰς Δέρβην
15 24 τινὲς ἐξ ἡμῶν ἐξελθόντες ἐτάραξαν ὑμᾶς λόγοις
—ἐξελθ., WHR marg.
40 Παῦλος δὲ ἐπιλεξάμενος Σίλαν ἐξῆλθεν
16 3 τοῦτον ἠθέλησεν ὁ Παῦλος σὺν αὐτῷ ἐξελθεῖν
10 [2] εὐθέως ἐζητήσαμεν ἐξελθεῖν εἰς Μακεδονίαν
13 [1] ἐξήλθομεν ἔξω τ. πύλης παρὰ ποταμόν
18 [1] παραγέλλω σοι . . . ἐξελθεῖν ἀπ' αὐτῆς· κ. ἐξῆλθεν αὐτῇ τ. ὥρᾳ.
19 ἰδόντες δὲ . . . ὅτι ἐξῆλθεν ἡ ἐλπὶς τ. ἐργασίας αὐτῶν
36 νῦν οὖν ἐξελθόντες πορεύεσθε ἐν εἰρήνῃ
40 [1] ἐξελθόντες δὲ ἀπὸ τ. φυλακῆς
40 [6] παρεκάλεσαν τ. ἀδελφοὺς κ. ἐξῆλθαν
17 33 οὕτως ὁ Παῦλος ἐξῆλθεν ἐκ μέσου αὐτῶν
18 23 ποιήσας χρόνον τινὰ ἐξῆλθεν
20 1 [3] ἐξῆλθεν πορεύεσθαι εἰς Μακεδονίαν
11 ὁμιλήσας ἄχρι αὐγῆς οὕτως ἐξῆλθεν
21 5 ἐξελθόντες ἐπορευόμεθα
8 τῇ δὲ ἐπαύριον ἐξελθόντες ἤλθαμεν εἰς Καισαρίαν
22 18 σπεῦσον κ. ἔξελθε ἐν τάχει ἐξ Ἰερουσαλήμ
28 3 [1] ἔχιδνα ἀπὸ τ. θέρμης ἐξελθοῦσα
Ro 10 18 [2] εἰς πᾶσαν τ. γῆν ἐξῆλθεν ὁ φθόγγος αὐτῶν
בְּכָל־הָאָרֶץ יָצָא קַוָּם, Ps. xix. 5
I Co 5 10 ἐπεὶ ὠφείλετε ἄρα ἐκ τ. κόσμου ἐξελθεῖν
14 36 [1] ἢ ἀφ' ὑμῶν ὁ λόγος τ. Θεοῦ ἐξῆλθεν;
II Co 2 13 [2] ἀποταξάμενος αὐτοῖς ἐξῆλθον εἰς Μακεδονίαν
6 17 [6] ἐξέλθατε ἐκ μέσου αὐτῶν κ. ἀφορίσθητε
צְאוּ מִתּוֹכָהּ הִבָּרוּ, Is. lii. 11
8 17 αὐθαίρετος ἐξῆλθεν πρὸς ὑμᾶς
Phl 4 15 [1] ὅτε ἐξῆλθον ἀπὸ Μακεδονίας
I Th 1 8 ἡ πίστις ὑμῶν ἡ πρὸς τ. Θεὸν ἐξελήλυθεν
He 3 16 οὐ πάντες οἱ ἐξελθόντες ἐξ Αἰγύπτου διὰ Μωυσέως

He 7 5 καίπερ ἐξεληλυθότας ἐκ τ. ὀσφύος Ἀβραάμ
11 8 πίστει καλούμενος Ἀβραὰμ ὑπήκουσεν ἐξελθεῖν
8 ἐξῆλθεν μὴ ἐπιστάμενος ποῦ ἔρχεται
13 13 ἐξερχώμεθα πρὸς αὐτὸν ἔξω τ. παρεμβολῆς
Ja 3 10 ἐκ τ. αὐτοῦ στόματος ἐξέρχεται εὐλογία κ. κατάρα
I Jo 2 19 [6] ἐξ ἡμῶν ἐξῆλθαν
4 1 [2] πολλοὶ ψευδοπροφῆται ἐξεληλύθασιν εἰς τ. κόσμον
II Jo 7 [2 6] ὅτι πολλοὶ πλάνοι . . . ἐξῆλθαν εἰς τ. κόσμον
ἐξῆλθον, T
III Jo 7 [6] ὑπὲρ γὰρ τ. ὀνόματος ἐξῆλθαν
Re 3 12 ἔξω οὐ μὴ ἐξέλθῃ ἔτι
6 2 [3] ἐξῆλθεν νικῶν κ. ἵνα νικήσῃ
4 ἐξῆλθεν ἄλλος ἵππος πυρρός
9 3 [2] ἐκ τ. καπνοῦ ἐξῆλθον ἀκρίδες εἰς τ. γῆν
14 15 ἄλλος ἄγγελος ἐξῆλθεν ἐκ τ. ναοῦ
17 ἄλλος ἄγγελος ἐξῆλθεν ἐκ τ. ναοῦ τοῦ ἐν τ. οὐρανῷ
18 ἄλλος ἄγγελος ἐξῆλθεν ἐκ τ. θυσιαστηρίου
[ἐξῆλθεν], WH
20 ἐξῆλθεν αἷμα ἐκ τῆς ληνοῦ ἄχρι τ. χαλινῶν
15 6 [6] ἐξῆλθαν οἱ ἑπτὰ ἄγγελοι
ἐξῆλθον, T
16 17 ἐξῆλθεν φωνὴ μεγάλη ἐκ τ. ναοῦ
18 4 [6] ἐξέλθατε ὁ λαός μου ἐξ αὐτῆς
19 5 [1] φωνὴ ἀπὸ τ. θρόνου ἐξῆλθεν
21 ἐν τ. ῥομφαίᾳ . . . τ. ἐξελθούσῃ ἐκ τ. στόματος αὐτοῦ
20 8 [3] ἐξελεύσεται πλανῆσαι τὰ ἔθνη

ἜΞΕΣΤΙΝ 1832

(1) ἐξόν **(2)** seq. accus.

Mt 12 2 ὃ οὐκ ἔξεστιν ποιεῖν ἐν τ. σαββάτῳ
4 [1] ὃ οὐκ ἐξὸν ἦν αὐτῷ φαγεῖν
10 εἰ ἔξεστιν τ. σάββασι θεραπεύειν;
12 ὥστε ἔξεστιν τ. σάββασι καλῶς ποιεῖν
14 4 οὐκ ἔξεστίν σοι ἔχειν αὐτήν
15 26 οὐκ ἔξεστιν λαβεῖν τ. ἄρτον τ. τέκνων
οὐκ ἔστιν καλὸν λαβ., WHR
19 3 εἰ ἔξεστιν ἀπολῦσαι τ. γυναῖκα αὐτοῦ κατὰ πᾶσαν αἰτίαν;
20 15 οὐκ ἔξεστίν μοι ὃ θέλω ποιῆσαι ἐν τ. ἐμοῖς;
22 17 ἔξεστιν δοῦναι κῆνσον Καίσαρι ἢ οὔ;
27 6 οὐκ ἔξεστιν βαλεῖν αὐτὰ εἰς τὸν κορβανᾶν
Mk 2 24 τί ποιοῦσιν τ. σάββασιν ὃ οὐκ ἔξεστιν;
26 [2] οὓς οὐκ ἔξεστιν φαγεῖν εἰ μὴ τ. ἱερεῖς
3 4 ἔξεστιν τ. σάββασιν ἀγαθοποιῆσαι
6 18 οὐκ ἔξεστίν σοι ἔχειν τ. γυναῖκα τ. ἀδελφοῦ σου
10 2 εἰ ἔξεστιν ἀνδρὶ γυναῖκα ἀπολῦσαι
12 14 ἔξεστιν δοῦναι κῆνσον Καίσαρι ἢ οὔ;
Lu 6 2 τί ποιεῖτε ὃ οὐκ ἔξεστιν τ. σάββασιν;
4 [2] οὓς οὐκ ἔξεστιν φαγεῖν εἰ μὴ μόνους τ. ἱερεῖς
9 εἰ ἔξεστιν τ. σαββάτῳ ἀγαθοποιῆσαι
14 3 ἔξεστιν τ. σαββάτῳ θεραπεῦσαι ἢ οὔ;
20 22 [2] ἔξεστιν ἡμᾶς Καίσαρι φόρον δοῦναι ἢ οὔ;
Jo 5 10 οὐκ ἔξεστίν σοι ἆραι τ. κράβαττον
18 31 ἡμῖν οὐκ ἔξεστιν ἀποκτεῖναι οὐδένα
Ac 2 29 [1] ἐξὸν εἰπεῖν μετὰ παρρησίας πρὸς ὑμᾶς

Ac 8 37 εἰ πιστεύεις ἐξ ὅλης τ. καρδίας σου ἔξεστιν —h. v., TWH non mg. R non mg.; [ἔξεστιν], WH mg.
16 21 ἔθη ἃ οὐκ ἔξεστιν ἡμῖν παραδέχεσθαι
21 37 εἰ ἔξεστίν μοι εἰπεῖν τι πρός σε;
22 25 εἰ ἄνθρωπον Ῥωμαῖον . . . ἔξεστιν ὑμῖν μαστίζειν;
I Co 6 12 πάντα μοι ἔξεστιν ἀλλ' οὐ πάντα συμφέρει· πάντα μοι ἔξεστιν ἀλλ' οὐκ ἐγὼ ἐξουσιασθήσομαι ὑπό τινος
10 23 πάντα ἔξεστιν ἀλλ' οὐ πάντα συμφέρει· πάντα ἔξεστιν ἀλλ' οὐ πάντα οἰκοδομεῖ
II Co 12 4 [1] ἃ οὐκ ἐξὸν ἀνθρώπῳ λαλῆσαι

ἘΞΕΤΆΖΩ 1833

Mt 2 8 πορευθέντες ἐξετάσατε ἀκριβῶς περὶ τ. παιδίου
10 11 ἐξετάσατε τίς ἐν αὐτῇ ἄξιός ἐστιν
Jo 21 12 οὐδεὶς ἐτόλμα τ. μαθητῶν ἐξετάσαι αὐτόν

ἘΞΗΓΈΟΜΑΙ 1834

Lu 24 35 αὐτοὶ ἐξηγοῦντο τὰ ἐν τῇ ὁδῷ
Jo 1 18 ἐκεῖνος ἐξηγήσατο
Ac 10 8 ἐξηγησάμενος ἅπαντα αὐτοῖς
15 12 ἤκουον Βαρνάβα κ. Παύλου ἐξηγουμένων
14 Συμεὼν ἐξηγήσατο καθὼς . . . ὁ Θεὸς ἐπεσκέψατο
21 19 ἐξηγεῖτο καθ' ἓν ἕκαστον ὧν ἐποίησεν ὁ Θεός

ἙΞΉΚΟΝΤΑ 1835

Mt 13 8 ἐδίδου καρπὸν ὃ μὲν ἑκατὸν ὃ δὲ ἑξήκοντα
23 ποιεῖ ὃ μὲν ἑκατὸν ὃ δὲ ἑξήκοντα
Mk 4 8 ἔφερεν εἰς τριάκοντα κ. ἐν ἑξήκοντα εἰς ἑξ., TWH marg. R; ἐν, WH mg. alt.
20 καρποφοροῦσιν ἐν τριάκοντα κ. ἐν ἑξήκοντα
Lu 24 13 εἰς κώμην ἀπέχουσαν σταδίους ἑξ. ἀπὸ Ἰερουσαλήμ
I Ti 5 9 χήρα καταλεγέσθω μὴ ἔλαττον ἐτῶν ἑξ.
Re 11 3 προφητεύσουσιν ἡμέρας χιλίας διακοσίας ἑξήκοντα
12 6 ἐκεῖ τρέφωσιν αὐτὴν ἡμέρας χιλίας διακοσίας ἑξήκοντα
13 18 ὁ ἀριθμὸς αὐτοῦ ἑξακόσιοι ἑξήκοντα ἕξ χξς', T; ἑξακ. δέκα ἕξ, R mg.

ἙΞΗ͂Σ 1836

Lu 7 11 ἐγένετο ἐν τῷ ἑξῆς τῇ ἑξ., TWH mg. R mg.
9 37 ἐγένετο δὲ τῇ ἑξῆς ἡμέρᾳ ἐγ. δὲ διὰ τ. ἡμέρας, WH mg.
Ac 21 1 τῇ δὲ ἑξῆς εἰς τὴν Ῥόδον
25 17 τῇ ἑξῆς καθίσας ἐπὶ τ. βήματος
27 18 τῇ ἑξῆς ἐκβολὴν ἐποιοῦντο

ἘΞΗΧΈΟΜΑΙ 1837

I Th 1 8 ἀφ' ὑμῶν γὰρ ἐξήχηται ὁ λόγος τ. Κυρίου

ἝΞΙΣ 1838

He 5 14 τῶν διὰ τ. ἕξιν τὰ αἰσθητήρια γεγυμνασμένα ἐχόντων

ἘΞΊΣΤΗΜΙ 1839

Mt 12 23 ἐξίσταντο πάντες οἱ ὄχλοι
Mk 2 12 ὥστε ἐξίστασθαι πάντας
3 21 ἔλεγον γὰρ ὅτι ἐξέστη
5 42 ἐξέστησαν εὐθὺς ἐκστάσει μεγάλῃ
6 51 λίαν ἐν ἑαυτοῖς ἐξίσταντο
Lu 2 47 ἐξίσταντο δὲ πάντες οἱ ἀκούοντες αὐτοῦ
8 56 ἐξέστησαν οἱ γονεῖς αὐτῆς
24 22 γυναῖκές τινες ἐξ ἡμῶν ἐξέστησαν ἡμᾶς
Ac 2 7 ἐξίσταντο δὲ κ. ἐθαύμαζον
12 ἐξίσταντο δὲ πάντες κ. διηποροῦντο
8 9 μαγεύων κ. ἐξιστάνων τὸ ἔθνος τ. Σαμαρίας
11 διὰ τὸ ἱκανῷ χρόνῳ τ. μαγίαις ἐξεστακέναι αὐτούς
13 θεωρῶν τε . . . δυνάμεις μεγάλας γινομένας ἐξίστατο
9 21 ἐξίσταντο δὲ πάντες οἱ ἀκούοντες
10 45 ἐξέστησαν οἱ ἐκ περιτομῆς πιστοὶ
12 16 ἀνοίξαντες δὲ εἶδαν αὐτὸν κ. ἐξέστησαν
II Co 5 13 εἴτε γὰρ ἐξέστημεν Θεῷ

ἘΞΙΣΧΎΩ** 1840

Eph 3 18 ἵνα ἐξισχύσητε καταλαβέσθαι σὺν πᾶσι τ. ἁγίοις

ἜΞΟΔΟΣ 1841

Lu 9 31 οἳ ὀφθέντες ἐν δόξῃ ἔλεγον τὴν ἔξοδον αὐτοῦ
He 11 22 περὶ τῆς ἐξόδου τ. υἱῶν Ἰσραὴλ ἐμνημόνευσεν
II Pe 1 15 ἑκάστοτε ἔχειν ὑμᾶς μετὰ τ. ἐμὴν ἔξοδον

ἘΞΟΛΕΘΡΕΥΌΜΑΙ† 1842

Ac 3 23 πᾶσα ψυχὴ . . . ἐξολεθρευθήσεται ἐκ τ. λαοῦ הָאִישׁ . . . אָנֹכִי אֶדְרֹשׁ מֵעִמּוֹ, Dt xviii. 19

ἘΞΟΜΟΛΟΓΈΩ† 1843

Mt 3 6 ἐξομολογούμενοι τ. ἁμαρτίας αὐτῶν
11 25 ἐξομολογοῦμαί σοι πάτερ
Mk 1 5 ἐξομολογούμενοι τ. ἁμαρτίας αὐτῶν
Lu 10 21 ἐξομολογοῦμαί σοι πάτερ
22 6 ἐξωμολόγησεν κ. ἐζήτει εὐκαιρίαν τοῦ παραδοῦναι αὐτόν
Ac 19 18 ἤρχοντο ἐξομολογούμενοι κ. ἀναγγέλλοντες τ. πράξεις αὐτῶν
Ro 14 11 πᾶσα γλῶσσα ἐξομολογήσεται τ. Θεῷ לִי . . . תִּשָּׁבַע כָּל־לָשׁוֹן, Is. xlv. 23
15 9 διὰ τοῦτο ἐξομολογήσομαί σοι ἐν ἔθνεσιν עַל־כֵּן אוֹדְךָ בַגּוֹיִם, Ps. xviii. 50 (Heb.), 49 (Eng.)
Phl 2 11 ἵνα . . . πᾶσα γλῶσσα ἐξομολογήσηται ὅτι Κύριος Ἰησοῦς Χριστός ἐξομολογήσεται, T
Ja 5 16 ἐξομολογεῖσθε οὖν ἀλλήλοις τ. ἁμαρτίας

ἘΞΌΝ *Vide* ἜΞΕΣΤΙΝ, 1832

ἘΞΟΡΚΊΖΩ 1844

Mt 26 63 ἐξορκίζω σε κατὰ τ. Θεοῦ τ. ζῶντος

ἘΞΟΡΚΙΣΤΗ΄Σ* 1845

Ac 19 13 ἐπεχείρησαν δέ τινες κ. τ. περιερχομένων Ἰουδαίων ἐξορκιστῶν

ἘΞΟΡΥ΄ΣΣΩ 1846

Mk 2 4 ἐξορύξαντες χαλῶσι τ. κράβαττον
Ga 4 15 τ. ὀφθαλμοὺς ὑμῶν ἐξορύξαντες ἐδώκατέ μοι

ἘΞΟΥΔΕΝΕ΄Ω† 1847

Mk 9 12 ἵνα πολλὰ πάθῃ κ. ἐξουδενηθῇ
ἐξουθενωθῇ, T

ἘΞΟΥΘΕΝΕ΄Ω† 1848

(1) ἐξουθενόω

Mk 9 12 [1] ἵνα πολλὰ παθῇ κ. ἐξουθενωθῇ
ἐξουδενηθῇ, WH
Lu 18 9 εἶπεν δὲ κ. πρός τινας . . . ἐξουθενοῦντας τ. λοιπούς
23 11 ἐξουθενήσας δὲ αὐτὸν ὁ Ἡρῴδης
Ac 4 11 ὁ λίθος ὁ ἐξουθενηθεὶς ὑφ' ὑμῶν τ. οἰκοδόμων
אֶבֶן מָאֲסוּ הַבּוֹנִים, Ps. cxviii. 22
Ro 14 3 ὁ ἐσθίων τὸν μὴ ἐσθίοντα μὴ ἐξουθενείτω
10 ἢ κ. σὺ τί ἐξουθενεῖς τ. ἀδελφόν σου;
I Co 1 28 τὰ ἐξουθενημένα ἐξελέξατο ὁ Θεός
6 4 τ. ἐξουθενημένους ἐν τ. ἐκκλησίᾳ τούτους καθίζετε;
16 11 μή τις οὖν αὐτὸν ἐξουθενήσῃ
II Co 10 10 ἡ δὲ παρουσία . . . ἀσθενὴς κ. ὁ λόγος ἐξουθενημένος
Ga 4 14 τ. πειρασμὸν ὑμῶν ἐν τ. σαρκί μου οὐκ ἐξουθενήσατε
I Th 5 20 προφητείας μὴ ἐξουθενεῖτε

ἘΞΟΥΣΙ΄Α 1849

(1) ἐξ. ἔχειν (2) c. gen. obj. (3) κατ' ἐξ., ἐν ἐξ. (4) seq. περί (5) ἐξ. ποιεῖν, λαμβάνειν

Mt 7 29 [1] ἦν γὰρ διδάσκων αὐτοὺς ὡς ἐξουσίαν ἔχων
8 9 κ. γὰρ ἐγὼ ἄνθρωπός εἰμι ὑπὸ ἐξουσίαν τασσόμενος
—τασσ., T [WH] R non mg.
9 6 [1] ἐξουσίαν ἔχει ὁ υἱὸς τ. ἀνθρώπου ἐπὶ τ. γῆς ἀφιέναι ἁμαρτίας
8 τ. Θεὸν τ. δόντα ἐξουσίαν τοιαύτην τ. ἀνθρώποις
10 1 [2] ἔδωκεν αὐτοῖς ἐξουσίαν πνευμάτων ἀκαθάρτων
21 23 ἐν ποίᾳ ἐξουσίᾳ ταῦτα ποιεῖς;
κ. τίς σοι ἔδωκεν τ. ἐξουσίαν ταύτην;
24 κἀγὼ ὑμῖν ἐρῶ ἐν ποίᾳ ἐξουσίᾳ ταῦτα ποιῶ
27 οὐδὲ ἐγὼ λέγω ὑμῖν ἐν ποίᾳ ἐξουσίᾳ ταῦτα ποιῶ
28 18 ἐδόθη μοι πᾶσα ἐξουσία ἐν οὐρανῷ κ. ἐπὶ τ. γῆς
Mk 1 22 [1] ἦν γὰρ διδάσκων αὐτοὺς ὡς ἐξουσίαν ἔχων
27 [3] διδαχὴ καινή· κατ' ἐξουσίαν κ. τ. πνεύμασι . . . ἐπιτάσσει
διδ. κ. κατ' ἐξουσίαν· κ. τ. πν., T
Mk 2 10 [1] ἐξουσίαν ἔχει ὁ υἱὸς τ. ἀνθρώπου ἀφιέναι ἁμαρτίας ἐπὶ τ. γῆς
3 15 [1] ἔχειν ἐξουσίαν ἐκβάλλειν τὰ δαιμόνια
6 7 [2] ἐδίδου αὐτοῖς ἐξουσίαν τ. πνευμάτων τ. ἀκαθάρτων
11 28 ἐν ποίᾳ ἐξουσίᾳ ταῦτα ποιεῖς;
ἢ τίς σοι ἔδωκεν τ. ἐξουσίαν ταύτην
τὴν ἐξ. τ. ἔδ., T
29 ἐρῶ ὑμῖν ἐν ποίᾳ ἐξουσίᾳ ταῦτα ποιῶ
33 οὐδὲ ἐγὼ λέγω ὑμῖν ἐν ποίᾳ ἐξουσίᾳ ταῦτα ποιῶ
13 34 δοὺς τ. δούλοις αὐτοῦ τ. ἐξουσίαν
Lu 4 6 σοὶ δώσω τ. ἐξουσίαν ταύτην ἅπασαν
32 [3] ὅτι ἐν ἐξουσίᾳ ἦν ὁ λόγος αὐτοῦ
36 [3] ἐν ἐξουσίᾳ κ. δυνάμει ἐπιτάσσει τ. ἀκαθάρτοις πνεύμασι
5 24 [1] ὁ υἱὸς τ. ἀνθρώπου ἐξουσίαν ἔχει ἐπὶ τ. γῆς ἀφιέναι ἁμαρτίας
7 8 κ. γὰρ ἐγὼ εἰμι ἄνθρωπος ὑπὸ ἐξουσίαν τασσόμενος
9 1 ἔδωκεν αὐτοῖς δύναμιν κ. ἐξουσίαν ἐπὶ πάντα τ. δαιμόνια
10 19 [2] δέδωκα ὑμῖν τ. ἐξουσίαν τοῦ πατεῖν ἐπάνω ὄφεων
12 5 [1] τὸν μετὰ τὸ ἀποκτεῖναι ἔχοντα ἐξουσίαν ἐμβαλεῖν εἰς τ. γέενναν
11 ὅταν δὲ εἰσφέρωσιν ὑμᾶς εἰς . . . τ. ἀρχὰς κ. τ. ἐξουσίας
19 17 [1] ἴσθι ἐξουσίαν ἔχων ἐπάνω δέκα πόλεων
20 2 ἐν ποίᾳ ἐξουσίᾳ ταῦτα ποιεῖς,
ἢ τίς ἐστιν ὁ δούς σοι τ. ἐξουσίαν ταύτην
8 οὐδὲ ἐγὼ λέγω ὑμῖν ἐν ποίᾳ ἐξουσίᾳ ταῦτα ποιῶ
20 ὥστε παραδοῦναι αὐτὸν . . . τ. ἐξουσίᾳ τ. ἡγεμόνος
22 53 αὕτη ἐστὶν ὑμῶν ἡ ὥρα κ. ἡ ἐξουσία τ. σκότους
23 7 ἐπιγνοὺς ὅτι ἐκ τ. ἐξουσίας Ἡρῴδου ἐστίν
Jo 1 12 ἔδωκεν αὐτοῖς ἐξουσίαν τέκνα Θεοῦ γενέσθαι
5 27 ἐξουσίαν ἔδωκεν αὐτῷ κρίσιν ποιεῖν
10 18 [1] ἐξουσίαν ἔχω θεῖναι αὐτήν,
[1] κ. ἐξουσίαν ἔχω πάλιν λαβεῖν αὐτήν
17 2 [2] καθὼς ἔδωκας αὐτῷ ἐξουσίαν πάσης σαρκός
19 10 [1] οὐκ οἶδας ὅτι ἐξουσίαν ἔχω ἀπολῦσαί σε,
[1] κ. ἐξουσίαν ἔχω σταυρῶσαί σε;
11 [1] οὐκ εἶχες ἐξουσίαν κατ' ἐμοῦ οὐδεμίαν
Ac 1 7 οὓς ὁ πατὴρ ἔθετο ἐν τ. ἰδίᾳ ἐξουσίᾳ
5 4 πραθὲν ἐν τ. σῇ ἐξουσίᾳ ὑπῆρχεν
8 19 δότε κἀμοὶ τ. ἐξουσίαν ταύτην
9 14 [1] ὧδε ἔχει ἐξουσίαν παρὰ τ. ἀρχιερέων
26 10 [5] τὴν παρὰ τ. ἀρχιερέων ἐξουσίαν λαβών
12 πορευόμενος εἰς τὴν Δαμασκὸν μετ' ἐξουσίας κ. ἐπιτροπῆς
18 ἐπιστρέψαι ἀπὸ . . . τ. ἐξουσίας τ. Σατανᾶ ἐπὶ τ. Θεόν
Ro 9 21 [1 2] ἢ οὐκ ἔχει ἐξουσίαν ὁ κεραμεὺς τ. πηλοῦ
13 1 πᾶσα ψυχὴ ἐξουσίαις ὑπερεχούσαις ὑποτασσέσθω·
οὐ γὰρ ἔστιν ἐξουσία εἰ μὴ ὑπὸ Θεοῦ
2 ὥστε ὁ ἀντιτασσόμενος τ. ἐξουσίᾳ
3 θέλεις δὲ μὴ φοβεῖσθαι τ. ἐξουσίαν;
I Co 7 37 [1 4] ἐξουσίαν δὲ ἔχει περὶ τ. ἰδίου θελήματος
8 9 μή πως ἡ ἐξουσία ὑμῶν αὕτη πρόσκομμα γένηται

I Co 9 4 [1] μὴ οὐκ ἔχομεν ἐξουσίαν φαγεῖν κ. πεῖν;
5 [1] μὴ οὐκ ἔχομεν ἐξουσίαν ἀδελφὴν γυναῖκα περιάγειν
6 [1] οὐκ ἔχομεν ἐξουσίαν μὴ ἐργάζεσθαι;
12 [2] εἰ ἄλλοι τῆς ὑμῶν ἐξουσίας μετέχουσιν οὐ μᾶλλον ἡμεῖς;
ἀλλ' οὐκ ἐχρησάμεθα τ. ἐξουσίᾳ ταύτῃ
18 εἰς τὸ μὴ καταχρήσασθαι τ. ἐξουσίᾳ μου ἐν τ. εὐαγγελίῳ
11 10 [1] ὀφείλει ἡ γυνὴ ἐξουσίαν ἔχειν ἐπὶ τ. κεφαλῆς
15 24 ὅταν καταργήσῃ πᾶσαν ἀρχὴν κ. πᾶσαν ἐξουσίαν
II Co 10 8 ἐάν τε γὰρ . . . καυχήσωμαι περὶ τ. ἐξουσίας ἡμῶν
13 10 κατὰ τ. ἐξουσίαν ἣν ὁ Κύριος ἔδωκέν μοι
Eph 1 21 ὑπεράνω πάσης ἀρχῆς κ. ἐξουσίας
2 2 κατὰ τ. ἄρχοντα τ. ἐξουσίας τ. ἀέρος
3 10 ἵνα γνωρισθῇ νῦν τ. ἀρχαῖς κ. τ. ἐξουσίαις
6 12 ἡ πάλη . . . πρὸς τ. ἀρχὰς πρὸς τ. ἐξουσίας
Col 1 13 ὃς ἐρύσατο ἡμᾶς ἐκ τ. ἐξουσίας τ. σκότους
16 εἴτε κυριότητες εἴτε ἀρχαὶ εἴτε ἐξουσίαι
2 10 ὅς ἐστιν ἡ κεφαλὴ πάσης ἀρχῆς κ. ἐξουσίας
15 ἀπεκδυσάμενος τ. ἀρχὰς κ. τ. ἐξουσίας
II Th 3 9 [1] οὐχ ὅτι οὐκ ἔχομεν ἐξουσίαν
Tit 3 1 ὑπομίμνησκε αὐτοὺς ἀρχαῖς ἐξουσίαις ὑποτάσσεσθαι
He 13 10 [1] ἐξ οὗ φαγεῖν οὐκ ἔχουσιν ἐξουσίαν οἱ τ. σκηνῇ λατρεύοντες
[ἐξουσίαν], WH
I Pe 3 22 ὑποταγέντων αὐτῷ ἀγγέλων κ. ἐξουσιῶν
Ju 25 μόνῳ Θεῷ σωτῆρι ἡμῶν . . . κράτος κ. ἐξουσία
Re 2 26 δώσω αὐτῷ ἐξουσίαν ἐπὶ τ. ἐθνῶν
6 8 ἐδόθη αὐτοῖς ἐξουσία ἐπὶ τὸ τέταρτον τ. γῆς
9 3 ἐδόθη αὐταῖς ἐξουσία,
[1] ὡς ἔχουσιν ἐξουσίαν οἱ σκορπίοι τ. γῆς
10 ἡ ἐξουσία αὐτῶν ἀδικῆσαι τ. ἀνθρώπους
19 ἡ γὰρ ἐξουσία τ. ἵππων ἐν τ. στόματι αὐτῶν ἐστίν
11 6 [1] οὗτοι ἔχουσιν τ. ἐξουσίαν κλεῖσαι τ. οὐρανόν
6 [1] ἐξουσίαν ἔχουσιν ἐπὶ τ. ὑδάτων
12 10 ἄρτι ἐγένετο . . . ἡ ἐξουσία τ. Χριστοῦ αὐτοῦ
13 2 ἔδωκεν αὐτῷ ὁ δράκων . . . ἐξουσίαν μεγάλην
4 ὅτι ἔδωκεν τ. ἐξουσίαν τ. θηρίῳ
5 ἐδόθη αὐτῷ ἐξουσία ποιῆσαι μῆνας τεσσεράκοντα δύο
7 ἐδόθη αὐτῷ ἐξουσία ἐπὶ πᾶσαν φυλήν
12 [5] τ. ἐξουσίαν τ. πρώτου θηρίου πᾶσαν ποιεῖ ἐνώπιον αὐτοῦ
14 18 [1] ὁ ἔχων ἐξουσίαν ἐπὶ τ. πυρός
16 9 [1] τ. Θεοῦ τ. ἔχοντος τ. ἐξουσίαν ἐπὶ τ. πληγὰς ταύτας
17 12 [5] ἐξουσίαν ὡς βασιλεῖς μίαν ὥραν λαμβάνουσιν
13 τ. δύναμιν κ. ἐξουσίαν αὐτῶν τ. θηρίῳ διδόασιν
Re 18 1 [1] ἄγγελον . . . ἔχοντα ἐξουσίαν μεγάλην
20 6 [1] ἐπὶ τούτων ὁ δεύτερος θάνατος οὐκ ἔχει ἐξουσίαν
22 14 ἵνα ἔσται ἡ ἐξουσία αὐτῶν ἐπὶ τὸ ξύλον τ. ζωῆς

ἘΞΟΥΣΙΆΖΩ 1850

Lu 22 25 οἱ ἐξουσιάζοντες αὐτῶν εὐεργέται καλοῦνται
I Co 6 12 οὐκ ἐγὼ ἐξουσιασθήσομαι ὑπό τινος
7 4 ἡ γυνὴ τ. ἰδίου σώματος οὐκ ἐξουσιάζει
4 ὁμοίως δὲ κ. ὁ ἀνὴρ τ. ἰδίου σώματος οὐκ ἐξουσιάζει

ἘΞΟΧΉ 1851

Ac 25 23 σύν . . . ἀνδράσι τοῖς κατ' ἐξοχὴν τ. πόλεως

ἘΞΥΠΝΊΖΩ 1852

Jo 11 11 πορεύομαι ἵνα ἐξυπνίσω αὐτόν

ἜΞΥΠΝΟΣ** 1853

Ac 16 27 ἔξυπνος δὲ γενόμενος ὁ δεσμοφύλαξ

ἜΞΩ 1854

(1) ὁ, οἱ ἔξω (2) c. gen.

Mt 5 13 εἰ μὴ βληθὲν ἔξω καταπατεῖσθαι ὑπὸ τ. ἀνθρώπων
10 14 [2] ἐξερχόμενοι ἔξω τ. οἰκίας ἢ τ. πόλεως ἐκείνης
12 46 ἡ μήτηρ κ. οἱ ἀδελφοὶ αὐτοῦ εἱστήκεισαν ἔξω
47 ἡ μήτηρ κ. οἱ ἀδελφοί σου ἔξω ἑστήκασιν —h. v., [T] WH non mg. R mg.
13 48 τὰ δὲ σαπρὰ ἔξω ἔβαλον
21 17 [2] ἐξῆλθεν ἔξω τ. πόλεως εἰς Βηθανίαν
39 [2] λαβόντες αὐτὸν ἐξέβαλον ἔξω τ. ἀμπελῶνος
26 69 ὁ δὲ Πέτρος ἐκάθητο ἔξω ἐν τ. αὐλῇ
75 ἐξελθὼν ἔξω ἔκλαυσεν πικρῶς
Mk 1 45 ἔξω ἐπ' ἐρήμοις τόποις ἦν
3 31 ἔξω στήκοντες ἀπέστειλαν πρὸς αὐτόν
32 ἡ μήτηρ σου κ. οἱ ἀδελφοί σου ἔξω ζητοῦσίν σε
4 11 [1] ἐκείνοις δὲ τοῖς ἔξω ἐν παραβολαῖς τὰ πάντα γίνεται
ἔξωθεν, WH mg.
5 10 [2] ἵνα μὴ αὐτὰ ἀποστείλῃ ἔξω τ. χώρας
8 23 [2] ἐξήνεγκεν αὐτὸν ἔξω τ. κώμης
11 4 εὗρον πῶλον δεδεμένον πρὸς θύραν ἔξω
19 [2] ἐξεπορεύοντο ἔξω τ. πόλεως
12 8 [2] ἐξέβαλον αὐτὸν ἔξω τ. ἀμπελῶνος
14 68 ἐξῆλθεν ἔξω εἰς τὸ προαύλιον
Lu 1 10 προσευχόμενον ἔξω τ. ὥρᾳ τ. θυμιάματος
4 29 [2] ἀναστάντες ἐξέβαλον αὐτὸν ἔξω τ. πόλεως
8 20 ἡ μήτηρ σου κ. οἱ ἀδελφοί σου ἑστήκασιν ἔξω
13 25 ἀφ' οὗ ἂν . . . ἄρξησθε ἔξω ἑστάναι
28 ὑμᾶς δὲ ἐκβαλλομένους ἔξω
33 [2] οὐκ ἐνδέχεται προφήτην ἀπολέσθαι ἔξω Ἰερουσαλήμ
14 35 ἔξω βάλλουσιν αὐτό
20 15 [2] ἐκβαλόντες αὐτὸν ἔξω τ. ἀμπελῶνος

Lu 22 62 ἐξελθὼν ἔξω ἔκλαυσεν πικρῶς
h. v., [WH]
Jo 6 37 τ. ἐρχόμενον πρός με οὐ μὴ ἐκβάλω ἔξω
9 34 ἐξέβαλον αὐτὸν ἔξω.
35 ἤκουσεν Ἰησοῦς ὅτι ἐξέβαλον αὐτὸν ἔξω
11 43 Λάζαρε δεῦρο ἔξω
12 31 νῦν ὁ ἄρχων τ. κόσμου τούτου ἐκβληθήσεται ἔξω
15 6 ἐβλήθη ἔξω ὡς τὸ κλῆμα
18 16 ὁ δὲ Πέτρος εἱστήκει πρὸς τ. θύρᾳ ἔξω
29 ἐξῆλθεν οὖν ὁ Πειλᾶτος ἔξω πρὸς αὐτούς
19 4 ἐξῆλθεν πάλιν ἔξω ὁ Πειλᾶτος
ὁ Π. ἔξω, TWH mg.
4 ἴδε ἄγω ὑμῖν αὐτὸν ἔξω
5 ἐξῆλθεν οὖν ὁ Ἰησοῦς ἔξω
13 ὁ οὖν Πειλᾶτος . . . ἤγαγεν ἔξω τ. Ἰησοῦν
20 11 Μαρία δὲ εἱστήκει πρὸς τ. μνημείῳ ἔξω κλαίουσα
Ac 4 15 [2] κελεύσαντες δὲ αὐτοὺς ἔξω τ. συνεδρίου ἀπελθεῖν
5 34 ἐκέλευσεν ἔξω βραχὺ τ. ἀνθρώπους ποιῆσαι
7 58 [2] ἐκβαλόντες ἔξω τ. πόλεως ἐλιθοβόλουν
9 40 ἐκβαλὼν δὲ ἔξω πάντας ὁ Πέτρος
14 19 [2] λιθάσαντες τ. Παῦλον ἔσυρον ἔξω τ. πόλεως
16 13 [2] ἐξήλθομεν ἔξω τ. πύλης παρὰ ποταμόν
30 προαγαγὼν αὐτοὺς ἔξω ἔφη
21 5 [2] προπεμπόντων ἡμᾶς πάντων . . . ἕως ἔξω τ. πόλεως
30 [2] εἷλκον αὐτὸν ἔξω τ. ἱεροῦ
26 11 [1] ἐδίωκον ἕως κ. εἰς τὰς ἔξω πόλεις
28 16 [2] ἐπετράπη τ. Παύλῳ μένειν . . . ἔξω τ. παρεμβολῆς
—ἔξ. τ. παρ., TWH non mg. R
I Co 5 12 [1] τί γάρ μοι τοὺς ἔξω κρίνειν;
13 [1] τοὺς δὲ ἔξω ὁ Θεὸς κρίνει
II Co 4 16 [1] εἰ κ. ὁ ἔξω ἡμῶν ἄνθρωπος διαφθείρεται
Col 4 5 [1] ἐν σοφίᾳ περιπατεῖτε πρὸς τοὺς ἔξω
I Th 4 12 [1] ἵνα περιπατῆτε εὐσχημόνως πρὸς τοὺς ἔξω
He 13 11 [2] τούτων τὰ σώματα κατακαίεται ἔξω τ. παρεμβολῆς·
12 [2] διὸ κ. Ἰησοῦς . . . ἔξω τ. πύλης ἔπαθεν.
13 [2] τοίνυν ἐξερχώμεθα πρὸς αὐτὸν ἔξω τ. παρεμβολῆς
I Jo 4 18 ἡ τελεία ἀγάπη ἔξω βάλλει τ. φόβον
Re 3 12 ἔξω οὐ μὴ ἐξέλθῃ ἔτι
22 15 ἔξω οἱ κύνες κ. οἱ φαρμακοὶ κ. οἱ πόρνοι

ἜΞΩΘΕΝ 1855

Mt 23 25 καθαρίζετε τὸ ἔξ. τ. ποτηρίου κ. τ. παροψίδος
27 ἔξωθεν μὲν φαίνονται ὡραῖοι
28 οὕτως κ. ὑμεῖς ἔξ. μὲν φαίνεσθε . . . δίκαιοι
Mk 4 11 ἐκείνοις δὲ τ. ἔξωθεν ἐν παραβολαῖς τὰ πάντα γίνεται
ἔξω, TWH non mg. R
7 15 οὐδέν ἐστιν ἔξ. τ. ἀνθρώπου εἰσπορευόμενον εἰς αὐτὸν ὃ δύναται κοινῶσαι
18 πᾶν τὸ ἔξ. εἰσπορευόμενον . . . οὐ δύναται αὐτὸν κοινῶσαι
Lu 11 39 τὸ ἔξ. τ. ποτηρίου κ. τ. πίνακος καθαρίζετε
40 οὐχ ὁ ποιήσας τὸ ἔξ. κ. τὸ ἔσωθεν ἐποίησεν
II Co 7 5 ἔξωθεν μάχαι ἔσωθεν φόβοι
I Ti 3 7 δεῖ δὲ κ. μαρτυρίαν καλὴν ἔχειν ἀπὸ τῶν ἔξωθεν
I Pe 3 3 ὧν ἔστω οὐχ ὁ ἔξ. ἐμπλοκῆς τριχῶν
Re 11 2 τ. αὐλὴν τ. ἔξ. τ. ναοῦ ἔκβαλε ἔξωθεν
14 20 ἐπατήθη ἡ ληνὸς ἔξωθεν τ. πόλεως

ἘΞΩΘΈΩ 1856 cf. 1612.5

Ac 7 45 ὧν ἐξῶσεν ὁ Θεὸς ἀπὸ προσώπου τ. πατέρων ἡμῶν
ἐξέωσεν, T
27 39 εἰς ὃν ἐβουλεύοντο εἰ δύναιντο ἐξῶσαι τ. πλοῖον
ἐκσῶσαι, WH non marg. R marg.

ἘΞΏΤΕΡΟΣ† 1857

Mt 8 12 οἱ δὲ υἱοὶ τ. βασιλείας ἐκβληθήσονται εἰς τὸ σκότος τὸ ἐξώτερον
22 13 ἐκβάλετε αὐτὸν εἰς τὸ σκότος τὸ ἐξώτερον
25 30 τ. ἀχρεῖον δοῦλον ἐκβάλετε εἰς τὸ σκότος τὸ ἐξώτερον

ἜΟΙΚΑ 1857.5 cf. 1503

Ja 1 6 ὁ γὰρ διακρινόμενος ἔοικεν κλύδωνι θαλάσσης
23 οὗτος ἔοικεν ἀνδρὶ κατανοοῦντι τὸ πρόσωπον τ. γενέσεως αὐτοῦ

ἙΟΡΤΆΖΩ 1858

I Co 5 8 ὥστε ἑορτάζωμεν μὴ ἐν ζύμῃ παλαιᾷ

ἙΟΡΤΉ 1859

(1) ἑ. τοῦ πάσχα, τ. ἀζύμων (2) ἑ. ποιεῖν

Mt 26 5 ἔλεγον δὲ Μὴ ἐν τ. ἑορτῇ
27 15 κατὰ δὲ ἑορτὴν εἰώθει ὁ ἡγεμών
Mk 14 2 ἔλεγον γὰρ Μὴ ἐν τ. ἑορτῇ
15 6 κατὰ δὲ ἑορτὴν ἀπέλυεν αὐτοῖς ἕνα δέσμιον
Lu 2 41 [1] ἐπορεύοντο οἱ γονεῖς αὐτοῦ . . . εἰς Ἰερουσαλὴμ τ. ἑορτῇ τοῦ πάσχα
42 ἀναβαινόντων αὐτῶν κατὰ τὸ ἔθος τ. ἑορτῆς
22 1 [1] ἤγγιζεν δὲ ἡ ἑορτὴ τ. ἀζύμων
23 17 ἀνάγκην δὲ εἶχεν ἀπολύειν αὐτοῖς κατὰ ἑορτὴν ἕνα
—h. v., TWHR non mg.; post *v.* 19 pon. R mg. alter
Jo 2 23 ὡς δὲ ἦν ἐν τ. Ἱεροσολύμοις ἐν τῷ πάσχα ἐν τ. ἑορτῇ
4 45 ὅσα ἐποίησεν ἐν Ἱεροσολύμοις ἐν τ. ἑορτῇ· κ. αὐτοὶ γὰρ ἦλθον εἰς τ. ἑορτήν
5 1 μετὰ ταῦτα ἦν ἑορτὴ τ. Ἰουδαίων
ἡ ἑορτ., TR mg.
6 4 ἦν δὲ ἐγγὺς τὸ πάσχα ἡ ἑορτὴ τ. Ἰουδαίων
7 2 ἦν δὲ ἐγγὺς ἡ ἑορτὴ τ. Ἰουδαίων ἡ σκηνοπηγία
8 ὑμεῖς ἀνάβητε εἰς τ. ἑορτήν·
ἐγὼ οὔπω ἀναβαίνω εἰς τ. ἑορτὴν ταύτην
10 ὡς δὲ ἀνέβησαν οἱ ἀδελφοὶ αὐτοῦ εἰς τ. ἑορτήν
11 οἱ οὖν Ἰουδαῖοι ἐζήτουν αὐτὸν ἐν τ. ἑορτῇ
14 ἤδη δὲ τ. ἑορτῆς μεσούσης
37 ἐν δὲ τ. ἐσχάτῃ ἡμέρᾳ τ. μεγάλῃ τ. ἑορτῆς
11 56 ὅτι οὐ μὴ ἔλθῃ εἰς τ. ἑορτήν;
12 12 ὄχλος πολὺς ὁ ἐλθὼν εἰς τ. ἑορτήν
20 ἀναβαινόντων ἵνα προσκυνήσωσιν ἐν τ. ἑορτῇ

Jo 13 1 [1] πρὸ δὲ τ. ἑορτῆς τοῦ πάσχα
29 ἀγόρασον ὧν χρείαν ἔχομεν εἰς τ. ἑορτήν
Ac 18 21 [2] δεῖ . . . τ. ἑορτὴν τ. ἐρχομένην ποιῆσαι εἰς Ἱεροσόλυμα
—h. v., TWH non mg. R
Col 2 16 μὴ οὖν τις ὑμᾶς κρινέτω . . . ἐν μέρει ἑορτῆς

ἘΠΑΓΓΕΛΙ'Α 1860

(1) κατ' ἐπ. (2) τέκνα τῆς ἐπ.

Lu 24 49 ἐξαποστέλλω τ. ἐπαγγελίαν τ. πατρός μου ἐφ' ὑμᾶς
Ac 1 4 περιμένειν τ. ἐπαγγελίαν τ. πατρός
2 33 τ. τε ἐπαγγελίαν τ. πνεύματος τ. ἁγίου λαβὼν
39 ὑμῖν γάρ ἐστιν ἡ ἐπαγγελία κ. τ. τέκνοις ὑμῶν
7 17 καθὼς δὲ ἤγγιζεν ὁ χρόνος τ. ἐπαγγελίας
13 23 [1] κατ' ἐπαγγελίαν ἤγαγεν τῷ Ἰσραὴλ σωτῆρα Ἰησοῦν
32 εὐαγγελιζόμεθα τὴν πρὸς τ. πατέρας ἐπαγγελίαν γενομένην
23 21 προσδεχόμενοι τὴν ἀπὸ σοῦ ἐπαγγελίαν
26 6 ἐπ' ἐλπίδι τῆς εἰς τ. πατέρας ἡμῶν ἐπαγγελίας γενομένης
Ro 4 13 οὐ γὰρ διὰ νόμου ἡ ἐπαγγελία τῷ Ἀβραάμ
14 κατήργηται ἡ ἐπαγγελία
16 εἰς τὸ εἶναι βεβαίαν τ. ἐπαγγελίαν παντὶ τ. σπέρματι
20 εἰς δὲ τ. ἐπαγγελίαν τ. Θεοῦ οὐ διεκρίθη
9 4 ὧν . . . ἡ λατρεία κ. αἱ ἐπαγγελίαι
8 [2] τὰ τέκνα τ. ἐπαγγελίας λογίζεται εἰς σπέρμα.
9 ἐπαγγελίας γὰρ ὁ λόγος οὗτος
15 8 εἰς τὸ βεβαιῶσαι τ. ἐπαγγελίας τ. πατέρων
II Co 1 20 ὅσαι γὰρ ἐπαγγελίαι Θεοῦ
7 1 ταύτας οὖν ἔχοντες τ. ἐπαγγελίας
Ga 3 14 ἵνα τ. ἐπαγγελίαν τ. πνεύματος λάβωμεν
16 τῷ δὲ Ἀβραὰμ ἐρρέθησαν αἱ ἐπαγγελίαι
17 εἰς τὸ καταργῆσαι τ. ἐπαγγελίαν.
18 εἰ γὰρ ἐκ νόμου ἡ κληρονομία οὐκέτι ἐξ ἐπαγγελίας·
τῷ δὲ Ἀβραὰμ δι' ἐπαγγελίας κεχάρισται ὁ Θεός
21 ὁ οὖν νόμος κατὰ τ. ἐπαγγελιῶν τ. Θεοῦ;
22 ἵνα ἡ ἐπαγγελία ἐκ πίστεως Ἰησοῦ Χριστοῦ δοθῇ τ. πιστεύουσιν
29 [1] εἰ δὲ ὑμεῖς Χριστοῦ ἄρα . . . κατ' ἐπαγγελίαν κληρονόμοι
4 23 ὁ δὲ ἐκ τ. ἐλευθέρας δι' ἐπαγγελίας
διὰ τῆς ἐπ., TWH marg.
28 [2] ἡμεῖς δὲ . . . κατὰ Ἰσαὰκ ἐπαγγελίας τέκνα ἐσμέν
Eph 1 13 ἐσφραγίσθητε τ. πνεύματι τ. ἐπαγγελίας τ. ἁγίῳ
2 12 ξένοι τ. διαθηκῶν τ. ἐπαγγελίας
3 6 εἶναι τὰ ἔθνη . . . συνμέτοχα τ. ἐπαγγελίας ἐν Χριστῷ Ἰησοῦ
6 2 ἥτις ἐστὶν ἐντολὴ πρώτη ἐν ἐπαγγελίᾳ
I Ti 4 8 ἐπαγγελίαν ἔχουσα ζωῆς τῆς νῦν κ. τ. μελλούσης
II Ti 1 1 [1] κατ' ἐπαγγελίαν ζωῆς τῆς ἐν Χριστῷ Ἰησοῦ
He 4 1 μή ποτε καταλειπομένης ἐπαγγελίας εἰσελθεῖν
6 12 μιμηταὶ δὲ τῶν διὰ πίστεως . . . κληρονομούντων τ. ἐπαγγελίας
15 οὕτως μακροθυμήσας ἐπέτυχεν τ. ἐπαγγελίας
17 ἐπιδεῖξαι τ. κληρονόμοις τ. ἐπαγγελίας τὸ ἀμετάθετον τ. βουλῆς αὐτοῦ
7 6 τ. ἔχοντα τ. ἐπαγγελίας εὐλόγηκεν
8 6 ἥτις ἐπὶ κρείττοσιν ἐπαγγελίαις νενομοθέτηται
9 15 ὅπως . . . τ. ἐπαγγελίαν λάβωσιν οἱ κεκλημένοι
10 36 ἵνα . . . κομίσησθε τ. ἐπαγγελίαν
11 9 πίστει παρῴκησεν εἰς γῆν τ. ἐπαγγελίας
9 τ. συνκληρονόμων τ. ἐπαγγελίας τ. αὐτῆς
13 ἀπέθανον οὗτοι πάντες μὴ κομισάμενοι τ. ἐπαγγελίας
17 τ. μονογενῆ προσέφερεν ὁ τ. ἐπαγγελίας ἀναδεξάμενος
33 ἠργάσαντο δικαιοσύνην ἐπέτυχον ἐπαγγελιῶν
39 οὗτοι πάντες . . . οὐκ ἐκομίσαντο τ. ἐπαγγελίαν
II Pe 3 4 ποῦ ἐστὶν ἡ ἐπαγγελία τ. παρουσίας αὐτοῦ
9 οὐ βραδύνει Κύριος τ ἐπαγγελίας
I Jo 2 25 αὕτη ἐστὶν ἡ ἐπαγγελία

ἘΠΑΓΓΕ'ΛΛΟΜΑΙ 1861

Mk 14 11 ἐπηγγείλαντο αὐτῷ ἀργύριον δοῦναι
Ac 7 5 ἐπηγγείλατο δοῦναι αὐτῷ εἰς κατάσχεσιν αὐτήν
Ro 4 21 ὃ ἐπήγγελται δυνατός ἐστιν κ. ποιῆσαι
Ga 3 19 ἄχρις ἂν ἔλθῃ τὸ σπέρμα ᾧ ἐπήγγελται
I Ti 2 10 ὃ πρέπει γυναιξὶν ἐπαγγελλομέναις θεοσέβειαν
6 21 ἥν τινες ἐπαγγελλόμενοι
Tit 1 2 ἣν ἐπηγγείλατο ὁ ἀψευδὴς Θεὸς πρὸ χρόνων αἰωνίων
He 6 13 τῷ γὰρ Ἀβραὰμ ἐπαγγειλάμενος ὁ Θεός
10 23 πιστὸς γὰρ ὁ ἐπαγγειλάμενος
11 11 ἐπεὶ πιστὸν ἡγήσατο τ. ἐπαγγειλάμενον
12 26 νῦν δὲ ἐπήγγελται λέγων
Ja 1 12 τ. στέφανον τ. ζωῆς ὃν ἐπηγγείλατο τ. ἀγαπῶσιν αὐτόν
2 5 τ. βασιλείας ἧς ἐπηγγείλατο τ. ἀγαπῶσιν αὐτόν
II Pe 2 19 ἐλευθερίαν αὐτοῖς ἐπαγγελλόμενοι
I Jo 2 25 ἡ ἐπαγγελία ἣν αὐτὸς ἐπηγγείλατο ἡμῖν

ἘΠΑ'ΓΓΕΛΜΑ * 1862

II Pe 1 4 δι' ὧν τὰ τίμια κ. μέγιστα ἡμῖν ἐπαγγέλματα δεδώρηται
3 13 καινοὺς δὲ οὐρανοὺς . . . κατὰ τὸ ἐπάγγελμα αὐτοῦ προσδοκῶμεν
κατὰ τὰ ἐπαγγέλματα, T

ἘΠΑ'ΓΩ 1863

Ac 5 28 βούλεσθε ἐπαγαγεῖν ἐφ' ἡμᾶς τὸ αἷμα τ. ἀνθρώπου τούτου
II Pe 2 1 ἐπάγοντες ἑαυτοῖς ταχινὴν ἀπώλειαν
5 κατακλυσμὸν κόσμῳ ἀσεβῶν ἐπάξας

ἘΠΑΓΩΝΙ'ΖΟΜΑΙ * 1864

Ju 8 παρακαλῶν ἐπαγωνίζεσθαι τῇ ἅπαξ παραδοθείσῃ . . . πίστει

Ἐπαθροίζομαι* 1865

Lu 11 29 τ. δὲ ὄχλων ἐπαθροιζομένων ἤρξατο λέγειν

Ἐπαίνετος 1866

Ro 16 5 ἀσπάσασθε Ἐπαίνετον τ. ἀγαπητόν μου
Ἐπαινετὸν, T

Ἐπαινέω 1867

Lu 16 8 ἐπῄνεσεν ὁ κύριος τ. οἰκονόμον τ. ἀδικίας
Ro 15 11 ἐπαινεσάτωσαν αὐτὸν πάντες οἱ λαοί
שַׁבְּחוּהוּ כָּל־הָאֻמִּים, Ps. cxvii. 1
1 Co 11 2 ἐπαινῶ δὲ ὑμᾶς ὅτι πάντα μου μέμνησθε
17 τοῦτο δὲ παραγγέλλων οὐκ ἐπαινῶ
παραγγέλλω οὐκ ἐπαινῶν, WH mg.
22 ἐπαινέσω ὑμᾶς; ἐν τούτῳ οὐκ ἐπαινῶ
ἐπαιν. ὑμ. ἐν τούτῳ; οὐκ ἐπ., R non marg.

Ἔπαινος 1868

Ro 2 29 οὗ ὁ ἔπαινος οὐκ ἐξ ἀνθρώπων
13 3 ἕξεις ἔπαινον ἐξ αὐτῆς
1 Co 4 5 τότε ὁ ἔπαινος γενήσεται ἑκάστῳ ἀπὸ τ. Θεοῦ
11 Co 8 18 οὗ ὁ ἔπαινος ἐν τ. εὐαγγελίῳ διὰ πασῶν τ. ἐκκλησιῶν
Eph 1 6 εἰς ἔπαινον δόξης τ. χάριτος αὐτοῦ
12 εἰς τὸ εἶναι ἡμᾶς εἰς ἔπαινον δόξης αὐτοῦ
14 πιστεύσαντες ἐσφραγίσθητε . . . εἰς ἔπαινον τ. δόξης αὐτοῦ
Phl 1 11 εἰς δόξαν κ. ἔπαινον Θεοῦ
4 8 εἴ τις ἀρετὴ κ. εἴ τις ἔπαινος
1 Pe 1 7 εὑρέθῃ εἰς ἔπαινον κ. δόξαν κ. τιμήν
2 14 εἰς ἐκδίκησιν κακοποιῶν ἔπαινον δὲ ἀγαθοποιῶν

Ἐπαίρω 1869

(1) ἐπ. φωνήν

Mt 17 8 ἐπάραντες δὲ τ. ὀφθαλμοὺς αὐτῶν
Lu 6 20 ἐπάρας τ. ὀφθαλμοὺς αὐτοῦ εἰς τ. μαθητὰς αὐτοῦ
11 27 [1] ἐπάρασά τις φωνὴν γυνὴ ἐκ τ. ὄχλου
16 23 ἐν τ. ᾅδῃ ἐπάρας τ. ὀφθαλμοὺς αὐτοῦ
18 13 οὐκ ἤθελεν οὐδὲ τ. ὀφθαλμοὺς ἐπᾶραι εἰς τ. οὐρανόν
21 28 ἀνακύψατε κ. ἐπάρατε τ. κεφαλὰς ὑμῶν
24 50 ἐπάρας τ. χεῖρας αὐτοῦ εὐλόγησεν αὐτούς
Jo 4 35 ἐπάρατε τ. ὀφθαλμοὺς ὑμῶν
6 5 ἐπάρας οὖν τ. ὀφθαλμοὺς ὁ Ἰησοῦς
13 18 ὁ τρώγων μου τ. ἄρτον ἐπῆρεν ἐπ' ἐμὲ τ. πτέρναν αὐτοῦ
ἐπῆρκεν, T
אֹכֵל לַחְמִי הִגְדִּיל עָלַי עָקֵב, Ps. xli. 10
17 1 ἐπάρας τ. ὀφθαλμοὺς αὐτοῦ εἰς τ. οὐρανόν
Ac 1 9 βλεπόντων αὐτῶν ἐπήρθη
2 14 [1] σταθεὶς δὲ ὁ Πέτρος . . . ἐπῆρεν τ. φωνὴν αὐτοῦ
14 11 [1] οἵ τε ὄχλοι . . . ἐπῆραν τ. φωνὴν αὐτῶν
22 22 [1] ἐπῆραν τ. φωνὴν αὐτῶν λέγοντες
27 40 ἐπάραντες τ. ἀρτέμωνα τ. πνεούσῃ
11 Co 10 5 πᾶν ὕψωμα ἐπαιρόμενον κατὰ τ. γνώσεως τ. Θεοῦ
11 20 ἀνέχεσθε γὰρ . . . εἴ τις ἐπαίρεται
1 Ti 2 8 ἐπαίροντας ὁσίους χεῖρας χωρὶς ὀργῆς κ. διαλογισμῶν

Ἐπαισχύνομαι 1870

Mk 8 38 ὃς γὰρ ἐὰν ἐπαισχυνθῇ με κ. τ. ἐμοὺς λόγους
38 κ. ὁ υἱὸς τ. ἀνθρώπου ἐπαισχυνθήσεται αὐτόν
Lu 9 26 ὃς γὰρ ἂν ἐπαισχυνθῇ με κ. τ. ἐμοὺς λόγους,
τοῦτον ὁ υἱὸς τ. ἀνθρώπου ἐπαισχυνθήσεται
Ro 1 16 οὐ γὰρ ἐπαισχύνομαι τὸ εὐαγγέλιον
6 21 ἐφ' οἷς νῦν ἐπαισχύνεσθε
11 Ti 1 8 μὴ οὖν ἐπαισχυνθῇς τὸ μαρτύριον τ. Κυρίου ἡμῶν
12 κ. ταῦτα πάσχω ἀλλ' οὐκ ἐπαισχύνομαι
16 τ. ἅλυσίν μου οὐκ ἐπαισχύνθη
He 2 11 δι' ἣν αἰτίαν οὐκ ἐπαισχύνεται ἀδελφοὺς αὐτοὺς καλεῖν
11 16 διὸ οὐκ ἐπαισχύνεται αὐτοὺς ὁ Θεός

Ἐπαιτέω 1871

Lu 16 3 ἐπαιτεῖν αἰσχύνομαι
18 35 τυφλός τις ἐκάθητο παρὰ τὴν ὁδὸν ἐπαιτῶν

Ἐπακολουθέω 1872

Mk 16 [20 τ. λόγον βεβαιοῦντος διὰ τ. ἐπακολουθούντων σημείων
1 Ti 5 10 εἰ παντὶ ἔργῳ ἀγαθῷ ἐπηκολούθησεν
24 τισὶν δὲ κ. ἐπακολουθοῦσιν
1 Pe 2 21 ἵνα ἐπακολουθήσητε τ. ἴχνεσιν αὐτοῦ

Ἐπακούω 1873

11 Co 6 2 καιρῷ δεκτῷ ἐπήκουσά σου
בְּעֵת רָצוֹן עֲנִיתִיךָ, Is. xlix. 8

Ἐπακροάομαι* 1874

Ac 16 25 ἐπηκροῶντο δὲ αὐτῶν οἱ δέσμιοι

Ἐπάν 1875

Mt 2 8 ἐπὰν δὲ εὕρητε ἀπαγγείλατέ μοι
Lu 11 22 ἐπὰν δὲ ἰσχυρότερος αὐτοῦ ἐπελθὼν νικήσῃ αὐτόν
34 ἐπὰν δὲ πονηρὸς ᾖ

Ἐπάναγκες* 1876

Ac 15 28 μηδὲν πλέον ἐπιτίθεσθαι ὑμῖν βάρος πλὴν τούτων τ. ἐπάναγκες

Ἐπανάγω 1877

Mt 21 18 πρωῒ δὲ ἐπαναγαγὼν εἰς τ. πόλιν
ἐπανάγων, WH marg.
Lu 5 3 ἠρώτησεν αὐτὸν ἀπὸ τ. γῆς ἐπαναγαγεῖν ὀλίγον
4 ἐπανάγαγε εἰς τὸ βάθος

Ἐπαναμιμνήσκω* 1878

Ro 15 15 ὡς ἐπαναμιμνήσκων ὑμᾶς

Ἐπαναπαύομαι 1879

Lu 10 6 ἐπαναπαήσεται ἐπ' αὐτὸν ἡ εἰρήνη ὑμῶν
Ro 2 17 εἰ δὲ σὺ Ἰουδαῖος ἐπονομάζῃ κ. ἐπαναπαυῇ νόμῳ

ἘΠΑΝΈΡΧΟΜΑΙ 1880

Lu 10 35 ἐγὼ ἐν τῷ ἐπανέρχεσθαί με ἀποδώσω σοι
19 15 ἐγένετο ἐν τῷ ἐπανελθεῖν αὐτὸν λαβόντα
.. βασιλείαν

ἘΠΑΝΊΣΤΗΜΙ 1881

Mt 10 21 ἐπαναστήσονται τέκνα ἐπὶ γονεῖς
ἐπαναστήσεται, WH marg.
Mk 13 12 ἐπαναστήσονται τέκνα ἐπὶ γονεῖς

ἘΠΑΝΌΡΘΩΣΙΣ** 1882

II Ti 3 16 ὠφέλιμος πρὸς διδασκαλίαν . . πρὸς
ἐπανόρθωσιν

ἘΠΆΝΩ 1883

Mt 2 9 ἕως ἐλθὼν ἐστάθη ἐπ. οὗ ἦν τὸ παιδίον
5 14 οὐ δύναται πόλις κρυβῆναι ἐπ. ὄρους κειμένη
21 7 ἐπεκάθισεν ἐπάνω αὐτῶν
23 18 ὃς δ' ἂν ὀμόσῃ ἐν τ. δώρῳ τῷ ἐπ. αὐτοῦ
20 ὀμνύει ἐν αὐτῷ κ. ἐν πᾶσι τοῖς ἐπ. αὐτοῦ
22 ὀμνύει ἐν τ. θρόνῳ τ. Θεοῦ κ. ἐν τ.
καθημένῳ ἐπ. αὐτοῦ
27 37 ἐπέθηκαν ἐπ. τ. κεφαλῆς αὐτοῦ τ. αἰτίαν
αὐτοῦ
28 2 ἀπεκύλισεν τ. λίθον κ. ἐκάθητο ἐπ. αὐτοῦ
Mk 14 5 ἠδύνατο γὰρ . . . πραθῆναι ἐπ. δηναρίων
τριακοσίων
Lu 4 39 ἐπιστὰς ἐπάνω αὐτῆς
10 19 τ. ἐξουσίαν τοῦ πατεῖν ἐπ. ὄφεων κ. σκορ-
πίων
11 44 οἱ ἄνθρωποι οἱ περιπατοῦντες ἐπ. οὐκ οἴ-
δασιν
19 17 ἴσθι ἐξουσίαν ἔχων ἐπ. δέκα πόλεων
19 κ. σὺ ἐπάνω γίνου πέντε πόλεων
Jo 3 31 ὁ ἄνωθεν ἐρχόμενος ἐπ. πάντων ἐστίν
31 ὁ ἐκ τ. οὐρανοῦ ἐρχόμενος ἐπ. πάντων ἐστίν
—ἐπ. π. ἐστ., TWH mg. R mg.
I Co 15 6 ἔπειτα ὤφθη ἐπ. πεντακοσίοις ἀδελφοῖς
ἐφάπαξ
Re 6 8 ἵππος χλωρὸς κ. ὁ καθήμενος ἐπ. αὐτοῦ
20 3 ἐσφράγισεν ἐπάνω αὐτοῦ

ἘΠΆΡΑΤΟΣ* 1883.5 cf. 1944

Jo 7 49 ὁ ὄχλος οὗτος ὁ μὴ γινώσκων τ. νόμον
ἐπάρατοί εἰσιν

ἘΠΑΡΚΈΩ** 1884

I Ti 5 10 εἰ θλιβομένοις ἐπήρκεσεν
16 εἴ τις πιστὴ ἔχει χήρας ἐπαρκείτω αὐταῖς
ἐπαρκείσθω, TWH marg.
16 ἵνα ταῖς ὄντως χήραις ἐπαρκέσῃ

ἘΠΑΡΧΕΊΑ 1885

Ac 23 34 ἐπερωτήσας ἐκ ποίας ἐπαρχείας ἐστίν
25 1 Φῆστος οὖν ἐπιβὰς τ. ἐπαρχείᾳ
τῇ ἐπαρχείῳ, TWH mg.

ἘΠΆΡΧΕΙΟΣ* † 1885.5 cf. 1885

Ac 25 1 Φῆστος οὖν ἐπιβὰς τῇ ἐπαρχείῳ
ἐπαρχείᾳ, WH non mg.

ἜΠΑΥΛΙΣ 1886

Ac 1 20 γενηθήτω ἡ ἔπαυλις αὐτοῦ ἔρημος
תְּהִי־טִירָתָם נְשַׁמָּה, Ps. lxix. 26

ἘΠΑΎΡΙΟΝ † 1887

Mt 27 62 τῇ δὲ ἐπαύριον ἥτις ἐστὶ μετὰ τ. παρασκευήν
Mk 11 12 τῇ ἐπαύριον ἐξελθόντων αὐτῶν ἀπὸ Βη-
θανίας
Jo 1 29 τῇ ἐπ. βλέπει τ. Ἰησοῦν ἐρχόμενον πρὸς
αὐτόν
35 τῇ ἐπαύριον πάλιν εἱστήκει Ἰωάνης
43 τῇ ἐπ. ἠθέλησεν ἐξελθεῖν εἰς τ. Γαλιλαίαν
6 22 τῇ ἐπ. ὁ ὄχλος ὁ ἑστηκὼς πέραν τ.
θαλάσσης
12 12 τῇ ἐπ. ὁ ὄχλος πολὺς ὁ ἐλθὼν εἰς τ.
ἑορτήν
Ac 10 9 τῇ δὲ ἐπαύριον ὁδοιπορούντων ἐκείνων
23 τῇ δὲ ἐπ. ἀναστὰς ἐξῆλθεν σὺν αὐτοῖς
24 τῇ δὲ ἐπαύριον εἰσῆλθεν εἰς τ. Καισαρίαν
14 20 τῇ ἐπ. ἐξῆλθεν σὺν τ. Βαρνάβᾳ εἰς Δέρβην
20 7 μέλλων ἐξιέναι τῇ ἐπαύριον
21 8 τῇ δὲ ἐπ. ἐξελθόντες ἤλθαμεν εἰς Καισα-
ρίαν
22 30 τῇ δὲ ἐπ. βουλόμενος γνῶναι τὸ ἀσφαλές
23 32 τῇ δὲ ἐπ. ἐάσαντες τ. ἱππεῖς ἀπέρχεσθαι
σὺν αὐτῷ
25 6 τῇ ἐπαύριον καθίσας ἐπὶ τ. βήματος
23 τῇ οὖν ἐπ. ἐλθόντος τ. Ἀγρίππα κ. τ.
Βερνίκης

ἘΠΑΦΡΆΣ 1889

Col 1 7 καθὼς ἐμάθετε ἀπὸ Ἐπαφρᾶ τ. ἀγαπητοῦ
συνδούλου ἡμῶν
4 12 ἀσπάζεται ὑμᾶς Ἐπαφρᾶς ὁ ἐξ ὑμῶν
Phm 23 ἀσπάζεταί σε Ἐπαφρᾶς ὁ συναιχμάλωτός
μου

ἘΠΑΦΡΊΖΩ* 1890

Ju 13 ἐπαφρίζοντα τὰς ἑαυτῶν αἰσχύνας

ἘΠΑΦΡΌΔΙΤΟΣ 1891

Phl 2 25 ἀναγκαῖον δὲ ἡγησάμην Ἐπαφρόδιτον τ.
ἀδελφὸν . . . πέμψαι
4 18 δεξάμενος παρὰ Ἐπαφροδίτου τὰ παρ'
ὑμῶν

ἘΠΕΓΕΊΡΩ 1892

Ac 13 50 ἐπήγειραν διωγμὸν ἐπὶ τ. Παῦλον κ. Βαρ-
νάβαν
14 2 οἱ δὲ ἀπειθήσαντες Ἰουδαῖοι ἐπήγειραν . . .
τ. ψυχὰς τ. ἐθνῶν

ἘΠΕΊ 1893

(1) de temp. (2) ἐπ. ἄρα, οὖν

Mt 18 32 ἀφῆκά σε ἐπεὶ παρεκάλεσάς με
21 46 ἐπεὶ εἰς προφήτην αὐτὸν εἶχον
27 6 ἐπεὶ τιμὴ αἵματός ἐστιν
Mk 15 42 ἐπεὶ ἦν παρασκευὴ ὅ ἐστιν προσάββατον
Lu 1 34 πῶς ἔσται τοῦτο ἐπεὶ ἄνδρα οὐ γινώσκω;
7 1 [1] ἐπεὶ δὲ ἐπλήρωσεν πάντα τα ῥήματα
αὐτοῦ
ἐπειδὴ ἐπλ., TWH non mg. R

Jo 13 29 ἐπεὶ τὸ γλωσσόκομον εἶχεν Ἰούδας
19 31 οἱ οὖν Ἰουδαῖοι ἐπεὶ παρασκευὴ ἦν
Ac 13 46 ἐπεὶ δὲ ἀπωθεῖσθε αὐτόν
ἐπειδὴ ἀπ., TWH non mg. R
Ro 3 6 ἐπεὶ πῶς κρινεῖ ὁ Θεὸς τ. κόσμον;
11 6 ἐπεὶ ἡ χάρις οὐκέτι γίνεται χάρις
22 ἐπεὶ κ. σὺ ἐκκοπήσῃ
1 Co 5 10 [2] ἐπεὶ ὠφείλετε ἄρα ἐκ τ. κόσμου ἐξελθεῖν
7 14 [2] ἐπεὶ ἄρα τὰ τέκνα ὑμῶν ἀκάθαρτά ἐστιν
14 12 ἐπεὶ ζηλωταί ἐστε πνευμάτων
16 ἐπεὶ ἐὰν εὐλογῇς ἐν πνεύματι
15 29 ἐπεὶ τί ποιήσουσιν οἱ βαπτιζόμενοι ὑπὲρ τ. νεκρῶν;
II Co 11 18 ἐπεὶ πολλοὶ καυχῶνται κατὰ τ. σάρκα
13 3 ἐπεὶ δοκιμὴν ζητεῖτε τοῦ ἐν ἐμοὶ λαλοῦντος Χριστοῦ
He 2 14 [2] ἐπεὶ οὖν τὰ παιδία κεκοινώνηκεν αἵματος κ. σαρκός
4 6 [2] ἐπεὶ οὖν ἀπολείπεται τινὰς εἰσελθεῖν εἰς αὐτήν
5 2 ἐπεὶ κ. αὐτὸς περίκειται ἀσθένειαν
11 ἐπεὶ νωθροὶ γεγόνατε τ. ἀκοαῖς
6 13 ἐπεὶ κατ' οὐδενὸς εἶχεν μείζονος ὀμόσαι
9 17 ἐπεὶ μή τότε ἰσχύει ὅτε ζῇ ὁ διαθέμενος
26 ἐπεὶ ἔδει αὐτὸν πολλάκις παθεῖν
10 2 ἐπεὶ οὐκ ἂν ἐπαύσαντο προσφερόμεναι
11 11 ἐπεὶ πιστὸν ἡγήσατο τ. ἐπαγγειλάμενον

ἘΠΕΙΔΗ΄ 1894

(1) de temp.

Lu 7 1 [1] ἐπειδὴ ἐπλήρωσεν πάντα τ. ῥήματα αὐτοῦ
ἐπεὶ δὲ, WH mg.
11 6 ἐπ. φίλος μου παρεγένετο ἐξ ὁδοῦ πρός με
Ac 13 46 ἐπειδὴ ἀπωθεῖσθε αὐτόν
ἐπεὶ δὲ, WH mg.
14 12 ἐπειδὴ αὐτὸς ἦν ὁ ἡγούμενος τ. λόγου
15 24 ἐπ. ἠκούσαμεν ὅτι τινὲς ἐξ ἡμῶν ἐτάραξαν ὑμᾶς
1 Co 1 21 ἐπ. γὰρ ἐν τ. σοφίᾳ τ. Θεοῦ οὐκ ἔγνω ὁ κόσμος . . . τ. Θεόν
22 ἐπειδὴ κ. Ἰουδαῖοι σημεῖα αἰτοῦσιν
14 16 ἐπειδὴ τί λέγεις οὐκ οἶδεν
15 21 ἐπειδὴ γὰρ δι' ἀνθρώπου θάνατος
Phl 2 26 ἐπ. ἐπιποθῶν ἦν πάντας ὑμᾶς ἰδεῖν

ἘΠΕΙΔΗ΄ΠΕΡ * 1895

Lu 1 1 ἐπ. πολλοὶ ἐπεχείρησαν ἀνατάξασθαι διήγησιν

ἘΠΕΙ΄ΔΟΝ 1896

Lu 1 25 αἷς ἐπεῖδεν ἀφελεῖν ὄνειδός μου ἐν ἀνθρώποις
Ac 4 29 ἔπιδε ἐπὶ τ. ἀπειλὰς αὐτῶν

ἜΠΕΙΜΙ 1896.5 cf. 1966

Ac 7 26 τῇ τε ἐπιούσῃ ἡμέρᾳ ὤφθη αὐτοῖς μαχομένοις
16 11 τῇ δὲ ἐπιούσῃ εἰς Νέαν Πόλιν
20 15 τ. ἐπιούσῃ κατηντήσαμεν ἄντικρυς Χίου
Ac 21 18 τῇ δὲ ἐπιούσῃ εἰσῄει ὁ Παῦλος σὺν ἡμῖν πρὸς Ἰάκωβον
23 11 τῇ δὲ ἐπιούσῃ νυκτὶ ἐπιστὰς αὐτῷ ὁ Κύριος

ἘΠΕΙΣΑΓΩΓΗ΄ * 1898

He 7 19 ἐπεισαγωγὴ δὲ κρείττονος ἐλπίδος

ἘΠΕΙΣΕ΄ΡΧΟΜΑΙ ** 1898.5 cf. 1904

Lu 21 35 ἐπεισελεύσεται γὰρ ἐπὶ πάντας τ. καθημένους ἐπὶ πρόσωπον πάσης τ. γῆς

ἜΠΕΙΤΑ 1899

Lu 16 7 ἔπειτα ἑτέρῳ εἶπεν
Jo 11 7 ἔπ. μετὰ τοῦτο λέγει τ. μαθηταῖς
1 Co 12 28 ἔπειτα δυνάμεις ἔπειτα χαρίσματα ἰαμάτων
15 5 ὤφθη Κηφᾷ ἔπειτα τοῖς δώδεκα.
εἶτα, WH non mg.
6 ἔπ. ὤφθη ἐπάνω πεντακοσίοις ἀδελφοῖς ἐφάπαξ
7 ἔπειτα ὤφθη Ἰακώβῳ,
ἔπειτα τ. ἀποστόλοις πᾶσιν
εἶτα, WH non mg.
23 ἀπαρχὴ Χριστὸς ἔπ. οἱ τ. Χριστοῦ ἐν τ. παρουσίᾳ αὐτοῦ
46 ἔπειτα τὸ πνευματικόν
Ga 1 18 ἔπ. μετὰ τρία ἔτη ἀνῆλθον εἰς Ἱεροσόλυμα
21 ἔπ. ἦλθον εἰς τὰ κλίματα τ. Συρίας
2 1 ἔπ. διὰ δεκατεσσάρων ἐτῶν πάλιν ἀνέβην
1 Th 4 17 ἔπ. ἡμεῖς οἱ ζῶντες . . . ἅμα σὺν αὐτοῖς ἁρπαγησόμεθα
He 7 2 ἔπειτα δὲ κ. βασιλεὺς Σαλήμ
27 πρότερον ὑπὲρ τ. ἰδίων ἁμαρτιῶν . . . ἔπ. τῶν τ. λαοῦ
Ja 3 17 πρῶτον μὲν ἁγνή ἐστιν ἔπ. εἰρηνική
4 14 ἀτμὶς . . . πρὸς ὀλίγον φαινομένη ἔπ. κ. ἀφανιζομένη

ἘΠΕ΄ΚΕΙΝΑ 1900

Ac 7 43 μετοικιῶ ὑμᾶς ἐπέκεινα Βαβυλῶνος
הִגְלֵיתִי אֶתְכֶם מֵהָלְאָה לְדַמֶּשֶׂק, Am. v. 27

ἘΠΕΚΤΕΙ΄ΝΟΜΑΙ * 1901

Phl 3 13 τοῖς δὲ ἔμπροσθεν ἐπεκτεινόμενος

ἘΠΕΝΔΥ΄ΟΜΑΙ * 1902

II Co 5 2 τὸ οἰκητήριον ἡμῶν τὸ ἐξ οὐρανοῦ ἐπενδύσασθαι ἐπιποθοῦντες
4 ἐφ' ᾧ οὐ θέλομεν ἐκδύσασθαι ἀλλ' ἐπενδύσασθαι

ἘΠΕΝΔΥ΄ΤΗΣ 1903

Jo 21 7 Σίμων οὖν Πέτρος . . . τ. ἐπενδύτην διεζώσατο

ἘΠΕ΄ΡΧΟΜΑΙ 1904 cf. 1898.5

(1) ἐπῆλθα

Lu 1 35 πνεῦμα ἅγιον ἐπελεύσεται ἐπί σε
11 22 ἐπὰν δὲ ἰσχυρότερος αὐτοῦ ἐπελθὼν νικήσῃ αὐτόν
21 26 ἀπὸ φόβου κ. προσδοκίας τ. ἐπερχομένων τ. οἰκουμένῃ

Ac **1** 8 ἐπελθόντος τ. ἁγίου πνεύματος ἐφ' ὑμᾶς
8 24 ὅπως μηδὲν ἐπέλθῃ ἐπ' ἐμὲ ὧν εἰρήκατε
13 40 βλέπετε οὖν μὴ ἐπέλθῃ τὸ εἰρημένον ἐν τ. προφήταις
14 19 [1] ἐπῆλθαν δὲ ἀπὸ Ἀντιοχείας κ. Ἰκονίου Ἰουδαῖοι
Eph **2** 7 ἵνα ἐνδείξηται ἐν τ. αἰῶσι τ. ἐπερχομένοις
Ja **5** 1 κλαύσατε . . . ἐπὶ τ. ταλαιπωρίαις ὑμῶν τ. ἐπερχομέναις

ἘΠΕΡΩΤΆΩ 1905

(1) c. du. acc.

Mt **12** 10 ἐπηρώτησαν αὐτὸν λέγοντες
16 1 [1] πειράζοντες ἐπηρώτησαν αὐτὸν σημεῖον ἐκ τ. οὐρανοῦ
ἐπηρώτων, TWH marg.
17 10 ἐπηρώτησαν αὐτὸν οἱ μαθηταὶ λέγοντες
22 23 ἐπηρώτησαν αὐτὸν λέγοντες
35 ἐπηρώτησεν εἷς ἐξ αὐτῶν νομικός
41 ἐπηρώτησεν αὐτοὺς ὁ Ἰησοῦς λέγων
46 οὐδὲ ἐτόλμησέν τις ἀπ' ἐκείνης τ. ἡμέρας ἐπερωτῆσαι αὐτὸν οὐκέτι
27 11 ἐπηρώτησεν αὐτὸν ὁ ἡγεμὼν λέγων
Mk **5** 9 ἐπηρώτα αὐτὸν Τί ὄνομά σοι
7 5 ἐπερωτῶσιν αὐτὸν οἱ Φαρισαῖοι κ. οἱ γραμματεῖς
17 [1] ἐπηρώτων αὐτὸν οἱ μαθηταὶ αὐτοῦ τ. παραβολήν
8 23 ἐπηρώτα αὐτὸν Εἴ τι βλέπεις;
27 ἐν τῇ ὁδῷ ἐπηρώτα τ. μαθητὰς αὐτοῦ
29 αὐτὸς ἐπηρώτα αὐτούς
9 11 ἐπηρώτων αὐτὸν λέγοντες
16 ἐπηρώτησεν αὐτοὺς Τί συνζητεῖτε πρὸς αὐτούς
21 ἐπηρώτησεν τ. πατέρα αὐτοῦ
28 οἱ μαθηταὶ αὐτοῦ κατ' ἰδίαν ἐπηρώτων αὐτόν
32 ἐφοβοῦντο αὐτὸν ἐπερωτῆσαι
33 ἐν τ. οἰκίᾳ γενόμενος ἐπηρώτα αὐτούς
10 2 προσελθόντες Φαρισαῖοι ἐπηρώτων αὐτόν
10 πάλιν οἱ μαθηταὶ περὶ τούτου ἐπηρώτων αὐτόν
17 προσδραμὼν εἷς κ. γονυπετήσας αὐτὸν ἐπηρώτα αὐτόν
11 29 [1] ἐπερωτήσω ὑμᾶς ἕνα λόγον
12 18 ἐπηρώτων αὐτὸν λέγοντες
28 προσελθὼν εἷς τ. γραμματέων . . ἐπηρώτησεν αὐτόν
34 οὐδεὶς οὐκέτι ἐτόλμα αὐτὸν ἐπερωτῆσαι
13 3 ἐπηρώτα αὐτὸν κατ' ἰδίαν Πέτρος κ. Ἰάκωβος
14 60 ἀναστὰς ὁ ἀρχιερεὺς εἰς μέσον ἐπηρώτησεν τ. Ἰησοῦν
61 πάλιν ὁ ἀρχιερεὺς ἐπηρώτα αὐτόν
15 2 ἐπηρώτησεν αὐτὸν ὁ Πειλᾶτος
4 ὁ δὲ Πειλᾶτος πάλιν ἐπηρώτα αὐτόν
44 ἐπηρώτησεν αὐτὸν εἰ ἤδη ἀπέθανεν
Lu **2** 46 ἀκούοντα αὐτῶν κ. ἐπερωτῶντα αὐτούς
3 10 ἐπηρώτων αὐτὸν οἱ ὄχλοι λέγοντες
14 ἐπηρώτων δὲ αὐτὸν κ. στρατευόμενοι
6 9 ἐπερωτῶ ὑμᾶς εἰ ἔξεστιν τ. σαββάτῳ
8 9 ἐπηρώτων δὲ αὐτὸν οἱ μαθηταὶ αὐτοῦ
30 ἐπηρώτησεν δὲ αὐτὸν ὁ Ἰησοῦς
9 18 ἐπηρώτησεν αὐτοὺς λέγων
17 20 ἐπερωτηθεὶς δὲ ὑπὸ τ. Φαρισαίων
Lu **18** 18 ἐπηρώτησέν τις αὐτὸν ἄρχων λέγων
40 ἐγγίσαντος δὲ αὐτοῦ ἐπηρώτησεν αὐτόν
20 21 ἐπηρώτησαν αὐτὸν λέγοντες
27 προσελθόντες δέ τινες τ. Σαδδουκαίων ἐπηρώτησαν αὐτόν
ἐπηρώτων, WH mg.
40 [1] οὐκέτι γὰρ ἐτόλμων ἐπερωτᾶν αὐτὸν οὐδέν
21 7 ἐπηρώτησαν δὲ αὐτὸν λέγοντες
22 64 περικαλύψαντες αὐτὸν ἐπηρώτων λέγοντες
23 6 ἐπηρώτησεν εἰ ὁ ἄνθρωπος Γαλιλαῖός ἐστιν
9 ἐπηρώτα δὲ αὐτὸν ἐν λόγοις ἱκανοῖς
Jo **9** 23 ἡλικίαν ἔχει αὐτὸν ἐπερωτήσατε
ἐρωτήσατε, WH marg.
18 7 πάλιν οὖν ἐπηρώτησεν αὐτούς
αὐτοὺς ἐπηρώτησεν, T
Ac **5** 27 ἐπηρώτησεν αὐτοὺς ὁ ἀρχιερεὺς λέγων
23 34 ἐπερωτήσας ἐκ ποίας ἐπαρχείας ἐστίν
Ro **10** 20 ἐμφανὴς ἐγενόμην τοῖς ἐμὲ μὴ ἐπερωτῶσιν
נִדְרַשְׁתִּי לְלוֹא שָׁאָלוּ, Is. lxv. 1
1 Co **14** 35 ἐν οἴκῳ τ. ἰδίους ἄνδρας ἐπερωτάτωσαν

ἘΠΕΡΏΤΗΜΑ ** 1906

1 Pe **3** 21 ἀλλὰ συνειδήσεως ἀγαθῆς ἐπερώτημα εἰς Θεόν

ἘΠΈΧΩ 1907

Lu **14** 7 ἐπέχων πῶς τ. πρωτοκλισίας ἐξελέγοντο
Ac **3** 5 ὁ δὲ ἐπεῖχεν αὐτοῖς
19 22 αὐτὸς ἐπέσχεν χρόνον εἰς τ. Ἀσίαν
Phl **2** 16 λόγον ζωῆς ἐπέχοντες
1 Ti **4** 16 ἔπεχε σεαυτῷ κ. τ. διδασκαλίᾳ

ἘΠΗΡΕΆΖΩ * 1908

Lu **6** 28 προσεύχεσθε περὶ τ. ἐπηρεαζόντων ὑμᾶς
1 Pe **3** 16 ἵνα . . . καταισχυνθῶσιν οἱ ἐπηρεάζοντες ὑμῶν τ. ἀγαθὴν ἐν Χριστῷ ἀναστροφήν

ἘΠΙ' 1909

c. gen.

(1) de temp. (2) ἐπ' ἐσχάτου, ἐσχάτων (3) ἐπὶ στόματος, προσώπου (4) ὁ ἐπί (5) ἐπ' ἀληθείας

Mt **1** 11 [1] ἐπὶ τ. μετοικεσίας Βαβυλῶνος
4 6 ἐπὶ χειρῶν ἀροῦσίν σε
עַל־כַּפַּיִם יִשָּׂאוּנְךָ, Ps. xci. 12
6 10 ὡς ἐν οὐρανῷ κ. ἐπὶ γῆς
19 μὴ θησαυρίζετε ὑμῖν θησαυροὺς ἐπὶ τ. γῆς
9 2 παραλυτικὸν ἐπὶ κλίνης βεβλημένον
6 ἐξουσίαν ἔχει . . . ἐπὶ τ. γῆς ἀφιέναι ἁμαρτίας
10 27 κηρύξατε ἐπὶ τ. δωμάτων
14 19 ἀνακλιθῆναι ἐπὶ τ. χορτου
26 ἰδόντες αὐτὸν ἐπὶ τ. θαλάσσης περιπατοῦντα
16 19 ὃ ἐὰν δήσῃς ἐπὶ τ. γῆς
19 κ. ὃ ἐὰν λύσῃς ἐπὶ τ. γῆς
18 16 [3] ἐπὶ στόματος δύο μαρτύρων ἢ τριῶν, Dt. *l.c.*
18 ὅσα ἐὰν δήσητε ἐπὶ τ. γῆς
18 κ. ὅσα ἐὰν λύσητε ἐπὶ τ. γῆς
19 ἐὰν δύο συμφωνήσωσιν ἐξ ὑμῶν ἐπὶ τ. γῆς περὶ παντὸς πράγματος

Mt 19 28 ὅταν καθίσῃ . . . ἐπὶ θρόνου δόξης αὐτοῦ
21 7 ἐπέθηκαν ἐπ' αὐτῶν τὰ ἱμάτια
19 ἰδὼν συκῆν μίαν ἐπὶ τῆς ὁδοῦ
23 2 ἐπὶ τῆς Μωυσέως καθέδρας ἐκάθισαν οἱ γραμματεῖς
9 πατέρα μὴ καλέσητε ὑμῶν ἐπὶ τ. γῆς
35 πᾶν αἷμα δίκαιον ἐκχυννόμενον ἐπὶ τ. γῆς
24 3 καθημένου δὲ αὐτοῦ ἐπὶ τ. ὄρους τ. ἐλαιῶν
17 [4] ὁ ἐπὶ τ. δώματος μὴ καταβάτω ἆραι
30 ἐρχόμενον ἐπὶ τ. νεφελῶν τ. οὐρανοῦ
45 ὃν κατέστησεν ὁ κύριος ἐπὶ τ. οἰκετείας αὐτοῦ
25 21 ἐπὶ πολλῶν σε καταστήσω
23 ἐπὶ πολλῶν σε καταστήσω
31 τότε καθίσει ἐπὶ θρόνου δόξης αὐτοῦ
26 7 κατέχεεν ἐπὶ τ. κεφαλῆς αὐτοῦ ἀνακειμένου
12 βαλοῦσα γὰρ αὕτη τὸ μύρον τοῦτο ἐπὶ τ. σώματός μου
64 ἐρχόμενον ἐπὶ τ. νεφελῶν τ. οὐρανοῦ
27 19 καθημένου δὲ αὐτοῦ ἐπὶ τ. βήματος
29 ἐπέθηκαν ἐπὶ τ. κεφαλῆς αὐτοῦ
28 14 ἐὰν ἀκουσθῇ τοῦτο ἐπὶ τ. ἡγεμόνος
ὑπό, WH mg.
18 πᾶσα ἐξουσία ἐν οὐρανῷ κ. ἐπὶ τ. γῆς
—τῆς, T [WH]
Mk 2 10 ἐξουσίαν ἔχει . . . ἀφιέναι ἁμαρτίας ἐπὶ τ. γῆς
ἐπὶ τ. γ. ἀφ. ἁμ., TWH mg.
26 [1] ἐπὶ Ἀβιάθαρ ἀρχιερέως
4 1 πᾶς ὁ ὄχλος πρὸς τ. θάλασσαν ἐπὶ τ. γῆς ἦσαν
26 ὡς ἄνθρωπος βάλῃ τ. σπόρον ἐπὶ τ. γῆς
31 ὅταν σπαρῇ ἐπὶ τ. γῆς,
[4] μικρότερον ὂν πάντων τ. σπερμάτων τῶν ἐπὶ τ. γῆς
6 47 αὐτὸς μόνος ἐπὶ τ. γῆς
48 περιπατῶν ἐπὶ τ. θαλάσσης
49 ἰδόντες αὐτὸν ἐπὶ τ. θαλάσσης περιπατοῦντα
8 4 χορτάσαι ἄρτων ἐπ' ἐρημίας
6 παραγγέλλει τ. ὄχλῳ ἀναπεσεῖν ἐπὶ τ. γῆς
9 3 οἷα γναφεὺς ἐπὶ τ. γῆς οὐ δύναται οὕτως λευκᾶναι
20 πεσὼν ἐπὶ τ. γῆς
11 4 πῶλον δεδεμένον πρὸς θύραν ἔξω ἐπὶ τ. ἀμφόδου
12 14 [5] ἐπ' ἀληθείας τὴν ὁδὸν τ. Θεοῦ διδάσκεις
26 ἐν τῇ βίβλῳ Μωυσέως ἐπὶ τοῦ βάτου
32 [5] καλῶς διδάσκαλε ἐπ' ἀληθείας εἶπες
13 9 ἐπὶ ἡγεμόνων κ. βασιλέων σταθήσεσθε
15 [4] ὁ ἐπὶ τ. δώματος μὴ καταβάτω
14 35 ἔπιπτεν ἐπὶ τ. γῆς
51 περιβεβλημένος σινδόνα ἐπὶ γυμνοῦ
Lu 2 14 ἐπὶ γῆς εἰρήνη
3 2 [1] ἐπὶ ἀρχιερέως Ἅννα κ. Καιάφα
4 11 ἐπὶ χειρῶν ἀροῦσίν σε, Ps. *l.c.*
25 [5] ἐπ' ἀληθείας δὲ λέγω ὑμῖν
27 [1] πολλοὶ λεπροὶ ἦσαν ἐν τ. Ἰσραὴλ ἐπὶ Ἐλισαίου τ. προφήτου
29 ἐφ' οὗ ἡ πόλις ᾠκοδόμητο αὐτῶν
5 18 ἄνδρες φέροντες ἐπὶ κλίνης ἄνθρωπον
24 ἐξουσίαν ἔχει ἐπὶ τ. γῆς ἀφιέναι ἁμαρτίας
6 17 ἔστη ἐπὶ τόπου πεδινοῦ
Lu 8 13 [4] οἱ δὲ ἐπὶ τ. πέτρας
ἐπὶ τ. πέτραν, TWH mg.
16 ἐπὶ λυχνίας τίθησιν
11 2 ὡς ἐν οὐρανῷ κ. ἐπὶ τ. γῆς
—h. v., TWHR non mg.
12 3 κηρυχθήσεται ἐπὶ τ. δωμάτων
42 ὃν καταστήσει ὁ κύριος ἐπὶ τ. θεραπείας αὐτοῦ
54 νεφέλην ἀνατέλλουσαν ἐπὶ δυσμῶν
17 31 ὃς ἔσται ἐπὶ τ. δώματος
34 ἔσονται δύο ἐπὶ κλίνης μιᾶς
18 8 ἆρα εὑρήσει τ. πίστιν ἐπὶ τ. γῆς;
20 21 [5] ἐπ' ἀληθείας τὴν ὁδὸν τ. Θεοῦ διδάσκεις
37 κ. Μωυσῆς ἐμήνυσεν ἐπὶ τῆς βάτου
21 23 ἔσται γὰρ ἀνάγκη μεγάλη ἐπὶ τ. γῆς
25 ἐπὶ τ. γῆς συνοχὴ ἐθνῶν ἐν ἀπορίᾳ
22 21 ἡ χεὶρ τ. παραδιδόντος με μετ' ἐμοῦ ἐπὶ τ. τραπέζης
30 ἵνα ἔσθητε κ. πίνητε ἐπὶ τ. τραπέζης μου ἐν τ. βασιλείᾳ μου,
κ. καθῆσθε ἐπὶ θρόνων
40 γενόμενος δὲ ἐπὶ τ. τόπου
59 [5] ἐπ' ἀληθείας κ. οὗτος μετ' αὐτοῦ ἦν
Jo 6 2 ἃ ἐποίει ἐπὶ τ. ἀσθενούντων
19 θεωροῦσιν τ. Ἰησοῦν περιπατοῦντα ἐπὶ τ. θαλάσσης
21 ἐγένετο τὸ πλοῖον ἐπὶ τ. γῆς
ἐπὶ τ. γῆν, T
17 4 ἐγώ σε ἐδόξασα ἐπὶ τ. γῆς
19 13 ἐκάθισεν ἐπὶ βήματος
19 ἔθηκεν ἐπὶ τ. σταυροῦ
31 ἵνα μὴ μείνῃ ἐπὶ τ. σταυροῦ τὰ σώματα
20 7 ὃ ἦν ἐπὶ τ. κεφαλῆς αὐτοῦ
21 1 ἐφανέρωσεν ἑαυτὸν . . . ἐπὶ τ. θαλάσσης τ. Τιβεριάδος
Ac 2 19 δώσω . . . σημεῖα ἐπὶ τ. γῆς κάτω
נָתַתִּי מוֹפְתִים . . . בָּאָרֶץ, Joel iii. 3
4 27 [5] συνήχθησαν γὰρ ἐπ' ἀληθείας ἐν τ. πόλει ταύτῃ
5 15 τιθέναι ἐπὶ κλιναρίων κ. κραβάττων
23 τ. φύλακας ἑστῶτας ἐπὶ τ. θυρῶν
30 διεχειρίσασθε κρεμάσαντες ἐπὶ ξύλου
6 3 οὓς καταστήσομεν ἐπὶ τ. χρείας ταύτης
7 27 ἄρχοντα κ. δικαστὴν ἐφ' ἡμῶν
8 27 ὃς ἦν ἐπὶ πάσης τ. γάζης αὐτῆς
28 καθήμενος ἐπὶ τ. ἅρματος αὐτοῦ
9 33 κατακείμενον ἐπὶ κραβάττου
10 11 τέσσαρσιν ἀρχαῖς καθιέμενον ἐπὶ τ. γῆς
34 [5] ἐπ' ἀληθείας καταλαμβάνομαι
39 ὃν κ. ἀνεῖλαν κρεμάσαντες ἐπὶ ξύλου
11 28 [1] ἥτις ἐγένετο ἐπὶ Κλαυδίου
12 20 [4] πείσαντες Βλάστον τὸν ἐπὶ τ. κοιτῶνος τ. βασιλέως
21 καθίσας ἐπὶ τ. βήματος
17 26 [3] κατοικεῖν ἐπὶ παντὸς προσώπου τ. γῆς
20 9 καθεζόμενος δέ τις νεανίας . . . ἐπὶ τ. θυρίδος
21 23 ἄνδρες τέσσαρες εὐχὴν ἔχοντες ἐφ' ἑαυτῶν
ἀφ', WH non marg.
40 ὁ Παῦλος ἑστὼς ἐπὶ τ. ἀναβαθμῶν
23 30 παραγγείλας . . . λέγειν πρὸς αὐτὸν ἐπὶ σοῦ
24 19 οὓς ἔδει ἐπὶ σοῦ παρεῖναι
20 στάντος μου ἐπὶ τ. συνεδρίου

Ac **24** 21 ἐγὼ κρίνομαι σήμερον ἐφ' ὑμῶν
25 6 τῇ ἐπαύριον καθίσας ἐπὶ τ. βήματος
9 ἐκεῖ περὶ τούτων κριθῆναι ἐπ' ἐμοῦ
10 ἑστὼς ἐπὶ τ. βήματος Καίσαρός εἰμι
17 τῇ ἑξῆς καθίσας ἐπὶ τ. βήματος
26 μάλιστα ἐπὶ σοῦ βασιλεῦ Ἀγρίππα
26 2 ἐπὶ σοῦ μέλλων σήμερον ἀπολογεῖσθαι
27 44 οὓς δὲ ἐπί τινων τῶν ἀπὸ τ. πλοίου
Ro **1** 10 [1] μνείαν ὑμῶν ποιοῦμαι πάντοτε ἐπὶ τ. προσευχῶν μου
9 5 ὁ Χριστὸς τὸ κατὰ σάρκα ὁ ὢν ἐπὶ πάντων
28 λόγον γὰρ συντελῶν κ. συντέμνων ποιήσει Κύριος ἐπὶ τ. γῆς
כָּלָה וְנֶחֱרָצָה אֲדֹנָי יֱהוִה צְבָאוֹת עֹשֶׂה בְּקֶרֶב כָּל־הָאָרֶץ, Is. x. 23
I Co **6** 1 κρίνεσθαι ἐπὶ τ. ἀδίκων κ. οὐχὶ ἐπὶ τ. ἁγίων
6 κ. τοῦτο ἐπὶ ἀπίστων
8 5 εἴτε ἐν οὐρανῷ εἴτε ἐπὶ γῆς
11 10 ὀφείλει ἡ γυνὴ ἐξουσίαν ἔχειν ἐπὶ τ. κεφαλῆς
II Co **7** 14 ἡ καύχησις ἡμῶν ἐπὶ Τίτου
10 7 τοῦτο λογιζέσθω πάλιν ἐφ' ἑαυτοῦ
13 1 [8] ἐπὶ στόματος δύο μαρτύρων κ. τριῶν
עַל־פִּי שְׁנֵי עֵדִים אוֹ עַל־פִּי שְׁלֹשָׁה־עֵדִים Dt. xix. 15
Ga **3** 13 ἐπικατάρατος πᾶς ὁ κρεμάμενος ἐπὶ ξύλου
קִלְלַת אֱלֹהִים תָּלוּי, Dt. xxi. 23
16 ὡς ἐπὶ πολλῶν ἀλλ' ὡς ἐφ' ἑνός
Eph **1** 10 [4] τὰ ἐπὶ τ. οὐρανοῖς κ. τὰ ἐπὶ τ. γῆς
16 [1] μνείαν ποιούμενος ἐπὶ τ. προσευχῶν μου
3 15 πᾶσα πατριὰ ἐν οὐρανοῖς κ. ἐπὶ γῆς
4 6 [4] εἷς Θεὸς . . . ὁ ἐπὶ πάντων κ. διὰ πάντων κ. ἐν πᾶσιν
6 3 ἵνα . . . ἔσῃ μακροχρόνιος ἐπὶ τ. γῆς
לְמַעַן יַאֲרִכֻן יָמֶיךָ עַל הָאֲדָמָה, Ex. xx. 12
Col **1** 16 τὰ πάντα ἐν τ. οὐρανοῖς κ. ἐπὶ τ. γῆς
20 [4] εἴτε τὰ ἐπὶ τ. γῆς εἴτε τὰ ἐν τ. οὐρανοῖς
3 2 [4] τὰ ἄνω φρονεῖτε μὴ τὰ ἐπὶ τ. γῆς
5 [4] νεκρώσατε οὖν τὰ μέλη τὰ ἐπὶ τ. γῆς
I Th **1** 2 [1] μνείαν ποιούμενοι ἐπὶ τ. προσευχῶν ἡμῶν
I Ti **5** 19 ἐκτὸς εἰ μὴ ἐπὶ δύο ἢ τριῶν μαρτύρων
6 13 Χριστοῦ Ἰησοῦ τ. μαρτυρήσαντος ἐπὶ Ποντίου Πειλάτου
Phm 4 [1] μνείαν σου ποιούμενος ἐπὶ τ. προσευχῶν μου
He **1** 2 [1,2] ἐπ' ἐσχάτου τ. ἡμερῶν τούτων ἐλάλησεν ἡμῖν ἐν υἱῷ
6 7 [4] ἡ πιοῦσα τὸν ἐπ' αὐτῆς ἐρχόμενον . . . ὑετόν
7 11 ὁ λαὸς γὰρ ἐπ' αὐτῆς νενομοθέτηται
8 4 εἰ μὲν οὖν ἦν ἐπὶ γῆς
10 ἐπὶ καρδίας αὐτῶν ἐπιγράψω αὐτούς
ἐπὶ καρδίαν, TWH mg.
עַל־לִבָּם אֶכְתֲּבֶנָּה, Jer. xxxi. 33
11 13 ξένοι κ. παρεπίδημοί εἰσιν ἐπὶ τ. γῆς
12 25 ἐπὶ γῆς παραιτησάμενοι τ. χρηματίζοντα
Ja **5** 5 ἐτρυφήσατε ἐπὶ τ. γῆς

Ja **5** 17 οὐκ ἔβρεξεν ἐπὶ τ. γῆς ἐνιαυτοὺς τρεῖς κ. μῆνας ἕξ
I Pe **1** 20 [1,2] φανερωθέντος δὲ ἐπ' ἐσχάτου τ. χρόνων
II Pe **3** 3 [1,2] ἐλεύσονται ἐπ' ἐσχάτων τ. ἡμερῶν . . . ἐμπαῖκται
Ju 18 [1,2] ἐπ' ἐσχάτου χρόνου ἔσονται ἐμπαῖκται
τοῦ χρ., T
Re **1** 20 τὸ μυστήριον τ. ἑπτὰ ἀστέρων οὓς εἶδες ἐπὶ τ. δεξιᾶς μου
2 26 δώσω αὐτῷ ἐξουσίαν ἐπὶ τ. ἐθνῶν
3 10 τ. μελλούσης ἔρχεσθαι ἐπὶ τ. οἰκουμένης ὅλης,
πειράσαι τ. κατοικοῦντας ἐπὶ τ. γῆς
4 9 εὐχαριστίαν τ. καθημένῳ ἐπὶ τ. θρόνου
ἐπὶ τ. θρόνῳ, TWH mg.
10 ἐνώπιον τ. καθημένου ἐπὶ τ. θρόνου
5 1 ἐπὶ τ. δεξιὰν τ. καθημένου ἐπὶ τ. θρόνου
3 οὐδεὶς ἐδύνατο ἐν τ. οὐρανῷ οὐδὲ ἐπὶ τ. γῆς
7 ἐκ τ. δεξιᾶς τ. καθημένου ἐπὶ τ. θρόνου
10 βασιλεύουσιν ἐπὶ τ. γῆς
13 πᾶν κτίσμα ὃ ἐν τ. οὐρανῷ κ. ἐπὶ τ. γῆς, κ. ὑποκάτω τ. γῆς κ. ἐπὶ τ. θαλάσσης
13 τ. καθημένῳ ἐπὶ τ. θρόνου . . . ἡ εὐλογία
ἐπὶ τ. θρόνῳ, TWH mg.
6 10 ἐκδικεῖς τὸ αἷμα ἡμῶν ἐκ τ. κατοικούντων ἐπὶ τ. γῆς
16 κρύψατε ἡμᾶς ἀπὸ προσώπου τ. καθημένου ἐπὶ τ. θρόνου
ἐπὶ τ. θρόνῳ, T
7 1 ἵνα μὴ πνέῃ ἄνεμος ἐπὶ τ. γῆς μήτε ἐπὶ τ. θαλάσσης
3 ἄχρι σφραγίσωμεν τ. δούλους . . . ἐπὶ τ. μετώπων αὐτῶν
15 ὁ καθήμενος ἐπὶ τ. θρόνου σκηνώσει ἐπ' αὐτούς
ἐπὶ τ. θρόνῳ, T
8 3 ἐστάθη ἐπὶ τ. θυσιαστηρίου
ἐπὶ τ. θυσιαστήριον, WH mg.
13 οὐαὶ τ. κατοικοῦντας ἐπὶ τ. γῆς
9 4 οὐκ ἔχουσιν τ. σφραγῖδα τ. Θεοῦ ἐπὶ τ. μετώπων
11 ἔχουσιν ἐπ' αὐτῶν βασιλέα
17 εἶδον . . . τ. καθημένους ἐπ' αὐτῶν
10 2 ἔθηκεν τ. πόδα αὐτοῦ τ. δεξιὸν ἐπὶ τ. θαλάσσης,
τ. δὲ εὐώνυμον ἐπὶ τ. γῆς
5 ἑστῶτα ἐπὶ τ. θαλάσσης κ. ἐπὶ τ. γῆς
8 τ. ἑστῶτος ἐπὶ τ. θαλάσσης κ. ἐπὶ τ. γῆς
11 6 ἐξουσίαν ἔχουσιν ἐπὶ τ. ὑδάτων
8 τὸ πτῶμα αὐτῶν ἐπὶ τ. πλατείας τ. πόλεως
10 οἱ κατοικοῦντες ἐπὶ τ. γῆς χαίρουσιν ἐπ' αὐτοῖς
10 ἐβασάνισαν τ. κατοικοῦντας ἐπὶ τ. γῆς
12 1 ἐπὶ τ. κεφαλῆς αὐτῆς στέφανος ἀστέρων δώδεκα
13 1 ἐπὶ τ. κεράτων αὐτοῦ δέκα διαδήματα
8 πάντες οἱ κατοικοῦντες ἐπὶ τ. γῆς
14 πλανᾷ τ. κατοικοῦντας ἐπὶ τ. γῆς
14 λέγων τ. κατοικοῦσιν ἐπὶ τ. γῆς
16 χάραγμα ἐπὶ τ. χειρὸς αὐτῶν τ. δεξιᾶς
14 1 τὸ ὄνομα . . . γεγραμμένον ἐπὶ τ. μετώπων αὐτῶν
6 εὐαγγελίσαι ἐπὶ τ. καθημένους ἐπὶ τ. γῆς
9 λαμβάνει χάραγμα ἐπὶ τ. μετώπου αὐτοῦ

Re 14 14 ἔχων ἐπὶ τ. κεφαλῆς αὐτοῦ στέφανον χρυσοῦν
ἐπὶ τ. κεφαλήν, T
15 κράζων τ. καθημένῳ ἐπὶ τ. νεφέλης
16 ἔβαλεν ὁ καθήμενος ἐπὶ τ. νεφέλης
ἐπὶ τ. νεφέλην, WH mg.
18 ὁ ἔχων ἐξουσίαν ἐπὶ τ. πυρός
16 18 ἀφ' οὗ ἄνθρωποι ἐγένοντο ἐπὶ τ. γῆς
17 1 τ. πόρνης . . . τ. καθημένης ἐπὶ ὑδάτων πολλῶν
8 θαυμασθήσονται οἱ κατοικοῦντες ἐπὶ τ. γῆς
9 ὅπου ἡ γυνὴ κάθηται ἐπ' αὐτῶν
18 ἡ ἔχουσα βασιλείαν ἐπὶ τ. βασιλέων τ. γῆς
18 24 πάντων τ. ἐσφαγμένων ἐπὶ τ. γῆς
19 18 σάρκας ἵππων κ. τ. καθημένων ἐπ' αὐτῶν
ἐπ' αὐτούς, WH non mg. R
19 ποιῆσαι τ. πόλεμον μετὰ τ. καθημένου ἐπὶ τ. ἵππου
21 ἐν τ. ῥομφαίᾳ τ. καθημένου ἐπὶ τ. ἵππου
20 6 ἐπὶ τούτων ὁ δεύτερος θάνατος οὐκ ἔχει ἐξουσίαν
11 εἶδον . . . τ. καθήμενον ἐπ' αὐτοῦ
ἐπ' αὐτόν, TWH mg.
21 14 ἐπ' αὐτῶν δώδεκα ὀνόματα τ. δώδεκα ἀποστόλων τ. ἀρνίου
16 ἐμέτρησεν τ. πόλιν . . . ἐπὶ σταδίων δώδεκα χιλιάδων
ἐπὶ σταδίους, WH mg.
22 4 τὸ ὄνομα αὐτοῦ ἐπὶ τ. μετώπων αὐτῶν

c. dat.

(1) ἐπὶ τ. ὀνόματι (2) ἐπὶ θύραις, τόποις, πυλῶσιν (3) ἐπ' ἐλπίδι (4) ἐφ' ᾧ, οἷς (5) ὁ ἐπί

Mt 4 4 οὐκ ἐπ' ἄρτῳ μόνῳ ζήσεται ὁ ἄνθρωπος,
לֹא עַל־הַלֶּחֶם לְבַדּוֹ יִחְיֶה הָאָדָם, Dt. viii. 3
ἀλλ' ἐπὶ παντὶ ῥήματι ἐκπορευομένῳ διὰ στόματος Θεοῦ
כִּי עַל־כָּל־מוֹצָא פִי־יְהוָה יִחְיֶה הָאָדָם, *ib.*
7 28 ἐξεπλήσσοντο οἱ ὄχλοι ἐπὶ τ. διδαχῇ αὐτοῦ
9 16 ἐπίβλημα ῥάκους ἀγνάφου ἐπὶ ἱματίῳ παλαιῷ
14 8 ὧδε ἐπὶ πίνακι τ. κεφαλὴν Ἰωάνου τ. βαπτιστοῦ
11 ἠνέχθη ἡ κεφαλὴ αὐτοῦ ἐπὶ πίνακι
14 ἐσπλαγχνίσθη ἐπ' αὐτοῖς
16 18 ἐπὶ ταύτῃ τ. πέτρᾳ οἰκοδομήσω μου τ. ἐκκλησίαν
18 5 [1] ὃς ἐὰν δέξηται ἓν παιδίον τοιοῦτο ἐπὶ τ. ὀνόματί μου
13 χαίρει ἐπ' αὐτῷ μᾶλλον
26 μακροθύμησον ἐπ' ἐμοί
29 μακροθύμησον ἐπ' ἐμοί
19 9 ὃς ἂν ἀπολύσῃ τ. γυναῖκα αὐτοῦ εἰ μὴ ἐπὶ πορνείᾳ
αὐτ. παρεκτὸς λόγου πορνείας, WH mg. R mg.
22 33 ἐξεπλήσσοντο ἐπὶ τ. διδαχῇ αὐτοῦ
24 5 [1] πολλοὶ γὰρ ἐλεύσονται ἐπὶ τ. ὀνόματί μου
33 [2] γινώσκετε ὅτι ἐγγύς ἐστιν ἐπὶ θύραις
47 ἐπὶ πᾶσι τ. ὑπάρχουσιν αὐτοῦ καταστήσει αὐτόν
27 43 πέποιθεν ἐπὶ τ. Θεῷ
ἐπὶ τ. Θεόν, TWH non mg.

Mk 1 22 ἐξεπλήσσοντο ἐπὶ τ. διδαχῇ αὐτοῦ
45 [2] ἔξω ἐπ' ἐρήμοις τόποις ἦν
3 5 συνλυπούμενος ἐπὶ τ. πωρώσει τ. καρδίας αὐτῶν
6 25 ἐπὶ πίνακι τ. κεφαλὴν Ἰωάνου τ. βαπτιστοῦ
28 ἤνεγκεν τ. κεφαλὴν αὐτοῦ ἐπὶ πίνακι
39 συμπόσια συμπόσια ἐπὶ τ. χλωρῷ χόρτῳ
52 οὐ γὰρ συνῆκαν ἐπὶ τ. ἄρτοις
55 ἤρξαντο ἐπὶ τ. κραβάττοις τ. κακῶς ἔχοντας περιφέρειν
9 37 [1] ὃς ἂν ἓν τ. τοιούτων παιδίων δέξηται ἐπὶ τ. ὀνόματί μου
39 [1] ὃς ποιήσει δύναμιν ἐπὶ τ. ὀνόματί μου
10 22 στυγνάσας ἐπὶ τ. λόγῳ
24 ἐθαμβοῦντο ἐπὶ τ. λόγοις αὐτοῦ
24 πῶς δύσκολόν ἐστιν τ. πεποιθότας ἐπὶ χρήμασιν
—τ. πεπ. ἐ. χρ., TWHR mg.
11 18 πᾶς γὰρ ὁ ὄχλος ἐξεπλήσσετο ἐπὶ τ. διδαχῇ αὐτοῦ
12 17 ἐξεθαύμαζον ἐπ' αὐτῷ
13 6 [1] πολλοὶ ἐλεύσονται ἐπὶ τ. ὀνόματί μου
29 [2] γινώσκετε ὅτι ἐγγύς ἐστιν ἐπὶ θύραις

Lu 1 14 πολλοὶ ἐπὶ τ. γενέσει αὐτοῦ χαρήσονται
29 ἡ δὲ ἐπὶ τ. λόγῳ διεταράχθη
47 ἠγαλλίασεν τὸ πνεῦμά μου ἐπὶ τ. Θεῷ
59 [1] ἐκάλουν αὐτὸ ἐπὶ τ. ὀνόματι τ. πατρὸς αὐτοῦ
2 20 αἰνοῦντες τ. Θεὸν ἐπὶ πᾶσιν οἷς ἤκουσαν
33 θαυμάζοντες ἐπὶ τ. λαλουμένοις περὶ αὐτοῦ
47 ἐξίσταντο δὲ . . . ἐπὶ τ. συνέσει κ. τ. ἀποκρίσεσιν αὐτοῦ
3 20 προσέθηκεν κ. τοῦτο ἐπὶ πᾶσιν
4 4 οὐκ ἐπ' ἄρτῳ μόνῳ ζήσεται ὁ ἄνθρωπος, Dt. *l.c.*
22 ἐθαύμαζον ἐπὶ τ. λόγοις τ. χάριτος
32 ἐξεπλήσσοντο ἐπὶ τ. διδαχῇ αὐτοῦ
5 5 ἐπὶ δὲ τ. ῥήματί σου χαλάσω τὰ δίκτυα
9 θάμβος γὰρ περιέσχεν αὐτὸν . . . ἐπὶ τ. ἄγρᾳ τ. ἰχθύων
7 13 ὁ Κύριος ἐσπλαγχνίσθη ἐπ' αὐτῇ
ἐπ' αὐτήν, T
9 43 ἐξεπλήσσοντο δὲ πάντες ἐπὶ τ. μεγαλειότητι τ. Θεοῦ.
πάντων δὲ θαυμαζόντων ἐπὶ πᾶσιν οἷς ἐποίει
48 [1] ὃς ἂν δέξηται τοῦτο τὸ παιδίον ἐπὶ τ. ὀνόματί μου
49 [1] ἐπὶ τ. ὀνόματί σου ἐκβάλλοντα δαιμόνια
ἐν, WHR
11 22 ἐφ' ᾗ ἐπεποίθει
12 44 ἐπὶ πᾶσι τ. ὑπάρχουσιν αὐτοῦ καταστήσει αὐτόν
52 διαμεμερισμένοι τρεῖς ἐπὶ δυσὶν κ. δύο ἐπὶ τρισίν.
53 διαμερισθήσεται πατὴρ ἐπὶ υἱῷ κ. υἱὸς ἐπὶ πατρί
13 17 ἔχαιρεν ἐπὶ πᾶσι τ. ἐνδόξοις τ. γινομένοις ὑπ' αὐτοῦ
15 7 χαρὰ ἐν τ. οὐρανῷ ἔσται ἐπὶ ἑνὶ ἁμαρτωλῷ μετανοοῦντι,
ἢ ἐπὶ ἐνενήκοντα ἐννέα δικαίοις
10 γίνεται χαρὰ . . . ἐπὶ ἑνὶ ἁμαρτωλῷ μετανοοῦντι
18 7 μακροθυμεῖ ἐπ' αὐτοῖς
9 πρός τινας τ. πεποιθότας ἐφ' ἑαυτοῖς
20 26 θαυμάσαντες ἐπὶ τ. ἀποκρίσει αὐτοῦ

Lu 21 6 οὐκ ἀφεθήσεται λίθος ἐπὶ λίθῳ ὧδε
8 [1] πολλοὶ γὰρ ἐλεύσονται ἐπὶ τ. ὀνόματί μου
23 38 ἦν δὲ κ. ἐπιγραφὴ ἐπ' αὐτῷ
24 25 τοῦ πιστεύειν ἐπὶ πᾶσιν οἷς ἐλάλησαν οἱ προφῆται
47 [1] κηρυχθῆναι ἐπὶ τ. ὀνόματι αὐτοῦ μετάνοιαν
Jo 4 6 ἐκαθέζετο οὕτως ἐπὶ τ. πηγῇ
27 ἐπὶ τούτῳ ἦλθαν οἱ μαθηταὶ αὐτοῦ
5 2 ἐν τ. Ἱεροσολύμοις ἐπὶ τ. προβατικῇ
8 [3 γυναῖκα ἐπὶ μοιχείᾳ κατειλημμένην
[4 αὕτη ἡ γυνὴ κατείληπται ἐπ' αὐτοφώρῳ μοιχευομένη
11 38 λίθος ἐπέκειτο ἐπ' αὐτῷ
12 16 ταῦτα ἦν ἐπ' αὐτῷ γεγραμμένα
Ac 2 26 [3] ἡ σάρξ μου κατασκηνώσει ἐπ' ἐλπίδι
ἐφ' ἐλπίδι, T
בְּשָׂרִי יִשְׁכֹּן לָבֶטַח, Ps. xvi. 9
38 [1] βαπτισθήτω ἕκαστος ὑμῶν ἐπὶ τ. ὀνόματι Ἰησοῦ Χριστοῦ
ἐν, WHR
3 10 καθήμενος ἐπὶ τ. Ὡραίᾳ πύλῃ τ. ἱεροῦ· κ. ἐπλήσθησαν θάμβους . . . ἐπὶ τ. συμβεβηκότι αὐτῷ
11 συνέδραμεν . . . ἐπὶ τ. στοᾷ τ. καλουμένῃ Σολομῶντος
12 τί θαυμάζετε ἐπὶ τούτῳ
16 ἐπὶ τ. πίστει τ. ὀνόματος αὐτοῦ
—ἐπὶ, WH
4 9 ἐπὶ εὐεργεσίᾳ ἀνθρώπου ἀσθενοῦς
17 [1] μηκέτι λαλεῖν ἐπὶ τ. ὀνόματι τούτῳ
18 [1] μηδὲ διδάσκειν ἐπὶ τ. ὀνόματι τοῦ Ἰησοῦ
21 πάντες ἐδόξαζον τ. Θεὸν ἐπὶ τ. γεγονότι
5 9 [2] οἱ πόδες τ. θαψάντων τ. ἄνδρα σου ἐπὶ τ. θύρᾳ
28 [1] μὴ διδάσκειν ἐπὶ τ. ὀνόματι τούτῳ
35 προσέχετε ἑαυτοῖς ἐπὶ τ. ἀνθρώποις τούτοις
40 [1] μὴ λαλεῖν ἐπὶ τ. ὀνόματι τ. Ἰησοῦ
7 33 [4] ὁ γὰρ τόπος ἐφ' ᾧ ἕστηκας
8 2 ἐποίησαν κοπετὸν μέγαν ἐπ' αὐτῷ
16 οὐδέπω γὰρ ἦν ἐπ' οὐδενὶ αὐτῶν ἐπιπεπτωκός
11 19 ἀπὸ τ. θλίψεως τ. γενομένης ἐπὶ Στεφάνῳ
13 12 ἐκπληττόμενος ἐπὶ τ. διδαχῇ τ. Κυρίου
14 3 παρρησιαζόμενοι ἐπὶ τ. Κυρίῳ
τ. μαρτυροῦντι ἐπὶ τ. λόγῳ τ. χάριτος αὐτοῦ
—ἐπὶ, WH
15 31 ἐχάρησαν ἐπὶ τ. παρακλήσει
20 38 ὀδυνώμενοι μάλιστα ἐπὶ τ. λόγῳ ᾧ εἰρήκει
21 24 δαπάνησον ἐπ' αὐτοῖς
26 6 [3] ἐπ' ἐλπίδι τῆς εἰς τ. πατέρας ἡμῶν ἐπαγγελίας
27 44 οὓς μὲν ἐπὶ σανίσιν
Ro 4 18 [3] ὃς παρ' ἐλπίδα ἐπ' ἐλπίδι ἐπίστευσεν
5 2 [3] καυχώμεθα ἐπ' ἐλπίδι τ. δόξης τ. Θεοῦ
12 [4] ἐφ' ᾧ πάντες ἥμαρτον
14 ἐπὶ τ. ὁμοιώματι τ. παραβάσεως Ἀδάμ
6 21 [4] ἐφ' οἷς νῦν ἐπαισχύνεσθε
8 20 [3] ἐφ' ἐλπίδι ὅτι κ. αὐτὴ ἡ κτίσις ἐλευθερωθήσεται
ἐφ' ἐλπίδι, T
9 33 ὁ πιστεύων ἐπ' αὐτῷ οὐ καταισχυνθήσεται
הַמַּאֲמִין לֹא יָחִישׁ, Is. xxviii. 16
10 11 πᾶς ὁ πιστεύων ἐπ' αὐτῷ οὐ καταισχυνθήσεται, *ib.*

Ro 10 19 ἐγὼ παραζηλώσω ὑμᾶς ἐπ' οὐκ ἔθνει,
אֲנִי אַקְנִיאֵם בְּלֹא־עָם, Dt. xxxii. 21
ἐπ' ἔθνει ἀσυνέτῳ παροργιῶ ὑμᾶς
בְּגוֹי נָבָל אַכְעִיסֵם, *ib.*
15 12 ἐπ' αὐτῷ ἔθνη ἐλπιοῦσιν
אֵלָיו גּוֹיִם יִדְרֹשׁוּ, Is. xi. 10
16 19 ἐφ' ὑμῖν οὖν χαίρω
I Co 1 4 εὐχαριστῶ τ. Θεῷ . . . ἐπὶ τ. χάριτι τ. Θεοῦ τ. δοθείσῃ ὑμῖν
9 10 [3] ὀφείλει ἐπ' ἐλπίδι ὁ ἀροτριῶν ἀροτριᾶν,
[3] κ. ὁ ἀλοῶν ἐπ' ἐλπίδι τοῦ μετέχειν
13 6 οὐ χαίρει ἐπὶ τ. ἀδικίᾳ
14 16 πῶς ἐρεῖ τὸ ἀμὴν ἐπὶ τ. σῇ εὐχαριστίᾳ
16 17 χαίρω δὲ ἐπὶ τ. παρουσίᾳ Στεφανᾶ
II Co 1 4 ὁ παρακαλῶν ἡμᾶς ἐπὶ πάσῃ τ. θλίψει ἡμῶν
9 ἵνα μὴ πεποιθότες ὦμεν ἐφ' ἑαυτοῖς
3 14 ἐπὶ τ. ἀναγνώσει τ. παλαιᾶς διαθήκης μένει
5 4 [4] ἐφ' ᾧ οὐ θέλομεν ἐκδύσασθαι
7 4 ὑπερπερισσεύομαι τ. χαρᾷ ἐπὶ πάσῃ τ. θλίψει ὑμῶν
7 ᾗ παρεκλήθη ἐφ' ὑμῖν
13 ἐπὶ δὲ τ. παρακλήσει ἡμῶν περισσοτέρως μᾶλλον ἐχάρημεν ἐπὶ τ. χαρᾷ Τίτου
9 6 ὁ σπείρων ἐπ' εὐλογίαις
ἐπ' εὐλογίαις κ. θερίσει
13 δοξάζοντες τ. Θεὸν ἐπὶ τ. ὑποταγῇ τ. ὁμολογίας ὑμῶν
14 διὰ τ. ὑπερβάλλουσαν χάριν τ. Θεοῦ ἐφ' ὑμῖν.
15 χάρις τ. Θεῷ ἐπὶ τ. ἀνεκδιηγήτῳ αὐτοῦ δωρεᾷ
12 21 μὴ μετανοησάντων ἐπὶ τ. ἀκαθαρσίᾳ
Ga 5 13 ὑμεῖς γὰρ ἐπ' ἐλευθερίᾳ ἐκλήθητε
Eph 1 10 [5] τὰ ἐπὶ τ. οὐρανοῖς κ. τὰ ἐπὶ τ. γῆς
2 10 κτισθέντες ἐν Χριστῷ Ἰησοῦ ἐπὶ ἔργοις ἀγαθοῖς
20 ἐποικοδομηθέντες ἐπὶ τ. θεμελίῳ τ. ἀποστόλων
4 26 μὴ ἐπιδυέτω ἐπὶ παροργισμῷ ὑμῶν
Phl 1 3 εὐχαριστῶ τ. Θεῷ μου ἐπὶ πάσῃ τ. μνείᾳ ὑμῶν
5 ἐπὶ τ. κοινωνίᾳ ὑμῶν εἰς τὸ εὐαγγέλιον
2 17 εἰ κ. σπένδομαι ἐπὶ τ. θυσίᾳ
3 9 τὴν ἐκ Θεοῦ δικαιοσύνην ἐπὶ τ. πίστει
12 [4] ἐφ' ᾧ κ. κατελήμφθην ὑπὸ Χριστοῦ Ἰησοῦ
4 10 [4] ἐφ' ᾧ κ. ἐφρονεῖτε
Col 3 14 ἐπὶ πᾶσι δὲ τούτοις τ. ἀγάπην
I Th 3 7 παρεκλήθημεν ἀδελφοὶ ἐφ' ὑμῖν
ἐπὶ πάσῃ τ. ἀνάγκῃ κ. θλίψει ἡμῶν
9 τίνα γὰρ εὐχαριστίαν . . . ἐπὶ πάσῃ τ. χαρᾷ ᾗ χαίρομεν
4 7 οὐ γὰρ ἐκάλεσεν ἡμᾶς ὁ Θεὸς ἐπὶ ἀκαθαρσίᾳ
I Ti 1 16 τ. μελλόντων πιστεύειν ἐπ' αὐτῷ
4 10 ὅτι ἠλπίκαμεν ἐπὶ Θεῷ ζῶντι
6 17 μηδὲ ἠλπικέναι ἐπὶ πλούτου ἀδηλότητι ἀλλ' ἐπὶ Θεῷ
II Ti 2 14 ἐπὶ καταστροφῇ τ. ἀκουόντων
Tit 1 2 [3] ἐπ' ἐλπίδι ζωῆς αἰωνίου

Phm 7 ἔσχον . . . παράκλησιν ἐπὶ τ. ἀγάπῃ σου
He 2 13 ἐγὼ ἔσομαι πεποιθὼς ἐπ' αὐτῷ
אֶחֱסֶה־בּוֹ, 2 Sam. xxii. 3, *cf.* Is. viii. 17
8 1 κεφάλαιον δὲ ἐπὶ τ. λεγομένοις
6 ἥτις ἐπὶ κρείττοσιν ἐπαγγελίαις νενομοθέτηται
9 10 μόνον ἐπὶ βρώμασι κ. πόμασι
15 [5] εἰς ἀπολύτρωσιν τῶν ἐπὶ τ. πρώτῃ διαθήκῃ παραβάσεων
17 διαθήκη γὰρ ἐπὶ νεκροῖς βεβαία
26 νυνὶ δὲ ἅπαξ ἐπὶ συντελείᾳ τ. αἰώνων
10 28 ἐπὶ δυσὶν ἢ τρισὶ μάρτυσιν ἀποθνήσκει
עַל־פִּי שְׁנַיִם עֵדִים אוֹ שְׁלֹשָׁה עֵדִים יוּמַת הַמֵּת, Dt. xvii. 6
11 4 μαρτυροῦντος ἐπὶ τ. δώροις αὐτοῦ τ. Θεοῦ
38 ἐπὶ ἐρημίαις πλανώμενοι κ. ὄρεσιν
ἐν, WH mg.
Ja 5 1 ὀλολύζοντες ἐπὶ τ. ταλαιπωρίαις ὑμῶν τ. ἐπερχομέναις
7 μακροθυμῶν ἐπ' αὐτῷ
1 Pe 2 6 ὁ πιστεύων ἐπ' αὐτῷ οὐ μὴ καταισχυνθῇ, Is. xxviii. *l.c.*
1 Jo 3 3 πᾶς ὁ ἔχων τ. ἐλπίδα ταύτην ἐπ' αὐτῷ
III Jo 10 μὴ ἀρκούμενος ἐπὶ τούτοις
Re 4 9 εὐχαριστίαν τ. καθημένῳ ἐπὶ τ. θρόνῳ
ἐπὶ τ. θρόνου, WH non mg.
5 13 τ. καθημένῳ ἐπὶ τ. θρόνῳ . . . ἡ εὐλογία
ἐπὶ τ. θρόνου, WH non mg.
6 16 ἀπὸ προσώπου τ. καθημένου ἐπὶ τ. θρόνῳ
ἐπὶ τ. θρόνου, WH
7 10 ἡ σωτηρία τ. Θεῷ ἡμῶν τ. καθημένῳ ἐπὶ τ. θρόνῳ
15 ὁ καθήμενος ἐπὶ τ. θρόνῳ σκηνώσει ἐπ' αὐτούς
ἐπὶ τ. θρόνου, WH
9 14 τ. δεδεμένους ἐπὶ τ. ποταμῷ τ. μεγάλῳ Εὐφράτῃ
10 11 δεῖ σε πάλιν προφητεῦσαι ἐπὶ λαοῖς κ. ἐπὶ ἔθνεσιν
κ. ἔθν., WH
11 10 οἱ κατοικοῦντες ἐπὶ τ. γῆς χαίρουσιν ἐπ' αὐτοῖς
12 17 ὠργίσθη ὁ δράκων ἐπὶ τ. γυναικί
18 9 κόψονται ἐπ' αὐτῇ οἱ βασιλεῖς τ. γῆς
ἐπ' αὐτήν, TWH non mg. R
20 εὐφραίνου ἐπ' αὐτῇ
19 4 προσεκύνησαν τ. Θεῷ τ. καθημένῳ ἐπὶ τ. θρόνῳ
14 ἠκολούθει αὐτῷ ἐφ' ἵπποις λευκοῖς
21 5 εἶπεν ὁ καθήμενος ἐπὶ τ. θρόνῳ
12 [2] ἐπὶ τ. πυλῶσιν ἀγγέλους δώδεκα
22 16 μαρτυρῆσαι ὑμῖν ταῦτα ἐπὶ τ. ἐκκλησιαις
ἐν, WH mg.

c. acc.

(1) in constr. prægn. (2) ἐφ' ὅσον
(3) ἐπὶ τὸ αὐτό (4) de temp. et num.
(5) ἐπὶ πλεῖον, χεῖρον, ἱκανόν (6) ἐφ' ὅ

Mt 3 7 ἐρχομένους ἐπὶ τὸ βάπτισμα
13 παραγίνεται ὁ Ἰησοῦς . . . ἐπὶ τὸν Ἰορδάνην
16 ὡσεὶ περιστερὰν ἐρχόμενον ἐπ' αὐτόν
4 5 ἔστησεν αὐτὸν ἐπὶ τὸ πτερύγιον τ. ἱεροῦ
5 15 τιθέασιν αὐτὸν . . . ἐπὶ τ. λυχνίαν
23 ἐὰν οὖν προσφέρῃς τὸ δῶρόν σου ἐπὶ τὸ θυσιαστήριον
45 τ. ἥλιον αὐτοῦ ἀνατέλλει ἐπὶ πονηροὺς κ. ἀγαθούς,
κ. βρέχει ἐπὶ δικαίους κ. ἀδίκους
6 27 προσθεῖναι ἐπὶ τ. ἡλικίαν αὐτοῦ πῆχυν ἕνα
7 24 ᾠκοδόμησεν αὐτοῦ τ. οἰκίαν ἐπὶ τ. πέτραν
25 τεθεμελίωτο γὰρ ἐπὶ τ. πέτραν
26 ᾠκοδόμησεν αὐτοῦ τ. οἰκίαν ἐπὶ τὴν ἄμμον
9 9 [1] εἶδεν ἄνθρωπον καθήμενον ἐπὶ τὸ τελώνιον
15 [2] ἐφ' ὅσον μετ' αὐτῶν ἐστὶν ὁ νυμφίος
18 ἐπίθες τ. χεῖρά σου ἐπ' αὐτήν
10 13 ἐλθάτω ἡ εἰρήνη ὑμῶν ἐπ' αὐτήν
13 ἡ εἰρήνη ὑμῶν ἐφ' ὑμᾶς ἐπιστραφήτω
πρός, TWH mg. R
18 ἐπὶ ἡγεμόνας δὲ κ. βασιλεῖς ἀχθήσεσθε
21 ἐπαναστήσονται τέκνα ἐπὶ γονεῖς
29 ἓν ἐξ αὐτῶν οὐ πεσεῖται ἐπὶ τ. γῆν
34 βαλεῖν εἰρήνην ἐπὶ τ. γῆν
11 29 ἄρατε τ. ζυγόν μου ἐφ' ὑμᾶς
12 18 θήσω τὸ πνεῦμά μου ἐπ' αὐτόν
נָתַתִּי רוּחִי עָלָיו, Is. xlii. 1
26 ἐφ' ἑαυτὸν ἐμερίσθη
28 ἄρα ἔφθασεν ἐφ' ὑμᾶς ἡ βασιλεία τ. Θεοῦ
49 ἐκτείνας τ. χεῖρα αὐτοῦ ἐπὶ τ. μαθητὰς αὐτοῦ
13 2 [1] πᾶς ὁ ὄχλος ἐπὶ τ. αἰγιαλὸν εἱστήκει
5 ἄλλα δὲ ἔπεσεν ἐπὶ τὰ πετρώδη
7 ἄλλα δὲ ἔπεσεν ἐπὶ τ. ἀκάνθας
8 ἄλλα δὲ ἔπεσεν ἐπὶ τ. γῆν τ. καλήν
20 ὁ δὲ ἐπὶ τὰ πετρώδη σπαρείς
23 ὁ δὲ ἐπὶ τ. καλὴν γῆν σπαρείς
48 ἀναβιβάσαντες ἐπὶ τ. αἰγιαλόν
14 25 περιπατῶν ἐπὶ τ. θάλασσαν
28 ἐλθεῖν πρός σε ἐπὶ τὰ ὕδατα
29 περιεπάτησεν ἐπὶ τὰ ὕδατα
34 ἦλθαν ἐπὶ τ. γῆν εἰς Γεννησαρέτ
15 32 σπλαγχνίζομαι ἐπὶ τ. ὄχλον
35 παραγγείλας τ. ὄχλῳ ἀναπεσεῖν ἐπὶ τ. γῆν
17 6 ἔπεσαν ἐπὶ πρόσωπον αὐτῶν
18 12 οὐχὶ ἀφήσει τὰ ἐνενήκοντα ἐννέα ἐπὶ τὰ ὄρη
19 28 [1] καθήσεσθε κ. ὑμεῖς ἐπὶ δώδεκα θρόνους
21 5 ἐπιβεβηκὼς ἐπὶ ὄνον κ. ἐπὶ πῶλον υἱὸν ὑποζυγίου
רֹכֵב עַל־חֲמוֹר וְעַל־עַיִר בֶּן־אֲתֹנוֹת, Zech. ix. 9
19 ἦλθεν ἐπ' αὐτήν
44 ὁ πεσὼν ἐπὶ τ. λίθον τοῦτον συνθλασθήσεται·
—h. v., T [WH] R mg.
ἐφ' ὃν δ' ἂν πέσῃ λικμήσει αὐτόν
—h. v., T [WH] R mg.
22 5 ὃς δὲ ἐπὶ τ. ἐμπορίαν αὐτοῦ
9 πορεύεσθε οὖν ἐπὶ τ. διεξόδους τ. ὁδῶν
34 [3] οἱ δὲ Φαρισαῖοι . . . συνήχθησαν ἐπὶ τ. αὐτό
23 4 ἐπιτιθέασιν ἐπὶ τ. ὤμους τ. ἀνθρώπων

Mt 23 35 ὅπως ἔλθῃ ἐφ' ὑμᾶς πᾶν αἷμα δίκαιον
36 ἥξει ταῦτα πάντα ἐπὶ τ. γενεὰν ταύτην
24 2 [1] οὐ μὴ ἀφεθῇ ὧδε λίθος ἐπὶ λίθον
7 ἐγερθήσεται γὰρ ἔθνος ἐπὶ ἔθνος
ἐπ' ἔθν., T
16 οἱ ἐν τ. Ἰουδαίᾳ φευγέτωσαν ἐπὶ τὰ ὄρη
εἰς, WH non mg.
25 21 [4] ἐπὶ ὀλίγα ἦς πιστός
23 [4] ἐπὶ ὀλίγα ἦς πιστός
40 [2] ἐφ' ὅσον ἐποιήσατε ἑνὶ τούτων
45 [2] ἐφ' ὅσον οὐκ ἐποιήσατε ἑνὶ τούτων
26 39 ἔπεσεν ἐπὶ πρόσωπον αὐτοῦ προσευχόμενος
50 [6] ἑταῖρε ἐφ' ὃ πάρει
50 ἐπέβαλον τ. χεῖρας ἐπὶ τ. Ἰησοῦν
55 ὡς ἐπὶ λῃστὴν ἐξήλθατε
27 25 τὸ αἷμα αὐτοῦ ἐφ' ἡμᾶς κ. ἐπὶ τὰ τέκνα ἡμῶν
27 συνήγαγον ἐπ' αὐτὸν ὅλην τ. σπεῖραν
42 καταβάτω νῦν . . . κ. πιστεύσομεν ἐπ' αὐτόν
43 πέποιθεν ἐπὶ τ. Θεόν
ἐπὶ τ. Θεῷ, WH marg.
45 σκότος ἐγένετο ἐπὶ πᾶσαν τ. γῆν
Mk 2 14 [1] εἶδεν Λευεὶν . . . καθήμενον ἐπὶ τὸ τελώνιον
21 ἐπιράπτει ἐπὶ ἱμάτιον παλαιόν
3 24 ἐὰν βασιλεία ἐφ' ἑαυτὴν μερισθῇ
25 ἐὰν οἰκία ἐφ' ἑαυτὴν μερισθῇ
26 εἰ ὁ Σατανᾶς ἀνέστη ἐφ' ἑαυτόν
4 5 ἄλλο ἔπεσεν ἐπὶ τὸ πετρῶδες
16 οἱ ἐπὶ τὰ πετρώδη σπειρόμενοι
18 οἱ ἐπὶ τ. ἀκάνθας σπειρόμενοι
εἰς, WH
20 οἱ ἐπὶ τ. γῆν τ. καλὴν σπαρέντες
21 οὐχ ἵνα ἐπὶ τ. λυχνίαν τεθῇ
ὑπό, WH mg.
38 [1] αὐτὸς ἦν . . . ἐπὶ τὸ προσκεφάλαιον καθεύδων
5 21 συνήχθη ὄχλος πολὺς ἐπ' αὐτόν
6 34 ἐσπλαγχνίσθη ἐπ' αὐτούς
53 ἐπὶ τ. γῆν ἦλθον εἰς Γεννησαρέτ
7 30 εὗρεν τὸ παιδίον βεβλημένον ἐπὶ τ. κλίνην
8 2 σπλαγχνίζομαι ἐπὶ τ. ὄχλον
25 ἔθηκεν τ. χεῖρας ἐπὶ τ. ὀφθαλμοὺς αὐτοῦ
9 12 πῶς γέγραπται ἐπὶ τ. υἱὸν τ. ἀνθρώπου
13 καθὼς γέγραπται ἐπ' αὐτόν
22 βοήθησον ἡμῖν σπλαγχνισθεὶς ἐφ' ἡμᾶς
10 11 μοιχᾶται ἐπ' αὐτήν
16 κατευλόγει τιθεὶς τ. χεῖρας ἐπ' αὐτά
11 2 [1] ἐφ' ὃν οὐδεὶς οὔπω ἀνθρώπων ἐκάθισεν
7 [1] ἐκάθισεν ἐπ' αὐτόν
13 ἐλθὼν ἐπ' αὐτὴν οὐδὲν εὗρεν
13 2 [1] οὐ μὴ ἀφεθῇ ὧδε λίθος ἐπὶ λίθον
8 ἐγερθήσεται γὰρ ἔθνος ἐπ' ἔθνος κ. βασιλεία ἐπὶ βασιλείαν
12 ἐπαναστήσονται τέκνα ἐπὶ γονεῖς
14 48 ὡς ἐπὶ λῃστὴν ἐξήλθατε
15 22 φέρουσιν αὐτὸν ἐπὶ τ. Γολγοθὰν τόπον
24 βάλλοντες κλῆρον ἐπ' αὐτά
33 σκότος ἐγένετο ἐφ' ὅλην τ. γῆν
46 προσεκύλισεν λίθον ἐπὶ τ. θύραν τ. μνημείου
16 2 ἔρχονται ἐπὶ τὸ μνημεῖον ἀνατείλαντος τ. ἡλίου
[18 ἐπὶ ἀρρώστους χεῖρας ἐπιθήσουσιν

Lu 1 12 φόβος ἐπέπεσεν ἐπ' αὐτόν
16 ἐπιστρέψει ἐπὶ Κύριον τ. Θεὸν αὐτῶν
17 ἐπιστρέψαι καρδίας πατέρων ἐπὶ τέκνα
33 βασιλεύσει ἐπὶ τ. οἶκον Ἰακὼβ εἰς τ. αἰῶνας
35 πνεῦμα ἅγιον ἐπελεύσεται ἐπὶ σέ
48 ἐνέβλεψεν ἐπὶ τ. ταπείνωσιν τ. δούλης αὐτοῦ
65 ἐγένετο ἐπὶ πάντας φόβος
2 8 φυλάσσοντες φυλακὰς . . . ἐπὶ τ. ποίμνην αὐτῶν
25 [1] πνεῦμα ἦν ἅγιον ἐπ' αὐτόν
40 [1] χάρις Θεοῦ ἦν ἐπ' αὐτό
3 2 ἐγένετο ῥῆμα Θεοῦ ἐπὶ Ἰωάνην
22 καταβῆναι τὸ πνεῦμα τὸ ἅγιον . . . ἐπ' αὐτόν
4 9 ἔστησεν ἐπὶ τὸ πτερύγιον τ. ἱεροῦ
18 πνεῦμα Κυρίου ἐπ' ἐμέ
רוּחַ אֲדֹנָי יֱהוִֹה עָלָי, Is. lxi. 1
25 [4] ἐκλείσθη ὁ οὐρανὸς ἐπὶ ἔτη τρία κ. μῆνας ἕξ,
—ἐπί, WH non marg.
ὡς ἐγένετο λιμὸς μέγας ἐπὶ πᾶσαν τ. γῆν
36 ἐγένετο θάμβος ἐπὶ πάντας
43 ἐπὶ τοῦτο ἀπεστάλην
5 11 καταγαγόντες τὰ πλοῖα ἐπὶ τ. γῆν
12 πεσὼν ἐπὶ πρόσωπον ἐδεήθη αὐτοῦ
19 ἀναβάντες ἐπὶ τὸ δῶμα
25 [1 6] ἄρας ἐφ' ὃ κατέκειτο
27 [1] ἐθεάσατο τελώνην . . . καθήμενον ἐπὶ τὸ τελώνιον
36 ἐπιβάλλει ἐπὶ ἱμάτιον παλαιόν
6 29 τ. τύπτοντί σε ἐπὶ τ. σιαγόνα
εἰς τ. σι., T
35 χρηστός ἐστιν ἐπὶ τ. ἀχαρίστους κ. πονηρούς
48 ἔθηκεν θεμέλιον ἐπὶ τ. πέτραν
48 τεθεμελίωτο γὰρ ἐπὶ τ. πέτραν
διὰ τὸ καλῶς οἰκοδομῆσθαι αὐτήν, TWHR non mg.
49 οἰκοδομήσαντι οἰκίαν ἐπὶ τ. γῆν
7 13 ὁ Κύριος ἐσπλαγχνίσθη ἐπ' αὐτήν
ἐπ' αὐτῇ, WH
44 ὕδωρ μοι ἐπὶ πόδας οὐκ ἔδωκας
μου ἐπὶ τ. πόδας, TWH mg. R
8 6 ἕτερον κατέπεσεν ἐπὶ τ. πέτραν
13 οἱ δὲ ἐπὶ τ. πέτραν
ἐπὶ τῆς πέτρας, WH non mg.
27 ἐξελθόντι δὲ αὐτῷ ἐπὶ τ. γῆν
9 1 ἐξουσίαν ἐπὶ πάντα τὰ δαιμόνια
5 ἀποτινάσσετε εἰς μαρτύριον ἐπ' αὐτούς
38 ἐπιβλέψαι ἐπὶ τ. υἱόν μου
62 οὐδεὶς ἐπιβαλὼν τ. χεῖρα ἐπ' ἄροτρον
10 6 ἐπαναπαήσεται ἐπ' αὐτὸν ἡ εἰρήνη ὑμῶν·
εἰ δὲ μήγε ἐφ' ὑμᾶς ἀνακάμψει
9 ἤγγικεν ἐφ' ὑμᾶς ἡ βασιλεία τ. Θεοῦ
19 ἐξουσίαν τοῦ πατεῖν . . . ἐπὶ πᾶσαν τ. δύναμιν τ. ἐχθροῦ
34 ἐπιβιβάσας δὲ αὐτὸν ἐπὶ τὸ ἴδιον κτῆνος
35 [4] ἐπὶ τὴν αὔριον ἐκβαλὼν δύο δηνάρια ἔδωκεν
11 17 πᾶσα βασιλεία ἐφ' ἑαυτὴν διαμερισθεῖσα ἐρημοῦται·
διαμ. ἐφ' ἑ., TWH mg.
κ. οἶκος ἐπὶ οἶκον πίπτει.
18 εἰ δὲ κ. ὁ Σατανᾶς ἐφ' ἑαυτὸν διεμερίσθη
20 ἄρα ἔφθασεν ἐφ' ὑμᾶς ἡ βασιλεία τ. Θεοῦ

Lu 11 33 τίθησιν . . . ἐπὶ τ. λυχνίαν
12 11 ὅταν δὲ εἰσφέρωσιν ὑμᾶς ἐπὶ τ. συναγωγάς
14 τίς με κατέστησεν κριτὴν ἢ μεριστὴν ἐφ' ὑμᾶς;
25 δύναται ἐπὶ τ. ἡλικίαν προσθεῖναι πῆχυν
προσθ. ἐπ. τ. ἡλ., TWH mg.
49 πῦρ ἦλθον βαλεῖν ἐπὶ τ. γῆν
53 μήτηρ ἐπὶ θυγατέρα κ. θυγάτηρ ἐπὶ τ. μητέρα·
πενθερὰ ἐπὶ τ. νύμφην αὐτῆς κ. νύμφη ἐπὶ τ. πενθεράν
58 ὡς γὰρ ὑπάγεις μετὰ τ. ἀντιδίκου σου ἐπ' ἄρχοντα
13 4 ἐφ' οὓς ἔπεσεν ὁ πύργος ἐν τῷ Σιλωάμ
14 31 τῷ μετὰ εἴκοσι χιλιάδων ἐρχομένῳ ἐπ' αὐτόν
15 4 πορεύεται ἐπὶ τὸ ἀπολωλός
5 ἐπιτίθησιν ἐπὶ τ. ὤμους αὐτοῦ χαίρων
20 δραμὼν ἐπέπεσεν ἐπὶ τ. τράχηλον αὐτοῦ
17 16 ἔπεσεν ἐπὶ πρόσωπον παρὰ τ. πόδας αὐτοῦ
35 [3] ἔσονται δύο ἀλήθουσαι ἐπὶ τὸ αὐτό
18 4 [4] οὐκ ἤθελεν ἐπὶ χρόνον
19 4 ἀνέβη ἐπὶ συκομορέαν
5 ὡς ἦλθεν ἐπὶ τ. τόπον
14 οὐ θέλομεν τοῦτον βασιλεῦσαι ἐφ' ἡμᾶς
23 οὐκ ἔδωκάς μου τὸ ἀργύριον ἐπὶ τράπεζαν
27 τοὺς μὴ θελήσαντάς με βασιλεῦσαι ἐπ' αὐτούς
30 [1] ἐφ' ὃν οὐδεὶς πώποτε ἀνθρώπων ἐκάθισεν
35 ἐπιρίψαντες αὐτῶν τὰ ἱμάτια ἐπὶ τ. πῶλον
41 ἔκλαυσεν ἐπ' αὐτὴν λέγων
43 ἥξουσιν ἡμέραι ἐπὶ σέ
44 [1] οὐκ ἀφήσουσιν λίθον ἐπὶ λίθον ἐν σοί
20 18 πᾶς ὁ πεσὼν ἐπ' ἐκεῖνον τ. λίθον συνθλασθήσεται·
ἐφ' ὃν δ' ἂν πέσῃ λικμήσει αὐτόν
19 ἐπιβαλεῖν ἐπ' αὐτὸν τ. χεῖρας
21 10 ἐγερθήσεται ἔθνος ἐπ' ἔθνος κ. βασιλεία ἐπὶ βασιλείαν
12 ἐπιβαλοῦσιν ἐφ' ὑμᾶς τ. χεῖρας αὐτῶν
12 ἀπαγομένους ἐπὶ βασιλεῖς κ. ἡγεμόνας
34 μή ποτε . . . ἐπιστῇ ἐφ' ὑμᾶς αἰφνίδιος ἡ ἡμέρα
35 ἐπεισελεύσεται γὰρ ἐπὶ πάντας τ. καθημένους ἐπὶ πρόσωπον πάσης τ. γῆς
22 44 ὡσεὶ θρόμβοι αἵματος καταβαίνοντες ἐπὶ τ. γῆν
—h. v., [[WH]] R mg.
52 πρὸς τ. παραγενομένους ἐπ' αὐτὸν ἀρχιερεῖς
πρὸς, T
52 ὡς ἐπὶ λῃστὴν ἐξήλθατε
53 οὐκ ἐξετείνατε τ. χεῖρας ἐπ' ἐμέ
23 1 ἤγαγον αὐτὸν ἐπὶ τ. Πειλᾶτον
28 μὴ κλαίετε ἐπ' ἐμέ,
πλὴν ἐφ' ἑαυτὰς κλαίετε κ. ἐπὶ τὰ τέκνα ὑμῶν
30 πέσατε ἐφ' ἡμᾶς
33 ὅτε ἦλθαν ἐπὶ τ. τόπον τ. καλούμενον Κρανίον
44 σκότος ἐγένετο ἐφ' ὅλην τ. γῆν
48 οἱ συνπαραγενόμενοι ὄχλοι ἐπὶ τ. θεωρίαν ταύτην
24 1 ἐπὶ τὸ μνῆμα ἦλθαν
12 ἀναστὰς ἔδραμεν ἐπὶ τὸ μνημεῖον
—h. v., T [[WH]] R mg.
22 γενόμεναι ὀρθριναὶ ἐπὶ τὸ μνημεῖον
24 ἀπῆλθάν τινες τῶν σὺν ἡμῖν ἐπὶ τὸ μνημεῖον

Lu 24 49 ἐξαποστέλλω τ. ἐπαγγελίαν τ. πατρός μου ἐφ' ὑμᾶς
Jo 1 32 ἔμεινεν ἐπ' αὐτόν
33 ἐφ' ὃν ἂν ἴδῃς τὸ πνεῦμα καταβαῖνον κ. μένον ἐπ' αὐτόν
52 καταβαίνοντας ἐπὶ τ. υἱὸν τ. ἀνθρώπου
3 36 [1] ἡ ὀργὴ τ. Θεοῦ μένει ἐπ' αὐτόν
6 16 κατέβησαν οἱ μαθηταὶ αὐτοῦ ἐπὶ τ. θάλασσαν
21 ἐγένετο τὸ πλοῖον ἐπὶ τ. γῆν
ἐπὶ τ. γῆς, WH
7 30 οὐδεὶς ἐπέβαλεν ἐπ' αὐτὸν τ. χεῖρα
44 οὐδεὶς ἔβαλεν ἐπ' αὐτὸν τ. χεῖρας
8 [7 πρῶτος ἐπ' αὐτὴν βαλέτω λίθον
59 ἦραν οὖν λίθους ἵνα βάλωσιν ἐπ' αὐτόν
9 6 ἐπέθηκεν αὐτοῦ τ. πηλὸν ἐπὶ τ. ὀφθαλμούς
15 πηλὸν ἐπέθηκέν μου ἐπὶ τ. ὀφθαλμούς
12 14 [1] ἐκάθισεν ἐπ' αὐτό
15 [1] καθήμενος ἐπὶ πῶλον ὄνου, Zech. *l.c.*
13 18 ἐπῆρεν ἐπ' ἐμὲ τ. πτέρναν αὐτοῦ
הִגְדִּיל עָלַי עָקֵב, Ps. xli. 10
25 ἀναπεσὼν ἐκεῖνος ἐπὶ τὸ στῆθος τ. Ἰησοῦ
18 4 εἰδὼς πάντα τὰ ἐρχόμενα ἐπ' αὐτόν
19 24 ἐπὶ τ. ἱματισμόν μου ἔβαλον κλῆρον
עַל־לְבוּשִׁי יַפִּילוּ גוֹרָל, Ps. xxii. 19
33 ἐπὶ δὲ τ. Ἰησοῦν ἐλθόντες
21 4 [1] ἔστη Ἰησοῦς ἐπὶ τ. αἰγιαλόν
εἰς, WH non marg.
20 ὃς κ. ἀνέπεσεν ἐν τ. δείπνῳ ἐπὶ τὸ στῆθος αὐτοῦ
Ac 1 8 ἐπελθόντος τ. ἁγίου πνεύματος ἐφ' ὑμᾶς
15 [3] ὄχλος ὀνομάτων ἐπὶ τὸ αὐτό
21 ᾧ εἰσῆλθεν κ. ἐξῆλθεν ἐφ' ἡμᾶς ὁ Κύριος Ἰησοῦς
26 ἔπεσεν ὁ κλῆρος ἐπὶ Μαθθίαν
2 1 [3] ἦσαν πάντες ὁμοῦ ἐπὶ τὸ αὐτό
3 [1] ἐκάθισεν ἐφ' ἕνα ἕκαστον αὐτῶν
17 ἐκχεῶ ἀπὸ τ. πνεύματός μου ἐπὶ πᾶσαν σάρκα
אֶשְׁפּוֹךְ אֶת־רוּחִי עַל־כָּל־בָּשָׂר, Joel iii. 1
18 κ. γε ἐπὶ τ. δούλους μου κ. ἐπὶ τ. δούλας μου . . . ἐκχεῶ
וְגַם עַל־הָעֲבָדִים וְעַל־הַשְּׁפָחוֹת . . . אֶשְׁפּוֹךְ
ib. 2
30 [1] καθίσαι ἐπὶ τ. θρόνον αὐτοῦ
43 [1] φόβος τε ἦν μέγας ἐπὶ πάντας
—h. v., WHR non mg.
44 [3] πάντες δὲ οἱ πιστεύσαντες ἐπὶ τὸ αὐτό
ἦσαν ἐπὶ τ. αὐτ., TWH mg. R
47 [3] προσετίθει τ. σωζομένους καθ' ἡμέραν ἐπὶ τὸ αὐτό
3 1 [4] ἀνέβαινον εἰς τὸ ἱερὸν ἐπὶ τ. ὥραν τ. προσευχῆς
4 5 [4] ἐγένετο δὲ ἐπὶ τὴν αὔριον
17 [5] ἵνα μὴ ἐπὶ πλεῖον διανεμηθῇ εἰς τ. λαόν
22 ἐφ' ὃν γεγόνει τὸ σημεῖον τοῦτο τ. ἰάσεως
26 [3] οἱ ἄρχοντες συνήχθησαν ἐπὶ τὸ αὐτό
רוֹזְנִים נוֹסְדוּ־יָחַד, Ps. ii. 2
27 συνήχθησαν γὰρ . . . ἐπὶ τ. ἅγιον παῖδά σου Ἰησοῦν

Ac 4 29 ἔπιδε ἐπὶ τ. ἀπειλὰς αὐτῶν
33 [1] χάρις τε μεγάλη ἦν ἐπὶ πάντας αὐτούς
5 5 ἐγένετο φόβος μέγας ἐπὶ πάντας τ. ἀκούοντας
11 ἐγένετο φόβος μέγας ἐφ' ὅλην τ. ἐκκλησίαν, κ. ἐπὶ πάντας τ. ἀκούοντας ταῦτα
18 ἐπέβαλον τ. χεῖρας ἐπὶ τ. ἀποστόλους
28 ἐπαγαγεῖν ἐφ' ἡμᾶς τὸ αἷμα τ. ἀνθρώπου τούτου
7 10 κατέστησεν αὐτὸν ἡγούμενον ἐπ' Αἴγυπτον κ. ἐφ' ὅλον τ. οἶκον αὐτοῦ.
—ἐφ', WH non mg. R
11 ἦλθεν δὲ λιμὸς ἐφ' ὅλην τ. Αἴγυπτον
18 ἀνέστη βασιλεὺς ἕτερος ἐπ' Αἴγυπτον
23 ἀνέβη ἐπὶ τ. καρδίαν αὐτοῦ
54 ἔβρυχον τ. ὀδόντας ἐπ' αὐτόν
57 ὥρμησαν ὁμοθυμαδὸν ἐπ' αὐτόν
8 1 ἐγένετο . . . διωγμὸς μέγας ἐπὶ τ. ἐκκλησίαν
17 τότε ἐπετίθεσαν τ. χεῖρας ἐπ' αὐτούς
24 ὅπως μηδὲν ἐπέλθῃ ἐπ' ἐμὲ ὧν εἰρήκατε
26 πορεύου . . . ἐπὶ τὴν ὁδὸν τ. καταβαίνουσαν ἀπὸ Ἰερουσαλήμ
32 ὡς πρόβατον ἐπὶ σφαγὴν ἤχθη
כַּשֶּׂה לַטֶּבַח יוּבָל, Is. liii. 7
36 ἦλθον ἐπί τι ὕδωρ
9 4 πεσὼν ἐπὶ τ. γῆν
11 πορεύθητι ἐπὶ τ. ῥύμην τ. καλουμένην Εὐθεῖαν
17 ἐπιθεὶς ἐπ. αὐτὸν τ. χεῖρας
21 ἵνα δεδεμένους αὐτοὺς ἀγάγῃ ἐπὶ τ. ἀρχιερεῖς
35 οἵτινες ἐπέστρεψαν ἐπὶ τ. Κύριον
42 ἐπίστευσαν πολλοὶ ἐπὶ τ. Κύριον
10 9 ἀνέβη Πέτρος ἐπὶ τὸ δῶμα προσεύξασθαι
10 ἐγένετο ἐπ' αὐτὸν ἔκστασις
16 [4] τοῦτο δὲ ἐγένετο ἐπὶ τρίς
17 [1] ἐπέστησαν ἐπὶ τ. πυλῶνα
25 πεσὼν ἐπὶ τ. πόδας προσεκύνησεν
44 ἐπέπεσεν τὸ πνεῦμα τὸ ἅγιον ἐπὶ πάντας τ. ἀκούοντας
45 κ. ἐπὶ τὰ ἔθνη ἡ δωρεὰ . . . ἐκκέχυται
11 10 [4] τοῦτο δὲ ἐγένετο ἐπὶ τρίς
11 [1] τρεῖς ἄνδρες ἐπέστησαν ἐπὶ τ. οἰκίαν
15 ἐπέπεσεν τὸ πνεῦμα τὸ ἅγιον ἐπ' αὐτούς
17 ὡς κ. ἡμῖν πιστεύσασιν ἐπὶ τ. Κύριον Ἰησοῦν Χριστόν
21 πολύς τε ἀριθμὸς . . . ἐπέστρεψεν ἐπὶ τ. Κύριον
28 λιμὸν μεγάλην μέλλειν ἔσεσθαι ἐφ' ὅλην τ. οἰκουμένην
12 10 ἦλθαν ἐπὶ τ. πύλην τ. σιδηρᾶν
12 ἦλθεν ἐπὶ τ. οἰκίαν τ. Μαρίας
13 11 χεὶρ Κυρίου ἐπὶ σέ
11 ἔπεσεν ἐπ' αὐτὸν ἀχλὺς κ. σκότος
31 [4] ὤφθη ἐπὶ ἡμέρας πλείους τ. συναναβᾶσιν αὐτῷ
50 ἐπήγειραν διωγμὸν ἐπὶ τ. Παῦλον
51 ἐκτιναξάμενοι τ. κονιορτὸν τ. ποδῶν ἐπ' αὐτούς
14 10 ἀνάστηθι ἐπὶ τ. πόδας σου ὀρθός
13 ταύρους κ. στέμματα ἐπὶ τ. πυλῶνας ἐνέγκας
15 ἐπιστρέφειν ἐπὶ Θεὸν ζῶντα
15 10 ἐπιθεῖναι ζυγὸν ἐπὶ τ. τράχηλον τ. μαθητῶν
17 ἐφ' οὓς ἐπικέκληται τὸ ὄνομά μου ἐπ' αὐτούς
אֲשֶׁר־נִקְרָא שְׁמִי עֲלֵיהֶם, Am. ix. 12
Ac 15 19 τοῖς ἀπὸ τ. ἐθνῶν ἐπιστρέφουσιν ἐπὶ τ. Θεόν
16 18 [4] τοῦτο δὲ ἐποίει ἐπὶ πολλὰς ἡμέρας
19 εἵλκυσαν εἰς τ. ἀγορὰν ἐπὶ τ. ἄρχοντας
31 πίστευσον ἐπὶ τ. Κύριον Ἰησοῦν
17 2 [4] ἐπὶ σάββατα τρία διελέξατο αὐτοῖς
6 ἔσυρον Ἰάσονα κ. τινας ἀδελφοὺς ἐπὶ τ. πολιτάρχας
14 πορεύεσθαι ἕως ἐπὶ τ. θάλασσαν
19 ἐπὶ τ. Ἄρειον Πάγον ἤγαγον
18 6 τὸ αἷμα ὑμῶν ἐπὶ τ. κεφαλὴν ὑμῶν
12 ἤγαγον αὐτὸν ἐπὶ τὸ βῆμα
20 [4] ἐρωτώντων δὲ αὐτῶν ἐπὶ πλείονα χρόνον μεῖναι
19 6 ἦλθεν τὸ πνεῦμα τὸ ἅγιον ἐπ' αὐτούς
8 [4] ἐπὶ μῆνας τρεῖς διαλεγόμενος
10 [4] τοῦτο δὲ ἐγένετο ἐπὶ ἔτη δύο
12 ἐπὶ τ. ἀσθενοῦντας ἀποφέρεσθαι . . . σουδάρια
13 ὀνομάζειν ἐπὶ τ. ἔχοντας τὰ πνεύματα τὰ πονηρά
16 ἐφαλόμενος ὁ ἄνθρωπος ἐπ' αὐτούς
17 ἐπέπεσεν φόβος ἐπὶ πάντας αὐτούς
34 [4] ὡσεὶ ἐπὶ ὥρας δύο κραζόντων
20 9 [5] διαλεγομένου τ. Παύλου ἐπὶ πλεῖον
11 [5] ἐφ' ἱκανόν τε ὁμιλήσας ἄχρι αὐγῆς
13 ἀνήχθημεν ἐπὶ τὴν Ἄσσον
37 ἐπιπεσόντες ἐπὶ τ. τράχηλον τ. Παύλου
21 5 θέντες τὰ γόνατα ἐπὶ τ. αἰγιαλόν
27 ἐπέβαλαν ἐπ' αὐτὸν τ. χεῖρας
32 ὃς . . . κατέδραμεν ἐπ' αὐτούς
35 ὅτε δὲ ἐγένετο ἐπὶ τ. ἀναβαθμούς
22 19 δέρων κατὰ τ. συναγωγὰς τ. πιστεύοντας ἐπὶ σέ
24 4 [5] ἵνα δὲ μὴ ἐπὶ πλεῖόν σε ἐνκόπτω
8 κελεύσας τ. κατηγόρους αὐτοῦ ἔρχεσθαι ἐπὶ σέ
—h. v., TWHR non mg.
25 12 ἐπὶ Καίσαρα πορεύσῃ
26 16 [1] στῆθι ἐπὶ τ. πόδας σου
18 τοῦ ἐπιστρέψαι ἀπὸ . . . τ. ἐξουσίας τ. Σατανᾶ ἐπὶ τ. Θεόν
20 ἐπιστρέφειν ἐπὶ τ. Θεόν
27 20 [4] μήτε ἄστρων ἐπιφαινόντων ἐπὶ πλείονας ἡμέρας
43 ἀπορίψαντας πρώτους ἐπὶ τ. γῆν ἐξιέναι
44 ἐγένετο πάντας διασωθῆναι ἐπὶ τ. γῆν
28 3 ἐπιθέντος ἐπὶ τ. πυράν
6 [4] ἐπὶ πολὺ δὲ αὐτῶν προσδοκώντων
Ro 1 18 ἀποκαλύπτεται γὰρ ὀργὴ Θεοῦ . . . ἐπὶ πᾶσαν ἀσέβειαν
2 2 κατὰ ἀλήθειαν ἐπὶ τοὺς τὰ τοίαυτα πράσσοντας
9 ἐπὶ πᾶσαν ψυχὴν ἀνθρώπου τ. κατεργαζομένου τὸ κακόν
3 22 εἰς πάντας κ. ἐπὶ πάντας τ. πιστεύοντας
—καὶ ἐπὶ πάντας, TWHR non mg.
4 5 πιστεύοντι δὲ ἐπὶ τ. δικαιοῦντα τ. ἀσεβῆ
9 ἐπὶ τ. περιτομὴν ἢ κ. ἐπὶ τ. ἀκροβυστίαν;
24 τ. πιστεύουσιν ἐπὶ τ. ἐγείραντα τ. Ἰησοῦν
5 14 κ. ἐπὶ τ. μὴ ἁμαρτήσαντας ἐπὶ τ. ὁμοιώματι τ. παραβάσεως Ἀδάμ
7 1 [2] [4] ἐφ' ὅσον χρόνον ζῇ

Ro 9 23 ἵνα γνωρίσῃ τ. πλοῦτον . . . ἐπὶ σκεύη ἐλέους
11 13 [2] ἐφ' ὅσον μὲν οὖν εἰμὶ ἐγὼ ἐθνῶν ἀπόστολος
22 ἐπὶ μὲν τ. πεσόντας ἀποτομία·
ἐπὶ δέ σε χρηστότης Θεοῦ
12 20 ἄνθρακας πυρὸς σωρεύσεις ἐπὶ τ. κεφαλὴν αὐτοῦ
גֶּחָלִים אַתָּה חֹתֶה עַל־רֹאשׁוֹ, Prov. xxv. 22
15 3 οἱ ὀνειδισμοὶ τ. ὀνειδιζόντων σε ἐπέπεσαν ἐπ' ἐμέ
חֶרְפּוֹת חוֹרְפֶיךָ נָפְלוּ עָלָי, Ps. lxix. 10
20 ἵνα μὴ ἐπ' ἀλλότριον θεμέλιον οἰκοδομῶ
I Co 2 9 ἐπὶ καρδίαν ἀνθρώπου οὐκ ἀνέβη
3 12 εἰ δέ τις ἐποικοδομεῖ ἐπὶ τ. θεμέλιον
7 5 [3] ἵνα . . . πάλιν ἐπὶ τὸ αὐτὸ ἦτε
36 εἰ δέ τις ἀσχημονεῖν ἐπὶ τὴν παρθένον αὐτοῦ νομίζει
39 [2 4] ἐφ' ὅσον χρόνον ζῇ ὁ ἀνὴρ αὐτῆς
11 20 [3] συνερχομένων οὖν ὑμῶν ἐπὶ τὸ αὐτό
14 23 [3] ἐὰν οὖν συνέλθῃ ἡ ἐκκλησία ὅλη ἐπὶ τὸ αὐτό
25 οὕτως πεσὼν ἐπὶ πρόσωπον
II Co 1 23 μάρτυρα τ. Θεὸν ἐπικαλοῦμαι ἐπὶ τ. ἐμὴν ψυχήν
2 3 πεποιθὼς ἐπὶ πάντας ὑμᾶς
3 13 Μωυσῆς ἐτίθει κάλυμμα ἐπὶ τὸ πρόσωπον αὐτοῦ
15 [1] κάλυμμα ἐπὶ τ. καρδίαν αὐτοῦ κεῖται
10 2 τολμῆσαι ἐπί τινας τ. λογιζομένους ἡμᾶς
12 9 ἵνα ἐπισκηνώσῃ ἐπ' ἐμὲ ἡ δύναμις τ. Χριστοῦ
Ga 4 1 [2 4] ἐφ' ὅσον χρόνον ὁ κληρονόμος νήπιός ἐστιν
9 πῶς ἐπιστρέφετε πάλιν ἐπὶ τὰ ἀσθενῆ κ. πτωχὰ στοιχεῖα
6 16 εἰρήνη ἐπ' αὐτοὺς κ. ἔλεος κ. ἐπὶ τὸν Ἰσραὴλ τ. Θεοῦ
Eph 2 7 ἐν χρηστότητι ἐφ' ἡμᾶς ἐν Χριστῷ Ἰησοῦ
5 6 ἔρχεται ἡ ὀργὴ τ. Θεοῦ ἐπὶ τ. υἱοὺς τ. ἀπειθείας
Phl 2 27 ἵνα μὴ λύπην ἐπὶ λύπην σχῶ
Col 3 6 δι' ἃ ἔρχεται ἡ ὀργὴ τ. Θεοῦ ἐπὶ τ. υἱοὺς τ. ἀπειθείας
—ἐπὶ τ. υἱ. τ. ἀπ. TWHR mg.
I Th 2 16 ἔφθασεν δὲ ἐπ' αὐτοὺς ἡ ὀργὴ εἰς τέλος
II Th 1 10 ὅτι ἐπιστεύθη τὸ μαρτύριον ἡμῶν ἐφ' ὑμᾶς
2 1 ὑπὲρ . . . ἡμῶν ἐπισυναγωγῆς ἐπ' αὐτόν
4 ὑπεραιρόμενος ἐπὶ πάντα λεγόμενον θεόν
3 4 πεποίθαμεν δὲ ἐν Κυρίῳ ἐφ' ὑμᾶς
I Ti 1 18 κατὰ τ. προαγούσας ἐπί σε προφητείας
5 5 ἡ δὲ ὄντως χήρα . . . ἤλπικεν ἐπὶ τ. Θεόν
—τὸν, T [WH] R
II Ti 2 14 μὴ λογομαχεῖν ἐπ' οὐδὲν χρήσιμον
16 [5] ἐπὶ πλεῖον γὰρ προκόψουσιν ἀσεβείας
3 9 [5] ἀλλ' οὐ προκόψουσιν ἐπὶ πλεῖον
13 [5] γόητες προκόψουσιν ἐπὶ τὸ χεῖρον
4 4 ἐπὶ δὲ τ. μύθους ἐκτραπήσονται
Tit 3 6 οὗ ἐξέχεεν ἐφ' ἡμᾶς πλουσίως
He 2 7 κατέστησας αὐτὸν ἐπὶ τὰ ἔργα τ. χειρῶν σου
—h. v., T [WH] R mg.
תַּמְשִׁילֵהוּ בְּמַעֲשֵׂי יָדֶיךָ, Ps. viii. 7
8 6 ὡς υἱὸς ἐπὶ τ. οἶκον αὐτοῦ
6 1 ἐπὶ τ. τελειότητα φερώμεθα

He 6 1 μὴ πάλιν θεμέλιον καταβαλλόμενοι . . . πίστεως ἐπὶ Θεόν
7 13 ἐφ' ὃν γὰρ λέγεται ταῦτα
8 8 συντελέσω ἐπὶ τ. οἶκον Ἰσραὴλ κ. ἐπὶ τ. οἶκον Ἰούδα διαθήκην καινήν
כָּרַתִּי אֶת־בֵּית יִשְׂרָאֵל וְאֶת־בֵּית יְהוּדָה בְּרִית חֲדָשָׁה, Jer. xxxi. 31
10 ἐπὶ καρδίας αὐτῶν ἐπιγράψω αὐτούς
ἐπὶ καρδίαν, TWH mg.
עַל־לִבָּם אֶכְתֲּבֶנָּה, *ib.* 33
10 16 διδοὺς νόμους μου ἐπὶ καρδίας αὐτῶν
נָתַתִּי אֶת־תּוֹרָתִי בְּקִרְבָּם, Jer. *l.c.*
κ. ἐπὶ τ. διάνοιαν αὐτῶν ἐπιγράψω αὐτούς, *ib.*
21 [1] ἱερέα μέγαν ἐπὶ τ. οἶκον τ. Θεοῦ
11 21 [1] προσεκύνησεν ἐπὶ τὸ ἄκρον τῆς ῥάβδου αὐτοῦ
30 [4] τὰ τείχη Ἰερειχὼ ἔπεσαν κυκλωθέντα ἐπὶ ἑπτὰ ἡμέρας
12 10 ὁ δὲ ἐπὶ τὸ συμφέρον
Ja 2 3 ἐπιβλέψητε δὲ ἐπὶ τ. φοροῦντα τ. ἐσθῆτα τ. λαμπράν
7 τὸ καλὸν ὄνομα τὸ ἐπικληθὲν ἐφ' ὑμᾶς
21 ἀνενέγκας Ἰσαὰκ τ. υἱὸν αὐτοῦ ἐπὶ τὸ θυσιαστήριον
5 14 [1] προσευξάσθωσαν ἐπ' αὐτόν
I Pe 1 13 ἐλπίσατε ἐπὶ τ. φερομένην ὑμῖν χάριν
2 24 αὐτὸς ἀνήνεγκεν ἐν τ. σώματι αὐτοῦ ἐπὶ τὸ ξύλον
25 ἐπεστράφητε νῦν ἐπὶ τ. ποιμένα . . . τ. ψυχῶν ὑμῶν
3 12 ὅτι ὀφθαλμοὶ Κυρίου ἐπὶ δικαίους
עֵינֵי יְהוָֹה אֶל־צַדִּיקִים, Ps. xxxiv. 16
12 πρόσωπον δὲ Κυρίου ἐπὶ ποιοῦντας κακά
פְּנֵי יְהוָֹה בְּעֹשֵׂי רָע, *ib.* 17
4 14 τὸ τ. Θεοῦ πνεῦμα ἐφ' ὑμᾶς ἀναπαύεται
5 7 πᾶσαν τ. μέριμναν ὑμῶν ἐπιρίψαντες ἐπ' αὐτόν
II Pe 1 13 [2 4] ἐφ' ὅσον εἰμὶ ἐν τούτῳ τ. σκηνώματι
2 22 κύων ἐπιστρέψας ἐπὶ τὸ ἴδιον ἐξέραμα
כֶּלֶב שָׁב עַל־קֵאוֹ, Prov. xxvi. 11
Re 1 7 κόψονται ἐπ' αὐτὸν πᾶσαι αἱ φυλαὶ τ. γῆς
17 ἔθηκεν τ. δεξιὰν αὐτοῦ ἐπ' ἐμέ
2 17 ἐπὶ τ. ψῆφον ὄνομα καινὸν γεγραμμένον
24 οὐ βάλλω ἐφ' ὑμᾶς ἄλλο βάρος
3 3 οὐ μὴ γνῷς ποίαν ὥραν ἥξω ἐπί σε
12 γράψω ἐπ' αὐτὸν τὸ ὄνομα τ. Θεοῦ μου
20 [1] ἕστηκα ἐπὶ τ. θύραν κ. κρούω
4 2 [1] θρόνος ἔκειτο . . . κ. ἐπὶ τ. θρόνον καθήμενος
4 [1] ἐπὶ τ. θρόνους εἴκοσι τέσσαρας πρεσβυτέρους
4 ἐπὶ τ. κεφαλὰς αὐτῶν στεφάνους χρυσοῦς
5 1 [1] εἶδον ἐπὶ τ. δεξιὰν τ. καθημένου ἐπὶ τ. θρόνου βιβλίον
6 2 [1] ὁ καθήμενος ἐπ' αὐτὸν ἔχων τόξον
4 [1] τ. καθημένῳ ἐπ' αὐτὸν ἐδόθη αὐτῷ
5 [1] ὁ καθήμενος ἐπ' αὐτὸν ἔχων ζυγόν
8 ἐδόθη αὐτοῖς ἐξουσία ἐπὶ τὸ τέταρτον τ. γῆς

Re 6 16 πέσατε ἐφ᾽ ἡμᾶς
7 1 [1] ἀγγέλους ἑστῶτας ἐπὶ τ. τέσσαρας γωνίας τ. γῆς
1 ἵνα μὴ πνέῃ ἄνεμος . . . ἐπὶ πᾶν δένδρον
11 ἔπεσαν ἐνώπιον τ. θρόνου ἐπὶ τὰ πρόσωπα αὐτῶν
15 ὁ καθήμενος ἐπὶ τ. θρόνου σκηνώσει ἐπ᾽ αὐτούς
16 οὐδὲ μὴ πέσῃ ἐπ᾽ αὐτοὺς ὁ ἥλιος
17 ὁδηγήσει αὐτοὺς ἐπὶ ζωῆς πηγὰς ὑδάτων
8 3 [1] ἐστάθη ἐπὶ τὸ θυσιαστήριον
ἐπὶ τ. θυσιαστηρίου, TWH non mg. R
3 ἵνα δώσει . . . ἐπὶ τὸ θυσιαστήριον τὸ χρυσοῦν
10 ἔπεσεν ἐπὶ τὸ τρίτον τ. ποταμῶν
9 7 [1] ἐπὶ τ. κεφαλὰς αὐτῶν ὡς στέφανοι
10 1 [1] ἶρις ἐπὶ τ. κεφαλὴν αὐτοῦ
11 11 [1] ἔστησαν ἐπὶ τ. πόδας αὐτῶν,
κ. φόβος μέγας ἐπέπεσεν ἐπὶ τ. θεωροῦντας αὐτούς
16 [1] οἱ ἐνώπιον τ. Θεοῦ καθήμενοι ἐπὶ τ. θρόνους αὐτῶν
ἔπεσαν ἐπὶ τὰ πρόσωπα αὐτῶν
12 3 [1] ἐπὶ τ. κεφαλὰς αὐτοῦ ἑπτὰ διαδήματα
18 [1] ἐστάθη ἐπὶ τὴν ἄμμον τ. θαλάσσης
13 1 [1] ἐπὶ τ. κεφαλὰς αὐτοῦ ὀνόματι βλασφημίας
7 ἐδόθη αὐτῷ ἐξουσία ἐπὶ πᾶσαν φυλὴν
16 ἵνα δῶσιν αὐτοῖς χάραγμα . . . ἐπὶ τὸ μέτωπον αὐτῶν
14 1 [1] τὸ ἀρνίον ἑστὸς ἐπὶ τὸ ὄρος Σιών
6 εὐαγγελίσαι ἐπὶ τ. καθημένους ἐπὶ τ. γῆς, κ. ἐπὶ πᾶν ἔθνος κ. φυλὴν κ. γλῶσσαν κ. λαόν
9 λαμβάνει χάραγμα . . . ἐπὶ τ. χεῖρα αὐτοῦ
14 [1] ἐπὶ τ. νεφέλην καθήμενον ὅμοιον υἱὸν ἀνθρώπου,
[1] ἔχων ἐπὶ τ. κεφαλὴν αὐτοῦ στέφανον χρυσοῦν
ἐπὶ τ. κεφαλῆς, WH
16 [1] ἔβαλεν ὁ καθήμενος ἐπὶ τ. νεφέλην τὸ δρέπανον αὐτοῦ ἐπὶ τ. γῆν
ἐπὶ τ. νεφέλης, TWH non marg. R
15 2 [1] ἑστῶτας ἐπὶ τ. θάλασσαν τ. ὑαλίνην
16 2 ἕλκος κακὸν κ. πονηρὸν ἐπὶ τ. ἀνθρώπους τ. ἔχοντας τὸ χάραγμα
8 ἐξέχεεν τ. φιάλην αὐτοῦ ἐπὶ τ. ἥλιον
9 τ. Θεοῦ τ. ἔχοντος τ. ἐξουσίαν ἐπὶ τ. πληγὰς ταύτας
10 ἐξέχεεν τ. φιάλην αὐτοῦ ἐπὶ τ. θρόνον τ. θηρίου
12 ἐξέχεεν τ. φιάλην αὐτοῦ ἐπὶ τ. ποταμὸν τ. μέγαν τ. Εὐφράτην
14 ἃ ἐκπορεύεται ἐπὶ τ. βασιλεῖς τ. οἰκουμένης ὅλης
17 ἐξέχεεν τ. φιάλην αὐτοῦ ἐπὶ τ. ἀέρα
21 χάλαζα . . . καταβαίνει ἐκ τ. οὐρανοῦ ἐπὶ τ. ἀνθρώπους
17 3 [1] εἶδον γυναῖκα καθημένην ἐπὶ θηρίον κόκκινον
5 ἐπὶ τὸ μέτωπον αὐτῆς ὄνομα γεγραμμένον
8 ὧν οὐ γέγραπται τὸ ὄνομα ἐπὶ τὸ βιβλίον τ. ζωῆς
18 9 κόψονται ἐπ᾽ αὐτὴν οἱ βασιλεῖς τ. γῆς
ἐπ᾽ αὐτῇ, WH mg.
11 οἱ ἔμποροι τ. γῆς . . . πενθοῦσιν ἐπ᾽ αὐτήν
17 πᾶς ὁ ἐπὶ τόπον πλέων
19 ἔβαλον χοῦν ἐπὶ τ. κεφαλὰς αὐτῶν

Re 19 11 [1] ἵππος λευκὸς κ. ὁ καθήμενος ἐπ᾽ αὐτόν
12 ἐπὶ τ. κεφαλὴν αὐτοῦ διαδήματα πολλά
16 ἔχει ἐπὶ τὸ ἱμάτιον κ. ἐπὶ τ. μηρὸν αὐτοῦ ὄνομα γεγραμμένον
18 [1] σάρκας ἵππων κ. τ. καθημένων ἐπ᾽ αὐτούς
ἐπ᾽ αὐτῶν, TWH mg.
20 1 [1] ἔχοντα . . . ἅλυσιν μεγάλην ἐπὶ τ. χεῖρα αὐτοῦ
4 [1] εἶδον θρόνους κ. ἐκάθισαν ἐπ᾽ αὐτούς
4 οὐκ ἔλαβον τὸ χάραγμα ἐπὶ τὸ μέτωπον
9 ἀνέβησαν ἐπὶ τὸ πλάτος τ. γῆς
11 [1] εἶδον θρόνον . . . κ. τ. καθήμενον ἐπ᾽ αὐτόν
ἐπ᾽ αὐτοῦ, WH non mg.
21 10 ἀπήνεγκέν με ἐν πνεύματι ἐπὶ ὄρος μέγα
16 [4] ἐμέτρησεν τ. πόλιν . . . ἐπὶ σταδίους δώδεκα χιλιάδων
σταδίων, TWH non mg. R
22 5 Κύριος ὁ Θεὸς φωτίσει ἐπ᾽ αὐτούς
[ἐπ᾽], WH
14 ἵνα ἔσται ἡ ἐξουσία αὐτῶν ἐπὶ τὸ ξύλον τ. ζωῆς
18 ἐάν τις ἐπιθῇ ἐπ᾽ αὐτά,
ἐπιθήσει ὁ Θεὸς ἐπ᾽ αὐτὸν τ. πληγὰς τ. γεγραμμένας
ἐπ᾽ αὐτ. ὁ Θεός, T

ἘΠΙΒΑΙ´ΝΩ 1910

Mt 21 5 ἐπιβεβηκὼς ἐπὶ ὄνον
רֹכֵב עַל־חֲמוֹר, Zech. ix. 9
Ac 20 18 ἀπὸ πρώτης ἡμέρας ἀφ᾽ ἧς ἐπέβην εἰς τ. Ἀσίαν
21 2 ἐπιβάντες ἀνήχθημεν
4 τ. Παύλῳ ἔλεγον . . . μὴ ἐπιβαίνειν εἰς Ἱεροσόλυμα
25 1 Φῆστος οὖν ἐπιβὰς τ. ἐπαρχείᾳ
27 2 ἐπιβάντες δὲ πλοίῳ Ἀδραμυντηνῷ

ἘΠΙΒΑ´ΛΛΩ 1911

(1) ἐπέβαλα

Mt 9 16 οὐδεὶς δὲ ἐπιβάλλει ἐπίβλημα ῥάκους ἀγνάφου ἐπὶ ἱματίῳ παλαιῷ
26 50 προσελθόντες ἐπέβαλον τ. χεῖρας ἐπὶ τ. Ἰησοῦν
Mk 4 37 τὰ κύματα ἐπέβαλλεν εἰς τὸ πλοῖον
11 7 ἐπιβάλλουσιν αὐτῷ τὰ ἱμάτια αὐτῶν
14 46 [1] οἱ δὲ ἐπέβαλαν τ. χεῖρας αὐτῷ
72 ἐπιβαλὼν ἔκλαιεν
Lu 5 36 οὐδεὶς ἐπίβλημα ἀπὸ ἱματίου καινοῦ σχίσας ἐπιβάλλει ἐπὶ ἱμάτιον παλαιόν
9 62 οὐδεὶς ἐπιβαλὼν τ. χεῖρα ἐπ᾽ ἄροτρον
οὐδεὶς . . . ἐπιβάλλων τ. χ. αὐτοῦ, WH mg.
15 12 δός μοι τὸ ἐπιβάλλον μέρος τ. οὐσίας
20 19 ἐζήτησαν . . . ἐπιβαλεῖν ἐπ᾽ αὐτὸν τ. χεῖρας
21 12 ἐπιβαλοῦσιν ἐφ᾽ ὑμᾶς τ. χεῖρας αὐτῶν
Jo 7 30 οὐδεὶς ἐπέβαλεν ἐπ᾽ αὐτὸν τ. χεῖρα
44 οὐδεὶς ἐπέβαλεν ἐπ᾽ αὐτὸν τ. χεῖρας
ἔβαλεν, WH
Ac 4 3 ἐπέβαλον αὐτοῖς τ. χεῖρας
5 18 ἐπέβαλον τ. χεῖρας ἐπὶ τ. ἀποστόλους
12 1 ἐπέβαλεν Ἡρῴδης ὁ βασιλεὺς τ. χεῖρας
21 27 † ἐπέβαλαν ἐπ᾽ αὐτὸν τ. χεῖρας

I Co 7 35 οὐχ ἵνα βρόχον ὑμῖν ἐπιβάλω
Re 18 19 ἐπέβαλον χοῦν ἐπὶ τ. κεφαλὰς αὐτῶν
ἔβαλον, TWH non mg. R

'ΕΠΙΒΑΡΕ'Ω* 1912

II Co 2 5 ἵνα μὴ ἐπιβαρῶ πάντας ὑμᾶς
I Th 2 9 πρὸς τὸ μὴ ἐπιβαρῆσαί τινα ὑμῶν
II Th 3 8 πρὸς τὸ μὴ ἐπιβαρῆσαί τινα ὑμῶν

'ΕΠΙΒΙΒΑ'ΖΩ 1913

Lu 10 34 ἐπιβιβάσας δὲ αὐτὸν ἐπὶ τὸ ἴδιον κτῆνος
19 35 ἐπεβίβασαν τ. Ἰησοῦν
Ac 23 24 ἵνα ἐπιβιβάσαντες τ. Παῦλον διασώσωσιν πρὸς Φήλικα

'ΕΠΙΒΛΕ'ΠΩ 1914

Lu 1 48 ὅτι ἐπέβλεψεν ἐπὶ τ. ταπείνωσιν τ. δούλης αὐτοῦ
9 38 δέομαί σου ἐπιβλέψαι ἐπὶ τ. υἱόν μου
ἐπίβλεψαι, T
Ja 2 3 ἐπιβλέψητε δὲ ἐπὶ τ. φοροῦντα τ. ἐσθῆτα τ. λαμπράν
κ. ἐπιβλέψητε, T

'ΕΠΙ'ΒΛΗΜΑ 1915

Mt 9 16 οὐδεὶς δὲ ἐπιβάλλει ἐπίβλημα ῥάκους ἀγνάφου ἐπὶ ἱματίῳ παλαιῷ
Mk 2 21 οὐδεὶς ἐπίβλημα ῥάκους ἀγνάφου ἐπιράπτει ἐπὶ ἱμάτιον παλαιόν
Lu 5 36 οὐδεὶς ἐπίβλημα ἀπὸ ἱματίου καινοῦ σχίσας ἐπιβάλλει ἐπὶ ἱμάτιον παλαιόν
36 τ. παλαιῷ οὐ συμφωνήσει τὸ ἐπίβλημα τὸ ἀπὸ τ. καινοῦ

'ΕΠΙΒΟΥΛΗ' 1917

Ac 9 24 ἐγνώσθη δὲ τ. Σαύλῳ ἡ ἐπιβουλὴ αὐτῶν
20 3 γενομένης ἐπιβουλῆς αὐτῷ ὑπὸ τ. Ἰουδαίων
19 τ. συμβάντων μοι ἐν τ. ἐπιβουλαῖς τ. Ἰουδαίων
23 30 μηνυθείσης δέ μοι ἐπιβουλῆς εἰς τ. ἄνδρα ἔσεσθαι

'ΕΠΙΓΑΜΒΡΕΥ'Ω† 1918

Mt 22 24 ἐπιγαμβρεύσει ὁ ἀδελφὸς αὐτοῦ τ. γυναῖκα αὐτοῦ
יְבָמָהּ יָבֹא עָלֶיהָ וּלְקָחָהּ לוֹ לְאִשָּׁה וְיִבְּמָהּ׃
Dt. xxv. 5

'ΕΠΙ'ΓΕΙΟΣ* 1919

Jo 3 12 εἰ τὰ ἐπίγεια εἶπον ὑμῖν
I Co 15 40 σώματα ἐπουράνια κ. σώματα ἐπίγεια· ἀλλὰ ἑτέρα μὲν ἡ τ. ἐπουρανίων δόξα ἑτέρα δὲ ἡ τ. ἐπιγείων
II Co 5 1 ἐὰν ἡ ἐπίγειος ἡμῶν οἰκία τ. σκήνους καταλυθῇ
Phl 2 10 ἵνα . . . πᾶν γόνυ κάμψῃ ἐπουρανίων κ. ἐπιγείων
3 19 οἱ τὰ ἐπίγεια φρονοῦντες
Ja 3 15 οὐκ ἔστιν αὕτη ἡ σοφία ἄνωθεν κατερχομένη ἀλλὰ ἐπίγειος

'ΕΠΙΓΙ'ΝΟΜΑΙ** 1920

Ac 28 13 μετὰ μίαν ἡμέραν ἐπιγενομένου νότου

'ΕΠΙΓΙΝΩ'ΣΚΩ 1921

(1) ἐπιγ. ἐν, c. dat.

Mt 7 16 ἀπὸ τ. καρπῶν αὐτῶν ἐπιγνώσεσθε αὐτούς
20 ἄραγε ἀπὸ τ. καρπῶν αὐτῶν ἐπιγνώσεσθε αὐτούς
11 27 οὐδεὶς ἐπιγινώσκει τ. υἱὸν εἰ μὴ ὁ πατήρ· οὐδὲ τ. πατέρα τις ἐπιγινώσκει εἰ μὴ ὁ υἱός
14 35 ἐπιγνόντες αὐτὸν οἱ ἄνδρες τ. τόπου ἐκείνου
17 12 Ἠλείας ἤδη ἦλθεν κ. οὐκ ἐπέγνωσαν αὐτόν
Mk 2 8 [1] εὐθὺς ἐπιγνοὺς ὁ Ἰησοῦς τ. πνεύματι αὐτοῦ
5 30 [1] εὐθὺς ὁ Ἰησοῦς ἐπιγνοὺς ἐν ἑαυτῷ
6 33 ἐπέγνωσαν αὐτοὺς πολλοί
ἔγνωσαν, WH non marg. ;—αὐτ., T
54 εὐθὺς ἐπιγνόντες αὐτὸν περιέδραμον ὅλην τ. χώραν
Lu 1 4 ἵνα ἐπιγνῷς περὶ ὧν κατηχήθης λόγων τ. ἀσφάλειαν
22 ἐπέγνωσαν ὅτι ὀπτασίαν ἑώρακεν ἐν τ. ναῷ
5 22 ἐπιγνοὺς δὲ ὁ Ἰησοῦς τ. διαλογισμοὺς αὐτῶν
7 37 ἐπιγνοῦσα ὅτι κατάκειται ἐν τ. οἰκίᾳ τ. Φαρισαίου
23 7 ἐπιγνοὺς ὅτι ἐκ τ. ἐξουσίας Ἡρῴδου ἐστίν
24 16 οἱ δὲ ὀφθαλμοὶ αὐτῶν ἐκρατοῦντο τοῦ μὴ ἐπιγνῶναι αὐτόν
31 διηνοίχθησαν οἱ ὀφθαλμοὶ κ. ἐπέγνωσαν αὐτόν
Ac 3 10 ἐπεγίνωσκον δὲ αὐτὸν ὅτι οὗτος ἦν ὁ . . . καθήμενος
4 13 ἐπεγίνωσκόν τε αὐτοὺς ὅτι σὺν τ. Ἰησοῦ ἦσαν
9 30 ἐπιγνόντες δὲ οἱ ἀδελφοὶ κατήγαγον αὐτόν
12 14 ἐπιγνοῦσα τ. φωνὴν τ. Πέτρου
19 34 ἐπιγνόντες δὲ ὅτι Ἰουδαῖός ἐστιν
22 24 ἵνα ἐπιγνῷ δι' ἣν αἰτίαν οὕτως ἐπεφώνουν αὐτῷ
29 ἐπιγνοὺς ὅτι Ῥωμαῖός ἐστιν
23 28 βουλόμενός τε ἐπιγνῶναι τ. αἰτίαν
24 8 αὐτὸς ἀνακρίνας περὶ πάντων τούτων ἐπιγνῶναι
11 δυναμένου σου ἐπιγνῶναι ὅτι οὐ πλείους εἰσίν μοι ἡμέραι
25 10 ὡς κ. σὺ κάλλιον ἐπιγινώσκεις
27 39 τ. γῆν οὐκ ἐπεγίνωσκον
28 1 τότε ἐπέγνωμεν ὅτι Μελιτήνη ἡ νῆσος καλεῖται
Ro 1 32 οἵτινες τὸ δικαίωμα τ. Θεοῦ ἐπιγνόντες
ἐπιγινώσκοντες, WH marg.
I Co 13 12 τότε δὲ ἐπιγνώσομαι καθὼς κ. ἐπεγνώσθην
14 37 ἐπιγινωσκέτω ἃ γράφω ὑμῖν
16 18 ἐπιγινώσκετε οὖν τ. τοιούτους
II Co 1 13 ἢ ἃ ἀναγινώσκετε ἢ κ. ἐπιγινώσκετε, ἐλπίζω δὲ ὅτι ἕως τέλους ἐπιγνώσεσθε,
14 καθὼς κ. ἐπέγνωτε ἡμᾶς ἀπὸ μέρους
6 9 ὡς ἀγνοούμενοι κ. ἐπιγινωσκόμενοι

II Co 13 5 ἢ κ. ἐπιγινώσκετε ἑαυτοὺς
Col 1 6 [1] ἀφ' ἧς ἡμέρας . . . ἐπέγνωτε τ. χάριν τ. Θεοῦ ἐν ἀληθείᾳ
I Ti 4 3 τ. πιστοῖς κ. ἐπεγνωκόσι τ. ἀλήθειαν
II Pe 2 21 κρεῖττον γὰρ ἦν αὐτοῖς μὴ ἐπεγνωκέναι τ. ὁδὸν τ. δικαιοσύνης,
ἢ ἐπιγνοῦσιν ὑποστρέψαι ἐκ τ. . . . ἁγίας ἐντολῆς

ἘΠΙ΄ΓΝΩΣΙΣ 1922

Ro 1 28 οὐκ ἐδοκίμασαν τ. Θεὸν ἔχειν ἐν ἐπιγνώσει
3 20 διὰ γὰρ νόμου ἐπίγνωσις ἁμαρτίας
10 2 ζῆλον Θεοῦ ἔχουσιν ἀλλ' οὐ κατ' ἐπίγνωσιν
Eph 1 17 δῴη ὑμῖν πνεῦμα σοφίας . . . ἐν ἐπιγνώσει αὐτοῦ
4 13 εἰς τ. ἑνότητα . . . τ. ἐπιγνώσεως τ. υἱοῦ τ. Θεοῦ
Phl 1 9 ἵνα . . . περισσεύῃ ἐν ἐπιγνώσει κ. πάσῃ αἰσθήσει
Col 1 9 ἵνα πληρωθῆτε τ. ἐπίγνωσιν τ. θελήματος αὐτοῦ
10 αὐξανόμενοι τ. ἐπιγνώσει τ. Θεοῦ
2 2 εἰς ἐπίγνωσιν τ. μυστηρίου τ. Θεοῦ
3 10 ἐνδυσάμενοι τ. νέον τ. ἀνακαινούμενον εἰς ἐπίγνωσιν
I Ti 2 4 εἰς ἐπίγνωσιν ἀληθείας ἐλθεῖν
II Ti 2 25 μήποτε δῴη αὐτοῖς ὁ Θεὸς μετάνοιαν εἰς ἐπίγνωσιν ἀληθείας
3 7 μηδέποτε εἰς ἐπίγνωσιν ἀληθείας ἐλθεῖν δυνάμενα
Tit 1 1 κατὰ . . . ἐπίγνωσιν ἀληθείας τῆς κατ' εὐσέβειαν
Phm 6 ὅπως . . . ἐνεργὴς γένηται ἐν ἐπιγνώσει παντὸς ἀγαθοῦ
He 10 26 μετὰ τὸ λαβεῖν τ. ἐπίγνωσιν τ. ἀληθείας
II Pe 1 2 χάρις ὑμῖν κ. εἰρήνη πληθυνθείη ἐν ἐπιγνώσει τ. Θεοῦ
3 δεδωρημένης διὰ τ. ἐπιγνώσεως τ. καλέσαντος ἡμᾶς
8 καθίστησιν εἰς τὴν τ. Κυρίου ἡμῶν Ἰησοῦ Χριστοῦ ἐπίγνωσιν
2 20 ἀποφυγόντες τὰ μιάσματα τ. κόσμου ἐν ἐπιγνώσει τ. Κυρίου

ἘΠΙΓΡΑΦΗ΄* 1923

Mt 22 20 τίνος ἡ εἰκὼν αὕτη κ. ἡ ἐπιγραφή;
Mk 12 16 τίνος ἡ εἰκὼν αὕτη κ. ἡ ἐπιγραφή;
15 26 ἦν ἡ ἐπιγραφὴ τ. αἰτίας αὐτοῦ ἐπιγεγραμμένη
Lu 20 24 τίνος ἔχει εἰκόνα κ. ἐπιγραφήν;
23 38 ἦν δὲ κ. ἐπιγραφὴ ἐπ' αὐτῷ

ἘΠΙΓΡΑ΄ΦΩ 1924

Mk 15 26 ἦν ἡ ἐπιγραφὴ τ. αἰτίας αὐτοῦ ἐπιγεγραμμένη
Ac 17 23 εὗρον κ. βωμὸν ἐν ᾧ ἐπεγέγραπτο
He 8 10 ἐπὶ καρδίας αὐτῶν ἐπιγράψω αὐτούς
עַל־לִבָּם אֶכְתֲּבֶנָּה, Jer. xxxi. 33
10 16 ἐπὶ τ. διάνοιαν αὐτῶν ἐπιγράψω αὐτούς, *ib.*
Re 21 12 ἔχουσα . . . ὀνόματα ἐπιγεγραμμένα

ἘΠΙΔΕΙ΄ΚΝΥΜΙ 1925

Mt 16 1 σημεῖον ἐκ τ. οὐρανοῦ ἐπιδεῖξαι αὐτοῖς
22 19 ἐπιδείξατέ μοι τὸ νόμισμα τ. κήνσου
24 1 προσῆλθον . . . ἐπιδεῖξαι αὐτῷ τ. οἰκοδομὰς τ. ἱεροῦ
Lu 17 14 πορευθέντες ἐπιδείξατε ἑαυτοὺς τ. ἱερεῦσιν
Ac 9 39 ἐπιδεικνύμεναι χιτῶνας κ. ἱμάτια
18 28 δημοσίᾳ ἐπιδεικνὺς διὰ τ. γραφῶν
He 6 17 βουλόμενος ὁ Θεὸς ἐπιδεῖξαι . . . τὸ ἀμετάθετον τ. βουλῆς αὐτοῦ

ἘΠΙΔΕ΄ΧΟΜΑΙ** 1926

III Jo 9 ὁ φιλοπρωτεύων αὐτῶν Διοτρέφης οὐκ ἐπιδέχεται ἡμᾶς
10 οὔτε αὐτὸς ἐπιδέχεται τ. ἀδελφούς

ἘΠΙΔΗΜΕ΄Ω* 1927

Ac 2 10 οἱ ἐπιδημοῦντες Ῥωμαῖοι
17 21 Ἀθηναῖοι δὲ πάντες κ. οἱ ἐπιδημοῦντες ξένοι
18 27 ἐν δὲ τῇ Ἐφέσῳ ἐπιδημοῦντές τινες Κορίνθιοι —h. v., TWH non mg. R

ἘΠΙΔΙΑΤΑ΄ΣΣΟΜΑΙ* † 1928

Ga 3 15 οὐδεὶς ἀθετεῖ ἢ ἐπιδιατάσσεται

ἘΠΙΔΙ΄ΔΩΜΙ 1929

Mt 7 9 αἰτήσει ὁ υἱὸς αὐτοῦ ἄρτον μὴ λίθον ἐπιδώσει αὐτῷ;
10 ἢ κ. ἰχθὺν αἰτήσει μὴ ὄφιν ἐπιδώσει αὐτῷ;
Lu 4 17 ἐπεδόθη αὐτῷ βιβλίον τ. προφήτου Ἠσαΐου
11 11 αἰτήσει ὁ υἱὸς ἄρτον μὴ λίθον ἐπιδώσει αὐτῷ;
—ἄρτ. μὴ λ. ἐπ. αὐτ., WH non mg. R mg.
ἢ κ. ἰχθὺν μὴ ἀντὶ ἰχθύος ὄφιν αὐτῷ ἐπιδώσει;
—ἢ κ., WH non mg. R mg.
12 ἢ κ. αἰτήσει ᾠὸν ἐπιδώσει αὐτῷ σκορπίον; μὴ ἐπιδ., TR
24 30 κλάσας ἐπεδίδου αὐτοῖς
42 οἱ δὲ ἐπέδωκαν αὐτῷ ἰχθύος ὀπτοῦ μέρος
Ac 15 30 συναγαγόντες τὸ πλῆθος ἐπέδωκαν τ. ἐπιστολήν
27 15 ἐπιδόντες ἐφερόμεθα

ἘΠΙΔΙΟΡΘΟ΄Ω* 1930

Tit 1 5 ἵνα τὰ λείποντα ἐπιδιορθώσῃ

ἘΠΙΔΥ΄Ω 1931

Eph 4 26 ὁ ἥλιος μὴ ἐπιδυέτω ἐπὶ παροργισμῷ ὑμῶν

ἘΠΙΕΙΚΗ΄Σ 1933

Phl 4 5 τὸ ἐπιεικὲς ὑμῶν γνωσθήτω πᾶσιν ἀνθρώποις
I Ti 3 3 ἀλλὰ ἐπιεικῆ ἄμαχον ἀφιλάργυρον
Tit 3 2 ἀμάχους εἶναι ἐπιεικεῖς
Ja 3 17 ἔπειτα εἰρηνική ἐπιεικής εὐπειθής
I Pe 2 18 οὐ μόνον τ. ἀγαθοῖς κ. ἐπιεικέσιν

ἘΠΙΕΙΚΙ΄Α 1932

ἐπιείκεια, T

Ac 24 4 ἀκοῦσαί σε ἡμῶν συντόμως τ. σῇ ἐπιεικίᾳ
II Co 10 1 παρακαλῶ ὑμᾶς διὰ τ. πραΰτητος κ. ἐπιεικίας τ. Χριστοῦ

ἘΠΙΖΗΤΈΩ 1934

Mt 6 32 πάντα γὰρ ταῦτα τὰ ἔθνη ἐπιζητοῦσιν
12 39 γενεὰ πονηρὰ κ. μοιχαλὶς σημεῖον ἐπιζητεῖ
16 4 γενεὰ πονηρὰ κ. μοιχαλὶς σημεῖον ἐπιζητεῖ
Lu 4 42 οἱ ὄχλοι ἐπεζήτουν αὐτόν
12 30 ταῦτα γὰρ πάντα τὰ ἔθνη τ. κόσμου ἐπιζητοῦσιν
Ac 12 19 Ἡρῴδης δὲ ἐπιζητήσας αὐτὸν κ. μὴ εὑρών
13 7 ἐπεζήτησεν ἀκοῦσαι τ. λόγον τ. Θεοῦ
19 39 εἰ δέ τι περαιτέρω ἐπιζητεῖτε
Ro 11 7 ὃ ἐπιζητεῖ Ἰσραὴλ τοῦτο οὐκ ἐπέτυχεν
Phl 4 17 οὐχ ὅτι ἐπιζητῶ τὸ δόμα, ἀλλὰ ἐπιζητῶ τ. καρπὸν τ. πλεονάζοντα εἰς λόγον ὑμῶν
He 11 14 ἐμφανίζουσιν ὅτι πατρίδα ἐπιζητοῦσιν
13 14 ἀλλὰ τ. μέλλουσαν ἐπιζητοῦμεν

ἘΠΙΘΑΝΆΤΙΟΣ ** 1935

I Co 4 9 ἡμᾶς τ. ἀποστόλους ἐσχάτους ἀπέδειξεν ὡς ἐπιθανατίους

ἘΠΊΘΕΣΙΣ 1936

Ac 8 18 διὰ τ. ἐπιθέσεως τ. χειρῶν τ. ἀποστόλων δίδοται τὸ πνεῦμα
I Ti 4 14 ὃ ἐδόθη σοι . . . μετὰ ἐπιθέσεως τ. χειρῶν τ. πρεσβυτερίου
II Ti 1 6 ὅ ἐστιν ἐν σοὶ διὰ τ. ἐπιθέσεως τ. χειρῶν μου
He 6 2 βαπτισμῶν διδαχὴν ἐπιθέσεώς τε χειρῶν

ἘΠΙΘΥΜΈΩ 1937

(1) ἐπιθυμίᾳ ἐπιθ.

Mt 5 28 πᾶς ὁ βλέπων γυναῖκα πρὸς τὸ ἐπιθυμῆσαι αὐτήν
13 17 πολλοὶ προφῆται κ. δίκαιοι ἐπεθύμησαν ἰδεῖν ἃ βλέπετε
Lu 15 16 ἐπεθύμει χορτασθῆναι ἐκ τ. κερατίων
16 21 ἐπιθυμῶν χορτασθῆναι ἀπὸ τ. πιπτόντων
17 22 ὅτε ἐπιθυμήσετε μίαν τ. ἡμερῶν . . . ἰδεῖν
22 15 [1] ἐπιθυμίᾳ ἐπεθύμησα τοῦτο τὸ πάσχα φαγεῖν μεθ' ὑμῶν
Ac 20 33 ἀργυρίου ἢ χρυσίου ἢ ἱματισμοῦ οὐδενὸς ἐπεθύμησα
Ro 7 7 εἰ μὴ ὁ νόμος ἔλεγεν Οὐκ ἐπιθυμήσεις, Ex. *l.c.*
13 9 οὐ κλέψεις οὐκ ἐπιθυμήσεις
לֹא תַחְמֹד . . . לֹא תִגְנֹב, Ex. xx. 15, 17
I Co 10 6 καθὼς κἀκεῖνοι ἐπεθύμησαν
Ga 5 17 ἡ γὰρ σὰρξ ἐπιθυμεῖ κατὰ τ. πνεύματος
I Ti 3 1 εἴ τις ἐπισκοπῆς ὀρέγεται καλοῦ ἔργου ἐπιθυμεῖ
He 6 11 ἐπιθυμοῦμεν δὲ ἕκαστον ὑμῶν τ. αὐτὴν ἐνδείκνυσθαι σπουδήν
Ja 4 2 ἐπιθυμεῖτε κ. οὐκ ἔχετε
I Pe 1 12 εἰς ἃ ἐπιθυμοῦσιν ἄγγελοι παρακύψαι
Re 9 6 ἐπιθυμήσουσιν ἀποθανεῖν

ἘΠΙΘΥΜΗΤΉΣ 1938

I Co 10 6 εἰς τὸ μὴ εἶναι ἡμᾶς ἐπιθυμητὰς κακῶν

ἘΠΙΘΥΜΊΑ 1939

(1) ἐπιθυμεῖν ἐπιθυμίᾳ (2) ἐπιθ. εἰς

Mk 4 19 αἱ περὶ τὰ λοιπὰ ἐπιθυμίαι εἰσπορευόμεναι
Lu 22 15 [1] ἐπιθυμίᾳ ἐπεθύμησα τοῦτο τὸ πάσχα φαγεῖν μεθ' ὑμῶν
Jo 8 44 τ. ἐπιθυμίας τ. πατρὸς ὑμῶν θέλετε ποιεῖν
Ro 1 24 παρέδωκεν αὐτοὺς ὁ Θεὸς ἐν τ. ἐπιθυμίαις τ. καρδιῶν αὐτῶν
6 12 εἰς τὸ ὑπακούειν τ. ἐπιθυμίαις αὐτοῦ
7 7 τήν τε γὰρ ἐπιθυμίαν οὐκ ᾔδειν
8 κατειργάσατο ἐν ἐμοὶ πᾶσαν ἐπιθυμίαν
13 14 τ. σαρκὸς πρόνοιαν μὴ ποιεῖσθε εἰς ἐπιθυμίας
Ga 5 16 ἐπιθυμίαν σαρκὸς οὐ μὴ τελέσητε
24 τ. σάρκα ἐσταύρωσαν σὺν τ. παθήμασι κ. τ. ἐπιθυμίαις
Eph 2 3 ἐν οἷς . . . ἀνεστράφημέν ποτε ἐν τ. ἐπιθυμίαις τ. σαρκὸς ἡμῶν
4 22 τ. φθειρόμενον κατὰ τ. ἐπιθυμίας τ. ἀπάτης
Phl 1 23 [2] τ. ἐπιθυμίαν ἔχων εἰς τὸ ἀναλῦσαι
Col 3 5 ἀκαθαρσίαν πάθος ἐπιθυμίαν κακήν
I Th 2 17 ἐσπουδάσαμεν τὸ πρόσωπον ὑμῶν ἰδεῖν ἐν πολλῇ ἐπιθυμίᾳ
4 5 μὴ ἐν πάθει ἐπιθυμίας
I Ti 6 9 ἐμπίπτουσιν εἰς . . . ἐπιθυμίας πολλὰς ἀνοήτους κ. βλαβεράς
II Ti 2 22 τ. δὲ νεωτερικὰς ἐπιθυμίας φεῦγε
3 6 ἀγόμενα ἐπιθυμίαις ποικίλαις
4 3 κατὰ τ. ἰδίας ἐπιθυμίας ἑαυτοῖς ἐπισωρεύσουσι διδασκάλους
Tit 2 12 ἀρνησάμενοι τ. ἀσέβειαν κ. τ. κοσμικὰς ἐπιθυμίας
3 3 δουλεύοντες ἐπιθυμίαις κ. ἡδοναῖς ποικίλαις
Ja 1 14 ὑπὸ τ. ἰδίας ἐπιθυμίας ἐξελκόμενος κ. δελεαζόμενος·
15 εἶτα ἡ ἐπιθυμία συλλαβοῦσα τίκτει ἁμαρτίαν
I Pe 1 14 συνσχηματιζόμενοι ταῖς πρότερον ἐν τ. ἀγνοίᾳ ὑμῶν ἐπιθυμίαις
2 11 ἀπέχεσθαι τ. σαρκικῶν ἐπιθυμιῶν
4 2 εἰς τὸ μηκέτι ἀνθρώπων ἐπιθυμίαις
3 πεπορευμένους ἐν ἀσελγείαις ἐπιθυμίαις
II Pe 1 4 ἀποφυγόντες τῆς ἐν τ. κόσμῳ ἐν ἐπιθυμίᾳ φθορᾶς
2 10 τοὺς ὀπίσω σαρκὸς ἐν ἐπιθυμίᾳ μιασμοῦ πορευομένους
18 δελεάζουσιν ἐν ἐπιθυμίαις σαρκός
3 3 κατὰ τ. ἰδίας ἐπιθυμίας αὐτῶν πορευόμενοι αὐτ. ἐπιθ., T
I Jo 2 16 πᾶν τὸ ἐν τ. κόσμῳ ἡ ἐπιθυμία τ. σαρκός, κ. ἡ ἐπιθυμία τ. ὀφθαλμῶν
17 ὁ κόσμος παράγεται κ. ἡ ἐπιθυμία αὐτοῦ
Ju 16 κατὰ τ. ἐπιθυμίας αὐτῶν πορευόμενοι
18 κατὰ τὰς ἑαυτῶν ἐπιθυμίας πορευόμενοι τ. ἀσεβειῶν
Re 18 14 ἡ ὀπώρα σου τ. ἐπιθυμίας τ. ψυχῆς ἀπῆλθεν ἀπὸ σοῦ

ἘΠΙΚΑΘΊΖΩ 1940

Mt 21 7 ἐπεκάθισεν ἐπάνω αὐτῶν

ἘΠΙΚΑΛΈΩ 1941

(1) ἐπικαλ. τὸ ὄνομα (2) c. nom. propr.

Mt 10 25 [2] εἰ τ. οἰκοδεσπότην Βεεζεβοὺλ ἐπεκάλεσαν
Ac 1 23 [2] Ἰωσὴφ . . . ὃς ἐπεκλήθη Ἰοῦστος
2 21 [1] πᾶς ὃς ἐὰν ἐπικαλέσηται τὸ ὄνομα Κυρίου σωθήσεται
כֹּל אֲשֶׁר־יִקְרָא בְּשֵׁם יְהוָה יִמָּלֵט, Joel iii. 5

Ac 4 36 [2] Ἰωσὴφ δὲ ὁ ἐπικληθεὶς Βαρνάβας ἀπὸ τ. ἀποστόλων
7 59 ἐλιθοβόλουν τ. Στέφανον ἐπικαλούμενον κ. λέγοντα
9 14 [1] δῆσαι πάντας τ. ἐπικαλουμένους τὸ ὄνομά σου
21 [1] ὁ πορθήσας . . . τ. ἐπικαλουμένους τὸ ὄνομα τοῦτο
10 5 [2] μετάπεμψαι Σίμωνά τινα ὃς ἐπικαλεῖται Πέτρος
18 [2] εἰ Σίμων ὁ ἐπικαλούμενος Πέτρος ἐνθάδε ξενίζεται
32 [2] μετακάλεσαι Σίμωνα ὃς ἐπικαλεῖται Πέτρος
11 13 [2] μετάπεμψαι Σίμωνα τ. ἐπικαλούμενον Πέτρον
12 12 [2] Μαρίας τ. μητρὸς Ἰωάνου τ. ἐπικαλουμένου Μάρκου
25 [2] συνπαραλαβόντες Ἰωάνην τ. ἐπικληθέντα Μάρκον
15 17 [1] ἐφ' οὓς ἐπικέκληται τὸ ὄνομά μου ἐπ' αὐτούς

אֲשֶׁר־נִקְרָא שְׁמִי עֲלֵיהֶם, Am. ix. 12

22 16 [1] ἐπικαλεσάμενος τὸ ὄνομα αὐτοῦ
25 11 [2] Καίσαρα ἐπικαλοῦμαι
12 [2] Καίσαρα ἐπικέκλησαι ἐπὶ Καίσαρα πορεύσῃ
21 τ. δὲ Παύλου ἐπικαλεσαμένου τηρηθῆναι αὐτόν
25 [2] αὐτοῦ δὲ τούτου ἐπικαλεσαμένου τ. Σεβαστόν
26 32 [2] εἰ μὴ ἐπεκέκλητο Καίσαρα
28 19 [2] ἠναγκάσθην ἐπικαλέσασθαι Καίσαρα
Ro 10 12 πλουτῶν εἰς πάντας τ. ἐπικαλουμένους αὐτόν.
13 [1] πᾶς γὰρ ὃς ἂν ἐπικαλέσηται τὸ ὄνομα Κυρίου σωθήσεται, Joel *l.c.*
14 πῶς οὖν ἐπικαλέσωνται εἰς ὃν οὐκ ἐπίστευσαν;
I Co 1 2 [1] σὺν πᾶσι τ. ἐπικαλουμένοις τὸ ὄνομα τ. Κυρίου ἡμῶν
II Co 1 23 μάρτυρα τ. Θεὸν ἐπικαλοῦμαι ἐπὶ τ. ἐμὴν ψυχήν
II Ti 2 22 μετὰ τ. ἐπικαλουμένων τ. Κύριον ἐκ καθαρᾶς καρδίας
He 11 16 οὐκ ἐπαισχύνεται . . . Θεὸς ἐπικαλεῖσθαι αὐτῶν
Ja 2 7 [1] βλασφημοῦσιν τὸ καλὸν ὄνομα τὸ ἐπικληθὲν ἐφ' ὑμᾶς
I Pe 1 17 εἰ πατέρα ἐπικαλεῖσθε τ. ἀπροσωπολήμπτως κρίνοντα

ἘΠΙΚΑ'ΛΥΜΜΑ 1942

I Pe 2 16 μὴ ὡς ἐπικάλυμμα ἔχοντες τ. κακίας τ. ἐλευθερίαν

ἘΠΙΚΑΛΥ'ΠΤΩ 1943

Ro 4 7 μακάριοι . . . ὧν ἐπεκαλύφθησαν αἱ ἁμαρτίαι

אַשְׁרֵי . . . כְּסוּי חֲטָאָה, Ps. xxxii. 1

ἘΠΙΚΑΤΑ'ΡΑΤΟΣ† 1944 cf. 1883.5

Ga 3 10 ἐπικατάρατος πᾶς ὃς οὐκ ἐμμένει πᾶσι τ. γεγραμμένοις

אָרוּר אֲשֶׁר לֹא־יָקִים אֶת־דִּבְרֵי הַתּוֹרָה־הַזֹּאת Dt. xxvii. 26

Ga 3 13 ἐπικατάρατος πᾶς ὁ κρεμάμενος ἐπὶ ξύλου

קִלְלַת אֱלֹהִים תָּלוּי, *ib.* xxi. 23

ἘΠΙ'ΚΕΙΜΑΙ 1945

Lu 5 1 ἐν τῷ τ. ὄχλον ἐπικεῖσθαι αὐτῷ
23 23 οἱ δὲ ἐπέκειντο φωναῖς μεγάλαις
Jo 11 38 λίθος ἐπέκειτο ἐπ' αὐτῷ
21 9 βλέπουσιν ἀνθρακίαν κειμένην κ. ὀψάριον ἐπικείμενον
Ac 27 20 χειμῶνός τε οὐκ ὀλίγου ἐπικειμένου
I Co 9 16 ἀνάγκη γάρ μοι ἐπίκειται
He 9 10 μέχρι καιροῦ διορθώσεως ἐπικείμενα

ἘΠΙΚΕ'ΛΛΩ* 1945.5 cf. 2027

Ac 27 41 ἐπέκειλαν τ. ναῦν

ἘΠΙΚΟΥΡΙ'Α** 1947

Ac 26 22 ἐπικουρίας οὖν τυχὼν τῆς ἀπὸ τ. Θεοῦ

ἘΠΙΚΟΥ'ΡΙΟΣ 1946

Ac 17 18 τινὲς δὲ κ. τ. Ἐπικουρίων κ. Στωικῶν φιλοσόφων

ἘΠΙΚΡΙ'ΝΩ** 1948

Lu 23 24 κ. Πειλᾶτος ἐπέκρινεν γενέσθαι τὸ αἴτημα αὐτῶν

ἘΠΙΛΑΜΒΑ'ΝΟΜΑΙ 1949

Mt 14 31 ἐκτείνας τ. χεῖρα ἐπελάβετο αὐτοῦ
Mk 8 23 ἐπιλαβόμενος τ. χειρὸς τ. τυφλοῦ
Lu 9 47 ἐπιλαβόμενος παιδίον ἔστησεν αὐτὸ παρ' ἑαυτῷ
14 4 ἐπιλαβόμενος ἰάσατο αὐτόν
20 20 ἵνα ἐπιλάβωνται αὐτοῦ λόγου
26 οὐκ ἴσχυσαν ἐπιλαβέσθαι τ. ῥήματος
23 26 ἐπιλαβόμενοι Σίμωνά τινα Κυρηναῖον ἐρχόμενον ἀπ' ἀγροῦ
Ac 9 27 Βαρνάβας δὲ ἐπιλαβόμενος αὐτόν
16 19 ἐπιλαβόμενοι τ. Παῦλον κ. τ. Σίλαν
17 19 ἐπιλαβόμενοι δὲ αὐτοῦ ἐπὶ τ. Ἄρειον Πάγον ἤγαγον
18 17 ἐπιλαβόμενοι δὲ πάντες Σωσθένην τ. ἀρχισυνάγωγον
21 30 ἐπιλαβόμενοι τ. Παύλου εἷλκον αὐτόν
33 ἐγγίσας ὁ χιλίαρχος ἐπελάβετο αὐτοῦ
23 19 ἐπιλαβόμενος δὲ τ. χειρὸς αὐτοῦ ὁ χιλίαρχος
I Ti 6 12 ἐπιλαβοῦ τῆς αἰωνίου ζωῆς
19 ἵνα ἐπιλάβωνται τῆς ὄντως ζωῆς
He 2 16 οὐ γὰρ δή που ἀγγέλων ἐπιλαμβάνεται, ἀλλὰ σπέρματος Ἀβραὰμ ἐπιλαμβάνεται
8 9 ἐν ἡμέρᾳ ἐπιλαβομένου μου τ. χειρὸς αὐτῶν

בְּיוֹם הֶחֱזִיקִי בְיָדָם, Jer. xxxi. 32

ἘΠΙΛΑΝΘΑ'ΝΟΜΑΙ 1950

Mt 16 5 οἱ μαθηταὶ . . . ἐπελάθοντο ἄρτους λαβεῖν
Mk 8 14 ἐπελάθοντο λαβεῖν ἄρτους

Lu 12 6 ἐν ἐξ αὐτῶν οὐκ ἔστιν ἐπιλελησμένον ἐνώπιον τ. Θεοῦ
Phl 3 13 τὰ μὲν ὀπίσω ἐπιλανθανόμενος
He 6 10 οὐ γὰρ ἄδικος ὁ Θεὸς ἐπιλαθέσθαι τ. ἔργου ὑμῶν
13 2 τ. φιλοξενίας μὴ ἐπιλανθάνεσθε
16 τ. δὲ εὐποιίας κ. κοινωνίας μὴ ἐπιλανθάνεσθε
Ja 1 24 εὐθέως ἐπελάθετο ὁποῖος ἦν

ἘΠΙΛΈΓΟΜΑΙ 1951

Jo 5 2 κολυμβήθρα ἡ ἐπιλεγομένη Ἐβραϊστὶ Βηθζαθά
τὸ λεγόμενον, T
Ac 15 40 Παῦλος δὲ ἐπιλεξάμενος Σίλαν ἐξῆλθεν

ἘΠΙΛΕΊΠΩ 1952

He 11 32 ἐπιλείψει με γὰρ διηγούμενον ὁ χρόνος

ἘΠΙΛΕΊΧΩ * † 1952.5

Lu 16 21 οἱ κύνες ἐρχόμενοι ἐπέλειχον τὰ ἕλκη αὐτοῦ

ἘΠΙΛΗΣΜΟΝΉ ** 1953

Ja 1 25 οὐκ ἀκροατὴς ἐπιλησμονῆς γενόμενος

ἘΠΊΛΟΙΠΟΣ 1954

I Pe 4 2 θελήματι Θεοῦ τ. ἐπίλοιπον ἐν σαρκὶ βιῶσαι χρόνον

ἘΠΊΛΥΣΙΣ ** 1955

II Pe 1 20 πᾶσα προφητεία γραφῆς ἰδίας ἐπιλύσεως οὐ γίνεται

ἘΠΙΛΎΩ ** 1956

Mk 4 34 κατ' ἰδίαν δὲ τ. ἰδίοις μαθηταῖς ἐπέλυεν πάντα
Ac 19 39 ἐν τῇ ἐννόμῳ ἐκκλησίᾳ ἐπιλυθήσεται

ἘΠΙΜΑΡΤΥΡΈΩ * 1957

I Pe 5 12 παρακαλῶν κ. ἐπιμαρτυρῶν ταύτην εἶναι ἀληθῆ χάριν τ. Θεοῦ

ἘΠΙΜΈΛΕΙΑ 1958

Ac 27 3 πρὸς τ. φίλους πορευθέντι ἐπιμελείας τυχεῖν

ἘΠΙΜΕΛΈΟΜΑΙ 1959

Lu 10 34 ἤγαγεν αὐτὸν εἰς πανδοχεῖον κ. ἐπεμελήθη αὐτοῦ
35 εἶπεν Ἐπιμελήθητι αὐτοῦ
I Ti 3 5 πῶς ἐκκλησίας Θεοῦ ἐπιμελήσεται

ἘΠΙΜΕΛΩ͂Σ 1960

Lu 15 8 ζητεῖ ἐπιμελῶς ἕως οὗ εὕρῃ

ἘΠΙΜΈΝΩ 1961

Jo 8 [7 ὡς δὲ ἐπέμενον ἐρωτῶντες αὐτόν
Ac 10 48 τότε ἠρώτησαν αὐτὸν ἐπιμεῖναι ἡμέρας τινάς
12 16 ὁ δὲ Πέτρος ἐπέμενεν κρούων
15 34 ἔδοξεν δὲ τῷ Σίλᾳ ἐπιμεῖναι αὐτοῦ
—h. v., TWH non mg. R non mg.
21 4 ἐπεμείναμεν αὐτοῦ ἡμέρας ἑπτά
10 ἐπιμενόντων δὲ ἡμέρας πλείους
28 12 καταχθέντες εἰς Συρακούσας ἐπεμείναμεν ἡμέρας τρεῖς
14 παρεκλήθημεν παρ' αὐτοῖς ἐπιμεῖναι ἡμέρας ἑπτά
Ro 6 1 ἐπιμένωμεν τ. ἁμαρτίᾳ
11 22 ἐὰν ἐπιμένῃς τ. χρηστότητι
23 κἀκεῖνοι δὲ ἐὰν μὴ ἐπιμένωσιν τ. ἀπιστίᾳ
I Co 16 7 ἐλπίζω γὰρ χρόνον τινὰ ἐπιμεῖναι πρὸς ὑμᾶς
8 ἐπιμενῶ δὲ ἐν Ἐφέσῳ ἕως τ. πεντηκοστῆς
Ga 1 18 ἐπέμεινα πρὸς αὐτὸν ἡμέρας δεκαπέντε
Phl 1 24 τὸ δὲ ἐπιμένειν τ. σαρκὶ ἀναγκαιότερον δι' ὑμᾶς
ἐπιμεῖναι, WH mg.
Col 1 23 εἴ γε ἐπιμένετε τ. πίστει τεθεμελιωμένοι
I Ti 4 16 ἐπίμενε αὐτοῖς

ἘΠΙΝΕΎΩ 1962

Ac 18 20 ἐρωτώντων δὲ αὐτῶν . . . μεῖναι οὐκ ἐπένευσεν

ἘΠΊΝΟΙΑ 1963

Ac 8 22 εἰ ἄρα ἀφεθήσεταί σοι ἡ ἐπίνοια τ. καρδίας σου

ἘΠΙΟΡΚΈΩ ** 1964

Mt 5 33 οὐκ ἐπιορκήσεις
לֹא־תִשָּׁבְעוּ בִשְׁמִי לַשָּׁקֶר, Lev. xix. 12

ἘΠΊΟΡΚΟΣ 1965

I Ti 1 10 ἀνδραποδισταῖς ψεύσταις ἐπιόρκοις

ἘΠΙΟΎΣΙΟΣ * † 1967

Mt 6 11 τ. ἄρτον ἡμῶν τ. ἐπιούσιον δὸς ἡμῖν σήμερον
Lu 11 3 τ. ἄρτον ἡμῶν τ. ἐπιούσιον δίδου ἡμῖν τὸ καθ' ἡμέραν

ἘΠΙΠΊΠΤΩ 1968

Mk 3 10 ὥστε ἐπιπίπτειν αὐτῷ ἵνα αὐτοῦ ἅψωνται
Lu 1 12 φόβος ἐπέπεσεν ἐπ' αὐτόν
15 20 δραμὼν ἐπέπεσεν ἐπὶ τ. τράχηλον αὐτοῦ
Jo 13 25 ἐπιπεσὼν οὖν ἐκεῖνος οὕτως ἐπὶ τὸ στῆθος τ. Ἰησοῦ
ἀναπεσών, WHR
Ac 8 16 οὐδέπω γὰρ ἦν ἐπ' οὐδενὶ αὐτῶν ἐπιπεπτωκός
10 44 ἐπέπεσεν τὸ πνεῦμα τὸ ἅγιον ἐπὶ πάντας τ. ἀκούοντας
11 15 ἐπέπεσεν τὸ πνεῦμα τὸ ἅγιον ἐπ' αὐτούς
19 17 ἐπέπεσεν φόβος ἐπὶ πάντας αὐτούς
20 10 καταβὰς δὲ ὁ Παῦλος ἐπέπεσεν αὐτῷ
37 ἐπιπεσόντες ἐπὶ τ. τράχηλον τ. Παύλου
23 7 ἐπέπεσεν στάσις τ. Φαρισαίων κ. Σαδδουκαίων
ἐγένετο, TWH non mg. R

Ro 15 3 οἱ ὀνειδισμοὶ τ. ὀνειδιζόντων σὲ ἐπέπεσαν ἐπ' ἐμέ

חֶרְפּוֹת חוֹרְפֶיךָ נָפְלוּ עָלָי, Ps. lxix. 10

Re 11 11 φόβος μέγας ἐπέπεσεν ἐπὶ τ. θεωροῦντας αὐτούς

ἘΠΙΠΛΗ'ΣΣΩ* 1969

I Ti 5 1 πρεσβυτέρῳ μὴ ἐπιπλήξῃς

ἘΠΙΠΟΘΕ'Ω 1971

Ro 1 11 ἐπιποθῶ γὰρ ἰδεῖν ὑμᾶς

II Co 5 2 τὸ οἰκητήριον ἡμῶν τὸ ἐξ οὐρανοῦ ἐπενδύσασθαι ἐπιποθοῦντες

9 14 αὐτῶν δεήσει ὑπὲρ ὑμῶν ἐπιποθούντων ὑμᾶς

Phl 1 8 ὡς ἐπιποθῶ πάντας ὑμᾶς ἐν σπλάγχνοις Χριστοῦ Ἰησοῦ

2 26 ἐπειδὴ ἐπιποθῶν ἦν πάντας ὑμᾶς ἰδεῖν

I Th 3 6 ἐπιποθοῦντες ἡμᾶς ἰδεῖν καθάπερ κ. ἡμεῖς ὑμᾶς

II Ti 1 4 ἐπιποθῶν σε ἰδεῖν

Ja 4 5 πρὸς φθόνον ἐπιποθεῖ τὸ πνεῦμα ὃ κατῴκισεν ἐν ἡμῖν

I Pe 2 2 τὸ λογικὸν ἄδολον γάλα ἐπιποθήσατε

ἘΠΙΠΟ'ΘΗΣΙΣ**† 1972

II Co 7 7 ἀναγγέλλων ἡμῖν τὴν ὑμῶν ἐπιπόθησιν

11 πόσην κατειργάσατο ὑμῖν σπουδὴν . . . ἀλλὰ ἐπιπόθησιν

ἘΠΙΠΟ'ΘΗΤΟΣ*† 1973

Phl 4 1 ἀδελφοί μου ἀγαπητοὶ κ. ἐπιπόθητοι

ἘΠΙΠΟΘΙ'Α*† 1974

Ro 15 23 ἐπιποθίαν δὲ ἔχων τοῦ ἐλθεῖν πρὸς ὑμᾶς

ἘΠΙΠΟΡΕΥ'ΟΜΑΙ 1975

Lu 8 4 τῶν κατὰ πόλιν ἐπιπορευομένων πρὸς αὐτόν

ἘΠΙΡΑ'ΠΤΩ*† 1976

Mk 2 21 οὐδεὶς ἐπίβλημα ῥάκους ἀγνάφου ἐπιράπτει ἐπὶ ἱμάτιον παλαιόν

ἘΠΙΡΙ'ΠΤΩ 1977

Lu 19 35 ἐπιρίψαντες αὐτῶν τὰ ἱμάτια ἐπὶ τ. πῶλον

I Pe 5 7 πᾶσαν τ. μέριμναν ὑμῶν ἐπιρίψαντες ἐπ' αὐτόν

הַשְׁלֵךְ עַל־יְהוָֹה יְהָבְךָ, Ps. lv. 23

ἘΠΙ'ΣΗΜΟΣ 1978

Mt 27 16 εἶχον δὲ τότε δέσμιον ἐπίσημον

Ro 16 7 οἵτινές εἰσιν ἐπίσημοι ἐν τ. ἀποστόλοις

ἘΠΙΣΙΤΙΣΜΟ'Σ 1979

Lu 9 12 ἵνα . . . καταλύσωσιν κ. εὕρωσιν ἐπισιτισμόν

ἘΠΙΣΚΕ'ΠΤΟΜΑΙ 1980

Mt 25 36 ἠσθένησα κ. ἐπεσκέψασθέ με

43 ἀσθενὴς κ. ἐν φυλακῇ κ. οὐκ ἐπεσκέψασθέ με

Lu 1 68 ὅτι ἐπεσκέψατο κ. ἐποίησεν λύτρωσιν τ. λαῷ αὐτοῦ

78 ἐν οἷς ἐπισκέψεται ἡμᾶς ἀνατολὴ ἐξ ὕψους
ἐπεσκέψατο, TR mg.

7 16 ἐπεσκέψατο ὁ Θεὸς τ. λαὸν αὐτοῦ

Ac 6 3 ἐπισκέψασθε δὲ . . . ἄνδρας ἐξ ὑμῶν μαρτυρουμένους ἑπτά

7 23 ἐπισκέψασθαι τ. ἀδελφοὺς αὐτοῦ τ. υἱοὺς Ἰσραήλ

15 14 καθὼς πρῶτον ὁ Θεὸς ἐπεσκέψατο λαβεῖν ἐξ ἐθνῶν λαόν

36 ἐπιστρέψαντες δὴ ἐπισκεψώμεθα τ. ἀδελφούς

He 2 6 ἢ υἱὸς ἀνθρώπου ὅτι ἐπισκέπτῃ αὐτόν;

וּבֶן־אָדָם כִּי תִפְקְדֶנּוּ, Ps. viii. 5

Ja 1 27 ἐπισκέπτεσθαι ὀρφανοὺς κ. χήρας ἐν τ. θλίψει αὐτῶν

ἘΠΙΣΚΕΥΑ'ΖΟΜΑΙ 1980.5

Ac 21 15 μετὰ δὲ τ. ἡμέρας ταύτας ἐπισκευασάμενοι

ἘΠΙΣΚΗΝΟ'Ω* 1981

II Co 12 9 ἵνα ἐπισκηνώσῃ ἐπ' ἐμὲ ἡ δύναμις τ. Χριστοῦ

ἘΠΙΣΚΙΑ'ΖΩ 1982

Mt 17 5 νεφέλη φωτεινὴ ἐπεσκίασεν αὐτούς

Mk 9 7 ἐγένετο νεφέλη ἐπισκιάζουσα αὐτοῖς

Lu 1 35 δύναμις ὑψίστου ἐπισκιάσει σοι

9 34 ἐγένετο νεφέλη κ. ἐπεσκίαζεν αὐτούς

Ac 5 15 ἵνα ἐρχομένου Πέτρου κἂν ἡ σκιὰ ἐπισκιάσει τινὶ αὐτῶν
ἐπισκιάσῃ, T

ἘΠΙΣΚΟΠΕ'Ω 1983

He 12 15 ἐπισκοποῦντες μή τις ὑστερῶν ἀπὸ τ. χάριτος τ. Θεοῦ

I Pe 5 2 ἐπισκοποῦντες μὴ ἀναγκαστῶς
—ἐπισκ., TWHR mg.

ἘΠΙΣΚΟΠΗ'† 1984

Lu 19 44 ἀνθ' ὧν οὐκ ἔγνως τ. καιρὸν τ. ἐπισκοπῆς σου

Ac 1 20 τ. ἐπισκοπὴν αὐτοῦ λαβέτω ἕτερος

פְּקֻדָּתוֹ יִקַּח אַחֵר, Ps. cix. 8

I Ti 3 1 εἴ τις ἐπισκοπῆς ὀρέγεται καλοῦ ἔργου ἐπιθυμεῖ

I Pe 2 12 ἵνα . . . δοξάσωσιν τ. Θεὸν ἐν ἡμέρᾳ ἐπισκοπῆς

ἘΠΙ'ΣΚΟΠΟΣ 1985

Ac 20 28 ἐν ᾧ ὑμᾶς τὸ πνεῦμα τὸ ἅγιον ἔθετο ἐπισκόπους

Phl 1 1 σὺν ἐπισκόποις κ. διακόνοις

I Ti 3 2 δεῖ οὖν τ. ἐπίσκοπον ἀνεπίλημπτον εἶναι

Tit 1 7 δεῖ γὰρ τ. ἐπίσκοπον ἀνέγκλητον εἶναι

I Pe 2 25 ἐπεστραφητε νῦν ἐπὶ τ. ποιμένα κ. ἐπίσκοπον τ. ψυχῶν ὑμῶν

Ἐ ΠΙΣΠΑ΄ΟΜΑΙ 1986

I Co 7 18 περιτετμημένος τις ἐκλήθη; μὴ ἐπισπάσθω

1986.5 Ἐ ΠΙΣΠΕΙ΄ΡΩ* cf. 4687

Mt 13 25 ἐπέσπειρεν ζιζάνια ἀνὰ μέσον τ. σιτου

Ἐ ΠΙ΄ΣΤΑΜΑΙ 1987

Mk 14 68 οὔτε οἶδα οὔτε ἐπίσταμαι σὺ τί λεγεις
ἐπίσταμαι· σὺ τί λέγεις;, WH mg. R mg.
Ac 10 28 ὑμεῖς ἐπίστασθε ὡς ἀθέμιτόν ἐστιν ἀνδρὶ Ἰουδαίῳ
15 7 ὑμεῖς ἐπίστασθε ὅτι ἀφ' ἡμερῶν ἀρχαίων ἐν ὑμῖν ἐξελέξατο
18 25 ἐπιστάμενος μόνον τὸ βάπτισμα Ἰωάνου
19 15 τ. μὲν Ἰησοῦν γινώσκω κ. τ. Παῦλον ἐπίσταμαι
25 ἐπίστασθε ὅτι ἐκ ταύτης τ. ἐργασίας ἡ εὐπορία ἡμῖν ἐστίν
20 18 ὑμεῖς ἐπίστασθε . . . πῶς μεθ' ὑμῶν τ. πάντα χρόνον ἐγενόμην
22 19 αὐτοὶ ἐπίστανται ὅτι ἔγω ἤμην φυλακίζων
24 10 ὄντα σε κριτὴν τ. ἔθνει τούτῳ ἐπιστάμενος
26 26 ἐπίσταται γὰρ περὶ τούτων ὁ βασιλεύς
I Ti 6 4 τετύφωται μηδὲν ἐπιστάμενος
He 11 8 ἐξῆλθεν μὴ ἐπιστάμενος ποῦ ἔρχεται
Ja 4 14 οἵτινες οὐκ ἐπίστασθε τὸ τῆς αὔριον
—τὸ, WH non mg.; τὰ, WH mg.
Ju 10 ὅσα δὲ φυσικῶς ὡς τὰ ἄλογα ζῷα ἐπίστανται

Ἐ ΠΙ΄ΣΤΑΣΙΣ** 1987.5

Ac 24 12 οὔτε ἐν τ. ἱερῷ εὗρόν με . . ἐπίστασιν ποιοῦντα ὄχλου
II Co 11 28 ἡ ἐπίστασίς μοι ἡ καθ' ἡμέραν

Ἐ ΠΙΣΤΑ΄ΤΗΣ 1988

Lu 5 5 ἐπιστάτα δι' ὅλης νυκτὸς κοπιάσαντες
8 24 ἐπιστάτα ἐπιστάτα ἀπολλύμεθα
45 ἐπιστάτα οἱ ὄχλοι συνέχουσίν σε
9 33 ἐπιστάτα καλόν ἐστιν ἡμᾶς ὧδε εἶναι
49 ἐπιστάτα εἴδαμέν τινα ἐν τ. ὀνόματί σου ἐκβάλλοντα δαιμόνια
17 13 Ἰησοῦ ἐπιστάτα ἐλέησον ἡμᾶς

Ἐ ΠΙΣΤΕ΄ΛΛΩ 1989

Ac 15 20 ἐπιστεῖλαι αὐτοῖς τοῦ ἀπέχεσθαι τ. ἀλισγημάτων τ. εἰδώλων
21 25 περὶ δὲ τ. πεπιστευκότων ἐθνῶν ἡμεῖς ἐπεστείλαμεν
ἀπεστείλαμεν, WH non mg. R mg.
He 13 22 κ γὰρ διὰ βραχέων ἐπέστειλα ὑμῖν

Ἐ ΠΙΣΤΗ΄ΜΩΝ 1990

Ja 3 13 τις σοφὸς κ. ἐπιστήμων ἐν ὑμῖν;

Ἐ ΠΙΣΤΗΡΙ΄ΖΩ 1991

Ac 14 22 ἐπιστηρίζοντες τ. ψυχὰς τ. μαθητῶν
15 32 παρεκάλεσαν τ. ἀδελφοὺς κ. ἐπεστήριξαν
41 ἐπιστηρίζων τ. ἐκκλησίας

Ἐ ΠΙΣΤΟΛΗ΄ 1992

Ac 9 2 ᾐτήσατο παρ' αὐτοῦ ἐπιστολὰς εἰς Δαμασκόν
15 30 συναγαγόντες τὸ πλῆθος ἐπέδωκαν τ. ἐπιστολήν
22 5 παρ' ὧν κ. ἐπιστολὰς δεξάμενος πρὸς τ. ἀδελφούς
23 25 γράψας ἐπιστολὴν ἔχουσαν τ. τύπον τοῦτον
33 ἀναδόντες τ. ἐπιστολὴν τ. ἡγεμόνι
Ro 16 22 ἐγὼ Τέρτιος ὁ γράψας τ. ἐπιστολήν
I Co 5 9 ἔγραψα ὑμῖν ἐν τ. ἐπιστολῇ
16 3 οὓς ἐὰν δοκιμάσητε δι' ἐπιστολῶν
II Co 3 1 ἢ μὴ χρῄζομεν . . . συνστατικῶν ἐπιστολῶν πρὸς ὑμᾶς ἢ ἐξ ὑμῶν;
2 ἡ ἐπιστολὴ ἡμῶν ὑμεῖς ἐστέ
3 ἐστὲ ἐπιστολὴ Χριστοῦ διακονηθεῖσα ὑφ' ἡμῶν
7 8 εἰ κ. ἐλύπησα ὑμᾶς ἐν τ. ἐπιστολῇ
8 ἡ ἐπιστολὴ ἐκείνη εἰ κ. πρὸς ὥραν ἐλύπησεν ὑμᾶς
10 9 ὡς ἂν ἐκφοβεῖν ὑμᾶς διὰ τ. ἐπιστολῶν.
10 ὅτι αἱ ἐπιστολαὶ μὲν φησὶν βαρεῖαι κ. ἰσχυραί
11 οἷοί ἐσμεν τ. λόγῳ δι' ἐπιστολῶν ἀπόντες
Col 4 16 ὅταν ἀναγνωσθῇ παρ' ὑμῖν ἡ ἐπιστολή
I Th 5 27 ἀναγνωσθῆναι τ. ἐπιστολὴν πᾶσι τ. ἀδελφοῖς
II Th 2 2 μήτε δι' ἐπιστολῆς ὡς δι' ἡμῶν
15 εἴτε διὰ λόγου εἴτε δι' ἐπιστολῆς ἡμῶν
3 14 οὐχ ὑπακούει τ. λόγῳ ἡμῶν διὰ τ. ἐπιστολῆς
17 ὅ ἐστιν σημεῖον ἐν πάσῃ ἐπιστολῇ
II Pe 3 1 ταύτην ἤδη . . . δευτέραν ὑμῖν γράφω ἐπιστολήν
16 ἔγραψεν ὑμῖν ὡς κ. ἐν πάσαις ἐπιστολαῖς

Ἐ ΠΙΣΤΟΜΙ΄ΖΩ* 1993

Tit 1 11 οὓς δεῖ ἐπιστομίζειν

Ἐ ΠΙΣΤΡΕ΄ΦΩ 1994

(1) trans.

Mt 10 13 ἡ εἰρήνη ὑμῶν ἐφ' ὑμᾶς ἐπιστραφήτω
πρὸς ὑμ., TWH mg. R
12 44 εἰς τ. οἶκόν μου ἐπιστρέψω ὅθεν ἐξῆλθον
13 15 μή ποτε . . . τ. καρδίᾳ συνῶσιν κ. ἐπιστρέψωσιν κ. ἰάσομαι αὐτούς
פֶּן . . . לְבָבוֹ יָבִין וָשָׁב וְרָפָא לוֹ, Is. vi. 10
24 18 ὁ ἐν τ. ἀγρῷ μὴ ἐπιστρεψάτω ὀπίσω
Mk 4 12 μή ποτε ἐπιστρέψωσιν κ. ἀφεθῇ αὐτοῖς, Is. *l.c.*
5 30 ἐπιστραφεὶς ἐν τ. ὄχλῳ ἔλεγεν
8 33 ὁ δὲ ἐπιστραφεὶς κ. ἰδὼν τ. μαθητὰς αὐτοῦ
13 16 ὁ εἰς τ. ἀγρὸν μὴ ἐπιστρεψάτω εἰς τὰ ὀπίσω
Lu 1 16 [1] πολλοὺς τ. υἱῶν Ἰσραὴλ ἐπιστρέψει ἐπὶ Κύριον
17 [1] ἐπιστρέψαι καρδίας πατέρων ἐπὶ τέκνα
הֵשִׁיב לֵב־אָבוֹת עַל־בָּנִים, Mal. iii. 24
2 39 ἐπέστρεψαν εἰς τ. Γαλιλαίαν
8 55 ἐπέστρεψεν τὸ πνεῦμα αὐτῆς
17 4 ἐὰν . . . ἑπτάκις ἐπιστρέψῃ πρός σε
31 ὁ ἐν ἀγρῷ ὁμοίως μὴ ἐπιστρεψάτω εἰς τὰ ὀπίσω
22 32 σύ ποτε ἐπιστρέψας στήρισον τ. ἀδελφούς σου

Jo 21 20 ἐπιστραφεὶς ὁ Πέτρος βλέπει τ. μαθητὴν
Ac 3 19 μετανοήσατε οὖν κ. ἐπιστρέψατε
9 35 οἵτινες ἐπέστρεψαν ἐπὶ τ. Κύριον
40 ἐπιστρέψας πρὸς τὸ σῶμα εἶπεν Ταβειθά
11 21 πολύς τε ἀριθμὸς ὁ πιστεύσας ἐπέστρεψεν ἐπὶ τ. Κύριον
14 15 ἀπὸ τούτων τ. ματαιων ἐπιστρέφειν ἐπὶ Θεὸν ζῶντα
15 19 τοῖς ἀπὸ τ. ἐθνῶν ἐπιστρέφουσιν ἐπὶ τ. Θεόν
36 ἐπιστρέψαντες δὴ ἐπισκεψώμεθα τ. ἀδελφοὺς
16 18 διαπονηθεὶς δὲ Παῦλος κ. ἐπιστρέψας
26 18 τοῦ ἐπιστρέψαι ἀπὸ σκότους εἰς φῶς
20 ἀπήγγελλον μετανοεῖν κ. ἐπιστρέφειν ἐπὶ τ. Θεόν
28 27 μή ποτε . . . τ. καρδίᾳ συνῶσιν κ. ἐπιστρέψωσιν, Is. *l.c.*
II Co 3 16 ἡνίκα δὲ ἐὰν ἐπιστρέψῃ πρὸς Κύριον
Ga 4 9 πῶς ἐπιστρέφετε πάλιν ἐπὶ τὰ ἀσθενῆ κ. πτωχὰ στοιχεῖα
I Th 1 9 πῶς ἐπεστρέψατε πρὸς τ. Θεὸν ἀπὸ τ. εἰδώλων
Ja 5 19 [1] ἐὰν . . . ἐπιστρέψῃ τις αὐτόν,
20 [1] γινώσκετε ὅτι ὁ ἐπιστρέψας ἁμαρτωλὸν ἐκ πλάνης ὁδοῦ αὐτοῦ
I Pe 2 25 ἐπεστράφητε νῦν ἐπὶ τ. ποιμένα κ. ἐπίσκοπον τ. ψυχῶν ὑμῶν
II Pe 2 22 κύων ἐπιστρέψας ἐπὶ τὸ ἴδιον ἐξέραμα
כְּכֶלֶב שָׁב עַל־קֵאוֹ, Prov. xxvi. 11
Re 1 12 ἐπέστρεψα βλέπειν τ. φωνὴν ἥτις ἐλάλει μετ' ἐμοῦ·
κ. ἐπιστρέψας εἶδον ἑπτὰ λυχνίας χρυσᾶς

ἘΠΙΣΤΡΟΦΗ´ 1995

Ac 15 3 ἐκδιηγούμενοι τ. ἐπιστροφὴν τ. ἐθνῶν

ἘΠΙΣΥΝΑ´ΓΩ 1996

Mt 23 37 ποσάκις ἠθέλησα ἐπισυναγαγεῖν τὰ τέκνα σου
ὃν τρόπον ὄρνις ἐπισυνάγει τὰ νοσσία αὐτῆς
24 31 ἐπισυνάξουσιν τ. ἐκλεκτοὺς αὐτοῦ ἐκ τ. τεσσάρων ἀνέμων
Mk 1 33 ἦν ὅλη ἡ πόλις ἐπισυνηγμένη πρὸς τ. θύραν
13 27 ἐπισυνάξει τ. ἐκλεκτοὺς αὐτοῦ ἐκ τ. τεσσάρων ἀνέμων
Lu 12 1 ἐν οἷς ἐπισυναχθεισῶν τ. μυριάδων τ. ὄχλου
13 34 ποσάκις ἠθέλησα ἐπισυνάξαι τὰ τέκνα σου
17 37 ὅπου τὸ σῶμα ἐκεῖ κ. οἱ ἀετοὶ ἐπισυναχθήσονται

ἘΠΙΣΥΝΑΓΩΓΗ´ ** † 1997

II Th 2 1 ὑπὲρ τ. παρουσίας τ. Κυρίου . . . κ. ἡμῶν ἐπισυναγωγῆς ἐπ' αὐτόν
He 10 25 μὴ ἐγκαταλείποντες τ. ἐπισυναγωγὴν ἑαυτῶν

ἘΠΙΣΥΝΤΡΕ´ΧΩ * † 1998

Mk 9 25 ἰδὼν δὲ ὁ Ἰησοῦς ὅτι ἐπισυντρέχει ὁ ὄχλος

ἘΠΙΣΦΑΛΗ´Σ ** 2000

Ac 27 9 ὄντος ἤδη ἐπισφαλοῦς τ. πλοός

ἘΠΙΣΧΥ´Ω ** 2001

Lu 23 5 οἱ δὲ ἐπίσχυον λέγοντες

ἘΠΙΣΩΡΕΥ´Ω ** 2002

II Ti 4 3 κατὰ τ. ἰδίας ἐπιθυμίας ἑαυτοῖς ἐπισωρεύσουσιν διδασκάλους

ἘΠΙΤΑΓΗ´ 2003

Ro 16 26 κατ' ἐπιταγὴν τ. αἰωνίου Θεοῦ
I Co 7 6 τοῦτο δὲ λέγω κατὰ συνγνώμην οὐ κατ' ἐπιταγήν
25 περὶ δὲ τ. παρθένων ἐπιταγὴν Κυρίου οὐκ ἔχω
II Co 8 8 οὐ κατ' ἐπιταγὴν λέγω
I Ti 1 1 κατ' ἐπιταγὴν Θεοῦ σωτῆρος ἡμῶν
Tit 1 3 κατ' ἐπιταγὴν τ. σωτῆρος ἡμῶν Θεοῦ
2 15 ἔλεγχε μετὰ πάσης ἐπιταγῆς

ἘΠΙΤΑ´ΣΣΩ 2004

Mk 1 27 κατ' ἐξουσίαν κ. τ. πνεύμασι τ. ἀκαθάρτοις ἐπιτάσσει
6 27 ἐπέταξεν ἐνέγκαι τ. κεφαλὴν αὐτοῦ
39 ἐπέταξεν αὐτοῖς ἀνακλιθῆναι πάντας συμπόσια συμπόσια
9 25 τὸ ἄλαλον κ. κωφὸν πνεῦμα ἐγὼ ἐπιτάσσω σοί
Lu 4 36 ἐν ἐξουσίᾳ κ. δυνάμει ἐπιτάσσει τ. ἀκαθάρτοις πνεύμασιν
8 25 κ. τ. ἀνέμοις ἐπιτάσσει κ. τ. ὕδατι
31 ἵνα μὴ ἐπιτάξῃ αὐτοῖς εἰς τὴν ἄβυσσον ἀπελθεῖν
14 22 κύριε γέγονεν ὃ ἐπέταξας
Ac 23 2 ὁ δὲ ἀρχιερεὺς Ἀνανίας ἐπέταξεν τ. παρεστῶσιν αὐτῷ
Phm 8 παρρησίαν ἔχων ἐπιτάσσειν σοι τὸ ἀνῆκον

ἘΠΙΤΕΛΕ´Ω 2005

Ro 15 28 τοῦτο οὖν ἐπιτελέσας
II Co 7 1 ἐπιτελοῦντες ἁγιωσύνην ἐν φόβῳ Θεοῦ
8 6 οὕτως κ. ἐπιτελέσῃ εἰς ὑμᾶς κ. τ. χάριν ταύτην
11 νυνὶ δὲ κ. τὸ ποιῆσαι ἐπιτελέσατε
11 οὕτως κ. τὸ ἐπιτελέσαι ἐκ τοῦ ἔχειν
Ga 3 3 ἐναρξάμενοι πνεύματι νῦν σαρκὶ ἐπιτελεῖσθε;
Phl 1 6 ὁ ἐναρξάμενος ἐν ὑμῖν ἔργον ἀγαθὸν ἐπιτελέσει
He 8 5 Μωυσῆς μέλλων ἐπιτελεῖν τ. σκηνήν
9 6 εἰσίασιν οἱ ἱερεῖς τ. λατρείας ἐπιτελοῦντες
I Pe 5 9 τὰ αὐτὰ τ. παθημάτων τ. . . . ἀδελφότητι ἐπιτελεῖσθαι

ἘΠΙΤΗ´ΔΕΙΟΣ 2006

Ja 2 16 μὴ δῶτε δὲ αὐτοῖς τὰ ἐπιτήδεια τ. σώματος

ἘΠΙΤΙ´ΘΗΜΙ 2007

(1) ἐπιτ. ὄνομα

Mt 9 18 ἐλθὼν ἐπίθες τ. χεῖρά σου ἐπ' αὐτήν
19 13 ἵνα τ. χεῖρας ἐπιθῇ αὐτοῖς

Mt 19 15 ἐπιθεὶς τ. χεῖρας αὐτοῖς ἐπορεύθη ἐκεῖθεν
21 7 ἐπέθηκαν ἐπ' αὐτῶν τὰ ἱμάτια
23 4 ἐπιτιθέασιν ἐπὶ τ. ὤμους τ. ἀνθρώπων
27 29 ἐπέθηκαν ἐπὶ τ. κεφαλῆς αὐτοῦ
37 ἐπέθηκαν ἐπάνω τ. κεφαλῆς αὐτοῦ τ. αἰτίαν αὐτοῦ γεγραμμένην
Mk 3 16 [1] ἐπέθηκεν ὄνομα τ. Σίμωνι Πέτρον
17 [1] ἐπέθηκεν αὐτοῖς ὄνομα Βοανηργές
5 23 ἵνα ἐλθὼν ἐπιθῇς τ. χεῖρας αὐτῇ
6 5 εἰ μὴ ὀλίγοις ἀρρώστοις ἐπιθεὶς τ. χεῖρας ἐθεράπευσεν
7 32 παρακαλοῦσιν αὐτὸν ἵνα ἐπιθῇ αὐτῷ τ. χεῖρα
8 23 ἐπιθεὶς τ. χεῖρας αὐτῷ ἐπηρώτα αὐτόν
25 εἶτα πάλιν ἐπέθηκεν τ. χεῖρας ἐπὶ τ. ὀφθαλμοὺς αὐτοῦ
ἔθηκεν, WH
16 [18 ἐπὶ ἀρρώστους χεῖρας ἐπιθήσουσιν
Lu 4 40 ὁ δὲ ἑνὶ ἑκάστῳ αὐτῶν τ. χεῖρας ἐπιτιθείς
10 30 πληγὰς ἐπιθέντες ἀπῆλθον
13 13 ἐπέθηκεν αὐτῇ τ. χεῖρας
15 5 εὑρὼν ἐπιτίθησιν ἐπὶ τ. ὤμους αὐτοῦ χαίρων
23 26 ἐπέθηκαν αὐτῷ τ. σταυρόν
Jo 9 6 ἐπέθηκεν αὐτοῦ τ. πηλὸν ἐπὶ τ. ὀφθαλμούς
ἐπέχρισεν, TWH mg. R
15 πηλὸν ἐπέθηκέν μου ἐπὶ τ. ὀφθαλμούς
19 2 πλέξαντες στέφανον ἐξ ἀκανθῶν ἐπέθηκαν αὐτοῦ τ. κεφαλῇ
Ac 6 6 προσευξάμενοι ἐπέθηκαν αὐτοῖς τ. χεῖρας
8 17 τότε ἐπετίθεσαν τ. χεῖρας ἐπ' αὐτούς
19 ἵνα ᾧ ἐὰν ἐπιθῶ τ. χεῖρας λαμβάνῃ
9 12 εἶδεν ἄνδρα . . . ἐπιθέντα αὐτῷ τ. χεῖρας
17 ἐπιθεὶς ἐπ' αὐτὸν τ. χεῖρας εἶπεν
13 3 ἐπιθέντες τ. χεῖρας αὐτοῖς ἀπέλυσαν
15 10 ἐπιθεῖναι ζυγὸν ἐπὶ τ. τράχηλον τ. μαθητῶν
28 μηδὲν πλέον ἐπιτίθεσθαι ὑμῖν βάρος
16 23 πολλὰς δὲ ἐπιθέντες αὐτοῖς πληγάς
18 10 οὐδεὶς ἐπιθήσεταί σοι τοῦ κακῶσαί σε
19 6 ἐπιθέντος αὐτοῖς τ. Παύλου χεῖρας
28 3 τ. Παύλου . . . ἐπιθέντος ἐπὶ τ. πυράν
8 ἐπιθεὶς τ. χεῖρας αὐτῷ ἰάσατο αὐτόν
10 ἀναγομένοις ἐπέθεντο τὰ πρὸς τ. χρείας
I Ti 5 22 χεῖρας ταχέως μηδενὶ ἐπιτίθει
Re 22 18 ἐάν τις ἐπιθῇ ἐπ' αὐτά,
ἐπιθήσει ὁ Θεὸς ἐπ' αὐτὸν τ. πληγὰς τ. γεγραμμένας ἐν τ. βιβλίῳ τούτῳ

ἘΠΙΤΙΜΆΩ 2008

(1) seq. ἵνα

Mt 8 26 ἐγερθεὶς ἐπετίμησεν τ. ἀνέμοις κ. τ. θαλάσσῃ
12 16 [1] ἐπετίμησεν αὐτοῖς ἵνα μὴ φανερὸν αὐτὸν ποιήσωσιν
16 20 [1] τότε ἐπετίμησεν τ. μαθηταῖς ἵνα μηδενὶ εἴπωσιν
διεστείλατο, TWH non mg. R
22 ὁ Πέτρος ἤρξατο ἐπιτιμᾶν αὐτῷ λέγων
ὁ Π. λέγει αὐτῷ ἐπιτιμῶν, WH mg.
17 18 ἐπετίμησεν αὐτῷ ὁ Ἰησοῦς
19 13 οἱ δὲ μαθηταὶ ἐπετίμησαν αὐτοῖς
20 31 [1] ὁ δὲ ὄχλος ἐπετίμησεν αὐτοῖς ἵνα σιωπήσωσιν
Mk 1 25 ἐπετίμησεν αὐτῷ ὁ Ἰησοῦς λέγων
3 12 [1] πολλὰ ἐπετίμα αὐτοῖς ἵνα μὴ αὐτὸν φανερὸν ποιήσωσιν
4 39 διεγερθεὶς ἐπετίμησεν τ. ἀνέμῳ
8 30 [1] ἐπετίμησεν αὐτοῖς ἵνα μηδενὶ λέγωσιν
32 προσλαβόμενος ὁ Πέτρος αὐτὸν ἤρξατο ἐπιτιμᾶν αὐτῷ
33 ἰδὼν τ. μαθητὰς αὐτοῦ ἐπετίμησεν Πέτρῳ
9 25 ἐπετίμησεν τ. πνεύματι τ. ἀκαθάρτῳ
10 13 οἱ δὲ μαθηταὶ ἐπετίμησαν αὐτοῖς
ἐπετίμων τ. προσφέρουσιν, T
48 [1] ἐπετίμων αὐτῷ πολλοὶ ἵνα σιωπήσῃ
Lu 4 35 ἐπετίμησεν αὐτῷ ὁ Ἰησοῦς λέγων
39 ἐπετίμησεν τ. πυρετῷ κ. ἀφῆκεν αὐτήν
41 ἐπιτιμῶν οὐκ εἴα αὐτὰ λαλεῖν
8 24 ὁ δὲ διεγερθεὶς ἐπετίμησεν τ. ἀνέμῳ
9 21 ὁ δὲ ἐπιτιμήσας αὐτοῖς παρήγγειλεν
42 ἐπετίμησεν δὲ ὁ Ἰησοῦς τ. πνεύματι τ. ἀκαθάρτῳ
55 στραφεὶς δὲ ἐπετίμησεν αὐτοῖς
17 3 ἐὰν ἁμάρτῃ ὁ ἀδελφός σου ἐπιτίμησον αὐτῷ
18 15 ἰδόντες δὲ οἱ μαθηταὶ ἐπετίμων αὐτοῖς
39 [1] οἱ προάγοντες ἐπετίμων αὐτῷ ἵνα σιγήσῃ
19 39 διδάσκαλε ἐπιτίμησον τ. μαθηταῖς σου
23 40 ἀποκριθεὶς δὲ ὁ ἕτερος ἐπιτιμῶν αὐτῷ ἔφη
II Ti 4 2 ἔλεγξον ἐπιτίμησον παρακάλεσον
παρακ. ἐπιτ. TWH mg.
Ju 9 ἐπιτιμήσαι σοι Κύριος

ἘΠΙΤΙΜΊΑ ** 2009

II Co 2 6 ἱκανὸν τ. τοιούτῳ ἡ ἐπιτιμία αὕτη ἡ ὑπὸ τ. πλειόνων

ἘΠΙΤΡΈΠΩ 2010

Mt 8 21 ἐπίτρεψόν μοι πρῶτον ἀπελθεῖν κ. θάψαι
19 8 Μωυσῆς . . . ἐπέτρεψεν ὑμῖν ἀπολῦσαι τ. γυναῖκας ὑμῶν
Mk 5 13 κ. ἐπέτρεψεν αὐτοῖς
10 4 ἐπέτρεψεν Μωυσῆς βιβλίον ἀποστασίου γράψαι
Lu 8 32 ἵνα ἐπιτρέψῃ αὐτοῖς εἰς ἐκείνους εἰσελθεῖν· κ. ἐπέτρεψεν αὐτοῖς
9 59 ἐπίτρεψόν μοι πρῶτον ἀπελθόντι θάψαι
61 πρῶτον δὲ ἐπίτρεψόν μοι ἀποτάξασθαι
Jo 19 38 ἐπέτρεψεν ὁ Πειλᾶτος
Ac 21 39 ἐπίτρεψόν μοι λαλῆσαι πρὸς τ. λαόν.
40 ἐπιτρέψαντος δὲ αὐτοῦ ὁ Παῦλος ἑστώς
26 1 ἐπιτρέπεταί σοι ὑπὲρ σεαυτοῦ λέγειν
27 3 ἐπέτρεψεν πρὸς τ. φίλους πορευθέντι ἐπιμελείας τυχεῖν
28 16 ἐπετράπη τ. Παύλῳ μένειν καθ' ἑαυτόν
τῷ δὲ Π. ἐπετρ., WH mg.
I Co 14 34 οὐ γὰρ ἐπιτρέπεται αὐταῖς λαλεῖν
16 7 ἐὰν ὁ Κύριος ἐπιτρέψῃ
I Ti 2 12 διδάσκειν δὲ γυναικὶ οὐκ ἐπιτρέπω
He 6 3 τοῦτο ποιήσομεν ἐάνπερ ἐπιτρέπῃ ὁ Θεός

2010.5 ἘΠΙΤΡΟΠΕΎΩ * cf. 2230

Lu 3 1 ἐπιτροπεύοντος Ποντίου Πειλάτου τ. Ἰουδαίας
ἡγεμονεύοντος, TWH non mg. R

ἘΠΙΤΡΟΠΉ ** 2011

Ac 26 12 μετ' ἐξουσίας κ. ἐπιτροπῆς τῆς τ. ἀρχιερέως

Ἐπί´τροπος** 2012

Mt 20 8 λέγει ὁ κύριος τ. ἀμπελῶνος τ. ἐπιτρόπῳ αὐτοῦ
Lu 8 3 Ἰωάνα γυνὴ Χουζᾶ ἐπιτρόπου Ἡρῴδου
Ga 4 2 ἀλλὰ ὑπὸ ἐπιτρόπους ἐστὶν κ. οἰκονόμους

Ἐπιτυγχα´νω 2013

Ro 11 7 ὃ ἐπιζητεῖ Ἰσραὴλ τοῦτο οὐκ ἐπέτυχεν ἡ δὲ ἐκλογὴ ἐπέτυχεν
He 6 15 οὕτως μακροθυμήσας ἐπέτυχεν τ. ἐπαγγελίας
11 33 οἳ διὰ πίστεως . . . ἐπέτυχον ἐπαγγελιῶν
Ja 4 2 ζηλοῦτε κ. οὐ δύνασθε ἐπιτυχεῖν

Ἐπιφαι´νω 2014

Lu 1 79 ἐπιφᾶναι τοῖς ἐν σκότει κ. σκιᾷ θανάτου καθημένοις
Ac 27 20 μήτε ἄστρων ἐπιφαινόντων ἐπὶ πλείονας ἡμέρας
Tit 2 11 ἐπεφάνη γὰρ ἡ χάρις τ. Θεοῦ
3 4 ὅτε δὲ . . . ἡ φιλανθρωπία ἐπεφάνη τ. σωτῆρος ἡμῶν Θεοῦ

Ἐπιφα´νεια 2015

II Th 2 8 καταργήσει τ. ἐπιφανείᾳ τ. παρουσίας αὐτοῦ
I Ti 6 14 μέχρι τ. ἐπιφανείας τ. Κυρίου ἡμῶν Ἰησοῦ Χριστοῦ
II Ti 1 10 διὰ τ. ἐπιφανείας τ. σωτῆρος ἡμῶν Χριστοῦ Ἰησοῦ
4 1 τ. ἐπιφάνειαν αὐτοῦ κ. τ. βασίλειαν αὐτοῦ
8 πᾶσι τ. ἠγαπηκόσι τ. ἐπιφάνειαν αὐτοῦ
Tit 2 13 προσδεχόμενοι τὴν . . . ἐπιφάνειαν τ. δόξης τ. μεγάλου Θεοῦ

Ἐπιφανή´ς 2016

Ac 2 20 πρὶν ἐλθεῖν ἡμέραν Κυρίου τ. μεγάλην κ. ἐπιφανῆ
—κ. ἐπιφ., T
לִפְנֵי בּוֹא יוֹם יְהוָֹה הַגָּדוֹל וְהַנּוֹרָא, Joel iii. 4

Ἐπιφαύ´σκω† 2017

Eph 5 14 ἐπιφαύσει σοι ὁ Χριστός

Ἐπιφέ´ρω 2018

Ro 3 5 μὴ ἄδικος ὁ Θεὸς ὁ ἐπιφέρων τ. ὀργήν;
Ju 9 οὐκ ἐτόλμησεν κρίσιν ἐπενεγκεῖν βλασφημίας

Ἐπιφωνέ´ω** 2019

Lu 23 21 οἱ δὲ ἐπεφώνουν λέγοντες
Ac 12 22 ὁ δὲ δῆμος ἐπεφώνει
21 34 ἄλλοι δὲ ἄλλο τι ἐπεφώνουν ἐν τ. ὄχλῳ
22 24 δι᾽ ἣν αἰτίαν οὕτως ἐπεφώνουν αὐτῷ

Ἐπιφώ´σκω† 2020

Mt 28 1 ὀψὲ δὲ σαββάτων τ. ἐπιφωσκούσῃ εἰς μίαν σαββάτων
Lu 23 54 κ. σάββατον ἐπέφωσκεν

Ἐπιχειρέ´ω 2021

Lu 1 1 ἐπειδήπερ πολλοὶ ἐπεχείρησαν ἀνατάξασθαι διήγησιν
Ac 9 29 οἱ δὲ ἐπεχείρουν ἀνελεῖν αὐτόν
19 13 ἐπεχείρησαν δέ τινες κ. τ. περιερχομένων Ἰουδαίων

Ἐπιχέ´ω 2022

Lu 10 34 ἐπιχέων ἔλαιον κ. οἶνον

Ἐπιχορηγέ´ω** 2023

II Co 9 10 ὁ δὲ ἐπιχορηγῶν σπέρμα τ. σπείροντι
Ga 3 5 ὁ οὖν ἐπιχορηγῶν ὑμῖν τὸ πνεῦμα
Col 2 19 πᾶν τὸ σῶμα διὰ τ. ἁφῶν κ. συνδέσμων ἐπιχορηγούμενον
II Pe 1 5 ἐπιχορηγήσατε ἐν τ. πίστει ὑμῶν τ. ἀρετήν
11 οὕτως γὰρ πλουσίως ἐπιχορηγηθήσεται ὑμῖν ἡ εἴσοδος

Ἐπιχορηγί´α*† 2024

Eph 4 16 συνβιβαζόμενον διὰ πάσης ἁφῆς τ. ἐπιχορηγίας
Phl 1 19 διὰ τῆς . . . ἐπιχορηγίας τ. πνεύματος Ἰησοῦ Χριστοῦ

Ἐπιχρί´ω** 2025

Jo 9 6 ἐπέχρισεν αὐτοῦ τ. πηλὸν ἐπὶ τ. ὀφθαλμούς ἐπέθηκεν, WH non mg.
11 ἄνθρωπος ὁ λεγόμενος Ἰησοῦς . . . ἐπέχρισέν μου τ. ὀφθαλμούς

Ἐποικοδομέ´ω* 2026

I Co 3 10 θεμέλιον ἔθηκα ἄλλος δὲ ἐποικοδομεῖ· ἕκαστος δὲ βλεπέτω πῶς ἐποικοδομεῖ
12 εἰ δέ τις ἐποικοδομεῖ ἐπὶ τ. θεμέλιον χρυσίον
14 εἴ τινος τὸ ἔργον μενεῖ ὁ ἐποικοδόμησεν
Eph 2 20 ἐποικοδομηθέντες ἐπὶ τ. θεμελίῳ τ. ἀποστόλων
Col 2 7 ἐρριζωμένοι κ. ἐποικοδομούμενοι ἐν αὐτῷ
I Pe 2 5 αὐτοὶ ὡς λίθοι ζῶντες ἐποικοδομεῖσθε οἰκοδομεῖσθε, WH
Ju 20 ἐποικοδομοῦντες ἑαυτοὺς τ. ἁγιωτάτῃ ὑμῶν πίστει

Ἐπονομα´ζομαι 2028

Ro 2 17 εἰ δὲ σὺ Ἰουδαῖος ἐπονομάζῃ

Ἐποπτεύ´ω** 2029

I Pe 2 12 ἐκ τ. καλῶν ἔργων ἐποπτεύοντες
3 2 ἐποπτεύσαντες τὴν ἐν φόβῳ ἁγνὴν ἀναστροφὴν ὑμῶν

Ἐπό´πτης** 2030

II Pe 1 16 ἐπόπται γενηθέντες τῆς ἐκείνου μεγαλειότητος

Ἔπος 2031

He 7 9 ὡς ἔπος εἰπεῖν

ἘΠΟΥΡΆΝΙΟΣ 2032

Mt 18 35 οὕτως κ. ὁ πατήρ μου ὁ ἐπουράνιος ποιήσει ὑμῖν
οὐράνιος, TWH
Jo 3 12 πῶς ἐὰν εἴπω ὑμῖν τὰ ἐπουράνια πιστεύσετε;
1Co 15 40 κ. σώματα ἐπουράνια κ. σώματα ἐπίγεια·
40 ἀλλὰ ἑτέρα μὲν ἡ τ. ἐπουρανίων δόξα
48 οἷος ὁ ἐπουράνιος τοιοῦτοι κ. οἱ ἐπουράνιοι
49 φορέσωμεν κ. τ. εἰκόνα τ. ἐπουρανίου
Eph 1 3 ὁ εὐλογήσας ἡμᾶς . . . ἐν τ. ἐπουρανίοις ἐν Χριστῷ
20 καθίσας ἐν δεξιᾷ αὐτοῦ ἐν τ. ἐπουρανίοις
2 6 συνεκάθισεν ἐν τ. ἐπουρανίοις ἐν Χριστῷ Ἰησοῦ
3 10 ἵνα γνωρισθῇ νῦν . . . τ. ἐξουσίαις ἐν τ. ἐπουρανίοις
6 12 πρὸς τὰ πνευματικὰ τ. πονηρίας ἐν τ. ἐπουρανίοις
Phl 2 10 ἵνα . . . πᾶν γόνυ κάμψῃ ἐπουρανίων κ. ἐπιγείων
II Ti 4 18 σώσει εἰς τ. βασιλείαν αὐτοῦ τ. ἐπουράνιον
He 3 1 ἀδελφοὶ ἅγιοι κλήσεως ἐπουρανίου μέτοχοι
6 4 γευσαμένους τε τ. δωρεᾶς τ. ἐπουρανίου
8 5 ὑποδείγματι κ. σκιᾷ λατρεύουσιν τ. ἐπουρανίων
9 23 αὐτὰ δὲ τὰ ἐπουράνια κρείττοσι θυσίαις παρὰ ταύτας
11 16 νῦν δὲ κρείττονος ὀρέγονται τοῦτ' ἔστιν ἐπουρανίου
12 22 προσεληλύθατε . . . πόλει Θεοῦ ζῶντος Ἰερουσαλὴμ ἐπουρανίῳ

ἙΠΤΆ 2033

(1) οἱ ἑπτά

Mt 12 45 παραλαμβάνει μεθ' ἑαυτοῦ ἑπτὰ ἕτερα πνεύματα
15 34 οἱ δὲ εἶπον Ἑπτὰ κ. ὀλίγα ἰχθύδια
36 ἔλαβεν τ. ἑπτὰ ἄρτους κ. τ. ἰχθύας
37 τὸ περισσεῦον τ. κλασμάτων ἦραν ἑπτὰ σφυρίδας πληρεῖς
16 10 οὐδὲ τ. ἑπτὰ ἄρτους τ. τετρακισχιλίων
18 22 ἀλλὰ ἕως ἑβδομηκοντάκις ἑπτά
22 25 ἦσαν δὲ παρ' ἡμῖν ἑπτὰ ἀδελφοί
26 [1] ὁ δεύτερος κ. ὁ τρίτος ἕως τῶν ἑπτά
28 [1] τίνος τῶν ἑπτὰ ἔσται γυνή;
Mk 8 5 οἱ δὲ εἶπαν Ἑπτά
6 λαβὼν τ. ἑπτὰ ἄρτους
8 ἦραν περισσεύματα κλασμάτων ἑπτὰ σφυρίδας
20 [1] ὅτε τοὺς ἑπτὰ εἰς τ. τετρακισχιλίους
20 κ. λέγουσιν αὐτῷ Ἑπτά
12 20 ἑπτὰ ἀδελφοὶ ἦσαν
22 [1] οἱ ἑπτὰ οὐκ ἀφῆκαν σπέρμα
23 [1] οἱ γὰρ ἑπτὰ ἔσχον αὐτὴν γυναῖκα
16 [9 παρ' ἧς ἐκβεβλήκει ἑπτὰ δαιμόνια
Lu 2 36 ζήσασα μετὰ ἀνδρὸς ἔτη ἑπτὰ ἀπὸ τ. παρθενίας αὐτῆς
8 2 ἀφ' ἧς δαιμόνια ἑπτὰ ἐξεληλύθει
11 26 παραλαμβάνει ἕτερα πνεύματα πονηρότερα ἑαυτοῦ ἑπτά
20 29 ἑπτὰ οὖν ἀδελφοὶ ἦσαν
31 [1] ὡσαύτως δὲ κ. οἱ ἑ. οὐ κατέλιπον τέκνα
Lu 20 33 [1] οἱ γὰρ ἑπτὰ ἔσχον αὐτὴν γυναῖκα
Ac 6 3 ἐπισκέψασθε δὲ . . . ἄνδρας ἐξ ὑμῶν μαρτυρουμένους ἑπτά
13 19 καθελὼν ἔθνη ἑπτὰ ἐν γῇ Χαναάν
19 14 ἦσαν δέ τινος Σκευὰ Ἰουδαίου ἀρχιερέως ἑπτὰ υἱοί
20 6 οὗ διετρίψαμεν ἡμέρας ἑπτά
21 4 ἐπεμείναμεν αὐτοῦ ἡμέρας ἑπτά
8 [1] Φιλίππου τ. εὐαγγελιστοῦ ὄντος ἐκ τῶν ἑπτά
27 ὡς δὲ ἔμελλον αἱ ἑ. ἡμέραι συντελεῖσθαι
28 14 παρεκλήθημεν παρ' αὐτοῖς ἐπιμεῖναι ἡμέρας ἑπτά
He 11 30 τὰ τείχη Ἰερειχὼ ἔπεσαν κυκλωθέντα ἐπὶ ἑπτὰ ἡμέρας
Re 1 4 Ἰωάνης τ. ἑπτὰ ἐκκλησίαις τ. ἐν τ. Ἀσίᾳ
4 ἀπὸ τ. ἑπτὰ πνευμάτων ἃ ἐνώπιον τ. θρόνου αὐτοῦ
11 πέμψον τ. ἑπτὰ ἐκκλησίαις
12 ἐπιστρέψας εἶδον ἑ. λυχνίας χρυσᾶς
16 ἔχων ἐν τ. δεξιᾷ χειρὶ αὐτοῦ ἀστέρας ἑπτά
20 τὸ μυστήριον τ. ἑπτὰ ἀστέρων οὓς εἶδες ἐπὶ τ. δεξιᾶς μου,
κ. τ. ἑπτὰ λυχνίας τ. χρυσᾶς·
οἱ ἑ. ἀστέρες ἄγγελοι τῶν ἑ. ἐκκλησιῶν εἰσίν,
κ. αἱ λυχνίαι αἱ ἑ. ἑπτὰ ἐκκλησίαι εἰσίν
2 1 ὁ κρατῶν τ. ἑπτὰ ἀστέρας ἐν τ. δεξιᾷ αὐτοῦ,
ὁ περιπατῶν ἐν μέσῳ τ. ἑπτὰ λυχνιῶν τ. χρυσῶν
3 1 τάδε λέγει ὁ ἔχων τὰ ἑ. πνεύματα τ. Θεοῦ κ. τοὺς ἑπτὰ ἀστέρας
4 5 ἑπτὰ λαμπάδες πυρὸς καιόμεναι ἐνώπιον τ. θρόνου,
ἅ εἰσιν τὰ ἑ. πνεύματα τ. Θεοῦ
5 1 βιβλίον . . . κατεσφραγισμένον σφραγῖσιν ἑπτά,
5 ἀνοῖξαι τὸ βιβλίον κ. τὰς ἑπτὰ σφραγῖδας αὐτοῦ
6 ἀρνίον . . . ἔχων κέρατα ἑπτὰ κ. ὀφθαλμοὺς ἑπτά,
οἵ εἰσιν τὰ ἑπτὰ πνεύματα τοῦ Θεοῦ
[ἑπτὰ], WH
6 1 ὅτε ἤνοιξεν τὸ ἀρνίον μίαν ἐκ τ. ἑπτὰ σφραγίδων
8 2 εἶδον τ. ἑπτὰ ἀγγέλους
2 ἐδόθησαν αὐτοῖς ἑπτὰ σάλπιγγες
6 οἱ ἑ. ἄγγελοι οἱ ἔχοντες τὰς ἑ. σάλπιγγας
10 3 ἐλάλησαν αἱ ἑ. βρονταὶ τὰς ἑαυτῶν φωνάς·
4 κ. ὅτε ἐλάλησαν αἱ ἑ. βρονταί
4 σφράγισον ἃ ἐλάλησαν αἱ ἑ. βρονταί
11 13 ἀπεκτάνθησαν ἐν τ. σεισμῷ ὀνόματα ἀνθρώπων χιλιάδες ἑπτά
12 3 δράκων . . . ἔχων κεφαλὰς ἑπτὰ κ. κέρατα δέκα·
κ. ἐπὶ τ. κεφαλὰς αὐτοῦ ἑπτὰ διαδήματα
13 1 θηρίον . . . ἔχον κέρατα δέκα κ. κεφαλὰς ἑπτά
15 1 εἶδον . . . ἀγγέλους ἑ. ἔχοντας πληγὰς ἑ. τὰς ἐσχάτας
6 ἐξῆλθαν οἱ ἑ. ἄγγελοι οἱ ἔχοντες τὰς ἑ. πληγάς
7 ἔδωκεν τοῖς ἑ. ἀγγέλοις ἑ. φιάλας χρυσᾶς
8 ἄχρι τελεσθῶσιν αἱ ἑπτὰ πληγαὶ τῶν ἑπτὰ ἀγγέλων

Re 16 1 φωνῆς ἐκ τ. ναοῦ λεγούσης τ. ἑπτὰ ἀγγέλοις,
ὑπάγετε κ. ἐκχέετε τὰς ἑ. φιάλας τ. θυμοῦ τ. Θεοῦ
17 1 ἦλθεν εἷς ἐκ τ. ἑπτὰ ἀγγέλων τ. ἐχόντων τ. ἑπτὰ φιάλας
3 θηρίον κόκκινον . . . ἔχων κεφαλὰς ἑ. κ. κέρατα δέκα
7 τ. θηρίου . . . τ. ἔχοντος τὰς ἑ. κεφαλὰς κ. τὰ δέκα κέρατα
9 αἱ ἑπτὰ κεφαλαὶ ἑπτὰ ὄρη εἰσίν
10 κ. βασιλεῖς ἑπτά εἰσιν
11 [1] αὐτὸς ὄγδοός ἐστιν κ. ἐκ τ. ἑπτά ἐστιν
21 9 ἦλθεν εἷς ἐκ τ. ἑπτὰ ἀγγέλων τ. ἐχόντων τ. ἑπτὰ φιάλας
τ. γεμόντων τ. ἑπτὰ πληγῶν τ. ἐσχάτων

ἙΠΤΆΚΙΣ 2034

Mt 18 21 ποσάκις . . . ἀφήσω αὐτόν; ἕως ἑπτάκις;
22 οὐ λέγω σοι ἕως ἑπτάκις
Lu 17 4 ἐὰν ἑπτ. τ. ἡμέρας ἁμαρτήσῃ εἰς σέ,
κ. ἑπτ. ἐπιστρέψῃ πρός σε λέγων Μετανοῶ

ἙΠΤΑΚΙΣΧΊΛΙΟΙ 2035

Ro 11 4 κατέλιπον ἐμαυτῷ ἑπτακισχιλίους ἄνδρας
הִשְׁאַרְתִּי בְיִשְׂרָאֵל שִׁבְעַת אֲלָפִים, 1 Ki. xix. 18

2036.5 ἙΠΤΑΠΛΑΣΙΏΝ cf. 4179

Lu 18 30 ὃς οὐχὶ μὴ ἀπολάβῃ ἑπταπλασίονα ἐν τ. καιρῷ τούτῳ
πολλαπλασίονα, TWH non mg. R

ἜΡΑΣΤΟΣ 2037

Ac 19 22 δύο τ. διακονούντων αὐτῷ Τιμόθεον κ. Ἔραστον
Ro 16 23 ἀσπάζεται ὑμᾶς Ἔραστος ὁ οἰκονόμος τ. πόλεως
II Ti 4 20 Ἔραστος ἔμεινεν ἐν Κορίνθῳ

ἘΡΑΥΝΆΩ 2037.5

Jo 5 39 ἐραυνᾶτε τ. γραφάς
7 52 ἐραύνησον κ. ἴδε
Ro 8 27 ὁ δὲ ἐραυνῶν τ. καρδίας οἶδεν
I Co 2 10 τὸ γὰρ πνεῦμα πάντα ἐραυνᾷ
I Pe 1 11 ἐραυνῶντες εἰς τίνα ἢ ποῖον καιρὸν ἐδήλου τὸ ἐν αὐτοῖς πνεῦμα Χριστοῦ
Re 2 23 ἐγώ εἰμι ὁ ἐραυνῶν νεφροὺς κ. καρδίας

ἘΡΓΆΖΟΜΑΙ 2038

(1) ἠργαζόμην, ἠργασάμην

Mt 7 23 ἀποχωρεῖτε ἀπ' ἐμοῦ οἱ ἐργαζόμενοι τ. ἀνομίαν
21 28 σήμερον ἐργάζου ἐν τ. ἀμπελῶνι
25 16 [1] πορευθεὶς ὁ τὰ πέντε τάλαντα λαβὼν ἠργάσατο ἐν αὐτοῖς
26 10 [1] ἔργον γὰρ καλὸν ἠργάσατο εἰς ἐμέ
Mk 14 6 [1] καλὸν ἔργον ἠργάσατο ἐν ἐμοί
Lu 13 14 ἓξ ἡμέραι εἰσὶν ἐν αἷς δεῖ ἐργάζεσθαι
Jo 3 21 ὅτι ἐν Θεῷ ἐστὶν εἰργασμένα
5 17 ὁ πατήρ μου ἕως ἄρτι ἐργάζεται κἀγὼ ἐργάζομαι
6 27 ἐργάζεσθε μὴ τ. βρῶσιν τ. ἀπολλυμένην
28 τί ποιῶμεν ἵνα ἐργαζώμεθα τὰ ἔργα τ. Θεοῦ;
30 τί ἐργάζῃ;
9 4 ἡμᾶς δεῖ ἐργάζεσθαι τὰ ἔργα τ. πέμψαντός με ἕως ἡμέρα ἐστίν·
ἔρχεται νὺξ ὅτε οὐδεὶς δύναται ἐργάζεσθαι
Ac 10 35 ὁ φοβούμενος αὐτὸν κ. ἐργαζόμενος δικαιοσύνην
13 41 ἔργον ἐργάζομαι ἐγὼ ἐν τ. ἡμέραις ὑμῶν
פֹּעַל פֹּעֵל בִּימֵיכֶם, Hab. i. 5
18 3 [1] ἔμεινεν παρ' αὐτοῖς κ. ἠργάζοντο
ἠργάζετο, WH mg.
Ro 2 10 τιμὴ κ. εἰρήνη παντὶ τ. ἐργαζομένῳ τὸ ἀγαθόν
4 4 τ. δὲ ἐργαζομένῳ ὁ μισθὸς οὐ λογίζεται κατὰ χάριν
5 τ. δὲ μὴ ἐργαζομένῳ . . . λογίζεται ἡ πίστις αὐτοῦ εἰς δικαιοσύνην
13 10 ἡ ἀγάπη τῷ πλησίον κακὸν οὐκ ἐργάζεται
I Co 4 12 κοπιῶμεν ἐργαζόμενοι τ. ἰδίαις χερσίν
9 6 οὐκ ἔχομεν ἐξουσίαν μὴ ἐργάζεσθαι;
13 οἱ τὰ ἱερὰ ἐργαζόμενοι τὰ ἐκ τ. ἱεροῦ ἐσθίουσιν
16 10 τὸ γὰρ ἔργον Κυρίου ἐργάζεται ὡς ἐγώ
II Co 7 10 μετάνοιαν εἰς σωτηρίαν ἀμεταμέλητον ἐργάζεται
Ga 6 10 ἐργαζώμεθα τὸ ἀγαθὸν πρὸς πάντας
Eph 4 28 ἐργαζόμενος τ. χερσὶν τὸ ἀγαθόν
Col 3 23 ὃ ἐὰν ποιῆτε ἐκ ψυχῆς ἐργάζεσθε
I Th 2 9 νυκτὸς κ. ἡμέρας ἐργαζόμενοι
4 11 παρακαλοῦμεν δὲ ὑμᾶς . . . ἐργάζεσθαι τ. χερσὶν ὑμῶν
II Th 3 8 νυκτὸς κ. ἡμέρας ἐργαζόμενοι
10 εἴ τις οὐ θέλει ἐργάζεσθαι μηδὲ ἐσθιέτω
11 μηδὲν ἐργαζομένους ἀλλὰ περιεργαζομένους
12 ἵνα μετὰ ἡσυχίας ἐργαζόμενοι τὸν ἑαυτῶν ἄρτον ἐσθίωσιν
He 11 33 [1] οἳ διὰ πίστεως . . . ἠργάσαντο δικαιοσύνην
Ja 1 20 ὀργὴ γὰρ ἀνδρὸς δικαιοσύνην Θεοῦ οὐκ ἐργάζεται
2 9 εἰ δὲ προσωπολημπτεῖτε ἁμαρτίαν ἐργάζεσθε
II Jo 8 [1] ἵνα μὴ ἀπολέσητε ἃ ἠργασάμεθα
ἃ εἰργάσασθε, TR mg.
III Jo 5 πιστὸν ποιεῖς ὃ ἐὰν ἐργάσῃ εἰς τ. ἀδελφοὺς
Re 18 17 ὅσοι τ. θάλασσαν ἐργάζονται

ἘΡΓΑΣΊΑ 2039

Lu 12 58 ἐν τῇ ὁδῷ δὸς ἐργασίαν ἀπηλλάχθαι ἀπ' αὐτοῦ
Ac 16 16 ἥτις ἐργασίαν πολλὴν παρεῖχεν τ. κυρίοις αὐτῆς
19 ἐξῆλθεν ἡ ἐλπὶς τ. ἐργασίας αὐτῶν
19 24 παρείχετο τ. τεχνίταις οὐκ ὀλίγην ἐργασίαν
25 ἐπίστασθε ὅτι ἐκ ταύτης τ. ἐργασίας ἡ εὐπορία ἡμῖν ἐστιν
Eph 4 19 ἑαυτοὺς παρέδωκαν . . . εἰς ἐργασίαν ἀκαθαρσίας πάσης

ἘΡΓΆΤΗΣ** 2040

Mt 9 37 ὁ μὲν θερισμὸς πολὺς οἱ δὲ ἐργάται ὀλίγοι
38 ὅπως ἐκβάλῃ ἐργάτας εἰς τ. θερισμὸν αὐτοῦ
10 10 ἄξιος γὰρ ὁ ἐργάτης τ. τροφῆς αὐτοῦ
20 1 μισθώσασθαι ἐργάτας εἰς τ. ἀμπελῶνα αὐτοῦ.
2 συμφωνήσας δὲ μετὰ τ. ἐργατῶν ἐκ δηναρίου τ. ἡμέραν
8 κάλεσον τ. ἐργάτας κ. ἀπόδος τ. μισθόν
Lu 10 2 ὁ μὲν θερισμὸς πολὺς οἱ δὲ ἐργάται ὀλίγοι
2 ὅπως ἐργάτας ἐκβάλῃ εἰς τ. θερισμὸν αὐτοῦ
7 ἄξιος γὰρ ὁ ἐργάτης τ. μισθοῦ αὐτοῦ
13 27 ἀπόστητε ἀπ' ἐμοῦ πάντες ἐργάται ἀδικίας
Ac 19 25 οὓς συναθροίσας κ. τοὺς περὶ τὰ τοιαῦτα ἐργάτας
II Co 11 13 ψευδαπόστολοι ἐργάται δόλιοι
Phl 3 2 βλέπετε τ. κακοὺς ἐργάτας
I Ti 5 18 ἄξιος ὁ ἐργάτης τ. μισθοῦ αὐτοῦ
II Ti 2 15 ἐργάτην ἀνεπαίσχυντον
Ja 5 4 ὁ μισθὸς τ. ἐργατῶν τ. ἀμησάντων τ. χώρας ὑμῶν

ἜΡΓΟΝ 2041

(1) ἔργ. τ. Θεοῦ, Χριστοῦ, Κυρίου **(2)** ἔργ. τ. διαβόλου, σκότους, σαρκός **(3)** ἔργ. καλόν, ἀγαθόν **(4)** ἔργ. πονηρόν, νεκρόν, ἄνομον **(5)** ἔργ. . . . λόγος **(6)** ἔργ. νόμου

Mt 5 16 [3] ὅπως ἴδωσιν ὑμῶν τὰ καλὰ ἔργα
11 2 [1] ἀκούσας ἐν τ. δεσμωτηρίῳ τὰ ἔργα τ. Χριστοῦ
19 ἐδικαιώθη ἡ σοφία ἀπὸ τ. ἔργων αὐτῆς
τέκνων, R mg.
23 3 κατὰ δὲ τὰ ἔργα αὐτῶν μὴ ποιεῖτε
5 πάντα δὲ τὰ ἔργα αὐτῶν ποιοῦσιν πρὸς τὸ θεαθῆναι τ. ἀνθρώποις
26 10 [3] ἔργον γὰρ καλὸν ἠργάσατο εἰς ἐμέ
Mk 13 34 δοὺς . . . ἑκάστῳ τὸ ἔργον αὐτοῦ
14 6 [3] καλὸν ἔργον ἠργάσατο ἐν ἐμοί
Lu 11 48 συνευδοκεῖτε τ. ἔργοις τ. πατέρων ὑμῶν
24 19 [5] δυνατὸς ἐν ἔργῳ κ. λόγῳ ἐναντίον τ. Θεοῦ
Jo 3 19 [4] ἦν γὰρ αὐτῶν πονηρὰ τὰ ἔργα
20 ἵνα μὴ ἐλεγχθῇ τὰ ἔργα αὐτοῦ
21 ἵνα φανερωθῇ αὐτοῦ τὰ ἔργα
4 34 ἵνα . . . τελειώσω αὐτοῦ τὸ ἔργον
5 20 μείζονα τούτων δείξει αὐτῷ ἔργα
36 τὰ γὰρ ἔργα ἃ δέδωκέν μοι ὁ πατὴρ ἵνα τελειώσω αὐτά,
αὐτὰ τὰ ἔργα ἃ ποιῶ μαρτυρεῖ περὶ ἐμοῦ
6 28 [1] τί ποιῶμεν ἵνα ἐργαζώμεθα τὰ ἔργα τ. Θεοῦ;
29 [1] τοῦτό ἐστιν τὸ ἔργον τ. Θεοῦ
7 3 ἵνα κ. οἱ μαθηταί σου θεωρήσουσίν σου τὰ ἔργα ἃ ποιεῖς
τὰ ἔργα σου, TWH mg.
7 [4] ὅτι τὰ ἔργα αὐτοῦ πονηρά ἐστιν
21 ἓν ἔργον ἐποίησα κ. πάντες θαυμάζετε
8 39 τὰ ἔργα τοῦ Ἀβραὰμ ποιεῖτε
41 ὑμεῖς ποιεῖτε τὰ ἔργα τ. πατρὸς ὑμῶν
9 3 [1] ἵνα φανερωθῇ τὰ ἔργα τ. Θεοῦ ἐν αὐτῷ.
4 ἡμᾶς δεῖ ἐργάζεσθαι τ. ἔργα τ. πέμψαντός με
10 25 τὰ ἔργα ἃ ἐγὼ ποιῶ . . . ταῦτα μαρτυρεῖ περὶ ἐμοῦ

Jo 10 32 [3] πολλὰ ἔργα ἔδειξα ὑμῖν καλὰ ἐκ τ. πατρός
ἔργα καλὰ ἔδ. ὑμ., TWH mg.
διὰ ποῖον αὐτῶν ἔργον ἐμὲ λιθάζετε;
33 [3] περὶ καλοῦ ἔργου οὐ λιθάζομέν σε
37 εἰ οὐ ποιῶ τὰ ἔργα τ. πατρός μου
38 εἰ δὲ ποιῶ . . . τ. ἔργοις πιστεύετε
14 10 ὁ δὲ πατὴρ ἐν ἐμοὶ μένων ποιεῖ τὰ ἔργα αὐτοῦ
11 εἰ δὲ μὴ διὰ τὰ ἔργα αὐτὰ πιστεύετε
12 τὰ ἔργα ἃ ἐγὼ ποιῶ κἀκεῖνος ποιήσει
15 24 εἰ τὰ ἔργα μὴ ἐποίησα ἐν αὐτοῖς
17 4 τὸ ἔργον τελειώσας ὃ δέδωκάς μοι ἵνα ποιήσω
Ac 5 38 ἐὰν ᾖ ἐξ ἀνθρώπων . . . τὸ ἔργον τοῦτο
7 22 [5] ἦν δὲ δυνατὸς ἐν λόγοις κ. ἔργοις αὐτοῦ
41 εὐφραίνοντο ἐν τ. ἔργοις τ. χειρῶν αὐτῶν
9 36 [3] αὕτη ἦν πλήρης ἔργων ἀγαθῶν
ἀγ. ἔργ., T
13 2 ἀφορίσατε δή μοι . . . εἰς τὸ ἔργον ὃ προσκέκλημαι αὐτούς
41 ἔργον ἐργάζομαι ἐγὼ ἐν τ. ἡμέραις ὑμῶν,
פֹּעַל פֹּעֵל בִּימֵיכֶם, Hab. i. 5
ἔργον ὃ οὐ μὴ πιστεύσητε
לֹא תַאֲמִינוּ, *ib.*
14 26 ὅθεν ἦσαν παραδεδομένοι . . . εἰς τὸ ἔργον ὃ ἐπλήρωσαν
15 18 γνωστὸν ἀπ' αἰῶνός ἐστιν τ. Θεῷ τὸ ἔργον αὐτοῦ
—ἐστ. τῷ Θ. τ. ἔργ. αὐτ., TWH non mg. R
38 κ. μὴ συνελθόντα αὐτοῖς εἰς τὸ ἔργον
26 20 ἄξια τ. μετανοίας ἔργα πράσσοντας
Ro 2 6 ὃς ἀποδώσει ἑκάστῳ κατὰ τὰ ἔργα αὐτοῦ·
7 [3] τοῖς μὲν καθ' ὑπομονὴν ἔργου ἀγαθοῦ δόξαν . . . ζητοῦσιν
15 [6] ἐνδείκνυνται τὸ ἔργον τ. νόμου γραπτὸν ἐν τ. καρδίαις αὐτῶν
3 20 [6] ἐξ ἔργων νόμου οὐ δικαιωθήσεται πᾶσα σάρξ
27 διὰ ποίου νόμου; τ. ἔργων;
28 [6] δικαιοῦσθαι πίστει ἄνθρωπον χωρὶς ἔργων νόμου
4 2 εἰ γὰρ Ἀβραὰμ ἐξ ἔργων ἐδικαιώθη
6 ᾧ ὁ Θεὸς λογίζεται δικαιοσύνην χωρὶς ἔργων
9 11 ἵνα ἡ . . . πρόθεσις τ. Θεοῦ μένῃ οὐκ ἐξ ἔργων
32 ὅτι οὐκ ἐκ πίστεως ἀλλ' ὡς ἐξ ἔργων
11 6 εἰ δὲ χάριτι οὐκέτι ἐξ ἔργων
13 3 [3] οἱ γὰρ ἄρχοντες οὐκ εἰσὶν φόβος τ ἀγαθῷ ἔργῳ
12 [2] ἀποθώμεθα οὖν τὰ ἔργα τ. σκότους
14 20 [1] μὴ ἕνεκεν βρώματος κατάλυε τὸ ἔργον τ. Θεοῦ
15 18 [5] εἰς ὑπακοὴν ἐθνῶν λόγῳ κ. ἔργῳ
I Co 3 13 ἑκάστου τὸ ἔργον φανερὸν γενήσεται
13 ἑκάστου τὸ ἔργον ὁποῖόν ἐστιν τὸ πῦρ αὐτὸ δοκιμάσει.
14 εἴ τινος τὸ ἔργον μενεῖ . . . μισθὸν λήμψεται·
15 εἴ τινος τὸ ἔργον κατακαήσεται ζημιωθήσεται
5 2 ἵνα ἀρθῇ ἐκ μέσου ὑμῶν ὁ τὸ ἔργον τοῦτο πράξας
9 1 οὐ τὸ ἔργον μου ὑμεῖς ἐστὲ ἐν Κυρίῳ;

ICo15 58 [1] περισσεύοντες ἐν τ. ἔργῳ τ. Κυρίου πάντοτε
16 10 [1] τὸ γὰρ ἔργον Κυρίου ἐργάζεται ὡς ἐγώ
IICo9 8 [3] ἵνα . . . περισσεύητε εἰς πᾶν ἔργον ἀγαθόν
10 11 [5] οἷοί ἐσμεν τ. λόγῳ . . . ἀπόντες τοιοῦτοι κ. παρόντες τ. ἔργῳ
11 15 ὧν τὸ τέλος ἔσται κατὰ τὰ ἔργα αὐτῶν
Ga 2 16 [6] εἰδότες δὲ ὅτι οὐ δικαιοῦται ἄνθρωπος ἐξ ἔργων νόμου
16 [6] ἵνα δικαιωθῶμεν ἐκ πίστεως Χριστοῦ κ. οὐκ ἐξ ἔργων νόμου·
[6] ὅτι ἐξ ἔργων νόμου οὐ δικαιωθήσεται πᾶσα σάρξ
3 2 [6] ἐξ ἔργων νόμου τὸ πνεῦμα ἐλάβετε
5 [6] ἐξ ἔργων νόμου ἢ ἐξ ἀκοῆς πίστεως;
10 [6] ὅσοι γὰρ ἐξ ἔργων νόμου εἰσίν
5 19 [2] φανερὰ δέ ἐστιν τὰ ἔργα τ. σαρκός
6 4 τὸ δὲ ἔργον ἑαυτοῦ δοκιμαζέτω ἕκαστος
Eph 2 9 οὐκ ἐξ ἔργων ἵνα μή τις καυχήσηται
10 [3] κτισθέντες ἐν Χριστῷ Ἰησοῦ ἐπὶ ἔργοις ἀγαθοῖς
4 12 πρὸς τ. καταρτισμὸν τ. ἁγίων εἰς ἔργον διακονίας
5 11 [2] μὴ συνκοινωνεῖτε τ. ἔργοις τ. ἀκάρποις τ. σκότους
Phl 1 6 [3] ὁ ἐναρξάμενος ἐν ὑμῖν ἔργον ἀγαθόν
22 εἰ δὲ τὸ ζῆν ἐν σαρκὶ τοῦτό μοι καρπὸς ἔργου
2 30 [1] διὰ τὸ ἔργον Κυρίου μέχρι θανάτου ἤγγισεν
Col 1 10 [3] ἐν παντὶ ἔργῳ ἀγαθῷ καρποφοροῦντες
21 [4] ὑμᾶς . . . ἐχθροὺς τ. διανοίᾳ ἐν τ. ἔργοις τ. πονηροῖς
3 17 [5] πᾶν ὅτι ἐὰν ποιῆτε ἐν λόγῳ ἢ ἐν ἔργῳ
I Th 1 3 μνημονεύοντες ὑμῶν τ. ἔργου τ. πίστεως
5 13 ἡγεῖσθαι αὐτοὺς . . . ἐν ἀγάπῃ διὰ τὸ ἔργον αὐτῶν
II Th 1 11 ἵνα . . . πληρώσῃ πᾶσαν εὐδοκίαν ἀγαθωσύνης κ. ἔργον πίστεως
2 17 [3] [5] στηρίξαι ἐν παντὶ ἔργῳ κ. λόγῳ ἀγαθῷ
I Ti 2 10 [3] γυναιξὶν ἐπαγγελλομέναις θεοσέβειαν δι' ἔργων ἀγαθῶν
3 1 [3] εἴ τις ἐπισκοπῆς ὀρέγεται καλοῦ ἔργου ἐπιθυμεῖ
5 10 [3] ἐν ἔργοις καλοῖς μαρτυρουμένη
10 [3] εἰ παντὶ ἔργῳ ἀγαθῷ ἐπηκολούθησεν
25 [3] ὡσαύτως κ. τὰ ἔργα τὰ καλὰ πρόδηλα
6 18 [3] πλουτεῖν ἐν ἔργοις καλοῖς
II Ti 1 9 καλέσαντος κλήσει ἁγίᾳ οὐ κατὰ τ. ἔργα ἡμῶν
2 21 [3] εἰς πᾶν ἔργον ἀγαθὸν ἡτοιμασμένον
3 17 [3] πρὸς πᾶν ἔργον ἀγαθὸν ἐξηρτισμένος
4 5 ἔργον ποίησον εὐαγγελιστοῦ
14 ἀποδώσει αὐτῷ ὁ Κύριος κατὰ τὰ ἔργα αὐτοῦ
18 [4] ῥύσεταί με ὁ Κύριος ἀπὸ παντὸς ἔργου πονηροῦ
Tit 1 16 Θεὸν ὁμολογοῦσιν εἰδέναι τ. δὲ ἔργοις ἀρνοῦνται
16 [3] πρὸς πᾶν ἔργον ἀγαθὸν ἀδόκιμοι
2 7 [3] σεαυτὸν παρεχόμενος τύπον καλῶν ἔργων
14 [3] λαὸν περιούσιον ζηλωτὴν καλῶν ἔργων
3 1 [3] πρὸς πᾶν ἔργον ἀγαθὸν ἑτοίμους εἶναι
5 οὐκ ἐξ ἔργων τῶν ἐν δικαιοσύνῃ ἃ ἐποιήσαμεν ἡμεῖς

Tit 3 8 [3] ἵνα φροντίζωσιν καλῶν ἔργων προΐστασθαι
14 [3] μανθανέτωσαν δὲ κ. οἱ ἡμέτεροι καλῶν ἔργων προΐστασθαι
He 1 10 ἔργα τ. χειρῶν σού εἰσιν οἱ οὐρανοί
מַעֲשֵׂה יָדֶיךָ שָׁמָיִם, Ps. cii. 26
2 7 κατέστησας αὐτὸν ἐπὶ τὰ ἔργα τ. χειρῶν σου
—h. v., T [WH] R mg.
תַּמְשִׁילֵהוּ בְּמַעֲשֵׂי יָדֶיךָ, Ps. viii. 7
3 9 εἶδον τὰ ἔργα μου τεσσεράκοντα ἔτη
רָאוּ פָעֳלִי אַרְבָּעִים שָׁנָה, Ps. xcv. 9, 10
4 3 καίτοι τ. ἔργων ἀπὸ καταβολῆς κόσμου γενηθέντων
4 [1] κατέπαυσεν ὁ Θεὸς . . . ἀπὸ πάντων τ. ἔργων αὐτοῦ
שָׁבַת מִכָּל־מְלַאכְתּוֹ, Gen. ii. 2
10 κ. αὐτὸς κατέπαυσεν ἀπὸ τ. ἔργων αὐτοῦ
6 1 [4] μὴ πάλιν θεμέλιον καταβαλλόμενοι μετανοίας ἀπὸ νεκρῶν ἔργων
10 οὐ γὰρ ἄδικος ὁ Θεὸς ἐπιλαθέσθαι τ. ἔργου ὑμῶν
9 14 [4] καθαριεῖ τ. συνείδησιν ἡμῶν ἀπὸ νεκρῶν ἔργων
10 24 [3] εἰς παροξυσμὸν ἀγάπης κ. καλῶν ἔργων
13 21 [3] καταρτίσαι ὑμᾶς ἐν παντὶ ἔργῳ ἀγαθῷ
—ἔργῳ, TWHR non mg.
Ja 1 4 ἡ δὲ ὑπομονὴ ἔργον τέλειον ἐχέτω
25 οὐκ ἀκροατὴς ἐπιλησμονῆς γενόμενος ἀλλὰ ποιητὴς ἔργου
2 14 ἐὰν πίστιν λέγῃ τις ἔχειν ἔργα δὲ μὴ ἔχῃ
17 οὕτως κ. ἡ πίστις ἐὰν μὴ ἔχῃ ἔργα νεκρά
18 σὺ πίστιν ἔχεις κἀγὼ ἔργα ἔχω·
δεῖξόν μοι τ. πίστιν σου χωρὶς τ. ἔργων, κἀγώ σοι δείξω ἐκ τ. ἔργων μου τ. πίστιν
20 ἡ πίστις χωρὶς τ. ἔργων ἀργή ἐστιν;
21 Ἀβραὰμ ὁ πατὴρ ἡμῶν οὐκ ἐξ ἔργων ἐδικαιώθη
22 βλέπεις ὅτι ἡ πίστις συνήργει τ. ἔργοις αὐτοῦ,
κ. ἐκ τ. ἔργων ἡ πίστις ἐτελειώθη
24 ὁρᾶτε ὅτι ἐξ ἔργων δικαιοῦται ἄνθρωπος
25 ὁμοίως δὲ κ. Ῥαὰβ ἡ πόρνη οὐκ ἐξ ἔργων ἐδικαιώθη
26 οὕτως κ. ἡ πίστις χωρὶς ἔργων νεκρά ἐστιν
3 13 δειξάτω ἐκ τ. καλῆς ἀναστροφῆς τὰ ἔργα αὐτοῦ
I Pe 1 17 εἰ πατέρα καλεῖσθε τὸν . . . κρίνοντα κατὰ τὸ ἑκάστου ἔργον
2 12 [3] ἐκ τ. καλῶν ἔργων ἐποπτεύοντες
II Pe 2 8 [4] ἡμέραν ἐξ ἡμέρας ψυχὴν δικαίαν ἀνόμοις ἔργοις ἐβασάνιζεν
3 10 γῆ κ. τὰ ἐν αὐτῇ ἔργα εὑρεθήσεται
κατακαήσεται, TR non mg.
I Jo 3 8 [2] ἵνα λύσῃ τὰ ἔργα τ. διαβόλου
12 [4] ὅτι τὰ ἔργα αὐτοῦ πονηρὰ ἦν
18 [5] μὴ ἀγαπῶμεν λόγῳ . . . ἀλλὰ ἐν ἔργῳ κ. ἀληθείᾳ
II Jo 11 [4] ὁ λέγων γὰρ αὐτῷ χαίρειν κοινωνεῖ τ. ἔργοις αὐτοῦ τ. πονηροῖς
III Jo 10 ὑπομνήσω αὐτοῦ τὰ ἔργα ἃ ποιεῖ
Ju 15 ἐλέγξαι πάντας τ. ἀσεβεῖς περὶ πάντων τ. ἔργων ἀσεβείας
Re 2 2 οἶδα τὰ ἔργα σου κ. τ. κόπον

Re 2 5 μετανόησον κ. τὰ πρῶτα ἔργα ποίησον
6 ὅτι μισεῖς τὰ ἔργα τ. Νικολαϊτῶν
19 οἶδά σου τὰ ἔργα κ. τ. ἀγάπην . . . κ. τ. ὑπομονήν σου,
κ. τὰ ἔργα σου τὰ ἔσχατα πλείονα τ. πρώτων
22 ἐὰν μὴ μετανοήσουσιν ἐκ τ. ἔργων αὐτῆς
ἔργ. αὐτῶν, WH mg. R mg.
23 δώσω ὑμῖν ἑκάστῳ κατὰ τὰ ἔργα ὑμῶν
26 ὁ τηρῶν ἄχρι τέλους τὰ ἔργα μου
3 1 οἶδά σου τὰ ἔργα
2 οὐ γὰρ εὕρηκά σου ἔργα πεπληρωμένα ἐνώπιον τ. Θεοῦ μου
σ. τὰ ἔργα, TWH mg. R mg.
8 οἶδά σου τὰ ἔργα
15 οἶδά σου τὰ ἔργα
9 20 οὐ μετενόησαν ἐκ τ. ἔργων τ. χειρῶν αὐτῶν
14 13 τὰ γὰρ ἔργα αὐτῶν ἀκολουθεῖ μετ' αὐτῶν
15 3 μεγάλα κ. θαυμαστὰ τὰ ἔργα σου
16 11 οὐ μετενόησαν ἐκ τ. ἔργων αὐτῶν
18 6 διπλώσατε τὰ διπλᾶ κατὰ τὰ ἔργα αὐτῆς
20 12 ἐκρίθησαν οἱ νεκροὶ . . . κατὰ τὰ ἔργα αὐτῶν
13 ἐκρίθησαν ἕκαστος κατὰ τὰ ἔργα αὐτῶν
22 12 ἀποδοῦναι ἑκάστῳ ὡς τὸ ἔργον ἐστὶν αὐτοῦ

ἘΡΕΘΙ΄ΖΩ 2042

IICo 9 2 τὸ ὑμῶν ζῆλος ἠρέθισεν τ. πλείονας
Col 3 21 οἱ πατέρες μὴ ἐρεθίζετε τὰ τέκνα ὑμῶν

ἘΡΕΙ΄ΔΩ 2043

Ac 27 41 ἡ μὲν πρῷρα ἐρείσασα ἔμεινεν ἀσάλευτος

ἘΡΕΥ΄ΓΟΜΑΙ 2044

Mt 13 35 ἐρεύξομαι κεκρυμμένα ἀπὸ καταβολῆς
אַבִּיעָה חִידוֹת מִנִּי־קֶדֶם, Ps. lxxviii. 2.

ἘΡΗΜΙ΄Α 2047

Mt 15 33 πόθεν ἡμῖν ἐν ἐρημίᾳ ἄρτοι τοσοῦτοι
Mk 8 4 πόθεν τούτους δυνήσεταί τις ὧδε χορτάσαι ἄρτων ἐπ' ἐρημίας;
IICo 11 26 κινδύνοις ἐν ἐρημίᾳ
He 11 38 ἐπὶ ἐρημίαις πλανώμενοι κ. ὄρεσιν
ἐν ἐρημ., WH mg.

*ἜΡΗΜΟΣ 2048

(1) ἡ ἔρημος, αἱ ἔρ.

Mt 3 1 [1] κηρύσσων ἐν τῇ ἐρήμῳ τ. Ἰουδαίας
3 [1] φωνὴ βοῶντος ἐν τῇ ἐρήμῳ
קוֹל קוֹרֵא בַּמִּדְבָּר, Is. xl. 3
4 1 [1] τότε ὁ Ἰησοῦς ἀνήχθη εἰς τὴν ἔρημον ὑπὸ τ. πνεύματος
11 7 [1] τί ἐξήλθατε εἰς τὴν ἔρημον θεάσασθαι;
14 13 ἀνεχώρησεν ἐκεῖθεν ἐν πλοίῳ εἰς ἔρημον τόπον
15 ἔρημός ἐστιν ὁ τόπος
23 38 ἀφίεται ὑμῖν ὁ οἶκος ὑμῶν ἔρημος
—ἔρ., WH non mg. R mg.
24 26 [1] ἰδοὺ ἐν τῇ ἐρήμῳ ἐστὶν μὴ ἐξέλθητε
Mk 1 3 [1] φωνὴ βοῶντος ἐν τῇ ἐρήμῳ, Is. *l.c.*
4 [1] ἐγένετο Ἰωάνης ὁ βαπτίζων ἐν τῇ ἐρήμῳ
Mk 1 12 [1] εὐθὺς τὸ πνεῦμα αὐτὸν ἐκβάλλει εἰς τὴν ἔρημον.
13 [1] κ. ἦν ἐν τῇ ἐρήμῳ τεσσεράκοντα ἡμέρας
35 ἀπῆλθεν εἰς ἔρημον τόπον κἀκεῖ προσηύχετο
45 ἀλλὰ ἔξω ἐπ' ἐρήμοις τόποις ἦν
6 31 δεῦτε ὑμεῖς αὐτοὶ κατ' ἰδίαν εἰς ἔρημον τόπον
32 ἀπῆλθον ἐν τ. πλοίῳ εἰς ἔρημον τόπον κατ' ἰδίαν
εἰς ἔρ. τόπ. τ. πλοίῳ, T
35 ἔρημός ἐστιν ὁ τόπος
Lu 1 80 [1] ἦν ἐν ταῖς ἐρήμοις ἕως ἡμέρας ἀναδείξεως αὐτοῦ πρὸς τὸν Ἰσραήλ
3 2 [1] ἐγένετο ῥῆμα Θεοῦ ἐπὶ Ἰωάνην . . . ἐν τῇ ἐρήμῳ
4 [1] φωνὴ βοῶντος ἐν τῇ ἐρήμῳ, Is. *l.c.*
4 1 [1] ἤγετο ἐν τ. πνεύματι ἐν τῇ ἐρήμῳ ἡμέρας τεσσεράκοντα
42 ἐξελθὼν ἐπορεύθη εἰς ἔρημον τόπον
5 16 [1] αὐτὸς δὲ ἦν ὑποχωρῶν ἐν ταῖς ἐρήμοις
7 24 [1] τί ἐξήλθατε εἰς τὴν ἔρημον θεάσασθαι;
8 29 [1] διαρήσσων τὰ δεσμὰ ἠλαύνετο ἀπὸ τ. δαιμονίου εἰς τὰς ἐρήμους
9 12 ὅτι ὧδε ἐν ἐρήμῳ τόπῳ ἐσμέν
15 4 [1] οὐ καταλείπει τὰ ἐνενήκοντα ἐννέα ἐν τῇ ἐρήμῳ
Jo 1 23 [1] ἐγὼ φωνὴ βοῶντος ἐν τῇ ἐρήμῳ, Is. *l.c.*
3 14 [1] καθὼς Μωυσῆς ὕψωσεν τ. ὄφιν ἐν τῇ ἐρήμῳ
6 31 [1] οἱ πατέρες ἡμῶν τὸ μάννα ἔφαγον ἐν τῇ ἐρήμῳ
49 [1] οἱ πατέρες ὑμῶν ἔφαγον ἐν τῇ ἐρήμῳ τὸ μάννα
11 54 [1] ἀπῆλθεν ἐκεῖθεν εἰς τ. χώραν ἐγγὺς τῆς ἐρήμου
Ac 1 20 γενηθήτω ἡ ἔπαυλις αὐτοῦ ἔρημος
תְּהִי־טִירָתָם נְשַׁמָּה, Ps. lxix. 26
7 30 [1] ὤφθη αὐτῷ ἐν τῇ ἐρήμῳ τ. ὄρους Σινά
36 [1] ποιήσας τέρατα κ. σημεῖα . . . ἐν τῇ ἐρήμῳ ἔτη τεσσεράκοντα
38 [1] οὗτός ἐστιν ὁ γενόμενος ἐν τ. ἐκκλησίᾳ ἐν τῇ ἐρήμῳ
42 [1] μὴ σφάγια . . . προσηνέγκατέ μοι ἔτη τεσσεράκοντα ἐν τῇ ἐρήμῳ
הַזְּבָחִים . . . הִגַּשְׁתֶּם־לִי בַמִּדְבָּר אַרְבָּעִים שָׁנָה
Am. v. 25
44 [1] ἡ σκηνὴ τ. μαρτυρίου ἦν τ. πατράσιν ἡμῶν ἐν τῇ ἐρήμῳ
8 26 αὕτη ἐστὶν ἔρημος
13 18 [1] ὡς τεσσερακονταετῆ χρόνον ἐτροποφόρησεν αὐτοὺς ἐν τῇ ἐρήμῳ
21 38 [1] ἐξαγαγὼν εἰς τὴν ἔρημον τ. τετρακισχιλίους ἄνδρας
ICo 10 5 [1] κατεστρώθησαν γὰρ ἐν τῇ ἐρήμῳ
Ga 4 27 πολλὰ τὰ τέκνα τῆς ἐρήμου μᾶλλον ἢ τ. ἐχούσης τ. ἄνδρα
רַבִּים בְּנֵי־שׁוֹמֵמָה מִבְּנֵי בְעוּלָה, Is. liv. 1
He 3 8 [1] κατὰ τ. ἡμέραν τ. πειρασμοῦ ἐν τῇ ἐρήμῳ
כְּיוֹם מַסָּה בַּמִּדְבָּר, Ps. xcv. 8
17 [1] ὧν τὰ κῶλα ἔπεσεν ἐν τῇ ἐρήμῳ
Re 12 6 [1] ἡ γυνὴ ἔφυγεν εἰς τὴν ἔρημον
14 [1] ἵνα πέτηται εἰς τ. ἔρημον εἰς τ. τόπον αὐτῆς
17 3 ἀπήνεγκέν με εἰς ἔρημον ἐν πνεύματι

ἘΡΗΜΌΩ 2049

Mt 12 25 πᾶσα βασιλεία μερισθεῖσα καθ' ἑαυτῆς ἐρημοῦται
Lu 11 17 πᾶσα βασιλεία ἐφ' ἑαυτὴν διαμερισθεῖσα ἐρημοῦται
Re 17 16 οὗτοι . . . ἠρημωμένην ποιήσουσιν αὐτὴν κ. γυμνήν
18 16 μιᾷ ὥρᾳ ἠρημώθη ὁ τοσοῦτος πλοῦτος
19 ὅτι μιᾷ ὥρᾳ ἠρημώθη

ἘΡΗΜΩΣΙΣ 2050

Mt 24 15 ὅταν οὖν ἴδητε τὸ βδέλυγμα τ. ἐρημώσεως
שִׁקּוּצִים מְשֹׁמֵם, Dan. ix. 27
Mk 13 14 ὅταν δὲ ἴδητε τὸ βδέλυγμα τ. ἐρημώσεως, *ib.*
Lu 21 20 τότε γνῶτε ὅτι ἤγγικεν ἡ ἐρήμωσις αὐτῆς

ἘΡΙΖΩ 2051

Mt 12 19 οὐκ ἐρίσει οὐδὲ κραυγάσει
לֹא יִצְעַק וְלֹא יִשָּׂא, Is. xlii. 2

ἘΡΙΘΙΑ** 2052

ἐριθεία, T

Ro 2 8 τοῖς δὲ ἐξ ἐριθίας κ. ἀπειθοῦσιν τ. ἀληθείᾳ
II Co 12 20 θυμοὶ ἐριθίαι καταλαλιαί
Ga 5 20 θυμοὶ ἐριθίαι διχοστασίαι
Phl 1 17 οἱ δὲ ἐξ ἐριθίας τ. Χριστὸν καταγγέλλουσιν οὐχ ἁγνῶς
2 3 μηδὲν κατὰ ἐριθίαν μηδὲ κατὰ κενοδοξίαν
κατ' ἐριθείαν, T
Ja 3 14 εἰ δὲ ζῆλον πικρὸν ἔχετε κ. ἐριθίαν ἐν τ. καρδίᾳ ὑμῶν
16 ὅπου γὰρ ζῆλος κ. ἐριθία

ἜΡΙΟΝ 2053

He 9 19 μετὰ ὕδατος κ. ἐρίου κοκκίνου κ. ὑσσώπου
Re 1 14 αἱ τρίχες λευκαὶ ὡς ἔριον λευκόν

ἜΡΙΣ 2054

Ro 1 29 μεστοὺς φθόνου φόνου ἔριδος
13 13 μὴ ἔριδι κ. ζήλῳ
ἔρισι κ. ζήλοις, WH mg.
I Co 1 11 ἐδηλώθη γάρ μοι . . . ὅτι ἔριδες ἐν ὑμῖν εἰσίν
3 3 ὅπου γὰρ ἐν ὑμῖν ζῆλος κ. ἔρις
II Co 12 20 μή πως ἔρις ζῆλος θυμοί
Ga 5 20 ἔχθραι ἔρις ζῆλος θυμοί
ἔρεις ζῆλοι, WH mg.
Phl 1 15 τινὲς μὲν κ. διὰ φθόνον κ. ἔριν
I Ti 6 4 ἐξ ὧν γίνεται φθόνος ἔρις βλασφημίαι
Tit 3 9 ἔριν κ. μάχας νομικὰς περιίστασο
ἔρεις, R

ἘΡΙΦΙΟΝ** 2055

Mt 25 33 στήσει . . . τὰ δὲ ἐρίφια ἐξ εὐωνύμων
Lu 15 29 ἐμοὶ οὐδέποτε ἔδωκας ἐρίφιον
ἔριφον, TWH non mg.

ἜΡΙΦΟΣ 2056

Mt 25 32 ὥσπερ ὁ ποιμὴν ἀφορίζει τὰ πρόβατα ἀπὸ τ. ἐρίφων
Lu 15 29 ἐμοὶ οὐδέποτε ἔδωκας ἔριφον
ἐρίφιον, WH mg.

ἙΡΜΑΣ 2057

Ro 16 14 ἀσπάσασθε . . . Ἑρμῆν Πατρόβαν Ἑρμᾶν

ἙΡΜΗΝΙΑ 2058

ἑρμηνεία, T

I Co 12 10 ἄλλῳ δὲ ἑρμηνία γλωσσῶν
14 26 ἕκαστος ψαλμὸν ἔχει . . . ἑρμηνίαν ἔχει

ἙΡΜΗΝΕΥΤΗΣ 2058.5

I Co 14 28 ἐὰν δὲ μὴ ᾖ ἑρμηνευτής
διερμηνευτής, TWH non mg.

ἙΡΜΗΝΕΥΩ 2059

Lu 24 27 κ. ἦν ἀρξάμενος ἀπὸ Μωυσέως . . . ἑρμηνεύειν αὐτοῖς
κ. ἀρξ. ἀπ. Μ. . . . διερμήνευσεν αὐτ., TWH non mg. R
Jo 1 38 Ῥαββεί ὃ λέγεται ἑρμηνευόμενον Διδάσκαλε
μεθερμηνευόμενον, WH
42 Κηφᾶς ὃ ἑρμηνεύεται Πέτρος
9 7 Σιλωὰμ ὃ ἑρμηνεύεται ἀπεσταλμένος
He 7 2 πρῶτον μὲν ἑρμηνευόμενος βασιλεὺς δικαιοσύνης

ἙΡΜΗΣ 2060

Ac 14 12 τ. δὲ Παῦλον Ἑρμῆν ἐπειδὴ αὐτὸς ἦν ὁ ἡγούμενος τ. λόγου
Ro 16 14 ἀσπάσασθε . . . Ἑρμῆν Πατρόβαν Ἑρμᾶν

ἙΡΜΟΓΕΝΗΣ 2061

II Ti 1 15 ὧν ἐστὶν Φύγελος κ. Ἑρμογένης
Ἑρμογένης, T

ἙΡΠΕΤΟΝ 2062

Ac 10 12 ἐν ᾧ ὑπῆρχεν πάντα τὰ τετράποδα κ. ἑρπετὰ τ. γῆς
11 6 εἶδον τὰ τετράποδα τ. γῆς . . . κ. τὰ ἑρπετά
Ro 1 23 ἐν ὁμοιώματι εἰκόνος . . . τετραπόδων κ. ἑρπετῶν
Ja 3 7 πᾶσα γὰρ φύσις . . . ἑρπετῶν τε κ. ἐναλίων δαμάζεται

ἘΡΥΘΡΟΣ 2063

Ac 7 36 σημεῖα ἐν τῇ Αἰγύπτῳ κ. ἐν ἐρυθρᾷ θαλάσσῃ
He 11 29 πίστει διέβησαν τ. ἐρυθρὰν θάλασσαν ὡς διὰ ξηρᾶς γῆς

ἜΡΧΟΜΑΙ 2064

(1) ἦλθα **(2)** seq. infin. **(3)** ἔρχ. διά **(4)** ἔρχ. ἐν, ἐπί **(5)** ἔρχ. ἀπό, παρά, c. gen. pers. **(6)** ὁ ἐρχόμενος **(7)** de temp. **(8)** ὁδὸν ἔρχ. **(9)** ἔρχ. εἰς ἑαυτόν **(10)** ἔρχ. κατά

Mt **2** 2 [2] ἤλθομεν προσκυνῆσαι αὐτῷ
8 ὅπως κἀγὼ ἐλθὼν προσκυνήσω αὐτῷ
9 ἕως ἐλθὼν ἐστάθη ἐπάνω οὗ ἦν τὸ παιδίον
11 ἐλθόντες εἰς τ. οἰκίαν
23 ἐλθὼν κατῴκησεν εἰς πόλιν λεγομένην Ναζαρέτ
3 7 [4] ἰδὼν δὲ πολλοὺς τ. Φαρισαίων . . . ἐρχομένους ἐπὶ τὸ βάπτισμα
11 ὁ δὲ ὀπίσω μου ἐρχόμενος ἰσχυρότερός μου ἐστίν
14 κ. σὺ ἔρχῃ πρός με;
16 [4] εἶδεν τὸ πνεῦμα Θεοῦ . . . ἐρχόμενον ἐπ' αὐτόν
4 13 ἐλθὼν κατῴκησεν εἰς Καφαρναοὺμ τ. παραθαλασσίαν
5 17 [2] μὴ νομίσητε ὅτι ἦλθον καταλῦσαι τ. προφήτας·
[2] οὐκ ἦλθον καταλῦσαι ἀλλὰ πληρῶσαι
24 τότε ἐλθὼν πρόσφερε τὸ δῶρόν σου
6 10 [1] ἐλθάτω ἡ βασιλεία σου
7 15 οἵτινες ἔρχονται πρὸς ὑμᾶς ἐν ἐνδύμασι προβάτων
25 [1] κατέβη ἡ βροχὴ κ. ἦλθαν οἱ ποταμοί
ἦλθον, T
27 [1] κατέβη ἡ βροχὴ κ. ἦλθαν οἱ ποταμοί
ἦλθον, T
8 7 ἐγὼ ἐλθὼν θεραπεύσω αὐτόν
9 λέγω . . . ἄλλῳ Ἔρχου κ. ἔρχεται
14 ἐλθὼν ὁ Ἰησοῦς εἰς τ. οἰκίαν Πέτρου
28 ἐλθόντος αὐτοῦ εἰς τὸ πέραν εἰς τ. χώραν τ. Γαδαρηνῶν
29 [2] ἦλθες ὧδε πρὸ καιροῦ βασανίσαι ἡμᾶς;
9 1 ἦλθεν εἰς τ. ἰδίαν πόλιν
10 πολλοὶ τελῶναι κ. ἁμαρτωλοὶ ἐλθόντες συνανέκειντο τῷ Ἰησοῦ
13 [2] οὐ γὰρ ἦλθον καλέσαι δικαίους
15 [7] ἐλεύσονται δὲ ἡμέραι ὅταν ἀπαρθῇ ἀπ' αὐτῶν ὁ νυμφίος
18 ἄρχων εἷς ἐλθὼν προσεκύνει αὐτῷ
[εἰς] προσελθών, WH; εἰσελθών, TWH mg.
18 ἐλθὼν ἐπίθες τ. χεῖρά σου ἐπ' αὐτήν
23 ἐλθὼν ὁ Ἰησοῦς εἰς τ. οἰκίαν τ. ἄρχοντος
28 ἐλθόντι δὲ εἰς τ. οἰκίαν
10 13 [1] ἐλθάτω ἡ εἰρήνη ὑμῶν ἐπ' αὐτήν
23 ἕως ἔλθῃ ὁ υἱὸς τ. ἀνθρώπου
34 [2] μὴ νομίσητε ὅτι ἦλθον βαλεῖν εἰρήνην ἐπὶ τ. γῆν·
[2] οὐκ ἦλθον βαλεῖν εἰρήνην ἀλλὰ μάχαιραν.
35 [2] ἦλθον γὰρ διχάσαι ἄνθρωπον κατὰ τ. πατρὸς αὐτοῦ
11 3 [6] σὺ εἶ ὁ ἐρχόμενος ἢ ἕτερον προσδοκῶμεν;
14 αὐτός ἐστιν Ἠλείας ὁ μέλλων ἔρχεσθαι
18 ἦλθεν γὰρ Ἰωάνης μήτε ἐσθίων μήτε πίνων
19 ἦλθεν ὁ υἱὸς τ. ἀνθρώπου ἐσθίων κ. πίνων
12 9 ἦλθεν εἰς τ. συναγωγὴν αὐτῶν
42 [2] ὅτι ἦλθεν ἐκ τ. περάτων τ. γῆς ἀκοῦσαι τ. σοφίαν Σολομῶνος
44 ἐλθὸν εὑρίσκει σχολάζοντα
13 4 ἐλθόντα τὰ πετεινὰ κατέφαγεν αὐτά
ἦλθεν τ. πετ. καὶ κατ. αὐτ., TR; ἦλθον, WH mg.

Mt **13** 19 ἔρχεται ὁ πονηρὸς κ. ἁρπάζει τὸ ἐσπαρμένον
25 ἦλθεν αὐτοῦ ὁ ἐχθρός
32 ὥστε ἐλθεῖν τὰ πετεινὰ τ. οὐρανοῦ
36 ἀφεὶς τ. ὄχλους ἦλθεν εἰς τ. οἰκίαν
54 ἐλθὼν εἰς τ. πατρίδα αὐτοῦ
14 12 ἐλθόντες ἀπήγγειλαν τῷ Ἰησοῦ
25 τετάρτῃ δὲ φυλακῇ τ. νυκτὸς ἦλθεν πρὸς αὐτούς
28 κέλευσόν με ἐλθεῖν πρός σε ἐπὶ τ. ὕδατα.
29 ὁ δὲ εἶπεν Ἐλθέ
29 περιεπάτησεν ἐπὶ τ. ὕδατα κ. ἦλθεν πρὸς τ. Ἰησοῦν
ὕδ. ἐλθεῖν πρ., WH mg. R non marg.
34 [1] [4] διαπεράσαντες ἦλθαν ἐπὶ τ. γῆν εἰς Γεννησαρέτ
ἦλθον, T
15 25 ἡ δὲ ἐλθοῦσα προσεκύνει αὐτῷ
29 ἦλθεν παρὰ τ. θάλασσαν τ. Γαλιλαίας
39 ἦλθεν εἰς τὰ ὅρια Μαγαδάν
16 5 ἐλθόντες οἱ μαθηταὶ εἰς τὸ πέραν
13 ἐλθὼν δὲ ὁ Ἰησοῦς εἰς τὰ μέρη Καισαρίας
24 εἴ τις θέλει ὀπίσω μου ἐλθεῖν
27 [4] μέλλει γὰρ ὁ υἱὸς τ. ἀνθρώπου ἔρχεσθαι ἐν τ. δόξῃ
28 [4] ἕως ἂν ἴδωσιν τ. υἱὸν τ. ἀνθρώπου ἐρχόμενον ἐν τ. βασιλείᾳ αὐτοῦ
17 10 Ἠλείαν δεῖ ἐλθεῖν πρῶτον
11 Ἠλείας μὲν ἔρχεται κ. ἀποκαταστήσει πάντα
12 Ἠλείας ἤδη ἦλθεν
14 ἐλθόντων πρὸς τ. ὄχλον
24 ἐλθόντων δὲ αὐτῶν εἰς Καφαρναούμ
25 ἐλθόντα εἰς τ. οἰκίαν προέφθασεν αὐτὸν ὁ Ἰησοῦς
εἰσελθόντα, TWH mg.
18 7 ἀνάγκη γὰρ ἐλθεῖν τὰ σκάνδαλα·
[3] πλὴν οὐαὶ τ. ἀνθρώπῳ δι' οὗ τὸ σκάνδαλον ἔρχεται
11 [2] ἦλθεν γὰρ ὁ υἱὸς τ. ἀνθρώπου σῶσαι τὸ ἀπολωλός
—h. v., TWHR non mg.
31 ἐλθόντες διεσάφησαν τ. κυρίῳ ἑαυτῶν
19 1 ἦλθεν εἰς τὰ ὅρια τ. Ἰουδαίας
14 μὴ κωλύετε αὐτὰ ἐλθεῖν πρός με
20 9 ἐλθόντες δὲ οἱ περὶ τ. ἑνδεκάτην ὥραν
10 κ. ἐλθόντες οἱ πρῶτοι ἐνόμισαν
28 [2] ὥσπερ ὁ υἱὸς τ. ἀνθρώπου οὐκ ἦλθεν διακονηθῆναι
21 1 ἦλθον εἰς Βηθφαγὴ εἰς τὸ ὄρος τ. ἐλαιῶν
5 ἰδοὺ ὁ βασιλεύς σου ἔρχεταί σοι
הִנֵּה מַלְכֵּךְ יָבוֹא לָךְ, Zech. ix. 9
9 [4] [6] εὐλογημένος ὁ ἐρχόμενος ἐν ὀνόματι Κυρίου
בָּרוּךְ הַבָּא בְּשֵׁם יְהוָה, Ps. cxviii. 26
19 [4] ἰδὼν συκῆν μίαν ἐπὶ τῆς ὁδοῦ ἦλθεν ἐπ' αὐτήν
23 ἐλθόντος αὐτοῦ εἰς τὸ ἱερόν
32 [4] ἦλθεν γὰρ Ἰωάνης πρὸς ὑμᾶς ἐν ὁδῷ δικαιοσύνης
40 ὅταν οὖν ἔλθῃ ὁ κύριος τ. ἀμπελῶνος
22 3 [2] οὐκ ἤθελον ἐλθεῖν
23 35 [4] ὅπως ἔλθῃ ἐφ' ὑμᾶς πᾶν αἷμα δίκαιον
39 [4] [6] εὐλογημένος ὁ ἐρχόμενος ἐν ὀνόματι Κυρίου, Ps. *l.c.*
24 5 [4] πολλοὶ γὰρ ἐλεύσονται ἐπὶ τ. ὀνόματί μου

Mt 24 30 [4] ὄψονται τ. υἱὸν τ. ἀνθρώπου ἐρχόμενον ἐπὶ τ. νεφελῶν
39 ἕως ἦλθεν ὁ κατακλυσμὸς κ. ἦρεν ἅπαντας
42 οὐκ οἴδατε ποίᾳ ἡμέρᾳ ὁ κύριος ὑμῶν ἔρχεται
43 εἰ ᾔδει . . . ποίᾳ φυλακῇ ὁ κλέπτης ἔρχεται
44 ᾗ οὐ δοκεῖτε ὥρᾳ ὁ υἱὸς τ. ἀνθρώπου ἔρχεται
46 ὃν ἐλθὼν ὁ κύριος αὐτοῦ εὑρήσει οὕτως ποιοῦντα
25 10 ἀπερχομένων δὲ αὐτῶν ἀγοράσαι ἦλθεν ὁ νυμφίος
11 ὕστερον δὲ ἔρχονται κ. αἱ λοιπαὶ παρθένοι
19 μετὰ δὲ πολὺν χρόνον ἔρχεται ὁ κύριος τ. δούλων
27 ἐλθὼν ἐγὼ ἐκομισάμην ἂν τὸ ἐμὸν σὺν τόκῳ
31 [4] ὅταν δὲ ἔλθῃ ὁ υἱὸς τ. ἀνθρώπου ἐν τ. δόξῃ αὐτοῦ
36 [1] ἐν φυλακῇ ἤμην κ. ἤλθατε πρός με
39 πότε δέ σε εἴδομεν . . . ἐν φυλακῇ κ. ἤλθομεν πρός σε;
26 36 ἔρχεται μετ' αὐτῶν ὁ Ἰησοῦς εἰς χωρίον λεγόμενον Γεθσημανεί
40 ἔρχεται πρὸς τ. μαθητάς
43 ἐλθὼν πάλιν εὗρεν αὐτοὺς καθεύδοντας
45 τότε ἔρχεται πρὸς τ. μαθητάς
47 Ἰούδας εἷς τῶν δώδεκα ἦλθεν
64 [4] ὄψεσθε τ. υἱὸν τ. ἀνθρώπου . . . ἐρχόμενον ἐπὶ τ. νεφελῶν
27 33 ἐλθόντες εἰς τόπον λεγόμενον Γολγοθά
49 ἴδωμεν εἰ ἔρχεται Ἠλείας σώσων αὐτόν
57 ἦλθεν ἄνθρωπος πλούσιος ἀπὸ Ἀριμαθαίας
64 μήποτε ἐλθόντες οἱ μαθηταὶ κλέψωσιν αὐτόν
28 1 ἦλθεν Μαρία ἡ Μαγδαληνή
11 τινὲς τ. κουστωδίας ἐλθόντες εἰς τ. πόλιν
13 οἱ μαθηταὶ αὐτοῦ νυκτὸς ἐλθόντες ἔκλεψαν αὐτόν

Mk 1 7 ἔρχεται ὁ ἰσχυρότερός μου ὀπίσω μου
9 ἦλθεν Ἰησοῦς ἀπὸ Ναζαρὲτ τ. Γαλιλαίας
14 ἦλθεν ὁ Ἰησοῦς εἰς τ. Γαλιλαίαν
24 [2] ἦλθες ἀπολέσαι ἡμᾶς;
29 [1] ἐξελθόντες ἦλθαν εἰς τ. οἰκίαν Σίμωνος
ἦλθον, T; ἐξελθὼν ἦλθεν, WH mg. R mg.
39 ἦλθεν κηρύσσων εἰς τ. συναγωγὰς αὐτῶν
40 ἔρχεται πρὸς αὐτὸν λεπρός
45 ἤρχοντο πρὸς αὐτὸν πάντοθεν
2 3 ἔρχοντο φέροντες πρὸς αὐτὸν παραλυτικόν
13 πᾶς ὁ ὄχλος ἤρχετο πρὸς αὐτόν
17 [2] οὐκ ἦλθον καλέσαι δικαίους
18 ἔρχονται κ. λέγουσιν αὐτῷ
20 [7] ἐλεύσονται δὲ ἡμέραι ὅταν ἀπαρθῇ ἀπ' αὐτῶν ὁ νυμφίος
3 8 [1] πλῆθος πολὺ ἀκούοντες ὅσα ποιεῖ ἦλθαν πρὸς αὐτόν
ἦλθον, T
20 ἔρχεται εἰς οἶκον
31 ἔρχονται ἡ μήτηρ αὐτοῦ κ. οἱ ἀδελφοὶ αὐτοῦ
ἔρχεται, T
4 4 ἦλθεν τὰ πετεινὰ κ. κατέφαγεν αὐτό
15 εὐθὺς ἔρχεται ὁ Σατανᾶς
21 μήτι ἔρχεται ὁ λύχνος
22 ἀλλ' ἵνα ἔλθῃ εἰς φανερόν
5 1 ἦλθον εἰς τὸ πέραν τ. θαλάσσης
14 [2] ἦλθον ἰδεῖν τί ἐστιν τὸ γεγονός
15 ἔρχονται πρὸς τ. Ἰησοῦν
22 ἔρχεται εἷς τ. ἀρχισυναγώγων ὀνόματι Ἰάειρος
23 ἵνα ἐλθὼν ἐπιθῇς τ. χεῖρας αὐτῇ

Mk 5 26 ἀλλὰ μᾶλλον εἰς τὸ χεῖρον ἐλθοῦσα
27 ἐλθοῦσα ἐν τ. ὄχλῳ ὄπισθεν
33 ἡ δὲ γυνὴ . . . ἦλθεν κ. προσέπεσεν αὐτῷ
35 [4] ἔρχονται ἀπὸ τ. ἀρχισυναγώγου λέγοντες
38 ἔρχονται εἰς τ. οἶκον τ. ἀρχισυναγώγου
6 1 ἔρχεται εἰς τ. πατρίδα αὐτοῦ
29 [1] ἀκούσαντες οἱ μαθηταὶ αὐτοῦ ἦλθαν
31 ἦσαν γὰρ οἱ ἐρχόμενοι κ. οἱ ὑπάγοντες πολλοί
48 περὶ τετάρτην φυλακὴν τ. νυκτὸς ἔρχεται πρὸς αὐτούς
53 διαπεράσαντες ἐπὶ τ. γῆν ἦλθον εἰς Γεννησαρέτ
7 1 οἱ Φαρισαῖοι κ. τινὲς τ. γραμματέων ἐλθόντες ἀπὸ Ἱεροσολύμων
25 ἐλθοῦσα προσέπεσεν πρὸς τ. πόδας αὐτοῦ
εἰσελθοῦσα, T
31 [3] ἦλθεν διὰ Σιδῶνος εἰς τ. θάλασσαν τ. Γαλιλαίας
8 10 ἦλθεν εἰς τὰ μέρη Δαλμανουθά
22 ἔρχονται εἰς Βηθσαιδάν
34 εἴ τις θέλει ὀπίσω μου ἐλθεῖν
ἀκολουθεῖν, T
38 [4] ὅταν ἔλθῃ ἐν τ. δόξῃ τ. πατρὸς αὐτοῦ
9 1 [4] ἕως ἂν ἴδωσιν τ. βασιλείαν τ. Θεοῦ ἐληλυθυῖαν ἐν δυνάμει
11 Ἠλείαν δεῖ ἐλθεῖν πρῶτον
12 Ἠλείας μὲν ἐλθὼν πρῶτον ἀποκαθιστάνει πάντα
13 ἀλλὰ λέγω ὑμῖν ὅτι κ. Ἠλείας ἐλήλυθεν
14 ἐλθόντες πρὸς τ. μαθητάς
33 ἦλθον εἰς Καφαρναούμ
10 1 ἐκεῖθεν ἀναστὰς ἔρχεται εἰς τὰ ὅρια τ. Ἰουδαίας
14 ἄφετε τὰ παιδία ἔρχεσθαι πρός με
30 [7] ἐν τ. αἰῶνι τ. ἐρχομένῳ ζωὴν αἰώνιον
45 [2] ὁ υἱὸς τ. ἀνθρώπου οὐκ ἦλθεν διακονηθῆναι
46 ἔρχονται εἰς Ἰερειχώ
50 ἀναπηδήσας ἦλθεν πρὸς τ. Ἰησοῦν
11 9 [4] [6] εὐλογημένος ὁ ἐρχόμενος ἐν ὀνόματι Κυρίου·, Ps. *l.c.*
10 εὐλογημένη ἡ ἐρχομένη βασιλεία τ. πατρὸς ἡμῶν Δαυείδ
13 ἦλθεν εἰ ἄρα τι εὑρήσει ἐν αὐτῇ·
[4] κ. ἐλθὼν ἐπ' αὐτὸν οὐδὲν εὗρεν
15 ἔρχονται εἰς Ἱεροσόλυμα
27 ἔρχονται πάλιν εἰς Ἱεροσόλυμα
27 ἔρχονται πρὸς αὐτὸν οἱ ἀρχιερεῖς
12 9 ἐλεύσεται κ. ἀπολέσει τ. γεωργούς
14 κ. ἐλθόντες λέγουσιν αὐτῷ
18 ἔρχονται Σαδδουκαῖοι πρὸς αὐτόν
42 ἐλθοῦσα μία χήρα πτωχὴ ἔβαλεν λεπτὰ δύο
13 6 [4] πολλοὶ ἐλεύσονται ἐπὶ τ. ὀνόματί μου
26 [4] ὄψονται τ. υἱὸν τ. ἀνθρώπου ἐρχόμενον ἐν νεφέλαις
35 οὐκ οἴδατε γὰρ πότε ὁ κύριος τ. οἰκίας ἔρχεται
36 μὴ ἐλθὼν ἐξαίφνης εὕρῃ ὑμᾶς καθεύδοντας
14 3 ἦλθεν γυνὴ ἔχουσα ἀλάβαστρον μύρου
16 ἦλθον εἰς τ. πόλιν
17 ὀψίας γενομένης ἔρχεται μετὰ τ. δώδεκα
32 ἔρχονται εἰς χωρίον οὗ τὸ ὄνομα Γεθσημανεί
37 ἔρχεται κ. εὑρίσκει αὐτοὺς καθεύδοντας

Mk 14 38 ἵνα μὴ ἔλθητε εἰς πειρασμόν
40 πάλιν ἐλθὼν εὗρεν αὐτοὺς καθεύδοντας
ὑποστρέψας εὗρ. αὐτ. πάλ. καθ., T
41 ἔρχεται τὸ τρίτον κ. λέγει αὐτοῖς
41 [7] ἀπέχει· ἦλθεν ἡ ὥρα
45 ἐλθὼν εὐθὺς προσελθὼν αὐτῷ λέγει
62 ὄψεσθε τ. υἱὸν τ. ἀνθρώπου . . . ἐρχόμενον μετὰ τ. νεφελῶν
66 ἔρχεται μία τ. παιδισκῶν τ. ἀρχιερέως
15 21 ἀγγαρεύουσιν παράγοντά τινα . . . ἐρχόμενον ἀπ' ἀγροῦ
36 [2] ἴδωμεν εἰ ἔρχεται Ἠλείας καθελεῖν αὐτόν
43 ἐλθὼν Ἰωσὴφ ἀπὸ Ἀριμαθαίας
16 1 ἵνα ἐλθοῦσαι ἀλείψωσιν αὐτόν
2 [4] ἔρχονται ἐπὶ τὸ μνημεῖον ἀνατείλαντος τ. ἡλίου
5 ἐλθοῦσαι εἰς τὸ μνημεῖον
εἰσελθοῦσαι, TWH non mg.
Lu 1 43 ἵνα ἔλθῃ ἡ μήτηρ τ. Κυρίου μου πρὸς ἐμέ
59 [1 2] ἦλθαν περιτεμεῖν τὸ παιδίον
ἦλθον, T
2 16 [1] κ. ἦλθαν σπεύσαντες
27 [4] ἦλθεν ἐν τ. πνεύματι εἰς τὸ ἱερόν
44 [8] ἦλθον ἡμέρας ὁδόν
51 κατέβη μετ' αὐτῶν κ. ἦλθεν εἰς Ναζαρέτ
3 3 ἦλθεν εἰς πᾶσαν περίχωρον τ. Ἰορδάνου
12 [2] ἦλθον δὲ κ. τελῶναι βαπτισθῆναι
16 ἔρχεται δὲ ὁ ἰσχυρότερός μου
4 16 ἦλθεν εἰς Ναζαρὰ οὗ ἦν τεθραμμένος
34 [2] ἦλθες ἀπολέσαι ἡμᾶς
42 οἱ ὄχλοι ἐπεζήτουν αὐτὸν κ. ἦλθον ἕως αὐτοῦ
5 7 τοῦ ἐλθόντας συλλαβέσθαι αὐτοῖς·
[1] κ. ἦλθαν κ. ἔπλησαν ἀμφότερα τ. πλοῖα
17 οἳ ἦσαν ἐληλυθότες ἐκ πάσης κώμης τ. Γαλιλαίας
32 [2] οὐκ ἐλήλυθα καλέσαι δικαίους
35 [7] ἐλεύσονται δὲ ἡμέραι
6 17 [1 2] οἳ ἦλθαν ἀκοῦσαι αὐτοῦ
ἦλθον, T
47 πᾶς ὁ ἐρχόμενος πρός με κ. ἀκούων μου τ. λόγων
7 3 ὅπως ἐλθὼν διασώσῃ τ. δοῦλον αὐτοῦ
7 οὐδὲ ἐμαυτὸν ἠξίωσα πρός σε ἐλθεῖν
8 λέγω . . . ἄλλῳ Ἔρχου κ. ἔρχεται
19 [6] σὺ εἶ ὁ ἐρχόμενος ἢ ἄλλον προσδοκῶμεν;
20 [6] σὺ εἶ ὁ ἐρχόμενος ἢ ἄλλον προσδοκῶμεν
33 ἐλήλυθεν γὰρ Ἰωάνης ὁ βαπτιστὴς μὴ ἔσθων ἄρτον
34 ἐλήλυθεν ὁ υἱὸς τ. ἀνθρώπου ἔσθων
8 12 εἶτα ἔρχεται ὁ διάβολος κ. αἴρει τ. λόγον
17 ὃ οὐ μὴ γνωσθῇ κ. εἰς φανερὸν ἔλθῃ
35 [1] ἦλθαν πρὸς τ. Ἰησοῦν
ἦλθον, T
41 ἦλθεν ἀνὴρ ᾧ ὄνομα Ἰάειρος
47 ἰδοῦσα δὲ ἡ γυνὴ . . . τρέμουσα ἦλθεν
49 [5] ἔρχεταί τις παρὰ τ. ἀρχισυναγώγου
51 ἐλθὼν δὲ εἰς τ. οἰκίαν
9 23 εἴ τις θέλει ὀπίσω μου ἔρχεσθαι
26 [4] ὅταν ἔλθῃ ἐν τ. δόξῃ αὐτοῦ κ. τ. πατρός
56 [2] ὁ υἱὸς τ. ἀνθρώπου οὐκ ἦλθεν ψυχὰς ἀνθρώπων ἀπολέσαι
—h. v., TWH [WH mg.] R non mg.
10 1 οὗ ἤμελλεν αὐτὸς ἔρχεσθαι
32 ἐλθὼν κ. ἰδὼν ἀντιπαρῆλθεν.

Lu 10 33 [10] Σαμαρείτης δέ τις ὁδεύων ἦλθεν κατ' αὐτόν
11 2 [1] ἐλθάτω ἡ βασιλεία σου
25 ἐλθὸν εὑρίσκει σχολάζοντα
31 [2] ὅτι ἦλθεν ἐκ τ. περάτων τ. γῆς ἀκοῦσαι τ. σοφίαν Σολομῶνος
12 36 ἵνα ἐλθόντος κ. κρούσαντος εὐθέως ἀνοίξωσιν
37 οὓς ἐλθὼν ὁ κύριος εὑρήσει γρηγοροῦντας
38 [4] κἂν ἐν τ. τρίτῃ φυλακῇ ἔλθῃ
κ. ἐὰν ἔλθῃ τ. ἑσπερινῇ φυλακῇ, WH mg.
39 εἰ ᾔδει . . . ποίᾳ ὥρᾳ ὁ κλέπτης ἔρχεται
40 ᾗ ὥρᾳ οὐ δοκεῖτε ὁ υἱὸς τ. ἀνθρώπου ἔρχεται
43 ὃν ἐλθὼν ὁ κύριος αὐτοῦ εὑρήσει ποιοῦντα οὕτως
45 χρονίζει ὁ κύριός μου ἔρχεσθαι
49 [2] πῦρ ἦλθον βαλεῖν ἐπὶ τ. γῆν
54 εὐθέως λέγετε ὅτι ὄμβρος ἔρχεται
13 6 ἦλθεν ζητῶν καρπὸν ἐν αὐτῇ
7 τρία ἔτη ἀφ' οὗ ἔρχομαι ζητῶν καρπόν
14 ἐν αὐταῖς οὖν ἐρχόμενοι θεραπεύεσθε
35 [4 6] εὐλογημένος ὁ ἐρχόμενος ἐν ὀνόματι Κυρίου, Ps. *l.c.*
14 1 ἐγένετο ἐν τ. ἐλθεῖν αὐτὸν εἰς οἶκον
9 ἐλθὼν ὁ σὲ κ. αὐτὸν καλέσας ἐρεῖ σοι
10 ὅταν ἔλθῃ ὁ κεκληκώς σε
17 ἔρχεσθε ὅτι ἤδη ἕτοιμά ἐστιν
ἔρχεσθαι, WH mg.
20 διὰ τοῦτο οὐ δύναμαι ἐλθεῖν
26 εἴ τις ἔρχεται πρός με
27 ὅστις οὐ βαστάζει . . . κ. ἔρχεται ὀπίσω μου
31 [4] τῷ μετὰ εἴκοσι χιλιάδων ἐρχομένῳ ἐπ' αὐτόν
15 6 ἐλθὼν εἰς τ. οἶκον συνκαλεῖ τ. φίλους
17 [9] εἰς ἑαυτὸν δὲ ἐλθὼν ἔφη
20 ἀναστὰς ἦλθεν πρὸς τ. πατέρα ἑαυτοῦ
25 ὡς ἐρχόμενος ἤγγισεν τ. οἰκίᾳ
30 ὅτε δὲ ὁ υἱός σου οὗτος . . . ἦλθεν
16 21 οἱ κύνες ἐρχόμενοι ἐπέλειχον τὰ ἕλκη αὐτοῦ
28 ἵνα μὴ κ. αὐτοὶ ἔλθωσιν εἰς τ. τόπον τοῦτον
17 1 ἀνένδεκτόν ἐστιν τοῦ τὰ σκάνδαλα μὴ ἐλθεῖν·
[8] πλὴν οὐαὶ δι' οὗ ἔρχεται
20 πότε ἔρχεται ἡ βασιλεία τ. Θεοῦ
20 οὐκ ἔρχεται ἡ βασιλεία τ. Θεοῦ μετὰ παρατηρήσεως
22 [7] ἐλεύσονται ἡμέραι ὅτε ἐπιθυμήσετε . . ἰδεῖν
27 ἦλθεν ὁ κατακλυσμὸς κ. ἀπώλεσεν πάντας
18 3 χήρα δὲ . . . ἤρχετο πρὸς αὐτόν
5 ἵνα μὴ εἰς τέλος ἐρχομένη ὑπωπιάζῃ με
8 πλὴν ὁ υἱὸς τ. ἀνθρώπου ἐλθὼν ἆρα εὑρήσει τ. πίστιν ἐπὶ τ. γῆς;
16 ἄφετε τὰ παιδία ἔρχεσθαι πρός με
30 [7] ἐν τ. αἰῶνι τ. ἐρχομένῳ ζωὴν αἰώνιον
19 5 [4] ὡς ἦλθεν ἐπὶ τ. τόπον
10 [2] ἦλθεν γὰρ ὁ υἱὸς τ. ἀνθρώπου ζητῆσαι κ. σῶσαι τὸ ἀπολωλός
13 [4] εἶπεν πρὸς αὐτοὺς πραγματεύσασθαι ἐν ᾧ ἔρχομαι
18 ἦλθεν ὁ δεύτερος λέγων
20 ὁ ἕτερος ἦλθεν λέγων
23 κἀγὼ ἐλθὼν σὺν τόκῳ ἂν αὐτὸ ἔπραξα
38 [4 6] εὐλογημένος ὁ ἐρχόμενος ὁ βασιλεὺς ἐν ὀνόματι Κυρίου, Ps. *l.c.*
—ὁ ἐρχ., TWH mg.

Lu 20 16 ἐλεύσεται κ. ἀπολέσει τ. γεωργοὺς τούτους
21 6 [7] ἐλεύσονται ἡμέραι ἐν αἷς οὐκ ἀφεθήσεται λίθος ἐπὶ λίθῳ
8 [4] πολλοὶ γὰρ ἐλεύσονται ἐπὶ τ. ὀνόματί μου
27 [4] ὄψονται τ. υἱὸν τ. ἀνθρώπου ἐρχόμενον ἐν νεφέλῃ
22 7 [7] ἦλθεν δὲ ἡ ἡμέρα τ. ἀζύμων
18 ἕως οὗ ἡ βασιλεία τ. Θεοῦ ἔλθῃ
45 ἐλθὼν πρὸς τ. μαθητὰς εὗρεν κοιμωμένους
23 26 ἐπιλαβόμενοι Σίμωνά τινα Κυρηναῖον ἐρχόμενον ἀπ' ἀγροῦ
29 [7] ἔρχονται ἡμέραι ἐν αἷς ἐροῦσιν
33 [1] ὅτε ἦλθαν εἰς τ. τόπον τ. καλούμενον Κρανίον
ἀπῆλθον, T
42 μνήσθητί μου ὅταν ἔλθῃς εἰς τ. βασιλείαν σου
24 1 [1 4] ὄρθρου βαθέως ἐπὶ τὸ μνῆμα ἦλθαν
ἦλθον, T
23 [1] μὴ εὑροῦσαι τὸ σῶμα αὐτοῦ ἦλθαν
ἦλθον, T
Jo 1 7 οὗτος ἦλθεν εἰς μαρτυρίαν
9 ἦν τὸ φῶς τὸ ἀληθινὸν . . . ἐρχόμενον εἰς τ. κόσμον
11 εἰς τὰ ἴδια ἦλθεν
15 [6] ὁ ὀπίσω μου ἐρχόμενος ἔμπροσθέν μου γέγονεν
27 [6] ὃν ὑμεῖς οὐκ οἴδατε ὀπίσω μου ἐρχόμενος
οἴδ., ὁ ὀπ. μ. ἐρχ., TR
29 τῇ ἐπαύριον βλέπει τ. Ἰησοῦν ἐρχόμενον πρὸς αὐτόν
30 ὀπίσω μου ἔρχεται ἀνήρ
31 διὰ τοῦτο ἦλθον ἐγὼ ἐν ὕδατι βαπτίζων
39 λέγει αὐτοῖς Ἔρχεσθε κ. ὄψεσθε·
[1] ἦλθαν οὖν κ. εἶδαν ποῦ μένει
46 λέγει αὐτῷ ὁ Φίλιππος Ἔρχου κ. ἴδε
47 εἶδεν Ἰησοῦς τ. Ναθαναὴλ ἐρχόμενον πρὸς αὐτόν
3 2 οὗτος ἦλθεν πρὸς αὐτὸν νυκτός
2 [5] οἴδαμεν ὅτι ἀπὸ Θεοῦ ἐλήλυθας διδάσκαλος
8 οὐκ οἶδας πόθεν ἔρχεται κ. ποῦ ὑπάγει
19 τὸ φῶς ἐλήλυθεν εἰς τ. κόσμον
20 πᾶς γὰρ ὁ φαῦλα πράσσων . . . οὐκ ἔρχεται πρὸς τὸ φῶς
21 ὁ δὲ ποιῶν τ. ἀλήθειαν ἔρχεται πρὸς τὸ φῶς
22 μετὰ ταῦτα ἦλθεν ὁ Ἰησοῦς . . . εἰς τ. Ἰουδαίαν γῆν
26 [1] ἦλθαν πρὸς τ. Ἰωάνην
ἦλθον, T
26 πάντες ἔρχονται πρὸς αὐτόν
31 [6] ὁ ἄνωθεν ἐρχόμενος ἐπάνω πάντων ἐστίν
31 [6] ὁ ἐκ τ. οὐρανοῦ ἐρχόμενος ἐπάνω πάντων ἐστίν
4 5 ἔρχεται οὖν εἰς πόλιν τ. Σαμαρίας λεγομένην Συχάρ
7 [2] ἔρχεται γυνὴ ἐκ τ. Σαμαρίας ἀντλῆσαι ὕδωρ
16 φώνησόν σου τ. ἄνδρα κ. ἐλθὲ ἐνθάδε
21 [7] πίστευέ μοι γύναι ὅτι ἔρχεται ὥρα
23 [7] ἔρχεται ὥρα κ. νῦν ἐστίν
25 οἶδα ὅτι Μεσσίας ἔρχεται ὁ λεγόμενος Χριστός·
ὅταν ἔλθῃ ἐκεῖνος
27 [1] ἐπὶ τούτῳ ἦλθαν οἱ μαθηταὶ αὐτοῦ

Jo 4 30 ἤρχοντο πρὸς αὐτόν
35 ἔτι τετράμηνός ἐστιν κ. ὁ θερισμὸς ἔρχεται
40 ὡς οὖν ἦλθον πρὸς αὐτὸν οἱ Σαμαρεῖται
45 ὅτε οὖν ἦλθεν εἰς τ. Γαλιλαίαν
45 κ. αὐτοὶ γὰρ ἦλθον εἰς τ. ἑορτήν.
46 ἦλθεν οὖν πάλιν εἰς τὴν Κανὰ τ. Γαλιλαίας
54 ἐλθὼν ἐκ τ. Ἰουδαίας εἰς τ. Γαλιλαίαν
5 7 [4] ἐν ᾧ δὲ ἔρχομαι ἐγώ
24 εἰς κρίσιν οὐκ ἔρχεται
25 [7] ἔρχεται ὥρα κ. νῦν ἐστίν
28 [7] ἔρχεται ὥρα ἐν ᾗ πάντες οἱ ἐν τ. μνημείοις ἀκούσουσιν
40 οὐ θέλετε ἐλθεῖν πρός με
43 [4] ἐγὼ ἐλήλυθα ἐν τ. ὀνόματι τ. πατρός μου
43 [4] ἐὰν ἄλλος ἔλθῃ ἐν τ. ὀνόματι τ. ἰδίῳ
6 5 θεασάμενος ὅτι πολὺς ὄχλος ἔρχεται πρὸς αὐτόν
14 [6] ἀληθῶς ὁ προφήτης ὁ ἐρχόμενος εἰς τ. κόσμον
ὁ εἰς τ. κ. ἐρχ., T
15 μέλλουσιν ἔρχεσθαι κ. ἁρπάζειν αὐτόν
17 ἤρχοντο πέραν τ. θαλάσσης εἰς Καφαρναούμ
17 οὔπω ἐληλύθει πρὸς αὐτοὺς ὁ Ἰησοῦς
23 ἀλλὰ ἦλθεν πλοῖα ἐκ Τιβεριάδος
ἄλλα ἦλθον πλοιάρια, T
24 ἦλθον εἰς Καφαρναοὺμ ζητοῦντες τ. Ἰησοῦν
35 [6] ὁ ἐρχόμενος πρὸς ἐμέ οὐ μὴ πεινάσῃ
37 [6] τ. ἐρχόμενον πρός με οὐ μὴ ἐκβάλω ἔξω
44 οὐδεὶς δύναται ἐλθεῖν πρός με
45 πᾶς ὁ ἀκούσας παρὰ τ. πατρὸς . . . ἔρχεται πρὸς ἐμέ
65 οὐδεὶς δύναται ἐλθεῖν πρός με
7 27 ὁ δὲ Χριστὸς ὅταν ἔρχηται
28 [5] ἀπ' ἐμαυτοῦ οὐκ ἐλήλυθα
30 [7] ὅτι οὔπω ἐληλύθει ἡ ὥρα αὐτοῦ
31 ὁ Χριστὸς ὅταν ἔλθῃ
34 ὅπου εἰμὶ ἐγὼ ὑμεῖς οὐ δύνασθε ἐλθεῖν
36 ὅπου εἰμὶ ἐγὼ ὑμεῖς οὐ δύνασθε ἐλθεῖν
37 ἐάν τις διψᾷ ἐρχέσθω πρός με κ. πινέτω
—πρός με, T
41 μὴ γὰρ ἐκ τ. Γαλιλαίας ὁ Χριστὸς ἔρχεται,
42 ἀπὸ Βηθλεὲμ . . . ἔρχεται ὁ Χριστός
ὁ Χρ. ἐρχ., T
45 ἦλθον οὖν οἱ ὑπηρέται πρὸς τ. ἀρχιερεῖς
50 Νικόδημος . . . ὁ ἐλθὼν πρὸς αὐτὸν πρότερον
—ὁ ἐλθὼν πρ. αὐτ. πρότ., T
8 [2 ὄρθρου δὲ πάλιν ἦλθεν εἰς τὸ ἱερόν,
παρεγένετο, WH non mg.
[κ. πᾶς ὁ λαὸς ἤρχετο πρὸς αὐτόν]
14 οἶδα πόθεν ἦλθον κ. ποῦ ὑπάγω·
ὑμεῖς δὲ οὐκ οἴδατε πόθεν ἔρχομαι ἢ ποῦ ὑπάγω
20 [7] ὅτι οὔπω ἐληλύθει ἡ ὥρα αὐτοῦ
21 ὅπου ἐγὼ ὑπάγω ὑμεῖς οὐ δύνασθε ἐλθεῖν
22 ὅπου ἐγὼ ὑπάγω ὑμεῖς οὐ δύνασθε ἐλθεῖν
42 [5] οὐδὲ γὰρ ἀπ' ἐμαυτοῦ ἐλήλυθα
9 4 [7] ἔρχεται νὺξ ὅτε οὐδεὶς δύναται ἐργάζεσθαι
7 ἐνίψατο κ. ἦλθεν βλέπων
39 εἰς κρίμα ἐγὼ εἰς τ. κόσμον τοῦτον ἦλθον
10 8 πάντες ὅσοι ἦλθον πρὸ ἐμοῦ
—πρὸ ἐμ., T

Jo 10 10 ὁ κλέπτης οὐκ ἔρχεται εἰ μὴ ἵνα κλέψῃ
10 ἐγὼ ἦλθον ἵνα ζωὴν ἔχωσιν
12 θεωρεῖ τ. λύκον ἐρχόμενον
41 πολλοὶ ἦλθον πρὸς αὐτόν
11 17 ἐλθὼν οὖν ὁ Ἰησοῦς εὗρεν αὐτὸν . . . ἐν τ. μνημείῳ
19 πολλοὶ δὲ ἐκ τ. Ἰουδαίων ἐληλύθεισαν πρὸς τ. Μάρθαν
20 ὡς ἤκουσεν ὅτι Ἰησοῦς ἔρχεται
27 [6] σὺ εἶ ὁ Χριστὸς . . . ὁ εἰς τ. κόσμον ἐρχόμενος
29 ἠγέρθη ταχὺ κ. ἤρχετο πρὸς αὐτόν
ἐγείρεται τ. κ. ἔρχεται, T
30 οὔπω δὲ ἐληλύθει ὁ Ἰησοῦς εἰς τ. κώμην
32 ἡ οὖν Μαριὰμ ὡς ἦλθεν ὅπου ἦν Ἰησοῦς
34 Κύριε ἔρχου κ. ἴδε
38 Ἰησοῦς οὖν . . . ἔρχεται εἰς τὸ μνημεῖον
45 πολλοὶ οὖν ἐκ τ. Ἰουδαίων οἱ ἐλθόντες πρὸς τ. Μαριάμ
48 ἐλεύσονται οἱ Ῥωμαῖοι
56 ὅτι οὐ μὴ ἔλθῃ εἰς τ. ἑορτήν
12 1 ὁ οὖν Ἰησοῦς πρὸ ἓξ ἡμερῶν τοῦ πάσχα ἦλθεν εἰς Βηθανίαν
9 [1] ἦλθαν οὐ διὰ τ. Ἰησοῦν μόνον
ἦλθον, T
12 ὁ ὄχλος πολὺς ὁ ἐλθὼν εἰς τ. ἑορτήν ἀκούσαντες ὅτι ἔρχεται Ἰησοῦς εἰς Ἱεροσόλυμα
13 [6] εὐλογημένος ὁ ἐρχόμενος ἐν ὀνόματι Κυρίου, Ps. *l.c.*
15 ἰδοὺ ὁ βασιλεύς σου ἔρχεται, Zech. *l.c.*
22 ἔρχεται ὁ Φίλιππος κ. λέγει τ. Ἀνδρέᾳ· ἔρχεται Ἀνδρέας κ. Φίλιππος κ. λέγουσιν τῷ Ἰησοῦ
23 [7] ἐλήλυθεν ἡ ὥρα ἵνα δοξασθῇ ὁ υἱὸς τ. ἀνθρώπου
27 διὰ τοῦτο ἦλθον εἰς τ. ὥραν ταύτην
28 ἦλθεν οὖν φωνὴ ἐκ τ. οὐρανοῦ
46 ἐγὼ φῶς εἰς τ. κόσμον ἐλήλυθα
47 οὐ γὰρ ἦλθον ἵνα κρίνω τ. κόσμον
13 1 [7] εἰδὼς ὁ Ἰησοῦς ὅτι ἦλθεν αὐτοῦ ἡ ὥρα
6 ἔρχεται οὖν πρὸς Σίμωνα Πέτρον
33 ὅπου ἐγὼ ὑπάγω ὑμεῖς οὐ δύνασθε ἐλθεῖν
14 3 πάλιν ἔρχομαι κ. παραλήμψομαι πρὸς ἐμαυτόν
6 [8] οὐδεὶς ἔρχεται πρὸς τ. πατέρα εἰ μὴ δι᾽ ἐμοῦ
18 ἔρχομαι πρὸς ὑμᾶς
23 πρὸς αὐτὸν ἐλευσόμεθα
28 ὑπάγω κ. ἔρχομαι πρὸς ὑμᾶς
30 ἔρχεται γὰρ ὁ τ. κόσμου ἄρχων
15 22 εἰ μὴ ἦλθον κ. ἐλάλησα αὐτοῖς
26 ὅταν ἔλθῃ ὁ παράκλητος
16 2 [7] ἔρχεται ὥρα ἵνα πᾶς ὁ ἀποκτείνας ὑμᾶς δόξῃ
4 [7] ὅταν ἔλθῃ ἡ ὥρα αὐτῶν
7 ὁ παράκλητος οὐ μὴ ἔλθῃ πρὸς ὑμᾶς
οὐκ ἐλεύσεται πρ. ὑμ., TR
8 ἐλθὼν ἐκεῖνος ἐλέγξει τ. κόσμον
13 ὅταν δὲ ἔλθῃ ἐκεῖνος
13 τὰ ἐρχόμενα ἀναγγελεῖ ὑμῖν
21 [7] ὅτι ἦλθεν ἡ ὥρα αὐτῆς
25 [7] ἔρχεται ὥρα ὅτε οὐκέτι ἐν παροιμίαις λαλήσω ὑμῖν
28 ἐλήλυθα εἰς τ. κόσμον
32 [7] ἔρχεται ὥρα κ. ἐλήλυθεν

Jo 17 1 [7] πάτερ ἐλήλυθεν ἡ ὥρα
11 κἀγὼ πρός σε ἔρχομαι
13 νῦν δὲ πρός σε ἔρχομαι
18 3 ὁ οὖν Ἰούδας . . . ἔρχεται ἐκεῖ μετὰ φανῶν
4 [4] Ἰησοῦς οὖν εἰδὼς πάντα τὰ ἐρχόμενα ἐπ᾽ αὐτόν
37 εἰς τοῦτο ἐλήλυθα εἰς τ. κόσμον
19 3 ἤρχοντο πρὸς αὐτόν κ. ἔλεγον
32 ἦλθον οὖν οἱ στρατιῶται
33 [4] ἐπὶ δὲ τ. Ἰησοῦν ἐλθόντες
38 ἦλθεν οὖν κ. ἦρεν τὸ σῶμα αὐτοῦ.
ἦλθον οὖν κ. ἦραν αὐτόν, T
39 ἦλθεν δὲ κ. Νικόδημος ὁ ἐλθὼν πρὸς αὐτὸν νυκτός
20 1 Μαρία ἡ Μαγδαληνὴ ἔρχεται πρωΐ
2 τρέχει οὖν κ. ἔρχεται πρὸς Σίμωνα Πέτρον
3 ἤρχοντο εἰς τὸ μνημεῖον
4 ἦλθεν πρῶτος εἰς τὸ μνημεῖον
6 ἔρχεται οὖν Σίμων Πέτρος ἀκολουθῶν αὐτῷ
8 ὁ ἄλλος μαθητὴς ὁ ἐλθὼν πρῶτος εἰς τὸ μνημεῖον
18 ἔρχεται Μαριὰμ ἡ Μαγδαληνὴ ἀγγέλλουσα τ. μαθηταῖς
19 ἦλθεν ὁ Ἰησοῦς κ. ἔστη εἰς τὸ μέσον
24 οὐκ ἦν μετ᾽ αὐτῶν ὅτε ἦλθεν Ἰησοῦς
26 ἔρχεται ὁ Ἰησοῦς τ. θυρῶν κεκλεισμένων
21 3 ἐρχόμεθα κ. ἡμεῖς σὺν σοί
8 οἱ δὲ ἄλλοι μαθηταὶ τ. πλοιαρίῳ ἦλθον
13 ἔρχεται Ἰησοῦς κ. λαμβάνει τ. ἄρτον
22 ἐὰν αὐτὸν θέλω μένειν ἕως ἔρχομαι
23 ἐὰν αὐτὸν θέλω μένειν ἕως ἔρχομαι
Ac 1 11 οὕτως ἐλεύσεται ὃν τρόπον ἐθεάσασθε αὐτὸν πορευόμενον
2 20 πρὶν ἐλθεῖν ἡμέραν Κυρίου τ. μεγάλην
לִפְנֵי בּוֹא יוֹם יְהוָה הַגָּדוֹל, Joel iii. 4
3 19 [7] ὅπως ἂν ἔλθωσιν καιροὶ ἀναψύξεως
4 23 ἀπολυθέντες δὲ ἦλθον πρὸς τ. ἰδίους
5 15 ἵνα ἐρχομένου Πέτρου κἂν ἡ σκιὰ ἐπισκιάσει
7 11 [4] ἦλθεν δὲ λιμὸς ἐφ᾽ ὅλην τ. Αἴγυπτον κ. Χαναάν
8 27 ὃς ἐληλύθει προσκυνήσων εἰς Ἱερουσαλήμ
36 [4] ἦλθον ἐπί τι ὕδωρ
40 ἕως τοῦ ἐλθεῖν αὐτὸν εἰς Καισαρίαν
9 17 Ἰησοῦς ὁ ὀφθείς σοι ἐν τῇ ὁδῷ ᾗ ἤρχου
21 ὧδε εἰς τοῦτο ἐληλύθει
10 29 διὸ κ. ἀναντιρρήτως ἦλθον μεταπεμφθείς
11 5 καταβαῖνον σκεῦός τι . . . κ. ἦλθεν ἄχρι ἐμοῦ
12 ἦλθον δὲ σὺν ἐμοὶ κ. οἱ ἓξ ἀδελφοὶ οὗτοι
20 οἵτινες ἐλθόντες εἰς Ἀντιόχειαν ἐλάλουν κ. πρὸς τ. Ἑλληνιστάς
12 10 [1 4] ἦλθαν ἐπὶ τ. πύλην τ. σιδηρᾶν
12 [4] συνιδών τε ἦλθεν ἐπὶ τ. οἰκίαν τ. Μαρίας
13 13 ἦλθον εἰς Πέργην τ. Παμφυλίας
14 ἐλθόντες εἰς τ. συναγωγὴν τ. ἡμέρᾳ τ. σαββάτων
25 ἰδοὺ ἔρχεται μετ᾽ ἐμέ
44 [7] τ. δὲ ἐρχομένῳ σαββάτῳ σχεδὸν πᾶσα ἡ πόλις συνήχθη
ἐχομένῳ, WH marg.
51 οἱ δὲ ἐκτιναξάμενοι τ. κονιορτὸν . . . ἦλθον εἰς Ἰκόνιον

Ac 14 24 [1] διελθόντες τ. Πισιδίαν ἦλθαν εἰς τ. Παμφυλίαν
ἦλθον, T
16 7 [10] ἐλθόντες δὲ κατὰ τ. Μυσίαν
37 ἐλθόντες αὐτοὶ ἡμᾶς ἐξαγαγέτωσαν
39 ἐλθόντες παρεκάλεσαν αὐτούς
17 1 ἦλθον εἰς Θεσσαλονίκην
13 ἦλθον κἀκεῖ σαλεύοντες κ. ταράσσοντες τ. ὄχλους
15 ἵνα ὡς τάχιστα ἔλθωσιν πρὸς αὐτόν
18 1 χωρισθεὶς ἐκ τ. Ἀθηνῶν ἦλθεν εἰς Κόρινθον
2 προσφάτως ἐληλυθότα ἀπὸ τ. Ἰταλίας
7 μεταβὰς ἐκεῖθεν ἦλθεν εἰς οἰκίαν . . . Ἰούστου
εἰσῆλθεν, T
21 [7] δεῖ με πάντως τ. ἑορτὴν τ. ἐρχομένην ποιῆσαι εἰς Ἱεροσόλυμα
—h. v., TWH non mg. R
19 1 Παῦλον . . . ἐλθεῖν εἰς Ἔφεσον
κατελθεῖν, T
4 [6] εἰς τ. ἐρχόμενον μετ᾽ αὐτὸν ἵνα πιστεύσωσιν
6 [4] ἦλθεν τὸ πνεῦμα τὸ ἅγιον ἐπ᾽ αὐτούς
18 πολλοί τε τ. πεπιστευκότων ἤρχοντο ἐξομολογούμενοι
27 κινδυνεύει ἡμῖν τὸ μέρος εἰς ἀπελεγμὸν ἐλθεῖν
20 2 ἦλθεν εἰς τ. Ἑλλάδα
6 ἤλθομεν πρὸς αὐτοὺς εἰς τ. Τρῳάδα
14 ἀναλαβόντες αὐτὸν ἤλθομεν εἰς Μιτυλήνην
15 τ. δὲ ἐχομένῃ ἤλθομεν εἰς Μίλητον
21 1 εὐθυδρομήσαντες ἤλθομεν εἰς τὴν Κῶ
8 [1] τῇ δὲ ἐπαύριον ἐξελθόντες ἤλθαμεν εἰς Καισαρίαν
ἤλθομεν, T
11 ἐλθὼν πρὸς ἡμᾶς κ. ἄρας τ. ζώνην τ. Παύλου
22 ἀκούσονται ὅτι ἐλήλυθας
22 11 χειραγωγούμενος . . . ἦλθον εἰς Δαμασκόν
13 ἐλθὼν πρὸς ἐμέ κ. ἐπιστάς
24 8 [4] κελεύσας τ. κατηγόρους αὐτοῦ ἔρχεσθαι ἐπὶ σέ
—h. v., TWHR non mg.
25 23 τῇ οὖν ἐπαύριον ἐλθόντος τ. Ἀγρίππα
27 8 ἤλθομεν εἰς τόπον τινὰ καλούμενον Καλοὺς Λιμένας
28 13 δευτεραῖοι ἤλθομεν εἰς Ποτιόλους
14 [1] οὕτως εἰς τ. Ῥώμην ἤλθαμεν
15 [1] ἦλθαν εἰς ἀπάντησιν ἡμῖν ἄχρι Ἀππίου Φόρου
23 [1] ἦλθαν πρὸς αὐτὸν εἰς τ. ξενίαν πλείονες
ἦλθον, T
Ro 1 10 εἴ πως ἤδη εὐοδωθήσομαι . . . ἐλθεῖν πρὸς ὑμᾶς
13 πολλάκις προεθέμην ἐλθεῖν πρὸς ὑμᾶς
3 8 ποιήσωμεν τὰ κακὰ ἵνα ἔλθῃ τὰ ἀγαθά
7 9 ἐλθούσης δὲ τ. ἐντολῆς ἡ ἁμαρτία ἀνέζησεν
9 9 κατὰ τ. καιρὸν τοῦτον ἐλεύσομαι
שׁוֹב אָשׁוּב אֵלֶיךָ כָּעֵת חַיָּה, Gen. xviii. 10
15 22 ἐνεκοπτόμην τὰ πολλὰ τοῦ ἐλθεῖν πρὸς ὑμᾶς
23 ἐπιποθίαν δὲ ἔχων τοῦ ἐλθεῖν πρὸς ὑμᾶς
29 οἶδα δὲ ὅτι ἐρχόμενος πρὸς ὑμᾶς
[4] ἐν πληρώματι εὐλογίας Χριστοῦ ἐλεύσομαι
32 [3 4] ἵνα ἐν χαρᾷ ἐλθὼν πρὸς ὑμᾶς διὰ θελήματος Θεοῦ
ἐλθ. ἐν χαρᾷ, T; ἔλθω, WH mg.

I Co 2 1 [10] κἀγὼ ἐλθὼν πρὸς ὑμᾶς ἀδελφοί, ἦλθον οὐ καθ᾽ ὑπεροχὴν λόγου ἢ σοφίας
4 5 ἕως ἂν ἔλθῃ ὁ Κύριος
18 ὡς μὴ ἐρχομένου δέ μου πρὸς ὑμᾶς ἐφυσιώθησάν τινες·
19 ἐλεύσομαι δὲ ταχέως πρὸς ὑμᾶς
21 [4] ἐν ῥάβδῳ ἔλθω πρὸς ὑμᾶς
11 26 τ. θάνατον τ. Κυρίου καταγγέλλετε ἄχρι οὗ ἔλθῃ
34 τὰ δὲ λοιπὰ ὡς ἂν ἔλθω διατάξομαι
13 10 ὅταν δὲ ἔλθῃ τὸ τέλειον
14 6 ἐὰν ἔλθω πρὸς ὑμᾶς γλώσσαις λαλῶν
15 35 ποίῳ δὲ σώματι ἔρχονται;
16 2 ἵνα μὴ ὅταν ἔλθω τότε λογίαι γίνωνται
5 ἐλεύσομαι δὲ πρὸς ὑμᾶς ὅταν Μακεδονίαν διέλθω
10 ἐὰν δὲ ἔλθῃ Τιμόθεος
11 προπέμψατε δὲ αὐτὸν ἐν εἰρήνῃ ἵνα ἔλθῃ πρός με
12 παρεκάλεσα αὐτὸν ἵνα ἔλθῃ πρὸς ὑμᾶς μετὰ τ. ἀδελφῶν·
κ. πάντως οὐκ ἦν θέλημα ἵνα νῦν ἔλθῃ, ἐλεύσεται δὲ ὅταν εὐκαιρήσῃ
II Co 1 15 ἐβουλόμην πρότερον πρὸς ὑμᾶς ἐλθεῖν
16 πάλιν ἀπὸ Μακεδονίας ἐλθεῖν πρὸς ὑμᾶς
23 φειδόμενος ὑμῶν οὐκέτι ἦλθον εἰς Κόρινθον
2 1 [4] τὸ μὴ πάλιν ἐν λύπῃ πρὸς ὑμᾶς ἐλθεῖν
3 ἵνα μὴ ἐλθὼν λύπην σχῶ
12 ἐλθὼν δὲ εἰς τ. Τρῳάδα εἰς τὸ εὐαγγέλιον τ. Χριστοῦ
7 5 κ. γὰρ ἐλθόντων ἡμῶν εἰς Μακεδονίαν
9 4 ἐὰν ἔλθωσιν σὺν ἐμοὶ Μακεδόνες
11 4 [6] εἰ μὲν γὰρ ὁ ἐρχόμενος ἄλλον Ἰησοῦν κηρύσσει
9 οἱ ἀδελφοὶ ἐλθόντες ἀπὸ Μακεδονίας
12 1 ἐλεύσομαι δὲ εἰς ὀπτασίας κ. ἀποκαλύψεις Κυρίου
14 τρίτον τοῦτο ἑτοίμως ἔχω ἐλθεῖν πρὸς ὑμᾶς
20 μή πως ἐλθὼν οὐχ οἵους θέλω εὕρω ὑμᾶς
21 μὴ πάλιν ἐλθόντος μου ταπεινώσῃ με ὁ Θεός μου
13 1 τρίτον τοῦτο ἔρχομαι πρὸς ὑμᾶς
2 ἐὰν ἔλθω εἰς τὸ πάλιν οὐ φείσομαι
Ga 1 21 ἔπειτα ἦλθον εἰς τὰ κλίματα τ. Συρίας κ. τ. Κιλικίας
2 11 ὅτε δὲ ἦλθεν Κηφᾶς εἰς Ἀντιόχειαν
12 [5] πρὸ τοῦ γὰρ ἐλθεῖν τινας ἀπὸ Ἰακώβου
12 ὅτε δὲ ἦλθον ὑπέστελλεν κ. ἀφώριζεν ἑαυτόν
3 19 ἄχρις ἂν ἔλθῃ τὸ σπέρμα ᾧ ἐπήγγελται
23 πρὸ τοῦ δὲ ἐλθεῖν τ. πίστιν
25 ἐλθούσης δὲ τ. πίστεως
4 4 ὅτε δὲ ἦλθεν τὸ πλήρωμα τ. χρόνου
Eph 2 17 ἐλθὼν εὐηγγελίσατο εἰρήνην ὑμῖν τοῖς μακράν
5 6 [4] διὰ ταῦτα γὰρ ἔρχεται ἡ ὀργὴ τ. Θεοῦ ἐπὶ τ. υἱοὺς τ. ἀπειθίας
Phl 1 12 τὰ κατ᾽ ἐμὲ μᾶλλον εἰς προκοπὴν τ. εὐαγγελίου ἐλήλυθεν
27 εἴτε ἐλθὼν κ. ἰδὼν ὑμᾶς εἴτε ἀπών
2 24 κ. αὐτὸς ταχέως ἐλεύσομαι
Col 3 6 [3] δι᾽ ἃ ἔρχεται ἡ ὀργὴ τ. Θεοῦ
4 10 ἐὰν ἔλθῃ πρὸς ὑμᾶς δέξασθε αὐτόν
I Th 1 10 Ἰησοῦν τ. ῥυόμενον ἡμᾶς ἐκ τ. ὀργῆς τ. ἐρχομένης
2 18 διότι ἠθελήσαμεν ἐλθεῖν πρὸς ὑμᾶς

I Th 3 6 [6] ἄρτι δὲ ἐλθόντος Τιμόθεου πρὸς ἡμᾶς ἀφ' ὑμῶν
5 2 [7] ἡμέρα Κυρίου ὡς κλέπτης ἐν νυκτὶ οὕτως ἔρχεται
II Th 1 10 [2] ὅταν ἔλθῃ ἐνδοξασθῆναι ἐν τ. ἁγίοις αὐτοῦ
2 3 ἐὰν μὴ ἔλθῃ ἡ ἀποστασία πρῶτον
I Ti 1 15 [2] Χριστὸς Ἰησοῦς ἦλθεν εἰς τ. κόσμον ἁμαρτωλοὺς σῶσαι
2 4 ὃς πάντας ἀνθρώπους θέλει . . . εἰς ἐπίγνωσιν ἀληθείας ἐλθεῖν
3 14 ἐλπίζων ἐλθεῖν πρός σε ἐν τάχει
4 13 ἕως ἔρχομαι πρόσεχε τ. ἀναγνώσει
II Ti 3 7 μηδέποτε εἰς ἐπίγνωσιν ἀληθείας ἐλθεῖν δυνάμενα
4 9 σπούδασον ἐλθεῖν πρός με ταχέως
13 τ. φελόνην . . . ἐρχόμενος φέρε κ. τὰ βιβλία
21 σπούδασον πρὸ χειμῶνος ἐλθεῖν
Tit 3 12 σπούδασον ἐλθεῖν πρός με εἰς Νικόπολιν
He 6 7 [4] γῆ γὰρ ἡ πιοῦσα τὸν ἐπ' αὐτῆς ἐρχόμενον πολλάκις ὑετόν
8 8 [7] ἰδοὺ ἡμέραι ἔρχονται λέγει Κύριος
הִנֵּה יָמִים בָּאִים נְאֻם־יְהוָֹה, Jer. xxxi. 31
10 37 [6] ὁ ἐρχόμενος ἥξει κ. οὐ χρονίσει
בֹּא יָבֹא לֹא יְאַחֵר, Hab. ii. 3
11 8 ἐξῆλθεν μὴ ἐπιστάμενος ποῦ ἔρχεται
13 23 μεθ' οὗ ἐὰν τάχειον ἔρχηται ὄψομαι ὑμᾶς
II Pe 3 3 [4] ἐλεύσονται ἐπ' ἐσχάτων τ. ἡμερῶν ἐν ἐμπαιγμονῇ ἐμπαῖκται
I Jo 2 18 καθὼς ἠκούσατε ὅτι ἀντίχριστος ἔρχεται
4 2 πᾶν πνεῦμα ὃ ὁμολογεῖ Ἰησοῦν Χριστὸν ἐν σαρκὶ ἐληλυθότα
ἐληλυθέναι, WH mg.
3 τὸ τ. ἀντιχρίστου ὃ ἀκηκόατε ὅτι ἔρχεται
5 6 [3] οὗτός ἐστιν ὁ ἐλθὼν δι' ὕδατος κ. αἵματος
II Jo 7 [4] οἱ μὴ ὁμολογοῦντες Ἰησοῦν Χριστὸν ἐρχόμενον ἐν σαρκί
10 εἴ τις ἔρχεται πρὸς ὑμᾶς
III Jo 3 ἐρχομένων ἀδελφῶν κ. μαρτυρούντων σου τ. ἀληθείᾳ
10 διὰ τοῦτο ἐὰν ἔλθω ὑπομνήσω αὐτοῦ τὰ ἔργα
Ju 14 [4] ἦλθεν Κύριος ἐν ἁγίαις μυριάσιν αὐτοῦ
Re 1 4 [6] ἀπὸ ὁ ὢν κ. ὁ ἦν κ. ὁ ἐρχόμενος
7 ἰδοὺ ἔρχεται μετὰ τ. νεφελῶν
8 [6] ὁ Θεὸς ὁ ὢν κ. ὁ ἦν κ. ὁ ἐρχόμενος
2 5 εἰ δὲ μὴ ἔρχομαί σοι
16 εἰ δὲ μὴ ἔρχομαί σοι ταχύ
3 10 [4 7] ἐκ τ. ὥρας τ. πειρασμοῦ τ. μελλούσης ἔρχεσθαι ἐπὶ τ. οἰκουμένης ὅλης
11 ἔρχομαι ταχύ· κράτει ὃ ἔχεις
4 8 [6] ὁ Θεὸς ὁ παντοκράτωρ ὁ ἦν κ. ὁ ὢν κ. ὁ ἐρχόμενος
5 7 ἦλθεν κ. εἴληφεν ἐκ τ. δεξιᾶς τ. καθημένου ἐπὶ τ. θρόνου
6 1 λέγοντος ὡς φωνῇ βροντῆς Ἔρχου
3 ἤκουσα τ. δευτέρου ζῴου λέγοντος Ἔρχου
5 ἤκουσα τ. τρίτου ζῴου λέγοντος Ἔρχου
7 ἤκουσα φωνὴν τ. τετάρτου ζῴου λέγοντος Ἔρχου
17 [7] ἦλθεν ἡ ἡμέρα ἡ μεγάλη τ. ὀργῆς αὐτῶν
7 13 τίνες εἰσὶν κ. πόθεν ἦλθον;
14 οὗτοί εἰσιν οἱ ἐρχόμενοι ἐκ τ. θλίψεως τ. μεγάλης
Re 8 3 ἄλλος ἄγγελος ἦλθεν
9 12 ἰδοὺ ἔρχεται ἔτι δύο οὐαὶ μετὰ ταῦτα
11 14 ἰδοὺ ἡ οὐαὶ ἡ τρίτη ἔρχεται ταχύ
18 ἦλθεν ἡ ὀργή σου
14 7 [7] ὅτι ἦλθεν ἡ ὥρα τ. κρίσεως αὐτοῦ
15 [7] ὅτι ἦλθεν ἡ ὥρα θερίσαι
16 15 ἰδοὺ ἔρχομαι ὡς κλέπτης
17 1 ἦλθεν εἷς ἐκ τ. ἑπτὰ ἀγγέλων τ. ἐχόντων τ. ἑπτὰ φιάλας
10 ὁ ἄλλος οὔπω ἦλθεν κ. ὅταν ἔλθῃ ὀλίγον αὐτὸν δεῖ μεῖναι
18 10 ὅτι μιᾷ ὥρᾳ ἦλθεν ἡ κρίσις σου
19 7 ὅτι ἦλθεν ὁ γάμος τ. ἀρνίου
21 9 ἦλθεν εἷς ἐκ τ. ἑπτὰ ἀγγέλων τ. ἐχόντων τ. ἑπτὰ φιάλας
22 7 κ. ἰδοὺ ἔρχομαι ταχύ
12 ἰδοὺ ἔρχομαι ταχύ
17 τὸ πνεῦμα κ. ἡ νύμφη λέγουσιν Ἔρχου· κ. ὁ ἀκούων εἰπάτω Ἔρχου· κ. ὁ διψῶν ἐρχέσθω
20 λέγει ὁ μαρτυρῶν ταῦτα Ναὶ ἔρχομαι ταχύ. Ἀμήν· ἔρχου Κύριε Ἰησοῦ

ἘΡΩ 2064.5 cf. 3004

(1) τὸ εἰρημένον (2) c. acc. rei (3) c. acc. pers.

Cf. εἶπον

Mt 1 22 ἵνα πληρωθῇ τὸ ῥηθὲν ὑπὸ Κυρίου διὰ τ. προφήτου
2 15 ἵνα πληρωθῇ τὸ ῥηθὲν ὑπὸ Κυρίου διὰ τ. προφήτου
17 τότε ἐπληρώθη τὸ ῥηθὲν διὰ Ἰερεμίου τ. προφήτου
23 ὅπως πληρωθῇ τὸ ῥηθὲν διὰ τ. προφητῶν
3 3 οὗτός ἐστιν ὁ ῥηθεὶς διὰ Ἠσαίου τ. προφήτου
4 14 ἵνα πληρωθῇ τὸ ῥηθὲν διὰ Ἠσαίου τ. προφήτου
5 21 ἠκούσατε ὅτι ἐρρέθη τ. ἀρχαίοις
27 ἠκούσατε ὅτι ἐρρέθη
31 ἐρρέθη δὲ Ὃς ἂν ἀπολύσῃ, Dt. xxiv. 1
33 πάλιν ἠκούσατε ὅτι ἐρρέθη τ. ἀρχαίοις
38 ἠκούσατε ὅτι ἐρρέθη
43 ἠκούσατε ὅτι ἐρρέθη
7 4 ἢ πῶς ἐρεῖς τ. ἀδελφῷ σου
22 πολλοὶ ἐροῦσίν μοι ἐν ἐκείνῃ τ. ἡμέρᾳ
8 17 ὅπως πληρωθῇ τὸ ῥηθὲν διὰ Ἠσαίου τ. προφήτου
12 17 ἵνα πληρωθῇ τὸ ῥηθὲν διὰ Ἠσαίου τ. προφήτου
13 30 ἐν καιρῷ τ. θερισμοῦ ἐρῶ τ. θερισταῖς
35 ὅπως πληρωθῇ τὸ ῥηθὲν διὰ τ. προφήτου
17 20 ἐὰν ἔχητε πίστιν . . . ἐρεῖτε τ. ὄρει τούτῳ
21 3 ἐάν τις ὑμῖν εἴπῃ τι ἐρεῖτε
4 ἵνα πληρωθῇ τὸ ῥηθὲν διὰ τ. προφήτου
24 κἀγὼ ὑμῖν ἐρῶ ἐν ποίᾳ ἐξουσίᾳ ταῦτα ποιῶ
25 ἐὰν εἴπωμεν Ἐξ οὐρανοῦ ἐρεῖ ἡμῖν
22 31 οὐκ ἀνέγνωτε τὸ ῥηθὲν ὑμῖν ὑπὸ τ. Θεοῦ
24 15 τὸ βδέλυγμα τ. ἐρημώσεως τὸ ῥηθὲν διὰ Δανιὴλ τ. προφήτου
25 34 τότε ἐρεῖ ὁ βασιλεὺς τοῖς ἐκ δεξιῶν αὐτοῦ
40 ἀποκριθεὶς ὁ βασιλεὺς ἐρεῖ αὐτοῖς
41 τότε ἐρεῖ κ. τοῖς ἐξ εὐωνύμων
26 75 ἐμνήσθη ὁ Πέτρος τ. ῥήματος Ἰησοῦ εἰρηκότος

Mt 27 9 τότε ἐπληρώθη τὸ ῥηθὲν διὰ Ἰερεμίου τ. προφήτου
Mk 11 29 ἐρῶ ὑμῖν ἐν ποίᾳ ἐξουσίᾳ ταῦτα ποιῶ
31 ἐὰν εἴπωμεν Ἐξ οὐρανοῦ ἐρεῖ
Lu 2 24 [1] κατὰ τὸ εἰρημένον ἐν τ. νόμῳ Κυρίου
4 12 εἴρηται Οὐκ ἐκπειράσεις Κύριον τ. Θεόν σου, Dt. ix. 16
23 [2] πάντως ἐρεῖτέ μοι τ. παραβολὴν ταύτην
12 10 [2] πᾶς ὃς ἐρεῖ λόγον εἰς τ. υἱὸν τ. ἀνθρώπου
19 ἐρῶ τ. ψυχῇ μου
13 25 ἀποκριθεὶς ἐρεῖ ὑμῖν Οὐκ οἶδα ὑμᾶς
27 ἐρεῖ λέγων ὑμῖν Οὐκ οἶδα πόθεν ἐστέ
14 9 ἐλθὼν ὁ σὲ κ. αὐτὸν καλέσας ἐρεῖ σοι
10 ἵνα ὅταν ἔλθῃ ὁ κεκληκώς σε ἐρεῖ σοι
15 18 πορεύσομαι πρὸς τ. πατέρα μου κ. ἐρῶ αὐτῷ
17 7 ὃς εἰσελθόντι ἐκ τ. ἀγροῦ ἐρεῖ αὐτῷ εὐθέως
8 ἀλλ' οὐχὶ ἐρεῖ αὐτῷ
21 οὐδὲ ἐροῦσιν Ἰδοὺ ὧδε ἢ ἐκεῖ
23 ἐροῦσιν ὑμῖν Ἰδοὺ ἐκεῖ ἢ Ἰδοὺ ὧδε
19 31 ἐάν τις ὑμᾶς ἐρωτᾷ . . . οὕτως ἐρεῖτε
20 5 ἐὰν εἴπωμεν Ἐξ οὐρανοῦ ἐρεῖ
22 11 ἐρεῖτε τ. οἰκοδεσπότῃ τ. οἰκίας
13 ἀπελθόντες δὲ εὗρον καθὼς εἰρήκει αὐτοῖς
23 29 ἔρχονται ἡμέραι ἐν αἷς ἐροῦσιν
Jo 4 18 [2] τοῦτο ἀληθὲς εἴρηκας
6 65 διὰ τοῦτο εἴρηκα ὑμῖν
11 13 εἰρήκει δὲ ὁ Ἰησοῦς περὶ τ. θανάτου αὐτοῦ
12 50 καθὼς εἴρηκέν μοι ὁ πατὴρ οὕτως λαλῶ
14 29 νῦν εἴρηκα ὑμῖν πρὶν γενέσθαι
15 15 [3] ὑμᾶς δὲ εἴρηκα φίλους
Ac 2 16 [1] τοῦτό ἐστιν τὸ εἰρημένον διὰ τ. προφήτου Ἰωήλ
8 24 [2] ὅπως μηδὲν ἐπέλθῃ ἐπ' ἐμὲ ὧν εἰρήκατε
13 34 ὅτι δὲ ἀνέστησεν αὐτὸν ἐκ νεκρῶν ... οὕτως εἴρηκεν
40 [1] μὴ ἐπέλθῃ τὸ εἰρημένον ἐν τ. προφήταις
17 28 ὡς κ. τινες τῶν καθ' ὑμᾶς ποιητῶν εἰρήκασιν
20 38 [2] ὀδυνώμενοι μάλιστα ἐπὶ τ. λόγῳ ᾧ εἰρήκει
23 5 [3] ἄρχοντα τ. λαοῦ σου οὐκ ἐρεῖς κακῶς
נָשִׂיא בְעַמְּךָ לֹא תָאֹר, Ex. xxii. 27
Ro 3 5 εἰ δὲ ἡ ἀδικία ἡμῶν Θεοῦ δικαιοσύνην συνιστησιν τί ἐροῦμεν;
4 1 [23] τί οὖν ἐροῦμεν Ἀβραὰμ τ. προπάτορα ἡμῶν
ἐρ. εὑρηκέναι Ἀ., TWH mg. R non mg.
18 [1] κατὰ τὸ εἰρημένον Οὕτως ἔσται τὸ σπέρμα σου, Gen. xv. 5
6 1 [2] τί οὖν ἐροῦμεν; ἐπιμένωμεν τ. ἁμαρτίᾳ
7 7 [2] τί οὖν ἐροῦμεν; ὁ νόμος ἁμαρτία;
8 31 [2] τί οὖν ἐροῦμεν πρὸς ταῦτα;
9 12 ἐρρέθη αὐτῇ ὅτι Ὁ μείζων δουλεύσει, Gen. xxv. 23
14 [2] τί οὖν ἐροῦμεν; μὴ ἀδικία παρὰ τ. Θεῷ;
19 ἐρεῖς μοι οὖν Τί ἔτι μέμφεται;
20 μὴ ἐρεῖ τὸ πλάσμα τ. πλάσαντι
26 ἔσται ἐν τ. τόπῳ οὗ ἐρρέθη αὐτοῖς
הָיָה בִּמְקוֹם אֲשֶׁר יֵאָמֵר לָהֶם, Hos. ii. 1
30 [2] τί οὖν ἐροῦμεν; ὅτι ἔθνη τὰ μὴ διώκοντα
11 19 ἐρεῖς οὖν Ἐξεκλάσθησαν κλάδοι
I Co 14 16 [2] πῶς ἐρεῖ τὸ ἀμὴν ἐπὶ τ. σῇ εὐχαριστίᾳ
23 οὐκ ἐροῦσιν ὅτι μαίνεσθε;
15 35 ἀλλὰ ἐρεῖ τις Πῶς ἐγείρονται οἱ νεκροί;
II Co 12 6 [2] ἀλήθειαν γὰρ ἐρῶ
9 κ. εἴρηκέν μοι Ἀρκεῖ σοι ἡ χάρις μου
Ga 3 16 τῷ δὲ Ἀβραὰμ ἐρρέθησαν αἱ ἐπαγγελίαι
Phl 4 4 πάλιν ἐρῶ Χαίρετε
He 1 13 πρὸς τίνα δὲ τ. ἀγγέλων εἴρηκέν ποτε
4 3 καθὼς εἴρηκεν Ὡς ὤμοσα ἐν τ. ὀργῇ μου, Ps. xcv. 11
4 εἴρηκεν γάρ που περὶ τ. ἑβδόμης οὕτως
10 9 τότε εἴρηκεν Ἰδοὺ ἥκω τοῦ ποιῆσαι τὸ θέλημά σου, Ps. xl. 8
15 μετὰ γὰρ τὸ εἰρηκέναι Αὕτη ἡ διαθήκη ἣν διαθήσομαι, Jer. xxxi. 33
13 5 αὐτὸς γὰρ εἴρηκεν Οὐ μή σε ἀνῶ, Josh. i. 5
Ja 2 18 ἀλλ' ἐρεῖ τις Σὺ πίστιν ἔχεις
Re 6 11 ἐρρέθη αὐτοῖς ἵνα ἀναπαύσονται ἔτι χρόνον μικρόν
7 14 εἴρηκα αὐτῷ Κύριέ μου σὺ οἶδας
9 4 ἐρρέθη αὐταῖς ἵνα μὴ ἀδικήσουσιν τ. χόρτον τ. γῆς
17 7 ἐγὼ ἐρῶ σοι τὸ μυστήριον τ. γυναικός
σοι ἐρῶ, TWH mg.
19 3 δεύτερον εἴρηκαν Ἀλληλουιά

ἘΡΩΤΆΩ 2065

(1) c. acc. rei (2) **ἐρ. περί, ὑπέρ**
(3) seq. **ἵνα, ὅπως** (4) seq. infin.

Mt 15 23 προσελθόντες οἱ μαθηταὶ αὐτοῦ ἠρώτουν αὐτόν
16 13 ἐλθὼν δὲ ὁ Ἰησοῦς . . . ἠρώτα τ. μαθητὰς αὐτοῦ
19 17 [2] τί με ἐρωτᾷς περὶ τ. ἀγαθοῦ;
τί με λέγεις ἀγαθόν, R mg.
21 24 [1] ἐρωτήσω ὑμᾶς κἀγὼ λόγον ἕνα
Mk 4 10 [1] ἠρώτων αὐτὸν οἱ περὶ αὐτὸν . . . τ. παραβολάς
ἠρώτησαν, T
7 26 [3] ἠρώτα αὐτὸν ἵνα τὸ δαιμόνιον ἐκβάλῃ
8 5 ἠρώτα αὐτοὺς Πόσους ἔχετε ἄρτους;
Lu 4 38 [2] ἠρώτησαν αὐτὸν περὶ αὐτῆς
5 3 [4] ἠρώτησεν αὐτὸν ἀπὸ τ. γῆς ἐπαναγαγεῖν ὀλίγον
7 3 [3] ἐρωτῶν αὐτὸν ὅπως ἐλθὼν διασώσῃ
4 ἠρώτων αὐτὸν σπουδαίως λέγοντες
παρεκάλουν, WHR
36 [3] ἠρώτα δέ τις αὐτὸν τ. Φαρισαίων ἵνα φάγῃ
8 37 [4] ἠρώτησεν αὐτὸν ἅπαν τὸ πλῆθος τῆς περιχώρου ἀπελθεῖν
ἠρώτησαν, T
9 45 [2] ἐφοβοῦντο ἐρωτῆσαι αὐτὸν περὶ τ. ῥήματος τούτου
11 37 [3] ἐρωτᾷ αὐτὸν Φαρισαῖος ὅπως ἀριστήσῃ
14 18 ἐρωτῶ σε ἔχε με παρῃτημένον
19 ἐρωτῶ σε ἔχε με παρῃτημένον
32 [1] πρεσβείαν ἀποστείλας ἐρωτᾷ πρὸς εἰρήνην
τὰ πρός, TWH mg. R
16 27 [3] ἐρωτῶ σε οὖν πάτερ ἵνα πέμψῃς αὐτόν
19 31 ἐάν τις ὑμᾶς ἐρωτᾷ Διὰ τί λύετε;
20 3 [1] ἐρωτήσω ὑμᾶς κἀγὼ λόγον
22 68 ἐὰν δὲ ἐρωτήσω οὐ μὴ ἀποκριθῆτε
23 3 ὁ δὲ Πειλᾶτος ἠρώτησεν αὐτὸν λέγων
Jo 1 19 ὅτε ἀπέστειλαν . . . Λευείτας ἵνα ἐρωτήσωσιν αὐτόν
21 ἠρώτησαν αὐτὸν Τί οὖν;
25 ἠρώτησαν αὐτὸν κ. εἶπαν αὐτῷ
4 31 ἐν τῷ μεταξὺ ἠρώτων αὐτὸν οἱ μαθηταί
40 [4] ἠρώτων αὐτὸν μεῖναι παρ' αὐτοῖς
47 [3] ἠρώτα ἵνα καταβῇ κ. ἰάσηται αὐτοῦ τ. υἱόν

Jo 5 12 ἠρώτησαν αὐτὸν Τίς ἐστιν ὁ ἄνθρωπος ὁ εἰπών σοι
8 [7 ὡς δὲ ἐπέμενον ἐρωτῶντες αὐτόν
9 2 ἠρώτησαν αὐτὸν οἱ μαθηταὶ αὐτοῦ λέγοντες
15 πάλιν οὖν ἠρώτων αὐτὸν κ. οἱ Φαρισαῖοι
19 ἠρώτησαν αὐτοὺς λέγοντες
21 αὐτὸν ἐρωτήσατε αὐτὸς ἡλικίαν ἔχει
23 ἡλικίαν ἔχει αὐτὸν ἐρωτήσατε
ἐπερωτήσατε, TWH non mg.
12 21 ἠρώτων αὐτὸν λέγοντες
14 16 κἀγὼ ἐρωτήσω τ. πατέρα
16 5 οὐδεὶς ἐξ ὑμῶν ἐρωτᾷ με
19 ἔγνω Ἰησοῦς ὅτι ἤθελον αὐτὸν ἐρωτᾶν
23 [1] ἐν ἐκείνῃ τ. ἡμέρᾳ ἐμὲ οὐκ ἐρωτήσετε οὐδέν
26 [2] ἐγὼ ἐρωτήσω τ. πατέρα περὶ ὑμῶν
30 οὐ χρείαν ἔχεις ἵνα τίς σε ἐρωτᾷ
17 9 [2] ἐγὼ περὶ αὐτῶν ἐρωτῶ·
[2] οὐ περὶ τ. κόσμου ἐρωτῶ
15 [3] οὐκ ἐρωτῶ ἵνα ἄρῃς αὐτοὺς ἐκ τ. κόσμου
20 [2] οὐ περὶ τούτων δὲ ἐρωτῶ μόνον
18 19 [2] ὁ οὖν ἀρχιερεὺς ἠρώτησεν τ. Ἰησοῦν περὶ τ. μαθητῶν αὐτοῦ
21 τί με ἐρωτᾷς;
ἐρώτησον τ. ἀκηκοότας τί ἐλάλησα αὐτοῖς
19 31 [3] ἠρώτησαν τ. Πειλᾶτον ἵνα κατεαγῶσιν αὐτῶν τὰ σκέλη
38 [3] ἠρώτησεν τ. Πειλᾶτον Ἰωσὴφ ἀπὸ Ἀριμαθαίας . . . ἵνα ἄρῃ τὸ σῶμα
Ac 1 6 οἱ μὲν οὖν συνελθόντες ἠρώτων αὐτὸν λέγοντες
3 3 [4] ἠρώτα ἐλεημοσύνην λαβεῖν
10 48 [4] τότε ἠρώτησαν αὐτὸν ἐπιμεῖναι ἡμέρας τινάς
16 39 [4] ἐξαγαγόντες ἠρώτων ἀπελθεῖν ἀπὸ τ. πόλεως
18 20 [4] ἐρωτώντων δὲ αὐτῶν ἐπὶ πλείονα χρόνον μεῖναι
23 18 [4] ἠρώτησεν τοῦτον τ. νεανίαν ἀγαγεῖν πρός σε
20 [3] συνέθεντο τοῦ ἐρωτῆσαί σε ὅπως αὔριον τ. Παῦλον καταγάγῃς
Phl 4 3 ἐρωτῶ κ. σὲ γνήσιε σύνζυγε συνλαμβάνου
I Th 4 1 ἐρωτῶμεν ὑμᾶς κ. παρακαλοῦμεν ἐν Κυρίῳ Ἰησοῦ
5 12 [4] ἐρωτῶμεν δὲ ὑμᾶς ἀδελφοὶ εἰδέναι τ. κοπιῶντας ἐν ὑμῖν
II Th 2 1 [2] ἐρωτῶμεν δὲ ὑμᾶς ἀδελφοὶ ὑπὲρ τ. παρουσίας
I Jo 5 16 οὐ περὶ ἐκείνης λέγω ἵνα ἐρωτήσῃ
II Jo 5 [3] κ. νῦν ἐρωτῶ σε κυρία . . . ἵνα ἀγαπῶμεν ἀλλήλους

ἘΣΘΗ'Σ** 2066

Lu 23 11 περιβαλὼν ἐσθῆτα λαμπράν
24 4 ἄνδρες δύο ἐπέστησαν αὐταῖς ἐσθῆτι ἀστραπτούσῃ
Ac 10 30 ἀνὴρ ἔστη ἐνώπιόν μου ἐν ἐσθῆτι λαμπρᾷ
12 21 ὁ Ἡρῴδης ἐνδυσάμενος ἐσθῆτα βασιλικήν
Ja 2 2 ἐὰν γὰρ εἰσέλθῃ . . . ἀνὴρ χρυσοδακτύλιος ἐν ἐσθῆτι λαμπρᾷ,
εἰσέλθῃ δὲ κ. πτωχὸς ἐν ῥυπαρᾷ ἐσθῆτι,
3 ἐπιβλέψητε δὲ ἐπὶ τ. φοροῦντα τ. ἐσθῆτα τ. λαμπράν

ἜΣΘΗΣΙΣ** 2067

Ac 1 10 ἄνδρες δύο παρειστήκεισαν αὐτοῖς ἐν ἐσθήσεσι λευκαῖς

ἘΣΘΙ'Ω 2068

(1) ἐσθ. . . . πίνειν (2) ἐσθ. ἀπό, ἐκ
(3) ἐσθ. τὸ πάσχα (4) ἔσθω

Mt 6 25 μὴ μεριμνᾶτε τ. ψυχῇ ὑμῶν τί φάγητε
31 [1] μὴ οὖν μεριμνήσητε λέγοντες Τί φάγωμεν ἢ τί πίωμεν
9 11 διὰ τί μετὰ τ. τελωνῶν . . . ἐσθίει ὁ διδάσκαλος ὑμῶν;
11 18 [1] ἦλθεν γὰρ Ἰωάνης μήτε ἐσθίων μήτε πίνων
19 [1] ἦλθεν ὁ υἱὸς τ. ἀνθρώπου ἐσθίων κ. πίνων
12 1 ἤρξαντο τίλλειν στάχυας κ. ἐσθίειν
4 τ. ἄρτους τ. προθέσεως ἔφαγον,
ἔφαγεν, R non mg.
ὃ οὐκ ἐξὸν ἦν αὐτῷ φαγεῖν
14 16 δότε αὐτοῖς ὑμεῖς φαγεῖν
20 ἔφαγον πάντες κ. ἐχορτάσθησαν
21 οἱ δὲ ἐσθίοντες ἦσαν ἄνδρες ὡσεὶ πεντακισχίλιοι
15 2 οὐ γὰρ νίπτονται τ. χεῖρας ὅταν ἄρτον ἐσθίωσιν
20 τὸ δὲ ἀνίπτοις χερσὶ φαγεῖν οὐ κοινοῖ τ. ἄνθρωπον
27 [2] κ. γὰρ τὰ κυνάρια ἐσθίει ἀπὸ τ. ψιχίων
32 οὐκ ἔχουσιν τί φάγωσιν
37 ἔφαγον πάντες κ. ἐχορτάσθησαν
38 οἱ δὲ ἐσθίοντες ἦσαν τετρακισχίλιοι ἄνδρες
24 49 [1] ἐσθίῃ τε κ. πίνῃ μετὰ τ. μεθυόντων
25 35 ἐπείνασα γὰρ κ. ἐδώκατέ μοι φαγεῖν
42 ἐπείνασα γὰρ κ. οὐκ ἐδώκατέ μοι φαγεῖν
26 17 [3] ποῦ θέλεις ἑτοιμάσωμέν σοι φαγεῖν τὸ πάσχα;
21 ἐσθιόντων αὐτῶν εἶπεν
26 ἐσθιόντων δὲ αὐτῶν λαβὼν ὁ Ἰησοῦς ἄρτους
26 εἶπεν Λάβετε φάγετε
Mk 1 6 [4] ἦν ὁ Ἰωάνης . . . ἔσθων ἀκρίδας κ. μέλι ἄγριον
2 16 ἰδόντες ὅτι ἐσθίει μετὰ τ. ἁμαρτωλῶν κ. τελωνῶν
ἤσθιεν, T
16 [1] μετὰ τ. τελωνῶν κ. ἁμαρτωλῶν ἐσθίει;
+ κ. πίνει, TWH mg. R non mg.
26 τ. ἄρτους τ. προθέσεως ἔφαγεν,
οὓς οὐκ ἔξεστιν φαγεῖν εἰ μὴ τ. ἱερεῖς
8 20 ὥστε μὴ δύνασθαι αὐτοὺς μηδὲ ἄρτον φαγεῖν
5 43 εἶπεν δοθῆναι αὐτῇ φαγεῖν
6 31 οὐδὲ φαγεῖν εὐκαίρουν
36 ἵνα . . . ἀγοράσωσιν ἑαυτοῖς τί φάγωσιν
37 δότε αὐτοῖς ὑμεῖς φαγεῖν
37 ἀγοράσωμεν . . . ἄρτους κ. δώσομεν αὐτοῖς φαγεῖν
42 ἔφαγον πάντες κ. ἐχορτάσθησαν
44 ἦσαν οἱ φαγόντες τ. ἄρτους πεντακισχίλιοι ἄνδρες
7 2 ὅτι κοιναῖς χερσὶ . . . ἐσθίουσιν τ. ἄρτους
3 ἐὰν μὴ πυγμῇ νίψωνται τ. χεῖρας οὐκ ἐσθίουσιν
4 ἀπ' ἀγορᾶς ἐὰν μὴ ῥαντίσωνται οὐκ ἐσθίουσιν

Mk 7 5 ἀλλὰ κοιναῖς χερσὶν ἐσθίουσι τ. ἄρτον
28 [2] κ. τὰ κυνάρια ὑποκάτω τ. τραπέζης ἐσθίουσιν ἀπὸ τ. ψιχίων
8 1 πολλοῦ ὄχλου ὄντος κ. μὴ ἐχόντων τί φάγωσιν
2 οὐκ ἔχουσιν τί φάγωσιν
8 ἔφαγον κ. ἐχορτάσθησαν
11 14 [2] μηκέτι εἰς τ. αἰῶνα ἐκ σοῦ μηδεὶς καρπὸν φάγοι
14 12 [3] ποῦ θέλεις ἀπελθόντες ἑτοιμάσωμεν ἵνα φάγῃς τὸ πάσχα;
14 [3] ὅπου τὸ πάσχα μετὰ τ. μαθητῶν μου φάγω
18 ἀνακειμένων αὐτῶν κ. ἐσθιόντων
18 εἷς ἐξ ὑμῶν παραδώσει με ὁ ἐσθίων μετ' ἐμοῦ
τ. ἐσθιόντων, WH mg.
22 ἐσθιόντων αὐτῶν λαβὼν ἄρτον . . . ἔκλασεν
Lu 4 2 οὐκ ἔφαγεν οὐδὲν ἐν τ. ἡμέραις ἐκείναις
5 30 [1] διὰ τί μετὰ τ. τελωνῶν . . . ἐσθίετε κ. πίνετε;
33 [1] οἱ δὲ σοὶ ἐσθίουσιν κ. πίνουσιν
6 1 ἔτιλλον οἱ μαθηταὶ αὐτοῦ κ. ἤσθιον τ. στάχυας
τ. στάχ. κ. ἤσθ., TR
4 τ. ἄρτους τ. προθέσεως λαβὼν ἔφαγεν
4 οὓς οὐκ ἔξεστιν φαγεῖν εἰ μὴ μόνους τ. ἱερεῖς
7 33 [1 4] ἐλήλυθεν γὰρ Ἰωάνης . . . μὴ ἔσθων ἄρτον μήτε πίνων οἶνον
ἐσθίων, T
34 [1 4] ἐλήλυθεν ὁ υἱὸς τ. ἀνθρώπου ἔσθων κ. πίνων
ἐσθίων, T
36 ἠρώτα δέ τις αὐτὸν . . . ἵνα φάγῃ μετ' αὐτοῦ
8 55 διέταξεν αὐτῇ δοθῆναι φαγεῖν
9 13 δότε αὐτοῖς φαγεῖν ὑμεῖς
ὑμ. φαγ., WH mg.
17 ἔφαγον κ. ἐχορτάσθησαν πάντες
10 7 [1 4] ἔσθοντες κ. πίνοντες τὰ παρ' αὐτῶν
8 ἐσθίετε τὰ παρατιθέμενα ὑμῖν
12 19 [1] ἀναπαύου φάγε πίε
h. v., [WH]
22 μὴ μεριμνᾶτε τ. ψυχῇ τί φάγητε
29 [1] ὑμεῖς μὴ ζητεῖτε τί φάγητε κ. τί πίητε
45 [1] ἄρξηται . . . ἐσθίειν τε κ. πίνειν κ. μεθύσκεσθαι
13 26 [1] ἐφάγομεν ἐνώπιόν σου κ. ἐπίομεν
14 1 ἐγένετο ἐν τ. ἐλθεῖν αὐτὸν . . . φαγεῖν ἄρτον
15 μακάριος ὅστις φάγεται ἄρτον ἐν τ. βασιλείᾳ τ. Θεοῦ
15 16 χορτασθῆναι ἐκ τ. κερατίων ὧν ἤσθιον οἱ χοῖροι
23 φαγόντες εὐφρανθῶμεν
17 8 [1] διακόνει μοι ἕως φάγω κ. πίω·
[1] κ. μετὰ ταῦτα φάγεσαι κ. πίεσαι σύ
27 [1] ἤσθιον ἔπινον ἐγάμουν
28 [1] ἤσθιον ἔπινον ἠγόραζον
22 8 [3] ἑτοιμάσατε ἡμῖν τὸ πάσχα ἵνα φάγωμεν
11 [3] ὅπου τὸ πάσχα μετὰ τ. μαθητῶν μου φάγω
15 [3] ἐπιθυμίᾳ ἐπεθύμησα τοῦτο τὸ πάσχα φαγεῖν μεθ' ὑμῶν
16 [3] λέγω γὰρ ὑμῖν ὅτι οὐ μὴ φάγω αὐτό
οὐκέτι οὐ μὴ φ., T

Lu 22 30 [1 4] ἵνα ἔσθητε κ. πίνητε ἐπὶ τ. τραπέζης μου
24 43 λαβὼν ἐνώπιον αὐτῶν ἔφαγεν
Jo 4 31 ἠρώτων αὐτὸν οἱ μαθηταὶ λέγοντες Ῥαββεὶ φάγε
32 ἐγὼ βρῶσιν ἔχω φαγεῖν ἣν ὑμεῖς οὐκ οἴδατε
33 μή τις ἤνεγκεν αὐτῷ φαγεῖν;
6 5 πόθεν ἀγοράσωμεν ἄρτους ἵνα φάγωσιν οὗτοι
23 ἐγγὺς τ. τόπου ὅπου ἔφαγον τ. ἄρτον
26 [2] ἀλλ' ὅτι ἐφάγετε ἐκ τ. ἄρτων
31 οἱ πατέρες ἡμῶν τὸ μάννα ἔφαγον ἐν τῇ ἐρήμῳ
31 ἄρτον ἐκ τ. οὐρανοῦ ἔδωκεν αὐτοῖς φαγεῖν
49 οἱ πατέρες ὑμῶν ἔφαγον ἐν τῇ ἐρήμῳ τὸ μάννα
50 [2] ἵνα τις ἐξ αὐτοῦ φάγῃ κ. μὴ ἀποθάνῃ
51 [2] ἐάν τις φάγῃ ἐκ τούτου τ. ἄρτου
52 πῶς δύναται οὗτος ἡμῖν δοῦναι τ. σάρκα αὐτοῦ φαγεῖν;
53 [1] ἐὰν μὴ φάγητε τ. σάρκα τ. υἱοῦ τ. ἀνθρώπου κ. πίητε αὐτοῦ τὸ αἷμα
58 οὐ καθὼς ἔφαγον οἱ πατέρες κ. ἀπέθανον
18 28 [3] ἵνα μὴ μιανθῶσιν ἀλλὰ φάγωσιν τὸ πάσχα
Ac 9 9 [1] ἦν . . . μὴ βλέπων κ. οὐκ ἔφαγεν οὐδὲ ἔπιεν
10 13 ἀναστὰς Πέτρε θῦσον κ. φάγε
14 οὐδέποτε ἔφαγον πᾶν κοινὸν κ. ἀκάθαρτον
11 7 ἀναστὰς Πέτρε θῦσον κ. φάγε
23 12 [1] ἀνεθεμάτισαν ἑαυτοὺς λέγοντες μήτε φαγεῖν μήτε πεῖν
21 [1] οἵτινες ἀνεθεμάτισαν ἑαυτοὺς μήτε φαγεῖν μήτε πεῖν
27 35 κλάσας ἤρξατο ἐσθίειν
Ro 14 2 ὃς μὲν πιστεύει φαγειν πάντα,
ὁ δὲ ἀσθενῶν λάχανα ἐσθίει.
3 ὁ ἐσθίων τ. μὴ ἐσθίοντα μὴ ἐξουθενείτω·
ὁ δὲ μὴ ἐσθίων τ. ἐσθίοντα μὴ κρινέτω
6 ὁ ἐσθίων Κυρίῳ ἐσθίει εὐχαριστεῖ γὰρ τ. Θεῷ·
κ. ὁ μὴ ἐσθίων Κυρίῳ οὐκ ἐσθίει κ. εὐχαριστεῖ τ. Θεῷ
20 κακὸν τ. ἀνθρώπῳ τῷ διὰ προσκόμματος ἐσθίοντι.
21 καλὸν τὸ μὴ φαγεῖν κρέα
23 ὁ δὲ διακρινόμενος ἐὰν φάγῃ κατακέκριται
1 Co 8 7 ὡς εἰδωλόθυτον ἐσθίουσιν
8 οὔτε ἐὰν μὴ φάγωμεν ὑστερούμεθα,
οὔτε ἐὰν φάγωμεν περισσεύομεν
versic. transp. T
10 οὐχὶ ἡ συνείδησις . . . οἰκοδομηθήσεται εἰς τὸ τὰ εἰδωλόθυτα ἐσθίειν
13 οὐ μὴ φάγω κρέα εἰς τ. αἰῶνα
9 4 [1] μὴ οὐκ ἔχομεν ἐξουσίαν φαγεῖν κ. πεῖν;
7 τ. καρπὸν αὐτοῦ οὐκ ἐσθίει;
7 [2] ἐκ τ. γάλακτος τ. ποίμνης οὐκ ἐσθίει;
13 οἱ τὰ ἱερὰ ἐργαζόμενοι τὰ ἐκ τ. ἱεροῦ ἐσθίουσιν
10 3 [1] πάντες τὸ αὐτὸ πνευματικὸν βρῶμα ἔφαγον
7 [1] ἐκάθισεν ὁ λαὸς φαγεῖν κ. πεῖν
18 οὐχ οἱ ἐσθίοντες τ. θυσίας κοινωνοὶ τ. θυσιαστηρίου

I Co 10 25 πᾶν τὸ ἐν μακέλλῳ πωλούμενον ἐσθίετε
27 πᾶν τὸ παρατιθέμενον ὑμῖν ἐσθίετε
28 μὴ ἐσθίετε δι' ἐκεῖνον τ. μηνύσαντα κ. τ. συνείδησιν
31 [1] εἴτε οὖν ἐσθίετε εἴτε πίνετε
11 20 οὐκ ἔστιν κυριακὸν δεῖπνον φαγεῖν·
21 ἕκαστος γὰρ τὸ ἴδιον δεῖπνον προλαμβάνει ἐν τ. φαγεῖν
22 [1] μὴ γὰρ οἰκίας οὐκ ἔχετε εἰς τὸ ἐσθίειν κ. πίνειν;
26 [1] ὁσάκις γὰρ ἐὰν ἐσθίητε τ. ἄρτον τοῦτον
27 [1] ὥστε ὃς ἂν ἐσθίῃ τ. ἄρτον . . . ἀναξίως
28 [1] [2] οὕτως ἐκ τ. ἄρτου ἐσθιέτω
29 [1] ὁ γὰρ ἐσθίων κ. πίνων κρίμα ἑαυτῷ ἐσθίει κ. πίνει
33 συνερχόμενοι εἰς τὸ φαγεῖν ἀλλήλους ἐκδέχεσθε·
34 εἴ τις πεινᾷ ἐν οἴκῳ ἐσθιέτω
15 32 [1] εἰ νεκροὶ οὐκ ἐγείρονται φάγωμεν κ. πίωμεν
II Th 3 8 οὐδὲ δωρεὰν ἄρτον ἐφάγομεν παρά τινος
10 εἴ τις οὐ θέλει ἐργάζεσθαι μηδὲ ἐσθιέτω
12 ἵνα . . . τὸν ἑαυτῶν ἄρτον ἐσθίωσιν
He 10 27 πυρὸς ζῆλος ἐσθίειν μέλλοντος τ. ὑπεναντίους
13 10 [2] ἐξ οὗ φαγεῖν οὐκ ἔχουσιν ἐξουσίαν
Ja 5 3 ὁ ἰὸς αὐτῶν . . . φάγεται τ. σάρκας ὑμῶν
Re 2 7 [2] τ. νικῶντι δώσω αὐτῷ φαγεῖν ἐκ τ. ξύλου τ. ζωῆς
14 φαγεῖν εἰδωλόθυτα κ. πορνεῦσαι
20 πορνεῦσαι κ. φαγεῖν εἰδωλόθυτα
10 10 ὅτε ἔφαγον αὐτὸ ἐπικράνθη ἡ κοιλία μου
17 16 τ. σάρκας αὐτῆς φάγονται
19 18 ἵνα φάγητε σάρκας βασιλέων

ἘΣΛΕΙ' 2069

Lu 3 25 τοῦ Ναοὺμ τοῦ Ἐσλεὶ τοῦ Ναγγαί

ἜΣΟΠΤΡΟΝ ** 2072

I Co 13 12 βλέπομεν γὰρ ἄρτι δι' ἐσόπτρου ἐν αἰνίγματι
Ja 1 23 ἔοικεν ἀνδρὶ κατανοοῦντι τὸ πρόσωπον τ. γενέσεως αὐτοῦ ἐν ἐσόπτρῳ

ἙΣΠΕ'ΡΑ 2073

Lu 24 29 μεῖνον μεθ' ἡμῶν ὅτι πρὸς ἑσπέραν ἐστίν
Ac 4 3 ἦν γὰρ ἑσπέρα ἤδη
20 15 τ. δὲ ἑσπέρᾳ παρεβάλομεν εἰς Σάμον
ἑτέρᾳ, TWH non mg. R
28 23 ἀπὸ πρωῒ ἕως ἑσπέρας

ἙΣΠΕΡΙΝΟ'Σ 2073.5

Lu 12 38 ἐὰν ἔλθῃ τ. ἑσπερινῇ φυλακῇ κ. εὑρήσει
δευτέρᾳ, TWH non mg. R

ἙΣΡΩ'Μ, ἙΣΡΩ'Ν 2074

Ἑσρώμ, T

Mt 1 3 Φαρὲς δὲ ἐγέννησεν τ. Ἑσρώμ·
Ἑσρὼμ δὲ ἐγέννησεν τ. Ἀράμ
Lu 3 33 τοῦ Ἀρνεὶ τοῦ Ἑσρὼν τοῦ Φαρές

ἜΣΧΑΤΟΣ 2078

(1) ἐσχ. ἡμέρα, ὥρα (2) ἔσχατον, *adv.* (3) ἕως, ἐπ' ἐσχάτου

Mt 5 26 ἕως ἂν ἀποδῷς τ. ἔσχατον κοδράντην
12 45 γίνεται τὰ ἔσχατα τ. ἀνθρώπου ἐκείνου χείρονα τ. πρώτων
19 30 πολλοὶ δὲ ἔσονται πρῶτοι ἔσχατοι κ. ἔσχατοι πρῶτοι
20 8 ἀρξάμενος ἀπὸ τ. ἐσχάτων ἕως τ. πρώτων
12 οὗτοι οἱ ἔσχατοι μίαν ὥραν ἐποίησαν
14 θέλω δὲ τούτῳ τ. ἐσχάτῳ δοῦναι ὡς κ. σοί
16 οὕτως ἔσονται οἱ ἔσχατοι πρῶτοι κ. οἱ πρῶτοι ἔσχατοι
27 64 ἔσται ἡ ἐσχάτη πλάνη χείρων τ. πρώτης
Mk 9 35 εἴ τις θέλει πρῶτος εἶναι ἔσται πάντων ἔσχατος
10 31 πολλοὶ δὲ ἔσονται πρῶτοι ἔσχατοι κ. οἱ ἔσχατοι πρῶτοι
[οἱ] ἔσχ., WH
12 6 ἀπέστειλεν αὐτὸν ἔσχατον πρὸς αὐτούς
22 [2] ἔσχατον πάντων κ. ἡ γυνὴ ἀπέθανεν
Lu 11 26 γίνεται τὰ ἔσχατα τ. ἀνθρώπου ἐκείνου χείρονα τ. πρώτων
12 59 ἕως κ. τὸ ἔσχατον λεπτὸν ἀποδῷς
13 30 εἰσὶν ἔσχατοι οἳ ἔσονται πρῶτοι,
κ. εἰσὶν πρῶτοι οἳ ἔσονται ἔσχατοι
14 9 τότε ἄρξῃ μετὰ αἰσχύνης τ. ἔσχατον τόπον κατέχειν
10 πορευθεὶς ἀνάπεσε εἰς τ. ἔσχατον τόπον
Jo 6 39 [1] ἀναστήσω αὐτὸ τ. ἐσχάτῃ ἡμέρᾳ
ἐν τ. ἐσχ. ἡμ., T
40 [1] ἀναστήσω αὐτὸν τ. ἐσχάτῃ ἡμέρᾳ
ἐν τ. ἐσχ. ἡμ., T
44 [1] κἀγὼ ἀναστήσω αὐτὸν ἐν τ. ἐσχάτῃ ἡμέρᾳ
54 [1] κἀγὼ ἀναστήσω αὐτὸν τ. ἐσχάτῃ ἡμέρᾳ
7 37 [1] ἐν δὲ τ. ἐσχάτῃ ἡμέρᾳ τ. μεγάλῃ τ. ἑορτῆς
8 [9 ἀρξάμενοι ἀπὸ τ. πρεσβυτέρων ἕως τ. ἐσχάτων
—ἕως τ. ἐσχ. WH
11 24 [1] ἀναστήσεται ἐν τ. ἀναστάσει ἐν τ. ἐσχάτῃ ἡμέρᾳ
12 48 [1] ἐκεῖνος κρινεῖ αὐτὸν ἐν τ. ἐσχάτῃ ἡμέρᾳ
Ac 1 8 [3] ἔσεσθέ μου μάρτυρες . . . ἕως ἐσχάτου τ. γῆς
2 17 [1] ἔσται ἐν τ. ἐσχάταις ἡμέραις
הָיָה אַחֲרֵי־כֵן, Joel iii. 1
13 47 [3] τοῦ εἶναί σε εἰς σωτηρίαν ἕως ἐσχάτου τ. γῆς
לִהְיוֹת יְשׁוּעָתִי עַד־קְצֵה הָאָרֶץ, Is. xlix. 6
I Co 4 9 ἡμᾶς τ. ἀποστόλους ἐσχάτους ἀπέδειξεν ὡς ἐπιθανατίους
15 8 [2] ἔσχατον δὲ πάντων . . . ὤφθη κἀμοί
26 ἔσχατος ἐχθρὸς καταργεῖται ὁ θάνατος
45 ἐγένετο . . . ὁ ἔσχατος Ἀδὰμ εἰς πνεῦμα ζωοποιοῦν
52 ἐν ῥιπῇ ὀφθαλμοῦ ἐν τ. ἐσχάτῃ σάλπιγγι
II Ti 3 1 [1] ἐν ἐσχάταις ἡμέραις ἐνστήσονται καιροὶ χαλεποί
He 1 2 [3] ἐπ' ἐσχάτου τ. ἡμερῶν τούτων ἐλάλησεν ἡμῖν ἐν υἱῷ
Ja 5 3 [1] ὡς πῦρ ἐθησαυρίσατε ἐν ἐσχάταις ἡμέραις

I Pe 1 5 εἰς σωτηρίαν ἑτοίμην ἀποκαλυφθῆναι ἐν καιρῷ ἐσχάτῳ
20 [8] φανερωθέντος δὲ ἐπ' ἐσχάτου τ. χρόνων δι' ὑμᾶς
II Pe 2 20 γέγονεν αὐτοῖς τὰ ἔσχατα χείρονα τ. πρώτων
3 3 [1] ἐλεύσονται ἐπ' ἐσχάτων τ. ἡμερῶν ἐν ἐμπαιγμονῇ ἐμπαῖκται
I Jo 2 18 [1] παιδία ἐσχάτη ὥρα ἐστίν
18 [1] ὅθεν γινώσκομεν ὅτι ἐσχάτη ὥρα ἐστίν
Ju 18 [8] ἐπ' ἐσχάτου χρόνου ἔσονται ἐμπαῖκται
ἐσχ. τοῦ χρ., T
Re 1 17 ἐγώ εἰμι ὁ πρῶτος κ. ὁ ἔσχατος
2 8 τάδε λέγει ὁ πρῶτος κ. ὁ ἔσχατος
19 οἶδα . . . τὰ ἔργα σου τὰ ἔσχατα πλείονα τ. πρώτων
15 1 ἀγγέλους ἑπτὰ ἔχοντας πληγὰς ἑπτὰ τ. ἐσχάτας
21 9 τὰς ἑπτὰ φιάλας τ. γεμόντων τ. ἑπτὰ πληγῶν τ. ἐσχάτων
22 13 ἐγὼ . . . ὁ πρῶτος κ. ὁ ἔσχατος ἡ ἀρχὴ καὶ τὸ τέλος
ἐγὼ . . . πρ. κ. ἔσχ., WH mg.

ἘΣΧΆΤΩΣ* 2079

Mk 5 23 τὸ θυγάτριόν μου ἐσχάτως ἔχει

ἜΣΩ 2080

Mt 26 58 εἰσελθὼν ἔσω ἐκάθητο μετὰ τ. ὑπηρετῶν
Mk 14 54 ἠκολούθησεν αὐτῷ ἕως ἔσω εἰς τ. αὐλὴν τ. ἀρχιερέως
15 16 οἱ δὲ στρατιῶται ἀπήγαγον αὐτὸν ἔσω τ. αὐλῆς
Jo 20 26 πάλιν ἦσαν ἔσω οἱ μαθηταὶ αὐτοῦ
Ac 5 23 ἀνοίξαντες δὲ ἔσω οὐδένα εὕρομεν
Ro 7 22 συνήδομαι γὰρ τ. νόμῳ τ. Θεοῦ κατὰ τ. ἔσω ἄνθρωπον
I Co 5 12 οὐχὶ τοὺς ἔσω ὑμεῖς κρίνετε
II Co 4 16 ὁ ἔσω ἡμῶν ἀνακαινοῦται ἡμέρᾳ κ. ἡμέρᾳ
Eph 3 16 δυνάμει κραταιωθῆναι εἰς τὸν ἔσω ἄνθρωπον

ἜΣΩΘΕΝ 2081

Mt 7 15 ἔσωθεν δέ εἰσιν λύκοι ἅρπαγες
23 25 ἔσ. δὲ γέμουσιν ἐξ ἁρπαγῆς κ. ἀκρασίας
27 ἔσ. δὲ γέμουσιν ὀστέων νεκρῶν
28 ἔσ. δέ ἐστε μεστοὶ ὑποκρίσεως κ. ἀνομίας
Mk 7 21 ἔσ. γὰρ ἐκ τ. καρδίας . . . οἱ διαλογισμοὶ οἱ κακοὶ ἐκπορεύονται
23 πάντα ταῦτα τὰ πονηρὰ ἔσ. ἐκπορεύεται
Lu 11 7 κἀκεῖνος ἔσωθεν ἀποκριθεὶς εἴπῃ
39 τὸ δὲ ἔσ. ὑμῶν γέμει ἁρπαγῆς κ. πονηρίας
40 οὐχ ὁ ποιήσας τὸ ἔξωθεν κ. τὸ ἔσ. ἐποίησεν;
II Co 7 5 ἔξωθεν μάχαι ἔσωθεν φόβοι
Re 4 8 κυκλόθεν κ. ἔσ. γέμουσιν ὀφθαλμῶν
5 1 βιβλίον γεγραμμένον ἔσ. κ. ὄπισθεν

ἘΣΏΤΕΡΟΣ 2082

Ac 16 24 ἔβαλεν αὐτοὺς εἰς τ. ἐσωτέραν φυλακήν
He 6 19 εἰσερχομένην εἰς τὸ ἐσώτερον τ. καταπετάσματος

ἙΤΑΙ͂ΡΟΣ 2083

Mt 11 16 ἃ προσφωνοῦντα τ. ἑταίροις λέγουσιν
ἑτέροις, TWH
20 13 ἑταῖρε οὐκ ἀδικῶ σε
22 12 ἑταῖρε πῶς εἰσῆλθες ὧδε μὴ ἔχων ἔνδυμα γάμου;
26 50 ἑταῖρε ἐφ' ὃ πάρει

ἙΤΕΡΌΓΛΩΣΣΟΣ ** 2084

I Co 14 21 ἐν ἑτερογλώσσοις κ. ἐν χείλεσιν ἑτέρων λαλήσω
בְּלַעֲגֵי שָׂפָה וּבְלָשׁוֹן אַחֶרֶת יְדַבֵּר, Is. xxviii. 11

ἙΤΕΡΟΔΙΔΑΣΚΑΛΈΩ *† 2085

I Ti 1 3 ἵνα παραγγείλῃς τισὶν μὴ ἑτεροδιδασκαλεῖν
6 3 εἴ τις ἑτεροδιδασκαλεῖ

ἙΤΕΡΟΖΥΓΈΩ *† 2086

II Co 6 14 μὴ γίνεσθε ἑτεροζυγοῦντες ἀπίστοις

ἝΤΕΡΟΣ 2087

(1) εἷς . . . ἕτερος (2) οὗτος, ἄλλος . . . ἕτερος

Mt 6 24 [1] ἢ γὰρ τ. ἕνα μισήσει κ. τ. ἕτερον ἀγαπήσει·
[1] ἢ ἑνὸς ἀνθέξεται κ. τ. ἑτέρου καταφρονήσει
8 21 ἕτερος δὲ τ. μαθητῶν εἶπεν αὐτῷ
10 23 [2] ὅταν δὲ διώκωσιν ὑμᾶς ἐν τ. πόλει ταύτῃ φεύγετε εἰς τ. ἑτέραν
11 3 σὺ εἶ ὁ ἐρχόμενος ἢ ἕτερον προσδοκῶμεν;
16 ἃ προσφωνοῦντα τ. ἑτέροις λέγουσιν
ἑταίροις, R
12 45 παραλαμβάνει μεθ' ἑαυτοῦ ἑπτὰ ἕτερα πνεύματα
15 30 ἔχοντες μεθ' ἑαυτῶν χωλοὺς . . . κ. ἑτέρους πολλούς
16 14 [2] ἕτεροι δὲ Ἰερεμίαν ἢ ἕνα τ. προφητῶν
21 30 προσελθὼν δὲ τ. ἑτέρῳ εἶπεν ὡσαύτως
δευτέρῳ, WHR
Mk 16 [12 ἐφανερώθη ἐν ἑτέρᾳ μορφῇ
Lu 3 18 πολλὰ μὲν οὖν κ. ἕτερα παρακαλῶν
4 43 κ. τ. ἑτέραις πόλεσιν εὐαγγελίσασθαί με δεῖ
5 7 κατένευσαν τ. μετόχοις ἐν τ. ἑτέρῳ πλοίῳ
6 6 ἐν ἑτέρῳ σαββάτῳ εἰσελθεῖν αὐτὸν εἰς τ. συναγωγήν
7 19 σὺ εἶ ὁ ἐρχόμενος ἢ ἕτερον προσδοκῶμεν;
ἄλλον, TR
20 σὺ εἶ ὁ ἐρχόμενος ἢ ἕτερον προσδοκῶμεν;
ἄλλον, TWH non mg. R
41 [1] ὁ εἷς ὤφειλεν δηνάρια πεντακόσια ὁ δὲ ἕτερος πεντήκοντα
8 3 κ. Σουσάννα κ. ἕτεραι πολλαί
6 ἕτερον κατέπεσεν ἐπὶ τ. πέτραν
7 ἕτερον ἔπεσεν ἐν μέσῳ τ. ἀκανθῶν
8 ἕτερον ἔπεσεν εἰς τ. γῆν τ. ἀγαθήν
9 29 ἐγένετο . . . τὸ εἶδος τ. προσώπου αὐτοῦ ἕτερον
56 ἐπορεύθησαν εἰς ἑτέραν κώμην
59 εἶπεν δὲ πρὸς ἕτερον Ἀκολούθει μοι
61 εἶπεν δὲ κ. ἕτερος Ἀκολουθήσω σοι
10 1 ἀνέδειξεν ὁ Κύριος ἑτέρους ἑβδομήκοντα δύο

Lu 11 16 ἕτεροι δὲ πειράζοντες σημεῖον ἐξ οὐρανοῦ ἐζήτουν
26 παραλαμβάνει ἕτερα πνεύματα πονηρότερα ἑαυτοῦ ἑπτά
14 19 ἕτερος εἶπεν Ζεύγη βοῶν ἠγόρασα πέντε
20 ἕτερος εἶπεν Γυναῖκα ἔγημα
31 τίς βασιλεὺς πορευόμενος ἑτέρῳ βασιλεῖ συνβαλεῖν
16 7 ἔπειτα ἑτέρῳ εἶπεν
13 [1] ἢ γὰρ τ. ἕνα μισήσει κ. τ. ἕτερον ἀγαπήσει· [1] ἢ ἑνὸς ἀνθέξεται κ. τ. ἑτέρου καταφρονήσει
18 πᾶς ὁ . . . γαμῶν ἑτέραν μοιχεύει
17 34 [1] ὁ εἷς παραλημφθήσεται κ. ὁ ἕτερος ἀφεθήσεται
35 [1] ἡ μία παραλημφθήσεται ἡ δὲ ἑτέρα ἀφεθήσεται
36 [1] ὁ εἷς παραληφθήσεται κ. ὁ ἕτερος ἀφεθήσεται
—h. v., TWHR non mg.
18 10 [1] εἷς Φαρισαῖος κ. ὁ ἕτερος τελώνης
19 20 ὁ ἕτερος ἦλθεν λέγων
20 11 προσέθετο ἕτερον πέμψαι δοῦλον
22 58 μετὰ βραχὺ ἕτερος ἰδὼν αὐτὸν ἔφη
65 ἕτερα πολλὰ βλασφημοῦντες ἔλεγον
23 32 ἤγοντο δὲ κ. ἕτεροι κακοῦργοι δύο
40 ἀποκριθεὶς δὲ ὁ ἕτερος ἐπιτιμῶν αὐτῷ ἔφη
Jo 19 37 πάλιν ἑτέρα γραφὴ λέγει
Ac 1 20 τ. ἐπισκοπὴν αὐτοῦ λαβέτω ἕτερος
פְּקֻדָּתוֹ יִקַּח אַחֵר, Ps. cix. 9
2 4 ἤρξαντο λαλεῖν ἑτέραις γλώσσαις
13 [2] ἕτεροι δὲ διαχλευάζοντες ἔλεγον
40 ἑτέροις τε λόγοις πλείοσι διεμαρτύρατο
4 12 οὐδὲ γὰρ ὄνομά ἐστιν ἕτερον ὑπὸ τ. οὐρανὸν τὸ δεδομένον ἐν ἀνθρώποις
7 18 ἄχρι οὗ ἀνέστη βασιλεὺς ἕτερος ἐπ' Αἴγυπτον
וַיָּקָם מֶלֶךְ־חָדָשׁ עַל־מִצְרָיִם, Ex. i. 8
8 34 περὶ ἑαυτοῦ ἢ περὶ ἑτέρου τινός;
12 17 ἐξελθὼν ἐπορεύθη εἰς ἕτερον τόπον
13 35 διότι κ. ἐν ἑτέρῳ λέγει
15 35 εὐαγγελιζόμενοι μετὰ κ. ἑτέρων πολλῶν
17 7 βασιλέα ἕτερον λέγοντες εἶναι
21 Ἀθηναῖοι δὲ πάντες . . εἰς οὐδὲν ἕτερον ηὐκαίρουν
34 γυνὴ ὀνόματι Δάμαρις κ. ἕτεροι σὺν αὐτοῖς
19 39 εἰ δέ τι περὶ ἑτέρων ἐπιζητεῖτε
εἰ δέ τι περαιτέρω, WH
20 15 τῇ δὲ ἑτέρᾳ παρεβάλομεν εἰς Σάμον
ἑσπέρᾳ, WH marg.
23 6 [1] τὸ ἓν μέρος ἐστὶν Σαδδουκαίων τὸ δὲ ἕτερον Φαρισαίων
27 1 παρεδίδουν τ. τε Παῦλον κ. τινας ἑτέρους δεσμώτας ἑκατοντάρχῃ
3 τῇ τε ἑτέρᾳ κατήχθημεν εἰς Σιδῶνα
Ro 2 1 ἐν ᾧ γὰρ κρίνεις τ. ἕτερον
21 ὁ οὖν διδάσκων ἕτερον σεαυτὸν οὐ διδάσκεις;
7 3 ἐὰν γένηται ἀνδρὶ ἑτέρῳ
3 τοῦ μὴ εἶναι αὐτὴν μοιχαλίδα γενομένην ἀνδρὶ ἑτέρῳ
4 εἰς τὸ γενέσθαι ὑμᾶς ἑτέρῳ
23 βλέπω δὲ ἕτερον νόμον ἐν τ. μέλεσί μου
8 39 οὔτε τις κτίσις ἑτέρα δυνήσεται ἡμᾶς χωρίσαι
13 8 ὁ γὰρ ἀγαπῶν τ. ἕτερον νόμον πεπλήρωκεν
9 εἴ τις ἑτέρα ἐντολὴ ἐν τ. λόγῳ τούτῳ ἀνακεφαλαιοῦται

I Co 3 4 ἕτερος δέ Ἐγὼ Ἀπολλώ
4 6 [1] ἵνα μὴ εἷς ὑπὲρ τ. ἑνὸς φυσιοῦσθε κατὰ τ. ἑτέρου
6 1 πρᾶγμα ἔχων πρὸς τ. ἕτερον
10 24 μηδεὶς τὸ ἑαυτοῦ ζητείτω ἀλλὰ τὸ τ. ἑτέρου
29 συνείδησιν δὲ λέγω . . . τὴν τ. ἑτέρου
12 9 [2] ἑτέρῳ πίστις ἐν τ. αὐτῷ πνεύματι
10 [2] ἑτέρῳ γένη γλωσσῶν
14 17 ἀλλ' ὁ ἕτερος οὐκ οἰκοδομεῖται
21 ὅτι . . . ἐν χείλεσιν ἑτέρων λαλήσω τ. λαῷ τούτῳ
כִּי בְּלַעֲגֵי שָׂפָה . . . יְדַבֵּר אֶל־הָעָם הַזֶּה, Is. xxviii. 11
15 40 ἑτέρα μὲν ἡ τ. ἐπουρανίων δόξα, ἑτέρα δὲ ἡ τ. ἐπιγείων
II Co 8 8 οὐ κατ' ἐπιταγὴν λέγω ἀλλὰ διὰ τῆς ἑτέρων σπουδῆς
11 4 ἢ πνεῦμα ἕτερον λαμβάνετε ὃ οὐκ ἐλάβετε, ἢ εὐαγγέλιον ἕτερον ὃ οὐκ ἐδέξασθε
Ga 1 6 [2] οὕτως ταχέως μετατίθεσθε . . . εἰς ἕτερον εὐαγγέλιον
19 ἕτερον δὲ τ. ἀποστόλων οὐκ εἶδον
6 4 εἰς ἑαυτὸν μόνον τὸ καύχημα ἕξει κ. οὐκ εἰς τ. ἕτερον
Eph 3 5 ὃ ἑτέραις γενεαῖς οὐκ ἐγνωρίσθη τ. υἱοῖς τ. ἀνθρώπων
Phl 2 4 μὴ τὰ ἑαυτῶν ἕκαστοι σκοποῦντες ἀλλὰ τὰ τ. ἑτέρων ἕκαστοι
I Ti 1 10 εἴ τι ἕτερον τ. ὑγιαινούσῃ διδασκαλίᾳ ἀντίκειται
II Ti 2 2 οἵτινες ἱκανοὶ ἔσονται κ. ἑτέρους διδάξαι
He 5 6 καθὼς κ. ἐν ἑτέρῳ λέγει
7 11 κατὰ τ. τάξιν Μελχισεδὲκ ἕτερον ἀνίστασθαι ἱερέα
13 φυλῆς ἑτέρας μετέσχηκεν
15 εἰ κατὰ τ. ὁμοιότητα Μελχισεδὲκ ἀνίσταται ἱερεὺς ἕτερος
11 36 [2] ἕτεροι δὲ ἐμπαιγμῶν κ. μαστίγων πεῖραν ἔλαβον
Ja 2 25 κ. ἑτέρᾳ ὁδῷ ἐκβαλοῦσα
Ju 7 ἀπελθοῦσαι ὀπίσω σαρκὸς ἑτέρας

ἙΤΈΡΩΣ * 2088

Phl 3 15 εἴ τι ἑτέρως φρονεῖτε

ἜΤΙ 2089

(1) τί ἔτι (2) οὐκ . . . ἔτι
(3) ἔτι . . . καί (4) ἔτι ἅπαξ

Mt 5 13 εἰς οὐδὲν ἰσχύει ἔτι
12 46 ἔτι αὐτοῦ λαλοῦντος τ. ὄχλοις
17 5 ἔτι αὐτοῦ λαλοῦντος
18 16 παράλαβε μετὰ σοῦ ἔτι ἕνα ἢ δύο
19 20 [1] τί ἔτι ὑστερῶ;
26 47 ἔτι αὐτοῦ λαλοῦντος
65 [1] τί ἔτι χρείαν ἔχομεν μαρτύρων;
27 63 ἐκεῖνος ὁ πλάνος εἶπεν ἔτι ζῶν
Mk 5 35 ἔτι αὐτοῦ λαλοῦντος
35 [1] τί ἔτι σκύλλεις τ. διδάσκαλον;
12 6 ἔτι ἕνα εἶχεν υἱὸν ἀγαπητόν
14 43 εὐθὺς ἔτι αὐτοῦ λαλοῦντος
63 [1] τί ἔτι χρείαν ἔχομεν μαρτύρων;
Lu 1 15 πνεύματος ἁγίου πλησθήσεται ἔτι ἐκ κοιλίας μητρὸς αὐτοῦ

Lu 8 49 ἔτι αὐτοῦ λαλοῦντος
9 42 ἔτι δὲ προσερχομένου αὐτοῦ
14 22 γέγονεν ὃ ἐπέταξας κ. ἔτι τόπος ἐστίν
26 ἔτι τε κ. τὴν ἑαυτοῦ ψυχήν
ἔτι δέ, T
32 εἰ δὲ μήγε ἔτι αὐτοῦ πόρρω ὄντος
15 20 ἔτι δὲ αὐτοῦ μακρὰν ἀπέχοντος
16 2 [2] οὐ γὰρ δύνῃ ἔτι οἰκονομεῖν
18 22 ἔτι ἕν σοι λείπει
20 36 [2] οὐδὲ γὰρ ἀποθανεῖν ἔτι δύνανται
22 47 ἔτι αὐτοῦ λαλοῦντος
60 παραχρῆμα ἔτι λαλοῦντος αὐτοῦ
71 [1] τί ἔτι ἔχομεν μαρτυρίας χρείαν;
24 6 ἔτι ὢν ἐν τ. Γαλιλαίᾳ
41 ἔτι δὲ ἀπιστούντων αὐτῶν ἀπὸ τ. χαρᾶς
44 οὓς ἐλάλησα πρὸς ὑμᾶς ἔτι ὢν σὺν ὑμῖν
Jo 4 35 [3] ἔτι τετράμηνός ἐστιν κ. ὁ θερισμὸς ἔρχεται
7 33 ἔτι χρόνον μικρὸν μεθ' ὑμῶν εἰμί
11 30 ἀλλ' ἦν ἔτι ἐν τ. τόπῳ ὅπου ὑπήντησεν αὐτῷ ἡ Μάρθα
—ἔτι, T
12 35 ἔτι μικρὸν χρόνον τὸ φῶς ἐν ὑμῖν ἐστίν
13 33 τεκνία ἔτι μικρὸν μεθ' ὑμῶν εἰμί
14 19 [3] ἔτι μικρὸν κ. ὁ κόσμος με οὐκέτι θεωρεῖ
16 12 ἔτι πολλὰ ἔχω ὑμῖν λέγειν
20 1 ἔρχεται πρωῒ σκοτίας ἔτι οὔσης
Ac 2 26 ἔτι δὲ κ. ἡ σάρξ μου κατασκηνώσει ἐπ' ἐλπίδι
אַף־בְּשָׂרִי יִשְׁכֹּן לָבֶטַח, Ps. xvi. 9
9 1 ἔτι ἐμπνέων ἀπειλῆς κ. φόνου
10 44 ἔτι λαλοῦντος τ. Πέτρου τὰ ῥήματα ταῦτα
18 18 ὁ δὲ Παῦλος ἔτι προσμείνας ἡμέρας ἱκανάς
21 28 ἔτι τε κ. Ἕλληνας εἰσήγαγεν εἰς τὸ ἱερόν
Ro 3 7 [1] τί ἔτι κἀγὼ ὡς ἁμαρτωλὸς κρίνομαι;
5 6 ἔτι γὰρ Χριστὸς ὄντων ἡμῶν ἀσθενῶν ἔτι
εἴ γε Χρ., WH
8 ἔτι ἁμαρτωλῶν ὄντων ἡμῶν
6 2 πῶς ἔτι ζήσομεν ἐν αὐτῇ;
9 19 [1] ἐρεῖς μοι οὖν Τί ἔτι μέμφεται;
I Co 3 2 [2] ἀλλ' οὐδὲ ἔτι νῦν δύνασθε·
[ἔτι], WH
3 ἔτι γὰρ σαρκικοί ἐστε
12 31 κ. ἔτι καθ' ὑπερβολὴν ὁδὸν ὑμῖν δείκνυμι
15 17 ἔτι ἐστὲ ἐν τ. ἁμαρτίαις ὑμῶν
II Co 1 10 εἰς ὃν ἠλπίκαμεν ὅτι κ. ἔτι ῥύσεται
Ga 1 10 εἰ ἔτι ἀνθρώποις ἤρεσκον
5 11 [1] εἰ περιτομὴν ἔτι κηρύσσω τί ἔτι διώκομαι;
Phl 1 9 ἵνα ἡ ἀγάπη ὑμῶν ἔτι μᾶλλον κ. μᾶλλον περισσεύῃ
II Th 2 5 οὐ μνημονεύετε ὅτι ἔτι ὢν πρὸς ὑμᾶς
Phm 16 [2] οὐκ ἔτι ὡς δοῦλον ἀλλὰ ὑπὲρ δοῦλον
οὐκέτι, WH
He 7 10 ἔτι γὰρ ἐν τ. ὀσφύϊ τ. πατρὸς ἦν
11 τίς ἔτι χρεία . . . ἕτερον ἀνίστασθαι ἱερέα
15 περισσότερον ἔτι κατάδηλόν ἐστιν
8 12 [2] τ. ἁμαρτιῶν αὐτῶν οὐ μὴ μνησθῶ ἔτι
לְחַטָּאתָם לֹא אֶזְכָּר־עוֹד, Jer. xxxi. 34
9 8 ἔτι τ. πρώτης σκηνῆς ἐχούσης στάσιν
10 2 διὰ τὸ μηδεμίαν ἔχειν ἔτι συνείδησιν ἁμαρτιῶν
17 [2] τ. ἀνομιῶν αὐτῶν οὐ μὴ μνησθήσομαι ἔτι, Jer. *l.c.*

He 10 37 ἔτι γὰρ μικρὸν ὅσον ὅσον
אִם־יִתְמַהְמַהּ חַכֵּה־לוֹ, Hab. ii. 3
11 4 δι' αὐτῆς ἀποθανὼν ἔτι λαλεῖ
32 [1] κ. τί ἔτι λέγω;
36 ἔτι δὲ δεσμῶν κ. φυλακῆς
12 26 [4] ἔτι ἅπαξ ἐγὼ σείσω οὐ μόνον τ. γῆν
עוֹד אַחַת מְעַט הִיא וַאֲנִי מַרְעִישׁ אֶת־הַשָּׁמַיִם וְאֶת־הָאָרֶץ, Hagg. ii. 6
27 τὸ δὲ Ἔτι ἅπαξ δηλοῖ τὴν τ. σαλευομένων μετάθεσιν
Re 3 12 [2] ἔξω οὐ μὴ ἐξέλθῃ ἔτι
6 11 ἵνα ἀναπαύσονται ἔτι χρόνον μικρόν
7 16 [2] οὐ πεινάσουσιν ἔτι οὐδὲ διψήσουσιν ἔτι
9 12 ἔρχεται ἔτι δύο οὐαὶ μετὰ ταῦτα
12 8 [2] οὐδὲ τόπος εὑρέθη αὐτῶν ἔτι ἐν τ. οὐρανῷ
18 21 [2] βληθήσεται Βαβυλὼν . . . κ. οὐ μὴ εὑρεθῇ ἔτι
22 [2] φωνὴ κιθαρῳδῶν . . . οὐ μὴ ἀκουσθῇ ἐν σοὶ ἔτι,
[2] κ. πᾶς τεχνίτης . . . οὐ μὴ εὑρεθῇ ἐν σοὶ ἔτι,
[2] κ. φωνὴ μύλου οὐ μὴ ἀκουσθῇ ἐν σοὶ ἔτι,
23 [2] κ. φῶς λύχνου οὐ μὴ φάνῃ ἐν σοὶ ἔτι,
[2] κ. φωνὴ νυμφίου κ. νύμφης οὐ μὴ ἀκουσθῇ ἐν σοὶ ἔτι
20 3 ἵνα μὴ πλανήσῃ ἔτι τὰ ἔθνη
21 1 [2] ἡ θάλασσα οὐκ ἔστιν ἔτι
4 [2] ὁ θάνατος οὐκ ἔσται ἔτι·
[2] οὔτε πένθος οὔτε κραυγὴ οὔτε πόνος οὐκ ἔσται ἔτι
22 3 [2] πᾶν κατάθεμα οὐκ ἔσται ἔτι
5 [2] νὺξ οὐκ ἔσται ἔτι
11 ὁ ἀδικῶν ἀδικησάτω ἔτι·
κ. ὁ ῥυπαρὸς ῥυπανθήτω ἔτι·
κ. ὁ δίκαιος δικαιοσύνην ποιησάτω ἔτι
κ. ὁ ἅγιος ἁγιασθήτω ἔτι

ἙΤΟΙΜΆΖΩ 2090

(1) ἑτοιμ. εἰς (2) c. infin., ἵνα

Mt 3 3 ἑτοιμάσατε τὴν ὁδὸν Κυρίου
פַּנּוּ דֶּרֶךְ יְהוָה, Is. xl. 3
20 23 ἀλλ' οἷς ἡτοίμασται ὑπὸ τ. πατρός μου
22 4 ἰδοὺ τὸ ἄριστόν μου ἡτοίμακα
25 34 κληρονομήσατε τ. ἡτοιμασμένην ὑμῖν βασιλείαν ἀπὸ καταβολῆς κόσμου
41 εἰς τὸ πῦρ τὸ αἰώνιον τὸ ἡτοιμασμένον τ. διαβόλῳ
al. ὃ ἡτοίμασεν ὁ πατήρ μου, WH marg.
26 17 [2] ποῦ θέλεις ἑτοιμάσωμέν σοι φαγεῖν τὸ πάσχα
19 ἡτοίμασαν τὸ πάσχα
Mk 1 3 ἑτοιμάσατε τὴν ὁδὸν Κυρίου, Is. *l.c.*
10 40 οὐκ ἔστιν ἐμὸν δοῦναι ἀλλ' οἷς ἡτοίμασται
14 12 [2] ποῦ θέλεις ἀπελθόντες ἑτοιμάσωμεν ἵνα φάγῃς τὸ πάσχα
15 ἐκεῖ ἑτοιμάσατε ἡμῖν
16 ἡτοίμασαν τὸ πάσχα
15 1 εὐθὺς πρωῒ συμβούλιον ἑτοιμάσαντες οἱ ἀρχιερεῖς
ποιήσαντες, WH non mg. R

Lu 1 17 ἑτοιμάσαι Κυρίῳ λαὸν κατεσκευασμένον
76 προπορεύσῃ γὰρ . . . ἑτοιμάσαι ὁδοὺς αὐτοῦ
2 31 ὃ ἡτοίμασας κατὰ πρόσωπον πάντων τ. λαῶν
3 4 ἑτοιμάσατε τὴν ὁδὸν Κυρίου, Is. *l.c.*
9 52 εἰσῆλθον εἰς κώμην Σαμαρειτῶν ὡς ἑτοιμάσαι αὐτῷ
12 20 ἃ δὲ ἡτοίμασας τίνι ἔσται;
47 μὴ ἑτοιμάσας ἢ ποιήσας πρὸς τὸ θέλημα αὐτοῦ
17 8 ἑτοίμασον τί δειπνήσω
22 8 πορευθέντες ἑτοιμάσατε ἡμῖν τὸ πάσχα
9 ποῦ θέλεις ἑτοιμάσωμεν;
12 ἐκεῖ ἑτοιμάσατε
13 ἡτοίμασαν τὸ πάσχα
23 56 ὑποστρέψασαι δὲ ἡτοίμασαν ἀρώματα κ. μύρα
24 1 φέρουσαι ἃ ἡτοίμασαν ἀρώματα
Jo 14 2 ὅτι πορεύομαι ἑτοιμάσαι τόπον ὑμῖν.
3 κ. ἐὰν πορευθῶ κ. ἑτοιμάσω τόπον ὑμῖν
Ac 23 23 ἑτοιμάσατε στρατιώτας διακοσίους
I Co 2 9 ὅσα ἡτοίμασεν ὁ Θεὸς τ. ἀγαπῶσιν αὐτόν
II Ti 2 21 [1] ἔσται σκεῦος εἰς τιμὴν . . . εἰς πᾶν ἔργον ἀγαθὸν ἡτοιμασμένον
Phm 22 ἅμα δὲ κ. ἑτοίμαζέ μοι ξενίαν
He 11 16 ἡτοίμασεν γὰρ αὐτοῖς πόλιν
Re 8 6 [2] οἱ ἑπτὰ ἄγγελοι . . . ἡτοίμασαν αὐτοὺς ἵνα σαλπίσωσιν
9 7 [1] τὰ ὁμοιώματα τ. ἀκρίδων ὅμοια ἵπποις ἡτοιμασμένοις εἰς πόλεμον
15 [1] ἐλύθησαν οἱ τέσσαρες ἄγγελοι οἱ ἡτοιμασμένοι εἰς τ. ὥραν
12 6 ὅπου ἔχει ἐκεῖ τόπον ἡτοιμασμένον ἀπὸ τ. Θεοῦ
16 12 ἵνα ἑτοιμασθῇ ἡ ὁδὸς τ. βασιλέων τῶν ἀπὸ ἀνατολῆς ἡλίου
19 7 ἡ γυνὴ αὐτοῦ ἡτοίμασεν ἑαυτήν
21 2 Ἱερουσαλὴμ καινὴν . . . ἡτοιμασμένην ὡς νύμφην

ἙΤΟΙΜΑΣΙ´Α 2091

Eph 6 15 ὑποδησάμενοι τ. πόδας ἐν ἑτοιμασίᾳ τ. εὐαγγελίου τ. εἰρήνης

ἝΤΟΙΜΟΣ 2092

(1) ἕτοιμος, *fem.* (2) ἐν ἑτοίμῳ

Mt 22 4 τὰ σιτιστὰ τεθυμένα κ. πάντα ἕτοιμα
8 ὁ μὲν γάμος ἕτοιμός ἐστιν
24 44 διὰ τοῦτο κ. ὑμεῖς γίνεσθε ἕτοιμοι
25 10 [1] αἱ ἕτοιμοι εἰσῆλθον μετ' αὐτοῦ εἰς τ. γάμους
Mk 14 15 αὐτὸς ὑμῖν δείξει ἀνάγαιον μέγα ἐστρωμένον ἕτοιμον
Lu 12 40 κ. ὑμεῖς γίνεσθε ἕτοιμοι
14 17 ἔρχεσθε ὅτι ἤδη ἕτοιμά ἐστιν
22 33 μετὰ σοῦ ἕτοιμός εἰμι κ. εἰς φυλακὴν . . . πορεύεσθαι
Jo 7 6 ὁ δὲ καιρὸς ὁ ὑμέτερος πάντοτέ ἐστιν ἕτοιμος
Ac 23 15 ἡμεῖς δὲ . . . ἕτοιμοί ἐσμεν τοῦ ἀνελεῖν αὐτόν
21 νῦν εἰσιν ἕτοιμοι προσδεχόμενοι τὴν ἀπὸ σοῦ ἐπαγγελίαν

II Co 9 5 ταύτην ἑτοίμην εἶναι οὕτως ὡς εὐλογίαν
10 6 [2] ἐν ἑτοίμῳ ἔχοντες ἐκδικῆσαι πᾶσαν παρακοήν
16 οὐκ ἐν ἀλλοτρίῳ κανόνι εἰς τὰ ἕτοιμα καυχήσασθαι
Tit 3 1 πρὸς πᾶν ἔργον ἀγαθὸν ἑτοίμους εἶναι
I Pe 1 5 εἰς σωτηρίαν ἑτοίμην ἀποκαλυφθῆναι ἐν καιρῷ ἐσχάτῳ
3 15 ἕτοιμοι ἀεὶ πρὸς ἀπολογίαν παντὶ τ. αἰτοῦντι ὑμᾶς λόγον

ἙΤΟΙ´ΜΩΣ 2093

Ac 21 13 ἀλλὰ κ. ἀποθανεῖν εἰς Ἱερουσαλὴμ ἑτοίμως ἔχω
II Co 12 14 τρίτον τοῦτο ἑτοίμως ἔχω ἐλθεῖν πρὸς ὑμᾶς
I Pe 4 5 οἳ ἀποδώσουσιν λόγον τῷ ἑτοίμως κρίνοντι ζῶντας κ. νεκρούς
ἑτ. ἔχοντι κρῖναι, T

ἜΤΟΣ 2094

(1) κατ' ἔτος, ἐπὶ ἔτη **(2)** ἀπό, ἐξ ἐτῶν

Mt 9 20 γυνὴ αἱμορροοῦσα δώδεκα ἔτη
Mk 5 25 γυνὴ οὖσα ἐν ῥύσει αἵματος δώδεκα ἔτη
42 ἦν γὰρ ἐτῶν δώδεκα
Lu 2 36 ζήσασα μετὰ ἀνδρὸς ἔτη ἑπτὰ ἀπὸ τ. παρθενίας αὐτῆς·
37 κ. αὐτὴ χήρα ἕως ἐτῶν ὀγδοήκοντα τεσσάρων
41 [1] ἐπορεύοντο οἱ γονεῖς αὐτοῦ κατ' ἔτος εἰς Ἱερουσαλήμ
42 ὅτε ἐγένετο ἐτῶν δώδεκα
3 1 ἐν ἔτει δὲ πεντεκαιδεκάτῳ τ. ἡγεμονίας Τιβερίου Καίσαρος
23 αὐτὸς ἦν Ἰησοῦς ἀρχόμενος ὡσεὶ ἐτῶν τριάκοντα
4 25 [1] ὅτε ἐκλείσθη ὁ οὐρανὸς ἔτη τρία κ. μῆνας ἕξ
ἐπὶ ἔτ., TWH mg. R
8 42 θυγάτηρ μονογενὴς ἦν αὐτῷ ὡς ἐτῶν δώδεκα
43 [2] γυνὴ οὖσα ἐν ῥύσει αἵματος ἀπὸ ἐτῶν δώδεκα
12 19 ἔχεις πολλὰ ἀγαθὰ κείμενα εἰς ἔτη πολλά
κείμ. εἰς ἔτ. π., [WH]
13 7 τρία ἔτη ἀφ' οὗ ἔρχομαι ζητῶν καρπόν
8 κύριε ἄφες αὐτὴν κ. τοῦτο τὸ ἔτος
11 γυνὴ πνεῦμα ἔχουσα ἀσθενείας ἔτη δέκα ὀκτώ
16 ἣν ἔδησεν ὁ Σατανᾶς ἰδοὺ δέκα κ. ὀκτὼ ἔτη
15 29 τοσαῦτα ἔτη δουλεύω σοι
Jo 2 20 τεσσεράκοντα κ. ἓξ ἔτεσιν οἰκοδομήθη ὁ ναὸς οὗτος
5 5 τριάκοντα κ. ὀκτὼ ἔτη ἔχων ἐν τ. ἀσθενείᾳ αὐτοῦ
8 57 πεντήκοντα ἔτη οὔπω ἔχεις
Ac 4 22 ἐτῶν γὰρ ἦν πλειόνων τεσσεράκοντα ὁ ἄνθρωπος
7 6 δουλώσουσιν αὐτὸ κ. κακώσουσιν ἔτη τετρακόσια
וַעֲבָדוּם וְעִנּוּ אֹתָם אַרְבַּע מֵאוֹת שָׁנָה, Gen. xv. 13

Ac 7 30 πληρωθέντων ἐτῶν τεσσεράκοντα
36 ποιήσας σημεῖα . . . ἐν τῇ ἐρήμῳ ἔτη τεσσεράκοντα
42 μὴ σφάγια . . . προσηνέγκατέ μοι ἔτη τεσσεράκοντα ἐν τῇ ἐρήμῳ

הַזְבָחִים . . . הִגַּשְׁתֶּם־לִי בַמִּדְבָּר אַרְבָּעִים שָׁנָה, Am. v. 25

9 33 [2] ἐξ ἐτῶν ὀκτὼ κατακείμενον ἐπὶ κραβάττου
13 20 κατεκληρονόμησεν τ. γῆν αὐτῶν ὡς ἔτεσιν τετρακοσίοις κ. πεντήκοντα
21 ἔδωκεν αὐτοῖς ὁ Θεὸς τ. Σαοὺλ . . . ἔτη τεσσεράκοντα
19 10 [1] τοῦτο δὲ ἐγένετο ἐπὶ ἔτη δύο
24 10 [2] ἐκ πολλῶν ἐτῶν ὄντα σε κριτὴν τ. ἔθνει τούτῳ
17 δι' ἐτῶν δὲ πλειόνων ἐλεημοσύνας ποιήσων . . . παρεγενόμην
Ro 15 23 [2] ἐπιποθίαν δὲ ἔχων τοῦ ἐλθεῖν πρὸς ὑμᾶς ἀπὸ ἱκανῶν ἐτῶν
πολλῶν ἐτ., TR
II Co 12 2 οἶδα ἄνθρωπον ἐν Χριστῷ πρὸ ἐτῶν δεκατεσσάρων
Ga 1 18 ἔπειτα μετὰ τρία ἔτη ἀνῆλθον εἰς Ἱεροσόλυμα
2 1 ἔπειτα διὰ δεκατεσσάρων ἐτῶν πάλιν ἀνέβην
3 17 ὁ μετὰ τετρακόσια κ. τριάκοντα ἔτη γεγονὼς νόμος οὐκ ἀκυροῖ
I Ti 5 9 χήρα καταλεγέσθω μὴ ἔλαττον ἐτῶν ἑξήκοντα
He 1 12 τὰ ἔτη σου οὐκ ἐκλείψουσιν

שְׁנוֹתֶיךָ לֹא יִתָּמּוּ, Ps. cii. 28

8 9 εἶδον τὰ ἔργα μου τεσσεράκοντα ἔτη

רָאוּ פָעֳלִי אַרְבָּעִים שָׁנָה, Ps. xcv. 9, 10

17 τίσι δὲ προσώχθισεν τεσσεράκοντα ἔτη;
II Pe 3 8 μία ἡμέρα παρὰ Κυρίῳ ὡς χίλια ἔτη, κ. χίλια ἔτη ὡς ἡμέρα μία

אֶלֶף שָׁנִים בְּעֵינֶיךָ כְּיוֹם אֶתְמוֹל, Ps. xc. 4

Re 20 2 ἔδησεν αὐτὸν χίλια ἔτη
3 ἄχρι τελεσθῇ τὰ χίλια ἔτη
4 ἐβασίλευσαν μετὰ τ. Χριστοῦ χίλια ἔτη
5 οὐκ ἔζησαν ἄχρι τελεσθῇ τὰ χίλια ἔτη.
6 βασιλεύσουσιν μετ' αὐτοῦ τὰ χίλια ἔτη·
—τὰ, [WH] R non mg.
7 κ. ὅταν τελεσθῇ τὰ χίλια ἔτη

ΕΥ͂ 2095 cf. 2103.5

Mt 25 21 εὖ δοῦλε ἀγαθὲ κ. πιστέ
23 εὖ δοῦλε ἀγαθὲ κ. πιστέ
Mk 14 7 ὅταν θέλητε δύνασθε αὐτοῖς πάντοτε εὖ ποιῆσαι
Lu 19 17 εὖ ἀγαθὲ δοῦλε
εὖγε, TWH non mg.
Ac 15 29 ἐξ ὧν διατηροῦντες ἑαυτοὺς εὖ πράξετε
Eph 6 3 ἵνα εὖ σοι γένηται

לְמַעַן . . . יִיטַב לָךְ, Dt. v. 16

ΕΥ͂Α 2096

Εὕα, WH

II Co 11 3 ὡς ὁ ὄφις ἐξηπάτησεν Εὕαν ἐν τ. πανουργίᾳ αὐτοῦ
I Ti 2 13 Ἀδὰμ γὰρ πρῶτος ἐπλάσθη εἶτα Εὕα

ΕΥΑΓΓΕΛΙ΄ΖΟΜΑΙ 2097

(1) εὐαγγελίζω	(2) c. acc. pers.
(3) c. acc. rei	(4) impers.

Mt 11 5 νεκροὶ ἐγείρονται κ. πτωχοὶ εὐαγγελίζονται
Lu 1 19 [3] ἀπεστάλην . . . εὐαγγελίσασθαί σοι ταῦτα
2 10 [3] εὐαγγελίζομαι ὑμῖν χαρὰν μεγάλην
3 18 [2] ἕτερα παρακαλῶν εὐηγγελίζετο τ. λαόν
4 18 οὗ εἵνεκεν ἔχρισέν με εὐαγγελίσασθαι πτωχοῖς

יַעַן מָשַׁח יְהוָה אֹתִי לְבַשֵּׂר עֲנָוִים, Is. lxi. 1

43 [3] τ. ἑτέραις πόλεσιν εὐαγγελίσασθαί με δεῖ τ. βασιλείαν τ. Θεοῦ
7 22 νεκροὶ ἐγείρονται πτωχοὶ εὐαγγελίζονται
8 1 [3] εὐαγγελιζόμενος τ. βασιλείαν τ. Θεοῦ
9 6 εὐαγγελιζόμενοι κ. θεραπεύοντες πανταχοῦ
16 16 ἀπὸ τότε ἡ βασιλεία τ. Θεοῦ εὐαγγελίζεται
20 1 διδάσκοντος αὐτοῦ τ. λαὸν ἐν τ. ἱερῷ κ. εὐαγγελιζομένου
Ac 5 42 [3] διδάσκοντες κ. εὐαγγελιζόμενοι τ. Χριστὸν Ἰησοῦν
8 4 [3] διῆλθον εὐαγγελιζόμενοι τ. λόγον
12 ἐπίστευσαν τ. Φιλίππῳ εὐαγγελιζομένῳ περὶ τ. βασιλείας τ. Θεοῦ
25 [3] πολλάς τε κώμας τ. Σαμαρειτῶν εὐηγγελίζοντο
35 [2] εὐηγγελίσατο αὐτῷ τ. Ἰησοῦν
40 [3] διερχόμενος εὐηγγελίζετο τ. πόλεις πάσας
10 36 [3] εὐαγγελιζόμενος εἰρήνην διὰ Ἰησοῦ Χριστοῦ
11 20 [2] ἐλάλουν κ. πρὸς τ. Ἑλληνιστὰς εὐαγγελιζόμενοι τ. Κύριον Ἰησοῦν
13 32 [2] [3] ἡμεῖς ὑμᾶς εὐαγγελιζόμεθα τὴν πρὸς τ. πατέρας ἐπαγγελίαν γενομένην
14 7 κἀκεῖ εὐαγγελιζόμενοι ἦσαν
15 [2] εὐαγγελιζόμενοι ὑμᾶς ἀπὸ τούτων τ. ματαίων ἐπιστρέφειν
21 [3] εὐαγγελισάμενοί τε τ. πόλιν ἐκείνην
εὐαγγελιζόμενοί, T
15 35 [3] διδάσκοντες κ. εὐαγγελιζόμενοι . . . τ. λόγον τ. Κυρίου
16 10 [2] προσκέκληται ἡμᾶς ὁ Θεὸς εὐαγγελίσασθαι αὐτούς
17 18 [2] [3] ὅτι τ. Ἰησοῦν κ. τ. ἀνάστασιν εὐηγγελίζετο
Ro 1 15 τὸ κατ' ἐμὲ πρόθυμον κ. ὑμῖν τοῖς ἐν Ῥώμῃ εὐαγγελίσασθαι
10 15 [3] ὡς ὡραῖοι οἱ πόδες τ. εὐαγγελιζομένων ἀγαθά

מַה־נָּאווּ עַל־הֶהָרִים רַגְלֵי . . . מְבַשֵּׂר טוֹב

Is. lii. 7

15 20 οὕτως δὲ φιλοτιμούμενον εὐαγγελίζεσθαι
I Co 1 17 οὐ γὰρ ἀπέστειλέν με Χριστὸς βαπτίζειν ἀλλὰ εὐαγγελίζεσθαι

I Co 9 16 ἐὰν γὰρ εὐαγγελίζωμαι οὐκ ἔστιν μοι καύχημα
16 οὐαὶ γάρ μοι ἐστὶν ἐὰν μὴ εὐαγγελίσωμαι
εὐαγγελίζωμαι, TWH mg.
18 ἵνα εὐαγγελιζόμενος ἀδάπανον θήσω τὸ εὐαγγέλιον
15 1 [3] τὸ εὐαγγέλιον ὃ εὐηγγελισάμην ὑμῖν
2 τίνι λόγῳ εὐηγγελισάμην ὑμῖν εἰ κατέχετε
II Co 10 16 εἰς τὰ ὑπερέκεινα ὑμῶν εὐαγγελίσασθαι
11 7 [3] ὅτι δωρεὰν τὸ τ. Θεοῦ εὐαγγέλιον εὐηγγελισάμην ὑμῖν
Ga 1 8 [3] ἐὰν . . . ἄγγελος ἐξ οὐρανοῦ εὐαγγελίσηται ὑμῖν παρ' ὃ εὐηγγελισάμεθα ὑμῖν
9 [2] εἴ τις ὑμᾶς εὐαγγελίζεται παρ' ὃ παρελάβετε
11 τὸ εὐαγγέλιον τὸ εὐαγγελισθὲν ὑπ' ἐμοῦ
16 [2] ἵνα εὐαγγελίζωμαι αὐτὸν ἐν τ. ἔθνεσιν
23 [3] νῦν εὐαγγελίζεται τ. πίστιν ἥν ποτε ἐπόρθει
4 13 δι' ἀσθένειαν τ. σαρκὸς εὐηγγελισάμην ὑμῖν τὸ πρότερον
Eph 2 17 [3] ἐλθὼν εὐηγγελίσατο εἰρήνην ὑμῖν τ. μακρὰν κ. εἰρήνην τ. ἐγγύς
3 8 [3] τ. ἔθνεσιν εὐαγγελίσασθαι τὸ ἀνεξιχνίαστον πλοῦτος τ. Χριστοῦ
I Th 3 6 [3] εὐαγγελισαμένου ἡμῖν τ. πίστιν κ. τ. ἀγάπην ὑμῶν
He 4 2 κ. γάρ ἐσμεν εὐηγγελισμένοι καθάπερ κἀκεῖνοι
6 οἱ πρότερον εὐαγγελισθέντες οὐκ εἰσῆλθον δι' ἀπείθειαν
I Pe 1 12 [2] ἃ νῦν ἀνηγγέλη ὑμῖν διὰ τ. εὐαγγελισαμένων ὑμᾶς
25 τοῦτο δέ ἐστιν τὸ ῥῆμα τὸ εὐαγγελισθὲν εἰς ὑμᾶς
4 6 [4] εἰς τοῦτο γὰρ κ. νεκροῖς εὐηγγελίσθη
Re 10 7 [1 2] ὡς εὐηγγέλισεν τοὺς ἑαυτοῦ δούλους τ. προφήτας
14 6 [1] ἔχοντα εὐαγγέλιον αἰώνιον εὐαγγελίσαι ἐπὶ τ. καθημένους ἐπὶ τ. γῆς

ΕΥΑΓΓΕΛΙΟΝ 2098

(1) εὐ. τ. βασιλείας (2) εὐ. τ. Χριστοῦ, Κυρίου (3) εὐ. τ. Θεοῦ (4) εὐ. μου, ἡμῶν (5) ἡ ἀλήθεια, πίστις τοῦ εὐ.

Mt 4 23 [1] κηρύσσων τὸ εὐαγγέλιον τ. βασιλείας
9 35 [1] κηρύσσων τὸ εὐαγγέλιον τ. βασιλείας
24 14 [1] κηρυχθήσεται τοῦτο τὸ εὐαγγέλιον τ. βασιλείας
26 13 ὅπου ἐὰν κηρυχθῇ τὸ εὐαγγέλιον τοῦτο
Mk 1 1 [2] ἀρχὴ τ. εὐαγγελίου Ἰησοῦ Χριστοῦ
14 [3] κηρύσσων τὸ εὐαγγέλιον τ. Θεοῦ
15 μετανοεῖτε κ. πιστεύετε ἐν τ. εὐαγγελίῳ
8 35 ὃς δ' ἂν ἀπολέσει τ. ψυχὴν αὐτοῦ ἕνεκεν ἐμοῦ κ. τ. εὐαγγελίου
10 29 ὃς ἀφῆκεν οἰκίαν . . . ἕνεκεν ἐμοῦ κ. ἕνεκεν τ. εὐαγγελίου
13 10 εἰς πάντα τὰ ἔθνη πρῶτον δεῖ κηρυχθῆναι τὸ εὐαγγέλιον
14 9 ὅπου ἐὰν κηρυχθῇ τὸ εὐαγγέλιον
16 [15 κηρύξατε τὸ εὐαγγέλιον πάσῃ τ. κτίσει
Ac 15 7 δια τ. στόματός μου ἀκοῦσαι τὰ ἔθνη τ. λόγον τ. εὐαγγελίου

Ac 20 24 διαμαρτύρασθαι τὸ εὐαγγέλιον τ. χάριτος τ. Θεοῦ
Ro 1 1 [3] ἀφωρισμένος εἰς εὐαγγέλιον Θεοῦ
9 ᾧ λατρεύω . . . ἐν τ. εὐαγγελίῳ τ. υἱοῦ αὐτοῦ
16 οὐ γὰρ ἐπαισχύνομαι τὸ εὐαγγέλιον
2 16 [4] κρίνει ὁ Θεὸς τὰ κρυπτὰ τ. ἀνθρώπων κατὰ τὸ εὐαγγέλιόν μου
10 16 οὐ πάντες ὑπήκουσαν τ. εὐαγγελίῳ
11 28 κατὰ μὲν τὸ εὐαγγέλιον ἐχθροὶ δι' ὑμᾶς
15 16 [3] ἱερουργοῦντα τὸ εὐαγγέλιον τ. Θεοῦ
19 [2] μέχρι τ. Ἰλλυρικοῦ πεπληρωκέναι τὸ εὐαγγέλιον τ. Χριστοῦ
16 25 [4] τ. δὲ δυναμένῳ ὑμᾶς στηρίξαι κατὰ τὸ εὐαγγέλιόν μου
I Co 4 15 ἐν γὰρ Χριστῷ Ἰησοῦ διὰ τ. εὐαγγελίου ἐγὼ ὑμᾶς ἐγέννησα
9 12 [2] ἵνα μή τινα ἐνκοπὴν δῶμεν τ. εὐαγγελίῳ τ. Χριστοῦ
14 οὕτως κ. ὁ Κύριος διέταξεν τοῖς τὸ εὐαγγέλιον καταγγέλλουσιν ἐκ τ. εὐαγγελίου ζῆν
18 ἵνα εὐαγγελιζόμενος ἀδάπανον θήσω τὸ εὐαγγέλιον,
εἰς τὸ μὴ καταχρήσασθαι τ. ἐξουσίᾳ μου ἐν τ. εὐαγγελίῳ
23 πάντα δὲ ποιῶ διὰ τὸ εὐαγγέλιον
15 1 γνωρίζω δὲ ὑμῖν . . . τὸ εὐαγγέλιον ὃ εὐηγγελισάμην ὑμῖν
II Co 2 12 [2] ἐλθὼν δὲ εἰς τ. Τρῳάδα εἰς τὸ εὐαγγέλιον τ. Χριστοῦ
4 3 [4] εἰ δὲ κ. ἔστιν κεκαλυμμένον τὸ εὐαγγέλιον ἡμῶν
4 εἰς τὸ μὴ αὐγάσαι τ. φωτισμὸν τ. εὐαγγελίου τ. δόξης τ. Χριστοῦ
8 18 οὗ ὁ ἔπαινος ἐν τ. εὐαγγελίῳ διὰ πασῶν τ. ἐκκλησιῶν
9 13 [2] ἐπὶ τ. ὑποταγῇ τ. ὁμολογίας ὑμῶν εἰς τὸ εὐαγγέλιον τ. Χριστοῦ
10 14 [2] ἄχρι γὰρ κ. ὑμῶν ἐφθάσαμεν ἐν τ. εὐαγγελίῳ τ. Χριστοῦ
11 4 ἢ εὐαγγέλιον ἕτερον ὃ οὐκ ἐδέξασθε
7 [3] δωρεὰν τὸ τ. Θεοῦ εὐαγγέλιον εὐηγγελισάμην ὑμῖν
Ga 1 6 οὕτως ταχέως μετατίθεσθε . . . εἰς ἕτερον εὐαγγέλιον
7 [2] θέλοντες μεταστρέψαι τὸ εὐαγγέλιον τ. Χριστοῦ
11 γνωρίζω γὰρ ὑμῖν . . . τὸ εὐαγγέλιον τὸ εὐαγγελισθὲν ὑπ' ἐμοῦ
2 2 ἀνεθέμην αὐτοῖς τὸ εὐαγγέλιον ὃ κηρύσσω
5 [5] ἵνα ἡ ἀλήθεια τ. εὐαγγελίου διαμείνῃ πρὸς ὑμᾶς
7 πεπίστευμαι τὸ εὐαγγέλιον τ. ἀκροβυστίας
14 [5] οὐκ ὀρθοποδοῦσιν πρὸς τ. ἀλήθειαν τ. εὐαγγελίου
Eph 1 13 ἀκούσαντες . . . τὸ εὐαγγέλιον τ. σωτηρίας ὑμῶν
3 6 συνμέτοχα τ. ἐπαγγελίας ἐν Χριστῷ Ἰησοῦ διὰ τ. εὐαγγελίου
6 15 ἐν ἑτοιμασίᾳ τ. εὐαγγελίου τ. εἰρήνης
19 ἐν παρρησίᾳ γνωρίσαι τὸ μυστήριον τ. εὐαγγελίου
[τοῦ εὐαγγελίου], WH
Phl 1 5 ἐπὶ τ. κοινωνίᾳ ὑμῶν εἰς τὸ εὐαγγέλιον
7 ἐν τ. ἀπολογίᾳ κ. βεβαιώσει τ. εὐαγγελίου

Phl 1 12 τὰ κατ' ἐμὲ μᾶλλον εἰς προκοπὴν τ. εὐαγγελίου ἐλήλυθεν
16 εἰδότες ὅτι εἰς ἀπολογίαν τ. εὐαγγελίου κεῖμαι
27 [2] μόνον ἀξίως τ. εὐαγγελίου τ. Χριστοῦ πολιτεύεσθε
27 [5] μιᾷ ψυχῇ συναθλοῦντες τ. πίστει τ. εὐαγγελίου
2 22 σὺν ἐμοὶ ἐδούλευσεν εἰς τὸ εὐαγγέλιον
4 3 αἵτινες ἐν τ. εὐαγγελίῳ συνήθλησάν μοι
15 ἐν ἀρχῇ τ. εὐαγγελίου ὅτε ἐξῆλθον
Col 1 5 [5] ἣν προηκούσατε ἐν τ. λόγῳ τ. ἀληθείας τ. εὐαγγελίου
23 μὴ μετακινούμενοι ἀπὸ τ. ἐλπίδος τ. εὐαγγελίου
I Th 1 5 [4] τὸ εὐαγγέλιον ἡμῶν οὐκ ἐγενήθη εἰς ὑμᾶς ἐν λόγῳ μόνον
2 2 [3] λαλῆσαι πρὸς ὑμᾶς τὸ εὐαγγέλιον τ. Θεοῦ
4 καθὼς δεδοκιμάσμεθα ὑπὸ τ. Θεοῦ πιστευθῆναι τὸ εὐαγγέλιον
8 [3] μεταδοῦναι ὑμῖν οὐ μόνον τὸ εὐαγγέλιον τ. Θεοῦ
9 [3] ἐκηρύξαμεν εἰς ὑμᾶς τὸ εὐαγγέλιον τ. Θεοῦ
3 2 [2] διάκονον τ. Θεοῦ ἐν τ. εὐαγγελίῳ τ. Χριστοῦ
II Th 1 8 [2] τοῖς μὴ ὑπακούουσιν τ. εὐαγγελίῳ τ. Κυρίου ἡμῶν Ἰησοῦ
2 14 [4] εἰς ὃ ἐκάλεσεν ὑμᾶς διὰ τ. εὐαγγελίου ἡμῶν
I Ti 1 11 κατὰ τὸ εὐαγγέλιον τ. δόξης τ. μακαρίου Θεοῦ
II Ti 1 8 συνκακοπάθησον τ. εὐαγγελίῳ κατὰ δύναμιν Θεοῦ
10 φωτίσαντος δὲ ζωὴν κ. ἀφθαρσίαν διὰ τ. εὐαγγελίου
2 8 [4] Ἰησοῦν Χριστὸν ἐγηγερμένον ἐκ νεκρῶν . . . κατὰ τὸ εὐαγγέλιόν μου
Phm 13 ἵνα . . . μοι διακονῇ ἐν τ. δεσμοῖς τ. εὐαγγελίου
I Pe 4 17 [3] τί τὸ τέλος τ. ἀπειθούντων τῷ τ. Θεοῦ εὐαγγελίῳ;
Re 14 6 ἄγγελον . . . ἔχοντα εὐαγγέλιον αἰώνιον

ʼΕΥΑΓΓΕΛΙΣΤΗ'Σ*† 2099

Ac 21 8 εἰσελθόντες εἰς τ. οἶκον Φιλίππου τ. εὐαγγελιστοῦ
Eph 4 11 τ. δὲ προφήτας τ. δὲ εὐαγγελιστάς
II Ti 4 5 ἔργον ποίησον εὐαγγελιστοῦ

ʼΕΥΑΡΕΣΤΕ'Ω 2100

He 11 5 μεμαρτύρηται εὐαρεστηκέναι τ. Θεῷ·
εὐηρεστηκέναι, T
6 χωρὶς δὲ πίστεως ἀδύνατον εὐαρεστῆσαι
13 16 τοιαύταις γὰρ θυσίαις εὐαρεστεῖται ὁ Θεός

ʼΕΥΑ'ΡΕΣΤΟΣ** 2101

Ro 12 1 θυσίαν ζῶσαν ἁγίαν τ. Θεῷ εὐάρεστον
εὐάρ. τ. Θ., WH mg.
2 τὸ θέλημα τ. Θεοῦ τὸ ἀγαθὸν κ. εὐάρεστον κ. τέλειον
14 18 εὐάρεστος τ. Θεῷ κ. δόκιμος τ. ἀνθρώποις
II Co 5 9 διὸ κ. φιλοτιμούμεθα . . . εὐάρεστοι αὐτῷ εἶναι
Eph 5 10 δοκιμάζοντες τί ἐστιν εὐάρεστον τ. Κυρίῳ
Phl 4 18 θυσίαν δεκτὴν εὐάρεστον τ. Θεῷ
Col 3 20 τοῦτο γὰρ εὐάρεστόν ἐστιν ἐν Κυρίῳ
Tit 2 9 ἐν πᾶσιν εὐαρέστους εἶναι
He 13 21 ποιῶν ἐν ἡμῖν τὸ εὐάρεστον ἐνώπιον αὐτοῦ

ʼΕΥΑΡΕ'ΣΤΩΣ* 2102

He 12 28 δι' ἧς λατρεύωμεν εὐαρέστως τ. Θεῷ

ʼΕΥ'ΒΟΥΛΟΣ 2103

II Ti 4 21 ἀσπάζεταί σε Εὔβουλος

ʼΕΥ'ΓΕ 2103.5 cf. 2095

Lu 19 17 εὖγε ἀγαθὲ δοῦλε
εὖ, WH mg.

ʼΕΥΓΕΝΗ'Σ 2104

Lu 19 12 ἄνθρωπός τις εὐγενὴς ἐπορεύθη εἰς χώραν μακράν
Ac 17 11 οὗτοι δὲ ἦσαν εὐγενέστεροι τῶν ἐν Θεσσαλονίκῃ
I Co 1 26 οὐ πολλοὶ σοφοὶ κατὰ σάρκα . . . οὐ πολλοὶ εὐγενεῖς

ʼΕΥΔΙ'Α** 2105

Mt 16 2 ὀψίας γενομένης λέγετε Εὐδία
—h. v., [T] [[WH]] R mg.

ʼΕΥΔΟΚΕ'Ω 2106

Mt 3 17 οὗτός ἐστιν ὁ υἱός μου ὁ ἀγαπητὸς ἐν ᾧ εὐδόκησα
ηὐδόκησα, T
12 18 ὁ ἀγαπητός μου ὃν εὐδόκησεν ἡ ψυχή μου
ηὐδόκησεν, T
בְּחִירִי רָצְתָה נַפְשִׁי, Is. xlii. 1
17 5 οὗτός ἐστιν ὁ υἱός μου ὁ ἀγαπητὸς ἐν ᾧ εὐδόκησα
Mk 1 11 σὺ εἶ ὁ υἱός μου ὁ ἀγαπητὸς ἐν σοὶ εὐδόκησα
Lu 3 22 σὺ εἶ ὁ υἱός μου ὁ ἀγαπητὸς ἐν σοὶ εὐδόκησα
υἱός μου εἶ σὺ ἐγὼ σήμερον γεγέννηκά σε, WH mg.
12 32 εὐδόκησεν ὁ πατὴρ ὑμῶν δοῦναι ὑμῖν τ. βασιλείαν
Ro 15 26 ηὐδόκησαν γὰρ Μακεδονία κ. Ἀχαία
27 ηὐδόκησαν γὰρ κ. ὀφειλέται εἰσὶν αὐτῶν
I Co 1 21 εὐδόκησεν ὁ Θεὸς διὰ τ. μωρίας τ. κηρύγματος σῶσαι τ. πιστεύοντας
10 5 οὐκ ἐν τ. πλείοσιν αὐτῶν ηὐδόκησεν ὁ Θεός
εὐδόκησεν, T
II Co 5 8 εὐδοκοῦμεν μᾶλλον ἐκδημῆσαι ἐκ τ. σώματος
12 10 διὸ εὐδοκῶ ἐν ἀσθενείαις
Ga 1 15 ὅτε δὲ εὐδόκησεν ὁ Θεὸς . . . ἀποκαλύψαι τ. υἱὸν αὐτοῦ ἐν ἐμοί
—ὁ Θεός, T [WH]
Col 1 19 ἐν αὐτῷ εὐδόκησεν πᾶν τὸ πλήρωμα κατοικῆσαι
I Th 2 8 ηὐδοκοῦμεν μεταδοῦναι ὑμῖν οὐ μόνον τὸ εὐαγγέλιον τ. Θεοῦ
εὐδοκοῦμεν, T
3 1 ηὐδοκήσαμεν καταλειφθῆναι ἐν Ἀθήναις μόνοι

II Th 2 12 ἀλλὰ εὐδοκήσαντες τ. ἀδικίᾳ
He 10 6 ὁλοκαυτώματα κ. περὶ ἁμαρτίας οὐκ εὐδόκησας
ηὐδόκησας, T
עוֹלָה וַחֲטָאָה לֹא שָׁאָלְתָּ, Ps. xl. 7
8 ὁλοκαυτώματα κ. περὶ ἁμαρτίας οὐκ ἠθέλησας οὐδὲ εὐδόκησας, *ib.*
ηὐδόκησας, T
38 οὐκ εὐδοκεῖ ἡ ψυχή μου ἐν αὐτῷ
לֹא־יָשְׁרָה נַפְשׁוֹ בּוֹ, Hab. ii. 4
II Pe 1 17 ὁ υἱός μου ὁ ἀγαπητός μου οὗτός ἐστιν εἰς ὃν ἐγὼ εὐδόκησα

ʼΕΥΔΟΚΙ΄Α† 2107

Mt 11 26 οὕτως εὐδοκία ἐγένετο ἔμπροσθέν σου
Lu 2 14 ἐπὶ γῆς εἰρήνη ἐν ἀνθρώποις εὐδοκίας
εὐδοκία, WH mg. R mg.
10 21 ὅτι οὕτως εὐδοκία ἐγένετο ἔμπροσθέν σου
ἐν. εὐδ., T
Ro 10 1 ἡ μὲν εὐδοκια τ. ἐμῆς καρδίας
Eph 1 5 κατὰ τ. εὐδοκίαν τ. θελήματος αὐτοῦ
9 γνωρίσας ἡμῖν τὸ μυστήριον τ. θελήματος αὐτοῦ κατὰ τ. εὐδοκίαν αὐτοῦ
Phl 1 15 τινὲς δὲ κ. δι' εὐδοκίαν τ. Χριστὸν κηρύσσουσιν
2 13 τὸ θέλειν κ. τὸ ἐνεργεῖν ὑπὲρ τ. εὐδοκίας
II Th 1 11 ἵνα . . . πληρώσῃ πᾶσαν εὐδοκίαν ἀγαθωσύνης

ʼΕΥΕΡΓΕΣΙ΄Α 2108

Ac 4 9 ἀνακρινόμεθα ἐπὶ εὐεργεσίᾳ ἀνθρώπου ἀσθενοῦς
I Ti 6 2 ὅτι πιστοί εἰσιν κ. ἀγαπητοὶ οἱ τ. εὐεργεσίας ἀντιλαμβανόμενοι

ʼΕΥΕΡΓΕΤΕ΄Ω 2109

Ac 10 38 ὃς διῆλθεν εὐεργετῶν κ. ἰώμενος

ʼΕΥΕΡΓΕ΄ΤΗΣ** 2110

Lu 22 25 οἱ ἐξουσιάζοντες αὐτῶν εὐεργέται καλοῦνται

ʼΕΥ΄ΘΕΤΟΣ 2111

Lu 9 62 οὐδεὶς . . . εὔθετός ἐστιν τ. βασιλείᾳ τ. Θεοῦ
14 35 οὔτε εἰς γῆν οὔτε εἰς κοπρίαν εὔθετόν ἐστιν
He 6 7 τίκτουσα βοτάνην εὔθετον ἐκείνοις δι' οὓς κ. γεωργεῖται

ʼΕΥΘΕ΄ΩΣ 2112

Mt 4 20 οἱ δὲ εὐθέως ἀφέντες τὰ δίκτυα
22 οἱ δὲ εὐθ. ἀφέντες τὸ πλοῖον κ. τ. πατέρα αὐτῶν
8 3 εὐθέως ἐκαθερίσθη αὐτοῦ ἡ λέπρα
13 5 εὐθέως ἐξανέτειλεν
14 22 εὐθ. ἠνάγκασεν τ. μαθητὰς ἐμβῆναι εἰς πλοῖον
—εὐθ., T [WH]
31 εὐθ. δὲ ὁ Ἰησοῦς ἐκτείνας τ. χεῖρα
20 34 εὐθέως ἀνέβλεψαν κ. ἠκολούθησαν αὐτῷ
24 29 εὐθέως δὲ μετὰ τ. θλῖψιν τ. ἡμερῶν ἐκείνων
Mt 25 15 εὐθ. πορευθεὶς ὁ τὰ πέντε τάλαντα λαβὼν
26 49 εὐθέως προσελθὼν τ. Ἰησοῦ εἶπεν
74 εὐθέως ἀλέκτωρ ἐφώνησεν
εὐθὺς, WH
27 48 εὐθέως δραμὼν εἷς ἐξ αὐτῶν
Lu 5 13 εὐθέως ἡ λέπρα ἀπῆλθεν ἀπ' αὐτοῦ
12 36 ἵνα ἐλθόντος κ. κρούσαντος εὐθ. ἀνοίξωσιν αὐτῷ
54 εὐθέως λέγετε ὅτι Ὄμβρος ἔρχεται
14 5 οὐκ εὐθ. ἀνασπάσει αὐτὸν ἐν ἡμέρᾳ τ. σαββάτου;
17 7 εὐθέως παρελθὼν ἀνάπεσε
21 9 ἀλλ' οὐκ εὐθέως τὸ τέλος
Jo 5 9 εὐθέως ἐγένετο ὑγιὴς ὁ ἄνθρωπος
—εὐθέως, T
6 21 εὐθέως ἐγένετο τὸ πλοῖον ἐπὶ τ. γῆς εἰς ἣν ὑπῆγον
18 27 εὐθέως ἀλέκτωρ ἐφώνησεν
Ac 9 18 εὐθ. ἀπέπεσαν αὐτοῦ ἀπὸ τ. ὀφθαλμῶν ὡς λεπίδες
20 εὐθ. ἐν τ. συναγωγαῖς ἐκήρυσσεν τ. Ἰησοῦν
34 κ. εὐθέως ἀνέστη
12 10 εὐθέως ἀπέστη ὁ ἄγγελος ἀπ' αὐτοῦ
16 10 εὐθ. ἐζητήσαμεν ἐξελθεῖν εἰς Μακεδονίαν
17 10 οἱ δὲ ἀδελφοὶ εὐθ. διὰ νυκτὸς ἐξέπεμψαν τ. τε Παῦλον κ. τ. Σίλαν
14 εὐθ. δὲ τότε τ. Παῦλον ἐξαπέστειλαν οἱ ἀδελφοί
21 30 εὐθέως ἐκλείσθησαν αἱ θύραι
22 29 εὐθ. οὖν ἀπέστησαν ἀπ' αὐτοῦ οἱ μέλλοντες αὐτὸν ἀνετάζειν
Ga 1 16 εὐθέως οὐ προσανεθέμην σακρὶ κ. αἵματι
Ja 1 24 εὐθέως ἐπελάθετο ὁποῖος ἦν
III Jo 14 ἐλπίζω δὲ εὐθέως σε ἰδεῖν
Re 4 2 εὐθέως ἐγενόμην ἐν πνεύματι

ʼΕΥΘΥΔΡΟΜΕ΄Ω* 2113

Ac 16 11 εὐθυδρομήσαμεν εἰς Σαμοθράκην
21 1 εὐθυδρομήσαντες ἤλθομεν εἰς τὴν Κῶ

ʼΕΥΘΥΜΕ΄Ω** 2114

Ac 27 22 τὰ νῦν παραινῶ ὑμᾶς εὐθυμεῖν
25 διὸ εὐθυμεῖτε ἄνδρες
Ja 5 13 εὐθυμεῖ τις; ψαλλέτω

ʼΕΥ΄ΘΥΜΟΣ** 2115

Ac 27 36 εὔθυμοι δὲ γενόμενοι πάντες

2115.5 **ʼΕΥΘΥ΄ΜΩΣ*** cf. 2115

Ac 24 10 εὐθύμως τὰ περὶ ἐμαυτοῦ ἀπολογοῦμαι

ʼΕΥΘΥ΄ΝΩ 2116

Jo 1 23 εὐθύνατε τὴν ὁδὸν Κυρίου
פַּנּוּ דֶּרֶךְ יְהוָֹה, Is. xl. 3
Ja 3 4 ὅπου ἡ ὁρμὴ τ. εὐθύνοντος βούλεται

ʼΕΥΘΥ΄Σ 2117

Mt 3 3 εὐθείας ποιεῖτε τὰς τρίβους αὐτοῦ
יַשְּׁרוּ בָּעֲרָבָה מְסִלָּה לֵאלֹהֵינוּ, Is. xl. 3

Mk 1 3 εὐθείας ποιεῖτε τὰς τρίβους αὐτοῦ *l.c.*
Lu 3 4 εὐθείας ποιεῖτε τὰς τρίβους αὐτοῦ, *l.c.*
5 ἔσται τὰ σκολιὰ εἰς εὐθείας
וְהָיָה הֶעָקֹב לְמִישׁוֹר, *ib.* 4
Ac 8 21 ἡ γὰρ καρδία σου οὐκ ἔστιν εὐθεῖα ἔναντι τ. Θεοῦ
9 11 πορεύθητι ἐπὶ τ. ῥύμην τ. καλουμένην Εὐθεῖαν
13 10 οὐ παύσῃ διαστρέφων τὰς ὁδοὺς τ. Κυρίου τ. εὐθείας;
II Pe 2 15 καταλείποντες εὐθεῖαν ὁδὸν ἐπλανήθησαν

2117.5 ʼΕΥΘΥ´Σ cf. 2117
adv.

Mt 3 16 βαπτισθεὶς δὲ ὁ Ἰησοῦς εὐθὺς ἀνέβη ἀπὸ τ. ὕδατος
13 20 εὐθὺς μετὰ χαρᾶς λαμβάνων αὐτόν
21 γενομένης δὲ θλίψεως ἢ διωγμοῦ διὰ τ. λόγον εὐθὺς σκανδαλίζεται
14 27 εὐθὺς δὲ ἐλάλησεν ὁ Ἰησοῦς αὐτοῖς
21 2 εὐθὺς εὑρήσετε ὄνον δεδεμένην
3 εὐθὺς δὲ ἀποστελεῖ αὐτούς
26 74 εὐθὺς ἀλέκτωρ ἐφώνησεν
εὐθέως, T
Mk 1 10 εὐθὺς ἀναβαίνων ἐκ τ. ὕδατος
12 εὐθὺς τὸ πνεῦμα αὐτὸν ἐκβάλλει εἰς τὴν ἔρημον
18 εὐθὺς ἀφέντες τὰ δίκτυα ἠκολούθησαν αὐτῷ
20 εὐθὺς ἐκάλεσεν αὐτούς
21 εὐθὺς τ. σάββασιν εἰσελθὼν εἰς τ. συναγωγήν
23 εὐθὺς ἦν ἐν τ. συναγωγῇ αὐτῶν ἄνθρωπος ἐν πνεύματι ἀκαθάρτῳ
28 ἐξῆλθεν ἡ ἀκοὴ αὐτοῦ εὐθὺς πανταχοῦ
29 εὐθὺς ἐκ τ. συναγωγῆς ἐξελθόντες
30 εὐθὺς λέγουσιν αὐτῷ περὶ αὐτῆς
42 εὐθὺς ἀπῆλθεν ἀπ' αὐτοῦ ἡ λέπρα
43 ἐμβριμησάμενος αὐτῷ εὐθὺς ἐξέβαλεν αὐτόν
2 8 εὐθὺς ἐπιγνοὺς ὁ Ἰησοῦς τ. πνεύματι αὐτοῦ
12 ἠγέρθη κ. εὐθὺς ἄρας τ. κράβαττον ἐξῆλθεν
3 6 εὐθὺς μετὰ τ. Ἡρῳδιανῶν συμβούλιον ἐδίδουν
4 5 εὐθὺς ἐξανέτειλεν
15 εὐθὺς ἔρχεται ὁ Σατανᾶς
16 εὐθὺς μετὰ χαρᾶς λαμβάνουσιν αὐτόν
17 γενομένης θλίψεως ἢ διωγμοῦ διὰ τ. λόγον εὐθὺς σκανδαλίζονται
29 εὐθὺς ἀποστέλλει τὸ δρέπανον
5 2 εὐθὺς ὑπήντησεν αὐτῷ . . . ἄνθρωπος ἐν πνεύματι ἀκαθάρτῳ
[εὐθὺς], WH
29 εὐθὺς ἐξηράνθη ἡ πηγὴ τ. αἵματος αὐτῆς
30 εὐθὺς ὁ Ἰησοῦς ἐπιγνοὺς ἐν ἑαυτῷ
42 εὐθὺς ἀνέστη τὸ κοράσιον
42 ἐξέστησαν εὐθὺς ἐκστάσει μεγάλῃ
6 25 εἰσελθοῦσα εὐθὺς μετὰ σπουδῆς πρὸς τ. βασιλέα
27 εὐθὺς ἀποστείλας ὁ βασιλεὺς σπεκουλάτορα
45 εὐθὺς ἠνάγκασεν τ. μαθητὰς αὐτοῦ ἐμβῆναι
50 ὁ δὲ εὐθὺς ἐλάλησεν μετ' αὐτῶν
54 εὐθὺς ἐπιγνόντες αὐτόν
7 25 ἀλλ' εὐθὺς ἀκούσασα γυνὴ περὶ αὐτοῦ
35 εὐθὺς ἐλύθη ὁ δεσμὸς τ. γλώσσης αὐτοῦ
—εὐθ., WHR
Mk 8 10 εὐθὺς ἐμβὰς εἰς τὸ πλοῖον
9 15 εὐθὺς πᾶς ὁ ὄχλος ἰδόντες αὐτόν
20 ἰδὼν αὐτὸν τὸ πνεῦμα εὐθὺς συνεσπάραξεν αὐτόν
24 εὐθὺς κράξας ὁ πατὴρ τ. παιδίου
10 52 εὐθὺς ἀνέβλεψεν
11 2 εὐθὺς εἰσπορευόμενοι εἰς αὐτήν
3 εὐθὺς αὐτὸν ἀποστέλλει πάλιν ὧδε
14 43 εὐθὺς ἔτι αὐτοῦ λαλοῦντος
45 εὐθὺς προσελθὼν αὐτῷ λέγει
72 εὐθὺς ἐκ δευτέρου ἀλέκτωρ ἐφώνησεν
15 1 εὐθὺς πρωῒ συμβούλιον ποιήσαντες
Lu 6 49 ᾗ προσέρηξεν ὁ ποταμὸς κ. εὐθὺς συνέπεσεν
Jo 13 30 λαβὼν οὖν τὸ ψωμίον ἐκεῖνος ἐξῆλθεν εὐθύς
32 κ. εὐθὺς δοξάσει αὐτόν
19 34 ἐξῆλθεν εὐθὺς αἷμα κ. ὕδωρ
Ac 10 16 εὐθὺς ἀνελήμφθη τὸ σκεῦος εἰς τ. οὐρανόν

ʼΕΥΘΥ´ΤΗΣ 2118

He 1 8 ῥάβδος τ. εὐθύτητος ῥάβδος τ. βασιλείας αὐτοῦ
שֵׁבֶט מִישֹׁר שֵׁבֶט מַלְכוּתֶךָ, Ps. xlv. 7

ʼΕΥΚΑΙΡΕ´Ω * 2119

Mk 6 31 οὐδὲ φαγεῖν εὐκαίρουν
Ac 17 21 Ἀθηναῖοι δὲ πάντες . . . εἰς οὐδὲν ἕτερον ηὐκαίρουν
I Co 16 12 ἐλεύσεται δὲ ὅταν εὐκαιρήσῃ

ʼΕΥΚΑΙΡΙ´Α 2120

Mt 26 16 ἀπὸ τότε ἐζήτει εὐκαιρίαν ἵνα αὐτὸν παραδῷ
Lu 22 6 ἐζήτει εὐκαιρίαν τοῦ παραδοῦναι αὐτόν

ʼΕΥ´ΚΑΙΡΟΣ 2121

Mk 6 21 γενομένης ἡμέρας εὐκαίρου
He 4 16 χάριν εὕρωμεν εἰς εὔκαιρον βοήθειαν

ʼΕΥΚΑΙ´ΡΩΣ ** 2122

Mk 14 11 ἐζήτει πῶς αὐτὸν εὐκαίρως παραδοῖ
II Ti 4 2 ἐπίστηθι εὐκαίρως ἀκαίρως

ʼΕΥ´ΚΟΠΟΣ ** 2123

Mt 9 5 τί γάρ ἐστιν εὐκοπώτερον εἰπεῖν
19 24 εὐκοπώτερόν ἐστιν κάμηλον διὰ τρήματος ῥαφίδος εἰσελθεῖν
Mk 2 9 τί ἐστιν εὐκοπώτερον εἰπεῖν τ. παραλυτικῷ
10 25 εὐκοπώτερόν ἐστιν κάμηλον διὰ τρυμαλιᾶς ῥαφίδος διελθεῖν
Lu 5 23 τί ἐστιν εὐκοπώτερον εἰπεῖν
16 17 εὐκοπώτερον δέ ἐστιν τ. οὐρανὸν κ. τ. γῆν παρελθεῖν
18 25 εὐκοπώτερον γάρ ἐστιν κάμηλον διὰ τρήματος βελόνης εἰσελθεῖν

ʼΕΥΛΑ´ΒΕΙΑ 2124

He 5 7 εἰσακουσθεὶς ἀπὸ τ. εὐλαβείας
12 28 δι' ἧς λατρεύωμεν . . . μετὰ εὐλαβείας κ. δέους

'ΕΥΛΑΒΕ'ΟΜΑΙ 2125

He 11 7 εὐλαβηθεὶς κατεσκεύασεν κιβωτόν

'ΕΥΛΑΒΗ'Σ 2126

Lu 2 25 ὁ ἄνθρωπος οὗτος δίκαιος κ. εὐλαβής
Ac 2 5 'Ιουδαῖοι ἄνδρες εὐλαβεῖς ἀπὸ παντὸς ἔθνους
8 2 συνεκόμισαν δὲ τ. Στέφανον ἄνδρες εὐλαβεῖς
22 12 'Ανανίας δέ τις ἀνὴρ εὐλαβὴς κατὰ τ. νόμον

'ΕΥΛΟΓΕ'Ω 2127 cf. 2720.5

(1) c. gen. (2) εὐλογῶν, ἐν εὐλογίᾳ εὐλ.

Mt 14 19 ἀναβλέψας εἰς τ. οὐρανὸν εὐλόγησεν
21 9 εὐλογημένος ὁ ἐρχόμενος ἐν ὀνόματι Κυρίου
23 39 εὐλογημένος ὁ ἐρχόμενος ἐν ὀνόματι Κυρίου
בָּרוּךְ הַבָּא בְּשֵׁם יְהוָה, Ps. cxviii. 26
25 34 [1] δεῦτε οἱ εὐλογημένοι τ. πατρός μου
26 26 λαβὼν ὁ 'Ιησοῦς ἄρτον κ. εὐλογήσας
Mk 6 41 ἀναβλέψας εἰς τ. οὐρανὸν εὐλόγησεν
8 7 εὐλογήσας αὐτὰ εἶπεν κ. ταῦτα παρατιθέναι
11 9 εὐλογημένος ὁ ἐρχόμενος ἐν ὀνόματι Κυρίου.
10 εὐλογημένη ἡ ἐρχομένη βασιλεία τ. πατρὸς ἡμῶν Δαυείδ
14 22 λαβὼν ἄρτον εὐλογήσας ἔκλασεν
Lu 1 28 εὐλογημένη σὺ ἐν γυναιξὶν
—h. v., TWH non mg. R non mg.
42 εὐλογημένη σὺ ἐν γυναιξίν,
κ. εὐλογημένος ὁ καρπὸς τ. κοιλίας σου
64 ἐλάλει εὐλογῶν τ. Θεόν
2 28 αὐτὸς . . . εὐλόγησεν τ. Θεὸν κ. εἶπεν
34 εὐλόγησεν αὐτοὺς Συμεὼν
6 28 εὐλογεῖτε τ. καταρωμένους ὑμᾶς
9 16 ἀναβλέψας εἰς τ. οὐρανὸν εὐλόγησεν αὐτούς
13 35 εὐλογημένος ὁ ἐρχόμενος ἐν ὀνόματι Κυρίου
19 38 εὐλογημένος ὁ ἐρχόμενος ὁ βασιλεὺς ἐν ὀνόματι Κυρίου, Ps. *l.c.*
—ὁ ἐρχ., TWH mg.
24 30 λαβὼν τ. ἄρτον εὐλόγησεν
50 ἐπάρας τ. χεῖρας αὐτοῦ εὐλόγησεν αὐτούς.
51 κ. ἐγένετο ἐν τῷ εὐλογεῖν αὐτὸν αὐτούς
53 ἦσαν διὰ παντὸς ἐν τ. ἱερῷ εὐλογοῦντες τ. Θεόν
αἰνοῦντες, TWH mg.
Jo 12 13 εὐλογημένος ὁ ἐρχόμενος ἐν ὀνόματι Κυρίου
Ac 3 25 ἐν τ. σπέρματί σου εὐλογηθήσονται πᾶσαι αἱ πατριαὶ τ. γῆς
ἐνευλογηθήσονται, T
וְנִבְרְכוּ בְךָ כֹּל מִשְׁפְּחֹת הָאֲדָמָה, Gen. xii. 3, *cf.* xxii. 18
26 ὁ Θεὸς . . . ἀπέστειλεν αὐτὸν εὐλογοῦντα ὑμᾶς
Ro 12 14 εὐλογεῖτε τ. διώκοντας ὑμᾶς·
εὐλογεῖτε κ. μὴ καταρᾶσθε
I Co 4 12 λοιδορούμενοι εὐλογοῦμεν
10 16 τὸ ποτήριον τ. εὐλογίας ὃ εὐλογοῦμεν
14 16 ἐπεὶ ἐὰν εὐλογῇς πνεύματι
Ga 3 9 ὥστε οἱ ἐκ πίστεως εὐλογοῦνται σὺν τ. πιστῷ 'Αβραάμ
Eph 1 3 [2] ὁ εὐλογήσας ἡμᾶς ἐν πάσῃ εὐλογίᾳ πνευματικῇ
He 6 14 [2] εἰ μὴν εὐλογῶν εὐλογήσω σε

כִּי־בָרֵךְ אֲבָרֶכְךָ, Gen. xxii. 17

He 7 1 ὁ συναντήσας 'Αβραὰμ . . . κ. εὐλογήσας αὐτόν
6 τ. ἔχοντα τ. ἐπαγγελίας εὐλόγηκεν
7 τὸ ἔλαττον ὑπὸ τ. κρείττονος εὐλογεῖται
11 20 πίστει κ. περὶ μελλόντων εὐλόγησεν 'Ισαὰκ τ. 'Ιακὼβ κ. τ. 'Ησαῦ.
21 πίστει 'Ιακὼβ ἀποθνήσκων ἕκαστον τ. υἱῶν 'Ιωσὴφ εὐλόγησεν
Ja 3 9 ἐν αὐτῇ εὐλογοῦμεν τ. Κύριον κ. πατέρα
I Pe 3 9 τοὐναντίον δὲ εὐλογοῦντες

'ΕΥΛΟΓΗΤΟ'Σ 2128

Mk 14 61 σὺ εἶ ὁ Χριστὸς ὁ υἱὸς τ. εὐλογητοῦ;
Lu 1 68 εὐλογητὸς Κύριος ὁ Θεὸς τοῦ 'Ισραήλ
Ro 1 25 ὅς ἐστιν εὐλογητὸς εἰς τ. αἰῶνας
9 5 Θεὸς εὐλογητὸς εἰς τ. αἰῶνας
II Co 1 3 εὐλογητὸς ὁ Θεὸς κ. πατὴρ τ. Κυρίου ἡμῶν
11 31 ὁ ὢν εὐλογητὸς εἰς τ. αἰῶνας
Eph 1 3 εὐλογητὸς ὁ Θεὸς κ. πατὴρ τ. Κυρίου ἡμῶν
I Pe 1 3 εὐλογητὸς ὁ Θεὸς κ. πατὴρ τ. Κυρίου ἡμῶν

'ΕΥΛΟΓΙ'Α 2129

Ro 15 29 ἐν πληρώματι εὐλογίας Χριστοῦ ἐλεύσομαι
16 18 διὰ τ. χρηστολογίας κ. εὐλογίας ἐξαπατῶσιν τ. καρδίας τ. ἀκάκων
I Co 10 16 τὸ ποτήριον τ. εὐλογίας ὃ εὐλογοῦμεν
II Co 9 5 ἵνα . . . προκαταρτίσωσιν τ. προεπηγγελμένην εὐλογίαν ὑμῶν,
ταύτην ἑτοίμην εἶναι οὕτως ὡς εὐλογίαν
6 ὁ σπείρων ἐπ' εὐλογίαις ἐπ' εὐλογίαις κ. θερίσει
Ga 3 14 ἵνα εἰς τὰ ἔθνη ἡ εὐλογία τοῦ 'Αβραὰμ γένηται
Eph 1 3 ὁ εὐλογήσας ἡμᾶς ἐν πάσῃ εὐλογίᾳ πνευματικῇ
He 6 7 γῆ γὰρ . . . μεταλαμβάνει εὐλογίας ἀπὸ τ. Θεοῦ
12 17 μετέπειτα θέλων κληρονομῆσαι τ. εὐλογίαν
Ja 3 10 ἐκ τ. αὐτοῦ στόματος ἐξέρχεται εὐλογία κ. κατάρα
I Pe 3 9 εἰς τοῦτο ἐκλήθητε ἵνα εὐλογίαν κληρονομήσητε
Re 5 12 λαβεῖν . . . τιμὴν κ. δόξαν κ. εὐλογίαν
13 τ. ἀρνίῳ ἡ εὐλογία κ. ἡ τιμὴ κ. ἡ δόξα
7 12 ἡ εὐλογία κ. ἡ δόξα κ. ἡ σοφία . . . τ. Θεῷ ἡμῶν

'ΕΥΜΕΤΑ'ΔΟΤΟΣ*† 2130

I Ti 6 18 πλουτεῖν ἐν ἔργοις καλοῖς εὐμεταδότους εἶναι

'ΕΥΝΙ'ΚΗ 2131

II Ti 1 5 ἥτις ἐνῴκησεν πρῶτον ἐν . . . τ. μητρί σου Εὐνίκῃ

'ΕΥΝΟΕ'Ω 2132

Mt 5 25 ἴσθι εὐνοῶν τ. ἀντιδίκῳ σου ταχύ

'ΕΥ'ΝΟΙΑ 2133

Eph 6 7 μετ' εὐνοίας δουλεύοντες ὡς τ. Κυρίῳ

ʼΕΥΝΟΥΧΙ΄ΖΩ *† 2134

Mt 19 12 οἵτινες εὐνουχίσθησαν ὑπὸ τ. ἀνθρώπων
12 οἵτινες εὐνούχισαν ἑαυτοὺς διὰ τ. βασιλείαν τ. οὐρανῶν

ʼΕΥΝΟΥ΄ΧΟΣ 2135

Mt 19 12 εἰσὶν γὰρ εὐνοῦχοι οἵτινες . . . ἐγεννήθησαν οὕτως·
κ. εἰσὶν εὐνοῦχοι οἵτινες εὐνουχίσθησαν ὑπὸ τ. ἀνθρώπων·
κ. εἰσὶν εὐνοῦχοι οἵτινες εὐνούχισαν ἑαυτοὺς
Ac 8 27 ἀνὴρ Αἰθίοψ εὐνοῦχος δυνάστης Κανδάκης
34 ἀποκριθεὶς δὲ ὁ εὐνοῦχος τ. Φιλίππῳ
36 κ. φησιν ὁ εὐνοῦχος Ἰδοὺ ὕδωρ
38 κατέβησαν ἀμφότεροι εἰς τὸ ὕδωρ ὅ τε Φίλιππος κ. ὁ εὐνοῦχος
39 οὐκ εἶδεν αὐτὸν οὐκέτι ὁ εὐνοῦχος

ʼΕΥΟΔΙ΄Α 2136

Phl 4 2 Εὐοδίαν παρακαλῶ

ʼΕΥΟΔΟ΄ΟΜΑΙ 2137

Ro 1 10 εἴ πως ἤδη ποτὲ εὐοδωθήσομαι ἐν τ. θελήματι τ. Θεοῦ
I Co 16 2 θησαυρίζων ὅτι ἐὰν εὐοδῶται
εὐοδωθῇ, WH mg.
III Jo 2 εὔχομαί σε εὐοδοῦσθαι κ. ὑγιαίνειν, καθὼς εὐοδοῦταί σου ἡ ψυχή

ʼΕΥΠΑ΄ΡΕΔΡΟΣ * † 2137.5

I Co 7 35 πρὸς τὸ εὔσχημον κ. εὐπάρεδρον τ. Κυρίῳ

ʼΕΥΠΕΙΘΗ΄Σ ** 2138

Ja 3 17 ἔπειτα εἰρηνική ἐπιεικής εὐπειθής

ʼΕΥΠΕΡΙ΄ΣΤΑΤΟΣ * † 2139

He 12 1 ὄγκον ἀποθέμενοι πάντα κ. τὴν εὐπερίστατον ἁμαρτίαν

ʼΕΥΠΟΙΙ΄Α * † 2140

He 13 16 τ. δὲ εὐποιίας κ. κοινωνίας μὴ ἐπιλανθάνεσθε

ʼΕΥΠΟΡΕ΄ΟΜΑΙ 2141

Ac 11 29 τ. δὲ μαθητῶν καθὼς εὐπορεῖτό τις

ʼΕΥΠΟΡΙ΄Α 2142

Ac 19 25 ἐκ ταύτης τ. ἐργασίας ἡ εὐπορία ἡμῖν ἐστίν

ʼΕΥΠΡΕ΄ΠΕΙΑ 2143

Ja 1 11 ἡ εὐπρέπεια τ. προσώπου αὐτοῦ ἀπώλετο

ʼΕΥΠΡΟ΄ΣΔΕΚΤΟΣ * 2144

Ro 15 16 ἵνα γένηται ἡ προσφορὰ τ. ἐθνῶν εὐπρόσδεκτος
31 ἡ διακονία μου ἡ εἰς Ἰερουσαλὴμ εὐπρόσδεκτος τ. ἁγίοις γένηται
II Co 6 2 ἰδοὺ νῦν καιρὸς εὐπρόσδεκτος
8 12 καθὸ ἐὰν ἔχῃ εὐπρόσδεκτος
I Pe 2 5 ἀνενέγκαι πνευματικὰς θυσίας εὐπροσδέκτους Θεῷ

ʼΕΥΠΡΟΣΩΠΕ΄Ω* † 2146

Ga 6 12 ὅσοι θέλουσιν εὐπροσωπῆσαι ἐν σακρι

ʼΕΥΡΑΚΥ΄ΛΩΝ * † 2148

Ac 27 14 ἄνεμος τυφωνικὸς ὁ καλούμενος Εὐρακύλων

ʽΕΥΡΙ΄ΣΚΩ 2147

(1) εὑρ. τ. ψυχήν (2) εὑρ. χάριν, ἔλεος (3) ηὕρισκον, ηὑρισκόμην (4) εὗρα, εὑράμην (5) εὑρίσκεσθαι ἐν, εἰς

Mt 1 18 εὑρέθη ἐν γαστρὶ ἔχουσα ἐκ πνεύματος ἁγίου
2 8 ἐπὰν δὲ εὕρητε ἀπαγγείλατέ μοι
7 7 ζητεῖτε κ. εὑρήσετε
8 ὁ ζητῶν εὑρίσκει
14 ὀλίγοι εἰσὶν οἱ εὑρίσκοντες αὐτήν
8 10 παρ' οὐδενὶ τοσαύτην πίστιν ἐν τ. Ἰσραὴλ εὗρον
10 39 [1] ὁ εὑρὼν τ. ψυχὴν αὐτοῦ ἀπολέσει αὐτήν·
[1] κ. ὁ ἀπολέσας τ. ψυχὴν αὐτοῦ ἕνεκεν ἐμοῦ εὑρήσει αὐτήν
11 29 εὑρήσετε ἀνάπαυσιν τ. ψυχαῖς ὑμῶν
12 43 ζητοῦν ἀνάπαυσιν κ. οὐχ εὑρίσκει
44 ἐλθὸν εὑρίσκει σχολάζοντα
13 44 ὃν εὑρὼν ἄνθρωπος ἔκρυψεν
46 εὑρὼν δὲ ἕνα πολύτιμον μαργαρίτην
16 25 [1] ὃς δ' ἂν ἀπολέσῃ τ. ψυχὴν αὐτοῦ ἕνεκεν ἐμοῦ εὑρήσει αὐτήν
17 27 ἀνοίξας τὸ στόμα αὐτοῦ εὑρήσεις στατῆρα
18 13 ἐὰν γένηται εὑρεῖν αὐτό
28 ὁ δοῦλος ἐκεῖνος εὗρεν ἕνα τ. συνδούλων αὐτοῦ
20 6 εὗρεν ἄλλους ἑστῶτας
21 2 εὐθὺς εὑρήσετε ὄνον δεδεμένην
19 οὐδὲν εὗρεν ἐν αὐτῇ εἰ μὴ φύλλα μόνον
22 9 ὅσους ἐὰν εὕρητε καλέσατε εἰς τ. γάμους
10 συνήγαγον πάντας οὓς εὗρον
24 46 ὃν ἐλθὼν ὁ κύριος αὐτοῦ εὑρήσει οὕτως ποιοῦντα
26 40 εὑρίσκει αὐτοὺς καθεύδοντας
43 ἐλθὼν πάλιν εὗρεν αὐτοὺς καθεύδοντας
60 οὐχ εὗρον πολλῶν προσελθόντων ψευδομαρτύρων
27 32 ἐξερχόμενοι δὲ εὗρον ἄνθρωπον Κυρηναῖον
Mk 1 37 εὗρον αὐτὸν κ. λέγουσιν αὐτῷ
7 30 εὗρεν τὸ παιδίον βεβλημένον ἐπὶ τ. κλίνην
11 2 εἰσπορευόμενοι εἰς αὐτὴν εὑρήσετε πῶλον δεδεμένον
4 εὗρον πῶλον δεδεμένον πρὸς θύραν ἔξω
13 ἦλθεν εἰ ἄρα τι εὑρήσει ἐν αὐτῇ·
κ. ἐλθὼν ἐπ' αὐτὴν οὐδὲν εὗρεν εἰ μὴ φύλλα
13 36 μὴ ἐλθὼν ἐξαίφνης εὕρῃ ὑμᾶς καθεύδοντας
14 16 εὗρον καθὼς εἶπεν αὐτοῖς
37 ἔρχεται κ. εὑρίσκει αὐτοὺς καθεύδοντας
40 πάλιν ἐλθὼν εὗρεν αὐτοὺς καθεύδοντας
55 [3] ἐζήτουν κατὰ τ. Ἰησοῦ μαρτυρίαν . . . κ οὐχ ηὕρισκον
εὕρισκον, T
Lu 1 30 [2] εὗρες γὰρ χάριν παρὰ τ. Θεῷ

Lu **2** 12 εὑρήσετε βρέφος ἐσπαργανωμένον
45 μὴ εὑρόντες αὐτὸν ὑπέστρεψαν εἰς Ἰερουσαλήμ
46 εὗρον αὐτὸν ἐν τ. ἱερῷ
4 17 εὗρεν τ. τόπον οὗ ἦν γεγραμμένον
5 19 μὴ εὑρόντες ποίας εἰσενέγκωσιν αὐτόν
6 7 ἵνα εὕρωσιν κατηγορεῖν αὐτοῦ
7 9 οὐδὲ ἐν τ. Ἰσραὴλ τοσαύτην πίστιν εὗρον
10 ὑποστρέψαντες . . . εὗρον τ. δοῦλον ὑγιαίνοντα
8 35 [4] εὗραν καθήμενον τ. ἄνθρωπον
εὗρον, T
9 12 ἵνα . . . καταλύσωσιν κ. εὕρωσιν ἐπισιτισμόν
36 εὑρέθη Ἰησοῦς μόνος
11 9 ζητεῖτε κ. εὑρήσετε
10 ὁ ζητῶν εὑρίσκει
24 ζητοῦν ἀνάπαυσιν κ. μὴ εὑρίσκον τότε λέγει
25 ἐλθὼν εὑρίσκει σχολάζοντα σεσαρωμένον
—σχολ., T [WH] R
54 ἵνα εὕρωσιν κατηγορῆσαι αὐτοῦ
—h. v., TWH non mg. R
12 37 οὓς ἐλθὼν ὁ κύριος εὑρήσει γρηγοροῦντας
38 κἂν ἐν τ. τρίτῃ φυλακῇ ἔλθῃ κ. εὕρῃ οὕτως
κ. ἐὰν ἔλθῃ τ. ἑσπερινῇ φυλακῇ κ. εὑρήσει, WH mg.
43 ὃν ἐλθὼν ὁ κύριος αὐτοῦ εὑρήσει ποιοῦντα οὕτως
13 6 ἦλθεν ζητῶν καρπὸν ἐν αὐτῇ κ. οὐχ εὗρεν
7 ἔρχομαι ζητῶν καρπὸν ἐν τ. συκῇ ταύτῃ κ. οὐχ εὑρίσκω
15 4 οὐ . . . πορεύεται ἐπὶ τὸ ἀπολωλὸς ἕως εὕρῃ αὐτό;
5 κ. εὑρὼν ἐπιτίθησιν ἐπὶ τ. ὤμους αὐτοῦ χαίρων
6 ὅτι εὗρον τὸ πρόβατόν μου τὸ ἀπολωλός
8 οὐχὶ . . . ζητεῖ ἐπιμελῶς ἕως οὗ εὕρῃ;
9 κ. εὑροῦσα συνκαλεῖ τ. φίλας κ. γείτονας
9 ὅτι εὗρον τ. δραχμὴν ἣν ἀπώλεσα
24 ἦν ἀπολωλὼς κ. εὑρέθη
32 κ. ἀπολωλὼς κ. εὑρέθη
17 18 οὐχ εὑρέθησαν ὑποστρέψαντες δοῦναι δόξαν τ. Θεῷ
18 8 ἆρα εὑρήσει τ. πίστιν ἐπὶ τ. γῆς;
19 30 ἐν ᾗ εἰσπορευόμενοι εὑρήσετε πῶλον δεδεμένον
32 εὗρον καθὼς εἶπεν αὐτοῖς
48 [3] οὐχ ηὕρισκον τὸ τί ποιήσωσιν
εὕρισκον, T
22 13 ἀπελθόντες δὲ εὗρον καθὼς εἰρήκει αὐτοῖς
45 εὗρεν κοιμωμένους αὐτοὺς ἀπὸ τ. λύπης
23 2 [3] τοῦτον εὕραμεν διαστρέφοντα τὸ ἔθνος ἡμῶν
4 οὐδὲν εὑρίσκω αἴτιον ἐν τ. ἀνθρώπῳ τούτῳ
14 οὐθὲν εὗρον ἐν τ. ἀνθρώπῳ τούτῳ αἴτιον
22 οὐδὲν αἴτιον θανάτου εὗρον ἐν αὐτῷ
24 2 εὗρον δὲ τ. λίθον ἀποκεκυλισμένον ἀπὸ τ. μνημείου,
3 εἰσελθοῦσαι δὲ οὐχ εὗρον τὸ σῶμα τ. Κυρίου Ἰησοῦ
23 μὴ εὑροῦσαι τὸ σῶμα αὐτοῦ
24 εὗρον οὕτως καθὼς αἱ γυναῖκες εἶπον
33 εὗρον ἠθροισμένους τοὺς ἕνδεκα
Jo **1** 41 εὑρίσκει οὗτος πρῶτον τ. ἀδελφὸν τ. ἴδιον Σίμωνα,
κ. λέγει αὐτῷ Εὑρήκαμεν τ. Μεσσίαν

Jo **1** 43 εὑρίσκει Φίλιππον κ. λέγει αὐτῷ ὁ Ἰησοῦς
45 εὑρίσκει Φίλιππος τ. Ναθαναήλ,
κ. λέγει αὐτῷ Ὃν ἔγραψεν Μωυσῆς . . . εὑρήκαμεν
2 14 εὗρεν ἐν τ. ἱερῷ τ. πωλοῦντας βόας
5 14 μετὰ ταῦτα εὑρίσκει αὐτὸν ὁ Ἰησοῦς ἐν τ. ἱερῷ
6 25 εὑρόντες αὐτὸν πέραν τ. θαλάσσης
7 34 ζητήσετέ με κ. οὐχ εὑρήσετέ με
35 ὅτι ἡμεῖς οὐχ εὑρήσομεν αὐτόν
36 ζητήσετέ με κ. οὐχ εὑρήσετέ με
9 35 κ. εὑρὼν αὐτὸν εἶπεν
10 9 εἰσελεύσεται κ. ἐξελεύσεται κ. νομὴν εὑρήσει
11 17 εὗρεν αὐτὸν τέσσαρας ἤδη ἡμέρας ἔχοντα ἐν τ. μνημείῳ
12 14 εὑρὼν δὲ ὁ Ἰησοῦς ὀνάριον
18 38 ἐγὼ οὐδεμίαν εὑρίσκω ἐν αὐτῷ αἰτίαν
19 4 ἵνα γνῶτε ὅτι οὐδεμίαν αἰτίαν εὑρίσκω ἐν αὐτῷ
—ἐν αὐτ., T
6 ἐγὼ γὰρ οὐχ εὑρίσκω ἐν αὐτῷ αἰτίαν
21 6 βάλετε εἰς τὰ δεξιὰ μέρη . . . κ. εὑρήσετε
Ac **4** 21 μηδὲν εὑρίσκοντες τὸ πῶς κολάσωνται αὐτούς
5 10 εἰσελθόντες δὲ οἱ νεανίσκοι εὗρον αὐτὴν νεκράν
22 οἱ δὲ παραγενόμενοι ὑπηρέται οὐχ εὗρον αὐτοὺς ἐν τ. φυλακῇ
23 τὸ δεσμωτήριον εὕρομεν κεκλεισμένον ἐν πάσῃ ἀσφαλείᾳ
23 ἀνοίξαντες δὲ ἔσω οὐδένα εὕρομεν
39 μήποτε κ. θεομάχοι εὑρεθῆτε
7 11 [4] οὐχ ηὕρισκον χορτάσματα οἱ πατέρες ἡμῶν
εὕρισκον, T
46 [2] ὃς εὗρεν χάριν ἐνώπιον τ. Θεοῦ,
κ. ᾐτήσατο εὑρεῖν σκήνωμα τ. Θεῷ Ἰακώβ
8 40 [5] Φίλιππος δὲ εὑρέθη εἰς Ἄζωτον
9 2 ἐάν τινας εὕρῃ τῆς ὁδοῦ ὄντας
33 εὗρεν δὲ ἐκεῖ ἄνθρωπόν τινα ὀνόματι Αἰνέαν
10 27 εὑρίσκει συνεληλυθότας πολλούς
11 26 εὑρὼν ἤγαγεν εἰς Ἀντιόχειαν
12 19 Ἡρῴδης δὲ ἐπιζητήσας αὐτὸν κ. μὴ εὑρών
13 6 εὗρον ἄνδρα τινὰ μάγον ψευδοπροφήτην Ἰουδαῖον
22 εὗρον Δαυεὶδ τὸν τοῦ Ἰεσσαί
מָצָאתִי דָּוִד עַבְדִּי, Ps. lxxxix. 21
28 μηδεμίαν αἰτίαν θανάτου εὑρόντες
17 6 μὴ εὑρόντες δὲ αὐτούς
23 εὗρον κ. βωμὸν ἐν ᾧ ἐπεγέγραπτο
27 εἰ ἄρα γε ψηλαφήσειαν αὐτὸν κ. εὕροιεν
18 2 εὑρών τινα Ἰουδαῖον ὀνόματι Ἀκύλαν
19 1 ἐλθεῖν εἰς Ἔφεσον κ. εὑρεῖν τινὰς μαθητάς
εὑρών, WH marg.
19 εὗρον ἀργυρίου μυριάδας πέντε
21 2 εὑρόντες πλοῖον διαπερῶν εἰς Φοινίκην
23 9 οὐδὲν κακὸν εὑρίσκομεν ἐν τ. ἀνθρώπῳ τούτῳ
29 ὃν εὗρον ἐγκαλούμενον περὶ ζητημάτων τ. νόμου αὐτῶν
24 5 εὑρόντες γὰρ τ. ἄνδρα τοῦτον λοιμόν
12 οὔτε ἐν τ. ἱερῷ εὗρόν με πρός τινα διαλεγόμενον
18 ἐν αἷς εὗρόν με ἡγνισμένον ἐν τ. ἱερῷ
20 τί εὗρον ἀδίκημα
27 6 κἀκεῖ εὑρὼν ὁ ἑκατοντάρχης πλοῖον Ἀλεξανδρινόν
28 βολίσαντες εὗρον ὀργυιὰς εἴκοσι

Ac 27 28 πάλιν βολίσαντες εὗρον ὀργυιὰς δεκαπέντε
28 14 οὗ εὑρόντες ἀδελφοὺς
Ro 4 1 τί οὖν ἐροῦμεν εὑρηκέναι Ἀβραὰμ τ. προπάτορα ἡμῶν
—εὑρηκ., WH non mg. R mg.
7 10 εὑρέθη μοι ἡ ἐντολὴ ἡ εἰς ζωὴν
21 εὑρίσκω ἄρα τ. νόμον τ. θέλοντι ἐμοὶ ποιεῖν τὸ καλόν
10 20 εὑρέθην τοῖς ἐμὲ μὴ ζητοῦσιν
נִמְצֵאתִי לְלֹא בִקְשֻׁנִי, Is. lxv. 1
I Co 4 2 ἵνα πιστός τις εὑρεθῇ
15 15 εὑρισκόμεθα δὲ κ. ψευδομάρτυρες τ. Θεοῦ
II Co 2 13 τῷ μὴ εὑρεῖν με Τίτον τ. ἀδελφόν μου
5 3 εἴ γε κ. ἐνδυσάμενοι οὐ γυμνοὶ εὑρεθησόμεθα
9 4 ἐὰν . . . εὕρωσιν ὑμᾶς ἀπαρασκευάστους
11 12 ἵνα ἐν ᾧ καυχῶνται εὑρεθῶσιν καθὼς κ. ἡμεῖς
12 20 μή πως ἐλθὼν οὐχ οἵους θέλω εὕρω ὑμᾶς κἀγὼ εὑρεθῶ ὑμῖν οἷον οὐ θέλετε
Ga 2 17 εἰ δὲ . . . εὑρέθημεν κ. αὐτοὶ ἁμαρτωλοί
Phl 2 8 σχήματι εὑρεθεὶς ὡς ἄνθρωπος
3 9 [5] ἵνα Χριστὸν κερδήσω κ. εὑρεθῶ ἐν αὐτῷ
II Ti 1 17 σπουδαίως ἐζήτησέν με κ. εὗρεν·
18 δῴη αὐτῷ ὁ Κύριος εὑρεῖν ἔλεος παρὰ Κυρίου
He 4 16 [2] ἵνα . . . χάριν εὕρωμεν εἰς εὔκαιρον βοήθειαν
9 12 [4] αἰωνίαν λύτρωσιν εὑράμενος
11 5 [3] πίστει Ἐνὼχ μετετέθη . . . κ. οὐχ ηὑρίσκετο
וְאֵינֶנּוּ, Gen. v. 24
12 17 μετανοίας γὰρ τόπον οὐχ εὗρεν
I Pe 1 7 [5] ἵνα . . . εὑρεθῇ εἰς ἔπαινον κ. δόξαν κ. τιμὴν
2 22 [5] οὐδὲ εὑρέθη δόλος ἐν τ. στόματι αὐτοῦ
II Pe 3 10 γῆ κ. τὰ ἐν αὐτῇ ἔργα εὑρεθήσεται
κατακαήσεται, TR non mg.
14 [5] σπουδάσατε ἄσπιλοι κ. ἀμώμητοι αὐτῷ εὑρεθῆναι ἐν εἰρήνῃ
II Jo 4 εὕρηκα ἐκ τ. τέκνων σου περιπατοῦντας ἐν ἀληθείᾳ
Re 2 2 εὗρες αὐτοὺς ψευδεῖς
3 2 οὐ γὰρ εὕρηκά σου ἔργα πεπληρωμένα
5 4 ὅτι οὐδεὶς ἄξιος εὑρέθη ἀνοῖξαι τὸ βιβλίον
9 6 ζητήσουσιν οἱ ἄνθρωποι τ. θάνατον κ. οὐ μὴ εὑρήσουσιν αὐτόν
εὕρωσιν, WH mg.
12 8 [5] οὐδὲ τόπος εὑρέθη αὐτῶν ἔτι ἐν τ. οὐρανῷ
14 5 [5] ἐν τ. στόματι αὐτῶν οὐχ εὑρέθη ψεῦδος
16 20 ὄρη οὐχ εὑρέθησαν
18 14 οὐκέτι οὐ μὴ αὐτὰ εὑρήσουσιν
21 οὕτως ὁρμήματι βληθήσεται . . . κ. οὐ μὴ εὑρεθῇ ἔτι
22 [5] πᾶς τεχνίτης πάσης τέχνης οὐ μὴ εὑρεθῇ ἐν σοὶ ἔτι
24 [5] ἐν αὐτῇ αἷμα προφητῶν κ. ἁγίων εὑρέθη
20 11 τόπος οὐχ εὑρέθη αὐτοῖς
15 εἴ τις οὐχ εὑρέθη ἐν τῇ βίβλῳ τ. ζωῆς γεγραμμένος

ἘΥΡΎΧΩΡΟΣ 2149

Mt 7 13 εὐρύχωρος ἡ ὁδὸς ἡ ἀπάγουσα εἰς τ. ἀπώλειαν

ἘΥΣΈΒΕΙΑ 2150

Ac 3 12 ὡς ἰδίᾳ δυνάμει ἢ εὐσεβείᾳ πεποιηκόσι τοῦ περιπατεῖν αὐτόν
I Ti 2 2 ἡσύχιον βίον διάγωμεν ἐν πάσῃ εὐσεβείᾳ κ. σεμνότητι
3 16 ὁμολογουμένως μέγα ἐστὶν τὸ τ. εὐσεβείας μυστήριον
4 7 γύμναζε δὲ σεαυτὸν πρὸς εὐσέβειαν
8 ἡ δὲ εὐσέβεια πρὸς πάντα ὠφέλιμός ἐστιν
6 3 μὴ προσέρχεται . . . τῇ κατ' εὐσέβειαν διδασκαλίᾳ
5 νομιζόντων πορισμὸν εἶναι τ. εὐσέβειαν.
6 ἔστιν δὲ πορισμὸς μέγας ἡ εὐσέβεια μετὰ αὐταρκείας
11 δίωκε δὲ δικαιοσύνην εὐσέβειαν πίστιν
II Ti 3 5 ἔχοντες μόρφωσιν εὐσεβείας
Tit 1 1 κατὰ . . . ἐπίγνωσιν ἀληθείας τῆς κατ' εὐσέβειαν
II Pe 1 3 τ. θείας δυνάμεως αὐτοῦ τὰ πρὸς ζωὴν κ. εὐσέβειαν δεδωρημένης
6 ἐν δὲ τ. ὑπομονῇ τ. εὐσέβειαν,
7 ἐν δὲ τ. εὐσεβείᾳ τ. φιλαδελφίαν
3 11 ποταποὺς δεῖ ὑπάρχειν ὑμᾶς ἐν ἁγίαις ἀναστροφαῖς κ. εὐσεβείαις

ἘΥΣΕΒΈΩ** 2151

Ac 17 23 ὃ οὖν ἀγνοοῦντες εὐσεβεῖτε
I Ti 5 4 μανθανέτωσαν πρῶτον τ. ἴδιον οἶκον εὐσεβεῖν

ἘΥΣΕΒΉΣ 2152

Ac 10 2 εὐσεβὴς κ. φοβούμενος τ. Θεόν
7 στρατιώτην εὐσεβῆ τ. προσκαρτερούντων αὐτῷ
II Pe 2 9 οἶδεν Κύριος εὐσεβεῖς ἐκ πειρασμοῦ ῥύεσθαι

ἘΥΣΕΒΩ͂Σ** 2153

II Ti 3 12 πάντες δὲ οἱ θέλοντες ζῆν εὐσεβῶς ἐν Χριστῷ Ἰησοῦ
Tit 2 12 δικαίως κ. εὐσεβῶς ζήσωμεν ἐν τ. νῦν αἰῶνι

ἘΎΣΗΜΟΣ 2154

I Co 14 9 διὰ τ. γλώσσης ἐὰν μὴ εὔσημον λόγον δῶτε

ἘΎΣΠΛΑΓΧΝΟΣ* 2155

Eph 4 32 γίνεσθε δὲ εἰς ἀλλήλους εὔσπλαγχνοι
I Pe 3 8 φιλάδελφοι εὔσπλαγχνοι ταπεινόφρονες

ἘΥΣΧΗΜΌΝΩΣ* 2156

Ro 13 13 ὡς ἐν ἡμέρᾳ εὐσχ. περιπατήσωμεν
I Co 14 40 πάντα δὲ εὐσχ. κ. κατὰ τάξιν γινέσθω
I Th 4 12 ἵνα περιπατῆτε εὐσχ. πρὸς τοὺς ἔξω

ἘΥΣΧΗΜΟΣΎΝΗ** 2157

I Co 12 23 τὰ ἀσχήμονα ἡμῶν εὐσχημοσύνην περισσοτέραν ἔχει

̓ΕΥΣΧΗ΄ΜΩΝ 2158

Mk 15 43 Ἰωσὴφ ἀπὸ Ἀριμαθαίας εὐσχήμων βουλευτής
Ac 13 50 παρώτρυναν τ. σεβομένας γυναῖκας τ. εὐσχημόνας
17 12 τ. Ἑλληνίδων γυναικῶν τ. εὐσχημόνων κ. ἀνδρῶν οὐκ ὀλίγοι
I Co 7 35 πρὸς τὸ εὔσχημον κ. εὐπάρεδρον τ. Κυρίῳ ἀπερισπάστως
12 24 τὰ δὲ εὐσχήμονα ἡμῶν οὐ χρείαν ἔχει

̓ΕΥΤΟ΄ΝΩΣ 2159

Lu 23 10 εὐτόνως κατηγοροῦντες αὐτοῦ
Ac 18 28 εὐτόνως γὰρ τ. Ἰουδαίοις διακατηλέγχετο

̓ΕΥΤΡΑΠΕΛΙ΄Α * 2160

Eph 5 4 μωρολογία ἢ εὐτραπελία ἃ οὐκ ἀνῆκεν

̓ΕΥ΄ΤΥΧΟΣ 2161

Ac 20 9 καθεζόμενος δέ τις νεανίας ὀνόματι Εὔτυχος

̓ΕΥΦΗΜΙ΄Α ** 2162

II Co 6 8 διὰ δυσφημίας κ. εὐφημίας

̓ΕΥ΄ΦΗΜΟΣ ** 2163

Phl 4 8 ὅσα ἁγνὰ ὅσα προσφιλῆ ὅσα εὔφημα

̓ΕΥΦΟΡΕ΄Ω * 2164

Lu 12 16 ἀνθρώπου τινὸς πλουσίου εὐφόρησεν ἡ χώρα

̓ΕΥΦΡΑΙ΄ΝΩ 2165

Lu 12 19 φάγε πίε εὐφραίνου
15 23 φαγόντες εὐφρανθῶμεν
24 ἤρξαντο εὐφραίνεσθαι
29 ἵνα μετὰ τ. φίλων μου εὐφρανθῶ
32 εὐφρανθῆναι δὲ κ. χαρῆναι ἔδει
16 19 εὐφραινόμενος καθ' ἡμέραν λαμπρῶς
Ac 2 26 διὰ τοῦτο ηὐφράνθη μου ἡ καρδία·
לָכֵן שָׂמַח לִבִּי, Ps. xvi. 9
7 41 εὐφραίνοντο ἐν τ. ἔργοις τ. χειρῶν αὐτῶν
Ro 15 10 εὐφράνθητε ἔθνη μετὰ τ. λαοῦ αὐτοῦ
הַרְנִינוּ גוֹיִם עַמּוֹ, Dt. xxxii. 43
II Co 2 2 τίς ὁ εὐφραίνων με
Ga 4 27 εὐφράνθητι στεῖρα ἡ οὐ τίκτουσα
רָנִּי עֲקָרָה לֹא יָלָדָה, Is. liv. 1
Re 11 10 οἱ κατοικοῦντες ἐπὶ τ. γῆς χαίρουσι ἐπ' αὐτοῖς κ. εὐφραίνονται
12 12 διὰ τοῦτο εὐφραίνεσθε οὐρανοί
18 20 εὐφραίνου ἐπ' αὐτῇ οὐρανέ

̓ΕΥΦΡΑ΄ΤΗΣ 2166

Re 9 14 λῦσον τοὺς . . . ἀγγέλους τ. δεδεμένους ἐπὶ τ. ποταμῷ τ. μεγάλῳ Εὐφράτῃ
16 12 ἐξέχεεν τ. φιάλην αὐτοῦ ἐπὶ τ. ποταμὸν τ. μέγαν τὸν Εὐφράτην
—τὸν, T [WH]

̓ΕΥΦΡΟΣΥ΄ΝΗ 2167

Ac 2 28 πληρώσεις με εὐφροσύνης μετὰ τ. προσώπου σου
שֹׂבַע שְׂמָחוֹת אֶת־פָּנֶיךָ, Ps. xvi. 10
14 17 ἐμπιπλῶν τροφῆς κ. εὐφροσύνης τ. καρδίας ὑμῶν

̓ΕΥΧΑΡΙΣΤΕ΄Ω** 2168

(1) pass.

Mt 15 36 ἔλαβεν τ. ἑπτὰ ἄρτους . . . κ. εὐχαριστήσας ἔκλασεν
26 27 λαβὼν ποτήριον κ. εὐχαριστήσας ἔδωκεν αὐτοῖς
Mk 8 6 λαβὼν τ. ἑπτὰ ἄρτους εὐχαριστήσας ἔκλασεν
14 23 λαβὼν ποτήριον εὐχαριστήσας ἔδωκεν αὐτοῖς
Lu 17 16 ἔπεσεν ἐπὶ πρόσωπον παρὰ τ. πόδας αὐτοῦ εὐχαριστῶν αὐτῷ
18 11 ὁ Φαρισαῖος . . . προσηύχετο Ὁ Θεὸς εὐχαριστῶ σοι
22 17 δεξάμενος ποτήριον εὐχαριστήσας εἶπεν
19 λαβὼν ἄρτον εὐχαριστήσας ἔκλασεν
Jo 6 11 εὐχαριστήσας διέδωκεν τ. ἀνακειμένοις
εὐχαρίστησεν κ. ἔδωκεν, T
23 ὅπου ἔφαγον τ. ἄρτον εὐχαριστήσαντος τ. Κυρίου
11 41 Πάτερ εὐχαριστῶ σοι ὅτι ἤκουσάς μου
Ac 27 35 λαβὼν ἄρτον εὐχαρίστησεν τ. Θεῷ ἐνώπιον πάντων
28 15 ὁ Παῦλος εὐχαριστήσας τ. Θεῷ ἔλαβεν θάρσος
Ro 1 8 εὐχαριστῶ τ. Θεῷ μου διὰ Ἰησοῦ Χριστοῦ
21 οὐχ ὡς Θεὸν ἐδόξασαν ἢ ηὐχαρίστησαν
7 25 εὐχαριστῶ τ. Θεῷ διὰ Ἰησοῦ Χριστοῦ
χάρις δὲ τ. Θεῷ, TWH non mg. R marg.
14 6 ὁ ἐσθίων Κυρίῳ ἐσθίει εὐχαριστεῖ γὰρ τ. Θεῷ·
κ. ὁ μὴ ἐσθίων Κυρίῳ οὐκ ἐσθίει κ. εὐχαριστεῖ τ. Θεῷ
16 4 οἷς οὐκ ἐγὼ μόνος εὐχαριστῶ
I Co 1 4 εὐχαριστῶ τ. Θεῷ πάντοτε περὶ ὑμῶν
14 εὐχαριστῶ ὅτι οὐδένα ὑμῶν ἐβάπτισα
εὐχ. τ. Θεῷ, WH mg. R non mg.
10 30 τί βλασφημοῦμαι ὑπὲρ οὗ ἐγὼ εὐχαριστῶ;
11 24 ἔλαβεν ἄρτον κ. εὐχαριστήσας ἔκλασεν
14 17 σὺ μὲν γὰρ καλῶς εὐχαριστεῖς
18 εὐχαριστῶ τ. Θεῷ πάντων ὑμῶν μᾶλλον γλώσσαις λαλῶ
II Co 1 11 [1] ἵνα . . . τὸ εἰς ἡμᾶς χάρισμα διὰ πολλῶν εὐχαριστηθῇ ὑπὲρ ἡμῶν
Eph 1 16 οὐ παύομαι εὐχαριστῶν ὑπὲρ ὑμῶν
5 20 εὐχαριστοῦντες πάντοτε ὑπὲρ πάντων
Phl 1 3 εὐχαριστῶ τ. Θεῷ μου ἐπὶ πάσῃ τ. μνείᾳ ὑμῶν
Col 1 3 εὐχαριστοῦμεν τ. Θεῷ πατρὶ τ. Κυρίου ἡμῶν
12 εὐχαριστοῦντες τ. πατρὶ τ. ἱκανώσαντι ὑμᾶς
3 17 εὐχαριστοῦντες τ. Θεῷ πατρὶ δι' αὐτοῦ
I Th 1 2 εὐχαριστοῦμεν τ. Θεῷ πάντοτε περὶ πάντων ὑμῶν
2 13 κ. ἡμεῖς εὐχαριστοῦμεν τ. Θεῷ ἀδιαλείπτως
5 18 ἐν παντὶ εὐχαριστεῖτε
II Th 1 3 εὐχαριστεῖν ὀφείλομεν τ. Θεῷ πάντοτε περὶ ὑμῶν

IITh2 13 ὀφείλομεν εὐχαριστεῖν τ. Θεῷ πάντοτε περὶ ὑμῶν

Phm 4 εὐχαριστῶ τ. Θεῷ μου πάντοτε

Re 11 17 εὐχαριστοῦμέν σοι Κύριε ὁ Θεὸς ὁ παντοκράτωρ

ΕΥΧΑΡΙΣΤΙ'Α** 2169

Ac 24 3 ἀποδεχόμεθα κράτιστε Φῆλιξ μετὰ πάσης εὐχαριστίας

ICo14 16 πῶς ἐρεῖ τὸ ἀμὴν ἐπὶ τ. σῇ εὐχαριστίᾳ

IICo4 15 ἵνα ἡ χάρις πλεονάσασα . . . τ. εὐχαριστίαν περισσεύσῃ

9 11 ἥτις κατεργάζεται δι' ἡμῶν εὐχαριστίαν τ. Θεῷ,

12 ὅτι ἡ διακονία . . . περισσεύουσα διὰ πολλῶν εὐχαριστιῶν τ. Θεῷ

Eph 5 4 ἀλλὰ μᾶλλον εὐχαριστία

Phl 4 6 μετὰ εὐχαριστίας τὰ αἰτήματα ὑμῶν γνωριζέσθω πρὸς τ. Θεόν

Col 2 7 περισσεύοντες ἐν αὐτῇ ἐν εὐχαριστίᾳ

4 2 γρηγοροῦντες ἐν αὐτῇ ἐν εὐχαριστίᾳ

I Th 3 9 τίνα γὰρ εὐχαριστίαν δυνάμεθα τ. Θεῷ ἀνταποδοῦναι περὶ ὑμῶν

I Ti 2 1 ποιεῖσθαι δεήσεις προσευχὰς ἐντεύξεις εὐχαριστίας

4 3 ἃ ὁ Θεὸς ἔκτισεν εἰς μετάλημψιν μετὰ εὐχαριστίας

4 οὐδὲν ἀπόβλητον μετὰ εὐχαριστίας λαμβανόμενον

Re 4 9 ὅταν δώσουσιν τὰ ζῷα . . . τιμὴν κ. εὐχαριστίαν τ. καθημένῳ ἐπὶ τ. θρόνου

7 12 ἡ σοφία κ. ἡ εὐχαριστία κ. ἡ τιμὴ . . . τ. Θεῷ ἡμῶν

ΕΥΧΑ'ΡΙΣΤΟΣ 2170

Col 3 15 εὐχάριστοι γίνεσθε

ΕΥΧΗ' 2171

Ac 18 18 εἶχεν γὰρ εὐχήν

21 23 εἰσὶν ἡμῖν ἄνδρες τέσσαρες εὐχὴν ἔχοντες ἀφ' ἑαυτῶν

Ja 5 15 ἡ εὐχὴ τ. πίστεως σώσει τ. κάμνοντα

ΕΥ'ΧΟΜΑΙ 2172

Ac 26 29 εὐξαίμην ἂν τ. Θεῷ
εὐξάμην, T

27 29 ηὔχοντο ἡμέραν γενέσθαι
εὔχοντο, T

Ro 9 3 ηὐχόμην γὰρ ἀνάθεμα εἶναι αὐτὸς ἐγώ

IICo 13 7 εὐχόμεθα δὲ πρὸς τ. Θεὸν

9 τοῦτο κ. εὐχόμεθα τ. ὑμῶν κατάρτισιν

Ja 5 16 εὔχεσθε ὑπὲρ ἀλλήλων ὅπως ἰαθῆτε
προσεύχεσθε, WH non mg.

III Jo 2 περὶ πάντων εὔχομαί σε εὐοδοῦσθαι κ. ὑγιαίνειν

ΕΥ'ΧΡΗΣΤΟΣ 2173

II Ti 2 21 σκεῦος εἰς τιμὴν ἡγιασμένον εὔχρηστον τ. δεσπότῃ

4 11 ἔστιν γάρ μοι εὔχρηστος εἰς διακονίαν

Phm 11 νυνὶ δέ σοι κ. ἐμοὶ εὔχρηστον

ΕΥΨΥΧΕ'Ω*† 2174

Phl 2 19 ἵνα κἀγὼ εὐψυχῶ γνοὺς τὰ περὶ ὑμῶν

ΕΥΩΔΙ'Α 2175

IICo2 15 Χριστοῦ εὐωδία ἐσμὲν τ. Θεῷ ἐν τ. σωζομένοις

Eph 5 2 θυσίαν τ. Θεῷ εἰς ὀσμὴν εὐωδίας

Phl 4 18 δεξάμενος τὰ παρ' ὑμῶν ὀσμὴν εὐωδίας θυσίαν δεκτήν

ΕΥΩ'ΝΥΜΟΣ 2176

Mt 20 21 εἷς ἐκ δεξιῶν κ. εἷς ἐξ εὐωνύμων σου ἐν τ. βασιλείᾳ σου

23 τὸ δὲ καθίσαι ἐκ δεξιῶν μου κ. ἐξ εὐωνύμων

25 33 στήσει τὰ μὲν πρόβατα ἐκ δεξιῶν αὐτοῦ τὰ δὲ ἐρίφια ἐξ εὐωνύμων

41 τότε ἐρεῖ κ. τοῖς ἐξ εὐωνύμων

27 38 δύο λῃσταὶ εἷς ἐκ δεξιῶν κ. εἷς ἐξ εὐωνύμων

Mk 10 40 τὸ δὲ καθίσαι ἐκ δεξιῶν μου ἢ ἐξ εὐωνύμων

15 27 δύο λῃστὰς ἕνα ἐκ δεξιῶν κ. ἕνα ἐξ εὐωνύμων αὐτοῦ

Ac 21 3 καταλιπόντες αὐτὴν εὐώνυμον

Re 10 2 ἔθηκεν τ. πόδα αὐτοῦ τ. δεξιὸν ἐπὶ τ. θαλάσσης τ. δὲ εὐώνυμον ἐπὶ τ. γῆς

ἘΦΑ'ΛΛΟΜΑΙ 2177

Ac 19 16 ἐφαλόμενος ὁ ἄνθρωπος ἐπ' αὐτούς

ἘΦΑ'ΠΑΞ* 2178

Ro 6 10 τ. ἁμαρτίᾳ ἀπέθανεν ἐφάπαξ

ICo15 6 ἔπειτα ὤφθη ἐπάνω πεντακοσίοις ἀδελφοῖς ἐφάπαξ

He 7 27 τοῦτο γὰρ ἐποίησεν ἐφάπαξ

9 12 διὰ δὲ τ. ἰδίου αἵματος εἰσῆλθεν ἐφάπαξ εἰς τὰ ἅγια

10 10 διὰ τ. προσφορᾶς τ. σώματος Ἰησοῦ Χριστοῦ ἐφάπαξ

ἘΦΕ'ΣΙΟΣ 2180

Ac 18 27 οἱ Ἐφέσιοι ἔγραψαν τοῖς ἐν Κορίνθῳ μαθηταῖς
—h. v., TWH non mg. R

19 28 μεγάλη ἡ Ἄρτεμις Ἐφεσίων

34 μεγάλη ἡ Ἄρτεμις Ἐφεσίων

35 ἄνδρες Ἐφέσιοι τίς γάρ ἐστιν ἀνθρώπων ὃς οὐ γινώσκει τὴν Ἐφεσίων πόλιν νεωκόρον οὖσαν

21 29 ἦσαν γὰρ προεωρακότες Τρόφιμον τ. Ἐφέσιον ἐν τ. πόλει

ἜΦΕΣΟΣ 2181

Ac 18 19 κατήντησαν δὲ εἰς Ἔφεσον

21 ἀνήχθη ἀπὸ τῆς Ἐφέσου

24 Ἰουδαῖος δέ τις Ἀπολλῶς ὀνόματι . . . κατήντησεν εἰς Ἔφεσον

27 ἐν δὲ τῇ Ἐφέσῳ ἐπιδημοῦντές τινες Κορίνθιοι
—h. v., TWH non mg. R

Ac 19 1 Παῦλον διελθόντα τὰ ἀνωτερικὰ μέρη ελθεῖν εἰς ῎Εφεσον
17 ἐγένετο γνωστὸν πᾶσιν ᾿Ιουδαίοις τε κ. ῞Ελλησι τ. κατοικοῦσι τὴν ῎Εφεσον
26 οὐ μόνον ᾿Εφέσου ἀλλὰ σχεδὸν πάσης τ. ᾿Ασίας
20 16 κεκρίκει γὰρ ὁ Παῦλος παραπλεῦσαι τὴν ῎Εφεσον
17 ἀπὸ δὲ τῆς Μιλήτου πέμψας εἰς ῎Εφεσον
I Co 15 32 εἰ κατὰ ἄνθρωπον ἐθηριομάχησα ἐν ᾿Εφέσῳ
16 8 ἐπιμενῶ δὲ ἐν ᾿Εφέσῳ ἕως τ. πεντηκοστῆς
Eph 1 1 Παῦλος ἀπόστολος . . . τ. ἁγίοις τ. οὖσιν ἐν ᾿Εφέσῳ
—ἐν ᾿Εφέσῳ, [TWH] R marg.
I Ti 1 3 καθὼς παρεκάλεσά σε προσμεῖναι ἐν ᾿Εφέσῳ
II Ti 1 18 ὅσα ἐν ᾿Εφέσῳ διηκόνησεν
4 12 Τύχικον δὲ ἀπέστειλα εἰς ῎Εφεσον
Re 1 11 πέμψον τ. ἑπτὰ ἐκκλησίαις εἰς ῎Εφεσον
2 1 τ. ἀγγέλῳ τῷ ἐν ᾿Εφέσῳ ἐκκλησίας γράψον
τῆς ἐν ᾿Εφ., T

᾿ΕΦΕΥΡΕΤΗ´Σ * 2182

Ro 1 30 ἐφευρετὰς κακῶν γονεῦσιν ἀπειθεῖς

᾿ΕΦΗΜΕΡΙ´Α † 2183

Lu 1 5 ἱερεύς τις . . . ἐξ ἐφημερίας ᾿Αβιά
8 ἐν τῷ ἱερατεύειν αὐτὸν ἐν τ. τάξει τ. ἐφημερίας αὐτοῦ

᾿ΕΦΗ´ΜΕΡΟΣ 2184

Ja 2 15 λειπόμενοι τῆς ἐφημέρου τροφῆς

᾿ΕΦΙΚΝΕ´ΟΜΑΙ ** 2185

II Co 10 13 μέτρου ἐφικέσθαι ἄχρι κ. ὑμῶν.
14 οὐ γὰρ ὡς μὴ ἐφικνούμενοι εἰς ὑμᾶς

᾿ΕΦΙ´ΣΤΗΜΙ 2186

Lu 2 9 ἄγγελος Κυρίου ἐπέστη αὐτοῖς
38 αὐτῇ αὐτῇ τ. ὥρᾳ ἐπιστᾶσα
4 39 ἐπιστὰς ἐπάνω αὐτῆς ἐπετίμησεν τ. πυρετῷ
10 40 ἐπιστᾶσα δὲ εἶπεν
20 1 ἐπέστησαν οἱ ἀρχιερεῖς κ. οἱ γραμματεῖς
21 34 μήποτε . . . ἐπιστῇ ἐφ᾿ ὑμᾶς αἰφνίδιος ἡ ἡμέρα ἐκείνη ὡς παγίς
24 4 ἄνδρες δύο ἐπέστησαν αὐταῖς ἐν ἐσθῆτι ἀστραπτούσῃ
Ac 4 1 ἐπέστησαν αὐτοῖς οἱ ἀρχιερεῖς κ. ὁ στρατηγὸς τ. ἱεροῦ
6 12 ἐπιστάντες συνήρπασαν αὐτόν
10 17 οἱ ἄνδρες οἱ ἀπεσταλμένοι . . . ἐπέστησαν ἐπὶ τ. πυλῶνα
11 11 τρεῖς ἄνδρες ἐπέστησαν ἐπὶ τ. οἰκίαν
12 7 ἄγγελος Κυρίου ἐπέστη
17 5 ἐπιστάντες τῇ οἰκίᾳ ᾿Ιάσονος
22 13 ἐλθὼν πρὸς ἐμὲ κ. ἐπιστὰς εἶπέν μοι
20 αὐτὸς ἤμην ἐφεστὼς κ. συνευδοκῶν
23 11 ἐπιστὰς αὐτῷ ὁ Κύριος εἶπεν
27 ἐπιστὰς σὺν τ. στρατεύματι ἐξειλάμην
Ac 28 2 προσελάβοντο πάντας ἡμᾶς διὰ τ. ὑετὸν τ. ἐφεστῶτα
I Th 5 3 τότε αἰφνίδιος αὐτοῖς ἐπίσταται ὄλεθρος
II Ti 4 2 ἐπίστηθι εὐκαίρως ἀκαίρως
6 ὁ καιρὸς τ. ἀναλύσεώς μου ἐφέστηκεν

᾿ΕΦΝΙ´ΔΙΟΣ *Vide* ᾿ΑΙΦΝΙ´ΔΙΟΣ, 160

᾿ΕΦΡΑΙ´Μ 2187

Jo 11 54 ἀπῆλθεν ἐκεῖθεν . . . εἰς ᾿Εφραὶμ λεγομένην πόλιν

᾿ΕΦΦΑΘΑ´ 2188

Mk 7 34 ἐφφαθὰ ὅ ἐστιν Διανοίχθητι

᾿ΕΧΘΕ´Σ 2188.5 cf. 5504

Jo 4 52 ἐχθὲς ὥραν ἑβδόμην ἀφῆκεν αὐτὸν ὁ πυρετός
Ac 7 28 ὃν τρόπον ἀνεῖλες ἐχθὲς τ. Αἰγύπτιον
He 13 8 ᾿Ιησοῦς Χριστὸς ἐχθὲς κ. σήμερον ὁ αὐτός

῎ΕΧΘΡΑ 2189

Lu 23 12 προϋπῆρχον γὰρ ἐν ἔχθρᾳ ὄντες πρὸς αὐτούς
Ro 8 7 τὸ φρόνημα τ. σαρκὸς ἔχθρα εἰς Θεόν
Ga 5 20 φαρμακία ἔχθραι ἔρις ζῆλος
Eph 2 14 τ. ἔχθραν ἐν τ. σαρκὶ αὐτοῦ . . . καταργήσας
16 ἀποκτείνας τ. ἔχθραν ἐν αὐτῷ
Ja 4 4 ἡ φιλία τ. κόσμου ἔχθρα τ. Θεοῦ ἐστίν

᾿ΕΧΘΡΟ´Σ 2190

Mt 5 43 μισήσεις τ. ἐχθρόν σου·
44 ἐγὼ δὲ λέγω ὑμῖν ᾿Αγαπᾶτε τ. ἐχθροὺς ὑμῶν
10 36 ἐχθροὶ τ. ἀνθρώπου οἱ οἰκιακοὶ αὐτοῦ
13 25 ἦλθεν αὐτοῦ ὁ ἐχθρός
28 ἐχθρὸς ἄνθρωπος τοῦτο ἐποίησεν
39 ὁ δὲ ἐχθρὸς ὁ σπείρας αὐτά ἐστιν ὁ διάβολος
22 44 ἕως ἂν θῶ τ. ἐχθρούς σου ὑποκάτω τ. ποδῶν σου
עַד־אָשִׁית אֹיְבֶיךָ הֲדֹם לְרַגְלֶיךָ, Ps. cx. 1
Mk 12 36 ἕως ἂν θῶ τ. ἐχθρούς σου ὑποκάτω τ. ποδῶν σου, Ps. *l.c.*
Lu 1 71 σωτηρίαν ἐξ ἐχθρῶν ἡμῶν
74 τοῦ δοῦναι ἡμῖν ἀφόβως ἐκ χειρὸς ἐχθρῶν ῥυσθέντας
6 27 ἀγαπᾶτε τ. ἐχθροὺς ὑμῶν
35 πλὴν ἀγαπᾶτε τ. ἐχθροὺς ὑμῶν
10 19 πατεῖν . . . ἐπὶ πᾶσαν τ. δύναμιν τ. ἐχθροῦ
19 27 πλὴν τ. ἐχθρούς μου τούτους ἀγάγετε ὧδε
43 παρεμβαλοῦσιν οἱ ἐχθροί σου χάρακά σοι
20 43 ἕως ἂν θῶ τ. ἐχθρούς σου ὑποπόδιον τ. ποδῶν σου, Ps. *l.c.*
Ac 2 35 ἕως ἂν θῶ τ. ἐχθρούς σου ὑποπόδιον τ. ποδῶν σου, Ps. *l.c.*
13 10 ἐχθρὲ πάσης δικαιοσύνης
Ro 5 10 εἰ γὰρ ἐχθροὶ ὄντες κατηλλάγημεν τ. Θεῷ
11 28 κατὰ μὲν τὸ εὐαγγέλιον ἐχθροὶ δι᾿ ὑμᾶς

Ro 12 20 ἀλλὰ ἐὰν πεινᾷ ὁ ἐχθρός σου ψώμιζε αὐτόν
אִם־רָעֵב שֹׂנַאֲךָ הַאֲכִלֵהוּ לָחֶם, Prov. xxv. 21
1Co15 25 ἄχρι οὗ θῇ πάντας τ. ἐχθροὺς ὑπὸ τ. πόδας αὐτοῦ, Ps. *l.c.*
26 ἔσχατος ἐχθρὸς καταργεῖται ὁ θάνατος
Ga 4 16 ὥστε ἐχθρὸς ὑμῶν γέγονα ἀληθεύων ὑμῖν;
Phl 3 18 κ. κλαίων λέγω τ. ἐχθροὺς τ. σταυροῦ τ. Χριστοῦ
Col 1 21 ὑμᾶς ποτὲ ὄντας . . . ἐχθροὺς τ. διανοίᾳ
IITh3 15 μὴ ὡς ἐχθρὸν ἡγεῖσθε
He 1 13 ἕως ἂν θῶ τ. ἐχθρούς σου ὑποπόδιον τ. ποδῶν σου, Ps. *l.c.*
10 13 ἕως τεθῶσιν οἱ ἐχθροὶ αὐτοῦ ὑποπόδιον τ. ποδῶν αὐτοῦ, Ps. *l.c.*
Ja 4 4 ἐχθρὸς τ. Θεοῦ καθίσταται
Re 11 5 κατεσθίει τ. ἐχθροὺς αὐτῶν
12 ἐθεώρησαν αὐτοὺς οἱ ἐχθροὶ αὐτῶν

ἘΧΙΔΝΑ** 2191

Mt 3 7 γεννήματα ἐχιδνῶν
12 34 γεννήματα ἐχιδνῶν
23 33 ὄφεις γεννήματα ἐχιδνῶν
Lu 3 7 γεννήματα ἐχιδνῶν
Ac 28 3 ἔχιδνα ἀπὸ τ. θέρμης ἐξελθοῦσα καθῆψεν τ. χειρὸς αὐτοῦ

ἘΧΩ 2192

(1) seq. infin. **(2)** c. adv. **(3)** c. du. acc. **(4)** seq. κατά, εἰς **(5)** *æstimare* **(6)** ἔχ. **πνεῦμα, δαιμ., Βεεζ., Λεγιών** **(7)** ἔχ. ἔτη, ἡλικίαν, ἡμέραν, καιρόν, χρόνον **(8)** med. **(9)** εἶχα, εἴχοσαν **(10)** ἔχ. ὁδόν

Mt 1 18 εὑρέθη ἐν γαστρὶ ἔχουσα ἐκ πνεύματος ἁγίου
23 ἡ παρθένος ἐν γαστρὶ ἕξει
הָעַלְמָה הָרָה, Is. vii. 14
3 4 ὁ Ἰωάνης εἶχεν τὸ ἔνδυμα αὐτοῦ ἀπὸ τριχῶν καμήλου
9 [3] πατέρα ἔχομεν τ. Ἀβραάμ
14 ἐγὼ χρείαν ἔχω ὑπὸ σοῦ βαπτισθῆναι
4 24 [2] προσήνεγκαν αὐτῷ πάντας τ. κακῶς ἔχοντας
5 23 [4] ὁ ἀδελφός σου ἔχει τι κατὰ σοῦ
46 τίνα μισθὸν ἔχετε;
6 1 εἰ δὲ μήγε μισθὸν οὐκ ἔχετε παρὰ τ. πατρὶ ὑμῶν
8 οἶδεν γὰρ ὁ Θεὸς ὁ πατὴρ ὑμῶν ὧν χρείαν ἔχετε
7 29 ἦν γὰρ διδάσκων αὐτοὺς ὡς ἐξουσίαν ἔχων
8 9 ἔχων ὑπ' ἐμαυτὸν στρατιώτας
16 [2] πάντας τ. κακῶς ἔχοντας ἐθεράπευσεν
20 αἱ ἀλώπεκες φωλεοὺς ἔχουσιν
20 ὁ δὲ υἱὸς τ. ἀνθρώπου οὐκ ἔχει ποῦ τ. κεφαλὴν κλίνῃ
9 6 ἐξουσίαν ἔχει ὁ υἱὸς τ. ἀνθρώπου ἐπὶ τ. γῆς
12 οὐ χρείαν ἔχουσιν οἱ ἰσχύοντες ἰατροῦ, [2] ἀλλὰ οἱ κακῶς ἔχοντες
36 ἐριμμένοι ὡσεὶ πρόβατα μὴ ἔχοντα ποιμένα
11 15 ὁ ἔχων ὦτα ἀκουέτω

Mt 11 18 [6] λέγουσιν Δαιμόνιον ἔχει
12 10 ἰδοὺ ἄνθρωπος χεῖρα ἔχων ξηράν
11 ὃς ἕξει πρόβατον ἕν
13 5 ὅπου οὐκ εἶχεν γῆν πολλήν· κ. εὐθέως ἐξανέτειλεν διὰ τὸ μὴ ἔχειν βάθος γῆς
6 διὰ τὸ μὴ ἔχειν ῥίζαν ἐξηράνθη
9 ὁ ἔχων ὦτα ἀκουέτω
12 ὅστις γὰρ ἔχει δοθήσεται αὐτῷ
12 ὅστις δὲ οὐκ ἔχει κ. ὃ ἔχει ἀρθήσεται ἀπ' αὐτοῦ
21 οὐκ ἔχει δὲ ῥίζαν ἐν ἑαυτῷ
27 πόθεν οὖν ἔχει ζιζάνια;
43 ὁ ἔχων ὦτα ἀκουέτω
44 πωλεῖ ὅσα ἔχει
46 ἀπελθὼν πέπρακεν πάντα ὅσα εἶχεν
14 4 οὐκ ἔξεστίν σοι ἔχειν αὐτήν
5 [3 5] ὅτι ὡς προφήτην αὐτὸν εἶχον
16 οὐ χρείαν ἔχουσιν ἀπελθεῖν
17 οὐκ ἔχομεν ὧδε εἰ μὴ πέντε ἄρτους
35 [2] προσήνεγκαν αὐτῷ πάντας τ. κακῶς ἔχοντας
15 30 ἔχοντες μεθ' ἑαυτῶν χωλούς
32 οὐκ ἔχουσιν τί φάγωσιν
34 πόσους ἄρτους ἔχετε;
16 8 τί διαλογίζεσθε . . . ὅτι ἄρτους οὐκ ἔχετε ἐλάβετε, T
17 15 [2] σεληνιάζεται κ. κακῶς ἔχει πάσχει, TWH mg. R
20 ἐὰν ἔχητε πίστιν ὡς κόκκον σινάπεως
18 8 ἢ δύο χεῖρας ἢ δύο πόδας ἔχοντα βληθῆναι εἰς τὸ πῦρ τὸ αἰώνιον
9 ἢ δύο ὀφθαλμοὺς ἔχοντα βληθῆναι εἰς τ. γέενναν τ. πυρός
25 [1] μὴ ἔχοντος δὲ αὐτοῦ ἀποδοῦναι
25 τὰ τέκνα κ. πάντα ὅσα ἔχει εἶχεν, TR
19 16 τί ἀγαθὸν ποιήσω ἵνα σχῶ ζωὴν αἰώνιον;
21 ἕξεις θησαυρὸν ἐν οὐρανοῖς
22 ἦν γὰρ ἔχων κτήματα πολλά
21 3 ὁ Κύριος αὐτῶν χρείαν ἔχει
21 ἐὰν ἔχητε πίστιν κ. μὴ διακριθῆτε
26 [3 5] πάντες γὰρ ὡς προφήτην ἔχουσιν τὸν Ἰωάνην
28 ἄνθρωπος εἶχεν τέκνα δύο
38 ἀποκτείνωμεν αὐτὸν κ. σχῶμεν τ. κληρονομίαν αὐτοῦ
46 [4 5] ἐπεὶ εἰς προφήτην αὐτὸν εἶχον
22 12 πῶς εἰσῆλθες ὧδε μὴ ἔχων ἔνδυμα γάμου;
24 ἐάν τις ἀποθάνῃ μὴ ἔχων τέκνα
כִּי . . . מֵת אַחַד מֵהֶם וּבֵן אֵין־לוֹ, Dt. xxv. 5
25 μὴ ἔχων σπέρμα ἀφῆκεν τ. γυναῖκα αὐτοῦ
28 πάντες γὰρ ἔσχον αὐτήν
24 19 οὐαὶ δὲ ταῖς ἐν γαστρὶ ἐχούσαις
25 25 ἴδε ἔχεις τὸ σόν
28 δότε τ. ἔχοντι τὰ δέκα τάλαντα.
29 τ. γὰρ ἔχοντι παντὶ δοθήσεται
29 τοῦ δὲ μὴ ἔχοντος κ. ὃ ἔχει ἀρθήσεται ἀπ' αὐτοῦ
26 7 προσῆλθεν αὐτῷ γυνὴ ἔχουσα ἀλάβαστρον μύρου βαρυτίμου
11 πάντοτε γὰρ τ. πτωχοὺς ἔχετε μεθ' ἑαυτῶν ἐμὲ δὲ οὐ πάντοτε ἔχετε
65 τί ἔτι χρείαν ἔχομεν μαρτύρων

Mt 27 16 εἶχον δὲ τότε δέσμιον ἐπίσημον
65 ἔχετε κουστωδίαν
Mk 1 22 ἦν γὰρ διδάσκων αὐτοὺς ὡς ἐξουσίαν ἔχων
32 [2] ἔφερον πρὸς αὐτὸν πάντας τ. κακῶς ἔχοντας
34 [2] ἐθεράπευσεν πολλοὺς κακῶς ἔχοντας ποικίλαις νόσοις
38 [8] ἄγωμεν ἀλλαχοῦ εἰς τ. ἐχομένας κωμοπόλεις
2 10 ἐξουσίαν ἔχει ὁ υἱὸς τ. ἀνθρώπου . . . ἐπὶ τ. γῆς
17 οὐ χρείαν ἔχουσιν οἱ ἰσχύοντες ἰατροῦ,
[2] ἀλλ' οἱ κακῶς ἔχοντες
19 ὅσον χρόνον ἔχουσιν τ. νυμφίον μετ' αὐτῶν
25 ὅτε χρείαν ἔσχεν κ. ἐπείνασεν
3 1 ἦν ἐκεῖ ἄνθρωπος ἐξηραμμένην ἔχων τ. χεῖρα
3 λέγει τ. ἀνθρώπῳ τῷ τ. χεῖρα ἔχοντι ξηράν
τ. ξηρ. χ. ἔχοντι, T
10 ὅσοι εἶχον μάστιγας
15 ἔχειν ἐξουσίαν ἐκβάλλειν τὰ δαιμόνια
22 [6] ἔλεγον ὅτι Βεεζεβοὺλ ἔχει
26 οὐ δύναται στῆναι ἀλλὰ τέλος ἔχει
29 οὐκ ἔχει ἄφεσιν εἰς τ. αἰῶνα
30 [6] ὅτι ἔλεγον Πνεῦμα ἀκάθαρτον ἔχει
4 5 ὅπου οὐκ εἶχεν γῆν πολλήν·
κ. εὐθὺς ἐξανέτειλεν διὰ τὸ μὴ ἔχειν βάθος γῆς
6 διὰ τὸ μὴ ἔχειν ῥίζαν ἐξηράνθη
9 ὃς ἔχει ὦτα ἀκούειν ἀκουέτω
17 οὐκ ἔχουσιν ῥίζαν ἐν ἑαυτοῖς
23 εἴ τις ἔχει ὦτα ἀκούειν ἀκουέτω
25 ὃς γὰρ ἔχει δοθήσεται αὐτῷ·
κ. ὃς οὐκ ἔχει κ. ὃ ἔχει ἀρθήσεται ἀπ' αὐτοῦ
40 οὔπω ἔχετε πίστιν;
5 3 ὃς τ. κατοίκησιν εἶχεν ἐν τ. μνήμασιν
15 [6] θεωροῦσιν τ. δαιμονιζόμενον . . . σωφρονοῦντα τ. ἐσχηκότα τ. λεγιῶνα
23 [2] τὸ θυγάτριόν μου ἐσχάτως ἔχει
6 18 οὐκ ἔξεστίν σοι ἔχειν τ. γυναῖκα τ. ἀδελφοῦ σου
34 ἦσαν ὡς πρόβατα μὴ ἔχοντα ποιμένα
38 πόσους ἔχετε ἄρτους;
ἄρτ. ἔχετε, T
55 [2] ἐπὶ τ. κραβάττοις τ. κακῶς ἔχοντας περιφέρειν
7 16 εἴ τις ἔχει ὦτα ἀκούειν ἀκουέτω
—h. v., TWHR non mg.
25 [6] ἧς εἶχεν τὸ θυγάτριον αὐτῆς πνεῦμα ἀκάθαρτον
8 1 μὴ ἐχόντων τί φάγωσιν
2 προσμένουσίν μοι κ. οὐκ ἔχουσιν τί φάγωσιν
5 πόσους ἔχετε ἄρτους;
7 [9] εἶχαν ἰχθύδια ὀλίγα
14 εἰ μὴ ἕνα ἄρτον οὐκ εἶχον μεθ' ἑαυτῶν
16 διελογίζοντο πρὸς ἀλλήλους ὅτι ἄρτους οὐκ ἔχουσιν
ἔχομεν, TR non mg.
17 τί διαλογίζεσθε ὅτι ἄρτους οὐκ ἔχετε;
17 πεπωρωμένην ἔχετε τ. καρδίαν ὑμῶν;
18 ὀφθαλμοὺς ἔχοντες οὐ βλέπετε,
κ. ὦτα ἔχοντες οὐκ ἀκούετε;
9 17 [6] ἤνεγκα τ. υἱόν μου πρός σε ἔχοντα πνεῦμα ἄλαλον
43 ἢ τ. δύο χεῖρας ἔχοντα ἀπελθεῖν εἰς τ. γέενναν

Mk 9 45 ἢ τ. δύο πόδας ἔχοντα βληθῆναι εἰς τ. γέενναν
47 ἢ δύο ὀφθαλμοὺς ἔχοντα βληθῆναι εἰς γέενναν
50 ἔχετε ἐν ἑαυτοῖς ἅλα
10 21 ὅσα ἔχεις πώλησον κ. δὸς τ. πτωχοῖς,
κ. ἕξεις θησαυρὸν ἐν οὐρανῷ
22 ἦν γὰρ ἔχων κτήματα πολλά
23 πῶς δυσκόλως οἱ τὰ χρήματα ἔχοντες . . . εἰσελεύσονται
11 3 ὁ Κύριος αὐτοῦ χρείαν ἔχει
13 ἰδὼν συκῆν ἀπὸ μακρόθεν ἔχουσαν φύλλα
22 ἔχετε πίστιν Θεοῦ
25 [4] ἀφίετε εἴ τι ἔχετε κατά τινος
32 [5] ἅπαντες γὰρ εἶχον τ. Ἰωάνην ὄντως ὅτι προφήτης ἦν
ᾔδεισαν, WH mg.
12 6 ἔτι ἕνα εἶχεν υἱὸν ἀγαπητόν
23 [3] οἱ γὰρ ἑπτὰ ἔσχον αὐτὴν γυναῖκα
44 πάντα ὅσα εἶχεν ἔβαλεν
13 17 οὐαὶ δὲ ταῖς ἐν γαστρὶ ἐχούσαις
14 3 ἦλθεν γυνὴ ἔχουσα ἀλάβαστρον μύρου νάρδου πιστικῆς
7 πάντοτε γὰρ τ. πτωχοὺς ἔχετε μεθ' ἑαυτῶν
7 ἐμὲ δὲ οὐ πάντοτε ἔχετε.
8 ὃ ἔσχεν ἐποίησεν
63 τί ἔτι χρείαν ἔχομεν μαρτύρων;
16 8 εἶχεν γὰρ αὐτὰς τρόμος κ. ἔκστασις
[18 [2] ἐπὶ ἀρρώστους χεῖρας ἐπιθήσουσιν κ. καλῶς ἕξουσιν
Lu 3 8 [3] πατέρα ἔχομεν τ. Ἀβραάμ
11 ὁ ἔχων δύο χιτῶνας μεταδότω τ. μὴ ἔχοντι·
κ. ὁ ἔχων βρώματα ὁμοίως ποιείτω
4 33 [6] ἦν ἄνθρωπος ἔχων πνεῦμα δαιμονίου ἀκαθάρτου
40 ὅσοι εἶχον ἀσθενοῦντας νόσοις ποικίλαις
5 24 ὁ υἱὸς τ. ἀνθρώπου ἐξουσίαν ἔχει ἐπὶ τ. γῆς
31 οὐ χρείαν ἔχουσιν οἱ ὑγιαίνοντες ἰατροῦ,
[2] ἀλλὰ οἱ κακῶς ἔχοντες
6 8 εἶπεν δὲ τ. ἀνδρὶ τῷ ξηρὰν ἔχοντι τ. χεῖρα
7 2 [2] ἑκατοντάρχου δέ τινος δοῦλος κακῶς ἔχων
8 ἔχων ὑπ' ἐμαυτὸν στρατιώτας
33 [6] λέγετε Δαιμόνιον ἔχει
40 [1] Σίμων ἔχω σοί τι εἰπεῖν
42 [1] μὴ ἐχόντων αὐτῶν ἀποδοῦναι
8 6 ἐξηράνθη διὰ τὸ μὴ ἔχειν ἰκμάδα
8 ὁ ἔχων ὦτα ἀκούειν ἀκουέτω
13 οὗτοι ῥίζαν οὐκ ἔχουσιν
18 ὃς ἂν γὰρ ἔχῃ δοθήσεται αὐτῷ·
κ. ὃς ἂν μὴ ἔχῃ κ. ὃ δοκεῖ ἔχειν ἀρθήσεται ἀπ' αὐτοῦ
27 ἀνήρ τις ἐκ τ. πόλεως ἔχων δαιμόνια
9 3 μήτε δύο χιτῶνας ἔχειν
11 τοὺς χρείαν ἔχοντας θεραπείας ἰᾶτο
58 αἱ ἀλώπεκες φωλεοὺς ἔχουσιν
58 ὁ δὲ υἱὸς τ. ἀνθρώπου οὐκ ἔχει ποῦ τ. κεφαλὴν κλίνῃ
11 5 τίς ἐξ ὑμῶν ἕξει φίλον
6 οὐκ ἔχω ὃ παραθήσω αὐτῷ
36 μὴ ἔχον μέρος τι σκοτεινόν
53 [2] ἤρξαντο οἱ Φαρισαῖοι κ. οἱ νομικοὶ δεινῶς ἔχειν
οἱ Φ. δειν. ἐνέχειν, TWH non mg. R
12 4 [1] μετὰ ταῦτα μὴ ἐχόντων περισσότερόν τι ποιῆσαι
5 τὸν μετὰ τὸ ἀποκτεῖναι ἔχοντα ἐξουσίαν ἐμβαλεῖν εἰς τ. γέενναν

Lu 12 17 οὐκ ἔχω ποῦ συνάξω τ. καρπούς μου
19 ψυχὴ ἔχεις πολλὰ ἀγαθὰ κείμενα
50 [1] βάπτισμα δὲ ἔχω βαπτισθῆναι
13 6 συκῆν εἶχέν τις πεφυτευμένην ἐν τ. ἀμπελῶνι αὐτοῦ
11 [6] γυνὴ πνεῦμα ἔχουσα ἀσθενείας ἔτη δέκα ὀκτώ
33 [8] σήμερον κ. αὔριον κ. τ. ἐχομένῃ πορεύεσθαι
14 14 [1] οὐκ ἔχουσιν ἀνταποδοῦναί σοι
18 ἔχω ἀνάγκην ἐξελθὼν ἰδεῖν αὐτόν·
[5] ἐρωτῶ σε ἔχε με παρῃτημένον
19 [5] ἐρωτῶ σε ἔχε με παρῃτημένον
28 [4] εἰ ἔχει εἰς ἀπαρτισμόν
35 ὁ ἔχων ὦτα ἀκούειν ἀκουέτω
15 4 τίς ἄνθρωπος ἐξ ὑμῶν ἔχων ἑκατὸν πρόβατα
7 οἵτινες οὐ χρείαν ἔχουσιν μετανοίας.
8 ἢ τίς γυνὴ δραχμὰς ἔχουσα δέκα
11 ἄνθρωπός τις εἶχεν δύο υἱούς
16 1 ἄνθρωπός τις ἦν πλούσιος ὃς εἶχεν οἰκονόμον
28 ἔχω γὰρ πέντε ἀδελφούς
29 ἔχουσιν Μωυσέα κ. τ. προφήτας
17 6 εἰ ἔχετε πίστιν ὡς κόκκον σινάπεως
7 τίς δὲ ἐξ ὑμῶν δοῦλον ἔχων ἀροτριῶντα
9 μὴ ἔχει χάριν τ. δούλῳ
18 22 πάντα ὅσα ἔχεις πώλησον κ. διάδος πτωχοῖς, κ. ἕξεις θησαυρὸν ἐν τ. οὐρανοῖς
24 πῶς δυσκόλως οἱ τὰ χρήματα ἔχοντες . . . εἰσπορεύονται
19 17 ἴσθι ἐξουσίαν ἔχων ἐπάνω δέκα πόλεων
20 ἣν εἶχον ἀποκειμένην ἐν σουδαρίῳ
24 δότε τῷ τ. δέκα μνᾶς ἔχοντι
25 Κύριε ἔχει δέκα μνᾶς
26 παντὶ τ. ἔχοντι δοθήσεται·
ἀπὸ δὲ τ. μὴ ἔχοντος κ. ὃ ἔχει ἀρθήσεται
31 ὁ Κύριος αὐτοῦ χρείαν ἔχει
34 ὁ Κύριος αὐτοῦ χρείαν ἔχει
20 24 τίνος ἔχει εἰκόνα κ. ἐπιγραφήν;
28 ἐάν τινος ἀδελφὸς ἀποθάνῃ ἔχων γυναῖκα
33 [8] οἱ γὰρ ἑπτὰ ἔσχον αὐτὴν γυναῖκα
21 4 αὕτη δὲ . . . πάντα τ. βίον ὃν εἶχεν ἔβαλεν
23 οὐαὶ ταῖς ἐν γαστρὶ ἐχούσαις
22 36 ἀλλὰ νῦν ὁ ἔχων βαλλάντιον ἀράτω
36 ὁ μὴ ἔχων πωλησάτω τὸ ἱμάτιον αὐτοῦ
37 κ. γὰρ τὸ περὶ ἐμοῦ τέλος ἔχει
71 τί ἔτι ἔχομεν μαρτυρίας χρείαν
23 17 ἀνάγκην δὲ εἶχεν ἀπολύειν αὐτοῖς κατὰ ἑορτὴν ἕνα
—h. v., TWHR non mg.; v. 19, R mg. alt.
24 39 ὅτι πνεῦμα σάρκα κ. ὀστέα οὐκ ἔχει, καθὼς ἐμὲ θεωρεῖτε ἔχοντα
41 ἔχετέ τι βρώσιμον ἐνθάδε;
Jo 2 3 οἶνον οὐκ εἶχον
ὑστερήσαντος οἴνου, WH non mg. R
3 οἶνον οὐκ ἔχουσιν
οἶνος οὐκ ἔστιν, T
25 οὐ χρείαν εἶχεν ἵνα τις μαρτυρήσῃ περὶ τ. ἀνθρώπου
3 15 ἵνα πᾶς ὁ πιστεύων ἐν αὐτῷ ἔχῃ ζωὴν αἰώνιον
16 ἵνα πᾶς ὁ πιστεύων εἰς αὐτὸν . . . ἔχῃ ζωὴν αἰώνιον
29 ὁ ἔχων τ. νύμφην νυμφίος ἐστίν
36 ὁ πιστεύων εἰς τ. υἱὸν ἔχει ζωὴν αἰώνιον
4 11 Κύριε οὔτε ἄντλημα ἔχεις

Jo 4 11 πόθεν οὖν ἔχεις τὸ ὕδωρ τὸ ζῶν;
17 οὐκ ἔχω ἄνδρα
ἄνδ. οὐκ ἔχ., T.
17 καλῶς εἶπες ὅτι Ἄνδρα οὐκ ἔχω·
18 πέντε γὰρ ἄνδρας ἔσχες·
κ. νῦν ὃν ἔχεις οὐκ ἔστιν σου ἀνήρ
32 ἐγὼ βρῶσιν ἔχω φαγεῖν
44 προφήτης ἐν τ. ἰδίᾳ πατρίδι τιμὴν οὐκ ἔχει
52 [2] ἐπύθετο οὖν τ. ὥραν . . . ἐν ᾗ κομψότερον ἔσχεν
5 2 κολυμβήθρα . . . πέντε στοὰς ἔχουσα
5 [7] τριάκοντα κ. ὀκτὼ ἔτη ἔχων ἐν τ. ἀσθενείᾳ αὐτοῦ
6 [7] γνοὺς ὅτι πολὺν ἤδη χρόνον ἔχει
7 Κύριε ἄνθρωπον οὐκ ἔχω
24 ὁ τ. λόγον μου ἀκούων . . . ἔχει ζωὴν αἰώνιον
26 ὥσπερ γὰρ ὁ πατὴρ ἔχει ζωὴν ἐν ἑαυτῷ, οὕτως κ. τ. υἱῷ ἔδωκεν ζωὴν ἔχειν ἐν ἑαυτῷ
36 ἐγὼ δὲ ἔχω τ. μαρτυρίαν μείζω τ. Ἰωάνου
38 τ. λόγον αὐτοῦ οὐκ ἔχετε ἐν ὑμῖν μένοντα
39 ὑμεῖς δοκεῖτε ἐν αὐταῖς ζωὴν αἰώνιον ἔχειν
40 οὐ θέλετε ἐλθεῖν πρός με ἵνα ζωὴν ἔχητε
42 ὅτι τ. ἀγάπην τ. Θεοῦ οὐκ ἔχετε ἐν ἑαυτοῖς
οὐκ ἔχ. τ. ἀγ. τ. Θεοῦ, T
6 9 ὃς ἔχει πέντε ἄρτους κριθίνους κ. δύο ὀψάρια
40 ἵνα πᾶς ὁ θεωρῶν τ. υἱὸν . . . ἔχῃ ζωὴν αἰώνιον
47 ὁ πιστεύων ἔχει ζωὴν αἰώνιον
53 οὐκ ἔχετε ζωὴν ἐν ἑαυτοῖς.
54 ὁ τρώγων μου τ. σάρκα . . . ἔχει ζωὴν αἰώνιον
68 ῥήματα ζωῆς αἰωνίου ἔχεις
7 20 [6] ἀπεκρίθη ὁ ὄχλος Δαιμόνιον ἔχεις
8 [6 [1] ἵνα ἔχωσιν κατηγορεῖν αὐτοῦ
h. v., [WH]
12 ἀλλ' ἕξει τὸ φῶς τ. ζωῆς
26 [1] πολλὰ ἔχω περὶ ὑμῶν λαλεῖν κ. κρίνειν
41 [8] ἕνα πατέρα ἔχομεν τ. Θεόν
48 [6] Σαμαρείτης εἶ σὺ κ. δαιμόνιον ἔχεις
49 [6] ἐγὼ δαιμόνιον οὐκ ἔχω
52 [6] νῦν ἐγνώκαμεν ὅτι δαιμόνιον ἔχεις
57 [7] πεντήκοντα ἔτη οὔπω ἔχεις
9 21 [7] αὐτὸν ἐρωτήσατε αὐτὸς ἡλικίαν ἔχει
23 [7] ἡλικίαν ἔχει αὐτὸν ἐπερωτήσατε
41 εἰ τυφλοὶ ἦτε οὐκ ἂν εἴχετε ἁμαρτίαν
10 10 ἐγὼ ἦλθον ἵνα ζωὴν ἔχωσιν κ. περισσὸν ἔχωσιν
16 ἄλλα πρόβατα ἔχω
18 ἐξουσίαν ἔχω θεῖναι αὐτήν,
κ. ἐξουσίαν ἔχω πάλιν λαβεῖν αὐτήν
20 [6] δαιμόνιον ἔχει κ. μαίνεται
11 17 [7] τέσσαρας ἤδη ἡμέρας ἔχοντα ἐν τ. μνημείῳ
12 6 τὸ γλωσσόκομον ἔχων τὰ βαλλόμενα ἐβάσταζεν
8 τ. πτωχοὺς γὰρ πάντοτε ἔχετε μεθ' ἑαυτῶν, ἐμὲ δὲ οὐ πάντοτε ἔχετε
35 περιπατεῖτε ὡς τὸ φῶς ἔχετε
36 ὡς τὸ φῶς ἔχετε πιστεύετε εἰς τὸ φῶς
48 ὁ ἀθετῶν ἐμὲ . . . ἔχει τ. κρίνοντα αὐτόν
13 8 ἐὰν μὴ νίψω σε οὐκ ἔχεις μέρος μετ' ἐμοῦ
10 ὁ λελουμένος οὐκ ἔχει χρείαν εἰ μὴ τ. πόδας νίψασθαι
29 ἐπεὶ τὸ γλωσσόκομον εἶχεν Ἰούδας
29 ἀγόρασον ὧν χρείαν ἔχομεν εἰς τ. ἑορτήν

Jo 13 35 ἐὰν ἀγάπην ἔχητε ἐν ἀλλήλοις
14 21 ὁ ἔχων τ. ἐντολάς μου κ. τηρῶν αὐτάς
30 ἐν ἐμοὶ οὐκ ἔχει οὐδέν
15 13 μείζονα ταύτης ἀγάπην οὐδεὶς ἔχει
22 [9] ἁμαρτίαν οὐκ εἴχοσαν·
νῦν δὲ πρόφασιν οὐκ ἔχουσιν περὶ τ. ἁμαρτίας αὐτῶν
24 [9] ἁμαρτίαν οὐκ εἴχοσαν
16 12 [1] ἔτι πολλὰ ἔχω ὑμῖν λέγειν
15 πάντα ὅσα ἔχει ὁ πατὴρ ἐμά ἐστιν
21 ἡ γυνὴ ὅταν τίκτῃ λύπην ἔχει
22 ὑμεῖς οὖν νῦν μὲν λύπην ἔχετε
30 οὐ χρείαν ἔχεις ἵνα τίς σε ἐρωτᾷ
33 ἵνα ἐν ἐμοὶ εἰρήνην ἔχητε.
ἐν τ. κόσμῳ θλῖψιν ἔχετε
17 5 τ. δόξῃ ᾗ εἶχον πρὸ τοῦ τ. κόσμον εἶναι
13 ἵνα ἔχωσιν τ. χαρὰν τ. ἐμὴν πεπληρωμένην ἐν ἑαυτοῖς
18 10 Σίμων οὖν Πέτρος ἔχων μάχαιραν
19 7 ἡμεῖς νόμον ἔχομεν
10 οὐκ οἶδας ὅτι ἐξουσίαν ἔχω ἀπολῦσαί σε,
κ. ἐξουσίαν ἔχω σταυρῶσαί σε
11 [4] οὐκ εἶχες ἐξουσίαν κατ᾽ ἐμοῦ οὐδεμίαν
ἔχεις, T
11 ὁ παραδούς μέ σοι μείζονα ἁμαρτίαν ἔχει
15 οὐκ ἔχομεν βασιλέα εἰ μὴ Καίσαρα
20 31 ἵνα πιστεύοντες ζωὴν ἔχητε ἐν τ. ὀνόματι αὐτοῦ
21 5 παιδία μή τι προσφάγιον ἔχετε;
Ac 1 12 [10] ἐγγὺς Ἰερουσαλὴμ σαββάτου ἔχον ὁδόν
2 44 εἶχον ἅπαντα κοινά
45 καθότι ἄν τις χρείαν εἶχεν
47 ἔχοντες χάριν πρὸς ὅλον τ. λαόν
3 6 ὃ δὲ ἔχω τοῦτό σοι δίδωμι
4 14 [1] οὐδὲν εἶχον ἀντειπεῖν
35 διεδίδετο δὲ ἑκάστῳ καθότι ἄν τις χρείαν εἶχεν
7 1 [2] εἰ ταῦτα οὕτως ἔχει;
8 7 [6] πολλοὶ γὰρ τ. ἐχόντων πνεύματα ἀκάθαρτα
9 14 ὧδε ἔχει ἐξουσίαν παρὰ τ. ἀρχιερέων
31 ἡ μὲν οὖν ἐκκλησία . . . εἶχεν εἰρήνην
11 3 εἰσῆλθες πρὸς ἄνδρας ἀκροβυστίαν ἔχοντας
12 15 [2] ἡ δὲ διισχυρίζετο οὕτως ἔχειν
13 5 [8] εἶχον δὲ κ. Ἰωάνην ὑπηρέτην
44 [8] τ. δὲ ἐχομένῳ σαββάτῳ σχεδὸν πᾶσα ἡ πόλις συνήχθη
ἐρχομένῳ, TWH non mg. R
14 9 ἰδὼν ὅτι ἔχει πίστιν τοῦ σωθῆναι
15 21 κατὰ πόλιν τ. κηρύσσοντας αὐτὸν ἔχει
36 [2] ἐπισκεψώμεθα τ. ἀδελφοὺς . . . πῶς ἔχουσιν
16 16 [6] παιδίσκην τινὰ ἔχουσαν πνεῦμα πύθωνα
17 11 [2] ἀνακρίνοντες τ. γραφὰς εἰ ἔχοι ταῦτα οὕτως
18 18 εἶχεν γὰρ εὐχήν
19 13 [6] ὀνομάζειν ἐπὶ τ. ἔχοντας τὰ πνεύματα τὰ πονηρά
38 εἰ μὲν οὖν . . . οἱ σὺν αὐτῷ τεχνῖται ἔχουσιν πρός τινα λόγον
20 15 [8] τῇ δὲ ἐχομένῃ ἤλθομεν εἰς Μίλητον
τῇ ἐχ., WH mg. R mg.
21 13 [2] ἐγὼ γὰρ οὐ μόνον δεθῆναι . . . ἑτοίμως ἔχω
23 ἄνδρες τέσσαρες εὐχὴν ἔχοντες ἀφ᾽ ἑαυτῶν

Ac 21 26 [8] τ. ἐχομένῃ ἡμέρᾳ σὺν αὐτοῖς ἁγνισθεὶς εἰσῄει εἰς τὸ ἱερόν
23 17 [1] ἔχει γὰρ ἀπαγγεῖλαί τι αὐτῷ
18 [1] τοῦτον τ. νεανίαν . . . ἔχοντά τι λαλῆσαί σοι
19 [1] τί ἐστιν ὃ ἔχεις ἀπαγγεῖλαί μοι
25 γράψας ἐπιστολὴν ἔχουσαν τ. τύπον τοῦτον
29 [3] μηδὲν δὲ ἄξιον θανάτου ἢ δεσμῶν ἔχοντα ἔγκλημα
24 9 [2] φάσκοντες ταῦτα οὕτως ἔχειν
15 [4] ἐλπίδα ἔχων εἰς τ. Θεόν
16 ἀπρόσκοπον συνείδησιν ἔχειν πρὸς τ. Θεόν
19 οὓς ἔδει . . . κατηγορεῖν εἴ τι ἔχοιεν πρὸς ἐμέ
23 τηρεῖσθαι αὐτὸν ἔχειν τε ἄνεσιν
25 [2] τὸ νῦν ἔχον πορεύου
25 16 πρὶν ἢ ὁ κατηγορούμενος κατὰ πρόσωπον ἔχοι τ. κατηγόρους
19 ζητήματα δέ τινα περὶ τ. ἰδίας δεισιδαιμονίας εἶχον
26 [1] ἀσφαλές τι γράψαι τ. κυρίῳ οὐκ ἔχω
26 ὅπως τ. ἀνακρίσεως γενομένης σχῶ τί γράψω
27 39 κόλπον δέ τινα κατενόουν ἔχοντα αἰγιαλόν
28 9 οἱ λοιποὶ οἱ ἐν τ. νήσῳ ἔχοντες ἀσθενείας
19 [1] οὐχ ὡς τ. ἔθνους μου ἔχων τι κατηγορεῖν
29 πολλὴν ἔχοντες ἐν ἑαυτοῖς συζήτησιν
—h. v., TWHR non mg.
Ro 1 13 ἵνα τινὰ καρπὸν σχῶ κ. ἐν ὑμῖν
28 οὐκ ἐδοκίμασαν τ. Θεὸν ἔχειν ἐν ἐπιγνώσει
2 14 ὅταν γὰρ ἔθνη τὰ μὴ νόμον ἔχοντα φύσει τὰ τ. νόμου ποιῶσιν,
οὗτοι νόμον μὴ ἔχοντες ἑαυτοῖς εἰσὶν νόμος
20 ἔχοντα τ. μόρφωσιν τ. γνώσεως
4 2 ἔχει καύχημα ἀλλ᾽ οὐ πρὸς Θεόν
5 1 εἰρήνην ἔχωμεν πρὸς τ. Θεόν
ἔχομεν, R mg.
2 δι᾽ οὗ κ. τ. προσαγωγὴν ἐσχήκαμεν τ. πίστει
6 21 τίνα οὖν καρπὸν εἴχετε τότε
22 [4] ἔχετε τ. καρπὸν ὑμῶν εἰς ἁγιασμόν
8 9 [6] εἰ δέ τις πνεῦμα Χριστοῦ οὐκ ἔχει
23 αὐτοὶ τ. ἀπαρχὴν τ. πνεύματος ἔχοντες ἡμεῖς
9 10 Ῥεβέκκα ἐξ ἑνὸς κοίτην ἔχουσα
21 ἢ οὐκ ἔχει ἐξουσίαν ὁ κεραμεὺς τ. πηλοῦ
10 2 μαρτυρῶ γὰρ αὐτοῖς ὅτι ζῆλον Θεοῦ ἔχουσιν
12 4 καθάπερ γὰρ ἐν ἑνὶ σώματι πολλὰ μέλη ἔχομεν,
τὰ δὲ μέλη πάντα οὐ τ. αὐτὴν ἔχει πρᾶξιν
6 ἔχοντες δὲ χαρίσματα . . . διάφορα
13 3 ἕξεις ἔπαινον ἐξ αὐτῆς
14 22 [4] σὺ πίστιν ἣν ἔχεις κατὰ σεαυτὸν ἔχε ἐνώπιον τ. Θεοῦ
15 4 ἵνα διὰ τ. ὑπομονῆς . . . τ. ἐλπίδα ἔχωμεν
17 ἔχω οὖν τ. καύχησιν ἐν Χριστῷ Ἰησοῦ
23 μηκέτι τόπον ἔχων ἐν τ. κλίμασι τούτοις,
ἐπιποθίαν δὲ ἔχων τοῦ ἐλθεῖν πρὸς ὑμᾶς
I Co 2 16 ἡμεῖς δὲ νοῦν Χριστοῦ ἔχομεν
4 7 τί δὲ ἔχεις ὃ οὐκ ἔλαβες;
15 ἐὰν γὰρ μυρίους παιδαγωγοὺς ἔχητε ἐν Χριστῷ
5 1 ὥστε γυναῖκά τινα τ. πατρὸς ἔχειν
6 1 πρᾶγμα ἔχων πρὸς τ. ἕτερον
4 βιωτικὰ μὲν οὖν κριτήρια ἐὰν ἔχητε
7 ὅτι κρίματα ἔχετε μεθ᾽ ἑαυτῶν
19 οὗ ἔχετε ἀπὸ Θεοῦ

I Co 7 2 διὰ δὲ τ. πορνείας ἕκαστος τὴν ἑαυτοῦ γυναῖκα ἐχέτω,
κ. ἑκάστη τ. ἴδιον ἄνδρα ἐχέτω
7 ἕκαστος ἴδιον ἔχει χάρισμα ἐκ Θεοῦ
12 εἴ τις ἀδελφὸς γυναῖκα ἔχει ἄπιστον
13 κ. γυνὴ ἥτις ἔχει ἄνδρα ἄπιστον
25 περὶ δὲ τ. παρθένων ἐπιταγὴν Κυρίου οὐκ ἔχω
28 θλίψιν δὲ τ. σαρκὶ ἕξουσιν οἱ τοιοῦτοι
29 ἵνα κ. οἱ ἔχοντες γυναῖκας ὡς μὴ ἔχοντες ὦσιν
37 ὃς δὲ ἕστηκεν . . . ἑδραῖος μὴ ἔχων ἀνάγκην,
ἐξουσίαν δὲ ἔχει περὶ τ. ἰδίου θελήματος
40 [6] δοκῶ γὰρ κἀγὼ πνεῦμα Θεοῦ ἔχειν
8 1 οἴδαμεν ὅτι πάντες γνῶσιν ἔχομεν
10 ἐὰν γάρ τις ἴδῃ σε τ. ἔχοντα γνῶσιν
9 4 μὴ οὐκ ἔχομεν ἐξουσίαν φαγεῖν κ. πεῖν;
5 μὴ οὐκ ἔχομεν ἐξουσίαν ἀδελφὴν γυναῖκα περιάγειν
6 οὐκ ἔχομεν ἐξουσίαν μὴ ἐργάζεσθαι;
17 εἰ γὰρ ἑκὼν τοῦτο πράσσω μισθὸν ἔχω
11 4 [4] πᾶς ἀνὴρ προσευχόμενος . . . κατὰ κεφαλῆς ἔχων
10 ὀφείλει ἡ γυνὴ ἐξουσίαν ἔχειν ἐπὶ τ. κεφαλῆς
16 ἡμεῖς τοιαύτην συνήθειαν οὐκ ἔχομεν
22 [4] μὴ γὰρ οἰκίας οὐκ ἔχετε εἰς τὸ ἐσθίειν κ. πίνειν;
ἢ . . . καταισχύνετε τοὺς μὴ ἔχοντας;
12 12 καθάπερ γὰρ τὸ σῶμα . . . μέλη πολλὰ ἔχει
21 χρείαν σου οὐκ ἔχω
21 χρείαν ὑμῶν οὐκ ἔχω
23 τὰ ἀσχήμονα ἡμῶν εὐσχημοσύνην περισσοτέραν ἔχει·
24 τὰ δὲ εὐσχήμονα ἡμῶν οὐ χρείαν ἔχει
30 μὴ πάντες χαρίσματα ἔχουσιν ἰαμάτων;
13 1 ἀγάπην δὲ μὴ ἔχω
2 κἂν ἔχω προφητείαν
2 κἂν ἔχω πᾶσαν τ. πίστιν
2 ἀγάπην δὲ μὴ ἔχω οὐθέν εἰμι
3 ἀγάπην δὲ μὴ ἔχω οὐδὲν ὠφελοῦμαι
14 26 ἕκαστος ψαλμὸν ἔχει διδαχὴν ἔχει,
ἀποκάλυψιν ἔχει γλῶσσαν ἔχει ἑρμηνίαν ἔχει
15 31 νὴ τ. ὑμετέραν καύχησιν . . . ἣν ἔχω ἐν Χριστῷ Ἰησοῦ
34 ἀγνωσίαν γὰρ Θεοῦ τινὲς ἔχουσιν
II Co 1 9 αὐτοὶ ἐν ἑαυτοῖς τὸ ἀπόκριμα τ. θανάτου ἐσχήκαμεν
15 ἵνα δευτέραν χαρὰν σχῆτε
2 3 ἵνα μὴ ἐλθὼν λύπην σχῶ
4 [2] τ. ἀγάπην ἵνα γνῶτε ἣν ἔχω περισσοτέρως εἰς ὑμᾶς
13 οὐκ ἔσχηκα ἄνεσιν τ. πνεύματί μου
3 4 πεποίθησιν δὲ τοιαύτην ἔχομεν διὰ τ. Χριστοῦ
12 ἔχοντες οὖν τοιαύτην ἐλπίδα
4 1 διὰ τοῦτο ἔχοντες τ. διακονίαν ταύτην
7 ἔχομεν δὲ τ. θησαυρὸν τοῦτον ἐν ὀστρακίνοις σκεύεσιν
13 [6] ἔχοντες δὲ τὸ αὐτὸ πνεῦμα τ. πίστεως
5 1 οἰκοδομὴν ἐκ Θεοῦ ἔχομεν
12 ἵνα ἔχητε πρὸς τοὺς ἐν προσώπῳ καυχωμένους

II Co 6 10 ὡς μηδὲν ἔχοντες κ. πάντα κατέχοντες
7 1 ταύτας οὖν ἔχοντες τ. ἐπαγγελίας
5 οὐδεμίαν ἔσχηκεν ἄνεσιν ἡ σὰρξ ἡμῶν
8 11 οὕτως κ. τὸ ἐπιτελέσαι ἐκ τοῦ ἔχειν
12 καθὸ ἐὰν ἔχῃ εὐπρόσδεκτος,
οὐ καθὸ οὐκ ἔχει
9 8 ἐν παντὶ πάντοτε πᾶσαν αὐτάρκειαν ἔχοντες
10 6 [2] ἐν ἑτοίμῳ ἔχοντες ἐκδικῆσαι πᾶσαν παρακοήν
15 ἐλπίδα δὲ ἔχοντες
12 14 [2] τρίτον τοῦτο ἑτοίμως ἔχω ἐλθεῖν πρὸς ὑμᾶς
Ga 2 4 τ. ἐλευθερίαν ἡμῶν ἣν ἔχομεν ἐν Χριστῷ Ἰησοῦ
4 22 Ἀβραὰμ δύο υἱοὺς ἔσχεν
27 πολλὰ τὰ τέκνα τῆς ἐρήμου μᾶλλον ἢ τ. ἐχούσης τ. ἄνδρα
רַבִּים בְּנֵי־שׁוֹמֵמָה מִבְּנֵי בְעוּלָה, Is. liv. 1
6 4 [4] εἰς ἑαυτὸν μόνον τὸ καύχημα ἕξει
10 [7] ἄρα οὖν ὡς καιρὸν ἔχωμεν
ἔχομεν, R
Eph 1 7 ἐν ᾧ ἔχομεν τ. ἀπολύτρωσιν
2 12 ἐλπίδα μὴ ἔχοντες
18 δι᾽ αὐτοῦ ἔχομεν τ. προσαγωγὴν οἱ ἀμφότεροι
3 12 ἐν ᾧ ἔχομεν τ. παρρησίαν
4 28 [1] ἵνα ἔχῃ μεταδιδόναι τῷ χρείαν ἔχοντι
5 5 οὐκ ἔχει κληρονομίαν ἐν τ. βασιλείᾳ τ. Χριστοῦ
27 ἔνδοξον τ. ἐκκλησίαν μὴ ἔχουσαν σπίλον
Phl 1 7 διὰ τὸ ἔχειν με ἐν τ. καρδίᾳ ὑμᾶς
23 [4] τ. ἐπιθυμίαν ἔχων εἰς τὸ ἀναλῦσαι
30 τ. αὐτὸν ἀγῶνα ἔχοντες οἷον εἴδετε ἐν ἐμοί
2 2 τ. αὐτὴν ἀγάπην ἔχοντες
20 οὐδένα γὰρ ἔχω ἰσόψυχον
27 ἵνα μὴ λύπην ἐπὶ λύπην σχῶ
29 [5] τ. τοιούτους ἐντίμους ἔχετε
3 4 καίπερ ἐγὼ ἔχων πεποίθησιν κ. ἐν σαρκί
9 μὴ ἔχων ἐμὴν δικαιοσύνην τὴν ἐκ νόμου
17 [3] καθὼς ἔχετε τύπον ἡμᾶς
Col 1 4 [4] τ. ἀγάπην ἣν ἔχετε εἰς πάντας τ. ἁγίους
ἣν ἔχ., [WH]
14 ἐν ᾧ ἔχομεν τ. ἀπολύτρωσιν
ἔσχομεν, WH mg.
2 1 ἡλίκον ἀγῶνα ἔχω ὑπὲρ ὑμῶν
23 ἅτινά ἐστιν λόγον μὲν ἔχοντα σοφίας
3 13 ἐάν τις πρός τινα ἔχῃ μομφήν
4 1 εἰδότες ὅτι κ. ὑμεῖς ἔχετε Κύριον ἐν οὐρανῷ
13 ἔχει πολὺν πόνον ὑπὲρ ὑμῶν
I Th 1 8 ὥστε μὴ χρείαν ἔχειν ἡμᾶς λαλεῖν τι
9 ὁποίαν εἴσοδον ἔσχομεν πρὸς ὑμᾶς
3 6 ὅτι ἔχετε μνείαν ἡμῶν ἀγαθὴν πάντοτε
4 9 περὶ δὲ τ. φιλαδελφίας οὐ χρείαν ἔχετε γράφειν ὑμῖν
12 ἵνα . . . μηδενὸς χρείαν ἔχητε
13 καθὼς κ. οἱ λοιποὶ οἱ μὴ ἔχοντες ἐλπίδα
5 1 οὐ χρείαν ἔχετε ὑμῖν γράφεσθαι
3 ὥσπερ ἡ ὠδὶν τῇ ἐν γαστρὶ ἐχούσῃ
II Th 3 9 οὐχ ὅτι οὐκ ἔχομεν ἐξουσίαν
I Ti 1 12 χάριν ἔχω τ. ἐνδυναμώσαντί με Χριστῷ Ἰησοῦ
19 ἔχων πίστιν κ. ἀγαθὴν συνείδησιν

I Ti 3 4 τέκνα ἔχοντα ἐν ὑποταγῇ μετὰ πάσης σεμνότητος
7 μαρτυρίαν καλὴν ἔχειν ἀπὸ τῶν ἔξωθεν
9 ἔχοντας τὸ μυστήριον τ. πίστεως ἐν καθαρᾷ συνειδήσει
4 8 ἐπαγγελίαν ἔχουσα ζωῆς τῆς νῦν κ. τ. μελλούσης
5 4 εἰ δέ τις χήρα τέκνα ἢ ἔκγονα ἔχει
12 ἔχουσαι κρίμα ὅτι τ. πρώτην πίστιν ἠθέτησαν
16 εἴ τις πιστὴ ἔχει χήρας
20 ἵνα κ. οἱ λοιποὶ φόβον ἔχωσιν
25 [2] τὰ ἄλλως ἔχοντα κρυβῆναι οὐ δύνανται
6 2 οἱ δὲ πιστοὺς ἔχοντες δεσπότας
8 ἔχοντες δὲ διατροφὰς κ. σκεπάσματα
16 ὁ μόνος ἔχων ἀθανασίαν
II Ti 1 3 χάριν ἔχω τ. Θεῷ
3 ὡς ἀδιάλειπτον ἔχω τὴν περὶ σοῦ μνείαν
13 ὑποτύπωσιν ἔχε ὑγιαινόντων λόγων
2 17 ὁ λόγος αὐτῶν ὡς γάγγραινα νομὴν ἕξει
19 ἔχων τ. σφραγῖδα ταύτην
3 5 ἔχοντες μόρφωσιν εὐσεβείας
Tit 1 6 τέκνα ἔχων πιστά
2 8 [1] μηδὲν ἔχων λέγειν περὶ ἡμῶν φαῦλον
Phm 5 [4] τ. πίστιν ἣν ἔχεις εἰς τ. Κύριον Ἰησοῦν
7 χαρὰν γὰρ πολλὴν ἔσχον
8 πολλὴν ἐν Χριστῷ παρρησίαν ἔχων ἐπιτάσσειν σοι
17 [3 5] εἰ οὖν με ἔχεις κοινωνόν
He 2 14 ἵνα . . . καταργήσῃ τὸν τὸ κράτος ἔχοντα τ. θανάτου
3 3 καθ' ὅσον πλείονα τιμὴν ἔχει τ. οἴκου
4 14 ἔχοντες οὖν ἀρχιερέα μέγαν
15 οὐ γὰρ ἔχομεν ἀρχιερέα μὴ δυνάμενον συνπαθῆσαι
5 12 πάλιν χρείαν ἔχετε τοῦ διδάσκειν ὑμᾶς
12 γεγόνατε χρείαν ἔχοντες γάλακτος
14 τῶν διὰ τ. ἕξιν τὰ αἰσθητήρια γεγυμνασμένα ἐχόντων
6 9 [8] τὰ κρείσσονα κ. ἐχόμενα σωτηρίας
13 [1] ἐπεὶ κατ' οὐδενὸς εἶχεν μείζονος ὀμόσαι
18 ἵνα . . . ἰσχυρὰν παράκλησιν ἔχωμεν οἱ καταφυγόντες κρατῆσαι
19 ἣν ὡς ἄγκυραν ἔχομεν τ. ψυχῆς
7 3 [7] μήτε ἀρχὴν ἡμερῶν μήτε ζωῆς τέλος ἔχων
5 ἐντολὴν ἔχουσιν ἀποδεκατοῖν τ. λαὸν κατὰ τ. νόμον
6 τ. ἔχοντα τ. ἐπαγγελίας εὐλόγηκεν
24 [3] ὁ δὲ . . . ἀπαράβατον ἔχει τ. ἱερωσύνην
27 ὃς οὐκ ἔχει καθ' ἡμέραν ἀνάγκην
28 ἀνθρώπους καθίστησιν ἀρχιερεῖς ἔχοντας ἀσθένειαν
8 1 τοιοῦτον ἔχομεν ἀρχιερέα
3 ὅθεν ἀναγκαῖον ἔχειν τι κ. τοῦτον ὃ προσενέγκῃ
9 1 εἶχεν μὲν οὖν κ. ἡ πρώτη δικαιώματα λατρείας
4 χρυσοῦν ἔχουσα θυμιατήριον
4 ἐν ᾗ στάμνος χρυσῆ ἔχουσα τὸ μάννα
8 ἔτι τ. πρώτης σκηνῆς ἐχούσης στάσιν
10 1 σκίαν γὰρ ἔχων ὁ νόμος τ. μελλόντων ἀγαθῶν
2 διὰ τὸ μηδεμίαν ἔχειν ἔτι συνείδησιν ἁμαρτιῶν
19 ἔχοντες οὖν . . . παρρησίαν εἰς τὴν εἴσοδον τ. ἁγίων

He 10 34 γινώσκοντες ἔχειν ἑαυτοὺς κρείσσονα ὕπαρξιν κ. μένουσαν
35 ἥτις ἔχει μεγάλην μισθαποδοσίαν
36 ὑπομονῆς γὰρ ἔχετε χρείαν
11 10 ἐξεδέχετο γὰρ τὴν τ. θεμελίους ἔχουσαν πόλιν
15 [7] εἶχον ἂν καιρὸν ἀνακάμψαι
25 ἢ πρόσκαιρον ἔχειν ἁμαρτίας ἀπόλαυσιν
12 1 τοσοῦτον ἔχοντες περικείμενον ἡμῖν νέφος μαρτύρων
9 [3] τοὺς μὲν τ. σαρκὸς ἡμῶν πατέρας εἴχομεν παιδευτάς
28 βασιλείαν ἀσάλευτον παραλαμβάνοντες ἔχωμεν χάριν
13 10 ἔχομεν θυσιαστήριον,
ἐξ οὗ φαγεῖν οὐκ ἔχουσιν ἐξουσίαν
14 οὐ γὰρ ἔχομεν ὧδε μένουσαν πόλιν
18 πειθόμεθα γὰρ ὅτι καλὴν συνείδησιν ἔχομεν
Ja 1 4 ἡ δὲ ὑπομονὴ ἔργον τέλειον ἐχέτω
2 1 μὴ ἐν προσωπολημψίαις ἔχετε τ. πίστιν τ. Κυρίου ἡμῶν
14 ἐὰν πίστιν λέγῃ τις ἔχειν ἔργα δὲ μὴ ἔχῃ
17 οὕτως κ. ἡ πίστις ἐὰν μὴ ἔχῃ ἔργα
18 σὺ πίστιν ἔχεις κἀγὼ ἔργα ἔχω
ἔχεις;, WH marg.
3 14 εἰ δὲ ζῆλον πικρὸν ἔχετε
4 2 ἐπιθυμεῖτε κ. οὐκ ἔχετε
2 οὐκ ἔχετε διὰ τὸ μὴ αἰτεῖσθαι ὑμᾶς
I Pe 2 12 τ. ἀναστροφὴν ὑμῶν ἐν τ. ἔθνεσιν ἔχοντες καλήν
16 [3] μὴ ὡς ἐπικάλυμμα ἔχοντες τ. κακίας τ. ἐλευθερίαν
3 16 συνείδησιν ἔχοντες ἀγαθήν
4 5 [1 2] τῷ ἑτοίμως ἔχοντι κρῖναι ζῶντας κ. νεκρούς
τ. ἑτ. κρίνοντι ζ., WH
8 τὴν εἰς ἑαυτοὺς ἀγάπην ἐκτενῆ ἔχοντες
II Pe 1 15 ἑκάστοτε ἔχειν ὑμᾶς μετὰ τ. ἐμὴν ἔξοδον
19 ἔχομεν βεβαιότερον τ. προφητικὸν λόγον
2 14 ὀφθαλμοὺς ἔχοντες μέστους μοιχαλίδος
14 καρδίαν γεγυμνασμένην πλεονεξίας ἔχοντες
16 ἔλεγξιν δὲ ἔσχεν ἰδίας παρανομίας
I Jo 1 3 ἵνα κ. ὑμεῖς κοινωνίαν ἔχητε μεθ' ἡμῶν
6 ἐὰν εἴπωμεν ὅτι κοινωνίαν ἔχομεν μετ' αὐτοῦ
7 κοινωνίαν ἔχομεν μετ' ἀλλήλων
8 ἐὰν εἴπωμεν ὅτι ἁμαρτίαν οὐκ ἔχομεν
2 1 παράκλητον ἔχομεν πρὸς τ. πατέρα
7 ἐντολὴν παλαιὰν ἣν εἴχετε ἀπ' ἀρχῆς
20 ὑμεῖς χρίσμα ἔχετε ἀπὸ τ. ἁγίου
23 πᾶς ὁ ἀρνούμενος τ. υἱὸν οὐδὲ τ. πατέρα ἔχει·
ὁ ὁμολογῶν τ. υἱὸν κ. τ. πατέρα ἔχει
27 οὐ χρείαν ἔχετε ἵνα τις διδάσκῃ ὑμᾶς
28 ἵνα ἐὰν φανερωθῇ σχῶμεν παρρησίαν
3 3 πᾶς ὁ ἔχων τ. ἐλπίδα ταύτην ἐπ' αὐτῷ
15 πᾶς ἀνθρωποκτόνος οὐκ ἔχει ζωὴν αἰώνιον
17 ὃς δ' ἂν ἔχῃ τ. βίον τ. κόσμου,
κ. θεωρῇ τ. ἀδελφὸν αὐτοῦ χρείαν ἔχοντα
21 παρρησίαν ἔχομεν πρὸς τ. Θεόν
4 16 τ. ἀγάπην ἣν ἔχει ὁ Θεὸς ἐν ἡμῖν
17 ἵνα παρρησίαν ἔχωμεν ἐν τ. ἡμέρᾳ τ. κρίσεως
18 ὅτι ὁ φόβος κόλασιν ἔχει
21 ταύτην τ. ἐντολὴν ἔχομεν ἀπ' αὐτοῦ

I Jo 5 10 ὁ πιστεύων εἰς τ. υἱὸν τ. Θεοῦ ἔχει τ. μαρτυρίαν ἐν αὐτῷ
12 ὁ ἔχων τ. υἱὸν ἔχει τ. ζωήν·
ὁ μὴ ἔχων τ. υἱὸν τ. Θεοῦ τ. ζωὴν οὐκ ἔχει
13 ἵνα εἰδῆτε ὅτι ζωὴν ἔχετε αἰώνιον
14 ἡ παρρησία ἣν ἔχομεν πρὸς αὐτόν
15 οἴδαμεν ὅτι ἔχομεν τὰ αἰτήματα ἃ ἠτήκαμεν ἀπ' αὐτοῦ
II Jo 5 [9] ἐντολὴν . . . ἣν εἴχαμεν ἀπ' ἀρχῆς
9 πᾶς ὁ προάγων . . . Θεὸν οὐκ ἔχει
9 οὗτος κ. τ. πατέρα κ. τ. υἱὸν ἔχει
12 [1] πολλὰ ἔχων ὑμῖν γράφειν
III Jo 4 μειζοτέραν τούτων οὐκ ἔχω χάριν
13 [1] πολλὰ εἶχον γράψαι σοι
Ju 3 ἀνάγκην ἔσχον γράψαι ὑμῖν
19 [6] ψυχικοὶ πνεῦμα μὴ ἔχοντες
Re 1 16 ἔχων ἐν τ. δεξιᾷ χειρὶ αὐτοῦ ἀστέρας ἑπτά
18 ἔχω τ. κλεῖς τ. θανάτου κ. τ. ᾅδου
2 3 ὑπομονὴν ἔχεις κ. ἐβάστασας
4 [4] ἀλλὰ ἔχω κατὰ σοῦ
6 τοῦτο ἔχεις ὅτι μισεῖς τὰ ἔργα τ. Νικολαϊτῶν
7 ὁ ἔχων οὖς ἀκουσάτω τί τὸ Πνεῦμα λέγει
10 ἵνα . . . ἔχητε θλίψιν ἡμερῶν δέκα
ἕξετε, TWH mg. R non mg.; ἔχετε, WH mg. alter
11 ὁ ἔχων οὖς ἀκουσάτω τί τὸ Πνεῦμα λέγει
12 τάδε λέγει ὁ ἔχων τ. ῥομφαίαν τ. δίστομον
14 [4] ἀλλὰ ἔχω κατὰ σοῦ ὀλίγα,
ὅτι ἔχεις ἐκεῖ τ. κρατοῦντας τ. διδαχὴν Βαλαάμ
15 οὕτως ἔχεις κ. σὺ κρατοῦντας τ. διδαχὴν Νικολαϊτῶν
17 ὁ ἔχων οὖς ἀκουσάτω τί τὸ Πνεῦμα λέγει
18 [3] ὁ υἱὸς τ. Θεοῦ ὁ ἔχων τ. ὀφθαλμοὺς αὐτοῦ ὡς φλόγα πυρός
20 [4] ἀλλὰ ἔχω κατὰ σοῦ
24 ὅσοι οὐκ ἔχουσιν τ. διδαχὴν ταύτην
25 πλὴν ὃ ἔχετε κρατήσατε
29 ὁ ἔχων οὖς ἀκουσάτω τί τὸ Πνεῦμα λέγει
3 1 τάδε λέγει ὁ ἔχων τὰ ἑπτὰ πνεύματα τ. Θεοῦ
1 ὄνομα ἔχεις ὅτι ζῇς
4 ἀλλὰ ἔχεις ὀλίγα ὀνόματα ἐν Σάρδεσιν
ὀλ. ἔχ., T
6 ὁ ἔχων οὖς ἀκουσάτω τί τὸ Πνεῦμα λέγει
7 ὁ ἀληθινὸς ὁ ἔχων τ. κλεῖν Δαυείδ
8 ὅτι μικρὰν ἔχεις δύναμιν
11 κράτει ὃ ἔχεις
13 ὁ ἔχων οὖς ἀκουσάτω τί τὸ Πνεῦμα λέγει
17 πεπλούτηκα κ. οὐδὲν χρείαν ἔχω
22 ὁ ἔχων οὖς ἀκουσάτω τί τὸ Πνεῦμα λέγει
4 7 τὸ τρίτον ζῷον ἔχων τὸ πρόσωπον ὡς ἀνθρώπου
ἔχον, WH mg.
8 τὰ τέσσερα ζῷα . . . ἔχων ἀνὰ πτέρυγας ἕξ
8 ἀνάπαυσιν οὐκ ἔχουσιν ἡμέρας κ. νυκτός
5 6 ἀρνίον ἑστηκὸς . . . ἔχων κέρατα ἕπτα κ. ὀφθαλμοὺς ἑπτά
8 ἔχοντες ἕκαστος κιθάραν
6 2 ὁ καθήμενος ἐπ' αὐτὸν ἔχων τόξον
5 ὁ καθήμενος ἐπ' αὐτὸν ἔχων ζυγόν
9 τ. ψυχὰς τ. ἐσφαγμένων . . . διὰ τ. μαρτυρίαν ἣν εἶχον
7 2 ἄγγελον . . . ἔχοντα σφραγῖδα Θεοῦ ζῶντος
8 3 ἐστάθη ἐπὶ τ. θυσιαστηρίου ἔχων λιβανωτὸν χρυσοῦν

Re 8 6 οἱ ἑπτὰ ἄγγελοι οἱ ἔχοντες τ. ἑπτὰ σάλπιγγας
9 τὸ τρίτον τ. κτισμάτων . . . τὰ ἔχοντα ψυχάς
9 3 ὡς ἔχουσιν ἐξουσίαν οἱ σκορπίοι τ. γῆς
4 οἵτινες οὐκ ἔχουσιν τ. σφραγῖδα τ. Θεοῦ
8 [9] εἶχαν τρίχας ὡς τρίχας γυναικῶν
9 [9] εἶχαν θώρακας ὡς θώρακας σιδηροῦς
10 ἔχουσιν οὐρὰς ὁμοίας σκορπίοις
11 ἔχουσιν ἐπ' αὐτῶν βασιλέα τ. ἄγγελον τῆς ἀβύσσου
11 [8] ἐν τ. Ἑλληνικῇ ὄνομα ἔχει Ἀπολλύων
14 λέγοντα τ. ἕκτῳ ἀγγέλῳ ὁ ἔχων τ. σάλπιγγα
17 εἶδον . . . τ. καθημένους ἐπ' αὐτῶν ἔχοντας θώρακας πυρίνους
19 αἱ γὰρ οὐραὶ αὐτῶν ὅμοιαι ὄφεσιν ἔχουσαι κεφαλάς
10 2 ἔχων ἐν τ. χειρὶ αὐτοῦ βιβλαρίδιον ἠνεῳγμένον
11 6 οὗτοι ἔχουσιν τ. ἐξουσίαν κλεῖσαι τ. οὐρανόν
6 κ. ἐξουσίαν ἔχουσιν ἐπὶ τ. ὑδάτων
12 2 γυνὴ . . . ἐν γαστρὶ ἔχουσα
3 δράκων . . . ἔχων κεφαλὰς ἑπτὰ . κέρατα δέκα
6 ὅπου ἔχει ἐκεῖ τόπον ἡτοιμασμένον
12 κατέβη ὁ διάβολος πρὸς ὑμᾶς ἔχων θυμὸν μέγαν,
[7] εἰδὼς ὅτι ὀλίγον καιρὸν ἔχει
17 τῶν . . . ἐχόντων τ. μαρτυρίαν Ἰησοῦ
13 1 θηρίον ἀναβαῖνον ἔχον κέρατα δέκα κ κεφαλὰς ἑπτά
9 εἴ τις ἔχει οὖς ἀκουσάτω
11 εἶχεν κέρατα δύο ὅμοια ἀρνίῳ
14 ὃς ἔχει τ. πληγὴν τ. μαχαίρης κ. ἔζησεν
17 [8] εἰ μὴ ὁ ἔχων τὸ χάραγμα τὸ ὄνομα τ. θηρίου
18 ὁ ἔχων νοῦν ψηφισάτω τ. ἀριθμὸν τ. θηρίου
14 1 ἔχουσαι τὸ ὄνομα αὐτοῦ κ. τὸ ὄνομα τ. πατρὸς αὐτοῦ
6 ἄγγελον . . . ἔχοντα εὐαγγέλιον αἰώνιον
11 οὐκ ἔχουσιν ἀνάπαυσιν ἡμέρας κ. νυκτός
14 ἔχων ἐπὶ τ. κεφαλῆς αὐτοῦ στέφανον χρυσοῦν
17 ἔχων κ. αὐτὸς δρέπανον ὀξύ
18 ὁ ἔχων ἐξουσίαν ἐπὶ τ. πυρος,
—ὁ, T [WH]
κ. ἐφώνησεν . . . τ. ἔχοντι τὸ δρέπανον τὸ ὀξύ
15 1 ἀγγέλους ἑπτὰ ἔχοντας πληγὰς ἑπτὰ τ. ἐσχάτας
2 ἔχοντας κιθάρας τ. Θεοῦ
6 οἱ ἑπτὰ ἄγγελοι οἱ ἔχοντες τ. ἑπτὰ πληγάς
[οἱ], WH
16 2 ἐπὶ τ. ἀνθρώπους τ. ἔχοντας τὸ χάραγμα τ. θηρίου
9 τ. Θεοῦ τ. ἔχοντος τ. ἐξουσίαν ἐπὶ τ. πληγὰς ταύτας
17 1 εἷς ἐκ τ. ἑπτὰ ἀγγέλων τ. ἐχόντων τ. ἑπτὰ φιάλας
3 θηρίον κόκκινον ἔχων κεφαλὰς ἑπτὰ κ. κέρατα δέκα
ἔχοντα, TWH mg.
4 ἔχουσα ποτήριον χρυσοῦν ἐν τ. χειρὶ αὐτῆς

Re 17 7 τ. θηρίου . . . τ. ἔχοντος τ. ἑπτὰ κεφαλὰς κ. τὰ δέκα κέρατα
9 ὧδε ὁ νοῦς ὁ ἔχων σοφίαν
13 οὗτοι μίαν γνώμην ἔχουσιν
18 ἡ πόλις ἡ μεγάλη ἡ ἔχουσα βασιλείαν
18 1 ἄγγελον καταβαίνοντα . . . ἔχοντα ἐξουσίαν μεγάλην
19 ἐν ᾗ ἐπλούτησαν πάντες οἱ ἔχοντες τὰ πλοῖα
19 10 σύνδουλος . . . τ. ἀδελφῶν σου τ. ἐχόντων τ. μαρτυρίαν Ἰησοῦ
12 ἔχων ὄνομα γεγραμμένον
16 ἔχει ἐπὶ τὸ ἱμάτιον . . . ὄνομα γεγραμμένον
20 1 ἄγγελον καταβαίνοντα . . . ἔχοντα τ. κλεῖν τῆς ἀβύσσου
6 μακάριος . . . ὁ ἔχων μέρος ἐν τ. ἀναστάσει τ. πρώτῃ·
ἐπὶ τούτων ὁ δεύτερος θάνατος οὐκ ἔχει ἐξουσίαν
21 9 εἷς ἐκ τ. ἑπτὰ ἀγγέλων τ. ἐχόντων τ. ἑπτὰ φιάλας
11 τ. ἁγίαν Ἰερουσαλὴμ . . . ἔχουσαν τ. δόξαν τ. Θεοῦ
12 ἔχουσα τεῖχος μέγα κ. ὑψηλόν,
ἔχουσα πυλῶνας δώδεκα
14 τὸ τεῖχος τ. πόλεως ἔχων θεμελίους δώδεκα
15 ὁ λαλῶν μετ' ἐμοῦ εἶχεν μέτρον
23 ἡ πόλις οὐ χρείαν ἔχει τ. ἡλίου
22 5 οὐκ ἔχουσιν χρείαν φωτὸς λύχνου

ἝΩΣ 2193

conj.

(1) ἕως ἄν (2) ἕως οὗ, ὅτου

Mt 1 25 [2] ἕως οὗ ἔτεκεν υἱόν
2 9 ἕως ἐλθὼν ἐστάθη ἐπάνω οὗ ἦν τὸ παιδίον
13 [1] ἴσθι ἐκεῖ ἕως ἂν εἴπω σοί
5 18 [1] ἕως ἂν παρέλθῃ ὁ οὐρανός
[1] ἕως ἂν πάντα γένηται
25 [2] ἕως ὅτου εἶ μετ' αὐτοῦ ἐν τῇ ὁδῷ
26 [1] ἕως ἂν ἀποδῷς τ. ἔσχατον κοδράντην
10 11 [1] κἀκεῖ μείνατε ἕως ἂν ἐξέλθητε
23 ἕως ἔλθῃ ὁ υἱὸς τ. ἀνθρώπου
12 20 [1] ἕως ἂν ἐκβάλῃ εἰς νῖκος τ. κρίσιν
לֶאֱמֶת יוֹצִיא מִשְׁפָּט, Is. xlii. 3
13 33 [2] ἕως οὗ ἐζυμώθη ὅλον
14 22 [2] ἕως οὗ ἀπολύσῃ τ. ὄχλους
16 28 [1] ἕως ἂν ἴδωσιν τ. υἱὸν τ. ἀνθρώπου ἐρχόμενον
17 9 [2] ἕως οὗ ὁ υἱὸς τ. ἀνθρώπου ἐκ νεκρῶν ἐγερθῇ
18 30 ἕως ἀποδῷ τὸ ὀφειλόμενον
34 [2] ἕως οὗ ἀποδῷ πᾶν τὸ ὀφειλόμενον
22 44 [1] ἕως ἂν θῶ τ. ἐχθρούς σου ὑποκάτω τ. ποδῶν σου
עַד־אָשִׁית אֹיְבֶיךָ הֲדֹם לְרַגְלֶיךָ, Ps. cx. 1
23 39 [1] οὐ μή με ἴδητε ἀπ' ἄρτι ἕως ἂν εἴπητε
24 34 [1] ἕως ἂν πάντα ταῦτα γένηται
39 οὐκ ἔγνωσαν ἕως ἦλθεν ὁ κατακλυσμός
26 36 [2] ἕως οὗ ἀπελθὼν ἐκεῖ προσεύξωμαι
Mk 6 10 [1] ἐκεῖ μένετε ἕως ἂν ἐξέλθητε ἐκεῖθεν
45 ἕως αὐτὸς ἀπολύει τ. ὄχλον
9 1 [1] ἕως ἂν ἴδωσιν τ. βασιλείαν τ. Θεοῦ ἐληλυθυῖαν
Mk 12 36 [1] ἕως ἂν θῶ τ. ἐχθρούς σου ὑποκάτω τ. ποδῶν σου, Ps. *l.c.*
14 32 καθίσατε ὧδε ἕως προσεύξωμαι
Lu 9 27 [1] ἕως ἂν ἴδωσιν τ. βασιλείαν τ. Θεοῦ
12 50 [2] πῶς συνέχομαι ἕως ὅτου τελεσθῇ
59 ἕως κ. τὸ ἔσχατον λεπτὸν ἀποδῷς
13 8 [2] ἕως ὅτου σκάψω περὶ αὐτήν
21 [2] ἕως οὗ ἐζυμώθη ὅλον
35 οὐ μὴ ἴδητέ με ἕως εἴπητε
ἕως ἥξει ὅτε εἴπ., T
15 4 πορεύεται ἐπὶ τὸ ἀπολωλὸς ἕως εὕρῃ αὐτό
8 [2] ζητεῖ ἐπιμελῶς ἕως οὗ εὕρῃ
17 8 διακόνει μοι ἕως φάγω κ. πίω
20 43 [1] ἕως ἂν θῶ τ. ἐχθρούς σου ὑποπόδιον τ. ποδῶν σου, Ps. *l.c.*
21 32 [1] ἕως ἂν πάντα γένηται
22 16 [2] ἕως ὅτου πληρωθῇ ἐν τ. βασιλείᾳ τ. Θεοῦ
18 [2] ἕως οὗ ἡ βασιλεία τ. Θεοῦ ἔλθῃ
34 ἕως τρίς με ἀπαρνήσῃ εἰδέναι
24 49 [2] ἕως οὗ ἐνδύσησθε ἐξ ὕψους δύναμιν
Jo 9 4 ἡμᾶς δεῖ ἐργάζεσθαι . . . ἕως ἡμέρα ἐστίν ὡς, WH mg.
18 [2] ἕως ὅτου ἐφώνησαν τ. γονεῖς αὐτοῦ τ. ἀναβλέψαντος
13 38 [2] ἕως οὗ ἀρνήσῃ με τρίς
21 22 ἐὰν αὐτὸν θέλω μένειν ἕως ἔρχομαι
23 ἐὰν αὐτὸν θέλω μένειν ἕως ἔρχομαι
Ac 2 35 [1] ἕως ἂν θῶ τ. ἐχθρούς σου ὑποπόδιον τ. ποδῶν σου, Ps. *l.c.*
21 26 [2] ἕως οὗ προσηνέχθη ὑπὲρ ἑνὸς ἑκάστου αὐτῶν ἡ προσφορά
23 12 [2] ἕως οὗ ἀποκτείνωσιν τ. Παῦλον
14 [2] μηδενὸς γεύσασθαι ἕως οὗ ἀποκτείνωμεν τ. Παῦλον
21 [2] ἕως οὗ ἀνέλωσιν αὐτόν
25 21 [2] ἕως οὗ ἀναπέμψω αὐτὸν πρὸς Καίσαρα
I Co 4 5 [1] ἕως ἂν ἔλθῃ ὁ Κύριος
II Th 2 7 μόνον ὁ κατέχων ἄρτι ἕως ἐκ μέσου γένηται
I Ti 4 13 ἕως ἔρχομαι πρόσεχε τ. ἀναγνώσει
He 1 13 [1] ἕως ἂν θῶ τ. ἐχθρούς σου ὑποπόδιον τ. ποδῶν σου, Ps. *l.c.*
10 13 ἕως τεθῶσιν οἱ ἐχθροὶ αὐτοῦ ὑποπόδιον τ. ποδῶν σου, Ps. *l.c.*
Ja 5 7 ἕως λάβῃ πρόϊμον κ. ὄψιμον
II Pe 1 19 [2] ἕως οὗ ἡμέρα διαυγάσῃ
Re 6 11 ἕως πληρωθῶσιν κ. οἱ σύνδουλοι αὐτῶν

ἝΩΣ 2193.5 cf. 2193

prepos.

(1) c. adv. temp. (2) c. adv. loc.
(3) c. adv. num.

Mt 1 17 πᾶσαι οὖν αἱ γενεαὶ ἀπὸ Ἀβραὰμ ἕως Δαυείδ
17 ἀπὸ Δαυεὶδ ἕως τ. μετοικεσίας Βαβυλῶνος
17 ἀπὸ τ. μετοικεσίας Βαβυλῶνος ἕως τ. Χριστοῦ
2 15 ἦν ἐκεῖ ἕως τ. τελευτῆς Ἡρῴδου
11 12 [1] ἀπὸ δὲ τ. ἡμερῶν Ἰωάνου τ. Βαπτιστοῦ ἕως ἄρτι
13 πάντες γὰρ οἱ προφῆται . . . ἕως Ἰωάνου ἐπροφήτευσαν
23 μὴ ἕως οὐρανοῦ ὑψωθήσῃ;
ἕως ᾅδου καταβήσῃ
13 30 ἄφετε συναυξάνεσθαι ἀμφότερα ἕως τ. θερισμοῦ
μέχρι TWH mg.; ἄχρι, WH mg. alter

Mt 17 17 [1] ἕως πότε ἔσομαι μεθ' ὑμῶν;
[1] ἕως πότε ἀνέξομαι ὑμῶν;
18 21 [3] ποσάκις . . . ἀφήσω αὐτῷ; ἕως ἑπτάκις;
22 [3] οὐ λέγω σοι ἕως ἑπτάκις ἀλλὰ ἕως ἑβδομηκοντάκις ἑπτά
20 8 ἀρξάμενος ἀπὸ τ. ἐσχάτων ἕως τ. πρώτων
22 26 ὁ δεύτερος κ. ὁ τρίτος ἕως τῶν ἑπτά
23 35 ἀπὸ τ. αἵματος Ἄβελ τ. δικαίου ἕως τ. αἵματος
24 21 [1] οἵα οὐ γέγονεν ἀπ' ἀρχῆς κόσμου ἕως τοῦ νῦν
27 ὥσπερ γὰρ ἡ ἀστραπὴ . . . φαίνεται ἕως δυσμῶν
31 ἀπ' ἄκρων οὐρανῶν ἕως τῶν ἄκρων αὐτῶν
26 29 ἕως τ. ἡμέρας ἐκείνης ὅταν αὐτὸ πίνω . . . καινόν
38 περίλυπός ἐστιν ἡ ψυχή μου ἕως θανάτου
58 ἠκολούθει αὐτῷ . . . ἕως τ. αὐλῆς τ. ἀρχιερέως
27 8 [1] ἐκλήθη . . . ἀγρὸς αἵματος ἕως τῆς σήμερον
45 σκότος ἐγένετο ἐπὶ πᾶσαν τ. γῆν ἕως ὥρας ἐνάτης
51 [2] ἐσχίσθη ἀπ' ἄνωθεν ἕως κάτω εἰς δύο
64 ἀσφαλισθῆναι τ. τάφον ἕως τ. τρίτης ἡμέρας
28 20 μεθ' ὑμῶν εἰμὶ . . . ἕως τ. συντελείας τ. αἰῶνος
Mk 6 23 δώσω σοι ἕως ἡμίσους τ. βασιλείας μου
9 19 [1] ἕως πότε πρὸς ὑμᾶς ἔσομαι;
[1] ἕως πότε ἀνέξομαι ὑμῶν;
13 19 [1] οὐ γέγονεν τοιαύτη ἀπ' ἀρχῆς κτίσεως . . . ἕως τοῦ νῦν
27 ἀπ' ἄκρου γῆς ἕως ἄκρου οὐρανοῦ
14 25 ἕως τ. ἡμέρας ἐκείνης ὅταν αὐτὸ πίνω καινόν
34 περίλυπός ἐστιν ἡ ψυχή μου ἕως θανάτου
54 [2] ἠκολούθησεν αὐτῷ ἕως ἔσω εἰς τ. αὐλὴν τ. ἀρχιερέως
15 33 σκότος ἐγένετο ἐφ' ὅλην τ. γῆν ἕως ὥρας ἐνάτης
38 [2] ἐσχίσθη εἰς δύο ἀπ' ἄνωθεν ἕως κάτω
Lu 1 80 ἕως ἡμέρας ἀναδείξεως αὐτοῦ πρὸς τὸν Ἰσραήλ
2 15 διέλθωμεν δὴ ἕως Βηθλεέμ
37 αὐτὴ χήρα ἕως ἐτῶν ὀγδοήκοντα τεσσάρων
4 29 ἤγαγον αὐτὸν ἕως ὀφρύος τ. ὄρους
42 οἱ ὄχλοι ἐπεζήτουν αὐτὸν κ. ἦλθον ἕως αὐτοῦ
9 41 [1] ἕως πότε ἔσομαι πρὸς ὑμᾶς
10 15 μὴ ἕως οὐρανοῦ ὑψωθήσῃ;
ἕως τ. ᾅδου καταβήσῃ
11 51 ἀπὸ αἵματος Ἄβελ ἕως αἵματος Ζαχαρίου
22 51 ἐᾶτε ἕως τούτου
23 5 [2] ἀρξάμενος ἀπὸ τ. Γαλιλαίας ἕως ὧδε
44 σκότος ἐγένετο ἐφ' ὅλην τ. γῆν ἕως ὥρας ἐνάτης
24 50 ἐξήγαγεν δὲ αὐτοὺς ἕως πρὸς Βηθανίαν
Jo 2 7 [2] ἐγέμισαν αὐτὰς ἕως ἄνω
10 [1] σὺ τετήρηκας τ. καλὸν οἶνον ἕως ἄρτι

Jo 5 17 [1] ὁ πατήρ μου ἕως ἄρτι ἐργάζεται
8 [9 ἀρξάμενοι ἀπὸ τ. πρεσβυτέρων ἕως τ. ἐσχάτων
—ἕως τ. ἐσχ., WH
10 24 [1] ἕως πότε τ. ψυχὴν ἡμῶν αἴρεις;
16 24 [1] ἕως ἄρτι οὐκ ᾐτήσατε οὐδὲν ἐν τ. ὀνόματί μου
Ac 1 8 ἔσεσθέ μου μάρτυρες . . . ἕως ἐσχάτου τ. γῆς
22 ἕως τ. ἡμέρας ἧς ἀνελήμφθη ἀφ' ὑμῶν
7 45 ὧν ἔξωσεν ὁ Θεὸς . . . ἕως τ. ἡμερῶν Δαυείδ
8 10 ᾧ προσεῖχον πάντες ἀπὸ μικροῦ ἕως μεγάλου
40 ἕως τοῦ ἐλθεῖν αὐτὸν εἰς Καισαρίαν
9 38 μὴ ὀκνήσῃς διελθεῖν ἕως ἡμῶν
11 19 διῆλθον ἕως Φοινίκης κ. Κύπρου
22 ἐξαπέστειλαν Βαρνάβαν ἕως Ἀντιοχείας
13 20 ἔδωκεν κριτὰς ἕως Σαμουὴλ προφήτου
47 τοῦ εἶναί σε εἰς σωτηρίαν ἕως ἐσχάτου τ. γῆς
לִהְיוֹת יְשׁוּעָתִי עַד־קְצֵה הָאָרֶץ, Is. xlix. 6
17 14 πορεύεσθαι ἕως ἐπὶ τ. θάλασσαν
15 οἱ δὲ καθιστάνοντες τ. Παῦλον ἤγαγον ἕως Ἀθηνῶν
19 9 διαλεγόμενος . . . ἀπὸ ὥρας ε̄ ἕως δεκάτης
—ἀπ. ὥρ. ε̄ ἕως δεκ., TWH non mg. R
21 5 [2] προπεμπόντων ἡμᾶς πάντων . . . ἕως ἔξω τ. πόλεως
23 23 ὅπως πορευθῶσιν ἕως Καισαρίας
26 11 ἐδίωκον ἕως κ. εἰς τ. ἔξω πόλεις
28 23 πείθων τε αὐτοὺς . . . ἀπὸ πρωὶ ἕως ἑσπέρας
Ro 3 12 οὐκ ἔστιν ποιῶν χρηστότητα οὐκ ἔστιν ἕως ἑνός
אֵין עֹשֵׂה־טוֹב אֵין גַּם אֶחָד, Ps. xiv. 3
11 8 ὦτα τοῦ μὴ ἀκούειν ἕως τῆς σήμερον ἡμέρας, Is. xxix. 10
I Co 1 8 ὃς κ. βεβαιώσει ὑμᾶς ἕως τέλους ἀνεγκλήτους
4 13 [1] πάντων περίψημα ἕως ἄρτι
8 7 [1] τινὲς δὲ τ. συνηθείᾳ ἕως ἄρτι τ. εἰδώλου
15 6 [1] ἐξ ὧν οἱ πλείονες μένουσιν ἕως ἄρτι
16 8 ἐπιμενῶ δὲ ἐν Ἐφέσῳ ἕως τ. πεντηκοστῆς
II Co 1 13 ἐλπίζω δὲ ὅτι ἕως τέλους ἐπιγνώσεσθε
3 15 [1] ἕως σήμερον ἡνίκα ἂν ἀναγινώσκηται Μωυσῆς
12 2 ἁρπαγέντα τ. τοιοῦτον ἕως τρίτου οὐρανοῦ
He 8 11 πάντες εἰδήσουσίν με ἀπὸ μικροῦ ἕως μεγάλου αὐτῶν
כֻּלָּם יֵדְעוּ אוֹתִי לְמִקְּטַנָּם וְעַד־גְּדוֹלָם, Jer. xxxi. 34
Ja 5 7 μακροθυμήσατε οὖν . . . ἕως τ. παρουσίας τ. Κυρίου
I Jo 2 9 [1] ἐν τ. σκοτίᾳ ἐστὶν ἕως ἄρτι
Re 6 10 [1] ἕως πότε . . . οὐ κρίνεις κ. ἐκδικεῖς τὸ αἷμα ἡμῶν

Z

ΖΑΒΟΥΛΩ'Ν 2194

Mt 4 13 κατῴκησεν . . . ἐν ὁρίοις Ζ. κ. Νεφθαλείμ
15 γῆ Ζ. κ. γῆ Νεφθαλείμ
אַרְצָה זְבֻלוּן וְאַרְצָה נַפְתָּלִי, Is. viii. 23
Re 7 8 ἐκ φυλῆς Ζαβουλὼν δώδεκα χιλιάδες

ΖΑΚΧΑΙ'ΟΣ 2195

Lu 19 2 ἰδοὺ ἀνὴρ ὀνόματι καλούμενος Ζακχαῖος
5 Ζακχαῖε σπεύσας κατάβηθι
8 σταθεὶς δὲ Ζακχαῖος εἶπεν πρὸς τ. Κύριον

ΖΑΡΑ' 2196

Mt 1 3 Ἰούδας δὲ ἐγέννησεν . . . τὸν Ζ. ἐκ τῆς Θάμαρ

ΖΑΦΘΑΝΕΙ΄ 2196.5 cf. 4518

Mt 27 46 ἠλεὶ ἠλεὶ λαμὰ ζαφθανεί
σαβαχθανεί, TWH non mg. R

ΖΑΧΑΡΙ΄ΑΣ 2197

Mt 23 35 ἕως τ. αἵματος Ζαχαρίου υἱοῦ Βαραχίου
Lu 1 5 ἐγένετο ἐν τ. ἡμέραις Ἡρῴδου . . . ἱερεύς τις ὀνόματι Ζαχαρίας
12 ἐταράχθη Ζαχαρίας ἰδών
13 εἶπεν δὲ . . . ὁ ἄγγελος Μὴ φοβοῦ Ζαχαρία
18 εἶπεν Ζαχαρίας πρὸς τ. ἄγγελον
21 ἦν ὁ λαὸς προσδοκῶν τ. Ζαχαρίαν
40 εἰσῆλθεν εἰς τ. οἶκον Ζαχαρίου
59 ἐκάλουν αὐτὸ ἐπὶ τ. ὀνόματι τ. πατρὸς αὐτοῦ Ζαχαρίαν
67 Ζαχαρίας ὁ πατὴρ αὐτοῦ ἐπλήσθη πνεύματος ἁγίου
3 2 ἐγένετο ῥῆμα Θεοῦ ἐπὶ Ἰωάνην τὸν Ζαχαρίου υἱόν
11 51 ἀπὸ αἵματος Ἄβελ ἕως αἵματος Ζαχαρίου

ΖΑ΄Ω 2198

(1) ζ. ἐπί, ἐκ (2) c. dat. (3) ζ. διά, κατά (4) ζῆν εἰς τ. αἰῶνα, τ. αἰῶνας

Mt 4 4 [1] οὐκ ἐπ' ἄρτῳ μόνῳ ζήσεται ὁ ἄνθρωπος
לֹא עַל־הַלֶּחֶם לְבַדּוֹ יִחְיֶה הָאָדָם, Dt. viii. 3
9 18 ἐπίθες τ. χεῖρά σου ἐπ' αὐτὴν κ. ζήσεται
16 16 σὺ εἶ ὁ Χριστὸς ὁ υἱὸς τ. Θεοῦ τ. ζῶντος
22 32 οὐκ ἔστιν ὁ Θεὸς νεκρῶν ἀλλὰ ζώντων
26 63 ἐξορκίζω σε κατὰ τ. Θεοῦ τ. ζῶντος
27 63 ἐκεῖνος ὁ πλάνος εἶπεν ἔτι ζῶν
Mk 5 23 ἵνα σωθῇ κ. ζήσῃ
12 27 οὐκ ἔστιν Θεὸς νεκρῶν ἀλλὰ ζώντων
16 [11 ἀκούσαντες ὅτι ζῇ κ. ἐθεάθη ὑπ' αὐτῆς
Lu 2 36 ζήσασα μετὰ ἀνδρὸς ἔτη ἑπτὰ ἀπὸ τ. παρθενίας αὐτῆς
4 4 [1] οὐκ ἐπ' ἄρτῳ μόνῳ ζήσεται ὁ ἄνθρωπος, Dt. *l.c.*
10 28 τοῦτο ποίει κ. ζήσῃ
15 13 διεσκόρπισεν τ. οὐσίαν αὐτοῦ ζῶν ἀσώτως
24 οὗτος ὁ υἱός μου νεκρὸς ἦν κ. ἔζησεν
ἀνέζησεν, TWH non mg. R
32 ὁ ἀδελφός σου οὗτος νεκρὸς ἦν κ. ἔζησεν
20 38 Θεὸς δὲ οὐκ ἔστιν νεκρῶν ἀλλὰ ζώντων, [2] πάντες γὰρ αὐτῷ ζῶσιν
24 5 τί ζητεῖτε τ. ζῶντα μετὰ τ. νεκρῶν;
23 οἳ λέγουσιν αὐτὸν ζῆν
Jo 4 10 ἔδωκεν ἂν σοι ὕδωρ ζῶν
11 πόθεν οὖν ἔχεις τὸ ὕδωρ τὸ ζῶν;
50 πορεύου· ὁ υἱός σου ζῇ
51 λέγοντες ὅτι ὁ παῖς αὐτοῦ ζῇ
53 ἐν ᾗ εἶπεν αὐτῷ ὁ Ἰησοῦς Ὁ υἱός σου ζῇ
5 25 οἱ ἀκούσαντες ζήσουσιν
6 51 ἐγώ εἰμι ὁ ἄρτος ὁ ζῶν
51 [4] ἐάν τις φάγῃ ἐκ τούτου τ. ἄρτου ζήσει εἰς τ. αἰῶνα
57 καθὼς ἀπέστειλέν με ὁ ζῶν πατήρ, [3] κἀγὼ ζῶ διὰ τ. πατέρα·
[3] κ. ὁ τρώγων με κἀκεῖνος ζήσει δι' ἐμέ

Jo 6 58 [4] ὁ τρώγων τοῦτον τ. ἄρτον ζήσει εἰς τ. αἰῶνα
7 38 ποταμοὶ ἐκ τ. κοιλίας αὐτοῦ ῥεύσουσιν ὕδατος ζῶντος
11 25 ὁ πιστεύων εἰς ἐμὲ κἂν ἀποθάνῃ ζήσεται·
26 κ. πᾶς ὁ ζῶν κ. πιστεύων εἰς ἐμέ
14 19 ὅτι ἐγὼ ζῶ κ. ὑμεῖς ζήσετε
Ac 1 3 οἷς κ. παρέστησεν ἑαυτὸν ζῶντα μετὰ τὸ παθεῖν αὐτόν
7 38 ὃς ἐδέξατο λόγια ζῶντα δοῦναι ὑμῖν
9 41 παρέστησεν αὐτὴν ζῶσαν
10 42 ὁ ὡρισμένος ὑπὸ τ. Θεοῦ κριτὴς ζώντων κ. νεκρῶν
14 15 εὐαγγελιζόμενοι ὑμᾶς . . . ἐπιστρέφειν ἐπὶ Θεὸν ζῶντα
17 28 ἐν αὐτῷ γὰρ ζῶμεν κ. κινούμεθα κ. ἐσμέν
20 12 ἤγαγον δὲ τ. παῖδα ζῶντα
22 22 οὐ γὰρ καθῆκεν αὐτὸν ζῆν
ζῆν, T
25 19 ὃν ἔφασκεν ὁ Παῦλος ζῆν
ζῆν, T
24 βοῶντες μὴ δεῖν αὐτὸν ζῆν μηκέτι
ζῆν, T
26 5 κατὰ τ. ἀκριβεστάτην αἵρεσιν τ. ἡμετέρας θρησκείας ἔζησα Φαρισαῖος
28 4 ἡ δίκη ζῆν οὐκ εἴασεν
ζῆν, T
Ro 1 17 [1] ὁ δὲ δίκαιος ἐκ πίστεως ζήσεται
וְצַדִּיק בֶּאֱמוּנָתוֹ יִחְיֶה, Hab. ii. 4
6 2 πῶς ἔτι ζήσομεν ἐν αὐτῇ;
10 [2] ὃ δὲ ζῇ ζῇ τ. Θεῷ
11 [2] ζῶντας δὲ τ. Θεῷ ἐν Χριστῷ Ἰησοῦ
13 [1] ἀλλὰ παραστήσατε ἑαυτοὺς τ. Θεῷ ὡσεὶ ἐκ νεκρῶν ζῶντας
7 1 ὁ νόμος κυριεύει τ. ἀνθρώπου ἐφ' ὅσον χρόνον ζῇ;
2 ἡ γὰρ ὕπανδρος γυνὴ τ. ζῶντι ἀνδρὶ δέδεται νόμῳ
3 ἄρα οὖν ζῶντος τ. ἀνδρὸς μοιχαλὶς χρηματίσει
9 ἐγὼ δὲ ἔζων χωρὶς νόμου ποτέ
8 12 [3] ὀφειλέται ἐσμὲν οὐ τ. σαρκὶ τοῦ κατὰ σάρκα ζῆν·
ζῆν, T
13 [3] εἰ γὰρ κατὰ σάρκα ζῆτε μέλλετε ἀποθανεῖν·
εἰ δὲ πνεύματι τ. πράξεις τ. σώματος θανατοῦτε ζήσεσθε
9 26 ἐκεῖ κληθήσονται υἱοὶ Θεοῦ ζῶντος
יֵאָמֵר לָהֶם בְּנֵי אֵל־חָי, Hos. ii. 1
10 5 τ. δικαιοσύνην τὴν ἐκ νόμου ὁ ποιήσας ἄνθρωπος ζήσεται ἐν αὐτῇ
מִשְׁפָּטַי אֲשֶׁר יַעֲשֶׂה אֹתָם הָאָדָם וָחַי בָּהֶם
Lev. xviii. 5
12 1 παραστῆσαι τὰ σώματα ὑμῶν θυσίαν ζῶσαν
14 7 [2] οὐδεὶς γὰρ ἡμῶν ἑαυτῷ ζῇ
8 [2] ἐάν τε γὰρ ζῶμεν τ. Κυρίῳ ζῶμεν
8 ἐάν τε οὖν ζῶμεν ἐάν τε ἀποθνήσκωμεν
9 εἰς τοῦτο γὰρ Χριστὸς ἀπέθανεν κ. ἔζησεν, ἵνα κ. νεκρῶν κ. ζώντων κυριεύσῃ
11 γέγραπται γὰρ Ζῶ ἐγὼ λέγει Κύριος
בִּי נִשְׁבַּעְתִּי, Is. xlv. 23

I Co 7 39 γυνὴ δέδεται ἐφ' ὅσον χρόνον ζῇ ὁ ἀνὴρ αὐτῆς
9 14 [1] διέταξεν τοῖς τὸ εὐαγγέλιον καταγγέλλουσιν ἐκ τ. εὐαγγελίου ζῆν
ζῆν, T
15 45 ἐγένετο ὁ πρῶτος ἄνθρωπος Ἀδὰμ εἰς ψυχὴν ζῶσαν
וַיְהִי הָאָדָם לְנֶפֶשׁ חַיָּה, Gen. ii. 7
II Co 1 8 ὥστε ἐξαπορηθῆναι ἡμᾶς κ. τοῦ ζῆν
ζῆν, T
3 3 ἐνγεγραμμένη οὐ μέλανι ἀλλὰ πνεύματι Θεοῦ ζῶντος
4 11 ἀεὶ γὰρ ἡμεῖς οἱ ζῶντες εἰς θάνατον παραδιδόμεθα διὰ Ἰησοῦν
5 15 [2] ἵνα οἱ ζῶντες μηκέτι ἑαυτοῖς ζῶσιν
6 9 ὡς ἀποθνήσκοντες κ. ἰδοὺ ζῶμεν
16 ἡμεῖς γὰρ ναὸς Θεοῦ ἐσμὲν ζῶντος
13 4 [1] ἀλλὰ ζῇ ἐκ δυνάμεως Θεοῦ
4 [1] ζήσομεν σὺν αὐτῷ ἐκ δυνάμεως Θεοῦ εἰς ὑμᾶς
Ga 2 14 εἰ σὺ Ἰουδαῖος ὑπάρχων ἐθνικῶς κ. οὐκ Ἰουδαϊκῶς ζῇς
19 [2] διὰ νόμου νόμῳ ἀπέθανον ἵνα Θεῷ ζήσω
20 ζῶ δὲ οὐκέτι ἐγὼ ζῇ δὲ ἐν ἐμοὶ Χριστός·
ὃ δὲ νῦν ζῶ ἐν σαρκί,
ἐν πίστει ζῶ τῇ τ. υἱοῦ τ. Θεοῦ
3 11 [1] ὁ δίκαιος ἐκ πίστεως ζήσεται, Hab. *l.c.*
12 ἀλλ' ὁ ποιήσας αὐτὰ ζήσεται ἐν αὐτοῖς, Lev. *l.c.*
5 25 [2] εἰ ζῶμεν πνεύματι πνεύματι κ. στοιχῶμεν
Phl 1 21 ἐμοὶ γὰρ τὸ ζῆν Χριστός
ζῆν, T
22 εἰ δὲ τὸ ζῆν ἐν σαρκί
ζῆν, T
Col 2 20 τί ὡς ζῶντες ἐν κόσμῳ δογματίζεσθε;
3 7 ὅτε ἐζῆτε ἐν τούτοις
I Th 1 9 δουλεύειν Θεῷ ζῶντι κ. ἀληθινῷ
3 8 ὅτι νῦν ζῶμεν ἐὰν ὑμεῖς στήκετε ἐν Κυρίῳ
4 15 ἡμεῖς οἱ ζῶντες οἱ περιλειπόμενοι . . . οὐ μὴ φθάσωμεν τ. κοιμηθέντας
17 ἔπειτα ἡμεῖς οἱ ζῶντες οἱ περιλειπόμενοι . . . ἁρπαγησόμεθα
5 10 ἵνα . . . ἅμα σὺν αὐτῷ ζήσωμεν
I Ti 3 15 ἥτις ἐστὶν ἐκκλησία Θεοῦ ζῶντος
4 10 ὅτι ἠλπίκαμεν ἐπὶ Θεῷ ζῶντι
5 6 ἡ δὲ σπαταλῶσα ζῶσα τέθνηκεν
II Ti 3 12 κ. πάντες δὲ οἱ θέλοντες ζῆν εὐσεβῶς ἐν Χριστῷ Ἰησοῦ
ζῆν, T
4 1 Χριστοῦ Ἰησοῦ τ. μέλλοντος κρίνειν ζῶντας κ. νεκρούς
Tit 2 12 ἵνα . . . σωφρόνως κ. δικαίως κ. εὐσεβῶς ζήσωμεν ἐν τ. νῦν αἰῶνι
He 2 15 διὰ παντὸς τ. ζῆν ἔνοχοι ἦσαν δουλείας
ζῆν, T
3 12 ἐν τῷ ἀποστῆναι ἀπὸ Θεοῦ ζῶντος
4 12 ζῶν γὰρ ὁ λόγος τ. Θεοῦ κ. ἐνεργής
7 8 ἐκεῖ δὲ μαρτυρούμενος ὅτι ζῇ
25 πάντοτε ζῶν εἰς τὸ ἐντυγχάνειν ὑπὲρ αὐτῶν
9 14 εἰς τὸ λατρεύειν Θεῷ ζῶντι
17 ἐπεὶ μή τοτε ἰσχύει ὅτε ζῇ ὁ διαθέμενος
10 20 ἣν ἐνεκαίνισεν ἡμῖν ὁδὸν πρόσφατον κ. ζῶσαν
He 10 31 φοβερὸν τὸ ἐμπεσεῖν εἰς χεῖρας Θεοῦ ζῶντος
38 [1] ὁ δὲ δίκαιός μου ἐκ πίστεως ζήσεται, Hab. *l.c.*
12 9 οὐ πολὺ μᾶλλον ὑποταγησόμεθα τ. πατρὶ τ. πνευμάτων κ. ζήσομεν;
22 προσεληλύθατε . . . πόλει Θεοῦ ζῶντος
Ja 4 15 ἐὰν ὁ Κύριος θέλῃ ζήσομεν
I Pe 1 3 ὁ κατὰ τὸ πολὺ αὐτοῦ ἔλεος ἀναγεννήσας ἡμᾶς εἰς ἐλπίδα ζῶσαν
23 διὰ λόγου ζῶντος Θεοῦ κ. μένοντος
2 4 πρὸς ὃν προσερχόμενοι λίθον ζῶντα
5 κ. αὐτοὶ ὡς λίθοι ζῶντες οἰκοδομεῖσθε
24 [2] ἵνα . . . τ. δικαιοσύνῃ ζήσωμεν
4 5 οἳ ἀποδώσουσι λόγον τῷ ἑτοίμως κρίνοντι ζῶντας κ. νεκρούς
6 [3] ζῶσιν δὲ κατὰ Θεὸν πνεύματι
I Jo 4 9 [3] ἵνα ζήσωμεν δι' αὐτοῦ
Re 1 18 ἐγώ εἰμι . . . ὁ ζῶν κ. ἐγενόμην νεκρός,
[4] κ. ἰδοὺ ζῶν εἰμὶ εἰς τ. αἰῶνας τ. αἰώνων
2 8 ὃς ἐγένετο νεκρὸς κ. ἔζησεν
3 1 ὅτι ὄνομα ἔχεις ὅτι ζῇς κ. νεκρὸς εἶ
4 9 [4] ὅταν δώσουσιν . . . εὐχαριστίαν τ. καθημένῳ ἐπὶ τ. θρόνου τ. ζῶντι εἰς τ. αἰῶνας τ. αἰώνων
10 [4] προσκυνήσουσιν τ. ζῶντι εἰς τ. αἰῶνας τ. αἰώνων
7 2 ἄλλον ἄγγελον . . . ἔχοντα σφραγῖδα Θεοῦ ζῶντος
10 6 [4] ὤμοσεν ἐν τ. ζῶντι εἰς τ. αἰῶνας τ. αἰώνων
13 14 ὃς ἔχει τ. πληγὴν τ. μαχαίρης κ. ἔζησεν
15 7 [4] γεμούσας τ. θυμοῦ τ. Θεοῦ τ. ζῶντος εἰς τ. αἰῶνας τ. αἰώνων
19 20 ζῶντες ἐβλήθησαν οἱ δύο εἰς τ. λίμνην τ. πυρός
20 4 ἔζησαν κ. ἐβασίλευσαν μετὰ τ. Χριστοῦ χίλια ἔτη.
5 οἱ λοιποὶ τ. νεκρῶν οὐκ ἔζησαν ἄχρι τελεσθῇ τὰ χίλια ἔτη

ΖΒΕΝΝΥΜΙ 2198.5 cf. 4570

I Th 5 19 τὸ πνεῦμα μὴ ζβέννυτε
σβέννυτε, WH

ΖΕΒΕΔΑΙΟΣ 2199

Mt 4 21 εἶδεν . . . Ἰάκωβον τὸν τ. Ζεβεδαίου κ. Ἰωάνην τ. ἀδελφὸν αὐτοῦ,
ἐν τ. πλοίῳ μετὰ Ζεβεδαίου τ. πατρὸς αὐτῶν
10 2 Ἰάκωβος ὁ τ. Ζεβεδαίου κ. Ἰωάνης ὁ ἀδελφὸς αὐτοῦ
20 20 προσῆλθεν αὐτῷ ἡ μήτηρ τ. υἱῶν Ζεβεδαίου
26 37 παραλαβὼν τ. Πέτρον κ. τοὺς δύο υἱοὺς Ζεβεδαίου
27 56 ἐν αἷς ἦν . . . ἡ μήτηρ τ. υἱῶν Ζεβεδαίου
Mk 1 19 εἶδεν Ἰάκωβον τὸν τ. Ζεβεδαίου κ. Ἰωάνην τ. ἀδελφὸν αὐτοῦ
20 ἀφέντες τ. πατέρα αὐτῶν Ζεβεδαῖον ἐν τ. πλοίῳ
3 17 Ἰάκωβον τὸν τ. Ζεβεδαίου κ. Ἰωάνην τ. ἀδελφὸν τ. Ἰακώβου
10 35 Ἰάκωβος κ. Ἰωάνης οἱ δύο υἱοὶ Ζεβεδαίου

Lu 5 10 ὁμοίως δὲ κ. Ἰάκωβον κ. Ἰωάνην υἱοὺς Ζεβεδαίου
Jo 21 2 κ. οἱ τοῦ Ζεβεδαίου

ΖΕΣΤΟ'Σ** 2200

Re 3 15 ὅτι οὔτε ψυχρὸς εἶ οὔτε ζεστός· ὄφελον ψυχρὸς ἦς ἢ ζεστός.
16 οὕτως ὅτι χλιαρὸς εἶ κ. οὔτε ζεστὸς οὔτε ψυχρός

ΖΕΥ͂ΓΟΣ 2201

Lu 2 24 ζεῦγος τρυγόνων ἢ δύο νοσσοὺς περιστερῶν
שְׁתֵּי־תֹרִים אוֹ שְׁנֵי בְּנֵי יוֹנָה, Lev. xii. 8
14 19 ζεύγη βοῶν ἠγόρασα πέντε

ΖΕΥΚΤΗΡΙ'Α* † 2202

Ac 27 40 ἅμα ἀνέντες τ. ζευκτηρίας τ. πηδαλίων

ΖΕΥ'Σ 2203

Ac 14 12 ἐκάλουν τε τ. Βαρνάβαν Δία
13 ὅ τε ἱερεὺς τ. Διὸς τ. ὄντος πρὸ τ. πόλεως

ΖΕ'Ω 2204

Ac 18 25 οὗτος ἦν . . . ζέων τ. πνεύματι
Ro 12 11 τ. σπουδῇ μὴ ὀκνηροὶ τ. πνεύματι ζέοντες

ΖΗΛΕΥ'Ω * 2204.5 cf. 2206

Re 3 19 ζήλευε οὖν κ. μετανόησον

ΖΗ͂ΛΟΣ 2205

Jo 2 17 ὁ ζῆλος τ. οἴκου σου καταφάγεταί με
קִנְאַת בֵּיתְךָ אֲכָלָתְנִי, Ps. lxix. 10
Ac 5 17 ὁ ἀρχιερεὺς κ. πάντες οἱ σὺν αὐτῷ . . . ἐπλήσθησαν ζήλου
13 45 ἰδόντες δὲ οἱ Ἰουδαῖοι τ. ὄχλους ἐπλήσθησαν ζήλου
Ro 10 2 μαρτυρῶ γὰρ αὐτοῖς ὅτι ζῆλον Θεοῦ ἔχουσιν
13 13 μὴ ἔριδι κ. ζήλῳ
ἔρισι κ. ζήλοις, WH mg.
I Co 3 3 ὅπου γὰρ ἐν ὑμῖν ζῆλος κ. ἔρις
II Co 7 7 ἀναγγέλλων ἡμῖν . . . τὸν ὑμῶν ζῆλον ὑπὲρ ἐμοῦ
11 πόσην κατειργάσατο ὑμῖν σπουδήν . . . ἀλλὰ ζῆλον ἀλλὰ ἐκδίκησιν
9 2 τὸ ὑμῶν ζῆλος ἠρέθισε τ. πλείονας
11 2 ζηλῶ γὰρ ὑμᾶς Θεοῦ ζήλῳ
12 20 μή πως ἔρις ζῆλος θυμοὶ ἐριθίαι
Ga 5 20 ἔρις ζῆλος θυμοὶ ἐριθίαι
ζῆλοι, WH marg. R
Phl 3 6 κατὰ ζῆλος διώκων τ. ἐκκλησίαν
He 10 27 πυρὸς ζῆλος ἐσθίειν μέλλοντος τ. ὑπεναντίους
Ja 3 14 εἰ δὲ ζῆλον πικρὸν ἔχετε κ. ἐριθίαν
16 ὅπου γὰρ ζῆλος κ. ἐριθία

ΖΗΛΟ'Ω 2206 cf. 2204.5

Ac 7 9 οἱ πατριάρχαι ζηλώσαντες τὸν Ἰωσὴφ ἀπέδοντο εἰς Αἴγυπτον
17 5 ζηλώσαντες δὲ οἱ Ἰουδαῖοι . . . ἐθορύβουν τ. πόλιν
I Co 12 31 ζηλοῦτε δὲ τὰ χαρίσματα τὰ μείζονα
13 4 ἡ ἀγάπη οὐ ζηλοῖ
14 1 ζηλοῦτε δὲ τὰ πνευματικά
39 ὥστε ἀδελφοί μου ζηλοῦτε τὸ προφητεύειν
II Co 11 2 ζηλῶ γὰρ ὑμᾶς Θεοῦ ζήλῳ
Ga 4 17 ζηλοῦσιν ὑμᾶς οὐ καλῶς, ἀλλὰ ἐκκλεῖσαι ὑμᾶς θέλουσιν ἵνα αὐτοὺς ζηλοῦτε.
18 καλὸν δὲ ζηλοῦσθαι ἐν καλῷ πάντοτε
Ja 4 2 φονεύετε κ. ζηλοῦτε κ. οὐ δύνασθε ἐπιτυχεῖν

ΖΗΛΩΤΗ'Σ 2207, 2208

Lu 6 15 Σίμωνα τ. καλούμενον Ζηλωτήν
Ac 1 13 Ἰάκωβος Ἀλφαίου κ. Σίμων ὁ ζηλωτής
21 20 πάντες ζηλωταὶ τ. νόμου ὑπάρχουσιν
22 3 ζηλωτὴς ὑπάρχων τ. Θεοῦ
I Co 14 12 ἐπεὶ ζηλωταί ἐστε πνευμάτων
Ga 1 14 περισσοτέρως ζηλωτὴς ὑπάρχων τ. πατρικῶν μου παραδόσεων
Tit 2 14 λαὸν περιούσιον ζηλωτὴν καλῶν ἔργων
I Pe 3 13 ἐὰν τ. ἀγαθοῦ ζηλωταὶ γένησθε

ΖΗΜΙ'Α 2209

Ac 27 10 μετὰ ὕβρεως κ. πολλῆς ζημίας οὐ μόνον τ. φορτίου
21 κερδῆσαί τε τ. ὕβριν ταύτην κ. τ. ζημίαν
Phl 3 7 ταῦτα ἥγημαι διὰ τ. Χριστὸν ζημίαν·
8 ἀλλὰ μὲν οὖν γε κ. ἡγοῦμαι πάντα ζημίαν εἶναι

ΖΗΜΙΟ'Ω 2210

Mt 16 26 τὴν δὲ ψυχὴν αὐτοῦ ζημιωθῇ
Mk 8 36 κ. ζημιωθῆναι τ. ψυχὴν αὐτοῦ
Lu 9 25 ἑαυτὸν δὲ ἀπολέσας ἢ ζημιωθείς
I Co 3 15 εἴ τινος τὸ ἔργον κατακαήσεται ζημιωθήσεται
II Co 7 9 ἵνα ἐν μηδενὶ ζημιωθῆτε ἐξ ἡμῶν
Phl 3 8 δι' ὃν τὰ πάντα ἐζημιώθην

ΖΗΝΑ͂Σ 2211

Tit 3 13 Ζηνᾶν τ. νομικὸν κ. Ἀπολλὼν σπουδαίως πρόπεμψον

ΖΗΤΕ'Ω 2212

(1) ζ. τ. Θεόν (2) abs. (3) seq. πῶς, τίς, εἰ (4) ζ. περί (5) seq. ἵνα

Mt 2 13 μέλλει γὰρ Ἡρῴδης ζητεῖν τὸ παιδίον
20 τεθνήκασιν γὰρ οἱ ζητοῦντες τ. ψυχὴν τ. παιδίου
6 33 ζητεῖτε δὲ πρῶτον τ. βασιλείαν κ. τ. δικαιοσύνην αὐτοῦ
7 7 [2] ζητεῖτε κ. εὑρήσετε
8 [2] πᾶς γὰρ . . . ὁ ζητῶν εὑρίσκει
12 43 διέρχεται δι' ἀνύδρων τόπων ζητοῦν ἀνάπαυσιν
46 εἱστήκεισαν ἔξω ζητοῦντες αὐτῷ λαλῆσαι
47 ἔξω ἑστήκασιν ζητοῦντές σοι λαλῆσαι —h. v., [T] WH non mg. R mg.
13 45 ὁμοία . . . ἐμπόρῳ ζητοῦντι καλοὺς μαργαρίτας
18 12 πορευθεὶς ζητεῖ τὸ πλανώμενον

Mt 21 46 ζητοῦντες αὐτὸν κρατῆσαι ἐφοβήθησαν τ. ὄχλους
26 16 [5] ἀπὸ τότε ἐζήτει εὐκαιρίαν ἵνα αὐτὸν παραδῷ
59 ἐζήτουν ψευδομαρτυρίαν κατὰ τ. Ἰησοῦ
28 5 οἶδα γὰρ ὅτι Ἰησοῦν τ. ἐσταυρωμένον ζητεῖτε
Mk 1 37 λέγουσιν αὐτῷ ὅτι Πάντες ζητοῦσίν σε
3 32 ἡ μήτηρ σου κ. οἱ ἀδελφοί σου ἔξω ζητοῦσίν σε
8 11 ζητοῦντες παρ' αὐτοῦ σημεῖον ἀπὸ τ. οὐρανοῦ
12 τί ἡ γενεὰ αὕτη ζητεῖ σημεῖον;
11 18 [3] ἐζήτουν πῶς αὐτὸν ἀπολέσωσιν
12 12 ἐζήτουν αὐτὸν κρατῆσαι
14 1 [8] ἐζήτουν . . . πῶς αὐτὸν ἐν δόλῳ κρατήσαντες ἀποκτείνωσιν
11 [8] ἐζήτει πῶς αὐτὸν εὐκαίρως παραδοῖ
55 οἱ δὲ ἀρχιερεῖς . . . ἐζήτουν κατὰ τ. Ἰησοῦ μαρτυρίαν
16 6 Ἰησοῦν ζητεῖτε τ. Ναζαρηνὸν τ. ἐσταυρωμένον
Lu 2 48 ὁ πατήρ σου κ. ἐγὼ ὀδυρόμενοι ζητοῦμέν σε
ἐζητοῦμέν, TR
49 τί ὅτι ἐζητεῖτέ με;
5 18 ἐζήτουν αὐτὸν εἰσενεγκεῖν
6 19 πᾶς ὁ ὄχλος ἐζήτουν ἅπτεσθαι αὐτοῦ
9 9 ἐζήτει ἰδεῖν αὐτόν
11 9 [2] ζητεῖτε κ. εὑρήσετε
10 [2] πᾶς γὰρ . . . ὁ ζητῶν εὑρίσκει
16 σημεῖον ἐξ οὐρανοῦ ἐζήτουν παρ' αὐτοῦ
24 διέρχεται δι' ἀνύδρων τόπων ζητοῦν ἀνάπαυσιν
29 σημεῖον ζητεῖ κ. σημεῖον οὐ δοθήσεται αὐτῇ
54 ζητοῦντες ἀφορμήν τινα λαβεῖν αὐτοῦ
—h. v., TWH non mg. R
12 29 [8] ὑμεῖς μὴ ζητεῖτε τί φάγητε κ. τί πίητε
31 πλὴν ζητεῖτε τ. βασιλείαν αὐτοῦ
48 παντὶ δὲ ᾧ ἐδόθη πολὺ πολὺ ζητηθήσεται παρ' αὐτοῦ
13 6 ἦλθεν ζητῶν καρπὸν ἐν αὐτῇ κ. οὐχ εὗρεν
7 τρία ἔτη ἀφ' οὗ ἔρχομαι ζητῶν καρπὸν ἐν τ. συκῇ ταύτῃ
24 ὅτι πολλοὶ λέγω ὑμῖν ζητήσουσιν εἰσελθεῖν
15 8 ζητεῖ ἐπιμελῶς ἕως οὗ εὕρῃ
17 33 ὃς ἐὰν ζητήσῃ τ. ψυχὴν αὐτοῦ περιποιήσασθαι
19 3 ἐζήτει ἰδεῖν τ. Ἰησοῦν τίς ἐστιν
10 ἦλθεν γὰρ ὁ υἱὸς τ. ἀνθρώπου ζητῆσαι κ. σῶσαι τὸ ἀπολωλός
47 οἱ δὲ ἀρχιερεῖς . . . ἐζήτουν αὐτὸν ἀπολέσαι
20 19 ἐζήτησαν . . . ἐπιβαλεῖν ἐπ' αὐτὸν τ. χεῖρας
22 2 [8] ἐζήτουν . . . τὸ πῶς ἀνέλωσιν αὐτόν
6 ἐζήτει εὐκαιρίαν τοῦ παραδοῦναι αὐτὸν ἄτερ ὄχλου αὐτοῖς
24 5 τί ζητεῖτε τ. ζῶντα μετὰ τ. νεκρῶν;
Jo 1 39 λέγει αὐτοῖς Τί ζητεῖτε
4 23 ὁ πατὴρ τοιούτους ζητεῖ τ. προσκυνοῦντας αὐτόν
27 οὐδεὶς μέντοι εἶπεν Τί ζητεῖς;
5 18 διὰ τοῦτο οὖν μᾶλλον ἐζήτουν αὐτὸν οἱ Ἰουδαῖοι ἀποκτεῖναι

Jo 5 30 ὅτι οὐ ζητῶ τὸ θέλημα τὸ ἐμόν
44 τ. δόξαν τὴν παρὰ τ. μόνου Θεοῦ οὐ ζητεῖτε
6 24 ἦλθον εἰς Καφαρναοὺμ ζητοῦντες τ. Ἰησοῦν
26 ζητεῖτέ με οὐχ ὅτι εἴδετε σημεῖα
7 1 ὅτι ἐζήτουν αὐτὸν οἱ Ἰουδαῖοι ἀποκτεῖναι
4 κ. ζητεῖ αὐτὸς ἐν παρρησίᾳ εἶναι
11 οἱ οὖν Ἰουδαῖοι ἐζήτουν αὐτὸν ἐν τ. ἑορτῇ
18 ὁ ἀφ' ἑαυτοῦ λαλῶν τ. δόξαν τ. ἰδίαν ζητεῖ·
ὁ δὲ ζητῶν τ. δόξαν τ. πέμψαντος αὐτόν
19 τί με ζητεῖτε ἀποκτεῖναι;
20 τίς σε ζητεῖ ἀποκτεῖναι;
25 οὐχ οὗτός ἐστιν ὃν ζητοῦσιν ἀποκτεῖναι;
30 ἐζήτουν οὖν αὐτὸν πιάσαι
34 ζητήσετέ με κ. οὐχ εὑρήσετέ με
36 ζητήσετέ με κ. οὐχ εὑρήσετέ με
8 21 ζητήσετέ με κ. ἐν τ. ἁμαρτίᾳ ὑμῶν ἀποθανεῖσθε
37 ἀλλὰ ζητεῖτέ με ἀποκτεῖναι
40 νῦν δὲ ζητεῖτέ με ἀποκτεῖναι
50 ἐγὼ δὲ οὐ ζητῶ τ. δόξαν μου·
[2] ἔστιν ὁ ζητῶν κ. κρίνων
10 39 ἐζήτουν οὖν αὐτὸν πάλιν πιάσαι
11 8 Ῥαββεὶ νῦν ἐζήτουν σε λιθάσαι οἱ Ἰουδαῖοι
56 ἐζήτουν οὖν τ. Ἰησοῦν κ. ἔλεγον μετ' ἀλλήλων
13 33 ζητήσετέ με κ. καθὼς εἶπον τ. Ἰουδαίοις
16 19 [4] περὶ τούτου ζητεῖτε μετ' ἀλλήλων
18 4 ἐξῆλθεν κ. λέγει αὐτοῖς Τίνα ζητεῖτε;
7 πάλιν οὖν ἐπηρώτησεν αὐτοὺς Τίνα ζητεῖτε;
8 εἰ οὖν ἐμὲ ζητεῖτε ἄφετε τούτους ὑπάγειν
19 12 ἐκ τούτου ὁ Πειλᾶτος ἐζήτει ἀπολῦσαι αὐτόν
20 15 γύναι τί κλαίεις; τίνα ζητεῖς;
Ac 9 11 ζήτησον ἐν οἰκίᾳ Ἰούδα Σαῦλον ὀνόματι Ταρσέα
10 19 ἰδοὺ ἄνδρες δύο ζητοῦντές σε
21 ἰδοὺ ἐγώ εἰμι ὃν ζητεῖτε
13 8 ζητῶν διαστρέψαι τ. ἀνθύπατον ἀπὸ τ. πίστεως
11 περιάγων ἐζήτει χειραγωγούς
16 10 εὐθέως ἐζητήσαμεν ἐξελθεῖν εἰς Μακεδονίαν
17 5 ἐζήτουν αὐτοὺς προαγαγεῖν εἰς τ. δῆμον
27 [1 3] ζητεῖν τ. Θεόν εἰ ἄρα γε ψηλαφήσειαν αὐτὸν κ. εὕροιεν
21 31 ζητούντων τε αὐτὸν ἀποκτεῖναι
27 30 τ. δὲ ναυτῶν ζητούντων φυγεῖν ἐκ τ. πλοίου
Ro 2 7 τοῖς μὲν . . . τιμὴν κ. ἀφθαρσίαν ζητοῦσιν
3 11 [1] οὐκ ἔστιν ὁ ζητῶν τ. Θεόν
ἔστ. ἐκζητῶν, WH non mg.; ἔστ. ὁ ἐκζ., TR
10 3 τὴν ἰδίαν ζητοῦντες στῆσαι
20 εὑρέθην τοῖς ἐμὲ μὴ ζητοῦσιν
נִמְצֵאתִי לְלֹא בִקְשֻׁנִי, Is. lxv. 1
11 3 κἀγὼ ὑπελείφθην μόνος κ. ζητοῦσιν τ. ψυχήν μου
וָאִוָּתֵר אֲנִי לְבַדִּי וַיְבַקְשׁוּ אֶת־נַפְשִׁי לְקַחְתָּהּ
1 Ki. xix. 10
1 Co 1 22 Ἕλληνες σοφίαν ζητοῦσιν
4 2 ὧδε λοιπὸν ζητεῖται ἐν τ. οἰκονόμοις
7 27 δέδεσαι γυναικί; μὴ ζήτει λύσιν.
λέλυσαι ἀπὸ γυναικός; μὴ ζήτει γυναῖκα

I Co 10 24 μηδεὶς τὸ ἑαυτοῦ ζητείτω
33 μὴ ζητῶν τὸ ἐμαυτοῦ σύμφορον
13 5 οὐ ζητεῖ τὰ ἑαυτῆς
14 12 [b] πρὸς τ. οἰκοδομὴν τ. ἐκκλησίας ζητεῖτε ἵνα περισσεύητε
II Co 12 14 οὐ γὰρ ζητῶ τὰ ὑμῶν ἀλλὰ ὑμᾶς
13 3 ἐπεὶ δοκιμὴν ζητεῖτε τοῦ ἐν ἐμοὶ λαλοῦντος Χριστοῦ
Ga 1 10 ἢ ζητῶ ἀνθρώποις ἀρέσκειν;
2 17 εἰ δὲ ζητοῦντες δικαιωθῆναι ἐν Χριστῷ
Phl 2 21 οἱ πάντες γὰρ τὰ ἑαυτῶν ζητοῦσιν
Col 3 1 τὰ ἄνω ζητεῖτε
I Th 2 6 οὔτε ζητοῦντες ἐξ ἀνθρώπων δόξαν
II Ti 1 17 σπουδαίως ἐζήτησέν με κ. εὗρεν
He 8 7 οὐκ ἂν δευτέρας ἐζητεῖτο τόπος
I Pe 3 11 ζητησάτω εἰρήνην κ. διωξάτω αὐτήν
בַּקֵּשׁ שָׁלוֹם וְרָדְפֵהוּ, Ps. xliv. 15
5 8 ὡς λέων ὠρυόμενος περιπατεῖ ζητῶν καταπιεῖν
Re 9 6 ἐν τ. ἡμέραις ἐκείναις ζητήσουσιν οἱ ἄνθρωποι τ. θάνατον

ΖΗ΄ΤΗΜΑ 2213

Ac 15 2 ἀναβαίνειν . . . εἰς Ἰερουσαλὴμ περὶ τ. ζητήματος τούτου
18 15 εἰ δὲ ζητήματά ἐστιν περὶ λόγου κ. ὀνομάτων
23 29 ὃν εὗρον ἐγκαλούμενον περὶ ζητημάτων τ. νόμου αὐτῶν
25 19 ζητήματα δέ τινα περὶ τ. ἰδίας δεισιδαιμονίας
26 3 μάλιστα γνώστην ὄντα σε πάντων τῶν κατὰ Ἰουδαίους ἐθῶν τε κ. ζητημάτων

ΖΗ΄ΤΗΣΙΣ* 2214 cf. 1567.5

Jo 3 25 ἐγένετο οὖν ζήτησις ἐκ τ. μαθητῶν Ἰωάνου μετὰ Ἰουδαίου
Ac 15 2 γενομένης δὲ στάσεως κ. ζητήσεως οὐκ ὀλίγης
7 πολλῆς δὲ ζητήσεως γενομένης
25 20 ἀπορούμενος δὲ ἐγὼ τὴν περὶ τούτων ζήτησιν
I Ti 6 4 νοσῶν περὶ ζητήσεις κ. λογομαχίας
II Ti 2 23 τὰς δὲ μωρὰς κ. ἀπαιδεύτους ζητήσεις παραιτοῦ
Tit 3 9 μωρὰς δὲ ζητήσεις κ. γενεαλογίας . . . περιίστασο

ΖΙΖΑ΄ΝΙΟΝ*† 2215

Mt 13 25 ἐπέσπειρεν ζιζάνια ἀνὰ μέσον τ. σίτου
26 τότε ἐφάνη κ. τὰ ζιζάνια
27 πόθεν οὖν ἔχει ζιζάνια;
29 μήποτε συλλέγοντες τὰ ζιζάνια ἐκριζώσητε ἅμα αὐτοῖς τ. σῖτον
30 συλλέξατε πρῶτον τὰ ζιζάνια
36 διασάφησον ἡμῖν τ. παραβολὴν τ. ζιζανίων τ. ἀγροῦ
38 τὰ δὲ ζιζάνιά εἰσιν οἱ υἱοὶ τ. πονηροῦ
40 ὥσπερ οὖν συλλέγεται τὰ ζιζάνια

ΖΜΥ΄ΡΝΑ *Vide* ΣΜΥ΄ΡΝΑ, 4666

ΖΟΡΟΒΑ΄ΒΕΛ 2216

Mt 1 12 Σαλαθιὴλ δὲ ἐγέννησεν τ. Ζοροβάβελ·
13 Ζοροβάβελ δὲ ἐγέννησεν τ. Ἀβιούδ
Lu 3 27 τοῦ Ῥησὰ τοῦ Ζοροβάβελ τοῦ Σαλαθιὴλ

ΖΟ΄ΦΟΣ** 2217

He 12 18 οὐ γὰρ προσεληλύθατε . . . γνόφῳ κ ζόφῳ κ. θυέλλῃ
II Pe 2 4 ἀλλὰ σειροῖς ζόφου ταρταρώσας παρέδωκεν εἰς κρίσιν
17 οἷς ὁ ζόφος τ. σκότους τετήρηται
Ju 6 εἰς κρίσιν μεγάλης ἡμέρας . . . ὑπὸ ζόφον τετήρηκεν
13 οἷς ὁ ζόφος τ. σκότους εἰς αἰῶνα τετήρηται
οἷς ζόφ. σκότ., WH mg.

ΖΥΓΟ΄Σ 2218

Mt 11 29 ἄρατε τ. ζυγόν μου ἐφ' ὑμᾶς
30 ὁ γὰρ ζυγός μου χρηστός
Ac 15 10 ἐπιθεῖναι ζυγὸν ἐπὶ τ. τράχηλον τ. μαθητῶν
Ga 5 1 μὴ πάλιν ζυγῷ δουλείας ἐνέχεσθε
I Ti 6 1 ὅσοι εἰσὶν ὑπὸ ζυγὸν δοῦλοι
Re 6 5 ὁ καθήμενος ἐπ' αὐτὸν ἔχων ζυγὸν ἐν τ. χειρὶ αὐτοῦ

ΖΥ΄ΜΗ 2219

Mt 13 33 ὁμοία ἐστὶν ἡ βασιλεία τ. οὐρανῶν ζύμῃ
16 6 προσέχετε ἀπὸ τ. ζύμης τ. Φαρισαίων κ. Σαδδουκαίων
11 προσέχετε δὲ ἀπὸ τ. ζύμης τ. Φαρισαίων κ. Σαδδουκαίων
12 ὅτι οὐκ εἶπεν προσέχειν ἀπὸ τ. ζύμης τ. ἄρτων
ἀπ. τ. ζύμ. τ. Φαρισαίων κ. Σαδδουκαίων, T
Mk 8 15 βλέπετε ἀπὸ τ. ζύμης τ. Φαρισαίων κ. τ. ζύμης Ἡρῴδου
Lu 12 1 προσέχετε ἑαυτοῖς ἀπὸ τ. ζύμης . . . τ. Φαρισαίων
13 21 ὁμοία ἐστὶν ζύμῃ ἣν λαβοῦσα γυνὴ
I Co 5 6 οὐκ οἴδατε ὅτι μικρὰ ζύμη ὅλον τὸ φύραμα ζυμοῖ;
7 ἐκκαθάρατε τ. παλαιὰν ζύμην
8 ὥστε ἑορτάζωμεν μὴ ἐν ζύμῃ παλαιᾷ, μηδὲ ἐν ζύμῃ κακίας κ. πονηρίας
Ga 5 9 μικρὰ ζύμη ὅλον τὸ φύραμα ζυμοῖ

ΖΥΜΟ΄Ω 2220

Mt 13 33 ἕως οὗ ἐζυμώθη ὅλον
Lu 13 21 ἕως οὗ ἐζυμώθη ὅλον
I Co 5 6 οὐκ οἴδατε ὅτι μικρὰ ζύμη ὅλον τὸ φύραμα ζυμοῖ;
Ga 5 9 μικρὰ ζύμη ὅλον τὸ φύραμα ζυμοῖ

ΖΩΓΡΕ΄Ω 2221

Lu 5 10 ἀπὸ τοῦ νῦν ἀνθρώπους ἔσῃ ζωγρῶν
II Ti 2 26 ἐζωγρημένοι ὑπ' αὐτοῦ εἰς τὸ ἐκείνου θέλημα

ΖΩΗ΄ 2222

(1) ζ. αἰώνιος (2) ζ. αὕτη, ἡ νῦν
(3) ἔχειν ζωήν (4) ζωὴ . . . θάνατος

Mt 7 14 τεθλιμμένη ἡ ὁδὸς ἡ ἀπάγουσα εἰς τ. ζωήν
18 8 καλόν σοί ἐστιν εἰσελθεῖν εἰς τ. ζωὴν κυλλὸν ἢ χωλόν
9 καλόν σοί ἐστιν μονόφθαλμον εἰς τ. ζωὴν εἰσελθεῖν
19 16 [1] [3] τί ἀγαθὸν ποιήσω ἵνα σχῶ ζωὴν αἰώνιον;
17 εἰ δὲ θέλεις εἰς τ. ζωὴν εἰσελθεῖν
29 [1] ζωὴν αἰώνιον κληρονομήσει
25 46 [1] οἱ δὲ δίκαιοι εἰς ζωὴν αἰώνιον
Mk 9 43 καλόν ἐστίν σε κυλλὸν εἰσελθεῖν εἰς τ. ζωήν
45 καλόν ἐστίν σε εἰσελθεῖν εἰς τ. ζωὴν χωλόν
10 17 [1] τί ποιήσω ἵνα ζωὴν αἰώνιον κληρονομήσω
30 [1] ἐν τ. αἰῶνι τ. ἐρχομένῳ ζωὴν αἰώνιον +λήμψεται, WH mg.
Lu 10 25 [1] τί ποιησας ζωὴν αἰώνιον κληρονομήσω;
12 15 οὐκ ἐν τ. περισσεύειν τινὶ ἡ ζωὴ αὐτοῦ ἐστὶν ἐκ τ. ὑπαρχόντων αὐτῷ
16 25 μνήσθητι ὅτι ἀπέλαβες τὰ ἀγαθά σου ἐν τ. ζωῇ σου
18 18 [1] τί ποιήσας ζωὴν αἰώνιον κληρονομήσω;
30 [1] ἐν τ. αἰῶνι τ. ἐρχομένῳ ζωὴν αἰώνιον
Jo 1 4 ἐν αὐτῷ ζωὴ ἦν,
ζ. ἐστιν, TWH mg.
κ. ἡ ζωὴ ἦν τὸ φῶς τ. ἀνθρώπων
3 15 [1] [3] ἵνα πᾶς ὁ πιστεύων ἐν αὐτῷ ἔχῃ ζωὴν αἰώνιον
16 [1] [3] ἵνα πᾶς ὁ πιστεύων εἰς αὐτὸν μὴ ἀπόληται ἀλλὰ ἔχῃ ζωὴν αἰώνιον
36 [1] [3] ὁ πιστεύων εἰς τ. υἱὸν ἔχει ζωὴν αἰώνιον· ὁ δὲ ἀπειθῶν τ. υἱῷ οὐκ ὄψεται ζωήν
4 14 [1] πηγὴ ὕδατος ἁλλομένου εἰς ζωὴν αἰώνιον
36 [1] συνάγει καρπὸν εἰς ζωὴν αἰώνιον
5 24 [1] [3] ὁ . . . πιστεύων τ. πέμψαντί με ἔχει ζωὴν αἰώνιον
24 [4] μεταβέβηκεν ἐκ τ. θανάτου εἰς τ. ζωήν
26 [3] ὥσπερ γὰρ ὁ πατὴρ ἔχει ζωὴν ἐν ἑαυτῷ,
[3] οὕτως κ. τ. υἱῷ ἔδωκεν ζωὴν ἔχειν ἐν ἑαυτῷ
29 ἐκπορεύσονται οἱ τὰ ἀγαθὰ ποιήσαντες εἰς ἀνάστασιν ζωῆς
39 [1] [3] ὑμεῖς δοκεῖτε ἐν αὐταῖς ζωὴν αἰώνιον ἔχειν
40 [3] οὐ θέλετε ἐλθεῖν πρός με ἵνα ζωὴν ἔχητε
6 27 [1] τ. βρῶσιν τ. μένουσαν εἰς ζωὴν αἰώνιον
33 ὁ . . . ζωὴν διδοὺς τ. κόσμῳ
35 ἐγώ εἰμι ὁ ἄρτος τ. ζωῆς
40 [1] [3] ἵνα πᾶς ὁ θεωρῶν τ. υἱὸν . . . ἔχῃ ζωὴν αἰώνιον
47 [1] [3] ὁ πιστεύων ἔχει ζωὴν αἰώνιον.
48 ἐγώ εἰμι ὁ ἄρτος τ. ζωῆς
51 ἡ σάρξ μου ἐστὶν ὑπὲρ τῆς τ. κόσμου ζωῆς
ὑπ. τῆς τ. κ. ζωῆς ἡ σ. μ. ἐστ., T
53 [3] οὐχ ἔχετε ζωὴν ἐν ἑαυτοῖς.
54 [1] [3] ὁ τρώγων μου τ. σάρκα . . . ἔχει ζωὴν αἰώνιον
63 τὰ ῥήματα ἃ ἐγὼ λελάληκα ὑμῖν πνεῦμά ἐστιν κ. ζωή ἐστιν

Jo 6 68 [1] ῥήματα ζωῆς αἰωνίου ἔχεις
8 12 ἀλλ᾽ ἕξει τὸ φῶς τ. ζωῆς
10 10 [3] ἐγὼ ἦλθον ἵνα ζωὴν ἔχωσιν
28 [1] κἀγὼ δίδωμι αὐτοῖς ζωὴν αἰώνιον
11 25 ἐγώ εἰμι ἡ ἀνάστασις κ. ἡ ζωή
12 25 [1] εἰς ζωὴν αἰώνιον φυλάξει αὐτήν
50 [1] ἡ ἐντολὴ αὐτοῦ ζωὴ αἰώνιός ἐστιν
14 6 ἐγώ εἰμι ἡ ὁδὸς κ. ἡ ἀλήθεια κ. ἡ ζωή
17 2 [1] ἵνα πᾶν ὃ δέδωκας αὐτῷ δώσει αὐτοῖς ζωὴν αἰώνιον.
3 [1] αὕτη δέ ἐστιν ἡ αἰώνιος ζωή
20 31 [3] ἵνα πιστεύοντες ζωὴν ἔχητε ἐν τ. ὀνόματι αὐτοῦ
Ac 2 28 ἐγνώρισάς μοι ὁδοὺς ζωῆς
תּוֹדִיעֵנִי אֹרַח חַיִּים, Ps. xvi. 11
3 15 τ. δὲ ἀρχηγὸν τ. ζωῆς ἀπεκτείνατε
5 20 λαλεῖτε ἐν τ. ἱερῷ τ. λαῷ πάντα τὰ ῥήματα τ. ζωῆς ταύτης
8 33 ὅτι αἴρεται ἀπὸ τ. γῆς ἡ ζωὴ αὐτοῦ
כִּי נִגְזַר מֵאֶרֶץ חַיִּים, Is. liii. 8
11 18 κ. τ. ἔθνεσιν ὁ Θεὸς τ. μετάνοιαν εἰς ζωὴν ἔδωκεν
13 46 [1] οὐκ ἀξίους κρίνετε ἑαυτοὺς τῆς αἰωνίου ζωῆς
48 [1] ἐπίστευσαν ὅσοι ἦσαν τεταγμένοι εἰς ζωὴν αἰώνιον
17 25 αὐτὸς διδοὺς πᾶσι ζωὴν κ. πνοὴν κ. τ. πάντα
Ro 2 7 [1] τοῖς μὲν καθ᾽ ὑπομονὴν ἔργου ἀγαθοῦ δόξαν . . . ζητοῦσιν ζωὴν αἰώνιον
5 10 καταλλαγέντες σωθησόμεθα ἐν τ. ζωῇ αὐτοῦ
17 ἐν ζωῇ βασιλεύσουσιν διὰ τ. ἑνὸς Ἰησοῦ Χριστοῦ
18 εἰς πάντας ἀνθρώπους εἰς δικαίωσιν ζωῆς
21 [1] οὕτως κ. ἡ χάρις βασιλεύσῃ διὰ δικαιοσύνης εἰς ζωὴν αἰώνιον
6 4 οὕτως κ. ἡμεῖς ἐν καινότητι ζωῆς περιπατήσωμεν
22 [1] τὸ δὲ τέλος ζωὴν αἰώνιον
23 [1] τὸ δὲ χάρισμα τ. Θεοῦ ζωὴ αἰώνιος
7 10 [4] εὑρέθη μοι ἡ ἐντολὴ ἡ εἰς ζωήν
8 2 ὁ γὰρ νόμος τ. πνεύματος τ. ζωῆς ἐν Χριστῷ Ἰησοῦ
6 [4] τὸ δὲ φρόνημα τ. πνεύματος ζωὴ κ. εἰρήνη
10 τὸ δὲ πνεῦμα ζωὴ διὰ δικαιοσύνην
38 [4] οὔτε θάνατος οὔτε ζωὴ . . . δυνήσεται ἡμᾶς χωρίσαι
11 15 τίς ἡ πρόσλημψις εἰ μὴ ζωὴ ἐκ νεκρῶν;
I Co 3 22 [4] εἴτε κόσμος εἴτε ζωὴ εἴτε θάνατος
15 19 [2] εἰ ἐν τ. ζωῇ ταύτῃ ἐν Χριστῷ ἠλπικότες ἐσμὲν μόνον
II Co 2 16 οἷς δὲ ὀσμὴ ἐκ ζωῆς εἰς ζωήν
4 10 ἵνα κ. ἡ ζωὴ τ. Ἰησοῦ ἐν τ. σώματι ἡμῶν φανερωθῇ
11 ἵνα κ. ἡ ζωὴ τ. Ἰησοῦ φανερωθῇ
12 [4] ὥστε ὁ θάνατος ἐν ἡμῖν ἐνεργεῖται ἡ δὲ ζωὴ ἐν ὑμῖν
5 4 ἵνα καταποθῇ τὸ θνητὸν ὑπὸ τ. ζωῆς
Ga 6 8 [1] ἐκ τ. πνεύματος θερίσει ζωὴν αἰώνιον
Eph 4 18 ἀπηλλοτριωμένοι τ. ζωῆς τ. Θεοῦ
Phl 1 20 [4] μεγαλυνθήσεται Χριστὸς . . . εἴτε διὰ ζωῆς εἴτε διὰ θανάτου
2 16 λόγον ζωῆς ἐπέχοντες
4 3 ὧν τὰ ὀνόματα ἐν βίβλῳ ζωῆς
Col 3 3 ἡ ζωὴ ὑμῶν κέκρυπται συν τ. Χριστῷ ἐν τ. Θεῷ·

Col 3 *4* ὅταν ὁ Χριστὸς φανερωθῇ ἡ ζωὴ ἡμῶν
ἡ ζ. ὑμῶν, TWH mg. R mg.
I Ti 1 16 [1] τ. μελλόντων πιστεύειν ἐπ' αὐτῷ εἰς ζωὴν
αἰώνιον
4 8 [2] ἐπαγγελίαν ἔχουσα ζωῆς τῆς νῦν κ. τ.
μελλούσης
6 12 [1] ἐπιλαβοῦ τῆς αἰωνίου ζωῆς
19 ἵνα ἐπιλάβωνται τῆς ὄντως ζωῆς
II Ti 1 1 κατ' ἐπαγγελίαν ζωῆς τῆς ἐν Χριστῷ Ἰησοῦ
10 φωτίσαντος δὲ ζωὴν κ. ἀφθαρσίαν διὰ τ.
εὐαγγελίου
Tit 1 2 [1] ἐπ' ἐλπίδι ζωῆς αἰωνίου
3 7 [1] ἵνα . . κληρονόμοι γενηθῶμεν κατ' ἐλ-
πίδα ζωῆς αἰωνίου
He 7 3 μήτε ἀρχὴν ἡμερῶν μήτε ζωῆς τέλος ἔχων
16 ἀλλὰ κατὰ δύναμιν ζωῆς ἀκαταλύτου
Ja 1 12 δόκιμος γενόμενος λήμψεται τ. στέφανον
τ. ζωῆς
4 14 ποία ἡ ζωὴ ὑμῶν
I Pe 3 7 ὡς κ. συνκληρονόμοι χάριτος ζωῆς
10 ὁ γὰρ θέλων ζωὴν ἀγαπᾶν
מִי־הָאִישׁ הֶחָפֵץ חַיִּים, Ps. xxxiv. 13
II Pe 1 3 τ. θείας δυνάμεως αὐτοῦ τὰ πρὸς ζωὴν κ.
εὐσέβειαν δεδωρημένης
I Jo 1 1 αἱ χεῖρες ἡμῶν ἐψηλάφησαν περὶ τ. λόγου
τ. ζωῆς·
2 κ. ἡ ζωὴ ἐφανερώθη
2 [1] ἀπαγγέλλομεν ὑμῖν τ. ζωὴν τὴν αἰώνιον
2 25 [1] ἣν αὐτὸς ἐπηγγείλατο ἡμῖν τ. ζωὴν τὴν
αἰώνιον
3 14 [4] οἴδαμεν ὅτι μεταβεβήκαμεν ἐκ τ. θανάτου
εἰς τ. ζωήν
15 [1 8] πᾶς ἀνθρωποκτόνος οὐκ ἔχει ζωὴν
αἰώνιον ἐν αὐτῷ μένουσαν
5 11 [1] ὅτι ζωὴν αἰώνιον ἔδωκεν ὁ Θεὸς ἡμῖν·
[2] κ. αὕτη ἡ ζωὴ ἐν τ. υἱῷ αὐτοῦ ἐστίν.
12 [8] ὁ ἔχων τ. υἱὸν ἔχει τ. ζωήν·
[8] ὁ μὴ ἔχων τ. υἱὸν τ. Θεοῦ τ. ζωὴν οὐκ
ἔχει
13 [1 8] ἵνα εἰδῆτε ὅτι ζωὴν ἔχετε αἰώνιον
16 αἰτήσει κ. δώσει αὐτῷ ζωήν
20 [1] οὗτός ἐστιν ὁ ἀληθινὸς Θεὸς κ. ζωὴ αἰώνιος
Ju 21 [1] προσδεχόμενοι τὸ ἔλεος τ. Κυρίου ἡμῶν
. . . εἰς ζωὴν αἰώνιον
Re 2 7 δώσω αὐτῷ φαγεῖν ἐκ τ. ξύλου τ. ζωῆς
10 δώσω σοι τ. στέφανον τ. ζωῆς
3 5 οὐ μὴ ἐξαλείψω τὸ ὄνομα αὐτοῦ ἐκ τῆς βίβλου
τ. ζωῆς
7 17 ὁδηγήσει αὐτοὺς ἐπὶ ζωῆς πηγὰς ὑδάτων
11 11 πνεῦμα ζωῆς ἐκ τ. Θεοῦ εἰσῆλθεν ἐν αὐτοῖς
13 8 οὗ οὐ γέγραπται τὸ ὄνομα αὐτοῦ ἐν τ.
βιβλίῳ τ. ζωῆς τ. ἀρνίου
16 3 πᾶσα ψυχὴ ζωῆς ἀπέθανεν τὰ ἐν τ. θα-
λάσσῃ
17 8 ὧν οὐ γέγραπται τὸ ὄνομα ἐπὶ τὸ βιβλίον
τ. ζωῆς
20 12 ἄλλο βιβλίον ἠνοίχθη ὅ ἐστιν τ. ζωῆς
15 εἴ τις οὐχ εὑρέθη ἐν τῇ βίβλῳ τ. ζωῆς
γεγραμμένος
21 6 ἐγὼ τ. διψῶντι δώσω ἐκ τ. πηγῆς τ. ὕδατος
τ. ζωῆς δωρεάν
27 εἰ μὴ οἱ γεγραμμένοι ἐν τ. βιβλίῳ τ. ζωῆς
τ. ἀρνίου
22 1 ἔδειξέν μοι ποταμὸν ὕδατος ζωῆς
2 ξύλον ζωῆς ποιοῦν καρποὺς δώδεκα
Re 22 14 ἵνα ἔσται ἡ ἐξουσία αὐτῶν ἐπὶ τὸ ξύλον τ.
ζωῆς
17 ὁ θέλων λαβέτω ὕδωρ ζωῆς δωρεάν
19 ἀφελεῖ ὁ Θεὸς τὸ μέρος αὐτοῦ ἀπὸ τ. ξύλου
τ. ζωῆς

ΖΩ'ΝΗ 2223

Mt 3 4 εἶχεν . . . ζώνην δερματίνην περὶ τ. ὀσφὺν
αὐτοῦ
10 9 μὴ κτήσησθε . . . χαλκὸν εἰς τ. ζώνας
ὑμᾶς
Mk 1 6 ἐνδεδυμένος . . . ζώνην δερματίνην περὶ τ.
ὀσφὺν αὐτοῦ
6 8 μὴ ἄρτον μὴ πήραν μὴ εἰς τ. ζώνην χαλκόν
Ac 21 11 ἄρας τ. ζώνην τ. Παύλου
11 τ. ἄνδρα οὗ ἐστιν ἡ ζώνη αὕτη
Re 1 13 περιεζωσμένον πρὸς τ. μαστοῖς ζώνην
χρυσᾶν
15 6 περιεζωσμένοι περὶ τὰ στήθη ζώνας χρυσᾶς

ΖΩ'ΝΝΥΜΙ 2224

Jo 21 18 ὅταν ἦς νεώτερος ἐζώννυες σεαυτόν
18 ἐκτενεῖς τ. χεῖράς σου κ. ἄλλος ζώσει σε
σε ζώσει, T
Ac 12 8 ζῶσαι κ. ὑπόδησαι τὰ σανδάλιά σου

ΖΩΟΓΟΝΕ'Ω 2225

Lu 17 33 ὃς δ' ἂν ἀπολέσει ζωογονήσει αὐτήν
Ac 7 19 τοῦ ποιεῖν τὰ βρέφη ἔκθετα αὐτῶν εἰς τὸ
μὴ ζωογονεῖσθαι
I Ti 6 13 ἐνώπιον τ. Θεοῦ τ. ζωογονοῦντος τὰ πάντα

ΖΩ͂ΟΝ 2226

ζῶον, T

He 13 11 ὧν γὰρ εἰσφέρεται ζῴων τὸ αἷμα περὶ ἁμαρ-
τίας εἰς τὰ ἅγια
II Pe 2 12 ὡς ἄλογα ζῷα γεγεννημένα φυσικά
Ju 10 ὅσα δὲ φυσικῶς ὡς τὰ ἄλογα ζῷα ἐπί-
στανται
Re 4 6 τέσσερα ζῷα γέμοντα ὀφθαλμῶν ἔμπροσθεν
κ. ὄπισθεν.
7 κ. τὸ ζῷον τὸ πρῶτον ὅμοιον λέοντι,
κ. τὸ δεύτερον ζῷον ὅμοιον μόσχῳ,
κ. τὸ τρίτον ζῷον ἔχων τὸ πρόσωπον ὡς
ἀνθρώπου,
κ. τὸ τέταρτον ζῷον ὅμοιον ἀετῷ πετομένῳ
8 τὰ τέσσερα ζῷα ἓν καθ' ἓν αὐτῶν
9 ὅταν δώσουσιν τὰ ζῷα δόξαν κ. τιμήν
5 6 ἐν μέσῳ τ. θρόνου κ. τ. τεσσάρων ζῴων
. . ἀρνίον ἑστηκός
8 τὰ τέσσερα ζῷα . . . ἔπεσαν ἐνώπιον τ.
ἀρνίου
11 κύκλῳ τ. θρόνου κ. τ. ζῴων κ. τ. πρε-
σβυτέρων
14 τὰ τέσσερα ζῷα ἔλεγον Ἀμήν
6 1 ἤκουσα ἑνὸς ἐκ τ. τεσσάρων ζῴων λέγοντος
3 ἤκουσα τ. δευτέρου ζῴου λέγοντος
5 ἤκουσα τ. τρίτου ζῴου λέγοντος
6 ἤκουσα ὡς φωνὴν ἐν μέσῳ τ. τεσσάρων
ζῴων λέγουσαν
7 ἤκουσα φωνὴν τ. τετάρτου ζῴου λέγοντος
7 11 εἱστήκεισαν κύκλῳ τ. θρόνου κ. τ. πρε-
σβυτέρων κ. τ. τεσσάρων ζῴων

Re 14 3 ἐνώπιον τ. τεσσάρων ζῴων κ. τ. πρεσβυτέρων
15 7 ἓν ἐκ τ. τεσσάρων ζῴων ἔδωκεν τ. ἑπτὰ ἀγγέλοις ἑπτὰ φιάλας χρυσᾶς
19 4 ἔπεσαν τὰ τέσσερα ζῷα κ. προσεκύνησαν τ. Θεῷ

ΖΩΟΠΟΙΈΩ 2227

Jo 5 21 ὥσπερ γὰρ ὁ πατὴρ ἐγείρει τ. νεκροὺς κ. ζωοποιεῖ,
οὕτως κ. ὁ υἱὸς οὓς θέλει ζωοποιεῖ
6 63 τὸ πνεῦμά ἐστιν τὸ ζωοποιοῦν
Ro 4 17 Θεοῦ τ. ζωοποιοῦντος τ. νεκρούς
Ro 8 11 ὁ ἐγείρας ἐκ νεκρῶν Χριστὸν Ἰησοῦν ζωοποιήσει κ. τὰ θνητὰ σώματα ὑμῶν
I Co 15 22 οὕτως κ. ἐν τ. Χριστῷ πάντες ζωοποιηθήσονται
36 σὺ ὃ σπείρεις οὐ ζωοποιεῖται ἐὰν μὴ ἀποθάνῃ
45 ἐγένετο . . . ὁ ἔσχατος Ἀδὰμ εἰς πνεῦμα ζωοποιοῦν
II Co 3 6 τὸ γὰρ γράμμα ἀποκτείνει τὸ δὲ πνεῦμα ζωοποιεῖ
Ga 3 21 εἰ γὰρ ἐδόθη νόμος ὁ δυνάμενος ζωοποιῆσαι
I Pe 3 18 θανατωθεὶς μὲν σαρκὶ ζωοποιηθεὶς δὲ πνεύματι

Η

Ἤ 2228

aut

(1) ἢ πῶς, ἢ τίς (2) ἢ καί
(3) ἢ οὐ, μή (4) in dupl. interrog.

Mt 5. 17, 18, 36 ; 6. 24 (*bis*), 25 —T [WH], 31 (*bis*); 7. [1]4, [1]9, [2]10, 16 ; 9. [4]5 ; 10. 11, 14, 19, 37 (*bis*) ; 11. 3 ; 12. [3]5, 25, [1]29, 33 (*bis*) ; 13. 21 ; 15. 4, 5, 5 —WHR non mg. ; 16. 14, [1]26 ; 17. 25 (*bis*) ; 18. 8 (*ter*), 16 (*bis*), 20 ; 19. 29 —TWH mg., 29 (*ter*), 29 —TWHR non mg., 29 (*bis*), 29 —WH non mg. R ; 20. [3]15 —WHR, 15, 23 καὶ, TWH non mg. R ; 21. [4]25 ; 22. [4]17 ; 23. [4]17, [4]19 ; 24. 23 ; 25. 37, 38, 39, 44 (*quinquies*) ; 26. 53 ; 27. [4]17.

Mk 2. [4]9 ; 3. [4]4 (*bis*) ; 4. 17, 21, 30 ; 6. 56 (*bis*) ; 7. 10, 11, 12 ; 10. 29 (*sexies*), 38, 40 ; 11. [1]28, [4]30 ; 12. [3 4]14 (*bis*) ; 13. 21 —TWH, 32, 35 (*quater*).

Lu 2. 24 ; 5. [4]23 ; 6. [4]9 (*bis*), [1]42 —TWH ; 7. [4]19, [4]20 ; 8. 16 ; 9. 25 ; 10. 42 —TR non mg. ; 11. [2]11 —WH non mg., [2]12 ; 12. [1]11 [WH], [1]11, 14, [2 4]41, 47 ; 13. 4, 15 ; 14. [3 4]3, 5, 12, [1]31 ; 15. [1]8 ; 16. 13 (*bis*) ; 17. 7, 21, 23 —TWH mg. R ; 18. [2]11, 29 (*quater*) ; 20. [1]2, [4]4, [3 4]22 ; 21. 15 ; 22. [4]27, 68 —h. v. TWH non mg. R.

Jo 2. 6 ; 4. 27 ; 6. 19 ; 7. [4]17, [4]48 ; 8. 14 ; 9. 2, [1]21 ; 13. 29 ; 18. [4]34.

Ac 1. 7 ; 3. 12 (*bis*) ; 4. 7, 34 ; 5. 38 ; 7. [1]49 ; 8. [4]34 ; 10. 28 (*bis*) ; 11. 8 ; 17. 21, 29 (*bis*) ; 18. 14 ; 19. 12 ; 20. 33 (*bis*) ; 23. 9, 29 ; 24. 12, 20 ; 25. 6 ; 26. 31 ; 28. 6, 17, 21.

Ro 1. 21 ; 2. 4, [2]15 ; 3. [1]1, 29 ; 4. [2 4]9, [4]10, 13 ; 6. 3, 16 ; 7. 1 ; 8. 35 (*sexies*) ; 9. 11, [3]21 ; 10. [1]7 ; 11. [3]2, [1]34, [1]35 ; 14. 4, [2]10, 13 —WH mg., 21 (*bis*), —TWHR non mg.

I Co 1. [4]13 ; 2. 1 ; 4. 3, 21 ; 5. 10 (*bis*), 11 (*quinquies*) ; 6. [3]2, [3]9, [3]16, [3]19 ; 7. 11, 15, [1]16 ; 9. 6, [1]7 [WH], [2 4]8, [4]10 ; 10. [4]19, 22 ; 11. 4, 5, 6, [4]22, 27 ; 12. 21 ; 13. 1 ; 14. 6 (*quater*), 7, 23, 24, 27, 29, [4]36 (*bis*), 37 ; 15. 37 ; 16. [2]6 —καὶ, WH non mg.

II Co 1. [2]13, [4]17 ; 3. [3]1, [4]1 ; 6. [1]14, [1]15 ; 9. 7 ; 10. 12 ; 11. 4 (*bis*), 7 ; 12. 6 ; 13. [3]5.

Ga 1. 8, 10 (*bis*) ; 2. 2 ; 3. [4]2, [4]5, 15.

Eph 3. 20 ; 5. 3, 4 καὶ, WHR, 4, 5 (*bis*), 27 (*bis*).

Phl 3. 12.

Col 2. 16 καὶ, WH non mg., 16 (*ter*) ; 3. 17.

I Th 2. 19 (*bis*), [3]19.

II Th 2. 4.

I Ti 2. 9 (*bis*) ; 5. 4, 19.

Tit 1. 6 ; 3. 12.

Phm 18.

He 2. 6 ; 10. 28 ; 12. 16.

Ja 1. 17 ; 2. 3, 15 ; 3. 12 ; 4. 5, 11, 13, 15.

I Pe 1. 11, 18 ; 3. 3, 9 ; 4. 15 (*ter*).

Re 3. 15 ; 13. 16, 17 (*bis*) ; 14. 9.

quam

(1) πρὶν ἤ (2) ἢ ἵνα, ὅτε
Cf. infra, ἀλλ' ἤ, ἢ γάρ

Mt 1. [1]18 ; 10. 15 ; 11. 22, 24 ; 18. 8, 9, 13 ; 19. 24.

Mk 9. 43, 45, 47 ; 10. 25 ; 14. [1]30.

Lu 2. [1]26 [WH] ; 9. 13 ; 10. 12, 14 ; 15. 7 ; 16. 17 ; 17. [2]2 ; 18. 25.

Jo 3. 19 ; 4. 1 [WH].

Ac 2. [1]20 —TWH non mg. R ; 4. 19 ; 5. 29 ; 7. [1]2 ; 17. 21 ; 20. 35 ; 24. 21 ; 25. [1]16 ; 27. 11.

Ro 13. [2]11.

I Co 7. 9 ; 9. 15 ; 14. 5, 19.

Ga 4. 27.

I Ti 1. 4.

II Ti 3. 4.

He 11. 25.

I Pe 3. 17.

II Pe 2. 21.

I Jo 4. 4.

ἈΛΛ' Ἦ

Lu 12 51 οὐχὶ λέγω ὑμῖν ἀλλ' ἢ διαμερισμόν
II Co 1 13 οὐ γὰρ ἄλλα γράφομεν ὑμῖν ἀλλ' ἢ ἃ ἀναγινώσκετε

Ἢ ΓΆΡ 2228.5 cf. 1063

Lu 18 14 κατέβη οὗτος δεδικαιωμένος . . . ἢ γὰρ ἐκεῖνος
παρ' ἐκεῖνον, WH

2230 ἩΓΕΜΟΝΕΎΩ* cf. 2010.5

Lu 2 2 πρώτη ἐγένετο ἡγεμονεύοντος τ. Συρίας Κυρηνίου
3 1 ἡγεμονεύοντος Ποντίου Πειλάτου τ. Ἰουδαίας
ἐπιτροπεύοντος, WH marg.

ἩΓΕΜΟΝΙ'Α 2231

Lu 8 1 ἐν ἔτει δὲ πεντεκαιδεκάτῳ τ. ἡγεμονίας Τιβερίου Καίσαρος

ἩΓΕΜΩ'Ν 2232

Mt 2 6 οὐδαμῶς ἐλαχίστη εἶ ἐν τ. ἡγεμόσιν Ἰούδα צָעִיר לִהְיוֹת בְּאַלְפֵי יְהוּדָה, Mic. v. 1
10 18 ἐπὶ ἡγεμόνας δὲ κ. βασιλεῖς ἀχθήσεσθε
27 2 παρέδωκαν Πειλάτῳ τ. ἡγεμόνι
11 ὁ δὲ Ἰησοῦς ἐστάθη ἔμπροσθεν τ. ἡγεμόνος· κ. ἐπηρώτησεν αὐτὸν ὁ ἡγεμὼν λέγων
14 ὥστε θαυμάζειν τ. ἡγεμόνα λίαν
15 εἰώθει ὁ ἡγεμὼν ἀπολύειν ἕνα τ. ὄχλῳ δέσμιον
21 ἀποκριθεὶς δὲ ὁ ἡγεμὼν εἶπεν αὐτοῖς
27 τότε οἱ στρατιῶται τ. ἡγεμόνος παραλαβόντες τ. Ἰησοῦν
28 14 ἐὰν ἀκουσθῇ τοῦτο ἐπὶ τ. ἡγεμόνος
ὑπὸ τ. ἡγ., WH marg.
Mk 13 9 ἐπὶ ἡγεμόνων κ. βασιλέων σταθήσεσθε
Lu 20 20 ὥστε παραδοῦναι αὐτὸν τ. ἀρχῇ κ. τ. ἐξουσίᾳ τ. ἡγεμόνος
21 12 ἀπαγομένους ἐπὶ βασιλεῖς κ. ἡγεμόνας
Ac 23 24 ἵνα . . . διασώσωσιν πρὸς Φήλικα τ. ἡγεμόνα
26 Κλαύδιος Λυσίας τ. κρατίστῳ ἡγεμόνι Φήλικι χαίρειν
33 ἀναδόντες τ. ἐπιστολὴν τ. ἡγεμόνι
24 1 οἵτινες ἐνεφάνισαν τ. ἡγεμόνι κατὰ τ. Παύλου
10 νεύσαντος αὐτῷ τ. ἡγεμόνος λέγειν
26 30 ἀνέστη τε ὁ βασιλεὺς κ. ὁ ἡγεμών
I Pe 2 14 εἴτε ἡγεμόσιν ὡς δι' αὐτοῦ πεμπομένοις

ἩΓΕ'ΟΜΑΙ 2233

(1) ἡγούμενος

Mt 2 6 [1] ἐκ σοῦ γὰρ ἐξελεύσεται ἡγούμενος מִמְּךָ לִי יֵצֵא לִהְיוֹת מוֹשֵׁל בְּיִשְׂרָאֵל, Mic. v. 1
Lu 22 26 [1] γινέσθω . . . ὁ ἡγούμενος ὡς ὁ διακονῶν
Ac 7 10 [1] κατέστησεν αὐτὸν ἡγούμενον ἐπ' Αἴγυπτον
14 12 [1] ἐπειδὴ αὐτὸς ἦν ὁ ἡγούμενος τ. λόγου
15 22 [1] Ἰούδαν . . . κ. Σίλαν ἄνδρας ἡγουμένους ἐν τ. ἀδελφοῖς
26 2 ἥγημαι ἐμαυτὸν μακάριον
II Co 9 5 ἀναγκαῖον οὖν ἡγησάμην παρακαλέσαι τ. ἀδελφούς
Phl 2 3 τ. ταπεινοφροσύνῃ ἀλλήλους ἡγούμενοι ὑπερέχοντας ἑαυτῶν
6 οὐχ ἁρπαγμὸν ἡγήσατο τὸ εἶναι ἴσα Θεῷ
25 ἀναγκαῖον δὲ ἡγησάμην Ἐπαφρόδιτον . . . πέμψαι
3 7 ταῦτα ἥγημαι διὰ τ. Χριστὸν ζημίαν·
8 ἀλλὰ μὲν οὖν γε κ. ἡγοῦμαι πάντα ζημίαν εἶναι
8 ἡγοῦμαι σκύβαλα ἵνα Χριστὸν κερδήσω
I Th 5 13 ἐρωτῶμεν δὲ ὑμᾶς . . . ἡγεῖσθαι αὐτοὺς ὑπερεκπερισσοῦ ἐν ἀγάπῃ
II Th 3 15 μὴ ὡς ἐχθρὸν ἡγεῖσθε
I Ti 1 12 ὅτι πιστόν με ἡγήσατο θέμενος εἰς διακονίαν
6 1 τ. ἰδίους δεσπότας πάσης τιμῆς ἀξίους ἡγείσθωσαν
He 10 29 τὸ αἷμα τ. διαθήκης κοινὸν ἡγησάμενος
11 11 ἐπεὶ πιστὸν ἡγήσατο τ. ἐπαγγειλάμενον
26 μείζονα πλοῦτον ἡγησάμενος τῶν Αἰγύπτου θησαυρῶν
13 7 [1] μνημονεύετε τ. ἡγουμένων ὑμῶν
17 [1] πείθεσθε τ. ἡγουμένοις ὑμῶν κ. ὑπείκετε
24 [1] ἀσπάσασθε πάντας τ. ἡγουμένους ὑμῶν
Ja 1 2 πᾶσαν χαρὰν ἡγήσασθε ἀδελφοί μου
II Pe 1 13 δίκαιον δὲ ἡγοῦμαι . . . διεγείρειν ὑμᾶς ἐν ὑπομνήσει
2 13 ἡδονὴν ἡγούμενοι τὴν ἐν ἡμέρᾳ τρυφήν
3 9 ὥς τινες βραδυτῆτα ἡγοῦνται
15 τὴν τ. Κυρίου ἡμῶν μακροθυμίαν σωτηρίαν ἡγεῖσθε

ἩΔΕ'ΩΣ 2234

(1) ἥδιστα

Mk 6 20 πολλὰ ἠπόρει κ. ἡδέως αὐτοῦ ἤκουεν
12 37 ὁ πολὺς ὄχλος ἤκουεν αὐτοῦ ἡδέως
II Co 11 19 ἡδέως γὰρ ἀνέχεσθε τ. ἀφρόνων
12 9 [1] ἥδιστα οὖν μᾶλλον καυχήσομαι ἐν τ. ἀσθενείαις
15 [1] ἐγὼ δὲ ἥδιστα δαπανήσω κ. ἐκδαπανηθήσομαι

ἜΔΗ 2235

(1) ἤδη ποτέ (2) νῦν . . . ἤδη

Mt 3 10 ἤδη δὲ ἡ ἀξίνη πρὸς τ. ῥίζαν τ. δένδρων κεῖται
5 28 ἤδη ἐμοίχευσεν αὐτὴν ἐν τ. καρδίᾳ αὐτοῦ
14 15 ἡ ὥρα ἤδη παρῆλθεν
παρ. ἤδη, TWH mg.
24 τὸ δὲ πλοῖον ἤδη σταδίους πολλοὺς ἀπὸ τ. γῆς ἀπεῖχεν
15 32 ἤδη ἡμέραι τρεῖς προσμένουσίν μοι
[ἤδη], WH
17 12 λέγω δὲ ὑμῖν ὅτι Ἠλείας ἤδη ἦλθεν
24 32 ὅταν ἤδη ὁ κλάδος αὐτῆς γένηται ἁπαλός
Mk 4 37 ὥστε ἤδη γεμίζεσθαι τὸ πλοῖον
6 35 ἤδη ὥρας πολλῆς γενομένης
35 κ. ἤδη ὥρα πολλή
8 2 ἤδη ἡμέραι τρεῖς προσμένουσίν μοι
11 11 ὀψὲ ἤδη οὔσης τῆς ὥρας
13 28 ὅταν ἤδη ὁ κλάδος αὐτῆς ἁπαλὸς γένηται
αὐτ. ἤδη ὁ κλ., T
15 42 ἤδη ὀψίας γενομένης
44 ὁ δὲ Πειλᾶτος ἐθαύμασεν εἰ ἤδη τέθνηκεν ἐπηρώτησεν αὐτὸν εἰ ἤδη ἀπέθανεν
πάλαι, TWH mg. R non mg.
Lu 3 9 ἤδη δὲ κ. ἡ ἀξίνη πρὸς τ. ῥίζαν τ. δένδρων κεῖται
7 6 ἤδη δὲ αὐτοῦ οὐ μακρὰν ἀπέχοντος ἀπὸ τ. οἰκίας
11 7 ἤδη ἡ θύρα κέκλεισται
12 49 κ. τί θέλω εἰ ἤδη ἀνήφθη;
14 17 ἔρχεσθε ὅτι ἤδη ἕτοιμά ἐστιν
19 37 ἐγγίζοντος δὲ αὐτοῦ ἤδη πρὸς τ. καταβάσει τ. ὄρους
21 30 ὅταν προβάλωσιν ἤδη
30 γινώσκετε ὅτι ἤδη ἐγγὺς τὸ θέρος ἐστίν
23 44 ἦν ἤδη ὡσεὶ ὥρα ἕκτη
24 29 κέκλικεν ἤδη ἡ ἡμέρα
Jo 3 18 ὁ μὴ πιστεύων ἤδη κέκριται
4 36 ἤδη ὁ θερίζων μισθὸν λαμβάνει
ἤδη· ὁ θερ., R non mg.

Jo 4 51 ἤδη δὲ αὐτοῦ καταβαινοντος
5 6 γνοὺς ὅτι πολὺν ἤδη χρόνον ἔχει
6 17 σκοτία ἤδη ἐγεγόνει
κατέλαβεν δὲ αὐτοὺς ἡ σκ., T
7 14 ἤδη δὲ τ. ἑορτῆς μεσούσης
9 22 ἤδη γὰρ συνετέθειντο οἱ Ἰουδαῖοι
27 εἶπον ὑμῖν ἤδη κ. οὐκ ἠκούσατε
11 17 εὗρεν αὐτὸν τέσσαρας ἤδη ἡμέρας ἔχοντα ἐν τ. μνημείῳ
—ἤδη, T
39 Κύριε ἤδη ὄζει
13 2 τ. διαβόλου ἤδη βεβληκότος εἰς τ. καρδίαν
15 3 ἤδη ὑμεῖς καθαροί ἐστε
19 28 εἰδὼς ὁ Ἰησοῦς ὅτι ἤδη πάντα τετέλεσται
33 ὡς εἶδον ἤδη αὐτὸν τεθνηκότα
21 4 πρωίας δὲ ἤδη γινομένης
14 τοῦτο ἤδη τρίτον ἐφανερώθη Ἰησοῦς
Ac 4 3 ἦν γὰρ ἑσπέρα ἤδη
27 9 ὄντος ἤδη ἐπισφαλοῦς τ. πλοός,
διὰ τὸ κ. τ. νηστείαν ἤδη παρεληλυθέναι
Ro 1 10 [1] εἴ πως ἤδη ποτὲ εὐοδωθήσομαι ἐν τ. θελήματι τ. Θεοῦ
4 19 κατενόησεν τὸ ἑαυτοῦ σῶμα ἤδη νενεκρωμένον
—ἤδη T [WH] R marg.
13 11 ὥρα ἤδη ὑμᾶς ἐξ ὕπνου ἐγερθῆναι
I Co 4 8 ἤδη κεκορεσμένοι ἐστέ; ἤδη ἐπλουτήσατε;
5 3 ἤδη κέκρικα ὡς παρὼν τὸν οὕτως τοῦτο κατεργασάμενον
6 7 ἤδη μὲν οὖν ὅλως ἥττημα ὑμῖν ἐστίν
Phl 3 12 οὐχ ὅτι ἤδη ἔλαβον ἢ ἤδη τετελείωμαι
4 10 [1] ἤδη ποτὲ ἀνεθάλετε τὸ ὑπὲρ ἐμοῦ φρονεῖν
II Th 2 7 τὸ γὰρ μυστήριον ἤδη ἐνεργεῖται τ. ἀνομίας
I Ti 5 15 ἤδη γάρ τινες ἐξετράπησαν ὀπίσω τοῦ Σατανᾶ
II Ti 2 18 λέγοντες ἀνάστασιν ἤδη γεγονέναι
4 6 ἐγὼ γὰρ ἤδη σπένδομαι
II Pe 3 1 ταύτην ἤδη . . . δευτέραν ὑμῖν γράφω ἐπιστολήν
I Jo 2 8 τὸ φῶς τὸ ἀληθινὸν ἤδη φαίνει
4 3 [2] κ. νῦν ἐν τ. κόσμῳ ἐστὶν ἤδη

ἭΔΙΣΤΑ *Vide* ἩΔΈΩΣ, 2234

ἩΔΟΝΗ΄ 2237

Lu 8 14 ὑπὸ . . . ἡδονῶν τ. βίου πορευόμενοι συνπνίγονται
Tit 3 3 δουλεύοντες ἐπιθυμίαις κ. ἡδοναῖς ποικίλαις
Ja 4 1 οὐκ ἐντεῦθεν ἐκ τ. ἡδονῶν ὑμῶν
3 ἵνα ἐν τ. ἡδοναῖς ὑμῶν δαπανήσητε
II Pe 2 13 ἡδονὴν ἡγούμενοι τὴν ἐν ἡμέρᾳ τρυφήν

ἩΔΥ΄ΟΣΜΟΝ * 2238

Mt 23 23 ἀποδεκατοῦτε τὸ ἡδύοσμον κ. τὸ ἄνηθον κ. τὸ κύμινον
Lu 11 42 ἀποδεκατοῦτε τὸ ἡδύοσμον κ. τὸ πήγανον κ. πᾶν λάχανον

ἮΘΟΣ ** 2239

I Co 15 33 φθείρουσιν ἤθη χρηστὰ ὁμιλίαι κακαί

ἭΚΩ 2240

Mt 8 11 πολλοὶ ἀπὸ ἀνατολῶν κ. δυσμῶν ἥξουσιν
23 36 ἥξει ταῦτα πάντα ἐπὶ τ. γενεὰν ταύτην
24 14 κ. τότε ἥξει τὸ τέλος
50 ἥξει ὁ κύριος τ. δούλου ἐκείνου ἐν ἡμέρᾳ ᾗ οὐ προσδοκᾷ
Mk 8 3 κ τινες αὐτῶν ἀπὸ μακρόθεν ἥκασιν
εἰσίν, WH
Lu 12 46 ἥξει ὁ κύριος τ. δούλου ἐκείνου ἐν ἡμέρᾳ ᾗ οὐ προσδοκᾷ
13 29 ἥξουσιν ἀπὸ ἀνατολῶν κ. δυσμῶν
35 ἕως ἥξει ὅτε εἴπητε
—ἥξ. ὅτε, WHR
15 27 ὁ ἀδελφός σου ἥκει
19 43 ἥξουσιν ἡμέραι ἐπὶ σέ
Jo 2 4 οὔπω ἥκει ἡ ὥρα μου
4 47 ἀκούσας ὅτι Ἰησοῦς ἥκει ἐκ τ. Ἰουδαίας εἰς τ. Γαλιλαίαν
6 37 πᾶν ὃ δίδωσί μοι ὁ πατὴρ πρὸς ἐμὲ ἥξει
8 42 ἐγὼ γὰρ ἐκ τ. Θεοῦ ἐξῆλθον κ. ἥκω
Ro 11 26 ἥξει ἐκ Σιὼν ὁ ῥυόμενος
בָּא לְצִיּוֹן גּוֹאֵל, Is. lix. 20
He 10 7 ἰδοὺ ἥκω . . . τοῦ ποιῆσαι ὁ Θεὸς τὸ θέλημά σου
הִנֵּה־בָאתִי . לַעֲשׂוֹת רְצוֹנְךָ אֱלֹהַי, Ps. xl. 8, 9
9 ἰδοὺ ἥκω τοῦ ποιῆσαι τὸ θέλημά σου, Ps. *l.c.*
37 ὁ ἐρχόμενος ἥξει κ. οὐ χρονίσει
בֹּא יָבֹא לֹא יְאַחֵר, Hab. ii. 3
II Pe 3 10 ἥξει δὲ ἡμέρα Κυρίου ὡς κλέπτης
I Jo 5 20 οἴδαμεν δὲ ὅτι ὁ υἱὸς τ. Θεοῦ ἥκει
Re 2 25 πλὴν ὃ ἔχετε κρατήσατε ἄχρι οὗ ἂν ἥξω
3 3 ἐὰν οὖν μὴ γρηγορήσῃς ἥξω ὡς κλέπτης,
κ. οὐ μὴ γνῷς ποίαν ὥραν ἥξω ἐπὶ σέ
9 ποιήσω αὐτοὺς ἵνα ἥξουσιν κ. προσκυνήσωσιν
15 4 ὅτι πάντα τὰ ἔθνη ἥξουσιν κ. προσκυνήσουσιν
18 8 ἐν μιᾷ ἡμέρᾳ ἥξουσιν αἱ πληγαὶ αὐτῆς

ἩΛΕΙ΄ 2241

Mt 27 46 ἠλεὶ ἠλεὶ λεμὰ σαβαχθανεί
Ἐλωί ἐλωί, WH ; Ἠλεί ἠλεί, WH mg.

ἩΛΕΙ΄ 2242

Lu 3 23 ὢν υἱὸς ὡς ἐνομίζετο Ἰωσὴφ τοῦ Ἡλεί

ἨΛΕΙ΄ΑΣ 2243

Ἡλείας, T

Mt 11 14 αὐτός ἐστιν Ἠλείας ὁ μέλλων ἔρχεσθαι
16 14 ἄλλοι δὲ Ἠλείαν
17 3 ὤφθη αὐτοῖς Μωυσῆς κ. Ἠλείας
4 σοὶ μίαν κ. Μωυσεῖ μίαν κ. Ἠλείᾳ μίαν
10 ὅτι Ἠλείαν δεῖ ἐλθεῖν πρῶτον
11 Ἠλείας μὲν ἔρχεται κ. ἀποκαταστήσει πάντα·
12 λέγω δὲ ὑμῖν ὅτι Ἠλείας ἤδη ἦλθεν
27 47 ἔλεγον ὅτι Ἠλείαν φωνεῖ οὗτος

Mt 27 49 ἴδωμεν εἰ ἔρχεται 'Ηλείας σώσων αὐτόν
Mk 6 15 ἄλλοι δὲ ἔλεγον ὅτι 'Ηλείας ἐστίν
8 28 κ. ἄλλοι 'Ηλείαν
9 4 ὤφθη αὐτοῖς 'Ηλείας σὺν Μωυσεῖ
5 σοὶ μίαν κ. Μωυσεῖ μίαν κ. 'Ηλείᾳ μίαν
11 ὅτι 'Ηλείαν δεῖ ἐλθεῖν πρῶτον
12 'Ηλείας μὲν ἐλθὼν πρῶτον ἀποκαθιστάνει πάντα
13 ἀλλὰ λέγω ὑμῖν ὅτι κ. 'Ηλείας ἐλήλυθεν
15 35 ἀκούσαντες ἔλεγον "Ιδε 'Ηλείαν φωνεῖ
36 ἴδωμεν εἰ ἔρχεται 'Ηλείας καθελεῖν αὐτόν
Lu 1 17 προελεύσεται . . . ἐν πνεύματι κ. δυνάμει 'Ηλείᾳ
4 25 πολλαὶ χῆραι ἦσαν ἐν τ. ἡμέραις 'Ηλείου ἐν τ. 'Ισραήλ
26 πρὸς οὐδεμίαν αὐτῶν ἐπέμφθη 'Ηλείας
9 8 ὑπό τινων δὲ ὅτι 'Ηλείας ἐφάνη
19 ἄλλοι δὲ 'Ηλείαν
30 ἄνδρες δύο . . . οἵτινες ἦσαν Μωυσῆς κ. 'Ηλείας
33 μίαν σοὶ κ. μίαν Μωυσεῖ κ. μίαν 'Ηλείᾳ
54 ὡς κ. 'Ηλείας ἐποίησεν
—h. v., TWH non mg. R non mg.
Jo 1 21 τί οὖν; σὺ 'Ηλείας εἶ;
—σύ, T [WH]; τί οὖν σύ; 'Ηλ. εἶ, WH mg.
25 εἰ σὺ οὐκ εἶ ὁ Χριστὸς οὐδὲ 'Ηλείας οὐδὲ ὁ προφήτης
Ro 11 2 ἢ οὐκ οἴδατε ἐν 'Ηλείᾳ τί λέγει ἡ γραφή;
Ja 5 17 'Ηλείας ἄνθρωπος ἦν ὁμοιοπαθὴς ἡμῖν

ἩΛΙΚΙ'Α 2244

Mt 6 27 προσθεῖναι ἐπὶ τ. ἡλικίαν αὐτοῦ πῆχυν ἕνα
Lu 2 52 'Ιησοῦς προέκοπτεν τ. σοφίᾳ κ. ἡλικίᾳ
ἐν τ. σοφ. κ. ἡλ., T
12 25 ἐπὶ τ. ἡλικίαν αὐτοῦ προσθεῖναι πῆχυν
προσθ. ἐπὶ τ. ἡλ. αὐτ., TWH mg.
19 3 ὅτι τ. ἡλικίᾳ μικρὸς ἦν
Jo 9 21 αὐτὸν ἐρωτήσατε αὐτὸς ἡλικίαν ἔχει
23 διὰ τοῦτο οἱ γονεῖς αὐτοῦ εἶπαν ὅτι 'Ηλικίαν ἔχει αὐτὸν ἐπερωτήσατε
Eph 4 13 εἰς μέτρον ἡλικίας τ. πληρώματος τ. Χριστοῦ
He 11 11 κ. παρὰ καιρὸν ἡλικίας

ἩΛΙ'ΚΟΣ* 2245

Ga 6 11 ἴδετε ἡλίκοις ὑμῖν γράμμασιν ἔγραψα
πηλίκοις, TWH non mg. R
Col 2 1 εἰδέναι ἡλίκον ἀγῶνα ἔχω ὑπὲρ ὑμῶν
Ja 3 5 ἰδοὺ ἡλίκον πῦρ ἡλίκην ὕλην ἀνάπτει

"ΗΛΙΟΣ 2246

(1) βλέπειν τ. ἥλιον

Mt 5 45 τ. ἥλιον αὐτοῦ ἀνατέλλει ἐπὶ πονηροὺς κ. ἀγαθούς
13 6 ἡλίου δὲ ἀνατείλαντος ἐκαυματίσθη
43 τότε οἱ δίκαιοι ἐκλάμψουσιν ὡς ὁ ἥλιος
17 2 ἔλαμψεν τὸ πρόσωπον αὐτοῦ ὡς ὁ ἥλιος
24 29 ὁ ἥλιος σκοτισθήσεται
Mk 1 32 ὅτε ἔδυσεν ὁ ἥλιος
4 6 ὅτε ἀνέτειλεν ὁ ἥλιος ἐκαυματίσθη
13 24 ὁ ἥλιος σκοτισθήσεται
Mk 16 2 ἔρχονται ἐπὶ τὸ μνημεῖον ἀνατείλαντος τ. ἡλίου
Lu 4 40 δύνοντος δὲ τ. ἡλίου
21 25 ἔσονται σημεῖα ἐν ἡλίῳ κ. σελήνῃ κ. ἄστροις
23 45 ἕως ὥρας ἐνάτης ἡλίου ἐκλείποντος
ἐν. κ. ἐσκοτίσθη ὁ ἥλιος, WH marg.
Ac 2 20 ὁ ἥλιος μεταστραφήσεται εἰς σκότος
הַשֶּׁמֶשׁ יֵהָפֵךְ לְחֹשֶׁךְ, Joel iii. 4
13 11 [1] μὴ βλέπων τ. ἥλιον ἄχρι καιροῦ
26 13 οὐρανόθεν ὑπὲρ τ. λαμπρότητα τ. ἡλίου
27 20 μήτε δὲ ἡλίου μήτε ἄστρων ἐπιφαινόντων
1 Co 15 41 ἄλλη δόξα ἡλίου
Eph 4 26 ὁ ἥλιος μὴ ἐπιδυέτω ἐπὶ παροργισμῷ ὑμῶν
Ja 1 11 ἀνέτειλεν γὰρ ὁ ἥλιος σὺν τ. καύσωνι
Re 1 16 ἡ ὄψις αὐτοῦ ὡς ὁ ἥλιος φαίνει ἐν τ. δυνάμει αὐτοῦ
6 12 ὁ ἥλιος ἐγένετο μέλας ὡς σάκκος τρίχινος
7 2 ἄλλον ἄγγελον ἀναβαίνοντα ἀπὸ ἀνατολῆς ἡλίου
16 οὐδὲ μὴ πέσῃ ἐπ' αὐτοὺς ὁ ἥλιος
8 12 ἐπλήγη τὸ τρίτον τ. ἡλίου
9 2 ἐσκοτώθη ὁ ἥλιος κ. ὁ ἀήρ
10 1 τὸ πρόσωπον αὐτοῦ ὡς ὁ ἥλιος
12 1 γυνὴ περιβεβλημένη τ. ἥλιον
16 8 ὁ τέταρτος ἐξέχεεν τ. φιάλην αὐτοῦ ἐπὶ τ. ἥλιον
12 ἵνα ἑτοιμάσθῃ ἡ ὁδὸς τ. βασιλέων τῶν ἀπὸ ἀνατολῆς ἡλίου
19 17 εἶδον ἕνα ἄγγελον ἑστῶτα ἐν τ. ἡλίῳ
21 23 ἡ πόλις οὐ χρείαν ἔχει τ. ἡλίου
22 5 οὐκ ἔχουσιν χρείαν φωτὸς λύχνου κ. φῶς ἡλίου
φωτὸς ἡλ., T

ἭΛΟΣ 2247

Jo 20 25 ἐὰν μὴ ἴδω ἐν τ. χερσὶν αὐτοῦ τ. τύπον τ. ἥλων,
κ. βάλω τ. δάκτυλόν μου εἰς τ. τύπον τ. ἥλων

ἩΜΕ'ΡΑ 2250

(1) ἡμ. . . . νύξ (2) ἡμ. κρίσεως, ἐσχάτη ἡμ. (3) ἡμ. Θεοῦ, Κυρίου, Χριστοῦ (4) καθ' ἡμέραν (5) δι' ἡμ., ἀφ' ἡμ. (6) ἡμέρας ὁδός (7) ἡμ. κλίνει, ἄγειν ἡμ.

Mt 2 1 ἐν ἡμέραις 'Ηρῴδου τ. βασιλέως
3 1 ἐν δὲ τ. ἡμέραις ἐκείναις παραγίνεται 'Ιωάνης ὁ βαπτιστής
4 2 [1] νηστεύσας ἡμέρας τεσσεράκοντα κ. νύκτας τεσσεράκοντα
6 34 ἀρκετὸν τ. ἡμέρᾳ ἡ κακία αὐτῆς
7 22 πολλοὶ ἐροῦσίν μοι ἐν ἐκείνῃ τ. ἡμέρᾳ
9 15 ἐλεύσονται δὲ ἡμέραι ὅταν ἀπαρθῇ ἀπ' αὐτῶν
10 15 [2] ἀνεκτότερον γῇ Σοδόμων κ. Γομόρρων ἐν ἡμέρᾳ κρίσεως
11 12 ἀπὸ δὲ τ. ἡμερῶν 'Ιωάνου τ. βαπτιστοῦ ἕως ἄρτι
22 [2] Τύρῳ κ. Σιδῶνι ἀνεκτότερον ἔσται ἐν ἡμέρᾳ κρίσεως
24 [2] γῇ Σοδόμων ἀνεκτότερον ἔσται ἐν ἡμέρᾳ κρίσεως

Mt 12 36 [2] ἀποδώσουσιν περὶ αὐτοῦ λόγον ἐν ἡμέρᾳ κρίσεως
40 [1] ὥσπερ γὰρ ἦν Ἰωνᾶς . . . τρεῖς ἡμέρας κ. τρεῖς νύκτας,
[1] οὕτως ἔσται ὁ υἱὸς τ. ἀνθρώπου . . . τρεῖς ἡμέρας κ. τρεῖς νύκτας
13 1 ἐν τῇ ἡμέρᾳ ἐκείνῃ ἐξελθὼν ὁ Ἰησοῦς
15 32 ἤδη ἡμέραι τρεῖς προσμένουσίν μοι
16 21 δεῖ αὐτὸν . . . τρίτῃ ἡμέρᾳ ἐγερθῆναι
17 1 μεθ' ἡμέρας ἓξ παραλαμβάνει ὁ Ἰησοῦς τ. Πέτρον
23 ἀποκτενοῦσιν αὐτὸν κ. τ. τρίτῃ ἡμέρᾳ ἐγερθήσεται
20 2 συμφωνήσας δὲ μετὰ τ. ἐργατῶν ἐκ δηναρίου τ. ἡμέραν
6 τί ὧδε ἑστήκατε ὅλην τ. ἡμέραν ἀργοί;
12 ἡμῖν . . . τ. βαστάσασι τὸ βάρος τ. ἡμέρας
19 τ. τρίτῃ ἡμέρᾳ ἐγερθήσεται
22 23 ἐν ἐκείνῃ τ. ἡμέρᾳ προσῆλθον αὐτῷ Σαδδουκαῖοι
46 οὐδὲ ἐτόλμησέν τις ἀπ' ἐκείνης τ. ἡμέρας ἐπερωτῆσαι αὐτὸν οὐκέτι
23 30 εἰ ἤμεθα ἐν τ. ἡμέραις τ. πατέρων ἡμῶν
24 19 οὐαὶ δὲ . . . τ. θηλαζούσαις ἐν ἐκείναις τ. ἡμέραις
22 εἰ μὴ ἐκολοβώθησαν αἱ ἡμέραι ἐκεῖναι
22 διὰ δὲ τ. ἐκλεκτοὺς κολοβωθήσονται αἱ ἡμέραι ἐκεῖναι
29 εὐθέως δὲ μετὰ τ. θλῖψιν τ. ἡμερῶν ἐκείνων
36 περὶ δὲ τ. ἡμέρας ἐκείνης κ. ὥρας οὐδεὶς οἶδεν
37 ὥσπερ γὰρ αἱ ἡμέραι τοῦ Νῶε
38 ὡς γὰρ ἦσαν ἐν τ. ἡμέραις ἐκείναις ταῖς πρὸ τ. κατακλυσμοῦ
38 ἄχρι ἧς ἡμέρας εἰσῆλθεν Νῶε εἰς τὴν κιβωτόν
42 οὐκ οἴδατε ποίᾳ ἡμέρᾳ ὁ κύριος ὑμῶν ἔρχεται
50 ἥξει ὁ κύριος τ. δούλου ἐκείνου ἐν ἡμέρᾳ ᾗ οὐ προσδοκᾷ
25 13 ὅτι οὐκ οἴδατε τ. ἡμέραν οὐδὲ τ. ὥραν
26 2 μετὰ δύο ἡμέρας τὸ πάσχα γίνεται
29 ἕως τ. ἡμέρας ἐκείνης ὅταν αὐτὸ πίνω
55 [4] καθ' ἡμέραν ἐν τ. ἱερῷ ἐκαθεζόμην διδάσκων
61 [5] δύναμαι . . . διὰ τριῶν ἡμερῶν οἰκοδομῆσαι
27 40 ὁ καταλύων τ. ναὸν κ. ἐν τρισὶν ἡμέραις οἰκοδομῶν
63 εἶπεν ἔτι ζῶν Μετὰ τρεῖς ἡμέρας ἐγείρομαι.
64 κέλευσον οὖν ἀσφαλισθῆναι τ. τάφον ἕως τ. τρίτης ἡμέρας
28 15 διεφημίσθη ὁ λόγος οὗτος παρὰ Ἰουδαίοις μέχρι τῆς σήμερον ἡμέρας
—ἡμέρας, T [WH]
20 ἐγὼ μεθ' ὑμῶν εἰμὶ πάσας τ. ἡμέρας
Mk 1 9 ἐγένετο ἐν ἐκείναις τ. ἡμέραις
13 ἦν ἐν τῇ ἐρήμῳ τεσσεράκοντα ἡμέρας
2 1 [5] εἰσελθὼν πάλιν εἰς Καφαρναοὺμ δι' ἡμερῶν
20 ἐλεύσονται δὲ ἡμέραι ὅταν ἀπαρθῇ ἀπ' αὐτῶν ὁ νυμφίος,
κ. τότε νηστεύσουσιν ἐν ἐκείνῃ τ. ἡμέρᾳ
4 27 [1] ὡς . . . καθεύδῃ κ. ἐγείρηται νύκτα κ. ἡμέραν
35 λέγει αὐτοῖς ἐν ἐκείνῃ τ. ἡμέρᾳ
5 5 [1] διὰ παντὸς νυκτὸς κ. ἡμέρας ἐν τ. μνήμασιν
6 21 γενομένης ἡμέρας εὐκαίρου
8 1 ἐν ἐκείναις τ. ἡμέραις πάλιν πολλοῦ ὄχλου ὄντος
2 ὅτι ἤδη ἡμέραι τρεῖς προσμένουσίν μοι
ἡμέραις τρισὶν, WH mg

Mk 8 31 δεῖ . . . μετὰ τρεῖς ἡμέρας ἀναστῆναι
9 2 μετὰ ἡμέρας ἓξ παραλαμβάνει ὁ Ἰησοῦς τ. Πέτρον
31 ἀποκτανθεὶς μετὰ τρεῖς ἡμέρας ἀναστήσεται
10 34 κ. μετὰ τρεῖς ἡμέρας ἀναστήσεται
13 2 [5] διὰ τριῶν ἡμερῶν ἄλλος ἀναστήσεται ἄνευ χειρῶν
—h. v., TWH non mg. R
17 οὐαὶ δὲ . . . τ. θηλαζούσαις ἐν ἐκείναις τ. ἡμέραις
19 ἔσονται γὰρ αἱ ἡμέραι ἐκεῖναι θλῖψις
20 εἰ μὴ ἐκολόβωσεν Κύριος τ. ἡμέρας
20 διὰ τ. ἐκλεκτοὺς . . . ἐκολόβωσεν τ. ἡμέρας
24 ἐν ἐκείναις τ. ἡμέραις μετὰ τ. θλῖψιν ἐκείνην
32 περὶ δὲ τ. ἡμέρας ἐκείνης ἢ τ. ὥρας οὐδεὶς οἶδεν
14 1 ἦν δὲ τὸ πάσχα . . . μετὰ δύο ἡμέρας
12 τ. πρώτῃ ἡμέρᾳ τ. ἀζύμων ὅτε τὸ πάσχα ἔθυον
25 ἕως τ. ἡμέρας ἐκείνης ὅταν αὐτὸ πίνω καινόν
49 [4] καθ' ἡμέραν ἤμην πρὸς ὑμᾶς ἐν τ. ἱερῷ
58 [5] διὰ τριῶν ἡμερῶν ἄλλον ἀχειροποίητον οἰκοδομήσω
15 29 κ. οἰκοδομῶν ἐν τρισὶν ἡμέραις
—ἐν, T [WH]
Lu 1 5 ἐγένετο ἐν τ. ἡμέραις Ἡρῴδου βασιλέως
7 ἀμφότεροι προβεβηκότες ἐν τ. ἡμέραις αὐτῶν ἦσαν
18 ἡ γυνή μου προβεβηκυῖα ἐν τ. ἡμέραις αὐτῆς
20 ἄχρι ἧς ἡμέρας γένηται ταῦτα
23 ὡς ἐπλήσθησαν αἱ ἡμέραι τ. λειτουργίας αὐτοῦ
24 μετὰ δὲ ταύτας τ. ἡμέρας συνέλαβεν Ἐλεισάβετ
25 οὕτως μοι πεποίηκεν Κύριος ἐν ἡμέραις
39 ἀναστᾶσα δὲ Μαριὰμ ἐν τ. ἡμέραις ταύταις
59 ἐγένετο ἐν τ. ἡμέρᾳ τ. ὀγδόῃ
75 λατρεύειν αὐτῷ . . . πάσαις τ. ἡμέραις ἡμῶν
πάσας τ. ἡμέρας, TWH marg.
80 ἕως ἡμέρας ἀναδείξεως αὐτοῦ πρὸς τ. Ἰσραήλ.
2 1 ἐγένετο δὲ ἐν τ. ἡμέραις ἐκείναις
6 ἐπλήσθησαν αἱ ἡμέραι τοῦ τεκεῖν αὐτήν
21 ὅτε ἐπλήσθησαν ἡμέραι ὀκτὼ τοῦ περιτεμεῖν αὐτόν
22 ὅτε ἐπλήσθησαν αἱ ἡμέραι τ. καθαρισμοῦ αὐτῶν
36 αὕτη προβεβηκυῖα ἐν ἡμέραις πολλαῖς
37 [1] νηστείαις κ. δεήσεσι λατρεύουσα νύκτα κ. ἡμέραν
43 τελειωσάντων τ. ἡμέρας
44 [6] ἦλθον ἡμέρας ὁδὸν
46 ἐγένετο μετὰ ἡμέρας τρεῖς
4 2 ἡμέρας τεσσεράκοντα πειραζόμενος ὑπὸ τ. διαβόλου.
κ. οὐκ ἔφαγεν οὐδὲν ἐν τ. ἡμέραις ἐκείναις
16 εἰσῆλθεν . . . ἐν τ. ἡμέρᾳ τ. σαββάτων εἰς τ. συναγωγήν
25 πολλαὶ χῆραι ἦσαν ἐν τ. ἡμέραις Ἠλείου
42 γενομένης δὲ ἡμέρας ἐξελθὼν ἐπορεύθη
5 17 ἐγένετο ἐν μιᾷ τ. ἡμερῶν
35 ἐλεύσονται δὲ ἡμέραι κ. ὅταν ἀπαρθῇ ἀπ' αὐτῶν ὁ νυμφίος,
τότε νηστεύσουσιν ἐν ἐκείναις τ. ἡμέραις

Lu **6** 12 ἐγένετο δὲ ἐν τ. ἡμέραις ταύταις
13 ὅτε ἐγένετο ἡμέρα
23 χάρητε ἐν ἐκείνῃ τ. ἡμέρᾳ κ. σκιρτήσατε
8 22 ἐγένετο δὲ ἐν μιᾷ τ. ἡμερῶν
9 12 [7] ἡ δὲ ἡμέρα ἤρξατο κλίνειν
22 δεῖ . . . τ. τρίτῃ ἡμέρᾳ ἐγερθῆναι
23 [4] ἀράτω τ. σταυρὸν αὐτοῦ καθ' ἡμέραν
28 ἐγένετο δὲ μετὰ τ. λόγους τούτους ὡσεὶ ἡμέραι ὀκτώ
36 οὐδενὶ ἀπήγγειλαν ἐν ἐκείναις τ. ἡμέραις
37 ἐγένετο δὲ τῇ ἑξῆς ἡμέρᾳ
[5] ἐγ. δὲ διὰ τ. ἡμέρας, WH mg.
51 ἐν τ. συμπληροῦσθαι τ. ἡμέρας τ. ἀναλήμψεως αὐτοῦ
10 12 Σοδόμοις ἐν τ. ἡμέρᾳ ἐκείνῃ ἀνεκτότερον ἔσται
11 3 [4] τ. ἄρτον ἡμῶν τ. ἐπιούσιον δίδου ἡμῖν τὸ καθ' ἡμέραν
12 46 ἥξει ὁ κύριος τ. δούλου ἐκείνου ἐν ἡμέρᾳ ᾗ οὐ προσδοκᾷ
13 14 ἓξ ἡμέραι εἰσὶν ἐν αἷς δεῖ ἐργάζεσθαι· ἐν αὐταῖς . . . θεραπεύεσθε κ. μὴ τ. ἡμέρᾳ τ. σαββάτου
16 λυθῆναι ἀπὸ τ. δεσμοῦ τούτου τ. ἡμέρᾳ τ. σαββάτου
14 5 οὐκ εὐθέως ἀνασπάσει αὐτὸν ἐν ἡμέρᾳ τ. σαββάτου
15 13 μετ' οὐ πολλὰς ἡμέρας συναγαγὼν πάντα
16 19 [4] εὐφραινόμενος καθ' ἡμέραν λαμπρῶς
17 4 ἐὰν ἑπτάκις τ. ἡμέρας ἁμαρτήσῃ εἰς σέ
22 ἐλεύσονται ἡμέραι ὅτε ἐπιθυμήσετε μίαν τ. ἡμερῶν τ. υἱοῦ τ. ἀνθρώπου ἰδεῖν
24 οὕτως ἔσται ὁ υἱὸς τ. ἀνθρώπου ἐν τ. ἡμέρᾳ αὐτοῦ
—ἐν τ. ἡμ. αὐτ., WH non mg. R mg.
26 καθὼς ἐγένετο ἐν τ. ἡμέραις Νῶε, οὕτως ἔσται κ. ἐν τ. ἡμέραις τ. υἱοῦ τ. ἀνθρώπου
27 ἄχρι ἧς ἡμέρας εἰσῆλθεν Νῶε εἰς τὴν κιβωτόν
28 καθὼς ἐγένετο ἐν τ. ἡμέραις Λώτ
29 ᾗ δὲ ἡμέρᾳ ἐξῆλθεν Λὼτ ἀπὸ Σοδόμων
30 κατὰ τὰ αὐτὰ ἔσται ᾗ ἡμέρᾳ ὁ υἱὸς τ. ἀνθρώπου ἀποκαλύπτεται.
31 ἐν ἐκείνῃ τ. ἡμέρᾳ ὃς ἔσται ἐπὶ τ. δώματος
18 7 [1] τ. βοώντων αὐτῷ ἡμέρας κ. νυκτός
33 τ. ἡμέρᾳ τ. τρίτῃ ἀναστήσεται
19 42 εἰ ἔγνως ἐν τ. ἡμέρᾳ ταύτῃ κ. σύ
43 ὅτι ἥξουσιν ἡμέραι ἐπὶ σέ
47 [4] ἦν διδάσκων τὸ καθ' ἡμέραν ἐν τ. ἱερῷ
20 1 ἐγένετο ἐν μιᾷ τ. ἡμερῶν
21 6 ἐλεύσονται ἡμέραι ἐν αἷς οὐκ ἀφεθήσεται
22 ἡμέραι ἐκδικήσεως αὗταί εἰσιν
23 οὐαὶ . . . τ. θηλαζούσαις ἐν ἐκείναις τ. ἡμέραις
34 μήποτε . . . ἐπιστῇ ἐφ' ὑμᾶς αἰφνίδιος ἡ ἡμέρα ἐκείνη ὡς παγίς
37 [1] ἦν δὲ τὰς ἡμέρας ἐν τ. ἱερῷ διδάσκων
22 7 ἦλθεν δὲ ἡ ἡμέρα τ. ἀζύμων
53 [4] καθ' ἡμέραν ὄντος μου μεθ' ὑμῶν ἐν τ. ἱερῷ
66 ὡς ἐγένετο ἡμέρα
23 7 ὄντα κ. αὐτὸν ἐν Ἱεροσολύμοις ἐν ταύταις τ. ἡμέραις

Lu **23** 12 ἐγένοντο δὲ φίλοι . . . ἐν αὐτῇ τ. ἡμέρᾳ
29 ἔρχονται ἡμέραι ἐν αἷς ἐροῦσιν
54 ἡμέρα ἦν παρασκευῆς
24 7 δεῖ . . . τ. τρίτῃ ἡμέρᾳ ἀναστῆναι
13 δύο ἐξ αὐτῶν ἐν αὐτῇ τ. ἡμέρᾳ ἦσαν πορευόμενοι
18 οὐκ ἔγνως τὰ γενόμενα ἐν αὐτῇ ἐν τ. ἡμέραις ταύταις;
21 [7] τρίτην ταύτην ἡμέραν ἄγει
29 [7] κέκλικεν ἤδη ἡ ἡμέρα
46 ἀναστῆναι ἐκ νεκρῶν τ. τρίτῃ ἡμέρᾳ
Jo **1** 40 παρ' αὐτῷ ἔμειναν τ. ἡμέραν ἐκείνην
2 1 τ. ἡμέρᾳ τ. τρίτῃ γάμος ἐγένετο ἐν Κανὰ τ. Γαλιλαίας
τ. τρίτ. ἡμ., WH mg.
12 ἐκεῖ ἔμειναν οὐ πολλὰς ἡμέρας
19 ἐν τρισὶν ἡμέραις ἐγερῶ αὐτόν
20 σὺ ἐν τρισὶν ἡμέραις ἐγερεῖς αὐτόν;
4 40 ἔμεινεν ἐκεῖ δύο ἡμέρας
43 μετὰ δὲ τὰς δύο ἡμέρας ἐξῆλθεν ἐκεῖθεν
5 9 ἦν δὲ σάββατον ἐν ἐκείνῃ τ. ἡμέρᾳ
6 39 [2] ἀναστήσω αὐτὸ τ. ἐσχάτῃ ἡμέρᾳ
ἐν τ. ἐσχ. ἡμ., T
40 [2] ἀναστήσω αὐτὸν ἐγὼ τ. ἐσχάτῃ ἡμέρᾳ
ἐν τ. ἐσχ. ἡμ., T
44 [2] κἀγὼ ἀναστήσω αὐτὸν ἐν τ. ἐσχάτῃ ἡμέρᾳ
54 [2] κἀγὼ ἀναστήσω αὐτὸν τ. ἐσχάτῃ ἡμέρᾳ
7 37 [2] ἐν δὲ τ. ἐσχάτῃ ἡμέρᾳ τ. μεγάλῃ τ. ἑορτῆς
8 56 ἠγαλλιάσατο ἵνα ἴδῃ τ. ἡμέραν τ. ἐμήν
9 4 ἡμᾶς δεῖ ἐργάζεσθαι . . . ἕως ἡμέρα ἐστίν
14 ἦν δὲ σάββατον ἐν ᾗ ἡμέρᾳ τ. πηλὸν ἐποίησεν
11 6 τότε μὲν ἔμεινεν ἐν ᾧ ἦν τόπῳ δύο ἡμέρας
9 οὐχὶ δώδεκα ὧραί εἰσιν τ. ἡμέρας; ἐάν τις περιπατῇ ἐν τῇ ἡμέρᾳ οὐ προσκόπτει
17 εὗρον αὐτὸν τέσσαρας ἤδη ἡμέρας ἔχοντα ἐν τ. μνημείῳ
24 [2] ἀναστήσεται ἐν τ. ἀναστάσει ἐν τ. ἐσχάτῃ ἡμέρᾳ
53 ἀπ' ἐκείνης οὖν τ. ἡμέρας ἐβουλεύσαντο
12 1 πρὸ ἓξ ἡμερῶν τοῦ πάσχα ἦλθεν εἰς Βηθανίαν
7 ἵνα εἰς τ. ἡμέραν τ. ἐνταφιασμοῦ μου τηρήσῃ αὐτό
48 [2] ἐκεῖνος κρινεῖ αὐτὸν ἐν τ. ἐσχάτῃ ἡμέρᾳ
14 20 ἐν ἐκείνῃ τ. ἡμέρᾳ ὑμεῖς γνώσεσθε
16 23 ἐν ἐκείνῃ τ. ἡμέρᾳ ἐμὲ οὐκ ἐρωτήσετε οὐδέν
26 ἐν ἐκείνῃ τ. ἡμέρᾳ ἐν τ. ὀνόματί μου αἰτήσεσθε
19 31 ἦν γὰρ μεγάλη ἡ ἡμέρα ἐκείνου τ. σαββάτου
20 19 οὔσης οὖν ὀψίας τ. ἡμέρᾳ ἐκείνῃ τῇ μιᾷ σαββάτων
26 μεθ' ἡμέρας ὀκτὼ πάλιν ἦσαν ἔσω
Ac **1** 2 ἄχρι ἧς ἡμέρας ἐντειλάμενος τ. ἀποστόλοις
3 [5] δι' ἡμερῶν τεσσεράκοντα ὀπτανόμενος αὐτοῖς
5 ἐν πνεύματι βαπτισθήσεσθε ἁγίῳ οὐ μετὰ πολλὰς ταύτας ἡμέρας
15 ἐν τ. ἡμέραις ταύταις ἀναστὰς Πέτρος
22 ἕως τ. ἡμέρας ἧς ἀνελήμφθη ἀφ' ἡμῶν
ἄχρι τ. ἡμ., T
2 1 ἐν τ. συνπληροῦσθαι τ. ἡμέραν τ. πεντηκοστῆς

Ac **2** 15 ἔστιν γὰρ ὥρα τρίτη τ. ἡμέρας
17 [2] ἔσται ἐν τ. ἐσχάταις ἡμέραις λέγει ὁ Θεός
הָיָה אַחֲרֵי־כֵן, Joel iii. 1
18 ἐν τ. ἡμέραις ἐκείναις ἐκχεῶ ἀπὸ τ. πνεύματός μου
בַּיָּמִים הָהֵמָּה אֶשְׁפּוֹךְ אֶת־רוּחִי, *ib.* 2
20 [8] πρὶν ἐλθεῖν ἡμέραν Κυρίου τ. μεγάλην κ. ἐπιφανῆ
לִפְנֵי בּוֹא יוֹם יְהוָה הַגָּדוֹל וְהַנּוֹרָא, *ib.* 4
29 τὸ μνῆμα αὐτοῦ ἔστιν ἐν ἡμῖν ἄχρι τ. ἡμέρας ταύτης
41 προσετέθησαν ἐν τ. ἡμέρᾳ ἐκείνῃ ψυχαὶ ὡσεὶ τρισχίλιαι
46 [4] καθ' ἡμέραν τε προσκαρτεροῦντες ὁμοθυμαδὸν ἐν τ. ἱερῷ
47 [4] προσετίθει τ. σωζομένους καθ' ἡμέραν ἐπὶ τὸ αὐτό
3 2 [4] ὃν ἐτίθουν καθ' ἡμέραν πρὸς τ. θύραν τ. ἱεροῦ
24 κ. κατήγγειλαν τ. ἡμέρας ταύτας
5 36 πρὸ γὰρ τούτων τ. ἡμερῶν ἀνέστη Θευδᾶς
37 ἀνέστη Ἰούδας . . . ἐν τ. ἡμέραις τ. ἀπογραφῆς
42 πᾶσάν τε ἡμέραν ἐν τ. ἱερῷ κ. κατ' οἶκον
6 1 ἐν δὲ τ. ἡμέραις ταύταις πληθυνόντων τ. μαθητῶν
7 8 περιέτεμεν αὐτὸν τ. ἡμέρᾳ τ. ὀγδόῃ
26 τῇ τε ἐπιούσῃ ἡμέρᾳ ὤφθη αὐτοῖς μαχομένοις
41 ἐμοσχοποίησαν ἐν τ. ἡμέραις ἐκείναις
45 ὧν ἔξωσεν ὁ Θεὸς . . . ἕως τ. ἡμερῶν Δαυείδ
8 1 ἐγένετο δὲ ἐν ἐκείνῃ τ. ἡμέρᾳ διωγμὸς μέγας
9 9 ἦν ἡμέρας τρεῖς μὴ βλέπων
19 ἐγένετο δὲ μετὰ τῶν ἐν Δαμασκῷ μαθητῶν ἡμέρας τινάς
23 ὡς δὲ ἐπληροῦντο ἡμέραι ἱκαναί
24 [1] παρετηροῦντο δὲ κ. τ. πύλας ἡμέρας τε κ. νυκτός
37 ἐγένετο δὲ ἐν τ. ἡμέραις ἐκείναις
43 ἐγένετο δὲ ἡμέρας ἱκανὰς μεῖναι ἐν Ἰόππῃ
10 3 εἶδεν . . . ὡσεὶ περὶ ὥραν ἐνάτην τ. ἡμέρας
30 ἀπὸ τετάρτης ἡμέρας μέχρι ταύτης τ. ὥρας
40 τοῦτον ὁ Θεὸς ἤγειρεν τ. τρίτῃ ἡμέρᾳ
ἐν τ. τρίτ. ἡμ., T
48 τότε ἠρώτησαν αὐτὸν ἐπιμεῖναι ἡμέρας τινάς
11 27 ἐν ταύταις δὲ τ. ἡμέραις κατῆλθον ἀπὸ Ἱεροσολύμων προφῆται
12 3 ἦσαν δὲ ἡμέραι τ. ἀζύμων
18 γενομένης δὲ ἡμέρας
21 τακτῇ δὲ ἡμέρᾳ ὁ Ἡρῴδης ἐνδυσάμενος ἐσθῆτα βασιλικήν
13 14 ἐλθόντες εἰς τ. συναγωγὴν τ. ἡμέρᾳ τ. σαββάτων
31 ὃς ὤφθη ἐπὶ ἡμέρας πλείους τ. συναναβᾶσιν αὐτῷ
41 ὅτι ἔργον ἐργάζομαι ἐγὼ ἐν τ. ἡμέραις ὑμῶν
כִּי־פֹעַל פֹּעֵל בִּימֵיכֶם, Hab. i. 5
15 7 [5] ἀφ' ἡμερῶν ἀρχαίων ἐν ὑμῖν ἐξελέξατο ὁ Θεός

Ac **15** 36 μετὰ δέ τινας ἡμέρας εἶπεν πρὸς Βαρνάβαν Παῦλος
16 5 [4] ἐπερίσσευον τ. ἀριθμῷ καθ' ἡμέραν
12 ἦμεν δὲ ἐν ταύτῃ τ. πόλει διατρίβοντες ἡμέρας τινάς,
13 τῇ τε ἡμέρᾳ τ. σαββάτων ἐξήλθομεν
18 τοῦτο δὲ ἐποίει ἐπὶ πολλὰς ἡμέρας
35 ἡμέρας δὲ γενομένης
17 11 [4] τὸ καθ' ἡμέραν ἀνακρίνοντες τ. γραφάς
17 [4] διελέγετο . . . ἐν τ. ἀγορᾷ κατὰ πᾶσαν ἡμέραν
31 καθότι ἔστησεν ἡμέραν
18 18 ὁ δὲ Παῦλος ἔτι προσμείνας ἡμέρας ἱκανάς
19 9 [4] καθ' ἡμέραν διαλεγόμενος ἐν τ. σχολῇ Τυράννου
20 6 ἐξεπλεύσαμεν μετὰ τ. ἡμέρας τ. ἀζύμων ἀπὸ Φιλίππων,
κ. ἤλθομεν πρὸς αὐτοὺς εἰς τ. Τρῳάδα ἄχρι ἡμερῶν πέντε,
οὗ διετρίψαμεν ἡμέρας ἑπτά
16 τ. ἡμέραν τ. πεντηκοστῆς γενέσθαι εἰς Ἱεροσόλυμα
18 [5] ἀπὸ πρώτης ἡμέρας ἀφ' ἧς ἐπέβην εἰς τ. Ἀσίαν
26 μαρτύρομαι ὑμῖν ἐν τῇ σήμερον ἡμέρᾳ
31 [1] τριετίαν νύκτα κ. ἡμέραν οὐκ ἐπαυσάμην
21 4 ἐπεμείναμεν αὐτοῦ ἡμέρας ἑπτά
5 ὅτε δὲ ἐγένετο ἐξαρτίσαι ἡμᾶς τ. ἡμέρας
7 ἐμείναμεν ἡμέραν μίαν παρ' αὐτοῖς
10 ἐπιμενόντων δὲ ἡμέρας πλείους
15 μετὰ δὲ τ. ἡμέρας ταύτας ἐπισκευασάμενοι
26 τ. ἐχομένῃ ἡμέρᾳ σὺν αὐτοῖς ἁγνισθείς
26 διαγγέλλων τ. ἐκπλήρωσιν τ. ἡμερῶν τ. ἁγνισμοῦ
27 ὡς δὲ ἔμελλον αἱ ἑπτὰ ἡμέραι συντελεῖσθαι
38 ὁ Αἰγύπτιος ὁ πρὸ τούτων τ. ἡμερῶν ἀναστατώσας
23 1 πεπολίτευμαι τ. Θεῷ ἄχρι ταύτης τ. ἡμέρας
12 γενομένης δὲ ἡμέρας
24 1 μετὰ δὲ πέντε ἡμέρας κατέβη ὁ ἀρχιερεύς
11 οὐ πλείους εἰσίν μοι ἡμέραι δώδεκα
24 μετὰ δὲ ἡμέρας τινὰς παραγενόμενος ὁ Φῆλιξ
25 1 μετὰ τρεῖς ἡμέρας ἀνέβη εἰς Ἱεροσόλυμα
6 διατρίψας δὲ ἐν αὐτοῖς ἡμέρας οὐ πλείους ὀκτὼ ἢ δέκα
13 ἡμερῶν δὲ διαγενομένων τινῶν
14 ὡς δὲ πλείους ἡμέρας διέτριβον ἐκεῖ
26 7 [1] ἐν ἐκτενείᾳ νύκτα κ. ἡμέραν λατρεῦον
13 ἡμέρας μέσης κατὰ τὴν ὁδὸν εἶδον
22 ἄχρι τ. ἡμέρας ταύτης ἕστηκα
27 5 [5] διαπλεύσαντες δι' ἡμερῶν δεκάπεντε
—δι' ἡμ. δεκ., TWH non mg. R
7 ἐν ἱκαναῖς δὲ ἡμέραις βραδυπλοοῦντες
20 μήτε ἄστρων ἐπιφαινόντων ἐπὶ πλείονας ἡμέρας
29 ηὔχοντο ἡμέραν γενέσθαι
33 ἄχρι δὲ οὗ ἡμέρα ἤμελλεν γίνεσθαι
33 τεσσαρεσκαιδεκάτην σήμερον ἡμέραν προσδοκῶντες
39 ὅτε δὲ ἡμέρα ἐγένετο
28 7 ἡμέρας τρεῖς φιλοφρόνως ἐξένισεν
τρ. ἡμ., TWH mg.
12 καταχθέντες εἰς Συρακούσας ἐπεμείναμεν ἡμέρας τρεῖς
13 μετὰ μίαν ἡμέραν ἐπιγενομένου νότου

Ac 28 14 παρεκλήθημεν παρ' αὐτοῖς ἐπιμεῖναι ἡμέρας ἑπτά
17 ἐγένετο δὲ μετὰ ἡμέρας τρεῖς
23 ταξάμενοι δὲ αὐτῷ ἡμέραν
Ro 2 5 θησαυρίζεις σεαυτῷ ὀργὴν ἐν ἡμέρᾳ ὀργῆς
16 ἐν ᾗ ἡμέρᾳ κρίνει ὁ Θεὸς τὰ κρυπτὰ τ. ἀνθρώπων
ἐν ἡμ. ᾗ κρινεῖ, TWH mg.; ἐν ἡμ. ὅτε, WH mg. alt.
8 36 ἕνεκέν σου θανατούμεθα ὅλην τ. ἡμέραν
עָלֶיךָ הֹרַגְנוּ כָל־הַיּוֹם, Ps. xliv. 23
10 21 ὅλην τ. ἡμέραν ἐξεπέτασα τ. χεῖράς μου
פֵּרַשְׂתִּי יָדַי כָּל־הַיּוֹם, Is. lxv. 2
11 8 ὦτα τοῦ μὴ ἀκούειν ἕως τῆς σήμερον ἡμέρας
לֹא . . . אָזְנַיִם לִשְׁמֹעַ עַד הַיּוֹם הַזֶּה, Dt. xxix. 3
13 12 [1] ἡ νὺξ προέκοψεν ἡ δὲ ἡμέρα ἤγγικεν
13 ὡς ἐν ἡμέρᾳ εὐσχημόνως περιπατήσωμεν
14 5 ὃς μὲν γὰρ κρίνει ἡμέραν παρ' ἡμέραν, ὃς δὲ κρίνει πᾶσαν ἡμέραν
6 ὁ φρονῶν τ. ἡμέραν Κυρίῳ φρονεῖ
I Co 1 8 [3] ἀνεγκλήτους ἐν τ. ἡμέρᾳ τ. Κυρίου ἡμῶν Ἰησοῦ Χριστοῦ
3 13 ἡ γὰρ ἡμέρα δηλώσει
4 3 ἵνα ὑφ' ὑμῶν ἀνακριθῶ ἢ ὑπὸ ἀνθρωπίνης ἡμέρας
5 5 [3] ἵνα τὸ πνεῦμα σωθῇ ἐν τ. ἡμέρᾳ τ. Κυρίου
10 8 ἔπεσαν μιᾷ ἡμέρᾳ εἴκοσι τρεῖς χιλιάδες
ἐν μ. ἡμ., WH mg.
15 4 κ. ὅτι ἐγήγερται τ. ἡμέρᾳ τ. τρίτῃ
31 [4] καθ' ἡμέραν ἀποθνήσκω νὴ τ. ὑμετέραν καύχησιν
II Co 1 14 [3] καθάπερ κ. ὑμεῖς ἡμῶν ἐν τ. ἡμέρᾳ τ. Κυρίου ἡμῶν Ἰησοῦ
3 14 ἄχρι γὰρ τῆς σήμερον ἡμέρας τὸ αὐτὸ κάλυμμα . . . μένει
4 16 ὁ ἔσω ἡμῶν ἀνακαινοῦται ἡμέρᾳ κ. ἡμέρᾳ
6 2 ἐν ἡμέρᾳ σωτηρίας ἐβοήθησά σοι
בְּיוֹם יְשׁוּעָה עֲזַרְתִּיךָ, Is. xlix. 8
2 ἰδοὺ νῦν ἡμέρα σωτηρίας
11 28 [4] ἡ ἐπίστασίς μοι ἡ καθ' ἡμέραν
Ga 1 18 ἐπέμεινα πρὸς αὐτὸν ἡμέρας δεκαπέντε
4 10 ἡμέρας παρατηρεῖσθε κ. μῆνας
Eph 4 30 ἐν ᾧ ἐσφραγίσθητε εἰς ἡμέραν ἀπολυτρώσεως
5 16 ὅτι αἱ ἡμέραι πονηραί εἰσιν
6 13 ἵνα δυνηθῆτε ἀντιστῆναι ἐν τ. ἡμέρᾳ τ. πονηρᾷ
Phl 1 5 ἀπὸ τ. πρώτης ἡμέρας ἄχρι τοῦ νῦν
6 [3] ἐπιτελέσει ἄχρι ἡμέρας Ἰησοῦ Χριστοῦ
10 [3] ἵνα ἦτε εἰλικρινεῖς κ. ἀπρόσκοποι εἰς ἡμέραν Χριστοῦ
2 16 [3] εἰς καύχημα ἐμοὶ εἰς ἡμέραν Χριστοῦ
Col 1 6 [5] ἀφ' ἧς ἡμέρας ἠκούσατε
9 [5] διὰ τοῦτο κ. ἡμεῖς ἀφ' ἧς ἡμέρας ἠκούσαμεν
I Th 2 9 [1] νυκτὸς κ. ἡμέρας ἐργαζόμενοι
3 10 [1] νυκτὸς κ. ἡμέρας ὑπερεκπερισσοῦ δεόμενοι
5 2 [3] ἡμέρα Κυρίου ὡς κλέπτης ἐν νυκτὶ οὕτως ἔρχεται
4 ἵνα ἡ ἡμέρα ὑμᾶς ὡς κλέπτας καταλάβῃ· κλέπτης, TWH mg. R non mg.

I Th 5 5 πάντες γὰρ ὑμεῖς υἱοὶ φωτός ἐστε κ. υἱοὶ ἡμέρας
8 ἡμεῖς δὲ ἡμέρας ὄντες
II Th 1 10 θαυμασθῆναι ἐν πᾶσι τ. πιστεύσασιν . . . ἐν τ. ἡμέρᾳ ἐκείνῃ
2 2 [3] ὡς ὅτι ἐνέστηκεν ἡ ἡμέρα τ. Κυρίου
3 8 [1] νυκτὸς κ. ἡμέρας ἐργαζόμενοι
I Ti 5 5 [1] προσμένει τ. δεήσεσι κ. τ. προσευχαῖς νυκτὸς κ. ἡμέρας
II Ti 1 3 [1] νυκτὸς κ. ἡμέρας ἐπιποθῶν σε ἰδεῖν
12 τ. παραθήκην μου φυλάξαι εἰς ἐκείνην τ. ἡμέραν
18 εὑρεῖν ἔλεος παρὰ Κυρίου ἐν ἐκείνῃ τ. ἡμέρᾳ
3 1 [2] ἐν ἐσχάταις ἡμέραις ἐνστήσονται καιροὶ χαλεποί
4 8 ὃν ἀποδώσει μοι ὁ Κύριος ἐν ἐκείνῃ τ. ἡμέρᾳ
He 1 2 [2] ἐπ' ἐσχάτου τ. ἡμερῶν τούτων ἐλάλησεν ἡμῖν ἐν υἱῷ
3 8 [4] κατὰ τ. ἡμέραν τ. πειρασμοῦ ἐν τῇ ἐρήμῳ
כְּיוֹם מַסָּה בַּמִּדְבָּר, Ps. xcv. 8
13 [4] παρακαλεῖτε ἑαυτοὺς καθ' ἑκάστην ἡμέραν
4 4 κ. κατέπαυσεν ὁ Θεὸς ἐν τ. ἡμέρᾳ τ. ἑβδόμῃ
וַיִּשְׁבֹּת בַּיּוֹם הַשְּׁבִיעִי, Gen. ii. 2
7 πάλιν τινὰ ὁρίζει ἡμέραν
8 οὐκ ἂν περὶ ἄλλης ἐλάλει μετὰ ταῦτα ἡμέρας
5 7 ὃς ἐν τ. ἡμέραις τ. σαρκὸς αὐτοῦ
7 3 μήτε ἀρχὴν ἡμερῶν μήτε ζωῆς τέλος ἔχων
27 [4] ὃς οὐκ ἔχει καθ' ἡμέραν ἀνάγκην
8 8 ἰδοὺ ἡμέραι ἔρχονται λέγει Κύριος
הִנֵּה יָמִים בָּאִים נְאֻם־יְהוָה, Jer. xxxi. 31
9 ἐν ἡμέρᾳ ἐπιλαβομένου μου τ. χειρὸς αὐτῶν
בְּיוֹם הֶחֱזִיקִי בְיָדָם, *ib.* 32
10 ἣν διαθήσομαι ἐν οἴκῳ Ἰσραὴλ μετὰ τ. ἡμέρας ἐκείνας
אֲשֶׁר אֶכְרֹת אֶת־בֵּית יִשְׂרָאֵל אַחֲרֵי הַיָּמִים הָהֵם, *ib.* 33
10 11 [4] πᾶς μὲν ἱερεὺς ἕστηκεν καθ' ἡμέραν λειτουργῶν
16 ἣν διαθήσομαι πρὸς αὐτοὺς μετὰ τ. ἡμέρας ἐκείνας, Jer. *l.c.*
25 ὅσῳ βλέπετε ἐγγίζουσαν τ. ἡμέραν
32 ἀναμιμνήσκεσθε δὲ τὰς πρότερον ἡμέρας
11 30 τὰ τείχη Ἰερειχὼ ἔπεσαν κυκλωθέντα ἐπὶ ἑπτὰ ἡμέρας
12 10 οἱ μὲν γὰρ πρὸς ὀλίγας ἡμέρας . . . ἐπαίδευον
Ja 5 3 [2] ἐθησαυρίσατε ἐν ἐσχάταις ἡμέραις
5 ἐθρέψατε τ. καρδίας ὑμῶν ἐν ἡμέρᾳ σφαγῆς
I Pe 2 12 ἵνα . . . δοξάσωσιν τ. Θεὸν ἐν ἡμέρᾳ ἐπισκοπῆς
3 10 ὁ γὰρ θέλων ἰδεῖν ἡμέρας ἀγαθάς
מִי־הָאִישׁ . . . אֹהֵב יָמִים לִרְאוֹת טוֹב, Ps. xxxiv. 13
20 ἀπεξεδέχετο ἡ τ. Θεοῦ μακροθυμία ἐν ἡμέραις Νῶε
II Pe 1 19 ἕως οὗ ἡμέρα διαυγάσῃ

II Pe 2 8 ἡμέραν ἐξ ἡμέρας ψυχὴν δικαίαν ἀνόμοις
ἔργοις ἐβασάνιζεν
9 ἀδίκους δὲ εἰς ἡμέραν κρίσεως κολαζομένους
τηρεῖν
13 ἡδονὴν ἡγούμενοι τὴν ἐν ἡμέρᾳ τρυφήν
3 3 [2] ἐλεύσονται ἐπ' ἐσχάτων τ. ἡμερῶν ἐν
ἐμπαιγμονῇ ἐμπαῖκται
7 [2] πυρὶ τηρούμενοι εἰς ἡμέραν κρίσεως
8 μία ἡμέρα παρὰ Κυρίῳ ὡς χίλια ἔτη,
κ. χίλια ἔτη ὡς ἡμέρα μία
אֶלֶף שָׁנִים בְּעֵינֶיךָ כְּיוֹם אֶתְמוֹל, Ps. xc. 4
10 [3] ἥξει δὲ ἡμέρα Κυρίου ὡς κλέπτης
12 [3] σπεύδοντες τ. παρουσίαν τῆς τ. Θεοῦ
ἡμέρας
18 αὐτῷ ἡ δόξα κ. νῦν κ. εἰς ἡμέραν αἰῶνος
I Jo 4 17 [2] ἵνα παρρησίαν ἔχωμεν ἐν τ. ἡμέρᾳ τ.
κρίσεως
Ju 6 εἰς κρίσιν μεγάλης ἡμέρας . . . τετήρηκεν
Re 1 10 ἐγενόμην ἐν πνεύματι ἐν τ. κυριακῇ ἡμέρᾳ
2 10 ἵνα . . . ἔχητε θλῖψιν ἡμερῶν δέκα
13 ἐν τ. ἡμέραις Ἀντίπας ὁ μάρτυς μου
4 8 [1] ἀνάπαυσιν οὐκ ἔχουσιν ἡμέρας κ. νυκτός
6 17 ἦλθεν ἡ ἡμέρα ἡ μεγάλη τ. ὀργῆς αὐτῶν
7 15 [1] λατρεύουσιν αὐτῷ ἡμέρας κ. νυκτός
8 12 ἵνα . . . ἡ ἡμέρα μὴ φάνῃ τὸ τρίτον αὐτῆς
9 6 ἐν τ. ἡμέραις ἐκείναις ζητήσουσιν οἱ ἄν-
θρωποι τ. θάνατον
15 οἱ τέσσαρες ἄγγελοι οἱ ἡτοιμασμένοι εἰς τ.
ὥραν κ. ἡμέραν
10 7 ἐν τ. ἡμέραις τ. φωνῆς τ. ἑβδόμου ἀγγέλου
11 3 προφητεύσουσιν ἡμέρας χιλίας διακοσίας
ἑξήκοντα
6 ἵνα μὴ ὑετὸς βρέχῃ τ. ἡμέρας τ. προφητείας
αὐτῶν
9 βλέπουσιν . . . τὸ πτῶμα αὐτῶν ἡμέρας τρεῖς
κ. ἥμισυ
11 κ. μετὰ τὰς τρεῖς ἡμέρας κ. ἥμισυ
[τὰς], WH
12 6 ἵνα ἐκεῖ τρέφωσιν αὐτὴν ἡμέρας χιλίας
διακοσίας ἑξήκοντα
10 [1] ὁ κατηγορῶν αὐτοὺς ἐνώπιον τ. Θεοῦ
ἡμῶν ἡμέρας κ. νυκτός
14 11 [1] οὐκ ἔχουσιν ἀνάπαυσιν ἡμέρας κ. νυκτός
16 14 [3] συναγαγεῖν αὐτοὺς εἰς τ. πόλεμον τ. ἡμέρας
τ. μεγάλης τ. Θεοῦ
τ. μεγ. ἡμ., WH marg.
18 8 ἐν μιᾷ ἡμέρᾳ ἥξουσιν αἱ πληγαὶ αὐτῆς
20 10 [1] βασανισθήσονται ἡμέρας κ. νυκτός
21 25 οἱ πυλῶνες αὐτῆς οὐ μὴ κλεισθῶσιν ἡμέρας

ἩΜΈΤΕΡΟΣ 2251

Lu 16 12 τὸ ἡμέτερον τίς δώσει ὑμῖν;
ὑμέτερον, TWH mg. R non mg.
Ac 2 11 ἀκούομεν λαλούντων αὐτῶν τ. ἡμετέραις
γλώσσαις
24 6 κατὰ τ. ἡμέτερον νόμον ἠθελήσαμεν κρίνειν
—h. v., TWHR non mg.
26 5 κατὰ τ. ἀκριβεστάτην αἵρεσιν τ. ἡμετέρας
θρησκείας
Ro 15 4 εἰς τ. ἡμετέραν διδασκαλίαν ἐγράφη
II Ti 4 15 λίαν γὰρ ἀντέστη τ. ἡμετέροις λόγοις
Tit 3 14 μανθανέτωσαν δὲ κ. οἱ ἡμέτεροι καλῶν ἔργων
προΐστασθαι
I Jo 1 3 ἡ κοινωνία δὲ ἡ ἡμετέρα μετὰ τ. πατρός
2 2 οὐ περὶ τ. ἡμετέρων δὲ μόνον

ἩΜΙΘΑΝΉΣ ** 2253

Lu 10 30 ἀπῆλθον ἀφέντες ἡμιθανῆ

ἭΜΙΣΥΣ 2255

Mk 6 23 δώσω σοι ἕως ἡμίσους τ. βασιλείας μου
Lu 19 8 τὰ ἡμίσιά μου τ. ὑπαρχόντων Κύριε τ. πτω-
χοῖς δίδωμι
ἡμίσειά, T
Re 11 9 βλέπουσιν . . . τὸ πτῶμα αὐτῶν ἡμέρας
τρεῖς κ. ἥμισυ
11 κ. μετὰ τ. τρεῖς ἡμέρας κ. ἥμισυ
12 14 ὅπου τρέφεται ἐκεῖ καιρὸν κ. καιροὺς κ.
ἥμισυ καιροῦ

ἩΜΙΏΡΟΝ * † 2256

Re 8 1 ἐγένετο σιγὴ ἐν τῷ οὐρανῷ ὡς ἡμιώρον

ἩΝΊΚΑ 2259

II Co 3 15 ἡνίκα ἂν ἀναγινώσκηται Μωυσῆς
16 ἡνίκα δὲ ἐὰν ἐπιστρέψῃ πρὸς Κύριον

ἭΠΕΡ 2260

Jo 12 43 ἠγάπησαν γὰρ τ. δόξαν τ. ἀνθρώπων μᾶλλον
ἤπερ τ. δόξαν τ. Θεοῦ
μᾶλλ. ὑπὲρ, WH mg.

ἬΠΙΟΣ * 2261

I Th 2 7 ἐγενήθημεν ἤπιοι ἐν μέσῳ ὑμῶν
νήπιοι, WHR mg.
II Ti 2 24 ἀλλὰ ἤπιον εἶναι πρὸς πάντας

ἬΡ 2262

Lu 3 28 τοῦ Ἐλμαδὰμ τοῦ Ἢρ τοῦ Ἰησοῦ

ἬΡΕΜΟΣ ** 2263

I Ti 2 2 ἵνα ἤρεμον κ. ἡσύχιον βίον διάγωμεν

ἩΡΩ͂ΔΗΣ 2264

Ἡρώδης, T

(1) ὁ τετραάρχης (2) Ἀγρίππας

Mt 2 1 τ. δὲ Ἰησοῦ γεννηθέντος . . . ἐν ἡμέραις
Ἡρῴδου τ. βασιλέως
3 ἀκούσας δὲ ὁ βασιλεὺς Ἡρῴδης ἐταράχθη
7 τότε Ἡρῴδης λάθρᾳ καλέσας τ. μάγους
12 χρηματισθέντες κατ' ὄναρ μὴ ἀνακάμψαι
πρὸς Ἡρῴδην
13 μέλλει γὰρ Ἡρῴδης ζητεῖν τὸ παιδίον
15 ἦν ἐκεῖ ἕως τ. τελευτῆς Ἡρῴδου
16 τότε Ἡρῴδης ἰδὼν ὅτι ἐνεπαίχθη
19 τελευτήσαντος δὲ τ. Ἡρῴδου
22 ἀκούσας δὲ ὅτι Ἀρχέλαος βασιλεύει . . .
ἀντὶ τ. πατρὸς αὐτοῦ Ἡρῴδου
14 1 [1] ἤκουσεν Ἡρῴδης ὁ τετραάρχης τ. ἀκοὴν
Ἰησοῦ
3 [1] ὁ γὰρ Ἡρῴδης κρατήσας τ. Ἰωάνην ἔδησεν
6 [1] γενεσίοις δὲ γενομένοις τ. Ἡρῴδου,
[1] ὠρχήσατο ἡ θυγάτηρ τ. Ἡρῳδιάδος . . .
κ. ἤρεσεν τ. Ἡρῴδῃ

Mk 6 14 [1] ἤκουσεν ὁ βασιλεὺς Ἡρῴδης
16 [1] ἀκούσας δὲ ὁ Ἡρῴδης ἔλεγεν
17 [1] αὐτὸς γὰρ ὁ Ἡρῴδης ἀποστείλας ἐκράτησεν τ. Ἰωάνην
18 [1] ἔλεγεν γὰρ ὁ Ἰωάνης τ. Ἡρῴδῃ
20 [1] ὁ γὰρ Ἡρῴδης ἐφοβεῖτο τ. Ἰωάνην
21 [1] ὅτε Ἡρῴδης τ. γενεσίοις αὐτοῦ δεῖπνον ἐποίησεν
22 [1] ἤρεσεν τῷ Ἡρῴδῃ κ. τ. συνανακειμένοις
8 15 [1] βλέπετε ἀπὸ τ. ζύμης τ. Φαρισαίων κ. τ. ζύμης Ἡρῴδου
Lu **1** 5 ἐγένετο ἐν τ. ἡμέραις Ἡρῴδου βασιλέως
3 1 [1] τετρααρχοῦντος τ. Γαλιλαίας Ἡρῴδου
19 [1] ὁ δὲ Ἡρῴδης ὁ τετραάρχης ἐλεγχόμενος ὑπ' αὐτοῦ
19 [1] περὶ πάντων ὧν ἐποίησεν πονηρῶν ὁ Ἡρῴδης
8 3 [1] Ἰωάνα γυνὴ Χουζᾶ ἐπιτρόπου Ἡρῴδου
9 7 [1] ἤκουσεν δὲ Ἡρῴδης ὁ τετραάρχης τὰ γινόμενα πάντα
9 [1] εἶπεν δὲ ὁ Ἡρῴδης
—ὁ, T [WH]
13 31 [1] ὅτι Ἡρῴδης θέλει σε ἀποκτεῖναι
23 7 [1] ἐπιγνοὺς ὅτι ἐκ τ. ἐξουσίας Ἡρῴδου ἐστίν,
[1] ἀνέπεμψεν αὐτὸν πρὸς Ἡρῴδην
8 [1] ὁ δὲ Ἡρῴδης ἰδὼν τ. Ἰησοῦν ἐχάρη λίαν
11 [1] ἐξουθενήσας δὲ αὐτὸν ὁ Ἡρῴδης σὺν τ. στρατεύμασιν αὐτοῦ
12 [1] ἐγένοντο δὲ φίλοι ὅ τε Ἡρῴδης κ. ὁ Πειλᾶτος
15 [1] οὐθὲν εὗρον ἐν τ. ἀνθρώπῳ τούτῳ αἴτιον . . . ἀλλ' οὐδὲ Ἡρῴδης
Ac **4** 27 [1] συνήχθησαν . . . Ἡρῴδης τε κ. Πόντιος Πειλᾶτος
12 1 [2] ἐπέβαλεν Ἡρῴδης ὁ βασιλεὺς τ. χεῖρας
ὁ βασ. Ἡρ., T
6 [2] ὅτε δὲ ἤμελλεν αὐτὸν προσαγαγεῖν ὁ Ἡρῴδης
11 [2] ἐξείλατό με ἐκ χειρὸς Ἡρῴδου
19 [2] Ἡρῴδης δὲ ἐπιζητήσας αὐτὸν κ. μὴ εὑρών
21 [2] τακτῇ δὲ ἡμέρᾳ ὁ Ἡρῴδης ἐνδυσάμενος ἐσθῆτα βασιλικὴν
13 1 [1] Μαναήν τε Ἡρῴδου τ. τετραάρχου σύντροφος
23 35 κελεύσας ἐν τ. πραιτωρίῳ τ. Ἡρῴδου φυλάσσεσθαι αὐτόν

ἩΡΩΔΙΑΝΟΙ΄ 2265

Ἡρωδιανοί, T

Mt **22** 16 ἀποστέλλουσιν αὐτῷ τ. μαθητὰς αὐτῶν μετὰ τ. Ἡρῳδιανῶν
Mk **3** 6 εὐθὺς μετὰ τ. Ἡρῳδιανῶν συμβούλιον ἐδίδουν κατ' αὐτοῦ
12 13 ἀποστέλλουσιν πρὸς αὐτόν τινας τ. Φαρισαίων κ. τ. Ἡρῳδιανῶν

ἩΡΩΔΙΑ΄Σ 2266

Ἡρωδιάς, T

Mt **14** 3 διὰ Ἡρῳδιάδα τ. γυναῖκα Φιλίππου τ. ἀδελφοῦ αὐτοῦ
6 ὠρχήσατο ἡ θυγάτηρ τ. Ἡρῳδιάδος ἐν τ. μέσῳ
Mk **6** 17 διὰ Ἡρῳδιάδα τ. γυναῖκα Φιλίππου τ. ἀδελφοῦ αὐτοῦ
19 ἡ δὲ Ἡρῳδιὰς ἐνεῖχεν αὐτῷ
22 εἰσελθούσης τ. θυγατρὸς αὐτοῦ τῆς Ἡρῳδιάδος
Lu **3** 19 ἐλεγχόμενος ὑπ' αὐτοῦ περὶ Ἡρῳδιάδος

ἩΡΩΔΙ΄ΩΝ 2267

Ro **16** 11 ἀσπάσασθε Ἡρῳδίωνα τὸν συγγενῆ μου
Ἡρωδίωνα, T

ἨΣΑΙ΄ΑΣ 2268

Ἠσαΐας, T

Mt **3** 3 οὗτος γάρ ἐστιν ὁ ῥηθεὶς διὰ Ἠσαίου τ. προφήτου
4 14 ἵνα πληρωθῇ τὸ ῥηθὲν διὰ Ἠσαίου τ. προφήτου
8 17 ὅπως πληρωθῇ τὸ ῥηθὲν διὰ Ἠσαίου τ. προφήτου
12 17 ἵνα πληρωθῇ τὸ ῥηθὲν διὰ Ἠσαίου τ. προφήτου
13 14 ἀναπληροῦται αὐτοῖς ἡ προφητεία Ἠσαίου
35 ὅπως πληρωθῇ τὸ ῥηθὲν διὰ Ἠσαίου τ. προφήτου
—Ἠσ., WH non mg. R
15 7 καλῶς ἐπροφήτευσεν περὶ ὑμῶν Ἠσαίας
Mk **1** 2 καθὼς γέγραπται ἐν τ. Ἠσαίᾳ τ. προφήτῃ
7 6 καλῶς ἐπροφήτευσεν Ἠσαίας περὶ ὑμῶν τ. ὑποκριτῶν
Lu **3** 4 ὡς γέγραπται ἐν βίβλῳ λόγων Ἠσαίου τ. προφήτου
4 17 ἐπεδόθη αὐτῷ βιβλίον τ. προφήτου Ἠσαίου
Jo **1** 23 καθὼς εἶπεν Ἠσαίας ὁ προφήτης
12 38 ἵνα ὁ λόγος Ἠσαίου τ. προφήτου πληρωθῇ
39 ὅτι πάλιν εἶπεν Ἠσαίας
41 ταῦτα εἶπεν Ἠσαίας
Ac **8** 28 ἀνεγίνωσκεν τ. προφήτην Ἠσαίαν
30 ἤκουσεν αὐτοῦ ἀναγινώσκοντος Ἠσαίαν τ. προφήτην
28 25 καλῶς τὸ πνεῦμα τὸ ἅγιον ἐλάλησεν διὰ Ἠσαίου τ. προφήτου
Ro **9** 27 Ἠσαίας δὲ κράζει ὑπὲρ τοῦ Ἰσραήλ
29 καθὼς προείρηκεν Ἠσαίας
10 16 Ἠσαίας γὰρ λέγει
20 Ἠσαίας δὲ ἀποτολμᾷ κ. λέγει
15 12 κ. πάλιν Ἠσαίας λέγει

ἨΣΑΥ͂ 2269

Ro **9** 13 τ. Ἰακὼβ ἠγάπησα τ. δὲ Ἠσαῦ ἐμίσησα
אֹהַב אֶת־יַעֲקֹב וְאֶת־עֵשָׂו שָׂנֵאתִי, Mal. i. 3, 4
He **11** 20 πίστει κ. περὶ μελλόντων εὐλόγησεν Ἰσαὰκ τ. Ἰακὼβ κ. τ. Ἠσαῦ
12 16 μή τις πόρνος ἢ βέβηλος ὡς Ἠσαῦ

ἩΣΣΑ΄ΟΜΑΙ *Vide* ἩΤΤΑ΄ΟΜΑΙ, 2274

ἯΣΣΩΝ 2276

I Co **11** 17 οὐκ εἰς τὸ κρεῖσσον ἀλλὰ εἰς τὸ ἧσσον συνέρχεσθε
II Co **12** 15 εἰ περισσοτέρως ὑμᾶς ἀγαπῶ ἧσσον ἀγαπῶμαι

ἩΣΥΧΆΖΩ 2270

Lu 14 4 οἱ δὲ ἡσύχασαν
23 56 τὸ μὲν σάββατον ἡσύχασαν κατὰ τ. ἐντολήν
Ac 11 18 ἀκούσαντες δὲ ταῦτα ἡσύχασαν
21 14 μὴ πειθομένου δὲ αὐτοῦ ἡσυχάσαμεν
I Th 4 11 παρακαλοῦμεν δὲ ὑμᾶς . . . φιλοτιμεῖσθαι ἡσυχάζειν

ἩΣΥΧΊΑ 2271

Ac 22 2 μᾶλλον παρέσχον ἡσυχίαν
II Th 3 12 ἵνα μετὰ ἡσυχίας ἐργαζόμενοι τὸν ἑαυτῶν ἄρτον ἐσθίωσιν
I Ti 2 11 γυνὴ ἐν ἡσυχίᾳ μανθανέτω ἐν πάσῃ ὑποταγῇ.
12 διδάσκειν δὲ γυναικὶ οὐκ ἐπιτρέπω . . . ἀλλ' εἶναι ἐν ἡσυχίᾳ

ἩΣΎΧΙΟΣ 2272

I Ti 2 2 ἵνα ἤρεμον κ. ἡσύχιον βίον διάγωμεν
I Pe 3 4 ἐν τ. ἀφθάρτῳ τ. ἡσυχίου κ. πραέως πνεύματος
πρ. κ. ἡσυχ., TWH mg.

ἬΤΟΙ 2273

Ro 6 16 δοῦλοί ἐστε ᾧ ὑπακούετε ἤτοι ἁμαρτίας εἰς θάνατον

ἩΤΤΆΟΜΑΙ 2274

II Co 12 13 τί γάρ ἐστιν ὃ ἡσσώθητε ὑπὲρ τ. λοιπὰς ἐκκλησίας
II Pe 2 19 ᾧ γάρ τις ἥττηται τούτῳ δεδούλωται
20 τούτοις δὲ πάλιν ἐμπλακέντες ἡττῶνται

ἭΤΤΗΜΑ† 2275

Ro 11 12 τὸ ἥττημα αὐτῶν πλοῦτος ἐθνῶν
I Co 6 7 ἤδη μὲν οὖν ὅλως ἥττημα ὑμῖν ἐστίν

ἨΧΈΩ 2278

I Co 13 1 γέγονα χαλκὸς ἠχῶν ἢ κύμβαλον ἀλαλάζον

ἮΧΟΣ 2279

Lu 4 37 ἐξεπορεύετο ἦχος περὶ αὐτοῦ εἰς πάντα τόπον
21 25 ἐν ἀπορίᾳ ἠχοῦς θαλάσσης κ. σάλου
ἤχους, T
Ac 2 2 ἐγένετο ἄφνω ἐκ τ. οὐρανοῦ ἦχος ὥσπερ φερομένης πνοῆς βιαίας
He 12 19 σάλπιγγος ἤχῳ κ. φωνῇ ῥημάτων

Θ

ΘΑΔΔΑΙ̂ΟΣ 2280

Mt 10 3 Ἰάκωβος ὁ τοῦ Ἀλφαίου κ. Θαδδαῖος
Λεββαῖος, TWH marg.
Mk 3 18 Ἰάκωβον τὸν τ. Ἀλφαίου κ. Θαδδαῖον
Λεββαῖον, WH marg.

ΘΆΛΑΣΣΑ 2281

(1) θάλ. τ. Γαλιλαίας (2) θάλ. τ. Τιβεριάδος (3) ἐρυθρὰ θάλ.

Mt 4 15 ὁδὸν θαλάσσης πέραν τ. Ἰορδάνου
דֶּרֶךְ הַיָּם עֵבֶר הַיַּרְדֵּן, Is. viii. 23
18 [1] περιπατῶν δὲ παρὰ τ. θάλασσαν τ. Γαλιλαίας
εἶδεν . . . βάλλοντας ἀμφίβληστρον εἰς τ. θάλασσαν
8 24 σεισμὸς μέγας ἐγένετο ἐν τ. θαλάσσῃ
26 ἐγερθεὶς ἐπετίμησεν τ. ἀνέμοις κ. τ. θαλάσσῃ
27 ὅτι κ. οἱ ἄνεμοι κ. ἡ θάλασσα αὐτῷ ὑπακούουσιν
32 ὥρμησεν πᾶσα ἡ ἀγέλη κατὰ τ. κρημνοῦ εἰς τ. θάλασσαν
13 1 ἐξελθὼν ὁ Ἰησοῦς . . . ἐκάθητο παρὰ τ. θάλασσαν
47 ὁμοία ἐστὶν . . . σαγήνῃ βληθείσῃ εἰς τ. θάλασσαν
14 24 τὸ δὲ πλοῖον ἤδη μέσον τ. θαλάσσης ἦν
ἤδ. σταδίους πολλοὺς ἀπὸ τ. γῆς ἀπεῖχεν, WH non mg. R mg.
25 ἦλθεν πρὸς αὐτοὺς περιπατῶν ἐπὶ τ. θάλασσαν.
Mt 14 *26* οἱ δὲ μαθηταὶ ἰδόντες αὐτὸν ἐπὶ τ. θαλάσσης περιπατοῦντα
15 29 [1] ὁ Ἰησοῦς ἦλθεν παρὰ τ. θάλασσαν τ. Γαλιλαίας
17 27 πορευθεὶς εἰς θάλασσαν βάλε ἄγκιστρον
18 6 ἵνα . . . καταποντισθῇ ἐν τ. πελάγει τ. θαλάσσης
21 21 ἄρθητι κ. βλήθητι εἰς τ. θάλασσαν
23 15 περιάγετε τ. θάλασσαν κ. τ. ξηράν
Mk 1 16 [1] παράγων παρὰ τ. θάλασσαν τ. Γαλιλαίας
εἶδεν . . . ἀμφιβάλλοντας ἐν τ. θαλάσσῃ
2 13 ἐξῆλθεν πάλιν παρὰ τ. θάλασσαν
εἰς τ. θάλ., T
3 7 ὁ Ἰησοῦς μετὰ τ. μαθητῶν αὐτοῦ ἀνεχώρησεν πρὸς τ. θάλασσαν
εἰς τ. θάλ., T
4 1 πάλιν ἤρξατο διδάσκειν παρὰ τ. θάλασσαν
1 ὥστε αὐτὸν εἰς πλοῖον ἐμβάντα καθῆσθαι ἐν τ. θαλάσσῃ·
κ. πᾶς ὁ ὄχλος πρὸς τ. θάλασσαν ἐπὶ τ. γῆς ἦσαν
39 διεγερθεὶς . . . εἶπεν τ. θαλάσσῃ
41 ὅτι κ. ὁ ἄνεμος κ. ἡ θάλασσα ὑπακούει αὐτῷ
5 1 ἦλθον εἰς τὸ πέραν τ. θαλάσσης
13 ὥρμησεν ἡ ἀγέλη κατὰ τ. κρημνοῦ εἰς τ. θάλασσαν
13 κ. ἐπνίγοντο ἐν τ. θαλάσσῃ
21 ἦν παρὰ τ. θάλασσαν
6 47 ἦν τὸ πλοῖον ἐν μέσῳ τ. θαλάσσης
48 ἔρχεται πρὸς αὐτοὺς περιπατῶν ἐπὶ τ. θαλάσσης
49 οἱ δὲ ἰδόντες αὐτὸν ἐπὶ τ. θαλάσσης περιπατοῦντα

Mk 7 31 [1] ἦλθεν διὰ Σιδῶνος εἰς τ. θάλασσαν τ. Γαλιλαίας
9 42 εἰ . . . βέβληται εἰς τ. θάλασσαν
11 23 ἄρθητι κ. βλήθητι εἰς τ. θάλασσαν
Lu 17 2 εἰ . . . ἔρριπται εἰς τ. θάλασσαν
6 ἐκριζώθητι κ. φυτεύθητι ἐν τ. θαλάσσῃ
21 25 ἐν ἀπορίᾳ ἤχους θαλάσσης κ. σάλου
Jo 6 1 [1 2] ἀπῆλθεν ὁ Ἰησοῦς πέραν τ. θαλάσσης τ. Γαλιλαίας τ. Τιβεριάδος
16 κατέβησαν οἱ μαθηταὶ αὐτοῦ ἐπὶ τ. θάλασσαν
17 ἤρχοντο πέραν τ. θαλάσσης εἰς Καφαρναούμ
18 ἥ τε θάλασσα ἀνέμου μεγάλου πνέοντος διεγείρετο
19 θεωροῦσιν τ. Ἰησοῦν περιπατοῦντα ἐπὶ τ. θαλάσσης
22 ὁ ὄχλος ὁ ἑστηκὼς πέραν τ. θαλάσσης
25 εὑρόντες αὐτὸν πέραν τ. θαλάσσης
21 1 [2] ἐφανέρωσεν ἑαυτὸν πάλιν . . . ἐπὶ τ. θαλάσσης τ. Τιβεριάδος
7 ἔβαλεν ἑαυτὸν εἰς τ. θάλασσαν
Ac 4 24 σὺ ὁ ποιήσας τ. οὐρανὸν κ. τ. γῆν κ. τ. θάλασσαν
7 36 [3] ποιήσας τέρατα κ. σημεῖα ἐν τῇ Αἰγύπτῳ κ. ἐν ἐρυθρᾷ θαλάσσῃ
10 6 ᾧ ἐστὶν οἰκία παρὰ θάλασσαν
32 ξενίζεται ἐν οἰκίᾳ Σίμωνος βυρσέως παρὰ θάλασσαν
14 15 ὃς ἐποίησεν τ. οὐρανὸν κ. τ. γῆν κ. τ. θάλασσαν
17 14 ἐξαπέστειλαν οἱ ἀδελφοὶ πορεύεσθαι ἕως ἐπὶ τ. θάλασσαν
27 30 χαλασάντων τ. σκάφην εἰς τ. θάλασσαν
38 ἐκβαλλόμενοι τ. σῖτον εἰς τ. θάλασσαν
40 τ. ἀγκύρας περιελόντες εἴων εἰς τ. θάλασσαν
28 4 ὃν διασωθέντα ἐκ τ. θαλάσσης
Ro 9 27 ἐὰν ᾖ ὁ ἀριθμὸς τ. υἱῶν Ἰσραὴλ ὡς ἡ ἄμμος τ. θαλάσσης
כִּי אִם־יִהְיֶה עַמְּךָ יִשְׂרָאֵל כְּחוֹל הַיָּם, Is. x. 22
I Co 10 1 πάντες διὰ τ. θαλάσσης διῆλθον,
2 κ. πάντες εἰς τ. Μωυσῆν ἐβαπτίσαντο ἐν τ. νεφέλῃ κ. ἐν τ. θαλάσσῃ
II Co 11 26 κινδύνοις ἐν θαλάσσῃ
He 11 12 ὡς ἡ ἄμμος ἡ παρὰ τὸ χεῖλος τ. θαλάσσης
כַּחוֹל אֲשֶׁר עַל־שְׂפַת הַיָּם, Gen. xxii. 17
29 [3] πίστει διέβησαν τ. ἐρυθρὰν θάλασσαν ὡς διὰ ξηρᾶς γῆς
Ja 1 6 ὁ γὰρ διακρινόμενος ἔοικεν κλύδωνι θαλάσσης
Ju 13 κύματα ἄγρια θαλάσσης
Re 4 6 ἐνώπιον τ. θρόνου ὡς θάλασσα ὑαλίνη
5 13 πᾶν κτίσμα ὃ . . . ἐπὶ τ. θαλάσσης ἐστίν
7 1 ἵνα μὴ πνέῃ ἄνεμος . . . ἐπὶ τ. θαλάσσης
2 οἷς ἐδόθη αὐτοῖς ἀδικῆσαι τ. γῆν κ. τ. θάλασσαν
3 μὴ ἀδικήσητε τ. γῆν μήτε τ. θάλασσαν
8 8 ὡς ὄρος μέγα πυρὶ καιόμενον ἐβλήθη εἰς τ. θάλασσαν·
κ. ἐγένετο τὸ τρίτον τ. θαλάσσης αἷμα·
9 κ. ἀπέθανεν τὸ τρίτον τ. κτισμάτων τῶν ἐν τ. θαλάσσῃ
10 2 ἔθηκεν τ. πόδα αὐτοῦ τ. δεξιὸν ἐπὶ τ. θαλάσσης
Re 10 5 ὃν εἶδον ἑστῶτα ἐπὶ τ. θαλάσσης κ. ἐπὶ τ. γῆς
6 ὃς ἔκτισεν . . . τ. θάλασσαν κ. τὰ ἐν αὐτῇ —τ. θάλ. κ. τὰ ἐν αὐτ., [WH] R mg.
8 τὸ βιβλίον ἐν τ. χειρὶ τ. ἀγγέλου τ. ἑστῶτος ἐπὶ τ. θαλάσσης
12 12 οὐαὶ τ. γῆν κ. τ. θάλασσαν
18 ἐστάθη ἐπὶ τὴν ἄμμον τ. θαλάσσης
13 1 εἶδον ἐκ τ. θαλάσσης θηρίον ἀναβαῖνον
14 7 προσκυνήσατε τ. ποιήσαντι τ. οὐρανὸν κ. τ. γῆν κ. θάλασσαν
τὴν θάλ., T
15 2 εἶδον ὡς θάλασσαν ὑαλίνην μεμιγμένην πυρί,
κ. τ. νικῶντας . . . ἑστῶτας ἐπὶ τ. θάλασσαν τ. ὑαλίνην
16 3 ὁ δεύτερος ἐξέχεεν τ. φιάλην αὐτοῦ εἰς τ. θάλασσαν
3 πᾶσα ψυχὴ ζωῆς ἀπέθανεν τὰ ἐν τ. θαλάσσῃ
18 17 ὅσοι τ. θάλασσαν ἐργάζονται
19 πάντες οἱ ἔχοντες τὰ πλοῖα ἐν τ. θαλάσσῃ
21 ἔβαλεν εἰς τ. θάλασσαν λέγων
20 8 ὧν ὁ ἀριθμὸς αὐτῶν ὡς ἡ ἄμμος τ. θαλάσσης
13 ἔδωκεν ἡ θάλασσα τ. νεκροὺς τοὺς ἐν αὐτῇ
21 1 ἡ θάλασσα οὐκ ἔστιν ἔτι

ΘΑ΄ΛΠΩ 2282

Eph 5 29 ἀλλὰ ἐκτρέφει κ. θάλπει αὐτήν
I Th 2 7 ὡς ἐὰν τροφὸς θάλπῃ τὰ ἑαυτῆς τέκνα

ΘΑ΄ΜΑΡ 2283

Mt 1 3 Ἰούδας δὲ ἐγέννησεν τ. Φαρὲς κ. τ. Ζαρὰ ἐκ τῆς Θάμαρ

ΘΑΜΒΕ΄ΟΜΑΙ 2284

Mk 1 27 κ. ἐθαμβήθησαν ἅπαντες
10 24 οἱ δὲ μαθηταὶ ἐθαμβοῦντο ἐπὶ τ. λόγοις αὐτοῦ
32 ἦν προάγων αὐτοὺς ὁ Ἰησοῦς κ. ἐθαμβοῦντο

ΘΑ΄ΜΒΟΣ 2285

Lu 4 36 ἐγένετο θάμβος ἐπὶ πάντας
5 9 θάμβος γὰρ περιέσχεν αὐτόν
Ac 3 10 ἐπλήσθησαν θάμβους κ. ἐκστάσεως

ΘΑΝΑ΄ΣΙΜΟΣ * 2286

Mk 16 [18 κἂν θανάσιμόν τι πίωσιν

ΘΑΝΑΤΗΦΟ΄ΡΟΣ 2287

Ja 3 8 ἀκατάστατον κακὸν μεστὴ ἰοῦ θανατηφόρου

ΘΑ΄ΝΑΤΟΣ 2288

(1) θάν. . . . ζωή (2) γεύεσθαι, ἰδεῖν, θεωρεῖν θάν. (3) αἰτία, κρίμα θαν. (4) θάνατοι (5) δεύτερος θάν.

Mt 4 16 τ. καθημένοις ἐν χώρᾳ κ. σκιᾷ θανάτου φῶς ἀνέτειλεν αὐτοῖς
יֹשְׁבֵי בְּאֶרֶץ צַלְמָוֶת אוֹר נָגַהּ עֲלֵיהֶם, Is. ix. 1

Mt 10 21 παραδώσει δὲ ἀδελφὸς ἀδελφὸν εἰς θάνατον
15 4 ὁ κακολογῶν πατέρα ἢ μητέρα θανάτῳ τελευτάτω
מְקַלֵּל אָבִיו וְאִמּוֹ מוֹת יוּמָת, Ex. xxi. 17
16 28 [2] οἵτινες οὐ μὴ γεύσωνται θανάτου
20 18 κατακρινοῦσιν αὐτὸν θανάτῳ
εἰς θάνατον, T ; [θανάτῳ], WH
26 38 περίλυπός ἐστιν ἡ ψυχή μου ἕως θανάτου
66 εἶπαν Ἔνοχος θανάτου ἐστίν
Mk 7 10 ὁ κακολογῶν πατέρα ἢ μητέρα θανάτῳ τελευτάτω, Ex. *l.c.*
9 1 [2] οἵτινες οὐ μὴ γεύσωνται θανάτου
10 33 κατακρινοῦσιν αὐτὸν θανάτῳ
13 12 παραδώσει ἀδελφὸς ἀδελφὸν εἰς θάνατον
14 34 περίλυπός ἐστιν ἡ ψυχή μου ἕως θανάτου
64 οἱ δὲ πάντες κατέκριναν αὐτὸν ἔνοχον εἶναι θανάτου
Lu 1 79 ἐπιφᾶναι τοῖς ἐν σκότει κ. σκιᾷ θανάτου καθημένοις, Is. *l.c.*
2 26 [2] μὴ ἰδεῖν θάνατον πρὶν ἢ ἂν ἴδῃ τ. Χριστὸν Κυρίου
9 27 [2] οἳ οὐ μὴ γεύσωνται θανάτου
22 33 μετὰ σοῦ ἕτοιμός εἰμι καὶ . . . εἰς θάνατον πορεύεσθαι
23 15 οὐδὲν ἄξιον θανάτου ἐστὶν πεπραγμένον αὐτῷ
22 οὐδὲν αἴτιον θανάτου εὗρον ἐν αὐτῷ
24 20 [3] ὅπως τε παρέδωκαν αὐτὸν οἱ ἀρχιερεῖς . . . εἰς κρίμα θανάτου
Jo 5 24 [1] μεταβέβηκεν ἐκ τ. θανάτου εἰς τ. ζωήν
8 51 [2] θάνατον οὐ μὴ θεωρήσῃ εἰς τ. αἰῶνα
52 [2] οὐ μὴ γεύσηται θανάτου εἰς τ. αἰῶνα
11 4 αὕτη ἡ ἀσθένεια οὐκ ἔστιν πρὸς θάνατον
13 εἰρήκει δὲ ὁ Ἰησοῦς περὶ τ. θανάτου αὐτοῦ
12 33 σημαίνων ποίῳ θανάτῳ ἤμελλεν ἀποθνήσκειν
18 32 σημαίνων ποίῳ θανάτῳ ἤμελλεν ἀποθνήσκειν
21 19 σημαίνων ποίῳ θανάτῳ δοξάσει τ. Θεόν
Ac 2 24 λύσας τ. ὠδῖνας τ. θανάτου
13 28 [3] μηδεμίαν αἰτίαν θανάτου εὑρόντες
22 4 ὃς ταύτην τὴν ὁδὸν ἐδίωξα ἄχρι θανάτου
23 29 μηδὲν δὲ ἄξιον θανάτου ἢ δεσμῶν ἔχοντα ἔγκλημα
25 11 εἰ μὲν οὖν . . . ἄξιον θανάτου πέπραχά τι
25 ἐγὼ δὲ κατελαβόμην μηδὲν ἄξιον αὐτὸν θανάτου πεπραχέναι
26 31 οὐδὲν θανάτου ἢ δεσμῶν ἄξιον πράσσει
28 18 [3] διὰ τὸ μηδεμίαν αἰτίαν θανάτου ὑπάρχειν ἐν ἐμοί
Ro 1 32 ὅτι οἱ τὰ τοιαῦτα πράσσοντες ἄξιοι θανάτου εἰσίν
5 10 εἰ γὰρ . . . κατηλλάγημεν τ. Θεῷ διὰ τ. θανάτου τ. υἱοῦ αὐτοῦ
12 ὥσπερ . . . διὰ τ. ἁμαρτίας ὁ θάνατος, κ. οὕτως εἰς πάντας ἀνθρώπους ὁ θάνατος διῆλθεν
14 ἐβασίλευσεν ὁ θάνατος ἀπὸ Ἀδὰμ μέχρι Μωυσέως
17 εἰ γὰρ τῷ τ. ἑνὸς παραπτώματι ὁ θάνατος ἐβασίλευσεν
21 ὥσπερ ἐβασίλευσεν ἡ ἁμαρτία ἐν τ. θανάτῳ
6 3 εἰς τ. θάνατον αὐτοῦ ἐβαπτίσθημεν ;
4 συνετάφημεν οὖν αὐτῷ διὰ τ. βαπτίσματος εἰς τ. θάνατον

Ro 6 5 εἰ γὰρ σύμφυτοι γεγόναμεν τ. ὁμοιώματι τ. θανάτου αὐτοῦ
9 θάνατος αὐτοῦ οὐκέτι κυριεύει
16 ἤτοι ἁμαρτίας εἰς θάνατον
21 τὸ γὰρ τέλος ἐκείνων θάνατος
23 [1] τὰ γὰρ ὀψώνια τ. ἁμαρτίας θάνατος
7 5 εἰς τὸ καρποφορῆσαι τ. θανάτῳ
10 [1] εὑρέθη μοι ἡ ἐντολὴ ἡ εἰς ζωὴν αὕτη εἰς θάνατον
13 τὸ οὖν ἀγαθὸν ἐμοὶ ἐγένετο θάνατος ;
13 ἡ ἁμαρτία . . . διὰ τ. ἀγαθοῦ μοι κατεργαζομένη θάνατον
24 τίς με ῥύσεται ἐκ τ. σώματος τ. θανάτου τούτου
8 2 ἠλευθέρωσέν σε ἀπὸ τ. νόμου τ. ἁμαρτίας κ. τ. θανάτου
6 [1] τὸ γὰρ φρόνημα τ. σαρκὸς θάνατος
38 [1] οὔτε θάνατος οὔτε ζωὴ . . . δυνήσεται ἡμᾶς χωρίσαι
I Co 3 22 [1] πάντα γὰρ ὑμῶν ἐστιν . . . εἴτε ζωὴ εἴτε θάνατος
11 26 τ. θάνατον τ. Κυρίου καταγγέλλετε
15 21 ἐπειδὴ γὰρ δι' ἀνθρώπου θάνατος
26 ἔσχατος ἐχθρὸς καταργεῖται ὁ θάνατος
54 κατεπόθη ὁ θάνατος εἰς νῖκος.
בִּלַּע הַמָּוֶת לָנֶצַח, Is. xxv. 8
55 ποῦ σου θάνατε τὸ νῖκος ;
אֱהִי דְבָרֶיךָ מָוֶת, Hos. xiii. 14
ποῦ σου θάνατε τὸ κέντρον ;
אֱהִי קָטָבְךָ שְׁאוֹל, *ib.*
56 τὸ δὲ κέντρον τ. θανάτου ἡ ἁμαρτία
II Co 1 9 αὐτοὶ ἐν ἑαυτοῖς τὸ ἀπόκριμα τ. θανάτου ἐσχήκαμεν
10 ὃς ἐκ τηλικούτου θανάτου ἐρύσατο ἡμᾶς κ. ῥύσεται
2 16 [1] οἷς μὲν ὀσμὴ ἐκ θανάτου εἰς θάνατον
3 7 εἰ δὲ ἡ διακονία τ. θανάτου . . . ἐγενήθη ἐν δόξῃ
4 11 ἡμεῖς οἱ ζῶντες εἰς θάνατον παραδιδόμεθα διὰ Ἰησοῦν
12 [1] ὥστε ὁ θάνατος ἐν ἡμῖν ἐνεργεῖται
7 10 ἡ δὲ τ. κόσμου λύπη θάνατον κατεργάζεται
11 23 [4] ἐν θανάτοις πολλάκις
Phl 1 20 [1] μεγαλυνθήσεται Χριστὸς . . . εἴτε διὰ ζωῆς εἴτε διὰ θανάτου
2 8 γενόμενος ὑπήκοος μέχρι θανάτου θανάτου δὲ σταυροῦ
27 κ. γὰρ ἠσθένησεν παραπλήσιον θανάτου
θανάτῳ, T
30 διὰ τὸ ἔργον Κυρίου μέχρι θανάτου ἤγγισεν
3 10 συμμορφιζόμενος τ. θανάτῳ αὐτοῦ
Col 1 22 ἀποκατήλλαξεν ἐν τ. σώματι τ. σαρκὸς αὐτοῦ διὰ τ. θανάτου
II Ti 1 10 καταργήσαντος μὲν τ. θάνατον
He 2 9 διὰ τὸ πάθημα τ. θανάτου δόξῃ κ. τιμῇ ἐστεφανωμένον,
[2] ὅπως χάριτι Θεοῦ ὑπὲρ παντὸς γεύσηται θανάτου
14 ἵνα διὰ τ. θανάτου καταργήσῃ τὸν τὸ κράτος ἔχοντα τ. θανάτου
15 ὅσοι φόβῳ θανάτου . . ἔνοχοι ἦσαν δουλείας
5 7 πρὸς τ. δυνάμενον σώζειν αὐτὸν ἐκ θανάτου

He 7 23 διὰ τὸ θανάτῳ κωλύεσθαι παραμένειν
9 15 ὅπως θανάτου γενομένου . . . τ. ἐπαγγελίαν λάβωσιν οἱ κεκλημένοι
16 θάνατον ἀνάγκη φέρεσθαι τ. διαθεμένου
11 5 ² πίστει Ἐνὼχ μετετέθη τοῦ μὴ ἰδεῖν θάνατον
Ja 1 15 ἡ δὲ ἁμαρτία ἀποτελεσθεῖσα ἀποκύει θάνατον
5 20 σώσει ψυχὴν αὐτοῦ ἐκ θανάτου
+αὐτοῦ, WH marg.
1 Jo 3 14 ¹ οἴδαμεν ὅτι μεταβεβήκαμεν ἐκ τ. θανάτου εἰς τ. ζωήν
14 ὁ μὴ ἀγαπῶν μένει ἐν τ. θανάτῳ
5 16 ἁμαρτάνοντα ἁμαρτίαν μὴ πρὸς θάνατον
16 ¹ δώσει αὐτῷ ζωὴν τ. ἁμαρτάνουσι μὴ πρὸς θάνατον·
ἔστιν ἁμαρτία πρὸς θάνατον
17 ἔστιν ἁμαρτία οὐ πρὸς θάνατον
Re 1 18 ἔχω τ. κλεῖς τ. θανάτου κ. τ. ᾅδου
2 10 ¹ γίνου πιστὸς ἄχρι θανάτου
11 ⁵ ὁ νικῶν οὐ μὴ ἀδικηθῇ ἐκ τ. θανάτου τ. δευτέρου
23 τὰ τέκνα αὐτῆς ἀποκτενῶ ἐν θανάτῳ
6 8 ὄνομα αὐτῷ ὁ θάνατος
—ὁ, T [WH]
8 ἀποκτεῖναι ἐν ῥομφαίᾳ κ. ἐν λιμῷ κ. ἐν θανάτῳ
9 6 ζητήσουσιν οἱ ἄνθρωποι τ. θάνατον
6 φεύγει ὁ θάνατος ἀπ' αὐτῶν
12 11 οὐκ ἠγάπησαν τ. ψυχὴν αὐτῶν ἄχρι θανάτου
13 3 εἶδον μίαν ἐκ τ. κεφαλῶν αὐτοῦ ὡς ἐσφαγμένην εἰς θάνατον·
κ. ἡ πληγὴ τ. θανάτου αὐτοῦ ἐθεραπεύθη
12 οὗ ἐθεραπεύθη ἡ πληγὴ τ. θανάτου αὐτοῦ
18 8 ἥξουσιν αἱ πληγαὶ αὐτῆς θάνατος κ. πένθος κ. λιμός
20 6 ⁵ ἐπὶ τούτων ὁ δεύτερος θάνατος οὐκ ἔχει ἐξουσίαν
13 ὁ θάνατος κ. ὁ ᾅδης ἔδωκαν τ. νεκροὺς τοὺς ἐν αὐτοῖς
14 ὁ θάνατος κ. ὁ ᾅδης ἐβλήθησαν εἰς τ. λίμνην τ. πυρός·
⁵ οὗτος ὁ θάνατος ὁ δεύτερός ἐστιν
21 4 ὁ θάνατος οὐκ ἔσται ἔτι
—ὁ, T
8 ⁵ ὅ ἐστιν ὁ θάνατος ὁ δεύτερος

ΘΑΝΑΤΌΩ 2289

Mt 10 21 ἐπαναστήσονται τέκνα ἐπὶ γονεῖς κ. θανατώσουσιν αὐτούς
26 59 ἐζήτουν ψευδομαρτυρίαν κατὰ τ. Ἰησοῦ ὅπως αὐτὸν θανατώσωσιν
θανατώσουσιν, T
27 1 συμβούλιον ἔλαβον . . . ὥστε θανατῶσαι αὐτόν
Mk 13 12 ἐπαναστήσονται τέκνα ἐπὶ γονεῖς κ. θανατώσουσιν αὐτούς
14 55 ἐζήτουν . . . μαρτυρίαν εἰς τὸ θανατῶσαι αὐτόν
Lu 21 16 κ. θανατώσουσιν ἐξ ὑμῶν
Ro 7 4 κ. ὑμεῖς ἐθανατώθητε τ. νόμῳ
8 13 εἰ δὲ πνεύματι τ. πράξεις τ. σώματος θανατοῦτε
36 ἕνεκέν σου θανατούμεθα ὅλην τ. ἡμέραν
עָלֶיךָ הֹרַגְנוּ כָל־הַיּוֹם, Ps. xliv. 23
II Co 6 9 ὡς παιδευόμενοι κ. μὴ θανατούμενοι
1 Pe 3 18 θανατωθεὶς μὲν σαρκὶ ζωοποιηθεὶς δὲ πνεύματι

ΘΆΠΤΩ 2290

Mt 8 21 ἐπίτρεψόν μοι πρῶτον . . . θάψαι τ. πατέρα μου
22 ἄφες τ. νεκροὺς θάψαι τοὺς ἑαυτῶν νεκρούς
14 12 οἱ μαθηταὶ αὐτοῦ ἦραν τὸ πτῶμα κ. ἔθαψαν αὐτόν
Lu 9 59 ἐπίτρεψόν μοι πρῶτον . . . θάψαι τ. πατέρα μου
60 ἄφες τ. νεκροὺς θάψαι τοὺς ἑαυτῶν νεκρούς
16 22 ἀπέθανεν δὲ κ. ὁ πλούσιος κ. ἐτάφη
Ac 2 29 ὅτι κ. ἐτελεύτησεν κ. ἐτάφη
5 6 κ. ἐξενέγκαντες ἔθαψαν
9 οἱ πόδες τ. θαψάντων τ. ἄνδρα σου ἐπὶ τ. θύρᾳ
10 ἐξενέγκαντες ἔθαψαν πρὸς τ. ἄνδρα αὐτῆς
1 Co 15 4 κ. ὅτι ἐτάφη

ΘΑΡΆ 2291

Lu 3 34 τοῦ Ἀβραὰμ τοῦ Θαρὰ τοῦ Ναχώρ
Θάρα, T

ΘΑΡΡΈΩ 2292

II Co 5 6 θαρροῦντες οὖν πάντοτε
8 θαρροῦμεν δὲ κ. εὐδοκοῦμεν μᾶλλον ἐκδημῆσαι
7 16 χαίρω ὅτι ἐν παντὶ θαρρῶ ἐν ὑμῖν
10 1 ἀπὼν δὲ θαρρῶ εἰς ὑμᾶς
2 τὸ μὴ παρὼν θαρρῆσαι τ. πεποιθήσει
He 13 6 ὥστε θαρροῦντας ἡμᾶς λέγειν

ΘΑΡΣΈΩ 2293

Mt 9 2 θάρσει τέκνον ἀφίενταί σου αἱ ἁμαρτίαι
22 ἰδὼν αὐτὴν εἶπεν Θάρσει θύγατερ
14 27 θαρσεῖτε ἐγώ εἰμι μὴ φοβεῖσθε
Mk 6 50 θαρσεῖτε ἐγώ εἰμι μὴ φοβεῖσθε
10 49 θάρσει ἔγειρε φωνεῖ σε
Jo 16 33 ἀλλὰ θαρσεῖτε ἐγὼ νενίκηκα τ. κόσμον
Ac 23 11 ἐπιστὰς αὐτῷ ὁ Κύριος εἶπεν θάρσει

ΘΆΡΣΟΣ 2294

Ac 28 15 εὐχαριστήσας τ. Θεῷ ἔλαβεν θάρσος

ΘΑΥ͂ΜΑ 2295

II Co 11 14 κ. οὐ θαῦμα
Re 17 6 ἐθαύμασα ἰδὼν αὐτὴν θαῦμα μέγα

2296 ΘΑΥΜΆΖΩ cf. 1569.5

(1) θαυμ. θαῦμα (2) c. acc.

Mt 8 10 ἀκούσας δὲ ὁ Ἰησοῦς ἐθαύμασεν
27 οἱ δὲ ἄνθρωποι ἐθαύμασαν λέγοντες
9 33 ἐθαύμασαν οἱ ὄχλοι λέγοντες

Mt 15 31 ὥστε τ. ὄχλον θαυμάσαι
21 20 ἰδόντες οἱ μαθηταὶ ἐθαύμασαν λέγοντες
22 22 κ. ἀκούσαντες ἐθαύμασαν
27 14 ὥστε θαυμάζειν τ. ἡγεμόνα λίαν
Mk 5 20 κ. πάντες ἐθαύμαζον
6 6 ἐθαύμασεν διὰ τ. ἀπιστίαν αὐτῶν
ἐθαύμαζεν, WH marg.
15 5 ὥστε θαυμάζειν τ. Πειλᾶτον
44 ὁ δὲ Πειλᾶτος ἐθαύμασεν εἰ ἤδη τέθνηκεν
ἐθαύμαζεν, T
Lu 1 21 ἐθαύμαζον ἐν τῷ χρονίζειν ἐν τ. ναῷ αὐτόν
63 κ. ἐθαύμασαν πάντες
2 18 πάντες οἱ ἀκούσαντες ἐθαύμασαν περὶ τ. λαληθέντων
33 ἦν ὁ πατὴρ αὐτοῦ κ. ἡ μήτηρ θαυμάζοντες ἐπὶ τ. λαλουμένοις
4 22 ἐθαύμαζον ἐπὶ τ. λόγοις τ. χάριτος
7 9 [2] ἀκούσας δὲ ταῦτα ὁ Ἰησοῦς ἐθαύμασεν αὐτόν
8 25 φοβηθέντες δὲ ἐθαύμασαν
9 43 πάντων δὲ θαυμαζόντων ἐπὶ πᾶσιν οἷς ἐποίει
11 14 ἐθαύμασαν οἱ ὄχλοι
38 ὁ δὲ Φαρισαῖος ἰδὼν ἐθαύμασεν ὅτι οὐ πρῶτον ἐβαπτίσθη
20 26 θαυμάσαντες ἐπὶ τ. ἀποκρίσει αὐτοῦ ἐσίγησαν
24 12 [2] ἀπῆλθεν πρὸς αὐτὸν θαυμάζων τὸ γεγονός —h. v., T [[WH]] R mg.
41 ἀπιστούντων αὐτῶν ἀπὸ τ. χαρᾶς κ. θαυμαζόντων
Jo 3 7 μὴ θαυμάσῃς ὅτι εἶπόν σοι
4 27 ἐθαύμαζον ὅτι μετὰ γυναικὸς ἐλάλει
5 20 δείξει αὐτῷ ἔργα ἵνα ὑμεῖς θαυμάζητε
θαυμάζετε, T
28 [2] μὴ θαυμάζετε τοῦτο
7 15 ἐθαύμαζον οὖν οἱ Ἰουδαῖοι λέγοντες
21 ἓν ἔργον ἐποίησα κ. πάντες θαυμάζετε
Ac 2 7 ἐξίσταντο δὲ κ. ἐθαύμαζον λέγοντες
3 12 ἄνδρες Ἰσραηλεῖται τί θαυμάζετε ἐπὶ τούτῳ
4 13 καταλαβόμενοι ὅτι ἄνθρωποι ἀγράμματοί εἰσιν . . . ἐθαύμαζον
7 31 [2] ὁ δὲ Μωυσῆς ἰδὼν ἐθαύμασεν τὸ ὅραμα
ἐθαύμαζεν, T
13 41 ἴδετε οἱ καταφρονηταὶ κ. θαυμάσατε κ. ἀφανίσθητε
רְאוּ בַגּוֹיִם וְהַבִּיטוּ וְהִתַּמְּהוּ תְּמָהוּ, Hab. i. 5
Ga 1 6 θαυμάζω ὅτι οὕτως ταχέως μετατίθεσθε
II Th 1 10 θαυμασθῆναι ἐν πᾶσι τ. πιστεύσασιν
I Jo 3 13 μὴ θαυμάζετε ἀδελφοὶ εἰ μισεῖ ὑμᾶς ὁ κόσμος
Ju 16 [2] θαυμάζοντες πρόσωπα ὠφελίας χάριν
Re 13 3 ἐθαυμάσθη ὅλη ἡ γῆ ὀπίσω τ. θηρίου
ἐθαύμασεν, TR
17 6 [1] ἐθαύμασα ἰδὼν αὐτὴν θαῦμα μέγα.
7 κ. εἶπέν μοι ὁ ἄγγελος Διὰ τί ἐθαύμασας;
8 θαυμασθήσονται οἱ κατοικοῦντες ἐπὶ τ. γῆς
θαυμάσονται, T

ΘΑΥΜΑ΄ΣΙΟΣ 2297

Mt 21 15 ἰδόντες δὲ οἱ ἀρχιερεῖς . . . τὰ θαυμάσια ἃ ἐποίησεν

ΘΑΥΜΑΣΤΟ΄Σ 2298

Mt 21 42 ἔστιν θαυμαστὴ ἐν ὀφθαλμοῖς ἡμῶν
הִיא נִפְלָאת בְּעֵינֵינוּ, Ps. cxviii. 23
Mk 12 11 ἔστιν θαυμαστὴ ἐν ὀφθαλμοῖς ἡμῶν, Ps. *l.c.*
Jo 9 30 ἐν τούτῳ γὰρ τὸ θαυμαστόν ἐστιν
I Pe 2 9 τοῦ ἐκ σκότους ὑμᾶς καλέσαντος εἰς τὸ θαυμαστὸν αὐτοῦ φῶς
Re 15 1 εἶδον ἄλλο σημεῖον ἐν τ. οὐρανῷ μέγα κ. θαυμαστόν
3 μεγάλα κ. θαυμαστὰ τὰ ἔργα σου

ΘΕΑ΄ 2299

Ac 19 27 τὸ τ. μεγάλης θεᾶς Ἀρτέμιδος ἱερὸν εἰς οὐθὲν λογισθῆναι

ΘΕΑ΄ΟΜΑΙ 2300

Mt 6 1 μὴ ποιεῖν . . . πρὸς τὸ θεαθῆναι αὐτοῖς
11 7 τί ἐξήλθατε εἰς τὴν ἔρημον θεάσασθαι;
22 11 εἰσελθὼν δὲ ὁ βασιλεὺς θεάσασθαι τ. ἀνακειμένους
23 5 ποιοῦσιν πρὸς τὸ θεαθῆναι τ. ἀνθρώποις
Mk 16 [11 ἀκούσαντες ὅτι ζῇ κ. ἐθεάθη ὑπ' αὐτῆς
[14 ὅτι τ. θεασαμένοις αὐτὸν ἐγηγερμένον ἐκ νεκρῶν οὐκ ἐπίστευσαν
Lu 5 27 ἐθεάσατο τελώνην ὀνόματι Λευείν
7 24 τί ἐξήλθατε εἰς τὴν ἔρημον θεάσασθαι;
23 55 κατακολουθήσασαι δὲ αἱ γυναῖκες . . . ἐθεάσαντο τὸ μνημεῖον
Jo 1 14 ἐθεασάμεθα τ. δόξαν αὐτοῦ
32 τεθέαμαι τὸ πνεῦμα καταβαῖνον ὡς περιστεράν
38 θεασάμενος αὐτοὺς ἀκολουθοῦντας λέγει αὐτοῖς
4 35 θεάσασθε τ. χώρας
6 5 θεασάμενος ὅτι πολὺς ὄχλος ἔρχεται πρὸς αὐτόν
11 45 θεασάμενοι ὃ ἐποίησεν
Ac 1 11 οὕτως ἐλεύσεται ὃν τρόπον ἐθεάσασθε αὐτὸν πορευόμενον
21 27 οἱ ἀπὸ τ. Ἀσίας Ἰουδαῖοι θεασάμενοι αὐτὸν ἐν τ. ἱερῷ
22 9 οἱ δὲ σὺν ἐμοὶ ὄντες τὸ μὲν φῶς ἐθεάσαντο
Ro 15 24 ἐλπίζω γὰρ διαπορευόμενος θεάσασθαι ὑμᾶς
I Jo 1 1 ὃ ἐθεασάμεθα κ. αἱ χεῖρες ἡμῶν ἐψηλάφησαν
4 12 Θεὸν οὐδεὶς πώποτε τεθέαται
14 ἡμεῖς τεθεάμεθα κ. μαρτυροῦμεν

ΘΕΑΤΡΙ΄ΖΟΜΑΙ* † 2301

He 10 33 ὀνειδισμοῖς τε κ. θλίψεσιν θεατριζόμενοι

ΘΕ΄ΑΤΡΟΝ* 2302

Ac 19 29 ὥρμησάν τε ὁμοθυμαδὸν εἰς τὸ θέατρον
31 παρεκάλουν μὴ δοῦναι ἑαυτὸν εἰς τὸ θέατρον
I Co 4 9 θέατρον ἐγενήθημεν τ. κόσμῳ

ΘΕΙ΄ΟΝ 2303

Lu 17 29 ἔβρεξεν πῦρ κ. θεῖον ἀπ' οὐρανοῦ
הִמְטִיר . . . גָּפְרִית וָאֵשׁ מֵאֵת יְהוָה מִן־הַשָּׁמָיִם, Gen. xix. 24

Re 9 17 ἐκ τ. στομάτων αὐτῶν ἐκπορεύεται πῦρ κ. καπνὸς κ. θεῖον
18 ἀπεκτάνθησαν . . . ἐκ τ. πυρὸς κ. τ. καπνοῦ κ. τ. θείου
14 10 βασανισθήσεται ἐν πυρὶ κ. θείῳ ἐνώπιον ἀγγέλων ἁγίων
19 20 ἐβλήθησαν οἱ δύο εἰς τ. λίμνην τ. πυρὸς τ. καιομένης ἐν θείῳ
20 10 ὁ διάβολος . . . ἐβλήθη εἰς τ. λίμνην τ. πυρὸς κ. θείου
κ. τοῦ θεί., TWH mg.
21 8 τὸ μέρος αὐτῶν ἐν τ. λίμνῃ τ. καιομένῃ πυρὶ κ. θείῳ

ΘΕΙ͂ΟΣ 2304

Ac 17 29 οὐκ ὀφείλομεν νομίζειν χρυσῷ . . . τὸ θεῖον εἶναι ὅμοιον
II Pe 1 3 ὡς πάντα ἡμῖν τ. θείας δυνάμεως αὐτοῦ . . . δεδωρημένης
4 ἵνα διὰ τούτων γένησθε θείας κοινωνοὶ φύσεως

ΘΕΙΟ΄ΤΗΣ** 2305

Ro 1 20 ἥ τε ἀΐδιος αὐτοῦ δύναμις κ. θειότης

ΘΕΙΩ΄ΔΗΣ* † 2306

Re 9 17 θώρακας πυρίνους κ. ὑακινθίνους κ. θειώδεις

ΘΕ΄ΛΗΜΑ † 2307

(1) θελήματα

Mt 6 10 γενηθήτω τὸ θέλημά σου
7 21 ἀλλ' ὁ ποιῶν τὸ θέλημα τ. πατρός μου
12 50 ὅστις γὰρ ἂν ποιήσῃ τὸ θέλημα τ. πατρός μου
18 14 οὕτως οὐκ ἔστιν θέλημα ἔμπροσθεν τ. πατρός μου
21 31 τίς ἐκ τῶν δύο ἐποίησεν τὸ θέλημα τ. πατρός
26 42 γενηθήτω τὸ θέλημά σου
Mk 3 35 [1] ὃς ἂν ποιήσῃ τὸ θέλημα τ. Θεοῦ
τὰ θελήματα, WH mg.
Lu 11 2 γενηθήτω τὸ θέλημά σου
—h. v., TWHR non mg.
12 47 ὁ δοῦλος ὁ γνοὺς τὸ θέλημα τ. κυρίου αὐτοῦ, κ. μὴ ἑτοιμάσας ἢ ποιήσας πρὸς τὸ θέλημα αὐτοῦ
22 42 μὴ τὸ θέλημά μου ἀλλὰ τὸ σὸν γινέσθω
23 25 τ. δὲ Ἰησοῦν παρέδωκεν τ. θελήματι αὐτῶν
Jo 1 13 οὐκ ἐξ αἱμάτων οὐδὲ ἐκ θελήματος σαρκός, οὐδὲ ἐκ θελήματος ἀνδρός
4 34 ἵνα ποιήσω τὸ θέλημα τ. πέμψαντός με
5 30 ὅτι οὐ ζητῶ τὸ θέλημα τὸ ἐμόν, ἀλλὰ τὸ θέλημα τ. πέμψαντός με
6 38 οὐχ ἵνα ποιῶ τὸ θέλημα τὸ ἐμόν, ἀλλὰ τὸ θέλημα τ. πέμψαντός με.
39 τοῦτο δέ ἐστιν τὸ θέλημα τ. πέμψαντός με
40 τοῦτο γάρ ἐστιν τὸ θέλημα τ. πατρός μου
7 17 ἐάν τις θέλῃ τὸ θέλημα αὐτοῦ ποιεῖν
9 31 ἐάν τις . . . τὸ θέλημα αὐτοῦ ποιῇ
Ac 13 22 [1] ὃς ποιήσει πάντα τὰ θελήματά μου
21 14 τ. Κυρίου τὸ θελημα γινέσθω
22 14 προεχειρίσατό σε γνῶναι τὸ θέλημα αὐτοῦ
Ro 1 10 εἴ πως ἤδη ποτὲ εὐοδωθήσομαι ἐν τ. θελήματι τ. Θεοῦ
2 18 κ. γινώσκεις τὸ θέλημα
12 2 τί τὸ θέλημα τ. Θεοῦ τὸ ἀγαθὸν κ. εὐάρεστον
15 32 ἐν χαρᾷ ἐλθὼν πρὸς ὑμᾶς διὰ θελήματος Θεοῦ
I Co 1 1 Παῦλος κλητὸς ἀπόστολος . . . διὰ θελήματος Θεοῦ
7 37 ἐξουσίαν δὲ ἔχει περὶ τ. ἰδίου θελήματος
16 12 πάντως οὐκ ἦν θέλημα ἵνα νῦν ἔλθῃ
II Co 1 1 Παῦλος ἀπόστολος . . . διὰ θελήματος Θεοῦ
8 5 ἑαυτοὺς ἔδωκαν . . . ἡμῖν διὰ θελήματος Θεοῦ
Ga 1 4 κατὰ τὸ θέλημα τ. Θεοῦ κ. πατρὸς ἡμῶν
Eph 1 1 Παῦλος ἀπόστολος . . . διὰ θελήματος Θεοῦ
5 κατὰ τ. εὐδοκίαν τ. θελήματος αὐτοῦ
9 γνωρίσας ἡμῖν τὸ μυστήριον τ. θελήματος αὐτοῦ
11 κατὰ πρόθεσιν τοῦ τὰ πάντα ἐνεργοῦντος κατὰ τ. βουλὴν τ. θελήματος αὐτοῦ
2 3 [1] ποιοῦντες τὰ θελήματα τ. σαρκὸς κ. τ διανοιῶν
5 17 ἀλλὰ συνίετε τί τὸ θέλημα τ. Κυρίου
6 6 ποιοῦντες τὸ θέλημα τ. Θεοῦ ἐκ ψυχῆς
Col 1 1 Παῦλος ἀπόστολος . . . διὰ θελήματος Θεοῦ
9 ἵνα πληρωθῆτε τ. ἐπίγνωσιν τ. θελήματος αὐτοῦ
4 12 πεπληροφορημένοι ἐν παντὶ θελήματι τ. Θεοῦ
I Th 4 3 τοῦτο γάρ ἐστιν θέλημα τ. Θεοῦ
5 18 τοῦτο γὰρ θέλημα Θεοῦ ἐν Χριστῷ Ἰησοῦ
II Ti 1 1 Παῦλος ἀπόστολος . . . διὰ θελήματος Θεοῦ
2 26 ἐζωγρημένοι ὑπ' αὐτοῦ εἰς τὸ ἐκείνου θέλημα
He 10 7 ἰδοὺ ἥκω . . . τοῦ ποιῆσαι ὁ Θεὸς τὸ θέλημά σου
הִנֵּה־בָאתִי . . . לַעֲשׂוֹת רְצוֹנְךָ אֱלֹהַי, Ps. xl. 8, 9
9 ἰδοὺ ἥκω τοῦ ποιῆσαι τὸ θέλημά σου, Ps. *l.c.*
10 ἐν ᾧ θελήματι ἡγιασμένοι ἐσμέν
36 ἵνα τὸ θέλημα τ. Θεοῦ ποιήσαντες
13 21 καταρτίσαι ὑμᾶς . . . εἰς τὸ ποιῆσαι τὸ θέλημα αὐτοῦ
I Pe 2 15 οὕτως ἐστὶν τὸ θέλημα τ. Θεοῦ
3 17 εἰ θέλοι τὸ θέλημα τ. Θεοῦ
4 2 εἰς τὸ μηκέτι ἀνθρώπων ἐπιθυμίαις ἀλλὰ θελήματι Θεοῦ . . . βιῶσαι
19 οἱ πάσχοντες κατὰ τὸ θέλημα τ. Θεοῦ
II Pe 1 21 οὐ γὰρ θελήματι ἀνθρώπου ἠνέχθη προφητεία ποτέ
I Jo 2 17 ὁ δὲ ποιῶν τὸ θέλημα τ. Θεοῦ μένει
5 14 ἐάν τι αἰτώμεθα κατὰ τὸ θέλημα αὐτοῦ
Re 4 11 διὰ τὸ θέλημά σου ἦσαν κ. ἐκτίσθησαν

ΘΕ΄ΛΗΣΙΣ 2308

He 2 4 εἰς ἡμᾶς ἐβεβαιώθη . . . κατὰ τ. αὐτοῦ θέλησιν

ΘΕ΄ΛΩ 2309

(1) c. acc. (2) seq. ἵνα (3) οὐ θέλ. ἀγνοεῖν (4) θέλειν ἐν (5) seq. fin. verb.

Mt 1 19 μὴ θέλων αὐτὴν δειγματίσαι
2 18 οὐκ ἤθελεν παρακληθῆναι ὅτι οὐκ εἰσίν
מֵאֲנָה לְהִנָּחֵם עַל־בָּנֶיהָ כִּי אֵינֶנּוּ, Jer. xxxi. 15

Mt 5 40 τ. θέλοντί σοι κριθῆναι
42 τ. θέλοντα ἀπὸ σοῦ δανίσασθαι μὴ ἀποστραφῇς
7 12 [2] ὅσα ἐὰν θέλητε ἵνα ποιῶσιν ὑμῖν οἱ ἄνθρωποι
8 2 Κύριε ἐὰν θέλῃς δύνασαί με καθαρίσαι
3 λέγων Θέλω καθαρίσθητι
9 13 [1] ἔλεος θέλω κ. οὐ θυσίαν
חֶסֶד חָפַצְתִּי וְלֹא־זָבַח, Hos. vi. 6
11 14 εἰ θέλετε δέξασθαι αὐτός ἐστιν Ἠλείας
12 7 [1] ἔλεος θέλω κ. οὐ θυσίαν, Hos. *l.c.*
38 διδάσκαλε θέλομεν ἀπὸ σοῦ σημεῖον ἰδεῖν
13 28 [5] θέλεις οὖν ἀπελθόντες συλλέξωμεν αὐτά;
14 5 θέλων αὐτὸν ἀποκτεῖναι ἐφοβήθη τ. ὄχλον
15 28 γενηθήτω σοι ὡς θέλεις
32 ἀπολῦσαι αὐτοὺς νήστεις οὐ θέλω
16 24 εἴ τις θέλει ὀπίσω μου ἐλθεῖν
25 ὃς γὰρ ἐὰν θέλῃ τ. ψυχὴν αὐτοῦ σῶσαι
17 4 εἰ θέλεις ποιήσω ὧδε τρεῖς σκηνάς
12 ἀλλὰ ἐποίησαν ἐν αὐτῷ ὅσα ἠθέλησαν
18 23 ὃς ἠθέλησεν συνᾶραι λόγον μετὰ τ. δούλων αὐτοῦ
30 ὁ δὲ οὐκ ἤθελεν
19 17 εἰ δὲ θέλεις εἰς τ. ζωὴν εἰσελθεῖν
21 εἰ θέλεις τέλειος εἶναι
20 14 θέλω δὲ τούτῳ τ. ἐσχάτῳ δοῦναι ὡς κ. σοί·
15 οὐκ ἔξεστίν μοι ὃ θέλω ποιῆσαι ἐν τ. ἐμοῖς;
21 [1] ὁ δὲ εἶπεν αὐτῇ Τί θέλεις;
26 ὃς ἂν θέλῃ ἐν ὑμῖν μέγας γενέσθαι
27 κ. ὃς ἂν θέλῃ ἐν ὑμῖν εἶναι πρῶτος
32 [5] τί θέλετε ποιήσω ὑμῖν;
21 29 ὁ δὲ ἀποκριθεὶς εἶπεν Οὐ θέλω
v. 30, WH
22 3 οὐκ ἤθελον ἐλθεῖν
23 4 αὐτοὶ δὲ τ. δακτύλῳ αὐτῶν οὐ θέλουσιν κινῆσαι αὐτά
37 ποσάκις ἠθέλησα ἐπισυναγαγεῖν τὰ τέκνα σου
37 κ. οὐκ ἠθελήσατε
26 15 τί θέλετέ μοι δοῦναι
17 [5] ποῦ θέλεις ἑτοιμάσωμέν σοι φαγεῖν τὸ πάσχα;
39 πλὴν οὐχ ὡς ἐγὼ θέλω ἀλλ' ὡς σύ
27 15 [1] ἀπολύειν ἕνα τ. ὄχλῳ δέσμιον ὃν ἤθελον
17 [5] τίνα θέλετε ἀπολύσω ὑμῖν;
21 [5] τίνα θέλετε ἀπὸ τῶν δύο ἀπολύσω ὑμῖν;
34 γευσάμενος οὐκ ἠθέλησεν πιεῖν
43 [1] ῥυσάσθω νῦν εἰ θέλει αὐτόν
יַצִּילֵהוּ כִּי חָפֵץ בּוֹ, Ps. xxii. 9
Mk 1 40 ἐὰν θέλῃς δύνασαί με καθαρίσαι
41 λέγει αὐτῷ Θέλω καθαρίσθητι
3 13 [1] προσκαλεῖται οὓς ἤθελεν αὐτός
6 19 ἐνεῖχεν αὐτῷ κ. ἤθελεν αὐτὸν ἀποκτεῖναι
22 αἴτησόν με ὃ ἐὰν θέλῃς κ. δώσω σοί
25 [2] θέλω ἵνα ἐξαυτῆς δῷς μοι . . . τ. κεφαλὴν Ἰωάνου τ. βαπτιστοῦ
26 οὐκ ἠθέλησεν ἀθετῆσαι αὐτήν
48 ἤθελεν παρελθεῖν αὐτούς
7 24 οὐδένα ἤθελεν γνῶναι κ. οὐκ ἠδυνάσθη λαθεῖν
ἠθέλησεν, T
8 34 εἴ τις θέλει ὀπίσω μου ἐλθεῖν
35 ὃς γὰρ ἐὰν θέλῃ τὴν ἑαυτοῦ ψυχὴν σῶσαι
9 13 ἐποίησαν αὐτῷ ὅσα ἤθελον

Mk 9 30 [2] οὐκ ἤθελεν ἵνα τις γνοῖ
35 εἴ τις θέλει πρῶτος εἶναι
10 35 [2] θέλομεν ἵνα ὃ ἐὰν αἰτήσωμέν σε ποιήσῃς ἡμῖν
36 [5] τί θέλετε ποιήσω ὑμῖν;
θέλ. με ποι., TWH mg.
43 ὃς ἂν θέλῃ μέγας γενέσθαι ἐν ὑμῖν
44 κ. ὃς ἂν θέλῃ ἐν ὑμῖν εἶναι πρῶτος
51 [5] τί σοι θέλεις ποιήσω;
12 38 τ. γραμματέων τ. θελόντων ἐν στολαῖς περιπατεῖν
14 7 ὅταν θέλητε δύνασθε αὐτοῖς εὖ ποιῆσαι
12 [5] ποῦ θέλεις ἀπελθόντες ἑτοιμάσωμεν ἵνα φάγῃς τὸ πάσχα
36 [1] οὐ τί ἐγὼ θέλω ἀλλὰ τί σύ
15 9 [5] θέλετε ἀπολύσω ὑμῖν τ. βασιλέα τ. Ἰουδαίων;
12 [5] τί οὖν θέλετε ποιήσω ὃν λέγετε τ. βασιλέα τ. Ἰουδαίων
—θέλ., WHR
Lu 1 62 τὸ τί ἂν θέλοι καλεῖσθαι αὐτό
4 6 ᾧ ἂν θέλω δίδωμι αὐτήν
5 12 Κύριε ἐὰν θέλῃς δύνασαί με καθαρίσαι
13 λέγων Θέλω καθαρίσθητι
39 [1] οὐδεὶς πιὼν παλαιὸν θέλει νέον
h. v., [WH]
6 31 [2] καθὼς θέλετε ἵνα ποιῶσιν ὑμῖν οἱ ἄνθρωποι
8 20 ἑστήκασιν ἔξω ἰδεῖν θέλοντές σε
σε θέλ., T
9 23 εἴ τις θέλει ὀπίσω μου ἔρχεσθαι
24 ὃς γὰρ ἂν θέλῃ τ. ψυχὴν αὐτοῦ σῶσαι
54 [5] θέλεις εἴπωμεν πῦρ καταβῆναι ἀπὸ τ. οὐρανοῦ
10 24 πολλοὶ προφῆται . . . ἠθέλησαν ἰδεῖν ἃ ὑμεῖς βλέπετε
29 ὁ δὲ θέλων δικαιῶσαι ἑαυτόν
12 49 [1] κ. τί θέλω εἰ ἤδη ἀνήφθη;
13 31 ὅτι Ἡρῴδης θέλει σε ἀποκτεῖναι
34 ποσάκις ἠθέλησα ἐπισυνάξαι τὰ τέκνα σου
34 κ. οὐκ ἠθελήσατε
14 28 τίς γὰρ ἐξ ὑμῶν θέλων πύργον οἰκοδομῆσαι
15 28 ὠργίσθη δὲ κ. οὐκ ἤθελεν εἰσελθεῖν
16 26 ὅπως οἱ θέλοντες διαβῆναι ἔνθεν πρὸς ὑμᾶς μὴ δύνωνται
18 4 οὐκ ἤθελεν ἐπὶ χρόνον
13 οὐκ ἤθελεν οὐδὲ τ. ὀφθαλμοὺς ἐπᾶραι
41 [5] τί σοι θέλεις ποιήσω;
19 14 οὐ θέλομεν τοῦτον βασιλεῦσαι ἐφ' ἡμᾶς
27 τ. ἐχθρούς μου τούτους τ. μὴ θελήσαντάς με βασιλεῦσαι
20 46 τ. γραμματέων τ. θελόντων περιπατεῖν ἐν στολαῖς
22 9 [5] ποῦ θέλεις ἑτοιμάσωμεν;
23 8 ἦν γὰρ ἐξ ἱκανῶν χρόνων θέλων ἰδεῖν αὐτόν
20 θέλων ἀπολῦσαι τ. Ἰησοῦν
Jo 1 44 τῇ ἐπαύριον ἠθέλησεν ἐξελθεῖν εἰς τ. Γαλιλαίαν
3 8 τὸ πνεῦμα ὅπου θέλει πνεῖ
5 6 θέλεις ὑγιὴς γενέσθαι;
21 οὕτως κ. ὁ υἱὸς οὓς θέλει ζωοποιεῖ
35 ὑμεῖς δὲ ἠθελήσατε ἀγαλλιαθῆναι πρὸς ὥραν ἐν τ. φωτὶ αὐτοῦ
40 οὐ θέλετε ἐλθεῖν πρός με
6 11 [1] ὁμοίως κ. ἐκ τ. ὀψαρίων ὅσον ἤθελον

Jo 6 21 ἤθελον οὖν λαβεῖν αὐτὸν εἰς τὸ πλοῖον
67 μὴ κ. ὑμεῖς θέλετε ὑπάγειν;
7 1 οὐ γὰρ ἤθελεν ἐν τ. Ἰουδαίᾳ περιπατεῖν
17 ἐάν τις θέλῃ τὸ θέλημα αὐτοῦ ποιεῖν
44 τινὲς δὲ ἤθελον ἐξ αὐτῶν πιάσαι αὐτόν
8 44 τ. ἐπιθυμίας τ. πατρὸς ὑμῶν θέλετε ποιεῖν
9 27 τί πάλιν θέλετε ἀκούειν;
μὴ κ. ὑμεῖς θέλετε αὐτοῦ μαθηταὶ γενέσθαι;
12 21 κύριε θέλομεν τ. Ἰησοῦν ἰδεῖν;
15 7 ὃ ἐὰν θέλητε αἰτήσασθε
16 19 ἔγνω Ἰησοῦς ὅτι ἤθελον αὐτὸν ἐρωτᾶν
17 24 [2] θέλω ἵνα ὅπου εἰμὶ ἐγώ
21 18 περιεπάτεις ὅπου ἤθελες
18 οἴσει ὅπου οὐ θέλεις
22 ἐὰν αὐτὸν θέλω μένειν ἕως ἔρχομαι
23 ἐὰν αὐτὸν θέλω μένειν ἕως ἔρχομαι
Ac 2 12 τί θέλει τοῦτο εἶναι;
7 28 μὴ ἀνελεῖν με σὺ θέλεις
הַלְהָרְגֵנִי אַתָּה אֹמֵר, Ex. ii. 14
39 ᾧ οὐκ ἠθέλησαν ὑπήκοοι γενέσθαι οἱ πατέρες ἡμῶν
10 10 ἐγένετο δὲ πρόσπεινος κ. ἤθελεν γεύσασθαι
14 13 ὅ τε ἱερεὺς τ. Διὸς . . . σὺν τ. ὄχλοις ἤθελεν θύειν
16 3 τοῦτον ἠθέλησεν ὁ Παῦλος σὺν αὐτῷ ἐξελθεῖν
17 18 τί ἂν θέλοι ὁ σπερμολόγος οὗτος λέγειν;
20 βουλόμεθα οὖν γνῶναι τίνα θέλει ταῦτα εἶναι
18 21 πάλιν ἀνακάμψω πρὸς ὑμᾶς τ. Θεοῦ θέλοντος
19 1 θέλοντος δὲ τ. Παύλου κατὰ τ. ἰδίαν βουλὴν πορεύεσθαι
—h. v., TWH non mg. R
33 ἤθελεν ἀπολογεῖσθαι τ. δήμῳ
24 6 κατὰ τ. ἡμέτερον νόμον ἠθελήσαμεν κρίνειν
—h. v., TWHR non mg.
27 θέλων τε χάριτα καταθέσθαι τ. Ἰουδαίοις
25 9 ὁ Φῆστος δὲ θέλων τ. Ἰουδαίοις χάριν καταθέσθαι
9 θέλεις εἰς Ἱεροσόλυμα ἀναβὰς ἐκεῖ . . . κριθῆναι
26 5 ἐὰν θέλωσιν μαρτυρεῖν
Ro 1 13 [3] οὐ θέλω δὲ ὑμᾶς ἀγνοεῖν ἀδελφοί
7 15 οὐ γὰρ ὃ θέλω τοῦτο πράσσω
16 εἰ δὲ ὃ οὐ θέλω τοῦτο ποιῶ
18 τὸ γὰρ θέλειν παράκειταί μοι
19 οὐ γὰρ ὃ θέλω ποιῶ ἀγαθόν·
ἀλλὰ ὃ οὐ θέλω κακὸν τοῦτο πράσσω.
20 εἰ δὲ ὃ οὐ θέλω τοῦτο ποιῶ
21 τ. νόμον τ. θέλοντι ἐμοὶ ποιεῖν τὸ καλόν
9 16 ἄρα οὖν οὐ τ. θέλοντος οὐδὲ τ. τρέχοντος
18 ἄρα οὖν ὃν θέλει ἐλεεῖ·
ὃν δὲ θέλει σκληρύνει
22 εἰ δὲ θέλων ὁ Θεὸς ἐνδείξασθαι τ. ὀργήν
11 25 [3] οὐ γὰρ θέλω ὑμᾶς ἀγνοεῖν ἀδελφοί
13 3 θέλεις δὲ μὴ φοβεῖσθαι τ. ἐξουσίαν;
16 19 θέλω δὲ ὑμᾶς σοφοὺς μὲν εἶναι εἰς τὸ ἀγαθόν
I Co 4 19 ἐὰν ὁ Κύριος θελήσῃ
21 [1] τί θέλετε; ἐν ῥάβδῳ ἔλθω πρὸς ὑμᾶς
7 7 θέλω δὲ πάντας ἀνθρώπους εἶναι ὡς κ. ἐμαυτόν
32 θέλω δὲ ὑμᾶς ἀμερίμνους εἶναι
36 ὃ θέλει ποιείτω
I Co 7 39 ἐλευθέρα ἐστὶν ᾧ θέλει γαμηθῆναι
10 1 [3] οὐ θέλω γὰρ ὑμᾶς ἀγνοεῖν ἀδελφοί
20 οὐ θέλω δὲ ὑμᾶς κοινωνοὺς τ. δαιμονίων γίνεσθαι
27 εἰ . . . θέλετε πορεύεσθαι
11 3 θέλω δὲ ὑμᾶς εἰδέναι
12 1 [3] οὐ θέλω ὑμᾶς ἀγνοεῖν
18 ὁ Θεὸς ἔθετο τὰ μέλη . . . καθὼς ἠθέλησεν
14 5 θέλω δὲ πάντας ὑμᾶς λαλεῖν γλώσσαις
19 ἐν ἐκκλησίᾳ θέλω πέντε λόγους τ. νοΐ μου λαλῆσαι
35 εἰ δέ τι μανθάνειν θέλουσιν
15 38 ὁ δὲ Θεὸς δίδωσιν αὐτῷ σῶμα καθὼς ἠθέλησεν
16 7 οὐ θέλω γὰρ ὑμᾶς ἄρτι ἐν παρόδῳ ἰδεῖν
II Co 1 8 [3] οὐ γὰρ θέλομεν ὑμᾶς ἀγνοεῖν ἀδελφοί
5 4 ἐφ᾽ ᾧ οὐ θέλομεν ἐκδύσασθαι
8 10 κ. τὸ θέλειν προενήρξασθε ἀπὸ πέρυσι
11 ὅπως καθάπερ ἡ προθυμία τοῦ θέλειν
11 12 [1] ἵνα ἐκκόψω τ. ἀφορμὴν τ. θελόντων ἀφορμήν
12 6 ἐὰν γὰρ θελήσω καυχήσασθαι
20 μή πως ἐλθὼν οὐχ οἵους θέλω εὕρω ὑμᾶς, κἀγὼ εὑρεθῶ ὑμῖν οἷον οὐ θέλετε
Ga 1 7 θέλοντες μεταστρέψαι τὸ εὐαγγέλιον τ. Χριστοῦ
3 2 τοῦτο μόνον θέλω μαθεῖν ἀφ᾽ ὑμῶν
4 9 οἷς πάλιν ἄνωθεν δουλεῦσαι θέλετε
17 ἀλλὰ ἐκκλεῖσαι ὑμᾶς θέλουσιν
20 ἤθελον δὲ παρεῖναι πρὸς ὑμᾶς ἄρτι
21 λέγετέ μοι οἱ ὑπὸ νόμον θέλοντες εἶναι
5 17 ἵνα μὴ ἃ ἐὰν θέλητε ταῦτα ποιῆτε
6 12 ὅσοι θέλουσιν εὐπροσωπῆσαι ἐν σαρκί
13 ἀλλὰ θέλουσιν ὑμᾶς περιτέμνεσθαι
Phl 2 13 Θεὸς γάρ ἐστιν ὁ ἐνεργῶν ἐν ὑμῖν κ. τὸ θέλειν
Col 1 27 οἷς ἠθέλησεν ὁ Θεὸς γνωρίσαι
2 1 θέλω γὰρ ὑμᾶς εἰδέναι
18 [4] μηδεὶς ὑμᾶς καταβραβευέτω θέλων ἐν ταπεινοφροσύνῃ
I Th 2 18 διότι ἠθελήσαμεν ἐλθεῖν πρὸς ὑμᾶς
4 13 [3] οὐ θέλομεν δὲ ὑμᾶς ἀγνοεῖν ἀδελφοί
II Th 3 10 εἴ τις οὐ θέλει ἐργάζεσθαι
I Ti 1 7 θέλοντες εἶναι νομοδιδάσκαλοι
2 4 ὃς πάντας ἀνθρώπους θέλει σωθῆναι
5 11 ὅταν γὰρ καταστρηνιάσωσιν τ. Χριστοῦ γαμεῖν θέλουσιν
II Ti 3 12 πάντες δὲ οἱ θέλοντες ζῆν εὐσεβῶς ἐν Χριστῷ Ἰησοῦ
Phm 14 χωρὶς δὲ τ. σῆς γνώμης οὐδὲν ἠθέλησα ποιῆσαι
He 10 5 [1] θυσίαν κ. προσφορὰν οὐκ ἠθέλησας
זֶבַח וּמִנְחָה לֹא־חָפַצְתָּ, Ps. xl. 7
8 [1] θυσίας κ. προσφορὰς . . . οὐκ ἠθέλησας, Ps. *l.c.*
12 17 μετέπειτα θέλων κληρονομῆσαι τ. εὐλογίαν
13 18 ἐν πᾶσι καλῶς θέλοντες ἀναστρέφεσθαι
Ja 2 20 θέλεις δὲ γνῶναι ὦ ἄνθρωπε κενέ
4 15 ἐὰν ὁ Κύριος θέλῃ
θελήσῃ, TWH marg.
I Pe 3 10 ὁ γὰρ θέλων ζωὴν ἀγαπᾶν
מִי־הָאִישׁ הֶחָפֵץ חַיִּים, Ps. xxxiv. 13
17 εἰ θέλοι τὸ θέλημα τ. Θεοῦ
II Pe 3 5 λανθάνει γὰρ αὐτοὺς τοῦτο θέλοντας

III Jo 13 οὐ θέλω διὰ μέλανος κ. καλάμου σοι γράφειν
Re 2 21 οὐ θέλει μετανοῆσαι ἐκ τ. πορνείας αὐτῆς
11 5 εἴ τις αὐτοὺς θέλει ἀδικῆσαι
5 εἴ τις θελήσῃ αὐτοὺς ἀδικῆσαι
θέλει *vel* θελήσει, WH mg.
6 πατάξαι τ. γῆν ἐν πάσῃ πληγῇ ὁσάκις ἐὰν θελήσωσιν
22 17 ὁ θέλων λαβέτω ὕδωρ ζωῆς δωρεάν

ΘΕΜΕ´ΛΙΟΣ 2310

(1) θεμέλια

Lu 6 48 ἔθηκεν θεμέλιον ἐπὶ τ. πέτραν
49 ὅμοιος . . . οἰκοδομήσαντι οἰκίαν ἐπὶ τ. γῆν χωρὶς θεμελίου
14 29 μήποτε θέντος αὐτοῦ θεμέλιον
Ac 16 26 [1] ὥστε σαλευθῆναι τὰ θεμέλια τ. δεσμωτηρίου
Ro 15 20 ἵνα μὴ ἐπ' ἀλλότριον θεμέλιον οἰκοδομῶ
I Co 3 10 ὡς σοφὸς ἀρχιτέκτων θεμέλιον ἔθηκα
11 θεμέλιον γὰρ ἄλλον οὐδεὶς δύναται θεῖναι
12 εἰ δέ τις ἐποικοδομεῖ ἐπὶ τὸν θεμέλιον
Eph 2 20 ἐποικοδομηθέντες ἐπὶ τ. θεμελίῳ τ. ἀποστόλων
I Ti 6 19 ἀποθησαυρίζοντας ἑαυτοῖς θεμέλιον καλόν
II Ti 2 19 ὁ μέντοι στερεὸς θεμέλιος τ. Θεοῦ ἕστηκεν
He 6 1 μὴ πάλιν θεμέλιον καταβαλλόμενοι μετανοίας
11 10 ἐξεδέχετο γὰρ τὴν τ. θεμελίους ἔχουσαν πόλιν
Re 21 14 τὸ τεῖχος τ. πόλεως ἔχων θεμελίους δώδεκα
19 οἱ θεμέλιοι τ. τείχους τ. πόλεως . . . κεκοσμημένοι·
ὁ θεμέλιος ὁ πρῶτος ἴασπις

ΘΕΜΕΛΙΟ´Ω 2311

Mt 7 25 τεθεμελίωτο γὰρ ἐπὶ τ. πέτραν
Lu 6 48 τεθεμελίωτο γὰρ ἐπὶ τ. πέτραν
διὰ τὸ καλῶς οἰκοδομῆσθαι αὐτήν, TWHR non mg.
Eph 3 17 ἐρριζωμένοι κ. τεθεμελιωμένοι ἵνα ἐξισχύσητε καταλαβέσθαι
Col 1 23 εἴ γε ἐπιμένετε τ. πίστει τεθεμελιωμένοι κ. ἑδραῖοι
He 1 10 σὺ κατ' ἀρχὰς Κύριε τ. γῆν ἐθεμελίωσας
לְפָנִים הָאָרֶץ יָסַדְתָּ, Ps. cii. 26
I Pe 5 10 αὐτὸς καταρτίσει στηρίξει σθενώσει θεμελιώσει
—θεμ., WHR non mg.

ΘΕΟΔΙ´ΔΑΚΤΟΣ * † 2312

I Th 4 9 αὐτοὶ γὰρ ὑμεῖς θεοδίδακτοί ἐστε

ΘΕΟΜΑ´ΧΟΣ ** † 2314

Ac 5 39 μήποτε κ. θεομάχοι εὑρεθῆτε

ΘΕΟ´ΠΝΕΥΣΤΟΣ * 2315

II Ti 3 16 πᾶσα γραφὴ θεόπνευστος κ. ὠφέλιμος πρὸς διδασκαλίαν

ΘΕΟ´Σ 2316

(1) Κύριος ὁ Θεός (2) Θ. πατήρ (3) Θ. Ἀβραάμ, Ἰσραήλ (4) τὰ τ. Θεοῦ, πρὸς τ. Θεόν (5) Θ. ζῶν, μόνος, αἰώνιος (6) ὁ Θεός, *voc.*, Θεέ (7) θεοί (8) ἡ θεός (9) κατὰ Θεόν (10) Θ. σωτήρ

Mt 1 23 Ἐμμανουήλ ὅ ἐστιν μεθερμηνευόμενον Μεθ' ἡμῶν ὁ Θεός
עִמָּנוּאֵל, Is. vii. 14
3 9 δύναται ὁ Θεὸς ἐκ τ. λίθων τούτων ἐγεῖραι τέκνα τῷ Ἀβραάμ
16 εἶδεν πνεῦμα Θεοῦ καταβαῖνον ὡσεὶ περιστεράν
4 3 εἰ υἱὸς εἶ τ. Θεοῦ
4 ἐπὶ παντὶ ῥήματι ἐκπορευομένῳ διὰ στόματος Θεοῦ
עַל־כָּל־מוֹצָא פִי יְהוָה, Dt. viii. 3
6 εἰ υἱὸς εἶ τ. Θεοῦ
7 [1] οὐκ ἐκπειράσεις Κύριον τ. Θεόν σου
לֹא תְנַסּוּ אֶת־יְהוָה אֱלֹהֵיכֶם, Dt. vi. 16
10 [1] Κύριον τ. Θεόν σου προσκυνήσεις
אֶת־יְהוָה אֱלֹהֶיךָ תִּירָא, *ib.* 13
5 8 ὅτι αὐτοὶ τ. Θεὸν ὄψονται
9 ὅτι αὐτοὶ υἱοὶ Θεοῦ κληθήσονται
34 μήτε ἐν τ. οὐρανῷ ὅτι θρόνος ἐστὶν τ. Θεοῦ
6 8 [2] οἶδεν γὰρ ὁ Θεὸς ὁ πατὴρ ὑμῶν
—ὁ Θεός, T [WH] R non mg.
24 οὐ δύνασθε Θεῷ δουλεύειν κ. μαμωνᾷ
30 εἰ δὲ τ. χόρτον τ. ἀγροῦ . . . ὁ Θεὸς οὕτως ἀμφιέννυσιν
8 29 τί ἡμῖν κ. σοὶ υἱὲ τ. Θεοῦ;
9 8 ἰδόντες δὲ οἱ ὄχλοι . . . ἐδόξασαν τ. Θεόν
12 4 πῶς εἰσῆλθεν εἰς τ. οἶκον τ. Θεοῦ
28 εἰ δὲ ἐν πνεύματι Θεοῦ ἐγὼ ἐκβάλλω τὰ δαιμόνια,
ἄρα ἔφθασεν ἐφ' ὑμᾶς ἡ βασιλεία τ. Θεοῦ
14 33 λέγοντες Ἀληθῶς Θεοῦ υἱὸς εἶ
15 3 διὰ τί κ. ὑμεῖς παραβαίνετε τ. ἐντολὴν τ. Θεοῦ
4 ὁ γὰρ Θεὸς εἶπεν
6 ἠκυρώσατε τ. λόγον τ. Θεοῦ
31 [3] ἐδόξασαν τ. Θεὸν Ἰσραήλ
16 16 [5] σὺ εἶ ὁ Χριστὸς ὁ υἱὸς τ. Θεοῦ τ. ζῶντος
23 [4] ὅτι οὐ φρονεῖς τὰ τ. Θεοῦ
19 6 ὃ οὖν ὁ Θεὸς συνέζευξεν
17 οὐδεὶς ἀγαθὸς εἰ μὴ εἷς ὁ Θεός
εἷς ἐστὶν ὁ ἀγαθός, TWHR non mg.
24 ἢ πλούσιον εἰς τ. βασιλείαν τ. Θεοῦ
βασ. τ. οὐρανῶν, T
26 παρὰ δὲ Θεῷ πάντα δυνατά
21 12 εἰσῆλθεν Ἰησοῦς εἰς τὸ ἱερὸν τ. Θεοῦ
—τ. Θεοῦ, WH non mg. R mg.
31 αἱ πόρναι προάγουσιν ὑμᾶς εἰς τ. βασιλείαν τ. Θεοῦ
43 ὅτι ἀρθήσεται ἀφ' ὑμῶν ἡ βασιλεία τ. Θεοῦ
22 16 τὴν ὁδὸν τ. Θεοῦ ἐν ἀληθείᾳ διδάσκεις
21 [4] ἀπόδοτε οὖν . . . τὰ τ. Θεοῦ τ. Θεῷ
29 μὴ εἰδότες τ. γραφὰς μηδὲ τ. δύναμιν τ. Θεοῦ

Mt 22 30 ἀλλ' ὡς ἄγγελοι Θεοῦ ἐν τ. οὐρανῷ εἰσίν
—Θεοῦ, WHR non mg.
31 οὐκ ἀνέγνωτε τὸ ῥηθὲν ὑμῖν ὑπὸ τ. Θεοῦ λέγοντος,
32 [3] ἐγώ εἰμι ὁ Θεὸς Ἀβραὰμ κ. ὁ Θεὸς Ἰσαὰκ κ. ὁ Θεὸς Ἰακώβ;
אָנֹכִי . . . אֱלֹהֵי אַבְרָהָם אֱלֹהֵי יִצְחָק וֵאלֹהֵי יַעֲקֹב, Ex. iii. 6
οὐκ ἔστιν ὁ Θεὸς νεκρῶν ἀλλὰ ζώντων
—ὁ, T [WH]
37 [1] ἀγαπήσεις Κύριον τ. Θεόν σου ἐν ὅλῃ τ. καρδίᾳ σου
אָהַבְתָּ אֵת יְהוָֹה אֱלֹהֶיךָ בְּכָל־לְבָבְךָ, Dt. iv. 5
23 22 ὀμνύει ἐν τ. θρόνῳ τ. Θεοῦ
26 61 δύναμαι καταλῦσαι τ. ναὸν τ. Θεοῦ
63 [5] ἐξορκίζω σε κατὰ τ. Θεοῦ τ. ζῶντος,
ἵνα ἡμῖν εἴπῃς εἰ σὺ εἶ ὁ Χριστὸς ὁ υἱὸς τ. Θεοῦ
27 40 εἰ υἱὸς εἶ τ. Θεοῦ
υἱ. Θεοῦ εἶ, WH mg.
43 πέποιθεν ἐπὶ τ. Θεόν
ἐπ. τ. Θεῷ, WH mg.
43 εἶπεν γὰρ ὅτι Θεοῦ εἰμὶ υἱός
46 [6] τοῦτ' ἔστιν Θεέ μου Θεέ μου ἵνα τί με ἐγκατέλιπες;
אֵלִי אֵלִי לָמָה עֲזַבְתָּנִי, Ps. xxii. 2
54 ἀληθῶς Θεοῦ υἱὸς ἦν οὗτος
υἱ. Θεοῦ, WH mg.
Mk 1 1 ἀρχὴ τ. εὐαγγελίου Ἰησοῦ Χριστοῦ υἱοῦ Θεοῦ
—υἱ. Θεοῦ, TWH non mg. R mg.
14 ἦλθεν . . . κηρύσσων τὸ εὐαγγέλιον τ. Θεοῦ
15 ἤγγικεν ἡ βασιλεία τ. Θεοῦ
24 οἶδά σε τίς εἶ ὁ ἅγιος τ. Θεοῦ
2 7 τίς δύναται ἀφιέναι ἁμαρτίας εἰ μὴ εἷς ὁ Θεός;
12 ὥστε ἐξίστασθαι πάντας κ. δοξάζειν τ. Θεόν
26 πῶς εἰσῆλθεν εἰς τ. οἶκον τ. Θεοῦ
3 11 σὺ εἶ ὁ υἱὸς τ. Θεοῦ
35 ὃς ἂν ποιήσῃ τὸ θέλημα τ. Θεοῦ
4 11 ὑμῖν τὸ μυστήριον δέδοται τ. βασιλείας τ. Θεοῦ
26 οὕτως ἐστὶν ἡ βασιλεία τ. Θεοῦ
30 πῶς ὁμοιώσωμεν τ. βασιλείαν τ. Θεοῦ
5 7 τί ἐμοὶ κ. σοὶ Ἰησοῦ υἱὲ τ. Θεοῦ τ. ὑψίστου;
ὁρκίζω σε τ. Θεὸν μή με βασανίσῃς
7 8 ἀφέντες τ. ἐντολὴν τ. Θεοῦ κρατεῖτε τ. παράδοσιν
9 καλῶς ἀθετεῖτε τ. ἐντολὴν τ. Θεοῦ
13 ἀκυροῦντες τ. λόγον τ. Θεοῦ τ. παραδόσει ὑμῶν
8 33 [4] ὅτι οὐ φρονεῖς τὰ τ. Θεοῦ
9 1 ἕως ἂν ἴδωσιν τ. βασιλείαν τ. Θεοῦ ἐληλυθυῖαν
47 καλόν σε μονόφθαλμον εἰσελθεῖν εἰς τ. βασιλείαν τ. Θεοῦ
10 9 ὃ οὖν ὁ Θεὸς συνέζευξεν
14 τ. γὰρ τοιούτων ἐστὶν ἡ βασιλεία τ. Θεοῦ

Mk 10 15 ὃς ἂν μὴ δέξηται τ. βασιλείαν τ. Θεοῦ ὡς παιδίον
18 οὐδεὶς ἀγαθὸς εἰ μὴ εἷς ὁ Θεός
23 πῶς δυσκόλως οἱ τὰ χρήματα ἔχοντες εἰς τ. βασιλείαν τ. Θεοῦ εἰσελεύσονται
24 πῶς δύσκολόν ἐστιν εἰς τ. βασιλείαν τ. Θεοῦ εἰσελθεῖν
25 ἢ πλούσιον εἰς τ. βασιλείαν τ. Θεοῦ εἰσελθεῖν
27 παρὰ ἀνθρώποις ἀδύνατον ἀλλ' οὐ παρὰ Θεῷ·
—ἀλλ' οὐ π. Θεῷ, WH mg.
πάντα γὰρ δυνατὰ παρὰ τ. Θεῷ
παρὰ δὲ τ. Θεῷ δυνατόν, WH mg.
11 22 ἔχετε πίστιν Θεοῦ
12 14 ἐπ' ἀληθείας τὴν ὁδὸν τ. Θεοῦ διδάσκεις
17 [4] ἀπόδοτε . . . τὰ τ. Θεοῦ τ. Θεῷ
24 μὴ εἰδότες τ. γραφὰς μηδὲ τ. δύναμιν τ. Θεοῦ
26 πῶς εἶπεν αὐτῷ ὁ Θεὸς λέγων,
[3] ἐγὼ ὁ Θεὸς Ἀβραὰμ κ. Θεὸς Ἰσαὰκ κ Θεὸς Ἰακώβ, Ex. *l.c.*
27 οὐκ ἔστιν Θεὸς νεκρῶν ἀλλὰ ζώντων
ὁ Θεὸς, TWH mg.
29 [1] Κύριος ὁ Θεὸς ἡμῶν Κύριος εἷς ἐστίν,
יְהוָֹה אֱלֹהֵינוּ יְהוָֹה אֶחָד, Dt. vi. 4
30 [1] κ. ἀγαπήσεις Κύριον τ. Θεόν σου ἐξ ὅλης καρδίας σου, *ib.* 5
34 οὐ μακρὰν εἶ ἀπὸ τ. βασιλείας τ. Θεοῦ
13 19 ἀπ' ἀρχῆς κτίσεως ἣν ἔκτισεν ὁ Θεὸς
14 25 ὅταν αὐτὸ πίνω καινὸν ἐν τ. βασιλείᾳ τ. Θεοῦ
15 34 [6] ὁ Θεός μου ὁ Θεός μου εἰς τί ἐγκατέλιπές με; Ps. *l.c.*
ὁ Θ. μου [ὁ Θεός μου], WH
39 ἀληθῶς οὗτος ὁ ἄνθρωπος υἱὸς Θεοῦ ἦν
ἦν Θεοῦ, T
43 ὃς κ. αὐτὸς ἦν προσδεχόμενος τ. βασιλείαν τ. Θεοῦ
16 [19 ἐκάθισεν ἐκ δεξιῶν τ. Θεοῦ
Lu 1 6 ἦσαν δὲ δίκαιοι ἀμφότεροι ἐναντίον τ. Θεοῦ
8 ἐν τ. τάξει τ. ἐφημερίας αὐτοῦ ἔναντι τ. Θεοῦ
16 [1] ἐπιστρέψει ἐπὶ Κύριον τ. Θεὸν αὐτῶν
19 ἐγώ εἰμι Γαβριὴλ ὁ παρεστηκὼς ἐνώπιον τ. Θεοῦ
26 ἀπεστάλη ὁ ἄγγελος Γαβριὴλ ἀπὸ τ. Θεοῦ
30 εὗρες γὰρ χάριν παρὰ τ. Θεῷ
32 [1] δώσει αὐτῷ Κύριος ὁ Θεὸς τ. θρόνον Δαυείδ
35 διὸ κ. τὸ γεννώμενον ἅγιον κληθήσεται υἱὸς Θεοῦ
37 ὅτι οὐκ ἀδυνατήσει παρὰ τ. Θεοῦ πᾶν ῥῆμα
47 [10] ἠγαλλίασεν τὸ πνεῦμά μου ἐπὶ τ. Θεῷ τ. σωτῆρί μου
64 ἐλάλει εὐλογῶν τ. Θεόν
68 [1 8] εὐλογητὸς Κύριος ὁ Θεὸς τοῦ Ἰσραήλ
78 διὰ σπλάγχνα ἐλέους Θεοῦ ἡμῶν
2 13 πλῆθος στρατιᾶς οὐρανίου αἰνούντων τ. Θεόν
14 δόξα ἐν ὑψίστοις Θεῷ κ. ἐπὶ γῆς εἰρήνη
20 ὑπέστρεψαν οἱ ποιμένες δοξάζοντες κ. αἰνοῦντες τ. Θεόν
28 εὐλόγησεν τ. Θεὸν κ. εἶπεν
38 αὐτῇ τ. ὥρᾳ ἐπιστᾶσα ἀνθωμολογεῖτο τ. Θεῷ

Lu 2 40 χάρις Θεοῦ ἦν ἐπ' αὐτό
52 προέκοπτεν . . . χάριτι παρὰ Θεῷ κ. ἀνθρώποις
3 2 ἐγένετο ῥῆμα Θεοῦ ἐπὶ Ἰωάνην τὸν Ζαχαρίου υἱόν
6 ὄψεται πᾶσα σὰρξ τὸ σωτήριον τ. Θεοῦ
רָאוּ כָל־בָּשָׂר יַחְדָּו, Is. xl. 5
8 δύναται ὁ Θεὸς ἐκ τ. λίθων τούτων ἐγεῖραι τέκνα τῷ Ἀβραάμ
38 τοῦ Σὴθ τοῦ Ἀδὰμ τοῦ Θεοῦ
4 3 εἰ υἱὸς εἶ τ. Θεοῦ
8 [1] Κύριον τ. Θεόν σου προσκυνήσεις, Dt. vi. 13
προσκ. Κ. τ. Θεόν σου, T
9 εἰ υἱὸς εἶ τ. Θεοῦ
12 [1] οὐκ ἐκπειράσεις Κύριον τ. Θεόν σου, *ib.* 16
34 οἶδά σε τίς εἶ ὁ ἅγιος τ. Θεοῦ
41 σὺ εἶ ὁ υἱὸς τ. Θεοῦ
43 εὐαγγελίσασθαί με δεῖ τ. βασιλείαν τ. Θεοῦ
5 1 ἐν τῷ τ. ὄχλον . . . ἀκούειν τ. λόγον τ. Θεοῦ
21 τίς δύναται ἁμαρτίας ἀφεῖναι εἰ μὴ μόνος ὁ Θεός;
25 ἀπῆλθεν εἰς τ. οἶκον αὐτοῦ δοξάζων τ. Θεόν
26 ἔκστασις ἔλαβεν ἅπαντας κ. ἐδόξαζον τ. Θεόν
6 4 ὡς εἰσῆλθεν εἰς τ. οἶκον τ. Θεοῦ
12 ἦν διανυκτερεύων ἐν τ. προσευχῇ τ. Θεοῦ
20 ὅτι ὑμετέρα ἐστὶν ἡ βασιλεία τ. Θεοῦ
7 16 ἔλαβεν δὲ φόβος πάντας κ. ἐδόξαζον τ. Θεόν
16 ἐπεσκέψατο ὁ Θεὸς τ. λαὸν αὐτοῦ
28 ὁ δὲ μικρότερος ἐν τ. βασιλείᾳ τ. Θεοῦ μείζων αὐτοῦ ἐστίν
29 οἱ τελῶναι ἐδικαίωσαν τ. Θεόν
30 οἱ δὲ Φαρισαῖοι . . . τ. βουλὴν τ. Θεοῦ ἠθέτησαν εἰς ἑαυτούς
8 1 εὐαγγελιζόμενος τ. βασιλείαν τ. Θεοῦ
10 ὑμῖν δέδοται γνῶναι τὰ μυστήρια τ. βασιλείας τ. Θεοῦ
11 ὁ σπόρος ἐστὶν ὁ λόγος τ. Θεοῦ
21 οἱ τ. λόγον τ. Θεοῦ ἀκούοντες κ. ποιοῦντες
28 τί ἐμοὶ κ. σοὶ Ἰησοῦ υἱὲ τ. Θεοῦ τ. ὑψίστου;
[τ. Θεοῦ], WH
39 διηγοῦ ὅσα σοι ἐποίησεν ὁ Θεός
9 2 ἀπέστειλεν αὐτοὺς κηρύσσειν τ. βασιλείαν τ. Θεοῦ
11 ἐλάλει αὐτοῖς περὶ τ. βασιλείας τ. Θεοῦ
20 Πέτρος δὲ ἀποκριθεὶς εἶπεν Τὸν Χριστὸν τ. Θεοῦ
27 ἕως ἂν ἴδωσιν τ. βασιλείαν τ. Θεοῦ
43 ἐξεπλήσσοντο δὲ πάντες ἐπὶ τ. μεγαλειότητι τ. Θεοῦ
60 σὺ δὲ ἀπελθὼν διάγγελλε τ. βασιλείαν τ. Θεοῦ
62 εὔθετός ἐστιν τ. βασιλείᾳ τ. Θεοῦ
10 9 ἤγγικεν ἐφ' ὑμᾶς ἡ βασιλεία τ. Θεοῦ
11 ὅτι ἤγγικεν ἡ βασιλεία τ. Θεοῦ
27 [1] ἀγαπήσεις Κύριον τ. Θεόν σου ἐξ ὅλης καρδίας σου, Dt. vi. 5
11 20 εἰ δὲ ἐν δακτύλῳ Θεοῦ ἐγὼ ἐκβάλλω τὰ δαιμόνια,
ἄρα ἔφθασεν ἐφ' ὑμᾶς ἡ βασιλεία τ. Θεοῦ
28 μακάριοι οἱ ἀκούοντες τ. λόγον τ. Θεοῦ κ. φυλάσσοντες
42 παρέρχεσθε τ. κρίσιν κ. τ. ἀγάπην τ. Θεοῦ
49 διὰ τοῦτο κ. ἡ σοφία τ. Θεοῦ εἶπεν
12 6 ἓν ἐξ αὐτῶν οὐκ ἔστιν ἐπιλελησμένον ἐνώπιον τ. Θεοῦ

Lu 12 8 ὁμολογήσει ἐν αὐτῷ ἔμπροσθεν τ. ἀγγέλων τ. Θεοῦ
9 ἀπαρνηθήσεται ἐνώπιον τ. ἀγγέλων τ. Θεοῦ
20 εἶπεν δὲ αὐτῷ ὁ Θεός
21 οὕτως ὁ . . . μὴ εἰς Θεὸν πλουτῶν
h. v., [WH]
24 ὁ Θεὸς τρέφει αὐτούς
28 εἰ δὲ ἐν ἀγρῷ τ. χόρτον . . . ὁ Θεὸς οὕτως ἀμφιάζει
31 πλὴν ζητεῖτε τ. βασιλείαν τ. Θεοῦ
τ. βασ. αὐτοῦ, TWHR non mg.
13 13 παραχρῆμα ἀνωρθώθη κ. ἐδόξαζεν τ. Θεόν
18 τίνι ὁμοία ἐστὶν ἡ βασιλεία τ. Θεοῦ;
20 τίνι ὁμοιώσω τ. βασιλείαν τ. Θεοῦ;
28 ὅταν ὄψησθε Ἀβραὰμ . . . ἐν τ. βασιλείᾳ τ. Θεοῦ
29 ἀνακλιθήσονται ἐν τ. βασιλείᾳ τ. Θεοῦ
14 15 μακάριος ὅστις φάγεται ἄρτον ἐν τ. βασιλείᾳ τ. Θεοῦ
15 10 γίνεται χαρὰ ἐνώπιον τ. ἀγγέλων τ. Θεοῦ
16 13 οὐ δύνασθε Θεῷ δουλεύειν κ. μαμωνᾷ
15 ὁ δὲ Θεὸς γινώσκει τ. καρδίας ὑμῶν·
ὅτι τὸ ἐν ἀνθρώποις ὑψηλὸν βδέλυγμα ἐνώπιον τ. Θεοῦ
16 ἀπὸ τότε ἡ βασιλεία τ. Θεοῦ εὐαγγελίζεται
17 15 ὑπέστρεψεν μετὰ φωνῆς μεγάλης δοξάζων τ. Θεόν
18 οὐχ εὑρέθησαν ὑποστρέψαντες δοῦναι δόξαν τ. Θεῷ
20 πότε ἔρχεται ἡ βασιλεία τ. Θεοῦ
20 οὐκ ἔρχεται ἡ βασιλεία τ. Θεοῦ μετὰ παρατηρήσεως
21 ἡ βασιλεία τ. Θεοῦ ἐντὸς ὑμῶν ἐστίν
18 2 κριτής τις ἦν . . . τ. Θεὸν μὴ φοβούμενος
4 εἰ κ. τ. Θεὸν οὐ φοβοῦμαι
7 ὁ δὲ Θεὸς οὐ μὴ ποιήσῃ τ. ἐκδίκησιν τ. ἐκλεκτῶν αὐτοῦ
11 [6] προσηύχετο Ὁ Θεὸς εὐχαριστῶ σοι
13 [6] ὁ Θεὸς ἱλάσθητί μοι τ. ἁμαρτωλῷ
16 τ. γὰρ τοιούτων ἐστὶν ἡ βασιλεία τ. Θεοῦ
17 ὃς ἂν μὴ δέξηται τ. βασιλείαν τ. Θεοῦ ὡς παιδίον
19 οὐδεὶς ἀγαθὸς εἰ μὴ εἷς ὁ Θεός
—ὁ, T [WH]
24 πῶς δυσκόλως οἱ τὰ χρήματα ἔχοντες εἰς τ. βασιλείαν τ. Θεοῦ εἰσπορεύονται
25 ἢ πλούσιον εἰς τ. βασιλείαν τ. Θεοῦ εἰσελθεῖν
27 τὰ ἀδύνατα παρὰ ἀνθρώποις δυνατὰ παρὰ τ. Θεῷ ἐστίν
29 ὃς ἀφῆκεν οἰκίαν . . . εἵνεκεν τ. βασιλείας τ. Θεοῦ
43 ἠκολούθει αὐτῷ δοξάζων τ. Θεόν·
κ. πᾶς ὁ λαὸς ἰδὼν ἔδωκεν αἶνον τ. Θεῷ
19 11 παραχρῆμα μέλλει ἡ βασιλεία τ. Θεοῦ ἀναφαίνεσθαι
37 χαίροντες αἰνεῖν τ. Θεὸν φωνῇ μεγάλῃ
20 21 ἐπ' ἀληθείας τὴν ὁδὸν τ. Θεοῦ διδάσκεις
25 [4] τοίνυν ἀπόδοτε . . . τὰ τ. Θεοῦ τ. Θεῷ
36 υἱοί εἰσιν Θεοῦ τ. ἀναστάσεως υἱοὶ ὄντες
υἱ. εἰσ. τ. Θεῷ, WH mg.
37 [1] [8] ὡς λέγει Κύριον τ. Θεὸν Ἀβραὰμ κ. Θεὸν Ἰσαὰκ κ. Θεὸν Ἰακώβ, Ex. *l.c.*
38 Θεὸς δὲ οὐκ ἔστιν νεκρῶν ἀλλὰ ζώντων
21 31 γινώσκετε ὅτι ἐγγύς ἐστιν ἡ βασιλεία τ. Θεοῦ
22 16 ἕως ὅτου πληρωθῇ ἐν τ. βασιλείᾳ τ. Θεοῦ
18 ἕως οὗ ἡ βασιλεία τ. Θεοῦ ἔλθῃ

Lu 22 69 καθήμενος ἐκ δεξιῶν τ. δυνάμεως τ. Θεοῦ
70 σὺ οὖν εἶ ὁ υἱὸς τ. Θεοῦ;
23 35 εἰ οὗτός ἐστιν ὁ Χριστὸς τ. Θεοῦ ὁ ἐκλεκτός
40 οὐδὲ φοβῇ σὺ τ. Θεόν
47 ἰδὼν δὲ ὁ ἑκατοντάρχης τὸ γενόμενον ἐδό-
ξαζεν τ. Θεόν
51 ὃς προσεδέχετο τ. βασιλείαν τ. Θεοῦ
24 19 δυνατὸς ἐν ἔργῳ κ. λόγῳ ἐναντίον τ. Θεοῦ
53 ἦσαν διὰ παντὸς ἐν τ. ἱερῷ εὐλογοῦντες τ.
Θεόν
Jo 1 1 ὁ λόγος ἦν πρὸς τ. Θεόν,
κ. Θεὸς ἦν ὁ λόγος.
2 οὗτος ἦν ἐν ἀρχῇ πρὸς τ. Θεόν
6 ἐγένετο ἄνθρωπος ἀπεσταλμένος παρὰ Θεοῦ
12 ἔδωκεν αὐτοῖς ἐξουσίαν τέκνα Θεοῦ γενέσθαι
13 οἳ οὐκ ἐξ αἱμάτων . . . ἀλλ' ἐκ Θεοῦ ἐγεννή-
θησαν
18 Θεὸν οὐδεὶς ἑώρακεν πώποτε·
μονογενὴς Θεὸς ὁ ὢν εἰς τ. κόλπον τ. πατρός
ὁ μον. υἱός, TWH mg. R non mg.
29 ἴδε ὁ ἀμνὸς τ. Θεοῦ
34 μεμαρτύρηκα ὅτι οὗτός ἐστιν ὁ υἱὸς τ. Θεοῦ
36 ἴδε ὁ ἀμνὸς τ. Θεοῦ
49 Ῥαββεὶ σὺ εἶ ὁ υἱὸς τ. Θεοῦ
51 ὄψεσθε τ. ἀγγέλους τ. Θεοῦ ἀναβαίνοντας
3 2 οἴδαμεν ὅτι ἀπὸ Θεοῦ ἐλήλυθας διδάσκαλος
2 ἐὰν μὴ ᾖ ὁ Θεὸς μετ' αὐτοῦ
3 οὐ δύναται ἰδεῖν τ. βασιλείαν τ. Θεοῦ
5 οὐ δύναται εἰσελθεῖν εἰς τ. βασιλείαν τ. Θεοῦ
βασ. τ. οὐρανῶν, T
16 οὕτως γὰρ ἠγάπησεν ὁ Θεὸς τ. κόσμον
17 οὐ γὰρ ἀπέστειλεν ὁ Θεὸς τ. υἱὸν εἰς τ.
κόσμον
18 ὅτι μὴ πεπίστευκεν εἰς τὸ ὄνομα τ. μονο-
γενοῦς υἱοῦ τ. Θεοῦ
21 ὅτι ἐν Θεῷ ἐστὶν εἰργασμένα
33 ἐσφράγισεν ὅτι ὁ Θεὸς ἀληθής ἐστιν
34 ὃν γὰρ ἀπέστειλεν ὁ Θεὸς τὰ ῥήματα τ.
Θεοῦ λαλεῖ
36 ἡ ὀργὴ τ. Θεοῦ μένει ἐπ' αὐτόν
4 10 εἰ ᾔδεις τ. δωρεὰν τ. Θεοῦ
24 πνεῦμα ὁ Θεός
5 18 [2] ἀλλὰ κ. πατέρα ἴδιον ἔλεγεν τ. Θεόν,
ἴσον ἑαυτὸν ποιῶν τ. Θεῷ
25 ὅτε οἱ νεκροὶ ἀκούσουσιν τ. φωνῆς τ. υἱοῦ
τ. Θεοῦ
42 ὅτι τ. ἀγάπην τ. Θεοῦ οὐκ ἔχετε ἐν ἑαυτοῖς
οὐκ ἔχ. τ. ἀγ. τ. Θεοῦ, T
44 [5] τ. δόξαν τὴν παρὰ τ. μόνου Θεοῦ οὐ
ζητεῖτε
—Θεοῦ, [WH] R marg.
6 27 [2] τοῦτον γὰρ ὁ πατὴρ ἐσφράγισεν ὁ Θεός
28 ἵνα ἐργαζώμεθα τὰ ἔργα τ. Θεοῦ
29 τοῦτό ἐστιν τὸ ἔργον τ. Θεοῦ
33 ὁ γὰρ ἄρτος τ. Θεοῦ ἐστὶν ὁ καταβαίνων
ἐκ τ. οὐρανοῦ
ἄρτ. ὁ τ. Θεοῦ, T
45 ἔσονται πάντες διδακτοὶ Θεοῦ
כָּל־בָּנַיִךְ לִמּוּדֵי יְהוָה, Is. liv. 13
46 εἰ μὴ ὁ ὢν παρὰ τοῦ Θεοῦ,
οὗτος ἑώρακεν τ. Θεόν
τ. πατέρα, WHR
69 ἐγνώκαμεν ὅτι σὺ εἶ ὁ ἅγιος τ. Θεοῦ
7 17 πότερον ἐκ τ. Θεοῦ ἐστίν
—τοῦ, T

Jo 8 40 ἣν ἤκουσα παρὰ τ. Θεοῦ
41 [2] ἕνα πατέρα ἔχομεν τ. Θεόν
42 [2] εἰ ὁ Θεὸς πατὴρ ὑμῶν ἦν ἠγαπᾶτε ἂν
ἐμέ·
ἐγὼ γὰρ ἐκ τ. Θεοῦ ἐξῆλθον κ. ἥκω
47 ὁ ὢν ἐκ τ. Θεοῦ τὰ ῥήματα τ. Θεοῦ ἀκούει·
διὰ τοῦτο ὑμεῖς οὐκ ἀκούετε ὅτι ἐκ τ. Θεοῦ
οὐκ ἐστέ
54 ὃν ὑμεῖς λέγετε ὅτι Θεὸς ὑμῶν ἐστίν
9 3 ἵνα φανερωθῇ τὰ ἔργα τ. Θεοῦ ἐν αὐτῷ
16 οὐκ ἔστιν οὗτος παρὰ Θεοῦ ὁ ἄνθρωπος
24 δὸς δόξαν τ. Θεῷ
29 ἡμεῖς οἴδαμεν ὅτι Μωυσεῖ λελάληκεν ὁ Θεός
31 οἴδαμεν ὅτι ὁ Θεὸς ἁμαρτωλῶν οὐκ ἀκούει
ἁμ. ὁ Θεός, T
33 εἰ μὴ ἦν οὗτος παρὰ Θεοῦ
35 σὺ πιστεύεις εἰς τ. υἱὸν τ. Θεοῦ;
τ. ἀνθρώπου, TWHR mg.
10 33 ὅτι σὺ ἄνθρωπος ὢν ποιεῖς σεαυτὸν Θεόν
34 [7] ἐγὼ εἶπα θεοί ἐστε.
אֲנִי אָמַרְתִּי אֱלֹהִים אַתֶּם, Ps. lxxxii. 6
35 [7] εἰ ἐκείνους εἶπεν θεούς,
πρὸς οὓς ὁ λόγος τ. Θεοῦ ἐγένετο
ἐγ. τ. Θεοῦ, T
36 ὅτι εἶπον Υἱὸς τ. Θεοῦ εἰμί
—τοῦ, T
11 4 αὕτη ἡ ἀσθένεια . . . ὑπὲρ τ. δόξης τ.
Θεοῦ,
ἵνα δοξασθῇ ὁ υἱὸς τ. Θεοῦ δι' αὐτῆς
22 ὅσα ἂν αἰτήσῃ τ. Θεὸν δώσει σοι ὁ Θεός
27 ἐγὼ πεπίστευκα ὅτι σὺ εἶ ὁ Χριστὸς ὁ
υἱὸς τ. Θεοῦ
40 ἐὰν πιστεύσῃς ὄψῃ τ. δόξαν τ. Θεοῦ
52 ἵνα κ. τὰ τέκνα τ. Θεοῦ . . . συναγάγῃ
εἰς ἕν
12 43 ἠγάπησαν γὰρ τ. δόξαν τ. ἀνθρώπων μᾶλλον
ἤπερ τ. δόξαν τ. Θεοῦ
13 3 εἰδὼς . . . ὅτι ἀπὸ Θεοῦ ἐξῆλθεν κ. πρὸς
τ. Θεὸν ὑπάγει
31 ὁ Θεὸς ἐδοξάσθη ἐν αὐτῷ.
32 εἰ ὁ Θεὸς ἐδοξάσθη ἐν αὐτῷ,
—h. v., WHR
κ. ὁ Θεὸς δοξάσει αὐτὸν ἐν αὐτῷ
14 1 πιστεύετε εἰς τ. Θεὸν κ. εἰς ἐμὲ πιστεύετε
16 2 ἵνα πᾶς ὁ ἀποκτείνας ὑμᾶς δόξῃ λατρείαν
προσφέρειν τ. Θεῷ
27 ὅτι ἐγὼ παρὰ τ. Θεοῦ ἐξῆλθον
τ. πατρός, WHR
30 ἐν τούτῳ πιστεύομεν ὅτι ἀπὸ Θεοῦ ἐξῆλθες
17 3 [5] ἵνα γινώσκωσίν σε τ. μόνον ἀληθινὸν Θεόν
19 7 ὅτι υἱὸν Θεοῦ ἑαυτὸν ἐποίησεν
20 17 ἀναβαίνω πρὸς . . . Θεόν μου κ. Θεὸν ὑμῶν
28 [1] [6] ὁ Κύριός μου κ. ὁ Θεός μου
31 ἵνα πιστεύητε ὅτι Ἰησοῦς ἐστὶν ὁ Χριστὸς
ὁ υἱὸς τ. Θεοῦ
21 19 σημαίνων ποίῳ θανάτῳ δοξάσει τ. Θεόν
Ac 1 3 λέγων τὰ περὶ τ. βασιλείας τ. Θεοῦ
2 11 ἀκούομεν λαλούντων αὐτῶν . . . τὰ μεγαλεῖα
τ. Θεοῦ
17 ἔσται ἐν τ. ἐσχάταις ἡμέραις λέγει ὁ Θεός,
Joel iii. 1
22 ἄνδρα ἀποδεδειγμένον ἀπὸ τ. Θεοῦ εἰς ὑμᾶς
22 οἷς ἐποίησεν δι' αὐτοῦ ὁ Θεὸς ἐν μέσῳ ὑμῶν
23 τοῦτον τ. ὡρισμένῃ βουλῇ κ. προγνώσει τ.
Θεοῦ ἔκδοτον

Ac 2 24 ὃν ὁ Θεὸς ἀνέστησεν
30 εἰδὼς ὅτι ὅρκῳ ὤμοσεν αὐτῷ ὁ Θεός
32 τοῦτον τ. Ἰησοῦν ἀνέστησεν ὁ Θεός
33 τ. δεξιᾷ οὖν τ. Θεοῦ ὑψωθείς
36 κ. Κύριον αὐτὸν κ. Χριστὸν ἐποίησεν ὁ Θεός
39 [1] ὅσους ἂν προσκαλέσηται Κύριος ὁ Θεὸς ἡμῶν
47 μεταλάμβανον τροφῆς . . αἰνοῦντες τ. Θεόν
3 8 περιπατῶν κ. ἀλλόμενος κ. αἰνῶν τ. Θεόν.
9 κ. εἶδεν πᾶς ὁ λαὸς αὐτὸν περιπατοῦντα κ. αἰνοῦντα τ. Θεόν
13 [8] ὁ Θεὸς Ἀβραὰμ κ. Ἰσαὰκ κ. Ἰακώβ,
κ. ὁ Θεὸς Ἰσ. κ. ὁ Θεὸς Ἰακ., T
ὁ Θεὸς τ. πατέρων ἡμῶν
15 ὃν ὁ Θεὸς ἤγειρεν ἐκ νεκρῶν
18 ὁ δὲ Θεὸς ἃ προκατήγγειλεν . . . ἐπλήρωσεν οὕτως
21 ὧν ἐλάλησεν ὁ Θεὸς διὰ στόματος τ. ἁγίων . . . προφητῶν
22 [1] προφήτην ὑμῖν ἀναστήσει Κύριος ὁ Θεὸς ἐκ τ. ἀδελφῶν ὑμῶν ὡς ἐμέ
נָבִיא מִקִּרְבְּךָ מֵאַחֶיךָ כָּמֹנִי יָקִים לְךָ יְהוָה אֱלֹהֶיךָ, Dt. xviii. 15
25 τ. διαθήκης ἧς ὁ Θεὸς διέθετο πρὸς τ. πατέρας ὑμῶν
διέθ. ὁ Θεός, T
26 ὑμῖν πρῶτον ἀναστήσας ὁ Θεὸς τ. παῖδα αὐτοῦ
4 10 ὃν ὁ Θεὸς ἤγειρεν ἐκ νεκρῶν
19 εἰ δίκαιόν ἐστιν ἐνώπιον τ. Θεοῦ
ὑμῶν ἀκούειν μᾶλλον ἢ τ. Θεοῦ
21 ὅτι πάντες ἐδόξαζον τ. Θεὸν ἐπὶ τ. γεγονότι
24 ὁμοθυμαδὸν ἦραν φωνὴν πρὸς τ. Θεόν
31 ἐλάλουν τ. λόγον τ. Θεοῦ μετὰ παρρησίας
5 4 οὐκ ἐψεύσω ἀνθρώποις ἀλλὰ τ. Θεῷ
29 πειθαρχεῖν δεῖ Θεῷ μᾶλλον ἢ ἀνθρώποις.
30 ὁ Θεὸς τ. πατέρων ἡμῶν ἤγειρεν Ἰησοῦν
31 τοῦτον ὁ Θεὸς ἀρχηγὸν κ. σωτῆρα ὕψωσεν
32 ὃ ἔδωκεν ὁ Θεὸς τ. πειθαρχοῦσιν αὐτῷ
39 εἰ δὲ ἐκ Θεοῦ ἐστίν
6 2 καταλείψαντας τ. λόγον τ. Θεοῦ διακονεῖν τραπέζαις
7 ὁ λόγος τ. Θεοῦ ηὔξανεν
11 ἀκηκόαμεν αὐτοῦ λαλοῦντος ῥήματα βλάσφημα εἰς Μωυσῆν κ. τ. Θεόν
7 2 ὁ Θεὸς τ. δόξης ὤφθη τ. πατρὶ ἡμῶν Ἀβραάμ
6 ἐλάλησεν δὲ οὕτως ὁ Θεός
7 τὸ ἔθνος . . . κρινῶ ἐγὼ ὁ Θεὸς εἶπεν, Gen. xv. 14
9 ἦν ὁ Θεὸς μετ' αὐτοῦ
17 τ. ἐπαγγελίας ἧς ὡμολόγησεν ὁ Θεὸς τ. Ἀβραάμ
20 κ. ἦν ἀστεῖος τ. Θεῷ
25 ὅτι ὁ Θεὸς διὰ χειρὸς αὐτοῦ δίδωσιν σωτηρίαν αὐτοῖς
32 [8] ἐγὼ ὁ Θεὸς τ. πατέρων σου ὁ Θεὸς Ἀβραὰμ κ. Ἰσαὰκ κ. Ἰακώβ, Ex. *l.c.*
35 τοῦτον ὁ Θεὸς κ. ἄρχοντα κ. λυτρωτὴν ἀπέσταλκεν
37 προφήτην ὑμῖν ἀναστήσει ὁ Θεός, Dt. *l.c.*
40 [7] ποίησον ἡμῖν θεοὺς οἳ προπορεύσονται ἡμῶν
עֲשֵׂה־לָנוּ אֱלֹהִים אֲשֶׁר יֵלְכוּ לְפָנֵינוּ, Ex. xxxii. 1
Ac 7 42 ἔστρεψεν δὲ ὁ Θεός
43 ἀνελάβετε . . . τὸ ἄστρον τ. θεοῦ Ῥομφά
Ῥομφάν, T; Ῥεφάν, R
נְשָׂאתֶם . . . אֵת כִּיּוּן צַלְמֵיכֶם כּוֹכַב אֱלֹהֵיכֶם Am. v. 26
45 ὧν ἔξωσεν ὁ Θεὸς ἀπὸ προσώπου τ. πατέρων ἡμῶν
46 ὃς εὗρεν χάριν ἐνώπιον τ. Θεοῦ,
κ. ᾐτήσατο εὑρεῖν σκήνωμα τ. Θεῷ Ἰακώβ
τ. οἴκῳ, T
55 εἶδεν δόξαν Θεοῦ,
κ. Ἰησοῦν ἑστῶτα ἐκ δεξιῶν τ. Θεοῦ
56 θεωρῶ . . . τ. υἱὸν τ. ἀνθρώπου ἐκ δεξιῶν ἑστῶτα τ. Θεοῦ
8 10 οὗτός ἐστιν ἡ Δύναμις τ. Θεοῦ ἡ καλουμένη Μεγάλη
12 Φιλίππῳ εὐαγγελιζομένῳ περὶ τ. βασιλείας τ. Θεοῦ
14 ὅτι δέδεκται ἡ Σαμαρία τ. λόγον τ. Θεοῦ
20 τ. δωρεὰν τ. Θεοῦ ἐνόμισας διὰ χρημάτων κτᾶσθαι
21 ἡ γὰρ καρδία σου οὐκ ἔστιν εὐθεῖα ἔναντι τ. Θεοῦ
37 πιστεύω τ. υἱὸν τ. Θεοῦ εἶναι τ. Ἰησοῦν Χριστόν
—h. v., TWH non mg. R non mg.
9 20 ὅτι οὗτός ἐστιν ὁ υἱὸς τ. Θεοῦ
10 2 φοβούμενος τ. Θεὸν σὺν παντὶ τ. οἴκῳ αὐτοῦ
2 δεόμενος τ. Θεοῦ διὰ παντός·
3 εἶδεν . . . ἄγγελον τ. Θεοῦ εἰσελθόντα πρὸς αὐτόν
4 ἀνέβησαν εἰς μνημόσυνον ἔμπροσθεν τ. Θεοῦ
15 ἃ ὁ Θεὸς ἐκαθάρισεν σὺ μὴ κοίνου
22 ἀνὴρ δίκαιος κ. φοβούμενος τ. Θεόν
28 κἀμοὶ ὁ Θεὸς ἔδειξεν μηδένα κοινὸν . . . λέγειν ἄνθρωπον
ἔδ. ὁ Θεός, T
31 αἱ ἐλεημοσύναι σου ἐμνήσθησαν ἐνώπιον τ. Θεοῦ
33 νῦν οὖν πάντες ἡμεῖς ἐνώπιον τ. Θεοῦ πάρεσμεν
34 ὅτι οὐκ ἔστιν προσωπολήμπτης ὁ Θεός
38 ὡς ἔχρισεν αὐτὸν ὁ Θεὸς πνεύματι ἁγίῳ
38 ὅτι ὁ Θεὸς ἦν μετ' αὐτοῦ
40 τοῦτον ὁ Θεὸς ἤγειρεν τ. τρίτῃ ἡμέρᾳ
41 μάρτυσι τ. προκεχειροτονημένοις ὑπὸ τ. Θεοῦ
42 οὗτός ἐστιν ὁ ὡρισμένος ὑπὸ τ. Θεοῦ κριτής
46 ἤκουον γὰρ αὐτῶν . . . μεγαλυνόντων τ. Θεόν
11 1 κ. τὰ ἔθνη ἐδέξαντο τ. λόγον τ. Θεοῦ
9 ἃ ὁ Θεὸς ἐκαθάρισεν σὺ μὴ κοίνου
17 εἰ οὖν τ. ἴσην δωρεὰν ἔδωκεν αὐτοῖς ὁ Θεός
17 ἐγὼ τίς ἤμην δυνατὸς κωλῦσαι τ. Θεόν;
18 ἡσύχασαν κ. ἐδόξασαν τ. Θεὸν λέγοντες, ἄρα κ. τ. ἔθνεσιν ὁ Θεὸς τ. μετάνοιαν εἰς ζωὴν ἔδωκεν
23 ἰδὼν τ. χάριν τὴν τ. Θεοῦ ἐχάρη

Ac 12 5 προσευχὴ δὲ ἦν ἐκτενῶς γινομένη ὑπὸ τ. ἐκκλησίας πρὸς τ. Θεὸν περὶ αὐτοῦ
22 Θεοῦ φωνὴ κ. οὐκ ἀνθρώπου
23 ἀνθ' ὧν οὐκ ἔδωκεν τ. δόξαν τ. Θεῷ
24 ὁ δὲ λόγος τ. Θεοῦ ηὔξανεν κ. ἐπληθύνετο
κυρίου, WH non mg.
13 5 κατήγγελλον τ. λόγον τ. Θεοῦ ἐν τ. συναγωγαῖς τ. Ἰουδαίων
7 ἐπεζήτησεν ἀκοῦσαι τ. λόγον τ. Θεοῦ
16 οἱ φοβούμενοι τ. Θεὸν ἀκούσατε.
17 [3] ὁ Θεὸς τ. λαοῦ τούτου Ἰσραὴλ ἐξελέξατο τ. πατέρας ἡμῶν
21 ἔδωκεν αὐτοῖς ὁ Θεὸς τ. Σαοὺλ υἱὸν Κείς
23 τούτου ὁ Θεὸς ἀπὸ τ. σπέρματος . . . ἤγαγεν τῷ Ἰσραὴλ σωτῆρα
26 οἱ ἐν ὑμῖν φοβούμενοι τ. Θεόν
30 ὁ δὲ Θεὸς ἤγειρεν αὐτὸν ἐκ νεκρῶν
32 ταύτην ὁ Θεὸς ἐκπεπλήρωκεν τ. τέκνοις ἡμῶν
36 Δαυεὶδ . . . ὑπηρετήσας τῇ τ. Θεοῦ βουλῇ ἐκοιμήθη
37 ὃν δὲ ὁ Θεὸς ἤγειρεν οὐκ εἶδεν διαφθοράν
43 ἔπειθον αὐτοὺς προσμένειν τ. χάριτι τ. Θεοῦ
44 συνήχθη ἀκοῦσαι τ. λόγον τ. Θεοῦ
τ. Κυρίου, TWH mg. R mg.
46 ὑμῖν ἦν ἀναγκαῖον πρῶτον λαληθῆναι τ. λόγον τ. Θεοῦ
48 ἐδόξαζον τ. λόγον τ. Θεοῦ
τ. Κυρίου, TWH mg. R mg.
14 11 [7] οἱ θεοὶ ὁμοιωθέντες ἀνθρώποις κατέβησαν πρὸς ἡμᾶς
15 εὐαγγελιζόμενοι ὑμᾶς . . . ἐπιστρέφειν ἐπὶ Θεὸν ζῶντα
22 διὰ πολλῶν θλίψεων δεῖ ἡμᾶς εἰσελθεῖν εἰς τ. βασιλείαν τ. Θεοῦ
26 ὅθεν ἦσαν παραδεδομένοι τ. χάριτι τ. Θεοῦ
27 ἀνήγγελλον ὅσα ἐποίησεν ὁ Θεὸς μετ' αὐτῶν
15 4 ἀνήγγειλάν τε ὅσα ὁ Θεὸς ἐποίησεν μετ' αὐτῶν
7 ἀφ' ἡμερῶν ἀρχαίων ἐν ὑμῖν ἐξελέξατο ὁ Θεὸς
8 ὁ καρδιογνώστης Θεὸς ἐμαρτύρησεν αὐτοῖς
10 νῦν οὖν τί πειράζετε τ. Θεόν
12 ἐξηγουμένων ὅσα ἐποίησεν ὁ Θεὸς σημεῖα
14 καθὼς πρῶτον ὁ Θεὸς ἐπεσκέψατο
18 γνωστὸν ἀπ' αἰῶνός ἐστιν τ. Θεῷ τὸ ἔργον αὐτοῦ
—ἐστ. τ. Θ. τὸ ἔργ. αὐτ., TWH non mg. R
19 μὴ παρενοχλεῖν τοῖς ἀπὸ τ. ἐθνῶν ἐπιστρέφουσιν ἐπὶ τ. Θεόν
16 10 προσκέκληται ἡμᾶς ὁ Θεὸς εὐαγγελίσασθαι αὐτούς
14 γυνὴ ὀνόματι Λυδία . . . σεβομένη τ. Θεόν
17 δοῦλοι τ. Θεοῦ τ. ὑψίστου εἰσίν
25 προσευχόμενοι ὕμνουν τ. Θεόν
32 ἐλάλησαν αὐτῷ τ. λόγον τ. Θεοῦ
τ. Κυρίου, TWH mg. R non mg.
34 ἠγαλλιάσατο πανοικεὶ πεπιστευκὼς τ. Θεῷ
17 13 κ. ἐν τ. Βεροίᾳ κατηγγέλη . . . ὁ λόγος τ. Θεου
23 εὗρον κ. βωμὸν ἐν ᾧ ἐπεγέγραπτο Ἀγνώστῳ Θεῷ

Ac 17 24 ὁ Θεὸς ὁ ποιήσας τ. κόσμον
27 ζητεῖν τ. Θεὸν εἰ ἄρα γε ψηλαφήσειαν αὐτόν
29 γένος οὖν ὑπάρχοντες τ. Θεοῦ
30 τοὺς μὲν οὖν χρόνους τ. ἀγνοίας ὑπεριδὼν ὁ Θεὸς
18 7 ἦλθεν εἰς οἰκίαν . . . Τιτίου Ἰούστου σεβομένου τ. Θεόν
11 διδάσκων ἐν αὐτοῖς τ. λόγον τ. Θεοῦ
13 ἀναπείθει οὗτος τ. ἀνθρώπους σέβεσθαι τ. Θεόν
21 πάλιν ἀνακάμψω πρὸς ὑμᾶς τ. Θεοῦ θέλοντος
26 ἀκριβέστερον αὐτῷ ἐξέθεντο τὴν ὁδὸν τ. Θεοῦ
19 8 διαλεγόμενος κ. πείθων περὶ τ. βασιλείας τ. Θεοῦ
11 δυνάμεις τε οὐ τ. τυχούσας ὁ Θεὸς ἐποίει
26 [7] λέγων ὅτι οὐκ εἰσὶν θεοὶ οἱ διὰ χειρῶν γινόμενοι
37 [8] οὔτε βλασφημοῦντας τὴν θεὸν ἡμῶν
20 21 διαμαρτυρόμενος . . . τὴν εἰς Θεὸν μετάνοιαν
24 διαμαρτύρασθαι τὸ εὐαγγέλιον τ. χάριτος τ. Θεοῦ
27 τοῦ μὴ ἀναγγεῖλαι πᾶσαν τ. βουλὴν τ. Θεοῦ ὑμῖν
28 ποιμαίνειν τ. ἐκκλησίαν τ. Θεοῦ
τ. Κυρίου, TR mg.
32 κ. τὰ νῦν παρατίθεμαι ὑμᾶς τ. Θεῷ
τ. Κυρίῳ, WH non mg. R mg.
21 19 ὧν ἐποίησεν ὁ Θεὸς ἐν τ. ἔθνεσιν
20 οἱ δὲ ἀκούσαντες ἐδόξαζον τ. Θεόν
22 3 ζηλωτὴς ὑπάρχων τ. Θεοῦ
14 ὁ Θεὸς τ. πατέρων ἡμῶν προεχειρίσατό σε
23 1 ἐγὼ πάσῃ συνειδήσει ἀγαθῇ πεπολίτευμαι τ. Θεῷ
3 τύπτειν σε μέλλει ὁ Θεός
4 τ. ἀρχιερέα τ. Θεοῦ λοιδορεῖς;
24 14 οὕτως λατρεύω τ. πατρῴῳ Θεῷ
15 ἐλπίδα ἔχων εἰς τ. Θεόν
πρὸς τ. Θεόν, T
16 ἀπρόσκοπον συνείδησιν ἔχειν πρὸς τ. Θεόν
26 6 ἐπ' ἐλπίδι τῆς . . . ἐπαγγελίας γενομένης ὑπὸ τ. Θεοῦ
8 εἰ ὁ Θεὸς νεκροὺς ἐγείρει
18 τοῦ ἐπιστρέψαι ἀπὸ . . . τ. ἐξουσίας τ. Σατανᾶ ἐπὶ τ. Θεόν
20 ἀπήγγελλον . . . ἐπιστρέφειν ἐπὶ τ. Θεόν
22 ἐπικουρίας οὖν τυχὼν τῆς ἀπὸ τ. Θεοῦ
29 εὐξαίμην ἂν τ. Θεῷ
27 23 παρέστη γάρ μοι ταύτῃ τ. νυκτὶ τ. Θεοῦ . . . ἄγγελος
24 κεχάρισταί σοι ὁ Θεὸς πάντας τ. πλέοντας μετὰ σοῦ
25 πιστεύω γὰρ τ. Θεῷ ὅτι οὕτως ἔσται
35 εὐχαρίστησεν τ. Θεῷ ἐνώπιον πάντων
28 6 μεταβαλόμενοι ἔλεγον αὐτὸν εἶναι θεόν
15 εὐχαριστήσας τ. Θεῷ ἔλαβεν θάρσος
23 οἷς ἐξετίθετο διαμαρτυρόμενος τ. βασιλείαν τ. Θεοῦ
28 ὅτι τ. ἔθνεσιν ἀπεστάλη τοῦτο τὸ σωτήριον τ. Θεοῦ
31 κηρύσσων τ. βασιλείαν τ. Θεοῦ
Ro 1 1 ἀφωρισμένος εἰς εὐαγγέλιον τ. Θεοῦ
4 τ. ὁρισθέντος υἱοῦ Θεοῦ ἐν δυνάμει

Ro 1 7 πᾶσι τ. οὖσιν ἐν Ῥώμῃ ἀγαπητοῖς Θεοῦ
7 [2] χάρις ὑμῖν κ. εἰρήνη ἀπὸ Θεοῦ πατρὸς ἡμῶν
8 εὐχαριστῶ τ. Θεῷ μου διὰ Ἰησοῦ Χριστοῦ
9 μάρτυς γάρ μού ἐστιν ὁ Θεός
10 εἴ πως ἤδη ποτὲ εὐοδωθήσομαι ἐν τ. θελήματι τ. Θεοῦ
16 δύναμις γὰρ Θεοῦ ἐστὶν εἰς σωτηρίαν
17 δικαιοσύνη γὰρ Θεοῦ ἐν αὐτῷ ἀποκαλύπτεται
18 ἀποκαλύπτεται γὰρ ὀργὴ Θεοῦ ἀπ' οὐρανοῦ
19 διότι τὸ γνωστὸν τ. Θεοῦ φανερόν ἐστιν ἐν αὐτοῖς·
ὁ Θεὸς γὰρ αὐτοῖς ἐφανέρωσεν
21 διότι γνόντες τ. Θεὸν οὐχ ὡς Θεὸν ἐδόξασαν
23 ἤλλαξαν τ. δόξαν τ. ἀφθάρτου Θεοῦ
24 διὸ παρέδωκεν αὐτοὺς ὁ Θεὸς . . . εἰς ἀκαθαρσίαν
25 οἵτινες μετήλλαξαν τ. ἀλήθειαν τ. Θεοῦ ἐν τ. ψεύδει
26 παρέδωκεν αὐτοὺς ὁ Θεὸς εἰς πάθη ἀτιμίας
28 καθὼς οὐκ ἐδοκίμασαν τ. Θεὸν ἔχειν ἐν ἐπιγνώσει,
παρέδωκεν αὐτοὺς ὁ Θεὸς εἰς ἀδόκιμον νοῦν
32 οἵτινες τὸ δικαίωμα τ. Θεοῦ ἐπιγνόντες
2 2 οἴδαμεν δὲ ὅτι τὸ κρίμα τ. Θεοῦ ἐστὶν κατὰ ἀλήθειαν
3 ὅτι σὺ ἐκφεύξῃ τὸ κρίμα τ. Θεοῦ
4 ἀγνοῶν ὅτι τὸ χρηστὸν τ. Θεοῦ εἰς μετάνοιάν σε ἄγει
5 ἐν ἡμέρᾳ . . . ἀποκαλύψεως δικαιοκρισίας τ. Θεοῦ
11 οὐ γάρ ἐστιν προσωποληµψία παρὰ τ. Θεῷ
13 οὐ γὰρ οἱ ἀκροαταὶ νόμου δίκαιοι παρὰ τ. Θεῷ
16 ἐν ᾗ ἡμέρᾳ κρίνει ὁ Θεὸς τὰ κρυπτὰ τ. ἀνθρώπων
17 κ. καυχᾶσαι ἐν Θεῷ
23 διὰ τ. παραβάσεως τ. νόμου τ. Θεὸν ἀτιμάζεις;
24 τὸ γὰρ ὄνομα τ. Θεοῦ δι' ὑμᾶς βλασφημεῖται
29 οὗ ὁ ἔπαινος οὐκ ἐξ ἀνθρώπων ἀλλ' ἐκ τ. Θεοῦ
3 2 πρῶτον μὲν γὰρ ὅτι ἐπιστεύθησαν τὰ λόγια τ. Θεοῦ
3 μὴ ἡ ἀπιστία αὐτῶν τ. πίστιν τ. Θεοῦ καταργήσει;
4 γινέσθω δὲ ὁ Θεὸς ἀληθής
5 εἰ δὲ ἡ ἀδικία ἡμῶν Θεοῦ δικαιοσύνην συνίστησιν τί ἐροῦμεν;
μὴ ἄδικος ὁ Θεὸς ὁ ἐπιφέρων τ. ὀργήν;
6 ἐπεὶ πῶς κρινεῖ ὁ Θεὸς τ. κόσμον
7 εἰ δὲ ἡ ἀλήθεια τ. Θεοῦ ἐν τ. ἐμῷ ψεύσματι ἐπερίσσευσεν
11 οὐκ ἔστιν ἐκζητῶν τ. Θεόν
הֲיֵשׁ . . . דֹּרֵשׁ אֶת־אֱלֹהִים, Ps. xiv. 2
18 οὐκ ἔστιν φόβος Θεοῦ ἀπέναντι τ. ὀφθαλμῶν αὐτῶν
אֵין־פַּחַד אֱלֹהִים לְנֶגֶד עֵינָיו, Ps. xxxvi. 2
19 ἵνα . . . ὑπόδικος γένηται πᾶς ὁ κόσμος τ. Θεῷ
21 χωρὶς νόμου δικαιοσύνη Θεοῦ πεφανέρωται

Ro 3 22 δικαιοσύνη δὲ Θεοῦ διὰ πίστεως Ἰησοῦ Χριστοῦ
23 πάντες γὰρ . . . ὑστεροῦνται τ. δόξης τ. Θεοῦ
25 ὃν προέθετο ὁ Θεὸς ἱλαστήριον
26 διὰ τ. πάρεσιν τ. προγεγονότων ἁμαρτημάτων ἐν τ. ἀνοχῇ τ. Θεοῦ
29 ἢ Ἰουδαίων ὁ Θεὸς μόνον;
30 εἴπερ εἷς ὁ Θεὸς ὃς δικαιώσει περιτομὴν
4 2 ἔχει καύχημα ἀλλ' οὐ πρὸς Θεόν
3 ἐπίστευσεν δὲ Ἀβραὰμ τ. Θεῷ
וְהֶאֱמִן בַּיהוָה, Gen. xv. 6
6 ᾧ ὁ Θεὸς λογίζεται δικαιοσύνην χωρὶς ἔργων
17 κατέναντι οὗ ἐπίστευσεν Θεοῦ
20 εἰς δὲ τ. ἐπαγγελίαν τ. Θεοῦ οὐ διεκρίθη τ. ἀπιστίᾳ,
ἀλλὰ ἐνεδυναμώθη τ. πίστει δοὺς δόξαν τ. Θεῷ
5 1 εἰρήνην ἔχωμεν πρὸς τ. Θεόν
2 καυχώμεθα ἐπ' ἐλπίδι τ. δόξης τ. Θεοῦ
5 ἡ ἀγάπη τ. Θεοῦ ἐκκέχυται ἐν τ. καρδίαις ἡμῶν
8 συνίστησιν δὲ τὴν ἑαυτοῦ ἀγάπην εἰς ἡμᾶς ὁ Θεός
10 εἰ γὰρ ἐχθροὶ ὄντες κατηλλάγημεν τ. Θεῷ
11 ἀλλὰ κ. καυχώμενοι ἐν τ. Θεῷ
15 πολλῷ μᾶλλον ἡ χάρις τ. Θεοῦ . . . εἰς τ. πολλοὺς ἐπερίσσευσεν
6 10 ὃ δὲ ζῇ ζῇ τ. Θεῷ
11 ζῶντας δὲ τ. Θεῷ ἐν Χριστῷ Ἰησοῦ
13 παραστήσατε ἑαυτοὺς τ. Θεῷ ὡσεὶ ἐκ νεκρῶν ζῶντας,
κ. τὰ μέλη ὑμῶν ὅπλα δικαιοσύνης τ. Θεῷ
17 χάρις δὲ τ. Θεῷ
22 δουλωθέντες δὲ τ. Θεῷ
23 τὸ δὲ χάρισμα τ. Θεοῦ ζωὴ αἰώνιος
7 4 ἵνα καρποφορήσωμεν τ. Θεῷ
22 συνήδομαι γὰρ τ. νόμῳ τ. Θεοῦ κατὰ τὸν ἔσω ἄνθρωπον
25 χάρις δὲ τ. Θεῷ διὰ Ἰησοῦ Χριστοῦ
25 αὐτὸς ἐγὼ τῷ μὲν νοῒ δουλεύω νόμῳ Θεοῦ
8 3 ὁ Θεὸς τὸν ἑαυτοῦ υἱὸν πέμψας . . . κατέκρινεν
7 τὸ φρόνημα τ. σαρκὸς ἔχθρα εἰς Θεόν·
τ. γὰρ νόμῳ τ. Θεοῦ οὐχ ὑποτάσσεται
8 οἱ δὲ ἐν σαρκὶ ὄντες Θεῷ ἀρέσαι οὐ δύνανται
9 εἴπερ πνεῦμα Θεοῦ οἰκεῖ ἐν ὑμῖν
14 ὅσοι γὰρ πνεύματι Θεοῦ ἄγονται,
οὗτοι υἱοὶ Θεοῦ εἰσίν
υἱοὶ εἰσ. Θεοῦ, T
16 τὸ πνεῦμα συνμαρτυρεῖ . . . ὅτι ἐσμὲν τέκνα Θεοῦ
17 κληρονόμοι μὲν Θεοῦ συνκληρονόμοι δὲ Χριστοῦ
19 τ. ἀποκάλυψιν τ. υἱῶν τ. Θεοῦ ἀπεκδέχεται
21 εἰς τ. ἐλευθερίαν τ. δόξης τ. τέκνων τ. Θεοῦ
27 [9] ὅτι κατὰ Θεὸν ἐντυγχάνει ὑπὲρ ἁγίων
28 τ. ἀγαπῶσιν τ. Θεὸν πάντα συνεργεῖ ὁ Θεὸς εἰς ἀγαθόν
—ὁ Θεός, T [WH] R non mg.
31 εἰ ὁ Θεὸς ὑπὲρ ἡμῶν τίς καθ' ἡμῶν·
33 τίς ἐγκαλέσει κατὰ ἐκλεκτῶν Θεοῦ;
Θεὸς ὁ δικαιῶν

Ro 8 34 ὅς ἐστιν ἐν δεξιᾷ τ. Θεοῦ
35 τίς ἡμᾶς χωρίσει ἀπὸ τ. ἀγάπης τ. Θεοῦ
τ. Χριστοῦ, TWH non mg. R non mg.
39 δυνήσεται ἡμᾶς χωρίσαι ἀπὸ τ. ἀγάπης τ. Θεοῦ
9 5 Θεὸς εὐλογητὸς εἰς τ. αἰῶνας
6 οὐχ οἷον δὲ ὅτι ἐκπέπτωκεν ὁ λόγος τ. Θεοῦ
8 οὐ τὰ τέκνα τ. σαρκὸς ταῦτα τέκνα τ. Θεοῦ
11 ἵνα ἡ κατ' ἐκλογὴν πρόθεσις τ. Θεοῦ μένῃ
14 μὴ ἀδικία παρὰ τ. Θεῷ;
16 οὐ τ. θέλοντος . . . ἀλλὰ τ. ἐλεῶντος Θεοῦ
20 σὺ τίς εἶ ὁ ἀνταποκρινόμενος τ. Θεῷ;
22 εἰ δὲ θέλων ὁ Θεὸς ἐνδείξασθαι τ. ὀργήν
26 [5] ἐκεῖ κληθήσονται υἱοὶ Θεοῦ ζῶντος
יֵאָמֵר לָהֶם בְּנֵי אֵל־חָי, Hos. ii. 1
10 1 ἡ δέησις πρὸς τ. Θεὸν ὑπὲρ αὐτῶν
2 μαρτυρῶ γὰρ αὐτοῖς ὅτι ζῆλον Θεοῦ ἔχουσιν
3 ἀγνοοῦντες γὰρ τὴν τ. Θεοῦ δικαιοσύνην
3 τ. δικαιοσύνῃ τ. Θεοῦ οὐχ ὑπετάγησαν
9 ὅτι ὁ Θεὸς αὐτὸν ἤγειρεν ἐκ νεκρῶν
11 1 μὴ ἀπώσατο ὁ Θεὸς τ. λαὸν αὐτοῦ;
2 οὐκ ἀπώσατο ὁ Θεὸς τ. λαὸν αὐτοῦ
לֹא־יִטֹּשׁ יְהוָה עַמּוֹ, Ps. xciv. 14
2 ὡς ἐντυγχάνει τ. Θεῷ κατὰ τοῦ Ἰσραήλ
8 ἔδωκεν αὐτοῖς ὁ Θεὸς πνεῦμα κατανύξεως
נָסַךְ עֲלֵיכֶם יְהוָה רוּחַ תַּרְדֵּמָה, Is. xxix. 10
21 εἰ γὰρ ὁ Θεὸς τῶν κατὰ φύσιν κλάδων οὐκ ἐφείσατο
22 ἴδε οὖν χρηστότητα κ. ἀποτομίαν Θεοῦ
22 ἐπὶ δέ σε χρηστότης Θεοῦ
23 δυνατὸς γάρ ἐστιν ὁ Θεὸς πάλιν ἐνκεντρίσαι αὐτούς
29 ἀμεταμέλητα γὰρ τὰ χαρίσματα . . . τ. Θεοῦ.
30 ὥσπερ γὰρ ὑμεῖς ποτὲ ἠπειθήσατε τ. Θεῷ
32 συνέκλεισεν γὰρ ὁ Θεὸς τ. πάντας εἰς ἀπείθειαν
33 ὦ βάθος πλούτου κ. σοφίας κ. γνώσεως Θεοῦ
12 1 παρακαλῶ οὖν ὑμᾶς . . . διὰ τ. οἰκτιρμῶν τ. Θεοῦ
1 θυσίαν ζῶσαν ἁγίαν τ. Θεῷ εὐάρεστον
εὐάρ. τ. Θεῷ, WH mg.
2 εἰς τὸ δοκιμάζειν ὑμᾶς τί τ. θέλημα τ. Θεοῦ
3 ἑκάστῳ ὡς ὁ Θεὸς ἐμέρισεν μέτρον πίστεως
13 1 οὐ γάρ ἐστιν ἐξουσία εἰ μὴ ὑπὸ Θεοῦ·
αἱ δὲ οὖσαι ὑπὸ Θεοῦ τεταγμέναι εἰσίν.
2 ὥστε ὁ ἀντιτασσόμενος τ. ἐξουσίᾳ τῇ τ. Θεοῦ διαταγῇ ἀνθέστηκεν
4 Θεοῦ γὰρ διάκονός ἐστίν σοι εἰς τὸ ἀγαθόν
4 Θεοῦ γὰρ διάκονός ἐστιν ἔκδικος εἰς ὀργὴν
6 λειτουργοὶ τ. Θεοῦ εἰσίν
14 3 ὁ Θεὸς γὰρ αὐτὸν προσελάβετο
6 ὁ ἐσθίων Κυρίῳ ἐσθίει εὐχαριστεῖ γὰρ τ. Θεῷ·
κ. ὁ μὴ ἐσθίων Κυρίῳ οὐκ ἐσθίει κ. εὐχαριστεῖ τ. Θεῷ
10 πάντες γὰρ παραστησόμεθα τ. βήματι τ. Θεοῦ
11 πᾶσα γλῶσσα ἐξομολογήσεται τ. Θεῷ
תִּשָּׁבַע כָּל־לָשׁוֹן, Is. xlv. 23
12 ἕκαστος ἡμῶν περὶ ἑαυτοῦ λόγον δώσει τ. Θεῷ
τ. Θεῷ, [WH]

Ro 14 17 οὐ γάρ ἐστιν ἡ βασιλεία τ. Θεοῦ βρῶσις κ. πόσις
18 ὁ γὰρ ἐν τούτῳ δουλεύων τ. Χριστῷ εὐάρεστος τ. Θεῷ
20 μὴ ἕνεκεν βρώματος κατάλυε τὸ ἔργον τ. Θεοῦ
22 κατὰ σεαυτὸν ἔχε ἐνώπιον τ. Θεοῦ
15 5 ὁ δὲ Θεὸς τ. ὑπομονῆς κ. τ. παρακλήσεως
6 ἵνα ὁμοθυμαδὸν ἐν ἑνὶ στόματι δοξάζητε τ. Θεόν
7 καθὼς κ. ὁ Χριστὸς προσελάβετο ἡμᾶς εἰς δόξαν τ. Θεοῦ
8 διάκονον γεγενῆσθαι περιτομῆς ὑπὲρ ἀληθείας Θεοῦ
9 τὰ δὲ ἔθνη ὑπὲρ ἐλέους δοξάσαι τ. Θεόν
13 ὁ δὲ Θεὸς τ. ἐλπίδος πληρῶσαι ὑμᾶς
15 διὰ τ. χάριν τ. δοθεῖσάν μοι ἀπὸ τ. Θεοῦ
16 ἱερουργοῦντα τὸ εὐαγγέλιον τ. Θεοῦ
17 [4] ἔχω οὖν τ. καύχησιν ἐν Χριστῷ Ἰησοῦ τὰ πρὸς τ. Θεόν
19 ἐν δυνάμει πνεύματος Θεοῦ
ἁγίου, [WH] R non mg.;—Θεοῦ, R mg. alter
30 συναγωνίσασθαί μοι ἐν τ. προσευχαῖς ὑπὲρ ἐμοῦ πρὸς τ. Θεόν
32 ἵνα ἐν χαρᾷ ἐλθὼν πρὸς ὑμᾶς διὰ θελήματος Θεοῦ
33 ὁ δὲ Θεὸς τ. εἰρήνης μετὰ πάντων ὑμῶν
16 20 ὁ δὲ Θεὸς τ. εἰρήνης συντρίψει τ. Σατανᾶν
26 [5] κατ' ἐπιταγὴν τ. αἰωνίου Θεοῦ
27 [5] μόνῳ σοφῷ Θεῷ διὰ Ἰησοῦ Χριστοῦ
1 Co 1 1 Παῦλος κλητὸς ἀπόστολος . . . διὰ θελήματος Θεοῦ
2 τ. ἐκκλησίᾳ τ. Θεοῦ τ. οὔσῃ ἐν Κορίνθῳ
3 [2] χάρις ὑμῖν κ. εἰρήνη ἀπὸ Θεοῦ πατρὸς ἡμῶν
4 εὐχαριστῶ τ. Θεῷ πάντοτε περὶ ὑμῶν,
τ. Θεῷ μου, TR non mg.
ἐπὶ τ. χάριτι τ. Θεοῦ τ. δοθείσῃ ὑμῖν
9 πιστὸς ὁ Θεὸς δι' οὗ ἐκλήθητε
14 εὐχαριστῶ τ. Θεῷ ὅτι οὐδένα ὑμῶν ἐβάπτισα
—τ. Θεῷ, TWH non mg. R mg.
18 τ. δὲ σῳζομένοις ἡμῖν δύναμις Θεοῦ ἐστίν
20 οὐχὶ ἐμώρανεν ὁ Θεὸς τ. σοφίαν τ. κόσμου;
21 ἐπειδὴ γὰρ ἐν τ. σοφίᾳ τ. Θεοῦ
οὐκ ἔγνω ὁ κόσμος διὰ τ. σοφίας τ. Θεόν,
εὐδόκησεν ὁ Θεὸς διὰ τ. μωρίας τ. κηρύγματος σῶσαι τ. πιστεύοντας
24 Χριστὸν Θεοῦ δύναμιν κ. Θεοῦ σοφίαν.
25 ὅτι τὸ μωρὸν τ. Θεοῦ σοφώτερον τ. ἀνθρώπων ἐστίν·
κ. τὸ ἀσθενὲς τ. Θεοῦ ἰσχυρότερον τ. ἀνθρώπων
27 τὰ μωρὰ τ. κόσμου ἐξελέξατο ὁ Θεός
27 τὰ ἀσθενῆ τ. κόσμου ἐξελέξατο ὁ Θεός
28 τὰ ἐξουθενημένα ἐξελέξατο ὁ Θεός
29 ὅπως μὴ καυχήσηται πᾶσα σὰρξ ἐνώπιον τ. Θεοῦ
30 ὃς ἐγενήθη σοφία ἡμῖν ἀπὸ Θεοῦ
2 1 καταγγέλλων ὑμῖν τὸ μυστήριον τ. Θεοῦ
5 ἀλλ' ἐν δυνάμει Θεοῦ
7 λαλοῦμεν Θεοῦ σοφίαν ἐν μυστηρίῳ
7 ἣν προώρισεν ὁ Θεὸς πρὸ τ. αἰώνων εἰς δόξαν ἡμῶν
9 ὅσα ἡτοίμασεν ὁ Θεὸς τ. ἀγαπῶσιν αὐτόν·
10 ἡμῖν γὰρ ἀπεκάλυψεν ὁ Θεὸς διὰ τ. πνεύματος·

I Co 2 10 τὸ γὰρ πνεῦμα πάντα ἐραυνᾷ κ. τὰ βάθη
τ. Θεοῦ
11 [4] οὕτως κ. τὰ τ. Θεοῦ οὐδεὶς ἔγνωκεν εἰ
μὴ τὸ πνεῦμα τ. Θεοῦ
12 ἀλλὰ τὸ πνεῦμα τὸ ἐκ τ. Θεοῦ,
ἵνα εἰδῶμεν τὰ ὑπὸ τ. Θεοῦ χαρισθέντα ἡμῖν
14 [4] οὐ δέχεται τὰ τ. πνεύματος τ. Θεοῦ
3 6 ἀλλὰ ὁ Θεὸς ηὔξανεν·
7 ὥστε οὔτε ὁ φυτεύων ἐστίν τι . . . ἀλλ'
ὁ αὐξάνων Θεός
9 Θεοῦ γάρ ἐσμεν συνεργοί·
Θεοῦ γεώργιον Θεοῦ οἰκοδομή ἐστε.
10 κατὰ τ. χάριν τ. Θεοῦ τ. δοθεῖσάν μοι
16 οὐκ οἴδατε ὅτι ναὸς Θεοῦ ἐστέ,
κ. τὸ πνεῦμα τ. Θεοῦ ἐν ὑμῖν οἰκεῖ;
17 εἴ τις τ. ναὸν τ. Θεοῦ φθείρει φθερεῖ
τοῦτον ὁ Θεός·
ὁ γὰρ ναὸς τ. Θεοῦ ἅγιός ἐστιν
19 ἡ γὰρ σοφία τ. κόσμου τούτου μωρία παρὰ
τ. Θεῷ ἐστίν
23 ὑμεῖς δὲ Χριστοῦ Χριστὸς δὲ Θεοῦ
4 1 οἰκονόμους μυστηρίων Θεοῦ
5 ὁ ἔπαινος γενήσεται ἑκάστῳ ἀπὸ τ. Θεοῦ
9 ὁ Θεὸς ἡμᾶς τ. ἀποστόλους ἐσχάτους
ἀπέδειξεν
20 οὐ γὰρ ἐν λόγῳ ἡ βασιλεία τ. Θεοῦ
5 13 τοὺς δὲ ἔξω ὁ Θεὸς κρίνει
6 9 ὅτι ἄδικοι Θεοῦ βασιλείαν οὐ κληρονο-
μήσουσιν
10 οὐχ ἅρπαγες βασιλείαν Θεοῦ κληρονομή-
σουσιν
11 ἐδικαιώθητε . . . ἐν τ. πνεύματι τ. Θεοῦ
ἡμῶν
13 ὁ δὲ Θεὸς κ. ταύτην κ. ταῦτα καταργήσει
14 ὁ δὲ Θεὸς κ. τ. Κύριον ἤγειρεν
19 οὗ ἔχετε ἀπὸ Θεοῦ
20 δοξάσατε δὴ τ. Θεὸν ἐν τ. σώματι ὑμῶν
7 7 ἕκαστος ἴδιον ἔχει χάρισμα ἐκ Θεοῦ
15 ἐν δὲ εἰρήνῃ κέκληκεν ὑμᾶς ὁ Θεός
17 ἕκαστον ὡς κέκληκεν ὁ Θεός
19 ἀλλὰ τήρησις ἐντολῶν Θεοῦ
24 ἐν τούτῳ μενέτω παρὰ Θεῷ
40 δοκῶ γὰρ κἀγὼ πνεῦμα Θεοῦ ἔχειν
8 3 εἰ δέ τις ἀγαπᾷ τ. Θεόν
4 ὅτι οὐδεὶς Θεὸς εἰ μὴ εἷς.
5 [7] κ. γὰρ εἴπερ εἰσὶν λεγόμενοι θεοί
5 [7] ὥσπερ εἰσὶν θεοὶ πολλοὶ κ. κύριοι πολλοί·
6 ἀλλ' ἡμῖν εἷς Θεὸς ὁ πατήρ
8 βρῶμα δὲ ἡμᾶς οὐ παραστήσει τ. Θεῷ
9 9 μὴ τ. βοῶν μέλει τ. Θεῷ;
21 μὴ ὢν ἄνομος Θεοῦ ἀλλ' ἔννομος Χριστοῦ
10 5 οὐκ ἐν τ. πλείοσιν αὐτῶν ηὐδόκησεν ὁ Θεός
13 πιστὸς δὲ ὁ Θεός
20 ἃ θύουσιν τὰ ἔθνη δαιμονίοις κ. οὐ Θεῷ
θύουσιν
31 πάντα εἰς δόξαν Θεοῦ ποιεῖτε
32 ἀπρόσκοποι τ. Ἰουδαίοις γίνεσθε . . . κ. τ.
ἐκκλησίᾳ τ. Θεοῦ
11 3 κεφαλὴ δὲ τ. Χριστοῦ ὁ Θεός
7 εἰκὼν κ. δόξα Θεοῦ ὑπάρχων
12 τὰ δὲ πάντα ἐκ τ. Θεοῦ
13 γυναῖκα ἀκατακάλυπτον τ. Θεῷ προσεύ-
χεσθαι
16 οὐδὲ αἱ ἐκκλησίαι τ. Θεοῦ
22 ἢ τ. ἐκκλησίας τ. Θεοῦ καταφρονεῖτε
12 3 οὐδεὶς ἐν πνεύματι Θεοῦ λαλῶν

I Co 12 6 ὁ αὐτὸς Θεὸς ὁ ἐνεργῶν τὰ πάντα ἐν πᾶσιν
18 νυνὶ δὲ ὁ Θεὸς ἔθετο τὰ μέλη
24 ἀλλὰ ὁ Θεὸς συνεκέρασεν τὸ σῶμα
28 οὓς μὲν ἔθετο ὁ Θεὸς ἐν τ. ἐκκλησίᾳ πρῶ-
τον ἀποστόλους
14 2 οὐκ ἀνθρώποις λαλεῖ ἀλλὰ Θεῷ
18 εὐχαριστῶ τ. Θεῷ
25 πεσὼν ἐπὶ πρόσωπον προσκυνήσει τ. Θεῷ,
ἀπαγγέλλων ὅτι ὄντως ὁ Θεὸς ἐν ὑμῖν
ἐστίν
—ὁ, T
28 ἑαυτῷ δὲ λαλείτω κ. τ. Θεῷ
33 οὐ γάρ ἐστιν ἀκαταστασίας ὁ Θεός
36 ἢ ἀφ' ὑμῶν ὁ λόγος τ. Θεοῦ ἐξῆλθεν;
15 9 διότι ἐδίωξα τ. ἐκκλησίαν τ. Θεοῦ.
10 χάριτι δὲ Θεοῦ εἰμὶ ὅ εἰμι
10 οὐκ ἐγὼ δὲ ἀλλὰ ἡ χάρις τ. Θεοῦ σὺν ἐμοί
15 εὑρισκόμεθα δὲ κ. ψευδομάρτυρες τ. Θεοῦ,
ὅτι ἐμαρτυρήσαμεν κατὰ τ. Θεοῦ
24 [2] ὅταν παραδιδοῖ τ. βασιλείαν τ. Θεῷ κ. πατρί
28 ἵνα ᾖ ὁ Θεὸς πάντα ἐν πᾶσιν
34 ἀγνωσίαν γὰρ Θεοῦ τινὲς ἔχουσιν
38 ὁ δὲ Θεὸς δίδωσιν αὐτῷ σῶμα καθὼς
ἠθέλησεν
50 σὰρξ κ. αἷμα βασιλείαν Θεοῦ κληρονομῆσαι
οὐ δύναται
57 τ. δὲ Θεῷ χάρις τ. διδόντι ἡμῖν τὸ νῖκος
II Co 1 1 Παῦλος ἀπόστολος . . . διὰ θελήματος Θεοῦ
1 τ. ἐκκλησίᾳ τ. Θεοῦ τ. οὔσῃ ἐν Κορίνθῳ
2 [2] χάρις ὑμῖν κ. εἰρήνη ἀπὸ Θεοῦ πατρὸς
ἡμῶν
3 [2] εὐλογητὸς ὁ Θεὸς κ. πατὴρ τ. Κυρίου
ἡμῶν Ἰησοῦ Χριστοῦ,
ὁ . . . Θεὸς πάσης παρακλήσεως
4 ἧς παρακαλούμεθα αὐτοὶ ὑπὸ τ. Θεοῦ
9 πεποιθότες . . . ἐπὶ τ. Θεῷ τ. ἐγείροντι
τ. νεκρούς
12 ὅτι ἐν ἁγιότητι κ. εἰλικρινίᾳ τ. Θεοῦ,
οὐκ ἐν σοφίᾳ σαρκικῇ ἀλλ' ἐν χάριτι Θεοῦ
ἀνεστράφημεν
18 πιστὸς δὲ ὁ Θεός
19 ὁ τ. Θεοῦ γὰρ υἱὸς Χριστὸς Ἰησοῦς
20 ὅσαι γὰρ ἐπαγγελίαι Θεοῦ ἐν αὐτῷ τὸ ναί·
διὸ κ. δι' αὐτοῦ τὸ ἀμὴν τ. Θεῷ πρὸς
δόξαν δι' ἡμῶν.
21 ὁ δὲ βεβαιῶν ἡμᾶς σὺν ὑμῖν . . . Θεός
23 ἐγὼ δὲ μάρτυρα τ. Θεὸν ἐπικαλοῦμαι
2 14 τ. δὲ Θεῷ χάρις τῷ πάντοτε θριαμβεύοντι
ἡμᾶς ἐν τ. Χριστῷ
15 ὅτι Χριστοῦ εὐωδία ἐσμὲν τ. Θεῷ
17 ὡς οἱ πολλοὶ καπηλεύοντες τ. λόγον τ.
Θεοῦ,
ἀλλ' ὡς ἐξ εἰλικρινίας ἀλλ' ὡς ἐκ Θεοῦ
κατέναντι Θεοῦ ἐν Χριστῷ λαλοῦμεν
3 3 [5] ἐγγεγραμμένη οὐ μέλανι ἀλλὰ πνεύματι
Θεοῦ ζῶντος
4 πεποίθησιν δὲ τοιαύτην ἔχομεν . . . πρὸς
τ. Θεόν
5 ἡ ἱκανότης ἡμῶν ἐκ τ. Θεοῦ
4 2 μηδὲ δολοῦντες τ. λόγον τ. Θεοῦ,
ἀλλὰ . . . συνιστάνοντες ἑαυτοὺς πρὸς πᾶσαν
συνείδησιν ἀνθρώπων ἐνώπιον τ. Θεοῦ
4 ὁ θεὸς τ. αἰῶνος τούτου ἐτύφλωσεν τὰ νοή-
ματα τ. ἀπίστων
4 ὅς ἐστιν εἰκὼν τ. Θεοῦ
6 ὁ Θεὸς ὁ εἰπὼν Ἐκ σκότους φῶς λάμψει

II Co 4 6 πρὸς φωτισμὸν τ. γνώσεως τ. δόξης τ. Θεοῦ
7 ἵνα ἡ ὑπερβολὴ τ. δυνάμεως ᾖ τ. Θεοῦ
15 ἵνα ἡ χάρις . . . περισσεύσῃ εἰς τ. δόξαν τ. Θεοῦ
5 1 οἰκοδομὴν ἐκ Θεοῦ ἔχομεν
5 ὁ δὲ κατεργασάμενος ἡμᾶς εἰς αὐτὸ τοῦτο Θεός
11 Θεῷ δὲ πεφανερώμεθα
13 εἴτε γὰρ ἐξέστημεν Θεῷ
18 τὰ δὲ πάντα ἐκ τ. Θεοῦ
19 ὡς ὅτι Θεὸς ἦν ἐν Χριστῷ κόσμον καταλλάσσων ἑαυτῷ
20 ὡς τ. Θεοῦ παρακαλοῦντος δι' ἡμῶν· δεόμεθα ὑπὲρ Χριστοῦ καταλλάγητε τ. Θεῷ
21 ἵνα ἡμεῖς γενώμεθα δικαιοσύνη Θεοῦ ἐν αὐτῷ
6 1 μὴ εἰς κενὸν τ. χάριν τ. Θεοῦ δέξασθαι ὑμᾶς
4 ἐν παντὶ συνιστάνοντες ἑαυτοὺς ὡς Θεοῦ διάκονοι
7 ἐν δυνάμει Θεοῦ
16 τίς δὲ συνκατάθεσις ναῷ Θεοῦ μετὰ εἰδώλων; [5] ἡμεῖς γὰρ ναὸς Θεοῦ ἐσμὲν ζῶντος, καθὼς εἶπεν ὁ Θεός
16 ἔσομαι αὐτῶν Θεὸς κ. αὐτοὶ ἔσονταί μου λαός
הָיִיתִי לָכֶם לֵאלֹהִים וְאַתֶּם תִּהְיוּ־לִי לְעָם
Lev. xxvi. 12
7 1 ἐπιτελοῦντες ἁγιωσύνην ἐν φόβῳ Θεοῦ
6 παρεκάλεσεν ἡμᾶς ὁ Θεὸς ἐν τ. παρουσίᾳ Τίτου
9 [9] ἐλυπήθητε γὰρ κατὰ Θεόν
10 [9] ἡ γὰρ κατὰ Θεὸν λύπη μετάνοιαν . . . ἐργάζεται
11 [9] αὐτὸ τοῦτο τὸ κατὰ Θεὸν λυπηθῆναι
12 τ. σπουδὴν ὑμῶν τὴν ὑπὲρ ἡμῶν πρὸς ὑμᾶς ἐνώπιον τ. Θεοῦ
8 1 γνωρίζομεν δὲ ὑμῖν ἀδελφοὶ τ. χάριν τ. Θεοῦ
5 ἑαυτοὺς ἔδωκαν . . . ἡμῖν διὰ θελήματος Θεοῦ
16 χάρις δὲ τ. Θεῷ
9 7 ἱλαρὸν γὰρ δότην ἀγαπᾷ ὁ Θεός,
טוֹב עַיִן הוּא יְבֹרָךְ, Pr. xxii. 9
8 δυνατεῖ δὲ ὁ Θεὸς πᾶσαν χάριν περισσεῦσαι εἰς ὑμᾶς
11 ἥτις κατεργάζεται δι' ἡμῶν εὐχαριστίαν τ. Θεῷ
εὐχ. Θεοῦ, WH mg.
12 περισσεύουσα διὰ πολλῶν εὐχαριστιῶν τ. Θεῷ
13 δοξάζοντες τ. Θεὸν ἐπὶ τ. ὑποταγῇ τ. ὁμολογίας ὑμῶν
14 διὰ τ. ὑπερβάλλουσαν χάριν τ. Θεοῦ ἐφ' ὑμῖν.
15 χάρις τ. Θεῷ ἐπὶ τῇ ἀνεκδιηγήτῳ αὐτοῦ δωρεᾷ
10 4 δυνατὰ τ. Θεῷ πρὸς καθαίρεσιν ὀχυρωμάτων
5 πᾶν ὕψωμα ἐπαιρόμενον κατὰ τ. γνώσεως τ. Θεοῦ
13 οὗ ἐμέρισεν ἡμῖν ὁ Θεός
11 2 ζηλῶ γὰρ ὑμᾶς Θεοῦ ζήλῳ
7 ὅτι δωρεὰν τὸ τ. Θεοῦ εὐαγγέλιον εὐηγγελισάμην ὑμῖν
11 ὅτι οὐκ ἀγαπῶ ὑμᾶς; ὁ Θεὸς οἶδεν
31 [2] ὁ Θεὸς κ. πατὴρ τ. Κυρίου Ἰησοῦ οἶδεν
12 2 οὐκ οἶδα· ὁ Θεὸς οἶδεν
3 οὐκ οἶδα· ὁ Θεὸς οἶδεν
19 κατέναντι Θεοῦ ἐν Χριστῷ λαλοῦμεν
21 μὴ πάλιν ἐλθόντος μου ταπεινώσῃ με ὁ Θεός μου

II Co 13 4 ἀλλὰ ζῇ ἐκ δυνάμεως Θεοῦ
4 ζήσομεν σὺν αὐτῷ ἐκ δυνάμεως Θεοῦ εἰς ὑμᾶς
7 εὐχόμεθα δὲ πρὸς τ. Θεόν
11 ὁ Θεὸς τ. ἀγάπης κ. εἰρήνης ἔσται μεθ' ὑμῶν
13 ἡ ἀγάπη τ. Θεοῦ . . . μετὰ πάντων ὑμῶν
Ga 1 1 [2] Παῦλος ἀπόστολος . . . διὰ Ἰησοῦ Χριστοῦ κ. Θεοῦ πατρός
3 [2] χάρις ὑμῖν κ. εἰρήνη ἀπὸ Θεοῦ πατρός
4 [2] κατὰ τὸ θέλημα τ. Θεοῦ κ. πατρὸς ἡμῶν
10 ἄρτι γὰρ ἀνθρώπους πείθω ἢ τ. Θεόν;
13 καθ' ὑπερβολὴν ἐδίωκον τ. ἐκκλησίαν τ. Θεοῦ
15 ὅτε δὲ εὐδόκησεν ὁ Θεὸς ὁ ἀφορίσας με
—ὁ Θεὸς, T [WH]
20 ἰδοὺ ἐνώπιον τ. Θεοῦ ὅτι οὐ ψεύδομαι
24 ἐδόξαζον ἐν ἐμοὶ τ. Θεόν
2 6 πρόσωπον ὁ Θεὸς ἀνθρώπου οὐ λαμβάνει
19 διὰ νόμου νόμῳ ἀπέθανον ἵνα Θεῷ ζήσω
20 ἐν πίστει ζῶ τῇ τ. υἱοῦ τ. Θεοῦ
21 οὐκ ἀθετῶ τ. χάριν τ. Θεοῦ
3 6 καθὼς Ἀβραὰμ ἐπίστευσεν τ. Θεῷ
8 ὅτι ἐκ πίστεως δικαιοῖ τὰ ἔθνη ὁ Θεός
11 ἐν νόμῳ οὐδεὶς δικαιοῦται παρὰ τ. Θεῷ
17 διαθήκην προκεκυρωμένην ὑπὸ τ. Θεοῦ
18 τῷ δὲ Ἀβραὰμ δι' ἐπαγγελίας κεχάρισται ὁ Θεός
20 ὁ δὲ Θεὸς εἷς ἐστίν.
21 ὁ οὖν νόμος κατὰ τ. ἐπαγγελιῶν τ. Θεοῦ;
τ. Θεοῦ, [WH]
26 πάντες γὰρ υἱοὶ Θεοῦ ἐστέ
4 4 ἐξαπέστειλεν ὁ Θεὸς τ. υἱὸν αὐτοῦ
6 ἐξαπέστειλεν ὁ Θεὸς τὸ πνεῦμα τ. υἱοῦ αὐτοῦ
7 εἰ δὲ υἱός κ. κληρονόμος διὰ Θεοῦ.
8 ἀλλὰ τότε μὲν οὐκ εἰδότες Θεόν, [7] ἐδουλεύσατε τοῖς φύσει μὴ οὖσιν θεοῖς·
9 νῦν δὲ γνόντες Θεόν, μᾶλλον δὲ γνωσθέντες ὑπὸ Θεοῦ
14 ὡς ἄγγελον Θεοῦ ἐδέξασθέ με ὡς Χριστὸν Ἰησοῦν
5 21 οἱ τὰ τοιαῦτα πράσσοντες βασιλείαν Θεοῦ οὐ κληρονομήσουσιν
6 7 μὴ πλανᾶσθε Θεὸς οὐ μυκτηρίζεται
16 εἰρήνη ἐπ' αὐτοὺς . . . κ. ἐπὶ τὸν Ἰσραὴλ τ. Θεοῦ
Eph 1 1 Παῦλος ἀπόστολος . . . διὰ θελήματος Θεοῦ
2 [2] χάρις ὑμῖν κ. εἰρήνη ἀπὸ Θεοῦ πατρὸς ἡμῶν
3 [2] εὐλογητὸς ὁ Θεὸς κ. πατὴρ τ. Κυρίου ἡμῶν
17 ὁ Θεὸς τ. Κυρίου ἡμῶν Ἰησοῦ Χριστοῦ
2 4 ὁ δὲ Θεὸς πλούσιος ὢν ἐν ἐλέει
8 κ. τοῦτο οὐκ ἐξ ὑμῶν Θεοῦ τὸ δῶρον
10 οἷς προητοίμασεν ὁ Θεός
16 ἵνα . . . ἀποκαταλλάξῃ τ. ἀμφοτέρους ἐν ἑνὶ σώματι τ. Θεῷ
19 ἀλλὰ ἐστὲ συνπολῖται τ. ἁγίων κ. οἰκεῖοι τ. Θεοῦ
22 συνοικοδομεῖσθε εἰς κατοικητήριον τ. Θεοῦ ἐν πνεύματι
3 2 εἴγε ἠκούσατε τ. οἰκονομίαν τ. χάριτος τ. Θεοῦ
7 κατὰ τ. δωρεὰν τ. χάριτος τ. Θεοῦ
9 τίς ἡ οἰκονομία τ. μυστηρίου τ. ἀποκεκρυμμένου . . . ἐν τ. Θεῷ
10 ἡ πολυποίκιλος σοφία τ. Θεοῦ
19 ἵνα πληρωθῆτε εἰς πᾶν τὸ πλήρωμα τ. Θεοῦ
4 6 [2] εἷς Θεὸς κ. πατὴρ πάντων
13 εἰς τ. ἑνότητα . . . τ. ἐπιγνώσεως τ. υἱοῦ τ. Θεοῦ

Eph 4 18 ἀπηλλοτριωμένοι τ. ζωῆς τ. Θεοῦ
24 [9] τ. καινὸν ἄνθρωπον τὸν κατὰ Θεὸν κτισθέντα
30 μὴ λυπεῖτε τὸ πνεῦμα τὸ ἅγιον τ. Θεοῦ
32 καθὼς κ. ὁ Θεὸς ἐν Χριστῷ ἐχαρίσατο ὑμῖν.
5 *1* γίνεσθε οὖν μιμηταὶ τ. Θεοῦ
2 προσφορὰν κ. θυσίαν τ. Θεῷ
5 οὐκ ἔχει κληρονομίαν ἐν τ. βασιλείᾳ τ. Χριστοῦ κ. Θεοῦ
6 ἔρχεται ἡ ὀργὴ τ. Θεοῦ ἐπὶ τ. υἱοὺς τ. ἀπειθίας
20 [2] εὐχαριστοῦντες πάντοτε ὑπὲρ πάντων . . . τ. Θεῷ κ. πατρί
6 6 ποιοῦντες τὸ θέλημα τ. Θεοῦ ἐκ ψυχῆς
11 ἐνδύσασθε τ. πανοπλίαν τ. Θεοῦ
13 διὰ τοῦτο ἀναλάβετε τ. πανοπλίαν τ. Θεοῦ
17 τ. μάχαιραν τ. πνεύματος ὅ ἐστιν ῥῆμα Θεοῦ
23 [2] ἀγάπη μετὰ πίστεως ἀπὸ Θεοῦ πατρὸς
Phl 1 2 [2] χάρις ὑμῖν κ. εἰρήνη ἀπὸ Θεοῦ πατρὸς ἡμῶν
3 εὐχαριστῶ τ. Θεῷ μου ἐπὶ πάσῃ τ. μνείᾳ ὑμῶν
8 μάρτυς γάρ μου ὁ Θεός
11 εἰς δόξαν κ. ἔπαινον Θεοῦ
14 περισσοτέρως τολμᾶν ἀφόβως τ. λόγον τ. Θεοῦ λαλεῖν
28 ὑμῶν δὲ σωτηρίας κ. τοῦτο ἀπὸ Θεοῦ
2 6 ὃς ἐν μορφῇ Θεοῦ ὑπάρχων
οὐχ ἁρπαγμὸν ἡγήσατο τὸ εἶναι ἴσα Θεῷ
9 διὸ κ. ὁ Θεὸς αὐτὸν ὑπερύψωσεν
11 [2] Κύριος Ἰησοῦς Χριστὸς εἰς δόξαν Θεοῦ πατρός
13 Θεὸς γάρ ἐστιν ὁ ἐνεργῶν ἐν ὑμῖν κ. τὸ θέλειν κ. τὸ ἐνεργεῖν
15 τέκνα Θεοῦ ἄμωμα μέσον γενεᾶς σκολιᾶς
27 ἀλλὰ ὁ Θεὸς ἠλέησεν αὐτόν
3 3 οἱ πνεύματι Θεοῦ λατρεύοντες
9 τὴν ἐκ Θεοῦ δικαιοσύνην ἐπὶ τ. πίστει
14 διώκω εἰς τὸ βραβεῖον τῆς ἄνω κλήσεως τ. Θεοῦ
15 κ. τοῦτο ὁ Θεὸς ὑμῖν ἀποκαλύψει
19 ὧν ὁ Θεὸς ἡ κοιλία
4 6 τὰ αἰτήματα ὑμῶν γνωριζέσθω πρὸς τ. Θεόν·
7 κ. ἡ εἰρήνη τ. Θεοῦ ἡ ὑπερέχουσα πάντα νοῦν
9 ὁ Θεὸς τ. εἰρήνης ἔσται μεθ' ὑμῶν
18 θυσίαν δεκτὴν εὐάρεστον τ. Θεῷ.
19 ὁ δὲ Θεός μου πληρώσει πᾶσαν χρείαν ὑμῶν
20 [2] τ. δὲ Θεῷ κ. πατρὶ ἡμῶν ἡ δόξα
Col 1 1 Παῦλος ἀπόστολος . . . διὰ θελήματος Θεοῦ
2 [2] χάρις ὑμῖν κ. εἰρήνη ἀπὸ Θεοῦ πατρὸς ἡμῶν
3 [2] εὐχαριστοῦμεν τ. Θεῷ πατρὶ τ. Κυρίου ἡμῶν
6 ἐπέγνωτε τ. χάριν τ. Θεοῦ ἐν ἀληθείᾳ
10 αὐξανόμενοι τ. ἐπιγνώσει τ. Θεοῦ
12 [2] εὐχαριστοῦντες τ. Θεῷ πατρί
—Θεῷ, TWH non mg. R
15 ὅς ἐστιν εἰκὼν τ. Θεοῦ τ. ἀοράτου
25 κατὰ τ. οἰκονομίαν τ. Θεοῦ τ. δοθεῖσάν μοι εἰς ὑμᾶς,
πληρῶσαι τ. λόγον τ. Θεοῦ

Col 1 27 οἷς ἠθέλησεν ὁ Θεὸς γνωρίσαι
2 2 εἰς ἐπίγνωσιν τ. μυστηρίου τ. Θεοῦ Χριστοῦ
12 διὰ τ. πίστεως τ. ἐνεργείας τ. Θεοῦ
19 πᾶν τὸ σῶμα . . . αὔξει τ. αὔξησιν τ. Θεοῦ
3 1 οὗ ὁ Χριστός ἐστιν ἐν δεξιᾷ τ. Θεοῦ καθήμενος
3 ἡ ζωὴ ὑμῶν κέκρυπται σὺν τ. Χριστῷ ἐν τ. Θεῷ
6 δι' ἃ ἔρχεται ἡ ὀργὴ τ. Θεοῦ
12 ἐνδύσασθε οὖν ὡς ἐκλεκτοὶ τ. Θεοῦ
15 ὁ λόγος τ. Θεοῦ ἐνοικείτω ἐν ὑμῖν πλουσίως
Χριστοῦ, TWH non mg. R non mg.; Κυρίου, WH mg. R mg. alt.
16 ἐν χάριτι ᾄδοντες ἐν τ. καρδίαις ὑμῶν τ. Θεῷ
17 [2] εὐχαριστοῦντες τ. Θεῷ πατρὶ δι' αὐτοῦ
4 3 ἵνα ὁ Θεὸς ἀνοίξῃ ἡμῖν θύραν τ. λόγου
11 οὗτοι μόνοι συνεργοὶ εἰς τ. βασιλείαν τ. Θεοῦ
12 πεπληροφορημένοι ἐν παντὶ θελήματι τ. Θεοῦ
1 Th 1 1 [2] τ. ἐκκλησίᾳ Θεσσαλονικέων ἐν Θεῷ πατρί
2 εὐχαριστοῦμεν τ. Θεῷ πάντοτε
3 [2] ἔμπροσθεν τ. Θεοῦ κ. πατρὸς ἡμῶν
4 ἀδελφοὶ ἠγαπημένοι ὑπὸ τ. Θεοῦ
8 ἡ πίστις ὑμῶν ἡ πρὸς τ. Θεὸν ἐξελήλυθεν
9 πῶς ἐπεστρέψατε πρὸς τ. Θεὸν ἀπὸ τ. εἰδώλων,
[5] δουλεύειν Θεῷ ζῶντι κ. ἀληθινῷ
2 2 ἐπαρρησιασάμεθα ἐν τ. Θεῷ ἡμῶν λαλῆσαι πρὸς ὑμᾶς τὸ εὐαγγέλιον τ. Θεοῦ
4 καθὼς δεδοκιμάσμεθα ὑπὸ τ. Θεοῦ
4 οὐχ ὡς ἀνθρώποις ἀρέσκοντες ἀλλὰ Θεῷ
5 οὔτε ἐν προφάσει πλεονεξίας· Θεὸς μάρτυς
8 μεταδοῦναι ὑμῖν οὐ μόνον τὸ εὐαγγέλιον τ. Θεοῦ
9 ἐκηρύξαμεν εἰς ὑμᾶς τὸ εὐαγγέλιον τ. Θεοῦ.
10 ὑμεῖς μάρτυρες κ. ὁ Θεός
12 εἰς τὸ περιπατεῖν ὑμᾶς ἀξίως τ. Θεοῦ
13 κ. ἡμεῖς εὐχαριστοῦμεν τ. Θεῷ ἀδιαλείπτως, ὅτι παραλαβόντες λόγον ἀκοῆς παρ' ἡμῶν τ. Θεοῦ
13 ἀλλὰ καθὼς ἀληθῶς ἐστὶν λόγον Θεοῦ
14 μιμηταὶ ἐγενήθητε ἀδελφοὶ τ. ἐκκλησιῶν τ. Θεοῦ
15 κ. Θεῷ μὴ ἀρεσκόντων
3 2 ἐπέμψαμεν Τιμόθεον . . . διάκονον τ. Θεοῦ
τ. Θεοῦ, [WH]
9 τίνα γὰρ εὐχαριστίαν δυνάμεθα τ. Θεῷ ἀνταποδοῦναι
9 ᾗ χαίρομεν δι' ὑμᾶς ἔμπροσθεν τ. Θεοῦ ἡμῶν
11 [2] αὐτὸς δὲ ὁ Θεὸς κ. πατὴρ ἡμῶν
13 [2] ἔμπροσθεν τ. Θεοῦ κ. πατρὸς ἡμῶν
4 1 πῶς δεῖ ὑμᾶς περιπατεῖν κ. ἀρέσκειν Θεῷ
3 τοῦτο γάρ ἐστιν θέλημα τ. Θεοῦ
5 καθάπερ κ. τὰ ἔθνη τὰ μὴ εἰδότα τ. Θεόν
7 οὐ γὰρ ἐκάλεσεν ἡμᾶς ὁ Θεὸς ἐπὶ ἀκαθαρσίᾳ
8 οὐκ ἄνθρωπον ἀθετεῖ ἀλλὰ τ. Θεόν
14 οὕτως κ. ὁ Θεὸς τ. κοιμηθέντας διὰ τ. Ἰησοῦ ἄξει σὺν αὐτῷ

I Th 4 16 ἐν σάλπιγγι Θεοῦ καταβήσεται ἀπ' οὐρανοῦ
5 9 ὅτι οὐκ ἔθετο ἡμᾶς ὁ Θεὸς εἰς ὀργήν
ὁ Θεὸς ἡμ., WH mg.
18 τοῦτο γὰρ θέλημα Θεοῦ ἐν Χριστῷ Ἰησοῦ εἰς ὑμᾶς
23 αὐτὸς δὲ ὁ Θεὸς τ. εἰρήνης ἁγιάσαι ὑμᾶς
II Th 1 1 [2] τ. ἐκκλησίᾳ Θεσσαλονικέων ἐν Θεῷ πατρὶ ἡμῶν
2 [2] χάρις ὑμῖν κ. εἰρήνη ἀπὸ Θεοῦ πατρός
3 εὐχαριστεῖν ὀφείλομεν τ. Θεῷ πάντοτε
4 ὥστε . . . ἐν ὑμῖν ἐνκαυχᾶσθαι ἐν τ. ἐκκλησίαις τ. Θεοῦ
5 ἔνδειγμα τ. δικαίας κρίσεως τ. Θεοῦ,
εἰς τὸ καταξιωθῆναι ὑμᾶς τ. βασιλείας τ. Θεοῦ
6 εἴπερ δίκαιον παρὰ Θεῷ ἀνταποδοῦναι . . . θλίψιν
8 διδόντος ἐκδίκησιν τοῖς μὴ εἰδόσι Θεόν
11 ἵνα ὑμᾶς ἀξιώσῃ τ. κλήσεως ὁ Θεὸς ἡμῶν
12 κατὰ τ. χάριν τ. Θεοῦ ἡμῶν
2 4 ὑπεραιρόμενος ἐπὶ πάντα λεγόμενον Θεὸν ἢ σέβασμα,
ὥστε αὐτὸν εἰς τ. ναὸν τ. Θεοῦ καθίσαι,
ἀποδεικνύντα ἑαυτὸν ὅτι ἐστὶν Θεός
11 διὰ τοῦτο πέμπει αὐτοῖς ὁ Θεὸς ἐνέργειαν πλάνης
13 ὀφείλομεν εὐχαριστεῖν τ. Θεῷ πάντοτε
13 ὅτι εἵλατο ὑμᾶς ὁ Θεὸς ἀπ' ἀρχῆς εἰς σωτηρίαν
16 [2] ὁ Θεὸς ὁ πατὴρ ἡμῶν ὁ ἀγαπήσας ἡμᾶς
3 5 κατευθύναι ὑμῶν τ. καρδίας εἰς τ. ἀγάπην τ. Θεοῦ
I Ti 1 1 [10] κατ' ἐπιταγὴν Θεοῦ σωτῆρος ἡμῶν
2 [2] χάρις ἔλεος εἰρήνη ἀπὸ Θεοῦ πατρός
4 αἵτινες ἐκζητήσεις παρέχουσι μᾶλλον ἢ οἰκονομίαν Θεοῦ
11 κατὰ τὸ εὐαγγέλιον τ. δόξης τ. μακαρίου Θεοῦ
17 [5] τ. δὲ βασιλεῖ τ. αἰώνων . . . μόνῳ Θεῷ τιμὴ κ. δόξα
2 3 [10] τοῦτο καλὸν . . . ἐνώπιον τ. σωτῆρος ἡμῶν Θεοῦ
5 εἷς γὰρ Θεὸς εἷς κ. μεσίτης Θεοῦ κ. ἀνθρώπων
3 5 πῶς ἐκκλησίας Θεοῦ ἐπιμελήσεται;
15 πῶς δεῖ ἐν οἴκῳ Θεοῦ ἀναστρέφεσθαι,
[5] ἥτις ἐστὶν ἐκκλησία Θεοῦ ζῶντος
16 Θεὸς ἐφανερώθη ἐν σαρκί
ὅς, TWHR non mg.; ὅ, R mg. alt.
4 3 ἃ ὁ Θεὸς ἔκτισεν εἰς μετάλημψιν μετὰ εὐχαριστίας
4 πᾶν κτίσμα Θεοῦ καλόν
5 ἁγιάζεται γὰρ διὰ λόγου Θεοῦ κ. ἐντεύξεως
10 [5] ὅτι ἠλπίκαμεν ἐπὶ Θεῷ ζῶντι
5 4 τοῦτο γάρ ἐστιν ἀπόδεκτον ἐνώπιον τ. Θεοῦ.
5 ἡ δὲ ὄντως χήρα . . . ἤλπικεν ἐπὶ τ. Θεόν
ἐπὶ Κύριον, WH mg.;—τὸν, T [WH] R
21 διαμαρτύρομαι ἐνώπιον τοῦ Θεοῦ
6 1 ἵνα μὴ τὸ ὄνομα τ. Θεοῦ . . . βλασφημῆται
11 σὺ δὲ ὦ ἄνθρωπε Θεοῦ ταῦτα φεῦγε
τοῦ Θεοῦ, WH mg.
13 παραγγέλλω σοι ἐνώπιον τ. Θεοῦ τ. ζωογονοῦντος τὰ πάντα
—τοῦ, T
I Ti 6 17 μηδὲ ἠλπικέναι ἐπὶ πλούτου ἀδηλότητι ἀλλ' ἐπὶ Θεῷ
ἐπὶ τ. Θεῷ, WH mg.
II Ti 1 1 Παῦλος ἀπόστολος . . . διὰ θελήματος Θεοῦ
2 [2] χάρις ἔλεος εἰρήνη ἀπὸ Θεοῦ πατρός
3 χάριν ἔχω τ. Θεῷ ᾧ λατρεύω
6 ἀναμιμνήσκω σε ἀναζωπυρεῖν τὸ χάρισμα τ. Θεοῦ
7 οὐ γὰρ ἔδωκεν ἡμῖν ὁ Θεὸς πνεῦμα δειλίας
8 συνκακοπάθησον τ. εὐαγγελίῳ κατὰ δύναμιν Θεοῦ
2 9 ἀλλὰ ὁ λόγος τ. Θεοῦ οὐ δέδεται
14 διαμαρτυρόμενος ἐνώπιον τ. Θεοῦ μὴ λογομαχεῖν
τ. Κυρίου, WH mg. R non mg.
15 σπούδασον σεαυτὸν δόκιμον παραστῆσαι τ. Θεῷ
19 ὁ μέντοι στερεὸς θεμέλιος τ. Θεοῦ ἕστηκεν
25 μήποτε δῴη αὐτοῖς ὁ Θεὸς μετάνοιαν
3 17 ἵνα ἄρτιος ᾖ ὁ τ. Θεοῦ ἄνθρωπος
4 1 διαμαρτύρομαι ἐνώπιον τοῦ Θεοῦ
Tit 1 1 Παῦλος δοῦλος Θεοῦ
1 κατὰ πίστιν ἐκλεκτῶν Θεοῦ
2 ἣν ἐπηγγείλατο ὁ ἀψευδὴς Θεὸς πρὸ χρόνων αἰωνίων
3 [10] κατ' ἐπιταγὴν τ. σωτῆρος ἡμῶν Θεοῦ
4 [2] χάρις κ. εἰρήνη ἀπὸ Θεοῦ πατρός
7 ἀνέγκλητον εἶναι ὡς Θεοῦ οἰκονόμον
16 Θεὸν ὁμολογοῦσιν εἰδέναι
2 5 ἵνα μὴ ὁ λόγος τ. Θεοῦ βλασφημῆται
10 [10] ἵνα τ. διδασκαλίαν τὴν τ. σωτῆρος ἡμῶν Θεοῦ κοσμῶσιν
11 ἐπεφάνη γὰρ ἡ χάρις τ. Θεοῦ
13 προσδεχόμενοι τὴν . . . ἐπιφάνειαν τ. δόξης τ. μεγάλου Θεοῦ
3 4 [10] ὅτε δὲ ἡ χρηστότης . . . ἐπεφάνη τ. σωτῆρος ἡμῶν Θεοῦ
8 ἵνα φροντίζωσιν καλῶν ἔργων προΐστασθαι οἱ πεπιστευκότες Θεῷ
Phm 3 [2] χάρις ὑμῖν κ. εἰρήνη ἀπὸ Θεοῦ πατρὸς ἡμῶν
4 εὐχαριστῶ τ. Θεῷ μου
He 1 1 πάλαι ὁ Θεὸς λαλήσας τ. πατράσιν
6 προσκυνησάτωσαν αὐτῷ πάντες ἄγγελοι Θεοῦ
הִשְׁתַּחֲווּ־לוֹ כָּל־אֱלֹהִים, Ps. xcvii. 7
8 [6] ὁ θρόνος σου ὁ Θεὸς εἰς τ. αἰῶνα τ. αἰῶνος
כִּסְאֲךָ אֱלֹהִים עוֹלָם וָעֶד, Ps. xlv. 7
9 διὰ τοῦτο ἔχρισέν σε ὁ Θεὸς ὁ Θεός σου
עַל־כֵּן מְשָׁחֲךָ אֱלֹהִים אֱלֹהֶיךָ, *ib.* 8
2 4 συνεπιμαρτυροῦντος τ. Θεοῦ σημείοις τε κ. τέρασιν
9 ὅπως χάριτι Θεοῦ ὑπὲρ παντὸς γεύσηται θανάτου
13 ἐγὼ κ. τὰ παιδία ἅ μοι ἔδωκεν ὁ Θεός
אָנֹכִי וְהַיְלָדִים אֲשֶׁר נָתַן־לִי יְהוָה, Is. viii. 18
17 [4] πιστὸς ἀρχιερεὺς τὰ πρὸς τ. Θεόν
3 4 ὁ δὲ πάντα κατασκευάσας Θεός
12 [5] ἐν τῷ ἀποστῆναι ἀπὸ Θεοῦ ζῶντος
4 4 κ. κατέπαυσεν ὁ Θεὸς ἐν τ. ἡμέρᾳ τ. ἑβδόμῃ

וַיִּשְׁבֹּת בַּיּוֹם הַשְּׁבִיעִי, Gen. ii. 2

He 4 9 ἄρα ἀπολείπεται σαββατισμὸς τ. λαῷ τ. Θεοῦ
10 ὥσπερ ἀπὸ τ. ἰδίων ὁ Θεός
12 ζῶν γὰρ ὁ λόγος τ. Θεοῦ
14 ἀρχιερέα μέγαν . . . Ἰησοῦν τ. υἱὸν τ. Θεοῦ
5 1 [4] ὑπὲρ ἀνθρώπων καθίσταται τὰ πρὸς τ. Θεόν
4 ἀλλὰ καλούμενος ὑπὸ τ. Θεοῦ
10 προσαγορευθεὶς ὑπὸ τ. Θεοῦ ἀρχιερεύς
12 τινὰ τὰ στοιχεῖα τ. ἀρχῆς τ. λογίων τ. Θεοῦ
6 1 θεμέλιον καταβαλλόμενοι . . . πίστεως ἐπὶ Θεόν
3 κ. τοῦτο ποιήσομεν ἐάνπερ ἐπιτρέπῃ ὁ Θεός
5 καλὸν γευσαμένους Θεοῦ ῥῆμα
6 ἀνασταυροῦντας ἑαυτοῖς τ. υἱὸν τ. Θεοῦ
7 γῆ γὰρ . . . μεταλαμβάνει εὐλογίας ἀπὸ τ. Θεοῦ
10 οὐ γὰρ ἄδικος ὁ Θεὸς ἐπιλαθέσθαι τ. ἔργου ὑμῶν
13 τῷ γὰρ Ἀβραὰμ ἐπαγγειλάμενος ὁ Θεός
17 περισσότερον βουλόμενος ὁ Θεὸς ἐπιδεῖξαι τ. κληρονόμοις
18 ἐν οἷς ἀδύνατον ψεύσασθαι Θεόν
τὸν Θεόν, TWH mg.
7 1 ἱερεὺς τ. Θεοῦ τ. ὑψίστου
3 ἀφωμοιωμένος δὲ τ. υἱῷ τ. Θεοῦ
19 δι' ἧς ἐγγίζομεν τ. Θεῷ
25 σώζειν . . . δύναται τ. προσερχομένους δι' αὐτοῦ τ. Θεῷ
8 10 ἔσομαι αὐτοῖς εἰς Θεόν
הָיִיתִי לָהֶם לֵאלֹהִים, Jer. xxxi. 33
9 14 ἑαυτὸν προσήνεγκεν ἄμωμον τ. Θεῷ
14 [5] εἰς τὸ λατρεύειν Θεῷ ζῶντι
20 τὸ αἷμα τ. διαθήκης ἧς ἐνετείλατο πρὸς ὑμᾶς ὁ Θεός
דַּם־הַבְּרִית אֲשֶׁר כָּרַת יְהוָה עִמָּכֶם, Ex. xxiv. 8
24 νῦν ἐμφανισθῆναι τ. προσώπῳ τ. Θεοῦ ὑπὲρ ἡμῶν
10 7 [6] τοῦ ποιῆσαι ὁ Θεὸς τὸ θέλημά σου
לַעֲשׂוֹת רְצוֹנְךָ אֱלֹהַי, Ps. xl. 9
12 ἐκάθισεν ἐν δεξιᾷ τ. Θεοῦ
21 ἱερέα μέγαν ἐπὶ τ. οἶκον τ. Θεοῦ
29 ὁ τ. υἱὸν τ. Θεοῦ καταπατήσας
31 [5] φοβερὸν τὸ ἐμπεσεῖν εἰς χεῖρας Θεοῦ ζῶντος
36 ἵνα τὸ θέλημα τ. Θεοῦ ποιήσαντες κομίσησθε
11 3 πίστει νοοῦμεν κατηρτίσθαι τ. αἰῶνας ῥήματι Θεοῦ
4 πίστει πλείονα θυσίαν Ἄβελ παρὰ Καὶν προσήνεγκεν τ. Θεῷ
4 μαρτυροῦντος ἐπὶ τ. δώροις αὐτοῦ τ. Θεοῦ
5 οὐχ ηὑρίσκετο διότι μετέθηκεν αὐτὸν ὁ Θεός
אֵינֶנּוּ כִּי־לָקַח אֹתוֹ אֱלֹהִים, Gen. v. 24
5 μεμαρτύρηται εὐαρεστηκέναι τ. Θεῷ
6 πιστεῦσαι γὰρ δεῖ τ. προσερχόμενον τ. Θεῷ
—τῷ, T [WH]
10 ἧς τεχνίτης κ. δημιουργὸς ὁ Θεός

He 11 16 οὐκ ἐπαισχύνεται αὐτοὺς ὁ Θεὸς Θεὸς ἐπικαλεῖσθαι αὐτῶν
19 κ. ἐκ νεκρῶν ἐγείρειν δυνατὸς ὁ Θεός
25 μᾶλλον ἑλόμενος συνκακουχεῖσθαι τ. λαῷ τ. Θεοῦ
40 τ. Θεοῦ περὶ ἡμῶν κρεῖττόν τι προβλεψαμένου
12 2 ἐν δεξιᾷ τε τ. θρόνου τ. Θεοῦ κεκάθικεν
7 ὡς υἱοῖς ὑμῖν προσφέρεται ὁ Θεός
15 μή τις ὑστερῶν ἀπὸ τ. χάριτος τ. Θεοῦ
22 [5] προσεληλύθατε . . . πόλει Θεοῦ ζῶντος
23 κ. κριτῇ Θεῷ πάντων
28 δι' ἧς λατρεύωμεν εὐαρέστως τ. Θεῷ
29 κ. γὰρ ὁ Θεὸς ἡμῶν πῦρ καταναλίσκον
כִּי יְהוָה אֱלֹהֶיךָ אֵשׁ אֹכְלָה הוּא, Dt. iv. 24
13 4 πόρνους γὰρ κ. μοιχοὺς κρινεῖ ὁ Θεός
7 οἵτινες ἐλάλησαν ὑμῖν τ. λόγον τ. Θεοῦ
15 ἀναφέρωμεν θυσίαν αἰνέσεως διὰ παντὸς τ. Θεῷ
16 τοιαύταις γὰρ θυσίαις εὐαρεστεῖται ὁ Θεός
20 ὁ δὲ Θεὸς τ. εἰρήνης . . . καταρτίσαι ὑμᾶς
Ja 1 1 Ἰάκωβος Θεοῦ κ. Κυρίου Ἰησοῦ Χριστοῦ δοῦλος
5 αἰτείτω παρὰ τ. διδόντος Θεοῦ πᾶσιν ἁπλῶς
13 μηδεὶς πειραζόμενος λεγέτω ὅτι Ἀπὸ Θεοῦ πειράζομαι·
ὁ γὰρ Θεὸς ἀπείραστός ἐστιν κακῶν
20 ὀργὴ γὰρ ἀνδρὸς δικαιοσύνην Θεοῦ οὐκ ἐργάζεται
27 θρησκεία καθαρὰ κ. ἀμίαντος παρὰ τ. θεῷ
—τῷ, T
2 5 οὐχ ὁ Θεὸς ἐξελέξατο τ. πτωχοὺς τ. κόσμῳ
19 σὺ πιστεύεις ὅτι εἷς Θεὸς ἔστιν;
εἷς ἐστ. ὁ Θεός, TR non mg.; εἷς ὁ Θ. ἐστ., WH mg.
23 ἐπίστευσεν δὲ Ἀβραὰμ τ. Θεῷ
הֶאֱמִן בַּיהוָה, Gen. xv. 6
23 φίλος Θεοῦ ἐκλήθη
3 9 τ. ἀνθρώπους τοὺς καθ' ὁμοίωσιν Θεοῦ γεγονότας
4 4 ἡ φιλία τ. κόσμου ἔχθρα τ. Θεοῦ ἐστίν
ἔχ. ἐστὶν τ. Θεῷ, T
4 ἐχθρὸς τ. Θεοῦ καθίσταται
6 ὁ Θεὸς ὑπερηφάνοις ἀντιτάσσεται
אִם־לַלֵּצִים הוּא־יָלִיץ, Pr. iii. 34
7 ὑποτάγητε οὖν τ. Θεῷ
8 ἐγγίσατε τ. Θεῷ κ. ἐγγιεῖ ὑμῖν
1 Pe 1 2 [2] κατὰ πρόγνωσιν Θεοῦ πατρός
3 [2] εὐλογητὸς ὁ Θεὸς κ. πατὴρ τ. Κυρίου ἡμῶν Ἰησοῦ Χριστοῦ
5 τοὺς ἐν δυνάμει Θεοῦ φρουρουμένους διὰ πίστεως
21 τοὺς δι' αὐτοῦ πιστοὺς εἰς Θεόν
21 ὥστε τ. πίστιν ὑμῶν κ. ἐλπίδα εἶναι εἰς Θεόν
23 [5] διὰ λόγου ζῶντος Θεοῦ κ. μένοντος
2 4 παρὰ δὲ Θεῷ ἐκλεκτὸν ἔντιμον
5 πνευματικὰς θυσίας εὐπροσδέκτους Θεῷ διὰ Ἰησοῦ Χριστοῦ
10 οἵ ποτε οὐ λαὸς νῦν δὲ λαὸς Θεοῦ
12 ἵνα . . . δοξάσωσιν τ. Θεὸν ἐν ἡμέρᾳ ἐπισκοπῆς
15 ὅτι οὕτως ἐστὶν τὸ θέλημα τ. Θεοῦ
16 ἀλλ' ὡς Θεοῦ δοῦλοι

I Pe 2 17 τ. Θεὸν φοβεῖσθε
19 εἰ διὰ συνείδησιν Θεοῦ ὑποφέρει τις λύπας
20 τοῦτο χάρις παρὰ Θεῷ
3 4 ὅ ἐστιν ἐνώπιον τ. Θεοῦ πολυτελές
5 αἱ ἅγιαι γυναῖκες αἱ ἐλπίζουσαι εἰς Θεόν
17 εἰ θέλοι τὸ θέλημα τ. Θεοῦ
18 ἵνα ἡμᾶς προσαγάγῃ τ. Θεῷ
20 ὅτε ἀπεξεδέχετο ἡ τ. Θεοῦ μακροθυμία
21 συνειδήσεως ἀγαθῆς ἐπερώτημα εἰς Θεόν
22 ὅς ἐστιν ἐν δεξιᾷ Θεοῦ
4 2 θελήματι Θεοῦ τ. ἐπίλοιπον ἐν σαρκὶ βιῶσαι χρόνον
6 [2] ζῶσιν δὲ κατὰ Θεὸν πνεύματι
10 ὡς καλοὶ οἰκονόμοι ποικίλης χάριτος Θεοῦ·
11 εἴ τις λαλεῖ ὡς λόγια Θεοῦ·
εἴ τις διακονεῖ ὡς ἐξ ἰσχύος ἧς χορηγεῖ ὁ Θεός·
ἵνα ἐν πᾶσιν δοξάζηται ὁ Θεὸς διὰ Ἰησοῦ Χριστοῦ
14 τὸ τ. Θεοῦ πνεῦμα ἐφ' ὑμᾶς ἀναπαύεται
16 δοξαζέτω δὲ τ. Θεὸν ἐν τ. ὀνόματι τούτῳ
17 ὁ καιρὸς τοῦ ἄρξασθαι τὸ κρίμα ἀπὸ τ. οἴκου τ. Θεοῦ
17 τί τὸ τέλος τ. ἀπειθούντων τῷ τ. Θεοῦ εὐαγγελίῳ
19 ὥστε κ. οἱ πάσχοντες κατὰ τὸ θέλημα τ. Θεοῦ
5 2 ποιμάνατε τὸ ἐν ὑμῖν ποίμνιον τ. Θεοῦ,
[2] μὴ ἀναγκαστῶς ἀλλὰ ἑκουσίως κατὰ Θεόν
—κατὰ Θεὸν, WHR mg.
5 ὅτι ὁ Θεὸς ὑπερηφάνοις ἀντιτάσσεται, Pr. *l.c.*
6 ταπεινώθητε οὖν ὑπὸ τ. κραταιὰν χεῖρα τ. Θεοῦ
10 ὁ δὲ Θεὸς πάσης χάριτος . . . αὐτὸς καταρτίσει
12 ἐπιμαρτυρῶν ταύτην εἶναι ἀληθῆ χάριν τ. Θεοῦ
II Pe 1 1 τοῖς ἰσότιμον ἡμῖν λαχοῦσιν πίστιν ἐν δικαιοσύνῃ τ. Θεοῦ ἡμῶν
2 εἰρήνη πληθυνθείη ἐν ἐπιγνώσει τ. Θεοῦ
17 [2] λαβὼν γὰρ παρὰ Θεοῦ πατρὸς τιμὴν κ. δόξαν
21 ὑπὸ πνεύματος ἁγίου φερόμενοι ἐλάλησαν ἀπὸ Θεοῦ ἄνθρωποι
2 4 εἰ γὰρ ὁ Θεὸς ἀγγέλων ἁμαρτησάντων οὐκ ἐφείσατο
3 5 οὐρανοὶ ἦσαν ἔκπαλαι . . . τῷ τ. Θεοῦ λόγῳ
12 σπεύδοντας τ. παρρησίαν τῆς τ. Θεοῦ ἡμέρας
I Jo 1 5 ὁ Θεὸς φῶς ἐστίν
2 5 ἐν τούτῳ ἡ ἀγάπη τ. Θεοῦ τετελείωται
14 ὁ λόγος τ. Θεοῦ ἐν ὑμῖν μένει
τ. Θεοῦ, [WH]
17 ὁ δὲ ποιῶν τὸ θέλημα τ. Θεοῦ μένει εἰς τ. αἰῶνα
3 1 ἵνα τέκνα Θεοῦ κληθῶμεν κ. ἐσμέν
2 ἀγαπητοὶ νῦν τέκνα Θεοῦ ἐσμέν
8 εἰς τοῦτο ἐφανερώθη ὁ υἱὸς τ. Θεοῦ
9 πᾶς ὁ γεγεννημένος ἐκ τ. Θεοῦ
9 οὐ δύναται ἁμαρτάνειν ὅτι ἐκ τ. Θεοῦ γεγέννηται.
10 ἐν τούτῳ φανερά ἐστιν τὰ τέκνα τ. Θεοῦ
10 πᾶς ὁ μὴ ποιῶν δικαιοσύνην οὐκ ἔστιν ἐκ τ. Θεοῦ
17 πῶς ἡ ἀγάπη τ. Θεοῦ μένει ἐν αὐτῷ;
20 μείζων ἐστὶν ὁ Θεὸς τ. καρδίας ἡμῶν

I Jo 3 21 παρρησίαν ἔχομεν πρὸς τ. Θεόν
4 1 δοκιμάζετε τὰ πνεύματα εἰ ἐκ τ. Θεοῦ ἐστίν
2 ἐν τούτῳ γινώσκετε τὸ πνεῦμα τ. Θεοῦ·
πᾶν πνεῦμα ὃ ὁμολογεῖ Ἰησοῦν Χριστὸν . . . ἐκ τ. Θεοῦ ἐστίν.
3 κ. πᾶν πνεῦμα ὃ μὴ ὁμολογεῖ τ. Ἰησοῦν ἐκ τ. Θεοῦ οὐκ ἔστίν
4 ὑμεῖς ἐκ τ. Θεοῦ ἐστε τεκνία
6 ἡμεῖς ἐκ τ. Θεοῦ ἐσμέν·
ὁ γινώσκων τ. Θεὸν ἀκούει ἡμῶν·
ὃς οὐκ ἔστιν ἐκ τ. Θεοῦ οὐκ ἀκούει ἡμῶν
7 ἡ ἀγάπη ἐκ τ. Θεοῦ ἐστίν,
κ. πᾶς ὁ ἀγαπῶν ἐκ τ. Θεοῦ γεγέννηται,
κ. γινώσκει τ. Θεόν.
8 ὁ μὴ ἀγαπῶν οὐκ ἔγνω τ. Θεόν,
ὅτι ὁ Θεὸς ἀγάπη ἐστίν.
9 ἐν τούτῳ ἐφανερώθη ἡ ἀγάπη τ. Θεοῦ ἐν ἡμῖν,
ὅτι τ. υἱὸν αὐτοῦ τ. μονογενῆ ἀπέσταλκεν ὁ Θεός
10 οὐχ ὅτι ἡμεῖς ἠγαπήκαμεν τ. Θεόν
11 εἰ οὕτως ὁ Θεὸς ἠγάπησεν ἡμᾶς
12 Θεὸν οὐδεὶς πώποτε τεθέαται·
ἐὰν ἀγαπῶμεν ἀλλήλους ὁ Θεὸς ἐν ἡμῖν μένει
15 ὃς ἐὰν ὁμολογήσῃ ὅτι Ἰησοῦς Χριστός ἐστιν ὁ υἱὸς τ. Θεοῦ,
ὁ Θεὸς ἐν αὐτῷ μένει κ. αὐτὸς ἐν τ. Θεῷ
16 πεπιστεύκαμεν τ. ἀγάπην ἣν ἔχει ὁ Θεὸς ἐν ἡμῖν.
ὁ Θεὸς ἀγάπη ἐστίν,
κ. ὁ μένων ἐν τ. ἀγάπῃ ἐν τ. Θεῷ μένει,
κ. ὁ Θεὸς ἐν αὐτῷ μένει
20 ἐάν τις εἴπῃ ὅτι Ἀγαπῶ τ. Θεόν
20 τ. Θεὸν ὃν οὐχ ἑώρακεν οὐ δύναται ἀγαπᾶν
21 ἵνα ὁ ἀγαπῶν τ. Θεὸν ἀγαπᾷ κ. τ. ἀδελφὸν αὐτοῦ.
5 *1* πᾶς ὁ πιστεύων . . . ἐκ τ. Θεοῦ γεγέννηται
2 γινώσκομεν ὅτι ἀγαπῶμεν τὰ τέκνα τ. Θεοῦ,
ὅταν τ. Θεὸν ἀγαπῶμεν
3 αὕτη γάρ ἐστιν ἡ ἀγάπη τ. Θεοῦ
4 πᾶν τὸ γεγεννημένον ἐκ τ. Θεοῦ νικᾷ τ. κόσμον
5 εἰ μὴ ὁ πιστεύων ὅτι Ἰησοῦς ἐστιν ὁ υἱὸς τ. Θεοῦ
9 ἡ μαρτυρία τ. Θεοῦ μείζων ἐστίν·
ὅτι αὕτη ἐστὶν ἡ μαρτυρία τ. Θεοῦ
10 ὁ πιστεύων εἰς τ. υἱὸν τ. Θεοῦ ἔχει τ. μαρτυρίαν
10 ὁ μὴ πιστεύων τ. Θεῷ ψεύστην πεποίηκεν αὐτόν
10 ἣν μεμαρτύρηκεν ὁ Θεὸς περὶ τ. υἱοῦ αὐτοῦ
11 ὅτι ζωὴν αἰώνιον ἔδωκεν ὁ Θεὸς ἡμῖν
ἡμ. ὁ Θεός, T
12 ὁ μὴ ἔχων τ. υἱὸν τ. Θεοῦ
13 τ. πιστεύουσιν εἰς τὸ ὄνομα τ. υἱοῦ τ. Θεοῦ
18 πᾶς ὁ γεγεννημένος ἐκ τ. Θεοῦ οὐχ ἁμαρτάνει·
ἀλλ' ὁ γεννηθεὶς ἐκ τ. Θεοῦ τηρεῖ αὐτόν
19 οἴδαμεν ὅτι ἐκ τ. Θεοῦ ἐσμέν
20 οἴδαμεν δὲ ὅτι ὁ υἱὸς τ. Θεοῦ ἥκει
20 οὗτός ἐστιν ὁ ἀληθινὸς Θεός
II Jo 3 [2] χάρις ἔλεος εἰρήνη παρὰ Θεοῦ πατρός
9 πᾶς ὁ προάγων . . . Θεὸν οὐκ ἔχει
III Jo 6 οὓς καλῶς ποιήσεις προπέμψας ἀξίως τ. Θεοῦ

III Jo 11 ὁ ἀγαθοποιῶν ἐκ τ. Θεοῦ ἐστιν·
ὁ κακοποιῶν οὐχ ἑώρακεν τ. Θεόν
Ju 1 [2] Ἰούδας . . . τοῖς ἐν Θεῷ πατρὶ ἠγαπημένοις
4 τὴν τ. Θεοῦ ἡμῶν χάριτα μετατιθέντες εἰς ἀσέλγειαν
21 ἑαυτοὺς ἐν ἀγάπῃ Θεοῦ τηρήσατε
25 [5 10] μόνῳ Θεῷ σωτῆρι ἡμῶν . . . δόξα μεγαλωσύνη
Re 1 1 ἀποκάλυψις Ἰησοῦ Χριστοῦ ἣν ἔδωκεν αὐτῷ ὁ Θεός
2 ὃς ἐμαρτύρησεν τ. λόγον τ. Θεοῦ
6 [2] ἐποίησεν ἡμᾶς βασιλείαν ἱερεῖς τ. Θεῷ κ. πατρὶ αὐτοῦ
8 [1] λέγει Κύριος ὁ Θεός
9 ἐγενόμην ἐν τῇ νήσῳ . . . διὰ τ. λόγον τ. Θεοῦ
2 7 ὅ ἐστιν ἐν τ. παραδείσῳ τ. Θεοῦ
+ μου, WH mg.
18 τάδε λέγει ὁ υἱὸς τ. Θεοῦ
3 1 τάδε λέγει ὁ ἔχων τὰ ἑπτὰ πνεύματα τ. Θεοῦ
2 οὐ γὰρ εὕρηκά σου ἔργα πεπληρωμένα ἐνώπιον τ. Θεοῦ μου
12 ποιήσω αὐτὸν στύλον ἐν τ. ναῷ τ. Θεοῦ μου
12 γράψω ἐπ' αὐτὸν τὸ ὄνομα τ. Θεοῦ μου, κ. τὸ ὄνομα τ. πόλεως τ. Θεοῦ μου
12 ἡ καταβαίνουσα ἐκ τ. οὐρανοῦ ἀπὸ τ. Θεοῦ μου
14 ἡ ἀρχὴ τ. κτίσεως τ. Θεοῦ
4 5 ἅ εἰσιν τὰ ἑπτὰ πνεύματα τ. Θεοῦ
8 [1] ἅγιος Κύριος ὁ Θεὸς ὁ παντοκράτωρ
11 [1 6] ἄξιος εἶ ὁ Κύριος κ. ὁ Θεὸς ἡμῶν
5 6 οἵ εἰσιν τὰ ἑπτὰ πνεύματα τ. Θεοῦ
9 ἠγόρασας τ. Θεῷ ἐν τ. αἵματί σου
10 ἐποίησας αὐτοὺς τ. Θεῷ ἡμῶν βασιλείαν κ. ἱερεῖς
6 9 τ. ψυχὰς τ. ἐσφαγμένων διὰ τ. λόγον τ. Θεοῦ
7 2 [5] ἔχοντα σφραγῖδα Θεοῦ ζῶντος
3 ἄχρι σφραγίσωμεν τ. δούλους τ. Θεοῦ ἡμῶν
10 ἡ σωτηρία τ. Θεῷ ἡμῶν τ. καθημένῳ ἐπὶ τ. θρόνῳ
11 προσεκύνησαν τ. Θεῷ λέγοντες
12 ἡ δύναμις κ. ἡ ἰσχὺς τ. Θεῷ ἡμῶν
15 διὰ τοῦτό εἰσιν ἐνώπιον τ. θρόνου τ. Θεοῦ
17 ἐξαλείψει ὁ Θεὸς πᾶν δάκρυον ἐκ τ. ὀφθαλμῶν αὐτῶν
8 2 οἳ ἐνώπιον τ. Θεοῦ ἑστήκασιν
4 ἐκ χειρὸς τ. ἀγγέλου ἐνώπιον τ. Θεοῦ
9 4 οἵτινες οὐκ ἔχουσιν τ. σφραγῖδα τ. Θεοῦ ἐπὶ τ. μετώπων
13 ἐκ τ. κεράτων τ. θυσιαστηρίου τ. χρυσοῦ τοῦ ἐνώπιον τ. Θεοῦ
10 7 ἐτελέσθη τὸ μυστήριον τ. Θεοῦ
11 1 μέτρησον τ. ναὸν τ. Θεοῦ
11 πνεῦμα ζωῆς ἐκ τ. Θεοῦ εἰσῆλθεν ἐν αὐτοῖς
13 οἱ λοιποὶ . . . ἔδωκαν δόξαν τ. Θεῷ τ. οὐρανοῦ
16 οἱ εἴκοσι τέσσαρες πρεσβύτεροι οἱ ἐνώπιον τ. Θεοῦ καθήμενοι
16 προσεκύνησαν τ. Θεῷ λέγοντες,
17 [1 6] εὐχαριστοῦμέν σοι Κύριε ὁ Θεὸς ὁ παντοκράτωρ
19 ἠνοίγη ὁ ναὸς τ. Θεοῦ ὁ ἐν τ. οὐρανῷ

Re 12 5 ἡρπάσθη τὸ τέκνον αὐτῆς πρὸς τ. Θεόν
6 ὅπου ἔχει ἐκεῖ τόπον ἡτοιμασμένον ἀπὸ τ. Θεοῦ
10 ἄρτι ἐγένετο ἡ σωτηρία . . . τ. Θεοῦ ἡμῶν
10 ὁ κατηγορῶν αὐτοὺς ἐνώπιον τ. Θεοῦ ἡμῶν
17 τ. τηρούντων τ. ἐντολὰς τ. Θεοῦ
13 6 ἤνοιξεν τὸ στόμα αὐτοῦ εἰς βλασφημίας πρὸς τ. Θεόν
14 4 ἀπαρχὴ τ. Θεῷ κ. τ. ἀρνίῳ
7 φοβήθητε τ. Θεὸν κ. δότε αὐτῷ δόξαν
10 αὐτὸς πίεται ἐκ τ. οἴνου τ. θυμοῦ τ. Θεοῦ
12 οἱ τηροῦντες τ. ἐντολὰς τ. Θεοῦ
19 ἔβαλεν εἰς τὴν ληνὸν τ. θυμοῦ τ. Θεοῦ τὸν μέγαν
15 1 ἐν αὐταῖς ἐτελέσθη ὁ θυμὸς τ. Θεοῦ
2 ἔχοντας κιθάρας τ. Θεοῦ
3 ᾄδουσι τ. ᾠδὴν Μωυσέως τ. δούλου τ. Θεοῦ
3 [1 6] θαυμαστὰ τὰ ἔργα σου Κύριε ὁ Θεὸς ὁ παντοκράτωρ
7 ἑπτὰ φιάλας χρυσᾶς γεμούσας τ. θυμοῦ τ. Θεοῦ
8 ἐγεμίσθη ὁ ναὸς καπνοῦ ἐκ τ. δόξης τ. Θεοῦ
16 1 ἐκχέετε τ. ἑπτὰ φιάλας τ. θυμοῦ τ. Θεοῦ εἰς τ. γῆν
7 [1 6] ναὶ Κύριε ὁ Θεὸς ὁ παντοκράτωρ
9 ἐβλασφήμησαν τὸ ὄνομα τ. Θεοῦ
11 ἐβλασφήμησαν τ. Θεὸν τ. οὐρανοῦ
14 εἰς τ. πόλεμον τ. ἡμέρας τ. μεγάλης τ. Θεοῦ τ. παντοκράτορος
19 Βαβυλὼν ἡ μεγάλη ἐμνήσθη ἐνώπιον τ. Θεοῦ
21 ἐβλασφήμησαν οἱ ἄνθρωποι τ. Θεόν
17 17 ὁ γὰρ Θεὸς ἔδωκεν εἰς τ. καρδίας αὐτῶν
17 ἄχρι τελεσθήσονται οἱ λόγοι τ. Θεοῦ
18 5 ἐμνημόνευσεν ὁ Θεὸς τὰ ἀδικήματα αὐτῆς
8 [1] ὅτι ἰσχυρὸς Κύριος ὁ Θεὸς ὁ κρίνας αὐτήν
20 ἔκρινεν ὁ Θεὸς τὸ κρίμα ὑμῶν ἐξ αὐτῆς
19 1 ἡ σωτηρία κ. ἡ δόξα κ. ἡ δύναμις τ. Θεοῦ ἡμῶν
4 προσεκύνησαν τ. Θεῷ τ. καθημένῳ ἐπὶ τ. θρόνῳ
5 αἰνεῖτε τ. Θεῷ ἡμῶν πάντες οἱ δοῦλοι αὐτοῦ
6 [1] ὅτι ἐβασίλευσεν Κύριος ὁ Θεὸς ἡμῶν ὁ παντοκράτωρ
9 οὗτοι οἱ λόγοι ἀληθινοὶ τ. Θεοῦ εἰσίν
10 τ. Θεῷ προσκύνησον
13 κέκληται τὸ ὄνομα αὐτοῦ Ὁ λόγος τ. Θεοῦ
15 τὴν ληνὸν τ. οἴνου τ. θυμοῦ τ. ὀργῆς τ. Θεοῦ τ. παντοκράτορος
17 συνάχθητε εἰς τὸ δεῖπνον τὸ μέγα τ. Θεοῦ
20 4 τ. πεπελεκισμένων . . . διὰ τ. λόγον τ. Θεοῦ
6 ἔσονται ἱερεῖς τ. Θεοῦ κ. τ. Χριστοῦ
9 κατέβη πῦρ ἀπὸ τ. Θεοῦ ἐκ τ. οὐρανοῦ
—ἀπ. τ. Θεοῦ, TWH non mg. R non mg.
21 2 τ. πόλιν τ. ἁγίαν . . . καταβαίνουσαν ἐκ τ. οὐρανοῦ ἀπὸ τ. Θεοῦ
3 ἰδοὺ ἡ σκηνὴ τ. Θεοῦ μετὰ τ. ἀνθρώπων

Re 21 3 αὐτὸς ὁ Θεὸς μετ' αὐτῶν ἔσται αὐτῶν Θεός
—αὐτ. Θεός, TWH non mg. R mg.
7 ἔσομαι αὐτῷ Θεός
10 ἔδειξέ μοι τ. πόλιν . . . καταβαίνουσαν ἐκ τ. οὐρανοῦ ἀπὸ τ. Θεοῦ,
11 ἔχουσαν τ. δόξαν τ. Θεοῦ
22 [1] ὁ γὰρ Κύριος ὁ Θεὸς ὁ παντοκράτωρ ναὸς αὐτῆς ἐστίν
23 ἡ γὰρ δόξα τ. Θεοῦ ἐφώτισεν αὐτήν
22 1 ποταμὸν ὕδατος ζωῆς . . . ἐκπορευόμενον ἐκ τ. θρόνου τ. Θεοῦ κ. τ. ἀρνίου
3 ὁ θρόνος τ. Θεοῦ κ. τ. ἀρνίου ἐν αὐτῇ ἔσται
5 [1] ὅτι Κύριος ὁ Θεὸς φωτίσει ἐπ' αὐτούς
6 [1] ὁ Κύριος ὁ Θεὸς τ. πνευμάτων τ. προφητῶν
9 τ. Θεῷ προσκύνησον
18 ἐπιθήσει ὁ Θεὸς ἐπ' αὐτὸν τ. πληγὰς τ. γεγραμμένας ἐν τ. βιβλίῳ τούτῳ
ἐπ' αὐτ. ὁ Θεός, T
19 ἀφελεῖ ὁ Θεὸς τὸ μέρος αὐτοῦ ἀπὸ τ. ξύλου τ. ζωῆς

ΘΕΟΣΈΒΕΙΑ 2317

I Ti 2 10 ὃ πρέπει γυναιξὶν ἐπαγγελλομέναις θεοσέβειαν

ΘΕΟΣΕΒΉΣ 2318

Jo 9 31 ἐάν τις θεοσεβὴς ᾖ

ΘΕΟΣΤΥΓΉΣ* 2319

Ro 1 30 καταλάλους θεοστυγεῖς ὑβριστάς

ΘΕΌΤΗΣ* 2320

Col 2 9 ἐν αὐτῷ κατοικεῖ πᾶν τὸ πλήρωμα τ. θεότητος σωματικῶς

ΘΕΌΦΙΛΟΣ 2321

Lu 1 3 καθεξῆς σοι γράψαι κράτιστε Θεόφιλε
Ac 1 1 ἐποιησάμην περὶ πάντων ὦ Θεόφιλε

ΘΕΡΑΠΕΙ΄Α 2322

Lu 9 11 τοὺς χρείαν ἔχοντας θεραπείας ἰᾶτο
12 42 ὃν καταστήσει ὁ κύριος ἐπὶ τ. θεραπείας αὐτοῦ
Re 22 2 τὰ φύλλα τ. ξύλου εἰς θεραπείαν τ. ἐθνῶν

ΘΕΡΑΠΕΎΩ 2323

(1) seq. ἀπὸ

Mt 4 23 θεραπεύων πᾶσαν νόσον κ. πᾶσαν μαλακίαν ἐν τ. λαῷ
24 κ. ἐθεράπευσεν αὐτούς
8 7 ἐγὼ ἐλθὼν θεραπεύσω αὐτόν
16 πάντας τοὺς κακῶς ἔχοντας ἐθεράπευσεν
9 35 θεραπεύων πᾶσαν νόσον κ. πᾶσαν μαλακίαν
10 1 ἔδωκεν αὐτοῖς ἐξουσίαν . . . θεραπεύειν πᾶσαν νόσον κ. πᾶσαν μαλακίαν
8 ἀσθενοῦντας θεραπεύετε

Mt 12 10 εἰ ἔξεστιν τ. σάββασι θεραπεύειν;
θεραπεῦσαι, T
15 ἐθεράπευσεν αὐτοὺς πάντας
22 κ. ἐθεράπευσεν αὐτόν
14 14 ἐθεράπευσεν τ. ἀρρώστους αὐτῶν
15 30 ἔριψαν αὐτοὺς παρὰ τ. πόδας αὐτοῦ κ. ἐθεράπευσεν αὐτούς
17 16 οὐκ ἠδυνήθησαν αὐτὸν θεραπεῦσαι
18 ἐθεραπεύθη ὁ παῖς ἀπὸ τ. ὥρας ἐκείνης
19 2 ἐθεράπευσεν αὐτοὺς ἐκεῖ
21 14 κ. ἐθεράπευσεν αὐτούς
Mk 1 34 ἐθεράπευσεν πολλοὺς κακῶς ἔχοντας ποικίλαις νόσοις
3 2 παρετήρουν αὐτὸν εἰ τ. σάββασι θεραπεύσει αὐτόν
θεραπεύει, T
10 πολλοὺς γὰρ ἐθεράπευσεν
6 5 εἰ μὴ ὀλίγοις ἀρρώστοις ἐπιθεὶς τ. χεῖρας ἐθεράπευσεν
13 ἤλειφον ἐλαίῳ πολλοὺς ἀρρώστους κ. ἐθεράπευον
Lu 4 23 ἰατρὲ θεράπευσον σεαυτόν
40 ὁ δὲ ἑνὶ ἑκάστῳ αὐτῶν τ. χεῖρας ἐπιτιθεὶς ἐθεράπευεν αὐτούς
ἐθεράπευσεν, WH mg.
5 15 [1] συνήρχοντο . . . θεραπεύεσθαι ἀπὸ τ. ἀσθενειῶν αὐτῶν
6 7 παρετηροῦντο . . . εἰ ἐν τ. σαββάτῳ θεραπεύει
θεραπεύσει, WH mg.
18 [1] οἱ ἐνοχλούμενοι ἀπὸ πνευμάτων ἀκαθάρτων ἐθεραπεύοντο
7 21 [1] ἐν ἐκείνῃ τ. ὥρᾳ ἐθεράπευσεν πολλοὺς ἀπὸ νόσων
8 2 [1] αἳ ἦσαν τεθεραπευμέναι ἀπὸ πνευμάτων πονηρῶν
43 [1] οὐκ ἴσχυσεν ἀπ' οὐδενὸς θεραπευθῆναι
9 1 ἔδωκεν αὐτοῖς δύναμιν . . . νόσους θεραπεύειν
6 εὐαγγελιζόμενοι κ. θεραπεύοντες πανταχοῦ
10 9 θεραπεύετε τοὺς ἐν αὐτῇ ἀσθενεῖς
13 14 ἀγανακτῶν ὅτι τ. σαββάτῳ ἐθεράπευσεν ὁ Ἰησοῦς
14 ἐν αὐταῖς οὖν ἐρχόμενοι θεραπεύεσθε
14 3 ἔξεστιν τ. σαββάτῳ θεραπεῦσαι ἢ οὔ;
Jo 5 10 ἔλεγον οὖν οἱ Ἰουδαῖοι τ. τεθεραπευμένῳ
Ac 4 14 τόν τε ἄνθρωπον βλέποντες . . . τ. τεθεραπευμένον
5 16 οἵτινες ἐθεραπεύοντο ἅπαντες
8 7 πολλοὶ δὲ παραλελυμένοι κ. χωλοὶ ἐθεραπεύθησαν
17 25 οὐδὲ ὑπὸ χειρῶν ἀνθρωπίνων θεραπεύεται
28 9 οἱ λοιποὶ οἱ ἐν τῇ νήσῳ ἔχοντες ἀσθενείας προσήρχοντο κ. ἐθεραπεύοντο
Re 13 3 ἡ πληγὴ τ. θανάτου αὐτοῦ ἐθεραπεύθη
12 οὗ ἐθεραπεύθη ἡ πληγὴ τ. θανάτου αὐτοῦ

ΘΕΡΆΠΩΝ 2324

He 3 5 Μωυσῆς μὲν πιστὸς ἐν ὅλῳ τ. οἴκῳ αὐτοῦ ὡς θεράπων

ΘΕΡΙ΄ΖΩ 2325

Mt 6 26 οὐ σπείρουσιν οὐδὲ θερίζουσιν
25 24 θερίζων ὅπου οὐκ ἔσπειρας

Mt 25 26 ᾔδεις ὅτι θερίζω ὅπου οὐκ ἔσπειρα
Lu 12 24 ὅτι οὐ σπείρουσιν οὐδὲ θερίζουσιν
οὔτε . . . οὔτε, TWH mg.
19 21 θερίζεις ὃ οὐκ ἔσπειρας
22 ᾔδεις ὅτι ἐγὼ . . . θερίζων ὃ οὐκ ἔσπειρα;
Jo 4 36 ἤδη ὁ θερίζων μισθὸν λαμβάνει
36 ἵνα ὁ σπείρων ὁμοῦ χαίρῃ κ. ὁ θερίζων
37 ἄλλος ἐστὶν ὁ σπείρων κ. ἄλλος ὁ θερίζων.
38 ἐγὼ ἀπέστειλα ὑμᾶς θερίζειν ὃ οὐχ ὑμεῖς κεκοπιάκατε
I Co 9 11 μέγα εἰ ἡμεῖς ὑμῶν τὰ σαρκικὰ θερίσομεν;
II Co 9 6 ὁ σπείρων φειδομένως φειδομένως κ. θερίσει κ. ὁ σπείρων ἐπ' εὐλογίαις ἐπ' εὐλογίαις κ. θερίσει
Ga 6 7 ὃ γὰρ ἐὰν σπείρῃ ἄνθρωπος τοῦτο κ. θερίσει
8 ὅτι ὁ σπείρων εἰς τ. σάρκα ἑαυτοῦ ἐκ τ. σαρκὸς θερίσει φθοράν·
ὁ δὲ σπείρων εἰς τὸ πνεῦμα ἐκ τ. πνεύματος θερίσει ζωὴν αἰώνιον
9 καιρῷ γὰρ ἰδίῳ θερίσομεν μὴ ἐκλυόμενοι
Ja 5 4 αἱ βοαὶ τ. θερισάντων εἰς τὰ ὦτα Κυρίου Σαβαὼθ εἰσελήλυθαν
Re 14 15 πέμψον τὸ δρέπανόν σου κ. θέρισον,
ὅτι ἦλθεν ἡ ὥρα θερίσαι
16 ἐθερίσθη ἡ γῆ

ΘΕΡΙΣΜΟ'Σ 2326

Mt 9 37 ὁ μὲν θερισμὸς πολὺς οἱ δὲ ἐργάται ὀλίγοι·
38 δεήθητε οὖν τ. κυρίου τ. θερισμοῦ,
ὅπως ἐκβάλῃ ἐργάτας εἰς τ. θερισμὸν αὐτοῦ
13 30 ἄφετε συναυξάνεσθαι ἀμφότερα ἕως τ. θερισμοῦ·
κ. ἐν καιρῷ τ. θερισμοῦ ἐρῶ τ. θερισταῖς
39 ὁ δὲ θερισμὸς συντέλεια αἰῶνός ἐστιν
Mk 4 29 ὅτι παρέστηκεν ὁ θερισμός
Lu 10 2 ὁ μὲν θερισμὸς πολὺς οἱ δὲ ἐργάται ὀλίγοι·
δεήθητε οὖν τ. κυρίου τ. θερισμοῦ,
ὅπως ἐργάτας ἐκβάλῃ εἰς τ. θερισμὸν αὐτοῦ
Jo 4 35 ἔτι τετράμηνός ἐστιν κ. ὁ θερισμὸς ἔρχεται
35 ὅτι λευκαί εἰσιν πρὸς θερισμόν
Re 14 15 ὅτι ἐξηράνθη ὁ θερισμὸς τ. γῆς

ΘΕΡΙΣΤΗ'Σ** 2327

Mt 13 30 ἐν καιρῷ τ. θερισμοῦ ἐρῶ τοῖς θερισταῖς
39 οἱ δὲ θερισταὶ ἄγγελοί εἰσιν

ΘΕΡΜΑΙ'ΝΟΜΑΙ 2328

Mk 14 54 θερμαινόμενος πρὸς τὸ φῶς
67 ἰδοῦσα τ. Πέτρον θερμαινόμενον
Jo 18 18 ἀνθρακίαν πεποιηκότες ὅτι ψύχος ἦν κ. ἐθερμαίνοντο·
ἦν δὲ κ. ὁ Πέτρος μετ' αὐτῶν ἑστὼς κ. θερμαινόμενος
25 ἦν δὲ Σίμων Πέτρος ἑστὼς κ. θερμαινόμενος
Ja 2 16 ὑπάγετε ἐν εἰρήνῃ θερμαίνεσθε κ. χορτάζεσθε

ΘΕ'ΡΜΗ 2329

Ac 28 3 ἔχιδνα ἀπὸ τ. θέρμης ἐξελθοῦσα

ΘΕ'ΡΟΣ 2330

Mt 24 32 γινώσκετε ὅτι ἐγγὺς τὸ θέρος
Mk 13 28 γινώσκετε ὅτι ἐγγὺς τὸ θέρος ἐστίν
Lu 21 30 γινώσκετε ὅτι ἤδη ἐγγὺς τὸ θέρος ἐστίν

ΘΕΣΣΑΛΟΝΙΚΕΥ'Σ 2331

Ac 20 4 Θεσσαλονικέων δὲ Ἀρίσταρχος κ. Σέκουνδος
27 2 ὄντος σὺν ἡμῖν Ἀριστάρχου Μακεδόνος Θεσσαλονικέως
I Th 1 1 τ. ἐκκλησίᾳ Θεσσαλονικέων ἐν Θεῷ πατρὶ
II Th 1 1 τ. ἐκκλησίᾳ Θεσσαλονικέων ἐν Θεῷ πατρὶ ἡμῶν

ΘΕΣΣΑΛΟΝΙ'ΚΗ 2332

Ac 17 1 ἦλθον εἰς Θεσσαλονίκην
11 οὗτοι δὲ ἦσαν εὐγενέστεροι τῶν ἐν Θεσσαλονίκῃ
13 ὡς δὲ ἔγνωσαν οἱ ἀπὸ τ. Θεσσαλονίκης Ἰουδαῖοι
Phl 4 16 κ. ἐν Θεσσαλονίκῃ . . . εἰς τ. χρείαν μοι ἐπέμψατε
II Ti 4 10 Δημᾶς γὰρ . . . ἐπορεύθη εἰς Θεσσαλονίκην

ΘΕΥΔΑ'Σ 2333

Ac 5 36 πρὸ γὰρ τούτων τ. ἡμερῶν ἀνέστη Θευδᾶς

ΘΕΩΡΕ'Ω 2334

(1) θε. θάνατον

Mt 27 55 ἦσαν δὲ ἐκεῖ γυναῖκες πολλαὶ ἀπὸ μακρόθεν θεωροῦσαι
28 1 ἦλθεν Μαρία ἡ Μανδαληνὴ κ. ἡ ἄλλη Μαρία θεωρῆσαι τ. τάφον
Mk 3 11 τὰ πνεύματα τὰ ἀκάθαρτα ὅταν αὐτὸν ἐθεώρουν
5 15 θεωροῦσιν τ. δαιμονιζόμενον καθήμενον
38 θεωρεῖ θόρυβον κ. κλαίοντας
12 41 ἐθεώρει πῶς ὁ ὄχλος βάλλει χαλκόν
15 40 ἦσαν δὲ κ. γυναῖκες ἀπὸ μακρόθεν θεωροῦσαι
47 ἡ δὲ Μαρία ἡ Μαγδαληνὴ κ. Μαρία ἡ Ἰωσῆτος ἐθεώρουν ποῦ τέθειται
16 4 ἀναβλέψασαι θεωροῦσιν ὅτι ἀνακεκύλισται ὁ λίθος
Lu 10 18 ἐθεώρουν τ. Σατανᾶν ὡς ἀστραπὴν ἐκ τ. οὐρανοῦ πεσόντα
14 29 ἵνα μήποτε . . . πάντες οἱ θεωροῦντες ἄρξωνται αὐτῷ ἐμπαίζειν
21 6 ταῦτα ἃ θεωρεῖτε ἐλεύσονται ἡμέραι
23 35 εἱστήκει ὁ λαὸς θεωρῶν
48 οἱ συνπαραγενόμενοι ὄχλοι . . . θεωρήσαντες τὰ γενόμενα
24 37 ἔμφοβοι γενόμενοι ἐδόκουν πνεῦμα θεωρεῖν
39 καθὼς ἐμὲ θεωρεῖτε ἔχοντα
Jo 2 23 θεωροῦντες αὐτοῦ τὰ σημεῖα ἃ ἐποίει
4 19 θεωρῶ ὅτι προφήτης εἶ σύ
6 2 ὅτι ἐθεώρουν τὰ σημεῖα ἃ ἐποίει
ἑώρων, T
19 θεωροῦσιν τ. Ἰησοῦν περιπατοῦντα ἐπὶ τ. θαλάσσης
40 πᾶς ὁ θεωρῶν τ. υἱὸν κ. πιστεύων εἰς αὐτόν
62 ἐὰν οὖν θεωρῆτε τ. υἱὸν τ. ἀνθρώπου ἀναβαίνοντα
7 3 ἵνα κ. οἱ μαθηταί σου θεωρήσουσίν σου τὰ ἔργα ἃ ποιεῖς
8 51 [1] θάνατον οὐ μὴ θεωρήσῃ εἰς τ. αἰῶνα
9 8 οἱ θεωροῦντες αὐτὸν τὸ πρότερον ὅτι προσαίτης ἦν
10 12 ὁ μισθωτὸς . . . θεωρεῖ τ. λύκον ἐρχόμενον
12 19 θεωρεῖτε ὅτι οὐκ ὠφελεῖτε οὐδέν;
45 ὁ θεωρῶν ἐμὲ θεωρεῖ τ. πέμψαντά με

Jo 14 17 ὅτι οὐ θεωρεῖ αὐτὸ οὐδὲ γινώσκει
19 ἔτι μικρὸν κ. ὁ κόσμος με οὐκέτι θεωρεῖ, ὑμεῖς δὲ θεωρεῖτέ με
16 10 οὐκέτι θεωρεῖτέ με
16 μικρὸν κ. οὐκέτι θεωρεῖτέ με
17 ὃ λέγει ἡμῖν Μικρὸν κ. οὐ θεωρεῖτέ με
19 ὅτι εἶπον Μικρὸν κ. οὐ θεωρεῖτέ με
17 24 ἵνα θεωρῶσιν τ. δόξαν τ. ἐμήν
20 6 θεωρεῖ τὰ ὀθόνια κείμενα
12 θεωρεῖ δύο ἀγγέλους ἐν λευκοῖς καθεζομένους
14 ἐστράφη εἰς τὰ ὀπίσω κ. θεωρεῖ τ. Ἰησοῦν ἑστῶτα
Ac 3 16 τοῦτον ὃν θεωρεῖτε κ. οἴδατε
4 13 θεωροῦντες δὲ τὴν τ. Πέτρου παρρησίαν
7 56 ἰδοὺ θεωρῶ τ. οὐρανοὺς διηνοιγμένους
8 13 θεωρῶν τε σημεῖα κ. δυνάμεις μεγάλας γινομένας
9 7 ἀκούοντες μὲν τ. φωνῆς μηδένα δὲ θεωροῦντες
10 11 θεωρεῖ τ. οὐρανὸν ἀνεῳγμένον
17 16 θεωροῦντος κατείδωλον οὖσαν τ. πόλιν
22 κατὰ πάντα ὡς δεισιδαιμονεστέρους ὑμᾶς θεωρῶ
19 26 θεωρεῖτε κ. ἀκούετε ὅτι οὐ μόνον Ἐφέσου
20 38 ὅτι οὐκέτι μέλλουσιν τὸ πρόσωπον αὐτοῦ θεωρεῖν
21 20 θεωρεῖς ἀδελφὲ πόσαι μυριάδες εἰσὶν ἐν τ. Ἰουδαίοις τ. πεπιστευκότων
25 24 πάντες οἱ συνπαρόντες ἡμῖν ἄνδρες θεωρεῖτε τοῦτον
27 10 θεωρῶ ὅτι μετὰ ὕβρεως . . . μέλλειν ἔσεσθαι τ. πλοῦν
28 6 θεωρούντων μηδὲν ἄτοπον εἰς αὐτὸν γινόμενον
He 7 4 θεωρεῖτε δὲ πηλίκος οὗτος
1 Jo 3 17 ὃς δ' ἂν . . . θεωρῇ τ. ἀδελφὸν αὐτοῦ χρείαν ἔχοντα
Re 11 11 φόβος μέγας ἐπέπεσεν ἐπὶ τ. θεωροῦντας αὐτούς
12 ἐθεώρησαν αὐτοὺς οἱ ἐχθροὶ αὐτῶν

ΘΕΩΡΙ'Α 2335

Lu 23 48 πάντες οἱ συνπαραγενόμενοι ὄχλοι ἐπὶ τ. θεωρίαν ταύτην

ΘΗ'ΚΗ 2336

Jo 18 11 βάλε τ. μάχαιραν εἰς τ. θήκην

ΘΗΛΑ'ΖΩ 2337

Mt 21 16 ἐκ στόματος νηπίων κ. θηλαζόντων κατηρτίσω αἶνον
מִפִּי עוֹלְלִים וְיֹנְקִים יִסַּדְתָּ עֹז, Ps. viii. 3
24 19 οὐαὶ δὲ . . . τ. θηλαζούσαις ἐν ἐκείναις τ. ἡμέραις
Mk 13 17 οὐαὶ δὲ . . . τ. θηλαζούσαις ἐν ἐκείναις τ. ἡμέραις
Lu 11 27 μακαρία ἡ κοιλία . . . κ. μαστοὶ οὓς ἐθήλασας
21 23 οὐαὶ . . . τ. θηλαζούσαις ἐν ἐκείναις τ. ἡμέραις

ΘΗ'ΛΥΣ 2338

Mt 19 4 ὁ κτίσας ἀπ' ἀρχῆς ἄρσεν κ. θῆλυ ἐποίησεν αὐτούς
זָכָר וּנְקֵבָה בָּרָא אֹתָם, Gen. i. 27
Mk 10 6 ἀπὸ δὲ ἀρχῆς κτίσεως ἄρσεν κ. θῆλυ ἐποίησεν αὐτούς, Gen. *l.c.*
Ro 1 26 αἵ τε γὰρ θήλειαι αὐτῶν μετήλλαξαν τ. φυσικὴν χρῆσιν
27 οἱ ἄρσενες ἀφέντες τ. φυσικὴν χρῆσιν τ. θηλείας
Ga 3 28 οὐκ ἔνι ἄρσεν κ. θῆλυ

ΘΗ'ΡΑ 2339

Ro 11 9 γενηθήτω ἡ τράπεζα αὐτῶν εἰς παγίδα κ. εἰς θήραν
יְהִי שֻׁלְחָנָם לִפְנֵיהֶם לְפָח, Ps. lxix. 23 (Heb.), 22 (Eng.)

ΘΗΡΕΥ'Ω 2340

Lu 11 54 ἐνεδρεύοντες αὐτὸν θηρεῦσαί τι ἐκ τ. στόματος αὐτοῦ

ΘΗΡΙΟΜΑΧΕ'Ω * 2341

1 Co 15 32 εἰ κατὰ ἄνθρωπον ἐθηριομάχησα ἐν Ἐφέσῳ

ΘΗΡΙ'ΟΝ 2342

Mk 1 13 ἦν μετὰ τ. θηρίων
Ac 11 6 εἶδον τὰ τετράποδα τ. γῆς κ. τὰ θηρία
28 4 ὡς δὲ εἶδαν οἱ βάρβαροι κρεμάμενον τὸ θηρίον ἐκ τ. χειρὸς αὐτοῦ
5 ὁ μὲν οὖν ἀποτινάξας τὸ θηρίον εἰς τὸ πῦρ
Tit 1 12 Κρῆτες ἀεὶ ψεῦσται κακὰ θηρία γαστέρες ἀργαί
He 12 20 κἂν θηρίον θίγῃ τ. ὄρους λιθοβοληθήσεται
לֹא־תִגַּע בּוֹ יָד כִּי־סָקוֹל יִסָּקֵל אוֹ־יָרֹה יִיָּרֶה אִם־בְּהֵמָה, Ex. xix. 13
Ja 3 7 πᾶσα γὰρ φύσις θηρίων τε κ. πετεινῶν
Re 6 8 ἀποκτεῖναι . . . ὑπὸ τ. θηρίων τ. γῆς
11 7 τὸ θηρίον τὸ ἀναβαῖνον ἐκ τῆς ἀβύσσου
13 1 εἶδον ἐκ τ. θαλάσσης θηρίον ἀναβαῖνον
2 τὸ θηρίον ὃ εἶδον ἦν ὅμοιον παρδάλει
3 ἐθαυμάσθη ὅλη ἡ γῆ ὀπίσω τ. θηρίου
4 ὅτι ἔδωκεν τ. ἐξουσίαν τ. θηρίῳ,
κ. προσεκύνησαν τ. θηρίῳ λέγοντες,
τὸ θηρίον, WH mg.
τίς ὅμοιος τ. θηρίῳ
11 εἶδον ἄλλο θηρίον ἀναβαῖνον ἐκ τ. γῆς
12 τ. ἐξουσίαν τ. πρώτου θηρίου πᾶσαν ποιεῖ ἐνώπιον αὐτοῦ·
κ. ποιεῖ . . . ἵνα προσκυνήσουσιν τὸ θηρίον τὸ πρῶτον
14 ἃ ἐδόθη αὐτῷ ποιῆσαι ἐνώπιον τ. θηρίου,
λέγων . . . ποιῆσαι εἰκόνα τ. θηρίῳ
15 ἐδόθη αὐτῇ δοῦναι πνεῦμα τῇ εἰκόνι τ. θηρίου,
ἵνα κ. λαλήσῃ ἡ εἰκὼν τ. θηρίου,
κ. ποιήσῃ ἵνα ὅσοι ἐὰν μὴ προσκυνήσωσι τῇ εἰκόνι τ. θηρίου

Re 13 17 εἰ μὴ ὁ ἔχων τὸ χάραγμα τὸ ὄνομα τ. θηρίου
18 ψηφισάτω τ. ἀριθμὸν τ. θηρίου
14 9 εἴ τις προσκυνεῖ τὸ θηρίον κ. τὴν εἰκόνα αὐτοῦ
11 οὐκ ἔχουσιν ἀνάπαυσιν . . . οἱ προσκυνοῦντες τὸ θηρίον κ. τὴν εἰκόνα αὐτοῦ
15 2 εἶδον . . . τ. νικῶντας ἐκ τ. θηρίου κ. ἐκ τ. εἰκόνος αὐτοῦ
16 2 ἐπὶ τ. ἀνθρώπους τ. ἔχοντας τὸ χάραγμα τ. θηρίου
10 ἐξέχεεν τ. φιάλην αὐτοῦ ἐπὶ τ. θρόνον τ. θηρίου
13 εἶδον . . . ἐκ τ. στόματος τ. θηρίου
17 3 εἶδον γυναῖκα καθημένην ἐπὶ θηρίον κόκκινον
7 τὸ μυστήριον . . . τ. θηρίου τ. βαστάζοντος αὐτήν
8 τὸ θηρίον ὃ εἶδες ἦν κ. οὐκ ἔστιν
8 βλεπόντων τὸ θηρίον ὅτι ἦν κ. οὐκ ἔστιν
11 τὸ θηρίον ὃ ἦν κ. οὐκ ἔστιν κ. αὐτὸς ὄγδοος·
12 ἐξουσίαν ὡς βασιλεῖς μίαν ὥραν λαμβάνουσιν μετὰ τ. θηρίου
13 ἐξουσίαν αὐτῶν τ. θηρίῳ διδόασιν
16 τὰ δέκα κέρατα ἃ εἶδες κ. τὸ θηρίον
17 δοῦναι τ. βασιλείαν αὐτῶν τ. θηρίῳ
19 19 εἶδον τὸ θηρίον κ. τ. βασιλεῖς τ. γῆς
20 ἐπιάσθη τὸ θηρίον
20 ἐν οἷς ἐπλάνησεν τ. λαβόντας τὸ χάραγμα τ. θηρίου
20 4 οἵτινες οὐ προσεκύνησαν τὸ θηρίον
10 ὅπου κ. τὸ θηρίον κ. ὁ ψευδοπροφήτης

ΘΗΣΑΥΡΙ'ΖΩ 2343

Mt 6 19 μὴ θησαυρίζετε ὑμῖν θησαυροὺς ἐπὶ τ. γῆς
20 θησαυρίζετε δὲ ὑμῖν θησαυροὺς ἐν οὐρανῷ
Lu 12 21 οὕτως ὁ θησαυρίζων αὑτῷ
h. v., [WH]
Ro 2 5 κατὰ δὲ τὴν . . . ἀμετανόητον καρδίαν θησαυρίζων σεαυτῷ ὀργήν
I Co 16 2 θησαυρίζων ὅτι ἐὰν εὐοδῶται
II Co 12 14 οὐ γὰρ ὀφείλει τὰ τέκνα τ. γονεῦσι θησαυρίζειν
Ja 5 3 ὡς πῦρ ἐθησαυρίσατε ἐν ἐσχάταις ἡμέραις
II Pe 3 7 οἱ δὲ νῦν οὐρανοὶ κ. ἡ γῆ τ. αὐτῷ λόγῳ τεθησαυρισμένοι εἰσίν

ΘΗΣΑΥΡΟ'Σ 2344

(1) θησ. ἐν οὐρανῷ, οὐρανοῖς

Mt 2 11 ἀνοίξαντες τ. θησαυροὺς αὐτῶν προσήνεγκαν αὐτῷ δῶρα
6 19 μὴ θησαυρίζετε ὑμῖν θησαυροὺς ἐπὶ τ. γῆς
20 [1] θησαυρίζετε δὲ ὑμῖν θησαυροὺς ἐν οὐρανῷ
21 ὅπου γάρ ἐστιν ὁ θησαυρός σου
12 35 ὁ ἀγαθὸς ἄνθρωπος ἐκ τ. ἀγαθοῦ θησαυροῦ ἐκβάλλει τὰ ἀγαθά·
κ. ὁ πονηρὸς ἄνθρωπος ἐκ τ. πονηροῦ θησαυροῦ ἐκβάλλει πονηρά
13 44 ὁμοία ἐστὶν ἡ βασιλεία τ. οὐρανῶν θησαυρῷ κεκρυμμένῳ
52 ὅστις ἐκβάλλει ἐκ τ. θησαυροῦ αὐτοῦ καινὰ κ. παλαιά
Mt 19 21 [1] ἕξεις θησαυρὸν ἐν οὐρανοῖς
Mk 10 21 [1] ἕξεις θησαυρὸν ἐν οὐρανῷ
Lu 6 45 ὁ ἀγαθὸς ἄνθρωπος ἐκ τ. ἀγαθοῦ θησαυροῦ τ. καρδίας προφέρει τὸ ἀγαθόν
12 33 [1] θησαυρὸν ἀνέκλειπτον ἐν τ. οὐρανοῖς
34 ὅπου γάρ ἐστιν ὁ θησαυρὸς ὑμῶν
18 22 [1] ἕξεις θησαυρὸν ἐν τ. οὐρανοῖς
II Co 4 7 ἔχομεν δὲ τ. θησαυρὸν τοῦτον ἐν ὀστρακίνοις σκεύεσιν
Col 2 3 ἐν ᾧ εἰσὶν πάντες οἱ θησαυροὶ τ. σοφίας . . . ἀπόκρυφοι
He 11 26 μείζονα πλοῦτον ἡγησάμενος τῶν Αἰγύπτου θησαυρῶν

ΘΙΓΓΑ'ΝΩ 2345

Col 2 21 μὴ ἅψῃ μηδὲ γεύσῃ μηδὲ θίγῃς
He 11 28 ἵνα μὴ ὁ ὀλοθρεύων τὰ πρωτότοκα θίγῃ αὐτῶν
12 20 κἂν θηρίον θίγῃ τ. ὄρους λιθοβοληθήσεται
לֹא־תִגַּע בּוֹ יָד כִּי־סָקוֹל יִסָּקֵל . . . אִם־בְּהֵמָה
Ex. xix. 13

ΘΛΙ'ΒΩ 2346

Mt 7 14 τεθλιμμένη ἡ ὁδὸς ἡ ἀπάγουσα εἰς τ. ζωήν
Mk 3 9 ἵνα μὴ θλίβωσιν αὐτόν
II Co 1 6 εἴτε δὲ θλιβόμεθα ὑπὲρ τῆς ὑμῶν παρακλήσεως
4 8 ἐν παντὶ θλιβόμενοι ἀλλ' οὐ στενοχωρούμενοι
7 5 ἀλλ' ἐν παντὶ θλιβόμενοι
I Th 3 4 προελέγομεν ὑμῖν ὅτι μέλλομεν θλίβεσθαι
II Th 1 6 εἴπερ δίκαιον παρὰ Θεῷ ἀνταποδοῦναι τ. θλίβουσιν ὑμᾶς θλίψιν,
7 κ. ὑμῖν τ. θλιβομένοις ἄνεσιν μεθ' ἡμῶν
I Ti 5 10 εἰ θλιβομένοις ἐπήρκεσεν
He 11 37 ὑστερούμενοι θλιβόμενοι κακουχούμενοι

ΘΛΙ'ΨΙΣ 2347

(1) θλίψις . . . διωγμός (2) θλ. ἔχειν

Mt 13 21 [1] γενομένης δὲ θλίψεως ἢ διωγμοῦ διὰ τ. λόγον
24 9 τότε παραδώσουσιν ὑμᾶς εἰς θλίψιν
21 ἔσται γὰρ τότε θλίψις μεγάλη
29 εὐθέως δὲ μετὰ τ. θλίψιν τ. ἡμερῶν ἐκείνων
Mk 4 17 [1] εἶτα γενομένης θλίψεως ἢ διωγμοῦ διὰ τ. λόγον
13 19 ἔσονται γὰρ αἱ ἡμέραι ἐκεῖναι θλίψις
24 μετὰ τ. θλίψιν ἐκείνην ὁ ἥλιος σκοτισθήσεται
Jo 16 21 οὐκέτι μνημονεύει τ. θλίψεως
33 [2] ἐν τ. κόσμῳ θλίψιν ἔχετε
Ac 7 10 ἐξείλατο αὐτὸν ἐκ πασῶν τ. θλίψεων αὐτοῦ
11 ἦλθεν δὲ λιμὸς . . . κ. θλίψις μεγάλη
11 19 διασπαρέντες ἀπὸ τ. θλίψεως τ. γενομένης ἐπὶ Στεφάνῳ
14 22 διὰ πολλῶν θλίψεων δεῖ ἡμᾶς εἰσελθεῖν εἰς τ. βασιλείαν τ. Θεοῦ
20 23 λέγον ὅτι δεσμὰ κ. θλίψεις με μένουσιν
Ro 2 9 θλίψις κ. στενοχωρία

Ro 5 3 ἀλλὰ κ. καυχώμεθα ἐν τ. θλίψεσιν,
εἰδότες ὅτι ἡ θλίψις ὑπομονὴν κατεργάζεται
8 35 [1] θλίψις ἢ στενοχωρία ἢ διωγμὸς
12 12 τ. ἐλπίδι χαίροντες τ. θλίψει ὑπομένοντες
I Co 7 28 [2] θλίψιν δὲ τ. σαρκὶ ἕξουσιν οἱ τοιοῦτοι
II Co 1 4 ὁ παρακαλῶν ἡμᾶς ἐπὶ πάσῃ τ. θλίψει ἡμῶν,
εἰς τὸ δύνασθαι ἡμᾶς παρακαλεῖν τοὺς ἐν πάσῃ θλίψει
8 ἀγνοεῖν . . . ὑπὲρ τ. θλίψεως ἡμῶν τ. γενομένης ἐν τ. Ἀσίᾳ
2 4 ἐκ γὰρ πολλῆς θλίψεως κ. συνοχῆς καρδίας ἔγραψα ὑμῖν
4 17 τὸ γὰρ παραυτίκα ἐλαφρὸν τ. θλίψεως
+ἡμῶν, TWH mg. R
6 4 συνιστάνοντες ἑαυτοὺς ὡς Θεοῦ διάκονοι . . . ἐν θλίψεσιν
7 4 ὑπερπερισσεύομαι τ. χαρᾷ ἐπὶ πάσῃ τ. θλίψει ἡμῶν
8 2 ἐν πολλῇ δοκιμῇ θλίψεως ἡ περισσεία τ. χαρᾶς αὐτῶν
13 οὐ γὰρ ἵνα ἄλλοις ἄνεσις ὑμῖν θλίψις
Eph 3 13 διὸ αἰτοῦμαι μὴ ἐνκακεῖν ἐν τ. θλίψεσί μου ὑπὲρ ὑμῶν
Phl 1 17 οἰόμενοι θλίψιν ἐγείρειν τ. δεσμοῖς μου
4 14 συνκοινωνήσαντές μου τ. θλίψει
Col 1 24 ἀνταναπληρῶ τὰ ὑστερήματα τ. θλίψεων τ. Χριστοῦ
I Th 1 6 δεξάμενοι τ. λόγον ἐν θλίψει πολλῇ
3 3 τὸ μηδένα σαίνεσθαι ἐν τ. θλίψεσι ταύταις
7 ἐπὶ πάσῃ τ. ἀνάγκῃ κ. θλίψει ἡμῶν
II Th 1 4 [1] ἐν πᾶσι τ. διωγμοῖς ὑμῶν κ. τ. θλίψεσιν αἷς ἀνέχεσθε
6 εἴπερ δίκαιον παρὰ Θεῷ ἀνταποδοῦναι τ. θλίβουσιν ὑμᾶς θλίψιν
He 10 33 ὀνειδισμοῖς τε κ. θλίψεσιν θεατριζόμενοι
Ja 1 27 ἐπισκέπτεσθαι ὀρφανοὺς κ. χήρας ἐν τ. θλίψει αὐτῶν
Re 1 9 συνκοινωνὸς ἐν τ. θλίψει κ. βασιλείᾳ . . . Ἰησοῦ
2 9 οἶδά σου τ. θλίψιν κ. τ. πτωχείαν
10 [2] ἵνα . . . ἔχητε θλίψιν ἡμερῶν δέκα
22 βάλλω . . . τ. μοιχεύοντας μετ' αὐτῆς εἰς θλίψιν μεγάλην
7 14 οὗτοί εἰσιν οἱ ἐρχόμενοι ἐκ τ. θλίψεως τ. μεγάλης

ΘΝΗΊΣΚΩ 2348

Mt 2 20 τεθνήκασιν γὰρ οἱ ζητοῦντες τ. ψυχὴν τ. παιδίου
Mk 15 44 ὁ δὲ Πειλᾶτος ἐθαύμασεν εἰ ἤδη τέθνηκεν
Lu 7 12 ἰδοὺ ἐκομίζετο τεθνηκώς
8 49 λέγων ὅτι Τέθνηκεν ἡ θυγάτηρ σου
Jo 11 44 ἐξῆλθεν ὁ τεθνηκώς
19 33 ὡς εἶδον ἤδη αὐτὸν τεθνηκότα
Ac 14 19 νομίζοντες αὐτὸν τεθνηκέναι
25 19 ζητήματα δέ τινα . . . περί τινος Ἰησοῦ τεθνηκότος
I Ti 5 6 ἡ δὲ σπαταλῶσα ζῶσα τέθνηκεν

ΘΝΗΤΌΣ 2349

Ro 6 12 μὴ οὖν βασιλευέτω ἡ ἁμαρτία ἐν τ. θνητῷ ὑμῶν σώματι
8 11 ζωοποιήσει κ. τὰ θνητὰ σώματα ὑμῶν
I Co 15 53 δεῖ γὰρ . . . τὸ θνητὸν τοῦτο ἐνδύσασθαι ἀθανασίαν.
54 ὅταν δὲ . . . τὸ θνητὸν τοῦτο ἐνδύσηται τ. ἀθανασίαν
II Co 4 11 ἵνα κ. ἡ ζωὴ τοῦ Ἰησοῦ φανερωθῇ ἐν τ. θνητῇ σαρκὶ ἡμῶν
5 4 ἵνα καταποθῇ τὸ θνητὸν ὑπὸ τ. ζωῆς

ΘΟΡΥΒΆΖΩ* † 2349.5

Lu 10 41 μεριμνᾷς κ. θορυβάζῃ περὶ πολλά

ΘΟΡΥΒΈΩ 2350

Mt 9 23 ἰδὼν τοὺς αὐλητὰς κ. τ. ὄχλον θορυβούμενον
Mk 5 39 τί θορυβεῖσθε κ. κλαίετε;
Ac 17 5 ὀχλοποιήσαντες ἐθορύβουν τ. πόλιν
20 10 συνπεριλαβὼν εἶπεν Μὴ θορυβεῖσθε
θορυβεῖσθαι, WH mg.

ΘΌΡΥΒΟΣ 2351

Mt 26 5 ἵνα μὴ θόρυβος γένηται ἐν τ. λαῷ
27 24 ἰδὼν δὲ ὁ Πειλᾶτος ὅτι . . . μᾶλλον θόρυβος γίνεται
Mk 5 38 θεωρεῖ θόρυβον κ. κλαίοντας κ. ἀλαλάζοντας πολλά
14 2 μήποτε ἔσται θόρυβος τ. λαοῦ
Ac 20 1 μετὰ δὲ τὸ παύσασθαι τ. θόρυβον
21 34 μὴ δυναμένου δὲ αὐτοῦ γνῶναι τὸ ἀσφαλὲς διὰ τ. θόρυβον
24 18 οὐ μετὰ ὄχλου οὐδὲ μετὰ θορύβου

ΘΡΑΎΩ 2352

Lu 4 18 ἀποστεῖλαι τεθραυσμένους ἐν ἀφέσει
שַׁלַּח רְצוּצִים חָפְשִׁים, Is. lviii. 6

ΘΡΈΜΜΑ* 2353

Jo 4 12 αὐτὸς ἐξ αὐτοῦ ἔπιεν . . . κ. τὰ θρέμματα αὐτοῦ

ΘΡΗΝΈΩ 2354

Mt 11 17 ἐθρηνήσαμεν κ. οὐκ ἐκόψασθε
Lu 7 32 ἐθρηνήσαμεν κ. οὐκ ἐκλαύσατε
23 27 αἳ ἐκόπτοντο κ. ἐθρήνουν αὐτόν
Jo 16 20 ὅτι κλαύσετε κ. θρηνήσετε ὑμεῖς

ΘΡΗΣΚΕΊΑ** 2356

θρησκία, T

Ac 26 5 κατὰ τ. ἀκριβεστάτην αἵρεσιν τ. ἡμετέρας θρησκείας
Col 2 18 θέλων ἐν ταπεινοφροσύνῃ κ. θρησκείᾳ τ. ἀγγέλων
Ja 1 26 τούτου μάταιος ἡ θρησκεία.
27 θρησκεία καθαρὰ κ. ἀμίαντος παρὰ τ. Θεῷ κ. πατρὶ αὕτη ἐστίν

ΘΡΗ͂ΣΚΟΣ*† 2357

Ja 1 26 εἴ τις δοκεῖ θρῆσκος εἶναι

ΘΡΙΑΜΒΕΥ'Ω* † 2358

IICo2 14 τ. δὲ Θεῷ χάρις τῷ πάντοτε θριαμβεύοντι ἡμᾶς ἐν τ. Χριστῷ
Col 2 15 ἐδειγμάτισεν ἐν παρρησίᾳ θριαμβεύσας αὐτοὺς ἐν αὐτῷ

ΘΡΙ'Ξ 2359

Mt 3 4 εἶχεν τὸ ἔνδυμα αὐτοῦ ἀπὸ τριχῶν καμήλου
5 36 οὐ δύνασαι μίαν τρίχα λευκὴν ποιῆσαι ἢ μέλαιναν
10 30 ὑμῶν δὲ κ. αἱ τρίχες τ. κεφαλῆς πᾶσαι ἠριθμημέναι εἰσίν
Mk 1 6 ἦν ὁ Ἰωάνης ἐνδεδυμένος τρίχας καμήλου
Lu 7 38 τ. θριξὶν τ. κεφαλῆς αὐτῆς ἐξέμασσεν
44 αὕτη δὲ . . . τ. θριξὶν αὐτῆς ἐξέμαξεν
12 7 κ. αἱ τρίχες τ. κεφαλῆς ὑμῶν πᾶσαι ἠριθμηνται
21 18 θρὶξ ἐκ τ. κεφαλῆς ὑμῶν οὐ μὴ ἀπόληται
Jo 11 2 ἐκμάξασα τ. πόδας αὐτοῦ τ. θριξὶν αὐτῆς
12 3 ἐξέμαξεν τ. θριξὶν αὐτῆς τ. πόδας αὐτοῦ
Ac 27 34 οὐδενὸς γὰρ ὑμῶν θρὶξ ἀπὸ τ. κεφαλῆς ἀπολεῖται
I Pe 3 3 ὧν ἔστω οὐχ ὁ ἔξωθεν ἐμπλοκῆς τριχῶν
Re 1 14 αἱ τρίχες λευκαὶ ὡς ἔριον λευκόν
9 8 εἶχαν τρίχας ὡς τρίχας γυναικῶν

ΘΡΟΕ'ΟΜΑΙ 2360

Mt 24 6 ὁρᾶτε μὴ θροεῖσθε
Mk 13 7 ὅταν δὲ ἀκούσητε πολέμους κ. ἀκοὰς πολέμων μὴ θροεῖσθε
Lu 24 37 θροηθέντες δὲ κ. ἔμφοβοι γενόμενοι
πτοηθέντες, TWH non mg. R
IITh2 2 εἰς τὸ μὴ ταχέως σαλευθῆναι ὑμᾶς ἀπὸ τ. νοὸς μηδὲ θροεῖσθαι

ΘΡΟ'ΜΒΟΣ* 2361

Lu 22 44 ἐγένετο ὁ ἱδρὼς αὐτοῦ ὡσεὶ θρόμβοι αἵματος
—h. v., [[WH]] R mg.

ΘΡΟ'ΝΟΣ 2362

(1) θρ. τ. Θεοῦ (2) θρ. τ. Σατανᾶ, τ. θηρίου

Mt 5 34 [1] μήτε ἐν τ. οὐρανῷ ὅτι θρόνος ἐστὶν τ. Θεοῦ
19 28 ὅταν καθίσῃ ὁ υἱὸς τ. ἀνθρώπου ἐπὶ θρόνου δόξης αὐτοῦ,
καθήσεσθε κ. ὑμεῖς ἐπὶ δώδεκα θρόνους
23 22 [1] ὁ ὀμόσας ἐν τ. οὐρανῷ ὀμνύει ἐν τ. θρόνῳ τ. Θεοῦ
25 31 τότε καθίσει ἐπὶ θρόνου δόξης αὐτοῦ
Lu 1 32 δώσει αὐτῷ Κύριος ὁ Θεὸς τ. θρόνον Δαυεὶδ τ. πατρὸς αὐτοῦ
52 καθεῖλεν δυνάστας ἀπὸ θρόνων
22 30 ἵνα . . . καθῆσθε ἐπὶ θρόνων
Ac 2 30 ἐκ καρποῦ τ. ὀσφύος αὐτοῦ καθίσαι ἐπὶ τ. θρόνον αὐτοῦ
7 49 ὁ οὐρανός μοι θρόνος κ. ἡ γῆ ὑποπόδιον τ. ποδῶν μου
הַשָּׁמַיִם כִּסְאִי וְהָאָרֶץ הֲדֹם רַגְלָי, Is. lxvi. 1
Col 1 16 εἴτε θρόνοι εἴτε κυριότητες εἴτε ἀρχαί

He 1 8 [1] ὁ θρόνος σου ὁ Θεὸς εἰς τ. αἰῶνα τ. αἰῶνος
כִּסְאֲךָ אֱלֹהִים עוֹלָם וָעֶד, Ps. xlv. 7
4 16 προσερχώμεθα οὖν μετὰ παρρησίας τ. θρόνῳ τ. χάριτος
8 1 ὃς ἐκάθισεν ἐν δεξιᾷ τ. θρόνου τ. μεγαλωσύνης ἐν τ. οὐρανοῖς
12 2 [1] ἐν δεξιᾷ τε τ. θρόνου τ. Θεοῦ κεκάθικεν
Re 1 4 ἀπὸ τ. ἑπτὰ πνευμάτων ἃ ἐνώπιον τ. θρόνου αὐτοῦ
2 13 [2] ὅπου ὁ θρόνος τοῦ Σατανᾶ
3 21 δώσω αὐτῷ καθίσαι μετ' ἐμοῦ ἐν τ. θρόνῳ μου,
ὡς κἀγὼ . . . ἐκάθισα μετὰ τ. πατρός μου ἐν τ. θρόνῳ αὐτοῦ
4 2 ἰδοὺ θρόνος ἔκειτο ἐν τ. οὐρανῷ,
κ. ἐπὶ τ. θρόνου καθήμενος
3 ἶρις κυκλόθεν τ. θρόνου ὅμοιος ὁράσει σμαραγδίνῳ.
4 κ. κυκλόθεν τ. θρόνου θρόνοι εἴκοσι τέσσαρες,
θρόνους . . . τέσσαρας, TWH mg.
κ. ἐπὶ τ. θρόνους εἴκοσι τέσσαρας πρεσβυτέρους καθημένους
5 ἐκ τ. θρόνου ἐκπορεύονται ἀστραπαί
5 ἑπτὰ λαμπάδες πυρὸς καιόμεναι ἐνώπιον τ. θρόνου
6 ἐνώπιον τ. θρόνου ὡς θάλασσα ὑαλίνη
6 ἐν μέσῳ τ. θρόνου κ. κύκλῳ τ. θρόνου τέσσερα ζῷα
9 ὅταν δώσουσιν . . . εὐχαριστίαν τ. καθημένῳ ἐπὶ τ. θρόνου
τ. θρόνῳ, TWH mg.
10 πεσοῦνται . . . ἐνώπιον τ. καθημένου ἐπὶ τ. θρόνου
10 κ. βαλοῦσι τ. στεφάνους αὐτῶν ἐνώπιον τ. θρόνου
5 1 εἶδον ἐπὶ τ. δεξιὰν τ. καθημένου ἐπὶ τ. θρόνου βιβλίον
6 εἶδον ἐν μέσῳ τ. θρόνου . . . ἀρνίον ἑστηκός
7 εἴληφεν ἐκ τ. δεξιᾶς τ. καθημένου ἐπὶ τ. θρόνου
11 ἤκουσα φωνὴν ἀγγέλων πολλῶν κύκλῳ τ. θρόνου
13 τ. καθημένῳ ἐπὶ τ. θρόνου κ. τ. ἀρνίῳ ἡ εὐλογία
τ. θρόνῳ, TWH mg.
6 16 κρύψατε ἡμᾶς ἀπὸ προσώπου τ. καθημένου ἐπὶ τ. θρόνου
τ. θρόνῳ, T
7 9 ἑστῶτες ἐνώπιον τ. θρόνου κ. ἐνώπιον τ. ἀρνίου
10 ἡ σωτηρία τ. Θεῷ ἡμῶν τ. καθημένῳ ἐπὶ τ. θρόνῳ
11 πάντες οἱ ἄγγελοι εἱστήκεισαν κύκλῳ τ. θρόνου
11 κ. ἔπεσαν ἐνώπιον τ. θρόνου ἐπὶ τὰ πρόσωπα αὐτῶν
15 [1] διὰ τοῦτό εἰσιν ἐνώπιον τ. θρόνου τ. Θεοῦ
15 ὁ καθήμενος ἐπὶ τ. θρόνου σκηνώσει ἐπ αὐτούς
τ. θρόνῳ, T
17 ὅτι τὸ ἀρνίον τὸ ἀνὰ μέσον τ. θρόνου ποιμανεῖ αὐτούς

Re 8 3 ἐπὶ τὸ θυσιαστήριον τὸ χρυσοῦν τὸ ἐνώπιον τ. θρόνου
11 16 οἱ ἐνώπιον τ. Θεοῦ καθήμενοι ἐπὶ τ. θρόνους αὐτῶν
12 5 [1] ἡρπάσθη τὸ τέκνον αὐτῆς πρὸς τ. Θεὸν κ. πρὸς τ. θρόνον αὐτοῦ
13 2 ἔδωκεν αὐτῷ ὁ δράκων . . . τ. θρόνον αὐτοῦ
14 3 ᾄδουσιν ὡς ᾠδὴν καινὴν ἐνώπιον τ. θρόνου
16 10 [2] ὁ πέμπτος ἐξέχεεν τ. φιάλην αὐτοῦ ἐπὶ τ. θρόνον τ. θηρίου
17 ἐξῆλθεν φωνὴ μεγάλη ἐκ τ. ναοῦ ἀπὸ τ. θρόνου
19 4 προσεκύνησαν τ. Θεῷ τ. καθημένῳ ἐπὶ τ. θρόνῳ
5 φωνὴ ἀπὸ τ. θρόνου ἐξῆλθεν
ἐκ τ. θρ., T
20 4 εἶδον θρόνους κ. ἐκάθισαν ἐπ' αὐτούς
11 εἶδον θρόνον μέγαν λευκόν
12 εἶδον τ. νεκροὺς . . . ἑστῶτας ἐνώπιον τ. θρόνου
21 3 ἤκουσα φωνῆς μεγάλης ἐκ τ. θρόνου
5 εἶπεν ὁ καθήμενος ἐπὶ τ. θρόνῳ
22 1 [1] ποταμὸν ὕδατος ζωῆς . . . ἐκπορευόμενον ἐκ τ. θρόνου τ. Θεοῦ
3 [1] ὁ θρόνος τ. Θεοῦ κ. τ. ἀρνίου ἐν αὐτῇ ἔσται

ΘΥΑ'ΤΕΙΡΑ 2363

Ac 16 14 πορφυρόπωλις πόλεως Θυατείρων
Re 1 11 πέμψον . . . εἰς Πέργαμον κ. εἰς Θυάτειρα κ. εἰς Σάρδεις
2 18 τ. ἀγγέλῳ τῷ ἐν Θυατείροις ἐκκλησίας γράψον
τῆς ἐν, TR
24 ὑμῖν δὲ λέγω τ. λοιποῖς τοῖς ἐν Θυατείροις

ΘΥΓΑ'ΤΗΡ 2364

(1) θυγ. Σιών, Ἱερουσαλήμ (2) θυγ. Ἀαρών, Ἀβραάμ (3) θυγάτηρ, *voc.*, θύγατερ

Mt 9 18 ἡ θυγάτηρ μου ἄρτι ἐτελεύτησεν
22 [3] ἰδὼν αὐτὴν εἶπεν Θάρσει θύγατερ
10 35 ἦλθον γὰρ διχάσαι . . . θυγατέρα κατὰ τ. μητρὸς αὐτῆς
37 ὁ φιλῶν υἱὸν ἢ θυγατέρα ὑπὲρ ἐμέ
14 6 ὠρχήσατο ἡ θυγάτηρ τ. Ἡρῳδιάδος ἐν τ. μέσῳ
15 22 ἡ θυγάτηρ μου κακῶς δαιμονίζεται
28 ἰάθη ἡ θυγάτηρ αὐτῆς ἀπὸ τ. ὥρας ἐκείνης
21 5 [1] εἴπατε τ. θυγατρὶ Σιών
גִּילִי מְאֹד בַּת־צִיּוֹן, Zech. ix. 9
Mk 5 34 [3] θυγάτηρ ἡ πίστις σου σέσωκέν σε
θύγατερ, T
35 ἡ θυγάτηρ σου ἀπέθανεν
6 22 εἰσελθούσης τ. θυγατρὸς αὐτοῦ τ. Ἡρῳδιάδος
7 26 ἠρώτα αὐτὸν ἵνα τὸ δαιμόνιον ἐκβάλῃ ἐκ τ. θυγατρὸς αὐτῆς
29 ἐξελήλυθεν ἐκ τ. θυγατρός σου τὸ δαιμόνιον
Lu 1 5 [2] κ. γυνὴ αὐτῷ ἐκ τ. θυγατέρων Ἀαρών
2 36 ἦν Ἄννα προφῆτις θυγάτηρ Φανουήλ
8 42 θυγάτηρ μονογενὴς ἦν αὐτῷ ὡς ἐτῶν δώδεκα
48 [3] θυγάτηρ ἡ πίστις σου σέσωκέν σε
θύγατερ, T
49 τέθνηκεν ἡ θυγάτηρ σου
Lu 12 53 μήτηρ ἐπὶ θυγατέρα κ. θυγάτηρ ἐπὶ τ. μητέρα
13 16 [2] ταύτην δὲ θυγατέρα Ἀβραὰμ οὖσαν
23 28 [1] θυγατέρες Ἱερουσαλὴμ μὴ κλαίετε ἐπ' ἐμέ
Jo 12 15 [1] [3] μὴ φοβοῦ θυγάτηρ Σιών
Ac 2 17 προφητεύσουσιν οἱ υἱοὶ ὑμῶν κ. αἱ θυγατέρες ὑμῶν
נִבְּאוּ בְּנֵיכֶם וּבְנוֹתֵיכֶם, Joel iii. 1
7 21 ἀνείλατο αὐτὸν ἡ θυγάτηρ Φαραώ
21 9 τούτῳ δὲ ἦσαν θυγατέρες τέσσαρες παρθένοι προφητεύουσαι
II Co 6 18 ὑμεῖς ἔσεσθέ μοι εἰς υἱοὺς κ. θυγατέρας
הוּא יִהְיֶה־לִּי לְבֵן, 2 Sam. vii. 14, *cf.* Jer. xxxi. 33
He 11 24 πίστει Μωυσῆς . . . ἠρνήσατο λέγεσθαι υἱὸς θυγατρὸς Φαραώ

ΘΥΓΑ'ΤΡΙΟΝ* 2365

Mk 5 23 τὸ θυγάτριόν μου ἐσχάτως ἔχει
7 25 ἧς εἶχεν τὸ θυγάτριον αὐτῆς πνεῦμα ἀκάθαρτον

ΘΥ'ΕΛΛΑ 2366

He 12 18 οὐ γὰρ προσεληλύθατε . . . ζόφῳ κ. θυέλλῃ κ. σάλπιγγος ἤχῳ

ΘΥ'ΙΝΟΣ** 2367

Re 18 12 πᾶν ξύλον θύινον
θύϊνον, T

ΘΥΜΙ'ΑΜΑ 2368

Lu 1 10 προσευχόμενον ἔξω τ. ὥρᾳ τ. θυμιάματος
11 ἑστὼς ἐκ δεξιῶν τ. θυσιαστηρίου τ. θυμιάματος
Re 5 8 ἔχοντες . . . φιάλας χρυσᾶς γεμούσας θυμιαμάτων
8 3 ἐδόθη αὐτῷ θυμιάματα πολλά
4 ἀνέβη ὁ καπνὸς τ. θυμιαμάτων τ. προσευχαῖς τ. ἁγίων
18 13 ἄμωμον κ. θυμιάματα κ. μύρον

ΘΥΜΙΑΤΗ'ΡΙΟΝ 2369

He 9 4 χρυσοῦν ἔχουσα θυμιατήριον

ΘΥΜΙΑ'Ω 2370

Lu 1 9 ἔλαχεν τοῦ θυμιᾶσαι εἰσελθὼν εἰς τ. ναὸν τ. Κυρίου

ΘΥΜΟΜΑΧΕ'Ω* 2371

Ac 12 20 ἦν δὲ θυμομαχῶν Τυρίοις κ. Σιδωνίοις

ΘΥΜΟ'ΟΜΑΙ 2373

Mt 2 16 τότε Ἡρῴδης . . . ἐθυμώθη λίαν

ΘΥΜΟ'Σ 2372

Lu 4 28 ἐπλήσθησαν πάντες θυμοῦ ἐν τ. συναγωγῇ
Ac 19 28 ἀκούσαντες δὲ κ. γενόμενοι πλήρεις θυμοῦ
Ro 2 8 ὀργὴ κ. θυμὸς θλῖψις κ. στενοχωρία
II Co 12 20 μή πως ἔρις ζῆλος θυμοὶ ἐριθίαι
Ga 5 20 ἔρις ζῆλος θυμοὶ ἐριθίαι
Eph 4 31 πᾶσα πικρία κ. θυμὸς . . . ἀρθήτω ἀφ' ὑμῶν
Col 3 8 νυνὶ δὲ ἀπόθεσθε κ. ὑμεῖς τὰ πάντα ὀργὴν θυμόν

He 11 27 μὴ φοβηθεὶς τ. θυμὸν τ. βασιλέως
Re 12 12 κατέβη ὁ διάβολος πρὸς ὑμᾶς ἔχων θυμὸν μέγαν
14 8 ἐκ τ. οἴνου τ. θυμοῦ τ. πορνείας αὐτῆς πεπότικεν πάντα τὰ ἔθνη
10 αὐτὸς πίεται ἐκ τ. οἴνου τ. θυμοῦ τ. Θεοῦ
19 ἔβαλεν εἰς τὴν ληνὸν τ. θυμοῦ τ. Θεοῦ τὸν μέγαν
15 1 ὅτι ἐν αὐταῖς ἐτελέσθη ὁ θυμὸς τ. Θεοῦ
7 ἑπτὰ φιάλας χρυσᾶς γεμούσας τ. θυμοῦ τ. Θεοῦ
16 1 ἐκχέετε τ. ἑπτὰ φιάλας τ. θυμοῦ τ. Θεοῦ εἰς τ. γῆν
19 δοῦναι αὐτῇ τὸ ποτήριον τ. οἴνου τ. θυμοῦ τ. ὀργῆς αὐτοῦ
18 3 ὅτι ἐκ τ. οἴνου τ. θυμοῦ τ. πορνείας αὐτῆς πέπτωκαν πάντα τὰ ἔθνη
19 15 αὐτὸς πατεῖ τὴν ληνὸν τ. οἴνου τ. θυμοῦ τ. ὀργῆς τ. Θεοῦ

ΘΥ΄ΡΑ 2374

(1) metaph. (2) ἐπὶ θύρᾳ, θύραις

Mt 6 6 κλείσας τ. θύραν σου πρόσευξαι τ. πατρί σου
24 33 [2] γινώσκετε ὅτι ἐγγύς ἐστιν ἐπὶ θύραις
25 10 ἐκλείσθη ἡ θύρα
27 60 προσκυλίσας λίθον μέγαν τ. θύρᾳ τ. μνημείου
Mk 1 33 ἦν ὅλη ἡ πόλις ἐπισυνηγμένη πρὸς τ. θύραν
2 2 ὥστε μηκέτι χωρεῖν μηδὲ τὰ πρὸς τ. θύραν
11 4 εὗρον πῶλον δεδεμένον πρὸς θύραν ἔξω
πρὸς τὴν θύρ., TR
13 29 [2] γινώσκετε ὅτι ἐγγύς ἐστιν ἐπὶ θύραις
15 46 προσεκύλισεν λίθον ἐπὶ τ. θύραν τ. μνημείου
16 3 τίς ἀποκυλίσει ἡμῖν τ. λίθον ἐκ τ. θύρας τ. μνημείου;
Lu 11 7 ἤδη ἡ θύρα κέκλεισται
13 24 [1] ἀγωνίζεσθε εἰσελθεῖν διὰ τ. στενῆς θύρας
25 ἀφ' οὗ ἂν . . . ἀποκλείσῃ τ. θύραν,
κ. ἄρξησθε ἔξω ἑστάναι κ. κρούειν τ. θύραν
Jo 10 1 ὁ μὴ εἰσερχόμενος διὰ τ. θύρας εἰς τ. αὐλὴν τ. προβάτων
2 ὁ δὲ εἰσερχόμενος διὰ τ. θύρας
7 [1] ἐγώ εἰμι ἡ θύρα τ. προβάτων
9 [1] ἐγώ εἰμι ἡ θύρα
18 16 ὁ δὲ Πέτρος εἱστήκει πρὸς τ. θύρᾳ ἔξω
20 19 τ. θυρῶν κεκλεισμένων ὅπου ἦσαν οἱ μαθηταί
26 ἔρχεται ὁ Ἰησοῦς τ. θυρῶν κεκλεισμένων
Ac 3 2 ὃν ἐτίθουν καθ' ἡμέραν πρὸς τ. θύραν τ. ἱεροῦ τ. λεγομένην Ὡραίαν
5 9 [2] οἱ πόδες τ. θαψάντων τ. ἄνδρα σου ἐπὶ τ. θύρᾳ
19 ἄγγελος δὲ Κυρίου διὰ νυκτὸς ἤνοιξεν τ. θύρας τ. φυλακῆς
23 εὕρομεν . . . τ. φύλακας ἑστῶτας ἐπὶ τ. θυρῶν
12 6 φύλακές τε πρὸ τ. θύρας ἐτήρουν τ. φυλακήν
13 κρούσαντος δὲ αὐτοῦ τ. θύραν τ. πυλῶνος
14 27 [1] ὅτι ἤνοιξεν τ. ἔθνεσι θύραν πίστεως
16 26 ἠνεῴχθησαν δὲ παραχρῆμα αἱ θύραι πᾶσαι
27 ἰδὼν ἀνεῳγμένας τ. θύρας τ. φυλακῆς
21 30 εὐθέως ἐκλείσθησαν αἱ θύραι
1Co 16 9 [1] θύρα γάρ μοι ἀνέῳγεν μεγάλη
IICo 2 12 [1] θύρας μοι ἀνεῳγμένης ἐν Κυρίῳ
Col 4 3 [1] ἵνα ὁ Θεὸς ἀνοίξῃ ἡμῖν θύραν τ. λόγου
Ja 5 9 ἰδοὺ ὁ κριτὴς πρὸ τ. θυρῶν ἕστηκεν
Re 3 8 [1] ἰδοὺ δέδωκα ἐνώπιόν σου θύραν ἠνεῳγμένην
20 ἰδοὺ ἕστηκα ἐπὶ τ. θύραν κ. κρούω· ἐάν τις ἀκούσῃ τ. φωνῆς μου κ. ἀνοίξῃ τ. θύραν
4 1 ἰδοὺ θύρα ἠνεῳγμένη ἐν τ. οὐρανῷ

ΘΥΡΕΟ΄Σ 2375

Eph 6 16 ἐν πᾶσιν ἀναλαβόντες τ. θυρεὸν τ. πίστεως

ΘΥΡΙ΄Σ 2376

Ac 20 9 καθεζόμενος δέ τις νεανίας ὀνόματι Εὔτυχος ἐπὶ τ. θυρίδος
IICo 11 33 διὰ θυρίδος ἐν σαργάνῃ ἐχαλάσθην

ΘΥΡΩΡΟ΄Σ 2377

Mk 13 34 τῷ θυρωρῷ ἐνετείλατο ἵνα γρηγορῇ
Jo 10 3 τούτῳ ὁ θυρωρὸς ἀνοίγει
18 16 εἶπεν τῇ θυρωρῷ κ. εἰσήγαγεν τ. Πέτρον.
17 λέγει οὖν τ. Πέτρῳ ἡ παιδίσκη ἡ θυρωρός

ΘΥΣΙ΄Α 2378

Mt 9 13 ἔλεος θέλω κ. οὐ θυσίαν
חֶסֶד חָפַצְתִּי וְלֹא־זָבַח, Hos. vi. 6
12 7 ἔλεος θέλω κ. οὐ θυσίαν, Hos. l.c.
Mk 9 49 πᾶσα γὰρ θυσία ἁλὶ ἁλισθήσεται
—h. v., TWH non mg. R non mg.
12 33 περισσότερόν ἐστιν πάντων τ. ὁλοκαυτωμάτων κ. θυσιῶν
κ. τῶν θυσ., T
Lu 2 24 τοῦ δοῦναι θυσίαν κατὰ τὸ εἰρημένον ἐν τ. νόμῳ Κυρίου
13 1 ὧν τὸ αἷμα Πειλᾶτος ἔμιξεν μετὰ τ. θυσιῶν αὐτῶν
Ac 7 41 ἀνήγαγον θυσίαν τ. εἰδώλῳ
42 μὴ σφάγια κ. θυσίας προσηνέγκατέ μοι
הַזְּבָחִים וּמִנְחָה הִגַּשְׁתֶּם־לִי, Am. v. 25
Ro 12 1 παραστῆσαι τὰ σώματα ὑμῶν θυσίαν ζῶσαν
1Co 10 18 οὐχ οἱ ἐσθίοντες τ. θυσίας κοινωνοὶ τ. θυσιαστηρίου εἰσίν;
Eph 5 2 παρέδωκεν ἑαυτὸν ὑπὲρ ὑμῶν προσφορὰν κ. θυσίαν τ. Θεῷ
Phl 2 17 εἰ κ. σπένδομαι ἐπὶ τ. θυσίᾳ . . . τ. πίστεως ὑμῶν
4 18 ὀσμὴν εὐωδίας θυσίαν δεκτὴν εὐάρεστον τ. Θεῷ
He 5 1 ἵνα προσφέρῃ δῶρά τε κ. θυσίας ὑπὲρ ἁμαρτιῶν
7 27 πρότερον ὑπὲρ τ. ἰδίων ἁμαρτιῶν θυσίας ἀναφέρειν
8 3 εἰς τὸ προσφέρειν δῶρά τε κ. θυσίας καθίσταται
9 9 καθ' ἣν δῶρά τε κ. θυσίαι προσφέρονται
23 αὐτὰ δὲ τὰ ἐπουράνια κρείττοσι θυσίαις παρὰ ταύτας
26 εἰς ἀθέτησιν τ. ἁμαρτίας διὰ τ. θυσίας αὐτοῦ πεφανέρωται
10 1 κατ' ἐνιαυτὸν τ. αὐταῖς θυσίαις ἃς προσφέρουσιν
θυσ. αὐτῶν, WH mg.

He 10 5 θυσίαν κ. προσφορὰν οὐκ ἠθέλησας
זֶבַח וּמִנְחָה לֹא־חָפַצְתָּ, Ps. xl. 7
8 θυσίας κ. προσφορὰς . . . οὐκ ἠθέλησας, Ps. *l.c.*
11 τ. αὐτὰς πολλάκις προσφέρων θυσίας
12 οὗτος δὲ μίαν ὑπὲρ ἁμαρτιῶν προσενέγκας θυσίαν
26 οὐκέτι περὶ ἁμαρτιῶν ἀπολείπεται θυσία
11 4 πίστει πλείονα θυσίαν Ἄβελ παρὰ Κάϊν προσήνεγκεν τ. Θεῷ
13 15 δι' αὐτοῦ ἀναφέρωμεν θυσίαν αἰνέσεως
16 τοιαύταις γὰρ θυσίαις εὐαρεστεῖται ὁ Θεός
1 Pe 2 5 ἀνενέγκαι πνευματικὰς θυσίας εὐπροσδέκτους Θεῷ

ΘΥΣΙΑΣΤΗΡΙΟΝ † 2379

Mt 5 23 ἐὰν οὖν προσφέρῃς τὸ δῶρόν σου ἐπὶ τὸ θυσιαστήριον
24 ἄφες ἐκεῖ τὸ δῶρόν σου ἔμπροσθεν τ. θυσιαστηρίου
23 18 ὃς ἂν ὀμόσῃ ἐν τ. θυσιαστηρίῳ οὐδέν ἐστιν
19 τὸ δῶρον ἢ τὸ θυσιαστήριον τὸ ἁγιάζον τὸ δῶρον;
20 ὁ οὖν ὀμόσας ἐν τ. θυσιαστηρίῳ
35 ὃν ἐφονεύσατε μεταξὺ τ. ναοῦ κ. τ. θυσιαστηρίου
Lu 1 11 ἑστὼς ἐκ δεξιῶν τ. θυσιαστηρίου τ. θυμιάματος
11 51 Ζαχαρίου τ. ἀπολομένου μεταξὺ τ. θυσιαστηρίου κ. τ. οἴκου
Ro 11 3 τὰ θυσιαστήριά σου κατέσκαψαν
אֶת־מִזְבְּחֹתֶיךָ הָרָסוּ, 1 Ki. xix. 10
1 Co 9 13 οἱ τ. θυσιαστηρίῳ παρεδρεύοντες τ. θυσιαστηρίῳ συνμερίζονται
10 18 οὐχ οἱ ἐσθίοντες τ. θυσίας κοινωνοὶ τ. θυσιαστηρίου εἰσίν;
He 7 13 ἀφ' ἧς οὐδεὶς προσέσχηκεν τ. θυσιαστηρίῳ
13 10 ἔχομεν θυσιαστήριον ἐξ οὗ φαγεῖν οὐκ ἔχουσιν ἐξουσίαν
Ja 2 21 ἀνενέγκας Ἰσαὰκ τ. υἱὸν αὐτοῦ ἐπὶ τὸ θυσιαστήριον
Re 6 9 εἶδον ὑποκάτω τ. θυσιαστηρίου τ. ψυχὰς τ. ἐσφαγμένων
8 3 ἐστάθη ἐπὶ τ. θυσιαστηρίου ἔχων λιβανωτὸν χρυσοῦν
ἐπὶ τὸ θυσιαστήριον, WH mg.
3 ἵνα δώσει . . . ἐπὶ τὸ θυσιαστήριον τὸ χρυσοῦν τὸ ἐνώπιον τ. θρόνου

Re 8 5 ἐγέμισεν αὐτὸν ἐκ τ. πυρὸς τ. θυσιαστηρίου
9 13 ἤκουσα φωνὴν μίαν ἐκ τ. κεράτων τ. θυσιαστηρίου τ. χρυσοῦ
11 1 μέτρησον τ. ναὸν τ. Θεοῦ κ. τὸ θυσιαστήριον
14 18 ἄλλος ἄγγελος ἐξῆλθεν ἐκ τ. θυσιαστηρίου
16 7 ἤκουσα τ. θυσιαστηρίου λέγοντος

ΘΥΩ 2380

Mt 22 4 οἱ ταῦροί μου κ. τὰ σιτιστὰ τεθυμένα
Mk 14 12 ὅτε τὸ πάσχα ἔθυον
Lu 15 23 φέρετε τ. μόσχον τ. σιτευτὸν θύσατε
27 ἔθυσεν ὁ πατήρ σου τ. μόσχον τ. σιτευτόν
30 ἔθυσας αὐτῷ τ. σιτευτὸν μόσχον
22 7 ᾗ ἔδει θύεσθαι τὸ πάσχα
Jo 10 10 εἰ μὴ ἵνα κλέψῃ κ. θύσῃ κ. ἀπολέσῃ
Ac 10 13 ἀναστάς Πέτρε θῦσον κ. φάγε
11 7 ἀναστάς Πέτρε θῦσον κ. φάγε
14 13 ὅ τε ἱερεὺς τ. Διὸς . . . σὺν τ. ὄχλοις ἤθελεν θύειν
18 μόλις κατέπαυσαν τ. ὄχλους τοῦ μὴ θύειν αὐτοῖς
1 Co 5 7 κ. γὰρ τὸ πάσχα ἡμῶν ἐτύθη Χριστός
10 20 ἀλλ' ὅτι θύουσιν τὰ ἔθνη δαιμονίοις κ. οὐ Θεῷ θύουσιν

ΘΩΜΑΣ 2381

Mt 10 3 Θωμᾶς κ. Μαθθαῖος ὁ τελώνης
Mk 3 18 Μαθθαῖον κ. Θωμᾶν
Lu 6 15 Μαθθαῖον κ. Θωμᾶν
Jo 11 16 εἶπεν οὖν Θωμᾶς ὁ λεγόμενος Δίδυμος
14 5 λέγει αὐτῷ Θωμᾶς
20 24 Θωμᾶς δὲ εἷς ἐκ τ. δώδεκα ὁ λεγόμενος Δίδυμος
26 πάλιν ἦσαν ἔσω οἱ μαθηταὶ αὐτοῦ κ. Θωμᾶς μετ' αὐτῶν
27 εἶτα λέγει τῷ Θωμᾷ
28 ἀπεκρίθη Θωμᾶς κ. εἶπεν αὐτῷ
21 2 ἦσαν ὁμοῦ Σίμων Πέτρος κ. Θωμᾶς ὁ λεγόμενος Δίδυμος
Ac 1 13 Φίλιππος κ. Θωμᾶς

ΘΩΡΑΞ 2382

Eph 6 14 ἐνδυσάμενοι τ. θώρακα τ. δικαιοσύνης
1 Th 5 8 ἐνδυσάμενοι θώρακα πίστεως κ. ἀγάπης
Re 9 9 εἶχαν θώρακας ὡς θώρακας σιδηροῦς
17 ἔχοντας θώρακας πυρίνους κ. ὑακινθίνους κ. θειώδεις

I

ἸΑΕΙΡΟΣ 2383

Mk 5 22 ἔρχεται εἷς τ. ἀρχισυναγώγων ὀνόματι Ἰάειρος
Lu 8 41 ἦλθεν ἀνὴρ ᾧ ὄνομα Ἰάειρος

ἸΑΚΩΒ 2384

(1) Jos. pater

Mt 1 2 Ἰσαὰκ δὲ ἐγέννησεν τ. Ἰακώβ·
Ἰ. δὲ ἐγέννησεν τ. Ἰούδαν κ. τ. ἀδελφοὺς αὐτοῦ

Mt 1 15 [1] Μαθθὰν δὲ ἐγέννησεν τ. Ἰακώβ·
16 [1] Ἰ. δὲ ἐγέννησεν τ. Ἰωσὴφ τ. ἄνδρα Μαρίας
8 11 ἀνακλιθήσονται μετὰ Ἀβραὰμ κ. Ἰσαὰκ κ. Ἰακώβ
22 32 ἐγώ εἰμι ὁ Θεὸς Ἀβραὰμ κ. ὁ Θεὸς Ἰσαὰκ κ. ὁ Θεὸς Ἰακώβ
אָנֹכִי . . . אֱלֹהֵי אַבְרָהָם אֱלֹהֵי יִצְחָק וֵאלֹהֵי יַעֲקֹב, Ex. iii. 6

Mk 12 26 ἐγὼ ὁ Θεὸς Ἀβραὰμ κ. Θεὸς Ἰσαὰκ κ. Θεὸς Ἰακώβ, Ex. *l.c.*
Lu 1 33 βασιλεύσει ἐπὶ τ. οἶκοι Ἰακὼβ εἰς τ. αἰῶνας
3 34 τοῦ Ἰούδα τοῦ Ἰακὼβ τοῦ Ἰσαάκ
13 28 ὅταν ὄψησθε Ἀβραὰμ κ. Ἰσαὰκ κ. Ἰακώβ
20 37 ὡς λέγει Κύριον τ. Θεὸν Ἀβραὰμ κ. Θεὸν Ἰσαὰκ κ. Θεὸν Ἰακώβ, Ex. *l.c.*
Jo 4 5 ὃ ἔδωκεν Ἰ. τῷ Ἰωσὴφ τ. υἱῷ αὐτοῦ.
6 ἦν δὲ ἐκεῖ πηγὴ τοῦ Ἰακώβ
12 μὴ σὺ μείζων εἶ τ. πατρὸς ἡμῶν Ἰακώβ
Ac 3 13 ὁ Θεὸς Ἀβραὰμ κ. Ἰσαὰκ κ. Ἰακώβ
κ. ὁ Θεὸς Ἰακ., T
7 8 ἐγέννησεν . . . Ἰσαὰκ τ. Ἰακὼβ κ. Ἰακὼβ τ. δώδεκα πατριάρχας
12 ἀκούσας δὲ Ἰακὼβ ὄντα σιτία εἰς Αἴγυπτον
14 ἀποστείλας δὲ Ἰωσὴφ μετεκαλέσατο Ἰακὼβ τ. πατέρα αὐτοῦ
15 κατέβη δὲ Ἰακὼβ εἰς Αἴγυπτον
32 ἐγὼ . . . ὁ Θεὸς Ἀβραὰμ κ. Ἰσαὰκ κ. Ἰακώβ, Ex. *l.c.*
46 ᾐτήσατο εὑρεῖν σκήνωμα τ. Θεῷ Ἰακώβ
Ro 9 13 τ. Ἰακὼβ ἠγάπησα τ. δὲ Ἠσαῦ ἐμίσησα
אֹהַב אֶת־יַעֲקֹב וְאֶת־עֵשָׂו שָׂנֵאתִי, Mal. i. 2, 3
11 26 ἀποστρέψει ἀσεβείας ἀπὸ Ἰακώβ
לְשָׁבֵי פֶשַׁע בְּיַעֲקֹב, Is. lix. 20
He 11 9 ἐν σκηναῖς κατοικήσας μετὰ Ἰσαὰκ κ. Ἰακώβ
20 πίστει κ. περὶ μελλόντων εὐλόγησεν Ἰσαὰκ τ. Ἰακὼβ κ. τ. Ἠσαῦ.
21 πίστει Ἰακὼβ ἀποθνήσκων ἕκαστον τ. υἱῶν Ἰωσὴφ εὐλόγησεν

ἸΆΚΩΒΟΣ 2385

(1) ὁ μικρός, Alph. filius (2) frater Dom. (3) pater (?) Jud.

Mt 4 21 εἶδεν ἄλλους δύο ἀδελφοὺς Ἰάκωβον τὸν τ. Ζεβεδαίου
10 2 Ἰάκωβος ὁ τ. Ζεβεδαίου κ. Ἰωάνης ὁ ἀδελφὸς αὐτοῦ
3 [1] Ἰάκωβος ὁ τ. Ἀλφαίου κ. Θαδδαῖος
13 55 [2] οἱ ἀδελφοὶ αὐτοῦ Ἰάκωβος κ. Ἰωσήφ
17 1 παραλαμβάνει ὁ Ἰησοῦς τ. Πέτρον κ. Ἰάκωβον κ. Ἰωάνην
τὸν Ἰάκ., WH mg.
27 56 [1] Μαρία ἡ τ. Ἰακώβου κ. Ἰωσὴφ μήτηρ
Mk 1 19 εἶδεν Ἰάκωβον τὸν τ. Ζεβεδαίου
29 ἦλθον εἰς τ. οἰκίαν . . . μετὰ Ἰακώβου κ. Ἰωάνου
2 14 [1] παράγων εἶδεν Ἰάκωβον τὸν τ. Ἀλφαίου
Λευεὶν, TWH non mg. R
3 17 Ἰάκωβον τὸν τ. Ζεβεδαίου κ. Ἰωάνην τ. ἀδελφὸν τ. Ἰακώβου
18 [1] Ἰάκωβον τὸν τ. Ἀλφαίου κ. Θαδδαῖον
5 37 οὐκ ἀφῆκεν . . . εἰ μὴ τ. Πέτρον κ. Ἰάκωβον κ. Ἰωάνην τ. ἀδελφὸν Ἰακώβου
6 3 [2] ὁ τέκτων . . . ἀδελφὸς Ἰακώβου κ. Ἰωσῆτος
9 2 παραλαμβάνει ὁ Ἰησοῦς τ. Πέτρον κ. τ. Ἰάκωβον κ. Ἰωάνην
10 35 Ἰάκωβος κ. Ἰωάνης οἱ δύο υἱοὶ Ζεβεδαίου
41 ἤρξαντο ἀγανακτεῖν περὶ Ἰακώβου κ. Ἰωάνου
13 3 ἐπηρώτα αὐτὸν κατ' ἰδίαν Πέτρος κ. Ἰάκωβος
Mk 14 33 παραλαμβάνει τ. Πέτρον κ. τ. Ἰάκωβον κ. τ. Ἰωάνην
κ. Ἰάκ., TWH mg.
15 40 [1] Μαρία ἡ Ἰακώβου τ. μικροῦ κ. Ἰωσῆτος μήτηρ
16 1 [1] Μαρία ἡ τ. Ἰακώβου κ. Σαλώμη
—τοῦ, T [WH]
Lu 5 10 ὁμοίως δὲ κ. Ἰάκωβον κ. Ἰωάνην
6 14 ἐκλεξάμενος ἀπ' αὐτῶν δώδεκα . . . κ. Ἰάκωβον κ. Ἰωάνην
15 [1] κ. Ἰάκωβον Ἀλφαίου κ. Σίμωνα
16 [3] κ. Ἰούδαν Ἰακώβου κ. Ἰούδαν Ἰσκαριώθ
8 51 οὐκ ἀφῆκεν . . . εἰ μὴ Πέτρον κ. Ἰωάνην κ. Ἰάκωβον
9 28 παραλαβὼν Πέτρον κ. Ἰωάνην κ. Ἰάκωβον
54 ἰδόντες δὲ οἱ μαθηταὶ Ἰάκωβος κ. Ἰωάνης
24 10 [1] Ἰωάνα κ. Μαρία ἡ Ἰακώβου
Ac 1 13 ὅ τε Πέτρος κ. Ἰωάνης κ. Ἰάκωβος
13 [1] Ἰάκωβος Ἀλφαίου κ. Σίμων ὁ ζηλωτής,
[3] κ. Ἰούδας Ἰακώβου
12 2 ἀνεῖλεν δὲ Ἰάκωβον τ. ἀδελφὸν Ἰωάνου μαχαίρῃ
17 [2] ἀπαγγείλατε Ἰακώβῳ κ. τ. ἀδελφοῖς ταῦτα
15 13 [2] ἀπεκρίθη Ἰάκωβος λέγων
21 18 [2] εἰσῄει ὁ Παῦλος σὺν ἡμῖν πρὸς Ἰάκωβον
1 Co 15 7 [2] ἔπειτα ὤφθη Ἰακώβῳ
Ga 1 19 [2] ἕτερον δὲ τ. ἀποστόλων οὐκ εἶδον εἰ μὴ Ἰάκωβον τ. ἀδελφὸν τ. Κυρίου
2 9 [2] Ἰάκωβος κ. Κηφᾶς κ. Ἰωάνης οἱ δοκοῦντες στύλοι εἶναι
12 [2] πρὸ τοῦ γὰρ ἐλθεῖν τινὰς ἀπὸ Ἰακώβου
Ja 1 1 [2] Ἰάκωβος Θεοῦ κ. Κυρίου Ἰησοῦ Χριστοῦ δοῦλος
Ju 1 [2] Ἰούδας Ἰησοῦ Χριστοῦ δοῦλος ἀδελφὸς δὲ Ἰακώβου

ἼΑΜΑ 2386

1 Co 12 9 ἄλλῳ δὲ χαρίσματα ἰαμάτων
28 ἔπειτα χαρίσματα ἰαμάτων
30 μὴ πάντες χαρίσματα ἔχουσιν ἰαμάτων

ἸΑΜΒΡΗ͂Σ 2387

II Ti 3 8 ὃν τρόπον δὲ Ἰαννῆς κ. Ἰαμβρῆς ἀντέστησαν Μωυσεῖ

ἸΑΝΝΑΙ´ 2388

Lu 3 24 τοῦ Μελχεὶ τοῦ Ἰανναὶ τοῦ Ἰωσήφ

ἸΑΝΝΗ͂Σ 2389

II Ti 3 8 ὃν τρόπον δὲ Ἰαννῆς κ. Ἰαμβρῆς ἀντέστησαν Μωυσεῖ

ἸΆΟΜΑΙ 2390

(1) figur.

Mt 8 8 εἰπὲ λόγῳ κ. ἰαθήσεται ὁ παῖς μου
13 ἰάθη ὁ παῖς ἐν τ. ὥρᾳ ἐκείνῃ
13 15 [1] μήποτε . . . ἐπιστρέψωσιν κ. ἰάσομαι αὐτούς
פֶּן . . . וָשָׁב וְרָפָא לוֹ, Is. vi. 10
15 28 ἰάθη ἡ θυγάτηρ αὐτοῦ ἀπὸ τ. ὥρας ἐκείνης

Mk 5 29 ἔγνω τ. σώματι ὅτι ἴαται ἀπὸ τ. μάστιγος
Lu 5 17 δύναμις Κυρίου ἦν εἰς τὸ ἰᾶσθαι αὐτόν
6 18 οἳ ἦλθαν . . . ἰαθῆναι ἀπὸ τ. νόσων αὐτῶν
19 δύναμις παρ' αὐτοῦ ἐξήρχετο κ. ἰᾶτο πάντας
7 7 εἰπὲ λόγῳ κ. ἰαθήτω ὁ παῖς μου
8 47 ἀπήγγειλεν . . . ὡς ἰάθη παραχρῆμα
9 2 κηρύσσειν τ. βασιλείαν τ. Θεοῦ κ. ἰᾶσθαι
11 τοὺς χρείαν ἔχοντας θεραπείας ἰᾶτο
42 ἰάσατο τ. παῖδα
14 4 ἐπιλαβόμενος ἰάσατο αὐτὸν κ. ἀπέλυσεν
17 15 εἷς δὲ ἐξ αὐτῶν ἰδὼν ὅτι ἰάθη ὑπέστρεψεν
22 51 ἁψάμενος τ. ὠτίου ἰάσατο αὐτόν
Jo 4 47 ἠρώτα ἵνα καταβῇ κ. ἰάσηται αὐτοῦ τ. υἱόν
5 13 ὁ δὲ ἰαθεὶς οὐκ ᾔδει τίς ἐστιν
ἀσθενῶν, T
12 40 [1] ἵνα μὴ . . . στραφῶσιν κ. ἰάσομαι αὐτούς, Is. *l.c.*
Ac 9 34 Αἰνέα ἰᾶταί σε Ἰησοῦς Χριστός
10 38 ἰώμενος πάντας τ. καταδυναστευομένους ὑπὸ τ. διαβόλου
28 8 ἐπιθεὶς τ. χεῖρας αὐτῷ ἰάσατο αὐτόν
27 [1] μήποτε . . . ἐπιστρέψωσιν κ. ἰάσομαι αὐτούς, Is. *l.c.*
He 12 13 [1] ἵνα μὴ τὸ χωλὸν ἐκτραπῇ ἰαθῇ δὲ μᾶλλον
Ja 5 16 [1] προσεύχεσθε ὑπὲρ ἀλλήλων ὅπως ἰαθῆτε
1 Pe 2 24 [1] οὗ τ. μώλωπι ἰάθητε

ἸΑΡΕΤ 2391

Lu 3 37 τοῦ Ἐνὼχ τοῦ Ἰάρετ τοῦ Μαλελεήλ

ἼΑΣΙΣ 2392

Lu 13 32 ἰάσεις ἀποτελῶ σήμερον κ. αὔριον
Ac 4 22 ἐφ' ὃν γεγόνει τὸ σημεῖον τοῦτο τ. ἰάσεως
30 ἐν τῷ τ. χεῖρα ἐκτείνειν σε εἰς ἴασιν

ἼΑΣΠΙΣ 2393

Re 4 3 ὅμοιος ὁράσει λίθῳ ἰάσπιδι κ. σαρδίῳ
21 11 ὡς λίθῳ ἰάσπιδι κρυσταλλίζοντι
18 ἡ ἐνδώμησις τ. τείχους αὐτῆς ἴασπις
19 ὁ θεμέλιος ὁ πρῶτος ἴασπις

ἸΑΣΩΝ 2394

Ac 17 5 ἐπιστάντες τ. οἰκίᾳ Ἰάσονος
6 ἔσυρον Ἰάσονα κ. τινας ἀδελφοὺς ἐπὶ τ. πολιτάρχας
7 οὓς ὑποδέδεκται Ἰάσων
9 λαβόντες τὸ ἱκανὸν παρὰ τ. Ἰάσονος κ. τ. λοιπῶν
Ro 16 21 Λούκιος κ. Ἰάσων κ. Σωσίπατρος οἱ συγγενεῖς μου

ἸΑΤΡΟΣ 2395

Mt 9 12 οὐ χρείαν ἔχουσιν οἱ ἰσχύοντες ἰατροῦ
Mk 2 17 οὐ χρείαν ἔχουσιν οἱ ἰσχύοντες ἰατροῦ
5 26 πολλὰ παθοῦσα ὑπὸ πολλῶν ἰατρῶν
Lu 4 23 ἰατρὲ θεράπευσον σεαυτόν
5 31 οὐ χρείαν ἔχουσιν οἱ ὑγιαίνοντες ἰατροῦ
8 43 ἥτις ἰατροῖς προσαναλώσασα ὅλον τ. βίον
—ἰατρ. πρ. ὅλ. τ. βίον, WHR mg.
Col 4 14 ἀσπάζεται ὑμᾶς Λουκᾶς ὁ ἰατρὸς ὁ ἀγαπητός

ἼΔΕ 2396

Mt 25 20 ἴδε ἄλλα πέντε τάλαντα ἐκέρδησα
22 ἴδε ἄλλα δύο τάλαντα ἐκέρδησα
25 ἴδε ἔχεις τὸ σόν
26 65 ἴδε νῦν ἠκούσατε τ. βλασφημίαν
Mk 2 24 ἴδε τί ποιοῦσιν τ. σάββασιν
3 34 ἴδε ἡ μήτηρ μου κ. οἱ ἀδελφοί μου
11 21 Ῥαββεὶ ἴδε ἡ συκῆ ἣν κατηράσω ἐξήρανται
13 1 διδάσκαλε ἴδε ποταποὶ λίθοι κ. ποταπαὶ οἰκοδομαί
21 ἴδε ὧδε ὁ Χριστὸς ἴδε ἐκεῖ
15 4 ἴδε πόσα σου κατηγοροῦσιν
35 ἴδε Ἠλείαν φωνεῖ
16 6 ἴδε ὁ τόπος ὅπου ἔθηκαν αὐτόν
Jo 1 29 ἴδε ὁ ἀμνὸς τ. Θεοῦ
36 ἴδε ὁ ἀμνὸς τ. Θεοῦ
47 ἴδε ἀληθῶς Ἰσραηλείτης
3 26 ἴδε οὗτος βαπτίζει
5 14 ἴδε ὑγιὴς γέγονας
7 26 κ. ἴδε παρρησίᾳ λαλεῖ
11 3 Κύριε ἴδε ὃν φιλεῖς ἀσθενεῖ
36 ἴδε πῶς ἐφίλει αὐτόν
12 19 ἴδε ὁ κόσμος ὀπίσω αὐτοῦ ἀπῆλθεν
16 29 ἴδε νῦν ἐν παρρησίᾳ λαλεῖς
18 21 ἴδε οὗτοι οἴδασιν ἃ εἶπον ἐγώ
19 4 ἴδε ἄγω ὑμῖν αὐτὸν ἔξω
14 ἴδε ὁ βασιλεὺς ὑμῶν
26 γύναι ἴδε ὁ υἱός σου.
27 εἶτα λέγει τ. μαθητῇ Ἴδε ἡ μήτηρ σου
Ga 5 2 ἴδε ἐγὼ Παῦλος λέγω ὑμῖν

ἼΔΙΟΣ 2398

(1) ἰδίᾳ, κατ' ἰδίαν (2) τὸ ἴδιον, τὰ ἴδια

Mt 9 1 ἦλθεν εἰς τ. ἰδίαν πόλιν
13 57 οὐκ ἔστιν προφήτης ἄτιμος εἰ μὴ ἐν τ. πατρίδι ἰδίᾳ
—ἰδίᾳ, WH non mg.
14 13 [1] ἀνεχώρησεν ἐκεῖθεν ἐν πλοίῳ εἰς ἔρημον τόπον κατ' ἰδίαν
23 [1] ἀνέβη εἰς τὸ ὄρος κατ' ἰδίαν προσεύξασθαι
17 1 [1] ἀναφέρει αὐτοὺς εἰς ὄρος ὑψηλὸν κατ' ἰδίαν
19 [1] τότε προσελθόντες οἱ μαθηταὶ τῷ Ἰησοῦ κατ' ἰδίαν
20 17 [1] παρέλαβεν τ. δώδεκα μαθητὰς κατ' ἰδίαν
22 5 ὃς μὲν εἰς τ. ἴδιον ἀγρόν
24 3 [1] προσῆλθον αὐτῷ οἱ μαθηταὶ κατ' ἰδίαν
25 14 ἄνθρωπος ἀποδημῶν ἐκάλεσεν τ. ἰδίους δούλους
15 ἑκάστῳ κατὰ τ. ἰδίαν δύναμιν
Mk 4 34 [1] κατ' ἰδίαν δὲ τ. ἰδίοις μαθηταῖς ἐπέλυεν πάντα
6 31 [1] δεῦτε ὑμεῖς αὐτοὶ κατ' ἰδίαν εἰς ἔρημον τόπον
32 [1] ἀπῆλθον ἐν τ. πλοίῳ εἰς ἔρημον τόπον κατ' ἰδίαν
7 33 [1] ἀπολαβόμενος αὐτὸν ἀπὸ τ. ὄχλου κατ' ἰδίαν
9 2 [1] ἀναφέρει αὐτοὺς εἰς ὄρος ὑψηλὸν κατ' ἰδίαν μόνους
28 [1] οἱ μαθηταὶ αὐτοῦ κατ' ἰδίαν ἐπηρώτων αὐτόν

Mk 13 3 [1] ἐπηρώτα αὐτὸν κατ' ἰδίαν Πέτρος κ. Ἰάκωβος
15 20 ἐνέδυσαν αὐτὸν τὰ ἴδια ἱμάτια αὐτοῦ
—ἴδια, WHR
Lu 6 41 τὴν δὲ δοκὸν τὴν ἐν τ. ἰδίῳ ὀφθαλμῷ οὐ κατανοεῖς;
44 ἕκαστον γὰρ δένδρον ἐκ τ. ἰδίου καρποῦ γινώσκεται
9 10 [1] ὑπεχώρησεν κατ' ἰδίαν εἰς πόλιν καλουμένην Βηθσαιδά
10 23 [1] στραφεὶς πρὸς τ. μαθητὰς κατ' ἰδίαν εἶπεν
34 ἐπιβιβάσας δὲ αὐτὸν ἐπὶ τὸ ἴδιον κτῆνος
18 28 [2] ἡμεῖς ἀφέντες τὰ ἴδια ἠκολουθήσαμέν σοι
Jo 1 11 [2] εἰς τὰ ἴδια ἦλθεν,
κ. οἱ ἴδιοι αὐτὸν οὐ παρέλαβον
42 εὑρίσκει οὗτος πρῶτον τ. ἀδελφὸν τ. ἴδιον Σίμωνα
4 44 προφήτης ἐν τ. ἰδίᾳ πατρίδι τιμὴν οὐκ ἔχει
5 18 ἀλλὰ κ. πατέρα ἴδιον ἔλεγεν τ. Θεόν
43 ἐὰν ἄλλος ἔλθῃ ἐν τ. ὀνόματι τ. ἰδίῳ
7 18 ὁ ἀφ' ἑαυτοῦ λαλῶν τ. δόξαν τ. ἰδίαν ζητεῖ
8 44 [2] ὅταν λαλῇ τὸ ψεῦδος ἐκ τ. ἰδίων λαλεῖ
10 3 τὰ ἴδια πρόβατα φωνεῖ κατ' ὄνομα
4 [2] ὅταν τὰ ἴδια πάντα ἐκβάλῃ
12 οὗ οὐκ ἔστιν τὰ πρόβατα ἴδια
13 1 ἀγαπήσας τ. ἰδίους τοὺς ἐν τ. κόσμῳ
15 19 [2] ὁ κόσμος ἂν τὸ ἴδιον ἐφίλει
16 32 [2] ἵνα σκορπισθῆτε ἕκαστος εἰς τὰ ἴδια
19 27 [2] ἔλαβεν ὁ μαθητὴς αὐτὴν εἰς τὰ ἴδια
Ac 1 7 οὓς ὁ πατὴρ ἔθετο ἐν τ. ἰδίᾳ ἐξουσίᾳ
19 ὥστε κληθῆναι τὸ χωρίον ἐκεῖνο τ. ἰδίᾳ διαλέκτῳ αὐτῶν Ἀχελδαμάχ
—ἰδίᾳ, WHR
25 παρέβη Ἰούδας πορευθῆναι εἰς τ. τόπον τ. ἴδιον
2 6 ἤκουσεν εἷς ἕκαστος τῇ ἰδίᾳ διαλέκτῳ λαλούντων αὐτῶν
8 πῶς ἡμεῖς ἀκούομεν ἕκαστος τ. ἰδίᾳ διαλέκτῳ ἡμῶν
3 12 ὡς ἰδίᾳ δυνάμει ἢ εὐσεβείᾳ πεποιηκόσι τοῦ περιπατεῖν αὐτόν
4 23 ἀπολυθέντες δὲ ἦλθον πρὸς τ. ἰδίους
32 οὐδὲ εἷς τι τ. ὑπαρχόντων αὐτῷ ἔλεγεν ἴδιον εἶναι
13 36 Δαυεὶδ μὲν γὰρ ἰδίᾳ γενεᾷ ὑπηρετήσας
19 1 θέλοντος δὲ τ. Παύλου κατὰ τ. ἰδίαν βουλὴν πορεύεσθαι
—h. v., TWH non mg. R
20 28 ἣν περιεποιήσατο διὰ τ. αἵματος τ. ἰδίου
21 6 [2] ἐκεῖνοι δὲ ὑπέστρεψαν εἰς τὰ ἴδια
23 19 [1] ἀναχωρήσας κατ' ἰδίαν ἐπυνθάνετο
24 23 μηδένα κωλύειν τ. ἰδίων αὐτοῦ ὑπηρετεῖν αὐτῷ
24 παραγενόμενος ὁ Φῆλιξ σὺν Δρουσίλλῃ τ. ἰδίᾳ γυναικί
25 19 ζητήματα δέ τινα περὶ τ. ἰδίας δεισιδαιμονίας
28 30 ἐνέμεινεν δὲ διετίαν ὅλην ἐν ἰδίῳ μισθώματι
Ro 8 32 ὅς γε τ. ἰδίου υἱοῦ οὐκ ἐφείσατο
10 3 τ. ἰδίαν ζητοῦντες στῆσαι
τ. ἰδ. δικαιοσύνην, T
11 24 οἱ κατὰ φύσιν ἐνκεντρισθήσονται τ. ἰδίᾳ ἐλαίᾳ
Ro 14 4 τ. ἰδίῳ κυρίῳ στήκει ἢ πίπτει
5 ἕκαστος ἐν τ. ἰδίῳ νοΐ πληροφορείσθω
I Co 3 8 ἕκαστος δὲ τ. ἴδιον μισθὸν λήμψεται κατὰ τ. ἴδιον κόπον
4 12 κοπιῶμεν ἐργαζόμενοι τ. ἰδίαις χερσίν
6 18 ὁ δὲ πορνεύων εἰς τὸ ἴδιον σῶμα ἁμαρτάνει
7 2 ἑκάστη τ. ἴδιον ἄνδρα ἐχέτω
4 ἡ γυνὴ τ. ἰδίου σώματος οὐκ ἐξουσιάζει
4 κ. ὁ ἀνὴρ τ. ἰδίου σώματος οὐκ ἐξουσιάζει
7 ἕκαστος ἴδιον ἔχει χάρισμα ἐκ Θεοῦ
37 ἐξουσίαν δὲ ἔχει περὶ τ. ἰδίου θελήματος, κ. τοῦτο κέκρικεν ἐν τ. ἰδίᾳ καρδίᾳ
9 7 τίς στρατεύεται ἰδίοις ὀψωνίοις ποτέ;
11 21 ἕκαστος γὰρ τὸ ἴδιον δεῖπνον προλαμβάνει ἐν τῷ φαγεῖν
12 11 [1] διαιροῦν ἰδίᾳ ἑκάστῳ καθὼς βούλεται
14 35 ἐν οἴκῳ τ. ἰδίους ἄνδρας ἐπερωτάτωσαν
15 23 ἕκαστος δὲ ἐν τ. ἰδίῳ τάγματι
38 ἑκάστῳ τ. σπερμάτων ἴδιον σῶμα
Ga 2 2 [1] κατ' ἰδίαν δὲ τ. δοκοῦσιν
6 5 ἕκαστος γὰρ τὸ ἴδιον φορτίον βαστάσει
9 καιρῷ γὰρ ἰδίῳ θερίσομεν μὴ ἐκλυόμενοι
Eph 4 28 ἐργαζόμενος τ. ἰδίαις χερσὶν τὸ ἀγαθόν
—ἰδίαις, WH non mg.
5 22 αἱ γυναῖκες τ. ἰδίοις ἀνδράσιν ὡς τ. Κυρίῳ
I Th 2 14 τὰ αὐτὰ ἐπάθετε κ. ὑμεῖς ὑπὸ τ. ἰδίων συμφυλετῶν
4 11 [2] φιλοτιμεῖσθαι ἡσυχάζειν κ. πράσσειν τὰ ἴδια
I Ti 2 6 τὸ μαρτύριον καιροῖς ἰδίοις
3 4 τ. ἰδίου οἴκου καλῶς προϊστάμενον
5 εἰ δέ τις τ. ἰδίου οἴκου προστῆναι οὐκ οἶδεν
12 τέκνων καλῶς προϊστάμενοι κ. τ. ἰδίων οἴκων
4 2 κεκαυστηριασμένων τ. ἰδίαν συνείδησιν
5 4 μανθανέτωσαν πρῶτον τ. ἴδιον οἶκον εὐσεβεῖν
8 εἰ δέ τις τ. ἰδίων κ. μάλιστα οἰκείων οὐ προνοεῖ
6 1 τ. ἰδίους δεσπότας πάσης τιμῆς ἀξίους ἡγείσθωσαν
15 ἣν καιροῖς ἰδίοις δείξει ὁ μακάριος κ. μόνος δυνάστης
II Ti 1 9 οὐ κατὰ τὰ ἔργα ἡμῶν ἀλλὰ κατὰ ἰδίαν πρόθεσιν
4 3 κατὰ τ. ἰδίας ἐπιθυμίας ἑαυτοῖς ἐπισωρεύσουσιν διδασκάλους
Tit 1 3 ἐφανέρωσεν δὲ καιροῖς ἰδίοις τ. λόγον αὐτοῦ
12 εἶπέν τις ἐξ αὐτῶν ἴδιος αὐτῶν προφήτης
2 5 ὑποτασσομένας τ. ἰδίοις ἀνδράσιν
9 δούλους ἰδίοις δεσπόταις ὑποτάσσεσθαι
He 4 10 ὥσπερ ἀπὸ τ. ἰδίων ὁ Θεός
7 27 πρότερον ὑπὲρ τ. ἰδίων ἁμαρτιῶν θυσίας ἀναφέρειν
9 12 διὰ δὲ τ. ἰδίου αἵματος εἰσῆλθεν ἐφάπαξ
13 12 ἵνα ἁγιάσῃ διὰ τ. ἰδίου αἵματος τ. λαόν
Ja 1 14 ὑπὸ τ. ἰδίας ἐπιθυμίας ἐξελκόμενος κ. δελεαζόμενος
I Pe 3 1 ὁμοίως γυναῖκες ὑποτασσόμεναι τ. ἰδίοις ἀνδράσιν
5 αἱ ἅγιαι γυναῖκες . . . ὑποτασσόμεναι τ. ἰδίοις ἀνδράσιν
II Pe 1 3 διὰ τ. ἐπιγνώσεως τ. καλέσαντος ἡμᾶς ἰδίᾳ δόξῃ κ. ἀρετῇ
ἡμ. διὰ δόξης κ. ἀρετῆς, WH non mg. R mg.

IIPe1 20 πᾶσα προφητεία γραφῆς ἰδίας ἐπιλύσεως οὐ γίνεται
2 16 ἔλεγξιν δὲ ἔσχεν ἰδίας παρανομίας
22 κύων ἐπιστρέψας ἐπὶ τὸ ἴδιον ἐξέραμα
כְּכֶלֶב שָׁב עַל־קֵאוֹ, Pr. xxvi. 11
3 3 κατὰ τ. ἰδίας ἐπιθυμίας αὐτῶν πορευόμενοι
16 στρεβλοῦσιν . . . πρὸς τ. ἰδίαν αὐτῶν ἀπώλειαν
17 ἵνα μὴ . . . ἐκπέσητε τ. ἰδίου στηριγμοῦ
Ju 6 ἀλλὰ ἀπολιπόντας τὸ ἴδιον οἰκητήριον

ἸΔΙΏΤΗΣ 2399

Ac **4** 13 καταλαβόμενοι ὅτι ἄνθρωποι ἀγράμματοί εἰσιν κ. ἰδιῶται
I Co **14** 16 ὁ ἀναπληρῶν τ. τόπον τ. ἰδιώτου
23 εἰσέλθωσιν δὲ ἰδιῶται ἢ ἄπιστοι
24 εἰσέλθῃ δέ τις ἄπιστος ἢ ἰδιώτης
IICo11 6 εἰ δὲ κ. ἰδιώτης τ. λόγῳ

ἸΔΟΎ 2400

(1) ἰδ. γάρ (2) πλήν, ἀλλ' ἰδού
(3) οὐχὶ ἰδ. (4) νῦν ἰδ., ἰδ. νῦν

Mt **1** 20 ἰδοὺ ἄγγελος Κυρίου κατ' ὄναρ ἐφάνη **αὐτῷ**
23 ἰδοὺ ἡ παρθένος ἐν γαστρὶ ἕξει
הִנֵּה הָעַלְמָה הָרָה, Is. vii. 14
2 1 ἰδοὺ μάγοι ἀπὸ ἀνατολῶν παρεγένοντο
9 ἰδοὺ ὁ ἀστὴρ ὃν εἶδον ἐν τ. ἀνατολῇ
13 ἰδοὺ ἄγγελος Κυρίου φαίνεται κατ' ὄναρ
19 ἰδοὺ ἄγγελος Κυρίου φαίνεται κατ' ὄναρ
3 16 κ. ἰδοὺ ἠνεῴχθησαν οἱ οὐρανοί
17 ἰδοὺ φωνὴ ἐκ τ. οὐρανῶν λέγουσα
4 11 ἰδοὺ ἄγγελοι προσῆλθον κ. διηκόνουν αὐτῷ
7 4 κ. ἰδοὺ ἡ δοκὸς ἐν τ. ὀφθαλμῷ σου
8 2 ἰδοὺ λεπρὸς προσελθὼν προσεκύνει αὐτῷ
24 ἰδοὺ σεισμὸς μέγας ἐγένετο ἐν τ. θαλάσσῃ
29 κ. ἰδοὺ ἔκραξαν λέγοντες
32 κ. ἰδοὺ ὥρμησεν πᾶσα ἡ ἀγέλη κατὰ τ. κρημνοῦ
34 κ. ἰδοὺ πᾶσα ἡ πόλις ἐξῆλθεν εἰς ὑπάντησιν
9 2 κ. ἰδοὺ προσέφερον αὐτῷ παραλυτικόν
3 ἰδού τινες τ. γραμματέων εἶπαν ἐν ἑαυτοῖς
10 ἰδοὺ πολλοὶ τελῶναι κ. ἁμαρτωλοὶ ἐλθόντες
18 ἰδοὺ ἄρχων εἷς προσελθὼν προσεκύνει αὐτῷ
20 κ. ἰδοὺ γυνὴ αἱμορροοῦσα δώδεκα ἔτη
32 ἰδοὺ προσήνεγκαν αὐτῷ κωφὸν δαιμονιζόμενον
10 16 ἰδοὺ ἐγὼ ἀποστέλλω ὑμᾶς ὡς πρόβατα
11 8 ἰδοὺ οἱ τὰ μαλακὰ φοροῦντες ἐν .. οἴκοις τ. βασιλέων
10 ἰδοὺ ἐγὼ ἀποστέλλω τ. ἄγγελόν μου
הִנְנִי שֹׁלֵחַ מַלְאָכִי, Mal. iii. 1
19 ἰδοὺ ἄνθρωπος φάγος κ. οἰνοπότης
12 2 ἰδοὺ οἱ μαθηταί σου ποιοῦσιν ὃ οὐκ ἔξεστιν
10 κ. ἰδοὺ ἄνθρωπος χεῖρα ἔχων ξηράν
18 ἰδοὺ ὁ παῖς μου ὃν ᾑρέτισα
הֵן עַבְדִּי אֶתְמָךְ־בּוֹ, Is. xlii. 1
41 κ. ἰδοὺ πλεῖον Ἰωνᾶ ὧδε
42 κ. ἰδοὺ πλεῖον Σολομῶνος ὧδε

Mt **12** 46 ἰδοὺ ἡ μήτηρ κ. οἱ ἀδελφοὶ αὐτοῦ εἱστήκεισαν ἔξω
47 ἰδοὺ ἡ μήτηρ σου κ. οἱ ἀδελφοί σου ἔξω ἑστήκασιν
—h. v., [T] WH non mg. R mg.
49 ἰδοὺ ἡ μήτηρ μου κ. οἱ ἀδελφοί μου
13 3 ἰδοὺ ἐξῆλθεν ὁ σπείρων τοῦ σπείρειν
15 22 ἰδοὺ γυνὴ Χαναναία ἀπὸ τ. ὁρίων ἐκείνων
17 3 κ. ἰδοὺ ὤφθη αὐτοῖς Μωυσῆς κ. Ἠλείας
5 ἰδοὺ νεφέλη φωτεινὴ ἐπεσκίασεν αὐτούς· κ. ἰδοὺ φωνὴ ἐκ τ. νεφέλης λέγουσα
19 16 κ. ἰδοὺ εἷς προσελθὼν αὐτῷ εἶπεν
27 ἰδοὺ ἡμεῖς ἀφήκαμεν πάντα
20 18 ἰδοὺ ἀναβαίνομεν εἰς Ἱεροσόλυμα
30 ἰδοὺ δύο τυφλοὶ καθήμενοι παρὰ τὴν ὁδόν
21 5 ἰδοὺ ὁ βασιλεύς σου ἔρχεταί σοι
הִנֵּה מַלְכֵּךְ יָבוֹא לָךְ, Zech. ix. 9
22 4 ἰδοὺ τὸ ἄριστόν μου ἡτοίμακα
23 34 ἰδοὺ ἐγὼ ἀποστέλλω πρὸς ὑμᾶς προφήτας
38 ἰδοὺ ἀφίεται ὑμῖν ὁ οἶκος ὑμῶν
24 23 ἰδοὺ ὧδε ὁ Χριστὸς ἢ ὧδε
25 ἰδοὺ προείρηκα ὑμῖν.
26 ἐὰν οὖν εἴπωσιν ὑμῖν Ἰδοὺ ἐν τῇ ἐρήμῳ ἐστίν
26 ἰδοὺ ἐν τ. ταμείοις
25 6 κραυγὴ γέγονεν Ἰδοὺ ὁ νυμφίος
26 45 [1] ἰδοὺ ἤγγικεν ἡ ὥρα
ἰδοὺ γάρ, WH mg.
46 ἰδοὺ ἤγγικεν ὁ παραδιδούς με
47 ἰδοὺ Ἰούδας εἷς τῶν δώδεκα ἦλθεν
51 κ. ἰδοὺ εἷς τῶν μετὰ Ἰησοῦ ἐκτείνας τ. χεῖρα
27 51 ἰδοὺ τὸ καταπέτασμα τ. ναοῦ ἐσχίσθη
28 2 κ. ἰδοὺ σεισμὸς ἐγένετο μέγας
7 ἰδοὺ προάγει ὑμᾶς εἰς τ. Γαλιλαίαν
7 ἰδοὺ εἶπον ὑμῖν
9 κ. ἰδοὺ Ἰησοῦς ὑπήντησεν αὐταῖς
11 ἰδού τινες τ. κουστωδίας ἐλθόντες εἰς τ. πόλιν
20 κ. ἰδοὺ ἐγὼ μεθ' ὑμῶν εἰμὶ πάσας τ. ἡμέρας
Mk **1** 2 ἰδοὺ ἐγὼ ἀποστέλλω τ. ἄγγελόν μου, Mal. *l.c.*
3 32 ἰδοὺ ἡ μήτηρ σου κ. οἱ ἀδελφοί σου ἔξω ζητοῦσίν σε
4 3 ἰδοὺ ἐξῆλθεν ὁ σπείρων σπεῖραι
10 28 ἰδοὺ ἡμεῖς ἀφήκαμεν πάντα
33 ἰδοὺ ἀναβαίνομεν εἰς Ἱεροσόλυμα
13 23 ἰδοὺ προείρηκα ὑμῖν πάντα
—ἰδοὺ TWH
14 41 ἰδοὺ παραδίδοται ὁ υἱὸς τ. ἀνθρώπου
42 ἰδοὺ ὁ παραδιδούς με ἤγγικεν
Lu **1** 20 ἰδοὺ ἔσῃ σιωπῶν κ. μὴ δυνάμενος λαλῆσαι
31 κ. ἰδοὺ συλλήμψῃ ἐν γαστρί
36 κ. ἰδοὺ Ἐλεισάβετ ἡ συγγενίς σου
38 ἰδοὺ ἡ δούλη Κυρίου
44 [1] ἰδοὺ γὰρ ὡς ἐγένετο ἡ φωνὴ τ. ἀσπασμοῦ σου
48 [1] ἰδοὺ γὰρ ἀπὸ τοῦ νῦν μακαριοῦσίν με
2 10 [1] ἰδοὺ γὰρ εὐαγγελίζομαι ὑμῖν χαρὰν μεγάλην
25 κ. ἰδοὺ ἄνθρωπος ἦν ἐν Ἰερουσαλήμ
34 ἰδοὺ οὗτος κεῖται εἰς πτῶσιν κ. ἀνάστασιν πολλῶν ἐν τῷ Ἰσραήλ
48 ἰδοὺ ὁ πατήρ σου κ. ἐγὼ ὀδυνώμενοι ζητοῦμέν σε

Lu 5 12 κ. ἰδοὺ ἀνὴρ πλήρης λέπρας
18 ἰδοὺ ἄνδρες φέροντες ἐπὶ κλίνης ἄνθρωπον
6 23 [1] ἰδοὺ γὰρ ὁ μισθὸς ὑμῶν πολύς
7 12 κ. ἰδοὺ ἐξεκομίζετο τεθνηκώς
25 ἰδοὺ οἱ ἐν ἱματισμῷ ἐνδόξῳ κ. τρυφῇ ὑπάρχοντες
27 ἰδοὺ ἀποστέλλω τ. ἄγγελόν μου, Mal. *l.c.*
34 ἰδοὺ ἄνθρωπος φάγος κ. οἰνοπότης
37 κ. ἰδοὺ γυνὴ ἥτις ἦν ἐν τ. πόλει ἁμαρτωλός
8 41 ἰδοὺ ἦλθεν ἀνὴρ ᾧ ὄνομα Ἰάειρος
9 30 ἰδοὺ ἄνδρες δύο συνελάλουν αὐτῷ
38 ἰδοὺ ἀνὴρ ἀπὸ τ. ὄχλου ἐβόησεν
39 κ. ἰδοὺ πνεῦμα λαμβάνει αὐτόν
10 3 ἰδοὺ ἀποστέλλω ὑμᾶς ὡς ἄρνας
19 ἰδοὺ δέδωκα ὑμῖν τ. ἐξουσίαν τοῦ πατεῖν
25 κ. ἰδοὺ νομικός τις ἀνέστη
11 31 κ. ἰδοὺ πλεῖον Σολομῶνος ὧδε
32 κ. ἰδοὺ πλεῖον Ἰωνᾶ ὧδε
41 ἰδοὺ πάντα καθαρὰ ὑμῖν ἐστίν
13 7 ἰδοὺ τρία ἔτη ἀφ' οὗ ἔρχομαι ζητῶν καρπόν
11 κ. ἰδοὺ γυνὴ πνεῦμα ἔχουσα ἀσθενείας
16 ἣν ἔδησεν ὁ Σατανᾶς ἰδοὺ δέκα κ. ὀκτὼ ἔτη
30 κ. ἰδοὺ εἰσὶν ἔσχατοι οἳ ἔσονται πρῶτοι
32 ἰδοὺ ἐκβάλλω δαιμόνια κ. ἰάσεις ἀποτελῶ
35 ἰδοὺ ἀφίεται ὑμῖν ὁ οἶκος ὑμῶν
14 2 κ. ἰδοὺ ἄνθρωπός τις ἦν ὑδρωπικός
15 29 ἰδοὺ τοσαῦτα ἔτη δουλεύω σοι
17 21 οὐδὲ ἐροῦσιν Ἰδοὺ ὧδε ἢ ἐκεῖ·
[1] ἰδοὺ γὰρ ἡ βασιλεία τ. Θεοῦ ἐντὸς ὑμῶν ἐστίν
23 ἐροῦσιν ὑμῖν Ἰδοὺ ἐκεῖ ἢ Ἰδοὺ ὧδε
Ἰδ. ἐκ. ἰδ. ὧδε, TWH mg. R
18 28 ἰδοὺ ἡμεῖς ἀφέντες τὰ ἴδια ἠκολουθήσαμέν σοι
31 ἰδοὺ ἀναβαίνομεν εἰς Ἰερουσαλήμ
19 2 ἰδοὺ ἀνὴρ ὀνόματι καλούμενος Ζακχαῖος
8 ἰδοὺ τὰ ἡμίσιά μου τ. ὑπαρχόντων . . . δίδωμι
20 κύριε ἰδοὺ ἡ μνᾶ σου
22 10 ἰδοὺ εἰσελθόντων ὑμῶν εἰς τ. πόλιν
21 [2] πλὴν ἰδοὺ ἡ χεὶρ τ. παραδιδόντος με
31 ἰδοὺ ὁ Σατανᾶς ἐξῃτήσατο ὑμᾶς
38 Κύριε ἰδοὺ μάχαιραι ὧδε δύο
47 ἰδοὺ ὄχλος κ. ὁ λεγόμενος Ἰούδας
23 14 κ. ἰδοὺ ἐγὼ ἐνώπιον ὑμῶν ἀνακρίνας
15 κ. ἰδοὺ οὐδὲν ἄξιον θανάτου ἐστὶν πεπραγμένον αὐτῷ
29 ὅτι ἰδοὺ ἔρχονται ἡμέραι
50 ἰδοὺ ἀνὴρ ὀνόματι Ἰωσήφ
24 4 ἰδοὺ ἄνδρες δύο ἐπέστησαν αὐταῖς
13 κ. ἰδοὺ δύο ἐξ αὐτῶν . . . ἦσαν πορευόμενοι
49 κ. ἰδοὺ ἐγὼ ἐξαποστέλλω τ. ἐπαγγελίαν τ. πατρός μου
κἀγὼ ἐξαπ., T
Jo 4 35 ἰδοὺ λέγω ὑμῖν Ἐπάρατε τ. ὀφθαλμοὺς ὑμῶν
12 15 ἰδοὺ ὁ βασιλεύς σου ἔρχεται, Zech. *l.c.*
16 32 ἰδοὺ ἔρχεται ὥρα κ. ἐλήλυθεν
19 5 λέγει αὐτοῖς Ἰδοὺ ὁ ἄνθρωπος
Ac 1 10 ἰδοὺ ἄνδρες δύο παρειστήκεισαν αὐτοῖς
2 7 [8] οὐχὶ ἰδοὺ πάντες οὗτοί εἰσιν οἱ λαλοῦντες Γαλιλαῖοι;
5 9 ἰδοὺ οἱ πόδες τ. θαψάντων τ. ἄνδρα σου
25 ἰδοὺ οἱ ἄνδρες οὓς ἔθεσθε ἐν τ. φυλακῇ

Ac 5 28 κ. ἰδοὺ πεπληρώκατε τὴν Ἰερουσαλήμ
7 56 ἰδοὺ θεωρῶ τ. οὐρανοὺς διηνοιγμένους
8 27 ἰδοὺ ἀνὴρ Αἰθίοψ εὐνοῦχος
36 ἰδοὺ ὕδωρ· τί κωλύει με βαπτισθῆναι;
9 10 ὁ δὲ εἶπεν Ἰδοὺ ἐγὼ Κύριε
11 [1] ἰδοὺ γὰρ προσεύχεται
10 17 ἰδοὺ οἱ ἄνδρες οἱ ἀπεσταλμένοι ὑπὸ τ. Κορνηλίου
19 ἰδοὺ ἄνδρες δύο ζητοῦντές σε
21 ἰδοὺ ἐγώ εἰμι ὃν ζητεῖτε
30 κ. ἰδοὺ ἀνὴρ ἔστη ἐνώπιόν μου ἐν ἐσθῆτι λαμπρᾷ
11 11 ἰδοὺ ἐξαυτῆς τρεῖς ἄνδρες ἐπέστησαν ἐπὶ τ. οἰκίαν
12 7 ἰδοὺ ἄγγελος Κυρίου ἐπέστη
13 11 [4] κ. νῦν ἰδοὺ χεὶρ Κυρίου ἐπὶ σέ
25 [2] οὐκ εἰμὶ ἐγὼ ἀλλ' ἰδοὺ ἔρχεται μετ' ἐμέ
46 ἰδοὺ στρεφόμεθα εἰς τὰ ἔθνη
16 1 ἰδοὺ μαθητής τις ἦν ἐκεῖ ὀνόματι Τιμόθεος
20 22 [4] κ. νῦν ἰδοὺ δεδεμένος ἐγὼ τ. πνεύματι
25 [4] κ. νῦν ἰδοὺ ἐγὼ οἶδα
27 24 κ. ἰδοὺ κεχάρισταί σοι ὁ Θεὸς πάντας τ. πλέοντας
Ro 9 33 ἰδοὺ τίθημι ἐν Σιὼν λίθον προσκόμματος
הִנְנִי יִסַּד בְּצִיּוֹן אָבֶן אֶבֶן בֹּחַן, Is. xxviii. 16, *cf.* viii. 14
1Co15 51 ἰδοὺ μυστήριον ὑμῖν λέγω
11Co5 17 τὰ ἀρχαῖα παρῆλθεν ἰδοὺ γέγονεν καινά
6 2 [4] ἰδοὺ νῦν καιρὸς εὐπρόσδεκτος,
[4] ἰδοὺ νῦν ἡμέρα σωτηρίας
9 ὡς ἀποθνήσκοντες κ. ἰδοὺ ζῶμεν
7 11 [1] ἰδοὺ γὰρ αὐτὸ τοῦτο τὸ κατὰ Θεὸν λυπηθῆναι
12 14 ἰδοὺ τρίτον τοῦτο ἑτοίμως ἔχω ἐλθεῖν πρὸς ὑμᾶς
Ga 1 20 ἰδοὺ ἐνώπιον τ. Θεοῦ ὅτι οὐ ψεύδομαι
He 2 13 ἰδοὺ ἐγὼ κ. τὰ παιδία ἅ μοι ἔδωκεν ὁ Θεός
הִנֵּה אָנֹכִי וְהַיְלָדִים אֲשֶׁר נָתַן־לִי יְהוָה, Is. viii. 18
8 8 ἰδοὺ ἡμέραι ἔρχονται λέγει Κύριος
הִנֵּה יָמִים בָּאִים נְאֻם־יְהוָה, Jer. xxxi. 31
10 7 τότε εἶπον Ἰδοὺ ἥκω
אָז אָמַרְתִּי הִנֵּה־בָאתִי . . . לַעֲשׂוֹת רְצוֹנְךָ
Ps. xl. 8, 9
9 ἰδοὺ ἥκω τοῦ ποιῆσαι τὸ θέλημά σου, Ps. *l.c.*
Ja 3 4 ἰδοὺ κ. τὰ πλοῖα τηλικαῦτα ὄντα
5 ἰδοὺ ἡλίκον πῦρ ἡλίκην ὕλην ἀνάπτει
5 4 ἰδοὺ ὁ μισθὸς τ. ἐργατῶν . . . κράζει
7 ἰδοὺ ὁ γεωργὸς ἐκδέχεται τ. τίμιον καρπὸν τ. γῆς
9 ἰδοὺ ὁ κριτὴς πρὸ τ. θυρῶν ἕστηκεν
11 ἰδοὺ μακαρίζομεν τ. ὑπομείναντας
1 Pe 2 6 ἰδοὺ τίθημι ἐν Σιὼν λίθον ἐκλεκτὸν ἀκρογωνιαῖον, Is. xxviii. 16
Ju 14 ἰδοὺ ἦλθεν Κύριος ἐν ἁγίαις μυριάσιν αὐτοῦ
Re 1 7 ἰδοὺ ἔρχεται μετὰ τ. νεφελῶν
18 ἰδοὺ ζῶν εἰμὶ εἰς τ. αἰῶνας τ. αἰώνων
2 10 ἰδοὺ μέλλει βάλλειν ὁ διάβολος ἐξ ὑμῶν
22 ἰδοὺ βάλλω αὐτὴν εἰς κλίνην

Re 3 8 ἰδοὺ δέδωκα ἐνώπιόν σου θύραν ἠνεῳγμένην
9 ἰδοὺ διδῶ ἐκ τ. συναγωγῆς τοῦ Σατανᾶ
9 ἰδοὺ ποιήσω αὐτοὺς ἵνα ἥξουσιν
20 ἰδοὺ ἕστηκα ἐπὶ τ. θύραν κ. κρούω
4 1 κ. ἰδοὺ θύρα ἠνεῳγμένη ἐν τ. οὐρανῷ
2 κ. ἰδοὺ θρόνος ἔκειτο ἐν τ. οὐρανῷ
5 5 ἰδοὺ ἐνίκησεν ὁ λέων ὁ ἐκ τ. φυλῆς Ἰούδα
6 2 εἶδον κ. ἰδοὺ ἵππος λευκός
5 εἶδον κ. ἰδοὺ ἵππος μέλας
8 εἶδον κ. ἰδοὺ ἵππος χλωρός
7 9 μετὰ ταῦτα εἶδον κ. ἰδοὺ ὄχλος πολύς
9 12 ἰδοὺ ἔρχεται ἔτι δύο οὐαὶ μετὰ ταῦτα
11 14 ἰδοὺ ἡ οὐαὶ ἡ τρίτη ἔρχεται ταχύ
12 3 κ. ἰδοὺ δράκων πυρρὸς μέγας
14 1 εἶδον κ. ἰδοὺ τὸ ἀρνίον ἑστὸς ἐπὶ τὸ ὄρος Σιών
14 εἶδον κ. ἰδοὺ νεφέλη λευκή
16 15 ἰδοὺ ἔρχομαι ὡς κλέπτης
19 11 εἶδον τ. οὐρανὸν ἠνεῳγμένον κ. ἰδοὺ ἵππος λευκός
21 3 ἰδοὺ ἡ σκηνὴ τ. Θεοῦ μετὰ τ. ἀνθρώπων
5 ἰδοὺ καινὰ ποιῶ πάντα
22 7 κ. ἰδοὺ ἔρχομαι ταχύ
12 ἰδοὺ ἔρχομαι ταχύ

Ἰδουμαία 2401

Mk 3 8 ἀπὸ Ἱεροσολύμων κ. ἀπὸ τ. Ἰδουμαίας

ἱδρώς 2402

Lu 22 44 ἐγένετο ὁ ἱδρὼς αὐτοῦ ὡσεὶ θρόμβοι αἵματος
—h. v., [[WH]] R mg.

Ἰεζάβελ 2403

Re 2 20 ὅτι ἀφεῖς τ. γυναῖκα Ἰεζάβελ

Ἱεράπολις 2404

Col 4 13 ὅτι ἔχει πολὺν πόνον ὑπὲρ ὑμῶν . . . κ. τῶν ἐν Ἱεραπόλει
Ἱερᾷ Πόλει, WH

ἱερατεία 2405

Lu 1 9 κατὰ τὸ ἔθος τ. ἱερατείας
He 7 5 οἱ μὲν ἐκ τ. υἱῶν Λευεὶ τ. ἱερατείαν λαμβάνοντες

ἱεράτευμα† 2406

1 Pe 2 5 ὡς λίθοι ζῶντες οἰκοδομεῖσθε . . . εἰς ἱεράτευμα ἅγιον
9 ὑμεῖς δὲ γένος ἐκλεκτὸν βασίλειον ἱεράτευμα
וְאַתֶּם תִּהְיוּ־לִי מַמְלֶכֶת כֹּהֲנִים וְגוֹי קָדוֹשׁ Ex. xix. 6

ἱερατεύω 2407

Lu 1 8 ἐγένετο δὲ ἐν τῷ ἱερατεύειν αὐτὸν ἐν τ. τάξει τ. ἐφημερίας αὐτοῦ

Ἰερειχώ 2410

Ἰερειχώ, T

Mt 20 29 ἐκπορευομένων αὐτῶν ἀπὸ Ἰερειχώ
Mk 10 46 ἔρχονται εἰς Ἰερειχώ·
κ. ἐκπορευομένου αὐτοῦ ἀπὸ Ἰερειχώ
Lu 10 30 ἄνθρωπός τις κατέβαινεν ἀπὸ Ἰερουσαλὴμ εἰς Ἰερειχώ
18 35 ἐγένετο δὲ ἐν τῷ ἐγγίζειν αὐτὸν εἰς Ἰερειχώ
19 1 εἰσελθὼν διήρχετο τὴν Ἰερειχώ
He 11 30 πίστει τὰ τείχη Ἰερειχὼ ἔπεσαν

Ἰερεμίας 2408

Ἰερεμ., T

Mt 2 17 τότε ἐπληρώθη τὸ ῥηθὲν διὰ Ἰερεμίου τ. προφήτου, Jer. xxxi. 15
16 14 ἕτεροι δὲ Ἰερεμίαν ἢ ἕνα τ. προφητῶν
27 9 τότε ἐπληρώθη τὸ ῥηθὲν διὰ Ἰερεμίου τ. προφήτου, Zech. xi. 13

ἱερεύς 2409

Mt 8 4 ἀλλὰ ὕπαγε σεαυτὸν δεῖξον τ. ἱερεῖ
12 4 ὃ οὐκ ἐξὸν ἦν αὐτῷ φαγεῖν . . . εἰ μὴ τ. ἱερεῦσι μόνοις
5 τ. σάββασιν οἱ ἱερεῖς ἐν τ. ἱερῷ τὸ σάββατον βεβηλοῦσιν
Mk 1 44 ἀλλὰ ὕπαγε σεαυτὸν δεῖξον τ. ἱερεῖ
2 26 οὓς οὐκ ἔξεστιν φαγεῖν εἰ μὴ τ. ἱερεῖς
Lu 1 5 ἐγένετο . . . ἱερεύς τις ὀνόματι Ζαχαρίας
5 14 ἀπελθὼν δεῖξον σεαυτὸν τ. ἱερεῖ
6 4 οὓς οὐκ ἔξεστιν φαγεῖν εἰ μὴ μόνους τ. ἱερεῖς
10 31 κατὰ συγκυρίαν δὲ ἱερεύς τις κατέβαινεν
17 14 πορευθέντες ἐπιδείξατε ἑαυτοὺς τ. ἱερεῦσιν
20 1 ἐπέστησαν οἱ ἱερεῖς κ. οἱ γραμματεῖς
ἀρχιερεῖς, WHR
Jo 1 19 ὅτε ἀπέστειλαν πρὸς αὐτὸν οἱ Ἰουδαῖοι . . . ἱερεῖς κ. Λευείτας
Ac 4 1 ἐπέστησαν αὐτοῖς οἱ ἱερεῖς κ. ὁ στρατηγὸς τ. ἱεροῦ
ἀρχιερεῖς, WH non mg. R mg.
6 7 πολύς τε ὄχλος τ. ἱερέων ὑπήκουον τ. πίστει
14 13 ὅ τε ἱερεὺς τ. Διὸς τοῦ ὄντος πρὸ τ. πόλεως
He 5 6 σὺ ἱερεὺς εἰς τ. αἰῶνα κατὰ τ. τάξιν Μελχισεδέκ
אַתָּה־כֹהֵן לְעוֹלָם עַל־דִּבְרָתִי מַלְכִּי־צֶדֶק, Ps. cx. 4
7 1 οὗτος γὰρ ὁ Μελχισεδὲκ . . . ἱερεὺς τ. Θεοῦ τ. ὑψίστου
3 μένει ἱερεὺς εἰς τὸ διηνεκές
11 κατὰ τ. τάξιν Μελχισεδὲκ ἕτερον ἀνίστασθαι ἱερέα
14 εἰς ἣν φυλὴν περὶ ἱερέων οὐδὲν Μωυσῆς ἐλάλησεν
15 εἰ κατὰ τ. ὁμοιότητα Μελχισεδὲκ ἀνίσταται ἱερεὺς ἕτερος
17 σὺ ἱερεὺς εἰς τ. αἰῶνα κατὰ τ. τάξιν Μελχισεδέκ, Ps. *l.c.*
20 οἱ μὲν γὰρ χωρὶς ὁρκωμοσίας εἰσὶν ἱερεῖς γεγονότες
21 σὺ ἱερεὺς εἰς τ. αἰῶνα, Ps. *l.c.*

He 7 23 οἱ μὲν πλείονές εἰσιν γεγονότες ἱερεῖς
8 4 εἰ μὲν οὖν ἦν ἐπὶ γῆς οὐδ' ἂν ἦν ἱερεύς
9 6 εἰς μὲν τ. πρώτην σκηνὴν διὰ παντὸς εἰσίασιν οἱ ἱερεῖς
10 11 πᾶς μὲν ἱερεὺς ἕστηκεν καθ' ἡμέραν λειτουργῶν
ἀρχιερεύς, WH mg. R mg.
21 ἱερέα μέγαν ἐπὶ τ. οἶκον τ. Θεοῦ
Re 1 6 ἐποίησεν ἡμᾶς βασιλείαν ἱερεῖς τ. Θεῷ
5 10 ἐποίησας αὐτοὺς τ. Θεῷ ἡμῶν βασιλείαν κ. ἱερεῖς
20 6 ἀλλ' ἔσονται ἱερεῖς τ. Θεοῦ κ. τ. Χριστοῦ

2410.5 **ἹΕΡΌΘΥΤΟΣ*** cf. 1494

1Co 10 28 ἐὰν δέ τις ὑμῖν εἴπῃ Τοῦτο ἱερόθυτόν ἐστιν

ἹΕΡΌΝ 2411

(1) ἱερ. τ. Θεοῦ (2) ἱερ. Ἀρτέμιδος
(3) τὰ ἐκ τ. ἱεροῦ

Mt 4 5 ἔστησεν αὐτὸν ἐπὶ τὸ πτερύγιον τ. ἱεροῦ
12 5 τ. σάββασιν οἱ ἱερεῖς ἐν τ. ἱερῷ τὸ σάββατον βεβηλοῦσιν
6 τ. ἱεροῦ μεῖζόν ἐστιν ὧδε
21 12 [1] εἰσῆλθεν Ἰησοῦς εἰς τὸ ἱερόν,
\+ τ. Θεοῦ, TWH mg. R non mg.
κ. ἐξέβαλεν πάντας τ. πωλοῦντας κ. ἀγοράζοντας ἐν τ. ἱερῷ
14 προσῆλθον αὐτῷ τυφλοὶ κ. χωλοὶ ἐν τ. ἱερῷ
15 ἰδόντες . . . τ. παῖδας τ. κράζοντας ἐν τ. ἱερῷ
23 ἐλθόντος αὐτοῦ εἰς τὸ ἱερόν
24 1 ἐξελθὼν ὁ Ἰησοῦς ἀπὸ τ. ἱεροῦ ἐπορεύετο· κ. προσῆλθον . . . ἐπιδεῖξαι αὐτῷ τ. οἰκοδομὰς τ. ἱεροῦ
26 55 καθ' ἡμέραν ἐν τ. ἱερῷ ἐκαθεζόμην διδάσκων
Mk 11 11 εἰσῆλθεν εἰς Ἱεροσόλυμα εἰς τὸ ἱερόν
15 εἰσελθὼν εἰς τὸ ἱερὸν ἤρξατο ἐκβάλλειν τ. πωλοῦντας κ. τ. ἀγοράζοντας ἐν τ. ἱερῷ
16 ἵνα τις διενέγκῃ σκεῦος διὰ τ. ἱεροῦ
27 ἐν τ. ἱερῷ περιπατοῦντος αὐτοῦ
12 35 ἔλεγεν διδάσκων ἐν τ. ἱερῷ
13 1 ἐκπορευομένου αὐτοῦ ἐκ τ. ἱεροῦ
3 καθημένου αὐτοῦ . . . κατέναντι τ. ἱεροῦ
14 49 καθ' ἡμέραν ἤμην πρὸς ὑμᾶς ἐν τ. ἱερῷ διδάσκων
Lu 2 27 ἦλθεν ἐν τ. πνεύματι εἰς τὸ ἱερόν
37 ἣ οὐκ ἀφίστατο τ. ἱεροῦ
46 εὗρον αὐτὸν ἐν τ. ἱερῷ
4 9 ἔστησεν ἐπὶ τὸ πτερύγιον τ. ἱεροῦ
18 10 ἄνθρωποι δύο ἀνέβησαν εἰς τὸ ἱερὸν προσεύξασθαι
19 45 εἰσελθὼν εἰς τὸ ἱερὸν ἤρξατο ἐκβάλλειν τ. πωλοῦντας
47 ἦν διδάσκων τὸ καθ' ἡμέραν ἐν τ. ἱερῷ
20 1 διδάσκοντος αὐτοῦ τ. λαὸν ἐν τ. ἱερῷ
21 5 κ. τινων λεγόντων περὶ τ. ἱεροῦ
37 ἦν δὲ τὰς ἡμέρας ἐν τ. ἱερῷ διδάσκων
διδ. ἐν τ. ἱερ., WH mg.
38 πᾶς ὁ λαὸς ὤρθριζεν πρὸς αὐτὸν ἐν τ. ἱερῷ
Lu 22 52 εἶπεν δὲ Ἰησοῦς πρὸς τοὺς . . . ἀρχιερεῖς κ. στρατηγοὺς τ. ἱεροῦ
53 καθ' ἡμέραν ὄντος μου μεθ' ὑμῶν ἐν τ. ἱερῷ
24 53 ἦσαν διὰ παντὸς ἐν τ. ἱερῷ
Jo 2 14 εὗρεν ἐν τ. ἱερῷ τ. πωλοῦντας βόας
15 πάντας ἐξέβαλεν ἐκ τ. ἱεροῦ
5 14 μετὰ ταῦτα εὑρίσκει αὐτὸν ὁ Ἰησοῦς ἐν τ. ἱερῷ
7 14 ἀνέβη Ἰησοῦς εἰς τὸ ἱερὸν κ. ἐδίδασκεν
28 ἔκραξεν οὖν ἐν τ. ἱερῷ διδάσκων ὁ Ἰησοῦς
8 [2 ὄρθρου δὲ πάλιν παρεγένετο εἰς τὸ ἱερόν
20 ἐλάλησεν ἐν τ. γαζοφυλακίῳ διδάσκων ἐν τ. ἱερῷ
59 Ἰησοῦς δὲ ἐκρύβη κ. ἐξῆλθεν ἐκ τ. ἱεροῦ
10 23 περιεπάτει ὁ Ἰησοῦς ἐν τ. ἱερῷ
11 56 ἔλεγον μετ' ἀλλήλων ἐν τ. ἱερῷ ἑστηκότες
18 20 ἐγὼ πάντοτε ἐδίδαξα ἐν συναγωγῇ κ. ἐν τ. ἱερῷ
Ac 2 46 καθ' ἡμέραν τε προσκαρτεροῦντες ὁμοθυμαδὸν ἐν τ. ἱερῷ
3 1 Πέτρος δὲ κ. Ἰωάνης ἀνέβαινον εἰς τὸ ἱερόν
2 ὃν ἐτίθουν καθ' ἡμέραν πρὸς τ. θύραν τ. ἱεροῦ τ. λεγομένην Ὡραίαν,
τοῦ αἰτεῖν ἐλεημοσύνην παρὰ τ. εἰσπορευομένων εἰς τὸ ἱερόν.
3 ὃς ἰδὼν Πέτρον κ. Ἰωάνην μέλλοντας εἰσιέναι εἰς τὸ ἱερον
8 εἰσῆλθεν σὺν αὐτοῖς εἰς τὸ ἱερόν
10 ὁ πρὸς τ. ἐλεημοσύνην καθήμενος ἐπὶ τ. Ὡραίᾳ πύλῃ τ. ἱεροῦ
4 1 ἐπέστησαν αὐτοῖς οἱ ἀρχιερεῖς κ. ὁ στρατηγὸς τ. ἱεροῦ
5 20 σταθέντες λαλεῖτε ἐν τ. ἱερῷ τ. λαῷ
21 ἀκούσαντες δὲ εἰσῆλθον ὑπὸ τ. ὄρθρον εἰς τὸ ἱερόν
24 ὅ τε στρατηγὸς τ. ἱεροῦ κ. οἱ ἀρχιερεῖς
25 οἱ ἄνδρες οὓς ἔθεσθε ἐν τ. φυλακῇ εἰσὶν ἐν τ. ἱερῷ ἑστῶτες
42 ἐν τ. ἱερῷ κ. κατ' οἶκον οὐκ ἐπαύοντο διδάσκοντες
19 27 [2] τὸ τ. μεγάλης θεᾶς Ἀρτέμιδος ἱερὸν εἰς οὐθὲν λογισθῆναι
ἱερ. Ἀρτ., T
21 26 σὺν αὐτοῖς ἁγνισθεὶς εἰσῄει εἰς τὸ ἱερόν
27 οἱ ἀπὸ τ. Ἀσίας Ἰουδαῖοι θεασάμενοι αὐτὸν ἐν τ. ἱερῷ
28 ἔτι τε κ. Ἕλληνας εἰσήγαγεν εἰς τὸ ἱερόν
29 ὃν ἐνόμιζον ὅτι εἰς τὸ ἱερὸν εἰσήγαγεν ὁ Παῦλος
30 εἷλκον αὐτὸν ἔξω τ. ἱεροῦ
22 17 προσευχομένου μου ἐν τ. ἱερῷ
24 6 ὃς κ. τὸ ἱερὸν ἐπείρασεν βεβηλῶσαι
12 οὔτε ἐν τ. ἱερῷ εὗρόν με πρός τινα διαλεγόμενον
18 ἐν αἷς εὗρόν με ἡγνισμένον ἐν τ. ἱερῷ
25 8 οὔτε εἰς τὸ ἱερὸν οὔτε εἰς Καίσαρά τι ἥμαρτον
26 21 ἕνεκα τούτων με Ἰουδαῖοι συλλαβόμενοι ἐν τ. ἱερῷ
1Co 9 13 [3] οἱ τὰ ἱερὰ ἐργαζόμενοι τὰ ἐκ τ. ἱεροῦ ἐσθίουσιν

ἹΕΡΟΠΡΕΠΗΎΣ** 2412

Tit 2 3 πρεσβύτιδας ὡσαύτως ἐν καταστήματι ἱεροπρεπεῖς

ἹΕΡΌΣ 2413

I Co 9 13 οἱ τὰ ἱερὰ ἐργαζόμενοι τὰ ἐκ τ. ἱεροῦ ἐσθίουσιν
Col 4 13 πολὺν πόνον ὑπὲρ ὑμῶν κ. . . . τῶν ἐν Ἱερᾷ Πόλει
ἐν Ἱεραπόλει, TR
II Ti 3 15 ὅτι ἀπὸ βρέφους ἱερὰ γράμματα οἶδας

ἹΕΡΟΣΌΛΥΜΑ 2414

Ἰεροσ., WH

(1) τὰ Ἱεροσ.

Mt 2 1 μάγοι ἀπὸ ἀνατολῶν παρεγένοντο εἰς Ἱεροσόλυμα
3 ἐταράχθη κ. πᾶσα Ἱεροσόλυμα μετ' αὐτοῦ
3 5 τότε ἐξεπορεύετο πρὸς αὐτὸν Ἱεροσόλυμα
4 25 ἠκολούθησαν αὐτῷ ὄχλοι πολλοὶ ἀπὸ . . . Ἱεροσολύμων
5 35 μήτε εἰς Ἱεροσόλυμα ὅτι πόλις ἐστὶν τ. μεγάλου βασιλέως
15 1 προσέρχονται τῷ Ἰησοῦ ἀπὸ Ἱεροσολύμων Φαρισαῖοι
16 21 ὅτι δεῖ αὐτὸν εἰς Ἱεροσόλυμα ἀπελθεῖν
20 17 μέλλων δὲ ἀναβαίνειν Ἰησοῦς εἰς Ἱεροσόλυμα
18 ἰδοὺ ἀναβαίνομεν εἰς Ἱεροσόλυμα
21 1 ὅτε ἤγγισαν εἰς Ἱεροσόλυμα
10 εἰσελθόντος αὐτοῦ εἰς Ἱεροσόλυμα
Mk 3 8 πολὺ πλῆθος ἀπὸ τ. Γαλιλαίας ἠκολούθησεν . . . κ. ἀπὸ Ἱεροσολύμων
22 οἱ γραμματεῖς οἱ ἀπὸ Ἱεροσολύμων καταβάντες
7 1 συνάγονται πρὸς αὐτὸν οἱ Φαρισαῖοι . . . ἐλθόντες ἀπὸ Ἱεροσολύμων
10 32 ἦσαν δὲ ἐν τῇ ὁδῷ ἀναβαίνοντες εἰς Ἱεροσόλυμα
33 ἰδοὺ ἀναβαίνομεν εἰς Ἱεροσόλυμα
11 1 ὅτε ἐγγίζουσιν εἰς Ἱεροσόλυμα
11 εἰσῆλθεν εἰς Ἱεροσόλυμα εἰς τὸ ἱερόν
15 ἔρχονται εἰς Ἱεροσόλυμα
27 ἔρχονται πάλιν εἰς Ἱεροσόλυμα
15 41 ἄλλαι πολλαὶ αἱ συναναβᾶσαι αὐτῷ εἰς Ἱεροσόλυμα
Lu 2 22 ἀνήγαγον αὐτὸν εἰς Ἱεροσόλυμα
13 22 πορείαν ποιούμενος εἰς Ἱεροσόλυμα
19 28 ἐπορεύετο ἔμπροσθεν ἀναβαίνων εἰς Ἱεροσόλυμα
23 7 ὄντα κ. αὐτὸν ἐν Ἱεροσολύμοις ἐν ταύταις τ. ἡμέραις
Jo 1 19 ὅτε ἀπέστειλαν πρὸς αὐτὸν οἱ Ἰουδαῖοι ἐξ Ἱεροσολύμων ἱερεῖς
2 13 ἀνέβη εἰς Ἱεροσόλυμα ὁ Ἰησοῦς
23 [1] ὡς δὲ ἦν ἐν τ. Ἱεροσολύμοις ἐν τῷ πάσχα
4 20 ὅτι ἐν Ἱεροσολύμοις ἐστὶν ὁ τόπος
21 οὔτε ἐν τ. ὄρει τούτῳ οὔτε ἐν Ἱεροσολύμοις
45 πάντα ἑωρακότες ὅσα ἐποίησεν ἐν Ἱεροσολύμοις ἐν τ. ἑορτῇ
5 1 ἀνέβη Ἰησοῦς εἰς Ἱεροσόλυμα.
2 [1] ἔστιν δὲ ἐν τ. Ἱεροσολύμοις ἐπὶ τ. προβατικῇ κολυμβήθρα
10 22 [1] ἐγένετο τότε τὰ ἐνκαίνια ἐν τ. Ἱεροσολύμοις
—τοῖς, T
11 18 [1] ἦν δὲ Βηθανία ἐγγὺς τ. Ἱεροσολύμων
55 ἀνέβησαν πολλοὶ εἰς Ἱεροσόλυμα ἐκ τ. χώρας πρὸ τοῦ πάσχα

16*

Jo 12 12 ἀκούσαντες ὅτι ἔρχεται Ἰησοῦς εἰς Ἱεροσόλυμα
Ac 1 4 παρήγγειλεν αὐτοῖς ἀπὸ Ἱεροσολύμων μὴ χωρίζεσθαι
8 1 ἐγένετο δὲ . . . διωγμὸς μέγας ἐπὶ τ. ἐκκλησίαν τὴν ἐν Ἱεροσολύμοις
14 ἀκούσαντες δὲ οἱ ἐν Ἱεροσολύμοις ἀπόστολοι
25 οἱ μὲν οὖν . . . ὑπέστρεφον εἰς Ἱεροσόλυμα
11 27 κατῆλθον ἀπὸ Ἱεροσολύμων προφῆται εἰς Ἀντιόχειαν
13 13 Ἰωάνης δὲ . . . ὑπέστρεψεν εἰς Ἱεροσόλυμα
15 4 παραγενόμενοι δὲ εἰς Ἱεροσόλυμα
Ἰερουσαλήμ, T
16 4 ὑπὸ τ. ἀποστόλων κ. πρεσβυτέρων τῶν ἐν Ἱεροσολύμοις
18 21 δεῖ με πάντως τ. ἑορτὴν τ. ἐρχομένην ποιῆσαι εἰς Ἱεροσόλυμα
—h. v., TWH non mg. R
19 1 θέλοντος δὲ τ. Παύλου . . . πορεύεσθαι εἰς Ἱεροσόλυμα
—h. v., TWH non mg. R
21 διελθὼν τ. Μακεδονίαν κ. Ἀχαΐαν πορεύεσθαι εἰς Ἱεροσόλυμα
20 16 ἔσπευδε γὰρ . . . τ. ἡμέραν τ. πεντηκοστῆς γενέσθαι εἰς Ἱεροσόλυμα
Ἰερουσαλήμ, T
21 4 οἵτινες τ. Παύλῳ ἔλεγον . . . μὴ ἐπιβαίνειν εἰς Ἱεροσόλυμα
15 ἐπισκευασάμενοι ἀνεβαίνομεν εἰς Ἱεροσόλυμα
17 γενομένων δὲ ἡμῶν εἰς Ἱεροσόλυμα
25 1 μετὰ τρεῖς ἡμέρας ἀνέβη εἰς Ἱεροσόλυμα ἀπὸ Καισαρίας
7 περιέστησαν αὐτὸν οἱ ἀπὸ Ἱεροσολύμων καταβεβηκότες Ἰουδαῖοι
9 θέλεις εἰς Ἱεροσόλυμα ἀναβὰς . . . κριθῆναι
15 γενομένου μου εἰς Ἱεροσόλυμα
20 εἰ βούλοιτο πορεύεσθαι εἰς Ἱεροσόλυμα
24 ἐνέτυχέν μοι ἔν τε Ἱεροσολύμοις κ. ἐνθάδε
26 4 τὴν ἀπ' ἀρχῆς γενομένην ἐν τ. ἔθνει μου ἔν τε Ἱεροσολύμοις
10 ὃ κ. ἐποίησα ἐν Ἱεροσολύμοις
20 τοῖς ἐν Δαμασκῷ πρῶτόν τε κ. Ἱεροσολύμοις
28 17 δέσμιος ἐξ Ἱεροσολύμων παρεδόθην
Ga 1 17 οὐδὲ ἀνῆλθον εἰς Ἱεροσόλυμα πρὸς τοὺς πρὸ ἐμοῦ ἀποστόλους
18 ἔπειτα μετὰ τρία ἔτη ἀνῆλθον εἰς Ἱεροσόλυμα
2 1 ἔπειτα διὰ δεκατεσσάρων ἐτῶν πάλιν ἀνέβην εἰς Ἱεροσόλυμα

ἹΕΡΟΣΟΛΥΜΕΙ͂ΤΑΙ 2415

Ἰεροσ., WH

Mk 1 5 πᾶσα ἡ Ἰουδαία χώρα κ. οἱ Ἱεροσολυμεῖται
Jo 7 25 ἔλεγον οὖν τινὲς ἐκ τ. Ἱεροσολυμειτῶν

ἹΕΡΟΣΥΛΈΩ ** 2416

Ro 2 22 ὁ βδελυσσόμενος τὰ εἴδωλα ἱεροσυλεῖς;

ἹΕΡΌΣΥΛΟΣ ** 2417

Ac 19 37 οὔτε ἱεροσύλους οὔτε βλασφημοῦντας τὴν θεὸν ἡμῶν

ἹΕΡΟΥΡΓΈΩ ** 2418

Ro 15 16 ἱερουργοῦντα τὸ εὐαγγέλιον τ. Θεοῦ

ἹΕΡΟΥΣΑΛΉΜ 2419

Ἰερουσ., WH

(1) ἡ Ἱερ. (2) θυγατέρες Ἱερ.

Mt 23 37 Ἱερουσαλὴμ Ἱερουσαλὴμ ἡ ἀποκτείνουσα τ. προφήτας
Lu 2 25 ἄνθρωπος ἦν ἐν Ἱερουσαλὴμ
38 ἐλάλει περὶ αὐτοῦ πᾶσι τ. προσδεχομένοις λύτρωσιν Ἱερουσαλὴμ
41 ἐπορεύοντο οἱ γονεῖς αὐτοῦ κατ' ἔτος εἰς Ἱερουσαλὴμ
43 ὑπέμεινεν Ἰησοῦς ὁ παῖς ἐν Ἱερουσαλὴμ
45 μὴ εὑρόντες αὐτὸν ὑπέστρεψαν εἰς Ἱερουσαλὴμ
4 9 ἤγαγεν δὲ αὐτὸν εἰς Ἱερουσαλὴμ
5 17 οἳ ἦσαν ἐληλυθότες ἐκ πάσης κώμης τ. Γαλιλαίας . . . κ. Ἱερουσαλὴμ
6 17 πλῆθος πολὺ τ. λαοῦ ἀπὸ πάσης τ. Ἰουδαίας κ. Ἱερουσαλὴμ
9 31 ἣν ἤμελλεν πληροῦν ἐν Ἱερουσαλὴμ
51 τὸ πρόσωπον ἐστήρισεν τοῦ πορεύεσθαι εἰς Ἱερουσαλὴμ
53 ὅτι τὸ πρόσωπον αὐτοῦ ἦν πορευόμενον εἰς Ἱερουσαλὴμ
10 30 ἄνθρωπός τις κατέβαινεν ἀπὸ Ἱερουσαλὴμ εἰς Ἰερειχὼ
13 4 παρὰ πάντας τ. ἀνθρώπους τ. κατοικοῦντας Ἱερουσαλὴμ
κατ. ἐν Ἱερ., T
33 οὐκ ἐνδέχεται προφήτην ἀπολέσθαι ἔξω Ἱερουσαλήμ.
34 Ἱερουσαλὴμ Ἱερουσαλὴμ ἡ ἀποκτείνουσα τ. προφήτας
17 11 ἐγένετο ἐν τῷ πορεύεσθαι εἰς Ἱερουσαλὴμ
18 31 ἰδοὺ ἀναβαίνομεν εἰς Ἱερουσαλὴμ
19 11 διὰ τὸ ἐγγὺς εἶναι Ἱερουσαλὴμ αὐτόν
21 20 ὅταν δὲ ἴδητε κυκλουμένην ὑπὸ στρατοπέδων Ἱερουσαλὴμ
24 Ἱερουσαλὴμ ἔσται πατουμένη ὑπὸ ἐθνῶν
23 28 ² θυγατέρες Ἱερουσαλὴμ μὴ κλαίετε ἐπ' ἐμέ
24 13 εἰς κώμην ἀπέχουσαν σταδίους ἑξήκοντα ἀπὸ Ἱερουσαλὴμ
18 οὐ μόνος παροικεῖς Ἱερουσαλὴμ
33 ὑπέστρεψαν εἰς Ἱερουσαλὴμ
47 ἀρξάμενοι ἀπὸ Ἱερουσαλὴμ
52 αὐτοὶ προσκυνήσαντες αὐτὸν ὑπέστρεψαν εἰς Ἱερουσαλὴμ
Ac 1 8 ἔσεσθέ μου μάρτυρες ἔν τε Ἱερουσαλὴμ
12 τότε ὑπέστρεψαν εἰς Ἱερουσαλὴμ ἀπὸ ὄρους
12 ὅ ἐστιν ἐγγὺς Ἱερουσαλὴμ
19 γνωστὸν ἐγένετο πᾶσι τ. κατοικοῦσιν Ἱερουσαλὴμ
2 5 ἦσαν δὲ ἐν Ἱερουσαλὴμ κατοικοῦντες Ἰουδαῖοι
14 κ. οἱ κατοικοῦντες Ἱερουσαλὴμ πάντες
43 σημεῖα διὰ τ. ἀποστόλων ἐγίνετο ἐν Ἱερουσαλὴμ
—ἐν Ἱερ., WHR non mg.

Ac 4 5 συναχθῆναι αὐτῶν τ. ἄρχοντας . . . κ. τ. γραμματεῖς ἐν Ἱερουσαλὴμ
εἰς Ἱερ., T
16 πᾶσι τ. κατοικοῦσιν Ἱερουσαλὴμ φανερόν
5 16 συνήρχετο δὲ κ. τὸ πλῆθος τ. πέριξ πόλεων Ἱερουσαλὴμ
28 ¹ πεπληρώκατε τὴν Ἱερουσαλὴμ τ. διδαχῆς ὑμῶν
6 7 ἐπληθύνετο ὁ ἀριθμὸς τ. μαθητῶν ἐν Ἱερουσαλὴμ
8 26 ἐπὶ τὴν ὁδὸν τ. καταβαίνουσαν ἀπὸ Ἱερουσαλὴμ
27 ὃς ἐληλύθει προσκυνήσων εἰς Ἱερουσαλὴμ
9 2 ὅπως . . . δεδεμένους ἀγάγῃ εἰς Ἱερουσαλὴμ
13 ὅσα κακὰ τ. ἁγίοις σου ἐποίησεν ἐν Ἱερουσαλὴμ
21 οὐχ οὗτός ἐστιν ὁ πορθήσας ἐν Ἱερουσαλὴμ
εἰς Ἱερ., T
26 παραγενόμενος δὲ εἰς Ἱερουσαλὴμ
28 ἦν μετ' αὐτῶν εἰσπορευόμενος κ. ἐκπορευόμενος εἰς Ἱερουσαλὴμ
10 39 ἔν τε τ. χώρᾳ τ. Ἰουδαίων κ. Ἱερουσαλὴμ
κ. ἐν Ἱερ., T
11 2 ὅτε δὲ ἀνέβη Πέτρος εἰς Ἱερουσαλὴμ
22 εἰς τὰ ὦτα τ. ἐκκλησίας τ. οὔσης ἐν Ἱερουσαλὴμ
12 25 Βαρνάβας δὲ κ. Σαῦλος ὑπέστρεψαν εἰς Ἱερουσαλὴμ
ἐξ Ἱερ., TWH mg. R non mg.
13 27 οἱ γὰρ κατοικοῦντες ἐν Ἱερουσαλὴμ
31 τ. συναναβᾶσιν αὐτῷ ἀπὸ τ. Γαλιλαίας εἰς Ἱερουσαλὴμ
15 2 ἔταξαν ἀναβαίνειν Παῦλον κ. Βαρνάβαν . . . εἰς Ἱερουσαλὴμ
4 παραγενόμενοι δὲ εἰς Ἱερουσαλὴμ
Ἱεροσόλυμα, WH
20 16 ἔσπευδεν γὰρ . . . τ. ἡμέραν τ. πεντηκοστῆς γενέσθαι εἰς Ἱερουσαλὴμ
Ἱεροσόλυμα, WH
22 δεδεμένος ἐγὼ τ. πνεύματι πορεύομαι εἰς Ἱερουσαλὴμ
21 11 οὕτως δήσουσιν ἐν Ἱερουσαλὴμ οἱ Ἰουδαῖοι
12 παρεκαλοῦμεν . . . τοῦ μὴ ἀναβαίνειν αὐτὸν εἰς Ἱερουσαλὴμ
13 κ. ἀποθανεῖν εἰς Ἱερουσαλὴμ ἑτοίμως ἔχω
31 ὅτι ὅλη συγχύνεται Ἱερουσαλὴμ
22 5 ἄξων . . . δεδεμένους εἰς Ἱερουσαλὴμ
17 ἐγένετο δέ μοι ὑποστρέψαντι εἰς Ἱερουσαλὴμ
18 ἔξελθε ἐν τάχει ἐξ Ἱερουσαλὴμ
23 11 ὡς γὰρ διεμαρτύρω τὰ περὶ ἐμοῦ εἰς Ἱερουσαλὴμ
24 11 ἀφ' ἧς ἀνέβην προσκυνήσων εἰς Ἱερουσαλὴμ
25 3 ὅπως μεταπέμψηται αὐτὸν εἰς Ἱερουσαλὴμ
Ro 15 19 ἀπὸ Ἱερουσαλὴμ κ. κύκλῳ μέχρι τ. Ἰλλυρικοῦ
25 νυνὶ δὲ πορεύομαι εἰς Ἱερουσαλὴμ
26 κοινωνίαν τινὰ ποιήσασθαι εἰς τ. πτωχοὺς τ. ἁγίων τῶν ἐν Ἱερουσαλὴμ
31 ἡ διακονία μου ἡ εἰς Ἱερουσαλὴμ
1Co 16 3 ἀπενεγκεῖν τ. χάριν ὑμῶν εἰς Ἱερουσαλὴμ
Ga 4 25 ¹ συνστοιχεῖ δὲ τῇ νῦν Ἱερουσαλὴμ
26 ¹ ἡ δὲ ἄνω Ἱερουσαλὴμ ἐλευθέρα ἐστίν
He 12 22 προσεληλύθατε . . . Ἱερουσαλὴμ ἐπουρανίῳ

Re 3 12 [1] τὸ ὄνομα τ. πόλεως τ. Θεοῦ μου τ. καινῆς Ἱερουσαλήμ
21 2 τ. πόλιν τ. ἁγίαν Ἱερουσαλὴμ καινὴν εἶδον
10 ἔδειξέν μοι τ. πόλιν τ. ἁγίαν Ἱερουσαλήμ

ἹΕΡΩΣΎΝΗ 2420

He 7 11 εἰ μὲν οὖν τελείωσις διὰ τ. Λευειτικῆς ἱερωσύνης ἦν
12 μετατιθεμένης γὰρ τ. ἱερωσύνης
24 ὁ δὲ . . . ἀπαράβατον ἔχει τ. ἱερωσύνην

ἸΕΣΣΑΊ 2421

Mt 1 5 Ἰωβὴδ δὲ ἐγέννησεν τ. Ἰεσσαί·
6 Ἰεσσαὶ δὲ ἐγέννησεν τ. Δαυεὶδ τ. βασιλέα
Lu 3 32 τοῦ Δαυεὶδ τοῦ Ἰεσσαὶ τοῦ Ἰωβὴδ
Ac 13 22 εὗρον Δαυεὶδ τὸν τοῦ Ἰεσσαί
מָצָאתִי דָּוִד עַבְדִּי, Ps. lxxxix. 21, *cf.* 1 Sam. xvi. 1
Ro 15 12 ἔσται ἡ ῥίζα τοῦ Ἰεσσαί
שֹׁרֶשׁ יִשַׁי . . . הָיָה, Is. xi. 10

ἸΕΦΘΆΕ 2422

He 11 32 ἐπιλείψει με γὰρ διηγούμενον ὁ χρόνος περὶ Γεδεὼν Βαρὰκ Σαμψὼν Ἰεφθάε

ἸΕΧΟΝΊΑΣ 2423

Mt 1 11 Ἰωσείας δὲ ἐγέννησεν τ. Ἰεχονίαν κ. τ. ἀδελφοὺς αὐτοῦ
12 Ἰεχονίας ἐγέννησεν τ. Σαλαθιήλ

ἸΗΣΟΥ͂Σ 2424 cf. 2424.5

(1) Ἰησ. Χριστός (2) Χρ. Ἰησ. (3) Κύριος Ἰησ. (4) Ἰησ. σώτηρ (5) *anarthr.* (6) Ἰησοῦ, *voc.*

Mt 1 1 [1] βίβλος γενέσεως Ἰησοῦ Χριστοῦ
16 [1 5] ἐξ ἧς ἐγεννήθη Ἰησοῦς ὁ λεγόμενος Χριστός
18 [1] τ. δὲ Ἰησοῦ Χριστοῦ ἡ γένεσις οὕτως ἦν
—Ἰησ., [WH] R mg.; Χρ. Ἰησ., WH mg.
21 [5] καλέσεις τὸ ὄνομα αὐτοῦ Ἰησοῦν
25 [5] ἐκάλεσεν τὸ ὄνομα αὐτοῦ Ἰησοῦν.
2 1 τοῦ δὲ Ἰησοῦ γεννηθέντος ἐν Βηθλεὲμ τ. Ἰουδαίας
3 13 τότε παραγίνεται ὁ Ἰησοῦς ἀπὸ τ. Γαλιλαίας
15 ἀποκριθεὶς δὲ ὁ Ἰησοῦς εἶπεν αὐτῷ
16 βαπτισθεὶς δὲ ὁ Ἰησοῦς εὐθὺς ἀνέβη ἀπὸ τ. ὕδατος
4 1 τότε ὁ Ἰησοῦς ἀνήχθη εἰς τὴν ἔρημον
7 ἔφη αὐτῷ ὁ Ἰησοῦς
10 τότε λέγει αὐτῷ ὁ Ἰησοῦς
17 ἀπὸ τότε ἤρξατο ὁ Ἰησοῦς κηρύσσειν
23 περιῆγεν ὁ Ἰησοῦς ἐν ὅλῃ τ. Γαλιλαίᾳ
—ὁ Ἰησ., TWHR mg.
7 28 ὅτε ἐτέλεσεν ὁ Ἰησοῦς τ. λόγους τούτους
8 4 λέγει αὐτῷ ὁ Ἰησοῦς
10 ἀκούσας δὲ ὁ Ἰησοῦς ἐθαύμασεν
13 εἶπεν ὁ Ἰησοῦς τ. ἑκατοντάρχῃ
14 ἐλθὼν ὁ Ἰησοῦς εἰς τ. οἰκίαν Πέτρου
18 ἰδὼν δὲ ὁ Ἰησοῦς ὄχλον περὶ αὐτόν

Mt 8 20 λέγει αὐτῷ ὁ Ἰησοῦς
22 ὁ δὲ Ἰησοῦς λέγει αὐτῷ
—Ἰησ., T
34 πᾶσα ἡ πόλις ἐξῆλθεν εἰς ὑπάντησιν τῷ Ἰησοῦ
τοῦ Ἰησ., TWH mg.
9 2 ἰδὼν ὁ Ἰησοῦς τ. πίστιν αὐτῶν
4 εἰδὼς ὁ Ἰησοῦς τ. ἐνθυμήσεις αὐτῶν
9 παράγων ὁ Ἰησοῦς ἐκεῖθεν
10 πολλοὶ τελῶναι κ. ἁμαρτωλοὶ ἐλθόντες συνανέκειντο τῷ Ἰησοῦ
15 εἶπεν αὐτοῖς ὁ Ἰησοῦς
19 ἐγερθεὶς ὁ Ἰησοῦς ἠκολούθει αὐτῷ
22 ὁ δὲ Ἰησοῦς στραφεὶς κ. ἰδὼν αὐτήν
—Ἰησ., T
23 ἐλθὼν ὁ Ἰησοῦς εἰς τ. οἰκίαν τ. ἄρχοντος
27 παράγοντι ἐκεῖθεν τῷ Ἰησοῦ
28 λέγει αὐτοῖς ὁ Ἰησοῦς
30 ἐνεβριμήθη αὐτοῖς ὁ Ἰησοῦς λέγων
35 περιῆγεν ὁ Ἰησοῦς τ. πόλεις πάσας κ. τ. κώμας
10 5 τούτους τ. δώδεκα ἀπέστειλεν ὁ Ἰησοῦς
11 1 ὅτε ἐτέλεσεν ὁ Ἰησοῦς διατάσσων τ. δώδεκα μαθηταῖς
4 ἀποκριθεὶς ὁ Ἰησοῦς εἶπεν αὐτοῖς
7 ἤρξατο ὁ Ἰησοῦς λέγειν τ. ὄχλοις περὶ Ἰωάνου
25 ἐν ἐκείνῳ τ. καιρῷ ἀποκριθεὶς ὁ Ἰησοῦς εἶπεν
12 1 ἐπορεύθη ὁ Ἰησοῦς τ. σάββασι διὰ τ. σπορίμων
15 ὁ δὲ Ἰησοῦς γνοὺς ἀνεχώρησεν ἐκεῖθεν
13 1 ἐν τ. ἡμέρᾳ ἐκείνῃ ἐξελθὼν ὁ Ἰησοῦς τ. οἰκίας
34 ταῦτα πάντα ἐλάλησεν ὁ Ἰησοῦς ἐν παραβολαῖς
53 ὅτε ἐτέλεσεν ὁ Ἰησοῦς τ. παραβολὰς ταύτας
57 ὁ δὲ Ἰησοῦς εἶπεν αὐτοῖς
14 1 [5] ἤκουσεν Ἡρῴδης ὁ τετραάρχης τ. ἀκοὴν Ἰησοῦ
12 ἐλθόντες ἀπήγγειλαν τῷ Ἰησοῦ
13 ἀκούσας δὲ ὁ Ἰησοῦς ἀνεχώρησεν ἐκεῖθεν
16 ὁ δὲ Ἰησοῦς εἶπεν αὐτοῖς
—Ἰησ., T
27 εὐθὺς δὲ ἐλάλησεν ὁ Ἰησοῦς αὐτοῖς
—ὁ Ἰησ., T [WH]
29 ὁ Πέτρος . . . ἦλθεν πρὸς τ. Ἰησοῦν
31 εὐθέως δὲ ὁ Ἰησοῦς ἐκτείνας τ. χεῖρα
15 1 προσέρχονται τ. Ἰησοῦ ἀπὸ Ἱεροσολύμων Φαρισαῖοι
21 ἐξελθὼν ἐκεῖθεν ὁ Ἰησοῦς
28 τότε ἀποκριθεὶς ὁ Ἰησοῦς εἶπεν αὐτῇ
29 μεταβὰς ἐκεῖθεν ὁ Ἰησοῦς
32 ὁ δὲ Ἰησοῦς προσκαλεσάμενος τ. μαθητὰς αὐτοῦ
34 λέγει αὐτοῖς ὁ Ἰησοῦς
16 6 ὁ δὲ Ἰησοῦς εἶπεν αὐτοῖς
8 γνοὺς δὲ ὁ Ἰησοῦς εἶπεν
13 ἐλθὼν δὲ ὁ Ἰησοῦς εἰς τὰ μέρη Καισαρίας
17 ἀποκριθεὶς δὲ ὁ Ἰησοῦς εἶπεν αὐτῷ
21 [1] ἀπὸ τότε ἤρξατο Ἰησοῦς Χριστὸς δεικνύειν τ. μαθηταῖς αὐτοῦ
ἤρξ. ὁ Ἰησ. δεικν., TR non mg.
24 τότε ὁ Ἰησοῦς εἶπεν τ. μαθηταῖς αὐτοῦ
17 1 παραλαμβάνει ὁ Ἰησοῦς τ. Πέτρον κ. Ἰάκωβον

Mt 17 4 ἀποκριθεὶς δὲ ὁ Πέτρος εἶπεν τῷ Ἰησοῦ
7 προσῆλθεν ὁ Ἰησοῦς κ. ἁψάμενος αὐτῶν εἶπεν
8 [5] οὐδένα εἶδον εἰ μὴ αὐτὸν Ἰησοῦν μόνον
εἰ μὴ τὸν Ἰησ., TWH mg. R
9 ἐνετείλατο αὐτοῖς ὁ Ἰησοῦς
17 ἀποκριθεὶς δὲ ὁ Ἰησοῦς εἶπεν
18 ἐπετίμησεν αὐτῷ ὁ Ἰησοῦς
19 προσελθόντες οἱ μαθηταὶ τῷ Ἰησοῦ κατ' ἰδίαν
22 εἶπεν αὐτοῖς ὁ Ἰησοῦς
25 προέφθασεν αὐτὸν ὁ Ἰησοῦς λέγων
26 ἔφη αὐτῷ ὁ Ἰησοῦς
18 1 ἐν ἐκείνῃ τ. ὥρᾳ προσῆλθον οἱ μαθηταὶ τῷ Ἰησοῦ
22 λέγει αὐτῷ ὁ Ἰησοῦς
19 1 ὅτε ἐτέλεσεν ὁ Ἰησοῦς τ. λόγους τούτους
14 ὁ δὲ Ἰησοῦς εἶπεν
18 ὁ δὲ Ἰησοῦς ἔφη
21 ἔφη αὐτῷ ὁ Ἰησοῦς
23 ὁ δὲ Ἰησοῦς εἶπεν τ. μαθηταῖς αὐτοῦ
26 ἐμβλέψας δὲ ὁ Ἰησοῦς εἶπεν αὐτοῖς
28 ὁ δὲ Ἰησοῦς εἶπεν αὐτοῖς
20 17 [5] μέλλων δὲ ἀναβαίνειν Ἰησοῦς εἰς Ἱεροσόλυμα
κ. ἀναβαίνων ὁ Ἰησοῦς, TWH mg. R
22 ἀποκριθεὶς δὲ ὁ Ἰησοῦς εἶπεν
25 ὁ δὲ Ἰησοῦς προσκαλεσάμενος αὐτοὺς εἶπεν
30 [5] δύο τυφλοὶ . . . ἀκούσαντες ὅτι Ἰησοῦς παράγει
32 στὰς ὁ Ἰησοῦς ἐφώνησεν αὐτούς
34 σπλαγχνισθεὶς δὲ ὁ Ἰησοῦς
21 1 [5] τότε Ἰησοῦς ἀπέστειλεν δύο μαθητάς
6 ποιήσαντες καθὼς συνέταξεν αὐτοῖς ὁ Ἰησοῦς
11 οὗτός ἐστιν ὁ προφήτης Ἰησοῦς
12 [5] εἰσῆλθεν Ἰησοῦς εἰς τὸ ἱερόν
16 ὁ δὲ Ἰησοῦς λέγει αὐτοῖς
21 ἀποκριθεὶς δὲ ὁ Ἰησοῦς εἶπεν αὐτοῖς
24 ἀποκριθεὶς δὲ ὁ Ἰησοῦς εἶπεν αὐτοῖς
27 ἀποκριθέντες τῷ Ἰησοῦ εἶπαν
31 λέγει αὐτοῖς ὁ Ἰησοῦς
42 λέγει αὐτοῖς ὁ Ἰησοῦς
22 1 ἀποκριθεὶς ὁ Ἰησοῦς πάλιν εἶπεν ἐν παραβολαῖς αὐτοῖς
18 γνοὺς δὲ ὁ Ἰησοῦς τ. πονηρίαν αὐτῶν
20 λέγει αὐτοῖς ὁ Ἰησοῦς
—ὁ Ἰησ., WH non mg. R
29 ἀποκριθεὶς δὲ ὁ Ἰησοῦς εἶπεν αὐτοῖς
41 ἐπηρώτησεν αὐτοὺς ὁ Ἰησοῦς λέγων
23 1 τότε ὁ Ἰησοῦς ἐλάλησεν τ. ὄχλοις
24 1 ἐξελθὼν ὁ Ἰησοῦς ἀπὸ τ. ἱεροῦ ἐπορεύετο
4 ἀποκριθεὶς ὁ Ἰησοῦς εἶπεν αὐτοῖς
26 1 ὅτε ἐτέλεσεν ὁ Ἰησοῦς πάντας τ. λόγους τούτους
4 συνεβουλεύσαντο ἵνα τ. Ἰησοῦν δόλῳ κρατήσωσιν
6 τοῦ δὲ Ἰησοῦ γενομένου ἐν Βηθανίᾳ
10 γνοὺς δὲ ὁ Ἰησοῦς εἶπεν αὐτοῖς
17 προσῆλθον οἱ μαθηταὶ τῷ Ἰησοῦ λέγοντες
19 ἐποίησαν . . . ὡς συνέταξεν αὐτοῖς ὁ Ἰησοῦς
26 λαβὼν ὁ Ἰησοῦς ἄρτον κ. εὐλογήσας
31 τότε λέγει αὐτοῖς ὁ Ἰησοῦς
34 ἔφη αὐτῷ ὁ Ἰησοῦς
36 ἔρχεται μετ' αὐτῶν ὁ Ἰησοῦς εἰς χωρίον λεγόμενον Γεθσημανεί

Mt 26 49 εὐθέως προσελθὼν τῷ Ἰησοῦ εἶπεν
50 ὁ δὲ Ἰησοῦς εἶπεν αὐτῷ
50 προσελθόντες ἐπέβαλον τ. χεῖρας ἐπὶ τ. Ἰησοῦν
51 [5] εἷς τῶν μετὰ Ἰησοῦ ἐκτείνας τ. χεῖρα
52 τότε λέγει αὐτῷ ὁ Ἰησοῦς
55 ἐν ἐκείνῃ τ. ὥρᾳ εἶπεν ὁ Ἰησοῦς τ. ὄχλοις
57 οἱ δὲ κρατήσαντες τ. Ἰησοῦν ἀπήγαγον
59 ἐζήτουν ψευδομαρτυρίαν κατὰ τοῦ Ἰησοῦ
63 ὁ δὲ Ἰησοῦς ἐσιώπα
64 λέγει αὐτῷ ὁ Ἰησοῦς
69 [5] κ. σὺ ἦσθα μετὰ Ἰησοῦ τ. Γαλιλαίου
71 [5] οὗτος ἦν μετὰ Ἰησοῦ τ. Ναζωραίου
75 [5] ἐμνήσθη ὁ Πέτρος τ. ῥήματος Ἰησοῦ
27 1 συμβούλιον ἔλαβον πάντες οἱ ἀρχιερεῖς . . . κατὰ τ. Ἰησοῦ
11 ὁ δὲ Ἰησοῦς ἐστάθη ἔμπροσθεν τ. ἡγεμόνος
11 ὁ δὲ Ἰησοῦς ἔφη
17 [1] [5] Βαραββᾶν ἢ Ἰησοῦν τ. λεγόμενον Χριστόν;
20 ἵνα αἰτήσωνται τ. Βαραββᾶν τ. δὲ Ἰησοῦν ἀπολέσωσιν
22 [1] [5] τί οὖν ποιήσω Ἰησοῦν τ. λεγόμενον Χριστόν
26 τὸν δὲ Ἰησοῦν φραγελλώσας
27 παραλαβόντες τ. Ἰησοῦν εἰς τὸ πραιτώριον
37 [5] οὗτός ἐστιν Ἰησοῦς ὁ βασιλεὺς τ. Ἰουδαίων
46 ἐβόησεν ὁ Ἰησοῦς φωνῇ μεγάλῃ
50 ὁ δὲ Ἰησοῦς πάλιν κράξας φωνῇ μεγάλῃ
54 οἱ μετ' αὐτοῦ τηροῦντες τ. Ἰησοῦν
55 αἵτινες ἠκολούθησαν τῷ Ἰησοῦ ἀπὸ τ. Γαλιλαίας
57 ὃς κ. αὐτὸς ἐμαθητεύθη τῷ Ἰησοῦ·
58 οὗτος . . . ᾐτήσατο τὸ σῶμα τ. Ἰησοῦ
28 5 [5] οἶδα γὰρ ὅτι Ἰησοῦν τ. ἐσταυρωμένον ζητεῖτε
9 [5] ἰδοὺ Ἰησοῦς ὑπήντησεν αὐταῖς λέγων
10 τότε λέγει αὐταῖς ὁ Ἰησοῦς
16 εἰς τὸ ὄρος οὗ ἐτάξατο αὐτοῖς ὁ Ἰησοῦς
18 προσελθὼν ὁ Ἰησοῦς ἐλάλησεν αὐτοῖς
Mk 1 1 [1] ἀρχὴ τ. εὐαγγελίου Ἰησοῦ Χριστοῦ
9 [5] ἦλθεν Ἰησοῦς ἀπὸ Ναζαρὲτ τ. Γαλιλαίας
14 ἦλθεν ὁ Ἰησοῦς εἰς τ. Γαλιλαίαν
17 εἶπεν αὐτοῖς ὁ Ἰησοῦς
24 [6] τί ἡμῖν κ. σοὶ Ἰησοῦ Ναζαρηνέ;
25 ἐπετίμησεν αὐτῷ ὁ Ἰησοῦς
2 5 ἰδὼν ὁ Ἰησοῦς τ. πίστιν αὐτῶν
8 εὐθὺς ἐπιγνοὺς ὁ Ἰησοῦς τ. πνεύματι αὐτοῦ
15 πολλοὶ τελῶναι κ. ἁμαρτωλοὶ συνανέκειντο τῷ Ἰησοῦ
17 ἀκούσας ὁ Ἰησοῦς λέγει αὐτοῖς
19 εἶπεν αὐτοῖς ὁ Ἰησοῦς
3 7 ὁ Ἰησοῦς μετὰ τ. μαθητῶν αὐτοῦ ἀνεχώρησεν πρὸς τ. θάλασσαν
5 6 ἰδὼν τ. Ἰησοῦν ἀπὸ μακρόθεν ἔδραμεν
7 [6] τί ἐμοὶ κ. σοὶ Ἰησοῦ υἱὲ τ. Θεοῦ τ. ὑψίστου;
15 ἔρχονται πρὸς τ. Ἰησοῦν
20 ἤρξατο κηρύσσειν . . . ὅσα ἐποίησεν αὐτῷ ὁ Ἰησοῦς
21 διαπεράσαντος τ. Ἰησοῦ ἐν τ. πλοίῳ
27 ἀκούσασα τὰ περὶ τ. Ἰησοῦ
30 εὐθὺς ὁ Ἰησοῦς ἐπιγνοὺς ἐν ἑαυτῷ
36 ὁ δὲ Ἰησοῦς παρακούσας τ. λόγον λαλούμενον

Mk 6 4 ἔλεγεν αὐτοῖς ὁ Ἰησοῦς
30 συνάγονται οἱ ἀπόστολοι πρὸς τ. Ἰησοῦν
8 17 γνοὺς ὁ Ἰησοῦς λέγει αὐτοῖς
—ὁ Ἰησ., TWH
27 ἐξῆλθεν ὁ Ἰησοῦς . . . εἰς τ. κώμας Καισαρίας τῆς Φιλίππου
9 2 μετὰ ἡμέρας ἓξ παραλαμβάνει ὁ Ἰησοῦς τ. Πέτρον
4 κ. ἦσαν συνλαλοῦντες τῷ Ἰησοῦ
5 ἀποκριθεὶς ὁ Πέτρος λέγει τῷ Ἰησοῦ
8 οὐδένα εἶδον μεθ' ἑαυτῶν εἰ μὴ τ. Ἰησοῦν μόνον
23 ὁ δὲ Ἰησοῦς εἶπεν αὐτῷ
25 ἰδὼν δὲ ὁ Ἰησοῦς ὅτι ἐπισυντρέχει ὄχλος
27 ὁ δὲ Ἰησοῦς κρατήσας τ. χειρὸς αὐτοῦ
39 ὁ δὲ Ἰησοῦς εἶπεν
10 5 ὁ δὲ Ἰησοῦς εἶπεν αὐτοῖς
14 ἰδὼν δὲ ὁ Ἰησοῦς ἠγανάκτησεν
18 ὁ δὲ Ἰησοῦς εἶπεν αὐτῷ
21 ὁ δὲ Ἰησοῦς ἐμβλέψας αὐτῷ ἠγάπησεν αὐτὸν
23 περιβλεψάμενος ὁ Ἰησοῦς λέγει τ. μαθηταῖς αὐτοῦ
24 ὁ δὲ Ἰησοῦς πάλιν ἀποκριθεὶς λέγει αὐτοῖς
27 ἐμβλέψας αὐτοῖς ὁ Ἰησοῦς λέγει
29 ἔφη ὁ Ἰησοῦς
32 ἦν προάγων αὐτοὺς ὁ Ἰησοῦς
38 ὁ δὲ Ἰησοῦς εἶπεν αὐτοῖς
39 ὁ δὲ Ἰησοῦς εἶπεν αὐτοῖς
42 προσκαλεσάμενος αὐτοὺς ὁ Ἰησοῦς λέγει αὐτοῖς
47 [5] ἀκούσας ὅτι Ἰησοῦς ὁ Ναζαρηνός ἐστιν
47 [6] υἱὲ Δαυεὶδ Ἰησοῦ ἐλέησόν με.
49 κ. στὰς ὁ Ἰησοῦς εἶπεν
50 ἀναπηδήσας ἦλθεν πρὸς τ. Ἰησοῦν·
51 κ. ἀποκριθεὶς αὐτῷ ὁ Ἰησοῦς εἶπεν
52 κ. ὁ Ἰησοῦς εἶπεν αὐτῷ
ὁ δὲ Ἰησ., T
11 6 οἱ δὲ εἶπαν αὐτοῖς καθὼς εἶπεν ὁ Ἰησοῦς
7 φέρουσιν τ. πῶλον πρὸς τ. Ἰησοῦν
22 ἀποκριθεὶς ὁ Ἰησοῦς λέγει αὐτοῖς
29 ὁ δὲ Ἰησοῦς εἶπεν αὐτοῖς
33 ἀποκριθέντες τῷ Ἰησοῦ λέγουσιν Οὐκ οἴδαμεν.
κ. ὁ Ἰησοῦς λέγει αὐτοῖς
12 17 ὁ δὲ Ἰησοῦς εἶπεν
24 ἔφη αὐτοῖς ὁ Ἰησοῦς
29 ἀπεκρίθη ὁ Ἰησοῦς
34 ὁ Ἰησοῦς ἰδὼν αὐτὸν ὅτι νουνεχῶς ἀπεκρίθη
35 ἀποκριθεὶς ὁ Ἰησοῦς ἔλεγεν
13 2 ὁ Ἰησοῦς εἶπεν αὐτῷ
5 ὁ δὲ Ἰησοῦς ἤρξατο λέγειν αὐτοῖς
14 6 ὁ δὲ Ἰησοῦς εἶπεν
18 ἀνακειμένων αὐτῶν κ. ἐσθιόντων ὁ Ἰησοῦς εἶπεν
27 λέγει αὐτοῖς ὁ Ἰησοῦς
30 λέγει αὐτῷ ὁ Ἰησοῦς
48 ἀποκριθεὶς ὁ Ἰησοῦς εἶπεν αὐτοῖς
53 ἀπήγαγον τ. Ἰησοῦν πρὸς τ. ἀρχιερέα
55 ἐζήτουν κατὰ τοῦ Ἰησοῦ μαρτυρίαν
60 ἀναστὰς ὁ ἀρχιερεὺς εἰς μέσον ἐπηρώτησεν τ. Ἰησοῦν
62 ὁ δὲ Ἰησοῦς εἶπεν Ἐγώ εἰμι
67 κ. σὺ μετὰ τ. Ναζαρηνοῦ ἦσθα τ. Ἰησοῦ
72 ἀνεμνήσθη ὁ Πέτρος τὸ ῥῆμα ὡς εἶπεν αὐτῷ ὁ Ἰησοῦς

Mk 15 1 δήσαντες τ. Ἰησοῦν ἀπήνεγκαν κ. παρέδωκαν Πειλάτῳ
5 ὁ δὲ Ἰησοῦς οὐκέτι οὐδὲν ἀπεκρίθη
15 παρέδωκεν τ. Ἰησοῦν φραγελλώσας ἵνα σταυρωθῇ
34 ἐβόησεν ὁ Ἰησοῦς φωνῇ μεγάλῃ
37 ὁ δὲ Ἰησοῦς ἀφεὶς φωνὴν μεγάλην ἐξέπνευσεν
43 εἰσῆλθεν πρὸς τ. Πειλᾶτον κ. ᾐτήσατο τὸ σῶμα τ. Ἰησοῦ
16 6 [5] Ἰησοῦν ζητεῖτε τ. Ναζαρηνὸν τ. ἐσταυρωμένον
[19 [8] ὁ μὲν οὖν Κύριος Ἰησοῦς . . . ἀνελήμφθη εἰς τ. οὐρανόν
—Ἰησ., T [WH]
Lu 1 31 [5] καλέσεις τὸ ὄνομα αὐτοῦ Ἰησοῦν
2 21 [5] ἐκλήθη τὸ ὄνομα αὐτοῦ Ἰησοῦς
27 [5] ἐν τῷ εἰσαγαγεῖν τ. γονεῖς τὸ παιδίον Ἰησοῦν
43 [5] ὑπέμεινεν Ἰησοῦς ὁ παῖς ἐν Ἰερουσαλήμ
52 [5] Ἰησοῦς προέκοπτεν τ. σοφίᾳ κ. ἡλικίᾳ
3 21 [5] Ἰησοῦ βαπτισθέντος κ. προσευχομένου
23 [5] αὐτὸς ἦν Ἰησοῦς ἀρχόμενος ὡσεὶ ἐτῶν τριάκοντα
4 1 [5] Ἰησοῦς δὲ πλήρης πνεύματος ἁγίου
4 ἀπεκρίθη πρὸς αὐτὸν ὁ Ἰησοῦς
8 ἀποκριθεὶς ὁ Ἰησοῦς εἶπεν αὐτῷ
αὐτ. εἰπ. [ὁ] Ἰησ., WH mg.
12 ἀποκριθεὶς εἶπεν αὐτῷ ὁ Ἰησοῦς
14 ὑπέστρεψεν ὁ Ἰησοῦς ἐν τ. δυνάμει τ. πνεύματος
34 [6] τί ἡμῖν κ. σοί Ἰησοῦ Ναζαρηνέ;
35 ἐπετίμησεν αὐτῷ ὁ Ἰησοῦς
5 8 [5] ἰδὼν δὲ Σίμων Πέτρος προσέπεσεν τ. γόνασιν Ἰησοῦ
10 [5] εἶπεν πρὸς τ. Σίμωνα Ἰησοῦς
ὁ Ἰησ., T
12 ἰδὼν δὲ τ. Ἰησοῦν . . . ἐδεήθη αὐτοῦ λέγων
19 καθῆκαν αὐτὸν . . . εἰς τὸ μέσον ἔμπροσθεν τοῦ Ἰησοῦ
22 ἐπιγνοὺς δὲ ὁ Ἰησοῦς τ. διαλογισμοὺς αὐτῶν
31 ἀποκριθεὶς ὁ Ἰησοῦς εἶπεν πρὸς αὐτούς
34 ὁ δὲ Ἰησοῦς εἶπεν πρὸς αὐτούς
6 3 ἀποκριθεὶς πρὸς αὐτοὺς εἶπεν ὁ Ἰησοῦς
ὁ Ἰησ. πρ. αὐτ. εἰπ., T
9 εἶπεν δὲ ὁ Ἰησοῦς πρὸς αὐτούς
11 τί ἂν ποιήσαιεν τῷ Ἰησοῦ
7 3 ἀκούσας δὲ περὶ τοῦ Ἰησοῦ
4 οἱ δὲ παραγενόμενοι πρὸς τ. Ἰησοῦν
6 ὁ δὲ Ἰησοῦς ἐπορεύετο σὺν αὐτοῖς
9 ἀκούσας δὲ ταῦτα ὁ Ἰησοῦς ἐθαύμασεν αὐτόν
40 ἀποκριθεὶς ὁ Ἰησοῦς εἶπεν πρὸς αὐτόν
8 28 ἰδὼν δὲ τ. Ἰησοῦν ἀνακράξας προσέπεσεν αὐτῷ
28 [6] τί ἐμοὶ κ. σοί Ἰησοῦ υἱὲ τ. Θεοῦ τ. ὑψίστου
30 ἐπηρώτησεν δὲ αὐτὸν ὁ Ἰησοῦς
35 ἦλθαν πρὸς τ. Ἰησοῦν,
κ. εὗραν καθήμενον τ. ἄνθρωπον . . . παρὰ τ. πόδας τ. Ἰησοῦ
39 κηρύσσων ὅσα ἐποίησεν αὐτῷ ὁ Ἰησοῦς
40 ἐν δὲ τῷ ὑποστρέφειν τ. Ἰησοῦν
41 [5] πεσὼν παρὰ τ. πόδας Ἰησοῦ παρεκάλει αὐτόν
45 εἶπεν ὁ Ἰησοῦς
46 ὁ δὲ Ἰησοῦς εἶπεν

Lu 8 50 ὁ δὲ Ἰησοῦς ἀκούσας ἀπεκρίθη αὐτῷ
9 33 εἶπεν ὁ Πέτρος πρὸς τ. Ἰησοῦν
36 [5] ἐν τῷ γενέσθαι τ. φωνὴν εὑρέθη Ἰησοῦς μόνος
41 ἀποκριθεὶς δὲ ὁ Ἰησοῦς εἶπεν
42 ἐπετίμησεν δὲ ὁ Ἰησοῦς τ. πνεύματι τ. ἀκαθάρτῳ
47 ὁ δὲ Ἰησοῦς εἰδὼς τ. διαλογισμὸν τ. καρδίας αὐτῶν
50 [5] εἶπεν δὲ πρὸς αὐτὸν Ἰησοῦς
58 εἶπεν αὐτῷ ὁ Ἰησοῦς
62 εἶπεν δὲ πρὸς αὐτὸν ὁ Ἰησοῦς
10 29 ὁ δὲ θέλων δικαιῶσαι ἑαυτὸν εἶπεν πρὸς τ. Ἰησοῦν
30 ὑπολαβὼν ὁ Ἰησοῦς εἶπεν
37 εἶπεν δὲ αὐτῷ ὁ Ἰησους
13 12 ἰδὼν δὲ αὐτὴν ὁ Ἰησοῦς προσεφώνησεν
14 ἀγανακτῶν ὅτι τ. σαββάτῳ ἐθεράπευσεν ὁ Ἰησοῦς
14 3 ἀποκριθεὶς ὁ Ἰησοῦς εἶπεν πρὸς τ. νομικούς
17 13 [6] Ἰησοῦ ἐπιστάτα ἐλέησον ἡμᾶς
17 ἀποκριθεὶς δὲ ὁ Ἰησοῦς εἶπεν
18 16 ὁ δὲ Ἰησοῦς προσεκαλέσατο αὐτὰ λέγων
19 εἶπεν δὲ αὐτῷ ὁ Ἰησοῦς
22 ἀκούσας δὲ ὁ Ἰησοῦς εἶπεν αὐτῷ
24 ἰδὼν δὲ αὐτὸν ὁ Ἰησοῦς εἶπεν
37 [5] ἀπήγγειλαν δὲ αὐτῷ ὅτι Ἰησοῦς ὁ Ναζωραῖος ἔρχεται
38 [6] Ἰησοῦ υἱὲ Δαυεὶδ ἐλέησόν με
40 [5] σταθεὶς δὲ Ἰησοῦς ἐκέλευσεν αὐτὸν ἀχθῆναι
ὁ Ἰησ., T
42 ὁ Ἰησοῦς εἶπεν αὐτῷ
19 3 ἐζήτει ἰδεῖν τ. Ἰησοῦν τίς ἐστιν
5 ἀναβλέψας ὁ Ἰησοῦς εἶπεν πρὸς αὐτόν
9 εἶπεν δὲ πρὸς αὐτὸν ὁ Ἰησοῦς
35 ἤγαγον αὐτὸν πρὸς τ. Ἰησοῦν· κ. ἐπιρίψαντες αὐτῶν τὰ ἱμάτια ἐπὶ τ. πῶλον ἐπεβίβασαν τ. Ἰησοῦν
20 8 ὁ Ἰησοῦς εἶπεν αὐτοῖς
34 εἶπεν αὐτοῖς ὁ Ἰησοῦς
22 47 ἤγγισεν τῷ Ἰησοῦ φιλῆσαι αὐτόν.
48 [5] Ἰησοῦς δὲ εἶπεν αὐτῷ
51 ἀποκριθεὶς δὲ ὁ Ἰησοῦς εἶπεν
52 [5] εἶπεν δὲ Ἰησοῦς πρὸς τ. παραγενομένους ἐπ' αὐτὸν ἀρχιερεῖς
23 8 ὁ δὲ Ἡρῴδης ἰδὼν τ. Ἰησοῦν ἐχάρη λίαν
20 θέλων ἀπολῦσαι τ. Ἰησοῦν
25 τ. δὲ Ἰησοῦν παρέδωκεν τ. θελήματι αὐτῶν
26 ἐπέθηκαν αὐτῷ τ. σταυρὸν φέρειν ὄπισθεν τ. Ἰησοῦ
28 [5] στραφεὶς δὲ πρὸς αὐτὰς Ἰησοῦς εἶπεν
34 ὁ δὲ Ἰησοῦς ἔλεγεν
—h. v., [[WH]] R marg.
42 [6] κ. ἔλεγεν Ἰησοῦ μνήσθητί μου
46 φωνήσας φωνῇ μεγάλῃ ὁ Ἰησοῦς εἶπεν
52 προσελθὼν τ. Πειλάτῳ ᾐτήσατο τὸ σῶμα τ. Ἰησοῦ
24 3 [3] εἰσελθοῦσαι δὲ οὐχ εὗρον τὸ σῶμα τ. Κυρίου Ἰησοῦ
—τ. Κυρ. Ἰησ., [[WH]] R mg.
15 [5] αὐτὸς Ἰησοῦς ἐγγίσας συνεπορεύετο αὐτοῖς
19 [5] οἱ δὲ εἶπαν αὐτῷ Τὰ περὶ Ἰησοῦ τ. Ναζαρηνοῦ
Jo 1 17 [1] ἡ χάρις κ. ἡ ἀλήθεια διὰ Ἰησοῦ Χριστοῦ ἐγένετο

Jo 1 29 τῇ ἐπαύριον βλέπει τ. Ἰησοῦν ἐρχόμενον πρὸς αὐτόν
36 ἐμβλέψας τῷ Ἰησοῦ περιπατοῦντι λέγει
37 ἤκουσαν οἱ δύο μαθηταὶ . . . κ. ἠκολούθησαν τῷ Ἰησοῦ.
38 στραφεὶς δὲ ὁ Ἰησοῦς
42 ἤγαγεν αὐτὸν πρὸς τ. Ἰησοῦν. ἐμβλέψας αὐτῷ ὁ Ἰησοῦς εἶπεν
43 εὑρίσκει Φίλιππον κ. λέγει αὐτῷ ὁ Ἰησοῦς
45 [5] εὑρήκαμεν Ἰησοῦν υἱὸν τοῦ Ἰωσὴφ τὸν ἀπὸ Ναζαρέτ
47 [5] εἶδεν Ἰησοῦς τ. Ναθαναὴλ ἐρχόμενον πρὸς αὐτόν
48 [5] ἀπεκρίθη Ἰησοῦς κ. εἶπεν αὐτῷ
50 [5] ἀπεκρίθη Ἰησοῦς κ. εἶπεν αὐτῷ
2 1 ἦν ἡ μήτηρ τ. Ἰησοῦ ἐκεῖ.
2 ἐκλήθη δὲ κ. ὁ Ἰησοῦς κ. οἱ μαθηταὶ αὐτοῦ εἰς τ. γάμον
3 λέγει ἡ μήτηρ τ. Ἰησοῦ πρὸς αὐτόν
4 λέγει αὐτῇ ὁ Ἰησοῦς
7 λέγει αὐτοῖς ὁ Ἰησοῦς
11 ταύτην ἐποίησεν ἀρχὴν τ. σημείων ὁ Ἰησοῦς
13 ἀνέβη εἰς Ἱεροσόλυμα ὁ Ἰησοῦς
19 [5] ἀπεκρίθη Ἰησοῦς κ. εἶπεν αὐτοῖς
22 ἐπίστευσαν . . . τ. λόγῳ ὃν εἶπεν ὁ Ἰησοῦς
24 [5] αὐτὸς δὲ Ἰησοῦς οὐκ ἐπίστευεν αὐτὸν αὐτοῖς
3 3 [5] ἀπεκρίθη Ἰησοῦς κ. εἶπεν αὐτῷ
5 [5] ἀπεκρίθη ὁ Ἰησοῦς
—ὁ, T [WH]
10 [5] ἀπεκρίθη Ἰησοῦς κ. εἶπεν αὐτῷ
22 ἦλθεν ὁ Ἰησοῦς κ. οἱ μαθηταὶ αὐτοῦ εἰς τ. Ἰουδαίαν γῆν
4 1 ὡς οὖν ἔγνω ὁ Ἰησοῦς
ὁ Κύριος, WHR
2 [5] Ἰησοῦς πλείονας μαθητὰς ποιεῖ . . . ἢ Ἰωάνης
6 ὁ οὖν Ἰησοῦς κεκοπιακὼς ἐκ τ. ὁδοιπορίας
7 λέγει αὐτῇ ὁ Ἰησοῦς
10 [5] ἀπεκρίθη Ἰησοῦς κ. εἶπεν αὐτῇ
13 [5] ἀπεκρίθη Ἰησοῦς κ. εἶπεν αὐτῇ
16 [5] λέγει αὐτῇ Ἰησοῦς
—Ἰησ., TWH
17 λέγει αὐτῇ ὁ Ἰησοῦς
21 λέγει αὐτῇ ὁ Ἰησοῦς
26 λέγει αὐτῇ ὁ Ἰησοῦς
34 λέγει αὐτοῖς ὁ Ἰησοῦς
44 [5] αὐτὸς γὰρ Ἰησοῦς ἐμαρτύρησεν
47 [5] ἀκούσας ὅτι Ἰησοῦς ἥκει ἐκ τ. Ἰουδαίας
48 εἶπεν οὖν ὁ Ἰησοῦς πρὸς αὐτόν
50 λέγει αὐτῷ ὁ Ἰησοῦς
50 ἐπίστευσεν ὁ ἄνθρωπος τ. λόγῳ ὃν εἶπεν αὐτῷ ὁ Ἰησοῦς
53 ἐν ᾗ εἶπεν αὐτῷ ὁ Ἰησοῦς
54 τοῦτο δὲ πάλιν δεύτερον σημεῖον ἐποίησεν ὁ Ἰησοῦς
5 1 [5] ἀνέβη Ἰησοῦς εἰς Ἱεροσόλυμα
6 τοῦτον ἰδὼν ὁ Ἰησοῦς κατακείμενον
8 λέγει αὐτῷ ὁ Ἰησοῦς
13 ὁ γὰρ Ἰησοῦς ἐξένευσεν
14 μετὰ ταῦτα εὑρίσκει αὐτὸν ὁ Ἰησοῦς ἐν τ. ἱερῷ
15 [5] Ἰησοῦς ἐστὶν ὁ ποιήσας αὐτὸν ὑγιῆ
16 διὰ τοῦτο ἐδίωκον οἱ Ἰουδαῖοι τ. Ἰησοῦν
17 ὁ δὲ Ἰησοῦς ἀπεκρίνατο αὐτοῖς
—Ἰησ., TWH

Jo 5 19 ἀπεκρίνατο οὖν ὁ Ἰησοῦς κ. ἔλεγεν αὐτοῖς
ὁ Ἰησ. [WH]
6 1 ἀπῆλθεν ὁ Ἰησοῦς πέραν τ. θαλάσσης τ. Γαλιλαίας
3 [5] ἀνῆλθεν δὲ εἰς τὸ ὄρος Ἰησοῦς
5 ἐπάρας οὖν τ. ὀφθαλμοὺς ὁ Ἰησοῦς
10 εἶπεν ὁ Ἰησοῦς
11 ἔλαβεν οὖν τ. ἄρτους ὁ Ἰησοῦς
15 [5] Ἰησοῦς οὖν γνοὺς ὅτι μέλλουσιν ἔρχεσθαι
17 οὔπω ἐληλύθει πρὸς αὐτοὺς ὁ Ἰησοῦς
ἐλ. Ἰησ. πρ. αὐτ., TWH mg.
19 θεωροῦσιν τ. Ἰησοῦν περιπατοῦντα ἐπὶ τ. θαλάσσης
22 οὐ συνεισῆλθεν τ. μαθηταῖς αὐτοῦ ὁ Ἰησοῦς
24 [5] εἶδεν ὁ ὄχλος ὅτι Ἰησοῦς οὐκ ἔστιν ἐκεῖ
24 ἦλθον εἰς Καφαρναοὺμ ζητοῦντες τ. Ἰησοῦν
26 ἀπεκρίθη αὐτοῖς ὁ Ἰησοῦς κ. εἶπεν
29 [5] ἀπεκρίθη ὁ Ἰησοῦς κ. εἶπεν αὐτοῖς
—ὁ, T
32 εἶπεν οὖν αὐτοῖς ὁ Ἰησοῦς
35 εἶπεν αὐτοῖς ὁ Ἰησοῦς
42 [5] οὐχὶ οὗτός ἐστιν Ἰησοῦς ὁ υἱὸς Ἰωσήφ
43 [5] ἀπεκρίθη Ἰησοῦς κ. εἶπεν αὐτοῖς
53 εἶπεν οὖν αὐτοῖς ὁ Ἰησοῦς
61 εἰδὼς δὲ ὁ Ἰησοῦς ἐν ἑαυτῷ
64 ᾔδει γὰρ ἐξ ἀρχῆς ὁ Ἰησοῦς
67 εἶπεν οὖν ὁ Ἰησοῦς τοῖς δώδεκα
70 ἀπεκρίθη αὐτοῖς ὁ Ἰησοῦς
7 1 μετὰ ταῦτα περιεπάτει ὁ Ἰησοῦς ἐν τ. Γαλιλαίᾳ
6 λέγει οὖν αὐτοῖς ὁ Ἰησοῦς
14 [5] ἀνέβη Ἰησοῦς εἰς τὸ ἱερόν
16 [5] ἀπεκρίθη οὖν αὐτοῖς Ἰησοῦς κ. εἶπεν
21 [5] ἀπεκρίθη Ἰησοῦς κ. εἶπεν αὐτοῖς
28 ἔκραξεν οὖν ἐν τ. ἱερῷ διδάσκων ὁ Ἰησοῦς
33 εἶπεν οὖν ὁ Ἰησοῦς
37 ἐν δὲ τ. ἐσχάτῃ ἡμέρᾳ . . . εἱστήκει ὁ Ἰησοῦς
39 [5] ὅτι Ἰησοῦς οὔπω ἐδοξάσθη
8 [1 [5] Ἰησοῦς δὲ ἐπορεύθη εἰς τὸ ὄρος τ. ἐλαιῶν
[6 ὁ δὲ Ἰησοῦς κάτω κύψας τ. δακτύλῳ κατέγραφεν
[9 κατελείφθη μόνος ὁ Ἰησοῦς
—ὁ Ἰησ., WH non mg.
[10 ἀνακύψας δὲ ὁ Ἰησοῦς εἶπεν αὐτῇ
[11 εἶπεν δὲ ὁ Ἰησοῦς
12 πάλιν οὖν αὐτοῖς ἐλάλησεν ὁ Ἰησοῦς
14 [5] ἀπεκρίθη Ἰησοῦς κ. εἶπεν αὐτῇ
19 [5] ἀπεκρίθη Ἰησους
25 εἶπεν αὐτοῖς ὁ Ἰησοῦς
28 εἶπεν οὖν ὁ Ἰησοῦς
31 ἔλεγεν οὖν ὁ Ἰησοῦς πρὸς τ. πεπιστευκότας αὐτῷ Ἰουδαίους
34 ἀπεκρίθη αὐτοῖς ὁ Ἰησοῦς
39 λέγει αὐτοῖς ὁ Ἰησοῦς
42 εἶπεν αὐτοῖς ὁ Ἰησοῦς
49 [5] ἀπεκρίθη Ἰησοῦς
54 [5] ἀπεκρίθη Ἰησοῦς
58 [5] εἶπεν αὐτοῖς Ἰησοῦς
59 [5] Ἰησοῦς δὲ ἐκρύβη κ. ἐξῆλθεν ἐκ τ. ἱεροῦ
9 3 [5] ἀπεκρίθη Ἰησοῦς
11 [5] ὁ ἄνθρωπος ὁ λεγόμενος Ἰησοῦς πηλὸν ἐποίησεν
14 ἐν ᾗ ἡμέρᾳ τ. πηλὸν ἐποίησεν ὁ Ἰησοῦς
35 [5] ἤκουσεν Ἰησοῦς ὅτι ἐξέβαλον αὐτὸν ἔξω
37 εἶπεν αὐτῷ ὁ Ἰησοῦς

Jo 9 39 εἶπεν ὁ Ἰησοῦς
41 εἶπεν αὐτοῖς ὁ Ἰησοῦς
10 6 ταύτην τ. παροιμίαν εἶπεν αὐτοῖς ὁ Ἰησοῦς
7 εἶπεν οὖν πάλιν ὁ Ἰησοῦς
23 περιεπάτει ὁ Ἰησοῦς ἐν τ. ἱερῷ ἐν τ. στοᾷ τ. Σολομῶνος
25 ἀπεκρίθη αὐτοῖς ὁ Ἰησοῦς
32 ἀπεκρίθη αὐτοῖς ὁ Ἰησοῦς
34 ἀπεκρίθη αὐτοῖς ὁ Ἰησοῦς
11 4 ἀκούσας δὲ ὁ Ἰησοῦς εἶπεν
5 ἠγάπα δὲ ὁ Ἰησοῦς τ. Μάρθαν
9 [5] ἀπεκρίθη Ἰησοῦς
13 εἰρήκει δὲ ὁ Ἰησοῦς περὶ τ. θανάτου αὐτοῦ
14 τότε οὖν εἶπεν αὐτοῖς ὁ Ἰησοῦς παρρησίᾳ
17 ἐλθὼν οὖν ὁ Ἰησοῦς εὗρεν αὐτόν
20 [5] ἡ οὖν Μάρθα ὡς ἤκουσεν ὅτι Ἰησοῦς ἔρχεται
21 [5] εἶπεν οὖν ἡ Μάρθα πρὸς Ἰησοῦν
23 λέγει αὐτῇ ὁ Ἰησοῦς
25 εἶπεν αὐτῇ ὁ Ἰησοῦς
30 οὔπω δὲ ἐληλύθει ὁ Ἰησοῦς εἰς τ. κώμην
32 [5] ἡ οὖν Μαριὰμ ὡς ἦλθεν ὅπου ἦν Ἰησοῦς
33 [5] Ἰησοῦς οὖν ὡς εἶδεν αὐτὴν κλαίουσαν
35 ἐδάκρυσεν ὁ Ἰησοῦς
38 [5] Ἰησοῦς οὖν πάλιν ἐμβριμώμενος ἐν ἑαυτῷ
39 λέγει ὁ Ἰησοῦς Ἄρατε τ. λίθον
40 λέγει αὐτῇ ὁ Ἰησοῦς
41 ὁ δὲ Ἰησοῦς ἦρεν τ. ὀφθαλμοὺς ἄνω
44 λέγει ὁ Ἰησοῦς αὐτοῖς
αὐτ. ὁ Ἰησ., T
46 [5] εἶπαν αὐτοῖς ἃ ἐποίησεν Ἰησοῦς
51 [5] ἐπροφήτευσεν ὅτι ἔμελλεν Ἰησοῦς ἀποθνήσκειν ὑπὲρ τ. ἔθνους
54 [5] ὁ οὖν Ἰησοῦς οὐκέτι παρρησίᾳ περιεπάτει
Ἰησ. οὖν., T
56 ἐζήτουν οὖν τ. Ἰησοῦν
12 1 ὁ οὖν Ἰησοῦς πρὸ ἓξ ἡμερῶν τοῦ πάσχα ἦλθεν εἰς Βηθανίαν
1 [5] ὃν ἤγειρεν ἐκ νεκρῶν Ἰησοῦς
3 ἡ οὖν Μαριὰμ . . . ἤλειψεν τ. πόδας τ. Ἰησοῦ
7 εἶπεν οὖν ὁ Ἰησοῦς
9 ἦλθαν οὐ διὰ τ. Ἰησοῦν μόνον
11 πολλοὶ . . . ἐπίστευον εἰς τ. Ἰησοῦν
12 [5] ἀκούσαντες ὅτι ἔρχεται Ἰησοῦς εἰς Ἱεροσόλυμα
14 εὑρὼν δὲ ὁ Ἰησοῦς ὀνάριον
16 [5] ἀλλ' ὅτε ἐδοξάσθη Ἰησοῦς
21 κύριε θέλομεν τ. Ἰησοῦν ἰδεῖν
22 ἔρχεται Ἀνδρέας κ. Φίλιππος κ. λέγουσιν τῷ Ἰησοῦ.
23 ὁ δὲ Ἰησοῦς ἀποκρίνεται αὐτοῖς λέγων
30 [5] ἀπεκρίθη κ. εἶπεν Ἰησοῦς
Ἰησ. κ. εἶπ., T
35 εἶπεν οὖν αὐτοῖς ὁ Ἰησοῦς
36 [5] ταῦτα ἐλάλησεν Ἰησοῦς
44 [5] Ἰησοῦς δὲ ἔκραξεν κ. εἶπεν
13 1 εἰδὼς ὁ Ἰησοῦς ὅτι ἦλθεν αὐτοῦ ἡ ὥρα
7 [5] ἀπεκρίθη Ἰησοῦς κ. εἶπεν αὐτῷ
8 [5] ἀπεκρίθη Ἰησοῦς αὐτῷ
10 [5] λέγει αὐτῷ Ἰησοῦς
21 [5] ταῦτα εἰπὼν Ἰησοῦς ἐταράχθη τ. πνεύματι
23 ἦν ἀνακείμενος εἷς ἐκ τ. μαθητῶν αὐτοῦ ἐν τ. κόλπῳ τ. Ἰησοῦ ὃν ἠγάπα ὁ Ἰησοῦς

Jo 13 25 ἀναπεσὼν ἐκεῖνος οὕτως ἐπὶ τὸ στῆθος τ. Ἰησοῦ
26 ἀποκρίνεται οὖν ὁ Ἰησοῦς
27 [5] λέγει οὖν αὐτῷ Ἰησοῦς
29 [5] τινὲς γὰρ ἐδόκουν . . . ὅτι λέγει αὐτῷ Ἰησοῦς
31 [5] λέγει Ἰησοῦς
36 [5] ἀπεκρίθη Ἰησοῦς
38 [5] ἀποκρίνεται Ἰησοῦς
14 6 [5] λέγει αὐτῷ Ἰησοῦς
9 λέγει αὐτῷ ὁ Ἰησοῦς
23 [5] ἀπεκρίθη Ἰησοῦς κ. εἶπεν αὐτῷ
16 19 [5] ἔγνω Ἰησοῦς ὅτι ἤθελον αὐτὸν ἐρωτᾶν
31 [5] ἀπεκρίθη αὐτοῖς Ἰησοῦς
17 1 [5] ταῦτα ἐλάλησεν Ἰησοῦς
3 [1] ἵνα γινώσκωσιν . . . ὃν ἀπέστειλας Ἰησοῦν Χριστόν
18 1 [5] ταῦτα εἰπὼν Ἰησοῦς ἐξῆλθεν
2 [5] ὅτι πολλάκις συνήχθη Ἰησοῦς ἐκεῖ
4 [5] Ἰησοῦς οὖν εἰδὼς πάντα τὰ ἐρχόμενα ἐπ' αὐτόν
5 [5] ἀπεκρίθησαν αὐτῷ Ἰησοῦν τ. Ναζωραῖον.
[5] λέγει αὐτοῖς Ἰησοῦς Ἐγώ εἰμι
—Ἰησ., WH ; Ἐγώ εἰμ. Ἰησ., WH mg.
7 [5] οἱ δὲ εἶπαν Ἰησοῦν τ. Ναζωραῖον.
8 [5] ἀπεκρίθη Ἰησοῦς
11 εἶπεν οὖν ὁ Ἰησοῦς τ. Πέτρῳ
12 οἱ ὑπηρέται τ. Ἰουδαίων συνέλαβον τ. Ἰησοῦν
15 ἠκολούθει δὲ τῷ Ἰησοῦ Σίμων Πέτρος
15 συνεισῆλθεν τῷ Ἰησοῦ εἰς τ. αὐλὴν τ. ἀρχιερέως
19 ὁ οὖν ἀρχιερεὺς ἠρώτησεν τ. Ἰησοῦν περὶ τ. μαθητῶν αὐτοῦ
20 [1] ἀπεκρίθη αὐτῷ Ἰησοῦς
22 εἷς παρεστηκὼς τ. ὑπηρετῶν ἔδωκεν ῥάπισμα τῷ Ἰησοῦ
23 [5] ἀπεκρίθη αὐτῷ Ἰησοῦς
28 ἄγουσιν οὖν τ. Ἰησοῦν ἀπὸ τ. Καιάφα
32 ἵνα ὁ λόγος τ. Ἰησοῦ πληρωθῇ
33 ὁ Πειλᾶτος . . . ἐφώνησεν τ. Ἰησοῦν
34 [5] ἀπεκρίθη Ἰησοῦς
36 [5] ἀπεκρίθη Ἰησοῦς
37 ἀπεκρίθη ὁ Ἰησοῦς
19 1 τότε οὖν ἔλαβεν ὁ Πειλᾶτος τ. Ἰησοῦν
5 ἐξῆλθεν οὖν ὁ Ἰησοῦς ἔξω
9 λέγει τ. Ἰησοῦ Πόθεν εἶ σύ;
ὁ δὲ Ἰησοῦς ἀπόκρισιν οὐκ ἔδωκεν αὐτῷ
11 [5] ἀπεκρίθη αὐτῷ Ἰησοῦς
13 ὁ οὖν Πειλᾶτος . . . ἤγαγεν ἔξω τ. Ἰησοῦν
17 παρέλαβον οὖν τ. Ἰησοῦν
18 μετ' αὐτοῦ ἄλλους δύο . . . μέσον δὲ τ. Ἰησοῦν
19 [5] Ἰησοῦς ὁ Ναζωραῖος ὁ βασιλεὺς τ. Ἰουδαίων
20 ὅπου ἐσταυρώθη ὁ Ἰησοῦς
23 ὅτε ἐσταύρωσαν τ. Ἰησοῦν
25 εἱστήκεισαν δὲ παρὰ τ. σταυρῷ τ. Ἰησοῦ
26 [5] Ἰησοῦς οὖν ἰδὼν τ. μητέρα
28 [5] μετὰ τοῦτο εἰδὼς ὁ Ἰησοῦς
μ. τ. Ἰησ. εἰδ., WH marg.
30 ὅτε οὖν ἔλαβεν τὸ ὄξος ὁ Ἰησοῦς
—ὁ Ἰησ., T ; [ὁ], WH
33 ἐπὶ δὲ τ. Ἰησοῦν ἐλθόντες

Jo 19 38 Ἰωσὴφ ἀπὸ Ἀριμαθαίας ὢν μαθητὴς τοῦ Ἰησοῦ
38 ἵνα ἄρῃ τὸ σῶμα τ. Ἰησοῦ
40 ἔλαβον οὖν τὸ σῶμα τ. Ἰησοῦ
42 ἐκεῖ οὖν . . . ἔθηκαν τ. Ἰησοῦν
20 2 τ. ἄλλον μαθητὴν ὃν ἐφίλει ὁ Ἰησοῦς
12 ὅπου ἔκειτο τὸ σῶμα τ. Ἰησοῦ
14 θεωρεῖ τ. Ἰησοῦν ἑστῶτα·
[5] κ. οὐκ ᾔδει ὅτι Ἰησοῦς ἐστίν.
15 [5] λέγει αὐτῇ Ἰησοῦς
16 [5] λέγει αὐτῇ Ἰησοῦς
17 [5] λέγει αὐτῇ Ἰησοῦς
19 ἦλθεν ὁ Ἰησοῦς κ. ἔστη εἰς τὸ μέσον
21 εἶπεν οὖν αὐτοῖς ὁ Ἰησοῦς πάλιν
—ὁ Ἰησ., T [WH]
24 [5] Θωμᾶς δὲ . . . οὐκ ἦν μετ' αὐτῶν ὅτε ἦλθεν Ἰησοῦς
26 ἔρχεται ὁ Ἰησοῦς τ. θυρῶν κεκλεισμένων
29 λέγει αὐτῷ ὁ Ἰησοῦς
30 ἄλλα σημεῖα ἐποίησεν ὁ Ἰησοῦς
31 [1] [5] ἵνα πιστεύητε ὅτι Ἰησοῦς ἐστὶν ὁ Χριστὸς ὁ υἱὸς τ. Θεοῦ
21 1 [5] μετὰ ταῦτα ἐφανέρωσεν ἑαυτὸν πάλιν Ἰησοῦς
4 [5] πρωίας δὲ ἤδη γινομένης ἔστη Ἰησοῦς εἰς τ. αἰγιαλόν·
[5] οὐ μέντοι ᾔδεισαν οἱ μαθηταὶ ὅτι Ἰησοῦς ἐστίν.
5 [5] λέγει οὖν αὐτοῖς Ἰησοῦς
7 ὁ μαθητὴς ἐκεῖνος ὃν ἠγάπα ὁ Ἰησοῦς
10 [1] λέγει οὖν αὐτοῖς ὁ Ἰησοῦς
12 λέγει αὐτοῖς ὁ Ἰησοῦς
13 [5] ἔρχεται Ἰησοῦς κ. λαμβάνει τ. ἄρτον
14 [5] τοῦτο ἤδη τρίτον ἐφανερώθη Ἰησοῦς τ. μαθηταῖς
15 λέγει τ. Σίμωνι Πέτρῳ ὁ Ἰησοῦς
17 [5] λέγει αὐτῷ Ἰησοῦς
—Ἰησ., T
20 βλέπει τ. μαθητὴν ὃν ἠγάπα ὁ Ἰησοῦς ἀκολουθοῦντα
21 τοῦτον οὖν ἰδὼν ὁ Πέτρος λέγει τ. Ἰησοῦ
22 λέγει αὐτῷ ὁ Ἰησοῦς
23 οὐκ εἶπεν δὲ αὐτῷ ὁ Ἰησοῦς
25 ἔστιν δὲ κ. ἄλλα πολλὰ ἃ ἐποίησεν ὁ Ἰησοῦς
—h. v., T

Ac 1 1 [5] ὧν ἤρξατο Ἰησοῦς ποιεῖν τε κ. διδάσκειν
ὁ Ἰησ., T
11 οὗτος ὁ Ἰησοῦς ὁ ἀναλημφθεὶς ἀφ' ὑμῶν
14 σὺν . . . Μαριὰμ τ. μητρὶ τ. Ἰησοῦ
16 [5] τ. γενομένου ὁδηγοῦ τ. συλλαβοῦσιν Ἰησοῦν
21 [3] εἰσῆλθεν κ. ἐξῆλθεν ἐφ' ἡμᾶς ὁ Κύριος Ἰησοῦς
2 22 [5] Ἰησοῦν τ. Ναζωραῖον ἄνδρα ἀποδεδειγμένον ἀπὸ τ. Θεοῦ
32 τοῦτον τ. Ἰησοῦν ἀνέστησεν ὁ Θεός
36 τοῦτον τ. Ἰησοῦν ὃν ὑμεῖς ἐσταυρώσατε
38 [1] βαπτισθήτω ἕκαστος ὑμῶν ἐν τ. ὀνόματι Ἰησοῦ Χριστοῦ
3 6 [1] ἐν τ. ὀνόματι Ἰησοῦ Χριστοῦ τ. Ναζωραίου ἔγειραι
13 [5] ὁ Θεὸς . . . ἐδόξασεν τ. παῖδα αὐτοῦ Ἰησοῦν
20 [2] ὅπως ἂν . . . ἀποστείλῃ τ. προκεχειρισμένον ὑμῖν Χριστὸν Ἰησοῦν

Ac 4 2 καταγγέλλειν ἐν τ. Ἰησοῦ τ. ἀνάστασιν τὴν ἐκ νεκρῶν
10 [1] ἐν τ. ὀνόματι Ἰησοῦ Χριστοῦ τ. Ναζωραίου
13 ἐπεγίνωσκόν τε αὐτοὺς ὅτι σὺν τ. Ἰησοῦ ἦσαν
18 μὴ φθέγγεσθαι μηδὲ διδάσκειν ἐπὶ τ. ὀνόματι τ. Ἰησοῦ
27 συνήχθησαν γὰρ . . . ἐπὶ τ. ἅγιον παῖδά σου Ἰησοῦν
30 διὰ τ. ὀνόματος τ. ἁγίου παιδός σου Ἰησοῦ
33 [1 3] ἀπεδίδουν τὸ μαρτύριον οἱ ἀπόστολοι τ. Κυρίου Ἰησοῦ τ. ἀναστάσεως
+ Χριστοῦ, R mg.; τ. ἀναστ. Ἰησ. Χριστοῦ τ. κυρ., T
5 30 [5] ὁ Θεὸς τ. πατέρων ἡμῶν ἤγειρεν Ἰησοῦν
40 παρήγγειλαν μὴ λαλεῖν ἐπὶ τ. ὀνόματι τ. Ἰησοῦ
42 [2] διδάσκοντες κ. εὐαγγελιζόμενοι τ. Χριστὸν Ἰησοῦν
6 14 [5] Ἰησοῦς ὁ Ναζωραῖος οὗτος καταλύσει τ. τόπον τοῦτον
7 55 [5] εἶδεν . . . Ἰησοῦν ἑστῶτα ἐκ δεξιῶν τ. Θεοῦ
59 [3 6] Κύριε Ἰησοῦ δέξαι τὸ πνεῦμά μου
8 12 [1] εὐαγγελιζομένῳ περὶ . . . τ. ὀνόματος Ἰησοῦ Χριστοῦ
16 [3] βεβαπτισμένοι ὑπῆρχον εἰς τὸ ὄνομα τ. Κυρίου Ἰησοῦ
35 ὁ Φίλιππος . . . εὐηγγελίσατο αὐτῷ τ. Ἰησοῦν
37 [1] πιστεύω τ. υἱὸν τ. Θεοῦ εἶναι τ. Ἰησοῦν Χριστόν
—h. v., TWH non mg. R non mg.
9 5 [5] ἐγώ εἰμι Ἰησοῦς ὃν σὺ διώκεις
17 [3 5] ὁ Κύριος ἀπέσταλκέν με Ἰησοῦς ὁ ὀφθείς σοι ἐν τῇ ὁδῷ ᾗ ἤρχου
20 εὐθέως ἐν τ. συναγωγαῖς ἐκήρυσσεν τ. Ἰησοῦν
27 [5] πῶς . . . ἐπαρρησιάσατο ἐν τ. ὀνόματι Ἰησοῦ
34 [1] Αἰνέα ἰᾶταί σε Ἰησοῦς Χριστός
10 36 [1] εὐαγγελιζόμενος εἰρήνην διὰ Ἰησοῦ Χριστοῦ
38 [5] Ἰησοῦν τὸν ἀπὸ Ναζαρὲθ ὡς ἔχρισεν αὐτὸν ὁ Θεός
48 [1] προσέταξεν δὲ αὐτοὺς ἐν τ. ὀνόματι Ἰησοῦ Χριστοῦ βαπτισθῆναι
11 17 [1 3] πιστεύσασιν ἐπὶ τ. Κύριον Ἰησοῦν Χριστόν
20 [3] πρὸς τ. Ἑλληνιστὰς εὐαγγελιζόμενοι τ. Κύριον Ἰησοῦν
13 23 [4] κατ' ἐπαγγελίαν ἤγαγεν τῷ Ἰσραὴλ σωτῆρα Ἰησοῦν
32 [5] ταύτην ὁ Θεὸς ἐκπεπλήρωκεν . . . ἀναστήσας Ἰησοῦν
15 11 [3] διὰ τ. χάριτος τ. Κυρίου Ἰησοῦ πιστεύομεν σωθῆναι
26 [1 3] ὑπὲρ τ. ὀνόματος τ. Κυρίου ἡμῶν Ἰησοῦ Χριστοῦ
16 7 [5] οὐκ εἴασεν αὐτοὺς τὸ πνεῦμα Ἰησοῦ
18 [1] παραγγέλλω σοι ἐν ὀνόματι Ἰησοῦ Χριστοῦ
31 [3] πίστευσον ἐπὶ τ. Κύριον Ἰησοῦν
17 3 [2] ὅτι οὗτός ἐστιν ὁ Χριστὸς ὁ Ἰησοῦς
ἐστ. Χρ. Ἰησ., TWH mg.

Ac 17 7 [5] βασιλέα ἕτερον λέγοντες εἶναι Ἰησοῦν
18 ὅτι τ. Ἰησοῦν κ. τ. ἀνάστασιν εὐηγγελίζετο
18 5 [2 5] διαμαρτυρόμενος τ. Ἰουδαίοις εἶναι τ. Χριστὸν Ἰησοῦν
25 ἐδίδασκεν ἀκριβῶς τὰ περὶ τοῦ Ἰησοῦ
28 [2 5] ἐπιδεικνὺς διὰ τ. γραφῶν εἶναι τ. Χριστὸν Ἰησοῦν
19 4 τοῦτ' ἔστιν εἰς τ. Ἰησοῦν
5 [3] ἐβαπτίσθησαν εἰς τὸ ὄνομα τ. Κυρίου Ἰησοῦ
13 [3] ὀνομάζειν . . . τὸ ὄνομα τ. Κυρίου Ἰησοῦ λέγοντες,
ὁρκίζω ὑμᾶς τ. Ἰησοῦν ὃν Παῦλος κηρύσσει
15 τὸν μὲν Ἰησοῦν γινώσκω
17 [3] ἐμεγαλύνετο τὸ ὄνομα τ. Κυρίου Ἰησοῦ
20 21 [1 3] διαμαρτυρόμενος . . . πίστιν εἰς τ. Κύριον ἡμῶν Ἰησοῦν
+Χριστόν, TWH mg. R non mg.
24 [3] τ. διακονίαν ἣν ἔλαβον παρὰ τ. Κυρίου Ἰησοῦ
35 [3] μνημονεύειν τε τ. λόγων τ. Κυρίου Ἰησοῦ
21 13 [3] κ. ἀποθανεῖν . . . ἑτοίμως ἔχω ὑπὲρ τ. ὀνόματος τ. Κυρίου Ἰησοῦ
22 8 [5] ἐγώ εἰμι Ἰησοῦς ὁ Ναζωραῖος ὃν σὺ διώκεις
24 24 [2] ἤκουσεν αὐτοῦ περὶ τῆς εἰς Χριστὸν Ἰησοῦν πίστεως
25 19 [5] ζητήματα δέ τινα . . . περί τινος Ἰησοῦ τεθνηκότος
26 9 [5] πρὸς τὸ ὄνομα Ἰησοῦ τ. Ναζωραίου δεῖν πολλὰ ἐναντία πρᾶξαι
15 [5] ἐγώ εἰμι Ἰησοῦς ὃν σὺ διώκεις
28 23 πείθων τε αὐτοὺς περὶ τ. Ἰησοῦ
31 [1 3] διδάσκων τὰ περὶ τ. Κυρίου Ἰησοῦ Χριστοῦ
—Χριστοῦ, T

Ro 1 1 [1 2] Παῦλος δοῦλος Ἰησοῦ Χριστοῦ
Χρ. Ἰησ., TWH mg.
4 [1 3] Ἰησοῦ Χριστοῦ τ. Κυρίου ἡμῶν
6 [1] ἐστὲ κ. ὑμεῖς κλητοὶ Ἰησοῦ Χριστοῦ
7 [1 3] χάρις ὑμῖν κ. εἰρήνη ἀπὸ . . . Κυρίου Ἰησοῦ Χριστοῦ
8 [1] εὐχαριστῶ τ. Θεῷ μου διὰ Ἰησοῦ Χριστοῦ
2 16 [1 2] ἐν ᾗ ἡμέρᾳ κρίνει ὁ Θεὸς . . . διὰ Χριστοῦ Ἰησοῦ
Ἰησ. Χρ., WH mg. R
3 22 [1] δικαιοσύνη δὲ Θεοῦ διὰ πίστεως Ἰησοῦ Χριστοῦ
[Ἰησοῦ], WH
24 [2] διὰ τ. ἀπολυτρώσεως τῆς ἐν Χριστῷ Ἰησοῦ
26 [5] δίκαιον κ. δικαιοῦντα τὸν ἐκ πίστεως Ἰησοῦ
4 24 [3] τ. ἐγείραντα Ἰησοῦν τ. Κύριον ἡμῶν ἐκ νεκρῶν
5 1 [1 3] εἰρήνην ἔχωμεν πρὸς τ. Θεὸν διὰ τ. Κυρίου ἡμῶν Ἰησοῦ Χριστοῦ
11 [1 3] καυχώμενοι ἐν τ. Θεῷ διὰ τ. Κυρίου ἡμῶν Ἰησοῦ Χριστοῦ
15 [1] ἡ δωρεὰ ἐν χάριτι τῇ τ. ἑνὸς ἀνθρώπου Ἰησοῦ Χριστοῦ
17 [1 2] ἐν ζωῇ βασιλεύσουσιν διὰ τ. ἑνὸς Ἰησοῦ Χριστοῦ
Χρ. Ἰησ., WH mg.
21 [1 3] βασιλεύσῃ . . . διὰ Ἰησοῦ Χριστοῦ τ. Κυρίου ἡμῶν
6 3 [2] ὅσοι ἐβαπτίσθημεν εἰς Χριστὸν Ἰησοῦν
[Ἰησοῦν], WH

Ro 6 11 [2] ζῶντας δὲ τ. Θεῷ ἐν Χριστῷ Ἰησοῦ
23 [2] [3] ζωὴ αἰώνιος ἐν Χριστῷ Ἰησοῦ τ. Κυρίῳ ἡμῶν
7 25 [1] [3] χάρις δὲ τ. Θεῷ διὰ Ἰησοῦ Χριστοῦ τ. Κυρίου ἡμῶν
8 1 [2] οὐδὲν ἄρα νῦν κατάκριμα τοῖς ἐν Χριστῷ Ἰησοῦ·
2 [2] ὁ γὰρ νόμος τ. πνεύματος τ. ζωῆς ἐν Χριστῷ Ἰησοῦ ἠλευθέρωσέν σε
11 εἰ δὲ τὸ πνεῦμα τ. ἐγείραντος τ. Ἰησοῦν ἐκ νεκρῶν οἰκεῖ ἐν ὑμῖν,
[2] ὁ ἐγείρας ἐκ νεκρῶν Χριστὸν Ἰησοῦν
34 [2] Χριστὸς Ἰησοῦς ὁ ἀποθανών
[Ἰησοῦς], WH
39 [2] [3] τ. ἀγάπης τ. Θεοῦ ἐν Χριστῷ Ἰησοῦ τ. Κυρίῳ ἡμῶν
10 9 [3] ἐὰν ὁμολογήσῃς ἐν τ. στόματί σου Κύριον Ἰησοῦν
ὅτι Κύριος Ἰησοῦς, WH non mg. R mg.
13 14 [1] [3] ἐνδύσασθε τ. Κύριον Ἰησοῦν Χριστόν
Χρ. Ἰησ., WH mg.
14 14 [3] οἶδα κ. πέπεισμαι ἐν Κυρίῳ Ἰησοῦ
15 5 [2] τὸ αὐτὸ φρονεῖν ἐν ἀλλήλοις κατὰ Χριστὸν Ἰησοῦν
Ἰησ. Χρ., WH mg.
6 [1] [3] ἵνα . . . δοξάζητε τ. Θεὸν κ. πατέρα τ. Κυρίου ἡμῶν Ἰησοῦ Χριστοῦ
16 [2] εἰς τὸ εἶναί με λειτουργὸν Χριστοῦ Ἰησοῦ εἰς τὰ ἔθνη
17 [2] ἔχω οὖν τ. καύχησιν ἐν Χριστῷ Ἰησοῦ
30 [1] [3] παρακαλῶ δὲ ὑμᾶς διὰ τ. Κυρίου ἡμῶν Ἰησοῦ Χριστοῦ
16 3 [2] τ. συνεργούς μου ἐν Χριστῷ Ἰησοῦ
20 [3] ἡ χάρις τ. Κυρίου ἡμῶν Ἰησοῦ μεθ' ὑμῶν
—h. v., R mg.
24 [1] [3] ἡ χάρις τ. Κυρίου ἡμῶν Ἰησοῦ Χριστοῦ μετὰ πάντων ὑμῶν
—h. v., TWHR non mg.
25 [1] κατὰ . . . τὸ κήρυγμα Ἰησοῦ Χριστοῦ
27 [1] μόνῳ σοφῷ Θεῷ διὰ Ἰησοῦ Χριστοῦ
I Co 1 1 [1] [2] Παῦλος κλητὸς ἀπόστολος Ἰησοῦ Χριστοῦ
Χρ. Ἰησ., TWH mg.
2 [2] ἡγιασμένοις ἐν Χριστῷ Ἰησοῦ κλητοῖς ἁγίοις,
[1] [3] σὺν πᾶσι τ. ἐπικαλουμένοις τὸ ὄνομα τ. Κυρίου ἡμῶν Ἰησοῦ Χριστοῦ
3 [1] [3] χάρις ὑμῖν κ. εἰρήνη ἀπὸ . . . Κυρίου Ἰησοῦ Χριστοῦ
4 [2] ἐπὶ τ. χάριτι τ. Θεοῦ τ. δοθείσῃ ὑμῖν ἐν Χριστῷ Ἰησοῦ
7 [1] [3] ἀπεκδεχομένους τ. ἀποκάλυψιν τ. Κυρίου ἡμῶν Ἰησοῦ Χριστοῦ
8 [1] [3] ἐν τ. ἡμέρᾳ τ. Κυρίου ἡμῶν Ἰησοῦ Χριστοῦ
9 [1] [3] ἐκλήθητε εἰς κοινωνίαν τ. υἱοῦ αὐτοῦ Ἰησοῦ Χριστοῦ τ. Κυρίου ἡμῶν
10 [1] [3] διὰ τ. ὀνόματος τ. Κυρίου ἡμῶν Ἰησοῦ Χριστοῦ
30 [2] ἐξ αὐτοῦ δὲ ὑμεῖς ἐστὲ ἐν Χριστῷ Ἰησοῦ
2 2 [1] οὐ γὰρ ἔκρινά τι εἰδέναι ἐν ὑμῖν εἰ μὴ Ἰησοῦν Χριστόν
3 11 [1] ὅς ἐστιν Ἰησοῦς Χριστός
4 15 [2] ἐν γὰρ Χριστῷ Ἰησοῦ . . . ἐγὼ ὑμᾶς ἐγέννησα
17 [2] ἀναμνήσει τὰς ὁδούς μου τὰς ἐν Χριστῷ Ἰησοῦ
—Ἰησ., [WH] R

I Co 5 4 [3] ἐν τ. ὀνόματι τ. Κυρίου ἡμῶν Ἰησοῦ,
[1] [3] συναχθέντων ὑμῶν . . . σὺν τ. δυνάμει τ. Κυρίου ἡμῶν Ἰησοῦ
+ Χριστοῦ, T
5 [3] ἵνα τὸ πνεῦμα σωθῇ ἐν τ. ἡμέρᾳ τ. Κυρίου Ἰησοῦ
—Ἰησ., WH non mg. R mg.
6 11 [1] [3] ἐδικαιώθητε ἐν τ. ὀνόματι τ. Κυρίου Ἰησοῦ Χριστοῦ
8 6 [1] [3] εἷς Κύριος Ἰησοῦς Χριστός
9 1 [3] οὐχὶ Ἰησοῦν τ. Κύριον ἡμῶν ἑόρακα;
11 23 [3] ὁ Κύριος Ἰησοῦς ἐν τ. νυκτὶ ᾗ παρεδίδετο
12 3 [5] οὐδεὶς ἐν πνεύματι Θεοῦ λαλῶν λέγει Ἀνάθεμα Ἰησοῦς·
[3] κ. οὐδεὶς δύναται εἰπεῖν Κύριος Ἰησοῦς
15 31 [2] [3] ἣν ἔχω ἐν Χριστῷ Ἰησοῦ τ. Κυρίῳ ἡμῶν
57 [1] [3] τ. διδόντι ἡμῖν τὸ νῖκος διὰ τ. Κυρίου ἡμῶν Ἰησοῦ Χριστοῦ
16 23 [1] [3] ἡ χάρις τ. Κυρίου Ἰησοῦ μεθ' ὑμῶν.
+Χριστοῦ, R
24 [2] ἡ ἀγάπη μου μετὰ πάντων ὑμῶν ἐν Χριστῷ Ἰησοῦ
II Co 1 1 [2] Παῦλος ἀπόστολος Χριστοῦ Ἰησοῦ
2 [1] [3] χάρις ὑμῖν κ. εἰρήνη ἀπὸ . . . Κυρίου Ἰησοῦ Χριστοῦ.
3 [1] [3] εὐλογητὸς ὁ Θεὸς κ. πατὴρ τ. Κυρίου ἡμῶν Ἰησοῦ Χριστοῦ
14 [3] καθάπερ κ. ὑμεῖς ἡμῶν ἐν τ. ἡμέρᾳ τ. Κυρίου ἡμῶν Ἰησοῦ
19 [1] [2] ὁ τ. Θεοῦ γὰρ υἱὸς Χριστὸς Ἰησοῦς ὁ ἐν ὑμῖν δι' ἡμῶν κηρυχθείς
Ἰησ. Χρ., R
4 5 [2] [3] οὐ γὰρ ἑαυτοὺς κηρύσσομεν ἀλλὰ Χριστὸν Ἰησοῦν Κύριον·
Ἰησ. Χρ., WH mg.
[5] ἑαυτοὺς δὲ δούλους ὑμῶν διὰ Ἰησοῦν
Ἰησοῦ, WH mg. R mg.
6 [1] ἐν προσώπῳ Ἰησοῦ Χριστοῦ
—Ἰησ., TWH
10 τ. νέκρωσιν τοῦ Ἰησοῦ ἐν τ. σώματι περιφέροντες,
ἵνα κ. ἡ ζωὴ τοῦ Ἰησοῦ ἐν τ. σώματι ἡμῶν φανερωθῇ
11 [5] εἰς θάνατον παραδιδόμεθα διὰ Ἰησοῦν,
ἵνα κ. ἡ ζωὴ τ. Ἰησοῦ φανερωθῇ ἐν τ. θνητῇ σαρκὶ ἡμῶν
14 [3] εἰδότες ὅτι ὁ ἐγείρας τ. Κύριον Ἰησοῦν
[5] κ. ἡμᾶς σὺν Ἰησοῦ ἐγερεῖ
8 9 [1] [3] γινώσκετε γὰρ τ. χάριν τ. Κυρίου ἡμῶν Ἰησοῦ Χριστοῦ
11 4 [5] εἰ γὰρ ὁ ἐρχόμενος ἄλλον Ἰησοῦν κηρύσσει
31 [3] ὁ Θεὸς κ. πατὴρ τ. Κυρίου Ἰησοῦ οἶδεν
13 5 [1] [2] οὐκ ἐπιγινώσκετε ἑαυτοὺς ὅτι Ἰησοῦς Χριστὸς ἐν ὑμῖν;
Χρ. Ἰησ., TWH mg.
13 [1] [3] ἡ χάρις τ. Κυρίου Ἰησοῦ Χριστοῦ
Ga 1 1 [1] οὐκ ἀπ' ἀνθρώπων οὐδὲ δι' ἀνθρώπου ἀλλὰ διὰ Ἰησοῦ Χριστοῦ
3 [1] [3] χάρις ὑμῖν κ. εἰρήνη ἀπὸ . . . Κυρίου Ἰησοῦ Χριστοῦ
12 [1] ἀλλὰ δι' ἀποκαλύψεως Ἰησοῦ Χριστοῦ
2 4 [2] τ. ἐλευθερίαν ἡμῶν ἣν ἔχομεν ἐν Χριστῷ Ἰησοῦ
16 [1] [2] ἐὰν μὴ διὰ πίστεως Χριστοῦ Ἰησοῦ.
Ἰησ. Χρ., R

Ga 2 *16* [1] [2] κ. ἡμεῖς εἰς Χριστὸν Ἰησοῦν ἐπιστεύσαμεν
Ἰησ. Χρ., WH mg.
3 1 [1] οἷς κατ' ὀφθαλμοὺς Ἰησοῦς Χριστὸς προεγράφη
14 [1] [2] ἵνα . . . ἡ εὐλογία τοῦ Ἀβραὰμ γένηται ἐν Ἰησοῦ Χριστῷ
Χρ. Ἰησ. TWH mg. R
22 [1] ἵνα ἡ ἐπαγγελία ἐκ πίστεως Ἰησοῦ Χριστοῦ δοθῇ τ. πιστεύουσιν
26 [2] υἱοὶ Θεοῦ ἐστὲ διὰ τ. πίστεως ἐν Χριστῷ Ἰησοῦ
28 [2] πάντες γὰρ ὑμεῖς εἷς ἐστὲ ἐν Χριστῷ Ἰησοῦ
4 14 [2] ὡς ἄγγελον Θεοῦ ἐδέξασθέ με ὡς Χριστὸν Ἰησοῦν
5 6 [2] ἐν γὰρ Χριστῷ Ἰησοῦ οὔτε περιτομή τι ἰσχύει
Ἰησοῦ, [WH]
24 [2] οἱ δὲ τ. Χριστοῦ Ἰησοῦ τ. σάρκα ἐσταύρωσαν
6 12 [2] μόνον ἵνα τ. σταυρῷ τ. Χριστοῦ Ἰησοῦ μὴ διώκωνται
—Ἰησ., T [WH] R
14 [1] [3] εἰ μὴ ἐν τ. σταυρῷ τ. Κυρίου ἡμῶν Ἰησοῦ Χριστοῦ
17 ἐγὼ γὰρ τὰ στίγματα τοῦ Ἰησοῦ ἐν τ. σώματί μου βαστάζω
18 [1] [3] ἡ χάρις τ. Κυρίου ἡμῶν Ἰησοῦ Χριστοῦ

Eph 1 1 [2] Παῦλος ἀπόστολος Χριστοῦ Ἰησοῦ
1 [2] τ. ἁγίοις . . . κ. πιστοῖς ἐν Χριστῷ Ἰησοῦ·
2 [1] [3] χάρις ὑμῖν κ. εἰρήνη ἀπὸ . . . Κυρίου Ἰησοῦ Χριστοῦ.
3 [1] [3] εὐλογητὸς ὁ Θεὸς κ. πατὴρ τ. Κυρίου ἡμῶν Ἰησοῦ Χριστοῦ
5 [1] προορίσας ἡμᾶς εἰς υἱοθεσίαν διὰ Ἰησοῦ Χριστοῦ
15 [3] ἀκούσας τὴν καθ' ὑμᾶς πίστιν ἐν τ. Κυρίῳ Ἰησοῦ
17 [1] [3] ὁ Θεὸς τ. Κυρίου ἡμῶν Ἰησοῦ Χριστοῦ
2 6 [2] συνεκάθισεν ἐν τ. ἐπουρανίοις ἐν Χριστῷ Ἰησοῦ
7 [2] ἐν χρηστότητι ἐφ' ἡμᾶς ἐν Χριστῷ Ἰησοῦ
10 [2] κτισθέντες ἐν Χριστῷ Ἰησοῦ ἐπὶ ἔργοις ἀγαθοῖς
13 [2] νυνὶ δὲ ἐν Χριστῷ Ἰησοῦ ὑμεῖς . . . ἐγενήθητε ἐγγύς
20 [2] ὄντος ἀκρογωνιαίου αὐτοῦ Χριστοῦ Ἰησοῦ
3 1 [2] ἐγὼ Παῦλος ὁ δέσμιος τ. Χριστοῦ Ἰησοῦ
—Ἰησ., T
6 [2] εἶναι τὰ ἔθνη . . . συνμέτοχα τ. ἐπαγγελίας ἐν Χριστῷ Ἰησοῦ
11 [2] [3] ἣν ἐποίησεν ἐν τ. Χριστῷ Ἰησοῦ τ. Κυρίῳ ἡμῶν
21 [2] αὐτῷ ἡ δόξα ἐν τ. ἐκκλησίᾳ κ. ἐν Χριστῷ Ἰησοῦ
4 21 καθὼς ἔστιν ἀλήθεια ἐν τ. Ἰησοῦ
5 20 [1] [3] εὐχαριστοῦντες . . . ἐν ὀνόματι τ. Κυρίου ἡμῶν Ἰησοῦ Χριστοῦ
6 23 [1] [3] εἰρήνη τ. ἀδελφοῖς κ. ἀγάπη μετὰ πίστεως ἀπὸ . . . Κυρίου Ἰησοῦ Χριστοῦ.
24 [1] [3] ἡ χάρις μετὰ πάντων τ. ἀγαπώντων τ. Κύριον ἡμῶν Ἰησοῦν Χριστόν

Phl 1 1 [2] Παῦλος κ. Τιμόθεος δοῦλοι Χριστοῦ Ἰησοῦ,
[2] πᾶσι τ. ἁγίοις ἐν Χριστῷ Ἰησοῦ τ. οὖσιν ἐν Φιλίπποις

Phl 1 2 [1] [3] χάρις ὑμῖν κ. εἰρήνη ἀπὸ . . . Κυρίου Ἰησοῦ Χριστοῦ
6 [1] ἐπιτελέσει ἄχρι ἡμέρας Ἰησοῦ Χριστοῦ
Χρ. Ἰησ., WH mg.
8 [2] ὡς ἐπιποθῶ πάντας ὑμᾶς ἐν σπλάγχνοις Χριστοῦ Ἰησοῦ
11 [1] πεπληρωμένοι καρπὸν δικαιοσύνης τὸν διὰ Ἰησοῦ Χριστοῦ
19 [1] διὰ τῆς . . . ἐπιχορηγίας τ. πνεύματος Ἰησοῦ Χριστοῦ
26 [2] ἵνα τὸ καύχημα ὑμῶν περισσεύῃ ἐν Χριστῷ Ἰησοῦ
2 5 [2] τοῦτο φρονεῖτε ἐν ὑμῖν ὃ κ. ἐν Χριστῷ Ἰησοῦ
10 [5] ἵνα ἐν τ. ὀνόματι Ἰησοῦ πᾶν γόνυ κάμψῃ
11 [1] [3] ἵνα . . . πᾶσα γλῶσσα ἐξομολογήσηται ὅτι Κύριος Ἰησοῦς Χριστός
19 [3] ἐλπίζω δὲ ἐν Κυρίῳ Ἰησοῦ
21 [1] [2] τὰ ἑαυτῶν ζητοῦσιν οὐ τὰ Χριστοῦ Ἰησοῦ
Ἰησ. Χρ., WH mg. R
3 3 [2] οἱ . . . καυχώμενοι ἐν Χριστῷ Ἰησοῦ
8 [2] [3] διὰ τὸ ὑπερέχον τ. γνώσεως Χριστοῦ Ἰησοῦ τ. Κυρίου μου
12 [2] ἐφ' ᾧ κ. κατελήμφθην ὑπὸ Χριστοῦ Ἰησοῦ
[Ἰησοῦ], WH
14 [2] τὸ βραβεῖον τῆς ἄνω κλήσεως τ. Θεοῦ ἐν Χριστῷ Ἰησοῦ
20 [1] [3] ἐξ οὗ κ. σωτῆρα ἀπεκδεχόμεθα Κύριον Ἰησοῦν Χριστόν
4 7 [2] φρουρήσει τὰ νοήματα ὑμῶν ἐν Χριστῷ Ἰησοῦ
19 [2] κατὰ τὸ πλοῦτος αὐτοῦ ἐν δόξῃ ἐν Χριστῷ Ἰησοῦ
21 [2] ἀσπάσασθε πάντα ἅγιον ἐν Χριστῷ Ἰησοῦ
23 [1] [3] ἡ χάρις τ. Κυρίου Ἰησοῦ Χριστοῦ μετὰ τ. πνεύματος ὑμῶν

Col 1 1 [2] Παῦλος ἀπόστολος Χριστοῦ Ἰησοῦ
3 [1] [3] εὐχαριστοῦμεν τ. Θεῷ πατρὶ τ. Κυρίου ἡμῶν Ἰησοῦ Χριστοῦ
4 [2] ἀκούσαντες τ. πίστιν ὑμῶν ἐν Χριστῷ Ἰησοῦ
2 6 [2] [3] ὡς οὖν παρελάβετε τ. Χριστὸν Ἰησοῦν τ. Κύριον
3 17 [3] πάντα ἐν ὀνόματι Κυρίου Ἰησοῦ
4 12 [2] Ἐπαφρᾶς ὁ ἐξ ὑμῶν δοῦλος Χριστοῦ Ἰησοῦ

1 Th 1 1 [1] [3] τῇ ἐκκλησίᾳ Θεσσαλονικέων ἐν . . . Κυρίῳ Ἰησοῦ Χριστῷ
3 [1] [3] μνημονεύοντες . . . τ. ὑπομονῆς τ. ἐλπίδος τ. Κυρίου ἡμῶν Ἰησοῦ Χριστοῦ
10 [5] ὃν ἤγειρεν ἐκ τ. νεκρῶν Ἰησοῦν
2 14 [2] τ. ἐκκλησιῶν τ. Θεοῦ τ. οὐσῶν ἐν τ. Ἰουδαίᾳ ἐν Χριστῷ Ἰησοῦ
15 [3] τῶν κ. τ. Κύριον ἀποκτεινάντων Ἰησοῦν
19 [3] ἔμπροσθεν τ. Κυρίου ἡμῶν Ἰησοῦ ἐν τῇ αὐτοῦ παρουσίᾳ
3 11 [3] αὐτὸς δὲ ὁ Θεὸς . . . κ. ὁ Κύριος ἡμῶν Ἰησοῦς
13 [3] ἐν τ. παρουσίᾳ τ. Κυρίου ἡμῶν Ἰησοῦ
4 1 [3] ἐρωτῶμεν ὑμᾶς κ. παρακαλοῦμεν ἐν Κυρίῳ Ἰησοῦ
2 [3] τίνας παραγγελίας ἐδώκαμεν ὑμῖν διὰ τ. Κυρίου Ἰησοῦ
14 [5] εἰ γὰρ πιστεύομεν ὅτι Ἰησοῦς ἀπέθανεν κ. ἀνέστη,
οὕτως κ. ὁ Θεὸς τ. κοιμηθέντας διὰ τ. Ἰησοῦ ἄξει σὺν αὐτῷ

I Th 5 9 [1 3] εἰς περιποίησιν σωτηρίας διὰ τ. Κυρίου ἡμῶν Ἰησοῦ Χριστοῦ
18 [2] τοῦτο γὰρ θέλημα Θεοῦ ἐν Χριστῷ Ἰησοῦ
23 [1 3] ἐν τ. παρουσίᾳ τ. Κυρίου ἡμῶν Ἰησοῦ Χριστοῦ
28 [1 3] ἡ χάρις τ. Κυρίου ἡμῶν Ἰησοῦ Χριστοῦ μεθ' ὑμῶν
II Th 1 1 [1 3] τ. ἐκκλησίᾳ Θεσσαλονικέων ἐν . . . Κυρίῳ Ἰησοῦ Χριστῷ·
2 [1 3] χάρις ὑμῖν κ. εἰρήνη ἀπὸ . . . Κυρίου Ἰησοῦ Χριστοῦ
7 [3] ἐν τ. ἀποκαλύψει τ. Κυρίου Ἰησοῦ ἀπ' οὐρανοῦ
8 [3] τοῖς μὴ ὑπακούουσιν τ. εὐαγγελίῳ τ. Κυρίου ἡμῶν Ἰησοῦ
12 [3] ὅπως ἐνδοξασθῇ τὸ ὄνομα τ. Κυρίου ἡμῶν Ἰησοῦ ἐν ὑμῖν
12 [1 3] κατὰ τ. χάριν τ. Θεοῦ ἡμῶν κ. Κυρίου Ἰησοῦ Χριστοῦ
2 1 [1 3] ὑπὲρ τ. παρουσίας τ. Κυρίου ἡμῶν Ἰησοῦ Χριστοῦ
8 [3] ὃν ὁ Κύριος Ἰησοῦς ἀνελεῖ
—Ἰησ., [WH] R mg.
14 [1 3] εἰς περιποίησιν δόξης τ. Κυρίου ἡμῶν Ἰησοῦ Χριστοῦ
16 [1 3] αὐτὸς δὲ ὁ Κύριος ἡμῶν Ἰησοῦς Χριστός
3 6 [1 3] παραγγέλλομεν δὲ ὑμῖν . . . ἐν ὀνόματι τ. Κυρίου Ἰησοῦ Χριστοῦ
12 [1 3] παρακαλοῦμεν ἐν Κυρίῳ Ἰησοῦ Χριστῷ
18 [1 3] ἡ χάρις τ. Κυρίου ἡμῶν Ἰησοῦ Χριστοῦ μετὰ πάντων ὑμῶν
I Ti 1 1 [2] Παῦλος ἀπόστολος Χριστοῦ Ἰησοῦ,
[2] κατ' ἐπιταγὴν . . . Χριστοῦ Ἰησοῦ τ. ἐλπίδος ἡμῶν
2 [2 3] χάρις ἔλεος εἰρήνη ἀπὸ . . . Χριστοῦ Ἰησοῦ τ. Κυρίου ἡμῶν
12 [2] χάριν ἔχω τ. ἐνδυναμώσαντί με Χριστῷ Ἰησοῦ
14 [2] μετὰ πίστεως κ. ἀγάπης τῆς ἐν Χριστῷ Ἰησοῦ
15 [2] Χριστὸς Ἰησοῦς ἦλθεν εἰς τ. κόσμον ἁμαρτωλοὺς σῶσαι
16 [1 2] ἵνα ἐν ἐμοὶ πρώτῳ ἐνδείξηται Χριστὸς Ἰησοῦς τ. ἅπασαν μακροθυμίαν
Ἰησ. Χρ., TWH mg. R
2 5 [2] μεσίτης Θεοῦ κ. ἀνθρώπων ἄνθρωπος Χριστὸς Ἰησοῦς
3 13 [2] πολλὴν παρρησίαν ἐν πίστει τῇ ἐν Χριστῷ Ἰησοῦ
4 6 [2] καλὸς ἔσῃ διάκονος Χριστοῦ Ἰησοῦ
5 21 [2] διαμαρτύρομαι ἐνώπιον τ. Θεοῦ κ. Χριστοῦ Ἰησοῦ
6 3 [1 3] ὑγιαίνουσι λόγοις τοῖς τ. Κυρίου ἡμῶν Ἰησοῦ Χριστοῦ
13 [2] ἐνώπιον . . . Χριστοῦ Ἰησοῦ τ. μαρτυρήσαντος ἐπὶ Ποντίου Πειλάτου
Ἰησ. Χρ., WH mg.
14 [1 3] μέχρι τ. ἐπιφανείας τ. Κυρίου ἡμῶν Ἰησοῦ Χριστοῦ
II Ti 1 1 [2] Παῦλος ἀπόστολος Χριστοῦ Ἰησοῦ διὰ θελήματος Θεοῦ,
[2] κατ' ἐπαγγελίαν ζωῆς τῆς ἐν Χριστῷ Ἰησοῦ
2 [2 3] χάρις ἔλεος εἰρήνη ἀπὸ . . . Χριστοῦ Ἰησοῦ τ. Κυρίου ἡμῶν
Κυρίου Ἰησ., WH mg.

II Ti 1 9 [2] κατὰ ἰδίαν . . . χάριν τ. δοθεῖσαν ἡμῖν ἐν Χριστῷ Ἰησοῦ
10 [2 4] διὰ τ. ἐπιφανείας τ. σωτῆρος ἡμῶν Χριστοῦ Ἰησοῦ
13 [2] ἐν πίστει κ. ἀγάπῃ τῇ ἐν Χριστῷ Ἰησοῦ
2 1 [2] ἐνδυναμοῦ ἐν τ. χάριτι τῇ ἐν Χριστῷ Ἰησοῦ
3 [2] ὡς καλὸς στρατιώτης Χριστοῦ Ἰησοῦ
8 [1] μνημόνευε Ἰησοῦν Χριστὸν ἐγηγερμένον ἐκ νεκρῶν
10 [2] ἵνα κ. αὐτοὶ σωτηρίας τύχωσιν τῆς ἐν Χριστῷ Ἰησοῦ
3 12 [2] πάντες δὲ οἱ θέλοντες ζῆν εὐσεβῶς ἐν Χριστῷ Ἰησοῦ
15 [2] σοφίσαι . . . διὰ πίστεως τῆς ἐν Χριστῷ Ἰησοῦ
4 1 [2] διαμαρτύρομαι ἐνώπιον τ. Θεοῦ κ. Χριστοῦ Ἰησοῦ
22 [3] ὁ Κύριος Ἰησοῦς μετὰ τ. πνεύματός σου
—Ἰησ., TWH non mg. R
Tit 1 1 [1] Παῦλος δοῦλος Θεοῦ ἀπόστολος δὲ Ἰησοῦ Χριστοῦ
Χρ. [Ἰησοῦ], WH mg.
4 [2 4] χάρις κ. εἰρήνη ἀπὸ . . . Χριστοῦ Ἰησοῦ τ. σωτῆρος ἡμῶν
2 13 [1 2 4] προσδεχόμενοι τὴν . . . ἐπιφάνειαν τ. δόξης τ. μεγάλου Θεοῦ κ. σωτῆρος ἡμῶν Χριστοῦ Ἰησοῦ
Ἰησ. Χρ., WH mg. R
3 6 [1 4] οὗ ἐξέχεεν . . . διὰ Ἰησοῦ Χριστοῦ τ. σωτῆρος ἡμῶν
Phm 1 [2] Παῦλος δέσμιος Χριστοῦ Ἰησοῦ
3 [1 3] χάρις ὑμῖν κ. εἰρήνη ἀπὸ . . . Κυρίου Ἰησοῦ Χριστοῦ
5 [3] τ. πίστιν ἣν ἔχεις εἰς τ. Κύριον Ἰησοῦν
9 [2] νυνὶ δὲ κ. δέσμιος Χριστοῦ Ἰησοῦ
23 [2] Ἐπαφρᾶς ὁ συναιχμάλωτός μου ἐν Χριστῷ Ἰησοῦ
25 [1 3] ἡ χάρις τ. Κυρίου Ἰησοῦ Χριστοῦ μετὰ τ. πνεύματος ὑμῶν
He 2 9 [5] παρ' ἀγγέλους ἠλαττωμένον βλέπομεν Ἰησοῦν
3 1 [5] κατανοήσατε τὸν . . . ἀρχιερέα τ. ὁμολογίας Ἰησοῦν
4 14 [5] ἀρχιερέα μέγαν . . . Ἰησοῦν τ. υἱὸν τ. Θεοῦ
6 20 [5] ὅπου πρόδρομος ὑπὲρ ἡμῶν εἰσῆλθεν Ἰησοῦς
7 22 [5] κ. κρείττονος διαθήκης γέγονεν ἔγγυος Ἰησοῦς
10 10 [1] διὰ τ. προσφορᾶς τ. σώματος Ἰησοῦ Χριστοῦ ἐφάπαξ
19 [5] παρρησίαν εἰς τὴν εἴσοδον τ. ἁγίων ἐν τ. αἵματι Ἰησοῦ
12 2 [5] ἀφορῶντες εἰς τὸν τ. πίστεως ἀρχηγὸν κ. τελειωτὴν Ἰησοῦν
24 [5] προσεληλύθατε . . . διαθήκης νέας μεσίτῃ Ἰησοῦ
13 8 [1] Ἰησοῦς Χριστὸς ἐχθὲς κ. σήμερον ὁ αὐτὸς
12 [5] διὸ κ. Ἰησοῦς . . . ἔξω τ. πύλης ἔπαθεν
20 [3] τ. ποιμένα τ. προβάτων τ. μέγαν . . . τ. Κύριον ἡμῶν Ἰησοῦν
21 [1] εἰς τὸ ποιῆσαι τὸ θέλημα αὐτοῦ . . . διὰ Ἰησοῦ Χριστοῦ
Ja 1 1 [1 3] Ἰάκωβος Θεοῦ κ. Κυρίου Ἰησοῦ Χριστοῦ δοῦλος

Ja 2 1 [1, 3] ἔχετε τ. πίστιν τ. Κυρίου ἡμῶν Ἰησοῦ Χριστοῦ τ. δόξης
I Pe 1 1 [1] Πέτρος ἀπόστολος Ἰησοῦ Χριστοῦ
2 [1] εἰς ὑπακοὴν κ. ῥαντισμὸν αἵματος Ἰησοῦ Χριστοῦ
3 [1, 3] εὐλογητὸς ὁ Θεὸς κ. πατὴρ τ. Κυρίου ἡμῶν Ἰησοῦ Χριστοῦ
3 [1] δι' ἀναστάσεως Ἰησοῦ Χριστοῦ ἐκ νεκρῶν
7 [1] εὑρεθῇ εἰς ἔπαινον . . . ἐν ἀποκαλύψει Ἰησοῦ Χριστοῦ
13 [1] ἐλπίσατε ἐπὶ τὴν . . . χάριν ἐν ἀποκαλύψει Ἰησοῦ Χριστοῦ
2 5 [1] θυσίας εὐπροσδέκτους Θεῷ διὰ Ἰησοῦ Χριστοῦ
3 21 [1] δι' ἀναστάσεως Ἰησοῦ Χριστοῦ
4 11 [1] ἵνα ἐν πᾶσι δοξάζηται ὁ Θεὸς διὰ Ἰησοῦ Χριστοῦ
II Pe 1 1 [1] Σίμων Πέτρος δοῦλος κ. ἀπόστολος Ἰησοῦ Χριστοῦ
1 [1, 4] ἐν δικαιοσύνῃ τοῦ . . . σωτῆρος Ἰησοῦ Χριστοῦ
2 [3] ἐν ἐπιγνώσει τ. Θεοῦ κ. Ἰησοῦ τ. Κυρίου ἡμῶν
8 [1, 3] καθίστησιν εἰς τὴν τ. Κυρίου ἡμῶν Ἰησοῦ Χριστοῦ ἐπίγνωσιν
11 [1, 3, 4] εἰς τ. αἰώνιον βασιλείαν τ. Κυρίου ἡμῶν κ. σωτῆρος Ἰησοῦ Χριστοῦ
14 [1, 3] καθὼς κ. ὁ Κύριος ἡμῶν Ἰησοῦς Χριστὸς ἐδήλωσέν μοι
16 [1, 3] ἐγνωρίσαμεν ὑμῖν τὴν τ. Κυρίου ἡμῶν Ἰησοῦ Χριστοῦ δύναμιν
2 20 [1, 3, 4] ἐν ἐπιγνώσει τ. Κυρίου κ. σωτῆρος Ἰησοῦ Χριστοῦ
3 18 [1, 3, 4] ἐν . . γνώσει τ. Κυρίου ἡμῶν κ σωτῆρος Ἰησοῦ Χριστοῦ
I Jo 1 3 [1] ἡ κοινωνία . . . μετὰ τ. υἱοῦ αὐτοῦ Ἰησοῦ Χριστοῦ
7 [5] τ. αἷμα Ἰησοῦ τ. υἱοῦ αὐτοῦ καθαρίζει ἡμᾶς
2 1 [1] παράκλητον ἔχομεν . . . Ἰησοῦν Χριστὸν δίκαιον
22 [1, 5] ὁ ἀρνούμενος ὅτι Ἰησοῦς οὐκ ἔστιν ὁ Χριστός
3 23 [1] ἵνα πιστεύσωμεν τ. ὀνόματι τ. υἱοῦ αὐτοῦ Ἰησοῦ Χριστοῦ
4 2 [1] πᾶν πνεῦμα ὃ ὁμολογεῖ Ἰησοῦν Χριστὸν ἐν σαρκὶ ἐληλυθότα
3 πᾶν πνεῦμα ὃ μὴ ὁμολογεῖ τ. Ἰησοῦν
15 [1, 5] ὃς ἐὰν ὁμολογήσῃ ὅτι Ἰησοῦς Χριστός ἐστιν ὁ υἱὸς τ. Θεοῦ
—Χρ., T [WH] R
5 1 [1, 5] πᾶς ὁ πιστεύων ὅτι Ἰησοῦς ἐστὶν ὁ Χριστός
5 [5] εἰ μὴ ὁ πιστεύων ὅτι Ἰησοῦς ἐστὶν ὁ υἱὸς τ. Θεοῦ
6 [1] ὁ ἐλθὼν δι' ὕδατος κ. αἵματος Ἰησοῦς Χριστός
20 [1] ἐν τ. υἱῷ αὐτοῦ Ἰησοῦ Χριστῷ
II Jo 3 [1] χάρις ἔλεος εἰρήνη παρὰ . . . Ἰησοῦ Χριστοῦ υἱοῦ τ. πατρός
7 [1] οἱ μὴ ὁμολογοῦντες Ἰησοῦν Χριστὸν ἐρχόμενον ἐν σαρκί
Ju 1 [1] Ἰούδας Ἰησοῦ Χριστοῦ δοῦλος
1 [1] τοῖς ἐν . . . Ἰησοῦ Χριστοῦ τετηρημένοις κλητοῖς
4 [1, 3] τ. μόνον δεσπότην κ. Κύριον ἡμῶν Ἰησοῦν Χριστὸν ἀρνούμενοι
Ju 5 [5] ὅτι Ἰησοῦς λαὸν ἐκ γῆς Αἰγύπτου σώσας
Κύριος, TWH non mg. R non mg.
17 [1, 3] τ. ῥημάτων τ. προειρημένων ὑπὸ τ. ἀποστόλων τ. Κυρίου ἡμῶν Ἰησοῦ Χριστοῦ
21 [1, 3] προσδεχόμενοι τὸ ἔλεος τ. Κυρίου ἡμῶν Ἰησοῦ Χριστοῦ
25 [1, 3] διὰ Ἰησοῦ Χριστοῦ τ. Κυρίου ἡμῶν δόξα
Re 1 1 [1] ἀποκάλυψις Ἰησοῦ Χριστοῦ
2 [1] ὃς ἐμαρτύρησεν . . . τ. μαρτυρίαν Ἰησοῦ Χριστοῦ
5 [1] ἀπὸ Ἰησοῦ Χριστοῦ ὁ μάρτυς ὁ πιστός
9 [5] ἐν τ. θλίψει κ. βασιλείᾳ κ. ὑπομονῇ ἐν Ἰησοῦ
9 [5] διὰ τ. λόγον τ. Θεοῦ κ. τ. μαρτυρίαν Ἰησοῦ
12 17 [5] τῶν . . . ἐχόντων τ. μαρτυρίαν Ἰησοῦ
14 12 [5] οἱ τηροῦντες τ. ἐντολὰς τ. Θεοῦ κ. τ. πίστιν Ἰησοῦ
17 6 [5] μεθύουσαν . . . ἐκ τ. αἵματος τ μαρτύρων Ἰησοῦ
19 10 [5] τ. ἀδελφῶν σου τ. ἐχόντων τ. μαρτυρίαν Ἰησοῦ
10 [5] ἡ γὰρ μαρτυρία Ἰησοῦ ἐστὶν τὸ πνεῦμα τ. προφητείας
20 4 [5] τὰς ψυχὰς τ. πεπελεκισμένων διὰ τ. μαρτυρίαν Ἰησοῦ
22 16 [5] ἐγὼ Ἰησοῦς ἔπεμψα τ. ἄγγελόν μου
20 [3, 6] ἀμήν· ἔρχου Κύριε Ἰησοῦ.
21 [1, 3] ἡ χάρις τ. Κυρίου Ἰησοῦ Χριστοῦ μετὰ τ. ἁγίων
—Χριστοῦ, T [WH] R non mg.

ἸΗΣΟΥ͂Σ 2424.5 cf. 2424

Lu 3 29 τοῦ Ἢρ τοῦ Ἰησοῦ τοῦ Ἐλιέζερ
Ac 7 45 ἣν κ. εἰσήγαγον διαδεξάμενοι οἱ πατέρες ἡμῶν μετὰ Ἰησοῦ
Col 4 11 ἀσπάζεται ὑμᾶς Ἰησοῦς ὁ λεγόμενος Ἰοῦστος
He 4 8 εἰ κ. αὐτοὺς Ἰησοῦς κατέπαυσεν

ἹΚΑΝΟ΄Σ 2425

(1) seq. infin. (2) seq ἵνα
(3) de temp. (4) τὸ ἱκ.

Mt 3 11 [1] οὗ οὐκ εἰμὶ ἱκανὸς τὰ ὑποδήματα βαστάσαι
8 8 [2] οὐκ εἰμὶ ἱκανὸς ἵνα μου ὑπὸ τ. στέγην εἰσέλθῃς
28 12 ἀργύρια ἱκανὰ ἔδωκαν τ. στρατιώταις
Mk 1 7 [1] οὗ οὐκ εἰμὶ ἱκανὸς κύψας λῦσαι τ. ἱμάντα
10 46 ἐκπορευομένου αὐτοῦ . . . κ. ὄχλου ἱκανοῦ
15 15 [4] βουλόμενος τ. ὄχλῳ τὸ ἱκανὸν ποιῆσαι
ποι. τὸ ἱκ. τ. ὄχλ., T
Lu 3 16 [1] οὗ οὐκ εἰμὶ ἱκανὸς λῦσαι τ. ἱμάντα
7 6 [2] οὐ γὰρ ἱκανός εἰμι ἵνα ὑπὸ τ. στέγην μου εἰσέλθῃς
11 συνεπορεύοντο αὐτῷ οἱ μαθηταὶ αὐτοῦ ἱκανοί
—ἱκ., WHR
12 ὄχλος τ. πόλεως ἱκανὸς ἦν σὺν αὐτῇ
8 27 [3] χρόνῳ ἱκανῷ οὐκ ἐνεδύσατο ἱμάτιον
32 ἦν δὲ ἐκεῖ ἀγέλη χοίρων ἱκανῶν βοσκομένη
20 9 [3] ἀπεδήμησεν χρόνους ἱκανούς
22 38 ὁ δὲ εἶπεν αὐτοῖς Ἱκανόν ἐστιν
23 8 [3] ἦν γὰρ ἐξ ἱκανῶν χρόνων θέλων ἰδεῖν αὐτόν
9 ἐπηρώτα δὲ αὐτὸν ἐν λόγοις ἱκανοῖς

Ac 8 11 [3] διὰ τὸ ἱκανῷ χρόνῳ τ. μαγίαις ἐξεστακέναι αὐτούς
9 23 [3] ὡς δὲ ἐπληροῦντο ἡμέραι ἱκαναί
43 [3] ἐγένετο δὲ ἡμέρας ἱκανὰς μεῖναι ἐν Ἰόππῃ
11 24 προσετέθη ὄχλος ἱκανὸς τ. Κυρίῳ
26 ἐγένετο δὲ αὐτοῖς καὶ . . . διδάξαι ὄχλον ἱκανόν
12 12 οὗ ἦσαν ἱκανοὶ συνηθροισμένοι κ. προσευχόμενοι
14 3 [3] ἱκανὸν μὲν οὖν χρόνον διέτριψαν παρρησιαζόμενοι
21 μαθητεύσαντες ἱκανοὺς ὑπέστρεψαν
17 9 [4] λαβόντες τὸ ἱκανὸν παρὰ τ. Ἰάσονος
18 18 [3] ὁ δὲ Παῦλος ἔτι προσμείνας ἡμέρας ἱκανάς
19 19 ἱκανοὶ δὲ τῶν τὰ περίεργα πραξάντων
26 ὁ Παῦλος οὗτος πείσας μετέστησεν ἱκανὸν ὄχλον
20 8 ἦσαν δὲ λαμπάδες ἱκαναὶ ἐν τ. ὑπερῴῳ
11 [3] ἐφ᾽ ἱκανόν τε ὁμιλήσας ἄχρι αὐγῆς
37 ἱκανὸς δὲ κλαυθμὸς ἐγένετο πάντων
22 6 ἐγένετο δὲ . . . περιαστράψαι φῶς ἱκανὸν περὶ ἐμέ
27 7 [3] ἐν ἱκαναῖς δὲ ἡμέραις βραδυπλοοῦντες
9 [3] ἱκανοῦ δὲ χρόνου διαγενομένου
Ro 15 23 [3] ἐπιποθίαν δὲ ἔχων τοῦ ἐλθεῖν . . . ἀπὸ ἱκανῶν ἐτῶν
πολλῶν, TR
I Co 11 30 πολλοὶ . . . ἄρρωστοι κ. κοιμῶνται ἱκανοί
15 9 [1] ὃς οὐκ εἰμὶ ἱκανὸς καλεῖσθαι ἀπόστολος
II Co 2 6 ἱκανὸν τ. τοιούτῳ ἡ ἐπιτιμία αὕτη
16 πρὸς ταῦτα τίς ἱκανός;
3 5 [1] οὐχ ὅτι ἀφ᾽ ἑαυτῶν ἱκανοί ἐσμεν λογίσασθαί τι
II Ti 2 2 [1] οἵτινες ἱκανοὶ ἔσονται κ. ἑτέρους διδάξαι

ἹΚΑΝΌΤΗΣ* 2426

II Co 3 5 ἀλλ᾽ ἡ ἱκανότης ἡμῶν ἐκ τ. Θεοῦ

ἹΚΑΝΌΩ 2427

II Co 3 6 ὃς κ. ἱκάνωσεν ἡμᾶς διακόνους καινῆς διαθήκης
Col 1 12 τ. πατρὶ τ. ἱκανώσαντι ὑμᾶς εἰς τ. μερίδα τ. κλήρου τ. ἁγίων

ἹΚΕΤΗΡΊΑ 2428

He 5 7 δεήσεις τε κ. ἱκετηρίας πρὸς τ. δυνάμενον σώζειν αὐτόν

ἹΚΜΆΣ 2429

Lu 8 6 ἐξηράνθη διὰ τὸ μὴ ἔχειν ἰκμάδα

ἸΚΌΝΙΟΝ 2430

Ac 13 51 οἱ δὲ ἐκτιναξάμενοι τ. κονιορτὸν . . . ἦλθον εἰς Ἰκόνιον
14 1 ἐγένετο δὲ ἐν Ἰκονίῳ
19 ἐπῆλθαν δὲ ἀπὸ Ἀντιοχείας κ. Ἰκονίου Ἰουδαῖοι
21 ἐπέστρεψαν εἰς τ. Λύστραν κ. εἰς Ἰκόνιον κ. εἰς Ἀντιόχειαν
16 2 ἐμαρτυρεῖτο ὑπὸ τῶν ἐν Λύστροις κ. Ἰκονίῳ ἀδελφῶν
II Ti 3 11 οἷά μοι ἐγένετο ἐν Ἀντιοχείᾳ ἐν Ἰκονίῳ ἐν Λύστροις

ἹΛΑΡΌΣ 2431

II Co 9 7 ἱλαρὸν γὰρ δότην ἀγαπᾷ ὁ Θεός
טוֹב־עַיִן הוּא יְבֹרָךְ, Pr. xxii. 9

ἹΛΑΡΌΤΗΣ 2432

Ro 12 8 ὁ ἐλεῶν ἐν ἱλαρότητι

ἹΛΆΣΚΟΜΑΙ 2433

Lu 18 13 ὁ Θεὸς ἱλάσθητί μοι τ. ἁμαρτωλῷ
He 2 17 εἰς τὸ ἱλάσκεσθαι τ. ἁμαρτίας τ. λαοῦ

ἹΛΑΣΜΌΣ 2434

I Jo 2 2 αὐτὸς ἱλασμός ἐστιν περὶ τ. ἁμαρτιῶν ἡμῶν
4 10 ἀπέστειλεν τ. υἱὸν αὐτοῦ ἱλασμὸν περὶ τ. ἁμαρτιῶν ἡμῶν

ἹΛΑΣΤΉΡΙΟΝ† 2435

Ro 3 25 ὃν προέθετο ὁ Θεὸς ἱλαστήριον
He 9 5 Χερουβεὶν δόξης κατασκιάζοντα τὸ ἱλαστήριον

ἽΛΕΩΣ 2436

Mt 16 22 ἵλεώς σοι Κύριε
He 8 12 ὅτι ἵλεως ἔσομαι τ. ἀδικίαις αὐτῶν
כִּי אֶסְלַח לַעֲוֹנָם, Jer. xxxi. 34

ἸΛΛΥΡΙΚΌΝ 2437

Ro 15 19 ἀπὸ Ἰερουσαλὴμ κ. κύκλῳ μέχρι τ. Ἰλλυρικοῦ

ἹΜΆΣ 2438

Mk 1 7 ἱκανὸς κύψας λῦσαι τ. ἱμάντα τ. ὑποδημάτων αὐτοῦ
Lu 3 16 ἱκανὸς λῦσαι τ. ἱμάντα τ. ὑποδημάτων αὐτοῦ
Jo 1 27 ἄξιος ἵνα λύσω αὐτοῦ τ. ἱμάντα τ. ὑποδήματος
Ac 22 25 ὡς δὲ προέτειναν αὐτὸν τ. ἱμᾶσιν

ἹΜΑΤΊΖΩ*† 2439

Mk 5 15 θεωροῦσιν τ. δαιμονιζόμενον καθήμενον ἱματισμένον κ. σωφρονοῦντα
Lu 8 35 εὗρον καθήμενον τ. ἄνθρωπον . . . ἱματισμένον κ. σωφρονοῦντα

ἹΜΆΤΙΟΝ 2440

Mt 5 40 ἄφες αὐτῷ κ. τὸ ἱμάτιον
9 16 οὐδεὶς δὲ ἐπιβάλλει ἐπίβλημα ῥάκους ἀγνάφου ἐπὶ ἱματίῳ παλαιῷ·
αἴρει γὰρ τὸ πλήρωμα αὐτοῦ ἀπὸ τ. ἱματίου
20 ἥψατο τ. κρασπέδου τ. ἱματίου αὐτοῦ
21 ἐὰν μόνον ἅψωμαι τ. ἱματίου αὐτοῦ
14 36 ἵνα μόνον ἅψωνται τ. κρασπέδου τ. ἱματίου αὐτοῦ
17 2 τὰ δὲ ἱμάτια αὐτοῦ ἐγένετο λευκὰ ὡς τὸ φῶς
21 7 ἐπέθηκαν ἐπ᾽ αὐτῶν τὰ ἱμάτια
8 ἔστρωσαν ἑαυτῶν τὰ ἱμάτια ἐν τῇ ὁδῷ
24 18 μὴ ἐπιστρεψάτω ὀπίσω ἆραι τὸ ἱμάτιον αὐτοῦ
26 65 τότε ὁ ἀρχιερεὺς διέρηξεν τὰ ἱμάτια αὐτοῦ
27 31 ἐνέδυσαν αὐτὸν τὰ ἱμάτια αὐτοῦ
35 διεμερίσαντο τὰ ἱμάτια αὐτοῦ

Mk 2 21 οὐδεὶς ἐπίβλημα ῥάκους ἀγνάφου ἐπιράπτει ἐπὶ ἱμάτιον παλαιόν
5 27 γυνὴ . . . ἥψατο τ. ἱματίου αὐτοῦ
28 ἐὰν ἅψωμαι κἂν τ. ἱματίων αὐτοῦ
30 τις μου ἥψατο τ. ἱματίων;
6 56 ἵνα κἂν τ. κρασπέδου τ. ἱματίου αὐτοῦ ἅψωνται
9 3 τὰ ἱμάτια αὐτοῦ ἐγένετο στίλβοντα
10 50 ὁ δὲ ἀποβαλὼν τὸ ἱμάτιον αὐτοῦ
11 7 ἐπιβάλλουσιν αὐτῷ τὰ ἱμάτια αὐτῶν
8 πολλοὶ τὰ ἱμάτια αὐτῶν ἔστρωσαν εἰς τὴν ὁδόν
13 16 μὴ ἐπιστρεψάτω εἰς τὰ ὀπίσω ἆραι τὸ ἱμάτιον αὐτοῦ
15 20 ἐνέδυσαν αὐτὸν τὰ ἱμάτια αὐτοῦ
τὰ ἴδια ἱμ. αὐτ., T
24 διαμερίζονται τὰ ἱμάτια αὐτοῦ
Lu 5 36 οὐδεὶς ἐπίβλημα ἀπὸ ἱματίου καινοῦ σχίσας ἐπιβάλλει ἐπὶ ἱμάτιον παλαιόν
6 29 ἀπὸ τ. αἴροντός σου τὸ ἱμάτιον
7 25 ἄνθρωπον ἐν μαλακοῖς ἱματίοις ἠμφιεσμένον;
8 27 χρονῷ ἱκανῷ οὐκ ἐνεδύσατο ἱμάτιον
44 ἥψατο τ. κρασπέδου τ. ἱματίου αὐτοῦ
19 35 ἐπιρίψαντες αὐτῶν τὰ ἱμάτια ἐπὶ τ. πῶλον
36 ὑπεστρώννυον τὰ ἱμάτια ἑαυτῶν ἐν τῇ ὁδῷ
22 36 ὁ μὴ ἔχων πωλησάτω τὸ ἱμάτιον αὐτοῦ
23 34 διαμεριζόμενοι δὲ τὰ ἱμάτια αὐτοῦ ἔβαλον κλῆρον
Jo 13 4 ἐγείρεται ἐκ τ. δείπνου κ. τίθησιν τὰ ἱμάτια
12 ὅτε . . . ἔλαβεν τὰ ἱμάτια αὐτοῦ
19 2 ἱμάτιον πορφυροῦν περιέβαλον αὐτόν
5 φορῶν . . . τὸ πορφυροῦν ἱμάτιον
23 οἱ οὖν στρατιῶται . . . ἔλαβον τὰ ἱμάτια αὐτοῦ
24 διεμερίσαντο τὰ ἱμάτιά μου ἑαυτοῖς
יְחַלְּקוּ בְגָדַי לָהֶם, Ps. xxii. 19
Ac 7 58 οἱ μάρτυρες ἀπέθεντο τὰ ἱμάτια αὐτῶν παρὰ τ. πόδας νεανίου
9 39 ἐπιδεικνύμεναι χιτῶνας κ. ἱμάτια ὅσα ἐποίει
12 8 περιβαλοῦ τὸ ἱμάτιόν σου
14 14 διαρρήξαντες τὰ ἱμάτια αὐτῶν ἐξεπήδησαν
16 22 οἱ στρατηγοὶ περιρήξαντες αὐτῶν τὰ ἱμάτια
18 6 ἐκτιναξάμενος τὰ ἱμάτια εἶπεν πρὸς αὐτούς
22 20 φυλάσσων τὰ ἱμάτια τ. ἀναιρούντων αὐτόν
23 κραυγαζόντων τε αὐτῶν κ. ῥιπτούντων τὰ ἱμάτια
He 1 11 πάντες ὡς ἱμάτιον παλαιωθήσονται
כֻּלָּם כַּבֶּגֶד יִבְלוּ, Ps. cii. 27
12 ὡς ἱμάτιον κ. ἀλλαγήσονται
—ὡς ἱμ., T
כַּלְּבוּשׁ תַּחֲלִיפֵם וְיַחֲלֹפוּ, *ib.*
Ja 5 2 τὰ ἱμάτια ὑμῶν σητόβρωτα γέγονεν
1 Pe 3 3 ἢ ἐνδύσεως ἱματίων κόσμος
Re 3 4 ἃ οὐκ ἐμόλυναν τὰ ἱμάτια αὐτῶν
5 ὁ νικῶν οὕτως περιβαλεῖται ἐν ἱματίοις λευκοῖς
18 ἱμάτια λευκὰ ἵνα περιβάλῃ
4 4 πρεσβυτέρους . . . περιβεβλημένους ἱματίοις λευκοῖς
ἐν ἱμ. λευκ., TWH mg.
16 15 μακάριος ὁ γρηγορῶν κ. τηρῶν τὰ ἱμάτια αὐτοῦ
Re 19 13 περιβεβλημένος ἱμάτιον βεραντισμένον αἵματι
16 ἔχει ἐπὶ τὸ ἱμάτιον . . . ὄνομα γεγραμμένον

ἹΜΑΤΙΣΜΌΣ 2441

Lu 7 25 οἱ ἐν ἱματισμῷ ἐνδόξῳ κ. τρυφῇ ὑπάρχοντες
9 29 ὁ ἱματισμὸς αὐτοῦ λευκὸς ἐξαστράπτων
Jo 19 24 ἐπὶ τ. ἱματισμόν μου ἔβαγον κλῆρον
עַל־לְבוּשִׁי יַפִּילוּ גוֹרָל, Ps. xxii. 19
Ac 20 33 χρυσίου ἢ ἱματισμοῦ οὐδενὸς ἐπεθύμησα
1 Ti 2 9 μὴ ἐν πλέγμασιν . . . ἢ ἱματισμῷ πολυτελεῖ

ἽΝΑ 2443

(1) post verba dic., imper. (2) θέλειν ἵνα (3) seq. indic. (4) οὐχ ἵν., μὴ ἵν. (5) ἀλλ' ἵν., ἢ ἵν. (6) seq. optat. (?) (7) post nom. χρόνος, ὥρα

cf. ἵνα μή, ἵνα τί, *infra*

Mt 1 22 ἵνα πληρωθῇ τὸ ῥηθὲν ὑπὸ Κυρίου
2 15 ἵνα πληρωθῇ τὸ ῥηθὲν ὑπὸ Κυρίου
4 3 [1] εἰπὸν ἵνα οἱ λίθοι οὗτοι ἄρτοι γένωνται
14 ἵνα πληρωθῇ τὸ ῥηθὲν διὰ Ἡσαίου τ. προφήτου
5 29 συμφέρει γάρ σοι ἵνα ἀπόληται ἓν τ. μελῶν σου
30 συμφέρει γάρ σοι ἵνα ἀπόληται ἓν τ. μελῶν σου
7 12 [2] ὅσα ἐὰν θέλητε ἵνα ποιῶσιν ὑμῖν οἱ ἄνθρωποι
8 8 οὐκ εἰμὶ ἱκανὸς ἵνα μου ὑπὸ τ. στέγην εἰσέλθῃς
9 6 ἵνα δὲ εἰδῆτε
10 25 ἀρκετὸν τ. μαθητῇ ἵνα γένηται ὡς ὁ διδάσκαλος αὐτοῦ
12 10 ἵνα κατηγορήσωσιν αὐτοῦ
17 ἵνα πληρωθῇ τὸ ῥηθὲν διὰ Ἡσαίου τ. προφήτου
14 15 [1] ἀπόλυσον τ. ὄχλους ἵνα . . . ἀγοράσωσιν ἑαυτοῖς βρώματα
36 [1] παρεκάλουν αὐτὸν ἵνα μόνον ἅψωνται τ. κρασπέδου
16 20 [1] τότε διεστείλατο τ. μαθηταῖς ἵνα μηδενὶ εἴπωσιν
18 6 συμφέρει αὐτῷ ἵνα κρεμασθῇ μύλος ὀνικός
14 [2] οὕτως οὐκ ἔστιν θέλημα . . . ἵνα ἀπόληται ἓν τ. μικρῶν τούτων
16 ἵνα ἐπὶ στόματος δύο μαρτύρων ἢ τριῶν σταθῇ πᾶν ῥῆμα, Dt. xix. 15
19 13 προσηνέχθησαν αὐτῷ παιδία ἵνα τ. χεῖρας ἐπιθῇ αὐτοῖς
16 τί ἀγαθὸν ποιήσω ἵνα σχῶ ζωὴν αἰώνιον
20 21 [1] εἰπὲ ἵνα καθίσωσιν οὗτοι οἱ δύο υἱοί μου
31 [1] ὁ δὲ ὄχλος ἐπετίμησεν αὐτοῖς ἵνα σιωπήσωσιν
33 [2] Κύριε ἵνα ἀνοιγῶσιν οἱ ὀφθαλμοὶ ἡμῶν
21 4 τοῦτο δὲ γέγονεν ἵνα πληρωθῇ τὸ ῥηθέν
23 26 καθάρισον πρῶτον τὸ ἐντὸς . . . ἵνα γένηται κ. τὸ ἐκτὸς αὐτοῦ καθαρόν
26 4 συνεβουλεύσαντο ἵνα τ. Ἰησοῦν δόλῳ κρατήσωσιν
16 ἐζήτει εὐκαιρίαν ἵνα αὐτὸν παραδῷ

Mt 26 56 τοῦτο δὲ ὅλον γέγονεν ἵνα πληρωθῶσιν αἱ γραφαί

63 [1] ἐξορκίζω σε . . . ἵνα ἡμῖν εἴπης

27 20 ἔπεισαν τ. ὄχλους ἵνα αἰτήσωνται τ. Βαραββᾶν

26 τ. δὲ Ἰησοῦν φραγελλώσας παρέδωκεν ἵνα σταυρωθῇ

32 τοῦτον ἠγγάρευσαν ἵνα ἄρῃ τ. σταυρὸν αὐτοῦ

28 10 [1] ἀπαγγείλατε τ. ἀδελφοῖς μου ἵνα ἀπέλθωσιν εἰς τ. Γαλιλαίαν

Mk 1 38 ἄγωμεν ἀλλαχοῦ . . . ἵνα κ. ἐκεῖ κηρύξω

2 10 ἵνα δὲ εἰδῆτε ὅτι ἐξουσίαν ἔχει ὁ υἱὸς τ. ἀνθρώπου

3 2 παρετήρουν αὐτὸν . . . ἵνα κατηγορήσωσιν αὐτοῦ

9 [1] εἶπεν τ. μαθηταῖς αὐτοῦ ἵνα πλοιάριον προσκαρτερῇ αὐτῷ

10 ὥστε ἐπιπίπτειν αὐτῷ ἵνα αὐτοῦ ἅψωνται

14 ἐποίησεν δώδεκα . . . ἵνα ὦσι μετ' αὐτοῦ, κ. ἵνα ἀποστέλλῃ αὐτοὺς κηρύσσειν

4 12 ἵνα βλέποντες βλέπωσιν κ. μὴ ἴδωσιν

רְאוּ רָאוֹ וְאַל־תֵּדָעוּ, Is. vi. 9

21 μήτι ἔρχεται ὁ λύχνος ἵνα ὑπὸ τ. μόδιον τεθῇ

21 [4] οὐχ ἵνα ἐπὶ τ. λυχνίαν τεθῇ

22 [4] οὐ γάρ ἐστί τι κρυπτὸν ἐὰν μὴ ἵνα φανερωθῇ·

[5] οὐδὲ ἐγένετο ἀπόκρυφον ἀλλ' ἵνα ἔλθῃ εἰς φανερόν

5 12 πέμψον ἡμᾶς εἰς τ. χοίρους ἵνα εἰς αὐτοὺς εἰσέλθωμεν

18 [1] παρεκάλει αὐτὸν ὁ δαιμονισθεὶς ἵνα μετ' αὐτοῦ ᾖ

23 [1] ἵνα ἐλθὼν ἐπιθῇς τ. χεῖρας αὐτῇ, ἵνα σωθῇ κ. ζήσῃ

43 [1 6] διεστείλατο αὐτοῖς πολλὰ ἵνα μηδεὶς γνοῖ τοῦτο

6 8 [1] παρήγγειλεν αὐτοῖς ἵνα μηδὲν αἴρωσιν εἰς ὁδόν

12 [1] ἐξελθόντες ἐκήρυξαν ἵνα μετανοῶσιν

25 [2] θέλω ἵνα ἐξαυτῆς δῷς μοι . . . τ. κεφαλὴν Ἰωάνου

36 [1] ἀπόλυσον αὐτοὺς ἵνα ἀπελθόντες . . . ἀγοράσωσιν ἑαυτοῖς

41 ἐδίδου τ. μαθηταῖς ἵνα παρατιθῶσιν αὐτοῖς

56 [1] παρεκάλουν αὐτὸν ἵνα κἂν τ. κρασπέδου ἅψωνται

7 9 καλῶς ἀθετεῖτε τ. ἐντολὴν τ. Θεοῦ ἵνα τ. παράδοσιν ὑμῶν τηρήσητε

26 [1] ἠρώτα αὐτὸν ἵνα τὸ δαιμόνιον ἐκβάλῃ

32 [1] παρακαλοῦσιν αὐτὸν ἵνα ἐπιθῇ αὐτῷ τ. χεῖρα

36 [1] διεστείλατο αὐτοῖς ἵνα μηδενὶ λέγωσιν

8 6 ἐδίδου τ. μαθηταῖς αὐτοῦ ἵνα παρατιθῶσιν

22 [1] παρακαλοῦσιν αὐτὸν ἵνα αὐτοῦ ἅψηται

30 [1] ἐπετίμησεν αὐτοῖς ἵνα μηδενὶ λέγωσιν περὶ αὐτοῦ

9 9 [1] διεστείλατο αὐτοῖς ἵνα μηδενὶ ἃ εἶδον διηγήσωνται

12 [1] πῶς γέγραπται . . . ἵνα πολλὰ πάθῃ κ. ἐξουδενηθῇ

18 [1] εἶπα τ. μαθηταῖς σου ἵνα αὐτὸ ἐκβάλωσιν

22 κ. εἰς πῦρ αὐτὸν ἔβαλεν . . . ἵνα ἀπολέσῃ αὐτόν

Mk 9 30 [2 6] οὐκ ἤθελεν ἵνα τις γνοῖ

10 13 προσέφερον αὐτῷ παιδία ἵνα αὐτῶν ἅψηται

17 τί ποιήσω ἵνα ζωὴν αἰώνιον κληρονομήσω;

35 [2] θέλομεν ἵνα ὃ ἐὰν αἰτήσωμέν σε ποιήσῃς ἡμῖν

37 δὸς ἡμῖν ἵνα εἷς σου ἐκ δεξιῶν . . . καθίσωμεν

48 [1] ἐπετίμων αὐτῷ πολλοὶ ἵνα σιωπήσῃ

51 [2] Ῥαββουνεὶ ἵνα ἀναβλέψω

11 16 οὐκ ἤφιεν ἵνα τις διενέγκῃ σκεῦος διὰ τ. ἱεροῦ

25 ἵνα κ. ὁ πατὴρ ὑμῶν . . . ἀφῇ ὑμῖν

28 τίς σοι ἔδωκεν τ. ἐξουσίαν ταύτην ἵνα ταῦτα ποιῇς;

12 2 ἀπέστειλεν . . . δοῦλον ἵνα παρὰ τ. γεωργῶν λάβῃ ἀπὸ τ. καρπῶν

13 ἀποστέλλουσι πρὸς αὐτόν τινας . . . ἵνα αὐτὸν ἀγρεύσωσιν λόγῳ

15 φέρετέ μοι δηνάριον ἵνα ἴδω

19 [1] Μωυσῆς ἔγραψεν ἡμῖν . . . ἵνα λάβῃ ὁ ἀδελφὸς αὐτοῦ τ. γυναῖκα

13 34 [1] τ. θυρωρῷ ἐνετείλατο ἵνα γρηγορῇ

14 10 [6] ἀπῆλθεν πρὸς τ. ἀρχιερεῖς ἵνα αὐτὸν παραδοῖ αὐτοῖς

12 ποῦ θέλεις . . . ἑτοιμάσωμεν ἵνα φάγῃς τὸ πάσχα

35 [1] προσηύχετο ἵνα . . . παρέλθῃ ἀπ' αὐτοῦ ἡ ὥρα

49 [5] ἀλλ' ἵνα πληρωθῶσιν αἱ γραφαί

15 11 ἀνέσεισαν τ. ὄχλον ἵνα μᾶλλον τ. Βαραββᾶν ἀπολύσῃ αὐτοῖς

15 παρέδωκεν τ. Ἰησοῦν φραγελλώσας ἵνα σταυρωθῇ

20 [3] ἐξάγουσιν αὐτὸν ἵνα σταυρώσωσιν αὐτόν ἵνα σταυρώσουσιν, T

21 ἀγγαρεύουσιν παράγοντά τινα . . . ἵνα ἄρῃ τ. σταυρὸν αὐτοῦ

32 καταβάτω νῦν ἀπὸ τ. σταυροῦ ἵνα ἴδωμεν

16 1 ἠγόρασαν ἀρώματα ἵνα ἐλθοῦσαι ἀλείψωσιν αὐτόν

Lu 1 4 καθεξῆς σοι γράψαι . . . ἵνα ἐπιγνῷς περὶ ὧν κατηχήθης λόγων τ. ἀσφάλειαν

43 πόθεν μοι τοῦτο ἵνα ἔλθῃ ἡ μήτηρ τ. Κυρίου μου

4 3 [1] εἰπὲ τ. λίθῳ τούτῳ ἵνα γένηται ἄρτος

5 14 προσένεγκε . . . ἵνα εἰς μαρτύριον ᾖ ὑμῖν τοῦτο

προσ. . . . εἰς μαρτύριον αὐτοῖς, TWH non mg. R

24 [1] ἵνα δὲ εἰδῆτε ὅτι ὁ υἱὸς τ. ἀνθρώπου ἐξουσίαν ἔχει

6 7 ἵνα εὕρωσιν κατηγορεῖν αὐτοῦ

31 [2] καθὼς θέλετε ἵνα ποιῶσιν ὑμῖν οἱ ἄνθρωποι

34 ἁμαρτωλοὶ ἁμαρτωλοῖς δανίζουσιν ἵνα ἀπολάβωσιν τὰ ἴσα

7 6 οὐ γὰρ ἱκανός εἰμι ἵνα ὑπὸ τ. στέγην μου εἰσέλθῃς

36 [1] ἠρώτα δέ τις . . . ἵνα φάγῃ μετ' αὐτοῦ

8 16 ἐπὶ λυχνίας τίθησιν ἵνα οἱ εἰσπορευόμενοι βλέπωσιν τὸ φῶς

32 [1] παρεκάλεσαν αὐτὸν ἵνα ἐπιτρέψῃ αὐτοῖς

9 12 [1] ἀπόλυσον τ. ὄχλον ἵνα πορευθέντες . . . καταλύσωσιν

40 [1] ἐδεήθην τ. μαθητῶν σου ἵνα ἐκβάλωσιν αὐτό

Lu 10 40 [1] εἰπὸν οὖν αὐτῇ ἵνα μοι συναντιλάβηται
11 33 τίθησιν . . . ἐπὶ τ. λυχνίαν ἵνα οἱ εἰσπορευόμενοι τὸ φῶς βλέπωσιν
50 ἵνα ἐκζητηθῇ τὸ αἷμα πάντων τ. προφητῶν
54 ἵνα εὕρωσιν κατηγορῆσαι αὐτοῦ
—h. v., TWH non mg. R
12 36 προσδεχομένοις . . . ἵνα ἐλθόντος κ. κρούσαντος εὐθέως ἀνοίξωσιν αὐτῷ
14 10 [3] ἵνα ὅταν ἔλθῃ ὁ κεκληκώς σε ἐρεῖ σοι
23 ἀνάγκασον εἰσελθεῖν ἵνα γεμισθῇ μου ὁ οἶκος
15 29 ἐμοὶ οὐδέποτε ἔδωκας ἔριφον ἵνα . . . εὐφρανθῶ
16 4 ἔγνων τί ποιήσω ἵνα . . . δέξωνταί με εἰς τ. οἴκους ἑαυτῶν
9 ἑαυτοῖς ποιήσατε φίλους . . . ἵνα ὅταν ἐκλίπῃ δέξωνται ὑμᾶς
24 πέμψον Λάζαρον ἵνα βάψῃ τὸ ἄκρον τ. δακτύλου αὐτοῦ ὕδατος
27 [1] ἐρωτῶ σε οὖν πάτερ ἵνα πέμψῃς αὐτόν
17 2 [5] ἢ ἵνα σκανδαλίσῃ τ. μικρῶν τούτων ἕνα
18 15 προσέφερον δὲ αὐτῷ κ. τὰ βρέφη ἵνα αὐτῶν ἅπτηται
39 [1] οἱ προάγοντες ἐπετίμων αὐτῷ ἵνα σιγήσῃ
41 [2] ὁ δὲ εἶπεν Κύριε ἵνα ἀναβλέψω
19 4 ἀνέβη ἐπὶ συκομορέαν ἵνα ἴδῃ αὐτόν
15 [6] ἵνα γνοῖ τί διεπραγματεύσαντο
20 10 [3] ἀπέστειλεν . . . δοῦλον ἵνα ἀπὸ τ. καρποῦ τ. ἀμπελῶνος δώσουσιν αὐτῷ
14 ἀποκτείνωμεν αὐτὸν ἵνα ἡμῶν γένηται ἡ κληρονομία
20 ἀπέστειλαν ἐνκαθέτους . . . ἵνα ἐπιλάβωνται αὐτοῦ λόγου
28 [1] Μωυσῆς ἔγραψεν ἡμῖν . . . ἵνα λάβῃ ὁ ἀδελφὸς αὐτοῦ τ. γυναῖκα
21 36 [1] δεόμενοι ἵνα κατισχύσητε ἐκφυγεῖν ταῦτα πάντα
22 8 ἑτοιμάσατε ἡμῖν τὸ πάσχα ἵνα φάγωμεν
30 ἵνα ἔσθητε κ. πίνητε ἐπὶ τ. τραπέζης μου
Jo 1 7 οὗτος ἦλθεν εἰς μαρτυρίαν ἵνα μαρτυρήσῃ
ἵνα πάντες πιστεύσωσιν δι' αὐτοῦ
8 [5] οὐκ ἦν ἐκεῖνος τὸ φῶς ἀλλ' ἵνα μαρτυρήσῃ
19 ἀπέστειλαν πρὸς αὐτὸν . . . ἱερεῖς κ. Λευείτας ἵνα ἐρωτήσωσιν αὐτόν
22 [1] ἵνα ἀπόκρισιν δῶμεν τ. πέμψασιν ἡμᾶς
27 οὐκ εἰμὶ ἐγὼ ἄξιος ἵνα λύσω
31 [5] ἀλλ' ἵνα φανερωθῇ τῷ Ἰσραήλ
2 25 οὐ χρείαν εἶχεν ἵνα τις μαρτυρήσῃ περὶ τ. ἀνθρώπου
3 15 ἵνα πᾶς ὁ πιστεύων ἐν αὐτῷ ἔχῃ ζωὴν αἰώνιον
16 ἵνα πᾶς ὁ πιστεύων . . . ἔχῃ ζωὴν αἰώνιον
17 οὐ γὰρ ἀπέστειλεν ὁ Θεὸς . . . ἵνα κρίνῃ τ. κόσμον,
[5] ἀλλ' ἵνα σωθῇ ὁ κόσμος δι' αὐτοῦ
21 ἔρχεται πρὸς τὸ φῶς ἵνα φανερωθῇ αὐτοῦ τὰ ἔργα
4 8 ἀπεληλύθεισαν . . . ἵνα τροφὰς ἀγοράσωσιν
34 ἐμὸν βρῶμά ἐστιν ἵνα ποιήσω τὸ θέλημα
ποιῶ, T
36 ἵνα ὁ σπείρων ὁμοῦ χαίρῃ κ. ὁ θερίζων
47 [1] ἠρώτα ἵνα καταβῇ κ. ἰάσηται
5 7 ἄνθρωπον οὐκ ἔχω ἵνα . . . βάλῃ με εἰς τ. κολυμβήθραν
20 [3] δείξει αὐτῷ ἔργα ἵνα ὑμεῖς θαυμάζητε
θαυμάζετε, T
23 ἵνα πάντες τιμῶσιν τ. υἱόν
34 [1] ἀλλὰ ταῦτα λέγω ἵνα ὑμεῖς σωθῆτε

Jo 5 36 τὰ γὰρ ἔργα ἃ δέδωκέν μοι ὁ πατὴρ ἵνα τελειώσω αὐτά
40 οὐ θέλετε ἐλθεῖν πρός με ἵνα ζωὴν ἔχητε
6 5 πόθεν ἀγοράσωμεν ἄρτους ἵνα φάγωσιν οὗτοι;
7 οὐκ ἀρκοῦσιν αὐτοῖς ἵνα ἕκαστος βραχὺ λάβῃ
15 ἁρπάζειν αὐτὸν ἵνα ποιήσωσιν βασιλέα
28 τί ποιῶμεν ἵνα ἐργαζώμεθα τὰ ἔργα τ. Θεοῦ;
29 τοῦτό ἐστιν τὸ ἔργον τ. Θεοῦ ἵνα πιστεύητε
30 τί οὖν ποιεῖς σὺ σημεῖον ἵνα ἴδωμεν
38 [4] καταβέβηκα . . . οὐχ ἵνα ποιῶ τὸ θέλημα τὸ ἐμόν
ποιήσω, T
40 [2] τοῦτο γάρ ἐστιν τὸ θέλημα τ. πατρός μου ἵνα πᾶς ὁ θεωρῶν τ. υἱὸν . . . ἔχῃ ζωὴν αἰώνιον
50 ἵνα τις ἐξ αὐτοῦ φάγῃ κ. μὴ ἀποθάνῃ
7 3 [3] ὕπαγε εἰς τ. Ἰουδαίαν ἵνα κ. οἱ μαθηταί σου θεωρήσουσιν
32 ἀπέστειλαν . . . ὑπηρέτας ἵνα πιάσωσιν αὐτόν
8 [6 πειράζοντες αὐτὸν ἵνα ἔχωσιν κατηγορεῖν αὐτοῦ
h. v., [WH]
56 ἠγαλλιάσατο ἵνα ἴδῃ τ. ἡμέραν τ. ἐμήν
εἴδῃ, T
59 ἦραν οὖν λίθους ἵνα βάλωσιν ἐπ' αὐτόν
9 2 τίς ἥμαρτεν . . . ἵνα τυφλὸς γεννηθῇ;
3 [5] ἀλλ' ἵνα φανερωθῇ τὰ ἔργα τ. Θεοῦ ἐν αὐτῷ
22 ἤδη γὰρ συνετέθειντο οἱ Ἰουδαῖοι ἵνα . . . ἀποσυνάγωγος γένηται
36 κ. τίς ἐστιν Κύριε ἵνα πιστεύσω εἰς αὐτόν;
39 εἰς κρίμα ἐγὼ . . . ἦλθον ἵνα οἱ μὴ βλέποντες βλέπωσιν
10 10 [4] οὐκ ἔρχεται εἰ μὴ ἵνα κλέψῃ κ. θύσῃ κ. ἀπολέσῃ·
ἐγὼ ἦλθον ἵνα ζωὴν ἔχωσιν
17 τίθημι τ. ψυχήν μου ἵνα πάλιν λάβω αὐτήν
31 ἐβάστασαν πάλιν λίθους οἱ Ἰουδαῖοι ἵνα λιθάσωσιν αὐτόν
38 ἵνα γνῶτε κ. γινώσκητε ὅτι ἐν ἐμοὶ ὁ πατήρ
11 4 ἵνα δοξασθῇ ὁ υἱὸς τ. Θεοῦ δι' αὐτῆς
11 πορεύομαι ἵνα ἐξυπνίσω αὐτόν
15 χαίρω δι' ὑμᾶς ἵνα πιστεύσητε
16 ἄγωμεν κ. ἡμεῖς ἵνα ἀποθάνωμεν μετ' αὐτοῦ
19 πολλοὶ δὲ ἐκ τ. Ἰουδαίων ἐληλύθεισαν . . . ἵνα παραμυθήσωνται αὐτάς
31 ὑπάγει εἰς τὸ μνημεῖον ἵνα κλαύσῃ ἐκεῖ
42 [1] διὰ τ. ὄχλον . . . εἶπον ἵνα πιστεύσωσιν
50 συμφέρει ὑμῖν ἵνα εἷς ἄνθρωπος ἀποθάνῃ
52 [5] ἀλλ' ἵνα κ. τὰ τέκνα τ. Θεοῦ . . . συναγάγῃ εἰς ἕν
53 ἐβουλεύσαντο ἵνα ἀποκτείνωσιν αὐτόν
55 ἀνέβησαν πολλοὶ . . πρὸ τ. πάσχα ἵνα ἁγνίσωσιν ἑαυτούς
57 δεδώκεισαν δὲ . . . ἐντολὰς ἵνα ἐάν τις γνῷ ποῦ ἐστὶν μηνύσῃ
12 7 ἄφες αὐτὴν ἵνα εἰς τ. ἡμέραν τ. ἐνταφιασμοῦ μου τηρήσῃ αὐτό
9 ἦλθαν . . . ἵνα κ. τ. Λάζαρον ἴδωσιν
10 ἐβουλεύσαντο . . . ἵνα κ. τ. Λάζαρον ἀποκτείνωσιν
20 ἦσαν δὲ Ἕλληνές τινες ἐκ τ. ἀναβαινόντων ἵνα προσκυνήσωσιν

Jo 12 23 [7] ἐλήλυθεν ἡ ὥρα ἵνα δοξασθῇ ὁ υἱὸς τ. ἀνθρώπου
36 πιστεύετε εἰς τὸ φῶς ἵνα υἱοὶ φωτὸς γένησθε
38 ἵνα ὁ λόγος Ἠσαίου τ. προφήτου πληρωθῇ
46 ἵνα πᾶς ὁ πιστεύων εἰς ἐμέ
47 [4 5] οὐ γὰρ ἦλθον ἵνα κρίνω τ. κόσμον ἀλλ' ἵνα σώσω τ. κόσμον
13 1 [7] ἦλθεν αὐτοῦ ἡ ὥρα ἵνα μεταβῇ ἐκ τ. κόσμου τούτου
2 [6] ἵνα παραδοῖ αὐτὸν Ἰούδας Σίμωνος Ἰσκαριώτης
15 ὑπόδειγμα γὰρ ἔδωκα ὑμῖν ἵνα καθὼς ἐγὼ . . . κ. ὑμεῖς ποιῆτε
18 [5] ἀλλ' ἵνα ἡ γραφὴ πληρωθῇ
19 λέγω ὑμῖν πρὸ τοῦ γενέσθαι ἵνα πιστεύητε ὅταν γένηται
πιστεύσητε, T
29 [1] ἢ τ. πτωχοῖς ἵνα τι δῷ
34 [1] ἐντολὴν καινὴν δίδωμι ὑμῖν ἵνα ἀγαπᾶτε ἀλλήλους·
[1] καθὼς ἠγάπησα ὑμᾶς ἵνα κ. ὑμεῖς ἀγαπᾶτε ἀλλήλους
14 3 ἵνα ὅπου εἰμὶ ἐγὼ κ. ὑμεῖς ἦτε
13 ἵνα δοξασθῇ ὁ πατὴρ ἐν τ. υἱῷ
16 ἄλλον παράκλητον δώσει ὑμῖν ἵνα ᾖ μεθ' ὑμῶν εἰς τ. αἰῶνα
29 ἵνα ὅταν γένηται πιστεύσητε
31 [5] ἀλλ' ἵνα γνῷ ὁ κόσμος
15 2 καθαίρει αὐτὸ ἵνα καρπὸν πλείονα φέρῃ
8 ἐν τούτῳ ἐδοξάσθη . . . ἵνα καρπὸν πολὺν φέρητε
11 [1] ταῦτα λελάληκα ὑμῖν ἵνα ἡ χαρὰ ἡ ἐμὴ ἐν ὑμῖν ᾖ
12 [1] αὕτη ἐστὶν ἡ ἐντολὴ ἡ ἐμὴ ἵνα ἀγαπᾶτε ἀλλήλους
13 μείζονα ταύτης ἀγάπην οὐδεὶς ἔχει ἵνα τις τ. ψυχὴν αὐτοῦ θῇ
16 ἔθηκα ὑμᾶς ἵνα ὑμεῖς ὑπάγητε
16 ἵνα ὅτι ἐὰν αἰτήσητε τ. πατέρα ἐν τ. ὀνόματί μου δῷ ὑμῖν
17 [1] ταῦτα ἐντέλλομαι ὑμῖν ἵνα ἀγαπᾶτε ἀλλήλους
25 [5] ἀλλ' ἵνα πληρωθῇ ὁ λόγος
16 2 [7] ἔρχεται ὥρα ἵνα πᾶς ὁ ἀποκτείνας ὑμᾶς δόξῃ
4 [1] ταῦτα λελάληκα ὑμῖν ἵνα . . . μνημονεύητε αὐτῶν
7 συμφέρει ὑμῖν ἵνα ἐγὼ ἀπέλθω
24 αἰτεῖτε κ. λήμψεσθε ἵνα ἡ χαρὰ ὑμῶν ᾖ πεπληρωμένη
30 οὐ χρείαν ἔχεις ἵνα τίς σε ἐρωτᾷ
32 [7] ἔρχεται ὥρα κ. ἐλήλυθεν ἵνα σκορπισθῆτε
33 [1] ταῦτα λελάληκα ὑμῖν ἵνα ἐν ἐμοὶ εἰρήνην ἔχητε
17 1 δόξασόν σου τ. υἱὸν ἵνα ὁ υἱὸς δοξάσῃ σε
2 [8] ἵνα πᾶν ὃ δέδωκας αὐτῷ δώσει αὐτοῖς ζωὴν αἰώνιον.
δώσῃ, T
3 [8] αὕτη δέ ἐστιν ἡ αἰώνιος ζωὴ ἵνα γινώσκωσίν σε
γινώσκουσιν, T
4 τὸ ἔργον τελειώσας ὃ δέδωκάς μοι ἵνα ποιήσω
11 τήρησον αὐτοὺς . . . ἵνα ὦσιν ἕν
12 ἵνα ἡ γραφὴ πληρωθῇ
13 [1] ταῦτα λαλῶ . . . ἵνα ἔχωσιν τ. χαρὰν τ. ἐμὴν πεπληρωμένην ἐν ἑαυτοῖς

Jo 17 15 [1] οὐκ ἐρωτῶ ἵνα ἄρῃς αὐτοὺς ἐκ τ. κόσμου,
[1] ἀλλ' ἵνα τηρήσῃς αὐτοὺς ἐκ τ. πονηροῦ
19 ἁγιάζω ἐμαυτὸν ἵνα ὦσιν κ. αὐτοὶ ἡγιασμένοι
21 ἵνα πάντες ἓν ὦσιν
21 [1] ἵνα κ. αὐτοὶ ἐν ἡμῖν ὦσιν·
[1] ἵνα ὁ κόσμος πιστεύῃ ὅτι σύ με ἀπέστειλας
22 ἵνα ὦσιν ἓν καθὼς ἡμεῖς
23 ἵνα ὦσιν τετελειωμένοι εἰς ἕν,
ἵνα γινώσκῃ ὁ κόσμος ὅτι σύ με ἀπέστειλας
24 [2] θέλω ἵνα ὅπου εἰμὶ ἐγὼ κἀκεῖνοι ὦσιν μετ' ἐμοῦ·
ἵνα θεωρῶσιν τ. δόξαν τ. ἐμήν
26 ἵνα ἡ ἀγάπη . . . ἐν αὐτοῖς ᾖ
18 9 ἵνα πληρωθῇ ὁ λόγος ὃν εἶπεν
28 αὐτοὶ οὐκ εἰσῆλθον εἰς τὸ πραιτώριον ἵνα . . . φάγωσιν τὸ πάσχα
32 ἵνα ὁ λόγος τ. Ἰησοῦ πληρωθῇ
37 εἰς τοῦτο ἐλήλυθα εἰς τ. κόσμον ἵνα μαρτυρήσω τ. ἀληθείᾳ
39 ἔστιν δὲ συνήθεια ὑμῖν ἵνα ἕνα ἀπολύσω ὑμῖν
19 4 ἄγω ὑμῖν αὐτὸν ἔξω ἵνα γνῶτε
16 παρέδωκεν αὐτὸν αὐτοῖς ἵνα σταυρωθῇ
24 ἵνα ἡ γραφὴ πληρωθῇ
28 ἵνα τελειωθῇ ἡ γραφὴ λέγει
31 [1] ἠρώτησαν τ. Πειλᾶτον ἵνα κατεαγῶσιν αὐτῶν τὰ σκέλη
35 οἶδεν ὅτι ἀληθῆ λέγει ἵνα κ. ὑμεῖς πιστεύητε
36 ἐγένετο γὰρ ταῦτα ἵνα ἡ γραφὴ πληρωθῇ
38 ἠρώτησεν τ. Πειλᾶτον . . . ἵνα ἄρῃ τὸ σῶμα τ. Ἰησοῦ
20 31 [1] ταῦτα δὲ γέγραπται ἵνα πιστεύητε
31 [1] κ. ἵνα πιστεύοντες ζωὴν ἔχητε
Ac 5 15 [8] ἵνα ἐρχομένου Πέτρου κἂν ἡ σκιὰ ἐπισκιάσει τινὶ αὐτῶν
ἐπισκιάσῃ, T
8 19 ἵνα ᾧ ἐὰν ἐπιθῶ τ. χεῖρας λαμβάνῃ πνεῦμα ἅγιον
9 21 εἰς τοῦτο ἐληλύθει ἵνα δεδεμένους αὐτοὺς ἀγάγῃ
16 30 κύριοι τί με δεῖ ποιεῖν ἵνα σωθῶ;
36 ἀπέσταλκαν οἱ στρατηγοὶ ἵνα ἀπολυθῆτε
17 15 [1] λαβόντες ἐντολὴν . . . ἵνα ὡς τάχιστα ἔλθωσιν πρὸς αὐτόν
19 4 [1] τ. λαῷ λέγων εἰς τ. ἐρχόμενον μετ' αὐτὸν ἵνα πιστεύσωσιν
21 24 [8] δαπάνησον ἐπ' αὐτοῖς ἵνα ξυρήσονται τ. κεφαλήν
22 5 ἄξων . . . δεδεμένους εἰς Ἰερουσαλὴμ ἵνα τιμωρηθῶσιν
24 [1] εἴπας μάστιξιν ἀνετάζεσθαι αὐτὸν ἵνα ἐπιγνῷ
23 24 κτήνη τε παραστῆσαι ἵνα . . . διασώσωσιν πρὸς Φήλικα
27 42 βουλὴ ἐγένετο ἵνα τ. δεσμώτας ἀποκτείνωσιν
Ro 1 11 ἐπιποθῶ γὰρ ἰδεῖν ὑμᾶς ἵνα τι μεταδῷ χάρισμα ὑμῖν πνευματικόν
13 ἵνα τινὰ καρπὸν σχῶ κ. ἐν ὑμῖν
3 8 ποιήσωμεν τὰ κακὰ ἵνα ἔλθῃ τὰ ἀγαθά
19 [1] ἵνα πᾶν στόμα φραγῇ
4 16 διὰ τοῦτο ἐκ πίστεως ἵνα κατὰ χάριν
5 20 νόμος δὲ παρεισῆλθεν ἵνα πλεονάσῃ τὸ παράπτωμα
21 ἵνα . . . κ. ἡ χάρις βασιλεύσῃ διὰ δικαιοσύνης
6 1 ἐπιμένωμεν τ. ἁμαρτίᾳ ἵνα ἡ χάρις πλεονάσῃ;
4 ἵνα . . . κ. ἡμεῖς ἐν καινότητι ζωῆς περιπατήσωμεν

Ro 6 6 ἵνα καταργηθῇ τὸ σῶμα τ. ἁμαρτίας
7 4 ἵνα καρποφορήσωμεν τ. Θεῷ
13 ἡ ἁμαρτία ἵνα φανῇ ἁμαρτία . . . κατεργαζομένη θάνατον,
ἵνα γένηται καθ' ὑπερβολὴν ἁμαρτωλὸς ἡ ἁμαρτία
8 4 ἵνα τὸ δικαίωμα τ. νόμου πληρωθῇ ἐν ἡμῖν
17 εἴπερ συνπάσχομεν ἵνα κ. συνδοξασθῶμεν
9 11 ἵνα ἡ κατ' ἐκλογὴν πρόθεσις τ. Θεοῦ μένῃ
23 ἵνα γνωρίσῃ τ. πλοῦτον τ. δόξης αὐτοῦ
11 11 λέγω οὖν μὴ ἔπταισαν ἵνα πέσωσιν;
19 ἐξεκλάσθησαν κλάδοι ἵνα ἐγὼ ἐνκεντρισθῶ
31 οὗτοι νῦν ἠπείθησαν τ. ὑμετέρῳ ἐλέει ἵνα κ. αὐτοὶ νῦν ἐλεηθῶσιν
32 συνέκλεισεν γὰρ ὁ Θεὸς . . . ἵνα τ. πάντας ἐλεήσῃ
14 9 εἰς τοῦτο γὰρ Χριστὸς ἀπέθανεν κ. ἔζησεν ἵνα κ. νεκρῶν κ. ζώντων κυριεύσῃ
15 4 [1] εἰς τ. ἡμετέραν διδασκαλίαν ἐγράφη ἵνα . . . τ. ἐλπίδα ἔχωμεν
6 ἵνα ὁμοθυμαδὸν ἐν ἑνὶ στόματι δοξάζητε τ. Θεόν
16 ἵνα γένηται ἡ προσφορὰ τ. ἐθνῶν εὐπρόσδεκτος
31 ἵνα ῥυσθῶ ἀπὸ τ. ἀπειθούντων ἐν τ. Ἰουδαίᾳ
32 ἵνα ἐν χαρᾷ ἐλθὼν πρὸς ὑμᾶς . . . συναναπαύσωμαι ὑμῖν
16 2 [1] ἵνα προσδέξησθε αὐτὴν ἐν Κυρίῳ ἀξίως τ. ἁγίων
I Co 1 10 [1] παρακαλῶ δὲ ὑμᾶς . . . ἵνα τὸ αὐτὸ λέγητε
27 τὰ μωρὰ τ. κόσμου ἐξελέξατο ὁ Θεὸς ἵνα καταισχύνῃ τ. σοφούς·
κ. τὰ ἀσθενῆ τ. κόσμου ἐξελέξατο ὁ Θεὸς ἵνα καταισχύνῃ τὰ ἰσχυρά
28 κ. τὰ μὴ ὄντα ἵνα τὰ ὄντα καταργήσῃ
31 ἵνα . . . ὁ καυχώμενος ἐν Κυρίῳ καυχάσθω
2 12 ἵνα εἰδῶμεν τὰ ὑπὸ τ. Θεοῦ χαρισθέντα ἡμῖν
3 18 μωρὸς γενέσθω ἵνα γένηται σοφός
4 2 ζητεῖται ἐν τ. οἰκονόμοις ἵνα πιστός τις εὑρεθῇ.
3 ἐμοὶ δὲ εἰς ἐλάχιστόν ἐστιν ἵνα ὑφ' ὑμῶν ἀνακριθῶ
6 μετεσχημάτισα εἰς ἐμαυτὸν . . . ἵνα ἐν ἡμῖν μάθητε
8 ὄφελόν γε ἐβασιλεύσατε ἵνα κ. ἡμεῖς ὑμῖν συνβασιλεύσωμεν
5 2 οὐχὶ μᾶλλον ἐπενθήσατε ἵνα ἀρθῇ ἐκ μέσου ὑμῶν
5 ἵνα τὸ πνεῦμα σωθῇ ἐν τ. ἡμέρᾳ τ. Κυρίου Ἰησοῦ
7 ἐκκαθάρατε τ. παλαιὰν ζύμην ἵνα ἦτε νέον φύραμα
7 5 ἵνα σχολάσητε τ. προσευχῇ
29 τὸ λοιπὸν ἵνα κ. οἱ ἔχοντες γυναῖκας ὡς μὴ ἔχοντες ὦσιν
34 ἡ παρθένος μεριμνᾷ τὰ τ. Κυρίου ἵνα ᾖ ἁγία
35 [4] οὐχ ἵνα βρόχον ὑμῖν ἐπιβάλω
9 15 [1] οὐκ ἔγραψα δὲ ταῦτα ἵνα οὕτως γένηται ἐν ἐμοί
18 [8] ἵνα εὐαγγελιζόμενος ἀδάπανον θήσω τὸ εὐαγγέλιον
19 ἐμαυτὸν ἐδούλωσα ἵνα τ. πλείονας κερδήσω·
20 κ. ἐγενόμην . . . ὡς Ἰουδαῖος ἵνα Ἰουδαίους κερδήσω·
τοῖς ὑπὸ νόμον ὡς ὑπὸ νόμον . . . ἵνα τοὺς ὑπὸ νόμον κερδήσω·

I Co 9 21 [8] τ. ἀνόμοις ὡς ἄνομος . . . ἵνα κερδανῶ τ. ἀνόμους·
κερδάνω, T
22 ἐγενόμην τ. ἀσθενέσιν ἀσθενὴς ἵνα τ. ἀσθενεῖς κερδήσω·
τ. πᾶσιν γέγονα πάντα ἵνα πάντως τινὰς σώσω.
23 πάντα δὲ ποιῶ . . . ἵνα συνκοινωνὸς αὐτοῦ γένωμαι
24 οὕτως τρέχετε ἵνα καταλάβητε
25 ἐκεῖνοι μὲν οὖν ἵνα φθαρτὸν στέφανον λάβωσιν
10 33 ἀλλὰ τὸ τ. πολλῶν ἵνα σωθῶσιν
11 19 δεῖ γὰρ κ. αἱρέσεις ἐν ὑμῖν εἶναι ἵνα κ. οἱ δόκιμοι φανεροὶ γένωνται
13 3 [8] κἂν παραδῶ τὸ σῶμά μου ἵνα καυχήσωμαι
καυθήσομαι, TR non mg.
14 1 ζηλοῦτε δὲ τὰ πνευματικὰ μᾶλλον δὲ ἵνα προφητεύητε
5 [2] θέλω . . . λαλεῖν γλώσσαις μᾶλλον δὲ ἵνα προφητεύητε
5 ἵνα ἡ ἐκκλησία οἰκοδομὴν λάβῃ
12 πρὸς τ. οἰκοδομὴν τ. ἐκκλησίας ζητεῖτε ἵνα περισσεύητε
13 [1] ὁ λαλῶν γλώσσῃ προσευχέσθω ἵνα διερμηνεύῃ
19 θέλω πέντε λόγους . . . λαλῆσαι ἵνα κ. ἄλλους κατηχήσω
31 δύνασθε γὰρ καθ' ἕνα πάντες προφητεύειν ἵνα πάντες μανθάνωσιν
15 28 ἵνα ᾖ ὁ Θεὸς πάντα ἐν πᾶσιν
16 6 ἵνα ὑμεῖς με προπέμψητε οὗ ἐὰν πορεύωμαι
10 βλέπετε ἵνα ἀφόβως γένηται πρὸς ὑμᾶς
11 προπέμψατε δὲ αὐτὸν ἐν εἰρήνῃ ἵνα ἔλθῃ πρός με
12 [1] πολλὰ παρεκάλεσα αὐτὸν ἵνα ἔλθῃ πρὸς ὑμᾶς μετὰ τ. ἀδελφῶν·
[2] κ. πάντως οὐκ ἦν θέλημα ἵνα νῦν ἔλθῃ
16 ἵνα κ. ὑμεῖς ὑποτάσσησθε τ. τοιούτοις
II Co 1 11 ἵνα ἐκ πολλῶν προσώπων τὸ εἰς ὑμᾶς χάρισμα διὰ πολλῶν εὐχαριστηθῇ
15 ἐβουλόμην πρότερον πρὸς ὑμᾶς ἐλθεῖν ἵνα δευτέραν χαρὰν σχῆτε
17 κατὰ σάρκα βουλεύομαι ἵνα ᾖ παρ' ἐμοὶ τὸ ναὶ ναὶ κ. τὸ οὒ οὔ
2 4 [4 5] οὐχ ἵνα λυπηθῆτε ἀλλὰ τ. ἀγάπην ἵνα γνῶτε ἣν ἔχω
9 [1] εἰς τοῦτο γὰρ κ. ἔγραψα ἵνα γνῶ τ. δοκιμὴν ὑμῶν
4 7 ἵνα ἡ ὑπερβολὴ τ. δυνάμεως ᾖ τ. Θεοῦ
10 ἵνα κ. ἡ ζωὴ τ. Ἰησοῦ ἐν τ. σώματι ἡμῶν φανερωθῇ
11 ἵνα κ. ἡ ζωὴ τ. Ἰησοῦ φανερωθῇ
15 ἵνα ἡ χάρις πλεονάσασα . . . τ. εὐχαριστίαν περισσεύσῃ
5 4 ἐπενδύσασθαι ἵνα καταποθῇ τὸ θνητὸν ὑπὸ τ. ζωῆς
10 ἵνα κομίσηται ἕκαστος τὰ διὰ τ. σώματος
12 ἵνα ἔχητε πρὸς τ. ἐν προσώπῳ καυχωμένους
15 ὑπὲρ πάντων ἀπέθανεν ἵνα οἱ ζῶντες μηκέτι ἑαυτοῖς ζῶσιν
21 ὑπὲρ ἡμῶν ἁμαρτίαν ἐποίησεν ἵνα ἡμεῖς γενώμεθα δικαιοσύνη Θεοῦ
7 9 ἵνα ἐν μηδενὶ ζημιωθῆτε ἐξ ἡμῶν
8 6 [1] ἵνα καθὼς προενήρξατο οὕτως κ. ἐπιτελέσῃ
7 ἵνα κ. ἐν ταύτῃ τ. χάριτι περισσεύητε

II Co 8 9 δι' ὑμᾶς ἐπτώχευσεν . . . ἵνα ὑμεῖς τῇ ἐκείνου πτωχείᾳ πλουτήσητε
13 [4] οὐ γὰρ ἵνα ἄλλοις ἄνεσις ὑμῖν θλῖψις
14 ἵνα κ. τὸ ἐκείνων περίσσευμα γένηται εἰς τὸ ὑμῶν ὑστέρημα
9 3 ἵνα καθὼς ἔλεγον παρεσκευασμένοι ἦτε
5 [1] παρακαλέσαι τ. ἀδελφοὺς ἵνα προέλθωσιν εἰς ὑμᾶς
8 ἵνα . . . περισσεύητε εἰς πᾶν ἔργον ἀγαθόν
11 7 ἐμαυτὸν ταπεινῶν ἵνα ὑμεῖς ὑψωθῆτε
12 ὃ δὲ ποιῶ κ. ποιήσω ἵνα ἐκκόψω τ. ἀφορμὴν τ. θελόντων ἀφορμήν,
ἵνα ἐν ᾧ καυχῶνται εὑρεθῶσιν καθὼς κ. ἡμεῖς
16 κἂν ὡς ἄφρονα δέξασθέ με ἵνα κἀγὼ μικρόν τι καυχήσωμαι
12 7 ἄγγελος σατανᾶ ἵνα με κολαφίζῃ
8 [1] τρὶς τ. Κύριον παρεκάλεσα ἵνα ἀποστῇ ἀπ' ἐμοῦ
9 καυχήσομαι ἐν τ. ἀσθενείαις ἵνα ἐπισκηνώσῃ ἐπ' ἐμὲ ἡ δύναμις τ. Χριστοῦ
13 7 [1 4] οὐχ ἵνα ἡμεῖς δόκιμοι φανῶμεν,
[1 5] ἀλλ' ἵνα ὑμεῖς τὸ καλὸν ποιῆτε
Ga 1 16 ἀποκαλύψαι τ. υἱὸν αὐτοῦ ἐν ἐμοὶ ἵνα εὐαγγελίζωμαι αὐτόν
2 4 [3] παρεισῆλθον κατασκοπῆσαι . . . ἵνα ἡμᾶς καταδουλώσουσιν
5 ἵνα ἡ ἀλήθεια τ. εὐαγγελίου διαμείνῃ πρὸς ὑμᾶς
9 δεξιὰς ἔδωκεν . . . κοινωνίας ἵνα ἡμεῖς εἰς τὰ ἔθνη
10 [2] μόνον τ. πτωχῶν ἵνα μνημονεύωμεν
16 ἐπιστεύσαμεν ἵνα δικαιωθῶμεν ἐκ πίστεως Χριστοῦ
19 διὰ νόμου νόμῳ ἀπέθανον ἵνα Θεῷ ζήσω
3 14 ἵνα εἰς τὰ ἔθνη ἡ εὐλογία τ. Ἀβραὰμ γένηται ἐν Ἰησοῦ Χριστῷ,
ἵνα τ. ἐπαγγελίαν τ. πνεύματος λάβωμεν
22 ἵνα ἡ ἐπαγγελία ἐκ πίστεως Ἰησοῦ Χριστοῦ δοθῇ τ. πιστεύουσιν
24 παιδαγωγὸς ἡμῶν γέγονεν εἰς Χριστὸν ἵνα ἐκ πίστεως δικαιωθῶμεν
4 5 ἵνα τοὺς ὑπὸ νόμον ἐξαγοράσῃ ἵνα τ. υἱοθεσίαν ἀπολάβωμεν
17 [3] ἐκκλεῖσαι ὑμᾶς θέλουσιν ἵνα αὐτοὺς ζηλοῦτε
6 13 θέλουσιν ὑμᾶς περιτέμνεσθαι ἵνα ἐν τ. ὑμετέρᾳ σαρκὶ καυχήσωνται
Eph 1 17 [6] ἵνα ὁ Θεὸς . . . δώῃ ὑμῖν πνεῦμα σοφίας
δώῃ *vel* δῷ, WH mg.
2 7 ἵνα ἐνδείξηται . . . τὸ ὑπερβάλλον πλοῦτος τ. χάριτος αὐτοῦ
10 οἷς προητοίμασεν ὁ Θεὸς ἵνα ἐν αὐτοῖς περιπατήσωμεν
15 ἵνα τ. δύο κτίσῃ ἐν αὐτῷ εἰς ἕνα καινὸν ἄνθρωπον
3 10 ἵνα γνωρισθῇ νῦν τ. ἀρχαῖς κ. τ. ἐξουσίαις
16 ἵνα δῷ ὑμῖν κατὰ τὸ πλοῦτος τ. δόξης αὐτοῦ
18 ἵνα ἰσχύσητε καταλαβέσθαι σὺν πᾶσι τ. ἁγίοις
19 ἵνα πληρωθῆτε εἰς πᾶν τὸ πλήρωμα τ. Θεοῦ
4 10 αὐτός ἐστιν κ. ὁ ἀναβὰς . . . ἵνα πληρώσῃ τὰ πάντα
14 ἵνα μηκέτι ὦμεν νήπιοι
28 ἐργαζόμενος . . . ἵνα ἔχῃ μεταδιδόναι τῷ χρείαν ἔχοντι
29 ἵνα δῷ χάριν τ. ἀκούουσιν
5 26 ἑαυτὸν παρέδωκεν ὑπὲρ αὐτῆς ἵνα αὐτὴν ἁγιάσῃ

Eph 5 27 ἵνα παραστήσῃ αὐτὸς ἑαυτῷ ἔνδοξον τ. ἐκκλησίαν
27 [5] ἀλλ' ἵνα ᾖ ἁγία κ. ἄμωμος
33 ἡ δὲ γυνὴ ἵνα φοβῆται τ. ἄνδρα
6 3 ἵνα εὖ σοι γένηται κ. ἔσῃ μακροχρόνιος
לְמַעַן יַאֲרִיכֻן יָמֶיךָ וּלְמַעַן יִיטַב לָךְ, Dt. v. 10
13 ἀναλάβετε τ. πανοπλίαν τ. Θεοῦ ἵνα δυνηθῆτε ἀντιστῆναι
19 [1] δεήσει . . . ὑπὲρ ἐμοῦ ἵνα μοι δοθῇ λόγος
20 [1] ἵνα ἐν αὐτῷ παρρησιάσωμαι
21 ἵνα δὲ εἰδῆτε κ. ὑμεῖς τὰ κατ' ἐμέ
22 ὃν ἔπεμψα . . . ἵνα γνῶτε τὰ περὶ ἡμῶν
Phl 1 9 [1] τοῦτο προσεύχομαι ἵνα ἡ ἀγάπη ὑμῶν . . . περισσεύῃ
περισσεύσῃ, WH mg.
10 [1] ἵνα ἦτε εἰλικρινεῖς κ. ἀπρόσκοποι εἰς ἡμέραν Χριστοῦ
26 ἵνα τὸ καύχημα ὑμῶν περισσεύῃ ἐν Χριστῷ Ἰησοῦ
27 ἀξίως τ. εὐαγγελίου τ. Χριστοῦ πολιτεύεσθε ἵνα . . . ἀκούω τὰ περὶ ὑμῶν
2 2 πληρώσατέ μου τ. χαρὰν ἵνα τὸ αὐτὸ φρονῆτε
10 ἵνα ἐν τ. ὀνόματι Ἰησοῦ πᾶν γόνυ κάμψῃ
15 ἵνα γένησθε ἄμεμπτοι κ. ἀκέραιοι
19 Τιμόθεον ταχέως πέμψαι ὑμῖν ἵνα κἀγὼ εὐψυχῶ
28 ἔπεμψα αὐτὸν ἵνα ἰδόντες αὐτὸν πάλιν χαρῆτε
30 παραβολευσάμενος τ. ψυχῇ ἵνα ἀναπληρώσῃ τὸ ὑμῶν ὑστέρημα
3 8 ἡγοῦμαι σκύβαλα ἵνα Χριστὸν κερδήσω
Col 1 9 [1] αἰτούμενοι ἵνα πληρωθῆτε τ. ἐπίγνωσιν τ. θελήματος αὐτοῦ
18 ἵνα γένηται ἐν πᾶσιν αὐτὸς πρωτεύων
28 διδάσκοντες . . . ἵνα παραστήσωμεν πάντα ἄνθρωπον τέλειον ἐν Χριστῷ
2 2 ἵνα παρακληθῶσιν αἱ καρδίαι αὐτῶν
4 3 ἵνα ὁ Θεὸς ἀνοίξῃ ἡμῖν θύραν τ. λόγου
4 ἵνα φανερώσω αὐτὸ ὡς δεῖ με λαλῆσαι
8 ὃν ἔπεμψα πρὸς ὑμᾶς . . . ἵνα γνῶτε τὰ περὶ ἡμῶν
12 ἵνα σταθῆτε τέλειοι κ. πεπληροφορημένοι
16 [1] ποιήσατε ἵνα κ. ἐν τῇ Λαοδικέων ἐκκλησίᾳ ἀναγνωσθῇ,
κ. τὴν ἐκ Λαοδικίας ἵνα κ. ὑμεῖς ἀναγνῶτε
17 βλέπε τ. διακονίαν . . . ἵνα αὐτὴν πληροῖς
I Th 2 16 [1] κωλυόντων ἡμᾶς τ. ἔθνεσι λαλῆσαι ἵνα σωθῶσιν
4 1 [1] παρακαλοῦμεν ἐν Κυρίῳ Ἰησοῦ ἵνα καθὼς παρελάβετε παρ' ἡμῶν
[ἵνα], WH
1 [1] καθὼς κ. περιπατεῖτε ἵνα περισσεύητε μᾶλλον
12 [1] ἵνα περιπατῆτε εὐσχημόνως πρὸς τοὺς ἔξω
5 4 οὐκ ἐστὲ ἐν σκότει ἵνα ἡ ἡμέρα ὑμᾶς ὡς κλέπτας καταλάβῃ
10 ἵνα . . . ἅμα σὺν αὐτῷ ζήσωμεν
II Th 1 11 ἵνα ὑμᾶς ἀξιώσῃ τ. κλήσεως ὁ Θεὸς ἡμῶν
2 12 ἵνα κριθῶσι πάντες οἱ μὴ πιστεύσαντες τ. ἀληθείᾳ
3 1 προσεύχεσθε . . . ἵνα ὁ λόγος τ. Κυρίου τρέχῃ
2 ἵνα ῥυσθῶμεν ἀπὸ τ. ἀτόπων κ. πονηρῶν ἀνθρώπων

II Th 3 9 [5] ἀλλ' ἵνα ἑαυτοὺς τύπον δῶμεν ὑμῖν
12 [1] παρακαλοῦμεν . . . ἵνα μετὰ ἡσυχίας ἐργαζόμενοι τὸν ἑαυτῶν ἄρτον ἐσθίωσιν
14 μὴ συναναμίγνυσθαι αὐτῷ ἵνα ἐντραπῇ
I Ti 1 3 [1] παρεκάλεσα . . . ἵνα παραγγείλῃς τισὶ μὴ ἑτεροδιδασκαλεῖν
16 διὰ τοῦτο ἠλεήθην ἵνα ἐν ἐμοὶ πρώτῳ ἐνδείξηται Χριστὸς Ἰησοῦς
18 [1] ἵνα στρατεύῃ ἐν αὐταῖς τ. καλὴν στρατείαν
ἵν. στρατεύσῃ, TWH mg.
20 παρέδωκα τῷ Σατανᾷ ἵνα παιδευθῶσιν μὴ βλασφημεῖν
2 2 ἵνα ἤρεμον κ. ἡσύχιον βίον διάγωμεν
3 15 [1] ἵνα εἰδῇς πῶς δεῖ ἐν οἴκῳ Θεοῦ ἀναστρέφεσθαι
4 15 ἵνα σου ἡ προκοπὴ φανερὰ ᾖ πᾶσιν
5 7 [1] ταῦτα παράγγελλε ἵνα ἀνεπίλημπτοι ὦσιν
16 ἵνα ταῖς ὄντως χήραις ἐπαρκέσῃ
20 ἔλεγχε ἵνα κ. οἱ λοιποὶ φόβον ἔχωσιν.
21 [1] διαμαρτύρομαι . . . ἵνα ταῦτα φυλάξῃς χωρὶς προκρίματος
6 19 ἵνα ἐπιλάβωνται τῆς ὄντως ζωῆς
II Ti 1 4 ἐπιποθῶν σε ἰδεῖν . . . ἵνα χαρᾶς πληρωθῶ
2 4 ἵνα τ. στρατολογήσαντι ἀρέσῃ
10 ἵνα κ. αὐτοὶ σωτηρίας τύχωσιν
3 17 ἵνα ἄρτιος ᾖ ὁ τ. Θεοῦ ἄνθρωπος
4 17 ἐνεδυνάμωσέν με ἵνα δι' ἐμοῦ τὸ κήρυγμα πληροφορηθῇ
Tit 1 5 ἀπέλειπόν σε ἐν Κρήτῃ ἵνα τὰ λείποντα ἐπιδιορθώσῃ
9 ἵνα δυνατὸς ᾖ κ. παρακαλεῖν
13 ἔλεγχε αὐτοὺς . . . ἵνα ὑγιαίνωσιν ἐν τ. πίστει
2 4 [3] ἵνα σωφρονίζωσι τ. νέας φιλάνδρους εἶναι
ἵν. σωφρονίζουσι, T
8 ἵνα ὁ ἐξ ἐναντίας ἐντραπῇ
10 ἵνα τ. διδασκαλίαν τὴν τ. σωτῆρος ἡμῶν Θεοῦ κοσμῶσιν ἐν πᾶσιν
12 παιδεύουσα ἡμᾶς ἵνα . . . σωφρόνως κ. δικαίως κ. εὐσεβῶς ζήσωμεν
14 ἵνα λυτρώσηται ἡμᾶς ἀπὸ πάσης ἀνομίας
3 7 ἵνα δικαιωθέντες τ. ἐκείνου χάριτι κληρονόμοι γενηθῶμεν
8 ἵνα φροντίζωσιν καλῶν ἔργων προΐστασθαι
13 σπουδαίως πρόπεμψον ἵνα μηδὲν αὐτοῖς λείπῃ
λίπῃ, TWH mg.
Phm 13 ὃν ἐγὼ ἐβουλόμην . . . κατέχειν ἵνα ὑπὲρ σοῦ μοι διακονῇ
15 διὰ τοῦτο ἐχωρίσθη πρὸς ὥραν ἵνα αἰώνιον αὐτὸν ἀπέχῃς
He 2 14 ἵνα διὰ τ. θανάτου καταργήσῃ τὸν τὸ κράτος ἔχοντα τ. θανάτου
17 ἵνα ἐλεήμων γένηται κ. πιστὸς ἀρχιερεύς
4 16 προσερχώμεθα οὖν μετὰ παρρησίας . . . ἵνα λάβωμεν ἔλεος
5 1 ἵνα προσφέρῃ δῶρά τε κ. θυσίας ὑπὲρ ἁμαρτιῶν
6 18 ἵνα . . . ἰσχυρὰν παράκλησιν ἔχωμεν
9 25 [4] οὐδ' ἵνα πολλάκις προσφέρῃ ἑαυτόν
10 9 ἀναιρεῖ τὸ πρῶτον ἵνα τὸ δεύτερον στήσῃ
36 ὑπομονῆς γὰρ ἔχετε χρείαν ἵνα . . . κομίσησθε τ. ἐπαγγελίαν
11 35 οὐ προσδεξάμενοι τ. ἀπολύτρωσιν ἵνα κρείττονος ἀναστάσεως τύχωσιν

He 12 27 δηλοῖ τὴν τ. σαλευομένων μετάθεσιν . . . ἵνα μείνῃ τὰ μὴ σαλευόμενα
13 12 ἵνα ἁγιάσῃ διὰ τ. ἰδίου αἵματος τ. λαόν
17 ἵνα μετὰ χαρᾶς τοῦτο ποιῶσιν
19 παρακαλῶ τοῦτο ποιῆσαι ἵνα τάχειον ἀποκατασταθῶ ὑμῖν
Ja 1 4 ἵνα ἦτε τέλειοι κ. ὁλόκληροι
4 3 διότι κακῶς αἰτεῖσθε ἵνα εν τ. ἡδοναῖς ὑμῶν δαπανήσητε
I Pe 1 7 ἵνα τὸ δοκίμιον ὑμῶν τ. πίστεως . . . εὑρεθῇ εἰς ἔπαινον
2 2 ἐπιποθήσατε ἵνα ἐν αὐτῷ αὐξηθῆτε εἰς σωτηρίαν
12 ἵνα ἐν ᾧ καταλαλοῦσιν ὑμῶν ὡς κακοποιῶν . . . δοξάσωσιν τ. Θεόν
21 ὑπολιμπάνων ὑπογραμμὸν ἵνα ἐπακολουθήσητε τ. ἴχνεσιν αὐτοῦ
24 ἵνα τ. ἁμαρτίαις ἀπογενόμενοι τ. δικαιοσύνῃ ζήσωμεν
3 1 [3] ἵνα εἴ τινες ἀπειθοῦσιν τ. λόγῳ . . . ἄνευ λόγου κερδηθήσονται
9 εἰς τοῦτο ἐκλήθητε ἵνα εὐλογίαν κληρονομήσητε
16 ἵνα ἐν ᾧ καταλαλεῖσθε καταισχυνθῶσιν
18 Χριστὸς ἅπαξ περὶ ἁμαρτιῶν ἀπέθανεν . . . ἵνα ἡμᾶς προσαγάγῃ τ. Θεῷ
4 6 ἵνα κριθῶσιν μὲν κατὰ ἀνθρώπους σαρκί
11 ἵνα ἐν πᾶσιν δοξάζηται ὁ Θεός
13 ἵνα κ. ἐν τ. ἀποκαλύψει τ. δόξης αὐτοῦ χαρῆτε
5 6 ταπεινώθητε οὖν . . . ἵνα ὑμᾶς ὑψώσῃ ἐν καιρῷ
II Pe 1 4 ἵνα διὰ τούτων γένησθε θείας κοινωνοὶ φύσεως
I Jo 1 3 ἵνα κ. ὑμεῖς κοινωνίαν ἔχητε μεθ' ἡμῶν
4 [1] ταῦτα γράφομεν ἡμεῖς ἵνα ἡ χαρὰ ἡμῶν ᾖ πεπληρωμένη
9 δίκαιος ἵνα ἀφῇ ἡμῖν τ. ἁμαρτίας
2 19 [5] ἀλλ' ἵνα φανερωθῶσιν ὅτι οὐκ εἰσὶν πάντες ἐξ ἡμῶν
27 οὐ χρείαν ἔχετε ἵνα τις διδάσκῃ ὑμᾶς
28 ἵνα ἐὰν φανερωθῇ σχῶμεν παρρησίαν
3 1 ποταπὴν ἀγάπην δέδωκεν . . . ἵνα τέκνα Θεοῦ κληθῶμεν
5 ἐκεῖνος ἐφανερώθη ἵνα τ. ἁμαρτίας ἄρῃ
8 εἰς τοῦτο ἐφανερώθη . . . ἵνα λύσῃ τὰ ἔργα τ. διαβόλου
11 αὕτη ἐστὶν ἡ ἀγγελία . . . ἵνα ἀγαπῶμεν ἀλλήλους
23 αὕτη ἐστὶν ἡ ἐντολὴ αὐτοῦ ἵνα πιστεύσωμεν τ. ὀνόματι τ. υἱοῦ αὐτοῦ
ἵν. πιστεύωμεν, TWH mg.
4 9 τ. υἱὸν αὐτοῦ τ. μονογενῆ ἀπέσταλκεν ὁ Θεὸς . . . ἵνα ζήσωμεν δι' αὐτοῦ
17 ἵνα παρρησίαν ἔχωμεν ἐν τ. ἡμέρᾳ τ. κρίσεως
21 ταύτην τ. ἐντολὴν ἔχομεν . . . ἵνα ὁ ἀγαπῶν τ. Θεὸν ἀγαπᾷ κ. τ. ἀδελφὸν αὐτοῦ
5 3 αὕτη γάρ ἐστιν ἡ ἀγάπη τ. Θεοῦ ἵνα τ. ἐντολὰς αὐτοῦ τηρῶμεν
13 [1] ταῦτα ἔγραψα ὑμῖν ἵνα εἰδῆτε ὅτι ζωὴν ἔχετε αἰώνιον
16 [1] οὐ περὶ ἐκείνης λέγω ἵνα ἐρωτήσῃ
20 [3] δέδωκεν ἡμῖν διάνοιαν ἵνα γινώσκομεν τ. ἀληθινόν

II Jo 5 ἣν εἴχαμεν ἀπ' ἀρχῆς ἵνα ἀγαπῶμεν ἀλλήλους.
6 κ. αὕτη ἐστὶν ἡ ἀγάπη ἵνα περιπατῶμεν κατὰ τ. ἐντολὰς αὐτοῦ·
αὕτη ἡ ἐντολή ἐστιν ἵνα καθὼς ἠκούσατε ἀπ' ἀρχῆς,
—ἵνα, WHR
ἵνα ἐν αὐτῇ περιπατῆτε
12 [1] ἵνα ἡ χαρὰ ὑμῶν πεπληρωμένη ᾖ
III Jo 4 ἵνα ἀκούω τὰ ἐμὰ τέκνα ἐν τ. ἀληθείᾳ περιπατοῦντα
8 ἵνα συνεργοὶ γινώμεθα τ. ἀληθείᾳ
Re 2 10 μέλλει βάλλειν . . . εἰς φυλακὴν ἵνα πειρασθῆτε
21 [7] ἔδωκα αὐτῇ χρόνον ἵνα μετανοήσῃ
3 9 [3] ποιήσω αὐτοὺς ἵνα ἥξουσιν κ. προσκυνήσουσιν
11 ἵνα μηδεὶς λάβῃ τ. στέφανόν σου
18 ἀγοράσαι παρ' ἐμοῦ χρυσίον . . . ἵνα πλουτήσῃς,
κ. ἱμάτια λευκὰ ἵνα περιβάλῃ
18 κ. κολλούριον ἐγχρῖσαι τ. ὀφθαλμούς σου ἵνα βλέπῃς
6 2 ἐξῆλθεν νικῶν κ. ἵνα νικήσῃ
4 [3] ἐδόθη αὐτῷ . . . ἵνα ἀλλήλους σφάξουσιν
11 [1] [3] ἐρρέθη αὐτοῖς ἵνα ἀναπαύσονται ἔτι χρόνον μικρόν
ἀναπαύσωνται, T
8 3 [3] ἐδόθη αὐτῷ θυμιάματα πολλὰ ἵνα δώσει τ. προσευχαῖς τ. ἁγίων
6 ἡτοίμασαν αὐτοὺς ἵνα σαλπίσωσιν
12 ἵνα σκοτισθῇ τὸ τρίτον αὐτῆς
9 5 [3] ἐδόθη αὐταῖς . . . ἵνα βασανισθήσονται μῆνας πέντε
15 οἱ ἡτοιμασμένοι . . . ἵνα ἀποκτείνωσιν τὸ τρίτον τ. ἀνθρώπων
12 4 ἵνα ὅταν τέκῃ τὸ τέκνον αὐτῆς καταφάγῃ
6 [3] τόπον ἡτοιμασμένον ἀπὸ τ. Θεοῦ ἵνα ἐκεῖ τρέφωσιν αὐτήν
τρέφουσιν, TWH mg.
14 ἵνα πέτηται εἰς τ. ἔρημον εἰς τ. τόπον αὐτῆς
15 ἵνα αὐτὴν ποταμοφόρητον ποιήσῃ
13 12 [3] ποιεῖ . . . τοὺς ἐν αὐτῇ κατοικοῦντας ἵνα προσκυνήσουσιν τὸ θηρίον τὸ πρῶτον
13 ποιεῖ . . . ἵνα κ. πῦρ ποιῇ ἐκ τ. οὐρανοῦ καταβαίνειν
15 ἵνα κ. λαλήσῃ ἡ εἰκὼν τ. θηρίου,
κ. ποιήσῃ ἵνα ὅσοι ἐὰν μὴ προσκυνήσωσιν . . . ἀποκτανθῶσιν
—ἵνα, T [WH]
16 ποιεῖ πάντας . . . ἵνα δῶσιν αὐτοῖς χάραγμα
14 13 [3] ναὶ λέγει τὸ Πνεῦμα ἵνα ἀναπαήσονται ἐκ τ. κόπων αὐτῶν
16 12 ἵνα ἑτοιμασθῇ ἡ ὁδὸς τ. βασιλέων τῶν ἀπὸ ἀνατολῆς ἡλίου
19 8 ἐδόθη αὐτῇ ἵνα περιβάληται βύσσινον
15 ἵνα ἐν αὐτῇ πατάξῃ τὰ ἔθνη
18 ἵνα φάγητε σάρκας βασιλέων
21 15 εἶχεν μέτρον . . . ἵνα μετρήσῃ τ. πόλιν
23 οὐ χρείαν ἔχει τ. ἡλίου οὐδὲ τ. σελήνης ἵνα φαίνωσιν αὐτῇ
22 14 [3] ἵνα ἔσται ἡ ἐξουσία αὐτῶν ἐπὶ τὸ ξύλον τ. ζωῆς

ἽΝΑ ΜΗ΄ 2443.5

(1) post verba dic., imper. (2) θέλ. ἵν. μή
(3) seq. indic. (4) ἀλλ' ἵν. μή

Mt 5 29 ἵνα . . . μὴ ὅλον τὸ σῶμά σου βληθῇ εἰς γέενναν
30 ἵνα . . . μὴ ὅλον τὸ σῶμά σου εἰς γέενναν ἀπέλθῃ
7 1 μὴ κρίνετε ἵνα μὴ κριθῆτε
12 16 [1] ἐπετίμησεν αὐτοῖς ἵνα μὴ φανερὸν αὐτὸν ποιήσωσιν
17 27 ἵνα δὲ μὴ σκανδαλίσωμεν αὐτούς
σκανδαλίζωμεν, TWH mg.
24 20 προσεύχεσθε δὲ ἵνα μὴ γένηται ἡ φυγὴ ὑμῶν χειμῶνος
26 5 ἵνα μὴ θόρυβος γένηται ἐν τ. λαῷ
41 προσεύχεσθε ἵνα μὴ εἰσέλθητε εἰς πειρασμόν
Mk 3 9 διὰ τ. ὄχλον ἵνα μὴ θλίβωσιν αὐτόν
12 [1] πολλὰ ἐπετίμα αὐτοῖς ἵνα μὴ αὐτὸν φανερὸν ποιήσωσιν
ποιῶσιν, T
4 12 ἵνα βλέποντες βλέπωσιν κ. μὴ ἴδωσιν κ. ἀκούοντες ἀκούωσιν κ. μὴ συνιῶσιν, Is. vi. 9
5 10 [1] παρεκάλει αὐτὸν πολλὰ ἵνα μὴ αὐτὰ ἀποστείλῃ
13 18 προσεύχεσθε δὲ ἵνα μὴ γένηται χειμῶνος
14 38 προσεύχεσθε ἵνα μὴ ἔλθητε εἰς πειρασμόν
Lu 8 10 ἵνα βλέποντες μὴ βλέπωσιν κ. ἀκούοντες μὴ συνιῶσιν, Is. *l.c.*
12 αἴρει τ. λόγον . . . ἵνα μὴ πιστεύσαντες σωθῶσιν
31 [1] παρεκάλουν αὐτὸν ἵνα μὴ ἐπιτάξῃ αὐτοῖς
9 45 ἦν παρακεκαλυμμένον ἀπ' αὐτῶν ἵνα μὴ αἴσθωνται αὐτό
14 29 ἵνα μήποτε . . . πάντες οἱ θεωροῦντες ἄρξωνται αὐτῷ ἐμπαίζειν
16 28 ἵνα μὴ κ. αὐτοὶ ἔλθωσιν εἰς τ. τόπον τοῦτον
18 5 ἐκδικήσω αὐτὴν ἵνα μὴ εἰς τέλος ἐρχομένη ὑπωπιάζῃ με
22 32 ἐγὼ δὲ ἐδεήθην περὶ σοῦ ἵνα μὴ ἐκλίπῃ ἡ πίστις σου
46 προσεύχεσθε ἵνα μὴ εἰσέλθητε εἰς πειρασμόν
Jo 3 16 τ. υἱὸν τ. μονογενῆ ἔδωκεν ἵνα πᾶς ὁ πιστεύων εἰς αὐτὸν μὴ ἀπόληται
20 οὐκ ἔρχεται πρὸς τὸ φῶς ἵνα μὴ ἐλεγχθῇ τὰ ἔργα αὐτοῦ
4 15 δός μοι τοῦτο τὸ ὕδωρ ἵνα μὴ διψῶ
5 14 μηκέτι ἁμάρτανε ἵνα μὴ χεῖρόν σοί τι γένηται
6 12 συναγάγετε τὰ περισσεύσαντα κλάσματα ἵνα μή τι ἀπόληται
39 [2] ἵνα πᾶν ὃ δέδωκέν μοι μὴ ἀπολέσω ἐξ αὐτοῦ
50 ἵνα τις ἐξ αὐτοῦ φάγῃ κ. μὴ ἀποθάνῃ
7 23 εἰ περιτομὴν λαμβάνει . . . ἵνα μὴ λυθῇ ὁ νόμος Μωυσέως
11 37 ποιῆσαι ἵνα κ. οὗτος μὴ ἀποθάνῃ
50 ἵνα . . . μὴ ὅλον τὸ ἔθνος ἀπόληται
12 35 περιπατεῖτε ὡς τὸ φῶς ἔχετε ἵνα μὴ σκοτία ὑμᾶς καταλάβῃ
40 ἵνα μὴ ἴδωσιν τ. ὀφθαλμοῖς
פֶּן־יִרְאֶה בְעֵינָיו, Is. vi. 10
42 οὐχ ὡμολόγουν ἵνα μὴ ἀποσυνάγωγοι γένωνται
46 ἵνα πᾶς ὁ πιστεύων εἰς ἐμὲ ἐν τ. σκοτίᾳ μὴ μείνῃ
16 1 [1] ταῦτα λελάληκα ὑμῖν ἵνα μὴ σκανδαλισθῆτε
18 28 αὐτοὶ οὐκ εἰσῆλθον εἰς τὸ πραιτώριον ἵνα μὴ μιανθῶσιν

Jo 18 36 ἠγωνίζοντο ἂν ἵνα μὴ παραδοθῶ τ. Ἰουδαίοις
19 31 ἵνα μὴ μείνῃ ἐπὶ τ. σταυροῦ τὰ σώματα
Ac 2 25 ὅτι ἐκ δεξιῶν μου ἐστὶν ἵνα μὴ σαλευθῶ
כִּי מִימִינִי בַּל־אֶמּוֹט, Ps. xvi. 8
4 17 [1 4] ἀλλ' ἵνα μὴ ἐπὶ πλεῖον διανεμηθῇ εἰς τ. λαόν
24 4 ἵνα δὲ μὴ ἐπὶ πλεῖόν σε ἐνκόπτω
Ro 11 25 ἵνα μὴ ἦτε ἐν ἑαυτοῖς φρόνιμοι
15 20 ἵνα μὴ ἐπ' ἀλλότριον θεμέλιον οἰκοδομῶ
I Co 1 10 ἵνα . . . μὴ ᾖ ἐν ὑμῖν σχίσματα
15 ἵνα μή τις εἴπῃ ὅτι εἰς τὸ ἐμὸν ὄνομα ἐβαπτίσθητε
17 οὐκ ἐν σοφίᾳ λόγου ἵνα μὴ κενωθῇ ὁ σταυρὸς τ. Χριστοῦ
2 5 ἵνα ἡ πίστις ὑμῶν μὴ ᾖ ἐν σοφίᾳ ἀνθρώπων
4 6 [3] ἵνα μὴ εἷς ὑπὲρ τ. ἑνὸς φυσιοῦσθε
7 5 ἵνα μὴ πειράζῃ ὑμᾶς ὁ Σατανᾶς διὰ τ. ἀκρασίαν ὑμῶν
8 13 ἵνα μὴ τ. ἀδελφόν μου σκανδαλίσω
9 12 πάντα στέγομεν ἵνα μή τινα ἐνκοπὴν δῶμεν τ. εὐαγγελίῳ τ. Χριστοῦ
11 32 ἵνα μὴ σὺν τ. κόσμῳ κατακριθῶμεν
34 ἵνα μὴ εἰς κρίμα συνέρχησθε
12 25 ἵνα μὴ ᾖ σχίσμα ἐν τ. σώματι
16 2 ἵνα μὴ ὅταν ἔλθω τότε λογίαι γίνωνται
II Co 1 9 ἵνα μὴ πεποιθότες ὦμεν ἐφ' ἑαυτοῖς
2 3 [1] ἵνα μὴ ἐλθὼν λύπην σχῶ
5 ἵνα μὴ ἐπιβαρῶ πάντας ὑμᾶς
11 ἵνα μὴ πλεονεκτηθῶμεν ὑπὸ τοῦ Σατανᾶ
4 7 ἵνα ἡ ὑπερβολὴ τ. δυνάμεως ᾖ τ. Θεοῦ κ. μὴ ἐξ ἡμῶν
6 3 ἵνα μὴ μωμηθῇ ἡ διακονία
9 3 ἵνα μὴ τὸ καύχημα ἡμῶν τὸ ὑπὲρ ὑμῶν κενωθῇ
4 μή πως . . . καταισχυνθῶμεν ἡμεῖς ἵνα μὴ λέγωμεν ὑμεῖς
10 9 ἵνα μὴ δόξω ὡς ἂν ἐκφοβεῖν ὑμᾶς
12 7 διὸ ἵνα μὴ ὑπεραίρωμαι ἐδόθη μοι σκόλοψ τ. σαρκί,
ἄγγελος Σατανᾶ . . . ἵνα μὴ ὑπεραίρωμαι
13 10 [1] ἵνα παρὼν μὴ ἀποτόμως χρήσωμαι
Ga 5 17 ἵνα μὴ ἃ ἐὰν θέλητε ταῦτα ποιῆτε
6 12 [3] μόνον ἵνα τ. σταυρῷ τ. Χριστοῦ Ἰησοῦ μὴ διώκωνται
διώκονται, T
Eph 2 9 οὐκ ἐξ ἔργων ἵνα μή τις καυχήσηται
Phl 2 27 ἵνα μὴ λύπην ἐπὶ λύπην σχῶ
Col 2 4 [1] τοῦτο λέγω ἵνα μηδεὶς ὑμᾶς παραλογίζηται
3 21 μὴ ἐρεθίζετε τὰ τέκνα ὑμῶν ἵνα μὴ ἀθυμῶσιν
I Th 4 13 οὐ θέλομεν δὲ ὑμᾶς ἀγνοεῖν . . . ἵνα μὴ λυπῆσθε
I Ti 3 6 ἵνα μὴ τυφωθεὶς εἰς κρίμα ἐμπέσῃ τ. διαβόλου
7 ἵνα μὴ εἰς ὀνειδισμὸν ἐμπέσῃ
6 1 ἵνα μὴ τὸ ὄνομα τ. Θεοῦ . . . βλασφημῆται
Tit 2 5 ἵνα μὴ ὁ λόγος τ. Θεοῦ βλασφημῆται
3 14 καλῶν ἔργων προΐστασθαι . . . ἵνα μὴ ὦσιν ἄκαρποι
Phm 14 ἵνα μὴ ὡς κατὰ ἀνάγκην τὸ ἀγαθόν σου ᾖ
19 ἵνα μὴ λέγω σοι
He 3 13 [1] ἵνα μὴ σκληρυνθῇ τις ἐξ ὑμῶν ἀπάτῃ τ. ἁμαρτίας
4 11 ἵνα μὴ ἐν τ. αὐτῷ τις ὑποδείγματι πέσῃ τ. ἀπειθείας
6 12 ἵνα μὴ νωθροὶ γένησθε
11 28 ἵνα μὴ ὁ ὀλοθρεύων τὰ πρωτότοκα θίγῃ αὐτῶν
40 ἵνα μὴ χωρὶς ἡμῶν τελειωθῶσιν
He 12 3 ἵνα μὴ κάμητε τ. ψυχαῖς ὑμῶν ἐκλυόμενοι
13 ἵνα μὴ τὸ χωλὸν ἐκτραπῇ
Ja 5 9 μὴ στενάζετε ἀδελφοὶ κατ' ἀλλήλων ἵνα μὴ κριθῆτε
12 ἵνα μὴ ὑπὸ κρίσιν πέσητε
II Pe 3 17 φυλάσσεσθε ἵνα μὴ . . . ἐκπέσητε τ. ἰδίου στηριγμοῦ
I Jo 2 1 [1] ταῦτα γράφω ὑμῖν ἵνα μὴ ἁμάρτητε
28 ἵνα . . . μὴ αἰσχυνθῶμεν ἀπ' αὐτοῦ
II Jo 8 βλέπετε ἑαυτοὺς ἵνα μὴ ἀπολέσητε ἃ ἠργασάμεθα
Re 3 18 ἵνα . . . μὴ φανερωθῇ ἡ αἰσχύνη τ. γυμνότητός σου
7 1 ἵνα μὴ πνέῃ ἄνεμος ἐπὶ τ. γῆς
8 12 ἵνα . . . ἡ ἡμέρα μὴ φάνῃ τὸ τρίτον αὐτῆς
9 4 [1 3] ἐρρέθη αὐταῖς ἵνα μὴ ἀδικήσουσιν τ. χόρτον τ. γῆς
5 ἐδόθη αὐταῖς ἵνα μὴ ἀποκτείνωσιν αὐτούς
20 [3] οὐ μετενόησαν . . . ἵνα μὴ προσκυνήσουσιν τὰ δαιμόνια
11 6 ἐξουσίαν κλεῖσαι τ. οὐρανὸν ἵνα μὴ ὑετὸς βρέχῃ
13 17 [3] ἵνα μή τις δύνηται ἀγοράσαι ἢ πωλῆσαι
δύναται, WH mg.
16 15 τηρῶν τὰ ἱμάτια αὐτοῦ ἵνα μὴ γυμνὸς περιπατῇ
18 4 ἐξέλθατε . . . ἵνα μὴ συνκοινωνήσητε τ. ἁμαρτίαις αὐτῆς κ. ἐκ τ. πληγῶν αὐτῆς ἵνα μὴ λάβητε
20 3 ἵνα μὴ πλανήσῃ ἔτι τὰ ἔθνη

ἽΝΑ ΤΙ' 2444

ἱνατί, T
Mt 9 4 ἵνα τι ἐνθυμεῖσθε πονηρὰ ἐν τ. καρδίαις ὑμῶν;
27 46 Θεέ μου Θεέ μου ἵνα τί με ἐγκατέλιπες;
אֵלִי אֵלִי לָמָה עֲזַבְתָּנִי, Ps. xxii. 2
Lu 13 7 ἵνα τί κ. τ. γῆν καταργεῖ;
Ac 4 25 ἵνα τί ἐφρύαξαν ἔθνη κ. λαοὶ ἐμελέτησαν κενά;
לָמָּה רָגְשׁוּ גוֹיִם וּלְאֻמִּים יֶהְגּוּ־רִיק, Ps. ii. 1
7 26 ἄνδρες ἀδελφοί ἐστε ἵνα τί ἀδικεῖτε ἀλλήλους;
לָמָּה תַכֶּה רֵעֶךָ, Ex. ii. 13
I Co 10 29 ἵνα τί γὰρ ἡ ἐλευθερία μου κρίνεται ὑπὸ ἄλλης συνειδήσεως;

ἸΟ'ΠΠΗ 2445

Ac 9 36 ἐν Ἰόππῃ δέ τις ἦν μαθήτρια ὀνόματι Ταβειθά
38 ἐγγὺς δὲ οὔσης Λύδδας τ. Ἰόππῃ
42 γνωστὸν δὲ ἐγένετο καθ' ὅλης Ἰόππης
ὅλ. τῆς Ἰόπ., T
43 ἐγένετο δὲ . . . μεῖναι ἐν Ἰόππῃ παρά τινι Σίμωνι βυρσεῖ
10 5 κ. νῦν πέμψον ἄνδρας εἰς Ἰόππην
8 ἀπέστειλεν αὐτοὺς εἰς τ. Ἰόππην
23 κ. τινες τ. ἀδελφῶν τῶν ἀπὸ Ἰόππης συνῆλθαν αὐτῷ
32 πέμψον οὖν εἰς Ἰόππην
11 5 ἐγὼ ἤμην ἐν πόλει Ἰόππῃ προσευχόμενος
13 ἀπόστειλον εἰς Ἰόππην κ. μετάπεμψαι Σίμωνα

ἸΟΡΔΑ'ΝΗΣ 2446

Mt 3 5 ἐξεπορεύετο . . . πᾶσα ἡ περίχωρος τ. Ἰορδάνου·

Mt 3 6 κ. ἐβαπτίζοντο ἐν τῷ Ἰορδάνῃ ποταμῷ ὑπ' αὐτοῦ
13 τότε παραγίνεται ὁ Ἰησοῦς ἀπὸ τ. Γαλιλαίας ἐπὶ τ. Ἰορδάνην
4 15 ὁδὸν θαλάσσης πέραν τ. Ἰορδάνου
דֶּרֶךְ הַיָּם עֵבֶר הַיַּרְדֵּן, Is. viii. 23
25 ὄχλοι πολλοὶ ἀπὸ . . . Ἰουδαίας κ. πέραν τ. Ἰορδάνου
19 1 ἦλθεν εἰς τὰ ὅρια τ. Ἰουδαίας πέραν τ. Ἰορδάνου
Mk 1 5 ἐβαπτίζοντο ὑπ' αὐτοῦ ἐν τῷ Ἰορδάνῃ ποταμῷ
9 ἐβαπτίσθη εἰς τὸν Ἰορδάνην ὑπὸ Ἰωάνου
3 8 πολὺ πλῆθος . . . ἀπὸ τ. Ἰδουμαίας κ. πέραν τοῦ Ἰορδάνου
10 1 ἔρχεται εἰς τὰ ὅρια τ. Ἰουδαίας κ. πέραν τ. Ἰορδάνου
Lu 3 3 ἦλθεν εἰς πᾶσαν περίχωρον τ. Ἰορδάνου
4 1 Ἰησοῦς δὲ . . . ὑπέστρεψεν ἀπὸ τ. Ἰορδάνου
Jo 1 28 ταῦτα ἐν Βηθανίᾳ ἐγένετο πέραν τ. Ἰορδάνου
3 26 ὃς ἦν μετὰ σοῦ πέραν τ. Ἰορδάνου . . . ἴδε οὗτος βαπτίζει
10 40 ἀπῆλθεν πάλιν πέραν τ. Ἰορδάνου

ἸΌΣ 2447

Ro 3 13 ἰὸς ἀσπίδων ὑπὸ τὰ χείλη αὐτῶν
חֲמַת עַכְשׁוּב תַּחַת שְׂפָתֵימוֹ, Ps. cxl. 4
Ja 3 8 μεστὴ ἰοῦ θανατηφόρου
5 3 ὁ ἰὸς αὐτῶν εἰς μαρτύριον ὑμῖν ἔσται

ἸΟΥΔΆ. *Vide* ἸΟΥΔΆΣ, 2445

ἸΟΥΔΑΊΑ 2449

Mt 2 1 τ. δὲ Ἰησοῦ γεννηθέντος ἐν Βηθλεὲμ τ. Ἰουδαίας
5 οἱ δὲ εἶπαν αὐτῷ Ἐν Βηθλεὲμ τ. Ἰουδαίας
22 ἀκούσας δὲ ὅτι Ἀρχέλαος βασιλεύει τ. Ἰουδαίας
3 1 παραγίνεται Ἰωάνης . . . κηρύσσων ἐν τῇ ἐρήμῳ τ. Ἰουδαίας
5 ἐξεπορεύετο πρὸς αὐτὸν Ἱεροσόλυμα κ. πᾶσα ἡ Ἰουδαία
4 25 ὄχλοι πολλοὶ ἀπὸ . . . Ἱεροσολύμων κ. Ἰουδαίας
19 1 ἦλθεν εἰς τὰ ὅρια τ. Ἰουδαίας πέραν τ. Ἰορδάνου
24 16 τότε οἱ ἐν τ. Ἰουδαίᾳ φευγέτωσαν εἰς τὰ ὄρη
Mk 1 5 ἐξεπορεύετο πρὸς αὐτὸν πᾶσα ἡ Ἰουδαία χώρα
3 7 πολὺ πλῆθος ἀπὸ τ. Γαλιλαίας ἠκολούθησεν κ. ἀπὸ τ. Ἰουδαίας
Γαλ. κ. ἀπ. τ. Ἰουδ. ἠκολ., TWH mg.
10 1 ἐκεῖθεν ἀναστὰς ἔρχεται εἰς τὰ ὅρια τ. Ἰουδαίας
13 14 τότε οἱ ἐν τ. Ἰουδαίᾳ φευγέτωσαν εἰς τὰ ὄρη
Lu 1 5 ἐγένετο ἐν τ. ἡμέραις Ἡρῴδου βασιλέως τ. Ἰουδαίας
65 ἐν ὅλῃ τ. ὀρεινῇ τ. Ἰουδαίας διελαλεῖτο
2 4 ἀνέβη δὲ κ. Ἰωσὴφ . . . εἰς τ. Ἰουδαίαν
3 1 ἡγεμονεύοντος Ποντίου Πειλάτου τ. Ἰουδαίας
4 44 ἦν κηρύσσων εἰς τ. συναγωγὰς τ. Ἰουδαίας
Γαλιλαίας, TWH mg. R non mg.
5 17 οἳ ἦσαν ἐληλυθότες ἐκ πάσης κώμης τ. Γαλιλαίας κ. Ἰουδαίας
6 17 πλῆθος πολὺ τ. λαοῦ ἀπὸ πάσης τ. Ἰουδαίας

Lu 7 17 ἐξῆλθεν ὁ λόγος οὗτος ἐν ὅλῃ τ. Ἰουδαίᾳ
21 21 τότε οἱ ἐν τ. Ἰουδαίᾳ φευγέτωσαν εἰς τὰ ὄρη
23 5 ἀνασείει τ. λαὸν διδάσκων καθ' ὅλης τ. Ἰουδαίας
Jo 4 3 ἀφῆκεν τ. Ἰουδαίαν
47 Ἰησοῦς ἥκει ἐκ τ. Ἰουδαίας εἰς τ. Γαλιλαίαν
54 ἐλθὼν ἐκ τ. Ἰουδαίας εἰς τ. Γαλιλαίαν
7 1 οὐ γὰρ ἤθελεν ἐν τ. Ἰουδαίᾳ περιπατεῖν
3 μετάβηθι ἐντεῦθεν κ. ὕπαγε εἰς τ. Ἰουδαίαν
11 7 ἄγωμεν εἰς τ. Ἰουδαίαν πάλιν
Ac 1 8 ἔσεσθέ μου μάρτυρες ἔν τε Ἱερουσαλὴμ κ. ἐν πάσῃ τ. Ἰουδαίᾳ
2 9 Ἰουδαίαν τε κ. Καππαδοκίαν
8 1 πάντες δὲ διεσπάρησαν κατὰ τ. χώρας τ. Ἰουδαίας
9 31 ἡ μὲν οὖν ἐκκλησία καθ' ὅλης τ. Ἰουδαίας
10 37 τὸ γενόμενον ῥῆμα καθ' ὅλης τ. Ἰουδαίας
11 1 ἤκουσαν δὲ οἱ ἀπόστολοι κ. οἱ ἀδελφοὶ οἱ ὄντες κατὰ τ. Ἰουδαίαν
29 πέμψαι τ. κατοικοῦσιν ἐν τ. Ἰουδαίᾳ ἀδελφοῖς
12 19 κατελθὼν ἀπὸ τ. Ἰουδαίας εἰς Καισαρίαν διέτριβεν
15 1 κ. τινες κατελθόντες ἀπὸ τ. Ἰουδαίας ἐδίδασκον
21 10 κατῆλθέν τις ἀπὸ τ. Ἰουδαίας προφήτης
26 20 πᾶσάν τε τ. χώραν τ. Ἰουδαίας . . . ἀπήγγελλον μετανοεῖν
28 21 ἡμεῖς οὔτε γράμματα περὶ σοῦ ἐδεξάμεθα ἀπὸ τ. Ἰουδαίας
Ro 15 31 ἵνα ῥυσθῶ ἀπὸ τ. ἀπειθούντων ἐν τ. Ἰουδαίᾳ
II Co 1 16 ὑφ' ὑμῶν προπεμφθῆναι εἰς τ. Ἰουδαίαν
Ga 1 22 ἀγνοούμενος τ. προσώπῳ τ. ἐκκλησίαις τ. Ἰουδαίας
I Th 2 14 μιμηταὶ . . . τ. ἐκκλησιῶν τ. Θεοῦ τ. οὐσῶν ἐν τ. Ἰουδαίᾳ

ἸΟΥΔΑΪ́ΖΩ 2450

Ga 2 14 πῶς τὰ ἔθνη ἀναγκάζεις Ἰουδαΐζειν;

ἸΟΥΔΑΪΚΌΣ 2451

Tit 1 14 μὴ προσέχοντες Ἰουδαϊκοῖς μύθοις

ἸΟΥΔΑΪΚΩ͂Σ 2452

Ga 2 14 εἰ σὺ . . . ἐθνικῶς κ. οὐκ Ἰουδαϊκῶς ζῇς

ἸΟΥΔΑΙ͂ΟΣ 2453

(1) *sing.*

Mt 2 2 ποῦ ἐστὶν ὁ τεχθεὶς βασιλεὺς τ. Ἰουδαίων;
27 11 σὺ εἶ ὁ βασιλεὺς τ. Ἰουδαίων;
29 χαῖρε βασιλεῦ τ. Ἰουδαίων
37 οὗτός ἐστιν Ἰησοῦς ὁ βασιλεὺς τ. Ἰουδαίων
28 15 διεφημίσθη ὁ λόγος οὗτος παρὰ Ἰουδαίοις μέχρι τῆς σήμερον ἡμέρας
Mk 7 3 οἱ γὰρ Φαρισαῖοι κ. πάντες οἱ Ἰουδαῖοι ἐὰν μὴ πυγμῇ νίψωνται
15 2 σὺ εἶ ὁ βασιλεὺς τ. Ἰουδαίων;
9 θέλετε ἀπολύσω ὑμῖν τ. βασιλέα τ. Ἰουδαίων;
12 τί οὖν ποιήσω ὃν λέγετε τ. βασιλέα τ. Ἰουδαίων;
18 χαῖρε βασιλεῦ τ. Ἰουδαίων
26 ἡ ἐπιγραφὴ . . . Ὁ βασιλεὺς τ. Ἰουδαίων

Lu 7 3 ἀπέστειλεν πρὸς αὐτὸν πρεσβυτέρους τ. Ἰουδαίων
23 3 σὺ εἶ ὁ βασιλεὺς τ. Ἰουδαίων;
37 εἰ σὺ εἶ ὁ βασιλεὺς τ. Ἰουδαίων σῶσον σεαυτόν
38 ἐπιγραφὴ . . . Ὁ βασιλεὺς τ. Ἰουδαίων οὗτος
51 Ἰωσὴφ . . . ἀπὸ Ἀριμαθαίας πόλεως τ. Ἰουδαίων
Jo 1 19 ὅτε ἀπέστειλαν πρὸς αὐτὸν οἱ Ἰουδαῖοι ἐξ Ἱεροσολύμων ἱερεῖς
2 6 λίθιναι ὑδρίαι ἓξ κατὰ τ. καθαρισμὸν τ. Ἰουδαίων κείμεναι
13 ἐγγὺς ἦν τὸ πάσχα τ. Ἰουδαίων
18 ἀπεκρίθησαν οὖν οἱ Ἰουδαῖοι κ. εἶπαν αὐτῷ
20 εἶπαν οὖν οἱ Ἰουδαῖοι
3 1 Νικόδημος . . . ἄρχων τ. Ἰουδαίων
22 [1] ἦλθεν ὁ Ἰησοῦς . . . εἰς τ. Ἰουδαίαν γῆν
25 [1] ἐγένετο οὖν ζήτησις ἐκ τ. μαθητῶν Ἰωάνου μετὰ Ἰουδαίου
Ἰουδαίων, WH mg.
4 9 [1] πῶς σὺ Ἰουδαῖος ὢν παρ' ἐμοῦ πεῖν αἰτεῖς
9 οὐ γὰρ συνχρῶνται Ἰουδαῖοι Σαμαρείταις —h. v., T [WH] R mg.
22 ὅτι ἡ σωτηρία ἐκ τ. Ἰουδαίων ἐστίν
5 1 μετὰ ταῦτα ἦν ἑορτὴ τ. Ἰουδαίων
10 ἔλεγον οὖν οἱ Ἰουδαῖοι τ. τεθεραπευμένῳ
15 ἀπῆλθεν ὁ ἄνθρωπος κ. εἶπεν τ. Ἰουδαίοις
16 διὰ τοῦτο ἐδίωκον οἱ Ἰουδαῖοι τ. Ἰησοῦν
18 διὰ τοῦτο οὖν μᾶλλον ἐζήτουν αὐτὸν οἱ Ἰουδαῖοι ἀποκτεῖναι
6 4 ἦν δὲ ἐγγὺς τὸ πάσχα ἡ ἑορτὴ τ. Ἰουδαίων
41 ἐγόγγυζον οὖν οἱ Ἰουδαῖοι περὶ αὐτοῦ
52 ἐμάχοντο οὖν πρὸς ἀλλήλους οἱ Ἰουδαῖοι
7 1 ὅτι ἐζήτουν αὐτὸν οἱ Ἰουδαῖοι ἀποκτεῖναι
2 ἦν δὲ ἐγγὺς ἡ ἑορτὴ τ. Ἰουδαίων ἡ σκηνοπηγία
11 οἱ οὖν Ἰουδαῖοι ἐζήτουν αὐτὸν ἐν τ. ἑορτῇ
13 οὐδεὶς μέντοι παρρησίᾳ ἐλάλει περὶ αὐτοῦ διὰ τ. φόβον τ. Ἰουδαίων
15 ἐθαύμαζον οὖν οἱ Ἰουδαῖοι λέγοντες
35 εἶπον οὖν οἱ Ἰουδαῖοι πρὸς ἑαυτούς
8 22 ἔλεγον οὖν οἱ Ἰουδαῖοι
31 ἔλεγεν οὖν ὁ Ἰησοῦς πρὸς τ. πεπιστευκότας αὐτῷ Ἰουδαίους
48 ἀπεκρίθησαν οἱ Ἰουδαῖοι κ. εἶπαν αὐτῷ
52 εἶπαν αὐτῷ οἱ Ἰουδαῖοι
57 εἶπαν οὖν οἱ Ἰουδαῖοι πρὸς αὐτόν
9 18 οὐκ ἐπίστευσαν οὖν οἱ Ἰουδαῖοι περὶ αὐτοῦ
22 ταῦτα εἶπαν οἱ γονεῖς αὐτοῦ ὅτι ἐφοβοῦντο τ. Ἰουδαίους·
ἤδη γὰρ συνετέθειντο οἱ Ἰουδαῖοι
10 19 σχίσμα πάλιν ἐγένετο ἐν τ. Ἰουδαίοις
24 ἐκύκλωσαν οὖν αὐτὸν οἱ Ἰουδαῖοι
31 ἐβάστασαν πάλιν λίθους οἱ Ἰουδαῖοι
33 ἀπεκρίθησαν αὐτῷ οἱ Ἰουδαῖοι
11 8 νῦν ἐζήτουν σε λιθάσαι οἱ Ἰουδαῖοι
19 πολλοὶ δὲ ἐκ τ. Ἰουδαίων ἐληλύθεισαν πρὸς τ. Μάρθαν κ. Μαριάμ
31 οἱ οὖν Ἰουδαῖοι οἱ ὄντες μετ' αὐτῆς ἐν τ. οἰκίᾳ
33 ὡς εἶδεν . . . τ. συνελθόντας αὐτῇ Ἰουδαίους κλαίοντας
36 ἔλεγον οὖν οἱ Ἰουδαῖοι
45 πολλοὶ οὖν ἐκ τ. Ἰουδαίων οἱ ἐλθόντες πρὸς τ. Μαριάμ
54 ὁ οὖν Ἰησοῦς οὐκέτι παρρησίᾳ περιεπάτει ἐν τ. Ἰουδαίοις
55 ἦν δὲ ἐγγὺς τὸ πάσχα τ. Ἰουδαίων

Jo 12 9 ἔγνω οὖν ὁ ὄχλος πολὺς ἐκ τ. Ἰουδαίων
11 ὅτι πολλοὶ δι' αὐτὸν ὑπῆγον τ. Ἰουδαίων
13 33 καθὼς εἶπον τ. Ἰουδαίοις
18 12 οἱ ὑπηρέται τ. Ἰουδαίων συνέλαβον τ. Ἰησοῦν
14 ἦν δὲ Καιάφας ὁ συμβουλεύσας τ. Ἰουδαίοις
20 ὅπου πάντες οἱ Ἰουδαῖοι συνέρχονται
31 εἶπον αὐτῷ οἱ Ἰουδαῖοι
33 σὺ εἶ ὁ βασιλεὺς τ. Ἰουδαίων;
35 [1] μήτι ἐγὼ Ἰουδαῖός εἰμι;
36 ἵνα μὴ παραδοθῶ τ. Ἰουδαίοις
38 τοῦτο εἰπὼν πάλιν ἐξῆλθεν πρὸς τ. Ἰουδαίους
39 βούλεσθε οὖν ἀπολύσω ὑμῖν τ. βασιλέα τ. Ἰουδαίων;
19 3 χαῖρε ὁ βασιλεὺς τ. Ἰουδαίων
7 ἀπεκρίθησαν αὐτῷ οἱ Ἰουδαῖοι
12 οἱ δὲ Ἰουδαῖοι ἐκραύγασαν λέγοντες
14 λέγει τ. Ἰουδαίοις Ἴδε ὁ βασιλεὺς ὑμῶν
19 ἦν δὲ γεγραμμένον Ἰησοῦς ὁ Ναζωραῖος ὁ βασιλεὺς τ. Ἰουδαίων.
20 τοῦτον οὖν τ. τίτλον πολλοὶ ἀνέγνωσαν τ. Ἰουδαίων
21 ἔλεγον οὖν τ. Πειλάτῳ οἱ ἀρχιερεῖς τ. Ἰουδαίων,
μὴ γράφε Ὁ βασιλεὺς τ. Ἰουδαίων,
ἀλλ' ὅτι ἐκεῖνος εἶπεν Βασιλεύς τ. Ἰουδαίων εἰμί
βασ. εἰμὶ τ. Ἰουδ., T
31 οἱ οὖν Ἰουδαῖοι . . . ἠρώτησαν τ. Πειλᾶτον
38 κεκρυμμένος δὲ διὰ τ. φόβον τ. Ἰουδαίων
40 καθὼς ἔθος ἐστὶν τ. Ἰουδαίοις ἐνταφιάζειν
42 ἐκεῖ οὖν διὰ τ. παρασκευὴν τ. Ἰουδαίων
20 19 τ. θυρῶν κεκλεισμένων . . . διὰ τ. φόβον τ. Ἰουδαίων
Ac 2 5 ἦσαν δὲ ἐν Ἰερουσαλὴμ κατοικοῦντες Ἰουδαῖοι
10 οἱ ἐπιδημοῦντες Ῥωμαῖοι Ἰουδαῖοί τε κ. προσήλυτοι
14 ἄνδρες Ἰουδαῖοι κ. οἱ κατοικοῦντες Ἰερουσαλὴμ πάντες
9 22 συνέχυννεν Ἰουδαίους τ. κατοικοῦντας ἐν Δαμασκῷ
23 συνεβουλεύσαντο οἱ Ἰουδαῖοι ἀνελεῖν αὐτόν
10 22 μαρτυρούμενός τε ὑπὸ ὅλου τ. ἔθνους τ. Ἰουδαίων
28 [1] ὡς ἀθέμιτόν ἐστιν ἀνδρὶ Ἰουδαίῳ κολλᾶσθαι ἢ προσέρχεσθαι ἀλλοφύλῳ
39 ἐποίησεν ἔν τε τῇ χώρᾳ τ. Ἰουδαίων κ. Ἰερουσαλήμ
11 19 μηδενὶ λαλοῦντες τ. λόγον εἰ μὴ μόνον Ἰουδαίοις
12 3 ἰδὼν δὲ ὅτι ἀρεστόν ἐστιν τ. Ἰουδαίοις
11 ἐκ . . . πάσης τ. προσδοκίας τ. λαοῦ τ. Ἰουδαίων
13 5 κατήγγελλον τ. λόγον τ. Θεοῦ ἐν τ. συναγωγαῖς τ. Ἰουδαίων
6 [1] εὗρον ἄνδρα τινὰ μάγον ψευδοπροφήτην Ἰουδαῖον
43 ἠκολούθησαν πολλοὶ τ. Ἰουδαίων . . . τ. Παύλῳ
45 ἰδόντες δὲ οἱ Ἰουδαῖοι τ. ὄχλους
50 οἱ δὲ Ἰουδαῖοι παρώτρυναν τ. σεβομένας γυναῖκας
14 1 εἰσελθεῖν αὐτοὺς εἰς τ. συναγωγὴν τ. Ἰουδαίων,
κ. λαλῆσαι οὕτως ὥστε πιστεῦσαι Ἰουδαίων τε κ. Ἑλλήνων πολὺ πλῆθος,
2 οἱ δὲ ἀπειθήσαντες Ἰουδαῖοι ἐπήγειραν

Ac 14 4 οἱ μὲν ἦσαν σὺν τ. Ἰουδαίοις
5 ὡς δὲ ἐγένετο ὁρμὴ τ. ἐθνῶν τε κ. Ἰουδαίων
19 ἐπῆλθαν δὲ ἀπὸ Ἀντιοχείας κ. Ἰκονίου Ἰουδαῖοι
16 1 [1] Τιμόθεος υἱὸς γυναικὸς Ἰουδαίας πιστῆς
3 περιέτεμεν αὐτὸν διὰ τ. Ἰουδαίους τ. ὄντας ἐν τ. τόποις ἐκείνοις
20 ἐκταράσσουσιν ἡμῶν τ. πόλιν Ἰουδαῖοι ὑπάρχοντες
17 1 ὅπου ἦν συναγωγὴ τ. Ἰουδαίων
5 ζηλώσαντες δὲ οἱ Ἰουδαῖοι
10 εἰς τ. συναγωγὴν τ. Ἰουδαίων ἀπῄεσαν
13 ὡς δὲ ἔγνωσαν οἱ ἀπὸ τ. Θεσσαλονίκης Ἰουδαῖοι
17 διελέγετο μὲν οὖν ἐν τ. συναγωγῇ τ. Ἰουδαίοις
18 2 [1] εὑρών τινα Ἰουδαῖον ὀνόματι Ἀκύλαν
2 χωρίζεσθαι πάντας τ. Ἰουδαίους ἀπὸ τ. Ῥώμης
4 ἔπειθέν τε Ἰουδαίους κ. Ἕλληνας
5 διαμαρτυρόμενος τ. Ἰουδαίοις εἶναι τ. Χριστὸν Ἰησοῦν
12 κατεπέστησαν οἱ Ἰουδαῖοι ὁμοθυμαδὸν τ. Παύλῳ
ὁμοθ. οἱ Ἰουδ., TWH mg.
14 εἶπεν ὁ Γαλλίων πρὸς τ. Ἰουδαίους, εἰ μὲν ἦν ἀδίκημά τι . . . ὦ Ἰουδαῖοι
19 εἰσελθὼν εἰς τ. συναγωγὴν διελέξατο τ. Ἰουδαίοις
24 [1] Ἰουδαῖος δέ τις Ἀπολλῶς ὀνόματι
28 εὐτόνως γὰρ τ. Ἰουδαίοις διακατηλέγχετο
19 10 ὥστε πάντας τ. κατοικοῦντας τ. Ἀσίαν ἀκοῦσαι . . . Ἰουδαίους τε κ. Ἕλληνας
13 ἐπεχείρησαν δέ τινες κ. τ. περιερχομένων Ἰουδαίων ἐξορκιστῶν
14 [1] ἦσαν δέ τινος Σκευᾶ Ἰουδαίου ἀρχιερέως ἑπτὰ υἱοί
17 γνωστὸν πᾶσιν Ἰουδαίοις τε κ. Ἕλλησι τ. κατοικοῦσι τὴν Ἔφεσον
33 προβαλόντων αὐτὸν τ. Ἰουδαίων
34 [1] ἐπιγνόντες δὲ ὅτι Ἰουδαῖός ἐστιν
20 3 γενομένης ἐπιβουλῆς αὐτῷ ὑπὸ τ. Ἰουδαίων
19 τ. συμβάντων μοι ἐν τ. ἐπιβουλαῖς τ. Ἰουδαίων
21 διαμαρτυρόμενος Ἰουδαίοις τε κ. Ἕλλησιν
21 11 οὕτως δήσουσιν ἐν Ἰερουσαλὴμ οἱ Ἰουδαῖοι
20 πόσαι μυριάδες εἰσὶν ἐν τ. Ἰουδαίοις τ. πεπιστευκότων
—ἐν τ. Ἰουδ., T
21 διδάσκεις . . . τοὺς κατὰ τὰ ἔθνη πάντας Ἰουδαίους
27 οἱ ἀπὸ τ. Ἀσίας Ἰουδαῖοι θεασάμενοι αὐτὸν
39 [1] ἐγὼ ἄνθρωπος μέν εἰμι Ἰουδαῖος Ταρσεύς
22 3 [1] ἐγώ εἰμι ἀνὴρ Ἰουδαῖος
12 μαρτυρούμενος ὑπὸ πάντων τ. κατοικούντων Ἰουδαίων
30 τὸ τί κατηγορεῖται ὑπὸ τ. Ἰουδαίων
23 12 ποιήσαντες συστροφὴν οἱ Ἰουδαῖοι
20 οἱ Ἰουδαῖοι συνέθεντο τοῦ ἐρωτῆσαί σε
27 τ. ἄνδρα τοῦτον συλλημφθέντα ὑπὸ τ. Ἰουδαίων
24 5 κινοῦντα στάσεις πᾶσι τ. Ἰουδαίοις τοῖς κατὰ τ. οἰκουμένην
9 συνεπέθεντο δὲ κ. οἱ Ἰουδαῖοι
18 τινὲς δὲ ἀπὸ τ. Ἀσίας Ἰουδαῖοι
24 [1] σὺν Δρουσίλλῃ τ. ἰδίᾳ γυναικὶ οὔσῃ Ἰουδαίᾳ
27 θέλων τε χάριτα καταθέσθαι τ. Ἰουδαίοις ὁ Φῆλιξ

Ac 25 2 ἐνεφάνισάν τε αὐτῷ... οἱ πρῶτοι τ. Ἰουδαίων
7 περιέστησαν αὐτὸν οἱ ἀπὸ Ἱεροσολύμων καταβεβηκότες Ἰουδαῖοι
8 οὔτε εἰς τ. νόμον τ. Ἰουδαίων . . . τι ἥμαρτον
9 ὁ Φῆστος δὲ θέλων τ. Ἰουδαίοις χάριν καταθέσθαι
10 Ἰουδαίους οὐδὲν ἠδίκηκα
15 ἐνεφάνισαν οἱ ἀρχιερεῖς κ. οἱ πρεσβύτεροι τ. Ἰουδαίων
24 περὶ οὗ ἅπαν τὸ πλῆθος τ. Ἰουδαίων ἐνέτυχέν μοι
26 2 περὶ πάντων ὧν ἐγκαλοῦμαι ὑπὸ Ἰουδαίων
3 γνώστην ὄντα σε πάντων τῶν κατὰ Ἰουδαίους ἐθῶν
4 τὴν μὲν οὖν βίωσίν μου . . . ἴσασιν πάντες Ἰουδαῖοι
πάντ. οἱ Ἰουδ., T
7 περὶ ἧς ἐλπίδος ἐγκαλοῦμαι ὑπὸ Ἰουδαίων βασιλεῦ
21 ἕνεκα τούτων με Ἰουδαῖοι συλλαβόμενοι ἐν τ. ἱερῷ
28 17 συνκαλέσασθαι αὐτὸν τ. ὄντας τ. Ἰουδαίων πρώτους
19 ἀντιλεγόντων δὲ τ. Ἰουδαίων
29 ταῦτα αὐτοῦ εἰπόντος ἀπῆλθον οἱ Ἰουδαῖοι
—h. v., TWHR non mg.
Ro 1 16 [1] Ἰουδαίῳ τε πρῶτον κ. Ἕλληνι
2 9 [1] Ἰουδαίου τε πρῶτον κ. Ἕλληνος
10 [1] Ἰουδαίῳ τε πρῶτον κ. Ἕλληνι
17 [1] εἰ δὲ σὺ Ἰουδαῖος ἐπονομάζῃ
28 [1] οὐ γὰρ ὁ ἐν τ. φανερῷ Ἰουδαῖός ἐστιν
29 [1] ἀλλ' ὁ ἐν τ. κρυπτῷ Ἰουδαῖος
3 1 [1] τί οὖν τὸ περισσὸν τ. Ἰουδαίου
9 προῃτιασάμεθα γὰρ Ἰουδαίους τε κ. Ἕλληνας πάντας ὑφ' ἁμαρτίαν εἶναι
29 ἢ Ἰουδαίων ὁ Θεὸς μόνον;
9 24 οὓς κ. ἐκάλεσεν ἡμᾶς οὐ μόνον ἐξ Ἰουδαίων
10 12 [1] οὐ γάρ ἐστιν διαστολὴ Ἰουδαίου τε κ. Ἕλληνος
I Co 1 22 ἐπειδὴ κ. Ἰουδαῖοι σημεῖα αἰτοῦσιν
23 Χριστὸν ἐσταυρωμένον Ἰουδαίοις μὲν σκάνδαλον
24 αὐτοῖς δὲ τ. κλητοῖς Ἰουδαίοις τε κ. Ἕλλησιν
9 20 ἐγενόμην τ. Ἰουδαίοις ὡς Ἰουδαῖος ἵνα Ἰουδαίους κερδήσω
10 32 ἀπρόσκοποι κ. Ἰουδαίοις γίνεσθε κ. Ἕλλησιν
12 13 εἰς ἓν σῶμα ἐβαπτίσθημεν εἴτε Ἰουδαῖοι εἴτε Ἕλληνες
II Co 11 24 ὑπὸ Ἰουδαίων πεντάκις τεσσεράκοντα παρὰ μίαν ἔλαβον
Ga 2 13 συνυπεκρίθησαν αὐτῷ κ. οἱ λοιποὶ Ἰουδαῖοι
14 [1] εἰ σὺ Ἰουδαῖος ὑπάρχων ἐθνικῶς . . . ζῇς
15 ἡμεῖς φύσει Ἰουδαῖοι
3 28 [1] οὐκ ἔνι Ἰουδαῖος οὐδὲ Ἕλλην
Col 3 11 [1] ὅπου οὐκ ἔνι Ἕλλην κ. Ἰουδαῖος
I Th 2 14 καθὼς κ. αὐτοὶ ὑπὸ τ. Ἰουδαίων
Re 2 9 τ. βλασφημίαν ἐκ τ. λεγόντων Ἰουδαίους εἶναι ἑαυτούς
3 9 διδῶ ἐκ τ. συναγωγῆς τ. Σατανᾶ τ. λεγόντων ἑαυτοὺς Ἰουδαίους εἶναι

ἸΟΥΔΑΪ́ΣΜΌΣ 2454

Ga 1 13 ἠκούσατε γὰρ τ. ἐμὴν ἀναστροφήν ποτε ἐν τ. Ἰουδαϊσμῷ
14 προέκοπτον ἐν τ. Ἰουδαϊσμῷ ὑπὲρ πολλοὺς συνηλικιώτας

ἸΟΥ'ΔΑΣ 2455 cf. 2492.5

filius Jac., tribus et regio

Mt 1 2 Ἰακὼβ δὲ ἐγέννησεν τ. Ἰούδαν κ. τ. ἀδελφοὺς αὐτοῦ·
3 Ἰούδας δὲ ἐγέννησεν τ. Φαρὲς κ. τ. Ζαρά
2 6 κ. σὺ Βηθλεὲμ γῆ Ἰούδα οὐδαμῶς ἐλαχίστη εἶ ἐν τ. ἡγεμόσιν Ἰούδα
וְאַתָּה בֵּית־לֶחֶם אֶפְרָתָה צָעִיר לִהְיוֹת בְּאַלְפֵי יְהוּדָה, Mic. v. 1
Lu 1 39 ἐπορεύθη . . . εἰς πόλιν Ἰούδα
3 33 τοῦ Φαρὲς τοῦ Ἰούδα τοῦ Ἰακὼβ
He 7 14 ἐξ Ἰούδα ἀνατέταλκεν ὁ Κύριος ἡμῶν
8 8 συντελέσω . . . ἐπὶ τ. οἶκον Ἰούδα διαθήκην καινήν
כָּרַתִּי . . . אֶת־בֵּית יְהוּדָה בְּרִית חֲדָשָׁה Jer. xxxi. 31
Re 5 5 ἐνίκησεν ὁ λέων ὁ ἐκ τ. φυλῆς Ἰούδα
7 5 ἐκ φυλῆς Ἰούδα δώδεκα χιλιάδες ἐσφραγισμένοι

ἸΟΥ'ΔΑΣ 2455.2 cf. 2455

Iscariot

Mt 10 4 Ἰούδας ὁ Ἰσκαριώτης ὁ κ. παραδοὺς αὐτόν
26 14 εἷς τῶν δώδεκα ὁ λεγόμενος Ἰούδας Ἰσκαριώτης
25 ἀποκριθεὶς Ἰούδας ὁ παραδιδοὺς αὐτόν
47 Ἰούδας εἷς τῶν δώδεκα ἦλθεν
27 3 τότε ἰδὼν Ἰούδας ὁ παραδοὺς αὐτόν
ὁ παραδιδούς, TWH mg.
Mk 3 19 Ἰούδαν Ἰσκαριὼθ ὃς κ. παρέδωκεν αὐτόν
14 10 Ἰούδας Ἰσκαριὼθ ὁ εἷς τῶν δώδεκα ἀπῆλθεν πρὸς τ. ἀρχιερεῖς
43 ἔτι αὐτοῦ λαλοῦντος παραγίνεται Ἰούδας
+ὁ Ἰσκαριώτης, T
Lu 6 16 Ἰούδαν Ἰακώβου κ. Ἰούδαν Ἰσκαριώθ
22 3 εἰσῆλθεν δὲ Σατανᾶς εἰς Ἰούδαν τ. καλούμενον Ἰσκαριώτην
47 ἰδοὺ ὄχλος κ. ὁ λεγόμενος Ἰούδας
48 Ἰούδα φιλήματι τ. υἱὸν τ. ἀνθρώπου παραδίδως;
Jo 6 71 ἔλεγεν δὲ τ. Ἰούδαν Σίμωνος Ἰσκαριώτου
12 4 λέγει δὲ Ἰούδας ὁ Ἰσκαριώτης εἷς τ. μαθητῶν αὐτοῦ
13 2 ἵνα παραδοῖ αὐτὸν Ἰούδας Σίμωνος Ἰσκαριώτης
26 λαμβάνει κ. δίδωσιν Ἰούδᾳ Σίμωνος Ἰσκαριώτου
29 ἐπεὶ τὸ γλωσσόκομον εἶχεν Ἰούδας
18 2 ᾔδει δὲ κ. Ἰούδας ὁ παραδιδοὺς αὐτὸν τ. τόπον
3 ὁ οὖν Ἰούδας λαβὼν τ. σπεῖραν
5 εἱστήκει δὲ κ. Ἰούδας ὁ παραδιδοὺς αὐτὸν μετ' αὐτῶν
Ac 1 16 περὶ Ἰούδα τ. γενομένου ὁδηγοῦ τ. συλλαβοῦσιν Ἰησοῦν
25 ἀφ' ἧς παρέβη Ἰούδας

ἸΟΥ'ΔΑΣ 2455.5 cf. 2455

(1) apostolus

Mt 13 55 οἱ ἀδελφοὶ αὐτοῦ Ἰάκωβος . . . κ. Ἰούδας
Mk 6 3 ἀδελφὸς Ἰακώβου κ. Ἰωσῆτος κ. Ἰούδα
Lu 3 30 τοῦ Συμεὼν τοῦ Ἰούδα τοῦ Ἰωσὴφ
6 16 [1] Ἰούδαν Ἰακώβου κ. Ἰούδαν Ἰσκαριώθ
Jo 14 22 [1] λέγει αὐτῷ Ἰούδας οὐχ ὁ Ἰσκαριώτης
Ac 1 13 [1] Σίμων ὁ ζηλωτὴς κ. Ἰούδας Ἰακώβου
5 37 μετὰ τοῦτον ἀνέστη Ἰούδας ὁ Γαλιλαῖος
9 11 ζήτησον ἐν οἰκίᾳ Ἰούδα Σαῦλον ὀνόματι Ταρσέα
15 22 Ἰούδαν τ. καλούμενον Βαρσαββᾶν κ. Σίλαν
27 ἀπεστάλκαμεν οὖν Ἰούδαν κ. Σίλαν
32 Ἰούδας τε κ. Σίλας κ. αὐτοὶ προφῆται ὄντες
34 μόνος δὲ Ἰούδας ἐπορεύθη
—h. v., TWH [WH mg.] R
Ju 1 Ἰούδας Ἰησοῦ Χριστοῦ δοῦλος

ἸΟΥΛΙ'Α 2456

Ro 16 15 ἀσπάσασθε Φιλόλογον κ. Ἰουλίαν

ἸΟΥ'ΛΙΟΣ 2457

Ac 27 1 παρεδίδουν . . . ἑκατοντάρχῃ . . . ὀνόματι Ἰουλίῳ
3 φιλανθρώπως τε ὁ Ἰούλιος τ. Παύλῳ χρησάμενος

ἸΟΥΝΙ'ΑΣ 2458

Ro 16 7 ἀσπάσασθε Ἀνδρόνικον κ. Ἰουνίαν τ. συγγενεῖς μου

ἸΟΥ͂ΣΤΟΣ 2459

Ac 1 23 Ἰωσὴφ τ. καλούμενον Βαρσαββᾶν ὃς ἐπεκλήθη Ἰοῦστος
18 7 ἦλθεν εἰς οἰκίαν τινὸς ὀνόματι Τιτίου Ἰούστου
Col 4 11 ἀσπάζεται ὑμᾶς . . . Ἰησοῦς ὁ λεγόμενος Ἰοῦστος

ἹΠΠΕΥ'Σ 2460

Ac 23 23 ἑτοιμάσατε . . . ἱππεῖς ἑβδομήκοντα
32 ἐάσαντες τ. ἱππεῖς ἀπέρχεσθαι σὺν αὐτῷ

ἹΠΠΙΚΟ'Σ** 2461

Re 9 16 ὁ ἀριθμὸς τ. στρατευμάτων τ. ἱππικοῦ

ἽΠΠΟΣ 2462

Ja 3 3 εἰ δὲ τ. ἵππων τ. χαλινοὺς εἰς τὰ στόματα βάλλομεν
Re 6 2 εἶδον κ. ἰδοὺ ἵππος λευκός
4 ἐξῆλθεν ἄλλος ἵππος πυρρός
5 εἶδον κ. ἰδοὺ ἵππος μέλας
8 εἶδον κ. ἰδοὺ ἵππος χλωρός
9 7 τὰ ὁμοιώματα τ. ἀκρίδων ὅμοια ἵπποις ἡτοιμασμένοις εἰς πόλεμον
9 ὡς φωνὴ ἁρμάτων ἵππων πολλῶν τρεχόντων εἰς πόλεμον
17 οὕτως εἶδον τ. ἵππους ἐν τ. ὁράσει
17 αἱ κεφαλαὶ τ. ἵππων ὡς κεφαλαὶ λεόντων
19 ἡ γὰρ ἐξουσία τ. ἵππων ἐν τ. στόματι αὐτῶν ἐστίν
14 20 ἐξῆλθεν αἷμα ἐκ τῆς ληνοῦ ἄχρι τ. χαλινῶν τ. ἵππων
18 13 κτήνη κ. πρόβατα κ. ἵππων κ. ῥεδῶν
19 11 εἶδον τ. οὐρανὸν ἠνεῳγμένον κ. ἰδοὺ ἵππος λευκός
14 τὰ στρατεύματα τὰ ἐν τ. οὐρανῷ ἠκολούθει αὐτῷ ἐφ' ἵπποις λευκοῖς

Re 19 18 σάρκας ἵππων κ. τ. καθημένων ἐπ' αὐτούς
19 ποιῆσαι τ. πόλεμον μετὰ τ. καθημένου ἐπὶ τ. ἵππου
21 ἀπεκτάνθησαν ἐν τ. ῥομφαίᾳ τ. καθημένου ἐπὶ τ. ἵππου

ἾΡΙΣ 2463

Re 4 3 ἶρις κυκλόθεν τ. θρόνου ὅμοιος ὁράσει σμαραγδίνῳ
10 1 ἡ ἶρις ἐπὶ τ. κεφαλὴν αὐτοῦ

ἸΣΑΆΚ 2464

M 1 2 Ἀβραὰμ ἐγέννησεν τὸν Ἰσαάκ· Ἰσαὰκ δὲ ἐγέννησεν τὸν Ἰακώβ
8 11 ἀνακλιθήσονται μετὰ Ἀβραὰμ κ. Ἰσαὰκ κ. Ἰακώβ
22 32 ἐγώ εἰμι ὁ Θεὸς Ἀβραὰμ κ. ὁ Θεὸς Ἰσαὰκ κ. ὁ Θεὸς Ἰακώβ
אָנֹכִי . . . אֱלֹהֵי אַבְרָהָם אֱלֹהֵי יִצְחָק וֵאלֹהֵי יַעֲקֹב, Ex. iii. 6

Mk 12 26 ἐγὼ ὁ Θεὸς Ἀβραὰμ κ. Θεὸς Ἰσαάκ κ. Θεὸς Ἰακώβ, Ex. *l.c.*
Lu 3 34 τοῦ Ἰακὼβ τοῦ Ἰσαὰκ τοῦ Ἀβραάμ
13 28 ὅταν ὄψησθε Ἀβραὰμ κ. Ἰσαὰκ κ. Ἰακὼβ
20 37 ὡς λέγει Κύριον τ. Θεὸν Ἀβραὰμ κ. Θεὸν Ἰσαὰκ κ. Θεὸν Ἰακώβ
Ac 3 13 ὁ Θεὸς Ἀβραὰμ κ. Ἰσαὰκ κ. Ἰακὼβ . . . ἐδόξασεν τ. παῖδα αὐτοῦ Ἰησοῦν
ὁ Θεὸς Ἰσ., T
7 8 οὕτως ἐγέννησεν τὸν Ἰσαάκ
8 κ. Ἰσαὰκ τὸν Ἰακώβ
32 ἐγὼ . . . ὁ Θεὸς Ἀβραὰμ κ. Ἰσαὰκ κ. Ἰακώβ, Ex. *l.c.*
Ro 9 7 ἐν Ἰσαὰκ κληθήσεταί σοι σπέρμα
בְּיִצְחָק יִקָּרֵא לְךָ זָרַע, Gen. xxi. 12
10 ἐξ ἑνὸς κοίτην ἔχουσα Ἰσαὰκ τ. πατρὸς ἡμῶν
Ga 4 28 ἡμεῖς δὲ ἀδελφοὶ κατὰ Ἰσαὰκ ἐπαγγελίας τέκνα ἐσμέν
He 11 9 ἐν σκηναῖς κατοικήσας μετὰ Ἰσαὰκ κ. Ἰακὼβ
17 πίστει προσενήνοχεν Ἀβραὰμ τὸν Ἰσαὰκ πειραζόμενος
18 ἐν Ἰσαὰκ κληθήσεταί σοι σπέρμα, Gen. *l.c.*
20 πίστει κ. περὶ μελλόντων εὐλόγησεν Ἰσαὰκ τ. Ἰακὼβ
Ja 2 21 ἀνενέγκας Ἰσαὰκ τ. υἱὸν αὐτοῦ ἐπὶ τὸ θυσιαστήριον

ἸΣΆΓΓΕΛΟΣ* † 2465

Lu 20 36 ἰσάγγελοι γάρ εἰσιν

2469.5 ἸΣΚΑΡΙΏΘ cf. 2469

Mk 3 19 Ἰούδαν Ἰσκαριὼθ ὃς κ. παρέδωκεν αὐτόν
14 10 Ἰούδας Ἰσκαριὼθ ὁ εἷς τῶν δώδεκα
Lu 6 16 Ἰούδαν Ἰακώβου κ. Ἰούδαν Ἰσκαριώθ

2469 ἸΣΚΑΡΙΏΤΗΣ cf. 2469.5

Mt 10 4 Ἰούδας ὁ Ἰσκαριώτης ὁ κ. παραδοὺς αὐτόν
26 14 εἷς τῶν δώδεκα ὁ λεγόμενος Ἰούδας Ἰσκαριώτης
Mk 14 43 παραγίνεται Ἰούδας ὁ Ἰσκαριώτης εἷς τῶν δώδεκα
—ὁ Ἰσκαρ., WHR
Lu 22 3 εἰσῆλθεν δὲ Σατανᾶς εἰς Ἰούδαν τ. καλούμενον Ἰσκαριώτην
Jo 6 71 ἔλεγεν δὲ τ. Ἰούδαν Σίμωνος Ἰσκαριώτου
12 4 λέγει δὲ Ἰούδας ὁ Ἰσκαριώτης εἷς τ. μαθητῶν αὐτοῦ
13 2 ἵνα παραδοῖ αὐτὸν Ἰούδας Σίμωνος Ἰσκαριώτης
26 λαμβάνει κ. δίδωσιν Ἰούδᾳ Σίμωνος Ἰσκαριώτου
14 22 λέγει αὐτῷ Ἰούδας οὐχ ὁ Ἰσκαριώτης

ἼΣΟΣ 2470

Mt 20 12 ἴσους αὐτοὺς ἡμῖν ἐποίησας
Mk 14 56 ἴσαι αἱ μαρτυρίαι οὐκ ἦσαν
59 οὐδὲ οὕτως ἴση ἦν ἡ μαρτυρία αὐτῶν
Lu 6 34 δανίζουσιν ἵνα ἀπολάβωσιν τὰ ἴσα
Jo 5 18 ἴσον ἑαυτὸν ποιῶν τ. Θεῷ
Ac 11 17 εἰ οὖν τ. ἴσην δωρεὰν ἔδωκεν αὐτοῖς ὁ Θεός
Phl 2 6 οὐχ ἁρπαγμὸν ἡγήσατο τὸ εἶναι ἴσα Θεῷ
Re 21 16 τὸ μῆκος κ. τὸ πλάτος κ. τὸ ὕψος αὐτῆς ἴσα ἐστίν

ἸΣΌΤΗΣ 2471

II Co 8 13 ἀλλ' ἐξ ἰσότητος
14 ὅπως γένηται ἰσότης
Col 4 1 τὸ δίκαιον κ. τ. ἰσότητα τ. δούλοις παρέχεσθε

ἸΣΌΤΙΜΟΣ* 2472

II Pe 1 1 τοῖς ἰσότιμον ἡμῖν λαχοῦσιν πίστιν

ἸΣΌΨΥΧΟΣ 2473

Phl 2 20 οὐδένα γὰρ ἔχω ἰσόψυχον

ἸΣΡΑΉΛ 2474

(1) γῆ Ἰσρ. (2) οἶκος, λαός, υἱοὶ Ἰσρ. (3) Θεός, βασιλεὺς Ἰσρ. (4) Ἰσρ. κατὰ σάρκα (5) Ἰσρ. τ. Θεοῦ

Mt 2 6 ὅστις ποιμανεῖ τ. λαόν μου τὸν Ἰσραήλ
לִהְיוֹת מוֹשֵׁל בְּיִשְׂרָאֵל, Mic. v. 1
20 [1] ἐγερθεὶς . . . πορεύου εἰς γῆν Ἰσραήλ
21 [1] ὁ δὲ ἐγερθεὶς . . . εἰσῆλθεν εἰς γῆν Ἰσραήλ
8 10 παρ' οὐδένι τοσαύτην πίστιν ἐν τ. Ἰσραὴλ εὗρον
9 33 οὐδέποτε ἐφάνη οὕτως ἐν τ. Ἰσραήλ
10 6 [2] πορεύεσθε δὲ μᾶλλον πρὸς τὰ πρόβατα τὰ ἀπολωλότα οἴκου Ἰσραήλ
23 οὐ μὴ τελέσητε τ. πόλεις τοῦ Ἰσραήλ
15 24 [2] οὐκ ἀπεστάλην εἰ μὴ εἰς τὰ πρόβατα τὰ ἀπολωλότα οἴκου Ἰσραήλ
31 [3] ἐδόξασαν τ. Θεὸν Ἰσραήλ
19 28 κρίνοντες τ. δώδεκα φυλὰς τοῦ Ἰσραήλ
27 9 [2] ὃν ἐτιμήσαντο ἀπὸ υἱῶν Ἰσραήλ
אֲשֶׁר יָקַרְתִּי מֵעֲלֵיהֶם, Zech. xi. 13
42 [3] βασιλεὺς Ἰσραήλ ἐστιν καταβάτω νῦν
Mk 12 29 ἄκουε Ἰσραὴλ Κύριος ὁ Θεὸς ἡμῶν Κύριος εἷς ἐστίν

שְׁמַע יִשְׂרָאֵל יְהוָה אֱלֹהֵינוּ יְהוָה אֶחָד, Dt. vi. 4

Mk 15 32 [3] ὁ Χριστὸς ὁ βασιλεὺς Ἰσραὴλ καταβάτω νῦν ἀπὸ τ. σταυροῦ
Lu 1 16 [2] πολλοὺς τ. υἱῶν Ἰσραὴλ ἐπιστρέψει ἐπὶ Κύριον
54 ἀντελάβετο Ἰσραὴλ τ. παιδὸς αὐτοῦ
68 [3] εὐλογητὸς Κύριος ὁ Θεὸς τοῦ Ἰσραήλ
80 ἕως ἡμέρας ἀναδείξεως αὐτοῦ πρὸς τὸν Ἰσραήλ
2 25 προσδεχόμενος παράκλησιν τοῦ Ἰσραήλ
32 [2] φῶς εἰς . . . δόξαν λαοῦ σου Ἰσραήλ
34 οὗτος κεῖται εἰς πτῶσιν κ. ἀνάστασιν πολλῶν ἐν τῷ Ἰσραήλ
4 25 πολλαὶ χῆραι ἦσαν ἐν τ. ἡμέραις Ἠλείου ἐν τῷ Ἰσραήλ
27 πολλοὶ λεπροὶ ἦσαν ἐν τῷ Ἰσραὴλ ἐπὶ Ἐλισαίου
7 9 οὐδὲ ἐν τ. Ἰσραὴλ τοσαύτην πίστιν εὗρον
22 30 τ. δώδεκα φυλὰς κρίνοντες τοῦ Ἰσραήλ
24 21 αὐτός ἐστιν ὁ μέλλων λυτροῦσθαι τ. Ἰσραήλ
Jo 1 31 ἀλλ' ἵνα φανερωθῇ τῷ Ἰσραήλ
49 [3] σὺ βασιλεὺς εἶ τοῦ Ἰσραήλ
3 10 σὺ εἶ ὁ διδάσκαλος τοῦ Ἰσραήλ
12 13 [3] εὐλογημένος . . . ὁ βασιλεὺς τοῦ Ἰσραήλ
Ac 1 6 εἰ ἐν τ. χρόνῳ τούτῳ ἀποκαθιστάνεις τ. βασιλείαν τῷ Ἰσραήλ
2 36 [2] ἀσφαλῶς οὖν γινωσκέτω πᾶς οἶκος Ἰσραήλ
4 10 [2] γνωστὸν ἔστω πᾶσιν ὑμῖν κ. παντὶ τ. λαῷ Ἰσραήλ
27 [2] συνήχθησαν γὰρ . . . σὺν ἔθνεσιν κ. λαοῖς Ἰσραήλ
5 21 [2] συνεκάλεσαν . . . πᾶσαν τ. γερουσίαν τ. υἱῶν Ἰσραήλ
31 τοῦ δοῦναι μετάνοιαν τῷ Ἰσραήλ
7 23 [2] ἐπισκέψασθαι τ. ἀδελφοὺς αὐτοῦ τ. υἱοὺς Ἰσραήλ
37 [2] οὗτός ἐστιν ὁ Μωυσῆς ὁ εἴπας τ. υἱοῖς Ἰσραήλ
42 [2] μὴ σφάγια κ. θυσίας προσηνέγκατέ μοι . . . οἶκος Ἰσραήλ;

הַזְּבָחִים וּמִנְחָה הִגַּשְׁתֶּם־לִי . . . בֵּית יִשְׂרָאֵל Am. v. 25

9 15 [2] ἐνώπιον τ. ἐθνῶν τε κ. βασιλέων υἱῶν τε Ἰσραήλ
10 36 [2] τ. λόγον ἀπέστειλεν τ. υἱοῖς Ἰσραήλ
13 17 [2 3] ὁ Θεὸς τ. λαοῦ τούτου Ἰσραὴλ ἐξελέξατο
23 ἤγαγεν τῷ Ἰσραὴλ σωτῆρα Ἰησοῦν,
24 [2] προκηρύξαντος Ἰωάνου . . . βάπτισμα μετανοίας παντὶ τ. λαῷ Ἰσραήλ
28 20 εἵνεκεν γὰρ τ. ἐλπίδος τοῦ Ἰσραήλ
Ro 9 6 οὐ γὰρ πάντες οἱ ἐξ Ἰσραὴλ οὗτοι Ἰσραήλ
27 Ἠσαίας δὲ κράζει ὑπὲρ τοῦ Ἰσραήλ, [2] ἐὰν ᾖ ὁ ἀριθμὸς τ. υἱῶν Ἰσραὴλ ὡς ἡ ἄμμος τ. θαλάσσης

כִּי אִם־יִהְיֶה עַמְּךָ יִשְׂרָאֵל כְּחוֹל הַיָּם, Is. x. 22

31 Ἰσραὴλ δὲ διώκων νόμον δικαιοσύνης
10 19 ἀλλὰ λέγω Μὴ Ἰσραὴλ οὐκ ἔγνω;
21 πρὸς δὲ τὸν Ἰσραὴλ λέγει
11 2 ὡς ἐντυγχάνει τ. Θεῷ κατὰ τοῦ Ἰσραήλ
7 ὃ ἐπιζητεῖ Ἰσραὴλ τοῦτο οὐκ ἐπέτυχεν
25 πώρωσις ἀπὸ μέρους τῷ Ἰσραὴλ γέγονεν

Ro 11 26 οὕτως πᾶς Ἰσραὴλ σωθήσεται
1Co10 18 [4] βλέπετε τὸν Ἰσραὴλ κατὰ σάρκα
11Co3 7 [2] ὥστε μὴ δύνασθαι ἀτενίσαι τ. υἱοὺς Ἰσραὴλ εἰς τὸ πρόσωπον Μωυσέως
13 [2] πρὸς τὸ μὴ ἀτενίσαι τ. υἱοὺς Ἰσραὴλ εἰς τὸ τέλος τ. καταργουμένου
Ga 6 16 [5] εἰρήνη ἐπ' αὐτοὺς κ. ἔλεος κ. ἐπὶ τ. Ἰσραὴλ τ. Θεοῦ
Eph 2 12 ἀπηλλοτριωμένοι τ. πολιτείας τοῦ Ἰσραήλ
Phl 3 5 ἐκ γένους Ἰσραὴλ φυλῆς Βενιαμείν
He 8 8 [2] συντελέσω ἐπὶ τ. οἶκον Ἰσραὴλ . . . διαθήκην καινήν

כָּרַתִּי אֶת־בֵּית יִשְׂרָאֵל . . . בְּרִית חֲדָשָׁה Jer. xxxi. 31

10 [2] αὕτη ἡ διαθήκη ἣν διαθήσομαι τ. οἴκῳ Ἰσραήλ

זֹאת הַבְּרִית אֲשֶׁר אֶכְרֹת אֶת־בֵּית יִשְׂרָאֵל *ib.* 33

11 22 [2] περὶ τῆς ἐξόδου τ. υἱῶν Ἰσραὴλ ἐμνημόνευσεν
Re 2 14 [2] βαλεῖν σκάνδαλον ἐνώπιον τ. υἱῶν Ἰσραήλ
7 4 [2] ἐσφραγισμένοι ἐκ πάσης φυλῆς υἱῶν Ἰσραήλ
21 12 [2] ὀνόματα γεγραμμένα ἅ ἐστιν τ. δώδεκα φυλῶν υἱῶν Ἰσραήλ

ἸΣΡΑΗΛΕΙ΄ΤΗΣ 2475

Jo 1 47 ἴδε ἀληθῶς Ἰσραηλείτης
Ac 2 22 ἄνδρες Ἰσραηλεῖται ἀκούσατε τ. λόγους τούτους
3 12 ἄνδρες Ἰσραηλεῖται τί θαυμάζετε ἐπὶ τούτῳ
5 35 ἄνδρες Ἰσραηλεῖται προσέχετε ἑαυτοῖς
13 16 ἄνδρες Ἰσραηλεῖται κ. οἱ φοβούμενοι τ. Θεόν
21 28 ἄνδρες Ἰσραηλεῖται βοηθεῖτε
Ro 9 4 οἵτινές εἰσιν Ἰσραηλεῖται
11 1 κ. γὰρ ἐγὼ Ἰσραηλείτης εἰμί
11Co11 22 Ἰσραηλεῖταί εἰσιν; κἀγώ

ἸΣΣΑΧΑ΄Ρ 2475.5

Re 7 7 ἐκ φυλῆς Ἰσσαχὰρ δώδεκα χιλιάδες
Ἰσσάχαρ, T

ἽΣΤΗΜΙ 2476

(1) trans. (2) intrans., seq. prepos. c. acc. (3) ἱστάνω (4) ἵστ. τ. πίστει

Mt 2 9 ἕως ἐλθὼν ἐστάθη ἐπάνω οὗ ἦν τὸ παιδίον
4 5 [1] ἔστησεν αὐτὸν ἐπὶ τὸ πτερύγιον τ. ἱεροῦ
6 5 ἐν τ. γωνίαις τ. πλατειῶν ἑστῶτες προσεύχεσθαι
12 25 πᾶσα πόλις . . . μερισθεῖσα καθ' ἑαυτῆς οὐ σταθήσεται
26 πῶς οὖν σταθήσεται ἡ βασιλεία αὐτοῦ;
46 ἡ μήτηρ κ. οἱ ἀδελφοὶ αὐτοῦ εἱστήκεισαν ἔξω
ἱστήκεισαν, WH
47 ἡ μήτηρ σου κ. οἱ ἀδελφοί σου ἔξω ἑστήκασιν
—h. v., [T] WH non mg. R mg.
13 2 [2] πᾶς ὁ ὄχλος ἐπὶ τ. αἰγιαλὸν εἱστήκει
ἱστήκει, WH
16 28 εἰσίν τινες τῶν ὧδε ἑστώτων

Mt 18 2 [1] προσκαλεσάμενος παιδίον ἔστησεν αὐτὸ ἐν μέσῳ αὐτῶν
16 ἵνα ἐπὶ στόματος δύο μαρτύρων ἢ τριῶν σταθῇ πᾶν ῥῆμα
עַל־פִּי שְׁנֵי עֵדִים אוֹ עַל־פִּי שְׁלשָׁה־עֵדִים יָקוּם דָּבָר, Dt. xix. 15
20 3 εἶδεν ἄλλους ἑστῶτας ἐν τ. ἀγορᾷ ἀργούς
6 εὗρεν ἄλλους ἑστῶτας κ. λέγει αὐτοῖς, τί ὧδε ἑστήκατε ὅλην τ. ἡμέραν ἀργοί;
32 στὰς ὁ Ἰησοῦς ἐφώνησεν αὐτούς
24 15 τὸ βδέλυγμα τ. ἐρημώσεως . . . ἑστὸς ἐν τόπῳ ἁγίῳ
25 33 [1] στήσει τὰ μὲν πρόβατα ἐκ δεξιῶν αὐτοῦ
26 15 [1] οἱ δὲ ἔστησαν αὐτῷ τριάκοντα ἀργύρια
73 προσελθόντες οἱ ἑστῶτες εἶπον τ. Πέτρῳ
27 11 ὁ δὲ Ἰησοῦς ἐστάθη ἔμπροσθεν τ. ἡγεμόνος
47 τινὲς δὲ τῶν ἐκεῖ ἑστηκότων ἀκούσαντες
Mk 3 24 οὐ δύναται σταθῆναι ἡ βασιλεία ἐκείνη
25 οὐ δυνήσεται ἡ οἰκία ἐκείνη στῆναι
σταθῆναι, T
26 οὐ δύναται στῆναι ἀλλὰ τέλος ἔχει
7 9 [1] ἵνα τ. παράδοσιν ὑμῶν στήσητε
τηρήσητε, TWH non mg. R
9 1 εἰσίν τινες ὧδε τ. ἑστηκότων
36 [1] λαβὼν παιδίον ἔστησεν αὐτὸ ἐν μέσῳ αὐτῶν
10 49 στὰς ὁ Ἰησοῦς εἶπεν Φωνήσατε αὐτόν
11 5 τινὲς τῶν ἐκεῖ ἑστηκότων ἔλεγον αὐτοῖς
13 9 ἐπὶ ἡγεμόνων κ. βασιλέων σταθήσεσθε ἕνεκεν ἐμοῦ
14 τὸ βδέλυγμα τ. ἐρημώσεως . . . ἑστηκότα ὅπου οὐ δεῖ
15 35 τινὲς τ. ἑστηκότων ἀκούσαντες ἔλεγον
παρεστηκότων, WH non mg. R; παρεστώτων, T
Lu 1 11 ἄγγελος Κυρίου ἑστὼς ἐκ δεξιῶν τ. θυσιαστηρίου τ. θυμιάματος
4 9 [1] ἔστησεν ἐπὶ τὸ πτερύγιον τ. ἱεροῦ
5 1 [2] αὐτὸς ἦν ἑστὼς παρὰ τ. λίμνην Γεννησαρέτ·
2 [2] κ. εἶδεν πλοῖα δύο ἑστῶτα παρὰ τ. λίμνην
6 8 [2] ἔγειρε κ. στῆθι εἰς τὸ μέσον. κ. ἀναστὰς ἔστη
17 καταβὰς μετ' αὐτῶν ἔστη ἐπὶ τόπου πεδινοῦ
7 14 οἱ δὲ βαστάζοντες ἔστησαν
38 [2] στᾶσα ὀπίσω παρὰ τ. πόδας αὐτοῦ
8 20 ἡ μήτηρ σου κ. οἱ ἀδελφοί σου ἑστήκασιν ἔξω
44 παραχρῆμα ἔστη ἡ ῥύσις τ. αἵματος αὐτῆς
9 27 εἰσίν τινες τῶν αὐτοῦ ἑστηκότων
47 [1] ἐπιλαβόμενος παιδίον ἔστησεν αὐτὸ παρ' ἑαυτῷ
11 18 πῶς σταθήσεται ἡ βασιλεία αὐτοῦ;
13 25 ἀφ' οὗ ἂν . . . ἄρξησθε ἔξω ἑστάναι
17 12 δέκα λεπροὶ ἄνδρες οἳ ἔστησαν πόρρωθεν
ἀνέστησαν, WH non mg.
18 11 ὁ Φαρισαῖος σταθεὶς ταῦτα πρὸς ἑαυτὸν προσηύχετο
13 ὁ δὲ τελώνης μακρόθεν ἑστὼς
40 σταθεὶς δὲ Ἰησοῦς ἐκέλευσεν αὐτὸν ἀχθῆναι
19 8 σταθεὶς δὲ Ζακχαῖος εἶπεν πρὸς τ. Κύριον
21 36 ἵνα κατισχύσητε . . . σταθῆναι ἔμπροσθεν τ. υἱοῦ τ. ἀνθρώπου
23 10 εἱστήκεισαν δὲ οἱ ἀρχιερεῖς κ. οἱ γραμματεῖς
ἱστήκεισαν, WH
35 εἱστήκει ὁ λαὸς θεωρῶν
ἱστήκει, WH

Lu 23 49 εἱστήκεισαν δὲ πάντες οἱ γνωστοὶ αὐτῷ ἀπὸ μακρόθεν
ἱστήκεισαν, WH
24 17 κ. ἐστάθησαν σκυθρωποί
36 αὐτὸς ἔστη ἐν μέσῳ αὐτῶν
Jo 1 35 τῇ ἐπαύριον πάλιν εἱστήκει Ἰωάνης
ἱστήκει, WH
3 29 ὁ δὲ φίλος τ. νυμφίου ὁ ἑστηκὼς κ. ἀκούων αὐτοῦ
6 22 ὁ ὄχλος ὁ ἑστηκὼς πέραν τ. θαλάσσης
7 37 ἐν δὲ τ. ἐσχάτῃ ἡμέρᾳ . . . εἱστήκει ὁ Ἰησοῦς
ἱστήκει, WH
8 [3 [1] στήσαντες αὐτὴν ἐν μέσῳ λέγουσιν αὐτῷ
44 ἐν τ. ἀληθείᾳ οὐχ ἕστηκεν
οὐκ ἕστηκεν, WHR non marg.
11 56 ἔλεγον μετ' ἀλλήλων ἐν τ. ἱερῷ ἑστηκότες
12 29 ὁ οὖν ὄχλος ὁ ἑστὼς κ. ἀκούσας
18 5 εἱστήκει δὲ κ. Ἰούδας ὁ παραδιδοὺς αὐτὸν μετ' αὐτῶν
ἱστήκει, WH
16 ὁ δὲ Πέτρος εἱστήκει πρὸς τ. θύρᾳ ἔξω
ἱστήκει, WH
18 εἱστήκεισαν δὲ οἱ δοῦλοι κ. οἱ ὑπηρέται
ἱστήκεισαν, WH
18 ἦν δὲ κ. ὁ Πέτρος μετ' αὐτῶν ἑστώς
25 ἦν δὲ Σίμων Πέτρος ἑστὼς κ. θερμαινόμενος
19 25 εἱστήκεισαν δὲ παρὰ τ. σταυρῷ τ. Ἰησοῦ
ἱστήκεισαν, WH
20 11 Μαρία δὲ εἱστήκει πρὸς τ. μνημείῳ ἔξω κλαίουσα
ἱστήκει, WH
14 θεωρεῖ τ. Ἰησοῦν ἑστῶτα
19 [2] ἦλθεν ὁ Ἰησοῦς κ. ἔστη εἰς τὸ μέσον
26 [2] ἔρχεται ὁ Ἰησοῦς . . . κ. ἔστη εἰς τὸ μέσον
21 4 [2] ἔστη Ἰησοῦς εἰς τ. αἰγιαλόν
Ac 1 11 τί ἑστήκατε βλέποντες εἰς τ. οὐρανόν;
23 [1] ἔστησαν δύο Ἰωσὴφ . . . κ. Μαθθίαν
2 14 σταθεὶς δὲ ὁ Πέτρος σὺν τοῖς ἕνδεκα
3 8 ἐξαλλόμενος ἔστη κ. περιεπάτει
4 7 [1] στήσαντες αὐτοὺς ἐν τ. μέσῳ ἐπυνθάνοντο
14 τόν τε ἄνθρωπον βλέποντες σὺν αὐτοῖς ἑστῶτα
5 20 σταθέντες λαλεῖτε ἐν τ. ἱερῷ τ. λαῷ
23 εὕρομεν . . . τ. φύλακας ἑστῶτας ἐπὶ τ. θυρῶν
25 ἰδοὺ οἱ ἄνδρες . . . εἰσὶν ἐν τ. ἱερῷ ἑστῶτες
27 [1] ἀγαγόντες δὲ αὐτοὺς ἔστησαν ἐν τ. συνεδρίῳ
6 6 [1] οὓς ἔστησαν ἐνώπιον τ. ἀποστόλων
13 [1] ἔστησάν τε μάρτυρας ψευδεῖς λέγοντας
7 33 ὁ γὰρ τόπος ἐφ' ᾧ ἕστηκας γῆ ἁγία ἐστίν
כִּי הַמָּקוֹם אֲשֶׁר אַתָּה עוֹמֵד עָלָיו אַדְמַת־קֹדֶשׁ הוּא, Ex. iii. 5
55 εἶδεν . . . Ἰησοῦν ἑστῶτα ἐκ δεξιῶν τ. Θεοῦ
56 θεωρῶ . . . τ. υἱὸν τ. ἀνθρώπου ἐκ δεξιῶν ἑστῶτα τ. Θεοῦ
60 [1] Κύριε μὴ στήσῃς αὐτοῖς ταύτην τ. ἁμαρτίαν
8 38 ἐκέλευσεν στῆναι τὸ ἅρμα
9 7 οἱ δὲ ἄνδρες οἱ συνοδεύοντες αὐτῷ εἱστήκεισαν ἐνεοί
ἱστήκεισαν, WH
10 30 ἀνὴρ ἔστη ἐνώπιόν μου ἐν ἐσθῆτι λαμπρᾷ
11 13 πῶς εἶδεν τ. ἄγγελον ἐν τ. οἴκῳ αὐτοῦ σταθέντα

Ac 12 14 ἀπήγγειλεν ἑστάναι τ. Πέτρον πρὸ τ. πυλῶνος
16 9 ἀνὴρ Μακεδών τις ἦν ἑστώς
17 22 σταθεὶς δὲ Παῦλος ἐν μέσῳ τ. Ἀρείου Πάγου
31 [1] καθότι ἔστησεν ἡμέραν
21 40 ὁ Παῦλος ἑστὼς ἐπὶ τ. ἀναβαθμῶν
22 25 εἶπεν πρὸς τ. ἑστῶτα ἑκατόνταρχον ὁ Παῦλος
30 [1] καταγαγὼν τ. Παῦλον ἔστησεν εἰς αὐτούς
24 20 στάντος μου ἐπὶ τ. συνεδρίου
21 φωνῆς ἧς ἐκέκραξα ἐν αὐτοῖς ἑστώς
25 10 ἑστὼς ἐπὶ τ. βήματος Καίσαρός εἰμι
18 περὶ οὗ σταθέντες οἱ κατήγοροι
26 6 ἐπ' ἐλπίδι τῆς εἰς τ. πατέρας ἡμῶν ἐπαγγελίας . . . ἕστηκα κρινόμενος
16 [2] ἀνάστηθι κ. στῆθι ἐπὶ τ. πόδας σου
22 ἄχρι τ. ἡμέρας ταύτης ἕστηκα
27 21 τότε σταθεὶς ὁ Παῦλος ἐν μέσῳ αὐτῶν εἶπεν
Ro 3 31 [3] ἀλλὰ νόμον ἱστάνομεν
5 2 εἰς τ. χάριν ταύτην ἐν ᾗ ἑστήκαμεν
10 3 τ. ἰδίαν ζητοῦντες στῆσαι
11 20 [4] σὺ δὲ τ. πίστει ἕστηκας
14 4 [1] σταθήσεται δέ· δυνατεῖ γὰρ ὁ Κύριος στῆσαι αὐτόν
I Co 7 37 ὃς δὲ ἕστηκεν ἐν τ. καρδίᾳ αὐτοῦ ἑδραῖος
10 12 ὥστε ὁ δοκῶν ἑστάναι βλεπέτω μὴ πέσῃ
15 1 ἐν ᾧ κ. ἑστήκατε
II Co 1 24 [4] τῇ γὰρ πίστει ἑστήκατε
13 1 ἐπὶ στόματος δύο μαρτύρων κ. τριῶν σταθήσεται πᾶν ῥῆμα, Dt. *l.c.*
Eph 6 11 [2] πρὸς τὸ δύνασθαι ὑμᾶς στῆναι πρὸς τ. μεθοδίας τ. διαβόλου
13 ἵνα δυνηθῆτε . . . ἅπαντα κατεργασάμενοι στῆναι.
14 στῆτε οὖν περιζωσάμενοι τ. ὀσφὺν ὑμῶν ἐν ἀληθείᾳ
Col 4 12 ἵνα σταθῆτε τέλειοι κ. πεπληροφορημένοι
II Ti 2 19 ὁ μέντοι στερεὸς θεμέλιος τ. Θεοῦ ἕστηκεν
He 10 9 [1] ἀναιρεῖ τὸ πρῶτον ἵνα τὸ δεύτερον στήσῃ
11 πᾶς μὲν ἱερεὺς ἕστηκεν καθ' ἡμέραν λειτουργῶν
Ja 2 3 σὺ στῆθι ἢ κάθου ἐκεῖ ὑπὸ τὸ ὑποπόδιόν μου
5 9 ἰδοὺ ὁ κριτὴς πρὸ τ. θυρῶν ἕστηκεν
I Pe 5 12 [2] ἀληθῆ χάριν τ. Θεοῦ εἰς ἣν στῆτε
Ju 24 [1] τῷ δὲ δυναμένῳ . . . στῆσαι κατενώπιον τ. δόξης αὐτοῦ
Re 3 20 [2] ἰδοὺ ἕστηκα ἐπὶ τ. θύραν κ. κρούω
5 6 εἶδον . . . ἀρνίον ἑστηκὸς ὡς ἐσφαγμένον
ἑστηκώς, TWH mg.
6 17 κ. τίς δύναται σταθῆναι;
7 1 [2] εἶδον τέσσαρας ἀγγέλους ἑστῶτας ἐπὶ τ. τέσσαρας γωνίας τ. γῆς
9 ὄχλος πολὺς . . . ἑστῶτες ἐνώπιον τ. θρόνου
11 πάντες οἱ ἄγγελοι εἱστήκεισαν κύκλῳ τ. θρόνου
ἱστήκεισαν, WH
8 2 οἳ ἐνώπιον τ. Θεοῦ ἑστήκασιν
3 ἄλλος ἄγγελος ἦλθεν κ. ἐστάθη ἐπὶ τ. θυσιαστηρίου
10 5 ὃν εἶδον ἑστῶτα ἐπὶ τ. θαλάσσης κ. ἐπὶ τ. γῆς
8 ἐν τ. χειρὶ τ. ἀγγέλου τ. ἑστῶτος ἐπὶ τ. θαλάσσης
11 4 αἱ δύο λυχνίαι αἱ ἐνώπιον τ. Κυρίου τ. γῆς ἑστῶτες
11 [2] ἔστησαν ἐπὶ τ. πόδας αὐτῶν
12 4 ὁ δράκων ἕστηκεν ἐνώπιον τ. γυναικὸς
ἕστηκεν, WHR
Re 12 18 [2] ἐστάθη ἐπὶ τὴν ἄμμον τ. θαλάσσης
14 1 [2] ἰδοὺ τὸ ἀρνίον ἑστὸς ἐπὶ τὸ ὄρος Σιών
15 2 [2] τ. νικῶντας ἐκ τ. θηρίου . . . ἑστῶτας ἐπὶ τ. θάλασσαν τ. ὑαλίνην
18 10 ἀπὸ μακρόθεν ἑστηκότες διὰ τ. φόβον τ. βασανισμοῦ αὐτῆς
15 ἀπὸ μακρόθεν στήσονται διὰ τ. φόβον τ. βασανισμοῦ αὐτῆς
17 ὅσοι τ. θάλασσαν ἐργάζονται ἀπὸ μακρόθεν ἔστησαν
19 17 εἶδον ἕνα ἄγγελον ἑστῶτα ἐν τ. ἡλίῳ
20 12 εἶδον τ. νεκροὺς . . . ἑστῶτας ἐνώπιον τ. θρόνου

ἹΣΤΟΡΈΩ 2477

Ga 1 18 ἀνῆλθον εἰς Ἱεροσόλυμα ἱστορῆσαι Κηφᾶν

ἸΣΧΥΡΌΣ 2478

(1) ἰσχυρότερος

Mt 3 11 [1] ὁ δὲ ὀπίσω μου ἐρχόμενος ἰσχυρότερός μου ἐστίν
12 29 πῶς δύναταί τις εἰσελθεῖν εἰς τ. οἰκίαν τ. ἰσχυροῦ
29 ἐὰν μὴ πρῶτον δήσῃ τ. ἰσχυρόν;
14 30 βλέπων δὲ τ. ἄνεμον ἰσχυρὸν ἐφοβήθη
—ἰσχ., TWHR non mg.
Mk 1 7 [1] ἔρχεται ὁ ἰσχυρότερός μου ὀπίσω μου
3 27 οὐ δύναται οὐδεὶς εἰς τ. οἰκίαν τ. ἰσχυροῦ εἰσελθὼν
27 ἐὰν μὴ πρῶτον τ. ἰσχυρὸν δήσῃ
Lu 3 16 [1] ἔρχεται δὲ ὁ ἰσχυρότερός μου
11 21 ὅταν ὁ ἰσχυρὸς καθωπλισμένος φυλάσσῃ τὴν ἑαυτοῦ αὐλήν
22 [1] ἐπὰν δὲ ἰσχυρότερος αὐτοῦ ἐπελθὼν νικήσῃ αὐτόν
15 14 ἐγένετο λιμὸς ἰσχυρὰ κατὰ τ. χώραν ἐκείνην
I Co 1 25 [1] τὸ ἀσθενὲς τ. Θεοῦ ἰσχυρότερον τ. ἀνθρώπων
27 ἐξελέξατο ὁ Θεὸς ἵνα καταισχύνῃ τὰ ἰσχυρά
4 10 ἡμεῖς ἀσθενεῖς ὑμεῖς δὲ ἰσχυροί
10 22 [1] μὴ ἰσχυρότεροι αὐτοῦ ἐσμέν;
II Co 10 10 ὅτι αἱ ἐπιστολαὶ μὲν φησὶν βαρεῖαι κ. ἰσχυραί
He 5 7 μετὰ κραυγῆς ἰσχυρᾶς κ. δακρύων προσενέγκας
6 18 ἵνα . . . ἰσχυρὰν παράκλησιν ἔχωμεν
11 34 ἐγενήθησαν ἰσχυροὶ ἐν πολέμῳ
I Jo 2 14 ἔγραψα ὑμῖν νεανίσκοι ὅτι ἰσχυροί ἐστε
Re 5 2 εἶδον ἄγγελον ἰσχυρὸν κηρύσσοντα ἐν φωνῇ μεγάλῃ
6 15 οἱ πλούσιοι κ. οἱ ἰσχυροὶ . . . ἔκρυψαν ἑαυτούς
10 1 εἶδον ἄλλον ἄγγελον ἰσχυρὸν καταβαίνοντα ἐκ τ. οὐρανοῦ
18 2 ἔκραξεν ἐν ἰσχυρᾷ φωνῇ λέγων
8 ὅτι ἰσχυρὸς Κύριος ὁ Θεὸς ὁ κρίνας αὐτήν
10 ἡ πόλις ἡ μεγάλη Βαβυλὼν ἡ πόλις ἡ ἰσχυρά
21 ἦρεν εἷς ἄγγελος ἰσχυρὸς λίθον
19 6 ἤκουσα . . . ὡς φωνὴν βροντῶν ἰσχυρῶν
18 σάρκας χιλιάρχων κ. σάρκας ἰσχυρῶν

ἸΣΧΎΣ 2479

Mk 12 30 ἐξ ὅλης τ. διανοίας σου κ. ἐξ ὅλης τ. ἰσχύος σου

בְּכָל־נַפְשְׁךָ וּבְכָל־מְאֹדֶךָ, Dt. vi. 5
Mk 12 33 ἐξ ὅλης τ. συνέσεως κ. ἐξ ὅλης τ. ἰσχύος, Dt. *l.c.*
Lu 10 27 ἐν ὅλῃ τ. ψυχῇ σου κ. ἐν ὅλῃ τ. ἰσχύι σου, Dt. *l.c.*
ἰσχύϊ, T
Eph 1 19 κατὰ τ. ἐνέργειαν τ. κράτους τ. ἰσχύος αὐτοῦ
6 10 ἐνδυναμοῦσθε . . . ἐν τ. κράτει τ. ἰσχύος αὐτοῦ
II Th 1 9 δίκην τίσουσιν . . . ἀπὸ τ. δόξης τ. ἰσχύος αὐτοῦ
I Pe 4 11 εἴ τις διακονεῖ ὡς ἐξ ἰσχύος ἧς χορηγεῖ ὁ Θεός
II Pe 2 11 ἄγγελοι ἰσχύϊ κ. δυνάμει μείζονες ὄντες
Re 5 12 λαβεῖν τ. δύναμιν κ. πλοῦτον κ. σοφίαν κ. ἰσχύν
7 12 ἡ δύναμις κ. ἡ ἰσχὺς τ. Θεῷ ἡμων

ἸΣΧΎΩ 2480

(1) ἰσχ. εἰς, c. accus.

Mt 5 13 [1] εἰς οὐδὲν ἰσχύει ἔτι
8 28 ὥστε μὴ ἰσχύειν τινὰ παρελθεῖν
9 12 οὐ χρείαν ἔχουσιν οἱ ἰσχύοντες ἰατροῦ
26 40 οὕτως οὐκ ἰσχύσατε μίαν ὥραν γρηγορῆσαι
Mk 2 17 οὐ χρείαν ἔχουσιν οἱ ἰσχύοντες ἰατροῦ
5 4 οὐδεὶς ἴσχυεν αὐτὸν δαμάσαι
9 18 εἶπα τ. μαθηταῖς σου ἵνα αὐτὸ ἐκβάλωσιν κ. οὐκ ἴσχυσαν
14 37 οὐκ ἴσχυσας μίαν ὥραν γρηγορῆσαι;
Lu 6 48 ὁ ποταμὸς . . . οὐκ ἴσχυσεν σαλεῦσαι αὐτήν
8 43 οὐκ ἴσχυσεν ἀπ' οὐδενὸς θεραπευθῆναι
13 24 πολλοὶ . . . ζητήσουσιν εἰσελθεῖν κ. οὐκ ἰσχύσουσιν
14 6 κ. οὐκ ἴσχυσαν ἀνταποκριθῆναι πρὸς ταῦτα
29 θέντος αὐτοῦ θεμέλιον κ. μὴ ἰσχύοντος ἐκτελέσαι
30 ἤρξατο οἰκοδομεῖν κ. οὐκ ἴσχυσεν ἐκτελέσαι
16 3 σκάπτειν οὐκ ἰσχύω
20 26 οὐκ ἴσχυσαν ἐπιλαβέσθαι τ. ῥήματος
Jo 21 6 οὐκέτι αὐτὸ ἑλκύσαι ἴσχυσαν ἀπὸ τ. πλήθους τ. ἰχθύων
Ac 6 10 οὐκ ἴσχυον ἀντιστῆναι τ. σοφίᾳ
15 10 ὃν οὔτε οἱ πατέρες ἡμῶν οὔτε ἡμεῖς ἰσχύσαμεν βαστάσαι
19 16 κατακυριεύσας ἀμφοτέρων ἴσχυσεν κατ' αὐτῶν
20 οὕτως κατὰ κράτος τ. Κυρίου ὁ λόγος ηὔξανεν κ. ἴσχυεν
25 7 βαρέα αἰτιώματα . . . ἃ οὐκ ἴσχυον ἀποδεῖξαι
27 16 ἰσχύσαμεν μόλις περικρατεῖς γενέσθαι τ. σκάφης
Ga 5 6 [1] ἐν γὰρ Χριστῷ Ἰησοῦ οὔτε περιτομή τι ἰσχύει
Phl 4 13 [1] πάντα ἰσχύω ἐν τῷ ἐνδυναμοῦντί με
He 9 17 ἐπεὶ μὴ τότε ἰσχύει ὅτε ζῇ ὁ διαθέμενος
Ja 5 16 [1] πολὺ ἰσχύει δέησις δικαίου ἐνεργουμένη
Re 12 8 ὁ δράκων ἐπολέμησεν κ. οἱ ἄγγελοι αὐτοῦ κ. οὐκ ἴσχυσεν
ἴσχυσαν, TWH mg. R

ἼΣΩΣ 2481

Lu 20 13 ἴσως τοῦτον ἐντραπήσονται

ἸΤΑΛΊΑ 2482

Ac 18 2 προσφάτως ἐληλυθότα ἀπὸ τ. Ἰταλίας
27 1 ὡς δὲ ἐκρίθη τοῦ ἀποπλεῖν ἡμᾶς εἰς τ. Ἰταλίαν
6 εὑρὼν . . . πλοῖον Ἀλεξανδρινὸν πλέον εἰς τ. Ἰταλίαν
He 13 24 ἀσπάζονται ὑμᾶς οἱ ἀπὸ τ. Ἰταλίας

ἸΤΑΛΙΚΌΣ 2483

Ac 10 1 ἑκατοντάρχης ἐκ σπείρης τ. καλουμένης Ἰταλικῆς

ἸΤΟΥΡΑΙΆ 2484

Lu 3 1 Φιλίππου δὲ τ. ἀδελφοῦ αὐτοῦ τετρααρχοῦντος τ. Ἰτουραίας

ἸΧΘΎΔΙΟΝ* 2485

Mt 15 34 οἱ δὲ εἶπον Ἑπτὰ κ. ὀλίγα ἰχθύδια
Mk 8 7 κ. εἶχαν ἰχθύδια ὀλίγα

ἸΧΘΎΣ 2486

Mt 7 10 ἢ κ. ἰχθὺν αἰτήσει
14 17 οὐκ ἔχομεν ὧδε εἰ μὴ πέντε ἄρτους κ. δύο ἰχθύας
19 λαβὼν τ. πέντε ἄρτους κ. τ. δύο ἰχθύας
15 36 ἔλαβεν τ. ἑπτὰ ἄρτους κ. τ. ἰχθύας
17 27 τ. ἀναβάντα πρῶτον ἰχθὺν ἆρον
Mk 6 38 γνόντες λέγουσιν Πέντε κ. δύο ἰχθύας
41 λαβὼν τ. πέντε ἄρτους κ. τ. δύο ἰχθύας
41 τ. δύο ἰχθύας ἐμέρισεν πᾶσιν
43 ἦραν κλάσματα . . . κ. ἀπὸ τ. ἰχθύων
Lu 5 6 συνέκλεισαν πλῆθος ἰχθύων πολύ
9 ἐπὶ τ. ἄγρᾳ τ. ἰχθύων ὧν συνέλαβον
9 13 οὐκ εἰσὶν ἡμῖν πλεῖον ἢ ἄρτοι πέντε κ. ἰχθύες δύο
16 λαβὼν δὲ τοὺς πέντε ἄρτους κ. τ. ἰχθύας
11 11 ἢ κ. ἰχθὺν μὴ ἀντὶ ἰχθύος ὄφιν αὐτῷ ἐπιδώσει;
—ἢ καὶ, WH non mg.
24 42 οἱ δὲ ἐπέδωκαν αὐτῷ ἰχθύος ὀπτοῦ μέρος
Jo 21 6 οὐκέτι αὐτὸ ἑλκύσαι ἴσχυον ἀπὸ τ. πλήθους τ. ἰχθύων
8 σύροντες τὸ δίκτυον τ. ἰχθύων
11 μεστὸν ἰχθύων μεγάλων ἑκατὸν πεντήκοντα τριῶν
I Co 15 39 ἄλλη δὲ σὰρξ πτηνῶν ἄλλη δὲ ἰχθύων

ἼΧΝΟΣ 2487

Ro 4 12 τ. στοιχοῦσιν τ. ἴχνεσι τῆς ἐν ἀκροβυστίᾳ πίστεως
II Co 12 18 οὐ τ. αὐτοῖς ἴχνεσιν;
I Pe 2 21 ἵνα ἐπακολουθήσητε τ. ἴχνεσιν αὐτοῦ

ἸΩΆΘΑΜ 2488

Mt 1 9 Ὀζείας δὲ ἐγέννησεν τ. Ἰωάθαμ· Ἰωάθαμ δὲ ἐγέννησεν τ. Ἄχας

ἸΩΆΝΑ 2489

Ἰωάννα, TR

Lu 8 3 Ἰωάνα γυνὴ Χουζᾶ ἐπιτρόπου Ἡρῴδου
24 10 ἡ Μαγδαληνὴ Μαρία κ. Ἰωάνα κ. Μαρία ἡ Ἰακώβου

ἸΩΑΝΆΝ 2490

Lu 3 27 τοῦ Ἰωδὰ τοῦ Ἰωανὰν τοῦ Ῥησά

ἸΩΆΝΗΣ 2491

baptista

Ἰωάννης, T

(1) Ἰω. ὁ βαπτίζων

Mt 3 1 ἐν δὲ τ. ἡμέραις ἐκείναις παραγίνεται Ἰωάνης ὁ βαπτιστής
4 αὐτὸς δὲ ὁ Ἰωάνης εἶχεν τὸ ἔνδυμα αὐτοῦ
13 τότε παραγίνεται ὁ Ἰησοῦς . . . ἐπὶ τὸν Ἰορδάνην πρὸς τ. Ἰωάνην
14 ὁ δὲ Ἰωάνης διεκώλυεν αὐτὸν λέγων
—Ἰωάνης, TWH
4 12 ἀκούσας δὲ ὅτι Ἰωάνης παρεδόθη
9 14 τότε προσέρχονται αὐτῷ οἱ μαθηταὶ Ἰωάνου
11 2 ὁ δὲ Ἰωάνης ἀκούσας ἐν τ. δεσμωτηρίῳ τὰ ἔργα τ. Χριστοῦ
4 πορευθέντες ἀπαγγείλατε Ἰωάνει
Ἰωάννῃ, T
7 ἤρξατο ὁ Ἰησοῦς λέγειν τ. ὄχλοις περὶ Ἰωάνου
11 οὐκ ἐγήγερται ἐν γεννητοῖς γυναικῶν μείζων Ἰωάνου τ. βαπτιστοῦ
12 ἀπὸ δὲ τ. ἡμερῶν Ἰωάνου τ. βαπτιστοῦ ἕως ἄρτι
13 πάντες γὰρ οἱ προφῆται κ. ὁ νόμος ἕως Ἰωάνου ἐπροφήτευσαν
18 ἦλθεν γὰρ Ἰωάνης μήτε ἐσθίων μήτε πίνων
14 2 οὗτός ἐστιν Ἰωάνης ὁ βαπτιστής
3 ὁ γὰρ Ἡρῴδης κρατήσας τ. Ἰωάνην
4 ἔλεγεν γὰρ ὁ Ἰωάνης αὐτῷ
ἔλ. γὰρ Ἰωάννης, T
8 δός μοι . . . τ. κεφαλὴν Ἰωάνου τ. βαπτιστοῦ
10 πέμψας ἀπεκεφάλισεν Ἰωάνην ἐν τ. φυλακῇ
16 14 οἱ μὲν Ἰωάνην τ. βαπτιστήν
17 13 συνῆκαν . . . ὅτι περὶ Ἰωάνου τ. βαπτιστοῦ εἶπεν αὐτοῖς
21 25 τὸ βάπτισμα τὸ Ἰωάνου πόθεν ἦν;
26 πάντες γὰρ ὡς προφήτην ἔχουσιν τ. Ἰωάνην
32 ἦλθεν γὰρ Ἰωάνης πρὸς ὑμᾶς ἐν ὁδῷ δικαιοσύνης

Mk 1 4 [1] ἐγένετο Ἰωάνης ὁ βαπτίζων ἐν τῇ ἐρήμῳ
6 ἦν ὁ Ἰωάνης ἐνδεδυμένος τρίχας καμήλου
9 ἐβαπτίσθη εἰς τὸν Ἰορδάνην ὑπὸ Ἰωάνου
14 μετὰ τὸ παραδοθῆναι τ. Ἰωάνην ἦλθεν ὁ Ἰησοῦς
2 18 ἦσαν οἱ μαθηταὶ Ἰωάνου κ. οἱ Φαρισαῖοι νηστεύοντες
18 διὰ τί οἱ μαθηταὶ Ἰωάνου κ. οἱ μαθηταὶ τ. Φαρισαίων νηστεύουσιν
6 14 [1] Ἰωάνης ὁ βαπτίζων ἐγήγερται ἐκ νεκρῶν
16 ὃν ἐγὼ ἀπεκεφάλισα Ἰωάνην οὗτος ἠγέρθη.
17 αὐτὸς γὰρ ὁ Ἡρῴδης ἀποστείλας ἐκράτησεν τ. Ἰωάνην
18 ἔλεγεν γὰρ ὁ Ἰωάνης τ. Ἡρῴδῃ
20 ὁ γὰρ Ἡρῴδης ἐφοβεῖτο τ. Ἰωάνην
24 [1] ἡ δὲ εἶπεν Τὴν κεφαλὴν Ἰωάνου τ. βαπτίζοντος
25 θέλω ἵνα ἐξαυτῆς δῷς μοι . . . τ. κεφαλὴν Ἰωάνου τ. βαπτιστοῦ
8 28 οἱ δὲ εἶπαν αὐτῷ λέγοντες ὅτι Ἰωάνην τ. βαπτιστήν
11 30 τὸ βάπτισμα τὸ Ἰωάνου ἐξ οὐρανοῦ ἦν

Mk 11 32 ἅπαντες γὰρ εἶχον τ. Ἰωάνην

Lu 1 13 καλέσεις τὸ ὄνομα αὐτοῦ Ἰωάνην
60 οὐχὶ ἀλλὰ κληθήσεται Ἰωάνης
63 Ἰωάνης ἐστὶν ὄνομα αὐτοῦ
3 2 ἐγένετο ῥῆμα Θεοῦ ἐπὶ Ἰωάνην τὸν Ζαχαρίου υἱόν
15 διαλογιζομένων πάντων ἐν τ. καρδίαις αὐτῶν περὶ τ. Ἰωάνου
16 ἀπεκρίνατο λέγων πᾶσιν ὁ Ἰωάνης
20 κατέκλεισεν τ. Ἰωάνην ἐν φυλακῇ
5 33 διὰ τί οἱ μαθηταὶ Ἰωάνου νηστεύουσιν πυκνά
7 18 ἀπήγγειλαν Ἰωάνει οἱ μαθηταὶ αὐτοῦ περὶ πάντων τούτων
19 ὁ Ἰωάνης ἔπεμψεν πρὸς τ. Κύριον λέγων
20 Ἰωάνης ὁ βαπτιστὴς ἀπέστειλεν ἡμᾶς πρὸς σε
22 πορευθέντες ἀπαγγείλατε Ἰωάνει ἃ εἴδετε
24 ἀπελθόντων δὲ τ. ἀγγέλων Ἰωάνου,
ἤρξατο λέγειν πρὸς τ. ὄχλους περὶ Ἰωάνου
28 μείζων ἐν γεννητοῖς γυναικῶν Ἰωάνου οὐδείς ἐστιν
29 βαπτισθέντες τὸ βάπτισμα Ἰωάνου
33 ἐλήλυθεν γὰρ Ἰωάνης ὁ βαπτιστὴς μὴ ἔσθων ἄρτον
9 7 Ἰωάνης ἠγέρθη ἐκ νεκρῶν
9 Ἰωάνην ἐγὼ ἀπεκεφάλισα
19 οἱ δὲ ἀποκριθέντες εἶπαν Ἰωάνην τ. βαπτιστήν
11 1 καθὼς κ. Ἰωάνης ἐδίδαξεν τ. μαθητὰς αὐτοῦ
16 16 ὁ νόμος κ. οἱ προφῆται μέχρι Ἰωάνου
20 4 τὸ βάπτισμα Ἰωάνου ἐξ οὐρανοῦ ἦν
τὸ βάπτ. τὸ Ἰω., T
6 πεπεισμένος γάρ ἐστιν Ἰωάνην προφήτην εἶναι

Jo 1 6 ἄνθρωπος ἀπεσταλμένος παρὰ Θεοῦ ὄνομα αὐτῷ Ἰωάνης
15 Ἰωάνης μαρτυρεῖ περὶ αὐτοῦ
19 αὕτη ἐστὶν ἡ μαρτυρία τ. Ἰωάνου
26 ἀπεκρίθη αὐτοῖς ὁ Ἰωάνης λέγων
28 ὅπου ἦν ὁ Ἰωάνης βαπτίζων
32 ἐμαρτύρησεν Ἰωάνης λέγων
35 τῇ ἐπαύριον πάλιν εἱστήκει Ἰωάνης
ὁ Ἰω., T
41 εἷς ἐκ τῶν δύο τ. ἀκουσάντων παρὰ Ἰωάνου
3 23 ἦν δὲ κ. ὁ Ἰωάνης βαπτίζων ἐν Αἰνών
—ὁ, T [WH]
24 οὔπω γὰρ ἦν βεβλημένος εἰς τ. φυλακὴν Ἰωάνης.
25 ἐγένετο οὖν ζήτησις ἐκ τ. μαθητῶν Ἰωάνου μετὰ Ἰουδαίου περὶ καθαρισμοῦ·
26 κ. ἦλθαν πρὸς τ. Ἰωάνην κ. εἶπαν αὐτῷ
27 ἀπεκρίθη Ἰωάνης κ. εἶπεν
4 1 ὅτι Ἰησοῦς πλείονας μαθητὰς ποιεῖ . . . ἢ Ἰωάνης
5 33 ὑμεῖς ἀπεστάλκατε πρὸς Ἰωάνην
36 ἐγὼ δὲ ἔχω τ. μαρτυρίαν μείζω τ. Ἰωάνου
10 40 εἰς τ. τόπον ὅπου ἦν Ἰωάνης τὸ πρῶτον βαπτίζων
41 Ἰωάνης μὲν σημεῖον ἐποίησεν οὐδέν·
πάντα δὲ ὅσα εἶπεν Ἰωάνης περὶ τούτου

Ac 1 5 Ἰωάνης μὲν ἐβάπτισεν ὕδατι
22 ἀρξάμενος ἀπὸ τ. βαπτίσματος Ἰωάνου
10 37 μετὰ τὸ βάπτισμα ὃ ἐκήρυξεν Ἰωάνης
11 16 Ἰωάνης μὲν ἐβάπτισεν ὕδατι
13 24 προκηρύξαντος Ἰωάνου . . . βάπτισμα μετανοίας

Ac 13 25 ὡς δὲ ἐπλήρου Ἰωάνης τ. δρόμον
18 25 ἐπιστάμενος μόνον τὸ βάπτισμα Ἰωάνου
19 3 οἱ δὲ εἶπαν Εἰς τὸ Ἰωάνου βάπτισμα
4 Ἰωάνης ἐβάπτισεν βάπτισμα μετανοίας

ἸΩΆΝΗΣ 2491.2 cf. 2491

filius Zebedaei

Ἰωάννης, T

Mt 4 21 Ἰάκωβον τὸν τ. Ζεβεδαίου κ. Ἰωάνην τ. ἀδελφὸν αὐτοῦ
10 2 Ἰάκωβος ὁ τ. Ζεβεδαίου κ. Ἰωάνης ὁ ἀδελφὸς αὐτοῦ
17 1 παραλαμβάνει ὁ Ἰησοῦς τ. Πέτρον κ. Ἰάκωβον κ. Ἰωάνην
Mk 1 19 εἶδεν Ἰάκωβον τὸν τ. Ζεβεδαίου κ. Ἰωάνην τ. ἀδελφὸν αὐτοῦ
29 ἦλθαν εἰς τ. οἰκίαν . . . μετὰ Ἰακώβου κ. Ἰωάνου
3 17 Ἰάκωβον τὸν τ. Ζεβεδαίου κ. Ἰωάνην τ. ἀδελφὸν τ. Ἰακώβου
5 37 εἰ μὴ τ. Πέτρον κ. Ἰάκωβον κ. Ἰωάνην
9 2 παραλαμβάνει ὁ Ἰησοῦς τ. Πέτρον κ. τ. Ἰάκωβον κ. Ἰωάνην
κ. τὸν Ἰω., TWH mg.
38 ἔφη αὐτῷ ὁ Ἰωάνης
10 35 προσπορεύονται αὐτῷ Ἰάκωβος κ. Ἰωάνης οἱ δύο υἱοὶ Ζεβεδαίου
41 ἤρξαντο ἀγανακτεῖν περὶ Ἰακώβου κ. Ἰωάνου
13 3 ἐπηρώτα αὐτὸν κατ' ἰδίαν Πέτρος κ. Ἰάκωβος κ. Ἰωάνης
14 33 παραλαμβάνει τ. Πέτρον κ. τ. Ἰάκωβον κ. τ. Ἰωάνην μετ' αὐτοῦ
κ. Ἰω., T
Lu 5 10 ὁμοίως δὲ κ. Ἰακώβον κ. Ἰωάνην υἱοὺς Ζεβεδαίου
6 14 Ἰάκωβον κ. Ἰωάνην
8 51 οὐκ ἀφῆκεν εἰσελθεῖν . . . εἰ μὴ Πέτρον κ. Ἰωάνην κ. Ἰάκωβον
9 28 παραλαβὼν Πέτρον κ. Ἰωάνην κ. Ἰάκωβον
49 ἀποκριθεὶς δὲ Ἰωάνης εἶπεν
ὁ Ἰω., T
54 ἰδόντες δὲ οἱ μαθηταὶ Ἰάκωβος κ. Ἰωάνης
22 8 ἀπέστειλεν Πέτρον κ. Ἰωάνην
Ac 1 13 ὅ τε Πέτρος κ. Ἰωάνης κ. Ἰάκωβος
3 1 Πέτρος δὲ κ. Ἰωάνης ἀνέβαινον εἰς τὸ ἱερόν
3 ἰδὼν Πέτρον κ. Ἰωάνην μέλλοντας εἰσιέναι εἰς τὸ ἱερόν
4 ἀτενίσας δὲ Πέτρος εἰς αὐτὸν σὺν τῷ Ἰωάνῃ
11 κρατοῦντος δὲ αὐτοῦ τ. Πέτρον κ. τ. Ἰωάνην
4 13 θεωροῦντες δὲ τὴν τ. Πέτρου παρρησίαν κ. Ἰωάνου
19 ὁ δὲ Πέτρος κ. Ἰωάνης ἀποκριθέντες εἶπαν
8 14 ἀπέστειλαν πρὸς αὐτοὺς Πέτρον κ. Ἰωάνην
12 2 ἀνεῖλεν δὲ Ἰάκωβον τ. ἀδελφὸν Ἰωάνου μαχαίρῃ
Ga 2 9 Ἰάκωβος κ. Κηφᾶς κ. Ἰωάνης
Re 1 1 ἐσήμανεν ἀποστείλας . . . τ. δούλῳ αὐτοῦ Ἰωάνει
Ἰωάννῃ, T
4 Ἰωάνης τ. ἑπτὰ ἐκκλησίαις ταῖς ἐν τ. Ἀσίᾳ
9 ἐγὼ Ἰωάνης ὁ ἀδελφὸς ὑμῶν κ. συνκοινωνὸς
22 8 κἀγὼ Ἰωάννης ὁ ἀκούων κ. βλέπων ταῦτα

ἸΩΆΝΗΣ 2491.4 cf. 2491

Ἰωάννης, T

(1) Ἰω. Μάρκος

Jo 1 43 σὺ εἶ Σίμων ὁ υἱὸς Ἰωάνου
21 15 Σίμων Ἰωάνου ἀγαπᾷς με πλέον τούτων;
16 Σίμων Ἰωάνου ἀγαπᾷς με;
17 Σίμων Ἰωάνου φιλεῖς με;
Ac 12 12 [1] τ. Μαρίας τ. μητρὸς Ἰωάνου τ. ἐπικαλουμένου Μάρκου
25 [1] συνπαραλαβόντες Ἰωάνην τ. ἐπικληθέντα Μάρκον
13 5 [1] εἶχον δὲ κ. Ἰωάνην ὑπηρέτην
13 [1] Ἰωάνης δὲ ἀποχωρήσας ἀπ' αὐτῶν ὑπέστρεψεν εἰς Ἱεροσόλυμα
15 37 [1] Βαρνάβας δὲ ἐβούλετο συνπαραλαβεῖν κ. τ. Ἰωάνην

ἸΩΆΝΝΗΣ 2491.6 cf. 2491

Ac 4 6 Ἄννας ὁ ἀρχιερεὺς κ. Καιάφας κ. Ἰωάννης κ. Ἀλέξανδρος

ἸΏΒ 2492

Ja 5 11 τ. ὑπομονὴν Ἰὼβ ἠκούσατε

ἸΩΒΉΔ 2492.2

Ὠβήδ, R

Mt 1 5 Βοὲς δὲ ἐγέννησεν τ. Ἰωβὴδ ἐκ τῆς Ῥούθ· Ἰωβὴδ δὲ ἐγέννησεν τὸν Ἰεσσαί
Lu 3 32 τοῦ Ἰεσσαὶ τοῦ Ἰωβὴδ τοῦ Βοός
Ἰωβήλ, WH

ἸΩΔΆ 2492.5

Lu 3 26 τοῦ Ἰωσὴχ τοῦ Ἰωδὰ τοῦ Ἰωανάν

ἸΩΉΛ 2493

Ac 2 16 τοῦτό ἐστιν τὸ εἰρημένον διὰ τ. προφήτου Ἰ

ἸΩΝΆΜ 2494

Lu 3 30 τοῦ Ἰωσὴφ τοῦ Ἰωνὰμ τοῦ Ἐλιακείμ

ἸΩΝΑ͂Σ 2495

Mt 12 39 εἰ μὴ τὸ σημεῖον Ἰωνᾶ τ. προφήτου.
40 ὥσπερ γὰρ ἦν Ἰωνᾶς ἐν τ. κοιλίᾳ τ. κήτους
41 ὅτι μετενόησαν εἰς τὸ κήρυγμα Ἰωνᾶ· κ. ἰδοὺ πλεῖον Ἰωνᾶ ὧδε
16 4 εἰ μὴ τὸ σημεῖον Ἰωνᾶ
Lu 11 29 εἰ μὴ τὸ σημεῖον Ἰωνᾶ.
30 καθὼς γὰρ ἐγένετο ὁ Ἰωνᾶς τ. Νινευείταις σημεῖον
—ὁ, T [WH]
32 ὅτι μετενόησαν εἰς τὸ κήρυγμα Ἰωνᾶ· κ. ἰδοὺ πλεῖον Ἰωνᾶ ὧδε

ἸΩΡΆΜ 2496

Mt 1 8 Ἰωσαφὰτ δὲ ἐγέννησεν τ. Ἰωράμ· Ἰωρὰμ δὲ ἐγέννησεν τ. Ὀζείαν

ἸΩΡΕΊΜ 2497

Lu 3 29 τοῦ Ἐλιέζερ τοῦ Ἰωρεὶμ τοῦ Μαθθατ

ἸΩΣΑΦΆΤ 2498

Mt **1** **8** Ἀσὰφ δὲ ἐγέννησεν τ. Ἰωσαφάτ·
Ἰωσαφὰτ δὲ ἐγέννησεν τ. Ἰωράμ

ἸΩΣΕΊΑΣ 2498.5

Mt **1** 10 Ἀμὼς δὲ ἐγέννησεν τ. Ἰωσείαν·
11 Ἰωσείας δὲ ἐγέννησεν τ. Ἰεχονίαν κ. τ. ἀδελφοὺς αὐτοῦ

ἸΩΣΗ͂Σ 2500

Mt **27** 56 Μαρία ἡ τ. Ἰακώβου κ. Ἰωσῆ μήτηρ
Ἰωσήφ, TWH non mg.
Mk **6** 3 ἀδελφὸς Ἰακώβου κ. Ἰωσῆτος κ. Ἰούδα κ. Σίμωνος
15 40 Μαρία ἡ Ἰακώβου τ. μικροῦ κ. Ἰωσῆτος μήτηρ
47 ἡ δὲ Μαρία ἡ Μαγδαληνὴ κ. Μαρία ἡ Ἰωσῆτος

ἸΩΣΉΦ 2501
filius Israel

Jo **4** 5 ὃ ἔδωκεν Ἰακὼβ τῷ Ἰωσὴφ τ. υἱῷ αὐτοῦ
—τῷ, T [WH]
Ac **7** 9 οἱ πατριάρχαι ζηλώσαντες τ. Ἰωσὴφ ἀπέδοντο εἰς Αἴγυπτον
13 ἐν τ. δευτέρῳ ἐγνωρίσθη Ἰωσὴφ τ. ἀδελφοῖς αὐτοῦ,
κ. φανερὸν ἐγένετο τῷ Φαραὼ τὸ γένος Ἰωσήφ.
γέν. αὐτοῦ, T
14 ἀποστείλας δὲ Ἰωσὴφ μετεκαλέσατο Ἰακώβ
18 ὃς οὐκ ᾔδει τὸν Ἰωσήφ
He **11** 21 πίστει Ἰακὼβ ἀποθνήσκων ἕκαστον τ. υἱῶν Ἰωσὴφ εὐλόγησεν,
22 πίστει Ἰωσὴφ τελευτῶν περὶ τῆς ἐξόδου τ. υἱῶν Ἰσραὴλ ἐμνημόνευσεν
Rc **7** **8** ἐκ φυλῆς Ἰωσὴφ δώδεκα χιλιάδες

ἸΩΣΉΦ 2501.2 cf. 2501
Mar. maritus

Mt **1** 16 Ἰακὼβ δὲ ἐγέννησεν τ. Ἰωσὴφ τ. ἄνδρα Μαρίας
18 μνηστευθείσης τ. μητρὸς αὐτοῦ Μαρίας τῷ Ἰωσήφ
19 Ἰωσὴφ δὲ ὁ ἀνὴρ αὐτῆς δίκαιος ὢν
20 Ἰωσὴφ υἱὸς Δαυείδ μὴ φοβηθῇς παραλαβεῖν Μαρίαν

Mt **1** 24 ἐγερθεὶς δὲ ὁ Ἰωσὴφ ἀπὸ τ. ὕπνου
—ὁ, T [WH]
2 13 ἄγγελος Κυρίου φαίνεται κατ' ὄναρ τῷ Ἰωσήφ
19 ἄγγελος Κυρίου φαίνεται κατ' ὄναρ τῷ Ἰωσὴφ ἐν Αἰγύπτῳ
Lu **1** 27 πρὸς παρθένον ἐμνηστευμένην ἀνδρὶ ᾧ ὄνομα Ἰωσήφ
2 4 ἀνέβη δὲ κ. Ἰωσὴφ ἀπὸ τ. Γαλιλαίας
16 ἀνεῦραν τήν τε Μαριὰμ κ. τ. Ἰωσήφ
3 23 ὢν υἱός ὡς ἐνομίζετο Ἰωσὴφ τοῦ Ἡλεί
4 22 οὐχὶ υἱός ἐστιν Ἰωσὴφ οὗτος;
Jo **1** 45 Ἰησοῦν υἱὸν τοῦ Ἰωσὴφ τὸν ἀπὸ Ναζαρέτ
6 42 οὐχὶ οὗτός ἐστιν Ἰησοῦς ὁ υἱὸς Ἰωσήφ

ἸΩΣΉΦ 2501.4 cf. 2501
Arimath.

Mt **27** 57 ἦλθεν ἄνθρωπος πλούσιος ἀπὸ Ἀριμαθαίας τοὔνομα Ἰωσήφ
59 λαβὼν τὸ σῶμα ὁ Ἰωσὴφ ἐνετύλιξεν αὐτὸ
Mk **15** 43 ἐλθὼν Ἰωσὴφ ὁ ἀπὸ Ἀριμαθαίας
—ὁ, WH non mg.
45 ἐδωρήσατο τὸ πτῶμα τῷ Ἰωσήφ
Lu **23** 50 ἀνὴρ ὀνόματι Ἰωσὴφ βουλευτὴς ὑπάρχων
Jo **19** 38 ἠρώτησεν τ. Πειλᾶτον Ἰωσὴφ ὁ ἀπὸ Ἀριμαθαίας
—ὁ, WH

ἸΩΣΉΦ 2501.6 cf. 2501
(1) Ἰω. Βαρναβᾶς

Mt **13** 55 οἱ ἀδελφοὶ αὐτοῦ Ἰάκωβος κ. Ἰωσὴφ κ. Σίμων κ. Ἰούδας
27 56 Μαρία ἡ τ. Ἰακώβου κ. Ἰωσὴφ μήτηρ
Ἰωσῆ, WH mg. R
Lu **3** 24 τοῦ Ἰανναὶ τοῦ Ἰωσὴφ τοῦ Ματταθίου
30 τοῦ Ἰούδα τοῦ Ἰωσὴφ τοῦ Ἰωνάμ
Ac **1** 23 ἔστησαν δύο Ἰωσὴφ τ. καλούμενον Βαρσαββᾶν . . . κ. Μαθθίαν
4 36 [1] Ἰωσὴφ δὲ ὁ ἐπικληθεὶς Βαρναβᾶς ἀπὸ τ. ἀποστόλων

ἸΩΣΉΧ 2501.8 cf. 2501

Lu **3** 26 τοῦ Σεμεεὶν τοῦ Ἰωσὴχ τοῦ Ἰωδά

ἸΩ͂ΤΑ* 2503

Mt **5** 18 ἰῶτα ἓν ἢ μία κερέα οὐ μὴ παρέλθῃ ἀπὸ τ. νόμου

K

ΚἈΓΏ 2504

Mt **2** **8** ὅπως κἀγὼ ἐλθὼν προσκυνήσω αὐτῷ
10 32 ὁμολογήσω κἀγὼ ἐν αὐτῷ ἔμπροσθεν τ. πατρός μου
33 ἀρνήσομαι κἀγὼ αὐτὸν ἔμπροσθεν τ. πατρός μου
11 28 κἀγὼ ἀναπαύσω ὑμᾶς
16 18 κἀγὼ δέ σοι λέγω
18 33 ὡς κἀγώ σε ἠλέησα

Mt **21** 24 ἐρωτήσω ὑμᾶς κἀγὼ λόγον ἕνα,
ὃν ἐὰν εἴπητέ μοι κἀγὼ ὑμῖν ἐρῶ
26 15 τί θέλετέ μοι δοῦναι κἀγὼ ὑμῖν παραδώσω αὐτόν;
καὶ ἐγώ, T
Lu **1** 3 ἔδοξεν κἀμοὶ παρηκολουθηκότι ἄνωθεν
2 48 ὁ πατήρ σου κἀγὼ ὀδυνώμενοι ἐζητοῦμέν σε
καὶ ἐγώ, WH
11 9 κἀγὼ ὑμῖν λέγω
19 23 κἀγὼ ἐλθὼν σὺν τόκῳ ἂν αὐτὸ ἔπραξα

Lu 20 3 ἐρωτήσω ὑμᾶς κἀγὼ λόγον
22 29 κἀγὼ διατίθεμαι ὑμῖν
24 49 κἀγὼ ἐξαποστέλλω τ. ἐπαγγελίαν τ. πατρός μου ἐφ' ὑμᾶς
κ. ἰδοὺ ἐγὼ, WHR
Jo 1 31 κἀγὼ οὐκ ᾔδειν αὐτόν
33 κἀγὼ οὐκ ᾔδειν αὐτόν
34 κἀγὼ ἑώρακα κ. μεμαρτύρηκα
5 17 ἕως ἄρτι ἐργάζεται κἀγὼ ἐργάζομαι
6 44 κἀγὼ ἀναστήσω αὐτὸν ἐν τ. ἐσχάτῃ ἡμέρᾳ
54 κἀγὼ ἀναστήσω αὐτὸν τ. ἐσχάτῃ ἡμέρᾳ
56 ἐν ἐμοὶ μένει κἀγὼ ἐν αὐτῷ
57 κἀγὼ ζῶ διὰ τ. πατέρα
7 28 κἀμὲ οἴδατε κ. οἴδατε πόθεν εἰμί
8 26 κἀγὼ ἃ ἤκουσα παρ' αὐτοῦ ταῦτα λαλῶ
10 15 κἀγὼ γινώσκω τ. πατέρα
27 κἀγὼ γινώσκω αὐτά
28 κἀγὼ δίδωμι αὐτοῖς ζωὴν αἰώνιον
38 ἐν ἐμοὶ ὁ πατὴρ κἀγὼ ἐν τ. πατρί
12 32 κἀγὼ ἂν ὑψωθῶ ἐκ τ. γῆς πάντας ἑλκύσω
14 16 κἀγὼ ἐρωτήσω τὸν πατέρα
20 ὑμεῖς ἐν ἐμοὶ κἀγὼ ἐν ὑμῖν
21 κἀγὼ ἀγαπήσω αὐτὸν
15 4 μείνατε ἐν ἐμοὶ κἀγὼ ἐν ὑμῖν
5 ὁ μένων ἐν ἐμοὶ κἀγὼ ἐν αὐτῷ
9 κἀγὼ ὑμᾶς ἠγάπησα
10 καθὼς κἀγὼ τ. πατρός μου τ. ἐντολὰς τετήρηκα
ἐγὼ, WHR
16 32 κἀμὲ μόνον ἀφῆτε
17 6 σοὶ ἦσαν κἀμοὶ αὐτοὺς ἔδωκας
κ. ἐμοί, T
11 κἀγὼ πρός σε ἔρχομαι
18 κἀγὼ ἀπέστειλα αὐτοὺς εἰς τ. κόσμον
21 καθὼς σὺ πατὴρ ἐν ἐμοὶ κἀγὼ ἐν σοί
22 κἀγὼ τ. δόξαν ἣν δέδωκάς μοι δέδωκα αὐτοῖς
26 ἵνα ἡ ἀγάπη . . . ἐν αὐτοῖς ᾖ κἀγὼ ἐν αὐτοῖς
20 15 κἀγὼ αὐτὸν ἀρῶ
21 καθὼς ἀπέσταλκέν με ὁ πατὴρ κἀγὼ πέμπω ὑμᾶς
Ac 8 19 δότε κἀμοὶ τ. ἐξουσίαν ταύτην
10 28 κἀμοὶ ὁ Θεὸς ἔδειξεν μηδένα κοινὸν . . . λέγειν
22 13 κἀγὼ αὐτῇ τ. ὥρᾳ ἀνέβλεψα εἰς αὐτόν
19 κἀγὼ εἶπον Κύριε αὐτοὶ ἐπίστανται
26 29 γενέσθαι τοιούτους ὁποῖος κἀγώ εἰμι
καὶ ἐγώ, WH
Ro 3 7 τί ἔτι κἀγὼ ὡς ἁμαρτωλὸς κρίνομαι;
11 3 κἀγὼ ὑπελείφθην μόνος
וָאִוָּתֵר אֲנִי לְבַדִּי, 1 Ki. xix. 10
1 Co 2 1 κἀγὼ ἐλθὼν πρὸς ὑμᾶς ἀδελφοί
3 κἀγὼ ἐν ἀσθενείᾳ . . . ἐγενόμην πρὸς ὑμᾶς
3 1 κἀγὼ ἀδελφοὶ οὐκ ἠδυνήθην λαλῆσαι ὑμῖν
7 8 καλὸν αὐτοῖς ἐὰν μείνωσιν ὡς κἀγώ
40 δοκῶ γὰρ κἀγὼ πνεῦμα Θεοῦ ἔχειν
10 33 καθὼς κἀγὼ πάντα πᾶσιν ἀρέσκω
11 1 μιμηταί μου γίνεσθε καθὼς κἀγὼ Χριστοῦ
15 8 ἔσχατον δὲ πάντων . . . ὤφθη κἀμοί
16 4 ἐὰν δὲ ἄξιον ᾖ τοῦ κἀμὲ πορεύεσθαι
10 τὸ γὰρ ἔργον Κυρίου ἐργάζεται ὡς κἀγώ
ὡς ἐγώ, WH non mg.
II Co 2 10 ᾧ δέ τι χαρίζεσθε κἀγώ
6 17 κἀγὼ εἰσδέξομαι ὑμᾶς
בְּעֵת קַבְּצִי אֶתְכֶם, Zeph. iii. 20
II Co 11 16 ἵνα κἀγὼ μικρόν τι καυχήσωμαι
18 ἐπεὶ πολλοὶ καυχῶνται κατὰ τ. σάρκα κἀγὼ καυχήσομαι
21 ἐν ᾧ δ' ἄν τις τολμᾷ . . . τολμῶ κἀγώ.
22 Ἑβραῖοί εἰσιν; κἀγώ·
Ἰσραηλεῖταί εἰσιν; κἀγώ·
σπέρμα Ἀβραάμ εἰσιν; κἀγώ
12 20 κἀγὼ εὑρεθῶ ὑμῖν οἷον οὐ θέλετε
Ga 4 12 γίνεσθε ὡς ἐγὼ ὅτι κἀγὼ ὡς ὑμεῖς
6 14 δι' οὗ ἐμοὶ κόσμος ἐσταύρωται κἀγὼ κόσμῳ
Eph 1 15 κἀγὼ ἀκούσας τὴν καθ' ὑμᾶς πίστιν
Phl 2 19 ἵνα κἀγὼ εὐψυχῶ γνοὺς τὰ περὶ ὑμῶν
28 ἵνα . . . χάρητε κἀγὼ ἀλυπότερος ὦ
1 Th 3 5 διὰ τοῦτο κἀγὼ μηκέτι στέγων
He 8 9 κἀγὼ ἠμέλησα αὐτῶν λέγει Κύριος
וְאָנֹכִי בָּעַלְתִּי בָם נְאֻם־יְהוָה, Jer. xxxi. 32
Ja 2 18 σὺ πίστιν ἔχεις κἀγὼ ἔργα ἔχω
18 κἀγὼ σοι δείξω ἐκ τ. ἔργων μου τ. πίστιν
Re 2 6 μισεῖς τὰ ἔργα τ. Νικολαϊτῶν ἃ κἀγὼ μισῶ
27 ὡς κἀγὼ εἴληφα παρὰ τ. πατρός μου
3 10 κἀγώ σε τηρήσω ἐκ τ. ὥρας τ. πειρασμοῦ
21 ὡς κἀγὼ ἐνίκησα
22 8 κἀγὼ Ἰωάννης ὁ ἀκούων κ. βλέπων ταῦτα

ΚΑΘΑ΄ 2505

Mt 27 10 καθὰ συνέταξέν μοι Κύριος, Zech. xi. 13

ΚΑΘΑΙ΄ΡΕΣΙΣ 2506

II Co 10 4 δυνατὰ τ. Θεῷ πρὸς καθαίρεσιν τ. ὀχυρωμάτων
8 εἰς οἰκοδομὴν κ. οὐκ εἰς καθαίρεσιν ὑμῶν
13 10 εἰς οἰκοδομὴν κ. οὐκ εἰς καθαίρεσιν

ΚΑΘΑΙΡΕ΄Ω 2507

Mk 15 36 ἴδωμεν εἰ ἔρχεται Ἡλείας καθελεῖν αὐτόν
46 καθελὼν αὐτὸν ἐνείλησεν τ. σινδόνι
Lu 1 52 καθεῖλεν δυνάστας ἀπὸ θρόνων
12 18 καθελῶ μου τ. ἀποθήκας
23 53 καθελὼν ἐνετύλιξεν αὐτὸ σινδόνι
Ac 13 19 καθελὼν ἔθνη ἑπτὰ ἐν γῇ Χαναάν
29 καθελόντες ἀπὸ τ. ξύλου ἔθηκαν εἰς μνημεῖον
19 27 μέλλειν τε κ. καθαιρεῖσθαι τ. μεγαλειότητος αὐτῆς
II Co 10 5 λογισμοὺς καθαιροῦντες κ. πᾶν ὕψωμα ἐπαιρόμενον

ΚΑΘΑΙ΄ΡΩ 2508

Jo 15 2 πᾶν τὸ καρπὸν φέρον καθαίρει αὐτό

ΚΑΘΑ΄ΠΕΡ 2509 cf. 2531.5

Ro 3 4 γινέσθω δὲ ὁ Θεὸς ἀληθής . . . καθάπερ γέγραπται
4 6 καθ. κ. Δαυεὶδ λέγει τ. μακαρισμὸν τ. ἀνθρώπου
9 13 καθάπερ γέγραπται Τὸν Ἰακὼβ ἠγάπησα
καθὼς, TWH marg.
10 15 καθάπερ γέγραπται Ὡς ὡραῖοι οἱ πόδες
καθὼς, TWH marg.
11 8 οἱ δὲ λοιποὶ ἐπωρώθησαν καθ. γέγραπται
12 4 καθ. γὰρ ἐν ἑνὶ σώματι πολλὰ μέλη ἔχομεν
1 Co 10 10 καθάπερ τινὲς αὐτῶν ἐγόγγυσαν
12 12 καθάπερ γὰρ τὸ σῶμα ἕν ἐστιν

II Co 1 14 καύχημα ὑμῶν ἐσμὲν καθ. κ. ὑμεῖς ἡμῶν
3 13 οὐ καθ. Μωυσῆς ἐτίθει κάλυμμα ἐπὶ τὸ πρόσωπον αὐτοῦ
18 καθάπερ ἀπὸ Κυρίου πνεύματος
καθώσπερ, WH mg.
8 11 ὅπως καθάπερ ἡ προθυμία τοῦ θέλειν
I Th 2 11 ὡς ὁσίως . . . ἐγενήθημεν καθάπερ οἴδατε
3 6 ἐπιποθοῦντες ἡμᾶς ἰδεῖν καθ. κ. ἡμεῖς ὑμᾶς
12 καθάπερ κ. ἡμεῖς εἰς ὑμᾶς
4 5 καθ. κ. τὰ ἔθνη τὰ μὴ εἰδότα τ. Θεόν
He 4 2 κ. γάρ ἐσμεν εὐηγγελισμένοι καθ. κἀκεῖνοι

ΚΑΘΑ΄ΠΤΩ ** 2510

Ac 28 3 ἔχιδνα ἀπὸ τ. θέρμης ἐξελθοῦσα καθῆψεν τ. χειρὸς αὐτοῦ

ΚΑΘΑΡΙ΄ΖΩ † 2511

(1) καθερίζω

Mt 8 2 ἐὰν θέλῃς δύνασαί με καθαρίσαι
3 θέλω καθαρίσθητι.
[1] κ. εὐθέως ἐκαθερίσθη αὐτοῦ ἡ λέπρα
10 8 ἀσθενοῦντας θεραπεύετε λεπροὺς καθαρίζετε
11 5 λεπροὶ καθαρίζονται κ. κωφοὶ ἀκούουσιν
23 25 καθαρίζετε τὸ ἔξωθεν τ. ποτηρίου κ. τ. παροψίδος
26 καθάρισον πρῶτον τὸ ἐντὸς τ. ποτηρίου κ. τ. παροψίδος
—κ. τ. παρ., T [WH]
Mk 1 40 ἐὰν θέλῃς δύνασαί με καθαρίσαι
41 θέλω καθαρίσθητι.
42 [1] κ. εὐθὺς ἀπῆλθεν ἀπ' αὐτοῦ ἡ λέπρα κ. ἐκαθερίσθη
7 19 καθαρίζων πάντα τὰ βρώματα
Lu 4 27 οὐδεὶς αὐτῶν ἐκαθαρίσθη εἰ μὴ Ναιμὰν ὁ Σύρος
5 12 ἐὰν θέλῃς δύνασαί με καθαρίσαι
13 θέλω καθαρίσθητι
7 22 λεπροὶ καθαρίζονται κ. κωφοὶ ἀκούουσιν
11 39 τὸ ἔξωθεν τ. ποτηρίου κ. τ. πίνακος καθαρίζετε
17 14 ἐγένετο ἐν τ. ὑπάγειν αὐτοὺς ἐκαθαρίσθησαν
17 οὐχ οἱ δέκα ἐκαθαρίσθησαν;
Ac 10 15 ἃ ὁ Θεὸς ἐκαθάρισεν σὺ μὴ κοίνου
11 9 ἃ ὁ Θεὸς ἐκαθάρισεν σὺ μὴ κοίνου
15 9 τ. πίστει καθαρίσας τ. καρδίας αὐτῶν
II Co 7 1 καθαρίσωμεν ἑαυτοὺς ἀπὸ παντὸς μολυσμοῦ σαρκὸς κ. πνεύματος
Eph 5 26 καθαρίσας τ. λουτρῷ τ. ὕδατος ἐν ῥήματι
Tit 2 14 ἵνα . . . καθαρίσῃ ἑαυτῷ λαὸν περιούσιον
He 9 14 καθαριεῖ τ. συνείδησιν ἡμῶν ἀπὸ νεκρῶν ἔργων
22 σχεδὸν ἐν αἵματι πάντα καθαρίζεται κατὰ τ. νόμον
23 ἀνάγκη οὖν τὰ μὲν ὑποδείγματα . . . τούτοις καθαρίζεσθαι
10 2 διὰ τὸ μηδεμίαν ἔχειν ἔτι συνείδησιν ἁμαρτιῶν . . . ἅπαξ κεκαθαρισμένους
Ja 4 8 καθαρίσατε χεῖρας ἁμαρτωλοί
I Jo 1 7 τὸ αἷμα Ἰησοῦ . . . καθαρίζει ἡμᾶς ἀπὸ πάσης ἁμαρτίας
9 ἵνα . . . καθαρίσῃ ἡμᾶς ἀπὸ πάσης ἀδικίας

ΚΑΘΑΡΙΣΜΟ΄Σ † 2512

Mk 1 44 προσένεγκε περὶ τ. καθαρισμοῦ σου ἃ προσέταξεν Μωυσῆς
Lu 2 22 ὅτε ἐπλήσθησαν αἱ ἡμέραι τ. καθαρισμοῦ αὐτῶν
עַד־מְלֹאת יְמֵי טָהֳרָהּ, Lev. xii. 4
5 14 προσένεγκε περὶ τ. καθαρισμοῦ σου
Jo 2 6 λίθιναι ὑδρίαι ἓξ κατὰ τ. καθαρισμὸν τ. Ἰουδαίων κείμεναι
3 25 ζήτησις ἐκ τ. μαθητῶν Ἰωάνου μετὰ Ἰουδαίου περὶ καθαρισμοῦ
He 1 3 καθαρισμὸν τ. ἁμαρτιῶν ποιησάμενος
II Pe 1 9 λήθην λαβὼν τ. καθαρισμοῦ τῶν πάλαι αὐτοῦ ἁμαρτιῶν

ΚΑΘΑΡΟ΄Σ 2513

(1) καθ. καρδία, συνείδησις

Mt 5 8 [1] μακάριοι οἱ καθαροὶ τ. καρδίᾳ
23 26 ἵνα γένηται κ. τὸ ἐκτὸς αὐτοῦ καθαρόν
27 59 ἐνετύλιξεν αὐτὸ ἐν σινδόνι καθαρᾷ
Lu 11 41 ἰδοὺ πάντα καθαρὰ ὑμῖν ἐστίν
Jo 13 10 ἀλλ' ἔστιν καθαρὸς ὅλος·
κ. ὑμεῖς καθαροί ἐστε ἀλλ' οὐχὶ πάντες
11 οὐχὶ πάντες καθαροί ἐστε
15 3 ἤδη ὑμεῖς καθαροί ἐστε
Ac 18 6 τὸ αἷμα ὑμῶν ἐπὶ τ. κεφαλὴν ὑμῶν· καθαρὸς ἐγώ
20 26 ὅτι καθαρός εἰμι ἀπὸ τ. αἵματος πάντων
Ro 14 20 πάντα μὲν καθαρά
I Ti 1 5 [1] ἀγάπη ἐκ καθαρᾶς καρδίας
3 9 [1] ἔχοντες τὸ μυστήριον τ. πίστεως ἐν καθαρᾷ συνειδήσει
II Ti 1 3 [1] ᾧ λατρεύω ἀπὸ προγόνων ἐν καθαρᾷ συνειδήσει
2 22 [1] μετὰ τ. ἐπικαλουμένων τ. Κύριον ἐκ καθαρᾶς καρδίας
Tit 1 15 πάντα καθαρὰ τ. καθαροῖς·
τ. δὲ μεμιαμμένοις κ. ἀπίστοις οὐδὲν καθαρόν
He 10 22 λελουσμένοι τὸ σῶμα ὕδατι καθαρῷ
Ja 1 27 θρησκεία καθαρὰ κ. ἀμίαντος παρὰ τ. Θεῷ
I Pe 1 22 [1] ἐκ καθαρᾶς καρδίας ἀλλήλους ἀγαπήσατε ἐκτενῶς
—καθ., TWHR non mg.
Re 15 6 ἐνδεδυμένοι λίθον καθαρὸν λαμπρόν
19 8 ἵνα περιβάληται βύσσινον λαμπρὸν καθαρόν
14 ἐνδεδυμένοι βύσσινον λευκὸν καθαρόν
21 18 ἡ πόλις χρυσίον καθαρὸν ὅμοιον ὑάλῳ καθαρῷ
21 ἡ πλατεῖα τ. πόλεως χρυσίον καθαρόν

ΚΑΘΑΡΟ΄ΤΗΣ 2514

He 9 13 ἁγιάζει πρὸς τὴν τ. σαρκὸς καθαρότητα

ΚΑΘΕ΄ΔΡΑ 2515

Mt 21 12 κατέστρεψεν . . . τ. καθέδρας τ. πωλούντων τ. περιστεράς
23 2 ἐπὶ τῆς Μωυσέως καθέδρας ἐκάθισαν οἱ γραμματεῖς
Mk 11 15 τ. καθέδρας τ. πωλούντων τ. περιστερὰς κατέστρεψεν

ΚΑΘΕ΄ΖΟΜΑΙ 2516

Mt 26 55 καθ' ἡμέραν ἐν τ. ἱερῷ ἐκαθεζόμην διδάσκων
Lu 2 46 εὗρον αὐτὸν ἐν τ. ἱερῷ καθεζόμενον ἐν μέσῳ τ. διδασκάλων

Jo 4 6 ὁ οὖν Ἰησοῦς . . . ἐκαθέζετο οὕτως ἐπὶ τ. πηγῇ
6 3 ἐκεῖ ἐκαθέζετο μετὰ τ. μαθητῶν αὐτοῦ
ἐκάθητο, WH
11 20 Μαριὰμ δὲ ἐν τ. οἴκῳ ἐκαθέζετο
20 12 θεωρεῖ δύο ἀγγέλους ἐν λευκοῖς καθεζομένους
Ac 6 15 ἀτενίσαντες εἰς αὐτὸν πάντες οἱ καθεζόμενοι ἐν τ. συνεδρίῳ
20 9 καθεζόμενος δέ τις νεανίας . . . ἐπὶ τ. θυρίδος

ΚΑΘΕΞΗ͂Σ* 2517

Lu 1 3 ἔδοξεν κἀμοὶ . . . καθεξῆς σοι γράψαι
8 1 ἐγένετο ἐν τῷ καθεξῆς
Ac 3 24 οἱ προφῆται ἀπὸ Σαμουὴλ κ. τῶν καθεξῆς
11 4 Πέτρος ἐξετίθετο αὐτοῖς καθεξῆς
18 23 διερχόμενος καθ. τ. Γαλατικὴν χώραν κ. Φρυγίαν

ΚΑΘΕΥ΄ΔΩ 2518

Mt 8 24 αὐτὸς δὲ ἐκάθευδεν
9 24 οὐ γὰρ ἀπέθανεν τὸ κοράσιον ἀλλὰ καθεύδει
13 25 ἐν δὲ τῷ καθεύδειν τ. ἀνθρώπους
25 5 ἐνύσταξαν πᾶσαι κ. ἐκάθευδον
26 40 εὑρίσκει αὐτοὺς καθεύδοντας
43 ἐλθὼν πάλιν εὗρεν αὐτοὺς καθεύδοντας
45 καθεύδετε λοιπὸν κ. ἀναπαύεσθε
Mk 4 27 ὡς ἄνθρωπος . . . καθεύδῃ κ. ἐγείρηται νύκτα κ. ἡμέραν
38 αὐτὸς ἦν ἐν τ. πρύμνῃ ἐπὶ τὸ προσκεφάλαιον καθεύδων
5 39 τὸ παιδίον οὐκ ἀπέθανεν ἀλλὰ καθεύδει
13 36 μὴ ἐλθὼν ἐξαίφνης εὕρῃ ὑμᾶς καθεύδοντας
14 37 ἔρχεται κ. εὑρίσκει αὐτοὺς καθεύδοντας, κ. λέγει τ. Πέτρῳ Σίμων καθεύδεις;
40 πάλιν ἐλθὼν εὗρεν αὐτοὺς καθεύδοντας
41 καθεύδετε τὸ λοιπὸν κ. ἀναπαύεσθε
Lu 8 52 οὐ γὰρ ἀπέθανεν ἀλλὰ καθεύδει
22 46 τί καθεύδετε; ἀναστάντες προσεύχεσθε
Eph 5 14 ἔγειρε ὁ καθεύδων
1 Th 5 6 ἄρα οὖν μὴ καθεύδωμεν ὡς οἱ λοιποί
7 οἱ γὰρ καθεύδοντες νυκτὸς καθεύδουσιν
10 εἴτε γρηγορῶμεν εἴτε καθεύδωμεν

ΚΑΘΗΓΗΤΗ΄Σ* 2519

Mt 23 10 μηδὲ κληθῆτε καθηγηταί·
ὅτι καθηγητὴς ὑμῶν ἐστὶν εἷς ὁ Χριστός

ΚΑΘΗ΄ΚΩ 2520

Ac 22 22 οὐ γὰρ καθῆκεν αὐτὸν ζῆν
Ro 1 28 ποιεῖν τὰ μὴ καθήκοντα

ΚΑ΄ΘΗΜΑΙ 2521

(1) seq. ἐπί, c. acc. (2) seq. παρά, c. acc. (3) seq. περί, πρός, ὑπό, c. acc. (4) seq. εἰς

Mt 4 16 ὁ λαὸς ὁ καθήμενος ἐν σκοτίᾳ φῶς εἶδεν μέγα,
הָעָם הַהֹלְכִים בַּחֹשֶׁךְ רָאוּ אוֹר גָּדוֹל, Is. ix. 1
κ. τ. καθημένοις ἐν . . . σκιᾷ θανάτου φῶς ἀνέτειλεν αὐτοῖς
יֹשְׁבֵי בְּאֶרֶץ צַלְמָוֶת אוֹר נָגַהּ עֲלֵיהֶם, *ib.*

Mt 9 9 [1] εἶδεν ἄνθρωπον καθήμενον ἐπὶ τὸ τελώνιον
11 16 ὁμοία ἐστὶν παιδίοις καθημένοις ἐν τ. ἀγοραῖς
13 1 [2] ἐξελθὼν ὁ Ἰησοῦς . . . ἐκάθητο παρὰ τ. θάλασσαν
2 ὥστε αὐτὸν εἰς πλοῖον ἐμβάντα καθῆσθαι
15 29 ἀναβὰς εἰς τὸ ὄρος ἐκάθητο ἐκεῖ
19 28 [1] καθήσεσθε κ. ὑμεῖς ἐπὶ δώδεκα θρόνους
καθίσεσθε, T
20 30 [2] δύο τυφλοὶ καθήμενοι παρὰ τὴν ὁδόν
22 44 κάθου ἐκ δεξιῶν μου
שֵׁב לִימִינִי, Ps. cx. 1
23 22 ὀμνύει . . . ἐν τ. καθημένῳ ἐπάνω αὐτοῦ
24 3 καθημένου δὲ αὐτοῦ ἐπὶ τ. ὄρους τ. ἐλαιῶν
26 58 εἰσελθὼν ἔσω ἐκάθητο μετὰ τ. ὑπηρετῶν
64 ὄψεσθε τ. υἱὸν τ. ἀνθρώπου καθήμενον ἐκ δεξιῶν τ. δυνάμεως
69 ὁ δὲ Πέτρος ἐκάθητο ἔξω ἐν τ. αὐλῇ
27 19 καθημένου δὲ αὐτοῦ ἐπὶ τ. βήματος
36 καθήμενοι ἐτήρουν αὐτὸν ἐκεῖ
61 καθήμεναι ἀπέναντι τ. τάφου
28 2 ἀπεκύλισεν τ. λίθον κ. ἐκάθητο ἐπάνω αὐτοῦ
Mk 2 6 ἦσαν δέ τινες τ. γραμματέων ἐκεῖ καθήμενοι
14 [1] εἶδεν Λευεὶν . . . καθήμενον ἐπὶ τὸ τελώνιον
3 32 [3] ἐκάθητο περὶ αὐτὸν ὄχλος
34 [3] περιβλεψάμενος τοὺς περὶ αὐτὸν κύκλῳ καθημένους
4 1 ὥστε αὐτὸν εἰς πλοῖον ἐμβάντα καθῆσθαι ἐν τ. θαλάσσῃ
5 15 θεωροῦσιν τ. δαιμονιζόμενον καθήμενον
10 46 [2] Βαρτίμαιος τυφλὸς προσαίτης ἐκάθητο παρὰ τὴν ὁδόν
12 36 κάθου ἐκ δεξιῶν μου, Ps. *l.c.*
κάθισον, WH mg.
13 3 [4] καθημένου αὐτοῦ εἰς τὸ ὄρος τ. ἐλαιῶν
14 62 ὄψεσθε τ. υἱὸν τ. ἀνθρώπου ἐκ δεξιῶν καθήμενον τ. δυνάμεως
16 5 εἶδεν νεανίσκον καθήμενον ἐν τ. δεξιοῖς
Lu 1 79 ἐπιφᾶναι τοῖς ἐν σκότει κ. σκιᾷ θανάτου καθημένοις
5 17 ἦσαν καθήμενοι Φαρισαῖοι κ. νομοδιδάσκαλοι
27 [1] ἐθεάσατο τελώνην . . . καθήμενον ἐπὶ τὸ τελώνιον
7 32 ὅμοιοί εἰσιν παιδίοις τοῖς ἐν ἀγορᾷ καθημένοις
8 35 εὗραν καθήμενον τ. ἄνθρωπον
10 13 πάλαι ἂν ἐν σάκκῳ κ. σποδῷ καθήμενοι μετενόησαν
18 35 [2] τυφλός τις ἐκάθητο παρὰ τὴν ὁδὸν ἐπαιτῶν
20 42 κάθου ἐκ δεξιῶν μου, Ps. *l.c.*
21 35 [1] ἐπεισελεύσεται γὰρ ἐπὶ πάντας τ. καθημένους ἐπὶ πρόσωπον πάσης τ. γῆς
22 30 καθῆσθε ἐπὶ θρόνων
καθήσεσθε, TWH marg.
55 ἐκάθητο ὁ Πέτρος μέσος αὐτῶν.
56 [3] ἰδοῦσα δὲ αὐτὸν παιδίσκη τις καθήμενον πρὸς τὸ φῶς
69 ἔσται ὁ υἱὸς τ. ἀνθρώπου καθήμενος ἐκ δεξιῶν τ. δυνάμεως τ. Θεοῦ
Jo 2 14 εὗρεν ἐν τ. ἱερῷ . . . τ. κερματιστὰς καθημένους
6 3 ἐκεῖ ἐκάθητο μετὰ τ. μαθητῶν αὐτοῦ
ἐκαθέζετο, T
9 8 οὐχ οὗτός ἐστιν ὁ καθήμενος κ. προσαιτῶν;
12 15 [1] ὁ βασιλεύς σου ἔρχεται καθήμενος ἐπὶ πῶλον ὄνου

מַלְכֵּךְ יָבוֹא לָךְ . . . רֹכֵב . . . עַל־עַיִר
בֶּן־אֲתֹנוֹת, Zech. ix. 9

Ac 2 2 ἐπλήρωσεν ὅλον τ. οἶκον οὗ ἦσαν καθήμενοι
34 κάθου ἐκ δεξιῶν μου, Ps. *l.c.*
3 10 [3] οὗτος ἦν ὁ πρὸς τ. ἐλεημοσύνην καθήμενος ἐπὶ τ. Ὡραίᾳ Πύλῃ τ. ἱεροῦ
8 28 ἦν δὲ ὑποστρέφων κ. καθήμενος ἐπὶ τ. ἅρματος αὐτοῦ
14 8 κ. τις ἀνὴρ ἀδύνατος ἐν Λύστροις τ. ποσὶν ἐκάθητο
23 3 σὺ κάθῃ κρίνων με κατὰ τ. νόμον
1Co 14 30 ἐὰν δὲ ἄλλῳ ἀποκαλυφθῇ καθημένῳ
Col 3 1 οὗ ὁ Χριστός ἐστιν ἐν δεξιᾷ τ. Θεοῦ καθήμενος
He 1 13 κάθου ἐκ δεξιῶν μου, Ps. *l.c.*
Ja 2 3 σὺ κάθου ὧδε καλῶς
3 [3] σὺ στῆθι ἢ κάθου ἐκεῖ ὑπὸ τ. ὑποπόδιόν μου
στ. ἐκεῖ ἢ κάθ., TWH mg. R
Re 4 2 [1] θρόνος ἔκειτο ἐν τ. οὐρανῷ κ. ἐπὶ τ. θρόνον καθήμενος·
3 κ. ὁ καθήμενος ὅμοιος ὁράσει λίθῳ ἰάσπιδι
4 [1] ἐπὶ τ. θρόνους εἴκοσι τέσσαρας πρεσβυτέρους καθημένους
9 εὐχαριστίαν τ. καθημένῳ ἐπὶ τ. θρόνου
10 ἐνώπιον τ. καθημένου ἐπὶ τ. θρόνου
5 1 ἐπὶ τ. δεξιὰν τ. καθημένου ἐπὶ τ. θρόνου
7 ἐκ τ. δεξιᾶς τ. καθημένου ἐπὶ τ. θρόνου
13 τ. καθημένῳ ἐπὶ τ. θρόνου κ. τ. ἀρνίῳ ἡ εὐλογία
6 2 [1] ὁ καθήμενος ἐπ' αὐτὸν ἔχων τόξον
4 [1] τ. καθημένῳ ἐπ' αὐτὸν ἐδόθη αὐτῷ λαβεῖν τ. εἰρήνην
5 [1] ὁ καθήμενος ἐπ' αὐτὸν ἔχων ζυγὸν ἐν τ. χειρὶ αὐτοῦ
8 ἵππος χλωρὸς κ. ὁ καθήμενος ἐπάνω αὐτοῦ
16 κρύψατε ἡμᾶς ἀπὸ προσώπου τ. καθημένου ἐπὶ τ. θρόνου
7 10 ἡ σωτηρία τ. Θεῷ ἡμῶν τ. καθημένῳ ἐπὶ τ. θρόνῳ
15 ὁ καθήμενος ἐπὶ τ. θρόνου σκηνώσει ἐπ' αὐτούς
9 17 εἶδον τ. ἵππους . . . κ. τ. καθημένους ἐπ' αὐτῶν
11 16 οἱ ἐνώπιον τ. Θεοῦ καθήμενοι ἐπὶ τ. θρόνους αὐτῶν
οἳ . . . κάθηνται, TWH marg. R
14 6 εὐαγγελίσαι ἐπὶ τ. καθημένους ἐπὶ τ. γῆς
14 [1] ἐπὶ τ. νεφέλην καθήμενον ὅμοιον υἱὸν ἀνθρώπου
15 κράζων ἐν φωνῇ μεγάλῃ τ. καθημένῳ ἐπὶ τ. νεφέλης
16 ἔβαλεν ὁ καθήμενος ἐπὶ τ. νεφέλης τὸ δρέπανον αὐτοῦ
17 1 τὸ κρίμα τ. πόρνης . . . τ. καθημένης ἐπὶ ὑδάτων πολλῶν
3 [1] εἶδον γυναῖκα καθημένην ἐπὶ θηρίον κόκκινον
9 ὅπου ἡ γυνὴ κάθηται ἐπ' αὐτῶν
15 οὗ ἡ πόρνη κάθηται
18 7 κάθημαι βασίλισσα κ. χήρα οὐκ εἰμί
19 4 προσεκύνησαν τ. Θεῷ τ. καθημένῳ ἐπὶ τ. θρόνῳ
11 [1] ἵππος λευκὸς κ. ὁ καθήμενος ἐπ' αὐτόν
18 σάρκας ἵππων κ. τ. καθημένων ἐπ' αὐτούς
Re 19 19 ποιῆσαι τ. πόλεμον μετὰ τ. καθημένου ἐπὶ τ. ἵππου
21 ἀπεκτάνθησαν ἐν τ. ῥομφαίᾳ τ. καθημένου ἐπὶ τ. ἵππου
20 11 θρόνον μέγαν λευκὸν κ. τ. καθήμενον ἐπ' αὐτοῦ
21 5 εἶπεν ὁ καθήμενος ἐπὶ τ. θρόνῳ

ΚΑΘΗΜΕΡΙΝΌΣ ** 2522

Ac 6 1 παρεθεωροῦντο ἐν τ. διακονίᾳ τ. καθημερινῇ αἱ χῆραι αὐτῶν

ΚΑΘΙΖΩ 2523

(1) trans. (2) seq. prep. c. acc.

Mt 5 1 καθίσαντος αὐτοῦ προσῆλθαν αὐτῷ οἱ μαθηταὶ αὐτοῦ
13 48 καθίσαντες συνέλεξαν τὰ καλὰ εἰς ἄγγη
19 28 ὅταν καθίσῃ ὁ υἱὸς τ. ἀνθρώπου ἐπὶ θρόνου δόξης αὐτοῦ,
[2] καθίσεσθε κ. αὐτοὶ ἐπὶ δώδεκα θρόνους
καθήσεσθε, WH
20 21 εἰπὲ ἵνα καθίσωσιν οὗτοι οἱ δύο υἱοί μου
23 τὸ δὲ καθίσαι ἐκ δεξιῶν μου κ. ἐξ εὐωνύμων
23 2 ἐπὶ τῆς Μωυσέως καθέδρας ἐκάθισαν οἱ γραμματεῖς
25 31 τότε καθίσει ἐπὶ θρόνου δόξης αὐτοῦ
26 36 καθίσατε αὐτοῦ ἕως οὗ ἀπελθὼν ἐκεῖ προσεύξωμαι
Mk 9 35 καθίσας ἐφώνησεν τ. δώδεκα
10 37 ἵνα εἷς σου ἐκ δεξιῶν κ. εἷς ἐξ ἀριστερῶν καθίσωμεν
40 τὸ δὲ καθίσαι ἐκ δεξιῶν μου ἢ ἐξ εὐωνύμων
11 2 [2] ἐφ' ὃν οὐδεὶς οὔπω ἀνθρώπων ἐκάθισεν
κεκάθικεν, T
7 [2] ἐκάθισεν ἐπ' αὐτόν
12 36 κάθισον ἐκ δεξιῶν μου
κάθου, TWH non mg.
41 καθίσας κατέναντι τ. γαζοφυλακίου
14 32 καθίσατε ὧδε ἕως προσεύξωμαι
16 [19 ἐκάθισεν ἐκ δεξιῶν τ. Θεοῦ
Lu 4 20 ἀποδοὺς τῷ ὑπηρέτῃ ἐκάθισεν
5 3 καθίσας δὲ ἐκ τ. πλοίου ἐδίδασκεν τ. ὄχλους
7 15 ἐκάθισεν ὁ νεκρὸς κ. ἤρξατο λαλεῖν
ἀνεκάθισεν, TWH non mg. R
14 28 οὐχὶ πρῶτον καθίσας ψηφίζει τ. δαπάνην
31 οὐχὶ καθίσας πρῶτον βουλεύσεται
16 6 καθίσας ταχέως γράψον πεντήκοντα
19 30 [2] ἐφ' ὃν οὐδεὶς πώποτε ἀνθρώπων ἐκάθισεν
24 49 ὑμεῖς δὲ καθίσατε ἐν τ. πόλει
Jo 8 [2 καθίσας ἐδίδασκεν αὐτούς
12 14 [2] εὑρὼν δὲ ὁ Ἰησοῦς ὀνάριον ἐκάθισεν ἐπ' αὐτό
19 13 ἐκάθισεν ἐπὶ βήματος
Ac 2 3 [2] ἐκάθισεν ἐφ' ἕνα ἕκαστον αὐτῶν
30 [1] καθίσαι ἐπὶ τ. θρόνον αὐτοῦ
8 31 παρεκάλεσέν τε τ. Φίλιππον ἀναβάντα καθίσαι σὺν αὐτῷ
12 21 καθίσας ἐπὶ τ. βήματος
13 14 ἐλθόντες εἰς τ. συναγωγὴν . . . ἐκάθισαν
16 13 καθίσαντες ἐλαλοῦμεν τ. συνελθούσαις γυναιξίν
18 11 ἐκάθισεν δὲ ἐνιαυτὸν κ. μῆνας ἕξ
25 6 τῇ ἐπαύριον καθίσας ἐπὶ τ. βήματος
17 τῇ ἑξῆς καθίσας ἐπὶ τ. βήματος
1 Co 6 4 [1] τ. ἐξουθενημένους ἐν τ. ἐκκλησίᾳ τούτους καθίζετε;

1Co10 7 ἐκάθισεν ὁ λαὸς φαγεῖν κ. πεῖν
וַיֵּשֶׁב הָעָם לֶאֱכֹל וְשָׁתוֹ, Ex. xxxii. 6
Eph 1 20 [1] καθίσας ἐν δεξιᾷ αὐτοῦ ἐν τ. ἐπουρανίοις
IITh 2 4 [2] ὥστε αὐτὸν εἰς τ. ναὸν τ. Θεοῦ καθίσαι
He 1 3 ἐκάθισεν ἐν δεξιᾷ τ. μεγαλωσύνης ἐν ὑψηλοῖς
8 1 ὃς ἐκάθισεν ἐν δεξιᾷ τ. θρόνου τ. μεγαλωσύνης ἐν τ. οὐρανοῖς
10 12 εἰς τὸ διηνεκὲς ἐκάθισεν ἐν δεξιᾷ τ. Θεοῦ
12 2 ἐν δεξιᾷ τε τ. θρόνου τ. Θεοῦ κεκάθικεν
Re 3 21 δώσω αὐτῷ καθίσαι μετ' ἐμοῦ ἐν τ. θρόνῳ μου,
ὡς κἀγὼ . . . ἐκάθισα μετὰ τ. πατρός μου ἐν τ. θρόνῳ αὐτοῦ
20 4 [2] εἶδον θρόνους κ. ἐκάθισαν ἐπ' αὐτούς

ΚΑΘΙ΄ΗΜΙ 2524

Lu 5 19 διά τε κεράμων καθῆκαν αὐτὸν σὺν τ. κλινιδίῳ
Ac 9 25 διὰ τ. τείχους καθῆκαν αὐτόν
10 11 τέσσαρσιν ἀρχαῖς καθιέμενον ἐπὶ τ. γῆς
11 5 τέσσαρσιν ἀρχαῖς καθιεμένην ἐκ τ. οὐρανοῦ

ΚΑΘΙ΄ΣΤΗΜΙ 2525

(1) καθιστάνω

Mt 24 45 ὃν κατέστησεν ὁ κύριος ἐπὶ τ. οἰκετείας αὐτοῦ
47 ἐπὶ πᾶσι τ. ὑπάρχουσιν αὐτοῦ καταστήσει αὐτόν
25 21 ἐπὶ πολλῶν σε καταστήσω
23 ἐπὶ πολλῶν σε καταστήσω
Lu 12 14 τίς με κατέστησεν κριτὴν ἢ μεριστὴν ἐφ' ὑμᾶς
42 ὃν καταστήσει ὁ κύριος ἐπὶ τ. θεραπείας αὐτοῦ
44 ἐπὶ πᾶσι τ. ὑπάρχουσιν αὐτοῦ καταστήσει αὐτόν
Ac 6 3 οὓς καταστήσομεν ἐπὶ τ. χρείας ταύτης
7 10 κατέστησεν αὐτὸν ἡγούμενον ἐπ' Αἴγυπτον
27 τίς σε κατέστησεν ἄρχοντα κ. δικαστὴν ἐφ' ἡμῶν;
מִי שָׂמְךָ לְאִישׁ שַׂר וְשֹׁפֵט עָלֵינוּ, Ex. ii. 14
35 τίς σε κατέστησεν ἄρχοντα κ. δικαστήν, Ex. *l.c.*
17 15 [1] οἱ δὲ καθιστάνοντες τ. Παῦλον
Ro 5 19 ὥσπερ γὰρ διὰ τ. παρακοῆς . . . ἁμαρτωλοὶ κατεστάθησαν οἱ πολλοί,
οὕτως κ. διὰ τ. ὑπακοῆς . . . δίκαιοι κατασταθήσονται οἱ πολλοί
Tit 1 5 ἵνα . . . καταστήσῃς κατὰ πόλιν πρεσβυτέρους
He 2 7 κατέστησας αὐτὸν ἐπὶ τὰ ἔργα τ. χειρῶν σου —h. v., T [WH] R mg.
תַּמְשִׁילֵהוּ בְּמַעֲשֵׂי יָדֶיךָ, Ps. viii. 7
5 1 ὑπὲρ ἀνθρώπων καθίσταται τὰ πρὸς τ. Θεόν
7 28 ὁ νόμος γὰρ ἀνθρώπους καθίστησιν ἀρχιερεῖς
8 3 πᾶς γὰρ ἀρχιερεὺς εἰς τὸ προσφέρειν δῶρά τε κ. θυσίας καθίσταται
Ja 3 6 ἡ γλῶσσα καθίσταται ἐν τ. μέλεσιν ἡμῶν
4 4 ἐχθρὸς τ. Θεοῦ καθίσταται
IIPe 1 8 οὐκ ἀργοὺς οὐδὲ ἀκάρπους καθίστησιν

ΚΑΘΟ΄ 2526

Ro 8 26 τὸ γὰρ τί προσευξώμεθα καθὸ δεῖ
IICo 8 12 καθὸ ἐὰν ἔχῃ εὐπρόσδεκτος,
οὐ καθὸ οὐκ ἔχει
I Pe 4 13 καθὸ κοινωνεῖτε τοῖς τ. Χριστοῦ παθήμασιν

ΚΑΘΟ΄ΛΟΥ 2527

Ac 4 18 παρήγγειλεν καθόλου μὴ φθέγγεσθαι

ΚΑΘΟΠΛΙ΄ΖΟΜΑΙ 2528

Lu 11 21 ὅταν ὁ ἰσχυρὸς καθωπλισμένος φυλάσσῃ τὴν ἑαυτοῦ αὐλήν

ΚΑΘΟΡΑ΄Ω 2529

Ro 1 20 τὰ γὰρ ἀόρατα αὐτοῦ . . . τ. ποιήμασι νοούμενα καθορᾶται

ΚΑΘΟ΄ΤΙ 2530

Lu 1 7 καθότι ἦν ἡ Ἐλεισάβετ στεῖρα
19 9 καθότι κ. αὐτὸς υἱὸς Ἀβραάμ ἐστιν
Ac 2 24 καθότι οὐκ ἦν δυνατὸν κρατεῖσθαι αὐτὸν ὑπ' αὐτοῦ
45 καθότι ἄν τις χρείαν εἶχεν
4 35 καθότι ἄν τις χρείαν εἶχεν
17 31 καθότι ἔστησεν ἡμέραν

ΚΑΘΩ΄Σ 2531

(1) οὐ καθ. (2) de tempore

Mt 21 6 καθὼς συνέταξεν αὐτοῖς ὁ Ἰησοῦς
26 24 ὑπάγει καθὼς γέγραπται περὶ αὐτοῦ
28 6 ἠγέρθη γὰρ καθὼς εἶπεν
Mk 1 2 καθὼς γέγραπται ἐν τ. Ἠσαίᾳ τ. προφήτῃ
4 33 καθὼς ἠδύναντο ἀκούειν
9 13 καθὼς γέγραπται ἐπ' αὐτόν
11 6 οἱ δὲ εἶπαν αὐτοῖς καθὼς εἶπεν ὁ Ἰησοῦς
14 16 εὗρον καθὼς εἶπεν αὐτοῖς
21 ὑπάγει καθὼς γέγραπται περὶ αὐτοῦ
15 8 ἤρξατο αἰτεῖσθαι καθὼς ἐποίει αὐτοῖς
16 7 ἐκεῖ αὐτὸν ὄψεσθε καθὼς εἶπεν ὑμῖν
Lu 1 2 καθὼς παρέδοσαν ἡμῖν οἱ ἀπ' ἀρχῆς αὐτόπται
55 καθὼς ἐλάλησεν πρὸς τ. πατέρας ἡμῶν
70 καθὼς ἐλάλησεν διὰ στόματος τ. ἁγίων ἀπ' αἰῶνος προφητῶν αὐτοῦ
2 20 καθὼς ἐλαλήθη πρὸς αὐτούς
23 καθὼς γέγραπται ἐν νόμῳ Κυρίου
5 14 καθὼς προσέταξεν Μωυσῆς
6 31 καθ. θέλετε ἵνα ποιῶσιν ὑμῖν οἱ ἄνθρωποι
36 καθὼς ὁ πατὴρ ὑμῶν οἰκτίρμων ἐστίν
11 1 καθ. κ. Ἰωάνης ἐδίδαξεν τ. μαθητὰς αὐτοῦ
30 καθὼς γὰρ ἐγένετο ὁ Ἰωνᾶς τ. Νινευείταις σημεῖον
17 26 καθὼς ἐγένετο ἐν τ. ἡμέραις Νῶε
28 ὁμοίως καθ. ἐγένετο ἐν τ. ἡμέραις Λώτ
19 32 εὗρον καθὼς εἶπεν αὐτοῖς
22 13 ἀπελθόντες δὲ εὗρον καθ. εἰρήκει αὐτοῖς
29 καθὼς διέθετό μοι ὁ πατήρ μου βασιλείαν
24 24 εὗρον οὕτως καθ. αἱ γυναῖκες εἶπον
39 καθὼς ἐμὲ θεωρεῖτε ἔχοντα
Jo 1 23 καθὼς εἶπεν Ἠσαίας ὁ προφήτης
3 14 καθ. Μωυσῆς ὕψωσεν τ. ὄφιν ἐν τῇ ἐρήμῳ
5 23 καθὼς τιμῶσιν τ. πατέρα
30 καθὼς ἀκούω κρίνω

Jo 6 31 καθὼς ἐστιν γεγραμμένον
57 καθὼς ἀπέστειλέν με ὁ ζῶν πατήρ
58 [1] οὐ καθ. ἔφαγον οἱ πατέρες κ. ἀπέθανον
7 38 καθὼς εἶπεν ἡ γραφή
8 28 καθὼς ἐδίδαξέν με ὁ πατήρ
10 15 καθὼς γινώσκει με ὁ πατήρ
12 14 καθώς ἐστιν γεγραμμένον
50 καθὼς εἴρηκέν μοι ὁ πατὴρ οὕτως λαλῶ
13 15 καθ. ἐγὼ ἐποίησα ὑμῖν κ. ὑμεῖς ποιῆτε
33 καθὼς εἶπον τ. Ἰουδαίοις
34 καθ. ἠγάπησα ὑμᾶς ἵνα κ. ὑμεῖς ἀγαπᾶτε ἀλλήλους
14 27 [1] οὐ καθὼς ὁ κόσμος δίδωσιν
31 καθὼς ἐντολὴν ἔδωκέν μοι ὁ πατήρ
15 4 καθ. τὸ κλῆμα οὐ δύναται καρπὸν φέρειν ἀφ' ἑαυτοῦ
9 καθὼς ἠγάπησέν με ὁ πατήρ
10 καθ. ἐγὼ τ. πατρὸς τ. ἐντολὰς τετήρηκα
12 ἵνα ἀγαπᾶτε ἀλλήλους καθ. ἠγάπησα ὑμᾶς
17 2 καθ. ἔδωκας αὐτῷ ἐξουσίαν πάσης σαρκός
11 ἵνα ὦσιν ἓν καθὼς ἡμεῖς
14 καθὼς ἐγὼ οὐκ εἰμὶ ἐκ τ. κόσμου
16 καθὼς ἐγὼ οὐκ εἰμὶ ἐκ τ. κόσμου
18 καθὼς ἐμὲ ἀπέστειλας εἰς τ. κόσμον
21 καθ. σύ πατὴρ ἐν ἐμοὶ κἀγὼ ἐν σοί
22 ἵνα ὦσιν ἓν καθὼς ἡμεῖς ἕν
23 ἠγάπησας αὐτοὺς καθὼς ἐμὲ ἠγάπησας
19 40 καθὼς ἔθος ἐστὶν τ. Ἰουδαίοις ἐνταφιάζειν
20 21 καθὼς ἀπέσταλκέν με ὁ πατήρ
Ac 2 4 καθ. τὸ πνεῦμα ἐδίδου ἀποφθέγγεσθαι αὐτοῖς
22 καθὼς αὐτοὶ οἴδατε
7 17 [2] καθ. δὲ ἤγγιζεν ὁ χρόνος τ. ἐπαγγελίας
42 καθ. γέγραπται ἐν βίβλῳ τ. προφητῶν
44 καθ. διετάξατο ὁ λαλῶν τ. Μωυσῇ
48 καθὼς ὁ προφήτης λέγει
11 29 καθὼς εὐπορεῖτό τις
15 8 δοὺς τὸ πνεῦμα τὸ ἅγιον καθὼς κ. ἡμῖν
14 καθὼς πρῶτον ὁ Θεὸς ἐπεσκέψατο
15 καθὼς γέγραπται
22 3 καθὼς πάντες ὑμεῖς ἐστὲ σήμερον
Ro 1 13 καθὼς κ. ἐν τ. λοιποῖς ἔθνεσιν
17 καθὼς γέγραπται
28 καθὼς οὐκ ἐδοκίμασαν τ. Θεὸν ἔχειν ἐν ἐπιγνώσει
2 24 καθὼς γέγραπται
3 8 μὴ καθὼς βλασφημούμεθα,
κ. καθώς φασί τινες ἡμᾶς λέγειν
10 καθὼς γέγραπται
4 17 καθὼς γέγραπται
8 36 καθὼς γέγραπται
9 13 καθὼς γέγραπται
καθάπερ, WH non mg.
29 καθὼς προείρηκεν Ἠσαίας
33 καθὼς γέγραπται
10 15 καθὼς γέγραπται
καθάπερ, WH non mg.
11 26 καθὼς γέγραπται
15 3 ἀλλὰ καθὼς γέγραπται
7 καθὼς κ. ὁ Χριστὸς προσελάβετο ἡμᾶς
9 καθὼς γέγραπται
21 ἀλλὰ καθὼς γέγραπται
I Co 1 6 καθ. τὸ μαρτύριον τ. Χριστοῦ ἐβεβαιώθη ἐν ὑμῖν
31 καθὼς γέγραπται
2 9 ἀλλὰ καθὼς γέγραπται
4 17 καθ. πανταχοῦ ἐν πάσῃ ἐκκλησίᾳ διδάσκω

I Co 5 7 καθώς ἐστε ἄζυμοι
8 2 οὔπω ἔγνω καθὼς δεῖ γνῶναι
10 6 καθὼς κἀκεῖνοι ἐπεθύμησαν.
7 μηδὲ εἰδωλολάτραι γίνεσθε καθώς τινες αὐτῶν
8 καθώς τινες αὐτῶν ἐπόρνευσαν
9 καθώς τινες αὐτῶν ἐπείρασαν
33 καθὼς κἀγὼ πάντα πᾶσιν ἀρέσκω
11 1 μιμηταί μου γίνεσθε καθ. κἀγὼ Χριστοῦ
2 καθὼς παρέδωκα ὑμῖν τ. παραδόσεις κατέχετε
12 11 διαιροῦν ἰδίᾳ ἑκάστῳ καθὼς βούλεται
18 νῦν δὲ ὁ Θεὸς ἔθετο τὰ μέλη . . . καθ. ἠθέλησεν
13 12 τότε δὲ ἐπιγνώσομαι καθ. κ. ἐπεγνώσθην
14 34 καθὼς κ. ὁ νόμος λέγει
15 38 ὁ δὲ Θεὸς δίδωσιν αὐτῷ σῶμα καθ. ἠθέλησεν
49 καθὼς ἐφορέσαμεν τ. εἰκόνα τ. χοϊκοῦ
II Co 1 5 καθ. περισσεύει τὰ παθήματα τ. Χριστοῦ εἰς ἡμᾶς
14 καθὼς κ. ἐπέγνωτε ἡμᾶς ἀπὸ μέρους
4 1 καθὼς ἠλεήθημεν
6 16 καθὼς εἶπεν ὁ Θεός
8 5 [1] οὐ καθὼς ἠλπίσαμεν
6 ἵνα καθ. προενήρξατο οὕτως κ. ἐπιτελέσῃ
15 καθὼς γέγραπται
9 3 ἵνα καθ. ἔλεγον παρεσκευασμένοι ἦτε
7 ἕκαστος καθὼς προῄρηται τ. καρδίᾳ
9 καθὼς γέγραπται
10 7 καθ. αὐτὸς Χριστοῦ οὕτως κ. ἡμεῖς
11 12 ἵνα ἐν ᾧ καυχῶνται εὑρεθῶσιν καθ. κ. ἡμεῖς
Ga 2 7 καθὼς Πέτρος τ. περιτομῆς
3 6 καθὼς Ἀβραὰμ ἐπίστευσεν τ. Θεῷ
5 21 ἃ προλέγω ὑμῖν καθὼς προεῖπον
Eph 1 4 καθὼς ἐξελέξατο ἡμᾶς ἐν αὐτῷ πρὸ καταβολῆς κόσμου
3 3 καθὼς προέγραψα ἐν ὀλίγῳ
4 4 καθὼς κ. ἐκλήθητε ἐν μιᾷ ἐλπίδι τ. κλήσεως [ὑμῶν
17 καθὼς κ. τὰ ἔθνη περιπατεῖ
21 καθώς ἐστιν ἀλήθεια ἐν τ. Χριστῷ
ἀληθείᾳ, WH mg.
32 καθ. κ. ὁ Θεὸς ἐν Χριστῷ ἐχαρίσατο ὑμῖν
5 2 καθὼς κ. ὁ Χριστὸς ἠγάπησεν ὑμᾶς
3 καθὼς πρέπει ἁγίοις
25 καθὼς κ. ὁ Χριστὸς ἠγάπησεν τ. ἐκκλησίαν
29 θάλπει αὐτὴν καθ. κ. ὁ Χριστὸς τ. ἐκκλησίαν
Phl 1 7 καθώς ἐστιν δίκαιον ἐμοὶ τοῦτο φρονεῖν
2 12 καθὼς πάντοτε ὑπηκούσατε
3 17 καθὼς ἔχετε τύπον ἡμᾶς
Col 1 6 καθὼς κ. ἐν παντὶ τ. κόσμῳ
6 αὐξανόμενον καθὼς κ. ἐν ὑμῖν
7 καθὼς ἐμάθετε ἀπὸ Ἐπαφρᾶ
2 7 καθὼς ἐδιδάχθητε
3 13 καθὼς κ. ὁ Κύριος ἐχαρίσατο ὑμῖν
I Th 1 5 καθ. οἴδατε οἷοι ἐγενήθημεν ὑμῖν δι' ὑμᾶς
2 2 ὑβρισθέντες καθ. οἴδατε ἐν Φιλίπποις
4 καθὼς δεδοκιμάσμεθα ὑπὸ τ. Θεοῦ πιστευθῆναι τὸ εὐαγγέλιον
5 οὔτε γάρ ποτε ἐν λόγῳ κολακίας ἐγενήθημεν καθὼς οἴδατε
13 ἀλλὰ καθ. ἀληθῶς ἐστὶν λόγον Θεοῦ
14 καθὼς κ. αὐτοὶ ὑπὸ τ. Ἰουδαίων
3 4 καθὼς κ. ἐγένετο κ. οἴδατε
4 1 καθ. παρελάβετε παρ' ἡμῶν τὸ πῶς δεῖ ὑμᾶς περιπατεῖν
1 καθὼς κ. περιπατεῖτε

I Th 4 6 καθὼς κ. προείπαμεν ὑμῖν
11 καθὼς ὑμῖν παρηγγείλαμεν
13 καθὼς κ. οἱ λοιποὶ οἱ μὴ ἔχοντες ἐλπίδα
5 11 οἰκοδομεῖτε εἷς τ. ἕνα καθ. κ. ποιεῖτε
II Th 1 3 καθὼς ἄξιόν ἐστιν
3 1 ἵνα . . . δοξάζηται καθὼς κ. πρὸς ὑμᾶς
I Ti 1 3 καθ. παρεκάλεσά σε προσμεῖναι ἐν Ἐφέσῳ
He 3 7 καθὼς λέγει τὸ πνεῦμα τὸ ἅγιον
4 3 καθὼς εἴρηκεν
7 καθὼς προείρηται
5 3 καθ. περὶ τ. λαοῦ οὕτως κ. περὶ ἑαυτοῦ προσφέρειν
6 καθὼς κ. ἐν ἑτέρῳ λέγει
8 5 καθὼς κεχρημάτισται Μωυσῆς
10 25 καθὼς ἔθος τισίν
11 12 καθὼς τὰ ἄστρα τ. οὐρανοῦ τ. πλήθει
I Pe 4 10 ἕκαστος καθὼς ἔλαβεν χάρισμα
II Pe 1 14 καθὼς κ. ὁ Κύριος ἡμῶν Ἰησοῦς Χριστὸς ἐδήλωσέν μοι
3 15 καθὼς κ. ὁ ἀγαπητὸς ἡμῶν ἀδελφὸς Παῦλος
I Jo 2 6 καθὼς ἐκεῖνος περιεπάτησεν
18 καθ. ἠκούσατε ὅτι ἀντίχριστος ἔρχεται
27 καθ. ἐδίδαξεν ὑμᾶς μένετε ἐν αὐτῷ
3 2 ὅτι ὀψόμεθα αὐτὸν καθὼς ἐστιν
3 ἁγνίζει ἑαυτὸν καθ. ἐκεῖνος ἁγνός ἐστιν
7 δίκαιός ἐστιν καθ. ἐκεῖνος δίκαιός ἐστιν
12 [1] οὐ καθ. Κάιν ἐκ τ. πονηροῦ ἦν
23 καθὼς ἔδωκεν ἐντολὴν ἡμῖν
4 17 ὅτι καθ. ἐκεῖνός ἐστιν κ. ἡμεῖς ἐσμὲν ἐν τ. κόσμῳ τούτῳ
II Jo 4 καθ. ἐντολὴν ἐλάβομεν παρὰ τ. πατρός
6 καθὼς ἠκούσατε ἀπ' ἀρχῆς
III Jo 2 καθὼς εὐοδοῦταί σου ἡ ψυχή
3 καθὼς σὺ ἐν ἀληθείᾳ περιπατεῖς

2531.5 ΚΑΘΩ΄ΣΠΕΡ *† cf. 2509

II Co 3 18 καθώσπερ ἀπὸ Κυρίου πνεύματος
καθάπερ, TWH non mg.
He 5 4 καθώσπερ κ. Ἀαρών

ΚΑΙΑ΄ΦΑΣ 2533

Καϊάφας, T

Mt 26 3 εἰς τ. αὐλὴν τ. ἀρχιερέως τ. λεγομένου Καιάφα
57 ἀπήγαγον πρὸς Καιάφαν τ. ἀρχιερέα
Lu 3 2 ἐπὶ ἀρχιερέως Ἄννα κ. Καιάφα
Jo 11 49 εἷς δέ τις ἐξ αὐτῶν Καιάφας
18 13 ἦν γὰρ πενθερὸς τοῦ Καιάφα
14 ἦν δὲ Καιάφας ὁ συμβουλεύσας τ. Ἰουδαίοις
24 ἀπέστειλεν οὖν αὐτὸν . . . πρὸς Καιάφαν τ. ἀρχιερέα
28 ἄγουσιν οὖν τ. Ἰησοῦν ἀπὸ τ. Καιάφα εἰς τὸ πραιτώριον
Ac 4 6 Ἄννας ὁ ἀρχιερεὺς κ. Καιάφας

ΚΑΙ΄Ν 2535

Κάϊν, T

He 11 4 πίστει πλείονα θυσίαν Ἄβελ παρὰ Κάιν προσήνεγκεν
I Jo 3 12 οὐ καθὼς Κάιν ἐκ τ. πονηροῦ ἦν
Ju 11 ὅτι τῇ ὁδῷ τοῦ Κάιν ἐπορεύθησαν

ΚΑΙΝΑ΄Μ 2536

Καινάν, R

Lu 3 36 τοῦ Σαλὰ τοῦ Καινὰμ τοῦ Ἀρφαξάδ
37 τοῦ Μαλελεὴλ τοῦ Καινὰμ τοῦ Ἐνώς

ΚΑΙΝΟ΄Σ 2537

(1) καινότερος (2) καινὸς . . . παλαιός, ἀρχαῖος

Mt 9 17 [2] βάλλουσιν οἶνον νέον εἰς ἀσκοὺς καινούς
13 52 [2] ὅστις ἐκβάλλει ἐκ τ. θησαυροῦ αὐτοῦ καινὰ κ. παλαιά
26 28 τοῦτό ἐστιν τὸ αἷμά μου τ. καινῆς διαθήκης
—καιν., TWHR non mg.
29 ὅταν αὐτὸ πίνω μεθ' ὑμῶν καινόν
27 60 ἔθηκεν αὐτὸ ἐν τ. καινῷ αὐτοῦ μνημείῳ
Mk 1 27 τί ἐστιν τοῦτο; διδαχὴ καινή
2 21 [2] αἴρει τὸ πλήρωμα ἀπ' αὐτοῦ τὸ καινὸν τ. παλαιοῦ
22 [2] ἀλλὰ οἶνον νέον εἰς ἀσκοὺς καινούς
—h. v., T [WH]
14 24 τοῦτό ἐστιν τὸ αἷμά μου τ. καινῆς διαθήκης
—καιν., TWHR non mg.
25 ὅταν αὐτὸ πίνω καινὸν ἐν τ. βασιλείᾳ τ. Θεοῦ
16 [17 γλώσσαις λαλήσουσιν καιναῖς
—καιν., WH non mg. R mg.
Lu 5 36 [2] οὐδεὶς ἐπίβλημα ἀπὸ ἱματίου καινοῦ σχίσας
36 εἰ δὲ μήγε κ. τὸ καινὸν σχίσει,
[2] κ. τ. παλαιῷ οὐ συμφωνήσει τὸ ἐπίβλημα τὸ ἀπὸ τ. καινοῦ
38 [2] ἀλλὰ οἶνον νέον εἰς ἀσκοὺς καινοὺς βλητέον
22 20 τοῦτο τὸ ποτήριον ἡ καινὴ διαθήκη ἐν τ. αἵματί μου
Jo 13 34 ἐντολὴν καινὴν δίδωμι ὑμῖν
19 41 ἐν τ. κήπῳ μνημεῖον καινόν
Ac 17 19 τίς ἡ καινὴ αὕτη ἡ ὑπὸ σοῦ λαλουμένη διδαχή;
21 [1] ἢ λέγειν τι ἢ ἀκούειν τι καινότερον
I Co 11 25 τοῦτο τὸ ποτήριον ἡ καινὴ διαθήκη ἐστὶν
II Co 3 6 ὃς κ. ἱκάνωσεν ἡμᾶς διακόνους καινῆς διαθήκης
5 17 ὥστε εἴ τις ἐν Χριστῷ καινὴ κτίσις·
[2] τὰ ἀρχαῖα παρῆλθεν ἰδοὺ γέγονεν καινά
Ga 6 15 οὔτε ἀκροβυστία ἀλλὰ καινὴ κτίσις
Eph 2 15 ἵνα τ. δύο κτίσῃ ἐν αὐτῷ εἰς ἕνα καινὸν ἄνθρωπον
4 24 [2] ἐνδύσασθαι τ. καινὸν ἄνθρωπον
He 8 8 συντελέσω ἐπὶ τ. οἶκον Ἰσραὴλ . . . διαθήκην καινήν

כָּ תִי אֶת־בֵּית יִשְׂרָאֵל . . . בְּרִית חֲדָשָׁה
Jer. xxxi. 31

13 ἐν τ. λέγειν Καινὴν πεπαλαίωκεν τ. πρώτην
9 15 διὰ τοῦτο διαθήκης καινῆς μεσίτης ἐστίν
II Pe 3 13 καινοὺς δὲ οὐρανοὺς κ. καινὴν γῆν . . . προσδοκῶμεν
γῆν καιν., T
I Jo 2 7 [2] οὐκ ἐντολὴν καινὴν γράφω ὑμῖν
8 πάλιν ἐντολὴν καινὴν γράφω ὑμῖν
II Jo 5 οὐχ ὡς ἐντολὴν γράφων σοι καινὴν
καιν. γρ. σοι, T

Re 2 17 ἐπὶ τὴν ψῆφον ὄνομα καινὸν γεγραμμένον
3 12 τὸ ὄνομα τ. πόλεως τ. Θεοῦ μου τ. καινῆς Ἰερουσαλήμ
12 τὸ ὄνομά μου τὸ καινόν
5 9 ᾄδουσιν ᾠδὴν καινὴν
14 3 ᾄδουσιν ὡς ᾠδὴν καινὴν ἐνώπιον τ. θρόνου
21 1 εἶδον οὐρανὸν καινὸν κ. γῆν καινήν
2 τ. πόλιν τ. ἁγίαν Ἰερουσαλὴμ καινὴν εἶδον
5 ἰδοὺ καινὰ ποιῶ πάντα

ΚΑΙΝΟΤΗΣ 2538

Ro 6 4 οὕτως κ. ἡμεῖς ἐν καινότητι ζωῆς περιπατήσωμεν
7 6 ὥστε δουλεύειν ἡμᾶς ἐν καινότητι πνεύματος

ΚΑΙΠΕΡ 2539

Phl 3 4 καίπερ ἐγὼ ἔχων πεποίθησιν κ. ἐν σαρκί
He 5 8 καίπερ ὢν υἱός
7 5 καίπερ ἐξεληλυθότας ἐκ τ. ὀσφύος Ἀβραάμ
12 17 καίπερ μετὰ δακρύων ἐκζητήσας αὐτήν
II Pe 1 12 μελλήσω ἀεὶ ὑμᾶς ὑπομιμνήσκειν περὶ τούτων καίπερ εἰδότας

ΚΑΙΡΟΣ 2540

(1) ἄχρι, πρὸ καιροῦ (2) πρός, κατὰ καιρόν (3) καιροί (4) ὁ νῦν καιρός, καιρ. οὗτος, ἐνεστηκώς

Mt 8 29 [1] ἦλθες ὧδε πρὸ καιροῦ βασανίσαι ἡμᾶς
11 25 ἐν ἐκείνῳ τ. καιρῷ ἀποκριθεὶς ὁ Ἰησοῦς
12 1 ἐν ἐκείνῳ τ. καιρῷ ἐπορεύθη ὁ Ἰησοῦς
13 30 ἐν καιρῷ τ. θερισμοῦ ἐρῶ τ. θερισταῖς
14 1 ἐν ἐκείνῳ τ. καιρῷ ἤκουσεν Ἡρῴδης ὁ τετραάρχης
16 3 [3] τὰ δὲ σημεῖα τ. καιρῶν οὐ δύνασθε
21 34 ὅτε δὲ ἤγγισεν ὁ καιρὸς τ. καρπῶν
41 [3] οἵτινες ἀποδώσουσιν αὐτῷ τ. καρποὺς ἐν τ. καιροῖς αὐτῶν
24 45 τοῦ δοῦναι αὐτοῖς τ. τροφὴν ἐν καιρῷ
26 18 ὁ καιρός μου ἐγγύς ἐστιν
Mk 1 15 πεπλήρωται ὁ καιρός
10 30 [4] ἐὰν μὴ λάβῃ ἑκατονταπλασίονα νῦν ἐν τ. καιρῷ τούτῳ
11 13 ὁ γὰρ καιρὸς οὐκ ἦν σύκων
12 2 ἀπέστειλεν πρὸς τ. γεωργοὺς τ. καιρῷ δοῦλον
13 33 οὐκ οἴδατε γὰρ πότε ὁ καιρός ἐστιν
Lu 1 20 οἵτινες πληρωθήσονται εἰς τ. καιρὸν αὐτῶν
4 13 [1] ὁ διάβολος ἀπέστη ἀπ' αὐτοῦ ἄχρι καιροῦ
8 13 [2] οἳ πρὸς καιρὸν πιστεύουσιν, κ. ἐν καιρῷ πειρασμοῦ ἀφίστανται
12 42 τοῦ διδόναι ἐν καιρῷ τὸ σιτομέτριον
56 [4] τὸν καιρὸν δὲ τοῦτον πῶς οὐκ οἴδατε δοκιμάζειν
τ. δὲ καιρ., TWH marg.
13 1 παρῆσαν δέ τινες ἐν αὐτῷ τ. καιρῷ
18 30 [4] ὃς οὐχὶ μὴ λάβῃ πολλαπλασίονα ἐν τ. καιρῷ τούτῳ
19 44 ἀνθ' ὧν οὐκ ἔγνως τ. καιρὸν τ. ἐπισκοπῆς σου
20 10 καιρῷ ἀπέστειλεν πρὸς τ. γεωργοὺς δοῦλον
21 8 ὁ καιρὸς ἤγγικεν
24 [3] ἄχρι οὗ πληρωθῶσιν καιροὶ ἐθνῶν
36 ἀγρυπνεῖτε δὲ ἐν παντὶ καιρῷ δεόμενοι

Jo 5 [4 [2] ἄγγελος γὰρ Κυρίου κατὰ καιρὸν κατέβαινεν ἐν τ. κολυμβήθρᾳ
—h. v., TWHR non mg.
7 6 ὁ καιρὸς ὁ ἐμὸς οὔπω πάρεστιν· ὁ δὲ καιρὸς ὁ ὑμέτερος πάντοτέ ἐστιν ἕτοιμος
8 ὅτι ὁ ἐμὸς καιρὸς οὔπω πεπλήρωται
Ac 1 7 [3] οὐχ ὑμῶν ἐστὶν γνῶναι χρόνους ἢ καιρούς
3 20 [3] ὅπως ἂν ἔλθωσιν καιροὶ ἀναψύξεως
7 20 ἐν ᾧ καιρῷ ἐγεννήθη Μωυσῆς
12 1 κατ' ἐκεῖνον δὲ τ. καιρὸν ἐπέβαλεν Ἡρῴδης . . . τ. χεῖρας
13 11 [1] μὴ βλέπων τ. ἥλιον ἄχρι καιροῦ
14 17 [3] οὐρανόθεν ὑμῖν ὑετοὺς διδοὺς κ. καιροὺς καρποφόρους
17 26 [3] ὁρίσας προστεταγμένους καιρούς
19 23 [2] ἐγένετο δὲ κατὰ τ. καιρὸν ἐκεῖνον τάραχος οὐκ ὀλίγος
24 25 καιρὸν δὲ μεταλαβὼν μετακαλέσομαί σε
Ro 3 26 [4] πρὸς τ. ἔνδειξιν τ. δικαιοσύνης αὐτοῦ ἐν τ. νῦν καιρῷ
5 6 [2] κατὰ καιρὸν ὑπὲρ ἀσεβῶν ἀπέθανεν
8 18 [4] οὐκ ἄξια τὰ παθήματα τ. νῦν καιροῦ
9 9 [2] κατὰ τ. καιρὸν τοῦτον ἐλεύσομαι
שׁוֹב אָשׁוּב אֵלֶיךָ כָּעֵת חַיָּה, Gen. xviii. 10
11 5 [4] ἐν τ. νῦν καιρῷ λεῖμμα κατ' ἐκλογὴν χάριτος γέγονεν
12 11 τ. καιρῷ δουλεύοντες
Κυρίῳ, TWHR non mg.
13 11 κ. τοῦτο εἰδότες τ. καιρόν
I Co 4 5 [1] μὴ πρὸ καιροῦ τι κρίνετε
7 5 [2] εἰ μήτι ἂν ἐκ συμφώνου πρὸς καιρὸν
29 ὁ καιρὸς συνεσταλμένος
II Co 6 2 καιρῷ δεκτῷ ἐπήκουσά σου
בְּעֵת רָצוֹן עֲנִיתִיךָ, Is. xlix. 8
2 ἰδοὺ νῦν καιρὸς εὐπρόσδεκτος
8 14 [4] ἐν τ. νῦν καιρῷ τὸ ὑμῶν περίσσευμα εἰς τὸ ἐκείνων ὑστέρημα
Ga 4 10 [3] ἡμέρας παρατηρεῖσθε κ. μῆνας κ. καιρούς
6 9 καιρῷ γὰρ ἰδίῳ θερίσομεν μὴ ἐκλυόμενοι.
10 ἄρα οὖν ὡς καιρὸν ἔχωμεν
Eph 1 10 [3] εἰς οἰκονομίαν τ. πληρώματος τ. καιρῶν
2 12 ὅτι ἦτε τ. καιρῷ ἐκείνῳ χωρὶς Χριστοῦ
5 16 ὡς σοφοὶ ἐξαγοραζόμενοι τ. καιρόν
6 18 προσευχόμενοι ἐν παντὶ καιρῷ ἐν πνεύματι
Col 4 5 τ. καιρὸν ἐξαγοραζόμενοι
I Th 2 17 [2] ἀπορφανισθέντες ἀφ' ὑμῶν πρὸς καιρὸν ὥρας
5 1 [3] περὶ δὲ τ. χρόνων κ. τ. καιρῶν
II Th 2 6 εἰς τὸ ἀποκαλυφθῆναι αὐτὸν ἐν τ. αὐτοῦ καιρῷ
I Ti 2 6 [3] τὸ μαρτύριον καιροῖς ἰδίοις
4 1 [3] ἐν ὑστέροις καιροῖς ἀποστήσονταί τινες τ. πίστεως
6 15 [3] ἣν καιροῖς ἰδίοις δείξει ὁ μακάριος κ. μόνος δυνάστης
II Ti 3 1 [3] ἐν ἐσχάταις ἡμέραις ἐνστήσονται καιροὶ χαλεποί
4 3 ἔσται γὰρ καιρὸς ὅτε τ. ὑγιαινούσης διδασκαλίας οὐκ ἀνέξονται
6 ὁ καιρὸς τ. ἀναλύσεώς μου ἐφέστηκεν
Tit 1 3 [3] ἐφανέρωσεν δὲ καιροῖς ἰδίοις τ. λόγον αὐτοῦ
He 9 9 [4] ἥτις παραβολὴ εἰς τ. καιρὸν τ. ἐνεστηκότα
10 μέχρι καιροῦ διορθώσεως ἐπικείμενα
11 11 δύναμιν εἰς καταβολὴν σπέρματος ἔλαβεν κ. παρὰ καιρὸν ἡλικίας

He 11 15 εἶχον ἂν καιρὸν ἀνακάμψαι
1 Pe 1 5 εἰς σωτηρίαν ἑτοίμην ἀποκαλυφθῆναι ἐν καιρῷ ἐσχάτῳ
11 εἰς τίνα ἢ ποῖον καιρὸν ἐδήλου τὸ ἐν αὐτοῖς πνεῦμα Χριστοῦ
4 17 ὁ καιρὸς τοῦ ἄρξασθαι τὸ κρίμα
5 6 ἵνα ὑμᾶς ὑψώσῃ ἐν καιρῷ
Re 1 3 ὁ γὰρ καιρὸς ἐγγύς
11 18 ὁ καιρὸς τ. νεκρῶν κριθῆναι
12 12 εἰδὼς ὅτι ὀλίγον καιρὸν ἔχει
14 [8] ὅπου τρέφεται ἐκεῖ καιρὸν κ. καιροὺς κ. ἥμισυ καιροῦ
22 10 ὁ καιρὸς γὰρ ἐγγύς ἐστιν

ΚΑΙ῀ΣΑΡ 2541

Mt 22 17 ἔξεστιν δοῦναι κῆνσον Καίσαρι ἢ οὔ;
21 λέγουσιν Καίσαρος
21 ἀπόδοτε οὖν τὰ Καίσαρος Καίσαρι
Mk 12 14 ἔξεστιν δοῦναι κῆνσον Καίσαρι ἢ οὔ;
κῆνσ. Κ. δοῦν., T
16 οἱ δὲ εἶπαν αὐτῷ Καίσαρος
17 τὰ Καίσαρος ἀπόδοτε Καίσαρι
Lu 2 1 ἐξῆλθεν δόγμα παρὰ Καίσαρος Αὐγούστου
3 1 ἐν ἔτει δὲ πεντεκαιδεκάτῳ τ. ἡγεμονίας Τιβερίου Καίσαρος
20 22 ἔξεστιν ἡμᾶς Καίσαρι φόρον δοῦναι ἢ οὔ;
24 οἱ δὲ εἶπαν Καίσαρος
25 τοίνυν ἀπόδοτε τὰ Καίσαρος Καίσαρι
23 2 κωλύοντα φόρους Καίσαρι διδόναι
Jo 19 12 ἐὰν τοῦτον ἀπολύσῃς οὐκ εἶ φίλος τ. Καίσαρος·
πᾶς ὁ βασιλέα ἑαυτὸν ποιῶν ἀντιλέγει τ. Καίσαρι
15 οὐκ ἔχομεν βασιλέα εἰ μὴ Καίσαρα
Ac 17 7 ἀπέναντι τ. δογμάτων Καίσαρος πράσσουσιν
25 8 οὔτε εἰς Καίσαρά τι ἥμαρτον
10 ἑστὼς ἐπὶ τ. βήματος Καίσαρός εἰμι
11 Καίσαρα ἐπικαλοῦμαι
12 Καίσαρα ἐπικέκλησαι ἐπὶ Καίσαρα πορεύσῃ
21 ἕως οὗ ἀναπέμψω αὐτὸν πρὸς Καίσαρα
26 32 εἰ μὴ ἐπεκέκλητο Καίσαρα
27 24 μὴ φοβοῦ Παῦλε Καίσαρί σε δεῖ παραστῆναι
28 19 ἠναγκάσθην ἐπικαλέσασθαι Καίσαρα
Phl 4 22 μάλιστα δὲ οἱ ἐκ τῆς Καίσαρος οἰκίας

ΚΑΙΣΑΡΙ´Α 2542

Mt 16 13 ἐλθὼν δὲ ὁ Ἰησοῦς εἰς τὰ μέρη Καισαρίας τῆς Φιλίππου
Mk 8 27 ἐξῆλθεν ὁ Ἰησοῦς . . . εἰς τ. κώμας Καισαρίας τῆς Φιλίππου
Ac 8 40 ἕως τοῦ ἐλθεῖν αὐτὸν εἰς Καισαριαν
9 30 οἱ ἀδελφοὶ κατήγαγον αὐτὸν εἰς Καισαρίαν
10 1 ἀνὴρ δέ τις ἐν Καισαρίᾳ ὀνόματι Κορνήλιος
24 τῇ δὲ ἐπαύριον εἰσῆλθεν εἰς τ. Καισαρίαν
11 11 ἀπεσταλμένοι ἀπὸ Καισαρίας πρός με
12 19 κατελθὼν ἀπὸ τ. Ἰουδαίας εἰς Καισαρίαν διέτριβεν
18 22 κατελθὼν εἰς Καισαρίαν
21 8 ἐξελθόντες ἤλθαμεν εἰς Καισαρίαν
16 συνῆλθον δὲ κ. τ. μαθητῶν ἀπὸ Καισαρίας σὺν ἡμῖν
23 23 ὅπως πορευθῶσιν ἕως Καισαρίας
33 οἵτινες εἰσελθόντες εἰς τ. Καισαρίαν
25 1 ἀνέβη εἰς Ἱεροσόλυμα ἀπὸ Καισαρίας
4 τηρεῖσθαι τ. Παῦλον εἰς Καισαρίαν
Ac 25 6 καταβὰς εἰς Καισαρίαν
13 Ἀγρίππας ὁ βασιλεὺς κ. Βερνίκη κατήντησαν εἰς Καισαρίαν

ΚΑΙ´ΤΟΙ ** 2543

Ac 14 17 καίτοι οὐκ ἀμάρτυρον αὐτὸν ἀφῆκεν ἀγαθοῦργων
He 4 3 καίτοι τ. ἔργων ἀπὸ καταβολῆς κόσμου γενηθέντων

ΚΑΙ´ΤΟΙΓΕ * 2544

Jo 4 2 καίτοιγε Ἰησοῦς αὐτὸς οὐκ ἐβάπτιζεν

ΚΑΙ´Ω 2545

Mt 5 15 οὐδὲ καίουσιν λύχνον κ. τιθέασιν αὐτὸν ὑπὸ τ. μόδιον
Lu 12 35 ἔστωσαν ὑμῶν . . . οἱ λύχνοι καιόμενοι
24 32 οὐχὶ ἡ καρδία ἡμῶν καιομένη ἦν
ἦν ἡμ. κεκαλυμμένη, WH mg.
Jo 5 35 ἐκεῖνος ἦν ὁ λύχνος ὁ καιόμενος κ. φαίνων
15 6 εἰς τὸ πῦρ βάλλουσιν κ. καίεται
1 Co 13 3 ἐὰν παραδῶ τὸ σῶμά μου ἵνα καυθήσομαι
καυχήσωμαι, WHR marg.
He 12 18 οὐ γὰρ προσεληλύθατε . . . κεκαυμένῳ πυρί
Re 4 5 ἑπτὰ λαμπάδες πυρὸς καιόμεναι ἐνώπιον τ. θρόνου
8 8 ὡς ὄρος μέγα πυρὶ καιόμενον
10 ἀστὴρ μέγας καιόμενος ὡς λαμπάς
19 20 ἐβλήθησαν οἱ δύο εἰς τ. λίμνην τ. πυρὸς τῆς καιομένης ἐν θείῳ
21 8 τὸ μέρος αὐτῶν ἐν τ. λίμνῃ τ. καιομένῃ πυρὶ κ. θείῳ

ΚΑ᾽ΚΕΙ῀ 2546

Mt 5 23 κἀκεῖ μνησθῇς ὅτι ὁ ἀδελφός σου ἔχει τι κατὰ σοῦ
10 11 κἀκεῖ μείνατε ἕως ἂν ἐξέλθητε
28 10 κἀκεῖ με ὄψονται
καὶ ἐκεῖ, T
Mk 1 35 κἀκεῖ προσηύχετο
38 ἵνα κἀκεῖ κηρύξω
καὶ ἐκεῖ, WH
14 15 κἀκεῖ ἑτοιμάσατε ἡμῖν
καὶ ἐκεῖ, WH
Jo 11 54 κἀκεῖ ἔμεινεν μετὰ τ. μαθητῶν
Ac 14 7 κἀκεῖ εὐαγγελιζόμενοι ἦσαν
17 13 ἦλθον κἀκεῖ σαλεύοντες κ. ταράσσοντες τ. ὄχλους
22 10 κἀκεῖ σοι λαληθήσεται
25 20 κἀκεῖ κρίνεσθαι περὶ τούτων
27 6 κἀκεῖ εὑρὼν ὁ ἑκατοντάρχης πλοῖον Ἀλεξανδρινόν

ΚΑ᾽ΚΕΙ῀ΘΕΝ 2547

Mk 9 30 κἀκ. ἐξελθόντες ἐπορεύοντο διὰ τ. Γαλιλαίας
Lu 11 53 κἀκεῖθεν ἐξελθόντος αὐτοῦ
Ac 7 4 κἀκ. μετὰ τὸ ἀποθανεῖν τ. πατέρα αὐτοῦ
13 21 κἀκεῖθεν ᾐτήσαντο βασιλέα
14 26 κἀκεῖθεν ἀπέπλευσαν εἰς Ἀντιόχειαν
16 12 κἀκεῖθεν εἰς Φιλίππους
20 15 κἀκεῖθεν ἀποπλεύσαντες
21 1 κἀκεῖθεν εἰς Πάταρα
27 4 κἀκ. ἀναχθέντες ὑπεπλεύσαμεν τὴν Κύπρον
28 15 κἀκεῖθεν οἱ ἀδελφοὶ . . . ἦλθαν εἰς ἀπάντησιν ἡμῖν

ΚΑ'ΚΕΙ'ΝΟΣ 2548

Mt 15 18 κἀκεῖνα κοινοῖ τ. ἄνθρωπον
23 23 ταῦτα δὲ ἔδει ποιῆσαι κἀκεῖνα μὴ ἀφεῖναι
Mk 12 4 κἀκεῖνον ἐκεφαλίωσαν
5 κἀκεῖνον ἀπέκτειναν
16 [11 κἀκεῖνοι ἀκούσαντες ὅτι ζῇ . . . ἠπίστησαν
[13 κἀκεῖνοι ἀπελθόντες ἀπήγγειλαν τ. λοιποῖς
Lu 11 7 κἀκεῖνος ἔσωθεν ἀποκριθεὶς εἴπῃ
42 ταῦτα δὲ ἔδει ποιῆσαι κἀκεῖνα μὴ παρεῖναι
20 11 οἱ δὲ κἀκεῖνον δείραντες . . . ἐξαπέστειλαν κενόν
22 12 κἀκεῖνος ὑμῖν δείξει ἀνάγαιον μέγα ἐστρωμένον
Jo 6 57 κἀκεῖνος ζήσει δι' ἐμέ
7 29 κἀκεῖνός με ἀπέστειλεν
10 16 κἀκεῖνα δεῖ με ἀγαγεῖν
14 12 τὰ ἔργα ἃ ἐγὼ ποιῶ κἀκεῖνος ποιήσει
17 24 θέλω ἵνα ὅπου εἰμὶ ἐγὼ κἀκεῖνοι ὦσιν μετ' ἐμοῦ
19 35 κἀκεῖνος οἶδεν ὅτι ἀληθῆ λέγει
καὶ ἐκεῖνος, WH
Ac 5 37 κἀκεῖνος ἀπώλετο
15 11 καθ' ὃν τρόπον κἀκεῖνοι
18 19 κἀκείνους κατέλιπεν αὐτοῦ
Ro 11 23 κἀκεῖνοι δὲ . . . ἐνκεντρισθήσονται
I Co 10 6 καθὼς κἀκεῖνοι ἐπεθύμησαν
II Ti 2 12 εἰ ἀρνησόμεθα κἀκεῖνος ἀρνήσεται ἡμᾶς
He 4 2 κ. γάρ ἐσμεν εὐηγγελισμένοι καθάπερ κἀκεῖνοι

ΚΑΚΙ'Α 2549

Mt 6 34 ἀρκετὸν τ. ἡμέρᾳ ἡ κακία αὐτῆς
Ac 8 22 μετανόησον οὖν ἀπὸ τ. κακίας σου ταύτης
Ro 1 29 πεπληρωμένους πάσῃ ἀδικίᾳ πονηρίᾳ πλεονεξίᾳ κακίᾳ
κακ. πλεον., TWH mg.; κακ. πον. πλεον., WH mg. alter
I Co 5 8 μηδὲ ἐν ζύμῃ κακίας κ. πονηρίας
14 20 τ. κακίᾳ νηπιάζετε
Eph 4 31 πᾶσα πικρία . . . ἀρθήτω ἀφ' ὑμῶν σὺν πάσῃ κακίᾳ
Col 3 8 ἀπόθεσθε κ. ὑμεῖς . . . θυμὸν κακίαν βλασφημίαν
Tit 3 3 ἐν κακίᾳ κ. φθόνῳ διάγοντες
Ja 1 21 διὸ ἀποθέμενοι πᾶσαν ῥυπαρίαν κ. περισσείαν κακίας
I Pe 2 1 ἀποθέμενοι οὖν πᾶσαν κακίαν
16 μὴ ὡς ἐπικάλυμμα ἔχοντες τ. κακίας τ. ἐλευθερίαν

ΚΑΚΟΗ'ΘΕΙΑ ** 2550

Ro 1 29 μεστοὺς . . . ἔριδος δόλου κακοηθείας
κακοηθίας, WH

ΚΑΚΟΛΟΓΕ'Ω 2551

Mt 15 4 ὁ κακολογῶν πατέρα ἢ μητέρα θανάτῳ τελευτάτω
מְקַלֵּל אָבִיו וְאִמּוֹ מוֹת יוּמָת, Ex. xxi. 17
Mk 7 10 ὁ κακολογῶν πατέρα ἢ μητέρα θανάτῳ τελευτάτω, Ex. *l.c.*
9 39 ὃς . . . δυνήσεται ταχὺ κακολογῆσαί με
Ac 19 9 κακολογοῦντες τὴν ὁδὸν ἐνώπιον τ. πλήθους

ΚΑΚΟΠΑ'ΘΕΙΑ 2552

Ja 5 10 ὑπόδειγμα λάβετε ἀδελφοὶ τ. κακοπαθείας
κακοπαθίας, WH

ΚΑΚΟΠΑΘΕ'Ω 2553

II Ti 2 9 ἐν ᾧ κακοπαθῶ μέχρι δεσμῶν
4 5 σὺ δὲ νῆφε ἐν πᾶσιν κακοπάθησον
Ja 5 13 κακοπαθεῖ τις ἐν ὑμῖν; προσευχέσθω

ΚΑΚΟΠΟΙΕ'Ω 2554

Mk 3 4 ἔξεστιν τ. σάββασιν ἀγαθοποιῆσαι ἢ κακοποιῆσαι;
Lu 6 9 εἰ ἔξεστιν τ. σαββάτῳ ἀγαθοποιῆσαι ἢ κακοποιῆσαι
I Pe 3 17 κρεῖττον γὰρ ἀγαθοποιοῦντας . . . πάσχειν ἢ κακοποιοῦντας
III Jo 11 ὁ κακοποιῶν οὐχ ἑώρακεν τ. Θεόν

ΚΑΚΟΠΟΙΟ'Σ 2555

I Pe 2 12 ἐν ᾧ καταλαλοῦσιν ὑμῶν ὡς κακοποιῶν
14 εἰς ἐκδίκησιν κακοποιῶν ἔπαινον δὲ ἀγαθοποιῶν
4 15 μὴ γάρ τις ὑμῶν πασχέτω ὡς . . . κακοποιός

ΚΑΚΟ'Σ 2556

(1) κακ. ποιεῖν, πράσσειν (2) κακ. πάσχειν (3) κακὸς . . . καλός, ἀγαθός

Mt 21 41 κακοὺς κακῶς ἀπολέσει αὐτούς
24 48 ἐὰν δὲ εἴπῃ ὁ κακὸς δοῦλος ἐκεῖνος ἐν τ. καρδίᾳ αὐτοῦ
27 23 [1] τί γὰρ κακὸν ἐποίησεν;
Mk 7 21 ἐκ τ. καρδίας τ. ἀνθρώπων οἱ διαλογισμοὶ οἱ κακοὶ ἐκπορεύονται
15 14 [1] τί γὰρ ἐποίησεν κακόν;
Lu 16 25 Λάζαρος ὁμοίως τὰ κακά
23 22 [1] τί γὰρ κακὸν ἐποίησεν οὗτος;
Jo 18 23 εἰ κακῶς ἐλάλησα μαρτύρησον περὶ τ. κακοῦ
30 [1] εἰ μὴ ἦν οὗτος κακὸν ποιῶν
Ac 9 13 [1] ὅσα κακὰ τ. ἁγίοις σου ἐποίησεν ἐν Ἱερουσαλήμ
16 28 [1] μηδὲν πράξῃς σεαυτῷ κακόν
23 9 οὐδὲν κακὸν εὑρίσκομεν ἐν τ. ἀνθρώπῳ τούτῳ
28 5 [2] ἀποτινάξας τὸ θηρίον εἰς τὸ πῦρ ἔπαθεν οὐδὲν κακόν
Ro 1 30 ἐφευρετὰς κακῶν γονεῦσιν ἀπειθεῖς
2 9 ἐπὶ πᾶσαν ψυχὴν ἀνθρώπου τ. κατεργαζομένου τὸ κακόν
3 8 [1] [3] ποιήσωμεν τὰ κακὰ ἵνα ἔλθῃ τὰ ἀγαθά
7 19 [1] [3] ὃ οὐ θέλω κακὸν τοῦτο πράσσω
21 [3] ὅτι ἐμοὶ τὸ κακὸν παράκειται
12 17 μηδενὶ κακὸν ἀντὶ κακοῦ ἀποδιδόντες
21 [3] μὴ νικῶ ὑπὸ τ. κακοῦ,
[3] ἀλλὰ νίκα ἐν τ. ἀγαθῷ τὸ κακόν
13 3 [3] οὐκ εἰσὶν φόβος τ. ἀγαθῷ ἔργῳ ἀλλὰ τ. κακῷ
4 [1] ἐὰν δὲ τὸ κακὸν ποιῇς φοβοῦ
4 [1] ἔκδικος εἰς ὀργὴν τῷ τὸ κακὸν πράσσοντι
10 ἡ ἀγάπη τῷ πλησίον κακὸν οὐκ ἐργάζεται
14 20 κακὸν τ. ἀνθρώπῳ τῷ διὰ προσκόμματος ἐσθίοντι
16 19 [3] σοφοὺς μὲν εἶναι εἰς τὸ ἀγαθὸν ἀκεραίους δὲ εἰς τὸ κακόν
I Co 10 6 εἰς τὸ μὴ εἶναι ἡμᾶς ἐπιθυμητὰς κακῶν
13 5 οὐ λογίζεται τὸ κακόν
15 33 φθείρουσιν ἤθη χρηστὰ ὁμιλίαι κακαί
II Co 13 7 [1] εὐχόμεθα δὲ . . . μὴ ποιῆσαι ὑμᾶς κακὸν μηδέν
Phl 3 2 βλέπετε τ. κακοὺς ἐργάτας

Col 3 5 νεκρώσατε οὖν . . . ἀκαθαρσίαν πάθος ἐπιθυμίαν κακήν
I Th 5 15 ὁρᾶτε μή τις κακὸν ἀντὶ κακοῦ τινὶ ἀποδῷ
I Ti 6 10 ῥίζα γὰρ πάντων τ. κακῶν ἐστὶν ἡ φιλαργυρία
II Ti 4 14 Ἀλέξανδρος ὁ χαλκεὺς πολλά μοι κακὰ ἐνεδείξατο
Tit 1 12 Κρῆτες ἀεὶ ψεῦσται κακὰ θηρία γάστερες ἀργαί
He 5 14 [3] πρὸς διάκρισιν καλοῦ τε κ. κακοῦ
Ja 1 13 ὁ γὰρ Θεὸς ἀπείραστός ἐστιν κακῶν
3 8 ἀκατάστατον κακὸν μεστὴ ἰοῦ θανατηφόρου
I Pe 3 9 μὴ ἀποδιδόντες κακὸν ἀντὶ κακοῦ
10 παυσάτω τ. γλῶσσαν ἀπὸ κακοῦ
11 [3] ἐκκλινάτω δὲ ἀπὸ κακοῦ

סוּר מֵרָע, Ps. xxxiv. 15

12 [1] πρόσωπον δὲ Κυρίου ἐπὶ ποιοῦντας κακά

פְּנֵי יְהוָֹה בְּעֹשֵׂי רָע, *ib.* 17

III Jo 11 [3] μὴ μιμοῦ τὸ κακὸν ἀλλὰ τὸ ἀγαθόν
Re 2 2 ὅτι οὐ δύνῃ βαστάσαι κακούς
16 2 ἐγένετο ἕλκος κακὸν κ. πονηρὸν ἐπὶ τ. ἀνθρώπους

ΚΑΚΟΥ͂ΡΓΟΣ 2557

Lu 23 32 ἤγοντο δὲ κ. ἕτεροι κακοῦργοι δύο σὺν αὐτῷ ἀναιρεθῆναι
δύο κακ., T
33 ἐκεῖ ἐσταύρωσαν αὐτὸν κ. τ. κακούργους
39 εἷς δὲ τ. κρεμασθέντων κακούργων ἐβλασφήμει αὐτόν
II Ti 2 9 ἐν ᾧ κακοπαθῶ μέχρι δεσμῶν ὡς κακοῦργος

ΚΑΚΟΥΧΕ΄ΟΜΑΙ 2558

He 11 37 θλιβόμενοι κακουχούμενοι
13 3 μιμνήσκεσθε . . . τ. κακουχουμένων ὡς κ. αὐτοὶ ὄντες ἐν σώματι

ΚΑΚΟ΄Ω 2559

Ac 7 6 δουλώσουσιν αὐτὸ κ. κακώσουσιν ἔτη τετρακόσια

עֲבָדוּם וְעִנּוּ אֹתָם אַרְבַּע מֵאוֹת שָׁנָה, Gen. xv. 13

19 οὗτος . . . ἐκάκωσεν τ. πατέρας
12 1 ἐπέβαλεν . . . τ. χεῖρας κακῶσαί τινας τῶν ἀπὸ τ. ἐκκλησίας
14 2 ἐκάκωσαν τ. ψυχὰς τ. ἐθνῶν κατὰ τ. ἀδελφῶν
18 10 οὐδεὶς ἐπιθήσεταί σοι τοῦ κακῶσαί σε
I Pe 3 13 κ. τίς ὁ κακώσων ὑμᾶς

ΚΑΚΩ͂Σ 2560

Mt 4 24 προσήνεγκαν αὐτῷ πάντας τ. κακῶς ἔχοντας
8 16 πάντας τοὺς κακῶς ἔχοντας ἐθεράπευσεν
9 12 οὐ χρείαν ἔχουσιν οἱ ἰσχύοντες ἰατροῦ ἀλλὰ οἱ κακῶς ἔχοντες
14 35 προσήνεγκαν αὐτῷ πάντας τ. κακῶς ἔχοντας
15 22 ἡ θυγάτηρ μου κακῶς δαιμονίζεται
17 15 σεληνιάζεται κ. κακῶς ἔχει
κακ. πάσχει, TWH mg.
21 41 κακοὺς κακῶς ἀπολέσει αὐτούς
Mk 1 32 ἔφερον πρὸς αὐτὸν πάντας τ. κακῶς ἔχοντας
1 34 ἐθεράπευσεν πολλοὺς κακῶς ἔχοντας ποικίλαις νόσοις
2 17 οὐ χρείαν ἔχουσιν οἱ ἰσχύοντες ἰατροῦ ἀλλ' οἱ κακῶς ἔχοντες
6 55 ἤρξαντο ἐπὶ τ. κραβάττοις τ. κακῶς ἔχοντας περιφέρειν
Lu 5 31 οὐ χρείαν ἔχουσιν οἱ ὑγιαίνοντες ἰατροῦ ἀλλὰ οἱ κακῶς ἔχοντες
7 2 ἑκατοντάρχου δέ τινος δοῦλος κακῶς ἔχων
Jo 18 23 εἰ κακῶς ἐλάλησα μαρτύρησον περὶ τ. κακοῦ
Ac 23 5 ἄρχοντα τ. λαοῦ σου οὐκ ἐρεῖς κακῶς

נָשִׂיא בְעַמְּךָ לֹא תָאֹר, Ex. xxii. 27

Ja 4 3 οὐ λαμβάνετε διότι κακῶς αἰτεῖσθε

ΚΑ΄ΚΩΣΙΣ 2561

Ac 7 34 ἰδὼν εἶδον τ. κάκωσιν τ. λαοῦ μου τοῦ ἐν Αἰγύπτῳ

רָאֹה רָאִיתִי אֶת־עֳנִי עַמִּי אֲשֶׁר בְּמִצְרָיִם, Ex. iii. 7

ΚΑΛΑ΄ΜΗ 2562

I Co 3 12 ξύλα χόρτον καλάμην

ΚΑ΄ΛΑΜΟΣ 2563

Mt 11 7 κάλαμον ὑπὸ ἀνέμου σαλευόμενον;
12 20 κάλαμον συντετριμμένον οὐ κατεάξει

קָנֶה רָצוּץ לֹא יִשְׁבּוֹר, Is. xlii. 3

27 29 ἐπέθηκαν . . . κάλαμον ἐν τ. δεξιᾷ αὐτοῦ
30 ἔλαβον τ. κάλαμον κ. ἔτυπτον εἰς τ. κεφαλὴν αὐτοῦ
48 περιθεὶς καλάμῳ ἐπότιζεν αὐτόν
Mk 15 19 ἔτυπτον αὐτοῦ τ. κεφαλὴν καλάμῳ
36 περιθεὶς καλάμῳ ἐπότιζεν αὐτόν
Lu 7 24 κάλαμον ὑπὸ ἀνέμου σαλευόμενον;
III Jo 13 οὐ θέλω διὰ μέλανος κ. καλάμου σοι γράφειν
Re 11 1 ἐδόθη μοι κάλαμος ὅμοιος ῥάβδῳ
21 15 ὁ λαλῶν μετ' ἐμοῦ εἶχεν μέτρον κάλαμον χρυσοῦν
16 ἐμέτρησεν τ. πόλιν τ. καλάμῳ

ΚΑΛΕ΄Ω 2564

(1) c. nom. propr. (2) καλ. ἐν., ἐπί c. dat. (3) καλ. κλήσει

Mt 1 21 [1] καλέσεις τὸ ὄνομα αὐτοῦ Ἰησοῦν
23 [1] καλέσουσιν τὸ ὄνομα αὐτοῦ Ἐμμανουήλ

קָרָאת שְׁמוֹ עִמָּנוּאֵל, Is. vi. 14

25 [1] ἐκάλεσεν τὸ ὄνομα αὐτοῦ Ἰησοῦν
2 7 λάθρᾳ καλέσας τ. μάγους
15 ἐξ Αἰγύπτου ἐκάλεσα τ. υἱόν μου

מִמִּצְרַיִם קָרָאתִי לִבְנִי, Hos. xi. 1

23 [1] Ναζωραῖος κληθήσεται

נֵצֶר מִשָּׁרָשָׁיו יִפְרֶה, Is. xi. 1

4 21 εἶδεν ἄλλους δύο ἀδελφοὺς . . . κ. ἐκάλεσεν αὐτούς
5 9 ὅτι αὐτοὶ υἱοὶ Θεοῦ κληθήσονται
19 ἐλάχιστος κληθήσεται ἐν τ. βασιλείᾳ τ. οὐρανῶν
19 οὗτος μέγας κληθήσεται ἐν τ. βασιλείᾳ τ. οὐρανῶν
9 13 οὐ γὰρ ἦλθον καλέσαι δικαίους

Mt 20 8 καλεσον τ. ἐργάτας κ. ἀπόδος τ. μισθόν
21 13 ὁ οἶκός μου οἶκος προσευχῆς κληθήσεται
בֵּיתִי בֵּית־תְּפִלָּה יִקָּרֵא לְכָל־הָעַמִּים, Is. lvi. 7
22 3 ἀπέστειλεν τ. δούλους αὐτοῦ καλέσαι τ. κεκλημένους εἰς τ. γάμους
4 εἴπατε τ. κεκλημένοις
8 οἱ δὲ κεκλημένοι οὐκ ἦσαν ἄξιοι
9 ὅσους ἐὰν εὕρητε καλέσατε εἰς τ. γάμους
43 πῶς οὖν Δαυεὶδ ἐν πνεύματι καλεῖ αὐτὸν Κύριον
καλ. Κύρ. αὐτ., TWH marg.
45 εἰ οὖν Δαυεὶδ καλεῖ αὐτὸν Κύριον
23 7 καλεῖσθαι ὑπὸ τ. ἀνθρώπων Ῥαββεί·
8 ὑμεῖς δὲ μὴ κληθῆτε Ῥαββεί
9 πατέρα μὴ καλέσητε ὑμῶν ἐπὶ τ. γῆς
10 μηδὲ κληθῆτε καθηγηταί
25 14 ὥσπερ γὰρ ἄνθρωπος ἀποδημῶν ἐκάλεσεν τ. ἰδίους δούλους
27 8 διὸ ἐκλήθη ὁ ἀγρὸς ἐκεῖνος ἀγρὸς αἵματος
Mk 1 20 εὐθὺς ἐκάλεσεν αὐτούς
2 17 οὐκ ἦλθον καλέσαι δικαίους
3 31 ἀπέστειλαν πρὸς αὐτὸν καλοῦντες αὐτόν
11 17 ὁ οἶκός μου οἶκος προσευχῆς κληθήσεται πᾶσι τ. ἔθνεσιν, Is. *l.c.*
Lu 1 13 [1] καλέσεις τὸ ὄνομα αὐτοῦ Ἰωάνην
31 [1] καλέσεις τὸ ὄνομα αὐτοῦ Ἰησοῦν
32 υἱὸς ὑψίστου κληθήσεται
35 τὸ γεννώμενον ἅγιον κληθήσεται υἱὸς Θεοῦ
36 μὴν ἕκτος ἐστὶν αὐτῇ τ. καλουμένῃ στείρᾳ
59 [1] [2] ἐκάλουν αὐτὸ ἐπὶ τ. ὀνόματι τ. πατρὸς αὐτοῦ Ζαχαρίαν
60 [1] οὐχὶ ἀλλὰ κληθήσεται Ἰωάνης
61 ὃς καλεῖται τ. ὀνόματι τούτῳ
62 τὸ τί ἂν θέλοι καλεῖσθαι αὐτό
76 σὺ δὲ παιδίον προφήτης ὑψίστου κληθήσῃ
2 4 [1] εἰς πόλιν Δαυεὶδ ἥτις καλεῖται Βηθλεέμ
21 [1] ἐκλήθη τὸ ὄνομα αὐτοῦ Ἰησοῦς, τὸ κληθὲν ὑπὸ τ. ἀγγέλου πρὸ τ. συλλημφθῆναι αὐτόν
23 πᾶν ἄρσεν διανοῖγον μήτραν ἅγιον τ. Κυρίῳ κληθήσεται
כָּל־בְּכוֹר פֶּטֶר כָּל־רֶחֶם . . . לִי הוּא, Ex. xiii. 1
5 32 οὐκ ἐλήλυθα καλέσαι δικαίους
6 15 [1] Σίμωνα τ. καλούμενον Ζηλωτήν
46 τί δέ με καλεῖτε Κύριε Κύριε
7 11 [1] ἐπορεύθη εἰς πόλιν καλουμένην Ναίν
39 ἰδὼν δὲ ὁ Φαρισαῖος ὁ καλέσας αὐτόν
8 2 [1] Μαρία ἡ καλουμένη Μαγδαληνή
9 10 [1] ὑπεχώρησεν κατ' ἰδίαν εἰς πόλιν καλουμένην Βηθσαιδά
10 39 [1] τῇδε ἦν ἀδελφὴ καλουμένη Μαριάμ
14 7 ἔλεγεν δὲ πρὸς τ. κεκλημένους παραβολήν
8 ὅταν κληθῇς ὑπό τινος εἰς γάμους
8 μήποτε ἐντιμότερός σου ᾖ κεκλημένος ὑπ' αὐτοῦ,
9 κ. ἐλθὼν ὁ σὲ κ. αὐτὸν καλέσας ἐρεῖ σοι
10 ὅταν κληθῇς πορευθεὶς ἀνάπεσε εἰς τὸν ἔσχατον τόπον·
ἵνα ὅταν ἔλθῃ ὁ κεκληκώς σε
12 ἔλεγεν δὲ κ. τ. κεκληκότι αὐτόν
13 κάλει πτωχοὺς ἀναπείρους χωλούς

Lu 14 16 ἄνθρωπός τις ἐποίει δεῖπνον μέγα κ. ἐκάλεσεν πολλούς·
17 κ. ἀπέστειλεν τ. δοῦλον αὐτοῦ . . . εἰπεῖν τ. κεκλημένοις
24 οὐδεὶς τ. ἀνδρῶν ἐκείνων τ. κεκλημένων
15 19 οὐκέτι εἰμὶ ἄξιος κληθῆναι υἱός σου
21 οὐκέτι εἰμὶ ἄξιος κληθῆναι υἱός σου
19 2 [1] ἰδοὺ ἀνὴρ ὀνόματι καλούμενος Ζακχαῖος
13 καλέσας δὲ δέκα δούλους ἑαυτοῦ
29 πρὸς τὸ ὄρος τὸ καλούμενον ἐλαιῶν
20 44 Δαυεὶδ οὖν αὐτὸν Κύριον καλεῖ
21 37 ηὐλίζετο εἰς τὸ ὄρος τὸ καλούμενον ἐλαιῶν
22 3 [1] εἰσῆλθεν δὲ Σατανᾶς εἰς Ἰούδαν τ. καλούμενον Ἰσκαριώτην
25 οἱ ἐξουσιάζοντες αὐτῶν εὐεργέται καλοῦνται
23 33 [1] ὅτε ἦλθαν ἐπὶ τ. τόπον τ. καλούμενον Κρανίον
Jo 1 42 [1] σὺ κληθήσῃ Κηφᾶς
2 2 ἐκλήθη δὲ κ. ὁ Ἰησοῦς κ. οἱ μαθηταὶ αὐτοῦ
Ac 1 12 ἀπὸ ὄρους τ. καλουμένου ἐλαιῶνος
19 [1] ὥστε κληθῆναι τὸ χωρίον ἐκεῖνο τ. διαλέκτῳ αὐτῶν
23 [1] ἔστησαν δύο Ἰωσὴφ τ. καλούμενον Βαρσαββᾶν
3 11 [1] συνέδραμεν πᾶς ὁ λαὸς . . . ἐπὶ τ. στοᾷ τ. καλουμένῃ Σολομῶντος
4 18 καλέσαντες αὐτοὺς παρήγγειλαν
7 58 [1] παρὰ τ. πόδας νεανίου καλουμένου Σαύλου
8 10 οὗτός ἐστιν ἡ Δύναμις τ. Θεοῦ ἡ καλουμένη Μεγάλη
9 11 πορεύθητι ἐπὶ τ. ῥύμην τ. καλουμένην Εὐθεῖαν
10 1 ἑκατοντάρχης ἐκ σπείρης τ. καλουμένης Ἰταλικῆς
13 1 [1] Συμεὼν ὁ καλούμενος Νίγερ
14 12 [1] ἐκάλουν τε τὸν Βαρνάβαν Δία
15 22 [1] πέμψαι . . . Ἰούδαν τ. καλούμενον Βαρσαββᾶν
37 [1] συνπαραλαβεῖν κ. τ. Ἰωάνην τ. καλούμενον Μάρκον
24 2 κληθέντος δὲ αὐτοῦ ἤρξατο κατηγορεῖν
27 8 [1] ἤλθομεν εἰς τόπον τινὰ καλούμενον Καλοὺς Λιμένας
14 [1] ἄνεμος τυφωνικὸς ὁ καλούμενος Εὐρακύλων
16 [1] νησίον δέ τι ὑποδραμόντες καλούμενον Καῦδα
Κλαῦδα, TR mg.
28 1 [1] ἐπέγνωμεν ὅτι Μελιτήνη ἡ νῆσος καλεῖται
Μελίτη, TR non mg.
Ro 4 17 καλοῦντος τὰ μὴ ὄντα ὡς ὄντα
8 30 οὓς δὲ προώρισεν τούτους κ. ἐκάλεσεν· κ. οὓς ἐκάλεσεν τούτους κ. ἐδικαίωσεν
9 7 [2] ἐν Ἰσαὰκ κληθήσεταί σοι σπέρμα
בְיִצְחָק יִקָּרֵא לְךָ זָרַע, Gen. xxi. 12
11 οὐκ ἐξ ἔργων ἀλλ' ἐκ τ. καλοῦντος
24 οὓς κ. ἐκάλεσεν ἡμᾶς οὐ μόνον ἐξ Ἰουδαίων
25 καλέσω τὸν οὐ λαόν μου λαόν μου
אָמַרְתִּי לְלֹא־עַמִּי עַמִּי־אַתָּה, Hos. ii. 25
26 ἐκεῖ κληθήσονται υἱοὶ Θεοῦ ζῶντος
יֵאָמֵר לָהֶם בְּנֵי אֵל־חָי, *ib.* 1
1 Co 1 9 δι' οὗ ἐκλήθητε εἰς κοινωνίαν τ. υἱοῦ αὐτοῦ
7 15 [2] ἐν δὲ εἰρήνῃ κέκληκεν ὑμᾶς ὁ Θεός
17 ἕκαστον ὡς κέκληκεν ὁ Θεός

1 Co 7 18 περιτετμημένος τις ἐκλήθη; μὴ ἐπισπάσθω.
² ἐν ἀκροβυστίᾳ κέκληταί τις; μὴ περιτεμνέσθω
20 ² ³ ἕκαστος ἐν τ. κλήσει ᾗ ἐκλήθη ἐν ταύτῃ μενέτω.
21 δοῦλος ἐκλήθης; μή σοι μελέτω
22 ² ὁ γὰρ ἐν Κυρίῳ κληθεὶς δοῦλος
22 ὁμοίως ὁ ἐλεύθερος κληθεὶς
24 ² ἕκαστος ἐν ᾧ ἐκλήθη . . . ἐν τούτῳ μενέτω
10 27 εἴ τις καλεῖ ὑμᾶς τ. ἀπίστων
15 9 ὃς οὐκ εἰμὶ ἱκανὸς καλεῖσθαι ἀπόστολος
Ga 1 6 ² μετατίθεσθε ἀπὸ τ. καλέσαντος ὑμᾶς ἐν χάριτι Χριστοῦ
15 ὁ Θεὸς ὁ . . . καλέσας διὰ τ. χάριτος αὐτοῦ
5 8 ἡ πεισμονὴ οὐκ ἐκ τ. καλοῦντος ὑμᾶς
13 ² ὑμεῖς γὰρ ἐπ' ἐλευθερίᾳ ἐκλήθητε
Eph 4 1 ³ ἀξίως περιπατῆσαι τ. κλήσεως ἧς ἐκλήθητε
4 ² καθὼς κ. ἐκλήθητε ἐν μιᾷ ἐλπίδι τ. κλήσεως ὑμῶν
Col 3 15 ² εἰς ἣν κ. ἐκλήθητε ἐν ἑνὶ σώματι
1 Th 2 12 εἰς τὸ περιπατεῖν ὑμᾶς ἀξίως τ. Θεοῦ τ. καλοῦντος ὑμᾶς
καλέσαντος, WH mg. R mg.
4 7 ² οὐ γὰρ ἐκάλεσεν ἡμᾶς ὁ Θεὸς ἐπὶ ἀκαθαρσίᾳ
5 24 πιστὸς ὁ καλῶν ὑμᾶς
II Th 2 14 εἰς ὃ ἐκάλεσεν ὑμᾶς διὰ τ. εὐαγγελίου ἡμῶν
1 Ti 6 12 τ. αἰωνίου ζωῆς εἰς ἣν ἐκλήθης
II Ti 1 9 ³ τ. σώσαντος ἡμᾶς κ. καλέσαντος κλήσει ἁγίᾳ
He 2 11 οὐκ ἐπαισχύνεται ἀδελφοὺς αὐτοὺς καλεῖν
3 13 ἄχρις οὗ τὸ σήμερον καλεῖται
5 4 οὐχ ἑαυτῷ τις λαμβάνει τ. τιμὴν ἀλλὰ καλούμενος ὑπὸ τ. Θεοῦ
9 15 ὅπως . . . τ. ἐπαγγελίαν λάβωσιν οἱ κεκλημένοι τῆς αἰωνίου κληρονομίας
11 8 πίστει καλούμενος Ἀβραὰμ ὑπήκουσεν
18 ² ἐν Ἰσαὰκ κληθήσεταί σοι σπέρμα, Gen. *l.c.*
Ja 2 23 φίλος Θεοῦ ἐκλήθη, Is. xli. 8
1 Pe 1 15 κατὰ τ. καλέσαντα ὑμᾶς ἅγιον
2 9 ὅπως τ. ἀρετὰς ἐξαγγείλητε τοῦ ἐκ σκότους ὑμᾶς καλέσαντος
21 εἰς τοῦτο γὰρ ἐκλήθητε
3 6 ὡς Σάρρα ὑπήκουεν τῷ Ἀβραὰμ κύριον αὐτὸν καλοῦσα
9 ὅτι εἰς τοῦτο ἐκλήθητε
5 10 ὁ καλέσας ὑμᾶς εἰς τὴν αἰώνιον αὐτοῦ δόξαν
II Pe 1 3 διὰ τ. ἐπιγνώσεως τ. καλέσαντος ἡμᾶς διὰ δόξης κ. ἀρετῆς
1 Jo 3 1 ἵνα τέκνα Θεοῦ κληθῶμεν
Re 1 9 ¹ ἐγενόμην ἐν τῇ νήσῳ τ. καλουμένῃ Πάτμῳ
11 8 ¹ ἥτις καλεῖται πνευματικῶς Σόδομα κ. Αἴγυπτος
12 9 ¹ ὁ ὄφις ὁ ἀρχαῖος ὁ καλούμενος Διάβολος
16 16 ¹ εἰς τ. τόπον τ. καλούμενον Ἑβραϊστὶ Ἁρ Μαγεδών
Ἁρμαγεδών, TR
19 9 μακάριοι οἱ εἰς τὸ δεῖπνον τ. γάμου τ. ἀρνίου κεκλημένοι
11 πιστὸς καλούμενος κ. ἀληθινός
—καλ., [WH] R mg.; καλ. πιστ., T
13 κέκληται τὸ ὄνομα αὐτοῦ ὁ λόγος τ. Θεοῦ

ΚΑΛΛΙΕΛΑΙΟΣ* † 2565

Ro 11 24 εἰ γὰρ σὺ . . . παρὰ φύσιν ἐνεκεντρίσθης εἰς καλλιέλαιον

ΚΑΛΛΙΟΝ. *Vide* ΚΑΛΩΣ, 2573

ΚΑΛΟΔΙΔΑΣΚΑΛΟΣ* † 2567

Tit 2 3 πρεσβύτιδας ὡσαύτως . . . καλοδιδασκάλους

ΚΑΛΟΠΟΙΕΩ* † 2569

II Th 3 13 μὴ ἐνκακήσητε καλοποιοῦντες

ΚΑΛΟΣ 2570

(1) καλόν ἐστιν, ἦν (2) καλ. ποιεῖν
(3) καλὸς . . . κακός, πονηρός, σαπρός

Mt 3 10 πᾶν οὖν δένδρον μὴ ποιοῦν καρπὸν καλὸν
5 16 ὅπως ἴδωσιν ὑμῶν τὰ καλὰ ἔργα
7 17 ³ πᾶν δένδρον ἀγαθὸν καρποὺς καλοὺς ποιεῖ
ποι. καλ., WH mg.
18 ³ οὐδὲ δένδρον σαπρὸν καρποὺς καλοὺς ποιεῖν.
19 πᾶν δένδρον μὴ ποιοῦν καρπὸν καλόν
12 33 ³ ἢ ποιήσατε τὸ δένδρον καλὸν κ. τ. καρπὸν αὐτοῦ καλόν
13 8 ἄλλα δὲ ἔπεσεν ἐπὶ τ. γῆν τ. καλὴν
23 ὁ δὲ ἐπὶ τ. καλὴν γῆν σπαρείς
24 ἀνθρώπῳ σπείραντι καλὸν σπέρμα ἐν τ. ἀγρῷ αὐτοῦ
27 οὐχὶ καλὸν σπέρμα ἔσπειρας ἐν τ. σῷ ἀγρῷ;
37 ὁ σπείρων τὸ καλὸν σπέρμα
38 τὸ δὲ καλὸν σπέρμα οὗτοί εἰσιν οἱ υἱοὶ τ. βασιλείας
45 ὁμοία ἐστὶν . . . ἐμπόρῳ ζητοῦντι καλοὺς μαργαρίτας
48 ³ συνέλεξαν τὰ καλὰ εἰς ἄγγη
15 26 ¹ οὐκ ἔστιν καλὸν λαβεῖν τ. ἄρτον τ. τέκνων
οὐκ ἔξεστιν λαβ., T
17 4 ¹ καλόν ἐστιν ἡμᾶς ὧδε εἶναι
18 8 ¹ καλόν σοί ἐστιν εἰσελθεῖν εἰς τ. ζωὴν κυλλὸν
9 ¹ καλόν σοί ἐστιν μονόφθαλμον εἰς τ. ζωὴν εἰσελθεῖν
26 10 ἔργον γὰρ καλὸν ἠργάσατο εἰς ἐμέ
24 ¹ καλὸν ἦν αὐτῷ εἰ οὐκ ἐγεννήθη ὁ ἄνθρωπος ἐκεῖνος
Mk 4 8 ἄλλα ἔπεσεν εἰς τ. γῆν τ. καλήν
20 ἐκεῖνοί εἰσιν οἱ ἐπὶ τ. γῆν τ. καλὴν σπαρέντες
7 27 ¹ οὐ γάρ ἐστιν καλὸν λαβεῖν τ. ἄρτον τ. τέκνων
9 5 ¹ καλόν ἐστιν ἡμᾶς ὧδε εἶναι
42 ¹ καλόν ἐστιν αὐτῷ μᾶλλον εἰ περίκειται μύλος ὀνικὸς
43 ¹ καλόν ἐστίν σε κυλλὸν εἰσελθεῖν εἰς τ. ζωήν
45 ¹ καλόν ἐστίν σε εἰσελθεῖν εἰς τ. ζωὴν χωλὸν
47 ¹ καλόν σέ ἐστιν μονόφθαλμον εἰσελθεῖν εἰς τ. βασιλείαν τ. Θεοῦ
50 καλὸν τὸ ἅλας
14 6 καλὸν ἔργον ἠργάσατο ἐν ἐμοί
21 ¹ καλὸν αὐτῷ εἰ οὐκ ἐγεννήθη ὁ ἄνθρωπος ἐκεῖνος
Lu 3 9 πᾶν οὖν δένδρον μὴ ποιοῦν καρπὸν καλὸν
[καλόν], WH
6 38 μέτρον καλὸν πεπιεσμένον . . . δώσουσιν
43 ³ οὐ γάρ ἐστιν δένδρον καλὸν ποιοῦν καρπὸν σαπρόν
³ οὐδὲ πάλιν δένδρον σαπρὸν ποιοῦν καρπὸν καλόν
8 15 τὸ δὲ ἐν τ. καλῇ γῇ οὗτοί εἰσιν

Lu 8 15 οἵτινες ἐν καρδίᾳ καλῇ κ. ἀγαθῇ . . . καρποφοροῦσιν
9 33 [1] καλόν ἐστιν ἡμᾶς ὧδε εἶναι
14 34 καλὸν οὖν τὸ ἅλας
21 5 ὅτι λίθοις καλοῖς κ. ἀναθήμασιν κεκόσμηται
Jo 2 10 πᾶς ἄνθρωπος πρῶτον τ. καλὸν οἶνον τίθησιν
10 σὺ τετήρηκας τ. καλὸν οἶνον ἕως ἄρτι
10 11 ἐγώ εἰμι ὁ ποιμὴν ὁ καλός·
ὁ ποιμὴν ὁ καλὸς τ. ψυχὴν αὐτοῦ τίθησιν
14 ἐγώ εἰμι ὁ ποιμὴν ὁ καλός
32 πολλὰ ἔργα ἔδειξα ὑμῖν καλά
ἔργ. καλ. ἔδ. ὑμ., TWH mg.
33 περὶ καλοῦ ἔργου οὐ λιθάζομέν σε
Ac 27 8 ἤλθομεν εἰς τόπον τινὰ καλούμενον Καλοὺς Λιμένας
Ro 7 16 σύνφημι τ. νόμῳ ὅτι καλός
18 τὸ δὲ κατεργάζεσθαι τὸ καλὸν οὔ
21 [2 3] εὑρίσκω ἄρα τ. νόμον τ. θέλοντι ἐμοὶ ποιεῖν τὸ καλόν
12 17 προνοούμενοι καλὰ ἐνώπιον πάντων ἀνθρώπων
14 21 [1] καλὸν τὸ μὴ φαγεῖν κρέα
I Co 5 6 [1] οὐ καλὸν τὸ καύχημα ὑμῶν
7 1 [1] καλὸν ἀνθρώπῳ γυναικὸς μὴ ἅπτεσθαι
8 [1] καλὸν αὐτοῖς ἐὰν μείνωσιν ὡς κἀγώ
26 τοῦτο καλὸν ὑπάρχειν διὰ τ. ἐνεστῶσαν ἀνάγκην,
[1] ὅτι καλὸν ἀνθρώπῳ τὸ οὕτως εἶναι
9 15 [1] καλὸν γάρ μοι μᾶλλον ἀποθανεῖν
II Co 8 21 προνοοῦμεν γὰρ καλὰ οὐ μόνον ἐνώπιον Κυρίου
13 7 [2] ἀλλ' ἵνα ὑμεῖς τὸ καλὸν ποιῆτε
Ga 4 18 [1] καλὸν δὲ ζηλοῦσθαι ἐν καλῷ πάντοτε
6 9 [2] τὸ δὲ καλὸν ποιοῦντες μὴ ἐνκακῶμεν
I Th 5 21 πάντα δὲ δοκιμάζετε τὸ καλὸν κατέχετε
I Ti 1 8 οἴδαμεν δὲ ὅτι καλὸς ὁ νόμος
18 ἵνα στρατεύῃ ἐν αὐταῖς τ. καλὴν στρατίαν
2 3 [1] τοῦτο καλὸν κ. ἀπόδεκτον ἐνώπιον τ. σωτῆρος ἡμῶν Θεοῦ
3 1 εἴ τις ἐπισκοπῆς ὀρέγεται καλοῦ ἔργου ἐπιθυμεῖ
7 δεῖ δὲ κ. μαρτυρίαν καλὴν ἔχειν ἀπὸ τῶν ἔξωθεν
13 βαθμὸν ἑαυτοῖς καλὸν περιποιοῦνται
4 4 ὅτι πᾶν κτίσμα Θεοῦ καλόν
6 καλὸς ἔσῃ διάκονος Χριστοῦ Ἰησοῦ, ἐντρεφόμενος τ. λόγοις . . . τ. καλῆς διδασκαλίας
5 10 ἐν ἔργοις καλοῖς μαρτυρουμένη
25 ὡσαύτως κ. τὰ ἔργα τὰ καλὰ πρόδηλα
6 12 ἀγωνίζου τ. καλὸν ἀγῶνα τ. πίστεως
12 ὡμολόγησας τ. καλὴν ὁμολογίαν ἐνώπιον πολλῶν μαρτύρων
13 Χριστοῦ Ἰησοῦ τ. μαρτυρήσαντος ἐπὶ Ποντίου Πειλάτου τ. καλὴν ὁμολογίαν
18 πλουτεῖν ἐν ἔργοις καλοῖς
19 ἀποθησαυρίζοντας ἑαυτοῖς θεμέλιον καλὸν εἰς τὸ μέλλον
II Ti 1 14 τ. καλὴν παραθήκην φύλαξον
2 3 ὡς καλὸς στρατιώτης Χριστοῦ Ἰησοῦ
4 7 τὸν καλὸν ἀγῶνα ἠγώνισμαι
Tit 2 7 σεαυτὸν παρεχόμενος τύπον καλῶν ἔργων
14 λαὸν περιούσιον ζηλωτὴν καλῶν ἔργων
3 8 ἵνα φροντίζωσιν καλῶν ἔργων προΐστασθαι
8 ταῦτά ἐστιν καλὰ κ. ὠφέλιμα τ. ἀνθρώποις
14 καλῶν ἔργων προΐστασθαι εἰς τ. ἀναγκαίας χρείας
He 5 14 [3] πρὸς διάκρισιν καλοῦ τε κ. κακοῦ
6 5 καλὸν γευσαμένους Θεοῦ ῥῆμα
10 24 εἰς παροξυσμὸν ἀγάπης κ. καλῶν ἔργων
13 9 καλὸν γὰρ χάριτι βεβαιοῦσθαι τ. καρδίαν
18 πειθόμεθα γὰρ ὅτι καλὴν συνείδησιν ἔχομεν
Ja 2 7 βλασφημοῦσιν τὸ καλὸν ὄνομα τὸ ἐπικληθὲν ἐφ' ὑμᾶς
3 13 δειξάτω ἐκ τ. καλῆς ἀναστροφῆς τὰ ἔργα αὐτοῦ
4 17 [2] εἰδότι οὖν καλὸν ποιεῖν κ. μὴ ποιοῦντι
I Pe 2 12 τ. ἀναστροφὴν ὑμῶν ἐν τ. ἔθνεσιν ἔχοντες καλήν
12 ἐκ τ. καλῶν ἔργων ἐποπτεύοντες
4 10 ὡς καλοὶ οἰκονόμοι ποικίλης χάριτος Θεοῦ

ΚΑ΄ΛΥΜΜΑ 2571

II Co 3 13 οὐ καθάπερ Μωυσῆς ἐτίθει κάλυμμα ἐπὶ τὸ πρόσωπον αὐτοῦ
יִתֵּן עַל־פָּנָיו מַסְוֶה, Ex. xxxiv. 33
14 τὸ αὐτὸ κάλυμμα ἐπὶ τ. ἀναγνώσει τ. παλαιᾶς διαθήκης μένει
15 κάλυμμα ἐπὶ τ. καρδίαν αὐτῶν μένει·
16 ἡνίκα δὲ ἐὰν ἐπιστρέψῃ πρὸς Κύριον περιαιρεῖται τὸ κάλυμμα

ΚΑΛΥ΄ΠΤΩ 2572

Mt 8 24 ὥστε τὸ πλοῖον καλύπτεσθαι ὑπὸ τ. κυμάτων
10 26 οὐδὲν γάρ ἐστιν κεκαλυμμένον ὃ οὐκ ἀποκαλυφθήσεται
Lu 8 16 οὐδεὶς δὲ λύχνον ἅψας καλύπτει αὐτὸν σκεύει
23 30 λέγειν . . . τ. βουνοῖς Καλύψατε ἡμᾶς
24 32 οὐχὶ ἡ καρδία ἦν ἡμῶν κεκαλυμμένη ἐν ἡμῖν
καρδ. ἡμ. καιομένη ἦν, TWH non mg. R
II Co 4 3 εἰ δὲ κ. ἔστιν κεκαλυμμένον τὸ εὐαγγέλιον ἡμῶν,
ἐν τ. ἀπολλυμένοις ἐστὶν κεκαλυμμένον
Ja 5 20 καλύψει πλῆθος ἁμαρτιῶν
I Pe 4 8 ὅτι ἀγάπη καλύπτει πλῆθος ἁμαρτιῶν

ΚΑΛΩ͂Σ 2573

(1) καλ. ποιεῖν (2) καλ. ἔχειν (3) κάλλιον

Mt 12 12 [1] ὥστε ἔξεστιν τ. σάββασιν καλῶς ποιεῖν
15 7 καλῶς ἐπροφήτευσεν περὶ ὑμῶν Ἠσαίας
Mk 7 6 καλῶς ἐπροφήτευσεν Ἠσαίας περὶ ὑμῶν τ. ὑποκριτῶν
9 καλῶς ἀθετεῖτε τ. ἐντολὴν τ. Θεοῦ
37 [1] καλῶς πάντα πεποίηκεν
12 28 εἰδὼς ὅτι καλῶς ἀπεκρίθη αὐτοῖς
32 καλῶς διδάσκαλε ἐπ' ἀληθείας εἶπες
16 [18 [2] ἐπὶ ἀρρώστους χεῖρας ἐπιθήσουσιν κ. καλῶς ἕξουσιν
Lu 6 26 ὅταν καλῶς ὑμᾶς εἴπωσιν πάντες οἱ ἄνθρωποι
27 [1] καλῶς ποιεῖτε τ. μισοῦσιν ὑμᾶς
48 διὰ τὸ καλῶς οἰκοδομῆσθαι αὐτήν
τεθεμελίωτο γὰρ ἐπὶ τ. πέτραν, R mg.
20 39 διδάσκαλε καλῶς εἶπας
Jo 4 17 καλῶς εἶπες ὅτι Ἄνδρα οὐκ ἔχω
8 48 οὐ καλῶς λέγομεν ἡμεῖς
13 13 καλῶς λέγετε εἰμὶ γάρ
18 23 εἰ δὲ καλῶς τί με δέρεις;

Ac 10 33 [1] σύ τε καλῶς ἐποίησας παραγενόμενος
25 10 [3] ὡς κ. σὺ κάλλιον ἐπιγινώσκεις
28 25 καλῶς τὸ πνεῦμα τὸ ἅγιον ἐλάλησεν διὰ Ἠσαΐου
Ro 11 20 καλῶς· τ. ἀπιστίᾳ ἐξεκλάσθησαν
I Co 7 37 [1] ὃς δὲ ἕστηκεν . . . τηρεῖν τὴν ἑαυτοῦ παρθένον καλῶς ποιήσει.
38 [1] ὥστε κ. ὁ γαμίζων τὴν ἑαυτοῦ παρθένον καλῶς ποιεῖ
14 17 σὺ μὲν γὰρ καλῶς εὐχαριστεῖς
II Co 11 4 καλῶς ἀνέχεσθε
Ga 4 17 ζηλοῦσιν ὑμᾶς οὐ καλῶς
5 7 ἐτρέχετε καλῶς
Phl 4 14 [1] καλῶς ἐποιήσατε συνκοινωνήσαντές μου τ. θλίψει
I Ti 3 4 τ. ἰδίου οἴκου καλῶς προϊστάμενον
12 τέκνων καλῶς προϊστάμενοι
13 οἱ γὰρ καλῶς διακονήσαντες βαθμὸν ἑαυτοῖς καλὸν περιποιοῦνται
5 17 οἱ καλῶς προεστῶτες πρεσβύτεροι
He 13 18 ἐν πᾶσι καλῶς θέλοντες ἀναστρέφεσθαι
Ja 2 3 σὺ κάθου ὧδε καλῶς
8 [1] εἰ μέντοι νόμον τελεῖτε βασιλικὸν . . . καλῶς ποιεῖτε
19 [1] πιστεύεις ὅτι εἷς Θεὸς ἔστιν· καλῶς ποιεῖς
II Pe 1 19 [1] ᾧ καλῶς ποιεῖτε προσέχοντες
III Jo 6 [1] οὓς καλῶς ποιήσεις προπέμψας ἀξίως τ. Θεοῦ

ΚΑ'ΜΗΛΟΣ 2574

Mt 3 4 εἶχεν τὸ ἔνδυμα αὐτοῦ ἀπὸ τριχῶν καμήλου
19 24 εὐκοπώτερόν ἐστιν κάμηλον διὰ τρήματος ῥαφίδος εἰσελθεῖν
23 24 τὴν δὲ κάμηλον καταπίνοντες
Mk 1 6 ἦν ὁ Ἰωάνης ἐνδεδυμένος τρίχας καμήλου
10 25 εὐκοπώτερόν ἐστιν κάμηλον διὰ τρυμαλιᾶς ῥαφίδος διελθεῖν
Lu 18 25 εὐκοπώτερον γάρ ἐστιν κάμηλον διὰ τρήματος βελόνης εἰσελθεῖν

ΚΑ'ΜΙΝΟΣ 2575

Mt 13 42 βαλοῦσιν αὐτοὺς εἰς τὴν κάμινον τ. πυρός
50 βαλοῦσιν αὐτοὺς εἰς τὴν κάμινον τ. πυρός
Re 1 15 ὡς ἐν καμίνῳ πεπυρωμένης
9 2 ἀνέβη καπνὸς . . . ὡς καπνὸς καμίνου μεγάλης

ΚΑΜΜΥ'Ω 2576

Mt 13 15 τ. ὀφθαλμοὺς αὐτῶν ἐκάμμυσαν
עֵינָיו הָשַׁע, Is. vi. 10
Ac 28 27 τ. ὀφθαλμοὺς αὐτῶν ἐκάμμυσαν, Is. *l.c.*

ΚΑ'ΜΝΩ 2577

He 12 3 ἵνα μὴ κάμητε τ. ψυχαῖς ὑμῶν ἐκλυόμενοι
Ja 5 15 ἡ εὐχὴ τ. πίστεως σώσει τ. κάμνοντα

ΚΑ'ΜΠΤΩ 2578

Ro 11 4 οἵτινες οὐκ ἔκαμψαν γόνυ τῇ Βάαλ
כָּל־הַבִּרְכַּיִם אֲשֶׁר לֹא־כָרְעוּ לַבַּעַל, I Ki. xix. 18
14 11 ἐμοὶ κάμψει πᾶν γόνυ
לִי תִּכְרַע כָּל־בֶּרֶךְ, Is. xlv. 23
Eph 3 14 τούτου χάριν καμπτω τὰ γόνατά μου πρὸς τ. πατέρα
Phl 2 10 ἵνα ἐν τ. ὀνόματι Ἰησοῦ πᾶν γόνυ κάμψῃ

ΚΑ"Ν 2579

(1) seq. indic.

Mt 10 23 κἂν ἐκ ταύτης διώκωσιν ὑμᾶς
—h. v., TWH non mg. R
21 21 κἂν τ. ὄρει τούτῳ εἴπητε
26 35 κἂν δέῃ με σὺν σοὶ ἀποθανεῖν
Mk 5 28 ἐὰν ἅψωμαι κἂν τ. ἱματίων αὐτοῦ
6 56 ἵνα κἂν τ. κρασπέδου τ. ἱματίου αὐτοῦ ἅψωνται
16 [18 κἂν θανάσιμόν τι πίωσιν
Lu 12 38 κἂν ἐν τ. δευτέρᾳ κἂν ἐν τ. τρίτῃ φυλακῇ ἔλθῃ
καὶ ἐὰν, WH mg.
13 9 κἂν μὲν ποιήσῃ καρπὸν
Jo 8 14 κἂν ἐγὼ μαρτυρῶ περὶ ἐμαυτοῦ
55 κἂν εἴπω ὅτι οὐκ οἶδα αὐτόν
10 38 [1] κἂν ἐμοὶ μὴ πιστεύητε
πιστεύετε, T
11 25 ὁ πιστεύων εἰς ἐμὲ κἂν ἀποθάνῃ ζήσεται
Ac 5 15 [1] ἵνα ἐρχομένου Πέτρου κἂν ἡ σκιὰ ἐπισκιάσει τινὶ αὐτῶν
ἐπισκιάσῃ, T
I Co 13 2 κἂν ἔχω προφητείαν
καὶ ἐὰν, T
2 κἂν ἔχω πᾶσαν τ. πίστιν
καὶ ἐὰν, T
3 κἂν ψωμίσω πάντα τὰ ὑπάρχοντά μου,
καὶ ἐὰν, T
κἂν παραδῶ τὸ σῶμά μου ἵνα καυχήσωμαι
καὶ ἐὰν παρ. . . . καυθήσομαι, TR non mg.
II Co 11 16 κἂν ὡς ἄφρονα δέξασθέ με
He 12 20 κἂν θηρίον θίγῃ τ. ὄρους
לֹא־תִגַּע בּוֹ יָד . . . אִם־בְּהֵמָה, Ex xix. 13
Ja 5 15 κἂν ἁμαρτίας ᾖ πεποιηκώς

ΚΑΝΑ' 2580

Κανᾶ, T

Jo 2 1 γάμος ἐγένετο ἐν Κανὰ τ. Γαλιλαίας
11 ταύτην ἐποίησεν ἀρχὴν . . . ἐν Κανὰ τ Γαλιλαίας
4 46 ἦλθεν οὖν πάλιν εἰς τὴν Κανὰ τ. Γαλιλαίας
21 2 Ναθαναὴλ ὁ ἀπὸ Κανὰ τ. Γαλιλαίας

ΚΑΝΑΝΑΙ'ΟΣ 2581

Mt 10 4 Σίμων ὁ Καναναῖος
Mk 3 18 Σίμωνα τ. Καναναῖον

ΚΑΝΔΑ'ΚΗ 2582

Ac 8 27 ἀνὴρ Αἰθίοψ . . . δυνάστης Κανδάκης βασιλίσσης Αἰθιόπων

ΚΑΝΩ'Ν 2583

II Co 10 13 κατὰ τὸ μέτρον τ. κανόνος οὗ ἐμέρισεν ἡμῖν
15 μεγαλυνθῆναι κατὰ τ. κανόνα ἡμῶν εἰς περισσείαν
16 οὐκ ἐν ἀλλοτρίῳ κανόνι εἰς τὰ ἕτοιμα καυχήσασθαι
Ga 6 16 ὅσοι τ. κανόνι τούτῳ στοιχήσουσιν

ΚΑΠΗΛΕΥ´Ω* 2585

IICo 2 17 καπηλεύοντες τ. λόγον τ. Θεοῦ

ΚΑΠΝΟ´Σ 2586

Ac 2 19 αἷμα κ. πῦρ κ. ἀτμίδα καπνοῦ
דָּם וָאֵשׁ וְתִימְרוֹת עָשָׁן, Joel iii. 3

Re 8 4 ἀνέβη ὁ καπνὸς τ. θυμιαμάτων
9 2 ἀνέβη καπνὸς ἐκ τ. φρέατος
ὡς καπνὸς καμίνου μεγάλης,
κ. ἐσκοτώθη ὁ ἥλιος κ. ὁ ἀὴρ ἐκ τ. καπνοῦ
τ. φρέατος.
3 κ. ἐκ τ. καπνοῦ ἐξῆλθον ἀκρίδες εἰς τ. γῆν
17 ἐκ τ. στομάτων αὐτῶν ἐκπορεύεται πῦρ κ.
καπνὸς κ. θεῖον
18 ἀπεκτάνθησαν . . . ἐκ τ. πυρὸς κ. τ.
καπνοῦ κ. τ. θείου
14 11 ὁ καπνὸς τ. βασανισμοῦ αὐτῶν . . . ἀνα-
βαίνει
15 8 ἐγεμίσθη ὁ ναὸς καπνοῦ ἐκ τ. δόξης τ. Θεοῦ
18 9 ὅταν βλέπωσι τ. καπνὸν τ. πυρώσεως αὐτῆς
18 βλέποντες τ. καπνὸν τ. πυρώσεως αὐτῆς
19 3 ὁ καπνὸς αὐτῆς ἀναβαίνει εἰς τ. αἰῶνας τ.
αἰώνων

ΚΑΠΠΑΔΟΚΙ´Α 2587

Ac 2 9 Ἰουδαίαν τε κ. Καππαδοκίαν
1 Pe 1 1 παρεπιδήμοις διασπορᾶς Πόντου Γαλατίας
Καππαδοκίας

ΚΑΡΔΙ´Α 2588

(1) εἰπεῖν, λέγειν ἐν τ. καρδ. (2) ἐκ καρδίας
(3) καρδ. τ. γῆς (4) πρόσωπον . . . καρδ.

Mt 5 8 μακάριοι οἱ καθαροὶ τ. καρδίᾳ
28 ἤδη ἐμοίχευσεν αὐτὴν ἐν τ. καρδίᾳ αὐτοῦ
6 21 ἐκεῖ ἔσται κ. ἡ καρδία σου
9 4 ἵνα τί ἐνθυμεῖσθε πονηρὰ ἐν τ. καρδίαις ὑμῶν
11 29 ὅτι πραΰς εἰμι κ. ταπεινὸς τ. καρδίᾳ
12 34 ἐκ γὰρ τ. περισσεύματος τ. καρδίας τὸ
στόμα λαλεῖ
40 [3] οὕτως ἔσται ὁ υἱὸς τ. ἀνθρώπου ἐν τ.
καρδίᾳ τ. γῆς
13 15 ἐπαχύνθη γὰρ ἡ καρδία τ. λαοῦ τούτου
הַשְׁמֵן לֵב־הָעָם הַזֶּה, Is. vi. 10
15 μήποτε . . . τ. καρδίᾳ συνῶσιν
פֶּן . . . לְבָבוֹ יָבִין, *ib.*
19 ἁρπάζει τὸ ἐσπαρμένον ἐν τ. καρδίᾳ αὐτοῦ
15 8 ἡ δὲ καρδία αὐτῶν πόρρω ἀπέχει ἀπ' ἐμοῦ
לִבּוֹ רִחַק מִמֶּנִּי, Is. xxix. 13
18 τὰ δὲ ἐκπορευόμενα ἐκ τ. στόματος ἐκ τ.
καρδίας ἐξέρχεται
19 ἐκ γὰρ τ. καρδίας ἐξέρχονται διαλογισμοὶ
πονηροί
18 35 ἐὰν μὴ ἀφῆτε ἕκαστος . . . ἀπὸ τ. καρδιῶν
ὑμῶν
22 37 ἀγαπήσεις Κύριον τ. Θεόν σου ἐν ὅλῃ τ.
καρδίᾳ σου
אָהַבְתָּ אֵת יְהוָה אֱלֹהֶיךָ בְּכָל־לְבָבְךָ, Dt.
vi. 5
24 48 [1] ἐὰν δὲ εἴπῃ ὁ κακὸς δοῦλος ἐκεῖνος ἐν
τ. καρδίᾳ αὐτοῦ
Mk 2 6 διαλογιζόμενοι ἐν τ. καρδίαις αὐτῶν
Mk 2 8 τί ταῦτα διαλογίζεσθε ἐν τ. καρδίαις ὑμῶν;
3 5 συνλυπούμενος ἐπὶ τ. πωρώσει τ. καρδίας
αὐτῶν
6 52 ἀλλ' ἦν αὐτῶν ἡ καρδία πεπωρωμένη
7 6 ἡ δὲ καρδία αὐτῶν πόρρω ἀπέχει ἀπ'
ἐμοῦ, Is. *l.c.*
19 οὐκ εἰσπορεύεται αὐτοῦ εἰς τ. καρδίαν
21 ἐκ τ. καρδίας τ. ἀνθρώπων οἱ διαλογισμοὶ
οἱ κακοὶ ἐκπορεύονται
8 17 πεπωρωμένην ἔχετε τ. καρδίαν ὑμῶν;
11 23 ὃς ἂν . . . μὴ διακριθῇ ἐν τ. καρδίᾳ αὐτοῦ
12 30 ἀγαπήσεις Κύριον τ. Θεόν σου ἐξ ὅλης
καρδίας σου, Dt. *l.c.*
τῆς καρδ., TWH mg.
33 τὸ ἀγαπᾶν αὐτὸν ἐξ ὅλης καρδίας
τῆς καρδ., TWH mg.
Lu 1 17 ἐπιστρέψαι καρδίας πατέρων ἐπὶ τέκνα
51 διεσκόρπισεν ὑπερηφάνους διανοίᾳ καρδίας
αὐτῶν
66 ἔθεντο πάντες οἱ ἀκούσαντες ἐν τ. καρδίᾳ
αὐτῶν
2 19 συνβάλλουσα ἐν τ. καρδίᾳ αὐτῆς
35 ὅπως ἂν ἀποκαλυφθῶσιν ἐκ πολλῶν καρ-
διῶν διαλογισμοί
51 διετήρει πάντα τὰ ῥήματα ἐν τ. καρδίᾳ αὐτῆς
3 15 διαλογιζομένων πάντων ἐν τ. καρδίαις αὐτῶν
5 22 τί διαλογίζεσθε ἐν τ. καρδίαις ὑμῶν;
6 45 ἐκ τ. ἀγαθοῦ θησαυροῦ τ. καρδίας προφέρει
τὸ ἀγαθόν
45 ἐκ γὰρ περισσεύματος καρδίας λαλεῖ το
στόμα αὐτοῦ
8 12 αἴρει τ. λόγον ἀπὸ τ. καρδίας αὐτῶν
15 οἵτινες ἐν καρδίᾳ καλῇ κ. ἀγαθῇ
9 47 εἰδὼς τ. διαλογισμὸν τ. καρδίας αὐτῶν
10 27 ἀγαπήσεις Κύριον τ. Θεόν σου ἐξ ὅλης
καρδίας σου, Dt. *l.c.*
τῆς καρδ., TWH mg.
12 34 ἐκεῖ κ. ἡ καρδία ὑμῶν ἔσται
45 [1] ἐὰν δὲ εἴπῃ ὁ δοῦλος ἐκεῖνος ἐν τ. καρδίᾳ
αὐτοῦ
16 15 ὁ δὲ Θεὸς γινώσκει τ. καρδίας ὑμῶν
21 14 θέτε οὖν ἐν τ. καρδίαις ὑμῶν
34 μήποτε βαρηθῶσιν αἱ καρδίαι ὑμων
ὑμ. αἱ καρδ., T
24 25 βραδεῖς τ. καρδίᾳ τοῦ πιστεύειν
32 οὐχὶ ἡ καρδία ἡμῶν καιομένη ἦν
38 διὰ τί διαλογισμοὶ ἀναβαίνουσιν ἐν τ. καρ-
δίᾳ ὑμῶν;
Jo 12 40 ἐπώρωσεν αὐτῶν τ. καρδίαν·
ἵνα μὴ . . . νοήσωσιν τ. καρδίᾳ, Is. vi. 10
13 2 τ. διαβόλου ἤδη βεβληκότος εἰς τ. καρδίαν
14 1 μὴ ταρασσέσθω ὑμῶν ἡ καρδία
27 μὴ ταρασσέσθω ὑμῶν ἡ καρδία μηδὲ δειλιάτω
16 6 ἡ λύπη πεπλήρωκεν ὑμῶν τ. καρδίαν
22 χαρήσεται ὑμῶν ἡ καρδία
Ac 2 26 διὰ τοῦτο ηὐφράνθη μου ἡ καρδία
לָכֵן שָׂמַח לִבִּי, Ps. xvi. 9
37 ἀκούσαντες δὲ κατενύγησαν τ. καρδίαν
46 μετελάμβανον τροφῆς ἐν ἀγαλλιάσει κ.
ἀφελότητι καρδίας
4 32 τ. δὲ πλήθους τ. πιστευσάντων ἦν καρδία
. . . μία
5 3 διὰ τί ἐπλήρωσεν ὁ Σατανᾶς τ. καρδίαν σοι
4 τί ὅτι ἔθου ἐν τ. καρδίᾳ σου τὸ πρᾶγμα
τοῦτο;

Ac 7 23 ἀνέβη ἐπὶ τ. καρδίαν αὐτοῦ
39 ἐστράφησαν ἐν τ. καρδίαις αὐτῶν εἰς Αἴγυπτον
51 ἀπερίτμητοι καρδίαις κ. τ. ὠσίν
καρδίας, WH marg.
54 διεπρίοντο τ. καρδίαις αὐτῶν
8 21 ἡ γὰρ καρδία σου οὐκ ἔστιν εὐθεῖα ἔναντι τ. Θεοῦ
22 εἰ ἄρα ἀφεθήσεταί σοι ἡ ἐπίνοια τ. καρδίας σου
37 εἰ πιστεύεις ἐξ ὅλης τ. καρδίας σου ἔξεστιν —h. v., TWH non mg. R non mg.
11 23 τ. προθέσει τ. καρδίας προσμένειν ἐν τ. Κυρίῳ
13 22 ἄνδρα κατὰ τ. καρδίαν μου, I Sa. xvi. I, *cf.* Ps. lxxxix. 21
14 17 ἐμπιπλῶν τροφῆς κ. εὐφροσύνης τ. καρδίας ὑμῶν
15 9 τ. πίστει καθαρίσας τ. καρδίας αὐτῶν
16 14 ἧς ὁ Κύριος διήνοιξεν τ. καρδίαν
21 13 τί ποιεῖτε . . . συνθρύπτοντές μου τ. καρδίαν;
28 27 ἐπαχύνθη γὰρ ἡ καρδία τ. λαοῦ τούτου, Is. vi. 10
27 μήποτε . . . τ. καρδίᾳ συνῶσιν, Is. *l.c.*
Ro 1 21 ἐσκοτίσθη ἡ ἀσύνετος αὐτῶν καρδία
24 παρέδωκεν αὐτοὺς ὁ Θεὸς ἐν τ. ἐπιθυμίαις τ. καρδιῶν αὐτῶν
2 5 κατὰ δὲ τ. σκληρότητά σου κ. ἀμετανόητον καρδίαν
15 τὸ ἔργον τ. νόμου γραπτὸν ἐν τ. καρδίαις αὐτῶν
29 περιτομὴ καρδίας ἐν πνεύματι οὐ γράμματι
5 5 ἡ ἀγάπη τ. Θεοῦ ἐκκέχυται ἐν τ. καρδίαις ἡμῶν
6 17 [2] ὑπηκούσατε δὲ ἐκ καρδίας
8 27 ὁ δὲ ἐραυνῶν τ. καρδίας οἶδεν
9 2 ἀδιάλειπτος ὀδύνη τ. καρδίᾳ μου
10 1 ἡ μὲν εὐδοκία τ. ἐμῆς καρδίας κ. ἡ δέησις
6 [1] μὴ εἴπῃς ἐν τ. καρδίᾳ σου
8 ἐγγύς σου τὸ ῥῆμά ἐστιν . . . ἐν τ. καρδίᾳ σου
קָרוֹב אֵלֶיךָ הַדָּבָר מְאֹד . . . בִּלְבָבְךָ, Dt. xxx. 14
9 ἐὰν . . . πιστεύσῃς ἐν τ. καρδίᾳ σου
10 καρδίᾳ γὰρ πιστεύεται εἰς δικαιοσύνην
16 18 ἐξαπατῶσιν τ. καρδίας τ. ἀκάκων
I Co 2 9 ἐπὶ καρδίαν ἀνθρώπου οὐκ ἀνέβη, Is. lxiv. 3
4 5 ὃς . . . φανερώσει τ. βουλὰς τ. καρδιῶν
7 37 ὃς δὲ ἕστηκεν ἐν τ. καρδίᾳ αὐτοῦ ἑδραῖος
37 κ. τοῦτο κέκρικεν ἐν τ. ἰδίᾳ καρδίᾳ αὐτοῦ
14 25 τὰ κρυπτὰ τ. καρδίας αὐτοῦ φανερὰ γίνεται
II Co 1 22 δοὺς τ. ἀρραβῶνα τ. πνεύματος ἐν τ. καρδίαις ἡμῶν
2 4 ἐκ γὰρ . . . συνοχῆς καρδίας ἔγραψα ὑμῖν
3 2 ἐνγεγραμμένη ἐν τ. καρδίαις ἡμῶν
3 ἐνγεγραμμένη . . . ἐν πλαξὶν καρδίαις σαρκίναις
15 κάλυμμα ἐπὶ τ. καρδίαν αὐτῶν κεῖται
4 6 ὃς ἔλαμψεν ἐν τ. καρδίαις ἡμῶν
5 12 [4] ἵνα ἔχητε πρὸς τ. ἐν προσώπῳ καυχωμένους κ. μὴ ἐν καρδίᾳ
6 11 ἡ καρδία ἡμῶν πεπλάτυνται
7 3 ἐν τ. καρδίαις ἡμῶν ἐστὲ εἰς τὸ συναποθανεῖν

II Co 8 16 τ. αὐτὴν σπουδὴν ὑπὲρ ὑμῶν ἐν τ. καρδίᾳ Τίτου
9 7 ἕκαστος καθὼς προήρηται τῇ καρδίᾳ
Ga 4 6 ἐξαπέστειλεν ὁ Θεὸς τὸ πνεῦμα τ. υἱοῦ αὐτοῦ εἰς τ. καρδίας ἡμῶν
Eph 1 18 πεφωτισμένους τ. ὀφθαλμοὺς τ. καρδίας ὑμῶν
3 17 κατοικῆσαι τ. Χριστὸν διὰ τ. πίστεως ἐν τ. καρδίαις ὑμῶν
4 18 διὰ τ. πώρωσιν τ. καρδίας αὐτῶν
5 19 ψάλλοντες τῇ καρδίᾳ ὑμῶν τ. Κυρίῳ
6 5 ἐν ἁπλότητι τῆς καρδίας ὑμῶν
—τῆς, T
22 ἵνα . . . παρακαλέσῃ τ. καρδίας ὑμῶν
Phl 1 7 διὰ τὸ ἔχειν με ἐν τ. καρδίᾳ ὑμᾶς
4 7 ἡ εἰρήνη τ. Θεοῦ . . . φρουρήσει τ. καρδίας ὑμῶν
Col 2 2 ἵνα παρακληθῶσιν αἱ καρδίαι αὐτῶν
3 15 ἡ εἰρήνη τ. Χριστοῦ βραβευέτω ἐν τ. καρδίαις ὑμῶν
16 ᾄδοντες ἐν τ. καρδίαις ὑμῶν τ. Θεῷ
22 ἐν ἁπλότητι καρδίας φοβούμενοι τ. Κύριον
4 8 ἵνα . . . παρακαλέσῃ τ. καρδίας ὑμῶν
I Th 2 4 ἀρέσκοντες . . . Θεῷ τ. δοκιμάζοντι τ. καρδίας ἡμῶν
17 [4] ἀπορφανισθέντες ἀφ' ὑμῶν . . . προσώπῳ οὐ καρδίᾳ
3 13 εἰς τὸ στηρίξαι ὑμῶν τ. καρδίας ἀμέμπτους
II Th 2 17 αὐτὸς δὲ ὁ Κύριος ἡμῶν . . . παρακαλέσαι ὑμῶν τ. καρδίας
3 5 ὁ δὲ Κύριος κατευθύναι ὑμῶν τ. καρδίας
I Ti 1 5 [2] ἀγάπη ἐκ καθαρᾶς καρδίας
II Ti 2 22 [2] μετὰ τ. ἐπικαλουμένων τ. Κύριον ἐκ καθαρᾶς καρδίας
He 3 8 μὴ σκληρύνητε τ. καρδίας ὑμῶν
אַל־תַּקְשׁוּ לְבַבְכֶם, Ps. xcv. 8
10 ἀεὶ πλανῶνται τ. καρδίᾳ
עַם־תֹּעֵי לֵבָב הֵם, *ib.* 10
12 μήποτε ἔσται ἔν τινι ὑμῶν καρδία πονηρὰ ἀπιστίας
15 μὴ σκληρύνητε τ. καρδίας ὑμῶν, Ps. *l.c.*
4 7 μὴ σκληρύνητε τ. καρδίας ὑμῶν, Ps. *l.c.*
12 κριτικὸς ἐνθυμήσεων κ. ἐννοιῶν καρδίας
8 10 ἐπὶ καρδίας αὐτῶν ἐπιγράψω αὐτούς
καρδίαν, TWH marg.
עַל־לִבָּם אֶכְתֲּבֶנָּה, Jer. xxxi. 33
10 16 διδοὺς νόμους μου ἐπὶ καρδίας αὐτῶν
נָתַתִּי אֶת־תּוֹרָתִי בְּקִרְבָּם, *ib.*
22 προσερχώμεθα μετὰ ἀληθινῆς καρδίας ἐν πληροφορίᾳ πίστεως,
ῥεραντισμένοι τ. καρδίας ἀπὸ συνειδήσεως πονηρᾶς
13 9 καλὸν γὰρ χάριτι βεβαιοῦσθαι τ. καρδίαν
Ja 1 26 ἀλλὰ ἀπατῶν καρδίαν ἑαυτοῦ
αὐτοῦ, TWH mg. R
3 14 εἰ δὲ ζῆλον πικρὸν ἔχετε . . . ἐν τ. καρδίᾳ ὑμῶν
4 8 ἁγνίσατε καρδίας δίψυχοι
5 5 ἐθρέψατε τ. καρδίας ὑμῶν ἐν ἡμέρᾳ σφαγῆς
8 στηρίξατε τ. καρδίας ὑμῶν
I Pe 1 22 [2] ἐκ καρδίας ἀλλήλους ἀγαπήσατε ἐκτενῶς
ἐκ καθαρᾶς καρδ., R mg.
3 4 ὁ κρυπτὸς τ. καρδίας ἄνθρωπος

I Pe 3 15 Κύριον δὲ τ. Χριστὸν ἁγιάσατε ἐν τ. καρδίαις ὑμῶν
II Pe 1 19 ἕως οὗ . . . φωσφόρος ἀνατείλῃ ἐν τ. καρδίαις ὑμῶν
2 14 καρδίαν γεγυμνασμένην πλεονεξίας ἔχοντες
I Jo 3 19 ἔμπροσθεν αὐτοῦ πείσομεν τ. καρδίαν ἡμῶν
τ. καρδίας, T
20 ἐὰν καταγινώσκῃ ἡμῶν ἡ καρδία,
ὅτι μείζων ἐστὶν ὁ Θεὸς τ. καρδίας ἡμῶν
21 ἐὰν ἡ καρδία μὴ καταγινώσκῃ
καρδ. ἡμῶν μὴ κατ. ἡμῶν, T
Re 2 23 ἐγώ εἰμι ὁ ἐραυνῶν νεφροὺς κ. καρδίας
17 17 ὁ γὰρ Θεὸς ἔδωκεν εἰς τ. καρδίας αὐτῶν
18 7 [1] ὅτι ἐν τ. καρδίᾳ αὐτῆς λέγει

ΚΑΡΔΙΟΓΝΩ΄ΣΤΗΣ* † 2589

Ac 1 24 σὺ Κύριε καρδιογνῶστα πάντων
15 8 ὁ καρδιογνώστης Θεὸς ἐμαρτύρησεν αὐτοῖς

ΚΑΡΠΟ΄Σ 2590

(1) καρπ. ποιεῖν, φέρειν (2) καρπ. ἐσθίειν, ἔχειν (3) καρπ. καλός, ἀγαθός (4) καρπ. πονηρός, σαπρός (5) καρπ. κοιλίας, ὀσφύος, χειλέων

Mt 3 8 [1] ποιήσατε οὖν καρπὸν ἄξιον τ. μετανοίας
10 [1] [3] πᾶν οὖν δένδρον μὴ ποιοῦν καρπὸν καλόν
7 16 ἀπὸ τ. καρπῶν αὐτῶν ἐπιγνώσεσθε αὐτούς
17 [1] [3] οὕτως πᾶν δένδρον ἀγαθὸν καρποὺς καλοὺς ποιεῖ·
[1] [4] τὸ δὲ σαπρὸν δένδρον καρποὺς πονηροὺς ποιεῖ.
18 [1] [4] οὐ δύναται δένδρον ἀγαθὸν καρποὺς πονηροὺς ἐνεγκεῖν,
[1] [3] οὐδὲ δένδρον σαπρὸν καρποὺς καλοὺς ποιεῖν.
ἐνεγκεῖν, T
19 [1] [3] πᾶν δένδρον μὴ ποιοῦν καρπὸν καλὸν
20 ἀπὸ τ. καρπῶν αὐτῶν ἐπιγνώσεσθε αὐτούς
12 33 [1] [3] ἢ ποιήσατε . . . τ. καρπὸν αὐτοῦ καλόν,
[1] [4] ἢ ποιήσατε . . . τ. καρπὸν αὐτοῦ σαπρόν·
ἐκ γὰρ τ. καρποῦ τὸ δένδρον γινώσκεται
13 8 ἐδίδου καρπὸν ὃ μὲν ἑκατόν
26 [1] ἐβλάστησεν ὁ χόρτος κ. καρπὸν ἐποίησεν
21 19 οὐ μηκέτι ἐκ σοῦ καρπὸς γένηται
34 ὅτε δὲ ἤγγισεν ὁ καιρὸς τ. καρπῶν,
ἀπέστειλεν . . . λαβεῖν τ. καρποὺς αὐτοῦ
41 οἵτινες ἀποδώσουσιν αὐτῷ τ. καρποὺς
43 [1] δοθήσεται ἔθνει ποιοῦντι τ. καρποὺς αὐτῆς
Mk 4 7 συνέπνιξαν αὐτὸ κ. καρπὸν οὐκ ἔδωκεν
8 ἐδίδου καρπὸν ἀναβαίνοντα κ. αὐξανόμενα
29 ὅταν δὲ παραδοῖ ὁ καρπός
11 14 [2] μηκέτι . . . ἐκ σοῦ μηδεὶς καρπὸν φάγοι
12 2 ἵνα . . . λάβῃ ἀπὸ τ. καρπῶν τ. ἀμπελῶνος
Lu 1 42 [5] εὐλογημένος ὁ καρπὸς τ. κοιλίας σου
3 8 [1] ποιήσατε οὖν καρποὺς ἀξίους τ. μετανοίας
ἀξ. καρπ., WH mg.
9 [1] [3] πᾶν οὖν δένδρον μὴ ποιοῦν καρπὸν καλὸν
6 43 [1] [4] οὐ γάρ ἐστιν δένδρον καλὸν ποιοῦν καρπὸν σαπρόν·
[1] [3] οὐδὲ πάλιν δένδρον σαπρὸν ποιοῦν καρπὸν καλόν.

Lu 6 *44* ἕκαστον γὰρ δένδρον ἐκ τ. ἰδίου καρποῦ γινώσκεται
8 8 [1] φυὲν ἐποίησεν καρπὸν ἑκατονταπλασίονα
12 17 οὐκ ἔχω ποῦ συνάξω τ. καρπούς μου
13 6 ἦλθεν ζητῶν καρπὸν ἐν αὐτῇ
7 τρία ἔτη ἀφ' οὗ ἔρχομαι ζητῶν καρπὸν
9 [1] κἂν μὲν ποιήσῃ καρπόν
20 10 ἵνα ἀπὸ τ. καρποῦ τ. ἀμπελῶνος δώσουσιν αὐτῷ
Jo 4 36 συνάγει καρπὸν εἰς ζωὴν αἰώνιον
12 24 [1] ἐὰν δὲ ἀποθάνῃ πολὺν καρπὸν φέρει
15 2 [1] πᾶν κλῆμα ἐν ἐμοὶ μὴ φέρον καρπὸν αἴρει αὐτό·
[1] κ. πᾶν τὸ καρπὸν φέρον καθαίρει αὐτό,
[1] ἵνα καρπὸν πλείονα φέρῃ
4 [1] τὸ κλῆμα οὐ δύναται καρπὸν φέρειν ἀφ' ἑαυτοῦ
5 [1] οὗτος φέρει καρπὸν πολύν
8 [1] ἵνα καρπὸν πολὺν φέρητε
16 [1] ἵνα ὑμεῖς ὑπάγητε κ. καρπὸν φέρητε,
κ. ὁ καρπὸς ὑμῶν μένῃ
Ac 2 30 [5] ἐκ καρποῦ τ. ὀσφύος αὐτοῦ καθίσαι ἐπὶ τ. θρόνον αὐτοῦ
Ro 1 13 [2] ἵνα τινὰ καρπὸν σχῶ κ. ἐν ὑμῖν
6 21 [2] τίνα οὖν καρπὸν εἴχετε τότε
22 [2] ἔχετε τ. καρπὸν ὑμῶν εἰς ἁγιασμόν
15 28 σφραγισάμενος αὐτοῖς τ. καρπὸν τοῦτον
I Co 9 7 [2] τίς . . . τ. καρπὸν αὐτοῦ οὐκ ἐσθίει;
Ga 5 22 ὁ δὲ καρπὸς τ. πνεύματός ἐστιν ἀγάπη
Eph 5 9 ὁ γὰρ καρπὸς τ. φωτὸς ἐν πάσῃ ἀγαθωσύνῃ
Phl 1 11 πεπληρωμένοι καρπὸν δικαιοσύνης
22 εἰ δὲ τὸ ζῆν ἐν σαρκί τοῦτό μοι καρπὸς ἔργου
4 17 ἐπιζητῶ τ. καρπὸν τ. πλεονάζοντα εἰς λόγον ὑμῶν
II Ti 2 6 τ. κοπιῶντα γεωργὸν δεῖ πρῶτον τ. καρπῶν μεταλαμβάνειν
He 12 11 ὕστερον δὲ καρπὸν εἰρηνικὸν . . . ἀποδίδωσιν δικαιοσύνης
13 15 [5] καρπὸν χειλέων ὁμολογούντων τ. ὀνόματι αὐτοῦ
Ja 3 17 [3] μεστὴ ἐλέους κ. καρπῶν ἀγαθῶν
18 καρπὸς δὲ δικαιοσύνης ἐν εἰρήνῃ σπείρεται
5 7 ὁ γεωργὸς ἐκδέχεται τ. τίμιον καρπὸν τ. γῆς
18 ἡ γῆ ἐβλάστησεν τ. καρπὸν αὐτῆς
Re 22 2 [1] ξύλον ζωῆς ποιοῦν καρποὺς δώδεκα,
κατὰ μῆνα ἕκαστον ἀποδιδοῦν τ. καρπὸν αὐτοῦ

ΚΑ΄ΡΠΟΣ 2591

II Ti 4 13 τὸν φελόνην ὃν ἀπέλειπον ἐν Τρῳάδι παρὰ Κάρπῳ

ΚΑΡΠΟΦΟΡΕ΄Ω 2592

Mt 13 23 ὃς δὴ καρποφορεῖ
Mk 4 20 οἵτινες ἀκούουσιν τ. λόγον . . . κ. καρποφοροῦσιν
28 αὐτομάτη ἡ γῆ καρποφορεῖ
Lu 8 15 οἵτινες . . . καρποφοροῦσιν ἐν ὑπομονῇ
Ro 7 4 ἵνα καρποφορήσωμεν τ. Θεῷ
5 εἰς τὸ καρποφορῆσαι τ. θανάτῳ
Col 1 6 καθὼς κ. ἐν παντὶ τ. κόσμῳ ἐστὶν καρποφορούμενον
10 ἐν παντὶ ἔργῳ ἀγαθῷ καρποφοροῦντες

ΚΑΡΠΟΦΟ΄ΡΟΣ 2593

Ac 14 17 ὑετοὺς διδοὺς κ. καιροὺς καρποφόρους

ΚΑΡΤΕΡΕ΄Ω 2594

He 11 27 τὸν γὰρ ἀόρατον ὡς ὁρῶν ἐκαρτέρησεν

ΚΑ΄ΡΦΟΣ 2595

Mt 7 3 τί δὲ βλέπεις τὸ κάρφος τὸ ἐν τ. ὀφθαλμῷ τ. ἀδελφοῦ σου
4 ἄφες ἐκβάλω τὸ κάρφος ἐκ τ. ὀφθαλμοῦ σου
5 διαβλέψεις ἐκβαλεῖν τὸ κάρφος ἐκ τ. ὀφθαλμοῦ τ. ἀδελφοῦ σου
Lu 6 41 τί δὲ βλέπεις τὸ κάρφος τὸ ἐν τ. ὀφθαλμῷ τ. ἀδελφοῦ σου
42 ἄφες ἐκβάλω τὸ κάρφος τὸ ἐν τ. ὀφθαλμῷ σου
42 διαβλέψεις τὸ κάρφος τὸ ἐν τ. ὀφθαλμῷ τ. ἀδελφοῦ σου ἐκβαλεῖν

ΚΑΤΑ΄ 2596

c. gen.

(1) post verb dic. et accus. (2) ἔχειν, ἰσχύειν, δύνασθαι κατά (3) post verb. jur. (4) καθ' ὅλης

Mt 5 11 [1] ὅταν . . . εἴπωσιν πᾶν πονηρὸν καθ' ὑμῶν ψευδόμενοι
23 [2] κἀκεῖ μνησθῇς ὅτι ὁ ἀδελφός σου ἔχει τι κατὰ σοῦ
8 32 ὥρμησεν πᾶσα ἡ ἀγέλη κατὰ τ. κρημνοῦ
10 35 ἦλθον γὰρ διχάσαι ἄνθρωπον κατὰ τ. πατρὸς αὐτοῦ,
κ. θυγατέρα κατὰ τ. μητρὸς αὐτῆς,
κ. νύμφην κατὰ τ. πενθερᾶς αὐτῆς
12 14 οἱ Φαρισαῖοι συμβούλιον ἔλαβον κατ' αὐτοῦ
25 πᾶσα βασιλεία μερισθεῖσα καθ' ἑαυτῆς ἐρημοῦται,
κ. πᾶσα πόλις . . . μερισθεῖσα καθ' ἑαυτῆς οὐ σταθήσεται
30 ὁ μὴ ὢν μετ' ἐμοῦ κατ' ἐμοῦ ἐστίν
32 [1] ὃς ἐὰν εἴπῃ λόγον κ. τ. υἱοῦ τ. ἀνθρώπου
32 [1] ὃς δ' ἂν εἴπῃ κατὰ τ. πνεύματος τ. ἁγίου
20 11 λαβόντες δὲ ἐγόγγυζον κατὰ τ. οἰκοδεσπότου
26 59 ἐζήτουν ψευδομαρτυρίαν κατὰ τ. Ἰησοῦ
63 [3] ἐξορκίζω σε κατὰ τ. Θεοῦ τ. ζῶντος
27 1 συμβούλιον ἔλαβον . . . κατὰ τ. Ἰησοῦ
Mk 3 6 ἐξελθόντες οἱ Φαρισαῖοι . . . συμβούλιον ἐδίδουν κατ' αὐτοῦ
5 13 ὥρμησεν ἡ ἀγέλη κατὰ τ. κρημνοῦ
9 40 ὃς γὰρ οὐκ ἔστιν καθ' ἡμῶν ὑπὲρ ἡμῶν ἐστίν
11 25 [2] ἀφίετε εἴ τι ἔχετε κατά τινος
14 55 ἐζήτουν κατὰ τ. Ἰησοῦ μαρτυρίαν
56 [1] πολλοὶ γὰρ ἐψευδομαρτύρουν κατ' αὐτοῦ
57 [1] κ. τινες ἀναστάντες ἐψευδομαρτύρουν κατ' αὐτοῦ
Lu 4 14 [4] φήμη ἐξῆλθεν καθ' ὅλης τῆς περιχώρου
8 33 ὥρμησεν ἡ ἀγέλη κατὰ τ. κρημνοῦ
9 50 ὃς γὰρ οὐκ ἔστιν καθ' ὑμῶν ὑπὲρ ὑμῶν ἐστίν
11 23 ὁ μὴ ὢν μετ' ἐμοῦ κατ' ἐμοῦ ἐστιν
23 5 [4] διδάσκων καθ' ὅλης τ. Ἰουδαίας
14 [1] ὧν κατηγορεῖτε κατ' αὐτοῦ
Jo 19 11 [2] οὐκ εἶχες ἐξουσίαν κατ' ἐμοῦ οὐδεμίαν
Ac 4 26 οἱ ἄρχοντες συνήχθησαν ἐπὶ τὸ αὐτὸ κατὰ τ. Κυρίου κ. κατὰ τ. Χριστοῦ αὐτοῦ
רוֹזְנִים נוֹסְדוּ־יָחַד עַל־יְהוָה וְעַל מְשִׁיחוֹ, Ps. ii. 2

Ac 6 13 [1] οὐ παύεται λαλῶν ῥήματα κατὰ τ. τόπου τ. ἁγίου
9 31 [4] ἡ μὲν οὖν ἐκκλησία καθ' ὅλης τ. Ἰουδαίας
42 [4] γνωστὸν δὲ ἐγένετο καθ' ὅλης Ἰόππης
10 37 [4] τὸ γενόμενον ῥῆμα καθ' ὅλης τ. Ἰουδαίας
13 49 [4] διεφέρετο δὲ ὁ λόγος τ. Κυρίου καθ' ὅλης τ. χώρας
δι' ὅλης, WHR
14 2 ἐκάκωσαν τ. ψυχὰς τ. ἐθνῶν κατὰ τ. ἀδελφῶν
16 22 συνεπέστη ὁ ὄχλος κατ' αὐτῶν
19 16 [2] κατακυριεύσας ἀμφοτέρων ἴσχυσεν κατ' αὐτῶν
21 28 [1] ὁ ἄνθρωπος ὁ κατὰ τ. λαοῦ κ. τ. νόμου . . . διδάσκων
24 1 [1] οἵτινες ἐνεφάνισαν τ. ἡγεμόνι κατὰ τ. Παύλου
25 2 [1] ἐνεφάνισάν τε αὐτῷ οἱ ἀρχιερεῖς . . . κατὰ τ. Παύλου
3 αἰτούμενοι χάριν κατ' αὐτοῦ
15 αἰτούμενοι κατ' αὐτοῦ καταδίκην
27 μὴ κ. τὰς κατ' αὐτοῦ αἰτίας σημᾶναι
27 14 ἔβαλεν κατ' αὐτῆς ἄνεμος τυφωνικός
Ro 8 31 εἰ ὁ Θεὸς ὑπὲρ ἡμῶν τίς καθ' ἡμῶν;
33 [1] τίς ἐγκαλέσει κατὰ ἐκλεκτῶν Θεοῦ;
11 2 [1] ὡς ἐντυγχάνει τ. Θεῷ κατὰ τοῦ Ἰσραήλ
I Co 4 6 ἵνα μὴ εἷς ὑπὲρ τ. ἑνὸς φυσιοῦσθε κατὰ τ. ἑτέρου
11 4 [2] προφητεύων κατὰ κεφαλῆς ἔχων
15 15 [1] ἐμαρτυρήσαμεν κατὰ τ. Θεοῦ ὅτι ἤγειρεν τ. Χριστόν
II Co 8 2 ἡ κατὰ βάθους πτωχεία αὐτῶν ἐπερίσσευσεν
10 5 πᾶν ὕψωμα ἐπαιρόμενον κατὰ τ. γνώσεως τ. Θεοῦ
13 8 [2] οὐ γὰρ δυνάμεθά τι κατὰ τ. ἀληθείας
Ga 3 21 ὁ οὖν νόμος κατὰ τ. ἐπαγγελιῶν τ. Θεοῦ;
5 17 ἡ γὰρ σὰρξ ἐπιθυμεῖ κατὰ τ. πνεύματος, τὸ δὲ πνεῦμα κατὰ τ. σαρκός
23 κατὰ τ. τοιούτων οὐκ ἔστιν νόμος
Col 2 14 ἐξαλείψας τὸ καθ' ἡμῶν χειρόγραφον
I Ti 5 19 κατὰ πρεσβυτέρου κατηγορίαν μὴ παραδέχου
He 6 13 [3] ἐπεὶ κατ' οὐδενὸς εἶχεν μείζονος ὀμόσαι,
[3] ὤμοσεν καθ' ἑαυτοῦ
16 [3] ἄνθρωποι γὰρ κατὰ τ. μείζονος ὀμνύουσιν
Ja 3 14 [1] μὴ κατακαυχᾶσθε κ. ψεύδεσθε κατὰ τ. ἀληθείας
κατακ. τ. ἀληθ. κ. ψεύδ., T
5 9 μὴ στενάζετε ἀδελφοὶ κατ' ἀλλήλων
κατ' ἀλλ. ἀδ., T
I Pe 2 11 αἵτινες στρατεύονται κατὰ τ. ψυχῆς
II Pe 2 11 οὐ φέρουσιν κατ' αὐτῶν . . . βλάσφημον κρίσιν
Ju 15 ποιῆσαι κρίσιν κατὰ πάντων
15 [1] ὧν ἐλάλησαν κατ' αὐτοῦ ἁμαρτωλοὶ ἀσεβεῖς
Re 2 4 [2] ἀλλὰ ἔχω κατὰ σοῦ
14 [2] ἀλλὰ ἔχω κατὰ σοῦ ὀλίγα
20 [2] ἀλλὰ ἔχω κατὰ σοῦ

c. acc.

(1) de temp. (2) καθ' ἑαυτόν, ἰδίαν, ὑμᾶς (3) distrib. (4) c. num. (5) κ. τὸ αὐτό, καθ' ὅσον, πάντα, τί (6) κ. πρόσωπον, ὀφθαλμούς (7) τό, τὰ κατά

Mt 1 20 ἄγγελος Κυρίου κατ' ὄναρ ἐφάνη αὐτῷ
2 12 χρηματισθέντες κατ' ὄναρ μὴ ἀνακάμψαι

Mt 2 13 ἄγγελος Κυρίου φαίνεται κατ' ὄναρ τ. Ἰωσήφ κατ' ὄναρ ἐφάνη, WH mg.
16 [1] κατὰ τ. χρόνον ὃν ἠκρίβωσεν παρὰ τ. μάγων
19 ἄγγελος Κυρίου φαίνεται κατ' ὄναρ τ. Ἰωσήφ
22 χρηματισθεὶς δὲ κατ' ὄναρ ἀνεχώρησεν
9 29 κατὰ τ. πίστιν ὑμῶν γενηθήτω ὑμῖν
14 13 [2] ἀνεχώρησεν ἐκεῖθεν . . . εἰς ἔρημον τόπον κατ' ἰδίαν
23 [2] ἀνέβη εἰς τὸ ὄρος κατ' ἰδίαν προσεύξασθαι
16 27 τότε ἀποδώσει ἑκάστῳ κατὰ τ. πρᾶξιν αὐτοῦ
17 1 [2] ἀναφέρει αὐτοὺς εἰς ὄρος ὑψηλὸν κατ' ἰδίαν
19 [2] προσελθόντες οἱ μαθηταὶ τῷ Ἰησοῦ κατ' ἰδίαν
19 3 εἰ ἔξεστιν ἀπολῦσαι τ. γυναῖκα αὐτοῦ κατὰ πᾶσαν αἰτίαν;
20 17 [2] παρέλαβεν τ. δώδεκα μαθητὰς κατ' ἰδίαν
23 3 κατὰ δὲ τὰ ἔργα αὐτῶν μὴ ποιεῖτε
24 3 [2] προσῆλθον αὐτῷ οἱ μαθηταὶ κατ' ἰδίαν
7 [3] ἔσονται . . . σεισμοὶ κατὰ τόπους
25 15 ἑκάστῳ κατὰ τ. ἰδίαν δύναμιν
26 55 [1] καθ' ἡμέραν ἐν τ. ἱερῷ ἐκαθεζόμην διδάσκων
27 15 κατὰ δὲ ἑορτὴν εἰώθει ὁ ἡγεμὼν ἀπολύειν ἕνα
19 πολλὰ γὰρ ἔπαθον σήμερον κατ' ὄναρ δι' αὐτόν
Mk 1 27 κατ' ἐξουσίαν κ. τ. πνεύμασι τ. ἀκαθάρτοις ἐπιτάσσει
4 10 ὅτε ἐγένετο κατὰ μόνας
34 [2] κατ' ἰδίαν δὲ τ. ἰδίοις μαθηταῖς ἐπέλυεν πάντα
6 31 [2] δεῦτε ὑμεῖς αὐτοὶ κατ' ἰδίαν εἰς ἔρημον τόπον
32 [2] ἀπῆλθον ἐν τ. πλοίῳ εἰς ἔρημον τόπον κατ' ἰδίαν
40 [4] ἀνέπεσαν πρασιαὶ πρασιαὶ κατὰ ἑκατὸν κ. κατὰ πεντήκοντα
7 5 οὐ περιπατοῦσιν . . . κατὰ τ. παράδοσιν τ. πρεσβυτέρων
33 [2] ἀπολαβόμενος αὐτὸν ἀπὸ τ. ὄχλου κατ' ἰδίαν
9 2 [2] ἀναφέρει αὐτοὺς εἰς ὄρος ὑψηλὸν κατ' ἰδίαν μόνους
28 [2] οἱ μαθηταὶ αὐτοῦ κατ' ἰδίαν ἐπηρώτων αὐτόν
13 3 [2] ἐπηρώτα αὐτὸν κατ' ἰδίαν Πέτρος
8 [3] ἔσονται σεισμοὶ κατὰ τόπους
14 19 [4] ἤρξαντο . . . λέγειν αὐτῷ εἷς κατὰ εἷς
49 [1] καθ' ἡμέραν ἤμην . . . ἐν τ. ἱερῷ διδάσκων
15 6 κατὰ δὲ ἑορτὴν ἀπέλυεν αὐτοῖς ἕνα δέσμιον
Lu 1 9 ἐν τ. ἱερατεύειν αὐτὸν . . . κατὰ τὸ ἔθος τ. ἱερατείας
18 [5] κατὰ τί γνώσομαι τοῦτο;
38 γένοιτό μοι κατὰ τὸ ῥῆμά σου
2 22 ὅτε ἐπλήσθησαν αἱ ἡμέραι . . . κατὰ τ. νόμον Μωυσέως
24 κατὰ τὸ εἰρημένον ἐν τ. νόμῳ Κυρίου
27 τοῦ ποιῆσαι αὐτοὺς κατὰ τὸ εἰθισμένον τ. νόμου
29 ἀπολύεις τ. δοῦλόν σου δέσποτα κατὰ τὸ ῥῆμά σου
31 [6] ὃ ἡτοίμασας κατὰ πρόσωπον πάντων τ. λαῶν
39 [7] ὡς ἐτέλεσαν πάντα τὰ κατὰ τ. νόμον Κυρίου
41 [1] ἐπορεύοντο οἱ γονεῖς αὐτοῦ κατ' ἔτος εἰς Ἰερουσαλήμ

Lu 2 42 ἀναβαινόντων αὐτῶν κατὰ τὸ ἔθος τ. ἑορτῆς
4 16 εἰσῆλθεν κατὰ τὸ εἰωθὸς αὐτῷ
6 23 [5] κατὰ τὰ αὐτὰ γὰρ ἐποίουν τ. προφήταις
26 [5] κατὰ τὰ αὐτὰ γὰρ ἐποίουν τ. ψευδοπροφήταις
8 1 [3] αὐτὸς διώδευεν κατὰ πόλιν κ. κώμην
4 [3] τῶν κατὰ πόλιν ἐπιπορευομένων πρὸς αὐτόν
39 ἀπῆλθεν καθ' ὅλην τ. πόλιν κηρύσσων
9 6 [3] ἐξερχόμενοι δὲ διήρχοντο κατὰ τ. κώμας
10 [2] ὑπεχώρησεν κατ' ἰδίαν εἰς πόλιν καλουμένην Βηθσαιδά
18 ἐν τ. εἶναι αὐτὸν προσευχόμενον κατὰ μόνας
23 [1] ἀράτω τ. σταυρὸν αὐτοῦ καθ' ἡμέραν
10 4 μηδένα κατὰ τὴν ὁδὸν ἀσπάσησθε
23 [2] στραφεὶς πρὸς τ. μαθητὰς κατ' ἰδίαν εἶπεν
31 κατὰ συγκυρίαν δὲ ἱερεύς τις κατέβαινεν
32 ὁμοίως δὲ κ. Λευείτης κατὰ τ. τόπον
33 Σαμαρείτης δέ τις ὁδεύων ἦλθεν κατ' αὐτόν
11 3 [1 7] τὸν ἄρτον ἡμῶν . . . δίδου ἡμῖν τὸ καθ' ἡμέραν
13 22 [3] διεπορεύετο κατὰ πόλεις κ. κώμας διδάσκων
15 14 ἐγένετο λιμὸς ἰσχυρὰ κατὰ τ. χώραν ἐκείνην
16 19 [1] εὐφραινόμενος καθ' ἡμέραν λαμπρῶς
17 30 [5] κατὰ τὰ αὐτὰ ἔσται ᾗ ἡμέρᾳ . . . ἀποκαλύπτεται
19 47 [1 7] ἦν διδάσκων τὸ καθ' ἡμέραν ἐν τ. ἱερῷ
21 11 [3] κατὰ τόπους λοιμοὶ κ. λιμοὶ ἔσονται
22 22 ὁ υἱὸς μὲν τ. ἀνθρώπου κατὰ τὸ ὡρισμένον πορεύεται
39 ἐπορεύθη κατὰ τὸ ἔθος εἰς τὸ ὄρος τ. ἐλαιῶν
53 [1] καθ' ἡμέραν ὄντος μου μεθ' ὑμῶν ἐν τ. ἱερῷ
23 56 τὸ μὲν σάββατον ἡσύχασαν κατὰ τ. ἐντολήν
Jo 2 6 κατὰ τ. καθαρισμὸν τ. Ἰουδαίων κείμεναι
5 [4 [1] ἄγγελος γὰρ Κυρίου κατὰ καιρὸν κατέβαινεν —h. v., TWHR non mg.
7 24 μὴ κρίνετε κατ' ὄψιν
8 [9 [4] ἐξήρχοντο εἷς καθ' εἷς
15 ὑμεῖς κατὰ τ. σάρκα κρίνετε
10 3 τὰ ἴδια πρόβατα φωνεῖ κατ' ὄνομα
18 31 κατὰ τ. νόμον ὑμῶν κρίνατε αὐτόν
19 7 κατὰ τ. νόμον ὀφείλει ἀποθανεῖν
21 25 [4] ἅτινα ἐὰν γράφηται καθ' ἕν —h. v., T
Ac 2 10 τὰ μέρη τ. Λιβύης τῆς κατὰ Κυρήνην
46 [1] καθ' ἡμέραν τε προσκαρτεροῦντες ὁμοθυμαδὸν ἐν τ. ἱερῷ,
[3] κλῶντές τε κατ' οἶκον ἄρτον
47 [1] προσετίθει τ. σῳζομένους καθ' ἡμέραν ἐπὶ τὸ αὐτό
3 2 [1] ὃν ἐτίθουν καθ' ἡμέραν πρὸς τ. θύραν τ. ἱεροῦ
13 [6] ἠρνήσασθε κατὰ πρόσωπον Πειλάτου
17 οἶδα ὅτι κατὰ ἄγνοιαν ἐπράξατε
22 [5] αὐτοῦ ἀκούσεσθε κατὰ πάντα ὅσα ἂν λαλήσῃ πρὸς ὑμᾶς
אֵלָיו תִּשְׁמָעוּן כְּכֹל אֲשֶׁר־שָׁאַלְתָּ מֵעִם יְהוָה
Dt. xviii. 15, 16
5 42 [3] ἐν τ. ἱερῷ κ. κατ' οἶκον οὐκ ἐπαύοντο διδάσκοντες
7 44 ποιῆσαι αὐτὴν κατὰ τ. τύπον ὃν ἑωράκει
8 1 πάντες δὲ διεσπάρησαν κατὰ τ. χώρας τ. Ἰουδαίας

Ac 8 3 [3] κατὰ τ. οἴκους εἰσπορευόμενος

26 ἀνάστηθι κ. πορεύου κατὰ μεσημβρίαν

36 ὡς δὲ ἐπορεύοντο κατὰ τὴν ὁδόν

11 1 οἱ ἀδελφοὶ οἱ ὄντες κατὰ τ. Ἰουδαίαν

12 1 [1] κατ' ἐκεῖνον δὲ τ. καιρὸν ἐπέβαλεν Ἡρῴδης . . . τ. χεῖρας

13 1 ἦσαν δὲ ἐν Ἀντιοχείᾳ κατὰ τ. οὖσαν ἐκκλησίαν

22 ἄνδρα κατὰ τ. καρδίαν μου

23 ὁ Θεὸς . . . κατὰ τ. ἐπαγγελίαν ἤγαγεν τῷ Ἰσραὴλ σωτῆρα

27 [1] τ. φωνὰς τ. προφητῶν τὰς κατὰ πᾶν σάββατον ἀναγινωσκομένας

14 1 [5] κατὰ τὸ αὐτὸ εἰσελθεῖν αὐτοὺς εἰς τ. συναγωγήν

23 [3] χειροτονήσαντες δὲ αὐτοῖς κατ' ἐκκλησίαν πρεσβυτέρους

15 11 πιστεύομεν σωθῆναι καθ' ὃν τρόπον κἀκεῖνοι

21 [3] Μωυσῆς γὰρ . . . κατὰ πόλιν τ. κηρύσσοντας αὐτὸν ἔχει

[1] ἐν τ. συναγωγαῖς κατὰ πᾶν σάββατον ἀναγινωσκόμενος

23 τοῖς κατὰ τ. Ἀντιόχειαν κ. Συρίαν κ. Κιλικίαν ἀδελφοῖς

36 [3] ἐπισκεψώμεθα τ. ἀδελφοὺς κατὰ πόλιν πᾶσαν

16 5 [1] ἐπερίσσευον τ. ἀριθμῷ καθ' ἡμέραν

7 ἐλθόντες δὲ κατὰ τὴν Μυσίαν

25 [1] κατὰ δὲ τὸ μεσονύκτιον Παῦλος κ. Σίλας προσευχόμενοι

17 2 κατὰ δὲ τὸ εἰωθὸς τ. Παύλῳ

11 [1] [7] τὸ καθ' ἡμέραν ἀνακρίνοντες τ. γραφάς —τό, T [WH]

17 [1] ἐν τ. ἀγορᾷ κατὰ πᾶσαν ἡμέραν πρὸς τ. παρατυγχάνοντας

22 [5] κατὰ πάντα ὡς δεισιδαιμονεστέρους ὑμᾶς θεωρῶ

28 [2] ὡς κ. τινες τῶν καθ' ὑμᾶς ποιητῶν εἰρήκασιν

18 4 [1] διελέγετο δὲ ἐν τ. συναγωγῇ κατὰ πᾶν σάββατον

14 κατὰ λόγον ἂν ἀνεσχόμην ὑμῶν·

15 [2] εἰ δὲ ζητήματά ἐστιν περὶ . . . νόμου τοῦ καθ' ὑμᾶς

19 1 θέλοντος δὲ τ. Παύλου κατὰ τ. ἰδίαν βουλὴν πορεύεσθαι —h. v., TWH non mg. R

9 [1] καθ' ἡμέραν διαλεγόμενος ἐν τ. σχολῇ Τυράννου

20 οὕτως κατὰ κράτος τ. Κυρίου ὁ λόγος ηὔξανεν

23 [1] ἐγένετο δὲ κατὰ τ. καιρὸν ἐκεῖνον τάραχος

20 20 [3] διδάξαι ὑμᾶς δημοσίᾳ κ. κατ' οἴκους

23 [3] τὸ πνεῦμα τὸ ἅγιον κατὰ πόλιν διαμαρτύρεταί μοι

21 19 [4] ἐξηγεῖτο καθ' ἓν ἕκαστον ὧν ἐποίησεν ὁ Θεός

21 διδάσκεις ἀπὸ Μωυσέως τοὺς κατὰ τὰ ἔθνη πάντας Ἰουδαίους

22 3 πεπαιδευμένος κατὰ ἀκρίβειαν τ. πατρῴου νόμου

12 ἀνὴρ εὐλαβὴς κατὰ τ. νόμον

19 [3] δέρων κατὰ τ. συναγωγὰς τ. πιστεύοντας ἐπὶ σέ

23 3 σὺ κάθῃ κρίνων με κατὰ τ. νόμον

19 [2] ἀναχωρήσας κατ' ἰδίαν ἐπυνθάνετο

31 κατὰ τὸ διατεταγμένον αὐτοῖς ἀναλαβόντες τ. Παῦλον

Ac 24 5 κινοῦντα στάσεις πᾶσι τ. Ἰουδαίοις τοῖς κατὰ τ. οἰκουμένην

6 κατὰ τ. ἡμέτερον νόμον ἠθελήσαμεν κρίνειν —h. v., TWHR non mg.

12 οὔτε ἐν τ. συναγωγαῖς οὔτε κατὰ τ. πόλιν

14 κατὰ τὴν ὁδὸν ἣν λέγουσιν αἵρεσιν

14 πιστεύων πᾶσι τοῖς κατὰ τ. νόμον . . . γεγραμμένοις

22 [2] [7] διαγνώσομαι τὰ καθ' ὑμᾶς

25 3 ἐνέδραν ποιοῦντες ἀνελεῖν αὐτὸν κατὰ τὴν ὁδόν

14 [7] ὁ Φῆστος . . . ἀνέθετο τὰ κατὰ τ. Παῦλον

16 [6] πρὶν ἢ ὁ κατηγορούμενος κατὰ πρόσωπον ἔχοι τ. κατηγόρους

23 [7] σὺν . . . ἀνδράσι τοῖς κατ' ἐξοχὴν τ. πόλεως

26 3 γνώστην ὄντα σε πάντων τ. κατὰ Ἰουδαίους ἐθῶν

5 κατὰ τ. ἀκριβεστάτην αἵρεσιν τ. ἡμετέρας θρησκείας

11 κατὰ πάσας τ. συναγωγὰς πολλάκις τιμωρῶν αὐτούς

13 ἡμέρας μέσης κατὰ τὴν ὁδὸν εἶδον

27 2 μέλλοντι πλεῖν εἰς τοὺς κατὰ τ. Ἀσίαν τόπους

5 τό τε πέλαγος τὸ κατὰ τ. Κιλικίαν κ. Παμφυλίαν διαπλεύσαντες

7 μόλις γενόμενοι κατὰ τὴν Κνίδον

7 ὑπεπλεύσαμεν τ. Κρήτην κατὰ Σαλμώνην

12 λιμένα τ. Κρήτης βλέποντα κατὰ λίβα κ. κατὰ χῶρον

25 καθ' ὃν τρόπον λελάληταί μοι

27 [1] κατὰ μέσον τ. νυκτὸς ὑπενόουν οἱ ναῦται

29 φοβούμενοί τε μή που κατὰ τραχεῖς τόπους ἐκπέσωμεν

28 16 [2] ἐπετράπη τ. Παύλῳ μένειν καθ' ἑαυτόν

Ro 1 3 τ. γενομένου ἐκ σπέρματος Δαυεὶδ κατὰ σάρκα

4 κατὰ πνεῦμα ἁγιωσύνης

15 [7] οὕτως τὸ κατ' ἐμὲ πρόθυμον κ. ὑμῖν . . . εὐαγγελίσασθαι

2 2 τὸ κρίμα τ. Θεοῦ ἐστὶν κατὰ ἀλήθειαν

5 κατὰ δὲ τ. σκληρότητά σου κ. ἀμετανόητον καρδίαν

6 ὃς ἀποδώσει ἑκάστῳ κατὰ τὰ ἔργα αὐτοῦ·

7 τοῖς μὲν καθ' ὑπομονὴν ἔργου ἀγαθοῦ

16 ἐν ᾗ ἡμέρᾳ κρίνει ὁ Θεὸς . . . κατὰ τὸ εὐαγγέλιόν μου

3 2 πολὺ κατὰ πάντα τρόπον

5 κατὰ ἄνθρωπον λέγω

4 1 τί οὖν ἐροῦμεν Ἀβραὰμ τ. προπάτορα ἡμῶν κατὰ σάρκα

4 ὁ μισθὸς οὐ λογίζεται κατὰ χάριν ἀλλὰ κατὰ ὀφείλημα

16 διὰ τοῦτο ἐκ πίστεως ἵνα κατὰ χάριν

18 πατέρα πολλῶν ἐθνῶν κατὰ τὸ εἰρημένον

5 6 [1] κατὰ καιρὸν ὑπὲρ ἀσεβῶν ἀπέθανεν

7 13 ἵνα γένηται καθ' ὑπερβολὴν ἁμαρτωλὸς ἡ ἁμαρτία

22 συνήδομαι γὰρ τ. νόμῳ τ. Θεοῦ κατὰ τ. ἔσω ἄνθρωπον

8 4 τοῖς μὴ κατὰ σάρκα περιπατοῦσιν ἀλλὰ κατὰ πνεῦμα.

5 οἱ γὰρ κατὰ σάρκα ὄντες τὰ τ. σαρκὸς φρονοῦσιν·

οἱ δὲ κατὰ πνεῦμα τὰ τ. πνεύματος

12 οὐ τ. σαρκὶ τοῦ κατὰ σάρκα ζῆν·

13 εἰ γὰρ κατὰ σάρκα ζῆτε

Ro 8 27 κατὰ Θεὸν ἐντυγχάνει ὑπὲρ ἁγίων
28 τοῖς κατὰ πρόθεσιν κλητοῖς οὖσιν
9 3 ὑπὲρ . . . τ. συγγενῶν μου κατὰ σάρκα
5 ἐξ ὧν ὁ Χριστὸς τὸ κατὰ σάρκα
9 κατὰ τ. καιρὸν τοῦτον ἐλεύσομαι
שׁוֹב אָשׁוּב אֵלֶיךָ כָּעֵת חַיָּה, Gen. xviii. 10
11 ἵνα ἡ κατ' ἐκλογὴν πρόθεσις τ. Θεοῦ μένῃ
10 2 ζῆλον Θεοῦ ἔχουσιν ἀλλ' οὐ κατ' ἐπίγνωσιν
11 5 λεῖμμα κατ' ἐκλογὴν χάριτος γέγονεν
21 εἰ γὰρ ὁ Θεὸς τῶν κατὰ φύσιν κλάδων οὐκ ἐφείσατο
24 εἰ γὰρ σὺ ἐκ τῆς κατὰ φύσιν ἐξεκόπης ἀγριελαίου
24 πόσῳ μᾶλλον οὗτοι οἱ κατὰ φύσιν ἐνκεντρισθήσονται
28 κατὰ μὲν τὸ εὐαγγέλιον ἐχθροὶ δι' ὑμᾶς· κατὰ δὲ τ. ἐκλογὴν ἀγαπητοὶ διὰ τ. πατέρας
12 5 [4] [7] τὸ δὲ καθ' εἷς ἀλλήλων μέλη
6 χαρίσματα κατὰ τ. χάριν τ. δοθεῖσαν ἡμῖν διάφορα·
εἴτε προφητείαν κατὰ τ. ἀναλογίαν τ. πίστεως
14 15 οὐκέτι κατὰ ἀγάπην περιπατεῖς
22 [2] κατὰ σεαυτὸν ἔχε ἐνώπιον τ. Θεοῦ
15 5 τὸ αὐτὸ φρονεῖν ἐν ἀλλήλοις κατὰ Χριστὸν Ἰησοῦν
16 5 ἀσπάσασθε . . . τὴν κατ' οἶκον αὐτῶν ἐκκλησίαν
25 τῷ δὲ δυναμένῳ ὑμᾶς στηρίξαι κατὰ τὸ εὐαγγέλιόν μου
25 κατὰ ἀποκάλυψιν μυστηρίου χρόνοις αἰωνίοις σεσιγημένου
26 κατ' ἐπιταγὴν τ. αἰωνίου Θεοῦ
I Co 1 26 οὐ πολλοὶ σοφοὶ κατὰ σάρκα
2 1 ἦλθον οὐ καθ' ὑπεροχὴν λόγου ἢ σοφίας
3 3 οὐχὶ . . . κατὰ ἄνθρωπον περιπατεῖτε;
8 τ. ἴδιον μισθὸν λήμψεται κατὰ τ. ἴδιον κόπον
10 κατὰ τ. χάριν τ. Θεοῦ τ. δοθεῖσάν μοι
7 6 τοῦτο δὲ λέγω κατὰ συνγνώμην οὐ κατ' ἐπιταγήν
40 μακαριωτέρα δέ ἐστιν ἐὰν οὕτως μείνῃ κατὰ τ. ἐμὴν γνώμην
9 8 μὴ κατὰ ἄνθρωπον ταῦτα λαλῶ;
10 18 βλέπετε τὸν Ἰσραὴλ κατὰ σάρκα
12 8 λόγος γνώσεως κατὰ τὸ αὐτὸ πνεῦμα
31 ἔτι καθ' ὑπερβολὴν ὁδὸν ὑμῖν δείκνυμι
14 27 [4] κατὰ δύο ἢ τὸ πλεῖστον τρεῖς
31 [4] δύνασθε γὰρ καθ' ἕνα πάντες προφητεύειν
40 πάντα δὲ εὐσχημόνως κ. κατὰ τάξιν γινέσθω
15 3 Χριστὸς ἀπέθανεν . . . κατὰ τ. γραφάς
4 ἐγήγερται τ. ἡμέρᾳ τ. τρίτῃ κατὰ τ. γραφάς
31 [1] καθ' ἡμέραν ἀποθνήσκω
32 εἰ κατὰ ἄνθρωπον ἐθηριομάχησα ἐν Ἐφέσῳ
16 2 [1] [4] κατὰ μίαν σαββάτου ἕκαστος ὑμῶν παρ' ἑαυτῷ τιθέτω
19 σὺν τῇ κατ' οἶκον αὐτῶν ἐκκλησίᾳ
II Co 1 8 καθ' ὑπερβολὴν ὑπὲρ δύναμιν ἐβαρήθημεν
17 ἢ ἃ βουλεύομαι κατὰ σάρκα βουλεύομαι
4 13 τὸ αὐτὸ πνεῦμα τ. πίστεως κατὰ τὸ γεγραμμένον
17 καθ' ὑπερβολὴν εἰς ὑπερβολὴν αἰώνιον βάρος δόξης
5 16 ἀπὸ τοῦ νῦν οὐδένα οἴδαμεν κατὰ σάρκα· εἰ κ. ἐγνώκαμεν κατὰ σάρκα Χριστόν
7 9 ἐλυπήθητε γὰρ κατὰ Θεόν

II Co 7 10 ἡ γὰρ κατὰ Θεὸν λύπη μετάνοιαν . . . ἐργάζεται
11 αὐτὸ τοῦτο τὸ κατὰ Θεὸν λυπηθῆναι
8 3 κατὰ δύναμιν μαρτυρῶ κ. παρὰ δύναμιν αὐθαίρετοι
8 οὐ κατ' ἐπιταγὴν λέγω
10 1 [6] ὃς κατὰ πρόσωπον μὲν ταπεινὸς ἐν ὑμῖν
2 ἡμᾶς ὡς κατὰ σάρκα περιπατοῦντας
3 οὐ κατὰ σάρκα στρατευόμεθα
7 [6] [7] τὰ κατὰ πρόσωπον βλέπετε
13 κατὰ τὸ μέτρον τ. κανόνος οὗ ἐμέρισεν ἡμῖν
15 μεγαλυνθῆναι κατὰ τ. κανόνα ἡμῶν εἰς περισσείαν
11 15 ὧν τὸ τέλος ἔσται κατὰ τὰ ἔργα αὐτῶν
17 ὃ λαλῶ οὐ κατὰ Κύριον λαλῶ
18 ἐπεὶ πολλοὶ καυχῶνται κατὰ τ. σάρκα
21 κατὰ ἀτιμίαν λέγω
28 [1] ἡ ἐπίστασίς μοι ἡ καθ' ἡμέραν
13 10 κατὰ τ. ἐξουσίαν ἣν ὁ Κύριος ἔδωκέν μοι
Ga 1 4 κατὰ τὸ θέλημα τ. Θεοῦ κ. πατρὸς ἡμῶν
11 ὅτι οὐκ ἔστιν κατὰ ἄνθρωπον
13 καθ' ὑπερβολὴν ἐδίωκον τ. ἐκκλησίαν τ. Θεοῦ
2 2 ἀνέβην δὲ κατὰ ἀποκάλυψιν
2 [2] κατ' ἰδίαν δὲ τ. δοκοῦσιν
11 [6] κατὰ πρόσωπον αὐτῷ ἀντέστην
3 1 [6] οἷς κατ' ὀφθαλμοὺς Ἰησοῦς Χριστὸς προεγράφη
15 ἀδελφοὶ κατὰ ἄνθρωπον λέγω
29 κατ' ἐπαγγελίαν κληρονόμοι
κατά, T
4 23 ὁ μὲν ἐκ τ. παιδίσκης κατὰ σάρκα γεγέννηται
28 ἡμεῖς δὲ . . . κατὰ Ἰσαὰκ ἐπαγγελίας τέκνα ἐσμέν
29 ὥσπερ τότε ὁ κατὰ σάρκα γεννηθεὶς ἐδίωκεν τὸν κατὰ πνεῦμα
Eph 1 5 κατὰ τ. εὐδοκίαν τ. θελήματος αὐτοῦ
7 κατὰ τὸ πλοῦτος τ. χάριτος αὐτοῦ
9 τὸ μυστήριον τ. θελήματος αὐτοῦ κατὰ τ. εὐδοκίαν αὐτοῦ
11 προορισθέντες κατὰ πρόθεσιν τοῦ τὰ πάντα ἐνεργοῦντος κατὰ τ. βουλὴν τ. θελήματος αὐτοῦ
15 [2] κἀγὼ ἀκούσας τὴν καθ' ὑμᾶς πίστιν
19 κατὰ τ. ἐνέργειαν τ. κράτους τ. ἰσχύος αὐτοῦ
2 2 [1] κατὰ τ. αἰῶνα τ. κόσμου τούτου, κατὰ τ. ἄρχοντα τ. ἐξουσίας τ. ἀέρος
3 3 κατὰ ἀποκάλυψιν ἐγνωρίσθη μοι τὸ μυστήριον
7 κατὰ τ. δωρεὰν τ. χάριτος τ. Θεοῦ τ. δοθείσης μοι κατὰ τ. ἐνέργειαν τ. δυνάμεως αὐτοῦ
11 κατὰ πρόθεσιν τ. αἰώνων
16 ἵνα δῷ ὑμῖν κατὰ τὸ πλοῦτος τ. δόξης αὐτοῦ
20 κατὰ τ. δύναμιν τ. ἐνεργουμένην ἐν ἡμῖν
4 7 ἐδόθη ἡ χάρις κατὰ τὸ μέτρον τ. δωρεᾶς τ. Χριστοῦ
16 κατ' ἐνέργειαν ἐν μέτρῳ ἑνὸς ἑκάστου μέρους
22 ἀποθέσθαι ὑμᾶς κατὰ τ. προτέραν ἀναστροφὴν τ. παλαιὸν ἄνθρωπον τ. φθειρόμενον κατὰ τ. ἐπιθυμίας τ. ἀπάτης
24 τὸν κατὰ Θεὸν κτισθέντα ἐν δικαιοσύνῃ

Eph 5 33 [4] πλὴν κ. ὑμεῖς οἱ καθ' ἕνα
6 5 ὑπακούετε τοῖς κατὰ σάρκα κυρίοις
6 μὴ κατ' ὀφθαλμοδουλίαν ὡς ἀνθρωπάρεσκοι
21 [7] ἵνα δὲ εἰδῆτε κ. ὑμεῖς τὰ κατ' ἐμέ
Phl 1 12 [7] τὰ κατ' ἐμὲ μᾶλλον εἰς προκοπὴν τ. εὐαγγελίου ἐλήλυθεν
20 κατὰ τ. ἀποκαραδοκίαν κ. ἐλπίδα μου
2 3 μηδὲν κατὰ ἐριθίαν μηδὲ κατὰ κενοδοξίαν
κατ' ἐριθείαν, T
3 5 κατὰ νόμον Φαρισαῖος,
6 κατὰ ζῆλος διώκων τ. ἐκκλησίαν,
κατὰ δικαιοσύνην τὴν ἐν νόμῳ γενόμενος ἄμεμπτος
14 κατὰ σκοπὸν διώκω εἰς τὸ βραβεῖον
21 κατὰ τ. ἐνέργειαν τοῦ δύνασθαι αὐτόν
4 11 οὐχ ὅτι καθ' ὑστέρησιν λέγω
19 κατὰ τὸ πλοῦτος αὐτοῦ ἐν δόξῃ
Col 1 11 δυναμούμενοι κατὰ τὸ κράτος τ. δόξης αὐτοῦ
25 διάκονος κατὰ τ. οἰκονομίαν τ. Θεοῦ
29 ἀγωνιζόμενος κατὰ τ. ἐνέργειαν αὐτοῦ
2 8 κατὰ τ. παράδοσιν τ. ἀνθρώπων,
κατὰ τὰ στοιχεῖα τ. κόσμου,
κ. οὐ κατὰ Χριστόν
22 κατὰ τὰ ἐντάλματα κ. διδασκαλίας τ. ἀνθρώπων
3 10 τ. ἀνακαινούμενον . . . κατ' εἰκόνα τ. κτίσαντος αὐτόν
20 [5] ὑπακούετε τ. γονεῦσιν κατὰ πάντα
22 [5] ὑπακούετε κατὰ πάντα τοῖς κατὰ σάρκα κυρίοις
4 7 [7] τὰ κατ' ἐμὲ πάντα γνωρίσει ὑμῖν Τύχικος
15 ἀσπάσασθε . . . τὴν κατ' οἶκον αὐτῆς ἐκκλησίαν
II Th 1 12 κατὰ τ. χάριν τ. Κυρίου ἡμῶν
2 3 μή τις ὑμᾶς ἐξαπατήσῃ κατὰ μηδένα τρόπον
9 οὗ ἐστιν ἡ παρουσία κατ' ἐνέργειαν τ. Σατανᾶ
3 6 μὴ κατὰ τ. παράδοσιν ἣν παρελάβετε παρ' ἡμῶν
I Ti 1 1 κατ' ἐπιταγὴν Θεοῦ σωτῆρος ἡμῶν
11 κατὰ τὸ εὐαγγέλιον τ. δόξης τ. μακαρίου Θεοῦ
18 κατὰ τ. προαγούσας ἐπί σε προφητείας
5 21 μηδὲν ποιῶν κατὰ πρόσκλισιν
6 3 μὴ προσέρχεται . . . τῇ κατ' εὐσέβειαν διδασκαλίᾳ
II Ti 1 1 κατ' ἐπαγγελίαν ζωῆς τῆς ἐν Χριστῷ Ἰησοῦ
8 συνκακοπάθησον τ. εὐαγγελίῳ κατὰ δύναμιν Θεοῦ
9 καλέσαντος κλήσει ἁγίᾳ οὐ κατὰ τὰ ἔργα ἡμῶν,
ἀλλὰ κατὰ ἰδίαν πρόθεσιν
2 8 ἐγηγερμένον ἐκ νεκρῶν . . . κατὰ τὸ εὐαγγέλιόν μου
4 3 κατὰ τ. ἰδίας ἐπιθυμίας ἑαυτοῖς ἐπισωρεύσουσιν διδασκάλους
14 ἀποδώσει αὐτῷ ὁ Κύριος κατὰ τὰ ἔργα αὐτοῦ
Tit 1 1 κατὰ πίστιν ἐκλεκτῶν Θεοῦ κ. ἐπίγνωσιν ἀληθείας τῆς κατ' εὐσέβειαν
3 κατ' ἐπιταγὴν τ. σωτῆρος ἡμῶν Θεοῦ,
4 Τίτῳ γνησίῳ τέκνῳ κατὰ κοινὴν πίστιν
5 [8] ἵνα . . . καταστήσῃς κατὰ πόλιν πρεσβυτέρους
9 ἀντεχόμενον τοῦ κατὰ τ. διδαχὴν πιστοῦ λόγου
3 5 κατὰ τὸ αὐτοῦ ἔλεος ἔσωσεν ἡμᾶς
Tit 3 7 ἵνα . . . κληρονόμοι γενηθῶμεν κατ' ἐλπίδα ζωῆς αἰωνίου
Phm 2 Ἀρχίππῳ . . . κ. τῇ κατ' οἶκόν σου ἐκκλησίᾳ
14 ἵνα μὴ ὡς κατὰ ἀνάγκην τὸ ἀγαθόν σου ᾖ, ἀλλὰ κατὰ ἑκούσιον
He 1 10 σὺ κατ' ἀρχὰς Κύριε τ. γῆν ἐθεμελίωσας
לְפָנִים הָאָרֶץ יָסַדְתָּ, Ps. cii. 26
2 4 συνεπιμαρτυροῦντος τ. Θεοῦ . . . κατὰ τὴν αὐτοῦ θέλησιν
17 [5] ὤφειλεν κατὰ πάντα τ. ἀδελφοῖς ὁμοιωθῆναι
3 3 [5] καθ' ὅσον πλείονα τιμὴν ἔχει τ. οἴκου
8 [1] κατὰ τ. ἡμέραν τ. πειρασμοῦ ἐν τῇ ἐρήμῳ
כְּיוֹם מַסָּה בַּמִּדְבָּר, Ps. xcv. 8
13 [1] παρακαλεῖτε ἑαυτοὺς καθ' ἑκάστην ἡμέραν
4 15 [5] πεπειρασμένον δὲ κατὰ πάντα καθ' ὁμοιότητα
5 6 σὺ ἱερεὺς εἰς τ. αἰῶνα κατὰ τ. τάξιν Μελχισεδέκ
אַתָּה־כֹהֵן לְעוֹלָם עַל־דִּבְרָתִי מַלְכִּי־צֶדֶק, Ps. cx. 4
10 ἀρχιερεὺς κατὰ τ. τάξιν Μελχισεδέκ, Ps. *l.c.*
6 20 κατὰ τ. τάξιν Μελχισεδὲκ ἀρχιερεὺς γενόμενος, Ps. *l.c.*
7 5 ἐντολὴν ἔχουσιν ἀποδεκατοῖν τ. λαὸν κατὰ τ. νόμον
11 κατὰ τ. τάξιν Μελχισεδὲκ ἕτερον ἀνίστασθαι ἱερέα,
κ. οὐ κατὰ τ. τάξιν Ἀαρὼν λέγεσθαι
15 εἰ κατὰ τ. ὁμοιότητα Μελχισεδὲκ ἀνίσταται ἱερεὺς ἕτερος,
16 ὃς οὐ κατὰ νόμον ἐντολῆς σαρκίνης γέγονεν,
ἀλλὰ κατὰ δύναμιν ζωῆς ἀκαταλύτου
17 σὺ ἱερεὺς εἰς τ. αἰῶνα κατὰ τ. τάξιν Μελχισεδέκ, Ps. *l.c.*
20 [5] καθ' ὅσον οὐ χωρὶς ὁρκωμοσίας
22 κατὰ τοσοῦτο κ. κρείττονος διαθήκης γέγονεν ἔγγυος Ἰησοῦς
27 [1] ὃς οὐκ ἔχει καθ' ἡμέραν ἀνάγκην
8 4 ὄντων τ. προσφερόντων κατὰ νόμον τὰ δῶρα
5 ὅρα . . . ποιήσεις πάντα κατὰ τ. τύπον τ. δειχθέντα σοι
רְאֵה וַעֲשֵׂה בְּתַבְנִיתָם אֲשֶׁר־אַתָּה מָרְאֶה, Ex. xxv. 40
9 οὐ κατὰ τ. διαθήκην ἣν ἐποίησα
לֹא כַבְּרִית אֲשֶׁר כָּרַתִּי, Jer. xxxi. 32
9 5 περὶ ὧν οὐκ ἔστιν νῦν λέγειν κατὰ μέρος
9 καθ' ἣν δῶρά τε κ. θυσίαι προσφέρονται,
μὴ δυνάμεναι κατὰ συνείδησιν τελειῶσαι τ. λατρεύοντα
19 λαληθείσης γὰρ πάσης ἐντολῆς κατὰ τ. νόμον ὑπὸ Μωυσέως
22 ἐν αἵματι πάντα καθαρίζεται κατὰ τ. νόμον
25 [1 8] ὁ ἀρχιερεὺς εἰσέρχεται εἰς τὰ ἅγια κατ' ἐνιαυτόν
27 [5] καθ' ὅσον ἀπόκειται τ. ἀνθρώποις
10 1 [1 3] κατ' ἐνιαυτὸν τ. αὐταῖς θυσίαις αἷς προσφέρουσιν
3 [1 3] ἐν αὐταῖς ἀνάμνησις ἁμαρτιῶν κατ' ἐνιαυτόν

He 10 8 αἵτινες κατὰ νόμον προσφέρονται
11 [1] πᾶς μὲν ἱερεὺς ἕστηκεν καθ' ἡμέραν λειτουργῶν
11 7 τῆς κατὰ πίστιν δικαιοσύνης ἐγένετο κληρονόμος
13 κατὰ πίστιν ἀπέθανον οὗτοι πάντες
12 10 κατὰ τὸ δοκοῦν αὐτοῖς ἐπαίδευον
Ja 2 8 εἰ μέντοι νόμον τελεῖτε βασιλικὸν κατὰ τ. γραφήν
17 [2] οὕτως κ. ἡ πίστις . . . νεκρά ἐστιν καθ' ἑαυτήν
3 9 τ. ἀνθρώπους τοὺς καθ' ὁμοίωσιν Θεοῦ γεγονότας
I Pe 1 2 κατὰ πρόγνωσιν Θεοῦ πατρός
3 ὁ κατὰ τὸ πολὺ αὐτοῦ ἔλεος ἀναγεννήσας ἡμᾶς
15 κατὰ τ. καλέσαντα ὑμᾶς ἅγιον
17 τὸν ἀπροσωπολήμπτως κρίνοντα κατὰ τὸ ἑκάστου ἔργον
3 7 συνοικοῦντες κατὰ γνῶσιν
4 6 ἵνα κριθῶσιν μὲν κατὰ ἀνθρώπους σαρκί, ζῶσιν δὲ κατὰ Θεὸν πνεύματι
19 οἱ πάσχοντες κατὰ τὸ θέλημα τ. Θεοῦ
5 2 μὴ ἀναγκαστῶς ἀλλὰ ἑκουσίως κατὰ Θεόν
—κατ. Θεὸν, WHR mg.
II Pe 3 3 κατὰ τ. ἰδίας ἐπιθυμίας αὐτῶν πορευόμενοι
13 γῆν καινὴν κατὰ τὸ ἐπάγγελμα αὐτοῦ προσδοκῶμεν
κατὰ τὰ ἐπαγγέλματα, T
15 κατὰ τ. δοθεῖσαν αὐτῷ σοφίαν ἔγραψεν ὑμῖν
I Jo 5 14 ἐάν τι αἰτώμεθα κατὰ τὸ θέλημα αὐτοῦ
II Jo 6 ἵνα περιπατῶμεν κατὰ τ. ἐντολὰς αὐτοῦ
III Jo 15 ἀσπάζου τ. φίλους κατ' ὄνομα
Ju 16 κατὰ τ. ἐπιθυμίας αὐτῶν πορευόμενοι
18 κατὰ τὰς ἑαυτῶν ἐπιθυμίας πορευόμενοι τ. ἀσεβειῶν
Re 2 23 δώσω ὑμῖν ἑκάστῳ κατὰ τὰ ἔργα ὑμῶν
4 8 [4] τέσσερα ζῷα ἓν καθ' ἓν αὐτῶν
18 6 διπλώσατε τὰ διπλᾶ κατὰ τὰ ἔργα αὐτῆς
20 12 ἐκρίθησαν οἱ νεκροὶ . . . κατὰ τὰ ἔργα αὐτῶν
13 ἐκρίθησαν ἕκαστος κατὰ τὰ ἔργα αὐτῶν
22 2 [1] κατὰ μῆνα ἕκαστον ἀποδιδοῦν τ. καρπὸν αὐτοῦ

ΚΑΤΑΒΑΙ΄ΝΩ 2597

(1) seq. ἕως (2) seq. ἐν

Mt 3 16 εἶδεν πνεῦμα Θεοῦ καταβαῖνον ὡσεὶ περιστεράν
7 25 κατέβη ἡ βροχὴ κ. ἦλθαν οἱ ποταμοί
27 κατέβη ἡ βροχὴ κ. ἦλθαν οἱ ποταμοί
8 1 καταβάντος δὲ αὐτοῦ ἀπὸ τ. ὄρους
καταβάντι δὲ αὐτῷ, T
11 23 [1] ἕως ᾅδου καταβήσῃ
καταβιβασθήσῃ, TR mg.
14 29 καταβὰς ἀπὸ τ. πλοίου Πέτρος
17 9 καταβαινόντων αὐτῶν ἐκ τ. ὄρους
24 17 ὁ ἐπὶ τ. δώματος μὴ καταβάτω ἆραι τὰ ἐκ τ. οἰκίας αὐτοῦ
27 40 εἰ υἱὸς εἶ τ. Θεοῦ κατάβηθι ἀπὸ τ. σταυροῦ
42 καταβάτω νῦν ἀπὸ τ. σταυροῦ
28 2 ἄγγελος γὰρ Κυρίου καταβὰς ἐξ οὐρανοῦ
Mk 1 10 εἶδεν . . . τὸ πνεῦμα ὡς περιστερὰν καταβαῖνον εἰς αὐτόν
3 22 οἱ γραμματεῖς οἱ ἀπὸ Ἱεροσολύμων καταβάντες

Mk 9 9 καταβαινόντων αὐτῶν ἐκ τ. ὄρους
13 15 ὁ ἐπὶ τ. δώματος μὴ καταβάτω
15 30 σῶσον σεαυτὸν καταβὰς ἀπὸ τ. σταυροῦ
32 καταβάτω νῦν ἀπὸ τ. σταυροῦ
Lu 2 51 κατέβη μετ' αὐτῶν κ. ἦλθεν εἰς Ναζαρέτ
3 22 ἐγένετο δὲ . . . καταβῆναι τὸ πνεῦμα τὸ ἅγιον σωματικῷ εἴδει
6 17 καταβὰς μετ' αὐτῶν ἔστη ἐπὶ τόπου πεδινοῦ
8 23 κατέβη λαῖλαψ ἀνέμου εἰς τ. λίμνην
9 54 θέλεις εἴπωμεν πῦρ καταβῆναι ἀπὸ τ. οὐρανοῦ
10 15 [1] ἕως τ. ᾅδου καταβήσῃ
καταβιβασθήσῃ, TWH mg. R
30 ἄνθρωπός τις κατέβαινεν ἀπὸ Ἱερουσαλὴμ εἰς Ἰερειχώ
31 [2] ἱερεύς τις κατέβαινεν ἐν τῇ ὁδῷ ἐκείνῃ
17 31 μὴ καταβάτω ἆραι αὐτά
18 14 κατέβη οὗτος δεδικαιωμένος εἰς τ. οἶκον αὐτοῦ
19 5 Ζακχαῖε σπεύσας κατάβηθι
6 κ. σπεύσας κατέβη
22 44 ὡσεὶ θρόμβοι αἵματος καταβαίνοντες ἐπὶ τ. γῆν
—h. v., [[WH]] R marg.
Jo 1 32 τεθέαμαι τὸ πνεῦμα καταβαῖνον ὡς περιστεράν
33 ἐφ' ὃν ἂν ἴδῃς τὸ πνεῦμα καταβαῖνον
51 ὄψεσθε . . . τ. ἀγγέλους τ. Θεοῦ ἀναβαίνοντας κ. καταβαίνοντας
2 12 μετὰ τοῦτο κατέβη εἰς Καφαρναούμ
3 13 εἰ μὴ ὁ ἐκ τ. οὐρανοῦ καταβάς
4 47 ἠρώτα ἵνα καταβῇ
49 κατάβηθι πρὶν ἀποθανεῖν τὸ παιδίον μου
51 ἤδη δὲ αὐτοῦ καταβαίνοντος
5 [4 [2] ἄγγελος γὰρ Κυρίου κατὰ καιρὸν κατέβαινεν ἐν τ. κολυμβήθρᾳ
—h. v., TWHR non mg.
7 ἄλλος πρὸ ἐμοῦ καταβαίνει
6 16 κατέβησαν οἱ μαθηταὶ αὐτοῦ ἐπὶ τ. θάλασσαν
33 ὁ γὰρ ἄρτος τ. Θεοῦ ἐστὶν ὁ καταβαίνων ἐκ τ. οὐρανοῦ
38 ὅτι καταβέβηκα ἀπὸ τ. οὐρανοῦ
41 ἐγώ εἰμι ὁ ἄρτος ὁ καταβὰς ἐκ τ. οὐρανοῦ
42 ἐκ τ. οὐρανοῦ καταβέβηκα
50 οὗτός ἐστιν ὁ ἄρτος ὁ ἐκ τ. οὐρανοῦ καταβαίνων
51 ἐγώ εἰμι ὁ ἄρτος ὁ ζῶν ὁ ἐκ τ. οὐρανοῦ καταβάς
58 οὗτός ἐστιν ὁ ἄρτος ὁ ἐξ οὐρανοῦ καταβάς
Ac 7 15 κατέβη δὲ Ἰακὼβ εἰς Αἴγυπτον
καὶ κατ. I., TWH mg.
34 κατέβην ἐξελέσθαι αὐτούς
אֵרֵד לְהַצִּילוֹ, Ex. iii. 8
8 15 οἵτινες καταβάντες προσηύξαντο περὶ αὐτῶν
26 πορεύου . . . ἐπὶ τὴν ὁδὸν τ. καταβαίνουσαν ἀπὸ Ἱερουσαλήμ
38 κατέβησαν ἀμφότεροι εἰς τὸ ὕδωρ
10 11 θεωρεῖ . . . καταβαῖνον σκεῦός τι
20 ἀναστὰς κατάβηθι κ. πορεύου σὺν αὐτοῖς
21 καταβὰς δὲ Πέτρος πρὸς τ. ἄνδρας
11 5 εἶδον . . . καταβαῖνον σκεῦός τι
14 11 οἱ θεοὶ ὁμοιωθέντες ἀνθρώποις κατέβησαν πρὸς ἡμᾶς
25 κατέβησαν εἰς Ἀτταλίαν
16 8 παρελθόντες δὲ τ. Μυσίαν κατέβησαν εἰς Τρῳάδα

Ac 18 22 ἀσπασάμενος τ. ἐκκλησίαν κατέβη εἰς Ἀντιοχειαν
20 10 καταβὰς δὲ ὁ Παῦλος ἐπέπεσεν αὐτῷ
23 10 ἐκέλευσεν τὸ στράτευμα καταβὰν ἁρπάσαι αὐτόν
24 1 κατέβη ὁ ἀρχιερεὺς Ἀνανίας μετὰ πρεσβυτέρων τινῶν
22 ὅταν Λυσίας ὁ χιλίαρχος καταβῇ
25 6 καταβὰς εἰς Καισαρίαν
7 οἱ ἀπὸ Ἱεροσολύμων καταβεβηκότες Ἰουδαῖοι
Ro 10 7 τίς καταβήσεται εἰς τὴν ἄβυσσον;
לֹא־מֵעֵבֶר לַיָּם הִוא, Dt. xxx. 13
Eph 4 9 τί ἐστιν εἰ μὴ ὅτι κ. κατέβη
10 ὁ καταβὰς αὐτός ἐστιν κ. ὁ ἀναβάς
1 Th 4 16 αὐτὸς ὁ Κύριος . . . καταβήσεται ἀπ' οὐρανοῦ
Ja 1 17 καταβαῖνον ἀπὸ τ. πατρὸς τ. φώτων
Re 3 12 ἡ καταβαίνουσα ἐκ τ. οὐρανοῦ ἀπὸ τ. Θεοῦ μου
10 1 εἶδον ἄλλον ἄγγελον ἰσχυρὸν καταβαίνοντα ἐκ τ. οὐρανοῦ
12 12 ὅτι κατέβη ὁ διάβολος πρὸς ὑμᾶς
13 13 ἵνα κ. πῦρ ποιῇ ἐκ τ. οὐρανοῦ καταβαίνειν
καταβ. ἐκ τ. οὐρ., T
16 21 χάλαζα μεγάλη . . . καταβαίνει ἐκ τ. οὐρανοῦ
18 1 εἶδον ἄλλον ἄγγελον καταβαίνοντα ἐκ τ. οὐρανοῦ
20 1 εἶδον ἄγγελον καταβαίνοντα ἐκ τ. οὐρανοῦ
9 κατέβη πῦρ ἐκ τ. οὐρανοῦ
21 2 Ἰερουσαλὴμ καινὴν καταβαίνουσαν ἐκ τ. οὐρανοῦ ἀπὸ τ. Θεοῦ
10 τ. ἁγίαν Ἰερουσαλὴμ καταβαίνουσαν ἐκ τ. οὐρανοῦ ἀπὸ τ. Θεοῦ

ΚΑΤΑΒΑ´ΛΛΩ 2598

II Co 4 9 καταβαλλόμενοι ἀλλ' οὐκ ἀπολλύμενοι
He 6 1 μὴ πάλιν θεμέλιον καταβαλλόμενοι μετανοίας ἀπὸ νεκρῶν ἔργων

ΚΑΤΑΒΑΡΕ´Ω* 2599

II Co 12 16 ἔστω δὲ ἐγὼ οὐ κατεβάρησα ὑμᾶς

ΚΑΤΑΒΑΡΥ´ΝΩ 2599.5

Mk 14 40 ἦσαν γὰρ αὐτῶν οἱ ὀφθαλμοὶ καταβαρυνόμενοι

ΚΑΤΑ´ΒΑΣΙΣ 2600

Lu 19 37 πρὸς τ. καταβάσει τ. ὄρους τ. ἐλαιῶν

ΚΑΤΑΒΙΒΑ´ΖΩ 2601

Mt 11 23 ἕως ᾅδου καταβιβασθήσῃ
καταβήσῃ, WHR non mg.
Lu 10 15 ἕως ᾅδου καταβιβασθήσῃ
ἕ. τοῦ ᾅ. καταβήσῃ, WH non marg.

ΚΑΤΑΒΟΛΗ´** 2602

Mt 13 35 ἐρεύξομαι κεκρυμμένα ἀπὸ καταβολῆς
+κόσμου, R non mg.
אַבִּיעָה חִידוֹת מִנִּי־קֶדֶם, Ps. lxxviii. 2
25 34 τ. ἡτοιμασμένην ὑμῖν βασιλείαν ἀπὸ καταβολῆς κόσμου
Lu 11 50 τὸ αἷμα . . . τὸ ἐκκεχυμένον ἀπὸ καταβολῆς κόσμου
Jo 17 24 ὅτι ἠγάπησάς με πρὸ καταβολῆς κόσμου
Eph 1 4 καθὼς ἐξελέξατο ἡμᾶς ἐν αὐτῷ πρὸ καταβολῆς κόσμου
He 4 3 καίτοι τ. ἔργων ἀπὸ καταβολῆς κόσμου γενηθέντων
9 26 πολλάκις παθεῖν ἀπὸ καταβολῆς κόσμου
11 11 αὐτὴ Σάρρα δύναμιν εἰς καταβολὴν σπέρματος ἔλαβεν
1 Pe 1 20 προεγνωσμένου μὲν πρὸ καταβολῆς κόσμου
Re 13 8 τ. ἀρνίου τ. ἐσφαγμένου ἀπὸ καταβολῆς κόσμου
17 8 ὧν οὐ γέγραπται τὸ ὄνομα ἐπὶ τὸ βιβλίον τ. ζωῆς ἀπὸ καταβολῆς κόσμου

ΚΑΤΑΒΡΑΒΕΥ´Ω* 2603

Col 2 18 μηδεὶς ὑμᾶς καταβραβευέτω θέλων ἐν ταπεινοφροσύνῃ

ΚΑΤΑΓΓΕΛΕΥ´Σ* † 2604

Ac 17 18 ξένων δαιμονίων δοκεῖ καταγγελεὺς εἶναι

ΚΑΤΑΓΓΕ´ΛΛΩ 2605

Ac 3 24 πάντες δὲ οἱ προφῆται . . . κατήγγειλαν τ. ἡμέρας ταύτας
4 2 καταγγέλλειν ἐν τ. Ἰησοῦ τ. ἀνάστασιν τὴν ἐκ νεκρῶν
13 5 κατήγγελλον τ. λόγον τ. Θεοῦ ἐν τ. συναγωγαῖς
38 διὰ τούτου ὑμῖν ἄφεσις ἁμαρτιῶν καταγγέλλεται
15 36 ἐν αἷς κατηγγείλαμεν τ. λόγον τ. Κυρίου
16 17 οἵτινες καταγγέλλουσιν ὑμῖν ὁδὸν σωτηρίας
21 καταγγέλλουσιν ἔθη ἃ οὐκ ἔξεστιν ἡμῖν παραδέχεσθαι
17 3 ὃν ἐγὼ καταγγέλλω ὑμῖν
13 κ. ἐν τ. Βεροίᾳ κατηγγέλη ὑπὸ τ. Παύλου ὁ λόγος τ. Θεοῦ
23 ὃ οὖν ἀγνοοῦντες εὐσεβεῖτε τοῦτο ἐγὼ καταγγέλλω ὑμῖν
26 23 φῶς μέλλει καταγγέλλειν τῷ τε λαῷ
Ro 1 8 ἡ πίστις ὑμῶν καταγγέλλεται ἐν ὅλῳ τ. κόσμῳ
1 Co 2 1 καταγγέλλων ὑμῖν τὸ μυστήριον τ. Θεοῦ
9 14 ὁ Κύριος διέταξεν τοῖς τὸ εὐαγγέλιον καταγγέλλουσιν
11 26 τ. θάνατον τ. Κύριου καταγγέλλετε
Phl 1 17 ἐξ ἐριθίας τ. Χριστὸν καταγγέλλουσιν οὐχ ἁγνῶς
18 εἴτε προφάσει εἴτε ἀληθείᾳ Χριστὸς καταγγέλλεται
Col 1 28 ὃν ἡμεῖς καταγγέλλομεν

ΚΑΤΑΓΕΛΑ´Ω 2606

Mt 9 24 κατεγέλων αὐτοῦ
Mk 5 40 κατεγέλων αὐτοῦ
Lu 8 53 κατεγέλων αὐτοῦ εἰδότες ὅτι ἀπέθανεν

ΚΑΤΑΓΙΝΩ´ΣΚΩ 2607

Ga 2 11 κατὰ πρόσωπον αὐτῷ ἀντέστην ὅτι κατεγνωσμένος ἦν
1 Jo 3 20 ἐὰν καταγινώσκῃ ἡμῶν ἡ καρδία
21 ἐὰν ἡ καρδία μὴ καταγινώσκῃ
ἡ καρδ. ἡμῶν μὴ καταγ. ἡμῶν, T

KATA'ΓΝΥΜΙ 2608

Mt 12 20 κάλαμον συντετριμμένον οὐ κατεάξει
קָנֶה רָצוּץ לֹא יִשְׁבּוֹר, Is. xlii. 3
Jo 19 31 ἵνα κατεαγῶσιν αὐτῶν τὰ σκέλη
32 τοῦ μὲν πρώτου κατέαξαν τὰ σκέλη
33 οὐ κατέαξαν αὐτοῦ τὰ σκέλη

2608.5 KATAΓPA'ΦΩ cf. 1125

Jo 8 [6 τ. δακτύλῳ κατέγραφεν εἰς τ. γῆν
ἔγραφεν, WH mg.

KATA'ΓΩ 2609

Lu 5 11 καταγαγόντες τὰ πλοῖα ἐπὶ τ. γῆν
Ac 9 30 οἱ ἀδελφοὶ κατήγαγον αὐτὸν εἰς Καισαρίαν
22 30 καταγαγὼν τ. Παῦλον ἔστησεν εἰς αὐτούς
23 15 ὅπως καταγάγῃ αὐτὸν εἰς ὑμᾶς
20 ὅπως αὔριον τ. Παῦλον καταγάγῃς εἰς τὸ συνέδριον
28 κατήγαγον . . . εἰς τὸ συνέδριον αὐτῶν
—h. v., [WH] R mg.
27 3 τῇ τε ἑτέρᾳ κατήχθημεν εἰς Σιδῶνα
28 12 καταχθέντες εἰς Συρακούσας
Ro 10 6 τοῦτ' ἔστιν Χριστὸν καταγαγεῖν

KATAΓΩNI'ZOMAI * 2610

He 11 33 οἳ διὰ πίστεως κατηγωνίσαντο βασιλείας

KATAΔE'Ω 2611

Lu 10 34 προσελθὼν κατέδησεν τὰ τραύματα αὐτοῦ

KATA'ΔΗΛΟΣ * 2612

He 7 15 περισσότερον ἔτι κατάδηλόν ἐστιν

KATAΔIKA'ZΩ 2613

Mt 12 7 οὐκ ἂν κατεδικάσατε τ. ἀναιτίους
37 ἐκ τ. λόγων σου καταδικασθήσῃ
Lu 6 37 μὴ καταδικάζετε κ. οὐ μὴ καταδικασθῆτε
Ja 5 6 κατεδικάσατε ἐφονεύσατε τ. δίκαιον

2613.5 KATAΔI'KH ** cf. 1349

Ac 25 15 αἰτούμενοι κατ' αὐτοῦ καταδίκην

KATAΔIΩ'KΩ 2614

Mk 1 36 κατεδίωξεν αὐτὸν Σίμων κ. οἱ μετ' αὐτοῦ

KATAΔOYΛO'Ω 2615

II Co 11 20 εἴ τις ὑμᾶς καταδουλοῖ
Ga 2 4 ἵνα ἡμᾶς καταδουλώσουσιν

KATAΔYNAΣTEY'Ω 2616

Ac 10 38 ἰώμενος πάντας τ. καταδυναστευομένους ὑπὸ τ. διαβόλου
Ja 2 6 οὐχ οἱ πλούσιοι καταδυναστεύουσιν ὑμῶν

KATA'ΘEMA *† 2616.2

Re 22 3 κ. πᾶν κατάθεμα οὐκ ἔσται ἔτι

KATAΘEMATI'ZΩ *† 2616.5

Mt 26 74 τότε ἤρξατο καταθεματίζειν κ. ὀμνύειν

KATAIΣXY'NΩ 2617

Lu 13 17 κατῃσχύνοντο πάντες οἱ ἀντικείμενοι αὐτῷ
Ro 5 5 ἡ δὲ ἐλπὶς οὐ καταισχύνει
9 33 ὁ πιστεύων ἐπ' αὐτῷ οὐ καταισχυνθήσεται
הַמַּאֲמִין לֹא יָחִישׁ, Is. xxviii. 16
10 11 πᾶς ὁ πιστεύων ἐπ' αὐτῷ οὐ καταισχυνθήσεται, Is. *l.c.*
I Co 1 27 ἵνα καταισχύνῃ τ. σοφούς
27 ἵνα καταισχύνῃ τὰ ἰσχυρά
11 4 κατὰ κεφαλῆς ἔχων καταισχύνει τ. κεφαλὴν αὐτοῦ
5 ἀκατακαλύπτῳ τ. κεφαλῇ καταισχύνει τ. κεφαλὴν αὐτῆς
22 καταισχύνετε τοὺς μὴ ἔχοντας
II Co 7 14 εἴ τι αὐτῷ ὑπὲρ ὑμῶν κεκαύχημαι οὐ κατῃσχύνθην
9 4 μή πως . . . καταισχυνθῶμεν ἡμεῖς
I Pe 2 6 ὁ πιστεύων ἐπ' αὐτῷ οὐ μὴ καταισχυνθῇ, Is. *l.c.*
3 16 ἵνα . . . καταισχυνθῶσιν οἱ ἐπηρεάζοντες ὑμῶν τ. ἀγαθὴν . . . ἀναστροφήν

KATAKAI'Ω 2618

(1) κατεκάην, κατακαήσομαι

Mt 3 12 τὸ δὲ ἄχυρον κατακαύσει πυρὶ ἀσβέστῳ
13 30 δήσατε αὐτὰ εἰς δέσμας πρὸς τὸ κατακαῦσαι αὐτά
40 συλλέγεται τὰ ζιζάνια κ. πυρὶ κατακαίεται
Lu 3 17 τὸ δὲ ἄχυρον κατακαύσει πυρὶ ἀσβέστῳ
Ac 19 19 συνενεγκάντες τὰς βίβλους κατέκαιον ἐνώπιον πάντων
I Co 3 15 [1] εἴ τινος τὸ ἔργον κατακαήσεται
He 13 11 τούτων τὰ σώματα κατακαίεται ἔξω τ. παρεμβολῆς
II Pe 3 10 [1] γῆ κ. τὰ ἐν αὐτῇ ἔργα κατακαήσεται
εὑρεθήσεται, WHR mg.
Re 8 7 [1] τὸ τρίτον τ. γῆς κατεκάη
[1] κ. τὸ τρίτον τ. δένδρων κατεκάη,
[1] κ. πᾶς χόρτος χλωρὸς κατεκάη
17 16 αὐτὴν κατακαύσουσιν ἐν πυρί
—ἐν, T [WH]
18 8 ἐν πυρὶ κατακαυθήσεται

KATAKAΛY'ΠTOMAI 2619

I Co 11 6 εἰ γὰρ οὐ κατακαλύπτεται γυνὴ κ. κειράσθω·
εἰ δὲ αἰσχρὸν γυναικὶ τὸ κείρασθαι . . . κατακαλυπτέσθω.
7 ἀνὴρ μὲν γὰρ οὐκ ὀφείλει κατακαλύπτεσθαι τ. κεφαλήν

KATAKAYXA'OMAI † 2620

Ro 11 18 μὴ κατακαυχῶ τ. κλάδων·
εἰ δὲ κατακαυχᾶσαι
Ja 2 13 κατακαυχᾶται ἔλεος κρίσεως
3 14 μὴ κατακαυχᾶσθε κ. ψεύδεσθε κατὰ τ. ἀληθείας
μὴ κατακ. τ. ἀλ. κ. ψεύδ., T

ΚΑΤΑ΄ΚΕΙΜΑΙ 2621

Mk 1 30 ἡ δὲ πενθερὰ Σίμωνος κατέκειτο πυρέσσουσα

2 4 ὅπου ὁ παραλυτικὸς κατέκειτο

15 γίνεται κατακεῖσθαι αὐτὸν ἐν τ. οἰκίᾳ αὐτοῦ

14 3 ἐν τ. οἰκίᾳ Σίμωνος τ. λεπροῦ κατακειμένου αὐτοῦ

Lu 5 25 ἄρας ἐφ' ὃ κατέκειτο

29 ἄλλων οἳ ἦσαν μετ' αὐτῶν κατακείμενοι

7 37 ἐπιγνοῦσα ὅτι κατάκειται ἐν τ. οἰκίᾳ τ. Φαρισαίου

Jo 5 3 ἐν ταύταις κατέκειτο πλῆθος τ. ἀσθενούντων

6 τοῦτον ἰδὼν ὁ Ἰησοῦς κατακείμενον

Ac 9 33 ἐξ ἐτῶν ὀκτὼ κατακείμενον ἐπὶ κραβάττου

28 8 πυρετοῖς κ. δυσεντερίῳ συνεχόμενον κατακεῖσθαι

I Co 8 10 ἐὰν γάρ τις ἴδῃ σὲ . . . ἐν εἰδωλίῳ κατακείμενον

ΚΑΤΑΚΛΑ΄Ω 2622

Mk 6 41 κατέκλασεν τ. ἄρτους

Lu 9 16 εὐλόγησεν αὐτοὺς κ. κατέκλασεν

ΚΑΤΑΚΛΕΙ΄Ω 2623

Lu 3 20 κατέκλεισεν τ. Ἰωάνην ἐν φυλακῇ

Ac 26 10 πολλούς τε τ. ἁγίων ἐγὼ ἐν φυλακαῖς κατέκλεισα

ΚΑΤΑΚΛΗΡΟΝΟΜΕ΄Ω † 2624

Ac 13 19 κατεκληρονόμησεν τὴν γῆν αὐτῶν

ΚΑΤΑΚΛΙ΄ΝΩ 2625

Lu 7 36 εἰσελθὼν εἰς τ. οἶκον τ. Φαρισαίου κατεκλίθη

9 14 κατακλίνατε αὐτοὺς κλισίας ὡσεὶ ἀνὰ πεντήκοντα·

15 κ. ἐποίησαν οὕτως κ. κατέκλιναν ἅπαντας

14 8 μὴ κατακλιθῇς εἰς τ. πρωτοκλισίαν

24 30 ἐγένετο ἐν τ. κατακλιθῆναι αὐτὸν μετ' αὐτῶν

ΚΑΤΑΚΛΥ΄ΖΩ 2626

II Pe 3 6 δι' ὧν ὁ τότε κόσμος ὕδατι κατακλυσθεὶς ἀπώλετο

ΚΑΤΑΚΛΥΣΜΟ΄Σ 2627

Mt 24 38 ἐν τ. ἡμέραις ἐκείναις ταῖς πρὸ τ. κατακλυσμοῦ

39 ἕως ἦλθεν ὁ κατακλυσμὸς κ. ἦρεν ἅπαντας

Lu 17 27 ἦλθεν ὁ κατακλυσμὸς κ. ἀπώλεσεν πάντας

II Pe 2 5 κατακλυσμὸν κόσμῳ ἀσεβῶν ἐπάξας

ΚΑΤΑΚΟΛΟΥΘΕ΄Ω 2628

Lu 23 55 κατακολουθήσασαι δὲ αἱ γυναῖκες

Ac 16 17 αὕτη κατακολουθοῦσα τ. Παύλῳ κ. ἡμῖν

ΚΑΤΑΚΟ΄ΠΤΩ 2629

Mk 5 5 ἦν κράζων κ. κατακόπτων ἑαυτὸν λίθοις

ΚΑΤΑΚΡΗΜΝΙ΄ΖΩ 2630

Lu 4 29 ὥστε κατακρημνίσαι αὐτόν

ΚΑΤΑ΄ΚΡΙΜΑ ** 2631

Ro 5 16 τὸ μὲν γὰρ κρίμα ἐξ ἑνὸς εἰς κατάκριμα

18 ὡς δι' ἑνὸς παραπτώματος εἰς πάντας ἀνθρώπους εἰς κατάκριμα

8 1 οὐδὲν ἄρα νῦν κατάκριμα τοῖς ἐν Χριστῷ Ἰησοῦ

ΚΑΤΑΚΡΙ΄ΝΩ 2632

Mt 12 41 ἄνδρες Νινευεῖται ἀναστήσονται . . . κ. κατακρινοῦσιν αὐτήν

42 βασίλισσα νότου ἐγερθήσεται . . . κ. κατακρινεῖ αὐτήν

20 18 κατακρινοῦσιν αὐτὸν θανάτῳ
εἰς θάνατον, T

27 3 ἰδὼν Ἰούδας ὁ παραδοὺς αὐτὸν ὅτι κατεκρίθη

Mk 10 33 κατακρινοῦσιν αὐτὸν θανάτῳ

14 64 οἱ δὲ πάντες κατέκριναν αὐτὸν ἔνοχον εἶναι θανάτου

16 [16 ὁ δὲ ἀπιστήσας κατακριθήσεται

Lu 11 31 βασίλισσα νότου ἐγερθήσεται . . . κ. κατακρινεῖ αὐτούς

32 ἄνδρες Νινευεῖται ἀναστήσονται . . . κ. κατακρινοῦσιν αὐτήν

Jo 8 [10 οὐδείς σε κατέκρινεν;

[11 οὐδὲ ἐγώ σε κατακρίνω

Ro 2 1 ἐν ᾧ γὰρ κρίνεις τ. ἕτερον σεαυτὸν κατακρίνεις

8 3 ὁ Θεὸς . . . κατέκρινεν τ. ἁμαρτίαν ἐν τ. σαρκί

34 τίς ὁ κατακρινῶν;
κατακρίνων, T

14 23 ὁ δὲ διακρινόμενος ἐὰν φάγῃ κατακέκριται

I Co 11 32 ἵνα μὴ σὺν τ. κόσμῳ κατακριθῶμεν

He 11 7 δι' ἧς κατέκρινεν τ. κόσμον

II Pe 2 6 πόλεις Σοδόμων κ. Γομόρρας τεφρώσας κατέκρινεν

ΚΑΤΑ΄ΚΡΙΣΙΣ *† 2633

II Co 3 9 εἰ γὰρ ἡ διακονία τ. κατακρίσεως δόξα

7 3 πρὸς κατάκρισιν οὐ λέγω

2633.5 ΚΑΤΑΚΥ΄ΠΤΩ cf. 2955

Jo 8 [8 πάλιν κατακύψας ἔγραφεν εἰς τ. γῆν
κάτω κύψας, WH mg.

ΚΑΤΑΚΥΡΙΕΥ΄Ω 2634

Mt 20 25 οἱ ἄρχοντες τῶν ἐθνῶν κατακυριεύουσιν αὐτῶν

Mk 10 42 οἱ δοκοῦντες ἄρχειν τ. ἐθνῶν κατακυριεύουσιν αὐτῶν

Ac 19 16 κατακυριεύσας ἀμφοτέρων ἴσχυσεν κατ' αὐτῶν

I Pe 5 3 μηδ' ὡς κατακυριεύοντες τ. κλήρων

ΚΑΤΑΛΑΛΕ΄Ω 2635

Ja 4 11 μὴ καταλαλεῖτε ἀλλήλων ἀδελφοί·
ὁ καταλαλῶν ἀδελφοῦ ἢ κρίνων τ. ἀδελφὸν αὐτοῦ
καταλαλεῖ νόμου κ. κρίνει νόμον

I Pe 2 12 ἵνα ἐν ᾧ καταλαλοῦσιν ὑμῶν ὡς κακοποιῶν

3 16 ἵνα ἐν ᾧ καταλαλεῖσθε καταισχυνθῶσιν

ΚΑΤΑΛΑΛΙΑ΄ ** † 2636

II Co 12 20 ἐριθίαι καταλαλιαὶ ψιθυρισμοί

I Pe 2 1 ἀποθέμενοι οὖν . . . πάσας καταλαλιάς

ΚΑΤΑ'ΛΑΛΟΣ * † 2637

Ro 1 30 ψιθυριστὰς καταλάλους θεοστυγεῖς

ΚΑΤΑΛΑΜΒΑ'ΝΩ 2638

Mk 9 18 ὅπου ἐὰν αὐτὸν καταλάβῃ
Jo 1 5 ἡ σκοτία αὐτὸ οὐ κατέλαβεν
6 17 κατέλαβεν δὲ αὐτοὺς ἡ σκοτία
κ. σκ. ἤδη ἐγεγόνει, WHR
8 [3 ἄγουσιν δὲ . . . γυναῖκα ἐπὶ μοιχείᾳ κατειλημμένην
[4 αὕτη ἡ γυνὴ κατείληπται ἐπ' αὐτοφώρῳ μοιχευομένη
12 35 ἵνα μὴ σκοτία ὑμᾶς καταλάβῃ
Ac 4 13 καταλαβόμενοι ὅτι ἄνθρωποι ἀγράμματοί εἰσιν
10 34 ἐπ' ἀληθείας καταλαμβάνομαι
25 25 ἐγὼ δὲ κατελαβόμην μηδὲν ἄξιον αὐτὸν θανάτου πεπραχέναι
Ro 9 30 ἔθνη τὰ μὴ διώκοντα δικαιοσύνην κατέλαβεν δικαιοσύνην
I Co 9 24 οὕτως τρέχετε ἵνα καταλάβητε
Eph 3 18 ἵνα ἐξισχύσητε καταλαβέσθαι σὺν πᾶσι τ. ἁγίοις
Phl 3 12 διώκω δὲ εἰ κ. καταλάβω,
ἐφ' ᾧ κ. κατελήμφθην ὑπὸ Χριστοῦ Ἰησοῦ.
13 ἀδελφοὶ ἐγὼ ἐμαυτὸν οὔπω λογίζομαι κατειληφέναι
I Th 5 4 ἵνα ἡ ἡμέρα ὑμᾶς ὡς κλέπτας καταλάβῃ

ΚΑΤΑΛΕ'ΓΟΜΑΙ 2639

I Ti 5 9 χήρα καταλεγέσθω μὴ ἔλαττον ἐτῶν ἑξήκοντα γεγονυῖα

ΚΑΤΑΛΕΙ'ΠΩ 2641

Mt 4 13 καταλιπὼν τὴν Ναζαρά
16 4 καταλιπὼν αὐτοὺς ἀπῆλθεν
19 5 ἕνεκα τούτου καταλείψει ἄνθρωπος τ. πατέρα
עַל־כֵּן יַעֲזָב־אִישׁ אֶת־אָבִיו, Gen. ii. 24
21 17 καταλιπὼν αὐτοὺς ἐξῆλθεν ἔξω τ. πόλεως
Mk 10 7 ἕνεκεν τούτου καταλείψει ἄνθρωπος τ. πατέρα αὐτοῦ, Gen. *l.c.*
12 19 ἐάν τινος ἀδελφὸς . . . καταλίπῃ γυναῖκα, Dt. xxv. 5
21 ἀπέθανεν μὴ καταλιπὼν σπέρμα
14 52 ὁ δὲ καταλιπὼν τὴν σινδόνα
Lu 5 28 καταλιπὼν πάντα ἀναστὰς ἠκολούθει αὐτῷ
10 40 ἡ ἀδελφή μου μόνην με κατέλειπεν διακονεῖν
κατέλιπεν, T
15 4 τίς ἄνθρωπος . . . οὐ καταλείπει τὰ ἐνενήκοντα ἐννέα
20 31 ὡσαύτως δὲ κ. οἱ ἑπτὰ οὐ κατέλιπον τέκνα
Jo 8 [9 κατελείφθη μόνος ὁ Ἰησοῦς
—ὁ Ἰησ., WH non mg.
Ac 6 2 καταλείψαντας τ. λόγον τ. Θεοῦ
18 19 κἀκείνους κατέλιπεν αὐτοῦ
21 3 καταλιπόντες αὐτὴν εὐώνυμον
24 27 ὁ Φῆλιξ κατέλιπεν τ. Παῦλον δεδεμένον
25 14 ἀνήρ τίς ἐστιν καταλελειμμένος ὑπὸ Φήλικος δέσμιος
καταλελιμμένος, WH
Ro 11 4 κατέλιπον ἐμαυτῷ ἑπτακισχιλίους ἄνδρας
הִשְׁאַרְתִּי בְיִשְׂרָאֵל שִׁבְעַת אֲלָפִים, I Ki. xix. 18
Eph 5 31 ἀντὶ τούτου καταλείψει ἄνθρωπος τ. πατέρα, Gen. *l.c.*
I Th 3 1 ηὐδοκήσαμεν καταλειφθῆναι ἐν Ἀθήναις μόνοι
He 4 1 καταλειπομένης ἐπαγγελίας εἰσελθεῖν εἰς τ. κατάπαυσιν αὐτοῦ
11 27 πίστει κατέλιπεν Αἴγυπτον
II Pe 2 15 καταλείποντες εὐθεῖαν ὁδὸν ἐπλανήθησαν
καταλιπόντες, WH mg.

ΚΑΤΑΛΙΘΑ'ΖΩ * † 2642

Lu 20 6 ὁ λ..ὸς ἅπας καταλιθάσει ἡμᾶς

ΚΑΤΑΛΛΑΓΗ' 2643

Ro 5 11 δι' οὗ νῦν τ. καταλλαγὴν ἐλάβομεν
11 15 εἰ δὲ ἡ ἀποβολὴ αὐτῶν καταλλαγὴ κόσμου
II Co 5 18 δόντος ἡμῖν τ. διακονίαν τ. καταλλαγῆς
19 θέμενος ἐν ἡμῖν τ. λόγον τ. καταλλαγῆς

ΚΑΤΑΛΛΑ'ΣΣΩ 2644

Ro 5 10 εἰ γὰρ ἐχθροὶ ὄντες κατηλλάγημεν τ. Θεῷ
10 πολλῷ μᾶλλον καταλλαγέντες σωθησόμεθα
I Co 7 11 μενέτω ἄγαμος ἢ τ. ἀνδρὶ καταλλαγήτω
II Co 5 18 τ. Θεοῦ τ. καταλλάξαντος ἡμᾶς ἑαυτῷ διὰ Χριστοῦ
19 ὡς ὅτι Θεὸς ἦν ἐν Χριστῷ κόσμον καταλλάσσων ἑαυτῷ
20 δεόμεθα ὑπὲρ Χριστοῦ καταλλάγητε τ. Θεῷ

ΚΑΤΑ'ΛΟΙΠΟΣ 2645

Ac 15 17 ὅπως ἂν ἐκζητήσωσιν οἱ κατάλοιποι τ. ἀνθρώπων τ. Κύριον
לְמַעַן יִירְשׁוּ אֶת־שְׁאֵרִית אֱדוֹם, Am. ix. 12

ΚΑΤΑ'ΛΥΜΑ 2646

Mk 14 14 ποῦ ἐστὶν τὸ κατάλυμά μου
Lu 2 7 διότι οὐκ ἦν αὐτοῖς τόπος ἐν τ. καταλύματι
22 11 ποῦ ἐστὶν τὸ κατάλυμα

ΚΑΤΑΛΥ'Ω 2647

Mt 5 17 μὴ νομίσητε ὅτι ἦλθον καταλῦσαι τ. νόμον ἢ τ. προφήτας·
οὐκ ἦλθον καταλῦσαι ἀλλὰ πληρῶσαι
24 2 λίθος ἐπὶ λίθον ὃς οὐ καταλυθήσεται
26 61 δύναμαι καταλῦσαι τ. ναὸν τ. Θεοῦ
27 40 ὁ καταλύων τ. ναὸν κ. . . . οἰκοδομῶν
Mk 13 2 λίθος ἐπὶ λίθον ὃς οὐ μὴ καταλυθῇ
14 58 ἐγὼ καταλύσω τ. ναὸν τοῦτον τ. χειροποίητον
15 29 οὐὰ ὁ καταλύων τ. ναὸν κ. οἰκοδομῶν
Lu 9 12 ἵνα πορευθέντες εἰς τ. κύκλῳ κώμας . . . καταλύσωσιν
19 7 παρὰ ἁμαρτωλῷ ἀνδρὶ εἰσῆλθεν καταλῦσαι
21 6 λίθος ἐπὶ λίθῳ ὧδε ὃς οὐ καταλυθήσεται
Ac 5 38 ἐὰν ᾖ ἐξ ἀνθρώπων ἡ βουλὴ αὕτη . . . καταλυθήσεται
39 οὐ δυνήσεσθε καταλῦσαι αὐτούς
6 14 Ἰησοῦς ὁ Ναζωραῖος οὗτος καταλύσει τ. τόπον τοῦτον
Ro 14 20 μὴ ἕνεκεν βρώματος κατάλυε τὸ ἔργον τ. Θεοῦ

IICo5 1 ἐὰν ἡ ἐπίγειος ἡμῶν οἰκία τ. σκήνους καταλυθῇ
Ga 2 18 εἰ γὰρ ἃ κατέλυσα ταῦτα πάλιν οἰκοδομῶ

ΚΑΤΑΜΑΝΘΑ´ΝΩ 2648

Mt 6 28 καταμάθετε τὰ κρίνα τ. ἀγροῦ

ΚΑΤΑΜΑΡΤΥΡΕ´Ω 2649

Mt 26 62 τί οὗτοί σου καταμαρτυροῦσιν;
27 13 οὐκ ἀκούεις πόσα σοῦ καταμαρτυροῦσιν;
Mk14 60 τί οὗτοί σου καταμαρτυροῦσιν;

ΚΑΤΑΜΕ´ΝΩ 2650

Ac 1 13 εἰς τὸ ὑπερῷον ἀνέβησαν οὗ ἦσαν καταμένοντες
ICo16 6 πρὸς ὑμᾶς δὲ τυχὸν καταμενῶ
παραμενῶ, TR

ΚΑΤΑΝΑΛΙ´ΣΚΩ 2654

He 12 29 ὁ Θεὸς ἡμῶν πῦρ καταναλίσκον
יְהוָה אֱלֹהֶיךָ אֵשׁ אֹכְלָה הוּא, Dt. iv. 24

ΚΑΤΑΝΑΡΚΑ´Ω * 2655

IICo11 9 παρὼν πρὸς ὑμᾶς . . . οὐ κατενάρκησα οὐθενός
12 13 εἰ μὴ ὅτι αὐτὸς ἐγὼ οὐ κατενάρκησα ὑμῶν
14 ἑτοίμως ἔχω ἐλθεῖν . . . κ. οὐ καταναρκήσω

ΚΑΤΑΝΕΥ´Ω * 2656

Lu 5 7 κατένευσαν τ. μετόχοις ἐν τ. ἑτέρῳ πλοίῳ

ΚΑΤΑΝΟΕ´Ω 2657

Mt 7 3 τὴν δὲ ἐν τ. σῷ ὀφθαλμῷ δοκὸν οὐ κατανοεῖς
Lu 6 41 τὴν δὲ δοκὸν τὴν ἐν τ. ἰδίῳ ὀφθαλμῷ οὐ κατανοεῖς
12 24 κατανοήσατε τ. κόρακας
27 κατανοήσατε τὰ κρίνα
20 23 κατανοήσας δὲ αὐτῶν τ. πανουργίαν
Ac 7 31 προσερχομένου δὲ αὐτοῦ κατανοῆσαι
32 ἔντρομος δὲ γενόμενος Μωυσῆς οὐκ ἐτόλμα κατανοῆσαι
11 6 εἰς ἣν ἀτενίσας κατενόουν
27 39 κόλπον δέ τινα κατενόουν ἔχοντα αἰγιαλόν
Ro 4 19 κατενόησεν τὸ ἑαυτοῦ σῶμα ἤδη νενεκρωμένον
He 3 1 κατανοήσατε τ. ἀπόστολον κ. ἀρχιερέα τ. ὁμολογίας ἡμῶν
10 24 κατανοῶμεν ἀλλήλους εἰς παροξυσμὸν ἀγάπης
Ja 1 23 οὗτος ἔοικεν ἀνδρὶ κατανοοῦντι τὸ πρόσωπον . . . ἐν ἐσόπτρῳ·
24 κατενόησεν γὰρ ἑαυτὸν κ. ἀπελήλυθεν

ΚΑΤΑΝΤΑ´Ω 2658

Ac 16 1 κατήντησεν δὲ κ. εἰς Δέρβην κ. εἰς Λύστραν
18 19 κατήντησαν δὲ εἰς Ἔφεσον
24 Ἰουδαῖος δέ τις Ἀπολλὼς . . . κατήντησεν εἰς Ἔφεσον
20 15 τ. ἐπιούσῃ κατηντήσαμεν ἄντικρυς Χίου
21 7 ἀπὸ Τύρου κατηντήσαμεν εἰς Πτολεμαΐδα
25 13 Ἀγρίππας ὁ βασιλεὺς κ. Βερνίκη κατήντησαν εἰς Καισαρίαν
Ac 26 7 εἰς ἣν τὸ δωδεκάφυλον ἡμῶν . . . ἐλπίζει καταντῆσαι
καταντήσειν, WH mg.
27 12 εἴ πως δύναιντο καταντήσαντες εἰς Φοίνικα
28 13 ὅθεν περιελόντες κατηντήσαμεν εἰς Ῥήγιον
ICo10 11 εἰς οὓς τὰ τέλη τ. αἰώνων κατήντηκεν
14 36 ἢ εἰς ὑμᾶς μόνους κατήντησεν
Eph 4 13 μέχρι καταντήσωμεν οἱ πάντες εἰς τ. ἑνότητα τ. πίστεως
Phl 3 11 εἴ πως καταντήσω εἰς τ. ἐξανάστασιν τὴν ἐκ νεκρῶν

ΚΑΤΑ´ΝΥΞΙΣ † 2659

Ro 11 8 ἔδωκεν αὐτοῖς ὁ Θεὸς πνεῦμα κατανύξεως
נָסַךְ עֲלֵיכֶם יְהוָה רוּחַ תַּרְדֵּמָה, Is. xxix. 10

ΚΑΤΑΝΥ´ΣΣΟΜΑΙ † 2660

Ac 2 37 ἀκούσαντες δὲ κατενύγησαν τ. καρδίαν

ΚΑΤΑΞΙΟ´ΟΜΑΙ ** 2661

Lu 20 35 οἱ δὲ καταξιωθέντες τ. αἰῶνος ἐκείνου τυχεῖν
Ac 5 41 ὅτι κατηξιώθησαν ὑπὲρ τ. ὀνόματος ἀτιμασθῆναι
IITh1 5 εἰς τὸ καταξιωθῆναι ὑμᾶς τ. βασιλείας τ. Θεοῦ

ΚΑΤΑΠΑΤΕ´Ω 2662

Mt 5 13 εἰ μὴ βληθὲν ἔξω καταπατεῖσθαι ὑπὸ τ. ἀνθρώπων
7 6 μήποτε καταπατήσουσιν αὐτοὺς ἐν τοῖς ποσὶν αὐτῶν
Lu 8 5 ὃ μὲν ἔπεσεν παρὰ τὴν ὁδὸν κ. κατεπατήθη
12 1 ὥστε καταπατεῖν ἀλλήλους
He 10 29 ὁ τ. υἱὸν τ. Θεοῦ καταπατήσας

ΚΑΤΑ´ΠΑΥΣΙΣ 2663

Ac 7 49 ἢ τίς τόπος τ. καταπαύσεώς μου;
אֵי־זֶה מָקוֹם מְנוּחָתִי, Is. lxvi. 1
He 3 11 εἰ εἰσελεύσονται εἰς τ. κατάπαυσίν μου
אִם־יְבֹאוּן אֶל־מְנוּחָתִי, Ps. xcv. 11
18 τίσι δὲ ὤμοσεν μὴ εἰσελεύσεσθαι εἰς τ. κατάπαυσιν αὐτοῦ
4 1 καταλειπομένης ἐπαγγελίας εἰσελθεῖν εἰς τ. κατάπαυσιν αὐτοῦ
3 εἰσερχόμεθα γὰρ εἰς τ. κατάπαυσιν οἱ πιστεύσαντες
[τὴν], WH
3 εἰ εἰσελεύσονται εἰς τ. κατάπαυσίν μου, Ps. *l.c.*
5 εἰ εἰσελεύσονται εἰς τ. κατάπαυσίν μου, Ps. *l.c.*
10 ὁ γὰρ εἰσελθὼν εἰς τ. κατάπαυσιν αὐτοῦ
11 σπουδάσωμεν οὖν εἰσελθεῖν εἰς ἐκείνην τ. κατάπαυσιν

ΚΑΤΑΠΑΥ´Ω 2664

Ac 14 18 μόλις κατέπαυσαν τ. ὄχλους τοῦ μὴ θύειν αὐτοῖς
He 4 4 κατέπαυσεν ὁ Θεὸς ἐν τ. ἡμέρᾳ τ. ἑβδόμῃ ἀπὸ πάντων τ. ἔργων αὐτοῦ

וַיִּשְׁבֹּת בַּיּוֹם הַשְּׁבִיעִי מִכָּל־מְלַאכְתּוֹ, Gen. ii. 2

He 4 8 εἰ γὰρ αὐτοὺς Ἰησοῦς κατέπαυσεν
10 αὐτὸς κατέπαυσεν ἀπὸ τ. ἔργων αὐτοῦ

ΚΑΤΑΠΕ´ΤΑΣΜΑ † 2665

Mt 27 51 τὸ καταπέτασμα τ. ναοῦ ἐσχίσθη . . . εἰς δύο
Mk 15 38 τὸ καταπέτασμα τ. ναοῦ ἐσχίσθη εἰς δύο
Lu 23 45 ἐσχίσθη δὲ τὸ καταπέτασμα τ. ναοῦ μέσον
He 6 19 εἰσερχομένην εἰς τὸ ἐσώτερον τ. καταπετάσματος
9 3 μετὰ δὲ τὸ δεύτερον καταπέτασμα σκηνή
10 20 ὁδὸν πρόσφατον κ. ζῶσαν διὰ τ. καταπετάσματος

ΚΑΤΑΠΙ´ΝΩ 2666

Mt 23 24 τὴν δὲ κάμηλον καταπίνοντες
I Co 15 54 κατεπόθη ὁ θάνατος εἰς νῖκος
בִּלַּע הַמָּוֶת לָנֶצַח, Is. xxv. 8
II Co 2 7 μή πως τ. περισσοτέρᾳ λύπῃ καταποθῇ ὁ τοιοῦτος
5 4 ἵνα καταποθῇ τὸ θνητὸν ὑπὸ τ. ζωῆς
He 11 29 ἧς πεῖραν λαβόντες οἱ Αἰγύπτιοι κατεπόθησαν
I Pe 5 8 περιπατεῖ ζητῶν καταπιεῖν
Re 12 16 κατέπιεν τ. ποταμὸν ὃν ἔβαλεν ὁ δράκων

ΚΑΤΑΠΙ´ΠΤΩ 2667

Lu 8 6 ἕτερον κατέπεσεν ἐπὶ τ. πέτραν
Ac 26 14 πάντων τε καταπεσόντων ἡμῶν εἰς τ. γῆν
28 6 οἱ δὲ προσεδόκων αὐτὸν μέλλειν . . . καταπίπτειν ἄφνω νεκρόν

ΚΑΤΑΠΛΕ´Ω * 2668

Lu 8 26 κατέπλευσαν εἰς τ. χώραν τ. Γερασηνῶν

ΚΑΤΑΠΟΝΕ´Ω ** 2669

Ac 7 24 ἐποίησεν ἐκδίκησιν τ. καταπονουμένῳ
II Pe 2 7 Λὼτ καταπονούμενον ὑπὸ τῆς τ. ἀθέσμων ἐν ἀσελγείᾳ ἀναστροφῆς

ΚΑΤΑΠΟΝΤΙ´ΖΟΜΑΙ 2670

Mt 14 30 ἀρξάμενος καταποντίζεσθαι ἔκραξεν
18 6 ἵνα . . . καταποντισθῇ ἐν τ. πελάγει τ. θαλάσσης

ΚΑΤΑ´ΡΑ 2671

Ga 3 10 ὅσοι γὰρ ἐξ ἔργων νόμου εἰσὶν ὑπὸ κατάραν εἰσίν
13 Χριστὸς ἡμᾶς ἐξηγόρασεν ἐκ τ. κατάρας τ. νόμου,
γενόμενος ὑπὲρ ἡμῶν κατάρα
He 6 8 ἀδόκιμος κ. κατάρας ἐγγύς
Ja 3 10 ἐκ τ. αὐτοῦ στόματος ἐξέρχεται εὐλογία κ. κατάρα
II Pe 2 14 κατάρας τέκνα

ΚΑΤΑΡΑ´ΟΜΑΙ 2672

Mt 25 41 πορεύεσθε ἀπ' ἐμοῦ κατηραμένοι
Mk 11 21 ἡ συκῆ ἣν κατηράσω ἐξήρανται
Lu 6 28 εὐλογεῖτε τ. καταρωμένους ὑμᾶς
Ro 12 14 εὐλογεῖτε κ. μὴ καταρᾶσθε
Ja 3 9 ἐν αὐτῇ καταρώμεθα τ. ἀνθρώπους

ΚΑΤΑΡΓΕ´Ω 2673

(1) καταργ. ἀπό

Lu 13 7 ἵνα τί κ. τ. γῆν καταργεῖ;
Ro 3 3 μὴ ἡ ἀπιστία αὐτῶν τ. πίστιν τ. Θεοῦ καταργήσει;
31 νόμον οὖν καταργοῦμεν διὰ τ. πίστεως;
4 14 κατήργηται ἡ ἐπαγγελία
6 6 ἵνα καταργηθῇ τὸ σῶμα τ. ἁμαρτίας
7 2 [1] κατήργηται ἀπὸ τ. νόμου τ. ἀνδρός
6 [1] νυνὶ δὲ κατηργήθημεν ἀπὸ τ. νόμου
I Co 1 28 ἐξελέξατο . . . τὰ μὴ ὄντα ἵνα τὰ ὄντα καταργήσῃ
2 6 τ. ἀρχόντων τ. αἰῶνος τούτου τ. καταργουμένων
6 13 ὁ δὲ Θεὸς κ. ταύτην κ. ταῦτα καταργήσει
13 8 εἴτε δὲ προφητεῖαι καταργηθήσονται
προφητεία καταργηθήσεται, WH mg.
8 εἴτε γνῶσις καταργηθήσεται
10 τὸ ἐκ μέρους καταργηθήσεται
11 ὅτε γέγονα ἀνὴρ κατήργηκα τὰ τ. νηπίου
15 24 ὅταν καταργήσῃ πᾶσαν ἀρχὴν κ. πᾶσαν ἐξουσίαν κ. δύναμιν
26 ἔσχατος ἐχθρὸς καταργεῖται ὁ θάνατος
II Co 3 7 διὰ τ. δόξαν τ. προσώπου αὐτοῦ τ. καταργουμένην
11 εἰ γὰρ τὸ καταργούμενον διὰ δόξης
13 πρὸς τὸ μὴ ἀτενίσαι . . . εἰς τὸ τέλος τ. καταργουμένου
14 ὅτι ἐν Χριστῷ καταργεῖται
Ga 3 17 οὐκ ἀκυροῖ εἰς τὸ καταργῆσαι τ. ἐπαγγελίαν
5 4 [1] κατηργήθητε ἀπὸ Χριστοῦ
11 ἄρα κατήργηται τὸ σκάνδαλον τ. σταυροῦ
Eph 2 15 τ. νόμον τ. ἐντολῶν ἐν δόγμασι καταργήσας
II Th 2 8 ὃν ὁ Κύριος Ἰησοῦς . . . καταργήσει τ. ἐπιφανείᾳ τ. παρουσίας αὐτοῦ
II Ti 1 10 καταργήσαντος μὲν τ. θάνατον
He 2 14 ἵνα διὰ τ. θανάτου καταργήσῃ τὸν τὸ κράτος ἔχοντα τ. θανάτου

ΚΑΤΑΡΙΘΜΕ´Ω 2674

Ac 1 17 ὅτι κατηριθμημένος ἦν ἐν ἡμῖν

ΚΑΤΑΡΤΙ´ΖΩ 2675

Mt 4 21 ἐν τ. πλοίῳ . . . καταρτίζοντας τὰ δίκτυα αὐτῶν
21 16 ἐκ στόματος νηπίων κ. θηλαζόντων κατηρτίσω αἶνον
מִפִּי עוֹלְלִים וְיֹנְקִים יִסַּדְתָּ עֹז, Ps. viii. 3
Mk 1 19 κ. αὐτοὺς ἐν τ. πλοίῳ καταρτίζοντας τὰ δίκτυα
Lu 6 40 κατηρτισμένος δὲ πᾶς ἔσται ὡς ὁ διδάσκαλος αὐτοῦ
Ro 9 22 σκεύη ὀργῆς κατηρτισμένα εἰς ἀπώλειαν
I Co 1 10 ἦτε δὲ κατηρτισμένοι ἐν τ. αὐτῷ νοΐ κ. ἐν τ. αὐτῇ γνώμῃ
II Co 13 11 λοιπὸν ἀδελφοὶ χαίρετε καταρτίζεσθε
Ga 6 1 ὑμεῖς οἱ πνευματικοὶ καταρτίζετε τ. τοιοῦτον
I Th 3 10 καταρτίσαι τὰ ὑστερήματα τ. πίστεως ὑμῶν
He 10 5 σῶμα δὲ κατηρτίσω μοι
אָזְנַיִם כָּרִיתָ לִּי, Ps. xl. 7
11 3 πίστει νοοῦμεν κατηρτίσθαι τ. αἰῶνας ῥήματι Θεοῦ
13 21 ὁ δὲ Θεὸς τ. εἰρήνης . . . καταρτίσαι ὑμᾶς ἐν παντὶ ἀγαθῷ
I Pe 5 10 αὐτὸς καταρτίσει στηρίξει σθενώσει

ΚΑΤΆΡΤΙΣΙΣ*† 2676

II Co 13 9 τοῦτο κ. εὐχόμεθα τ. ὑμῶν κατάρτισιν

ΚΑΤΑΡΤΙΣΜΌΣ**† 2677

Eph 4 12 πρὸς τ. καταρτισμὸν τ. ἁγίων

ΚΑΤΑΣΕΊΩ** 2678

Ac 12 17 κατασείσας δὲ αὐτοῖς τ. χειρὶ σιγᾶν
13 16 κατασείσας τ. χειρὶ εἶπεν
19 33 ὁ δὲ Ἀλέξανδρος κατασείσας τ. χεῖρα
21 40 ὁ Παῦλος . . . κατέσεισεν τ. χειρὶ τ. λαῷ

ΚΑΤΑΣΚΆΠΤΩ 2679

Ro 11 3 τὰ θυσιαστήριά σου κατέσκαψαν
אֶת־מִזְבְּחֹתֶיךָ הָרָסוּ, 1 Ki. xix. 10

ΚΑΤΑΣΚΕΥΆΖΩ 2680

Mt 11 10 ὃς κατασκευάσει τὴν ὁδόν σου ἔμπροσθέν σου
וּפִנָּה־דֶרֶךְ לְפָנָי, Mal. iii. 1
Mk 1 2 ὃς κατασκευάσει τὴν ὁδόν σου, Mal. *l.c.*
Lu 1 17 ἑτοιμάσαι Κυρίῳ λαὸν κατεσκευασμένον
7 27 ὃς κατασκευάσει τὴν ὁδόν σου ἔμπροσθέν σου, Mal. *l.c.*
He 3 3 καθ' ὅσον πλείονα τιμὴν ἔχει τ. οἴκου ὁ κατασκευάσας αὐτόν·
4 πᾶς γὰρ οἶκος κατασκευάζεται ὑπό τινος· ὁ δὲ πάντα κατασκευάσας Θεός
9 2 σκηνὴ γὰρ κατεσκευάσθη ἡ πρώτη
6 τούτων δὲ οὕτως κατεσκευασμένων
11 7 εὐλαβηθεὶς κατεσκεύασεν κιβωτὸν εἰς σωτηρίαν τ. οἴκου αὐτοῦ
1 Pe 3 20 ἐν ἡμέραις Νῶε κατασκευαζομένης κιβωτοῦ

ΚΑΤΑΣΚΗΝΌΩ 2681

Mt 13 32 ὥστε ἐλθεῖν τὰ πετεινὰ τ. οὐρανοῦ κ. κατασκηνοῖν ἐν τ. κλάδοις αὐτοῦ
Mk 4 32 ὥστε δύνασθαι ὑπὸ τ. σκιὰν αὐτοῦ τὰ πετεινὰ τ. οὐρανοῦ κατασκηνοῖν
κατασκηνοῦν, T
Lu 13 19 τὰ πετεινὰ τ. οὐρανοῦ κατεσκήνωσεν ἐν τ. κλάδοις αὐτοῦ
Ac 2 26 ἔτι δὲ κ. ἡ σάρξ μου κατασκηνώσει ἐπ' ἐλπίδι
אַף־בְּשָׂרִי יִשְׁכֹּן לָבֶטַח, Ps. xvi. 9

ΚΑΤΑΣΚΉΝΩΣΙΣ 2682

Mt 8 20 τὰ πετεινὰ τ. οὐρανοῦ κατασκηνώσεις
Lu 9 58 τὰ πετεινὰ τ. οὐρανοῦ κατασκηνώσεις

ΚΑΤΑΣΚΙΆΖΩ* 2683

He 9 5 Χερουβεὶν δόξης κατασκιάζοντα τὸ ἱλαστήριον

ΚΑΤΑΣΚΟΠΈΩ 2684

Ga 2 4 οἵτινες παρεισῆλθον κατασκοπῆσαι τ. ἐλευθερίαν ἡμῶν

ΚΑΤΆΣΚΟΠΟΣ 2685

He 11 31 δεξαμένη τ. κατασκόπους μετ' εἰρήνης

ΚΑΤΑΣΟΦΊΖΟΜΑΙ 2686

Ac 7 19 οὗτος κατασοφισάμενος τὸ γένος ἡμῶν

ΚΑΤΑΣΤΈΛΛΩ** 2687

Ac 19 35 καταστείλας δὲ τ. ὄχλον ὁ γραμματεύς
36 δέον ἐστὶν ὑμᾶς κατεσταλμένους ὑπάρχειν

ΚΑΤΆΣΤΗΜΑ** 2688

Tit 2 3 πρεσβύτιδας ὡσαύτως ἐν καταστήματι ἱεροπρεπεῖς

ΚΑΤΑΣΤΟΛΉ 2689

1 Ti 2 9 ὡσαύτως γυναῖκας ἐν καταστολῇ κοσμίῳ

ΚΑΤΑΣΤΡΈΦΩ 2690

Mt 21 12 τ. τραπέζας τ. κολλυβιστῶν κατέστρεψεν
Mk 11 15 τ. τραπέζας τ. κολλυβιστῶν . . . κατέστρεψεν
Ac 15 16 τὰ κατεστραμμένα αὐτῆς ἀνοικοδομήσω
נְּדַרְתִּי אֶת־פִּרְצֵיהֶן, Am. ix. 11

ΚΑΤΑΣΤΡΗΝΙΆΩ*† 2691

1 Ti 5 11 ὅταν γὰρ καταστρηνιάσωσιν τ. Χριστοῦ

ΚΑΤΑΣΤΡΟΦΉ 2692

II Ti 2 14 ἐπὶ καταστροφῇ τ. ἀκουόντων
II Pe 2 6 πόλεις Σοδόμων κ. Γομόρρας τεφρώσας καταστροφῇ κατέκρινεν
—καταστρ., WH

ΚΑΤΑΣΤΡΏΝΝΥΜΑΙ 2693

1 Co 10 5 κατεστρώθησαν γὰρ ἐν τῇ ἐρήμῳ

ΚΑΤΑΣΎΡΩ 2694

Lu 12 58 μήποτε κατασύρῃ σε πρὸς τ. κριτήν

ΚΑΤΑΣΦΆΖΩ 2695

Lu 19 27 κατασφάξατε αὐτοὺς ἔμπροσθέν μου

ΚΑΤΑΣΦΡΑΓΊΖΩ 2696

Re 5 1 βιβλίον . . . κατεσφραγισμένον σφραγῖσιν ἑπτά

ΚΑΤΆΣΧΕΣΙΣ† 2697

Ac 7 5 ἐπηγγείλατο δοῦναι αὐτῷ εἰς κατάσχεσιν αὐτήν
45 ἣν κ. εἰσήγαγον διαδεξάμενοι . . . ἐν τ. κατασχέσει τ. ἐθνῶν

ΚΑΤΑΤΊΘΗΜΙ 2698

Mk 15 46 κατέθηκεν αὐτὸν ἐν μνήματι
ἔθηκεν, WHR
Ac 24 27 θέλων τε χάριτα καταθέσθαι τ. Ἰουδαίοις
25 9 θέλων τ. Ἰουδαίοις χάριν καταθέσθαι

ΚΑΤΑΤΟΜΉ**† 2699

Phl 3 2 βλέπετε τ. κατατομήν

ΚΑΤΑΤΡΈΧΩ 2701

Ac 21 32 ὃς ἐξαυτῆς παραλαβὼν στρατιώτας . . . κατέδραμεν ἐπ' αὐτούς

ΚΑΤΑΦΕ´ΡΩ 2702

Ac 20 9 καταφερόμενος ὕπνῳ βαθεῖ
9 κατενεχθεὶς ἀπὸ τ. ὕπνου
25 7 πολλὰ κ. βαρέα αἰτιώματα καταφέροντες
26 10 ἀναιρουμένων τε αὐτῶν κατήνεγκα ψῆφον

ΚΑΤΑΦΕΥ´ΓΩ 2703

Ac 14 6 συνιδόντες κατέφυγον εἰς τ. πόλεις τ. Λυκαονίας
He 6 18 οἱ καταφυγόντες κρατῆσαι τ. προκειμένης ἐλπίδος

ΚΑΤΑΦΘΕΙ´ΡΩ 2704

II Ti 3 8 ἄνθρωποι κατεφθαρμένοι τ. νοῦν

ΚΑΤΑΦΙΛΕ´Ω 2705

Mt 26 49 εἶπεν Χαῖρε ῥαββεί κ. κατεφίλησεν αὐτόν
Mk 14 45 λέγει Ῥαββεί κ. κατεφίλησεν αὐτόν
Lu 7 38 κατεφίλει τ. πόδας αὐτοῦ
45 αὕτη δὲ . . . οὐ διέλιπεν καταφιλοῦσά μου τ. πόδας
15 20 ἐπέπεσεν ἐπὶ τ. τράχηλον αὐτοῦ κ. κατεφίλησεν αὐτόν
Ac 20 37 ἐπιπεσόντες ἐπὶ τ. τράχηλον τ. Παύλου κατεφίλουν αὐτόν

ΚΑΤΑΦΡΟΝΕ´Ω 2706

Mt 6 24 ἢ ἑνὸς ἀνθέξεται κ. τ. ἑτέρου καταφρονήσει
18 10 ὁρᾶτε μὴ καταφρονήσητε ἑνὸς τ. μικρῶν τούτων
Lu 16 13 ἢ ἑνὸς ἀνθέξεται κ. τ. ἑτέρου καταφρονήσει
Ro 2 4 ἢ τοῦ πλούτου τ. χρηστότητος αὐτοῦ . . . καταφρονεῖς
I Co 11 22 ἢ τ. ἐκκλησίας τ. Θεοῦ καταφρονεῖτε
I Ti 4 12 μηδείς σου τ. νεότητος καταφρονείτω
6 2 οἱ δὲ πιστοὺς ἔχοντες δεσπότας μὴ καταφρονείτωσαν
He 12 2 αἰσχύνης καταφρονήσας
II Pe 2 10 τοὺς ὀπίσω σαρκὸς . . . πορευομένους κ. κυριότητος καταφρονοῦντας

ΚΑΤΑΦΡΟΝΗΤΗ´Σ† 2707

Ac 13 41 ἴδετε οἱ καταφρονηταὶ κ. θαυμάσατε
רְאוּ בַגּוֹיִם וְהַבִּיטוּ, Hab. i. 5

ΚΑΤΑΧΕ´Ω 2708

Mt 26 7 κατέχεεν ἐπὶ τ. κεφαλῆς αὐτοῦ ἀνακειμένου
Mk 14 3 κατέχεεν αὐτοῦ τῆς κεφαλῆς

ΚΑΤΑΧΘΟ´ΝΙΟΣ* 2709

Phl 2 10 ἵνα . . . πᾶν γόνυ κάμψῃ ἐπουρανίων κ. ἐπιγείων κ. καταχθονίων

ΚΑΤΑΧΡΑ´ΟΜΑΙ** 2710

I Co 7 31 οἱ χρώμενοι τ. κόσμον ὡς μὴ καταχρώμενοι
9 18 εἰς τὸ μὴ καταχρήσασθαι τ. ἐξουσίᾳ μου

ΚΑΤΑΨΥ´ΧΩ 2711

Lu 16 24 πέμψον Λάζαρον ἵνα . . . καταψύξῃ τ. γλῶσσάν μου

ΚΑΤΕΙ´ΔΩΛΟΣ*† 2712

Ac 17 16 θεωροῦντος κατείδωλον οὖσαν τ. πόλιν

ΚΑΤΕ´ΝΑΝΤΙ† 2713

Mt 21 2 πορεύεσθε εἰς τ. κώμην τὴν κατέναντι ὑμῶν
27 24 ἀπενίψατο τ. χεῖρας κατέναντι τ. ὄχλου
ἀπέναντι, TWH mg.
Mk 11 2 ὑπάγετε εἰς τ. κώμην τὴν κατέναντι ὑμῶν
12 41 καθίσας κατέναντι τ. γαζοφυλακίου
ἀπέναντι, WH mg.
13 3 καθημένου αὐτοῦ εἰς τὸ ὄρος τ. ἐλαιῶν κατέναντι τ. ἱεροῦ
Lu 19 30 ὑπάγετε εἰς τ. κατέναντι κώμην
Ro 4 17 κατέναντι οὗ ἐπίστευσεν Θεοῦ
II Co 2 17 κατέναντι Θεοῦ ἐν Χριστῷ λαλοῦμεν
12 19 κατέναντι Θεοῦ ἐν Χριστῷ λαλοῦμεν

ΚΑΤΕΝΩ´ΠΙΟΝ† 2714

Eph 1 4 ἁγίους κ. ἀμώμους κατεν. αὐτοῦ ἐν ἀγάπῃ
Col 1 22 ἁγίους κ. ἀμώμους κ. ἀνεγκλήτους κατεν. αὐτοῦ
Ju 24 στῆσαι κατεν. τ. δόξης αὐτοῦ ἀμώμους ἐν ἀγαλλιάσει

ΚΑΤΕΞΟΥΣΙΑ´ΖΩ*† 2715

Mt 20 25 οἱ μεγάλοι κατεξουσιάζουσιν αὐτῶν
Mk 10 42 οἱ μεγάλοι αὐτῶν κατεξουσιάζουσιν αὐτῶν

ΚΑΤΕΡΓΑ´ΖΟΜΑΙ 2716

(1) κατηργασάμην, κατηργάσθην

Ro 1 27 ἄρσενες ἐν ἄρσεσι τ. ἀσχημοσύνην κατεργαζόμενοι
2 9 ἐπὶ πᾶσαν ψυχὴν ἀνθρώπου τ. κατεργαζομένου τὸ κακόν
4 15 ὁ γὰρ νόμος ὀργὴν κατεργάζεται
5 3 εἰδότες ὅτι ἡ θλῖψις ὑπομονὴν κατεργάζεται
7 8 [1] ἡ ἁμαρτία διὰ τ. ἐντολῆς κατειργάσατο ἐν ἐμοὶ πᾶσαν ἐπιθυμίαν
κατηργάσατο, T
13 ἡ ἁμαρτία . . . διὰ τ. ἀγαθοῦ μοι κατεργαζομένη θάνατον
15 ὃ γὰρ κατεργάζομαι οὐ γινώσκω
17 νυνὶ δὲ οὐκέτι ἐγὼ κατεργάζομαι αὐτό
18 τὸ δὲ κατεργάζεσθαι τὸ καλὸν οὔ
20 οὐκέτι ἐγὼ κατεργάζομαι αὐτό
15 18 οὐ γὰρ τολμήσω τι λαλεῖν ὧν οὐ κατειργάσατο Χριστὸς δι' ἐμοῦ
I Co 5 3 ἤδη κέκρικα ὡς παρὼν τὸν οὕτως τοῦτο κατεργασάμενον
II Co 4 17 αἰώνιον βάρος δόξης κατεργάζεται ἡμῖν
5 5 ὁ δὲ κατεργασάμενος ἡμᾶς εἰς αὐτὸ τοῦτο
7 10 ἡ δὲ τ. κόσμου λύπη θάνατον κατεργάζεται
11 [1] πόσην κατειργάσατο ὑμῖν σπουδήν
κατηργάσατο, T
9 11 ἥτις κατεργάζεται δι' ἡμῶν εὐχαριστίαν τ. Θεῷ
12 12 [1] τὰ μὲν σημεῖα τ. ἀποστόλου κατειργάσθη ἐν ὑμῖν
κατηργάσθη, T
Eph 6 13 ἅπαντα κατεργασάμενοι στῆναι
Phl 2 12 μετὰ φόβου κ. τρόμου τὴν ἑαυτῶν σωτηρίαν κατεργάζεσθε
Ja 1 3 τὸ δοκίμιον ὑμῶν τ. πίστεως κατεργάζεται ὑπομονήν
I Pe 4 3 τὸ βούλημα τ. ἐθνῶν κατειργάσθαι

ΚΑΤΕΡΧΟΜΑΙ ** 2718

(1) κατῆλθα

Lu 4 31 κατῆλθεν εἰς Καφαρναοὺμ πόλιν τ. Γαλιλαίας
9 37 κατελθόντων αὐτῶν ἀπὸ τ. ὄρους
Ac 8 5 Φίλιππος δὲ κατελθὼν εἰς τ. πόλιν τ. Σαμαρίας
9 32 ἐγένετο δὲ Πέτρον . . . κατελθεῖν κ. πρὸς τ. ἁγίους τ. κατοικοῦντας Λύδδα
11 27 κατῆλθον ἀπὸ Ἱεροσολύμων προφῆται εἰς Ἀντιόχειαν
12 19 κατελθὼν ἀπὸ τ. Ἰουδαίας εἰς Καισαρίαν
13 4 αὐτοὶ μὲν οὖν ἐκπεμφθέντες . . . κατῆλθον εἰς Σελευκίαν
15 1 κ. τινες κατελθόντες ἀπὸ τ. Ἰουδαίας ἐδίδασκον
30 οἱ μὲν οὖν ἀπολυθέντες κατῆλθον εἰς Ἀντιόχειαν
18 5 ὡς δὲ κατῆλθον ἀπὸ τ. Μακεδονίας ὅ τε Σίλας κ. ὁ Τιμόθεος
22 κατελθὼν εἰς Καισαρίαν . . . κατέβη εἰς Ἀντιόχειαν
19 1 ἐγένετο δὲ . . . Παῦλον . . κατελθεῖν εἰς Ἔφεσον
ἐλθεῖν, WHR
21 3 κατήλθομεν εἰς Τύρον
10 κατῆλθέν τις ἀπὸ τ. Ἰουδαίας προφήτης ὀνόματι Ἄγαβος
27 5 ¹ κατήλθαμεν εἰς Μύρρα τῆς Λυκίας
Ja 3 15 οὐκ ἔστιν αὕτη ἡ σοφία ἄνωθεν κατερχομένη

ΚΑΤΕΣΘΙΩ 2719

(1) κατέσθων

Mt 13 4 ἐλθόντα τὰ πετεινὰ κατέφαγεν αὐτά
23 13 ὅτι κατεσθίετε τ. οἰκίας τ. χηρῶν
—h. v., TWHR non mg.
Mk 4 4 ἦλθεν τὰ πετεινὰ κ. κατέφαγεν αὐτό
12 40 ¹ οἱ κατέσθοντες τ. οἰκίας τ. χηρῶν
κατεσθίοντες, T
Lu 8 5 τὰ πετεινὰ τ. οὐρανοῦ κατέφαγεν αὐτό
15 30 ὁ υἱός σου οὗτος ὁ καταφαγών σου τ. βίον μετὰ πορνῶν
20 47 οἱ κατεσθίουσιν τ. οἰκίας τ. χηρῶν
Jo 2 17 ὁ ζῆλος τ. οἴκου σου καταφάγεταί με
קִנְאַת בֵּיתְךָ אֲכָלָתְנִי, Ps. lxix. 10
II Co 11 20 εἴ τις κατεσθίει εἴ τις λαμβάνει
Ga 5 15 εἰ δὲ ἀλλήλους δάκνετε κ. κατεσθίετε
Re 10 9 λάβε κ. κατάφαγε αὐτό
10 ἔλαβον τὸ βιβλαρίδιον . . . κ. κατέφαγον αὐτό
11 5 κατεσθίει τ. ἐχθροὺς αὐτῶν
12 4 ἵνα ὅταν τέκῃ τὸ τέκνον αὐτῆς καταφάγῃ
20 9 κατέβη πῦρ ἐκ τ. οὐρανοῦ κ. κατέφαγεν αὐτούς

ΚΑΤΕΥΘΥΝΩ 2720

Lu 1 79 τοῦ κατευθῦναι τ. πόδας ἡμῶν εἰς ὁδὸν εἰρήνης
I Th 3 11 ὁ Κύριος ἡμῶν Ἰησοῦς κατευθύναι τὴν ὁδὸν ἡμῶν πρὸς ὑμᾶς
II Th 3 5 ὁ δὲ Κύριος κατευθύναι ὑμῶν τ. καρδίας εἰς τ. ἀγάπην τ. Θεοῦ

2720.5 ΚΑΤΕΥΛΟΓΕΩ ** † cf. 2127

Mk 10 16 κατευλόγει τιθεὶς τ. χεῖρας ἐπ' αὐτά

ΚΑΤΕΦΙΣΤΗΜΙ *† 2721

Ac 18 12 κατεπέστησαν οἱ Ἰουδαῖοι ὁμοθυμαδὸν τ. Παύλῳ

ΚΑΤΕΧΩ 2722

Lu 4 42 οἱ ὄχλοι . . . κατεῖχον αὐτὸν τοῦ μὴ πορεύεσθαι ἀπ' αὐτῶν
8 15 οἵτινες . . . ἀκούσαντες τ. λόγον κατέχουσιν
14 9 τότε ἄρξῃ μετὰ αἰσχύνης τ. ἔσχατον τόπον κατέχειν
Jo 5 [4 ὑγιὴς ἐγίνετο ᾧ δήποτε κατείχετο νοσήματι
—h. v., TWHR non mg.
Ac 27 40 ἐπάραντες τ. ἀρτέμωνα τ. πνεούσῃ κατεῖχον εἰς τ. αἰγιαλόν
Ro 1 18 τῶν τ. ἀλήθειαν ἐν ἀδικίᾳ κατεχόντων
7 6 ἀποθανόντες ἐν ᾧ κατειχόμεθα
I Co 7 30 οἱ ἀγοράζοντες ὡς μὴ κατέχοντες
11 2 καθὼς παρέδωκα ὑμῖν τ. παραδόσεις κατέχετε
15 2 τίνι λόγῳ εὐηγγελισάμην ὑμῖν εἰ κατέχετε
II Co 6 10 ὡς μηδὲν ἔχοντες κ. πάντα κατέχοντες
I Th 5 21 πάντα δὲ δοκιμάζετε τὸ καλὸν κατέχετε
II Th 2 6 νῦν τὸ κατέχον οἴδατε
7 μόνον ὁ κατέχων ἄρτι ἕως ἐκ μέσου γένηται
Phm 13 ὃν ἐγὼ ἐβουλόμην πρὸς ἐμαυτὸν κατέχειν
He 3 6 ἐὰν τ. παρρησίαν . . . μέχρι τέλους βεβαίαν κατάσχωμεν
14 ἐάνπερ τ. ἀρχὴν τ. ὑποστάσεως μέχρι τέλους βεβαίαν κατάσχωμεν
10 23 κατέχωμεν τ. ὁμολογίαν τ. ἐλπίδος ἀκλινῆ

ΚΑΤΗΓΟΡΕΩ 2723

Mt 12 10 ἵνα κατηγορήσωσιν αὐτοῦ
27 12 ἐν τ. κατηγορεῖσθαι αὐτὸν ὑπὸ τ. ἀρχιερέων
Mk 3 2 ἵνα κατηγορήσωσιν αὐτοῦ
15 3 κατηγόρουν αὐτοῦ οἱ ἀρχιερεῖς πολλά
4 ἴδε πόσα σου κατηγοροῦσιν
Lu 6 7 ἵνα εὕρωσιν κατηγορεῖν αὐτοῦ
11 54 ἵνα εὕρωσιν κατηγορῆσαι αὐτοῦ
—h. v., TWH non mg. R
23 2 ἤρξαντο δὲ κατηγορεῖν αὐτοῦ
10 εὐτόνως κατηγοροῦντες αὐτοῦ
14 οὐθὲν εὗρον . . . αἴτιον ὧν κατηγορεῖτε κατ' αὐτοῦ
Jo 5 45 μὴ δοκεῖτε ὅτι ἐγὼ κατηγορήσω ὑμῶν πρὸς τ. πατέρα·
ἔστιν ὁ κατηγορῶν ὑμῶν Μωυσῆς
8 [6 ἵνα ἔχωσιν κατηγορεῖν αὐτοῦ
h. v., [WH]
Ac 22 30 τὸ τί κατηγορεῖται ὑπὸ τ. Ἰουδαίων
24 2 ἤρξατο κατηγορεῖν ὁ Τέρτυλλος λέγων
8 ἐπιγνῶναι ὧν ἡμεῖς κατηγοροῦμεν αὐτοῦ
13 περὶ ὧν νυνὶ κατηγοροῦσίν μου
19 οὓς ἔδει . . . κατηγορεῖν εἴ τι ἔχοιεν πρὸς ἐμέ
25 5 εἴ τί ἐστιν ἐν τ. ἀνδρὶ ἄτοπον κατηγορείτωσαν αὐτοῦ
11 εἰ δὲ οὐδέν ἐστιν ὧν οὗτοι κατηγοροῦσίν μου
16 πρὶν ἢ ὁ κατηγορούμενος κατὰ πρόσωπον ἔχοι τ. κατηγόρους
28 19 οὐχ ὡς τ. ἔθνους μου ἔχων τι κατηγορεῖν
Ro 2 15 μεταξὺ ἀλλήλων τ. λογισμῶν κατηγορούντων
Re 12 10 ὁ κατήγωρ . . . ὁ κατηγορῶν αὐτοὺς ἐνώπιον τ. Θεοῦ ἡμῶν

ΚΑΤΗΓΟΡΙ´Α * 2724

Jo 18 29 τίνα κατηγορίαν φέρετε τ. ἀνθρώπου τούτου;
I Ti 5 19 κατὰ πρεσβυτέρου κατηγορίαν μὴ παραδέχου
Tit 1 6 μὴ ἐν κατηγορίᾳ ἀσωτίας

ΚΑΤΗ´ΓΟΡΟΣ 2725

Ac 23 30 παραγγείλας κ. τ. κατηγόροις λέγειν πρὸς αὐτὸν ἐπὶ σοῦ
35 ὅταν κ. οἱ κατήγοροί σου παραγένωνται
24 8 κελεύσας τ. κατηγόρους αὐτοῦ ἔρχεσθαι ἐπὶ σέ
—h. v., TWHR non mg.
25 16 πρὶν ἢ ὁ κατηγορούμενος κατὰ πρόσωπον ἔχοι τ. κατηγόρους
18 περὶ οὗ σταθέντες οἱ κατήγοροι οὐδεμίαν αἰτίαν ἔφερον

ΚΑΤΗ´ΓΩΡ *† 2725.5

Re 12 10 ὅτι ἐβλήθη ὁ κατήγωρ τ. ἀδελφῶν ἡμῶν

ΚΑΤΗ´ΦΕΙΑ * 2726

Ja 4 9 μετατραπήτω . . . ἡ χαρὰ εἰς κατήφειαν

ΚΑΤΗΧΕ´Ω * 2727

Lu 1 4 ἵνα ἐπιγνῷς περὶ ὧν κατηχήθης λόγων τ. ἀσφάλειαν
Ac 18 25 οὗτος ἦν κατηχημένος τὴν ὁδὸν τ. Κυρίου
21 21 κατηχήθησαν δὲ περὶ σοῦ
24 γνώσονται πάντες ὅτι ὧν κατήχηνται περὶ σοῦ οὐδέν ἐστιν
Ro 2 18 κατηχούμενος ἐκ τ. νόμου
I Co 14 19 ἵνα κ. ἄλλους κατηχήσω
Ga 6 6 κοινωνείτω δὲ ὁ κατηχούμενος τ. λόγον τ. κατηχοῦντι

ΚΑΤΙΟ´ΟΜΑΙ **† 2728

Ja 5 3 ὁ χρυσὸς ὑμῶν κ. ὁ ἄργυρος κατίωται

ΚΑΤΙΣΧΥ´Ω 2729

Mt 16 18 πύλαι ᾅδου οὐ κατισχύσουσιν αὐτῆς
Lu 21 36 ἵνα κατισχύσητε ἐκφυγεῖν ταῦτα πάντα
23 23 κατίσχυον αἱ φωναὶ αὐτῶν

ΚΑΤΟΙΚΕ´Ω 2730 cf. 2733.5

(1) seq. εἰς (2) seq. accus.

Mt 2 23 [1] ἐλθὼν κατῴκησεν εἰς πόλιν λεγομένην Ναζαρέτ
4 13 [1] ἐλθὼν κατῴκησεν εἰς Καφαρναοὺμ τ. παραθαλασσίαν
12 45 εἰσελθόντα κατοικεῖ ἐκεῖ
23 21 [2] ὀμνύει ἐν αὐτῷ κ. ἐν τ. κατοικοῦντι αὐτόν
κατοικήσαντι, WH mg.
Lu 11 26 εἰσελθόντα κατοικεῖ ἐκεῖ
13 4 [2] ὀφειλέται ἐγένοντο παρὰ πάντας τ. ἀνθρώπους τ. κατοικοῦντας Ἰερουσαλήμ
κατοικ. ἐν Ἰερ., T
Ac 1 19 [2] γνωστὸν ἐγένετο πᾶσι τ. κατοικοῦσιν Ἰερουσαλήμ
20 μὴ ἔστω ὁ κατοικῶν ἐν αὐτῷ
בְּאָהֳלֵיהֶם אַל־יְהִי ישֵׁב, Ps. lxix. 26
Ac 2 5 ἦσαν δὲ ἐν Ἰερουσαλὴμ κατοικοῦντες Ἰουδαῖοι
9 [2] οἱ κατοικοῦντες τ. Μεσοποταμίαν
14 [2] ἄνδρες Ἰουδαῖοι κ. οἱ κατοικοῦντες Ἰερουσαλὴμ πάντες
4 16 [2] πᾶσι τ. κατοικοῦσιν Ἰερουσαλὴμ φανερόν
7 2 πρὶν ἢ κατοικῆσαι αὐτὸν ἐν Χαράν
4 ἐξελθὼν ἐκ γῆς Χαλδαίων κατῴκησεν ἐν Χαρράν
4 [1] τ. γῆν ταύτην εἰς ἣν ὑμεῖς νῦν κατοικεῖτε
48 οὐχ ὁ ὕψιστος ἐν χειροποιήτοις κατοικεῖ
9 22 συνέχυννεν Ἰουδαίους τ. κατοικοῦντας ἐν Δαμασκῷ
32 [2] κατελθεῖν κ. πρὸς τ. ἁγίους τ. κατοικοῦντας Λύδδα
35 [2] εἶδαν αὐτὸν πάντες οἱ κατοικοῦντες Λύδδα
11 29 εἰς διακονίαν πέμψαι τ. κατοικοῦσιν ἐν τ. Ἰουδαίᾳ ἀδελφοῖς
13 27 οἱ γὰρ κατοικοῦντες ἐν Ἰερουσαλήμ
17 24 ὁ Θεὸς . . . οὐκ ἐν χειροποιήτοις ναοῖς κατοικεῖ
26 κατοικεῖν ἐπὶ παντὸς προσώπου τ. γῆς
19 10 [2] ὥστε πάντας τ. κατοικοῦντας τ. Ἀσίαν ἀκοῦσαι
17 [2] γνωστὸν πᾶσιν Ἰουδαίοις τε κ. Ἕλλησιν τ. κατοικοῦσι τὴν Ἔφεσον
22 12 μαρτυρούμενος ὑπὸ πάντων τ. κατοικούντων Ἰουδαίων
Eph 3 17 κατοικῆσαι τ. Χριστὸν διὰ τ. πίστεως ἐν τ. καρδίαις ὑμῶν
Col 1 19 ἐν αὐτῷ εὐδόκησεν πᾶν τὸ πλήρωμα κατοικῆσαι
2 9 ἐν αὐτῷ κατοικεῖ πᾶν τὸ πλήρωμα τ. θεότητος
He 11 9 ἐν σκηναῖς κατοικήσας μετὰ Ἰσαὰκ κ. Ἰακώβ
Ja 4 5 πρὸς φθόνον ἐπιποθεῖ τὸ πνεῦμα ὃ κατῴκησεν ἐν ἡμῖν
κατῴκισεν, TWHR non mg.
II Pe 3 13 ἐν οἷς δικαιοσύνη κατοικεῖ
Re 2 13 οἶδα ποῦ κατοικεῖς
13 ὅπου ὁ Σατανᾶς κατοικεῖ
3 10 πειράσαι τ. κατοικοῦντας ἐπὶ τ. γῆς
6 10 ἐκδικεῖς τὸ αἷμα ἡμῶν ἐκ τ. κατοικούντων ἐπὶ τ. γῆς
8 13 οὐαὶ οὐαὶ οὐαὶ τ. κατοικοῦντας ἐπὶ τ. γῆς
τ. κατοικοῦσιν, WH mg.
11 10 οἱ κατοικοῦντες ἐπὶ τ. γῆς χαίρουσιν ἐπ᾽ αὐτοῖς
10 ὅτι οὗτοι οἱ δύο προφῆται ἐβασάνισαν τ. κατοικοῦντας ἐπὶ τ. γῆς
13 8 προσκυνήσουσιν αὐτὸν πάντες οἱ κατοικοῦντες ἐπὶ τ. γῆς
12 ποιεῖ τ. γῆν κ. τοὺς ἐν αὐτῇ κατοικοῦντας ἵνα προσκυνήσουσιν
14 πλανᾷ τ. κατοικοῦντας ἐπὶ τ. γῆς
14 λέγων τ. κατοικοῦσιν ἐπὶ τ. γῆς
17 2 [2] ἐμεθύσθησαν οἱ κατοικοῦντες τ. γῆν
8 θαυμασθήσονται οἱ κατοικοῦντες ἐπὶ τ. γῆς

ΚΑΤΟΙ´ΚΗΣΙΣ 2731

Mk 5 3 ὃς τ. κατοίκησιν εἶχεν ἐν τ. μνήμασιν

ΚΑΤΟΙΚΗΤΗ´ΡΙΟΝ † 2732

Eph 2 22 συνοικοδομεῖσθε εἰς κατοικητήριον τ. Θεοῦ ἐν πνεύματι
Re 18 2 ἐγένετο κατοικητήριον δαιμονίων

ΚΑΤΟΙΚΙ΄Α 2733

Ac 17 26 ὁρίσας . . . τ. ὁροθεσίας τ. κατοικίας αὐτῶν

ΚΑΤΟΙΚΙ΄ΖΩ 2733.5 cf. 2730

Ja 4 5 πρὸς φθόνον ἐπιποθεῖ τὸ πνεῦμα ὃ κατῴκισεν ἐν ἡμῖν
κατῴκησεν, R marg.

ΚΑΤΟΠΤΡΙ΄ΖΟΜΑΙ * † 2734

II Co 3 18 ἀνακεκαλυμμένῳ προσώπῳ τ. δόξαν Κυρίου κατοπτριζόμενοι

ΚΑ΄ΤΩ 2736

(1) κατωτέρω (2) ἕως κάτω

Mt 2 16 [1] ἀπὸ διετοῦς κ. κατωτέρω
4 6 εἰ υἱὸς εἶ τ. Θεοῦ βάλε σεαυτὸν κάτω
27 51 [2] τὸ καταπέτασμα τ. ναοῦ ἐσχίσθη ἀπ' ἄνωθεν ἕως κάτω εἰς δύο
Mk 14 66 ὄντος τ. Πέτρου κάτω ἐν τ. αὐλῇ
15 38 [2] τὸ καταπέτασμα τ. ναοῦ ἐσχίσθη εἰς δύο ἀπ' ἄνωθεν ἕως κάτω
Lu 4 9 εἰ υἱὸς εἶ τ. Θεοῦ βάλε σεαυτὸν ἐντεῦθεν κάτω
Jo 8 [6 ὁ δὲ Ἰησοῦς κάτω κύψας . . . κατέγραφεν εἰς τ. γῆν
[8 πάλιν κάτω κύψας ἔγραφεν εἰς τ. γῆν
κατακύψας, WH non mg.
23 ὑμεῖς ἐκ τῶν κάτω ἐστέ
Ac 2 19 σημεῖα ἐπὶ τ. γῆς κάτω
מוֹפְתִים . . . בָּאָרֶץ, Joel iii. 3
20 9 ἔπεσεν ἀπὸ τ. τριστέγου κάτω

ΚΑΤΩ΄ΤΕΡΟΣ 2737

Eph 4 9 εἰ μὴ ὅτι κ. κατέβη εἰς τὰ κατώτερα μέρη τ. γῆς

ΚΑΥ΄ΔΑ 2737.5 cf. 2802

Ac 27 16 νησίον δέ τι ὑποδραμόντες καλούμενον Καῦδα
Κλαῦδα, TR mg.

ΚΑΥ΄ΜΑ 2738

Re 7 16 οὐδὲ μὴ πέσῃ ἐπ' αὐτοὺς . . . πᾶν καῦμα
16 9 ἐκαυματίσθησαν οἱ ἄνθρωποι καῦμα μέγα

ΚΑΥΜΑΤΙ΄ΖΩ * 2739

Mt 13 6 ἡλίου δὲ ἀνατείλαντος ἐκαυματίσθη
Mk 4 6 ὅτε ἀνέτειλεν ὁ ἥλιος ἐκαυματίσθη
ἐκαυματίσθησαν, WH mg.
Re 16 8 ἐδόθη αὐτῷ καυματίσαι τ. ἀνθρώπους ἐν πυρί·
9 κ. ἐκαυματίσθησαν οἱ ἄνθρωποι καῦμα μέγα

ΚΑΥ΄ΣΙΣ 2740

He 6 8 ἧς τὸ τέλος εἰς καῦσιν

ΚΑΥΣΟ΄ΟΜΑΙ * † 2741

II Pe 3 10 στοιχεῖα δὲ καυσούμενα λυθήσεται
12 δι' ἣν . . . στοιχεῖα καυσούμενα τήκεται

ΚΑΥΣΤΗΡΙΑ΄ΖΟΜΑΙ * † 2743

I Ti 4 2 κεκαυστηριασμένων τ. ἰδίαν συνείδησιν

ΚΑΥ΄ΣΩΝ † 2742

Mt 20 12 ἡμῖν . . . τ. βαστάσασι τὸ βάρος τ. ἡμέρας κ. τὸν καύσωνα
Lu 12 55 λέγετε ὅτι Καύσων ἔσται
Ja 1 11 ἀνέτειλεν γὰρ ὁ ἥλιος σὺν τ. καύσωνι

2744 ΚΑΥΧΑ΄ΟΜΑΙ cf. 1765.6

(1) καυχ. ἐπί

Ro 2 17 εἰ δὲ σὺ . . . καυχᾶσαι ἐν Θεῷ
23 ὃς ἐν νόμῳ καυχᾶσαι
5 2 [1] καυχώμεθα ἐπ' ἐλπίδι τ. δόξης τ. Θεοῦ
3 ἀλλὰ κ. καυχώμεθα ἐν τ. θλίψεσιν
καυχώμενοι, WH mg.
11 ἀλλὰ κ. καυχώμενοι ἐν τ. Θεῷ διὰ τ. Κυρίου ἡμῶν Ἰησοῦ Χριστοῦ
I Co 1 29 ὅπως μὴ καυχήσηται πᾶσα σὰρξ ἐνώπιον τ. Θεοῦ
31 ὁ καυχώμενος ἐν Κυρίῳ καυχάσθω
בְּזֹאת יִתְהַלֵּל הַמִּתְהַלֵּל, Jer. ix. 23
3 21 ὥστε μηδεὶς καυχάσθω ἐν ἀνθρώποις
4 7 τί καυχᾶσαι ὡς μὴ λαβών;
13 3 κἂν παραδῶ τὸ σῶμά μου ἵνα καυχήσωμαι
καυθήσομαι, TR non mg.
II Co 5 12 ἵνα ἔχητε πρὸς τ. ἐν προσώπῳ καυχωμένους
7 14 εἴ τι αὐτῷ ὑπὲρ ὑμῶν κεκαύχημαι
9 2 ἣν ὑπὲρ ὑμῶν καυχῶμαι Μακεδόσιν
10 8 ἐάν τε γὰρ περισσότερόν τι καυχήσωμαι
καυχήσομαι, T
13 ἡμεῖς δὲ οὐκ εἰς τὰ ἄμετρα καυχησόμεθα
15 οὐκ εἰς τὰ ἄμετρα καυχώμενοι ἐν ἀλλοτρίοις κόποις
16 οὐκ ἐν ἀλλοτρίῳ κανόνι εἰς τὰ ἕτοιμα καυχήσασθαι
17 ὁ δὲ καυχώμενος ἐν Κυρίῳ καυχάσθω, Jer. *l.c.*
11 12 ἵνα ἐν ᾧ καυχῶνται εὑρεθῶσιν καθὼς κ. ἡμεῖς
16 ἵνα κἀγὼ μικρόν τι καυχήσωμαι
18 ἐπεὶ πολλοὶ καυχῶνται κατὰ τ. σάρκα κἀγὼ καυχήσομαι
30 εἰ καυχᾶσθαι δεῖ τὰ τ. ἀσθενείας μου καυχήσομαι
12 1 καυχᾶσθαι δεῖ οὐ συμφέρον μέν
καυχ. δὲ οὐ συμφ., WH mg. R mg.
5 ὑπὲρ τ. τοιούτου καυχήσομαι·
ὑπὲρ δὲ ἐμαυτοῦ οὐ καυχήσομαι.
6 ἐὰν γὰρ θελήσω καυχήσασθαι
9 ἥδιστα οὖν μᾶλλον καυχήσομαι ἐν ταῖς ἀσθενείαις
Ga 6 13 ἵνα ἐν τῇ ὑμετέρᾳ σαρκὶ καυχήσωνται.
14 ἐμοὶ δὲ μὴ γένοιτο καυχᾶσθαι
Eph 2 9 οὐκ ἐξ ἔργων ἵνα μή τις καυχήσηται
Phl 3 3 οἱ . . . καυχώμενοι ἐν Χριστῷ Ἰησοῦ
Ja 1 9 καυχάσθω δὲ ὁ ἀδελφὸς ὁ ταπεινὸς ἐν τ. ὕψει αὐτοῦ
4 16 νῦν δὲ καυχᾶσθε ἐν τ. ἀλαζονίαις ὑμῶν

ΚΑΥ΄ΧΗΜΑ 2745

Ro 4 2 εἰ γὰρ Ἀβραὰμ ἐξ ἔργων ἐδικαιώθη ἔχει καύχημα
I Co 5 6 οὐ καλὸν τὸ καύχημα ὑμῶν
9 15 τὸ καύχημά μου οὐδεὶς κενώσει.
16 ἐὰν γὰρ εὐαγγελίζωμαι οὐκ ἔστιν μοι καύχημα
II Co 1 14 ὅτι καύχημα ὑμῶν ἐσμὲν καθάπερ κ. ὑμεῖς ἡμῶν

II Co 5 12 ἀφορμὴν διδόντες ὑμῖν καυχήματος ὑπὲρ ἡμῶν
9 3 ἵνα μὴ τὸ καύχημα ἡμῶν τὸ ὑπὲρ ὑμῶν κενωθῇ
Ga 6 4 τότε εἰς ἑαυτὸν μόνον τὸ καύχημα ἕξει
Phl 1 26 ἵνα τὸ καύχημα ὑμῶν περισσεύῃ ἐν Χριστῷ Ἰησοῦ
2 16 εἰς καύχημα ἐμοὶ εἰς ἡμέραν Χριστοῦ
He 3 6 ἐὰν . . . τὸ καύχημα τ. ἐλπίδος μέχρι τέλους βεβαίαν κατάσχωμεν

ΚΑΥΧΗΣΙΣ † 2746

Ro 3 27 ποῦ οὖν ἡ καύχησις; ἐξεκλείσθη
15 17 ἔχω οὖν τ. καύχησιν ἐν Χριστῷ Ἰησοῦ τὰ πρὸς τ. Θεόν
[τὴν], WH
I Co 15 31 νὴ τὴν ὑμετέραν καύχησιν ἀδελφοί
II Co 1 12 ἡ γὰρ καύχησις ἡμῶν αὕτη ἐστίν
7 4 πολλή μοι καύχησις ὑπὲρ ὑμῶν
14 οὕτως κ. ἡ καύχησις ἡμῶν ἐπὶ Τίτου
ἡ ἐπὶ Τίτου, WH mg. R
8 24 τὴν οὖν ἔνδειξιν τῆς . . . ἡμῶν καυχήσεως ὑπὲρ ὑμῶν
11 10 ἡ καύχησις αὕτη οὐ φραγήσεται εἰς ἐμέ
17 ἐν ταύτῃ τ. ὑποστάσει τ. καυχήσεως
I Th 2 19 τίς γὰρ ἡμῶν ἐλπὶς ἢ χαρὰ ἢ στέφανος καυχήσεως;
Ja 4 16 πᾶσα καύχησις τοιαύτη πονηρά ἐστιν

ΚΑΦΑΡΝΑΟΥΜ 2746.5

Mt 4 13 ἐλθὼν κατῴκησεν εἰς Κ. τ. παραθαλασσίαν
8 5 εἰσελθόντος δὲ αὐτοῦ εἰς Καφαρναούμ
11 23 σὺ Κ. μὴ ἕως οὐρανοῦ ὑψωθήσῃ;
17 24 ἐλθόντων δὲ αὐτῶν εἰς Καφαρναούμ
Mk 1 21 εἰσπορεύονται εἰς Καφαρναούμ
2 1 εἰσελθὼν πάλιν εἰς Κ. δι' ἡμερῶν
9 33 ἦλθον εἰς Καφαρναούμ
Lu 4 23 ὅσα ἠκούσαμεν γεγόμενα εἰς τὴν Καφαρναούμ
31 κατῆλθεν εἰς Κ. πόλιν τ. Γαλιλαίας
7 1 εἰσῆλθεν εἰς Καφαρναούμ
10 15 σὺ Κ. μὴ ἕως οὐρανοῦ ὑψωθήσῃ;
Jo 2 12 μετὰ τοῦτο κατέβη εἰς Καφαρναούμ
4 46 οὗ ὁ υἱὸς ἠσθένει ἐν Καφαρναούμ
6 17 ἤρχοντο πέραν τ. θαλάσσης εἰς Καφαρναούμ
24 ἦλθον εἰς Κ. ζητοῦντες τ. Ἰησοῦν
59 ταῦτα εἶπεν ἐν συναγωγῇ διδάσκων ἐν Καφαρναούμ

ΚΕΔΡΟΣ 2748

Jo 18 1 ἐξῆλθεν . . . πέραν τ. Χειμάρρου τῶν Κέδρων
τοῦ Κεδρών, UBS

ΚΕΙΜΑΙ 2749

(1) seq. prepos. c. accus.

Mt 3 10 [1] ἤδη δὲ ἡ ἀξίνη πρὸς τ. ῥίζαν τ. δένδρων κεῖται
5 14 οὐ δύναται πόλις κρυβῆναι ἐπάνω ὄρους κειμένη
28 6 δεῦτε ἴδετε τ. τόπον ὅπου ἔκειτο
Lu 2 12 εὑρήσετε βρέφος . . . κείμενον ἐν φάτνῃ
—κειμ., T
16 ἀνεῦραν . . . τὸ βρέφος κείμενον ἐν τ. φάτνῃ
Lu 2 34 [1] οὗτος κεῖται εἰς πτῶσιν κ. ἀνάστασιν πολλῶν ἐν τ. Ἰσραήλ
3 9 [1] ἤδη δὲ κ. ἡ ἀξίνη πρὸς τ. ῥίζαν τ. δένδρων κεῖται
12 19 [1] ψυχὴ ἔχεις πολλὰ ἀγαθὰ κείμενα εἰς ἔτη πολλά
κείμ. εἰς ἔτ. π., [WH]
23 53 οὗ οὐκ ἦν οὐδεὶς οὔπω κείμενος
Jo 2 6 ἦσαν δὲ ἐκεῖ λίθιναι ὑδρίαι ἓξ . . . κείμεναι
19 29 σκεῦος ἔκειτο ὄξους μεστόν
20 5 παρακύψας βλέπει κείμενα τὰ ὀθόνια
6 θεωρεῖ τὰ ὀθόνια κείμενα,
7 κ. τὸ σουδάριον . . . οὐ μετὰ τ. ὀθονίων κείμενον
12 ὅπου ἔκειτο τὸ σῶμα τ. Ἰησοῦ
21 9 βλέπουσιν ἀνθρακιὰν κειμένην
I Co 3 11 θεμέλιον γὰρ ἄλλον οὐδεὶς δύναται θεῖναι παρὰ τ. κείμενον
II Co 3 15 [1] κάλυμμα ἐπὶ τ. καρδίαν αὐτῶν κεῖται
Phl 1 16 [1] οἱ μὲν ἐξ ἀγάπης εἰδότες ὅτι εἰς ἀπολογίαν τ. εὐαγγελίου κεῖμαι
I Th 3 3 [1] αὐτοὶ γὰρ οἴδατε ὅτι εἰς τοῦτο κείμεθα
I Ti 1 9 εἰδὼς τοῦτο ὅτι δικαίῳ νόμος οὐ κεῖται
I Jo 5 19 ὁ κόσμος ὅλος ἐν τ. πονηρῷ κεῖται
Re 4 2 ἰδοὺ θρόνος ἔκειτο ἐν τ. οὐρανῷ
21 16 ἡ πόλις τετράγωνος κεῖται

ΚΕΙΡΙΑ 2750

Jo 11 44 δεδεμένος τ. πόδας κ. τ. χεῖρας κειρίαις

ΚΕΙΡΩ 2751

Ac 8 32 ὡς ἀμνὸς ἐναντίον τ. κείροντος αὐτὸν ἄφωνος
κείραντος, TWH mg.
כְּרָחֵל לִפְנֵי גֹזְזֶיהָ נֶאֱלָמָה, Is. liii. 8
18 18 κειράμενος ἐν Κενχρεαῖς τ. κεφαλήν
I Co 11 6 εἰ γὰρ οὐ κατακαλύπτεται γυνὴ κ. κειράσθω· εἰ δὲ αἰσχρὸν γυναικὶ τὸ κείρασθαι ἢ ξυρᾶσθαι κατακαλυπτέσθω

ΚΕΙΣ 2751.5

Ac 13 21 ἔδωκεν αὐτοῖς ὁ Θεὸς τ. Σαοὺλ υἱὸν Κείς

ΚΕΛΕΥΣΜΑ 2752

I Th 4 16 ὅτι αὐτὸς ὁ Κύριος ἐν κελεύσματι . . . καταβήσεται ἀπ' οὐρανοῦ

ΚΕΛΕΥΩ 2753

Mt 8 18 ἐκέλευσεν ἀπελθεῖν εἰς τὸ πέραν
14 9 διὰ τ. ὅρκους κ. τ. συνανακειμένους ἐκέλευσεν δοθῆναι
19 κελεύσας τ. ὄχλους ἀνακλιθῆναι ἐπὶ τ. χόρτου
ἐκέλευσεν, WH mg.
28 κέλευσόν με ἐλθεῖν πρός σε ἐπὶ τὰ ὕδατα
18 25 ἐκέλευσεν αὐτὸν ὁ κύριος πραθῆναι
27 58 τότε ὁ Πειλᾶτος ἐκέλευσεν ἀποδοθῆναι
64 κέλευσον οὖν ἀσφαλισθῆναι τ. τάφον
Lu 18 40 σταθεὶς δὲ Ἰησοῦς ἐκέλευσεν αὐτὸν ἀχθῆναι
Ac 4 15 κελεύσαντες δὲ αὐτοὺς ἔξω τ. συνεδρίου ἀπελθεῖν
5 34 ἐκέλευσεν ἔξω βραχὺ τ. ἀνθρώπους ποιῆσαι
8 38 ἐκέλευσεν στῆναι τὸ ἅρμα
12 19 ἀνακρίνας τ. φύλακας ἐκέλευσεν ἀπαχθῆναι
16 22 οἱ στρατηγοὶ . . . ἐκέλευον ῥαβδίζειν

Ac 21 33 ἐκέλευσεν δεθῆναι ἁλύσεσι δυσί

34 ἐκέλευσεν ἄγεσθαι αὐτὸν εἰς τ. παρεμβολήν

22 24 ἐκέλευσεν ὁ χιλίαρχος εἰσάγεσθαι αὐτὸν εἰς τ. παρεμβολήν

30 ἐκέλευσεν συνελθεῖν τ. ἀρχιερεῖς

23 3 παρανομῶν κελεύεις με τύπτεσθαι;

10 ἐκέλευσεν τὸ στράτευμα καταβὰν ἁρπάσαι αὐτόν

35 κελεύσας ἐν τ. πραιτωρίῳ τοῦ Ἡρῴδου φυλάσσεσθαι αὐτόν

24 8 κελεύσας τ. κατηγόρους αὐτοῦ ἔρχεσθαι ἐπὶ σέ —h. v., TWHR non mg.

25 6 ἐκέλευσεν τ. Παῦλον ἀχθῆναι

17 ἐκέλευσα ἀχθῆναι τ. ἄνδρα

21 ἐκέλευσα τηρεῖσθαι αὐτόν

23 κελεύσαντος τ. Φήστου ἤχθη ὁ Παῦλος

27 43 ἐκέλευσέν τε τ. δυναμένους κολυμβᾶν

ΚΕΝΟΔΟΞΙΑ ** 2754

Phl 2 3 μηδὲν κατ' ἐριθίαν μηδὲ κατὰ κενοδοξίαν

ΚΕΝΟ'ΔΟΞΟΣ * 2755

Ga 5 26 μὴ γινώμεθα κενόδοξοι

ΚΕΝΟ'Σ 2756

Mk 12 3 λαβόντες αὐτὸν ἔδειραν κ. ἀπέστειλαν κενόν

Lu 1 53 πλουτοῦντας ἐξαπέστειλεν κενούς

20 10 οἱ δὲ γεωργοὶ ἐξαπέστειλαν αὐτὸν δείραντες κενόν

11 οἱ δὲ κἀκεῖνον δείραντες . . . ἐξαπέστειλαν κενόν

Ac 4 25 ἵνα τί . . . λαοὶ ἐμελέτησαν κενά

לָמָּה . . . לְאֻמִּים יֶהְגּוּ־רִיק, Ps. ii. 1

1 Co 15 10 ἡ χάρις αὐτοῦ ἡ εἰς ἐμὲ οὐ κενὴ ἐγενήθη

14 κενὸν ἄρα τὸ κήρυγμα ἡμῶν, κενὴ καὶ ἡ πίστις ἡμῶν

58 εἰδότες ὅτι ὁ κόπος ὑμῶν οὐκ ἔστιν κενὸς ἐν Κυρίῳ

II Co 6 1 παρακαλοῦμεν μὴ εἰς κενὸν τ. χάριν τ. Θεοῦ δέξασθαι ὑμᾶς

Ga 2 2 μή πως εἰς κενὸν τρέχω ἢ ἔδραμον

Eph 5 6 μηδεὶς ὑμᾶς ἀπατάτω κενοῖς λόγοις

Phl 2 16 ὅτι οὐκ εἰς κενὸν ἔδραμον, οὐδὲ εἰς κένον ἐκοπίασα

Col 2 8 βλέπετε μή τις ὑμᾶς ἔσται ὁ συλαγωγῶν διὰ . . . κενῆς ἀπάτης

I Th 2 1 οἴδατε . . . τὴν εἴσοδον ἡμῶν τ. πρὸς ὑμᾶς ὅτι οὐ κενὴ γέγονεν

3 5 μή πως . . . εἰς κενὸν γένηται ὁ κόπος ἡμῶν

Ja 2 20 θέλεις δὲ γνῶναι ὦ ἄνθρωπε κενέ

ΚΕΝΟΦΩΝΙ'Α * † 2757

I Ti 6 20 ἐκτρεπόμενος τὰς βεβήλους κενοφωνίας

II Ti 2 16 τὰς δὲ βεβήλους κενοφωνίας περιΐστασο

ΚΕΝΟ'Ω 2758

Ro 4 14 εἰ γὰρ οἱ ἐκ νόμου κληρονόμοι κεκένωται ἡ πίστις

I Co 1 17 ἵνα μὴ κενωθῇ ὁ σταυρὸς τ. Χριστοῦ

9 15 τὸ καύχημά μου οὐδεὶς κενώσει

II Co 9 3 ἵνα μὴ τὸ καύχημα ἡμῶν τὸ ὑπὲρ ὑμῶν κενωθῇ

Phl 2 7 ἑαυτὸν ἐκένωσεν μορφὴν δούλου λαβών

ΚΕ'ΝΤΡΟΝ 2759

Ac 26 14 σκληρόν σοι πρὸς κέντρα λακτίζειν

I Co 15 55 ποῦ σου θάνατε τὸ κέντρον;

אֱהִי קָטָבְךָ שְׁאוֹל, Hos. xiii. 14

56 τὸ δὲ κέντρον τ. θανάτου ἡ ἁμαρτία

Re 9 10 ἔχουσιν οὐρὰς ὁμοίας σκορπίοις κ. κέντρα

ΚΕΝΤΥΡΙ'ΩΝ * † 2760

Mk 15 39 ἰδὼν δὲ ὁ κεντυρίων ὁ παρεστηκὼς ἐξ ἐναντίας αὐτοῦ

44 προσκαλεσάμενος τ. κεντυρίωνα

45 γνοὺς ἀπὸ τ. κεντυρίωνος

ΚΕΝΧΡΕΑΙ' 2760.5

Ac 18 18 κειράμενος ἐν Κενχρεαῖς τ. κεφαλήν

Ro 16 1 διάκονον τ. ἐκκλησίας τῆς ἐν Κενχρεαῖς

ΚΕΝΩ͂Σ 2761

Ja 4 5 ἢ δοκεῖτε ὅτι κενῶς ἡ γραφὴ λέγει

ΚΕΡΑΙ'Α * 2762

κερέα, WH

Mt 5 18 ἰῶτα ἓν ἢ μία κεραία οὐ μὴ παρέλθῃ ἀπὸ τ. νόμου

Lu 16 17 εὐκοπώτερον δέ ἐστιν τ. οὐρανὸν κ. τ. γῆν παρελθεῖν ἢ τ. νόμου μίαν κεραίαν πεσεῖν

κερέαν μίαν, WH mg.

ΚΕΡΑΜΕΥ'Σ 2763

Mt 27 7 ἠγόρασαν ἐξ αὐτῶν τ. ἀγρὸν τ. κεραμέως

10 ἔδωκαν αὐτὰ εἰς τ. ἀγρὸν τ. κεραμέως

אַשְׁלִיךְ אֹתוֹ בֵּית יְהוָה אֶל־הַיּוֹצֵר, Zech. xi. 13

Ro 9 21 οὐκ ἔχει ἐξουσίαν ὁ κεραμεὺς τ. πηλοῦ

ΚΕΡΑΜΙΚΟ'Σ 2764

Re 2 27 ὡς τὰ σκεύη τὰ κεραμικὰ συντρίβεται

ΚΕΡΑ'ΜΙΟΝ 2765

Mk 14 13 ἀπαντήσει ὑμῖν ἄνθρωπος κεράμιον ὕδατος βαστάζων

Lu 22 10 συναντήσει ὑμῖν ἄνθρωπος κεράμιον ὕδατος βαστάζων

ΚΕ'ΡΑΜΟΣ 2766

Lu 5 19 διὰ τ. κεράμων καθῆκαν αὐτὸν σὺν τ. κλινιδίῳ

ΚΕΡΑ'ΝΝΥΜΙ 2767

Re 14 10 τ. οἴνου τ. θυμοῦ τ. Θεοῦ τ. κεκερασμένου ἀκράτου ἐν τ. ποτηρίῳ τ. ὀργῆς αὐτοῦ

18 6 ἐν τ. ποτηρίῳ ᾧ ἐκέρασεν κεράσατε αὐτῇ διπλοῦν

ΚΕ'ΡΑΣ 2768

Lu 1 69 ἤγειρεν κέρας σωτηρίας ἡμῖν

Re 5 6 ἀρνίον . . . ἔχων κέρατα ἑπτὰ κ. ὀφθαλμοὺς ἑπτά

9 13 ἤκουσα φωνὴν μίαν ἐκ τ. κεράτων τ. θυσιαστηρίου

τ. τεσσάρων κερ., T

Re 12 3 δράκων . . . ἔχων κεφαλὰς ἑπτὰ κ. κέρατα δέκα
13 1 θηρίον ἀναβαῖνον ἔχον κέρατα δέκα κ. κεφαλὰς ἑπτά,
κ. ἐπὶ τ. κεράτων αὐτοῦ δέκα διαδήματα
11 εἶχεν κέρατα δύο ὅμοια ἀρνίῳ
17 3 θηρίον κόκκινον . . . ἔχων κεφαλὰς ἑπτὰ κ. κέρατα δέκα
7 τὸ μυστήριον . . . τ. θηρίου . . . τ. ἔχοντος τὰς ἑπτὰ κεφαλὰς κ. τὰ δέκα κέρατα
12 τὰ δέκα κέρατα ἃ εἶδες δέκα βασιλεῖς εἰσίν
16 τὰ δέκα κέρατα ἃ εἶδες κ. τὸ θηρίον

ΚΕΡΑ΄ΤΙΟΝ* 2769

Lu 15 16 χορτασθῆναι ἀπὸ τ. κερατίων ὧν ἤσθιον οἱ χοῖροι

ΚΕΡΔΑΙ΄ΝΩ** 2770

Mt 16 26 ἐὰν τ. κόσμον ὅλον κερδήσῃ
18 15 ἐάν σου ἀκούσῃ ἐκέρδησας τ. ἀδελφόν σου
25 16 ἐκέρδησεν ἄλλα πέντε.
ἐποίησεν ἄ. π. τάλαντα, TR
17 ὡσαύτως ὁ τὰ δύο ἐκέρδησεν ἄλλα δύο
20 ἴδε ἄλλα πέντε τάλαντα ἐκέρδησα
22 ἴδε ἄλλα δύο τάλαντα ἐκέρδησα
Mk 8 36 τί γὰρ ὠφελεῖ ἄνθρωπον κερδῆσαι τ. κόσμον ὅλον
Lu 9 25 τί γὰρ ὠφελεῖται ἄνθρωπος κερδήσας τ. κόσμον ὅλον
Ac 27 21 κερδῆσαί τε τ. ὕβριν ταύτην κ. τ. ζημίαν
1 Co 9 19 πᾶσιν ἐμαυτὸν ἐδούλωσα ἵνα τ. πλείονας κερδήσω·
20 κ. ἐγενόμην τ. Ἰουδαίοις ὡς Ἰουδαῖος ἵνα Ἰουδαίους κερδήσω·
τοῖς ὑπὸ νόμον ὡς ὑπὸ νόμον . . . ἵνα τοὺς ὑπὸ νόμον κερδήσω·
21 τ. ἀνόμοις ὡς ἄνομος . . . ἵνα κερδανῶ τ. ἀνόμους·
κερδάνω, TR
22 ἐγενόμην τ. ἀσθενέσιν ἀσθενὴς ἵνα τ. ἀσθενεῖς κερδήσω
Phl 3 8 ἡγοῦμαι σκύβαλα ἵνα Χριστὸν κερδήσω
Ja 4 13 ἐμπορευσόμεθα κ. κερδήσομεν
1 Pe 3 1 ἵνα . . . διὰ τῆς τ. γυναικῶν ἀναστροφῆς ἄνευ λόγου κερδηθήσονται

ΚΕ΄ΡΔΟΣ** 2771

Phl 1 21 ἐμοὶ . . . τὸ ἀποθανεῖν κέρδος
3 7 ἅτινα ἦν μοι κέρδη ταῦτα ἥγημαι . . . ζημίαν
Tit 1 11 διδάσκοντες ἃ μὴ δεῖ αἰσχροῦ κέρδους χάριν

ΚΕΡΕ΄Α *Vide* ΚΕΡΑΙ΄Α, 2762

ΚΕ΄ΡΜΑ* 2772

Jo 2 15 τ. κολλυβιστῶν ἐξέχεεν τὰ κέρματα
τὸ κέρμα, T

ΚΕΡΜΑΤΙΣΤΗ΄Σ* 2773

Jo 2 14 εὗρεν ἐν τ. ἱερῷ . . . τ. κερματιστὰς καθημένους

ΚΕΦΑ΄ΛΑΙΟΝ 2774

Ac 22 28 πολλοῦ κεφαλαίου τὴν πολιτείαν ταύτην ἐκτησάμην
He 8 1 κεφάλαιον δὲ ἐπὶ τ. λεγομένοις

ΚΕΦΑΛΑΙΟ΄Ω *Vide* ΚΕΦΑΛΙΟ΄Ω, 2775

ΚΕΦΑΛΗ΄ 2776

(1) metaph.

Mt 5 36 μήτε ἐν τ. κεφαλῇ σου ὀμόσῃς
6 17 σὺ δὲ νηστεύων ἄλειψαί σου τ. κεφαλὴν
8 20 οὐκ ἔχει ποῦ τ. κεφαλὴν κλίνῃ
10 30 ὑμῶν δὲ κ. αἱ τρίχες τ. κεφαλῆς πᾶσαι ἠριθμημέναι εἰσίν
14 8 δός μοι . . . ὧδε ἐπὶ πίνακι τ. κεφαλὴν Ἰωάνου τ. βαπτιστοῦ
11 ἠνέχθη ἡ κεφαλὴ αὐτοῦ ἐπὶ πίνακι
21 42 [1] οὗτος ἐγενήθη εἰς κεφαλὴν γωνίας
הָיְתָה לְרֹאשׁ פִּנָּה, Ps. cxviii. 22
26 7 κατέχεεν ἐπὶ τ. κεφαλῆς αὐτοῦ ἀνακειμένου
27 29 ἐπέθηκαν ἐπὶ τ. κεφαλῆς αὐτοῦ
30 ἔτυπτον εἰς τ. κεφαλὴν αὐτοῦ
37 ἐπέθηκαν ἐπάνω τ. κεφαλῆς αὐτοῦ τὴν αἰτίαν αὐτοῦ γεγραμμένην
39 ἐβλασφήμουν αὐτὸν κινοῦντες τ. κεφαλὰς αὐτῶν
Mk 6 24 ἡ δὲ εἶπεν Τὴν κεφαλὴν Ἰωάνου τ. βαπτίζοντος
25 θέλω ἵνα ἐξαυτῆς δῷς μοι ἐπὶ πίνακι τ. κεφαλὴν Ἰωάνου τ. βαπτιστοῦ
27 ἐπέταξεν ἐνέγκαι τ. κεφαλὴν αὐτοῦ
28 ἤνεγκεν τ. κεφαλὴν αὐτοῦ ἐπὶ πίνακι
12 10 [1] οὗτος ἐγενήθη εἰς κεφαλὴν γωνίας, Ps. *l.c.*
14 3 κατέχεεν αὐτοῦ τ. κεφαλῆς
15 19 ἔτυπτον αὐτοῦ τ. κεφαλὴν καλάμῳ
29 ἐβλασφήμουν αὐτὸν κινοῦντες τ. κεφαλὰς αὐτῶν
Lu 7 38 ταῖς θριξὶ τ. κεφαλῆς αὐτῆς ἐξέμασσεν
46 ἐλαίῳ τ. κεφαλήν μου οὐκ ἤλειψας
9 58 ὁ δὲ υἱὸς τ. ἀνθρώπου οὐκ ἔχει ποῦ τ. κεφαλὴν κλίνῃ
12 7 αἱ τρίχες τ. κεφαλῆς ὑμῶν πᾶσαι ἠρίθμηνται
20 17 [1] οὗτος ἐγενήθη εἰς κεφαλὴν γωνίας, Ps. *l.c.*
21 18 θρὶξ ἐκ τ. κεφαλῆς ὑμῶν οὐ μὴ ἀπόληται
28 ἀνακύψατε κ. ἐπάρατε τ. κεφαλὰς ὑμῶν
Jo 13 9 μὴ τ. πόδας μου μόνον ἀλλὰ κ. τ. χεῖρας κ. τ. κεφαλήν
19 2 ἐπέθηκαν αὐτοῦ τῇ κεφαλῇ
30 κλίνας τ. κεφαλὴν παρέδωκεν τὸ πνεῦμα
20 7 τὸ σουδάριον ὃ ἦν ἐπὶ τ. κεφαλῆς αὐτοῦ
12 θεωρεῖ δύο ἀγγέλους . . . ἕνα πρὸς τ. κεφαλῇ
Ac 4 11 [1] ὁ λίθος . . . ὁ γενόμενος εἰς κεφαλὴν γωνίας, Ps. *l.c.*
18 6 τὸ αἷμα ὑμῶν ἐπὶ τ. κεφαλὴν ὑμῶν
18 κειράμενος ἐν Κενχρεαῖς τ. κεφαλήν
21 24 ἵνα ξυρήσονται τ. κεφαλήν
27 34 οὐδενὸς γὰρ ὑμῶν θρὶξ ἀπὸ τ. κεφαλῆς ἀπολεῖται
Ro 12 20 ἄνθρακας πυρὸς σωρεύσεις ἐπὶ τ. κεφαλὴν αὐτοῦ
גֶחָלִים אַתָּה חֹתֶה עַל־רֹאשׁוֹ, Pr. xxv. 22
1 Co 11 3 [1] παντὸς ἀνδρὸς ἡ κεφαλὴ ὁ Χριστός ἐστιν·
[1] κεφαλὴ δὲ γυναικὸς ὁ ἀνήρ·
[1] κεφαλὴ δὲ τ. Χριστοῦ ὁ Θεός.
4 πᾶς ἀνὴρ προσευχόμενος . . . κατὰ κεφαλῆς ἔχων
[1] καταισχύνει τ. κεφαλὴν αὐτοῦ.

I Co 11 5 πᾶσα δὲ γυνὴ προσευχομένη . . . ἀκατακαλύπτῳ τ. κεφαλῇ
¹ καταισχύνει τ. κεφαλὴν αὐτῆς
ἑαυτῆς, WH mg.
7 ἀνὴρ μὲν γὰρ οὐκ ὀφείλει κατακαλύπτεσθαι τ. κεφαλήν
10 ὀφείλει ἡ γυνὴ ἐξουσίαν ἔχειν ἐπὶ τ. κεφαλῆς
12 21 ἢ πάλιν ἡ κεφαλὴ τ. ποσίν
Eph 1 22 ¹ αὐτὸν ἔδωκεν κεφαλὴν ὑπὲρ πάντα τ. ἐκκλησίᾳ
4 15 ¹ αὐξήσωμεν εἰς αὐτὸν τὰ πάντα ὅς ἐστιν ἡ κεφαλὴ Χριστός
5 23 ¹ ὅτι ἀνήρ ἐστιν κεφαλὴ τ. γυναικός,
κεφ. ἐστ., WH mg.
¹ ὡς κ. ὁ Χριστὸς κεφαλὴ τ. ἐκκλησίας
Col 1 18 ¹ αὐτός ἐστιν ἡ κεφαλὴ τ. σώματος τ. ἐκκλησίας
2 10 ¹ ὅς ἐστιν ἡ κεφαλὴ πάσης ἀρχῆς κ. ἐξουσίας
19 ¹ οὐ κρατῶν τ. κεφαλήν
I Pe 2 7 ¹ οὗτος ἐγενήθη εἰς κεφαλὴν γωνίας, Ps. *l.c.*
Re 1 14 ἡ δὲ κεφαλὴ αὐτοῦ κ. αἱ τρίχες λευκαὶ ὡς ἔριον
4 4 ἐπὶ τ. κεφαλὰς αὐτῶν στεφάνους χρυσοῦς
9 7 ἐπὶ τ. κεφαλὰς αὐτῶν ὡς στέφανοι ὅμοιοι χρυσῷ
17 αἱ κεφαλαὶ τ. ἵππων ὡς κεφαλαὶ λεόντων
19 αἱ γὰρ οὐραὶ αὐτῶν ὅμοιαι ὄφεσιν ἔχουσαι κεφαλάς
10 1 ἡ ἶρις ἐπὶ τ. κεφαλὴν αὐτοῦ
12 1 ἐπὶ τ. κεφαλῆς αὐτῆς στέφανος ἀστέρων δώδεκα
3 δράκων . . . ἔχων κεφαλὰς ἑπτὰ κ. κέρατα δέκα·
κ. ἐπὶ τ. κεφαλὰς αὐτοῦ ἑπτὰ διαδήματα
13 1 θηρίον ἀναβαῖνον ἔχον κέρατα δέκα κ. κεφαλὰς ἑπτά·
κ. ἐπὶ τ. κεφαλὰς αὐτοῦ ὀνόματα βλασφημίας
3 μίαν ἐκ τ. κεφαλῶν αὐτοῦ ὡς ἐσφαγμένην εἰς θάνατον
14 14 ἔχων ἐπὶ τ. κεφαλῆς αὐτοῦ στέφανον χρυσοῦν
τ. κεφαλήν, T
17 3 θηρίον κόκκινον . . . ἔχων κεφαλὰς ἑπτὰ κ. κέρατα δέκα
7 τ. θηρίου . . . τ. ἔχοντος τ. ἑπτὰ κεφαλὰς κ. τὰ δέκα κέρατα
9 αἱ ἑπτὰ κεφαλαὶ ἑπτὰ ὄρη εἰσίν
18 19 ἔβαλον χοῦν ἐπὶ τ. κεφαλὰς αὐτῶν
19 12 ἐπὶ τ. κεφαλὴν αὐτοῦ διαδήματα πολλά

ΚΕΦΑΛΙΟ´Ω 2775

Mk 12 4 κἀκεῖνον ἐκεφαλίωσαν

ΚΕΦΑΛΙ´Σ 2777

He 10 7 ἐν κεφαλίδι βιβλίου γέγραπται περὶ ἐμοῦ
בִּמְגִלַּת־סֵפֶר כָּתוּב עָלָי, Ps. xl. 8

ΚΗΜΟ´Ω* 2777.5 cf. 5392

I Co 9 9 οὐ κημώσεις βοῦν ἀλοῶντα
φιμώσεις, WH non mg. R
לֹא־תַחְסֹם שׁוֹר בְּדִישׁוֹ, Dt. xxv. 4

ΚΗ͂ΝΣΟΣ* † 2778

Mt 17 25 ἀπὸ τίνων λαμβάνουσιν τέλη ἢ κῆνσον;
22 17 ἔξεστιν δοῦναι κῆνσον Καίσαρι ἢ οὔ;
19 ἐπιδείξατέ μοι τὸ νόμισμα τ. κήνσου
Mk 12 14 ἔξεστιν δοῦναι κῆνσον Καίσαρι ἢ οὔ;
κῆνσ. Κ. δοῦν., T; δ. ἐπικεφάλαιον, WH mg.

ΚΗ͂ΠΟΣ 2779

Lu 13 19 ὃν λαβὼν ἄνθρωπος ἔβαλεν εἰς κῆπον ἑαυτοῦ
Jo 18 1 πέραν τ. Χειμάρρου τ. Κέδρων ὅπου ἦν κῆπος
26 οὐκ ἐγώ σε εἶδον ἐν τ. κήπῳ μετ᾽ αὐτοῦ;
19 41 ἦν δὲ ἐν τ. τόπῳ ὅπου ἐσταυρώθη κῆπος, κ. ἐν τ. κήπῳ μνημεῖον καινόν

ΚΗΠΟΥΡΟ´Σ* 2780

Jo 20 15 δοκοῦσα ὅτι ὁ κηπουρός ἐστιν

ΚΗΡΙ´ΟΝ 2781

Lu 24 42 οἱ δὲ ἐπέδωκαν αὐτῷ . . . ἀπὸ μελισσίου κηρίου
—ἀπ. μελ. κηρ., TWH non mg. R non mg.

ΚΗ´ΡΥΓΜΑ 2782

Mt 12 41 ὅτι μετενόησαν εἰς τὸ κήρυγμα Ἰωνᾶ
Lu 11 32 ὅτι μετενόησαν εἰς τὸ κήρυγμα Ἰωνᾶ
Ro 16 25 στηρίξαι κατὰ . . . τὸ κήρυγμα Ἰησοῦ Χριστοῦ
I Co 1 21 διὰ τῆς μωρίας τ. κηρύγματος σῶσαι
2 4 τὸ κήρυγμά μου οὐκ ἐν πειθοῖς σοφίας λόγοις
15 14 κενὸν ἄρα τὸ κήρυγμα ἡμῶν
II Ti 4 17 ἵνα δι᾽ ἐμοῦ τὸ κήρυγμα πληροφορηθῇ
Tit 1 3 ἐν κηρύγματι ὃ ἐπιστεύθην ἐγώ

ΚΗ͂ΡΥΞ 2783

κήρυξ, T

I Ti 2 7 εἰς ὃ ἐτέθην ἐγὼ κῆρυξ κ. ἀπόστολος
II Ti 1 11 εἰς ὃ ἐτέθην ἐγὼ κῆρυξ κ. ἀπόστολος κ διδάσκαλος
II Pe 2 5 ὄγδοον Νῶε δικαιοσύνης κήρυκα ἐφύλαξεν

ΚΗΡΥ´ΣΣΩ 2784

(1) κηρ. τὸ εὐαγγέλιον (2) κηρ. εἰς (3) seq. infin., ἵνα (4) κηρ. Χριστόν, Ἰησοῦν

Mt 3 1 κηρύσσων ἐν τῇ ἐρήμῳ τ. Ἰουδαίας
4 17 ἀπὸ τότε ἤρξατο ὁ Ἰησοῦς κηρύσσειν
23 ¹ κηρύσσων τὸ εὐαγγέλιον τ. βασιλείας
9 35 ¹ κηρύσσων τὸ εὐαγγέλιον τ. βασιλείας
10 7 πορευόμενοι δὲ κηρύσσετε λέγοντες
27 ὃ εἰς τὸ οὖς ἀκούετε κηρύξατε ἐπὶ τ. δωμάτων
11 1 μετέβη ἐκεῖθεν τοῦ . . . κηρύσσειν ἐν τ. πόλεσιν αὐτῶν
24 14 ¹ κηρυχθήσεται τοῦτο τὸ εὐαγγέλιον τ. βασιλείας ἐν ὅλῃ τ. οἰκουμένῃ
26 13 ¹ ὅπου ἐὰν κηρυχθῇ τὸ εὐαγγέλιον τοῦτο
Mk 1 4 κηρύσσων βάπτισμα μετανοίας εἰς ἄφεσιν ἁμαρτιῶν
7 κ. ἐκήρυσσεν λέγων

Mk 1 14 [1] κηρύσσων τὸ ευαγγέλιον τ. Θεοῦ
38 ἵνα κ. ἐκεῖ κηρύξω
39 [2] ἦλθεν κηρύσσων εις τ. συναγωγὰς αὐτῶν
45 ὁ δὲ ἐξελθὼν ἤρξατο κηρύσσειν πολλά
3 14 ἵνα ἀποστέλλῃ αυτοὺς κηρύσσειν
5 20 ἤρξατο κηρύσσειν ἐν τῇ Δεκαπόλει
6 12 [3] ἐξελθόντες ἐκήρυξαν ἵνα μετανοῶσιν
7 36 αὐτοὶ μᾶλλον περισσότερον ἐκήρυσσον
13 10 [1 2] εἰς πάντα τ. ἔθνη πρῶτον δεῖ κηρυχθῆναι τὸ εὐαγγέλιον
14 9 [1] ὅπου ἐὰν κηρυχθῇ τὸ εὐαγγέλιον
16 [15 [1] κηρύξατε τὸ εὐαγγέλιον πάσῃ τ. κτίσει
[20 ἐκεῖνοι δὲ ἐξελθόντες ἐκήρυξαν πανταχοῦ
Lu 3 3 κηρύσσων βάπτισμα μετανοίας εἰς ἄφεσιν ἁμαρτιῶν
4 18 κηρύξαι αἰχμαλώτοις ἄφεσιν
κηρῦξαι, T
לִקְרֹא לִשְׁבוּיִם דְּרוֹר, Is. lxi. 1
19 κηρύξαι ἐνιαυτὸν Κυρίου δεκτόν
κηρῦξαι, T
לִקְרֹא שְׁנַת־רָצוֹן לַיהוָה, *ib.* 2
44 [2] ἦν κηρύσσων εἰς τ. συναγωγὰς τ. Ἰουδαίας
8 1 κηρύσσων κ. εὐαγγελιζόμενος τ. βασιλείαν τ. Θεοῦ
39 καθ᾽ ὅλην τ. πόλιν κηρύσσων ὅσα ἐποίησεν αὐτῷ ὁ Ἰησοῦς
9 2 ἀπέστειλεν αὐτοὺς κηρύσσειν τ. βασιλείαν τ. Θεοῦ
12 3 ὃ πρὸς τὸ οὖς ἐλαλήσατε . . . κηρυχθήσεται ἐπὶ τ. δωμάτων
24 47 κηρυχθῆναι ἐπὶ τ. ὀνόματι αὐτοῦ μετάνοιαν
Ac 8 5 [4] Φίλιππος . . . ἐκήρυσσεν αὐτοῖς τ. Χριστόν
9 20 [4] εὐθέως ἐν τ. συναγωγαῖς ἐκήρυσσεν τ. Ἰησοῦν
10 37 μετὰ τὸ βάπτισμα ὃ ἐκήρυξεν Ἰωάνης
42 παρήγγειλεν ἡμῖν κηρύξαι τ. λαῷ
κηρῦξαι, T
15 21 Μωυσῆς γὰρ . . . κατὰ πόλιν τ. κηρύσσοντας αὐτὸν ἔχει
19 13 [4] ὁρκίζω ὑμᾶς τ. Ἰησοῦν ὃν Παῦλος κηρύσσει
20 25 ἐν οἷς διῆλθον κηρύσσων τ. βασιλείαν
28 31 κηρύσσων τ. βασιλείαν τ. Θεοῦ
Ro 2 21 [3] ὁ κηρύσσων μὴ κλέπτειν κλέπτεις;
10 8 τὸ ῥῆμα τ. πίστεως ὃ κηρύσσομεν
14 πῶς δὲ ἀκούσωσιν χωρὶς κηρύσσοντος;
15 πῶς δὲ κηρύξωσιν ἐὰν μὴ ἀποσταλῶσιν;
I Co 1 23 [4] ἡμεῖς δὲ κηρύσσομεν Χριστὸν ἐσταυρωμένον
9 27 μή πως ἄλλοις κηρύξας αὐτὸς ἀδόκιμος γένωμαι
15 11 οὕτως κηρύσσομεν κ. οὕτως ἐπιστεύσατε.
12 [4] εἰ δὲ Χριστὸς κηρύσσεται ὅτι ἐκ νεκρῶν ἐγήγερται
II Co 1 19 [4] Χριστὸς Ἰησοῦς ὁ ἐν ὑμῖν δι᾽ ἡμῶν κηρυχθείς
4 5 οὐ γὰρ ἑαυτοὺς κηρύσσομεν
11 4 [4] εἰ μὲν γὰρ ὁ ἐρχόμενος ἄλλον Ἰησοῦν κηρύσσει ὃν οὐκ ἐκηρύξαμεν
Ga 2 2 [1] ἀνεθέμην αὐτοῖς τὸ εὐαγγέλιον ὃ κηρύσσω ἐν τ. ἔθνεσιν
5 11 εἰ περιτομὴν ἔτι κηρύσσω
Phl 1 15 [4] τινὲς δὲ κ. δι᾽ εὐδοκίαν τ. Χριστὸν κηρύσσουσιν
Col 1 23 [1] τ. εὐαγγελίου . . . τ. κηρυχθέντος ἐν πάσῃ κτίσει τῇ ὑπὸ τ. οὐρανόν
I Th 2 9 [1 2] ἐκηρύξαμεν εἰς ὑμᾶς τὸ εὐαγγέλιον τ. Θεοῦ
I Ti 3 16 [4] ὃς . . . ἐκηρύχθη ἐν ἔθνεσιν
II Ti 4 2 κήρυξον τ. λόγον
I Pe 3 19 τοῖς ἐν φυλακῇ πνεύμασι πορευθεὶς ἐκήρυξεν
Re 5 2 εἶδον ἄγγελον ἰσχυρὸν κηρύσσοντα ἐν φωνῇ μεγάλῃ

ΚΗ͂ΤΟΣ 2785

Mt 12 40 ὥσπερ γὰρ ἦν Ἰωνᾶς ἐν τ. κοιλίᾳ τ. κήτους

ΚΗΦΑ͂Σ 2786

Jo 1 42 σὺ κληθήσῃ Κηφᾶς ὃ ἑρμηνεύεται Πέτρος
I Co 1 12 ἐγὼ δὲ Κηφᾶ ἐγὼ δὲ Χριστοῦ
3 22 εἴτε Ἀπολλὼς εἴτε Κηφᾶς
9 5 οἱ ἀδελφοὶ τ. Κυρίου κ. Κηφᾶς
15 5 ὤφθη Κηφᾷ εἶτα τοῖς δώδεκα
Ga 1 18 ἀνῆλθον εἰς Ἱεροσόλυμα ἱστορῆσαι Κηφᾶν
2 9 Ἰάκωβος κ. Κηφᾶς κ. Ἰωάνης οἱ δοκοῦντες στῦλοι εἶναι
11 ὅτε δὲ ἦλθεν Κηφᾶς εἰς Ἀντιόχειαν
14 εἶπον τῷ Κηφᾷ ἔμπροσθεν πάντων

ΚΙΒΩΤΟ΄Σ 2787

Mt 24 38 ἄχρι ἧς ἡμέρας εἰσῆλθεν Νῶε εἰς τὴν κιβωτόν
וַיָּבֹא נֹחַ . . . אֶל־הַתֵּבָה, Gen. vii. 7
Lu 17 27 ἄχρι ἧς ἡμέρας εἰσῆλθεν Νῶε εἰς τὴν κιβωτόν, Gen. *l.c.*
He 9 4 τὴν κιβωτὸν τ. διαθήκης περικεκαλυμμένην πάντοθεν χρυσίῳ
11 7 κατεσκεύασεν κιβωτὸν εἰς σωτηρίαν τ. οἴκου αὐτοῦ
I Pe 3 20 ἐν ἡμέραις Νῶε κατασκευαζομένης κιβωτοῦ
Re 11 19 ὤφθη ἡ κιβωτὸς τ. διαθήκης αὐτοῦ ἐν τ. ναῷ αὐτοῦ

ΚΙΘΑ΄ΡΑ 2788

I Co 14 7 εἴτε αὐλὸς εἴτε κιθάρα
Re 5 8 ἔχοντες ἕκαστος κιθάραν
14 2 ἡ φωνὴ ἣν ἤκουσα ὡς κιθαρῳδῶν κιθαριζόντων ἐν τ. κιθάραις αὐτῶν
15 2 εἶδον . . . τ. νικῶντας ἐκ τ. θηρίου . . . ἔχοντας κιθάρας τ. Θεοῦ

ΚΙΘΑΡΙ΄ΖΩ 2789

I Co 14 7 πῶς γνωσθήσεται τὸ αὐλούμενον ἢ τὸ κιθαριζόμενον;
Re 14 2 ἡ φωνὴ ἣν ἤκουσα ὡς κιθαρῳδῶν κιθαριζόντων ἐν τ. κιθάραις αὐτῶν

ΚΙΘΑΡΩΔΟ΄Σ* 2790

Re 14 2 ἡ φωνὴ ἣν ἤκουσα ὡς κιθαρῳδῶν κιθαριζόντων ἐν τ. κιθάραις αὐτῶν
18 22 φωνὴ κιθαρῳδῶν . . . οὐ μὴ ἀκουσθῇ ἐν σοὶ ἔτι

ΚΙΛΙΚΙ΄Α 2791

Ac 6 9 ἀνέστησαν δέ τινες . . . τῶν ἀπὸ Κιλικίας κ. Ἀσίας
15 23 τοῖς κατὰ τ. Ἀντιόχειαν κ. Συρίαν κ Κιλικίαν ἀδελφοῖς
41 διήρχετο δὲ τ. Συρίαν κ. τ. Κιλικιαν
—τήν, T [WH]

Ac 21 39 Ἰουδαῖος Ταρσεὺς τ. Κιλικίας οὐκ ἀσήμου πόλεως πολίτης
22 3 γεγεννημένος ἐν Ταρσῷ τ. Κιλικίας
23 34 πυθόμενος ὅτι ἀπὸ Κιλικίας
27 5 τό τε πέλαγος τὸ κατὰ τ. Κιλικίαν κ. Παμφυλίαν διαπλεύσαντες
Ga 1 21 ἦλθον εἰς τὰ κλίματα τ. Συρίας κ. τῆς Κιλικίας
[τῆς], WH

ΚΙΝΔΥΝΕΎΩ 2793

Lu 8 23 συνεπληροῦντο κ. ἐκινδύνευον
Ac 19 27 τοῦτο κινδυνεύει ἡμῖν τὸ μέρος εἰς ἀπελεγμὸν ἐλθεῖν
40 κινδυνεύομεν ἐγκαλεῖσθαι στάσεως
I Co 15 30 τί κ. ἡμεῖς κινδυνεύομεν πᾶσαν ὥραν;

ΚΊΝΔΥΝΟΣ 2794

Ro 8 35 τίς ἡμᾶς χωρίσει . . . γυμνότης ἢ κίνδυνος ἢ μάχαιρα;
II Co 11 26 κινδύνοις ποταμῶν κινδύνοις λῃστῶν,
κινδύνοις ἐκ γένους κινδύνοις ἐξ ἐθνῶν,
κινδύνοις ἐν πόλει κινδύνοις ἐν ἐρημίᾳ
κινδύνοις ἐν θαλάσσῃ,
κινδύνοις ἐν ψευδαδέλφοις

ΚΙΝΈΩ 2795

Mt 23 4 τ. δακτύλῳ αὐτῶν οὐ θέλουσιν κινῆσαι αὐτά
27 39 ἐβλασφήμουν αὐτὸν κινοῦντες τ. κεφαλὰς αὐτῶν
Mk 15 29 ἐβλασφήμουν αὐτὸν κινοῦντες τ. κεφαλὰς αὐτῶν
Ac 17 28 ἐν αὐτῷ γὰρ ζῶμεν κ. κινούμεθα κ. ἐσμέν
21 30 ἐκινήθη τε ἡ πόλις ὅλη
24 5 εὑρόντες γὰρ τ. ἄνδρα τοῦτον . . . κινοῦντα στάσεις
Re 2 5 κινήσω τ. λυχνίαν σου ἐκ τ. τόπου αὐτῆς
6 14 πᾶν ὄρος κ. νῆσος ἐκ τ. τόπων αὐτῶν ἐκινήθησαν

ΚΊΝΗΣΙΣ 2796

Jo 5 [3 ἐκδεχομένων τὴν τ. ὕδατος κίνησιν
—h. v., TWHR non mg.

ΚΙΝΝΆΜΩΜΟΝ 2792

Re 18 13 κιννάμωμον κ. ἄμωμον κ. θυμιάματα

ΚΛΆΔΟΣ 2798

Mt 13 32 ὥστε ἐλθεῖν τὰ πετεινὰ . . . κ. κατασκηνοῖν ἐν τ. κλάδοις αὐτοῦ
21 8 ἄλλοι δὲ ἔκοπτον κλάδους ἀπὸ τ. δένδρων
24 32 ὅταν ἤδη ὁ κλάδος αὐτῆς γένηται ἁπαλός
Mk 4 32 ποιεῖ κλάδους μεγάλους
13 28 ὅταν ἤδη ὁ κλάδος αὐτῆς ἁπαλὸς γένηται
αὐτ. ἤδη ὁ κλ., T
Lu 13 19 τὰ πετεινὰ τ. οὐρανοῦ κατεσκήνωσεν ἐν τ. κλάδοις αὐτοῦ
Ro 11 16 εἰ ἡ ῥίζα ἁγία κ. οἱ κλάδοι.
17 εἰ δέ τινες τ. κλάδων ἐξεκλάσθησαν
18 μὴ κατακαυχῶ τ. κλάδων
19 ἐξεκλάσθησαν κλάδοι ἵνα ἐγὼ ἐνκεντρισθῶ
21 εἰ γὰρ ὁ Θεὸς τῶν κατὰ φύσιν κλάδων οὐκ ἐφείσατο

ΚΛΑΊΩ 2799

(1) trans. (2) seq. ἐπί

Mt 2 18 [1] Ῥαχὴλ κλαίουσα τὰ τέκνα αὐτῆς
רָחֵל מְבַכָּה עַל־בָּנֶיהָ, Jer. xxxi. 15
26 75 ἐξελθὼν ἔξω ἔκλαυσεν πικρῶς
Mk 5 38 θεωρεῖ θόρυβον κ. κλαίοντας κ. . . . ἀλαλάζοντας πολλά
39 τί θορυβεῖσθε κ. κλαίετε;
14 72 ἐπιβαλὼν ἔκλαιεν
16 [10 ἀπήγγειλεν τοῖς μετ᾽ αὐτοῦ γενομένοις πενθοῦσιν κ. κλαίουσιν
Lu 6 21 μακάριοι οἱ κλαίοντες νῦν ὅτι γελάσετε
25 οὐαὶ οἱ γελῶντες νῦν ὅτι πενθήσετε κ. κλαύσετε
7 13 εἶπεν αὐτῇ Μὴ κλαῖε
32 ἐθρηνήσαμεν κ. οὐκ ἐκλαύσατε
38 στᾶσα ὀπίσω παρὰ τ. πόδας αὐτοῦ κλαίουσα
8 52 ἔκλαιον δὲ πάντες κ. ἐκόπτοντο αὐτήν. ὁ δὲ εἶπεν Μὴ κλαίετε
19 41 [2] ἰδὼν τ. πόλιν ἔκλαυσεν ἐπ᾽ αὐτήν
22 62 ἐξελθὼν ἔξω ἔκλαυσεν πικρῶς
h. v., [WH]
23 28 [2] θυγατέρες Ἰερουσαλὴμ μὴ κλαίετε ἐπ᾽ ἐμέ,
[2] πλὴν ἐφ᾽ ἑαυτὰς κλαίετε κ. ἐπὶ τὰ τέκνα ὑμῶν
Jo 11 31 ὑπάγει εἰς τὸ μνημεῖον ἵνα κλαύσῃ ἐκεῖ
33 Ἰησοῦς οὖν ὡς εἶδεν αὐτὴν κλαίουσαν,
κ. τ. συνελθόντας αὐτῇ Ἰουδαίους κλαίοντας
16 20 ὅτι κλαύσετε κ. θρηνήσετε ὑμεῖς
20 11 Μαρία δὲ εἱστήκει πρὸς τ. μνημείῳ ἔξω κλαίουσα.
ὡς οὖν ἔκλαιεν παρέκυψεν εἰς τὸ μνημεῖον
13 γύναι τί κλαίεις;
15 γύναι τί κλαίεις; τίνα ζητεῖς;
Ac 8 24 ὃς πολλὰ κλαίων οὐ διελίμπανεν
—h. v., TWH non mg. R
9 39 παρέστησαν αὐτῷ πᾶσαι αἱ χῆραι κλαίουσαι
21 13 τί ποιεῖτε κλαίοντες κ. συνθρύπτοντές μου τ. καρδίαν;
Ro 12 15 κλαίειν μετὰ κλαιόντων
I Co 7 30 οἱ κλαίοντες ὡς μὴ κλαίοντες
Phl 3 18 νῦν δὲ κ. κλαίων λέγω
Ja 4 9 ταλαιπωρήσατε κ. πενθήσατε κ. κλαύσατε
πενθ. κλ., T
5 1 κλαύσατε ὀλολύζοντες ἐπὶ τ. ταλαιπωρίαις ὑμῶν
Re 5 4 ἐγὼ ἔκλαιον πολύ
5 εἷς ἐκ τ. πρεσβυτέρων λέγει μοι Μὴ κλαῖε
18 9 κλαύσουσιν κ. κόψονται ἐπ᾽ αὐτήν
κλαύσονται, TWH mg.
11 οἱ ἔμποροι τ. γῆς κλαίουσιν κ. πενθοῦσιν ἐπ᾽ αὐτήν
15 μακρόθεν στήσονται . . . κλαίοντες κ. πενθοῦντες
19 ἔκραξαν κλαίοντες κ. πενθοῦντες

ΚΛΆΣΙΣ* 2800

Lu 24 35 ὡς ἐγνώσθη αὐτοῖς ἐν τ. κλάσει τ. ἄρτου
Ac 2 42 ἦσαν δὲ προσκαρτεροῦντες . . τ. κλάσει τ. ἄρτου

ΚΛΆΣΜΑ 2801

Mt 14 20 ἦραν τὸ περισσεῦον τ. κλασμάτων
15 37 τὸ περισσεῦον τ. κλασμάτων ἦραν

Mk 6 43 ἦραν κλάσματα δώδεκα κοφίνων πληρώματα κλασμάτων, T
8 8 ἦραν περισσεύματα κλασμάτων ἑπτὰ σφυρίδας
19 πόσους κοφίνους κλασμάτων πλήρεις ἤρατε;
20 πόσων σφυρίδων πληρώματα κλασμάτων ἤρατε;
Lu 9 17 ἤρθη τὸ περισσεῦσαν αὐτοῖς κλασμάτων κόφινοι δώδεκα
Jo 6 12 συναγάγετε τὰ περισσεύσαντα κλάσματα
13 ἐγέμισαν δώδεκα κοφίνους κλασμάτων

ΚΛΑΥ῀ΔΑ *Vide* ΚΑΥ῀ΔΑ, 2737.5

ΚΛΑΥΔΙ΄Α 2803

II Ti 4 21 ἀσπάζεταί σε . . . Λίνος κ. Κλαυδία

ΚΛΑΥ΄ΔΙΟΣ 2804

Ac 11 28 ἥτις ἐγένετο ἐπὶ Κλαυδίου
18 2 διὰ τὸ διατεταχέναι Κλαύδιον χωρίζεσθαι πάντας τ. Ἰουδαίους
23 26 Κλαύδιος Λυσίας τ. κρατίστῳ ἡγεμόνι Φήλικι χαίρειν

ΚΛΑΥΘΜΟ΄Σ 2805

Mt 2 18 φωνὴ ἐν Ῥαμὰ ἠκούσθη κλαυθμὸς κ. ὀδυρμὸς πολύς
קוֹל בְּרָמָה נִשְׁמָע נְהִי בְּכִי תַמְרוּרִים, Jer. xxxi. 15
8 12 ἐκεῖ ἔσται ὁ κλαυθμὸς κ. ὁ βρυγμὸς τ. ὀδόντων
add. 13. 42, 50; 22. 13; 24. 51; 25. 30; Lu 13. 28
Ac 20 37 ἱκανὸς δὲ κλαυθμὸς ἐγένετο πάντων

ΚΛΑ΄Ω 2806

Mt 14 19 κλάσας ἔδωκεν τ. μαθηταῖς τ. ἄρτους
15 36 εὐχαριστήσας ἔκλασεν
26 26 εὐλογήσας ἔκλασεν
Mk 8 6 εὐχαριστήσας ἔκλασεν
19 ὅτε τ. πέντε ἄρτους ἔκλασα εἰς τ. πεντακισχιλίους
14 22 λαβὼν ἄρτον εὐλογήσας ἔκλασεν
Lu 22 19 λαβὼν ἄρτον εὐχαριστήσας ἔκλασεν
24 30 κλάσας ἐπεδίδου αὐτοῖς
Ac 2 46 κλῶντές τε κατ' οἶκον ἄρτον
20 7 συνηγμένων ἡμῶν κλάσαι ἄρτον
11 ἀναβὰς δὲ κ. κλάσας τ. ἄρτον
27 35 κλάσας ἤρξατο ἐσθίειν
I Co 10 16 τ. ἄρτον ὃν κλῶμεν οὐχὶ κοινωνία τ. σώματος
11 24 εὐχαριστήσας ἔκλασεν
24 τοῦτό μού ἐστιν τὸ σῶμα τὸ ὑπὲρ ὑμῶν κλώμενον
—κλ., TWHR non mg.

ΚΛΕΙ΄Σ 2807

Mt 16 19 δώσω σοι τ. κλεῖδας τ. βασιλείας τ. οὐρανῶν
Lu 11 52 ὅτι ἤρατε τ. κλεῖδα τ. γνώσεως
Re 1 18 ἔχω τ. κλεῖς τ. θανάτου κ. τ. ᾅδου
3 7 τάδε λέγει . . . ὁ ἔχων τ. κλεῖν Δαυείδ
9 1 ἐδόθη αὐτῷ ἡ κλεὶς τ. φρέατος τῆς ἀβύσσου
20 1 εἶδον ἄγγελον . . . ἔχοντα τ. κλεῖν τῆς ἀβύσσου

ΚΛΕΙ΄Ω 2808

Mt 6 6 κλείσας τ. θύραν σου πρόσευξαι τ. πατρί σου
23 14 κλείετε τ. βασιλείαν τ. οὐρανῶν ἔμπροσθεν τ. ἀνθρώπων
25 10 ἐκλείσθη ἡ θύρα
Lu 4 25 ὅτε ἐκλείσθη ὁ οὐρανὸς ἔτη τρία κ. μῆνας ἕξ
11 7 ἤδη ἡ θύρα κέκλεισται
Jo 20 19 τ. θυρῶν κεκλεισμένων
26 ἔρχεται ὁ Ἰησοῦς τ. θυρῶν κεκλεισμένων
Ac 5 23 τὸ δεσμωτήριον εὕρομεν κεκλεισμένον ἐν πάσῃ ἀσφαλείᾳ
21 30 εὐθέως ἐκλείσθησαν αἱ θύραι
I Jo 3 17 ὃς δ' ἂν . . . κλείσῃ τὰ σπλάγχνα αὐτοῦ ἀπ' αὐτοῦ
Re 3 7 ὁ ἀνοίγων κ. οὐδεὶς κλείσει,
κ. κλείων κ. οὐδεὶς ἀνοίγει
κλείει, WH mg.
8 οὐδεὶς δύναται κλεῖσαι αὐτήν
11 6 οὗτοι ἔχουσιν τ. ἐξουσίαν κλεῖσαι τ. οὐρανόν
20 3 ἔκλεισεν κ. ἐσφράγισεν ἐπάνω αὐτοῦ
21 25 οἱ πυλῶνες αὐτῆς οὐ μὴ κλεισθῶσιν ἡμέρας

ΚΛΕ΄ΜΜΑ 2809

Re 9 21 οὐ μετενόησαν . . . ἐκ τ. κλεμμάτων αὐτῶν

ΚΛΕΟ΄ΠΑΣ 2810

Lu 24 18 ἀποκριθεὶς δὲ εἷς ὀνόματι Κλεόπας

ΚΛΕ΄ΟΣ 2811

I Pe 2 20 ποῖον γὰρ κλέος εἰ ἁμαρτάνοντες κ. κολαφιζόμενοι ὑπομενεῖτε;

ΚΛΕ΄ΠΤΗΣ 2812

Mt 6 19 ὅπου κλέπται διορύσσουσιν κ. κλέπτουσιν
20 ὅπου κλέπται οὐ διορύσσουσιν οὐδὲ κλέπτουσιν
24 43 εἰ ᾔδει . . . ποίᾳ φυλακῇ ὁ κλέπτης ἔρχεται
Lu 12 33 ὅπου κλέπτης οὐκ ἐγγίζει
39 εἰ ᾔδει . . . ποίᾳ ὥρᾳ ὁ κλέπτης ἔρχεται
Jo 10 1 ἐκεῖνος κλέπτης ἐστὶν κ. λῃστής
8 ὅσοι ἦλθον πρὸ ἐμοῦ κλέπται εἰσὶν κ. λῃσταί
10 ὁ κλέπτης οὐκ ἔρχεται εἰ μὴ ἵνα κλέψῃ
12 6 ἀλλ' ὅτι κλέπτης ἦν
I Co 6 10 οὔτε κλέπται οὔτε πλεονέκται . . . βασιλείαν Θεοῦ κληρονομήσουσιν
I Th 5 2 ἡμέρα Κυρίου ὡς κλέπτης ἐν νυκτὶ οὕτως ἔρχεται
4 ἵνα ἡ ἡμέρα ὑμᾶς ὡς κλέπτας καταλάβῃ
κλέπτης, TWH mg. R non mg.
I Pe 4 15 μὴ γάρ τις ὑμῶν πασχέτω ὡς φονεὺς ἢ κλέπτης
II Pe 3 10 ἥξει δὲ ἡμέρα Κυρίου ὡς κλέπτης
Re 3 3 ἐὰν οὖν μὴ γρηγορήσῃς ἥξω ὡς κλέπτης
16 15 ἰδοὺ ἔρχομαι ὡς κλέπτης

ΚΛΕ΄ΠΤΩ 2813

Mt 6 19 ὅπου κλέπται διορύσσουσιν κ. κλέπτουσιν
20 ὅπου κλέπται οὐ διορύσσουσιν οὐδὲ κλέπτουσιν
19 18 τὸ Οὐ φονεύσεις . . . οὐ κλέψεις
לֹא תִּרְצָח . . . לֹא תִּגְנֹב, Ex. xx. 13, 15

Mt 27 64 μήποτε ἐλθόντες οἱ μαθηταὶ κλέψωσιν αὐτόν
28 13 οἱ μαθηταὶ αὐτοῦ νυκτὸς ἐλθόντες ἔκλεψαν αὐτὸν ἡμῶν κοιμωμένων
Mk 10 19 τ. ἐντολὰς οἶδας . . . μὴ κλέψῃς, Ex. *l.c.*
Lu 18 20 τ. ἐντολὰς οἶδας . . . μὴ κλέψῃς, Ex. *l.c.*
Jo 10 10 ὁ κλέπτης οὐκ ἔρχεται εἰ μὴ ἵνα κλέψῃ
Ro 2 21 ὁ κηρύσσων μὴ κλέπτειν κλέπτεις;
13 9 τὸ γὰρ Οὐ μοιχεύσεις . . . οὐ κλέψεις
לֹא תִנְאָף לֹא תִגְנֹב, Ex. xx. 14, 15
Eph 4 28 ὁ κλέπτων μηκέτι κλεπτέτω

ΚΛΗ̂ΜΑ 2814

Jo 15 2 πᾶν κλῆμα ἐν ἐμοὶ μὴ φέρον καρπόν
4 καθὼς τὸ κλῆμα οὐ δύναται καρπὸν φέρειν ἀφ' ἑαυτοῦ
5 ἐγώ εἰμι ἡ ἄμπελος ὑμεῖς τὰ κλήματα
6 ἐβλήθη ἔξω ὡς τὸ κλῆμα

ΚΛΉΜΗΣ 2815

Phl 4 3 μετὰ κ. Κλήμεντος κ. τ. λοιπῶν συνεργῶν μου

ΚΛΗΡΟΝΟΜΈΩ 2816

Mt 5 5 ὅτι αὐτοὶ κληρονομήσουσιν τ. γῆν
19 29 ζωὴν αἰώνιον κληρονομήσει
25 34 κληρονομήσατε τ. ἡτοιμασμένην ὑμῖν βασιλείαν
Mk 10 17 τί ποιήσω ἵνα ζωὴν αἰώνιον κληρονομήσω;
Lu 10 25 τί ποιήσας ζωὴν αἰώνιον κληρονομήσω;
18 18 τί ποιήσας ζωὴν αἰώνιον κληρονομήσω;
1 Co 6 9 ἄδικοι Θεοῦ βασιλείαν οὐ κληρονομήσουσιν
10 οὐ λοίδοροι οὐχ ἅρπαγες βασιλείαν Θεοῦ κληρονομήσουσιν
15 50 σὰρξ κ. αἷμα βασιλείαν Θεοῦ κληρονομῆσαι οὐ δύναται,
οὐδὲ ἡ φθορὰ τ. ἀφθαρσίαν κληρονομεῖ
Ga 4 30 οὐ γὰρ μὴ κληρονομήσει ὁ υἱὸς τ. παιδίσκης
כִּי לֹא יִירַשׁ בֶּן הָאָמָה הַזֹּאת, Gen. xxi. 10
5 21 οἱ τὰ τοιαῦτα πράσσοντες βασιλείαν Θεοῦ οὐ κληρονομήσουσιν
He 1 4 ὅσῳ διαφορώτερον παρ' αὐτοὺς κεκληρονόμηκεν ὄνομα
14 ἀποστελλόμενα διὰ τ. μέλλοντας κληρονομεῖν σωτηρίαν
6 12 μιμηταὶ δὲ τῶν διὰ πίστεως κ. μακροθυμίας κληρονομούντων τ. ἐπαγγελίας
12 17 μετέπειτα θέλων κληρονομῆσαι τ. εὐλογίαν
1 Pe 3 9 εἰς τοῦτο ἐκλήθητε ἵνα εὐλογίαν κληρονομήσητε
Re 21 7 ὁ νικῶν κληρονομήσει ταῦτα

ΚΛΗΡΟΝΟΜΊΑ 2817

Mt 21 38 ἀποκτείνωμεν αὐτὸν κ. σχῶμεν τ. κληρονομίαν αὐτοῦ
Mk 12 7 ἀποκτείνωμεν αὐτὸν κ. ἡμῶν ἔσται ἡ κληρονομία
Lu 12 13 μερίσασθαι μετ' ἐμοῦ τ. κληρονομίαν
20 14 ἀποκτείνωμεν αὐτὸν ἵνα ἡμῶν γένηται ἡ κληρονομία
Ac 7 5 οὐκ ἔδωκεν αὐτῷ κληρονομίαν ἐν αὐτῇ
20 32 δοῦναι τὴν κληρονομίαν ἐν τ. ἡγιασμένοις πᾶσιν
Ga 3 18 εἰ γὰρ ἐκ νόμου ἡ κληρονομία
Eph 1 14 ὅ ἐστιν ἀρραβὼν τ. κληρονομίας ἡμῶν
18 τίς ὁ πλοῦτος τ. δόξης τ. κληρονομίας αὐτοῦ
5 5 πᾶς πόρνος . . . οὐκ ἔχει κληρονομίαν ἐν τ. βασιλείᾳ τ. Χριστοῦ
Col 3 24 ἀπὸ Κυρίου ἀπολήμψεσθε τ. ἀνταπόδοσιν τ. κληρονομίας
He 9 15 ὅπως . . . τ. ἐπαγγελίαν λάβωσιν οἱ κεκλημένοι τῆς αἰωνίου κληρονομίας
11 8 ἐξελθεῖν εἰς τόπον ὃν ἤμελλεν λαμβάνειν εἰς κληρονομίαν
1 Pe 1 4 εἰς κληρονομίαν ἄφθαρτον κ. ἀμίαντον κ. ἀμάραντον

ΚΛΗΡΟΝΌΜΟΣ 2818

Mt 21 38 οὗτός ἐστιν ὁ κληρονόμος
Mk 12 7 οὗτός ἐστιν ὁ κληρονόμος
Lu 20 14 οὗτός ἐστιν ὁ κληρονόμος
Ro 4 13 ἡ ἐπαγγελία . . . τὸ κληρονόμον αὐτὸν εἶναι κόσμου
14 εἰ γὰρ οἱ ἐκ νόμου κληρονόμοι
8 17 εἰ δὲ τέκνα κ. κληρονόμοι·
κληρονόμοι μὲν Θεοῦ συνκληρονόμοι δὲ Χριστοῦ
Ga 3 29 κατ' ἐπαγγελίαν κληρονόμοι
4 1 ἐφ' ὅσον χρόνον ὁ κληρονόμος νήπιός ἐστιν
7 εἰ δὲ υἱὸς κ. κληρονόμος διὰ Θεοῦ
Tit 3 7 ἵνα . . . κληρονόμοι γενηθῶμεν κατ' ἐλπίδα ζωῆς αἰωνίου
He 1 2 ὃν ἔθηκεν κληρονόμον πάντων
6 17 βουλόμενος ὁ Θεὸς ἐπιδεῖξαι τ. κληρονόμοις τ. ἐπαγγελίας
11 7 τῆς κατὰ πίστιν δικαιοσύνης ἐγένετο κληρονόμος
Ja 2 5 οὐχ ὁ Θεὸς ἐξελέξατο τ. πτωχοὺς . . . κληρονόμους τ. βασιλείας

ΚΛΗΡΌΟΜΑΙ 2820

Eph 1 11 ἐν ᾧ καὶ ἐκληρώθημεν

ΚΛΗ̂ΡΟΣ 2819

Mt 27 35 διεμερίσαντο τὰ ἱμάτια αὐτοῦ βάλλοντες κλῆρον
Mk 15 24 διαμερίζονται τὰ ἱμάτια αὐτοῦ βάλλοντες κλῆρον ἐπ' αὐτά
Lu 23 34 διαμεριζόμενοι δὲ τὰ ἱμάτια αὐτοῦ ἔβαλον κλῆρον
κλήρους, T
Jo 19 24 ἐπὶ τ. ἱματισμόν μου ἔβαλον κλῆρον
עַל־לְבוּשִׁי יַפִּילוּ גוֹרָל, Ps. xxii. 19
Ac 1 17 ἔλαχεν τ. κλῆρον τ. διακονίας ταύτης
26 ἔδωκαν κλήρους αὐτοῖς,
κ. ἔπεσεν ὁ κλῆρος ἐπὶ Μαθθίαν
8 21 οὐκ ἔστιν σοι μέρις οὐδὲ κλῆρος ἐν τ. λόγῳ τούτῳ
26 18 τοῦ λαβεῖν αὐτοὺς . . . κλῆρον ἐν τ. ἡγιασμένοις
Col 1 12 εἰς τ. μερίδα τ. κλήρου τ. ἁγίων ἐν τ. φωτί
1 Pe 5 3 μηδ' ὡς κατακυριεύοντες τ. κλήρων

ΚΛΗ̂ΣΙΣ 2821

Ro 11 29 ἀμεταμέλητα γὰρ τὰ χαρίσματα κ. ἡ κλῆσις τ. Θεοῦ
1 Co 1 26 βλέπετε γὰρ τ. κλῆσιν ὑμῶν ἀδελφοί

I Co 7 20 ἕκαστος ἐν τ. κλήσει ᾗ ἐκλήθη ἐν ταύτῃ μενέτω
Eph 1 18 τίς ἐστιν ἡ ἐλπὶς τ. κλήσεως αὐτοῦ
4 1 ἀξίως περιπατῆσαι τ. κλήσεως ἧς ἐκλήθητε
4 καθὼς κ. ἐκλήθητε ἐν μιᾷ ἐλπίδι τ. κλήσεως ὑμῶν
Phl 3 14 διώκω εἰς τὸ βραβεῖον τῆς ἄνω κλήσεως τ. Θεοῦ
II Th 1 11 ἵνα ὑμᾶς ἀξιώσῃ τ. κλήσεως ὁ Θεὸς ἡμῶν
II Ti 1 9 τ. σώσαντος ἡμᾶς κ. καλέσαντος κλήσει ἁγίᾳ
He 3 1 κλήσεως ἐπουρανίου μέτοχοι
II Pe 1 10 σπουδάσατε βεβαίαν ὑμῶν τ. κλῆσιν κ. ἐκλογὴν ποιεῖσθαι

ΚΛΗΤΟ΄Σ 2822

Mt 20 16 πολλοὶ γάρ εἰσιν κλητοὶ ὀλίγοι δὲ ἐκλεκτοί —h. v., TWH non mg. R
22 14 πολλοὶ γάρ εἰσιν κλητοὶ ὀλίγοι δὲ ἐκλεκτοί
Ro 1 1 Παῦλος δοῦλος Ἰησοῦ Χριστοῦ κλητὸς ἀπόστολος
6 ἐν οἷς ἐστὲ κ. ὑμεῖς κλητοὶ Ἰησοῦ Χριστοῦ·
7 πᾶσι τ. οὖσιν ἐν Ῥώμῃ . . . κλητοῖς ἁγίοις
8 28 τοῖς κατὰ πρόθεσιν κλητοῖς οὖσιν
I Co 1 1 Παῦλος κλητὸς ἀπόστολος Ἰησοῦ Χριστοῦ
2 ἡγιασμένοις ἐν Χριστῷ Ἰησοῦ κλητοῖς ἁγίοις
24 αὐτοῖς δὲ τ. κλητοῖς Ἰουδαίοις τε κ. Ἕλλησιν
Ju 1 Ἰούδας . . . τοῖς ἐν Θεῷ πατρὶ ἠγαπημένοις κ. Ἰησοῦ Χριστῷ τετηρημένοις κλητοῖς
Re 17 14 οἱ μετ' αὐτοῦ κλητοὶ κ. ἐκλεκτοὶ κ. πιστοί

ΚΛΙ΄ΒΑΝΟΣ 2823

Mt 6 30 τ. χόρτον . . . αὔριον εἰς κλίβανον βαλλόμενον
Lu 12 28 τ. χόρτον . . . αὔριον εἰς κλίβανον βαλλόμενον

ΚΛΙ΄ΜΑ 2824

Ro 15 23 μηκέτι τόπον ἔχων ἐν τ. κλίμασι τούτοις
II Co 11 10 οὐ φραγήσεται εἰς ἐμὲ ἐν τ. κλίμασι τ. Ἀχαΐας
Ga 1 21 ἔπειτα ἦλθον εἰς τὰ κλίματα τ. Συρίας κ. τ. Κιλικίας

2824.5 ΚΛΙΝΑ΄ΡΙΟΝ * cf. 2825

Ac 5 15 τοὺς ἀσθενεῖς . . . τιθέναι ἐπὶ κλιναρίων κ. κραβάττων

ΚΛΙ΄ΝΗ 2825

Mt 9 2 προσέφερον αὐτῷ παραλυτικὸν ἐπὶ κλίνης βεβλημένον
6 ἔγειρε ἆρόν σου τ. κλίνην
Mk 4 21 ἵνα ὑπὸ τ. μόδιον τεθῇ ἢ ὑπὸ τ. κλίνην
7 4 βαπτισμοὺς ποτηρίων κ. ξεστῶν κ. χαλκίων κ. κλινῶν —κ. κλιν., TWH non mg. R non mg.
30 εὗρεν τὸ παιδίον βεβλημένον ἐπὶ τ. κλίνην
Lu 5 18 ἰδοὺ ἄνδρες φέροντες ἐπὶ κλίνης ἄνθρωπον
8 16 ἢ ὑποκάτω κλίνης τίθησιν
17 34 ταύτῃ τ. νυκτὶ ἔσονται δύο ἐπὶ κλίνης μιᾶς
Re 2 22 ἰδοὺ βάλλω αὐτὴν εἰς κλίνην

ΚΛΙΝΙ΄ΔΙΟΝ * 2826

Lu 5 19 καθῆκαν αὐτὸν σὺν τ. κλινιδίῳ εἰς τὸ μέσον
24 ἄρας τὸ κλινίδιόν σου πορεύου εἰς τ. οἶκόν σου

ΚΛΙ΄ΝΩ 2827

Mt 8 20 οὐκ ἔχει ποῦ τ. κεφαλὴν κλίνῃ
Lu 9 12 ἡ δὲ ἡμέρα ἤρξατο κλίνειν
58 οὐκ ἔχει ποῦ τ. κεφαλὴν κλίνῃ
24 5 κλινουσῶν τὰ πρόσωπα εἰς τ. γῆν
29 πρὸς ἑσπέραν ἐστὶν κ. κέκλικεν ἤδη ἡ ἡμέρα
Jo 19 30 κλίνας τ. κεφαλὴν παρέδωκεν τὸ πνεῦμα
He 11 34 παρεμβολὰς ἔκλιναν ἀλλοτρίων

ΚΛΙΣΙ΄Α ** 2828

Lu 9 14 κατακλίνατε αὐτοὺς κλισίας ὡσεὶ ἀνὰ πεντήκοντα

ΚΛΟΠΗ΄ 2829

Mt 15 19 πορνεῖαι κλοπαὶ ψευδομαρτυρίαι
Mk 7 22 πορνεῖαι κλοπαὶ φόνοι

ΚΛΥ΄ΔΩΝ 2830

Lu 8 24 ἐπετίμησεν τ. ἀνέμῳ κ. τ. κλύδωνι τ. ὕδατος
Ja 1 6 ἔοικεν κλύδωνι θαλάσσης ἀνεμιζομένῳ κ. ῥιπιζομένῳ

ΚΛΥΔΩΝΙ΄ΖΟΜΑΙ † 2831

Eph 4 14 ἵνα μηκέτι ὦμεν νήπιοι κλυδωνιζόμενοι κ. περιφερόμενοι

ΚΛΩΠΑ΄Σ 2832

Jo 19 25 εἱστήκεισαν δὲ παρὰ τ. σταυρῷ . . . Μαρία ἡ τοῦ Κλωπᾶ

ΚΝΗ΄ΘΩ * 2833

II Ti 4 3 κνηθόμενοι τ. ἀκοήν

ΚΝΙ΄ΔΟΣ 2834

Ac 27 7 μόλις γενόμενοι κατὰ τὴν Κνίδον

ΚΟΔΡΑ΄ΝΤΗΣ * † 2835

Mt 5 26 ἕως ἂν ἀποδῷς τ. ἔσχατον κοδράντην
Mk 12 42 ἔβαλεν λεπτὰ δύο ὅ ἐστιν κοδράντης

ΚΟΙΛΙ΄Α 2836

Mt 12 40 ὥσπερ γὰρ ἦν Ἰωνᾶς ἐν τ. κοιλίᾳ τ. κήτους
15 17 πᾶν τὸ εἰσπορευόμενον εἰς τὸ στόμα εἰς τ. κοιλίαν χωρεῖ
19 12 εὐνοῦχοι οἵτινες ἐκ κοιλίας μητρὸς ἐγεννήθησαν οὕτως
Mk 7 19 οὐκ εἰσπορεύεται αὐτοῦ εἰς τ. καρδίαν ἀλλ εἰς τ. κοιλίαν
Lu 1 15 πνεύματος ἁγίου πλησθήσεται ἔτι ἐκ κοιλίας μητρὸς αὐτοῦ
41 ἐσκίρτησεν τὸ βρέφος ἐν τ. κοιλίᾳ αὐτῆς
42 εὐλογημένος ὁ καρπὸς τ. κοιλίας σου
44 ἐσκίρτησεν ἐν ἀγαλλιάσει τὸ βρέφος ἐν τ. κοιλίᾳ μου
2 21 πρὸ τοῦ συλλημφθῆναι αὐτὸν ἐν τ. κοιλίᾳ
11 27 μακαρία ἡ κοιλία ἡ βαστάσασά σε
15 16 ἐπεθύμει γεμίσαι τ. κοιλίαν αὐτοῦ ἀπὸ τ. κερατίων
ἐπ. χορτασθῆναι ἐκ τ. κερ., WH non mg. R
23 29 μακάριαι αἱ στεῖραι κ. αἱ κοιλίαι αἳ οὐκ ἐγέννησαν

Jo 3 4 μὴ δύναται εἰς τ. κοιλίαν τ. μητρὸς αὐτοῦ δεύτερον εἰσελθεῖν
7 38 ποταμοὶ ἐκ τ. κοιλίας αὐτοῦ ῥεύσουσιν ὕδατος ζῶντος

יֵצְאוּ מַיִם חַיִּים מִירוּשָׁלַםִ, Zech. ix. 8

Ac 3 2 χωλὸς ἐκ κοιλίας μητρὸς αὐτοῦ ὑπάρχων
14 8 χωλὸς ἐκ κοιλίας μητρὸς αὐτοῦ
Ro 16 18 Χριστῷ οὐ δουλεύουσιν ἀλλὰ τῇ ἑαυτῶν κοιλίᾳ
I Co 6 13 τὰ βρώματα τ. κοιλίᾳ κ. ἡ κοιλία τ. βρώμασιν
Ga 1 15 ὁ Θεὸς ὁ ἀφορίσας με ἐκ κοιλίας μητρός μου
Phl 3 19 ὧν ὁ θεὸς ἡ κοιλία
Re 10 9 πικρανεῖ σου τ. κοιλίαν
10 ὅτε ἔφαγον αὐτὸ ἐπικράνθη ἡ κοιλία μου

ΚΟΙΜΑ'ΟΜΑΙ 2837

Mt 27 52 πολλὰ σώματα τ. κεκοιμημένων ἁγίων ἠγέρθησαν
28 13 ἔκλεψαν αὐτὸν ἡμῶν κοιμωμένων
Lu 22 45 εὗρεν κοιμωμένους αὐτοὺς ἀπὸ τ. λύπης
Jo 11 11 Λάζαρος ὁ φίλος ἡμῶν κεκοίμηται
12 Κύριε εἰ κεκοίμηται σωθήσεται
Ac 7 60 κ. τοῦτο εἰπὼν ἐκοιμήθη
12 6 ἦν ὁ Πέτρος κοιμώμενος μεταξὺ δύο στρατιωτῶν
13 36 Δαυεὶδ μὲν γὰρ ἰδίᾳ γενεᾷ ὑπηρετήσας τῇ τ. Θεοῦ βουλῇ ἐκοιμήθη
I Co 7 39 ἐὰν δὲ κοιμηθῇ ὁ ἀνήρ
11 30 πολλοὶ ἀσθενεῖς . . . κ. κοιμῶνται ἱκανοί
15 6 τινὲς δὲ ἐκοιμήθησαν
18 ἄρα κ. οἱ κοιμηθέντες ἐν Χριστῷ ἀπώλοντο
20 Χριστὸς ἐγήγερται ἐκ νεκρῶν ἀπαρχὴ τ. κεκοιμημένων
51 πάντες οὐ κοιμηθησόμεθα
I Th 4 13 οὐ θέλομεν δὲ ὑμᾶς ἀγνοεῖν . . . περὶ τ. κοιμωμένων
14 ὁ Θεὸς τ. κοιμηθέντας διὰ τ. Ἰησοῦ ἄξει σὺν αὐτῷ
15 ἡμεῖς οἱ ζῶντες . . . οὐ μὴ φθάσωμεν τ. κοιμηθέντας
II Pe 3 4 ἀφ' ἧς γὰρ οἱ πατέρες ἐκοιμήθησαν

ΚΟΙ'ΜΗΣΙΣ** 2838

Jo 11 13 ἔδοξαν ὅτι περὶ τ. κοιμήσεως τ. ὕπνου λέγει

ΚΟΙΝΟ'Σ 2839

Mk 7 2 κοιναῖς χερσὶν τοῦτ' ἔστιν ἀνίπτοις ἐσθίουσιν τ. ἄρτους
5 ἀλλὰ κοιναῖς χερσὶν ἐσθίουσιν τ. ἄρτον
Ac 2 44 εἶχον ἅπαντα κοινά
4 32 ἀλλ' ἦν αὐτοῖς πάντα κοινά
10 14 οὐδέποτε ἔφαγον πᾶν κοινὸν κ. ἀκάθαρτον
28 μηδένα κοινὸν ἢ ἀκάθαρτον λέγειν ἄνθρωπον
11 8 κοινὸν ἢ ἀκάθαρτον οὐδέποτε εἰσῆλθεν εἰς τὸ στόμα μου
Ro 14 14 ὅτι οὐδὲν κοινὸν δι' ἑαυτοῦ·
εἰ μὴ τ. λογιζομένῳ τι κοινὸν εἶναι ἐκείνῳ κοινόν
Tit 1 4 Τίτῳ γνησίῳ τέκνῳ κατὰ κοινὴν πίστιν
He 10 29 τὸ αἷμα τ. διαθήκης κοινὸν ἡγησάμενος
Ju 3 γράφειν ὑμῖν περὶ τῆς κοινῆς ἡμῶν σωτηρίας
Re 21 27 οὐ μὴ εἰσέλθῃ εἰς αὐτὴν πᾶν κοινόν

ΚΟΙΝΟ'Ω** 2840

Mt 15 11 οὐ τὸ εἰσερχόμενον εἰς τὸ στόμα κοινοῖ τ. ἄνθρωπον·
ἀλλὰ τὸ ἐκπορευόμενον ἐκ τ. στόματος τοῦτο κοινοῖ τ. ἄνθρωπον
18 κἀκεῖνα κοινοῖ τ. ἄνθρωπον
20 ταῦτά ἐστιν τὰ κοινοῦντα τ. ἄνθρωπον·
τὸ δὲ ἀνίπτοις χερσὶν φαγεῖν οὐ κοινοῖ τ. ἄνθρωπον
Mk 7 15 οὐδέν ἐστιν ἔξωθεν . . . ὃ δύναται κοινῶσαι αὐτόν·
ἀλλὰ τὰ ἐκ τ. ἀνθρώπου ἐκπορευόμενά ἐστιν τὰ κοινοῦντα τ. ἄνθρωπον
18 πᾶν τὸ ἔξωθεν . . . οὐ δύναται αὐτὸν κοινῶσαι
20 τὸ ἐκ τ. ἀνθρώπου ἐκπορευόμενον ἐκεῖνο κοινοῖ τ. ἄνθρωπον
23 πάντα ταῦτα τὰ πονηρὰ κοινοῖ τ. ἄνθρωπον
Ac 10 15 ἃ ὁ Θεὸς ἐκαθάρισεν σὺ μὴ κοίνου
11 9 ἃ ὁ Θεὸς ἐκαθάρισεν σὺ μὴ κοίνου
21 28 κεκοίνωκεν τ. ἅγιον τόπον τοῦτον
He 9 13 σποδὸς δαμάλεως ῥαντίζουσα τ. κεκοινωμένους

ΚΟΙΝΩΝΕ'Ω 2841

Ro 12 13 τ. χρείαις τ. ἁγίων κοινωνοῦντες
15 27 εἰ γὰρ τ. πνευματικοῖς αὐτῶν ἐκοινώνησαν τὰ ἔθνη
Ga 6 6 κοινωνείτω δὲ ὁ κατηχούμενος τ. λόγον τ. κατηχοῦντι
Phl 4 15 οὐδεμία μοι ἐκκλησία ἐκοινώνησεν εἰς λόγον δόσεως κ. λήμψεως
I Ti 5 22 μηδὲ κοινώνει ἁμαρτίαις ἀλλοτρίαις
He 2 14 ἐπεὶ οὖν τὰ παιδία κεκοινώνηκεν αἵματος κ. σαρκός
I Pe 4 13 καθὸ κοινωνεῖτε τοῖς τ. Χριστοῦ παθήμασιν
II Jo 11 ὁ λέγων γὰρ αὐτῷ χαίρειν κοινωνεῖ τ. ἔργοις αὐτοῦ τ. πονηροῖς

ΚΟΙΝΩΝΙ'Α 2842

(1) κοιν. πνεύματος

Ac 2 42 ἦσαν δὲ προσκαρτεροῦντες τ. διδαχῇ τ. ἀποστόλων κ. τ. κοινωνίᾳ
Ro 15 26 κοινωνίαν τινὰ ποιήσασθαι εἰς τ. πτωχοὺς τ. ἁγίων
I Co 1 9 δι' οὗ ἐκλήθητε εἰς κοινωνίαν τ. υἱοῦ αὐτοῦ
10 16 οὐχὶ κοινωνία ἐστὶν τ. αἵματος τ. Χριστοῦ;
16 οὐχὶ κοινωνία τ. σώματος τ. Χριστοῦ ἐστίν;
II Co 6 14 ἢ τίς κοινωνία φωτὶ πρὸς σκότος;
8 4 τ. κοινωνίαν τ. διακονίας τῆς εἰς τ. ἁγίους
9 13 ἐπὶ τῇ . . . ἁπλότητι τ. κοινωνίας εἰς αὐτοὺς κ. εἰς πάντας
13 13 [1] ἡ κοινωνία τ. ἁγίου πνεύματος μετὰ πάντων ὑμῶν
Ga 2 9 δεξιὰς ἔδωκαν ἐμοὶ κ. Βαρνάβᾳ κοινωνίας
Phl 1 5 ἐπὶ τ. κοινωνίᾳ ὑμῶν εἰς τὸ εὐαγγέλιον
2 1 [1] εἴ τις κοινωνία πνεύματος
3 10 γνῶναι . . . κοινωνίαν παθημάτων αὐτοῦ
Phm 6 ὅπως ἡ κοινωνία τ. πίστεώς σου ἐνεργὴς γένηται
He 13 16 τῆς δὲ εὐποιίας κ. κοινωνίας μὴ ἐπιλανθάνεσθε
I Jo 1 3 ἵνα κ. ὑμεῖς κοινωνίαν ἔχητε μεθ' ἡμῶν·
κ. ἡ κοινωνία δὲ ἡ ἡμετέρα μετὰ τ. πατρὸς
6 ἐὰν εἴπωμεν ὅτι κοινωνίαν ἔχομεν μετ' αὐτοῦ
7 κοινωνίαν ἔχομεν μετ' ἀλλήλων

ΚΟΙΝΩΝΙΚΟ'Σ* 2843

I Ti 6 18 εὐμεταδότους εἶναι κοινωνικούς

ΚΟΙΝΩΝΟ'Σ 2844

Mt 23 30 οὐκ ἂν ἤμεθα αὐτῶν κοινωνοὶ ἐν τ. αἵματι τ. προφητῶν
κοιν. αὐτ., T
Lu 5 10 οἳ ἦσαν κοινωνοὶ τ. Σίμωνι
I Co 10 18 οὐχ οἱ ἐσθίοντες τ. θυσίας κοινωνοὶ τ. θυσιαστηρίου εἰσίν;
20 οὐ θέλω δὲ ὑμᾶς κοινωνοὺς τ. δαιμονίων γίνεσθαι
II Co 1 7 ὡς κοινωνοί ἐστε τ. παθημάτων
8 23 κοινωνὸς ἐμὸς κ. εἰς ὑμᾶς συνεργός
Phm 17 εἰ οὖν με ἔχεις κοινωνόν
He 10 33 κοινωνοὶ τῶν οὕτως ἀναστρεφομένων γενηθέντες
I Pe 5 1 ὁ κ. τ. μελλούσης ἀποκαλύπτεσθαι δόξης κοινωνός
II Pe 1 4 ἵνα διὰ τούτων γένησθε θείας κοινωνοὶ φύσεως

ΚΟΙ'ΤΗ 2845

Lu 11 7 τὰ παιδία μου μετ' ἐμοῦ εἰς τ. κοίτην εἰσίν
Ro 9 10 ἀλλὰ κ. Ῥεβέκκα ἐξ ἑνὸς κοίτην ἔχουσα
13 13 εὐσχημόνως περιπατήσωμεν . . . μὴ κοίταις κ. ἀσελγείαις
He 13 4 τίμιος ὁ γάμος ἐν πᾶσιν κ. ἡ κοίτη ἀμίαντος

ΚΟΙΤΩ'Ν 2846

Ac 12 20 πείσαντες Βλάστον τὸν ἐπὶ τ. κοιτῶνος τ. βασιλέως

ΚΟ'ΚΚΙΝΟΣ 2847

Mt 27 28 χλαμύδα κοκκίνην περιέθηκαν αὐτῷ
He 9 19 μετὰ ὕδατος κ. ἐρίου κοκκίνου
Re 17 3 εἶδον γυναῖκα καθημένην ἐπὶ θηρίον κόκκινον
4 ἡ γυνὴ ἦν περιβεβλημένη πορφυροῦν κ. κόκκινον
18 12 γόμον χρυσοῦ . . . κ. σιρικοῦ κ. κοκκίνου
16 ἡ περιβεβλημένη βύσσινον κ. πορφυροῦν κ. κόκκινον

ΚΟ'ΚΚΟΣ 2848

Mt 13 31 ὁμοία ἐστὶν ἡ βασιλεία τ. οὐρανῶν κόκκῳ σινάπεως
17 20 ἐὰν ἔχητε πίστιν ὡς κόκκον σινάπεως
Mk 4 31 ὡς κόκκῳ σινάπεως
Lu 13 19 ὁμοία ἐστὶν κόκκῳ σινάπεως
17 6 εἰ ἔχετε πίστιν ὡς κόκκον σινάπεως
Jo 12 24 ἐὰν μὴ ὁ κόκκος τ. σίτου πεσὼν εἰς τ. γῆν ἀποθάνῃ
I Co 15 37 γυμνὸν κόκκον εἰ τύχοι σίτου

ΚΟΛΑ'ΖΩ 2849

Ac 4 21 μηδὲν εὑρίσκοντες τὸ πῶς κολάσωνται αὐτούς
II Pe 2 9 ἀδίκους δὲ εἰς ἡμέραν κρίσεως κολαζομένους τηρεῖν

ΚΟΛΑΚΙ'Α* 2850

I Th 2 5 οὔτε γάρ ποτε ἐν λόγῳ κολακίας ἐγενήθημεν

ΚΟ'ΛΑΣΙΣ 2851

Mt 25 46 ἀπελεύσονται οὗτοι εἰς κόλασιν αἰώνιον
I Jo 4 18 ὅτι ὁ φόβος κόλασιν ἔχει

ΚΟΛΑΦΙ'ΖΩ*† 2852

Mt 26 67 κ. ἐκολάφισαν αὐτόν
Mk 14 65 ἤρξαντό τινες . . . κολαφίζειν αὐτόν
I Co 4 11 γυμνιτεύομεν κ. κολαφιζόμεθα
II Co 12 7 ἄγγελος Σατανᾶ ἵνα με κολαφίζῃ
I Pe 2 20 εἰ ἁμαρτάνοντες κ. κολαφιζόμενοι ὑπομενεῖτε

ΚΟΛΛΑ'ΟΜΑΙ 2853

Mt 19 5 κολληθήσεται τ. γυναικὶ αὐτοῦ
דָּבַק בְּאִשְׁתּוֹ, Gen. ii. 24
Lu 10 11 τ. κονιορτὸν τ. κολληθέντα ἡμῖν ἐκ τ. πόλεως ὑμῶν
15 15 πορευθεὶς ἐκολλήθη ἑνὶ τ. πολιτῶν τ. χώρας ἐκείνης
Ac 5 13 τ. δὲ λοιπῶν οὐδεὶς ἐτόλμα κολλᾶσθαι αὐτοῖς
8 29 κολλήθητι τ. ἅρματι τούτῳ
9 26 ἐπείραζεν κολλᾶσθαι τ. μαθηταῖς
10 28 ὡς ἀθέμιτόν ἐστιν ἀνδρὶ Ἰουδαίῳ κολλᾶσθαι . . . ἀλλοφύλῳ
17 34 τινὲς δὲ ἄνδρες κολληθέντες αὐτῷ ἐπίστευσαν
Ro 12 9 κολλώμενοι τ. ἀγαθῷ
I Co 6 16 ὁ κολλώμενος τ. πόρνῃ ἓν σῶμά ἐστιν
17 ὁ δὲ κολλώμενος τ. Κυρίῳ ἓν πνεῦμά ἐστιν
Re 18 5 ἐκολλήθησαν αὐτῆς αἱ ἁμαρτίαι ἄχρι τ. οὐρανοῦ

ΚΟΛΛΟΥ'ΡΙΟΝ 2854

Re 3 18 κολλούριον ἐγχρῖσαι τ. ὀφθαλμούς σου
κολλύριον ἐγχρίσαι, T

ΚΟΛΛΥΒΙΣΤΗ'Σ*† 2855

Mt 21 12 τ. τραπέζας τ. κολλυβιστῶν κατέστρεψεν
Mk 11 15 τ. τραπέζας τ. κολλυβιστῶν . . . κατέστρεψεν
Jo 2 15 τῶν κολλυβιστῶν ἐξέχεεν τὰ κέρματα

ΚΟΛΛΥ'ΡΙΟΝ *Vide* ΚΟΛΛΟΥ'ΡΙΟΝ, 2854

ΚΟΛΟΒΟ'Ω 2856

Mt 24 22 εἰ μὴ ἐκολοβώθησαν αἱ ἡμέραι ἐκεῖναι
22 διὰ δὲ τ. ἐκλεκτοὺς κολοβωθήσονται αἱ ἡμέραι ἐκεῖναι
Mk 13 20 εἰ μὴ ἐκολόβωσεν Κύριος τ. ἡμέρας
20 διὰ τ. ἐκλεκτοὺς οὓς ἐξελέξατο ἐκολόβωσεν τ. ἡμέρας

ΚΟΛΟΣΣΑΙ' 2857

Col 1 2 Παῦλος ἀπόστολος . . . τοῖς ἐν Κολοσσαῖς ἁγίοις

ΚΟ'ΛΠΟΣ 2859

Lu 6 38 μέτρον καλὸν . . . δώσουσιν εἰς τ. κόλπον ὑμῶν
16 22 ἀπενεχθῆναι αὐτὸν ὑπὸ τ. ἀγγέλων εἰς τ. κόλπον Ἀβραάμ
23 ὁρᾷ . . . Λάζαρον ἐν τ. κόλποις αὐτοῦ

Jo 1 18 ὁ ὢν εἰς τ. κόλπον τ. πατρός
13 23 ἦν ἀνακείμενος εἷς ἐκ τ. μαθητῶν αὐτοῦ ἐν τ. κόλπῳ τ. Ἰησοῦ
Ac 27 39 κόλπον δέ τινα κατενόουν ἔχοντα αἰγιαλόν

ΚΟΛΥΜΒΑ'Ω ** 2860

Ac 27 43 ἐκέλευσέν τε τ. δυναμένους κολυμβᾶν

ΚΟΛΥΜΒΗ'ΘΡΑ 2861

Jo 5 2 ἐν τ. Ἱεροσολύμοις ἐπὶ τ. προβατικῇ κολυμβήθρα
[4 ἄγγελος γὰρ Κυρίου κατὰ καιρὸν κατέβαινεν ἐν τ. κολυμβήθρᾳ
—h. v., TWHR non mg
7 ἵνα . . . βάλῃ με εἰς τ. κολυμβήθραν
9 7 ὕπαγε νίψαι εἰς τ. κολυμβήθραν τοῦ Σιλωάμ

ΚΟΛΩΝΙ'Α *† 2862

Ac 16 12 ἥτις ἐστὶν πρώτη τ. μερίδος Μακεδονίας πόλις κολωνία

ΚΟΜΑ'Ω * 2863

I Co 11 14 ἀνὴρ μὲν ἐὰν κομᾷ ἀτιμία αὐτῷ ἐστίν·
15 γυνὴ δὲ ἐὰν κομᾷ δόξα αὐτῇ ἐστίν

ΚΟ'ΜΗ 2864

I Co 11 15 ἡ κόμη ἀντὶ περιβολαίου δέδοται αὐτῇ

ΚΟΜΙ'ΖΩ 2865

Mt 25 27 ἐλθὼν ἐγὼ ἐκομισάμην ἂν τὸ ἐμὸν σὺν τόκῳ
Lu 7 37 γυνὴ . . . κομίσασα ἀλάβαστρον μύρου
II Co 5 10 ἵνα κομίσηται ἕκαστος τὰ διὰ τ. σώματος
Eph 6 8 τοῦτο κομίσεται παρὰ Κυρίου
Col 3 25 ὁ γὰρ ἀδικῶν κομίσεται ὃ ἠδίκησεν
κομιεῖται, T
He 10 36 ἵνα . . . κομίσησθε τ. ἐπαγγελίαν
11 13 μὴ κομισάμενοι τ. ἐπαγγελίας
19 ὅθεν αὐτὸν κ. ἐν παραβολῇ ἐκομίσατο
39 οὗτοι πάντες . . . οὐκ ἐκομίσαντο τ. ἐπαγγελίαν
I Pe 1 9 κομιζόμενοι τὸ τέλος τ. πίστεως
5 4 κομιεῖσθε τ. ἀμαράντινον τ. δόξης στέφανον
II Pe 2 13 κομιούμενοι μισθὸν ἀδικίας
ἀδικούμενοι, WHR

ΚΟΜΨΟ'ΤΕΡΟΝ * 2866

Jo 4 52 ἐπύθετο οὖν τ. ὥραν παρ' αὐτῶν ἐν ᾗ κομψότερον ἔσχεν

ΚΟΝΙΑ'Ω 2867

Mt 23 27 ὅτι παρομοιάζετε τάφοις κεκονιαμένοις
Ac 23 3 τύπτειν σε μέλλει ὁ Θεὸς τοῖχε κεκονιαμένε

ΚΟΝΙΟΡΤΟ'Σ 2868

Mt 10 14 ἐκτινάξατε τ. κονιορτὸν τ. ποδῶν ὑμῶν
Lu 9 5 τ. κονιορτὸν ἀπὸ τ. ποδῶν ὑμῶν ἀποτινάσσετε
10 11 τ. κονιορτὸν τ. κολληθέντα ἡμῖν ἐκ τ. πόλεως ὑμῶν
Ac 13 51 οἱ δὲ ἐκτιναξάμενοι τ. κονιορτὸν τ. ποδῶν
22 23 κονιορτὸν βαλλόντων εἰς τ. ἀέρα

ΚΟΠΑ'ΖΩ 2869

Mt 14 32 ἐκόπασεν ὁ ἄνεμος
Mk 4 39 ἐκόπασεν ὁ ἄνεμος
6 51 ἐκόπασεν ὁ ἄνεμος

ΚΟΠΕΤΟ'Σ 2870

Ac 8 2 ἐποίησαν κοπετὸν μέγαν ἐπ' αὐτῷ

ΚΟΠΗ' 2871

He 7 1 Ἀβραὰμ ὑποστρέφοντι ἀπὸ τ. κοπῆς τ βασιλέων

ΚΟΠΙΑ'Ω 2872 cf. 5306.5

(1) κοπ. ἐκ (2) κοπ. εἰς

Mt 6 28 πῶς αὐξάνουσιν· οὐ κοπιῶσιν οὐδὲ νήθουσιν
11 28 δεῦτε πρός με πάντες οἱ κοπιῶντες
Lu 5 5 δι' ὅλης νυκτὸς κοπιάσαντες οὐδὲν ἐλάβομεν
12 27 πῶς αὐξάνει· οὐ κοπιᾷ οὐδὲ νήθει
πῶς οὔτε νήθει οὔτε ὑφαίνει, TWH marg.
Jo 4 6 [1] ὁ οὖν Ἰησοῦς κεκοπιακὼς ἐκ τ. ὁδοιπορίας
38 ἀπέστειλα ὑμᾶς θερίζειν ὃ οὐχ ὑμεῖς κεκοπιάκατε·
ἄλλοι κεκοπιάκασιν
Ac 20 35 οὕτως κοπιῶντας δεῖ ἀντιλαμβάνεσθαι τ. ἀσθενούντων
Ro 16 6 [2] ἀσπάσασθε Μαρίαν ἥτις πολλὰ ἐκοπίασεν εἰς ὑμᾶς
12 ἀσπάσασθε Τρύφαιναν κ. Τρυφῶσαν τ. κοπιώσας ἐν Κυρίῳ
12 ἥτις πολλὰ ἐκοπίασεν ἐν Κυρίῳ
I Co 4 12 κοπιῶμεν ἐργαζόμενοι τ. ἰδίαις χερσίν
15 10 περισσότερον αὐτῶν πάντων ἐκοπίασα
16 16 ἵνα κ. ὑμεῖς ὑποτάσσησθε . . . παντὶ τ. συνεργοῦντι κ. κοπιῶντι
Ga 4 11 [2] μή πως εἰκῇ κεκοπίακα εἰς ὑμᾶς
Eph 4 28 μᾶλλον δὲ κοπιάτω ἐργαζόμενος τ. χερσίν
Phl 2 16 [2] οὐδὲ εἰς κενὸν ἐκοπίασα
Col 1 29 [2] εἰς ὃ κ. κοπιῶ
I Th 5 12 ἐρωτῶμεν δὲ ὑμᾶς . . . εἰδέναι τ. κοπιῶντας ἐν ὑμῖν
I Ti 4 10 [2] εἰς τοῦτο γὰρ κοπιῶμεν κ. ἀγωνιζόμεθα
5 17 μάλιστα οἱ κοπιῶντες ἐν λόγῳ κ. διδασκαλίᾳ
II Ti 2 6 τ. κοπιῶντα γεωργὸν δεῖ πρῶτον τ. καρπῶν μεταλαμβάνειν
Re 2 3 ἐβάστασας διὰ τὸ ὄνομά μου κ. οὐ κεκοπίακες

ΚΟ'ΠΟΣ 2873

(1) κόπ. κ. μόχθος

Mt 26 10 τι κόπους παρέχετε τ. γυναικί;
Mk 14 6 τί αὐτῇ κόπους παρέχετε;
Lu 11 7 μή μοι κόπους πάρεχε
18 5 διά γε τὸ παρέχειν μοι κόπον τ. χήραν ταύτην
Jo 4 38 ὑμεῖς εἰς τ. κόπον αὐτῶν εἰσεληλύθατε
I Co 3 8 ἕκαστος δὲ τ. ἴδιον μισθὸν λήμψεται κατὰ τ. ἴδιον κόπον
15 58 εἰδότες ὅτι ὁ κόπος ὑμῶν οὐκ ἔστιν κενὸς ἐν Κυρίῳ
II Co 6 5 ἐν ἀκαταστασίαις ἐν κόποις ἐν ἀγρυπνίαις
10 15 οὐκ εἰς τὰ ἄμετρα καυχώμενοι ἐν ἀλλοτρίοις κόποις
11 23 ἐν κόποις περισσοτέρως

II Co 11 27 [1] κόπῳ κ. μόχθῳ ἐν ἀγρυπνίαις πολλάκις
Ga 6 17 τ. λοιποῦ κόπους μοι μηδεὶς παρεχέτω
I Th 1 3 μνημονεύοντες ὑμῶν . . . τ. κόπου τ. ἀγάπης
2 9 [1] μνημονεύετε γὰρ . . . τ. κόπον ἡμῶν κ. τ. μόχθον
3 5 μή πως . . . εἰς κενὸν γένηται ὁ κόπος ἡμῶν
II Th 3 8 [1] ἐν κόπῳ κ. μόχθῳ νυκτὸς κ. ἡμέρας ἐργαζόμενοι
Re 2 2 οἶδα τὰ ἔργα σου κ. τ. κόπον
14 13 ἵνα ἀναπαήσονται ἐκ τ. κόπων αὐτῶν

ΚΟΠΡΙ΄Α 2874

Lu 14 35 οὔτε εἰς γῆν οὔτε εἰς κοπρίαν εὔθετόν ἐστιν

ΚΟ΄ΠΡΙΟΝ 2874.5 cf. 2874

Lu 13 8 ἕως ὅτου σκάψω περὶ αὐτὴν κ. βάλω κόπρια
β. κόφινον κοπρίων, WH marg.

ΚΟ΄ΠΤΩ 2875

Mt 11 17 ἐθρηνήσαμεν κ. οὐκ ἐκόψασθε
21 8 ἄλλοι δὲ ἔκοπτον κλάδους ἀπὸ τ. δένδρων
24 30 τότε κόψονται πᾶσαι αἱ φυλαὶ τ. γῆς
Mk 11 8 ἄλλοι δὲ στιβάδας κόψαντες ἐκ τ. ἀγρῶν
Lu 8 52 ἔκλαιον δὲ πάντες κ. ἐκόπτοντο αὐτήν
23 27 αἳ ἐκόπτοντο κ. ἐθρήνουν αὐτόν
Re 1 7 κόψονται ἐπ᾽ αὐτὸν πᾶσαι αἱ φυλαὶ τ. γῆς
18 9 κόψονται ἐπ᾽ αὐτὴν οἱ βασιλεῖς τ. γῆς

ΚΟ΄ΡΑΞ 2876

Lu 12 24 κατανοήσατε τ. κόρακας

ΚΟΡΑ΄ΣΙΟΝ † 2877

Mt 9 24 οὐ γὰρ ἀπέθανεν τὸ κοράσιον ἀλλὰ καθεύδει
25 ἠγέρθη τὸ κοράσιον
14 11 ἠνέχθη ἡ κεφαλὴ αὐτοῦ . . κ. ἐδόθη τ. κορασίῳ
Mk 5 41 τὸ κοράσιον σοὶ λέγω ἔγειρε.
42 κ. εὐθὺς ἀνέστη τὸ κοράσιον κ. περιεπάτει
6 22 ὁ δὲ βασιλεὺς εἶπεν τ. κορασίῳ
28 ἤνεγκεν τ. κεφαλὴν αὐτοῦ . . . κ. ἔδωκεν αὐτὴν τ. κορασίῳ·
κ. τὸ κοράσιον ἔδωκεν αὐτὴν τ. μητρὶ αὐτῆς

ΚΟΡΒΑ΄Ν * † 2878

Mk 7 11 Κορβὰν ὅ ἐστιν δῶρον ὃ ἐὰν ἐξ ἐμοῦ ὠφεληθῇς
κορβᾶν, T

2878.5 ΚΟΡΒΑΝΑ΄Σ * † cf. 2878

Mt 27 6 οὐκ ἔξεστιν βαλεῖν αὐτὰ εἰς τὸν κορβανᾶν

ΚΟΡΕ΄ 2879

Ju 11 τ. ἀντιλογίᾳ τοῦ Κορὲ ἀπώλοντο

ΚΟΡΕ΄ΝΝΥΜΑΙ ** 2880

Ac 27 38 κορεσθέντες δὲ τροφῆς
I Co 4 8 ἤδη κεκορεσμένοι ἐστέ;

ΚΟΡΙ΄ΝΘΙΟΣ 2881

Ac 18 8 πολλοὶ τ. Κορινθίων ἀκούοντες ἐπίστευον
27 ἐν δὲ τῇ Ἐφέσῳ ἐπιδημοῦντές τινες Κορίνθιοι
—h. v., TWH non mg. R
II Co 6 11 τὸ στόμα ἡμῶν ἀνέῳγεν πρὸς ὑμᾶς Κορίνθιοι

ΚΟ΄ΡΙΝΘΟΣ 2882

Ac 18 1 χωρισθεὶς ἐκ τ. Ἀθηνῶν ἦλθεν εἰς Κόρινθον
27 οἱ Ἐφέσιοι ἔγραψαν τοῖς ἐν Κορίνθῳ μαθηταῖς
οἱ ἀδελφοὶ ἔγρ. τ. μαθ., TWH non mg. R
19 1 ἐγένετο δὲ ἐν τῷ τ. Ἀπολλῶ εἶναι ἐν Κορίνθῳ
I Co 1 2 Παῦλος . . . τ. ἐκκλησίᾳ τ. Θεοῦ τ. οὔσῃ ἐν Κορίνθῳ
II Co 1 1 Παῦλος . . . τ. ἐκκλησίᾳ τ. Θεοῦ τ. οὔσῃ ἐν Κορίνθῳ
23 φειδόμενος ὑμῶν οὐκέτι ἦλθον εἰς Κόρινθον
II Ti 4 20 Ἔραστος ἔμεινεν ἐν Κορίνθῳ

ΚΟΡΝΗ΄ΛΙΟΣ 2883

Ac 10 1 ἀνὴρ δέ τις ἐν Καισαρίᾳ ὀνόματι Κορνήλιος
3 ἄγγελον τ. Θεοῦ . . . εἰπόντα αὐτῷ Κορνήλιε
17 οἱ ἄνδρες οἱ ἀπεσταλμένοι ὑπὸ τ. Κορνηλίου
22 Κορνήλιος ἑκατοντάρχης ἀνὴρ δίκαιος κ. φοβούμενος τ. Θεόν
24 ὁ δὲ Κορνήλιος ἦν προσδοκῶν αὐτούς
25 συναντήσας αὐτῷ ὁ Κορνήλιος
30 κ. ὁ Κορνήλιος ἔφη
31 Κορνήλιε εἰσηκούσθη σου ἡ προσευχή

ΚΟ΄ΡΟΣ 2884

Lu 16 7 ὁ δὲ εἶπεν Ἑκατὸν κόρους σίτου

ΚΟΣΜΕ΄Ω 2885

Mt 12 44 εὑρίσκει σχολάζοντα κ. σεσαρωμένον κ κεκοσμημένον
23 29 κοσμεῖτε τὰ μνημεῖα τ. δικαίων
25 7 ἐκόσμησαν τ. λαμπάδας ἑαυτῶν
Lu 11 25 εὑρίσκει σχολάζοντα σεσαρωμένον κ. κεκοσμημένον
21 5 ὅτι λίθοις καλοῖς κ. ἀναθήμασι κεκόσμηται
I Ti 2 9 μετὰ αἰδοῦς κ. σωφροσύνης κοσμεῖν ἑαυτάς
Tit 2 10 ἵνα τ. διδασκαλίαν τὴν τ. σωτῆρος ἡμῶν Θεοῦ κοσμῶσιν ἐν πᾶσιν
I Pe 3 5 οὕτως γάρ ποτε κ. αἱ ἅγιαι γυναῖκες . . . ἐκόσμουν ἑαυτάς
Re 21 2 ἡτοιμασμένην ὡς νύμφην κεκοσμημένην τ. ἀνδρὶ αὐτῆς
19 οἱ θεμέλιοι . . . παντὶ λίθῳ τιμίῳ κεκοσμημένοι

ΚΟΣΜΙΚΟ΄Σ * 2886

Tit 2 12 ἀρνησάμενοι τ. ἀσέβειαν κ. τ. κοσμικὰς ἐπιθυμίας
He 9 1 δικαιώματα λατρείας τό τε ἅγιον κοσμικόν

ΚΟ΄ΣΜΙΟΣ 2887

I Ti 2 9 ὡσαύτως γυναῖκας ἐν καταστολῇ κοσμίῳ
κοσμίως, WH marg.
3 2 σώφρονα κόσμιον φιλόξενον

2887.5 ΚΟΣΜΙ΄ΩΣ * cf. 2887

I Ti 2 9 ὡσαύτως γυναῖκας ἐν καταστολῇ κοσμίως
κοσμίῳ, TWH non mg. R

ΚΟΣΜΟΚΡΑ΄ΤΩΡ * † 2888

Eph 6 12 πρὸς τ. κοσμοκράτορας τ. σκότους τούτου

ΚΟ΄ΣΜΟΣ 2889

(1) metaph. (2) ὁ κόσμ. οὗτος (3) ὁ τότε κόσμ., κ. ἀρχαῖος (4) τὰ τ. κόσμου

Mt 4 8 δείκνυσιν αὐτῷ πάσας τ. βασιλείας τ. κόσμου
5 14 ὑμεῖς ἐστε τὸ φῶς τ. κόσμου
13 35 ἐρεύξομαι κεκρυμμένα ἀπὸ καταβολῆς κόσμου
—κόσμου, TWHR marg.
אַבִּיעָה חִידוֹת מִנִּי־קֶדֶם, Ps. lxxviii. 2
38 ὁ δὲ ἀγρός ἐστιν ὁ κόσμος
16 26 ἐὰν τ. κόσμον ὅλον κερδήσῃ
18 7 οὐαὶ τ. κόσμῳ ἀπὸ τ. σκανδάλων
24 21 οἵα οὐ γέγονεν ἀπ' ἀρχῆς κόσμου ἕως τοῦ νῦν
25 34 τ. ἡτοιμασμένην ὑμῖν βασιλείαν ἀπὸ καταβολῆς κόσμου
26 13 ὅπου ἐὰν κηρυχθῇ τὸ εὐαγγέλιον τοῦτο ἐν ὅλῳ τ. κόσμῳ
Mk 8 36 τί γὰρ ὠφελεῖ ἄνθρωπον κερδῆσαι τ. κόσμον ὅλον
14 9 ὅπου ἐὰν κηρυχθῇ τὸ εὐαγγέλιον εἰς ὅλον τ. κόσμον
16 [15 πορευθέντες εἰς τ. κόσμον ἅπαντα
Lu 9 25 τί γὰρ ὠφελεῖται ἄνθρωπος κερδήσας τ. κόσμον ὅλον
11 50 τὸ αἷμα τὸ ἐκκεχυμένον ἀπὸ καταβολῆς κόσμου
12 30 ταῦτα γὰρ πάντα τὰ ἔθνη τ. κόσμου ἐπιζητοῦσιν
Jo 1 9 ἦν τὸ φῶς τὸ ἀληθινὸν . . . ἐρχόμενον εἰς τ. κόσμον.
10 ἐν τ. κόσμῳ ἦν,
κ. ὁ κόσμος δι' αὐτοῦ ἐγένετο,
[1] κ. ὁ κόσμος αὐτὸν οὐκ ἔγνω
29 [1] ὁ αἴρων τ. ἁμαρτίαν τ. κόσμου
3 16 [1] οὕτως γὰρ ἠγάπησεν ὁ Θεὸς τ. κόσμον
17 οὐ γὰρ ἀπέστειλεν ὁ Θεὸς τ. υἱὸν εἰς τ. κόσμον
[1] ἵνα κρίνῃ τ. κόσμον,
[1] ἀλλ' ἵνα σωθῇ ὁ κόσμος δι' αὐτοῦ
19 ὅτι τὸ φῶς ἐλήλυθεν εἰς τ. κόσμον
4 42 [1] οὗτός ἐστιν ἀληθῶς ὁ σωτὴρ τ. κόσμου
6 14 οὗτός ἐστιν ἀληθῶς ὁ προφήτης ὁ ἐρχόμενος εἰς τ. κόσμον
ὁ εἰς τ. κόσμ. ἐρχ., T
33 [1] ζωὴν διδοὺς τ. κόσμῳ
51 [1] ἡ σάρξ μου ἐστὶν ὑπὲρ τῆς τ. κόσμου ζωῆς
7 4 [1] φανέρωσον σεαυτὸν τ. κόσμῳ
7 [1] οὐ δύναται ὁ κόσμος μισεῖν ὑμᾶς
8 12 [1] ἐγώ εἰμι τὸ φῶς τ. κόσμου
23 [1 2] ὑμεῖς ἐκ τούτου τ. κόσμου ἐστέ,
ἐκ τ. κόσμ. τούτ., T
[1 2] ἐγὼ οὐκ εἰμὶ ἐκ τ. κόσμου τούτου
26 [1] ἃ ἤκουσα παρ' αὐτοῦ ταῦτα λαλῶ εἰς τ. κόσμον
9 5 [1] ὅταν ἐν τ. κόσμῳ ὦ φῶς εἰμι τ. κόσμου
39 εἰς κρίμα ἐγὼ εἰς τ. κόσμον τοῦτον ἦλθον
10 36 ὃν ὁ πατὴρ . . . ἀπέστειλεν εἰς τ. κόσμον
11 9 ὅτι τὸ φῶς τ. κόσμου τούτου βλέπει
27 ὁ υἱὸς τ. Θεοῦ ὁ εἰς τ. κόσμον ἐρχόμενος
12 19 [1] ἴδε ὁ κόσμος ὀπίσω αὐτοῦ ἀπῆλθεν
25 [2] ὁ μισῶν τ. ψυχὴν αὐτοῦ ἐν τ. κόσμῳ τούτῳ
31 [1 2] νῦν κρίσις ἐστὶν τ. κόσμου τούτου·
[1 2] νῦν ὁ ἄρχων τ. κόσμου τούτου ἐκβληθήσεται ἔξω
46 ἐγὼ φῶς εἰς τ. κόσμον ἐλήλυθα
Jo 12 47 [1] οὐ γὰρ ἦλθον ἵνα κρίνω τ. κόσμον,
[1] ἀλλ' ἵνα σώσω τ. κόσμον
13 1 [2] ἵνα μεταβῇ ἐκ τ. κόσμου τούτου πρὸς τ. πατέρα,
ἀγαπήσας τ. ἰδίους τοὺς ἐν τ. κόσμῳ
14 17 [1] ὃ ὁ κόσμος οὐ δύναται λαβεῖν
19 [1] ἔτι μικρὸν κ. ὁ κόσμος με οὐκέτι θεωρεῖ
22 [1] ἡμῖν μέλλεις ἐμφανίζειν σεαυτὸν κ. οὐχὶ τ. κόσμῳ
27 [1] οὐ καθὼς ὁ κόσμος δίδωσιν
30 [1] ἔρχεται γὰρ ὁ τ. κόσμου ἄρχων
31 [1] ἵνα γνῷ ὁ κόσμος ὅτι ἀγαπῶ τ. πατέρα
15 18 [1] εἰ ὁ κόσμος ὑμᾶς μισεῖ
19 [1] εἰ ἐκ τ. κόσμου ἦτε ὁ κόσμος ἂν τὸ ἴδιον ἐφίλει·
[1] ὅτι δὲ ἐκ τ. κόσμου οὐκ ἐστέ,
[1] ἀλλ' ἐγὼ ἐξελεξάμην ὑμᾶς ἐκ τ. κόσμου,
[1] διὰ τοῦτο μισεῖ ὑμᾶς ὁ κόσμος
16 8 [1] ἐλθὼν ἐκεῖνος ἐλέγξει τ. κόσμον περὶ ἁμαρτίας
11 [1 2] ὅτι ὁ ἄρχων τ. κόσμου τούτου κέκριται
20 [1] ὁ δὲ κόσμος χαρήσεται
21 ὅτι ἐγεννήθη ἄνθρωπος εἰς τ. κόσμον
28 ἐλήλυθα εἰς τ. κόσμον·
πάλιν ἀφίημι τ. κόσμον
33 ἐν τ. κόσμῳ θλίψιν ἔχετε,
[1] ἀλλὰ θαρσεῖτε ἐγὼ νενίκηκα τ. κόσμον
17 5 τ. δόξῃ ᾗ εἶχον πρὸ τοῦ τ. κόσμον εἶναι
6 [1] οὓς ἔδωκάς μοι ἐκ τ. κόσμου
9 [1] οὐ περὶ τ. κόσμου ἐρωτῶ
11 οὐκέτι εἰμὶ ἐν τ. κόσμῳ,
κ. αὐτοὶ ἐν τ. κόσμῳ εἰσίν
13 ταῦτα λαλῶ ἐν τ. κόσμῳ
14 [1] ὁ κόσμος ἐμίσησεν αὐτούς,
[1] ὅτι οὐκ εἰσὶν ἐκ τ. κόσμου,
[1] καθὼς ἐγὼ οὐκ εἰμὶ ἐκ τ. κόσμου.
15 οὐκ ἐρωτῶ ἵνα ἄρῃς αὐτοὺς ἐκ τ. κόσμου
16 [1] ἐκ τ. κόσμου οὐκ εἰσίν,
[1] καθὼς ἐγὼ οὐκ εἰμὶ ἐκ τ. κόσμου
18 καθὼς ἐμὲ ἀπέστειλας εἰς τ. κόσμον,
κἀγὼ ἀπέστειλα αὐτοὺς εἰς τ. κόσμον
21 [1] ἵνα ὁ κόσμος πιστεύῃ ὅτι σύ με ἀπέστειλας
23 [1] ἵνα γινώσκῃ ὁ κόσμος ὅτι σύ με ἀπέστειλας
24 ὅτι ἠγάπησάς με πρὸ καταβολῆς κόσμου
25 [1] ὁ κόσμος σε οὐκ ἔγνω
18 20 [1] ἐγὼ παρρησίᾳ λελάληκα τ. κόσμῳ
36 [2] ἡ βασιλεία ἡ ἐμὴ οὐκ ἔστιν ἐκ τ. κόσμου τούτου·
[2] εἰ ἐκ τ. κόσμου τούτου ἦν ἡ βασιλεία ἡ ἐμή
37 εἰς τοῦτο ἐλήλυθα εἰς τ. κόσμον
21 25 οὐδ' αὐτὸν οἶμαι τ. κόσμον χωρήσειν τὰ γραφόμενα βιβλία
—h. v., T
Ac 17 24 ὁ Θεὸς ὁ ποιήσας τ. κόσμον κ. πάντα τὰ ἐν αὐτῷ
Ro 1 8 ἡ πίστις ὑμῶν καταγγέλλεται ἐν ὅλῳ τ. κόσμῳ
20 τὰ γὰρ ἀόρατα αὐτοῦ ἀπὸ κτίσεως κόσμου
3 6 [1] ἐπεὶ πῶς κρινεῖ ὁ Θεὸς τ. κόσμον;
19 [1] ἵνα . . . ὑπόδικος γένηται πᾶς ὁ κόσμος τ. Θεῷ
4 13 [1] τὸ κληρονόμον αὐτὸν εἶναι κόσμου
5 12 ὥσπερ δι' ἑνὸς ἀνθρώπου ἡ ἁμαρτία εἰς τ. κόσμον εἰσῆλθεν
13 ἄχρι γὰρ νόμου ἁμαρτία ἦν ἐν κόσμῳ
11 12 [1] εἰ δὲ τὸ παράπτωμα αὐτῶν πλοῦτος κόσμου

Ro 11 15 [1] εἰ γὰρ ἡ ἀποβολὴ αὐτῶν καταλλαγὴ κόσμου
I Co 1 20 [1] οὐχὶ ἐμώρανεν ὁ Θεὸς τ. σοφίαν τ. κόσμου;
21 [1] οὐκ ἔγνω ὁ κόσμος διὰ τ. σοφίας τ. Θεόν
27 [1] τὰ μωρὰ τ. κόσμου ἐξελέξατο ὁ Θεός
27 [1] τὰ ἀσθενῆ τ. κόσμου ἐξελέξατο ὁ Θεός
28 [1] τὰ ἀγενῆ τ. κόσμου . . . ἐξελέξατο ὁ Θεός
2 12 [1] ἡμεῖς δὲ οὐ τὸ πνεῦμα τ. κόσμου ἐλάβομεν
3 19 [1] [2] ἡ γὰρ σοφία τ. κόσμου τούτου μωρία παρὰ τ. Θεῷ ἐστίν
22 [1] εἴτε κόσμος εἴτε ζωὴ εἴτε θάνατος
4 9 [1] ὅτι θέατρον ἐγενήθημεν τ. κόσμῳ
13 [1] ὡς περικαθάρματα τ. κόσμου ἐγενήθημεν
5 10 [2] οὐ πάντως τ. πόρνοις τ. κόσμου τούτου
10 ἐπεὶ ὠφείλετε ἄρα ἐκ τ. κόσμου ἐξελθεῖν
6 2 [1] οὐκ οἴδατε ὅτι οἱ ἅγιοι τ. κόσμον κρινοῦσιν;
[1] κ. εἰ ἐν ὑμῖν κρίνεται ὁ κόσμος
7 31 [1] οἱ χρώμενοι τ. κόσμον ὡς μὴ καταχρώμενοι·
[2] παράγει γὰρ τὸ σχῆμα τ. κόσμου τούτου
33 [4] ὁ δὲ γαμήσας μεριμνᾷ τὰ τ. κόσμου
34 [4] ἡ δὲ γαμήσασα μεριμνᾷ τὰ τ. κόσμου
8 4 οἴδαμεν ὅτι οὐδὲν εἴδωλον ἐν κόσμῳ
11 32 [1] ἵνα μὴ σὺν τ. κόσμῳ κατακριθῶμεν
14 10 τοσαῦτα εἰ τύχοι γένη φωνῶν εἰσὶν ἐν κόσμῳ
II Co 1 12 ἐν χάριτι Θεοῦ ἀνεστράφημεν ἐν τ. κόσμῳ
5 19 [1] Θεὸς ἦν ἐν Χριστῷ κόσμον καταλλάσσων ἑαυτῷ
7 10 [1] ἡ δὲ τ. κόσμου λύπη θάνατον κατεργάζεται
Ga 4 3 [1] ὑπὸ τὰ στοιχεῖα τ. κόσμου ἤμεθα δεδουλωμένοι
6 14 [1] δι' οὗ ἐμοὶ κόσμος ἐσταύρωται κἀγὼ κόσμῳ
Eph 1 4 καθὼς ἐξελέξατο ἡμᾶς ἐν αὐτῷ πρὸ καταβολῆς κόσμου
2 2 [2] ἐν αἷς ποτὲ περιεπατήσατε κατὰ τ. αἰῶνα τ. κόσμου τούτου
12 ἐλπίδα μὴ ἔχοντες κ. ἄθεοι ἐν τ. κόσμῳ
Phl 2 15 ἐν οἷς φαίνεσθε ὡς φωστῆρες ἐν κόσμῳ
Col 1 6 καθὼς κ. ἐν παντὶ τ. κόσμῳ
2 8 [1] κατὰ τὰ στοιχεῖα τ. κόσμου
20 [1] εἰ ἀπεθάνετε σὺν Χριστῷ ἀπὸ τ. στοιχείων τ. κόσμου,
τί ὡς ζῶντες ἐν κόσμῳ δογματίζεσθε;
I Ti 1 15 Χριστὸς Ἰησοῦς ἦλθεν εἰς τ. κόσμον ἁμαρτωλοὺς σῶσαι
3 16 ἐπιστεύθη ἐν κόσμῳ
6 7 οὐδὲν γὰρ εἰσηνέγκαμεν εἰς τ. κόσμον
He 4 3 καίτοι τ. ἔργων ἀπὸ καταβολῆς κόσμου γενηθέντων
9 26 ἐπεὶ ἔδει αὐτὸν πολλάκις παθεῖν ἀπὸ καταβολῆς κόσμου
10 5 διὸ εἰσερχόμενος εἰς τ. κόσμον λέγει
11 7 [1] δι' ἧς κατέκρινεν τ. κόσμον
38 [1] ὧν οὐκ ἦν ἄξιος ὁ κόσμος
Ja 1 27 [1] ἄσπιλον ἑαυτὸν τηρεῖν ἀπὸ τ. κόσμου
2 5 [1] οὐχ ὁ Θεὸς ἐξελέξατο τ. πτωχοὺς τ. κόσμῳ
3 6 [1] ὁ κόσμος τ. ἀδικίας ἡ γλῶσσα καθίσταται
4 4 [1] ἡ φιλία τ. κόσμου ἔχθρα τ. Θεοῦ ἐστίν;
[1] ὃς ἐὰν οὖν βουληθῇ φίλος εἶναι τ. κόσμου
I Pe 1 20 προεγνωσμένου μὲν πρὸ καταβολῆς κόσμου
3 3 ἡ ἐνδύσεως ἱματίων κόσμος
5 9 τὰ αὐτὰ τ. παθημάτων τῇ ἐν τ. κόσμῳ ὑμῶν ἀδελφότητι ἐπιτελεῖσθαι
II Pe 1 4 ἀποφυγόντες τῆς ἐν τ. κόσμῳ ἐν ἐπιθυμίᾳ φθορᾶς
II Pe 2 5 [8] ἀρχαίου κόσμου οὐκ ἐφείσατο
5 [1] κατακλυσμὸν κόσμῳ ἀσεβῶν ἐπάξας
20 [1] εἰ γὰρ ἀποφυγόντες τὰ μιάσματα τ. κόσμου
3 6 [8] δι' ὧν ὁ τότε κόσμος ὕδατι κατακλυσθεὶς ἀπώλετο
I Jo 2 2 [1] οὐ περὶ τ. ἡμετέρων δὲ μόνον ἀλλὰ κ. περὶ ὅλου τ. κόσμου
15 [1] μὴ ἀγαπᾶτε τ. κόσμον μηδὲ τὰ ἐν τ. κόσμῳ·
[1] ἐάν τις ἀγαπᾷ τ. κόσμον
16 [1] πᾶν τὸ ἐν τ. κόσμῳ . . . οὐκ ἔστιν ἐκ τ. πατρός,
[1] ἀλλὰ ἐκ τ. κόσμου ἐστίν.
17 [1] κ. ὁ κόσμος παράγεται κ. ἡ ἐπιθυμία αὐτοῦ
3 1 [1] διὰ τοῦτο ὁ κόσμος οὐ γινώσκει ἡμᾶς
13 [1] μὴ θαυμάζετε . . . εἰ μισεῖ ὑμᾶς ὁ κόσμος
17 ὃς δ' ἂν ἔχῃ τ. βίον τ. κόσμου
4 1 πολλοὶ ψευδοπροφῆται ἐξεληλύθασιν εἰς τ. κόσμον
3 νῦν ἐν τ. κόσμῳ ἐστὶν ἤδη
4 μείζων ἐστὶν ὁ ἐν ὑμῖν ἢ ὁ ἐν τ. κόσμῳ
5 [1] αὐτοὶ ἐκ τ. κόσμου εἰσίν·
[1] διὰ τοῦτο ἐκ τ. κόσμου λαλοῦσιν,
[1] κ. ὁ κόσμος αὐτῶν ἀκούει
9 τ. υἱὸν αὐτοῦ τ. μονογενῆ ἀπέσταλκεν ὁ Θεὸς εἰς τ. κόσμον
14 [1] ὁ πατὴρ ἀπέσταλκεν τ. υἱὸν σωτῆρα τ. κόσμου
17 [2] καθὼς ἐκεῖνός ἐστιν κ. ἡμεῖς ἐσμὲν ἐν τ. κόσμῳ τούτῳ
5 4 [1] πᾶν τὸ γεγεννημένον ἐκ τ. Θεοῦ νικᾷ τ. κόσμον·
[1] κ. αὕτη ἐστὶν ἡ νίκη ἡ νικήσασα τ. κόσμον
5 [1] τίς ἐστιν δὲ ὁ νικῶν τ. κόσμον
19 [1] ὁ κόσμος ὅλος ἐν τ. πονηρῷ κεῖται
II Jo 7 ὅτι πολλοὶ πλάνοι ἐξῆλθαν εἰς τ. κόσμον
Re 11 15 ἐγένετο ἡ βασιλεία τ. κόσμου τ. Κυρίου ἡμῶν
13 8 τ. ἀρνίου τ. ἐσφαγμένου ἀπὸ καταβολῆς κόσμου
17 8 ἐπὶ τὸ βιβλίον τ. ζωῆς ἀπὸ καταβολῆς κόσμου

ΚΟΎΑΡΤΟΣ 2890

Ro 16 23 ἀσπάζεται ὑμᾶς . . . Κούαρτος ὁ ἀδελφός

ΚΟΎΜ 2891

Mk 5 41 Ταλειθὰ κοὺμ ὅ ἐστιν μεθερμηνευόμενον Τὸ κοράσιον . . . ἔγειρε
κοῦμι, R

ΚΟΥΣΤΩΔΊΑ * † 2892

Mt 27 65 ἔχετε κουστωδίαν
66 σφραγίσαντες τ. λίθον μετὰ τ. κουστωδίας
28 11 τινὲς τ. κουστωδίας ἐλθόντες εἰς τ. πόλιν

ΚΟΥΦΊΖΩ 2893

Ac 27 38 κορεσθέντες δὲ τροφῆς ἐκούφιζον τὸ πλοῖον

ΚΌΦΙΝΟΣ 2894

Mt 14 20 τὸ περισσεῦον τ. κλασμάτων δώδεκα κοφίνους πλήρεις
16 9 πόσους κοφίνους ἐλάβετε
Mk 6 43 ἦραν κλάσματα δώδεκα κοφίνων πληρώματα
8 19 πόσους κοφίνους κλασμάτων πλήρεις ἤρατε;

Lu 9 17 τὸ περισσεῦσαν αὐτοῖς κλασμάτων κόφινοι δώδεκα
13 8 ἕως ὅτου . . βάλω κόφινον κοπρίων
β. κόπρια, TWH non mg. R
Jo 6 13 ἐγέμισαν δώδεκα κοφίνους κλασμάτων

ΚΡΑ΄ΒΑΤΤΟΣ ** † 2895

Mk 2 4 ἐξορύξαντες χαλῶσιν τ. κράβαττον
9 ἐγείρου κ. ἆρον τ. κράβαττόν σου
11 ἔγειρε ἆρον τ. κράβαττόν σου
12 ἠγέρθη κ. εὐθὺς ἄρας τ. κράβαττον ἐξῆλθεν
6 55 ἤρξαντο ἐπὶ τ. κραβάττοις τ. κακῶς ἔχοντας περιφέρειν
Jo 5 8 ἔγειρε ἆρον τ. κράβαττόν σου
9 ἦρεν τ. κράβαττον αὐτοῦ κ. περιεπάτει
10 οὐκ ἔξεστίν σοι ἆραι τ. κράβαττον
11 ἐκεῖνός μοι εἶπεν Ἆρον τ. κράβαττόν σου
Ac 5 15 τιθέναι ἐπὶ κλιναρίων κ. κραβάττων
9 33 ἐξ ἐτῶν ὀκτὼ κατακείμενον ἐπὶ κραβάττου

ΚΡΑ΄ΖΩ 2896

(1) ἐκέκραξα (2) c. dat.

Mt 8 29 ἰδοὺ ἔκραξαν λέγοντες
9 27 ἠκολούθησαν δύο τυφλοὶ κράζοντες
14 26 ἀπὸ τ. φόβου ἔκραξαν
30 ἀρξάμενος καταποντίζεσθαι ἔκραξεν
15 22 γυνὴ Χαναναία . . . ἔκραζεν λέγουσα
ἔκραξεν, TWH marg.
23 ἀπόλυσον αὐτὴν ὅτι κράζει ὄπισθεν ἡμῶν
20 30 ἀκούσαντες ὅτι Ἰησοῦς παράγει ἔκραξαν
31 οἱ δὲ μεῖζον ἔκραξαν λέγοντες
21 9 οἱ δὲ ὄχλοι οἱ προάγοντες αὐτὸν κ. οἱ ἀκολουθοῦντες ἔκραζον
15 ἰδόντες δὲ . . . τ. παῖδας τ. κράζοντας ἐν τ. ἱερῷ
27 23 οἱ δὲ περισσῶς ἔκραζον λέγοντες
50 ὁ δὲ Ἰησοῦς πάλιν κράξας φωνῇ μεγάλῃ
Mk 3 11 προσέπιπτον αὐτῷ κ. ἔκραζον λέγοντα
5 5 ἐν τ. μνήμασιν κ. ἐν τ. ὄρεσιν ἦν κράζων
7 κράξας φωνῇ μεγάλῃ λέγει
9 24 εὐθὺς κράξας ὁ πατὴρ τ. παιδίου
26 κράξας κ. πολλὰ σπαράξας ἐξῆλθεν
10 47 ἤρξατο κράζειν κ. λέγειν
48 ὁ δὲ πολλῷ μᾶλλον ἔκραζεν
11 9 οἱ προάγοντες κ. οἱ ἀκολουθοῦντες ἔκραζον
15 13 οἱ δὲ πάλιν ἔκραξαν Σταύρωσον αὐτόν
14 οἱ δὲ περισσῶς ἔκραξαν Σταύρωσον αὐτόν
39 ὅτι οὕτως κράξας ἐξέπνευσεν
—κράξ., TWHR non mg.
Lu 4 41 ἐξήρχετο δὲ κ. δαιμόνια ἀπὸ πολλῶν κράζοντα
κραυγάζοντα, T
9 39 πνεῦμα λαμβάνει αὐτὸν κ. ἐξαίφνης κράζει
18 39 αὐτὸς δὲ πολλῷ μᾶλλον ἔκραζεν
19 40 ἐὰν οὗτοι σιωπήσουσιν οἱ λίθοι κράξουσιν
Jo 1 15 Ἰωάνης μαρτυρεῖ περὶ αὐτοῦ κ. κέκραγεν λέγων
7 28 ἔκραξεν οὖν ἐν τ. ἱερῷ διδάσκων ὁ Ἰησοῦς
37 εἱστήκει ὁ Ἰησοῦς κ. ἔκραξεν λέγων
ἔκραζεν, T
12 44 Ἰησοῦς δὲ ἔκραξεν κ. εἶπεν
Ac 7 57 κράξαντες δὲ φωνῇ μεγάλῃ
60 θεὶς δὲ τὰ γόνατα ἔκραξεν φωνῇ μεγάλῃ
14 14 ἐξεπήδησαν εἰς τ. ὄχλον κράζοντες κ. λέγοντες
Ac 16 17 αὕτη κατακολουθοῦσα τ. Παύλῳ κ. ἡμῖν ἔκραζεν λέγουσα
19 28 ἀκούσαντες δὲ . . . ἔκραζον λέγοντες
32 ἄλλοι μὲν οὖν ἄλλο τι ἔκραζον
34 ὡσεὶ ἐπὶ ὥρας δύο κραζόντων
κράζοντες, TWH mg.
21 28 ἐπέβαλαν ἐπ᾽ αὐτὸν τ. χεῖρας κράζοντες
36 ἠκολούθει γὰρ τὸ πλῆθος τ. λαοῦ κράζοντες
23 6 γνοὺς δὲ ὁ Παῦλος . . . ἔκραζεν ἐν τ. συνεδρίῳ
24 21 [1] ἢ περὶ μιᾶς ταύτης φωνῆς ἧς ἐκέκραξα ἐν αὐτοῖς ἑστώς
Ro 8 15 ἐλάβετε πνεῦμα υἱοθεσίας ἐν ᾧ κράζομεν Ἀββὰ ὁ πατήρ
9 27 Ἠσαίας δὲ κράζει ὑπὲρ τοῦ Ἰσραήλ
Ga 4 6 ἐξαπέστειλεν ὁ Θεὸς τὸ πνεῦμα τ. υἱοῦ αὐτοῦ . . . κρᾶζον Ἀββὰ ὁ πατήρ
Ja 5 4 ὁ μισθὸς τ. ἐργατῶν . . . ὁ ἀφυστερημένος ἀφ᾽ ὑμῶν κράζει
Re 6 10 ἔκραξαν φωνῇ μεγάλῃ λέγοντες
7 2 [2] ἔκραξεν φωνῇ μεγάλῃ τ. τέσσαρσιν ἀγγέλοις
ἔκραζεν, WH marg.
10 κράζουσιν φωνῇ μεγάλῃ λέγοντες
10 3 ἔκραξεν φωνῇ μεγάλῃ ὥσπερ λέων μυκᾶται· κ. ὅτε ἔκραξεν ἐλάλησαν αἱ ἑπτὰ βρονταί
12 2 κράζει ὠδίνουσα κ. βασανιζομένη τεκεῖν
14 15 [2] κράζων ἐν φωνῇ μεγάλῃ τ. καθημένῳ ἐπὶ τ. νεφέλης
18 2 ἔκραξεν ἐν ἰσχυρᾷ φωνῇ λέγων
18 ἀπὸ μακρόθεν ἔστησαν κ. ἔκραξαν
ἔκραζον, T
19 ἔκραξαν κλαίοντες κ. πενθοῦντες
ἔκραζον, T
19 17 ἔκραξεν ἐν φωνῇ μεγάλῃ λέγων

ΚΡΑΙΠΑ΄ΛΗ * 2897

Lu 21 34 μήποτε βαρηθῶσιν ὑμῶν αἱ καρδίαι ἐν κραιπάλῃ
αἱ καρδ. ὑμ. ἐν κρεπάλῃ, WH

ΚΡΑΝΙ΄ΟΝ 2898

Mt 27 33 Γολγοθὰ ὅ ἐστιν Κρανίου Τόπος λεγόμενος
κραν. τόπος, T
Mk 15 22 τ. Γολγοθὰν τόπον ὅ ἐστιν μεθερμηνευόμενος Κρανίου Τόπος
κραν. τόπος, T
Lu 23 33 ὅτε ἦλθαν ἐπὶ τ. τόπον τ. καλούμενον Κρανίον
Jo 19 17 ἐξῆλθεν εἰς τ. λεγόμενον Κρανίου Τόπον
τόπον, T

ΚΡΑ΄ΣΠΕΔΟΝ 2899

Mt 9 20 ἥψατο τ. κρασπέδου τ. ἱματίου αὐτοῦ
14 36 ἵνα μόνον ἅψωνται τ. κρασπέδου τ. ἱματίου αὐτοῦ
23 5 μεγαλύνουσιν τὰ κράσπεδα
Mk 6 56 ἵνα κἂν τ. κρασπέδου τ. ἱματίου αὐτοῦ ἅψωνται
Lu 8 44 ἥψατο τ. κρασπέδου τ. ἱματίου αὐτοῦ

ΚΡΑΤΑΙΟ΄ΟΜΑΙ † 2901

Lu 1 80 τὸ δὲ παιδίον ηὔξανεν κ. ἐκραταιοῦτο πνεύματι

Lu 2 40 τὸ δὲ παιδίον ηὔξανεν κ. ἐκραταιοῦτο
1 Co 16 13 ἀνδρίζεσθε κραταιοῦσθε
Eph 3 16 δυνάμει κραταιωθῆναι διὰ τ. πνεύματος αὐτοῦ

ΚΡΑΤΑΙΟ΄Σ 2900

1 Pe 5 6 ταπεινώθητε οὖν ὑπὸ τ. κραταιὰν χεῖρα τ. Θεοῦ

ΚΡΑΤΕ΄Ω 2902

(1) c. gen. (2) seq. infin., ἵνα
(3) κρ. διδαχήν, λόγον, παράδοσιν

Mt 9 25 [1] εἰσελθὼν ἐκράτησεν τ. χειρὸς αὐτῆς
12 11 οὐχὶ κρατήσει αὐτὸ κ. ἐγερεῖ;
14 3 ὁ γὰρ Ἡρῴδης κρατήσας τ. Ἰωάνην ἔδησεν
18 28 κρατήσας αὐτὸν ἔπνιγεν λέγων
21 46 ζητοῦντες αὐτὸν κρατῆσαι
22 6 οἱ δὲ λοιποὶ κρατήσαντες τ. δούλους αὐτοῦ
26 4 συνεβουλεύσαντο ἵνα τ. Ἰησοῦν δόλῳ κρατήσωσιν
48 ὃν ἂν φιλήσω αὐτός ἐστιν· κρατήσατε αὐτόν
50 ἐπέβαλον τ. χεῖρας ἐπὶ τ. Ἰησοῦν καὶ ἐκράτησαν αὐτόν
55 ἐκαθεζόμην διδάσκων κ. οὐκ ἐκρατήσατέ με
57 οἱ δὲ κρατήσαντες τ. Ἰησοῦν ἀπήγαγον πρὸς Καιάφαν
28 9 αἱ δὲ προσελθοῦσαι ἐκράτησαν αὐτοῦ τ. πόδας
Mk 1 31 [1] ἤγειρεν αὐτὴν κρατήσας τ. χειρός
3 21 οἱ παρ' αὐτοῦ ἐξῆλθον κρατῆσαι αὐτόν
5 41 [1] κρατήσας τ. χειρὸς τ. παιδίου
6 17 ὁ Ἡρῴδης ἀποστείλας ἐκράτησεν τ. Ἰωάνην
7 3 [3] κρατοῦντες τ. παράδοσιν τ. πρεσβυτέρων
4 ἄλλα πολλά ἐστιν ἃ παρέλαβον κρατεῖν
8 [3] κρατεῖτε τ. παράδοσιν τ. ἀνθρώπων
9 10 [3] τ. λόγον ἐκράτησαν πρὸς ἑαυτούς
27 [1] ὁ δὲ Ἰησοῦς κρατήσας τ. χειρὸς αὐτοῦ
12 12 ἐζήτουν αὐτὸν κρατῆσαι
14 1 πῶς αὐτὸν ἐν δόλῳ κρατήσαντες ἀποκτείνωσιν
44 ὃν ἂν φιλήσω αὐτός ἐστιν· κρατήσατε αὐτόν
46 ἐπέβαλαν τ. χεῖρας αὐτῷ κ. ἐκράτησαν αὐτόν
49 ἤμην . . . ἐν τ. ἱερῷ διδάσκων κ. οὐκ ἐκρατήσατέ με
ἐκρατεῖτε, WH marg.
51 κ. κρατοῦσιν αὐτόν
Lu 8 54 [1] αὐτὸς δὲ κρατήσας τ. χειρὸς αὐτῆς
24 16 [2] οἱ δὲ ὀφθαλμοὶ αὐτῶν ἐκρατοῦντο τοῦ μὴ ἐπιγνῶναι αὐτόν
Jo 20 23 ἄν τινων κρατῆτε κεκράτηνται
Ac 2 24 οὐκ ἦν δυνατὸν κρατεῖσθαι αὐτὸν ὑπ' αὐτοῦ
3 11 κρατοῦντος δὲ αὐτοῦ τ. Πέτρον κ. τ. Ἰωάνην
24 6 ὃν κ. ἐκρατήσαμεν
27 13 [1] δόξαντες τ. προθέσεως κεκρατηκέναι
Col 2 19 οὐ κρατῶν τ. κεφαλήν
II Th 2 15 [3] κρατεῖτε τ. παραδόσεις ἃς ἐδιδάχθητε
He 4 14 [1] κρατῶμεν τ. ὁμολογίας
6 18 [1] οἱ καταφυγόντες κρατῆσαι τ. προκειμένης ἐλπίδος
Re 2 1 τάδε λέγει ὁ κρατῶν τ. ἑπτὰ ἀστέρας
13 κρατεῖς τὸ ὄνομά μου
14 [3] ἔχεις ἐκεῖ κρατοῦντας τ. διδαχὴν Βαλαάμ
15 [3] ἔχεις κ. σὺ κρατοῦντας τ. διδαχὴν Νικολαϊτῶν
25 πλὴν ὃ ἔχετε κρατήσατε ἄχρι οὗ ἂν ἥξω
3 11 κράτει ὃ ἔχεις
Re 7 1 [2] τέσσαρας ἀγγέλους . . . κρατοῦντας τ. τέσσαρας ἀνέμους τ. γῆς
20 2 ἐκράτησεν τ. δράκοντα ὁ ὄφις ὁ ἀρχαῖος

ΚΡΑ΄ΤΙΣΤΟΣ 2903

Lu 1 3 καθεξῆς σοι γράψαι κράτιστε Θεόφιλε
Ac 23 26 Κλαύδιος Λυσίας τ. κρατίστῳ ἡγεμόνι Φήλικι χαίρειν
24 3 ἀποδεχόμεθα κράτιστε Φῆλιξ μετὰ πάσης εὐχαριστίας
26 25 οὐ μαίνομαι φησὶν κράτιστε Φῆστε

ΚΡΑ΄ΤΟΣ 2904

Lu 1 51 ἐποίησεν κράτος ἐν βραχίονι αὐτοῦ
Ac 19 20 οὕτως κατὰ κράτος τ. Κυρίου ὁ λόγος ηὔξανεν
Eph 1 19 κατὰ τ. ἐνέργειαν τ. κράτους τ. ἰσχύος αὐτοῦ
6 10 ἐνδυναμοῦσθε ἐν Κυρίῳ κ. ἐν τ. κράτει τ. ἰσχύος αὐτοῦ
Col 1 11 ἐν πάσῃ δυνάμει δυναμούμενοι κατὰ τὸ κράτος τ. δόξης αὐτοῦ
1 Ti 6 16 ᾧ τιμὴ κ. κράτος αἰώνιον
He 2 14 ἵνα . . . καταργήσῃ τὸν τὸ κράτος ἔχοντα τ. θανάτου
1 Pe 4 11 ᾧ ἐστὶν ἡ δόξα κ. τὸ κράτος εἰς τ. αἰῶνας τ. αἰώνων
5 11 αὐτῷ τὸ κράτος εἰς τ. αἰῶνας
Ju 25 μόνῳ Θεῷ σωτῆρι ἡμῶν . . . κράτος κ. ἐξουσία
Re 1 6 αὐτῷ ἡ δόξα κ. τὸ κράτος εἰς τ. αἰῶνας
5 13 τ. καθημένῳ ἐπὶ τ. θρόνου . . . ἡ δόξα κ. τὸ κράτος εἰς τ. αἰῶνας τ. αἰώνων

ΚΡΑΥΓΑ΄ΖΩ 2905

Mt 12 19 οὐκ ἐρίσει οὐδὲ κραυγάσει
לֹא יִצְעַק וְלֹא יִשָּׂא, Is. xlii. 2
Lu 4 41 ἐξήρχοντο δὲ κ. δαιμόνια ἀπὸ πολλῶν κραυγάζοντα
ἐξήρχετο . . . κράζοντα, WH
Jo 11 43 ταῦτα εἰπὼν φωνῇ μεγάλῃ ἐκραύγασεν
12 13 ἐξῆλθον εἰς ὑπάντησιν αὐτῷ κ. ἐκραύγαζον Ὡσαννά
18 40 ἐκραύγασαν οὖν πάλιν λέγοντες
19 6 ὅτε οὖν εἶδον αὐτὸν . . . ἐκραύγασαν λέγοντες
12 οἱ δὲ Ἰουδαῖοι ἐκραύγασαν λέγοντες
ἐκραύγαζον, T
15 ἐκραύγασαν οὖν ἐκεῖνοι Ἆρον ἆρον
Ac 22 23 κραυγαζόντων τε αὐτῶν

ΚΡΑΥΓΗ΄ 2906

Mt 25 6 μέσης δὲ νυκτὸς κραυγὴ γέγονεν
Lu 1 42 ἀνεφώνησεν κραυγῇ μεγάλῃ
Ac 23 9 ἐγένετο δὲ κραυγὴ μεγάλη
Eph 4 31 πᾶσα πικρία . . . κ. κραυγὴ κ. βλασφημία ἀρθήτω
He 5 7 μετὰ κραυγῆς ἰσχυρᾶς κ. δακρύων προσενέγκας
Re 21 4 οὔτε πένθος οὔτε κραυγὴ οὔτε πόνος οὐκ ἔσται ἔτι

ΚΡΕ΄ΑΣ 2907

Ro 14 21 καλὸν τὸ μὴ φαγεῖν κρέα
1 Co 8 13 οὐ μὴ φάγω κρέα εἰς τ. αἰῶνα

ΚΡΕΙ´ΣΣΩΝ, ΚΡΕΙ´ΤΤΩΝ 2909

I Co 7 9 κρεῖττον γάρ ἐστιν γαμεῖν ἢ πυροῦσθαι
38 ὁ μὴ γαμίζων κρεῖσσον ποιήσει
11 17 οὐκ εἰς τὸ κρεῖσσον ἀλλὰ εἰς τὸ ἧσσον συνέρχεσθε
Phl 1 23 σὺν Χριστῷ εἶναι πολλῷ γὰρ μᾶλλον κρεῖσσον
He 1 4 τοσούτῳ κρείττων γενόμενος τ. ἀγγέλων
6 9 πεπείσμεθα δὲ περὶ ὑμῶν . . . τὰ κρείσσονα κ. ἐχόμενα σωτηρίας
7 7 τὸ ἔλαττον ὑπὸ τ. κρείττονος εὐλογεῖται
19 ἐπεισαγωγὴ δὲ κρείττονος ἐλπίδος
22 κατὰ τοσοῦτο κ. κρείττονος διαθήκης γέγονεν ἔγγυος Ἰησοῦς
8 6 ὅσῳ κ. κρείττονός ἐστιν διαθήκης μεσίτης, ἥτις ἐπὶ κρείττοσιν ἐπαγγελίαις νενομοθέτηται
9 23 αὐτὰ δὲ τὰ ἐπουράνια κρείττοσιν θυσίαις παρὰ ταύτας
10 34 γινώσκοντες ἔχειν ἑαυτοὺς κρείσσονα ὕπαρξιν κ. μένουσαν
11 16 νῦν δὲ κρείττονος ὀρέγονται
35 ἵνα κρείττονος ἀναστάσεως τύχωσιν
40 τ. Θεοῦ περὶ ἡμῶν κρεῖττόν τι προβλεψαμένου
12 24 αἵματι ῥαντισμοῦ κρεῖττον λαλοῦντι παρὰ τὸν Ἄβελ
I Pe 3 17 κρεῖττον γὰρ ἀγαθοποιοῦντας . . . πάσχειν
II Pe 2 21 κρεῖττον γὰρ ἦν αὐτοῖς μὴ ἐπεγνωκέναι τὴν ὁδὸν τ. δικαιοσύνης
κρεῖσσον, T

ΚΡΕΜΑ´ΝΝΥΜΙ 2910

Mt 18 6 ἵνα κρεμασθῇ μύλος ὀνικὸς περὶ τ. τράχηλον αὐτοῦ
22 40 ἐν ταύταις τ. δυσὶν ἐντολαῖς ὅλος ὁ νόμος κρέμαται κ. οἱ προφῆται
Lu 23 39 εἷς δὲ τ. κρεμασθέντων κακούργων ἐβλασφήμει αὐτόν
Ac 5 30 ὃν ὑμεῖς διεχειρίσασθε κρεμάσαντες ἐπὶ ξύλου
10 39 ὃν κ. ἀνεῖλαν κρεμάσαντες ἐπὶ ξύλου
28 4 ὡς δὲ εἶδαν οἱ βάρβαροι κρεμάμενον τὸ θηρίον ἐκ τ. χειρὸς αὐτοῦ
Ga 3 13 ἐπικατάρατος πᾶς ὁ κρεμάμενος ἐπὶ ξύλου
קִלְלַת אֱלֹהִים תָּלוּי, Dt. xxi. 23

ΚΡΕΠΑ´ΛΗ *Vide* ΚΡΑΙΠΑ´ΛΗ, 2897

ΚΡΗΜΝΟ´Σ 2911

Mt 8 32 ὥρμησεν πᾶσα ἡ ἀγέλη κατὰ τ. κρημνοῦ
Mk 5 13 ὥρμησεν ἡ ἀγέλη κατὰ τ. κρημνοῦ
Lu 8 33 ὥρμησεν ἡ ἀγέλη κατὰ τ. κρημνοῦ

ΚΡΗ´ΣΚΗΣ 2913

II Ti 4 10 Κρήσκης εἰς Γαλατίαν Τίτος εἰς Δαλματίαν
Γαλλίαν, T

ΚΡΗ´Σ 2912

Ac 2 11 Κρῆτες κ. Ἄραβες ἀκούομεν λαλούντων αὐτῶν
Tit 1 12 Κρῆτες ἀεὶ ψεῦσται κακὰ θηρία γαστέρες ἀργαί

ΚΡΗ´ΤΗ 2914

Ac 27 7 ὑπεπλεύσαμεν τ. Κρήτην κατὰ Σαλμώνην
12 λιμένα τ. Κρήτης βλέποντα κατὰ λίβα κ. κατὰ χῶρον
13 ἄραντες ἆσσον παρελέγοντο τ. Κρήτην
21 πειθαρχήσαντάς μοι μὴ ἀνάγεσθαι ἀπὸ τ. Κρήτης
Tit 1 5 τούτου χάριν ἀπέλειπόν σε ἐν Κρήτῃ

ΚΡΙΘΗ´ 2915

Re 6 6 τρεῖς χοίνικες κριθῶν δηναρίου

ΚΡΙ´ΘΙΝΟΣ 2916

Jo 6 9 ὃς ἔχει πέντε ἄρτους κριθίνους κ. δύο ὀψάρια
13 δώδεκα κοφίνους κλασμάτων ἐκ τ. πέντε ἄρτων τ. κριθίνων

ΚΡΙ´ΜΑ 2917

(1) κρίνειν κρίματι, κρίμα (2) κρ. αἰώνιον, τὸ μέλλον (3) κρίματα

Mt 7 2 [1] ἐν ᾧ γὰρ κρίματι κρίνετε κριθήσεσθε
23 13 διὰ τοῦτο λήψεσθε περισσότερον κρίμα
—h. v., TWHR non mg.
Mk 12 40 οὗτοι λήμψονται περισσότερον κρίμα
Lu 20 47 οὗτοι λήμψονται περισσότερον κρίμα
23 40 ὅτι ἐν τ. αὐτῷ κρίματι εἶ
24 20 παρέδωκαν αὐτὸν οἱ ἀρχιερεῖς . . . εἰς κρίμα θανάτου
Jo 9 39 εἰς κρίμα ἐγὼ εἰς τ. κόσμον τοῦτον ἦλθον
Ac 24 25 [2] διαλεγομένου δὲ αὐτοῦ περὶ . . . τ. κρίματος τ. μέλλοντος
Ro 2 2 οἴδαμεν δὲ ὅτι τὸ κρίμα τ. Θεοῦ ἐστὶν κατὰ ἀλήθειαν
3 ὅτι σὺ ἐκφεύξῃ τὸ κρίμα τ. Θεοῦ
3 8 ὧν τὸ κρίμα ἔνδικόν ἐστιν
5 16 τὸ μὲν γὰρ κρίμα ἐξ ἑνὸς εἰς κατάκριμα
11 33 [3] ὡς ἀνεξεραύνητα τὰ κρίματα αὐτοῦ
13 2 οἱ δὲ ἀνθεστηκότες ἑαυτοῖς κρίμα λήμψονται
I Co 6 7 [3] ὅτι κρίματα ἔχετε μεθ' ἑαυτῶν
11 29 κρίμα ἑαυτῷ ἐσθίει κ. πίνει
34 ἵνα μὴ εἰς κρίμα συνέρχησθε
Ga 5 10 ὁ δὲ ταράσσων ὑμᾶς βαστάσει τὸ κρίμα
I Ti 3 6 ἵνα μὴ τυφωθεὶς εἰς κρίμα ἐμπέσῃ τ. διαβόλου
5 12 ἔχουσαι κρίμα ὅτι τ. πρώτην πίστιν ἠθέτησαν
He 6 2 [2] ἀναστάσεως νεκρῶν κ. κρίματος αἰωνίου
Ja 3 1 εἰδότες ὅτι μεῖζον κρίμα λημψόμεθα
I Pe 4 17 ὁ καιρὸς τοῦ ἄρξασθαι τὸ κρίμα ἀπὸ τ. οἴκου τ. Θεοῦ
II Pe 2 3 οἷς τὸ κρίμα ἔκπαλαι οὐκ ἀργεῖ
Ju 4 οἱ πάλαι προγεγραμμένοι εἰς τοῦτο τὸ κρίμα
Re 17 1 δείξω σοι τὸ κρίμα τ. πόρνης τ. μεγάλης
18 20 [1] ὅτι ἔκρινεν ὁ Θεὸς τὸ κρίμα ὑμῶν ἐξ αὐτῆς
20 4 κρίμα ἐδόθη αὐτοῖς

ΚΡΙ´ΝΟΝ 2918

Mt 6 28 καταμάθετε τὰ κρίνα τ. ἀγροῦ
Lu 12 27 κατανοήσατε τὰ κρίνα

ΚΡΙ´ΝΩ 2919

(1) κρ. κρίμα, κρίματι, κρίσιν (2) med. et pass. (3) κρ. τ. κόσμον, τ. οἰκουμένην (4) κρ. κατ' ὄψιν, τ. σάρκα (5) seq. infin., εἰ

Mt 5 40 [2] τ. θέλοντί σοι κριθῆναι κ. τ. χιτῶνά σου λαβεῖν
7 1 [2] μὴ κρίνετε ἵνα μὴ κριθῆτε·

Mt 7 2 [1 2] ἐν ᾧ γὰρ κρίματι κρίνετε κριθήσεσθε
19 28 κρίνοντες τ. δώδεκα φυλὰς τοῦ Ἰσραήλ
Lu 6 37 [2] μὴ κρίνετε κ. οὐ μὴ κριθῆτε
7 43 ὁ δὲ εἶπεν αὐτῷ Ὀρθῶς ἔκρινας
12 57 τί δὲ κ. ἀφ' ἑαυτῶν οὐ κρίνετε τὸ δίκαιον;
19 22 ἐκ τοῦ στόματός σου κρίνω σε
κρινῶ, TR
22 30 τ. δώδεκα φυλὰς κρίνοντες τοῦ Ἰσραήλ
κρίν. τ. δώδ. φυλ., T
Jo 3 17 [3] οὐ γὰρ ἀπέστειλεν ὁ Θεὸς τ. υἱὸν . . . ἵνα κρίνῃ τ. κόσμον
18 [2] ὁ πιστεύων εἰς αὐτὸν οὐ κρίνεται·
[3] ὁ μὴ πιστεύων ἤδη κέκριται
5 22 οὐδὲ γὰρ ὁ πατὴρ κρίνει οὐδένα
30 καθὼς ἀκούω κρίνω
7 24 [4] μὴ κρίνετε κατ' ὄψιν,
[1] ἀλλὰ τ. δικαίαν κρίσιν κρίνετε
κρίνατε, T
51 μὴ ὁ νόμος ἡμῶν κρίνει τ. ἄνθρωπον
8 15 [4] ὑμεῖς κατὰ τ. σάρκα κρίνετε·
ἐγὼ οὐ κρίνω οὐδένα
16 κ. ἐὰν κρίνω δὲ ἐγώ
26 πολλὰ ἔχω περὶ ὑμῶν λαλεῖν κ. κρίνειν
50 ἔστιν ὁ ζητῶν κ. κρίνων
12 47 ἐάν τις . . . μὴ φυλάξῃ ἐγὼ οὐ κρίνω αὐτόν·
[3] οὐ γὰρ ἦλθον ἵνα κρίνω τ. κόσμον
48 ὁ ἀθετῶν ἐμὲ . . . ἔχει τ. κρίνοντα αὐτόν·
ὁ λόγος ὃν ἐλάλησα ἐκεῖνος κρινεῖ αὐτόν
16 11 [2] ὅτι ὁ ἄρχων τ. κόσμου τούτου κέκριται
18 31 κατὰ τ. νόμον ὑμῶν κρίνατε αὐτόν
—αὐτόν, T
Ac 3 13 [5] κρίναντος ἐκείνου ἀπολύειν
4 19 [5] ὑμῶν ἀκούειν μᾶλλον ἢ τ. Θεοῦ κρίνατε
7 7 τὸ ἔθνος ᾧ ἂν δουλεύσουσιν κρινῶ ἐγώ
אֶת־הַגּוֹי אֲשֶׁר יַעֲבֹדוּ דָּן אָנֹכִי, Gen. xv. 14
13 27 τοῦτον ἀγνοήσαντες . . . κρίναντες ἐπλήρωσαν
46 οὐκ ἀξίους κρίνετε ἑαυτοὺς τῆς αἰωνίου ζωῆς
15 19 [5] διὸ ἐγὼ κρίνω μὴ παρενοχλεῖν τοῖς ἀπὸ τ. ἐθνῶν ἐπιστρέφουσιν
16 4 [2] παρεδίδοσαν αὐτοῖς φυλάσσειν τ. δόγματα τ. κεκριμένα ὑπὸ τ. ἀποστόλων
15 [5] εἰ κεκρίκατέ με πιστὴν τ. Κυρίῳ εἶναι
17 31 [3] ἐν ᾗ μέλλει κρίνειν τ. οἰκουμένην ἐν δικαιοσύνῃ
20 16 [5] κεκρίκει γὰρ ὁ Παῦλος παραπλεῦσαι τὴν Ἔφεσον
21 25 [5] κρίναντες φυλάσσεσθαι αὐτοὺς τό τε εἰδωλόθυτον
23 3 σὺ κάθῃ κρίνων με κατὰ τ. νόμον
6 [2] περὶ ἐλπίδος κ. ἀναστάσεως νεκρῶν κρίνομαι
ἐγὼ κρίν., TWH mg. R
24 6 κατὰ τ. ἡμέτερον νόμον ἠθελήσαμεν κρίνειν
—h. v., TWHR non mg.
21 [2] περὶ ἀναστάσεως νεκρῶν ἐγὼ κρίνομαι σήμερον ἐφ' ὑμῶν
25 9 [2] θέλεις . . . ἐκεῖ περὶ τούτων κριθῆναι ἐπ' ἐμοῦ;
10 [2] οὗ με δεῖ κρίνεσθαι
20 [2] εἰ βούλοιτο πορεύεσθαι εἰς Ἱεροσόλυμα κἀκεῖ κρίνεσθαι περὶ τούτων
25 [5] αὐτοῦ δὲ τούτου ἐπικαλεσαμένου τ. Σέβαστον ἔκρινα πέμπειν

Ac 26 6 [3] ἐπ' ἐλπίδι τῆς εἰς τ. πατέρας ἡμῶν ἐπαγγελίας . . . ἕστηκα κρινόμενος
8 [2] τί ἄπιστον κρίνεται παρ' ὑμῖν
27 1 [2 5] ὡς δὲ ἐκρίθη τοῦ ἀποπλεῖν ἡμᾶς εἰς τ. Ἰταλίαν
Ro 2 1 ἀναπολόγητος εἶ ὦ ἄνθρωπε πᾶς ὁ κρίνων·
ἐν ᾧ γὰρ κρίνεις τ. ἕτερον σεαυτὸν κατακρίνεις·
τὰ γὰρ αὐτὰ πράσσεις ὁ κρίνων
3 ὦ ἄνθρωπε ὁ κρίνων τοὺς τὰ τοιαῦτα πράσσοντας
12 [2] ὅσοι ἐν νόμῳ ἥμαρτον διὰ νόμου κριθήσονται
16 ἐν ᾗ ἡμέρᾳ κρίνει ὁ Θεὸς τὰ κρυπτὰ τ. ἀνθρώπων
ἐν ἡμ. ὅτε κρινεῖ TWH mg. R non mg.;
ἐν ἡμ. ᾗ κρινεῖ, WH mg. alt.
27 κρινεῖ ἡ ἐκ φύσεως ἀκροβυστία . . . σέ
3 4 [2] ὅπως ἂν . . . νικήσεις ἐν τῷ κρίνεσθαί σε
לְמַעַן . . . תִּזְכֶּה בְשָׁפְטֶךָ, Ps. li. 6 (Heb.), 4 (Eng.)
6 ἐπεὶ πῶς κρινεῖ ὁ Θεὸς τ. κόσμον;
7 [2] τί ἔτι κἀγὼ ὡς ἁμαρτωλὸς κρίνομαι;
14 3 ὁ δὲ μὴ ἐσθίων τ. ἐσθίοντα μὴ κρινέτω
4 σὺ τίς εἶ ὁ κρίνων ἀλλότριον οἰκέτην;
5 ὃς μὲν γὰρ κρίνει ἡμέραν παρ' ἡμέραν,
ὃς δὲ κρίνει πᾶσαν ἡμέραν
10 σὺ δὲ τί κρίνεις τ. ἀδελφόν σου;
13 μηκέτι οὖν ἀλλήλους κρίνωμεν·
ἀλλὰ τοῦτο κρίνατε μᾶλλον
22 μακάριος ὁ μὴ κρίνων ἑαυτὸν ἐν ᾧ δοκιμάζει
I Co 2 2 [5] οὐ γὰρ ἔκρινά τι εἰδέναι ἐν ὑμῖν
4 5 ὥστε μὴ πρὸ καιροῦ τι κρίνετε
5 3 ἤδη κέκρικα ὡς παρὼν τὸν οὕτως τοῦτο κατεργασάμενον
12 τί γάρ μοι τοὺς ἔξω κρίνειν;
οὐχὶ τοὺς ἔσω ὑμεῖς κρίνετε,
13 τοὺς δὲ ἔξω ὁ Θεὸς κρίνει;
κρινεῖ, T
6 1 [2] τολμᾷ τις ὑμῶν . . . κρίνεσθαι ἐπὶ τ. ἀδίκων
2 [3] ἢ οὐκ οἴδατε ὅτι οἱ ἅγιοι τ. κόσμον κρινοῦσιν;
κρίνουσιν, WH mg.
[2 3] κ. εἰ ἐν ὑμῖν κρίνεται ὁ κόσμος
3 οὐκ οἴδατε ὅτι ἀγγέλους κρινοῦμεν;
6 [2] ἀλλὰ ἀδελφὸς μετὰ ἀδελφοῦ κρίνεται
7 37 τοῦτο κέκρικεν ἐν τῇ ἰδίᾳ καρδίᾳ
10 15 ὡς φρονίμοις λέγω κρίνατε ὑμεῖς ὅ φημι
29 [2] ἵνα τί γὰρ ἡ ἐλευθερία μου κρίνεται ὑπὸ ἄλλης συνειδήσεως;
11 13 ἐν ὑμῖν αὐτοῖς κρίνατε
31 [2] εἰ δὲ ἑαυτοὺς διεκρίνομεν οὐκ ἂν ἐκρινόμεθα·
32 [2] κρινόμενοι δὲ ὑπὸ τ. Κυρίου παιδευόμεθα
II Co 2 1 ἔκρινα γὰρ ἐμαυτῷ τοῦτο
5 14 ἡ γὰρ ἀγάπη τ. Χριστοῦ συνέχει ἡμᾶς κρίναντας τοῦτο
Col 2 16 μὴ οὖν τις ὑμᾶς κρινέτω ἐν βρώσει κ. ἐν πόσει
II Th 2 12 [2] ἵνα κριθῶσιν πάντες οἱ μὴ πιστεύσαντες τ. ἀληθείᾳ
II Ti 4 1 τοῦ μέλλοντος κρίνειν ζῶντας κ. νεκροὺς
κρῖναι, WH marg.
Tit 3 12 [5] ἐκεῖ γὰρ κέκρικα παραχειμάσαι
He 10 30 κρινεῖ Κύριος τ. λαὸν αὐτοῦ
יָדִין יְהוָה עַמּוֹ, Dt. xxxii. 36

He 13 4 πόρνους γὰρ κ. μοιχοὺς κρινεῖ ὁ Θεός
Ja 2 12 [2] ὡς διὰ νόμου ἐλευθερίας μέλλοντες κρίνεσθαι
4 11 ὁ καταλαλῶν ἀδελφοῦ ἢ κρίνων τ. ἀδελφὸν αὐτοῦ καταλαλεῖ νόμου κ. κρίνει νόμον· εἰ δὲ νόμον κρίνεις
12 σὺ δὲ τίς εἶ ὁ κρίνων τὸν πλησίον;
5 9 [2] μὴ στενάζετε . . . κατ' ἀλλήλων ἵνα μὴ κριθῆτε
I Pe 1 17 εἰ πατέρα ἐπικαλεῖσθε τ. ἀπροσωπολήμπτως κρίνοντα κατὰ τὸ ἑκάστου ἔργον
2 23 παρεδίδου δὲ τ. κρίνοντι δικαίως
4 5 οἳ ἀποδώσουσιν λόγον τῷ ἑτοίμως κρίνοντι ζῶντας κ. νεκρούς
ἑτ. ἔχοντι κρῖναι ζ., TR
6 [2] ἵνα κριθῶσιν μὲν κατὰ ἀνθρώπους σαρκί
Re 6 10 οὐ κρίνεις κ. ἐκδικεῖς τὸ αἷμα ἡμῶν
11 18 [2] ὁ καιρὸς τ. νεκρῶν κριθῆναι
16 5 δίκαιος εἶ . . . ὅτι ταῦτα ἔκρινας
18 8 ὅτι ἰσχυρὸς Κύριος ὁ Θεὸς ὁ κρίνας αὐτήν
20 [1] ὅτι ἔκρινεν ὁ Θεὸς τὸ κρίμα ὑμῶν ἐξ αὐτῆς
19 2 ὅτι ἔκρινεν τ. πόρνην τ. μεγάλην
11 ἐν δικαιοσύνῃ κρίνει κ. πολεμεῖ
20 12 [2] ἐκρίθησαν οἱ νεκροὶ ἐκ τ. γεγραμμένων ἐν τ. βιβλίοις
13 [2] ἐκρίθησαν ἕκαστος κατὰ τὰ ἔργα αὐτῶν

ΚΡΙ'ΣΙΣ 2920

(1) κρ. κρίνειν, ποιεῖν (2) ἡμέρα, ὥρα κρ. (3) κρ. τ. γεέννης

Mt 5 21 ὃς δ' ἂν φονεύσῃ ἔνοχος ἔσται τ. κρίσει
22 πᾶς ὁ ὀργιζόμενος τ. ἀδελφῷ αὐτοῦ ἔνοχος ἔσται τ. κρίσει
10 15 [2] ἀνεκτότερον ἔσται γῇ Σοδόμων . . . ἐν ἡμέρᾳ κρίσεως
11 22 [2] Τύρῳ κ. Σιδῶνι ἀνεκτότερον ἔσται ἐν ἡμέρᾳ κρίσεως
24 [2] γῇ Σοδόμων ἀνεκτότερον ἔσται ἐν ἡμέρᾳ κρίσεως
12 18 κρίσιν τ. ἔθνεσιν ἀπαγγελεῖ
מִשְׁפָּט לַגּוֹיִם יוֹצִיא, Is. xlii. 1
20 ἕως ἂν ἐκβάλῃ εἰς νῖκος τ. κρίσιν
לֶאֱמֶת יוֹצִיא מִשְׁפָּט, *ib.* 3
36 [2] ἀποδώσουσιν περὶ αὐτοῦ λόγον ἐν ἡμέρᾳ κρίσεως
41 ἄνδρες Νινευεῖται ἀναστήσονται ἐν τ. κρίσει μετὰ τ. γενεᾶς ταύτης
42 βασίλισσα νότου ἐγερθήσεται ἐν τ. κρίσει μετὰ τ. γενεᾶς ταύτης
23 23 ἀφήκατε . . . τ. κρίσιν κ. τὸ ἔλεος κ. τ. πίστιν
33 [3] πῶς φύγητε ἀπὸ τ. κρίσεως τ. γεέννης;
Lu 10 14 Τύρῳ κ. Σιδῶνι ἀνεκτότερον ἔσται ἐν τ. κρίσει
11 31 βασίλισσα νότου ἐγερθήσεται ἐν τ. κρίσει μετὰ τ. ἀνδρῶν τ. γενεᾶς ταύτης
32 ἄνδρες Νινευεῖται ἀναστήσονται ἐν τ. κρίσει μετὰ τ. γενεᾶς ταύτης
42 παρέρχεσθε τ. κρίσιν κ. τ. ἀγάπην τ. Θεοῦ
Jo 3 19 αὕτη δέ ἐστιν ἡ κρίσις
5 22 τ. κρίσιν πᾶσαν δέδωκεν τ. υἱῷ
24 εἰς κρίσιν οὐκ ἔρχεται
27 [1] ἐξουσίαν ἔδωκεν αὐτῷ κρίσιν ποιεῖν
29 οἱ τὰ φαῦλα πράξαντες εἰς ἀνάστασιν κρίσεως
30 ἡ κρίσις ἡ ἐμὴ δικαία ἐστιν
7 24 [1] τ. δικαίαν κρίσιν κρίνετε
8 16 ἡ κρίσις ἡ ἐμὴ ἀληθινή ἐστιν
12 31 νῦν κρίσις ἐστὶν τ. κόσμου τούτου
16 8 ἐλθὼν ἐκεῖνος ἐλέγξει τ. κόσμον . . . περὶ κρίσεως
11 περὶ δὲ κρίσεως ὅτι ὁ ἄρχων τ. κόσμου τούτου κέκριται
Ac 8 33 ἐν τ. ταπεινώσει ἡ κρίσις αὐτοῦ ἤρθη
מֵעֹצֶר וּמִמִּשְׁפָּט לֻקָּח, Is. liii. 8
II Th 1 5 ἔνδειγμα τ. δικαίας κρίσεως τ. Θεοῦ
I Ti 5 24 αἱ ἁμαρτίαι πρόδηλοί εἰσιν προάγουσαι εἰς κρίσιν
He 9 27 ἅπαξ ἀποθανεῖν μετὰ δὲ τοῦτο κρίσις
10 27 φοβερὰ δέ τις ἐκδοχὴ κρίσεως
Ja 2 13 ἡ γὰρ κρίσις ἀνέλεος τῷ μὴ ποιήσαντι ἔλεος· κατακαυχᾶται ἔλεος κρίσεως
5 12 ἵνα μὴ ὑπὸ κρίσιν πέσητε
II Pe 2 4 σειροῖς ζόφου ταρταρώσας παρέδωκεν εἰς κρίσιν τηρουμένους
9 [2] ἀδίκους δὲ εἰς ἡμέραν κρίσεως κολαζομένους τηρεῖν
11 οὐ φέρουσιν κατ' αὐτῶν παρὰ Κυρίῳ βλάσφημον κρίσιν
3 7 [2] πυρὶ τηρούμενοι εἰς ἡμέραν κρίσεως
I Jo 4 17 [2] ἵνα παρρησίαν ἔχωμεν ἐν τ. ἡμέρᾳ τ. κρίσεως
Ju 6 εἰς κρίσιν μεγάλης ἡμέρας . . . τετήρηκεν
9 οὐκ ἐτόλμησαν κρίσιν ἐπενεγκεῖν βλασφημίας
15 [1] ποιῆσαι κρίσιν κατὰ πάντων
Re 14 7 [2] ὅτι ἦλθεν ἡ ὥρα τ. κρίσεως αὐτοῦ
16 7 ἀληθιναὶ κ. δίκαιαι αἱ κρίσεις σου
18 10 ὅτι μιᾷ ὥρᾳ ἦλθεν ἡ κρίσις σου
19 2 ἀληθιναὶ κ. δίκαιαι αἱ κρίσεις αὐτοῦ

ΚΡΙ'ΣΠΟΣ 2921

Ac 18 8 Κρίσπος δὲ ὁ ἀρχισυνάγωγος ἐπίστευσεν τ. Κυρίῳ
I Co 1 14 οὐδένα ὑμῶν ἐβάπτισα εἰ μὴ Κρίσπον κ. Γαῖον

ΚΡΙΤΗ'ΡΙΟΝ 2922

I Co 6 2 ἀνάξιοί ἐστε κριτηρίων ἐλαχίστων;
4 βιωτικὰ μὲν οὖν κριτήρια ἐὰν ἔχητε
Ja 2 6 οὐχ . . . αὐτοὶ ἕλκουσιν ὑμᾶς εἰς κριτήρια;

ΚΡΙΤΗ'Σ 2923

Mt 5 25 μήποτέ σε παραδῷ ὁ ἀντίδικος τ. κριτῇ, κ. ὁ κριτὴς τ. ὑπηρέτῃ
12 27 διὰ τοῦτο αὐτοὶ κριταὶ ἔσονται ὑμῶν
Lu 11 19 διὰ τοῦτο αὐτοὶ ὑμῶν κριταὶ ἔσονται
κριτ. ἔσ. ὑμ., T; κριτ. ὑμ. ἔσ., WH marg.
12 14 τίς με κατέστησεν κριτὴν ἢ μεριστὴν ἐφ' ὑμᾶς;
58 μήποτε κατασύρῃ σε πρὸς τ. κριτήν, κ. ὁ κριτής σε παραδώσει τ. πράκτορι
18 2 κριτής τις ἦν ἔν τινι πόλει
6 ἀκούσατε τί ὁ κριτὴς τ. ἀδικίας λέγει
Ac 10 42 ὁ ὡρισμένος ὑπὸ τ. Θεοῦ κριτὴς ζώντων κ. νεκρῶν
13 20 μετὰ ταῦτα ἔδωκεν κριτὰς ἕως Σαμουὴλ προφήτου
18 15 κριτὴς ἐγὼ τούτων οὐ βούλομαι εἶναι
24 10 ὄντα σε κριτὴν τ. ἔθνει τούτῳ ἐπιστάμενον

II Ti 4 8 ὃν ἀποδώσει μοι ὁ Κύριος . . . ὁ δίκαιος κριτής
He 12 23 κ. κριτῇ Θεῷ πάντων
Ja 2 4 ἐγένεσθε κριταὶ διαλογισμῶν πονηρῶν
4 11 οὐκ εἶ ποιητὴς νόμου ἀλλὰ κριτής.
12 εἷς ἐστὶν νομοθέτης κ. κριτὴς ὁ δυνάμενος σῶσαι
5 9 ἰδοὺ ὁ κριτὴς πρὸ τ. θυρῶν ἕστηκεν

ΚΡΙΤΙΚΌΣ * 2924

He 4 12 κριτικὸς ἐνθυμήσεων κ. ἐννοιῶν καρδίας

ΚΡΟΎΩ 2925

Mt 7 7 κρούετε κ. ἀνοιγήσεται ὑμῖν
8 τ. κρούοντι ἀνοιγήσεται
Lu 11 9 κρούετε κ. ἀνοιγήσεται ὑμῖν
10 τ. κρούοντι ἀνοιγήσεται
12 36 ἵνα ἐλθόντος κ. κρούσαντος εὐθέως ἀνοίξωσιν αὐτῷ
13 25 ἀφ' οὗ ἂν . . . ἄρξησθε ἔξω ἑστάναι κ. κρούειν τ. θύραν
Ac 12 13 κρούσαντος δὲ αὐτοῦ τ. θύραν τ. πυλῶνος
16 ὁ δὲ Πέτρος ἐπέμενεν κρούων
Re 3 20 ἰδοὺ ἕστηκα ἐπὶ τ. θύραν κ. κρούω

ΚΡΎΠΤΗ *† 2926 cf. 2927

Lu 11 33 οὐδεὶς λύχνον ἅψας εἰς κρύπτην τίθησιν
κρυπτὴν, T

ΚΡΥΠΤΌΣ 2927

Mt 6 4 ὅπως ᾖ σου ἡ ἐλεημοσύνη ἐν τ. κρυπτῷ· κ. ὁ πατήρ σου ὁ βλέπων ἐν τ. κρυπτῷ
6 πρόσευξαι τ. πατρί σου τῷ ἐν τ. κρυπτῷ· κ. ὁ πατήρ σου ὁ βλέπων ἐν τ. κρυπτῷ
10 26 οὐδὲν γάρ ἐστιν . . . κρυπτὸν ὃ οὐ γνωσθήσεται
Mk 4 22 οὐ γάρ ἐστιν κρυπτὸν ἐὰν μὴ ἵνα φανερωθῇ
ἐστ. τι κρ., TWH mg.
Lu 8 17 οὐ γάρ ἐστιν κρυπτὸν ὃ οὐ φανερὸν γενήσεται
11 33 οὐδεὶς λύχνον ἅψας εἰς κρυπτὴν τίθησιν
κρύπτην, WHR
12 2 οὐδὲν δὲ . . . κρυπτὸν ὃ οὐ γνωσθήσεται
Jo 7 4 οὐδεὶς γάρ τι ἐν κρυπτῷ ποιεῖ
10 ἀνέβη οὐ φανερῶς ἀλλὰ ὡς ἐν κρυπτῷ
ἀλλ' ἐν κρ., T
18 20 ἐν κρυπτῷ ἐλάλησα οὐδέν
Ro 2 16 ἐν ᾗ ἡμέρᾳ κρίνει ὁ θεὸς τὰ κρυπτὰ τ. ἀνθρώπων
29 ἀλλ' ὁ ἐν τ. κρυπτῷ Ἰουδαῖος
I Co 4 5 ὃς κ. φωτίσει τὰ κρυπτὰ τ. σκότους
14 25 τὰ κρυπτὰ τ. καρδίας αὐτοῦ φανερὰ γίνεται
II Co 4 2 ἀπειπάμεθα τὰ κρυπτὰ τ. αἰσχύνης
I Pe 3 4 ὁ κρυπτὸς τ. καρδίας ἄνθρωπος

ΚΡΎΠΤΩ 2928

Mt 5 14 οὐ δύναται πόλις κρυβῆναι ἐπάνω ὄρους κειμένη
11 25 ἔκρυψας ταῦτα ἀπὸ σοφῶν κ. συνετῶν
13 35 ἐρεύξομαι κεκρυμμένα ἀπὸ καταβολῆς
אַבִּיעָה חִידוֹת מִנִּי־קֶדֶם, Ps. lxxviii. 2
44 ὁμοία ἐστὶν . . . θησαυρῷ κεκρυμμένῳ ἐν τ. ἀγρῷ,
ὃν εὑρὼν ἄνθρωπος ἔκρυψεν
Mt 25 18 ἔκρυψεν τὸ ἀργύριον τ. κυρίου αὐτοῦ
25 ἀπελθὼν ἔκρυψα τὸ τάλαντόν σου ἐν τ. γῇ
Lu 11 52 ἐκρύψατε τ. κλεῖδα τ. γνώσεως
ἤρατε, TWH non mg. R
13 21 ἣν λαβοῦσα γυνὴ ἔκρυψεν εἰς ἀλεύρου σάτα τρία
18 34 ἦν τὸ ῥῆμα τοῦτο κεκρυμμένον ἀπ' αὐτῶν
19 42 νῦν δὲ ἐκρύβη ἀπὸ ὀφθαλμῶν σου
Jo 8 59 Ἰησοῦς δὲ ἐκρύβη
12 36 ἀπελθὼν ἐκρύβη ἀπ' αὐτῶν
19 38 κεκρυμμένος δὲ διὰ τ. φόβον τ. Ἰουδαίων
Col 3 3 ἡ ζωὴ ὑμῶν κέκρυπται σὺν τ. Χριστῷ ἐν τ. Θεῷ
I Ti 5 25 τὰ ἄλλως ἔχοντα κρυβῆναι οὐ δύνανται
He 11 23 πίστει Μωυσῆς γεννηθεὶς ἐκρύβη τρίμηνον
Re 2 17 τ. νικῶντι δώσω αὐτῷ τοῦ μάννα τ. κεκρυμμένου
6 15 ἔκρυψαν ἑαυτοὺς εἰς τὰ σπήλαια
16 κρύψατε ἡμᾶς ἀπὸ προσώπου τ. καθημένου ἐπὶ τ. θρόνου

ΚΡΥΣΤΑΛΛΊΖΩ *† 2929

Re 21 11 ὡς λίθῳ ἰάσπιδι κρυσταλλίζοντι

ΚΡΎΣΤΑΛΛΟΣ 2930

Re 4 6 ἐνώπιον τ. θρόνου ὡς θάλασσα ὑαλίνη ὁμοία κρυστάλλῳ
22 1 ποταμὸν ὕδατος ζωῆς λαμπρὸν ὡς κρύσταλλον

ΚΡΥΦΑΙ̂ΟΣ 2930.5 cf. 2927

Mt 6 18 ἀλλὰ τ. πατρί σου τῷ ἐν τ. κρυφαίῳ· κ. ὁ πατήρ σου ὁ βλέπων ἐν τ. κρυφαίῳ

ΚΡΥΦΗ͂Ι 2931

Eph 5 12 τὰ γὰρ κρυφῇ γινόμενα ὑπ' αὐτῶν
κρυφῆ, T

ΚΤΆΟΜΑΙ 2932

Mt 10 9 μὴ κτήσησθε χρυσὸν μηδὲ ἄργυρον
Lu 18 12 ἀποδεκατεύω πάντα ὅσα κτῶμαι
21 19 ἐν τ. ὑπομονῇ ὑμῶν κτήσεσθε τ. ψυχὰς ὑμῶν
Ac 1 18 οὗτος μὲν οὖν ἐκτήσατο χωρίον ἐκ μισθοῦ τ. ἀδικίας
8 20 τ. δωρεὰν τ. Θεοῦ ἐνόμισας διὰ χρημάτων κτᾶσθαι
22 28 πολλοῦ κεφαλαίου τ. πολιτείαν ταύτην ἐκτησάμην
I Th 4 4 τὸ ἑαυτοῦ σκεῦος κτᾶσθαι ἐν ἁγιασμῷ κ. τιμῇ

ΚΤΗ͂ΜΑ 2933

Mt 19 22 ἦν γὰρ ἔχων κτήματα πολλά
Mk 10 22 ἦν γὰρ ἔχων κτήματα πολλά
Ac 2 45 τὰ κτήματα κ. τ. ὑπάρξεις ἐπίπρασκον
5 1 ἀνὴρ δέ τις Ἀνανίας . . . ἐπώλησεν κτῆμα

ΚΤΗ͂ΝΟΣ 2934

Lu 10 34 ἐπιβιβάσας δὲ αὐτὸν ἐπὶ τὸ ἴδιον κτῆνος
Ac 23 24 κτήνη τε παραστῆσαι
I Co 15 39 ἄλλη δὲ σὰρξ κτηνῶν
Re 18 13 σῖτον κ. κτήνη κ. πρόβατα

ΚΤΉΤΩΡ ** 2935

Ac 4 34 ὅσοι γὰρ κτήτορες χωρίων ἢ οἰκιῶν ὑπῆρχον

ΚΤΙ'ΖΩ 2936

Mt 19 4 ὁ κτίσας ἀπ' ἀρχῆς ἄρσεν κ. θῆλυ ἐποίησεν αὐτούς
ποιήσας, TR non mg.
Mk 13 19 ἀπ' ἀρχῆς κτίσεως ἣν ἔκτισεν ὁ Θεός
Ro 1 25 ἐλάτρευσαν τ. κτίσει παρὰ τ. κτίσαντα
1 Co 11 9 κ. γὰρ οὐκ ἐκτίσθη ἀνὴρ διὰ τ. γυναῖκα
Eph 2 10 κτισθέντες ἐν Χριστῷ Ἰησοῦ ἐπὶ ἔργοις ἀγαθοῖς
15 ἵνα τοὺς δύο κτίσῃ ἐν αὐτῷ εἰς ἕνα καινὸν ἄνθρωπον
3 9 ἐν τ. Θεῷ τῷ τὰ πάντα κτίσαντι
4 24 τὸν κατὰ Θεὸν κτισθέντα ἐν δικαιοσύνῃ
Col 1 16 ὅτι ἐν αὐτῷ ἐκτίσθη τὰ πάντα
16 τὰ πάντα δι' αὐτοῦ κ. εἰς αὐτὸν ἔκτισται
3 10 τὸν ἀνακαινούμενον . . . κατ' εἰκόνα τ. κτίσαντος αὐτόν
1 Ti 4 3 ἃ ὁ Θεὸς ἔκτισεν εἰς μετάλημψιν μετὰ εὐχαριστίας
Re 4 11 ὅτι σὺ ἔκτισας τὰ πάντα,
κ. διὰ τὸ θέλημά σου ἦσαν κ. ἐκτίσθησαν
10 6 ὃς ἔκτισεν τ. οὐρανὸν κ. τὰ ἐν αὐτῷ

ΚΤΙ'ΣΙΣ 2937

Mk 10 6 ἀπὸ δὲ ἀρχῆς κτίσεως ἄρσεν κ. θῆλυ ἐποίησεν
13 19 οἵα οὐ γέγονεν τοιαύτη ἀπ' ἀρχῆς κτίσεως
16 [15 κηρύξατε τὸ εὐαγγέλιον πάσῃ τ. κτίσει
Ro 1 20 τὰ γὰρ ἀόρατα αὐτοῦ ἀπὸ κτίσεως κόσμου
25 ἐλάτρευσαν τ. κτίσει παρὰ τ. κτίσαντι
8 19 ἡ γὰρ ἀποκαραδοκία τ. κτίσεως . . . ἀπεκδέχεται.
20 τ. γὰρ ματαιότητι ἡ κτίσις ὑπετάγη
21 κ. αὐτὴ ἡ κτίσις ἐλευθερωθήσεται ἀπὸ τ. δουλείας τ. φθορᾶς
22 πᾶσα ἡ κτίσις συνστενάζει κ. συνωδίνει ἄχρι τοῦ νῦν
39 οὔτε τις κτίσις ἑτέρα δυνήσεται ἡμᾶς χωρίσαι
II Co 5 17 ὥστε εἴ τις ἐν Χριστῷ καινὴ κτίσις
Ga 6 15 οὔτε γὰρ περιτομή τι ἔστιν οὔτε ἀκροβυστία ἀλλὰ καινὴ κτίσις
Col 1 15 πρωτότοκος πάσης κτίσεως
23 τ. εὐαγγελίου . . . τ. κηρυχθέντος ἐν πάσῃ κτίσει τῇ ὑπὸ τ. οὐρανόν
He 4 13 οὐκ ἔστιν κτίσις ἀφανὴς ἐνώπιον αὐτοῦ
9 11 οὐ χειροποιήτου τοῦτ' ἔστιν οὐ ταύτης τ. κτίσεως
1 Pe 2 13 ὑποτάγητε πάσῃ ἀνθρωπίνῃ κτίσει
II Pe 3 4 πάντα οὕτως διαμένει ἀπ' ἀρχῆς κτίσεως
Re 3 14 ἡ ἀρχὴ τ. κτίσεως τ. Θεοῦ

ΚΤΙ'ΣΜΑ ** 2938

1 Ti 4 4 πᾶν κτίσμα Θεοῦ καλόν
Ja 1 18 εἰς τὸ εἶναι ἡμᾶς ἀπαρχήν τινα τῶν αὐτοῦ κτισμάτων
Re 5 13 πᾶν κτίσμα ὃ ἐν τ. οὐρανῷ
8 9 ἀπέθανεν τὸ τρίτον τ. κτισμάτων τῶν ἐν τ. θαλάσσῃ

ΚΤΙ'ΣΤΗΣ 2939

1 Pe 4 19 πιστῷ κτίστῃ παρατιθέσθωσαν τ. ψυχάς

ΚΥΒΕ'ΡΝΗΣΙΣ 2941

1 Co 12 28 ἔπειτα χαρίσματα ἰαμάτων ἀντιλήμψεις κυβερνήσεις

ΚΥΒΕΡΝΗ'ΤΗΣ 2942

Ac 27 11 τῷ κυβερνήτῃ κ. τ. ναυκλήρῳ μᾶλλον ἐπείθετο
Re 18 17 πᾶς κυβερνήτης κ. πᾶς ὁ ἐπὶ τόπον πλέων

ΚΥΒΙ'Α * 2940

Eph 4 14 ἐν τῇ κυβίᾳ τ. ἀνθρώπων

ΚΥΚΛΕΥ'Ω 2942.5 cf. 2944

Jo 10 24 ἐκύκλευσαν οὖν αὐτὸν οἱ Ἰουδαῖοι
ἐκύκλωσαν, TWH non mg.
Re 20 9 ἐκύκλευσαν τ. παρεμβολὴν τ. ἁγίων

ΚΥΚΛΟ'ΘΕΝ 2943

Re 4 3 ἶρις κυκλ. τ. θρόνου ὅμοιος ὁράσει σμαραγδίνῳ.
4 κ. κυκλ. τ. θρόνου θρόνοι εἴκοσι τέσσαρες
8 κυκλόθεν κ. ἔσωθεν γέμουσιν ὀφθαλμῶν

ΚΥΚΛΟ'Ω 2944

Lu 21 20 ὅταν δὲ ἴδητε κυκλουμένην ὑπὸ στρατοπέδων Ἰερουσαλήμ
Jo 10 24 ἐκύκλωσαν οὖν αὐτὸν οἱ Ἰουδαῖοι
ἐκύκλευσαν, WH mg.
Ac 14 20 κυκλωσάντων δὲ τ. μαθητῶν αὐτόν
He 11 30 πίστει τὰ τείχη Ἰερειχὼ ἔπεσαν κυκλωθέντα ἐπὶ ἑπτὰ ἡμέρας

ΚΥ'ΚΛῼ 2945

Mk 3 34 περιβλεψάμενος τοὺς περὶ αὐτὸν κύκλῳ καθημένους
6 6 περιῆγεν τ. κώμας κύκλῳ διδάσκων
36 ἵνα ἀπελθόντες εἰς τοὺς κύκλῳ ἀγροὺς κ. κώμας ἀγοράσωσιν ἑαυτοῖς
ἔγγιστα, WH marg.
Lu 9 12 ἵνα πορευθέντες εἰς τὰς κύκλῳ κώμας κ. ἀγροὺς καταλύσωσιν
Ro 15 19 ὥστε με . . . κύκλῳ μέχρι τ. Ἰλλυρικοῦ πεπληρωκέναι τὸ εὐαγγέλιον
Re 4 6 ἐν μέσῳ τ. θρόνου κ. κύκλῳ τ. θρόνου
5 11 φωνὴν ἀγγέλων πολλῶν κύκλῳ τ. θρόνου
7 11 πάντες οἱ ἄγγελοι εἱστήκεισαν κύκλῳ τ. θρόνου

ΚΥΛΙ'ΟΜΑΙ 2947

Mk 9 20 πεσὼν ἐπὶ τ. γῆς ἐκυλίετο ἀφρίζων

ΚΥΛΙΣΜΟ'Σ ** † 2946

II Pe 2 22 ὗς λουσαμένη εἰς κυλισμὸν βορβόρου

ΚΥΛΛΟ'Σ * 2948

Mt 15 30 ἔχοντες μεθ' ἑαυτῶν χωλοὺς κυλλοὺς τυφλοὺς κωφούς
τυφλ. κωφ. κυλλ., TR
31 βλέποντας κωφοὺς λαλοῦντας κυλλοὺς ὑγιεῖς
—κυλλ. ὑγ., WH non mg.
18 8 καλόν σοι ἐστὶν εἰσελθεῖν εἰς τ. ζωὴν κυλλὸν ἢ χωλόν
Mk 9 43 καλόν ἐστίν σε κυλλὸν εἰσελθεῖν εἰς τ. ζωὴν

ΚΥ'ΜΑ 2949

Mt 8 24 ὥστε τὸ πλοῖον καλύπτεσθαι ὑπὸ τ. κυμάτων
14 24 βασανιζόμενοι ὑπὸ τ. κυμάτων
Mk 4 37 τὰ κύματα ἐπέβαλλεν εἰς τὸ πλοῖον
Ju 13 κύματα ἄγρια θαλάσσης

ΚΎΜΒΑΛΟΝ 2950

I Co 13 1 γέγονα χαλκὸς ἠχῶν ἢ κύμβαλον ἀλαλάζον

ΚΎΜΙΝΟΝ 2951

Mt 23 23 ἀποδεκατοῦτε τὸ ἡδύοσμον κ. τὸ ἄνηθον κ. τὸ κύμινον

ΚΥΝΆΡΙΟΝ * 2952

Mt 15 26 λαβεῖν τ. ἄρτον τ. τέκνων κ. βαλεῖν τ. κυναρίοις
27 κ. γὰρ τὰ κυνάρια ἐσθίει ἀπὸ τ. ψιχίων
Mk 7 27 λαβεῖν τ. ἄρτον τ. τέκνων κ. τ. κυναρίοις βαλεῖν
28 κ. τὰ κυνάρια ὑποκάτω τ. τραπέζης ἐσθίουσιν ἀπὸ τ. ψιχίων

ΚΎΠΡΙΟΣ 2953

Ac 4 36 Βαρνάβας . . . Κύπριος τ. γένει
11 20 ἦσαν δέ τινες ἐξ αὐτῶν ἄνδρες Κύπριοι κ. Κυρηναῖοι
21 16 παρ' ᾧ ξενισθῶμεν Μνάσωνί τινι Κυπρίῳ

ΚΎΠΡΟΣ 2954

Ac 11 19 διῆλθον ἕως Φοινίκης κ. Κύπρου
13 4 ἐκεῖθέν τε ἀπέπλευσαν εἰς Κύπρον
15 39 τόν τε Βαρνάβαν παραλαβόντα τ. Μάρκον ἐκπλεῦσαι εἰς Κύπρον
21 3 ἀναφάναντες δὲ τὴν Κύπρον
27 4 κἀκεῖθεν ἀναχθέντες ὑπεπλεύσαμεν τὴν Κύπρον

ΚΎΠΤΩ 2955 cf. 2633.5

Mk 1 7 οὐκ εἰμὶ ἱκανὸς κύψας λῦσαι τ. ἱμάντα
Jo 8 [6 ὁ δὲ Ἰησοῦς κάτω κύψας τ. δακτύλῳ κατέγραφεν
[8 πάλιν κάτω κύψας τ. δακτύλῳ ἔγραφεν
κατακύψας ἐγρ., WH non mg.

ΚΥΡΗΝΑΙ͂ΟΣ 2956

Mt 27 32 εὗρον ἄνθρωπον Κυρηναῖον ὀνόματι Σίμωνα
Mk 15 21 ἀγγαρεύουσιν παράγοντά τινα Σίμωνα Κυρηναῖον
Lu 23 26 ἐπιλαβόμενοι Σίμωνά τινα Κυρηναῖον
Ac 6 9 ἀνέστησαν δέ τινες ἐκ τ. συναγωγῆς . . . Κυρηναίων κ. Ἀλεξανδρέων
11 20 ἦσαν δέ τινες ἐξ αὐτῶν ἄνδρες Κύπριοι κ. Κυρηναῖοι
13 1 Λούκιος ὁ Κυρηναῖος

ΚΥΡΉΝΗ 2957

Ac 2 10 τὰ μέρη τ. Λιβύης τῆς κατὰ Κυρήνην

ΚΥΡΉΝΙΟΣ 2958

Lu 2 2 ἡγεμονεύοντος τ. Συρίας Κυρηνίου
Κυρείνου, WH mg.

ΚΥΡΊΑ 2959

II Jo 1 ὁ πρεσβύτερος ἐκλεκτῇ κυρίᾳ
Κυρίᾳ, T; Ἐκλ. Κυρίᾳ, WH mg.
5 νῦν ἐρωτῶ σε κυρία
Κυρία, T

ΚΥΡΙΑΚΌΣ ** † 2960

I Co 11 20 οὐκ ἔστιν κυριακὸν δεῖπνον φαγεῖν
Re 1 10 ἐγενόμεν ἐν πνεύματι ἐν τ. κυριακῇ ἡμέρᾳ

ΚΥΡΙΕΎΩ 2961

Lu 22 25 οἱ βασιλεῖς τ. ἐθνῶν κυριεύουσιν αὐτῶν
Ro 6 9 θάνατος αὐτοῦ οὐκέτι κυριεύει
14 ἁμαρτία γὰρ ὑμῶν οὐ κυριεύσει
7 1 ὁ νόμος κυριεύει τ. ἀνθρώπου ἐφ' ὅσον χρόνον ζῇ
14 9 ἵνα κ. νεκρῶν κ. ζώντων κυριεύσῃ
II Co 1 24 οὐχ ὅτι κυριεύομεν ὑμῶν τ. πίστεως
I Ti 6 15 ὁ βασιλεὺς τ. βασιλευόντων κ. κύριος τ. κυριευόντων

ΚΎΡΙΟΣ 2962

(1) Κ. ὁ Θεός (2) Κ. Ἰησοῦς (3) Κ. Χριστός (4) Κύριε Κύριε, ὁ Κύριος *voc.* (5) Κύρ. μου, ἡμῶν, ὑμῶν (6) Κύρ. Ῥαββεί (7) κύριοι (8) Κ. σαβαώθ, τ. κυρίων, κυριευόντων (9) τὰ τοῦ Κυρ. (10) κατὰ Κύρ.

Mt 1 20 ἄγγελος Κυρίου κατ' ὄναρ ἐφάνη αὐτῷ
22 ἵνα πληρωθῇ τὸ ῥηθὲν ὑπὸ Κυρίου διὰ τ. προφήτου, Is. vii. 14
24 ὡς προσέταξεν αὐτῷ ὁ ἄγγελος Κυρίου
2 13 ἄγγελος Κυρίου φαίνεται κατ' ὄναρ τῷ Ἰωσήφ
15 ἵνα πληρωθῇ τὸ ῥηθὲν ὑπὸ Κυρίου διὰ τ. προφήτου, Hos. xi. 1
19 ἄγγελος Κυρίου φαίνεται κατ' ὄναρ τῷ Ἰωσήφ
3 3 ἑτοιμάσατε τὴν ὁδὸν Κυρίου
פַּנּוּ דֶּרֶךְ יְהוָֹה, Is. xl. 3
4 7 [1] οὐκ ἐκπειράσεις Κύριον τ. Θεόν σου
לֹא תְנַסּוּ אֶת־יְהוָֹה אֱלֹהֵיכֶם, Dt. vi. 16
10 [1] Κύριον τ. Θεόν σου προσκυνήσεις
אֶת־יְהוָֹה אֱלֹהֶיךָ תִּירָא, *ib.* 13
5 33 ἀποδώσεις δὲ τ. Κυρίῳ τ. ὅρκους σου
לֹא־תִשָּׁבְעוּ בִשְׁמִי לַשָּׁקֶר, Lev. xix. 12
6 24 [7] οὐδεὶς δύναται δυσὶν κυρίοις δουλεύειν
7 21 [4] οὐ πᾶς ὁ λέγων μοι Κύριε Κύριε εἰσελεύσεται
22 [4] πολλοὶ ἐροῦσίν μοι ἐν ἐκείνῃ τ. ἡμέρᾳ Κύριε Κύριε
8 2 Κύριε ἐὰν θέλῃς δύνασαί με καθαρίσαι
6 Κύριε ὁ παῖς μου βέβληται ἐν τ. οἰκίᾳ
8 ἀποκριθεὶς δὲ ὁ ἑκατόνταρχος ἔφη Κύριε
21 Κύριε ἐπίτρεψόν μοι πρῶτον ἀπελθεῖν
25 Κύριε σῶσον ἀπολλύμεθα
9 28 λέγουσιν αὐτῷ Ναὶ Κύριε
38 δεήθητε οὖν τ. κυρίου τ. θερισμοῦ
10 24 οὐδὲ δοῦλος ὑπὲρ τ. κύριον αὐτοῦ
25 ἵνα γένηται . . . ὁ δοῦλος ὡς ὁ κύριος αὐτοῦ
11 25 ἐξομολογοῦμαί σοι πάτερ Κύριε τ. οὐρανοῦ κ. τ. γῆς
12 8 κύριος γάρ ἐστιν τ. σαββάτου ὁ υἱὸς τ. ἀνθρώπου
13 27 κύριε οὐχὶ καλὸν σπέρμα ἔσπειρας ἐν τ. σῷ ἀγρῷ;
14 28 ὁ Πέτρος εἶπεν αὐτῷ Κύριε εἰ σὺ εἶ
30 ἔκραξεν λέγων Κύριε σῶσόν με

Mt 15 22 ἐλέησόν με Κύριε υἱὸς Δαυείδ
25 προσεκύνει αὐτῷ λέγουσα Κύριε βοήθει μοι
27 ἡ δὲ εἶπεν Ναὶ Κύριε· κ. γὰρ τὰ κυνάρια ἐσθίει
[7] ἀπὸ τ. ψιχίων τ. πιπτόντων ἀπὸ τ. τραπέζης τ. κυρίων αὐτῶν
16 22 ἵλεώς σοι Κύριε
17 4 Κύριε καλόν ἐστιν ἡμᾶς ὧδε εἶναι
15 Κύριε ἐλέησόν μου τ. υἱόν
18 21 Κύριε ποσάκις ἁμαρτήσει εἰς ἐμὲ ὁ ἀδελφός μου
25 ἐκέλευσεν αὐτὸν ὁ κύριος πραθῆναι
27 σπλαγχνισθεὶς δὲ ὁ κύριος τ. δούλου ἐκείνου
31 διεσάφησαν τ. κυρίῳ ἑαυτῶν πάντα τὰ γενόμενα
32 τότε προσκαλεσάμενος αὐτὸν ὁ κύριος αὐτοῦ
34 ὀργισθεὶς ὁ κύριος αὐτοῦ
20 8 λέγει ὁ κύριος τ. ἀμπελῶνος τ. ἐπιτρόπῳ αὐτοῦ
30 Κύριε ἐλέησον ἡμᾶς υἱὲ Δαυείδ
—Κύριε, T
31 Κύριε ἐλέησον ἡμᾶς υἱὲ Δαυείδ
33 Κύριε ἵνα ἀνοιγῶσιν οἱ ὀφθαλμοὶ ἡμῶν
21 3 ὁ Κύριος αὐτῶν χρείαν ἔχει
9 εὐλογημένος ὁ ἐρχόμενος ἐν ὀνόματι Κυρίου
בָּרוּךְ הַבָּא בְּשֵׁם יְהוָֹה, Ps. cxviii. 26
29 ἐγώ κύριε· κ. οὐκ ἀπῆλθεν
v. 30, TR
40 ὅταν οὖν ἔλθῃ ὁ κύριος τ. ἀμπελῶνος
42 παρὰ Κυρίου ἐγένετο αὕτη
מֵאֵת יְהוָֹה הָיְתָה־זֹּאת, Ps. cxviii. 23
22 37 [1] ἀγαπήσεις Κύριον τ. Θεόν σου ἐν ὅλῃ τ. καρδίᾳ σου
אָהַבְתָּ אֵת יְהוָֹה אֱלֹהֶיךָ בְּכָל־לְבָבְךָ, Dt. vi. 5
43 πῶς οὖν Δαυεὶδ ἐν πνεύματι καλεῖ αὐτὸν Κύριον;
καλ. Κύρ. αὐτ., TWH mg.
44 [5] λέγων Εἶπεν Κύριος τ. Κυρίῳ μου
נְאֻם יְהוָֹה לַאדֹנִי, Ps. cx. 1
45 εἰ οὖν Δαυεὶδ καλεῖ αὐτὸν Κύριον
23 39 εὐλογημένος ὁ ἐρχόμενος ἐν ὀνόματι Κυρίου, Ps. *l.c.*
24 42 [5] οὐκ οἴδατε ποίᾳ ἡμέρᾳ ὁ Κύριος ὑμῶν ἔρχεται
45 ὃν κατέστησεν ὁ κύριος ἐπὶ τ. οἰκετείας αὐτοῦ
46 ὃν ἐλθὼν ὁ κύριος αὐτοῦ εὑρήσει οὕτως ποιοῦντα
48 χρονίζει μου ὁ κύριος
50 ἥξει ὁ κύριος τ. δούλου ἐκείνου ἐν ἡμέρᾳ ᾗ οὐ προσδοκᾷ
25 11 [4] λέγουσαι Κύριε κύριε ἄνοιξον ἡμῖν
18 ἔκρυψεν τὸ ἀργύριον τ. κυρίου αὐτοῦ.
19 μετὰ δὲ πολὺν χρόνον ἔρχεται ὁ κύριος τ. δούλων ἐκείνων
20 κύριε πέντε τάλαντά μοι παρέδωκας
21 ἔφη αὐτῷ ὁ κύριος αὐτοῦ
21 εἴσελθε εἰς τ. χαρὰν τ. κυρίου σου
22 κύριε δύο τάλαντά μοι παρέδωκας
23 ἔφη αὐτῷ ὁ κύριος αὐτῷ
23 εἴσελθε εἰς τ. χαρὰν τ. κυρίου σου

Mt 25 24 ὁ τὸ ἓν τάλαντον εἰληφὼς εἶπεν Κύριε
26 ἀποκριθεὶς δὲ ὁ κύριος αὐτοῦ
37 λέγοντες Κύριε πότε σε εἴδαμεν πεινῶντα
44 λέγοντες Κύριε πότε σε εἴδομεν πεινῶντα
26 22 μήτι ἐγώ εἰμι Κύριε;
27 10 καθὰ συνέταξέν μοι Κύριος, Zech. xi. 13
63 κύριε ἐμνήσθημεν ὅτι ἐκεῖνος ὁ πλάνος εἶπεν ἔτι ζῶν
28 2 ἄγγελος γὰρ Κυρίου καταβὰς ἐξ οὐρανοῦ
6 ἴδετε τ. τόπον ὅπου ἔκειτο ὁ Κύριος
—ὁ Κύρ., TWH non mg. R mg.
Mk 1 3 ἑτοιμάσατε τὴν ὁδὸν Κυρίου, Is. *l.c.*
2 28 ὥστε κύριός ἐστιν ὁ υἱὸς τ. ἀνθρώπου κ. τ. σαββάτου
5 19 ἀπάγγειλον αὐτοῖς ὅσα ὁ **Κύριός** σοι πεποίηκεν
7 28 ἡ δὲ ἀπεκρίθη κ. λέγει αὐτῷ Ναὶ Κύριε
10 51 [6] ὁ δὲ τυφλὸς εἶπεν αὐτῷ Κύριε ῥαββεὶ ἵνα ἀναβλέψω
εἶπ. αὐτ. Ῥαββουνεὶ ἵνα, TWH non mg. R
11 3 ὁ Κύριος αὐτοῦ χρείαν ἔχει
9 εὐλογημένος ὁ ἐρχόμενος ἐν ὀνόματι Κυρίου, Ps. cxviii. 26
12 9 τί ποιήσει ὁ κύριος τ. ἀμπελῶνος
11 παρὰ Κυρίου ἐγένετο αὕτη, Ps. cxviii. 23
29 [1] Κύριος ὁ Θεὸς ἡμῶν Κύριος εἷς ἐστίν,
יְהוָֹה אֱלֹהֵינוּ יְהוָֹה אֶחָד, Dt. vi. 4
30 [1] κ. ἀγαπήσεις Κύριον τ. Θεόν σου ἐξ ὅλης καρδίας σου, *ib.* 5
36 [5] εἶπεν Κύριος τ. Κυρίῳ μου, Ps. cx. 1
ὁ Κύρ., TR
37 αὐτὸς Δαυεὶδ λέγει αὐτὸν Κύριον
13 20 εἰ μὴ ἐκολόβωσεν Κύριος τ. ἡμέρας
35 οὐκ οἴδατε γὰρ πότε ὁ κύριος τ. οἰκίας ἔρχεται
16 [19 [2] ὁ μὲν οὖν Κύριος Ἰησοῦς . . . ἀνελήμφθη εἰς τ. οὐρανόν
[20 ἐκήρυξαν πανταχοῦ τ. Κυρίου συνεργοῦντος
Lu 1 6 πορευόμενοι ἐν πάσαις τ. ἐντολαῖς . . . τ. Κυρίου ἄμεμπτοι
9 ἔλαχεν τοῦ θυμιᾶσαι εἰσελθὼν εἰς τ. ναὸν τ. Κυρίου
11 ὤφθη δὲ αὐτῷ ἄγγελος Κυρίου
15 ἔσται γὰρ μέγας ἐνώπιον Κυρίου
τοῦ Κυρ., WH mg.
16 [1] πολλοὺς τ. υἱῶν Ἰσραὴλ ἐπιστρέψει ἐπὶ Κύριον τ. Θεὸν αὐτῶν
17 ἑτοιμάσαι Κυρίῳ λαὸν κατεσκευασμένον
25 οὕτως μοι πεποίηκεν Κύριος
ὁ Κύρ., WH marg.
28 χαῖρε κεχαριτωμένη· ὁ Κύριος μετὰ σοῦ
32 [1] δώσει αὐτῷ Κύριος ὁ Θεὸς τ. θρόνον Δαυείδ
38 ἰδοὺ ἡ δούλη Κυρίου
43 ἵνα ἔλθῃ ἡ μήτηρ τ. Κυρίου μου πρὸς ἐμέ
45 ἔσται τελείωσις τ. λελαλημένοις αὐτῇ παρὰ Κυρίου
46 μεγαλύνει ἡ ψυχή μου τ. Κύριον
58 ἐμεγάλυνεν Κύριος τὸ ἔλεος αὐτοῦ μετ' αὐτῆς
66 κ. γὰρ χεὶρ Κυρίου ἦν μετ' αὐτοῦ
68 [1] εὐλογητὸς Κύριος ὁ Θεὸς τοῦ Ἰσραήλ
76 προπορεύσῃ γὰρ ἐνώπιον Κυρίου
πρὸ προσώπου Κυρ., T
2 9 ἄγγελος Κυρίου ἐπέστη αὐτοῖς,
κ. δόξα Κυρίου περιέλαμψεν αὐτούς

Lu 2 11 [8] ἐτέχθη ὑμῖν σήμερον σωτὴρ ὅς ἐστιν Χριστὸς Κύριος
15 ὃ ὁ Κύριος ἐγνώρισεν ἡμῖν
22 ἀνήγαγον αὐτὸν εἰς Ἱεροσόλυμα παραστῆσαι τ. Κυρίῳ,
23 καθὼς γέγραπται ἐν νόμῳ Κυρίου ὅτι πᾶν ἄρσεν διανοῖγον μήτραν ἅγιον τ. Κυρίῳ κληθήσεται
כָּל־בְּכוֹר פֶּטֶר כָּל־רֶחֶם . . . לִי הוּא, Ex. xiii. 2
24 κατὰ τὸ εἰρημένον ἐν τ. νόμῳ Κυρίου, Lev. xii. 8
26 μὴ ἰδεῖν θάνατον πρὶν ἢ ἂν ἴδῃ τ. Χριστὸν Κυρίου
39 ὡς ἐτέλεσαν πάντα τὰ κατὰ τ. νόμον Κυρίου
3 4 ἑτοιμάσατε τὴν ὁδὸν Κυρίου, Is. *l.c.*
4 8 [1] γέγραπται Κύριον τ. Θεόν σου προσκυνήσεις, Dt. vi. 13
προσκ. Κ. τ. Θεόν σ., T
12 [1] οὐκ ἐκπειράσεις Κύριον τ. Θεόν σου, *ib.* 16
18 οὗ ἦν γεγραμμένον Πνεῦμα Κυρίου ἐπ᾿ ἐμέ
רוּחַ אֲדֹנָי יֱהוִה עָלָי, Is. lxi. 1
19 κηρύξαι ἐνιαυτὸν Κυρίου δεκτόν
לִקְרֹא שְׁנַת־רָצוֹן לַיהוָה, *ib.* 2
5 8 ἔξελθε ἀπ᾿ ἐμοῦ ὅτι ἀνὴρ ἁμαρτωλός εἰμι Κύριε
12 Κύριε ἐὰν θέλῃς δύνασαί με καθαρίσαι
17 δύναμις Κυρίου ἦν εἰς τὸ ἰᾶσθαι αὐτόν
6 5 κύριός ἐστιν τ. σαββάτου ὁ υἱὸς τ. ἀνθρώπου
46 [4] τί δέ με καλεῖτε Κύριε Κύριε
7 6 λέγων αὐτῷ Κύριε μὴ σκύλλου
13 ἰδὼν αὐτὴν ὁ Κύριος ἐσπλαγχνίσθη ἐπ᾿ αὐτῇ
19 ἔπεμψεν πρὸς τ. Κύριον λέγων
9 54 Κύριε θέλεις εἴπωμεν πῦρ καταβῆναι
59 ὁ δὲ εἶπεν Κύριε ἐπίτρεψόν μοι πρῶτον ἀπελθόντι θάψαι
—Κύρ., TWH non mg.
61 εἶπεν δὲ κ. ἕτερος Ἀκολουθήσω σοι Κύριε
10 1 ἀνέδειξεν ὁ Κύριος ἑτέρους ἑβδομήκοντα δύο
2 δεήθητε οὖν τ. κυρίου τ. θερισμοῦ
17 Κύριε κ. τὰ δαιμόνια ὑποτάσσεται ἡμῖν
21 ἐξομολογοῦμαί σοι πάτερ Κύριε τ. οὐρανοῦ κ. τ. γῆς
27 [1] ἀγαπήσεις Κύριον τ. Θεόν σου ἐξ ὅλης καρδίας σου, Dt. vi. 5
39 παρὰ τ. πόδας τ. Κυρίου ἤκουεν τ. λόγον αὐτοῦ
40 ἐπιστᾶσα δὲ εἶπεν Κύριε οὐ μέλει σοι
41 ἀποκριθεὶς δὲ εἶπεν αὐτῇ ὁ Κύριος
11 1 Κύριε δίδαξον ἡμᾶς προσεύχεσθαι
39 εἶπεν δὲ ὁ Κύριος πρὸς αὐτόν
12 36 ὅμοιοι ἀνθρώποις προσδεχομένοις τ. κύριον ἑαυτῶν
37 οὓς ἐλθὼν ὁ Κύριος εὑρήσει γρηγοροῦντας
41 Κύριε πρὸς ἡμᾶς τ. παραβολὴν ταύτην λέγεις
42 κ. εἶπεν ὁ Κύριος
42 ὃν καταστήσει ὁ κύριος ἐπὶ τ. θεραπείας αὐτοῦ
43 ὃν ἐλθὼν ὁ κύριος αὐτοῦ εὑρήσει ποιοῦντα οὕτως
45 [5] χρονίζει ὁ κύριός μου ἔρχεσθαι
46 ἥξει ὁ κύριος τ. δούλου ἐκείνου ἐν ἡμέρᾳ ᾗ οὐ προσδοκᾷ

Lu 12 47 ὁ δοῦλος ὁ γνοὺς τὸ θέλημα τ. κυρίου αὐτοῦ
13 8 κύριε ἄφες αὐτὴν κ. τοῦτο τ. ἔτος
15 ἀπεκρίθη δὲ αὐτῷ ὁ Κύριος
23 Κύριε εἰ ὀλίγοι οἱ σωζόμενοι;
25 λέγοντες Κύριε ἄνοιξον ἡμῖν
35 εὐλογημένος ὁ ἐρχόμενος ἐν ὀνόματι Κυρίου, Ps. cxviii. 26
14 21 ὁ δοῦλος ἀπήγγειλεν τ. κυρίῳ αὐτοῦ ταῦτα
22 εἶπεν ὁ δοῦλος Κύριε γέγονεν ὃ ἐπέταξας
23 εἶπεν ὁ κύριος πρὸς τ. δοῦλον
16 3 ὁ κύριός μου ἀφαιρεῖται τ. οἰκονομίαν ἀπ᾿ ἐμοῦ
5 προσκαλεσάμενος ἕνα ἕκαστον τ. χρεοφειλετῶν τ. κυρίου ἑαυτοῦ ἔλεγεν τ. πρώτῳ, πόσον ὀφείλεις τ. κυρίῳ μου;
8 ἐπῄνεσεν ὁ κύριος τ. οἰκονόμον τ. ἀδικίας
13 [7] οὐδεὶς οἰκέτης δύναται δυσὶ κυρίοις δουλεύειν
17 5 εἶπαν οἱ ἀπόστολοι τ. Κυρίῳ
6 εἶπεν δὲ ὁ Κύριος
37 ἀποκριθέντες λέγουσιν αὐτῷ Ποῦ Κύριε
18 6 εἶπεν δὲ ὁ Κύριος
41 ὁ δὲ εἶπεν Κύριε ἵνα ἀναβλέψω
19 8 σταθεὶς δὲ Ζακχαῖος εἶπεν πρὸς τ. Κύριον, ἰδοὺ τὰ ἡμίσιά μου τ. ὑπαρχόντων Κύριε τ. πτωχοῖς δίδωμι
16 κύριε ἡ μνᾶ σου δέκα προσηργάσατο μνᾶς
18 ἡ μνᾶ σου κύριε ἐποίησεν πέντε μνᾶς
20 κύριε ἰδοὺ ἡ μνᾶ σου
25 εἶπαν αὐτῷ Κύριε ἔχει δέκα μνᾶς
31 ὁ Κύριος αὐτοῦ χρείαν ἔχει
33 [7] εἶπαν οἱ κύριοι αὐτοῦ πρὸς αὐτούς
34 ὁ Κύριος αὐτοῦ χρείαν ἔχει
38 εὐλογημένος ὁ ἐρχόμενος ὁ βασιλεὺς ἐν ὀνόματι Κυρίου, Ps. *l.c.*
20 13 εἶπεν δὲ ὁ κύριος τ. ἀμπελῶνος
15 τί οὖν ποιήσει αὐτοῖς ὁ κύριος τ. ἀμπελῶνος
37 [1] ὡς λέγει Κύριον τ. Θεὸν Ἀβραάμ
42 [5] εἶπεν Κύριος τῷ Κυρίῳ μου, Ps. cx. 1
ὁ Κύρ., T
44 Δαυεὶδ οὖν αὐτὸν Κύριον καλεῖ
Κύρ. αὐτ., T
22 33 Κύριε μετὰ σοῦ ἕτοιμός εἰμι κ. εἰς φυλακὴν . . . πορεύεσθαι
38 Κύριε ἰδοὺ μάχαιραι ὧδε δύο
49 Κύριε εἰ πατάξομεν ἐν μαχαίρῃ;
61 στραφεὶς ὁ Κύριος ἐνέβλεψεν τ. Πέτρῳ· κ. ὑπεμνήσθη ὁ Πέτρος τ. ῥήματος τ. Κυρίου
24 3 [2] οὐχ εὗρον τὸ σῶμα τ. Κυρίου Ἰησοῦ
—τ. Κυρ. Ἰησ., [[WH]] R mg.
34 ὄντως ἠγέρθη ὁ Κύριος
Jo 1 23 εὐθύνατε τὴν ὁδὸν Κυρίου, Is. xl. 3
4 1 ὡς οὖν ἔγνω ὁ Κύριος
ὁ Ἰησοῦς, T
11 λέγει αὐτῷ Κύριε οὔτε ἄντλημα ἔχεις
15 Κύριε δός μοι τοῦτο τὸ ὕδωρ
19 Κύριε θεωρῶ ὅτι προφήτης εἶ σύ
49 Κύριε κατάβηθι πρὶν ἀποθανεῖν τὸ παιδίον μου
5 [4 ἄγγελος γὰρ Κυρίου κατὰ καιρὸν κατέβαινεν ἐν τ. κολυμβήθρᾳ
—h. v., TWHR non mg.
7 ἀπεκρίθη αὐτῷ ὁ ἀσθενῶν Κύριε ἄνθρωπον οὐκ ἔχω
6 23 εὐχαριστήσαντος τ. Κυρίου
34 Κύριε πάντοτε δὸς ἡμῖν τ. ἄρτον τοῦτον
68 Κύριε πρὸς τίνα ἀπελευσόμεθα

Jo 8 [11 ἡ δὲ εἶπεν Οὐδείς Κύριε
9 36 κ τίς ἐστιν Κύριε ἵνα πιστεύσω εἰς αὐτόν
38 ὁ δὲ ἔφη Πιστεύω Κύριε
11 2 ἦν δὲ Μαριὰμ ἡ ἀλείψασα τ. Κύριον μύρῳ
3 Κύριε ἴδε ὃν φιλεῖς ἀσθενεῖ
12 Κύριε εἰ κεκοίμηται σωθήσεται
21 εἶπεν οὖν ἡ Μάρθα πρὸς Ἰησοῦν Κύριε εἰ ἦς ὧδε
—Κύρ., WH mg.
27 λέγει αὐτῷ Ναὶ Κύριε
32 λέγουσα αὐτῷ Κύριε εἰ ἦς ὧδε
34 λέγουσιν αὐτῷ Κύριε ἔρχου κ. ἴδε
39 λέγει αὐτῷ . . . Μάρθα Κύριε ἤδη ὄζει
12 13 εὐλογημένος ὁ ἐρχόμενος ἐν ὀνόματι Κυρίου, Ps. cxviii. 26
21 κύριε θέλομεν τ. Ἰησοῦν ἰδεῖν
38 Κύριε τίς ἐπίστευσεν τ. ἀκοῇ ἡμῶν;
מִי הֶאֱמִין לִשְׁמֻעָתֵנוּ, Is. liii. 1
κ. ὁ βραχίων Κυρίου τίνι ἀπεκαλύφθη;
וּזְרוֹעַ יְהוָה עַל־מִי נִגְלָתָה, *ib.*
13 6 Κύριε σύ μου νίπτεις τ. πόδας;
9 Κύριε μὴ τ. πόδας μου μόνον
13 [4] ὑμεῖς φωνεῖτέ με Ὁ διδάσκαλος κ. Ὁ κύριος
14 εἰ οὖν ἐγὼ ἔνιψα . . . ὁ κύριος κ. ὁ διδάσκαλος
16 οὐκ ἔστιν δοῦλος μείζων τ. κυρίου αὐτοῦ
25 λέγει αὐτῷ Κύριε τίς ἐστιν;
36 λέγει αὐτῷ Σίμων Πέτρος Κύριε ποῦ ὑπάγεις;
37 Κύριε διὰ τί οὐ δύναμαί σοι ἀκολουθεῖν ἄρτι;
—Κύρ., WH mg.
14 5 λέγει αὐτῷ Θωμᾶς Κύριε οὐκ οἴδαμεν ποῦ ὑπάγεις
8 Κύριε δεῖξον ἡμῖν τ. πατέρα
22 Κύριε τί γέγονεν ὅτι ἡμῖν μέλλεις ἐμφανίζειν
15 15 ὁ δοῦλος οὐκ οἶδεν τί ποιεῖ αὐτοῦ ὁ κύριος
20 οὐκ ἔστιν δοῦλος μείζων τ. κυρίου αὐτοῦ
20 2 ἦραν τ. Κύριον ἐκ τ. μνημείου
13 [5] ἦραν τ. Κύριόν μου
15 Κύριε εἰ σὺ ἐβάστασας αὐτόν
18 ἀγγέλλουσα τ. μαθηταῖς ὅτι Ἑώρακα τ. Κύριον
20 ἐχάρησαν οὖν οἱ μαθηταὶ ἰδόντες τ. Κύριον
25 ἑωράκαμεν τ. Κύριον
28 [4] εἶπεν αὐτῷ Ὁ κύριός μου κ. ὁ Θεός μου
21 7 λέγει οὖν ὁ μαθητὴς ἐκεῖνος . . . Ὁ Κύριός ἐστιν.
Σίμων οὖν Πέτρος ἀκούσας ὅτι ὁ Κύριός ἐστιν
12 εἰδότες ὅτι ὁ Κύριός ἐστιν
15 ναὶ Κύριε σὺ οἶδας ὅτι φιλῶ σε
16 ναὶ Κύριε σὺ οἶδας ὅτι φιλῶ σε
17 Κύριε πάντα σὺ οἶδας
20 Κύριε τίς ἐστιν ὁ παραδιδούς σε;
21 Κύριε οὗτος δὲ τί;
Ac 1 6 ἠρώτων αὐτὸν λέγοντες Κύριε εἰ ἐν τ. χρόνῳ τούτῳ ἀποκαθιστάνεις
21 [2] ἐν ᾧ εἰσῆλθεν κ. ἐξῆλθεν ἐφ' ἡμᾶς ὁ Κύριος Ἰησοῦς
24 σὺ Κύριε καρδιογνῶστα πάντων
2 20 πρὶν ἐλθεῖν ἡμέραν Κυρίου τ. μεγάλην
לִפְנֵי בּוֹא יוֹם יְהוָה הַגָּדוֹל, Joel iii. 4
21 πᾶς ὃς ἐὰν ἐπικαλέσηται τὸ ὄνομα Κυρίου
כֹּל אֲשֶׁר־יִקְרָא בְּשֵׁם יְהוָה, *ib.* 5
25 [5] προορώμην τ. Κύριον ἐνώπιόν μου διὰ παντός
Κύρ. μου, T
שִׁוִּיתִי יְהוָה לְנֶגְדִּי תָמִיד, Ps. xvi. 8
Ac 2 34 [5] εἶπεν Κύριος τ. Κυρίῳ μου, Ps. cx. 1
36 [3] κ. Κύριον αὐτὸν κ. Χριστὸν ἐποίησεν ὁ Θεός
39 [1] ὅσους ἂν προσκαλέσηται Κύριος ὁ Θεὸς ἡμῶν
47 ὁ δὲ Κύριος προσετίθει τ. σωζομένους καθ' ἡμέραν
3 19 ὅπως ἂν ἔλθωσιν καιροὶ ἀναψύξεως ἀπὸ προσώπου τ. Κυρίου
22 [1] προφήτην ὑμῖν ἀναστήσει Κύριος ὁ Θεός
נָבִיא מִקִּרְבְּךָ מֵאַחֶיךָ כָּמֹנִי יָקִים לְךָ יְהוָה אֱלֹהֶיךָ, Dt. xviii. 15
4 26 οἱ ἄρχοντες συνήχθησαν ἐπὶ τὸ αὐτὸ κατὰ τ. Κυρίου
רוֹזְנִים נוֹסְדוּ־יָחַד עַל־יְהוָה, Ps. ii. 2
29 τὰ νῦν Κύριε ἔπιδε ἐπὶ τ. ἀπειλὰς αὐτῶν
33 [2 3] ἀπεδίδουν τὸ μαρτύριον οἱ ἀπόστολοι τ. Κυρίου Ἰησοῦ τ. ἀναστάσεως
τ. ἀναστ. Ἰησ. Χριστοῦ τ. Κυρ., TR mg.
5 9 πειράσαι τὸ πνεῦμα Κυρίου
14 μᾶλλον δὲ προσετίθεντο πιστεύοντες τ. Κυρίῳ
19 ἄγγελος δὲ Κυρίου διὰ νυκτὸς ἤνοιξε τ. θύρας
7 31 ἐγένετο φωνὴ Κυρίου
33 εἶπεν δὲ αὐτῷ ὁ Κύριος
49 ποῖον οἶκον οἰκοδομήσετέ μοι λέγει Κύριος
אֵי־זֶה בַיִת אֲשֶׁר תִּבְנוּ־לִי . . . נְאֻם־יְהוָה
Is. lxvi. 1, 2
59 [2] Κύριε Ἰησοῦ δέξαι τὸ πνεῦμά μου
60 Κύριε μὴ στήσῃς αὐτοῖς ταύτην τ. ἁμαρτίαν
8 16 [2] βεβαπτισμένοι ὑπῆρχον εἰς τὸ ὄνομα τ. Κυρίου Ἰησοῦ
22 μετανόησον οὖν . . . κ. δεήθητι τ. Κυρίου
24 δεήθητε ὑμεῖς ὑπὲρ ἐμοῦ πρὸς τ. Κύριον
25 οἱ μὲν οὖν . . . λαλήσαντες τ. λόγον τ. Κυρίου
26 ἄγγελος δὲ Κυρίου ἐλάλησεν πρὸς Φίλιππον
39 πνεῦμα Κυρίου ἥρπασεν τ. Φίλιππον
9 1 ἐνπνέων ἀπειλῆς κ. φόνου εἰς τ. μαθητὰς τ. Κυρίου
5 εἶπεν δὲ Τίς εἶ Κύριε;
10 εἶπεν πρὸς αὐτὸν ἐν ὁράματι ὁ Κύριος
10 ὁ δὲ εἶπεν Ἰδοὺ ἐγὼ Κύριε.
11 ὁ δὲ Κύριος πρὸς αὐτόν
13 Κύριε ἤκουσα ἀπὸ πολλῶν περὶ τ. ἀνδρὸς τούτου
15 εἶπεν δὲ πρὸς αὐτὸν ὁ Κύριος
17 Σαοὺλ ἀδελφὲ ὁ Κύριος ἀπέσταλκέν με
27 πῶς ἐν τῇ ὁδῷ εἶδεν τ. Κύριον
28 παρρησιαζόμενος ἐν τ. ὀνόματι τ. Κυρίου
31 πορευομένη τ. φόβῳ τ. Κυρίου
35 οἵτινες ἐπέστρεψαν ἐπὶ τ. Κύριον
42 ἐπίστευσαν πολλοὶ ἐπὶ τ. Κύριον
10 4 ἔμφοβος γενόμενος εἶπεν Τί ἐστιν Κύριε;
14 ὁ δὲ Πέτρος εἶπεν Μηδαμῶς Κύριε
33 ἀκοῦσαι πάντα τὰ προστεταγμένα σοι ὑπὸ τ. Κυρίου
36 οὗτός ἐστιν πάντων Κύριος
11 8 εἶπον δὲ Μηδαμῶς Κύριε
16 ἐμνήσθην δὲ τ. ῥήματος τ. Κυρίου

Ac 11 17 [2 3] ἡμῖν πιστεύσασιν ἐπὶ τ. Κύριον Ἰησοῦν Χριστόν
20 [2] εὐαγγελιζόμενοι τ. Κύριον Ἰησοῦν.
21 κ. ἦν χεὶρ Κυρίου μετ' αὐτῶν, πολύς τε ἀριθμὸς ὁ πιστεύσας ἐπέστρεψεν ἐπὶ τ. Κύριον
23 τ. προθέσει τ. καρδίας προσμένειν ἐν τ. Κυρίῳ
—ἐν, T [WH] R non mg.
24 προσετέθη ὄχλος ἱκανὸς τ. Κυρίῳ
12 7 ἰδοὺ ἄγγελος Κυρίου ἐπέστη
11 ἐξαπέστειλεν ὁ Κύριος τ. ἄγγελον αὐτοῦ
—ὁ, TWH non mg.
17 πῶς ὁ Κύριος αὐτὸν ἐξήγαγεν ἐκ τ. φυλακῆς
23 παραχρῆμα δὲ ἐπάταξεν αὐτὸν ἄγγελος Κυρίου
24 ὁ δὲ λόγος τ. Κυρίου ηὔξανεν κ. ἐπληθύνετο
Θεοῦ, TWH mg. R
13 2 λειτουργούντων δὲ αὐτῶν τ. Κυρίῳ
10 οὐ παύσῃ διαστρέφων τὰς ὁδοὺς τ. Κυρίου τ. εὐθείας;
—τοῦ, TWH mg.
11 νῦν ἰδοὺ χεὶρ Κυρίου ἐπὶ σέ
12 ἐκπληττόμενος ἐπὶ τ. διδαχῇ τ. Κυρίου
44 συνήχθη ἀκοῦσαι τ. λόγον τ. Κυρίου
τ. Θεοῦ, WH non mg. R non mg.
47 οὕτως γὰρ ἐντέταλται ἡμῖν ὁ Κύριος
48 ἐδόξαζον τ. λόγον τ. Κυρίου
τ. Θεοῦ, WH non mg. R non mg.
49 διεφέρετο δὲ ὁ λόγος τ. Κυρίου δι' ὅλης τ. χώρας
14 3 παρρησιαζόμενοι ἐπὶ τ. Κυρίῳ τ. μαρτυροῦντι τ. λόγῳ τ. χάριτος αὐτοῦ
23 παρέθεντο αὐτοὺς τ. Κυρίῳ εἰς ὃν πεπιστεύκεισαν
15 11 [2] διὰ τ. χάριτος τ. Κυρίου Ἰησοῦ πιστεύομεν σωθῆναι
17 ὅπως ἂν ἐκζητήσωσιν οἱ καταλοιποὶ τ. ἀνθρώπων τ. Κύριον
לְמַעַן יִירְשׁוּ אֶת־שְׁאֵרִית אֱדוֹם, Am. ix. 12
17 λέγει Κύριος ποιῶν ταῦτα
נְאֻם־יְהוָה עֹשֶׂה־זֹּאת, *ib.*
26 [2 3 5] ὑπὲρ τ. ὀνόματος τ. Κυρίου ἡμῶν Ἰησοῦ Χριστοῦ
35 εὐαγγελιζόμενοι . . . τ. λόγον τ. Κυρίου
36 ἐν αἷς κατηγγείλαμεν τ. λόγον τ. Κυρίου
40 παραδοθεὶς τ. χάριτι τ. Κυρίου ὑπὸ τ. ἀδελφῶν
16 14 ἧς ὁ Κύριος διήνοιξεν τ. καρδίαν
15 εἰ κεκρίκατέ με πιστὴν τ. Κυρίῳ εἶναι
16 [7] ἥτις ἐργασίαν πολλὴν παρεῖχεν τ. κυρίοις αὐτῆς
19 [7] ἰδόντες δὲ οἱ κύριοι αὐτῆς
30 [7] κύριοι τί με δεῖ ποιεῖν ἵνα σωθῶ;
31 [2] οἱ δὲ εἶπαν Πίστευσον ἐπὶ τ. Κύριον Ἰησοῦν
32 ἐλάλησαν αὐτῷ τ. λόγον τ. Κυρίου
τ. Θεοῦ, WH non mg. R mg.
17 24 οὗτος οὐρανοῦ κ. γῆς ὑπάρχων Κύριος
18 8 Κρίσπος δὲ ὁ ἀρχισυνάγωγος ἐπίστευσεν τ. Κυρίῳ
9 εἶπεν δὲ ὁ Κύριος ἐν νυκτὶ δι' ὁράματος
25 οὗτος ἦν κατηχημένος τὴν ὁδὸν τ. Κυρίου
—τοῦ, WH mg.

Ac 19 5 [2] ἐβαπτίσθησαν εἰς τὸ ὄνομα τ. Κυρίου Ἰησοῦ
10 ὥστε πάντας . . . ἀκοῦσαι τ. λόγον τ. Κυρίου
13 [2] ὀνομάζειν ἐπὶ τ. ἔχοντας τὰ πνεύματα τὰ πονηρὰ τὸ ὄνομα τ. Κυρίου Ἰησοῦ
17 [2] ἐμεγαλύνετο τὸ ὄνομα τ. Κυρίου Ἰησοῦ
20 οὕτως κατὰ κράτος τ. Κυρίου ὁ λόγος ηὔξανεν
20 19 δουλεύων τ. Κυρίῳ μετὰ πάσης ταπεινοφροσύνης
21 [2 3 5] διαμαρτυρόμενος . . . πίστιν εἰς τ. Κύριον ἡμῶν Ἰησοῦν
+ Χριστόν, TWH mg. R non mg.
24 [2] τ. διακονίαν ἣν ἔλαβον παρὰ τ. Κυρίου Ἰησοῦ
28 ποιμαίνειν τ. ἐκκλησίαν τ. Κυρίου
Θεοῦ, WHR non mg.
32 τὰ νῦν παρατίθεμαι ὑμᾶς τ. Κυρίῳ
Θεῷ, TWH mg. R non mg.
35 [2] μνημονεύειν τε τ. λόγων τ. Κυρίου Ἰησοῦ
21 13 [2] κ. ἀποθανεῖν . . . ἑτοίμως ἔχω ὑπὲρ τ. ὀνόματος τ. Κυρίου Ἰησοῦ
14 τ. Κυρίου τὸ θέλημα γινέσθω
22 8 ἐγὼ δὲ ἀπεκρίθην Τίς εἶ Κύριε;
10 εἶπον δὲ Τί ποιήσω Κύριε;
ὁ δὲ Κύριος εἶπεν πρός με
19 κἀγὼ εἶπον Κύριε αὐτοὶ ἐπίστανται
23 11 ἐπιστὰς αὐτῷ ὁ Κύριος εἶπεν
25 26 περὶ οὗ ἀσφαλές τι γράψαι τ. κυρίῳ οὐκ ἔχω
26 15 ἐγὼ δὲ εἶπα Τίς εἶ Κύριε;
ὁ δὲ Κύριος εἶπεν Ἐγώ εἰμι Ἰησοῦς
28 31 [2 3] διδάσκων τὰ περὶ τ. Κυρίου Ἰησοῦ Χριστοῦ
—Χρ., T

Ro 1 4 [2 3 5] τ. ὁρισθέντος υἱοῦ Θεοῦ . . . Ἰησοῦ Χριστοῦ τ. Κυρίου ἡμῶν
7 [2 3] χάρις ὑμῖν κ. εἰρήνη ἀπὸ . . . Κυρίου Ἰησοῦ Χριστοῦ
4 8 μακάριος ἀνὴρ οὗ οὐ μὴ λογίσηται Κύριος ἁμαρτίαν
אַשְׁרֵי אָדָם לֹא־יַחְשֹׁב יְהוָה לוֹ עָוֺן, Ps. xxxii. 2
24 [2 5] τ. πιστεύουσιν ἐπὶ τ. ἐγείραντα Ἰησοῦν τ. Κύριον ἡμῶν ἐκ νεκρῶν
5 1 [2 3 5] εἰρήνην ἔχωμεν πρὸς τ. Θεὸν διὰ τ. Κυρίου ἡμῶν Ἰησοῦ Χριστοῦ
11 [2 3 5] καυχώμενοι ἐν τ. Θεῷ διὰ τ. Κυρίου ἡμῶν Ἰησοῦ Χριστοῦ
21 [2 3 5] ἡ χάρις βασιλεύσῃ . . . διὰ Ἰησοῦ Χριστοῦ τ. Κυρίου ἡμῶν
6 23 [2 3 5] ζωὴ αἰώνιος ἐν Χριστῷ Ἰησοῦ τ. Κυρίῳ ἡμῶν
7 25 [2 3 5] χάρις δὲ τ. Θεῷ διὰ Ἰησοῦ Χριστοῦ τ. Κυρίου ἡμῶν
8 39 [2 3 5] ἀπὸ τ. ἀγάπης τ. Θεοῦ τῆς ἐν Χριστῷ Ἰησοῦ τ. Κυρίῳ ἡμῶν
9 28 λόγον γὰρ συντελῶν κ. συντέμνων ποιήσει Κύριος ἐπὶ τ. γῆς
כִּי כָלָה וְנֶחֱרָצָה אֲדֹנָי יְהוִה צְבָאוֹת עֹשֶׂה בְּקֶרֶב כָּל־הָאָרֶץ, Is. x. 23
29 [8] εἰ μὴ Κύριος Σαβαὼθ ἐγκατέλιπεν ἡμῖν σπέρμα
לוּלֵי יְהוָה צְבָאוֹת הוֹתִיר לָנוּ שָׂרִיד, Is. i. 9

Ro 10 9 [2] ἐὰν ὁμολογήσῃς ἐν τ. στόματί σου ὅτι Κύριος Ἰησοῦς
στ. σου Κύριον Ἰησοῦν, TWH mg. R non mg.
12 ὁ γὰρ αὐτὸς Κύριος πάντων πλουτῶν εἰς πάντας τ. ἐπικαλουμένους αὐτόν.
13 πᾶς γὰρ ὃς ἂν ἐπικαλέσηται τὸ ὄνομα Κυρίου, Joel, *l.c.*
16 Κύριε τίς ἐπίστευσεν τ. ἀκοῇ ἡμῶν; Is. liii. 1
11 3 Κύριε τ. προφήτας σου ἀπέκτειναν
אֶת־נְבִיאֶיךָ הָרְגוּ בֶחָרֶב, 1 Ki. xix. 10
34 τίς γὰρ ἔγνω νοῦν Κυρίου;
מִי־תִכֵּן אֶת־רוּחַ יְהוָה, Is. xl. 13
12 11 τ. Κυρίῳ δουλεύοντες
τ. καιρῷ, R marg.
19 ἐμοὶ ἐκδίκησις ἐγὼ ἀνταποδώσω λέγει Κύριος
לִי נָקָם וְשִׁלֵּם, Dt. xxxii. 35
13 14 [2 3] ἐνδύσασθε τ. Κύριον Ἰησοῦν Χριστόν
14 4 τ. ἰδίῳ κυρίῳ στήκει ἢ πίπτει
4 δυνατεῖ γὰρ ὁ Κύριος στῆσαι αὐτόν
6 ὁ φρονῶν τ. ἡμέραν Κυρίῳ φρονεῖ·
κ. ὁ ἐσθίων Κυρίῳ ἐσθίει εὐχαριστεῖ γὰρ τ. Θεῷ·
κ. ὁ μὴ ἐσθίων Κυρίῳ οὐκ ἐσθίει
8 ἐάν τε γὰρ ζῶμεν τ. Κυρίῳ ζῶμεν·
ἐάν τε ἀποθνήσκωμεν τ. Κυρίῳ ἀποθνήσκομεν·
8 ἐάν τε οὖν ζῶμεν ἐάν τε ἀποθνήσκωμεν τ. Κυρίου ἐσμέν
11 ζῶ ἐγὼ λέγει Κύριος, Is. xlv. 23
14 [2] οἶδα κ. πέπεισμαι ἐν Κυρίῳ Ἰησοῦ
15 6 [2 3 5] ἵνα . . . δοξάζητε τ. Θεὸν κ. πατέρα τ. Κυρίου ἡμῶν Ἰησοῦ Χριστοῦ
11 αἰνεῖτε πάντα τὰ ἔθνη τ. Κύριον
הַלְלוּ אֶת־יְהוָה כָּל־גּוֹיִם, Ps. cxvii. 1
30 [2 3 5] παρακαλῶ δὲ ὑμᾶς . . . διὰ τ. Κυρίου ἡμῶν Ἰησοῦ Χριστῷ
16 2 ἵνα προσδέξησθε αὐτὴν ἐν Κυρίῳ
8 ἀσπάσασθε Ἀμπλιᾶτον τ. ἀγαπητόν μου ἐν Κυρίῳ
11 ἀσπάσασθε τοὺς ἐκ τ. Ναρκίσσου τ. ὄντας ἐν Κυρίῳ.
12 ἀσπάσασθε Τρύφαιναν κ. Τρυφῶσαν τ. κοπιώσας ἐν Κυρίῳ
12 ἥτις πολλὰ ἐκοπίασεν ἐν Κυρίῳ.
13 ἀσπάσασθε Ῥοῦφον τ. ἐκλεκτὸν ἐν Κυρίῳ
18 [3 5] τ. Κυρίῳ ἡμῶν Χριστῷ οὐ δουλεύουσιν
20 [2 3 5] ἡ χάρις τ. Κυρίου ἡμῶν Ἰησοῦ μεθ' ὑμῶν
Ἰησ. Χριστοῦ, WH mg. R; —h. v., R mg.
22 ἐγὼ Τέρτιος ὁ γράψας τ. ἐπιστολὴν ἐν Κυρίῳ
24 [2 3 5] ἡ χάρις τ. Κυρίου ἡμῶν Ἰησοῦ Χριστοῦ μετὰ πάντων ὑμῶν
—h. v., TWHR non mg.
1 Co 1 2 [2 3 5] τ. ἐπικαλουμένοις τὸ ὄνομα τ. Κυρίου ἡμῶν Ἰησοῦ Χριστῷ
3 [2 3] χάρις ὑμῖν κ. εἰρήνη ἀπὸ . . . Κυρίου Ἰησοῦ Χριστοῦ
7 [2 3 5] ἀπεκδεχομένους τ. ἀποκάλυψιν τ. Κυρίου ἡμῶν Ἰησοῦ Χριστοῦ
8 [2 3 5] ἀνεγκλήτους ἐν τ. ἡμέρᾳ τ. Κυρίου ἡμῶν Ἰησοῦ Χριστοῦ

1 Co 1 9 [2 3 5] εἰς κοινωνίαν τ. υἱοῦ αὐτοῦ Ἰησοῦ Χριστοῦ τ. Κυρίου ἡμῶν
10 [2 3 5] παρακαλῶ δὲ ὑμᾶς . . . διὰ τ. ὀνόματος τ. Κυρίου ἡμῶν Ἰησοῦ Χριστοῦ
31 ὁ καυχώμενος ἐν Κυρίῳ καυχάσθω, Jer. ix. 23
2 8 οὐκ ἂν τ. Κύριον τ. δόξης ἐσταύρωσαν
16 τίς γὰρ ἔγνω νοῦν Κυρίου, Is. xl. 13
3 5 ἑκάστῳ ὡς ὁ Κύριος ἔδωκεν
20 Κύριος γινώσκει τ. διαλογισμοὺς τ. σοφῶν
יְהוָה יֹדֵעַ מַחְשְׁבוֹת אָדָם, Ps. xciv. 11
4 4 ὁ δὲ ἀνακρίνων με Κύριός ἐστιν
5 ἕως ἂν ἔλθῃ ὁ Κύριος
17 ὅς ἐστίν μου τέκνον . . . πιστὸν ἐν Κυρίῳ
19 ἐὰν ὁ Κύριος θελήσῃ
5 4 [2 5] ἐν τ. ὀνόματι τ. Κυρίου ἡμῶν Ἰησοῦ,
[2 3 5] συναχθέντων ὑμῶν . . . σὺν τ. δυνάμει τ. Κυρίου ἡμῶν Ἰησοῦ
\+ Χριστοῦ, T
5 [2] ἵνα τὸ πνεῦμα σωθῇ ἐν τ. ἡμέρᾳ τ. Κυρίου
\+ Ἰησοῦ, TWH mg. R non mg.
6 11 [2 3 5] ἐδικαιώθητε ἐν τ. ὀνόματι τ. Κυρίου ἡμῶν Ἰησοῦ Χριστοῦ
—ἡμ., T [WH] R
13 τὸ δὲ σῶμα οὐ τ. πορνείᾳ ἀλλὰ τ. Κυρίῳ, κ. ὁ Κύριος τ. σώματι·
14 ὁ δὲ Θεὸς κ. τ. Κύριον ἤγειρεν
17 ὁ δὲ κολλώμενος τ. Κυρίῳ ἓν πνεῦμά ἐστιν
7 10 παραγγέλλω οὐκ ἐγὼ ἀλλὰ ὁ Κύριος
12 τ. δὲ λοιποῖς λέγω ἐγὼ οὐχ ὁ Κύριος
17 εἰ μὴ ἑκάστῳ ὡς μεμέρικεν ὁ Κύριος
22 ὁ γὰρ ἐν Κυρίῳ κληθεὶς δοῦλος ἀπελεύθερος Κυρίου ἐστίν
25 περὶ δὲ τ. παρθένων ἐπιταγὴν Κυρίου οὐκ ἔχω·
γνώμην δὲ δίδωμι ὡς ἠλεημένος ὑπὸ Κυρίου
32 [9] ὁ ἄγαμος μεριμνᾷ τὰ τ. Κυρίου, πῶς ἀρέσῃ τ. Κυρίῳ
34 [9] ἡ παρθένος μεριμνᾷ τὰ τ. Κυρίου
35 πρὸς τὸ . . . εὐπάρεδρον τ. Κυρίῳ ἀπερισπάστως
39 ἐλευθέρα ἐστὶν ᾧ θέλει γαμηθῆναι μόνον ἐν Κυρίῳ
8 5 [7] ὥσπερ εἰσὶν θεοὶ πολλοὶ κ. κύριοι πολλοί
6 [2 3] εἷς Κύριος Ἰησοῦς Χριστός
9 1 [2 5] οὐχὶ Ἰησοῦν τ. Κύριον ἡμῶν ἑόρακα;
οὐ τὸ ἔργον μου ὑμεῖς ἐστε ἐν Κυρίῳ;
2 ἡ γὰρ σφραγίς μου τ. ἀποστολῆς ὑμεῖς ἐστε ἐν Κυρίῳ
5 οἱ ἀδελφοὶ τ. Κυρίου κ. Κηφᾶς
14 οὕτως κ. ὁ Κύριος διέταξεν τοῖς τὸ εὐαγγέλιον καταγγέλλουσιν
10 9 μηδὲ ἐκπειράζωμεν τ. Κύριον
Χριστόν, R marg.
21 οὐ δύνασθε ποτήριον Κυρίου πίνειν κ. ποτήριον δαιμονίων·
οὐ δύνασθε τραπέζης Κυρίου μετέχειν κ. τραπέζης δαιμονίων.
22 ἢ παραζηλοῦμεν τ. Κύριον;
26 τ. Κυρίου γὰρ ἡ γῆ κ. τὸ πλήρωμα αὐτῆς
לַיהוָה הָאָרֶץ וּמְלוֹאָהּ, Ps. xxiv. 1
11 11 οὔτε ἀνὴρ χωρὶς γυναικὸς ἐν Κυρίῳ
23 ἐγὼ γὰρ παρέλαβον ἀπὸ τ. Κυρίου ὃ κ. παρέδωκα ὑμῖν,
[2] ὅτι ὁ Κύριος Ἰησοῦς . . . ἔλαβεν ἄρτον

1Co11 26 τ. θάνατον τ. Κυρίου καταγγέλλετε
27 ὥστε ὃς ἂν . . . πίνῃ τὸ ποτήριον τ. Κυρίου ἀναξίως,
ἔνοχος ἔσται τ. σώματος κ. τ. αἵματος τ. Κυρίου
32 κρινόμενοι δὲ ὑπὸ τ. Κυρίου παιδευόμεθα
12 3 [2] οὐδεὶς δύναται εἰπεῖν Κύριος Ἰησοῦς
5 διαιρέσεις διακονιῶν εἰσὶν κ. ὁ αὐτὸς Κύριος
14 21 οὐδ' οὕτως εἰσακούσονταί μου λέγει Κύριος
לֹא אָבוֹא שְׁמוֹעַ, Is. xxviii. 12
37 ὅτι Κυρίου ἐστὶν ἐντολή
15 31 [2 3 5] ἣν ἔχω ἐν Χριστῷ Ἰησοῦ τ. Κυρίῳ ἡμῶν
57 [2 3 5] τ. διδόντι ἡμῖν τὸ νῖκος διὰ τ. Κυρίου ἡμῶν Ἰησοῦ Χριστοῦ
58 περισσεύοντες ἐν τ. ἔργῳ τ. Κυρίου πάντοτε, εἰδότες ὅτι ὁ κόπος ὑμῶν οὐκ ἔστιν κενὸς ἐν Κυρίῳ
16 7 ἐὰν ὁ Κύριος ἐπιτρέψῃ
10 τὸ γὰρ ἔργον Κυρίου ἐργάζεται ὡς ἐγώ
19 ἀσπάζεται ὑμᾶς ἐν Κυρίῳ πολλὰ Ἀκύλας κ. Πρίσκα
22 εἴ τις οὐ φιλεῖ τ. Κύριον ἤτω ἀνάθεμα
23 [2] ἡ χάρις τ. Κυρίου Ἰησοῦ μεθ' ὑμῶν
IICo1 2 [2 3] χάρις ὑμῖν κ. εἰρήνη ἀπὸ . . . Κυρίου Ἰησοῦ Χριστοῦ.
3 [2 3 5] εὐλογητὸς ὁ Θεὸς κ. πατὴρ τ. Κυρίου ἡμῶν Ἰησοῦ Χριστοῦ
14 [2 5] καθάπερ κ. ὑμεῖς ἡμῶν ἐν τ. ἡμέρᾳ τ. Κυρίου ἡμῶν Ἰησοῦ
2 12 θύρας μοι ἀνεῳγμένης ἐν Κυρίῳ
3 16 ἡνίκα δὲ ἐὰν ἐπιστρέψῃ πρὸς Κύριον
17 ὁ δὲ Κύριος τὸ πνεῦμά ἐστιν·
οὗ δὲ τὸ πνεῦμα Κυρίου ἐλευθερία
18 ἀνακεκαλυμμένῳ προσώπῳ τ. δόξαν Κυρίου κατοπτριζόμενοι
18 καθάπερ ἀπὸ Κυρίου πνεύματος
4 5 [2 3] οὐ γὰρ ἑαυτοὺς κηρύσσομεν ἀλλὰ Χριστὸν Ἰησοῦν Κύριον
14 [2] εἰδότες ὅτι ὁ ἐγείρας τ. Κύριον Ἰησοῦν
—Κύρ., [WH] R marg.
5 6 ἐκδημοῦμεν ἀπὸ τ. Κυρίου
8 ἐνδημῆσαι πρὸς τ. Κύριον
11 εἰδότες οὖν τ. φόβον τ. Κυρίου
6 17 ἐξέλθατε ἐκ μέσου αὐτῶν κ. ἀφορίσθητε λέγει Κύριος, Is. lii. 11
18 λέγει Κύριος παντοκράτωρ
8 5 ἑαυτοὺς ἔδωκαν πρῶτον τ. Κυρίῳ
9 [2 3 5] γινώσκετε γὰρ τ. χάριν τ. Κυρίου ἡμῶν Ἰησοῦ Χριστοῦ
19 πρὸς τὴν τ. Κυρίου δόξαν
αὐτοῦ τ. Κυρ., T
21 προνοοῦμεν γὰρ καλὰ οὐ μόνον ἐνώπιον Κυρίου
10 8 ἧς ἔδωκεν ὁ Κύριος εἰς οἰκοδομὴν
17 ὁ δὲ καυχώμενος ἐν Κυρίῳ καυχάσθω, Jer. ix. 23
18 ἀλλὰ ὃν ὁ Κύριος συνίστησιν
11 17 [10] ὃ λαλῶ οὐ κατὰ Κύριον λαλῶ
31 [2] ὁ Θεὸς κ. πατὴρ τ. Κυρίου Ἰησοῦ οἶδεν
12 1 ἐλεύσομαι δὲ εἰς ὀπτασίας κ. ἀποκαλύψεις Κυρίου
8 ὑπὲρ τούτου τρὶς τ. Κύριον παρεκάλεσα
13 10 κατὰ τ. ἐξουσίαν ἣν ὁ Κύριος ἔδωκέν μοι
13 [2 3] ἡ χάρις τ. Κυρίου Ἰησοῦ Χριστοῦ . . . μετὰ πάντων ὑμῶν

Ga 1 *3* [2 3 5] χάρις ὑμῖν κ. εἰρήνη ἀπὸ . . . Κυρίου Ἰησοῦ Χριστοῦ
Κυρ. ἡμῶν, TWH mg.
19 εἰ μὴ Ἰάκωβον τ. ἀδελφὸν τ. Κυρίου
4 1 οὐδὲν διαφέρει δούλου κύριος πάντων ὤν
5 10 ἐγὼ πέποιθα εἰς ὑμᾶς ἐν Κυρίῳ
6 14 [2 3 5] εἰ μὴ ἐν τ. σταυρῷ τ. Κυρίου ἡμῶν Ἰησοῦ Χριστοῦ
18 [2 3 5] ἡ χάρις τ. Κυρίου ἡμῶν Ἰησοῦ Χριστοῦ μετὰ τ. πνεύματος ὑμῶν
Eph 1 2 [2 3] χάρις ὑμῖν κ. εἰρήνη ἀπὸ . . . Κυρίου Ἰησοῦ Χριστοῦ.
3 [2 3 5] εὐλογητὸς ὁ Θεὸς κ. πατὴρ τ. Κυρίου ἡμῶν Ἰησοῦ Χριστοῦ
15 [2] ἀκούσας τὴν καθ' ὑμᾶς πίστιν ἐν τ. Κυρίῳ Ἰησοῦ
17 [2 3 5] ὁ Θεὸς τ. Κυρίου ἡμῶν Ἰησοῦ Χριστοῦ
2 21 πᾶσα οἰκοδομὴ . . . αὔξει εἰς ναὸν ἅγιον ἐν Κυρίῳ
3 11 [2 3 5] ἣν ἐποίησεν ἐν τ. Χριστῷ Ἰησοῦ τ. Κυρίῳ ἡμῶν
4 1 παρακαλῶ οὖν ὑμᾶς ἐγὼ ὁ δέσμιος ἐν Κυρίῳ
5 εἷς Κύριος μία πίστις ἓν βάπτισμα
17 τοῦτο οὖν λέγω κ. μαρτύρομαι ἐν Κυρίῳ
5 8 νῦν δὲ φῶς ἐν Κυρίῳ
10 δοκιμάζοντες τί ἐστιν εὐάρεστον τ. Κυρίῳ
17 συνίετε τί τὸ θέλημα τ. Κυρίου
19 ᾄδοντες κ. ψάλλοντες τ. καρδίᾳ ὑμῶν τ. Κυρίῳ,
20 [2 3 5] εὐχαριστοῦντες . . . ἐν ὀνόματι τ. Κυρίου ἡμῶν Ἰησοῦ Χριστοῦ
22 αἱ γυναῖκες τ. ἰδίοις ἀνδράσιν ὡς τ. Κυρίῳ
6 1 ὑπακούετε τ. γονεῦσιν ὑμῶν ἐν Κυρίῳ
ἐν Κυρ., [WH]
4 ἐκτρέφετε αὐτὰ ἐν παιδείᾳ κ. νουθεσίᾳ Κυρίου
5 [7] ὑπακούετε τοῖς κατὰ σάρκα κυρίοις
7 δουλεύοντες ὡς τ. Κυρίῳ κ. οὐκ ἀνθρώποις
8 τοῦτο κομίσεται παρὰ Κυρίου
9 [7] οἱ κύριοι τὰ αὐτὰ ποιεῖτε πρὸς αὐτούς
9 εἰδότες ὅτι κ. αὐτῶν κ. ὑμῶν ὁ Κύριός ἐστιν ἐν οὐρανοῖς
10 ἐνδυναμοῦσθε ἐν Κυρίῳ
21 Τύχικος . . . πιστὸς διάκονος ἐν Κυρίῳ
23 [2 3] ἀγάπη μετὰ πίστεως ἀπὸ . . . Κυρίου Ἰησοῦ Χριστοῦ
24 [2 3 5] ἡ χάρις μετὰ πάντων τ. ἀγαπώντων τ. Κύριον ἡμῶν Ἰησοῦν Χριστόν
Phl 1 2 [2 3] χάρις ὑμῖν κ. εἰρήνη ἀπὸ . . . Κυρίου Ἰησοῦ Χριστοῦ
14 τ. πλείονας τ. ἀδελφῶν ἐν Κυρίῳ πεποιθότας
2 11 [2 3] ἵνα . . . πᾶσα γλῶσσα ἐξομολογήσηται ὅτι Κύριος Ἰησοῦς Χριστός
19 [2] ἐλπίζω δὲ ἐν Κυρίῳ Ἰησοῦ
24 πέποιθα δὲ ἐν Κυρίῳ
29 προσδέχεσθε οὖν αὐτὸν ἐν Κυρίῳ μετὰ πάσης χαρᾶς
30 διὰ τὸ ἔργον Κυρίου μέχρι θανάτου ἤγγισεν
Χριστοῦ, TWH mg. R non mg.
3 1 τὸ λοιπὸν ἀδελφοί μου χαίρετε ἐν Κυρίῳ
8 [2 3 5] διὰ τὸ ὑπερέχον τ. γνώσεως Χριστοῦ Ἰησοῦ τ. Κυρίου μου
20 [2 3] ἐξ οὗ κ. σωτῆρα ἀπεκδεχόμεθα Κύριον Ἰησοῦν Χριστόν
4 1 οὕτως στήκετε ἐν Κυρίῳ ἀγαπητοί
2 παρακαλῶ τὸ αὐτὸ φρονεῖν ἐν Κυρίῳ
4 χαίρετε ἐν Κυρίῳ πάντοτε

Phl 4 5 ὁ Κύριος ἐγγύς
10 ἐχάρην δὲ ἐν Κυρίῳ μεγάλως
23 [2 3] ἡ χάρις τ. Κυρίου Ἰησοῦ Χριστοῦ μετὰ τ. πνεύματος ὑμῶν
Col 1 3 [2 3 5] εὐχαριστοῦμεν Θεῷ πατρὶ τ. Κυρίου ἡμῶν Ἰησοῦ Χριστοῦ
10 περιπατῆσαι ἀξίως τ. Κυρίου εἰς πᾶσαν ἀρεσκίαν
2 6 [2 3] ὡς οὖν παρελάβετε τ. Χριστὸν Ἰησοῦν τ. Κύριον
3 13 καθὼς κ. ὁ Κύριος ἐχαρίσατο ὑμῖν
Χριστός, TWH mg. R mg.
16 ὁ λόγος τ. Κυρίου ἐνοικείτω ἐν ὑμῖν πλουσίως
Χριστοῦ, TWH non mg. R non mg.; Θεοῦ, R mg. alter
17 [2] πάντα ἐν ὀνόματι Κυρίου Ἰησοῦ
18 ὡς ἀνῆκεν ἐν Κυρίῳ
20 τοῦτο γὰρ εὐάρεστόν ἐστιν ἐν Κυρίῳ
22 [7] ὑπακούετε κατὰ πάντα τοῖς κατὰ σάρκα κυρίοις
22 ἐν ἁπλότητι καρδίας φοβούμενοι τ. Κύριον
23 ἐργάζεσθε ὡς τ. Κυρίῳ κ. οὐκ ἀνθρώποις
24 ἀπὸ Κυρίου ἀπολήμψεσθε τ. ἀνταπόδοσιν τ. κληρονομίας·
[8] τ. Κυρίῳ Χριστῷ δουλεύετε
4 1 [7] οἱ κύριοι τὸ δίκαιον . . . τ. δούλοις παρέχεσθε,
εἰδότες ὅτι ὑμεῖς ἔχετε Κύριον ἐν οὐρανῷ
7 Τύχικος . . . πιστὸς διάκονος κ. σύνδουλος ἐν Κυρίῳ
17 βλέπετε τ. διακονίαν ἣν παρέλαβες ἐν Κυρίῳ
I Th 1 1 [2 3] τ. ἐκκλησίᾳ . . . ἐν Θεῷ πατρὶ κ. Κυρίῳ Ἰησοῦ Χριστῷ
3 [2 3 5] τ. ὑπομονῆς τ. ἐλπίδος τ. Κυρίου ἡμῶν Ἰησοῦ Χριστοῦ
6 μιμηταὶ ἡμῶν ἐγενήθητε κ. τ. Κυρίου
8 ἀφ' ὑμῶν γὰρ ἐξήχηται ὁ λόγος τ. Κυρίου
2 15 [2] τῶν κ. τ. Κύριον ἀποκτεινάντων Ἰησοῦν
19 [2 5] ἔμπροσθεν τ. Κυρίου ἡμῶν Ἰησοῦ ἐν τῇ αὐτοῦ παρουσίᾳ
3 8 νῦν ζῶμεν ἐὰν ὑμεῖς στήκετε ἐν Κυρίῳ
11 [2 5] ὁ Κύριος ἡμῶν Ἰησοῦς κατευθύναι τὴν ὁδὸν ἡμῶν πρὸς ὑμᾶς·
12 ὑμᾶς δὲ ὁ Κύριος πλεονάσαι
13 [2 5] ἐν τ. παρουσίᾳ τ. Κυρίου ἡμῶν Ἰησοῦ
4 1 [2] ἐρωτῶμεν ὑμᾶς κ. παρακαλοῦμεν ἐν Κυρίῳ Ἰησοῦ
2 [2] τίνας παραγγελίας ἐδώκαμεν ὑμῖν διὰ τ. Κυρίου Ἰησοῦ
6 διότι ἔκδικος Κύριος περὶ πάντων τούτων
15 τοῦτο γὰρ ὑμῖν λέγομεν ἐν λόγῳ Κυρίου
15 οἱ περιλειπόμενοι εἰς τ. παρουσίαν τ. Κυρίου
16 αὐτὸς ὁ Κύριος ἐν κελεύσματι . . . καταβήσεται ἀπ' οὐρανοῦ
17 ἁρπαγησόμεθα ἐν νεφέλαις εἰς ἀπάντησιν τ. Κυρίου εἰς ἀέρα,
κ. οὕτως πάντοτε σὺν Κυρίῳ ἐσόμεθα
5 2 ἡμέρα Κυρίου ὡς κλέπτης ἐν νυκτὶ οὕτως ἔρχεται
9 [2 3 5] εἰς περιποίησιν σωτηρίας διὰ τ. Κυρίου ἡμῶν Ἰησοῦ Χριστοῦ
12 τοὺς . . . προϊσταμένους ὑμῶν ἐν Κυρίῳ
23 [2 3 5] ἀμέμπτως ἐν τ. παρουσίᾳ τ. Κυρίου ἡμῶν Ἰησοῦ Χριστοῦ τηρηθείη
27 ἐνορκίζω ὑμᾶς τ. Κύριον

I Th 5 28 [2 3 5] ἡ χάρις τ. Κυρίου ἡμῶν Ἰησοῦ Χριστοῦ μεθ' ὑμῶν
II Th 1 1 [2 3] τ. ἐκκλησίᾳ . . . ἐν Θεῷ πατρὶ ἡμῶν κ. Κυρίῳ Ἰησοῦ Χριστῷ·
2 [2 3] χάρις ὑμῖν κ. εἰρήνη ἀπὸ . . . Κυρίου Ἰησοῦ Χριστοῦ
7 [2] ἐν τ. ἀποκαλύψει τ. Κυρίου Ἰησοῦ ἀπ' οὐρανοῦ
8 [2 5] τ. μὴ ὑπακούουσιν τ. εὐαγγελίῳ τ. Κυρίου ἡμῶν Ἰησοῦ·
9 οἵτινες δίκην τίσουσιν . . . ἀπὸ προσώπου τ. Κυρίου
12 [2 5] ὅπως ἐνδοξασθῇ τὸ ὄνομα τ. Κυρίου ἡμῶν Ἰησοῦ
12 [2 3] κατὰ τ. χάριν τ. Θεοῦ ἡμῶν κ. Κυρίου Ἰησοῦ Χριστοῦ.
2 1 [2 3 5] ἐρωτῶμεν δὲ ὑμᾶς . . . ὑπὲρ τ. παρουσίας τ. Κυρίου ἡμῶν Ἰησοῦ Χριστοῦ
2 ὡς ὅτι ἐνέστηκεν ἡ ἡμέρα τ. Κυρίου
8 [2] ὃν ὁ Κύριος Ἰησοῦς ἀνελεῖ τ. πνεύματι τ. στόματος αὐτοῦ
13 ἀδελφοὶ ἠγαπημένοι ὑπὸ Κυρίου
14 [2 3 5] εἰς περιποίησιν δόξης τ. Κυρίου ἡμῶν Ἰησοῦ Χριστοῦ
16 [2 3 5] αὐτὸς δὲ ὁ Κύριος ἡμῶν Ἰησοῦς Χριστός
3 1 ἵνα ὁ λόγος τ. Κυρίου τρέχῃ
3 πιστὸς δέ ἐστιν ὁ Κύριος
4 πεποίθαμεν δὲ ἐν Κυρίῳ ἐφ' ὑμᾶς
5 ὁ δὲ Κύριος κατευθύναι ὑμῶν τ. καρδίας
6 [2 3 5] παραγγέλλομεν δὲ ὑμῖν . . . ἐν ὀνόματι τ. Κυρίου Ἰησοῦ Χριστοῦ
Κυρ. ἡμῶν, TWH mg. R
12 [2 3] παρακαλοῦμεν ἐν Κυρίῳ Ἰησοῦ Χριστῷ
16 αὐτὸς δὲ ὁ Κύριος τ. εἰρήνης δῴη ὑμῖν τ. εἰρήνην
16 ὁ Κύριος μετὰ πάντων ὑμῶν
18 [2 3 5] ἡ χάρις τ. Κυρίου ἡμῶν Ἰησοῦ Χριστοῦ μετὰ πάντων ὑμῶν
I Ti 1 2 [2 3 5] χάρις ἔλεος εἰρήνη ἀπὸ . . . Χριστοῦ Ἰησοῦ τ. Κυρίου ἡμῶν
12 [2 3 5] χάριν ἔχω τ. ἐνδυναμώσαντί με Χριστῷ Ἰησοῦ τ. Κυρίῳ ἡμῶν
14 [5] ὑπερεπλεόνασεν δὲ ἡ χάρις τ. Κυρίου ἡμῶν
5 5 ἡ δὲ ὄντως χήρα . . . ἤλπικεν ἐπὶ Κύριον
ἐπ. τ. Θεόν, WH non mg.; ἐπ. Θεόν, TR
6 3 [2 3 5] ὑγιαίνουσι λόγοις τοῖς τ. Κυρίου ἡμῶν Ἰησοῦ Χριστοῦ
14 [2 3 5] μέχρι τ. ἐπιφανείας τ. Κυρίου ἡμῶν Ἰησοῦ Χριστοῦ
15 [8] ὁ βασιλεὺς τ. βασιλευόντων κ. κύριος τ. κυριευόντων
II Ti 1 2 [2 3 5] χάρις ἔλεος εἰρήνη ἀπὸ . . . Χριστοῦ Ἰησοῦ τ. Κυρίου ἡμῶν
Κυρίου Ἰησ., WH marg.
8 [5] μὴ οὖν ἐπαισχυνθῇς τὸ μαρτύριον τ. Κυρίου ἡμῶν
16 δῴη ἔλεος ὁ Κύριος τῷ Ὀνησιφόρου οἴκῳ
18 δῴη αὐτῷ ὁ Κύριος εὑρεῖν ἔλεος παρὰ Κυρίου
2 7 δώσει γάρ σοι ὁ Κύριος σύνεσιν ἐν πᾶσιν
14 διαμαρτυρόμενος ἐνώπιον τ. Κυρίου μὴ λογομαχεῖν
Θεοῦ, TWH non mg. R mg.
19 ἔγνω Κύριος τ. ὄντας αὐτοῦ
יָדַע יְהוָה אֶת־אֲשֶׁר־לוֹ, Num. xvi. 5

II Ti 2 19 ἀποστήτω ἀπὸ ἀδικίας πᾶς ὁ ὀνομάζων ὄνομα Κυρίου, *ib* 26, *cf.* Is. lii. 11

22 μετὰ τ. ἐπικαλουμένων τ. Κύριον ἐκ καθαρᾶς καρδίας

24 δοῦλον δὲ Κυρίου οὐ δεῖ μάχεσθαι

3 11 ἐκ πάντων με ἐρύσατο ὁ Κύριος

4 8 ὃν ἀποδώσει μοι ὁ Κύριος ἐν ἐκείνῃ τ. ἡμέρᾳ

14 ἀποδώσει αὐτῷ ὁ Κύριος κατὰ τὰ ἔργα αὐτοῦ

17 ὁ δὲ Κύριός μοι παρέστη

18 ῥύσεταί με ὁ Κύριος ἀπὸ παντὸς ἔργου πονηροῦ

22 ὁ Κύριος μετὰ τ. πνεύματός σου

Phm 3 [2 3] χάρις ὑμῖν κ. εἰρήνη ἀπὸ . . . Κυρίου Ἰησοῦ Χριστοῦ

5 [2] τ. πίστιν ἣν ἔχεις εἰς τ. Κύριον Ἰησοῦν
πρὸς τ. Κύρ. Ἰησ., TWH mg. R

16 πόσῳ δὲ μᾶλλόν σοι κ. ἐν σαρκὶ κ. ἐν Κυρίῳ

20 ἐγώ σου ὀναίμην ἐν Κυρίῳ

25 [2 3] ἡ χάρις τ. Κυρίου Ἰησοῦ Χριστοῦ μετὰ τ. πνεύματος ὑμῶν

He 1 10 σὺ κατ' ἀρχὰς Κύριε τ. γῆν ἐθεμελίωσας
לְפָנִים הָאָרֶץ יָסַדְתָּ, Ps. cii. 26

2 3 ἥτις ἀρχὴν λαβοῦσα λαλεῖσθαι διὰ τ. Κυρίου

7 14 [5] ἐξ Ἰούδα ἀνατέταλκεν ὁ Κύριος ἡμῶν

21 ὤμοσεν Κύριος κ. οὐ μεταμεληθήσεται
נִשְׁבַּע יְהוָה וְלֹא יִנָּחֵם, Ps. cx. 4

8 2 ἣν ἔπηξεν ὁ Κύριος οὐκ ἄνθρωπος

8 ἰδοὺ ἡμέραι ἔρχονται λέγει Κύριος
הִנֵּה יָמִים בָּאִים נְאֻם־יְהוָה, Jer. xxxi. 31

9 κἀγὼ ἠμέλησα αὐτῶν λέγει Κύριος.
וְאָנֹכִי בָּעַלְתִּי בָם נְאֻם־יְהוָה, *ib.* 32

10 ὅτι αὕτη ἡ διαθήκη ἣν διαθήσομαι τ. οἴκῳ Ἰσραὴλ . . . λέγει Κύριος
כִּי זֹאת הַבְּרִית אֲשֶׁר אֶכְרֹת אֶת־בֵּית יִשְׂרָאֵל
. . . נְאֻם־יְהוָה, *ib.* 33

11 λέγων Γνῶθι τ. Κύριον
לֵאמֹר דְּעוּ אֶת־יְהוָה, *ib.* 34

10 16 αὕτη ἡ διαθήκη ἣν διαθήσομαι πρὸς αὐτοὺς . . . λέγει Κύριος, Jer. *l.c.*

30 κρινεῖ Κύριος τ. λαὸν αὐτοῦ
יָדִין יְהוָה עַמּוֹ, Ps. cxxxv. 14

12 5 μὴ ὀλιγώρει παιδείας Κυρίου
מוּסַר יְהוָה . . . אַל־תִּמְאָס, Pr. iii. 11

6 ὃν γὰρ ἀγαπᾷ Κύριος παιδεύει
כִּי אֶת אֲשֶׁר יֶאֱהַב יְהוָה יוֹכִיחַ, *ib.* 12

14 οὗ χωρὶς οὐδεὶς ὄψεται τ. Κύριον

13 6 Κύριος ἐμοὶ βοηθός
יְהוָה לִי בְּעֹזְרָי, Ps. cxviii. 6

20 [2 5] τ. ποιμένα τ. προβάτων . . . τ. Κύριον ἡμῶν Ἰησοῦν

Ja 1 1 [2 3] Ἰάκωβος Θεοῦ κ. Κυρίου Ἰησοῦ Χριστοῦ δοῦλος

7 ὅτι λήμψεταί τι παρὰ τ. Κυρίου

2 1 [2 3 5] μὴ ἐν προσωπολημψίαις ἔχετε τ. πίστιν τ. Κυρίου ἡμῶν Ἰησοῦ Χριστοῦ τ. δόξης;

Ja 3 9 ἐν αὐτῇ εὐλογοῦμεν τ. Κύριον κ. πατέρα

4 10 ταπεινώθητε ἐνώπιον Κυρίου κ. ὑψώσει ὑμᾶς

15 ἐὰν ὁ Κύριος θέλῃ

5 4 [3] αἱ βοαὶ τ. θερισάντων εἰς τὰ ὦτα Κυρίου Σαβαὼθ εἰσελήλυθαν

7 μακροθυμήσατε οὖν . . . ἕως τ. παρουσίας τ. Κυρίου

8 ὅτι ἡ παρουσία τ. Κυρίου ἤγγικεν

10 τ. προφήτας οἳ ἐλάλησαν ἐν τ. ὀνόματι Κυρίου

11 τὸ τέλος Κυρίου εἴδετε,
ὅτι πολύσπλαγχνός ἐστιν ὁ Κύριος κ. οἰκτίρμων
—ὁ, WH marg.

14 ἀλείψαντες ἐλαίῳ ἐν τ. ὀνόματι τ. Κυρίου
τ. Κυρ., [WH]

15 ἐγερεῖ αὐτὸν ὁ Κύριος

I Pe 1 3 [2 3 5] εὐλογητὸς ὁ Θεὸς κ. πατὴρ τ. Κυρίου ἡμῶν Ἰησοῦ Χριστοῦ

25 τὸ δὲ ῥῆμα Κυρίου μένει εἰς τ. αἰῶνα
כִּי פִּי יְהוָה דִּבֵּר, Is. xl. 5

2 3 εἰ ἐγεύσασθε ὅτι χρηστὸς ὁ Κύριος
טַעֲמוּ וּרְאוּ כִּי־טוֹב יְהוָה, Ps. xxxiv. 9

13 ὑποτάγητε πάσῃ ἀνθρωπίνῃ κτίσει διὰ τ. Κύριον

3 6 κύριον αὐτὸν καλοῦσα

12 ὅτι ὀφθαλμοὶ Κυρίου ἐπὶ δικαίους
עֵינֵי יְהוָה אֶל־צַדִּיקִים, *ib.* 16

12 πρόσωπον δὲ Κυρίου ἐπὶ ποιοῦντας κακά
פְּנֵי יְהוָה בְּעֹשֵׂי רָע, *ib.* 17

15 [3] Κύριον δὲ Χριστὸν ἁγιάσατε ἐν τ. καρδίαις ὑμῶν
אֶת־יְהוָה צְבָאוֹת אֹתוֹ תַקְדִּישׁוּ, Is. viii. 13

II Pe 1 2 [2 5] ἐν ἐπιγνώσει τ. Θεοῦ κ. Ἰησοῦ τ. Κυρίου ἡμῶν

8 [2 3 5] καθίστησιν εἰς τὴν τ. Κυρίου ἡμῶν Ἰησοῦ Χριστοῦ ἐπίγνωσιν

11 [2 3 5] ἡ εἴσοδος εἰς τ. αἰώνιον βασιλείαν τ. Κυρίου ἡμῶν κ. σωτῆρος Ἰησοῦ Χριστοῦ

14 [2 3 5] καθὼς κ. ὁ Κύριος ἡμῶν Ἰησοῦς Χριστὸς ἐδήλωσέν μοι

16 [2 3 5] ἐγνωρίσαμεν ὑμῖν τὴν τ. Κυρίου ἡμῶν Ἰησοῦ Χριστοῦ δύναμιν

2 9 οἶδεν Κύριος εὐσεβεῖς ἐκ πειρασμοῦ ῥύεσθαι

11 οὐ φέρουσι κατ' αὐτῶν παρὰ Κυρίῳ βλάσφημον κρίσιν
παρ. Κύρ., [WH]

20 [2 3] ἐν ἐπιγνώσει τ. Κυρίου κ. σωτῆρος Ἰησοῦ Χριστοῦ

3 2 τῆς τ. ἀποστόλων ὑμῶν ἐντολῆς τ. Κυρίου κ. σωτῆρος

8 μία ἡμέρα παρὰ Κυρίῳ ὡς χίλια ἔτη

9 οὐ βραδύνει Κύριος τ. ἐπαγγελίας

10 ἥξει δὲ ἡμέρα Κυρίου ὡς κλέπτης

15 [5] τὴν τ. Κυρίου ἡμῶν μακροθυμίαν σωτηρίαν ἡγεῖσθε

18 [2 3 5] αὐξάνετε δὲ ἐν χάριτι . . . τ. Κυρίου ἡμῶν κ. σωτῆρος Ἰησοῦ Χριστοῦ

Ju 4 [2 3 5] τ. μόνον δεσπότην κ. Κύριον ἡμῶν Ἰησοῦν Χριστὸν ἀρνούμενοι

5 Κύριος λαὸν ἐκ γῆς Αἰγύπτου σώσας
Ἰησοῦς, WH mg. R mg

Ju 9 ἐπιτιμήσαι σοι Κύριος
14 ἦλθεν Κύριος ἐν ἁγίαις μυριάσιν αὐτοῦ
17 [2 3 5] τ. ῥημάτων τ. προειρημένων ὑπὸ τ. ἀποστόλων τ. Κυρίου ἡμῶν Ἰησοῦ Χριστοῦ
21 [2 3 5] προσδεχόμενοι τὸ ἔλεος τ. Κυρίου ἡμῶν Ἰησοῦ Χριστοῦ
25 [2 3 5] διὰ Ἰησοῦ Χριστοῦ τ. Κυρίου ἡμῶν δόξα
Re 1 8 [1] λέγει Κύριος ὁ Θεός
4 8 [1] ἅγιος ἅγιος ἅγιος Κύριος ὁ Θεὸς ὁ παντοκράτωρ
11 [1 4 5] ἄξιος εἶ ὁ Κύριος κ. ὁ Θεὸς ἡμῶν
7 14 [5] εἴρηκα αὐτῷ Κύριέ μου σὺ οἶδας
11 4 αἱ ἐνώπιον τ. Κυρίου τ. γῆς ἑστῶτες
8 ὅπου κ. ὁ Κύριος αὐτῶν ἐσταυρώθη
15 [5] ἐγένετο ἡ βασιλεία τ. κόσμου τ. Κυρίου ἡμῶν
17 [1] εὐχαριστοῦμέν σοι Κύριε ὁ Θεὸς ὁ παντοκράτωρ
14 13 μακάριοι οἱ νεκροὶ οἱ ἐν Κυρίῳ ἀποθνήσκοντες
15 3 [1] θαυμαστὰ τὰ ἔργα σου Κύριε ὁ Θεὸς ὁ παντοκράτωρ
4 τίς οὐ μὴ φοβηθῇ Κύριε
16 7 [1] ναὶ Κύριε ὁ Θεὸς ὁ παντοκράτωρ
17 14 [8] κύριος κυρίων ἐστὶν κ. βασιλεὺς βασιλέων
18 8 [1] ἰσχυρὸς Κύριος ὁ Θεὸς ὁ κρίνας αὐτήν
—Κύρ., [WH] R marg.
19 6 [1] ἐβασίλευσεν Κύριος ὁ Θεὸς ἡμῶν ὁ παντοκράτωρ
16 [8] βασιλεὺς βασιλέων κ. κύριος κυρίων
21 22 [1] ὁ γὰρ Κύριος ὁ Θεὸς ὁ παντοκράτωρ ναὸς αὐτῆς ἐστίν
22 5 [1] ὅτι Κύριος ὁ Θεὸς φωτίσει ἐπ' αὐτούς
6 [1] ὁ Κύριος ὁ Θεὸς τ. πνευμάτων τ. προφητῶν
—ὁ, WH marg.
20 [2] ἀμὴν ἔρχου Κύριε Ἰησοῦ
21 [2] ἡ χάρις τ. Κυρίου Ἰησοῦ μετὰ τ. ἁγίων

ΚΥΡΙΟ'ΤΗΣ * † 2963

Eph 1 21 ὑπεράνω πάσης . . . δυνάμεως κ. κυριότητος
Col 1 16 εἴτε θρόνοι εἴτε κυριότητες εἴτε ἀρχαί
II Pe 2 10 κυριότητος καταφρονοῦντας
Ju 8 κυριότητα δὲ ἀθετοῦσιν

ΚΥΡΟ'Ω 2964

II Co 2 8 παρακαλῶ ὑμᾶς κυρῶσαι εἰς αὐτὸν ἀγάπην
Ga 3 15 ὅμως ἀνθρώπου κεκυρωμένην διαθήκην οὐδεὶς ἀθετεῖ

ΚΥ'ΩΝ 2965

Mt 7 6 μὴ δῶτε τὸ ἅγιον τ. κυσίν
Lu 16 21 κ. οἱ κύνες ἐρχόμενοι ἐπέλειχον τὰ ἕλκη αὐτοῦ
Phl 3 2 βλέπετε τ. κύνας
II Pe 2 22 κύων ἐπιστρέψας ἐπὶ τὸ ἴδιον ἐξέραμα
כֶּלֶב שָׁב עַל־קֵאוֹ, Pr. xxvi. 11
Re 22 15 ἔξω οἱ κύνες κ. οἱ φαρμακοὶ κ. οἱ πόρνοι

ΚΩ͂ΛΟΝ 2966

He 3 17 ὧν τὰ κῶλα ἔπεσεν ἐν τῇ ἐρήμῳ

ΚΩΛΥ'Ω 2967

Mt 19 14 μὴ κωλύετε αὐτὰ ἐλθεῖν πρός με
Mk 9 38 ἐκωλύομεν αὐτὸν ὅτι οὐκ ἠκολούθει ἡμῖν.
39 ὁ δὲ Ἰησοῦς εἶπεν Μὴ κωλύετε αὐτόν
10 14 ἄφετε τὰ παιδία ἔρχεσθαι πρός με μὴ κωλύετε αὐτά
Lu 6 29 τ. χιτῶνα μὴ κωλύσῃς
9 49 ἐκωλύομεν αὐτὸν ὅτι οὐκ ἀκολουθεῖ μεθ' ἡμῶν.
ἐκωλύσαμεν, T
50 εἶπεν δὲ πρὸς αὐτὸν Ἰησοῦς Μὴ κωλύετε
11 52 τ. εἰσερχομένους ἐκωλύσατε
18 16 ἄφετε τὰ παιδία ἔρχεσθαι πρός με κ. μὴ κωλύετε αὐτά
23 2 κωλύοντα φόρους Καίσαρι διδόναι
Ac 8 36 ἰδοὺ ὕδωρ· τί κωλύει με βαπτισθῆναι;
10 47 μήτι τὸ ὕδωρ δύναται κωλῦσαί τις
11 17 ἐγὼ τίς ἤμην δυνατὸς κωλῦσαι τ. Θεόν;
16 6 κωλυθέντες ὑπὸ τ. ἁγίου πνεύματος λαλῆσαι τ. λόγον ἐν τ. Ἀσίᾳ
24 23 μηδένα κωλύειν τ. ἰδίων αὐτοῦ ὑπηρετεῖν αὐτῷ
27 43 ἐκώλυσεν αὐτοὺς τ. βουλήματος
Ro 1 13 ἐκωλύθην ἄχρι τοῦ δεῦρο
I Co 14 39 τὸ λαλεῖν μὴ κωλύετε γλώσσαις
I Th 2 16 κωλυόντων ἡμᾶς τ. ἔθνεσιν λαλῆσαι
I Ti 4 3 κωλυόντων γαμεῖν ἀπέχεσθαι βρωμάτων
He 7 23 διὰ τὸ θανάτῳ κωλύεσθαι παραμένειν
II Pe 2 16 ὑποζύγιον ἄφωνον . . . ἐκώλυσεν τὴν τ. προφήτου παραφρονίαν
III Jo 10 τ. βουλομένους κωλύει

ΚΩ'ΜΗ 2968

(1) c. nom. propr.

Mt 9 35 περιῆγεν ὁ Ἰησοῦς τ. πόλεις πάσας κ. τ. κώμας
10 11 εἰς ἣν δ' ἂν πόλιν ἢ κώμην εἰσέλθητε
14 15 ἵνα ἀπελθόντες εἰς τ. κώμας ἀγοράσωσιν ἑαυτοῖς βρώματα
21 2 πορεύεσθε εἰς τ. κώμην τὴν κατέναντι ὑμῶν
Mk 6 6 περιῆγεν τ. κώμας κύκλῳ διδάσκων
36 ἵνα ἀπελθόντες εἰς τοὺς κύκλῳ ἀγροὺς κ. κώμας ἀγοράσωσιν ἑαυτοῖς
56 ὅπου ἂν εἰσεπορεύετο εἰς κώμας ἢ εἰς πόλεις ἢ εἰς ἀγρούς
8 23 ἐξήνεγκεν αὐτὸν ἔξω τ. κώμης
26 μηδὲ εἰς τ. κώμην εἰσέλθῃς
μηδενὶ εἴπῃς εἰς τ. κώμην, WH mg.
27 [1] ἐξῆλθεν ὁ Ἰησοῦς . . . εἰς τ. κώμας Καισαρίας τῆς Φιλίππου
11 2 ὑπάγετε εἰς τ. κώμην τ. κατέναντι ὑμῶν
Lu 5 17 [1] οἳ ἦσαν ἐληλυθότες ἐκ πάσης κώμης τ. Γαλιλαίας
8 1 αὐτὸς διώδευεν κατὰ πόλιν κ. κώμην
9 6 ἐξερχόμενοι δὲ διήρχοντο κατὰ τ. κώμας
12 ἵνα πορευθέντες εἰς τὰς κύκλῳ κώμας κ. ἀγροὺς καταλύσωσιν
52 [1] πορευθέντες εἰσῆλθον εἰς κώμην Σαμαρειτῶν
πόλιν Σαμαριτῶν, T
56 ἐπορεύθησαν εἰς ἑτέραν κώμην
10 38 αὐτὸς εἰσῆλθεν εἰς κώμην τινά
13 22 διεπορεύετο κατὰ πόλεις κ. κώμας διδάσκων
17 12 εἰσερχομένου δὲ αὐτοῦ εἴς τινα κώμην
19 30 ὑπάγετε εἰς τὴν κατέναντι κώμην
24 13 εἰς κώμην ἀπέχουσαν σταδίους ἑξήκοντα ἀπὸ Ἰερουσαλήμ
28 ἤγγισαν εἰς τ. κώμην οὗ ἐπορεύοντο
Jo 7 42 [1] ἀπὸ Βηθλεὲμ τ. κώμης ὅπου ἦν Δαυείδ

Jo 11 1 [1] ἀπὸ Βηθανίας ἐκ τ. κώμης Μαρίας κ. Μάρθας
30 οὔπω δὲ ἐληλύθει ὁ Ἰησοῦς εἰς τ. κώμην
Ac 8 25 [1] πολλάς τε κώμας τ. Σαμαρειτῶν εὐηγγελίζοντο

ΚΩΜΟ´ΠΟΛΙΣ* 2969

Mk 1 38 ἄγωμεν ἀλλαχοῦ εἰς τ. ἐχομένας κωμοπόλεις

ΚΩ͂ΜΟΣ** 2970

Ro 13 13 μὴ κώμοις κ. μέθαις
Ga 5 21 φθόνοι μέθαι κῶμοι κ. τὰ ὅμοια τούτοις
I Pe 4 3 πεπορευμένους ἐν ἀσελγείαις . . . κώμοις πότοις

ΚΩ´ΝΩΨ* 2971

Mt 23 24 ὁδηγοὶ τυφλοὶ διυλίζοντες τ. κώνωπα

ΚΩ͂Σ 2972

Ac 21 1 εὐθυδρομήσαντες ἤλθομεν εἰς τὴν Κῶ

ΚΩΣΑ´Μ 2973

Lu 3 28 τοῦ Ἀδδεὶ τοῦ Κωσὰμ τοῦ Ἐλμαδάμ

ΚΩΦΟ´Σ 2974

Mt 9 32 προσήνεγκαν αὐτῷ κωφὸν δαιμονιζόμενον·
33 κ. ἐκβληθέντος τ. δαιμονίου ἐλάλησεν ὁ κωφός
11 5 λεπροὶ καθαρίζονται κ. κωφοὶ ἀκούουσιν
12 22 τότε προσήνεγκαν αὐτῷ δαιμονιζόμενον τυφλὸν κ. κωφόν
τ. προσηνέχθη αὐτ. δαιμονιζόμενος τυφλὸς κ. κωφός, TWH mg. R
22 ὥστε τ. κωφὸν λαλεῖν κ. βλέπειν
15 30 ἔχοντες μεθ' ἑαυτῶν . . . κυλλοὺς τυφλοὺς κωφοὺς
τυφλ. κωφ. κυλλ., TR
31 ὥστε τ. ὄχλον θαυμάσαι βλέποντας κωφοὺς λαλοῦντας
Mk 7 32 φέρουσιν αὐτῷ κωφὸν κ. μογιλάλον
37 τ. κωφοὺς ποιεῖ ἀκούειν κ. ἀλάλους λαλεῖν
9 25 τὸ ἄλαλον κ. κωφὸν πνεῦμα ἐγὼ ἐπιτάσσω σοι
Lu 1 22 ἦν διανεύων αὐτοῖς κ. διέμενεν κωφός
7 22 λεπροὶ καθαρίζονται κ. κωφοὶ ἀκούουσιν
11 14 ἦν ἐκβάλλων δαιμόνιον κωφόν·
δαιμ. κ. αὐτὸ ἦν κ., T
ἐγένετο δὲ τ. δαιμονίου ἐξελθόντος ἐλάλησεν ὁ κωφός

Λ

ΛΑΓΧΑ´ΝΩ 2975

Lu 1 9 ἔλαχεν τοῦ θυμιᾶσαι εἰσελθὼν εἰς τ. ναόν
Jo 19 24 λάχωμεν περὶ αὐτοῦ τίνος ἔσται
Ac 1 17 ἔλαχεν τ. κλῆρον τ. διακονίας ταύτης
II Pe 1 1 Σίμων Πέτρος . . . τοῖς ἰσότιμον ἡμῖν λαχοῦσιν πίστιν

ΛΑ´ΖΑΡΟΣ 2976

Lu 16 20 πτωχὸς δέ τις ὀνόματι Λάζαρος
23 ὁρᾷ . . . Λάζαρον ἐν τ. κόλποις αὐτοῦ
24 ἐλέησόν με κ. πέμψον Λάζαρον
25 κ. Λάζαρος ὁμοίως τὰ κακά
Jo 11 1 ἦν δέ τις ἀσθενῶν Λάζαρος ἀπὸ Βηθανίας
2 ἧς ὁ ἀδελφὸς Λάζαρος ἠσθένει
5 ἠγάπα δὲ ὁ Ἰησοῦς τ. Μάρθαν . . . κ. τ. Λάζαρον
11 Λάζαρος ὁ φίλος ἡμῶν κεκοίμηται
14 εἶπεν αὐτοῖς ὁ Ἰησοῦς παρρησίᾳ Λάζαρος ἀπέθανεν
43 φωνῇ μεγάλῃ ἐκραύγασεν Λάζαρε δεῦρο ἔξω
12 1 ὅπου ἦν Λάζαρος ὃν ἤγειρεν ἐκ νεκρῶν
2 ὁ δὲ Λάζαρος εἷς ἦν ἐκ τ. ἀνακειμένων σὺν αὐτῷ
9 ἀλλ' ἵνα κ. τ. Λάζαρον ἴδωσιν
10 ἵνα κ. τ. Λάζαρον ἀποκτείνωσιν
17 ὅτε τ. Λάζαρον ἐφώνησεν ἐκ τ. μνημείου

ΛΑ´ΘΡΑ 2977
λάθρα, T

Mt 1 19 ἐβουλήθη λάθρᾳ ἀπολῦσαι αὐτήν
2 7 τότε Ἡρῴδης λάθρᾳ καλέσας τ. μάγους
Mk 5 33 τρέμουσα διὸ πεποιήκει λάθρᾳ
—δ. πεπ. λάθρ., TWH non mg. R
Jo 11 28 ἐφώνησεν Μαριὰμ τ. ἀδελφὴν αὐτῆς λάθρᾳ
Ac 16 37 νῦν λάθρᾳ ἡμᾶς ἐκβάλλουσιν;

ΛΑΙ͂ΛΑΨ 2978

Mk 4 37 γίνεται λαῖλαψ μεγάλη ἀνέμου
Lu 8 23 κατέβη λαῖλαψ ἀνέμου εἰς τ. λίμνην
II Pe 2 17 ὁμίχλαι ὑπὸ λαίλαπος ἐλαυνόμεναι

ΛΑΚΑ´Ω -Ε´Ω* 2978.5

Ac 1 18 καὶ πρηνὴς γενόμενος ἐλάκησεν μέσος

ΛΑΚΤΙ´ΖΩ* 2979

Ac 26 14 σκληρόν σοι πρὸς κέντρα λακτίζειν

ΛΑΛΕ´Ω 2980

(1) c. acc. rei (2) seq. διά, ὑπό (3) seq. ἀπό, ἐκ, παρά (4) seq. μετά, πρός (5) seq. εἰς (6) στόμα πρὸς στ. λαλ.

Mt 9 18 ταῦτα αὐτοῦ λαλοῦντος αὐτοῖς
33 ἐκβληθέντος τ. δαιμονίου ἐλάλησεν ὁ κωφός
10 19 [1] μὴ μεριμνήσητε πῶς ἢ τί λαλήσητε·
[1] δοθήσεται γὰρ ὑμῖν ἐν ἐκείνῃ τ. ὥρᾳ τί λαλήσητε·
20 οὐ γὰρ ὑμεῖς ἐστὲ οἱ λαλοῦντες,
ἀλλὰ τὸ πνεῦμα τ. πατρὸς ὑμῶν τὸ λαλοῦν ἐν ὑμῖν
12 22 ὥστε τ. κωφὸν λαλεῖν κ. βλέπειν
34 [1] πῶς δύνασθε ἀγαθὰ λαλεῖν πονηροὶ ὄντες;
[3] ἐκ γὰρ τ. περισσεύματος τ. καρδίας τὸ στόμα λαλεῖ
36 [1] πᾶν ῥῆμα ἀργὸν ὃ λαλήσουσιν οἱ ἄνθρωποι
46 ἔτι αὐτοῦ λαλοῦντος τ. ὄχλοις
46 εἱστήκεισαν ἔξω ζητοῦντες αὐτῷ λαλῆσαι
47 ἔξω ἑστήκασιν ζητοῦντές σοι λαλῆσαι
—h. v., [T] WH non mg. R mg.
13 3 [1] ἐλάλησεν αὐτοῖς πολλὰ ἐν παραβολαῖς
10 διὰ τί ἐν παραβολαῖς λαλεῖς αὐτοῖς;
13 διὰ τοῦτο ἐν παραβολαῖς αὐτοῖς λαλῶ

Mt 13 33 [1] ἄλλην παραβολὴν ἐλάλησεν **αὐτοῖς**
ἐλάλ. αὐτ., [WH]
34 [1] ταῦτα πάντα ἐλάλησεν **ὁ** Ἰησοῦς **ἐν**
παραβολαῖς τ. ὄχλοις,
[1] κ. χωρὶς παραβολῆς οὐδὲν ἐλάλει **αὐτοῖς**
14 27 εὐθὺς δὲ ἐλάλησεν ὁ Ἰησοῦς αὐτοῖς
15 31 βλέποντας κωφοὺς λαλοῦντας
ἀκούοντας, WH marg.
17 5 ἔτι αὐτοῦ λαλοῦντος
23 1 τότε ὁ Ἰησοῦς ἐλάλησεν τ. **ὄχλοις κ. τ.**
μαθηταῖς αὐτοῦ
26 13 λαληθήσεται κ. ὃ ἐποίησεν **αὕτη εἰς μνη-**
μόσυνον αὐτῆς
47 ἔτι αὐτοῦ λαλοῦντος
28 18 προσελθὼν ὁ Ἰησοῦς ἐλάλησεν **αὐτοῖς**
Mk 1 34 οὐκ ἤφιεν λαλεῖν τὰ δαιμόνια
2 2 [1] ἐλάλει αὐτοῖς τ. λόγον
7 τί οὗτος οὕτως λαλεῖ; βλασφημεῖ
4 33 [1] τοιαύταις παραβολαῖς πολλαῖς **ἐλάλει**
αὐτοῖς τ. λόγον
34 χωρὶς δὲ παραβολῆς **οὐκ ἐλάλει αὐτοῖς**
5 35 ἔτι αὐτοῦ λαλοῦντος
36 ὁ δὲ Ἰησοῦς παρακούσας τ. λόγον λαλούμενον
6 50 [4] ὁ δὲ εὐθὺς ἐλάλησεν μετ' αὐτῶν
7 35 κ. ἐλάλει ὀρθῶς
37 τ. κωφοὺς ποιεῖ ἀκούειν κ. **ἀλάλους λαλεῖν**
8 32 [1] παρρησίᾳ τ. λόγον ἐλάλει
11 23 [1] ὃς ἂν . . . πιστεύῃ ὅτι ὃ λαλεῖ γίνεται
12 1 ἤρξατο αὐτοῖς ἐν παραβολαῖς λαλεῖν
13 11 [1] μὴ προμεριμνᾶτε τί λαλήσητε·
[1] ἀλλ' ὃ ἐὰν δοθῇ ὑμῖν . . . τοῦτο λαλεῖτε·
οὐ γάρ ἐστε ὑμεῖς οἱ λαλοῦντες
14 9 ὃ ἐποίησεν αὕτη λαληθήσεται **εἰς μνημό-**
σύνον αὐτῆς
31 ὁ δὲ ἐκπερισσῶς **ἐλάλει**
43 εὐθὺς ἔτι αὐτοῦ **λαλοῦντος**
16 [17 γλώσσαις λαλήσουσιν
+καιναῖς, TWH mg. R non **mg.**
[19 ὁ μὲν οὖν Κύριος Ἰησοῦς μετὰ τὸ **λαλῆσαι**
αὐτοῖς ἀνελήμφθη
Lu 1 19 [4] ἀπεστάλην λαλῆσαι πρός σε
20 ἔσῃ σιωπῶν κ. μὴ δυνάμενος λαλῆσαι
22 ἐξελθὼν δὲ οὐκ ἐδύνατο λαλῆσαι αὐτοῖς
45 [3] ἔσται τελείωσις τ. λελαλημένοις **αὐτῇ**
παρὰ Κυρίου
55 [4] καθὼς ἐλάλησεν **πρὸς τ. πατέρας** ἡμῶν
64 ἐλάλει εὐλογῶν τ. Θεόν
70 [2] καθὼς ἐλάλησεν διὰ στόματος **τ. ἁγίων**
. . . προφητῶν αὐτοῦ
2 15 [4] οἱ ποιμένες ἐλάλουν πρὸς ἀλλήλους
17 ἐγνώρισαν περὶ τ. ῥήματος τ. λαληθέντος
αὐτοῖς
18 [2] ἐθαύμασαν περὶ τ. λαληθέντων **ὑπὸ** τ.
ποιμένων πρὸς αὐτούς
20 [4] καθὼς ἐλαλήθη πρὸς αὐτούς
33 θαυμάζοντες ἐπὶ τ. λαλουμένοις **περὶ** αὐτοῦ
38 ἐλάλει περὶ αὐτοῦ πᾶσι τ. προσδεχομένοις
λύτρωσιν Ἱερουσαλήμ
50 [1] αὐτοὶ οὐ συνῆκαν τὸ ῥῆμα ὃ ἐλάλησεν **αὐτοῖς**
4 41 ἐπιτιμῶν οὐκ εἴα αὐτὰ λαλεῖν
5 4 ὡς δὲ ἐπαύσατο λαλῶν
21 [1] τίς ἐστιν οὗτος ὃς λαλεῖ βλασφημίας;
6 45 [3] ἐκ γὰρ περισσεύματος καρδίας λαλεῖ τὸ
στόμα αὐτοῦ
7 15 ἀνεκάθισεν ὁ **νεκρὸς κ.** ἤρξατο λαλεῖν
8 49 ἔτι αὐτοῦ λαλοῦντος

Lu 9 11 ἐλάλει αὐτοῖς περὶ τ. βασιλείας τ. Θεοῦ
11 14 τ. δαιμονίου ἐξελθόντος ἐλάλησεν ὁ **κωφός**
37 ἐν δὲ τῷ λαλῆσαι ἐρωτᾷ αὐτὸν **Φαρισαῖος**
12 3 [1] ὃ πρὸς τὸ οὖς ἐλαλήσατε ἐν τ. **ταμείοις**
22 47 ἔτι αὐτοῦ λαλοῦντος
60 παραχρῆμα ἔτι λαλοῦντος αὐτοῦ
24 6 μνήσθητε ὡς ἐλάλησεν ὑμῖν
25 [1] πιστεύειν ἐπὶ πᾶσιν οἷς **ἐλάλησαν οἱ**
προφῆται
32 ὡς ἐλάλει ἡμῖν ἐν τῇ ὁδῷ
36 [1] ταῦτα δὲ αὐτῶν λαλούντων
44 [1] οὗτοι οἱ λόγοι μου οὓς ἐλάλησα πρὸς **ὑμᾶς**
Jo 1 37 ἤκουσαν οἱ δύο μαθηταὶ αὐτοῦ **λαλοῦντος**
3 11 [1] ὅτι ὃ οἴδαμεν λαλοῦμεν
31 [3] ἐκ τ. γῆς ἐστὶν κ. ἐκ τ. γῆς **λαλεῖ**
34 [1] τὰ ῥήματα τ. Θεοῦ λαλεῖ
4 26 ἐγώ εἰμι **ὁ** λαλῶν σοι
27 [4] ἐθαύμαζον ὅτι μετὰ γυναικὸς ἐλάλει
27 [4] ἢ Τί λαλεῖς μετ' αὐτῆς;
6 63 [1] τὰ ῥήματα ἃ ἐγὼ λελάληκα ὑμῖν
7 13 οὐδεὶς μέντοι παρρησίᾳ ἐλάλει **περὶ αὐτοῦ**
17 [3] ἢ ἐγὼ ἀπ' ἐμαυτοῦ λαλῶ.
18 [3] ὁ ἀφ' ἑαυτοῦ λαλῶν
26 ἴδε παρρησίᾳ λαλεῖ
46 οὐδέποτε ἐλάλησεν οὕτως ἄνθρωπος,
ὡς οὗτος λαλεῖ ὁ ἄνθρωπος
—h. v., WHR
8 12 πάλιν οὖν αὐτοῖς ἐλάλησεν ὁ Ἰησοῦς
20 [1] ταῦτα τὰ ῥήματα ἐλάλησεν ἐν τ. **γαζο-**
φυλακίῳ
25 τὴν ἀρχὴν ὅτι κ. λαλῶ ὑμῖν
26 [1] πολλὰ ἔχω περὶ ὑμῶν λαλεῖν **κ. κρίνειν**
26 [1] [5] ταῦτα λαλῶ εἰς τ. κόσμον
28 [1] καθὼς ἐδίδαξέν με ὁ πατὴρ **ταῦτα λαλῶ**
30 [1] ταῦτα αὐτοῦ λαλοῦντος πολλοὶ ἐπίστευσαν
38 [1] ἃ ἐγὼ ἑώρακα παρὰ τ. πατρὶ λαλῶ
40 [1] ἄνθρωπον ὃς τ. ἀλήθειαν ὑμῖν λελάληκα
44 [1] ὅταν λαλῇ τὸ ψεῦδος ἐκ **τ. ἰδίων** λαλεῖ
9 21 αὐτὸς περὶ ἑαυτοῦ λαλήσει
29 ἡμεῖς οἴδαμεν ὅτι Μωυσεῖ λελάληκεν **ὁ Θεός**
37 [4] ὁ λαλῶν μετὰ σοῦ ἐκεῖνός ἐστιν
10 6 [1] οὐκ ἔγνωσαν τίνα ἦν ἃ ἐλάλει **αὐτοῖς**
12 29 ἄλλοι ἔλεγον Ἄγγελος αὐτῷ **λελάληκεν**
36 [1] ταῦτα ἐλάλησεν Ἰησοῦς
41 ὅτι . . . ἐλάλησεν περὶ αὐτοῦ
48 [1] ὁ λόγος ὃν ἐλάλησα ἐκεῖνος κρινεῖ **αὐτόν**
49 [3] ὅτι ἐγὼ ἐξ ἐμαυτοῦ οὐκ ἐλάλησα
49 [1] ἐντολὴν δέδωκεν τί εἴπω κ. τί λαλήσω
50 [1] ἃ οὖν ἐγὼ λαλῶ,
καθὼς εἴρηκέν μοι ὁ πατὴρ οὕτως λαλῶ
14 10 [3] ἀπ' ἐμαυτοῦ οὐ λαλῶ
25 [1] ταῦτα λελάληκα ὑμῖν παρ' ὑμῖν μένων
30 [1] [4] οὐκέτι πολλὰ λαλήσω μεθ' ὑμῶν
15 3 [1] καθαροί ἐστε διὰ τ. λόγον ὃν λελάληκα
ὑμῖν
11 [1] ταῦτα λελάληκα ὑμῖν ἵνα ἡ χαρὰ ἡ **ἐμὴ**
ἐν ὑμῖν ᾖ
22 εἰ μὴ ἦλθον κ. ἐλάλησα αὐτοῖς
16 1 [1] ταῦτα λελάληκα ὑμῖν **ἵνα** μὴ **σκανδα-**
λισθῆτε
4 [1] ταῦτα λελάληκα ὑμῖν ἵνα . . . μνημονεύητε
6 [1] ὅτι ταῦτα λελάληκα ὑμῖν
13 [3] οὐ γὰρ λαλήσει ἀφ' ἑαυτοῦ,
ἀλλ' ὅσα ἀκούει λαλήσει
18 [1] ἔλεγον οὖν . . . οὐκ οἴδαμεν **τί λαλεῖ**
τί λαλ., [WH]

Jo 16 25 [1] ταῦτα ἐν παροιμίαις λελάληκα ὑμῖν· ἔρχεται ὥρα ὅτε οὐκέτι ἐν παροιμίαις λαλήσω ὑμῖν
29 ἴδε νῦν ἐν παρρησίᾳ λαλεῖς
33 [1] ταῦτα λελάληκα ὑμῖν ἵνα ἐν ἐμοὶ εἰρήνην ἔχητε
17 1 [1] ταῦτα ἐλάλησεν Ἰησοῦς
13 [1] ταῦτα λαλῶ ἐν τ. κόσμῳ
18 20 ἐγὼ παρρησίᾳ λελάληκα τ. κόσμῳ
20 [1] ἐν κρυπτῷ ἐλάλησα οὐδέν
21 [1] ἐρώτησον τ. ἀκηκοότας τί ἐλάλησα αὐτοῖς
23 εἰ κακῶς ἐλάλησα μαρτύρησον περὶ τ. κακοῦ
19 10 λέγει οὖν αὐτῷ ὁ Πειλᾶτος Ἐμοὶ οὐ λαλεῖς;
Ac 2 4 ἤρξαντο λαλεῖν ἑτέραις γλώσσαις
6 ἤκουσεν εἷς ἕκαστος τ. ἰδίᾳ διαλέκτῳ λαλούντων αὐτῶν
7 οὐχὶ ἰδοὺ πάντες οὗτοί εἰσιν οἱ λαλοῦντες Γαλιλαῖοι;
11 [1] ἀκούομεν λαλούντων αὐτῶν τ. ἡμετέραις γλώσσαις τὰ μεγαλεῖα τ. Θεοῦ
31 ἐλάλησεν περὶ τ. ἀναστάσεως τ. Χριστοῦ
3 21 [1 2] ὧν ἐλάλησεν ὁ Θεὸς διὰ στόματος τ. ἁγίων . . . προφητῶν
22 [1] κατὰ πάντα ὅσα ἂν λαλήσῃ πρὸς ὑμᾶς
כְּכֹל אֲשֶׁר שָׁאַלְתָּ מֵעִם יְהוָה אֱלֹהֶיךָ, Dt. xviii. 16
24 πάντες δὲ οἱ προφῆται . . ὅσοι ἐλάλησαν
4 1 [4] λαλούντων δὲ αὐτῶν πρὸς τ. λαόν
17 μηκέτι λαλεῖν ἐπὶ τ. ὀνόματι τούτῳ μηδενὶ ἀνθρώπων
20 οὐ δυνάμεθα . . . ἃ εἴδαμεν κ. ἠκούσαμεν μὴ λαλεῖν
29 [1] μετὰ παρρησίας πάσης λαλεῖν τ. λόγον σου
31 [1] ἐλάλουν τ. λόγον τ. Θεοῦ μετὰ παρρησίας
5 20 σταθέντες λαλεῖτε ἐν τ. ἱερῷ τ. λαῷ
40 παρήγγειλαν μὴ λαλεῖν ἐπὶ τ. ὀνόματι τοῦ Ἰησοῦ
6 10 οὐκ ἴσχυον ἀντιστῆναι . . . τ. πνεύματι ᾧ ἐλάλει
11 [1] ἀκηκόαμεν αὐτοῦ λαλοῦντος ῥήματα βλάσφημα
13 [1] οὐ παύεται λαλῶν ῥήματα κατὰ τ. τόπου τ. ἁγίου τούτου
7 6 ἐλάλησεν δὲ οὕτως ὁ Θεός
38 μετὰ τ. ἀγγέλου τ. λαλοῦντος αὐτῷ ἐν τ. ὄρει Σινά
44 καθὼς διετάξατο ὁ λαλῶν τ. Μωυσῇ
8 25 [1] οἱ μὲν οὖν . . . λαλήσαντες τ. λόγον τ. Κυρίου
26 [4] ἄγγελος δὲ Κυρίου ἐλάλησεν πρὸς Φίλιππον
9 6 λαληθήσεταί σοι ὅτι σε δεῖ ποιεῖν
27 κ. ὅτι ἐλάλησεν αὐτῷ
29 ἐλάλει τε κ. συνεζήτει πρὸς τ. Ἑλληνιστάς
10 7 ὡς δὲ ἀπῆλθεν ὁ ἄγγελος ὁ λαλῶν αὐτῷ
44 [1] ἔτι λαλοῦντος τ. Πέτρου τὰ ῥήματα ταῦτα
46 ἤκουον γὰρ αὐτῶν λαλούντων γλώσσαις
11 14 [1 4] ὃς λαλήσει ῥήματα πρός σε
15 ἐν δὲ τῷ ἄρξασθαί με λαλεῖν
19 [1] μηδενὶ λαλοῦντες τ. λόγον εἰ μὴ μόνον Ἰουδαίοις
20 [4] ἐλάλουν κ. πρὸς τ. Ἑλληνιστάς
13 42 εἰς τὸ μεταξὺ σάββατον λαληθῆναι αὐτοῖς τὰ ῥήματα ταῦτα

Ac 13 45 [2] ἀντέλεγον τοῖς ὑπὸ Παύλου λαλουμένοις
46 ὑμῖν ἦν ἀναγκαῖον πρῶτον λαληθῆναι τ. λόγον τ. Θεοῦ
14 1 λαλῆσαι οὕτως ὥστε πιστεῦσαι . . . πολὺ πλῆθος
9 οὗτος ἤκουεν τ. Παύλου λαλοῦντος
25 [1] λαλήσαντες ἐν Πέργῃ τ. λόγον
16 6 [1] κωλυθέντες ὑπὸ τ. ἁγίου πνεύματος λαλῆσαι τ. λόγον ἐν τ. Ἀσίᾳ
13 καθίσαντες ἐλαλοῦμεν τ. συνελθούσαις γυναιξίν
14 [2] προσέχειν τ. λαλουμένοις ὑπὸ Παύλου
32 [1] ἐλάλησαν αὐτῷ τ. λόγον τ. Θεοῦ
17 19 [2] τίς ἡ καινὴ αὕτη ἡ ὑπὸ σοῦ λαλουμένη διδαχή;
18 9 λάλει κ. μὴ σιωπήσῃς
25 ἐλάλει κ. ἐδίδασκεν ἀκριβῶς τὰ περὶ τ. Ἰησοῦ
19 6 ἐλάλουν τε γλώσσαις κ. ἐπροφήτευον
20 30 [1] ἀναστήσονται ἄνδρες λαλοῦντες διεστραμμένα
21 39 [4] ἐπίτρεψόν μοι λαλῆσαι πρὸς τ. λαόν
22 9 τ. δὲ φωνὴν οὐκ ἤκουσαν τ. λαλοῦντός μοι
10 κἀκεῖ σοὶ λαληθήσεται περὶ πάντων
23 7 τοῦτο δὲ αὐτοῦ λαλοῦντος
λαλήσαντος, T; εἰπόντος, WH mg. R
9 εἰ δὲ πνεῦμα ἐλάλησεν αὐτῷ ἢ ἄγγελος
18 [1] ἔχοντά τι λαλῆσαί σοι
26 22 [1] ὧν τε οἱ προφῆται ἐλάλησαν μελλόντων γίνεσθαι
26 [4] πρὸς ὃν παρρησιαζόμενος λαλῶ
31 [4] ἀναχωρήσαντες ἐλάλουν πρὸς ἀλλήλους
27 25 οὕτως ἔσται καθ᾽ ὃν τρόπον λελάληταί μοι
28 21 [1] οὔτε παραγενόμενός τις . . . ἐλάλησέν τι περὶ σοῦ πονηρόν
25 [2] καλῶς τὸ πνεῦμα τὸ ἅγιον ἐλάλησεν διὰ Ἠσαίου τ. προφήτου
Ro 3 19 ὅσα ὁ νόμος λέγει τοῖς ἐν τ. νόμῳ λαλεῖ
7 1 γινώσκουσιν γὰρ νόμον λαλῶ
15 18 [1] οὐ γὰρ τολμήσω τι λαλεῖν ὧν οὐ κατειργάσατο
1 Co 2 6 [1] σοφίαν δὲ λαλοῦμεν ἐν τ. τελείοις
7 [1] ἀλλὰ λαλοῦμεν Θεοῦ σοφίαν ἐν μυστηρίῳ
13 [1] ἃ κ. λαλοῦμεν
3 1 οὐκ ἠδυνήθην λαλῆσαι ὑμῖν ὡς πνευματικοῖς
9 8 [1] μὴ κατὰ ἄνθρωπον ταῦτα λαλῶ;
12 3 οὐδεὶς ἐν πνεύματι Θεοῦ λαλῶν λέγει Ἀνάθεμα Ἰησοῦς
30 μὴ πάντες γλώσσαις λαλοῦσιν;
13 1 ἐὰν τ. γλώσσαις τ. ἀνθρώπων λαλῶ
11 ὅτε ἤμην νήπιος ἐλάλουν ὡς νήπιος
14 2 ὁ γὰρ λαλῶν γλώσσῃ οὐκ ἀνθρώποις λαλεῖ
2 [1] πνεύματι δὲ λαλεῖ μυστήρια·
3 [1] ὁ δὲ προφητεύων ἀνθρώποις λαλεῖ οἰκοδομήν
4 ὁ λαλῶν γλώσσῃ ἑαυτὸν οἰκοδομεῖ
5 θέλω δὲ πάντας ὑμᾶς λαλεῖν γλώσσαις
5 μείζων δὲ ὁ προφητεύων ἢ ὁ λαλῶν γλώσσαις
6 ἐὰν ἔλθω πρὸς ὑμᾶς γλώσσαις λαλῶν
6 ἐὰν μὴ ὑμῖν λαλήσω ἢ ἐν ἀποκαλύψει
9 πῶς γνωσθήσεται τὸ λαλούμενον;
[5] ἔσεσθε γὰρ εἰς ἀέρα λαλοῦντες
11 ἔσομαι τ. λαλοῦντι βάρβαρος·
κ. ὁ λαλῶν ἐν ἐμοὶ βάρβαρος
13 διὸ ὁ λαλῶν γλώσσῃ προσευχέσθω ἵνα διερμηνεύῃ

1Co14 18 πάντων ὑμῶν μᾶλλον γλώσσαις λαλῶ·
19 [1] ἀλλὰ ἐν ἐκκλησίᾳ θέλω πέντε λόγους τῷ νοΐ μου λαλῆσαι
21 ἐν ἑτερογλώσσοις κ. ἐν χείλεσιν ἑτέρων λαλήσω τῷ λαῷ τούτῳ
בְּלַעֲגֵי שָׂפָה וּבְלָשׁוֹן אַחֶרֶת יְדַבֵּר אֶל־הָעָם הַזֶּה, Is. xxviii. 11
23 ἐὰν . . . πάντες λαλῶσιν γλώσσαις
27 εἴτε γλώσσῃ τις λαλεῖ
28 ἑαυτῷ δὲ λαλείτω κ. τ. Θεῷ.
29 προφῆται δὲ δύο ἢ τρεῖς λαλείτωσαν
34 οὐ γὰρ ἐπιτρέπεται αὐταῖς λαλεῖν
35 αἰσχρὸν γάρ ἐστιν γυναικὶ λαλεῖν ἐν ἐκκλησίᾳ
39 τὸ λαλεῖν μὴ κωλύετε γλώσσαις
15 34 [4] πρὸς ἐντροπὴν ὑμῖν λαλῶ
IICo2 17 κατέναντι Θεοῦ ἐν Χριστῷ λαλοῦμεν
4 13 κατὰ τὸ γεγραμμένον Ἐπίστευσα διὸ ἐλάλησα,
הֶאֱמַנְתִּי כִּי אֲדַבֵּר, Ps. cxvi. 10
κ. ἡμεῖς πιστεύομεν διὸ κ. λαλοῦμεν
7 14 [1] ὡς πάντα ἐν ἀληθείᾳ ἐλαλήσαμεν ὑμῖν
11 17 [1] ὃ λαλῶ οὐ κατὰ Κύριον λαλῶ
23 παραφρονῶν λαλῶ ὑπερ ἐγώ
12 4 [1] ἃ οὐκ ἐξὸν ἀνθρώπῳ λαλῆσαι
19 κατέναντι Θεοῦ ἐν Χριστῷ λαλοῦμεν
13 3 ἐπεὶ δοκιμὴν ζητεῖτε τοῦ ἐν ἐμοὶ λαλοῦντος Χριστοῦ
Eph 4 25 [1] λαλεῖτε ἀλήθειαν ἕκαστος μετὰ τοῦ πλησίον αὐτοῦ
5 19 λαλοῦντες ἑαυτοῖς ψαλμοῖς κ. ὕμνοις κ. ᾠδαῖς πνευματικαῖς
6 20 ὡς δεῖ με λαλῆσαι
Phl 1 14 [1] περισσοτέρως τολμᾶν ἀφόβως τ. λόγον τ. Θεοῦ λαλεῖν
Col 4 3 [1] λαλῆσαι τὸ μυστήριον τ. Χριστοῦ
4 ὡς δεῖ με λαλῆσαι
1Th 1 8 [1] ὥστε μὴ χρείαν ἔχειν ἡμᾶς λαλεῖν τι
2 2 [1] [4] λαλῆσαι πρὸς ὑμᾶς τὸ εὐαγγέλιον τ. Θεοῦ ἐν πολλῷ ἀγῶνι
4 οὕτως λαλοῦμεν οὐχ ὡς ἀνθρώποις ἀρέσκοντες
16 κωλυόντων ἡμᾶς τ. ἔθνεσιν λαλῆσαι ἵνα σωθῶσιν
1Ti 5 13 [1] λαλοῦσαι τὰ μὴ δέοντα
Tit 2 1 [1] σὺ δὲ λάλει ἃ πρέπει τ. ὑγιαινούσῃ διδασκαλίᾳ
15 [1] ταῦτα λάλει κ. παρακάλει
He 1 1 πολυμερῶς κ. πολυτρόπως πάλαι ὁ Θεὸς λαλήσας τ. πατράσιν
2 ἐπ' ἐσχάτου τ. ἡμερῶν τούτων ἐλάλησεν ἡμῖν ἐν υἱῷ
2 2 [2] εἰ γὰρ ὁ δι' ἀγγέλων λαληθεὶς λόγος ἐγένετο βέβαιος
3 [2] ἥτις ἀρχὴν λαβοῦσα λαλεῖσθαι διὰ τ. Κυρίου
5 τ. οἰκουμένην τ. μέλλουσαν περὶ ἧς λαλοῦμεν
3 5 εἰς μαρτύριον τ. λαληθησομένων
4 8 οὐκ ἂν περὶ ἄλλης ἐλάλει μετὰ ταῦτα ἡμέρας
5 5 [4] ἀλλ' ὁ λαλήσας πρὸς αὐτὸν Υἱός μου εἶ σύ
6 9 εἰ κ. οὕτως λαλοῦμεν
7 14 [1] εἰς ἣν φυλὴν περὶ ἱερέων οὐδὲν Μωυσῆς ἐλάλησει

He 9 19 [2] λαληθείσης γὰρ πάσης ἐντολῆς κατὰ τ. νόμον ὑπὸ Μωυσέως
11 4 [2] δι' αὐτῆς ἀποθανὼν ἔτι λαλεῖ
18 [4] πρὸς ὃν ἐλαλήθη
12 24 αἵματι ῥαντισμοῦ κρεῖττον λαλοῦντι παρὰ τὸν Ἄβελ.
25 βλέπετε μὴ παραιτήσησθε τ. λαλοῦντα
13 7 [1] οἵτινες ἐλάλησαν ὑμῖν τ. λόγον τ. Θεοῦ
Ja 1 19 ἔστω δὲ πᾶς ἄνθρωπος . . . βραδὺς εἰς τὸ λαλῆσαι
2 12 οὕτως λαλεῖτε κ. οὕτως ποιεῖτε
5 10 τ. προφήτας οἳ ἐλάλησαν ἐν τ. ὀνόματι Κυρίου
I Pe 3 10 [1] παυσάτω . . . χείλη τοῦ μὴ λαλῆσαι δόλον
נְצֹר . . . שְׂפָתֶיךָ מִדַּבֵּר מִרְמָה, Ps. xxxiv. 14
4 11 εἴ τις λαλεῖ ὡς λόγια Θεοῦ
II Pe 1 21 [3] ὑπὸ πνεύματος ἁγίου φερόμενοι ἐλάλησαν ἀπὸ Θεοῦ ἄνθρωποι
3 16 λαλῶν ἐν αὐταῖς περὶ τούτων
I Jo 4 5 [3] διὰ τοῦτο ἐκ τ. κόσμου λαλοῦσιν
II Jo 12 [6] ἐλπίζω . . . στόμα πρὸς στόμα λαλῆσαι
III Jo 14 [6] στόμα πρὸς στόμα λαλήσομεν
Ju 15 [1] ὧν ἐλάλησαν κατ' αὐτοῦ ἁμαρτωλοὶ ἀσεβεῖς
16 [1] τὸ στόμα αὐτῶν λαλεῖ ὑπέρογκα
Re 1 12 [4] βλέπειν τ. φωνὴν ἥτις ἐλάλει μετ' ἐμοῦ
4 1 [4] ἡ φωνὴ ἡ πρώτη ἣν ἤκουσα ὡς σάλπιγγος λαλούσης μετ' ἐμοῦ
10 3 [1] ἐλάλησαν αἱ ἑπτὰ βρονταὶ τὰς ἑαυτῶν φωνάς·
4 κ. ὅτε ἐλάλησαν αἱ ἑπτὰ βρονταί
4 [1] σφράγισον ἃ ἐλάλησαν αἱ ἑπτὰ βρονταί
8 [4] ἡ φωνὴ ἣν ἤκουσα ἐκ τ. οὐρανοῦ πάλιν λαλοῦσαν μετ' ἐμοῦ
13 5 [1] ἐδόθη αὐτῷ στόμα λαλοῦν μεγάλα
11 ἐλάλει ὡς δράκων
15 ἵνα κ. λαλήσῃ ὁ εἰκὼν τ. θηρίου
17 1 [4] ἦλθεν εἷς ἐκ τ. ἑπτὰ ἀγγέλων . . . κ. ἐλάλησεν μετ' ἐμοῦ
21 9 [4] ἦλθεν εἷς ἐκ τ. ἑπτὰ ἀγγέλων . . . κ. ἐλάλησεν μετ' ἐμοῦ
15 [4] ὁ λαλῶν μετ' ἐμοῦ εἶχεν μέτρον κάλαμον χρυσοῦν

ΛΑΛΙΆ 2981

Mt 26 73 κ. γὰρ ἡ λαλιά σου δῆλόν σε ποιεῖ
Jo 4 42 οὐκέτι διὰ τ. σὴν λαλιὰν πιστεύομεν
τ. λαλιάν σου, WH mg.
8 43 διὰ τί τὴν λαλιὰν τ. ἐμὴν οὐ γινώσκετε;

ΛΑΜΆ 2982 cf. 3011.5

Mt 27 46 ἠλεὶ ἠλεὶ λαμὰ ζαφθανεί
λεμὰ σαβαχθανεί, TWH non mg.; σαβ., R
Mk 15 34 ἐλωὶ ἐλωὶ λαμὰ σαβαχθανεί
λεμά, T

ΛΑΜΒΆΝΩ 2983

(1) λαμβ. συμβούλιον (2) λαμβ. γυναῖκα
(3) seq. ἀπό, ἐκ, παρά (4) λαμβ. πρόσωπον
(5) λαμβ. λόγον, ῥήματα (6) seq. διά

Mt 5 40 τ. θέλοντι . . . τ. χιτῶνα σου λαβεῖν
7 8 πᾶς γὰρ ὁ αἰτῶν λαμβάνει

Mt 8 17 αὐτὸς τ. ἀσθενείας ἡμῶν ἔλαβεν
אָכֵן חֳלָיֵנוּ הוּא נָשָׂא, Is. liii. 4
10 8 δωρεὰν ἐλάβετε δωρεὰν δότε
38 ὃς οὐ λαμβάνει τ. σταυρὸν αὐτοῦ
41 ὁ δεχόμενος προφήτην εἰς ὄνομα προφήτου
μισθὸν προφήτου λήμψεται·
κ. ὁ δεχόμενος δίκαιον εἰς ὄνομα δικαίου
μισθὸν δικαίου λήμψεται
12 14 [1] ἐξελθόντες δὲ οἱ Φαρισαῖοι συμβούλιον
ἔλαβον κατ' αὐτοῦ
13 20 [5] κ. εὐθὺς μετὰ χαρᾶς λαμβάνων αὐτόν
31 ὃν λαβὼν ἄνθρωπος ἔσπειρεν ἐν τ. ἀγρῷ
αὐτοῦ
33 ἣν λαβοῦσα γυνὴ ἔκρυψεν
14 19 λαβὼν τ. πέντε ἄρτους κ. τ. δύο ἰχθύας
15 26 οὐκ ἔστιν καλὸν λαβεῖν τ. ἄρτον τ. τέκνων
36 ἔλαβεν τ. ἑπτὰ ἄρτους κ. τ. ἰχθύας
16 5 οἱ μαθηταὶ . . . ἐπελάθοντο ἄρτους λαβεῖν
λαβ., ἄρτ., WH mg.
7 ἄρτους οὐκ ἐλάβομεν
8 τί διαλογίζεσθε . . . ὅτι ἄρτους οὐκ ἐλάβετε
ἔχετε, WHR
9 πόσους κοφίνους ἐλάβετε;
10 πόσας σφυρίδας ἐλάβετε;
17 24 προσῆλθον οἱ τὰ δίδραχμα λαμβάνοντες τ.
Πέτρῳ
25 [8] οἱ βασιλεῖς τ. γῆς ἀπὸ τίνων λαμβάνουσιν
τέλη ἢ κῆνσον
27 ἐκεῖνον λαβὼν δὸς αὐτοῖς ἀντὶ ἐμοῦ κ. σοῦ
19 29 πολλαπλασίονα λήμψεται
20 9 ἐλθόντες δὲ οἱ περὶ τ. ἑνδεκάτην ὥραν
ἔλαβον ἀνὰ δηνάριον.
10 κ. ἐλθόντες οἱ πρῶτοι ἐνόμισαν ὅτι πλεῖον
λήμψονται·
κ. ἔλαβον τὸ ἀνὰ δηνάριον κ. αὐτοί.
11 λαβόντες δὲ ἐγόγγυζον κατὰ τ. οἰκοδεσπότου
21 22 πάντα ὅσα ἂν αἰτήσητε ἐν τ. προσευχῇ
πιστεύοντες λήμψεσθε
34 ἀπέστειλεν . . . λαβεῖν τ. καρποὺς αὐτοῦ·
35 κ. λαβόντες οἱ γεωργοὶ τ. δούλους αὐτοῦ
39 λαβόντες αὐτὸν ἐξέβαλον ἔξω τ. ἀμπελῶνος
22 15 [1] πορευθέντες οἱ Φαρισαῖοι συμβούλιον
ἔλαβον
23 13 διὰ τοῦτο λήψεσθε περισσότερον κρίμα
—h. v., TWHR non mg.
25 1 αἵτινες λαβοῦσαι τ. λαμπάδας ἑαυτῶν ἐξῆλθον
3 αἱ γὰρ μωραὶ λαβοῦσαι τ. λαμπάδας αὐτῶν
οὐκ ἔλαβον μεθ' ἑαυτῶν ἔλαιον·
4 αἱ δὲ φρόνιμοι ἔλαβον ἔλαιον ἐν τ. ἀγγείοις
16 πορευθεὶς ὁ τὰ πέντε τάλαντα λαβὼν
18 ὁ δὲ τὸ ἓν λαβὼν ἀπελθὼν ὤρυξεν γῆν
20 προσελθὼν ὁ τὰ πέντε τάλαντα λαβὼν
24 προσελθὼν δὲ κ. ὁ τὸ ἓν τάλαντον εἰληφώς
26 26 λαβὼν ὁ Ἰησοῦς ἄρτον κ. εὐλογήσας
26 εἶπεν Λάβετε φάγετε
27 λαβὼν ποτήριον κ. εὐχαριστήσας
52 πάντες γὰρ οἱ λαβόντες μάχαιραν ἐν μαχαίρῃ
ἀπολοῦνται
27 1 [1] συμβούλιον ἔλαβον πάντες οἱ ἀρχιερεῖς
6 οἱ δὲ ἀρχιερεῖς λαβόντες τὰ ἀργύρια
7 [1] συμβούλιον δὲ λαβόντες ἠγόρασαν ἐξ αὐτῶν
9 κ. ἔλαβον τὰ τριάκοντα ἀργύρια
וָאֶקְחָה שְׁלֹשִׁים הַכֶּסֶף, Zech. xi. 13
24 λαβὼν ὕδωρ ἀπενίψατο τ. χεῖρας

Mt 27 30 ἐμπτύσαντες εἰς αὐτὸν ἔλαβον τ. κάλαμον
48 δραμὼν εἷς ἐξ αὐτῶν κ. λαβὼν σπόγγον
49 ἄλλος δὲ λαβὼν λόγχην ἔνυξεν αὐτοῦ τ.
πλευράν
—h. v., T [[WH]] R non mg.
59 λαβὼν τὸ σῶμα ὁ Ἰωσὴφ
28 12 [1] συμβούλιόν τε λαβόντες
15 οἱ δὲ λαβόντες τὰ ἀργύρια ἐποίησαν ὡς
ἐδιδάχθησαν
—τὰ, WH non mg.
Mk 4 16 [5] εὐθὺς μετὰ χαρᾶς λαμβάνουσιν αὐτόν
6 41 λαβὼν τ. πέντε ἄρτους κ. τ. δύο ἰχθύας
7 27 οὐ γάρ ἐστιν καλὸν λαβεῖν τ. ἄρτον τ. τέκνων
8 6 λαβὼν τ. ἑπτὰ ἄρτους εὐχαριστήσας ἔκλασεν
14 ἐπελάθοντο λαβεῖν ἄρτους
9 36 λαβὼν παιδίον ἔστησεν αὐτὸ ἐν μέσῳ αὐτῶν
10 30 ἐὰν μὴ λάβῃ ἑκατονταπλασίονα νῦν ἐν τ.
καιρῷ τούτῳ
30 ἐν τ. αἰῶνι τ. ἐρχομένῳ ζωὴν αἰώνιον
λήμψεται
—λήμψ., TWH non mg. R
11 24 πιστεύετε ὅτι ἐλάβετε κ. ἔσται ὑμῖν
12 2 [8] ἵνα παρὰ τ. γεωργῶν λάβῃ ἀπὸ τ. καρπῶν
τ. ἀμπελῶνος·
3 κ. λαβόντες αὐτὸν ἔδειραν
8 λαβόντες ἀπέκτειναν αὐτόν
19 [2] ἵνα λάβῃ ὁ ἀδελφὸς αὐτοῦ τ. γυναῖκα
20 [2] ὁ πρῶτος ἔλαβεν γυναῖκα
21 [2] ὁ δεύτερος ἔλαβεν αὐτήν
40 οὗτοι λήμψονται περισσότερον κρίμα
14 22 λαβὼν ἄρτον εὐλογήσας ἔκλασεν,
κ. ἔδωκεν αὐτοῖς κ. εἶπεν Λάβετε
23 λαβὼν ποτήριον εὐχαριστήσας ἔδωκεν αὐτοῖς
65 οἱ ὑπηρέται ῥαπίσμασιν αὐτὸν ἔλαβον
15 23 ἐδίδουν . . . οἶνον ὃς δὲ οὐκ ἔλαβεν
Lu 5 5 δι' ὅλης νυκτὸς κοπιάσαντες οὐδὲν ἐλάβομεν
26 ἔκστασις ἔλαβεν ἅπαντας
6 4 τ. ἄρτους τ. προθέσεως λαβὼν ἔφαγεν
ἔλαβεν κ. ἔφ., T
34 [8] ἐὰν δανίσητε παρ' ὧν ἐλπίζετε λαβεῖν
7 16 ἔλαβεν δὲ φόβος πάντας
9 16 λαβὼν δὲ τ. πέντε ἄρτους κ. τ. δύο ἰχθύας
39 πνεῦμα λαμβάνει αὐτὸν κ. ἐξαίφνης κράζει
11 10 πᾶς γὰρ ὁ αἰτῶν λαμβάνει
54 ζητοῦντες ἀφορμήν τινα λαβεῖν αὐτοῦ
—h. v., TWH non mg. R
13 19 ὃν λαβὼν ἄνθρωπος ἔβαλεν εἰς κῆπον ἑαυτοῦ
21 ἣν λαβοῦσα γυνὴ ἔκρυψεν
18 30 ὃς οὐχὶ μὴ λάβῃ πολλαπλασίονα ἐν τ.
καιρῷ τούτῳ
ἀπολάβῃ, TWH mg. R
19 12 λαβεῖν ἑαυτῷ βασιλείαν κ. ὑποστρέψαι
15 ἐν τῷ ἐπανελθεῖν αὐτὸν λαβόντα τ. βασιλείαν
20 21 [4] οὐ λαμβάνεις πρόσωπον
28 [2] ἵνα λάβῃ ὁ ἀδελφὸς αὐτοῦ τ. γυναῖκα
29 [2] ὁ πρῶτος λαβὼν γυναῖκα ἀπέθανεν
ἄτεκνος·
31 [2] κ. ὁ δεύτερος κ. ὁ τρίτος ἔλαβεν αὐτήν
47 οὗτοι λήμψονται περισσότερον κρίμα
22 17 λάβετε τοῦτο κ. διαμερίσατε εἰς ἑαυτούς
19 λαβὼν ἄρτον εὐχαριστήσας ἔκλασεν
24 30 λαβὼν τ. ἄρτον εὐλόγησεν
43 λαβὼν ἐνώπιον αὐτῶν ἔφαγεν
Jo 1 12 ὅσοι δὲ ἔλαβον αὐτόν
16 [3] ἐκ τ. πληρώματος αὐτοῦ ἡμεῖς πάντες
ἐλάβομεν

Jo **3** 11 τ. μαρτυρίαν ἡμῶν οὐ λαμβάνετε
27 οὐ δύναται ἄνθρωπος λαμβάνειν οὐδέν
32 τ. μαρτυρίαν αὐτοῦ οὐδεὶς λαμβάνει.
33 ὁ λαβὼν αὐτοῦ τ. μαρτυρίαν ἐσφράγισεν
4 36 ἤδη ὁ θερίζων μισθὸν λαμβάνει
5 34 [3] ἐγὼ δὲ οὐ παρὰ ἀνθρώπου τ. μαρτυρίαν λαμβάνω
41 [3] δόξαν παρὰ ἀνθρώπων οὐ λαμβάνω
43 ἐγὼ ἐλήλυθα ἐν τ. ὀνόματι τ. πατρός μου κ. οὐ λαμβάνετέ με·
ἐὰν ἄλλος ἔλθῃ ἐν τ. ὀνόματι τ. ἰδίῳ ἐκεῖνον λήμψεσθε
44 [3] δόξαν παρὰ ἀλλήλων λαμβάνοντες
6 7 ἵνα ἕκαστος βραχὺ λάβῃ
βραχύ τι λ., TR
11 ἔλαβεν οὖν τ. ἄρτους ὁ Ἰησοῦς
21 ἤθελον οὖν λαβεῖν αὐτὸν εἰς τὸ πλοῖον
7 23 εἰ περιτομὴν λαμβάνει ἄνθρωπος ἐν σαββάτῳ
39 οὗ ἔμελλον λαμβάνειν οἱ πιστεύσαντες εἰς αὐτόν
8 [4 αὕτη ἡ γυνὴ εἴληπται ἐπ᾽ αὐτοφώρῳ μοιχευομένη
κατείληπται, WH non mg. R
10 17 τίθημι τ. ψυχήν μου ἵνα πάλιν λάβω αὐτήν
18 ἐξουσίαν ἔχω πάλιν λαβεῖν αὐτήν·
[3] ταύτην τ. ἐντολὴν ἔλαβον παρὰ τ. πατρός μου
12 3 ἡ οὖν Μαριὰμ λαβοῦσα λίτραν μύρου νάρδου
13 ἔλαβον τὰ βαΐα τ. φοινίκων
48 [5] ὁ ἀθετῶν ἐμὲ κ. μὴ λαμβάνων τὰ ῥήματά μου
13 4 λαβὼν λέντιον διέζωσεν ἑαυτόν
12 ἔλαβεν τὰ ἱμάτια αὐτοῦ κ. ἀνέπεσεν
20 ὁ λαμβάνων ἄν τινα πέμψω ἐμὲ λαμβάνει·
ὁ δὲ ἐμὲ λαμβάνων λαμβάνει τ. πέμψαντά με
26 βάψας οὖν τὸ ψωμίον λαμβάνει κ. δίδωσιν Ἰούδᾳ
30 λαβὼν οὖν τὸ ψωμίον ἐκεῖνος ἐξῆλθεν
14 17 ὃ ὁ κόσμος οὐ δύναται λαβεῖν
16 14 [3] ἐκ τ. ἐμοῦ λήμψεται κ. ἀναγγελεῖ ὑμῖν
15 [3] ἐκ τ. ἐμοῦ λαμβάνει κ. ἀναγγελεῖ ὑμῖν
24 αἰτεῖτε κ. λήμψεσθε
17 8 αὐτοὶ ἔλαβον κ. ἔγνωσαν ἀληθῶς
18 3 ὁ οὖν Ἰούδας λαβὼν τ. σπεῖραν
31 λάβετε αὐτὸν ὑμεῖς
19 1 τότε οὖν ἔλαβεν ὁ Πειλᾶτος τ. Ἰησοῦν
6 λάβετε αὐτὸν ὑμεῖς κ. σταυρώσατε
23 οἱ οὖν στρατιῶται . . . ἔλαβον τὰ ἱμάτια αὐτοῦ
27 ἀπ᾽ ἐκείνης τ. ὥρας ἔλαβεν ὁ μαθητὴς αὐτὴν εἰς τὰ ἴδια
30 ὅτε οὖν ἔλαβεν τὸ ὄξος ὁ Ἰησοῦς
40 ἔλαβον οὖν τὸ σῶμα τοῦ Ἰησοῦ
20 22 λέγει αὐτοῖς Λάβετε πνεῦμα ἅγιον
21 13 λαμβάνει τ. ἄρτον κ. δίδωσιν αὐτοῖς
Ac **1** 8 ἀλλὰ λήμψεσθε δύναμιν
20 τ. ἐπισκοπὴν αὐτοῦ λαβέτω ἕτερος
פְּקֻדָּתוֹ יִקַּח אַחֵר, Ps. cix. 8
25 λαβεῖν τ. τόπον τ. διακονίας ταύτης
2 33 [3] τήν τε ἐπαγγελίαν τ. πνεύματος τ. ἁγίου λαβὼν παρὰ τ. πατρός
38 λήμψεσθε τ. δωρεὰν τ. ἁγίου πνεύματος
3 3 ἠρώτα ἐλεημοσύνην λαβεῖν
5 [3] προσδοκῶν τι παρ᾽ αὐτῶν λαβεῖν
7 53 οἵτινες ἐλάβετε τ. νόμον εἰς διαταγὰς ἀγγέλων

Ac **8** 15 ὅπως λάβωσιν πνεῦμα ἅγιον
17 ἐλάμβανον πνεῦμα ἅγιον
19 ἵνα ᾧ ἐὰν ἐπιθῶ τ. χεῖρας λαμβάνῃ πνεῦμα ἅγιον
9 19 λαβὼν τροφὴν ἐνισχύθη
25 λαβόντες δὲ οἱ μαθηταὶ αὐτοῦ νυκτός
10 43 [6] ἄφεσιν ἁμαρτιῶν λαβεῖν διὰ τ. ὀνόματος αὐτοῦ
47 οἵτινες τ. πνεῦμα τ. ἅγιον ἔλαβον ὡς κ. ἡμεῖς
15 14 [3] ὁ Θεὸς ἐπεσκέψατο λαβεῖν ἐξ ἐθνῶν λαὸν τ. ὀνόματι αὐτοῦ
16 3 λαβὼν περιέτεμεν αὐτόν
24 ὃς παραγγελίαν τοιαύτην λαβών
17 9 [3] λαβόντες τὸ ἱκανὸν παρὰ τ. Ἰάσονος
15 λαβόντες ἐντολὴν πρὸς τ. Σίλαν κ. τ. Τιμόθεον
19 2 εἰ πνεῦμα ἅγιον ἐλάβετε πιστεύσαντες;
20 24 [3] τ. διακονίαν ἣν ἔλαβον παρὰ τ. Κυρίου Ἰησοῦ
35 μακάριόν ἐστιν μᾶλλον διδόναι ἢ λαμβάνειν
21 32 ὃς ἐξαυτῆς λαβὼν στρατιώτας κ. ἑκατοντάρχας
παραλαβὼν, TWH non mg.
24 27 διετίας δὲ πληρωθείσης ἔλαβεν διάδοχον ὁ Φῆλιξ
25 16 τόπον τε ἀπολογίας λάβοι περὶ τ. ἐγκλήματος
26 10 τὴν παρὰ τ. ἀρχιερέων ἐξουσίαν λαβών
18 τοῦ λαβεῖν αὐτοὺς ἄφεσιν ἁμαρτιῶν
27 35 λαβὼν ἄρτον εὐχαρίστησεν τ. Θεῷ
28 15 εὐχαριστήσας τ. Θεῷ ἔλαβεν θάρσος
Ro **1** 5 [6] δι᾽ οὗ ἐλάβομεν χάριν κ. ἀποστολήν
4 11 σημεῖον ἔλαβεν περιτομῆς
5 11 [6] δι᾽ οὗ νῦν τ. καταλλαγὴν ἐλάβομεν
17 οἱ τ. περισσείαν τ. χάριτος . . . λαμβάνοντες
7 8 [6] ἀφορμὴν δὲ λαβοῦσα ἡ ἁμαρτία διὰ τ. ἐντολῆς
11 [6] ἡ γὰρ ἁμαρτία ἀφορμὴν λαβοῦσα διὰ τ. ἐντολῆς
8 15 οὐ γὰρ ἐλάβετε πνεῦμα δουλείας πάλιν εἰς φόβον,
ἀλλὰ ἐλάβετε πνεῦμα υἱοθεσίας
13 2 οἱ δὲ ἀνθεστηκότες ἑαυτοῖς κρίμα λήμψονται
I Co **2** 12 ἡμεῖς δὲ οὐ τὸ πνεῦμα τ. κόσμου ἐλάβομεν
3 8 ἕκαστος δὲ τ. ἴδιον μισθὸν λήμψεται κατὰ τ. ἴδιον κόπον
14 εἴ τινος τ. ἔργον μενεῖ . . . μισθὸν λήμψεται
4 7 τί δὲ ἔχεις ὃ οὐκ ἔλαβες;
εἰ δὲ κ. ἔλαβες τί καυχᾶσαι ὡς μὴ λαβών;
9 24 εἷς δὲ λαμβάνει τὸ βραβεῖον
25 ἐκεῖνοι μὲν οὖν ἵνα φθαρτὸν στέφανον λάβωσιν
10 13 πειρασμὸς ὑμᾶς οὐκ εἴληφεν εἰ μὴ ἀνθρώπινος
11 23 ὁ Κύριος Ἰησοῦς ἐν τ. νυκτὶ ᾗ παρεδίδετο ἔλαβεν ἄρτον
14 5 ἵνα ἡ ἐκκλησία οἰκοδομὴν λάβῃ
II Co **11** 4 ἢ πνεῦμα ἕτερον λαμβάνετε ὃ οὐκ ἐλάβετε
8 λαβὼν ὀψώνιον πρὸς τὴν ὑμῶν διακονίαν
20 εἴ τις κατεσθίει εἴ τις λαμβάνει
24 ὑπὸ Ἰουδαίων πεντάκις τεσσεράκοντα παρὰ μίαν ἔλαβον
12 16 ὑπάρχων πανοῦργος δόλῳ ὑμᾶς ἔλαβον
Ga **2** 6 [4] πρόσωπον ὁ Θεὸς ἀνθρώπου οὐ λαμβάνει
3 2 [3] ἐξ ἔργων νόμου τὸ πνεῦμα ἐλάβετε
14 [6] ἵνα τ. ἐπαγγελίαν τ. πνεύματος λάβωμεν διὰ τ. πίστεως

Phl 2 7 ἑαυτὸν ἐκένωσεν μορφὴν δούλου λαβών
3 12 οὐχ ὅτι ἤδη ἔλαβον
Col 4 10 περὶ οὗ ἐλάβετε ἐντολάς
I Ti 4 4 οὐδὲν ἀπόβλητον μετὰ εὐχαριστίας λαμβανόμενον
II Ti 1 5 ὑπόμνησιν λαβὼν τῆς ἐν σοὶ ἀνυποκρίτου πίστεως
He 2 2 πᾶσα παράβασις κ. παρακοὴ ἔλαβεν ἔνδικον μισθαποδοσίαν
3 ἥτις ἀρχὴν λαβοῦσα λαλεῖσθαι ὑπὸ τ. Κυρίου
4 16 ἵνα λάβωμεν ἔλεος
5 1 [3] πᾶς γὰρ ἀρχιερεὺς ἐξ ἀνθρώπων λαμβανόμενος
4 οὐχ ἑαυτῷ τις λαμβάνει τ. τιμήν
7 5 οἱ μὲν ἐκ τ. υἱῶν Λευεὶ τ. ἱερατείαν λαμβάνοντες
8 ὧδε μὲν δεκάτας ἀποθνήσκοντες ἄνθρωποι λαμβάνουσιν
9 δι' Ἀβραὰμ κ. Λευεὶς ὁ δεκάτας λαμβάνων δεδεκάτωται
9 15 ὅπως . . . τ. ἐπαγγελίαν λάβωσιν οἱ κεκλημένοι τῆς αἰωνίου κληρονομίας
19 λαβὼν τὸ αἷμα τ. μόσχων κ. τ. τράγων
10 26 ἁμαρτανόντων ἡμῶν μετὰ τὸ λαβεῖν τ. ἐπίγνωσιν τ. ἀληθείας
11 8 τόπον ὃν ἤμελλεν λαμβάνειν εἰς κληρονομίαν
11 πίστει κ. αὐτὴ Σάρρα δύναμιν εἰς καταβολὴν σπέρματος ἔλαβεν
29 ἧς πεῖραν λαβόντες οἱ Αἰγύπτιοι κατεπόθησαν
35 [3] ἔλαβον γυναῖκες ἐξ ἀναστάσεως τ. νεκροὺς αὐτῶν
36 ἕτεροι δὲ ἐμπαιγμῶν κ. μαστίγων πεῖραν ἔλαβον
Ja 1 7 [3] ὅτι λήμψεταί τι παρὰ τ. Κυρίου
12 δόκιμος γενόμενος λήμψεται τ. στέφανον τ. ζωῆς
3 1 εἰδότες ὅτι μεῖζον κρίμα λημψόμεθα
4 3 οὐ λαμβάνετε διότι κακῶς αἰτεῖσθε
5 7 ἕως λάβῃ πρόϊμον κ. ὄψιμον
10 ὑπόδειγμα λάβετε ἀδελφοὶ τ. κακοπαθίας
I Pe 4 10 ἕκαστος καθὼς ἔλαβεν χάρισμα
II Pe 1 9 λήθην λαβὼν τ. καθαρισμοῦ τῶν πάλαι αὐτοῦ ἁμαρτιῶν
17 [3] λαβὼν γὰρ παρὰ Θεοῦ πατρὸς τιμὴν κ. δόξαν
I Jo 2 27 [3] ὑμεῖς τὸ χρίσμα ὃ ἐλάβετε ἀπ' αὐτοῦ
3 22 [3] ὃ ἂν αἰτῶμεν λαμβάνομεν ἀπ' αὐτοῦ
5 9 εἰ τ. μαρτυρίαν τ. ἀνθρώπων λαμβάνομεν
II Jo 4 [3] καθὼς ἐντολὴν ἐλάβομεν παρὰ τ. πατρός
10 μὴ λαμβάνετε αὐτὸν εἰς οἰκίαν
III Jo 7 [3] μηδὲν λαμβάνοντες ἀπὸ τ. ἐθνικῶν
Re 2 17 ὃ οὐδεὶς οἶδεν εἰ μὴ ὁ λαμβάνων
28 [3] ὡς κἀγὼ εἴληφα παρὰ τ. πατρός μου
3 3 μνημόνευε οὖν πῶς εἴληφας κ. ἤκουσας
11 ἵνα μηδεὶς λάβῃ τ. στέφανόν σου
4 11 ἄξιος εἶ . . . λαβεῖν τ. δόξαν κ. τ. τιμὴν κ. τ. δύναμιν
5 7 [3] εἴληφεν ἐκ τῆς δεξιᾶς τ. καθημένου ἐπὶ τ. θρόνου.
8 κ. ὅτε ἔλαβεν τὸ βιβλίον
9 ἄξιος εἶ λαβεῖν τὸ βιβλίον
12 ἄξιόν ἐστιν τὸ ἀρνίον . . . λαβεῖν τ. δύναμιν κ. πλοῦτον
6 4 [3] ἐδόθη αὐτῷ λαβεῖν τ. εἰρήνην ἐκ τ. γῆς
8 5 εἴληφεν ὁ ἄγγελος τὸν λιβανωτόν
Re 10 8 ὕπαγε λάβε τὸ βιβλίον τὸ ἠνεῳγμένον
9 λάβε κ. κατάφαγε αὐτό
10 [3] ἔλαβον τὸ βιβλαρίδιον ἐκ τ. χειρὸς τ. ἀγγέλου
11 17 ὅτι εἴληφες τ. δύναμίν σου τ. μεγάλην
εἴληφας, T
14 9 εἴ τις . . . λαμβάνει χάραγμα ἐπὶ τ. μετώπου αὐτοῦ
11 εἴ τις λαμβάνει τὸ χάραγμα τ. ὀνόματος αὐτοῦ
17 12 οἵτινες βασιλείαν οὔπω ἔλαβον,
ἀλλὰ ἐξουσίαν ὡς βασιλεῖς μίαν ὥραν λαμβάνουσιν
18 4 [3] ἐκ τ. πληγῶν αὐτῆς ἵνα μὴ λάβητε
19 20 ἐν οἷς ἐπλάνησεν τ. λαβόντας τὸ χάραγμα τ. θηρίου
20 4 οἵτινες . . . οὐκ ἔλαβον τὸ χάραγμα ἐπὶ τὸ μέτωπον
22 17 ὁ θέλων λαβέτω ὕδωρ ζωῆς δωρεάν

ΛΑ'ΜΕΧ 2984

Lu 3 36 τοῦ Νῶε τοῦ Λάμεχ τοῦ Μαθουσάλα

ΛΑΜΠΑ'Σ 2985

Mt 25 1 αἵτινες λαβοῦσαι τ. λαμπάδας ἑαυτῶν ἐξῆλθον
λαμπ. αὐτῶν, T
3 αἱ γὰρ μωραὶ λαβοῦσαι τ. λαμπάδας αὐτῶν
—αὐτ., T [WH]
4 αἱ δὲ φρόνιμοι ἔλαβον ἔλαιον ἐν τ. ἀγγείοις μετὰ τ. λαμπάδων ἑαυτῶν
7 ἐκόσμησαν τὰς λαμπάδας ἑαυτῶν
8 ὅτι αἱ λαμπάδες ἡμῶν σβέννυνται
Jo 18 3 ἔρχεται ἐκεῖ μετὰ φανῶν κ. λαμπάδων κ. ὅπλων
Ac 20 8 ἦσαν δὲ λαμπάδες ἱκαναὶ ἐν τ. ὑπερῴῳ
Re 4 5 ἑπτὰ λαμπάδες πυρὸς καιόμεναι ἐνώπιον τ. θρόνου
8 10 ἀστὴρ μέγας καιόμενος ὡς λαμπάς

ΛΑΜΠΡΟ'Σ** 2986

Lu 23 11 περιβαλὼν ἐσθῆτα λαμπράν
Ac 10 30 ἀνὴρ ἔστη ἐνώπιόν μου ἐν ἐσθῆτι λαμπρᾷ
Ja 2 2 ἀνὴρ χρυσοδακτύλιος ἐν ἐσθῆτι λαμπρᾷ
3 ἐπιβλέψητε δὲ ἐπὶ τ. φοροῦντα τ. ἐσθῆτα τ. λαμπράν
Re 15 6 ἐνδεδυμένοι λίθον καθαρὸν λαμπρόν
18 14 πάντα τὰ λιπαρὰ κ. τὰ λαμπρὰ ἀπώλετο ἀπὸ σοῦ
19 8 ἵνα περιβάληται βύσσινον λαμπρὸν καθαρόν
22 1 ποταμὸν ὕδατος ζωῆς λαμπρὸν ὡς κρύσταλλον
16 ἐγώ εἰμι . . . ὁ ἀστὴρ ὁ λαμπρὸς ὁ πρωινός

ΛΑΜΠΡΟ'ΤΗΣ 2987

Ac 26 13 οὐρανόθεν ὑπὲρ τ. λαμπρότητα τ. ἡλίου περιλάμψαν με φῶς

ΛΑΜΠΡΩ'Σ* 2988

Lu 16 19 εὐφραινόμενος καθ' ἡμέραν λαμπρῶς

ΛΑ'ΜΠΩ 2989

Mt 5 15 λάμπει πᾶσι τοῖς ἐν τ. οἰκίᾳ.
16 οὕτως λαμψάτω τὸ φῶς ὑμῶν ἔμπροσθεν τ. ἀνθρώπων

Mt 17 2 ἔλαμψεν τὸ πρόσωπον αὐτοῦ ὡς ὁ ἥλιος
Lu 17 24 ὥσπερ γὰρ ἡ ἀστραπὴ . . . ἐκ τῆς ὑπὸ τ. οὐρανὸν εἰς τὴν ὑπ' οὐρανὸν λάμπει
Ac 12 7 φῶς ἔλαμψεν ἐν τ. οἰκήματι
II Co 4 6 ὁ Θεὸς ὁ εἰπὼν Ἐκ σκότους φῶς λάμψει, ὃς ἔλαμψεν ἐν τ. καρδίαις ἡμῶν

ΛΑΝΘΑ'ΝΩ 2990

Mk 7 24 οὐκ ἠδυνάσθη λαθεῖν
Lu 8 47 ἰδοῦσα δὲ ἡ γυνὴ ὅτι οὐκ ἔλαθεν
Ac 26 26 λανθάνειν γὰρ αὐτὸν τούτων οὐ πείθομαι οὐθέν
He 13 2 διὰ ταύτης γὰρ ἔλαθόν τινες ξενίσαντες ἀγγέλους
II Pe 3 5 λανθάνει γὰρ αὐτοὺς τοῦτο θέλοντας
8 ἓν δὲ τοῦτο μὴ λανθανέτω ὑμᾶς

ΛΑΞΕΥΤΟ'Σ † 2991

Lu 23 53 ἔθηκεν αὐτὸν ἐν μνήματι λαξευτῷ

ΛΑΟΔΙΚΕΥ'Σ 2994

Col 4 16 ἵνα κ. ἐν τῇ Λαοδικέων ἐκκλησίᾳ ἀναγνωσθῇ

ΛΑΟΔΙΚΙ'Α 2993

Col 2 1 ἡλίκον ἀγῶνα ἔχω ὑπὲρ ὑμῶν κ. τῶν ἐν Λαοδικίᾳ
4 13 ἔχει πολὺν πόνον ὑπὲρ ὑμῶν κ. τῶν ἐν Λαοδικίᾳ
15 ἀσπάσασθε τοὺς ἐν Λαοδικίᾳ ἀδελφούς
16 τὴν ἐκ Λαοδικίας ἵνα κ. ὑμεῖς ἀναγνῶτε
Re 1 11 πέμψον τ. ἑπτὰ ἐκκλησίαις . . . εἰς Φιλαδελφίαν κ. εἰς Λαοδικίαν
3 14 τ. ἀγγέλῳ τῆς ἐν Λαοδικίᾳ ἐκκλησίας γράψον

ΛΑΟ'Σ 2992

(1) λα. Θεοῦ, μοῦ (2) πρεσβύτεροι τ. λαοῦ (3) λα. Ἰσραήλ, Ἰουδαίων (4) ἀρχιερεῖς, πρῶτοι τ. λαοῦ (5) λαοί

Mt 1 21 αὐτὸς γὰρ σώσει τ. λαὸν αὐτοῦ ἀπὸ τ. ἁμαρτιῶν αὐτῶν
2 4 [4] συναγαγὼν πάντας τ. ἀρχιερεῖς κ. γραμματεῖς τ. λαοῦ
6 [1] ὅστις ποιμανεῖ τ. λαόν μου τὸν Ἰσραήλ
לִהְיוֹת מוֹשֵׁל בְּיִשְׂרָאֵל, Mic. v. 1
4 16 ὁ λαὸς ὁ καθήμενος ἐν σκοτίᾳ φῶς εἶδεν μέγα
הָעָם הַהֹלְכִים בַּחֹשֶׁךְ רָאוּ אוֹר גָּדוֹל, Is. ix. 1
23 θεραπεύων πᾶσαν νόσον κ. πᾶσαν μαλακίαν ἐν τ. λαῷ
13 15 ἐπαχύνθη γὰρ ἡ καρδία τ. λαοῦ τούτου
הַשְׁמֵן לֵב־הָעָם הַזֶּה, Is. vi. 10
15 8 ὁ λαὸς οὗτος τοῖς χείλεσί με τιμᾷ
הָעָם הַזֶּה . . . בִּשְׂפָתָיו כִּבְּדוּנִי, Is. xxix. 13
21 23 [2] προσῆλθαν αὐτῷ διδάσκοντι . . . οἱ πρεσβύτεροι τ. λαοῦ
26 3 [2] τότε συνήχθησαν . . . οἱ πρεσβύτεροι τ. λαοῦ εἰς τ. αὐλὴν τ. ἀρχιερέως
5 ἵνα μὴ θόρυβος γένηται ἐν τ. λαῷ
47 [2 4] ὄχλος πολὺς . . . ἀπὸ τ. ἀρχιερέων κ. πρεσβυτέρων τ. λαοῦ
Mt 27 1 [2 4] συμβούλιον ἔλαβον πάντες οἱ ἀρχιερεῖς κ. οἱ πρεσβύτεροι τ. λαοῦ
25 ἀποκριθεὶς πᾶς ὁ λαὸς εἶπεν
64 μήποτε ἐλθόντες οἱ μαθηταὶ κλέψωσιν αὐτὸν κ. εἴπωσιν τ. λαῷ
Mk 7 6 οὗτος ὁ λαὸς τ. χείλεσί με τιμᾷ, Is. *l.c.*
ὁ λαὸς οὗτ., WH mg.
11 32 ἐφοβοῦντο τὸν λαόν
τ. ὄχλον, WH
14 2 μήποτε ἔσται θόρυβος τ. λαοῦ
Lu 1 10 πᾶν τὸ πλῆθος ἦν τ. λαοῦ προσευχόμενον ἔξω
17 ἑτοιμάσαι Κυρίῳ λαὸν κατεσκευασμένον
21 ἦν ὁ λαὸς προσδοκῶν τ. Ζαχαρίαν
68 ὅτι . . . ἐποίησεν λύτρωσιν τ. λαῷ αὐτοῦ
77 τοῦ δοῦναι γνῶσιν σωτηρίας τ. λαῷ αὐτοῦ
2 10 χαρὰν μεγάλην ἥτις ἔσται παντὶ τ. λαῷ
31 [5] ὃ ἡτοίμασας κατὰ πρόσωπον πάντων τ. λαῶν·
32 [3] φῶς εἰς . . . δόξαν λαοῦ συυ Ἰσραήλ
3 15 προσδοκῶντος δὲ τ. λαοῦ
18 ἕτερα παρακαλῶν εὐηγγελίζετο τ. λαόν
21 ἐν τῷ βαπτισθῆναι ἅπαντα τ. λαόν
6 17 πλῆθος πολὺ τ. λαοῦ ἀπὸ πάσης τ. Ἰουδαίας
7 1 ἐπειδὴ ἐπλήρωσεν πάντα τὰ ῥήματα αὐτοῦ εἰς τ. ἀκοὰς τ. λαοῦ
16 ἐπεσκέψατο ὁ Θεὸς τ. λαὸν αὐτοῦ
29 πᾶς ὁ λαὸς ἀκούσας . . . ἐδικαίωσαν τ. Θεόν
8 47 δι' ἣν αἰτίαν ἥψατο αὐτοῦ ἀπήγγειλεν ἐνώπιον παντὸς τ. λαοῦ
9 13 εἰ μήτι . . . ἀγοράσωμεν εἰς πάντα τ. λαὸν τοῦτον βρώματα
11 53 λέγοντος δὲ αὐτοῦ ταῦτα . . . ἐνώπιον παντὸς τ. λαοῦ
—h. v., TWH non mg. R
18 43 πᾶς ὁ λαὸς ἰδὼν ἔδωκεν αἶνον τ. Θεῷ
19 47 [4] ἐζήτουν αὐτὸν ἀπολέσαι κ. οἱ πρῶτοι τ. λαοῦ
48 ὁ λαὸς γὰρ ἅπας ἐξεκρέμετο αὐτοῦ ἀκούων
20 1 διδάσκοντος αὐτοῦ τ. λαὸν ἐν τ. ἱερῷ
6 ὁ λαὸς ἅπας καταλιθάσει ἡμᾶς
9 ἤρξατο δὲ πρὸς τ. λαὸν λέγειν τ. παραβολὴν ταύτην
19 ἐφοβήθησαν τ. λαόν
26 οὐκ ἴσχυσαν ἐπιλαβέσθαι τ. ῥήματος ἐναντίον τ. λαοῦ
45 ἀκούοντος δὲ παντὸς τ. λαοῦ
21 23 ἔσται γὰρ . . . ὀργὴ τ. λαῷ τούτῳ
38 πᾶς ὁ λαὸς ὤρθριζεν πρὸς αὐτόν
22 2 ἐφοβοῦντο γὰρ τ. λαόν
66 [2] συνήχθη τὸ πρεσβυτέριον τ. λαοῦ
23 5 ἀνασείει τ. λαόν
13 Πειλᾶτος δὲ συνκαλεσάμενος . . . τ. ἄρχοντας κ. τ. λαόν
14 ὡς ἀποστρέφοντα τ. λαόν
27 ἠκολούθει δὲ αὐτῷ πολὺ πλῆθος τ. λαοῦ
35 εἱστήκει ὁ λαὸς θεωρῶν
24 19 δυνατὸς ἐν ἔργῳ κ. λόγῳ ἐναντίον τ. Θεοῦ κ. παντὸς τ. λαοῦ
Jo 8 [2 πᾶς ὁ λαὸς ἤρχετο πρὸς αὐτόν
h. v., [WH]
11 50 ἵνα εἷς ἄνθρωπος ἀποθάνῃ ὑπὲρ τ. λαοῦ
18 14 συμφέρει ἕνα ἄνθρωπον ἀποθανεῖν ὑπὲρ τ. λαοῦ
Ac 2 47 ἔχοντες χάριν πρὸς ὅλον τ. λαόν

Ac 3 9 εἶδεν πᾶς ὁ λαὸς αὐτὸν περιπατοῦντα
11 συνέδραμεν πᾶς ὁ λαὸς πρὸς αὐτούς
12 ἰδὼν δὲ ὁ Πέτρος ἀπεκρίνατο πρὸς τ. λαόν
23 πᾶσα ψυχὴ . . . ἐξολεθρευθήσεται ἐκ τ. λαοῦ
הָאִישׁ . . . אָנֹכִי אֶדְרֹשׁ מֵעִמּוֹ, Dt. xviii. 19
4 1 λαλούντων δὲ αὐτῶν πρὸς τ. λαόν
2 διαπονούμενοι διὰ τὸ διδάσκειν αὐτοὺς τ. λαόν
8 [2] ἄρχοντες τ. λαοῦ κ. πρεσβύτεροι
10 [3] γνωστὸν ἔστω πᾶσιν ὑμῖν κ. παντὶ τ. λαῷ Ἰσραήλ
17 ἵνα μὴ ἐπὶ πλεῖον διανεμηθῇ εἰς τ. λαόν
21 μηδὲν εὑρίσκοντες τὸ πῶς κολάσωνται αὐτοὺς διὰ τ. λαόν
25 [5] ἵνα τί . . . λαοὶ ἐμελέτησαν κενά;
לָמָּה . . . לְאֻמִּים יֶהְגּוּ־רִיק, Ps. ii. 1
27 [3] [5] σὺν ἔθνεσιν κ. λαοῖς Ἰσραήλ
5 12 ἐγίνετο σημεῖα κ. τέρατα πολλὰ ἐν τ. λαῷ
13 ἐμεγάλυνεν αὐτοὺς ὁ λαός
20 σταθέντες λαλεῖτε ἐν τ. ἱερῷ τ. λαῷ
25 εἰσὶν ἐν τ. ἱερῷ ἑστῶτες κ. διδάσκοντες τ. λαόν
26 ἐφοβοῦντο γὰρ τ. λαὸν μὴ λιθασθῶσιν
34 Γαμαλιὴλ νομοδιδάσκαλος τίμιος παντὶ τ. λαῷ
37 Ἰούδας ὁ Γαλιλαῖος . . . ἀπέστησεν λαὸν ὀπίσω αὐτοῦ
6 8 ἐποίει τέρατα κ. σημεῖα μεγάλα ἐν τ. λαῷ
12 συνεκίνησάν τε τ. λαὸν κ. τ. πρεσβυτέρους
7 17 ηὔξησεν ὁ λαὸς κ. ἐπληθύνθη ἐν Αἰγύπτῳ
34 [1] ἰδὼν εἶδον τ. κάκωσιν τ. λαοῦ μου τοῦ ἐν Αἰγύπτῳ
רָאֹה רָאִיתִי אֶת־עֳנִי עַמִּי אֲשֶׁר בְּמִצְרָיִם, Ex. iii. 7
10 2 ποιῶν ἐλεημοσύνας πολλὰς τ. λαῷ
41 οὐ παντὶ τ. λαῷ ἀλλὰ μάρτυσι τ. προκεχειροτονημένοις
42 παρήγγειλεν ἡμῖν κηρύξαι τ. λαῷ
12 4 βουλόμενος μετὰ τὸ πάσχα ἀναγαγεῖν αὐτὸν τ. λαῷ
11 [3] ἐξείλατό με ἐκ . . . πάσης τ. προσδοκίας τ. λαοῦ τ. Ἰουδαίων
13 15 εἴ τις ἔστιν ἐν ὑμῖν λόγος παρακλήσεως πρὸς τ. λαόν
17 [3] ὁ Θεὸς τ. λαοῦ τούτου Ἰσραὴλ ἐξελέξατο τ. πατέρας ἡμῶν·
κ. τ. λαὸν ὕψωσεν ἐν τῇ παροικίᾳ ἐν γῇ Αἰγύπτου
24 [3] προσκηρύξαντος . . . βάπτισμα μετανοίας παντὶ τ. λαῷ Ἰσραήλ
31 οἵτινες νῦν εἰσὶν μάρτυρες αὐτοῦ πρὸς τ. λαόν
15 14 λαβεῖν ἐξ ἐθνῶν λαὸν τ. ὀνόματι αὐτοῦ
18 10 διότι λαός ἐστίν μοι πολὺς ἐν τ. πόλει ταύτῃ
19 4 τῷ λαῷ λέγων εἰς τ. ἐρχόμενον μετ᾽ αὐτὸν ἵνα πιστεύσωσιν
21 28 ὁ ἄνθρωπος ὁ κατὰ τ. λαοῦ . . . πάντας πανταχῇ διδάσκων
30 ἐγένετο συνδρομὴ τ. λαοῦ
36 ἠκολούθει γὰρ τὸ πλῆθος τ. λαοῦ κράζοντες
39 ἐπίτρεψόν μοι λαλῆσαι πρὸς τ. λαόν

Ac 21 40 ὁ Παῦλος . . . κατέσεισεν τ. χειρὶ τ. λαῷ
23 5 ἄρχοντα τ. λαοῦ σου οὐκ ἐρεῖς κακῶς
נָשִׂיא בְעַמְּךָ לֹא תָאֹר, Ex. xxii. 27
26 17 ἐξαιρούμενός σε ἐκ τ. λαοῦ κ. ἐκ τ. ἐθνῶν
23 φῶς μέλλει καταγγέλλειν τῷ τε λαῷ κ. τ. ἔθνεσιν
28 17 ἐγὼ . . . οὐδὲν ἐναντίον ποιήσας τ. λαῷ
26 πορεύθητι πρὸς τ. λαὸν τοῦτον κ. εἰπόν
לֵךְ וְאָמַרְתָּ לָעָם הַזֶּה, Is. vi. 9
27 ἐπαχύνθη γὰρ ἡ καρδία τ. λαοῦ τούτου, *ib.* 10
Ro 9 25 [1] καλέσω τὸν οὐ λαόν μου λαόν μου
אָמַרְתִּי לְלֹא־עַמִּי עַמִּי־אַתָּה, Hos. ii. 25
26 [1] οὗ ἐρρέθη αὐτοῖς Οὐ λαός μου ὑμεῖς
אַתֶּם לֹא־עַמִּי, *id.* i. 10
10 21 ἐξεπέτασα τ. χεῖράς μου πρὸς λαὸν ἀπειθοῦντα κ. ἀντιλέγοντα
פֵּרַשְׂתִּי יָדַי כָּל־הַיּוֹם אֶל־עַם סוֹרֵר, Is. lxv. 2
11 1 [1] μὴ ἀπώσατο ὁ Θεὸς τ. λαὸν αὐτοῦ;
2 [1] οὐκ ἀπώσατο ὁ Θεὸς τ. λαὸν αὐτοῦ
לֹא יִטֹּשׁ יְהוָה עַמּוֹ, Ps. xciv. 14
15 10 εὐφράνθητε ἔθνη μετὰ τ. λαοῦ αὐτοῦ
הַרְנִינוּ גוֹיִם עַמּוֹ, Dt. xxxii. 43
11 [5] ἐπαινεσάτωσαν αὐτὸν πάντες οἱ λαοί
שַׁבְּחוּהוּ כָּל־הָאֻמִּים, Ps. cxvii. 1
1Co 10 7 ἐκάθισεν ὁ λαὸς φαγεῖν κ. πεῖν
וַיֵּשֶׁב הָעָם לֶאֱכֹל וְשָׁתוֹ, Ex. xxxii. 6
14 21 ἐν χείλεσιν ἑτέρων λαλήσω τ. λαῷ τούτῳ
בְּלָשׁוֹן אַחֶרֶת יְדַבֵּר אֶל־הָעָם הַזֶּה, Is. xxviii. 11
IICo 6 16 [1] ἔσομαι αὐτῶν Θεὸς κ. αὐτοὶ ἔσονταί μου λαός
הָיִיתִי לָכֶם לֵאלֹהִים וְאַתֶּם תִּהְיוּ־לִי לְעָם Lev. xxvi. 16
Tit 2 14 ἵνα . . . καθαρίσῃ ἑαυτῷ λαὸν περιούσιον
He 2 17 εἰς τὸ ἱλάσκεσθαι τ. ἁμαρτίας τ. λαοῦ
4 9 [1] ἀπολείπεται σαββατισμὸς τ. λαῷ τ. Θεοῦ
5 3 καθὼς περὶ τ. λαοῦ οὕτως κ. περὶ ἑαυτοῦ προσφέρειν περὶ ἁμαρτιῶν
7 5 ἐντολὴν ἔχουσιν ἀποδεκατοῖν τ. λαὸν κατὰ τ. νόμον
11 ὁ λαὸς γὰρ ἐπ᾽ αὐτῆς νενομοθέτηται
27 πρότερον ὑπὲρ τ. ἰδίων ἁμαρτιῶν . . . ἔπειτα τῶν τ. λαοῦ
8 10 αὐτοὶ ἔσονταί μοι εἰς λαόν
הֵמָּה יִהְיוּ־לִי לְעָם, Jer. xxxi. 33
9 7 ὃ προσφέρει ὑπὲρ ἑαυτοῦ κ. τῶν τ. λαοῦ ἀγνοημάτων
19 λαληθείσης γὰρ πάσης ἐντολῆς . . . παντὶ τ. λαῷ
19 αὐτό τε τὸ βιβλίον κ. πάντα τ. λαὸν ἐράντισεν
10 30 κρινεῖ Κύριος τ. λαὸν αὐτοῦ
יָדִין יְהוָה עַמּוֹ, Dt. xxxii. 36

He 11 25 [1] μᾶλλον ἑλόμενος συνκακουχεῖσθαι τ. λαῷ τ. Θεοῦ
13 12 ἵνα ἁγιάσῃ διὰ τ. ἰδίου αἵματος τ. λαόν
I Pe 2 9 ὑμεῖς δὲ . . . ἔθνος ἅγιον λαὸς εἰς περιποίησιν
וִהְיִיתֶם לִי סְגֻלָּה מִכָּל־הָעַמִּים, Ex. xix. 5
10 [1] οἵ ποτε οὐ λαὸς νῦν δὲ λαὸς Θεοῦ
II Pe 2 1 ἐγένοντο δὲ κ. ψευδοπροφῆται ἐν τ. λαῷ
Ju 5 Κύριος λαὸν ἐκ γῆς Αἰγύπτου σώσας
Re 5 9 ἠγόρασας τ. Θεῷ . . . ἐκ πάσης φυλῆς κ. γλώσσης κ. λαοῦ κ. ἔθνους
7 9 [5] ὄχλος πολὺς . . . ἐκ παντὸς ἔθνους κ. φυλῶν κ. λαῶν κ. γλωσσῶν
10 11 [5] δεῖ σε πάλιν προφητεῦσαι ἐπὶ λαοῖς κ. ἔθνεσιν
11 9 [5] βλέπουσιν ἐκ τ. λαῶν κ. φυλῶν κ. γλωσσῶν κ. ἐθνῶν
13 7 ἐξουσία ἐπὶ πᾶσαν φυλὴν κ. λαὸν κ. γλῶσσαν κ. ἔθνος
14 6 εὐαγγελίσαι . . . ἐπὶ πᾶν ἔθνος κ. φυλὴν κ. γλῶσσαν κ. λαόν
17 15 [5] τὰ ὕδατα ἃ εἶδες . . . λαοὶ κ. ὄχλοι εἰσὶν κ. ἔθνη κ. γλῶσσαι
18 4 [1] ἐξέλθατε ὁ λαός μου ἐξ αὐτῆς
ἐξ αὐτ. ὁ λ. μου, WH marg.
21 3 [1] [5] αὐτοὶ λαοὶ αὐτοῦ ἔσονται
λαός, WH marg.

ΛΑ΄ΡΥΓΞ 2995

Ro 3 13 τάφος ἀνεῳγμένος ὁ λάρυγξ αὐτῶν
קֶבֶר־פָּתוּחַ גְּרֹנָם, Ps. v. 10

ΛΑΣΕ΄Α 2996

Ac 27 8 ᾧ ἐγγὺς ἦν πόλις Λασέα
πόλ. ἦν Λασαία, T

ΛΑ΄ΣΚΩ * 2997

Ac 1 18 πρηνὴς γενόμενος ἐλάκησεν μέσος

ΛΑΤΟΜΕ΄Ω 2998

Mt 27 60 ὃ ἐλατόμησεν ἐν τ. πέτρᾳ
Mk 15 46 ὃ ἦν λελατομημένον ἐκ πέτρας

ΛΑΤΡΕΙ΄Α 2999

Jo 16 2 ἵνα . . . δόξῃ λατρείαν προσφέρειν τ. Θεῷ
Ro 9 4 ὧν . . . ἡ λατρεία κ. αἱ ἐπαγγελίαι
12 1 θυσίαν ζῶσαν . . . τ. λογικὴν λατρείαν ὑμῶν
He 9 1 εἶχεν μὲν οὖν κ. ἡ πρώτη δικαιώματα λατρείας
6 διὰ παντὸς εἰσίασιν οἱ ἱερεῖς τ. λατρείας ἐπιτελοῦντες

ΛΑΤΡΕΥ΄Ω 3000

Mt 4 10 αὐτῷ μόνῳ λατρεύσεις
אֹתוֹ תַעֲבֹד, Dt. vi. 13
Lu 1 74 τοῦ δοῦναι ἡμῖν ἀφόβως . . . λατρεύειν αὐτῷ
2 37 νηστείαις κ. δεήσεσι λατρεύουσα νύκτα κ. ἡμέραν
4 8 αὐτῷ μόνῳ λατρεύσεις, Dt. *l.c.*
Ac 7 7 λατρεύσουσίν μοι ἐν τ. τόπῳ τούτῳ, Gen. xv. 14, *cf.* Ex. iii. 12
7 42 παρέδωκεν αὐτοὺς λατρεύειν τ. στρατιᾷ τ. οὐρανοῦ
24 14 οὕτως λατρεύω τ. πατρῴῳ Θεῷ
26 7 ἐν ἐκτενείᾳ νύκτα κ. ἡμέραν λατρεῦον
27 23 τ. Θεοῦ οὗ εἰμὶ ᾧ κ. λατρεύω ἄγγελος
Ro 1 9 ᾧ λατρεύω ἐν τ. πνεύματί μου ἐν τ εὐαγγελίῳ τ. υἱοῦ αὐτοῦ
25 ἐσεβάσθησαν κ. ἐλάτρευσαν τ. κτίσει παρὰ τ. κτίσαντα
Phl 3 3 οἱ πνεύματι Θεοῦ λατρεύοντες
II Ti 1 3 ᾧ λατρεύω ἀπὸ προγόνων ἐν καθαρᾷ συνειδήσει
He 8 5 οἵτινες ὑποδείγματι κ. σκιᾷ λατρεύουσι τ. ἐπουρανίων
9 9 μὴ δυνάμεναι κατὰ συνείδησιν τελειῶσαι τ. λατρεύοντα
14 εἰς τὸ λατρεύειν Θεῷ ζῶντι
10 2 διὰ τὸ μηδεμίαν ἔχειν ἔτι συνείδησιν ἁμαρτιῶν τοὺς λατρεύοντας
12 28 δι' ἧς λατρεύωμεν εὐαρέστως τ. Θεῷ μετὰ εὐλαβείας κ. δέους
13 10 φαγεῖν οὐκ ἔχουσιν ἐξουσίαν οἱ τ. σκηνῇ λατρεύοντες
Re 7 15 λατρεύουσιν αὐτῷ ἡμέρας κ. νυκτὸς ἐν τ. ναῷ αὐτοῦ
22 3 οἱ δοῦλοι αὐτοῦ λατρεύσουσιν αὐτῷ

ΛΑ΄ΧΑΝΟΝ 3001

Mt 13 32 ὅταν δὲ αὐξηθῇ μεῖζον τ. λαχάνων ἐστίν
Mk 4 32 γίνεται μεῖζον πάντων τ. λαχάνων
Lu 11 42 ἀποδεκατοῦτε τὸ ἡδύοσμον κ. τὸ πήγανον κ. πᾶν λάχανον
Ro 14 2 ὁ δὲ ἀσθενῶν λάχανα ἐσθίει

ΛΕΒΒΑΙ΄ΟΣ 3002

Mt 10 3 Ἰάκωβος ὁ τ. Ἀλφαίου κ. Λεββαῖος
Θαδδαῖος, WH non mg. R
Mk 3 18 Ἰάκωβον τὸν τ. Ἀλφαίου κ. Λεββαῖον
Θαδδαῖον, TWH non mg. R

ΛΕΓΙΩ΄Ν * † 3003

Mt 26 53 παραστήσει μοι ἄρτι πλείω δώδεκα λεγιῶνας ἀγγέλων
λεγιώνων, T
Mk 5 9 λέγει αὐτῷ Λεγιὼν ὄνομά μοι
15 θεωροῦσιν τ. δαιμονιζόμενον καθήμενον . . . τ. ἐσχηκότα τ. λεγιῶνα
Lu 8 30 ὁ δὲ εἶπεν Λεγιὼν ὅτι εἰσῆλθεν δαιμόνια πολλὰ εἰς αὐτόν

ΛΕ΄ΓΩ 3004 cf. 2064.5

(1) c. acc. rei **(2)** c. acc. pers. **(3)** ὁ λεγόμενος, ὃ λέγεται **(4)** λέγ. ἐν ἑαυτ., ἐν τ. καρδίᾳ **(5)** seq. infin. **(6)** seq. πρός, μετά **(7)** c. adverb. **(8)** seq. εἰς, ἐπί **(9)** seq. ἵνα **(10)** ἔλεγα

Mt 1 16 [3] ἐξ ἧς ἐγεννήθη Ἰησοῦς ὁ λεγόμενος Χριστός
20 ἄγγελος Κυρίου κατ' ὄναρ ἐφάνη αὐτῷ λέγων
22 τὸ ῥηθὲν ὑπὸ Κυρίου διὰ τ. προφήτου λέγοντος
2 2 μάγοι ἀπὸ ἀνατολῶν παρεγένοντο . . . λέγοντες
13 ἄγγελος Κυρίου φαίνεται κατ ὄναρ τῷ Ἰωσὴφ λέγων

Mt 2 15 τὸ ῥηθὲν ὑπὸ Κυρίου διὰ τ. προφήτου λέγοντος
17 τὸ ῥηθὲν διὰ Ἰερεμίου τ. προφήτου λέγοντος
20 ἄγγελος Κυρίου φαίνεται κατ' ὄναρ τῷ Ἰωσὴφ . . . λέγων
23 [8] κατῴκησεν εἰς πόλιν λεγομένην Ναζαρέτ
3 2 κηρύσσων ἐν τῇ ἐρήμῳ τ. Ἰουδαίας λέγων
3 ὁ ῥηθεὶς διὰ Ἠσαίου τ. προφήτου λέγοντος
9 [4] μὴ δόξητε λέγειν ἐν ἑαυτοῖς
9 λέγω γὰρ ὑμῖν ὅτι δύναται ὁ Θεός
14 ὁ δὲ διεκώλυεν αὐτὸν λέγων
17 ἰδοὺ φωνὴ ἐκ τ. οὐρανῶν λέγουσα
4 6 ἔστησεν αὐτὸν ἐπὶ τὸ πτερύγιον τ. ἱεροῦ κ. λέγει αὐτῷ
10 τότε λέγει αὐτῷ ὁ Ἰησοῦς
14 τὸ ῥηθὲν διὰ Ἠσαίου τ. προφήτου λέγοντος
17 ἤρξατο ὁ Ἰησοῦς κηρύσσειν κ. λέγειν
18 [3] εἶδεν . . . Σιμῶνα τ. λεγόμενον Πέτρον
19 λέγει αὐτοῖς Δεῦτε ὀπίσω μου
5 2 ἐδίδασκεν αὐτοὺς λέγων
18 ἀμὴν γὰρ λέγω ὑμῖν
20 λέγω γὰρ ὑμῖν
22 ἐγὼ δὲ λέγω ὑμῖν
26 ἀμὴν λέγω σοι οὐ μὴ ἐξέλθῃς ἐκεῖθεν
28 ἐγὼ δὲ λέγω ὑμῖν
32 ἐγὼ δὲ λέγω ὑμῖν
34 [5] ἐγὼ δὲ λέγω ὑμῖν μὴ ὀμόσαι ὅλως
39 [5] ἐγὼ δὲ λέγω ὑμῖν μὴ ἀντιστῆναι τ. πονηρῷ
44 ἐγὼ δὲ λέγω ὑμῖν
6 2 ἀμὴν λέγω ὑμῖν ἀπέχουσιν τ. μισθὸν αὐτῶν
5 ἀμὴν λέγω ὑμῖν ἀπέχουσιν τ. μισθὸν αὐτῶν
16 ἀμὴν λέγω ὑμῖν ἀπέχουσιν τ. μισθὸν αὐτῶν
25 διὰ τοῦτο λέγω ὑμῖν
29 λέγω δὲ ὑμῖν ὅτι οὐδὲ Σολομὼν . . . περιεβάλετο
31 μὴ οὖν μεριμνήσητε λέγοντες
7 21 οὐ πᾶς ὁ λέγων μοι Κύριε Κύριε
8 2 λεπρὸς προσελθὼν προσεκύνει αὐτῷ λέγων
3 ἥψατο αὐτοῦ λέγων θέλω καθαρίσθητι
4 λέγει αὐτῷ ὁ Ἰησοῦς
6 ἑκατόνταρχος παρακαλῶν αὐτὸν κ. λέγων
7 λέγει αὐτῷ Ἐγὼ ἐλθὼν θεραπεύσω αὐτόν
9 λέγω τούτῳ Πορεύθητι κ. πορεύεται
10 ἀμὴν λέγω ὑμῖν παρ' οὐδενὶ τοσαύτην πίστιν εὗρον
11 λέγω δὲ ὑμῖν ὅτι πολλοὶ . . . ἥξουσιν
17 τὸ ῥηθὲν διὰ Ἠσαίου τ. προφήτου λέγοντος
20 λέγει αὐτῷ ὁ Ἰησοῦς
22 ὁ δὲ Ἰησοῦς λέγει αὐτῷ
25 προσελθόντες ἤγειραν αὐτὸν λέγοντες
26 λέγει αὐτοῖς Τί δειλοί ἐστε ὀλιγόπιστοι
27 οἱ δὲ ἄνθρωποι ἐθαύμασαν λέγοντες
29 ἰδοὺ ἔκραξαν λέγοντες
31 οἱ δὲ δαίμονες παρεκάλουν αὐτὸν λέγοντες
9 6 τότε λέγει τ. παραλυτικῷ
9 [3] εἶδεν ἄνθρωπον καθήμενον ἐπὶ τὸ τελώνιον Μαθθαῖον λεγόμενον,
κ. λέγει αὐτῷ Ἀκολούθει μοι
11 ἰδόντες οἱ Φαρισαῖοι ἔλεγον τ. μαθηταῖς αὐτοῦ
14 προσέρχονται αὐτῷ οἱ μαθηταὶ Ἰωάνου λέγοντες
18 ἄρχων εἷς προσελθὼν προσεκύνει αὐτῷ λέγων
21 [4] ἔλεγεν γὰρ ἐν ἑαυτῇ
24 ἔλεγεν Ἀναχωρεῖτε οὐ γὰρ ἀπέθανεν τὸ κοράσιον

Mt 9 27 δύο τυφλοὶ κράζοντες κ. λέγοντες
28 λέγει αὐτοῖς ὁ Κύριος
28 λέγουσιν αὐτῷ Ναὶ Κύριε.
29 τότε ἥψατο τ. ὀφθαλμῶν αὐτῶν λέγων
30 ἐνεβριμήθη αὐτοῖς ὁ Ἰησοῦς λέγων
33 ἐθαύμασαν οἱ ὄχλοι λέγοντες
34 οἱ δὲ Φαρισαῖοι ἔλεγον
h. v., [WH]
37 τότε λέγει τ. μαθηταῖς αὐτοῦ
10 2 [3] πρῶτος Σίμων ὁ λεγόμενος Πέτρος
5 ἀπέστειλεν ὁ Ἰησοῦς παραγγείλας αὐτοῖς λέγων
7 πορευόμενοι δὲ κηρύσσετε λέγοντες
15 ἀμὴν λέγω ὑμῖν ἀνεκτότερον ἔσται γῇ Σοδόμων
23 ἀμὴν γὰρ λέγω ὑμῖν οὐ μὴ τελέσητε τ. πόλεις τοῦ Ἰσραήλ
27 [1] ὃ λέγω ὑμῖν ἐν τ. σκοτίᾳ
42 ἀμὴν λέγω ὑμῖν Οὐ μὴ ἀπολέσῃ τ. μισθὸν αὐτοῦ
11 7 ἤρξατο ὁ Ἰησοῦς λέγειν τ. ὄχλοις περὶ Ἰωάνου
9 ναὶ λέγω ὑμῖν κ. περισσότερον προφήτου
11 ἀμὴν λέγω ὑμῖν οὐκ ἐγήγερται . . . μείζων Ἰωάνου
17 ἃ προσφωνοῦντα τ. ἑτέροις λέγουσιν
18 λέγουσιν Δαιμόνιον ἔχει
19 λέγουσιν Ἰδοὺ ἄνθρωπος φάγος κ. οἰνοπότης
22 πλὴν λέγω ὑμῖν Τύρῳ κ. Σιδῶνι ἀνεκτότερον ἔσται
24 πλὴν λέγω ὑμῖν ὅτι γῇ Σοδόμων ἀνεκτότερον ἔσται
12 6 λέγω δὲ ὑμῖν ὅτι τ. ἱεροῦ μεῖζόν ἐστιν ὧδε
10 ἐπηρώτησαν αὐτὸν λέγοντες
13 τότε λέγει τ. ἀνθρώπῳ
17 τὸ ῥηθὲν διὰ Ἠσαίου τ. προφήτου λέγοντος
23 ἐξίσταντο πάντες οἱ ὄχλοι κ. ἔλεγον
31 διὰ τοῦτο λέγω ὑμῖν
36 λέγω δὲ ὑμῖν ὅτι πᾶν ῥῆμα ἀργόν
38 ἀπεκρίθησαν αὐτῷ τινὲς τ. γραμματέων . . . λέγοντες
44 τότε λέγει Εἰς τ. οἶκόν μου ἐπιστρέψω
48 ὁ δὲ ἀποκριθεὶς εἶπεν τ. λέγοντι αὐτῷ
13 3 ἐλάλησεν αὐτοῖς πολλὰ ἐν παραβολαῖς λέγων
14 ἡ προφητεία Ἠσαίου ἡ λέγουσα
17 ἀμὴν γὰρ λέγω ὑμῖν
24 ἄλλην παραβολὴν παρέθηκεν αὐτοῖς λέγων
28 οἱ δὲ αὐτῷ λέγουσιν
οἱ δὲ δοῦλοι λέγ. αὐτ., T
31 ἄλλην παραβολὴν παρέθηκεν αὐτοῖς λέγων
35 τὸ ῥηθὲν διὰ τ. προφήτου λέγοντος
36 προσῆλθαν αὐτῷ οἱ μαθηταὶ αὐτοῦ λέγοντες
51 λέγουσιν αὐτῷ Ναί.
52 ὁ δὲ λέγει αὐτοῖς
εἶπεν, TWH non mg.
54 ὥστε ἐκπλήσσεσθαι αὐτοὺς κ. λέγειν
55 [3] οὐχ ἡ μήτηρ αὐτοῦ λέγεται Μαριάμ
14 5 ἔλεγεν γὰρ ὁ Ἰωάνης αὐτῷ
15 προσῆλθαν αὐτῷ οἱ μαθηταὶ λέγοντες
17 οἱ δὲ λέγουσιν αὐτῷ
26 ἐταράχθησαν λέγοντες ὅτι Φάντασμά ἐστιν
27 εὐθὺς δὲ ἐλάλησαν ὁ Ἰησοῦς αὐτοῖς λέγων
30 ἀρξάμενος καταποντίζεσθαι ἔκραξεν λέγων
31 εὐθέως δὲ ὁ Ἰησοῦς . . . λέγει αὐτῷ

Mt 14 33 προσεκύνησαν αὐτῷ λέγοντες
15 1 προσέρχονται τῷ Ἰησοῦ . . . Φαρισαῖοι κ. γραμματεῖς λέγοντες
4 ὁ γὰρ Θεὸς ἐνετείλατο λέγων
ὁ γὰρ Θεὸς εἶπεν, WHR
5 ὑμεῖς δὲ λέγετε
7 καλῶς ἐπροφήτευσεν περὶ ὑμῶν Ἠσαίας λέγων
12 τότε προσελθόντες οἱ μαθηταὶ λέγουσιν αὐτῷ
22 γυνὴ Χαναναία . . . ἔκραζεν λέγουσα
23 οἱ μαθηταὶ αὐτοῦ ἠρώτουν αὐτὸν λέγοντες
25 ἡ δὲ ἐλθοῦσα προσεκύνει αὐτῷ λέγουσα
33 λέγουσιν αὐτῷ οἱ μαθηταί
34 λέγει αὐτοῖς ὁ Ἰησοῦς
16 2 ὀψίας γενομένης λέγετε Εὐδία
—h. v., [T] [[WH]] R marg.
7 οἱ δὲ διελογίζοντο ἐν ἑαυτοῖς λέγοντες
13 ἠρώτα τ. μαθητὰς αὐτοῦ λέγων,
[2] [5] τίνα λέγουσιν οἱ ἄνθρωποι εἶναι τ. υἱὸν τ. ἀνθρώπου;
15 [2] [5] λέγει αὐτοῖς Ὑμεῖς δὲ τίνα με λέγετε εἶναι;
18 κἀγὼ δέ σοι λέγω ὅτι σὺ εἶ Πέτρος
22 ὁ Πέτρος ἤρξατο ἐπιτιμᾶν αὐτῷ λέγων
ὁ Π. λέγει αὐτῷ ἐπιτιμῶν, WH mg.
28 ἀμὴν λέγω ὑμῖν ὅτι εἰσίν τινες τ. ὧδε ἑστώτων
17 5 ἰδοὺ φωνὴ ἐκ τ. νεφέλης λέγουσα
9 ἐνετείλατο αὐτοῖς ὁ Ἰησοῦς λέγων
10 ἐπηρώτησαν αὐτὸν οἱ μαθηταὶ λέγοντες Τί οὖν οἱ γραμματεῖς λέγουσιν
12 λέγω δὲ ὑμῖν ὅτι Ἠλείας ἤδη ἦλθεν
15 ἄνθρωπος γονυπετῶν αὐτὸν κ. λέγων
20 ὁ δὲ λέγει αὐτοῖς
20 ἀμὴν γὰρ λέγω ὑμῖν ἐὰν ἔχητε πίστιν
25 λέγει Ναί
25 προέφθασεν αὐτὸν ὁ Ἰησοῦς λέγων
18 1 προσῆλθον οἱ μαθηταὶ τῷ Ἰησοῦ λέγοντες
3 ἀμὴν λέγω ὑμῖν ἐὰν μὴ στραφῆτε
10 λέγω γὰρ ὑμῖν ὅτι οἱ ἄγγελοι αὐτῶν . . . βλέπουσιν
13 ἀμὴν λέγω ὑμῖν ὅτι χαίρει ἐπ' αὐτῷ μᾶλλον
18 ἀμὴν λέγω ὑμῖν ὅσα ἐὰν δήσητε ἐπὶ τ. γῆς
19 πάλιν ἀμὴν λέγω ὑμῖν
22 λέγει αὐτῷ ὁ Ἰησοῦς Οὐ λέγω σοι ἕως ἑπτάκις
26 ὁ δοῦλος προσεκύνει αὐτῷ λέγων
28 κρατήσας αὐτὸν ἔπνιγεν λέγων
29 παρεκάλει αὐτὸν λέγων
32 προσκαλεσάμενος αὐτὸν ὁ κύριος αὐτοῦ λέγει αὐτῷ
19 3 πειράζοντες αὐτὸν κ. λέγοντες
7 λέγουσιν αὐτῷ Τί οὖν Μωυσῆς ἐνετείλατο
8 λέγει αὐτοῖς ὅτι Μωυσῆς πρὸς τ. σκληροκαρδίαν ὑμῶν ἐπέτρεψεν
9 λέγω δὲ ὑμῖν ὅτι ὃς ἂν ἀπολύσῃ
10 λέγουσιν αὐτῷ οἱ μαθηταί
17 [2] τί με λέγεις ἀγαθόν;
τί με ἐρωτᾷς περὶ τ. ἀγαθοῦ, TWHR non mg.
18 λέγει αὐτῷ Ποίας;
—λέγ. αὐτ., TWH marg.
20 λέγει αὐτῷ ὁ νεανίσκος
21 λέγει αὐτῷ ὁ Ἰησοῦς
ἔφη, TWH non mg.
23 ἀμὴν λέγω ὑμῖν ὅτι πλούσιος δυσκόλως εἰσελεύσεται
24 πάλιν δὲ λέγω ὑμῖν
25 ἐξεπλήσσοντο σφόδρα λέγοντες
28 ἀμὴν λέγω ὑμῖν ὅτι ὑμεῖς οἱ ἀκολουθήσαντές μοι

Mt 20 6 εὗρεν ἄλλους ἑστῶτας κ. λέγει αὐτοῖς
7 λέγουσιν αὐτῷ Ὅτι οὐδεὶς ἡμᾶς ἐμισθώσατο
λέγει αὐτοῖς Ὑπάγετε κ. ὑμεῖς
8 ὀψίας δὲ γενομένης λέγει ὁ κύριος τ. ἀμπελῶνος τ. ἐπιτρόπῳ αὐτοῦ
11 λαβόντες δὲ ἐγόγγυζον . . . λέγοντες
21 λέγει αὐτῷ Εἰπὲ ἵνα καθίσωσιν οὗτοι
ἡ δὲ εἶπεν, WH mg.
22 λέγουσιν αὐτῷ Δυνάμεθα.
23 λέγει αὐτοῖς Τὸ μὲν ποτήριόν μου πιεσθε
30 ἀκούσαντες ὅτι Ἰησοῦς παράγει ἔκραξαν λέγοντες
31 οἱ δὲ μεῖζον ἔκραξαν λέγοντες
33 λέγουσιν αὐτῷ Κύριε ἵνα ἀνοιγῶσιν
21 2 ἀπέστειλεν δύο μαθητὰς λέγων αὐτοῖς
4 τὸ ῥηθὲν διὰ τ. προφήτου λέγοντος
9 οἱ δὲ ὄχλοι . . . οἱ ἀκολουθοῦντες ἔκραζον λέγοντες
10 ἐσείσθη πᾶσα ἡ πόλις λέγουσα
11 οἱ δὲ ὄχλοι ἔλεγον
13 λέγει αὐτοῖς Γέγραπται
15 ἰδόντες . . . τ. παῖδας τ. κράζοντας ἐν τ. ἱερῷ κ. λέγοντας
16 [1] ἀκούεις τί οὗτοι λέγουσιν;
ὁ δὲ Ἰησοῦς λέγει αὐτοῖς Ναί
19 λέγει αὐτῇ Οὐ μηκέτι ἐκ σοῦ καρπὸς γένηται
20 ἰδόντες οἱ μαθηταὶ ἐθαύμασαν λέγοντες
21 ἀμὴν λέγω ὑμῖν ἐὰν ἔχητε πίστιν
23 προσῆλθαν αὐτῷ . . . οἱ πρεσβύτεροι τ. λαοῦ λέγοντες
25 οἱ δὲ διελογίζοντο ἐν ἑαυτοῖς λέγοντες
27 οὐδὲ ἐγὼ λέγω ὑμῖν ἐν ποίᾳ ἐξουσίᾳ ταῦτα ποιῶ
31 λέγουσιν Ὁ ὕστερος.
ὁ πρῶτος, TR
λέγει αὐτοῖς ὁ Ἰησοῦς Ἀμὴν λέγω ὑμῖν
37 ἀπέστειλεν πρὸς αὐτοὺς τ. υἱὸν αὐτοῦ λέγων
41 λέγουσιν αὐτῷ Κακοὺς κακῶς ἀπολέσει αὐτούς
42 λέγει αὐτοῖς ὁ Ἰησοῦς
43 διὰ τοῦτο λέγω ὑμῖν
45 οἱ Φαρισαῖοι . . . ἔγνωσαν ὅτι περὶ αὐτῶν λέγει
22 1 πάλιν εἶπεν ἐν παραβολαῖς αὐτοῖς λέγων
4 πάλιν ἀπέστειλεν ἄλλους δούλους λέγων
8 τότε λέγει τ. δούλοις αὐτοῦ
12 λέγει αὐτῷ Ἑταῖρε πῶς εἰσῆλθες
16 ἀποστέλλουσιν αὐτῷ τ. μαθητὰς αὐτῶν . . . λέγοντας
20 λέγει αὐτοῖς Τίνος ἡ εἰκὼν αὕτη κ. ἡ ἐπιγραφή;
λέγουσιν Καίσαρος.
21 τότε λέγει αὐτοῖς Ἀπόδοτε οὖν
23 [5] προσῆλθον αὐτῷ Σαδδουκαῖοι λέγοντες μὴ εἶναι ἀνάστασιν,
24 κ. ἐπηρώτησαν αὐτὸν λέγοντες
31 τὸ ῥηθὲν ὑμῖν ὑπὸ τ. Θεοῦ λέγοντος
42 ἐπηρώτησεν αὐτοὺς ὁ Ἰησοῦς λέγων
42 λέγουσιν αὐτῷ Τοῦ Δαυείδ.
43 λέγει αὐτοῖς Πῶς οὖν Δαυεὶδ ἐν πνεύματι καλεῖ αὐτὸν Κύριον λέγων
23 2 ἐλάλησεν τ. ὄχλοις κ. τ. μαθηταῖς αὐτοῦ λέγων
3 λέγουσιν γὰρ κ. οὐ ποιοῦσιν
16 οὐαὶ ὑμῖν ὁδηγοὶ τυφλοὶ οἱ λέγοντες Ὃς ἂν ὀμόσῃ ἐν τ. ναῷ

Mt 23 30 κοσμεῖτε τὰ μνημεῖα τ. δικαίων κ. λέγετε
36 ἀμὴν λέγω ὑμῖν ἥξει ταῦτα πάντα
39 λέγω γὰρ ὑμῖν Οὐ μή με ἴδητε ἀπ' ἄρτι
24 2 ἀμὴν λέγω ὑμῖν Οὐ μὴ ἀφεθῇ ὧδε
3 προσῆλθον αὐτῷ οἱ μαθηταὶ κατ' ἰδίαν λέγοντες
5 πολλοὶ γὰρ ἐλεύσονται ἐπὶ τ. ὀνόματί μου λέγοντες
34 ἀμὴν λέγω ὑμῖν ὅτι οὐ μὴ παρέλθῃ
47 ἀμὴν λέγω ὑμῖν ὅτι ἐπὶ πᾶσι τ. ὑπάρχουσιν αὐτοῦ καταστήσει αὐτόν
25 9 ἀπεκρίθησαν δὲ αἱ φρόνιμοι λέγουσαι
11 ἔρχονται κ. αἱ λοιπαὶ παρθένοι λέγουσαι
12 ἀμὴν λέγω ὑμῖν Οὐκ οἶδα ὑμᾶς
20 προσήνεγκεν ἄλλα πέντε τάλαντα λέγων
37 τότε ἀποκριθήσονται αὐτῷ οἱ δίκαιοι λέγοντες
40 ἀμὴν λέγω ὑμῖν 'Εφ' ὅσον ἐποιήσατε
44 τότε ἀποκριθήσονται κ. αὐτοὶ λέγοντες
45 τότε ἀποκριθήσεται αὐτοῖς λέγων 'Αμὴν λέγω ὑμῖν
26 3 [3] εἰς τ. αὐλὴν τ. ἀρχιερέως τ. λεγομένου Καιάφα
5 ἔλεγον δὲ Μη εν τ. ἑορτῇ
8 ἰδόντες δὲ οἱ μαθηταὶ ἠγανάκτησαν λέγοντες
13 ἀμὴν λέγω ὑμῖν ὅπου ἐὰν κηρυχθῇ
14 [3] εἷς τῶν δώδεκα ὁ λεγόμενος 'Ιούδας 'Ισκαριώτης
17 προσῆλθον οἱ μαθηταὶ τῷ 'Ιησοῦ λέγοντες
18 εἴπατε αὐτῷ 'Ο διδάσκαλος λέγει
21 ἀμὴν λέγω ὑμῖν ὅτι εἷς ἐξ ὑμῶν παραδώσει με
22 ἤρξαντο λέγειν αὐτῷ εἷς ἕκαστος
25 λέγει αὐτῷ Σὺ εἶπας
27 ἔδωκεν αὐτοῖς λέγων
29 λέγω δὲ ὑμῖν Οὐ μὴ πίω ἀπ' ἄρτι
31 τότε λέγει αὐτοῖς ὁ 'Ιησοῦς
34 ἀμὴν λέγω σοι ὅτι ἐν ταύτῃ τ. νυκτί
35 λέγει αὐτῷ ὁ Πέτρος
36 [3] ἔρχεται μετ' αὐτῶν ὁ 'Ιησοῦς εἰς χωρίον λεγόμενον Γεθσημανεί,
κ. λέγει τ. μαθηταῖς Καθίσατε αὐτοῦ
38 τότε λέγει αὐτοῖς Περίλυπός ἐστιν ἡ ψυχή μου
39 ἔπεσεν ἐπὶ πρόσωπον αὐτοῦ προσευχόμενος κ. λέγων
40 λέγει τ. Πέτρῳ
42 πάλιν ἐκ δευτέρου ἀπελθὼν προσηύξατο λέγων
[λέγων], WH
45 ἔρχεται πρὸς τ. μαθηταῖς κ. λέγει αὐτοῖς
48 ἔδωκεν αὐτοῖς σημεῖον λέγων
52 τότε λέγει αὐτῷ ὁ 'Ιησοῦς
64 λέγει αὐτῷ ὁ 'Ιησοῦς Σὺ εἶπας.
πλὴν λέγω ὑμῖν 'Απ' ἄρτι ὄψεσθε
65 διέρηξεν τὰ ἱμάτια αὐτοῦ λέγων
68 οἱ δὲ ἐράπισαν λέγοντες
69 προσῆλθεν αὐτῷ μία παιδίσκη λέγουσα
70 ὁ δὲ ἠρνήσατο ἔμπροσθεν πάντων λέγων,
[1] οὐκ οἶδα τί λέγεις
71 λέγει τοῖς ἐκεῖ Οὗτος ἦν μετὰ 'Ιησοῦ
27 4 ἔστρεψεν τὰ τριάκοντα ἀργύρια . . . λέγων
9 τὸ ῥηθὲν διὰ 'Ιερεμίου τ. προφήτου λέγοντος
11 ἐπηρώτησεν αὐτὸν ὁ ἡγεμὼν λέγων
11 ὁ δὲ 'Ιησοῦς ἔφη Σὺ λέγεις
ἔφ. αὐτῷ Σὺ λέγεις;, WH mg.
13 τότε λέγει αὐτῷ ὁ Πειλᾶτος
16 [3] εἶχον δὲ τότε δέσμιον ἐπίσημον λεγόμενον Βαραββᾶν

Mt 27 17 [3] Βαραββᾶν ἢ 'Ιησοῦν τ. λεγόμενον Χριστόν;
19 ἀπέστειλεν πρὸς αὐτὸν ἡ γυνὴ αὐτοῦ λέγουσα
22 λέγει αὐτοῖς ὁ Πειλᾶτος,
[3] τί οὖν ποιήσω 'Ιησοῦν τ. λεγόμενον Χριστόν;
λέγουσιν πάντες Σταυρωθήτω
23 οἱ δὲ περισσῶς ἔκραζον λέγοντες
24 ἀπενίψατο τ. χεῖρας κατέναντι τ. ὄχλου λέγων
29 ἐνέπαιξαν αὐτῷ λέγοντες
33 [3] ἐλθόντες εἰς τόπον λεγόμενον Γολγοθά,
[3] ὅ ἐστιν Κρανίου Τόπος λεγόμενος
40 κινοῦντες τ. κεφαλὰς αὐτῶν κ. λέγοντες
41 ὁμοίως κ. οἱ ἀρχιερεῖς ἐμπαίζοντες . . ἔλεγον
46 ἐβόησεν ὁ 'Ιησοῦς φωνῇ μεγάλῃ λέγων
47 τινὲς δὲ τῶν ἐκεῖ ἑστηκότων ἔλεγον
49 οἱ δὲ λοιποὶ ἔλεγον "Αφες ἴδωμεν
εἶπαν, WH non mg.
54 ἐφοβήθησαν σφόδρα λέγοντες
63 συνήχθησαν οἱ ἀρχιερεῖς . . . πρὸς Πειλᾶτον λέγοντες
28 9 'Ιησοῦς ὑπήντησεν αὐταῖς λέγων Χαίρετε
10 τότε λέγει αὐταῖς ὁ 'Ιησοῦς
13 ἀργύρια ἱκανὰ ἔδωκαν τ. στρατιώταις λέγοντες
18 προσελθὼν ὁ 'Ιησοῦς ἐλάλησεν αὐτοῖς λέγων
Mk 1 7 ἐκήρυσσεν λέγων
15 κηρύσσων τὸ εὐαγγέλιον τ. Θεοῦ κ. λέγων
—κ. λέγ., T [WH]
24 ἀνέκραξεν λέγων Τί ἡμῖν κ. σοί
25 ἐπιτίμησεν αὐτῷ ὁ 'Ιησοῦς λέγων
—λέγων, T [WH]
27 ὥστε συνζητεῖν αὐτοὺς λέγοντας
30 εὐθὺς λέγουσιν αὐτῷ περὶ αὐτῆς
37 λέγουσιν αὐτῷ ὅτι Πάντες ζητοῦσίν σε.
38 κ. λέγει αὐτοῖς "Αγωμεν ἀλλαχοῦ
40 παρακαλῶν αὐτὸν κ. γονυπετῶν λέγων αὐτῷ
41 λέγει αὐτῷ Θέλω καθαρίσθητι
44 εὐθὺς ἐξέβαλεν αὐτὸν κ. λέγει αὐτῷ
2 5 ἰδὼν ὁ 'Ιησοῦς τ. πίστιν αὐτῶν λέγει τ. παραλυτικῷ
8 ἐπιγνοὺς ὁ 'Ιησοῦς . . . λέγει αὐτοῖς
10 λέγει τ. παραλυτικῷ,
11 σοὶ λέγω "Εγειρε ἆρον τ. κράβαττόν σου
12 ὥστε . . . δοξάζειν τ. Θεὸν λέγοντας
λέγ. [WH]
14 εἶδεν Λευεὶν τὸν τ. 'Αλφαίου . . κ. λέγει αὐτῷ
16 οἱ γραμματεῖς . . . ἔλεγον τ. μαθηταῖς αὐτοῦ
17 ἀκούσας ὁ 'Ιησοῦς λέγει αὐτοῖς
18 ἔρχονται κ. λέγουσιν αὐτῷ
24 οἱ Φαρισαῖοι ἔλεγον αὐτῷ
25 λέγει αὐτοῖς Οὐδέποτε ἀνέγνωτε
27 ἔλεγεν αὐτοῖς Τὸ σάββατον διὰ τ. ἄνθρωπον ἐγένετο
3 3 λέγει τ. ἀνθρώπῳ τῷ τ. χεῖρα ἔχοντι ξηράν
4 λέγει αὐτοῖς "Εξεστιν τ. σάββασιν
5 λέγει τ. ἀνθρώπῳ "Εκτεινον τ. χεῖρά σου
11 τὰ πνεύματα τὰ ἀκάθαρτα . . . ἔκραζον λέγοντα
λέγοντες, TWH mg.
21 ἔλεγον γὰρ ὅτι ἐξέστη
22 οἱ γραμματεῖς οἱ ἀπὸ 'Ιεροσολύμων καταβάντες ἔλεγον
23 ἐν παραβολαῖς ἔλεγεν αὐτοῖς

Mk 3 28 ἀμὴν λέγω ὑμῖν ὅτι πάντα ἀφεθήσεται
30 ὅτι ἔλεγον Πνεῦμα ἀκάθαρτον ἔχει
32 λέγουσιν αὐτῷ Ἰδοὺ ἡ μήτηρ σου
33 ἀποκριθεὶς αὐτοῖς λέγει
34 περιβλεψάμενος τοὺς περὶ αὐτὸν κύκλῳ καθημένους λέγει
4 2 ἔλεγεν αὐτοῖς ἐν τ. διδαχῇ αὐτοῦ
9 κ. ἔλεγεν Ὃς ἔχει ὦτα ἀκούειν ἀκουέτω
11 ἔλεγεν αὐτοῖς Ὑμῖν τὸ μυστήριον δέδοται
13 λέγει αὐτοις Οὐκ οἴδατε τ. παραβολὴν ταύτην
21 ἔλεγεν αὐτοῖς ὅτι Μήτι ἔρχεται ὁ λύχνος
24 ἔλεγεν αὐτοῖς Βλέπετε τί ἀκούετε
26 κ. ἔλεγεν Οὕτως ἐστὶν ἡ βασιλεία τ. Θεοῦ
30 κ. ἔλεγεν Πῶς ὁμοιώσωμεν τ. βασιλείαν τ. Θεοῦ
35 λέγει αὐτοῖς ἐν ἐκείνῃ τ. ἡμέρᾳ
38 ἐγείρουσιν αὐτὸν κ. λέγουσιν αὐτῷ
41 ἔλεγον πρὸς ἀλλήλους
5 7 κράξας φωνῇ μεγάλῃ λέγει
8 ἔλεγεν γὰρ αὐτῷ Ἔξελθε
9 λέγει αὐτῷ Λεγιὼν ὄνομά μοι
12 παρεκάλουν αὐτὸν λέγοντες
19 οὐκ ἀφῆκεν αὐτὸν ἀλλὰ λέγει αὐτῷ
23 παρακαλεῖ αὐτὸν πολλὰ λέγων
28 ἔλεγεν γὰρ ὅτι Ἐὰν ἅψωμαι κἂν τ. ἱματίων αὐτοῦ
30 ἐπιστραφεὶς ἐν τ. ὄχλῳ ἔλεγεν
31 ἔλεγον αὐτῷ οἱ μαθηταὶ αὐτοῦ,
βλέπεις τ. ὄχλον συνθλίβοντά σε κ. λέγεις
35 ἔρχονται ἀπὸ τ. ἀρχισυναγώγου λέγοντες
36 παρακούσας τ. λόγον λαλούμενον λέγει τ. ἀρχισυναγώγῳ
39 εἰσελθὼν λέγει αὐτοῖς
41 λέγει αὐτῇ Ταλειθὰ κούμ·
41 τὸ κοράσιον σοὶ λέγω ἔγειρε
6 2 ἐξεπλήσσοντο λέγοντες
4 ἔλεγεν αὐτοῖς ὁ Ἰησοῦς
10 ἔλεγεν αὐτοῖς Ὅπου ἐὰν εἰσέλθητε
14 κ. ἔλεγον ὅτι Ἰωάνης ὁ βαπτίζων ἐγήγερται
ἔλεγεν, TWH mg. R non mg.
15 ἄλλοι δὲ ἔλεγον ὅτι Ἠλείας ἐστίν·
ἄλλοι δὲ ἔλεγον ὅτι προφήτης
16 ἀκούσας δὲ ὁ Ἡρῴδης ἔλεγεν
18 ἔλεγεν γὰρ ὁ Ἰωάνης τ. Ἡρῴδῃ
25 ᾐτήσατο λέγουσα
31 λέγει αὐτοῖς Δεῦτε ὑμεῖς αὐτοὶ κατ' ἰδίαν
35 προσελθόντες αὐτῷ οἱ μαθηταὶ αὐτοῦ ἔλεγον
37 λέγουσιν αὐτῷ Ἀπελθόντες ἀγοράσωμεν
38 ὁ δὲ λέγει αὐτοῖς Πόσους ἔχετε ἄρτους;
38 κ. γνόντες λέγουσιν Πέντε
50 ὁ δὲ εὐθὺς ἐλάλησεν μετ' αὐτῶν κ. λέγει αὐτοῖς
7 9 ἔλεγεν αὐτοῖς Καλῶς ἀθετεῖτε τ. ἐντολήν
11 ὑμεῖς δὲ λέγετε Ἐὰν εἴπῃ ἄνθρωπος
14 προσκαλεσάμενος πάλιν τ. ὄχλον ἔλεγεν αὐτοῖς
18 λέγει αὐτοῖς Οὕτως κ. ὑμεῖς ἀσύνετοί ἐστε;
20 ἔλεγεν δὲ ὅτι τὸ ἐκ τ. ἀνθρώπου ἐκπορευόμενον . . . κοινοῖ
27 ἔλεγεν αὐτῇ Ἄφες πρῶτον χορτασθῆναι
28 ἡ δὲ ἀπεκρίθη κ. λέγει αὐτῷ
34 ἐστέναξεν κ. λέγει αὐτῷ
36 διεστείλατο αὐτοῖς ἵνα μηδενὶ λέγωσιν
37 ὑπερπερισσῶς ἐξεπλήσσοντο λέγοντες
8 1 προσκαλεσάμενος τ. μαθητὰς λέγει αὐτοῖς
12 ἀναστενάξας τ. πνεύματι αὐτοῦ λέγει

Mk 8 12 ἀμὴν λέγω Εἰ δοθήσεται . . . σημεῖον
λέγ. ὑμῖν, TWH mg. R
15 διεστέλλετο αὐτοῖς λέγων
17 κ. γνοὺς λέγει αὐτοῖς
19 λέγουσιν αὐτῷ Δώδεκα
20 λέγουσιν αὐτῷ Ἑπτά.
21 κ. ἔλεγεν αὐτοῖς Οὔπω συνίετε;
24 ἀναβλέψας ἔλεγεν
26 ἀπέστειλεν αὐτὸν εἰς οἶκον αὐτοῦ λέγων
27 ἐπηρώτα τ. μαθητὰς αὐτοῦ λέγων αὐτοῖς,
[2] [5] τίνα με λέγουσιν οἱ ἄνθρωποι εἶναι;
28 οἱ δὲ εἶπαν αὐτῷ λέγοντες
29 [2] [5] ὑμεῖς δὲ τίνα με λέγετε εἶναι;
ἀποκριθεὶς ὁ Πέτρος λέγει αὐτῷ
30 ἵνα μηδενὶ λέγωσιν περὶ αὐτοῦ
33 ἐπετίμησεν Πέτρῳ κ. λέγει
9 1 ἔλεγεν αὐτοῖς Ἀμὴν λέγω ὑμῖν
5 ἀποκριθεὶς ὁ Πέτρος λέγει τ. Ἰησοῦ
11 ἐπηρώτων αὐτὸν λέγοντες Ὅτι λέγουσιν οἱ γραμματεῖς
13 ἀλλὰ λέγω ὑμῖν ὅτι κ. Ἠλείας ἐλήλυθεν
19 ὁ δὲ ἀποκριθεὶς αὐτοῖς λέγει
24 κράξας ὁ πατὴρ τ. παιδίου ἔλεγεν
25 ἐπετίμησεν τ. πνεύματι τ. ἀκαθάρτῳ λέγων αὐτῷ
26 ὥστε τ. πολλοὺς λέγειν ὅτι ἀπέθανεν
31 ἐδίδασκεν γὰρ τ. μαθητὰς αὐτοῦ κ. ἔλεγεν αὐτοῖς
35 ἐφώνησεν τοὺς δώδεκα κ. λέγει αὐτοῖς
41 ἀμὴν λέγω ὑμῖν ὅτι οὐ μὴ ἀπολέσῃ τ. μισθὸν αὐτοῦ
10 11 λέγει αὐτοῖς Ὃς ἂν ἀπολύσῃ τ. γυναῖκα αὐτοῦ
15 ἀμὴν λέγω ὑμῖν ὃς ἂν μὴ δέξηται
18 [2] τί με λέγεις ἀγαθόν;
23 περιβλεψάμενος ὁ Ἰησοῦς λέγει τ. μαθηταῖς αὐτοῦ
24 ὁ δὲ Ἰησοῦς πάλιν ἀποκριθεὶς λέγει αὐτοῖς
26 οἱ δὲ περισσῶς ἐξεπλήσσοντο λέγοντες πρὸς αὐτόν
27 ἐμβλέψας αὐτοῖς ὁ Ἰησοῦς λέγει
28 ἤρξατο λέγειν ὁ Πέτρος αὐτῷ
29 ἔφη ὁ Ἰησοῦς Ἀμὴν λέγω ὑμῖν
32 ἤρξατο αὐτοῖς λέγειν τὰ μέλλοντα αὐτῷ συμβαίνειν
35 προσπορεύονται αὐτῷ . . . οἱ υἱοὶ Ζεβεδαίου λέγοντες αὐτῷ
42 προσκαλεσάμενος αὐτοὺς ὁ Ἰησοῦς λέγει αὐτοῖς
47 ἤρξατο κράζειν κ. λέγειν
49 φωνοῦσιν τ. τυφλὸν λέγοντες αὐτῷ
11 2 ἀποστέλλει δύο τ. μαθητῶν αὐτοῦ κ. λέγει αὐτοῖς
5 κ. τινες τῶν ἐκεῖ ἑστηκότων ἔλεγον αὐτοῖς
17 ἐδίδασκεν κ. ἔλεγεν αὐτοῖς
—αὐτοῖς, WH non mg.
21 ἀναμνησθεὶς ὁ Πέτρος λέγει αὐτῷ
22 ἀποκριθεὶς ὁ Ἰησοῦς λέγει αὐτοῖς
23 ἀμὴν λέγω ὑμῖν ὅτι ὃς ἂν εἴπῃ τ. ὄρει τούτῳ
24 διὰ τοῦτο λέγω ὑμῖν
28 ἔλεγον αὐτῷ Ἐν ποίᾳ ἐξουσίᾳ ταῦτα ποιεῖς;
31 διελογίζοντο πρὸς ἑαυτοὺς λέγοντες
33 ἀποκριθέντες τῷ Ἰησοῦ λέγουσιν Οὐκ οἴδαμεν.
κ. ὁ Ἰησοῦς λέγει αὐτοῖς,
οὐδὲ ἐγὼ λέγω ὑμῖν ἐν ποίᾳ ἐξουσίᾳ ταῦτα ποιῶ

Mk 12 6 [6] ἀπέστειλεν αὐτὸν ἔσχατον πρὸς αὐτοὺς λέγων
14 ἐλθόντες λέγουσιν αὐτῷ Διδάσκαλε
16 λέγει αὐτοῖς Τίνος ἡ εἰκὼν αὕτη
18 [5] οἵτινες λέγουσιν ἀνάστασιν μὴ εἶναι· κ. ἐπηρώτων αὐτὸν λέγοντες
26 πῶς εἶπεν αὐτῷ ὁ Θεὸς λέγων
35 ἀποκριθεὶς ὁ Ἰησοῦς ἔλεγεν διδάσκων ἐν τ. ἱερῷ,
πῶς λέγουσιν οἱ γραμματεῖς
37 [2] αὐτὸς Δαυεὶδ λέγει αὐτὸν κύριον
38 ἐν τ. διδαχῇ αὐτοῦ ἔλεγεν
43 εἶπεν αὐτοῖς Ἀμὴν λέγω ὑμῖν
13 1 λέγει αὐτῷ εἷς τ. μαθητῶν αὐτοῦ
5 ὁ δὲ Ἰησοῦς ἤρξατο λέγειν αὐτοῖς
6 πολλοὶ ἐλεύσονται ἐπὶ τ. ὀνόματί μου λέγοντες
30 ἀμὴν λέγω ὑμῖν ὅτι οὐ μὴ παρέλθῃ ἡ γενεὰ αὕτη
37 [1] ὃ δὲ ὑμῖν λέγω πᾶσι λέγω Γρηγορεῖτε
14 2 ἔλεγον γὰρ Μὴ ἐν τ. ἑορτῇ
4 οἱ δὲ μαθηταὶ αὐτοῦ διεπονοῦντο κ. ἔλεγον
—h. v., TWH non mg. R
9 ἀμὴν δὲ λέγω ὑμῖν
12 λέγουσιν αὐτῷ οἱ μαθηταὶ αὐτοῦ
13 ἀποστέλλει δύο τ. μαθητῶν αὐτοῦ κ. λέγει αὐτοῖς
14 ὁ διδάσκαλος λέγει Ποῦ ἐστὶν τὸ κατάλυμά μου
18 ὁ Ἰησοῦς εἶπεν Ἀμὴν λέγω ὑμῖν
19 ἤρξαντο λυπεῖσθαι κ. λέγειν αὐτῷ εἷς κατὰ εἷς
25 ἀμὴν λέγω ὑμῖν ὅτι οὐκέτι οὐ μὴ πίω
27 λέγει αὐτοῖς ὁ Ἰησοῦς
30 λέγει αὐτῷ ὁ Ἰησοῦς Ἀμὴν λέγω σοι
31 ὡσαύτως δὲ κ. πάντες ἔλεγον
32 λέγει τ. μαθηταῖς αὐτοῦ Καθίσατε ὧδε
34 λέγει αὐτοῖς Περίλυπός ἐστιν ἡ ψυχή μου
36 ἔλεγεν Ἀββὰ ὁ πατήρ
37 λέγει τ. Πέτρῳ Σίμων καθεύδεις;
41 ἔρχεται τὸ τρίτον κ. λέγει αὐτοῖς
44 δεδώκει δὲ . . . σύνσημον αὐτοῖς λέγων
45 εὐθὺς προσελθὼν αὐτῷ λέγει Ῥαββεί
57 ἐψευδομαρτύρουν κατ' αὐτοῦ λέγοντες
58 ἡμεῖς ἠκούσαμεν αὐτοῦ λέγοντος
60 ἐπηρώτησεν τ. Ἰησοῦν λέγων
61 πάλιν ὁ ἀρχιερεὺς . . . λέγει αὐτῷ
63 ὁ δὲ ἀρχιερεὺς διαρήξας τ. χιτῶνας αὐτοῦ λέγει
65 ἤρξαντό τινες ἐμπτύειν αὐτῷ . . . κ. λέγειν αὐτῷ
67 ἐμβλέψασα αὐτῷ λέγει
68 ὁ δὲ ἠρνήσατο λέγων,
[1] οὔτε οἶδα οὔτε ἐπίσταμαι σὺ τί λέγεις
ἐπίσταμαι· σὺ τί λέγεις;, WH mg. R mg.
69 ἤρξατο πάλιν λέγειν τ. παρεστῶσιν
εἶπεν τ. παρ., WH mg.
70 πάλιν οἱ παρεστῶτες ἔλεγον τ. Πέτρῳ
71 [2] οὐκ οἶδα τ. ἄνθρωπον τοῦτον ὃν λέγετε
15 2 ὁ δὲ ἀποκριθεὶς αὐτῷ λέγει Σὺ λέγεις
λέγεις;, WH mg
4 ὁ δὲ Πειλᾶτος πάλιν ἐπηρώτα αὐτόν λέγων
—λέγων, T [WH]
7 [3] ἦν δὲ ὁ λεγόμενος Βαραββᾶς . . . δεδεμένος
9 ὁ δὲ Πειλᾶτος ἀπεκρίθη αὐτοῖς λέγων
12 ὁ δὲ Πειλᾶτος πάλιν ἀποκριθεὶς ἔλεγεν αὐτοῖς.

Mk 15 *12* [2] τί οὖν ποιήσω ὃν λέγετε τ. βασιλέα τ. Ἰουδαίων;
14 ὁ δὲ Πειλᾶτος ἔλεγεν αὐτοῖς
28 ἐπληρώθη ἡ γραφὴ ἡ λέγουσα
—h. v., TWHR non mg.
29 κινοῦντες τ. κεφαλὰς αὐτῶν κ. λέγοντες
31 ὁμοίως κ. οἱ ἀρχιερεῖς ἐμπαίζοντες . . . ἔλεγον
35 τινὲς τ. παρεστηκότων ἀκούσαντες ἔλεγον
36 ἐπότιζεν αὐτὸν λέγων
16 3 [6] ἔλεγον πρὸς ἑαυτάς
6 ὁ δὲ λέγει αὐταῖς Μὴ ἐκθαμβεῖσθε
Lu 1 24 περιέκρυβεν ἑαυτὴν μῆνας πέντε λέγουσα
63 αἰτήσας πινακίδιον ἔγραψεν λέγων
66 ἔθεντο πάντες οἱ ἀκούσαντες ἐν τ. καρδίᾳ αὐτῶν λέγοντες
67 Ζακαρίας ὁ πατὴρ αὐτοῦ . . . ἐπροφήτευσεν λέγων
2 13 αἰνούντων τ. Θεὸν κ. λεγόντων
3 7 ἔλεγεν οὖν τ. ἐκπορευομένοις ὄχλοις
8 [4] μὴ ἄρξησθε λέγειν ἐν ἑαυτοῖς
8 λέγω γὰρ ὑμῖν ὅτι δύναται ὁ Θεός
10 ἐπηρώτων αὐτὸν οἱ ὄχλοι λέγοντες Τί οὖν ποιήσωμεν;
11 ἀποκριθεὶς δὲ ἔλεγεν αὐτοῖς
14 ἐπηρώτων δὲ αὐτὸν κ. στρατευόμενοι λέγοντες
16 ἀπεκρίνατο λέγων πᾶσιν ὁ Ἰωάνης
4 21 [6] ἤρξατο δὲ λέγειν πρὸς αὐτούς
22 κ. ἔλεγον Οὐχὶ υἱός ἐστιν Ἰωσὴφ οὗτος;
24 εἶπεν δὲ Ἀμὴν λέγω ὑμῖν
25 [7] ἐπ' ἀληθείας δὲ λέγω ὑμῖν
35 ἐπετίμησεν αὐτῷ ὁ Ἰησοῦς λέγων
36 συνελάλουν πρὸς ἀλλήλους λέγοντες
41 ἐξήρχετο δὲ κ. δαιμόνια . . . κράζοντα κ. λέγοντα
5 8 προσέπεσεν τ. γόνασιν Ἰησοῦ λέγων
12 ἐδεήθη αὐτοῦ λέγων
13 ἥψατο αὐτοῦ λέγων Θέλω καθαρίσθητι
εἰπών, T
21 ἤρξαντο διαλογίζεσθαι οἱ γραμματεῖς . . . λέγοντες
24 εἶπεν τ. παραλελυμένῳ Σοὶ λέγω ἔγειρε
26 ἐπλήσθησαν φόβου λέγοντες
30 ἐγόγγυζον οἱ Φαρισαῖοι . . . πρὸς τ. μαθητὰς αὐτοῦ λέγοντες
36 [1] [6] ἔλεγεν δὲ κ. παραβολὴν πρὸς αὐτούς
39 λέγει γὰρ Ὁ παλαιὸς χρηστός ἐστιν
h. v., [WH]
6 5 ἔλεγεν αὐτοῖς ὅτι Κύριός ἐστιν τ. σαββάτου
20 ἐπάρας τ. ὀφθαλμοὺς αὐτοῦ εἰς τ. μαθητὰς αὐτοῦ ἔλεγεν
27 ἀλλὰ ὑμῖν λέγω τ. ἀκούουσιν
42 πῶς δύνασαι λέγειν τ. ἀδελφῷ σου
46 [1] οὐ ποιεῖτε ἃ λέγω
7 4 παρεκάλουν αὐτὸν σπουδαίως λέγοντες
6 ἔπεμψεν φίλους ὁ ἑκατοντάρχης λέγων αὐτῷ
8 λέγω τούτῳ Πορεύθητι κ. πορεύεται
9 λέγω ὑμῖν Οὐδὲ ἐν τῷ Ἰσραὴλ τοσαύτην πίστιν εὗρον
14 νεανίσκε σοὶ λέγω ἐγέρθητι
16 ἐδόξαζον τ. Θεὸν λέγοντες
19 ὁ Ἰωάνης ἔπεμψεν πρὸς τ. Κύριον λέγων
20 Ἰωάνης ὁ βαπτιστὴς ἀπέστειλεν ἡμᾶς πρὸς σε λέγων

Lu 7 24 [6] ἤρξατο λέγειν πρὸς τ. ὄχλους περὶ Ἰωάνου
26 ναὶ λέγω ὑμῖν κ. περισσότερον προφήτου
28 λέγω ὑμῖν μείζων ἐν γεννητοῖς γυναικῶν Ἰωάνου οὐδείς ἐστιν
32 ὅμοιοί εἰσιν παιδίοις . . . ἃ λέγει
λέγοντες, T
33 λέγετε Δαιμόνιον ἔχει
34 λέγετε Ἰδοὺ ἄνθρωπος φάγος κ. οἰνοπότης
39 [4] εἶπεν ἐν ἑαυτῷ λέγων
47 οὗ χάριν λέγω σοι ἀφέωνται
49 [4] ἤρξαντο οἱ συνανακείμενοι λέγειν ἐν ἑαυτοῖς
8 8 ταῦτα λέγων ἐφώνει
24 προσελθόντες δὲ διήγειραν αὐτὸν λέγοντες
25 [6] ἐθαύμασαν λέγοντες πρὸς ἀλλήλους
30 ἐπηρώτησεν δὲ αὐτὸν ὁ Ἰησοῦς λέγων
—λέγων, WHR
38 ἀπέλυσεν δὲ αὐτὸν λέγων Ὑπόστρεφε
49 ἔρχεταί τις παρὰ τ. ἀρχισυναγώγου λέγων
54 κρατήσας τ. χειρὸς αὐτῆς ἐφώνησεν λέγων
9 7 διηπόρει διὰ τὸ λέγεσθαι ὑπό τινων
18 ἐπηρώτησεν αὐτοὺς λέγων
20 [2 5] ὑμεῖς δὲ τίνα με λέγετε εἶναι;
21 [1] παρήγγειλεν μηδενὶ λέγειν τοῦτο
23 [6] ἔλεγεν δὲ πρὸς πάντας
27 [7] λέγω δὲ ὑμῖν ἀληθῶς
31 [1] ὀφθέντες ἐν δόξῃ ἔλεγον τὴν ἔξοδον αὐτοῦ
33 [1] μὴ εἰδὼς ὃ λέγει.
34 [1] ταῦτα δὲ αὐτοῦ λέγοντος
35 φωνὴ ἐγένετο ἐκ τ. νεφέλης λέγουσα
38 ἀνὴρ ἀπὸ τ. ὄχλου ἐβόησεν λέγων
10 2 [6] ἔλεγεν δὲ πρὸς αὐτούς
5 πρῶτον λέγετε Εἰρήνη τ. οἴκῳ τούτῳ
9 λέγετε αὐτοῖς Ἤγγικεν ἐφ' ὑμᾶς ἡ βασιλεία τ. Θεοῦ
12 λέγω ὑμῖν ὅτι Σοδόμοις . . . ἀνεκτότερον ἔσται
17 ὑπέστρεψαν δὲ οἱ ἑβδομήκοντα δύο μετὰ χαρᾶς λέγοντες
24 λέγω γὰρ ὑμῖν ὅτι πολλοὶ προφῆται . . . ἠθέλησαν ἰδεῖν
25 νομικός τις ἀνέστη . . . λέγων
11 2 ὅταν προσεύχησθε λέγετε Πάτερ
8 λέγω ὑμῖν εἰ καὶ οὐ δώσει αὐτῷ ἀναστάς
9 κἀγὼ λέγω ὑμῖν Αἰτεῖτε
18 [5] ὅτι λέγετε ἐν Βεεζεβοὺλ ἐκβάλλειν με
24 μὴ εὑρίσκον τότε λέγει
27 [1] ἐγένετο δὲ ἐν τ. λέγειν αὐτὸν ταῦτα
29 τ. δὲ ὄχλων ἐπαθροιζομένων ἤρξατο λέγειν
45 ἀποκριθεὶς δέ τις τ. νομικῶν λέγει αὐτῷ, [1] διδάσκαλε ταῦτα λέγων κ. ὑμᾶς ὑβρίζεις
51 ναὶ λέγω ὑμῖν ἐκζητηθήσεται ἀπὸ τ. γενεᾶς ταύτης
53 [1 6] λέγοντος δὲ αὐτοῦ ταῦτα πρὸς αὐτούς
—h. v., TWH non mg. R
12 1 [6] ἤρξατο λέγειν πρὸς τ. μαθητὰς αὐτοῦ
4 λέγω δὲ ὑμῖν τ. φίλοις μου
5 ναὶ λέγω ὑμῖν τοῦτον φοβήθητε
8 λέγω δὲ ὑμῖν Πᾶς ὃς ἂν ὁμολογήσει ἐν ἐμοί
16 εἶπεν δὲ παραβολὴν πρὸς αὐτοὺς λέγων
17 διελογίζετο ἐν αὐτῷ λέγων
22 διὰ τοῦτο λέγω ὑμῖν
ὑμῖν λέγω, TWH mg.
27 λέγω δὲ ὑμῖν οὐδὲ Σολομὼν . . . περιεβάλετο

Lu 12 37 ἀμὴν λέγω ὑμῖν ὅτι περιζώσεται
41 [6] πρὸς ἡμᾶς τ. παραβολὴν ταύτην λέγεις
44 [7] ἀληθῶς λέγω ὑμῖν
51 οὐχὶ λέγω ὑμῖν ἀλλ' ἢ διαμερισμόν
54 ἔλεγεν δὲ κ. τ. ὄχλοις
54 εὐθέως λέγετε ὅτι Ὄμβρος ἔρχεται
55 λέγετε ὅτι Καύσων ἔσται
59 λέγω σοι οὐ μὴ ἐξέλθῃς ἐκεῖθεν
13 3 οὐχὶ λέγω ὑμῖν
5 οὐχὶ λέγω ὑμῖν
6 [1] ἔλεγεν δὲ ταύτην τ. παραβολήν
8 ὁ δὲ ἀποκριθεὶς λέγει αὐτῷ
14 ἀποκριθεὶς δὲ ὁ ἀρχισυνάγωγος . . . ἔλεγεν τ. ὄχλῳ
17 [1] ταῦτα λέγοντος αὐτοῦ
18 ἔλεγεν οὖν Τίνι ὁμοία ἐστὶν ἡ βασιλεία τ. Θεοῦ;
24 πολλοὶ λέγω ὑμῖν ζητήσουσιν εἰσελθεῖν
25 ἔξω ἑστάναι κ. κρούειν τ. θύραν λέγοντες
26 τότε ἄρξεσθε λέγειν
27 ἐρεῖ λέγων ὑμῖν Οὐκ οἶδα πόθεν ἐστέ
λέγω, TR
31 προσῆλθάν τινες Φαρισαῖοι λέγοντες αὐτῷ
35 λέγω δὲ ὑμῖν οὐ μὴ ἴδητέ με ἕως εἴπητε
14 3 εἶπεν πρὸς τ. νομικοὺς κ. Φαρισαίους λέγων
7 [1 6] ἔλεγεν δὲ πρὸς τ. κεκλημένους παραβολήν . . . λέγων πρὸς αὐτούς
12 ἔλεγεν δὲ κ. τ. κεκληκότι αὐτόν
24 λέγω γὰρ ὑμῖν ὅτι οὐδεὶς . . . γεύσεται
30 μὴ . . . ἄρξωνται αὐτῷ ἐμπαίζειν λέγοντες
15 2 διεγόγγυζον οἵ τε Φαρισαῖοι . . . λέγοντες
3 εἶπεν δὲ . . . τ. παραβολὴν ταύτην λέγων
6 συνκαλεῖ τ. φίλους κ. τ. γείτονας λέγων αὐτοῖς
7 λέγω ὑμῖν ὅτι οὕτως χαρὰ ἐν τ. οὐρανῷ ἔσται
9 συνκαλεῖ τ. φίλας κ. γείτονας λέγουσα
10 οὕτως λέγω ὑμῖν γίνεται χαρά
16 1 [6] ἔλεγεν δὲ κ. πρὸς τ. μαθητάς
5 ἔλεγεν τ. πρώτῳ Πόσον ὀφείλεις
7 λέγει αὐτῷ Δέξαι σου τὰ γράμματα
9 ἐγὼ ὑμῖν λέγω ἑαυτοῖς ποιήσατε φίλους
29 λέγει δὲ Ἀβραὰμ Ἔχουσιν Μωυσέα
17 4 ἐὰν ἑπτάκις . . . ἐπιστρέψῃ πρός σε λέγων Μετανοῶ
6 ἐλέγετε ἂν τ. συκαμίνῳ ταύτῃ
10 ὅταν ποιήσητε πάντα τὰ διαταχθέντα ὑμῖν λέγετε
13 αὐτοὶ ἦραν φωνὴν λέγοντες
34 λέγω ὑμῖν ταύτῃ τ. νυκτὶ ἔσονται δύο
37 ἀποκριθέντες λέγουσιν αὐτῷ
18 1 [1] ἔλεγεν δὲ παραβολὴν αὐτοῖς . . . λέγων
3 ἤρχετο πρὸς αὐτὸν λέγουσα
6 [1] ἀκούσατε τί ὁ κριτὴς τ. ἀδικίας λέγει
8 λέγω ὑμῖν ὅτι ποιήσει τ. ἐκδίκησιν αὐτῶν
13 ἔτυπτεν τὸ στῆθος ἑαυτοῦ λέγων
14 λέγω ὑμῖν κατέβη οὗτος δεδικαιωμένος
16 ὁ δὲ Ἰησοῦς προσεκαλέσατο αὐτὰ λέγων
17 ἀμὴν λέγω ὑμῖν ὃς ἂν μὴ δέξηται
18 ἐπηρώτησέν τις αὐτὸν ἄρχων λέγων
19 [2] τί με λέγεις ἀγαθόν;
29 ἀμὴν λέγω ὑμῖν ὅτι οὐδείς ἐστιν ὃς ἀφῆκεν οἰκίαν
34 οὐκ ἐγίνωσκον τὰ λεγόμενα
38 κ. ἐβόησεν λέγων
19 7 ἰδόντες πάντες διεγόγγυζον λέγοντες

Lu 19 14 ἀπέστειλαν πρεσβείαν ὀπίσω αὐτοῦ λέγοντες
16 παρεγένετο δὲ ὁ πρῶτος λέγων
18 ἦλθεν ὁ δεύτερος λέγων
20 ὁ ἕτερος ἦλθεν λέγων
22 λέγει αὐτῷ Ἐκ τ. στόματός σου κρίνω σε
26 λέγω ὑμῖν ὅτι παντὶ τ. ἔχοντι δοθήσεται
30 ἀπέστειλεν δύο τ. μαθητῶν λέγων
εἰπών, T
38 χαίροντες αἰνεῖν τ. Θεὸν . . . λέγοντες
40 λέγω ὑμῖν ἐὰν οὗτοι σιωπήσουσιν
42 ἔκλαυσεν ἐπ᾽ αὐτὴν λέγων
46 ἤρξατο ἐκβάλλειν τ. πωλοῦντας λέγων αὐτοῖς
20 2 [6] εἶπαν λέγοντες πρὸς αὐτόν
5 οἱ δὲ συνελογίσαντο πρὸς ἑαυτοὺς λέγοντες
8 οὐδὲ ἐγὼ λέγω ὑμῖν ἐν ποίᾳ ἐξουσίᾳ ταῦτα ποιῶ
9 [1 6] ἤρξατο δὲ πρὸς τ. λαὸν λέγειν τ. παραβολὴν ταύτην
14 [6] διελογίζοντο πρὸς ἀλλήλους λέγοντες
21 ἐπηρώτησαν αὐτὸν λέγοντες,
[7] διδάσκαλε οἴδαμεν ὅτι ὀρθῶς λέγεις
27 [5] οἱ λέγοντες ἀνάστασιν μὴ εἶναι,
ἀντιλέγοντες, T
28 ἐπηρώτησαν αὐτὸν λέγοντες
37 [2] ὡς λέγει Κύριον τ. Θεὸν Ἀβραάμ
41 [2 5] πῶς λέγουσιν τ. Χριστὸν εἶναι Δαυεὶδ υἱόν;
42 αὐτὸς γὰρ Δαυεὶδ λέγει ἐν βίβλῳ ψαλμῶν
21 3 [7] ἀληθῶς λέγω ὑμῖν
5 κ. τινων λεγόντων περὶ τ. ἱεροῦ
7 ἐπηρώτησαν δὲ αὐτὸν λέγοντες
8 πολλοὶ γὰρ ἐλεύσονται ἐπὶ τ. ὀνόματί μου λέγοντες
10 τότε ἔλεγεν αὐτοῖς
32 ἀμὴν λέγω ὑμῖν ὅτι οὐ μὴ παρέλθῃ ἡ γενεὰ αὕτη
22 1 [3] ἡ ἑορτὴ τ. ἀζύμων ἡ λεγομένη πάσχα
11 ἐρεῖτε τ. οἰκοδεσπότῃ τ. οἰκίας Λέγει σοι ὁ διδάσκαλος
οἰκ. λέγοντες Λεγ., WH mg.
16 λέγω γὰρ ὑμῖν ὅτι οὐ μὴ φάγω αὐτό
18 λέγω γὰρ ὑμῖν Οὐ μὴ πίω ἀπὸ τοῦ νῦν
19 ἔδωκεν αὐτοῖς λέγων
20 τὸ ποτήριον ὡσαύτως μετὰ τὸ δειπνῆσαι λέγων
—h. v., [[WH]] R mg.
34 ὁ δὲ εἶπεν Λέγω σοι Πέτρε
37 λέγω γὰρ ὑμῖν ὅτι τοῦτο τὸ γεγραμμένον δεῖ τελεσθῆναι
42 θεὶς τὰ γόνατα προσηύχετο λέγων
47 [3] ἰδοὺ ὄχλος κ. ὁ λεγόμενος Ἰούδας
57 ὁ δὲ ἠρνήσατο λέγων
59 ἄλλος τις διισχυρίζετο λέγων
60 [1] ἄνθρωπε οὐκ οἶδα ὃ λέγεις
64 περικαλύψαντες αὐτὸν ἐπηρώτων λέγοντες
65 [8] ἕτερα πολλὰ βλασφημοῦντες ἔλεγον εἰς αὐτόν
67 ἀπήγαγον αὐτὸν εἰς τὸ συνέδριον αὐτῶν λέγοντες
70 ὑμεῖς λέγετε ὅτι ἐγώ εἰμι
23 2 ἤρξαντο δὲ κατηγορεῖν αὐτοῦ λέγοντες
2 [2 5] λέγοντα ἑαυτὸν Χριστὸν βασιλέα εἶναι
3 ὁ δὲ Πειλᾶτος ἠρώτησεν αὐτὸν λέγων
3 ὁ δὲ ἀποκριθεὶς αὐτῷ ἔφη Σὺ λέγεις
λέγεις;, WH mg.
5 οἱ δὲ ἐπίσχυον λέγοντες

Lu 23 18 ἀνέκραγον δὲ παμπληθεὶ λέγοντες
21 οἱ δὲ ἐπεφώνουν λέγοντες
30 τότε ἄρξονται λέγειν τ. ὄρεσιν
34 ὁ δὲ Ἰησοῦς ἔλεγεν Πάτερ ἄφες αὐτοῖς
—h. v., [[WH]] R mg.
35 ἐξεμυκτήριζον δὲ κ. οἱ ἄρχοντες λέγοντες
37 ὄξος προσφέροντες αὐτῷ κ. λέγοντες
39 ἐβλασφήμει αὐτὸν λέγων
—λέγων, TWH
42 ἔλεγεν Ἰησοῦ μνήσθητί μου
43 εἶπεν αὐτῷ Ἀμήν σοι λέγω
47 ἐδόξαζεν τ. Θεὸν λέγων
24 7 μνήσθητι ὡς ἐλάλησεν ὑμῖν . . . λέγων
10 [1 6] αἱ λοιπαὶ σὺν αὐταῖς ἔλεγον πρὸς τ. ἀποστόλους ταῦτα
23 [5] λέγουσαι κ. ὀπτασίαν ἀγγέλων ἑωρακέναι οἳ λέγουσιν αὐτὸν ζῆν
29 παρεβιάσαντο αὐτὸν λέγοντες
34 εὗρον ἠθροισμένους τ. ἕνδεκα κ. τοὺς συν αὐτοῖς λέγοντας
36 αὐτὸς . . . λέγει αὐτοῖς Εἰρήνη ὑμῖν
—h. v., T [[WH]] R mg.
Jo **1** 15 Ἰωάνης μαρτυρεῖ περὶ αὐτοῦ κ. κέκραγεν λέγων
21 κ. λέγει Οὐκ εἰμί
22 [1] τί λέγεις περὶ σεαυτοῦ;
26 ἀπεκρίθη αὐτοῖς ὁ Ἰωάνης λέγων
29 βλέπει τ. Ἰησοῦν ἐρχόμενον πρὸς αὐτὸν κ. λέγει
32 ἐμαρτύρησεν Ἰωάνης λέγων
36 ἐμβλέψας τῷ Ἰησοῦ περιπατοῦντι λέγει
38 θεασάμενος αὐτοὺς ἀκολουθοῦντας λέγει αὐτοῖς
38 [3] ῥαββεὶ ὃ λέγεται μεθερμηνευόμενον Διδάσκαλε
39 λέγει αὐτοῖς Ἔρχεσθε κ. ὄψεσθε
41 λέγει αὐτῷ Εὑρήκαμεν τ. Μεσσίαν
43 λέγει αὐτῷ ὁ Ἰησοῦς Ἀκολούθει μοι
45 εὑρίσκει Φίλιππος τ. Ναθαναὴλ κ. λέγει αὐτῷ
46 λέγει αὐτῷ ὁ Φίλιππος Ἔρχου κ. ἴδε
47 λέγει περὶ αὐτοῦ Ἴδε ἀληθῶς Ἰσραηλείτης
48 λέγει αὐτῷ Ναθαναὴλ Πόθεν με γινώσκεις;
51 λέγει αὐτῷ Ἀμὴν ἀμὴν λέγω ὑμῖν
2 3 [6] λέγει ἡ μήτηρ τ. Ἰησοῦ πρὸς αὐτόν
4 λέγει αὐτῇ ὁ Ἰησοῦς
5 λέγει ἡ μήτηρ αὐτοῦ τ. διακόνοις,
[1] ὅτι ἂν λέγῃ ὑμῖν ποιήσατε
7 λέγει αὐτοῖς ὁ Ἰησοῦς
8 λέγει αὐτοῖς Ἀντλήσατε νῦν
10 φωνεῖ τ. νυμφίον ὁ ἀρχιτρίκλινος κ. λέγει αὐτῷ
21 ἐκεῖνος δὲ ἔλεγεν περὶ τ. ναοῦ τ. σώματος αὐτοῦ
22 [1] ἐμνήσθησαν οἱ μαθηταὶ αὐτοῦ ὅτι τοῦτο ἔλεγεν
3 3 ἀμὴν ἀμὴν λέγω σοι
4 [6] λέγει πρὸς αὐτὸν ὁ Νικόδημος
5 ἀμὴν ἀμὴν λέγω σοι
11 ἀμὴν ἀμὴν λέγω σοι
4 5 [3] ἔρχεται οὖν εἰς πόλιν τ. Σαμαρίας λεγομένην Συχάρ
7 λέγει αὐτῇ ὁ Ἰησοῦς Δός μοι πεῖν
9 λέγει οὖν αὐτῷ ἡ γυνὴ ἡ Σαμαρεῖτις
10 κ. τίς ἐστιν ὁ λέγων σοι
11 λέγει αὐτῷ Κύριε οὔτε ἄντλημα ἔχεις
λέγ. αὐτ. ἡ γυνή, TWH mg. R
15 [6] λέγει πρὸς αὐτὸν ἡ γυνή

Jo 4 16 λέγει αὐτῇ Ὕπαγε φώνησον σου τ. ἄνδρα
λέγ. αὐτ. ὁ Ἰησοῦς, R
17 λέγει αὐτῇ ὁ Ἰησοῦς Καλῶς εἶπες
19 λέγει αὐτῷ ἡ γυνή
20 ὑμεῖς λέγετε ὅτι ἐν Ἱεροσολύμοις ἐστὶν ὁ τόπος
21 λέγει αὐτῇ ὁ Ἰησοῦς
25 [3] λέγει αὐτῷ ἡ γυνὴ Οἶδα ὅτι Μεσσίας ἔρχεται ὁ λεγόμενος Χριστός
26 λέγει αὐτῇ ὁ Ἰησοῦς
28 ἀπῆλθεν εἰς τ. πόλιν κ. λέγει τ. ἀνθρώποις
31 ἠρώτων αὐτὸν οἱ μαθηταὶ λέγοντες
33 [6] ἔλεγον οὖν οἱ μαθηταὶ πρὸς ἀλλήλους
34 λέγει αὐτοῖς ὁ Ἰησοῦς
35 οὐχ ὑμεῖς λέγετε ὅτι ἔτι τετράμηνός ἐστιν
35 ἰδοὺ λέγω ὑμῖν Ἐπάρατε τ. ὀφθαλμοὺς ὑμῶν
42 τῇ τε γυναικὶ ἔλεγον
49 [6] λέγει πρὸς αὐτὸν ὁ βασιλικός
50 λέγει αὐτῷ ὁ Ἰησοῦς
51 οἱ δοῦλοι αὐτοῦ ὑπήντησαν αὐτῷ λέγοντες
—λέγ., T
5 2 [3] κολυμβήθρα τὸ λεγόμενον Ἑβραϊστὶ Βηθζαθά
ἡ ἐπιλεγομένη, WHR
6 γνοὺς ὅτι πολὺν ἤδη χρόνον ἔχει λέγει αὐτῷ
8 λέγει αὐτῷ ὁ Ἰησοῦς
10 ἔλεγον οὖν οἱ Ἰουδαῖοι τ. τεθεραπευμένῳ
18 [2] ἀλλὰ κ. πατέρα ἴδιον ἔλεγεν τ. Θεόν
19 ἀπεκρίνατο οὖν ὁ Ἰησοῦς κ. ἔλεγεν αὐτοῖς, ἀμὴν ἀμὴν λέγω ὑμῖν
24 ἀμὴν ἀμὴν λέγω ὑμῖν
25 ἀμὴν ἀμὴν λέγω ὑμῖν
34 [1] ταῦτα λέγω ἵνα ὑμεῖς σωθῆτε
6 5 [6] λέγει πρὸς Φίλιππον
6 [1] τοῦτο δὲ ἔλεγεν πειράζων αὐτόν
8 λέγει αὐτῷ εἷς ἐκ τ. μαθητῶν αὐτοῦ
12 ὡς δὲ ἐνεπλήσθησαν λέγει τ. μαθηταῖς αὐτοῦ
14 ἰδόντες ἃ ἐποίησεν σημεῖα ἔλεγον
20 ὁ δὲ λέγει αὐτοῖς Ἐγώ εἰμι
26 ἀμὴν ἀμὴν λέγω ὑμῖν
32 ἀμὴν ἀμὴν λέγω ὑμῖν
42 κ. ἔλεγον Οὐχὶ οὗτός ἐστιν Ἰησοῦς
42 πῶς νῦν λέγει ὅτι Ἐκ τ. οὐρανοῦ καταβέβηκα;
47 ἀμὴν ἀμὴν λέγω ὑμῖν
52 ἐμάχοντο οὖν πρὸς ἀλλήλους οἱ Ἰουδαῖοι λέγοντες
53 ἀμὴν ἀμὴν λέγω ὑμῖν
65 κ. ἔλεγεν Διὰ τοῦτο εἴρηκα ὑμῖν
71 [2] ἔλεγεν δὲ τ. Ἰούδαν Σίμωνος Ἰσκαριώτου
7 6 λέγει οὖν αὐτοῖς ὁ Ἰησοῦς
11 ἐζήτουν αὐτὸν ἐν τ. ἑορτῇ κ. ἔλεγον
12 οἱ μὲν ἔλεγον ὅτι Ἀγαθός ἐστιν·
ἄλλοι δὲ ἔλεγον Οὔ ἀλλὰ πλανᾷ τ. ὄχλον
15 ἐθαύμαζον οὖν οἱ Ἰουδαῖοι λέγοντες
25 ἔλεγον οὖν τινὲς ἐκ τ. Ἱεροσολυμειτῶν
26 [1] οὐδὲν αὐτῷ λέγουσιν
28 ἔκραξεν οὖν ἐν τ. ἱερῷ διδάσκων ὁ Ἰησοῦς κ. λέγων
31 πολλοὶ ἐπίστευσαν εἰς αὐτὸν κ. ἔλεγον
37 ἔκραξεν λέγων
40 ἀκούσαντες τ. λόγων τούτων ἔλεγον
41 ἄλλοι ἔλεγον Οὗτός ἐστιν ὁ Χριστός·
οἱ δὲ ἔλεγον Μὴ γὰρ ἐκ τῆς Γαλιλαίας ὁ Χριστὸς ἔρχεται;
ἄλλοι ἔλ., T
50 [6] λέγει Νικόδημος πρὸς αὐτούς

Jo 8 [4 στήσαντες αὐτὴν ἐν μέσῳ λέγουσιν αὐτῷ
εἶπον, WH marg.
[5 [1] σὺ οὖν τί λέγεις;
+περὶ αὐτῆς, WH marg R
[6 [1] τοῦτο δὲ ἔλεγον πειράζοντες αὐτόν
h. v., [WH]
12 πάλιν οὖν αὐτοῖς ἐλάλησεν ὁ Ἰησοῦς λέγων
19 ἔλεγον οὖν αὐτῷ
22 ἔλεγον οὖν οἱ Ἰουδαῖοι,
μήτι ἀποκτενεῖ ἑαυτὸν ὅτι λέγει
23 ἔλεγεν αὐτοῖς Ὑμεῖς ἐκ τ. κάτω ἐστέ
25 ἔλεγον οὖν αὐτῷ Σὺ τίς εἶ;
27 [2] οὐκ ἔγνωσαν ὅτι τ. πατέρα αὐτοῖς ἔλεγεν
31 ἔλεγεν οὖν ὁ Ἰησοῦς πρὸς τ. πεπιστευκότας αὐτῷ Ἰουδαίους
33 πῶς σὺ λέγεις ὅτι Ἐλεύθεροι γενήσεσθε;
34 ἀμὴν ἀμὴν λέγω ὑμῖν
39 λέγει αὐτοῖς ὁ Ἰησοῦς
45 [1] ἐγὼ δὲ ὅτι τ. ἀλήθειαν λέγω
46 [1] εἰ ἀλήθειαν λέγω
48 [7] οὐ καλῶς λέγομεν ἡμεῖς
51 ἀμὴν ἀμὴν λέγω ὑμῖν
52 κ. σὺ λέγεις Ἐάν τις τ. λόγον μου τηρήσῃ
54 [2] ὁ πατήρ μου . . . ὃν ὑμεῖς λέγετε ὅτι Θεὸς ὑμῶν ἐστίν
58 ἀμὴν ἀμὴν λέγω ὑμῖν
9 2 ἠρώτησαν αὐτὸν οἱ μαθηταὶ αὐτοῦ λέγοντες
8 οἱ θεωροῦντες αὐτὸν τὸ πρότερον . . . ἔλεγον
9 ἄλλοι ἔλεγον ὅτι Οὗτός ἐστιν·
ἄλλοι ἔλεγον Οὐχὶ ἀλλὰ ὅμοιος αὐτῷ ἐστίν·
ἐκεῖνος ἔλεγον ὅτι Ἐγώ εἰμι.
10 ἔλεγον οὖν αὐτῷ
11 [3] ὁ ἄνθρωπος ὁ λεγόμενος Ἰησοῦς πηλὸν ἐποίησεν
12 λέγει Οὐκ οἶδα
16 ἔλεγον οὖν ἐκ τ. Φαρισαίων τινές
16 ἄλλοι δὲ ἔλεγον Πῶς δύναται ἄνθρωπος
17 λέγουσιν οὖν τ. τυφλῷ πάλιν,
[1] τί σὺ λέγεις περὶ αὐτοῦ
19 ἠρώτησαν αὐτοὺς λέγοντες,
[2] οὗτός ἐστιν ὁ υἱὸς ὑμῶν ὃν ὑμεῖς λέγετε ὅτι τυφλὸς ἐγεννήθη;
41 νῦν δὲ λέγετε ὅτι Βλέπομεν
10 1 ἀμὴν ἀμὴν λέγω ὑμῖν
7 ἀμὴν ἀμὴν λέγω ὑμῖν
20 ἔλεγον δὲ πολλοὶ ἐξ αὐτῶν
21 ἄλλοι ἔλεγον
24 ἐκύκλωσαν οὖν αὐτὸν οἱ Ἰουδαῖοι κ. ἔλεγον αὐτῷ
36 ὑμεῖς λέγετε ὅτι Βλασφημεῖς
41 πολλοὶ ἦλθον πρὸς αὐτὸν κ. ἔλεγον
11 3 ἀπέστειλαν οὖν αἱ ἀδελφαὶ πρὸς αὐτὸν λέγουσαι
7 ἔπειτα μετὰ τοῦτο λέγει τ. μαθηταῖς
8 λέγουσιν αὐτῷ οἱ μαθηταί
11 μετὰ τοῦτο λέγει αὐτοῖς
13 ἔδοξαν ὅτι περὶ τ. κοιμήσεως τ. ὕπνου λέγει
16 [3] εἶπεν οὖν Θωμᾶς ὁ λεγόμενος Δίδυμος
23 λέγει αὐτῇ ὁ Ἰησοῦς
24 λέγει αὐτῷ ἡ Μάρθα
27 λέγει αὐτῷ Ναὶ Κύριε
32 ἔπεσεν αὐτοῦ πρὸς τ. πόδας λέγουσα αὐτῷ
34 λέγουσιν αὐτῷ Κύριε ἔρχου κ. ἴδε
36 ἔλεγον οὖν οἱ Ἰουδαῖοι

Jo 11 39 λέγει ὁ Ἰησοῦς Ἄρατε τ. λίθον.
λέγει αὐτῇ ἡ ἀδελφὴ τ. τετελευτηκότος Μάρθα
40 λέγει αὐτῇ ὁ Ἰησοῦς
44 λέγει ὁ Ἰησοῦς αὐτοῖς Λύσατε αὐτόν
47 συνήγαγον οἱ ἀρχιερεῖς . . . συνέδριον κ. ἔλεγον
54 [3] ἀπῆλθεν ἐκεῖθεν . . . εἰς Ἐφραὶμ λεγομένην πόλιν
56 [6] [10] ἔλεγον μετ' ἀλλήλων ἐν τ. ἱερῷ ἑστηκότες
ἔλεγαν, T
12 4 λέγει δὲ Ἰούδας ὁ Ἰσκαριώτης
21 ἠρώτων αὐτὸν λέγοντες
22 ἔρχεται ὁ Φίλιππος κ. λέγει τ. Ἀνδρέᾳ· ἔρχεται Ἀνδρέας κ. Φίλιππος κ. λέγουσιν τ. Ἰησοῦ.
23 ὁ δὲ Ἰησοῦς ἀποκρίνεται αὐτοῖς λέγων
24 ἀμὴν ἀμὴν λέγω ὑμῖν
29 [5] ὁ οὖν ὄχλος . . . ἀκούσας ἔλεγεν βροντὴν γεγονέναι·
ἄλλοι ἔλεγον Ἄγγελος αὐτῷ λελάληκεν
33 τοῦτο δὲ ἔλεγεν σημαίνων ποίῳ θανάτῳ
34 πῶς λέγεις σὺ ὅτι δεῖ ὑψωθῆναι
13 6 λέγει αὐτῷ Κύριε σύ μου νίπτεις τ. πόδας;
8 λέγει αὐτῷ Πέτρος
9 λέγει αὐτῷ Σίμων Πέτρος
10 λέγει αὐτῷ Ἰησοῦς
13 καλῶς λέγετε εἰμὶ γάρ
16 ἀμὴν ἀμὴν λέγω ὑμῖν
18 οὐ περὶ πάντων ὑμῶν λέγω
19 ἀπ' ἄρτι λέγω ὑμῖν πρὸ τοῦ γενέσθαι
20 ἀμὴν ἀμὴν λέγω ὑμῖν
21 ἀμὴν ἀμὴν λέγω ὑμῖν
22 ἀπορούμενοι περὶ τίνος λέγει
24 λέγει αὐτῷ Εἰπὲ τίς ἐστιν περὶ οὗ λέγει.
25 ἀναπεσὼν ἐκεῖνος οὕτως . . . λέγει αὐτῷ
27 λέγει οὖν αὐτῷ Ἰησοῦς
29 τινὲς γὰρ ἐδόκουν . . . ὅτι λέγει αὐτῷ Ἰησοῦς
31 λέγει Ἰησοῦς Νῦν ἐδοξάσθη ὁ υἱὸς τ. ἀνθρώπου
33 κ. ὑμῖν λέγω ἄρτι
36 λέγει αὐτῷ Σίμων Πέτρος
37 λέγει αὐτῷ ὁ Πέτρος
38 ἀμὴν ἀμὴν λέγω σοι
14 5 λέγει αὐτῷ Θωμᾶς
6 λέγει αὐτῷ Ἰησοῦς Ἐγώ εἰμι ἡ ὁδός
8 λέγει αὐτῷ Φίλιππος
9 λέγει αὐτῷ ὁ Ἰησοῦς
9 πῶς σὺ λέγεις Δεῖξον ἡμῖν τ. πατέρα;
10 [1] τὰ ῥήματα ἃ ἐγὼ λέγω ὑμῖν
12 ἀμὴν ἀμὴν λέγω ὑμῖν
22 λέγει αὐτῷ Ἰούδας οὐχ ὁ Ἰσκαριώτης
15 15 [2] οὐκέτι λέγω ὑμᾶς δούλους
16 7 [1] ἐγὼ τ. ἀλήθειαν λέγω ὑμῖν
12 [1] ἔτι πολλὰ ἔχω ὑμῖν λέγειν
17 [1] τί ἐστιν τοῦτο ὃ λέγει ἡμῖν
18 [1] ἔλεγον οὖν Τί ἐστιν τοῦτο ὃ λέγει
20 ἀμὴν ἀμὴν λέγω ὑμῖν
23 ἀμὴν ἀμὴν λέγω ὑμῖν
26 οὐ λέγω ὑμῖν ὅτι ἐγὼ ἐρωτήσω τ. πατέρα
29 λέγουσιν οἱ μαθηταὶ αὐτοῦ,
[1] ἴδε νῦν . . . παροιμίαν οὐδεμίαν λέγεις
18 4 ἐξῆλθεν κ. λέγει αὐτοῖς Τίνα ζητεῖτε;
5 λέγει αὐτοῖς Ἐγώ εἰμι
+Ἰησοῦς, WH mg.; λέγ. αὐτ. Ἰησοῦς, TR

Jo 18 17 λέγει οὖν τῷ Πέτρῳ ἡ παιδίσκη ἡ θυρωρός
17 λέγει ἐκεῖνος Οὐκ εἰμί
26 λέγει εἷς ἐκ τ. δούλων τ. ἀρχιερέως
34 [1] ἀπὸ σεαυτοῦ σὺ τοῦτο λέγεις
37 σὺ λέγεις ὅτι βασιλεύς εἰμι
σὺ λέγεις· ὅτι βασ. εἰμι, R mg.
38 λέγει αὐτῷ ὁ Πειλᾶτος Τί ἐστιν ἀλήθεια;
38 πάλιν ἐξῆλθεν πρὸς τ. Ἰουδαίους κ. λέγει αὐτοῖς
40 ἐκραύγασαν οὖν πάλιν λέγοντες
19 3 ἔλεγον Χαῖρε ὁ βασιλεὺς τ. Ἰουδαίων
4 ἐξῆλθεν πάλιν ἔξω ὁ Πειλᾶτος κ. λέγει αὐτοῖς
5 λέγει αὐτοῖς Ἰδοὺ ὁ ἄνθρωπος
6 ἐκραύγασαν λέγοντες Σταύρωσον σταύρωσον.
—λέγ., T
λέγει αὐτοῖς ὁ Πειλᾶτος
9 λέγει τ. Ἰησοῦ Πόθεν εἶ σύ;
10 λέγει οὖν αὐτῷ ὁ Πειλᾶτος
12 οἱ δὲ Ἰουδαῖοι ἐκραύγασαν λέγοντες
13 [3] ἐκάθισεν . . . εἰς τόπον λεγόμενον Λιθόστρωτον
14 λέγει τ. Ἰουδαίοις Ἴδε ὁ βασιλεὺς ὑμῶν
15 λέγει αὐτοῖς ὁ Πειλᾶτος
17 [3] ἐξῆλθεν εἰς τ. λεγόμενον Κρανίου Τόπον,
[3] ὃ λέγεται Ἑβραϊστὶ Γολγοθά
21 ἔλεγον οὖν τ. Πειλάτῳ οἱ ἀρχιερεῖς τ. Ἰουδαίων
24 ἵνα ἡ γραφὴ πληρωθῇ ἡ λέγουσα
—ἡ λέγ., TWH
26 Ἰησοῦς οὖν . . . λέγει τῇ μητρί
27 εἶτα λέγει τ. μαθητῇ
28 ἵνα τελειωθῇ ἡ γραφὴ λέγει Διψῶ
35 [1] ἐκεῖνος οἶδεν ὅτι ἀληθῆ λέγει
37 πάλιν ἑτέρα γραφὴ λέγει
20 2 λέγει αὐτοῖς Ἦραν τ. Κύριον
13 λέγουσιν αὐτῇ ἐκεῖνοι Γύναι τί κλαίεις;
λέγει αὐτοῖς ὅτι Ἦραν τ. Κύριόν μου
15 λέγει αὐτῇ Ἰησοῦς Γύναι τί κλαίεις;
15 ἐκείνη δοκοῦσα ὅτι ὁ κηπουρός ἐστιν λέγει αὐτῷ
16 λέγει αὐτῇ Ἰησοῦς Μαριάμ.
[3] στραφεῖσα ἐκείνη λέγει αὐτῷ Ἑβραϊστὶ Ῥαββουνεὶ ὃ λέγεται Διδάσκαλε.
17 λέγει αὐτῇ Ἰησοῦς
19 ἔστη εἰς τὸ μέσον κ. λέγει αὐτοῖς
22 τοῦτο εἰπὼν ἐνεφύσησεν κ. λέγει αὐτοῖς
24 [3] Θωμᾶς δὲ εἷς ἐκ τ. δώδεκα ὁ λεγόμενος Δίδυμος
25 ἔλεγον οὖν αὐτῷ οἱ ἄλλοι μαθηταί
27 εἶτα λέγει τ. Θωμᾷ
29 λέγει αὐτῷ ὁ Ἰησοῦς
21 2 [3] ἦσαν ὁμοῦ . . . Θωμᾶς ὁ λεγόμενος Δίδυμος
3 λέγει αὐτοῖς Σίμων Πέτρος Ὑπάγω ἁλιεύειν
λέγουσιν αὐτῷ Ἐρχόμεθα κ. ἡμεῖς
5 λέγει οὖν αὐτοῖς Ἰησοῦς
6 λέγει αὐτοῖς Βάλετε εἰς τὰ δεξιὰ μέρη
ὁ δὲ εἶπεν αὐτοῖς, WHR
7 λέγει οὖν ὁ μαθητὴς ἐκεῖνος ὃν ἠγάπα ὁ Ἰησοῦς
10 λέγει αὐτοῖς ὁ Ἰησοῦς
12 λέγει αὐτοῖς ὁ Ἰησοῦς Δεῦτε ἀριστήσατε
15 λέγει τ. Σίμωνι Πέτρῳ ὁ Ἰησοῦς
15 λέγει αὐτῷ Ναὶ Κύριε
15 λέγει αὐτῷ Βόσκε τὰ ἀρνία μου.

Jo 21 *16* λέγει αὐτῷ πάλιν δεύτερον
16 λέγει αὐτῷ Ναὶ Κύριε
16 λέγει αὐτῷ Ποίμαινε τὰ προβάτιά μου.
17 λέγει αὐτῷ τὸ τρίτον
17 κ. λέγει αὐτῷ Κύριε πάντα σὺ οἶδας
εἶπεν, WH
17 λέγει αὐτῷ Ἰησοῦς Βόσκε τὰ προβάτιά μου.
18 ἀμὴν ἀμὴν λέγω σοι
19 τοῦτο εἰπὼν λέγει αὐτῷ
21 τοῦτον οὖν ἰδὼν ὁ Πέτρος λέγει τ. Ἰησοῦ
22 λέγει αὐτῷ ὁ Ἰησοῦς
Ac 1 3 [1] λέγων τὰ περὶ τ. βασιλείας τ. Θεοῦ
6 οἱ μὲν οὖν συνελθόντες ἠρώτων αὐτὸν
λέγοντες
2 7 ἐξίσταντο δὲ κ. ἐθαύμαζον λέγοντες
12 [6] ἄλλος πρὸς ἄλλον λέγοντες
13 ἕτεροι δὲ διαχλευάζοντες ἔλεγον
17 ἔσται ἐν τ. ἐσχάταις ἡμέραις λέγει ὁ Θεός,
Joel iii. 1
25 [8] Δαυεὶδ γὰρ λέγει εἰς αὐτόν
34 λέγει δὲ αὐτὸς Εἶπεν Κύριος τ. Κυρίῳ μου
40 διεμαρτύρατο κ. παρεκάλει αὐτοὺς λέγων
3 2 [8] πρὸς θύραν τ. ἱεροῦ τ. λεγομένην Ὡραίαν
25 [6] ὁ Θεὸς διέθετο . . . λέγων πρὸς Ἀβραάμ
4 16 συνέβαλλον πρὸς ἀλλήλους λέγοντες
32 [1] οὐδὲ εἷς τι τ. ὑπαρχόντων αὐτῷ ἔλεγεν
ἴδιον εἶναι
5 23 ἀναστρέψαντες δὲ ἀπήγγειλαν λέγοντες
28 ἐπηρώτησεν αὐτοὺς ὁ ἀρχιερεὺς λέγων
36 [2 5] λέγων εἶναί τινα ἑαυτόν
38 [7] κ. τὰ νῦν λέγω ὑμῖν
6 9 [8] τινὲς τῶν ἐκ τ. συναγωγῆς τ. λεγομένης
Λιβερτίνων
τ. λεγομένων, T
11 τότε ὑπέβαλον ἄνδρας λέγοντας
13 ἔστησάν τε μάρτυρας ψευδεῖς λέγοντας
14 ἀκηκόαμεν γὰρ αὐτοῦ λέγοντος
7 48 καθὼς ὁ προφήτης λέγει
49 ποῖον οἶκον οἰκοδομήσετέ μοι λέγει Κύριος,
Is. lxvi. 1
59 ἐλιθοβόλουν τ. Στέφανον ἐπικαλούμενον κ.
λέγοντα
8 6 προσεῖχον δὲ οἱ ὄχλοι τ. λεγομένοις ὑπὸ τ.
Φιλίππου
9 [2 5] λέγων εἶναί τινα ἑαυτὸν μέγαν
10 ᾧ προσεῖχον πάντες . . . λέγοντες
19 προσήνεγκεν αὐτοῖς χρήματα λέγων
26 ἄγγελος δὲ Κυρίου ἐλάλησεν πρὸς Φίλιππον
λέγων
34 [1] περὶ τίνος ὁ προφήτης λέγει τοῦτο;
9 4 ἤκουσεν φωνὴν λέγουσαν αὐτῷ
21 ἐξίσταντο δὲ πάντες οἱ ἀκούοντες κ. ἔλεγον
36 [3] Ταβειθὰ ἣ διερμηνευομένη λέγεται Δορκάς
10 26 ὁ δὲ Πέτρος ἤγειρεν αὐτὸν λέγων
28 [2] μηδένα κοινὸν ἢ ἀκάθαρτον λέγειν ἄνθρωπον
11 3 διεκρίνοντο πρὸς αὐτὸν οἱ ἐκ περιτομῆς
λέγοντες
4 ἐξετίθετο αὐτοῖς καθεξῆς λέγων
7 ἤκουσα δὲ κ. φωνῆς λεγούσης μοι
16 ἐμνήσθην δὲ τ. ῥήματος τ. Κυρίου ὡς ἔλεγεν
18 ἐδόξασαν τ. Θεὸν λέγοντες
12 7 ἤγειρεν αὐτὸν λέγων
8 λέγει αὐτῷ Περιβαλοῦ τὸ ἱμάτιόν σου
15 οἱ δὲ ἔλεγον Ὁ ἄγγελός ἐστιν αὐτοῦ
εἶπαν, WH marg.

Ac 13 15 ἀπέστειλαν οἱ ἀρχισυνάγωγοι πρὸς αὐτοὺς
λέγοντες
15 εἴ ἐστιν ἐν ὑμῖν λόγος παρακλήσεως . .
λέγετε
25 ὡς δὲ ἐπλήρου Ἰωάνης τ. δρόμον ἔλεγεν
35 διότι κ. ἐν ἑτέρῳ λέγει
14 11 ἐπῆραν τ. φωνὴν αὐτῶν Λυκαονιστὶ λέγοντες
15 ἐξεπήδησαν εἰς τ. ὄχλον κράζοντες κ.
λέγοντες
18 ταῦτα λέγοντες μόλις κατέπαυσαν τ. ὄχλους
15 5 ἐξανέστησαν δέ τινες . . . πεπιστευκότες
λέγοντες
13 ἀπεκρίθη Ἰάκωβος λέγων
17 λέγει Κύριος ποιῶν ταῦτα γνωστὰ ἀπ᾽
αἰῶνος
נְאֻם יְהוָה עֹשֶׂה זֹּאת, Am. ix. 12
16 9 παρακαλῶν αὐτὸν κ. λέγων
15 παρεκάλεσεν λέγουσα
17 ἔκραζεν λέγουσα
28 ἐφώνησεν δὲ Παῦλος μεγάλῃ φωνῇ λέγων
35 ἀπέστειλαν οἱ στρατηγοὶ τ. ῥαβδούχους
λέγοντες
17 7 [2 5] βασιλέα ἕτερον λέγοντες εἶναι Ἰησοῦν
18 [1] κ. τινες ἔλεγον Τί ἂν θέλοι ὁ σπερμολόγος
οὗτος λέγειν
19 ἐπὶ τ. Ἄρειον Πάγον ἤγαγον λέγοντες
21 [1] ἢ λέγειν τι ἢ ἀκούειν τι καινότερον
18 13 ἤγαγον αὐτὸν ἐπὶ τὸ βῆμα λέγοντες
19 4 [9] ἐβάπτισεν βάπτισμα μετανοίας τ. λαῷ λέγων
13 ὀνομάζειν . . . τὸ ὄνομα τ. Κυρίου Ἰησοῦ
λέγοντες
26 λέγων ὅτι οὐκ εἰσὶν θεοὶ οἱ διὰ χειρῶν γινόμενοι
28 ἔκραζον λέγοντες Μεγάλη ἡ Ἄρτεμις
Ἐφεσίων
20 23 τὸ πνεῦμα τὸ ἅγιον . . . διαμαρτύρεταί μοι
λέγον
21 4 οἵτινες τ. Παύλῳ ἔλεγον διὰ τ. πνεύματος
11 [1] τάδε λέγει τὸ πνεῦμα τὸ ἅγιον
21 [5] λέγων μὴ περιτέμνειν αὐτους τὰ τέκνα
23 [1] τοῦτο οὖν ποίησον ὅ σοι λέγομεν
37 ὁ Παῦλος λέγει τ. χιλιάρχῳ
40 προσεφώνησεν τῇ Ἑβραΐδι διαλέκτῳ λέγων
22 7 ἤκουσα φωνῆς λεγούσης μοι
18 ἐγένετο δέ μοι . . . ἰδεῖν αὐτὸν λέγοντά μοι
22 ἐπῆραν τ. φωνὴν αὐτῶν λέγοντες
26 προσελθὼν τ. χιλιάρχῳ ἀπήγγειλεν λέγων
27 λέγε μοι Σὺ Ῥωμαῖος εἶ;
23 8 [5] Σαδδουκαῖοι γὰρ λέγουσιν μὴ εἶναι ἀνάστασιν
9 ἀναστάντες τινὲς τ. Σαδδουκαίων . . . διεμάχοντο λέγοντες
12 [5] ἀνεθεμάτισαν ἑαυτοὺς λέγοντες μήτε
φαγεῖν μήτε πεῖν
30 [6] παραγγείλας κ. τ. κατηγόροις λέγειν πρὸς
αὐτὸν ἐπὶ σοῦ
24 2 ἤρξατο κατηγορεῖν ὁ Τέρτυλλος λέγων
10 νεύσαντος αὐτῷ τ. ἡγεμόνος λέγειν
14 [1] κατὰ τὴν ὁδὸν ἣν λέγουσιν αἵρεσιν
25 14 ἀνέθετο τὰ κατὰ τ. Παῦλον λέγων
20 ἀπορούμενος δὲ ἐγὼ τὴν περὶ τούτων ζήτησιν
ἔλεγον
26 1 ἐπιτρέπεταί σοι ὑπὲρ σεαυτοῦ λέγειν
14 [6] ἤκουσα φωνὴν λέγουσαν πρός με
22 [1] οὐδὲν ἐκτὸς λέγων ὧν τε οἱ προφῆται
ἐλάλησαν

Ac 26 31 ἀναχωρήσαντες ἐλάλουν πρὸς ἀλλήλους λέγοντες
27 10 παρῄνει ὁ Παῦλος λέγων αὐτοῖς
11 μᾶλλον ἐπείθετο ἢ τοῖς ὑπὸ Παύλου λεγομένοις
24 τ. Θεοῦ οὗ εἰμὶ . . . ἄγγελος λέγων
33 παρεκάλει ὁ Παῦλος ἅπαντας . . . λέγων
28 4 [6] πρὸς ἀλλήλους ἔλεγον
6 [2 5] μεταβαλόμενοι ἔλεγον αὐτὸν εἶναι Θεόν
17 [6] συνελθόντων δὲ αὐτῶν ἔλεγεν πρὸς αὐτούς
24 οἱ μὲν ἐπείθοντο τ. λεγομένοις
26 καλῶς τὸ Πνεῦμα τὸ Ἅγιον ἐλάλησεν διὰ Ἠσαίου . . . λέγων
Ro 2 22 [5] ὁ λέγων μὴ μοιχεύειν μοιχεύεις;
3 5 [7] κατὰ ἄνθρωπον λέγω
8 καθὼς φασίν τινες ἡμᾶς λέγειν
19 [1] οἴδαμεν δὲ ὅτι ὅσα ὁ νόμος λέγει
4 3 [1] τί γὰρ ἡ γραφὴ λέγει;
6 [1] καθάπερ κ. Δαυεὶδ λέγει τ. μακαρισμὸν τ. ἀνθρώπου
9 λέγομεν γὰρ Ἐλογίσθη τῷ Ἀβραὰμ ἡ πίστις εἰς δικαιοσύνην
6 19 [1] ἀνθρώπινον λέγω διὰ τ. ἀσθένειαν τ. σαρκὸς ὑμῶν
7 7 εἰ μὴ ὁ νόμος ἔλεγεν Οὐκ ἐπιθυμήσεις
9 1 [1] ἀλήθειαν λέγω ἐν Χριστῷ
15 τῷ Μωυσεῖ γὰρ λέγει Ἐλεήσω ὃν ἂν ἐλεῶ
17 λέγει γὰρ ἡ γραφὴ τῷ Φαραώ
25 ὡς κ. ἐν τ. Ὡσηὲ λέγει
10 6 [7] ἡ δὲ ἐκ πίστεως δικαιοσύνη οὕτως λέγει
8 [1] ἀλλὰ τί λέγει;
11 λέγει γὰρ ἡ γραφή
16 Ἠσαίας γὰρ λέγει
18 ἀλλὰ λέγω Μὴ οὐκ ἤκουσαν;
19 ἀλλὰ λέγω Μὴ Ἰσραὴλ οὐκ ἔγνω; πρῶτος Μωυσῆς λέγει
20 Ἠσαίας δὲ ἀποτολμᾷ κ. λέγει
21 [6] πρὸς δὲ τὸν Ἰσραὴλ λέγει
11 1 λέγω οὖν Μὴ ἀπώσατο ὁ Θεός
2 [1] ἢ οὐκ οἴδατε ἐν Ἠλείᾳ τί λέγει ἡ γραφή;
4 [1] ἀλλὰ τί λέγει αὐτῷ ὁ χρηματισμός;
9 κ. Δαυεὶδ λέγει Γενηθήτω ἡ τράπεζα αὐτῶν
11 λέγω οὖν Μὴ ἔπταισαν ἵνα πέσωσιν;
13 ὑμῖν δὲ λέγω τοῖς ἔθνεσιν
12 3 λέγω γὰρ διὰ τ. χάριτος τ. δοθείσης μοι
19 ἐμοὶ ἐκδίκησις ἐγὼ ἀνταποδώσω λέγει Κύριος, Dt. xxxii. 35
14 11 ζῶ ἐγὼ λέγει Κύριος, Is. xlv. 23
15 8 [2 5] λέγω γὰρ Χριστὸν διάκονον γεγενῆσθαι περιτομῆς
10 πάλιν λέγει Εὐφράνθητε ἔθνη, Dt. xxxii. 43
12 πάλιν Ἠσαίας λέγει
I Co 1 10 [1] ἵνα τὸ αὐτὸ λέγητε πάντες
12 [1] λέγω δὲ τοῦτο ὅτι ἕκαστος ὑμῶν λέγει
3 4 ὅταν γὰρ λέγῃ τις
6 5 [6] πρὸς ἐντροπὴν ὑμῖν λέγω
7 6 [1 7] τοῦτο δὲ λέγω κατὰ συνγνώμην
8 λέγω δὲ τ. ἀγάμοις κ. τ. χήραις
12 τ. δὲ λοιποῖς λέγω ἐγὼ οὐχ ὁ Κύριος
35 [1 6] τοῦτο δὲ πρὸς τὸ ὑμῶν αὐτῶν σύμφορον λέγω
8 5 [3] κ. γὰρ εἴπερ εἰσὶν λεγόμενοι θεοί
9 8 [1] ἢ κ. ὁ νόμος ταῦτα οὐ λεγει;
10 ἢ δι' ἡμᾶς πάντως λέγει;
10 15 ὡς φρονίμοις λέγω
29 [1] συνείδησιν δὲ λέγω οὐχὶ τὴν ἑαυτοῦ

I Co 11 25 ὡσαύτως κ. τὸ ποτήριον μετὰ τὸ δειπνῆσαι λέγων
12 3 οὐδεὶς ἐν πνεύματι Θεοῦ λαλῶν λέγει Ἀνάθεμα Ἰησοῦς
14 16 [1] ἐπειδὴ τί λέγεις οὐκ οἶδεν
21 οὐδ' οὕτως εἰσακούσονταί μου λέγει Κύριος
34 καθὼς κ. ὁ νόμος λέγει
15 12 πῶς λέγουσιν ἐν ὑμῖν τινές
51 [1] ἰδοὺ μυστήριον ὑμῖν λέγω
II Co 6 2 λέγει γὰρ Καιρῷ δεκτῷ ἐπήκουσά σου
13 ὡς τέκνοις λέγω
17 ἐξέλθατε ἐκ μέσου αὐτῶν κ. ἀφορίσθητε λέγει Κύριος, Is. lii. 11
18 λέγει Κύριος παντοκράτωρ
7 3 [6] πρὸς κατάκρισιν οὐ λέγω
8 8 [7] οὐ κατ' ἐπιταγὴν λέγω
9 3 ἵνα καθὼς ἔλεγον παρεσκευασμένοι ἦτε
4 ἵνα μὴ λέγωμεν ὑμεῖς
11 16 πάλιν λέγω Μή τίς με δόξῃ ἄφρονα εἶναι
21 κατὰ ἀτιμίαν λέγω
21 ἐν ἀφροσύνῃ λέγω τολμῶ κἀγώ
Ga 1 9 ὡς προειρήκαμεν κ. ἄρτι πάλιν λέγω
3 15 [7] ἀδελφοί κατὰ ἄνθρωπον λέγω
16 οὐ λέγει Καὶ τ. σπέρμασιν
17 [1] τοῦτο δὲ λέγω
4 1 λέγω δὲ Ἐφ' ὅσον χρόνον ὁ κληρονόμος
21 λέγετέ μοι οἱ ὑπὸ νόμον θέλοντες εἶναι
30 [1] ἀλλὰ τί λέγει ἡ γραφή
5 2 ἴδε ἐγὼ Παῦλος λέγω ὑμῖν
16 λέγω δὲ Πνεύματι περιπατεῖτε
Eph 2 11 [3] οἱ λεγόμενοι ἀκροβυστία ὑπὸ τ. λεγομένης περιτομῆς ἐν σαρκὶ χειροποιήτου
4 8 διὸ λέγει Ἀναβὰς εἰς ὕψος, Ps. lxviii. 19
17 [1] τοῦτο οὖν λέγω κ. μαρτύρομαι ἐν Κυρίῳ
5 12 [1] τὰ γὰρ κρυφῇ γινόμενα ὑπ' αὐτῶν αἰσχρόν ἐστιν κ. λέγειν
14 διὸ λέγει Ἔγειρε ὁ καθεύδων
32 [8] ἐγὼ δὲ λέγω εἰς Χριστὸν κ. εἰς τ. ἐκκλησίαν
Phl 3 18 [2] οὓς πολλάκις ἔλεγον ὑμῖν νῦν δὲ κ. κλαίων λέγω
4 11 [7] οὐχ ὅτι καθ' ὑστέρησιν λέγω
Col 2 4 [1 9] τοῦτο λέγω ἵνα μηδεὶς ὑμᾶς παραλογίζηται
4 11 [3] Ἰησοῦς ὁ λεγόμενος Ἰοῦστος
I Th 4 15 [1] τοῦτο γὰρ ὑμῖν λέγομεν ἐν λόγῳ Κυρίου
5 3 ὅταν λέγωσιν Εἰρήνη κ. ἀσφάλεια
II Th 2 4 [3] ὑπεραιρόμενος ἐπὶ πάντα λεγόμενον Θεὸν ἢ σέβασμα
5 [1] οὐ μνημονεύετε ὅτι . . ταῦτα ἔλεγον ὑμῖν;
I Ti 1 7 [1] μὴ νοοῦντες μήτε ἃ λέγουσιν
2 7 [1] ἀλήθειαν λέγω οὐ ψεύδομαι
4 1 [7] τὸ δὲ πνεῦμα ῥητῶς λέγει
5 18 λέγει γὰρ ἡ γραφή
II Ti 2 7 [1] νόει ὃ λέγω
18 [5] λέγοντες ἀνάστασιν ἤδη γεγονέναι
Tit 2 8 [1] μηδὲν ἔχων λέγειν περὶ ἡμῶν φαῦλον
Phm 19 ἵνα μὴ λέγω σοι ὅτι κ. σεαυτόν μοι προσοφείλεις
21 [1] εἰδὼς ὅτι κ. ὑπὲρ ἃ λέγω ποιήσεις
He 1 6 ὅταν δὲ πάλιν εἰσαγάγῃ τ. πρωτότοκον . . . λέγει
7 [6] πρὸς μὲν τ. ἀγγέλους λέγει
2 6 διεμαρτύρατο δέ πού τις λέγων
12 οὐκ ἐπαισχύνεται ἀδελφοὺς αὐτοὺς καλεῖν λέγων
3 7 καθὼς λέγει τὸ πνεῦμα τὸ ἅγιον

He 3 15 ἐν τῷ λέγεσθαι Σήμερον ἐὰν τ. φωνῆς αὐτοῦ ἀκούσητε, Ps. xcv. 7
4 7 σήμερον ἐν Δαυεὶδ λέγων μετὰ τοσοῦτον χρόνον
5 6 καθὼς κ. ἐν ἑτέρῳ λέγει
11 πολὺς ἡμῖν ὁ λόγος κ. δυσερμήνευτος λέγειν
6 14 ὤμοσεν καθ' ἑαυτοῦ λέγων
7 11 οὐ κατὰ τ. τάξιν Ἀαρὼν λέγεσθαι
13 [8] ἐφ' ὃν γὰρ λέγεται ταῦτα
21 [6] ὁ δὲ μετὰ ὁρκωμοσίας διὰ τ. λέγοντος πρὸς αὐτόν
8 1 κεφάλαιον δὲ ἐπὶ τ. λεγομένοις
8 μεμφόμενος γὰρ αὐτοὺς λέγει,
ἰδοὺ ἡμέραι ἔρχονται λέγει Κύριος
הִנֵּה יָמִים בָּאִים נְאֻם־יְהוָה, Jer. xxxi. 31
9 κἀγὼ ἠμέλησα αὐτῶν λέγει Κύριος.
וְאָנֹכִי בָּעַלְתִּי בָם נְאֻם־יְהוָה, *ib.* 32
10 ὅτι αὕτη ἡ διαθήκη ἣν διαθήσομαι τ. οἴκῳ Ἰσραὴλ . . . λέγει Κύριος
כִּי זֹאת הַבְּרִית אֲשֶׁר אֶכְרֹת אֶת־בֵּית יִשְׂרָאֵל
. . . נְאֻם־יְהוָה, *ib.* 33
11 λέγων Γνῶθι τ. Κύριον
לֵאמֹר דְּעוּ אֶת־יְהוָה, *ib.* 34
13 ἐν τῷ λέγειν Καινήν
9 2 [3] ἥτις λέγεται ἅγια
3 [3] σκηνὴ ἡ λεγομένη ἅγια ἁγίων
5 [7] περὶ ὧν οὐκ ἔστιν νῦν λέγειν κατὰ μέρος
20 αὐτό τε τὸ βιβλίον κ. πάντα τ. λαὸν ἐράντισεν λέγων
10 5 διὸ εἰσερχόμενος εἰς τ. κόσμον λέγει
8 [7] ἀνώτερον λέγων
16 αὕτη ἡ διαθήκη ἣν διαθήσομαι πρὸς αὐτοὺς . . . λέγει Κύριος, Jer. xxxi. 33
11 14 [1] οἱ γὰρ τοιαῦτα λέγοντες ἐμφανίζουσιν
24 [2] ἠρνήσατο λέγεσθαι υἱὸς θυγατρὸς Φαραώ
32 [1] κ. τί ἔτι λέγω;
12 26 νῦν δὲ ἐπήγγελται λέγων
13 6 ὥστε θαρροῦντας ἡμᾶς λέγειν
Ja 1 13 μηδεὶς πειραζόμενος λεγέτω
2 14 [5] ἐὰν πίστιν λέγῃ τις ἔχειν
23 ἐπληρώθη ἡ γραφὴ ἡ λέγουσα
4 5 [7] ἢ δοκεῖτε ὅτι κενῶς ἡ γραφὴ λέγει
6 διὸ λέγει Ὁ Θεὸς ὑπερηφάνοις ἀντιτάσσεται, Pr. iii. 34
13 ἄγε νῦν οἱ λέγοντες
15 ἀντὶ τοῦ λέγειν ὑμᾶς Ἐὰν ὁ Κύριος θέλῃ
II Pe 3 4 κατὰ τ. ἰδίας ἐπιθυμίας αὐτῶν πορευόμενοι κ. λέγοντες
I Jo 2 4 ὁ λέγων ὅτι Ἔγνωκα αὐτόν
6 [5] ὁ λέγων ἐν αὐτῷ μένειν
9 [5] ὁ λέγων ἐν τ. φωτὶ εἶναι
5 16 [9] οὐ περὶ ἐκείνης λέγω ἵνα ἐρωτήσῃ
II Jo 10 [5] χαίρειν αὐτῷ μὴ λέγετε·
11 [5] ὁ λέγων γὰρ αὐτῷ χαίρειν κοινωνεῖ τ. ἔργοις αὐτοῦ
Ju 14 ἐπροφήτευσεν δὲ κ. τούτοις . . . Ἐνὼχ λέγων
18 ὅτι ἔλεγον ὑμῖν' Ἐπ' ἐσχάτου χρόνου ἔσονται ἐμπαῖκται
Re 1 8 ἐγώ εἰμι τὸ Ἄλφα κ. τὸ Ὦ λέγει Κύριος ὁ Θεός
11 ἤκουσα . . . φωνὴν μεγάλην ὡς σάλπιγγος λεγούσης
17 ἔθηκεν τ. δεξιὰν αὐτοῦ ἐπ' ἐμὲ λέγων
2 1 τάδε λέγει ὁ κρατῶν τ. ἑπτὰ ἀστέρας

Re 2 2 [2] ἐπείρασας τ. λέγοντας ἑαυτοὺς ἀποστόλους
7 [1] ἀκουσάτω τί τὸ Πνεῦμα λέγει τ. ἐκκλησίαις
8 [1] τάδε λέγει ὁ πρῶτος κ. ὁ ἔσχατος
9 [2 5] τ. βλασφημίαν ἐκ τ. λεγόντων Ἰουδαίους εἶναι ἑαυτούς
11 [1] ἀκουσάτω τί τὸ Πνεῦμα λέγει τ. ἐκκλησίαις
12 [1] τάδε λέγει ὁ ἔχων τ. ῥομφαίαν τ. δίστομον
17 [1] ἀκουσάτω τί τὸ Πνεῦμα λέγει τ. ἐκκλησίαις
18 [1] τάδε λέγει ὁ υἱὸς τ. Θεοῦ
20 [2] ἀφεῖς τ. γυναῖκα Ἰεζάβελ ἡ λέγουσα ἑαυτὴν προφῆτιν
24 ὑμῖν δὲ λέγω τ. λοιποῖς τοῖς ἐν Θυατείροις
24 οἵτινες οὐκ ἔγνωσαν τὰ βαθέα τ. Σατανᾶ ὡς λέγουσιν
29 [1] ἀκουσάτω τί τὸ Πνεῦμα λέγει τ. ἐκκλησίαις
3 1 [1] τάδε λέγει ὁ ἔχων τὰ ἑπτὰ πνεύματα τ. Θεοῦ
6 [1] ἀκουσάτω τί τὸ Πνεῦμα λέγει τ. ἐκκλησίαις
7 [1] τάδε λέγει ὁ ἅγιος ὁ ἀληθινός
9 [2 5] διδῶ ἐκ τ. συναγωγῆς τ. Σατανᾶ τ. λεγόντων ἑαυτοὺς Ἰουδαίους εἶναι
13 [1] ἀκουσάτω τί τὸ Πνεῦμα λέγει τ. ἐκκλησίαις
14 [1] τάδε λέγει ὁ Ἀμήν
17 ὅτι λέγεις ὅτι Πλούσιός εἰμι
22 [1] ἀκουσάτω τί τὸ Πνεῦμα λέγει τ. ἐκκλησίαις
4 1 ἡ φωνὴ ἡ πρώτη ἣν ἤκουσα ὡς σάλπιγγος λαλούσης μετ' ἐμοῦ λέγων
8 ἀνάπαυσιν οὐκ ἔχουσιν ἡμέρας κ. νυκτὸς λέγοντες
10 βαλοῦσιν τ. στεφάνους αὐτῶν ἐνώπιον τ. θρόνου λέγοντες
5 5 εἷς ἐκ τ. πρεσβυτέρων λέγει μοι
9 ᾄδουσιν ᾠδὴν καινὴν λέγοντες
12 χιλιάδες χιλιάδων λέγοντες φωνῇ μεγάλῃ
13 τὰ ἐν αὐτοῖς πάντα ἤκουσα λέγοντας
λέγοντα, WH mg.
14 τὰ τέσσερα ζῷα ἔλεγον Ἀμήν
6 1 ἤκουσα ἑνὸς ἐκ τ. τεσσάρων ζῴων λέγοντος
3 ἤκουσα τ. δευτέρου ζῴου λέγοντος
5 ἤκουσα τ. τρίτου ζῴου λέγοντος
6 ἤκουσα ὡς φωνὴν ἐν μέσῳ τ. τεσσάρων ζῴων λέγουσαν
7 ἤκουσα φωνὴν τ. τετάρτου ζῴου λέγοντος
10 ἔκραξαν φωνῇ μεγάλῃ λέγοντες
16 λέγουσιν τ. ὄρεσι κ. τ. πέτραις
7 3 ἔκραξεν φωνῇ μεγάλῃ τ. τέσσαρσιν ἀγγέλοις . . . λέγων
10 κράζουσιν φωνῇ μεγάλῃ λέγοντες
12 προσεκύνησαν τ. Θεῷ λέγοντες
13 ἀπεκρίθη εἷς ἐκ τ. πρεσβυτέρων λέγων μοι
8 11 [3] τὸ ὄνομα τ. ἀστέρος λέγεται ὁ Ἄψινθος
13 ἤκουσα ἑνὸς ἀετοῦ . . . λέγοντος φωνῇ μεγάλῃ
9 14 ἤκουσα φωνὴν μίαν . . . λέγοντα τ. ἕκτῳ ἀγγέλῳ
10 4 ἤκουσα φωνὴν ἐκ τ. οὐρανοῦ λέγουσαν
8 ἡ φωνὴ ἣν ἤκουσα ἐκ τ. οὐρανοῦ πάλιν . . . λέγουσαν
9 [5] ἀπῆλθα πρὸς τ. ἄγγελον λέγων αὐτῷ δοῦναι
9 κ. λέγει μοι Λάβε κ. κατάφαγε αὐτό
11 λέγουσίν μοι Δεῖ σε πάλιν προφητεῦσαι
11 1 ἐδόθη μοι κάλαμος ὅμοιος ῥάβδῳ λέγων
12 ἤκουσαν φωνῆς μεγάλης ἐκ τ. οὐρανοῦ λεγούσης αὐτοῖς
φωνὴν μεγάλην . . . λέγουσαν, TWH mg.

Re 11 15 ἐγένοντο φωναὶ μεγάλαι ἐν τ. οὐρανῷ λέγοντες
17 προσεκύνησαν τ. Θεῷ λέγοντες
12 10 ἤκουσα φωνὴν μεγάλην ἐν τ. οὐράνῳ λέγουσαν
13 4 προσεκύνησαν τ. θηρίῳ λέγοντες
14 λέγων τ. κατοικοῦσιν ἐπὶ τ. γῆς
14 7 εἶδον ἄλλον ἄγγελον . . . λέγων ἐν φωνῇ μεγάλῃ
8 ἄλλος δεύτερος ἄγγελος ἠκολούθησεν λέγων
9 ἄλλος ἄγγελος τρίτος ἠκολούθησεν αὐτοῖς λέγων ἐν φωνῇ μεγάλῃ
13 ἤκουσα φωνῆς ἐκ τ. οὐρανοῦ λεγούσης
13 [9] ναὶ λέγει τὸ Πνεῦμα ἵνα ἀναπαήσονται
18 ἐφώνησεν φωνῇ μεγάλῃ . . . λέγων
15 3 ᾄδουσιν . . . τ. ᾠδὴν τ. ἀρνίου λέγοντες
16 1 ἤκουσα μεγάλης φωνῆς ἐκ τ. ναοῦ λεγούσης τ. ἑπτὰ ἀγγέλοις
5 ἤκουσα τ. ἀγγέλου τ. ὑδάτων λέγοντος
7 ἤκουσα τ. θυσιαστηρίου λέγοντος
17 ἐξῆλθεν φωνὴ μεγάλη ἐκ τ. ναοῦ . . λέγουσα
17 1 ἐλάλησεν μετ' ἐμοῦ λέγων
15 λέγει μοι Τὰ ὕδατα ἃ εἶδες . . . λαοί
18 2 ἔκραξεν ἐν ἰσχυρᾷ φωνῇ λέγων
4 ἤκουσα ἄλλην φωνὴν ἐκ τ. οὐρανοῦ λέγουσαν
7 [4] ὅτι ἐν τ. καρδίᾳ αὐτῆς λέγει
10 ἀπὸ μακρόθεν ἑστηκότες . . . λέγοντες
16 κλαίοντες κ. πενθοῦντες λέγοντες Οὐαὶ οὐαί
18 ἔκραξαν βλέποντες τ. καπνὸν τ. πυρώσεως αὐτῆς λέγοντες
19 ἔκραξαν κλαίοντες κ. πενθοῦντες λέγοντες Οὐαὶ οὐαί
21 ἔβαλεν εἰς τ. θάλασσαν λέγων
19 1 ἤκουσα ὡς φωνὴν μεγάλην ὄχλου πολλοῦ . . . λεγόντων
4 προσεκύνησαν τ. Θεῷ τ. καθημένῳ ἐπὶ τ. θρόνῳ λέγοντες
5 φωνὴ ἀπὸ τ. θρόνου ἐξῆλθεν λέγουσα
6 ἤκουσα . . . ὡς φωνὴν βροντῶν ἰσχυρῶν λεγόντων
λέγοντες, WH mg.
9 λέγει μοι Γράψον
9 λέγει μοι Οὗτοι οἱ λόγοι ἀληθινοὶ τ. Θεοῦ
10 λέγει μοι Ὅρα μή
17 ἔκραξεν ἐν φωνῇ μεγάλῃ λέγων πᾶσι τ. ὀρνέοις
21 3 ἤκουσα φωνῆς μεγάλης ἐκ τ. θρόνου λεγούσης
5 κ. λέγει Γράψον
λέγει μοι, WH mg.
9 ἐλάλησεν μετ' ἐμοῦ λέγων
22 9 λέγει μοι Ὅρα μή
10 λέγει μοι Μὴ σφραγίσῃς τ. λόγους
17 τὸ πνεῦμα κ. ἡ νύμφη λέγουσιν Ἔρχου
20 λέγει ὁ μαρτυρῶν ταῦτα

ΛΕΙ'ΜΜΑ 3005

Ro 11 5 κ. ἐν τ. νῦν καιρῷ λεῖμμα κατ' ἐκλογὴν χάριτος γέγονεν
λίμμα, WH

ΛΕΙ'ΟΣ 3006

Lu 3 5 ἔσται . . . αἱ τραχεῖαι εἰς ὁδοὺς λείας
הָיָה . . . הָרְכָסִים לְבִקְעָה, Is. xl. 4

ΛΕΙ'ΠΩ 3007

Lu 18 22 ἔτι ἕν σοι λείπει
Tit 1 5 ἵνα τὰ λείποντα ἐπιδιορθώσῃ
3 13 ἵνα μηδὲν αὐτοῖς λείπῃ
λίπῃ, TWH mg.
Ja 1 4 ἵνα ἦτε . . . ἐν μηδενὶ λειπόμενοι.
5 εἰ δέ τις ὑμῶν λείπεται σοφίας
2 15 λειπόμενοι τῆς ἐφημέρου τροφῆς

ΛΕΙΤΟΥΡΓΕ'Ω 3008

Ac 13 2 λειτουργούντων δὲ αὐτῶν τ. Κυρίῳ κ. νηστευόντων
Ro 15 27 ὀφείλουσιν κ. ἐν τ. σαρκικοῖς λειτουργῆσαι αὐτοῖς
He 10 11 πᾶς μὲν ἱερεὺς ἕστηκεν καθ' ἡμέραν λειτουργῶν

ΛΕΙΤΟΥΡΓΙ'Α 3009

Lu 1 23 ὡς ἐπλήσθησαν αἱ ἡμέραι τ. λειτουργίας αὐτοῦ
II Co 9 12 ἡ διακονία τ. λειτουργίας ταύτης
Phl 2 17 εἰ κ. σπένδομαι ἐπὶ τῇ . . . λειτουργίᾳ τ. πίστεως ὑμῶν
30 ἵνα ἀναπληρώσῃ τὸ ὑμῶν ὑστέρημα τῆς πρός με λειτουργίας
He 8 6 νῦν δὲ διαφορωτέρας τέτυχεν λειτουργίας
9 21 πάντα τὰ σκεύη τ. λειτουργίας τ. αἵματι ὁμοίως ἐράντισεν

ΛΕΙΤΟΥΡΓΙΚΟ'Σ † 3010

He 1 14 οὐχὶ πάντες εἰσὶν λειτουργικὰ πνεύματα

ΛΕΙΤΟΥΡΓΟ'Σ 3011

Ro 13 6 λειτουργοὶ γὰρ Θεοῦ εἰσίν
15 16 εἰς τὸ εἶναί με λειτουργὸν Χριστοῦ Ἰησοῦ εἰς τὰ ἔθνη
Phl 2 25 Ἐπαφρόδιτον . . . λειτουργὸν τ. χρείας μου
He 1 7 ὁ ποιῶν . . . τ. λειτουργοὺς αὐτοῦ πυρὸς φλόγα
עֹשֶׂה . . . מְשָׁרְתָיו אֵשׁ לֹהֵט, Ps. civ. 4
8 2 τ. ἁγίων λειτουργὸς κ. τ. σκηνῆς τ. ἀληθινῆς

ΛΕΜΑ' 3011.5 cf. 2982

Mt 27 46 ἐβόησεν ὁ Ἰησοῦς . . . λέγων Ἐλωὶ Ἐλωὶ λεμὰ σαβαχθανεί
λαμὰ, R ; λαμὰ ζαφθανεί, WH mg.
Mk 15 34 ἐβόησεν ὁ Ἰησοῦς . . . Ἐλωῒ ἐλωῒ λεμὰ σαβαχθανεί
λαμὰ, WHR

ΛΕ'ΝΤΙΟΝ *† 3012

Jo 13 4 λαβὼν λέντιον διέζωσεν ἑαυτόν
5 ἤρξατο . . . ἐκμάσσειν τ. λεντίῳ ᾧ ἦν διεζωσμένος

ΛΕΠΙ'Σ 3013

Ac 9 18 εὐθέως ἀπέπεσαν αὐτοῦ ἀπὸ τ. ὀφθαλμῶν ὡς λεπίδες

ΛΕ'ΠΡΑ 3014

Mt 8 3 εὐθέως ἐκαθερίσθη αὐτοῦ ἡ λέπρα
Mk 1 42 εὐθὺς ἀπῆλθεν ἀπ' αὐτοῦ ἡ λέπρα
Lu 5 12 ἰδοὺ ἀνὴρ πλήρης λέπρας
13 εὐθέως ἡ λέπρα ἀπῆλθεν ἀπ' αὐτοῦ

ΛΕΠΡΟ'Σ 3015

Mt 8 2 ἰδοὺ λεπρὸς προσελθὼν προσεκύνει αὐτῷ
10 8 ἀσθενοῦντας θεραπεύετε λεπροὺς καθαρίζετε
11 5 λεπροὶ καθαρίζονται κ. κωφοὶ ἀκούουσιν
26 6 τ. δὲ Ἰησοῦ γενομένου ἐν Βηθανίᾳ ἐν οἰκίᾳ Σίμωνος τ. λεπροῦ
Mk 1 40 ἔρχεται πρὸς αὐτὸν λεπρὸς παρακαλῶν αὐτόν
14 3 ὄντος αὐτοῦ ἐν Βηθανίᾳ ἐν τ. οἰκίᾳ Σίμωνος τ. λεπροῦ
Lu 4 27 πολλοὶ λεπροὶ ἦσαν ἐν τῷ Ἰσραὴλ ἐπὶ Ἐλισαίου
7 22 λεπροὶ καθαρίζονται κ. κωφοὶ ἀκούουσιν
17 12 ἀπήντησαν δέκα λεπροὶ ἄνδρες

ΛΕΠΤΟ'Ν *† 3016

Mk 12 42 ἐλθοῦσα μία χήρα πτωχὴ ἔβαλεν λεπτὰ δύο
Lu 12 59 ἕως κ. τὸ ἔσχατον λεπτὸν ἀποδῷς
21 2 εἶδεν δέ τινα χήραν πενιχρὰν βάλλουσαν ἐκεῖ λεπτὰ δύο
δύο λεπτά, T

ΛΕΥΕΙ', ΛΕΥΕΙ'Σ 3017, 3018

Mk 2 14 παράγων εἶδεν Λευεὶν τὸν τ. Ἀλφαίου
Ἰάκωβον, WH mg.
Lu 3 24 τοῦ Ματθὰτ τοῦ Λευεὶ τοῦ Μελχεί
29 τοῦ Μαθθὰτ τοῦ Λευεὶ τοῦ Συμεών
5 27 ἐθεάσατο τελώνην ὀνόματι Λευείν
29 ἐποίησεν δοχὴν μεγάλην Λευεὶς αὐτῷ ἐν τ. οἰκίᾳ αὐτοῦ
He 7 5 οἱ μὲν ἐκ τ. υἱῶν Λευεὶ τ. ἱερατείαν λαμβάνοντες
9 δι' Ἀβραὰμ κ. Λευεὶς ὁ δεκάτας λαμβάνων δεδεκάτωται
Re 7 7 ἐκ φυλῆς Λευεὶ δώδεκα χιλιάδες

ΛΕΥΕΙ'ΤΗΣ 3019

Lu 10 32 ὁμοίως δὲ κ. Λευείτης κατὰ τ. τόπον ἐλθών
Jo 1 19 ὅτε ἀπέστειλαν πρὸς αὐτὸν οἱ Ἰουδαῖοι . . . ἱερεῖς κ. Λευείτας
Ac 4 36 Ἰωσὴφ δὲ ὁ ἐπικληθεὶς Βαρνάβας . . . Λευείτης

ΛΕΥΕΙΤΙΚΟ'Σ 3020

He 7 11 εἰ μὲν οὖν τελείωσις διὰ τ. Λευειτικῆς ἱερωσύνης ἦν

ΛΕΥΚΑΙ'ΝΩ 3021

Mk 9 3 οἷα γναφεὺς ἐπὶ τ. γῆς οὐ δύναται οὕτως λευκᾶναι
Re 7 14 ἐλεύκαναν αὐτὰς ἐν τ. αἵματι τ. ἀρνίου

ΛΕΥΚΟΒΥ'ΣΣΙΝΟΣ* † 3022.5

Re 19 14 ἐνδεδυμένοι λευκοβύσσινον καθαρόν
βύσσινον λευκὸν καθ., TWH non mg. R

ΛΕΥΚΟ'Σ 3022

Mt 5 36 οὐ δύνασαι μίαν τρίχα λευκὴν ποιῆσαι ἢ μέλαιναν
17 2 τὰ δὲ ἱμάτια αὐτοῦ ἐγένετο λευκὰ ὡς τὸ φῶς
28 3 τὸ ἔνδυμα αὐτοῦ λευκὸν ὡς χιών
Mk 9 3 τὰ ἱμάτια αὐτοῦ ἐγένετο στίλβοντα λευκὰ λίαν
Mk 16 5 εἶδον νεανίσκον . . . περιβεβλημένον στολὴν λευκήν
Lu 9 29 ὁ ἱματισμὸς αὐτοῦ λευκὸς ἐξαστράπτων
Jo 4 35 ὅτι λευκαί εἰσιν πρὸς θερισμόν
20 12 θεωρεῖ δύο ἀγγέλους ἐν λευκοῖς καθεζομένους
Ac 1 10 ἄνδρες δύο παρειστήκεισαν αὐτοῖς ἐν ἐσθήσεσι λευκαῖς
Re 1 14 αἱ τρίχες λευκαὶ ὡς ἔριον λευκόν
2 17 δώσω αὐτῷ ψῆφον λευκήν
3 4 περιπατήσουσιν μετ' ἐμοῦ ἐν λευκοῖς
5 ὁ νικῶν οὕτως περιβαλεῖται ἐν ἱματίοις λευκοῖς
18 ἀγοράσαι . . . ἱμάτια λευκὰ ἵνα περιβάλῃ
4 4 πρεσβυτέρους . . . περιβεβλημένους ἱματίοις λευκοῖς
ἐν ἱμ. λευκ., TWH mg. R
6 2 ἰδοὺ ἵππος λευκός
11 ἐδόθη αὐτοῖς ἑκάστῳ στολὴ λευκή
7 9 ὄχλος πολὺς . . . περιβεβλημένους στολὰς λευκάς
13 οὗτοι οἱ περιβεβλημένοι τ. στολὰς τ. λευκὰς τίνες εἰσίν.
14 14 ἰδοὺ νεφέλη λευκή
19 11 ἰδοὺ ἵππος λευκός
14 τὰ στρατεύματα τὰ ἐν τ. οὐρανῷ ἠκολούθει αὐτῷ ἐφ' ἵπποις λευκοῖς,
ἐνδεδυμένοι βύσσινον λευκὸν καθαρόν
λευκοβύσσινον, WH mg.
20 11 εἶδον θρόνον μέγαν λευκόν

ΛΕ'ΩΝ 3023

II Ti 4 17 ἐρύσθην ἐκ στόματος λέοντος
He 11 33 ἔφραξαν στόματα λεόντων
I Pe 5 8 ὁ ἀντίδικος ὑμῶν διάβολος ὡς λέων ὠρυόμενος περιπατεῖ
Re 4 7 τὸ ζῷον τὸ πρῶτον ὅμοιον λέοντι
5 5 ἐνίκησεν ὁ λέων ὁ ἐκ τ. φυλῆς Ἰούδα
9 8 οἱ ὀδόντες αὐτῶν ὡς λεόντων ἦσαν
17 αἱ κεφαλαὶ τ. ἵππων ὡς κεφαλαὶ λεόντων
10 3 ἔκραξεν φωνῇ μεγάλῃ ὥσπερ λέων μυκᾶται
13 2 τὸ στόμα αὐτοῦ ὡς στόμα λέοντος
λεόντων, TWH mg.

ΛΗ'ΘΗ 3024

II Pe 1 9 λήθην λαβὼν τ. καθαρισμοῦ τῶν πάλαι αὐτοῦ ἁμαρτιῶν

ΛΗ̃ΜΨΙΣ 3024.5 cf. 3028

Phl 4 15 οὐδεμία μοι ἐκκλησία ἐκοινώνησεν εἰς λόγον δόσεως κ. λήμψεως

ΛΗΝΟ'Σ 3025

Mt 21 33 ὤρυξεν ἐν αὐτῷ ληνόν
Re 14 19 ἔβαλεν εἰς τὴν ληνὸν τ. θυμοῦ τ. Θεοῦ τὸν μέγαν.
20 κ. ἐπατήθη ἡ ληνὸς ἔξωθεν τ. πόλεως,
κ. ἐξῆλθεν αἷμα ἐκ τῆς ληνοῦ ἄχρι τ. χαλινῶν τ. ἵππων
19 15 αὐτὸς πατεῖ τὴν ληνὸν τ. οἴνου τ. θυμοῦ

ΛΗ̃ΡΟΣ ** 3026

Lu 24 11 ἐφάνησαν ἐνώπιον αὐτῶν ὡσεὶ λῆρος τὰ ῥήματα ταῦτα

ΛῌΣΤΗ´Σ 3027

Mt 21 13 ὑμεῖς δὲ αὐτὸν ποιεῖτε σπήλαιον λῃστῶν
הַמְעָרַת פָּרִצִים הָיָה הַבַּיִת הַזֶּה . . . בְּעֵינֵיכֶם
Jer. vii. 11
26 55 ὡς ἐπὶ λῃστὴν ἐξήλθατε μετὰ μαχαιρῶν
27 38 τότε σταυροῦνται σὺν αὐτῷ δύο λῃσταί
44 τὸ δὲ αὐτὸ κ. οἱ λῃσταὶ οἱ συνσταυρωθέντες σὺν αὐτῷ ὠνείδιζον αὐτόν
Mk 11 17 ὑμεῖς δὲ πεποιήκατε αὐτὸν σπήλαιον λῃστῶν, Jer. *l.c.*
14 48 ὡς ἐπὶ λῃστὴν ἐξήλθατε μετὰ μαχαιρῶν
15 27 σὺν αὐτῷ σταυροῦσιν δύο λῃστάς
Lu 10 30 ἄνθρωπός τις . . . λῃσταῖς περιέπεσεν
36 τίς τούτων . . . πλησίον δοκεῖ σοι γεγονέναι τ. ἐμπεσόντος εἰς τ. λῃστάς;
19 46 ὑμεῖς δὲ αὐτὸν ἐποιήσατε σπήλαιον λῃστῶν, Jer. *l.c.*
22 52 ὡς ἐπὶ λῃστὴν ἐξήλθατε μετὰ μαχαιρῶν
Jo 10 1 ἐκεῖνος κλέπτης ἐστὶν κ. λῃστής
8 πάντες ὅσοι ἦλθον πρὸ ἐμοῦ κλέπται εἰσὶν κ. λῃσταί
18 40 ἦν δὲ ὁ Βαραββᾶς λῃστής
II Co 11 26 κινδύνοις ποταμῶν κινδύνοις λῃστῶν

ΛΙ´ΑΝ 3029

Mt 2 16 τοτε Ἡρῴδης . . . ἐθυμώθη λίαν
4 8 παραλαμβάνει αὐτὸν ὁ διάβολος εἰς ὄρος ὑψηλὸν λίαν
8 28 δύο δαιμονιζόμενοι ἐκ τ. μνημείων ἐξερχόμενοι χαλεποὶ λίαν
27 14 ὥστε θαυμάζειν τ. ἡγεμόνα λίαν
Mk 1 35 πρωὶ ἔννυχα λίαν ἀναστάς
6 51 κ. λίαν ἐν ἑαυτοῖς ἐξίσταντο
λίαν ἐκ περισσοῦ, T
9 3 τὰ ἱμάτια αὐτοῦ ἐγένετο στίλβοντα λευκὰ λίαν
16 2 λίαν πρωὶ τῇ μιᾷ τ. σαββάτων
Lu 23 8 ὁ δὲ Ἡρῴδης ἰδὼν τ. Ἰησοῦν ἐχάρη λίαν
II Ti 4 15 λίαν γὰρ ἀντέστη τ. ἡμετέροις λόγοις
II Jo 4 ἐχάρην λίαν ὅτι εὕρηκα ἐκ τ. τέκνων σου
III Jo 3 ἐχάρην γὰρ λίαν ἐρχομένων ἀδελφῶν

ΛΙ´ΒΑΝΟΣ 3030

Mt 2 11 προσήνεγκαν αὐτῷ δῶρα χρυσὸν κ. λίβανον κ. σμύρναν
Re 18 13 μύρον κ. λίβανον κ. οἶνον

ΛΙΒΑΝΩΤΟ´Σ 3031

Re 8 3 ἐστάθη ἐπὶ τ. θυσιαστηρίου ἔχων λιβανωτὸν χρυσοῦν
5 εἴληφεν ὁ ἄγγελος τὸν λιβανωτόν

ΛΙΒΕΡΤΙ´ΝΟΣ 3032

Ac 6 9 ἀνέστησαν δέ τινες ἐκ τ. συναγωγῆς τ. λεγομένης Λιβερτίνων

ΛΙΒΥ´Η 3033

Ac 2 10 τὰ μέρη τ. Λιβύης τῆς κατὰ Κυρήνην

ΛΙΘΑ´ΖΩ 3034

Jo 8 [5 ἡμῖν Μωυσῆς ἐνετείλατο τ. τοιαύτας λιθάζειν
10 31 ἵνα λιθάσωσιν αὐτόν
32 διὰ ποῖον αὐτῶν ἔργον ἐμὲ λιθάζετε;
Jo 10 33 περὶ καλοῦ ἔργου οὐ λιθάζομέν σε
11 8 νῦν ἐζήτουν σε λιθάσαι οἱ Ἰουδαῖοι
Ac 5 26 ἐφοβοῦντο γὰρ τ. λαὸν μὴ λιθασθῶσιν
14 19 λιθάσαντες τ. Παῦλον ἔσυρον ἔξω τ. πόλεως
II Co 11 25 ἅπαξ ἐλιθάσθην τρὶς ἐναυάγησα
He 11 37 ἐλιθάσθησαν ἐπειράσθησαν

ΛΙ´ΘΙΝΟΣ 3035

Jo 2 6 ἦσαν δὲ ἐκεῖ λίθιναι ὑδρίαι ἓξ . . . κείμεναι
II Co 3 3 ἐνγεγραμμένη . . . οὐκ ἐν πλαξὶν λιθίναις
Re 9 20 εἴδωλα . . . τὰ λίθινα κ. τὰ ξύλινα

ΛΙΘΟΒΟΛΕ´Ω † 3036

Mt 21 35 ὃν δὲ ἀπέκτειναν ὃν δὲ ἐλιθοβόλησαν
23 37 ἡ . . . λιθοβολοῦσα τ. ἀπεσταλμένους πρὸς αὐτήν
Lu 13 34 ἡ . . . λιθοβολοῦσα τ. ἀπεσταλμένους πρὸς αὐτήν
Ac 7 58 ἐκβαλόντες ἔξω τ. πόλεως ἐλιθοβόλουν
59 ἐλιθοβόλουν τ. Στέφανον ἐπικαλούμενον
14 5 ὡς δὲ ἐγένετο ὁρμὴ . . . ὑβρίσαι κ. λιθοβολῆσαι αὐτούς
He 12 20 κἂν θηρίον θίγῃ τ. ὄρους λιθοβοληθήσεται
לֹא־תִגַּע בּוֹ יָד כִּי־סָקוֹל יִסָּקֵל . . . אִם־בְּהֵמָה
Ex. xix. 13

ΛΙ´ΘΟΣ 3037

(1) metaph. (2) **λίθος ἐπὶ λίθ.**

Mt 3 9 ἐκ τ. λίθων τούτων ἐγεῖραι τέκνα τῷ Ἀβραάμ
4 3 εἰπὸν ἵνα οἱ λίθοι οὗτοι ἄρτοι γένωνται
6 μήποτε προσκόψῃς πρὸς λίθον τ. πόδα σου
פֶּן־תִּגֹּף בָּאֶבֶן רַגְלֶךָ, Ps. xci. 12
7 9 μὴ λίθον ἐπιδώσει αὐτῷ;
21 42 λίθον ὃν ἀπεδοκίμασαν οἱ οἰκοδομοῦντες
אֶבֶן מָאֲסוּ הַבּוֹנִים, Ps. cxviii. 22
44 ὁ πεσὼν ἐπὶ τ. λίθον τοῦτον συνθλασθήσεται —h. v., T [WH] R marg.
24 2 ² οὐ μὴ ἀφεθῇ ὧδε λίθος ἐπὶ λίθον
27 60 προσκυλίσας λίθον μέγαν τ. θύρᾳ τ. μνημείου
66 σφραγίσαντες τ. λίθον μετὰ τ. κουστωδίας
28 2 προσελθὼν ἀπεκύλισεν τ. λίθον
Mk 5 5 ἦν κράζων κ. κατακόπτων ἑαυτὸν λίθοις
12 10 λίθον ὃν ἀπεδοκίμασαν οἱ οἰκοδομοῦντες, Ps. *l.c.*
13 1 ἴδε ποταποὶ λίθοι κ. ποταπαὶ οἰκοδομαί
2 ² οὐ μὴ ἀφεθῇ ὧδε λίθος ἐπὶ λίθον
15 46 προσεκύλισεν λίθον ἐπὶ τ. θύραν τ. μνημείου
16 3 τίς ἀποκυλίσει ἡμῖν τ. λίθον ἐκ τ. θύρας τ. μνημείου;
4 κ. ἀναβλέψασαι θεωροῦσιν ὅτι ἀνακεκύλισται ὁ λίθος
Lu 3 8 ἐκ τ. λίθων τούτων ἐγεῖραι τέκνα τῷ Ἀβραάμ
4 3 εἰπὲ τ. λίθῳ τούτῳ ἵνα γένηται ἄρτος
11 μήποτε προσκόψῃς πρὸς λίθον τ. πόδα σου, Ps. xci. 12
11 11 μὴ λίθον ἐπιδώσει αὐτῷ; —h. v., WH non mg. R mg.
17 2 εἰ λίθος μυλικὸς περίκειται περὶ τ. τράχηλον αὐτοῦ
19 40 οἱ λίθοι κράξουσιν

Lu 19 44 [2] οὐκ ἀφήσουσιν λίθον ἐπὶ λίθον ἐν σοί
20 17 λίθον ὃν ἀπεδοκίμασαν οἱ οἰκοδομοῦντες, Ps. cxviii. 22
18 πᾶς ὁ πεσὼν ἐπ' ἐκεῖνον τ. λίθον συνθλασθήσεται
21 5 ὅτι λίθοις καλοῖς κ. ἀναθήμασι κεκόσμηται
6 [2] ἐν αἷς οὐκ ἀφεθήσεται λίθος ἐπὶ λίθῳ ὧδε
22 41 αὐτὸς ἀπεσπάσθη ἀπ' αὐτῶν ὡσεὶ λίθου βολήν
24 2 εὗρον δὲ τ. λίθον ἀποκεκυλισμένον ἀπὸ τ. μνημείου
Jo 8 [7 ὁ ἀναμάρτητος ὑμῶν πρῶτος ἐπ' αὐτὴν βαλέτω λίθον
[τὸν] λίθ. βαλ., WH mg.
59 ἦραν οὖν λίθους ἵνα βάλωσιν ἐπ' αὐτόν
10 31 ἐβάστασαν πάλιν λίθους οἱ Ἰουδαῖοι
11 38 λίθος ἐπέκειτο ἐπ' αὐτῷ.
39 λέγει ὁ Ἰησοῦς Ἄρατε τ. λίθον
41 ἦραν οὖν τ. λίθον
20 1 βλέπει τ. λίθον ἠρμένον ἐκ τ. μνημείου
Ac 4 11 [1] οὗτός ἐστιν ὁ λίθος ὁ ἐξουθενηθεὶς ὑφ' ὑμῶν τ. οἰκοδόμων
17 29 οὐκ ὀφείλομεν νομίζειν χρυσῷ ἢ ἀργύρῳ ἢ λίθῳ . . . τὸ θεῖον εἶναι ὅμοιον
Ro 9 32 [1] προσέκοψαν τ. λίθῳ τ. προσκόμματος
33 [1] ἰδοὺ τίθημι ἐν Σιὼν λίθον προσκόμματος
אֶבֶן נֶגֶף, Is. viii. 14, *cf.* xxviii. 16
I Co 3 12 εἰ δέ τις ἐποικοδομεῖ ἐπὶ τ. θεμέλιον . . . λίθους τιμίους
II Co 3 7 εἰ δὲ ἡ διακονία τ. θανάτου . . . ἐντετυπωμένη λίθοις ἐγενήθη ἐν δόξῃ
I Pe 2 4 [1] πρὸς ὃν προσερχόμενοι λίθον ζῶντα
5 [1] κ. αὐτοὶ ὡς λίθοι ζῶντες οἰκοδομεῖσθε
6 [1] ἰδοὺ τίθημι ἐν Σιὼν λίθον ἐκλεκτόν
הִנְנִי יִסַּד בְּצִיּוֹן אָבֶן אֶבֶן בֹּחַן, Is. xxviii. 16
7 λίθος ὃν ἀπεδοκίμασαν οἱ οἰκοδομοῦντες, Ps. *l.c.*
λίθον, T
8 [1] οὗτος ἐγενήθη . . . λίθος προσκόμματος κ. πέτρα σκανδάλου, Is. viii. 14
Re 4 3 ὁ καθήμενος ὅμοιος ὁράσει λίθῳ ἰάσπιδι
15 6 ἐνδεδυμένοι λίθον καθαρὸν λαμπρόν
λίνον, TR marg.
17 4 κεχρυσωμένη χρυσίῳ κ. λίθῳ τιμίῳ κ. μαργαρίταις
18 12 γόμον χρυσοῦ κ. ἀργύρου κ. λίθου τιμίου
16 κεχρυσωμένη ἐν χρυσίῳ κ. λίθῳ τιμίῳ κ. μαργαρίτῃ
21 ἦρεν εἷς ἄγγελος ἰσχυρὸς λίθον ὡς μύλινον μέγαν
21 11 ὁ φωστὴρ αὐτῆς ὅμοιος λίθῳ τιμιωτάτῳ ὡς λίθῳ ἰάσπιδι κρυσταλλίζοντι
19 οἱ θεμέλιοι . . . παντὶ λίθῳ τιμίῳ κεκοσμημένοι

ΛΙΘΟ'ΣΤΡΩΤΟΣ 3038

Jo 19 13 ἐκάθισεν ἐπὶ βήματος εἰς τόπον λεγόμενον Λιθόστρωτον

ΛΙΚΜΑ'Ω 3039

Mt 21 44 ἐφ' ὃν δ' ἂν πέσῃ λικμήσει αὐτόν
—h. v., T [WH] R mg.
Lu 20 18 ἐφ' ὃν δ' ἂν πέσῃ λικμήσει αὐτόν

ΛΙΜΗ'Ν 3040

Ac 27 8 ἤλθομεν εἰς τόπον τινὰ καλούμενον Καλοὺς Λιμένας
12 ἀνευθέτου δὲ τ. λιμένος ὑπάρχοντος πρὸς παραχειμασίαν
12 καταντήσαντες εἰς Φοίνικα . . . λιμένα τ. Κρήτης βλέποντα κατὰ λίβα

ΛΙ'ΜΜΑ *Vide* ΛΕΙ'ΜΜΑ, 3005

ΛΙ'ΜΝΗ 3041

Lu 5 1 αὐτὸς ἦν ἑστὼς παρὰ τ. λίμνην Γεννησαρέτ·
2 κ. εἶδεν πλοῖα δύο ἑστῶτα παρὰ τ. λίμνην
8 22 διέλθωμεν εἰς τὸ πέραν τ. λίμνης
23 κατέβη λαῖλαψ ἀνέμου εἰς τ. λίμνην
εἰς τ. λ. ἀν., WH marg.
33 ὥρμησεν ἡ ἀγέλη κατὰ τ. κρημνοῦ εἰς τ. λίμνην
Re 19 20 ζῶντες ἐβλήθησαν οἱ δύο εἰς τ. λίμνην τ. πυρός
20 10 ὁ διάβολος ὁ πλανῶν αὐτοὺς ἐβλήθη εἰς τ. λίμνην τ. πυρὸς κ. θείου
14 ὁ θάνατος κ. ὁ ᾅδης ἐβλήθησαν εἰς τ. λίμνην τ. πυρός·
οὗτος ὁ θάνατος ὁ δεύτερός ἐστιν ἡ λίμνη τ. πυρός.
15 κ. εἴ τις οὐχ εὑρέθη . . . ἐβλήθη εἰς τ. λίμνην τ. πυρός
21 8 τὸ μέρος αὐτῶν ἐν τ. λίμνῃ τ. καιομένῃ πυρὶ κ. θείῳ

ΛΙΜΟ'Σ 3042

(1) fem.

Mt 24 7 ἔσονται λιμοὶ κ. σεισμοὶ κατὰ τόπους
Mk 13 8 ἔσονται σεισμοὶ κατὰ τόπους ἔσονται λιμοί
Lu 4 25 ὡς ἐγένετο λιμὸς μέγας ἐπὶ πᾶσαν τ. γῆν
15 14 [1] ἐγένετο λιμὸς ἰσχυρὰ κατὰ τ. χώραν ἐκείνην
17 ἐγὼ δὲ λιμῷ ὧδε ἀπόλλυμαι
21 11 κατὰ τόπους λοιμοὶ κ. λιμοὶ ἔσονται
λιμ. κ. λοιμ., TWH mg. R
Ac 7 11 ἦλθεν δὲ λιμὸς ἐφ' ὅλην τὴν Αἴγυπτον
וַיְהִי רָעָב . . . בְּכָל־אֶרֶץ מִצְרָיִם, Gen. xli. 54
11 28 [1] ἐσήμαινεν διὰ τ. πνεύματος λιμὸν μεγάλην μέλλειν ἔσεσθαι
Ro 8 35 τίς ἡμᾶς χωρίσει . . . διωγμὸς ἢ λιμὸς ἢ γυμνότης
II Co 11 27 ἐν λιμῷ κ. δίψει
Re 6 8 ἀποκτεῖναι ἐν ῥομφαίᾳ κ. ἐν λιμῷ κ. ἐν θανάτῳ
18 8 ἥξουσιν αἱ πληγαὶ αὐτῆς θάνατος κ. πένθος κ. λιμός

ΛΙ'ΝΟΝ 3043

Mt 12 20 λίνον τυφόμενον οὐ σβέσει
פִּשְׁתָּה כֵהָה לֹא יְכַבֶּנָּה, Is. xlii. 3
Re 15 6 ἐνδεδυμένοι λίνον καθαρὸν λαμπρόν
λίθον, WHR non mg.

ΛΙ'ΝΟΣ 3044

II Ti 4 21 ἀσπάζεταί σε . . . Λίνος κ. Κλαυδία

ΛΙΠΑΡΟ'Σ 3045

Re 18 14 πάντα τὰ λιπαρὰ κ. τὰ λαμπρὰ ἀπώλετο ἀπὸ σοῦ

ΛΙ'ΤΡΑ* † 3046

Jo 12 3 ἡ οὖν Μαριὰμ λαβοῦσα λίτραν μύρου νάρδου πιστικῆς πολυτίμου
19 39 φέρων ἕλιγμα σμύρνης κ. ἀλόης ὡς λίτρας ἑκατόν

ΛΙ'Ψ 3047

Ac 27 12 λιμένα τ. Κρήτης βλέποντα κατὰ λίβα κ. κατὰ χῶρον

ΛΟΓΙ'Α* † 3048

1Co16 1 περὶ δὲ τ. λογίας τῆς εἰς τ. ἁγίους
2 ἵνα μὴ ὅταν ἔλθω τότε λογίαι γίνωνται

ΛΟΓΙ'ΖΟΜΑΙ 3049

(1) λογίζ. εἰς

Mk 15 28 κ. μετὰ ἀνόμων ἐλογίσθη
—h. v., TWHR non mg.
וְאֶת־פֹּשְׁעִים נִמְנָה, Is. liii. 12
Lu 22 37 κ. μετὰ ἀνόμων ἐλογίσθη, Is. *l.c.*
Jo 11 50 οὐδὲ λογίζεσθε ὅτι συμφέρει ὑμῖν
Ac 19 27 [1] κινδυνεύει . . . τὸ τ. μεγάλης θεᾶς Ἀρτέμιδος ἱερὸν εἰς οὐθὲν λογισθῆναι
Ro 2 3 λογίζῃ δὲ τοῦτο ὦ ἄνθρωπε ὁ κρίνων
26 [1] οὐχ ἡ ἀκροβυστία αὐτοῦ εἰς περιτομὴν λογισθήσεται
3 28 λογιζόμεθα γὰρ δικαιοῦσθαι πίστει ἄνθρωπον
4 3 [1] κ. ἐλογίσθη αὐτῷ εἰς δικαιοσύνην.
וַיַּחְשְׁבֶהָ לּוֹ צְדָקָה, Gen. xv. 6
4 τ. δὲ ἐργαζομένῳ ὁ μισθὸς οὐ λογίζεται κατὰ χάριν
5 [1] λογίζεται ἡ πίστις αὐτοῦ εἰς δικαιοσύνην
6 ᾧ ὁ Θεὸς λογίζεται δικαιοσύνην χωρὶς ἔργων
8 οὗ οὐ μὴ λογίσηται Κύριος ἁμαρτίαν
לֹא־יַחְשֹׁב יְהוָה לוֹ עָוֹן, Ps. xxxii. 2
9 [1] λέγομεν γὰρ ἐλογίσθη τῷ Ἀβραὰμ ἡ πίστις εἰς δικαιοσύνην, Gen. *l.c.*
10 πῶς οὖν ἐλογίσθη;
11 εἰς τὸ λογισθῆναι αὐτοῖς τ. δικαιοσύνην
22 [1] διὸ κ. ἐλογίσθη αὐτῷ εἰς δικαιοσύνην, Gen. *l.c.*
23 οὐκ ἐγράφη δὲ δι' αὐτὸν μόνον ὅτι ἐλογίσθη αὐτῷ·
24 ἀλλὰ κ. δι' ἡμᾶς οἷς μέλλει λογίζεσθαι
6 11 λογίζεσθε ἑαυτοὺς εἶναι νεκροὺς μὲν τ. ἁμαρτίᾳ
8 18 λογίζομαι γὰρ ὅτι οὐκ ἄξια τὰ παθήματα τοῦ νῦν καιροῦ
36 ἐλογίσθημεν ὡς πρόβατα σφαγῆς
נֶחְשַׁבְנוּ כְּצֹאן טִבְחָה, Ps. xliv. 23
9 8 [1] τὰ τέκνα τ. ἐπαγγελίας λογίζεται εἰς σπέρμα
14 14 εἰ μὴ τ. λογιζομένῳ τι κοινὸν εἶναι
1 Co 4 1 οὕτως ἡμᾶς λογιζέσθω ἄνθρωπος
13 5 ἡ ἀγάπη . . . οὐ λογίζεται τὸ κακόν
11 ἐφρόνουν ὡς νήπιος ἐλογιζόμην ὡς νήπιος

IICo3 5 οὐχ ὅτι ἀφ' ἑαυτῶν ἱκανοί ἐσμεν λογίσασθαί τι
5 19 μὴ λογιζόμενος αὐτοῖς τὰ παραπτώματα αὐτῶν
10 2 ᾗ λογίζομαι τολμῆσαι ἐπί τινας τ. λογιζομένους ἡμᾶς ὡς κατὰ σάρκα περιπατοῦντας
7 τοῦτο λογιζέσθω πάλιν ἐφ' ἑαυτοῦ
11 τοῦτο λογιζέσθω ὁ τοιοῦτος
11 5 λογίζομαι γὰρ μηδὲν ὑστερηκέναι τ. ὑπερλίαν ἀποστόλων
12 6 [1] μή τις εἰς ἐμὲ λογίσηται ὑπὲρ ὃ βλέπει με
Ga 3 6 [1] κ. ἐλογίσθη αὐτῷ εἰς δικαιοσύνην, Gen. *l.c.*
Phl 3 13 ἐγὼ ἐμαυτὸν οὔπω λογίζομαι κατειληφέναι
4 8 εἴ τις ἀρετὴ κ. εἴ τις ἔπαινος ταῦτα λογίζεσθε
II Ti 4 16 μὴ αὐτοῖς λογισθείη
He 11 19 λογισάμενος ὅτι κ. ἐκ νεκρῶν ἐγείρειν δυνατὸς ὁ Θεός
Ja 2 23 [1] κ. ἐλογίσθη αὐτῷ εἰς δικαιοσύνην, Gen. *l.c.*
I Pe 5 12 Σιλουανοῦ . . . τ. πιστοῦ ἀδελφοῦ ὡς λογίζομαι

ΛΟΓΙΚΟ'Σ* 3050

Ro 12 1 παραστῆσαι τὰ σώματα ὑμῶν θυσίαν ζῶσαν . . . τ. λογικὴν λατρείαν ὑμῶν
I Pe 2 2 τὸ λογικὸν ἄδολον γάλα ἐπιποθήσατε

ΛΟ'ΓΙΟΝ 3051

Ac 7 38 ὃς ἐδέξατο λόγια ζῶντα δοῦναι ὑμῖν
Ro 3 2 ὅτι ἐπιστεύθησαν τὰ λόγια τ. Θεοῦ
He 5 12 τινὰ τὰ στοιχεῖα τ. ἀρχῆς τ. λογίων τ. Θεοῦ
I Pe 4 11 εἴ τις λαλεῖ ὡς λόγια Θεοῦ

ΛΟ'ΓΙΟΣ* 3052

Ac 18 24 Ἰουδαῖος δέ τις Ἀπολλῶς . . . ἀνὴρ λόγιος

ΛΟΓΙΣΜΟ'Σ 3053

Ro 2 15 μεταξὺ ἀλλήλων τ. λογισμῶν κατηγορούντων
IICo 10 5 λογισμοὺς καθαιροῦντες κ. πᾶν ὕψωμα ἐπαιρόμενον

ΛΟΓΟΜΑΧΕ'Ω* † 3054

II Ti 2 14 διαμαρτυρόμενος ἐνώπιον τ. Θεοῦ μὴ λογομαχεῖν ἐπ' οὐδὲν χρήσιμον

ΛΟΓΟΜΑΧΙ'Α* † 3055

I Ti 6 4 νοσῶν περὶ ζητήσεις κ. λογομαχίας

ΛΟ'ΓΟΣ 3056

(1) λόγ. τ. Θεοῦ (2) λόγ. τ. Κυρίου, Ἰησοῦ, Χριστοῦ (3) εἰπεῖν, λαλεῖν λόγον, λόγῳ (4) λόγ. βασιλείας, εὐαγγελίου (5) λόγ. ἀληθείας, πίστεως, σωτηρίας (6) λόγος . . . ἔργον (7) Λόγος (8) κατὰ λόγον, διὰ λόγου

Mt 5 32 παρεκτὸς λόγου πορνείας
37 ἔστω δὲ ὁ λόγος ὑμῶν ναὶ ναὶ οὒ οὔ
7 24 πᾶς οὖν ὅστις ἀκούει μου τ. λόγους τούτους
26 πᾶς ὁ ἀκούων μου τ. λόγους τούτους
28 ἐγένετο ὅτε ἐτέλεσεν ὁ Ἰησοῦς τ. λόγους τούτους
8 8 [3] ἀλλὰ μόνον εἰπὲ λόγῳ
16 ἐξέβαλεν τὰ πνεύματα λόγῳ
10 14 ὃς ἂν μὴ . . . ἀκούσῃ τ. λόγους ὑμῶν
12 32 [3] ὃς ἐὰν εἴπῃ λόγον κατὰ τ. υἱοῦ τ. ἀνθρώπου

Mt 12 36 ἀποδώσουσιν περὶ αὐτοῦ λόγον ἐν ἡμέρᾳ κρίσεως·
37 ἐκ γὰρ τ. λόγων σου δικαιωθήσῃ,
κ. ἐκ τ. λόγων σου καταδικασθήσῃ
13 19 [4] παντὸς ἀκούοντος τ. λόγον τ. βασιλείας
20 οὗτός ἐστιν ὁ τ. λόγον ἀκούων
21 γενομένης δὲ θλίψεως ἢ διωγμοῦ διὰ τ. λογον
22 οὗτός ἐστιν ὁ τ. λόγον ἀκούων
22 ἡ ἀπάτη τ. πλούτου συνπνίγει τ. λόγον
23 οὗτός ἐστιν ὁ τ. λόγον ἀκούων κ. συνιείς
15 6 [1] ἠκυρώσατε τ. λόγον τ. Θεοῦ διὰ τ. παράδοσιν ὑμῶν
τ. νόμον, TWH mg. R mg.
12 οἱ Φαρισαῖοι ἀκούσαντες τ. λόγον ἐσκανδαλίσθησαν
23 ὁ δὲ οὐκ ἀπεκρίθη αὐτῇ λόγον
18 23 ὃς ἠθέλησεν συνᾶραι λόγον μετὰ τ. δούλων αὐτοῦ
19 1 ἐγένετο ὅτε ἐτέλεσεν ὁ Ἰησοῦς τ. λόγους τούτους
9 παρεκτὸς λόγου πορνείας
εἰ μὴ ἐπὶ πορνείᾳ, TWH non mg. R non mg.
11 οὐ πάντες χωροῦσιν τ. λόγον
+τοῦτον, TR
22 ἀκούσας δὲ ὁ νεανίσκος τὸν λόγον τοῦτον
—τ. λόγ. τοῦτ., T ; —τοῦτ., [WH] R
21 24 ἐρωτήσω ὑμᾶς κἀγὼ λόγον ἕνα
22 15 ὅπως αὐτὸν παγιδεύσωσιν ἐν λόγῳ
46 οὐδεὶς ἐδύνατο ἀποκριθῆναι αὐτῷ λόγον
24 35 οἱ δὲ λόγοι μου οὐ μὴ παρέλθωσιν
25 19 συναίρει λόγον μετ᾽ αὐτῶν
26 1 ὅτε ἐτέλεσεν ὁ Ἰησοῦς πάντας τ. λόγους τούτους
44 [3] προσηύξατο ἐκ τρίτου τ. αὐτὸν λόγον εἰπὼν πάλιν
28 15 διεφημίσθη ὁ λόγος οὗτος παρὰ Ἰουδαίοις
Mk 1 45 ὁ δὲ ἐξελθὼν ἤρξατο . . . διαφημίζειν τ. λόγον
2 2 [3] ἐλάλει αὐτοῖς τ. λόγον
4 14 ὁ σπείρων τ. λόγον σπείρει
15 παρὰ τὴν ὁδὸν ὅπου σπείρεται ὁ λόγος
15 αἴρει τ. λόγον τ. ἐσπαρμένον εἰς αὐτούς
16 ὅταν ἀκούσωσιν τ. λόγον
17 εἶτα γενομένης θλίψεως ἢ διωγμοῦ διὰ τ. λόγον
18 οὗτοί εἰσιν οἱ τ. λόγον ἀκούσαντες
19 αἱ περὶ τὰ λοιπὰ ἐπιθυμίαι εἰσπορευόμεναι συνπνίγουσιν τ. λόγον
20 οἵτινες ἀκούουσιν τ. λόγον κ. παραδέχονται
33 [3] τοιαύταις παραβολαῖς πολλαῖς ἐλάλει αὐτοῖς τ. λόγον
5 36 [3] ὁ δὲ Ἰησοῦς παρακούσας τ. λόγον λαλούμενον
7 13 [1] ἀκυροῦντες τ. λόγον τ. Θεοῦ τ. παραδόσει ὑμῶν
29 διὰ τοῦτον τ. λόγον ὕπαγε
8 32 [3] παρρησίᾳ τ. λόγον ἐλάλει
38 ὃς γὰρ ἐὰν ἐπαισχυνθῇ με κ. τοὺς ἐμοὺς λόγους
9 10 τ. λόγον ἐκράτησαν πρὸς ἑαυτούς
10 22 ὁ δὲ στυγνάσας ἐπὶ τ. λόγῳ ἀπῆλθεν
24 οἱ δὲ μαθηταὶ ἐθαμβοῦντο ἐπὶ τ. λόγοις αὐτοῦ
11 29 ἐπερωτήσω ὑμᾶς ἕνα λόγον
12 13 ἵνα αὐτὸν ἀγρεύσωσιν λόγῳ
13 31 οἱ δὲ λόγοι μου οὐ μὴ παρελεύσονται
Mk 14 39 [3] πάλιν ἀπελθὼν προσηύξατο τ. αὐτὸν λόγον εἰπών
τ. αὐτ. λόγ. εἰπ., [WH]
16 [20 τ. λόγον βεβαιοῦντος διὰ τ. ἐπακολουθούντων σημείων
Lu 1 2 αὐτόπται κ. ὑπηρέται γενόμενοι τ. λόγου
4 περὶ ὧν κατηχήθης λόγων τ. ἀσφάλειαν
20 ἀνθ᾽ ὧν οὐκ ἐπίστευσας τ. λόγοις μου
29 ἡ δὲ ἐπὶ τ. λόγῳ διεταράχθη
3 4 ὡς γέγραπται ἐν βίβλῳ λόγων Ἠσαίου
4 22 ἐθαύμαζον ἐπὶ τ. λόγοις τ. χάριτος
32 ὅτι ἐν ἐξουσίᾳ ἦν ὁ λόγος αὐτοῦ
36 τίς ὁ λόγος οὗτος
5 1 [1] ἐν τῷ τ. ὄχλον ἐπικεῖσθαι αὐτῷ κ. ἀκούειν τ. λόγον τ. Θεοῦ
15 διήρχετο δὲ μᾶλλον ὁ λόγος περὶ αὐτοῦ
6 47 πᾶς ὁ . . . ἀκούων μου τ. λόγων κ. ποιῶν αὐτούς
7 7 [3] ἀλλὰ εἰπὲ λόγῳ κ. ἰαθήτω ὁ παῖς μου
17 ἐξῆλθεν ὁ λόγος οὗτος ἐν ὅλῃ τ. Ἰουδαίᾳ
8 11 [1] ὁ σπόρος ἐστὶν ὁ λόγος τ. Θεοῦ
12 αἴρει τ. λόγον ἀπὸ τ. καρδίας αὐτῶν
13 οἳ ὅταν ἀκούσωσιν μετὰ χαρᾶς δέχονται τ. λόγον
15 οἵτινες . . . ἀκούσαντες τ. λόγον κατέχουσιν
21 [1] οἱ τ. λόγον τ. Θεοῦ ἀκούοντες κ. ποιοῦντες
9 26 ὃς γὰρ ἂν ἐπαισχυνθῇ με κ. τ. ἐμοὺς λόγους
28 ἐγένετο δὲ μετὰ τ. λόγους τούτους
44 θέσθε ὑμεῖς εἰς τὰ ὦτα ὑμῶν τ. λόγους τούτους
10 39 ἣ κ. παρακαθεσθεῖσα . . . ἤκουεν τ. λόγον αὐτοῦ
11 28 [1] οἱ ἀκούοντες τ. λόγον τ. Θεοῦ κ. φυλάσσοντες
12 10 [3] πᾶς ὃς ἐρεῖ λόγον εἰς τ. υἱὸν τ. ἀνθρώπου
16 2 ἀπόδος τ. λόγον τ. οἰκονομίας σου
20 3 ἐρωτήσω ὑμᾶς κἀγὼ λόγον
20 ἵνα ἐπιλάβωνται αὐτοῦ λόγου
21 33 οἱ δὲ λόγοι μου οὐ μὴ παρελεύσονται
22 61 [2] ὑπεμνήσθη ὁ Πέτρος τ. λόγου τ. Κυρίου
ῥήματος, WHR
23 9 ἐπηρώτα δὲ αὐτὸν ἐν λόγοις ἱκανοῖς
24 17 τίνες οἱ λόγοι οὗτοι οὓς ἀντιβάλλετε
19 [6] δυνατὸς ἐν ἔργῳ κ. λόγῳ ἐναντίον τ. Θεοῦ
44 οὗτοι οἱ λόγοι μου οὓς ἐλάλησα πρὸς ὑμᾶς
Jo 1 1 [7] ἐν ἀρχῇ ἦν ὁ λόγος,
[7] κ. ὁ λόγος ἦν πρὸς τ. Θεόν,
[7] κ. Θεὸς ἦν ὁ λόγος
14 [7] ὁ λόγος σὰρξ ἐγένετο
2 22 [3] ἐπίστευσαν . . . τ. λόγῳ ὃν εἶπεν ὁ Ἰησοῦς
4 37 ἐν γὰρ τούτῳ ὁ λόγος ἐστὶν ἀληθινός
39 πολλοὶ ἐπίστευσαν . . . διὰ τ. λόγον τ. γυναικὸς μαρτυρούσης
41 πολλῷ πλείους ἐπίστευσαν διὰ τ. λόγον αὐτοῦ
50 [3] ἐπίστευσεν ὁ ἄνθρωπος τ. λόγῳ ὃν εἶπεν αὐτῷ ὁ Ἰησοῦς
5 24 ὁ τ. λόγον μου ἀκούων . . . ἔχει ζωὴν αἰώνιον
38 τ. λόγον αὐτοῦ οὐκ ἔχετε ἐν ὑμῖν μένοντα
6 60 σκληρός ἐστιν ὁ λόγος οὗτος
7 36 [3] τίς ἐστιν ὁ λόγος οὗτος ὃν εἶπεν
40 ἐκ τ. ὄχλου οὖν ἀκούσαντες τ. λόγων τούτων
8 31 ἐὰν ὑμεῖς μείνητε ἐν τ. λόγῳ τ. ἐμῷ
37 ὅτι ὁ λόγος ὁ ἐμὸς οὐ χωρεῖ ἐν ὑμῖν

Jo 8 43 ὅτι οὐ δύνασθε ἀκούειν τ. λόγον τ. ἐμόν
51 ἐάν τις τ. ἐμὸν λόγον τηρήσῃ
52 ἐάν τις τ. λόγον μου τηρήσῃ
55 [1] οἶδα αὐτὸν κ. τ. λόγον αὐτοῦ τηρῶ
10 19 σχίσμα πάλιν ἐγένετο ἐν τ. Ἰουδαίοις διὰ τ. λόγους τούτους
35 [1] πρὸς οὓς ὁ λόγος τ. Θεοῦ ἐγένετο
12 38 ἵνα ὁ λόγος Ἠσαίου τ. προφήτου πληρωθῇ
48 [3] ὁ λόγος ὃν ἐλάλησα ἐκεῖνος κρινεῖ αὐτόν
14 23 ἐάν τις ἀγαπᾷ με τ. λόγον μου τηρήσει
24 ὁ μὴ ἀγαπῶν με τ. λόγους μου οὐ τηρεῖ· κ. ὁ λόγος ὃν ἀκούετε οὐκ ἔστιν ἐμός
15 3 [3] καθαροί ἐστε διὰ τ. λόγον ὃν λελάληκα ὑμῖν
20 [3] μνημονεύετε τ. λόγου οὗ ἐγὼ εἶπον ὑμῖν
20 εἰ τ. λόγον μου ἐτήρησαν
25 ἵνα πληρωθῇ ὁ λόγος ὁ ἐν τ. νόμῳ αὐτῶν γεγραμμένος
17 6 τὸν λόγον σου τετήρηκαν
14 [1] ἐγὼ δέδωκα αὐτοῖς τ. λόγον σου
17 [1] ὁ λόγος ὁ σὸς ἀλήθειά ἐστιν
20 κ. περὶ τ. πιστευόντων διὰ τ. λόγου αὐτῶν εἰς ἐμέ
18 9 [3] ἵνα πληρωθῇ ὁ λόγος ὃν εἶπεν
32 [2] ἵνα ὁ λόγος τ. Ἰησοῦ πληρωθῇ
19 8 ὅτε οὖν ἤκουσεν ὁ Πειλᾶτος τοῦτον τ. λόγον
13 ὁ οὖν Πειλᾶτος ἀκούσας τ. λόγων τούτων
21 23 ἐξῆλθεν οὖν οὗτος ὁ λόγος εἰς τ. ἀδελφοὺς
Ac 1 1 τ. μὲν πρῶτον λόγον ἐποιησάμην περὶ πάντων
2 22 ἄνδρες Ἰσραηλεῖται ἀκούσατε τ. λόγους τούτους
40 ἑτέροις τε λόγοις πλείοσιν διεμαρτύρατο
41 οἱ μὲν οὖν ἀποδεξάμενοι τ. λόγον αὐτοῦ
4 4 πολλοὶ δὲ τ. ἀκουσάντων τ. λόγον ἐπίστευσαν
29 [1 3] μετὰ παρρησίας πάσης λαλεῖν τ. λόγον σου
31 [1 3] ἐλάλουν τ. λόγον τ. Θεοῦ μετὰ παρρησίας
5 5 ἀκούων δὲ ὁ Ἀνανίας τ. λόγους τούτους
24 ὡς δὲ ἤκουσαν τ. λόγους τούτους
6 2 [1] καταλείψαντας τ. λόγον τ. Θεοῦ διακονεῖν τραπέζαις
4 ἡμεῖς δὲ . . . τ. διακονίᾳ τ. λόγου προσκαρτερήσομεν
5 ἤρεσεν ὁ λόγος ἐνώπιον παντὸς τ. πλήθους
7 [1] ὁ λόγος τ. Θεοῦ ηὔξανεν
7 22 [6] ἦν δὲ δυνατὸς ἐν λόγοις κ. ἔργοις αὐτοῦ
29 ἔφυγεν δὲ Μωυσῆς ἐν τ. λόγῳ τούτῳ
8 4 διῆλθον εὐαγγελιζόμενοι τ. λόγον
14 [1] ὅτι δέδεκται ἡ Σαμαρία τ. λόγον τ. Θεοῦ
21 οὐκ ἔστιν σοι μερὶς οὐδὲ κλῆρος ἐν τ. λόγῳ τούτῳ
25 [2] διαμαρτυράμενοι κ. λαλήσαντες τ. λόγον τ. Κυρίου
10 29 πυνθάνομαι οὖν τίνι λόγῳ μετεπέμψασθέ με
36 τ. λόγον ἀπέστειλεν τ. υἱοῖς Ἰσραήλ
τ. λόγ. ὃν ἀπ., TWH mg. R non mg.
44 ἐπέπεσεν τὸ πνεῦμα τὸ ἅγιον ἐπὶ πάντας τ. ἀκούοντας τ. λόγον
11 1 [1] κ. τὰ ἔθνη ἐδέξαντο τ. λόγον τ. Θεοῦ
19 [3] μηδενὶ λαλοῦντες τ. λόγον εἰ μὴ μόνον Ἰουδαίοις
22 ἠκούσθη δὲ ὁ λόγος εἰς τὰ ὦτα τ. ἐκκλησίας
12 24 [1 2] ὁ δὲ λόγος τ. Κυρίου ηὔξανεν κ. ἐπληθύνετο
λόγ. τ. Θεοῦ, TWH mg. R

Ac 13 5 [1] κατήγγελλον τ. λόγον τ. Θεοῦ ἐν τ. συναγωγαῖς τ. Ἰουδαίων
7 [1] ἐπεζήτησεν ἀκοῦσαι τ. λόγον τ. Θεοῦ
15 εἴ τις ἔστιν ἐν ὑμῖν λόγος παρακλήσεως πρὸς τ. λαόν
26 [5] ἡμῖν ὁ λόγος τ. σωτηρίας ταύτης ἐξαπεστάλη
44 [1 2] συνήχθη ἀκοῦσαι τ. λόγον τ. Θεοῦ
λόγ. τ. Κυρίου, TWH mg. R mg.
46 [1 3] ὑμῖν ἦν ἀναγκαῖον πρῶτον λαληθῆναι τ. λόγον τ. Θεοῦ
48 [1 2] ἐδόξαζον τ. λόγον τ. Θεοῦ
λόγ. τ. Κυρίου, TWH mg. R mg.
49 [2] διεφέρετο δὲ ὁ λόγος τ. Κυρίου δι' ὅλης τ. χώρας
14 3 τ. Κυρίῳ τ. μαρτυροῦντι τ. λόγῳ τ. χάριτος αὐτοῦ
μαρτ. ἐπὶ τ. λόγ., T
12 ἐπειδὴ αὐτὸς ἦν ὁ ἡγούμενος τ. λόγου
25 [3] λαλήσαντες ἐν Πέργῃ τ. λόγον
15 6 συνήχθησάν τε . . . ἰδεῖν περὶ τ. λόγου τούτου
7 [4] διὰ τ. στόματός μου ἀκοῦσαι τὰ ἔθνη τ. λόγον τ. εὐαγγελίου
15 τούτῳ συμφωνοῦσιν οἱ λόγοι τ. προφητῶν
24 ὅτι τινὲς ἐξ ἡμῶν ἐτάραξαν ὑμᾶς λόγοις
27 [3] κ. αὐτοὺς διὰ λόγου ἀπαγγέλλοντας τὰ αὐτά
32 [3] διὰ λόγου πολλοῦ παρεκάλεσαν τ. ἀδελφοὺς
35 [2] εὐαγγελιζόμενοι μετὰ κ. ἑτέρων πολλῶν τ. λόγον τ. Κυρίου
36 [2] ἐν αἷς κατηγγείλαμεν τ. λόγον τ. Κυρίου
16 6 [3] κωλυθέντες ὑπὸ τ. ἁγίου πνεύματος λαλῆσαι τ. λόγον ἐν τ. Ἀσίᾳ
32 [1 2] ἐλάλησαν αὐτῷ τ. λόγον τ. Θεοῦ
τ. λόγ. τ. Κυρίου, TWH mg. R non mg.
36 ἀπήγγειλεν δὲ ὁ δεσμοφύλαξ τ. λόγους πρὸς τ. Παῦλον
τ. λόγ. τούτους, T
17 11 οἵτινες ἐδέξαντο τ. λόγον μετὰ πάσης προθυμίας
13 [1] κ. ἐν τ. Βεροίᾳ κατηγγέλη ὑπὸ τ. Παύλου ὁ λόγος τ. Θεοῦ
18 5 συνείχετο τ. λόγῳ ὁ Παῦλος
11 [1] διδάσκων ἐν αὐτοῖς τ. λόγον τ. Θεοῦ
14 [3] κατὰ λόγον ἂν ἀνεσχόμην ὑμῶν·
15 εἰ δὲ ζητήματά ἐστιν περὶ λόγου κ. ὀνομάτων
19 10 [2] ὥστε πάντας τ. κατοικοῦντας τ. Ἀσίαν ἀκοῦσαι τ. λόγον τ. Κυρίου
20 [2] οὕτως κατὰ κράτος τ. Κυρίου ὁ λόγος ηὔξανεν κ. ἴσχυεν
38 εἰ μὲν οὖν . . . ἔχουσιν πρός τινα λόγον
40 περὶ οὗ οὐ δυνησόμεθα ἀποδοῦναι λόγον περὶ τ. συστροφῆς ταύτης
20 2 παρακαλέσας αὐτοὺς λόγῳ πολλῷ
7 παρέτεινέν τε τ. λόγον μέχρι μεσονυκτίου
24 ἀλλ' οὐδενὸς λόγου ποιοῦμαι τ. ψυχήν
32 παρατίθεμαι ὑμᾶς . . . τ. λόγῳ τ. χάριτος αὐτοῦ
35 [2] μνημονεύειν τε τ. λόγων τ. Κυρίου Ἰησοῦ
38 [3] ὀδυνώμενοι μάλιστα ἐπὶ τ. λόγῳ ᾧ εἰρήκει
22 22 ἤκουον δὲ αὐτοῦ ἄχρι τούτου τ. λόγου
Ro 3 4 ὅπως ἂν δικαιωθῇς ἐν τ. λόγοις σου
לְמַעַן־תִּצְדַּק בְּדָבְרֶךָ, Ps. li. 6
9 6 [1] οὐχ οἷον δὲ ὅτι ἐκπέπτωκεν ὁ λόγος τ. Θεοῦ

Ro 9 9 ἐπαγγελίας γὰρ ὁ λόγος οὗτος
28 λόγον γὰρ συντελων κ. συντέμνων ποιήσει Κύριος
כִּי כָלָה וְנֶחֱרָצָה אֲדֹנָי יֱהוִֹה צְבָאוֹת עֹשֶׂה
Is. x. 23
13 9 ἐν τ. λόγῳ τούτῳ ἀνακεφαλαιοῦται
τούτ. τ. λόγ., WH mg.
14 12 ἕκαστος ἡμῶν περὶ ἑαυτοῦ λόγον δώσει τ. Θεῷ
15 18 [6] εἰς ὑπακοὴν ἐθνῶν λόγῳ κ. ἔργῳ
I Co 1 5 ἐν παντὶ λόγῳ κ. πάσῃ γνώσει
17 οὐκ ἐν σοφίᾳ λόγου
18 ὁ λόγος γὰρ ὁ τ. σταυροῦ τ. μὲν ἀπολλυμένοις μωρία ἐστίν
2 1 ἦλθοι οὐ καθ' ὑπεροχὴν λόγου ἢ σοφίας
4 ὁ λόγος μου κ. τὸ κήρυγμά μου οὐκ ἐν πιθοῖς σοφίας λόγοις
13 οὐκ ἐν διδακτοῖς ἀνθρωπίνης σοφίας λόγοις
4 19 γνώσομαι οὐ τ. λόγον τ. πεφυσιωμένων
20 οὐ γὰρ ἐν λόγῳ ἡ βασιλεία τ. Θεοῦ
12 8 ᾧ μὲν γὰρ διὰ τ. πνεύματος δίδοται λόγος σοφίας,
ἄλλῳ δὲ λόγος γνώσεως κατὰ τὸ αὐτὸ πνεῦμα
14 9 διὰ τ. γλώσσης ἐὰν μὴ εὔσημον λόγον δῶτε
19 [3] θέλω πέντε λόγους τ. νοΐ μου λαλῆσαι
19 ἢ μυρίους λόγους ἐν γλώσσῃ
36 [1] ἢ ἀφ' ὑμῶν ὁ λόγος τ. Θεοῦ ἐξῆλθεν;
15 2 τίνι λόγῳ εὐηγγελισάμην ὑμῖν εἰ κατέχετε
54 τότε γενήσεται ὁ λόγος ὁ γεγραμμένος
II Co 1 18 ὁ λόγος ἡμῶν ὁ πρὸς ὑμᾶς οὐκ ἔστιν ναὶ κ. οὔ
2 17 [1] καπηλεύοντες τ. λόγον τ. Θεοῦ
4 2 [1] μηδὲ δολοῦντες τ. λόγον τ. Θεοῦ
5 19 θέμενος ἐν ἡμῖν τ. λόγον τ. καταλλαγῆς
6 7 [5] ἐν λόγῳ ἀληθείας ἐν δυνάμει Θεοῦ
8 7 ὥσπερ ἐν παντὶ περισσεύετε πίστει κ. λόγῳ
10 10 ὁ λόγος ἐξουθενημένος
11 [6] οἷοί ἐσμεν τ. λόγῳ δι' ἐπιστολῶν ἀπόντες
11 6 εἰ δὲ κ. ἰδιώτης τ. λόγῳ
Ga 5 14 ὁ γὰρ πᾶς νόμος ἐν ἑνὶ λόγῳ πεπλήρωται
6 6 κοινωνείτω δὲ ὁ κατηχούμενος τ. λόγον τ. κατηχοῦντι
Eph 1 13 [5] κ. ὑμεῖς ἀκούσαντες τ. λόγον τ. ἀληθείας
4 29 πᾶς λόγος σαπρὸς ἐκ τ. στόματος ὑμῶν μὴ ἐκπορευέσθω
5 6 μηδεὶς ὑμᾶς ἀπατάτω κενοῖς λόγοις
6 19 ἵνα μοι δοθῇ λόγος ἐν ἀνοίξει τ. στόματός μου
Phl 1 14 [1 3] περισσοτέρως τολμᾶν ἀφόβως τ. λόγον τ. Θεοῦ λαλεῖν
2 16 λόγον ζωῆς ἐπέχοντες
4 15 ἐκοινώνησεν εἰς λόγον δόσεως κ. λήμψεως
17 ἐπιζητῶ τ. καρπὸν τ. πλεονάζοντα εἰς λόγον ὑμῶν
Col 1 5 [5] ἣν προηκούσατε ἐν τ. λόγῳ τ. ἀληθείας τ. εὐαγγελίου
25 [1] πληρῶσαι τ. λόγον τ. Θεοῦ
2 23 ἅτινά ἐστιν λόγον μὲν ἔχοντα σοφίας
3 16 [2] ὁ λόγος τ. Χριστοῦ ἐνοικείτω ἐν ὑμῖν πλουσίως
17 [6] πᾶν ὅτι ἐὰν ποιῆτε ἐν λόγῳ ἢ ἐν ἔργῳ
4 3 ἵνα ὁ Θεὸς ἀνοίξῃ ἡμῖν θύραν τ. λόγου
6 ὁ λόγος ὑμῶν πάντοτε ἐν χάριτι
I Th 1 5 τὸ εὐαγγέλιον ἡμῶν οὐκ ἐγενήθη εἰς ὑμᾶς ἐν λόγῳ μόνον
6 δεξάμενοι τ. λόγον ἐν θλίψει πολλῇ
8 [2] ἀφ' ὑμῶν γὰρ ἐξήχηται ὁ λόγος τ. Κυρίου
2 5 οὔτε γάρ ποτε ἐν λόγῳ κολακίας ἐγενήθημεν
13 [1] παραλαβόντες λόγον ἀκοῆς παρ' ἡμῶν τ. Θεοῦ ἐδέξασθε οὐ λόγον ἀνθρώπων,
[1] ἀλλὰ καθὼς ἀληθῶς ἐστὶν λόγον Θεοῦ
4 15 [2] τοῦτο γὰρ ὑμῖν λέγομεν ἐν λόγῳ Κυρίου
18 ὥστε παρακαλεῖτε ἀλλήλους ἐν τ. λόγοις τούτοις
II Th 2 2 [8] μηδὲ θροεῖσθαι μήτε διὰ λόγου μήτε δι' ἐπιστολῆς
15 [8] εἴτε διὰ λόγου εἴτε δι' ἐπιστολῆς ἡμῶν
17 [6] στηρίξαι ἐν παντὶ ἔργῳ κ. λόγῳ ἀγαθῷ
3 1 [2] ἵνα ὁ λόγος τ. Κυρίου τρέχῃ κ. δοξάζηται
14 εἰ δέ τις οὐχ ὑπακούει τ. λόγῳ ἡμῶν διὰ τ. ἐπιστολῆς
I Ti 1 15 πιστὸς ὁ λόγος κ. πάσης ἀποδοχῆς ἄξιος
3 1 πιστὸς ὁ λόγος
4 5 [1 8] ἁγιάζεται γὰρ διὰ λόγου Θεοῦ κ. ἐντεύξεως
6 [5] ἐντρεφόμενος τ. λόγοις τ. πίστεως
9 πιστὸς ὁ λόγος κ. πάσης ἀποδοχῆς ἄξιος
12 τύπος γίνου τ. πιστῶν ἐν λόγῳ
5 17 μάλιστα οἱ κοπιῶντες ἐν λόγῳ κ. διδασκαλίᾳ
6 3 [2] εἴ τις . . . μὴ προσέρχεται ὑγιαίνουσι λόγοις τοῖς τ. Κυρίου ἡμῶν Ἰησοῦ Χριστοῦ
II Ti 1 13 ὑποτύπωσιν ἔχε ὑγιαινόντων λόγων
2 9 [1] ἀλλὰ ὁ λόγος τ. Θεοῦ οὐ δέδεται
11 πιστὸς ὁ λόγος
15 [5] ὀρθοτομοῦντα τ. λόγον τ. ἀληθείας
17 ὁ λόγος αὐτῶν ὡς γάγγραινα νομὴν ἕξει
4 2 κήρυξον τ. λόγον
15 λίαν γὰρ ἀντέστη τ. ἡμετέροις λόγοις
Tit 1 3 ἐφανέρωσεν δὲ καιροῖς ἰδίοις τ. λόγον αὐτοῦ
9 ἀντεχόμενον τοῦ κατὰ τ. διδαχὴν πιστοῦ λόγου
2 5 [1] ἵνα μὴ ὁ λόγος τ. Θεοῦ βλασφημῆται
8 λόγον ὑγιῆ ἀκατάγνωστον
3 8 πιστὸς ὁ λόγος
He 2 2 [3] εἰ γὰρ ὁ δι' ἀγγέλων λαληθεὶς λόγος ἐγένετο βέβαιος
4 2 οὐκ ὠφέλησεν ὁ λόγος τ. ἀκοῆς ἐκείνους
12 [1] ζῶν γὰρ ὁ λόγος τ. Θεοῦ κ. ἐνεργής
13 τ. ὀφθαλμοῖς αὐτοῦ πρὸς ὃν ἡμῖν ὁ λόγος
5 11 περὶ οὗ πολὺς ἡμῖν ὁ λόγος
13 πᾶς γὰρ ὁ μετέχων γάλακτος ἄπειρος λόγου δικαιοσύνης
6 1 ἀφέντες τὸν τ. ἀρχῆς τ. Χριστοῦ λόγον
7 28 ὁ λόγος δὲ τ. ὁρκωμοσίας τῆς μετὰ τ. νόμον
12 19 παρῃτήσαντο προστεθῆναι αὐτοῖς λόγον
13 7 [1 3] οἵτινες ἐλάλησαν ὑμῖν τ. λόγον τ. Θεοῦ
17 ἀγρυπνοῦσιν . . . ὡς λόγον ἀποδώσοντες
22 ἀνέχεσθε τ. λόγου τῆς παρακλήσεως
Ja 1 18 [5] βουληθεὶς ἀπεκύησεν ἡμᾶς λόγῳ ἀληθείας
21 ἐν πραΰτητι δέξασθε τ. ἔμφυτον λόγον
22 γίνεσθε δὲ ποιηταὶ λόγου
23 εἴ τις ἀκροατὴς λόγου ἐστὶν κ. οὐ ποιητής
3 2 εἴ τις ἐν λόγῳ οὐ πταίει
I Pe 1 23 [1 8] διὰ λόγου ζῶντος Θεοῦ κ. μένοντος
2 8 οἳ προσκόπτουσιν τ. λόγῳ ἀπειθοῦντες
3 1 ἵνα εἴ τινες ἀπειθοῦσιν τ. λόγῳ,
διὰ τῆς τ. γυναικῶν ἀναστροφῆς ἄνευ λόγου κερδηθήσονται
15 πρὸς ἀπολογίαν παντὶ τ. αἰτοῦντι ὑμᾶς λόγον περὶ τῆς ἐν ὑμῖν ἐλπίδος
4 5 οἳ ἀποδώσουσιν λόγον τῷ ἑτοίμως κρίνοντι
II Pe 1 19 ἔχομεν βεβαιότερον τ. προφητικὸν λόγον

II Pe 2 3 ἐν πλεονεξίᾳ πλαστοῖς λόγοις ὑμᾶς ἐμπορεύσονται
3 5 [1] γῆ . . . συνεστῶσα τῷ τ. Θεοῦ λόγῳ
7 οἱ δὲ νῦν οὐρανοὶ κ. ἡ γῆ τ. αὐτῷ λόγῳ τεθησαυρισμένοι εἰσίν
I Jo 1 1 [7] αἱ χεῖρες ἡμῶν ἐψηλάφησαν περὶ τ. λόγου τ. ζωῆς
10 [1] ὁ λόγος αὐτοῦ οὐκ ἔστιν ἐν ἡμῖν
2 5 ὃς δ' ἂν τηρῇ αὐτοῦ τ. λόγον
7 ἡ ἐντολὴ ἡ παλαιά ἐστιν ὁ λόγος ὃν ἠκούσατε
14 [1] ὁ λόγος τ. Θεοῦ ἐν ὑμῖν μένει
3 18 [6] μὴ ἀγαπῶμεν λόγῳ μηδὲ τῇ γλώσσῃ
III Jo 10 λόγοις πονηροῖς φλυαρῶν ἡμᾶς
Ju 15 [8] περὶ πάντων τ. σκληρῶν λόγων ὧν ἐλάλησαν κατ' αὐτοῦ
—λόγ., WHR
Re 1 2 [1] ὃς ἐμαρτύρησεν τ. λόγον τ. Θεοῦ
3 οἱ ἀκούοντες τ. λόγους τ. προφητείας
τ. λόγον, T
9 [1] διὰ τ. λόγον τ. Θεοῦ κ. τ. μαρτυρίαν Ἰησοῦ
3 8 ὅτι . . . ἐτήρησάς μου τ. λόγον
10 ὅτι ἐτήρησας τ. λόγον τ. ὑπομονῆς μου
6 9 [1] εἶδον . . . τ. ψυχὰς τ. ἐσφαγμένων διὰ τ. λόγον τ. Θεοῦ
12 11 αὐτοὶ ἐνίκησαν αὐτὸν . . . διὰ τ. λόγον τ. μαρτυρίας αὐτῶν
17 17 [1] ἄχρι τελεσθήσονται οἱ λόγοι τ. Θεοῦ
19 9 [1] οὗτοι οἱ λόγοι ἀληθινοὶ τ. Θεοῦ εἰσίν
13 [1 7] κέκληται τὸ ὄνομα αὐτοῦ Ὁ Λόγος τ. Θεοῦ
20 4 [1] διὰ τ. μαρτυρίαν Ἰησοῦ κ. διὰ τ. λόγον τ. Θεοῦ
21 5 οὗτοι οἱ λόγοι πιστοὶ κ. ἀληθινοί εἰσιν
22 6 οὗτοι οἱ λόγοι πιστοὶ κ. ἀληθινοί
7 μακάριος ὁ τηρῶν τ. λόγους τ. προφητείας τ. βιβλίου τούτου
9 σύνδουλος . . . τ. τηρούντων τ. λόγους τ. βιβλίου τούτου
10 μὴ σφραγίσῃς τ. λόγους τ. προφητείας τ. βιβλίου τούτου
18 μαρτυρῶ ἐγὼ παντὶ τ. ἀκούοντι τ. λόγους τ. προφητείας τ. βιβλίου τούτου
19 ἐάν τις ἀφέλῃ ἀπὸ τ. λόγων τ. βιβλίου τ. προφητείας ταύτης

ΛΌΓΧΗ 3057

Mt 27 49 ἄλλος δὲ λαβὼν λόγχην ἔνυξεν αὐτοῦ τ. πλευράν
—h. v., T [[WH]] R non mg.
Jo 19 34 εἷς τ. στρατιωτῶν λόγχῃ αὐτοῦ τ. πλευρὰν ἔνυξεν

ΛΟΙΔΟΡΈΩ 3058

Jo 9 28 ἐλοιδόρησαν αὐτὸν κ. εἶπαν
Ac 23 4 τ. ἀρχιερέα τ. Θεοῦ λοιδορεῖς;
I Co 4 12 λοιδορούμενοι εὐλογοῦμεν
I Pe 2 23 ὃς λοιδορούμενος οὐκ ἀντελοιδόρει

ΛΟΙΔΟΡΊΑ 3059

I Ti 5 14 μηδεμίαν ἀφορμὴν διδόναι τ. ἀντικειμένῳ λοιδορίας χάριν
I Pe 3 9 μὴ ἀποδιδόντες . . . λοιδορίαν ἀντὶ λοιδορίας

ΛΟΊΔΟΡΟΣ 3060

I Co 5 11 ἐάν τις ἀδελφὸς ὀνομαζόμενος ᾖ . . . λοίδορος
6 10 οὐ λοίδοροι οὐχ ἅρπαγες βασιλείαν Θεοῦ κληρονομήσουσιν

ΛΟΙΜΌΣ 3061

Lu 21 11 κατὰ τόπους λοιμοὶ κ. λιμοὶ ἔσονται
λιμ. κ. λοιμ., TWH mg. R
Ac 24 5 εὑρόντες γὰρ τ. ἄνδρα τοῦτον λοιμόν

ΛΟΙΠΌΣ 3062, 3063, 3064

(1) seq. gen. (2) λοιπόν, τὸ λοιπ.
(3) τ. λοιποῦ

Mt 22 6 οἱ δὲ λοιποὶ κρατήσαντες τ. δούλους αὐτοῦ
25 11 ὕστερον δὲ ἔρχονται κ. αἱ λοιπαὶ παρθένοι
26 45 [2] καθεύδετε λοιπὸν κ. ἀναπαύεσθε
τὸ λοιπ., T
27 49 οἱ δὲ λοιποὶ εἶπαν Ἄφες
Mk 4 19 αἱ περὶ τὰ λοιπὰ ἐπιθυμίαι εἰσπορευόμεναι
14 41 [2] καθεύδετε τὸ λοιπὸν κ. ἀναπαύεσθε
16 [13 κἀκεῖνοι ἀπελθόντες ἀπήγγειλαν τ. λοιποῖς
Lu 8 10 τοῖς δὲ λοιποῖς ἐν παραβολαῖς
12 26 τί περὶ τ. λοιπῶν μεριμνᾶτε;
π. τ. λοιπ. τί μερ., WH mg.
18 9 πρός τινας . . . ἐξουθενοῦντας τ. λοιπούς
11 [1] ὅτι οὐκ εἰμὶ ὥσπερ οἱ λοιποὶ τ. ἀνθρώπων
24 9 ἀπήγγειλαν ταῦτα πάντα τοῖς ἕνδεκα κ. πᾶσι τ. λοιποῖς.
10 ἦσαν δὲ . . . Μαρία ἡ Ἰακώβου κ. αἱ λοιπαὶ σὺν αὐταῖς
Ac 2 37 εἶπάν τε πρὸς τ. Πέτρον κ. τ. λοιποὺς ἀποστόλους
5 13 τῶν δὲ λοιπῶν οὐδεὶς ἐτόλμα κολλᾶσθαι αὐτοῖς
17 9 λαβόντες τὸ ἱκανὸν παρὰ τ. Ἰάσονος κ. τ. λοιπῶν
27 20 [2] λοιπὸν περιῃρεῖτο ἐλπὶς πᾶσα τοῦ σώζεσθαι ἡμᾶς
44 τ. λοιποὺς οὓς μὲν ἐπὶ σανίσιν
28 9 οἱ λοιποὶ ἐν τῇ νήσῳ ἔχοντες ἀσθενείας
Ro 1 13 καθὼς κ. ἐν τ. λοιποῖς ἔθνεσιν
11 7 οἱ δὲ λοιποὶ ἐπωρώθησαν
I Co 1 16 [2] λοιπὸν οὐκ οἶδα εἴ τινα ἄλλον ἐβάπτισα
4 2 [2] ὧδε λοιπὸν ζητεῖται ἐν τ. οἰκονόμοις
7 12 τ. δὲ λοιποῖς λέγω ἐγὼ οὐχ ὁ Κύριος
29 [2] τὸ λοιπὸν ἵνα κ. οἱ ἔχοντες γυναῖκας ὡς μὴ ἔχοντες ὦσιν
9 5 γυναῖκα περιάγειν ὡς κ. οἱ λοιποὶ ἀπόστολοι
11 34 τὰ δὲ λοιπὰ ὡς ἂν ἔλθω διατάξομαι
15 37 εἰ τύχοι σίτου ἤ τινος τ. λοιπῶν
II Co 12 13 τί γάρ ἐστιν ὃ ἡσσώθητε ὑπὲρ τ. λοιπὰς ἐκκλησίας
13 2 ἀπὼν νῦν τ. προημαρτηκόσιν κ. τ. λοιποῖς πᾶσιν
11 [2] λοιπὸν ἀδελφοὶ χαίρετε
Ga 2 13 συνυπεκρίθησαν αὐτῷ κ. οἱ λοιποὶ Ἰουδαῖοι
6 17 [3] τ. λοιποῦ κόπους μοι μηδεὶς παρεχέτω
Eph 2 3 ἤμεθα τέκνα φύσει ὀργῆς ὡς κ. οἱ λοιποί
6 10 [3] τ. λοιποῦ ἐνδυναμοῦσθε ἐν Κυρίῳ
Phl 1 13 ἐν ὅλῳ τ. πραιτωρίῳ κ. τ. λοιποῖς πᾶσιν
3 1 [2] τὸ λοιπὸν ἀδελφοί μου χαίρετε ἐν Κυρίῳ
4 3 μετὰ κ. Κλήμεντος κ. τ. λοιπῶν συνεργῶν μου
8 [2] τὸ λοιπὸν ἀδελφοὶ ὅσα ἐστὶν ἀληθῆ
I Th 4 1 [2] λοιπὸν ἀδελφοὶ ἐρωτῶμεν ὑμᾶς κ. παρακαλοῦμεν
13 ἵνα μὴ λυπῆσθε καθὼς κ. οἱ λοιποί
5 6 ἄρα οὖν μὴ καθεύδωμεν ὡς οἱ λοιποί

II Th 3 1 [2] τὸ λοιπὸν προσεύχεσθε ἀδελφοὶ περὶ ἡμῶν
I Ti 5 20 ἵνα κ. οἱ λοιποὶ φόβον ἔχωσιν
II Ti 4 8 [2] λοιπὸν ἀπόκειταί μοι ὁ τ. δικαιοσύνης στέφανος
He 10 13 [2] τὸ λοιπὸν ἐκδεχόμενος ἕως τεθῶσιν
II Pe 3 16 ἃ . . . στρεβλοῦσιν ὡς κ. τ. λοιπὰς γραφάς
Re 2 24 ὑμῖν δὲ λέγω τ. λοιποῖς τοῖς ἐν Θυατείροις
3 2 στήρισον τὰ λοιπὰ ἃ ἔμελλον ἀποθανεῖν
8 13 οὐαὶ τ. κατοικοῦντας ἐπὶ τ. γῆς ἐκ τ. λοιπῶν φωνῶν τ. σάλπιγγος
9 20 [1] οἱ λοιποὶ τ. ἀνθρώπων οἳ οὐκ ἀπεκτάνθησαν
11 13 οἱ λοιποὶ ἔμφοβοι ἐγένοντο
12 17 [1] ποιῆσαι πόλεμον μετὰ τ. λοιπῶν τ. σπέρματος αὐτῆς
19 21 οἱ λοιποὶ ἀπεκτάνθησαν ἐν τ. ῥομφαίᾳ
20 5 [1] οἱ λοιποὶ τ. νεκρῶν οὐκ ἔζησαν ἄχρι τελεσθῇ τὰ χίλια ἔτη

ΛΟΥΚᾶΣ 3065

Col 4 14 ἀσπάζεται ὑμᾶς Λουκᾶς ὁ ἰατρὸς ὁ ἀγαπητός
II Ti 4 11 Λουκᾶς ἐστὶν μόνος μετ' ἐμοῦ
Phm 24 Δημᾶς Λουκᾶς οἱ συνεργοί μου

ΛΟΎΚΙΟΣ 3066

Ac 13 1 Λούκιος ὁ Κυρηναῖος
Ro 16 21 ἀσπάζεται ὑμᾶς Τιμόθεος ὁ συνεργός μου κ. Λούκιος

ΛΟΥΤΡΌΝ 3067

Eph 5 26 καθαρίσας τ. λουτρῷ τ. ὕδατος ἐν ῥήματι
Tit 3 5 ἔσωσεν ἡμᾶς διὰ λουτροῦ παλινγενεσίας

ΛΟΎΩ 3068

Jo 13 10 ὁ λελουμένος οὐκ ἔχει χρείαν εἰ μὴ τ. πόδας νίψασθαι
Ac 9 37 λούσαντες δὲ ἔθηκαν ἐν ὑπερῴῳ
16 33 παραλαβὼν αὐτοὺς . . . ἔλουσεν ἀπὸ τ. πληγῶν
He 10 22 λελουσμένοι τὸ σῶμα ὕδατι καθαρῷ
II Pe 2 22 ὗς λουσαμένη εἰς κυλισμὸν βορβόρου
Re 1 5 τῷ . . . λούσαντι ἡμᾶς ἐκ τ. ἁμαρτιῶν ἡμῶν
λύσαντι, TWHR non mg.

ΛΎΔΔΑ 3069

Ac 9 32 κατελθεῖν κ. πρὸς τ. ἁγίους τ. κατοικοῦντας Λύδδα
35 εἶδαν αὐτὸν πάντες οἱ κατοικοῦντες Λύδδα
38 ἐγγὺς δὲ οὔσης Λύδδας τῇ Ἰόππῃ

ΛΥΔΊΑ 3070

Ac 16 14 κ. τις γυνὴ ὀνόματι Λυδία
40 ἐξελθόντες δὲ ἀπὸ τ. φυλακῆς εἰσῆλθον πρὸς τ. Λυδίαν

ΛΥΚΑΟΝΊΑ 3071

Ac 14 6 συνιδόντες κατέφυγον εἰς τ. πόλεις τ. Λυκαονίας

ΛΥΚΑΟΝΙΣΤΊ 3072

Ac 14 11 ἐπῆραν τ. φωνὴν αὐτῶν Λ. λέγοντες

ΛΥΚΊΑ 3073

Ac 27 5 κατήλθαμεν εἰς Μύρρα τ. Λυκίας

ΛΎΚΟΣ 3074

Mt 7 15 ἔσωθεν δέ εἰσιν λύκοι ἅρπαγες
10 16 ἀποστέλλω ὑμᾶς ὡς πρόβατα ἐν μέσῳ λύκων
Lu 10 3 ἀποστέλλω ὑμᾶς ὡς ἄρνας ἐν μέσῳ λύκων
Jo 10 12 ὁ μισθωτὸς . . . θεωρεῖ τ. λύκον ἐρχόμενον
12 ὁ λύκος ἁρπάζει αὐτὰ κ. σκορπίζει
Ac 20 29 εἰσελεύσονται μετὰ τ. ἄφιξίν μου λύκοι βαρεῖς εἰς ὑμᾶς

ΛΥΜΑΊΝΟΜΑΙ 3075

Ac 8 3 Σαῦλος δὲ ἐλυμαίνετο τ. ἐκκλησίαν

ΛΥΠΈΩ 3076

Mt 14 9 λυπηθεὶς ὁ βασιλεὺς . . . ἐκέλευσεν δοθῆναι
ἐλυπήθη, R
17 23 ἐλυπήθησαν σφόδρα
18 31 ἰδόντες οὖν οἱ σύνδουλοι αὐτοῦ . . . ἐλυπήθησαν σφόδρα
19 22 ἀκούσας δὲ ὁ νεανίσκος . . . ἀπῆλθεν λυπούμενος
26 22 λυπούμενοι σφόδρα ἤρξαντο λέγειν αὐτῷ
37 ἤρξατο λυπεῖσθαι κ. ἀδημονεῖν
Mk 10 22 ὁ δὲ στυγνάσας ἐπὶ τ. λόγῳ ἀπῆλθεν λυπούμενος
14 19 ἤρξαντο λυπεῖσθαι κ. λέγειν αὐτῷ
Jo 16 20 ὑμεῖς λυπηθήσεσθε
21 17 ἐλυπήθη ὁ Πέτρος ὅτι εἶπεν αὐτῷ τὸ τρίτον
Ro 14 15 εἰ γὰρ διὰ βρῶμα ὁ ἀδελφός σου λυπεῖται
II Co 2 2 εἰ γὰρ ἐγὼ λυπῶ ὑμᾶς,
κ. τίς ἐστιν ὁ εὐφραίνων με εἰ μὴ ὁ λυπούμενος ἐξ ἐμοῦ;
4 οὐχ ἵνα λυπηθῆτε
5 εἰ δέ τις λελύπηκεν οὐκ ἐμὲ λελύπηκεν
6 10 ὡς λυπούμενοι ἀεὶ δὲ χαίροντες
7 8 εἰ κ. ἐλύπησα ὑμᾶς ἐν τ. ἐπιστολῇ
8 ἡ ἐπιστολὴ ἐκείνη εἰ κ. πρὸς ὥραν ἐλύπησεν ὑμᾶς.
9 νῦν χαίρω οὐχ ὅτι ἐλυπήθητε,
ἀλλ' ὅτι ἐλυπήθητε εἰς μετάνοιαν·
ἐλυπήθητε γὰρ κατὰ Θεόν
11 ἰδοὺ γὰρ αὐτὸ τοῦτο τὸ κατὰ Θεὸν λυπηθῆναι
Eph 4 30 μὴ λυπεῖτε τὸ πνεῦμα τὸ ἅγιον τ. Θεοῦ
I Th 4 13 ἵνα μὴ λυπῆσθε καθὼς κ. οἱ λοιποί
I Pe 1 6 ὀλίγον ἄρτι εἰ δέον λυπηθέντες ἐν ποικίλοις πειρασμοῖς

ΛΎΠΗ 3077

Lu 22 45 εὗρεν κοιμωμένους αὐτοὺς ἀπὸ τ. λύπης
Jo 16 6 ἡ λύπη πεπλήρωκεν ὑμῶν τ. καρδίαν
20 ἡ λύπη ὑμῶν εἰς χαρὰν γενήσεται.
21 ἡ γυνὴ ὅταν τίκτῃ λύπην ἔχει
22 κ. ὑμεῖς οὖν νῦν μὲν λύπην ἔχετε
Ro 9 2 ὅτι λύπη μοί ἐστιν μεγάλη
II Co 2 1 τὸ μὴ πάλιν ἐν λύπῃ πρὸς ὑμᾶς ἐλθεῖν
3 ἵνα μὴ ἐλθὼν λύπην σχῶ
7 μή πως τ. περισσοτέρᾳ λύπῃ καταποθῇ ὁ τοιοῦτος
7 10 ἡ γὰρ κατὰ Θεὸν λύπη μετάνοιαν . . . ἐργάζεται·
ἡ δὲ τ. κόσμου λύπη θάνατον κατεργάζεται

II Co 9 7 μη ἐκ λυπης ἢ ἐξ ἀνάγκης
Phl 2 27 ἵνα μὴ λύπην ἐπὶ λύπην σχῶ
He 12 11 πρὸς μὲν τὸ παρὸν οὐ δοκεῖ χαρᾶς εἶναι ἀλλὰ λύπης
I Pe 2 19 εἰ διὰ συνείδησιν Θεοῦ ὑποφέρει τις λύπας

ΛΥΣΑΝΙ'ΑΣ 3078

Lu 3 1 Λυσανίου τ. Ἀβειληνῆς τετρααρχοῦντος

ΛΥΣΙ'ΑΣ 3079

Ac 23 26 Κλαύδιος Λυσίας τ. κρατίστῳ ἡγεμόνι Φήλικι χαίρειν
24 7 παρελθὼν δὲ Λυσίας ὁ χιλίαρχος μετὰ πολλῆς βίας
—h. v., TWHR non mg.
22 ὅταν Λυσίας ὁ χιλίαρχος καταβῇ

ΛΥ'ΣΙΣ 3080

I Co 7 27 δέδεσαι γυναικί; μὴ ζήτει λύσιν

ΛΥΣΙΤΕΛΕ'Ω ** 3081

Lu 17 2 λυσιτελεῖ αὐτῷ εἰ λίθος μυλικὸς **περίκειται** περὶ τ. τράχηλον αὐτοῦ

ΛΥ'ΣΤΡΑ 3082

(1) Λύστρα, *plur.*

Ac 14 6 κατέφυγον εἰς τ. πόλεις τ. Λυκαονίας Λύστραν κ. Δέρβην
8 [1] κ. τις ἀνὴρ ἀδύνατος ἐν Λύστροις τ. ποσὶν ἐκάθητο
ἐν Λ. ἀδύν., T
21 ὑπέστρεψαν εἰς τ. Λύστραν κ. εἰς Ἰκόνιον
16 1 κατήντησεν δὲ κ. εἰς Δέρβην κ. εἰς Λύστραν
2 [1] ὃς ἐμαρτυρεῖτο ὑπὸ τῶν ἐν Λύστροις κ. Ἰκονίῳ ἀδελφῶν
II Ti 3 11 [1] οἷά μοι ἐγένετο ἐν Ἀντιοχείᾳ . . . ἐν Λύστροις

ΛΥ'ΤΡΟΝ 3083

Mt 20 28 δοῦναι τ. ψυχὴν αὐτοῦ λύτρον ἀντὶ πολλῶν
Mk 10 45 δοῦναι τ. ψυχὴν αὐτοῦ λύτρον ἀντὶ πολλῶν

ΛΥΤΡΟ'ΟΜΑΙ 3084

Lu 24 21 αὐτός ἐστιν ὁ μέλλων λυτροῦσθαι τὸν Ἰσραήλ
Tit 2 14 ἵνα λυτρώσηται ἡμᾶς ἀπὸ πάσης ἀνομίας
I Pe 1 18 ἐλυτρώθητε ἐκ τ. ματαίας ὑμῶν ἀναστροφῆς

ΛΥ'ΤΡΩΣΙΣ † 3085

Lu 1 68 ὅτι . . . ἐποίησεν λύτρωσιν τ. λαῷ αὐτοῦ
2 38 ἐλάλει περὶ αὐτοῦ πᾶσι τ. προσδεχομένοις λύτρωσιν Ἰερουσαλήμ
He 9 12 αἰωνίαν λύτρωσιν εὑράμενος

ΛΥΤΡΩΤΗ'Σ † 3086

Ac 7 35 τοῦτον ὁ Θεὸς κ. ἄρχοντα κ. λυτρωτὴν ἀπέσταλκεν

ΛΥΧΝΙ'Α 3087

Mt 5 15 τιθέασιν αὐτὸν . . . ἐπὶ τ. λυχνίαν
Mk 4 21 οὐχ ἵνα ἐπὶ τὴν λυχνίαν τεθῇ;
Lu 8 16 ἀλλ' ἐπὶ λυχνίας τίθησιν
Lu 11 33 τίθησιν . . . ἐπὶ τ. λυχνίαν
He 9 2 ἐν ᾗ ἥ τε λυχνία κ. ἡ τράπεζα
Re 1 12 ἐπιστρέψας εἶδον ἑπτὰ λυχνίας χρυσᾶς,
13 κ. ἐν μέσῳ τ. λυχνιῶν ὅμοιον υἱὸν ἀνθρώπου
20 γράψον οὖν ἃ εἶδες . . . τὰς ἑπτὰ λυχνίας τ. χρυσᾶς
20 αἱ λυχνίαι αἱ ἑπτὰ ἑπτὰ ἐκκλησίαι εἰσίν
2 1 ὁ περιπατῶν ἐν μέσῳ τ. ἑπτὰ λυχνιῶν τ. χρυσῶν
5 κινήσω τ. λυχνίαν σου ἐκ τ. τόπου αὐτῆς
11 4 οὗτοί εἰσιν . . . αἱ δύο λυχνίαι αἱ ἐνώπιον τ. Κυρίου τ. γῆς ἑστῶτες

ΛΥ'ΧΝΟΣ 3088

Mt 5 15 οὐδὲ καίουσιν λύχνον κ. τιθέασιν αὐτὸν ὑπὸ τ. μόδιον
6 22 ὁ λύχνος τ. σώματός ἐστιν ὁ ὀφθαλμός
Mk 4 21 μήτι ἔρχεται ὁ λύχνος
Lu 8 16 οὐδεὶς δὲ λύχνον ἅψας καλύπτει αὐτὸν σκεύει
11 33 οὐδεὶς λύχνον ἅψας εἰς κρύπτην τίθησιν
34 ὁ λύχνος τ. σώματός ἐστιν ὁ ὀφθαλμός σου
36 ὡς ὅταν ὁ λύχνος τ. ἀστραπῇ φωτίζῃ σε
12 35 ἔστωσαν ὑμῶν . . . οἱ λύχνοι καιόμενοι
15 8 οὐχὶ ἅπτει λύχνον κ. σαροῖ τ. οἰκίαν
Jo 5 35 ἐκεῖνος ἦν ὁ λύχνος ὁ καιόμενος κ. φαίνων
II Pe 1 19 ὡς λύχνῳ φαίνοντι ἐν αὐχμηρῷ τόπῳ
Re 18 23 φῶς λύχνου οὐ μὴ φάνῃ ἐν σοὶ ἔτι
21 23 ὁ λύχνος αὐτῆς τὸ ἀρνίον
22 5 οὐχ ἔχουσιν χρείαν φωτὸς λύχνου κ. φῶς ἡλίου

ΛΥ'Ω 3089

(1) λύ. ἐντολήν, νόμον, γραφήν (2) λύ. τ. Ἰησοῦν, σάββατον (3) λύ. συναγωγήν

Mt 5 19 [1] ὃς ἐὰν οὖν λύσῃ μίαν τ. ἐντολῶν τούτων τ. ἐλαχίστων
16 19 ὃ ἐὰν λύσῃς ἐπὶ τ. γῆς ἔσται λελυμένον ἐν τ. οὐρανοῖς
18 18 ὅσα ἐὰν λύσητε ἐπὶ τ. γῆς ἔσται λελυμένα ἐν οὐρανῷ
21 2 λύσαντες ἀγάγετέ μοι
Mk 1 7 οὗ οὐκ εἰμὶ ἱκανὸς κύψας λῦσαι τ. ἱμάντα τ. ὑποδημάτων αὐτοῦ
7 35 ἐλύθη ὁ δεσμὸς τ. γλώσσης αὐτοῦ
11 2 λύσατε αὐτὸν κ. φέρετε
4 κ. λύουσιν αὐτόν
5 τί ποιεῖτε λύοντες τ. πῶλον;
Lu 3 16 οὗ οὐκ εἰμὶ ἱκανὸς λῦσαι τ. ἱμάντα τ. ὑποδημάτων αὐτοῦ
13 15 ἕκαστος ὑμῶν τ. σαββάτῳ οὐ λύει τ. βοῦν αὐτοῦ
16 οὐκ ἔδει λυθῆναι ἀπὸ τ. δεσμοῦ τούτου
19 30 λύσαντες αὐτὸν ἀγάγετε.
31 κ. ἐάν τις ὑμᾶς ἐρωτᾷ Διὰ τί λύετε;
33 λυόντων δὲ αὐτῶν τ. πῶλον, εἶπαν οἱ κύριοι αὐτοῦ πρὸς αὐτούς Τί λύετε τ. πῶλον;
Jo 1 27 οὗ οὐκ εἰμὶ ἐγὼ ἄξιος ἵνα λύσω αὐτοῦ τ. ἱμάντα τ. ὑποδήματος
2 19 λύσατε τ. ναὸν τοῦτον
5 18 [2] ὅτι οὐ μόνον ἔλυεν τὸ σάββατον
7 23 [1] ἵνα μὴ λυθῇ ὁ νόμος Μωυσέως
10 35 [1] οὐ δύναται λυθῆναι ἡ γραφή

Jo 11 44 λύσατε αὐτὸν κ. ἄφετε αὐτὸν ὑπάγειν
Ac 2 24 λύσας τ. ὠδῖνας τ. θανάτου
7 33 λῦσον τὸ ὑπόδημα τ. ποδῶν σου
שַׁל־נְעָלֶיךָ מֵעַל רַגְלֶיךָ, Ex. iii. 5
13 25 οὗ οὐκ εἰμὶ ἄξιος τὸ ὑπόδημα τ. ποδῶν λῦσαι
43 [3] λυθείσης δὲ τ. συναγωγῆς
22 30 βουλόμενος γνῶναι τὸ ἀσφαλὲς . . . ἔλυσεν αὐτόν
27 41 ἡ δὲ πρύμνα ἐλύετο ὑπὸ τ. βίας
I Co 7 27 λέλυσαι ἀπὸ γυναικός; μὴ ζήτει γυναῖκα
Eph 2 14 τὸ μεσότοιχον τ. φραγμοῦ λύσας
II Pe 3 10 στοιχεῖα δὲ καυσούμενα λυθήσεται
11 τούτων οὕτως πάντων λυομένων
12 δι' ἣν οὐρανοὶ πυρούμενοι λυθήσονται
I Jo 3 8 ἵνα λύσῃ τὰ ἔργα τ. διαβόλου
4 3 [3] πᾶν πνεῦμα ὃ λύει τ. Ἰησοῦν
ὃ μὴ ὁμολογεῖ, TWH non mg. R non mg.

Re 1 5 τῷ . . . λύσαντι ἡμᾶς ἐκ τ. ἁμαρτιῶν ἡμῶν
λούσαντι, R marg.
5 2 τίς ἄξιος . . . λῦσαι τὰς σφραγῖδας αὐτοῦ;
9 14 λῦσον τ. τέσσαρας ἀγγέλους τ. δεδεμένους
15 ἐλύθησαν οἱ τέσσαρες ἄγγελοι
20 3 μετὰ ταῦτα δεῖ λυθῆναι αὐτὸν μικρὸν χρόνον
αὐτ. λυθ., T
7 λυθήσεται ὁ Σατανᾶς ἐκ τ. φυλακῆς αὐτοῦ

ΛΩΙ'Σ 3090

II Ti 1 5 ἥτις ἐνῴκησεν πρῶτον ἐν τ. μάμμῃ σου Λωΐδι
Λωΐδι, T

ΛΩ'Τ 3091

Lu 17 28 καθὼς ἐγένετο ἐν τ. ἡμέραις Λώτ
29 ᾗ δὲ ἡμέρᾳ ἐξῆλθεν Λὼτ ἀπὸ Σοδόμων
32 μνημονεύετε τῆς γυναικὸς Λώτ
II Pe 2 7 δίκαιον Λὼτ καταπονούμενον ὑπὸ τῆς τ. ἀθέσμων . . . ἀναστροφῆς ἐρύσατο

M

ΜΑΑ'Θ 3092

Lu 3 26 τοῦ Ναγγαὶ τοῦ Μαὰθ τοῦ Ματταθίου

ΜΑΓΑΔΑ'Ν 3093

Mt 15 39 ἦλθεν εἰς τὰ ὅρια Μαγαδάν

ΜΑΓΔΑΛΗΝΗ' 3094

Mt 27 56 ἐν αἷς ἦν Μαρία ἡ Μαγδαληνή
61 ἦν δὲ ἐκεῖ Μαριὰμ ἡ Μαγδαληνή
28 1 ἦλθεν Μαρία ἡ Μαγδαληνή
Mk 15 40 ἐν αἷς κ. Μαριὰμ ἡ Μαγδαληνή
47 ἡ δὲ Μαρία ἡ Μαγδαληνὴ κ. Μαρία ἡ Ἰωσῆτος ἐθεώρουν
16 1 ἡ Μαρία ἡ Μαγδαληνὴ κ. Μαρία ἡ τ. Ἰακώβου . . . ἠγόρασαν ἀρώματα
—ἡ, T [WH]
[9 ἐφάνη πρῶτον Μαρίᾳ τ. Μαγδαληνῇ
Lu 8 2 Μαρία ἡ καλουμένη Μαγδαληνὴ ἀφ' ἧς δαιμόνια ἑπτὰ ἐξεληλύθει
24 10 ἦσαν δὲ ἡ Μαγδαληνὴ Μαρία κ. Ἰωάνα
Jo 19 25 εἱστήκεισαν δὲ . . . Μαρία ἡ τ. Κλωπᾶ κ. Μαρία ἡ Μαγδαληνή
20 1 Μαρία ἡ Μαγδαληνὴ ἔρχεται πρωΐ
18 ἔρχεται Μαριὰμ ἡ Μαγδαληνὴ ἀγγέλλουσα τ. μαθηταῖς

ΜΑΓΕΔΩ'Ν 3094.5

Re 16 16 εἰς τ. τόπον τὸν καλούμενον Ἑβραϊστὶ Ἁρ Μαγεδών
Ἁρμαγεδών, TR

ΜΑΓΕΥ'Ω* 3096

Ac 8 9 μαγεύων κ. ἐξιστάνων τὸ ἔθνος τ. Σαμαρίας

ΜΑΓΙ'Α* 3095

Ac 8 11 διὰ τὸ ἱκανῷ χρόνῳ τ. μαγίαις ἐξεστακέναι αὐτούς

ΜΑ'ΓΟΣ 3097

Mt 2 1 μάγοι ἀπὸ ἀνατολῶν παρεγένοντο εἰς Ἱεροσόλυμα
7 τότε Ἡρῴδης λάθρᾳ καλέσας τ. μάγους
16 ἰδὼν ὅτι ἐνεπαίχθη ὑπὸ τ. μάγων
16 κατὰ τ. χρόνον ὃν ἠκρίβωσεν παρὰ τ. μάγων
Ac 13 6 εὗρον ἄνδρα τινὰ μάγον ψευδοπροφήτην Ἰουδαῖον
8 ἀνθίστατο δὲ αὐτοῖς Ἐλύμας ὁ μάγος

ΜΑΓΩ'Γ 3098

Re 20 8 πλανῆσαι τὰ ἔθνη . . . τὸν Γὼγ κ. Μαγώγ

ΜΑΔΙΑ'Μ 3099

Ac 7 29 ἐγένετο πάροικος ἐν γῇ Μαδιάμ

ΜΑΘΗΤΕΥ'Ω*† 3100

Mt 13 52 πᾶς γραμματεὺς μαθητευθεὶς τ. βασιλείᾳ τ. οὐρανῶν
27 57 ὃς κ. αὐτὸς ἐμαθητεύθη τῷ Ἰησοῦ
ἐμαθήτευσεν, WH mg.
28 19 πορευθέντες οὖν μαθητεύσατε πάντα τὰ ἔθνη
Ac 14 21 εὐαγγελισάμενοί τε τ. πόλιν ἐκείνην κ. μαθητεύσαντες ἱκανούς

ΜΑΘΗΤΗ'Σ 3101

(1) μαθ. Ἰωάνου (2) μαθ. τ. Φαρισαίων (3) μαθ. Μωυσέως

Mt 5 1 προσῆλθαν αὐτῷ οἱ μαθηταὶ αὐτοῦ
8 21 ἕτερος δὲ τ. μαθητῶν εἶπεν αὐτῷ
23 ἠκολούθησαν αὐτῷ οἱ μαθηταὶ αὐτοῦ
9 10 ἐλθόντες συνανέκειντο τῷ Ἰησοῦ κ. τ. μαθηταῖς αὐτοῦ.
11 κ. ἰδόντες οἱ Φαρισαῖοι ἔλεγον τ. μαθηταῖς αὐτοῦ
14 [1] τότε προσέρχονται αὐτῷ οἱ μαθηταὶ Ἰωάνου
14 οἱ δὲ μαθηταί σου οὐ νηστεύουσιν

Mt 9 19 ἐγερθεὶς ὁ Ἰησοῦς ἠκολούθει αὐτῷ κ. οἱ μαθηταὶ αὐτοῦ
37 τότε λέγει τ. μαθηταῖς αὐτοῦ
10 1 προσκαλεσάμενος τ. δώδεκα μαθητὰς αὐτοῦ
24 οὐκ ἔστιν μαθητὴς ὑπὲρ τ. διδάσκαλον
25 ἀρκετὸν τ. μαθητῇ ἵνα γένηται ὡς ὁ διδάσκαλος αὐτοῦ
42 ὃς ἐὰν ποτίσῃ ἕνα τ. μικρῶν τούτων . . . εἰς ὄνομα μαθητοῦ
11 1 ὅτε ἐτέλεσεν ὁ Ἰησοῦς διατάσσων τ. δώδεκα μαθηταῖς αὐτοῦ
2 [1] πέμψας διὰ τ. μαθητῶν αὐτοῦ
12 1 οἱ δὲ μαθηταὶ αὐτοῦ ἐπείνασαν
2 οἱ μαθηταί σου ποιοῦσιν ὃ οὐκ ἔξεστιν ποιεῖν
49 ἐκτείνας τ. χεῖρα αὐτοῦ ἐπὶ τ. μαθητὰς αὐτοῦ
13 10 προσελθόντες οἱ μαθηταὶ εἶπαν αὐτῷ
36 προσῆλθαν αὐτῷ οἱ μαθηταὶ αὐτοῦ
14 12 [1] προσελθόντες οἱ μαθηταὶ αὐτοῦ ἦραν τὸ πτῶμα
15 προσῆλθαν αὐτῷ οἱ μαθηταὶ λέγοντες
19 κλάσας ἔδωκεν τ. μαθηταῖς τ. ἄρτους, οἱ δὲ μαθηταὶ τοῖς ὄχλοις
22 ἠνάγκασεν τ. μαθητὰς ἐμβῆναι εἰς πλοῖον
26 οἱ δὲ μαθηταὶ ἰδόντες αὐτὸν ἐπὶ τ. θάλασσαν περιπατοῦντα
ἰδ. δὲ αὐτ. ἐπ. τ. θάλ. περιπ., T
15 2 διὰ τί οἱ μαθηταί σου παραβαίνουσιν τ. παράδοσιν
12 τότε προσελθόντες οἱ μαθηταὶ λέγουσιν αὐτῷ
23 προσελθόντες οἱ μαθηταὶ αὐτοῦ ἠρώτουν αὐτόν
32 ὁ δὲ Ἰησοῦς προσκαλεσάμενος τ. μαθητὰς αὐτοῦ εἶπεν
33 λέγουσιν αὐτῷ οἱ μαθηταί
36 ἔκλασεν κ. ἐδίδου τ. μαθηταῖς, οἱ δὲ μαθηταὶ τοῖς ὄχλοις
16 5 ἐλθόντες οἱ μαθηταὶ εἰς τὸ πέραν
13 ὁ Ἰησοῦς . . . ἠρώτα τ. μαθητὰς αὐτοῦ λέγων
20 τότε διεστείλατο τ. μαθηταῖς
21 ἤρξατο Ἰησοῦς Χριστὸς δεικνυειν τ. μαθηταῖς αὐτοῦ
24 τότε ὁ Ἰησοῦς εἶπεν τ. μαθηταῖς αὐτοῦ
17 6 ἀκούσαντες οἱ μαθηταὶ ἔπεσαν ἐπὶ πρόσωπον αυτων
10 ἐπηρώτησαν αὐτὸν οἱ μαθηταὶ λέγοντες
13 τότε συνῆκαν οἱ μαθηταί
16 προσήνεγκα αὐτὸν τ. μαθηταῖς σου
19 προσελθόντες οἱ μαθηταὶ τῷ Ἰησοῦ κατ᾽ ἰδίαν
18 1 προσῆλθον οἱ μαθηταὶ τῷ Ἰησοῦ λέγοντες
19 10 λέγουσιν αὐτῷ οἱ μαθηταί
13 οἱ δὲ μαθηταὶ ἐπετίμησαν αὐτοῖς
23 ὁ δὲ Ἰησοῦς εἶπεν τ. μαθηταῖς αὐτοῦ
25 ἀκούσαντες δὲ οἱ μαθηταὶ ἐξεπλήσσοντο σφόδρα
20 17 παρέλαβεν τ. δώδεκα μαθητὰς κατ᾽ ἰδίαν
—μαθ., T [WH]
21 1 τότε Ἰησοῦς ἀπέστειλεν δύο μαθητάς
6 πορευθέντες δὲ οἱ μαθηταὶ . . . ἤγαγον τὴν ὄνον
20 ἰδόντες οἱ μαθηταὶ ἐθαύμασαν λέγοντες
22 16 [2] ἀποστέλλουσιν αὐτῷ τ. μαθητὰς αὐτῶν μετὰ τ. Ἡρῳδιανῶν

Mt **23** 1 ὁ Ἰησοῦς ἐλάλησεν τ. ὄχλοις κ. τ. μαθηταῖς αὐτοῦ
24 1 προσῆλθον οἱ μαθηταὶ αὐτοῦ ἐπιδεῖξαι αὐτῷ
3 προσῆλθον αὐτῷ οἱ μαθηταὶ κατ᾽ ἰδίαν
26 1 εἶπεν τ. μαθηταῖς αὐτοῦ
8 ἰδόντες δὲ οἱ μαθηταὶ ἠγανάκτησαν
17 τ. δὲ πρώτῃ τ. ἀζύμων προσῆλθον οἱ μαθηταὶ τῷ Ἰησοῦ
18 πρός σε ποιῶ τὸ πάσχα μετὰ τ. μαθητῶν μου
19 ἐποίησαν οἱ μαθηταὶ ὡς συνέταξεν αὐτοῖς
20 ἀνέκειτο μετὰ τῶν δώδεκα μαθητῶν
—μαθ., [WH] R mg.
26 ἔκλασεν κ. δοὺς τ. μαθηταῖς εἶπεν
35 ὁμοίως κ. πάντες οἱ μαθηταὶ εἶπαν
36 λέγει τοῖς μαθηταῖς Καθίσατε ὧδε
μαθ. αὐτοῦ, R
40 ἔρχεται πρὸς τ. μαθητάς
45 τότε πάλιν ἔρχεται πρὸς τ. μαθητάς
56 τότε οἱ μαθηταὶ πάντες ἀφέντες αὐτὸν ἔφυγον
μαθ. αὐτοῦ, WH mg.
27 64 μήποτε ἐλθόντες οἱ μαθηταὶ κλέψωσιν αὐτόν
μαθ. αὐτοῦ, WH mg. R
28 7 ταχὺ πορευθεῖσαι εἴπατε τ. μαθηταῖς αὐτοῦ
8 ἔδραμον ἀπαγγεῖλαι τ. μαθηταῖς αὐτοῦ
13 οἱ μαθηταὶ αὐτοῦ νυκτὸς ἐλθόντες ἔκλεψαν αὐτόν
16 οἱ δὲ ἕνδεκα μαθηταὶ ἐπορεύθησαν εἰς τ. Γαλιλαίαν
Mk **2** 15 συνανέκειντο τῷ Ἰησοῦ κ. τ. μαθηταῖς αὐτοῦ
16 ἔλεγον τ. μαθηταῖς αὐτοῦ
18 [1] ἦσαν οἱ μαθηταὶ Ἰωάνου κ. οἱ Φαρισαῖοι νηστεύοντες
18 [1 2] διὰ τί οἱ μαθηταὶ Ἰωάνου κ. οἱ μαθηταὶ τ. Φαρισαίων νηστεύουσιν, οἱ δὲ σοὶ μαθηταὶ οὐ νηστεύουσιν;
μαθ., [WH]
23 οἱ μαθηταὶ αὐτοῦ ἤρξαντο ὁδὸν ποιεῖν
3 7 ὁ Ἰησοῦς μετὰ τ. μαθητῶν αὐτοῦ ἀνεχώρησεν πρὸς τ. θάλασσαν
9 εἶπεν τ. μαθηταῖς αὐτοῦ
4 34 κατ᾽ ἰδίαν δὲ τ. ἰδίοις μαθηταῖς ἐπέλυεν πάντα
5 31 ἔλεγον αὐτῷ οἱ μαθηταὶ αὐτοῦ
6 1 ἀκολουθοῦσιν αὐτῷ οἱ μαθηταὶ αὐτοῦ
29 [1] ἀκούσαντες οἱ μαθηταὶ αὐτοῦ ἦλθαν
35 προσελθόντες αὐτῷ οἱ μαθηταὶ αὐτοῦ ἔλεγον
41 ἐδίδου τ. μαθηταῖς ἵνα παρατιθῶσιν αὐτοῖς
45 ἠνάγκασεν τ. μαθητὰς αὐτοῦ ἐμβῆναι εἰς τὸ πλοῖον
7 2 ἰδόντες τινὰς τ. μαθητῶν αὐτοῦ ὅτι κοιναῖς χερσὶν . . . ἐσθίουσιν
5 διὰ τί οὐ περιπατοῦσιν οἱ μαθηταί σου κατὰ τ. παράδοσιν
17 ἐπηρώτων αὐτὸν οἱ μαθηταὶ αὐτοῦ τ. παραβολήν
8 1 προσκαλεσάμενος τ. μαθητὰς λέγει αὐτοῖς
4 ἀπεκρίθησαν αὐτῷ οἱ μαθηταὶ αὐτοῦ
6 ἐδίδου τ. μαθηταῖς αὐτοῦ ἵνα παρατιθῶσιν
10 ἐμβὰς εἰς τὸ πλοῖον μετὰ τ. μαθητῶν αὐτοῦ
27 ἐξῆλθεν ὁ Ἰησοῦς κ. οἱ μαθηταὶ αὐτοῦ
27 ἐπηρώτα τοὺς μαθητὰς αὐτοῦ
33 ὁ δὲ ἐπιστραφεὶς κ. ἰδὼν τ. μαθητὰς αὐτοῦ
34 προσκαλεσάμενος τ. ὄχλον σὺν τ. μαθηταῖς αὐτοῦ

Mk 9 14 ἐλθόντες πρὸς τ. μαθητὰς εἶδαν ὄχλον πολύν
18 εἶπα τ. μαθηταῖς σου ἵνα αὐτὸ ἐκβάλωσιν
28 οἱ μαθηταὶ αὐτοῦ κατ' ἰδίαν ἐπηρώτων αὐτόν
31 ἐδίδασκεν γὰρ τ. μαθητὰς αὐτοῦ
10 10 πάλιν οἱ μαθηταὶ περὶ τούτου ἐπηρώτων αὐτόν
13 οἱ δὲ μαθηταὶ ἐπετίμησαν αὐτοῖς
23 περιβλεψάμενος ὁ Ἰησοῦς λέγει τ. μαθηταῖς αὐτοῦ
24 οἱ δὲ μαθηταὶ ἐθαμβοῦντο ἐπὶ τ. λόγοις αὐτοῦ
46 ἐκπορευομένου αὐτοῦ ἀπὸ Ἰερειχὼ κ. τ. μαθητῶν αὐτοῦ
11 1 ἀποστέλλει δύο τ. μαθητῶν αὐτοῦ
14 ἤκουον οἱ μαθηταὶ αὐτοῦ
12 43 προσκαλεσάμενος τ. μαθητὰς αὐτοῦ εἶπεν αὐτοῖς
13 1 λέγει αὐτῷ εἷς τ. μαθητῶν αὐτοῦ
14 4 οἱ δὲ μαθηταὶ αὐτοῦ διεπονοῦντο κ. ἔλεγον
—h. v., TWH non mg. R
12 λέγουσιν αὐτῷ οἱ μαθηταὶ αὐτοῦ
13 ἀποστέλλει δύο τ. μαθητῶν αὐτοῦ
14 ὅπου τὸ πάσχα μετὰ τ. μαθητῶν μου φάγω
16 ἐξῆλθον οἱ μαθηταί
32 λέγει τ. μαθηταῖς αὐτοῦ Καθίσατε ὧδε
16 7 ὑπάγετε εἴπατε τ. μαθηταῖς αὐτοῦ
Lu 5 30 ἐγόγγυζον οἱ Φαρισαῖοι . . . πρὸς τ. μαθητὰς αὐτοῦ
33 [1] οἱ μαθηταὶ Ἰωάνου νηστεύουσιν πυκνά
6 1 ἔτιλλον οἱ μαθηταὶ αὐτοῦ κ. ἤσθιον τ. στάχυας
13 ὅτε ἐγένετο ἡμέρα προσεφώνησεν τ. μαθητὰς αὐτοῦ
17 ἔστη ἐπὶ τόπου πεδινοῦ κ. ὄχλος πολὺς μαθητῶν αὐτοῦ
20 ἐπάρας τ. ὀφθαλμοὺς αὐτοῦ εἰς τ. μαθητὰς αὐτοῦ
40 οὐκ ἔστιν μαθητὴς ὑπὲρ τ. διδάσκαλον
7 11 συνεπορεύοντο αὐτῷ οἱ μαθηταὶ αὐτοῦ
18 [1] ἀπήγγειλαν Ἰωάνει οἱ μαθηταὶ αὐτοῦ περὶ πάντων τούτων.
19 [1] κ. προσκαλεσάμενος δύο τινὰς τ. μαθητῶν αὐτοῦ
8 9 ἐπηρώτων δὲ αὐτὸν οἱ μαθηταὶ αὐτοῦ
22 αὐτὸς ἐνέβη εἰς πλοῖον κ. οἱ μαθηταὶ αὐτοῦ
9 14 εἶπεν δὲ πρὸς τ. μαθητὰς αὐτοῦ
16 ἐδίδου τ. μαθηταῖς παραθεῖναι τ. ὄχλῳ
18 συνῆσαν αὐτῷ οἱ μαθηταί
40 ἐδεήθην τ. μαθητῶν σου ἵνα ἐκβάλωσιν αὐτό
43 εἶπεν πρὸς τ. μαθητὰς αὐτοῦ
54 ἰδόντες δὲ οἱ μαθηταὶ Ἰάκωβος κ. Ἰωάνης
10 22 στραφεὶς πρὸς τ. μαθητὰς εἶπεν
—h. v., WHR
23 στραφεὶς πρὸς τ. μαθητὰς κατ' ἰδίαν εἶπεν
11 1 εἶπέν τις τ. μαθητῶν αὐτοῦ πρὸς αὐτόν
1 [1] καθὼς κ. Ἰωάνης ἐδίδαξεν τ. μαθητὰς αὐτοῦ
12 1 ἤρξατο λέγειν πρὸς τ. μαθητὰς αὐτοῦ πρῶτον
22 εἶπεν δὲ πρὸς τ. μαθητὰς αὐτοῦ
14 26 οὐ δύναται εἶναί μου μαθητής
27 οὐ δύναται εἶναί μου μαθητής
33 οὐ δύναται εἶναί μου μαθητής
16 1 ἔλεγεν δὲ κ. πρὸς τ. μαθητάς
17 1 εἶπεν δὲ πρὸς τ. μαθητὰς αὐτοῦ
22 εἶπεν δὲ πρὸς τ. μαθητάς
18 15 ἰδόντες δὲ οἱ μαθηταὶ ἐπετίμων αὐτοῖς
19 29 ἀπέστειλεν δύο τ. μαθητῶν λέγων
37 ἤρξαντο ἅπαν τὸ πλῆθος τ. μαθητῶν χαίροντες αἰνεῖν τ. Θεόν
39 διδάσκαλε ἐπιτίμησον τ. μαθηταῖς σου
Lu 20 45 ἀκούοντος δὲ παντὸς τ. λαοῦ εἶπεν τ. μαθηταῖς
22 11 ὅπου τὸ πάσχα μετὰ τ. μαθητῶν μου φάγω
39 ἠκολούθησαν δὲ αὐτῷ κ. οἱ μαθηταί
45 ἐλθὼν πρὸς τ. μαθητὰς εὗρεν κοιμωμένους
Jo 1 35 [1] εἱστήκει Ἰωάνης κ. ἐκ τ. μαθητῶν αὐτοῦ δύο
37 [1] ἤκουσαν οἱ δύο μαθηταὶ αὐτοῦ λαλοῦντος
αὐτ. μαθ., WH mg.
2 2 ἐκλήθη δὲ κ. ὁ Ἰησοῦς κ. οἱ μαθηταὶ αὐτοῦ
11 ἐπίστευσαν εἰς αὐτὸν οἱ μαθηταὶ αὐτοῦ
12 κατέβη εἰς Καφαρναοὺμ αὐτὸς . . . κ. οἱ μαθηταὶ αὐτοῦ
17 ἐμνήσθησαν οἱ μαθηταὶ αὐτοῦ ὅτι γεγραμμένον ἐστίν
22 ἐμνήσθησαν οἱ μαθηταὶ αὐτοῦ ὅτι τοῦτο ἔλεγεν
3 22 ἦλθεν ὁ Ἰησοῦς κ. οἱ μαθηταὶ αὐτοῦ εἰς τ. Ἰουδαίαν γῆν
25 [1] ζήτησις ἐκ τ. μαθητῶν Ἰωάνου μετὰ Ἰουδαίου
4 1 ὅτι Ἰησοῦς πλείονας μαθητὰς ποιεῖ κ. βαπτίζει
2 Ἰησοῦς αὐτὸς οὐκ ἐβάπτιζεν ἀλλ' οἱ μαθηταὶ αὐτοῦ
8 οἱ γὰρ μαθηταὶ αὐτοῦ ἀπεληλύθεισαν εἰς τ. πόλιν
27 ἐπὶ τούτῳ ἦλθαν οἱ μαθηταὶ αὐτοῦ
31 ἐν τῷ μεταξὺ ἠρώτων αὐτὸν οἱ μαθηταί
33 ἔλεγον οὖν οἱ μαθηταὶ πρὸς ἀλλήλους
6 3 ἐκεῖ ἐκάθητο μετὰ τ. μαθητῶν αὐτοῦ
8 λέγει αὐτῷ εἷς ἐκ τ. μαθητῶν αὐτοῦ
12 ὡς δὲ ἐνεπλήσθησαν λέγει τ. μαθηταῖς αὐτοῦ
16 κατέβησαν οἱ μαθηταὶ αὐτοῦ ἐπὶ τ. θάλασσαν
22 οὐ συνεισῆλθεν τ. μαθηταῖς αὐτοῦ ὁ Ἰησοῦς εἰς τὸ πλοῖον,
ἀλλὰ μόνοι οἱ μαθηταὶ αὐτοῦ ἀπῆλθον
24 Ἰησοῦς οὐκ ἔστιν ἐκεῖ οὐδὲ οἱ μαθηταὶ αὐτοῦ
60 πολλοὶ οὖν ἀκούσαντες ἐκ τ. μαθητῶν αὐτοῦ εἶπαν
61 γογγύζουσι περὶ τούτου οἱ μαθηταὶ αὐτοῦ
66 πολλοὶ ἐκ τ. μαθητῶν αὐτοῦ ἀπῆλθον εἰς τὰ ὀπίσω
7 3 ἵνα κ. οἱ μαθηταί σου θεωρήσουσίν σου τὰ ἔργα
8 31 ἀληθῶς μαθηταί μου ἐστέ
9 2 ἠρώτησαν αὐτὸν οἱ μαθηταὶ αὐτοῦ λένοντες
27 μὴ κ. ὑμεῖς θέλετε αὐτοῦ μαθηταὶ γενέσθαι;
28 σὺ μαθητὴς εἶ ἐκείνου,
[8] ἡμεῖς δὲ τ. Μωυσέως ἐσμὲν μαθηταί
11 7 ἔπειτα μετὰ τοῦτο λέγει τ. μαθηταῖς
8 λέγουσιν αὐτῷ οἱ μαθηταί
12 εἶπαν οὖν οἱ μαθηταὶ αὐτῷ
αὐτ. οἱ μαθ., T
54 κἀκεῖ ἔμεινεν μετὰ τ. μαθητῶν
12 4 λέγει δὲ Ἰούδας ὁ Ἰσκαριώτης εἷς τ. μαθητῶν αὐτοῦ
16 ταῦτα οὐκ ἔγνωσαν αὐτοῦ οἱ μαθηταὶ τὸ πρῶτον
13 5 ἤρξατο νίπτειν τ. πόδας τ. μαθητῶν
22 ἔβλεπον εἰς ἀλλήλους οἱ μαθηταί
23 ἦν ἀνακείμενος εἷς ἐκ τ. μαθητῶν αὐτοῦ ἐν τ. κόλπῳ τ. Ἰησοῦ
35 γνώσονται πάντες ὅτι ἐμοὶ μαθηταί ἐστε
15 8 κ. γένησθε ἐμοὶ μαθηταί
16 17 εἶπαν οὖν ἐκ τ. μαθητῶν αὐτοῦ πρὸς ἀλλήλους
29 λέγουσιν οἱ μαθηταὶ αὐτοῦ
18 1 Ἰησοῦς ἐξῆλθεν σὺν τ. μαθηταῖς αὐτοῦ

Jo 18 1 εἰς ὃν εἰσῆλθεν αὐτὸς κ. οἱ μαθηταὶ αὐτοῦ
2 πολλάκις συνήχθη Ἰησοῦς ἐκεῖ μετὰ τ. μαθητῶν αὐτοῦ
μ. τ. μαθ. αὐτ. ἐκ., WH mg.
15 ἠκολούθει δὲ τῷ Ἰησοῦ Σίμων Πέτρος κ. ἄλλος μαθητής.
ὁ δὲ μαθητὴς ἐκεῖνος ἦν γνωστὸς τ. ἀρχιερεῖ
16 ἐξῆλθεν οὖν ὁ μαθητὴς ὁ ἄλλος ὁ γνωστὸς τ. ἀρχιερέως
17 μὴ κ. σὺ ἐκ τ. μαθητῶν εἶ τοῦ ἀνθρώπου τούτου;
19 ἠρώτησεν τ. Ἰησοῦν περὶ τ. μαθητῶν αὐτοῦ
25 μὴ κ. σὺ ἐκ τ. μαθητῶν αὐτοῦ εἶ;
19 26 ἰδὼν . . . τ. μαθητὴν παρεστῶτα ὃν ἠγάπα
27 εἶτα λέγει τῷ μαθητῇ
27 ἔλαβεν ὁ μαθητὴς αὐτὴν εἰς τὰ ἴδια
αὐτ. ὁ μαθ., T
38 Ἰωσὴφ ἀπὸ Ἀριμαθαίας ὢν μαθητὴς τοῦ Ἰησοῦ
20 2 ἔρχεται . . . πρὸς τ. ἄλλον μαθητὴν ὃν ἐφίλει ὁ Ἰησοῦς
3 ἐξῆλθεν οὖν ὁ Πέτρος κ. ὁ ἄλλος μαθητής
4 ὁ ἄλλος μαθητὴς προέδραμεν τάχειον τ. Πέτρου
8 τότε οὖν εἰσῆλθεν κ. ὁ ἄλλος μαθητής
10 ἀπῆλθον οὖν πάλιν πρὸς αὐτοὺς οἱ μαθηταί
18 ἔρχεται Μαριὰμ ἡ Μαγδαληνὴ ἀγγέλλουσα τ. μαθηταῖς
19 ὅπου ἦσαν οἱ μαθηταί
20 ἐχάρησαν οὖν οἱ μαθηταὶ ἰδόντες τ. Κύριον
25 ἔλεγον οὖν αὐτῷ οἱ ἄλλοι μαθηταί
26 πάλιν ἦσαν ἔσω οἱ μαθηταὶ αὐτοῦ
30 ἄλλα σημεῖα ἐποίησεν ὁ Ἰησοῦς ἐνώπιον τ. μαθητῶν
+ αὐτοῦ, WH mg.
21 1 ἐφανέρωσεν ἑαυτὸν πάλιν Ἰησοῦς τ. μαθηταῖς
2 ἦσαν ὁμοῦ Σίμων Πέτρος . . . κ. ἄλλοι ἐκ τ. μαθητῶν αὐτοῦ δύο
4 οὐ μέντοι ᾔδεισαν οἱ μαθηταὶ ὅτι Ἰησοῦς ἐστίν
7 λέγει οὖν ὁ μαθητὴς ἐκεῖνος ὃν ἠγάπα ὁ Ἰησοῦς
8 οἱ δὲ ἄλλοι μαθηταὶ τ. πλοιαρίῳ ἦλθον
12 οὐδεὶς ἐτόλμα τ. μαθητῶν ἐξετάσαι αὐτόν
14 τοῦτο ἤδη τρίτον ἐφανερώθη Ἰησοῦς τ. μαθηταῖς
20 βλέπει τ. μαθητὴν ὃν ἠγάπα ὁ Ἰησοῦς
23 ὁ μαθητὴς ἐκεῖνος οὐκ ἀποθνήσκει
24 οὗτός ἐστιν ὁ μαθητὴς ὁ μαρτυρῶν περὶ τούτων
Ac 6 1 ἐν δὲ τ. ἡμέραις ταύταις πληθυνόντων τ. μαθητῶν
2 προσκαλεσάμενοι δὲ οἱ δώδεκα τὸ πλῆθος τ. μαθητῶν
7 ἐπληθύνετο ὁ ἀριθμὸς τ. μαθητῶν ἐν Ἱερουσαλὴμ σφόδρα
9 1 ἐνπνέων ἀπειλῆς κ. φόνου εἰς τ. μαθητὰς τ. Κυρίου
10 ἦν δέ τις μαθητὴς ἐν Δαμασκῷ ὀνόματι Ἀνανίας
19 ἐγένετο δὲ μετὰ τῶν ἐν Δαμασκῷ μαθητῶν ἡμέρας τινάς
25 λαβόντες δὲ οἱ μαθηταὶ αὐτοῦ νυκτός
26 ἐπείραζεν κολλᾶσθαι τ. μαθηταῖς
26 μὴ πιστεύοντες ὅτι ἐστὶν μαθητής
38 οἱ μαθηταὶ ἀκούσαντες ὅτι Πέτρος ἐστὶν ἐν αὐτῇ

Ac 11 26 χρηματίσαι τε πρώτως ἐν Ἀντιοχείᾳ τ. μαθητὰς Χριστιανούς
29 τῶν δὲ μαθητῶν καθὼς εὐπορεῖτό τις
13 52 οἵ τε μαθηταὶ ἐπληροῦντο χαρᾶς
14 20 κυκλωσάντων δὲ τ. μαθητῶν αὐτόν
22 ἐπιστηρίζοντες τὰς ψυχὰς τ. μαθητῶν
28 διέτριβον δὲ χρόνον οὐκ ὀλίγον σὺν τ. μαθηταῖς
15 10 ἐπιθεῖναι ζυγὸν ἐπὶ τ. τράχηλον τ. μαθητῶν
16 1 μαθητής τις ἦν ἐκεῖ ὀνόματι Τιμόθεος
18 23 στηρίζων πάντας τ. μαθητάς
27 ἔγραψαν τ. μαθηταῖς ἀποδέξασθαι αὐτόν
τοῖς ἐν Κορίνθῳ μαθ., WH mg.
19 1 Παῦλον . . . εὑρεῖν τινὰς μαθητάς
9 ἀποστὰς ἀπ᾽ αὐτῶν ἀφώρισεν τ. μαθητας
30 οὐκ εἴων αὐτὸν οἱ μαθηταί
20 1 μεταπεμψάμενος ὁ Παῦλος τ. μαθητάς
30 τοῦ ἀποσπᾶν τ. μαθητὰς ὀπίσω ἑαυτῶν
21 4 ἀνευρόντες δὲ τ. μαθητὰς ἐπεμείναμεν αὐτοῦ
16 συνῆλθον δὲ κ. τ. μαθητῶν ἀπὸ Καισαρίας
16 Μνάσωνί τινι Κυπρίῳ ἀρχαίῳ μαθητῇ

ΜΑΘΗ´ΤΡΙΑ* 3102

Ac 9 36 ἐν Ἰόππῃ δέ τις ἦν μαθήτρια ὀνόματι Ταβειθά

ΜΑΘΘΑΙ´ΟΣ 3102.2

Mt 9 9 εἶδον ἄνθρωπον καθήμενον ἐπὶ τὸ τελώνιον Μαθθαῖον λεγόμενον
10 3 Θωμᾶς κ. Μαθθαῖος ὁ τελώνης
Mk 3 18 Μαθθαῖον κ. Θωμᾶν
Lu 6 15 Μαθθαῖον κ. Θωμᾶν
Ac 1 13 Βαρθολομαῖος κ. Μαθθαῖος

ΜΑΘΘΑ´Ν 3102.4

Mt 1 15 Ἐλεάζαρ δὲ ἐγέννησεν τ. Μαθθάν·
Μαθθὰν δὲ ἐγέννησεν τ. Ἰακώβ

ΜΑΘΘΑ´Τ 3102.6

Lu 3 29 τοῦ Ἰωρεὶμ τοῦ Μαθθὰτ τοῦ Λευει
Μαθθάθ, T; *cf.* Ματθάτ

ΜΑΘΘΙ´ΑΣ 3102.8

Ac 1 23 ἔστησαν δύο Ἰωσὴφ τ. καλούμενον Βαρσαββᾶν . . . κ. Μαθθίαν
26 ἔπεσεν ὁ κλῆρος ἐπὶ Μαθθίαν

ΜΑΘΟΥΣΑ´ΛΑ 3103

Lu 3 37 τοῦ Λάμεχ τοῦ Μαθουσάλα τοῦ Ἐνώχ

ΜΑΙ´ΝΟΜΑΙ 3105

Jo 10 20 δαιμόνιον ἔχει κ. μαίνεται
Ac 12 15 οἱ δὲ πρὸς αὐτὴν εἶπαν Μαίνῃ
26 24 ὁ Φῆστος μεγάλῃ τ. φωνῇ φησὶν Μαίνῃ Παῦλε
25 ὁ δὲ Παῦλος Οὐ μαίνομαι φησίν
1Co 14 23 οὐκ ἐροῦσιν ὅτι μαίνεσθε;

ΜΑΚΑΡΙ´ΖΩ 3106

Lu 1 48 ἀπὸ τοῦ νῦν μακαριοῦσίν με πᾶσαι αἱ γενεαί
Ja 5 11 ἰδοὺ μακαρίζομεν τ. ὑπομείναντας

ΜΑΚΑ΄ΡΙΟΣ 3107

(1) μακαριώτερος, μακ. μᾶλλον
(2) μακ. Θεός, δυνάστης

Mt 5 3 μαχάριοι οἱ πτωχοὶ τ. πνεύματι
4 μακάριοι οἱ πενθοῦντες
vv. 4, 5 transp. TWH mg. R mg.
5 μακάριοι οἱ πραεῖς
6 μακάριοι οἱ πεινῶντες κ. διψῶντες τ. δικαιοσύνην
7 μακάριοι οἱ ἐλεήμονες
8 μακάριοι οἱ καθαροὶ τ. καρδίᾳ
9 μακάριοι οἱ εἰρηνοποιοί
10 μακάριοι οἱ δεδιωγμένοι ἕνεκεν δικαιοσύνης
11 μακάριοί ἐστε ὅταν ὀνειδίσωσιν ὑμᾶς
11 6 μακάριός ἐστιν ὃς ἂν μὴ σκανδαλισθῇ ἐν ἐμοί
13 16 ὑμῶν δὲ μακάριοι οἱ ὀφθαλμοὶ ὅτι βλέπουσιν
16 17 μακάριος εἶ Σίμων Βαριωνᾶ
24 46 μακάριος ὁ δοῦλος ἐκεῖνος
Lu 1 45 μακαρία ἡ πιστεύσασα
6 20 μακάριοι οἱ πτωχοί
21 μακάριοι οἱ πεινῶντες νῦν
21 μακάριοι οἱ κλαίοντες νῦν
22 μακάριοί ἐστε ὅταν μισήσωσιν ὑμᾶς οἱ ἄνθρωποι
7 23 μακάριός ἐστιν ὃς ἐὰν μὴ σκανδαλισθῇ ἐν ἐμοί
10 23 μακάριοι οἱ ὀφθαλμοὶ οἱ βλέποντες ἃ βλέπετε
11 27 μακαρία ἡ κοιλία ἡ βαστάσασά σε
28 μενοῦν μακάριοι οἱ ἀκούσαντες τ. λόγον τ. Θεοῦ
12 37 μακάριοι οἱ δοῦλοι ἐκεῖνοι
38 μακάριοί εἰσιν ἐκεῖνοι
43 μακάριος ὁ δοῦλος ἐκεῖνος
14 14 κ. μακάριος ἔσῃ
15 μακάριος ὅστις φάγεται ἄρτον ἐν τ. βασιλείᾳ τ. Θεοῦ
23 29 ἔρχονται ἡμέραι ἐν αἷς ἐροῦσιν Μακάριαι αἱ στεῖραι
Jo 13 17 μακάριοί ἐστε ἐὰν ποιῆτε αὐτά
20 29 μακάριοι οἱ μὴ ἰδόντες κ. πιστεύσαντες
Ac 20 35 [1] μακάριόν ἐστιν μᾶλλον διδόναι ἢ λαμβάνειν
26 2 ἥγημαι ἐμαυτὸν μακάριον . . . ἀπολογεῖσθαι
Ro 4 7 μακάριοι ὧν ἀφέθησαν αἱ ἀνομίαι
אַשְׁרֵי נְשׂוּי־פֶּשַׁע, Ps. xxxii. 1
8 μακάριος ἀνὴρ οὗ οὐ μὴ λογίσηται Κύριος ἁμαρτίαν
אַשְׁרֵי אָדָם לֹא־יַחְשֹׁב יְהוָה לוֹ עָוֹן, *ib.* 2
14 22 μακάριος ὁ μὴ κρίνων ἑαυτὸν ἐν ᾧ δοκιμάζει
I Co 7 40 [1] μακαριωτέρα δέ ἐστιν ἐὰν οὕτως μείνῃ
I Ti 1 11 [2] κατὰ τὸ εὐαγγέλιον τ. δόξης τ. μακαρίου Θεοῦ
6 15 [2] ἣν καιροῖς ἰδίοις δείξει ὁ μακάριος κ. μόνος δυνάστης
Tit 2 13 προσδεχόμενοι τ. μακαρίαν ἐλπίδα
Ja 1 12 μακάριος ἀνὴρ ὃς ὑπομένει πειρασμόν
25 οὗτος μακάριος ἐν τ. ποιήσει αὐτοῦ ἔσται
I Pe 3 14 εἰ κ. πάσχοιτε διὰ δικαιοσύνην μακάριοι
4 14 εἰ ὀνειδίζεσθε ἐν ὀνόματι Χριστοῦ μακάριοι
Re 1 3 μακάριος ὁ ἀναγινώσκων
14 13 μακάριοι οἱ νεκροὶ οἱ ἐν Κυρίῳ ἀποθνήσκοντες ἀπ' ἄρτι
16 15 μακάριος ὁ γρηγορῶν
Re 19 9 μακάριοι οἱ εἰς τὸ δεῖπνον τ. γάμου τ. ἀρνίου κεκλημένοι
20 6 μακάριος κ. ἅγιος ὁ ἔχων μέρος ἐν τ. ἀναστάσει τ. πρώτῃ
22 7 μακάριος ὁ τηρῶν τ. λόγους τ. προφητείας
14 μακάριοι οἱ πλύνοντες τ. στολὰς αὐτῶν

ΜΑΚΑΡΙΣΜΟ΄Σ* 3108

Ro 4 6 καθάπερ κ. Δαυεὶδ λέγει τ. μακαρισμὸν τ. ἀνθρώπου
9 ὁ μακαρισμὸς οὖν οὗτος ἐπὶ τ. περιτομήν
Ga 4 15 ποῦ οὖν ὁ μακαρισμὸς ὑμῶν;

ΜΑΚΕΔΟΝΙ΄Α 3109

Ac 16 9 διαβὰς εἰς Μακεδονίαν βοήθησον ἡμᾶς
10 εὐθέως ἐζητήσαμεν ἐξελθεῖν εἰς Μακεδονίαν
12 πρώτη τ. μερίδος Μακεδονίας πόλις κολωνία
18 5 ὡς δὲ κατῆλθον ἀπὸ τ. Μακεδονίας ὅ τε Σίλας κ. ὁ Τιμόθεος
19 21 διελθὼν τ. Μακεδονίαν κ. Ἀχαίαν
22 ἀποστείλας δὲ εἰς τ. Μακεδονίαν δύο τ. διακονούντων αὐτῷ
—τήν, T
20 1 ἐξῆλθεν πορεύεσθαι εἰς Μακεδονίαν
3 ἐγένετο γνώμης τοῦ ὑποστρέφειν διὰ Μακεδονίας
Ro 15 26 ηὐδόκησαν γὰρ Μακεδονία κ. Ἀχαία
I Co 16 5 ἐλεύσομαι δὲ πρὸς ὑμᾶς ὅταν Μακεδονίαν διέλθω· Μακεδονίαν γὰρ διέρχομαι
II Co 1 16 δι' ὑμῶν διελθεῖν εἰς Μακεδονίαν, κ. πάλιν ἀπὸ Μακεδονίας ἐλθεῖν πρὸς ὑμᾶς
2 13 ἀποταξάμενος αὐτοῖς ἐξῆλθον εἰς Μακεδονίαν
7 5 ἐλθόντων ἡμῶν εἰς Μακεδονίαν οὐδεμίαν ἔσχηκεν ἄνεσιν
8 1 τ. χάριν τ. Θεοῦ τ. δεδομένην ἐν τ. ἐκκλησίαις τ. Μακεδονίας
11 9 προσανεπλήρωσαν οἱ ἀδελφοὶ ἐλθόντες ἀπὸ Μακεδονίας
Phl 4 15 ἐν ἀρχῇ τ. εὐαγγελίου ὅτε ἐξῆλθον ἀπὸ Μακεδονίας
I Th 1 7 πᾶσι τ. πιστεύουσιν ἐν τ. Μακεδονίᾳ κ. ἐν τ. Ἀχαίᾳ
8 ἐξήχηται ὁ λόγος τ. Θεοῦ οὐ μόνον ἐν τ. Μακεδονίᾳ κ. Ἀχαίᾳ
4 10 εἰς πάντας τ. ἀδελφοὺς τοὺς ἐν ὅλῃ τ. Μακεδονίᾳ
I Ti 1 3 πορευόμενος εἰς Μακεδονίαν

ΜΑΚΕΔΩ΄Ν 3110

Ac 16 9 ἀνὴρ Μακεδών τις ἦν ἑστώς
19 29 συναρπάσαντες Γαῖον κ. Ἀρίσταρχον Μακεδόνας
27 2 ὄντος σὺν ἡμῖν Ἀριστάρχου Μακεδόνος Θεσσαλονικέως
II Co 9 2 ἣν ὑπὲρ ὑμῶν καυχῶμαι Μακεδόσιν
4 ἐὰν ἔλθωσιν σὺν ἐμοὶ Μακεδόνες

ΜΑ΄ΚΕΛΛΟΝ*† 3111

I Co 10 25 πᾶν τὸ ἐν μακέλλῳ πωλούμενον ἐσθίετε

ΜΑΚΡΑ΄Ν 3112

(1) οἱ μακράν, εἰς μακράν

Mt 8 30 ἦν δὲ μακρὰν ἀπ' αὐτῶν ἀγέλη χοίρων πολλῶν βοσκομένη

Mk 12 34 οὐ μακρὰν εἶ ἀπὸ τ. βασιλείας τ. Θεοῦ
Lu 7 6 ἤδη δὲ αὐτοῦ οὐ μ. ἀπέχοντος ἀπὸ τ. οἰκίας
15 20 ἔτι δὲ αὐτοῦ μακρὰν ἀπέχοντος
Jo 21 8 οὐ γὰρ ἦσαν μακρὰν ἀπὸ τ. γῆς
Ac 2 39 [1] ὑμῖν γάρ ἐστιν ἡ ἐπαγγελία . . . κ. πᾶσι τοῖς εἰς μακράν
17 27 κ. γε οὐ μακρὰν ἀπὸ ἑνὸς ἑκάστου ἡμῶν ὑπάρχοντα
22 21 ἐγὼ εἰς ἔθνη μ. ἐξαποστελῶ σε
Eph 2 13 [1] ὑμεῖς οἵ ποτε ὄντες μ. ἐγενήθητε ἐγγύς
17 [1] εἰρήνην ὑμῖν τοῖς μ. κ. εἰρήνην τοῖς ἐγγύς

ΜΑΚΡΟ´ΘΕΝ 3113

Mt 26 58 ὁ δὲ Πέτρος ἠκολούθει αὐτῷ ἀπὸ μακρόθεν —ἀπὸ, T [WH]
27 55 ἦσαν δὲ ἐκεῖ γυναῖκες πολλαὶ ἀπὸ μ. θεωροῦσαι
Mk 5 6 ἰδὼν τ. Ἰησοῦν ἀπὸ μ. ἔδραμεν
8 3 κ. τινες αὐτῶν ἀπὸ μ. εἰσίν
11 13 ἰδὼν συκῆν ἀπὸ μακρόθεν
14 54 ὁ Πέτρος ἀπὸ μ. ἠκολούθησεν αὐτῷ
15 40 ἦσαν δὲ κ. γυναῖκες ἀπὸ μ. θεωροῦσαι
Lu 16 23 ὁρᾷ Ἀβραὰμ ἀπὸ μακρόθεν
18 13 ὁ δὲ τελώνης μακρόθεν ἑστώς
22 54 ὁ δὲ Πέτρος ἠκολούθει μακρόθεν
23 49 εἱστήκεισαν δὲ πάντες οἱ γνωστοὶ αὐτῷ ἀπὸ μακρόθεν
Re 18 10 ἀπὸ μ. ἑστηκότες διὰ τ. φόβον τ. βασανισμοῦ αὐτῆς
15 οἱ ἔμποροι τούτων . . . ἀπὸ μακρόθεν στήσονται
17 ὅσοι τ. θάλασσαν ἐργάζονται ἀπὸ μ. ἔστησαν

ΜΑΚΡΟΘΥΜΕ´Ω † 3114

Mt 18 26 μακροθύμησον ἐπ' ἐμοὶ κ. πάντα ἀποδώσω σοι
29 μακροθύμησον ἐπ' ἐμοὶ κ. ἀποδώσω σοι
Lu 18 7 κ. μακροθυμεῖ ἐπ' αὐτοῖς
I Co 13 4 ἡ ἀγάπη μακροθυμεῖ
I Th 5 14 μακροθυμεῖτε πρὸς πάντας
He 6 15 οὕτως μακροθυμήσας ἐπέτυχεν τ. ἐπαγγελίας
Ja 5 7 μακροθυμήσατε οὖν ἀδελφοὶ ἕως τ. παρουσίας τ. Κυρίου.
ἰδοὺ ὁ γεωργὸς ἐκδέχεται . . . μακροθυμῶν ἐπ' αὐτῷ
8 μακροθυμήσατε κ. ὑμεῖς
II Pe 3 9 ἀλλὰ μακροθυμεῖ εἰς ὑμᾶς

ΜΑΚΡΟΘΥΜΙ´Α † 3115

Ro 2 4 ἢ τ. πλούτου . . . τ. μακροθυμίας καταφρονεῖς
9 22 ἤνεγκεν ἐν πολλῇ μακροθυμίᾳ σκεύη ὀργῆς
II Co 6 6 ἐν γνώσει ἐν μακροθυμίᾳ ἐν χρηστότητι
Ga 5 22 εἰρήνη μακροθυμία χρηστότης
Eph 4 2 μετὰ μακροθυμίας ἀνεχόμενοι ἀλλήλων ἐν ἀγάπῃ
Col 1 11 εἰς πᾶσαν ὑπομονὴν κ. μακροθυμίαν μετὰ χαρᾶς
3 12 ἐνδύσασθε οὖν . . . πραΰτητα μακροθυμίαν
I Ti 1 16 ἵνα ἐν ἐμοὶ πρώτῳ ἐνδείξηται Χριστὸς Ἰησοῦς τ. ἅπασαν μακροθυμίαν
II Ti 3 10 τ. πίστει τ. μακροθυμίᾳ τ. ἀγάπῃ
4 2 παρακάλεσον ἐν πάσῃ μακροθυμίᾳ κ. διδαχῇ
He 6 12 μιμηταὶ δὲ τῶν διὰ πίστεως κ. μακροθυμίας κληρονομουντων
Ja 5 10 ὑπόδειγμα λάβετε . . . τ. μακροθυμίας
I Pe 3 20 ἀπεξεδέχετο ἡ τ. Θεοῦ μακροθυμία ἐν ἡμέραις Νῶε
II Pe 3 15 τὴν τ. Κυρίου ἡμῶν μακροθυμίαν σωτηρίαν ἡγεῖσθε

ΜΑΚΡΟΘΥ´ΜΩΣ* † 3116

Ac 26 3 διὸ δέομαι μ. ἀκοῦσαί μου

ΜΑΚΡΟ´Σ 3117

Mk 12 40 προφάσει μακρὰ προσευχόμενοι
Lu 15 13 ὁ νεώτερος υἱὸς ἀπεδήμησεν εἰς χώραν μακράν
19 12 ἄνθρωπός τις εὐγενὴς ἐπορεύθη εἰς χώραν μακράν
20 47 προφάσει μακρὰ προσεύχονται

ΜΑΚΡΟΧΡΟ´ΝΙΟΣ 3118

Eph 6 3 ἵνα . . . ἔσῃ μακροχρόνιος ἐπὶ τ. γῆς
לְמַעַן יַאֲרִכֻן יָמֶיךָ עַל הָאֲדָמָה, Ex. xx. 12, *cf.* Dt. v. 16

ΜΑΛΑΚΙ´Α 3119

Mt 4 23 θεραπεύων πᾶσαν νόσον κ. πᾶσαν μαλακίαν ἐν τ. λαῷ
9 35 θεραπεύων πᾶσαν νόσον κ. πᾶσαν μαλακίαν
10 1 ἐξουσίαν . . . θεραπεύειν πᾶσαν νόσον κ. πᾶσαν μαλακίαν

ΜΑΛΑΚΟ´Σ 3120

Mt 11 8 ἄνθρωπον ἐν μαλακοῖς ἠμφιεσμένον; ἰδοὺ οἱ τὰ μαλακὰ φοροῦντες ἐν τ. οἴκοις τ. βασιλέων
Lu 7 25 ἄνθρωπον ἐν μαλακοῖς ἱματίοις ἠμφιεσμένον;
I Co 6 9 οὔτε μοιχοὶ οὔτε μαλακοὶ . . . βασιλείαν Θεοῦ κληρονομήσουσιν

ΜΑΛΕΛΕΗ´Λ 3121

Lu 3 37 τοῦ Ἰάρετ τοῦ Μαλελεὴλ τοῦ Καινάμ Μελελεήλ, T

ΜΑ´ΛΙΣΤΑ** 3122

Ac 20 38 ὀδυνώμενοι μ. ἐπὶ τ. λόγῳ ᾧ εἰρήκει
25 26 προήγαγον αὐτὸν ἐφ' ὑμῶν κ. μ. ἐπὶ σοῦ
26 3 μάλιστα γνώστην ὄντα σε πάντων τῶν κατὰ Ἰουδαίους ἐθῶν
Ga 6 10 μάλιστα δὲ πρὸς τ. οἰκείους τ. πίστεως
Phl 4 22 μάλιστα δὲ οἱ ἐκ τῆς Καίσαρος οἰκίας
I Ti 4 10 ὅς ἐστιν σωτὴρ πάντων ἀνθρώπων μ. πιστῶν
5 8 εἰ δέ τις τ. ἰδίων κ. μ. οἰκείων οὐ προνοεῖ
17 μ. οἱ κοπιῶντες ἐν λόγῳ κ. διδασκαλίᾳ
II Ti 4 13 ἐρχόμενος φέρε . . . τὰ βιβλία μ. τὰς μεμβράνας
Tit 1 10 μάλιστα οἱ ἐκ τ. περιτομῆς
Phm 16 ἀδελφὸν ἀγαπητὸν μάλιστα ἐμοί
II Pe 2 10 μάλιστα δὲ τοὺς ὀπίσω σαρκὸς . . πορευομένους

ΜΑ῀ΛΛΟΝ 3123

(1) μ. ἤ, c. gen. (2) μ., c. compar. (3) μ. καὶ μ.

Mt 6 26 οὐχ ὑμεῖς μᾶλλον διαφέρετε αὐτῶν;
30 οὐ πολλῷ μᾶλλον ὑμᾶς ὀλιγόπιστοι;
7 11 πόσῳ μᾶλλον ὁ πατὴρ ὑμῶν ὁ ἐν τ. οὐρανοῖς δώσει ἀγαθά
10 6 πορεύεσθε δὲ μ. πρὸς τὰ πρόβατα τὰ ἀπολωλότα
25 πόσῳ μᾶλλον τ. οἰκιακοὺς αὐτοῦ;
28 φοβεῖσθε δὲ μ. τ. δυνάμενον . . . ἀπολέσαι ἐν γεέννῃ
18 13 [1] χαίρει ἐπ' αὐτῷ μ. ἢ ἐπὶ τοῖς ἐνενήκοντα ἐννέα
25 9 πορεύεσθε μᾶλλον πρὸς τ. πωλοῦντας
27 24 ἰδὼν δὲ ὁ Πειλᾶτος ὅτι . . . μᾶλλον θόρυβος γίνεται
Mk 5 26 μηδὲν ὠφεληθεῖσα ἀλλὰ μ. εἰς τὸ χεῖρον ἐλθοῦσα
7 36 [2] αὐτοὶ μ. περισσότερον ἐκήρυσσον
9 42 καλόν ἐστιν αὐτῷ μᾶλλον
10 48 ὁ δὲ πολλῷ μᾶλλον ἔκραζεν
15 11 ἵνα μ. τ. Βαραββᾶν ἀπολύσῃ αὐτοῖς
Lu 5 15 διήρχετο δὲ μ. ὁ λόγος περὶ αὐτοῦ
11 13 πόσῳ μᾶλλον ὁ πατὴρ ὁ ἐξ οὐρανοῦ δώσει πνεῦμα ἅγιον
12 24 πόσῳ μ. ὑμεῖς διαφέρετε τ. πετεινῶν
28 πόσῳ μᾶλλον ὑμᾶς ὀλιγόπιστοι;
18 39 αὐτὸς δὲ πολλῷ μᾶλλον ἔκραζεν
Jo 3 19 [1] ἠγάπησαν οἱ ἄνθρωποι μ. τὸ σκότος ἢ τὸ φῶς
5 18 μᾶλλον ἐζήτουν αὐτὸν οἱ Ἰουδαῖοι ἀποκτεῖναι
12 43 [1] ἠγάπησαν γὰρ τ. δόξαν τ. ἀνθρώπων μ. ἤπερ τ. δόξαν τ. Θεοῦ
19 8 ὅτε οὖν ἤκουσεν ὁ Πειλᾶτος τοῦτον τ. λόγον μ. ἐφοβήθη
Ac 4 19 [1] ὑμῶν ἀκούειν μᾶλλον ἢ τ. Θεοῦ
5 14 μᾶλλον δὲ προσετίθεντο πιστεύοντες τ. Κυρίῳ
29 [1] πειθαρχεῖν δεῖ Θεῷ μ. ἢ ἀνθρώποις
9 22 Σαῦλος δὲ μᾶλλον ἐνεδυναμοῦτο
20 35 [1] μακάριόν ἐστιν μ. διδόναι ἢ λαμβάνειν
22 2 μᾶλλον παρέσχον ἡσυχίαν
27 11 [1] τ. ναυκλήρῳ μᾶλλον ἐπείθετο ἢ τοῖς ὑπὸ Παύλου λεγομένοις
Ro 5 9 πολλῷ οὖν μ. δικαιωθέντες . . . σωθησόμεθα
10 πολλῷ μ. καταλλαγέντες σωθησόμεθα ἐν τ. ζωῇ αὐτοῦ
15 πολλῷ μ. ἡ χάρις τ. Θεοῦ . . . ἐπερίσσευσεν
17 πολλῷ μᾶλλον οἱ τ. περισσείαν τ. χάριτος . . . λαμβάνοντες
8 34 μᾶλλον δὲ ἐγερθεὶς ἐκ νεκρῶν
11 12 πόσῳ μᾶλλον τὸ πλήρωμα αὐτῶν;
24 πόσῳ μ. οὗτοι οἱ κατὰ φύσιν ἐνκεντρισθήσονται
14 13 ἀλλὰ τοῦτο κρίνατε μᾶλλον
I Co 5 2 κ. ὑμεῖς . . . οὐχὶ μᾶλλον ἐπενθήσατε
6 7 διὰ τί οὐχὶ μᾶλλον ἀδικεῖσθε; διὰ τί οὐχὶ μᾶλλον ἀποστερεῖσθε;
7 21 εἰ κ. δύνασαι ἐλεύθερος γενέσθαι μ. χρῆσαι
9 12 εἰ ἄλλοι τῆς ὑμῶν ἐξουσίας μετέχουσιν οὐ μᾶλλον ἡμεῖς;
15 καλὸν γάρ μοι μᾶλλον ἀποθανεῖν
I Co 12 22 πολλῷ μ. τὰ δοκοῦντα μέλη τ. σώματος ἀσθενέστερα ὑπάρχειν ἀναγκαῖά ἐστιν
14 1 μᾶλλον δὲ ἵνα προφητεύητε
5 μᾶλλον δὲ ἵνα προφητεύητε
18 [1] πάντων ὑμῶν μ. γλώσσαις λαλῶ
II Co 2 7 ὥστε τοὐναντίον μᾶλλον ὑμᾶς χαρίσασθαι —μᾶλλ., WH non mg. R mg.
3 8 πῶς οὐχὶ μ. ἡ διακονία τ. πνεύματος ἔσται ἐν δόξῃ;
9 πολλῷ μ. περισσεύει ἡ διακονία τ. δικαιοσύνης δόξῃ
11 πολλῷ μᾶλλον τὸ μένον ἐν δόξῃ
5 8 εὐδοκοῦμεν μ. ἐκδημῆσαι ἐκ τ. σώματος
7 7 ὥστε με μᾶλλον χαρῆναι
13 μᾶλλον ἐχάρημεν ἐπὶ τ. χαρᾷ Τίτου
12 9 ἥδιστα οὖν μ. καυχήσομαι ἐν τ. ἀσθενείαις
Ga 4 9 μᾶλλον δὲ γνωσθέντες ὑπὸ Θεοῦ
27 [1] πολλὰ τὰ τέκνα τῆς ἐρήμου μ. ἢ τ. ἐχούσης τ. ἄνδρα
רַבִּים בְּנֵי־שׁוֹמֵמָה מִבְּנֵי בְעוּלָה, Is. liv. 1
Eph 4 28 μᾶλλον δὲ κοπιάτω
5 4 ἃ οὐκ ἀνῆκεν ἀλλὰ μ. εὐχαριστία
11 μᾶλλον δὲ κ. ἐλέγχετε
Phl 1 9 [3] ἵνα ἡ ἀγάπη ὑμῶν ἔτι μᾶλλον κ. μᾶλλον περισσεύῃ
12 τὰ κατ' ἐμὲ μ. εἰς προκοπὴν τ. εὐαγγελίου ἐλήλυθεν
23 πολλῷ γὰρ μᾶλλον κρεῖσσον
2 12 νῦν πολλῷ μ. ἐν τ. ἀπουσίᾳ μου
3 4 εἴ τις δοκεῖ ἄλλος πεποιθέναι ἐν σαρκί ἐγὼ μᾶλλον
I Th 4 1 ἐρωτῶμεν ὑμᾶς κ. παρακαλοῦμεν . . . ἵνα περισσεύητε μᾶλλον
10 παρακαλοῦμεν δὲ ὑμᾶς ἀδελφοὶ περισσεύειν μᾶλλον
I Ti 1 4 [1] αἵτινες ἐκζητήσεις παρέχουσιν μ. ἢ οἰκονομίαν Θεοῦ
6 2 ἀλλὰ μᾶλλον δουλευέτωσαν
II Ti 3 4 [1] φιλήδονοι μᾶλλον ἢ φιλόθεοι
Phm 9 διὰ τ. ἀγάπην μᾶλλον παρακαλῶ
16 ἀδελφὸν ἀγαπητὸν μάλιστα ἐμοὶ πόσῳ δὲ μᾶλλον σοί
He 9 14 πόσῳ μ. τὸ αἷμα τ. Χριστοῦ . . . καθαριεῖ
10 25 τοσούτῳ μ. ὅσῳ βλέπετε ἐγγίζουσαν τ. ἡμέραν
11 25 [1] μᾶλλον ἑλόμενος συνκακουχεῖσθαι τ. λαῷ τ. Θεοῦ
12 9 οὐ πολὺ μ. ὑποταγησόμεθα τ. πατρὶ τ. πνευμάτων
13 ἵνα μὴ τὸ χωλὸν ἐκτραπῇ ἰαθῇ δὲ μᾶλλον
25 πολὺ μ. ἡμεῖς οἱ τὸν ἀπ' οὐρανῶν ἀποστρεφόμενοι
II Pe 1 10 διὸ μᾶλλον ἀδελφοὶ σπουδάσατε

ΜΑ´ΛΧΟΣ 3124

Jo 18 10 ἦν δὲ ὄνομα τ. δούλῳ Μάλχος

ΜΑ´ΜΜΗ ** 3125

II Ti 1 5 ἥτις ἐνῴκησεν πρῶτον ἐν τ. μάμμῃ σου Λωίδι

ΜΑΜΩΝΑ῀Σ *† 3126

Mt 6 24 οὐ δύνασθε Θεῷ δουλεύειν κ. μαμωνᾷ
Lu 16 9 ἑαυτοῖς ποιήσατε φίλους ἐκ τ. μαμωνᾶ τ. ἀδικίας

Lu 16 11 εἰ οὖν ἐν τ. ἀδίκῳ μαμωνᾷ πιστοὶ οὐκ ἐγένεσθε
13 οὐ δύνασθε Θεῷ δουλεύειν κ. μαμωνᾷ

ΜΑΝΑΗ'Ν 3127

Ac 13 1 Μαναήν τε Ἡρῴδου τ. τετραάρχου σύντροφος

ΜΑΝΑΣΣΗ'Σ 3128

Mt 1 10 Ἐζεκίας δὲ ἐγέννησεν τ. Μανασσῆ· Μανασσῆς δὲ ἐγέννησεν τ. Ἀμώς
Re 7 6 ἐκ φυλῆς Μανασσῆ δώδεκα χιλιάδες

ΜΑΝΘΑ'ΝΩ 3129

(1) μ. Χριστόν

Mt 9 13 πορευθέντες δὲ μάθετε τί ἐστιν
11 29 μάθετε ἀπ' ἐμοῦ
24 32 ἀπὸ δὲ τ. συκῆς μάθετε τ. παραβολήν
Mk 13 28 ἀπὸ δὲ τ. συκῆς μάθετε τ. παραβολήν
Jo 6 45 πᾶς ὁ ἀκούσας παρὰ τ. πατρὸς κ. μαθών
7 15 πῶς οὗτος γράμματα οἶδεν μὴ μεμαθηκώς;
Ac 23 27 μαθὼν ὅτι Ῥωμαῖός ἐστιν
Ro 16 17 παρὰ τ. διδαχὴν ἣν ὑμεῖς ἐμάθετε
I Co 4 6 ἵνα ἐν ἡμῖν μάθητε τὸ μὴ ὑπὲρ ἃ γέγραπται
14 31 προφητεύειν ἵνα πάντες μανθάνωσιν
35 εἰ δέ τι μανθάνειν θέλουσιν
μαθεῖν, TWH mg.
Ga 3 2 τοῦτο μόνον θέλω μαθεῖν ἀφ' ὑμῶν
Eph 4 20 [1] ὑμεῖς δὲ οὐχ οὕτως ἐμάθετε τ. Χριστόν
Phl 4 9 ἃ κ. ἐμάθετε κ. παρελάβετε . . . ταῦτα πράσσετε
11 ἐγὼ γὰρ ἔμαθον ἐν οἷς εἰμὶ αὐτάρκης εἶναι
Col 1 7 καθὼς ἐμάθετε ἀπὸ Ἐπαφρᾶ
I Ti 2 11 γυνὴ ἐν ἡσυχίᾳ μανθανέτω ἐν πάσῃ ὑποταγῇ
5 4 μανθανέτωσαν πρῶτον τ. ἴδιον οἶκον εὐσεβεῖν
13 ἅμα δὲ κ. ἀργαὶ μανθάνουσιν περιερχόμεναι τ. οἰκίας
II Ti 3 7 πάντοτε μανθάνοντα
14 σὺ δὲ μένε ἐν οἷς ἔμαθες κ. ἐπιστώθης, εἰδὼς παρὰ τίνων ἔμαθες
Tit 3 14 μανθανέτωσαν δὲ κ. οἱ ἡμέτεροι καλῶν ἔργων προΐστασθαι
He 5 8 ἔμαθεν ἀφ' ὧν ἔπαθεν τ. ὑπακοήν
Re 14 3 οὐδεὶς ἐδύνατο μαθεῖν τ. ᾠδήν

ΜΑΝΙ'Α 3130

Ac 26 24 τὰ πολλά σε γράμματα εἰς μανίαν περιτρέπει

ΜΑ'ΝΝΑ 3131

Jo 6 31 οἱ πατέρες ἡμῶν τὸ μάννα ἔφαγον ἐν τῇ ἐρήμῳ
49 οἱ πατέρες ὑμῶν ἔφαγον ἐν τῇ ἐρήμῳ τὸ μάννα
He 9 4 ἐν ᾗ στάμνος χρυσῆ ἔχουσα τὸ μάννα
Re 2 17 τ. νικῶντι δώσω αὐτῷ τοῦ μάννα τ. κεκρυμμένου

ΜΑΝΤΕΥ'ΟΜΑΙ 3132

Ac 16 16 ἐργασίαν πολλὴν παρεῖχεν τ. κυρίοις αὐτῆς μαντευομένη

ΜΑΡΑΙ'ΝΟΜΑΙ 3133

Ja 1 11 οὕτως κ. ὁ πλούσιος ἐν τ. πορείαις αὐτοῦ μαρανθήσεται

ΜΑΡΑ'Ν 'ΑΘΑ' 3134

I Co 16 22 ἤτω ἀνάθεμα. Μαρὰν ἀθά

ΜΑΡΓΑΡΙ'ΤΗΣ * 3135

Mt 7 6 μηδὲ βάλητε τ. μαργαρίτας ὑμῶν ἔμπροσθεν τ. χοίρων
13 45 ὁμοία . . . ἐμπόρῳ ζητοῦντι καλοὺς μαργαρίτας·
46 εὑρὼν δὲ ἕνα πολύτιμον μαργαρίτην
I Ti 2 9 μὴ ἐν πλέγμασιν κ. χρυσίῳ ἢ μαργαρίταις
Re 17 4 κεχρυσωμένη χρυσίῳ κ. λίθῳ τιμίῳ κ. μαργαρίταις
18 12 γόμον χρυσοῦ . . . κ. λίθου τιμίου κ. μαργαριτῶν
μαργαρίτας, WH mg.
16 κεχρυσωμένη ἐν χρυσίῳ κ. λίθῳ τιμίῳ κ. μαργαρίτῃ
21 21 οἱ δώδεκα πυλῶνες δώδεκα μαργαρῖται· ἀνὰ εἷς ἕκαστος τ. πυλώνων ἦν ἐξ ἑνὸς μαργαρίτου

ΜΑ'ΡΘΑ 3136

Lu 10 38 γυνὴ δέ τις ὀνόματι Μάρθα ὑπεδέξατο αὐτόν
40 ἡ δὲ Μ. περιεσπᾶτο περὶ πολλὴν διακονίαν
41 Μάρθα Μάρθα μεριμνᾷς κ. θορυβάζῃ περὶ πολλά
Jo 11 1 ἐκ τ. κώμης Μαρίας κ. Μάρθας τ. ἀδελφῆς αὐτῆς
5 ἠγάπα δὲ ὁ Ἰησοῦς τ. Μάρθαν
19 ἐληλύθεισαν πρὸς τὴν Μ. κ. Μαριάμ
20 ἡ οὖν Μ. ὡς ἤκουσεν ὅτι Ἰησοῦς ἔρχεται
21 εἶπεν οὖν ἡ Μ. πρὸς Ἰησοῦν
24 λέγει αὐτῷ ἡ Μάρθα
30 ἦν ἔτι ἐν τ. τόπῳ ὅπου ὑπήντησεν αὐτῷ ἡ Μάρθα
39 λέγει αὐτῷ ἡ ἀδελφὴ τ. τετελευτηκότος Μάρθα
12 2 ἡ Μάρθα διηκόνει

ΜΑΡΙ'Α, ΜΑΡΙΑ'Μ 3137

Jes. Christ. mater

Mt 1 16 Ἰακὼβ δὲ ἐγέννησεν τ. Ἰωσὴφ τ. ἄνδρα Μαρίας
18 μνηστευθείσης τ. μητρὸς αὐτοῦ Μαρίας τῷ Ἰωσήφ
20 μὴ φοβηθῇς παραλαβεῖν Μαρίαν τ. γυναῖκά σου
Μαριάμ, TWH mg.
2 11 εἶδον τὸ παιδίον μετὰ Μαρίας τ. μητρὸς αὐτοῦ
13 55 οὐχ ἡ μήτηρ αὐτοῦ λέγεται Μαριάμ
Mk 6 3 οὐχ οὗτός ἐστιν ὁ τέκτων ὁ υἱὸς τ. Μαρίας
Lu 1 27 τὸ ὄνομα τῆς παρθένου Μαριάμ
30 εἶπεν ὁ ἄγγελος αὐτῇ Μὴ φοβοῦ Μαριάμ
34 εἶπεν δὲ Μαριὰμ πρὸς τ. ἄγγελον
38 εἶπεν δὲ Μαριάμ
39 ἀναστᾶσα δὲ Μαριὰμ ἐν τ. ἡμέραις ταύταις
41 ὡς ἤκουσεν τ. ἀσπασμὸν τ. Μαρίας ἡ Ἐλεισάβετ
46 κ. εἶπεν Μαριάμ
56 ἔμεινεν δὲ Μαριὰμ σὺν αὐτῇ ὡς μῆνας τρεῖς
2 5 ἀπογράψασθαι σὺν Μαριὰμ τ. ἐμνηστευμένῃ αὐτῷ
16 ἀνεῦραν τήν τε Μαριὰμ κ. τὸν Ἰωσήφ
19 ἡ δὲ Μαρία πάντα συνετήρει τὰ ῥήματα ταῦτα
Μαριάμ, WH mg.

Lu 2 34 εἶπεν πρὸς Μαριὰμ τ. μητέρα αὐτοῦ
Ac 1 14 προσκαρτεροῦντες ὁμοθυμαδὸν . . . σὺν γυναιξὶ κ. Μαριὰμ τ. μητρὶ τ. Ἰησοῦ

3137.2 **ΜΑΡΙ´Α ῾Η ΜΑΓΔΑΛΗΝΗ´** cf. 3137

(1) Jac. mater

Mt 27 56 [1] ἐν αἷς ἦν Μαρία ἡ Μαγδαληνὴ κ. Μαρία ἡ τ. Ἰακώβου κ. Ἰωσὴφ μήτηρ
Μαριὰμ ἡ Μαγδ., WH mg.
61 [1] ἦν δὲ ἐκεῖ Μαριὰμ ἡ Μαγδαληνὴ κ. ἡ ἄλλη Μαρία
28 1 [1] ἦλθεν Μαρία ἡ Μαγδαληνὴ κ. ἡ ἄλλη Μαρία
Μαριὰμ ἡ Μαγδ., WH mg.
Mk 15 40 [1] ἐν αἷς κ. Μαριὰμ ἡ Μαγδαληνὴ κ. Μαρία ἡ Ἰακώβου τ. μικροῦ κ. Ἰωσῆτος μήτηρ
Μαρία ἡ Μαγδ., T
47 [1] ἡ δὲ Μαρία ἡ Μαγδαληνὴ κ. Μαρία ἡ Ἰωσῆτος ἐθεώρουν ποῦ τέθειται
16 1 [1] ἡ Μαρία ἡ Μαγδαληνὴ κ. Μαρία ἡ Ἰακώβου κ. Σαλώμη ἠγόρασαν ἀρώματα
[9 ἐφάνη πρῶτον Μαρίᾳ τ. Μαγδαληνῇ
Lu 8 2 Μαρία ἡ καλουμένη Μαγδαληνή
24 10 [1] ἦσαν δὲ ἡ Μαγδαληνὴ Μαρία κ. Ἰωάνα κ. Μαρία ἡ Ἰακώβου
Jo 19 25 [1] εἱστήκεισαν δὲ παρὰ τ. σταυρῷ . . . Μαρία ἡ τοῦ Κλωπᾶ κ. Μαρία ἡ Μαγδαληνή
Μαριὰμ (*bis*), T
20 1 τ. δὲ μιᾷ τ. σαββάτων Μαρία ἡ Μαγδαληνὴ ἔρχεται πρωί
Μαριὰμ, T
11 Μαρία δὲ εἱστήκει πρὸς τ. μνημείῳ ἔξω κλαίουσα
Μαριὰμ, T
16 λέγει αὐτῇ Ἰησοῦς Μαριάμ
18 ἔρχεται Μαριὰμ ἡ Μαγδαληνὴ ἀγγέλλουσα τ. μαθηταῖς

3137.4 **ΜΑΡΙΑ´Μ, ΜΑΡΙ´Α** cf. 3137

(1) Laz. soror

Lu 10 39 [1] τῇδε ἦν ἀδελφὴ καλουμένη Μαριάμ
42 [1] Μαριὰμ γὰρ τ. ἀγαθὴν μερίδα ἐξελέξατο
Μαρία, T
Jo 11 1 [1] ἐκ τ. κώμης Μαρίας κ. Μάρθας
τῆς Μαρ., T
2 [1] ἦν δὲ Μαριὰμ ἡ ἀλείψασα τ. Κύριον μύρῳ
Μαρία, T
19 [1] ἐληλύθεισαν πρὸς τ. Μάρθαν κ. Μαριάμ
20 [1] Μαριὰμ δὲ ἐν τ. οἴκῳ ἐκαθέζετο
Μαρία, TWH mg.
28 [1] ἐφώνησεν Μαριὰμ τ. ἀδελφὴν αὐτῆς λάθρᾳ
31 [1] ἰδόντες τὴν Μαριὰμ ὅτι ταχέως ἀνέστη
32 [1] ἡ οὖν Μαριὰμ ὡς ἦλθεν ὅπου ἦν Ἰησοῦς
45 [1] πολλοὶ οὖν ἐκ τ. Ἰουδαίων οἱ ἐλθόντες πρὸς τὴν Μαριάμ
12 3 [1] ἡ οὖν Μαριὰμ . . . ἤλειψεν τ. πόδας τ. Ἰησοῦ
Μαρία, T
Ac 12 12 ἦλθεν ἐπὶ τ. οἰκίαν τ. Μαρίας τ. μητρὸς Ἰωάνου
Ro 16 6 ἀσπάσασθε Μαρίαν ἥτις πολλὰ ἐκοπίασεν εἰς ὑμᾶς
Μαριάμ, T

ΜΑ´ΡΚΟΣ 3138

Ac 12 12 ἐπὶ τ. οἰκίαν τ. Μαρίας τ. μητρὸς Ἰωάνου τ. ἐπικαλουμένου Μάρκου
25 συνπαραλαβόντες Ἰωάνην τ. ἐπικληθέντα Μάρκον
15 37 συνπαραλαβεῖν κ. τ. Ἰωάνην τ. καλούμενον Μάρκον
39 τόν τε Βαρνάβαν παραλαβόντα τ. Μάρκον
Col 4 10 ἀσπάζεται ὑμᾶς . . . Μάρκος ὁ ἀνεψιὸς Βαρνάβα
II Ti 4 11 Μάρκον ἀναλαβὼν ἄγε μετὰ σεαυτοῦ
Phm 24 ἀσπάζεταί σε Ἐπαφρᾶς . . . Μάρκος
I Pe 5 13 ἀσπάζεται ὑμᾶς . . . Μάρκος ὁ υἱός μου

ΜΑ´ΡΜΑΡΟΣ ** 3139

Re 18 12 πᾶν σκεῦος ἐκ ξύλου τιμιωτάτου . . . κ. μαρμάρου

ΜΑΡΤΥΡΕ´Ω 3140

(1) μαρτυροῦμαι (2) c. dat. (3) μαρτ. μαρτυρίαν, ὁμολογίαν (4) seq. κατά

Mt 23 31 [2] ὥστε μαρτυρεῖτε ἑαυτοῖς
Lu 4 22 [2] πάντες ἐμαρτύρουν αὐτῷ
Jo 1 7 ἵνα μαρτυρήσῃ περὶ τ. φωτός
8 ἀλλ' ἵνα μαρτυρήσῃ περὶ τ. φωτός
15 Ἰωανης μαρτυρεῖ περὶ αὐτοῦ
32 ἐμαρτύρησεν Ἰωάνης λέγων
34 μεμαρτύρηκα ὅτι οὗτός ἐστιν ὁ υἱὸς τ. Θεοῦ
2 25 οὐ χρείαν εἶχεν ἵνα τις μαρτυρήσῃ περὶ τ. ἀνθρώπου
3 11 ὃ ἑωράκαμεν μαρτυροῦμεν
26 [2] ᾧ σὺ μεμαρτύρηκας
28 [2] αὐτοὶ ὑμεῖς μοι μαρτυρεῖτε ὅτι εἶπον
32 ὃ ἑώρακεν κ. ἤκουσεν τοῦτο μαρτυρεῖ
4 39 ἐπίστευσαν . . . διὰ τ. λόγον τ. γυναικὸς μαρτυρούσης
44 αὐτὸς γὰρ Ἰησοῦς ἐμαρτύρησεν
5 31 ἐὰν ἐγὼ μαρτυρῶ περὶ ἐμαυτοῦ
32 ἄλλος ἐστὶν ὁ μαρτυρῶν περὶ ἐμοῦ,
[3] κ. οἶδα ὅτι ἀληθής ἐστιν ἡ μαρτυρία ἣν μαρτυρεῖ περὶ ἐμοῦ
33 [2] ἀπεστάλκατε πρὸς Ἰωάνην κ. μεμαρτύρηκεν τ. ἀληθείᾳ
36 αὐτὰ τὰ ἔργα ἃ ποιῶ μαρτυρεῖ περὶ ἐμοῦ
37 ἐκεῖνος μεμαρτύρηκεν περὶ ἐμοῦ
39 ἐκεῖναί εἰσιν αἱ μαρτυροῦσαι περὶ ἐμοῦ
7 7 ἐμὲ δὲ μισεῖ ὅτι ἐγὼ μαρτυρῶ περὶ αὐτοῦ
8 13 σὺ περὶ σεαυτοῦ μαρτυρεῖς
14 κἂν ἐγὼ μαρτυρῶ περὶ ἐμαυτοῦ
18 ἐγώ εἰμι ὁ μαρτυρῶν περὶ ἐμαυτοῦ, κ. μαρτυρεῖ περὶ ἐμοῦ ὁ πέμψας με πατήρ
10 25 τὰ ἔργα ἃ ἐγὼ ποιῶ . . . ταῦτα μαρτυρεῖ περὶ ἐμοῦ
12 17 ἐμαρτύρει οὖν ὁ ὄχλος ὁ ὢν μετ' αὐτοῦ
13 21 ἐταράχθη τ. πνεύματι κ. ἐμαρτύρησεν
15 26 ἐκεῖνος μαρτυρήσει περὶ ἐμοῦ·
27 κ. ὑμεῖς δὲ μαρτυρεῖτε
18 23 εἰ κακῶς ἐλάλησα μαρτύρησον περὶ τ. κακοῦ
37 [2] εἰς τοῦτο ἐλήλυθα . . . ἵνα μαρτυρήσω τ. ἀληθείᾳ
19 35 ὁ ἑωρακὼς μεμαρτύρηκεν
21 24 οὗτός ἐστιν ὁ μαθητὴς ὁ μαρτυρῶν περὶ τούτων

Ac 6 3 [1] ἐπισκέψασθε . . . ἄνδρας ἐξ ὑμῶν μαρτυρουμένους ἑπτά
10 22 [1] μαρτυρούμενός τε ὑπὸ ὅλου τ. ἔθνους τ. Ἰουδαίων
43 [2] τούτῳ πάντες οἱ προφῆται μαρτυροῦσιν
13 22 [2] ᾧ κ. εἶπεν μαρτυρήσας
14 3 [2] παρρησιαζόμενοι ἐπὶ τ. Κυρίῳ τ. μαρτυροῦντι τ. λόγῳ τ. χάριτος αὐτοῦ
15 8 [2] ὁ καρδιογνώστης Θεὸς ἐμάρτυρησεν αὐτοῖς
16 2 [1] ὃς ἐμαρτυρεῖτο ὑπὸ τῶν ἐν Λύστροις κ. Ἰκονίῳ ἀδελφῶν
22 5 [2] ὡς κ. ὁ ἀρχιερεὺς μαρτυρεῖ μοι
12 [1] μαρτυρούμενος ὑπὸ πάντων τ. κατοικούντων Ἰουδαίων
23 11 οὕτως σε δεῖ κ. εἰς Ῥώμην μαρτυρῆσαι
26 5 ἐὰν θέλωσιν μαρτυρεῖν
Ro 3 21 [1] μαρτυρουμένη ὑπὸ τ. νόμου κ. τ. προφητῶν
10 2 [2] μαρτυρῶ γὰρ αὐτοῖς ὅτι ζῆλον Θεοῦ ἔχουσιν
I Co 15 15 [4] ὅτι ἐμαρτυρήσαμεν κατὰ τ. Θεοῦ ὅτι ἤγειρεν τ. Χριστόν
II Co 8 3 κατὰ δύναμιν μαρτυρῶ κ. παρὰ δύναμιν αὐθαίρετοι
Ga 4 15 [2] μαρτυρῶ γὰρ ὑμῖν ὅτι εἰ δυνατὸν τ. ὀφθαλμοὺς ὑμῶν . . . ἐδώκατέ μοι
Col 4 13 [2] μαρτυρῶ γὰρ αὐτῷ ὅτι ἔχει πολὺν πόνον
I Ti 5 10 [1] ἐν ἔργοις καλοῖς μαρτυρουμένη
6 13 [3] Χριστοῦ Ἰησοῦ τ. μαρτυρήσαντος ἐπὶ Ποντίου Πειλάτου τ. καλὴν ὁμολογίαν
He 7 8 [1] ἐκεῖ δὲ μαρτυρούμενος ὅτι ζῇ
17 [1] μαρτυρεῖται γὰρ ὅτι Σὺ ἱερεὺς εἰς τ. αἰῶνα
10 15 [2] μαρτυρεῖ δὲ ἡμῖν κ. τὸ πνεῦμα τὸ ἅγιον
11 2 [1] ἐν ταύτῃ γὰρ ἐμαρτυρήθησαν οἱ πρεσβύτεροι
4 [1] δι' ἧς ἐμαρτυρήθη εἶναι δίκαιος, μαρτυροῦντος ἐπὶ τ. δώροις αὐτοῦ τ. Θεοῦ
5 [1] πρὸ γὰρ τ. μεταθέσεως μεμαρτύρηται εὐαρεστηκέναι τ. Θεῷ
39 [1] οὗτοι πάντες μαρτυρηθέντες διὰ τ. πίστεως
I Jo 1 2 ἑωράκαμεν κ. μαρτυροῦμεν
4 14 ἡμεῖς τεθεάμεθα κ. μαρτυροῦμεν
5 6 τὸ πνεῦμά ἐστιν τὸ μαρτυροῦν
7 ὅτι τρεῖς εἰσὶν οἱ μαρτυροῦντες
9 ὅτι μεμαρτύρηκεν περὶ τ. υἱοῦ αὐτοῦ
10 [3] τ. μαρτυρίαν ἣν μεμαρτύρηκεν ὁ Θεὸς περὶ τ. υἱοῦ αὐτοῦ
III Jo 3 [2] ἐρχομένων ἀδελφῶν κ. μαρτυρούντων σου τ. ἀληθείᾳ
6 [2] οἳ ἐμαρτύρησάν σου τ. ἀγάπῃ ἐνώπιον ἐκκλησίας
12 [1 2] Δημητρίῳ μεμαρτύρηται ὑπὸ πάντων
12 κ. ἡμεῖς δὲ μαρτυροῦμεν
Re 1 2 [3] ὃς ἐμαρτύρησεν τ. λόγον τ. Θεοῦ
22 16 [2] ἔπεμψα τ. ἄγγελόν μου μαρτυρῆσαι ὑμῖν ταῦτα
18 [2] μαρτυρῶ ἐγὼ παντὶ τ. ἀκούοντι τ. λόγους τ. προφητείας
20 λέγει ὁ μαρτυρῶν ταῦτα

ΜΑΡΤΥΡΊΑ 3141

(1) seq. κατά (2) μαρτ. Ἰησοῦ

Mk 14 55 [1] ἐζήτουν κατὰ τοῦ Ἰησοῦ μαρτυρίαν
56 ἴσαι αἱ μαρτυρίαι οὐκ ἦσαν
59 οὐδὲ οὕτως ἴση ἦν ἡ μαρτυρία αὐτῶν
Lu 22 71 τί ἔτι ἔχομεν μαρτυρίας χρείαν·
Jo 1 7 οὗτος ἦλθεν εἰς μαρτυρίαν
19 αὕτη ἐστὶν ἡ μαρτυρία τ. Ἰωάνου
3 11 τ. μαρτυρίαν ἡμῶν οὐ λαμβάνετε
32 τ. μαρτυρίαν αὐτοῦ οὐδεὶς λαμβάνει.
33 ὁ λαβὼν αὐτοῦ τ. μαρτυρίαν ἐσφράγισεν
5 31 ἡ μαρτυρία μου οὐκ ἔστιν ἀληθής
32 οἶδα ὅτι ἀληθής ἐστιν ἡ μαρτυρία ἣν μαρτυρεῖ περὶ ἐμοῦ
34 ἐγὼ δὲ οὐ παρὰ ἀνθρώπου τ. μαρτυρίαν λαμβάνω
36 ἐγὼ δὲ ἔχω τ. μαρτυρίαν μείζω τ. Ἰωάνου
8 13 ἡ μαρτυρία σου οὐκ ἔστιν ἀληθής
14 ἀληθής ἐστιν ἡ μαρτυρία μου
ἡ μαρτ. μ. ἀλ. ἐστ., WH mg.
17 δύο ἀνθρώπων ἡ μαρτυρία ἀληθής ἐστιν
עַל־פִּי שְׁנֵי עֵדִים . . . יָקוּם דָּבָר, Dt. xix. 15
19 35 ἀληθινὴ αὐτοῦ ἐστὶν ἡ μαρτυρία
21 24 οἴδαμεν ὅτι ἀληθὴς αὐτοῦ ἡ μαρτυρία ἐστίν
Ac 22 18 οὐ παραδέξονταί σου μαρτυρίαν περὶ ἐμοῦ
I Ti 3 7 δεῖ δὲ κ. μαρτυρίαν καλὴν ἔχειν ἀπὸ τῶν ἔξωθεν
Tit 1 13 ἡ μαρτυρία αὕτη ἐστὶν ἀληθής
I Jo 5 9 εἰ τ. μαρτυρίαν τ. ἀνθρώπων λαμβάνομεν, ἡ μαρτυρία τ. Θεοῦ μείζων ἐστίν· ὅτι αὕτη ἐστὶν ἡ μαρτυρία τ. Θεοῦ
10 ὁ πιστεύων εἰς τ. υἱὸν τ. Θεοῦ ἔχει τ. μαρτυρίαν ἐν αὐτῷ
10 οὐ πεπίστευκεν εἰς τ. μαρτυρίαν ἣν μεμαρτύρηκεν ὁ Θεός
11 κ. αὕτη ἐστὶν ἡ μαρτυρία
III Jo 12 οἶδας ὅτι ἡ μαρτυρία ἡμῶν ἀληθὴς ἐστιν
Re 1 2 [2] ὃς ἐμαρτύρησεν . . . τ. μαρτυρίαν Ἰησοῦ Χριστοῦ
9 [2] ἐγενόμην ἐν τῇ νήσῳ . . . διὰ τ. λόγον τ. Θεοῦ κ. τ. μαρτυρίαν Ἰησοῦ
6 9 τ. ψυχὰς τ. ἐσφαγμένων . . . διὰ τ. μαρτυρίαν ἣν εἶχον
11 7 ὅταν τελέσωσιν τ. μαρτυρίαν αὐτῶν
12 11 αὐτοὶ ἐνίκησαν . . . διὰ τ. λόγον τ. μαρτυρίας αὐτῶν
17 [2] τῶν . . . ἐχόντων τ. μαρτυρίαν Ἰησοῦ
19 10 [2] σύνδουλός σου κ. . . . τ. ἐχόντων τ. μαρτυρίαν Ἰησοῦ
10 [2] ἡ γὰρ μαρτυρία Ἰησοῦ ἐστὶν τὸ πνεῦμα τ. προφητείας
20 4 [2] τ. ψυχὰς τ. πεπελεκισμένων διὰ τ. μαρτυρίαν Ἰησοῦ

ΜΑΡΤΎΡΙΟΝ 3142

(1) σκηνὴ τ. μαρτ.

Mt 8 4 προσένεγκον τὸ δῶρον ὃ προσέταξεν Μωυσῆς εἰς μαρτύριον αὐτοῖς
10 18 ἀχθήσεσθε . . . εἰς μαρτύριον αὐτοῖς κ. τ. ἔθνεσιν
24 14 κηρυχθήσεται . . . ἐν ὅλῃ τ. οἰκουμένῃ εἰς μαρτύριον πᾶσι τ. ἔθνεσιν
Mk 1 44 προσένεγκε . . . ἃ προσέταξεν Μωυσῆς εἰς μαρτύριον αὐτοῖς
6 11 ἐκτινάξατε τ. χοῦν . . . εἰς μαρτύριον αὐτοῖς
13 9 ἐπὶ ἡγεμόνων κ. βασιλέων σταθήσεσθε . . . εἰς μαρτύριον αὐτοῖς
Lu 5 14 προσένεγκε . . . καθὼς προσέταξεν Μωυσῆς εἰς μαρτύριον αὐτοῖς
ἵνα εἰς μαρτ. ᾖ ὑμῖν τοῦτο, WH mg.
9 5 τ. κονιορτὸν . . . ἀποτινάσσετε εἰς μαρτύριον ἐπ' αὐτούς

Lu 21 13 ἀποβήσεται ὑμῖν εἰς μαρτύριον
Ac 4 33 δυνάμει μεγάλῃ ἀπεδίδουν τὸ μαρτύριον οἱ ἀπόστολοι
7 44 [1] ἡ σκηνὴ τ. μαρτυρίου ἦν τ. πατράσιν ἡμῶν ἐν τῇ ἐρήμῳ
I Co 1 6 καθὼς τὸ μαρτύριον τ. Χριστοῦ ἐβεβαιώθη ἐν ὑμῖν
2 1 καταγγέλλων ὑμῖν τὸ μαρτύριον τ. Θεοῦ μυστήριον, WH non mg. R non mg.
II Co 1 12 τὸ μαρτύριον τ. συνειδήσεως ἡμῶν
II Th 1 10 ὅτι ἐπιστεύθη τὸ μαρτύριον ἡμῶν ἐφ' ὑμᾶς
I Ti 2 6 ἀντίλυτρον ὑπὲρ πάντων τὸ μαρτύριον καιροῖς ἰδίοις
II Ti 1 8 μὴ οὖν ἐπαισχυνθῇς τὸ μαρτύριον τ. Κυρίου ἡμῶν
He 3 5 Μωυσῆς μὲν πιστὸς . . . εἰς μαρτύριον τ. λαληθησομένων
Ja 5 3 ὁ ἰὸς αὐτῶν εἰς μαρτύριον ὑμῖν ἔσται
Re 15 5 [1] ἠνοίγη ὁ ναὸς τ. σκηνῆς τ. μαρτυρίου ἐν τ. οὐρανῷ

ΜΑΡΤΥ΄ΡΟΜΑΙ** 3143

Ac 20 26 διότι μαρτύρομαι ὑμῖν ἐν τῇ σήμερον ἡμέρᾳ
26 22 ἕστηκα μαρτυρόμενος μικρῷ τε κ. μεγάλῳ
Ga 5 3 μαρτύρομαι δὲ πάλιν παντὶ ἀνθρώπῳ περιτεμνομένῳ
Eph 4 17 τοῦτο οὖν λέγω κ. μαρτύρομαι ἐν Κυρίῳ
I Th 2 12 παραμυθούμενοι κ. μαρτυρόμενοι

ΜΑ΄ΡΤΥΣ 3144

(1) μάρτ. Θεός, Χριστός

Mt 18 16 ἵνα ἐπὶ στόματος δύο μαρτύρων ἢ τριῶν σταθῇ πᾶν ῥῆμα
עַל־פִּי שְׁנֵי עֵדִים אוֹ עַל־פִּי שְׁלֹשָׁה־עֵדִים יָקוּם דָּבָר, Dt. xix. 15
26 65 τί ἔτι χρείαν ἔχομεν μαρτύρων;
Mk 14 63 τί ἔτι χρείαν ἔχομεν μαρτύρων
Lu 11 48 ἄρα μάρτυρές ἐστε κ. συνευδοκεῖτε τ. ἔργοις τ. πατέρων ὑμῶν
24 48 ὑμεῖς μάρτυρες τούτων
Ac 1 8 ἔσεσθέ μου μάρτυρες ἔν τε Ἱερουσαλήμ
22 μάρτυρα τ. ἀναστάσεως αὐτοῦ σὺν ἡμῖν γενέσθαι ἕνα τούτων
2 32 οὗ πάντες ἡμεῖς ἐσμὲν μάρτυρες
3 15 οὗ ἡμεῖς μάρτυρές ἐσμεν
5 32 ἡμεῖς ἐσμὲν μάρτυρες τ. ῥημάτων τούτων
6 13 ἔστησάν τε μάρτυρας ψευδεῖς λέγοντας
7 58 οἱ μάρτυρες ἀπέθεντο τὰ ἱμάτια αὐτῶν παρὰ τ. πόδας νεανίου
10 39 ἡμεῖς μάρτυρες πάντων ὧν ἐποίησεν
41 οὐ παντὶ τ. λαῷ ἀλλὰ μάρτυσι τ. προκεχειροτονημένοις
13 31 οἵτινες νῦν εἰσὶν μάρτυρες αὐτοῦ πρὸς τ. λαόν
22 15 ἔσῃ μάρτυς αὐτῷ πρὸς πάντας ἀνθρώπους
20 ὅτε ἐξεχύννετο τὸ αἷμα Στεφάνου τ. μάρτυρός σου
26 16 προχειρίσασθαί σε . . . μάρτυρα ὧν τε εἶδές με
Ro 1 9 [1] μάρτυς γάρ μού ἐστιν ὁ Θεός
II Co 1 23 [1] ἐγὼ δὲ μάρτυρα τ. Θεὸν ἐπικαλοῦμαι ἐπὶ τ. ἐμὴν ψυχήν
13 1 ἐπὶ στόματος δύο μαρτύρων κ. τριῶν σταθήσεται πᾶν ῥῆμα, Dt. *l.c.*
Phl 1 8 [1] μάρτυς γάρ μου ὁ Θεός
I Th 2 5 [1] οὔτε ἐν προφάσει πλεονεξίας Θεὸς μάρτυς
10 [1] ὑμεῖς μάρτυρες κ. ὁ Θεός
I Ti 5 19 ἐκτὸς εἰ μὴ ἐπὶ δύο ἢ τριῶν μαρτύρων
6 12 ὡμολόγησας τ. καλὴν ὁμολογίαν ἐνώπιον πολλῶν μαρτύρων
II Ti 2 2 ἃ ἤκουσας παρ' ἐμοῦ διὰ πολλῶν μαρτύρων
He 10 28 χωρὶς οἰκτιρμῶν ἐπὶ δυσὶν ἢ τρισὶν μάρτυσιν ἀποθνήσκει
עַל־פִּי שְׁנַיִם עֵדִים אוֹ שְׁלֹשָׁה עֵדִים יוּמַת הַמֵּת, Dt. xvii. 6
12 1 τοσοῦτον ἔχοντες περικείμενον ἡμῖν νέφος μαρτύρων
I Pe 5 1 ὁ συνπρεσβύτερος κ. μάρτυς τῶν τ. Χριστοῦ παθημάτων
Re 1 5 [1] ἀπὸ Ἰησοῦ Χριστοῦ ὁ μάρτυς ὁ πιστός
2 13 Ἀντίπας ὁ μάρτυς μου ὁ πιστός μου
3 14 [1] τάδε λέγει ὁ Ἀμὴν ὁ μάρτυς ὁ πιστὸς κ. ὁ ἀληθινός
11 3 δώσω τ. δυσὶν μάρτυσίν μου
17 6 μεθύουσαν . . . ἐκ τ. αἵματος τ. μαρτύρων Ἰησοῦ

ΜΑΣΑ΄ΟΜΑΙ 3145

Re 16 10 ἐμασῶντο τ. γλώσσας αὐτῶν ἐκ τ. πόνου

ΜΑΣΘΟ΄Σ *Vide* ΜΑΣΤΟ΄Σ, 3149

ΜΑΣΤΙΓΟ΄Ω 3146

Mt 10 17 ἐν τ. συναγωγαῖς αὐτῶν μαστιγώσουσιν ὑμᾶς
20 19 εἰς τὸ ἐμπαῖξαι κ. μαστιγῶσαι κ. σταυρῶσαι
23 34 ἐξ αὐτῶν μαστιγώσετε ἐν τ. συναγωγαῖς ὑμῶν
Mk 10 34 ἐμπτύσουσιν αὐτῷ κ. μαστιγώσουσιν αὐτόν
Lu 18 33 μαστιγώσαντες ἀποκτενοῦσιν αὐτόν
Jo 19 1 ἔλαβεν ὁ Πειλᾶτος τ. Ἰησοῦν κ. ἐμαστίγωσεν
He 12 6 μαστιγοῖ δὲ πάντα υἱὸν ὃν παραδέχεται
וּכְאָב אֶת־בֵּן יִרְצֶה, Pr. iii. 12

ΜΑΣΤΙ΄ΖΩ 3147

Ac 22 25 εἰ ἄνθρωπον Ῥωμαῖον κ. ἀκατάκριτον ἔξεστιν ὑμῖν μαστίζειν;

ΜΑ΄ΣΤΙΞ 3148

Mk 3 10 ὅσοι εἶχον μάστιγας
5 29 ἔγνω τ. σώματι ὅτι ἴαται ἀπὸ τ. μάστιγος
34 ἴσθι ὑγιὴς ἀπὸ τ. μάστιγός σου
Lu 7 21 ἐθεράπευσεν πολλοὺς ἀπὸ νόσων κ. μαστίγων
Ac 22 24 εἴπας μάστιξιν ἀνετάζεσθαι αὐτόν
He 11 36 ἕτεροι δὲ ἐμπαιγμῶν κ. μαστίγων πεῖραν ἔλαβον

ΜΑΣΤΟ΄Σ 3149

Lu 11 27 μακαρία ἡ κοιλία ἡ βαστάσασά σε κ. μαστοὶ οὓς ἐθήλασας
23 29 μακάριαι αἱ στεῖραι κ. . . . μαστοὶ οἳ οὐκ ἔθρεψαν
Re 1 13 περιεζωσμένον πρὸς τ. μαστοῖς ζώνην χρυσᾶν
μασθοῖς, T

ΜΑΤΑΙΟΛΟΓΊΑ * † 3150

I Ti 1 6 ὧν τινὲς ἀστοχήσαντες ἐξετράπησαν εἰς ματαιολογίαν

ΜΑΤΑΙΟΛΌΓΟΣ * † 3151

Tit 1 10 ματαιολόγοι κ. φρεναπάται

ΜΆΤΑΙΟΣ 3152

(1) μάταιος, *fem.*

Ac 14 15 εὐαγγελιζόμενοι ὑμᾶς ἀπὸ τούτων τ. ματαίων ἐπιστρέφειν
I Co 3 20 Κύριος γινώσκει τ. διαλογισμοὺς τ. σοφῶν ὅτι εἰσὶν μάταιοι
יְהוָה יֹדֵעַ מַחְשְׁבוֹת אָדָם כִּי הֵמָּה הָבֶל, Ps. xciv. 11
15 17 ματαία ἡ πίστις ὑμῶν ἐστίν
Tit 3 9 [1] εἰσὶν γὰρ ἀνωφελεῖς κ. μάταιοι
Ja 1 26 [1] τούτου μάταιος ἡ θρησκεία
I Pe 1 18 ἐλυτρώθητε ἐκ τ. ματαίας ὑμῶν ἀναστροφῆς πατροπαραδότου

ΜΑΤΑΙΌΤΗΣ † 3153

Ro 8 20 τῇ γὰρ ματαιότητι ἡ κτίσις ὑπετάγη
Eph 4 17 καθὼς κ. τὰ ἔθνη περιπατεῖ ἐν ματαιότητι τ. νοὸς αὐτῶν
II Pe 2 18 ὑπέρογκα γὰρ ματαιότητος φθεγγόμενοι

ΜΑΤΑΙΌΟΜΑΙ † 3154

Ro 1 21 ἐματαιώθησαν ἐν τ. διαλογισμοῖς αὐτῶν

ΜΆΤΗΝ 3155

Mt 15 9 μάτην δὲ σέβονταί με
וַתְּהִי יִרְאָתָם אֹתִי, Is. xxix. 13
Mk 7 7 μάτην δὲ σέβονταί με, Is. *l.c.*

ΜΑΤΘΆΤ 3158

Lu 3 24 τοῦ Ἡλεὶ τοῦ Ματθὰτ τοῦ Λευεί
Μαθθάθ, T

ΜΑΤΤΑΘΆ 3160

Lu 3 31 τοῦ Μεννὰ τοῦ Ματταθὰ τοῦ Ναθάμ

ΜΑΤΤΑΘΊΑΣ 3161

Lu 3 25 τοῦ Ἰωσὴφ τοῦ Ματταθίου τοῦ Ἀμώς
26 τοῦ Μαὰθ τοῦ Ματταθίου τοῦ Σεμεείν

ΜΆΧΑΙΡΑ 3162

(1) στόμα μαχ. (2) μάχ. τ. πνεύματος

Mt 10 34 οὐκ ἦλθον βαλεῖν εἰρήνην ἀλλὰ μάχαιραν
26 47 μετ' αὐτοῦ ὄχλος πολὺς μετὰ μαχαιρῶν κ. ξύλων
51 εἷς τῶν μετὰ Ἰησοῦ . . . ἀπέσπασεν τ. μάχαιραν αὐτοῦ
52 ἀπόστρεψον τ. μάχαιράν σου εἰς τ. τόπον αὐτῆς·
πάντες γὰρ οἱ λαβόντες μάχαιραν ἐν μαχαίρῃ ἀπολοῦνται
55 ὡς ἐπὶ λῃστὴν ἐξήλθατε μετὰ μαχαιρῶν κ. ξύλων
Mk 14 43 μετ' αὐτοῦ ὄχλος μετὰ μαχαιρῶν κ. ξύλων
47 εἷς δέ τις τ. παρεστηκότων σπασάμενος τ μάχαιραν
48 ὡς ἐπὶ λῃστὴν ἐξήλθατε μετὰ μαχαιρῶν κ. ξύλων
Lu 21 24 [1] πεσοῦνται στόματι μαχαίρης
22 36 ὁ μὴ ἔχων . . . ἀγορασάτω μάχαιραν
38 Κύριε ἰδοὺ μάχαιραι ὧδε δύο
49 Κύριε εἰ πατάξομεν ἐν μαχαίρῃ
52 ὡς ἐπὶ λῃστὴν ἐξήλθατε μετὰ μαχαιρῶν κ. ξύλων;
Jo 18 10 Σίμων οὖν Πέτρος ἔχων μάχαιραν εἵλκυσεν αὐτήν
11 βάλε τ. μάχαιραν εἰς τ. θήκην
Ac 12 2 ἀνεῖλεν δὲ Ἰάκωβον τ. ἀδελφὸν Ἰωάνου μαχαίρῃ
16 27 σπασάμενος τ. μάχαιραν ἤμελλεν ἑαυτὸν ἀναιρεῖν
Ro 8 35 τίς ἡμᾶς χωρίσει . . . κίνδυνος ἢ μάχαιρα;
13 4 οὐ γὰρ εἰκῇ τ. μάχαιραν φορεῖ
Eph 6 17 [2] τ. μάχαιραν τ. πνεύματος ὅ ἐστιν ῥῆμα Θεοῦ
He 4 12 τομώτερος ὑπὲρ πᾶσαν μάχαιραν δίστομον
11 34 [1] ἔφυγον στόματα μαχαίρης
37 ἐν φόνῳ μαχαίρης ἀπέθανον
Re 6 4 ἐδόθη αὐτῷ μάχαιρα μεγάλη
13 10 εἴ τις ἐν μαχαίρῃ ἀποκτενεῖ δεῖ αὐτὸν ἐν μαχαίρῃ ἀποκτανθῆναι
14 ὃς ἔχει τ. πληγὴν τ. μαχαίρης κ. ἔζησεν

ΜΆΧΗ 3163

II Co 7 5 ἔξωθεν μάχαι ἔσωθεν φόβοι
II Ti 2 23 εἰδὼς ὅτι γεννῶσιν μάχας
Tit 3 9 μάχας νομικὰς περιΐστασο
Ja 4 1 πόθεν πόλεμοι κ. πόθεν μάχαι ἐν ὑμῖν;

ΜΆΧΟΜΑΙ 3164

Jo 6 52 ἐμάχοντο οὖν πρὸς ἀλλήλους οἱ Ἰουδαῖοι
Ac 7 26 τ. τε ἐπιούσῃ ἡμέρᾳ ὤφθη αὐτοῖς μαχομένοις
II Ti 2 24 δοῦλον δὲ Κυρίου οὐ δεῖ μάχεσθαι
Ja 4 2 μάχεσθε κ. πολεμεῖτε

ΜΕΓΑΛΕΙ͂ΟΣ 3167

Ac 2 11 ἀκούομεν λαλούντων αὐτῶν τ. ἡμετέραις γλώσσαις τὰ μεγαλεῖα τ. Θεοῦ

ΜΕΓΑΛΕΙΌΤΗΣ 3168

Lu 9 43 ἐξεπλήσσοντο δὲ πάντες ἐπὶ τ. μεγαλειότητι τ. Θεοῦ
Ac 19 27 μέλλειν τε κ. καθαιρεῖσθαι τ. μεγαλειότητος αὐτῆς
II Pe 1 16 ἐπόπται γενηθέντες τῆς ἐκείνου μεγαλειότητος

ΜΕΓΑΛΟΠΡΕΠΗΉΣ 3169

II Pe 1 17 φωνῆς ἐνεχθείσης αὐτῷ τοιᾶσδε ὑπὸ τ. μεγαλοπρεποῦς δόξης

ΜΕΓΑΛΎΝΩ 3170

Mt 23 5 μεγαλύνουσιν τὰ κράσπεδα
Lu 1 46 μεγαλύνει ἡ ψυχή μου τ. Κυριον
58 ἐμεγάλυνεν Κύριος τὸ ἔλεος αὐτοῦ μετ' αὐτῆς

Ac 5 13 ἀλλ' ἐμεγάλυνεν αὐτοὺς ὁ λαός
10 46 ἤκουον γὰρ αὐτῶν . . μεγαλυνόντων τ. Θεόν
19 17 ἐμεγαλύνετο τὸ ὄνομα τ. Κυρίου Ἰησοῦ
II Co 10 15 ἐν ὑμῖν μεγαλυνθῆναι κατὰ τ. κανόνα ἡμῶν εἰς περισσείαν
Phl 1 20 μεγαλυνθήσεται Χριστὸς ἐν τ. σώματί μου

ΜΕΓΑ'ΛΩΣ 3171

Phl 4 10 ἐχάρην δὲ ἐν Κυρίῳ μεγάλως

ΜΕΓΑΛΩΣΥ'ΝΗ 3172

He 1 3 ἐκάθισεν ἐν δεξιᾷ τ. μεγαλωσύνης ἐν ὑψηλοῖς
8 1 ὃς ἐκάθισεν ἐν δεξιᾷ τ. θρόνου τ. μεγαλωσύνης ἐν τ. οὐρανοῖς
Ju 25 μόνῳ Θεῷ σωτῆρι ἡμῶν . . . δόξα μεγαλωσύνη

ΜΕ'ΓΑΣ 3173

(1) φωνὴ μεγάλη (2) μέγας . . . μικρός, ὀλίγος (3) οὐ μέγα

Mt 2 10 ἐχάρησαν χαρὰν μεγάλην σφόδρα
4 16 ὁ λαὸς ὁ καθήμενος ἐν σκοτίᾳ φῶς εἶδεν μέγα
הָעָם הַהֹלְכִים בַּחֹשֶׁךְ רָאוּ אוֹר גָּדוֹל, Is. ix. 1
5 19 οὗτος μέγας κληθήσεται ἐν τ. βασιλείᾳ τ. οὐρανῶν
35 ὅτι πόλις ἐστὶν τ. μεγάλου βασιλέως
7 27 ἦν ἡ πτῶσις αὐτῆς μεγάλη
8 24 σεισμὸς μέγας ἐγένετο ἐν τ. θαλάσσῃ
26 ἐγένετο γαλήνη μεγάλη
15 28 ὦ γύναι μεγάλη σου ἡ πίστις
20 25 οἱ μεγάλοι κατεξουσιάζουσιν αὐτῶν
26 ὃς ἂν θέλῃ ἐν ὑμῖν μέγας γενέσθαι
μέγ. ἐν ὑμ., WH mg.
22 36 ποία ἐντολὴ μεγάλη ἐν τ. νόμῳ;
38 αὕτη ἐστὶν ἡ μεγάλη κ. πρώτη ἐντολή
24 21 ἔσται γὰρ τότε θλίψις μεγάλη
24 δώσουσιν σημεῖα μεγάλα κ. τέρατα
31 ἀποστελεῖ τ. ἀγγέλους αὐτοῦ μετὰ σάλπιγγος μεγάλης
27 46 [1] ἐβόησεν ὁ Ἰησοῦς φωνῇ μεγάλῃ
50 [1] ὁ δὲ Ἰησοῦς πάλιν κράξας φωνῇ μεγάλῃ
60 προσκυλίσας λίθον μέγαν τ. θύρᾳ τ. μνημείου
28 2 ἰδοὺ σεισμὸς ἐγένετο μέγας
8 ἀπελθοῦσαι ταχὺ ἀπὸ τ. μνημειου μετὰ φόβου κ. χαρᾶς μεγάλης
Mk 1 26 [1] φωνῆσαν φωνῇ μεγάλῃ ἐξῆλθεν ἐξ αὐτοῦ
4 32 ποιεῖ κλάδους μεγάλους
37 γίνεται λαῖλαψ μεγάλη ἀνέμου
39 ἐγένετο γαλήνη μεγάλη
41 ἐφοβήθησαν φόβον μέγαν
5 7 [1] κράξας φωνῇ μεγάλῃ λέγει
11 ἦν δὲ ἐκεῖ πρὸς τ. ὄρει ἀγέλη χοίρων μεγάλη βοσκομένη
42 ἐξέστησαν εὐθὺς ἐκστάσει μεγάλῃ
10 42 οἱ μεγάλοι αὐτῶν κατεξουσιάζουσιν αὐτῶν
43 ὃς ἂν θέλῃ μέγας γενέσθαι ἐν ὑμῖν
13 2 βλέπεις ταύτας τ. μεγάλας οἰκοδομάς;
14 15 αὐτὸς ὑμῖν δείξει ἀνάγαιον μέγα ἐστρωμένον ἕτοιμον
Mk 15 34 [1] ἐβόησεν ὁ Ἰησοῦς φωνῇ μεγάλῃ
37 [1] ὁ δὲ Ἰησοῦς ἀφεὶς φωνὴν μεγάλην ἐξέπνευσεν
16 4 ἦν γὰρ μέγας σφόδρα
Lu 1 15 ἔσται γὰρ μέγας ἐνώπιον Κυρίου
32 οὗτος ἔσται μέγας
42 ἀνεφώνησεν κραυγῇ μεγάλῃ
49 ὅτι ἐποίησέν μοι μεγάλα ὁ δυνατός
2 9 ἐφοβήθησαν φόβον μέγαν
10 εὐαγγελίζομαι ὑμῖν χαρὰν μεγάλην
4 25 ὡς ἐγένετο λιμὸς μέγας ἐπὶ πᾶσαν τ. γῆν
33 [1] ἀνέκραξεν φωνῇ μεγάλῃ
38 πενθερὰ δὲ τ. Σίμωνος ἦν συνεχομένη πυρετῷ μεγάλῳ
5 29 ἐποίησεν δοχὴν μεγάλην Λευεὶς αὐτῷ
6 49 ἐγένετο τὸ ῥῆγμα τ. οἰκίας ἐκείνης μέγα
7 16 προφήτης μέγας ἠγέρθη ἐν ἡμῖν
8 28 [1] προσέπεσεν αὐτῷ κ. φωνῇ μεγάλῃ εἶπεν
37 ὅτι φόβῳ μεγάλῳ συνείχοντο
9 48 ὁ γὰρ μικρότερος ἐν πᾶσιν ὑμῖν ὑπάρχων οὗτός ἐστιν μέγας
14 16 ἄνθρωπός τις ἐποίει δεῖπνον μέγα
16 26 μεταξὺ ἡμῶν κ. ὑμῶν χάσμα μέγα ἐστήρικται
17 15 [1] ὑπέστρεψεν μετὰ φωνῆς μεγάλης δοξάζων τ. Θεόν
19 37 [1] ἤρξαντο . . . αἰνεῖν τ. Θεὸν φωνῇ μεγάλῃ
21 11 σεισμοί τε μεγάλοι . . . ἔσονται, φόβηθρά τε κ. ἀπ' οὐρανοῦ σημεῖα μεγάλα ἔσται
σημ. ἀπ' οὐρ. μεγ., T; σημ. μεγ. ἀπ' οὐρ., WH mg.
23 ἔσται γὰρ ἀνάγκη μεγάλη ἐπὶ τ. γῆς
22 12 κἀκεῖνος ὑμῖν δείξει ἀνάγαιον μέγα ἐστρωμένον
23 23 [1] οἱ δὲ ἐπέκειντο φωναῖς μεγάλαις
46 [1] φωνήσας φωνῇ μεγάλῃ ὁ Ἰησοῦς εἶπεν
24 52 ὑπέστρεψαν εἰς Ἰερουσαλὴμ μετὰ χαρᾶς μεγάλης
Jo 6 18 ἥ τε θάλασσα ἀνέμου μεγάλου πνέοντος διεγείρετο
7 37 ἐν δὲ τ. ἐσχάτῃ ἡμέρᾳ τ. μεγάλῃ τ. ἑορτῆς
11 43 [1] ταῦτα εἰπὼν φωνῇ μεγάλῃ ἐκραύγασεν
19 31 ἦν γὰρ μεγάλη ἡ ἡμέρα ἐκείνου τ. σαββάτου
21 11 εἵλκυσεν τὸ δίκτυον εἰς τ. γῆν μεστὸν ἰχθύων μεγάλων
Ac 2 20 πρὶν ἐλθεῖν ἡμέραν Κυρίου τ. μεγάλην
לִפְנֵי בּוֹא יוֹם יְהוָה הַגָּדוֹל, Joel iii. 4
43 φόβος τε ἦν μέγας ἐπὶ πάντας
—h. v., WHR non mg.
4 33 δυνάμει μεγάλῃ ἀπεδίδουν τὸ μαρτύριον
33 χάρις τε μεγάλη ἦν ἐπὶ πάντας αὐτούς
5 5 ἐγένετο φόβος μέγας ἐπὶ πάντας τ. ἀκούοντας
11 ἐγένετο φόβος μέγας ἐφ' ὅλην τ. ἐκκλησίαν
6 8 Στέφανος δὲ . . . ἐποίει τέρατα κ. σημεῖα μεγάλα ἐν τ. λαῷ
7 11 ἦλθεν δὲ λιμὸς . . . κ. θλίψις μεγάλη
57 [1] κράξαντες δὲ φωνῇ μεγάλῃ
60 [1] θεὶς δὲ τὰ γόνατα ἔκραξεν φωνῇ μεγάλῃ
8 1 ἐγένετο δὲ ἐν ἐκείνῃ τ. ἡμέρᾳ διωγμὸς μέγας
2 ἐποίησαν κοπετὸν μέγαν ἐπ' αὐτῷ
7 [1] βοῶντα φωνῇ μεγάλῃ ἐξήρχοντο
9 λέγων εἶναί τινα ἑαυτὸν μέγαν·
10 [2] ᾧ προσεῖχον πάντες ἀπὸ μικροῦ ἕως μεγάλου λέγοντες,

Ac 8 *10* οὗτός ἐστιν ἡ Δύναμις τ. Θεοῦ ἡ καλουμένη Μεγάλη
δύν. . . . μεγ., T
13 θεωρῶν τε σημεῖα κ. δυνάμεις μεγάλας γινομένας
10 11 θεωρεῖ . . . καταβαῖνον σκεῦός τι ὡς ὀθόνην μεγάλην
11 5 εἶδον . . . καταβαῖνον σκεῦός τι ὡς ὀθόνην μεγάλην
28 ἐσήμαινεν διὰ τ. πνεύματος λιμὸν μεγάλην μέλλειν ἔσεσθαι
14 10 [1] εἶπεν μεγάλῃ φωνῇ
15 3 ἐποίουν χαρὰν μεγάλην πᾶσι τ. ἀδελφοῖς
16 26 ἄφνω δὲ σεισμὸς ἐγένετο μέγας
28 [1] ἐφώνησεν δὲ Παῦλος μεγάλῃ φωνῇ
φ. μεγ. Π., T
19 27 τὸ τ. μεγάλης θεᾶς Ἀρτέμιδος ἱερόν
28 ἔκραζον λέγοντες Μεγάλη ἡ Ἄρτεμις Ἐφεσίων
34 κραζόντων Μεγάλη ἡ Ἄρτεμις Ἐφεσίων
+ Μεγάλη ἡ Ἄρτεμις Ἐφεσίων, WH mg.
35 νεωκόρον οὖσαν τ. μεγάλης Ἀρτέμιδος
23 9 ἐγένετο δὲ κραυγὴ μεγάλη
26 22 [2] μαρτυρόμενος μικρῷ τε κ. μεγάλῳ
24 [1] ὁ Φῆστος μεγάλῃ τῇ φωνῇ φησίν
29 [2] κ. ἐν ὀλίγῳ κ. ἐν μεγάλῳ οὐ μόνον σε
Ro 9 2 ὅτι λύπη μοί ἐστιν μεγάλη
I Co 9 11 μέγα εἰ ἡμεῖς ὑμῶν τὰ σαρκικὰ θερίσομεν;
16 9 θύρα γάρ μοι ἀνέῳγεν μεγάλη κ. ἐνεργής
II Co 11 15 [3] οὐ μέγα οὖν εἰ κ. οἱ διάκονοι αὐτοῦ μετασχηματίζονται
Eph 5 32 τὸ μυστήριον τοῦτο μέγα ἐστίν
I Ti 3 16 ὁμολογουμένως μέγα ἐστὶν τὸ τ. εὐσεβείας μυστήριον
6 6 ἔστιν δὲ πορισμὸς μέγας ἡ εὐσέβεια μετὰ αὐταρκείας
II Ti 2 20 ἐν μεγάλῃ δὲ οἰκίᾳ οὐκ ἔστιν μόνον σκεύη χρυσᾶ
Tit 2 13 προσδεχόμενοι τὴν . . . ἐπιφάνειαν τ. δόξης τ. μεγάλου Θεοῦ
He 4 14 ἔχοντες οὖν ἀρχιερέα μέγαν
8 11 [2] πάντες εἰδήσουσίν με ἀπὸ μικροῦ ἕως μεγάλου αὐτῶν
כּוּלָּם יֵדְעוּ אוֹתִי לְמִקְּטַנָּם וְעַד־גְּדוֹלָם, Jer. xxxi. 34
10 21 ἔχοντες οὖν . . . ἱερέα μέγαν ἐπὶ τ. οἶκον τ. Θεοῦ
35 ἥτις ἔχει μεγάλην μισθαποδοσίαν
11 24 πίστει Μωυσῆς μέγας γενόμενος ἠρνήσατο
13 20 ὁ ἀναγαγὼν ἐκ νεκρῶν τ. ποιμένα τ. προβάτων τ. μέγαν
Ja 3 5 [2] ἡ γλῶσσα μικρὸν μέλος ἐστὶν κ. μεγάλα αὐχεῖ
Ju 6 εἰς κρίσιν μεγάλης ἡμέρας . . . τετήρηκεν
Re 1 10 [1] ἤκουσα ὀπίσω μου φωνὴν μεγάλην ὡς σάλπιγγος
φων. μεγ. ὄπισθέν μου, WH mg.
2 22 βάλλω . . . τ. μοιχεύοντας μετ' αὐτῆς εἰς θλῖψιν μεγάλην
5 2 [1] εἶδον ἄγγελον ἰσχυρὸν κηρύσσοντα ἐν φωνῇ μεγάλῃ
12 [1] χιλιάδες χιλιάδων λέγοντες φωνῇ μεγάλῃ
6 4 ἐδόθη αὐτῷ μάχαιρα μεγάλη
10 [1] ἔκραξαν φωνῇ μεγάλῃ λέγοντες

Re 6 12 σεισμὸς μέγας ἐγένετο
13 ὡς συκῆ . . . ὑπὸ ἀνέμου μεγάλου σειομένη
17 ἦλθεν ἡ ἡμέρα ἡ μεγάλη τ. ὀργῆς αὐτῶν
7 2 [1] ἔκραξεν φωνῇ μεγάλῃ τ. τέσσαρσιν ἀγγέλοις
10 [1] κράζουσιν φωνῇ μεγάλῃ λέγοντες
14 οὗτοί εἰσιν οἱ ἐρχόμενοι ἐκ τ. θλίψεως τ. μεγάλης
8 8 ὡς ὄρος μέγα πυρὶ καιόμενον ἐβλήθη εἰς τ. θάλασσαν
10 ἔπεσεν ἐκ τ. οὐρανοῦ ἀστὴρ μέγας
13 [1] ἤκουσα ἑνὸς ἀετοῦ . . . λέγοντος φωνῇ μεγάλῃ
9 2 ἀνέβη καπνὸς . . . ὡς καπνὸς καμίνου μεγάλης
14 λῦσον . . . τ. δεδεμένους ἐπὶ τ. ποταμῷ τ. μεγάλῳ Εὐφράτῃ
10 3 [1] ἔκραξεν φωνῇ μεγάλῃ ὥσπερ λέων μυκᾶται
11 8 τὸ πτῶμα αὐτῶν ἐπὶ τ. πλατείας τ. πόλεως τ. μεγάλης
11 φόβος μέγας ἐπέπεσεν ἐπὶ τ. θεωροῦντας αὐτούς
12 [1] ἤκουσαν φωνῆς μεγάλης ἐκ τ. οὐρανοῦ
φωνὴν μεγάλην, TWH mg.
13 ἐν ἐκείνῃ τ. ὥρᾳ ἐγένετο σεισμὸς μέγας
15 [1] ἐγένοντο φωναὶ μεγάλαι ἐν τ. οὐρανῷ
17 ὅτι εἴληφες τ. δύναμίν σου τ. μεγάλην
18 [2] δοῦναι τ. μισθὸν . . . τ. μικροὺς κ. τ. μεγάλους
τ. μικροῖς κ. τ. μεγάλοις, T
19 ἐγένοντο . . . σεισμὸς κ. χάλαζα μεγάλη.
12 *1* κ. σημεῖον μέγα ὤφθη ἐν τ. οὐρανῷ
3 ἰδοὺ δράκων μέγας πυρρός
πυρρ. μέγ., TWH mg. R
9 ἐβλήθη ὁ δράκων ὁ μέγας
10 [1] ἤκουσα φωνὴν μεγάλην ἐν τ. οὐρανῷ λέγουσαν
12 κατέβη ὁ διάβολος πρὸς ὑμᾶς ἔχων θυμὸν μέγαν
14 ἐδόθησαν τ. γυναικὶ αἱ δύο πτέρυγες τ. ἀετοῦ τ. μεγάλου
13 2 ἔδωκεν αὐτῷ ὁ δράκων . . . ἐξουσίαν μεγάλην
5 ἐδόθη αὐτῷ στόμα λαλοῦν μεγάλα
13 ποιεῖ σημεῖα μεγάλα
16 [2] ποιεῖ πάντας τ. μικροὺς κ. τ. μεγάλους
14 2 ἤκουσα φωνὴν . . . ὡς φωνὴν βροντῆς μεγάλης
7 [1] λέγων ἐν φωνῇ μεγάλῃ
8 ἔπεσεν ἔπεσεν Βαβυλὼν ἡ μεγάλη
9 [1] λέγων ἐν φωνῇ μεγάλῃ
15 [1] κράζων ἐν φωνῇ μεγάλῃ τ. καθημένῳ ἐπὶ τ. νεφέλης
18 [1] ἐφώνησεν φωνῇ μεγάλῃ τ. ἔχοντι τὸ δρέπανον
19 ἔβαλεν εἰς τὴν ληνὸν τ. θυμοῦ τ. Θεοῦ τὸν μέγαν
15 1 εἶδον ἄλλο σημεῖον ἐν τ. οὐρανῷ μέγα κ. θαυμαστόν
3 μεγάλα κ. θαυμαστὰ τὰ ἔργα σου
16 1 [1] ἤκουσα μεγάλης φωνῆς ἐκ τ. ναοῦ
9 ἐκαυματίσθησαν οἱ ἄνθρωποι καῦμα μέγα
12 ἐξέχεεν τ. φιάλην αὐτοῦ ἐπὶ τ. ποταμὸν τ. μέγαν τ. Εὐφράτην
14 εἰς πόλεμον τ. ἡμέρας τ. μεγάλης τ. Θεοῦ
τ. μεγ. ἡμ., WH mg.
17 [1] ἐξῆλθεν φωνὴ μεγάλη ἐκ τ. ναοῦ
18 σεισμὸς ἐγένετο μέγας
18 τηλικοῦτος σεισμὸς οὕτως μέγας.

Re 16 19 κ. ἐγένετο ἡ πόλις ἡ μεγάλη εἰς τρία μέρη
19 Βαβυλὼν ἡ μεγάλη ἐμνήσθη ἐνώπιον τ. Θεοῦ
21 χάλαζα μεγάλη ὡς ταλαντιαία καταβαίνει
21 ὅτι μεγάλη ἐστὶν ἡ πληγὴ αὐτῆς σφόδρα
17 1 δείξω σοι τὸ κρίμα τ. πόρνης τ. μεγάλης
5 μυστήριον Βαβυλὼν ἡ μεγάλη
6 ἐθαύμασα ἰδὼν αὐτὴν θαῦμα μέγα
18 ἡ γυνὴ ἣν εἶδες ἐστὶν ἡ πόλις ἡ μεγάλη
18 1 εἶδον ἄλλον ἄγγελον . . . ἔχοντα ἐξουσίαν μεγάλην
2 ἔπεσεν ἔπεσεν Βαβυλὼν ἡ μεγάλη
10 οὐαὶ οὐαὶ ἡ πόλις ἡ μεγάλη Βαβυλὼν
16 οὐαὶ οὐαὶ ἡ πόλις ἡ μεγάλη
18 τίς ὁμοία τ. πόλει τ. μεγάλῃ;
19 οὐαὶ οὐαὶ ἡ πόλις ἡ μεγάλη
21 ἦρεν εἷς ἄγγελος ἰσχυρὸς λίθον ὡς μύλινον μέγαν
21 βληθήσεται Βαβυλὼν ἡ μεγάλη πόλις
19 1 [1] ἤκουσα ὡς φωνὴν μεγάλην ὄχλου πολλοῦ
2 ὅτι ἔκρινεν τ. πόρνην τ. μεγάλην
5 [2] οἱ φοβούμενοι αὐτὸν οἱ μικροὶ κ. οἱ μεγάλοι
17 [1] ἔκραξεν ἐν φωνῇ μεγάλῃ
17 συνάχθητε εἰς τὸ δεῖπνον τὸ μέγα τ. Θεοῦ
18 [2] ἵνα φάγητε σάρκας . . . μικρῶν κ. μεγάλων
20 1 εἶδον . . . ἅλυσιν μεγάλην ἐπὶ τ. χεῖρα αὐτοῦ
11 εἶδον θρόνον μέγαν λευκόν
12 [2] εἶδον τ. νεκροὺς τ. μεγάλους κ. τ. μικρούς
21 3 [1] ἤκουσα φωνῆς μεγάλης ἐκ τ. θρόνου
10 ἀπήνεγκέν με ἐν πνεύματι ἐπὶ ὄρος μέγα κ. ὑψηλόν
12 ἔχουσα τεῖχος μέγα κ. ὑψηλόν

ΜΕΓΕΘΟΣ 3174

Eph 1 19 τί τὸ ὑπερβάλλον μέγεθος τ. δυνάμεως αὐτοῦ

ΜΕΓΙΣΤΑΝ † 3175

Mk 6 21 ὅτε Ἡρῴδης τ. γενεσίοις αὐτοῦ δεῖπνον ἐποίησεν τ. μεγιστᾶσιν αὐτοῦ
Re 6 15 οἱ βασιλεῖς τ. γῆς κ. οἱ μεγιστᾶνες . . . ἔκρυψαν ἑαυτοὺς
18 23 οἱ ἔμποροί σου ἦσαν οἱ μεγιστᾶνες τ. γῆς

ΜΕΓΙΣΤΟΣ 3176

II Pe 1 4 δι' ὧν τὰ τίμια κ. μέγιστα ἡμῖν ἐπαγγέλματα δεδώρηται
τὰ τίμ. ἡμ. κ. μέγ., TWH mg.

ΜΕΘΕΡΜΗΝΕΥΟΜΑΙ ** 3177

Mt 1 23 Ἐμμανουὴλ ὅ ἐστιν μεθερμηνευόμενον Μεθ' ἡμῶν ὁ Θεός
Mk 5 41 Ταλειθὰ κοὺμ ὅ ἐστιν μεθερμηνευόμενον Τὸ κοράσιον . . . ἔγειρε
15 22 τ. Γολγοθὰν τόπον ὅ ἐστιν μεθερμηνευόμενος Κρανίου Τόπον
μεθερμηνευόμενον, TWH mg.
34 ἐλωὶ ἐλωὶ λαμὰ σαβαχθανεὶ ὅ ἐστιν μεθερμηνευόμενον
Jo 1 38 ῥαββεὶ ὃ λέγεται μεθερμηνευόμενον Διδάσκαλε
ἑρμηνευόμενον, T
41 τ. Μεσσίαν ὅ ἐστιν μεθερμηνευόμενον Χριστός
Ac 4 36 Βαρνάβας . . . ὅ ἐστιν μεθερμηνευόμενον Υἱὸς Παρακλήσεως
13 8 οὕτως γὰρ μεθερμηνεύεται τὸ ὄνομα αὐτοῦ

ΜΕΘΗ 3178

Lu 21 34 μήποτε βαρηθῶσιν . . . μέθῃ κ. μερίμναις βιωτικαῖς
Ro 13 13 εὐσχημόνως περιπατήσωμεν μὴ κώμοις κ. μέθαις
Ga 5 21 φθόνοι μέθαι κῶμοι

ΜΕΘΙΣΤΗΜΙ, ΜΕΘΙΣΤΑΝΩ 3179

Lu 16 4 ὅταν μετασταθῶ ἐκ τ. οἰκονομίας
Ac 13 22 μεταστήσας αὐτὸν ἤγειρεν τ. Δαυεὶδ αὐτοῖς
19 26 οὗτος πείσας μετέστησεν ἱκανὸν ὄχλον
I Co 13 2 ὥστε ὄρη μεθιστάνειν
μεθιστάναι, T
Col 1 13 μετέστησεν εἰς τ. βασιλείαν τ. υἱοῦ τ. ἀγάπης αὐτοῦ

ΜΕΘΟΔΙΑ * † 3180

Eph 4 14 ἐν πανουργίᾳ πρὸς τ. μεθοδίαν τ. πλάνης
6 11 πρὸς τὸ δύνασθαι ὑμᾶς στῆναι πρὸς τ. μεθοδίας τ. διαβόλου

ΜΕΘΥΣΚΟΜΑΙ 3182

Lu 12 45 ἄρξηται . . . ἐσθίειν τε κ. πίνειν κ. μεθύσκεσθαι
Eph 5 18 μὴ μεθύσκεσθε οἴνῳ ἐν ᾧ ἐστὶν ἀσωτία
I Th 5 7 οἱ μεθυσκόμενοι νυκτὸς μεθύουσιν

ΜΕΘΥΣΟΣ 3183

I Co 5 11 ἐάν τις ἀδελφὸς ὀνομαζόμενος ᾖ . . . λοίδορος ἢ μέθυσος
6 10 οὐ μέθυσοι οὐ λοίδοροι . . . βασιλείαν Θεοῦ κληρονομήσουσιν

ΜΕΘΥΩ 3184

Mt 24 49 ἐσθίῃ δὲ κ. πίνῃ μετὰ τ. μεθυόντων
Jo 2 10 ὅταν μεθυσθῶσιν τὸν ἐλάσσω
Ac 2 15 οὐ γὰρ ὡς ὑμεῖς ὑπολαμβάνετε οὗτοι μεθύουσιν
I Co 11 21 ὃς μὲν πεινᾷ ὃς δὲ μεθύει
I Th 5 7 οἱ μεθυσκόμενοι νυκτὸς μεθύουσιν
Re 17 2 ἐμεθύσθησαν οἱ κατοικοῦντες τ. γῆν ἐκ τ. οἴνου τ. πορνείας αὐτῆς
6 εἶδον τ. γυναῖκα μεθύουσαν ἐκ τ. αἵματος τ. ἁγίων

ΜΕΙΖΩΝ 3187

(1) μεῖζον, *adv.* (2) μείζων . . . μικρότερος, ἐλάσσων, νεώτερος (3) μειζότερος

Mt 11 11 οὐκ ἐγήγερται ἐν γεννητοῖς γυναικῶν μείζων Ἰωάνου τ. βαπτιστοῦ·
[2] ὁ δὲ μικρότερος ἐν τ. βασιλείᾳ τ. οὐρανῶν μείζων αὐτοῦ ἐστίν
12 6 τ. ἱεροῦ μεῖζόν ἐστιν ὧδε
13 32 ὅταν δὲ αὐξηθῇ μεῖζον τ. λαχάνων ἐστίν
18 1 τίς ἄρα μείζων ἐστὶν ἐν τ. βασιλείᾳ τ. οὐρανῶν;
4 οὗτός ἐστιν ὁ μείζων ἐν τ. βασιλείᾳ τ. οὐρανῶν
20 31 [1] οἱ δὲ μεῖζον ἔκραξαν λέγοντες
23 11 ὁ δὲ μείζων ὑμῶν ἔσται ὑμῶν διάκονος
17 τίς γὰρ μείζων ἐστὶν ὁ χρυσὸς ἢ ὁ ναός
19 τί γὰρ μεῖζον τὸ δῶρον ἢ τὸ θυσιαστήριον

Mk 4 32 γίνεται μεῖζον πάντων τ. λαχάνων
9 34 πρὸς ἀλλήλους γὰρ διελέχθησαν ἐν τῇ ὁδῷ τίς μείζων
12 31 μείζων τούτων ἄλλη ἐντολὴ οὐκ ἔστιν
Lu 7 28 μείζων ἐν γεννητοῖς γυναικῶν Ἰωάνου οὐδείς ἐστιν·
[2] ὁ δὲ μικρότερος ἐν τ. βασιλείᾳ τ. Θεοῦ μείζων αὐτοῦ ἐστίν
9 46 τὸ τίς ἂν εἴη μείζων αὐτῶν
12 18 καθελῶ μου τ. ἀποθήκας κ. μείζονας οἰκοδομήσω
22 24 τὸ τίς αὐτῶν δοκεῖ εἶναι μείζων
26 [2] ὁ μείζων ἐν ὑμῖν γινέσθω ὡς ὁ νεώτερος
27 τίς γὰρ μείζων ὁ ἀνακείμενος ἢ ὁ διακονῶν;
Jo 1 51 μείζω τούτων ὄψῃ
4 12 μὴ σὺ μείζων εἶ τ. πατρὸς ἡμῶν Ἰακώβ
5 20 μείζονα τούτων δείξει αὐτῷ ἔργα
36 ἐγὼ δὲ ἔχω τ. μαρτυρίαν μείζω τ. Ἰωάνου
8 53 μὴ σὺ μείζων εἶ τ. πατρὸς ἡμῶν Ἀβραάμ
10 29 ὁ πατήρ μου ὃ δέδωκέν μοι πάντων μεῖζόν ἐστιν
ὃς . . . μείζων, WH mg. R non mg.
13 16 οὐκ ἔστιν δοῦλος μείζων τ. κυρίου αὐτοῦ, οὐδὲ ἀπόστολος μείζων τ. πέμψαντος αὐτόν
14 12 κ. μείζονα τούτων ποιήσει
28 ὅτι ὁ πατὴρ μείζων μου ἐστίν
15 13 μείζονα ταύτης ἀγάπην οὐδεὶς ἔχει
20 οὐκ ἔστιν δοῦλος μείζων τ. κυρίου αὐτοῦ
19 11 ὁ παραδούς μέ σοι μείζονα ἁμαρτίαν ἔχει
Ro 9 12 [2] ὁ μείζων δουλεύσει τ. ἐλάσσονι
רַב יַעֲבֹד צָעִיר, Gen. xxv. 23
I Co 12 31 ζηλοῦτε δὲ τὰ χαρίσματα τὰ μείζονα
13 13 μείζων δὲ τούτων ἡ ἀγάπη
14 5 μείζων δὲ ὁ προφητεύων ἢ ὁ λαλῶν γλώσσαις
He 6 13 ἐπεὶ κατ' οὐδενὸς μείζονος εἶχεν ὀμόσαι
16 ἄνθρωποι γὰρ κατὰ τ. μείζονος ὀμνύουσιν
9 11 διὰ τ. μείζονος κ. τελειοτέρας σκηνῆς
11 26 μείζονα πλοῦτον ἡγησάμενος τῶν Αἰγύπτου θησαυρῶν
Ja 3 1 εἰδότες ὅτι μεῖζον κρίμα λημψόμεθα
4 6 μείζονα δὲ δίδωσιν χάριν
II Pe 2 11 ἄγγελοι ἰσχύϊ κ. δυνάμει μείζονες ὄντες
I Jo 3 20 μείζων ἐστὶν ὁ Θεὸς τ. καρδίας ἡμῶν
4 4 μείζων ἐστὶν ὁ ἐν ὑμῖν ἢ ὁ ἐν τ. κόσμῳ
5 9 ἡ μαρτυρία τ. Θεοῦ μείζων ἐστίν
III Jo 4 [3] μειζοτέραν τούτων οὐκ ἔχω χάριν

ΜΕ΄ΛΑΣ 3188, 3189

Mt 5 36 οὐ δύνασαι μίαν τρίχα λευκὴν ποιῆσαι ἢ μέλαιναν
II Co 3 3 ἐνγεγραμμένη οὐ μέλανι
II Jo 12 οὐκ ἐβουλήθην διὰ χάρτου κ. μέλανος
III Jo 13 οὐ θέλω διὰ μέλανος κ. καλάμου σοι γράφειν
Re 6 5 εἶδον κ. ἰδοὺ ἵππος μέλας
12 ὁ ἥλιος ἐγένετο μέλας ὡς σάκκος τρίχινος
μέλ. ἐγέν., T

ΜΕΛΕΑ΄ 3190

Lu 3 31 τοῦ Ἐλιακεὶμ τοῦ Μελεὰ τοῦ Μεννά

ΜΕ΄ΛΕΙ 3190.5

Mt 22 16 οὐ μέλει σοι περὶ οὐδενός
Mk 4 38 οὐ μέλει σοι ὅτι ἀπολλύμεθα;
12 14 οὐ μέλει σοι περὶ οὐδενός
Lu 10 40 οὐ μέλει σοι ὅτι ἡ ἀδελφή μου μόνην με κατέλειπεν διακονεῖν;
Jo 10 13 οὐ μέλει αὐτῷ περὶ τ. προβάτων
12 6 οὐχ ὅτι περὶ τ. πτωχῶν ἔμελεν αὐτῷ
Ac 18 17 οὐδὲν τούτων τ. Γαλλίωνι ἔμελεν
I Co 7 21 δοῦλος ἐκλήθης; μή σοι μελέτω
9 9 μὴ τ. βοῶν μέλει τῷ Θεῷ;
I Pe 5 7 ὅτι αὐτῷ μέλει περὶ ὑμῶν

ΜΕΛΕΤΑ΄Ω 3191

Ac 4 25 ἵνα τί ἐφρύαξαν ἔθνη κ. λαοὶ ἐμελέτησαν κενά;
לָמָּה רָגְשׁוּ גוֹיִם וּלְאֻמִּים יֶהְגּוּ־רִיק, Ps. ii. 1
I Ti 4 15 ταῦτα μελέτα ἐν τούτοις ἴσθι

ΜΕ΄ΛΙ 3192

Mt 3 4 ἡ δὲ τροφὴ ἦν αὐτοῦ ἀκρίδες κ. μέλι ἄγριον
Mk 1 6 ἔσθων ἀκρίδας κ. μέλι ἄγριον
Re 10 9 ἐν τ. στόματί σου ἔσται γλυκὺ ὡς μέλι
10 ἦν ἐν τ. στόματί μου ὡς μέλι γλυκύ

ΜΕΛΙ΄ΣΣΙΟΣ* † 3193

Lu 24 42 οἱ δὲ ἐπέδωκαν αὐτῷ . . . ἀπὸ μελισσίου κηρίου
—ἀπ. μελ. κηρ., TWH non mg. R non mg.

ΜΕΛΙΤΗ΄ΝΗ, ΜΕΛΙ΄ΤΗ 3194

Ac 28 1 τότε ἐπέγνωμεν ὅτι Μελιτήνη ἡ νῆσος καλεῖται
Μελίτη, TR non mg.

ΜΕ΄ΛΛΩ 3195

(1) ἤμελλον (2) ὁ μέλλων (3) εἰς τὸ μέλλον

Mt 2 13 μέλλει γὰρ Ἡρῴδης ζητεῖν τὸ παιδίον
3 7 [2] τίς ὑπέδειξεν ὑμῖν φυγεῖν ἀπὸ τ. μελλούσης ὀργῆς;
11 14 [2] αὐτός ἐστιν Ἠλείας ὁ μέλλων ἔρχεσθαι
12 32 [2] οὐκ ἀφεθήσεται αὐτῷ οὔτε ἐν τούτῳ τ. αἰῶνι οὔτε ἐν τ. μέλλοντι
16 27 μέλλει γὰρ ὁ υἱὸς τ. ἀνθρώπου ἔρχεσθαι
17 12 οὕτως κ. ὁ υἱὸς τ. ἀνθρώπου μέλλει πάσχειν ὑπ' αὐτῶν
22 μέλλει ὁ υἱὸς τ. ἀνθρώπου παραδίδοσθαι
20 17 μέλλων δὲ ἀναβαίνειν Ἰησοῦς εἰς Ἱεροσόλυμα
κ. ἀναβαίνων ὁ Ἰησ., TWH mg. R.
22 πιεῖν τὸ ποτήριον ὃ ἐγὼ μέλλω πίνειν
24 6 μελλήσετε δὲ ἀκούειν πολέμους κ. ἀκοὰς πολέμων
Mk 10 32 [2] ἤρξατο αὐτοῖς λέγειν τὰ μέλλοντα αὐτῷ συμβαίνειν
13 4 ὅταν μέλλῃ ταῦτα συντελεῖσθαι πάντα
Lu 3 7 [2] τίς ὑπέδειξεν ὑμῖν φυγεῖν ἀπὸ τ. μελλούσης ὀργῆς;
7 2 [1] ἑκατοντάρχου δέ τινος δοῦλος . . . ἤμελλεν τελευτᾶν
9 31 [1] ἣν ἤμελλεν πληροῦν ἐν Ἱερουσαλήμ
44 ὁ γὰρ υἱὸς τ. ἀνθρώπου μέλλει παραδίδοσθαι
10 1 [1] οὗ ἤμελλεν αὐτὸς ἔρχεσθαι
13 9 [2] [3] κἂν μὲν ποιήσῃ καρπὸν εἰς τὸ μέλλον
19 4 [1] ὅτι ἐκείνης ἤμελλεν διέρχεσθαι
11 παραχρῆμα μέλλει ἡ βασιλεία τ. Θεοῦ ἀναφαίνεσθαι

Lu 20 36 οὐδὲ γὰρ ἀποθανεῖν ἔτι μέλλουσιν
δύνανται, TWH non mg. R
21 7 τί τὸ σημεῖον ὅταν μέλλῃ ταῦτα γίνεσθαι;
36 [2] ἐκφυγεῖν ταῦτα πάντα τὰ μέλλοντα γίνεσθαι
22 23 [2] τίς ἄρα εἴη ἐξ αὐτῶν ὁ τοῦτο μέλλων πράσσειν
24 21 [2] αὐτός ἐστιν ὁ μέλλων λυτροῦσθαι τ. Ἰσραήλ
Jo 4 47 [1] ἤμελλεν γὰρ ἀποθνήσκειν
6 6 αὐτὸς γὰρ ᾔδει τί ἔμελλεν ποιεῖν
15 γνοὺς ὅτι μέλλουσιν ἔρχεσθαι κ. ἁρπάζειν
αὐτόν
71 οὗτος γὰρ ἔμελλεν παραδιδόναι αὐτόν
7 35 ποῦ οὗτος μέλλει πορεύεσθαι
μέλλ. οὗτ., T
35 μὴ εἰς τ. διασπορὰν τ. Ἑλλήνων μέλλει
πορεύεσθαι
39 [1] οὗ ἔμελλον λαμβάνειν οἱ πιστεύσαντες
εἰς αὐτόν
ἤμελλον, T
11 51 [1] ἔμελλεν Ἰησοῦς ἀποθνήσκειν ὑπὲρ τ.
ἔθνους
ἤμελλεν, T
12 4 [2] Ἰούδας ὁ Ἰσκαριώτης . . . ὁ μέλλων αὐτὸν
παραδιδόναι
33 [1] σημαίνων ποίῳ θανάτῳ ἤμελλεν ἀποθνή-
σκειν
14 22 τί γέγονεν ὅτι ἡμῖν μέλλεις ἐμφανίζειν
σεαυτόν
18 32 [1] σημαίνων ποίῳ θανάτῳ ἤμελλεν ἀπο-
θνήσκειν
Ac 3 3 ἰδὼν . . . μέλλοντας εἰσιέναι εἰς τὸ ἱερόν
5 35 προσέχετε ἑαυτοῖς . . . τί μέλλετε πράσσειν
11 28 ἐσήμαινεν . . . λιμὸν μεγάλην μέλλειν
ἔσεσθαι
12 6 [1] ὅτε δὲ ἤμελλεν προσαγαγεῖν αὐτὸν ὁ
Ἡρῴδης
13 34 μηκέτι μέλλοντα ὑποστρέφειν εἰς διαφθοράν
16 27 [1] ἤμελλεν ἑαυτὸν ἀναιρεῖν
17 31 ἐν ᾗ μέλλει κρίνειν τ. οἰκουμένην
18 14 μέλλοντος δὲ τ. Παύλου ἀνοίγειν τὸ στόμα
19 27 μέλλειν τε κ. καθαιρεῖσθαι τ. μεγαλειότητος
20 3 γενομένης ἐπιβουλῆς αὐτῷ . . . μέλλοντι
ἀνάγεσθαι εἰς τ. Συρίαν
7 μέλλων ἐξιέναι τῇ ἐπαύριον
13 ἐκεῖθεν μέλλοντες ἀναλαμβάνειν τ. Παῦλον·
οὕτως γὰρ διατεταγμένος ἦν μέλλων αὐτὸς
πεζεύειν
38 οὐκέτι μέλλουσιν τὸ πρόσωπον αὐτοῦ
θεωρεῖν
21 27 ὡς δὲ ἔμελλον αἱ ἑπτὰ ἡμέραι συντελεῖσθαι
37 μέλλων τε εἰσάγεσθαι εἰς τ. παρεμβολήν
22 16 κ. νῦν τί μέλλεις;
26 τί μέλλεις ποιεῖν;
29 [2] ἀπέστησαν ἀπ' αὐτοῦ οἱ μέλλοντες αὐτὸν
ἀνετάζειν
23 3 τύπτειν σε μέλλει ὁ Θεός
15 ὡς μέλλοντας διαγινώσκειν ἀκριβέστερον
20 ὡς μέλλων τι ἀκριβέστερον πυνθάνεσθαι
27 μέλλοντα ἀναιρεῖσθαι ὑπ' αὐτῶν . . .
ἐξειλάμην
24 15 ἐλπίδα ἔχων . . . ἀνάστασιν μέλλειν ἔσεσθαι
25 [2] διαλεγομένου δὲ αὐτοῦ περὶ . . . τ. κρί-
ματος τ. μέλλοντος
25 4 ἑαυτὸν δὲ μέλλειν ἐν τάχει ἐκπορεύεσθαι
26 2 ἐπὶ σοῦ μέλλων σήμερον ἀπολογεῖσθαι
22 [2] ὧν τε οἱ προφῆται ἐλάλησαν μελλόντων
γίνεσθαι

Ac 26 23 φῶς μέλλει καταγγέλλειν τῷ τε λαῷ κ. τ.
ἔθνεσιν
27 2 πλοίῳ Ἀδραμυντηνῷ μέλλοντι πλεῖν εἰς τοὺς
κατὰ τ. Ἀσίαν τόπους
10 μετὰ ὕβρεως . . . μέλλειν ἔσεσθαι τ. πλοῦν
30 ὡς ἐκ πρῴρης ἀγκύρας μελλόντων ἐκτείνειν
33 [1] ἄχρι δὲ οὗ ἡμέρα ἤμελλεν γίνεσθαι
ἔμελλεν, T
28 6 οἱ δὲ προσεδόκων αὐτὸν μέλλειν πίμπρασθαι
Ro 4 24 δι' ἡμᾶς οἷς μέλλει λογίζεσθαι
5 14 [2] ὅς ἐστιν τύπος τ. μέλλοντος
8 13 εἰ γὰρ κατὰ σάρκα ζῆτε μέλλετε ἀπο-
θνήσκειν
18 [2] οὐκ ἄξια . . . πρὸς τ. μέλλουσαν δόξαν
ἀποκαλυφθῆναι
38 [2] οὔτε ἐνεστῶτα οὔτε μέλλοντα
I Co 3 22 [2] εἴτε ἐνεστῶτα εἴτε μέλλοντα
Ga 3 23 [2] συνκλειόμενοι εἰς τ. μέλλουσαν πίστιν
ἀποκαλυφθῆναι
Eph 1 21 [2] παντὸς ὀνόματος ὀνομαζομένου οὐ μόνον
ἐν τ. αἰῶνι τούτῳ ἀλλὰ κ. ἐν τ. μέλλοντι
Col 2 17 [2] ἅ ἐστιν σκιὰ τ. μελλόντων
I Th 3 4 προελέγομεν ὑμῖν ὅτι μέλλομεν θλίβεσθαι
I Ti 1 16 [2] πρὸς ὑποτύπωσιν τ. μελλόντων πιστεύειν
ἐπ' αὐτῷ
4 8 [2] ἐπαγγελίαν ἔχουσα ζωῆς τῆς νῦν κ. τ.
μελλούσης
6 19 [2 3] ἀποθησαυρίζοντας ἑαυτοῖς θεμέλιον καλὸν
εἰς τὸ μέλλον
II Ti 4 1 [2] Χριστοῦ Ἰησοῦ τ. μέλλοντος κρίνειν ζῶντας
κ. νεκρούς
He 1 14 [2] εἰς διακονίαν ἀποστελλόμενα διὰ τ. μέλ-
λοντας κληρονομεῖν σωτηρίαν
2 5 [2] οὐ γὰρ ἀγγέλοις ὑπέταξεν τ. οἰκουμένην
τ. μέλλουσαν
6 5 [2] δυνάμεις τε μέλλοντος αἰῶνος
8 5 καθὼς κεχρημάτισται Μωυσῆς μέλλων ἐπι-
τελεῖν τ. σκηνήν
9 11 [2] παραγενόμενος ἀρχιερεὺς τ. μελλόντων
ἀγαθῶν
γενομένων, WH non mg. R mg.
10 1 [2] σκιὰν γὰρ ἔχων ὁ νόμος τ. μελλόντων
ἀγαθῶν
27 πυρὸς ζῆλος ἐσθίειν μέλλοντος τ. ὑπεναντίους
11 8 [1] ὃν ἤμελλεν λαμβάνειν εἰς κληρονομίαν
20 [2] πίστει κ. περὶ μελλόντων εὐλόγησεν
Ἰσαὰκ τ. Ἰακώβ
13 14 [2] οὐ γὰρ ἔχομεν ὧδε μένουσαν πόλιν ἀλλὰ
τ. μέλλουσαν ἐπιζητοῦμεν
Ja 2 12 ὡς διὰ νόμου ἐλευθερίας μέλλοντες κρίνεσθαι
I Pe 5 1 [2] ὁ κ. τ. μελλούσης ἀποκαλύπτεσθαι δόξης
κοινωνός
II Pe 1 12 διὸ μελλήσω ἀεὶ ὑμᾶς ὑπομιμνήσκειν
2 6 ὑπόδειγμα μελλόντων ἀσεβεῖν τεθεικώς
Re 1 19 ἃ μέλλει γίνεσθαι μετὰ ταῦτα
2 10 μὴ φοβοῦ ἃ μέλλεις πάσχειν.
ἰδοὺ μέλλει βάλλειν ὁ διάβολος ἐξ ὑμῶν
3 2 στήρισον τὰ λοιπὰ ἃ ἔμελλον ἀποθανεῖν
10 [2] τηρήσω ἐκ τ. ὥρας τ. πειρασμοῦ τ. μελ-
λούσης ἔρχεσθαι
16 μέλλω σε ἐμέσαι ἐκ τ. στόματός μου
6 11 [2] οἱ μέλλοντες ἀποκτέννεσθαι ὡς κ. αὐτοί
8 13 [2] ἐκ τ. λοιπῶν φωνῶν τ. σάλπιγγος τ. τριῶν
ἀγγέλων τ. μελλόντων σαλπίζειν
10 4 [1] ὅτε ἐλάλησαν αἱ ἑπτὰ βρονταὶ ἤμελλον
γράφειν

Re 10 7 ὅταν μέλλῃ σαλπίζειν
12 4 ἕστηκεν ἐνώπιον τ. γυναικὸς τ. μελλούσης τεκεῖν
5 ὃς μέλλει ποιμαίνειν πάντα τὰ ἔθνη
17 8 μέλλει ἀναβαίνειν ἐκ τῆς ἀβύσσου

ΜΕ΄ΛΟΣ 3196

(1) μέλ. Χριστοῦ

Mt 5 29 συμφέρει γάρ σοι ἵνα ἀπόληται ἓν τ. μελῶν σου
30 συμφέρει γάρ σοι ἵνα ἀπόληται ἓν τ. μελῶν σου
Ro 6 13 μηδὲ παριστάνετε τὰ μέλη ὑμῶν ὅπλα ἀδικίας τ. ἁμαρτίᾳ
13 κ. τὰ μέλη ὑμῶν ὅπλα δικαιοσύνης τ. Θεῷ
19 παρεστήσατε τὰ μέλη ὑμῶν δοῦλα τ. ἀκαθαρσίᾳ
19 παραστήσατε τὰ μέλη ὑμῶν δοῦλα τ. δικαιοσύνῃ
7 5 τὰ παθήματα τ. ἁμαρτιῶν . . . ἐνηργεῖτο ἐν τ. μέλεσιν ἡμῶν
23 βλέπω δὲ ἕτερον νόμον ἐν τ. μέλεσί μου
23 αἰχμαλωτίζοντά με ἐν τ. νόμῳ τ. ἁμαρτίας τ. ὄντι ἐν τ. μέλεσί μου
12 4 καθάπερ γὰρ ἐν ἑνὶ σώματι πολλὰ μέλη ἔχομεν,
μέλ. πολλ., WH mg.
τὰ δὲ μέλη πάντα οὐ τ. αὐτὴν ἔχει πρᾶξιν
5 τὸ δὲ καθ᾽ εἷς ἀλλήλων μέλη
I Co 6 15 [1] τὰ σώματα ὑμῶν μέλη Χριστοῦ ἐστίν·
[1] ἄρας οὖν τὰ μέλη τ. Χριστοῦ ποιήσω πόρνης μέλη;
12 12 καθάπερ γὰρ τὸ σῶμα . . . μέλη πολλὰ ἔχει, πάντα δὲ τὰ μέλη τ. σώματος πολλὰ ὄντα ἕν ἐστιν σῶμα
14 κ. γὰρ τὸ σῶμα οὐκ ἔστιν ἓν μέλος
18 νῦν δὲ ὁ Θεὸς ἔθετο τὰ μέλη
19 εἰ δὲ ἦν τὰ πάντα ἓν μέλος ποῦ τὸ σῶμα;
20 νῦν δὲ πολλὰ μέλη ἓν δὲ σῶμα
22 τὰ δοκοῦντα μέλη τ. σώματος ἀσθενέστερα ὑπάρχειν
25 ἵνα . . . τὸ αὐτὸ ὑπὲρ ἀλλήλων μεριμνῶσιν τὰ μέλη·
26 κ. εἴτε πάσχει ἓν μέλος συνπάσχει πάντα τὰ μέλη·
εἴτε δοξάζεται μέλος συνχαίρει πάντα τὰ μέλη.
27 [1] ὑμεῖς δέ ἐστε σῶμα Χριστοῦ κ. μέλη ἐκ μέρους
Eph 4 16 κατ᾽ ἐνέργειαν ἐν μέτρῳ ἑκάστου μέλους
μέρους, TWH non mg. R
25 ὅτι ἐσμὲν ἀλλήλων μέλη
5 30 [1] ὅτι μέλη ἐσμὲν τ. σώματος αὐτοῦ
Col 3 5 νεκρώσατε οὖν τὰ μέλη τὰ ἐπὶ τ. γῆς
Ja 3 5 οὕτως κ. ἡ γλῶσσα μικρὸν μέλος ἐστίν
6 ἡ γλῶσσα καθίσταται ἐν τ. μέλεσιν ἡμῶν
4 1 ἐκ τ. ἡδονῶν ὑμῶν τ. στρατευομένων ἐν τ. μέλεσιν ὑμῶν

ΜΕΛΧΕΙ΄ 3197

Lu 3 24 τοῦ Λευεὶ τοῦ Μελχεὶ τοῦ Ἰανναὶ
28 τοῦ Νηρεὶ τοῦ Μελχεὶ τοῦ Ἀδδεὶ

ΜΕΛΧΙΣΕΔΕ΄Κ 3198

He 5 6 σὺ ἱερεὺς εἰς τ. αἰῶνα κατὰ τ. τάξιν Μελχισεδέκ
אַתָּה־כֹהֵן לְעוֹלָם עַל־דִּבְרָתִי מַלְכִּי־צֶדֶק, Ps. cx. 4
10 ἀρχιερεὺς κατὰ τ. τάξιν Μελχισεδέκ
6 20 κατὰ τ. τάξιν Μ. ἀρχιερεὺς γενόμενος
7 1 οὗτος γὰρ ὁ Μ. βασιλεὺς Σαλήμ
10 ὅτε συνήντησεν αὐτῷ Μελχισεδέκ
11 κατὰ τ. τάξιν Μ. ἕτερον ἀνίστασθαι ἱερέα
15 εἰ κατὰ τ. ὁμοιότητα Μ. ἀνίσταται ἱερεὺς ἕτερος
17 σὺ ἱερεὺς εἰς τ. αἰῶνα κατὰ τ. τάξιν Μελχισεδέκ, Ps. *l.c.*

ΜΕΜΒΡΑ΄ΝΑ *† 3200

II Ti 4 13 τὰ βιβλία μάλιστα τ. μεμβράνας

ΜΕ΄ΜΦΟΜΑΙ ** 3201

Ro 9 19 τί ἔτι μέμφεται;
He 8 8 μεμφόμενος γὰρ αὐτοὺς λέγει

ΜΕΜΨΙ΄ΜΟΙΡΟΣ * 3202

Ju 16 οὗτοί εἰσιν γογγυσταὶ μεμψίμοιροι

ΜΕ΄Ν 3303

(1) μὲν . . . καί (2) μὲν . . . ἀλλά, πλήν
(3) μὲν οὖν (4) solitarium

Mt 3 11 ἐγὼ μὲν ὑμᾶς βαπτίζω . . . ὁ δὲ ὀπίσω μου ἐρχόμενος
9 37 ὁ μὲν θερισμὸς πολὺς οἱ δὲ ἐργάται ὀλίγοι
10 13 ἐὰν μὲν ᾖ ἡ οἰκία ἀξία . . . ἐὰν δὲ μὴ ᾖ ἀξία
13 4 ἃ μὲν ἔπεσεν παρὰ τὴν ὁδὸν . . . ἄλλο δέ
8 ἐδίδου καρπὸν ὃ μὲν ἑκατὸν ὃ δὲ ἑξήκοντα ὃ δὲ τριάκοντα
23 ποιεῖ ὃ μὲν ἑκατὸν ὃ δὲ ἑξήκοντα ὃ δὲ τριάκοντα
32 ὃ μικρότερον μέν ἐστιν . . . ὅταν δὲ αὐξηθῇ
16 3 τὸ μὲν πρόσωπον τ. οὐρανοῦ γινώσκετε διακρίνειν τὰ δὲ σημεῖα
14 οἱ μὲν Ἰωάνην τ. βαπτιστήν· ἄλλοι δὲ Ἠλείαν· ἕτεροι δὲ Ἰερεμίαν
17 11 Ἠλείας μὲν ἔρχεται . . . λέγω δὲ ὑμῖν
20 23 τὸ μὲν ποτήριόν μου πίεσθε . . . τὸ δὲ καθίσαι
21 35 ὃν μὲν ἔδειραν ὃν δὲ ἀπέκτειναν ὃν δὲ ἐλιθοβόλησαν
22 5 ὃς μὲν εἰς τ. ἴδιον ἀγρὸν ὃς δὲ ἐπὶ τ. ἐμπορίαν αὐτοῦ
8 ὁ μὲν γάμος ἕτοιμός ἐστιν οἱ δὲ κεκλημένοι
23 27 ἔξωθεν μὲν φαίνονται ὡραῖοι ἔσωθεν δὲ γέμουσιν ὀστέων νεκρῶν
28 κ. ὑμεῖς ἔξωθεν μὲν φαίνεσθε . . . δίκαιοι ἔσωθεν δέ ἐστε μεστοὶ ὑποκρίσεως
25 15 ᾧ μὲν ἔδωκεν πέντε τάλαντα ᾧ δὲ δύο ᾧ δὲ ἕν
33 στήσει τὰ μὲν πρόβατα ἐκ δεξιῶν αὐτοῦ τὰ δὲ ἐρίφια ἐξ εὐωνύμων
26 24 ὁ μὲν υἱὸς τ. ἀνθρώπου ὑπάγει . . . οὐαὶ δὲ τ. ἀνθρώπῳ ἐκείνῳ
41 τὸ μὲν πνεῦμα πρόθυμον ἡ δὲ σὰρξ ἀσθενής

Mk 4 4 [1] ὁ μὲν ἔπεσεν παρὰ τὴν ὁδὸν . . . κ. ἄλλο ἔπεσεν
9 12 [2] Ἠλείας μὲν ἐλθὼν πρῶτον ἀποκαθιστάνει πάντα . . . ἀλλὰ λέγω ὑμῖν
—μὲν, T
12 5 οὓς μὲν δέροντες οὓς δὲ ἀποκτέννυντες
14 21 ὁ μὲν υἱὸς τ. ἀνθρώπου ὑπάγει . . . οὐαὶ δὲ τ. ἀνθρώπῳ ἐκείνῳ
38 τὸ μὲν πνεῦμα πρόθυμον ἡ δὲ σὰρξ ἀσθενής
16 [19 ὁ μὲν οὖν Κύριος Ἰησοῦς . . . ἀνελήμφθη εἰς τ. οὐρανὸν . . . ἐκεῖνοι δέ
Lu 3 16 ἐγὼ μὲν ὕδατι βαπτίζω ὑμᾶς· ἔρχεται δὲ ὁ ἰσχυρότερός μου
18 [3,4] πολλὰ μὲν οὖν κ. ἕτερα παρακαλῶν
8 5 [1] ὁ μὲν ἔπεσεν παρὰ τὴν ὁδὸν . . . κ. ἕτερον κατέπεσεν
10 2 ὁ μὲν θερισμὸς πολὺς οἱ δὲ ἐργάται ὀλίγοι
11 48 αὐτοὶ μὲν ἀπέκτειναν αὐτοὺς ὑμεῖς δὲ οἰκοδομεῖτε
13 9 κἂν μὲν ποιήσῃ καρπὸν εἰς τὸ μέλλον· εἰ δὲ μήγε
22 22 [2] ὁ υἱὸς μὲν τ. ἀνθρώπου . . . πορεύεται· πλὴν οὐαὶ τ. ἀνθρώπῳ ἐκείνῳ
23 33 ὃν μὲν ἐκ δεξιῶν ὃν δὲ ἐξ ἀριστερῶν
41 ἡμεῖς μὲν δικαίως . . . οὗτος δὲ οὐδὲν ἄτοπον ἔπραξεν
56 τὸ μὲν σάββατον ἡσύχασαν . . . τῇ δὲ μιᾷ τ. σαββάτων
Jo 7 12 [4] οἱ μὲν ἔλεγον ὅτι Ἀγαθός ἐστιν· ἄλλοι δὲ ἔλεγον Οὔ
—δὲ, T [WH]
10 41 Ἰωάνης μὲν σημεῖον ἐποίησεν οὐδέν· πάντα δὲ ὅσα εἶπεν
11 6 [4] τότε μὲν ἔμεινεν ἐν ᾧ ἦν τόπῳ δύο ἡμέρας
16 9 περὶ ἁμαρτίας μὲν . . . περὶ δικαιοσύνης δέ
22 ὑμεῖς οὖν νῦν μὲν λύπην ἔχετε· πάλιν δὲ ὄψομαι ὑμᾶς
19 24 [3] οἱ μὲν οὖν στρατιῶται ταῦτα ἐποίησαν· εἱστήκεισαν δέ
32 τ. μὲν πρώτου κατέαξαν τὰ σκέλη . . . ἐπὶ δὲ τ. Ἰησοῦν ἐλθόντες
20 30 [3] πολλὰ μὲν οὖν κ. ἄλλα σημεῖα ἐποίησεν . . . ταῦτα δὲ γέγραπται
Ac 1 1 [4] τὸν μὲν πρῶτον λόγον ἐποιησάμην
5 Ἰωάνης μὲν ἐβάπτισεν ὕδατι ὑμεῖς δὲ ἐν πνεύματι βαπτισθήσεσθε ἁγίῳ
6 [3,4] οἱ μὲν οὖν συνελθόντες ἠρώτων αὐτόν
18 [3,4] οὗτος μὲν οὖν ἐκτήσατο χωρίον
2 41 [3,4] οἱ μὲν οὖν ἀποδεξάμενοι τ. λόγον αὐτοῦ ἐβαπτίσθησαν
3 13 [4] ὃν ὑμεῖς μὲν παρεδώκατε
21 [4] ὃν δεῖ οὐρανὸν μὲν δέξασθαι
22 Μωυσῆς μὲν εἶπεν . . . κ. πάντες δὲ οἱ προφῆται . . . κατήγγειλαν
4 16 [2] ὅτι μὲν γὰρ γνωστὸν σημεῖον γέγονεν . . . φανερὸν . . . ἀλλ᾽ ἵνα μὴ ἐπὶ πλεῖον διανεμηθῇ
5 41 [3,4] οἱ μὲν οὖν ἐπορεύοντο χαίροντες
8 4 [3] οἱ μὲν οὖν διασπαρέντες διῆλθον . . . Φίλιππος δὲ κατελθών
25 [3,4] οἱ μὲν οὖν διαμαρτυράμενοι κ. λαλήσαντες
9 7 ἀκούοντες μὲν τ. φωνῆς μηδένα δὲ θεωροῦντες
31 [3,4] ἡ μὲν οὖν ἐκκλησία . . . εἶχεν εἰρήνην
11 16 Ἰωάνης μὲν ἐβάπτισεν ὕδατι ὑμεῖς δὲ βαπτισθήσεσθε ἐν πνεύματι ἁγίῳ
Ac 11 19 [3,4] οἱ μὲν οὖν διασπαρέντες . . . διῆλθον
12 5 [3] ὁ μὲν οὖν Πέτρος ἐτηρεῖτο ἐν τ. φυλακῇ· προσευχὴ δὲ ἦν ἐκτενῶς γινομένη
13 4 [3,4] αὐτοὶ μὲν οὖν ἐκπεμφθέντες ὑπὸ τ. ἁγίου πνεύματος
36 Δαυεὶδ μὲν γὰρ . . . ἐκοιμήθη . . . κ. εἶδεν διαφθοράν· ὃν δὲ ὁ Θεὸς ἤγειρεν
14 3 [3,4] ἱκανὸν μὲν οὖν χρόνον διέτριψαν παρρησιαζόμενοι
4 οἱ μὲν ἦσαν σὺν τ. Ἰουδαίοις οἱ δὲ σὺν τ. ἀποστόλοις
15 3 [3,4] οἱ μὲν οὖν προπεμφθέντες ὑπὸ τ. ἐκκλησίας
30 [3,4] οἱ μὲν οὖν ἀπολυθέντες κατῆλθον εἰς Ἀντιόχειαν
16 5 [3,4] αἱ μὲν οὖν ἐκκλησίαι ἐστερεοῦντο τ. πίστει
17 12 [3,4] πολλοὶ μὲν οὖν ἐξ αὐτῶν ἐπίστευσαν
17 [3,4] διελέγετο μὲν οὖν ἐν τ. συναγωγῇ τ. Ἰουδαίοις
30 [3,4] τ. μὲν οὖν χρόνους τ. ἀγνοίας ὑπεριδὼν ὁ Θεός
32 οἱ μὲν ἐχλεύαζον οἱ δὲ εἶπαν
18 14 εἰ μὲν ἦν ἀδίκημά τι . . . εἰ δὲ ζητήματά ἐστιν περὶ λόγου
19 15 τὸν μὲν Ἰησοῦν γινώσκω . . . ὑμεῖς δὲ τίνες ἐστέ;
32 [3,4] ἄλλοι μὲν οὖν ἄλλο τι ἔκραζον
38 [3] εἰ μὲν οὖν Δημήτριος κ. οἱ σὺν αὐτῷ τεχνῖται ἔχουσιν πρός τινα λόγον . . . εἰ δέ τι περαιτέρω ἐπιζητεῖτε
21 39 [4] ἐγὼ ἄνθρωπος μέν εἰμι Ἰουδαῖος Ταρσεύς
22 9 τὸ μὲν φῶς ἐθεάσαντο . . . τ. δὲ φωνὴν οὐκ ἤκουσαν
23 8 Σαδδουκαῖοι μὲν γὰρ λέγουσιν . . . Φαρισαῖοι δὲ ὁμολογοῦσιν
—μὲν, WH non mg.
18 [3,4] ὁ μὲν οὖν παραλαβὼν αὐτὸν ἤγαγεν
22 [3,4] ὁ μὲν οὖν χιλίαρχος ἀπέλυσεν τ. νεανίσκον
31 [3,4] οἱ μὲν οὖν στρατιῶται . . . ἀναλαβόντες τ. Παῦλον
25 4 [3,4] ὁ μὲν οὖν Φῆστος ἀπεκρίθη
11 [3] εἰ μὲν οὖν ἀδικῶ . . . εἰ δὲ οὐδέν ἐστιν
26 4 [3,4] τὴν μὲν οὖν βίωσίν μου ἐκ νεότητος
9 [3,4] ἐγὼ μὲν οὖν ἔδοξα ἐμαυτῷ
27 21 [4] ἔδει μὲν ὦ ἄνδρες πειθαρχήσαντάς μοι μὴ ἀνάγεσθαι
41 ἡ μὲν πρῷρα ἐρείσασα ἔμεινεν ἀσάλευτος ἡ δὲ πρύμνα ἐλύετο
44 οὓς μὲν ἐπὶ σανίσιν οὓς δὲ ἐπί τινων τῶν ἀπὸ τ. πλοίου
28 5 [3,4] ὁ μὲν οὖν ἀποτινάξας τὸ θηρίον
22 [4] περὶ μὲν γὰρ τ. αἱρέσεως ταύτης
24 οἱ μὲν ἐπείθοντο τ. λεγομένοις οἱ δὲ ἠπίστουν
Ro 1 8 [4] πρῶτον μὲν εὐχαριστῶ τ. Θεῷ μου
2 7 τοῖς μὲν καθ᾽ ὑπομονὴν ἔργου ἀγαθοῦ . . . τοῖς δὲ ἐξ ἐριθίας
25 [4] περιτομὴ μὲν γὰρ ὠφελεῖ
3 2 [4] πρῶτον μὲν γὰρ ὅτι ἐπιστεύθησαν τὰ λόγια τ. Θεοῦ
5 16 τὸ μὲν γὰρ κρίμα ἐξ ἑνὸς εἰς κατάκριμα τὸ δὲ χάρισμα
6 11 νεκροὺς μὲν τ. ἁμαρτίᾳ ζῶντας δὲ τ. Θεῷ
7 12 [4] ὥστε ὁ μὲν νόμος ἅγιος

Ro 7 25 τῷ μὲν νοῒ δουλεύω νόμῳ Θεοῦ· τῇ δὲ σαρκὶ νόμῳ Θεοῦ
—μέν, T
8 10 τὸ μὲν σῶμα νεκρὸν διὰ ἁμαρτίαν τὸ δὲ πνεῦμα ζωὴ διὰ δικαιοσύνην
17 κληρονόμοι μὲν Θεοῦ συνκληρονόμοι δὲ Χριστοῦ
9 21 ποιῆσαι ὃ μὲν εἰς τιμὴν σκεῦος ὃ δὲ εἰς ἀτιμίαν
10 1 [4] ἡ μὲν εὐδοκία τ. ἐμῆς καρδίας
11 13 [3 4] ἐφ᾽ ὅσον μὲν οὖν εἰμὶ ἐγὼ ἐθνῶν ἀπόστολος
22 ἐπὶ μὲν τ. πεσόντας ἀποτομία· ἐπὶ δέ σε χρηστότης Θεοῦ
28 κατὰ μὲν τὸ εὐαγγέλιον . . . κατὰ δὲ τ. ἐκλογήν
14 2 ὃς μὲν πιστεύει φαγεῖν πάντα· ὁ δὲ ἀσθενῶν λάχανα ἐσθίει
5 ὃς μὲν γὰρ κρίνει ἡμέραν παρ᾽ ἡμέραν ὃς δὲ κρίνει πᾶσαν ἡμέραν
20 [2] πάντα μὲν καθαρὰ ἀλλὰ κακὸν τ. ἀνθρώπῳ
16 19 σοφοὺς μὲν εἶναι εἰς τὸ ἀγαθὸν ἀκεραίους δὲ εἰς τὸ κακόν
—μέν, T [WH]
I Co 1 12 ἐγὼ μέν εἰμι Παύλου ἐγὼ δὲ Ἀπολλῶ
18 τ. μὲν ἀπολλυμένοις μωρία ἐστὶν τ. δὲ σωζομένοις ἡμῖν δύναμις Θεοῦ
23 Ἰουδαίοις μὲν σκάνδαλον ἔθνεσιν δὲ μωρίαν
2 15 ὁ δὲ πνευματικὸς ἀνακρίνει μὲν πάντα αὐτὸς δὲ ὑπ᾽ οὐδενὸς ἀνακρίνεται
—μέν, T ; [τὰ], WH mg.
3 4 ὅταν γὰρ λέγῃ τις Ἐγὼ μέν εἰμι Παύλου ἕτερος δὲ Ἐγὼ Ἀπολλῶ
5 3 [4] ἐγὼ μὲν γὰρ ἀπὼν τ. σώματι
6 4 [3 4] βιωτικὰ μὲν οὖν κριτήρια ἐὰν ἔχητε
7 [3 4] ἤδη μὲν οὖν ὅλως ἥττημα ὑμῖν ἐστίν
—οὖν, T
7 7 ὁ μὲν οὕτως ὁ δὲ οὕτως
9 24 πάντες μὲν τρέχουσιν εἷς δὲ λαμβάνει τὸ βραβεῖον
25 [3] ἐκεῖνοι μὲν οὖν ἵνα φθαρτὸν στέφανον λάβωσιν ἡμεῖς δὲ ἄφθαρτον
11 7 ἀνὴρ μὲν γὰρ οὐκ ὀφείλει κατακαλύπτεσθαι . . . ἡ γυνὴ δέ
14 ἀνὴρ μὲν ἐὰν κομᾷ . . . γυνὴ δὲ ἐὰν κομᾷ
18 [4] πρῶτον μὲν γὰρ συνερχομένων ὑμῶν
21 ὃς μὲν πεινᾷ ὃς δὲ μεθύει
12 8 ᾧ μὲν γὰρ διὰ τ. πνεύματος δίδοται . . . ἄλλῳ δέ
20 νῦν δὲ πολλὰ μὲν μέλη ἓν δὲ σῶμα
—μέν, WH non mg.
28 [4] οὓς μὲν ἔθετο ὁ Θεὸς ἐν τ. ἐκκλησίᾳ πρῶτον ἀποστόλους
14 17 [2] σὺ μὲν γὰρ καλῶς εὐχαριστεῖς ἀλλ᾽ ὁ ἕτερος οὐκ οἰκοδομεῖται
15 39 ἄλλη μὲν ἀνθρώπων ἄλλη δὲ σὰρξ κτηνῶν
40 ἑτέρα μὲν ἡ τ. ἐπουρανίων δόξα ἑτέρα δὲ ἡ τ. ἐπιγείων
II Co 2 16 οἷς μὲν ὀσμὴ ἐκ θανάτου εἰς θάνατον· οἷς δὲ ὀσμὴ ἐκ ζωῆς εἰς ζωήν
8 17 τὴν μὲν παράκλησιν ἐδέξατο σπουδαιότερος δὲ ὑπάρχων
9 1 [4] περὶ μὲν γὰρ τ. διακονίας τῆς εἰς τ. ἁγίους
10 1 κατὰ πρόσωπον μὲν ταπεινὸς ἐν ὑμῖν ἀπὼν δὲ θαρρῶ εἰς ὑμᾶς
10 αἱ ἐπιστολαὶ μέν φησιν βαρεῖαι . . . ἡ δὲ παρουσία τ. σώματος ἀσθενής

II Co 11 4 [4] εἰ μὲν γὰρ ὁ ἐρχόμενος ἄλλον Ἰησοῦν κηρύσσει
12 1 οὐ συμφέρον μὲν ἐλεύσομαι δὲ εἰς ὀπτασίας
12 [4] τὰ μὲν σημεῖα τ. ἀποστόλου κατειργάσθη ἐν ὑμῖν
Ga 4 8 τότε μὲν οὐκ εἰδότες Θεὸν . . . νῦν δὲ γνόντες Θεόν
23 ὁ μὲν ἐκ τ. παιδίσκης . . . ὁ δὲ ἐκ τ. ἐλευθέρας
[μὲν], WH
24 [4] μία μὲν ἀπὸ ὄρους Σινά
Eph 4 11 ἔδωκεν τ. μὲν ἀποστόλους τ. δὲ προφήτας
Phl 1 15 τινὲς μὲν κ. διὰ φθόνον κ. ἔριν τινὲς δὲ κ. δι᾽ εὐδοκίαν
16 οἱ μὲν ἐξ ἀγάπης . . . οἱ δὲ ἐξ ἐριθίας
2 23 [3 4] τοῦτον μὲν οὖν ἐλπίζω πέμψαι
3 1 ἐμοὶ μὲν οὐκ ὀκνηρὸν ὑμῖν δὲ ἀσφαλές
8 [3 4] ἀλλὰ μὲν οὖν γε κ. ἡγοῦμαι πάντα ζημίαν εἶναι
μενοῦνγε, T
13 τὰ μὲν ὀπίσω ἐπιλανθανόμενος τοῖς δὲ ἔμπροσθεν ἐπεκτεινόμενος
Col 2 23 [4] ἅτινά ἐστιν λόγον μὲν ἔχοντα σοφίας
I Th 2 18 [4] ἠθελήσαμεν ἐλθεῖν πρὸς ὑμᾶς ἐγὼ μὲν Παῦλος
II Ti 1 10 καταργήσαντος μὲν τ. θάνατον φωτίσαντος δὲ ζωὴν κ. ἀφθαρσίαν
2 20 ἃ μὲν εἰς τιμὴν ἃ δὲ εἰς ἀτιμίαν
4 4 ἀπὸ μὲν τ. ἀληθείας τ. ἀκοὴν ἀποστρέψουσιν ἐπὶ δὲ τ. μύθους ἐκτραπήσονται
He 1 7 πρὸς μὲν τ. ἀγγέλους λέγει . . . πρὸς δὲ τ. υἱόν
3 5 Μωυσῆς μὲν πιστὸς ἐν ὅλῳ τ. οἴκῳ αὐτοῦ . . Χριστὸς δέ
7 2 πρῶτον μὲν ἑρμηνευόμενος βασιλεὺς δικαιοσύνης ἔπειτα δὲ κ. βασιλεὺς Σαλήμ
5 οἱ μὲν ἐκ τ. υἱῶν Λευεὶ τ. ἱερατείαν λαμβάνοντες . . . ὁ δὲ μὴ γενεαλογούμενος ἐξ αὐτῶν
8 ὧδε μὲν δεκάτας ἀποθνήσκοντες ἄνθρωποι λαμβάνουσιν ἐκεῖ δέ
11 [3 4] εἰ μὲν οὖν τελείωσις διὰ τ. Λευειτικῆς ἱερωσύνης ἦν
18 [4] ἀθέτησις μὲν γὰρ γίνεται προαγούσης ἐντολῆς
20 οἱ μὲν γὰρ χωρὶς ὁρκωμοσίας . . . ὁ δὲ μετὰ ὁρκωμοσίας
23 οἱ μὲν πλείονές εἰσιν γεγονότες ἱερεῖς . . ὁ δὲ . . . ἀπαράβατον ἔχει τ. ἱερωσύνην
8 4 [3 4] εἰ μὲν οὖν ἦν ἐπὶ γῆς
9 1 [3 4] εἶχεν μὲν οὖν κ. ἡ πρώτη δικαιώματα λατρείας
6 εἰς μὲν τ. πρώτην σκηνὴν διὰ παντὸς εἰσίασιν . . . εἰς δὲ τ. δευτέραν ἅπαξ τ. ἐνιαυτοῦ
23 τὰ μὲν ὑποδείγματα τῶν ἐν τ. οὐρανοῖς . . . αὐτὰ δὲ τὰ ἐπουράνια
10 11 πᾶς μὲν ἱερεὺς ἕστηκεν καθ᾽ ἡμέραν λειτουργῶν . . . οὗτος δέ
33 τοῦτο μὲν ὀνειδισμοῖς . . . θεατριζόμενοι· τοῦτο δὲ κοινωνοὶ . . . γενηθέντες
11 15 εἰ μὲν ἐκείνης ἐμνημόνευον . . . νῦν δὲ κρείττονος ὀρέγονται
12 9 [4] τοὺς μὲν τ. σαρκὸς ἡμῶν πατέρας εἴχομεν
10 οἱ μὲν γὰρ πρὸς ὀλίγας ἡμέρας . . . ἐπαίδευον· ὁ δὲ ἐπὶ τὸ συμφέρον

He 12 11 πᾶσα μὲν παιδεία πρὸς μὲν τὸ παρὸν οὐ δοκεῖ χαρᾶς εἶναι . . . ὕστερον δέ
πᾶσα δὲ, WH mg.
Ja 3 17 [4] ἡ δὲ ἄνωθεν σοφία πρῶτον μὲν ἁγνή ἐστιν
I Pe 1 20 προεγνωσμένου μὲν πρὸ καταβολῆς κόσμου φανερωθέντος δέ
2 4 ὑπὸ ἀνθρώπων μὲν ἀποδεδοκιμασμένον παρὰ δὲ Θεῷ ἐκλεκτόν
3 18 θανατωθεὶς μὲν σαρκὶ ζωοποιηθεὶς δὲ πνεύματι
4 6 ἵνα κριθῶσιν μὲν κατὰ ἀνθρώπους σαρκὶ ζῶσιν δὲ κατὰ Θεὸν πνεύματι
Ju 8 σάρκα μὲν μιαίνουσιν κυριότητα δὲ ἀθετοῦσιν
10 ὅσα μὲν οὐκ οἴδασιν βλασφημοῦσιν· ὅσα δὲ φυσικῶς . . . ἐπίστανται
22 οὓς μὲν ἐλεᾶτε διακρινομένους οὓς δὲ σώζετε . . οὓς δὲ ἐλεᾶτε ἐν φόβῳ
—οὓς δὲ (2), WH

ΜΕΝΝΑ΄ 3303.5

Lu 3 31 τοῦ Μελεὰ τοῦ Μεννὰ τοῦ Ματταθά

ΜΕΝΟΥ΄Ν 3304.5 cf. 3304

Lu 11 28 μενοῦν μακάριοι οἱ ἀκούοντες τ. λόγον τ. Θεοῦ

ΜΕΝΟΥ΄ΝΓΕ ** 3304

Ro 9 20 ὦ ἄνθρωπε μενοῦνγε σὺ τίς εἶ
10 18 μενοῦνγε εἰς πᾶσαν τ. γῆν ἐξῆλθεν ὁ φθόγγος αὐτῶν
Phl 3 8 ἀλλὰ μενοῦνγε κ. ἡγοῦμαι πάντα ζημίαν εἶναι
μὲν οὖν γε, WH

ΜΕ΄ΝΤΟΙ 3305

Jo 4 27 οὐδεὶς μέντοι εἶπεν Τί ζητεῖς;
7 13 οὐδεὶς μ. παρρησίᾳ ἐλάλει περὶ αὐτοῦ
12 42 ὅμως μ. κ. ἐκ τ. ἀρχόντων πολλοὶ ἐπίστευσαν
20 5 οὐ μέντοι εἰσῆλθεν
21 4 οὐ μέντοι ᾔδεισαν οἱ μαθηταί
II Ti 2 19 ὁ μ. στερεὸς θεμέλιος τ. Θεοῦ ἕστηκεν
Ja 2 8 εἰ μέντοι νόμον τελεῖτε βασιλικόν
Ju 8 ὁμοίως μ. κ. οὗτοι ἐνυπνιαζόμενοι

ΜΕ΄ΝΩ 3306

(1) seq. ἐπί, c. acc. (2) seq. εἰς
(3) seq. ἕως (4) c. acc. pers.

Mt 10 11 [3] κἀκεῖ μείνατε ἕως ἂν ἐξέλθητε
11 23 ἔμεινεν ἂν μέχρι τῆς σήμερον
26 38 μείνατε ὧδε κ. γρηγορεῖτε μετ᾽ ἐμοῦ
Mk 6 10 [3] ἐκεῖ μένετε ἕως ἂν ἐξέλθητε ἐκεῖθεν
14 34 μείνατε ὧδε κ. γρηγορεῖτε
Lu 1 56 ἔμεινεν δὲ Μαριὰμ σὺν αὐτῇ ὡς μῆνας τρεῖς
8 27 ἐν οἰκίᾳ οὐκ ἔμενεν
9 4 εἰς ἣν ἂν οἰκίαν εἰσέλθητε ἐκεῖ μένετε
10 7 ἐν αὐτῇ δὲ τ. οἰκίᾳ μένετε
19 5 σήμερον γὰρ ἐν τ. οἴκῳ σου δεῖ με μεῖναι
24 29 μεῖνον μεθ᾽ ἡμῶν ὅτι πρὸς ἑσπέραν ἐστίν
29 κ. εἰσῆλθεν τοῦ μεῖναι σὺν αὐτοῖς
Jo 1 32 [1] ἔμεινεν ἐπ᾽ αὐτόν
33 [1] ἐφ᾽ ὃν ἂν ἴδῃς τὸ πνεῦμα . . . μένον ἐπ᾽ αὐτόν
38 ῥαββεὶ . . . ποῦ μένεις;
39 ἦλθαν οὖν κ. εἶδαν ποῦ μένει·
κ. παρ᾽ αὐτῷ ἔμειναν τ. ἡμέραν ἐκείνην
Jo 2 12 ἐκεῖ ἔμειναν οὐ πολλὰς ἡμέρας
3 36 [1] ἡ ὀργὴ τ. Θεοῦ μένει ἐπ᾽ αὐτόν
4 40 ἠρώτων αὐτὸν μεῖναι παρ᾽ αὐτοῖς·
κ. ἔμεινεν ἐκεῖ δύο ἡμέρας
5 38 τ. λόγον αὐτοῦ οὐκ ἔχετε ἐν ὑμῖν μένοντα
6 27 [2] ἐργάζεσθε . . . τ. βρῶσιν τ. μένουσαν εἰς ζωὴν αἰώνιον
56 ὁ τρώγων μου τ. σάρκα . . . ἐν ἐμοὶ μένει
7 9 ταῦτα δὲ εἰπὼν αὐτοῖς ἔμεινεν ἐν τ. Γαλιλαίᾳ
8 31 ἐὰν ὑμεῖς μείνητε ἐν τ. λόγῳ τ. ἐμῷ
35 [2] ὁ δὲ δοῦλος οὐ μένει ἐν τ. οἰκίᾳ εἰς τ. αἰῶνα·
[2] ὁ υἱὸς μένει εἰς τ. αἰῶνα
9 41 ἡ ἁμαρτία ὑμῶν μένει
10 40 καὶ ἔμενεν ἐκεῖ
ἔμεινεν, TWH mg.
11 6 τότε μὲν ἔμεινεν ἐν ᾧ ἦν τόπῳ δύο ἡμέρας
54 κἀκεῖ ἔμεινεν μετὰ τ. μαθητῶν
διέτριβεν, T
12 24 ἐὰν μὴ . . . ἀποθάνῃ αὐτὸς μόνος μένει
34 [2] ὁ Χριστὸς μένει εἰς τ. αἰῶνα
46 ἵνα πᾶς ὁ πιστεύων εἰς ἐμὲ ἐν τ. σκοτίᾳ μὴ μείνῃ
14 10 ὁ δὲ πατὴρ ἐν ἐμοὶ μένων ποιεῖ τὰ ἔργα αὐτοῦ
ὁ ἐν ἐμοὶ μένων, T
17 ὅτι παρ᾽ ὑμῖν μένει
25 ταῦτα λελάληκα ὑμῖν παρ᾽ ὑμῖν μένων
15 4 μείνατε ἐν ἐμοὶ κἀγὼ ἐν ὑμῖν
4 ἐὰν μὴ μένῃ ἐν τῇ ἀμπέλῳ,
οὕτως οὐδὲ ὑμεῖς ἐὰν μὴ ἐν ἐμοὶ μένητε
5 ὁ μένων ἐν ἐμοὶ κἀγὼ ἐν αὐτῷ
6 ἐὰν μή τις μένῃ ἐν ἐμοί
7 ἐὰν μείνητε ἐν ἐμοί,
κ. τὰ ῥήματά μου ἐν ὑμῖν μείνῃ
9 μείνατε ἐν τ. ἀγάπῃ τ. ἐμῇ
10 μενεῖτε ἐν τ. ἀγάπῃ μου·
καθὼς ἐγὼ . . . τετήρηκα κ. μένω αὐτοῦ ἐν τ. ἀγάπῃ
16 ἵνα . . ὁ καρπὸς ὑμῶν μένῃ
19 31 ἵνα μὴ μείνῃ ἐπὶ τ. σταυροῦ τὰ σώματα
21 22 [3] ἐὰν αὐτὸν θέλω μένειν ἕως ἔρχομαι
23 [3] ἐὰν αὐτὸν θέλω μένειν ἕως ἔρχομαι
Ac 5 4 οὐχὶ μένον σοὶ ἔμενεν
9 43 ἐγένετο δὲ ἡμέρας ἱκανὰς μεῖναι ἐν Ἰόππῃ
16 15 εἰσελθόντες εἰς τ. οἶκόν μου μένετε
18 3 ἔμενεν παρ᾽ αὐτοῖς κ. ἠργάζοντο
20 [1] ἐρωτώντων δὲ αὐτῶν ἐπὶ πλείονα χρόνον μεῖναι
20 5 [4] προσελθόντες ἔμενον ἡμᾶς ἐν Τρῳάδι
15 μείναντες ἐν Τρωγυλλίῳ τ. ἐχομένῃ ἤλθομεν
τ. δὲ ἐχ. ἦλθ., TWH non mg. R non mg.
23 [4] δεσμὰ καὶ θλίψεις με μένουσιν
21 7 ἐμείναμεν ἡμέραν μίαν παρ᾽ αὐτοῖς
8 ἐμείναμεν παρ᾽ αὐτῷ
27 31 ἐὰν μὴ οὗτοι μείνωσιν ἐν τ. πλοίῳ
41 ἡ μὲν πρῷρα ἐρείσασα ἔμεινεν ἀσάλευτος
28 16 ἐπετράπη τ. Παύλῳ μένειν καθ᾽ ἑαυτόν
Ro 9 11 ἵνα ἡ κατ᾽ ἐκλογὴν πρόθεσις τ. Θεοῦ μένῃ
I Co 3 14 εἴ τινος τὸ ἔργον μενεῖ
7 8 καλὸν αὐτοῖς ἐὰν μείνωσιν ὡς κἀγώ
11 ἐὰν δὲ κ. χωρισθῇ μενέτω ἄγαμος
20 ἕκαστος ἐν τ. κλήσει ᾗ ἐκλήθη ἐν ταύτῃ μενέτω
24 ἕκαστος ἐν ᾧ ἐκλήθη . . . ἐν τούτῳ μενέτω
40 μακαριωτέρα δέ ἐστιν ἐὰν οὕτως μείνῃ
13 13 νυνὶ δὲ μένει πίστις ἐλπὶς ἀγάπη
15 6 [3] ἐξ ὧν οἱ πλείονες μένουσιν ἕως ἄρτι
II Co 3 11 πολλῷ μᾶλλον τὸ μένον ἐν δόξῃ

IICo 3 14 τὸ αὐτὸ κάλυμμα ἐπὶ τ. ἀναγνώσει τ. παλαιᾶς διαθήκης μένει
9 9 [2] ἡ δικαιοσύνη αὐτοῦ μένει εἰς τ. αἰῶνα
צִדְקָתוֹ עֹמֶדֶת לָעַד, Ps. cxii. 9
Phl 1 25 οἶδα ὅτι μενῶ κ. παραμενῶ πᾶσιν ὑμῖν
I Ti 2 15 ἐὰν μείνωσιν ἐν πίστει κ. ἀγάπῃ
II Ti 2 13 εἰ ἀπιστοῦμεν ἐκεῖνος πιστὸς μένει
3 14 σὺ δὲ μένε ἐν οἷς ἔμαθες
4 20 Ἔραστος ἔμεινεν ἐν Κορίνθῳ
He 7 3 [2] μένει ἱερεὺς εἰς τὸ διηνεκές
24 διὰ τὸ μένειν αὐτὸν εἰς τ. αἰῶνα
10 34 γινώσκοντες ἔχειν ἑαυτοὺς κρείσσονα ὕπαρξιν κ. μένουσαν
12 27 ἵνα μείνῃ τὰ μὴ σαλευόμενα
13 1 ἡ φιλαδελφία μενέτω
14 οὐ γὰρ ἔχομεν ὧδε μένουσαν πόλιν
I Pe 1 23 διὰ λόγου ζῶντος Θεοῦ κ. μένοντος
25 [2] τὸ δὲ ῥῆμα Κυρίου μένει εἰς τ. αἰῶνα
וּדְבַר אֱלֹהֵינוּ יָקוּם לְעוֹלָם, Is. xl. 8
I Jo 2 6 ὁ λέγων ἐν αὐτῷ μένειν ὀφείλει
10 ὁ ἀγαπῶν τ. ἀδελφὸν αὐτοῦ ἐν τ. φωτὶ μένει
14 ὅτι . . . ὁ λόγος τ. Θεοῦ ἐν ὑμῖν μένει
17 [2] ὁ δὲ ποιῶν τὸ θέλημα τ. Θεοῦ μένει εἰς τ. αἰῶνα
19 εἰ γὰρ ἐξ ἡμῶν ἦσαν μεμενήκεισαν ἂν μεθ' ἡμῶν
24 ὃ ἠκούσατε ἀπ' ἀρχῆς ἐν ὑμῖν μενέτω. ἐὰν ἐν ὑμῖν μείνῃ ὃ ἀπ' ἀρχῆς ἠκούσατε, κ. ὑμεῖς ἐν τ. υἱῷ κ. ἐν τ. πατρὶ μενεῖτε
27 τὸ χρίσμα ὃ ἐλάβετε ἀπ' αὐτοῦ μένει ἐν ὑμῖν
27 καθὼς ἐδίδαξεν ὑμᾶς μένετε ἐν αὐτῷ.
28 κ. νῦν τεκνία μένετε ἐν αὐτῷ
3 6 πᾶς ὁ ἐν αὐτῷ μένων οὐχ ἁμαρτάνει
9 ὅτι σπέρμα αὐτοῦ ἐν αὐτῷ μένει
14 ὁ μὴ ἀγαπῶν μένει ἐν τ. θανάτῳ
15 πᾶς ἀνθρωποκτόνος οὐκ ἔχει ζωὴν αἰώνιον ἐν αὐτῷ μένουσαν
17 πῶς ἡ ἀγάπη τ. Θεοῦ μένει ἐν αὐτῷ;
24 ὁ τηρῶν τ. ἐντολὰς αὐτοῦ ἐν αὐτῷ μένει
24 ἐν τούτῳ γινώσκομεν ὅτι μένει ἐν ἡμῖν
4 12 ἐὰν ἀγαπῶμεν ἀλλήλους ὁ Θεὸς ἐν ἡμῖν μένει
13 ἐν τούτῳ γινώσκομεν ὅτι ἐν αὐτῷ μένομεν
15 ὃς ἐὰν ὁμολογήσῃ . . . ὁ Θεὸς ἐν αὐτῷ μένει
16 ὁ μένων ἐν τ. ἀγάπῃ ἐν τ. Θεῷ μένει, κ. ὁ Θεὸς ἐν αὐτῷ μένει
μένει, [WH]
II Jo 2 διὰ τ. ἀλήθειαν τ. μένουσαν ἐν ἡμῖν
9 πᾶς ὁ προάγων κ. μὴ μένων ἐν τ. διδαχῇ τ. Χριστοῦ Θεὸν οὐκ ἔχει· ὁ μένων ἐν τ. διδαχῇ οὗτος κ. τ. πατέρα κ. τ. υἱὸν ἔχει
Re 17 10 ὅταν ἔλθῃ ὀλίγον αὐτὸν δεῖ μεῖναι

ΜΕΡΙ'ΖΩ 3307

Mt 12 25 πᾶσα βασιλεία μερισθεῖσα καθ' ἑαυτῆς ἐρημοῦται· κ. πᾶσα πόλις ἢ οἰκία μερισθεῖσα καθ' ἑαυτῆς οὐ σταθήσεται.
26 κ. εἰ ὁ Σατανᾶς τ. Σατανᾶν ἐκβάλλει ἐφ' ἑαυτὸν ἐμερίσθη
Mk 3 24 ἐὰν βασιλεία ἐφ' ἑαυτὴν μερισθῇ
25 ἐὰν οἰκία ἐφ' ἑαυτὴν μερισθῇ
26 εἰ ὁ Σατανᾶς ἀνέστη ἐφ' ἑαυτὸν κ. ἐμερίσθη —καί, T
Mk 6 41 τοὺς δύο ἰχθύας ἐμέρισεν πᾶσιν
Lu 12 13 εἰπὲ τ. ἀδελφῷ μου μερίσασθαι μετ' ἐμοῦ τ. κληρονομίαν
Ro 12 3 ἑκάστῳ ὡς ὁ Θεὸς ἐμέρισεν μέτρον πίστεως
I Co 1 13 μεμέρισται ὁ Χριστός
7 17 εἰ μὴ ἑκάστῳ ὡς μεμέρικεν ὁ Κύριος
ἐμέρισεν, WH mg.
34 ὁ δὲ γαμήσας μεριμνᾷ τὰ τ. κόσμου . . . κ. μεμέρισται. καὶ ἡ γυνή
κ. μεμέρ. κ. ἡ γ., TR non mg.
IICo 10 13 κατὰ τὸ μέτρον τ. κανόνος οὗ ἐμέρισεν ἡμῖν ὁ Θεός
He 7 2 ᾧ κ. δεκάτην ἀπὸ πάντων ἐμέρισεν Ἀβραάμ

ΜΕ'ΡΙΜΝΑ 3308

Mt 13 22 ἡ μέριμνα τ. αἰῶνος . . . συνπνίγει τ. λόγον
Mk 4 19 αἱ μέριμναι τ. αἰῶνος . . . συνπνίγουσιν τ. λόγον
Lu 8 14 ὑπὸ μεριμνῶν κ. . . . ἡδονῶν τ. βίου πορευόμενοι συνπνίγονται
21 34 ἐν κραιπάλῃ κ. μέθῃ κ. μερίμναις βιωτικαῖς
IICo 11 28 ἡ μέριμνα πασῶν τ. ἐκκλησιῶν
I Pe 5 7 πᾶσαν τ. μέριμναν ὑμῶν ἐπιρίψαντες ἐπ' αὐτόν

ΜΕΡΙΜΝΑ'Ω 3309

Mt 6 25 μὴ μεριμνᾶτε τ. ψυχῇ ὑμῶν
27 τίς δὲ ἐξ ὑμῶν μεριμνῶν δύναται προσθεῖναι
28 περὶ ἐνδύματος τί μεριμνᾶτε;
31 μὴ οὖν μεριμνήσητε λέγοντες
34 μὴ οὖν μεριμνήσητε εἰς τὴν αὔριον· ἡ γὰρ αὔριον μεριμνήσει αὑτῆς
10 19 μὴ μεριμνήσητε πῶς ἢ τί λαλήσητε
Lu 10 41 μεριμνᾷς κ. θορυβάζῃ περὶ πολλά
—μερ. κ., WH mg. R mg.
12 11 μὴ μεριμνήσητε πῶς ἢ τί ἀπολογήσησθε
22 μὴ μεριμνᾶτε τῇ ψυχῇ
25 τίς δὲ ἐξ ὑμῶν μεριμνῶν δύναται . . προσθεῖναι
26 τί περὶ τ. λοιπῶν μεριμνᾶτε;
I Co 7 32 ὁ ἄγαμος μεριμνᾷ τὰ τ. Κυρίου
33 ὁ δὲ γαμήσας μεριμνᾷ τὰ τ. κόσμου
34 ἡ γυνὴ ἡ ἄγαμος κ. ἡ παρθένος μεριμνᾷ τὰ τ. Κυρίου
34 ἡ δὲ γαμήσασα μεριμνᾷ τὰ τ. κόσμου
12 25 ἵνα . . . τὸ αὐτὸ ὑπὲρ ἀλλήλων μεριμνῶσιν τὰ μέλη
Phl 2 20 ὅστις γνησίως τὰ περὶ ὑμῶν μεριμνήσει
4 6 μηδὲν μεριμνᾶτε

ΜΕΡΙ'Σ 3310

Lu 10 42 Μαριὰμ γὰρ τ. ἀγαθὴν μερίδα ἐξελέξατο
Ac 8 21 οὐκ ἔστιν σοι μερὶς οὐδὲ κλῆρος ἐν τ. λόγῳ τούτῳ
16 12 ἥτις ἐστὶν πρώτη τ. μερίδος Μακεδονίας πόλις κολωνία
IICo 6 15 ἢ τίς μερὶς πιστῷ μετὰ ἀπίστου;
Col 1 12 τ. ἱκανώσαντι ὑμᾶς εἰς τ. μερίδα τ. κλήρου τ. ἁγίων ἐν τ. φωτί

ΜΕΡΙΣΜΟ'Σ 3311

He 2 4 συνεπιμαρτυροῦντος τ. Θεοῦ . . . πνεύματος ἁγίου μερισμοῖς
4 12 ἄχρι μερισμοῦ ψυχῆς κ. πνεύματος

ΜΕΡΙΣΤΗ΄Σ * † 3312

Lu 12 14 τίς με κατέστησεν κριτὴν ἢ μεριστὴν ἐφ' ὑμᾶς;

ΜΕ΄ΡΟΣ 3313

(1) ἀπό, ἐκ μέρους (2) ἀνά, κατὰ μέρος

Mt 2 22 ἀνεχώρησεν εἰς τὰ μέρη τ. Γαλιλαίας
15 21 ἀνεχώρησεν εἰς τὰ μέρη Τύρου κ. Σιδῶνος
16 13 ἐλθὼν δὲ ὁ Ἰησοῦς εἰς τὰ μέρη Καισαρίας τῆς Φιλίππου
24 51 τὸ μέρος αὐτοῦ μετὰ τ. ὑποκριτῶν θήσει
Mk 8 10 ἦλθεν εἰς τὰ μέρη Δαλμανουθά
Lu 11 36 μὴ ἔχον μέρος τι σκοτεινόν
τι μέρος, TWH mg.
12 46 τὸ μέρος αὐτοῦ μετὰ τ. ἀπίστων θήσει
15 12 δός μοι τὸ ἐπιβάλλον μέρος τ. οὐσίας
24 42 οἱ δὲ ἐπέδωκαν αὐτῷ ἰχθύος ὀπτοῦ μέρος
Jo 13 8 ἐὰν μὴ νίψω σε οὐκ ἔχεις μέρος μετ' ἐμοῦ
19 23 ἐποίησαν τέσσερα μέρη ἑκάστῳ στρατιώτῃ μέρος
21 6 βάλετε εἰς τὰ δεξιὰ μέρη τ. πλοίου τὸ δίκτυον
Ac 2 10 τὰ μέρη τ. Λιβύης τῆς κατὰ Κυρήνην
5 2 ἐνέγκας μέρος τι παρὰ τ. πόδας τ. ἀποστόλων ἔθηκεν
19 1 Παῦλον διελθόντα τὰ ἀνωτερικὰ μέρη
27 τοῦτο κινδυνεύει ἡμῖν τὸ μέρος εἰς ἀπελεγμὸν ἐλθεῖν
20 2 διελθὼν δὲ τὰ μέρη ἐκεῖνα
23 6 τὸ ἓν μέρος ἐστὶν Σαδδουκαίων τὸ δὲ ἕτερον Φαρισαίων
9 ἀναστάντες τινὲς τ. γραμματέων τ. μέρους τ. Φαρισαίων
Ro 11 25 [1] πώρωσις ἀπὸ μέρους τῷ Ἰσραὴλ γέγονεν
15 15 [1] τολμηροτέρως δὲ ἔγραψα ὑμῖν ἀπὸ μέρους
24 [1] ἐὰν ὑμῶν πρῶτον ἀπὸ μέρους ἐμπλησθῶ
I Co 11 18 μέρος τι πιστεύω
12 27 ὑμεῖς δέ ἐστε σῶμα Χριστοῦ κ. μέλη ἐκ μέρους
13 9 [1] ἐκ μέρους γὰρ γινώσκομεν,
[1] κ. ἐκ μέρους προφητεύομεν
10 [1] τὸ ἐκ μέρους καταργηθήσεται
12 [1] ἄρτι γινώσκω ἐκ μέρους
14 27 [2] κατὰ δύο ἢ τὸ πλεῖστον τρεῖς κ. ἀνὰ μέρος
II Co 1 14 [1] καθὼς κ. ἐπέγνωτε ἡμᾶς ἀπὸ μέρους
2 5 [1] οὐκ ἐμὲ λελύπηκεν ἀλλὰ ἀπὸ μέρους
3 10 οὐ δεδόξασται τὸ δεδοξασμένον ἐν τούτῳ τ. μέρει
9 3 ἵνα μὴ τὸ καύχημα ἡμῶν . . . κενωθῇ ἐν τ. μέρει τούτῳ
Eph 4 9 κατέβη εἰς τὰ κατώτερα μέρη τ. γῆς
16 κατ' ἐνέργειαν ἐν μέτρῳ ἑνὸς ἑκάστου μέρους
μέλους, WH mg.
Col 2 16 μὴ οὖν τις ὑμᾶς κρινέτω . . . ἐν μέρει ἑορτῆς
He 9 5 [2] περὶ ὧν οὐκ ἔστιν νῦν λέγειν κατὰ μέρος
Re 16 19 ἐγένετο ἡ πόλις ἡ μεγάλη εἰς τρία μέρη
20 6 μακάριος κ. ἅγιος ὁ ἔχων μέρος ἐν τ. ἀναστάσει τ. πρώτῃ
21 8 τὸ μέρος αὐτῶν ἐν τ. λίμνῃ τ. καιομένῃ πυρὶ κ. θείῳ
22 19 ἀφελεῖ ὁ Θεὸς τὸ μέρος αὐτοῦ ἀπὸ τ. ξύλου τ. ζωῆς

ΜΕΣΗΜΒΡΙ΄Α 3314

Ac 8 26 ἀνάστηθι κ. πορεύου κατὰ μεσημβρίαν
22 6 περὶ μεσημβρίαν ἐξαίφνης ἐκ τ. οὐρανοῦ

ΜΕΣΙΤΕΥ΄Ω * 3315

He 6 17 ὁ Θεὸς . . . ἐμεσίτευσεν ὅρκῳ

ΜΕΣΙ΄ΤΗΣ 3316

Ga 3 19 διαταγεὶς δι' ἀγγέλων ἐν χειρὶ μεσίτου.
20 ὁ δὲ μεσίτης ἑνὸς οὐκ ἔστιν
I Ti 2 5 εἷς κ. μεσίτης Θεοῦ κ. ἀνθρώπων
He 8 6 ὅσῳ κ. κρείττονός ἐστιν διαθήκης μεσίτης
9 15 διὰ τοῦτο διαθήκης καινῆς μεσίτης ἐστίν
12 24 προσεληλύθατε . . . διαθήκης νέας μεσίτῃ Ἰησοῦ

ΜΕΣΟΝΥ΄ΚΤΙΟΝ 3317

Mk 13 35 ἢ ὀψὲ ἢ μεσονύκτιον ἢ ἀλεκτοροφωνίας
Lu 11 5 πορεύσεται πρὸς αὐτὸν μεσονυκτίου
Ac 16 25 κατὰ δὲ τὸ μεσονύκτιον . . . προσευχόμενοι ὕμνουν τ. Θεόν
20 7 παρέτεινέν τε τ. λόγον μέχρι μεσονυκτίου

ΜΕΣΟΠΟΤΑΜΙ΄Α 3318

Ac 2 9 οἱ κατοικοῦντες τ. Μεσοποταμίαν
7 2 ὤφθη τ. πατρὶ ἡμῶν Ἀβραὰμ ὄντι ἐν τ. Μεσοποταμίᾳ

ΜΕ΄ΣΟΣ 3319

(1) ἀνά, κατὰ μέσον (2) μέσος, μέσον, seq. gen. (3) μέσης νυκτός, ἡμέρας

Mt 10 16 ἀποστέλλω ὑμᾶς ὡς πρόβατα ἐν μέσῳ λύκων
13 25 [1] ἐπέσπειρεν ζιζάνια ἀνὰ μέσον τ. σίτου
49 ἀφοριοῦσιν τ. πονηροὺς ἐκ μέσου τ. δικαίων
14 6 ὠρχήσατο ἡ θυγάτηρ τ. Ἡρῳδιάδος ἐν τ. μέσῳ
24 [2] τὸ δὲ πλοῖον ἤδη μέσον τ. θαλάσσης ἦν
ἤδ. σταδίους πολλοὺς ἀπὸ τ. γῆς ἀπεῖχεν, WH non mg. R mg.
18 2 ἔστησεν αὐτὸ ἐν μέσῳ αὐτῶν
20 ἐκεῖ εἰμὶ ἐν μέσῳ αὐτῶν
25 6 [3] μέσης δὲ νυκτὸς κραυγὴ γέγονεν
Mk 3 3 ἔγειρε εἰς τὸ μέσον
6 47 ἦν τὸ πλοῖον ἐν μέσῳ τ. θαλάσσης
7 31 [1] ἦλθεν . . . ἀνὰ μέσον τ. ὁρίων Δεκαπόλεως
9 36 ἔστησεν αὐτὸ ἐν μέσῳ αὐτῶν
14 60 ἀναστὰς ὁ ἀρχιερεὺς εἰς μέσον
Lu 2 46 εὗρον αὐτὸν ἐν τ. ἱερῷ καθεζόμενον ἐν μέσῳ τ. διδασκάλων
4 30 διελθὼν διὰ μέσου αὐτῶν ἐπορεύετο
35 ῥίψαν αὐτὸν τὸ δαιμόνιον εἰς τὸ μέσον
5 19 καθῆκαν αὐτὸν σὺν τ. κλινιδίῳ εἰς τὸ μέσον
6 8 ἔγειρε κ. στῆθι εἰς τὸ μέσον
8 7 ἕτερον ἔπεσεν ἐν μέσῳ τ. ἀκανθῶν
10 3 ἀποστέλλω ὑμᾶς ὡς ἄρνας ἐν μέσῳ λύκων
17 11 αὐτὸς διήρχετο διὰ μέσον Σαμαρίας
21 21 οἱ ἐν μέσῳ αὐτῆς ἐκχωρείτωσαν
22 27 ἐγὼ δὲ ἐν μέσῳ ὑμῶν εἰμὶ ὡς ὁ διακονῶν
55 περιαψάντων δὲ πῦρ ἐν μέσῳ τ. αὐλῆς
55 [2] ἐκάθητο ὁ Πέτρος μέσος αὐτῶν
23 45 ἐσχίσθη δὲ τὸ καταπέτασμα τ. ναοῦ μέσον
24 36 αὐτὸς ἔστη ἐν μέσῳ αὐτῶν
Jo 1 26 [2] μέσος ὑμῶν στήκει ὃν ὑμεῖς οὐκ οἴδατε

Jo 8 [3 στήσαντες αὐτὴν ἐν μέσῳ λέγουσιν
[9 κατελείφθη . . . ἡ γυνὴ ἐν μέσῳ οὖσα
59 διελθὼν διὰ μέσου αὐτῶν ἐπορεύετο
—h. v., TWHR non mg.
19 18 μετ' αὐτοῦ ἄλλους δύο . . . μέσον δὲ τ. Ἰησοῦν
20 19 ἦλθεν ὁ Ἰησοῦς κ. ἔστη εἰς τὸ μέσον
26 ἔρχεται ὁ Ἰησοῦς . . . κ. ἔστη εἰς τὸ μέσον
Ac 1 15 ἀναστὰς Πέτρος ἐν μέσῳ τ. ἀδελφῶν εἶπεν
18 πρηνὴς γενόμενος ἐλάκησεν μέσος
2 22 οἷς ἐποίησεν δι' αὐτοῦ ὁ Θεὸς ἐν μέσῳ ὑμῶν
4 7 στήσαντες αὐτοὺς ἐν τ. μέσῳ ἐπυνθάνοντο
17 22 σταθεὶς δὲ Παῦλος ἐν μέσῳ τ. Ἀρείου Πάγου
33 οὕτως ὁ Παῦλος ἐξῆλθεν ἐκ μέσου αὐτῶν
23 10 καταβὰν ἁρπάσαι αὐτὸν ἐκ μέσου αὐτῶν
26 13 [3] ἡμέρας μέσης κατὰ τὴν ὁδὸν εἶδον
27 21 σταθεὶς ὁ Παῦλος ἐν μέσῳ αὐτῶν εἶπεν
27 [1] κατὰ μέσον τ. νυκτὸς ὑπενόουν οἱ ναῦται
I Co 5 2 ἵνα ἀρθῇ ἐκ μέσου ὑμῶν ὁ τὸ ἔργον τοῦτο πράξας
6 5 [1] ὃς δυνήσεται διακρῖναι ἀνὰ μέσον τ. ἀδελφοῦ αὐτοῦ
II Co 6 17 διὸ ἐξέλθατε ἐκ μέσου αὐτῶν
צְאוּ מִתּוֹכָהּ, Is. lii. 11
Phl 2 15 [2] τέκνα Θεοῦ ἄμωμα μέσον γενεᾶς σκολιᾶς
Col 2 14 αὐτὸ ἦρκεν ἐκ τ. μέσου
I Th 2 7 ἐγενήθημεν νήπιοι ἐν μέσῳ ὑμῶν
II Th 2 7 μόνον ὁ κατέχων ἄρτι ἕως ἐκ μέσου γένηται
He 2 12 ἐν μέσῳ ἐκκλησίας ὑμνήσω σε
בְּתוֹךְ קָהָל אֲהַלְלֶךָּ, Ps. xxii. 23
Re 1 13 ἐν μέσῳ τ. λυχνιῶν ὅμοιον υἱὸν ἀνθρώπου
2 1 ὁ περιπατῶν ἐν μέσῳ τ. ἑπτὰ λυχνιῶν
4 6 ἐν μέσῳ τ. θρόνου κ. κύκλῳ τ. θρόνου τέσσερα ζῷα
5 6 εἶδον ἐν μέσῳ τ. θρόνου κ. τ. τεσσάρων ζῴων, κ. ἐν μέσῳ τ. πρεσβυτέρων ἀρνίον ἑστηκὸς
6 6 ἤκουσα ὡς φωνὴν ἐν μέσῳ τ. τεσσάρων ζῴων
7 17 [1] τὸ ἀρνίον τὸ ἀνὰ μέσον τ. θρόνου ποιμανεῖ αὐτούς
22 2 ἐκπορευόμενον ἐκ τ. θρόνου . . ἐν μέσῳ τ. πλατείας αὐτῆς

ΜΕΣΟ'ΤΟΙΧΟΝ * † 3320

Eph 2 14 τὸ μεσότοιχον τ. φραγμοῦ λύσας

ΜΕΣΟΥΡΑ'ΝΗΜΑ * † 3321

Re 8 13 ἤκουσα ἑνὸς ἀετοῦ πετομένου ἐν μεσουρανήματι
14 6 εἶδον ἄλλον ἄγγελον πετόμενον ἐν μεσουρανήματι
19 17 λέγων πᾶσι τ. ὀρνέοις τ. πετομένοις ἐν μεσουρανήματι

ΜΕΣΟ'Ω 3322

Jo 7 14 ἤδη δὲ τ. ἑορτῆς μεσούσης ἀνέβη Ἰησοῦς

ΜΕΣΣΙ'ΑΣ 3323

Jo 1 41 εὑρήκαμεν τὸν Μεσσίαν
4 25 οἶδα ὅτι Μεσσίας ἔρχεται

ΜΕΣΤΟ'ΟΜΑΙ ** 3325

Ac 2 13 γλεύκους μεμεστωμένοι εἰσίν

ΜΕΣΤΟ'Σ 3324

Mt 23 28 ἔσωθεν δέ ἐστε μεστοὶ ὑποκρίσεως κ. ἀνομίας
Jo 19 29 σκεῦος ἔκειτο ὄξους μεστόν·
29 σπόγγον οὖν μεστὸν τ. ὄξους ὑσσώπῳ περιθέντες
21 11 εἵλκυσεν τὸ δίκτυον εἰς τ. γῆν μεστὸν ἰχθύων μεγάλων
Ro 1 29 μεστοὺς φθόνου φόνου ἔριδος
15 14 ὅτι κ. αὐτοὶ μεστοί ἐστε ἀγαθωσύνης
Ja 3 8 ἀκατάστατον · ικὸν μεστὴ ἰοῦ θανατηφόρου
17 μεστὴ ἐλέους κ. καρπῶν ἀγαθῶν
II Pe 2 14 ὀφθαλμοὺς ἔχοντες μεστοὺς μοιχαλίδος

ΜΕΤΑ' 3326

c. gen.

(1) εἶναι μ. (2) ὁ μετά
(3) ποιεῖν μ. (4) χάρις, ἀγάπη μετὰ

Mt 1 23 Ἐμμανουὴλ ὅ ἐστιν μεθερμηνευόμενον Μεθ' ἡμῶν ὁ Θεός
2 3 ἐταράχθη κ. πᾶσα Ἱεροσόλυμα μετ' αὐτοῦ
11 εἶδον τὸ παιδίον μετὰ Μαρίας τ. μητρὸς αὐτοῦ
4 21 ἐν τ. πλοίῳ μετὰ Ζεβεδαίου τ. πατρὸς αὐτῶν
5 25 [1] ἕως ὅτου εἶ μετ' αὐτοῦ ἐν τῇ ὁδῷ
41 ὕπαγε μετ' αὐτοῦ δύο
8 11 ἀνακλιθήσονται μετὰ Ἀβραὰμ . . . ἐν τ. βασιλείᾳ τ. οὐρανῶν
9 11 διὰ τί μετὰ τ. τελωνῶν κ. ἁμαρτωλῶν ἐσθίει
15 [1] ἐφ' ὅσον μετ' αὐτῶν ἐστὶν ὁ νυμφίος
12 3 [2] ὅτε ἐπείνασεν κ. οἱ μετ' αὐτοῦ
4 [2] οὐκ ἐξὸν ἦν αὐτῷ φαγεῖν οὐδὲ τοῖς μετ' αὐτοῦ
30 [1] ὁ μὴ ὢν μετ' ἐμοῦ κατ' ἐμοῦ ἐστίν· κ. ὁ μὴ συνάγων μετ' ἐμοῦ σκορπίζει
41 ἀναστήσονται ἐν τ. κρίσει μετὰ τ. γενεᾶς ταύτης
42 ἐγερθήσεται ἐν τ. κρίσει μετὰ τ. γενεᾶς ταύτης
45 παραλαμβάνει μεθ' ἑαυτοῦ ἑπτὰ ἕτερα πνεύματα
13 20 εὐθὺς μετὰ χαρᾶς λαμβάνων αὐτόν
14 7 ὅθεν μετὰ ὅρκου ὡμολόγησεν αὐτῇ δοῦναι
μεθ' ὅρκ., T
15 30 ἔχοντες μεθ' ἑαυτῶν χωλούς
16 27 ἔρχεσθαι . . . μετὰ τ. ἀγγέλων αὐτοῦ
17 3 Μωυσῆς κ. Ἠλείας συνλαλοῦντες μετ' αὐτοῦ
17 [1] ἕως πότε ἔσομαι μεθ' ὑμῶν;
μεθ' ὑμ. ἔσ., T
18 16 παράλαβε μετὰ σοῦ ἔτι ἕνα ἢ δύο
μ. σεαυτοῦ, T; ἔτ. ἕν. ἢ δύο μ. σοῦ, WH mg.
23 συνᾶραι λόγον μετὰ τ. δούλων αὐτοῦ
19 10 ἡ αἰτία τ. ἀνθρώπου μετὰ τ. γυναικός
20 2 συμφωνήσας δὲ μετὰ τ. ἐργατῶν ἐκ δηναρίου τ. ἡμέραν
20 προσῆλθεν αὐτῷ ἡ μήτηρ . . . μετὰ τ. υἱῶν αὐτῆς
21 2 ὄνον δεδεμένην κ. πῶλον μετ' αὐτῆς
22 16 ἀποστέλλουσιν αὐτῷ τ. μαθητὰς αὐτῶν μετὰ τ. Ἡρῳδιανῶν
24 30 ἐρχόμενον . . . μετὰ δυνάμεως κ. δόξης πολλῆς
31 ἀποστελεῖ τ. ἀγγέλους αὐτοῦ μετὰ σάλπιγγος μεγάλης
49 ἐσθίῃ δὲ κ. πίνῃ μετὰ τ. μεθυόντων

Mt 24 51 τὸ μέρος αὐτοῦ μετὰ τ. ὑποκριτῶν θήσει
25 3 οὐκ ἔλαβον μεθ' ἑαυτῶν ἔλαιον·
4 αἱ δὲ φρόνιμοι ἔλαβον ἔλαιον . . . μετὰ τ. λαμπάδων ἑαυτῶν
10 αἱ ἕτοιμοι εἰσῆλθον μετ' αὐτοῦ εἰς τ. γάμους
19 συναίρει λόγον μετ' αὐτῶν
31 πάντες οἱ ἄγγελοι μετ' αὐτοῦ
26 11 πάντοτε γὰρ τ. πτωχοὺς ἔχετε μεθ' ἑαυτῶν
18 [3] πρὸς σὲ ποιῶ τὸ πάσχα μετὰ τ. μαθητῶν μου
20 ἀνέκειτο μετὰ τ. δώδεκα μαθητῶν
23 ὁ ἐμβάψας μετ' ἐμοῦ τ. χεῖρα ἐν τ. τρυβλίῳ
29 ὅταν αὐτὸ πίνω μεθ' ὑμῶν καινόν
36 ἔρχεται μετ' αὐτῶν ὁ Ἰησοῦς εἰς χωρίον λεγόμενον Γεθσημανεί
38 μείνατε ὧδε κ. γρηγορεῖτε μετ' ἐμοῦ
40 μίαν ὥραν γρηγορῆσαι μετ' ἐμοῦ
47 μετ' αὐτοῦ ὄχλος πολὺς μετὰ μαχαιρῶν κ. ξύλων
51 [2] εἷς τῶν μετὰ Ἰησοῦ ἐκτείνας τ. χεῖρα
55 ὡς ἐπὶ λῃστὴν ἐξήλθατε μετὰ μαχαιρῶν
58 ἐκάθητο μετὰ τ. ὑπηρετῶν
69 [1] κ. σὺ ἦσθα μετὰ Ἰησοῦ τ. Γαλιλαίου
71 [1] οὗτος ἦν μετὰ Ἰησοῦ τ. Ναζωραίου.
72 κ. πάλιν ἠρνήσατο μετὰ ὅρκου
27 34 ἔδωκαν αὐτῷ πιεῖν οἶνον μετὰ χολῆς μεμιγμένον
41 οἱ ἀρχιερεῖς ἐμπαίζοντες μετὰ τ. γραμματέων
54 [2] οἱ μετ' αὐτοῦ τηροῦντες τ. Ἰησοῦν
66 σφραγίσαντες τ. λίθον μετὰ τ. [κουσ]τωδίας
28 8 ἀπελθοῦσαι ταχὺ . . . μετὰ φόβου κ. χαρᾶς μεγάλης
12 συναχθέντες μετὰ τ. πρεσβυτέρων
20 [1] ἐγὼ μεθ' ὑμῶν εἰμι πάσας τ. ἡμέρας
Mk 1 13 [1] ἦν μετὰ τ. θηρίων
20 ἀφέντες τ. πατέρα αὐτῶν Ζεβεδαῖον ἐν τ. πλοίῳ μετὰ τ. μισθωτῶν
29 ἦλθαν εἰς τ. οἰκίαν . . . μετὰ Ἰακώβου κ. Ἰωάνου
36 [2] κατεδίωξεν αὐτὸν Σίμων κ. οἱ μετ' αὐτοῦ
2 16 ἐσθίει μετὰ τ. ἁμαρτωλῶν κ. τελωνῶν
16 μετὰ τ. τελωνῶν κ. ἁμαρτωλῶν ἐσθίει
19 [1] ἐν ᾧ ὁ νυμφίος μετ' αὐτῶν ἐστίν
19 ὅσον χρόνον ἔχουσιν τ. νυμφίον μετ' αὐτῶν
25 [2] ὅτε . . . ἐπείνασεν αὐτὸς κ. οἱ μετ' αὐτοῦ
3 5 περιβλεψάμενος αὐτοὺς μετ' ὀργῆς
6 εὐθὺς μετὰ τ. Ἡρῳδιανῶν συμβούλιον ἐδίδουν
7 μετὰ τ. μαθητῶν αὐτοῦ ἀνεχώρησεν πρὸς τ. θάλασσαν
14 [1] ἐποίησεν δώδεκα . . . ἵνα ὦσιν μετ' αὐτοῦ
4 16 εὐθὺς μετὰ χαρᾶς λαμβάνουσιν αὐτόν
36 [1] ἄλλα πλοῖα ἦν μετ' αὐτοῦ
5 18 [1] παρεκάλει . . . ἵνα μετ' αὐτοῦ ᾖ
24 ἀπῆλθεν μετ' αὐτοῦ
37 οὐκ ἀφῆκεν οὐδένα μετ' αὐτοῦ συνακολουθῆσαι
40 [2] παραλαμβάνει τ. πατέρα . . . κ. τοὺς μετ' αὐτοῦ
6 25 εἰσελθοῦσα εὐθὺς μετὰ σπουδῆς πρὸς τ. βασιλέα
50 ὁ δὲ εὐθὺς ἐλάλησεν μετ' αὐτῶν
8 10 ἐμβὰς εἰς τὸ πλοῖον μετὰ τ. μαθητῶν αὐτοῦ
14 εἰ μὴ ἕνα ἄρτον οὐκ εἶχον μεθ' ἑαυτῶν
38 ὅταν ἔλθῃ . . . μετὰ τ. ἀγγέλων τ. ἁγίων
9 8 οὐκέτι οὐδένα εἶδον μεθ' ἑαυτῶν εἰ μὴ τ. Ἰησοῦν μόνον
εἶδ. ἀλλὰ τ. Ἰησ. μόν. μεθ' ἑ., TWH mg.

Mk 9 24 μετὰ δακρύων ἔλεγεν
—μ. δακρ., TWH non mg. R non mg.
38 ὃς οὐκ ἀκολουθεῖ μεθ' ἡμῶν
—h. v., WH non mg. R; ἀκ. ἡμῖν, T
10 30 ἐὰν μὴ λάβῃ . . . ἀγροὺς μετὰ διωγμῶν
11 11 ἐξῆλθεν εἰς Βηθανίαν μετὰ τῶν δώδεκα
13 26 ἐρχόμενον ἐν νεφέλαις μετὰ δυνάμεως πολλῆς κ. δόξης
14 7 πάντοτε γὰρ τ. πτωχοὺς ἔχετε μεθ' ἑαυτῶν
14 ὅπου τὸ πάσχα μετὰ τ. μαθητῶν μου φάγω
17 ἔρχεται μετὰ τῶν δώδεκα
18 εἷς ἐξ ὑμῶν παραδώσει με ὁ ἐσθίων μετ' ἐμοῦ
20 ὁ ἐμβαπτόμενος μετ' ἐμοῦ εἰς τὸ ἓν τρυβλίον
33 παραλαμβάνει τ. Πέτρον . . . μετ' αὐτοῦ
43 μετ' αὐτοῦ ὄχλος μετὰ μαχαιρῶν
48 ὡς ἐπὶ λῃστὴν ἐξήλθατε μετὰ μαχαιρῶν
54 ἦν συνκαθήμενος μετὰ τ. ὑπηρετῶν
62 ἐρχόμενον μετὰ τ. νεφελῶν τ. οὐρανοῦ
67 [1] κ. σὺ μετὰ τ. Ναζαρηνοῦ ἦσθα τ. Ἰησοῦ
15 1 [3] συμβούλιον ποιήσαντες οἱ ἀρχιερεῖς μετὰ τ. πρεσβυτέρων
7 Βαραββᾶς μετὰ τ. στασιαστῶν δεδεμένος
28 κ. μετὰ ἀνόμων ἐλογίσθη
—h. v., TWHR non mg.
וְאֶת־פֹּשְׁעִים נִמְנָה, Is. liii. 12
31 οἱ ἀρχιερεῖς ἐμπαίζοντες . . . μετα τ. γραμματέων
16 [10 [2] ἀπήγγειλεν τοῖς μετ' αὐτοῦ γενομένοις
Lu 1 28 [1] ὁ Κύριος μετὰ σοῦ
39 ἐπορεύθη εἰς τ. ὀρεινὴν μετὰ σπουδῆς
58 ἐμεγάλυνεν Κύριος τὸ ἔλεος αὐτοῦ μετ' αὐτῆς
66 [1] χεὶρ Κυρίου ἦν μετ' αὐτοῦ
72 [3] ποιῆσαι ἔλεος μετὰ τ. πατέρων ἡμῶν
2 36 ζήσασα μετὰ ἀνδρὸς ἔτη ἑπτὰ ἀπὸ τ. παρθενίας αὐτῆς
51 κατέβη μετ' αὐτῶν
5 29 [1] ἄλλοι οἳ ἦσαν μετ' αὐτῶν
30 διὰ τί μετὰ τ. τελωνῶν κ. ἁμαρτωλῶν ἐσθίετε
34 [1] ἐν ᾧ ὁ νυμφίος μετ' αὐτῶν ἐστίν
6 3 [2] ὅτε ἐπείνασεν αὐτὸς κ. οἱ μετ' αὐτοῦ
4 [2] ἔδωκεν τοῖς μετ' αὐτοῦ
17 καταβὰς μετ' αὐτῶν ἔστη
7 36 ἠρώτα δέ τις . . . ἵνα φάγῃ μετ' αὐτοῦ
8 13 μετὰ χαρᾶς δέχονται τ. λόγον
9 39 σπαράσσει αὐτὸν μετὰ ἀφροῦ
49 ὅτι οὐκ ἀκολουθεῖ μεθ' ἡμῶν
10 17 ὑπέστρεψαν δὲ οἱ ἑβδομήκοντα δύο μετὰ χαρᾶς
37 [3] ὁ ποιήσας τὸ ἔλεος μετ' αὐτοῦ
11 7 [1] τὰ παιδία μου μετ' ἐμοῦ εἰς τ. κοίτην εἰσίν
23 [1] ὁ μὴ ὢν μετ' ἐμοῦ κατ' ἐμοῦ ἐστίν·
κ. ὁ μὴ συνάγων μετ' ἐμοῦ σκορπίζει
31 ἐγερθήσεται ἐν τ. κρίσει μετὰ τ. ἀνδρῶν τ. γενεᾶς ταύτης
32 ἀναστήσονται ἐν τ. κρίσει μετὰ τ. γενεᾶς ταύτης
12 13 μερίσασθαι μετ' ἐμοῦ τ. κληρονομίαν
46 τὸ μέρος αὐτοῦ μετὰ τ. ἀπίστων θήσει
58 ὡς γὰρ ὑπάγεις μετὰ τ. ἀντιδίκου σου
13 1 ὧν τὸ αἷμα Πειλᾶτος ἔμιξεν μετὰ τ. θυσιῶν αὐτῶν
14 9 ἄρξῃ μετὰ αἰσχύνης τ. ἔσχατον τόπον κατέχειν
31 ὑπαντῆσαι τῷ μετὰ εἴκοσι χιλιάδων ἐρχομένῳ
15 29 ἵνα μετὰ τ. φίλων μου εὐφρανθῶ
30 ὁ καταφαγών σου τ. βίον μετὰ πορνῶν

Lu 15 31 [1] σὺ πάντοτε μετ' ἐμοῦ εἶ
17 15 μετὰ φωνῆς μεγάλης δοξάζων τ. Θεόν
20 οὐκ ἔρχεται ἡ βασιλεία τ. Θεοῦ μετὰ παρατηρήσεως
21 27 ἐρχόμενον ἐν νεφέλῃ μετὰ δυνάμεως κ. δόξης πολλῆς
22 11 ὅπου τὸ πάσχα μετὰ τ. μαθητῶν μου φάγω
15 ἐπεθύμησα τοῦτο τὸ πάσχα φαγεῖν μεθ' ὑμῶν
21 ἡ χεὶρ τ. παραδιδόντος με μετ' ἐμοῦ ἐπὶ τ. τραπέζης
28 ὑμεῖς δέ ἐστε οἱ διαμεμενηκότες μετ' ἐμοῦ
33 μετὰ σοῦ ἕτοιμός εἰμι κ. εἰς φυλακὴν . . . πορεύεσθαι
37 κ. μετὰ ἀνόμων ἐλογίσθη, Is. *l.c.*
52 ὡς ἐπὶ λῃστὴν ἐξήλθατε μετὰ μαχαιρῶν
53 [1] ὄντος μου μεθ' ὑμῶν ἐν τ. ἱερῷ
59 [1] ἐπ' ἀληθείας κ. οὗτος μετ' αὐτοῦ ἦν
23 12 ἐγένοντο δὲ φίλοι ὅ τε Ἡρῴδης κ. ὁ Πειλᾶτος . . . μετ' ἀλλήλων
43 [1] σήμερον μετ' ἐμοῦ ἔσῃ ἐν τ. παραδείσῳ
24 5 τί ζητεῖτε τ. ζῶντα μετὰ τ. νεκρῶν;
29 μεῖνον μεθ' ἡμῶν
30 ἐν τῷ κατακλιθῆναι αὐτὸν μετ' αὐτῶν
52 ὑπέστρεψαν εἰς Ἱερουσαλὴμ μετὰ χαρᾶς μεγάλης
Jo 3 2 [1] ἐὰν μὴ ᾖ ὁ Θεὸς μετ' αὐτοῦ
22 ἐκεῖ διέτριβεν μετ' αὐτῶν κ. ἐβάπτιζεν
25 ζήτησις ἐκ τ. μαθητῶν Ἰωάνου μετὰ Ἰουδαίου
26 [1] ὃς ἦν μετὰ σοῦ πέραν τ. Ἰορδάνου
4 27 ἐθαύμαζον ὅτι μετὰ γυναικὸς ἐλάλει
27 τί λαλεῖς μετ' αὐτῆς;
6 3 ἐκεῖ ἐκάθητο μετὰ τ. μαθητῶν αὐτοῦ
43 μὴ γογγύζετε μετ' ἀλλήλων
66 οὐκέτι μετ' αὐτοῦ περιεπάτουν
7 33 [1] ἔτι χρόνον μικρὸν μεθ' ὑμῶν εἰμί
8 29 [1] ὁ πέμψας με μετ' ἐμοῦ ἐστίν
9 37 ὁ λαλῶν μετὰ σοῦ ἐκεῖνός ἐστιν
40 [1] ἤκουσαν ἐκ τ. Φαρισαίων ταῦτα οἱ μετ' αὐτοῦ ὄντες
11 16 ἵνα ἀποθάνωμεν μετ' αὐτοῦ
31 [1] οἱ οὖν Ἰουδαῖοι οἱ ὄντες μετ' αὐτῆς
54 κἀκεῖ ἔμεινεν μετὰ τ. μαθητῶν
56 ἔλεγον μετ' ἀλλήλων ἐν τ. ἱερῷ ἑστηκότες
12 8 τ. πτωχοὺς γὰρ πάντοτε ἔχετε μεθ' ἑαυτῶν
17 ἐμαρτύρει οὖν ὁ ὄχλος ὁ ὢν μετ' αὐτοῦ
13 8 οὐκ ἔχεις μέρος μετ' ἐμοῦ
18 ὁ τρώγων μετ' ἐμοῦ τ. ἄρτον
ὁ τρ. μου τ. ἄρτ., WHR non mg.
אֹכֵל לַחְמִי, Ps. xli. 10
33 [1] ἔτι μικρὸν μεθ' ὑμῶν εἰμί
14 9 [1] τοσοῦτον χρόνον μεθ' ὑμῶν εἰμί
16 [1] ἵνα ᾖ μεθ' ὑμῶν εἰς τ. αἰῶνα
μ. ὑμ. ᾖ, T; μ. ὑμ. εἰς τ. αἰ. ᾖ, WH mg.
30 οὐκέτι πολλὰ λαλήσω μεθ' ὑμῶν
15 27 [1] ὅτι ἀπ' ἀρχῆς μετ' ἐμοῦ ἐστέ
16 4 [1] ὅτι μεθ' ὑμῶν ἤμην
19 περὶ τούτου ζητεῖτε μετ' ἀλλήλων
32 [1] ὅτι ὁ πατὴρ μετ' ἐμοῦ ἐστίν
17 12 [1] ὅτε ἤμην μετ' αὐτῶν
24 [1] ἵνα ὅπου εἰμὶ ἐγὼ κἀκεῖνοι ὦσιν μετ' ἐμοῦ
18 2 συνήχθη Ἰησοῦς ἐκεῖ μετὰ τ. μαθητῶν αὐτοῦ
μ. τ. μαθ. αὐτ. ἐκ., WH mg.
3 ἔρχεται ἐκεῖ μετὰ φανῶν κ. λαμπάδων
5 εἱστήκει δὲ κ. Ἰούδας μετ' αὐτῶν
18 ἦν δὲ κ. ὁ Πέτρος μετ' αὐτῶν ἑστώς

Jo 18 26 οὐκ ἐγώ σε εἶδον ἐν τ. κήπῳ μετ' αὐτοῦ;
19 18 μετ' αὐτοῦ ἄλλους δύο ἐντεῦθεν κ. ἐντεῦθεν
40 ἔδησαν αὐτὸ ὀθονίοις μετὰ τ. ἀρωμάτων
20 7 οὐ μετὰ τ. ὀθονίων κείμενον
24 [1] οὐκ ἦν μετ' αὐτῶν ὅτε ἦλθεν Ἰησοῦς
26 [1] πάλιν ἦσαν ἔσω . . . κ. Θωμᾶς μετ' αὐτῶν
Ac 1 26 συνκατεψηφίσθη μετὰ τ. ἕνδεκα ἀποστόλων
2 28 πληρώσεις με εὐφροσύνης μετὰ τ. προσώπου σου
שֹׂבַע שְׂמָחוֹת אֶת־פָּנֶיךָ, Ps. xvi. 11
29 ἐξὸν εἰπεῖν μετὰ παρρησίας πρὸς ὑμᾶς
4 29 μετὰ παρρησίας πάσης λαλεῖν τ. λόγον σου
31 ἐλάλουν τ. λόγον τ. Θεοῦ μετὰ παρρησίας
5 26 ἦγεν αὐτοὺς οὐ μετὰ βίας
7 9 [1] ἦν ὁ Θεὸς μετ' αὐτοῦ
38 ὁ γενόμενος . . . μετὰ τ. ἀγγέλου τ. λαλοῦντος αὐτῷ
45 ἣν κ. εἰσήγαγον . . . μετὰ Ἰησοῦ
9 19 ἐγένετο δὲ μετὰ τῶν ἐν Δαμασκῷ μαθητῶν
28 [1] ἦν μετ' αὐτῶν εἰσπορευόμενος κ. ἐκπορευόμενος
39 [1] ὅσα ἐποίει μετ' αὐτῶν οὖσα ἡ Δορκάς
10 38 [1] ὅτι ὁ Θεὸς ἦν μετ' αὐτοῦ
11 21 [1] ἦν χεὶρ Κυρίου μετ' αὐτῶν
13 17 μετὰ βραχίονος ὑψηλοῦ ἐξήγαγεν αὐτούς
14 23 προσευξάμενοι μετὰ νηστειῶν
27 [8] ἀνήγγελλον ὅσα ἐποίησεν ὁ Θεὸς μετ' αὐτῶν
15 4 [8] ἀνήγγειλάν τε ὅσα ὁ Θεὸς ἐποίησεν μετ' αὐτῶν
33 ἀπελύθησαν μετ' εἰρήνης ἀπὸ τ. ἀδελφῶν
35 εὐαγγελιζόμενοι μετὰ κ. ἑτέρων πολλῶν
17 11 οἵτινες ἐδέξαντο τ. λόγον μετὰ πάσης προθυμίας
18 10 [1] διότι ἐγώ εἰμι μετὰ σοῦ
20 18 πῶς μεθ' ὑμῶν τ. πάντα χρόνον ἐγενόμην
19 δουλεύων τ. Κυρίῳ μετὰ πάσης ταπεινοφροσύνης
31 μετὰ δακρύων νουθετῶν ἕνα ἕκαστον
34 [1] τ. οὖσιν μετ' ἐμοῦ ὑπηρέτησαν αἱ χεῖρες αὗται
24 1 κατέβη ὁ ἀρχιερεὺς Ἀνανίας μετὰ πρεσβυτέρων τινῶν
3 ἀποδεχόμεθα . . . μετὰ πάσης εὐχαριστίας
7 μετὰ πολλῆς βίας ἐκ τ. χειρῶν ἡμῶν ἀπήγαγεν
—h. v., TWHR non mg.
18 εὗρόν με . . . οὐ μετὰ ὄχλου οὐδὲ μετὰ θορύβου
25 12 ὁ Φῆστος συνλαλήσας μετὰ τ. συμβουλίου
23 ἐλθόντος τ. Ἀγρίππα . . . μετὰ πολλῆς φαντασίας
26 12 πορευόμενος εἰς τὴν Δαμασκὸν μετ' ἐξουσίας κ. ἐπιτροπῆς
27 10 μετὰ ὕβρεως κ. πολλῆς ζημίας . . . μέλλειν ἔσεσθαι τ. πλοῦν
24 κεχάρισταί σοι ὁ Θεὸς πάντας τ. πλέοντας μετὰ σοῦ
28 31 διδάσκων . . . μετὰ πάσης παρρησίας ἀκωλύτως
Ro 12 15 χαίρειν μετὰ χαιρόντων κλαίειν μετὰ κλαιόντων
18 μετὰ πάντων ἀνθρώπων εἰρηνεύοντες
15 10 εὐφράνθητε ἔθνη μετὰ τ. λαοῦ αὐτοῦ
הַרְנִינוּ גוֹיִם עַמּוֹ, Dt. xxxii. 43
33 [1] ὁ δὲ Θεὸς τ. εἰρήνης μετὰ πάντων ὑμῶν

Ro 16 20 [4] ἡ χάρις τοῦ Κυρίου ἡμῶν Ἰησοῦ μεθ' ὑμῶν
—h. v., R mg.
24 [4] ἡ χάρις τ. Κυρίου ἡμῶν Ἰησοῦ Χριστοῦ μετὰ πάντων ὑμῶν
—h. v., TWHR non mg.
I Co 6 6 ἀδελφὸς μετὰ ἀδελφοῦ κρίνεται
7 ὅτι κρίματα ἔχετε μεθ' ἑαυτῶν
7 12 εἰ . . . αὕτη συνευδοκεῖ οἰκεῖν μετ' αὐτοῦ
13 κ. οὗτος συνευδοκεῖ οἰκεῖν μετ' αὐτῆς
16 11 ἐκδέχομαι γὰρ αὐτὸν μετὰ τ. ἀδελφῶν
12 ἵνα ἔλθῃ πρὸς ὑμᾶς μετὰ τ. ἀδελφῶν
23 [4] ἡ χάρις τ. Κυρίου Ἰησοῦ μεθ' ὑμῶν.
24 [4] ἡ ἀγάπη μου μετὰ πάντων ὑμῶν ἐν Χριστῷ Ἰησοῦ
II Co 6 15 τίς μερὶς πιστῷ μετὰ ἀπίστου;
16 τίς δὲ συνκατάθεσις ναῷ Θεοῦ μετὰ εἰδώλων;
7 15 ὡς μετὰ φόβου κ. τρόμου ἐδέξασθε αὐτόν
8 4 μετὰ πολλῆς παρακλήσεως δεόμενοι ἡμῶν
18 συνεπέμψαμεν δὲ μετ' αὐτοῦ τ. ἀδελφόν
τ. ἀδ. μετ' αὐτ., T
13 11 [1] ὁ Θεὸς τ. ἀγάπης κ. εἰρήνης ἔσται μεθ' ὑμῶν
13 [4] ἡ κοινωνία τ. ἁγίου πνεύματος μετὰ πάντων ὑμῶν
Ga 2 1 ἀνέβην εἰς Ἱεροσόλυμα μετὰ Βαρνάβα
12 μετὰ τ. ἐθνῶν συνήσθιεν
4 25 δουλεύει γὰρ μετὰ τ. τέκνων αὐτῆς
30 οὐ γὰρ μὴ κληρονομήσει ὁ υἱὸς τ. παιδίσκης μετὰ τ. υἱοῦ τ. ἐλευθέρας

כִּי לֹא יִירַשׁ בֶּן־הָאָמָה הַזֹּאת עִם־בְּנִי עִם־יִצְחָק, Gen. xxi. 10

6 18 [4] ἡ χάρις τ. Κυρίου ἡμῶν . . μετὰ τ. πνεύματος ὑμῶν
Eph 4 2 ἀξίως περιπατῆσαι . . . μετὰ πάσης ταπεινοφροσύνης κ. πραΰτητος μετὰ μακροθυμίας
25 λαλεῖτε ἀλήθειαν ἕκαστος μετὰ τοῦ πλησίον αὐτοῦ
6 5 ὑπακούετε τοῖς . . . κυρίοις μετὰ φόβου κ. τρόμου
7 μετ' εὐνοίας δουλεύοντες ὡς τ. Κυρίῳ
23 [4] εἰρήνη τ. ἀδελφοῖς κ. ἀγάπη μετὰ πίστεως
24 [4] ἡ χάρις μετὰ πάντων τ. ἀγαπώντων τ. Κύριον ἡμῶν
Phl 1 4 [3] μετὰ χαρᾶς τ. δέησιν ποιούμενος
2 12 μετὰ φόβου κ. τρόμου τὴν ἑαυτῶν σωτηρίαν κατεργάζεσθε
29 προσδέχεσθε οὖν αὐτὸν ἐν Κυρίῳ μετὰ πάσης χαρᾶς
4 3 μετὰ κ. Κλήμεντος κ. τ. λοιπῶν συνεργῶν μου
6 μετὰ εὐχαριστίας τὰ αἰτήματα ὑμῶν γνωριζέσθω
9 [1] ὁ Θεὸς τ. εἰρήνης ἔσται μεθ' ὑμῶν
23 [4] ἡ χάρις τ. Κυρίου Ἰησοῦ Χριστοῦ μετὰ τ. πνεύματος ὑμῶν
Col 1 11 εἰς πᾶσαν ὑπομονὴν κ. μακροθυμίαν μετὰ χαρᾶς
4 18 [4] ἡ χάρις μεθ' ὑμῶν
I Th 1 6 δεξάμενοι τ. λόγον . . . μετὰ χαρᾶς πνεύματος ἁγίου
3 13 ἐν τ. παρουσίᾳ τ. Κυρίου ἡμῶν Ἰησοῦ μετὰ πάντων τ. ἁγίων αὐτοῦ
5 28 [4] ἡ χάρις τ. Κυρίου ἡμῶν . . . μεθ' ὑμῶν

II Th 1 7 ἀνταποδοῦναι . . . ὑμῖν τ. θλιβομένοις ἄνεσιν μεθ' ἡμῶν,
ἐν τ. ἀποκαλύψει τ. Κυρίου Ἰησοῦ . . . μετ' ἀγγέλων δυνάμεως αὐτοῦ
3 12 μετὰ ἡσυχίας ἐργαζόμενοι
16 [1] ὁ Κύριος μετὰ πάντων ὑμῶν
18 [4] ἡ χάρις τ. Κυρίου ἡμῶν . . . μετὰ πάντων ὑμῶν
I Ti 1 14 ὑπερεπλεόνασεν δὲ ἡ χάρις τ. Κυρίου ἡμῶν μετὰ πίστεως κ. ἀγάπης
2 9 μετὰ αἰδοῦς κ. σωφροσύνης κοσμεῖν ἑαυτάς
15 ἐὰν μείνωσιν ἐν πίστει κ. ἀγάπῃ . . . μετὰ σωφροσύνης
3 4 τέκνα ἔχοντα ἐν ὑποταγῇ μετὰ πάσης σεμνότητος
4 3 ἃ ὁ Θεὸς ἔκτισεν εἰς μετάλημψιν μετὰ εὐχαριστίας
4 οὐδὲν ἀπόβλητον μετὰ εὐχαριστίας λαμβανόμενον
14 ὃ ἐδόθη σοι . . . μετὰ ἐπιθέσεως τ. χειρῶν τ. πρεσβυτερίου
6 6 ἔστιν δὲ πορισμὸς μέγας ἡ εὐσέβεια μετὰ αὐταρκείας
21 [4] ἡ χάρις μεθ' ὑμῶν
II Ti 2 10 ἵνα κ. αὐτοὶ σωτηρίας τύχωσιν . . . μετὰ δόξης αἰωνίου
22 δίωκε δὲ δικαιοσύνην . . . μετὰ τ. ἐπικαλουμένων τ. Κύριον
4 11 [1] Λουκᾶς ἐστὶν μόνος μετ' ἐμοῦ.
Μάρκον ἀναλαβὼν ἄγε μετὰ σεαυτοῦ
22 [1] ὁ Κύριος μετὰ τ. πνεύματός σου.
[4] ἡ χάρις μεθ' ὑμῶν
Tit 2 15 ἔλεγχε μετὰ πασῆς ἐπιταγῆς
3 15 [2] ἀσπάζονταί σε οἱ μετ' ἐμοῦ πάντες
15 [4] ἡ χάρις μετὰ πάντων ὑμῶν
Phm 25 [4] ἡ χάρις τ. Κυρίου Ἰησοῦ μετὰ τ. πνεύματος ὑμῶν
He 4 16 προσερχώμεθα οὖν μετὰ παρρησίας τ. θρόνῳ τ. χάριτος
5 7 μετὰ κραυγῆς ἰσχυρᾶς κ. δακρύων προσενέγκας
7 21 ὁ δὲ μετὰ ὁρκωμοσίας
9 19 μετὰ ὕδατος κ. ἐρίου κοκκίνου κ. ὑσσώπου
10 22 προσερχώμεθα μετὰ ἀληθινῆς καρδίας
34 τ. ἁρπαγὴν τ. ὑπαρχόντων ὑμῶν μετὰ χαρᾶς προσεδέξασθε
11 9 ἐν σκηναῖς κατοικήσας μετὰ Ἰσαὰκ κ. Ἰακὼβ
31 δεξαμένη τ. κατασκόπους μετ' εἰρήνης
12 14 εἰρήνην διώκετε μετὰ πάντων
17 καίπερ μετὰ δακρύων ἐπιζητήσας αὐτήν
28 δι' ἧς λατρεύωμεν . . . μετὰ εὐλαβείας κ. δέους
13 17 [3] ἵνα μετὰ χαρᾶς τοῦτο ποιῶσιν
23 μεθ' οὗ ἐὰν τάχειον ἔρχηται ὄψομαι ὑμᾶς
25 [4] ἡ χάρις μετὰ πάντων ὑμῶν
I Pe 3 15 ἀλλὰ μετὰ πραΰτητος κ. φόβου
I Jo 1 3 ἵνα κ. ὑμεῖς κοινωνίαν ἔχητε μεθ' ἡμῶν·
κ. ἡ κοινωνία δὲ ἡμετέρα μετὰ τ. πατρός, κ. μετὰ τ. υἱοῦ αὐτοῦ Ἰησοῦ Χριστοῦ
6 ἐὰν εἴπωμεν ὅτι κοινωνίαν ἔχομεν μετ' αὐτοῦ
7 κοινωνίαν ἔχομεν μετ' ἀλλήλων
2 19 μεμενήκεισαν ἂν μεθ' ἡμῶν
4 17 [4] ἐν τούτῳ τετελείωται ἡ ἀγάπη μεθ' ἡμῶν
II Jo 2 [1] μεθ' ἡμῶν ἔσται εἰς τ. αἰῶνα
3 [1] ἔσται μεθ' ἡμῶν χάρις ἔλεος εἰρήνη
Re 1 7 ἰδοὺ ἔρχεται μετὰ τ. νεφελῶν

Re 1 12 βλέπειν τ. φωνὴν ἥτις ἐλάλει μετ' ἐμοῦ
2 16 πολεμήσω μετ' αὐτῶν ἐν τ. ῥομφαίᾳ τ. στόματός μου
22 βάλλω . . . τ. μοιχεύοντας μετ' αὐτῆς εἰς θλίψιν μεγάλην
3 4 περιπατήσουσιν μετ' ἐμοῦ ἐν λευκοῖς
20 δειπνήσω μετ' αὐτοῦ κ. αὐτὸς μετ' ἐμοῦ
21 δώσω αὐτῷ καθίσαι μετ' ἐμοῦ
21 ὡς κἀγὼ . . . ἐκάθισα μετὰ τ. πατρός μου
4 1 ὡς σάλπιγγος λαλούσης μετ' ἐμοῦ
6 8 ὁ ᾅδης ἠκολούθει μετ' αὐτοῦ
10 8 ἡ φωνὴ ἣν ἤκουσα . . . πάλιν λαλοῦσαν μετ' ἐμοῦ
11 7 τὸ θηρίον . . . ποιήσει μετ' αὐτῶν πόλεμον
12 7 τοῦ πολεμῆσαι μετὰ τ. δράκοντος
9 οἱ ἄγγελοι αὐτοῦ μετ' αὐτοῦ ἐβλήθησαν
17 ποιῆσαι πόλεμον μετὰ τ. λοιπῶν τ. σπέρματος αὐτῆς
13 4 τίς δύναται πολεμῆσαι μετ' αὐτοῦ
7 ἐδόθη αὐτῷ ποιῆσαι πόλεμον μετὰ τ. ἁγίων
—h. v., [WH] R mg.
14 1 μετ' αὐτοῦ ἑκατὸν τεσσεράκοντα τέσσαρες χιλιάδες
4 οὗτοί εἰσιν οἳ μετὰ γυναικῶν οὐκ ἐμολύνθησαν
13 τὰ γὰρ ἔργα αὐτῶν ἀκολουθεῖ μετ' αὐτῶν
17 1 ἐλάλησεν μετ' ἐμοῦ λέγων
2 μεθ' ἧς ἐπόρνευσαν οἱ βασιλεῖς τ. γῆς
12 ἐξουσίαν ὡς βασιλεῖς μίαν ὥραν λαμβάνουσιν μετὰ τ. θηρίου
14 οὗτοι μετὰ τ. ἀρνίου πολεμήσουσιν
14 [2] οἱ μετ' αὐτοῦ κλητοὶ κ. ἐκλεκτοί
18 3 οἱ βασιλεῖς τ. γῆς μετ' αὐτῆς ἐπόρνευσαν
9 [2] οἱ βασιλεῖς τ. γῆς οἱ μετ' αὐτῆς πορνεύσαντες
19 19 συνηγμένα ποιῆσαι τ. πόλεμον μετὰ τ. καθημένου ἐπὶ τ. ἵππου κ. μετὰ τ. στρατεύματος αὐτοῦ
20 μετ' αὐτοῦ ὁ ψευδοπροφήτης
ὁ μετ' αὐτ. ψευδ., WH mg.
20 4 ἐβασίλευσαν μετὰ τ. Χριστοῦ χίλια ἔτη
6 βασιλεύσουσιν μετ' αὐτοῦ τὰ χίλια ἔτη
21 3 [1] ἡ σκηνὴ τ. Θεοῦ μετὰ τ. ἀνθρώπων, κ. σκηνώσει μετ' αὐτῶν
3 [1] αὐτὸς ὁ Θεὸς μετ' αὐτῶν ἔσται
ἔστ. μετ' αὐτ., T
9 ἐλάλησεν μετ' ἐμοῦ λέγων
15 ὁ λαλῶν μετ' ἐμοῦ εἶχεν μέτρον
22 12 [1] ὁ μισθός μου μετ' ἐμοῦ
21 [4] ἡ χάρις τ. Κυρίου Ἰησοῦ Χριστοῦ μετὰ τ. ἁγίων
μετ. πάντων, TR mg.

c. acc.

(1) de loc. **(2)** seq. infin.
(3) μ. μικρόν, βραχύ

Mt 1 12 μετὰ δὲ τ. μετοικεσίαν Βαβυλῶνος
17 1 μεθ' ἡμέρας ἓξ παραλαμβάνει ὁ Ἰησοῦς τ. Πέτρον
24 29 εὐθέως δὲ μετὰ τ. θλίψιν τ. ἡμερῶν ἐκείνων
25 19 μετὰ δὲ πολὺν χρόνον ἔρχεται ὁ κύριος
26 2 μετὰ δύο ἡμέρας τὸ πάσχα γίνεται
32 [2] μετὰ δὲ τὸ ἐγερθῆναί με
73 [3] μετὰ μικρὸν δὲ προσελθόντες οἱ ἑστῶτες

Mt 27 53 ἐξελθόντες ἐκ τ. μνημείων μετὰ τ. ἔγερσιν αὐτοῦ
62 ἥτις ἐστὶν μετὰ τ. παρασκευήν
63 μετὰ τρεῖς ἡμέρας ἐγείρομαι
Mk 1 14 [2] κ. μετὰ τὸ παραδοθῆναι τ. Ἰωάνην
μετὰ δὲ τὸ παρ., T
8 31 δεῖ . . . μετὰ τρεῖς ἡμέρας ἀναστῆναι
9 2 μετὰ ἡμέρας ἓξ παραλαμβάνει ὁ Ἰησοῦς τ. Πέτρον
31 ἀποκτανθεὶς μετὰ τρεῖς ἡμέρας ἀναστήσεται
10 34 μετὰ τρεῖς ἡμέρας ἀναστήσεται
13 24 ἐν ἐκείναις τ. ἡμέραις μετὰ τ. θλίψιν ἐκείνην
14 1 ἦν δὲ τὸ πάσχα . . . μετὰ δύο ἡμέρας
28 [2] μετὰ τὸ ἐγερθῆναί με
70 [3] μετὰ μικρὸν πάλιν οἱ παρεστῶτες ἔλεγον
16 [12 μετὰ δὲ ταῦτα δυσὶν ἐξ αὐτῶν περιπατοῦσιν ἐφανερώθη
[19 [2] μετὰ τὸ λαλῆσαι αὐτοῖς ἀνελήμφθη
Lu 1 24 μετὰ δὲ ταύτας τ. ἡμέρας συνέλαβεν Ἐλεισάβετ
2 46 ἐγένετο μετὰ ἡμέρας τρεῖς
5 27 μετὰ ταῦτα ἐξῆλθεν
9 28 ἐγένετο δὲ μετὰ τ. λόγους τούτους ὡσεὶ ἡμέραι ὀκτώ
10 1 μετὰ δὲ ταῦτα ἀνέδειξεν ὁ Κύριος
12 4 μετὰ ταῦτα μὴ ἐχόντων περισσότερόν τι ποιῆσαι
5 [2] φοβήθητε τὸν μετὰ τὸ ἀποκτεῖναι ἔχοντα ἐξουσίαν
15 13 μετ' οὐ πολλὰς ἡμέρας συναγαγὼν πάντα
17 8 μετὰ ταῦτα φάγεσαι κ. πίεσαι σύ
18 4 μετὰ ταῦτα δὲ εἶπεν ἐν ἑαυτῷ
22 20 [2] τὸ ποτήριον ὡσαύτως μετὰ τὸ δειπνῆσαι
—h. v., [[WH]] R mg.
58 [3] μετὰ βραχὺ ἕτερος ἰδὼν αὐτὸν ἔφη
Jo 2 12 μετὰ τοῦτο κατέβη εἰς Καφαρναοὺμ
3 22 μετὰ ταῦτα ἦλθεν ὁ Ἰησοῦς
4 43 μετὰ δὲ τὰς δύο ἡμέρας ἐξῆλθεν ἐκεῖθεν
5 1 μετὰ ταῦτα ἦν ἑορτὴ τ. Ἰουδαίων
[4 ὁ οὖν πρῶτος ἐμβὰς μετὰ τ. ταραχὴν τ. ὕδατος
14 μετὰ ταῦτα εὑρίσκει αὐτὸν ὁ Ἰησοῦς
6 1 μετὰ ταῦτα ἀπῆλθεν ὁ Ἰησοῦς
7 1 μετὰ ταῦτα περιεπάτει ὁ Ἰησοῦς ἐν τ. Γαλιλαίᾳ
11 7 ἔπειτα μετὰ τοῦτο λέγει τ. μαθηταῖς
11 μετὰ τοῦτο λέγει αὐτοῖς
13 7 γνώσῃ δὲ μετὰ ταῦτα
27 μετὰ τὸ ψωμίον τότε εἰσῆλθεν εἰς ἐκεῖνον ὁ Σατανᾶς
19 28 μετὰ τοῦτο εἰδὼς ὁ Ἰησοῦς
38 μετὰ δὲ ταῦτα ἠρώτησεν τ. Πειλᾶτον Ἰωσὴφ
20 26 μεθ' ἡμέρας ὀκτὼ πάλιν ἦσαν ἔσω
21 1 μετὰ ταῦτα ἐφανέρωσεν ἑαυτὸν πάλιν
Ac 1 3 [2] οἷς κ. παρέστησεν ἑαυτὸν ζῶντα μετὰ τὸ παθεῖν αὐτόν
5 ἐν πνεύματι βαπτισθήσεσθε ἁγίῳ οὐ μετὰ πολλὰς ταύτας ἡμέρας
5 37 μετὰ τοῦτον ἀνέστη Ἰούδας ὁ Γαλιλαῖος
7 4 [2] κἀκεῖθεν μετὰ τὸ ἀποθανεῖν τ. πατέρα αὐτοῦ
5 ἐπηγγείλατο δοῦναι . . . τ. σπέρματι αὐτοῦ μετ' αὐτόν
7 μετὰ ταῦτα ἐξελεύσονται
אַחֲרֵי־כֵן יֵצְאוּ, Gen. xv. 14
10 37 μετὰ τὸ βάπτισμα ὃ ἐκήρυξεν Ἰωάνης

Ac 10 41 [2] συνεπίομεν αὐτῷ μετὰ τὸ ἀναστῆναι αὐτὸν ἐκ νεκρῶν
12 4 βουλόμενος μετὰ τὸ πάσχα ἀναγαγεῖν αὐτόν
13 15 μετὰ δὲ τ. ἀνάγνωσιν τ. νόμου κ. τ. προφητῶν
20 μετὰ ταῦτα ἔδωκεν κριτὰς ἕως Σαμουήλ
25 ἔρχεται μετ' ἐμὲ οὗ οὐκ εἰμὶ ἄξιος
15 13 [2] μετὰ δὲ τὸ σιγῆσαι αὐτοὺς ἀπεκρίθη Ἰάκωβος
16 μετὰ ταῦτα ἀναστρέψω
בַּיּוֹם הַהוּא אָקִים, Am. ix. 11
36 μετὰ δέ τινας ἡμέρας εἶπεν πρὸς Βαρνάβαν Παῦλος
18 1 μετὰ ταῦτα χωρισθεὶς ἐκ τ. Ἀθηνῶν
19 4 εἰς τ. ἐρχόμενον μετ' αὐτὸν ἵνα πιστεύσωσιν
21 [2] μετὰ τὸ γενέσθαι με ἐκεῖ
20 1 [2] μετὰ δὲ τὸ παύσασθαι τ. θόρυβον
6 ἡμεῖς δὲ ἐξεπλεύσαμεν μετὰ τ. ἡμέρας τ. ἀζύμων
29 εἰσελεύσονται μετὰ τ. ἄφιξίν μου λύκοι βαρεῖς
21 15 μετὰ δὲ τ. ἡμέρας ταύτας ἐπισκευασάμενοι
24 1 μετὰ δὲ πέντε ἡμέρας κατέβη ὁ ἀρχιερεὺς
24 μετὰ δὲ ἡμέρας τινὰς παραγενόμενος ὁ Φῆλιξ
25 1 μετὰ τρεῖς ἡμέρας ἀνέβη εἰς Ἱεροσόλυμα
27 14 μετ' οὐ πολὺ δὲ ἔβαλεν κατ' αὐτῆς ἄνεμος τυφωνικός
28 11 μετὰ δὲ τρεῖς ἡμέρας ἀνήχθημεν ἐν πλοίῳ
13 μετὰ μίαν ἡμέραν ἐπιγενομένου νότου
17 ἐγένετο δὲ μετὰ ἡμέρας τρεῖς
I Co 11 25 [2] ὡσαύτως κ. τὸ ποτήριον μετὰ τὸ δειπνῆσαι
Ga 1 18 ἔπειτα μετὰ τρία ἔτη ἀνῆλθον εἰς Ἱεροσόλυμα
3 17 ὁ μετὰ τετρακόσια κ. τριάκοντα ἔτη γεγονὼς νόμος
Tit 3 10 αἱρετικὸν ἄνθρωπον μετὰ μίαν κ. δευτέραν νουθεσίαν παραιτοῦ
He 4 7 σήμερον ἐν Δαυεὶδ λέγων μετὰ τοσοῦτον χρόνον
8 οὐκ ἂν περὶ ἄλλης ἐλάλει μετὰ ταῦτα ἡμέρας
7 28 ὁ λόγος δὲ τ. ὁρκωμοσίας τῆς μετὰ τ. νόμον
8 10 ἣν διαθήσομαι τ. οἴκῳ Ἰσραὴλ μετὰ τ. ἡμέρας ἐκείνας
אֲשֶׁר אֶכְרֹת אֶת־בֵּית יִשְׂרָאֵל אַחֲרֵי הַיָּמִים הָהֵם, Jer. xxxi. 33
9 3 [1] μετὰ δὲ τὸ δεύτερον καταπέτασμα σκηνή
27 μετὰ δὲ τοῦτο κρίσις
10 15 [2] μετὰ γὰρ τὸ εἰρηκέναι
16 ἣν διαθήσομαι πρὸς αὐτοὺς μετὰ τ. ἡμέρας ἐκείνας, Jer. *l.c.*
26 [2] μετὰ τὸ λαβεῖν τ. ἐπίγνωσιν τ. ἀληθείας
I Pe 1 11 προμαρτυρόμενον . . . τὰς μετὰ ταῦτα δόξας
II Pe 1 15 ἑκάστοτε ἔχειν ὑμᾶς μετὰ τ. ἐμὴν ἔξοδον
Re 1 19 ἃ μέλλει γίνεσθαι μετὰ ταῦτα
4 1 μετὰ ταῦτα εἶδον
2 μετὰ ταῦτα εὐθέως ἐγενόμην ἐν πνεύματι
7 1 μετὰ τοῦτο εἶδον τέσσαρας ἀγγέλους
9 μετὰ ταῦτα εἶδον
9 12 ἰδοὺ ἔρχεται ἔτι δύο οὐαὶ μετὰ ταῦτα
11 11 μετὰ τ. τρεῖς ἡμέρας κ. ἥμισυ
15 5 μετὰ ταῦτα εἶδον
18 1 μετὰ ταῦτα εἶδον ἄλλον ἄγγελον
19 1 μετὰ ταῦτα ἤκουσα ὡς φωνὴν
20 3 μετὰ ταῦτα δεῖ λυθῆναι αὐτὸν μικρὸν χρόνον

ΜΕΤΑΒΑΙ'ΝΩ** 3327

Mt 8 34 παρεκάλεσαν ὅπως μεταβῇ ἀπὸ τ. ὁρίων αὐτῶν
11 1 μετέβη ἐκεῖθεν τοῦ διδάσκειν κ. κηρύσσειν
12 9 μεταβὰς ἐκεῖθεν ἦλθεν
15 29 μεταβὰς ἐκεῖθεν ὁ Ἰησοῦς ἦλθεν
17 20 ἐρεῖτε . . . Μετάβα ἔνθεν ἐκεῖ κ. μεταβήσεται
Lu 10 7 μὴ μεταβαίνετε ἐξ οἰκίας εἰς οἰκίαν
Jo 5 24 μεταβέβηκεν ἐκ τ. θανάτου εἰς τ. ζωήν
7 3 μετάβηθι ἐντεῦθεν
13 1 ἵνα μεταβῇ ἐκ τ. κόσμου τούτου πρὸς τ. πατέρα
Ac 18 7 μεταβὰς ἐκεῖθεν ἦλθεν
I Jo 3 14 οἴδαμεν ὅτι μεταβεβήκαμεν ἐκ τ. θανάτου εἰς τ. ζωήν

ΜΕΤΑΒΑ'ΛΛΟΜΑΙ 3328

Ac 28 6 μεταβαλόμενοι ἔλεγον αὐτὸν εἶναι θεόν
μεταβαλλόμενοι, T

ΜΕΤΑ'ΓΩ 3329

Ja 3 3 ὅλον τὸ σῶμα αὐτῶν μετάγομεν
4 τὰ πλοῖα . . . μετάγεται ὑπὸ ἐλαχίστου πηδαλίου

ΜΕΤΑΔΙ'ΔΩΜΙ 3330

Lu 3 11 ὁ ἔχων δύο χιτῶνας μεταδότω τῷ μὴ ἔχοντι
Ro 1 11 ἵνα τι μεταδῶ χάρισμα ὑμῖν πνευματικόν
12 8 ὁ μεταδιδοὺς ἐν ἁπλότητι
Eph 4 28 ἵνα ἔχῃ μεταδιδόναι τῷ χρείαν ἔχοντι
I Th 2 8 ηὐδοκοῦμεν μεταδοῦναι ὑμῖν οὐ μόνον τὸ εὐαγγέλιον τ. Θεοῦ

ΜΕΤΑ'ΘΕΣΙΣ** 3331

He 7 12 ἐξ ἀνάγκης κ. νόμου μετάθεσις γίνεται
11 5 πρὸ γὰρ τ. μεταθέσεως μεμαρτύρηται
12 27 δηλοῖ τὴν τ. σαλευομένων μετάθεσιν

ΜΕΤΑΙ'ΡΩ 3332

Mt 13 53 ὅτε ἐτέλεσεν ὁ Ἰησοῦς . . . μετῆρεν ἐκεῖθεν
19 1 ὅτε ἐτέλεσεν ὁ Ἰησοῦς . . . μετῆρεν ἀπὸ τ. Γαλιλαίας

ΜΕΤΑΚΑΛΕ'ΟΜΑΙ 3333

Ac 7 14 ἀποστείλας δὲ Ἰωσὴφ μετεκαλέσατο Ἰακὼβ τ. πατέρα αὐτοῦ
10 32 μετακάλεσαι Σίμωνα ὃς ἐπικαλεῖται Πέτρος
20 17 μετεκαλέσατο τ. πρεσβυτέρους τ. ἐκκλησίας
24 25 καιρὸν δὲ μεταλαβὼν μετακαλέσομαί σε

ΜΕΤΑΚΙΝΕ'Ω 3334

Col 1 23 μὴ μετακινούμενοι ἀπὸ τ. ἐλπίδος τ. εὐαγγελίου

ΜΕΤΑΛΑΜΒΑ'ΝΩ** 3335

Ac 2 46 μετελάμβανον τροφῆς ἐν ἀγαλλιάσει κ. ἀφελότητι καρδίας
24 25 καιρὸν δὲ μεταλαβὼν μετακαλέσομαί σε
27 33 παρεκάλει ὁ Παῦλος ἅπαντας μεταλαβεῖν τροφῆς
34 παρακαλῶ ὑμᾶς μεταλαβεῖν τροφῆς

II Ti 2 6 τ. κοπιῶντα γεωργὸν δεῖ πρῶτον τ. καρπῶν μεταλαμβάνειν
He 6 7 γῆ γὰρ . . . μεταλαμβάνει εὐλογίας ἀπὸ τ. Θεοῦ
12 10 εἰς τὸ μεταλαβεῖν τ. ἁγιότητος αὐτοῦ

ΜΕΤΆΛΗΜΨΙΣ* 3336

I Ti 4 3 ἃ ὁ Θεὸς ἔκτισεν εἰς μετάλημψιν μετὰ εὐχαριστίας

ΜΕΤΑΛΛΆΣΣΩ 3337

Ro 1 25 οἵτινες μετήλλαξαν τ. ἀλήθειαν τ. Θεοῦ ἐν τ. ψεύδει
26 μετήλλαξαν τ. φυσικὴν χρῆσιν εις τὴν παρὰ φύσιν

ΜΕΤΑΜΈΛΟΜΑΙ 3338

Mt 21 30 ὕστερον μεταμεληθεὶς ἀπῆλθεν
v. 29, TR
32 ὑμεῖς δὲ ἰδόντες οὐδὲ μετεμελήθητε ὕστερον
27 3 μεταμεληθεὶς ἔστρεψεν τὰ τριάκοντα ἀργύρια
II Co 7 8 οὐ μεταμέλομαι εἰ κ. μετεμελόμην
He 7 21 ὤμοσεν Κύριος κ. οὐ μεταμεληθήσεται
נִשְׁבַּע יְהוָה וְלֹא יִנָּחֵם, Ps. cx. 4

ΜΕΤΑΜΟΡΦΌΟΜΑΙ** 3339

Mt 17 2 μετεμορφώθη ἔμπροσθεν αὐτῶν
Mk 9 2 μετεμορφώθη ἔμπροσθεν αὐτῶν
Ro 12 2 μεταμορφοῦσθε τ. ἀνακαινώσει τ. νοός
μεταμορφοῦσθαι, WH mg.
II Co 3 18 τ. αὐτὴν εἰκόνα μεταμορφούμεθα

ΜΕΤΑΝΟΈΩ 3340

(1) μεταν. ἀπό, ἐκ

Mt 3 2 παραγίνεται Ἰωάνης . . . λέγων Μετανοεῖτε
4 17 ἤρξατο ὁ Ἰησοῦς . . . λέγειν Μετανοεῖτε
—μεταν., WH mg.
11 20 ἤρξατο ὀνειδίζειν τ. πόλεις . . . ὅτι οὐ μετενόησαν
21 πάλαι ἂν ἐν σάκκῳ κ. σποδῷ μετενόησαν
12 41 ὅτι μετενόησαν εἰς τὸ κήρυγμα Ἰωνᾶ
Mk 1 15 μετανοεῖτε κ. πιστεύετε ἐν τ. εὐαγγελίῳ
6 12 ἐξελθόντες ἐκήρυξαν ἵνα μετανοῶσιν
Lu 10 13 πάλαι ἂν ἐν σάκκῳ κ. σποδῷ καθήμενοι μετενόησαν
11 32 ὅτι μετενόησαν εἰς τὸ κήρυγμα Ἰωνᾶ
13 3 ἐὰν μὴ μετανοῆτε πάντες ὁμοίως ἀπολεῖσθε
5 ἐὰν μὴ μετανοήσητε πάντες ὡσαύτως ἀπολεῖσθε
μετανοῆτε, WH mg.
15 7 χαρὰ . . . ἔσται ἐπὶ ἑνὶ ἁμαρτωλῷ μετανοοῦντι
10 γίνεται χαρὰ . . . ἐπὶ ἑνὶ ἁμαρτωλῷ μετανοοῦντι
16 30 ἐάν τις ἀπὸ νεκρῶν πορευθῇ πρὸς αὐτοὺς μετανοήσουσιν
17 3 ἐὰν μετανοήσῃ ἄφες αὐτῷ
4 ἐὰν ἑπτάκις . . . ἐπιστρέψῃ πρός σε λέγων Μετανοῶ
Ac 2 38 μετανοήσατε κ. βαπτισθήτω ἕκαστος ὑμῶν
3 19 μετανοήσατε οὖν κ. ἐπιστρέψατε
8 22 [1] μετανόησον οὖν ἀπὸ τ. κακίας σου ταύτης
Ac 17 30 ἀπαγγέλλει τ. ἀνθρώποις πάντας πανταχοῦ μετανοεῖν
26 20 ἀπήγγελλον μετανοεῖν
II Co 12 21 πενθήσω πολλοὺς τῶν . . . μὴ μετανοησάντων ἐπὶ τ. ἀκαθαρσίᾳ
Re 2 5 μνημόνευε οὖν πόθεν πέπτωκες κ. μετανόησον
5 κινήσω τ. λυχνίαν σου . . . ἐὰν μὴ μετανοήσῃς
16 μετανόησον οὖν
21 ἔδωκα αὐτῇ χρόνον ἵνα μετανοήσῃ,
[1] κ. οὐ θέλει μετανοῆσαι ἐκ τ. πορνείας αὐτῆς
22 [1] ἐὰν μὴ μετανοήσουσιν ἐκ τ. ἔργων αὐτῆς
3 3 μνημόνευε οὖν . . . κ. τήρει κ. μετανόησον
19 ζήλευε οὖν κ. μετανόησον
9 20 [1] οὐ μετενόησαν ἐκ τ. ἔργων τ. χειρῶν αὐτῶν
21 [1] οὐ μετενόησαν ἐκ τ. φόνων αὐτῶν
16 9 οὐ μετενόησαν δοῦναι αὐτῷ δόξαν
11 [1] οὐ μετενόησαν ἐκ τ. ἔργων αὐτῶν

ΜΕΤΆΝΟΙΑ 3341

Mt 3 8 ποιήσατε οὖν καρπὸν ἄξιον τ. μετανοίας
11 ἐγὼ μὲν ὑμᾶς βαπτίζω ἐν ὕδατι εἰς μετάνοιαν
Mk 1 4 κηρύσσων βάπτισμα μετανοίας εἰς ἄφεσιν ἁμαρτιῶν
Lu 3 3 κηρύσσω βάπτισμα μετανοίας εἰς ἄφεσιν ἁμαρτιῶν
8 ποιήσατε οὖν καρποὺς ἀξίους τ. μετανοίας
5 32 οὐκ ἐλήλυθα καλέσαι δικαίους ἀλλὰ ἁμαρτωλοὺς εἰς μετάνοιαν
15 7 οἵτινες οὐ χρείαν ἔχουσιν μετανοίας
24 47 κηρυχθῆναι ἐπὶ τ. ὀνόματι αὐτοῦ μετάνοιαν εἰς ἄφεσιν ἁμαρτιῶν
Ac 5 31 δοῦναι μετάνοιαν τῷ Ἰσραὴλ κ. ἄφεσιν ἁμαρτιῶν
11 18 κ. τ. ἔθνεσιν ὁ Θεὸς τ. μετάνοιαν εἰς ζωὴν ἔδωκεν
13 24 προκηρύξαντος Ἰωάνου . . . βάπτισμα μετανοίας
19 4 Ἰωάνης ἐβάπτισεν βάπτισμα μετανοίας
20 21 διαμαρτυρόμενος . . . τὴν εἰς Θεὸν μετάνοιαν
26 20 ἄξια τ. μετανοίας ἔργα πράσσοντας
Ro 2 4 τὸ χρηστὸν τ. Θεοῦ εἰς μετάνοιάν σε ἄγει
II Co 7 9 ἐλυπήθητε εἰς μετάνοιαν
10 ἡ γὰρ κατὰ Θεὸν λύπη μετάνοιαν . . . ἐργάζεται
II Ti 2 25 μήποτε δῴη αὐτοῖς ὁ Θεὸς μετάνοιαν εἰς ἐπίγνωσιν ἀληθείας
He 6 1 μὴ πάλιν θεμέλιον καταβαλλόμενοι μετανοίας ἀπὸ νεκρῶν ἔργων
6 πάλιν ἀνακαινίζειν εἰς μετάνοιαν
12 17 μετανοίας γὰρ τόπον οὐχ εὗρεν
II Pe 3 9 βουλόμενος . . . πάντας εἰς μετάνοιαν χωρῆσαι

ΜΕΤΑΞΎ 3342

Mt 18 15 ἔλεγξον αὐτὸν μ. σοῦ κ. αὐτοῦ μόνου
23 35 ὃν ἐφονεύσατε μ. τ. ναοῦ κ. τ. θυσιαστηρίου
Lu 11 51 Ζαχαρίου τ. ἀπολομένου μ. τ. θυσιαστηρίου κ. τ. οἴκου
16 26 μ. ἡμῶν κ. ὑμῶν χάσμα μέγα ἐστήρικται

Jo 4 31 ἐν τῷ μ. ἠρώτων αὐτὸν οἱ μαθηταί
Ac 12 6 ἦν ὁ Πέτρος κοιμώμενος μ. δύο στρατιωτῶν
13 42 εἰς τὸ μ. σάββατον λαληθῆναι αὐτοῖς τὰ ῥήματα ταῦτα
15 9 οὐθὲν διέκρινεν μ. ἡμῶν τε κ. αὐτῶν
Ro 2 15 μ. ἀλλήλων τ. λογισμῶν κατηγορούντων

ΜΕΤΑΠΕ΄ΜΠΟΜΑΙ 3343

Ac 10 5 μετάπεμψαι Σίμωνά τινα ὃς ἐπικαλεῖται Πέτρος
22 ἐχρηματίσθη . . . μεταπέμψασθαί σε εἰς τ. οἶκον αὐτοῦ
29 διὸ οὖν ἀναντιρήτως ἦλθον μεταπεμφθείς· πυνθάνομαι οὖν τίνι λόγῳ μετεπέμψασθέ με
11 13 μετάπεμψαι Σίμωνα τ. ἐπικαλούμενον Πέτρον
20 1 μεταπεμψάμενος ὁ Παῦλος τ. μαθητάς
24 24 παραγενόμενος ὁ Φῆλιξ . . . μετεπέμψατο τ. Παῦλον
26 πυκνότερον αὐτὸν μεταπεμπόμενος
25 3 ὅπως μεταπέμψηται αὐτὸν εἰς Ἱερουσαλήμ

ΜΕΤΑΣΤΡΕ΄ΦΩ 3344 cf. 3346.5

Ac 2 20 ὁ ἥλιος μεταστραφήσεται εἰς σκότος
הַשֶּׁמֶשׁ יֵהָפֵךְ לְחֹשֶׁךְ, Joel iii. 4
Ga 1 7 θέλοντες μεταστρέψαι τὸ εὐαγγέλιον τ. Χριστοῦ
Ja 4 9 ὁ γέλως ὑμῶν εἰς πένθος μεταστραφήτω
μετατραπήτω, WH non mg.

ΜΕΤΑΣΧΗΜΑΤΙ΄ΖΩ ** 3345

I Co 4 6 ταῦτα δὲ . . . μετεσχημάτισα εἰς ἐμαυτὸν κ. Ἀπολλών
II Co 11 13 μετασχηματιζόμενοι εἰς ἀποστόλους Χριστοῦ
14 αὐτὸς γὰρ ὁ Σατανᾶς μετασχηματίζεται εἰς ἄγγελον φωτός·
15 οὐ μέγα οὖν εἰ κ. οἱ διάκονοι αὐτοῦ μετασχηματίζονται
Phl 3 21 ὃς μετασχηματίσει τὸ σῶμα τ. ταπεινώσεως ἡμῶν

ΜΕΤΑΤΙ΄ΘΗΜΙ 3346

Ac 7 16 μετετέθησαν εἰς Συχέμ
Ga 1 6 οὕτως ταχέως μετατίθεσθε ἀπὸ τ. καλέσαντος ὑμᾶς
He 7 12 μετατιθεμένης γὰρ τ. ἱερωσύνης
11 5 πίστει Ἐνὼχ μετετέθη τοῦ μὴ ἰδεῖν θάνατον· κ. οὐχ ηὑρίσκετο διότι μετέθηκεν αὐτὸν ὁ Θεός
וְאֵינֶנּוּ כִּי־לָקַח אֹתוֹ אֱלֹהִים, Gen. v. 24
Ju 4 τὴν τ. Θεοῦ ἡμῶν χάριτα μετατιθέντες εἰς ἀσέλγειαν

ΜΕΤΑΤΡΕ΄ΠΩ ** 3346.5 cf. 3344

Ja 4 9 ὁ γέλως ὑμῶν εἰς πένθος μετατραπήτω
μεταστραφήτω, TWH mg. R

ΜΕΤΕ΄ΠΕΙΤΑ ** 3347

He 12 17 μετέπειτα θέλων κληρονομῆσαι τ. εὐλογίαν

ΜΕΤΕ΄ΧΩ 3348

I Co 9 10 ὁ ἀλοῶν ἐπ' ἐλπίδι τοῦ μετέχειν
12 εἰ ἄλλοι τῆς ὑμῶν ἐξουσίας μετέχουσιν
10 17 οἱ γὰρ πάντες ἐκ τ. ἑνὸς ἄρτου μετέχομεν
21 οὐ δύνασθε τραπέζης Κυρίου μετέχειν κ. τραπέζης δαιμονίων
30 εἰ ἐγὼ χάριτι μετέχω
He 2 14 κ. αὐτὸς παραπλησίως μετέσχεν τ. αὐτῶν
5 13 πᾶς γὰρ ὁ μετέχων γάλακτος
7 13 ἐφ' ὃν γὰρ λέγεται ταῦτα φυλῆς ἑτέρας μετέσχηκεν

ΜΕΤΕΩΡΙ΄ΖΟΜΑΙ 3349

Lu 12 29 κ. μὴ μετεωρίζεσθε

ΜΕΤΟΙΚΕΣΙ΄Α 3350

Mt 1 11 Ἰωσείας δὲ ἐγέννησεν τ. Ἰεχονίαν . . . ἐπὶ τ. μετοικεσίας Βαβυλῶνος.
12 μετὰ δὲ τ. μετοικεσίαν Βαβυλῶνος Ἰεχονίας ἐγέννησεν τ. Σαλαθιήλ
17 ἀπὸ Δαυεὶδ ἕως τ. μετοικεσίας Βαβυλῶνος
17 ἀπὸ τ. μετοικεσίας Βαβυλῶνος ἕως τ. Χριστοῦ

ΜΕΤΟΙΚΙ΄ΖΩ 3351

Ac 7 4 μετῴκισεν αὐτὸν εἰς τ. γῆν ταύτην
43 μετοικιῶ ὑμᾶς ἐπέκεινα Βαβυλῶνος
הִגְלֵתִי אֶתְכֶם מֵהָלְאָה לְדַמָּשֶׂק, Am. v. 27

ΜΕΤΟΧΗ΄ 3352

II Co 6 14 τίς γὰρ μετοχὴ δικαιοσύνῃ κ. ἀνομίᾳ;

ΜΕ΄ΤΟΧΟΣ 3353

Lu 5 7 κατένευσαν τ. μετόχοις ἐν τ. ἑτέρῳ πλοίῳ
He 1 9 ἔχρισέν σε ὁ Θεὸς . . . ἔλαιον ἀγαλλιάσεως παρὰ τ. μετόχους σου
מְשָׁחֲךָ אֱלֹהִים . . . שֶׁמֶן שָׂשׂוֹן מֵחֲבֵרֶךָ, Ps. xlv. 8
3 1 κλήσεως ἐπουρανίου μέτοχοι
14 μέτοχοι γὰρ τ. Χριστοῦ γεγόναμεν
6 4 μετόχους γενηθέντας πνεύματος ἁγίου
12 8 ἧς μέτοχοι γεγόνασιν πάντες

ΜΕΤΡΕ΄Ω 3354

Mt 7 2 ἐν ᾧ μέτρῳ μετρεῖτε μετρηθήσεται ὑμῖν
Mk 4 24 ἐν ᾧ μέτρῳ μετρεῖτε μετρηθήσεται ὑμῖν
Lu 6 38 ᾧ γὰρ μέτρῳ μετρεῖτε μετρηθήσεται ὑμῖν
ἀντιμετρηθήσεται, TWH non mg. R
II Co 10 12 αὐτοὶ ἐν ἑαυτοῖς ἑαυτοὺς μετροῦντες
Re 11 1 ἔγειρε κ. μέτρησον τ. ναὸν τ. Θεοῦ
2 ἔκβαλε ἔξωθεν κ. μὴ αὐτὴν μετρήσῃς
21 15 εἶχεν μέτρον κάλαμον χρυσοῦν ἵνα μετρήσῃ τ. πόλιν
16 ἐμέτρησεν τ. πόλιν τ. καλάμῳ
17 ἐμέτρησεν τὸ τεῖχος αὐτῆς

ΜΕΤΡΗΤΗ΄Σ 3355

Jo 2 6 χωροῦσαι ἀνὰ μετρητὰς δύο ἢ τρεῖς

ΜΕΤΡΙΟΠΑΘΕ΄Ω* † 3356

He 5 2 μετριοπαθεῖν δυνάμενος τ. ἀγνοοῦσιν

ΜΕΤΡΙ΄ΩΣ * 3357

Ac 20 12 παρεκλήθησαν οὐ μετρίως

ΜΕ΄ΤΡΟΝ 3358

(1) ἐκ μέτρου

Mt 7 2 ἐν ᾧ μέτρῳ μετρεῖτε μετρηθήσεται ὑμῖν
23 32 ὑμεῖς πληρώσατε τὸ μέτρον τ. πατέρων ὑμῶν
Mk 4 24 ἐν ᾧ μέτρῳ μετρεῖτε μετρηθήσεται ὑμῖν
Lu 6 38 μέτρον καλὸν πεπιεσμένον σεσαλευμένον
38 ᾧ γὰρ μέτρῳ μετρεῖτε ἀντιμετρηθήσεται ὑμῖν
Jo 3 34 [1] οὐ γὰρ ἐκ μέτρου δίδωσιν τὸ πνεῦμα
Ro 12 3 ἑκάστῳ ὡς ὁ Θεὸς ἐμέρισεν μέτρον πίστεως
II Co 10 13 κατὰ τὸ μέτρον τ. κανόνος οὗ ἐμέρισεν ἡμῖν ὁ Θεός,
μέτρου ἐφικέσθαι ἄχρι κ. ὑμῶν
Eph 4 7 κατὰ τὸ μέτρον τ. δωρεᾶς τ. Χριστοῦ
13 εἰς μέτρον ἡλικίας τ. πληρώματος τ. Χριστοῦ
16 κατ' ἐνέργειαν ἐν μέτρῳ ἑνὸς ἑκάστου μέρους
Re 21 15 ὁ λαλῶν μετ' ἐμοῦ εἶχεν μέτρον κάλαμον χρυσοῦν
17 μέτρον ἀνθρώπου ὅ ἐστιν ἀγγέλου

ΜΕ΄ΤΩΠΟΝ 3359

Re 7 3 ἄχρι σφραγίσωμεν τ. δούλους τ. Θεοῦ ἡμῶν ἐπὶ τ. μετώπων αὐτῶν
9 4 οἵτινες οὐκ ἔχουσιν τ. σφραγῖδα τ. Θεοῦ ἐπὶ τ. μετώπων
13 16 ἵνα δῶσιν αὐτοῖς χάραγμα . . . ἐπὶ τὸ μέτωπον αὐτῶν
14 1 τὸ ὄνομα . . . γεγραμμένον ἐπὶ τ. μετώπων αὐτῶν
9 λαμβάνει χάραγμα ἐπὶ τ. μετώπου αὐτοῦ
17 5 ἐπὶ τὸ μέτωπον αὐτῆς ὄνομα γεγραμμένον
20 4 οἵτινες . . . οὐκ ἔλαβον τὸ χάραγμα ἐπὶ τὸ μέτωπον
22 4 τὸ ὄνομα αὐτοῦ ἐπὶ τ. μετώπων αὐτῶν

ΜΕ΄ΧΡΙ 3360

(1) μέχρις οὗ

Mt 11 23 ἔμεινεν ἂν μέχρι τῆς σήμερον
13 30 ἄφετε συναυξάνεσθαι ἀμφότερα μ. τοῦ θερισμοῦ
ἕως, WH non mg.; ἄχρι, WH mg. alt.
28 15 διεφημίσθη ὁ λόγος οὗτος παρὰ Ἰουδαίοις μ. τῆς σήμερον ἡμέρας
Mk 13 30 [1] μέχρις οὗ ταῦτα πάντα γένηται
Lu 16 16 ὁ νόμος κ. οἱ προφῆται μέχρι Ἰωάνου
Ac 10 30 ἀπὸ τετάρτης ἡμέρας μ. ταύτης τ. ὥρας
20 7 παρέτεινέν τε τ. λόγον μ. μεσονυκτίου
Ro 5 14 ἐβασίλευσεν ὁ θάνατος ἀπὸ Ἀδὰμ μ. Μωυσέως
15 19 ἀπὸ Ἰερουσαλὴμ κ. κύκλῳ μ. τ. Ἰλλυρικοῦ
Ga 4 19 [1] μέχρις οὗ μορφωθῇ Χριστὸς ἐν ὑμῖν
Eph 4 13 μέχρι καταντήσωμεν οἱ πάντες
Phl 2 8 γενόμενος ὑπήκοος μέχρι θανάτου
30 μέχρι θανάτου ἤγγισεν
I Ti 6 14 μέχρι τ. ἐπιφανείας τ. Κυρίου ἡμῶν Ἰησοῦ Χριστοῦ
II Ti 2 9 ἐν ᾧ κακοπαθῶ μέχρι δεσμῶν
He 3 6 τὸ καύχημα τ. ἐλπίδος μ. τέλους βεβαίαν κατάσχωμεν
14 ἐάνπερ τ. ἀρχὴν τ. ὑποστάσεως μ. τέλους βεβαίαν κατάσχωμεν
9 10 μέχρι καιροῦ διορθώσεως ἐπικείμενα
12 4 οὔπω μέχρις αἵματος ἀντικατέστητε

ΜΗ΄ 3361

(1) seq. indic. (2) seq. imper. (3) seq. infin. (4) c. partic. (5) interrog. (6) ὅς, ὅσος, ὅστις ἄν, ἐὰν μή (7) μὴ γένοιτο, seq. optat. (8) μή τις

Cf. ἐὰν μή, εἰ μή, ἵνα μή, οὐ μή *infra*

Mt 1 19 [4] Ἰωσὴφ δὲ . . . μὴ θέλων αὐτὴν δειγματίσαι
20 μὴ φοβηθῇς παραλαβεῖν Μαρίαν
2 12 [3] χρηματισθέντες κατ' ὄναρ μὴ ἀνακάμψαι πρὸς Ἡρῴδην
3 9 μὴ δόξητε λέγειν ἐν ἑαυτοῖς
10 [4] πᾶν οὖν δένδρον μὴ ποιοῦν καρπὸν καλόν
5 17 μὴ νομίσητε ὅτι ἦλθον καταλῦσαι
34 [3] ἐγὼ δὲ λέγω ὑμῖν μὴ ὀμόσαι ὅλως
39 [3] ἐγὼ δὲ λέγω ὑμῖν μὴ ἀντιστῆναι τ. πονηρῷ
42 τ. θέλοντα ἀπὸ σοῦ δανίσασθαι μὴ ἀποστραφῇς
6 1 [3] προσέχετε τ. δικαιοσύνην ὑμῶν μὴ ποιεῖν ἔμπροσθεν τ. ἀνθρώπων
2 μὴ σαλπίσῃς ἔμπροσθέν σου
3 [2] μὴ γνώτω ἡ ἀριστερά σου
7 προσευχόμενοι δὲ μὴ βατταλογήσητε
8 μὴ οὖν ὁμοιωθῆτε αὐτοῖς
13 μὴ εἰσενέγκῃς ἡμᾶς εἰς πειρασμόν
16 [2] μὴ γίνεσθε ὡς οἱ ὑποκριταὶ σκυθρωποί
18 ὅπως μὴ φανῇς τ. ἀνθρώποις νηστεύων
19 [2] μὴ θησαυρίζετε ὑμῖν θησαυροὺς ἐπὶ τ. γῆς
25 [2] μὴ μεριμνᾶτε τ. ψυχῇ ὑμῶν τί φάγητε
31 μὴ οὖν μεριμνήσητε λέγοντες
34 μὴ οὖν μεριμνήσητε εἰς τὴν αὔριον
7 1 [2] μὴ κρίνετε ἵνα μὴ κριθῆτε
6 μὴ δῶτε τὸ ἅγιον τ. κυσίν
9 [5] μὴ λίθον ἐπιδώσει αὐτῷ;
10 [5] μὴ ὄφιν ἐπιδώσει αὐτῷ;
19 [4] πᾶν δένδρον μὴ ποιοῦν καρπὸν καλὸν ἐκκόπτεται
26 [4] πᾶς ὁ ἀκούων μου τ. λόγους τούτους κ. μὴ ποιῶν αὐτούς
8 28 [3] ὥστε μὴ ἰσχύειν τινὰ παρελθεῖν
9 15 [5] μὴ δύνανται οἱ υἱοὶ τ. νυμφῶνος πενθεῖν
36 [4] ὡσεὶ πρόβατα μὴ ἔχοντα ποιμένα
10 5 εἰς ὁδὸν ἐθνῶν μὴ ἀπέλθητε,
κ. εἰς πόλιν Σαμαρειτῶν μὴ εἰσέλθητε
9 μὴ κτήσησθε χρυσὸν μηδὲ ἄργυρον
10 μὴ πήραν εἰς ὁδόν
14 [6] ὃς ἂν μὴ δέξηται ὑμᾶς
19 μὴ μεριμνήσητε πῶς ἢ τί λαλήσητε
26 μὴ οὖν φοβηθῆτε αὐτούς
28 [2] μὴ φοβηθῆτε ἀπὸ τ. ἀποκτεινόντων τὸ σῶμα
φοβεῖσθε, T
[4] τ. δὲ ψυχὴν μὴ δυναμένων ἀποκτεῖναι
31 [2] μὴ οὖν φοβεῖσθε
34 μὴ νομίσητε ὅτι ἦλθον βαλεῖν εἰρήνην
11 6 [6] ὃς ἂν μὴ σκανδαλισθῇ ἐν ἐμοί
23 [5] μὴ ἕως οὐρανοῦ ὑψωθήσῃ;

Mt 12 30 [4] ὁ μὴ ὢν μετ' ἐμοῦ κατ' ἐμοῦ ἐστιν·
[4] κ. ὁ μὴ συνάγων μετ' ἐμοῦ σκορπίζει
13 5 [3] ἐξανέτειλεν διὰ τὸ μὴ ἔχειν βάθος γῆς
6 [3] διὰ τὸ μὴ ἔχειν ῥίζαν ἐξηράνθη
19 [4] παντὸς ἀκούοντος τ. λόγον τ. βασιλείας κ. μὴ συνιέντος
14 27 [2] ἐγώ εἰμι μὴ φοβεῖσθε
17 7 [2] ἐγέρθητε κ. μὴ φοβεῖσθε
18 10 ὁρᾶτε μὴ καταφρονήσητε ἑνὸς τ. μικρῶν τούτων
13 [4] ἢ ἐπὶ τοῖς ἐνενήκοντα ἐννέα τ. μὴ πεπλανημένοις
25 [4] μὴ ἔχοντος δὲ αὐτοῦ ἀποδοῦναι
19 6 [2] ἄνθρωπος μὴ χωριζέτω
9 [6] ὃς ἂν ἀπολύσῃ τ. γυναῖκα αὐτοῦ μὴ ἐπὶ πορνείᾳ
αὐτ. παρεκτὸς λόγου πορνείας, WH mg. R mg.
14 [2] μὴ κωλύετε αὐτὰ ἐλθεῖν πρός με
22 12 [4] πῶς εἰσῆλθες ὧδε μὴ ἔχων ἔνδυμα γάμου
23 [3] Σαδδουκαῖοι λέγοντες μὴ εἶναι ἀνάστασιν
24 [4] ἐάν τις ἀποθάνῃ μὴ ἔχων τέκνα
וּמֵת אַחַד מֵהֶם וּבֵן אֵין־לוֹ, Dt. xxv. 5
25 [4] μὴ ἔχων σπέρμα ἀφῆκεν τ. γυναῖκα αὐτοῦ
29 [4] πλανᾶσθε μὴ εἰδότες τ. γραφάς
23 3 [2] κατὰ δὲ τὰ ἔργα αὐτῶν μὴ ποιεῖτε
8 ὑμεῖς δὲ μὴ κληθῆτε ῥαββεί
9 πατέρα μὴ καλέσητε ὑμῶν ἐπὶ τ. γῆς
23 [3] ταῦτα δὲ ἔδει ποιῆσαι κἀκεῖνα μὴ ἀφεῖναι
24 4 [3] βλέπετε μή τις ὑμᾶς πλανήσῃ
6 [2] ὁρᾶτε μὴ θροεῖσθε
17 [2] ὁ ἐπὶ τ. δώματος μὴ καταβάτω
18 [2] ὁ ἐν τ. ἀγρῷ μὴ ἐπιστρεψάτω ὀπίσω
23 ἐάν τις ὑμῖν εἴπῃ . . . μὴ πιστεύσητε
26 ἰδοὺ ἐν τῇ ἐρήμῳ ἐστίν μὴ ἐξέλθητε· ἰδοὺ ἐν τ. ταμείοις μὴ πιστεύσητε
25 29 [4] τοῦ δὲ μὴ ἔχοντος κ. ὃ ἔχει ἀρθήσεται ἀπ' αὐτοῦ
26 5 ἔλεγον δέ Μὴ ἐν τῇ ἑορτῇ
28 5 [2] μὴ φοβεῖσθε ὑμεῖς
10 [2] λέγει αὐταῖς ὁ Ἰησοῦς Μὴ φοβεῖσθε
Mk 2 4 [4] μὴ δυνάμενοι προσενέγκαι αὐτῷ διὰ τ. ὄχλον
19 [5] μὴ δύνανται οἱ υἱοὶ τ. νυμφῶνος . . . νηστεύειν;
3 20 [3] ὥστε μὴ δύνασθαι αὐτοὺς μηδὲ ἄρτον φαγεῖν
4 5 [3] ἐξανέτειλεν διὰ τὸ μὴ ἔχειν βάθος γῆς
6 [3] διὰ τὸ μὴ ἔχειν ῥίζαν ἐξηράνθη
5 7 ὁρκίζω σε τ. Θεὸν μή με βασανίσῃς
36 [2] μὴ φοβοῦ μόνον πίστευε
6 8 μὴ ἄρτον μὴ πήραν μὴ εἰς τ. ζώνην χαλκόν
9 [3] μὴ ἐνδύσασθαι δύο χιτῶνας
ἐνδύσησθε, TWH mg. R
11 [6] ὃς ἂν τόπος μὴ δέξηται ὑμᾶς
34 [4] ἦσαν ὡς πρόβατα μὴ ἔχοντα ποιμένα
50 [2] ἐγώ εἰμι μὴ φοβεῖσθε
8 1 [4] πολλοῦ ὄχλου ὄντος κ. μὴ ἐχόντων τί φάγωσιν
26 μὴ εἰς τ. κώμην εἰσέλθῃς
μηδέ, WHR
9 39 [2] μὴ κωλύετε αὐτόν
10 9 [2] ἄνθρωπος μὴ χωριζέτω
14 [2] μὴ κωλύετε αὐτά
15 [6] ὃς ἂν μὴ δέξηται τ. βασιλείαν τ. Θεοῦ ὡς παιδίον

Mk 10 19 μὴ φονεύσῃς μὴ μοιχεύσῃς μὴ κλέψῃς μὴ ψευδομαρτυρήσῃς μὴ ἀποστερήσῃς
μὴ μοιχ. μὴ φον., T; μὴ φον. μὴ πορνεύσῃς WH mg.
לֹא תִּרְצָח לֹא תִּנְאָף לֹא תִּגְנֹב לֹא־תַעֲנֶה בְרֵעֲךָ עֵד שָׁקֶר לֹא תַחְמֹד, Ex. xx. 13–17, *cf.* Dt. v. 17, 18
11 23 [6] ὃς ἂν . . . μὴ διακριθῇ ἐν τ. καρδίᾳ αὐτοῦ
12 14 [5] δῶμεν ἢ μὴ δῶμεν;
18 [3] οἵτινες λέγουσιν ἀνάστασιν μὴ εἶναι
19 ἐάν τινος ἀδελφὸς . . . μὴ ἀφῇ τέκνον
21 [4] ἀπέθανεν μὴ καταλιπὼν τέκνα
24 [4] πλανᾶσθε μὴ εἰδότες τ. γραφάς
13 5 [3] βλέπετε μή τις ὑμᾶς πλανήσῃ
7 [2] ὅταν δὲ ἀκούσητε πολέμους . . . μὴ θροεῖσθε
11 [2] μὴ προμεριμνᾶτε τι λαλήσητε
15 [2] ὁ ἐπὶ τ. δώματος μὴ καταβάτω
16 [2] ὁ εἰς τ. ἀγρὸν μὴ ἐπιστρεψάτω εἰς τὰ ὀπίσω
21 [2] ἐάν τις ὑμῖν εἴπῃ . . . μὴ πιστεύετε
36 μὴ ἐλθὼν ἐξαίφνης εὕρῃ ὑμᾶς καθεύδοντας
14 2 ἔλεγον γὰρ Μὴ ἐν τ. ἑορτῇ
16 6 [2] ὁ δὲ λέγει αὐταῖς Μὴ ἐκθαμβεῖσθε
Lu 1 13 [2] μὴ φοβοῦ Ζαχαρία
20 [4] ἔσῃ σιωπῶν κ. μὴ δυνάμενος λαλῆσαι
30 [2] μὴ φοβοῦ Μαριάμ
2 10 [2] εἶπεν αὐτοῖς ὁ ἄγγελος Μὴ φοβεῖσθε
26 [3] ἦν αὐτῷ κεχρηματισμένον . . μὴ ἰδεῖν θάνατον
45 [4] μὴ εὑρόντες αὐτὸν ὑπέστρεψαν
3 8 μὴ ἄρξησθε λέγειν ἐν ἑαυτοῖς
9 [4] πᾶν οὖν δένδρον μὴ ποιοῦν καρπὸν καλόν
11 [4] ὁ ἔχων δύο χιτῶνας μεταδότω τῷ μὴ ἔχοντι
4 42 [3] κατεῖχον αὐτὸν τοῦ μὴ πορεύεσθαι ἀπ' αὐτῶν
5 10 [2] εἶπεν πρὸς τ. Σίμωνα Ἰησοῦς Μὴ φοβοῦ
19 [4] μὴ εὑρόντες ποίας εἰσενέγκωσιν αὐτόν
34 [5] μὴ δύνασθε τ. υἱοὺς τ. νυμφῶνος . . . ποιῆσαι νηστεῦσαι;
6 29 κ. τ. χιτῶνα μὴ κωλύσῃς
30 [2] ἀπὸ τ. αἴροντος τὰ σὰ μὴ ἀπαίτει
37 [2] μὴ κρίνετε κ. οὐ μὴ κριθῆτε·
[2] κ. μὴ καταδικάζετε κ. οὐ μὴ καταδικασθῆτε·
49 [4] ὁ δὲ ἀκούσας κ. μὴ ποιήσας
7 6 [2] Κύριε μὴ σκύλλου
13 [2] εἶπεν αὐτῇ Μὴ κλαῖε
30 [4] μὴ βαπτισθέντες ὑπ' αὐτοῦ
33 [4] μὴ ἔσθων ἄρτον μήτε πίνων οἶνον
42 [4] μὴ ἐχόντων αὐτῶν ἀποδοῦναι
8 6 [3] ἐξηράνθη διὰ τὸ μὴ ἔχειν ἰκμάδα
18 [6] ὃς ἂν μὴ ἔχῃ κ. ὃ δοκεῖ ἔχειν ἀρθήσεται ἀπ' αὐτοῦ
28 δέομαί σου μή με βασανίσῃς
49 [2] μὴ σκύλλε τ. διδάσκαλον
μηκέτι, TWH
50 [2] μὴ φοβοῦ μόνον πίστευσον
52 [2] ὁ δὲ εἶπεν Μὴ κλαίετε
9 5 [6] ὅσοι ἂν μὴ δέχωνται ὑμᾶς
33 [4] μὴ εἰδὼς ὃ λέγει
50 [2] εἶπεν δὲ πρὸς αὐτὸν Ἰησοῦς Μὴ κωλύετε
10 4 [2] μὴ βαστάζετε βαλλάντιον μὴ πήραν μὴ ὑποδήματα
7 [2] μὴ μεταβαίνετε ἐξ οἰκίας εἰς οἰκίαν

Lu 10 10 εἰς ἣν δ' ἂν πόλιν εἰσέλθητε κ. μὴ δέχωνταί ὑμᾶς
15 [5] μὴ ἕως οὐρανοῦ ὑψωθήσῃ;
20 [2] πλὴν ἐν τούτῳ μὴ χαίρετε
11 4 μὴ εἰσενέγκῃς ἡμᾶς εἰς πειρασμόν
7 [2] μή μοι κόπους πάρεχε
11 [5] μὴ λίθον ἐπιδώσει αὐτῷ;
—h. v., WH non mg. R mg.
11 [5] μὴ ἀντὶ ἰχθύος ὄφιν αὐτῷ ἐπιδώσει;
12 [5] μὴ ἐπιδώσει αὐτῷ σκορπίον;
—μή, WH
23 [4] ὁ μὴ ὢν μετ' ἐμοῦ κατ' ἐμοῦ ἐστίν·
[4] κ. ὁ μὴ συνάγων μετ' ἐμοῦ σκορπίζει
24 [4] κ. μὴ εὑρίσκον τότε λέγει
35 [1] σκόπει οὖν μὴ τὸ φῶς τὸ ἐν σοὶ σκότος ἐστίν
36 [4] μὴ ἔχον μέρος τι σκοτεινόν
42 [3] ταῦτα δὲ ἔδει ποιῆσαι κἀκεῖνα μὴ παρεῖναι
48 [3] μάρτυρές ἐστε μὴ συνευδοκεῖν τ. ἔργοις
μάρτ. ἐστ. κ. συνευδοκεῖτε, TWH non mg. R
12 4 μὴ φοβηθῆτε ἀπὸ τ. ἀποκτεινόντων τὸ σῶμα,
[4] κ. μετὰ ταῦτα μὴ ἐχόντων περισσότερόν τι ποιῆσαι
7 [2] μὴ φοβεῖσθε
11 μὴ μεριμνήσητε πῶς ἢ τί ἀπολογήσησθε
21 [4] οὕτως ὁ . . . μὴ εἰς Θεὸν πλουτῶν
h. v., [WH]
22 [2] μὴ μεριμνᾶτε τ. ψυχῇ τί φάγητε
29 [2] κ. ὑμεῖς μὴ ζητεῖτε τί φάγητε
29 [2] μὴ μετεωρίζεσθε
32 [2] μὴ φοβοῦ τὸ μικρὸν ποίμνιον
33 [4] ποιήσατε ἑαυτοῖς βαλλάντια μὴ παλαιούμενα
47 [4] ἐκεῖνος δὲ ὁ δοῦλος ὁ . . . μὴ ἑτοιμάσας
48 [4] ὁ δὲ μὴ γνούς
13 11 [4] ἰδοὺ γυνὴ . . . μὴ δυναμένη ἀνακύψαι
14 [2] μὴ τ. ἡμέρᾳ τ. σαββάτου
14 8 μὴ κατακλιθῇς εἰς τ. πρωτοκλισίαν
12 [2] μὴ φώνει τ. φίλους σου μηδὲ τ. ἀδελφούς σου
29 [4] θέντος αὐτοῦ θεμέλιον κ. μὴ ἰσχύοντος ἐκτελέσαι
16 26 ὅπως οἱ θέλοντες διαβῆναι . . . μὴ δύνωνται
17 1 [3] ἀνένδεκτόν ἐστιν τοῦ τὰ σκάνδαλα μὴ ἐλθεῖν
9 [5] μὴ ἔχει χάριν τ. δούλῳ
23 μὴ ἀπέλθητε μηδὲ διώξητε
31 [2] ὃς ἔσται ἐπὶ τ. δώματος . . . μὴ καταβάτω·
[2] κ. ὁ ἐν ἀγρῷ ὁμοίως μὴ ἐπιστρεψάτω
18 1 [3] δεῖν πάντοτε προσεύχεσθαι αὐτοὺς κ. μὴ ἐνκακεῖν
2 [4] κριτής τις ἦν . . . τ. Θεὸν μὴ φοβούμενος
16 [2] μὴ κωλύετε αὐτά
17 [6] ὃς ἂν μὴ δέξηται τ. βασιλείαν τ. Θεοῦ ὡς παιδίον
20 μὴ μοιχεύσῃς μὴ φονεύσῃς μὴ κλέψῃς μὴ ψευδομαρτυρήσῃς, Ex. *l.c.*
19 26 [4] ἀπὸ δὲ τ. μὴ ἔχοντος κ. ὃ ἔχει ἀρθήσεται
27 [4] τ. ἐχθρούς μου τούτους τοὺς μὴ θελήσαντάς με βασιλεῦσαι
20 7 [3] ἀπεκρίθησαν μὴ εἰδέναι πόθεν
16 [7] ἀκούσαντες δὲ εἶπαν Μὴ γένοιτο
27 [3] τινὲς τ. Σαδδουκαίων οἱ λέγοντες ἀνάστασιν μὴ εἶναι
21 8 βλέπετε μὴ πλανηθῆτε

Lu 21 8 μὴ πορευθῆτε ὀπίσω αὐτῶν.
9 ὅταν δὲ ἀκούσητε πολέμους . . . μὴ πτοηθῆτε
14 [3] θέτε οὖν ἐν τ. καρδίαις ὑμῶν μὴ προμελετᾶν
21 [2] οἱ ἐν τ. χώραις μὴ εἰσερχέσθωσαν
22 34 [3] ἕως τρὶς ἀπαρνήσῃ μὴ εἰδέναι με
ἕ. τρίς με ἀπαρν. εἰδ., WHR
35 [5] μή τινος ὑστερήσατε;
36 [4] ὁ μὴ ἔχων πωλησάτω τὸ ἱμάτιον αὐτοῦ
40 [3] προσεύχεσθε μὴ εἰσελθεῖν εἰς πειρασμόν
42 [2] μὴ τὸ θέλημά μου ἀλλὰ τὸ σὸν γινέσθω
23 28 [2] θυγατέρες Ἰερουσαλὴμ μὴ κλαίετε ἐπ' ἐμέ
24 16 [3] ἐκρατοῦντο τοῦ μὴ ἐπιγνῶναι αὐτόν
23 [4] μὴ εὑροῦσαι τὸ σῶμα αὐτοῦ ἦλθαν
Jo 2 16 [2] μὴ ποιεῖτε τ. οἶκον τ. πατρός μου οἶκον ἐμπορίου
3 4 [5] μὴ δύναται εἰς τ. κοιλίαν τ. μητρὸς αὐτοῦ δεύτερον εἰσελθεῖν
7 μὴ θαυμάσῃς ὅτι εἶπόν σοι
18 [4] ὁ μὴ πιστεύων ἤδη κέκριται,
[1] ὅτι μὴ πεπίστευκεν εἰς τὸ ὄνομα τ. μονογενοῦς υἱοῦ
4 12 [5] μὴ σὺ μείζων εἶ τ. πατρὸς ἡμῶν Ἰακώβ
33 [5] [8] μή τις ἤνεγκεν αὐτῷ φαγεῖν;
5 23 [4] ὁ μὴ τιμῶν τ. υἱὸν οὐ τιμᾷ τ. πατέρα
28 [2] μὴ θαυμάζετε τοῦτο
45 [2] μὴ δοκεῖτε ὅτι ἐγὼ κατηγορήσω ὑμῶν
6 20 [2] ἐγώ εἰμι μὴ φοβεῖσθε
27 [2] ἐργάζεσθε μὴ τ. βρῶσιν τ. ἀπολλυμένην
43 [2] μὴ γογγύζετε μετ' ἀλλήλων
64 [4] ᾔδει γὰρ . . . τίνες εἰσὶν οἱ μὴ πιστεύοντες
67 [5] μὴ κ. ὑμεῖς θέλετε ὑπάγειν;
7 15 [4] πῶς οὗτος γράμματα οἶδεν μὴ μεμαθηκώς
24 [2] μὴ κρίνετε κατ' ὄψιν
31 [5] μὴ πλείονα σημεῖα ποιήσει ὧν οὗτος
35 [5] μὴ εἰς τ. διασπορὰν τ. Ἑλλήνων μέλλει πορεύεσθαι
41 [5] μὴ γὰρ ἐκ τ. Γαλιλαίας ὁ Χριστὸς ἔρχεται;
47 [5] μὴ κ. ὑμεῖς πεπλάνησθε;
48 [5] [8] μή τις ἐκ τ. ἀρχόντων ἐπίστευσεν εἰς αὐτόν
49 [4] ὁ ὄχλος οὗτος ὁ μὴ γινώσκων τ. νόμον
51 [5] μὴ ὁ νόμος ἡμῶν κρίνει τ. ἄνθρωπον
52 [5] μὴ κ. σὺ ἐκ τ. Γαλιλαίας εἶ;
8 53 [5] μὴ σὺ μείζων εἶ τ. πατρὸς ἡμῶν Ἀβραάμ
9 27 [5] μὴ κ. ὑμεῖς θέλετε αὐτοῦ μαθηταὶ γενέσθαι;
39 [4] ἵνα οἱ μὴ βλέποντες βλέπωσιν
40 [5] μὴ κ. ἡμεῖς τυφλοί ἐσμεν;
10 1 [4] ὁ μὴ εἰσερχόμενος διὰ τ. θύρας εἰς τ. αὐλὴν τ. προβάτων
21 [5] μὴ δαιμόνιον δύναται τυφλῶν ὀφθαλμοὺς ἀνοῖξαι;
37 [2] εἰ οὐ ποιῶ τὰ ἔργα τ. πατρός μου μὴ πιστεύετέ μοι·
38 [1] εἰ δὲ ποιῶ κἂν ἐμοὶ μὴ πιστεύητε
πιστεύετε, T
12 15 [2] μὴ φοβοῦ θυγάτηρ Σιών
גִּילִי מְאֹד בַּת־צִיּוֹן, Zech. ix. 9
48 [4] ὁ ἀθετῶν ἐμὲ κ. μὴ λαμβάνων τὰ ῥήματά μου
13 9 [2] Κύριε μὴ τ. πόδας μου μόνον
14 1 [2] μὴ ταρασσέσθω ὑμῶν ἡ καρδία
24 [4] ὁ μὴ ἀγαπῶν με τ. λόγους μου οὐ τηρεῖ
27 [2] μὴ ταρασσέσθω ὑμῶν ἡ καρδία

Jo **15** 2 [4] πᾶν κλῆμα ἐν ἐμοὶ μὴ φέρον καρπόν

18 17 [5] μὴ κ. σὺ ἐκ τ. μαθητῶν εἶ

25 [5] μὴ κ. σὺ ἐκ τ. μαθητῶν αὐτοῦ εἶ;

40 μὴ τοῦτον ἀλλὰ τ. Βαραββᾶν

19 21 [2] μὴ γράφε Ὁ βασιλεὺς τ. Ἰουδαίων

24 μὴ σχίσωμεν αὐτόν

20 17 [2] λέγει αὐτῇ Ἰησοῦς Μή μου ἅπτου

27 [2] μὴ γίνου ἄπιστος ἀλλὰ πιστός

29 [4] μακάριοι οἱ μὴ ἰδόντες κ. πιστεύσαντες

21 5 [5 8] μή τι προσφάγιον ἔχετε;

Ac **1** 4 [3] παρήγγειλεν αὐτοῖς ἀπὸ Ἱεροσολύμων μὴ χωρίζεσθαι

20 [2] μὴ ἔστω ὁ κατοικῶν ἐν αὐτῇ

בְּאָהֳלֵיהֶם אַל־יְהִי יֹשֵׁב, Ps. lxix. 26

3 23 [6] ἥτις ἂν μὴ ἀκούσῃ τ. προφήτου ἐκείνου

הָאִישׁ אֲשֶׁר לֹא־יִשְׁמַע אֶל־דְּבָרַי, Dt. xviii. 19

4 18 [3] παρήγγειλαν καθόλου μὴ φθέγγεσθαι

20 [3] οὐ δυνάμεθα γὰρ ἡμεῖς . . . μὴ λαλεῖν

5 7 [4] ἡ γυνὴ αὐτοῦ μὴ εἰδυῖα τὸ γεγονὸς εἰσῆλθεν

26 ἐφοβοῦντο γὰρ τ. λαὸν μὴ λιθασθῶσιν

28 [3] παραγγελίᾳ παρηγγείλαμεν ὑμῖν μὴ διδάσκειν

40 [3] παρήγγειλαν μὴ λαλεῖν ἐπὶ τ. ὀνόματι τ. Ἰησοῦ

7 19 [3] εἰς τὸ μὴ ζωογονεῖσθαι

28 [5] μὴ ἀνελεῖν με σὺ θέλεις

הַלְהָרְגֵנִי אַתָּה אֹמֵר, Ex. ii. 14

42 [5] μὴ σφάγια κ. θυσίας προσηνέγκατέ μοι

הַזְּבָחִים וּמִנְחָה הִגַּשְׁתֶּם־לִי, Am. v. 25

60 μὴ στήσῃς αὐτοῖς ταύτην τ. ἁμαρτίαν

9 9 [4] ἦν ἡμέρας τρεῖς μὴ βλέπων

26 [4] μὴ πιστεύοντες ὅτι ἐστὶν μαθητής

38 μὴ ὀκνήσῃς διελθεῖν ἕως ἡμῶν

10 15 [2] ἃ ὁ Θεὸς ἐκαθάρισεν σὺ μὴ κοίνου

47 [3] μήτι τὸ ὕδωρ δύναται κωλῦσαί τις τοῦ μὴ βαπτισθῆναι τούτους

11 9 [2] ἃ ὁ Θεὸς ἐκαθάρισεν σὺ μὴ κοίνου

12 19 [4] ἐπιζητήσας αὐτὸν κ. μὴ εὑρών

13 11 [4] ἔσῃ τυφλὸς μὴ βλέπων τ. ἥλιον ἄχρι καιροῦ

40 βλέπετε οὖν μὴ ἐπέλθῃ τὸ εἰρημένον

14 18 [3] μόλις κατέπαυσαν τ. ὄχλους τοῦ μὴ θύειν αὐτοῖς

15 19 [3] διὸ ἐγὼ κρίνω μὴ παρενοχλεῖν

38 [3 4] ἠξίου τὸν . . . μὴ συνελθόντα αὐτοῖς εἰς τὸ ἔργον μὴ συνπαραλαμβάνειν

17 6 [4] μὴ εὑρόντες δὲ αὐτούς

18 9 [2] μὴ φοβοῦ ἀλλὰ λάλει κ. μὴ σιωπήσῃς

19 31 [3] παρεκάλουν μὴ δοῦναι ἑαυτὸν εἰς τὸ θέατρον

20 10 [2 3] συνπεριλαβὼν εἶπεν Μὴ θορυβεῖσθε

θορυβεῖσθαι, WH mg.

16 ὅπως μὴ γένηται αὐτῷ χρονοτριβῆσαι ἐν τ. Ἀσίᾳ

20 [3] οὐδὲν ὑπεστειλάμην . . . τοῦ μὴ ἀναγγεῖλαι ὑμῖν

22 [4] τὰ ἐν αὐτῇ συναντήσοντα ἐμοὶ μὴ εἰδώς

27 [3] οὐ γὰρ ὑπεστειλάμην τοῦ μὴ ἀναγγεῖλαι πᾶσαν τ. βουλὴν τ. Θεοῦ ὑμῖν

Ac **20** 29 [4] λύκοι βαρεῖς . . . μὴ φειδόμενοι τ. ποιμνίου

21 4 [3] ἔλεγον . . . μὴ ἐπιβαίνειν εἰς Ἱεροσόλυμα

12 [3] παρεκαλοῦμεν . . . τοῦ μὴ ἀναβαίνειν αὐτὸν εἰς Ἰερουσαλήμ

14 [4] μὴ πειθομένου δὲ αὐτοῦ ἡσυχάσαμεν

21 [3] λέγων μὴ περιτέμνειν αὐτοὺς τὰ τέκνα

34 [4] μὴ δυναμένου δὲ αὐτοῦ γνῶναι τὸ ἀσφαλές

23 8 [3] Σαδδουκαῖοι γὰρ λέγουσιν μὴ εἶναι ἀνάστασιν

10 φοβηθεὶς ὁ χιλίαρχος μὴ διασπασθῇ ὁ Παῦλος

21 σὺ οὖν μὴ πεισθῇς αὐτοῖς

25 24 [3] βοῶντες μὴ δεῖν αὐτὸν ζῆν μηκέτι

27 [3] μὴ κ. τὰς κατ᾽ αὐτοῦ αἰτίας σημᾶναι

27 7 [4] μὴ προσεῶντος ἡμᾶς τ. ἀνέμου

15 [4] μὴ δυναμένου ἀντοφθαλμεῖν τ. ἀνέμῳ

17 φοβούμενοί τε μὴ εἰς τ. Σύρτιν ἐκπέσωσιν

21 [3] ἔδει μὲν . . . μὴ ἀνάγεσθαι ἀπὸ τ. Κρήτης

24 [2] μὴ φοβοῦ Παῦλε

29 φοβούμενοί τε μή που κατὰ τραχεῖς τόπους ἐκπέσωμεν

μήπου, T

42 [8] μή τις ἐκκολυμβήσας διαφύγῃ

Ro **1** 28 [4] ποιεῖν τὰ μὴ καθήκοντα

2 14 [4] ἔθνη τὰ μὴ νόμον ἔχοντα

14 [4] οὗτοι νόμον μὴ ἔχοντες

21 [3] ὁ κηρύσσων μὴ κλέπτειν κλέπτεις;

22 [3] ὁ λέγων μὴ μοιχεύειν μοιχεύεις;

3 3 [5 7] μὴ ἡ ἀπιστία αὐτῶν τ. πίστιν τ. Θεοῦ καταργήσει; μὴ γένοιτο

5 [5] μὴ ἄδικος ὁ Θεὸς ὁ ἐπιφέρων τ. ὀργήν,

6 [7] κατὰ ἄνθρωπον λέγω· μὴ γένοιτο

8 κ. μὴ καθὼς βλασφημούμεθα

31 [7] νόμον οὖν καταργοῦμεν διὰ τ. πίστεως; μὴ γένοιτο

4 5 [4] τῷ δὲ μὴ ἐργαζομένῳ

17 [4] τοῦ . . . καλοῦντος τὰ μὴ ὄντα ὡς ὄντα

19 [4] μὴ ἀσθενήσας τ. πίστει

5 13 [4] ἁμαρτία δὲ οὐκ ἐλλογᾶται μὴ ὄντος νόμου

14 [4] κ. ἐπὶ τοὺς μὴ ἁμαρτήσαντας ἐπὶ τ. ὁμοιώματι

6 2 [7] ἐπιμένωμεν τ. ἁμαρτίᾳ . . . μὴ γένοιτο

12 [2] μὴ οὖν βασιλευέτω ἡ ἁμαρτία

15 [7] ἁμαρτήσωμεν ὅτι οὐκ ἐσμὲν ὑπὸ νόμον . . . μὴ γένοιτο

7 3 [3] τοῦ μὴ εἶναι αὐτὴν μοιχαλίδα

7 [7] ὁ νόμος ἁμαρτία; μὴ γένοιτο

13 [7] τὸ οὖν ἀγαθὸν ἐμοὶ ἐγένετο θάνατος; μὴ γένοιτο

8 4 [4] τοῖς μὴ κατὰ σάρκα περιπατοῦσιν

9 14 [5 7] μὴ ἀδικία παρὰ τ. Θεῷ; μὴ γένοιτο

20 [5] μὴ ἐρεῖ τὸ πλάσμα τ. πλάσαντι

30 [4] ἔθνη τὰ μὴ διώκοντα δικαιοσύνην

10 6 μὴ εἴπῃς ἐν τ. καρδίᾳ σου, Dt. xxx. 11

18 [5] ἀλλὰ λέγω Μὴ οὐκ ἤκουσαν;

19 [5] ἀλλὰ λέγω Μὴ Ἰσραὴλ οὐκ ἔγνω;

20 [4] εὑρέθην τοῖς ἐμὲ μὴ ζητοῦσιν,

נִדְרַשְׁתִּי לְלוֹא שָׁאָלוּ, Is. lxv. 1

[4] ἐμφανὴς ἐγενόμην τοῖς ἐμὲ μὴ ἐπερωτῶσιν

נִמְצֵאתִי לְלֹא בִקְשֻׁנִי, *ib.*

11 1 [5 7] μὴ ἀπώσατο ὁ Θεὸς τ. λαὸν αὐτοῦ; μὴ γένοιτο

Ro **11** 8 [8] ἔδωκεν αὐτοῖς ὁ Θεὸς . . . ὀφθαλμοὺς τοῦ μὴ βλέπειν κ. ὦτα τοῦ μὴ ἀκούειν
נָסַךְ עֲלֵיכֶם יְהוָה רוּחַ תַּרְדֵּמָה וַיְעַצֵּם אֶת־עֵינֵיכֶם, Is. xxix. 20, *cf.* vi. 10
10 [8] σκοτισθήτωσαν οἱ ὀφθαλμοὶ αὐτῶν τοῦ μὴ βλέπειν
תֶּחְשַׁכְנָה עֵינֵיהֶם מֵרְאוֹת, Ps. xlix. 24
11 [5 7] μὴ ἔπταισαν ἵνα πέσωσιν; μὴ γένοιτο
18 [2] μὴ κατακαυχῶ τ. κλάδων
20 [2] μὴ ὑψηλὰ φρόνει ἀλλὰ φοβοῦ
12 2 [2 3] μὴ συνσχηματίζεσθε τ. αἰῶνι τούτῳ
συνσχηματίζεσθαι, WH mg.
3 [8] λέγω γὰρ . . . μὴ ὑπερφρονεῖν παρ' ὃ δεῖ φρονεῖν
11 τ. σπουδῇ μὴ ὀκνηροί
14 [2] εὐλογεῖτε κ. μὴ καταρᾶσθε
16 [4] μὴ τὰ ὑψηλὰ φρονοῦντες
16 [2] μὴ γίνεσθε φρόνιμοι παρ' ἑαυτοῖς
19 [4] μὴ ἑαυτοὺς ἐκδικοῦντες ἀγαπητοί
21 [2] μὴ νικῶ ὑπὸ τ. κακοῦ
13 3 [8] θέλεις δὲ μὴ φοβεῖσθαι τ. ἐξουσίαν;
13 εὐσχημόνως περιπατήσωμεν μὴ μέθαις κ. κώμοις
14 [2] τ. σαρκὸς πρόνοιαν μὴ ποιεῖσθε εἰς ἐπιθυμίας
14 1 [2] προσλαμβάνεσθε μὴ εἰς διακρίσεις διαλογισμῶν
3 [2 4] ὁ ἐσθίων τ. μὴ ἐσθίοντα μὴ ἐξουθενείτω
3 [2 4] ὁ δὲ μὴ ἐσθίων τ. ἐσθίοντα μὴ κρινέτω
6 [4] ὁ μὴ ἐσθίων Κυρίῳ οὐκ ἐσθίει
13 [8] τοῦτο κρίνατε μᾶλλον τὸ μὴ τιθέναι πρόσκομμα τ. ἀδελφῷ
15 [2] μὴ τ. βρώματί σου ἐκεῖνον ἀπόλλυε
16 [2] μὴ βλασφημείσθω οὖν ὑμῶν τὸ ἀγαθόν
20 [2] μὴ ἕνεκεν βρώματος κατάλυε τὸ ἔργον τ. Θεοῦ
21 [8] καλὸν τὸ μὴ φαγεῖν κρέα
22 [4] μακάριος ὁ μὴ κρίνων ἑαυτὸν
15 1 [8] ὀφείλομεν δὲ . . . μὴ ἑαυτοῖς ἀρέσκειν
I Co **1** 7 [8] ὥστε ὑμᾶς μὴ ὑστερεῖσθαι ἐν μηδενὶ χαρίσματι
13 [5] μὴ Παῦλος ἐσταυρώθη ὑπὲρ ὑμῶν
28 [4] τὰ ἐξουθενημένα ἐξελέξατο ὁ Θεὸς κ. τὰ μὴ ὄντα
29 ὅπως μὴ καυχήσηται πᾶσα σὰρξ ἐνώπιον τ. Θεοῦ
4 5 [2] ὥστε μὴ πρὸ καιροῦ τι κρίνετε
6 τὸ μὴ ὑπὲρ ἃ γέγραπται
7 [4] τί καυχᾶσαι ὡς μὴ λαβών;
18 [4] ὡς μὴ ἐρχομένου δέ μου πρὸς ὑμᾶς
5 8 ὥστε ἑορτάζωμεν μὴ ἐν ζύμῃ παλαιᾷ, μὴ ἐν ζύμῃ κακίας κ. πονηρίας
μηδέ, TWH non mg. R
9 [8] ἔγραψα ὑμῖν . . . μὴ συναναμίγνυσθαι πόρνοις
11 [8] νῦν δὲ ἔγραψα ὑμῖν μὴ συναναμίγνυσθαι
6 9 [2] μὴ πλανᾶσθε
15 [7] ποιήσω πόρνης μέλη; μὴ γένοιτο
7 1 [3] καλὸν ἀνθρώπῳ γυναικὸς μὴ ἅπτεσθαι
5 [2] μὴ ἀποστερεῖτε ἀλλήλους
10 [3] παραγγέλλω . . . γυναῖκα ἀπὸ ἀνδρὸς μὴ χωρισθῆναι
11 [3] κ. ἄνδρα γυναῖκα μὴ ἀφιέναι

I Co **7** 12 [2] μὴ ἀφιέτω αὐτήν
13 [2] μὴ ἀφιέτω τὸν ἄνδρα
18 [2] περιτετμημένος τις ἐκλήθη; μὴ ἐπισπάσθω.
[2] ἐν ἀκροβυστίᾳ κέκληταί τις; μὴ περιτεμνέσθω
21 [2] δοῦλος ἐκλήθης; μή σοι μελέτω
23 [2] μὴ γίνεσθε δοῦλοι ἀνθρώπων
27 [2] δέδεσαι γυναικί; μὴ ζήτει λύσιν.
[2] λέλυσαι ἀπὸ γυναικός; μὴ ζήτει γυναῖκα
29 [4] ἵνα κ. οἱ ἔχοντες γυναῖκας ὡς μὴ ἔχοντες ὦσιν·
30 [4] κ. οἱ κλαίοντες ὡς μὴ κλαίοντες·
[4] κ. οἱ χαίροντες ὡς μὴ χαίροντες·
[4] κ. οἱ ἀγοράζοντες ὡς μὴ κατέχοντες·
31 [4] κ. οἱ χρώμενοι τ. κόσμον ὡς μὴ καταχρώμενοι
37 [4] ἑδραῖος μὴ ἔχων ἀνάγκην
38 [4] ὁ μὴ γαμίζων κρεῖσσον ποιήσει
8 9 βλέπετε δὲ μή πως ἡ ἐξουσία ὑμῶν αὕτη πρόσκομμα γένηται
μήπως, T
9 4 [5] μὴ οὐκ ἔχομεν ἐξουσίαν φαγεῖν κ. πεῖν;
5 [5] μὴ οὐκ ἔχομεν ἐξουσίαν ἀδελφὴν γυναῖκα περιάγειν
6 [3] οὐκ ἔχομεν ἐξουσίαν μὴ ἐργάζεσθαι;
8 [5] μὴ κατὰ ἄνθρωπον ταῦτα λαλῶ;
9 [5] μὴ τ. βοῶν μέλει τ. Θεῷ;
18 [3] εἰς τὸ μὴ καταχρήσασθαι τ. ἐξουσίᾳ μου
20 [4] μὴ ὢν αὐτὸς ὑπὸ νόμον
21 [4] μὴ ὢν ἄνομος Θεοῦ
27 μή πως ἄλλοις κηρύξας αὐτὸς ἀδόκιμος γένωμαι
μήπως, T
10 6 [3] εἰς τὸ μὴ εἶναι ἡμᾶς ἐπιθυμητὰς κακῶν
12 ὥστε ὁ δοκῶν ἑστάναι βλεπέτω μὴ πέσῃ
22 [5] μὴ ἰσχυρότεροι αὐτοῦ ἐσμέν;
28 [2] μὴ ἐσθίετε δι' ἐκεῖνον τ. μηνύσαντα
33 [4] μὴ ζητῶν τὸ ἐμαυτοῦ σύμφορον
11 22 [5] μὴ γὰρ οἰκίας οὐκ ἔχετε εἰς τὸ ἐσθίειν κ. πίνειν;
[4] ἢ . . . καταισχύνετε τοὺς μὴ ἔχοντας;
29 [4] κρίμα ἑαυτῷ ἐσθίει . . . μὴ διακρίνων τὸ σῶμα
12 29 [5] μὴ πάντες ἀπόστολοι; μὴ πάντες προφῆται;
[5] μὴ πάντες διδάσκαλοι; μὴ πάντες δυνάμεις;
30 [5] μὴ πάντες χαρίσματα ἔχουσιν ἰαμάτων;
[5] μὴ πάντες γλώσσαις λαλοῦσιν;
[5] μὴ πάντες διερμηνεύουσιν;
13 1 [6] ἀγάπην δὲ μὴ ἔχω
2 [6] ἀγάπην δὲ μὴ ἔχω
3 [6] ἀγάπην δὲ μὴ ἔχω
5 οὐ ζητεῖ τὸ μὴ ἑαυτῆς
τὰ ἑαυτ., TWH non mg. R
14 20 [2] μὴ παιδία γίνεσθε τ. φρεσίν
39 [2] τὸ λαλεῖν μὴ κωλύετε γλώσσαις
15 33 [2] μὴ πλανᾶσθε
34 [2] ἐκνήψατε δικαίως κ. μὴ ἁμαρτάνετε
16 11 [8] μή τις οὖν αὐτὸν ἐξουθενήσῃ
II Co **2** 1 [8] τὸ μὴ πάλιν ἐν λύπῃ πρὸς ὑμᾶς ἐλθεῖν
7 μή πως τ. περισσοτέρᾳ λύπῃ καταποθῇ ὁ τοιοῦτος
μήπως, T
13 [8] οὐκ ἔσχηκα ἄνεσιν . . . τῷ μὴ εὑρεῖν με Τίτον
3 1 [5] ἢ μὴ χρῄζομεν ὥς τινες συστατικῶν ἐπιστολῶν

II Co 3 7 [3] ὥστε μὴ δύνασθαι ἀτενίσαι τ. υἱοὺς Ἰσραήλ
13 [3] πρὸς τὸ μὴ ἀτενίσαι τ. υἱοὺς Ἰσραήλ
14 [4] τὸ αὐτὸ κάλυμμα . . . μένει μὴ ἀνακαλυπτόμενον
4 2 [4] μὴ περιπατοῦντες ἐν πανουργίᾳ
4 [3] εἰς τὸ μὴ αὐγάσαι τ. φωτισμὸν τ. εὐαγγελίου
7 ἵνα ἡ ὑπερβολὴ τ. δυνάμεως ᾖ τ. Θεοῦ κ. μὴ ἐξ ἡμῶν
18 [4] μὴ σκοπούντων ἡμῶν τὰ βλεπόμενα ἀλλὰ τὰ μὴ βλεπόμενα
18 [4] τὰ δὲ μὴ βλεπόμενα αἰώνια
5 12 [4] ἵνα ἔχητε πρὸς τοὺς ἐν προσώπῳ καυχωμένους κ. μὴ ἐν καρδίᾳ
19 [4] μὴ λογιζόμενος αὐτοῖς τὰ παραπτώματα αὐτῶν
21 [4] τὸν μὴ γνόντα ἁμαρτίαν ὑπὲρ ἡμῶν ἁμαρτίαν ἐποίησεν
6 1 [3] παρακαλοῦμεν μὴ εἰς κενὸν τ. χάριν τ. Θεοῦ δέξασθαι ὑμᾶς
9 [4] ὡς παιδευόμενοι κ. μὴ θανατούμενοι
14 [2] μὴ γίνεσθε ἑτεροζυγοῦντες ἀπίστοις
17 [2] ἀκαθάρτου μὴ ἅπτεσθε
טָמֵא אַל־תִּגָּעוּ, Is. lii. 11
8 20 [3] στελλόμενοι τοῦτο μή τις ἡμᾶς μωμήσηται
9 4 μή πως . . . καταισχυνθῶμεν ἡμεῖς
μήπως, T
5 οὕτως ὡς εὐλογίαν κ. μὴ ὡς πλεονεξίαν
7 μὴ ἐκ λύπης ἢ ἐξ ἀνάγκης
10 2 [3] δέομαι δὲ τὸ μὴ παρὼν θαρρῆσαι
14 [4] οὐ γὰρ ὡς μὴ ἐφικνούμενοι εἰς ὑμᾶς
11 3 φοβοῦμαι δὲ μή πως . . . φθαρῇ τὰ νοήματα ὑμῶν
μήπως, T
16 [3] μή τίς με δόξῃ ἄφρονα εἶναι
12 6 [3] φείδομαι δὲ μή τις εἰς ἐμὲ λογίσηται
17 [5] [3] μή τινα ὧν ἀπέσταλκα πρὸς ὑμᾶς
20 φοβοῦμαι γὰρ μή πως ἐλθὼν οὐχ οἵους θέλω εὕρω ὑμᾶς
μήπως, T
20 μή πως ἔρις ζῆλος θυμοί
μήπως, T
21 [1] μὴ πάλιν ἐλθόντος μου ταπεινώσῃ με ὁ Θεός μου πρὸς ὑμᾶς,
ταπεινώσει, T
[4] κ. πενθήσω πολλοὺς τῶν . . . μὴ μετανοησάντων
13 7 [3] εὐχόμεθα δὲ . . . μὴ ποιῆσαι ὑμᾶς κακὸν μηδέν
Ga 2 2 [1] μή πως εἰς κενὸν τρέχω ἢ ἔδραμον
μήπως, T
17 [7] ἆρα Χριστὸς ἁμαρτίας διάκονος; μὴ γένοιτο
3 21 [7] ὁ οὖν νόμος κατὰ τ. ἐπαγγελιῶν τ. Θεοῦ; μὴ γένοιτο
4 8 [4] ἐδουλεύσατε τοῖς φύσει μὴ οὖσιν θεοῖς
11 [1] φοβοῦμαι ὑμᾶς μή πως εἰκῇ κεκοπίακα εἰς ὑμᾶς
μήπως, T
18 μὴ μόνον ἐν τῷ παρεῖναί με πρὸς ὑμᾶς
5 1 [2] μὴ πάλιν ζυγῷ δουλείας ἐνέχεσθε
7 [3] τίς ὑμᾶς ἐνέκοψεν ἀληθείᾳ μὴ πείθεσθαι;
13 μόνον μὴ τ. ἐλευθερίαν εἰς ἀφορμὴν τ. σαρκί
15 βλέπετε μὴ ὑπ᾿ ἀλλήλων ἀναλωθῆτε
26 μὴ γινώμεθα κενόδοξοι
6 1 σκοπῶν σεαυτὸν μὴ κ. σὺ πειρασθῇς
7 [2] μὴ πλανᾶσθε Θεὸς οὐ μυκτηρίζεται

Ga 6 9 τὸ δὲ καλὸν ποιοῦντες μὴ ἐνκακῶμεν·
[4] καιρῷ γὰρ ἰδίῳ θερίσομεν μὴ ἐκλυόμενοι
14 [7] ἐμοὶ δὲ μὴ γένοιτο καυχᾶσθαι
Eph 2 12 [4] ἐλπίδα μὴ ἔχοντες
3 13 [3] αἰτοῦμαι μὴ ἐνκακεῖν ἐν τ. θλίψεσί μου
4 26 [2] ὀργίζεσθε κ. μὴ ἁμαρτάνετε·
רִגְזוּ וְאַל־תֶּחֱטָאוּ, Ps. iv. 5
[2] ὁ ἥλιος μὴ ἐπιδυέτω ἐπὶ παροργισμῷ ὑμῶν
29 [2] πᾶς λόγος σαπρὸς ἐκ τ. στόματος ὑμῶν μὴ ἐκπορευέσθω
30 [2] μὴ λυπεῖτε τὸ πνεῦμα τὸ ἅγιον τ. Θεοῦ
5 7 [2] μὴ οὖν γίνεσθε συνμέτοχοι αὐτῶν
11 [2] μὴ συνκοινωνεῖτε τ. ἔργοις τ. ἀκάρποις τ. σκότους
15 [2] περιπατεῖτε μὴ ὡς ἄσοφοι ἀλλ᾿ ὡς σοφοί
17 [2] διὰ τοῦτο μὴ γίνεσθε ἄφρονες
18 [2] μὴ μεθύσκεσθε οἴνῳ
27 [4] ἔνδοξον τ. ἐκκλησίαν μὴ ἔχουσαν σπίλον
6 4 [2] μὴ παροργίζετε τὰ τέκνα ὑμῶν
6 μὴ κατ᾿ ὀφθαλμοδουλίαν ὡς ἀνθρωπάρεσκοι
Phl 1 28 [4] μὴ πτυρόμενοι ἐν μηδενὶ ὑπὸ τ. ἀντικειμένων
2 4 [4] μὴ τὰ ἑαυτῶν ἕκαστοι σκοποῦντες
12 μὴ ὡς ἐν τ. παρουσίᾳ μου μόνον
3 9 [4] εὑρεθῶ ἐν αὐτῷ μὴ ἔχων ἐμὴν δικαιοσύνην
Col 1 23 [4] μὴ μετακινούμενοι ἀπὸ τ. ἐλπίδος τ. εὐαγγελίου
2 8 [1] [3] βλέπετε μή τις ὑμᾶς ἔσται ὁ συλαγωγῶν
16 [2] [3] μὴ οὖν τις ὑμᾶς κρινέτω ἐν βρώσει
18 [1] ἃ μὴ ἑόρακεν ἐμβατεύων
—μή, TWHR non mg.
21 μὴ ἅψῃ μηδὲ γεύσῃς μηδὲ θίγῃς
3 2 [2] τὰ ἄνω ζητεῖτε μὴ τὰ ἐπὶ τ. γῆς
9 [2] μὴ ψεύδεσθε εἰς ἀλλήλους
19 [2] μὴ πικραίνεσθε πρὸς αὐτάς
21 [2] μὴ ἐρεθίζετε τὰ τέκνα ὑμῶν ἵνα μὴ ἀθυμῶσιν
22 μὴ ἐν ὀφθαλοδουλίαις ὡς ἀνθρωπάρεσκοι
I Th 1 8 [3] ὥστε μὴ χρείαν ἔχειν ἡμᾶς λαλεῖν τι
2 9 [3] πρὸς τὸ μὴ ἐπιβαρῆσαί τινα ὑμῶν
15 [4] τ. Ἰουδαίων τῶν . . . Θεῷ μὴ ἀρεσκόντων
3 5 [1] μή πως ἐπείρασεν ὑμᾶς ὁ πειράζων
μήπως, T
4 5 μὴ ἐν πάθει ἐπιθυμίας,
[4] καθάπερ κ. τὰ ἔθνη τὰ μὴ εἰδότα τ. Θεόν·
6 [3] τὸ μὴ ὑπερβαίνειν κ. πλεονεκτεῖν ἐν τ. πράγματι τ. ἀδελφὸν αὐτοῦ
13 [4] ἵνα μὴ λυπῆσθε καθὼς κ. οἱ λοιποὶ οἱ μὴ ἔχοντες ἐλπίδα
5 6 ἄρα οὖν μὴ καθεύδωμεν ὡς οἱ λοιποί
15 [3] ὁρᾶτε μή τις κακὸν ἀντὶ κακοῦ τινὶ ἀποδῷ
19 [2] τὸ πνεῦμα μὴ σβέννυτε.
20 [2] προφητείας μὴ ἐξουθενεῖτε
II Th 1 8 [4] διδόντος ἐκδίκησιν τοῖς μὴ εἰδόσι Θεόν,
[4] κ. τοῖς μὴ ὑπακούουσι τ. εὐαγγελίῳ
2 2 [3] εἰς τὸ μὴ ταχέως σαλευθῆναι ὑμᾶς ἀπὸ τ. νοὸς
3 [3] μή τις ὑμᾶς ἐξαπατήσῃ κατὰ μηδένα τρόπον
12 [4] ἵνα κριθῶσιν πάντες οἱ μὴ πιστεύσαντες τ. ἀληθείᾳ
3 6 [4] ἀτάκτως περιπατοῦντος κ. μὴ κατὰ τ. παράδοσιν
8 [3] πρὸς τὸ μὴ ἐπιβαρῆσαί τινα ὑμῶν
13 ὑμεῖς δὲ . . . μὴ ἐνκακήσητε καλοποιοῦντες
14 [2] [3] τοῦτον σημειοῦσθε μὴ συναναμίγνυσθαι αὐτῷ
σημ. κ. μὴ συναναμίγνυσθε, T

II Th 3 15 [2] κ. μὴ ὡς ἐχθρὸν ἡγεῖσθε
I Ti 1 3 [3] ἵνα παραγγείλῃς τισὶ μὴ ἑτεροδιδασκαλεῖν
7 [4] μὴ νοοῦντες μήτε ἃ λέγουσιν
20 [3] ἵνα παιδευθῶσιν μὴ βλασφημεῖν
2 9 [3] κοσμεῖν ἑαυτὰς μὴ ἐν πλέγμασι κ. χρυσίῳ
3 3 μὴ πάροινον μὴ πλήκτην
6 μὴ νεόφυτον
8 [4] μὴ διλόγους μὴ οἴνῳ πολλῷ προσέχοντας μὴ αἰσχροκερδεῖς
11 γυναῖκας ὡσαύτως σεμνὰς μὴ διαβόλους
4 14 [2] μὴ ἀμέλει τοῦ ἐν σοὶ χαρίσματος
5 1 πρεσβυτέρῳ μὴ ἐπιπλήξῃς
9 χήρα καταλεγέσθω μὴ ἔλαττον ἐτῶν ἑξήκοντα
13 [4] λαλοῦσαι τὰ μὴ δέοντα
16 [2] μὴ βαρείσθω ἡ ἐκκλησία
19 [2] κατὰ πρεσβυτέρου κατηγορίαν μὴ παραδέχου
6 2 [2] οἱ δὲ πιστοὺς ἔχοντες δεσπότας μὴ καταφρονείτωσαν
3 [1] εἴ τις . . . μὴ προσέρχεται ὑγιαίνουσι λόγοις
17 [3] παράγγελλε μὴ ὑψηλοφρονεῖν
II Ti 1 8 μὴ οὖν ἐπαισχυνθῇς τὸ μαρτύριον τ. Κυρίου ἡμῶν
2 14 [3] διαμαρτυρόμενος . . . μὴ λογομαχεῖν ἐπ' οὐδὲν χρήσιμον
4 16 [7] μὴ αὐτοῖς λογισθείη
Tit 1 6 μὴ ἐν κατηγορίᾳ ἀσωτίας
7 μὴ αὐθάδη μὴ ὀργίλον μὴ πάροινον μὴ πλήκτην μὴ αἰσχροκερδῆ
11 [1] διδάσκοντες ἃ μὴ δεῖ
14 [4] μὴ προσέχοντες Ἰουδαϊκοῖς μύθοις
2 3 [4] μὴ διαβόλους μὴ οἴνῳ πολλῷ δεδουλωμένας
μηδὲ οἴνῳ, TWH non mg. R
9 [4] μὴ ἀντιλέγοντας μὴ νοσφιζομένους
μηδὲ νοσφ., WH mg.
He 3 8 μὴ σκληρύνητε τ. καρδίας ὑμῶν
אַל־תַּקְשׁוּ לְבַבְכֶם, Ps. xcv. 8
15 μὴ σκληρύνητε τ. καρδίας ὑμῶν, Ps. *l.c.*
18 [3] τίσι δὲ ὤμοσεν μὴ εἰσελεύσεσθαι
4 2 [4] μὴ συνκεκερασμένους τ. πίστει τ. ἀκούσασιν
7 μὴ σκληρύνητε τ. καρδίας ὑμῶν, Ps. *l.c.*
15 [4] οὐ γὰρ ἔχομεν ἀρχιερέα μὴ δυνάμενον συνπαθῆσαι
6 1 [4] μὴ πάλιν θεμέλιον καταβαλλόμενοι μετανοίας
7 6 [4] ὁ δὲ μὴ γενεαλογούμενος ἐξ αὐτῶν
9 9 [4] μὴ δυνάμεναι κατὰ συνείδησιν τελειῶσαι
17 [1] ἐπεὶ μὴ τότε ἰσχύει ὅτε ζῇ ὁ διαθέμενος
μή ποτε, TWH mg. R
10 25 [4] μὴ ἐγκαταλείποντες τ. ἐπισυναγωγὴν ἑαυτῶν
35 μὴ ἀποβάλητε οὖν τ. παρρησίαν ὑμῶν
11 3 [3] εἰς τὸ μὴ ἐκ φαινομένων τὸ βλεπόμενον γεγονέναι
5 [3] πίστει Ἐνὼχ μετετέθη τοῦ μὴ ἰδεῖν θάνατον
8 [4] ἐξῆλθεν μὴ ἐπιστάμενος ποῦ ἔρχεται
13 [4] κατὰ πίστιν ἀπέθανον οὗτοι πάντες μὴ κομισάμενοι τ. ἐπαγγελίας
27 [4] μὴ φοβηθεὶς τ. θυμὸν τ. βασιλέως
12 5 [2] υἱέ μου μὴ ὀλιγώρει παιδείας Κυρίου
מוּסַר יְהוָה בְּנִי אַל־תִּמְאָס, Pr. iii. 11
15 [4] [8] ἐπισκοποῦντες μή τις ὑστερῶν ἀπὸ τ. χάριτος τ. Θεοῦ

He 12 15 [8] μή τις ῥίζα πικρίας ἄνω φύουσα ἐνοχλῇ
16 [8] μή τις πόρνος ἢ βέβηλος ὡς Ἠσαῦ
19 [3] παρῃτήσαντο μὴ προστεθῆναι αὐτοῖς λόγον
—μή, WH non mg.
25 βλέπετε μὴ παραιτήσησθε τ. λαλοῦντα
27 [4] ἵνα μείνῃ τὰ μὴ σαλευόμενα
13 2 [2] τ. φιλοξενίας μὴ ἐπιλανθάνεσθε
9 [2] διδαχαῖς ποικίλαις κ. ξέναις μὴ παραφέρεσθε
16 [2] τ. δὲ εὐποιίας κ. κοινωνίας μὴ ἐπιλανθάνεσθε
17 [4] ἵνα μετὰ χαρᾶς τοῦτο ποιῶσιν κ. μὴ στενάζοντες
Ja 1 5 [4] τ. διδόντος Θεοῦ πᾶσιν ἁπλῶς κ. μὴ ὀνειδίζοντος
7 [2] μὴ γὰρ οἰέσθω ὁ ἄνθρωπος ἐκεῖνος
16 [2] μὴ πλανᾶσθε ἀδελφοί μου ἀγαπητοί
22 [2] γίνεσθε δὲ . . . μὴ ἀκροαταὶ μόνον
26 [4] μὴ χαλιναγωγῶν γλῶσσαν ἑαυτοῦ
2 1 [2] μὴ ἐν προσωπολημψίαις ἔχετε τ. πίστιν
11 ὁ γὰρ εἰπὼν Μὴ μοιχεύσῃς εἶπεν κ. Μὴ φονεύσῃς, Ex. xx. 13, 14
13 [4] ἡ γὰρ κρίσις ἀνέλεος τ. μὴ ποιήσαντι ἔλεος
14 [6] ἔργα δὲ μὴ ἔχῃ;
[5] μὴ δύναται ἡ πίστις σῶσαι αὐτόν;
16 μὴ δῶτε δὲ αὐτοῖς τὰ ἐπιτήδεια τ. σώματος
3 1 [2] μὴ πολλοὶ διδάσκαλοι γίνεσθε
12 [5] μὴ δύναται . . . συκῆ ἐλαίας ποιῆσαι
14 [2] μὴ κατακαυχᾶσθε κ. ψεύδεσθε κατὰ τ. ἀληθείας
μὴ κατακ. τ. ἀλ. κ. ψεύδ., T
4 2 [3] οὐκ ἔχετε διὰ τὸ μὴ αἰτεῖσθαι ὑμᾶς
11 [2] μὴ καταλαλεῖτε ἀλλήλων
17 [4] εἰδότι οὖν καλὸν ποιεῖν κ. μὴ ποιοῦντι
5 9 [2] μὴ στενάζετε ἀδελφοὶ κατ' ἀλλήλων
12 [2] μὴ ὀμνύετε μήτε τ. οὐρανόν
17 [3] προσευχῇ προσηύξατο τοῦ μὴ βρέξαι
I Pe 1 8 [4] εἰς ὃν ἄρτι μὴ ὁρῶντες πιστεύοντες δέ
14 [4] μὴ συνσχηματιζόμενοι ταῖς . . . ἐπιθυμίαις
2 16 [4] μὴ ὡς ἐπικάλυμμα ἔχοντες τ. κακίας
3 6 [4] μὴ φοβούμεναι μηδεμίαν πτόησιν
7 [3] εἰς τὸ μὴ ἐγκόπτεσθαι τ. προσευχὰς ὑμῶν
9 [4] μὴ ἀποδιδόντες κακὸν ἀντὶ κακοῦ
10 [3] παυσάτω . . . χείλη τοῦ μὴ λαλῆσαι δόλον
נְצֹר . . . שְׂפָתֶיךָ מִדַּבֵּר מִרְמָה, Ps. xxxiv. 14
14 τ. δὲ φόβον αὐτῶν μὴ φοβηθῆτε
4 4 [4] ἐν ᾧ ξενίζονται μὴ συντρεχόντων ὑμῶν
12 [2] μὴ ξενίζεσθε τῇ ἐν ὑμῖν πυρώσει . . . γινομένῃ
15 [2] [8] μὴ γάρ τις ὑμῶν πασχέτω ὡς φονεύς
16 [2] εἰ δὲ ὡς Χριστιανὸς μὴ αἰσχυνέσθω
5 2 ποιμάνατε . . . μὴ ἀναγκαστῶς ἀλλὰ ἑκουσίως
II Pe 1 9 [1] ᾧ γὰρ μὴ πάρεστιν ταῦτα
2 21 [3] κρεῖττον γὰρ ἦν αὐτοῖς μὴ ἐπεγνωκέναι τὴν ὁδὸν τ. δικαιοσύνης
3 8 [2] ἓν δὲ τοῦτο μὴ λανθανέτω ὑμᾶς
9 [4] μὴ βουλόμενός τινας ἀπολέσθαι
I Jo 2 4 [4] ὁ . . . τ. ἐντολὰς αὐτοῦ μὴ τηρῶν
15 [2] μὴ ἀγαπᾶτε τ. κόσμον
3 10 [4] πᾶς ὁ μὴ ποιῶν δικαιοσύνην οὐκ ἔστιν ἐκ τ. Θεοῦ,
[4] κ. ὁ μὴ ἀγαπῶν τ. ἀδελφὸν αὐτοῦ
13 [2] μὴ θαυμάζετε . . . εἰ μισεῖ ὑμᾶς ὁ κόσμος

I Jo 3 14 [4] ὁ μὴ ἀγαπῶν μένει ἐν τ. θανάτῳ
18 μὴ ἀγαπῶμεν λόγῳ μηδὲ τ. γλώσσῃ
4 1 [2] μὴ παντὶ πνεύματι πιστεύετε
3 [1] πᾶν πνεῦμα ὃ μὴ ὁμολογεῖ τ. Ἰησοῦν
ὃ λύει, WH mg. R mg.
8 [4] ὁ μὴ ἀγαπῶν οὐκ ἔγνω τ. Θεόν
20 [4] ὁ γὰρ μὴ ἀγαπῶν τ. ἀδελφὸν αὐτοῦ
5 10 [4] ὁ μὴ πιστεύων τ. Θεῷ ψεύστην πεποίηκεν αὐτόν
12 [4] ὁ μὴ ἔχων τ. υἱὸν τ. Θεοῦ τ. ζωὴν οὐκ ἔχει
16 ἁμαρτάνοντα ἁμαρτίαν μὴ πρὸς θάνατον
16 τ. ἁμαρτάνουσιν μὴ πρὸς θάνατον
II Jo 7 [4] οἱ μὴ ὁμολογοῦντες Ἰησοῦν Χριστόν
9 [4] πᾶς ὁ προάγων κ. μὴ μένων ἐν τ. διδαχῇ
10 [2] μὴ λαμβάνετε αὐτὸν εἰς οἰκίαν,
[2] κ. χαίρειν αὐτῷ μὴ λέγετε
III Jo 10 [4] μὴ ἀρκούμενος ἐπὶ τούτοις
11 [2] μὴ μιμοῦ τὸ κακὸν ἀλλὰ τὸ ἀγαθόν
Ju 5 [4] τὸ δεύτερον τοὺς μὴ πιστεύσαντας ἀπώλεσεν.
6 [4] ἀγγέλους τε τ. μὴ τηρήσαντας τὴν ἑαυτῶν ἀρχήν
19 [4] ψυχικοὶ πνεῦμα μὴ ἔχοντες
Re 1 17 [2] λέγων Μὴ φοβοῦ
2 10 [2] μὴ φοβοῦ ἃ μέλλεις πάσχειν
μηδὲν, TWH mg.
5 5 [2] λέγει μοι Μὴ κλαῖε
6 6 τὸ ἔλαιον κ. τ. οἶνον μὴ ἀδικήσῃς
7 3 μὴ ἀδικήσητε τ. γῆν
16 οὐδὲ μὴ πέσῃ ἐπ' αὐτοὺς ὁ ἥλιος
10 4 μὴ αὐτὰ γράψῃς
11 2 μὴ αὐτὴν μετρήσῃς
13 15 [1] [6] ὅσοι ἐὰν μὴ προσκυνήσωσιν τῇ εἰκόνι τ. θηρίου
προσκυνήσουσιν, T
19 10 λέγει μοι Ὅρα μή
22 9 λέγει μοι Ὅρα μή
10 μὴ σφραγίσῃς τ. λόγους τ. προφητείας

ΟΥ ΜΗ΄ 3364

(1) seq. indic. (2) interrog.

Mt 5 18 ἰῶτα ἓν ἢ μία κεραία οὐ μὴ παρέλθῃ ἀπὸ τ. νόμου
20 οὐ μὴ εἰσέλθητε εἰς τ. βασιλείαν τ. οὐρανῶν
26 οὐ μὴ ἐξέλθῃς ἐκεῖθεν
10 23 οὐ μὴ τελέσητε τ. πόλεις τοῦ Ἰσραήλ
42 οὐ μὴ ἀπολέσῃ τ. μισθὸν αὐτοῦ
12 32 ὃς δ' ἂν εἴπῃ . . . οὐ μὴ ἀφεθῇ αὐτῷ
οὐκ ἀφεθήσεται αὐτ., TWH non mg. R
13 14 ἀκοῇ ἀκούσετε κ. οὐ μὴ συνῆτε·
שִׁמְעוּ שָׁמוֹעַ וְאַל תָּבִינוּ, Is. vi. 9
κ. βλέποντες βλέψετε κ. οὐ μὴ ἴδητε
וּרְאוּ רָאוֹ וְאַל תֵּדָעוּ, *ib.*
15 5 [1] οὐ μὴ τιμήσει τ. πατέρα αὐτοῦ
16 22 [1] οὐ μὴ ἔσται σοι τοῦτο
28 οἵτινες οὐ μὴ γεύσωνται θανάτου
18 3 οὐ μὴ εἰσέλθητε εἰς τ. βασιλείαν τ. οὐρανῶν
21 19 οὐ μηκέτι ἐκ σοῦ καρπὸς γένηται
23 39 οὐ μή με ἴδητε ἀπ' ἄρτι
24 2 οὐ μὴ ἀφεθῇ ὧδε λίθος ἐπὶ λίθον
21 οὐδ' οὐ μὴ γένηται
34 οὐ μὴ παρέλθῃ ἡ γενεὰ αὕτη
35 οἱ δὲ λόγοι μου οὐ μὴ παρέλθωσιν

Mt 25 9 μήποτε οὐ μὴ ἀρκέσῃ ἡμῖν κ. ὑμῖν
μήπ. οὐκ ἀρκ., TWH mg.
26 29 οὐ μὴ πίω ἀπ' ἄρτι ἐκ τούτου τ. γενηματος
35 [1] οὐ μή σε ἀπαρνήσομαι
Mk 9 1 οἵτινες οὐ μὴ γεύσωνται θανάτου
41 οὐ μὴ ἀπολέσῃ τ. μισθὸν αὐτοῦ
10 15 οὐ μὴ εἰσέλθῃ εἰς αὐτήν
13 2 οὐ μὴ ἀφεθῇ ὧδε λίθος ἐπὶ λίθον ὃς οὐ μὴ καταλυθῇ
19 οἵα οὐ γέγονεν τοιαύτη . . . κ. οὐ μὴ γένηται
30 οὐ μὴ παρέλθῃ ἡ γενεὰ αὕτη
31 [1] οἱ δὲ λόγοι μου οὐ μὴ παρελεύσονται
—μὴ, WH non mg.
14 25 οὐκέτι οὐ μὴ πίω ἐκ τ. γενήματος τῆς ἀμπέλου
31 [1] οὐ μή σε ἀπαρνήσομαι
ἀπαρνήσωμαι, T
16 [18 οὐ μὴ αὐτοὺς βλάψῃ
Lu 1 15 οἶνον κ. σίκερα οὐ μὴ πίῃ
6 37 μὴ κρίνετε κ. οὐ μὴ κριθῆτε·
κ. μὴ καταδικάζετε κ. οὐ μὴ καταδικασθῆτε
8 17 οὐδὲ ἀπόκρυφον ὃ οὐ μὴ γνωσθῇ
9 27 οἳ οὐ μὴ γεύσωνται θανάτου
10 19 [1] οὐδὲν ὑμᾶς οὐ μὴ ἀδικήσει
ἀδικήσῃ, WH mg.
12 59 λέγω σοι οὐ μὴ ἐξέλθῃς ἐκεῖθεν
13 35 οὐ μὴ ἴδητέ με ἕως εἴπητε
18 7 [2] ὁ δὲ Θεὸς οὐ μὴ ποιήσῃ τ. ἐκδίκησιν
17 οὐ μὴ εἰσέλθῃ εἰς αὐτήν
30 ὃς οὐχὶ μὴ λάβῃ πολλαπλασίονα
21 18 θρὶξ ἐκ τ. κεφαλῆς ὑμῶν οὐ μὴ ἀπόληται
32 οὐ μὴ παρέλθῃ ἡ γενεὰ αὕτη
33 [1] οἱ δὲ λόγοι μου οὐ μὴ παρελεύσονται
22 16 λέγω γὰρ ὑμῖν ὅτι οὐ μὴ φάγω αὐτό
ὅτ. οὐκέτι οὐ μή, T
18 λέγω γὰρ ὑμῖν οὐ μὴ πίω ἀπὸ τοῦ νῦν
67 ἐὰν ὑμῖν εἴπω οὐ μὴ πιστεύσητε·
68 ἐὰν δὲ ἐρωτήσω οὐ μὴ ἀποκριθῆτε
Jo 4 14 [1] οὐ μὴ διψήσει εἰς τ. αἰῶνα
48 ἐὰν μὴ σημεῖα κ. τέρατα ἴδητε οὐ μὴ πιστεύσητε
6 35 ὁ ἐρχόμενος πρὸς ἐμὲ οὐ μὴ πεινάσῃ·
[1] κ. ὁ πιστεύων εἰς ἐμὲ οὐ μὴ διψήσει πώποτε
37 τ. ἐρχόμενον πρός με οὐ μὴ ἐκβάλω ἔξω
8 12 ὁ ἀκολουθῶν μοι οὐ μὴ περιπατήσῃ ἐν τ. σκοτίᾳ
51 θάνατον οὐ μὴ θεωρήσῃ εἰς τ. αἰῶνα
52 οὐ μὴ γεύσηται θανάτου εἰς τ. αἰῶνα
10 5 [1] ἀλλοτρίῳ δὲ οὐ μὴ ἀκολουθήσουσιν
28 οὐ μὴ ἀπόλωνται εἰς τ. αἰῶνα
11 26 οὐ μὴ ἀποθάνῃ εἰς τ. αἰῶνα
56 τί δοκεῖ ὑμῖν ὅτι οὐ μὴ ἔλθῃ εἰς τ. ἑορτήν;
13 8 οὐ μὴ νίψῃς μου τ. πόδας εἰς τ. αἰῶνα
38 οὐ μὴ ἀλέκτωρ φωνήσῃ ἕως οὗ ἀρνήσῃ
16 7 ὁ παράκλητος οὐ μὴ ἔλθῃ πρὸς ὑμᾶς
οὐκ ἐλεύσεται, TR
18 11 [2] τὸ ποτήριον ὃ δέδωκέν μοι ὁ πατὴρ οὐ μὴ πίω αὐτό;
20 25 ἐὰν μὴ ἴδω . . . οὐ μὴ πιστεύσω
Ac 13 41 ἔργον ὃ οὐ μὴ πιστεύσητε
לֹא תַאֲמִינוּ, Hab. i. 5
28 26 ἀκοῇ ἀκούσετε κ. οὐ μὴ συνῆτε, Is. *l.c.*
κ. βλέποντες βλέψετε κ. οὐ μὴ ἴδητε, *ib.*

Ro 4 8 μακάριος ἀνὴρ οὗ οὐ μὴ λογίσηται Κύριος ἁμαρτίαν
אַשְׁרֵי אָדָם לֹא־יַחְשֹׁב יְהוָה לוֹ עָוֺן, Ps. xxxii. 2
I Co 8 13 οὐ μὴ φάγω κρέα εἰς τ. αἰῶνα
Ga 4 30 [1] οὐ γὰρ μὴ κληρονομήσει ὁ υἱὸς τ. παιδίσκης
כִּי לֹא יִירַשׁ בֶּן־הָאָמָה הַזֹּאת, Gen. xxi. 10
5 16 ἐπιθυμίαν σαρκὸς οὐ μὴ τελέσητε
I Th 4 15 οὐ μὴ φθάσωμεν τ. κοιμηθέντας
5 3 κ. οὐ μὴ ἐκφύγωσιν
He 8 11 οὐ μὴ διδάξωσιν ἕκαστος τ. πολίτην αὐτοῦ
לֹא יְלַמְּדוּ עוֹד אִישׁ אֶת־רֵעֵהוּ, Jer. xxxi. 34
12 τ. ἁμαρτιῶν αὐτῶν οὐ μὴ μνησθῶ ἔτι
לְחַטָּאתָם לֹא אֶזְכָּר־עוֹד, *ib.*
10 17 [1] τ. ἀνομιῶν αὐτῶν οὐ μὴ μνησθήσομαι ἔτι, Jer. *l.c.*
13 5 οὐ μή σε ἀνῶ οὐδ' οὐ μή σε ἐγκαταλίπω
לֹא אַרְפְּךָ וְלֹא אֶעֶזְבֶךָּ, Josh. i. 5
I Pe 2 6 ὁ πιστεύων ἐπ' αὐτῷ οὐ μὴ καταισχυνθῇ
הַמַּאֲמִין לֹא יָחִישׁ, Is. xxviii. 16
II Pe 1 10 ταῦτα γὰρ ποιοῦντες οὐ μὴ πταίσητέ ποτε
Re 2 11 ὁ νικῶν οὐ μὴ ἀδικηθῇ ἐκ τ. θανάτου τ. δευτέρου
3 3 οὐ μὴ γνῷς ποίαν ὥραν ἥξω
γνώσῃ, TWH mg.
5 οὐ μὴ ἐξαλείψω τὸ ὄνομα αὐτοῦ
12 ἔξω οὐ μὴ ἐξέλθῃ ἔτι
7 16 οὐδὲ μὴ πέσῃ ἐπ' αὐτοὺς ὁ ἥλιος
9 6 [1] ζητήσουσιν οἱ ἄνθρωποι τ. θάνατον κ. οὐ μὴ εὑρήσουσιν αὐτόν
οὐ μὴ εὕρωσιν, WH mg.
15 4 τίς οὐ μὴ φοβηθῇ Κύριε
18 7 πένθος οὐ μὴ ἴδω
14 [1] οὐκέτι οὐ μὴ αὐτὰ εὑρήσουσιν
21 βληθήσεται Βαβυλὼν . . . κ. οὐ μὴ εὑρεθῇ ἔτι
22 φωνὴ κιθαρῳδῶν . . . οὐ μὴ ἀκουσθῇ ἐν σοὶ ἔτι,
κ. πᾶς τεχνίτης . . . οὐ μὴ εὑρεθῇ ἐν σοὶ ἔτι,
κ. φωνὴ μύλου οὐ μὴ ἀκουσθῇ ἐν σοὶ ἔτι,
23 κ. φῶς λύχνου οὐ μὴ φάνῃ ἐν σοὶ ἔτι,
κ. φωνὴ νυμφίου κ. νύμφης οὐ μὴ ἀκουσθῇ ἐν σοὶ ἔτι
21 25 οἱ πυλῶνες αὐτῆς οὐ μὴ κλεισθῶσιν ἡμέρας
27 οὐ μὴ εἰσέλθῃ εἰς αὐτὴν πᾶν κοινόν

ΜΗ'ΓΕ

***Vide* εἰ δὲ μήγε *sub* 'ΕΙ**

ΜΗΔΑΜΩ'Σ 3365

Ac 10 14 ὁ δὲ Πέτρος εἶπεν Μηδαμῶς Κύριε
11 8 εἶπον δὲ Μηδαμῶς Κύριε

ΜΗΔΕ' 3366

(1) μηδὲ . . . μηδέ

Mt 6 25 μηδὲ τ. σώματι ὑμῶν τί ἐνδύσησθε
7 6 μηδὲ βάλητε τ. μαργαρίτας ὑμῶν ἔμπροσθεν τ. χοίρων
10 9 [1] μὴ κτήσησθε χρυσὸν μηδὲ ἄργυρον μηδὲ χαλκὸν εἰς τ. ζώνας ὑμῶν
10 [1] μηδὲ δύο χιτῶνας μηδὲ ὑποδήματα μηδὲ ῥάβδον
14 ὃς ἂν μὴ δέξηται ὑμᾶς μηδὲ ἀκούσῃ τ. λόγους ὑμῶν
22 29 μὴ εἰδότες τ. γραφὰς μηδὲ τ. δύναμιν τ. Θεοῦ
23 10 μηδὲ κληθῆτε καθηγηταί
24 20 ἵνα μὴ γένηται . . . χειμῶνος μηδὲ σαββάτῳ
Mk 2 2 ὥστε μηκέτι χωρεῖν μηδὲ τὰ πρὸς τ. θύραν
3 20 ὥστε μὴ δύνασθαι αὐτοὺς μηδὲ ἄρτον φαγεῖν
μήτε, T
6 11 ὃς ἂν τόπος μὴ δέξηται ὑμᾶς μηδὲ ἀκούσωσιν ὑμῶν
8 26 μηδὲ εἰς τὴν κώμην εἰσέλθῃς
μή, T
12 24 μὴ εἰδότες τ. γραφὰς μηδὲ τ. δύναμιν τ. Θεοῦ
13 15 μὴ καταβάτω μηδὲ εἰσελθάτω τι ἆραι
Lu 3 14 μηδένα διασείσητε μηδὲ συκοφαντήσητε
μηδένα συκ., T
7 33 μὴ ἔσθων ἄρτον μηδὲ πίνων οἶνον
μήτε, WH
12 22 μηδὲ τ. σώματι ὑμῶν τί ἐνδύσησθε
14 12 [1] μὴ φώνει τ. φίλους σου μηδὲ τ. ἀδελφούς σου μηδὲ τ. συγγενεῖς σου μηδὲ γείτονας πλουσίους
16 26 ὅπως . . . μὴ δύνωνται μηδὲ ἐκεῖθεν πρὸς ἡμᾶς διαπερῶσιν
17 23 μὴ ἀπέλθητε μηδὲ διώξητε
Jo 4 15 ἵνα μὴ διψῶ μηδὲ διέρχωμαι ἐνθάδε ἀντλεῖν
14 27 μὴ ταρασσέσθω ὑμῶν ἡ καρδία μηδὲ δειλιάτω
Ac 4 18 παρήγγειλαν καθόλου μὴ φθέγγεσθαι μηδὲ διδάσκειν
21 21 λέγων μὴ περιτέμνειν . . . μηδὲ τ. ἔθεσι περιπατεῖν
Ro 6 13 μηδὲ παριστάνετε τὰ μέλη ὑμῶν ὅπλα ἀδικίας
9 11 μηδὲ πραξάντων τι ἀγαθὸν ἢ φαῦλον
14 21 [1] καλὸν τὸ μὴ φαγεῖν κρέα μηδὲ πεῖν οἶνον μηδὲ ἐν ᾧ ὁ ἀδελφός σου προσκόπτει
I Co 5 8 μὴ ἐν ζύμῃ παλαιᾷ μηδὲ ἐν ζύμῃ κακίας κ. πονηρίας
μή, WH mg.
11 τ. τοιούτῳ μηδὲ συνεσθίειν
10 7 μηδὲ εἰδωλολάτραι γίνεσθε
8 μηδὲ πορνεύωμεν
9 μηδὲ ἐκπειράζωμεν τὸν Κύριον
10 μηδὲ γογγύζετε
II Co 4 2 μηδὲ δολοῦντες τ. λόγον τ. Θεοῦ
Eph 4 27 μηδὲ δίδοτε τόπον τ. διαβόλῳ
5 3 πορνεία δὲ . . . μηδὲ ὀνομαζέσθω ἐν ὑμῖν
Phl 2 3 μηδὲν κατὰ ἐριθίαν μηδὲ κατὰ κενοδοξίαν
Col 2 21 [1] μὴ ἅψῃ μηδὲ γεύσῃ μηδὲ θίγῃς
II Th 2 2 εἰς τὸ μὴ ταχέως σαλευθῆναι ὑμᾶς ἀπὸ τ. νοὸς μηδὲ θροεῖσθαι
3 10 εἴ τις οὐ θέλει ἐργάζεσθαι μηδὲ ἐσθιέτω
I Ti 1 4 μὴ ἑτεροδιδασκαλεῖν μηδὲ προσέχειν μύθοις
5 22 μηδὲ κοινώνει ἁμαρτίαις ἀλλοτρίαις
6 17 μηδὲ ἠλπικέναι ἐπὶ πλούτου ἀδηλότητι
II Ti 1 8 μὴ οὖν ἐπαισχυνθῇς τὸ μαρτύριον . . . μηδὲ ἐμέ
Tit 2 3 μὴ διαβόλους μηδὲ οἴνῳ πολλῷ δεδουλωμένας
μή, WH mg.

Tit 2 10 μὴ ἀντιλέγοντας μηδὲ νοσφιζομένους
μή, TWH non mg. R
He 12 5 μηδὲ ἐκλύου ὑπ' αὐτοῦ ἐλεγχόμενος
וְאַל־תָּקֹץ בְּתוֹכַחְתּוֹ, Pr. iii. 11
1 Pe 3 14 τ. δὲ φόβον αὐτῶν μὴ φοβηθῆτε μηδὲ ταραχθῆτε
אֶת־מוֹרָאוֹ לֹא־תִירְאוּ וְלֹא תַעֲרִיצוּ, Is. viii. 12
5 2 μηδὲ αἰσχροκερδῶς ἀλλὰ προθύμως·
3 μηδ' ὡς κατακυριεύοντες τ. κλήρων
1 Jo 2 15 μὴ ἀγαπᾶτε τ. κόσμον μηδὲ τὰ ἐν τ. κόσμῳ
3 18 μὴ ἀγαπῶμεν λόγῳ μηδὲ τ. γλώσσῃ

ΜΗΔΕΙ'Σ 3367 cf. 3370.5

(1) c. negat.

Mt 8 4 ὅρα μηδενὶ εἴπῃς
9 30 ὁρᾶτε μηδεὶς γινωσκέτω
16 20 διεστείλατο τ. μαθηταῖς ἵνα μηδενὶ εἴπωσιν
17 9 μηδενὶ εἴπητε τὸ ὅραμα
27 19 μηδέν σοι κ. τ. δικαίῳ ἐκείνῳ
Mk 1 44 [1] ὅρα μηδενὶ μηδὲν εἴπῃς
5 26 δαπανήσασα τὰ παρ' αὐτῆς πάντα κ. μηδὲν ὠφεληθεῖσα
43 διεστείλατο αὐτοῖς πολλὰ ἵνα μηδεὶς γνοῖ τοῦτο
6 8 παρήγγειλεν αὐτοῖς ἵνα μηδὲν αἴρωσιν εἰς ὁδόν
7 36 διεστείλατο αὐτοῖς ἵνα μηδενὶ λέγωσιν
8 26 μηδενὶ εἴπῃς εἰς τὴν κώμην
—h. v., TWH non mg. R
30 ἐπετίμησεν αὐτοῖς ἵνα μηδενὶ λέγωσιν περὶ αὐτοῦ
9 9 διεστείλατο αὐτοῖς ἵνα μηδενὶ ἃ εἶδον διηγήσωνται
11 14 [1] μηκέτι εἰς τ. αἰῶνα ἐκ σοῦ μηδεὶς καρπὸν φάγοι
Lu 3 13 μηδὲν πλέον παρὰ τὸ διατεταγμένον ὑμῖν πράσσετε
14 μηδένα διασείσητε μηδένα συκοφαντήσητε
μηδὲ συκ., WHR
4 35 ἐξῆλθεν ἀπ' αὐτοῦ μηδὲν βλάψαν αὐτόν
5 14 παρήγγειλεν αὐτῷ μηδενὶ εἰπεῖν
6 35 δανίζετε μηδὲν ἀπελπίζοντες
μηδένα, TWH mg. R mg.
8 56 ὁ δὲ παρήγγειλεν αὐτοῖς μηδενὶ εἰπεῖν τὸ γεγονός
9 3 μηδὲν αἴρετε εἰς τὴν ὁδόν
21 παρήγγειλεν μηδενὶ λέγειν τοῦτο
10 4 μηδένα κατὰ τὴν ὁδὸν ἀσπάσησθε
Ac 4 17 [1] μηκέτι λαλεῖν ἐπὶ τ. ὀνόματι τούτῳ μηδενὶ ἀνθρώπων
21 μηδὲν εὑρίσκοντες τὸ πῶς κολάσωνται αὐτούς
8 24 ὅπως μηδὲν ἐπέλθῃ ἐπ' ἐμὲ ὧν εἰρήκατε
9 7 ἀκούοντες μὲν τ. φωνῆς μηδένα δὲ θεωροῦντες
10 20 πορεύου σὺν αὐτοῖς μηδὲν διακρινόμενος
28 μηδένα κοινὸν ἢ ἀκάθαρτον λέγειν ἄνθρωπον
11 12 συνελθεῖν αὐτοῖς μηδὲν διακρίναντα
19 μηδενὶ λαλοῦντες τ. λόγον εἰ μὴ μόνον Ἰουδαίοις
13 28 μηδεμίαν αἰτίαν θανάτου εὑρόντες
15 28 μηδὲν πλέον ἐπιτίθεσθαι ὑμῖν βάρος
16 28 μηδὲν πράξῃς σεαυτῷ κακόν
19 36 δέον ἐστὶν . . . μηδὲν προπετὲς πράσσειν
40 μηδενὸς αἰτίου ὑπάρχοντος

Ac 23 14 ἀνεθεματίσαμεν ἑαυτοὺς μηδενὸς γεύσασθαι
22 παραγγείλας μηδενὶ ἐκλαλῆσαι
29 μηδὲν δὲ ἄξιον θανάτου ἢ δεσμῶν ἔχοντα ἔγκλημα
24 23 μηδένα κωλύειν τ. ἰδίων αὐτοῦ ὑπηρετεῖν
25 17 ἀναβολὴν μηδεμίαν ποιήσαντες
25 μηδὲν ἄξιον αὐτὸν θανάτου πεπραχέναι
28 6 θεωρούντων μηδὲν ἄτοπον εἰς αὐτὸν γινόμενον
18 διὰ τὸ μηδεμίαν αἰτίαν θανάτου ὑπάρχειν ἐν ἐμοί
Ro 12 17 μηδενὶ κακὸν ἀντὶ κακοῦ ἀποδιδόντες
13 8 [1] μηδενὶ μηδὲν ὀφείλετε
1 Co 1 7 ὥστε ὑμᾶς μὴ ὑστερεῖσθαι ἐν μηδενὶ χαρίσματι
3 18 μηδεὶς ἑαυτὸν ἐξαπατάτω
21 ὥστε μηδεὶς καυχάσθω ἐν ἀνθρώποις
10 24 μηδεὶς τὸ ἑαυτοῦ ζητείτω
25 μηδὲν ἀνακρίνοντες διὰ τ. συνείδησιν
27 μηδὲν ἀνακρίνοντες διὰ τ. συνείδησιν
II Co 6 3 [1] μηδεμίαν ἐν μηδενὶ διδόντες προκοπήν
10 ὡς μηδὲν ἔχοντες κ. πάντα κατέχοντες
7 9 ἵνα ἐν μηδενὶ ζημιωθῆτε ἐξ ἡμῶν
11 5 λογίζομαι γὰρ μηδενὶ ὑστερηκέναι τῶν ὑπερλίαν ἀποστόλων
13 7 [1] μὴ ποιῆσαι ὑμᾶς κακὸν μηδέν
Ga 6 3 εἰ γὰρ δοκεῖ τις εἶναί τι μηδὲν ὤν
17 κόπους μοι μηδεὶς παρεχέτω
Eph 5 6 μηδεὶς ὑμᾶς ἀπατάτω κενοῖς λόγοις
Phl 1 28 [1] μὴ πτυρόμενοι ἐν μηδενὶ ὑπὸ τ. ἀντικειμένων
2 3 μηδὲν κατὰ ἐριθίαν μηδὲ κατὰ κενοδοξίαν
4 6 μηδὲν μεριμνᾶτε
Col 2 4 ἵνα μηδεὶς ὑμᾶς παραλογίζηται ἐν πιθανολογίᾳ
18 μηδεὶς ὑμᾶς καταβραβευέτω
1 Th 3 3 τὸ μηδένα σαίνεσθαι ἐν τ. θλίψεσι ταύταις
4 12 ἵνα . . . μηδενὸς χρείαν ἔχητε
II Th 2 3 [1] μή τις ὑμᾶς ἐξαπατήσῃ κατὰ μηδένα τρόπον
3 11 μηδὲν ἐργαζομένους ἀλλὰ περιεργαζομένους
1 Ti 4 12 μηδείς σου τ. νεότητος καταφρονείτω
5 14 μηδεμίαν ἀφορμὴν διδόναι τ. ἀντικειμένῳ
21 μηδὲν ποιῶν κατὰ πρόσκλισιν
22 χεῖρας ταχέως μηδενὶ ἐπιτίθει
6 4 τετύφωται μηδὲν ἐπιστάμενος
Tit 2 8 μηδὲν ἔχων λέγειν περὶ ἡμῶν φαῦλον
15 μηδείς σου περιφρονείτω
3 2 ὑπομίμνησκε αὐτοὺς . . . μηδένα βλασφημεῖν
13 ἵνα μηδὲν αὐτοῖς λείπῃ
He 10 2 διὰ τὸ μηδεμίαν ἔχειν ἔτι συνείδησιν ἁμαρτιῶν τ. λατρεύοντας
Ja 1 4 ἵνα ἦτε τέλειοι . . . ἐν μηδενὶ λειπόμενοι
6 αἰτείτω δὲ ἐν πίστει μηδὲν διακρινόμενος
13 μηδεὶς πειραζόμενος λεγέτω
1 Pe 3 6 [1] μὴ φοβούμεναι μηδεμίαν πτόησιν
1 Jo 3 7 τεκνία μηδεὶς πλανάτω ὑμᾶς
III Jo 7 ἐξῆλθαν μηδὲν λαμβάνοντες ἀπὸ τ. ἐθνικῶν
Re 2 10 μηδὲν φοβοῦ ἃ μέλλεις πάσχειν
μή, WH non mg. R
3 11 ἵνα μηδεὶς λάβῃ τ. στέφανόν σου

ΜΗΔΕ'ΠΟΤΕ 3368

II Ti 3 7 μηδέποτε εἰς ἐπίγνωσιν ἀληθείας ἐλθεῖν δυνάμενα

ΜΗΔΕ΄ΠΩ 3369

He 11 7 πίστει χρηματισθεὶς Νῶε περὶ τ. μηδέπω βλεπομένων

ΜΗ͂ΔΟΣ 3370

Ac 2 9 Πάρθοι κ. Μῆδοι κ. Ἐλαμεῖται

ΜΗΘΕΙ΄Σ 3370.5 cf. 3367

Ac 27 33 ἄσιτοι διατελεῖτε μηθὲν προσλαβόμενοι

ΜΗΚΕ΄ΤΙ 3371

Mt 21 19 οὐ μηκέτι ἐκ σοῦ καρπὸς γένηται εἰς τ. αἰῶνα
Mk 1 45 ὥστε μ. αὐτὸν δύνασθαι φανερῶς εἰς πόλιν εἰσελθεῖν
2 2 ὥστε μ. χωρεῖν μηδὲ τὰ πρὸς τ. θύραν
9 25 μηκέτι εἰσέλθῃς εἰς αὐτόν
11 14 μηκέτι εἰς τ. αἰῶνα ἐκ σοῦ μηδεὶς καρπὸν φάγοι
Lu 8 49 μηκέτι σκύλλε τ. διδάσκαλον
μὴ, R
Jo 5 14 μηκέτι ἁμάρτανε
8 [11 ἀπὸ τοῦ νῦν μηκέτι ἁμάρτανε
Ac 4 17 μ. λαλεῖν ἐπὶ τ. ὀνόματι τούτῳ μηδενὶ ἀνθρώπων
13 34 μηκέτι μέλλοντα ὑποστρέφειν εἰς διαφθοράν
25 24 βοῶντες μὴ δεῖν αὐτὸν ζῆν μηκέτι
Ro 6 6 τοῦ μ. δουλεύειν ἡμᾶς τ. ἁμαρτίᾳ
14 13 μηκέτι οὖν ἀλλήλους κρίνωμεν
15 23 νυνὶ δὲ μ. τόπον ἔχων ἐν τ. κλίμασι τούτοις
II Co 5 15 ἵνα οἱ ζῶντες μ. ἑαυτοῖς ζῶσιν
Eph 4 14 ἵνα μηκέτι ὦμεν νήπιοι
17 μαρτύρομαι ἐν Κυρίῳ μ. ὑμᾶς περιπατεῖν καθὼς κ. τὰ ἔθνη
28 ὁ κλέπτης μηκέτι κλεπτέτω
I Th 3 1 διὸ μηκέτι στέγοντες ηὐδοκήσαμεν
5 διὰ τοῦτο κἀγὼ μ. στέγων ἔπεμψα
I Ti 5 23 μηκέτι ὑδροπότει
I Pe 4 2 εἰς τὸ μ. ἀνθρώπων ἐπιθυμίαις . . . βιῶσαι

ΜΗ͂ΚΟΣ 3372

Eph 3 18 τί τὸ πλάτος κ. μῆκος κ. ὕψος κ. βάθος
Re 21 16 τὸ μῆκος αὐτῆς ὅσον τὸ πλάτος
16 τὸ μῆκος κ. τὸ πλάτος κ. τὸ ὕψος αὐτῆς ἴσα ἐστίν

ΜΗΚΥ΄ΝΟΜΑΙ 3373

Mk 4 27 ὁ σπόρος βλαστᾷ κ. μηκύνηται ὡς οὐκ οἶδεν αὐτός

ΜΗΛΩΤΗ΄ 3374

He 11 37 περιῆλθον ἐν μηλωταῖς

ΜΗ΄Ν 3375

Lu 1 24 περιέκρυβεν ἑαυτὴν μῆνας πέντε
26 ἐν δὲ τ. μηνὶ τ. ἕκτῳ ἀπεστάλη ὁ ἄγγελος Γαβριὴλ
36 οὗτος μὴν ἕκτος ἐστὶν αὐτῇ τ. καλουμένῃ στείρᾳ
56 ἔμεινεν δὲ Μαριὰμ σὺν αὐτῇ ὡς μῆνας τρεῖς
4 25 ὅτε ἐκλείσθη ὁ οὐρανὸς ἔτη τρία κ. μῆνας ἕξ
ἐπὶ ἔτ. TWH mg.
Ac 7 20 ὃς ἀνετράφη μῆνας τρεῖς ἐν τ. οἴκῳ τ. πατρός
18 11 ἐκάθισεν δὲ ἐνιαυτὸν κ. μῆνας ἕξ
19 8 ἐπαρρησιάζετο ἐπὶ μῆνας τρεῖς διαλεγόμενος
20 3 ποιήσας τε μῆνας τρεῖς
28 11 μετὰ δὲ τρεῖς μῆνας ἀνήχθημεν
Ga 4 10 ἡμέρας παρατηρεῖσθε κ. μῆνας κ. καιροὺς κ. ἐνιαυτούς
Ja 5 17 οὐκ ἔβρεξεν ἐπὶ τ. γῆς ἐνιαυτοὺς τρεῖς κ. μῆνας ἕξ
Re 9 5 ἵνα βασανισθήσονται μῆνας πέντε
10 ἡ ἐξουσία αὐτῶν ἀδικῆσαι τ. ἀνθρώπους μῆνας πέντε
15 οἱ ἡτοιμασμένοι εἰς τ. ὥραν κ. ἡμέραν κ. μῆνα κ. ἐνιαυτόν
11 2 τ. πόλιν τ. ἁγίαν πατήσουσιν μῆνας τεσσεράκοντα κ. δύο
13 5 ἐδόθη αὐτῷ ἐξουσία ποιῆσαι μῆνας τεσσεράκοντα κ. δύο
22 2 κατὰ μῆνα ἕκαστον ἀποδιδοῦν τ. καρπὸν αὐτοῦ

ΜΗ΄Ν 3376

He 6 14 εἰ μὴν εὐλογῶν εὐλογήσω σε
כִּי־בָרֵךְ אֲבָרֶכְךָ, Gen. xxii. 17

ΜΗΝΥ΄Ω** 3377

Lu 20 37 κ. Μωυσῆς ἐμήνυσεν ἐπὶ τῆς βάτου
Jo 11 57 ἵνα ἐάν τις γνῷ ποῦ ἐστὶν μηνύσῃ
Ac 23 30 μηνυθείσης δέ μοι ἐπιβουλῆς εἰς τ. ἄνδρα ἔσεσθαι
I Co 10 28 μὴ ἐσθίετε δι' ἐκεῖνον τ. μηνύσαντα

ΜΗ΄ΠΟΤΕ 3379

μή ποτε, WH
Mt 4 6 μήποτε προσκόψῃς πρὸς λίθον τ. πόδα σου
פֶּן־תִּגֹּף בָּאֶבֶן רַגְלֶךָ, Ps. xci. 12
5 25 μήποτέ σε παραδῷ ὁ ἀντίδικος τ. κριτῇ
7 6 μήποτε καταπατήσουσιν αὐτοὺς ἐν τ. ποσὶν αὐτῶν
13 15 μήποτε ἴδωσιν τ. ὀφθαλμοῖς
פֶּן־יִרְאֶה בְעֵינָיו, Is. vi. 10
29 μήποτε . . . ἐκριζώσητε ἅμα αὐτοῖς τ. σῖτον
15 32 μήποτε ἐκλυθῶσιν ἐν τῇ ὁδῷ
25 9 μήποτε οὐ μὴ ἀρκέσῃ ἡμῖν κ. ὑμῖν
μήπ. οὐκ ἀρκ., TWH mg.
27 64 μήποτε ἐλθόντες οἱ μαθηταὶ κλέψωσιν αὐτόν
Mk 4 12 μήποτε ἐπιστρέψωσιν κ. ἀφεθῇ αὐτοῖς
פֶּן . . . שָׁב וְרָפָא לוֹ, Is. vi. 10
14 2 μήποτε ἔσται θόρυβος τ. λαοῦ
Lu 3 15 μήποτε αὐτὸς εἴη ὁ Χριστός
4 11 μήποτε προσκόψῃς πρὸς λίθον τ. πόδα σου, Ps. *l.c.*
12 58 μήποτε κατασύρῃ σε πρὸς τ. κριτήν
14 8 μήποτε ἐντιμότερός σου ᾖ κεκλημένος
12 μήποτε κ. αὐτοὶ ἀντικαλέσωσίν σε
29 μήποτε . . . πάντες οἱ θεωροῦντες ἄρξωνται αὐτῷ ἐμπαίζειν
21 34 μήποτε βαρηθῶσιν αἱ καρδίαι ὑμῶν ἐν κραιπάλῃ
Jo 7 26 μήποτε ἀληθῶς ἔγνωσαν οἱ ἄρχοντες

Ac 5 39 μήποτε κ. θεομάχοι εὑρεθῆτε
28 27 μήποτε ἴδωσιν τ. ὀφθαλμοῖς, Is. *l.c.*
II Ti 2 25 μήποτε δῴη αὐτοῖς ὁ Θεὸς μετάνοιαν
He 2 1 προσέχειν ἡμᾶς τ. ἀκουσθεῖσιν μ. παραρυῶμεν
3 12 μήποτε ἔσται ἔν τινι ὑμῶν καρδία πονηρὰ ἀπιστίας
4 1 φοβηθῶμεν οὖν μήποτε . . . δοκῇ τις ἐξ ὑμῶν ὑστερηκέναι
9 17 ἐπεὶ μ. ἰσχύει ὅτι ζῇ ὁ διαθέμενος
μὴ τότε, WH non mg.

ΜΉΠΟΥ *Vide sub* ΜΉ, 3361

ΜΉΠΩ* 3380

Ro 9 11 μήπω γὰρ γεννηθέντων μηδὲ πραξάντων τι
He 9 8 μήπω πεφανερῶσθαι τὴν τ. ἁγίων ὁδόν

ΜΉΠΩΣ *Vide sub* ΜΉ, 3361

ΜΗΡΌΣ 3382

Re 19 16 ἔχει . . . ἐπὶ τ. μηρὸν αὐτοῦ ὄνομα γεγραμμένον

ΜΉΤΕ 3383

Mt 5 34 μὴ ὀμόσαι ὅλως μήτε ἐν τ. οὐρανῷ
35 μήτε ἐν τ. γῇ . . . μήτε εἰς Ἱεροσόλυμα
36 μήτε ἐν τ. κεφαλῇ σου ὀμόσῃς
11 18 ἦλθεν γὰρ Ἰωάνης μήτε ἐσθίων μήτε πίνων
Mk 3 20 ὥστε μὴ δύνασθαι αὐτοὺς μήτε ἄρτον φαγεῖν
μηδὲ, WH
Lu 7 33 ἐλήλυθεν γὰρ Ἰωάνης μὴ ἔσθων ἄρτον μήτε πίνων οἶνον
μηδὲ, T
9 3 μηδὲν αἴρετε εἰς τὴν ὁδὸν μ. ῥάβδον μ. πήραν μ. ἄρτον μ. ἀργύριον μ. δύο χιτῶνας ἔχειν
Ac 23 8 λέγουσιν μὴ εἶναι ἀνάστασιν μήτε ἄγγελον μήτε πνεῦμα
12 λέγοντες μήτε φαγεῖν μήτε πεῖν
21 ἀνεθεμάτισαν ἑαυτοὺς μήτε φαγεῖν μήτε πεῖν
27 20 μήτε δὲ ἡλίου μήτε ἄστρων ἐπιφαινόντων
II Th 2 2 μηδὲ θροεῖσθαι μ. διὰ πνεύματος μ. διὰ λόγου μ. δι' ἐπιστολῆς ὡς δι' ἡμῶν
I Ti 1 7 μὴ νοοῦντες μ. ἃ λέγουσιν μ. περὶ τίνων διαβεβαιοῦνται
He 7 3 μ. ἀρχὴν ἡμερῶν μ. ζωῆς τέλος ἔχων
Ja 5 12 μὴ ὀμνύετε μ. τ. οὐρανὸν μ. τ. γῆν μ. ἄλλον τινὰ ὅρκον
Re 7 1 ἵνα μὴ πνέῃ ἄνεμος ἐπὶ τ. γῆς μ. ἐπὶ τ. θαλάσσης μ. ἐπὶ πᾶν δένδρον
3 μὴ ἀδικήσητε τ. γῆν μ. τ. θάλασσαν μ. τὰ δένδρα
καὶ τ. θάλ., WH mg.

ΜΉΤΗΡ 3384

(1) metaph.

Mt 1 18 μνηστευθείσης τ. μητρὸς αὐτοῦ Μαρίας τῷ Ἰωσήφ
2 11 εἶδον τὸ παιδίον μετὰ Μαρίας τ. μητρὸς αὐτοῦ
13 παράλαβε τὸ παιδίον κ. τ. μητέρα αὐτοῦ
14 παρέλαβεν τὸ παιδίον κ. τ. μητέρα αὐτοῦ νυκτός
20 παράλαβε τὸ παιδίον κ. τ. μητέρα αὐτοῦ
21 παρέλαβεν τὸ παιδίον κ. τ. μητέρα αὐτοῦ
10 35 διχάσαι . . . θυγατέρα κατὰ τ. μητρὸς αὐτοῦ
37 ὁ φιλῶν πατέρα ἢ μητέρα ὑπὲρ ἐμέ
12 46 ἡ μήτηρ κ. οἱ ἀδελφοὶ αὐτοῦ εἱστήκεισαν ἔξω
47 ἡ μήτηρ σου κ. οἱ ἀδελφοί σου ἔξω ἑστήκασιν
—h. v., [T] WH non mg. R mg.
48 τίς ἐστιν ἡ μήτηρ μου;
49 [1] ἰδοὺ ἡ μήτηρ μου κ. οἱ ἀδελφοί μου
50 [1] αὐτός μου ἀδελφὸς κ. ἀδελφὴ κ. μήτηρ ἐστίν
13 55 οὐχ ἡ μήτηρ αὐτοῦ λέγεται Μαριάμ
14 8 ἡ δὲ προβιβασθεῖσα ὑπὸ τ. μητρὸς αὐτῆς
11 ἤνεγκεν τ. μητρὶ αὐτῆς
15 4 τίμα τ. πατέρα κ. τ. μητέρα
כַּבֵּד אֶת־אָבִיךָ וְאֶת־אִמֶּךָ, Ex. xx. 12
4 ὁ κακολογῶν πατέρα ἢ μητέρα θανάτῳ τελευτάτω
מְקַלֵּל אָבִיו וְאִמּוֹ מוֹת יוּמָת, *ib.* xxi. 17
5 ὃς δ' ἂν εἴπῃ τ. πατρὶ ἢ τ. μητρὶ Δῶρον
6 οὐ μὴ τιμήσει τ. πατέρα αὐτοῦ ἢ τ. μητέρα αὐτοῦ
—ἢ τ. μητ. αὐτ., WHR non mg.
19 5 καταλείψει ἄνθρωπος τ. πατέρα κ. τ. μητέρα
יַעֲזָב־אִישׁ אֶת־אָבִיו וְאֶת־אִמּוֹ, Gen. ii. 24
12 οἵτινες ἐκ κοιλίας μητρὸς ἐγεννήθησαν οὕτως
19 τίμα τ. πατέρα κ. τ. μητέρα, Ex. xx. 12
29 πᾶς ὅστις ἀφῆκεν . . . πατέρα ἢ μητέρα
20 20 προσῆλθεν αὐτῷ ἡ μήτηρ τ. υἱῶν Ζεβεδαίου
27 56 Μαρία ἡ τ. Ἰακώβου κ. Ἰωσὴφ μήτηρ, κ. ἡ μήτηρ τ. υἱῶν Ζεβεδαίου
Mk 3 31 ἔρχονται ἡ μήτηρ αὐτοῦ κ. οἱ ἀδελφοὶ αὐτοῦ
32 ἡ μήτηρ σου κ. οἱ ἀδελφοί σου ἔξω ζητοῦσίν σε
33 τίς ἐστιν ἡ μήτηρ μου κ. οἱ ἀδελφοί;
34 [1] ἴδε ἡ μήτηρ μου κ. οἱ ἀδελφοί μου
35 [1] οὗτος ἀδελφός μου κ. ἀδελφὴ κ. μήτηρ ἐστίν
5 40 παραλαμβάνει τ. πατέρα τ. παιδίου κ. τ. μητέρα
6 24 ἐξελθοῦσα εἶπεν τ. μητρὶ αὐτῆς
28 τὸ κοράσιον ἔδωκεν αὐτὴν τ. μητρὶ αὐτῆς
7 10 τίμα τ. πατέρα σου κ. τ. μητέρα σου, Ex. *l.c.*
10 ὁ κακολογῶν πατέρα ἢ μητέρα θανάτῳ τελευτάτω, Ex. xxi. 17
11 ἐὰν εἴπῃ ἄνθρωπος τ. πατρὶ ἢ τ. μητρὶ Κορβάν
12 οὐκέτι ἀφίετε αὐτὸν οὐδὲν ποιῆσαι τ. πατρὶ ἢ τ. μητρί
10 7 καταλείψει ἄνθρωπος τ. πατέρα αὐτοῦ κ. τ. μητέρα, Gen. *l.c.*
+αὐτοῦ, T
19 τίμα τ. πατέρα σου κ. τ. μητέρα, Ex. xx. 12
+σου, T
29 ὃς ἀφῆκεν . . . μητέρα ἢ πατέρα
30 ἐὰν μὴ λάβῃ ἑκατονταπλασίονα νῦν . . . μητέρας κ. τέκνα
μητέρα, WH mg.
15 40 Μαρία ἡ Ἰακώβου τ. μικροῦ κ. Ἰωσῆτος μήτηρ
Lu 1 15 πλησθήσεται ἔτι ἐκ κοιλίας μητρὸς αὐτοῦ
43 ἵνα ἔλθῃ ἡ μήτηρ τ. Κυρίου μου

Lu 1 60 ἀποκριθεῖσα ἡ μήτηρ αὐτοῦ εἶπεν
2 33 ἦν ὁ πατὴρ αὐτοῦ κ. ἡ μήτηρ θαυμάζοντες
ἡ μήτ. αὐτοῦ, T
34 εἶπεν πρὸς Μαριὰμ τ. μητέρα αὐτοῦ
48 εἶπεν πρὸς αὐτὸν ἡ μήτηρ αὐτοῦ
51 ἡ μήτηρ αὐτοῦ διετήρει πάντα τὰ ῥήματα
7 12 ἐξεκομίζετο τεθνηκὼς μονογενὴς υἱὸς τ. μητρὶ αὐτοῦ
15 ἔδωκεν αὐτὸν τ. μητρὶ αὐτοῦ
8 19 παρεγένετο δὲ πρὸς αὐτὸν ἡ μήτηρ κ. οἱ ἀδελφοὶ αὐτοῦ
ἡ μήτ. αὐτοῦ, T
20 ἡ μήτηρ σου κ. οἱ ἀδελφοί σου ἑστήκασιν ἔξω
21 [1] μήτηρ μου κ. ἀδελφοί μου οὗτοί εἰσιν
51 οὐκ ἀφῆκεν εἰσελθεῖν . . . εἰ μὴ . . . τ. πατέρα τῆς παιδὸς κ. τ. μητέρα
12 53 διαμερισθήσονται . . . μήτηρ ἐπὶ θυγατέρα κ. θυγάτηρ ἐπὶ τ. μητέρα
—τὴν, T
14 26 εἴ τις . . . οὐ μισεῖ τ. πατέρα ἑαυτοῦ κ. τ. μητέρα
18 20 τίμα τ. πατέρα σου κ. τ. μητέρα, Ex. *l.c.*
+σου, T
Jo 2 1 ἦν ἡ μήτηρ τ. Ἰησοῦ ἐκεῖ
3 λέγει ἡ μήτηρ τ. Ἰησοῦ πρὸς αὐτόν
5 λέγει ἡ μήτηρ αὐτοῦ τ. διακόνοις
12 κατέβη εἰς Καφαρναοὺμ αὐτὸς κ. ἡ μήτηρ αὐτοῦ
3 4 μὴ δύναται εἰς τ. κοιλίαν τ. μητρὸς αὐτοῦ δεύτερον εἰσελθεῖν
6 42 οὗ ἡμεῖς οἴδαμεν τ. πατέρα κ. τ. μητέρα
19 25 εἱστήκεισαν δὲ παρὰ τ. σταυρῷ τ. Ἰησοῦ ἡ μήτηρ αὐτοῦ κ. ἡ ἀδελφὴ τ. μητρὸς αὐτοῦ
26 Ἰησοῦς οὖν ἰδὼν τ. μητέρα
26 λέγει τῇ μητρί
27 [1] ἴδε ἡ μήτηρ σου
Ac 1 14 σὺν γυναιξὶ κ. Μαριὰμ τ. μητρὶ τ. Ἰησοῦ
3 2 χωλὸς ἐκ κοιλίας μητρὸς αὐτοῦ ὑπάρχων
12 12 ἦλθεν ἐπὶ τ. οἰκίαν τ. Μαρίας τ. μητρὸς Ἰωάνου
14 8 χωλὸς ἐκ κοιλίας μητρὸς αὐτοῦ
Ro 16 13 [1] ἀσπάσασθε . . . τ. μητέρα αὐτοῦ κ. ἐμοῦ
Ga 1 15 ὁ Θεὸς ὁ ἀφορίσας με ἐκ κοιλίας μητρός μου
4 26 [1] ἥτις ἐστὶν μήτηρ ἡμῶν
Eph 5 31 καταλείψει ἄνθρωπος τ. πατέρα κ. τ. μητέρα, Gen. *l.c.*
6 2 τίμα τ. πατέρα σου κ. τ. μητέρα, Ex. *l.c.*
I Ti 5 2 [1] παρακάλει . . . πρεσβυτέρας ὡς μητέρας
II Ti 1 5 ἥτις ἐνῴκησεν πρῶτον ἐν . . . τ. μητρί σου Εὐνίκῃ
Re 17 5 [1] Βαβυλὼν ἡ μεγάλη ἡ μήτηρ τ. πορνῶν

ΜΗ΄ΤΙ 3385

Cf. εἰ μήτι *sub* εἰ μή

Mt 7 16 μήτι συλλέγουσιν ἀπὸ ἀκανθῶν σταφυλάς
12 23 μήτι οὗτός ἐστιν ὁ υἱὸς Δαυείδ;
26 22 μήτι ἐγώ εἰμι Κύριε,
25 μήτι ἐγώ εἰμι ῥαββεί;
Mk 4 21 μήτι ἔρχεται ὁ λύχνος ἵνα ὑπὸ τ. μόδιον τεθῇ
14 19 ἤρξαντο . . λέγειν αὐτῷ εἷς κατὰ εἷς Μήτι ἐγώ;
Lu 6 39 μήτι δύναται τυφλὸς τυφλὸν ὁδηγεῖν;
9 13 εἰ μήτι πορευθέντες ἡμεῖς ἀγοράσωμεν
Jo 4 29 μήτι οὗτός ἐστιν ὁ Χριστός;
8 22 μήτι ἀποκτενεῖ ἑαυτὸν ὅτι λέγει
18 35 μήτι ἐγὼ Ἰουδαῖός εἰμι;
Ac 10 47 μήτι τὸ ὕδωρ δύναταί κωλῦσαί τις
II Co 1 17 μήτι ἄρα τ. ἐλαφρίᾳ ἐχρησάμην;
12 18 μήτι ἐπλεονέκτησεν ὑμᾶς Τίτος;
Ja 3 11 μήτι ἡ πηγὴ ἐκ τ. αὐτῆς ὀπῆς βρύει τὸ γλυκὺ κ. τὸ πικρόν;

ΜΗ΄ΤΙΓΕ 3386 cf. 3385

I Co 6 3 μήτιγε βιωτικά;

ΜΗ΄ΤΡΑ 3388

Lu 2 23 πᾶν ἄρσεν διανοῖγον μήτραν
כָּל־בְּכוֹר פֶּטֶר כָּל־רֶחֶם, Ex. xiii. 2
Ro 4 19 κατενόησεν . . . τ. νέκρωσιν τ. μήτρας Σάρρας

ΜΗΤΡΟΛῼ΄ΗΣ 3389

I Ti 1 9 πατρολῴαις κ. μητρολῴαις

ΜΙΑΙ΄ΝΩ 3392

Jo 18 28 οὐκ εἰσῆλθον εἰς τὸ πραιτώριον ἵνα μὴ μιανθῶσιν
Tit 1 15 τ. δὲ μεμιαμμένοις κ. ἀπίστοις οὐδὲν καθαρόν, ἀλλὰ μεμίανται αὐτῶν κ. ἡ νοῦς
He 12 15 μὴ . . . δι' αὐτῆς μιανθῶσιν οἱ πολλοί
Ju 8 κ. οὗτοι ἐνυπνιαζόμενοι σάρκα μὲν μιαίνουσιν

ΜΙ΄ΑΣΜΑ 3393

II Pe 2 20 ἀποφυγόντες τὰ μιάσματα τ. κόσμου

ΜΙΑΣΜΟ΄Σ ** † 3394

II Pe 2 10 τοὺς ὀπίσω σαρκὸς ἐν ἐπιθυμίᾳ μιασμοῦ πορευομένους

ΜΙ΄ΓΜΑ * 3395 cf. 1662.5

Jo 19 39 φέρων μῖγμα σμύρνης καὶ ἀλόης
μίγμα, WH mg.; ἕλιγμα, WHR mg.

ΜΙ΄ΓΝΥΜΙ 3396

Mt 27 34 ἔδωκαν αὐτῷ πιεῖν οἶνον μετὰ χολῆς μεμιγμένον
Lu 13 1 ὧν τὸ αἷμα Πειλᾶτος ἔμιξεν μετὰ τ. θυσιῶν αὐτῶν
Re 8 7 ἐγένετο χάλαζα κ. πῦρ μεμιγμένα ἐν αἵματι
μεμιγμένον, T
15 2 εἶδον ὡς θάλασσαν ὑαλίνην μεμιγμένην πυρί

ΜΙΚΡΟ΄Ν 3397

Mt 26 39 προελθὼν μ. ἔπεσεν ἐπὶ πρόσωπον αὐτοῦ
73 μετὰ μ. δὲ προσελθόντες οἱ ἑστῶτες
Mk 14 35 προελθὼν μ. ἔπιπτεν ἐπὶ τ. γῆς
70 μετὰ μ. πάλιν οἱ παρεστῶτες ἔλεγον
Jo 13 33 τεκνία ἔτι μικρὸν μεθ' ὑμῶν εἰμί
14 19 ἔτι μικρὸν κ. ὁ κόσμος με οὐκέτι θεωρεῖ
16 16 μικρὸν κ. οὐκέτι θεωρεῖτέ με,
κ. πάλιν μικρὸν κ. ὄψεσθέ με
17 μικρὸν κ. οὐ θεωρεῖτέ με,
κ. πάλιν μικρὸν κ. ὄψεσθέ με
18 τί ἐστιν τοῦτο ὃ λέγει μικρόν;
τὸ μικρ., T

Jo 16 19 μικρὸν κ. οὐ θεωρεῖτέ με, κ. πάλιν μικρὸν κ. ὄψεσθέ με
II Co 11 1 ὄφελον ἀνείχεσθέ μου μ. τι ἀφροσύνης
16 ἵνα κἀγὼ μικρόν τι καυχήσωμαι
He 10 37 ἔτι γὰρ μικρὸν ὅσον ὅσον
חֲבִי כִמְעַט־רֶגַע, Is. xxvi. 20, *cf.* Hab. ii. 3

ΜΙΚΡΌΣ 3398

(1) de temp. (2) μικρότερος

Mt 10 42 ὃς ἐὰν ποτίσῃ ἕνα τ. μικρῶν τούτων ποτήριον ψυχροῦ μόνον
11 11 [2] ὁ δὲ μικρότερος ἐν τ. βασιλείᾳ τ. οὐρανῶν
13 32 [2] ὃ μικρότερον μέν ἐστιν πάντων τ. σπερμάτων
18 6 ὃς δ' ἂν σκανδαλίσῃ ἕνα τ. μικρῶν τούτων
10 ὁρᾶτε μὴ καταφρονήσητε ἑνὸς τ. μικρῶν τούτων
14 ἵνα ἀπόληται ἓν τ. μικρῶν τούτων
Mk 4 31 [2] μικρότερον ὂν πάντων τ. σπερμάτων
9 42 ὃς ἂν σκανδαλίσῃ ἕνα τ. μικρῶν τούτων
15 40 Μαρία ἡ Ἰακώβου τ. μικροῦ κ. Ἰωσῆτος μήτηρ
Lu 7 28 [2] ὁ δὲ μικρότερος ἐν τ. βασιλείᾳ τ. Θεοῦ
9 48 [2] ὁ γὰρ μικρότερος ἐν πᾶσιν ὑμῖν ὑπάρχων
12 32 μὴ φοβοῦ τὸ μικρὸν ποίμνιον
17 2 ἢ ἵνα σκανδαλίσῃ τ. μικρῶν τούτων ἕνα
19 3 ὅτι τ. ἡλικίᾳ μικρὸς ἦν
Jo 7 33 [1] ἔτι χρόνον μικρὸν μεθ' ὑμῶν εἰμί
12 35 [1] ἔτι μικρὸν χρόνον τὸ φῶς ἐν ὑμῖν ἐστίν
Ac 8 10 ᾧ προσεῖχον πάντες ἀπὸ μικροῦ ἕως μεγάλου
26 22 μαρτυρόμενος μικρῷ τε κ. μεγάλῳ
I Co 5 6 μικρὰ ζύμη ὅλον τὸ φύραμα ζυμοῖ
Ga 5 9 μικρὰ ζύμη ὅλον τὸ φύραμα ζυμοῖ
He 8 11 πάντες εἰδήσουσίν με ἀπὸ μικροῦ ἕως μεγάλου αὐτῶν
כּוּלָּם יֵדְעוּ אוֹתִי לְמִקְּטַנָּם וְעַד־גְּדוֹלָם, Jer. xxxi. 34
Ja 3 5 οὕτως κ. ἡ γλῶσσα μικρὸν μέλος ἐστίν
Re 3 8 ὅτι μικρὰν ἔχεις δύναμιν
6 11 [1] ἵνα ἀναπαύσονται ἔτι χρόνον μικρόν
11 18 δοῦναι τ. μισθὸν τ. δούλοις σου . . . τ. μικροὺς κ. τ. μεγάλους
τ. μικροῖς κ. τ. μεγάλοις, T
13 16 ποιεῖ πάντας τ. μικροὺς κ. τ. μεγάλους
19 5 οἱ φοβούμενοι αὐτὸν οἱ μικροὶ κ. οἱ μεγάλοι
18 σάρκας πάντων . . . μικρῶν κ. μεγάλων
20 3 [1] μετὰ ταῦτα δεῖ λυθῆναι αὐτὸν μικρὸν χρόνον
12 εἶδον τ. νεκροὺς τ. μεγάλους κ. τ. μικρούς

ΜΊΛΗΤΟΣ 3399

Ac 20 15 τῇ δὲ ἐχομένῃ ἤλθομεν εἰς Μίλητον
17 ἀπὸ δὲ τῆς Μιλήτου πέμψας εἰς Ἔφεσον
II Ti 4 20 Τρόφιμον δὲ ἀπέλειπον ἐν Μιλήτῳ ἀσθενοῦντα

ΜΊΛΙΟΝ* 3400

Mt 5 41 ὅστις σε ἀγγαρεύσει μίλιον ἕν

ΜΙΜΈΟΜΑΙ 3401

II Th 3 7 αὐτοὶ γὰρ οἴδατε πῶς δεῖ μιμεῖσθαι ἡμᾶς
9 ἵνα ἑαυτοὺς τύπον δῶμεν ὑμῖν εἰς τὸ μιμεῖσθαι ἡμᾶς
He 13 7 ὧν ἀναθεωροῦντες τ. ἔκβασιν τ. ἀναστροφῆς μιμεῖσθε τ. πίστιν
III Jo 11 μὴ μιμοῦ τὸ κακὸν ἀλλὰ τὸ ἀγαθόν

ΜΙΜΗΤΉΣ* 3402

I Co 4 16 παρακαλῶ οὖν ὑμᾶς μιμηταί μου γίνεσθε
11 1 μιμηταί μου γίνεσθε καθὼς κἀγὼ Χριστοῦ
Eph 5 1 γίνεσθε οὖν μιμηταὶ τ. Θεοῦ
I Th 1 6 ὑμεῖς μιμηταὶ ἡμῶν ἐγενήθητε κ. τ. Κυρίου
2 14 ὑμεῖς γὰρ μιμηταὶ ἐγενήθητε . . . τ. ἐκκλησιῶν τ. Θεοῦ
He 6 12 μιμηταὶ δὲ τῶν . . . κληρονομούντων τ. ἐπαγγελίας

ΜΙΜΝΉΣΚΟΜΑΙ 3403

Mt 5 23 ἐὰν . . . κἀκεῖ μνησθῇς ὅτι ὁ ἀδελφός σου ἔχει τι κατὰ σοῦ
26 75 ἐμνήσθη ὁ Πέτρος τ. ῥήματος Ἰησοῦ
27 63 ἐμνήσθημεν ὅτι ἐκεῖνος ὁ πλάνος εἶπεν ἔτι ζῶν
Lu 1 54 ἀντελάβετο Ἰσραὴλ παιδὸς αὐτοῦ μνησθῆναι ἐλέους
72 μνησθῆναι διαθήκης ἁγίας αὐτοῦ
16 25 μνήσθητι ὅτι ἀπέλαβες τὰ ἀγαθά σου
23 42 μνήσθητί μου ὅταν ἔλθῃς εἰς τ. βασιλείαν σου
24 6 μνήσθητε ὡς ἐλάλησεν ὑμῖν
8 ἐμνήσθησαν τ. ῥημάτων αὐτοῦ
Jo 2 17 ἐμνήσθησαν οἱ μαθηταὶ αὐτοῦ ὅτι γεγραμμένον ἐστίν
22 ἐμνήσθησαν οἱ μαθηταὶ αὐτοῦ ὅτι τοῦτο ἔλεγεν
12 16 τότε ἐμνήσθησαν ὅτι ταῦτα ἦν ἐπ' αὐτῷ γεγραμμένα
Ac 10 31 αἱ ἐλεημοσύναι σου ἐμνήσθησαν ἐνώπιον τ. Θεοῦ
11 16 ἐμνήσθην δὲ τ. ῥήματος τ. Κυρίου
I Co 11 2 ὅτι πάντα μου μέμνησθε
II Ti 1 4 μεμνημένος σου τ. δακρύων
He 2 6 τί ἐστιν ἄνθρωπος ὅτι μιμνήσκῃ αὐτοῦ;
מָה־אֱנוֹשׁ כִּי תִזְכְּרֶנּוּ, Ps. viii. 5
8 12 τῶν ἁμαρτιῶν αὐτῶν οὐ μὴ μνησθῶ ἔτι
לְחַטָּאתָם לֹא אֶזְכָּר־עוֹד, Jer. xxxi. 34
10 17 τ. ἀνομιῶν αὐτῶν οὐ μὴ μνησθήσομαι ἔτι, Jer. *l.c.*
13 3 μιμνήσκεσθε τ. δεσμίων
II Pe 3 2 μνησθῆναι τ. προειρημένων ῥημάτων ὑπὸ τ. ἁγίων προφητῶν
Ju 17 μνήσθητε τ. ῥημάτων τ. προειρημένων ὑπὸ τ. ἀποστόλων
Re 16 19 Βαβυλὼν ἡ μεγάλη ἐμνήσθη ἐνώπιον τ. Θεοῦ

ΜΙΣΈΩ 3404

Mt 5 43 μισήσεις τ. ἐχθρόν σου, *cf.* Lev. xix. 18
6 24 ἢ γὰρ τ. ἕνα μισήσει κ. τ. ἕτερον ἀγαπήσει
10 22 ἔσεσθε μισούμενοι ὑπὸ πάντων διὰ τὸ ὄνομά μου
24 9 ἔσεσθε μισούμενοι ὑπὸ πάντων τ. ἐθνῶν διὰ τὸ ὄνομά μου
10 ἀλλήλους παραδώσουσιν κ. μισήσουσιν ἀλλήλους
Mk 13 13 ἔσεσθε μισούμενοι ὑπὸ πάντων διὰ τὸ ὄνομά μου
Lu 1 71 σωτηρίαν . . . ἐκ χειρὸς πάντων τ. μισούντων ἡμᾶς

Lu 6 22 ὅταν μισήσωσιν ὑμᾶς οἱ ἄνθρωποι
27 καλῶς ποιεῖτε τ. μισοῦσιν ὑμᾶς
14 26 εἴ τις . . . οὐ μισεῖ τ. πατέρα ἑαυτοῦ
16 13 ἢ γὰρ τ. ἕνα μισήσει κ. τ. ἕτερον ἀγαπήσει
19 14 οἱ δὲ πολῖται αὐτοῦ ἐμίσουν αὐτόν
21 17 ἔσεσθε μισούμενοι ὑπὸ πάντων διὰ τὸ ὄνομά μου
Jo 3 20 πᾶς γὰρ ὁ φαῦλα πράσσων μισεῖ τὸ φῶς
7 7 οὐ δύναται ὁ κόσμος μισεῖν ὑμᾶς· ἐμὲ δὲ μισεῖ ὅτι ἐγὼ μαρτυρῶ περὶ αὐτοῦ
12 25 ὁ μισῶν τ. ψυχὴν αὐτοῦ ἐν τ. κόσμῳ τούτῳ
15 18 εἰ ὁ κόσμος ὑμᾶς μισεῖ, γινώσκετε ὅτι ἐμὲ πρῶτον ὑμῶν μεμίσηκεν
19 διὰ τοῦτο μισεῖ ὑμᾶς ὁ κόσμος
23 ὁ ἐμὲ μισῶν κ. τ. πατέρα μου μισεῖ
24 νῦν δὲ κ. ἑωράκασιν κ. μεμισήκασιν κ. ἐμὲ κ. τ. πατέρα μου
25 ἐμίσησάν με δωρεάν
שֹׂנְאַי חִנָּם, Ps. lxix. 5
17 14 ὁ κόσμος ἐμίσησεν αὐτούς
Ro 7 15 ἀλλ' ὃ μισῶ τοῦτο ποιῶ
9 13 τ. Ἰακὼβ ἠγάπησα τ. δὲ Ἠσαῦ ἐμίσησα
אֹהַב אֶת־יַעֲקֹב וְאֶת־עֵשָׂו שָׂנֵאתִי, Mal. i. 2, 3
Eph 5 29 οὐδεὶς γάρ ποτε τὴν ἑαυτοῦ σάρκα ἐμίσησεν
Tit 3 3 στυγητοί μισοῦντες ἀλλήλους
He 1 9 ἠγάπησας δικαιοσύνην κ. ἐμίσησας ἀνομίαν
אָהַבְתָּ צֶּדֶק וַתִּשְׂנָא רֶשַׁע, Ps. xlv. 8
I Jo 2 9 ὁ . . . τ. ἀδελφὸν αὐτοῦ μισῶν ἐν τ. σκοτίᾳ ἐστίν
11 ὁ δὲ μισῶν τ. ἀδελφὸν αὐτοῦ ἐν τ. σκοτίᾳ ἐστίν
3 13 μὴ θαυμάζετε . . . εἰ μισεῖ ὑμᾶς ὁ κόσμος
15 πᾶς ὁ μισῶν τ. ἀδελφὸν αὐτοῦ ἀνθρωποκτόνος ἐστίν
4 20 ἐάν τις . . . τ. ἀδελφὸν αὐτοῦ μισῇ
Ju 23 μισοῦντες κ. τὸν ἀπὸ τ. σαρκὸς ἐσπιλωμένον χιτῶνα
Re 2 6 τοῦτο ἔχεις ὅτι μισεῖς τὰ ἔργα τ. Νικολαϊτῶν ἃ κἀγὼ μισῶ
17 16 οὗτοι μισήσουσιν τ. πόρνην
18 2 φυλακὴ παντὸς ὀρνέου ἀκαθάρτου κ. μεμισημένου

ΜΙΣΘΑΠΟΔΟΣΙ'Α* † 3405

He 2 2 πᾶσα παράβασις κ. παρακοὴ ἔλαβεν ἔνδικον μισθαποδοσίαν
10 35 ἥτις ἔχει μεγάλην μισθαποδοσίαν
11 26 ἀπέβλεπεν γὰρ εἰς τ. μισθαποδοσίαν

ΜΙΣΘΑΠΟΔΟ'ΤΗΣ* † 3406

He 11 6 τ. ἐκζητοῦσιν αὐτὸν μισθαποδότης γίνεται

ΜΙ'ΣΘΙΟΣ 3407

Lu 15 17 πόσοι μίσθιοι τ. πατρός μου περισσεύονται ἄρτων
19 ποίησόν με ὡς ἕνα τ. μισθίων σου
21 ποίησόν με ὡς ἕνα τ. μισθίων σου —h. v., T [WH] R non mg.

ΜΙΣΘΟ'Σ 3408

Mt 5 12 ὅτι ὁ μισθὸς ὑμῶν πολὺς ἐν τ. οὐρανοῖς
46 ἐὰν γὰρ ἀγαπήσητε τ. ἀγαπῶντας ὑμᾶς τίνα μισθὸν ἔχετε;
6 1 εἰ δὲ μήγε μισθὸν οὐκ ἔχετε παρὰ τ. πατρὶ ὑμῶν
2 ἀπέχουσιν τ. μισθὸν αὐτῶν
5 ἀπέχουσιν τ. μισθὸν αὐτῶν
16 ἀπέχουσιν τ. μισθὸν αὐτῶν
10 41 ὁ δεχόμενος προφήτην εἰς ὄνομα προφήτου μισθὸν προφήτου λήμψεται· κ. ὁ δεχόμενος δίκαιον εἰς ὄνομα δικαίου μισθὸν δικαίου λήμψεται
42 οὐ μὴ ἀπολέσῃ τ. μισθὸν αὐτοῦ ἀπόληται ὁ μισθὸς αὐτ., WH mg.
20 8 κάλεσον τ. ἐργάτας κ. ἀπόδος τ. μισθόν
Mk 9 41 οὐ μὴ ἀπολέσῃ τ. μισθὸν αὐτοῦ
Lu 6 23 ἰδοὺ γὰρ ὁ μισθὸς ὑμῶν πολὺς ἐν τ. οὐρανῷ
35 ἔσται ὁ μισθὸς ὑμῶν πολύς
10 7 ἄξιος γὰρ ὁ ἐργάτης τ. μισθοῦ αὐτοῦ
Jo 4 36 ἤδη ὁ θερίζων μισθὸν λαμβάνει
Ac 1 18 ἐκτήσατο χωρίον ἐκ μισθοῦ τ. ἀδικίας
Ro 4 4 τ. δὲ ἐργαζομένῳ ὁ μισθὸς οὐ λογίζεται κατὰ χάριν
I Co 3 8 ἕκαστος δὲ τ. ἴδιον μισθὸν λήμψεται κατὰ τ. ἴδιον κόπον
14 εἴ τινος τὸ ἔργον μενεῖ . . . μισθὸν λήμψεται
9 17 εἰ γὰρ ἑκὼν τοῦτο πράσσω μισθὸν ἔχω
18 τίς οὖν μού ἐστιν ὁ μισθός;
I Ti 5 18 ἄξιος ὁ ἐργάτης τ. μισθοῦ αὐτοῦ
Ja 5 4 ὁ μισθὸς τ. ἐργατῶν . . . ὁ ἀφυστερημένος ἀφ' ὑμῶν κράζει
II Pe 2 13 ἀδικούμενοι μισθὸν ἀδικίας
15 ὃς μισθὸν ἀδικίας ἠγάπησεν
II Jo 8 ἵνα . . . μισθὸν πλήρη ἀπολάβητε
Ju 11 τ. πλάνῃ τοῦ Βαλαὰμ μισθοῦ ἐξεχύθησαν
Re 11 18 δοῦναι τ. μισθὸν τ. δούλοις σου τ. προφήταις
22 12 ὁ μισθός μου μετ' ἐμοῦ

ΜΙΣΘΟ'ΟΜΑΙ 3409

Mt 20 1 ὅστις ἐξῆλθεν ἅμα πρωῒ μισθώσασθαι ἐργάτας εἰς τ. ἀμπελῶνα αὐτοῦ
7 ὅτι οὐδεὶς ἡμᾶς ἐμισθώσατο

ΜΙ'ΣΘΩΜΑ 3410

Ac 28 30 ἐνέμεινεν δὲ διετίαν ὅλην ἐν ἰδίῳ μισθώματι

ΜΙΣΘΩΤΟ'Σ 3411

Mk 1 20 ἀφέντες . . . Ζεβεδαῖον ἐν τ. πλοίῳ μετὰ τ. μισθωτῶν
Jo 10 12 ὁ μισθωτὸς κ. οὐκ ὢν ποιμήν
13 ὁ λύκος . . . σκορπίζει ὅτι μισθωτός ἐστιν

ΜΙΤΥΛΗ'ΝΗ 3412

Ac 20 14 ἀναλαβόντες αὐτὸν ἤλθομεν εἰς Μιτυλήνην

ΜΙΧΑΗ'Λ 3413

Ju 9 ὁ δὲ Μιχαὴλ ὁ ἀρχάγγελος . . . οὐκ ἐτόλμησεν
Re 12 7 ὁ Μ. κ. οἱ ἄγγελοι αὐτοῦ τοῦ πολεμῆσαι

ΜΝΑ^ 3414

Lu 19 13 ἔδωκεν αὐτοῖς δέκα μνᾶς
16 κύριε ἡ μνᾶ σου δέκα προσηργάσατο μνᾶς

Lu 19 18 ἡ μνᾶ σου κύριε ἐποίησεν πέντε μνᾶς
20 κύριε ἰδοὺ ἡ μνᾶ σου
24 ἄρατε ἀπ' αὐτοῦ τ. μνᾶν,
κ. δότε τῷ τ. δέκα μνᾶς ἔχοντι.
25 κ. εἶπαν αὐτῷ Κύριε ἔχει δέκα μνᾶς

ΜΝΑ'ΣΩΝ 3416

Ac 21 16 ἄγοντες παρ' ᾧ ξενισθῶμεν Μνάσωνί τινι Κυπρίῳ

ΜΝΕΙ'Α 3417

Ro 1 9 ὡς ἀδιαλείπτως μνείαν ὑμῶν ποιοῦμαι
Eph 1 16 μνείαν ποιούμενος ἐπὶ τ. προσευχῶν μου
Phl 1 3 εὐχαριστῶ τ. Θεῷ μου ἐπὶ πάσῃ τ. μνείᾳ ὑμῶν
I Th 1 2 μνείαν ποιούμενοι ἐπὶ τ. προσευχῶν ἡμῶν
3 6 ὅτι ἔχετε μνείαν ἡμῶν ἀγαθὴν πάντοτε
II Ti 1 3 ὡς ἀδιάλειπτον ἔχω τὴν περὶ σοῦ μνείαν
Phm 4 πάντοτε μνείαν σου ποιούμενος ἐπὶ τ. προσευχῶν μου

ΜΝΗ'ΜΑ 3418

Mk 5 3 ὃς τ. κατοίκησιν εἶχεν ἐν τ. μνήμασιν
5 νυκτὸς κ. ἡμέρας ἐν τ. μνήμασιν κ. ἐν τ. ὄρεσιν ἦν κράζων
15 46 ἔθηκεν αὐτὸν ἐν μνήματι
16 2 λίαν πρωὶ τ. μιᾷ τ. σαββάτων ἔρχονται ἐπὶ τὸ μνῆμα
μνημεῖον, WH
Lu 8 27 ἐν οἰκίᾳ οὐκ ἔμενεν ἀλλ' ἐν τ. μνήμασιν
23 53 ἔθηκεν αὐτὸν ἐν μνήματι λαξευτῷ
24 1 ὄρθρου βαθέως ἐπὶ τὸ μνῆμα ἦλθαν
Ac 2 29 τὸ μνῆμα αὐτοῦ ἔστιν ἐν ἡμῖν ἄχρι τ. ἡμέρας ταύτης
7 16 ἐτέθησαν ἐν τ. μνήματι ᾧ ὠνήσατο Ἀβραάμ
Re 11 9 τὰ πτώματα αὐτῶν οὐκ ἀφίουσιν τεθῆναι εἰς μνῆμα

ΜΝΗΜΕΙ'ΟΝ 3419

Mt 8 28 δύο δαιμονιζόμενοι ἐκ τ. μνημείων ἐξερχόμενοι
23 29 κοσμεῖτε τὰ μνημεῖα τ. δικαίων
27 52 τὰ μνημεῖα ἀνεῴχθησαν
53 ἐξελθόντες ἐκ τ. μνημείων μετὰ τ. ἔγερσιν αὐτοῦ
60 ἔθηκεν αὐτὸ ἐν τ. καινῷ αὐτοῦ μνημείῳ
60 προσκυλίσας λίθον μέγαν τ. θύρᾳ τ. μνημείου
28 8 ἀπελθοῦσαι ταχὺ ἀπὸ τ. μνημείου μετὰ φόβου
Mk 5 2 ὑπήντησεν αὐτῷ ἐκ τ. μνημείων ἄνθρωπος ἐν πνεύματι ἀκαθάρτῳ
6 29 ἔθηκαν αὐτὸ ἐν μνημείῳ
15 46 προσεκύλισεν λίθον ἐπὶ τ. θύραν τ. μνημείου
16 2 λίαν πρωὶ τ. μιᾷ τ. σαββάτων ἔρχονται ἐπὶ τὸ μνημεῖον
μνῆμα, T
3 τίς ἀποκυλίσει ἡμῖν τ. λίθον ἐκ τ. θύρας τ. μνημείου;
5 εἰσελθοῦσαι εἰς τὸ μνημεῖον εἶδον νεανίσκον
8 ἐξελθοῦσαι ἔφυγον ἀπὸ τ. μνημείου
Lu 11 44 ὅτι ἐστὲ ὡς τὰ μνημεῖα τὰ ἄδηλα
ἐστ. μν. ἄδ., WH mg.
47 ὅτι οἰκοδομεῖτε τὰ μνημεῖα τ. προφητῶν
Lu 23 55 κατακολουθήσασαι δὲ αἱ γυναῖκες . . . ἐθεάσαντο τὸ μνημεῖον
24 2 εὗρον δὲ τ. λίθον ἀποκεκυλισμένον ἀπὸ τ. μνημείου
9 ὑποστρέψασαι ἀπὸ τοῦ μνημείου ἀπήγγειλαν
—ἀπ. τ. μνημ., [WH] R mg.
12 ὁ δὲ Πέτρος ἀναστας ἔδραμεν ἐπὶ τὸ μνημεῖον
—h. v., T [[WH]] R mg.
22 γενόμεναι ὀρθριναὶ ἐπὶ τὸ μνημεῖον
24 ἀπῆλθάν τινες τῶν σὺν ἡμῖν ἐπὶ τὸ μνημεῖον
Jo 5 28 πάντες οἱ ἐν τ. μνημείοις ἀκούσουσιν τ. φωνῆς αὐτοῦ
11 17 εὗρεν αὐτὸν τέσσαρας ἤδη ἡμέρας ἔχοντα ἐν τ. μνημείῳ
31 ὑπάγει εἰς τὸ μνημεῖον ἵνα κλαύσῃ ἐκεῖ
38 Ἰησοῦς οὖν . . . ἔρχεται εἰς τὸ μνημεῖον
12 17 ὅτε τ. Λάζαρον ἐφώνησεν ἐκ τ. μνημείου
19 41 ἦν δὲ . . . ἐν τ. κήπῳ μνημεῖον καινόν
42 ὅτι ἐγγὺς ἦν τὸ μνημεῖον
20 1 ἔρχεται πρωὶ σκοτίας ἔτι οὔσης εἰς τὸ μνημεῖον·
κ. βλέπει τ. λίθον ἠρμένον ἐκ τ. μνημείου
2 ἦραν τ. Κύριον ἐκ τ. μνημείου
3 ἤρχοντο εἰς τὸ μνημεῖον
4 ὁ ἄλλος μαθητὴς . . . ἦλθεν πρῶτος εἰς τὸ μνημεῖον
6 ἔρχεται οὖν κ. Σίμων Πέτρος . . . κ. εἰσῆλθεν εἰς τὸ μνημεῖον
8 ὁ ἄλλος μαθητὴς ὁ ἐλθὼν πρῶτος εἰς τὸ μνημεῖον
11 Μαρία δὲ εἱστήκει πρὸς τ. μνημείῳ ἔξω κλαίουσα·
ὡς οὖν ἔκλαιεν παρέκυψεν εἰς τὸ μνημεῖον
Ac 13 29 καθελόντες ἀπὸ τ. ξύλου ἔθηκαν εἰς μνημεῖον

ΜΝΗ'ΜΗ 3420

II Pe 1 15 τὴν τούτων μνήμην ποιεῖσθαι

ΜΝΗΜΟΝΕΥ'Ω 3421

(1) c. accus.

Mt 16 9 [1] οὐδὲ μνημονεύετε τ. πέντε ἄρτους τ. πεντακισχιλίων
Mk 8 18 οὐ μνημονεύετε ὅτε τ. πέντε ἄρτους ἔκλασα
Lu 17 32 μνημονεύετε τ. γυναικὸς Λώτ
Jo 15 20 μνημονεύετε τ. λόγου οὗ ἐγὼ εἶπον ὑμῖν
16 4 ἵνα ὅταν ἔλθῃ ἡ ὥρα αὐτῶν μνημονεύητε αὐτῶν
21 οὐκέτι μνημονεύει τ. θλίψεως
Ac 20 31 διὸ γρηγορεῖτε μνημονεύοντες ὅτι τριετίαν . . . οὐκ ἐπαυσάμην
35 μνημονεύειν τε τ. λόγων τ. Κυρίου Ἰησοῦ
Ga 2 10 μόνον τ. πτωχῶν ἵνα μνημονεύωμεν
Eph 2 11 διὸ μνημονεύετε ὅτι ποτὲ ὑμεῖς τὰ ἔθνη
Col 4 18 μνημονεύετέ μου τ. δεσμῶν
I Th 1 3 ἀδιαλείπτως μνημονεύοντες ὑμῶν τ. ἔργου τ. πίστεως
2 9 [1] μνημονεύετε γὰρ ἀδελφοὶ τ. κόπον ἡμῶν
II Th 2 5 οὐ μνημονεύετε ὅτι . . . ταῦτα ἔλεγον ὑμῖν;
II Ti 2 8 [1] μνημονεύετε Ἰησοῦν Χριστὸν ἐγηγερμένον ἐκ νεκρῶν
He 11 15 εἰ μὲν ἐκείνης ἐμνημόνευον ἀφ' ἧς ἐξέβησαν
μνημονεύουσιν, T
22 περὶ τῆς ἐξόδου τ. υἱῶν Ἰσραὴλ ἐμνημόνευσεν
13 7 μνημονεύετε τ. ἡγουμένων ὑμῶν
Re 2 5 μνημόνευε οὖν πόθεν πέπτωκες

Re 3 3 μνημόνευε οὖν πῶς εἴληφας κ. ἤκουσας
18 5 [1] ἐμνημόνευσεν ὁ Θεὸς τὰ ἀδικήματα αὐτῆς

ΜΝΗΜΟ΄ΣΥΝΟΝ 3422

Mt 26 13 λαληθήσεται κ. ὃ ἐποίησεν αὕτη εἰς μνημόσυνον αὐτῆς
Mk 14 9 κ. ὃ ἐποίησεν αὕτη λαληθήσεται εἰς μνημόσυνον αὐτῆς
Ac 10 4 αἱ προσευχαί σου . . . ἀνέβησαν εἰς μνημόσυνον ἔμπροσθεν τ. Θεοῦ

ΜΝΗΣΤΕΥ΄ΟΜΑΙ 3423

Mt 1 18 μνηστευθείσης τ. μητρὸς αὐτοῦ Μαρίας τῷ Ἰωσήφ
Lu 1 27 ἀπεστάλη ὁ ἄγγελος Γαβριὴλ . . . πρὸς παρθένον ἐμνηστευμένην ἀνδρί
2 5 ἀπογράψασθαι σὺν Μαριὰμ τ. ἐμνηστευμένῃ αὐτῷ

ΜΟΓΙΛΑ΄ΛΟΣ † 3424

Mk 7 32 φέρουσιν αὐτῷ κωφὸν κ. μογιλάλον

ΜΟ΄ΓΙΣ** 3425

Lu 9 39 μόγις ἀποχωρεῖ ἀπ' αὐτοῦ
μόλις, WH

ΜΟ΄ΔΙΟΣ* 3426

Mt 5 15 οὐδὲ καίουσιν λύχνον κ. τιθέασιν αὐτὸν ὑπὸ τ. μόδιον
Mk 4 21 ἔρχεται ὁ λύχνος ἵνα ὑπὸ τ. μόδιον τεθῇ
Lu 11 33 οὐδεὶς λύχνον ἅψας εἰς κρύπτην τίθησιν οὐδὲ ὑπὸ τ. μόδιον

ΜΟΙΧΑΛΙ΄Σ 3428

Mt 12 39 γενεὰ πονηρὰ κ. μοιχαλὶς σημεῖον ἐπιζητεῖ
16 4 γενεὰ πονηρὰ κ. μοιχαλὶς σημεῖον ἐπιζητεῖ
Mk 8 38 ὃς γὰρ ἐὰν ἐπαισχυνθῇ με . . . ἐν τ. γενεᾷ ταύτῃ τ. μοιχαλίδι κ. ἁμαρτωλῷ
Ro 7 3 μοιχαλὶς χρηματίσει ἐὰν γένηται ἀνδρὶ ἑτέρῳ
3 τοῦ μὴ εἶναι αὐτὴν μοιχαλίδα γενομένην ἀνδρὶ ἑτέρῳ
Ja 4 4 μοιχαλίδες οὐκ οἴδατε
II Pe 2 14 ὀφθαλμοὺς ἔχοντες μεστοὺς μοιχαλίδος

ΜΟΙΧΑ΄ΟΜΑΙ 3429

Mt 5 32 ὃς ἐὰν ἀπολελυμένην γαμήσῃ μοιχᾶται
19 9 ὃς ἂν ἀπολύσῃ τ. γυναῖκα αὐτοῦ . . . κ. γαμήσῃ ἄλλην μοιχᾶται·
ποιεῖ αὐτὴν μοιχευθῆναι, WH mg. R mg.
κ. ὁ ἀπολελυμένην γαμήσας μοιχᾶται
—h. v., TWH non mg. R mg.
Mk 10 11 ὃς ἂν ἀπολύσῃ τ. γυναῖκα αὐτοῦ κ. γαμήσῃ ἄλλην μοιχᾶται ἐπ' αὐτήν·
12 κ. ἐὰν αὐτὴ ἀπολύσασα τ. ἄνδρα αὐτῆς γαμήσῃ ἄλλον μοιχᾶται

ΜΟΙΧΕΙ΄Α 3430

Mt 15 19 ἐκ γὰρ τ. καρδίας ἐξέρχονται . . . μοιχεῖαι πορνεῖαι
Mk 7 22 ἐκ τ. καρδίας τ. ἀνθρώπων . . . ἐκπορεύονται πορνεῖαι . . . μοιχεῖαι
Jo 8 [3 γυναῖκα ἐπὶ μοιχείᾳ κατειλημμένην
ἐπὶ ἁμαρτίᾳ γυναῖκα, WH mg.

ΜΟΙΧΕΥ΄Ω 3431

Mt 5 27 ἠκούσατε ὅτι ἐρρέθη Οὐ μοιχεύσεις
לֹא תִנְאָף, Ex. xx. 14, *cf.* Dt. v. 17
28 πᾶς ὁ βλέπων γυναῖκα . . . ἤδη ἐμοίχευσεν αὐτὴν ἐν τ. καρδίᾳ αὐτοῦ
32 πᾶς ὁ ἀπολύων τ. γυναῖκα ἑαυτοῦ . . . ποιεῖ αὐτὴν μοιχευθῆναι
19 9 ὃς ἂν ἀπολύσῃ τ. γυναῖκα αὐτοῦ . . . ποιεῖ αὐτὴν μοιχευθῆναι
κ. γαμήσῃ ἄλλην μοιχᾶται, TWH non mg. R non mg.
18 τὸ Οὐ φονεύσεις οὐ μοιχεύσεις
לֹא תִרְצָח לֹא תִנְאָף, Ex. xx. 13, 14
Mk 10 19 τ. ἐντολὰς οἶδας Μὴ φονεύσῃς μὴ μοιχεύσῃς, Ex. *l.c.*
μὴ μοιχ. μὴ φον., T ; μὴ μοιχ. μὴ πορνεύσῃς, WH mg.
Lu 16 18 πᾶς ὁ ἀπολύων τ. γυναῖκα αὐτοῦ κ. γαμῶν ἑτέραν μοιχεύει·
κ. πᾶς ὁ ἀπολελυμένην ἀπὸ ἀνδρὸς γαμῶν μοιχεύει
18 20 τ. ἐντολὰς οἶδας Μὴ μοιχεύσῃς μὴ φονεύσῃς, Ex. *l.c.*
Jo 8 [4 αὕτη ἡ γυνὴ κατείληπται ἐπ' αὐτοφώρῳ μοιχευομένη
Ro 2 22 ὁ λέγων μὴ μοιχεύειν μοιχεύεις;
13 9 τὸ γὰρ Οὐ μοιχεύσεις οὐ φονεύσεις, Ex. *l.c.*
Ja 2 11 ὁ γὰρ εἰπὼν Μὴ μοιχεύσῃς εἶπεν κ. Μὴ φονεύσῃς, Ex. *l.c.*
εἰ δὲ οὐ μοιχεύεις φονεύεις δέ
Re 2 22 βάλλω . . . τ. μοιχεύοντας μετ' αὐτῆς εἰς θλίψιν μεγάλην

ΜΟΙΧΟ΄Σ 3432

Lu 18 11 οὐκ εἰμὶ ὥσπερ οἱ λοιποὶ τ. ἀνθρώπων . . . μοιχοί
I Co 6 9 οὔτε πόρνοι οὔτε εἰδωλολάτραι οὔτε μοιχοὶ . . . βασιλείαν Θεοῦ κληρονομήσουσιν
He 13 4 πόρνους γὰρ καὶ μοιχοὺς κρινεῖ ὁ Θεός

ΜΟ΄ΛΙΣ 3433

Lu 9 39 μόλις ἀποχωρεῖ ἀπ' αὐτοῦ
μόγις, TR
Ac 14 18 μ. κατέπαυσαν τ. ὄχλους τοῦ μὴ θύειν αὐτοῖς
27 7 μόλις γενόμενοι κατὰ τὴν Κνίδον
8 μόλις τε παραλεγόμενοι αὐτὴν
16 ἰσχύσαμεν μ. περικρατεῖς γενέσθαι τ. σκάφης
Ro 5 7 μ. γὰρ ὑπὲρ δικαίου τις ἀποθανεῖται
I Pe 4 18 εἰ ὁ δίκαιος μόλις σώζεται
הֵן צַדִּיק בָּאָרֶץ יְשֻׁלָּם, Pr. xi. 31

ΜΟΛΟ΄Χ 3434

Ac 7 43 ἀνελάβετε τ. σκηνὴν τοῦ Μολόχ
נְשָׂאתֶם אֵת סִכּוּת מַלְכְּכֶם, Am. v. 26

ΜΟΛΥ΄ΝΩ 3435

I Co 8 7 ἡ συνείδησις αὐτῶν ἀσθενὴς οὖσα μολύνεται
Re 3 4 ἃ οὐκ ἐμόλυναν τὰ ἱμάτια αὐτῶν
14 4 οὗτοί εἰσιν οἳ μετὰ γυναικῶν οὐκ ἐμολύνθησαν

ΜΟΛΥΣΜΌΣ † 3436

IICo 7 1 καθαρίσωμεν ἑαυτοὺς ἀπὸ παντὸς μολυσμοῦ σαρκὸς κ. πνεύματος

ΜΟΜΦΉ* 3437

Col 3 13 ἐάν τις πρός τινα ἔχῃ μομφήν

ΜΟΝΉ** 3438

Jo 14 2 ἐν τ. οἰκίᾳ τ. πατρός μου μοναὶ πολλαί εἰσιν
23 μονὴν παρ' αὐτῷ ποιησόμεθα

ΜΟΝΟΓΕΝΉΣ 3439

Lu 7 12 ἐξεκομίζετο τεθνηκὼς μονογενὴς υἱὸς τ. μητρὶ αὐτοῦ
8 42 θυγάτηρ μονογενὴς ἦν αὐτῷ ὡς ἐτῶν δώδεκα
9 38 ὅτι μονογενής μοί ἐστιν
Jo 1 14 δόξαν ὡς μονογενοῦς παρὰ πατρός
18 μονογενὴς Θεὸς ὁ ὢν εἰς τ. κόλπον τ. πατρός
ὁ μον. υἱός, TWH mg. R non mg.
3 16 ὥστε τ. υἱὸν τ. μονογενῆ ἔδωκεν
18 ὅτι μὴ πεπίστευκεν εἰς τὸ ὄνομα τ. μονογενοῦς υἱοῦ τ. Θεοῦ
He 11 17 τ. μονογενῆ προσέφερεν ὁ τ. ἐπαγγελίας ἀναδεξάμενος
I Jo 4 9 τ. υἱὸν αὐτοῦ τ. μονογενῆ ἀπέσταλκεν ὁ Θεός

ΜΌΝΟΝ 3440

(1) οὐ μόνον (2) μὴ μόνον (3) εἰ μὴ μόνον

Mt 5 47 ἐὰν ἀσπάσησθε τ. ἀδελφοὺς ὑμῶν μόνον
8 8 ἀλλὰ μόνον εἰπὲ λόγῳ
9 21 ἐὰν μ. ἅψωμαι τ. ἱματίου αὐτοῦ
10 42 ὃς ἐὰν ποτίσῃ . . . ποτήριον ψυχροῦ μόνον εἰς ὄνομα μαθητοῦ
14 36 ἵνα μ. ἅψωνται τ. κρασπέδου τ. ἱματίου αὐτοῦ
21 19 [3] οὐδὲν εὗρεν ἐν αὐτῇ εἰ μὴ φύλλα μόνον
21 [1] οὐ μόνον τὸ τ. συκῆς ποιήσετε
Mk 5 36 μὴ φοβοῦ μόνον πίστευε
6 8 [3] ἵνα μηδὲν αἴρωσιν εἰς ὁδὸν εἰ μὴ ῥάβδον μόνον
Lu 8 50 μὴ φοβοῦ μόνον πίστευσον
Jo 5 18 [1] οὐ μόνον ἔλυεν τὸ σάββατον
11 52 [1] οὐχ ὑπὲρ τ. ἔθνους μόνον
12 9 [1] ἦλθαν οὐ διὰ τ. Ἰησοῦν μόνον
13 9 [2] Κύριε μὴ τ. πόδας μου μόνον
17 20 [1] οὐ περὶ τούτων δὲ ἐρωτῶ μόνον
Ac 8 16 μόνον δὲ βεβαπτισμένοι ὑπῆρχον εἰς τὸ ὄνομα τ. Κυρίου Ἰησοῦ
11 19 [3] μηδενὶ λαλοῦντες τ. λόγον εἰ μὴ μ. Ἰουδαίοις
18 25 ἐπιστάμενος μ. τὸ βάπτισμα Ἰωάνου
19 26 [1] οὐ μ. Ἐφέσου ἀλλὰ σχέδον πάσης τ. Ἀσίας
27 [1] οὐ μόνον δὲ τοῦτο κινδυνεύει ἡμῖν τὸ μέρος εἰς ἀπελεγμὸν ἐλθεῖν
21 13 [1] ἐγὼ γὰρ οὐ μ. δεθῆναι . . . ἑτοίμως ἔχω
26 29 [1] οὐ μ. σε ἀλλὰ κ. πάντας τ. ἀκούοντάς μου σήμερον
27 10 [1] μετὰ ὕβρεως . . . οὐ μ. τ. φορτίου κ. τ. πλοίου
Ro 1 32 [1] οὐ μόνον αὐτὰ ποιοῦσιν
3 29 ἢ Ἰουδαίων ὁ Θεὸς μόνον;
μόνων, WH mg.
Ro 4 12 [1] πατέρα περιτομῆς τοῖς οὐκ ἐκ περιτομῆς μόνον
16 [1] παντὶ τ. σπέρματι οὐ τῷ ἐκ τ. νόμου μόνον
23 οὐκ ἐγράφη δὲ δι' αὐτὸν μόνον
5 3 [1] οὐ μ. δὲ ἀλλὰ κ. καυχώμεθα ἐν τ. θλίψεσιν
11 [1] οὐ μ. δὲ ἀλλὰ κ. καυχώμενοι ἐν τ. Θεῷ
8 23 [1] οὐ μ. δὲ ἀλλὰ κ. αὐτοὶ τ. ἀπαρχὴν τ. πνεύματος ἔχοντες
9 10 [1] οὐ μ. δὲ ἀλλὰ κ. Ῥεβέκκα ἐξ ἑνὸς κοίτην ἔχουσα
24 [1] οὓς κ. ἐκάλεσεν ἡμᾶς οὐ μ. ἐξ Ἰουδαίων
13 5 [1] ἀνάγκη ὑποτάσσεσθαι οὐ μ. διὰ τ. ὀργήν
I Co 7 39 ᾧ θέλει γαμηθῆναι μόνον ἐν Κυρίῳ
15 19 εἰ ἐν τ. ζωῇ ταύτῃ ἐν Χριστῷ ἠλπικότες ἐσμὲν μόνον
II Co 7 7 [1] οὐ μόνον δὲ ἐν τ. παρουσίᾳ αὐτοῦ
8 10 [1] οἵτινες οὐ μ. τὸ ποιῆσαι . . . προενήρξασθε
19 [1] οὐ μ. δὲ ἀλλὰ κ. χειροτονηθεὶς ὑπὸ τ. ἐκκλησιῶν
21 [1] προνοοῦμεν γὰρ καλὰ οὐ μ. ἐνώπιον Κυρίου
9 12 [1] ἡ διακονία τ. λειτουργίας ταύτης οὐ μόνον ἐστὶν προσαναπληροῦσα
Ga 1 23 μόνον δὲ ἀκούοντες ἦσαν
2 10 μόνον τ. πτωχῶν ἵνα μνημονεύωμεν
3 2 τοῦτο μ. θέλω μαθεῖν ἀφ' ὑμῶν
4 18 [2] μὴ μ. ἐν τῷ παρεῖναί με πρὸς ὑμᾶς
5 13 μόνον μὴ τ. ἐλευθερίαν εἰς ἀφορμὴν τ. σαρκί
6 12 μόνον ἵνα τ. σταυρῷ τ. Χριστοῦ Ἰησοῦ μὴ διώκωνται
Eph 1 21 [1] οὐ μόνον ἐν τ. αἰῶνι τούτῳ
Phl 1 27 μ. ἀξίως τ. εὐαγγελίου τ. Χριστοῦ πολιτεύεσθε
29 [1] οὐ μόνον τὸ εἰς αὐτὸν πιστεύειν
2 12 [2] μὴ ὡς ἐν τ. παρουσίᾳ μου μόνον
27 [1] οὐκ αὐτὸν δὲ μόνον ἀλλὰ κ. ἐμέ
I Th 1 5 τὸ εὐαγγέλιον ἡμῶν οὐκ ἐγενήθη εἰς ὑμᾶς ἐν λόγῳ μόνον
8 [1] ἐξήχηται ὁ λόγος τ. Κυρίου οὐ μόνον ἐν τ. Μακεδονίᾳ
2 8 [1] μεταδοῦναι ὑμῖν οὐ μ. τὸ εὐαγγέλιον τ. Θεοῦ
II Th 2 7 μόνον ὁ κατέχων ἄρτι ἕως ἐκ μέσου γένηται
I Ti 5 13 [1] οὐ μ. δὲ ἀργαὶ ἀλλὰ κ. φλύαροι κ. περίεργοι
II Ti 2 20 [1] οὐκ ἔστιν μ. σκεύη χρυσᾶ κ. ἀργυρᾶ
4 8 [1] οὐ μόνον δὲ ἐμοί
He 9 10 μ. ἐπὶ βρώμασι κ. πόμασι κ. διαφόροις βαπτισμοῖς
12 26 [1] ἔτι ἅπαξ ἐγὼ σείσω οὐ μόνον τ. γῆν ἀλλὰ κ. τ. οὐρανόν
עוֹד אַחַת מְעַט הִיא וַאֲנִי מַרְעִישׁ אֶת־הַשָּׁמַיִם וְאֶת־הָאָרֶץ, Hagg. ii. 6
Ja 1 22 [2] γίνεσθε δὲ ποιηταὶ λόγου κ. μὴ ἀκροαταὶ μόνον
μόν. ἀκρ., T
2 24 [1] ἐξ ἔργων δικαιοῦται ἄνθρωπος κ. οὐκ ἐκ πίστεως μόνον
I Pe 2 18 [1] οὐ μόνον τ. ἀγαθοῖς κ. ἐπιεικέσιν
I Jo 2 2 [1] οὐ περὶ τ. ἡμετέρων δὲ μόνον
μόνων, WH mg.
5 6 [1] οὐκ ἐν τῷ ὕδατι μόνον
μόνῳ, WH mg.

ΜΌΝΟΣ 3441

(1) μ. Θεός (2) κατὰ μόνας (3) εἰ μὴ μόνος

Mt 4 4 οὐκ ἐπ' ἄρτῳ μόνῳ ζήσεται ὁ ἄνθρωπος
לֹא עַל־הַלֶּחֶם לְבַדּוֹ יִחְיֶה הָאָדָם, Dt. viii. 3
10 αὐτῷ μόνῳ λατρεύσεις
אֹתוֹ תַעֲבֹד, Dt. vi. 13
12 4 ³ ὃ οὐκ ἐξὸν ἦν αὐτῷ φαγεῖν . . . εἰ μὴ τ. ἱερεῦσι μόνοις
14 23 ὀψίας δὲ γενομένης μόνος ἦν ἐκεῖ
17 8 ³ οὐδένα εἶδον εἰ μὴ αὐτὸν Ἰησοῦν μόνον
18 15 ἔλεγξον αὐτὸν μεταξὺ σοῦ κ. αὐτοῦ μόνου
24 36 ³ οὐδεὶς οἶδεν . . . εἰ μὴ ὁ πατὴρ μόνος
Mk 4 10 ² ὅτε ἐγένετο κατὰ μόνας
6 47 αὐτὸς μόνος ἐπὶ τ. γῆς
9 2 ἀναφέρει αὐτοὺς εἰς ὄρος ὑψηλὸν κατ' ἰδίαν μόνους
8 ³ οὐδένα εἶδον μεθ' ἑαυτῶν εἰ μὴ τ. Ἰησοῦν μόνον
οὐδ. εἶδ. ἀλλὰ τ. Ἰησ. μόν. μ. ἑαυτ., TWH mg.
Lu 4 4 οὐκ ἐπ' ἄρτῳ μόνῳ ζήσεται ὁ ἄνθρωπος, Dt. viii. 3
8 αὐτῷ μόνῳ λατρεύσεις, Dt. vi. 13
5 21 ¹ ³ τίς δύναται ἁμαρτίας ἀφεῖναι εἰ μὴ μόνος ὁ Θεός
6 4 ³ οὓς οὐκ ἔξεστιν φαγεῖν εἰ μὴ μόνους τ. ἱερεῖς
9 18 ² ἐν τῷ εἶναι αὐτὸν προσευχόμενον κατὰ μόνας
36 εὑρέθη Ἰησοῦς μόνος
10 40 ἡ ἀδελφή μου μόνην με κατέλειπεν διακονεῖν
24 12 παρακύψας βλέπει τὰ ὀθόνια μόνα —h. v., T [[WH]] R mg.
18 σὺ μόνος παροικεῖς Ἰερουσαλήμ
Jo 5 44 ¹ τ. δόξαν τὴν παρὰ τ. μόνου Θεοῦ οὐ ζητεῖτε
6 15 ἀνεχώρησεν πάλιν εἰς τὸ ὄρος αὐτὸς μόνος
22 ἀλλὰ μόνοι οἱ μαθηταὶ αὐτοῦ ἀπῆλθον
8 [9 κ. κατελείφθη μόνος
16 ὅτι μόνος οὐκ εἰμί
29 οὐκ ἀφῆκέν με μόνον
12 24 ἐὰν μὴ ὁ κόκκος τ. σίτου . . . ἀποθάνῃ αὐτὸς μόνος μένει
16 32 ἵνα . . . κἀμὲ μόνον ἀφῆτε· κ. οὐκ εἰμὶ μόνος
17 3 ¹ ἵνα γινώσκωσίν σε τ. μόνον ἀληθινὸν Θεόν
Ac 15 34 μόνος δὲ Ἰούδας ἐπορεύθη —h. v., TWH non mg. R; [WH mg.]
Ro 3 29 ἢ Ἰουδαίων ὁ Θεὸς μόνων
μόνον, TWH non mg. R
11 3 κἀγὼ ὑπελείφθην μόνος
וָאִוָּתֵר אֲנִי לְבַדִּי, 1 Ki. xix. 10
16 4 οἷς οὐκ ἐγὼ μόνος εὐχαριστῶ
27 ¹ μόνῳ σοφῷ Θεῷ διὰ Ἰησοῦ Χριστοῦ
I Co 9 6 ἢ μόνος ἐγὼ κ. Βαρνάβας οὐκ ἔχομεν ἐξουσίαν
14 36 ἢ εἰς ὑμᾶς μόνους κατήντησεν;
Ga 6 4 τότε εἰς ἑαυτὸν μόνον τὸ καύχημα ἕξει
Phl 4 15 ³ οὐδεμία μοι ἐκκλησία ἐκοινώνησεν . . . εἰ μὴ ὑμεῖς μόνοι
Col 4 11 οὗτοι μόνοι συνεργοὶ εἰς τ. βασιλείαν τ. Θεοῦ
I Th 3 1 ηὐδοκήσαμεν καταλειφθῆναι ἐν Ἀθήναις μόνοι
I Ti 1 17 ¹ μόνῳ Θεῷ τιμὴ κ. δόξα
6 15 ἣν καιροῖς ἰδίοις δείξει ὁ μακάριος κ. μόνος δυνάστης
16 ὁ μόνος ἔχων ἀθανασίαν
II Ti 4 11 Λουκᾶς ἐστὶν μόνος μετ' ἐμοῦ
He 9 7 εἰς δὲ τ. δευτέραν ἅπαξ τ. ἐνιαυτοῦ μόνος ὁ ἀρχιερεύς
I Jo 2 2 οὐ περὶ τ. ἡμετέρων δὲ μόνων
μόνον, TWH non mg. R
5 6 οὐκ ἐν τῷ ὕδατι μόνῳ
μόνον, TWH non mg. R
II Jo 1 οὓς ἐγὼ ἀγαπῶ ἐν ἀληθείᾳ κ. οὐκ ἐγὼ μόνος
Ju 4 τ. μόνον δεσπότην κ. Κύριον ἡμῶν Ἰησοῦν Χριστὸν ἀρνούμενοι
25 ¹ μόνῳ Θεῷ σωτῆρι ἡμῶν . . . δόξα
Re 15 4 ὅτι μόνος ὅσιος

ΜΟΝΟΌΜΑΙ ** 3443

I Ti 5 5 ἡ δὲ ὄντως χήρα κ. μεμονωμένη

ΜΟΝΌΦΘΑΛΜΟΣ * 3442

Mt 18 9 καλόν σοί ἐστιν μονόφθαλμον εἰς τ. ζωὴν εἰσελθεῖν
Mk 9 47 καλόν σέ ἐστιν μονόφθαλμον εἰσελθεῖν εἰς τ. βασιλείαν τ. Θεοῦ

ΜΟΡΦΉ 3444

Mk 16 [12 δυσὶν ἐξ αὐτῶν περιπατοῦσιν ἐφανερώθη ἐν ἑτέρᾳ μορφῇ
Phl 2 6 ὃς ἐν μορφῇ Θεοῦ ὑπάρχων
7 ἑαυτὸν ἐκένωσεν μορφὴν δούλου λαβών

ΜΟΡΦΟΌΜΑΙ ** 3445

Ga 4 19 μέχρις οὗ μορφωθῇ Χριστὸς ἐν ὑμῖν

ΜΌΡΦΩΣΙΣ * 3446

Ro 2 20 ἔχοντα τ. μόρφωσιν τ. γνώσεως κ. τ. ἀληθείας
II Ti 3 5 ἔχοντες μόρφωσιν εὐσεβείας

ΜΟΣΧΟΠΟΙΈΩ * † 3447

Ac 7 41 ἐμοσχοποίησαν ἐν τ. ἡμέραις ἐκείναις

ΜΌΣΧΟΣ 3448

Lu 15 23 φέρετε τ. μόσχον τ. σιτευτὸν θύσατε
27 ἔθυσεν ὁ πατήρ σου τ. μόσχον τ. σιτευτόν
30 ἔθυσας αὐτῷ τ. σιτευτὸν μόσχον
He 9 12 οὐδὲ δι' αἵματος τράγων κ. μόσχων
19 λαβὼν τὸ αἷμα τ. μόσχων κ. τ. τράγων
Re 4 7 τὸ δεύτερον ζῷον ὅμοιον μόσχῳ

ΜΟΥΣΙΚΌΣ 3451

Re 18 22 φωνὴ κιθαρῳδῶν κ. μουσικῶν . . . οὐ μὴ ἀκουσθῇ ἐν σοὶ ἔτι

ΜΌΧΘΟΣ 3449

II Co 11 27 κόπῳ κ. μόχθῳ ἐν ἀγρυπνίαις πολλάκις
I Th 2 9 μνημονεύετε γὰρ . . . τ. κόπον ἡμῶν κ. τ. μόχθον
II Th 3 8 ἐν κόπῳ κ. μόχθῳ νυκτὸς κ. ἡμέρας ἐργαζόμενοι

ΜΥΕΛΟ΄Σ 3452

He 4 12 δικνούμενος ἄχρι μερισμοῦ . . . ἁρμῶν τε κ. μυελῶν

ΜΥΕ΄ΟΜΑΙ ** 3453

Phl 4 12 ἐν παντὶ κ. ἐν πᾶσιν μεμύημαι κ. χορτάζεσθαι κ. πεινᾶν

ΜΥ῀ΘΟΣ ** 3454

I Ti 1 4 μηδὲ προσέχειν μύθοις κ. γενεαλογίαις ἀπεράντοις
4 7 τ. δὲ βεβήλους κ. γραώδεις μυθοὺς παραιτοῦ
II Ti 4 4 ἐπὶ δὲ τ. μύθους ἐκτραπήσονται
Tit 1 14 μὴ προσέχοντες Ἰουδαϊκοῖς μύθοις
II Pe 1 16 οὐ γὰρ σεσοφισμένοις μύθοις ἐξακολουθήσαντες

ΜΥΚΑ΄ΟΜΑΙ ** 3455

Re 10 3 ἔκραξεν φωνῇ μεγάλῃ ὥσπερ λέων μυκᾶται

ΜΥΚΤΗΡΙ΄ΖΟΜΑΙ 3456

Ga 6 7 Θεὸς οὐ μυκτηρίζεται

ΜΥΛΙΚΟ΄Σ* † 3457

Lu 17 2 εἰ λίθος μυλικὸς περίκειται περὶ τ. τράχηλον αὐτοῦ

3458.5 ΜΥ΄ΛΙΝΟΣ * † cf. 3458

Re 18 21 ἦρεν εἷς ἄγγελος ἰσχυρὸς λίθον ὡς μύλινον μέγαν
μύλον, T

ΜΥ΄ΛΟΣ 3458

Mt 18 6 ἵνα κρεμασθῇ μύλος ὀνικὸς περὶ τ. τράχηλον αὐτοῦ
24 41 δύο ἀλήθουσαι ἐν τῷ μύλῳ
Mk 9 42 εἰ περίκειται μύλος ὀνικὸς περὶ τ. τράχηλον αὐτοῦ
Re 18 21 ἦρεν εἷς ἄγγελος ἰσχυρὸς λίθον ὡς μύλον μέγαν
μύλινον, WHR
22 φωνὴ μύλου οὐ μὴ ἀκουσθῇ ἐν σοὶ ἔτι

ΜΥ΄ΡΑ, ΜΥ΄ΡΡΑ 3460

Ac 21 1 κἀκεῖθεν εἰς Πάταρα κ. Μύρα
—κ. Μύρα, TWH non mg. R
27 5 κατήλθαμεν εἰς Μύρρα τ. Λυκίας
Μύρα, R

ΜΥΡΙΑ΄Σ 3461

Lu 12 1 ἐν οἷς ἐπισυναχθεισῶν τ. μυριάδων τ. ὄχλου
Ac 19 19 εὗρον ἀργυρίου μυριάδας πέντε
21 20 πόσαι μυριάδες εἰσὶν ἐν τ. Ἰουδαίοις τ. πεπιστευκότων
He 12 22 προσεληλύθατε . . . μυριάσιν ἀγγέλων
Ju 14 ἦλθεν Κύριος ἐν ἁγίαις μυριάσιν αὐτοῦ
Re 5 11 ἦν ὁ ἀριθμὸς αὐτῶν μυριάδες μυριάδων
9 16 ὁ ἀριθμὸς τ. στρατευμάτων τ. ἱππικοῦ δὶς μυριάδες μυριάδων
δισμυριάδες, T

ΜΥΡΙ΄ΖΩ * 3462

Mk 14 8 προέλαβεν μυρίσαι τὸ σῶμά μου εἰς τ. ἐνταφιασμόν

ΜΥΡΙ΄ΟΣ 3463

Mt 18 24 προσήχθη εἷς αὐτῷ ὀφειλέτης μυρίων ταλάντων
I Co 4 15 ἐὰν γὰρ μυρίους παιδαγωγοὺς ἔχητε ἐν Χριστῷ
14 19 ἢ μυρίους λόγους ἐν γλώσσῃ

ΜΥ΄ΡΟΝ 3464

Mt 26 7 προσῆλθεν αὐτῷ γυνὴ ἔχουσα ἀλάβαστρον μύρου βαρυτίμου
12 βαλοῦσα γὰρ αὕτη τὸ μύρον τοῦτο ἐπὶ τ. σώματός μου
Mk 14 3 ἦλθεν γυνὴ ἔχουσα ἀλάβαστρον μύρου νάρδου πιστικῆς πολυτελοῦς
4 εἰς τί ἡ ἀπώλεια αὕτη τ. μύρου γέγονεν;
5 ἠδύνατο γὰρ τοῦτο τὸ μύρον πραθῆναι
Lu 7 37 ἰδοὺ γυνὴ . . . κομίσασα ἀλάβαστρον μύρου
38 ἤλειφεν τ. μύρῳ
46 αὕτη δὲ μύρῳ ἤλειψέν μου τ. πόδας
23 56 ὑποστρέψασαι δὲ ἡτοίμασαν ἀρώματα κ. μύρα
Jo 11 2 ἦν δὲ Μαριὰμ ἡ ἀλείψασα τ. Κύριον μύρῳ
12 3 ἡ οὖν Μαριὰμ λαβοῦσα λίτραν μύρου νάρδου πιστικῆς πολυτίμου
3 ἡ δὲ οἰκία ἐπληρώθη ἐκ τ. ὀσμῆς τ. μύρου
5 διὰ τί τοῦτο τὸ μύρον οὐκ ἐπράθη τριακοσίων δηναρίων
Re 18 13 θυμιάματα κ. μύρον κ. λίβανον

ΜΥ΄ΡΡΑ *Vide* ΜΥ΄ΡΑ, 3460

ΜΥΣΙ΄Α 3465

Ac 16 7 ἐλθόντες δὲ κατὰ τ. Μυσίαν
8 παρελθόντες δὲ τὴν Μυσίαν

ΜΥΣΤΗ΄ΡΙΟΝ 3466

(1) μυστ. τ. βασιλείας (2) μυστ. τ. Θεοῦ, Χριστοῦ

Mt 13 11 [1] ὑμῖν δέδοται γνῶναι τὰ μυστήρια τ. βασιλείας τ. οὐρανῶν
Mk 4 11 [1] ὑμῖν τὸ μυστήριον δέδοται τ. βασιλείας τ. Θεοῦ
Lu 8 10 [1] ὑμῖν δέδοται γνῶναι τὰ μυστήρια τ. βασιλείας τ. Θεοῦ
Ro 11 25 οὐ γὰρ θέλω ὑμᾶς ἀγνοεῖν . . . τὸ μυστήριον τοῦτο
16 25 κατὰ ἀποκάλυψιν μυστηρίου χρόνοις αἰωνίοις σεσιγημένου
I Co 2 1 [2] καταγγέλλων ὑμῖν τὸ μυστήριον τ. Θεοῦ
μαρτύριον, TWH mg. R mg.
7 λαλοῦμεν Θεοῦ σοφίαν ἐν μυστηρίῳ
4 1 [2] οἰκονόμους μυστηρίων Θεοῦ
13 2 κἂν . . . εἰδῶ τὰ μυστήρια πάντα
14 2 πνεύματι δὲ λαλεῖ μυστήρια
15 51 ἰδοὺ μυστήριον ὑμῖν λέγω
Eph 1 9 γνωρίσας ἡμῖν τὸ μυστήριον τ. θελήματος αὐτοῦ
3 3 κατὰ ἀποκάλυψιν ἐγνωρίσθη μοι τὸ μυστήριον
4 [2] νοῆσαι τ. σύνεσίν μου ἐν τ. μυστηρίῳ τ. Χριστοῦ

Eph 3 9 τίς ἡ οἰκονομία τ. μυστηρίου τ. ἀποκεκρυμμένου
5 32 τὸ μυστήριον τοῦτο μέγα ἐστίν
6 19 γνωρίσαι τὸ μυστήριον τ. εὐαγγελίου
Col 1 26 πληρῶσαι . . . τὸ μυστήριον τὸ ἀποκεκρυμμένον
27 τί τὸ πλοῦτος τ. δόξης τ. μυστηρίου τούτου ἐν τ. ἔθνεσιν
2 2 [2] εἰς ἐπίγνωσιν τ. μυστηρίου τ. Θεοῦ
4 3 [2] λαλῆσαι τὸ μυστήριον τ. Χριστοῦ
II Th 2 7 τὸ γὰρ μυστήριον ἤδη ἐνεργεῖται τ. ἀνομίας
I Ti 3 9 ἔχοντας τὸ μυστήριον τ. πίστεως ἐν καθαρᾷ συνειδήσει
16 ὁμολογουμένως μέγα ἐστὶν τὸ τ. εὐσεβείας μυστήριον
Re 1 20 τὸ μυστήριον τ. ἑπτὰ ἀστέρων οὓς εἶδες
10 7 [2] ἐτελέσθη τὸ μυστήριον τ. Θεοῦ
17 5 ἐπὶ τὸ μέτωπον αὐτῆς ὄνομα γεγραμμένον Μυστήριον
7 ἐγὼ ἐρῶ σοι τὸ μυστήριον τ. γυναικός

ΜΥΩΠΑ'ΖΩ * † 3467

II Pe 1 9 τυφλός ἐστιν μυωπάζων

ΜΩ'ΛΩΨ 3468

I Pe 2 24 οὗ τῷ μώλωπι ἰάθητε
וּבַחֲבֻרָתוֹ נִרְפָּא־לָנוּ, Is. liii. 5

ΜΩΜΑ'ΟΜΑΙ 3469

II Co 6 3 ἵνα μὴ μωμηθῇ ἡ διακονία
8 20 μή τις ἡμᾶς μωμήσηται ἐν τ. ἁδρότητι ταύτῃ

ΜΩ͂ΜΟΣ 3470

II Pe 2 13 σπίλοι κ. μῶμοι

ΜΩΡΑΙ'ΝΩ 3471

Mt 5 13 ἐὰν δὲ τὸ ἅλας μωρανθῇ
Lu 14 34 ἐὰν δὲ κ. τὸ ἅλας μωρανθῇ
Ro 1 22 φάσκοντες εἶναι σοφοὶ ἐμωράνθησαν
I Co 1 20 οὐχὶ ἐμώρανεν ὁ Θεὸς τ. σοφίαν τ. κόσμου

ΜΩΡΙ'Α ** 3472

I Co 1 18 ὁ λόγος γὰρ ὁ τ. σταυροῦ τ. μὲν ἀπολλυμένοις μωρία ἐστίν
21 εὐδόκησεν ὁ Θεὸς διὰ τ. μωρίας τ. κηρύγματος σῶσαι
23 Ἰουδαίοις μὲν σκάνδαλον ἔθνεσιν δὲ μωρίαν
2 14 μωρία γὰρ αὐτῷ ἐστίν
3 19 ἡ γὰρ σοφία τ. κόσμου τούτου μωρία παρὰ τ. Θεῷ ἐστίν

ΜΩΡΟΛΟΓΙ'Α * 3473

Eph 5 4 μωρολογία ἢ εὐτραπελία

ΜΩΡΟ'Σ 3474

Mt 5 22 ὃς δ' ἂν εἴπῃ Μωρέ
7 26 ὁμοιωθήσεται ἀνδρὶ μωρῷ
23 17 μωροὶ κ. τυφλοί
19 μωροὶ κ. τυφλοί
—μωρ. κ., TWH non mg. R
25 2 πέντε δὲ ἐξ αὐτῶν ἦσαν μωραί
Mt 25 3 αἱ γὰρ μωραὶ . . . οὐκ ἔλαβον μεθ' ἑαυτῶν ἔλαιον
8 αἱ δὲ μωραὶ ταῖς φρονίμοις εἶπαν
Mk 7 13 ἀκυροῦντες τ. λόγον τ. Θεοῦ τ. παραδόσει ὑμῶν τ. μωρᾷ
—τ. μωρᾷ, TWH non mg. R
I Co 1 25 τὸ μωρὸν τ. Θεοῦ σοφώτερον τ. ἀνθρώπων ἐστίν
27 τὰ μωρὰ τ. κόσμου ἐξελέξατο ὁ Θεός
3 18 μωρὸς γενέσθω ἵνα γένηται σοφός
4 10 ἡμεῖς μωροὶ διὰ Χριστόν
II Ti 2 23 τὰς δὲ μωρὰς κ. ἀπαιδεύτους ζητήσεις παραιτοῦ
Tit 3 9 μωρὰς δὲ ζητήσεις κ. γενεαλογίας . . . περιίστασο

ΜΩΥΣΗ͂Σ 3475

Μωϋσῆς, T

(1) νόμος Μωυσέως (2) Μωυσέα, Μωυσῇ

Mt 8 4 προσένεγκον τὸ δῶρον ὃ προσέταξεν Μωυσῆς
17 3 ὤφθη αὐτοῖς Μωυσῆς κ. Ἠλείας
4 ποιήσω ὧδε τρεῖς σκηνὰς σοὶ μίαν κ. Μωυσεῖ μίαν κ. Ἠλείᾳ μίαν
19 7 τί οὖν Μωυσῆς ἐνετείλατο δοῦναι βιβλίον ἀποστασίου
8 Μωυσῆς πρὸς τ. σκληροκαρδίαν ὑμῶν ἐπέτρεψεν ὑμῖν
22 24 διδάσκαλε Μωυσῆς εἶπεν
23 2 ἐπὶ τῆς Μωυσέως καθέδρας ἐκάθισαν οἱ γραμματεῖς
Mk 1 44 προσένεγκε περὶ τ. καθαρισμοῦ σου ἃ προσέταξεν Μωυσῆς
7 10 Μωυσῆς γὰρ εἶπεν
9 4 ὤφθη αὐτοῖς Ἠλείας σὺν Μωυσεῖ
5 ποιήσωμεν τρεῖς σκηνὰς σοὶ μίαν κ. Μωυσεῖ μίαν κ. Ἠλείᾳ μίαν
10 3 τί ὑμῖν ἐνετείλατο Μωυσῆς;
4 ἐπέτρεψεν Μωυσῆς βιβλίον ἀποστασίου γράψαι
12 19 διδάσκαλε Μωυσῆς ἔγραψεν ἡμῖν
26 οὐκ ἀνέγνωτε ἐν τῇ βίβλῳ Μωυσέως
Lu 2 22 [1] ὅτε ἐπλήσθησαν αἱ ἡμέραι τ. καθαρισμοῦ αὐτῶν κατὰ τ. νόμον Μωυσέως
5 14 καθὼς προσέταξεν Μωυσῆς
9 30 οἵτινες ἦσαν Μωυσῆς κ. Ἠλείας
33 ποιήσωμεν σκηνὰς τρεῖς μίαν σοὶ κ. μίαν Μωυσεῖ κ. μίαν Ἠλείᾳ
16 29 [2] ἔχουσιν Μωυσέα κ. τ. προφήτας
31 εἰ Μωυσέως κ. τ. προφητῶν οὐκ ἀκούουσιν
20 28 διδάσκαλε Μωυσῆς ἔγραψεν ἡμῖν
37 κ. Μωυσῆς ἐμήνυσεν ἐπὶ τῆς βάτου
24 27 ἀρξάμενος ἀπὸ Μωυσέως κ. πάντων τ. προφητῶν
44 [1] δεῖ πληρωθῆναι πάντα τὰ γεγραμμένα ἐν τ. νόμῳ Μωυσέως
Jo 1 17 ὁ νόμος διὰ Μωυσέως ἐδόθη
45 ὃν ἔγραψεν Μωυσῆς ἐν τ. νόμῳ κ. οἱ προφῆται
3 14 καθὼς Μωυσῆς ὕψωσεν τ. ὄφιν ἐν τῇ ἐρήμῳ
5 45 ἔστιν ὁ κατηγορῶν ὑμῶν Μωυσῆς
46 εἰ γὰρ ἐπιστεύετε Μωυσεῖ
6 32 οὐ Μωυσῆς ἔδωκεν ὑμῖν τ. ἄρτον ἐκ τ. οὐρανοῦ

Jo 7 19 οὐ Μωυσῆς ἔδωκεν ὑμῖν τ. νόμον
22 διὰ τοῦτο Μωυσῆς δέδωκεν ὑμῖν τ. περιτομήν, οὐχ ὅτι ἐκ τ. Μωυσέως ἐστίν
23 [1] ἵνα μὴ λυθῇ ὁ νόμος Μωυσέως
ὁ νόμ. ὁ Μω., T
8 [5 ἐν δὲ τ. νόμῳ ἡμῖν Μωυσῆς ἐνετείλατο
9 28 ἡμεῖς δὲ τ. Μωυσέως ἐσμὲν μαθηταί.
29 ἡμεῖς οἴδαμεν ὅτι Μωυσεῖ λελάληκεν ὁ Θεός
Ac 3 22 Μωυσῆς μὲν εἶπεν
6 11 ἀκηκόαμεν αὐτοῦ λαλοῦντος ῥήματα βλάσφημα εἰς Μωυσῆν κ. τ. Θεόν
14 ἀλλάξαι τὰ ἔθη ἃ παρέδωκεν ἡμῖν Μωυσῆς
7 20 ἐν ᾧ καιρῷ ἐγεννήθη Μωυσῆς
22 ἐπαιδεύθη Μωυσῆς πάσῃ σοφίᾳ Αἰγυπτίων
29 ἔφυγεν δὲ Μωυσῆς ἐν τ. λόγῳ τούτῳ
31 ὁ δὲ Μωυσῆς ἰδὼν ἐθαύμασεν τὸ ὅραμα
32 ἔντρομος δὲ γενόμενος Μωυσῆς
35 τοῦτον τ. Μωυσῆν ὃν ἠρνήσαντο
37 οὗτός ἐστιν ὁ Μωυσῆς ὁ εἴπας τ. υἱοῖς Ἰσραήλ
40 ὁ γὰρ Μωυσῆς οὗτος ὃς ἐξήγαγεν ἡμᾶς
כִּי־זֶה מֹשֶׁה הָאִישׁ אֲשֶׁר הֶעֱלָנוּ, Ex. xxxii. 1
44 [2] καθὼς διετάξατο ὁ λαλῶν τ. Μωυσῇ
13 39 [1] ὧν οὐκ ἠδυνήθητε ἐν νόμῳ Μωυσέως δικαιωθῆναι
15 1 ἐὰν μὴ περιτμηθῆτε τ. ἔθει τῷ Μωυσέως
5 [1] παραγγέλλειν τε τηρεῖν τ. νόμον Μωυσέως
21 Μωυσῆς γὰρ ἐκ γενεῶν ἀρχαίων . . . τ. κηρύσσοντας αὐτὸν ἔχει
21 21 ἀποστασίαν διδάσκεις ἀπὸ Μωυσέως τοὺς κατὰ τὰ ἔθνη πάντας Ἰουδαίους
26 22 ὧν τε οἱ προφῆται ἐλάλησαν μελλόντων γίνεσθαι κ. Μωυσῆς
28 23 [1] ἀπό τε τ. νόμου Μωυσέως κ. τ. προφητῶν

Ro 5 14 ἐβασίλευσεν ὁ θάνατος ἀπὸ Ἀδὰμ μέχρι Μωυσέως
9 15 τῷ Μωυσεῖ γὰρ λέγει
10 5 Μωυσῆς γὰρ γράφει τ. δικαιοσύνην τὴν ἐκ νόμου
19 πρῶτος Μωυσῆς λέγει
I Co 9 9 [1] ἐν γὰρ τῷ Μωυσέως νόμῳ γέγραπται
10 2 πάντες εἰς τ. Μωυσῆν ἐβαπτίσαντο
II Co 3 7 ὥστε μὴ δύνασθαι ἀτενίσαι τ. υἱοὺς Ἰσραὴλ εἰς τὸ πρόσωπον Μωυσέως
13 οὐ καθάπερ Μωυσῆς ἐτίθει κάλυμμα ἐπὶ τὸ πρόσωπον αὐτοῦ
15 ἡνίκα ἂν ἀναγινώσκηται Μωυσῆς
II Ti 3 8 ὃν τρόπον δὲ Ἰαννῆς κ. Ἰαμβρῆς ἀντέστησαν Μωυσεῖ
He 3 2 ὡς κ. Μωυσῆς ἐν ὅλῳ τ. οἴκῳ αὐτοῦ
3 πλείονος γὰρ οὗτος δόξης παρὰ Μωυσῆν ἠξίωται
5 Μωυσῆς μὲν πιστὸς ἐν ὅλῳ τ. οἴκῳ αὐτοῦ
16 οὐ πάντες οἱ ἐξελθόντες ἐξ Αἰγύπτου διὰ Μωυσέως
7 14 εἰς ἣν φυλὴν περὶ ἱερέων οὐδὲν Μωυσῆς ἐλάλησεν
8 5 καθὼς κεχρημάτισται Μωυσῆς
9 19 λαληθείσης γὰρ πάσης ἐντολῆς κατὰ τ. νόμον ὑπὸ Μωυσέως
10 28 [1] ἀθετήσας τις νόμον Μωυσέως
11 23 πίστει Μωυσῆς γεννηθεὶς ἐκρύβη τρίμηνον
24 πίστει Μωυσῆς μέγας γενόμενος ἠρνήσατο
12 21 οὕτως φοβερὸν ἦν τὸ φανταζόμενον Μωυσῆς εἶπεν
Ju 9 ὅτε . . . διελέγετο περὶ τοῦ Μωυσέως σώματος
Re 15 3 ᾄδουσιν τ. ᾠδὴν Μωυσέως τ. δούλου τ. Θεοῦ

N

ΝΑΑΣΣΩ΄Ν 3476

Mt 1 4 Ἀμιναδὰβ δὲ ἐγέννησεν τ. Ναασσών· Ναασσὼν δὲ ἐγέννησεν τ. Σαλμών
Lu 3 32 τοῦ Σαλὰ τοῦ Ναασσὼν τοῦ Ἀμιναδάβ

ΝΑΓΓΑΙ΄ 3477

Lu 3 25 τοῦ Ἐσλεὶ τοῦ Ναγγαὶ τοῦ Μαάθ

ΝΑΖΑΡΑ΄, ΝΑΖΑΡΕ΄Τ 3478

Ναζαρέθ, R

Mt 2 23 ἐλθὼν κατῴκησεν εἰς πόλιν λεγομένην Ναζαρέτ
Ναζαρέθ, T
4 13 καταλιπὼν τὴν Ναζαρὰ ἐλθὼν κατῴκησεν εἰς Καφαρναοὺμ
21 11 ὁ προφήτης Ἰησοῦς ὁ ἀπὸ Ναζαρὲθ τ. Γαλιλαίας
Mk 1 9 ἦλθεν Ἰησοῦς ἀπὸ Ναζαρὲτ τ. Γαλιλαίας
Lu 1 26 πόλιν τ. Γαλιλαίας ᾗ ὄνομα Ναζαρέτ
Ναζαρέθ, T
2 4 ἀνέβη δὲ κ. Ἰωσὴφ ἀπὸ τ. Γαλιλαίας ἐκ πόλεως Ναζαρέτ
Ναζαρέθ, T
Lu 2 39 ἐπέστρεψαν . . . εἰς πόλιν ἑαυτῶν Ναζαρέτ
Ναζαρέθ, T
51 κατέβη μετ' αὐτῶν κ. ἦλθεν εἰς Ναζαρέτ
Ναζαρέθ, T
4 16 ἦλθεν εἰς Ναζαρά
Jo 1 45 Ἰησοῦν υἱὸν τοῦ Ἰωσὴφ τὸν ἀπὸ Ναζαρέτ
46 ἐκ Ναζαρὲτ δύναταί τι ἀγαθὸν εἶναι;
Ac 10 38 Ἰησοῦν τὸν ἀπὸ Ναζαρὲθ ὡς ἔχρισεν αὐτὸν ὁ Θεός

ΝΑΖΑΡΗΝΟ΄Σ 3479

Mk 1 24 τί ἡμῖν κ. σοὶ Ἰησοῦ Ναζαρηνέ;
10 47 ἀκούσας ὅτι Ἰησοῦς ὁ Ναζαρηνός ἐστιν
ἐστ. ὁ Ναζ., WH mg.
14 67 κ. σὺ μετὰ τ. Ναζαρηνοῦ ἦσθα τ. Ἰησοῦ
16 6 Ἰησοῦν ζητεῖτε τ. Ναζαρηνὸν τ. ἐσταυρωμένον
Lu 4 34 ἔα τί ἡμῖν κ. σοὶ Ἰησοῦ Ναζαρηνέ;
24 19 τὰ περὶ Ἰησοῦ τ. Ναζαρηνοῦ

ΝΑΖΩΡΑΙΟΣ 3480

Mt 2 23 Ναζωραῖος κληθήσεται
נֵצֶר מִשָּׁרָשָׁיו יִפְרֶה, Is. xi. 1
26 71 οὗτος ἦν μετὰ Ἰησοῦ τ. Ναζωραίου
Lu 18 37 Ἰησοῦς ὁ Ναζωραῖος παρέρχεται

Jo 18 5 ἀπεκρίθησαν αὐτῷ Ἰησοῦν τ. Ναζωραῖον
7 οἱ δὲ εἶπαν Ἰησοῦν τ. Ναζωραῖον
19 19 Ἰησοῦς ὁ Ναζωραῖος ὁ βασιλεὺς τ. Ἰουδαίων
Ac 2 22 Ἰησοῦν τ. Ναζωραῖον ἄνδρα ἀποδεδειγμένον ἀπὸ τ. Θεοῦ
3 6 ἐν τ. ὀνόματι Ἰησοῦ Χριστοῦ τ. Ναζωραίου περιπάτει
4 10 ἐν τ. ὀνόματι Ἰησοῦ Χριστοῦ τ. Ναζωραίου . . . οὗτος παρέστηκεν
6 14 Ἰησοῦς ὁ Ναζωραῖος οὗτος καταλύσει τ. τόπον τοῦτον
22 8 ἐγώ εἰμι Ἰησοῦς ὁ Ναζωραῖος ὃν σὺ διώκεις
24 5 πρωτοστάτην τε τῆς τ. Ναζωραίων αἱρέσεως
26 9 πρὸς τὸ ὄνομα Ἰησοῦ τ. Ναζωραίου δεῖν πολλὰ ἐναντία πρᾶξαι

ΝΑΘΑ´Μ 3481

Lu 3 31 τοῦ Ματταθὰ τοῦ Ναθὰμ τοῦ Δαυείδ
Ναθὰν, R

ΝΑΘΑΝΑΗ´Λ 3482

Jo 1 45 εὑρίσκει Φίλιππος τ. Ναθαναήλ
46 εἶπεν αὐτῷ Ναθαναήλ
47 εἶδεν Ἰησοῦς τὸν Ν. ἐρχόμενον πρὸς αὐτόν
48 λέγει αὐτῷ Ναθαναήλ
49 ἀπεκρίθη αὐτῷ Ναθαναήλ
21 2 ἦσαν ὁμοῦ . . . Ν. ὁ ἀπὸ Κανὰ τ. Γαλιλαίας

ΝΑΙ´ 3483

(1) τὸ ναί

Mt 5 37 ἔστω δὲ ὁ λόγος ὑμῶν ναὶ ναὶ οὒ οὔ
9 28 λέγουσιν αὐτῷ Ναὶ Κύριε
11 9 ναὶ λέγω ὑμῖν κ. περισσότερον προφήτου
26 ναὶ ὁ πατὴρ ὅτι οὕτως εὐδοκία ἐγένετο
13 51 λέγουσιν αὐτῷ Ναί
15 27 ἡ δὲ εἶπεν Ναὶ Κύριε
17 25 λέγει Ναί
21 16 ὁ δὲ Ἰησοῦς λέγει αὐτοῖς Ναί
Mk 7 28 ἡ δὲ ἀπεκρίθη κ. λέγει αὐτῷ Ναὶ Κύριε
—Ναί, WH mg.
Lu 7 26 ναὶ λέγω ὑμῖν κ. περισσότερον προφήτου
10 21 ναὶ ὁ πατὴρ ὅτι οὕτως εὐδοκία ἐγένετο
11 51 ναὶ λέγω ὑμῖν ἐκζητηθήσεται ἀπὸ τ. γενεᾶς ταύτης
12 5 ναὶ λέγω ὑμῖν τοῦτον φοβήθητε
Jo 11 27 λέγει αὐτῷ Ναὶ Κύριε
21 15 λέγει αὐτῷ Ναὶ Κύριε
16 λέγει αὐτῷ Ναὶ Κύριε
Ac 5 8 ἡ δὲ εἶπεν Ναὶ τοσούτου
22 27 ὁ δὲ ἔφη Ναί
Ro 3 29 ναὶ κ. ἐθνῶν
II Co 1 17 [1] ἵνα ᾖ παρ' ἐμοὶ τὸ ναὶ ναὶ κ. τὸ οὒ οὔ
18 ὁ λόγος ἡμῶν ὁ πρὸς ὑμᾶς οὐκ ἔστιν ναὶ κ. οὔ
19 οὐκ ἐγένετο ναὶ κ. οὒ ἀλλὰ ναὶ ἐν αὐτῷ γέγονεν·
20 [1] ὅσαι γὰρ ἐπαγγελίαι Θεοῦ ἐν αὐτῷ τὸ ναί
Phl 4 3 ναὶ ἐρωτῶ κ. σὲ γνήσιε σύνζυγε
Phm 20 ναὶ ἀδελφὲ ἐγώ σου ὀναίμην ἐν Κυρίῳ
Ja 5 12 [1] ἤτω δὲ ὑμῶν τὸ ναὶ ναὶ κ. τὸ οὒ οὔ
Re 1 7 ναὶ ἀμήν
14 13 ναὶ λέγει τὸ Πνεῦμα ἵνα ἀναπαήσονται
16 7 ναὶ Κύριε ὁ Θεὸς ὁ παντοκράτωρ
22 20 ναὶ ἔρχομαι ταχύ

ΝΑΙΜΑ´Ν 3483.5

Lu 4 27 εἰ μὴ Ναιμὰν ὁ Σύρος

ΝΑΙ´Ν 3484

Lu 7 11 ἐπορεύθη εἰς πόλιν καλουμένην Ναίν
Ναΐν, T

ΝΑΟ´Σ 3485

(1) ναὸς Θεοῦ, Κυρίου

Mt 23 16 ὃς ἂν ὀμόσῃ ἐν τ. ναῷ οὐδέν ἐστιν·
ὃς δ' ἂν ὀμόσῃ ἐν τ. χρυσῷ τ. ναοῦ ὀφείλει
17 ὁ χρυσὸς ἢ ὁ ναὸς ὁ ἁγιάσας τ. χρυσόν;
21 ὁ ὀμόσας ἐν τ. ναῷ ὀμνύει ἐν αὐτῷ
35 ὃν ἐφονεύσατε μεταξὺ τ. ναοῦ κ. τ. θυσιαστηρίου
26 61 [1] δύναμαι καταλῦσαι τ. ναὸν τ. Θεοῦ
27 5 ῥίψας τὰ ἀργύρια εἰς τ. ναὸν ἀνεχώρησεν
40 ὁ καταλύων τ. ναὸν κ. . . . οἰκοδομῶν
51 τὸ καταπέτασμα τ. ναοῦ ἐσχίσθη . . . εἰς δύο
Mk 14 58 ἐγὼ καταλύσω τ. ναὸν τοῦτον τ. χειροποίητον
15 29 ὁ καταλύων τ. ναὸν κ. οἰκοδομῶν
38 τὸ καταπέτασμα τ. ναοῦ ἐσχίσθη εἰς δύο
Lu 1 9 [1] ἔλαχεν τοῦ θυμιᾶσαι εἰσελθὼν εἰς τ. ναὸν τ. Κυρίου
21 ἐθαύμαζον ἐν τῷ χρονίζειν ἐν τῷ ναῷ αὐτόν
αὐτ. ἐν τ. ναῷ, T
22 ἐπέγνωσαν ὅτι ὀπτασίαν ἑώρακεν ἐν τ. ναῷ
23 45 ἐσχίσθη δὲ τὸ καταπέτασμα τ. ναοῦ μέσον
Jo 2 19 λύσατε τ. ναὸν τοῦτον
20 τεσσεράκοντα κ. ἓξ ἔτεσιν οἰκοδομήθη ὁ ναὸς οὗτος
21 ἔλεγεν περὶ τ. ναοῦ τ. σώματος αὐτοῦ
Ac 17 24 οὐκ ἐν χειροποιήτοις ναοῖς κατοικεῖ
19 24 ποιῶν ναοὺς ἀργυροῦς Ἀρτέμιδος
I Co 3 16 [1] οὐκ οἴδατε ὅτι ναὸς Θεοῦ ἐστέ
17 [1] εἴ τις τ. ναὸν τ. Θεοῦ φθείρει
17 [1] ὁ γὰρ ναὸς τ. Θεοῦ ἅγιός ἐστιν
6 19 τὸ σῶμα ὑμῶν ναὸς τοῦ ἐν ὑμῖν ἁγίου πνεύματός ἐστιν
II Co 6 16 [1] τίς δὲ συνκατάθεσις ναῷ Θεοῦ μετὰ εἰδώλων;
[1] ἡμεῖς γὰρ ναὸς Θεοῦ ἐσμὲν ζῶντος
Eph 2 21 αὔξει εἰς ναὸν ἅγιον ἐν Κυρίῳ
II Th 2 4 [1] ὥστε αὐτὸν εἰς τ. ναὸν τ. Θεοῦ καθίσαι
Re 3 12 [1] ποιήσω αὐτὸν στύλον ἐν τ. ναῷ τ. Θεοῦ μου
7 15 λατρεύουσιν αὐτῷ ἡμέρας κ. νυκτὸς ἐν τ. ναῷ αὐτοῦ
11 1 [1] ἔγειρε κ. μέτρησον τ. ναὸν τ. Θεοῦ
2 τ. αὐλὴν τὴν ἔξωθεν τ. ναοῦ ἔκβαλε ἔξωθεν
19 [1] ἠνοίγη ὁ ναὸς τ. Θεοῦ ὁ ἐν τ. οὐρανῷ, κ. ὤφθη ἡ κιβωτὸς τ. διαθήκης αὐτοῦ ἐν τ. ναῷ αὐτοῦ
14 15 ἄλλος ἄγγελος ἐξῆλθεν ἐκ τ. ναοῦ
17 ἄλλος ἄγγελος ἐξῆλθεν ἐκ τ. ναοῦ τοῦ ἐν τ. οὐρανῷ
15 5 ἠνοίγη ὁ ναὸς τ. σκηνῆς τ. μαρτυρίου ἐν τ. οὐρανῷ·
6 κ. ἐξῆλθαν οἱ ἑπτὰ ἄγγελοι . . . ἐκ τ. ναοῦ
8 ἐγεμίσθη ὁ ναὸς καπνοῦ ἐκ τ. δόξης τ. Θεοῦ
8 οὐδεὶς ἐδύνατο εἰσελθεῖν εἰς τ. ναόν
16 1 ἤκουσα μεγάλης φωνῆς ἐκ τ. ναοῦ
17 ἐξῆλθεν φωνὴ μεγάλη ἐκ τ. ναοῦ
21 22 ναὸν οὐκ εἶδον ἐν αὐτῇ·
ὁ γὰρ Κύριος ὁ Θεὸς . . ναὸς αὐτῆς ἐστίν

ΝΑΟΥ΄Μ 3486

Lu 3 25 τοῦ Ἀμὼς τοῦ Ναοὺμ τοῦ Ἐσλεὶ

ΝΑ΄ΡΔΟΣ 3487

Mk 14 3 ἔχουσα ἀλάβαστρον μύρου νάρδου πιστικῆς πολυτελοῦς
Jo 12 3 λαβοῦσα λίτραν μύρου νάρδου πιστικῆς πολυτίμου

ΝΑ΄ΡΚΙΣΣΟΣ 3488

Ro 16 11 ἀσπάσασθε τοὺς ἐκ τῶν Ναρκίσσου

ΝΑΥΑΓΕ΄Ω * 3489

II Co 11 25 τρὶς ἐναυάγησα
I Ti 1 19 ἥν τινες ἀπωσάμενοι περὶ τ. πίστιν ἐναυάγησαν

ΝΑΥ΄ΚΛΗΡΟΣ * 3490

Ac 27 11 τ. κυβερνήτῃ κ. τ. ναυκλήρῳ μᾶλλον ἐπείθετο

ΝΑΥ΄Σ 3491

Ac 27 41 ἐπέκειλαν τὴν ναῦν

ΝΑΥ΄ΤΗΣ ** 3492

Ac 27 27 ὑπενόουν οἱ ναῦται προσάγειν τινὰ αὐτοῖς χώραν
30 τ. δὲ ναυτῶν ζητούντων φυγεῖν ἐκ τ. πλοίου
Re 18 17 ναῦται κ. ὅσοι τ. θάλασσαν ἐργάζονται

ΝΑΧΩ΄Ρ 3493

Lu 3 34 τοῦ Θαρὰ τοῦ Ναχὼρ τοῦ Σερούχ

ΝΕΑΝΙ΄ΑΣ 3494

Ac 7 58 παρὰ τ. πόδας νεανίου καλουμένου Σαύλου
20 9 καθεζόμενος δέ τις νεανίας ὀνόματι Εὔτυχος ἐπὶ τῆς θυρίδος
23 17 τ. νεανίαν τοῦτον ἄπαγε πρὸς τ. χιλίαρχον
18 τοῦτον τ. νεανίαν ἀγαγεῖν πρός σε
νεανίσκον, TWH mg.

ΝΕΑΝΙ΄ΣΚΟΣ 3495

Mt 19 20 λέγει αὐτῷ ὁ νεανίσκος
22 ἀκούσας δὲ ὁ νεανίσκος τ. λόγον τοῦτον
Mk 14 51 νεανίσκος τις συνηκολούθει αὐτῷ
εἷς τις νεαν., T
16 5 εἶδον νεανίσκον καθήμενον ἐν τ. δεξιοῖς
Lu 7 14 νεανίσκε σοὶ λέγω ἐγέρθητι
νεανίσκε νεανίσκε, WH mg.
Ac 2 17 οἱ νεανίσκοι ὑμῶν ὁράσεις ὄψονται
בַּחוּרֵיכֶם חֶזְיֹנוֹת יִרְאוּ, Joel iii. 1
5 10 εἰσελθόντες δὲ οἱ νεανίσκοι εὗρον αὐτὴν νεκράν
23 18 τοῦτον τ. νεανίσκον ἀγαγεῖν πρός σε
νεανίαν, WH non mg.
22 ὁ μὲν οὖν χιλίαρχος ἀπέλυσεν τ. νεανίσκον
I Jo 2 13 γράφω ὑμῖν νεανίσκοι ὅτι νενικήκατε τ. πονηρόν
14 ἔγραψα ὑμῖν νεανίσκοι ὅτι ἰσχυροί ἐστε

ΝΕΚΡΟ΄Σ 3498

(1) νεκρ. ἔργα, πίστις (2) νεκρὸς . . . ζῶν

Mt 8 22 ἄφες τ. νεκροὺς θάψαι τοὺς ἑαυτῶν νεκρούς
10 8 νεκροὺς ἐγείρετε λεπροὺς καθαρίζετε
11 5 νεκροὶ ἐγείρονται κ. πτωχοὶ εὐαγγελίζονται
14 2 αὐτὸς ἠγέρθη ἀπὸ τ. νεκρῶν
17 9 ἕως οὗ ὁ υἱὸς τ. ἀνθρώπου ἐκ νεκρῶν ἐγερθῇ
22 31 περὶ δὲ τ. ἀναστάσεως τ. νεκρῶν οὐκ ἀνέγνωτε
32 ² οὐκ ἔστιν ὁ Θεὸς νεκρῶν ἀλλὰ ζώντων
23 27 ἔσωθεν δὲ γέμουσιν ὀστέων νεκρῶν
27 64 ἠγέρθη ἀπὸ τ. νεκρῶν
28 4 ἐγενήθησαν ὡς νεκροί
7 ἠγέρθη ἀπὸ τ. νεκρῶν
Mk 6 14 Ἰωάνης ὁ βαπτίζων ἐγήγερται ἐκ νεκρῶν
9 9 εἰ μὴ ὅταν ὁ υἱὸς τ. ἀνθρώπου ἐκ νεκρῶν ἀναστῇ
10 τί ἐστιν τὸ ἐκ νεκρῶν ἀναστῆναι
26 ἐγένετο ὡσεὶ νεκρός
12 25 ὅταν γὰρ ἐκ νεκρῶν ἀναστῶσιν
26 περὶ δὲ τ. νεκρῶν ὅτι ἐγείρονται οὐκ ἀνέγνωτε
27 ² οὐκ ἔστιν Θεὸς νεκρῶν ἀλλὰ ζώντων
16 [14 τ. θεασαμένοις αὐτὸν ἐγηγερμένον ἐκ νεκρῶν οὐκ ἐπίστευσαν
—ἐκ νεκρ., T [WH] R
Lu 7 15 ἀνεκάθισεν ὁ νεκρὸς κ. ἤρξατο λαλεῖν
22 νεκροὶ ἐγείρονται πτωχοὶ εὐαγγελίζονται
9 7 Ἰωάνης ἠγέρθη ἐκ νεκρῶν
60 ἄφες τ. νεκροὺς θάψαι τοὺς ἑαυτῶν νεκρούς
15 24 ² οὗτος ὁ υἱός μου νεκρὸς ἦν
32 ² ὁ ἀδελφός σου οὗτος νεκρὸς ἦν
16 30 ἐάν τις ἀπὸ νεκρῶν πορευθῇ πρὸς αὐτούς
31 οὐδ' ἐάν τις ἐκ νεκρῶν ἀναστῇ πεισθήσονται
20 35 οἱ δὲ καταξιωθέντες τ. αἰῶνος ἐκείνου τυχεῖν κ. τ. ἀναστάσεως τῆς ἐκ νεκρῶν
37 ὅτι δὲ ἐγείρονται οἱ νεκροὶ κ. Μωυσῆς ἐμήνυσεν
38 ² Θεὸς δὲ οὐκ ἔστιν νεκρῶν ἀλλὰ ζώντων
24 5 ² τί ζητεῖτε τ. ζῶντα μετὰ τ. νεκρῶν;
46 ἀναστῆναι ἐκ νεκρῶν τ. τρίτῃ ἡμέρᾳ
Jo 2 22 ὅτε οὖν ἠγέρθη ἐκ νεκρῶν
5 21 ὥσπερ γὰρ ὁ πατὴρ ἐγείρει τ. νεκρούς
25 ὅτε οἱ νεκροὶ ἀκούσουσιν τ. φωνῆς τ. υἱοῦ τ. Θεοῦ
12 1 Λάζαρος ὃν ἤγειρεν ἐκ νεκρῶν Ἰησοῦς
9 ἵνα κ. τ. Λάζαρον ἴδωσιν ὃν ἤγειρεν ἐκ νεκρῶν
17 ὅτε . . . ἤγειρεν αὐτὸν ἐκ νεκρῶν
20 9 ὅτι δεῖ αὐτὸν ἐκ νεκρῶν ἀναστῆναι
21 14 ἐφανερώθη Ἰησοῦς τ. μαθηταῖς ἐγερθεὶς ἐκ νεκρῶν
Ac 3 15 ὃν ὁ Θεὸς ἤγειρεν ἐκ νεκρῶν
4 2 καταγγέλλειν ἐν τ. Ἰησοῦ τ. ἀνάστασιν τὴν ἐκ νεκρῶν
10 ὃν ὁ Θεὸς ἤγειρεν ἐκ νεκρῶν
5 10 εἰσελθόντες δὲ οἱ νεανίσκοι εὗρον αὐτὴν νεκράν
10 41 μετὰ τὸ ἀναστῆναι αὐτὸν ἐκ νεκρῶν
42 ² ὁ ὡρισμένος . . . κριτὴς ζώντων κ. νεκρῶν
13 30 ὁ δὲ Θεὸς ἤγειρεν αὐτὸν ἐκ νεκρῶν
34 ὅτι δὲ ἀνέστησεν αὐτὸν ἐκ νεκρῶν
17 3 τ. Χριστὸν ἔδει παθεῖν κ. ἀναστῆναι ἐκ νεκρῶν

Ac 17 31 πίστιν παρασχὼν πᾶσιν ἀναστήσας αὐτὸν ἐκ νεκρῶν.
32 ἀκούσαντες δὲ ἀνάστασιν νεκρῶν
20 9 ἔπεσεν ἀπὸ τ. τριστέγου κάτω κ. ἤρθη νεκρός
23 6 περὶ ἐλπίδος κ. ἀναστάσεως νεκρῶν κρίνομαι
24 21 περὶ ἀναστάσεως νεκρῶν ἐγὼ κρινομαι
26 8 εἰ ὁ Θεὸς νεκροὺς ἐγείρει
23 εἰ πρῶτος ἐξ ἀναστάσεως νεκρῶν φῶς μέλλει καταγγέλλειν
28 6 ἢ καταπίπτειν ἄφνω νεκρόν
Ro 1 4 κατὰ πνεῦμα ἁγιωσύνης ἐξ ἀναστάσεως νεκρῶν
4 17 Θεοῦ τ. ζωοποιοῦντος τ. νεκρούς
24 ἐπὶ τ. ἐγείραντα Ἰησοῦν τ. Κύριον ἡμῶν ἐκ νεκρῶν
6 4 ὥσπερ ἠγέρθη Χριστὸς ἐκ νεκρῶν
9 Χριστὸς ἐγερθεὶς ἐκ νεκρῶν οὐκέτι ἀποθνήσκει
11 [2] λογίζεσθε ἑαυτοὺς εἶναι νεκροὺς μὲν τ. ἁμαρτίᾳ
13 [2] παραστήσατε ἑαυτοὺς τ. Θεῷ ὡσεὶ ἐκ νεκρῶν ζῶντας
7 4 εἰς τὸ γενέσθαι ὑμᾶς ἑτέρῳ τῷ ἐκ νεκρῶν ἐγερθέντι
8 χωρὶς γὰρ νόμου ἁμαρτία νεκρά
8 10 [2] τὸ μὲν σῶμα νεκρὸν διὰ ἁμαρτίαν
11 τὸ πνεῦμα τ. ἐγείραντος τ. Ἰησοῦν ἐκ νεκρῶν
11 ὁ ἐγείρας ἐκ νεκρῶν Χριστὸν Ἰησοῦν ζωοποιήσει
34 μᾶλλον δὲ ἐγερθεὶς ἐκ νεκρῶν
—ἐκ νεκρ., T [WH]
10 7 τοῦτ' ἔστιν Χριστὸν ἐκ νεκρῶν ἀναγαγεῖν
9 ὅτι ὁ Θεὸς αὐτὸν ἤγειρεν ἐκ νεκρῶν
11 15 [2] τίς ἡ πρόσλημψις εἰ μὴ ζωὴ ἐκ νεκρῶν;
14 9 [2] ἵνα κ. νεκρῶν κ. ζώντων κυριεύσῃ
I Co 15 12 εἰ δὲ Χριστὸς κηρύσσεται ὅτι ἐκ νεκρῶν ἐγήγερται,
πῶς λέγουσιν . . . ὅτι ἀνάστασις νεκρῶν οὐκ ἔστιν;
13 εἰ δὲ ἀνάστασις νεκρῶν οὐκ ἔστιν
15 εἴπερ ἄρα νεκροὶ οὐκ ἐγείρονται·
16 εἰ γὰρ νεκροὶ οὐκ ἐγείρονται
20 νυνὶ δὲ Χριστὸς ἐγήγερται ἐκ νεκρῶν
21 κ. δι' ἀνθρώπου ἀνάστασις νεκρῶν
29 τί ποιήσουσιν οἱ βαπτιζόμενοι ὑπὲρ τ. νεκρῶν;
εἰ ὅλως νεκροὶ οὐκ ἐγείρονται
32 εἰ νεκροὶ οὐκ ἐγείρονται φάγωμεν κ. πίωμεν
35 πῶς ἐγείρονται οἱ νεκροί;
42 οὕτως κ. ἡ ἀνάστασις τ. νεκρῶν
52 οἱ νεκροὶ ἐγερθήσονται ἄφθαρτοι
II Co 1 9 ἐπὶ τ. Θεῷ τ. ἐγείροντι τ. νεκρούς
Ga 1 1 Θεοῦ πατρὸς τ. ἐγείραντος αὐτὸν ἐκ νεκρῶν
Eph 1 20 ἣν ἐνήργηκεν ἐν τ. Χριστῷ ἐγείρας αὐτὸν ἐκ νεκρῶν
2 1 ὑμᾶς ὄντας νεκροὺς τ. παραπτώμασιν
5 [2] ὄντας ἡμᾶς νεκροὺς τ. παραπτώμασι συνεζωοποίησεν
5 14 ἔγειρε ὁ καθεύδων κ. ἀνάστα ἐκ τ. νεκρῶν
יִחְיוּ מֵתֶיךָ נְבֵלָתִי יְקוּמוּן, Is. xxvi. 19
Phl 3 11 εἴ πως καταντήσω εἰς τ. ἐξανάστασιν τὴν ἐκ νεκρῶν

Col 1 18 ὅς ἐστιν . . . πρωτότοκος ἐκ τ. νεκρῶν
2 12 τ. Θεοῦ τ. ἐγείραντος αὐτὸν ἐκ νεκρῶν
13 [2] ὑμᾶς νεκροὺς ὄντας τ. παραπτώμασι . . . συνεζωοποίησεν ὑμᾶς
I Th 1 10 ὃν ἤγειρεν ἐκ τ. νεκρῶν Ἰησοῦν
4 16 οἱ νεκροὶ ἐν Χριστῷ ἀναστήσονται πρῶτον
II Ti 2 8 μνημόνευε Ἰησοῦν Χριστὸν ἐγηγερμένον ἐκ νεκρῶν
4 1 [2] τ. μέλλοντος κρίνειν ζῶντας κ. νεκρούς
He 6 1 [1] μὴ πάλιν θεμέλιον καταβαλλόμενοι μετανοίας ἀπὸ νεκρῶν ἔργων
2 ἀναστάσεως νεκρῶν κ. κρίματος αἰωνίου
9 14 [1] καθαριεῖ τ. συνείδησιν ἡμῶν ἀπὸ νεκρῶν ἔργων
17 διαθήκη γὰρ ἐπὶ νεκροῖς βεβαία
11 19 κ. ἐκ νεκρῶν ἐγείρειν δυνατὸς ὁ Θεός
35 ἔλαβον γυναῖκες ἐξ ἀναστάσεως τ. νεκροὺς αὐτῶν
13 20 ὁ ἀναγαγὼν ἐκ νεκρῶν τ. ποιμένα τ. προβάτων
Ja 2 17 [1] οὕτως κ. ἡ πίστις . . . νεκρά ἐστιν καθ' ἑαυτήν
26 ὥσπερ τὸ σῶμα χωρὶς πνεύματος νεκρόν ἐστιν,
[1] οὕτως κ. ἡ πίστις χωρὶς ἔργων νεκρά ἐστιν
I Pe 1 3 ἀναγεννήσας ὑμᾶς . . . δι' ἀναστάσεως Ἰησοῦ Χριστοῦ ἐκ νεκρῶν
21 Θεὸν τ. ἐγείραντα αὐτὸν ἐκ νεκρῶν
4 5 [2] ἀποδώσουσιν λόγον τῷ ἑτοίμως κρίνοντι ζῶντας κ. νεκρούς.
6 εἰς τοῦτο γὰρ κ. νεκροῖς εὐηγγελίσθη
Re 1 5 ἀπὸ Ἰησοῦ Χριστοῦ . . . ὁ πρωτότοκος τ. νεκρῶν
17 ἔπεσα πρὸς τ. πόδας αὐτοῦ ὡς νεκρός
18 [2] ἐγώ εἰμι . . . ὁ ζῶν κ. ἐγενόμην νεκρός
2 8 [2] ὃς ἐγένετο νεκρὸς κ. ἔζησεν
3 1 [2] ὄνομα ἔχεις ὅτι ζῇς κ. νεκρὸς εἶ
11 18 ὁ καιρὸς τ. νεκρῶν κριθῆναι
14 13 μακάριοι οἱ νεκροὶ οἱ ἐν Κυρίῳ ἀποθνήσκοντες
16 3 ἐγένετο αἷμα ὡς νεκροῦ
20 5 οἱ λοιποὶ τ. νεκρῶν οὐκ ἔζησαν ἄχρι τελεσθῇ
12 εἶδον τ. νεκρούς . . . ἑστῶτας ἐνώπιον τ. θρόνου
12 ἐκρίθησαν οἱ νεκροὶ ἐκ τ. γεγραμμένων ἐν τ. βιβλίοις
13 ἔδωκεν ἡ θάλασσα τ. νεκροὺς τοὺς ἐν αὐτῇ, κ. ὁ θάνατος κ. ὁ ᾅδης ἔδωκαν τ. νεκροὺς τοὺς ἐν αὐτοῖς

ΝΕΚΡΟ'Ω * † 3499

Ro 4 19 κατενόησεν τὸ ἑαυτοῦ σῶμα ἤδη νενεκρωμένον
Col 3 5 νεκρώσατε οὖν τὰ μέλη τὰ ἐπὶ τ. γῆς
He 11 12 ἀφ' ἑνὸς ἐγεννήθησαν κ. ταῦτα νενεκρωμένου

ΝΕ'ΚΡΩΣΙΣ * † 3500

Ro 4 19 κατενόησεν τ. νέκρωσιν τ. μήτρας Σάρρας
II Co 4 10 πάντοτε τ. νέκρωσιν τ. Ἰησοῦ ἐν τ. σώματι περιφέροντες

ΝΕΟΜΗΝΙ'Α 3500.5

Col 2 16 μὴ οὖν τις ὑμᾶς κρινέτω . . . ἐν μέρει ἑορτῆς ἢ νεομηνίας
νουμηνίας, T

ΝΕ΄ΟΣ 3501

(1) νεώτερος (2) διαθήκη νέα

Mt 9 17 οὐδὲ βάλλουσιν οἶνον νέον εἰς ἀσκοὺς παλαιούς
17 ἀλλὰ βάλλουσιν οἶνον νέον εἰς ἀσκοὺς καινούς
Mk 2 22 οὐδεὶς βάλλει οἶνον νέον εἰς ἀσκοὺς παλαιούς
22 ἀλλὰ οἶνον νέον εἰς ἀσκοὺς καινούς
—h. v., T [WH]
Lu 5 37 οὐδεὶς βάλλει οἶνον νέον εἰς ἀσκοὺς παλαιούς· εἰ δὲ μήγε ῥήξει ὁ οἶνος ὁ νέος τ. ἀσκούς
38 ἀλλὰ οἶνον νέον εἰς ἀσκοὺς καινοὺς βλητέον
39 οὐδεὶς πιὼν παλαιὸν θέλει νέον
h. v., [WH]
15 12 [1] εἶπεν ὁ νεώτερος αὐτῶν τ. πατρί
13 [1] ὁ νεώτερος υἱὸς ἀπεδήμησεν εἰς χώραν μακράν
22 26 [1] ὁ μείζων ἐν ὑμῖν γινέσθω ὡς ὁ νεώτερος
Jo 21 18 [1] ὅτε ἦς νεώτερος ἐζώννυες σεαυτόν
Ac 5 6 [1] ἀναστάντες δὲ οἱ νεώτεροι συνέστειλαν αὐτόν
16 11 τῇ δὲ ἐπιούσῃ εἰς Νέαν Πόλιν
I Co 5 7 ἵνα ἦτε νέον φύραμα
Col 3 10 ἐνδυσάμενοι τ. νέον τ. ἀνακαινούμενον
I Ti 5 1 [1] παρακάλει . . . νεωτέρους ὡς ἀδελφούς
2 [1] νεωτέρας ὡς ἀδελφὰς ἐν πάσῃ ἁγνείᾳ
11 [1] νεωτέρας δὲ χήρας παραιτοῦ
14 [1] βούλομαι οὖν νεωτέρας γαμεῖν
Tit 2 4 ἵνα σωφρονίζωσιν τ. νέας φιλάνδρους εἶναι
6 [1] τ. νεωτέρους ὡσαύτως παρακάλει σωφρονεῖν
He 12 24 [2] προσεληλύθατε . . . διαθήκης νέας μεσίτῃ Ἰησοῦ
I Pe 5 5 [1] ὁμοίως νεώτεροι ὑποτάγητε πρεσβυτέροις

ΝΕΟ΄ΤΗΣ 3503

Mk 10 20 ταῦτα πάντα ἐφυλαξάμην ἐκ νεότητός μου
Lu 18 21 ταῦτα πάντα ἐφύλαξα ἐκ νεότητος
Ac 26 4 τὴν μὲν οὖν βίωσίν μου ἐκ νεότητος . . . ἴσασιν πάντες Ἰουδαῖοι
τὴν ἐκ νεότ., T
I Ti 4 12 μηδείς σου τ. νεότητος καταφρονείτω

ΝΕΟ΄ΦΥΤΟΣ 3504

I Ti 3 6 μὴ νεόφυτον ἵνα μὴ τυφωθεὶς εἰς κρίμα ἐμπέσῃ τ. διαβόλου

ΝΕΥ΄Ω 3506

Jo 13 24 νεύει οὖν τούτῳ Σίμων Πέτρος
Ac 24 10 νεύσαντος αὐτῷ τ. ἡγεμόνος λέγειν

ΝΕΦΕ΄ΛΗ 3507

Mt 17 5 νεφέλη φωτεινὴ ἐπεσκίασεν αὐτούς· κ. ἰδοὺ φωνὴ ἐκ τ. νεφέλης λέγουσα
24 30 ὄψονται τ. υἱὸν τ. ἀνθρώπου ἐρχόμενον ἐπὶ τ. νεφελῶν τ. οὐρανοῦ
26 64 ὄψεσθε τ. υἱὸν τ. ἀνθρώπου . . . ἐρχόμενον ἐπὶ τ. νεφελῶν τ. οὐρανοῦ
Mk 9 7 ἐγένετο νεφέλη ἐπισκιάζουσα αὐτοῖς· κ. ἐγένετο φωνὴ ἐκ τ. νεφέλης
13 26 ὄψονται τ. υἱὸν τ. ἀνθρώπου ἐρχόμενον ἐν νεφέλαις
14 62 ὄψεσθε τ. υἱὸν τ. ἀνθρώπου . . . ἐρχόμενον μετὰ τ. νεφελῶν τ. οὐρανοῦ
Lu 9 34 ἐγένετο νεφέλη κ. ἐπεσκίαζεν αὐτούς· ἐφοβήθησαν δὲ ἐν τῷ εἰσελθεῖν αὐτοὺς εἰς τ. νεφέλην.
35 κ. φωνὴ ἐγένετο ἐκ τ. νεφέλης
12 54 ὅταν ἴδητε νεφέλην ἀνατέλλουσαν ἐπὶ δυσμῶν
21 27 ὄψονται τ. υἱὸν τ. ἀνθρώπου ἐρχόμενον ἐν νεφέλῃ
Ac 1 9 νεφέλη ὑπέλαβεν αὐτὸν ἀπὸ τ. ὀφθαλμῶν αὐτῶν
I Co 10 1 οἱ πατέρες ἡμῶν πάντες ὑπὸ τ. νεφέλην ἦσαν
2 πάντες εἰς τ. Μωυσῆν ἐβαπτίσαντο ἐν τ. νεφέλῃ κ. ἐν τ. θαλάσσῃ
I Th 4 17 ἁρπαγησόμεθα ἐν νεφέλαις εἰς ἀπάντησιν τ. Κυρίου
Ju 12 νεφέλαι ἄνυδροι ὑπὸ ἀνέμων παραφερόμεναι
Re 1 7 ἰδοὺ ἔρχεται μετὰ τ. νεφελῶν
10 1 εἶδον ἄλλον ἄγγελον . . . περιβεβλημένον νεφέλην
11 12 ἀνέβησαν εἰς τ. οὐρανὸν ἐν τ. νεφέλῃ
14 14 εἶδον κ. ἰδοὺ νεφέλη λευκή, κ. ἐπὶ τ. νεφέλην καθήμενον ὅμοιον υἱὸν ἀνθρώπου
15 κράζων . . . τ. καθημένῳ ἐπὶ τ. νεφέλης
16 ἔβαλεν ὁ καθήμενος ἐπὶ τ. νεφέλης τὸ δρέπανον αὐτοῦ
τ. νεφέλην, WH mg.

ΝΕΦΘΑΛΕΙ΄Μ 3508

Mt 4 13 ἐν ὁρίοις Ζαβουλὼν κ. Νεφθαλείμ
15 γῆ Ζαβουλὼν κ. γῆ Νεφθαλείμ
אַרְצָה זְבֻלוּן וְאַרְצָה נַפְתָּלִי, Is. viii. 23
Re 7 6 ἐκ φυλῆς Νεφθαλεὶμ δώδεκα χιλιάδες
Νεφθαλὶμ, WH

ΝΕ΄ΦΟΣ 3509

He 12 1 τοσοῦτον ἔχοντες περικείμενον ἡμῖν νέφος μαρτύρων

ΝΕΦΡΟ΄Σ 3510

Re 2 23 ἐγώ εἰμι ὁ ἐραυνῶν νεφροὺς κ. καρδίας

ΝΕΩΚΟ΄ΡΟΣ* 3511

Ac 19 35 τὴν Ἐφεσίων πόλιν νεωκόρον οὖσαν τ. μεγάλης Ἀρτέμιδος

ΝΕΩΤΕΡΙΚΟ΄Σ** 3512

II Ti 2 22 τὰς δὲ νεωτερικὰς ἐπιθυμίας φεῦγε

ΝΗ΄ 3513

I Co 15 31 καθ᾽ ἡμέραν ἀποθνήσκω νὴ τ ὑμετέραν καύχησιν

ΝΗ΄ΘΩ 3514

Mt 6 28 οὐ κοπιῶσιν οὐδὲ νήθουσιν
Lu 12 27 τὰ κρίνα πῶς αὐξάνει· οὐ κοπιᾷ οὐδὲ νήθει
πῶς οὔτε νήθει οὔτε ὑφαίνει, TWH mg.

ΝΗΠΙΑ΄ΖΩ* 3515

I Co 14 20 ἀλλὰ τ. κακίᾳ νηπιάζετε

ΝΗ΄ΠΙΟΣ 3516

Mt 11 25 ὅτι . . . ἀπεκάλυψας αὐτὰ νηπίοις

Mt 21 16 ἐκ στόματος νηπίων κ. θηλαζόντων κατηρίσω αἶνον
מִפִּי עוֹלְלִים וְיֹנְקִים יִסַּדְתָּ עֹז, Ps. viii. 3
Lu 10 21 ὅτι . . . ἀπεκάλυψας αὐτὰ νηπίοις
Ro 2 20 πέποιθάς τε σεαυτὸν . . . διδάσκαλον νηπίων
1 Co 3 1 ἀλλ' ὡς σαρκίνοις ὡς νηπίοις ἐν Χριστῷ
13 11 ὅτε ἤμην νήπιος ἐλάλουν ὡς νήπιος ἐφρόνουν ὡς νήπιος ἐλογιζόμην ὡς νήπιος·
ὅτε γέγονα ἀνὴρ κατήργηκα τὰ τ. νηπίου
Ga 4 1 ἐφ' ὅσον χρόνον ὁ κληρονόμος νήπιός ἐστιν
3 οὕτως κ. ἡμεῖς ὅτε ἦμεν νήπιοι
Eph 4 14 ἵνα μηκέτι ὦμεν νήπιοι
1 Th 2 7 ἀλλὰ ἐγενήθημεν νήπιοι ἐν μέσῳ ὑμῶν
ἤπιοι, TR non mg.
He 5 13 νήπιος γάρ ἐστιν

ΝΗΡΕΙ΄ 3518

Lu 3 27 τοῦ Σαλαθιὴλ τοῦ Νηρεὶ τοῦ Μελχεί

ΝΗΡΕΥ΄Σ 3517

Ro 16 15 ἀσπάσασθε . . . Νηρέα κ. τ. ἀδελφὴν αὐτοῦ

ΝΗΣΙ΄ΟΝ * 3519

Ac 27 16 νησίον δέ τι ὑποδραμόντες καλούμενον Καῦδα

ΝΗ͂ΣΟΣ 3520

Ac 13 6 διελθόντες δὲ ὅλην τ. νῆσον ἄχρι Πάφου
27 26 εἰς νῆσον δέ τινα δεῖ ἡμᾶς ἐκπεσεῖν
28 1 ἐπέγνωμεν ὅτι Μελιτήνη ἡ νῆσος καλεῖται
7 ὑπῆρχεν χωρία τ. πρώτῳ τῆς νήσου
9 οἱ λοιποὶ οἱ ἐν τῇ νήσῳ ἔχοντες ἀσθενείας
11 ἀνήχθημεν ἐν πλοίῳ παρακεχειμακότι ἐν τῇ νήσῳ
Re 1 9 ἐγενόμην ἐν τῇ νήσῳ τ. καλουμένῃ Πάτμῳ
6 14 πᾶν ὄρος κ. νῆσος ἐκ τ. τόπων αὐτῶν ἐκινήθησαν
16 20 πᾶσα νῆσος ἔφυγεν

ΝΗΣΤΕΙ΄Α 3521

Mt 17 21 οὐκ ἐκπορεύεται εἰ μὴ ἐν προσευχῇ κ. νηστείᾳ
—h. v., TWHR non mg.
Mk 9 29 ἐν οὐδενὶ δύναται ἐξελθεῖν εἰ μὴ ἐν προσευχῇ κ. νηστείᾳ
—κ. νηστ., TWH non mg. R non mg.
Lu 2 37 νηστείαις κ. δεήσεσιν λατρεύουσα νύκτα κ. ἡμέραν
Ac 14 23 προσευξάμενοι μετὰ νηστειῶν
27 9 διὰ τὸ κ. τ. νηστείαν ἤδη παρεληλυθέναι
2 Co 6 5 ἐν ἀγρυπνίαις ἐν νηστείαις
11 27 ἐν νηστείαις πολλάκις

ΝΗΣΤΕΥ΄Ω 3522

Mt 4 2 νηστεύσας ἡμέρας τεσσεράκοντα κ. νύκτας τεσσεράκοντα
6 16 ὅταν δὲ νηστεύητε
16 ὅπως φανῶσιν τ. ἀνθρώποις νηστεύοντες
17 σὺ δὲ νηστεύων ἄλειψαί σου τ. κεφαλὴν
18 ὅπως μὴ φανῇς τ. ἀνθρώποις νηστεύων
νηστ. τ. ἀνθρ., WH mg.
9 14 διὰ τί ἡμεῖς κ. οἱ Φαρισαῖοι νηστεύομεν, οἱ δὲ μαθηταί σου οὐ νηστεύουσιν;
15 κ. τότε νηστεύσουσιν

22*

Mk 2 18 ἦσαν οἱ μαθηταὶ Ἰωάνου κ. οἱ Φαρισαῖοι νηστεύοντες
18 διὰ τί οἱ μαθηταὶ Ἰωάνου κ. οἱ μαθηταὶ τ. Φαρισαίων νηστεύουσιν,
οἱ δὲ σοὶ μαθηταὶ οὐ νηστεύουσιν;
19 μὴ δύνανται οἱ υἱοὶ τ. νυμφῶνος . . . νηστεύειν;
ὅσον χρόνον ἔχουσιν τ. νυμφίον μετ' αὐτῶν οὐ δύνανται νηστεύειν
20 τότε νηστεύσουσιν ἐν ἐκείνῃ τ. ἡμέρᾳ
Lu 5 33 διὰ τί οἱ μαθηταὶ Ἰωάνου νηστεύουσιν πυκνά
34 μὴ δύνασθε τ. υἱοὺς τ. νυμφῶνος . . . ποιῆσαι νηστεῦσαι;
35 τότε νηστεύσουσιν ἐν ἐκείναις τ. ἡμέραις
18 12 νηστεύω δὶς τ. σαββάτου
Ac 13 2 λειτουργούντων δὲ αὐτῶν τ. Κυρίῳ κ. νηστευόντων
3 τότε νηστεύσαντες κ. προσευξάμενοι

ΝΗ͂ΣΤΙΣ 3523

Mt 15 32 ἀπολῦσαι αὐτοὺς νήστεις οὐ θέλω
Mk 8 3 ἐὰν ἀπολύσω αὐτοὺς νήστεις εἰς οἶκον αὐτῶν
νήστις, T

ΝΗΦΑ΄ΛΙΟΣ * 3524

1 Ti 3 2 δεῖ οὖν τ. ἐπίσκοπον ἀνεπίλημπτον εἶναι . . . νηφάλιον
11 γυναῖκας ὡσαύτως σεμνὰς μὴ διαβόλους νηφαλίους
Tit 2 2 πρεσβύτας νηφαλίους εἶναι

ΝΗ΄ΦΩ * 3525

1 Th 5 6 ἀλλὰ γρηγορῶμεν κ. νήφωμεν
8 ἡμεῖς δὲ ἡμέρας ὄντες νήφωμεν
2 Ti 4 5 σὺ δὲ νῆφε ἐν πᾶσιν
1 Pe 1 13 νήφοντες τελείως ἐλπίσατε
4 7 σωφρονήσατε οὖν κ. νήψατε εἰς προσευχάς
5 8 νήψατε γρηγορήσατε

ΝΙ΄ΓΕΡ 3526

Ac 13 1 ὅ τε Βαρνάβας κ. Συμεὼν ὁ καλούμενος Νίγερ

ΝΙΚΑ΄ΝΩΡ 3527

Ac 6 5 ἐξελέξαντο . . . Φίλιππον κ. Πρόχορον κ. Νικάνορα

ΝΙΚΑ΄Ω 3528

Lu 11 22 ἐπὰν δὲ ἰσχυρότερος αὐτοῦ ἐπελθὼν νικήσῃ αὐτόν
Jo 16 33 θαρσεῖτε ἐγὼ νενίκηκα τ. κόσμον
Ro 3 4 ὅπως . . . νικήσεις ἐν τῷ κρίνεσθαί σε
לְמַעַן . . . תִּזְכֶּה בְשָׁפְטֶךָ, Ps. li. 6 (Heb.), 4 (Eng.)
12 21 μὴ νικῶ ὑπὸ τ. κακοῦ,
ἀλλὰ νίκα ἐν τ. ἀγαθῷ τὸ κακόν
1 Jo 2 13 γράφω ὑμῖν νεανίσκοι ὅτι νενικήκατε τὸν πονηρόν
14 ἔγραψα ὑμῖν νεανίσκοι ὅτι . . . νενικήκατε τὸν πονηρόν
4 4 ὑμεῖς . . . νενικήκατε αὐτούς
5 4 πᾶν τὸ γεγεννημένον ἐκ τ. Θεοῦ νικᾷ τ. κόσμον·
κ. αὕτη ἐστὶν ἡ νίκη ἡ νικήσασα τ. κόσμον

I Jo 5 5 τίς ἐστιν δὲ ὁ νικῶν τ. κόσμον
Re 2 7 τ. νικῶντι δώσω αὐτῷ φαγεῖν ἐκ τ. ξύλου τ. ζωῆς
11 ὁ νικῶν οὐ μὴ ἀδικηθῇ ἐκ τ. θανάτου τ. δευτέρου
17 τῷ νικῶντι δώσω αὐτῷ τοῦ μάννα τ. κεκρυμμένου
νικοῦντι, T
26 ὁ νικῶν κ. ὁ τηρῶν ἄχρι τέλους τὰ ἔργα μου
3 5 ὁ νικῶν οὕτως περιβαλεῖται ἐν ἱματίοις λευκοῖς
12 ὁ νικῶν ποιήσω αὐτὸν στύλον ἐν τ. ναῷ
21 ὁ νικῶν δώσω αὐτῷ καθίσαι μετ' ἐμοῦ ἐν τ. θρόνῳ μου ὡς κἀγὼ ἐνίκησα
5 5 ἰδοὺ ἐνίκησεν ὁ λέων ὁ ἐκ τ. φυλῆς Ἰούδα
6 2 ἐξῆλθεν νικῶν κ. ἵνα νικήσῃ
11 7 τὸ θηρίον τὸ ἀναβαῖνον ἐκ τῆς ἀβύσσου . . . νικήσει αὐτούς
12 11 αὐτοὶ ἐνίκησαν αὐτὸν διὰ τὸ αἷμα τ. ἀρνίου
13 7 ἐδόθη αὐτῷ . . . νικῆσαι αὐτούς
—h. v., [WH] R mg.
15 2 εἶδον . . . τ. νικῶντας ἐκ τ. θηρίου κ. ἐκ τ. εἰκόνος αὐτοῦ
17 14 τὸ ἀρνίον νικήσει αὐτούς
21 7 ὁ νικῶν κληρονομήσει ταῦτα

ΝΙ'ΚΗ 3529

I Jo 5 4 αὕτη ἐστὶν ἡ νίκη ἡ νικήσασα τ. κόσμον

ΝΙΚΟ'ΔΗΜΟΣ 3530

Jo 3 1 ἄνθρωπος ἐκ τ. Φαρισαίων Νικόδημος ὄνομα αὐτῷ
4 λέγει πρὸς αὐτὸν ὁ Νικόδημος
9 ἀπεκρίθη Νικόδημος κ. εἶπεν αὐτῷ
7 50 λέγει Νικόδημος πρὸς αὐτούς
19 39 ἦλθεν δὲ κ. Νικόδημος ὁ ἐλθὼν πρὸς αὐτὸν νυκτὸς τὸ πρῶτον

ΝΙΚΟΛΑΐ'ΤΗΣ 3531

Re 2 6 μισεῖς τὰ ἔργα τ. Νικολαϊτῶν
15 ἔχεις κ. σὺ κρατοῦντας τ. διδαχὴν Νικολαϊτῶν
διδ. τῶν Νικ., T

ΝΙΚΟ'ΛΑΟΣ 3532

Ac 6 5 ἐξελέξαντο . . . Νικόλαον προσήλυτον Ἀντιοχέα

ΝΙΚΟ'ΠΟΛΙΣ 3533

Tit 3 12 σπούδασον ἐλθεῖν πρός με εἰς Νικόπολιν

ΝΙ'ΚΟΣ† 3534

Mt 12 20 ἕως ἂν ἐκβάλῃ εἰς νῖκος τ. κρισιν
לָאֱמֶת יוֹצִיא מִשְׁפָּט, Is. xlii. 3
I Co 15 54 κατεπόθη ὁ θάνατος εἰς νῖκος.
בִּלַּע הַמָּוֶת לָנֶצַח, Is. xxv. 8
55 ποῦ σου θάνατε τὸ νῖκος;
אֱהִי דְבָרֶיךָ מָוֶת, Hos. xiii. 14
57 τ. δὲ Θεῷ χάρις τ. διδόντι ἡμῖν τὸ νῖκος

ΝΙΝΕΥΕΙ'ΤΗΣ 3536, 3535

Mt 12 41 ἄνδρες Νινευεῖται ἀναστήσονται ἐν τ. κρίσει μετὰ τ. γενεᾶς ταύτης
Lu 11 30 καθὼς γὰρ ἐγένετο ὁ Ἰωνᾶς τ. Νινευείταις σημεῖον
32 ἄνδρες Νινευεῖται ἀναστήσονται ἐν τ. κρίσει μετὰ τ. γενεᾶς ταύτης

ΝΙΠΤΗ'Ρ* † 3537

Jo 13 5 εἶτα βάλλει ὕδωρ εἰς τ. νιπτηρα

ΝΙ'ΠΤΩ 3538

Mt 6 17 σὺ δὲ νηστεύων . . . τὸ πρόσωπόν σου νίψαι
15 2 οὐ γὰρ νίπτονται τ. χεῖρας
Mk 7 3 ἐὰν μὴ πυγμῇ νίψωνται τ. χεῖρας
Jo 9 7 ὕπαγε νίψαι εἰς τ. κολυμβήθραν τοῦ Σιλωάμ
7 ἀπῆλθεν οὖν κ. ἐνίψατο
11 ὕπαγε εἰς τὸν Σιλωὰμ κ. νίψαι.
ἀπελθὼν οὖν κ. νιψάμενος ἀνέβλεψα
15 ἐνιψάμην κ. βλέπω
13 5 ἤρξατο νίπτειν τ. πόδας τ. μαθητῶν
6 Κύριε σύ μου νίπτεις τ. πόδας;
8 οὐ μὴ νίψῃς μου τ. πόδας εἰς τ. αἰῶνα
8 ἐὰν μὴ νίψω σε
10 οὐκ ἔχει χρείαν εἰ μὴ τ. πόδας νίψασθαι
12 ὅτε οὖν ἔνιψεν τ. πόδας αὐτῶν
14 εἰ οὖν ἐγὼ ἔνιψα ὑμῶν τ. πόδας
14 κ. ὑμεῖς ὀφείλετε ἀλλήλων νίπτειν τ. πόδας
I Ti 5 10 εἰ ἁγίων πόδας ἔνιψεν

ΝΟΕ'Ω 3539

Mt 15 17 οὐ νοεῖτε ὅτι . . . εἰς τ. κοιλίαν χωρεῖ
16 9 οὔπω νοεῖτε οὐδὲ μνημονεύετε
11 πῶς οὐ νοεῖτε ὅτι οὐ περὶ τ. ἄρτων εἶπον
24 15 ὁ ἀναγινώσκων νοείτω
Mk 7 18 οὐ νοεῖτε ὅτι . . . οὐ δύναται αὐτὸν κοινῶσαι;
8 17 οὔπω νοεῖτε οὐδὲ συνίετε;
13 14 ὁ ἀναγινώσκων νοείτω
Jo 12 40 ἵνα μὴ . . . νοήσωσιν τ. καρδίᾳ
פֶּן . . . לְבָבוֹ יָבִין, Is. vi. 10
Ro 1 20 τὰ γὰρ ἀόρατα αὐτοῦ . . . τ. ποιήμασι νοούμενα καθορᾶται
Eph 3 4 δύνασθε ἀναγινώσκοντες νοῆσαι τ. σύνεσίν μου
20 ὑπερεκπερισσοῦ ὧν αἰτούμεθα ἢ νοοῦμεν
I Ti 1 7 μὴ νοοῦντες μήτε ἃ λέγουσιν
II Ti 2 7 νόει ὃ λέγω
He 11 3 πίστει νοοῦμεν κατηρτίσθαι τ. αἰῶνας ῥήματι Θεοῦ

ΝΟ'ΗΜΑ** 3540

II Co 2 11 οὐ γὰρ αὐτοῦ τὰ νοήματα ἀγνοοῦμεν
3 14 ἐπωρώθη τὰ νοήματα αὐτῶν
4 4 ὁ Θεὸς τ. αἰῶνος τούτου ἐτύφλωσεν τὰ νοήματα τ. ἀπίστων
10 5 αἰχμαλωτίζοντες πᾶν νόημα εἰς τ. ὑπακοὴν τ. Χριστοῦ
11 3 μή πως . . . φθαρῇ τὰ νοήματα ὑμῶν ἀπὸ τ. ἁπλότητος
Phl 4 7 ἡ εἰρήνη τ. Θεοῦ . . . φρουρήσει τ. καρδίας ὑμῶν κ. τὰ νοήματα ὑμῶν

ΝΟ'ΘΟΣ** 3541

He 12 8 ἄρα νόθοι κ. οὐχ υἱοί ἐστε

ΝΟΜΗ΄ 3542

Jo 10 9 εἰσελεύσεται κ. ἐξελεύσεται κ. νομὴν εὑρήσει
II Ti 2 17 ὁ λόγος αὐτῶν ὡς γάγγραινα νομὴν ἕξει

ΝΟΜΙ΄ΖΩ ** 3543

Mt 5 17 μὴ νομίσητε ὅτι ἦλθον καταλῦσαι τ. νόμον
10 34 μὴ νομίσητε ὅτι ἦλθον βαλεῖν εἰρήνην
20 10 οἱ πρῶτοι ἐνόμισαν ὅτι πλεῖον λήμψονται
Lu 2 44 νομίσαντες δὲ αὐτὸν εἶναι ἐν τ. συνοδίᾳ
3 23 ὢν υἱὸς ὡς ἐνομίζετο Ἰωσήφ
Ac 7 25 ἐνόμιζεν δὲ συνιέναι τ. ἀδελφοὺς
8 20 τ. δωρεὰν τ. Θεοῦ ἐνόμισας διὰ χρημάτων κτᾶσθαι
14 19 ἔσυρον ἔξω τ. πόλεως νομίζοντες αὐτὸν τεθνηκέναι
16 13 οὗ ἐνομίζομεν προσευχὴν εἶναι
27 νομίζων ἐκπεφευγέναι τ. δεσμίους
17 29 οὐκ ὀφείλομεν νομίζειν χρυσῷ . . . τὸ θεῖον εἶναι ὅμοιον
21 29 ὃν ἐνόμιζον ὅτι εἰς τὸ ἱερὸν εἰσήγαγεν
I Co 7 26 νομίζω οὖν τοῦτο καλὸν ὑπάρχειν
36 εἰ δέ τις ἀσχημονεῖν ἐπὶ τὴν παρθένον αὐτοῦ νομίζει
I Ti 6 5 νομιζόντων πορισμὸν εἶναι τ. εὐσέβειαν

ΝΟΜΙΚΟ΄Σ* 3544

Mt 22 35 ἐπηρώτησεν εἷς ἐξ αὐτῶν νομικός
Lu 7 30 οἱ δὲ Φαρισαῖοι κ. οἱ νομικοὶ τ. βουλὴν τ. Θεοῦ ἠθέτησαν εἰς ἑαυτούς
10 25 νομικός τις ἀνέστη ἐκπειράζων αὐτόν
11 45 ἀποκριθεὶς δέ τις τ. νομικῶν λέγει αὐτῷ
46 κ. ὑμῖν τ. νομικοῖς οὐαί
52 οὐαὶ ὑμῖν τ. νομικοῖς
53 ἤρξαντο οἱ Φαρισαῖοι κ. οἱ νομικοὶ δεινῶς ἔχειν
οἱ γραμματεῖς κ. οἱ Φαρ. δ. ἐνέχειν, TWH non mg. R
14 3 ἀποκριθεὶς ὁ Ἰησοῦς εἶπεν πρὸς τ. νομικοὺς κ. Φαρισαίους
Tit 3 9 μάχας νομικὰς περιΐστασο
13 Ζηνᾶν τ. νομικὸν κ. Ἀπολλῶν σπουδαίως πρόπεμψον

ΝΟΜΙ΄ΜΩΣ * 3545

I Ti 1 8 ἐάν τις αὐτῷ νομίμως χρῆται
II Ti 2 5 οὐ στεφανοῦται ἐὰν μὴ ν. ἀθλήσῃ

ΝΟ΄ΜΙΣΜΑ 3546

Mt 22 19 ἐπιδείξατέ μοι τὸ νόμισμα τ. κήνσου

ΝΟΜΟΔΙΔΑ΄ΣΚΑΛΟΣ * † 3547

Lu 5 17 ἦσαν καθήμενοι Φαρισαῖοι κ. νομοδιδάσκαλοι
Ac 5 34 Γαμαλιὴλ νομοδιδάσκαλος τίμιος παντὶ τ. λαῷ
I Ti 1 7 θέλοντες εἶναι νομοδιδάσκαλοι

ΝΟΜΟΘΕΣΙ΄Α ** 3548

Ro 9 4 ὧν . . . αἱ διαθῆκαι κ. ἡ νομοθεσία

ΝΟΜΟΘΕΤΕ΄Ω 3549

He 7 11 ὁ λαὸς γὰρ ἐπ' αὐτῆς νενομοθέτηται
8 6 ἥτις ἐπὶ κρείττοσιν ἐπαγγελίαις νενομοθέτηται

ΝΟΜΟΘΕ΄ΤΗΣ 3550

Ja 4 12 εἷς ἐστὶν νομοθέτης κ. κριτής
ἐστ. ὁ νομοθ., TWH mg.

ΝΟ΄ΜΟΣ 3551

(1) νόμ. Θεοῦ, Κυρίου (2) νόμ. Χριστοῦ, πνεύματος (3) νόμ. κ. προφῆται (4) κατὰ νόμον (5) τὰ τ. νόμου (6) οἱ ἐκ νόμου, ὑπὸ νόμον (7) νόμοι

Mt 5 17 [3] μὴ νομίσητε ὅτι ἦλθον καταλῦσαι τ. νόμον ἢ τοὺς προφήτας
18 ἰῶτα ἓν ἢ μία κεραία οὐ μὴ παρέλθῃ ἀπὸ τ. νόμου
7 12 [3] οὗτος γάρ ἐστιν ὁ νόμος κ. οἱ προφῆται
11 13 [3] πάντες γὰρ οἱ προφῆται κ. ὁ νόμος ἕως Ἰωάνου ἐπροφήτευσαν
12 5 ἢ οὐκ ἀνέγνωτε ἐν τ. νόμῳ
15 6 [1] ἠκυρώσατε τ. νόμον τ. Θεοῦ διὰ τ. παράδοσιν ὑμῶν
τ. λόγον, WH non mg. R non mg
22 36 ποία ἐντολὴ μεγάλη ἐν τ. νόμῳ;
40 [3] ὅλος ὁ νόμος κρέμαται κ. οἱ προφῆται
23 23 ἀφήκατε τὰ βαρύτερα τ. νόμου
Lu 2 22 [4] ὅτε ἐπλήσθησαν αἱ ἡμέραι . . . κατὰ τ. νόμον Μωυσέως
23 [1] καθὼς γέγραπται ἐν νόμῳ Κυρίου
24 [1] κατὰ τὸ εἰρημένον ἐν τ. νόμῳ Κυρίου
27 τοῦ ποιῆσαι αὐτοὺς κατὰ τὸ εἰθισμένον τ. νόμου
39 [1] [4] ὡς ἐτέλεσαν πάντα τὰ κατὰ τ. νόμον Κυρίου
10 26 ἐν τ. νόμῳ τί γέγραπται;
16 16 [3] ὁ νόμος κ. οἱ προφῆται μέχρι Ἰωάνου
17 ἢ τ. νόμου μίαν κεραίαν πεσεῖν
24 44 [3] δεῖ πληρωθῆναι πάντα τὰ γεγραμμένα ἐν τ. νόμῳ Μωυσέως κ. τ. προφήταις
Jo 1 17 ὁ νόμος διὰ Μωυσέως ἐδόθη
45 [3] ὃν ἔγραψεν Μωυσῆς ἐν τῷ νόμῳ καὶ οἱ προφῆται εὑρήκαμεν
7 19 οὐ Μωυσῆς ἔδωκεν ὑμῖν τ. νόμον, κ. οὐδεὶς ἐξ ὑμῶν ποιεῖ τ. νόμον;
23 ἵνα μὴ λυθῇ ὁ νόμος Μωυσέως
ὁ νόμ. ὁ Μ., T
49 ὁ ὄχλος οὗτος ὁ μὴ γινώσκων τ. νόμον
51 μὴ ὁ νόμος ἡμῶν κρίνει τ. ἄνθρωπον
8 [5 ἐν δὲ τ. νόμῳ ἡμῖν Μωυσῆς ἐνετείλατο
17 ἐν τ. νόμῳ δὲ τ. ὑμετέρῳ γέγραπται
10 34 οὐκ ἔστιν γεγραμμένον ἐν τ. νόμῳ ὑμῶν
12 34 ἡμεῖς ἠκούσαμεν ἐκ τ. νόμου
15 25 ἵνα πληρωθῇ ὁ λόγος ὁ ἐν τ. νόμῳ αὐτῶν γεγραμμένος
18 31 [4] κατὰ τ. νόμον ὑμῶν κρίνατε αὐτόν
19 7 ἡμεῖς νόμον ἔχομεν,
[4] κ. κατὰ τ. νόμον ὀφείλει ἀποθανεῖν
Ac 6 13 οὐ παύεται λαλῶν ῥήματα κατὰ . . . τ. νόμου
7 53 οἵτινες ἐλάβετε τ. νόμον εἰς διαταγὰς ἀγγέλων
13 15 [3] μετὰ δὲ τ. ἀνάγνωσιν τ. νόμου κ. τ. προφητῶν
39 ὧν οὐκ ἠδυνήθητε ἐν νόμῳ Μωυσέως δικαιωθῆναι
15 5 παραγγέλλειν τε τηρεῖν τ. νόμον Μωυσέως
18 13 παρὰ τ. νόμον ἀναπείθει οὗτος τ. ἀνθρώπους

Ac 18 15 εἰ δὲ ζητήματά ἐστιν περὶ . . . νόμου τοῦ καθ᾽ ὑμᾶς
21 20 πάντες ζηλωταὶ τ. νόμου ὑπάρχουσιν
24 ἀλλὰ στοιχεῖς κ. αὐτὸς φυλάσσων τ. νόμον
28 ὁ κατὰ τ. λαοῦ κ. τ. νόμου . . . πάντας πανταχῇ διδάσκων
22 3 πεπαιδευμένος κατὰ ἀκρίβειαν τ. πατρῴου νόμου
12 [4] ἀνὴρ εὐλαβὴς κατὰ τ. νόμον
23 3 [4] σὺ κάθῃ κρίνων με κατὰ τ. νόμον
29 ἐγκαλούμενον περὶ ζητημάτων τ. νόμου αὐτῶν
24 6 [4] κατὰ τ. ἡμέτερον νόμον ἠθελήσαμεν κρίνειν —h. v., TWHR non mg.
14 [8 4] πιστεύων πᾶσι τοῖς κατὰ τ. νόμον . . . γεγραμμένοις
25 8 οὔτε εἰς τ. νόμον τ. Ἰουδαίων . . . τι ἥμαρτον
28 23 [8] ἀπό τε τ. νόμου Μωυσέως κ. τ. προφητῶν
Ro 2 12 ὅσοι ἐν νόμῳ ἥμαρτον διὰ νόμου κριθήσονται
13 οὐ γὰρ οἱ ἀκροαταὶ νόμου δίκαιοι παρὰ τ. Θεῷ,
ἀλλ᾽ οἱ ποιηταὶ νόμου δικαιωθήσονται
14 [5] ὅταν γὰρ ἔθνη τὰ μὴ νόμον ἔχοντα φύσει τὰ τ. νόμου ποιῶσιν οὗτοι νόμον μὴ ἔχοντες ἑαυτοῖς εἰσὶν νόμος·
15 οἵτινες ἐνδείκνυνται τὸ ἔργον τ. νόμου γραπτὸν ἐν τ. καρδίαις αὐτῶν
17 εἰ δὲ σὺ . . . ἐπαναπαύῃ νόμῳ
18 κατηχούμενος ἐκ τ. νόμου
20 ἔχοντα τ. μόρφωσιν . . . τ. ἀληθείας ἐν τ. νόμῳ
23 ὃς ἐν νόμῳ καυχᾶσαι διὰ τ. παραβάσεως τ. νόμου τ. Θεὸν ἀτιμάζεις;
25 περιτομὴ μὲν γὰρ ὠφελεῖ ἐὰν νόμον πράσσῃς·
ἐὰν δὲ παραβάτης νόμου ᾖς
26 ἐὰν οὖν ἡ ἀκροβυστία τὰ δικαιώματα τ. νόμου φυλάσσῃ
27 ἡ ἐκ φύσεως ἀκροβυστία τ. νόμον τελοῦσα σὲ τὸν . . . παραβάτην νόμου
3 19 οἴδαμεν δὲ ὅτι ὅσα ὁ νόμος λέγει τοῖς ἐν τῷ νόμῳ λαλεῖ
20 διότι ἐξ ἔργων νόμου οὐ δικαιωθήσεται πᾶσα σάρξ, Ps. cxliii. 2
20 διὰ γὰρ νόμου ἐπίγνωσις ἁμαρτίας
21 χωρὶς νόμου δικαιοσύνη Θεοῦ πεφανέρωται,
[3] μαρτυρουμένη ὑπὸ τ. νόμου κ. τ. προφητῶν
27 διὰ ποίου νόμου; τ. ἔργων;
οὐχὶ ἀλλὰ διὰ νόμου πίστεως.
28 λογιζόμεθα γὰρ δικαιοῦσθαι πίστει ἄνθρωπον χωρὶς ἔργων νόμου
31 νόμον οὖν καταργοῦμεν διὰ τ. πίστεως;
μὴ γένοιτο ἀλλὰ νόμον ἱστάνομεν
4 13 οὐ γὰρ διὰ νόμου ἡ ἐπαγγελία τῷ Ἀβραάμ
14 [6] εἰ γὰρ οἱ ἐκ νόμου κληρονόμοι
15 ὁ γὰρ νόμος ὀργὴν κατεργάζεται·
οὗ δὲ οὐκ ἔστιν νόμος οὐδὲ παράβασις
16 [6] οὐ τῷ ἐκ τ. νόμου μόνον
5 13 ἄχρι γὰρ νόμου ἁμαρτία ἦν ἐν κόσμῳ·
ἁμαρτία δὲ οὐκ ἐλλογᾶται μὴ ὄντος νόμου
20 νόμος δὲ παρεισῆλθεν
6 14 οὐ γάρ ἐστε ὑπὸ νόμον ἀλλὰ ὑπὸ χάριν
15 ἁμαρτήσωμεν ὅτι οὐκ ἐσμὲν ὑπὸ νόμον
7 1 γινώσκουσιν γὰρ νόμον λαλῶ
1 ὁ νόμος κυριεύει τ. ἀνθρώπου ἐφ᾽ ὅσον χρόνον ζῇ;
2 ἡ γὰρ . . . γυνὴ τ. ζῶντι ἀνδρὶ δέδεται νόμῳ

Ro 7 2 κατήργηται ἀπὸ τ. νόμου τ. ἀνδρός
3 ἐλευθέρα ἐστὶν ἀπὸ τ. νόμου
4 κ. ὑμεῖς ἐθανατώθητε τ. νόμῳ
5 τὰ παθήματα τ. ἁμαρτιῶν τὰ διὰ τ. νόμου
6 νυνὶ δὲ κατηργήθημεν ἀπὸ τ. νόμου
7 ὁ νόμος ἁμαρτία; μὴ γένοιτο·
ἀλλὰ τ. ἁμαρτίαν οὐκ ἔγνων εἰ μὴ διὰ νόμου
7 εἰ μὴ ὁ νόμος ἔλεγεν Οὐκ ἐπιθυμήσεις
8 χωρὶς γὰρ νόμου ἁμαρτία νεκρά·
9 ἐγὼ δὲ ἔζων χωρὶς νόμου ποτέ
12 ὥστε ὁ μὲν νόμος ἅγιος
14 οἴδαμεν γὰρ ὅτι ὁ νόμος πνευματικός ἐστιν
16 σύνφημι τ. νόμῳ ὅτι καλός
21 εὑρίσκω ἄρα τ. νόμον τ. θέλοντι ἐμοὶ ποιεῖν τὸ καλόν
22 [1] συνήδομαι γὰρ τ. νόμῳ τ. Θεοῦ κατὰ τ. ἔσω ἄνθρωπον·
23 βλέπω δὲ ἕτερον νόμον ἐν τ. μέλεσί μου,
ἀντιστρατευόμενον τ. νόμῳ τ. νοός μου,
κ. αἰχμαλωτίζοντά με ἐν τ. νόμῳ τ. ἁμαρτίας —ἐν, [WH] R mg.
25 [1] αὐτὸς ἐγὼ τ. μὲν νοῒ δουλεύω νόμῳ Θεοῦ, τῇ δὲ σαρκὶ νόμῳ ἁμαρτίας
8 2 [2] ὁ γὰρ νόμος τ. πνεύματος τ. ζωῆς ἐν Χριστῷ Ἰησοῦ ἠλευθέρωσέν σε ἀπὸ τ. νόμου τ. ἁμαρτίας
3 τὸ γὰρ ἀδύνατον τ. νόμου
4 ἵνα τὸ δικαίωμα τ. νόμου πληρωθῇ ἐν ἡμῖν
7 [1] τῷ γὰρ νόμῳ τ. Θεοῦ οὐχ ὑποτάσσεται
9 31 Ἰσραὴλ δὲ διώκων νόμον δικαιοσύνης εἰς νόμον οὐκ ἔφθασεν
10 4 τέλος γὰρ νόμου Χριστὸς εἰς δικαιοσύνην
5 Μωυσῆς γὰρ γράφει τ. δικαιοσύνην τὴν ἐκ νόμου
13 8 ὁ γὰρ ἀγαπῶν τ. ἕτερον νόμον πεπλήρωκεν
10 πλήρωμα οὖν νόμου ἡ ἀγάπη
1 Co 9 8 ἢ κ. ὁ νόμος ταῦτα οὐ λέγει;
9 ἐν γὰρ τῷ Μωυσέως νόμῳ γέγραπται
20 [6] ἐγενόμην . . . τοῖς ὑπὸ νόμον ὡς ὑπὸ νόμον μὴ ὢν αὐτὸς ὑπὸ νόμον,
[6] ἵνα τοὺς ὑπὸ νόμον κερδήσω
14 21 ἐν τ. νόμῳ γέγραπται
34 καθὼς κ. ὁ νόμος λέγει
15 56 ἡ δὲ δύναμις τ. ἁμαρτίας ὁ νόμος
Ga 2 16 οὐ δικαιοῦται ἄνθρωπος ἐξ ἔργων νόμου
16 ἵνα δικαιωθῶμεν ἐκ πίστεως Χριστοῦ κ. οὐκ ἐξ ἔργων νόμου·
ὅτι ἐξ ἔργων νόμου οὐ δικαιωθήσεται πᾶσα σάρξ, Ps. cxliii. 2
19 ἐγὼ γὰρ διὰ νόμου νόμῳ ἀπέθανον
21 εἰ γὰρ διὰ νόμου δικαιοσύνη
3 2 ἐξ ἔργων νόμου τὸ πνεῦμα ἐλάβετε
5 ἐξ ἔργων νόμου ἢ ἐξ ἀκοῆς πίστεως,
10 ὅσοι γὰρ ἐξ ἔργων νόμου εἰσίν
10 ὃς οὐκ ἐμμένει πᾶσι τ. γεγραμμένοις ἐν τ. βιβλίῳ τ. νόμου
אֲשֶׁר לֹא־יָקִים אֶת־דִּבְרֵי הַתּוֹרָה־הַזֹּאת, Dt. xxvii. 26
11 ἐν νόμῳ οὐδεὶς δικαιοῦται παρὰ τ. Θεῷ
12 ὁ δὲ νόμος οὐκ ἔστιν ἐκ πίστεως
13 Χριστὸς ἡμᾶς ἐξηγόρασεν ἐκ τ. κατάρας τ. νόμου
17 ὁ μετὰ τετρακόσια κ. τριάκοντα ἔτη γεγονὼς νόμος
18 εἰ γὰρ ἐκ νόμου ἡ κληρονομία

Ga 3 19 τί οὖν ὁ νόμος;
21 ὁ οὖν νόμος κατὰ τ. ἐπαγγελιῶν τ. Θεοῦ;
21 εἰ γὰρ ἐδόθη νόμος ὁ δυνάμενος ζωοποιῆσαι, ὄντως ἐν νόμῳ ἂν ἦν ἡ δικαιοσύνη
ἐκ νόμου ἦν ἄν, TWH mg. R
23 πρὸ τοῦ δὲ ἐλθεῖν τ. πίστιν ὑπὸ νόμον ἐφρουρούμεθα
24 ὥστε ὁ νόμος παιδαγωγὸς ἡμῶν γέγονεν εἰς Χριστόν
4 4 τ. υἱὸν αὐτοῦ . . . γενόμενον ὑπὸ νόμον,
5 [6] ἵνα τοὺς ὑπὸ νόμον ἐξαγοράσῃ
21 λέγετέ μοι οἱ ὑπὸ νόμον θέλοντες εἶναι τ. νόμον οὐκ ἀκούετε;
5 3 ὀφειλέτης ἐστὶν ὅλον τ. νόμον ποιῆσαι
4 οἵτινες ἐν νόμῳ δικαιοῦσθε
14 ὁ γὰρ πᾶς νόμος ἐν ἑνὶ λόγῳ πεπλήρωται
18 εἰ δὲ πνεύματι ἄγεσθε οὐκ ἐστὲ ὑπὸ νόμον
23 κατὰ τ. τοιούτων οὐκ ἔστιν νόμος
6 2 [2] οὕτως ἀναπληρώσατε τ. νόμον τ. Χριστοῦ
13 οὐδὲ γὰρ οἱ περιτεμνόμενοι αὐτοὶ νόμον φυλάσσουσιν
Eph 2 15 τ. νόμον τ. ἐντολῶν ἐν δόγμασι καταργήσας
Phl 3 5 [4] κατὰ νόμον Φαρισαῖος
6 κατὰ δικαιοσύνην τὴν ἐν νόμῳ γενόμενος ἄμεμπτος
9 μὴ ἔχων ἐμὴν δικαιοσύνην τὴν ἐκ νόμου
1 Ti 1 8 οἴδαμεν δὲ ὅτι καλὸς ὁ νόμος
9 εἰδὼς τοῦτο ὅτι δικαίῳ νόμος οὐ κεῖται
He 7 5 ἐντολὴν ἔχουσιν ἀποδεκατοῖν τ. λαὸν κατὰ τ. νόμον
12 ἐξ ἀνάγκης κ. νόμου μετάθεσις γίνεται
16 [4] ὃς οὐ κατὰ νόμον ἐντολῆς σαρκίνης γέγονεν
19 οὐδὲν γὰρ ἐτελείωσεν ὁ νόμος
28 ὁ νόμος γὰρ ἀνθρώπους καθίστησιν ἀρχιερεῖς
28 ὁ λόγος δὲ τ. ὁρκωμοσίας τῆς μετὰ τ. νόμον
8 4 [4] ὄντων τ. προσφερόντων κατὰ νόμον τὰ δῶρα
10 [7] διδοὺς νόμους μου εἰς τ. διάνοιαν αὐτῶν
נָתַתִּי אֶת־תּוֹרָתִי בְּקִרְבָּם, Jer. xxxi. 33
9 19 [4] λαληθείσης γὰρ πάσης ἐντολῆς κατὰ τ. νόμον ὑπὸ Μωυσέως
—τὸν, T
22 [4] σχεδὸν ἐν αἵματι πάντα καθαρίζεται κατὰ τ. νόμον
10 1 σκιὰν γὰρ ἔχων ὁ νόμος τ. μελλόντων ἀγαθῶν
8 [4] αἵτινες κατὰ νόμον προσφέρονται
16 [7] διδοὺς νόμους μου ἐπὶ καρδίας αὐτῶν, Jer. *l.c.*
28 ἀθετήσας τις νόμον Μωυσέως . . . ἀποθνήσκει
Ja 1 25 ὁ δὲ παρακύψας εἰς νόμον τέλειον τὸν τ. ἐλευθερίας
2 8 εἰ μέντοι νόμον τελεῖτε βασιλικόν
9 ἐλεγχόμενοι ὑπὸ τ. νόμου ὡς παραβάται.
10 ὅστις γὰρ ὅλον τ. νόμον τηρήσῃ
11 γέγονας παραβάτης νόμου
12 ὡς διὰ νόμου ἐλευθερίας μέλλοντες κρίνεσθαι
4 11 καταλαλεῖ νόμου κ. κρίνει νόμον· εἰ δὲ νόμον κρίνεις οὐκ εἶ ποιητὴς νόμου

ΝΟΣΕ΄Ω ** 3552

1 Ti 6 4 νοσῶν περὶ ζητήσεις κ. λογομαχίας

ΝΟ΄ΣΗΜΑ * 3553

Jo 5 [4 ᾧ δήποτε κατείχετο νοσήματι

ΝΟ΄ΣΟΣ 3554

Mt 4 23 θεραπεύων πᾶσαν νόσον κ. πᾶσαν μαλακίαν ἐν τ. λαῷ
24 ποικίλαις νόσοις κ. βασάνοις συνεχομένους
8 17 αὐτὸς . . . τὰς νόσους ἐβάστασεν
הוּא . . . מַכְאֹבֵינוּ סְבָלָם, Is. liii. 4
9 35 θεραπεύων πᾶσαν νόσον κ. πᾶσαν μαλακίαν
10 1 ἐξουσίαν . . . θεραπεύειν πᾶσαν νόσον κ. πᾶσαν μαλακίαν
Mk 1 34 ἐθεράπευσεν πολλοὺς κακῶς ἔχοντας ποικίλαις νόσοις
Lu 4 40 ὅσοι εἶχον ἀσθενοῦντας νόσοις ποικίλαις
6 18 οἳ ἦλθαν . . . ἰαθῆναι ἀπὸ τ. νόσων αὐτῶν
7 21 ἐν ἐκείνῃ τ. ὥρᾳ ἐθεράπευσεν πολλοὺς ἀπὸ νόσων
9 1 ἐξουσίαν . . . νόσους θεραπεύειν
Ac 19 12 ἀπαλλάσσεσθαι ἀπ' αὐτῶν τὰς νόσους

ΝΟΣΣΙΑ΄ 3555

Lu 13 34 ὃν τρόπον ὄρνις τὴν ἑαυτῆς νοσσιάν

ΝΟΣΣΙ΄ΟΝ 3556

Mt 23 37 ὃν τρόπον ὄρνις ἐπισυνάγει τὰ νοσσία αὐτῆς

ΝΟΣΣΟ΄Σ 3556.5

Lu 2 24 ζεῦγος τρυγόνων ἢ δύο νοσσοὺς περιστερῶν
שְׁתֵּי־תֹרִים אוֹ שְׁנֵי בְּנֵי יוֹנָה, Lev. xii. 8

ΝΟΣΦΙ΄ΖΟΜΑΙ 3557

Ac 5 2 ἐνοσφίσατο ἀπὸ τ. τιμῆς
3 νοσφίσασθαι ἀπὸ τ. τιμῆς τ. χωρίου
Tit 2 10 μὴ ἀντιλέγοντας μὴ νοσφιζομένους

ΝΟ΄ΤΟΣ 3558

Mt 12 42 βασίλισσα νότου ἐγερθήσεται ἐν τ. κρίσει
Lu 11 31 βασίλισσα νότου ἐγερθήσεται ἐν τ. κρίσει
12 55 κ. ὅταν νότον πνέοντα λέγετε
13 29 ἥξουσιν . . . ἀπὸ βορρᾶ κ. νότου
Ac 27 13 ὑποπνεύσαντος δὲ νότου
28 13 μετὰ μίαν ἡμέραν ἐπιγενομένου νότου
Re 21 13 ἀπὸ νότου πυλῶνες τρεῖς

ΝΟΥΘΕΣΙ΄Α ** 3559

1 Co 10 11 ἐγράφη δὲ πρὸς νουθεσίαν ἡμῶν
Eph 6 4 ἐκτρέφετε αὐτὰ ἐν παιδείᾳ κ. νουθεσίᾳ Κυρίου
Tit 3 10 αἱρετικὸν ἄνθρωπον μετὰ μίαν κ. δευτέραν νουθεσίαν παραιτοῦ

ΝΟΥΘΕΤΕ΄Ω 3560

Ac 20 31 οὐκ ἐπαυσάμην μετὰ δακρύων νουθετῶν ἕνα ἕκαστον
Ro 15 14 δυνάμενοι κ. ἀλλήλους νουθετεῖν
1 Co 4 14 ὡς τέκνα μου ἀγαπητὰ νουθετῶν
Col 1 28 νουθετοῦντες πάντα ἄνθρωπον
3 16 διδάσκοντες κ. νουθετοῦντες ἑαυτούς

1 Th 5 12 εἰδέναι τ. κοπιῶντας ἐν ὑμῖν . . . κ. νουθετοῦντας ὑμᾶς
14 νουθετεῖτε τοὺς ἀτάκτους
II Th 3 15 νουθετεῖτε ὡς ἀδελφόν

ΝΟΥΜΗΝΙ΄Α *Vide* **ΝΕΟΜΗΝΙ΄Α**, 3500.5

ΝΟΥΝΕΧΩ͂Σ* 3562

Mk 12 34 ἰδὼν αὐτὸν ὅτι νουνεχῶς ἀπεκρίθη

ΝΟΥ͂Σ 3563

(1) νοῦς Κυρίου, Χριστοῦ

Lu 24 45 τότε διήνοιξεν αὐτῶν τ. νοῦν
Ro 1 28 παρέδωκεν αὐτοὺς ὁ Θεὸς εἰς ἀδόκιμον νοῦν
7 23 ἀντιστρατευόμενον τ. νόμῳ τ. νοός μου
25 αὐτὸς ἐγὼ τῷ μὲν νοῒ δουλεύω νόμῳ Θεοῦ
11 34 ¹ τίς γὰρ ἔγνω νοῦν Κυρίου;
מִי־תִכֵּן אֶת־רוּחַ יְהוָה, Is. xl. 13
12 2 μεταμορφοῦσθε τ. ἀνακαινώσει τοῦ νοός
14 5 ἕκαστος δὲ τ. ἰδίῳ νοῒ πληροφορείσθω
1 Co 1 10 ἦτε δὲ κατηρτισμένοι ἐν τ. αὐτῷ νοΐ
2 16 ¹ τίς γὰρ ἔγνω νοῦν Κυρίου ὃς συνβιβάσει αὐτόν; Is. *l.c.*
¹ ἡμεῖς δὲ νοῦν Χριστοῦ ἔχομεν
14 14 ὁ δὲ νοῦς μου ἄκαρπός ἐστιν
15 προσεύξομαι δὲ κ. τ. νοΐ·
ψαλῶ τ. πνεύματι ψαλῶ δὲ κ. τῷ νοΐ
19 θέλω πέντε λόγους τ. νοΐ μου λαλῆσαι
Eph 4 17 καθὼς κ. τὰ ἔθνη περιπατεῖ ἐν ματαιότητι τ. νοὸς αὐτῶν
23 ἀνανεοῦσθαι δὲ τ. πνεύματι τ. νοὸς ὑμῶν
Phl 4 7 ἡ εἰρήνη τ. Θεοῦ ἡ ὑπερέχουσα πάντα νοῦν
Col 2 18 εἰκῇ φυσιούμενος ὑπὸ τ. νοὸς τ. σαρκὸς αὐτοῦ
II Th 2 2 εἰς τὸ μὴ ταχέως σαλευθῆναι ὑμᾶς ἀπὸ τ. νοός
1 Ti 6 5 διαπαρατριβαὶ διεφθαρμένων ἀνθρώπων τ. νοῦν
II Ti 3 8 ἄνθρωποι κατεφθαρμένοι τ. νοῦν
Tit 1 15 μεμίανται αὐτῶν κ. ἡ νοῦς κ. ἡ συνείδησις
Re 13 18 ὁ ἔχων νοῦν ψηφισάτω τ. ἀριθμὸν τ. θηρίου
17 9 ὧδε ὁ νοῦς ὁ ἔχων σοφίαν

ΝΥ΄ΜΦΑ 3564

Col 4 15 ἀσπάσασθε . . . Νύμφαν κ. τὴν κατ' οἶκον αὐτῆς ἐκκλησίαν
Νυμφᾶν . . . αὐτῶν, TR non mg.

ΝΥ΄ΜΦΗ 3565

Mt 10 35 διχάσαι . . . νύμφην κατὰ τ. πενθερᾶς αὐτῆς
25 1 ἐξῆλθον εἰς ὑπάντησιν τ. νυμφίου κ. τ. νύμφης
—κ. τ. νύμφ., TWH non mg. R
Lu 12 53 διαμερισθήσονται . . . πενθερὰ ἐπὶ τ. νύμφην αὐτῆς κ. νύμφη ἐπὶ τ. πενθεράν
Jo 3 29 ὁ ἔχων τ. νύμφην νυμφίος ἐστίν
Re 18 23 φωνὴ νυμφίου κ. νύμφης οὐ μὴ ἀκουσθῇ ἐν σοὶ ἔτι
21 2 ἡτοιμασμένην ὡς νύμφην κεκοσμημένην τ. ἀνδρὶ αὐτῆς
9 δείξω σοι τ. νύμφην τ. γυναῖκα τ. ἀρνίου
22 17 τὸ πνεῦμα κ. ἡ νύμφη λέγουσιν Ἔρχου
—ἡ, WH mg.

ΝΥΜΦΙ΄ΟΣ 3566

Mt 9 15 μὴ δύνανται οἱ υἱοὶ τ. νυμφίου πενθεῖν, νυμφῶνος, TWH non mg. R
ἐφ' ὅσον μετ' αὐτῶν ἐστὶν ὁ νυμφίος·
ἐλεύσονται δὲ ἡμέραι ὅταν ἀπαρθῇ ἀπ' αὐτῶν ὁ νυμφίος
25 1 ἐξῆλθον εἰς ὑπάντησιν τ. νυμφίου
5 χρονίζοντος δὲ τ. νυμφίου
6 κραυγὴ γέγονεν Ἰδοὺ ὁ νυμφίος
10 ἀπερχομένων δὲ αὐτῶν ἀγοράσαι ἦλθεν ὁ νυμφίος
Mk 2 19 ἐν ᾧ ὁ νυμφίος μετ' αὐτῶν ἐστίν
19 ὅσον χρόνον ἔχουσιν τ. νυμφίον μετ' αὐτῶν
20 ἐλεύσονται δὲ ἡμέραι ὅταν ἀπαρθῇ ἀπ' αὐτῶν ὁ νυμφίος
Lu 5 34 ἐν ᾧ ὁ νυμφίος μετ' αὐτῶν ἐστίν
35 ὅταν ἀπαρθῇ ἀπ' αὐτῶν ὁ νυμφίος τότε νηστεύσουσιν
Jo 2 9 φωνεῖ τ. νυμφίον ὁ ἀρχιτρίκλινος
3 29 ὁ ἔχων τ. νύμφην νυμφίος ἐστίν·
ὁ δὲ φίλος τ. νυμφίου . . . χαρᾷ χαίρει διὰ τ. φωνὴν τ. νυμφίου
Re 18 23 φωνὴ νυμφίου κ. νύμφης οὐ μὴ ἀκουσθῇ ἐν σοὶ ἔτι

ΝΥΜΦΩ΄Ν †** 3567

Mt 9 15 μὴ δύνανται οἱ υἱοὶ τ. νυμφῶνος πενθεῖν
νυμφίου, WH mg.
22 10 ἐπλήσθη ὁ νυμφὼν ἀνακειμένων
γάμος, R
Mk 2 19 μὴ δύνανται οἱ υἱοὶ τ. νυμφῶνος . . . νηστεύειν;
Lu 5 34 μὴ δύνασθε τ. υἱοὺς τ. νυμφῶνος . . . ποιῆσαι νηστεῦσαι;

ΝΥ͂Ν 3568, 3569

(1) ἄχρι, ἕως τ. νῦν (2) ἀπὸ τ. νῦν (3) νῦν μέν, ἔτι νῦν (4) τό, τὰ νῦν (5) νῦν οὖν (6) νῦν . . . ποτέ, μέλλων

Mt 24 21 ¹ οἵα οὐ γέγονεν ἀπ' ἀρχῆς κόσμου ἕως τοῦ νῦν
26 65 ἴδε νῦν ἠκούσατε τ. βλασφημίαν
27 42 καταβάτω νῦν ἀπὸ τ. σταυροῦ
43 ῥυσάσθω νῦν εἰ θέλει αὐτόν
Mk 10 30 ἐὰν μὴ λάβῃ ἑκατονταπλασίονα νῦν ἐν τ. καιρῷ τούτῳ
13 19 ¹ ἀπ' ἀρχῆς κτίσεως ἣν ἔκτισεν ὁ Θεὸς ἕως τοῦ νῦν
15 32 καταβάτω νῦν ἀπὸ τ. σταυροῦ
Lu 1 48 ² ἀπὸ τοῦ νῦν μακαριοῦσίν με πᾶσαι αἱ γενεαί
2 29 νῦν ἀπολύεις τ. δοῦλόν σου
5 10 ² ἀπὸ τοῦ νῦν ἀνθρώπους ἔσῃ ζωγρῶν
6 21 μακάριοι οἱ πεινῶντες νῦν ὅτι χορτασθήσεσθε·
μακάριοι οἱ κλαίοντες νῦν ὅτι γελάσετε
25 οὐαὶ ὑμῖν οἱ ἐμπεπλησμένοι νῦν ὅτι πεινάσετε·
οὐαὶ οἱ γελῶντες νῦν ὅτι πενθήσετε
11 39 νῦν ὑμεῖς οἱ Φαρισαῖοι τὸ ἔξωθεν τ. ποτηρίου . . . καθαρίζετε
12 52 ² ἔσονται γὰρ ἀπὸ τοῦ νῦν πέντε . . . διαμεμερισμένοι
16 25 νῦν δὲ ὧδε παρακαλεῖται
19 42 νῦν δὲ ἐκρύβη ἀπὸ ὀφθαλμῶν σου
22 18 ² οὐ μὴ πίω ἀπὸ τοῦ νῦν ἀπὸ τ. γενήματος τῆς ἀμπέλου

Lu 22 36 ἀλλὰ νῦν ὁ ἔχων βαλλάντιον ἀράτω
69 [2] ἀπὸ τοῦ νῦν δὲ ἔσται ὁ υἱὸς τ. ἀνθρώπου καθήμενος
Jo **2** 8 ἀντλήσατε νῦν κ. φέρετε τ. ἀρχιτρικλίνῳ
4 18 νῦν ὃν ἔχεις οὐκ ἔστιν σου ἀνήρ
23 ἔρχεται ὥρα κ. νῦν ἐστίν
5 25 ἔρχεται ὥρα κ. νῦν ἐστίν
6 42 πῶς νῦν λέγει
8 [11 [2] ἀπὸ τοῦ νῦν μηκέτι ἁμάρτανε
40 νῦν δὲ ζητεῖτέ με ἀποκτεῖναι
52 νῦν ἐγνώκαμεν ὅτι δαιμόνιον ἔχεις
9 21 πῶς δὲ νῦν βλέπει οὐκ οἴδαμεν
41 νῦν δὲ λέγετε ὅτι Βλέπομεν
11 8 νῦν ἐζήτουν σε λιθάσαι οἱ Ἰουδαῖοι
22 κ. νῦν οἶδα ὅτι ὅσα ἂν αἰτήσῃ τ. Θεόν
12 27 νῦν ἡ ψυχή μου τετάρακται
31 νῦν κρίσις ἐστὶν τ. κόσμου τούτου· νῦν ὁ ἄρχων τ. κόσμου τούτου ἐκβληθήσεται ἔξω
13 31 νῦν ἐδοξάσθη ὁ υἱὸς τ. ἀνθρώπου
36 οὐ δύνασαί μοι νῦν ἀκολουθῆσαι
14 29 νῦν εἴρηκα ὑμῖν πρὶν γενέσθαι
15 22 νῦν δὲ πρόφασιν οὐκ ἔχουσιν περὶ τ. ἁμαρτίας αὐτῶν
24 νῦν δὲ κ. ἑωράκασιν κ. μεμισήκασιν
16 5 νῦν δὲ ὑπάγω πρὸς τ. πέμψαντά με
22 [3] ὑμεῖς οὖν νῦν μὲν λύπην ἔχετε
29 ἴδε νῦν ἐν παρρησίᾳ λαλεῖς
30 νῦν οἴδαμεν ὅτι οἶδας πάντα
17 5 κ. νῦν δόξασόν με σὺ πάτερ
7 νῦν ἔγνωκαν ὅτι πάντα . . . παρὰ σοῦ εἰσίν
13 νῦν δὲ πρός σε ἔρχομαι
18 36 νῦν δὲ ἡ βασιλεία ἡ ἐμὴ οὐκ ἔστιν ἐντεῦθεν
21 10 ἐνέγκατε ἀπὸ τ. ὀψαρίων ὧν ἐπιάσατε νῦν
Ac **3** 17 κ. νῦν ἀδελφοὶ οἶδα
4 29 [4] τὰ νῦν Κύριε ἔπιδε ἐπὶ τ. ἀπειλὰς αὐτῶν
5 38 [4] κ. τὰ νῦν λέγω ὑμῖν
7 4 τ. γῆν ταύτην εἰς ἣν ὑμεῖς νῦν κατοικεῖτε
34 κ. νῦν δεῦρο ἀποστείλω σε εἰς Αἴγυπτον
וְעַתָּה לְכָה וְאֶשְׁלָחֲךָ אֶל־פַּרְעֹה, Ex. iii. 10
52 οὗ νῦν ὑμεῖς προδόται κ. φονεῖς ἐγένεσθε
10 5 κ. νῦν πέμψον ἄνδρας εἰς Ἰόππην
33 [5] νῦν οὖν πάντες ἡμεῖς ἐνώπιον τ. Θεοῦ πάρεσμεν
12 11 νῦν οἶδα ἀληθῶς
13 11 κ. νῦν ἰδοὺ χεὶρ Κυρίου ἐπὶ σέ
31 οἵτινες νῦν εἰσὶν μάρτυρες αὐτοῦ πρὸς τ. λαόν [νῦν], WH
15 10 [5] νῦν οὖν τί πειράζετε τ. Θεόν
16 36 [5] νῦν οὖν ἐξελθόντες πορεύεσθε ἐν εἰρήνῃ
37 κ. νῦν λάθρᾳ ἡμᾶς ἐκβάλλουσιν;
17 30 [4] τὰ νῦν ἀπαγγέλλει τ. ἀνθρώποις
18 6 [2] ἀπὸ τοῦ νῦν εἰς τὰ ἔθνη πορεύσομαι
20 22 κ. νῦν ἰδοὺ δεδεμένος ἐγὼ τ. πνεύματι
25 κ. νῦν ἰδοὺ ἐγὼ οἶδα
32 [4] τὰ νῦν παρατίθεμαι ὑμᾶς τ. Κυρίῳ
22 16 κ. νῦν τί μέλλεις;
23 15 [5] νῦν οὖν ὑμεῖς ἐμφανίσατε τ. χιλιάρχῳ
21 κ. νῦν εἰσὶν ἕτοιμοι
24 25 [4] τὸ νῦν ἔχον πορεύου
26 6 κ. νῦν ἐπ' ἐλπίδι τῆς εἰς τ. πατέρας ἡμῶν ἐπαγγελίας . . . ἕστηκα κρινόμενος
27 22 [4] τὰ νῦν παραινῶ ὑμᾶς εὐθυμεῖν
Ro **3** 26 πρὸς τ. ἔνδειξιν τ. δικαιοσύνης αὐτοῦ ἐν τ. νῦν καιρῷ

Ro **5** 9 δικαιωθέντες νῦν ἐν τ. αἵματι αὐτοῦ
11 δι' οὗ νῦν τ. καταλλαγὴν ἐλάβομεν
6 19 οὕτως νῦν παραστήσατε τὰ μέλη ὑμῶν
21 ἐφ' οἷς νῦν ἐπαισχύνεσθε
8 1 οὐδὲν ἄρα νῦν κατάκριμα τοῖς ἐν Χριστῷ Ἰησοῦ
18 οὐκ ἄξια τὰ παθήματα τοῦ νῦν καιροῦ
22 [1] πᾶσα ἡ κτίσις συνστενάζει κ. συνωδίνει ἄχρι τοῦ νῦν
11 5 οὕτως οὖν κ. ἐν τῷ νῦν καιρῷ λεῖμμα
30 [6] νῦν δὲ ἠλεήθητε τῇ τούτων ἀπειθείᾳ· νυνὶ, WH mg.
31 οὕτως κ. οὗτοι νῦν ἠπείθησαν τ. ὑμετέρῳ ἐλέει ἵνα κ. αὐτοὶ νῦν ἐλεηθῶσιν
13 11 νῦν γὰρ ἐγγύτερον ἡμῶν ἡ σωτηρία
16 26 φανερωθέντος δὲ νῦν
I Co **3** 2 [3] ἀλλ' οὐδὲ ἔτι νῦν δύνασθε
5 11 νῦν δὲ ἔγραψα ὑμῖν μὴ συναναμίγνυσθαι νυνὶ, T
7 14 νῦν δὲ ἅγιά ἐστιν
12 18 νῦν δὲ ὁ Θεὸς ἔθετο τὰ μέλη νυνὶ, TWH mg.
20 νῦν δὲ πολλὰ μέλη ἓν δὲ σῶμα
14 6 νῦν δὲ ἀδελφοὶ ἐὰν ἔλθω πρὸς ὑμᾶς
16 12 οὐκ ἦν θέλημα ἵνα νῦν ἔλθῃ
II Co **5** 16 [2] ὥστε ἡμεῖς ἀπὸ τοῦ νῦν οὐδένα οἴδαμεν κατὰ σάρκα
16 ἀλλὰ νῦν οὐκέτι γινώσκομεν
6 2 ἰδοὺ νῦν καιρὸς εὐπρόσδεκτος, ἰδοὺ νῦν ἡμέρα σωτηρίας
7 9 νῦν χαίρω οὐχ ὅτι ἐλυπήθητε
8 14 ἐξ ἰσότητος ἐν τ. νῦν καιρῷ τὸ ὑμῶν περίσσευμα
13 2 ἀπὼν νῦν τ. προημαρτηκόσι
Ga **1** 23 [6] ὁ διώκων ἡμᾶς ποτὲ νῦν εὐαγγελίζεται τ. πίστιν
2 20 ὃ δὲ νῦν ζῶ ἐν σαρκί
3 3 ἐναρξάμενοι πνεύματι νῦν σαρκὶ ἐπιτελεῖσθε,
4 9 νῦν δὲ γνόντες Θεόν
25 συνστοιχεῖ δὲ τῇ νῦν Ἰερουσαλήμ
29 ὥσπερ τότε . . . οὕτως κ. νῦν
Eph **2** 2 τ. πνεύματος τοῦ νῦν ἐνεργοῦντος ἐν τ. υἱοῖς τ. ἀπειθείας
3 5 ὡς νῦν ἀπεκαλύφθη τ. ἁγίοις ἀποστόλοις αὐτοῦ
10 ἵνα γνωρισθῇ νῦν τ. ἀρχαῖς κ. τ. ἐξουσίαις
5 8 [6] ἦτε γάρ ποτε σκότος νῦν δὲ φῶς ἐν Κυρίῳ
Phl **1** 5 [1] ἀπὸ τ. πρώτης ἡμέρας ἄχρι τοῦ νῦν
20 κ. νῦν μεγαλυνθήσεται Χριστὸς ἐν τ. σώματί μου
30 κ. νῦν ἀκούετε ἐν ἐμοί
2 12 νῦν πολλῷ μᾶλλον ἐν τ. ἀπουσίᾳ μου
3 18 νῦν δὲ κ. κλαίων λέγω
Col **1** 24 νῦν χαίρω ἐν τ. παθήμασιν ὑπὲρ ὑμῶν
26 νῦν δὲ ἐφανερώθη τ. ἁγίοις αὐτοῦ
I Th **3** 8 ὅτι νῦν ζῶμεν ἐὰν ὑμεῖς στήκετε ἐν Κυρίῳ
II Th **2** 6 νῦν τὸ κατέχον οἴδατε
I Ti **4** 8 [6] ἐπαγγελίαν ἔχουσα ζωῆς τῆς νῦν κ. τ. μελλούσης
6 17 τ. πλουσίοις ἐν τ. νῦν αἰῶνι παράγγελλε
II Ti **1** 10 φανερωθεῖσαν δὲ νῦν διὰ τ. ἐπιφανείας τ. σωτῆρος ἡμῶν
4 10 ἀγαπήσας τὸν νῦν αἰῶνα
Tit **2** 12 εὐσεβῶς ζήσωμεν ἐν τ. νῦν αἰῶνι
Phm 9 νῦν δὲ κ. δέσμιος Χριστοῦ Ἰησοῦ νυνὶ, TWH non mg.

He 2 8 νῦν δὲ οὔπω ὁρῶμεν αὐτῷ τὰ πάντα ὑποτεταγμένα
8 6 νῦν δὲ διαφορωτέρας τέτυχεν λειτουργίας
νυνὶ, TWH mg.
9 5 περὶ ὧν οὐκ ἔστιν νῦν λέγειν κατὰ μέρος
24 νῦν ἐμφανισθῆναι τ. προσώπῳ τ. Θεοῦ
11 16 νῦν δὲ κρείττονος ὀρέγονται
12 26 νῦν δὲ ἐπήγγελται λέγων
Ja 4 13 ἄγε νῦν οἱ λέγοντες
16 νῦν δὲ καυχᾶσθε ἐν τ. ἀλαζονίαις ὑμῶν
5 1 ἄγε νῦν οἱ πλούσιοι
I Pe 1 12 διηκόνουν αὐτὰ ἃ νῦν ἀνηγγέλη ὑμῖν
2 10 [6] οἵ ποτε οὐ λαὸς νῦν δὲ λαὸς Θεοῦ·
οἱ οὐκ ἠλεημένοι νῦν δὲ ἐλεηθέντες
25 ἐπεστράφητε νῦν ἐπὶ τ. ποιμένα κ. ἐπίσκοπον τ. ψυχῶν ὑμῶν
3 21 ὃ κ. ὑμᾶς ἀντίτυπον νῦν σώζει βάπτισμα
II Pe 3 7 οἱ δὲ νῦν οὐρανοὶ κ. ἡ γῆ
18 αὐτῷ ἡ δόξα κ. νῦν κ. εἰς ἡμέραν αἰῶνος
I Jo 2 18 κ. νῦν ἀντίχριστοι πολλοὶ γεγόνασιν
28 κ. νῦν τεκνία μένετε ἐν αὐτῷ
3 2 ἀγαπητοὶ νῦν τέκνα Θεοῦ ἐσμέν
4 3 κ. νῦν ἐν τ. κόσμῳ ἐστὶν ἤδη
II Jo 5 κ. νῦν ἐρωτῶ σε κυρία
Ju 25 δόξα . . . κ. νῦν κ. εἰς πάντας τ. αἰῶνας

ΝΥΝΙ΄ 3570

Ac 22 1 ἀκούσατέ μου τῆς πρὸς ὑμᾶς νυνὶ ἀπολογίας
24 13 περὶ ὧν νυνὶ κατηγοροῦσίν μου
Ro 3 21 νυνὶ δὲ χωρὶς νόμου δικαιοσύνη Θεοῦ πεφανέρωται
6 22 νυνὶ δὲ ἐλευθερωθέντες ἀπὸ τ. ἁμαρτίας
7 6 νυνὶ δὲ κατηργήθημεν ἀπὸ τ. νόμου
17 νυνὶ δὲ οὐκέτι ἐγὼ κατεργάζομαι αὐτό
11 30 νυνὶ δὲ ἠλεήθητε τ. τούτων ἀπειθείᾳ
νῦν, TWH non mg.
15 23 νυνὶ δὲ μηκέτι τόπον ἔχων
25 νυνὶ δὲ πορεύομαι εἰς Ἰερουσαλὴμ
I Co 5 11 νυνὶ δὲ ἔγραψα ὑμῖν μὴ συναναμίγνυσθαι
νῦν, WH
12 18 νυνὶ δὲ ὁ Θεὸς ἔθετο τὰ μέλη
νῦν. WH non mg.
13 13 νυνὶ δὲ μένει πίστις ἐλπὶς ἀγάπη
15 20 νυνὶ δὲ Χριστὸς ἐγήγερται ἐκ νεκρῶν
II Co 8 11 νυνὶ δὲ κ. τὸ ποιῆσαι ἐπιτελέσατε
22 νυνὶ δὲ πολὺ σπουδαιότερον
Eph 2 13 νυνὶ δὲ ἐν Χριστῷ Ἰησοῦ . . . ἐγενήθητε ἐγγύς
Col 1 22 νυνὶ δὲ ἀποκατήλλαξεν ἐν τ. σώματι τ. σαρκὸς αὐτοῦ
3 8 νυνὶ δὲ ἀπόθεσθε κ. ὑμεῖς τὰ πάντα
Phm 9 νυνὶ δὲ καὶ δέσμιος Χριστοῦ Ἰησοῦ
νῦν, WH mg.
11 νυνὶ δέ σοι κ. ἐμοὶ εὔχρηστον
He 8 6 νυνὶ δὲ διαφορωτέρας τέτυχεν λειτουργίας
νῦν, WH non mg.
9 26 νυνὶ δὲ ἅπαξ ἐπὶ συντελείᾳ τ. αἰώνων

ΝΥ΄Ξ 3571

(1) νυκτός (2) νυκτ. κ. ἡμέρας, ἡμέραν
(3) διὰ νυκτός (4) metaph.

Mt 2 14 [1] παρέλαβεν τὸ παιδίον κ. τ. μητέρα αὐτοῦ νυκτός
4 2 [2] νηστεύσας ἡμέρας τεσσεράκοντα κ. νύκτας τεσσεράκοντα
τεσσ. νύκτ., T
12 40 [2] ὥσπερ γὰρ ἦν Ἰωνᾶς . . . τρεῖς ἡμέρας κ. τρεῖς νύκτας,
[2] οὕτως ἔσται ὁ υἱὸς τ. ἀνθρώπου . . . τρεῖς ἡμέρας κ. τρεῖς νύκτας
14 25 τετάρτῃ δὲ φυλακῇ τ. νυκτὸς ἦλθεν
25 6 [1] μέσης δὲ νυκτὸς κραυγὴ γέγονεν
26 31 σκανδαλισθήσεσθε ἐν ἐμοὶ ἐν τ. νυκτὶ ταύτῃ
34 ἐν ταύτῃ τ. νυκτὶ . . . τρὶς ἀπαρνήσῃ με
28 13 [1] οἱ μαθηταὶ αὐτοῦ νυκτὸς ἐλθόντες
Mk 4 27 [2] ὡς ἄνθρωπος . . . καθεύδῃ κ. ἐγείρηται νύκτα κ. ἡμέραν
5 5 [2] διὰ παντὸς νυκτὸς κ. ἡμέρας . . . ἦν κράζων
6 48 περὶ τετάρτην φυλακὴν τ. νυκτὸς ἔρχεται
14 30 σήμερον ταύτῃ τ. νυκτὶ . . . τρίς με ἀπαρνήσῃ
Lu 2 8 [1] φυλάσσοντες φυλακὰς τ. νυκτὸς ἐπὶ τ. ποίμνην αὐτῶν
37 [2] νηστείαις κ. δεήσεσι λατρεύουσα νύκτα κ. ἡμέραν
5 5 [3] δι' ὅλης νυκτὸς κοπιάσαντες οὐδὲν ἐλάβομεν
12 20 ταύτῃ τ. νυκτὶ τ. ψυχήν σου αἰτοῦσιν ἀπὸ σοῦ
17 34 ταύτῃ τ. νυκτὶ ἔσονται δύο ἐπὶ κλίνης μιᾶς
18 7 [2] τ. ἐκλεκτῶν αὐτοῦ τ. βοώντων αὐτῷ ἡμέρας κ. νυκτός
21 37 τ. δὲ νύκτας ἐξερχόμενος ηὐλίζετο
Jo 3 2 [1] οὗτος ἦλθεν πρὸς αὐτὸν νυκτός
9 4 [4] ἔρχεται νὺξ ὅτε οὐδεὶς δύναται ἐργάζεσθαι
11 10 ἐὰν δέ τις περιπατῇ ἐν τ. νυκτί
13 30 ἐξῆλθεν εὐθύς ἦν δὲ νύξ
19 39 [1] Νικόδημος ὁ ἐλθὼν πρὸς αὐτὸν νυκτὸς τὸ πρῶτον
21 3 ἐν ἐκείνῃ τ. νυκτὶ ἐπίασαν οὐδέν
Ac 5 19 [3] διὰ νυκτὸς ἤνοιξεν τ. θύρας τ. φυλακῆς
9 24 [2] παρετηροῦντο δὲ κ. τ. πύλας ἡμέρας τε κ. νυκτός
25 [1] λαβόντες δὲ οἱ μαθηταὶ αὐτοῦ νυκτός
12 6 τ. νυκτὶ ἐκείνῃ ἦν ὁ Πέτρος κοιμώμενος
16 9 [3] ὅραμα διὰ νυκτὸς τ. Παύλῳ ὤφθη
33 παραλαβὼν αὐτοὺς ἐν ἐκείνῃ τ. ὥρᾳ τ. νυκτός
17 10 [3] εὐθέως διὰ νυκτὸς ἐξέπεμψαν τόν τε Παῦλον κ. τ. Σίλαν
18 9 εἶπεν δὲ ὁ Κύριος ἐν νυκτὶ δι' ὁράματος
20 31 [2] τριετίαν νύκτα κ. ἡμέραν οὐκ ἐπαυσάμην
23 11 τ. δὲ ἐπιούσῃ νυκτὶ ἐπιστὰς αὐτῷ ὁ Κύριος
23 ἑτοιμάσατε . . . ἀπὸ τρίτης ὥρας τ. νυκτός
31 [3] ἤγαγον διὰ νυκτὸς εἰς τ. Ἀντιπατρίδα
26 7 [2] ἐν ἐκτενείᾳ νύκτα κ. ἡμέραν λατρεῦον
27 23 παρέστη γάρ μοι ταύτῃ τ. νυκτὶ τ. Θεοῦ . . . ἄγγελος
27 ὡς δὲ τεσσαρεσκαιδεκάτη νὺξ ἐγένετο
27 κατὰ μέσον τ. νυκτὸς ὑπενόουν οἱ ναῦται
Ro 13 12 [4] ἡ νὺξ προέκοψεν
I Co 11 23 ὁ Κύριος Ἰησοῦς ἐν τ. νυκτὶ ᾗ παρεδίδετο
I Th 2 9 [2] νυκτὸς κ. ἡμέρας ἐργαζόμενοι
3 10 [2] νυκτὸς κ. ἡμέρας ὑπερεκπερισσοῦ δεόμενοι
5 2 ἡμέρα Κυρίου ὡς κλέπτης ἐν νυκτὶ οὕτως ἔρχεται
5 [4] οὐκ ἐσμὲν νυκτὸς οὐδὲ σκότους

I Th 5 7 [1] οἱ γὰρ καθεύδοντες νυκτὸς καθεύδουσιν·
[1] κ. οἱ μεθυσκόμενοι νυκτὸς μεθύουσιν
II Th 3 8 [2] νυκτὸς κ. ἡμέρας ἐργαζόμενοι
I Ti 5 5 [2] προσμένει τ. δεήσεσι κ. τ. προσευχαῖς νυκτὸς κ. ἡμέρας
II Ti 1 3 [2] νυκτὸς κ. ἡμέρας ἐπιποθῶν σε ἰδεῖν
Re 4 8 [2] ἀνάπαυσιν οὐκ ἔχουσιν ἡμέρας κ. νυκτός
7 15 [2] λατρεύουσιν αὐτῷ ἡμέρας κ. νυκτός
8 12 ἵνα . . . ἡ ἡμέρα μὴ φάνῃ τὸ τρίτον αὐτῆς κ. ἡ νὺξ ὁμοίως
12 10 [2] ὁ κατηγορῶν αὐτοὺς ἐνώπιον τ. Θεοῦ ἡμῶν ἡμέρας κ. νυκτός
14 11 [2] οὐκ ἔχουσιν ἀνάπαυσιν ἡμέρας κ. νυκτός
20 10 [2] βασανισθήσονται ἡμέρας κ. νυκτὸς εἰς τ. αἰῶνας τ. αἰώνων
21 25 νὺξ γὰρ οὐκ ἔσται ἐκεῖ
22 5 νὺξ οὐκ ἔσται ἔτι

ΝΥ'ΣΣΩ ** 3572

Mt 27 49 ἄλλος δὲ λαβὼν λόγχην ἔνυξεν αὐτοῦ τ. πλευράν
—h. v., T [[WH]] R non mg.
Jo 19 34 εἷς τ. στρατιωτῶν λόγχῃ αὐτοῦ τ. πλευρὰν ἔνυξεν

ΝΥΣΤΑ'ΖΩ 3573

Mt 25 5 χρονίζοντος δὲ τ. νυμφίου ἐνύσταξαν πᾶσαι
II Pe 2 3 ἡ ἀπώλεια αὐτῶν οὐ νυστάζει

ΝΥΧΘΗ'ΜΕΡΟΝ * † 3574

II Co 11 25 νυχθήμερον ἐν τ. βυθῷ πεποίηκα

ΝΩ'Ε 3575

Mt 24 37 ὥσπερ γὰρ αἱ ἡμέραι τοῦ Νῶε
38 ἄχρι ἧς ἡμέρας εἰσῆλθεν Ν. εἰς τὴν κιβωτον
Lu 3 36 τοῦ Σὴμ τοῦ Νῶε τοῦ Λάμεχ
17 26 καθὼς ἐγένετο ἐν τ. ἡμέραις Νῶε
27 ἄχρι ἧς ἡμέρας εἰσῆλθεν Ν. εἰς τὴν κιβωτόν
He 11 7 πίστει χρηματισθεὶς Ν. περὶ τῶν μηδέπω βλεπομένων
I Pe 3 20 ὅτε ἀπεξεδέχετο ἡ τ. Θεοῦ μακροθυμία ἐν ἡμέραις Νῶε
II Pe 2 5 ὄγδοον Ν. δικαιοσύνης κήρυκα ἐφύλαξεν

ΝΩΘΡΟ'Σ 3576

He 5 11 ἐπεὶ νωθροὶ γεγόνατε τ. ἀκοαῖς
6 12 ἵνα μὴ νωθροὶ γένησθε

ΝΩ'ΤΟΣ 3577

Ro 11 10 τ. νῶτον αὐτῶν διὰ παντὸς σύνκαμψον
מָתְנֵיהֶם תָּמִיד הַמְעַד, Ps. lxix. 24

Ξ

ΞΕΝΙ'Α ** 3578

Ac 28 23 ἦλθαν πρὸς αὐτὸν εἰς τ. ξενίαν πλείονες
Phm 22 ἅμα δὲ κ. ἑτοίμαζέ μοι ξενίαν

ΞΕΝΙ'ΖΩ ** 3579

Ac 10 6 οὗτος ξενίζεται παρά τινι Σίμωνι βυρσεῖ
18 εἰ Σίμων ὁ ἐπικαλούμενος Πέτρος ἐνθάδε ξενίζεται
23 εἰσκαλεσάμενος οὖν αὐτοὺς ἐξένισεν
32 οὗτος ξενίζεται ἐν οἰκίᾳ Σίμωνος βυρσέως
17 20 ξενίζοντα γάρ τινα εἰσφέρεις εἰς τ. ἀκοὰς ἡμῶν
21 16 ἄγοντες παρ' ᾧ ξενισθῶμεν
28 7 ὃς ἀναδεξάμενος ἡμᾶς . . . φιλοφρόνως ἐξένισεν
He 13 2 ἔλαθόν τινες ξενίσαντες ἀγγέλους
I Pe 4 4 ἐν ᾧ ξενίζονται μὴ συντρεχόντων ὑμῶν
12 μὴ ξενίζεσθε τῇ ἐν ὑμῖν πυρώσει

ΞΕΝΟΔΟΧΕ'Ω * 3580

I Ti 5 10 εἰ ἐξενοδόχησεν

ΞΕ'ΝΟΣ 3581

Mt 25 35 ξένος ἤμην κ. συνηγάγετέ με
38 πότε δέ σε εἴδαμεν ξένον κ. συνηγάγομεν;
43 ξένος ἤμην κ. οὐ συνηγάγετέ με
44 πότε σε εἴδομεν . . . ξένον
27 7 ἠγόρασαν . . . τ. ἀγρὸν τ. κεραμέως εἰς ταφὴν τ. ξένοις
Ac 17 18 ξένων δαιμονίων δοκεῖ καταγγελεὺς εἶναι
Ac 17 21 Ἀθηναῖοι δὲ πάντες κ. οἱ ἐπιδημοῦντες ξένοι
Ro 16 23 ἀσπάζεται ὑμᾶς Γαῖος ὁ ξένος μου
Eph 2 12 ξένοι τ. διαθηκῶν τ. ἐπαγγελίας
19 ἄρα οὖν οὐκέτι ἐστὲ ξένοι κ. πάροικοι
He 11 13 ὁμολογήσαντες ὅτι ξένοι κ. παρεπίδημοί εἰσιν
13 9 διδαχαῖς ποικίλαις κ. ξέναις μὴ παραφέρεσθε
I Pe 4 12 ὡς ξένου ὑμῖν συμβαίνοντος
III Jo 5 ὃ ἐὰν ἐργάσῃ εἰς τ. ἀδελφοὺς κ. τοῦτο ξένους

ΞΕ'ΣΤΗΣ ** † 3582

Mk 7 4 βαπτισμοὺς ποτηρίων κ. ξεστῶν κ. χαλκίων

ΞΗΡΑΙ'ΝΩ 3583

Mt 13 6 διὰ τὸ μὴ ἔχειν ῥίζαν ἐξηράνθη
21 19 ἐξηράνθη παραχρῆμα ἡ συκῆ
20 πῶς παραχρῆμα ἐξηράνθη ἡ συκῆ;
Mk 3 1 ἦν ἐκεῖ ἄνθρωπος ἐξηραμμένην ἔχων τ. χεῖρα
4 6 διὰ τὸ μὴ ἔχειν ῥίζαν ἐξηράνθη
5 29 εὐθὺς ἐξηράνθη ἡ πηγὴ τ. αἵματος αὐτῆς
9 18 τρίζει τ. ὀδόντας κ. ξηραίνεται
11 20 εἶδον τ. συκῆν ἐξηραμμένην ἐκ ῥιζῶν
21 ἡ συκῆ ἣν κατηράσω ἐξήρανται
Lu 8 6 φυὲν ἐξηράνθη διὰ τὸ μὴ ἔχειν ἰκμάδα
Jo 15 6 ἐβλήθη ἔξω ὡς τὸ κλῆμα κ. ἐξηράνθη
Ja 1 11 ὁ ἥλιος . . . ἐξήρανεν τ. χόρτον
I Pe 1 24 ἐξηράνθη ὁ χόρτος
יָבֵשׁ חָצִיר, Is. xl. 7
Re 14 15 ὅτι ἐξηράνθη ὁ θερισμὸς τ. γῆς
16 12 ἐξηράνθη τὸ ὕδωρ αὐτοῦ

ΞΗΡΟ´Σ 3584

Mt 12 10 ἰδοὺ ἄνθρωπος χεῖρα ἔχων ξηράν
23 15 περιάγετε τ. θάλασσαν κ. τ. ξηράν
Mk 3 3 λέγει τ. ἀνθρώπῳ τῷ τ. χεῖρα ἔχοντι ξηράν
τ. ξηρ. χ. ἔχ., T
Lu 6 6 ἡ χεὶρ αὐτοῦ ἡ δεξιὰ ἦν ξηρά
8 εἶπεν δὲ τ. ἀνδρὶ τῷ ξηρὰν ἔχοντι τ. χεῖρα
23 31 ἐν τ. ξηρῷ τί γένηται;
Jo 5 3 κατέκειτο πλῆθος τ. ἀσθενούντων τυφλῶν χωλῶν ξηρῶν
He 11 29 πίστει διέβησαν τ. ἐρυθρὰν θάλασσαν ὡς διὰ ξηρᾶς γῆς

ΞΥ´ΛΙΝΟΣ 3585

II Ti 2 20 ἀλλὰ κ. ξύλινα κ. ὀστράκινα
Re 9 20 ἵνα μὴ προσκυνήσουσιν τὰ δαιμόνια κ. τὰ εἴδωλα . . . τὰ ξύλινα

ΞΥ´ΛΟΝ 3586

(1) ξύλον τ. ζωῆς

Mt 26 47 ὄχλος πολὺς μετὰ μαχαιρῶν κ. ξύλων
55 ὡς ἐπὶ λῃστὴν ἐξήλθατε μετὰ μαχαιρῶν κ. ξύλων
Mk 14 43 ὄχλος μετὰ μαχαιρῶν κ. ξύλων
48 ὡς ἐπὶ λῃστὴν ἐξήλθατε μετὰ μαχαιρῶν κ. ξύλων
Lu 22 52 ὡς ἐπὶ λῃστὴν ἐξήλθατε μετὰ μαχαιρῶν κ. ξύλων;
Lu 23 31 εἰ ἐν ὑγρῷ ξύλῳ ταῦτα ποιοῦσιν
τῷ ὑγ. ξυλ., TWH mg.
Ac 5 30 ὃν ὑμεῖς διεχειρίσασθε κρεμάσαντες ἐπὶ ξύλου
10 39 ὃν κ. ἀνεῖλαν κρεμάσαντες ἐπὶ ξύλου
13 29 καθελόντες ἀπὸ τ. ξύλου ἔθηκαν εἰς μνημεῖον
16 24 τ. πόδας ἠσφαλίσατο αὐτῶν εἰς τὸ ξύλον
I Co 3 12 εἰ δέ τις ἐποικοδομεῖ ἐπὶ τὸν θεμέλιον . . . ξύλα χόρτον καλάμην
Ga 3 13 ἐπικατάρατος πᾶς ὁ κρεμάμενος ἐπὶ ξύλου
קִלְלַת אֱלֹהִים תָּלוּי, Dt. xxi. 23
I Pe 2 24 αὐτὸς ἀνήνεγκεν ἐν τ. σώματι αὐτοῦ ἐπὶ τὸ ξύλον
Re 2 7 [1] δώσω αὐτοῦ φαγεῖν ἐκ τ. ξύλου τ. ζωῆς
18 12 πᾶν ξύλον θύινον
12 κ. πᾶν σκεῦος ἐκ ξύλου τιμιωτάτου
22 2 [1] ἐντεῦθεν κ. ἐκεῖθεν ξύλον ζωῆς ποιοῦν καρποὺς δώδεκα
2 τὰ φύλλα τ. ξύλου εἰς θεραπείαν τ. ἐθνῶν
14 [1] ἵνα ἔσται ἡ ἐξουσία αὐτῶν ἐπὶ τὸ ξύλον τ. ζωῆς
19 [1] ἀφελεῖ ὁ Θεὸς τὸ μέρος αὐτοῦ ἀπὸ τ. ξύλου τ. ζωῆς

ΞΥΡΑ´ΟΜΑΙ 3587

Ac 21 24 ἵνα ξυρήσονται τ. κεφαλήν
I Co 11 5 ἓν γάρ ἐστιν κ. τὸ αὐτὸ τ. ἐξυρημένῃ
6 εἰ δὲ αἰσχρὸν γυναικὶ τὸ κείρασθαι ἢ ξυρᾶσθαι

O

῾Ο, ῾Η, ΤΟ´ 3588

ὁ μὲν . . . ὁ δέ, ἄλλος δέ

Mt 16 14 οἱ μὲν Ἰωάνην τ. βαπτιστήν· ἄλλοι δὲ Ἠλείαν· ἕτεροι δὲ Ἰερεμίαν
Jo 7 12 οἱ μὲν ἔλεγον ὅτι Ἀγαθός ἐστιν· ἄλλοι δὲ ἔλεγον Οὔ
Ac 14 4 οἱ μὲν ἦσαν σὺν τ. Ἰουδαίοις οἱ δὲ σὺν τ. ἀποστόλοις
17 18 κ. τινες ἔλεγον Τί ἂν θέλοι . . . λέγειν; οἱ δέ
32 οἱ μὲν ἐχλεύαζον οἱ δὲ εἶπαν
28 24 οἱ μὲν ἐπείθοντο τ. λεγομένοις οἱ δὲ ἠπίστουν
I Co 7 7 ὁ μὲν οὕτως ὁ δὲ οὕτως
Ga 4 23 ὁ μὲν ἐκ τ. παιδίσκης κατὰ σάρκα γεγέννηται· ὁ δὲ ἐκ τ. ἐλευθέρας δι' ἐπαγγελίας
Eph 4 11 αὐτὸς ἔδωκεν τοὺς μὲν ἀποστόλους τοὺς δὲ προφήτας τοὺς δὲ εὐαγγελιστὰς τοὺς δὲ ποιμένας κ. διδασκάλους
Phl 1 16 οἱ μὲν ἐξ ἀγάπης . . . οἱ δὲ ἐξ ἐριθίας τ. Χριστὸν καταγγέλλουσιν
He 7 21 οἱ μὲν γὰρ χωρὶς ὁρκωμοσίας . . . ὁ δὲ μετὰ ὁρκωμοσίας
23 οἱ μὲν πλείονές εἰσιν γεγονότες ἱερεῖς . . . ὁ δὲ . . . ἀπαράβατον ἔχει τ. ἱερωσύνην
12 10 οἱ μὲν γὰρ πρὸς ὀλίγας ἡμέρας κατὰ τὸ δοκοῦν αὐτοῖς ἐπαίδευον· ὁ δὲ ἐπὶ τὸ συμφέρον

ὁ δέ, οἱ δέ

(1) ἡ δέ, αἱ δέ (2) οἱ μέν

Mt 2. 5, 9, 14, 21; 4. 4, 20, 22; 8. 32; 9. 12, 31; 12. 3, 11, 39, 48; 13. 11, 28, 28 + δοῦλοι, TR, 29, 37, 52; 14. [1]8, 17, 18, 29; 15. 3, 13, 23, 24, [1]25, 26, [1]27, 34; 16. 2, 7, 14, 23; 17. 11, 20; 18. 30; 19. 4, 11, 17; 20. 5, 13, 21, [1]21 —TWH non mg. R, 31; 21. 25, 29, 30; 22. 5, 12, 19; 24. 2; 25. 12; 26. 15, 18, 23, 57, 66, 67, 70; 27. 4, 21, 23 (*bis*), 66; 28. [1]9, 15, 17.

Mk 1. 45; 3. 4; 5. 34; 6. [1]24, 37, 38, 49; 7. 6, [1]28; 8. 5, 28, 33; 9. 12, 19, 21, 32, 34; 10. 3, 4, 20, 22, 26, 36, 37, 39, 48, 50; 11. 6; 12. 15, 16, (*bis*); 14. 11, 20, 31, 46, 52, 61, 68, 70, 71; 15. 2, 13, 14; 16. 6.

Lu 1. [1]29; 3. 13; 4. 40, 43; 5. 33, 34; 6. 10; 7. 4, 40, 43; 8. 10, 21, 24, 30, 48, 52, 56; 9. 13, 19, 21, 45, 59; 10. 26, 27, 29, 37; 11. 46; 12. 14; 13. 8, 23; 14. 4, 16; 15. 12 καί, T, 27, 29, 31; 16. 6 (*bis*), 7, 30; 17. 37; 18. 21, 23, 27, 29, 41; 19. 34; 20. 5, 11, 12, 17, 24, 25; 21. 8; 22. 9, 10, 25, 33, 34, 35, 36 —WH, 38 (*bis*), 57, 70, 71; 23. 3, 5, 21, 22, 23; 24. 19, 42.

Jo 1. 39; 2. 8; 4. 32; 5. 17 + Ἰησοῦς, R; 6. 20; 7. 41 ἄλλοι, T; 8. [9, [[1]11; 9. 15, 17, 38; 18. 7; 20. 25; 21. 6 —T.

Ac 1. 6; 2. [2]41; 3. 5; 4. 21, 24; 5. [1]8, 33, [2]41; 7. 2, 25; 8. [2]4, [2]25, 31; 9. 5, 10, 29, [1]40; 10. 4, 22; 12. 15, [1]15, 15; 13. 51; 15. [2]3, [2]30; 16. 31; 19. 2, 3 εἰπέν τε, WH non mg., 3; 21. 20, 32, 37; 22. 14, 27; 23. [2]18; 28. [2]5, 6, 21.

seq. gen.

(1) c. nom. propr.

Mt 1. [1]6; 4. [1]21; 8. 33; 10. [1]2, [1]3; 16. [1]13, 23 (*bis*); 21. 21, [1]25; 22. [1]21, 21.

Mk 1. ^{1}19 ; 2. ^{1}14 ; 3. ^{1}17, ^{1}18 ; 8. ^{1}27, 33 (*bis*) ; 11. 1 τῶν, TWH non mg. R, ^{1}30 ; 12. ^{1}17, 17 ; 15. ^{1}47 ; 16. ^{1}1.
Lu 2. 49 ; 5. ^{1}33 ; 16. 8 ; 20. ^{1}4 —τὸ WHR, ^{1}25, 25 ; 24. ^{1}10.
Jo 6. 33 —ὁ, WHR ; 7. ^{1}23 —ὁ, WHR ; 19. ^{1}25 ; 21. ^{1}2.
Ac 11. 23 ; 13. ^{1}22 ; 15. ^{1}1 ; 16. 33 ; 23. ^{1}35 τοῦ, TWH non mg. R ; 26. 12.
Ro 2. 14 ; 5. 15 ; 8. 5 (*bis*) ; 14. 19 (*bis*) ; 16. ^{1}10, ^{1}11.
I Co 1. ^{1}11, 18 ; 2. 11 (*bis*), 14 ; 7. 32, 33, 34 (*bis*) ; 10. 24 (*bis*), 29 (*bis*), 33 ; 13. 5 τὸ μή, WH mg., 11 ; 15. ^{1}23 ; 16. 18.
II Co 11. 30 ; 12. 14.
Ga 2. 20 ; 5. ^{1}24.
Phl 2. 4 (*bis*), 21, ^{1}21.
I Ti 6. ^{1}3.
II Ti 3. 9.
Tit 2. 10.
He 7. 27.
Ja 1. 25 ; 4. 14 —τὸ, WH ; τὰ, WH mg.
II Pe 2. 22.
I Jo 3. 12 ; 4. 3.

c. du. nomin.

(1) nom. reg. *anarthr.* (2) nom. rect. *anarthr.*
cf. **εἷς, ὅλος, οὗτος, πᾶς, τίς**

Mt 1. ^{2}12, ^{2}16, ^{2}17 (*bis*), 18 ; 2. ^{1}1 (*bis*), 2, 4, ^{1}5, ^{2}6, 7, ^{2}14, 22 ; 3. 1, 2, ^{2}3, 10 ; 4. 5, ^{1}15, 17, 18, 23 ; 5. 3, 10, 13, 14, 19 (*bis*), 20, 22, ^{1}35 (*bis*) ; 6. 5, 22, 28, 30 ; 7. 3, 21 (*bis*) ; 8. ^{2}14, 20 (*bis*), 31 ; 9. ^{2}14, 15, 20, 23, 34, 35, 38 ; 10. 2, ^{2}6, 7, 14 ἐκ τῶν, TWH mg., 23 (*bis*), 30, ^{1}36 ; 11. 2, 8, 11, ^{2}12, 12, 19, ^{1}25 ; 12. 4 (*bis*), ^{1}8, 8, ^{1}24, 28, 29, 31, 32, 34, 40 (*ter*), ^{2}41, 42, ^{2}42, 50 ; 13. 11, ^{2}14, 15, 19, 22 (*bis*), 24, 27, ^{1}30, 31, 32, 33, 36, 37, 38 (*bis*), 40, 41, 42 (*bis*), 43, 44, 45, 47, 49, 50 (*bis*), 52, 55 ; 14. ^{2}3, ^{2}8, 20, 35, 36 ; 15. 2, 3, 6, ^{2}24, 26, 27, 29, ^{2}31, 37 ; 16. 3 (*bis*), ^{2}4, 6, 9, 10, 11, 12 (*bis*), ^{2}13, 13, 16, 19, ^{1}26, 27 (*bis*) ; 17. 9, 12, 22, 25 ; 18. 1, 3, 4, 6, 9, 10, 11 —h. v., TWHR non mg., 23, 27 ; 19. 1, 10, 12, 14, 23, 24, 28 (*bis*) ; 20. 1, 8, 12, 18, 20, ^{2}20, 25, 28 ; 21. 1, ^{2}5, ^{1}11, 12 —τ. Θεοῦ, WH non mg. R mg., 12 (*bis*), 31, 34, 40, 43 ; 22. 2, 9, 13, 16, 19, 29, 31 ; 23. 4, 13 —h. v., TWHR non mg., 14, 16, 22, 29 (*bis*), 30 (*bis*), ^{1}31, 32, 33, ^{2}35 (*bis*) ; 24. 1, 3 (*bis*), 12, 15, 27, 29 (*bis*), 30 (*ter*), 36, 37, 39, 44, 50, 51 ; 25. 1, 18, 19, 21, 23, 30, 31 ; 26. 2, 3 (*bis*), 24 (*bis*), 29, 30, 45, ^{1}47, 51, 56, 58, 61, 64 (*bis*), ^{1}64 ; 27. 1, 7, 10, 27, ^{1}29 ὁ βασιλεὺς, TWH mg., 37, 40 —τοῦ, WH mg., 51, ^{1}52, 56, 58, 60 ; 28. 19, 20.
Mk 1. ^{1}1, ^{2}3, 7, 14, 15, 16, ^{2}30 ; 2. 10, 19, 26, 28 ; 3. 5, 17, 22, 27, 35 ; 4. 11, 19 (*bis*), 26, 30, 32 ; 5. ^{1}7, 29, 38, 40 ; 6. 3, ^{1}7, 18, 21, ^{1}23, ^{2}24, ^{2}25, 56 ; 7. 3, 5, 8 (*bis*), 9, 13, ^{2}24, 27, 28, ^{2}31 (*bis*), 31, 35 ; 8. ^{2}10, 15, ^{2}15, ^{2}27, ^{1}37, 38 (*bis*) ; 9. 1, 9, 12, 24, 31, 47 ; 10. 1, 14, 15, 23, 24, 25 —τῆς, WH non mg. R, 25, 33. ^{2}35 ; 11. 1 τὸ ἐλαιῶν, WH mg., 10, 15 (*bis*) ; 12. 2, 9, 14, 24, ^{2}26 (*bis*), ^{2}26 (*bis*), —ὁ, T, ^{2}27 ὁ, TWH mg., 34, 40 ; 13. 3, 14, 26, 35 ; 14. ^{2}3, 21 (*bis*), 25 (*bis*), 26, 41 (*bis*), 47, 61, 62 (*bis*), 66 ; 15. 2, 9, 12, ^{2}21, 26 (*bis*), ^{2}32, 38, 43 (*bis*), 46 ; 16. 3.

Lu 1. ^{1}2, ^{2}5 (*bis*), 8 (*bis*), 9, 10, 11, ^{2}16, 23, ^{1}26, 27, ^{2}32, ^{2}33, ^{2}40, 41, 42, 43, 44, 48, 59, 68, ^{1}70 ; 2. 22, ^{2}24, ^{1}25, 27, 41, 42 ; 3. ^{2}4, 6, 9, 16, 24 —38 *passim* ; 4. 9, ^{1}9, 14, 16, ^{1}17, 22, ^{2}25, ^{1}26, ^{1}29, ^{1}38, 43, 44 ; 5. 1, ^{2}1, 9, 24, 34 ; 6. 4, 5, 12, 20, 22, 49 ; 7. 1, ^{1}3, 12, 28, ^{2}29, 30, 34, 36, 37, 38 ; 8. 10 (*bis*), 11, 24, ^{1}28, 35, 37, ^{1}41, ^{2}41, 44 (*bis*), 51 ; 9. 2, 11, 20, 22, 26 (*bis*), 27, 43, 44, 51, 56 —h. v., TWH non mg. R non mg., 58 (*bis*), 60, 62 ; 10. 2, 9, 11, ^{1}21, 39 ; 11. 15, 20, ^{2}29, 30, 31 (*bis*), ^{2}32, 34, 42, 47, 49, ^{2}51, 52 ; 12. 1, 7, 8, 9, 10, 31 αὐτοῦ, TWHR non mg., 40, 47, 56 ; 13. 14, 16, 18, 19, 20, 28 (*bis*), 29 ; 14. 1, ^{1}5, 14, 15, 17, 21 ; 15. 10, 12, 15 ; 16. 2, 8 (*bis*), 9, 16, 21, ^{2}22, 24, 27 ; 17. 20 (*bis*), 21, 22 (*bis*), 24, ^{2}26, 26 (*bis*), ^{2}28, 30, ^{2}32 ; 18. 6, 7, 8, 16, 17, 25, 31 ; 19. 10, 11, 37 (*bis*), 44, 47 ; 20. ^{2}4 + τὸ, T, 10, 15, 20, 21, ^{1}36, ^{2}37, ^{1}43, 47 ; 21. ^{1}26, 27, 31, 36 ; 22. 3, 7, 16, 18 (*bis*), 22, 25, 39, 48, 54, 61, 69 (*bis*), 70 ; 23. 3, ^{2}7, 35, 37, 45, ^{1}51, 51, 52 ; 24. 3 —[[WH]] R mg., 7, 35, 49.
Jo 1. 4, 18, 19, 27, 29 (*bis*), 34, 36, ^{2}41, ^{2}43, ^{2}45, ^{1}46, 50, ^{1}50, 52 (*bis*) ; 2. 1, 6, ^{1}11 (*bis*), 13, 15, 16, 17, 21 ; 3. 3, 4, 5, 10, 13, 14, 18, 29 (*bis*), 34, 36 ; 4. ^{1}6, 10, 39, 42 ; 5. 1 —ἡ, WHR non mg., [3, [4, 25 (*bis*), 42, 43 ; 6. 1, 4, 27, 28, 29, 30 ὁ τοῦ, T, 35, 40, ^{2}42, 48, 51, 53, 62, 69, ^{2}71 ; 7. 2, 13, 35, 37, ^{2}42 ; 8. 12 (*bis*), 28, ^{1}34, ^{1}39, 39, 41, 44, 47 ; 9. 3, 7, 35 ; 10. 1, ^{1}2, 5, 7, 23 —τοῦ, T, 29, ^{1}36 —τοῦ, T, 37 ; 10. ^{2}1 + τῆς, T, 4 (*bis*), 13, 37, 40, 52, 55 ; 12. 3 (*bis*), 7, 13 (*bis*), ^{1}21, 23, 24, 34, ^{2}38 (*bis*), 43 (*bis*) ; 13. 5, 25, 31 ; 14. 2, 17 ; 15. 10, 26 ; 16. 13 ; 17. 12 ; 18. 1, 10, 12, ^{1}13 (*bis*), 15, 26, 32, 33, 39 ; 19. 3, ^{1}12, ^{1}14, 19, 20, 21 (*bis*), ^{1}21, 25 (*bis*), 31, 38 (*bis*), 40, 42 ; 20. 19, 25 (*bis*), 31 ; 21. 1, ^{1}2, 6 (*bis*), 8.
Ac 1. 3, 4, 14, ^{1}18, ^{2}22, ^{1}22, 25 ; 2. 1, 10, 11, ^{1}30, 31, 33 (*bis*), ^{1}35, ^{2}38, 38, 42 (*bis*) ; 3. 1, 2, ^{2}6, ^{2}13, ^{2}13 (*bis*) —ὁ Θεὸς, WHR, 13, 14, 16, ^{1}19, ^{1}21, 25 ; 4. 1, ^{1}4, ^{1}8, ^{2}10, 13, 18, ^{1}25, 26, 30, 31, ^{1}32, 33, 35, 37 ; 5. 2, 3, ^{2}9, 12, ^{2}12, 16, 19, 24, 30, 37, 40, ^{1}41 ; 6. ^{1}1, 2 (*bis*), 4, 7 (*bis*) ; 7. 2, ^{2}4, ^{2}16, 17, 20, ^{2}21, ^{2}23, 30, 32, ^{2}32, 33, 34, 37, 41, 42, ^{1}42, 43 (*bis*), 44, 45, ^{1}45, ^{2}45, ^{2}46, ^{1}49 (*bis*), 52, 56, ^{2}58 ; 8. 1, 5, 9, 10, 12, ^{2}12, 14, 16, 18 (*bis*), 20, 22, 25, 32, 37 —h. v., TWH non mg. R non mg. ; 9. 1, 20, ^{2}27, 29, 31 (*bis*) ; 10. ^{1}12, ^{2}36, 45, ^{2}48 ; 11. 1, 6, 13, 16, 22, 23 ; 12. ^{2}2, ^{1}3, 7, 11, 12, ^{2}12, 13, 14, 20, 24 ; 13. 5 (*bis*), 7, 10 —τοῦ, TWH mg., 12, ^{1}13, 14, 15, ^{1}24, 25, 27, 36, 44, 46, 48, 50, 51 ; 14. 1, 2, 3, 4, ^{1}5, 6, 13, 22 (*bis*), 26 ; 15. 3, 5, ^{2}5, 7, 10, 11, 15, ^{2}16, 17, 20, 26, 35, 36, 40 ; 16. ^{2}7, ^{2}12, 13, ^{1}17, 19, 26, 27, 32, 33 ; 17. ^{1}1, ^{2}5, 10, 13, 26, ^{1}28, 30 ; 18. ^{1}12, 25 —τοῦ, WH mg., ^{2}25 ; 19. ^{2}3, 5, 8, 10, 13, 17, 20, 27, ^{2}35 ; 20. 6, 16, 17, 19, 24 (*bis*), 28, 32, 35, 37 ; 21. ^{2}8, 11, 13, 14, ^{1}20, 26 (*bis*), ^{1}30, 35, 36, ^{1}39 ; 22. ^{1}3 (*ter*), ^{2}3, 9, 11, 14, ^{2}20 ; 23. 4, ^{1}5, ^{1}7, 9 (*bis*), 16, ^{2}16, ^{1}29 ; 24. ^{1}5, 5 ; 25. 8, ^{2}10, 15, 21 ; 26. ^{2}9, 13, 18 ; 27. ^{1}5, ^{1}12, 19, ^{1}23, 32, 40, ^{1}42 ; 28. 7, 8, 17, 20, 23, ^{2}23, 31.
Ro 1. 9, 10, 23, 24, 25, 27 (*bis*), 32 ; 2. 2, 3, 4 (*bis*), ^{1}5, ^{2}13 (*bis*), 15, 16, 20, 23, 24, 26 ; 3. 1 (*bis*), 2, 3, 7, 23, ^{1}25, 25, 26 ; 4. 6, ^{1}11, 11, 12, 19 ; 5. ^{1}2, 2, 5, 10, 14, ^{2}14, 15, 17, 17 —τ. δωρεᾶς, [WH] R mg., 19 (*bis*) ; 6. 4, 5, 6, ^{1}17, 19, ^{1}20, 23 (*bis*) ; 7.

2, 4, 5, 22, 23 (*bis*) ; **8.** 2 (*ter*), 4, 6 (*bis*), 7 (*bis*), 18, 19 (*ter*), 21 (*quater*), 23 (*bis*), 27, 29, 39 ; **9.** 6, 8 (*bis*), 23, 27 (*bis*), ^{2}27, 33 ; **10.** 1, 3 (*bis*), 8, ^{2}13, 18 ; **11.** ^{1}17, 17 κ. τῆς, R mg., 17, 25, 29 ; **12.** 1, 6, 13 ; **13.** 2, 12 (*bis*), ^{1}14 ; **14.** 10, 17, 20 ; **15.** 1, 4, 5, 6, 8, 12, 13, 16 (*bis*), 19, 26, 30, 33 ; **16.** ^{1}1, ^{1}5, 18, 20 (*bis*), 23, ^{2}25.

I Co **1.** 2 (*bis*), 4, 6, 7, 8, ^{1}9, 10, ^{2}13, ^{2}16, 17, 19 (*bis*), 20, 21 (*bis*), 25 (*bis*), 27 (*bis*), 28 ; **2.** 1, ^{1}6, 6, 8, 10, 11 (*bis*), 12, 14 ; **3.** 10, 16, 17 (*bis*), 20 ; **4.** 5 (*bis*), ^{1}13, 19, 20 ; **5.** ^{1}1, 4 (*bis*), ^{1}5, 5 ; **6.** 11 (*bis*), 15, ^{1}19 ; **8.** 4, 7 ; **9.** 5, 7, ^{2}9 ; **10.** 11, 16 (*ter*), ^{1}16 (*bis*), ^{1}18, ^{1}20, 26, 32 ; **11.** 16, 22, 26, 27 (*bis*) ; **12.** 7, 22 ; **13.** 1 ; **14.** 11, 12, 16, 25, ^{2}33, 36 ; **15.** 9, 10, ^{1}15, ^{1}20, 42, 49 (*bis*), 56 (*bis*), 58 ; **16.** 1, ^{2}10, ^{2}15, ^{1}15, ^{2}17, 19, ^{2}21, 23.

II Co **1.** 5, ^{1}7, 9, 12, 14, 22, ^{1}24 ; **2.** 12, 14, 17 ; **3.** 7 (*bis*), ^{2}7 (*bis*), 8, 9 τῇ, TWH mg. R mg., 9, ^{2}13, 14, ^{2}17, ^{2}18 ; **4.** 2 (*ter*), 4 (*quater*), ^{1}4, ^{1}6, 6 (*bis*), 7, 1 (*bis*), 11, 15 ; **5.** 5, 10, 11, 18, 19 ; **6.** 7 ; **7.** ^{2}13 ; **8.** 1 (*bis*), 2 (*bis*), 4, 8, 9, 24, ^{1}24 ; **9.** 10, ^{2}11 τ. Θεῷ, TWH non mg. R, 12, 13 (*bis*), ^{1}13, 14 ; **10.** 1, 4, 5 (*bis*), 10, 13, 14 ; **11.** 7, 10, 31, ^{2}32 (*bis*) ; **12.** 7, 9, 12 ; **13.** 11, 13 (*ter*).

Ga **1.** 2, 4, 7, ^{1}14, 21, 22 ; **2.** 5, 7, ^{1}8, 14, 20, 21 ; **3.** 10, 13, 14 (*bis*), 21, ^{1}29 ; **4.** 2, 3, 4, 6, ^{1}13, 30 (*bis*), ^{1}31 ; **5.** 11, 19, 22 ; **6.** 2, 10, 14, 16, 17, 18.

Eph **1.** 3, 5, 7 (*bis*), 9, ^{1}10, 10, 11, 13 (*ter*), ^{1}14 (*ter*), 17 (*bis*), 18 (*quater*), 19 (*ter*) ; **2.** 2 (*ter*), 3 (*bis*), 7, 12 (*bis*), ^{1}12, 13, 14, 15, ^{1}19 (*bis*), 20, ^{1}22 ; **3.** 1, 2 (*bis*), 4, 5, ^{1}6, 7 (*ter*), 8, 9, 10, ^{1}11, 16, 19 ; **4.** 3 (*bis*), 7 (*bis*), 12 (*bis*), ^{1}12, 13 (*quater*), ^{1}13 14 (*bis*), 16, ^{1}17, 18 (*bis*), 22, 23, ^{1}24, ^{1}29, 30 ; **5.** ^{1}1, 5, 6 (*bis*), 9, 10, 17, ^{1}20, ^{1}23 (*ter*), 26, ^{1}30 ; **6.** ^{1}5 —τῆς, T, 6, 10, 11 (*bis*), 12, 13, 14, ^{1}15, 15, 16, 17 (*bis*), 19.

Phl **1.** 7, ^{1}12, 14, ^{1}16, 19, 25, 27 (*bis*) ; **2.** ^{2}10, 17, ^{1}25, 30 ; **3.** 8, ^{2}8, 10, 14 (*bis*), 18 (*bis*), 21 (*bis*) ; **4.** 7, 9, ^{1}15, 20, 23.

Col **1.** 3, 5 (*bis*), 6, ^{1}8, 9, 10, 11, 12 (*bis*), 13 (*ter*) 14, ^{1}15, 18 (*bis*), 20 (*bis*), 22, 23, 24 (*bis*), 25 (*bis*), 27 ; **2.** 2 (*bis*), ^{1}2, 3, 5, 8 (*bis*), 11 (*ter*), 12 (*bis*), 13, ^{1}17, ^{1}18, 18, 19, 20, 22, ^{1}23 ; **3.** ^{1}1, 6, 6 —h. v., TWHR mg., ^{1}12, ^{1}14, 15, 16, 24 ; **4.** ^{1}3, 3, ^{2}10, 11, ^{2}16.

I Th **1.** ^{2}1, 3 (*quater*), ^{1}6, 8 ; **2.** 2, 8, 9, ^{1}13, 14 ; **3.** 2, 10, 13 ; **4.** ^{1}3, 15, ^{1}17 ; **5.** 23 (*bis*), 28.

II Th **1.** ^{2}1, 4, ^{1}5, 5 (*bis*), 7, 8, ^{1}9, 9, 12 (*bis*) ; **2.** 1, 2, 3, 4 (*bis*), 7, 8 (*bis*), ^{1}9, 10, ^{1}14 ; **3.** 1, 5 (*bis*), ^{1}6, 16, 18.

I Ti **1.** 5, 11 (*bis*), 14, 17 (*bis*) ; **3.** ^{1}7, 9, 16 ; **4.** 6, ^{1}8, ^{1}12, ^{1}14, 14 ; **6.** 1, ^{1}11 —τοῦ, TWH non mg. R, 12, 14, 15, ^{1}20.

II Ti **1.** ^{1}5, 6 (*bis*), 8, 10 ; **2.** 4, 9, 15, 19, ^{2}19, 26 ; **3.** 17 ; **4.** 6, 8, 18, ^{2}19.

Tit **1.** ^{1}3 ; **2.** 5, 11, ^{1}13, 13 ; **3.** 4.

Phm 6, 7, 13, 25.

He **1.** ^{1}3 (*bis*), 3, ^{1}3 (*bis*), 8, ^{1}8, ^{1}10, ^{1}13 ; **2.** 7 — h. v., T [WH] R mg., 9, 10, 14, 17 ; **3.** 1, 6, 8, ^{1}13, 14 ; **4.** 2, 9, 11, 12, 14, 16 ; **5.** 7, 12 (*ter*) ; **6.** 1 (*bis*), 4, 6, 11, 17 (*bis*), ^{1}19, 19, ^{2}20 ; **7.** ^{1}1, 1, 3, ^{2}5 (*bis*), 10, ^{2}11 (*bis*), ^{2}15, ^{2}17, 28 ; **8.** ^{1}1, 1, ^{1}2, ^{1}5, ^{2}8 (*bis*) ; **9.** 2, 4 (*bis*), 8, ^{2}13, 13, 14, ^{1}15, 15, 19, 20, ^{1}24, 24, ^{1}26 (*bis*) ; **10.** ^{1}1, 1, 10, ^{2}10, ^{1}12, ^{1}13, 19, ^{2}19, 21, 23, 26, 29 (*ter*), 34, 36 ; **11.** 7, ^{1}9, 9, 12 (*bis*), 21, 22, ^{2}22, 23, 25, 26, 27, 28, ^{2}30, 38 ; **12.** 2 (*bis*), ^{1}2, 9 (*bis*), 15, 27 ; **13.** 7 (*bis*), 20 (*bis*), 21, 22.

Ja **1.** 3, 11, 12, 17, 23 ; **2.** 1, ^{1}5, 16 ; **3.** 3, 4, 6 (*bis*) ; **4.** 4, ^{1}4 (*bis*) ; **5.** 4 (*bis*), ^{2}4, 7 (*bis*), 8, ^{1}10, ^{2}10, ^{2}11 (*bis*), 14 (*bis*), 15.

I Pe **1.** 3, 7, 9, ^{2}11 —WH mg., 13, 17, 22, ^{2}25 ; **2.** 15 (*bis*), ^{1}16 ; **3.** 1, 4, ^{1}13, 17, 20 ; **4.** 3, 11, 13 (*bis*), 14 (*bis*), 17 (*bis*), 19 ; **5.** 1 (*bis*), ^{1}3, 4, 6, 11, —τ. αἰώνων, WH.

II Pe **1.** ^{1}1, ^{1}2, 8, ^{1}9, 9, 11, 14, 16, ^{1}16 ; **2.** 2, 7, 15 (*bis*), 16, ^{1}17, 19, 20, ^{1}20, 21 ; **3.** 2, 4, 5, 12, 15, 17, ^{1}18.

I Jo **1.** 1, ^{2}7 ; **2.** 14, 15, 16 (*ter*), 17 ; **3.** 8 (*bis*), 10 (*bis*), 17 (*bis*), 23 ; **4.** 2, 6 (*bis*), 9, ^{1}14, 15, 17 ; **5.** 2, 3, 5, 9 (*ter*), 10, 12, 13 (*bis*), 20.

II Jo 3, 9, 13.

Ju 4, ^{2}9, 11 (*ter*), 13 —ὁ . . . τοῦ, WH mg., 17, 18, 21.

Re **1.** 2, ^{2}2, 3, 5 (*bis*), 6 —τ. αἰώνων, WHR mg., 9, ^{2}9, 18, 19, 20, ^{1}20 ; **2.** 6, 7 (*bis*), ^{1}9, 10, 13, ^{2}14 (*bis*), ^{2}15 + τῶν, T, 16, 18, 24 ; **3.** 1, 5, 9, 10 (*bis*), 12 (*quater*), 14 (*bis*), 18 ; **4.** 5, 9, 10 ; **5.** 6, 8, 13 ; **6.** ^{1}7, 8, 9, 13, 15 (*bis*), 16, 17 ; **7.** 1 (*bis*), 3, 12, 14, 15 ; **8.** 3, 4 (*bis*), ^{1}4, 5, 10, 11, 13 (*bis*) ; **9.** 1 (*bis*), 2 (*bis*), 3, 4 (*bis*), 7, 9, 11, 13, 16 (*bis*), 17, 19, 20 ; **10.** 6, 7 (*bis*), 10 ; **11.** 1, 6, 8, 13, 15 (*bis*), 18, 19 (*bis*) ; **12.** 4, 10 (*bis*), 11 (*bis*), 14, ^{1}14, 17 (*bis*), ^{2}17, 18 ; **13.** 3, 8 (*bis*), 10, 12 (*bis*), 14, 15 (*ter*), 17 (*bis*), 18 ; **14.** ^{2}1, 1, 7, 8 (*bis*), 10 (*ter*), 11 (*bis*), 12, ^{2}12, 15, 18 (*bis*), 19 (*ter*), 20 ; **15.** 1, 2, ^{1}2, ^{2}3, 3 (*bis*), 5 (*bis*), 7 (*bis*), 8 (*bis*) ; **16.** 1 (*bis*), 2, 4, 5, 9, 10, 11, 12, 13 (*ter*), 14 (*ter*), 19 (*quater*), 21 ; **17.** 1, 2 (*bis*), 5 (*bis*), 6 (*bis*), ^{2}6, 7, 8, 17, 18 ; **18.** 3 —τ. οἴνου, [WH] R mg., 3 (*quater*), 9 (*bis*), 10, 11, 14 (*bis*), 15, 18, 23 ; **19.** 1, 2, 3, 7, 9 (*ter*), ^{2}10, 10, 13, 15 (*quater*), 18, 19, 20 (*bis*) ; **20.** ^{2}4, 4, 5, ^{1}6, 8 (*bis*), 9 (*bis*), 10 (*bis*), 14, 15 (*bis*) ; **21.** 3, 6 (*bis*), 11, ^{2}12, 14 (*bis*), 18, 19 (*bis*), 21, 23, 24, 26, 27 (*bis*) ; **22.** 1, 2, ^{1}2, 3, 5, 6 (*bis*), 7 (*bis*), 8, 10, 14, ^{2}16, 18, 19 (*bis*), 21.

nom. pro voc.

Mt	6	9	πάτερ ἡμῶν ὁ ἐν τ. οὐρανοῖς
	7	23	ἀποχωρεῖτε ἀπ' ἐμοῦ οἱ ἐργαζόμενοι τ. ἀνομίαν
	11	26	ναὶ ὁ πατὴρ ὅτι οὕτως εὐδοκία ἐγένετο
	23	24	ὁδηγοὶ τυφλοὶ οἱ διϋλίζοντες τ. κώνωπα —οἱ, WH
	27	29	χαῖρε ὁ βασιλεὺς τ. Ἰουδαίων χ. βασιλεῦ, WH non mg.
		40	ὁ καταλύων τ. ναὸν κ. . . . οἰκοδομῶν
Mk	5	8	ἔξελθε τὸ πνεῦμα τὸ ἀκάθαρτον
		41	τὸ κοράσιον σοὶ λέγω ἔγειρε
	9	25	τὸ ἄλαλον κ. κωφὸν πνεῦμα ἐγὼ ἐπιτάσσω σοι
	14	36	ἀββὰ ὁ πατὴρ πάντα δυνατά σοι
	15	29	οὐὰ ὁ καταλύων τ. ναὸν κ. οἰκοδομῶν
Lu	6	20	μακάριοι οἱ πτωχοὶ ὅτι ὑμετέρα ἐστὶν ἡ βασιλεία τ. Θεοῦ.
		21	μακάριοι οἱ πεινῶντες νῦν ὅτι χορτασθήσεσθε.
			μακάριοι οἱ κλαίοντες νῦν ὅτι γελάσετε
		25	οὐαὶ ὑμῖν οἱ ἐμπεπλησμένοι νῦν ὅτι πεινάσετε
			οὐαὶ οἱ γελῶντες νῦν ὅτι πενθήσετε
	8	54	ἐφώνησεν λέγων Ἡ παῖς ἔγειρε

Lu **10** 21 ναὶ ο πατὴρ ὅτι οὕτως εὐδοκία ἐγένετο
11 2 πάτερ ἡμῶν ὁ ἐν τ. οὐρανοῖς
—ἡμ. ὁ ἐν τ. οὐρ., TWHR non mg.
39 νῦν ὑμεῖς οἱ Φαρισαῖοι τὸ ἔξωθεν τ. ποτηρίου . . . καθαρίζετε
12 32 μὴ φοβοῦ τὸ μικρὸν ποίμνιον
18 11 ὁ Θεὸς εὐχαριστῶ σοι
13 ὁ Θεὸς ἱλάσθητί μοι τ. ἁμαρτωλῷ
Jo **19** 3 χαῖρε ὁ βασιλεὺς τ. Ἰουδαίων
20 28 εἶπεν αὐτῷ Ὁ Κύριός μου κ. ὁ Θεός μου
Ac **4** 24 σὺ ὁ ποιήσας τ. οὐρανὸν κ. τ. γῆν
25 ὁ τ. πατρὸς ἡμῶν διὰ πνεύματος ἁγίου στόματος Δαυεὶδ παιδός σου εἰπών
13 41 ἴδετε οἱ καταφρονηταὶ κ. θαυμάσατε
רְאוּ בַגּוֹיִם וְהַבִּיטוּ, Hab. i. 5
Ro **2** 1 ἀναπολόγητος εἶ ὦ ἄνθρωπε πᾶς ὁ κρίνων
1 τὰ γὰρ αὐτὰ πράσσεις ὁ κρίνων
3 λογίζῃ δὲ τοῦτο ὦ ἄνθρωπε ὁ κρίνων
21 ὁ οὖν διδάσκων ἕτερον σεαυτὸν οὐ διδάσκεις; ὁ κηρύσσων μὴ κλέπτειν κλέπτεις;
22 ὁ λέγων μὴ μοιχεύειν μοιχεύεις; ὁ βδελυσσόμενος τὰ εἴδωλα ἱεροσυλεῖς;
8 15 ἐν ᾧ κράζομεν Ἀββὰ ὁ πατήρ
14 4 σὺ τίς εἶ ὁ κρίνων ἀλλότριον οἰκέτην;
Ga **4** 6 τὸ πνεῦμα τ. υἱοῦ αὐτοῦ . . . κρᾶζον Ἀββὰ ὁ πατήρ
21 λέγετέ μοι οἱ ὑπὸ νόμον θέλοντες εἶναι
27 εὐφράνθητι στεῖρα ἡ οὐ τίκτουσα·
רָנִּי עֲקָרָה לֹא יָלָדָה, Is. liv. 1
ῥῆξον κ. βόησον ἡ οὐκ ὠδίνουσα
פִּצְחִי רִנָּה וְצַהֲלִי לֹא־חָלָה, *ib.*
Eph **5** 14 ἔγειρε ὁ καθεύδων κ. ἀνάστα ἐκ τ. νεκρῶν
22 αἱ γυναῖκες τ. ἰδίοις ἀνδράσιν ὡς τ. Κυρίῳ
25 οἱ ἄνδρες ἀγαπᾶτε τ. γυναῖκας
6 1 τὰ τέκνα ὑπακούετε τ. γονεῦσιν ὑμῶν
4 οἱ πατέρες μὴ παροργίζετε τὰ τέκνα ὑμῶν
5 οἱ δοῦλοι ὑπακούετε τοῖς κατὰ σάρκα κυρίοις
Col **3** 18 αἱ γυναῖκες ὑποτάσσεσθε τ. ἀνδράσιν
19 οἱ ἄνδρες ἀγαπᾶτε τ. γυναῖκας
20 τὰ τέκνα ὑπακούετε τ. γονεῦσιν
21 οἱ πατέρες μὴ ἐρεθίζετε τὰ τέκνα ὑμῶν
22 οἱ δοῦλοι ὑπακούετε κατὰ πάντα τοῖς κατὰ σάρκα κυρίοις
4 1 οἱ κύριοι τὸ δίκαιον . . . τ. δούλοις παρέχεσθε
He **1** 8 ὁ θρόνος σου ὁ Θεὸς εἰς τ. αἰῶνα τ. αἰῶνος
כִּסְאֲךָ אֱלֹהִים עוֹלָם וָעֶד, Ps. xlv. 7
10 7 ἰδοὺ ἥκω . . . τοῦ ποιῆσαι ὁ Θεὸς τὸ θέλημά σου
הִנֵּה־בָאתִי . . . לַעֲשׂוֹת רְצוֹנְךָ אֱלֹהַי, Ps. xl. 8, 9
Ja **4** 13 ἄγε νῦν οἱ λέγοντες
5 1 ἄγε νῦν οἱ πλούσιοι
1 Pe **2** 18 οἱ οἰκέται ὑποτασσόμενοι ἐν παντὶ φόβῳ τ. δεσπόταις
3 7 οἱ ἄνδρες ὁμοίως συνοικοῦντες κατὰ γνῶσιν
Re **4** 11 ἄξιος εἶ ὁ Κύριος κ. ὁ Θεὸς ἡμῶν
6 10 ἕως πότε ὁ δεσπότης ὁ ἅγιος κ. ἀληθινὸς
11 17 εὐχαριστοῦμέν σοι Κύριε ὁ Θεὸς ὁ παντοκράτωρ ὁ ὢν κ. ὁ ἦν
Re **12** 12 εὐφραίνεσθε οὐρανοὶ κ. οἱ ἐν αὐτοῖς σκηνοῦντες
οἱ οὐρ., WH mg.
15 3 θαυμαστὰ τὰ ἔργα σου Κύριε ὁ Θεὸς ὁ παντοκράτωρ·
δίκαιαι κ. ἀληθιναὶ αἱ ὁδοί σου ὁ βασιλεὺς τ. αἰώνων
16 5 δίκαιος εἶ ὁ ὢν κ. ὁ ἦν ὁ ὅσιος
7 ναὶ Κύριε ὁ Θεὸς ὁ παντοκράτωρ
18 4 ἐξέλθατε ὁ λαός μου ἐξ αὐτῆς
20 εὐφραίνου ἐπ' αὐτῇ οὐρανὲ κ. οἱ ἅγιοι κ. οἱ ἀπόστολοι κ. οἱ προφῆται

seq. adj. *vel* pron.

(1) c. pron.

Cf. **ἄλλος, αὐτός, πᾶς**

Mt **3.** 5; **5.** 3, 5 *v.* 4, TWH mg. R mg., 7, 8, 9, 21, 33, 37, 39 (*bis*), 47; **6.** 3 (*bis*), 4 (*bis*), 6 (*bis*), 7, 13, 18 (*bis*), [1]24 (*bis*); **7.** 6; **8.** 22 (*bis*); **9.** 2, 6, 28, 33; **10.** 25 τοῖς, WH mg., 36, 42; **11.** 8, 11; **12.** 7, 18, 22, 29 (*bis*), 35 —τὰ, WH mg. R, 45 (*bis*); **13.** 5, 19, 20, 38, 43, 48 (*bis*), 49 (*bis*); **14.** 2, 6, 14, 35; **18.** 4, 6, 10, 14; **19.** 17 (*bis*) —R mg., 21 —T [WH]; **20.** 12, [1]14, 14, [1]15, 16, 25; **21.** 9, 15, [1]30 τ. δευτέρῳ, WHR, 31 ὁ πρῶτος, TR; **22.** 6, 31; **23.** 11, 15, 23; **24.** 12, 22, 24, 31, 31 —τῶν, T [WH]; **25.** 3, 4, 8 (*bis*), 9, 10, [1]25, [1]27, 45, 46; **26.** 11, 17; **27.** 19, 24 —TWH non mg. R mg., 29, 49, 52, 64; **28.** 7.

Mk **1.** 7, 24; **2.** 4, 5, 9, 10; **3.** 3, 27 (*bis*); **4.** 5, 16, 19; **5.** [1]19, 26; **7.** 23, 37; **8.** 23; **9.** 42; **10.** 21 —[WH] R, 31 [WH], 42, 49, 51; **11.** 10; **12.** 26; **13.** 20, 22, 27; **14.** 1, 5, 7, 12, 61; **15.** 15; **16.** 5, [13.

Lu **1.** 36 (*bis*), 39, 49, 58 (*bis*), 65; **2.** 44 (*bis*); **3.** 5 (*bis*), 16; **5.** 7, 19, [1]33; **6.** 8, 24, [1]30, 32, 33, 34, 35; **7.** 15, 28, 43; **8.** 10; **9.** 8, 19, 60 (*bis*); **10.** 9; **11.** 21, 26; **12.** 26, 46, 57; **13.** 11, 17; **14.** 14, 21; **15.** 12, [1]31; **16.** 10 (*bis*), 11, 12, [1]12, 15, 21, 22 (*bis*), 24, 25 (*bis*); **17.** 2, 18, [1]34, [1]35, [1]36 —h. v., TWHR non mg.; **18.** 7, 9, [1]10, 11, 13, [1]16, 27; **19.** 8, 8 [WH], [1]20; **20.** 37; **22.** 1, 7, 26 (*bis*), [1]42; **23.** 29, 35, [1]40, 49; **24.** 5, 9, 10.

Jo **1.** 11 (*bis*); **3.** 12 (*bis*); **4.** 49; **5.** 2, 25, 29 (*bis*); **6.** 62, 69; **8.** [7, [9, [9—h. v., WH, 29, 44; **9.** 8, 13, 17, 30; **10.** 5, [1]14 (*bis*); **11.** 37; **12.** 6, 8; **13.** 1; **15.** 19; **16.** [1]14, [1]15, 18 —WH, 32; **17.** [1]10 (*bis*), 15; **18.** 16, 23; **19.** 27; **20.** 19, 26.

Ac **2.** 33; **3.** 14; **4.** 23; **5.** 6, 13; **7.** 48, 52; **9.** 13, 32, 41; **13.** 34 (*bis*), 35; **14.** 15; **15.** 20 —WH; **17.** 5, 9 (*bis*), 21; **19.** 32; **20.** 15 τῇ δὲ ἑσπέρᾳ, WH mg.; **21.** 6, 12, 34; **22.** 14, 30; **23.** 8; **24.** 23; **25.** 5; **27.** [1]3, 12, 44; **28**, 9, 16 —h. v., TWH non mg. R non mg.

Ro **1.** 19, 20; **2.** 4, 9, 10, 16, 28 (*bis*), 29; **3.** 1, 8 (*bis*); **4.** 17; **5.** 7; **7.** 18, 21 (*bis*); **8.** 3; **9.** 12 (*bis*), 22; **10.** 15 —WHR; **11.** 7; **12.** 2, 9 (*bis*), 13, 16 (*bis*), 21 (*ter*); **13.** 3 (*bis*), 4 (*ter*); **15.** 1 (*bis*), 2, 25, 26 (*bis*), 27 (*bis*), 31; **16.** 5, 8, 9, 10, 13, 15, [1]18, 18, 19 (*bis*).

1 Co **1.** 19 (*bis*), 24, 25 (*bis*), 27 (*quater*), 28; **2.** 6, 15; **4.** 5; **5.** 13; **6.** [1]1, 1 (*bis*), 2; **7.** 8, 12, [1]15, 32, 34, 35 (*bis*); **9.** 11 (*bis*), 13, 21 (*bis*), 22 (*bis*); **10.** 27, 33; **11.** 17 (*bis*), 19, 34; **12.** 1, 23, 24; **13.** 5, 10; **14.** 1, 7, 22 (*bis*), 25, 27, 33; **15.** 9, 29, 35, 37,

40 (*bis*), 42, 46 (*ter*), 48 (*quater*), 49 (*bis*), 52, 53 (*bis*), 54 —h. v., WH non mg. R mg., 54 ; **16.** 1, 15.
II Co **1.** 1, 9 ; **2.** [1]7 ; **4.** 2, 4, 17 ; **5.** 4, 17 ; **7.** 6 ; **8.** 4, 8, 15 (*bis*) ; **9.** 1, 9, 12 ; **10.** 13, 15, 16 ; **11.** 19 ; **13.** 2, 7, 12.
Ga **2.** 10 ; **3.** 11 ; **4.** 13, 22, 23, 27, 30 ; **5.** 21, [1]21 ; **6.** 1, [1]1, 9, 10 (*bis*).
Eph **1.** 1, 3, 15, 18, 20 ; **2.** 3, 6, 14, 16, 18, 19 ; **3.** 10, 18 ; **4.** 12 ; **5.** 14 ; **6.** 12 (*bis*), 16, 18.
Phl **1.** 1, 13 ; **3.** 19 ; **4.** 5.
Col **1.** 4, 12, 16 (*bis*), 18, 26 ; **2.** 14 ; **4.** 1.
I Th **1.** 10 [WH] ; **4.** 11, 13, 16 ; **5.** 6, 14 (*ter*), 15, 21.
II Th **1.** 10 ; **2.** 8 ; **3.** 3.
I Ti **1.** 13 ; **4.** 3, 12 ; **5.** 8, 20 ; **6.** 17.
II Ti **1.** 8 ; **2.** 10.
Tit **1.** 15 ; **2.** 4, 6 ; **3.** 13, [1]14.
Phm 5, 11, 14.
He **1.** 6 ; **4.** 10 ; **6.** 9, 10, 16, 17, 19 ; **7.** 7 (*bis*), 18, 25 ; **8.** 2, 5 ; **9.** 1, 2 —TWH non mg. R, 3 (*bis*), —TWH non mg. R, 11, 12, 24, 25 ; **10.** 1 (*bis*), 12, 14, 27, 38 ; **11.** 17, 27, 28 ; **12.** 13 ; **13.** 11, 21, 24.
Ja **1.** 11 ; **2.** 3, 5, 6 (*bis*), 16 ; **3.** 11 (*bis*) ; **5.** 6.
I Pe **3.** 4, 13 ; **4.** 18 (*bis*), 18 —WH non mg. R ; **5.** 13.
II Pe **2.** 8 —WH non mg., 20.
I Jo **2.** 14, 20 ; **3.** 12, 22 ; **5.** 18, 19, 20 (*bis*).
III Jo 11 (*bis*).
Ju 3, 15, 15 + λόγων, T.
Re **1.** 5, 17 (*bis*) ; **2.** 1, 8, 24 (*bis*) ; **3.** 2, 7 (*bis*), 17, 17 —TWH non mg. R ; **5.** 1, 7, 8 ; **6.** 15 (*bis*) ; **8.** 3, 4 ; **9.** 16, 20 ; **11.** 13, 18 (*quater*) ; **12.** 17 ; **13.** 7 —h. v., [WH] R mg., 10, 16 (*quinquies*) ; **14.** 12, 13 ; **17.** 4, 6 ; **18.** 6 [WH], 14 (*bis*) ; **19.** 5 (*bis*), 8 (*bis*), 21 ; **20.** 5, 9, 12 (*quater*), 13 (*bis*) ; **21.** 8 (*bis*) ; **22.** 11 (*ter*), 13 —WH mg., 21 *πάντων*, TR mg.

seq. pron. demonstr.

Mt **4** 16 *τ. καθημένοις ἐν . . . σκιᾷ θανάτου φῶς ἀνέτειλεν αὐτοῖς*
יֹשְׁבֵי בְּאֶרֶץ צַלְמָוֶת אוֹר נָגַהּ עֲלֵיהֶם, Is. ix. 1
10 22 *ὁ δὲ ὑπομείνας εἰς τέλος οὗτος σωθήσεται*
15 11 *τὸ ἐκπορευόμενον ἐκ τ. στόματος τοῦτο κοινοῖ τ. ἄνθρωπον*
24 13 *ὁ δὲ ὑπομείνας εἰς τέλος οὗτος σωθήσεται*
25 29 *τοῦ δὲ μὴ ἔχοντος κ. ὃ ἔχει ἀρθήσεται ἀπ' αὐτοῦ*
26 23 *ὁ ἐμβάψας μετ' ἐμοῦ . . . οὗτός με παραδώσει*
Mk **7** 20 *τὸ ἐκ τ. ἀνθρώπου ἐκπορευόμενον ἐκεῖνο κοινοῖ τ. ἄνθρωπον*
12 40 *οἱ κατέσθοντες τ. οἰκίας τ. χηρῶν . . . οὗτοι λήμψονται περισσότερον κρίμα*
13 13 *ὁ δὲ ὑπομείνας εἰς τέλος οὗτος σωθήσεται*
Lu **9** 48 *ὁ γὰρ μικρότερος ἐν πᾶσιν ὑμῖν ὑπάρχων οὗτός ἐστιν μέγας*
19 26 *ἀπὸ δὲ τ. μὴ ἔχοντος κ. ὃ ἔχει ἀρθήσεται ἀπ' αὐτοῦ*
—*ἀπ' αὐτ.*, TWH
5 11 *ὁ ποιήσας με ὑγιῆ ἐκεῖνός μοι εἶπεν*
36 *τὰ γὰρ ἔργα ἃ δέδωκέν μοι ὁ πατὴρ αὐτὰ τὰ ἔργα ἃ ποιῶ μαρτυρεῖ*

Jo **5** 37 *ὁ πέμψας με πατὴρ ἐκεῖνος μεμαρτύρηκεν*
6 46 *ὁ ὢν παρὰ τ. Θεοῦ οὗτος ἑώρακεν τ. πατέρα*
57 *ὁ τρώγων με κἀκεῖνος ζήσει δι' ἐμέ*
7 18 *ὁ δὲ ζητῶν τ. δόξαν τ. πέμψαντος αὐτὸν οὗτος ἀληθής ἐστιν*
9 13 *ἄγουσιν αὐτὸν πρὸς τ. Φαρισαίους τόν ποτε τυφλόν*
37 *ὁ λαλῶν μετὰ σοῦ ἐκεῖνός ἐστιν*
10 1 *ὁ μὴ εἰσερχόμενος διὰ τ. θύοας . . . ἐκεῖνος κλέπτης ἐστίν*
25 *τὰ ἔργα ἃ ἐγὼ ποιῶ . . . ταῦτα μαρτυρεῖ περὶ ἐμοῦ*
12 48 *ὁ λόγος ὃν ἐλάλησα ἐκεῖνος κρινεῖ αὐτόν*
49 *ὁ πέμψας με πατὴρ αὐτός μοι ἐντολὴν δέδωκεν*
14 12 *ὁ πιστεύων εἰς ἐμὲ τὰ ἔργα ἃ ἐγὼ ποιῶ κἀκεῖνος ποιήσει*
21 *ὁ ἔχων τ. ἐντολάς μου . . . ἐκεῖνός ἐστιν ὁ ἀγαπῶν με*
26 *ὁ δὲ παράκλητος . . . ἐκεῖνος ὑμᾶς διδάξει πάντα*
15 5 *ὁ μένων ἐν ἐμοὶ . . . οὗτος φέρει καρπὸν πολύν*
18 11 *τὸ ποτήριον ὃ δέδωκέν μοι ὁ πατὴρ οὐ μὴ πίω αὐτό;*
Ac **15** 38 *Παῦλος δὲ ἠξίου τ. ἀποστάντα ἀπ' αὐτῶν . . . μὴ συνπαραλαμβάνειν τοῦτον*
17 6 *οἱ τ. οἰκουμένην ἀναστατώσαντες οὗτοι κ. ἐνθάδε πάρεισιν*
24 *ὁ Θεὸς ὁ ποιήσας τ. κόσμον . . . οὗτος οὐρανοῦ κ. γῆς ὑπάρχων κύριος*
Ro **7** 10 *εὑρέθη μοι ἡ ἐντολὴ ἡ εἰς ζωὴν αὕτη εἰς θάνατον*
9 6 *οὐ γὰρ πάντες οἱ ἐξ Ἰσραὴλ οὗτοι Ἰσραήλ*
8 *οὐ τὰ τέκνα τ. σαρκὸς ταῦτα τέκνα τ. Θεοῦ*
14 14 *εἰ μὴ τ. λογιζομένῳ τι κοινὸν εἶναι ἐκείνῳ κοινόν*
I Co **6** 4 *τ. ἐξουθενημένους ἐν τ. ἐκκλησίᾳ τούτους καθίζετε;*
7 20 *ἕκαστος ἐν τ. κλήσει ᾗ ἐκλήθη ἐν ταύτῃ μενέτω*
II Co **10** 18 *οὐ γὰρ ὁ ἑαυτὸν συνιστάνων ἐκεῖνός ἐστιν δόκιμος*
Ga **3** 7 *οἱ ἐκ πίστεως οὗτοι υἱοί εἰσιν Ἀβραάμ*
Eph **1** 10 *ἀνακεφαλαιώσασθαι τὰ πάντα ἐν τ. Χριστῷ . . . ἐν αὐτῷ*
3 20 *τ. δὲ δυναμένῳ ὑπὲρ πάντα ποιῆσαι . . . αὐτῷ ἡ δόξα*
I Pe **5** 10 *ὁ δὲ Θεὸς πάσης χάριτος . . . αὐτὸς καταρτίσει*
Re **2** 7 *τ. νικῶντι δώσω αὐτῷ φαγεῖν ἐκ τ. ξύλου τ. ζωῆς*
17 *τ. νικῶντι δώσω αὐτῷ τοῦ μάννα τ. κεκρυμμένου*
26 *ὁ νικῶν κ. ὁ τηρῶν . . . δώσω αὐτῷ ἐξουσίαν ἐπὶ τ. ἐθνῶν*
3 12 *ὁ νικῶν ποιήσω αὐτὸν στύλον ἐν τ. ναῷ*
21 *ὁ νικῶν δώσω αὐτῷ καθίσαι μετ' ἐμοῦ*
6 4 *τ. καθημένῳ ἐπ' αὐτὸν ἐδόθη αὐτῷ λαβεῖν τ. εἰρήνην ἐκ τ. γῆς*
21 6 *ἐγὼ τ. διψῶντι δώσω αὐτῷ ἐκ τ. πηγῆς*
—*αὐτ.*, WH

In loc. pronom. demonstr.

Ac **17** 28 *τοῦ γὰρ κ. γένος ἐσμέν*

c. numeris

(1) ordinal.

Mt 6. 24 ; 10. 5 ; 16. 9, 10 ; 18. 12, 13 ; 19. 5 ; 20. [1]6, [1]10, [1]16, 17 + μαθητάς, [WH] R, 24 ; 21. [1]28, [1]30 ἑτέρῳ, T, 31, [1]36 ; 22. [1]25, [1]26 (*bis*), 26, 28 ; 25. 17, 18 ; 26. 14, [1]17, 20 + μαθητῶν, T [WH] R non mg., 47 ; 27. 21, [1]64.

Mk 3. 16 —h. v., R non mg. ; 4. 10 ; 6. 7, [1]21 ; 8. 19, 20 (*bis*) ; 9. 35 ; 10. 8, 32, 41 ; 11. 11 ; 12. [1]20, [1]21 (*bis*), 22, 23 ; 14. 10 (*bis*), 17, 20, [1]41, 43 ; 16. 2, [14.

Lu 1. [1]26 ; 7. 41 ; 8. 1 ; 9. 12 ; 10. 17, 36 ; 11. [1]26 ; 12. [1]38, [1]38 + φυλακῇ, TWH non mg. R ; 13. 4, [1]32 ; 14. [1]18 ; 15. 4 ; 17. 17 (*bis*), 34 —T, 35, 36 —h. v., TWHR non mg. ; 18. 10 —WH non mg. 31, [1]33 ; 19. [1]16, [1]18, [1]47 ; 20. [1]29, [1]30, [1]31, 31, 33 ; 22. 3, 47 ; 24. 1, 9, 33.

Jo 1. 41 ; 2. [1]1 ; 6. 67, 70, 71 ; 10. [1]40 ; 12. [1]16 ; 19. [1]32, [1]39 ; 20. 1, 4, 19, 24 ; 21. [1]17 (*bis*).

Ac 1. 24 ; 2. 14 ; 3. [1]1 ; 6. 2 ; 7. [1]8, [1]13 ; 10. [1]30 ; 13. [1]33, [1]50 ; 20. 7 ; 21. 8 ; 25. [1]2 ; 27. [1]19 ; 28. [1]7.

Ro. 5. 15, 17 —WH mg., 17, 19.

I Co 4. 6 ; 6. 16 ; 13. 13 ; 14. [1]30 ; 15. 5.

II Co 13. [1]2.

Eph 2. 15 ; 5. 31.

Phl 1. 23 ; 2. 2 τὸ αὐτὸ, WH mg. R mg.

I Th 5. 11.

He 4. [1]4 (*bis*) ; 9. [1]1, [1]2 ; 10. [1]9 (*bis*).

II Pe 2. [1]20.

I Jo 5. 8 (*bis*).

Ju [1]5

Re 1[1]17, 20 ; 2. [1]8, [1]11 ; 4. [1]7 ; 6. [1]3, [1]5, [1]7, [1]8, [1]12 ; 8. [1]1, [1]7 (*ter*), [1]8, [1]9 (*bis*), [1]10, [1]11, [1]12 (*quinquies*) ; 9. 12, [1]15, [1]18 ; 11. [1]13, [1]14 (*bis*) ; 12. [1]4 ; 13. [1]12 ; 16. [1]3, [1]4, [1]10, [1]17 ; 17. 10 (*bis*), 11 ; 19. 4, 20 ; 20. [1]5, [1]6, [1]14 ; 21. [1]4, [1]8, [1]19 (*quater*), [1]20 (*octies*) ; 22. [1]13 —WH mg.

c. infin.

(1) gen. (2) dat. (3) seq. μή

Mt 2. [1]13 ; 3. [1]13 ; 5. 28 ; 6. 1, [1]8 ; 11. [1]1 ; 13. [1]3, [2]4, [3]5, [3]6, [2]25, 30 ; 15. 20 ; 20. 19, 23 ; 21. [1]32 ; 23. 5 ; 24. 12, [1]45 ; 26. 2, 12, 32 ; 27. [2]12, 31.

Mk 1. 14 ; 4. [2]4, [3]5, [3]6 ; 5. 4 ; 6. [2]48 ; 9. 10 ; 10. 40 ; 12. 33 (*bis*) ; 13. 22 ; 14. 28, 55 ; 16. [19.

Lu 1. [2]8, [1]9, [2]21, [1]57, [1]74, *v.* 73, T, [1]77, [1]79 ; 2. 4, [2]6, [1]6, [1]21 (*bis*), [1]24, [2]27, [1]27, [2]43 ; 3. [2]21 ; 4. [1]10, [13]42 ; 5. [2]1, [1]7, [2]12, 17 ; 6. 48 ; 8. [1]5, [2]5, [3]6, [2]40, [2]42 ; 9. 7, [2]18, [2]29, [2]33, [2]34, [2]36, [2]51, [1]51 ; 10. [1]19, [2]35, [2]38 ; 11. [2]1, 8, [2]27, [2]37 ; 12. 5, [2]15, [1]42 ; 14. [2]1 ; 17. [13]1, [2]11, [2]14 ; 18. 1, 5, [2]35 ; 19. 11, [2]15 ; 21. [1]22 ; 22. [1]6, [1]15, 20 —h. v., [[WH]] R mg., [1]31 ; 23. 8 ; 24. [2]4, [2]15, [1]16, [1]25, [1]29, [2]30, [1]45, [2]51.

Jo 1[1]49 ; 2. 24 ; 13. [1]19 ; 17. [1]5.

Ac 1. 3 ; 2. [2]1 ; 3. [1]2, [1]12, 19, [2]26 ; 4. 2, [2]30 ; 5. [1]31 [WH] ; 7. 4, [1]19, [3]19 ; 8. [2]6, 11, [1]40 ; 9. [2]3, [1]15 ; 10. [1]25, 41, [13]47 ; 11. [2]15 ; 12. 20 ; 13. [1]47 ; 14. [1]9, [13]18 ; 15. 13, [1]20 ; 18. 2, 3, [1]10 ; 19. [2]1, 21 ; 20. 1, [1]3, [13]20, [13]27, [1]30 ; 21. [13]12 ; 23. [1]15 (*bis*), [1]20 ; 25. 11 ; 26. [1]18 (*bis*) ; 27. [1]1, 4, 9, [1]20 ; 28. 18.

Ro 1. 11, 20, [1]24 ; 3. [2]4, 26 ; 4. 11 (*bis*), 13, 16, 18 ; 6 [1]6, 12 ; 7. [13]3, 4. 5, 18 (*bis*) : 8. [1]12, 29 ; 11. [13]8 (*bis*), [13]10, 11 ; 12. 2, 3 ; 13. 8 ; 14. [3]13, [3]21 ; 15. 8, [2]13, 13, 16, [1]22, [1]23.

I Co 7. 26 ; 8. 10 ; 9. [1]10, [3]18 ; 10. [3]6, [1]13 ; 11. 6, [2]21, 22, 25, 33 ; 14. 39 (*bis*) ; 16. [1]4.

II Co 1. 4, [1]8 ; 2. [3]1, [23]13 ; 3. [3]13 ; 4. [3]4 ; 7. 3, 11, [1]12 ; 8. 6, 10 (*bis*), 11 (*bis*), [1]11 (*bis*) ; 9. 1 ; 10. [3]2.

Ga 2. [1]12 ; 3. [1]10, 17, [1]23 ; 4. [2]18.

Eph 1. 12, 18 ; 6. 11.

Phl 1. 7, 10, 21 (*bis*), 22, 23, 24, 29 (*bis*) ; 2. 6, 13 (*bis*) ; 3. [1]10, [1]21 ; 4. 10.

I Th 2. [3]9, 12, 16 ; 3. 2, 3, 5, 10, 13 ; 4. [2]6, 9.

II Th 1. 5 ; 2. [3]2, 6, 10, 11 ; 3. [3]8, 9.

He 2. [2]8, [1]15, 17 ; 5. [1]12 ; 7. 23, 24, 25 ; 8. 3, [2]13 ; 9. 14, 28 ; 10. 2, [1]7, [1]9, 15, 26, 31 ; 11. [3]3, [13]5 ; 12. 10 ; 13. 21.

Ja 1. 18, 19 (*bis*) ; 3. 3 ; 4. [3]2, [1]15 ; 5. [13]17.

I Pe 3. [3]7, [13]10 ; 4. [3]2, [1]17.

Pe 12. [1]7 —T.

τοῦ, c. infin.

(1) post nom. (2) post prepos. (3) τοῦ μή

Mt 2 13 μέλλει γὰρ Ἡρῴδης ζητεῖν τὸ παιδίον τοῦ ἀπολέσαι αὐτό

3 13 παραγίνεται ὁ Ἰησοῦς . . . πρὸς τ. Ἰωάνην τοῦ βαπτισθῆναι ὑπ᾽ αὐτοῦ

6 8 [2] οἶδεν γὰρ . . . ὧν χρείαν ἔχετε πρὸ τοῦ ὑμᾶς αἰτῆσαι αὐτόν

11 1 μετέβη ἐκεῖθεν τοῦ διδάσκειν κ. κηρύσσειν

13 3 ἐξῆλθεν ὁ σπείρων τοῦ σπείρειν

21 32 οὐδὲ μετεμελήθητε ὕστερον τοῦ πιστεῦσαι αὐτῷ

24 45 κατέστησεν ὁ κύριος ἐπὶ τ. οἰκετείας αὐτοῦ τοῦ δοῦναι αὐτοῖς τ. τροφήν

Lu 1 9 ἔλαχεν τοῦ θυμιᾶσαι εἰσελθὼν εἰς τ. ναὸν τ. Κυρίου

57 [1] ἐπλήσθη ὁ χρόνος τοῦ τεκεῖν αὐτήν

74 ὅρκον ὃν ὤμοσεν . . . τοῦ δοῦναι ἡμῖν

77 τοῦ δοῦναι γνῶσιν σωτηρίας τ. λαῷ αὐτοῦ

79 τοῦ κατευθῦναι τ. πόδας ἡμῶν εἰς ὁδὸν εἰρήνης

2 6 [1] ἐπλήσθησαν αἱ ἡμέραι τοῦ τεκεῖν αὐτήν

21 [1] ὅτε ἐπλήσθησαν ἡμέραι ὀκτὼ τοῦ περιτεμεῖν αὐτόν

21 [2] τὸ κληθὲν ὑπὸ τ. ἀγγέλου πρὸ τοῦ συλλημφθῆναι αὐτόν

24 ἀνήγαγον αὐτὸν εἰς Ἱεροσόλυμα . . . τοῦ δοῦναι θυσίαν

27 ἐν τ. εἰσαγαγεῖν τ. γονεῖς . . . τοῦ ποιῆσαι αὐτοὺς κατὰ τὸ εἰθισμένον τ. νόμου

4 10 τ. ἀγγέλοις αὐτοῦ ἐντελεῖται περὶ σοῦ τοῦ διαφυλάξαι σε

מַלְאָכָיו יְצַוֶּה־לָּךְ לִשְׁמָרְךָ, Ps. xci. 11

42 [3] κατεῖχον αὐτὸν τοῦ μὴ πορεύεσθαι ἀπ᾽ αὐτῶν

5 7 κατένευσαν τ. μετόχοις . . . τοῦ ἐλθόντας συλλαβέσθαι αὐτοῖς

8 5 ἐξῆλθεν ὁ σπείρων τοῦ σπεῖραι τ. σπόρον αὐτοῦ

9 51 αὐτὸς τὸ πρόσωπον ἐστήρισεν τοῦ πορεύεσθαι εἰς Ἱερουσαλήμ

10 19 [1] δέδωκα ὑμῖν τ. ἐξουσίαν τοῦ πατεῖν ἐπάνω ὄφεων

Lu 12 42 ὃν καταστήσει ὁ κύριος ἐπὶ τ. θεραπείας αὐτοῦ τοῦ διδόναι . . . τὸ σιτομέτριον
17 1 [3] ἀνένδεκτόν ἐστιν τοῦ τὰ σκάνδαλα μὴ ἐλθεῖν
21 22 ἡμέραι ἐκδικήσεως αὗταί εἰσιν τοῦ πλησθῆναι πάντα τὰ γεγραμμένα
22 6 [1] ἐζήτει εὐκαιρίαν τοῦ παραδοῦναι αὐτόν
15 [2] τοῦτο τὸ πάσχα φαγεῖν μεθ' ὑμῶν πρὸ τοῦ με παθεῖν
31 ὁ Σατανᾶς ἐξῃτήσατο ὑμᾶς τοῦ σινιάσαι ὡς τ. σῖτον
24 16 [3] ἐκρατοῦντο τοῦ μὴ ἐπιγνῶναι αὐτόν
25 βραδεῖς τ. καρδίᾳ τοῦ πιστεύειν
29 εἰσῆλθεν τοῦ μεῖναι σὺν αὐτοῖς
45 διήνοιξεν αὐτῶν τ. νοῦν τοῦ συνιέναι τ. γραφάς
Jo 1 49 [2] πρὸ τοῦ σε Φίλιππον φωνῆσαι . . . εἶδόν σε
13 19 [2] ἀπ' ἄρτι λέγω ὑμῖν πρὸ τοῦ γενέσθαι
17 5 [2] τ. δόξῃ ᾗ εἶχον πρὸ τοῦ τ. κόσμον εἶναι παρὰ σοί
Ac 3 2 ὃν ἐτίθουν καθ' ἡμέραν πρὸς τ. θύραν τ. ἱεροῦ . . . τοῦ αἰτεῖν ἐλεημοσύνην
12 ὡς ἰδίᾳ δυνάμει ἢ εὐσεβείᾳ πεποιηκόσι τοῦ περιπατεῖν αὐτόν
5 31 τοῦτον ὁ Θεὸς ἀρχηγὸν κ. σωτῆρα ὕψωσεν . . . τοῦ δοῦναι μετάνοιαν τῷ Ἰσραήλ
7 19 ἐκάκωσεν τ. πατέρας τοῦ ποιεῖν τὰ βρέφη ἔκθετα αὐτῶν
8 40 [2] εὐηγγελίζετο . . . ἕως τοῦ ἐλθεῖν αὐτὸν εἰς Καισαρίαν
9 15 σκεῦος ἐκλογῆς ἐστίν μοι οὗτος τοῦ βαστάσαι τὸ ὄνομά μου
10 25 ὡς δὲ ἐγένετο τοῦ εἰσελθεῖν τ. Πέτρον
47 [3] μήτι τὸ ὕδωρ δύναται κωλῦσαί τις τοῦ μὴ βαπτισθῆναι τούτους
13 47 τέθεικά σε εἰς φῶς ἐθνῶν τοῦ εἶναί σε εἰς σωτηρίαν
נְתַתִּיךָ לְאוֹר גּוֹיִם לִהְיוֹת יְשׁוּעָתִי, Is. xlix. 6
14 9 [1] ἰδὼν ὅτι ἔχει πίστιν τοῦ σωθῆναι
18 [3] μόλις κατέπαυσαν τ. ὄχλους τοῦ μὴ θύειν αὐτοῖς
15 20 ἐπιστεῖλαι αὐτοῖς τοῦ ἀπέχεσθαι τ. ἀλισγημάτων
18 10 οὐδεὶς ἐπιθήσεταί σοι τοῦ κακῶσαί σε
20 3 ἐγένετο γνώμης τοῦ ὑποστρέφειν διὰ Μακεδονίας
20 [3] οὐδὲν ὑπεστειλάμην τ. συμφερόντων τοῦ μὴ ἀναγγεῖλαι ὑμῖν κ. διδάξαι ὑμᾶς
27 [3] οὐ γὰρ ὑπεστειλάμεν τοῦ μὴ ἀναγγεῖλαι πᾶσαν τ. βουλὴν τ. Θεοῦ ὑμῖν
30 ἀναστήσονται ἄνδρες . . . τοῦ ἀποσπᾶν τ. μαθητάς
21 12 [3] παρεκαλοῦμεν . . . τοῦ μὴ ἀναβαίνειν αὐτὸν εἰς Ἰερουσαλήμ
23 15 [2] ἡμεῖς δὲ πρὸ τοῦ ἐγγίσαι αὐτὸν ἕτοιμοί ἐσμεν τοῦ ἀνελεῖν αὐτόν
20 οἱ Ἰουδαῖοι συνέθεντο τοῦ ἐρωτῆσαί σε
26 18 ἐγὼ ἀποστέλλω σε . . . τοῦ ἐπιστρέψαι ἀπὸ σκότους εἰς φῶς
18 τοῦ λαβεῖν αὐτοὺς ἄφεσιν ἁμαρτιῶν
27 1 ὡς δὲ ἐκρίθη τοῦ ἀποπλεῖν ἡμᾶς
20 [1] λοιπὸν περιῃρεῖτο ἐλπὶς πᾶσα τοῦ σώζεσθαι ἡμᾶς
Ro 1 24 παρέδωκεν αὐτοὺς . . . εἰς ἀκαθαρσίαν τοῦ ἀτιμάζεσθαι τὰ σώματα αὐτῶν
Ro 6 6 [3] ἵνα καταργηθῇ τὸ σῶμα τ. ἁμαρτίας τοῦ μηκέτι δουλεύειν ἡμᾶς τ. ἁμαρτίᾳ
7 3 [3] ἐλευθέρα ἐστὶν ἀπὸ τ. νόμου τοῦ μὴ εἶναι αὐτὴν μοιχαλίδα
8 12 ὀφειλέται ἐσμὲν οὐ τ. σαρκὶ τοῦ κατὰ σάρκα ζῆν
11 8 [3] ἔδωκεν αὐτοῖς ὁ Θεὸς . . . ὀφθαλμοὺς τοῦ μὴ βλέπειν κ. ὦτα τοῦ μὴ ἀκούειν, Is. xxix. 10
10 [3] σκοτισθήτωσαν οἱ ὀφθαλμοὶ αὐτῶν τοῦ μὴ βλέπειν
תֶּחְשַׁכְנָה עֵינֵיהֶם מֵרְאוֹת, Ps. lxix. 24
15 22 ἐνεκοπτόμην τὰ πολλὰ τοῦ ἐλθεῖν πρὸς ὑμᾶς
23 [1] ἐπιποθίαν δὲ ἔχων τοῦ ἐλθεῖν πρὸς ὑμᾶς
I Co 9 10 [1] ὁ ἀλοῶν ἐπ' ἐλπίδι τοῦ μετέχειν
10 13 ποιήσει . . . κ. τ. ἔκβασιν τοῦ δύνασθαι ὑπενεγκεῖν
16 4 ἐὰν δὲ ἄξιον ᾖ τοῦ κἀμὲ πορεύεσθαι
II Co 1 8 ὥστε ἐξαπορηθῆναι ἡμᾶς κ. τοῦ ζῆν
7 12 [2] ἕνεκεν τοῦ φανερωθῆναι τ. σπουδὴν ὑμῶν
8 11 [1] ὅπως καθάπερ ἡ προθυμία τοῦ θέλειν,
[2] οὕτως κ. τὸ ἐπιτελέσαι ἐκ τοῦ ἔχειν
Ga 2 12 [2] πρὸ τοῦ γὰρ ἐλθεῖν τινὰς ἀπὸ Ἰακώβου
3 10 ὃς οὐκ ἐμμένει πᾶσι τ. γεγραμμένοις . . . τοῦ ποιῆσαι αὐτά
אֲשֶׁר לֹא־יָקִים אֶת־דִּבְרֵי . . . לַעֲשׂוֹת אוֹתָם Dt. xxvii. 26
23 [2] πρὸ τοῦ δὲ ἐλθεῖν τ. πίστιν
Phl 3 10 τοῦ γνῶναι αὐτὸν κ. τ. δύναμιν τ. ἀναστάσεως αὐτοῦ
21 [1] κατὰ τ. ἐνέργειαν τοῦ δύνασθαι αὐτὸν κ. ὑποτάξαι αὑτῷ τὰ πάντα
He 2 15 [2] διὰ παντὸς τοῦ ζῆν ἔνοχοι ἦσαν δουλείας
5 12 [1] πάλιν χρείαν ἔχετε τοῦ διδάσκειν ὑμᾶς
10 7 ἰδοὺ ἥκω . . . τοῦ ποιῆσαι ὁ Θεὸς τὸ θέλημά σου
הִנֵּה־בָאתִי . . . לַעֲשׂוֹת רְצוֹנְךָ אֱלֹהַי, Ps. xl. 8, 9
9 ἰδοὺ ἥκω τοῦ ποιῆσαι τὸ θέλημά σου, Ps. *l.c.*
11 5 [3] πίστει Ἐνὼχ μετετέθη τοῦ μὴ ἰδεῖν θάνατον
Ja 4 15 [2] ἀντὶ τοῦ λέγειν ὑμᾶς
5 17 [3] προσευχῇ προσηύξατο τοῦ μὴ βρέξαι
I Pe 3 10 [3] παυσάτω . . . χείλη τοῦ μὴ λαλῆσαι δόλον
נְצֹר . . . שְׂפָתֶיךָ מִדַּבֵּר מִרְמָה, Ps. xxxiv. 14
4 17 [1] ὁ καιρὸς τοῦ ἄρξασθαι τὸ κρίμα ἀπὸ τ. οἴκου τ. Θεοῦ
Re 12 7 ὁ Μιχαὴλ κ. οἱ ἄγγελοι αὐτοῦ τοῦ πολεμῆσαι μετὰ τ. δράκοντος
—τοῦ, T

c. partic.

(1) c. aor. **(2)** c. perf. **(3)** antec. nom. **(4)** antec. nom. *anarthr.* **(5)** antec. nom. propr. **(6)** seq. **οὐ, μή** **(7)** c. fut.

Mt 1. [5]16, [1]20, [1]22; **2.** [1]15, [1]17, 20, [1]23; **3.** [1]3, 11; **4.** 3, [1]14, [23]16, [2]16, [5]18, 24; **5.** 4 *v.* 5, TWH mg. R mg., 6, [2]10, 22, 28, 32, 40, 42 (*bis*), 44,

46 ; **6.** [3]4, [3]18 ; **7.** 8 (*ter*), 11, [3]13, 13, [3]14, 14, 21 (*bis*), 23, 26 ; **8.** 10, 16, [1]17, 33 ; **9.** 12 (*bis*) ; **10.** [5]2, [15]4, [23]6, 20, [3]20, [1]22, 28 (*bis*), 37 (*bis*), [1]39 (*bis*), 40 (*bis*), [1]40, 41 (*bis*) ; **11.** 3, 8, [5]14, 15, [13]21, [13]23, 28 ; **12.** [1]17, [6]30 (*bis*), 48 ; **13.** 3, 9, [3]14, [1]18, [2]19, [1]19, [1]20, 20, [1]22, 22, [1]23, 23, [1]35, 37, [13]39, 41, 43 ; **14.** 9, 20, 21, 35 ; **15.** 4, 11 (*bis*), 17, 18, 20, [23]24, [3]27, 37, 38 ; **16.** [3]16, [2]28 ; **17.** 24 ; **18.** [3]6, [2]11 —h. v., TWHR non mg., [236]13, 30, [1]31 τὰ γινόμενα, T, [1]31, 34 ; **19.** [1]4, [1]9 —h. v., TWH non mg. R mg., 12, 21, [1]28 ; **20.** [1]12 ; **21.** [1]4, [3]9, 9, [3]15, 42, [1]44 —h. v., T [WH] R mg. ; **22.** [2]3, [2]4, [2]8, [1]31 ; **23.** 14, [4]16, [13]17, [3]19, [1]20, [1]21, 21 τ. κατοικήσαντι, WH mg., [1]22, [2]22, [4]24, —WH, [1]31, [5]37, [2]37, 39 ; **24.** [1]13, [13]15, 15, 19 (*bis*), 47, 49 ; **25.** 9, 14, [1]16, [1]18, [1]20, [2]24, 28, 29, [6]29, [2]34, [23]41 ὃ ἡτοίμασεν, WH mg. ; **26.** [3]3, 14, [1]23, [5]25, [3]28, 46, 48, [1]52, [3]63, [1]68, [2]73 ; **27.** [15]3 παραδιδοὺς, TWH mg., [1]9, [2]9, 39, 40, [13]44, [2]47, 54 (*bis*) ; **28.** 1, 4, [25]5, [1]11.

Mk **1.** [5]4, 32 (*bis*) ; **2.** 17 (*bis*), 26 ; **3.** [3]3, [13]22, [2]34; **4.** 3, 9 —h. v., TWH non mg. R, 14, [23]15, 16, 18, [1]18, [1]20 ; **5.** 14, [2]14, 15, [2]15, [1]16, 16, [1]18, [1]32 ; **6.** [13]2, [5]14, [2]22, [2]26, 31 (*bis*), [1]44, 55, 56 ; **7.** 10, 15 (*bis*), 18, 20 ; **9.** [2]1, 23, [3]42 ; **10.** 13 αὐτοῖς, WHR, 23, [2]24 —h. v., TWHR mg., [3]30, 32, 42 ; **11.** [2]5, 9 (*ter*), 15 (*ter*) ; **12.** 10, [3]38, 40, 44 ; **13.** 11, [1]13, 14, 17 (*bis*) ; **14.** 18, 20, [3]24, 42, 44, [2]47, [2]69, [2]70 ; **15.** [3]28 —h. v., TWHR non mg., 29 (*bis*), [2]32, [2]35, [23]39, [1]41 ; **16.** [35]6, [[1]10, [[1]14, [[1]16 (*bis*), [[1]17.

Lu **1.** [25]19, 35, 36, [1]45, [2]45, 50, 65, [1]66, 71, 79 ; **2.** [23]15, [13]17, [1]18 (*bis*), [13]21, [2]24, [2]27, 38, 47 ; **3.** 11, [6]11, 11, [2]13 ; **4.** [2]16, [3]22 ; **5.** [2]24 τ. παραλυτικῷ, WH mg., 31 (*bis*) ; **6.** 3 —ὄντες, WH, [3]8, [5]15, 18, 27 (*bis*), 28 (*bis*), 29 (*bis*), 30, 32 (*bis*), 47, [1]49 ; **7.** [1]10, 14, 19, 20, 25, [24]32, [13]39, [2]49 ; **8.** [5]2, 3, 4, 5, 8, [1]12, [1]14 (*bis*), 16, 21, 34, [2]34, [1]36 (*bis*), [1]45, [2]56 ; **9.** 7, 11, [1]17, [2]27, [23]32, [1]48, 48 ; **10.** 8, [13]11, [13]13, 16 (*ter*), [1]16, [3]23, [1]36, [1]37 ; **11.** 10 (*ter*), 13, [6]23 (*bis*), [23]27, 28, 33, [1]40, 41, [3]44, [23]50 τὸ ἐκχυννόμενον, TWH mg., [15]51 ; **12.** 4, 5, [1]9, [1]10, 21 h. v., [WH], [13]47, [16]48 ; **13.** [3]4, 9, [3]17, [3]17, 23, 33, [5]34, [2]34, 35 ; **14.** [2]7, [1]9, [2]10 (*bis*), 11 (*bis*), [2]12, [2]15, [23]24, 29, 31, 35 ; **15.** [23]6, [13]30 ; **16.** 15, 18 (*bis*), 21, 26 ; **17.** [1]9, [1]10 ; **18.** [3]7, [2]9, 14 (*bis*), 24, [1]26, [3]30, [2]31, 34 ; **19.** [2]10, [2]24, 24, 26, [6]26, [136]27, [3]29, [2]32, 45 ; **20.** [1]2, [2]17, 17, [1]18, 27, [1]35, [3]46 ; **21.** 4, [2]15, [2]22, 23 (*bis*), 26 (*bis*), [2]35, [3]37 ; **22.** [3]1, [5]3. [3]19, [3]20 —h. v., [[WH]] R mg., 21, [2]22, 23, 25, 26 (*bis*), [2]27 (*bis*), 27 (*bis*), [2]28, 36, [6]36, [2]37, [7]49, [3]63, [1]64 ; **23.** [3]33, 47, [1]48, [4]49 ; **24.** 5, [2]12 —h. v., T [[WH]] R mg., [2]14, [1]18, 21, [2]44.

Jo **1.** 12, [1]15 ὃν εἶπον, TWH mg. R non mg., 15, [4]18 + ὁ, TWH mg. R non mg., [1]22, 27 —WH, [3]29, [1]33, 33, [13]41 ; **2.** [23]9, 14, 16 ; **3.** [2]6 (*bis*), [1]13, [3]13 —h. v., WH non mg. R. mg., 18, [6]18, 20, 21, 29, [23]29, 31 (*ter*), [1]33, 36 (*bis*) ; **4.** 10, [3]11, 13, 23, 24, 26, [1]34, 36 (*ter*), 37 (*bis*) ; **5.** [4]2, 3, [[1]4, 7, [2]10, [1]11, [13]12, [1]13 ὁ δὲ ἀσθενῶν, T, [1]15, [6]23, [13]23, 24, [1]24, [1]25, [1]29 (*bis*), [1]30, 32, [3]35, 45 ; **6.** 2, [2]11, [2]13, [3]14, [23]22, [3]27 (*bis*), [3]33, 35 (*bis*), 37, [1]38, [1]39, 40, [13]41, [13]44, [1]45, 46, 47, [3]50, [3]51, [13]51, 54, 56, 57, [13]58, 58, 63, [6]64, [7]64 ; **7.** [1]16, 18 (*bis*), [1]18, [1]28, [1]33, 38, [1]39 οἱ πιστεύοντες, T, [15]50 —h. v., T ; **8.** 12, 18, [1]26, [1]29, 34, 47, 50, [3]54 ; **9.** [1]4, 8, [2]8, [3]11, [1]18, 37, [6]39, 39, 40 ; **10.** [6]1, 2 ; **11.** [15]2, [5]16, 25, 26, [3]27, [3]31, [1]37, [2]39, [23]42, [2]44, [1]45, [23]52 ; **12.** [2]2, [5]4, 6, [13]12 —ὁ, TR non mg., 13, [3]17, 20, 25 (*bis*), [23]29, 35, 44, [1]44, 45, [1]45, 46, 48 (*bis*) ; **13.** [2]10, 11, [1]16, 18, 20 (*bis*), [1]20, [2]28 ; **14.** [2]9, [3]10 —WHR, 12, 21 (*ter*), [6]24 ; **15.** 5, [1]21, 23, [23]25 ; **16.** [1]2, [1]5, 13 ; **17.** 20 ; **18.** [5]2, 4, [5]5, [15]14, 37 ; **19.** [1]11, 12, [3]24 —TWH, [13]32, [2]35, [15]39 ; **20.** [13]8, [16]29 ; **21.** 20, [3]24, [3]24 —TR.

Ac **1.** [15]11, [4]12, [15]16, [1]16, 19, 20, [5]23 ; **2.** 7, 9, 14, [2]16, 47 ; **3.** [3]2, 2, [2]10 (*bis*) ; **4.** [1]4, [13]11 (*bis*), [24]12, [23]14, 16, [1]21, [1]24, [1]25, [1]32, 32, 34, [15]36 ; **5.** 5, [2]7, [1]9, 11, 32 ; **6.** [3]9 τ. λεγομένων, T, 15 ; **7.** 24, [14]35, [15]37, [1]38, [3]38, 44, [1]52 ; **8.** [1]4, 6, 7, [3]26, [1]32 κείραντος, TWH mg. ; **9.** [3]7, [3]11, 14, [15]17, 21, [1]21, 21, [4]22, [3]32, 35 ; **10.** [4]1, [3]7, 7, [23]17, [5]18, [2]33, 35, 38, [24]41, [2]42, 43, 44 ; **11.** [3]1, [5]13, 19, [3]19, [14]21, [3]22 ; **12.** 9, [5]12, [1]25 ; **13.** [5]1, [1]12, 16, 26, 27, [3]27, [2]29, [1]31, 39, [2]40, 45 ; **14.** [3]3, 12 ; **15.** [23]16, [2]16, 19, 21, [5]22, [1]33, [5]37, [1]38 ; **16.** [3]3, [23]4, 11, 14 ; **17.** [2]2, [1]6, 15, 17 (*bis*), [13]24 ; **18.** [3]21 —h. v., TWH non mg. R, [2]27 ; **19.** 4, [4]11, 12, 13, [4]17, [2]18, [1]19, 22, [4]26 ; **20.** 15 (*bis*), [14]19, 20, [7]22, [3]32, [2]32, 34, 35 ; **21.** 18, [2]20, [3]28, [13]38 ; **22.** 5, 9 (*bis*), 11, 19, 20, 29 ; **23.** [2]2, [2]4, [1]13, [2]31 ; **24.** [2]14, [3]25, 25 ; **25.** 16 ; **26.** [13]4, 13, [2]18, 29, [2]30 ; **27.** 11, [4]14, 24, 40, 43 ; **28.** [23]2, [3]9, 17, 24, 30.

Ro **1.** [13]3, 7, 16, [4]18, [1]25, [6]28, 32 (*bis*) ; **2.** [4]1, 1, 2, [4]3, 3, 7, [4]9, 10, [46]14, 18 ; **3.** [3]5, 11 (*bis*) —WH non mg., 12 —WH non mg., 22 ; **4.** 4, [6]5, 5, 11, 12, [4]17, [6]17, [2]18, 24, [1]24 ; **5.** [14]5, [16]14, 14, 17 ; **6.** [1]7 ; **7.** [1]4, 21, [3]23 ; **8.** 4, 5, 8, [1]11 (*bis*), [1]20, 27, 28 (*bis*), 33, [7]34 κατακρίνων, T, 34, [1]37 ; **9.** 5, 11, 16 (*bis*), 20 (*bis*), 25, [26]30, 33 ; **10.** 4, 11, 12, 15, [6]20 (*bis*) ; **11.** [1]22, 26 ; **12.** [13]3, 3, [13]6, 7, 8 (*quater*), 14 ; **13.** 1, 2, [2]2, 4, 8 ; **14.** 1, 2, 3 (*bis*), [6]3 (*bis*), 4, 6 (*bis*), [6]6, 14, 18, [3]20, [6]22, 23 ; **15.** [13]15, 31 ; **16.** 11, [4]12, 17, [15]22, 25.

I Co **1.** [3]2, 2, [13]4, 18 (*bis*), 21, [2]28, [6]28, 28, 31 ; **2.** [3]6, [24]7, 9, [1]12 ; **3.** 7 (*bis*), 8 (*bis*), [13]10, 19 ; **4.** 4, [2]19 ; **5.** [1]2, [1]3 ; **6.** [2]4, 16, 17, 18 ; **7.** [2]10, [1]22 (*bis*) 29, 30 (*ter*), 31, [1]33, [1]34, 38 (*bis*) ; **8.** 10 ; **9.** 3, 10 (*bis*), 13 (*bis*), 14, 24, 25 ; **10.** 12, 18, 25, 27, [1]28 ; **11.** [6]22, [3]24 —κλώμενον, TWHR non mg., 29 ; **12.** [3]6, 7, 24 ; **14.** 2, 3, 4 (*bis*), 5 (*bis*), 7 (*bis*), 9, 11 (*bis*), 13, 22 (*bis*) ; **15.** [1]18, [2]20, [1]27, [1]28, 29, [37]37, [23]54, [3]57 ; **16.** 16.

II Co **1.** [3]1 (*bis*), [3]4, [3]6, [13]8, [3]9, [13]19, 21, 22 —[WH] R ; **2.** 2 (*bis*), [3]14, 15 (*bis*) ; **3.** [3]7, [2]10, 11 (*bis*), 13 ; **4.** 3, [13]6, 11, [2]13, [1]14, 18 (*bis*), [6]18 (*bis*) ; **5.** 4, [1]5 (*bis*), 12, 15, [1]15, [13]18, [16]21 ; **7.** 6, [1]12 (*bis*) ; **8.** [23]1, [3]16, [3]19, [3]20 ; **9.** 6 (*bis*), 10 (*bis*) ; **10.** 2, 12, 17, 18 ; **11.** 4, 12, [3]31 ; **12.** [2]21 ; **13.** [2]2.

Ga **1.** [14]1, [14]4, [23]4, [1]6, 7, [13]11, [13]15 —ὁ Θεὸς, T [WH], 23 ; **2.** 2, 6 (*bis*), [1]8, [13]9, [5]9, [13]20 ; **3.** 5, [2]10, [1]12, 13, [4]21, 22 ; **4.** [6]27 (*bis*), 27, [1]29 ; **5.** 8, 10, 12, 21 ; **6.** 6 (*bis*), 8 (*bis*), [2]13 περιτετμημένοι, WH mg. R mg.

Eph **1.** [3]1, [13]3, [2]6, 11, [2]12, 19 ; **2.** [3]2, [3]7, 11, 13, [1]14 ; **3.** [13]2, [13]7, [23]9, [13]9, 20, [3]20 ; **4.** [1]10 (*bis*) [3]18, [3]22, [13]24, 28 (*bis*), 29 ; **5.** 12, 13 (*bis*), 28 ; **6.** [23]16, 24.

Phl 1. [3]1, [1]6, 10, [2]28 ; 2. 13 ; 3. 3, 8, 17, 19 ; 4. [3]7, 13, [3]17.
Col 1. [23]5, [3]6, [1]8, [13]12, [13]23, [13]25, [23]26, [3]29 ; 2. 8, [13]12, 17 ; 3. [3]10, [1]10, 25 ; 4. [5]11 (*bis*).
I Th 1. 7, [5]10, [3]10 ; 2. [4]4, 10, [13]12 καλέσαντος, WH mg. R mg., 13, [3]14, [13]15 ; 3. 5 ; 4. [236]5, 8, [3]8, 13, [36]13, [1]14, 15 (*bis*), [1]15, 17 (*bis*) ; 5. 3, 7 (*bis*), [15]10, 12, 24.
II Th 1. 6, 7, [26]8, [6]8, [1]10 ; 2. [2]4, 6, 7, 10, [16]12, [13]16.
I Ti 1. 16 ; 2. 2 ; 4. [4]8, 16 ; 5. [6]13, [2]14, 17, 20, 25 ; 6. 2 (*bis*), 9, [3]16, [4]17 + τῷ, WH mg., 19.
II Ti 1. [14]9 (*bis*), [4]14 ; 2. 14, 19 (*bis*), 22, 25 ; 3. 6, 12, [4]15 ; 4. [5]1, [2]8.
Tit 1. 5, [3]9, 9, [2]15 ; 3. [2]8, 15.
Phm. 8.
He 1. 7, 14 ; 2. [1]1, [1]3, [3]5, [2]9, 11 (*bis*), 14, 18 ; 3. [1]2, [1]3, [1]4, [7]5, [1]16, [1]17, [1]18 ; 4. [1]2, [1]3, [1]6, [1]10 ; 5. 2, [1]5, 7, 9, 13, 14 ; 6. [1]4, [14]7, 12, [1]18 ; 7. [15]1 ὅς, WH mg., 5, [6]6, 6, 9, 21, 25 ; 8. 1, 4, [13]5, 13 ; 9. [4]3, [13]4, [23]9, 9, [2]13, [2]15, [1]16, [1]17, 28 ; 10. 1, 2, 14, [1]23, [1]29, [1]30, 33, 37 ; 11. 3, 6 (*bis*), [6]7, [1]11, 14, [1]17, 28, [1]31 ; 12. [2]3, 10 (*bis*), 11, [2]11, [1]19, 20, 21, 25 (*ter*), 27, [6]27 ; 13. 3, 5, 7, [1]9 περιπατήσαντες, WH mg. R, 10, 17, [13]20, 24.
Ja 1. 12, [3]21, [1]25 ; 2. 3, 5, [13]7, [1]11, [1]13, [3]23 ; 3. 4, [3]6 καὶ, T, [23]9, 18 ; 4. [3]1, 11, [4]12 + ὁ, TWH mg., 12, [4]14 —WH non mg. ; 5. [3]1, [13]4, [1]4, [1]11, 15, [1]20.
I Pe 1. [13]3, 5, [4]7, [14]10, [1]12, [1]15, 17, [14]21, [13]25 ; 2. 6, 7 (*bis*), [1]9, [26]10, 23 ; 3. [3]5, 10, [7]13, 15, 16 ; 4. 5, 17, 19 ; 5. [13]10.
II Pe 1. [1]1, [1]3 ; 2. 10, 18 (*bis*).
I Jo 2. 4, 6, 9, 10, 11, 17, 22 (*bis*), 23 (*bis*), 26, 29 ; 3. 3, 4, 6 (*bis*), 7, 8, [2]9, [6]10 (*bis*), [6]14, 15, 24 ; 4. 6, 7, [6]8, 16, 18, [6]20, 21 ; 5. 1 (*bis*), [2]1, [2]4, [13]4, 5 (*bis*), [1]6, 6, 7, 10, [6]10, 12, [6]12, 13, 16, [2]18, [1]18.
II Jo [2]1, [3]2, [6]7, 9 (*bis*).
III Jo 10, 11 (*bis*).
Ju [2]1, [24]4, [16]5, [146]6, [23]17, 19.
Re 1. 3 (*bis*), [2]3, 4 (*bis*), 5, 8 (*bis*), [3]9, 18 ; 2. 1 (*bis*), 7 (*bis*), 9, 11 (*bis*), 12, 17 (*ter*), [23]17, [3]18, [3]20, 22, 23, 26 (*bis*), 29 ; 3. 1, 5, 6, 7 (*bis*), 9, [3]10, 10, 12 (*bis*), 13, 21, 22 ; 4. [2]3, [3]8 (*bis*), [2]9, 9, [2]10, 10 ; 5. [2]1, [2]7, [23]12, [2]13 ; 6. [2]2, [2]4, [2]5, [2]8, [2]9, 10, [3]11, [2]16 ; 7. [2]4, [23]10, [2]13, 14, [2]15 ; 8. [3]6, 13, [3]13 ; 9. [3]14, [23]14, [23]15, [2]17, [3]18 ; 10. 6, [23]8 (*bis*) ; 11. 1, [23]4, [3]7, 10 (*bis*), 11, [23]16 οἱ κάθηνται, TWH mg. R, [3]17, 18 (*bis*) ; 12. [3]4, [3]9, [5]9, [3]10, [3]17 ; 13. 6, 8, [23]8, 12, 14 (*bis*), 18 ; 14. [23]3, 4, [2]6, [1]7, [23]10, 11, 12, [3]13, [2]15, [2]16, [4]18 —T [WH], 18 ; 15. 2, [3]6, [3]7 ; 16. [3]2, 5, [3]9, 15, [3]16 ; 17. [3]1, [23]1, 2, [3]7, 8, [3]9, [3]18 ; 18. [13]8, [13]9, [13]15, [23]16, 17, 19, [2]24 ; 19. [23]4, [3]5, [2]9, [3]10, [2]11, [3]17, [2]18, [2]19, [13]20, [1]20, 20, [3]20, [2]21, [13]21 ; 20. [2]4, 6, [23]9, [3]10, [2]11, [2]12 ; 21. [2]5, 6, 7, [3]8, [3]9 (*bis*), 15, 27, [2]27 ; 22. 7, [5]8, [3]8, 9, 11, 14, 17 (*ter*), 18, [23]18, [2]19, 20.

partic. implic.

Mt 25 17 ὡσαύτως ὁ τὰ δύο ἐκέρδησεν ἄλλα δύο
22 προσελθὼν κ. ὁ τὰ δύο τάλαντα εἶπεν
Ac 13 9 Σαῦλος δὲ ὁ κ. Παῦλος
Ro 13 7 ἀπόδοτε πᾶσι τ. ὀφειλάς· τῷ τ. φόρον τ. φόρον, τῷ τὸ τέλος τὸ τέλος, τῷ τ. φόβον τ. φόβον, τῷ τ. τιμὴν τ. τιμήν

II Co 8 15 ὁ τὸ πολὺ οὐκ ἐπλεόνασεν κ. ὁ τὸ ὀλίγον οὐκ ἠλαττόνησεν

לֹא הֶעְדִּיף הַמַּרְבֶּה וְהַמַּמְעִיט לֹא הֶחְסִיר

Ex. xvi. 18

c. prepos.

(1) antec. nom. (2) antec. nom. *anarthr* (3) seq. nom.

Mt 2. [1]16 ; 5. [1]12, 15, [1]16, [1]45 ; 6. [1]1, [1]6, [2]9, [1]18, [1]23 ; 7. [1]3, [3]3, [1]11, [1]21 ; 10. [1]32, [1]33 ; 12. 3, 4, [1]50 ; 14. 33 ; 16. [1]17 ; 18. [1]10, [1]14, [1]19 ; 20. 9, 10 [WH] ; 21. [1]2, [1]11 ; 23. [1]18, 20 ; 24. 16, 17 (*bis*) 18, [1]38 ; 25. 34, 41 ; 26. 51.
Mk 1. 36 ; 2. 2, 25 ; 3. 21, 34 ; 4. 10, 15, [3]19, [1]31 ; 5. 26, 27, 40 ; 6. [1]11 ; 11. [1]2, [1]25, [1]26 —h. v., TWHR non mg. ; 12. [2]25 —TWH non mg. R ; 13. 14, 15, 16, [1]25 ; 15. [2]43 —WH non mg.
Lu 2. 39 —T, 49 ; 5. 9, [1]36 ; 6. 3 + ὄντες, T, 4, [1]41 (*bis*), [1]42 (*bis*), [3]42 ; 8. 12, 13, 15, 45 —h. v., WHR mg. ; 9. 32, 61 ; 10. 7 ; 11. [2]2 —h. v., TWHR non mg., [1]13, [1]35 ; 14. 32 —WH non mg. ; 16. [3]10, [3]15 ; 17. 24 (*bis*), 31 ; 19. 42 ; 20. [1]35 ; 21. 21 (*ter*) ; 22. 37, 49 ; 24. 19, 24, 27, 33, 35.
Jo 1. [2]46 ; 5. 28, [1]44 ; 11. 19 πρὸς τ. Μάρθαν, WHR ; 12. [2]21 ; 13. [1]1 ; 14. [1]10 —WHR ; 15, [1]25 ; 19. [2]38 —WH ; 21. [2]2.
Ac 1. 3 ; 2. 5, [1]10, 39 ; 3. [1]16 ; 4. [1]2, 24 ; 5. 17, 21 ; 6. 9 (*bis*) ; 7. [1]34 ; 8. [1]1, [3]14 ; 10. [1]23, [2]38, [3]45 ; 11. 2 ; 12. 1, [2]20 ; 13. 13, [1]27 ; 14. 15 ; 15. 5, [3]23, [1]23 ; 16. [3]2, [2]4, 32 ; 17. 11, 11 —T [WH], [3]13, 24, [3]28 ; 18. [2]15, 25, [3]27 —h. v., TWH non mg. R ; 19. 8 —WH, [3]25, [3]38 ; 20. [3]21 ; 21. [3]21, [3]27 ; 22. [3]1 ; 23. 11, 15, [3]21 ; 24. [1]5, 10, 14 (*bis*), 22 (*bis*) ; 25. 14, [2]23, [3]27 ; 26. [3]3, [1]4 —WH, [2]18, 20, [2]22 ; 27. [3]2, [1]5, 44 ; 28. 7, [1]9, 10, 15, 31.
Ro 1. [3]12, 15 (*bis*), 26 ; 2. 8, 19, [3]27 (*bis*), [3]28 (*bis*), 29 ; 3. 19, [1]24, 26 ; 4. [1]11, 12, [3]12, 14, 16 (*bis*) ; 7. [1]5, [1]10 ; 8. 1, [1]39 ; 9. 5, 6, [3]11, [2]30 ; 10. [1]5 ; 11. [3]21, 24, [3]27 : 12 5. 18 ; 14. 19 ; 15. 17, [1]26, [1]31 ; 16. [1]1, [3]5, 10, 11, [3]14, [3]15.
I Co 2. [1]11, [1]12 ; 4. [1]17 ; 6. [3]19 ; 9. 13, 20 (*bis*) ; 13. 10 ; 15. [1]10, [1]10 —TWH non mg. R ; 16. [1]1, [3]19.
II Co 1. [3]11, [1]18 ; 2. [1]6 ; 5. [1]2, 10, 12 ; 7. [3]10, [1]12, [1]14 —TWH non mg. ; 8. [3]2, [1]4, [3]7, [2]22 ; 9. [1]1, [1]3 ; 10. 7 ; 11. [1]3, [1]28.
Ga 1 [3]2, [3]17, [1]22 ; 2. [2]3, 12 ; 3. 7, 9 ; 4. 5, 29 (*bis*).
Eph 1. 10 (*bis*), [3]15, [1]15 —τ. ἀγάπην, WHR non mg. ; 4. [2]6 ; 5. 33 ; 6. 21, 22.
Phl 1. [2]11, 12, 27, 29 ; 2. [1]9, 19, 20, 23, [3]30 ; 3. [2]6, [2]9 (*bis*), [3]9, [1]11 ; 4. 10, 18, [3]21, 22.
Col 1. [3]2, 20 (*bis*), [2]23 ; 2. 1, [3]5, [3]14 ; 3. 2, [1]5, [3]22 ; 4. 7, 8, [2]12, 13 (*bis*), [3]15 (*bis*), 16.
I Th 1. [1]8 ; 2. [1]1 ; 4. [1]10 —T [WH].
I Ti 1. [2]4, [2]14 ; 3. [2]13 ; 4. [3]14 ; 6. [2]3.
II Ti 1. [2]1, [3]3, [3]5, [2]13, 15 ; 2. [1]1, [2]10 ; 3. [2]15, [2]16.
Tit 1. [3]9, 10 ; 2. 8 ; 3. [2]5, 15.
Phm [3]2, [2]6 [WH].
He 2. [3]2, 17 ; 5. 1 ; 7. [1]28 ; 9. [3]15, 23 ; 11. [3]7, [1]12, 12. 25 ; 13. 24.
Ja 1. [1]1.
I Pe 1. [3]11 —WH mg., [3]11 (*bis*) ; 3. [3]2, [3]15, [3]19 ; 4. [3]8, [3]12 ; 5. [2]1 —WHR, [3]2, [3]9, 14.
II Pe 1. 3, [3]4 ; 2. [3]13 ; 3. [3]10.

I Jo 2. 13, 15, 16 ; 4. 4 (*bis*).
Ju [3] 1, [3] 7, [3] 12.
Re 1. [1] 4, [1] 4 ἃ, TWH non mg. R ; 2. [1] 1 τῆς, T, [1] 8 τῆς, T, [3] 12, [1] 18 τῆς, TR, [1] 24 ; 3. [3] 1 τῷ, WH mg., [3] 7 τῷ, WH mg., [3] 14 ; 5. [1] 5, [2] 13 ; 7. [1] 17 ; 8. [1] 3, [1] 9 ; 10. 6 (*bis*), 6 —h. v., [WH] R mg.; 11. [1] 2, 4 [WH], [1] 19 ; 14. [1] 17 ; 16. 3, [1] 12 ; 17. 14 ; 19. [1] 14 —T ; 20. [1] 8, [1] 13 (*bis*).

c. adverb.

(1) temporal.

Mt 5. 43 ; 6. [1] 34 (*bis*) ; 8. 18, 28 ; 11. [1] 23 ; 14. 22 ; 16. 5 ; 19. 19 ; 22. 39 ; 23. 25, 26 (*bis*) ; 24. [1] 21 ; 26. [1] 45 —WH, 71 ; 27. [1] 8, [1] 62 ; 28. [1] 15 + ἡμέρας, [WH].
Mk 4. 11, 35 ; 5. 1, 21 ; 6. 45 ; 8. 13 ; 11. [1] 12 ; 12. 31, 33 ; 13. 16, [1] 19 ; 14. [1] 41.
Lu 1. [1] 48 ; 5. [1] 10 ; 7. [1] 11 τῇ ἑξῆς, TWH mg. R. mg.; 8. [1] 1, 22 ; 9. 62 ; 10. 27, [1] 35 ; 11. 39 (*bis*), 40 (*bis*) ; 12. [1] 52 ; 16. 26 —WHR ; 17. 31 ; 19. 4 ; 22. [1] 18, [1] 69.
Jo 1. [1] 29, [1] 35, [1] 44 ; 4. [1] 31 ; 6. [1] 22, 66 ; 8. [[1] 11, 23 (*bis*) ; 12. [1] 12 ; 18. 6 ; 19. 23 ; 20. 14.
Ac 3. [1] 24 ; 4. [1] 3, [1] 5, [1] 29 ; 5. [1] 38, [WH] ; 7. 27 ; 10. [1] 9, [1] 23, [1] 24 ; 14. [1] 20 ; 15. 28 ; 17. [1] 30 ; 18. [1] 6 ; 19. [1] 40 ; 20. [1] 7, [1] 32 ; 21. [1] 1, [1] 8 ; 22. [1] 30 ; 23. [1] 32 ; 25. [1] 6, [1] 17, [1] 23 ; 27. [1] 18, [1] 22.
Ro 1. [1] 13 ; 8. [1] 22 ; 13. 9, 10 ; 15. 2.
I Co 5. 12 (*ter*) ; 7. [1] 29.
II Co 4. 16 ; 5. [1] 16 ; 10. 16 ; 11. 28 ; 13. [1] 2.
Ga 5. 14 ; 6. [1] 17.
Eph 2. 17 (*bis*) ; 4. 25 ; 6. [1] 10.
Phl 1. [1] 5 ; 3. [1] 1, 14 (*bis*) ; 4. [1] 8.
Col 3. 1, 2 ; 4. 5, 9.
I Th 4. 12.
II Th 3. [1] 1.
He 3. [1] 13 ; 10. [1] 13.
Ja 2. 8 ; 4. 12, [1] 14.
I Pe 2. [1] 10.

c. interject.

I Co 14 16 πῶς ἐρεῖ τὸ ἀμὴν ἐπὶ τ. σῇ εὐχαριστίᾳ
II Co 1 17 ἵνα ᾖ παρ' ἐμοὶ τὸ ναὶ ναὶ κ. τὸ οὒ οὔ
20 ὅσαι γὰρ ἐπαγγελίαι Θεοῦ ἐν αὐτῷ τὸ ναί· διὸ κ. δι' αὐτοῦ τὸ ἀμὴν
Ja 5 12 ἤτω δὲ ὑμῶν τὸ ναὶ ναὶ κ. τὸ οὒ οὔ
Re 1 8 ἐγώ εἰμι τὸ Ἄλφα κ. τὸ Ὦ
3 14 τάδε λέγει ὁ Ἀμήν
9 12 ἡ οὐαὶ ἡ μία ἀπῆλθεν
11 14 ἡ οὐαὶ ἡ δευτέρα ἀπῆλθεν· ἰδοὺ ἡ οὐαὶ ἡ τρίτη ἔρχεται ταχύ
21 6 ἐγὼ τὸ Ἄλφα κ. τὸ Ὦ
22 13 ἐγὼ τὸ Ἄλφα κ. τὸ Ὦ

c. sentent.

Mt 19 18 τὸ οὐ φονεύσεις οὐ μοιχεύσεις
לֹא תִרְצָח וְלֹא תִנְאָף, Ex. xx. 13, 14
Mk 9 23 τὸ εἰ δύνῃ πάντα δυνατὰ τ. πιστεύοντι
Lu 1 62 τὸ τί ἂν θέλοι καλεῖσθαι αὐτό
9 46 εἰσῆλθεν δὲ διαλογισμὸς ἐν αὐτοῖς τὸ τίς ἂν εἴη μείζων αὐτῶν
19 48 οὐχ ηὕρισκον τὸ τί ποιήσωσιν
22 2 ἐζήτουν . τὸ πῶς ἀνέλωσιν αὐτόν
Lu 22 4 ἀπελθὼν συνελάλησεν . . . τὸ πῶς αὐτοῖς παραδῷ αὐτόν
23 ἤρξαντο συνζητεῖν πρὸς ἑαυτοὺς τὸ τίς ἄρα εἴη
24 φιλονεικία . . . τὸ τίς αὐτῶν δοκεῖ εἶναι μείζων
37 τὸ κ. μετὰ ἀνόμων ἐλογίσθη
וְאֶת־פֹּשְׁעִים נִמְנָה, Is. liii. 12
Ac 4 21 μηδὲν εὑρίσκοντες τὸ πῶς κολάσωνται αὐτούς
22 30 βουλόμενος γνῶναι τὸ ἀσφαλὲς τὸ τί κατηγορεῖται
Ro 8 26 τὸ γὰρ τί προσευξώμεθα καθὸ δεῖ οὐκ οἴδαμεν
13 9 τὸ γὰρ Οὐ μοιχεύσεις οὐ φονεύσεις, Ex. *l.c.*
9 ἐν τ. λόγῳ τούτῳ ἀνακεφαλαιοῦται ἐν τῷ Ἀγαπήσεις τὸν πλησίον σου ὡς σεαυτόν [ἐν τῷ], WH
אָהַבְתָּ לְרֵעֲךָ כָּמוֹךָ, Lev. xix. 18
I Co 4 6 ἵνα ἐν ἡμῖν μάθητε τὸ μὴ ὑπὲρ ἃ γέγραπται
Ga 5 14 ἐν ἑνὶ λόγῳ πεπλήρωται ἐν τῷ Ἀγαπήσεις τὸν πλησίον σου ὡς σεαυτόν, Lev. *l.c.*
Eph 4 9 τὸ δὲ ἀνέβη τί ἐστιν εἰ μὴ ὅτι κ. κατέβη
I Th 4 1 καθὼς παρελάβετε παρ' ἡμῶν τὸ πῶς δεῖ ὑμᾶς περιπατεῖν
He 12 27 τὸ δὲ ἔτι ἅπαξ δηλοῖ τὴν τ. σαλευομένων μετάθεσιν

ὈΓΔΟΗ'ΚΟΝΤΑ 3589

Lu 2 37 αὐτὴ χήρα ἕως ἐτῶν ὀγδ. τεσσάρων
16 7 δέξαι σου τὰ γράμματα κ. γράψον ὀγδ.

ὌΓΔΟΟΣ 3590

Lu 1 59 ἐγένετο ἐν τῇ ἡμέρᾳ τῇ ὀγδόῃ
Ac 7 8 κ. περιέτεμεν αὐτὸν τῇ ἡμέρᾳ τῇ ὀγδόῃ
וַיָּמָל . . . בְּנוֹ בֶּן־שְׁמֹנַת יָמִים, Gen. xxi. 4
II Pe 2 5 ὄγδοον Νῶε δικαιοσύνης κήρυκα ἐφύλαξεν
Re 17 11 κ. αὐτὸς ὄγδοός ἐστιν
21 20 ὁ ὄγδοος βήρυλλος

ὌΓΚΟΣ* 3591

He 12 1 ὄγκον ἀποθέμενοι πάντα

ὍΔΕ 3592

Lu 10 39 τῇδε ἦν ἀδελφὴ καλουμένη Μαριάμ
Ac 21 11 τάδε λέγει τὸ πνεῦμα τὸ ἅγιον
Ja 4 13 σήμερον ἢ αὔριον πορευσόμεθα εἰς τήνδε τ. πόλιν
Re 2 1 τάδε λέγει ὁ κρατῶν τοὺς ἑπτὰ ἀστέρας
8 τάδε λέγει ὁ πρῶτος κ. ὁ ἔσχατος
12 τάδε λέγει ὁ ἔχων τ. ῥομφαίαν τὴν δίστομον
18 τάδε λέγει ὁ υἱὸς τ. Θεοῦ
3 1 τάδε λέγει ὁ ἔχων τὰ ἑπτὰ πνεύματα τ. Θεοῦ
7 τάδε λέγει ὁ ἅγιος ὁ ἀληθινός
14 τάδε λέγει ὁ Ἀμὴν ὁ μάρτυς ὁ πιστός

ὉΔΕΥ'Ω 3593

Lu 10 33 Σαμαρείτης δέ τις ὁδεύων ἦλθεν κατ' αὐτόν

ὉΔΗΓΕ'Ω 3594

Mt 15 14 τυφλὸς δὲ τυφλὸν ἐὰν ὁδηγῇ
Lu 6 39 μήτι δύναται τυφλὸς τυφλὸν ὁδηγεῖν ;

Jo 16 13 τὸ πνεῦμα τ. ἀληθείας ὁδηγήσει ὑμᾶς εἰς τ. ἀλήθειαν πᾶσαν
Ac 8 31 πῶς γὰρ ἂν δυναίμην ἐὰν μή τις ὁδηγήσει με
Re 7 17 τὸ ἀρνίον . . . ὁδηγήσει αὐτοὺς εἰς ζωῆς πηγὰς ὑδάτων

ὉΔΗΓΌΣ 3595

Mt 15 14 τυφλοί εἰσιν ὁδηγοί
ὁδ. εἰσ. τυφλοὶ τυφλῶν, TWH mg.
23 16 οὐαὶ ὑμῖν ὁδηγοὶ τυφλοί
24 ὁδηγοὶ τυφλοὶ διυλίζοντες τ. κώνωπα
Ac 1 16 Ἰούδα τ. γενομένου ὁδηγοῦ τ. συλλαβοῦσιν Ἰησοῦν
Ro 2 19 πέποιθάς τε σεαυτὸν ὁδηγὸν εἶναι τυφλῶν

ὉΔΟΙΠΟΡΈΩ* 3596

Ac 10 9 τῇ δὲ ἐπαύριον ὁδοιπορούντων ἐκείνων

ὉΔΟΙΠΟΡΊΑ** 3597

Jo 4 6 ὁ οὖν Ἰησοῦς κεκοπιακὼς ἐκ τ. ὁδοιπορίας
II Co 11 26 ὁδοιπορίαις πολλάκις

3598.5 ὉΔΟΠΟΙΈΩ cf. 3598

Mk 2 23 οἱ μαθηταὶ αὐτοῦ ἤρξαντο ὁδοποιεῖν τίλλοντες τ. στάχυας
ὁδὸν ποιεῖν, TWH non mg.

ὉΔΌΣ 3598

(1) ὁδ. Θεοῦ, Κυρίου (2) εἰς ὁδόν, ἐξ ὁδοῦ (3) ὁδ. ποιεῖν (4) σαββάτου, ἡμέρας ὁδός (5) metaph.

Mt 2 12 δι᾽ ἄλλης ὁδοῦ ἀνεχώρησαν εἰς τ. χώραν αὐτῶν
3 3 [1] ἑτοιμάσατε τὴν ὁδὸν Κυρίου
פַּנּוּ דֶּרֶךְ יְהוָֹה, Is. xl. 3
4 15 ὁδὸν θαλάσσης πέραν τ. Ἰορδάνου
דֶּרֶךְ הַיָּם עֵבֶר הַיַּרְדֵּן, Is. viii. 23
5 25 ἕως ὅτου εἶ μετ᾽ αὐτοῦ ἐν τῇ ὁδῷ
7 13 εὐρύχωρος ἡ ὁδὸς ἡ ἀπάγουσα εἰς τ. ἀπώλειαν
14 τεθλιμμένη ἡ ὁδὸς ἡ ἀπάγουσα εἰς τ. ζωήν
8 28 ὥστε μὴ ἰσχύειν τινὰ παρελθεῖν διὰ τῆς ὁδοῦ ἐκείνης
10 5 εἰς ὁδὸν ἐθνῶν μὴ ἀπέλθητε
10 [2] μὴ κτήσησθε χρυσὸν . . . μὴ πήραν εἰς ὁδόν
11 10 ὃς κατασκευάσει τὴν ὁδόν σου ἔμπροσθέν σου
וּפִנָּה־דֶרֶךְ לְפָנָי, Mal. iii. 1
13 4 ἃ μὲν ἔπεσεν παρὰ τὴν ὁδόν
19 οὗτός ἐστιν ὁ παρὰ τὴν ὁδὸν σπαρείς
15 32 μήποτε ἐκλυθῶσιν ἐν τῇ ὁδῷ
20 17 ἐν τῇ ὁδῷ εἶπεν αὐτοῖς
30 δύο τυφλοὶ καθήμενοι παρὰ τὴν ὁδόν
21 8 ὁ δὲ πλεῖστος ὄχλος ἔστρωσαν ἑαυτῶν τὰ ἱμάτια ἐν τῇ ὁδῷ·
ἄλλοι δὲ ἔκοπτον κλάδους . . . κ. ἐστρώννυον ἐν τῇ ὁδῷ
19 ἰδὼν συκῆν μίαν ἐπὶ τῆς ὁδοῦ
32 [5] ἦλθεν γὰρ Ἰωάνης πρὸς ὑμᾶς ἐν ὁδῷ δικαιοσύνης
22 9 πορεύεσθε οὖν ἐπὶ τὰς διεξόδους τ. ὁδῶν
Mt 22 10 ἐξελθόντες οἱ δοῦλοι ἐκεῖνοι εἰς τὰς ὁδοὺς
16 [1] τὴν ὁδὸν τ. Θεοῦ ἐν ἀληθείᾳ διδάσκεις
Mk 1 2 ὃς κατασκευάσει τὴν ὁδόν σου, Mal. *l.c.*
3 [1] ἑτοιμάσατε τὴν ὁδὸν Κυρίου, Is. xl. 3
2 23 [3] οἱ μαθηταὶ αὐτοῦ ἤρξαντο ὁδὸν ποιεῖν τίλλοντες τ. στάχυας
ὁδοποιεῖν, WH mg.
4 4 ὃ μὲν ἔπεσεν παρὰ τὴν ὁδόν
15 οὗτοι δέ εἰσιν οἱ παρὰ τὴν ὁδόν
6 8 [2] παρήγγειλεν αὐτοῖς ἵνα μηδὲν αἴρωσιν εἰς ὁδόν
8 3 ἐκλυθήσονται ἐν τῇ ὁδῷ
27 ἐν τῇ ὁδῷ ἐπηρώτα τ. μαθητὰς αὐτοῦ
9 33 τί ἐν τῇ ὁδῷ διελογίζεσθε;
34 πρὸς ἀλλήλους γὰρ διελέχθησαν ἐν τῇ ὁδῷ
10 17 [2] ἐκπορευομένου αὐτοῦ εἰς ὁδόν
32 ἦσαν δὲ ἐν τῇ ὁδῷ ἀναβαίνοντες εἰς Ἱεροσόλυμα
46 Βαρτίμαιος τυφλὸς προσαίτης ἐκάθητο παρὰ τὴν ὁδόν
52 εὐθὺς ἀνέβλεψεν κ. ἠκολούθει αὐτῷ ἐν τ. ὁδῷ
11 8 πολλοὶ τὰ ἱμάτια αὐτῶν ἔστρωσαν εἰς τὴν ὁδόν
12 14 [1] ἐπ᾽ ἀληθείας τὴν ὁδὸν τ. Θεοῦ διδάσκεις
Lu 1 76 [1] προπορεύσῃ γὰρ ἐνώπιον Κυρίου ἑτοιμάσαι ὁδοὺς αὐτοῦ
79 [5] τοῦ κατευθῦναι τοὺς πόδας ἡμῶν εἰς ὁδὸν εἰρήνης
2 44 [4] ἦλθον ἡμέρας ὁδόν
3 4 [1] ἑτοιμάσατε τὴν ὁδὸν Κυρίου, Is. *l.c.*
5 ἔσται . . . αἱ τραχεῖαι εἰς ὁδοὺς λείας
הָיָה . . . הָרְכָסִים לְבִקְעָה, *ib.* 4
7 27 ὃς κατασκευάσει τὴν ὁδόν σου πρὸ προσώπου σου, Mal. *l.c.*
8 5 ὃ μὲν ἔπεσεν παρὰ τὴν ὁδόν
12 οἱ δὲ παρὰ τὴν ὁδόν εἰσιν οἱ ἀκούσαντες
9 3 [2] μηδὲν αἴρετε εἰς τὴν ὁδόν
57 ἐν τῇ ὁδῷ εἶπέν τις πρὸς αὐτόν
10 4 μηδένα κατὰ τὴν ὁδὸν ἀσπάσησθε
31 κατὰ συγκυρίαν δὲ ἱερεύς τις κατέβαινεν ἐν τῇ ὁδῷ ἐκείνῃ
11 6 [2] ἐπειδὴ φίλος μου παρεγένετο ἐξ ὁδοῦ πρός με
12 58 ἐν τῇ ὁδῷ δὸς ἐργασίαν ἀπηλλάχθαι ἀπ᾽ αὐτοῦ
14 23 ἔξελθε εἰς τὰς ὁδοὺς κ. φραγμούς
18 35 τυφλός τις ἐκάθητο παρὰ τ. ὁδὸν ἐπαιτῶν
19 36 ὑπεστρώννυον τὰ ἱμάτια ἑαυτῶν ἐν τῇ ὁδῷ
20 21 [1] ἐπ᾽ ἀληθείας τὴν ὁδὸν τ. Θεοῦ διδάσκεις
24 32 ὡς ἐλάλει ἡμῖν ἐν τῇ ὁδῷ
35 αὐτοὶ ἐξηγοῦντο τὰ ἐν τῇ ὁδῷ
Jo 1 23 [1] εὐθύνατε τὴν ὁδὸν Κυρίου, Is. xl. 3
14 4 ὅπου ἐγὼ ὑπάγω οἴδατε τὴν ὁδόν
ὑπ. οἴδ. καὶ τ. ὁδ. οἴδατε, R mg.
5 πῶς οἴδαμεν τὴν ὁδόν;
6 [5] ἐγώ εἰμι ἡ ὁδὸς κ. ἡ ἀλήθεια κ. ἡ ζωή
Ac 1 12 [4] ὅ ἐστιν ἐγγὺς Ἱερουσαλὴμ σαββάτου ἔχον ὁδόν
2 28 [5] ἐγνώρισάς μοι ὁδοὺς ζωῆς
תּוֹדִיעֵנִי אֹרַח חַיִּים, Ps. xvi. 11
8 26 πορεύου . . . ἐπὶ τὴν ὁδὸν τ. καταβαίνουσαν ἀπὸ Ἱερουσαλὴμ εἰς Γάζαν
36 ὡς δὲ ἐπορεύοντο κατὰ τὴν ὁδόν
39 ἐπορεύετο γὰρ τὴν ὁδὸν αὐτοῦ χαίρων

Ac 9 2 [5] ἐάν τινας εὕρῃ τῆς ὁδοῦ ὄντας
ὄντ. τ. ὁδοῦ, T
17 Ἰησοῦς ὁ ὀφθείς σοι ἐν τ. ὁδῷ ᾗ ἤρχου
27 πῶς ἐν τῇ ὁδῷ εἶδεν τ. Κύριον
13 10 [1] οὐ παύσῃ διαστρέφων τὰς ὁδοὺς τ. Κυρίου τ. εὐθείας;
14 16 [5] εἴασεν πάντα τὰ ἔθνη πορεύεσθαι τ. ὁδοῖς αὐτῶν
16 17 [5] οἵτινες καταγγέλλουσιν ὑμῖν ὁδὸν σωτηρίας
18 25 [1] οὗτος ἦν κατηχημένος τὴν ὁδὸν τ. Κυρίου
26 [1] ἀκριβέστερον αὐτῷ ἐξέθεντο τ. ὁδὸν τ. Θεοῦ
19 9 [5] κακολογοῦντες τὴν ὁδὸν ἐνώπιον τ. πλήθους
23 [5] ἐγένετο δὲ τάραχος οὐκ ὀλίγος περὶ τῆς ὁδοῦ
22 4 [5] ὃς ταύτην τ. ὁδὸν ἐδίωξα ἄχρι θανάτου
24 14 [5] κατὰ τὴν ὁδὸν ἣν λέγουσιν αἵρεσιν
22 [5] ἀκριβέστερον εἰδὼς τὰ περὶ τῆς ὁδοῦ
25 3 ἐνέδραν ποιοῦντες ἀνελεῖν αὐτὸν κατὰ τ. ὁδόν
26 13 ἡμέρας μέσης κατὰ τὴν ὁδὸν εἶδον
Ro 3 16 [5] σύντριμμα κ. ταλαιπωρία ἐν τ. ὁδοῖς αὐτῶν·
שֹׁד וָשֶׁבֶר בִּמְסִלּוֹתָם, Is. lix. 7
17 [5] κ. ὁδὸν εἰρήνης οὐκ ἔγνωσαν
דֶּרֶךְ שָׁלוֹם לֹא יָדָעוּ, *ib.* 8
11 33 [1] ὡς . . . ἀνεξιχνίαστοι αἱ ὁδοὶ αὐτοῦ
I Co 4 17 [5] ὃς ὑμᾶς ἀναμνήσει τ. ὁδούς μου τὰς ἐν Χριστῷ Ἰησοῦ
12 31 [5] ἔτι καθ' ὑπερβολὴν ὁδὸν ὑμῖν δείκνυμι
I Th 3 11 αὐτὸς δὲ ὁ Θεὸς . . . κατευθύναι τὴν ὁδὸν ἡμῶν πρὸς ὑμᾶς
He 3 10 [1] αὐτοὶ δὲ οὐκ ἔγνωσαν τὰς ὁδούς μου
וְהֵם לֹא־יָדְעוּ דְרָכָי, Ps. xcv. 10
9 8 μήπω πεφανερῶσθαι τὴν τ. ἁγίων ὁδόν
10 20 [5] ἣν ἐνεκαίνισεν ἡμῖν ὁδὸν πρόσφατον κ. ζῶσαν
Ja 1 8 [5] ἀνὴρ δίψυχος ἀκατάστατος ἐν πάσαις τ. ὁδοῖς αὐτοῦ
2 25 ὑποδεξαμένη τ. ἀγγέλους κ. ἑτέρᾳ ὁδῷ ἐκβαλοῦσα
5 20 [5] ὁ ἐπιστρέψας ἁμαρτωλὸν ἐκ πλάνης ὁδοῦ αὐτοῦ
II Pe 2 2 [5] δι' οὓς ἡ ὁδὸς τ. ἀληθείας βλασφημηθήσεται
15 [5] καταλείποντες εὐθεῖαν ὁδὸν ἐπλανήθησαν, [5] ἐξακολουθήσαντες τῇ ὁδῷ τοῦ Βαλαὰμ τοῦ Βεώρ
21 [5] κρεῖττον γὰρ ἦν αὐτοῖς μὴ ἐπεγνωκέναι τ. ὁδὸν τ. δικαιοσύνης
Ju 11 [5] ὅτι τῇ ὁδῷ τοῦ Κάϊν ἐπορεύθησαν
Re 15 3 [1] δίκαιαι κ. ἀληθιναὶ αἱ ὁδοί σου
16 12 ἵνα ἑτοιμασθῇ ἡ ὁδὸς τ. βασιλέων τῶν ἀπὸ ἀνατολῆς ἡλίου

ʼΟΔΟΥ΄Σ 3599

Mt 5 38 ὀφθαλμὸν ἀντὶ ὀφθαλμοῦ κ. ὀδόντα ἀντὶ ὀδόντος
עַיִן תַּחַת עַיִן שֵׁן תַּחַת שֵׁן, Ex. xxi. 24
8 12 ἐκεῖ ἔσται ὁ κλαυθμὸς κ. ὁ βρυγμὸς τ. ὀδόντων
add. 13 42, 50; **22**. 13; **24**. 51; **25**. 30
Mk 9 18 ἀφρίζει κ. τρίζει τοὺς ὀδόντας
Lu 13 28 ἐκεῖ ἔσται ὁ κλαυθμὸς κ. ὁ βρυγμὸς τ. ὀδόντων
Ac 7 54 ἀκούοντες δὲ ταῦτα . . . ἔβρυχον τ. ὀδόντας ἐπ' αὐτόν
Re 9 8 οἱ ὀδόντες αὐτῶν ὡς λεόντων ἦσαν

ʼΟΔΥΝΑ΄ΟΜΑΙ 3600

Lu 2 48 ὁ πατήρ σου κ. ἐγὼ ὀδυνώμενοι ζητοῦμέν σε
16 24 ὅτι ὀδυνῶμαι ἐν τ. φλογὶ ταύτῃ
25 νῦν δὲ ὧδε παρακαλεῖται σὺ δὲ ὀδυνᾶσαι
Ac 20 38 ὀδυνώμενοι μάλιστα ἐπὶ τ. λόγῳ ᾧ εἰρήκει

ʼΟΔΥ΄ΝΗ 3601

Ro 9 2 ἀδιάλειπτος ὀδύνη τ. καρδίᾳ μου
I Ti 6 10 ἑαυτοὺς περιέπειραν ὀδύναις πολλαῖς

ʼΟΔΥΡΜΟ΄Σ 3602

Mt 2 18 φωνὴ ἐν Ῥαμὰ ἠκούσθη κλαυθμὸς κ. ὀδυρμὸς πολύς
קוֹל בְּרָמָה נִשְׁמָע נְהִי בְּכִי תַמְרוּרִים, Jer. xxxi. 15
II Co 7 7 ἀναγγέλλων ἡμῖν . . . τὸν ὑμῶν ὀδυρμόν

ʼΟΖΕΙ΄ΑΣ 3604

Mt 1 8 Ἰωρὰμ δὲ ἐγέννησεν τὸν Ὀζείαν·
9 Ὀζείας δὲ ἐγέννησεν τὸν Ἰωάθαμ

ΌΖΩ 3605

Jo 11 39 Κυριε ἤδη ὄζει

ὍΘΕΝ 3606

Mt 12 44 εἰς τ. οἶκόν μου ἐπιστρέψω ὅθεν ἐξῆλθον
14 7 ὅθεν μετὰ ὅρκου ὡμολόγησεν αὐτῇ
25 24 συνάγων ὅθεν οὐ διεσκόρπισας
26 ᾔδεις ὅτι . . . συνάγω ὅθεν οὐ διεσκόρπισα
Lu 11 24 ὑποστρέψω εἰς τ. οἶκόν μου ὅθεν ἐξῆλθον
Ac 14 26 ὅθεν ἦσαν παραδεδομένοι τ. χάριτι τ. Θεοῦ
26 19 ὅθεν . . . οὐκ ἐγενόμην ἀπειθὴς τῇ οὐρανίῳ ὀπτασίᾳ
28 13 ὅθεν περιελόντες κατηντήσαμεν εἰς Ῥήγιον
He 2 17 ὅθεν ὤφειλεν κατὰ πάντα τ. ἀδελφοῖς ὁμοιωθῆναι
3 1 ὅθεν ἀδελφοὶ ἅγιοι κλήσεως ἐπουρανίου μέτοχοι
7 25 ὅθεν κ. σώζειν εἰς τὸ παντελὲς δύναται
8 3 ὅθεν ἀναγκαῖον ἔχειν τι κ. τοῦτον ὃ προσενέγκῃ
9 18 ὅθεν οὐδὲ ἡ πρώτη χωρὶς αἵματος ἐνκεκαίνισται
11 19 ὅθεν αὐτὸν κ. ἐν παραβολῇ ἐκομίσατο
I Jo 2 18 ὅθεν γινώσκομεν ὅτι ἐσχάτη ὥρα ἐστίν

ʼΟΘΟ΄ΝΗ * 3607

Ac 10 11 καταβαῖνον σκεῦός τι ὡς ὀθόνην μεγάλην
11 5 καταβαῖνον σκεῦός τι ὡς ὀθόνην μεγάλην

ʼΟΘΟ΄ΝΙΟΝ 3608

Lu 24 12 παρακύψας βλέπει τὰ ὀθόνια μόνα —h. v., T [[WH]] R mg.
Jo 19 40 ἔδησαν αὐτὸ ὀθονίοις μετὰ τ. ἀρωμάτων
20 5 παρακύψας βλέπει κείμενα τὰ ὀθόνια
6 θεωρεῖ τὰ ὀθόνια κείμενα,
7 κ. τὸ σουδάριον . . . οὐ μετὰ τ. ὀθονίων κείμενον

ΟἾΔΑ *Vide s.* **ΕἾΔΟΝ**, 1492

ΟἸΚΕΙ͂ΟΣ 3609

Ga 6 10 μάλιστα δὲ πρὸς τ. οἰκείους τ. πίστεως
Eph 2 19 συνπολῖται τ. ἁγίων κ. οἰκεῖοι τ. Θεοῦ
1 Ti 5 8 εἰ δέ τις τ. ἰδίων κ. μάλιστα οἰκείων οὐ προνοεῖ

ΟἸΚΕΤΕΊΑ * 3609.5 cf. 2322

Mt 24 45 ὃν κατέστησεν ὁ κύριος ἐπὶ τ. οἰκετείας αὐτοῦ

ΟἸΚΈΤΗΣ 3610

Lu 16 13 οὐδεὶς οἰκέτης δύναται δυσὶ κυρίοις δουλεύειν
Ac 10 7 φωνήσας δύο τῶν οἰκετῶν
Ro 14 4 σὺ τίς εἶ ὁ κρίνων ἀλλότριον οἰκέτην;
1 Pe 2 18 οἱ οἰκέται ὑποτασσόμενοι ἐν παντὶ φόβῳ τ. δεσπόταις

ΟἸΚΈΩ 3611

Ro 7 18 οἶδα γὰρ ὅτι οὐκ οἰκεῖ ἐν ἐμοί
20 οὐκέτι ἐγὼ κατεργάζομαι αὐτὸ ἀλλὰ ἡ οἰκοῦσα ἐν ἐμοὶ ἁμαρτία
8 9 εἴπερ πνεῦμα Θεοῦ οἰκεῖ ἐν ὑμῖν
11 εἰ δὲ τὸ πνεῦμα τ. ἐγείραντος τ. Ἰησοῦν ἐκ νεκρῶν οἰκεῖ ἐν ὑμῖν
1 Co 3 16 οὐκ οἴδατε ὅτι . . . τὸ πνεῦμα τ. Θεοῦ ἐν ὑμῖν οἰκεῖ
οἰκ. ἐν ὑμ., TWH mg.
7 12 εἰ . . . αὕτη συνευδοκεῖ οἰκεῖν μετ᾽ αὐτοῦ
13 κ. οὗτος συνευδοκεῖ οἰκεῖν μετ᾽ αὐτῆς
1 Ti 6 16 φῶς οἰκῶν ἀπρόσιτον

ΟἼΚΗΜΑ 3612

Ac 12 7 φῶς ἔλαμψεν ἐν τ. οἰκήματι

ΟἸΚΗΤΉΡΙΟΝ ** 3613

II Co 5 2 τὸ οἰκητήριον ἡμῶν τὸ ἐξ οὐρανοῦ ἐπενδύσασθαι ἐπιποθοῦντες
Ju 6 ἀλλὰ ἀπολιπόντας τὸ ἴδιον οἰκητήριον

ΟἸΚΊΑ 3614

(1) οἰκ. Θεοῦ (2) metaph.

Mt 2 11 ἐλθόντες εἰς τ. οἰκίαν εἶδον τὸ παιδίον
5 15 λάμπει πᾶσι τοῖς ἐν τ. οἰκίᾳ
7 24 ὅστις ᾠκοδόμησεν αὐτοῦ τ. οἰκίαν ἐπὶ τ. πέτραν
25 προσέπεσαν τ. οἰκίᾳ ἐκείνῃ κ. οὐκ ἔπεσεν
26 ὅστις ᾠκοδόμησεν αὐτοῦ τ. οἰκίαν ἐπὶ τὴν ἄμμον
27 προσέκοψαν τ. οἰκίᾳ ἐκείνῃ κ. ἔπεσεν
8 6 ὁ παῖς μου βέβληται ἐν τ. οἰκίᾳ παραλυτικός
14 ἐλθὼν ὁ Ἰησοῦς εἰς τ. οἰκίαν Πέτρου
9 10 ἐγένετο αὐτοῦ ἀνακειμένου ἐν τ. οἰκίᾳ
23 ἐλθὼν ὁ Ἰησοῦς εἰς τ. οἰκίαν τ. ἄρχοντος
28 ἐλθόντι δὲ εἰς τ. οἰκίαν προσῆλθαν αὐτῷ οἱ τυφλοί
10 12 εἰσερχόμενοι δὲ εἰς τ. οἰκίαν ἀσπάσασθε αὐτήν.
13 κ. ἐὰν μὲν ᾖ ἡ οἰκία ἀξία
14 ἐξερχόμενοι ἔξω τ. οἰκίας ἢ τ. πόλεως ἐκείνης

Mt 12 25 πᾶσα πόλις ἢ οἰκία μερισθεῖσα καθ᾽ ἑαυτῆς οὐ σταθήσεται
29 πῶς δύναταί τις εἰσελθεῖν εἰς τ. οἰκίαν τ. ἰσχυροῦ
29 κ. τότε τ. οἰκίαν αὐτοῦ διαρπάσει
13 1 ἐξελθὼν ὁ Ἰησοῦς τῆς οἰκίας ἐκάθητο παρὰ τ. θάλασσαν
ἐκ. τ. οἰκ., TWH mg.
36 ἀφεὶς τ. ὄχλους ἦλθεν εἰς τ. οἰκίαν
57 οὐκ ἔστιν προφήτης ἄτιμος εἰ μὴ . . . ἐν τ. οἰκίᾳ αὐτοῦ
17 25 ἐλθόντα εἰς τ. οἰκίαν προέφθασεν αὐτὸν ὁ Ἰησοῦς
19 29 πᾶς ὅστις ἀφῆκεν οἰκίας ἢ ἀδελφοὺς . . . ἢ ἀγρούς
ἀφ. ἀδελφ. . . . ἢ ἀγρ. ἢ οἰκίας, TWH mg.
23 13 [2] ὅτι κατεσθίετε τὰς οἰκίας τ. χηρῶν —h. v., TWHR non mg.
24 17 μὴ καταβάτω ἆραι τὰ ἐκ τ. οἰκίας αὐτοῦ
43 οὐκ ἂν εἴασεν διορυχθῆναι τ. οἰκίαν αὐτοῦ
26 6 τ. δὲ Ἰησοῦ γενομένου ἐν Βηθανίᾳ ἐν οἰκίᾳ Σίμωνος τ. λεπροῦ
Mk 1 29 ἦλθαν εἰς τ. οἰκίαν Σίμωνος κ. Ἀνδρέου
2 15 γίνεται κατακεῖσθαι αὐτὸν ἐν τ. οἰκίᾳ αὐτοῦ
3 25 ἐὰν οἰκία ἐφ᾽ ἑαυτὴν μερισθῇ, οὐ δυνήσεται ἡ οἰκία ἐκείνη στῆναι
27 οὐ δύναται οὐδεὶς εἰς τ. οἰκίαν τ. ἰσχυροῦ εἰσελθὼν
27 κ. τότε τ. οἰκίαν αὐτοῦ διαρπάσει
6 4 οὐκ ἔστιν προφήτης ἄτιμος εἰ μὴ . . . ἐν τ. οἰκίᾳ αὐτοῦ
10 ὅπου ἐὰν εἰσέλθητε εἰς οἰκίαν
7 24 εἰσελθὼν εἰς οἰκίαν οὐδένα ἤθελεν γνῶναι
9 33 ἐν τ. οἰκίᾳ γενόμενος ἐπηρώτα αὐτούς
10 10 εἰς τ. οἰκίαν πάλιν οἱ μαθηταὶ περὶ τούτου ἐπηρώτων
29 οὐδείς ἐστιν ὃς ἀφῆκεν οἰκίαν ἢ ἀδελφούς
30 ἐὰν μὴ λάβῃ ἑκατονταπλασίονα νῦν . . . οἰκίας κ. ἀδελφούς
ὃς δὲ ἀφῆκεν οἰκίαν, WH mg.
12 40 [2] οἱ κατέσθοντες τ. οἰκίας τ. χηρῶν
13 15 μηδὲ εἰσελθάτω τι ἆραι ἐκ τ. οἰκίας αὐτοῦ
34 ὡς ἄνθρωπος ἀπόδημος ἀφεὶς τ. οἰκίαν αὐτοῦ
35 οὐκ οἴδατε γὰρ πότε ὁ κύριος τ. οἰκίας ἔρχεται
14 3 ὄντος αὐτοῦ ἐν Βηθανίᾳ ἐν τ. οἰκίᾳ Σίμωνος τ. λεπροῦ
Lu 4 38 εἰσῆλθεν εἰς τ. οἰκίαν Σίμωνος
5 29 ἐποίησεν δοχὴν μεγάλην Λευεὶς αὐτῷ ἐν τ. οἰκίᾳ αὐτοῦ
6 48 ὅμοιός ἐστιν ἀνθρώπῳ οἰκοδομοῦντι οἰκίαν
48 προσέρηξεν ὁ ποταμὸς τ. οἰκίᾳ ἐκείνῃ
49 ὅμοιός ἐστιν ἀνθρώπῳ οἰκοδομήσαντι οἰκίαν ἐπὶ τ. γῆν
49 ἐγένετο τὸ ῥῆγμα τ. οἰκίας ἐκείνης μέγα
7 6 ἤδη δὲ αὐτοῦ οὐ μακρὰν ἀπέχοντος ἀπὸ τ. οἰκίας
37 ἐπιγνοῦσα ὅτι κατάκειται ἐν τ. οἰκίᾳ τ. Φαρισαίου
44 εἰσῆλθόν σου εἰς τ. οἰκίαν
8 27 ἐν οἰκίᾳ οὐκ ἔμενεν
51 ἐλθὼν δὲ εἰς τ. οἰκίαν οὐκ ἀφῆκεν εἰσελθεῖν τινά
9 4 εἰς ἣν ἂν οἰκίαν εἰσέλθητε ἐκεῖ μένετε

Lu 10 5 εἰς ἣν δ' ἂν εἰσέλθητε οἰκίαν πρῶτον λέγετε
7 ἐν αὐτῇ δὲ τ. οἰκίᾳ μένετε
7 μὴ μεταβαίνετε ἐξ οἰκίας εἰς οἰκίαν
38 Μάρθα ὑπεδέξατο αὐτὸν εἰς τ. οἰκίαν
εἰς τ. οἶκον αὐτῆς, [WH mg.]
15 8 οὐχὶ ἅπτει λύχνον κ. σαροῖ τ. οἰκίαν
25 ὡς ἐρχόμενος ἤγγισεν τ. οἰκίᾳ
17 31 τὰ σκεύη αὐτοῦ ἐν τ. οἰκίᾳ
18 29 οὐδείς ἐστιν ὃς ἀφῆκεν οἰκίαν ἢ γυναῖκα
20 47 [2] οἳ κατεσθίουσιν τ. οἰκίας τ. χηρῶν
22 10 ἀκολουθήσατε αὐτῷ εἰς τ. οἰκίαν εἰς ἣν εἰσπορεύεται.
11 κ. ἐρεῖτε τ. οἰκοδεσπότῃ τ. οἰκίας
54 εἰσήγαγον εἰς τ. οἰκίαν τοῦ ἀρχιερέως
Jo 4 53 [2] ἐπίστευσεν αὐτὸς κ. ἡ οἰκία αὐτοῦ ὅλη
8 35 ὁ δὲ δοῦλος οὐ μένει ἐν τ. οἰκίᾳ εἰς τ. αἰῶνα
11 31 οἱ οὖν Ἰουδαῖοι οἱ ὄντες μετ' αὐτῆς ἐν τ. οἰκίᾳ
12 3 ἡ δὲ οἰκία ἐπληρώθη ἐκ τ. ὀσμῆς τ. μύρου
14 2 [1] ἐν τ. οἰκίᾳ τ. πατρός μου μοναὶ πολλαί εἰσιν
Ac 4 34 ὅσοι γὰρ κτήτορες χωρίων ἢ οἰκιῶν ὑπῆρχον
9 11 ζήτησον ἐν οἰκίᾳ Ἰούδα Σαῦλον ὀνόματι Ταρσέα
17 ἀπῆλθεν δὲ Ἀνανίας κ. εἰσῆλθεν εἰς τ. οἰκίαν
10 6 ᾧ ἐστὶν οἰκία παρὰ θάλασσαν
17 οἱ ἄνδρες . . . διερωτήσαντες τ. οἰκίαν τ. Σίμωνος
32 οὗτος ξενίζεται ἐν οἰκίᾳ Σίμωνος βυρσέως
11 11 ἐξαυτῆς τρεῖς ἄνδρες ἐπέστησαν ἐπὶ τ. οἰκίαν
12 12 συνιδών τε ἦλθεν ἐπὶ τ. οἰκίαν τ. Μαρίας
16 32 ἐλάλησαν αὐτῷ τ. λόγον τ. Θεοῦ σὺν πᾶσι τοῖς ἐν τ. οἰκίᾳ αὐτοῦ
17 5 ἐπιστάντες τ. οἰκίᾳ Ἰάσονος
18 7 ἦλθεν εἰς οἰκίαν τινὸς ὀνόματι Τιτίου Ἰούστου
7 οὗ ἡ οἰκία ἦν συνομοροῦσα τ. συναγωγῇ
I Co 11 22 μὴ γὰρ οἰκίας οὐκ ἔχετε εἰς τὸ ἐσθίειν κ. πίνειν;
16 15 οἴδατε τ. οἰκίαν Στεφανᾶ
II Co 5 1 [2] ἐὰν ἡ ἐπίγειος ἡμῶν οἰκία τ. σκήνους καταλυθῇ,
[2] οἰκοδομὴν ἐκ Θεοῦ ἔχομεν οἰκίαν ἀχειροποίητον
Phl 4 22 μάλιστα δὲ οἱ ἐκ τῆς Καίσαρος οἰκίας
I Ti 5 13 ἅμα δὲ κ. ἀργαὶ μανθάνουσιν περιερχόμεναι τ. οἰκίας
II Ti 2 20 ἐν μεγάλῃ δὲ οἰκίᾳ οὐκ ἔστιν μόνον σκεύη χρυσᾶ
3 6 ἐκ τούτων γάρ εἰσιν οἱ ἐνδύνοντες εἰς τ. οἰκίας
II Jo 10 μὴ λαμβάνετε αὐτὸν εἰς οἰκίαν

ΟἸΚΙΑΚΌΣ * † 3615

Mt 10 25 πόσῳ μᾶλλον τ. οἰκιακοὺς αὐτοῦ;
τ. οἰκιακοῖς, WH mg.
36 ἐχθροὶ τ. ἀνθρώπου οἱ οἰκιακοὶ αὐτοῦ

ΟἸΚΟΔΕΣΠΟΤΈΩ * † 3616

I Ti 5 14 βούλομαι οὖν νεωτέρας γαμεῖν . . . οἰκοδεσποτεῖν

ΟἸΚΟΔΕΣΠΌΤΗΣ * † 3617

Mt 10 25 εἰ τ. οἰκοδεσπότην Βεεζεβοὺλ ἐπεκάλεσαν
τῷ οἰκοδεσπότῃ, WH mg.
13 27 προσελθόντες δὲ οἱ δοῦλοι τ. οἰκοδεσπότου εἶπον
52 πᾶς γραμματεὺς μαθητευθεὶς . . . ὅμοιός ἐστιν ἀνθρώπῳ οἰκοδεσπότῃ
20 1 ὁμοία γάρ ἐστιν ἡ βασιλεία τ. οὐρανῶν ἀνθρώπῳ οἰκοδεσπότῃ
11 λαβόντες δὲ ἐγόγγυζον κατὰ τ. οἰκοδεσπότου
21 33 ἄνθρωπος ἦν οἰκοδεσπότης ὅστις ἐφύτευσεν ἀμπελῶνα
24 43 εἰ ᾔδει ὁ οἰκοδεσπότης ποίᾳ φυλακῇ
Mk 14 14 εἴπατε τῷ οἰκοδεσπότῃ
Lu 12 39 εἰ ᾔδει ὁ οἰκοδεσπότης ποίᾳ ὥρᾳ
13 25 ἀφ' οὗ ἂν ἐγερθῇ ὁ οἰκοδεσπότης
14 21 τότε ὀργισθεὶς ὁ οἰκοδεσπότης εἶπεν τ. δούλῳ αὐτοῦ
22 11 ἐρεῖτε τ. οἰκοδεσπότῃ τ. οἰκίας

ΟἸΚΟΔΟΜΈΩ 3618

(1) metaph.

Mt 7 24 ὅστις ᾠκοδόμησεν αὐτοῦ τ. οἰκίαν ἐπὶ τ. πέτραν
26 ὅστις ᾠκοδόμησεν αὐτοῦ τ. οἰκίαν ἐπὶ τὴν ἄμμον
16 18 [1] ἐπὶ ταύτῃ τ. πέτρᾳ οἰκοδομήσω μου τ. ἐκκλησίαν
21 33 ἄνθρωπος . . . ᾠκοδόμησεν πύργον
42 λίθον ὃν ἀπεδοκίμασαν οἱ οἰκοδομοῦντες
אֶבֶן מָאֲסוּ הַבּוֹנִים, Ps. cxviii. 22
23 29 ὅτι οἰκοδομεῖτε τ. τάφους τ. προφητῶν
26 61 δύναμαι . . . διὰ τριῶν ἡμερῶν οἰκοδομῆσαι αὐτὸν οἰκοδ., T
27 40 ὁ . . . ἐν τρισὶν ἡμέραις οἰκοδομῶν
Mk 12 1 ἄνθρωπος . . . ᾠκοδόμησεν πύργον
10 λίθον ὃν ἀπεδοκίμασαν οἱ οἰκοδομοῦντες, Ps. *l.c.*
14 58 διὰ τριῶν ἡμερῶν ἄλλον ἀχειροποίητον οἰκοδομήσω
ἄλλ. ἀναστήσω ἀχειρ., WH mg.
15 29 ὁ . . . οἰκοδομῶν ἐν τρισὶν ἡμέραις
Lu 4 29 ἐφ' οὗ ἡ πόλις ᾠκοδόμητο αὐτῶν
6 48 ὅμοιός ἐστιν ἀνθρώπῳ οἰκοδομοῦντι οἰκίαν
48 διὰ τὸ καλῶς οἰκοδομῆσθαι αὐτήν
τεθεμελίωτο γὰρ ἐπὶ τ. πέτραν, WH mg.
49 ὅμοιός ἐστιν ἀνθρώπῳ οἰκοδομήσαντι οἰκίαν ἐπὶ τ. γῆν
7 5 τ. συναγωγὴν αὐτὸς ᾠκοδόμησεν ἡμῖν
11 47 ὅτι οἰκοδομεῖτε τὰ μνημεῖα τ. προφητῶν
48 ὑμεῖς δὲ οἰκοδομεῖτε
12 18 καθελῶ μου τ. ἀποθήκας κ. μείζονας οἰκοδομήσω
14 28 τίς γὰρ ἐξ ὑμῶν θέλων πύργον οἰκοδομῆσαι
30 οὗτος ὁ ἄνθρωπος ἤρξατο οἰκοδομεῖν
17 28 ἐφύτευον ᾠκοδόμουν
20 17 λίθον ὃν ἀπεδοκίμασαν οἱ οἰκοδομοῦντες, Ps. *l.c.*
Jo 2 20 τεσσεράκοντα κ. ἓξ ἔτεσιν οἰκοδομήθη ὁ ναὸς οὗτος
Ac 7 47 Σολομῶν δὲ οἰκοδόμησεν αὐτῷ οἶκον
ᾠκοδ., T
49 ποῖον οἶκον οἰκοδομήσετέ μοι λέγει Κύριος
אֵי־זֶה בַיִת אֲשֶׁר תִּבְנוּ־לִי, Is. lxvi. 1
9 31 [1] οἰκοδομουμένη κ. πορευομένη τ. φόβῳ τ. Κυρίου

Ac 20 32 ¹ τ. λόγῳ τ. χάριτος αὐτοῦ τ. δυναμένῳ οἰκοδομῆσαι
Ro 15 20 ἵνα μὴ ἐπ' ἀλλότριον θεμέλιον οἰκοδομῶ
I Co 8 1 ¹ ἡ δὲ ἀγάπη οἰκοδομεῖ
10 ¹ οὐχὶ ἡ συνείδησις αὐτοῦ ἀσθενοῦς ὄντος οἰκοδομηθήσεται
10 23 ¹ πάντα ἔξεστιν ἀλλ' οὐ πάντα οἰκοδομεῖ
14 4 ¹ ὁ λαλῶν γλώσσῃ ἑαυτὸν οἰκοδομεῖ·
¹ ὁ δὲ προφητεύων ἐκκλησίαν οἰκοδομεῖ
17 ¹ ἀλλ' ὁ ἕτερος οὐκ οἰκοδομεῖται
Ga 2 18 εἰ γὰρ ἃ κατέλυσα ταῦτα πάλιν οἰκοδομῶ
I Th 5 11 ¹ οἰκοδομεῖτε εἷς τ. ἕνα
I Pe 2 5 κ. αὐτοὶ ὡς λίθοι ζῶντες οἰκοδομεῖσθε
ἐποικοδομεῖσθε, T
7 λίθος ὃν ἀπεδοκίμασαν οἱ οἰκοδομοῦντες, Ps. *l.c.*

ΟἸΚΟΔΟΜΗ´ 3619

Mt 24 1 προσῆλθον . . . ἐπιδεῖξαι αὐτῷ τ. οἰκοδομὰς τ. ἱεροῦ
Mk 13 1 ἴδε ποταποὶ λίθοι κ. ποταπαὶ οἰκοδομαί
2 βλέπεις ταύτας τ. μεγάλας οἰκοδομάς;
Ro 14 19 τὰ τ. οἰκοδομῆς τῆς εἰς ἀλλήλους
15 2 ἕκαστος ἡμῶν τῷ πλησίον ἀρεσκέτω εἰς τὸ ἀγαθὸν πρὸς οἰκοδομήν
I Co 3 9 Θεοῦ γεώργιον Θεοῦ οἰκοδομή ἐστε
14 3 ὁ δὲ προφητεύων ἀνθρώποις λαλεῖ οἰκοδομήν
5 ἵνα ἡ ἐκκλησία οἰκοδομὴν λάβῃ
12 πρὸς τ. οἰκοδομὴν τ. ἐκκλησίας ζητεῖτε ἵνα περισσεύητε
26 πάντα πρὸς οἰκοδομὴν γινέσθω
II Co 5 1 οἰκοδομὴν ἐκ Θεοῦ ἔχομεν οἰκίαν ἀχειροποίητον
10 8 ἧς ἔδωκεν ὁ Κύριος εἰς οἰκοδομήν
12 19 τὰ δὲ πάντα ἀγαπητοὶ ὑπὲρ τῆς ὑμῶν οἰκοδομῆς
13 10 ἣν ὁ Κύριος ἔδωκέν μοι εἰς οἰκοδομήν
Eph 2 21 ἐν ᾧ πᾶσα οἰκοδομὴ συναρμολογουμένη
4 12 εἰς οἰκοδομὴν τ. σώματος τ. Χριστοῦ
16 τ. αὔξησιν τ. σώματος ποιεῖται εἰς οἰκοδομὴν ἑαυτοῦ ἐν ἀγάπῃ
29 εἴ τις ἀγαθὸς πρὸς οἰκοδομὴν τ. χρείας

3619.5 ΟἸΚΟΔΟ´ΜΟΣ cf. 3618

Ac 4 11 ὁ λίθος ὁ ἐξουθενηθεὶς ὑφ' ὑμῶν τ. οἰκοδόμων

ΟἸΚΟΝΟΜΕ´Ω 3621

Lu 16 2 οὐ γὰρ δύνῃ ἔτι οἰκονομεῖν

ΟἸΚΟΝΟΜΙ´Α 3622

Lu 16 2 ἀπόδος τ. λόγον τ. οἰκονομίας σου
3 ὁ κύριός μου ἀφαιρεῖται τ. οἰκονομίαν ἀπ' ἐμοῦ
4 ὅταν μετασταθῶ ἐκ τ. οἰκονομίας
I Co 9 17 εἰ δὲ ἄκων οἰκονομίαν πεπίστευμαι
Eph 1 10 εἰς οἰκονομίαν τ. πληρώματος τ. καιρῶν
3 2 εἴ γε ἠκούσατε τ. οἰκονομίαν τ. χάριτος τ. Θεοῦ
9 φωτίσαι τίς ἡ οἰκονομία τ. μυστηρίου τ. ἀποκεκρυμμένου
Col 1 25 διάκονος κατὰ τ. οἰκονομίαν τ. Θεοῦ τ. δοθεῖσαν μοι εἰς ὑμᾶς
I Ti 1 4 ἐκζητήσεις παρέχουσιν μᾶλλον ἢ οἰκονομίαν Θεοῦ τὴν ἐν πίστει

ΟἸΚΟΝΟ´ΜΟΣ 3623

Lu 12 42 τίς ἄρα ἐστὶν ὁ πιστὸς οἰκονόμος ὁ φρόνιμος
16 1 ἄνθρωπός τις ἦν πλούσιος ὃς εἶχεν οἰκονόμον
3 εἶπεν δὲ ἐν ἑαυτῷ ὁ οἰκονόμος
8 ἐπῄνεσεν ὁ κύριος τ. οἰκονόμον τ. ἀδικίας
Ro 16 23 ἀσπάζεται ὑμᾶς Ἔραστος ὁ οἰκονόμος τ. πόλεως
I Co 4 1 οὕτως ἡμᾶς λογιζέσθω ἄνθρωπος ὡς . . . οἰκονόμους μυστηρίων Θεοῦ.
2 ὧδε λοιπὸν ζητεῖται ἐν τ. οἰκονόμοις
Ga 4 2 ὑπὸ ἐπιτρόπους ἐστὶν κ. οἰκονόμους
Tit 1 7 ἀνέγκλητον εἶναι ὡς Θεοῦ οἰκονόμον
I Pe 4 10 ὡς καλοὶ οἰκονόμοι ποικίλης χάριτος Θεοῦ

ΟἾΚΟΣ 3624

(1) οἶκ. τ. Θεοῦ (2) οἶκ. Ἰσραήλ, Ἰακώβ, Δαυείδ. (3) metaph. (4) κατ' οἶκον

Mt 9 6 ὕπαγε εἰς τ. οἶκόν σου.
7 κ. ἐγερθεὶς ἀπῆλθεν εἰς τ. οἶκον αὐτοῦ
10 6 ² πρὸς τὰ πρόβατα τὰ ἀπολωλότα οἴκου Ἰσραήλ
11 8 οἱ τὰ μαλακὰ φοροῦντες ἐν τ. οἴκοις τ. βασιλέων
12 4 ¹ πῶς εἰσῆλθεν εἰς τ. οἶκον τ. Θεοῦ
44 εἰς τ. οἶκόν μου ἐπιστρέψω
15 24 ² εἰ μὴ εἰς τὰ πρόβατα τὰ ἀπολωλότα οἴκου Ἰσραήλ
21 13 ¹ ὁ οἶκός μου οἶκος προσευχῆς κληθήσεται
בֵּיתִי בֵּית־תְּפִלָּה יִקָּרֵא לְכָל־הָעַמִּים, Is. lvi. 7
23 38 ἰδοὺ ἀφίεται ὑμῖν ὁ οἶκος ὑμῶν
+ ἔρημος, TWH mg. R non mg.
Mk 2 1 ἠκούσθη ὅτι ἐν οἴκῳ ἐστίν
εἰς οἶκόν, WH mg.
11 ὕπαγε εἰς τ. οἶκόν σου
26 ¹ πῶς εἰσῆλθεν εἰς τ. οἶκον τ. Θεοῦ
3 20 ἔρχεται εἰς οἶκον
5 19 ὕπαγε εἰς τ. οἶκόν σου πρὸς τ. σούς
38 ἔρχονται εἰς τ. οἶκον τ. ἀρχισυναγώγου
7 17 ὅτε εἰσῆλθεν εἰς οἶκον ἀπὸ τ. ὄχλου
εἰς τ. οἶκ., T
30 ἀπελθοῦσα εἰς τ. οἶκον αὐτῆς εὗρεν
8 3 ἐὰν ἀπολύσω αὐτοὺς νήστεις εἰς οἶκον αὐτῶν
26 ἀπέστειλεν αὐτὸν εἰς οἶκον αὐτοῦ
9 28 εἰσελθόντος αὐτοῦ εἰς οἶκον
11 17 ¹ ὁ οἶκός μου οἶκος προσευχῆς κληθήσεται πᾶσι τ. ἔθνεσιν, Is. *l.c.*
Lu 1 23 ἀπῆλθεν εἰς τ. οἶκον αὐτοῦ
27 ² ἐμνηστευμένην ἀνδρὶ ᾧ ὄνομα Ἰωσὴφ ἐξ οἴκου Δαυείδ
33 ² βασιλεύσει ἐπὶ τ. οἶκον Ἰακὼβ εἰς τ. αἰῶνας
40 εἰσῆλθεν εἰς τ. οἶκον Ζαχαρίου
56 ὑπέστρεψεν εἰς τ. οἶκον αὐτῆς
69 ² κέρας σωτηρίας ἡμῖν ἐν οἴκῳ Δαυεὶδ παιδὸς αὐτοῦ
2 4 ² διὰ τὸ εἶναί αὐτὸν ἐξ οἴκου κ. πατριᾶς Δαυείδ
5 24 πορεύου εἰς τ. οἶκόν σου
25 ἀπῆλθεν εἰς τ. οἶκον αὐτοῦ
6 4 ¹ ὡς εἰσῆλθεν εἰς τ. οἶκον τ. Θεοῦ
7 10 ὑποστρέψαντες εἰς τ. οἶκον οἱ πεμφθέντες
36 εἰσελθὼν εἰς τ. οἶκον τ. Φαρισαίου κατεκλίθη
8 39 ὑπόστρεφε εἰς τ. οἶκόν σου

Lu 8 41 παρεκάλει αὐτὸν εἰσελθεῖν εἰς τ. οἶκον αὐτοῦ
9 61 ἐπίτρεψόν μοι ἀποτάξασθαι τοῖς εἰς τ. οἶκόν μου
10 5 εἰρήνη τ. οἴκῳ τούτῳ
38 Μάρθα ὑπεδέξατο αὐτὸν εἰς τ. οἶκον αὐτῆς
εἰς τ. οἶκ. αὐτ. [WH] mg.; εἰς τ. οἰκίαν, TWH non mg.
11 17 κ. οἶκος ἐπὶ οἶκον πίπτει
24 ὑποστρέψω εἰς τ. οἶκόν μου ὅθεν ἐξῆλθον
51 Ζαχαρίου τ. ἀπολομένου μεταξὺ τ. θυσιαστηρίου κ. τ. οἴκου
12 39 οὐκ ἀφῆκεν διορυχθῆναι τ. οἶκον αὐτοῦ
52 πέντε ἐν ἑνὶ οἴκῳ διαμεμερισμένοι
13 35 ἰδοὺ ἀφίεται ὑμῖν ὁ οἶκος ὑμῶν
14 1 ἐγένετο ἐν τῷ ἐλθεῖν αὐτὸν εἰς οἶκόν τινος τ. ἀρχόντων
23 ἵνα γεμισθῇ μου ὁ οἶκος
15 6 ἐλθὼν εἰς τ. οἶκον συνκαλεῖ τ. φίλους
16 4 ἵνα . . . δέξωνταί με εἰς τ. οἴκους ἑαυτῶν
27 ἵνα πέμψῃς αὐτὸν εἰς τ. οἶκον τ. πατρός μου
18 14 κατέβη οὗτος δεδικαιωμένος εἰς τ. οἶκον αὐτοῦ
19 5 σήμερον γὰρ ἐν τ. οἴκῳ σου δεῖ με μεῖναι
9 [3] σήμερον σωτηρία τ. οἴκῳ τούτῳ ἐγένετο
46 [1] ἔσται ὁ οἶκός μου οἶκος προσευχῆς, Is. *l.c.*
Jo 2 16 [1] μὴ ποιεῖτε τ. οἶκον τ. πατρός μου οἶκον ἐμπορίου
17 [1] ὁ ζῆλος τ. οἴκου σου καταφάγεταί με
קִנְאַת בֵּיתְךָ אֲכָלָתְנִי, Ps. lxix. 10
7 [53 ἐπορεύθησαν ἕκαστος εἰς τ. οἶκον αὐτοῦ
11 20 Μαριὰμ δὲ ἐν τ. οἴκῳ ἐκαθέζετο
Ac 2 2 ἐπλήρωσεν ὅλον τ. οἶκον οὗ ἦσαν καθήμενοι
36 [2] ἀσφαλῶς οὖν γινωσκέτω πᾶς οἶκος Ἰσραήλ
46 [4] κλῶντές τε κατ' οἶκον ἄρτον
5 42 [4] ἐν τ. ἱερῷ κ. κατ' οἶκον οὐκ ἐπαύοντο διδάσκοντες
7 10 ἡγούμενον ἐπ' Αἴγυπτον κ. ὅλον τ. οἶκον αὐτοῦ
20 ὃς ἀνετράφη μῆνας τρεῖς ἐν τ. οἴκῳ τ. πατρός
42 [2] μὴ σφάγια κ. θυσίας προσηνέγκατέ μοι . . . οἶκος Ἰσραήλ;
הַזְּבָחִים וּמִנְחָה הִגַּשְׁתֶּם־לִי . . בֵּית יִשְׂרָאֵל Am. v. 25
46 [2] ᾐτήσατο εὑρεῖν σκήνωμα τ. οἴκῳ Ἰακώβ.
τ. Θεῷ, WHR
47 Σολομῶν δὲ οἰκοδόμησεν αὐτῷ οἶκον
49 ποῖον οἶκον οἰκοδομήσετέ μοι λέγει Κύριος
אֵי־זֶה בַיִת אֲשֶׁר תִּבְנוּ־לִי, Is. lxvi. 1
8 3 [4] κατὰ τ. οἴκους εἰσπορευόμενος
10 2 [3] φοβούμενος τ. Θεὸν σὺν παντὶ τ. οἴκῳ αὐτοῦ
22 μεταπέμψασθαί σε εἰς τ. οἶκον αὐτοῦ
30 ἤμην τ. ἐνάτην προσευχόμενος ἐν τ. οἴκῳ μου
11 12 εἰσήλθομεν εἰς τ. οἶκον τ. ἀνδρός
13 πῶς εἶδεν τ. ἄγγελον ἐν τ. οἴκῳ αὐτοῦ σταθέντα
14 [3] ἐν οἷς σωθήσῃ σὺ κ. πᾶς ὁ οἶκός σου
16 15 [3] ὡς δὲ ἐβαπτίσθη κ. ὁ οἶκος αὐτῆς
15 εἰσελθόντες εἰς τ. οἶκόν μου μένετε
31 [3] σωθήσῃ σὺ κ. ὁ οἶκός σου
34 ἀναγαγών τε αὐτοὺς εἰς τ. οἶκον
18 8 [3] ἐπίστευσεν τ. Κυρίῳ σὺν ὅλῳ τ. οἴκῳ αὐτοῦ

23

Ac 19 16 ὥστε γυμνοὺς . . . ἐκφυγεῖν ἐκ τ. οἴκου ἐκείνου
20 20 [4] διδάξαι ὑμᾶς δημοσίᾳ κ. κατ' οἴκους
21 8 εἰσελθόντες εἰς τ. οἶκον Φιλίππου τ. εὐαγγελιστοῦ
Ro 16 5 ἀσπάσασθε . . . τὴν κατ' οἶκον αὐτῶν ἐκκλησίαν
I Co 1 16 [3] ἐβάπτισα δὲ κ. τὸν Στεφανᾶ οἶκον
11 34 εἴ τις πεινᾷ ἐν οἴκῳ ἐσθιέτω
14 35 ἐν οἴκῳ τ. ἰδίους ἄνδρας ἐπερωτάτωσαν
16 19 [4] Ἀκύλας κ. Πρίσκα σὺν τῇ κατ' οἶκον αὐτῶν ἐκκλησίᾳ
Col 4 15 [4] ἀσπάσασθε . . . τὴν κατ' οἶκον αὐτῆς ἐκκλησίαν
κατ' οἶκ. αὐτῶν, TR non mg.
I Ti 3 4 [3] τ. ἰδίου οἴκου καλῶς προϊστάμενον
5 [3] εἰ δέ τις τ. ἰδίου οἴκου προστῆναι οὐκ οἶδεν
12 [3] τέκνων καλῶς προϊστάμενοι κ. τ. ἰδίων οἴκων
15 [1] πῶς δεῖ ἐν οἴκῳ Θεοῦ ἀναστρέφεσθαι
5 4 [3] μανθανέτωσαν πρῶτον τ. ἴδιον οἶκον εὐσεβεῖν
II Ti 1 16 [3] δῴη ἔλεος ὁ Κύριος τῷ Ὀνησιφόρου οἴκῳ
4 19 [3] ἄσπασαι . . . τὸν Ὀνησιφόρου οἶκον
Tit 1 11 [3] οἵτινες ὅλους οἴκους ἀνατρέπουσιν
Phm 2 [4] Φιλήμονι τ. ἀγαπητῷ . . . κ. τῇ κατ' οἶκόν σου ἐκκλησίᾳ
He 3 2 ὡς κ. Μωυσῆς ἐν ὅλῳ τ. οἴκῳ αὐτοῦ
3 καθ' ὅσον πλείονα τιμὴν ἔχει τ. οἴκου ὁ κατασκευάσας αὐτόν.
4 πᾶς γὰρ οἶκος κατασκευάζεται ὑπό τινος
5 [3] Μωυσῆς μὲν πιστὸς ἐν ὅλῳ τ. οἴκῳ αὐτοῦ
6 [3] Χριστὸς δὲ ὡς υἱὸς ἐπὶ τ. οἶκον αὐτοῦ·
[3] οὗ οἶκός ἐσμεν ἡμεῖς
8 8 [2] συντελέσω ἐπὶ τ. οἶκον Ἰσραὴλ κ. ἐπὶ τ. οἶκον Ἰούδα διαθήκην καινήν
כָּרַתִּי אֶת־בֵּית יִשְׂרָאֵל וְאֶת־בֵּית יְהוּדָה בְּרִית חֲדָשָׁה, Jer. xxxi. 31
10 [2] αὕτη ἡ διαθήκη ἣν διαθήσομαι τ. οἴκῳ Ἰσραήλ
זֹאת הַבְּרִית אֲשֶׁר אֶכְרֹת אֶת־בֵּית יִשְׂרָאֵל *ib.* 33
10 21 [1] ἱερέα μέγαν ἐπὶ τ. οἶκον τ. Θεοῦ
11 7 [3] κατεσκεύασεν κιβωτὸν εἰς σωτηρίαν τ. οἴκου αὐτοῦ
I Pe 2 5 [3] ὡς λίθοι ζῶντες οἰκοδομεῖσθε οἶκος πνευματικός
4 17 [1] ὁ καιρὸς τοῦ ἄρξασθαι τὸ κρίμα ἀπὸ τ. οἴκου τ. Θεοῦ

ΟἸΚΟΥΜΈΝΗ 3625

Mt 24 14 κηρυχθήσεται τοῦτο τὸ εὐαγγέλιον τ. βασιλείας ἐν ὅλῃ τ. οἰκουμένῃ
Lu 2 1 ἐξῆλθεν δόγμα . . . ἀπογράφεσθαι πᾶσαν τ. οἰκουμένην
4 5 ἔδειξεν αὐτῷ πάσας τ. βασιλείας τ. οἰκουμένης
21 26 ἀπὸ φόβου κ. προσδοκίας τ. ἐπερχομένων τ. οἰκουμένῃ
Ac 11 28 λιμὸν μεγάλην μέλλειν ἔσεσθαι ἐφ' ὅλην τ. οἰκουμένην
17 6 οἱ τὴν οἰκουμένην ἀναστατώσαντες . . . πάρεισιν

Ac 17 31 μέλλει κρίνειν τ. οἰκουμένην ἐν δικαιοσύνῃ
19 27 ἣν ὅλη ἡ Ἀσία κ. ἡ οἰκουμένη σέβεται
24 5 κινοῦντα στάσεις πᾶσι τ. Ἰουδαίοις τοῖς κατὰ τ. οἰκουμένην
Ro 10 18 εἰς τὰ πέρατα τ. οἰκουμένης τὰ ῥήματα αὐτῶν

בִּקְצֵה תֵבֵל מִלֵּיהֶם, Ps. xix. 5

He 1 6 ὅταν δὲ πάλιν εἰσαγάγῃ τ. πρωτότοκον εἰς τ. οἰκουμένην
2 5 οὐ γὰρ ἀγγέλοις ὑπέταξεν τ. οἰκουμένην τ. μέλλουσαν
Re 3 10 τ. ὥρας τ. πειρασμοῦ τ. μελλούσης ἔρχεσθαι ἐπὶ τ. οἰκουμένης ὅλης
12 9 ὁ Σατανᾶς ὁ πλανῶν τ. οἰκουμένην ὅλην
16 14 ἃ ἐκπορεύεται ἐπὶ τ. βασιλεῖς τ. οἰκουμένης ὅλης

ΟἸΚΟΥΡΓΟ´Σ * † 3626

Tit 2 5 σώφρονας ἁγνὰς οἰκουργούς

ΟἸΚΤΕΙ´ΡΩ 3627

Ro 9 15 οἰκτειρήσω ὃν ἂν οἰκτείρω

רִחַמְתִּי אֶת־אֲשֶׁר אֲרַחֵם, Ex. xxxiii. 19

ΟἸΚΤΙΡΜΟ´Σ 3628

Ro 12 1 παρακαλῶ οὖν ὑμᾶς διὰ τ. οἰκτιρμῶν τ. Θεοῦ
II Co 1 3 ὁ πατὴρ τ. οἰκτιρμῶν κ. Θεὸς πάσης παρακλήσεως
Phl 2 1 εἴ τις σπλάγχνα κ. οἰκτιρμοί
Col 3 12 ἐνδύσασθε οὖν . . . σπλάγχνα οἰκτιρμοῦ
He 10 28 χωρὶς οἰκτιρμῶν ἐπὶ δυσὶν ἢ τρισὶν μάρτυσιν ἀποθνήσκει

ΟἸΚΤΙ´ΡΜΩΝ 3629

Lu 6 36 γίνεσθε οἰκτίρμονες καθὼς ὁ πατὴρ ὑμῶν οἰκτίρμων ἐστίν
Ja 5 11 πολύσπλαγχνός ἐστιν ὁ Κύριος κ. οἰκτίρμων

ΟἾΜΑΙ 3629.5

Jo 21 25 οὐδ' αὐτὸν οἶμαι τ. κόσμον χωρήσειν τὰ γραφόμενα βιβλία
—h. v., T
Phl 1 17 οἰόμενοι θλίψιν ἐγείρειν τ. δεσμοῖς μου
Ja 1 7 μὴ γὰρ οἰέσθω ὁ ἄνθρωπος ἐκεῖνος

ΟἸΝΟΠΟ´ΤΗΣ 3630

Mt 11 19 ἰδοὺ ἄνθρωπος φάγος κ. οἰνοπότης
Lu 7 34 ἰδοὺ ἄνθρωπος φάγος κ. οἰνοπότης

ΟἾΝΟΣ 3631

(1) metaph.

Mt 9 17 οὐδὲ βάλλουσιν οἶνον νέον εἰς ἀσκοὺς παλαιούς·
εἰ δὲ μήγε . . . ὁ οἶνος ἐκχεῖται
17 ἀλλὰ βάλλουσιν οἶνον νέον εἰς ἀσκοὺς καινούς
27 34 ἔδωκαν αὐτῷ πιεῖν οἶνον μετὰ χολῆς μεμιγμένον
Mk 2 22 οὐδεὶς βάλλει οἶνον νέον εἰς ἀσκοὺς παλαιούς
εἰ δὲ μήγε ῥήξει ὁ οἶνος τ. ἀσκούς,
κ. ὁ οἶνος ἀπόλλυται κ. οἱ ἀσκοί·
ἀλλὰ οἶνον νέον εἰς ἀσκοὺς καινούς
—h. v., T [WH]
15 23 ἐδίδουν αὐτῷ ἐσμυρνισμένον οἶνον
Lu 1 15 οἶνον κ. σίκερα οὐ μὴ πίῃ
5 37 οὐδεὶς βάλλει οἶνον νέον εἰς ἀσκοὺς παλαιούς·
εἰ δὲ μήγε ῥήξει ὁ οἶνος ὁ νέος τ. ἀσκούς
38 ἀλλὰ οἶνον νέον εἰς ἀσκοὺς καινοὺς βλητέον
7 33 μὴ ἔσθων ἄρτον μήτε πίνων οἶνον
10 34 ἐπιχέων ἔλαιον κ. οἶνον
Jo 2 3 ὑστερήσαντος οἴνου λέγει ἡ μήτηρ τ. Ἰησοῦ πρὸς αὐτόν,
οἶνον οὐκ εἶχον ὅτι συνετελέσθη ὁ οἶνος τ. γάμου, TWH mg.
οἶνον οὐκ ἔχουσιν
οἶνος οὐκ ἔστιν, T
9 ὡς δὲ ἐγεύσατο ὁ ἀρχιτρίκλινος τὸ ὕδωρ οἶνον γεγενημένον
10 πᾶς ἄνθρωπος πρῶτον τ. καλὸν οἶνον τίθησιν
10 σὺ τετήρηκας τ. καλὸν οἶνον ἕως ἄρτι
4 46 ὅπου ἐποίησεν τὸ ὕδωρ οἶνον
Ro 14 21 καλὸν τὸ μὴ φαγεῖν κρέα μηδὲ πεῖν οἶνον
Eph 5 18 μὴ μεθύσκεσθε οἴνῳ
I Ti 3 8 μὴ οἴνῳ πολλῷ προσέχοντας
5 23 μηκέτι ὑδροπότει ἀλλὰ οἴνῳ ὀλίγῳ χρῶ
Tit 2 3 μηδὲ οἴνῳ πολλῷ δεδουλωμένας
Re 6 6 τὸ ἔλαιον κ. τ. οἶνον μὴ ἀδικήσῃς
14 8 [1] ἐκ τ. οἴνου τ. θυμοῦ τ. πορνείας αὐτῆς πεπότικεν πάντα τὰ ἔθνη
10 [1] αὐτὸς πίεται ἐκ τ. οἴνου τ. θυμοῦ τ. Θεοῦ
16 19 [1] δοῦναι αὐτῇ τὸ ποτήριον τ. οἴνου τ. θυμοῦ τ. ὀργῆς αὐτοῦ
17 2 [1] ἐμεθύσθησαν οἱ κατοικοῦντες τ. γῆν ἐκ τ. οἴνου τ. πορνείας αὐτῆς
18 3 [1] ἐκ τ. οἴνου τ. θυμοῦ τ. πορνείας αὐτῆς πέπτωκαν πάντα τὰ ἔθνη
—τ. οἴνου, [WH] R mg.
13 λίβανον κ. οἶνον κ. ἔλαιον
19 15 [1] αὐτὸς πατεῖ τὴν ληνὸν τ. οἴνου τ. θυμοῦ τ. ὀργῆς τ. Θεοῦ

ΟἸΝΟΦΛΥΓΙ´Α * 3632

I Pe 4 3 πεπορευμένους ἐν ἀσελγείαις ἐπιθυμίαις οἰνοφλυγίαις

ΟἿΟΣ 3634

Mt 24 21 οἵα οὐ γέγονεν ἀπ' ἀρχῆς κόσμου
Mk 9 3 λευκὰ . . . οἷα γναφεὺς ἐπὶ τ. γῆς οὐ δύναται οὕτως λευκᾶναι
13 19 οἵα οὐ γέγονεν τοιαύτη ἀπ' ἀρχῆς κτίσεως
Ro 9 6 οὐχ οἷον δὲ ὅτι ἐκπέπτωκεν ὁ λόγος τ. Θεοῦ
I Co 15 48 οἷος ὁ χοϊκὸς τοιοῦτος κ. οἱ χοϊκοί·
κ. οἷος ὁ ἐπουράνιος τοιοῦτοι κ. οἱ ἐπουράνιοι
II Co 10 11 οἷοί ἐσμεν τ. λόγῳ δι' ἐπιστολῶν ἀπόντες
12 20 μή πως ἐλθὼν οὐχ οἵους θέλω εὕρω ὑμᾶς, κἀγὼ εὑρεθῶ ὑμῖν οἷον οὐ θέλετε
Phl 1 30 τ. αὐτὸν ἀγῶνα ἔχοντες οἷον εἴδετε ἐν ἐμοί
I Th 1 5 καθὼς οἴδατε οἷοι ἐγενήθημεν ὑμῖν δι' ὑμᾶς

II Ti 3 11 οἷά μοι ἐγένετο ἐν Ἀντιοχείᾳ
11 οἵους διωγμοὺς ὑπήνεγκα
Re 16 18 σεισμὸς . . . οἷος οὐκ ἐγένετο ἀφ' οὗ ἄνθρωποι ἐγένοντο ἐπὶ τ. γῆς

ʼΟΚΝΕ'Ω 3635

Ac 9 38 παρακαλοῦντες μὴ ὀκνήσῃς διελθεῖν ἕως ἡμῶν

ʼΟΚΝΗΡΟ'Σ 3636

Mt 25 26 πονηρὲ δοῦλε κ. ὀκνηρέ
Ro 12 11 τ. σπουδῇ μὴ ὀκνηροί
Phl 3 1 τὰ αὐτὰ γράφειν ὑμῖν ἐμοὶ μὲν οὐκ ὀκνηρόν

ʼΟΚΤΑΗ'ΜΕΡΟΣ * † 3637

Phl 3 5 περιτομῇ ὀκταήμερος

ʼΟΚΤΩ' 3638

Lu 2 21 ὅτε ἐπλήσθησαν ἡμέραι ὀ. τοῦ περιτεμεῖν αὐτόν
9 28 ἐγένετο δὲ μετὰ τ. λόγους τούτους ὡσεὶ ἡμέραι ὀκτώ
13 4 ἢ ἐκεῖνοι οἱ δέκα ὀκτώ
11 πνεῦμα ἔχουσα ἀσθενείας ἔτη δέκα ὀκτώ
16 ἣν ἔδησεν ὁ Σατανᾶς ἰδοὺ δέκα κ. ὀ. ἔτη
Jo 5 5 τριάκοντα κ. ὀκτὼ ἔτη ἔχων ἐν τ. ἀσθενείᾳ αὐτοῦ
20 26 μεθ' ἡμέρας ὀ. πάλιν ἦσαν ἔσω
Ac 9 33 ἐξ ἐτῶν ὀ. κατακείμενον ἐπὶ κραβάττου
25 6 διατρίψας δὲ ἐν αὐτοῖς ἡμέρας οὐ πλείους ὀκτὼ ἢ δέκα
I Pe 3 20 εἰς ἣν ὀλίγοι τοῦτ' ἔστιν ὀ. ψυχαὶ διεσώθησαν

ʼΌΛΕΘΡΟΣ 3639

I Co 5 5 παραδοῦναι τ. τοιοῦτον τῷ Σατανᾷ εἰς ὄλεθρον τ. σαρκός
I Th 5 3 τότε αἰφνίδιος αὐτοῖς ἐπίσταται ὄλεθρος
II Th 1 9 οἵτινες δίκην τίσουσιν ὄλεθρον αἰώνιον
I Ti 6 9 αἵτινες βυθίζουσιν τ. ἀνθρώπους εἰς ὄλεθρον

3639.5 **ʼΟΛΙΓΟΠΙΣΤΙ'Α * †** cf. 570

Mt 17 20 διὰ τ. ὀλιγοπιστίαν ὑμῶν

ʼΟΛΙΓΟ'ΠΙΣΤΟΣ * † 3640

Mt 6 30 οὐ πολλῷ μᾶλλον ὑμᾶς ὀλιγόπιστοι;
8 26 τί δειλοί ἐστε ὀλιγόπιστοι;
14 31 ὀλιγόπιστε εἰς τί ἐδίστασας;
16 8 τί διαλογίζεσθε ἐν ἑαυτοῖς ὀλιγόπιστοι
Lu 12 28 πόσῳ μᾶλλον ὑμᾶς ὀλιγόπιστοι

ʼΟΛΙ'ΓΟΣ 3641

(1) de temp. (2) ἐν ὀλίγῳ, πρὸς ὀλίγον

Mt 7 14 ὀλίγοι εἰσὶν οἱ εὑρίσκοντες αὐτήν
9 37 ὁ μὲν θερισμὸς πολὺς οἱ δὲ ἐργάται ὀλίγοι
15 34 ἑπτὰ κ. ὀλίγα ἰχθύδια
20 16 πολλοὶ γάρ εἰσιν κλητοὶ ὀλίγοι δὲ ἐκλεκτοί —h. v., TWH non mg. R
22 14 πολλοὶ γάρ εἰσιν κλητοὶ ὀλίγοι δὲ ἐκλεκτοί
25 21 ἐπὶ ὀλίγα ἦς πιστός
23 ἐπὶ ὀλίγα ἦς πιστός
Mk 1 19 προβὰς ὀλίγον εἶδεν Ἰάκωβον
6 5 εἰ μὴ ὀλίγοις ἀρρώστοις ἐπιθεὶς τ. χεῖρας
31 [1] ἀναπαύσασθε ὀλίγον
8 7 εἶχαν ἰχθύδια ὀλίγα
Lu 5 3 ἠρώτησεν αὐτὸν ἀπὸ τ. γῆς ἐπαναγαγεῖν ὀλίγον
7 47 ᾧ δὲ ὀλίγον ἀφίεται ὀλίγον ἀγαπᾷ
10 2 ὁ μὲν θερισμὸς πολὺς οἱ δὲ ἐργάται ὀλίγοι
42 ὀλίγων δέ ἐστιν χρεία ἢ ἑνός
ἑν. δὲ ἐστ. χρ., TR non mg.;—h. v., WH mg. R mg. alt.
12 48 ὁ δὲ μὴ γνοὺς . . . δαρήσεται ὀλίγας
13 23 Κύριε εἰ ὀλίγοι οἱ σωζόμενοι;
Ac 12 18 ἦν τάραχος οὐκ ὀλίγος ἐν τ. στρατιώταις
14 28 [1] διέτριβον δὲ χρόνον οὐκ ὀλίγον σὺν τ. μαθηταῖς
15 2 γενομένης δὲ στάσεως κ. ζητήσεως οὐκ ὀλίγης
17 4 γυναικῶν τε τ. πρώτων οὐκ ὀλίγαι
12 τ. Ἑλληνίδων γυναικῶν τ. εὐσχημόνων κ. ἀνδρῶν οὐκ ὀλίγοι
19 23 ἐγένετο δὲ . . . τάραχος οὐκ ὀλίγος περὶ τῆς ὁδοῦ
24 παρείχετο τ. τεχνίταις οὐκ ὀλίγην ἐργασίαν
26 28 [2] ἐν ὀλίγῳ με πείθεις Χριστιανὸν ποιῆσαι
29 [2] κ. ἐν ὀλίγῳ κ. ἐν μεγάλῳ οὐ μόνον σε
27 20 χειμῶνός τε οὐκ ὀλίγου ἐπικειμένου
II Co 8 15 ὁ τὸ ὀλίγον οὐκ ἠλαττόνησεν
הַמַּמְעִיט לֹא הֶחְסִיר, Ex. xvi. 18
Eph 3 3 [2] καθὼς προέγραψα ἐν ὀλίγῳ
I Ti 4 8 [2] ἡ γὰρ σωματικὴ γυμνασία πρὸς ὀλίγον ἐστὶν ὠφέλιμος
5 23 μηκέτι ὑδροπότει ἀλλὰ οἴνῳ ὀλίγῳ χρῶ
He 12 10 [1] οἱ μὲν γὰρ πρὸς ὀλίγας ἡμέρας . . . ἐπαίδευον
Ja 4 14 [2] ἀτμὶς γάρ ἐστε πρὸς ὀλίγον φαινομένη
I Pe 1 6 [1] ὀλίγον ἄρτι εἰ δέον λυπηθέντες
3 20 εἰς ἣν ὀλίγοι τοῦτ' ἔστιν ὀκτὼ ψυχαὶ διεσώθησαν
5 10 [1] ὀλίγον παθόντας αὐτὸς καταρτίσει
12 δι' ὀλίγων ἔγραψα
Re 2 14 ἀλλὰ ἔχω κατὰ σοῦ ὀλίγα
3 4 ἔχεις ὀλίγα ὀνόματα ἐν Σάρδεσιν
ὀλ. ἔχ., T
12 12 [1] εἰδὼς ὅτι ὀλίγον καιρὸν ἔχει
17 10 [1] ὅταν ἔλθῃ ὀλίγον αὐτὸν δεῖ μεῖναι

ʼΟΛΙΓΟ'ΨΥΧΟΣ † 3642

I Th 5 14 παραμυθεῖσθε τ. ὀλιγοψύχους

ʼΟΛΙΓΩΡΕ'Ω 3643

He 12 5 υἱέ μου μὴ ὀλιγώρει παιδείας Κυρίου
מוּסַר יְהוָה בְּנִי אַל־תִּמְאָס, Pr. iii. 11

3643.5 **ʼΟΛΙ'ΓΩΣ **** cf. 3689

II Pe 2 18 δελεάζουσιν . . . τ. ὀλίγως ἀποφεύγοντας τοὺς ἐν πλάνῃ ἀναστρεφομένους

ʼΟΛΟΘΡΕΥΤΗ'Σ * † 3644

I Co 10 10 ἀπώλοντο ὑπὸ τ. ὀλοθρευτοῦ

ʼΟΛΟΘΡΕΥ'Ω † 3645

He 11 28 ἵνα μὴ ὁ ὀλοθρεύων τὰ πρωτότοκα θίγῃ αὐτῶν

ὉΛΟΚΑΎΤΩΜΑ † 3646

Mk 12 33 περισσότερόν ἐστιν πάντων τ. ὁλοκαυτωμάτων κ. θυσιῶν
He 10 6 ὁλοκαυτώματα κ. περὶ ἁμαρτίας οὐκ εὐδόκησας
עוֹלָה וַחֲטָאָה לֹא שָׁאָלְתָּ, Ps. xl. 7
8 ὁλοκαυτώματα κ. περὶ ἁμαρτίας οὐκ ἠθέλησας, Ps. *l.c.*

ὉΛΟΚΛΗΡΊΑ † 3647

Ac 3 16 ἡ πίστις ἡ δι' αὐτοῦ ἔδωκεν αὐτῷ τ. ὁλοκληρίαν ταύτην

ὉΛΌΚΛΗΡΟΣ 3648

1 Th 5 23 ὁλόκληρον ὑμῶν τὸ πνεῦμα . . . τηρηθείη
Ja 1 4 ἵνα ἦτε τέλειοι κ. ὁλόκληροι

ὈΛΟΛΎΖΩ 3649

Ja 5 1 κλαύσατε ὀλολύζοντες ἐπὶ τ. ταλαιπωρίαις ὑμῶν

ὍΛΟΣ 3650

(1) δι' ὅλου

Mt 1 22 τοῦτο δὲ ὅλον γέγονεν
4 23 περιῆγεν ἐν ὅλῃ τῇ Γαλιλαίᾳ
24 ἀπῆλθεν ἡ ἀκοὴ αὐτοῦ εἰς ὅλην τ. Συρίαν
5 29 ἵνα . . . μὴ ὅλον τὸ σῶμά σου βληθῇ εἰς γέενναν
30 ἵνα . . . μὴ ὅλον τὸ σῶμά σου εἰς γέενναν ἀπέλθῃ
6 22 ὅλον τὸ σῶμά σου φωτεινὸν ἔσται
23 ὅλον τὸ σῶμά σου σκοτεινὸν ἔσται
9 26 ἐξῆλθεν ἡ φήμη αὕτη εἰς ὅλην τ. γῆν ἐκείνην
31 διεφήμισαν αὐτὸν ἐν ὅλῃ τ. γῇ ἐκείνῃ
13 33 ἕως οὗ ἐζυμώθη ὅλον
14 35 ἀπέστειλαν εἰς ὅλην τ. περίχωρον ἐκείνην
16 26 ἐὰν τ. κόσμον ὅλον κερδήσῃ
20 6 τί ὧδε ἑστήκατε ὅλην τ. ἡμέραν ἀργοί;
22 37 ἀγαπήσεις Κύριον τ. Θεόν σου ἐν ὅλῃ τ. καρδίᾳ σου κ. ἐν ὅλῃ τ. ψυχῇ σου κ. ἐν ὅλῃ τ. διανοίᾳ σου
אָהַבְתָּ אֵת יְהוָה אֱלֹהֶיךָ בְּכָל־לְבָבְךָ וּבְכָל־נַפְשְׁךָ וּבְכָל־מְאֹדֶךָ, Dt. vi. 5
40 ὅλος ὁ νόμος κρέμαται κ. οἱ προφῆται
24 14 κηρυχθήσεται τοῦτο τὸ εὐαγγέλιον τ. βασιλείας ἐν ὅλῃ τ. οἰκουμένῃ
26 13 ὅπου ἐὰν κηρυχθῇ τὸ εὐαγγέλιον τοῦτο ἐν ὅλῳ τ. κόσμῳ
56 τοῦτο δὲ ὅλον γέγονεν
59 τὸ συνέδριον ὅλον ἐζήτουν ψευδομαρτυρίαν
27 27 συνήγαγον ἐπ' αὐτὸν ὅλην τ. σπεῖραν
Mk 1 28 ἐξῆλθεν ἡ ἀκοὴ αὐτοῦ . . . εἰς ὅλην τ. περίχωρον τ. Γαλιλαίας
33 ἦν ὅλη ἡ πόλις ἐπισυνηγμένη πρὸς τ. θύραν
39 ἦλθεν κηρύσσων . . . εἰς ὅλην τ. Γαλιλαίαν
6 55 περιέδραμον ὅλην τ. χώραν ἐκείνην
8 36 τί γὰρ ὠφελεῖ ἄνθρωπον κερδῆσαι τ. κόσμον ὅλον
12 30 ἀγαπήσεις Κύριον τ. Θεόν σου ἐξ ὅλης καρδίας σου κ. ἐξ ὅλης τ. ψυχῆς σου κ. ἐξ ὅλης τ. διανοίας σου κ. ἐξ ὅλης τ. ἰσχύος σου, Dt. *l.c.*
Mk 12 33 τὸ ἀγαπᾶν αὐτὸν ἐξ ὅλης καρδίας κ. ἐξ ὅλης τ. συνέσεως κ. ἐξ ὅλης τῆς ἰσχύος, Dt. *l.c.*
44 πάντα ὅσα εἶχεν ἔβαλεν ὅλον τ. βίον αὐτῆς
14 9 ὅπου ἐὰν κηρυχθῇ τὸ εὐαγγέλιον εἰς ὅλον τ. κόσμον
55 οἱ δὲ ἀρχιερεῖς κ. ὅλον τὸ συνέδριον ἐζήτουν . . . μαρτυρίαν
15 1 συμβούλιον ποιήσαντες οἱ ἀρχιερεῖς . . . κ. ὅλον τὸ συνέδριον
16 συνκαλοῦσιν ὅλην τ. σπεῖραν
33 σκότος ἐγένετο ἐφ' ὅλην τ. γῆν
Lu 1 65 ἐν ὅλῃ τ. ὀρεινῇ τ. Ἰουδαίας διελαλεῖτο πάντα τὰ ῥήματα ταῦτα
4 14 φήμη ἐξῆλθεν καθ' ὅλης τ. περιχώρου περὶ αὐτοῦ
5 5 δι' ὅλης νυκτὸς κοπιάσαντες
7 17 ἐξῆλθεν ὁ λόγος οὗτος ἐν ὅλῃ τ. Ἰουδαίᾳ
8 39 ἀπῆλθεν καθ' ὅλην τ. πόλιν κηρύσσων
43 ἰατροῖς προσαναλώσασα ὅλον τ. βίον
—h. v., WHR mg.
9 25 τί γὰρ ὠφελεῖται ἄνθρωπος κερδήσας τ. κόσμον ὅλον
10 27 ἀγαπήσεις Κύριον τ. Θεόν σου ἐξ ὅλης καρδίας σου κ. ἐν ὅλῃ τ. ψυχῇ σου κ. ἐν ὅλῃ τ. ἰσχύϊ σου κ. ἐν ὅλῃ τ. διανοίᾳ σου, Dt. *l.c.*
11 34 ὅλον τὸ σῶμά σου φωτεινόν ἐστιν
36 εἰ οὖν τὸ σῶμά σου ὅλον φωτεινόν
36 ἔσται φωτεινὸν ὅλον
13 21 ἕως οὗ ἐζυμώθη ὅλον
23 5 ἀνασείει τ. λαὸν διδάσκων καθ' ὅλης τ. Ἰουδαίας
44 σκότος ἐγένετο ἐφ' ὅλην τ. γῆν
Jo 4 53 ἐπίστευσεν αὐτὸς κ. ἡ οἰκία αὐτοῦ ὅλη
7 23 ὅτι ὅλον ἄνθρωπον ὑγιῆ ἐποίησα ἐν σαββάτῳ
9 34 ἐν ἁμαρτίαις σὺ ἐγεννήθης ὅλος
11 50 ἵνα . . . μὴ ὅλον τὸ ἔθνος ἀπόληται
13 10 ἀλλ' ἔστιν καθαρὸς ὅλος
19 23 [1] ἐκ τῶν ἄνωθεν ὑφαντὸς δι' ὅλου
Ac 2 2 ἐπλήρωσεν ὅλον τ. οἶκον οὗ ἦσαν καθήμενοι
47 ἔχοντες χάριν πρὸς ὅλον τ. λαόν
5 11 ἐγένετο φόβος μέγας ἐφ' ὅλην τ. ἐκκλησίαν
7 10 ἡγούμενον ἐπ' Αἴγυπτον κ. ὅλον τ. οἶκον αὐτοῦ.
κ. ἐφ' ὅλον, TWH mg.
11 ἦλθεν δὲ λιμὸς ἐφ' ὅλην τὴν Αἴγυπτον
8 37 εἰ πιστεύεις ἐξ ὅλης τ. καρδίας ἔξεστιν
—h. v., TWH non mg. R non mg.
9 31 ἡ μὲν οὖν ἐκκλησία καθ' ὅλης τ. Ἰουδαίας
42 γνωστὸν δὲ ἐγένετο καθ' ὅλης Ἰόππης
10 22 μαρτυρούμενός τε ὑπὸ ὅλου τ. ἔθνους τ. Ἰουδαίων
37 ὑμεῖς οἴδατε τὸ γενόμενον ῥῆμα καθ' ὅλης τ. Ἰουδαίας
11 26 ἐγένετο δὲ αὐτοῖς κ. ἐνιαυτὸν ὅλον συναχθῆναι
28 λιμὸν μεγάλην μέλλειν ἔσεσθαι ἐφ' ὅλην τ. οἰκουμένην
13 6 διελθόντες δὲ ὅλην τ. νῆσον ἄχρι Πάφου
49 διεφέρετο δὲ ὁ λόγος τ. Κυρίου δι' ὅλης τ. χώρας
15 22 ἔδοξεν τ. ἀποστόλοις . . . σὺν ὅλῃ τ. ἐκκλησίᾳ
18 8 ἐπίστευσεν τ. Κυρίῳ σὺν ὅλῳ τ. οἴκῳ αὐτοῦ
19 27 ἣν ὅλη ἡ Ἀσία κ. ἡ οἰκουμένη σέβεται

Ac 21 30 ἐκινήθη τε ἡ πόλις ὅλη
31 ὅτι ὅλη συνχύννεται Ἱερουσαλήμ
28 30 ἐνέμεινεν δὲ διετίαν ὅλην ἐν ἰδίῳ μισθώματι
Ro 1 8 ἡ πίστις ὑμῶν καταγγέλλεται ἐν ὅλῳ τ. κόσμῳ
8 36 ἕνεκέν σου θανατούμεθα ὅλην τ. ἡμέραν
עָלֶיךָ הֹרַגְנוּ כָל־הַיּוֹם, Ps. xliv. 23
10 21 ὅλην τ. ἡμέραν ἐξεπέτασα τ. χεῖράς μου
פֵּרַשְׂתִּי יָדַי כָּל־הַיּוֹם, Is. lxv. 2
16 23 Γαῖος ὁ ξένος μου κ. ὅλης τ. ἐκκλησίας
I Co 5 6 μικρὰ ζύμη ὅλον τὸ φύραμα ζυμοῖ
12 17 εἰ ὅλον τὸ σῶμα ὀφθαλμὸς ποῦ ἡ ἀκοή; εἰ ὅλον ἀκοὴ ποῦ ἡ ὄσφρησις
14 23 ἐὰν οὖν συνέλθῃ ἡ ἐκκλησία ὅλη ἐπὶ τὸ αὐτό
II Co 1 1 σὺν τ. ἁγίοις πᾶσι τ. οὖσιν ἐν ὅλῃ τ. Ἀχαΐᾳ
Ga 5 3 ὀφειλέτης ἐστὶν ὅλον τ. νόμον ποιῆσαι
9 μικρὰ ζύμη ὅλον τὸ φύραμα ζυμοῖ
Phl 1 13 φανεροὺς ἐν Χριστῷ γενέσθαι ἐν ὅλῳ τ. πραιτωρίῳ
I Th 4 10 ποιεῖτε αὐτὸ εἰς πάντας τ. ἀδελφοὺς τοὺς ἐν ὅλῃ τ. Μακεδονίᾳ
Tit 1 11 οἵτινες ὅλους οἴκους ἀνατρέπουσιν
He 3 2 ὡς κ. Μωυσῆς ἐν ὅλῳ τ. οἴκῳ αὐτοῦ.
[ὅλῳ], WH
5 Μωυσῆς μὲν πιστὸς ἐν ὅλῳ τ. οἴκῳ αὐτοῦ
Ja 2 10 ὅστις γὰρ ὅλον τ. νόμον τηρήσῃ
3 2 δυνατὸς χαλιναγωγῆσαι κ. ὅλον τὸ σῶμα
3 ὅλον τὸ σῶμα αὐτῶν μετάγομεν
6 ἡ γλῶσσα . . . ἡ σπιλοῦσα ὅλον τὸ σῶμα
I Jo 2 2 αὐτὸς ἱλασμὸς . . . περὶ ὅλου τ. κόσμου
5 19 ὁ κόσμος ὅλος ἐν τ. πονηρῷ κεῖται
Re 3 10 τ. ὥρας τ. πειρασμοῦ τ. μελλούσης ἔρχεσθαι ἐπὶ τ. οἰκουμένης ὅλης
6 12 ἡ σελήνη ὅλη ἐγένετο ὡς αἷμα
12 9 ὁ Σατανᾶς ὁ πλανῶν τ. οἰκουμένην ὅλην
13 3 ἐθαυμάσθη ὅλη ἡ γῆ ὀπίσω τ. θηρίου
16 14 ἃ ἐκπορεύεται ἐπὶ τ. βασιλεῖς τ. οἰκουμένης ὅλης

ὉΛΟΤΕΛΗ΄Σ * † 3651

I Th 5 23 αὐτὸς δὲ ὁ Θεὸς τ. εἰρήνης ἁγιάσαι ὑμᾶς ὁλοτελεῖς

ὈΛΥΜΠΑ΄Σ 3652

Ro 16 15 ἀσπάσασθε . . . Ὀλυμπᾶν

ὌΛΥΝΘΟΣ 3653

Re 6 13 ὡς συκῆ βάλλει τ. ὀλύνθους αὐτῆς

ὍΛΩΣ 3654

Mt 5 34 ἐγὼ δὲ λέγω ὑμῖν μὴ ὀμόσαι ὅλως
I Co 5 1 ὅλως ἀκούεται ἐν ὑμῖν πορνεία
6 7 ἤδη μὲν οὖν ὅλως ἥττημα ὑμῖν ἐστίν
15 29 εἰ ὅλως νεκροὶ οὐκ ἐγείρονται

ὌΜΒΡΟΣ 3655

Lu 12 54 εὐθέως λέγετε ὅτι Ὄμβρος ἔρχεται

ὉΜΕΙ΄ΡΟΜΑΙ † 3655.5

I Th 2 8 οὕτως ὁμειρόμενοι ὑμῶν ηὐδοκοῦμεν
ὁμειρ., T

ὉΜΙΛΕ΄Ω 3656

Lu 24 14 αὐτοὶ ὡμίλουν πρὸς ἀλλήλους περὶ πάντων τ. συμβεβηκότων τούτων.
15 κ. ἐγένετο ἐν τῷ ὁμιλεῖν αὐτούς
Ac 20 11 ἐφ' ἱκανόν τε ὁμιλήσας ἄχρι αὐγῆς
24 26 πυκνότερον αὐτὸν μεταπεμπόμενος ὡμίλει αὐτῷ

ὉΜΙΛΙ΄Α 3657

I Co 15 33 φθείρουσιν ἤθη χρηστὰ ὁμιλίαι κακαί

ὉΜΙ΄ΧΛΗ 3657.5 cf. 3507

II Pe 2 17 ὁμίχλαι ὑπὸ λαίλαπος ἐλαυνόμεναι

ὌΜΜΑ 3659

Mt 20 34 ὁ Ἰησοῦς ἥψατο τ. ὀμμάτων αὐτῶν
Mk 8 23 πτύσας εἰς τὰ ὄμματα αὐτοῦ . . . ἐπηρώτα αὐτόν

ὈΜΝΥ΄Ω 3660

(1) ὀμν. ὅρκον, ὅρκῳ **(2)** seq. κατά

Mt 5 34 ἐγὼ δὲ λέγω ὑμῖν μὴ ὀμόσαι ὅλως
36 μήτε ἐν τ. κεφαλῇ σου ὀμόσῃς
23 16 ὃς ἂν ὀμόσῃ ἐν τ. ναῷ οὐδέν ἐστιν· ὃς δ' ἂν ὀμόσῃ ἐν τ. χρυσῷ τ. ναοῦ ὀφείλει
18 ὃς ἂν ὀμόσῃ ἐν τ. θυσιαστηρίῳ οὐδέν ἐστιν· ὃς δ' ἂν ὀμόσῃ ἐν τ. δώρῳ τῷ ἐπάνω αὐτοῦ ὀφείλει
20 ὁ οὖν ὀμόσας ἐν τ. θυσιαστηρίῳ ὀμνύει ἐν αὐτῷ κ. ἐν πᾶσι τοῖς ἐπάνω αὐτοῦ·
21 κ. ὁ ὀμόσας ἐν τ. ναῷ ὀμνύει ἐν αὐτῷ κ. ἐν τ. κατοικοῦντι αὐτόν·
22 κ. ὁ ὀμόσας ἐν τ. οὐρανῷ ὀμνύει ἐν τ. θρόνῳ τ. Θεοῦ κ. ἐν τ. καθημένῳ ἐπάνω αὐτοῦ
26 74 τότε ἤρξατο καταθεματίζειν κ. ὀμνύειν
Mk 6 23 ὤμοσεν αὐτῇ ὅτι ἐάν με αἰτήσῃς
14 71 ὁ δὲ ἤρξατο ἀναθεματίζειν καὶ ὀμνύναι
Lu 1 73 [1] ὅρκον ὃν ὤμοσεν πρὸς Ἀβραὰμ τ. πατέρα ἡμῶν
Ac 2 30 [1] εἰδὼς ὅτι ὅρκῳ ὤμοσεν αὐτῷ ὁ Θεός
He 3 11 ὡς ὤμοσα ἐν τ. ὀργῇ μου
אֲשֶׁר־נִשְׁבַּעְתִּי בְאַפִּי, Ps. xcv. 11
18 τίσι δὲ ὤμοσεν μὴ εἰσελεύσεσθαι εἰς τ. κατάπαυσιν αὐτοῦ
4 3 ὡς ὤμοσα ἐν τ. ὀργῇ μου, Ps. *l.c.*
6 13 [2] ἐπεὶ κατ' οὐδενὸς εἶχεν μείζονος ὀμόσαι ὤμοσεν καθ' ἑαυτοῦ
16 [2] ἄνθρωποι γὰρ κατὰ τ. μείζονος ὀμνύουσιν
7 21 ὤμοσεν Κύριος κ. οὐ μεταμεληθήσεται
נִשְׁבַּע יְהוָה וְלֹא יִנָּחֵם, Ps. cx. 4
Ja 5 12 μὴ ὀμνύετε μήτε τ. οὐρανὸν μήτε τ. γῆν
Re 10 6 ὤμοσεν ἐν τ. ζῶντι εἰς τ. αἰῶνας τ. αἰώνων

ὉΜΟΘΥΜΑΔΟ΄Ν 3661

Ac 1 14 ἦσαν προσκαρτεροῦντες ὁμοθ. τ. προσευχῇ
2 46 καθ' ἡμέραν τε προσκαρτεροῦντες ὁμοθ. ἐν τ. ἱερῷ
4 24 ὁμοθ. ἦραν φωνὴν πρὸς τ. Θεόν
5 12 ἦσαν ὁμοθ. πάντες ἐν τ. Στοᾷ Σολομῶντος
7 57 ὥρμησαν ὁμοθυμαδὸν ἐπ' αὐτόν
8 6 προσεῖχον δὲ οἱ ὄχλοι . . . ὁμοθυμαδὸν
12 20 ὁμοθ. δὲ παρῆσαν πρὸς αὐτόν

Ac 15 25 ἔδοξεν ἡμῖν γενομένοις ὁμοθυμαδόν
18 12 κατεπέστησαν οἱ Ἰουδαῖοι ὁμοθ. τ. Παύλῳ
ὁμοθ. οἱ Ἰουδ., TWH mg.
19 29 ὥρμησάν τε ὁμοθ. εἰς τὸ θέατρον
Ro 15 6 ἵνα ὁμοθ. ἐν ἑνὶ στόματι δοξάζητε τ. Θεόν

ὉΜΟΙΆΖΩ * † 3662

Mt 23 27 ὅτι ὁμοιάζετε τάφοις κεκονιαμένοις
παρομοιάζετε, TWH non mg.
26 73 κ. γὰρ ἡ λαλία σου ὁμοιάζει
ἡ λαλ. σ. δῆλόν σε ποιεῖ, TWH non mg. R

ὉΜΟΙΟΠΑΘΉΣ ** 3663

Ac 14 15 κ. ἡμεῖς ὁμοιοπαθεῖς ἐσμὲν ὑμῖν ἄνθρωποι
Ja 5 17 Ἠλείας ἄνθρωπος ἦν ὁμοιοπαθὴς ἡμῖν

ὍΜΟΙΟΣ 3664

(1) seq. gen., acc.

Mt 11 16 ὁμοία ἐστὶν παιδίοις καθημένοις ἐν τ. ἀγοραῖς
13 31 ὁμοία ἐστὶν ἡ βασιλεία τ. οὐρανῶν κόκκῳ σινάπεως
33 ὁμοία ἐστὶν ἡ βασιλεία τ. οὐρανῶν ζύμῃ
44 ὁμοία ἐστὶν ἡ βασιλεία τ. οὐρανῶν θησαυρῷ
45 πάλιν ὁμοία ἐστὶν ἡ βασιλεία τ. οὐρανῶν ἐμπόρῳ
47 πάλιν ὁμοία ἐστὶν ἡ βασιλεία τ. οὐρανῶν σαγήνῃ
52 πᾶς γραμματεὺς μαθητευθεὶς . . . ὅμοιός ἐστιν ἀνθρώπῳ οἰκοδεσπότῃ
20 1 ὁμοία γάρ ἐστιν ἡ βασιλεία τ. οὐρανῶν ἀνθρώπῳ οἰκοδεσπότῃ
22 39 δευτέρα ὁμοία αὕτη
ὁμοίως αὐτῇ, WH mg.; ὁμ. αὐτῇ, TR mg.
Lu 6 47 ὑποδείξω ὑμῖν τίνι ἐστὶν ὅμοιος
48 ὅμοιός ἐστιν ἀνθρώπῳ οἰκοδομοῦντι οἰκίαν
49 ὁ δὲ . . . μὴ ποιήσας ὅμοιός ἐστιν ἀνθρώπῳ οἰκοδομήσαντι οἰκίαν ἐπὶ τ. γῆν
7 31 κ. τίνι εἰσὶν ὅμοιοι;
32 ὅμοιοί εἰσιν παιδίοις τοῖς ἐν ἀγορᾷ καθημένοις
12 36 ὑμεῖς ὅμοιοι ἀνθρώποις προσδεχομένοις τ. κύριον ἑαυτῶν
13 18 τίνι ὁμοία ἐστὶν ἡ βασιλεία τ. Θεοῦ;
19 ὁμοία ἐστὶν κόκκῳ σινάπεως
21 ὁμοία ἐστὶν ζύμῃ
Jo 8 55 [1] ἔσομαι ὅμοιος ὑμῖν ψεύστης
ὅμ. ὑμῶν, T
9 9 οὐχὶ ἀλλὰ ὅμοιος αὐτῷ ἐστίν
Ac 17 29 οὐκ ὀφείλομεν νομίζειν χρυσῷ . . . τὸ θεῖον εἶναι ὅμοιον
Ga 5 21 μέθαι κῶμοι κ. τὰ ὅμοια τούτοις
1 Jo 3 2 ἐὰν φανερωθῇ ὅμοιοι αὐτῷ ἐσόμεθα
Ju 7 τ. ὅμοιον τρόπον τούτοις ἐκπορνεύσασαι
Re 1 13 [1] ἐν μέσῳ τ. λυχνιῶν ὅμοιον υἱὸν ἀνθρώπου
ὅμ. υἱῷ, WH mg. R
15 οἱ πόδες αὐτοῦ ὅμοιοι χαλκολιβάνῳ
2 18 οἱ πόδες αὐτοῦ ὅμοιοι χαλκολιβάνῳ
4 3 ὁ καθήμενος ὅμοιος ὁράσει λίθῳ ἰασπίδι
3 ἶρις κυκλόθεν τ. θρόνου ὅμοιος ὁράσει σμαραγδίνῳ
6 θάλασσα ὑαλίνη ὁμοία κρυστάλλῳ
7 τὸ ζῷον τὸ πρῶτον ὅμοιον λέοντι,
κ. τὸ δεύτερον ζῷον ὅμοιον μόσχῳ

Re 4 7 τὸ τέταρτον ζῷον ὅμοιον ἀετῷ πετομένῳ
9 7 τὰ ὁμοιώματα τ. ἀκρίδων ὅμοια ἵπποις ἡτοιμασμένοις εἰς πόλεμον,
ὅμοιοι, TWH mg.
κ. ἐπὶ τ. κεφαλὰς αὐτῶν ὡς στέφανοι ὅμοιοι χρυσῷ
10 ἔχουσιν οὐρὰς ὁμοίας σκορπίοις
ὁμοίοις, WH mg.
19 αἱ γὰρ οὐραὶ αὐτῶν ὅμοιαι ὄφεσιν
11 1 ἐδόθη μοι κάλαμος ὅμοιος ῥάβδῳ
13 2 τὸ θηρίον ὃ εἶδον ἦν ὅμοιον παρδάλει
4 τίς ὅμοιος τ. θηρίῳ;
11 εἶχεν κέρατα δύο ὅμοια ἀρνίῳ
14 14 [1] ἐπὶ τ. νεφέλην καθήμενον ὅμοιον υἱὸν ἀνθρώπου
18 18 τίς ὁμοία τ. πόλει τ. μεγάλῃ;
21 11 ὁ φωστὴρ αὐτῆς ὅμοιος λίθῳ τιμιωτάτῳ
18 ἡ πόλις χρυσίον καθαρὸν ὅμοιον ὑάλῳ καθαρῷ

ὉΜΟΙΌΤΗΣ 3665

He 4 15 πεπειρασμένον δὲ κατὰ πάντα καθ' ὁμοιότητα
7 15 εἰ κατὰ τ. ὁμοιότητα Μελχισεδὲκ ἀνίσταται ἱερεὺς ἕτερος

ὉΜΟΙΌΩ 3666

Mt 6 8 μὴ οὖν ὁμοιωθῆτε αὐτοῖς
7 24 πᾶς οὖν ὅστις . . . ποιεῖ αὐτοὺς ὁμοιωθήσεται ἀνδρὶ φρονίμῳ
26 πᾶς ὁ . . . μὴ ποιῶν αὐτοὺς ὁμοιωθήσεται ἀνδρὶ μωρῷ
11 16 τίνι δὲ ὁμοιώσω τ. γενεὰν ταύτην;
13 24 ὡμοιώθη ἡ βασιλεία τ. οὐρανῶν ἀνθρώπῳ σπείραντι καλὸν σπέρμα
18 23 ὡμοιώθη ἡ βασιλεία τ. οὐρανῶν ἀνθρώπῳ βασιλεῖ
22 2 ὡμοιώθη ἡ βασιλεία τ. οὐρανῶν ἀνθρώπῳ βασιλεῖ
25 1 ὁμοιωθήσεται ἡ βασιλεία τ. οὐρανῶν δέκα παρθένοις
Mk 4 30 πῶς ὁμοιώσωμεν τ. βασιλείαν τ. Θεοῦ;
Lu 7 31 τίνι οὖν ὁμοιώσω τ. ἀνθρώπους τ. γενεᾶς ταύτης;
13 18 κ. τίνι ὁμοιώσω αὐτήν;
20 τίνι ὁμοιώσω τ. βασιλείαν τ. Θεοῦ;
Ac 14 11 οἱ θεοὶ ὁμοιωθέντες ἀνθρώποις κατέβησαν πρὸς ἡμᾶς
Ro 9 29 ὡς Γόμορρα ἂν ὡμοιώθημεν
לַעֲמֹרָה דָּמִינוּ, Is. i. 9
He 2 17 ὅθεν ὤφειλεν κατὰ πάντα τ. ἀδελφοῖς ὁμοιωθῆναι

ὉΜΟΊΩΜΑ 3667

Ro 1 23 ἤλλαξαν . . . ἐν ὁμοιώματι εἰκόνος φθαρτοῦ ἀνθρώπου
5 14 κ. ἐπὶ τοὺς μὴ ἁμαρτήσαντας ἐπὶ τ. ὁμοιώματι τ. παραβάσεως Ἀδάμ
6 5 εἰ γὰρ σύμφυτοι γεγόναμεν τ. ὁμοιώματι τ. θανάτου αὐτοῦ
8 3 τὸν ἑαυτοῦ υἱὸν πέμψας ἐν ὁμοιώματι σαρκὸς ἁμαρτίας
Phl 2 7 ἑαυτὸν ἐκένωσεν . . . ἐν ὁμοιώματι ἀνθρώπων γενόμενος
Re 9 7 τὰ ὁμοιώματα τ. ἀκρίδων ὅμοια ἵπποις ἡτοιμασμένοις εἰς πόλεμον

῾ΟΜΟΙ´ΩΣ 3668

(1) καθὼς . . . ὁμ., ὁμ. καθώς

Mt 22 26 ὁμ. κ. ὁ δεύτερος κ. ὁ τρίτος ἕως τῶν ἑπτά
39 δευτέρα ὁμοίως αὐτῇ
ὁμοία αὕτη, WH non mg. R non mg.; ὁμοία αὐτ., TR mg.
26 35 ὁμοίως κ. πάντες οἱ μαθηταὶ εἶπαν
27 41 ὁμοίως κ. οἱ ἀρχιερεῖς ἐμπαίζοντες
Mk 4 16 οὗτοί εἰσιν ὁμ. οἱ ἐπὶ τὰ πετρώδη σπειρόμενοι
ὁμ. εἰσ., T
15 31 ὁμοίως κ. οἱ ἀρχιερεῖς ἐμπαίζοντες
Lu 3 11 ὁ ἔχων βρώματα ὁμοίως ποιείτω
5 10 ὁμ. δὲ κ. Ἰάκωβον κ. Ἰωάνην υἱοὺς Ζεβεδαίου
33 ὁμοίως κ. οἱ τ. Φαρισαίων
6 31 [1] ποιεῖτε αὐτοῖς ὁμοίως
10 32 ὁμ. δὲ κ. Λευείτης κατὰ τ. τόπον ἐλθών
37 πορεύου κ. σὺ ποίει ὁμοίως
13 3 ἐὰν μὴ μετανοῆτε πάντες ὁμ. ἀπολεῖσθε
16 25 Λάζαρος ὁμοίως τὰ κακά
17 28 [1] ὁμ. καθὼς ἐγένετο ἐν τ. ἡμέραις Λώτ
31 ὁ ἐν ἀγρῷ ὁμ. μὴ ἐπιστρεψάτω εἰς τὰ ὀπίσω
22 36 ὁ ἔχων βαλλάντιον ἀράτω ὁμ. κ. πήραν
Jo 5 19 ταῦτα κ. ὁ υἱὸς ὁμοίως ποιεῖ
ποιεῖ ὁμ., T
6 11 ὁμ. κ. ἐκ τ. ὀψαρίων ὅσον ἤθελον
21 13 δίδωσιν αὐτοῖς κ. τὸ ὀψάριον ὁμοίως
Ro 1 27 ὁμ. τε κ. οἱ ἄρσενες ἀφέντες τ. φυσικὴν χρῆσιν τ. θηλείας
I Co 7 3 ὁμοίως δὲ κ. ἡ γυνὴ τ. ἀνδρί
4 ὁμ. δὲ κ. ὁ ἀνὴρ τ. ἰδίου σώματος οὐκ ἐξουσιάζει
22 ὁμ. ὁ ἐλεύθερος κληθεὶς δοῦλός ἐστιν Χριστοῦ
He 9 21 πάντα τὰ σκεύη τ. λειτουργίας τ. αἵματι ὁμ. ἐράντισεν
Ja 2 25 ὁμ. δὲ κ. Ῥαὰβ ἡ πόρνη οὐκ ἐξ ἔργων ἐδικαιώθη
I Pe 3 1 ὁμ. γυναῖκες ὑποτασσόμεναι τ. ἰδίοις ἀνδράσιν
7 οἱ ἄνδρες ὁμ. συνοικοῦντες κατὰ γνῶσιν
5 5 ὁμοίως νεώτεροι ὑποτάγητε πρεσβυτέροις
Ju 8 ὁμοίως μέντοι κ. οὗτοι ἐνυπνιαζόμενοι
Re 2 15 ἔχεις κ. σὺ κρατοῦντας τ. διδαχὴν Νικολαϊτῶν ὁμοίως
8 12 ἵνα . . . ἡ ἡμέρα μὴ φάνῃ τὸ τρίτον αὐτῆς κ. ἡ νὺξ ὁμοίως

῾ΟΜΟΙ´ΩΣΙΣ 3669

Ja 3 9 καταρώμεθα τ. ἀνθρώπους τοὺς καθ᾽ ὁμοίωσιν Θεοῦ γεγονότας

῾ΟΜΟΛΟΓΕ´Ω 3670

(1) ὁμολ. ἐν

Mt 7 23 τότε ὁμολογήσω αὐτοῖς
10 32 [1] ὅστις ὁμολογήσει ἐν ἐμοὶ ἔμπροσθεν τ. ἀνθρώπων,
[1] ὁμολογήσω κἀγὼ ἐν αὐτῷ ἔμπροσθεν τ. πατρός μου
14 7 ὅθεν μετὰ ὅρκου ὡμολόγησεν αὐτῇ δοῦναι
Lu 12 8 [1] ὃς ἂν ὁμολογήσει ἐν ἐμοὶ ἔμπροσθεν τ. ἀνθρώπων,
ὁμολογήσῃ, T
Lu 12 8 [1] κ. ὁ υἱὸς τ. ἀνθρώπου ὁμολογήσει ἐν αὐτῷ ἔμπροσθεν τ. ἀγγέλων τ. Θεοῦ
Jo 1 20 ὡμολόγησεν κ. οὐκ ἠρνήσατο·
κ. ὡμολόγησεν ὅτι Ἐγὼ οὐκ εἰμὶ ὁ Χριστός
9 22 ἐάν τις αὐτὸν ὁμολογήσῃ Χριστόν
12 42 διὰ τ. Φαρισαίους οὐχ ὡμολόγουν
Ac 7 17 τ. ἐπαγγελίας ἧς ὡμολόγησεν ὁ Θεὸς τῷ Ἀβραάμ
23 8 Φαρισαῖοι δὲ ὁμολογοῦσιν τὰ ἀμφότερα
24 14 ὁμολογῶ δὲ τοῦτό σοι
Ro 10 9 [1] ἐὰν ὁμολογήσῃς τὸ ῥῆμα ἐν τ. στόματί σου
10 στόματι δὲ ὁμολογεῖται εἰς σωτηρίαν
I Ti 6 12 ὡμολόγησας τ. καλὴν ὁμολογίαν ἐνώπιον πολλῶν μαρτύρων
Tit 1 16 Θεὸν ὁμολογοῦσιν εἰδέναι
He 11 13 ὁμολογήσαντες ὅτι ξένοι κ. παρεπίδημοί εἰσιν
13 15 καρπὸν χειλέων ὁμολογούντων τ. ὀνόματι αὐτοῦ
I Jo 1 9 ἐὰν ὁμολογῶμεν τ. ἁμαρτίας ἡμῶν
2 23 ὁ ὁμολογῶν τ. υἱὸν κ. τ. πατέρα ἔχει
4 2 πᾶν πνεῦμα ὃ ὁμολογεῖ Ἰησοῦν Χριστὸν ἐν σαρκὶ ἐληλυθότα
3 πᾶν πνεῦμα ὃ μὴ ὁμολογεῖ τ. Ἰησοῦν
ὃ λύει, WH mg. R mg.
15 ὃς ἐὰν ὁμολογήσῃ ὅτι Ἰησοῦς Χριστός ἐστιν ὁ υἱὸς τ. Θεοῦ
II Jo 7 οἱ μὴ ὁμολογοῦντες Ἰησοῦν Χριστὸν ἐρχόμενον ἐν σαρκί
Re 3 5 ὁμολογήσω τὸ ὄνομα αὐτοῦ ἐνώπιον τ. πατρός μου

῾ΟΜΟΛΟΓΙ´Α 3671

II Co 9 13 δοξάζοντες τ. Θεὸν ἐπὶ τ. ὑποταγῇ τ ὁμολογίας ὑμῶν
I Ti 6 12 ὡμολόγησας τ. καλὴν ὁμολογίαν ἐνώπιον πολλῶν μαρτύρων
13 τ. μαρτυρήσαντος ἐπὶ Ποντίου Πειλάτου τ. καλὴν ὁμολογίαν
He 3 1 κατανοήσατε τὸν . . . ἀρχιερέα τ. ὁμολογίας ἡμῶν
4 14 κρατῶμεν τ. ὁμολογίας
10 23 κατέχωμεν τ. ὁμολογίαν τ. ἐλπίδος ἀκλινῆ

῾ΟΜΟΛΟΓΟΥΜΕ´ΝΩΣ ** 3672

I Ti 3 16 ὁμολ. μέγα ἐστὶν τὸ τ. εὐσεβείας μυστήριον

῾ΟΜΟ´ΤΕΧΝΟΣ * 3673

Ac 18 3 διὰ τὸ ὁμότεχνον εἶναι ἔμενεν παρ᾽ αὐτοῖς

῾ΟΜΟΥ´ 3674

Jo 4 36 ἵνα ὁ σπείρων ὁμ. χαίρῃ κ. ὁ θερίζων
20 4 ἔτρεχον δὲ οἱ δύο ὁμοῦ
21 2 ἦσαν ὁμοῦ Σίμων Πέτρος κ. Θωμᾶς
Ac 2 1 ἦσαν πάντες ὁμοῦ ἐπὶ τὸ αὐτό

῾ΟΜΟ´ΦΡΩΝ * 3675

I Pe 3 8 τὸ δὲ τέλος πάντες ὁμόφρονες συμπαθεῖς

῞ΟΜΩΣ ** 3676

Jo 12 42 ὅμ. μέντοι κ. ἐκ τ. ἀρχόντων πολλοὶ ἐπίστευσαν
I Co 14 7 ὅμως τὰ ἄψυχα φωνὴν διδόντα
Ga 3 15 ὅμως ἀνθρώπου κεκυρωμένην διαθήκην οὐδεὶς ἀθετεῖ

῎ΟΝΑΡ * 3677

Mt 1 20 ἄγγελος Κυρίου κατ' ὄναρ ἐφάνη αὐτῷ
2 12 χρηματισθέντες κατ' ὄναρ μὴ ἀνακάμψαι πρὸς Ἡρῴδην
13 ἄγγελος Κυρίου φαίνεται κατ' ὄναρ τῷ Ἰωσήφ
κατ' ὄν. ἐφάνη, WH mg.
19 ἄγγελος Κυρίου φαίνεται κατ' ὄναρ τῷ Ἰωσὴφ ἐν Αἰγύπτῳ
22 χρηματισθεὶς δὲ κατ' ὄναρ ἀνεχώρησεν
27 19 πολλὰ γὰρ ἔπαθον σήμερον κατ' ὄναρ δι' αὐτόν

᾿ΟΝΑ´ΡΙΟΝ * 3678

Jo 12 14 εὑρὼν δὲ ὁ Ἰησοῦς ὀνάριον ἐκάθισεν ἐπ' αὐτό

᾿ΟΝΕΙΔΙ´ΖΩ 3679

Mt 5 11 ὅταν ὀνειδίσωσιν ὑμᾶς κ. διώξωσιν
11 20 τότε ἤρξατο ὀνειδίζειν τ. πόλεις
27 44 τὸ δὲ αὐτὸ κ. οἱ λῃσταὶ ὠνείδιζον αὐτόν
Mk 15 32 οἱ συνεσταυρωμένοι σὺν αὐτῷ ὠνείδιζον αὐτόν
34 ὁ Θεός μου ὁ Θεός μου εἰς τί ὠνείδισάς με;
εἰς τί ἐγκατέλιπές με, TWH non mg. R
16 [14 ὠνείδισεν τ. ἀπιστίαν αὐτῶν κ. σκληροκαρδίαν
Lu 6 22 ὅταν ἀφορίσωσιν ὑμᾶς κ. ὀνειδίσωσιν
Ro 15 3 οἱ ὀνειδισμοὶ τ. ὀνειδιζόντων σὲ ἐπέπεσαν ἐπ' ἐμέ
חֶרְפּוֹת חוֹרְפֶיךָ נָפְלוּ עָלָי, Ps. lxix. 10
1 Ti 4 10 εἰς τοῦτο γὰρ κοπιῶμεν κ. ὀνειδιζόμεθα
ἀγωνιζόμεθα, TWH non mg. R
Ja 1 5 αἰτείτω παρὰ τ. διδόντος Θεοῦ πᾶσιν ἁπλῶς κ. μὴ ὀνειδίζοντος
1 Pe 4 14 εἰ ὀνειδίζεσθε ἐν ὀνόματι Χριστοῦ μακάριοι

᾿ΟΝΕΙΔΙΣΜΟ´Σ † 3680

Ro 15 3 οἱ ὀνειδισμοὶ τ. ὀνειδιζόντων σὲ ἐπέπεσαν ἐπ' ἐμέ
חֶרְפּוֹת חוֹרְפֶיךָ נָפְלוּ עָלָי, Ps. lxix. 10
1 Ti 3 7 ἵνα μὴ εἰς ὀνειδισμὸν ἐμπέσῃ
He 10 33 ὀνειδισμοῖς τε κ. θλίψεσιν θεατριζόμενοι
11 26 μείζονα πλοῦτον ἡγησάμενος . . . τ. ὀνειδισμὸν τ. Χριστοῦ
13 13 ἐξερχώμεθα πρὸς αὐτὸν . . . τ. ὀνειδισμὸν αὐτοῦ φέροντες

῎ΟΝΕΙΔΟΣ 3681

Lu 1 25 ἐπεῖδεν ἀφελεῖν ὄνειδός μου ἐν ἀνθρώποις

᾿ΟΝΗ´ΣΙΜΟΣ 3682

Col 4 9 σὺν Ὀνησίμῳ τ. πιστῷ κ. ἀγαπητῷ ἀδελφῷ
Phm 10 ὃν ἐγέννησα ἐν τ. δεσμοῖς Ὀνήσιμον

᾿ΟΝΗΣΙ´ΦΟΡΟΣ 3683

II Ti 1 16 δῴη ἔλεος ὁ Κύριος τῷ Ὀνησιφόρου οἴκῳ
4 19 ἄσπασαι . . . τὸν Ὀνησιφόρου οἶκον

᾿ΟΝΙΚΟ´Σ * † 3684

Mt 18 6 ἵνα κρεμασθῇ μύλος ὀνικὸς περὶ τ. τράχηλον αὐτοῦ
Mk 9 42 εἰ περίκειται μύλος ὀνικὸς περὶ τ. τράχηλον αὐτοῦ

᾿ΟΝΙ´ΝΑΜΑΙ ** 3685

Phm 20 ναὶ ἀδελφὲ ἐγώ σου ὀναίμην ἐν Κυρίῳ

῎ΟΝΟΜΑ 3686

(1) ὄν. Ἰησ., Χριστοῦ, (2) ὄν. Θεοῦ, Κυρίου (3) καλεῖν ὄν., ὀνόματι (4) κατ' ὄνομα (5) τὸ ὄν., *abs.* (6) ὀνομάζειν ὄν.

Mt 1 21 [1 3] καλέσεις τὸ ὄνομα αὐτοῦ Ἰησοῦν
23 [3] καλέσουσιν τὸ ὄνομα αὐτοῦ Ἐμμανουήλ
קָרָאת שְׁמוֹ עִמָּנוּאֵל, Is. vii. 14
25 [1 3] ἐκάλεσεν τὸ ὄνομα αὐτοῦ Ἰησοῦν
6 9 ἁγιασθήτω τὸ ὄνομά σου
7 22 οὐ τ. σῷ ὀνόματι ἐπροφητεύσαμεν,
κ. τ. σῷ ὀνόματι δαιμόνια ἐξεβάλομεν,
κ. τ. σῷ ὀνόματι δυνάμεις πολλὰς ἐποιήσαμεν;
10 2 τῶν δὲ δώδεκα ἀποστόλων τὰ ὀνόματά ἐστιν ταῦτα
22 ἔσεσθε μισούμενοι ὑπὸ πάντων διὰ τὸ ὄνομά μου
41 ὁ δεχόμενος προφήτην εἰς ὄνομα προφήτου
41 ὁ δεχόμενος δίκαιον εἰς ὄνομα δικαίου
42 ὃς ἐὰν ποτίσῃ . . ποτήριον ψυχροῦ μόνον εἰς ὄνομα μαθητοῦ
12 21 τ. ὀνόματι αὐτοῦ ἔθνη ἐλπιοῦσιν
לְתוֹרָתוֹ אִיִּים יְיַחֵלוּ, Is. xlii. 4
18 5 ὃς ἐὰν δέξηται ἓν παιδίον τοιοῦτο ἐπὶ τ. ὀνόματί μου
20 δύο ἢ τρεῖς συνηγμένοι εἰς τὸ ἐμὸν ὄνομα
19 29 πᾶς ὅστις ἀφῆκεν οἰκίας ἢ ἀδελφοὺς . . . ἕνεκεν τ. ἐμοῦ ὀνόματος
21 9 [2] εὐλογημένος ὁ ἐρχόμενος ἐν ὀνόματι Κυρίου
בָּרוּךְ הַבָּא בְּשֵׁם יְהוָה, Ps. cxviii. 26
23 39 [2] εὐλογημένος ὁ ἐρχόμενος ἐν ὀνόματι Κυρίου, Ps. *l.c.*
24 5 πολλοὶ γὰρ ἐλεύσονται ἐπὶ τ. ὀνόματί μου
9 ἔσεσθε μισούμενοι ὑπὸ πάντων τ. ἐθνῶν διὰ τὸ ὄνομά μου
27 32 εὗρον ἄνθρωπον Κυρηναῖον ὀνόματι Σίμωνα
28 19 βαπτίζοντες αὐτοὺς εἰς τὸ ὄνομα τ. πατρὸς κ. τ. υἱοῦ κ. τ. ἁγίου πνεύματος
Mk 3 16 ἐπέθηκεν ὄνομα τ. Σίμωνι Πέτρον
17 ἐπέθηκεν αὐτοῖς ὄνομα Βοανηργές
ὀνόματα, TWH mg.
5 9 ἐπηρώτα αὐτὸν Τί ὄνομά σοι;
9 Λεγιὼν ὄνομά μοι ὅτι πολλοί ἐσμεν
22 ἔρχεται εἷς τ. ἀρχισυναγώγων ὀνόματι Ἰάειρος
6 14 φανερὸν γὰρ ἐγένετο τὸ ὄνομα αὐτοῦ
9 37 ὃς ἂν ἓν τ. τοιούτων παιδίων δέξηται ἐπὶ τ. ὀνόματί μου
38 εἴδαμέν τινα ἐν τ. ὀνόματί σου ἐκβάλλοντα δαιμόνια
39 ὃς ποιήσει δύναμιν ἐπὶ τ. ὀνόματί μου

Mk 9 41 ὃς γὰρ ἂν ποτίσῃ ὑμᾶς ποτήριον ὕδατος ἐν ὀνόματι ὅτι Χριστοῦ ἐστέ
ἐν ὀν. μου, T
11 9 [2] εὐλογημένος ὁ ἐρχόμενος ἐν ὀνόματι Κυρίου, Ps. *l.c.*
13 6 πολλοὶ ἐλεύσονται ἐπὶ τ. ὀνόματί μου
13 ἔσεσθε μισούμενοι ὑπὸ πάντων διὰ τὸ ὄνομά μου
14 32 χωρίον οὗ τὸ ὄνομα Γεθσημανεί
16 [17 ἐν τ. ὀνόματί μου δαιμόνια ἐκβαλοῦσιν
Lu 1 5 ἐγένετο . . . ἱερεύς τις ὀνόματι Ζαχαρίας
5 γυνὴ αὐτῷ . . . κ. τὸ ὄνομα αὐτῆς Ἐλεισάβετ
13 [3] καλέσεις τὸ ὄνομα αὐτοῦ Ἰωάνην
26 ἀπεστάλη . . . εἰς πόλιν τ. Γαλιλαίας ᾗ ὄνομα Ναζαρέτ,
27 πρὸς παρθένον ἐμνηστευμένην ἀνδρὶ ᾧ ὄνομα Ἰωσήφ
27 τὸ ὄνομα τῆς παρθένου Μαριάμ
31 [1 3] καλέσεις τὸ ὄνομα αὐτοῦ Ἰησοῦν
49 κ. ἅγιον τὸ ὄνομα αὐτοῦ
59 [3] ἐκάλουν αὐτὸ ἐπὶ τ. ὀνόματι τ. πατρὸς αὐτοῦ Ζαχαρίαν
61 [3] ὃς καλεῖται τ. ὀνόματι τούτῳ
63 Ἰωάνης ἐστὶν ὄνομα αὐτοῦ
ἐστ. τὸ ὄν., T
2 21 [1 3] ἐκλήθη τὸ ὄνομα αὐτοῦ Ἰησοῦς
25 ἄνθρωπος ἦν ἐν Ἰερουσαλὴμ ᾧ ὄνομα Συμεών
5 27 ἐθεάσατο τελώνην ὀνόματι Λευείν
6 22 ὅταν . . . ἐκβάλωσιν τὸ ὄνομα ὑμῶν ὡς πονηρόν
8 30 τί σοι ὄνομά ἐστιν;
41 ἦλθεν ἀνὴρ ᾧ ὄνομα Ἰάειρος
9 48 ὃς ἂν δέξηται τοῦτο τὸ παιδίον ἐπὶ τ. ὀνόματί μου
49 εἴδαμέν τινα ἐν τ. ὀνόματί σου ἐκβάλλοντα δαιμόνια
10 17 κ. τὰ δαιμόνια ὑποτάσσεται ἡμῖν ἐν τ. ὀνόματί σου
20 ὅτι τὰ ὀνόματα ὑμῶν ἐνγέγραπται ἐν τ. οὐρανοῖς
38 γυνὴ δέ τις ὀνόματι Μάρθα ὑπεδέξατο αὐτόν
11 2 ἁγιασθήτω τὸ ὄνομά σου
13 35 [2] εὐλογημένος ὁ ἐρχόμενος ἐν ὀνόματι Κυρίου, Ps *l.c.*
16 20 πτωχὸς δέ τις ὀνόματι Λάζαρος
19 2 [3] ἀνὴρ ὀνόματι καλούμενος Ζακχαῖος
38 [2] εὐλογημένος ὁ ἐρχόμενος ὁ βασιλεὺς ἐν ὀνόματι Κυρίου, Ps. *l.c.*
21 8 πολλοὶ γὰρ ἐλεύσονται ἐπὶ τ. ὀνόματί μου
12 ἀπαγομένους ἐπὶ βασιλεῖς . . . ἕνεκεν τ. ὀνόματός μου
17 ἔσεσθε μισούμενοι ὑπὸ πάντων διὰ τὸ ὄνομά μου
23 50 ἀνὴρ ὀνόματι Ἰωσὴφ βουλευτὴς ὑπάρχων
24 13 κώμην ἀπέχουσαν σταδίους ἑξήκοντα ἀπὸ Ἰερουσαλὴμ ᾗ ὄνομα Ἐμμαούς
18 ἀποκριθεὶς δὲ εἷς ὀνόματι Κλεόπας
εἷς ᾧ ὄνομα Κλ., T
47 κηρυχθῆναι ἐπὶ τ. ὀνόματι αὐτοῦ μετάνοιαν
Jo 1 6 ἄνθρωπος ἀπεσταλμένος παρὰ Θεοῦ ὄνομα αὐτῷ Ἰωάνης
12 τ. πιστεύουσιν εἰς τὸ ὄνομα αὐτοῦ
2 23 πολλοὶ ἐπίστευσαν εἰς τὸ ὄνομα αὐτοῦ
3 1 ἄνθρωπος ἐκ τ. Φαρισαίων Νικόδημος ὄνομα αὐτῷ

23*

Jo 3 18 ὅτι μὴ πεπίστευκεν εἰς τὸ ὄνομα τ. μονογενοῦς υἱοῦ τ. Θεοῦ
5 43 ἐγὼ ἐλήλυθα ἐν τ. ὀνόματι τ. πατρός μου
43 ἐὰν ἄλλος ἔλθῃ ἐν τ. ὀνόματι τ. ἰδίῳ
10 3 [4] τὰ ἴδια πρόβατα φωνεῖ κατ᾽ ὄνομα
25 ἃ ἐγὼ ποιῶ ἐν τ. ὀνόματι τ. πατρός μου
12 13 [2] εὐλογημένος ὁ ἐρχόμενος ἐν ὀνόματι Κυρίου, Ps. *l.c.*
28 πάτερ δόξασόν σου τὸ ὄνομα
14 13 ὅτι ἂν αἰτήσητε ἐν τ. ὀνόματί μου
14 ἐάν τι αἰτήσητέ με ἐν τ. ὀνόματί μου
26 ὃ πέμψει ὁ πατὴρ ἐν τ. ὀνόματί μου
15 16 ὅτι ἂν αἰτήσητε τ. πατέρα ἐν τ. ὀνόματί μου
21 ταῦτα πάντα ποιήσουσιν εἰς ὑμᾶς διὰ τὸ ὄνομά μου
16 23 δώσει ὑμῖν ἐν τ. ὀνόματί μου.
24 ἕως ἄρτι οὐκ ᾐτήσατε οὐδὲν ἐν τ. ὀνόματί μου
26 ἐν ἐκείνῃ τ. ἡμέρᾳ ἐν τ. ὀνόματί μου αἰτήσεσθε
17 6 ἐφανέρωσά σου τὸ ὄνομα τ. ἀνθρώποις
11 τήρησον αὐτοὺς ἐν τ. ὀνόματί σου
12 ἐγὼ ἐτήρουν αὐτοὺς ἐν τ. ὀνόματί σου
26 ἐγνώρισα αὐτοῖς τὸ ὄνομά σου
18 10 ἦν δὲ ὄνομα τ. δούλῳ Μάλχος
20 31 ἵνα πιστεύοντες ζωὴν ἔχητε ἐν τ. ὀνόματι αὐτοῦ
Ac 1 15 ἦν τε ὄχλος ὀνομάτων ἐπὶ τὸ αὐτό
2 21 [2] πᾶς ὃς ἐὰν ἐπικαλέσηται τὸ ὄνομα Κυρίου
כֹּל אֲשֶׁר־יִקְרָא בְּשֵׁם יְהוָה, Joel iii. 5
38 [1] βαπτισθήτω ἕκαστος ὑμῶν ἐν τ. ὀνόματι Ἰησοῦ Χριστοῦ
ἐπὶ τ. ὀν., T
3 6 [1] ἐν τ. ὀνόματι Ἰησοῦ Χριστοῦ περιπάτει
16 τ. πίστει τ. ὀνόματος αὐτοῦ . . . ἐστερέωσε, τὸ ὄνομα αὐτοῦ
4 7 ἐν ποίῳ ὀνόματι ἐποιήσατε τοῦτο ὑμεῖς;
10 [1] ἐν τ. ὀνόματι Ἰησοῦ Χριστοῦ τ. Ναζωραίου . . . οὗτος παρέστηκεν
12 οὐδὲ γὰρ ὄνομά ἐστιν ἕτερον ὑπὸ τ. οὐρανόν
17 μηκέτι λαλεῖν ἐπὶ τ. ὀνόματι τούτῳ
18 [1] μηδὲ διδάσκειν ἐπὶ τ. ὀνόματι τ. Ἰησοῦ
30 [1] σημεῖα κ. τέρατα γίνεσθαι διὰ τ. ὀνόματος τ. ἁγίου παιδός σου Ἰησοῦ
5 1 ἀνὴρ δέ τις Ἀνανίας ὀνόματι
28 παρηγγείλαμεν ὑμῖν μὴ διδάσκειν ἐπὶ τ. ὀνόματι τούτῳ
34 Φαρισαῖος ὀνόματι Γαμαλιήλ
40 [1] παρήγγειλαν μὴ λαλεῖν ἐπὶ τ. ὀνόματι τ. Ἰησοῦ
41 [5] κατηξιώθησαν ὑπὲρ τ. ὀνόματος ἀτιμασθῆναι
8 9 ἀνὴρ δέ τις ὀνόματι Σίμων
12 [1] εὐαγγελιζομένῳ περὶ . . . τ. ὀνόματος Ἰησοῦ Χριστοῦ
16 [1] βεβαπτισμένοι ὑπῆρχον εἰς τὸ ὄνομα τ. Κυρίου Ἰησοῦ
9 10 ἦν δέ τις μαθητὴς ἐν Δαμασκῷ ὀνόματι Ἀνανίας
11 ζήτησον ἐν οἰκίᾳ Ἰούδα Σαῦλον ὀνόματι Ταρσέα
12 εἶδεν ἄνδρα ἐν ὁράματι Ἀνανίαν ὀνόματι
14 δῆσαι πάντας τ. ἐπικαλουμένους τὸ ὄνομά σου
15 τοῦ βαστάσαι τὸ ὄνομά μου ἐνώπιον τ. ἐθνῶν
16 ὅσα δεῖ αὐτὸν ὑπὲρ τ. ὀνόματός μου παθεῖν
21 ὁ πορθήσας ἐν Ἰερουσαλὴμ τ. ἐπικαλουμένους τὸ ὄνομα τοῦτο
27 [1] ἐπαρρησιάσατο ἐν τ. ὀνόματι Ἰησοῦ

Ac 9 28 [2] παρρησιαζόμενος ἐν τ. ὀνόματι τ. Κυρίου
33 εὗρεν δὲ ἐκεῖ ἄνθρωπόν τινα ὀνόματι Αἰνέαν
36 ἐν Ἰόππῃ δέ τις ἦν μαθήτρια ὀνόματι Ταβειθά
10 1 ἀνὴρ δέ τις ἐν Καισαρίᾳ ὀνόματι Κορνήλιος
43 ἄφεσιν ἁμαρτιῶν λαβεῖν διὰ τ. ὀνόματος αὐτοῦ
48 [1] ἐν τ. ὀνόματι Ἰησοῦ Χριστοῦ βαπτισθῆναι
11 28 ἀναστὰς δὲ εἷς ἐξ αὐτῶν ὀνόματι Ἄγαβος
12 13 προσῆλθεν παιδίσκη ὑπακοῦσαι ὀνόματι Ῥόδη
13 6 ψευδοπροφήτην Ἰουδαῖον ᾧ ὄνομα Βαριησοῦς
8 οὕτως γὰρ μεθερμηνεύεται τὸ ὄνομα αὐτοῦ
15 14 λαβεῖν ἐξ ἐθνῶν λαὸν τ. ὀνόματι αὐτοῦ
17 ἐφ' οὓς ἐπικέκληται τὸ ὄνομά μου ἐπ' αὐτούς
אֲשֶׁר־נִקְרָא שְׁמִי עֲלֵיהֶם, Am. ix. 12
26 [2] παραδεδωκόσιν τ. ψυχὰς αὐτῶν ὑπὲρ τ. ὀνόματος τ. Κυρίου ἡμῶν
16 1 μαθητής τις ἦν ἐκεῖ ὀνόματι Τιμόθεος
14 κ. τις γυνὴ ὀνόματι Λυδία
18 [1] παραγγέλλω σοι ἐν ὀνόματι Ἰησοῦ Χριστοῦ
17 34 ἐν οἷς . . . γυνὴ ὀνόματι Δάμαρις
18 2 εὑρών τινα Ἰουδαῖον ὀνόματι Ἀκύλαν
7 ἦλθεν εἰς οἰκίαν τινὸς ὀνόματι Τιτίου Ἰούστου
15 εἰ δὲ ζητήματά ἐστι περὶ λόγου κ. ὀνομάτων
24 Ἰουδαῖος δέ τις Ἀπολλῶς ὀνόματι
19 5 [1] ἐβαπτίσθησαν εἰς τὸ ὄνομα τ. Κυρίου Ἰησοῦ
13 [1] [6] ὀνομάζειν ἐπὶ τ. ἔχοντας τὰ πνεύματα τὰ πονηρὰ τὸ ὄνομα τ. Κυρίου Ἰησοῦ
17 [1] ἐμεγαλύνετο τὸ ὄνομα τ. Κυρίου Ἰησοῦ
24 Δημήτριος γάρ τις ὀνόματι ἀργυροκόπος
20 9 καθεζόμενος δέ τις νεανίας ὀνόματι Εὔτυχος
21 10 κατῆλθέν τις ἀπὸ τ. Ἰουδαίας προφήτης ὀνόματι Ἄγαβος
13 [1] κ. ἀποθανεῖν εἰς Ἰερουσαλὴμ ἑτοίμως ἔχω ὑπὲρ τ. ὀνόματος τ. Κυρίου Ἰησοῦ
22 16 ἀπόλουσαι τ. ἁμαρτίας σου ἐπικαλεσάμενος τὸ ὄνομα αὐτοῦ
26 9 [1] πρὸς τὸ ὄνομα Ἰησοῦ . . . δεῖν πολλὰ ἐναντία πρᾶξαι
27 1 ἑκατοντάρχῃ ὀνόματι Ἰουλίῳ
28 7 ὑπῆρχεν χωρία τ. πρώτῳ τῆς νήσου ὀνόματι Ποπλίῳ
Ro 1 5 ἀποστολὴν εἰς ὑπακοὴν πίστεως . . . ὑπὲρ τ. ὀνόματος αὐτοῦ
2 24 [2] τὸ γὰρ ὄνομα τ. Θεοῦ δι' ὑμᾶς βλασφημεῖται
תָּמִיד כָּל־הַיּוֹם שְׁמִי מִנֹּאָץ, Is. lii. 5
9 17 ὅπως διαγγελῇ τὸ ὄνομά μου ἐν πάσῃ τ. γῇ
לְמַעַן סַפֵּר שְׁמִי בְּכָל־הָאָרֶץ, Ex. ix. 16
10 13 [2] πᾶς γὰρ ὃς ἂν ἐπικαλέσηται τὸ ὄνομα Κυρίου, Joel *l.c.*
15 9 κ. τ. ὀνόματί σου ψαλῶ
וּלְשִׁמְךָ אֲזַמֵּרָה, Ps. xviii. 50
I Co 1 2 [2] σὺν πᾶσι τ. ἐπικαλουμένοις τὸ ὄνομα τ. Κυρίου ἡμῶν
10 [2] παρακαλῶ δὲ ὑμᾶς . . . διὰ τ. ὀνόματος τ. Κυρίου ἡμῶν
13 ἢ εἰς τὸ ὄνομα Παύλου ἐβαπτίσθητε;
15 ἵνα μή τις εἴπῃ ὅτι εἰς τὸ ἐμὸν ὄνομα ἐβαπτίσθητε

I Co 5 4 [1] ἐν τ. ὀνόματι τ. Κυρίου ἡμῶν Ἰησοῦ συναχθέντων ὑμῶν
6 11 [2] ἐδικαιώθητε ἐν τ. ὀνόματι τ. Κυρίου ἡμῶν
Eph 1 21 [6] ὑπεράνω . . . παντὸς ὀνόματος ὀνομαζομένου
5 20 [2] εὐχαριστοῦντες . . . ἐν ὀνόματι τ. Κυρίου ἡμῶν
Phl 2 9 [5] ἐχαρίσατο αὐτῷ τὸ ὄνομα τὸ ὑπὲρ πᾶν ὄνομα·
10 [1] ἵνα ἐν τ. ὀνόματι Ἰησοῦ πᾶν γόνυ κάμψῃ
4 3 ὧν τὰ ὀνόματα ἐν βίβλῳ ζωῆς
Col 3 17 [1] πάντα ἐν ὀνόματι Κυρίου Ἰησοῦ
II Th 1 12 [1] ὅπως ἐνδοξασθῇ τὸ ὄνομα τ. Κυρίου ἡμῶν Ἰησοῦ
3 6 [1] παραγγέλλομεν δὲ ὑμῖν . . . ἐν ὀνόματι τ. Κυρίου Ἰησοῦ Χριστοῦ
I Ti 6 1 [2] ἵνα μὴ τὸ ὄνομα τ. Θεοῦ . . . βλασφημῆται
II Ti 2 19 [6] ἀποστήτω ἀπὸ ἀδικίας πᾶς ὁ ὀνομάζων τὸ ὄνομα Κυρίου, Num. xvi. 26, *cf.* Is. lii. 11
He 1 4 ὅσῳ διαφορώτερον παρ' αὐτῶν κεκληρονόμηκεν ὄνομα
2 12 ἀπαγγελῶ τὸ ὄνομά σου τ. ἀδελφοῖς μου
אֲסַפְּרָה שִׁמְךָ לְאֶחָי, Ps. xxii. 23
6 10 τ. ἀγάπης ἧς ἐνεδείξασθε εἰς τὸ ὄνομα αὐτοῦ
13 15 καρπὸν χειλέων ὁμολογούντων τ. ὀνόματι αὐτοῦ
Ja 2 7 οὐκ αὐτοὶ βλασφημοῦσιν τὸ καλὸν ὄνομα τὸ ἐπικληθὲν ἐφ' ὑμᾶς;
5 10 [2] οἳ ἐλάλησαν ἐν τ. ὀνόματι Κυρίου
14 [2] ἀλείψαντες ἐλαίῳ ἐν τ. ὀνόματι τ. Κυρίου
I Pe 4 14 [1] εἰ ὀνειδίζεσθε ἐν ὀνόματι Χριστοῦ μακάριοι
16 δοξαζέτω δὲ τ. Θεὸν ἐν τ. ὀνόματι τούτῳ
I Jo 2 12 ἀφέωνται ὑμῖν αἱ ἁμαρτίαι διὰ τὸ ὄνομα αὐτοῦ
3 23 ἵνα πιστεύσωμεν τ. ὀνόματι τ. υἱοῦ αὐτοῦ
5 13 τ. πιστεύουσιν εἰς τὸ ὄνομα τ. υἱοῦ τ. Θεοῦ
III Jo 7 [5] ὑπὲρ γὰρ τ. ὀνόματος ἐξῆλθαν
15 [4] ἀσπάζου τ. φίλους κατ' ὄνομα
Re 2 3 ἐβάστασας διὰ τὸ ὄνομά μου
13 κρατεῖς τὸ ὄνομά μου
17 ἐπὶ τ. ψῆφον ὄνομα καινὸν γεγραμμένον
3 1 ὅτι ὄνομα ἔχεις ὅτι ζῇς
4 ἔχεις ὀλίγα ὀνόματα ἐν Σάρδεσιν
5 οὐ μὴ ἐξαλείψω τὸ ὄνομα αὐτοῦ ἐκ τῆς βίβλου τ. ζωῆς,
κ. ὁμολογήσω τὸ ὄνομα αὐτοῦ ἐνώπιον τ. πατρός μου
8 οὐκ ἠρνήσω τὸ ὄνομά μου
12 [2] γράψω ἐπ' αὐτὸν τὸ ὄνομα τ. Θεοῦ μου,
κ. τὸ ὄνομα τ. πόλεως τ. Θεοῦ μου
12 κ. τὸ ὄνομά μου τὸ καινόν
6 8 ὁ καθήμενος ἐπάνω αὐτοῦ ὄνομα αὐτῷ ὁ Θάνατος
8 11 τὸ ὄνομα τ. ἀστέρος λέγεται ὁ Ἄψινθος
9 11 ὄνομα αὐτῷ Ἑβραϊστὶ Ἀβαδδών,
κ. ἐν τ. Ἑλληνικῇ ὄνομα ἔχει Ἀπολλύων
11 13 ἀπεκτάνθησαν ἐν τ. σεισμῷ ὀνόματα ἀνθρώπων χιλιάδες ἑπτά
18 δοῦναι τ. μισθὸν . . . τ. φοβουμένοις τὸ ὄνομά σου
13 1 ἐπὶ τ. κεφαλὰς αὐτοῦ ὀνόματα βλασφημίας
ὄνομα, WH mg.
6 βλασφημῆσαι τὸ ὄνομα αὐτοῦ
8 οὗ οὐ γέγραπται τὸ ὄνομα αὐτοῦ ἐν τ. βιβλίῳ τ. ζωῆς

Re 13 17 εἰ μὴ ὁ ἔχων τὸ χάραγμα τὸ ὄνομα τ. θηρίου, ἢ τ. ἀριθμὸν τ. ὀνόματος αὐτοῦ
14 1 [2] ἔχουσαι τὸ ὄνομα αὐτοῦ κ. τὸ ὄνομα τ. πατρὸς αὐτοῦ γεγραμμένον
11 εἴ τις λαμβάνει τὸ χάραγμα τ. ὀνόματος αὐτοῦ
15 2 τ. νικῶντας . . . ἐκ τ. ἀριθμοῦ τ. ὀνόματος αὐτοῦ
4 δοξάσει τὸ ὄνομά σου
16 9 [2] ἐβλασφήμησαν τὸ ὄνομα τ. Θεοῦ
17 3 γέμοντα ὀνόματα βλασφημίας
5 ἐπὶ τὸ μέτωπον αὐτῆς ὄνομα γεγραμμένον
8 ὧν οὐ γέγραπται τὸ ὄνομα ἐπὶ τὸ βιβλίον τ. ζωῆς
19 12 ἔχων ὄνομα γεγραμμένον ὃ οὐδεὶς οἶδεν
13 κέκληται τὸ ὄνομα αὐτοῦ
16 ἔχει ἐπὶ τὸ ἱμάτιον . . . ὄνομα γεγραμμένον
21 12 ἔχουσα πυλῶνας δώδεκα . . . κ. ὀνόματα ἐπιγεγραμμένα
14 ἐπ' αὐτῶν δώδεκα ὀνόματα τ. δώδεκα ἀποστόλων
22 4 [2] τὸ ὄνομα αὐτοῦ ἐπὶ τ. μετώπων αὐτῶν

ὈΝΟΜΆΖΩ 3687

Mk 3 14 οὓς κ. ἀποστόλους ὠνόμασεν
—h. v., TR non mg.
Lu 6 13 οὓς κ. ἀποστόλους ὠνόμασεν
14 ὃν κ. ὠνόμασεν Πέτρον
Ac 19 13 ἐπεχείρησαν . . . ὀνομάζειν ἐπὶ τ. ἔχοντας τὰ πνεύματα τὰ πονηρὰ τὸ ὄνομα τ. Κυρίου Ἰησοῦ
Ro 15 20 οὐχ ὅπου ὠνομάσθη Χριστός
I Co 5 11 ἐάν τις ἀδελφὸς ὀνομαζόμενος ᾖ πόρνος
Eph 1 21 ὑπεράνω . . . παντὸς ὀνόματος ὀνομαζομένου
3 15 ἐξ οὗ πᾶσα πατριὰ ἐν οὐρανοῖς κ. ἐπὶ γῆς ὀνομάζεται
5 3 πορνεία δὲ . . . μηδὲ ὀνομαζέσθω ἐν ὑμῖν
II Ti 2 19 ἀποστήτω ἀπὸ ἀδικίας πᾶς ὁ ὀνομάζων τὸ ὄνομα Κυρίου, Num. xvi. 26, *cf.* Is. lii. 11

ὌΝΟΣ 3688

Mt 21 2 εὐθὺς εὑρήσετε ὄνον δεδεμένην
5 ὁ βασιλεύς σου ἔρχεταί σοι πραῢς κ. ἐπιβεβηκὼς ἐπὶ ὄνον
מַלְכֵּךְ יָבוֹא לָךְ . . . עָנִי וְרֹכֵב עַל־חֲמוֹר
Zech. ix. 9
7 ἤγαγον τὴν ὄνον κ. τ. πῶλον
Lu 13 15 οὐ λύει τ. βοῦν αὐτοῦ ἢ τ. ὄνον ἀπὸ τ. φάτνης
14 5 τίνος ὑμῶν ὄνος ἢ βοῦς εἰς φρέαρ πεσεῖται
υἱός, TWHR mg.
Jo 12 15 ὁ βασιλεύς σου ἔρχεται καθήμενος ἐπὶ πῶλον ὄνου, Zech. *l.c.*

ὌΝΤΩΣ 3689 cf. 3643.5

Mk 11 32 εἶχον τ. Ἰωάνην ὄντ. ὅτι προφήτης ἦν
Lu 23 47 ὄντ. ὁ ἄνθρωπος οὗτος δίκαιος ἦν
24 34 ὄντως ἠγέρθη ὁ Κύριος
Jo 8 36 ὄντως ἐλεύθεροι ἔσεσθε
I Co 14 25 ἀπαγγέλλων ὅτι ὄντ. ὁ Θεὸς ἐν ὑμῖν ἐστίν
Ga 3 21 ὄντως ἐν νόμῳ ἂν ἦν ἡ δικαιοσύνη
I Ti 5 3 χήρας τίμα τὰς ὄντως χήρας
5 ἡ δὲ ὄντ. χήρα κ. μεμονωμένη ἤλπικεν
16 ἵνα ταῖς ὄντως χήραις ἐπαρκέσῃ
6 19 ἵνα ἐπιλάβωνται τῆς ὄντως ζωῆς

ὌΞΟΣ 3690

Mt 27 48 λαβὼν σπόγγον πλήσας τε ὄξους
Mk 15 36 γεμίσας σπόγγον ὄξους
Lu 23 36 προσερχόμενοι ὄξος προσφέροντες αὐτῷ
Jo 19 29 σκεῦος ἔκειτο ὄξους μεστόν.
σπόγγον οὖν μεστὸν τ. ὄξους ὑσσώπῳ περιθέντες
—τοῦ, T
30 ὅτε οὖν ἔλαβεν τὸ ὄξος ὁ Ἰησοῦς

ὈΞΎΣ 3691

Ro 3 15 ὀξεῖς οἱ πόδες αὐτῶν ἐκχέαι αἷμα
רַגְלֵיהֶם . . . יְמַהֲרוּ לִשְׁפֹּךְ דָּם, Is. lix. 7
Re 1 16 ἐκ τ. στόματος αὐτοῦ ῥομφαία δίστομος ὀξεῖα
2 12 τάδε λέγει ὁ ἔχων τ. ῥομφαίαν τ. δίστομον τ. ὀξεῖαν
14 14 ἐν τ. χειρὶ αὐτοῦ δρέπανον ὀξύ
17 ἔχων κ. αὐτὸς δρέπανον ὀξύ
18 ἐφώνησεν φωνῇ μεγάλῃ τ. ἔχοντι τὸ δρέπανον τὸ ὀξὺ λέγων,
πέμψον σου τὸ δρέπανον τὸ ὀξύ
19 15 ἐκ τ. στόματος αὐτοῦ ἐκπορεύεται ῥομφαία ὀξεῖα

ὈΠΉ 3692

He 11 38 ἐπὶ ἐρημίαις πλανώμενοι . . . κ. τ. ὀπαῖς τ. γῆς
Ja 3 11 ἐκ τ. αὐτῆς ὀπῆς βρύει τὸ γλυκὺ κ. τὸ πικρόν;

ὌΠΙΣΘΕΝ 3693

Mt 9 20 προσελθοῦσα ὄπ. ἥψατο τ. κρασπέδου
15 23 ἀπόλυσον αὐτὴν ὅτι κράζει ὄπ. ἡμῶν
Mk 5 27 ἐλθοῦσα ἐν τ. ὄχλῳ ὄπ. ἥψατο τ. ἱματίου αὐτοῦ
Lu 8 44 προσελθοῦσα ὄπ. ἥψατο τ. κρασπέδου
23 26 φέρειν ὄπισθεν τοῦ Ἰησοῦ
Re 1 10 ἤκουσα φωνὴν μεγάλην ὄπισθέν μου ὡς σάλπιγγος
ἤκ. ὀπίσω μου φων. μεγ., TWH non mg. R
4 6 γέμοντα ὀφθαλμῶν ἔμπροσθεν κ. ὄπισθεν
5 1 βιβλίον γεγραμμένον ἔσωθεν κ. ὄπισθεν

ὈΠΊΣΩ 3694

(1) τὰ ὀπίσω

Mt 3 11 ὁ δὲ ὀπ. μου ἐρχόμενος ἰσχυρότερός μου ἐστίν
4 19 δεῦτε ὀπίσω μου
10 38 ὃς οὐ λαμβάνει τ. σταυρὸν αὐτοῦ κ. ἀκολουθεῖ ὀπίσω μου
16 23 ὕπαγε ὀπίσω μου Σατανᾶ
24 εἴ τις θέλει ὀπίσω μου ἐλθεῖν
24 18 ὁ ἐν τ. ἀγρῷ μὴ ἐπιστρεψάτω ὀπίσω
Mk 1 7 ἔρχεται ὁ ἰσχυρότερός μου ὀπ. μου
17 δεῦτε ὀπίσω μου
20 ἀφέντες τ. πατέρα αὐτοῦ Ζεβεδαῖον . . . ἀπῆλθον ὀπίσω αὐτοῦ
8 33 ὕπαγε ὀπίσω μου Σατανᾶ
34 εἴ τις θέλει ὀπίσω μου ἐλθεῖν
13 16 [1] ὁ εἰς τ. ἀγρὸν μὴ ἐπιστρεψάτω εἰς τὰ ὀπίσω
Lu 7 38 στᾶσα ὀπ. παρὰ τ. πόδας αὐτοῦ κλαίουσα
9 23 εἴ τις θέλει ὀπ. μου ἔρχεσθαι
62 [1] κ. βλέπων εἰς τὰ ὀπίσω
εἰς τὰ ὀπ. βλ., WH mg.
14 27 ὅστις οὐ βαστάζει τ. σταυρὸν ἑαυτοῦ κ. ἔρχεται ὀπ. μου

Lu 17 31 ¹ ὁ ἐν ἀγρῷ ὁμοίως μὴ ἐπιστρεψάτω εἰς τὰ ὀπίσω
19 14 οἱ δὲ πολῖται αὐτοῦ . . . ἀπέστειλαν πρεσβείαν ὀπίσω αὐτοῦ
21 8 μὴ πορευθῆτε ὀπίσω αὐτῶν
Jo 1 15 ὁ ὀπ. μου ἐρχόμενος ἔμπροσθέν μου γέγονεν
27 μέσος ὑμῶν στήκει . . . ὀπ. μου ἐρχόμενος
ὁ ὀπ., T
30 ὀπ. μου ἔρχεται ἀνὴρ ὃς ἔμπροσθέν μου γέγονεν
6 66 ¹ πολλοὶ ἐκ τ. μαθητῶν αὐτοῦ ἀπῆλθον εἰς τὰ ὀπίσω
12 19 ἴδε ὁ κόσμος ὀπ. αὐτοῦ ἀπῆλθεν
18 6 ¹ ἀπῆλθαν εἰς τὰ ὀπ. κ. ἔπεσαν χαμαί
20 14 ¹ ταῦτα εἰποῦσα ἐστράφη εἰς τὰ ὀπίσω
Ac 5 37 ἀπέστησεν λαὸν ὀπίσω αὐτοῦ
20 30 τοῦ ἀποσπᾶν τ. μαθητὰς ὀπ. ἑαυτῶν
Phl 3 13 ¹ τὰ μὲν ὀπ. ἐπιλανθανόμενος τοῖς δὲ ἔμπροσθεν ἐπεκτεινόμενος
I Ti 5 15 ἤδη γάρ τινες ἐξετράπησαν ὀπ. τοῦ Σατανᾶ
II Pe 2 10 τοὺς ὀπ. σαρκὸς ἐν ἐπιθυμίᾳ μιασμοῦ πορευομένους
Ju 7 ἀπελθοῦσαι ὀπίσω σαρκὸς ἑτέρας
Re 1 10 ἤκουσα ὀπ. μου φωνὴν μεγάλην ὡς σάλπιγγος
ἤκ. φων. μεγ. ὄπισθέν μου, WH mg.
12 15 ἔβαλεν ὁ ὄφις ἐκ τ. στόματος αὐτοῦ ὀπ. τ. γυναικὸς ὕδωρ
13 3 ἐθαυμάσθη ὅλη ἡ γῆ ὀπ. τ. θηρίου

ὉΠΛΊΖΟΜΑΙ ** 3695

I Pe 4 1 τ. αὐτὴν ἔννοιαν ὁπλίσασθε

ὍΠΛΟΝ 3696

Jo 18 3 ἔρχεται ἐκεῖ μετὰ φανῶν κ. λαμπάδων κ. ὅπλων
Ro 6 13 μηδὲ παριστάνετε τὰ μέλη ὑμῶν ὅπλα ἀδικίας τ. ἁμαρτίᾳ·
ἀλλὰ παραστήσατε . . . τὰ μέλη ὑμῶν ὅπλα δικαιοσύνης τ. Θεῷ
13 12 ἐνδυσώμεθα δὲ τὰ ὅπλα τ. φωτός
II Co 6 7 διὰ τ. ὅπλων τ. δικαιοσύνης τ. δεξιῶν κ. ἀριστερῶν
10 4 τὰ γὰρ ὅπλα τ. στρατείας ἡμῶν οὐ σαρκικά

ὉΠΟΙ͂ΟΣ 3697

Ac 26 29 γενέσθαι τοιούτους ὁποῖος κ. ἐγώ εἰμι
I Co 3 13 ἑκάστου τὸ ἔργον ὁποῖόν ἐστιν
Ga 2 6 ὁποῖοί ποτε ἦσαν οὐδέν μοι διαφέρει
I Th 1 9 ἀπαγγέλλουσιν ὁποίαν εἴσοδον ἔσχομεν πρὸς ὑμᾶς
Ja 1 24 εὐθέως ἐπελάθετο ὁποῖος ἦν

ὉΠΌΤΕ 3698

Lu 6 3 ὃ ἐποίησεν Δαυεὶδ ὁπότε ἐπείνασεν αὐτός
ὅτε, WHR

ὍΠΟΥ 3699

(1) ὅπ. ἄν, ἐάν (2) ὅπου . . . ἐκεῖ

Mt 6 19 ὅπου σὴς κ. βρῶσις ἀφανίζει,
κ. ὅπ. κλέπται διορύσσουσιν κ. κλέπτουσιν
20 ὅπου οὔτε σὴς οὔτε βρῶσις ἀφανίζει,
κ. ὅπ. κλέπται οὐ διορύσσουσιν οὐδὲ κλέπτουσιν·
Mt 6 *21* ² ὅπου γάρ ἐστιν ὁ θησαυρός σου
8 19 ¹ ἀκολουθήσω σοι ὅπου ἐὰν ἀπέρχῃ
13 5 ὅπου οὐκ εἶχεν γῆν πολλήν
24 28 ¹ ² ὅπ. ἐὰν ᾖ τὸ πτῶμα ἐκεῖ συναχθήσονται
25 24 θερίζων ὅπου οὐκ ἔσπειρας
26 ᾔδεις ὅτι θερίζω ὅπου οὐκ ἔσπειρα
26 13 ¹ ὅπου ἐὰν κηρυχθῇ τὸ εὐαγγέλιον τοῦτο
57 ὅπ. οἱ γραμματεῖς κ. οἱ πρεσβύτεροι συνήχθησαν
28 6 ἴδετε τὸν τόπον ὅπου ἔκειτο
Mk 2 4 ἀπεστέγασαν τὴν στέγην ὅπου ἦν
4 χαλῶσιν τ. κράβαττον ὅπου ὁ παραλυτικὸς κατέκειτο
4 5 ὅπου οὐκ εἶχεν γῆν πολλήν
15 ὅπου σπείρεται ὁ λόγος
5 40 εἰσπορεύεται ὅπου ἦν τὸ παιδίον
6 10 ¹ ² ὅπου ἐὰν εἰσέλθητε εἰς οἰκίαν
55 ὅπου ἤκουον ὅτι ἐστίν
56 ¹ ὅπ. ἂν εἰσεπορεύετο εἰς κώμας ἢ εἰς πόλεις
9 18 ¹ ὅπου ἐὰν αὐτὸν καταλάβῃ
48 ὅπου ὁ σκώληξ αὐτῶν οὐ τελευτᾷ
13 14 τὸ βδέλυγμα τ. ἐρημώσεως . . . ἑστηκότα ὅπου οὐ δεῖ
14 9 ¹ ὅπου ἐὰν κηρυχθῇ τὸ εὐαγγέλιον
14 ¹ ὅπου ἐὰν εἰσέλθῃ εἴπατε τ. οἰκοδεσπότῃ
14 ὅπ. τὸ πάσχα μετὰ τ. μαθητῶν μου φάγω
16 6 ἴδε ὁ τόπος ὅπου ἔθηκαν αὐτόν
Lu 9 57 ¹ ἀκολουθήσω σοι ὅπου ἂν ἀπέρχῃ
12 33 ὅπ. κλέπτης οὐκ ἐγγίζει οὐδὲ σὴς διαφθείρει·
34 ² ὅπου γάρ ἐστιν ὁ θησαυρὸς ὑμῶν
17 37 ² ὅπ. τὸ σῶμα ἐκεῖ κ. οἱ ἀετοὶ ἐπισυναχθήσονται
22 11 ὅπ. τὸ πάσχα μετὰ τ. μαθητῶν μου φάγω
Jo 1 28 ὅπου ἦν ὁ Ἰωάνης βαπτίζων
3 8 τὸ πνεῦμα ὅπου θέλει πνεῖ
4 20 ἐν Ἱεροσολύμοις ἐστὶν ὁ τόπος ὅπου προσκυνεῖν δεῖ
46 ὅπου ἐποίησεν τὸ ὕδωρ οἶνον
6 23 ἐγγὺς τ. τόπου ὅπ. ἔφαγον τ. ἄρτον
62 ἀναβαίνοντα ὅπου ἦν τὸ πρότερον
7 34 ὅπ. εἰμὶ ἐγὼ ὑμεῖς οὐ δύνασθε ἐλθεῖν
36 ὅπ. εἰμὶ ἐγὼ ὑμεῖς οὐ δύνασθε ἐλθεῖν
42 Βηθλεὲμ τ. κώμης ὅπου ἦν Δαυείδ
8 21 ὅπ. ἐγὼ ὑπάγω ὑμεῖς οὐ δύνασθε ἐλθεῖν
22 ὅπ. ἐγὼ ὑπάγω ὑμεῖς οὐ δύνασθε ἐλθεῖν
10 40 τ. τόπον ὅπ. ἦν Ἰωάνης τὸ πρῶτον βαπτίζων
11 30 ἦν ἐν τ. τόπῳ ὅπ. ὑπήντησεν αὐτῷ ἡ Μάρθα
32 ὡς ἦλθεν ὅπου ἦν Ἰησοῦς
12 1 ἦλθεν εἰς Βηθανίαν ὅπου ἦν Λάζαρος
26 ² ὅπ. εἰμὶ ἐγὼ ἐκεῖ κ. ὁ διάκονος ὁ ἐμὸς ἔσται
13 33 ὅπ. ἐγὼ ὑπάγω ὑμεῖς οὐ δύνασθε ἐλθεῖν
36 ὅπ. ὑπάγω οὐ δύνασαί μοι νῦν ἀκολουθῆσαι
14 3 ἵνα ὅπου εἰμὶ ἐγὼ κ. ὑμεῖς ἦτε
4 ὅπου ἐγὼ ὑπάγω οἴδατε τὴν ὁδόν
17 24 θέλω ἵνα ὅπ. εἰμὶ ἐγὼ κἀκεῖνοι ὦσιν
18 1 πέραν τ. Χειμάρρου τ. Κέδρων ὅπ. ἦν κῆπος
20 ὅπου πάντες οἱ Ἰουδαῖοι συνέρχονται
19 18 Γολγοθὰ ὅπου αὐτὸν ἐσταύρωσαν
20 ὁ τόπος τ. πόλεως ὅπ. ἐσταυρώθη ὁ Ἰησοῦς
41 ἦν δὲ ἐν τ. τόπῳ ὅπ. ἐσταυρώθη κῆπος
20 12 ὅπου ἔκειτο τὸ σῶμα τοῦ Ἰησοῦ
19 τ. θυρῶν κεκλεισμένων ὅπ. ἦσαν οἱ μαθηταί
21 18 ὅτε ἦς νεώτερος . . . περιεπάτεις ὅπ. ἤθελες

Jo 21 18 οἴσει ὅπου οὐ θέλεις
Ac 17 1 Θεσσαλονίκην ὅπ. ἦν συναγωγὴ τ. Ἰουδαίων
20 6 ὅπου διετρίψαμεν ἡμέρας ἑπτά
οὗ, WH
Ro 15 20 οὐχ ὅπου ὠνομάσθη Χριστός
I Co 3 3 ὅπου γὰρ ἐν ὑμῖν ζῆλος κ. ἔρις
Col 3 11 ὅπου οὐκ ἔνι Ἕλλην κ. Ἰουδαῖος
He 6 20 ὅπ. πρόδρομος ὑπὲρ ἡμῶν εἰσῆλθεν Ἰησοῦς
9 16 ὅπου γὰρ διαθήκη θάνατον ἀνάγκη φέρεσθαι τ. διαθεμένου
10 18 ὅπου δὲ ἄφεσις τούτων
Ja 3 4 ὅπ. ἡ ὁρμὴ τ. εὐθύνοντος βούλεται
16 [2] ὅπ. γὰρ ζῆλος κ. ἐριθία ἐκεῖ ἀκαταστασία
II Pe 2 11 ὅπ. ἄγγελοι ἰσχύϊ κ. δυνάμει μείζονες ὄντες
Re 2 13 κατοικεῖς ὅπου ὁ θρόνος τ. Σατανᾶ
13 παρ' ὑμῖν ὅπ. ὁ Σατανᾶς κατοικεῖ
11 8 ὅπου κ. ὁ Κύριος αὐτῶν ἐσταυρώθη
12 6 [2] ὅπ. ἔχει ἐκεῖ τόπον ἡτοιμασμένον ἀπὸ τ. Θεοῦ
14 [2] ὅπ. τρέφεται ἐκεῖ καιρὸν κ. καιροὺς κ. ἥμισυ καιροῦ
14 4 [1] οἱ ἀκολουθοῦντες τ. ἀρνίῳ ὅπ. ἂν ὑπάγει
17 9 ὅπου ἡ γυνὴ κάθηται ἐπ' αὐτῶν
20 10 ὅπου κ. τὸ θηρίον κ. ὁ ψευδοπροφήτης

ὈΠΤΆΝΟΜΑΙ † 3700

Ac 1 3 δι' ἡμερῶν τεσσεράκοντα ὀπτανόμενος αὐτοῖς

ὈΠΤΑΣΊΑ † 3701

Lu 1 22 ἐπέγνωσαν ὅτι ὀπτασίαν ἑώρακεν ἐν τ. ναῷ
24 23 λέγουσαι κ. ὀπτασίαν ἀγγέλων ἑωρακέναι
Ac 26 19 οὐκ ἐγενόμην ἀπειθὴς τῇ οὐρανίῳ ὀπτασίᾳ
II Co 12 1 ἐλεύσομαι δὲ εἰς ὀπτασίας κ. ἀποκαλύψεις Κυρίου

ὈΠΤΌΣ 3702

Lu 24 42 οἱ δὲ ἐπέδωκαν αὐτῷ ἰχθύος ὀπτοῦ μέρος

ὈΠΏΡΑ 3703

Re 18 14 ἡ ὀπώρα σου τ. ἐπιθυμίας τ. ψυχῆς ἀπῆλθεν

ὍΠΩΣ 3704

(1) seq. indic. (2) ὅπ. ἄν (3) ὅπ. μή

Mt 2 8 ὅπως κἀγὼ ἐλθὼν προσκυνήσω αὐτῷ
23 ὅπως πληρωθῇ τὸ ῥηθὲν διὰ τ. προφητῶν
5 16 ὅπως ἴδωσιν ὑμῶν τὰ καλὰ ἔργα
45 ὅπως γένησθε υἱοὶ τ. πατρὸς ὑμῶν
6 2 ὅπως δοξασθῶσιν ὑπὸ τ. ἀνθρώπων
4 ὅπως ᾖ σου ἡ ἐλεημοσύνη ἐν τ. κρυπτῷ
5 ὅπως φανῶσιν τ. ἀνθρώποις
16 ὅπως φανῶσιν τ. ἀνθρώποις νηστεύοντες
18 [3] ὅπως μὴ φανῇς τ. ἀνθρώποις νηστεύων
8 17 ὅπ. πληρωθῇ τὸ ῥηθὲν διὰ Ἠσαίου τ. προφήτου
34 παρεκάλεσαν ὅπ. μεταβῇ ἀπὸ τ. ὁρίων αὐτῶν
9 38 ὅπ. ἐκβάλῃ ἐργάτας εἰς τ. θερισμὸν αὐτοῦ
12 14 ὅπως αὐτὸν ἀπολέσωσιν
13 35 ὅπως πληρωθῇ τὸ ῥηθὲν διὰ τ. προφήτου
22 15 συμβούλιον ἔλαβον ὅπ. αὐτὸν παγιδεύσωσιν
23 35 ὅπως ἔλθῃ ἐφ' ὑμᾶς πᾶν αἷμα δίκαιον
26 59 [1] ἐζήτουν ψευδομαρτυρίαν . . . ὅπως αὐτὸν θανατώσωσιν
θανατώσουσιν, T

Mk 3 6 συμβούλιον ἐδίδουν . . . ὅπ. αὐτὸν ἀπολέσωσιν
Lu 2 35 [2] ὅπως ἂν ἀποκαλυφθῶσιν ἐκ πολλῶν καρδιῶν διαλογισμοί
7 3 ἐρωτῶν αὐτὸν ὅπως ἐλθὼν διασώσῃ τ. δοῦλον αὐτοῦ
10 2 ὅπως ἐργάτας ἐκβάλῃ εἰς τ. θερισμὸν αὐτοῦ
11 37 ἐρωτᾷ . . . ὅπως ἀριστήσῃ παρ' αὐτῷ
16 26 [3] ὅπ. οἱ θέλοντες διαβῆναι . . . μὴ δύνωνται
28 ὅπως διαμαρτύρηται αὐτοῖς
24 20 [1] ὅπως τε παρέδωκαν αὐτὸν οἱ ἀρχιερεῖς
Jo 11 57 ἵνα . . . μηνύσῃ ὅπως πιάσωσιν αὐτόν
Ac 3 20 [2] ὅπως ἂν ἔλθωσιν καιροὶ ἀναψύξεως
8 15 προσηύξαντο . . . ὅπ. λάβωσιν πνεῦμα ἅγιον
24 [3] δεήθητε ὑμεῖς ὅπως μηδὲν ἐπέλθῃ ἐπ' ἐμέ
9 2 ὅπως . . . δεδεμένους ἀγάγῃ εἰς Ἰερουσαλήμ
12 ἐπιθέντα αὐτῷ τ. χεῖρας ὅπως ἀναβλέψῃ
17 ὁ Κύριος ἀπέσταλκέν με . . . ὅπ. ἀναβλέψῃς
24 παρετηροῦντο δὲ . . . ὅπ. αὐτὸν ἀνέλωσιν
15 17 [2] ὅπως ἂν ἐκζητήσωσιν οἱ κατάλοιποι τ. ἀνθρώπων τ. Κύριον
לְמַעַן יִירְשׁוּ אֶת־שְׁאֵרִית אֱדוֹם, Am. ix. 12
18 27 ἔγραψαν . . . ὅπ. ἀποδέξωνται τ. ἄνδρα
ἔγρ. . . . ἀποδέξασθαι αὐτόν, TWH non mg. R
20 16 [3] ὅπως μὴ γένηται αὐτῷ χρονοτριβῆσαι
23 15 ὅπως καταγάγῃ αὐτὸν εἰς ὑμᾶς
20 ὅπως αὔριον τ. Παῦλον καταγάγῃς εἰς τὸ συνέδριον
23 ἑτοιμάσατε . . . ὅπ. πορευθῶσιν ἕως Καισαρίας
25 3 αἰτούμενοι . . . ὅπως μεταπέμψηται αὐτὸν εἰς Ἰερουσαλήμ
26 ὅπ. τ. ἀνακρίσεως γενομένης σχῶ τί γράψω
Ro 3 4 [2] ὅπως ἂν δικαιωθῇς ἐν τ. λόγοις σου
לְמַעַן־תִּצְדַּק בְּדָבְרֶךָ, Ps. li. 6
9 17 ὅπως ἐνδείξωμαι ἐν σοὶ τ. δύναμίν μου,
בַּעֲבוּר הַרְאֹתְךָ אֶת־כֹּחִי, Ex. ix. 16
κ. ὅπως διαγγελῇ τὸ ὄνομά μου
וּלְמַעַן סַפֵּר שְׁמִי, *ib.*
I Co 1 29 [3] ὅπως μὴ καυχήσηται πᾶσα σὰρξ ἐνώπιον τ. Θεοῦ
II Co 8 11 ὅπως καθάπερ ἡ προθυμία τοῦ θέλειν
14 ὅπως γένηται ἰσότης
Ga 1 4 ὅπως ἐξέληται ἡμᾶς ἐκ τ. αἰῶνος τ. ἐνεστῶτος πονηροῦ
II Th 1 12 ὅπ. ἐνδοξασθῇ τὸ ὄνομα τ. Κυρίου ἡμῶν
Phm 6 ὅπ. ἡ κοινωνία τ. πίστεώς σου ἐνεργὴς γένηται
He 2 9 ὅπ. χάριτι Θεοῦ ὑπὲρ παντὸς γεύσηται θανάτου
9 15 ὅπως θανάτου γενομένου . . . τ. ἐπαγγελίαν λάβωσιν
Ja 5 16 προσεύχεσθε ὑπὲρ ἀλλήλων ὅπ. ἰαθῆτε
I Pe 2 9 ὅπως τ. ἀρετὰς ἐξαγγείλητε τοῦ ἐκ σκότους ὑμᾶς καλέσαντος

ὍΡΑΜΑ 3705

Mt 17 9 μηδενὶ εἴπητε τὸ ὅραμα
Ac 7 31 ὁ δὲ Μωυσῆς ἰδὼν ἐθαύμασεν τὸ ὅραμα
9 10 εἶπεν πρὸς αὐτὸν ἐν ὁράματι ὁ Κύριος

Ac 9 12 εἶδεν ἄνδρα ἐν ὁράματι Ἀνανίαν ὀνόματι
—ἐν ὁρ., T [WH] R
10 3 εἶδεν ἐν ὁράματι φανερῶς
17 τί ἂν εἴη τὸ ὅραμα ὃ εἶδεν
19 τ. δὲ Πέτρου διενθυμουμένου περὶ τ. ὁράματος
11 5 εἶδον ἐν ἐκστάσει ὅραμα
12 9 ἐδόκει δὲ ὅραμα βλέπειν
16 9 ὅραμα διὰ νυκτὸς τ. Παύλῳ ὤφθη
10 ὡς δὲ τὸ ὅραμα εἶδεν
18 9 εἶπεν δὲ ὁ Κύριος ἐν νυκτὶ δι' ὁράματος

ὍΡΑΣΙΣ 3706

Ac 2 17 οἱ νεανίσκοι ὑμῶν ὁράσεις ὄψονται
בַּחוּרֵיכֶם חֶזְיֹנוֹת יִרְאוּ, Joel iii. 1
Re 4 3 ὁ καθήμενος ὅμοιος ὁράσει λίθῳ ἰάσπιδι
3 ἶρις κυκλόθεν τ. θρόνου ὅμοιος ὁράσει σμαραγδίνῳ
9 17 οὕτως εἶδον τ. ἵππους ἐν τ. ὁράσει

ὉΡΑΤΌΣ 3707

Col 1 16 τὰ ὁρατὰ κ. τὰ ἀόρατα

ὉΡΆΩ 3708

(1) ὁρ. τ. Θεόν, Κύριον, πατέρα (2) ὅρα, ὁρᾶτε μή (3) ὁρ. σωτήριον, ζωήν (4) ἑόρακα

Mt 5 8 [1] ὅτι αὐτοὶ τ. Θεὸν ὄψονται
8 4 [2] ὅρα μηδενὶ εἴπῃς
9 30 [2] ὁρᾶτε μηδεὶς γινωσκέτω
16 6 ὁρᾶτε κ. προσέχετε ἀπὸ τ. ζύμης τ. Φαρισαίων
17 3 ὤφθη αὐτοῖς Μωυσῆς κ. Ἠλείας
18 10 [2] ὁρᾶτε μὴ καταφρονήσητε ἑνὸς τ. μικρῶν τούτων
24 6 [2] ὁρᾶτε μὴ θροεῖσθε
30 ὄψονται τ. υἱὸν τ. ἀνθρώπου ἐρχόμενον ἐπὶ τ. νεφελῶν
26 64 ἀπ' ἄρτι ὄψεσθε τ. υἱὸν τ. ἀνθρώπου καθήμενον ἐκ δεξιῶν
27 4 τί πρὸς ἡμᾶς; σὺ ὄψῃ
24 ἀθῷός εἰμι ἀπὸ τ. αἵματος τούτου ὑμεῖς ὄψεσθε
28 7 ἐκεῖ αὐτὸν ὄψεσθε
10 κἀκεῖ με ὄψονται
Mk 1 44 [2] ὅρα μηδενὶ μηδὲν εἴπῃς
8 15 ὁρᾶτε βλέπετε ἀπὸ τ. ζύμης τ. Φαρισαίων
24 ὅτι ὡς δένδρα ὁρῶ περιπατοῦντας
9 4 ὤφθη αὐτοῖς Ἠλείας σὺν Μωυσεῖ
13 26 τότε ὄψονται τ. υἱὸν τ. ἀνθρώπου ἐρχόμενον ἐν νεφέλαις
14 62 ὄψεσθε τ. υἱὸν τ. ἀνθρώπου ἐκ δεξιῶν καθήμενον
16 7 ἐκεῖ αὐτὸν ὄψεσθε καθὼς εἶπεν ὑμῖν
Lu 1 11 ὤφθη δὲ αὐτῷ ἄγγελος Κυρίου
22 ἐπέγνωσαν ὅτι ὀπτασίαν ἑώρακεν ἐν τ. ναῷ
3 6 [3] ὄψεται πᾶσα σὰρξ τὸ σωτήριον τ. Θεοῦ
רָאוּ כָל־בָּשָׂר יַחְדָּו, Is. xl. 5
9 31 οἱ ὀφθέντες ἐν δόξῃ ἔλεγον τὴν ἔξοδον αὐτοῦ
36 οὐδενὶ ἀπήγγειλαν . . . οὐδὲν ὧν ἑώρακαν
12 15 ὁρᾶτε κ. φυλάσσεσθε ἀπὸ πάσης πλεονεξίας
13 28 ὅταν ὄψησθε Ἀβραὰμ . . . ἐν τ. βασιλείᾳ τ. Θεοῦ
ὄψεσθε, TWH mg.

Lu 16 23 ὁρᾷ Ἀβραὰμ ἀπὸ μακρόθεν
17 22 ἐπιθυμήσετε μίαν τ. ἡμερῶν . . . ἰδεῖν κ. οὐκ ὄψεσθε
21 27 τότε ὄψονται τ. υἱὸν τ. ἀνθρώπου ἐρχόμενον ἐν νεφέλῃ
22 43 ὤφθη δὲ αὐτῷ ἄγγελος ἀπὸ τ. οὐρανοῦ
—h. v., [[WH]] R mg.
23 49 εἱστήκεισαν δὲ . . . γυναῖκες . . . ὁρῶσαι ταῦτα
24 23 λέγουσαι κ. ὀπτασίαν ἀγγέλων ἑωρακέναι
34 ἠγέρθη ὁ Κύριος κ. ὤφθη Σίμωνι
Jo 1 18 [1] Θεὸν οὐδεὶς ἑώρακεν πώποτε
34 κἀγὼ ἑώρακα κ. μεμαρτύρηκα
39 ἔρχεσθε κ. ὄψεσθε
50 μείζω τούτων ὄψῃ
51 ὄψεσθε τ. οὐρανὸν ἀνεῳγότα
3 11 ὃ ἑωράκαμεν μαρτυροῦμεν
32 ὃ ἑώρακεν κ. ἤκουσεν τοῦτο μαρτυρεῖ
36 [3] ὁ δὲ ἀπειθῶν τ. υἱῷ οὐκ ὄψεται ζωήν
4 45 πάντα ἑωρακότες ὅσα ἐποίησεν ἐν Ἱεροσολύμοις
5 37 οὔτε εἶδος αὐτοῦ ἑωράκατε
6 2 ὅτι ἑώρων τὰ σημεῖα ἃ ἐποίει
ἐθεώρουν, WHR
36 εἶπον ὑμῖν ὅτι κ. ἑωράκατέ με κ. οὐ πιστεύετε
46 [1] οὐχ ὅτι τ. πατέρα ἑώρακέν τις,
[1] εἰ μὴ ὁ ὢν παρὰ τ. Θεοῦ οὗτος ἑώρακεν τ. πατέρα
8 38 ἃ ἐγὼ ἑώρακα παρὰ τ. πατρὶ λαλῶ
57 καὶ Ἀβραὰμ ἑώρακας;
ἑώρακέν σε, WH mg.
9 37 κ. ἑώρακας αὐτόν
11 40 ἐὰν πιστεύσῃς ὄψῃ τ. δόξαν τ. Θεοῦ
14 7 ἀπ' ἄρτι γινώσκετε αὐτὸν κ. ἑωράκατε
9 ὁ ἑωρακὼς ἐμὲ ἑώρακεν τ. πατέρα
15 24 νῦν δὲ κ. ἑωράκασιν κ. μεμισήκασιν
16 16 πάλιν μικρὸν κ. ὄψεσθέ με
17 πάλιν μικρὸν κ. ὄψεσθέ με
19 πάλιν μικρὸν κ. ὄψεσθέ με
22 πάλιν δὲ ὄψομαι ὑμᾶς
19 35 ὁ ἑωρακὼς μεμαρτύρηκεν
37 ὄψονται εἰς ὃν ἐξεκέντησαν
הִבִּיטוּ אֵלַי אֵת אֲשֶׁר־דָּקָרוּ, Zech. xii. 10
20 18 [1] ἀπαγγέλλουσα . . . ὅτι Ἑώρακα τ. Κύριον
25 ἑωράκαμεν τ. Κύριον
29 ὅτι ἑώρακάς με πεπίστευκας
Ac 2 3 ὤφθησαν αὐτοῖς διαμεριζόμεναι γλῶσσαι ὡσεὶ πυρός
17 οἱ νεανίσκοι ὑμῶν ὁράσεις ὄψονται
בַּחוּרֵיכֶם חֶזְיֹנוֹת יִרְאוּ, Joel iii. 1
7 2 ὁ Θεὸς τ. δόξης ὤφθη τ. πατρὶ ἡμῶν Ἀβραάμ
26 τῇ τε ἐπιούσῃ ἡμέρᾳ ὤφθη αὐτοῖς μαχομένοις
30 ὤφθη αὐτῷ ἐν τῇ ἐρήμῳ τ. ὄρους Σινὰ ἄγγελος
35 σὺν χειρὶ ἀγγέλου τ. ὀφθέντος αὐτῷ ἐν τῇ βάτῳ
44 ποιῆσαι αὐτὴν κατὰ τ. τύπον ὃν ἑωράκει
8 23 εἰς γὰρ χολὴν πικρίας . . . ὁρῶ σε ὄντα
9 17 Ἰησοῦς ὁ ὀφθείς σοι ἐν τῇ ὁδῷ
13 31 ὃς ὤφθη ἐπὶ ἡμέρας πλείους τ. συναναβᾶσιν αὐτῷ
16 9 ὅραμα διὰ νυκτὸς τ. Παύλῳ ὤφθη
18 15 εἰ δὲ ζητήματά ἐστιν περὶ λόγου . . . ὄψεσθε αὐτοί
20 25 οὐκέτι ὄψεσθε τὸ πρόσωπόν μου ὑμεῖς πάντες

Ac 22 15 ἔσῃ μάρτυς αὐτῷ . . . ὧν ἑώρακας κ. ἤκουσας
26 16 εἰς τοῦτο γὰρ ὤφθην σοι
16 μάρτυρα ὧν τε εἶδές με ὧν τε ὀφθήσομαί σοι
Ro 15 21 ὄψονται οἷς οὐκ ἀνηγγέλη περὶ αὐτοῦ
οἷς οὐκ ἀν. π. αὐτ. ὄψ., TWH mg.
אֲשֶׁר לֹא־סֻפַּר לָהֶם רָאוּ, Is. lii. 15
I Co 9 1 [1] [4] οὐχὶ Ἰησοῦν τ. Κύριον ἡμῶν ἑόρακα
15 5 ὤφθη Κηφᾷ εἶτα τοῖς δώδεκα·
6 ἔπειτα ὤφθη ἐπάνω πεντακοσίοις ἀδελφοῖς ἐφάπαξ
7 ἔπειτα ὤφθη Ἰακώβῳ
8 ἔσχατον δὲ πάντων . . . ὤφθη κἀμοί
Col 2 1 [4] ὅσοι οὐχ ἑόρακαν τὸ πρόσωπόν μου ἐν σαρκί
18 [4] ἃ ἑόρακεν ἐμβατεύων
I Th 5 15 [2] ὁρᾶτε μή τις κακὸν ἀντὶ κακοῦ τινὶ ἀποδῷ
I Ti 3 16 ὤφθη ἀγγέλοις
He 2 8 νῦν δὲ οὔπω ὁρῶμεν αὐτῷ τὰ πάντα ὑποτεταγμένα
8 5 ὅρα γάρ φησιν ποιήσεις πάντα κατὰ τ. τύπον
רְאֵה וַעֲשֵׂה בְּתַבְנִיתָם, Ex. xxv. 40
9 28 ἐκ δευτέρου χωρὶς αμαρτίας ὀφθήσεται
11 27 τ. γὰρ ἀόρατον ὡς ὁρῶν ἐκαρτέρησεν
12 14 [1] οὗ χωρὶς οὐδεὶς ὄψεται τ. Κύριον
13 23 μεθ' οὗ ἐὰν τάχειον ἔρχηται ὄψομαι ὑμᾶς
Ja 2 24 ὁρᾶτε ὅτι ἐξ ἔργων δικαιοῦται ἄνθρωπος
I Pe 1 8 εἰς ὃν ἄρτι μὴ ὁρῶντες πιστεύοντες δέ
I Jo 1 1 ὃ ἑωράκαμεν τ. ὀφθαλμοῖς ἡμῶν
2 ἑωράκαμεν κ. μαρτυροῦμεν
3 ὃ ἑωράκαμεν κ. ἀκηκόαμεν ἀπαγγέλλομεν κ. ὑμῖν
3 2 ὅτι ὀψόμεθα αὐτὸν καθώς ἐστιν
6 πᾶς ὁ ἁμαρτάνων οὐχ ἑώρακεν αὐτόν
4 20 ὁ γὰρ μὴ ἀγαπῶν τ. ἀδελφὸν αὐτοῦ ὃν ἑώρακεν,
[1] τ. Θεὸν ὃν οὐκ ἑώρακεν οὐ δύναται ἀγαπᾶν
III Jo 11 [1] ὁ κακοποιῶν οὐχ ἑώρακεν τ. Θεόν
Re 1 7 ὄψεται αὐτὸν πᾶς ὀφθαλμός
11 19 ὤφθη ἡ κιβωτὸς τ. διαθήκης αὐτοῦ ἐν τ. ναῷ αὐτοῦ
12 1 σημεῖον μέγα ὤφθη ἐν τ. οὐρανῷ
3 ὤφθη ἄλλο σημεῖον ἐν τ. οὐρανῷ
19 10 [2] λέγει μοι Ὅρα μή
22 4 ὄψονται τὸ πρόσωπον αὐτοῦ
9 [2] λέγει μοι Ὅρα μή

᾿ΟΡΓΗ΄ 3709

(1) ὀργ. τ. Θεοῦ (2) ὀργ. μέλλουσα, ἐρχομένη
Mt 3 7 [2] τίς ὑπέδειξεν ὑμῖν φυγεῖν ἀπὸ τ. μελλούσης ὀργῆς;
Mk 3 5 περιβλεψάμενος αὐτοὺς μετ' ὀργῆς
Lu 3 7 [2] τίς ὑπέδειξεν ὑμῖν φυγεῖν ἀπὸ τ μελλούσης ὀργῆς;
21 23 ἔσται γὰρ . . . ὀργὴ τ. λαῷ τούτῳ
Jo 3 36 [1] ἡ ὀργὴ τ. Θεοῦ μένει ἐπ' αὐτόν
Ro 1 18 [1] ἀποκαλύπτεται γὰρ ὀργὴ Θεοῦ ἀπ' οὐρανοῦ
2 5 θησαυρίζεις σεαυτῷ ὀργὴν ἐν ἡμέρᾳ ὀργῆς
8 τοῖς δὲ ἐξ ἐριθίας . . . ὀργὴ κ. θυμός
3 5 μὴ ἄδικος ὁ Θεὸς ὁ ἐπιφέρων τ. ὀργήν;
4 15 ὁ γὰρ νόμος ὀργὴν κατεργάζεται
Ro 5 9 σωθησόμεθα δι' αὐτοῦ ἀπὸ τ. ὀργῆς
9 22 εἰ δὲ θέλων ὁ Θεὸς ἐνδείξασθαι τ. ὀργήν
22 ἤνεγκεν ἐν πολλῇ μακροθυμίᾳ σκεύη ὀργῆς κατηρτισμένα εἰς ἀπώλειαν
12 19 ἀλλὰ δότε τόπον τ. ὀργῇ
13 4 ἔκδικος εἰς ὀργὴν τῷ τὸ κακὸν πράσσοντι.
5 διὸ ἀνάγκη ὑποτάσσεσθαι οὐ μόνον διὰ τ. ὀργήν
Eph 2 3 ἤμεθα τέκνα φύσει ὀργῆς
4 31 πᾶσα πικρία κ. θυμὸς κ. ὀργὴ . . . ἀρθήτω ἀφ' ὑμῶν
5 6 [1] διὰ ταῦτα γὰρ ἔρχεται ἡ ὀργὴ τ. Θεοῦ ἐπὶ τ. υἱοὺς τ. ἀπειθείας
Col 3 6 [1] δι' ἃ ἔρχεται ἡ ὀργὴ τ. Θεοῦ
8 ἀπόθεσθε κ. ὑμεῖς τὰ πάντα ὀργὴν θυμόν
I Th 1 10 [2] Ἰησοῦν τ. ῥυόμενον ἡμᾶς ἐκ τ. ὀργῆς τ. ἐρχομένης
2 16 ἔφθασεν δὲ ἐπ' αὐτοὺς ἡ ὀργὴ εἰς τέλος
5 9 ὅτι οὐκ ἔθετο ἡμᾶς ὁ Θεὸς εἰς ὀργήν
I Ti 2 8 ἐπαίροντας ὁσίους χεῖρας χωρὶς ὀργῆς κ. διαλογισμῶν
He 3 11 ὡς ὤμοσα ἐν τ. ὀργῇ μου
אֲשֶׁר־נִשְׁבַּעְתִּי בְאַפִּי, Ps. xcv. 11
4 3 ὡς ὤμοσα ἐν τ. ὀργῇ μου, Ps. *l.c.*
Ja 1 19 ἔστω πᾶς ἄνθρωπος . . . βραδὺς εἰς ὀργήν
20 ὀργὴ γὰρ ἀνδρὸς δικαιοσύνην Θεοῦ οὐκ ἐργάζεται
Re 6 16 κρύψατε ἡμᾶς . . . ἀπὸ τ. ὀργῆς τ. ἀρνίου,
17 ὅτι ἦλθεν ἡ ἡμέρα ἡ μεγάλη τ. ὀργῆς αὐτῶν
11 18 ἦλθεν ἡ ὀργή σου
14 10 τ. κεκερασμένου ἀκράτου ἐν τ. ποτηρίῳ τ. ὀργῆς αὐτοῦ
16 19 δοῦναι αὐτῇ τὸ ποτήριον τ. οἴνου τ. θυμοῦ τ. ὀργῆς αὐτοῦ
19 15 [1] αὐτὸς πατεῖ τὴν ληνὸν τ. οἴνου τ. θυμοῦ τ. ὀργῆς τ. Θεοῦ

᾿ΟΡΓΙ΄ΖΟΜΑΙ 3710

Mt 5 22 πᾶς ὁ ὀργιζόμενος τ. ἀδελφῷ αὐτοῦ ἔνοχος ἔσται τ. κρίσει
18 34 ὀργισθεὶς ὁ κύριος αὐτοῦ παρέδωκεν αὐτόν
22 7 ὁ δὲ βασιλεὺς ὠργίσθη
Mk 1 41 ὀργισθεὶς ἐκτείνας τ. χεῖρα αὐτοῦ ἥψατο
σπλαγχνισθείς, TWH non mg. R
Lu 14 21 τότε ὀργισθεὶς ὁ οἰκοδεσπότης εἶπεν
15 28 ὠργίσθη δὲ κ. οὐκ ἤθελεν εἰσελθεῖν
Eph 4 26 ὀργίζεσθε κ. μὴ ἁμαρτάνετε
רִגְזוּ וְאַל־תֶּחֱטָאוּ, Ps. iv. 5
Re 11 18 τὰ ἔθνη ὠργίσθησαν
12 17 ὠργίσθη ὁ δράκων ἐπὶ τ. γυναικί

᾿ΟΡΓΙ΄ΛΟΣ 3711

Tit 1 7 μὴ αὐθάδη μὴ ὀργίλον μὴ πάροινον

᾿ΟΡΓΥΙΑ΄* 3712

Ac 27 28 βολίσαντες εὗρον ὀργυιὰς εἴκοσι
28 πάλιν βολίσαντες εὗρον ὀργυιὰς δεκαπέντε

᾿ΟΡΕ΄ΓΟΜΑΙ ** 3713

I Ti 3 1 εἴ τις ἐπισκοπῆς ὀρέγεται
6 10 ἧς τινὲς ὀρεγόμενοι ἀπεπλανήθησαν ἀπὸ τ. πίστεως
He 11 16 νῦν δὲ κρείττονος ὀρέγονται

᾿ΟΡΕΙΝΟ´Σ 3714

ὀρινός, WH

Lu 1 39 ἐπορεύθη εἰς τ. ὀρεινὴν μετὰ σπουδῆς
65 ἐν ὅλῃ τ. ὀρεινῇ τ. Ἰουδαίας διελαλεῖτο πάντα τὰ ῥήματα ταῦτα

῎ΟΡΕΞΙΣ * 3715

Ro 1 27 ἐξεκαύθησαν ἐν τ. ὀρέξει αὐτῶν εἰς ἀλλήλους

᾿ΟΡΘΟΠΟΔΕ´Ω * † 3716

Ga 2 14 οὐκ ὀρθοποδοῦσιν πρὸς τ. ἀλήθειαν τ. εὐαγγελίου

᾿ΟΡΘΟ´Σ 3717

Ac 14 10 ἀνάστηθι ἐπὶ τ. πόδας σου ὀρθός
He 12 13 τροχιὰς ὀρθὰς ποιεῖτε τ. ποσὶν ὑμῶν

פַּלֵּס מַעְגַּל רַגְלֶךָ, Pr. iv. 26

᾿ΟΡΘΟΤΟΜΕ´Ω † 3718

II Ti 2 15 ὀρθοτομοῦντα τ. λόγον τ. ἀληθείας

᾿ΟΡΘΡΙ´ΖΩ † 3719

Lu 21 38 πᾶς ὁ λαὸς ὤρθριζεν πρὸς αὐτὸν ἐν τ. ἱερῷ

᾿ΟΡΘΡΙΝΟ´Σ 3720

Lu 24 22 γενόμεναι ὀρθριναὶ ἐπὶ τὸ μνημεῖον

῎ΟΡΘΡΟΣ 3722

Lu 24 1 τ. δὲ μιᾷ τ. σαββάτων ὄρθρου βαθέως
Jo 8 [2 ὄρθρου δὲ πάλιν παρεγένετο εἰς τὸ ἱερόν
Ac 5 21 εἰσῆλθον ὑπὸ τ. ὄρθρον εἰς τὸ ἱερόν

᾿ΟΡΘΩ͂Σ 3723

Mk 7 35 κ. ἐλάλει ὀρθῶς
Lu 7 43 ὁ δὲ εἶπεν αὐτῷ Ὀρθῶς ἔκρινας
10 28 εἶπεν δὲ αὐτῷ Ὀρθῶς ἀπεκρίθης
20 21 οἴδαμεν ὅτι ὀρθῶς λέγεις κ. διδάσκεις

῾ΟΡΙ´ΖΩ 3724

Lu 22 22 ὁ υἱὸς μὲν τ. ἀνθρώπου κατα το ωρισμενον πορεύεται
Ac 2 23 τοῦτον τ. ὡρισμένῃ βουλῇ κ. προγνώσει τ. Θεοῦ ἔκδοτον
10 42 οὗτός ἐστιν ὁ ὡρισμένος ὑπὸ τ. Θεοῦ
11 29 ὥρισαν ἕκαστος αὐτῶν εἰς διακονίαν πέμψαι
17 26 ὁρίσας προστεταγμένους καιροὺς
31 κρίνειν τ. οἰκουμένην . . . ἐν ἀνδρὶ ᾧ ὥρισεν
Ro 1 4 τ. ὁρισθέντος υἱοῦ Θεοῦ ἐν δυνάμει
He 4 7 πάλιν τινὰ ὁρίζει ἡμέραν

῞ΟΡΙΟΝ 3725

Mt 2 16 ἀνεῖλεν πάντας τ. παῖδας τοὺς ἐν Βηθλεὲμ κ. ἐν πᾶσι τ. ὁρίοις αὐτῆς
4 13 εν ὁρίοις Ζαβουλὼν κ. Νεφθαλείμ
8 34 παρεκάλεσαν ὅπως μεταβῇ ἀπὸ τ. ὁρίων αὐτῶν
Mt 15 22 γυνὴ Χαναναία ἀπὸ τ. ὁρίων ἐκείνων ἐξελθοῦσα
39 ἦλθεν εἰς τὰ ὅρια Μαγαδάν
19 1 ἦλθεν εἰς τὰ ὅρια τ. Ἰουδαίας πέραν τ Ἰορδάνου
Mk 5 17 ἤρξαντο παρακαλεῖν αὐτὸν ἀπελθεῖν ἀπὸ τ. ὁρίων αὐτῶν
7 24 ἀπῆλθεν εἰς τὰ ὅρια Τύρου κ. Σιδῶνος
31 πάλιν ἐξελθὼν ἐκ τ. ὁρίων Τύρου ἦλθεν . . . ἀνὰ μέσον τ. ὁρίων Δεκαπόλεως
10 1 ἔρχεται εἰς τὰ ὅρια τ. Ἰουδαίας
Ac 13 50 ἐξέβαλον αὐτοὺς ἀπὸ τ. ὁρίων αὐτῶν

᾿ΟΡΙΝΟ´Σ *Vide* ᾿ΟΡΕΙΝΟ´Σ, 3714

῾ΟΡΚΙ´ΖΩ 3726 cf.1774.5

Mk 5 7 ὁρκίζω σε τ. Θεὸν μή με βασανίσῃς
Ac 19 13 ὁρκίζω ὑμᾶς τ. Ἰησοῦν ὃν Παῦλος κηρύσσει

῞ΟΡΚΟΣ 3727

Mt 5 33 ἀποδώσεις δὲ τ. Κυρίῳ τ. ὅρκους σου

לֹא־תִשָּׁבְעוּ בִשְׁמִי לַשָּׁקֶר, Lev. xix. 12

14 7 ὅθεν μετὰ ὅρκου ὡμολόγησεν αὐτῇ δοῦναι
9 διὰ τ. ὅρκους κ. τ. συνανακειμένους ἐκέλευσεν δοθῆναι
26 72 πάλιν ἠρνήσατο μετὰ ὅρκου
Mk 6 26 διὰ τ. ὅρκους κ. τ. ἀνακειμένους οὐκ ἠθέλησεν ἀθετῆσαι αὐτήν
Lu 1 73 ὅρκον ὃν ὤμοσεν πρὸς Ἀβραὰμ τ. πατέρα ἡμῶν
Ac 2 30 εἰδὼς ὅτι ὅρκῳ ὤμοσεν αὐτῷ ὁ Θεός
He 6 16 πάσης αὐτοῖς ἀντιλογίας πέρας εἰς βεβαίωσιν ὁ ὅρκος
17 ὁ Θεὸς . . . ἐμεσίτευσεν ὅρκῳ
Ja 5 12 μὴ ὀμνύετε μήτε τ. οὐρανὸν . . . μήτε ἄλλον τινὰ ὅρκον

῾ΟΡΚΩΜΟΣΙ´Α 3728

He 7 20 καθ᾽ ὅσον οὐ χωρὶς ὁρκωμοσίας· οἱ μὲν γὰρ χωρὶς ὁρκωμοσίαν εἰσὶν ἱερεῖς γεγονότες,
21 ὁ δὲ μετὰ ὁρκωμοσίας
28 ὁ λόγος δὲ τ. ὁρκωμοσίας τῆς μετὰ τ. νόμον

῾ΟΡΜΑ´Ω 3729

Mt 8 32 ὥρμησεν πᾶσα ἡ ἀγέλη κατὰ τ. κρημνοῦ
Mk 5 13 ὥρμησεν ἡ ἀγέλη κατὰ τ. κρημνοῦ
Lu 8 33 ὥρμησεν ἡ ἀγέλη κατὰ τ. κρημνοῦ
Ac 7 57 ὥρμησαν ὁμοθυμαδὸν ἐπ᾽ αὐτόν
19 29 ὥρμησάν τε ὁμοθυμαδὸν εἰς τὸ θέατρον

῾ΟΡΜΗ´ 3730

Ac 14 5 ὡς δὲ ἐγένετο ὁρμὴ τ. ἐθνῶν τε κ. Ἰουδαίων
Ja 3 4 ὅπου ἡ ὁρμὴ τ. εὐθύνοντος βούλεται

῞ΟΡΜΗΜΑ 3731

Re 18 21 οὕτως ὁρμήματι βληθήσεται Βαβυλὼν

῎ΟΡΝΕΟΝ 3732

Re 18 2 φυλακὴ παντὸς ὀρνέου ἀκαθάρτου κ. μεμισημένου

Re 19 17 λέγων πᾶσι τ. ὀρνέοις τ. πετομένοις ἐν μεσουρανήματι
21 πάντα τὰ ὄρνεα ἐχορτάσθησαν ἐκ τ. σαρκῶν αὐτῶν

ὌΡΝΙΞ * † 3733.5 cf. 3733

Lu 13 34 ὃν τρόπον ὄρνιξ τὴν ἑαυτῆς νοσσίαν ὑπὸ τ. πτέρυγας
ὄρνις, WH

ὌΡΝΙΣ 3733

Mt 23 37 ὃν τρόπον ὄρνις ἐπισυνάγει τὰ νόσσια αὐτῆς ὑπὸ τ. πτέρυγας
Lu 13 34 ὃν τρόπον ὄρνις τὴν ἑαυτῆς νοσσίαν ὑπὸ τ. πτέρυγας
ὄρνιξ, T

ὉΡΟΘΕΣΙ΄Α * † 3734

Ac 17 26 ὁρίσας . . . τ. ὁροθεσίας τ. κατοικίας αὐτῶν

ὌΡΟΣ 3735

(1) ὄρ. τ. ἐλαιῶν, ἐλαιῶνος (2) τὰ ὄρη
(3) ὄρ. Σινά (4) ὄρ. Σιών

Mt 4 8 παραλαμβάνει αὐτὸν ὁ διάβολος εἰς ὄρος ὑψηλὸν λίαν
5 1 ἰδὼν δὲ τ. ὄχλους ἀνέβη εἰς τὸ ὄρος
14 οὐ δύναται πόλις κρυβῆναι ἐπάνω ὄρους κειμένη
8 1 καταβάντος δὲ αὐτοῦ ἀπὸ τ. ὄρους
14 23 ἀνέβη εἰς τὸ ὄρος κατ' ἰδίαν προσεύξασθαι
15 29 ἀναβὰς εἰς τὸ ὄρος ἐκάθητο ἐκεῖ
17 1 ἀναφέρει αὐτοὺς εἰς ὄρος ὑψηλὸν κατ' ἰδίαν
9 καταβαινόντων αὐτῶν ἐκ τ. ὄρους
20 ἐρεῖτε τ. ὄρει τούτῳ
18 12 ² οὐχὶ ἀφήσει τὰ ἐνενήκοντα ἐννέα ἐπὶ τὰ ὄρη
21 1 ¹ ἦλθον εἰς Βηθφαγὴ εἰς τὸ ὄρος τ. ἐλαιῶν
21 ἀλλὰ κἂν τ. ὄρει τούτῳ εἴπητε
24 3 ¹ καθημένου δὲ αὐτοῦ ἐπὶ τὸ ὄρος τ. ἐλαιῶν
16 ² τότε οἱ ἐν τ. Ἰουδαίᾳ φευγέτωσαν εἰς τὰ ὄρη
ἐπὶ τ. ὄρ., TWH marg.
26 30 ¹ ὑμνήσαντες ἐξῆλθον εἰς τὸ ὄρος τ. ἐλαιῶν
28 16 ἐπορεύθησαν εἰς τ. Γαλιλαίαν εἰς τὸ ὄρος οὗ ἐτάξατο αὐτοῖς
Mk 3 13 ἀναβαίνει εἰς τὸ ὄρος
5 5 ² ἐν τ. μνήμασιν κ. ἐν τ. ὄρεσιν ἦν
11 ἦν δὲ ἐκεῖ πρὸς τ. ὄρει ἀγέλη χοίρων
6 46 ἀπῆλθεν εἰς τὸ ὄρος προσεύξασθαι
9 2 ἀναφέρει αὐτοὺς εἰς ὄρος ὑψηλὸν κατ' ἰδίαν
9 καταβαινόντων αὐτῶν ἐκ τ. ὄρους
ἀπὸ τ. ὄρ., TWH mg.
11 1 ¹ ὅτε ἐγγίζουσιν . . . πρὸς τὸ ὄρος τ. ἐλαιῶν
23 ὃς ἂν εἴπῃ τ. ὄρει τούτῳ
13 3 ¹ καθημένου αὐτοῦ εἰς τὸ ὄρος τ. ἐλαιῶν
14 ² τότε οἱ ἐν τ. Ἰουδαίᾳ φευγέτωσαν εἰς τὰ ὄρη
14 26 ¹ ὑμνήσαντες ἐξῆλθον εἰς τὸ ὄρος τ. ἐλαιῶν
Lu 3 5 πᾶν ὄρος κ. βουνὸς ταπεινωθήσεται
כָּל־הַר וְגִבְעָה יִשְׁפָּלוּ, Is. xl. 4
4 29 ἤγαγον αὐτὸν ἕως ὀφρύος τ. ὄρους
6 12 ἐξελθεῖν αὐτὸν εἰς τὸ ὄρος προσεύξασθαι

Lu 8 32 ἀγέλη χοίρων ἱκανῶν βοσκομένη ἐν τ. ὄρει
9 28 ἀνέβη εἰς τὸ ὄρος προσεύξασθαι
37 κατελθόντων αὐτῶν ἀπὸ τ. ὄρους
19 29 ¹ ὡς ἤγγισεν . . . πρὸς τὸ ὄρος τὸ καλούμενον ἐλαιῶν
37 ¹ ἤδη πρὸς τ. καταβάσει τ. ὄρους τ. ἐλαιῶν
21 21 ² τότε οἱ ἐν τ. Ἰουδαίᾳ φευγέτωσαν εἰς τὰ ὄρη
37 ¹ ηὐλίζετο εἰς τὸ ὄρος τὸ καλούμενον ἐλαιῶν
22 39 ¹ ἐπορεύθη κατὰ τὸ ἔθος εἰς τὸ ὄρος τ. ἐλαιῶν
23 30 ² τότε ἄρξονται λέγειν τ. ὄρεσιν
Jo 4 20 οἱ πατέρες ἡμῶν ἐν τ. ὄρει τούτῳ προσεκύνησαν
21 οὔτε ἐν τ. ὄρει τούτῳ οὔτε ἐν Ἱεροσολύμοις προσκυνήσετε
6 3 ἀνῆλθεν δὲ εἰς τὸ ὄρος Ἰησοῦς
15 ἀνεχώρησεν πάλιν εἰς τὸ ὄρος αὐτὸς μόνος
8 [1 ¹ Ἰησοῦς δὲ ἐπορεύθη εἰς τὸ ὄρος τ. ἐλαιῶν
Ac 1 12 ¹ ὑπέστρεψαν εἰς Ἰερουσαλὴμ ἀπὸ ὄρους τ. καλουμένου ἐλαιῶνος
7 30 ³ ὤφθη αὐτῷ ἐν τῇ ἐρήμῳ τ. ὄρους Σινά
38 ³ μετὰ τ. ἀγγέλου τ. λαλοῦντος αὐτῷ ἐν τ. ὄρει Σινά
1Co13 2 ² ὥστε ὄρη μεθιστάνειν
Ga 4 24 ³ μία μὲν ἀπὸ ὄρους Σινὰ εἰς δουλείαν γεννῶσα
25 ³ τὸ δὲ Ἄγαρ Σινὰ ὄρος ἐστὶν ἐν τ. Ἀραβίᾳ
He 8 5 ποιήσεις πάντα κατὰ τ. τύπον τ. δειχθέντα σοι ἐν τ. ὄρει
עֲשֵׂה בְּתַבְנִיתָם אֲשֶׁר־אַתָּה מָרְאֶה בָּהָר, Ex. xxv. 40
11 38 ² ἐπὶ ἐρημίαις πλανώμενοι κ. ὄρεσιν
12 20 κἂν θηρίον θίγῃ τ. ὄρους λιθοβοληθήσεται
לֹא־תִגַּע בּוֹ יָד כִּי־סָקוֹל יִסָּקֵל . . . אִם־בְּהֵמָה
Ex. xix. 13
22 ⁴ προσεληλύθατε Σιὼν ὄρει
II Pe1 18 σὺν αὐτῷ ὄντες ἐν τ. ἁγίῳ ὄρει
τ. ὄρ. τ. ἁγίῳ, T
Re 6 14 πᾶν ὄρος κ. νῆσος ἐκ τ. τόπων αὐτῶν ἐκινήθησαν
15 ² ἔκρυψαν ἑαυτοὺς . . . εἰς τ. πέτρας τ. ὀρέων,
16 ² κ. λέγουσιν τ. ὄρεσι κ. τ. πέτραις
8 8 ὡς ὄρος μέγα πυρὶ καιόμενον ἐβλήθη εἰς τ θάλασσαν
14 1 ⁴ ἀρνίον ἑστὸς ἐπὶ τὸ ὄρος Σιών
16 20 ² ὄρη οὐχ εὑρέθησαν
17 9 ² αἱ ἑπτὰ κεφαλαὶ ἑπτὰ ὄρη εἰσίν
21 10 ἀπήνεγκέν με ἐν πνεύματι ἐπὶ ὄρος μέγα κ. ὑψηλόν

ὈΡΥ΄ΣΣΩ 3736

Mt 21 33 ὤρυξεν ἐν αὐτῷ ληνόν
25 18 ὁ δὲ τὸ ἓν λαβὼν ἀπελθὼν ὤρυξεν γῆν
Mk 12 1 ὤρυξεν ὑπολήνιον

ὈΡΦΑΝΟ΄Σ 3737

Mk 12 40 οἱ κατέσθοντες τ. οἰκίας τ. χηρῶν κ. ὀρφανῶν
—κ. ὀρφ., TWH non mg. R
Jo 14 18 οὐκ ἀφήσω ὑμᾶς ὀρφανούς
Ja 1 27 ἐπισκέπτεσθαι ὀρφανοὺς κ. χήρας ἐν τ. θλίψει αὐτῶν

ὈΡΧΈΟΜΑΙ 3738

Mt 11 17 ηὐλήσαμεν ὑμῖν κ. οὐκ ὠρχήσασθε
14 6 ὠρχήσατο ἡ θυγάτηρ τ. Ἡρῳδιάδος ἐν τ. μέσῳ
Mk 6 22 εἰσελθούσης τ. θυγατρὸς αὐτοῦ τ. Ἡρῳδιάδος κ. ὀρχησαμένης
Lu 7 32 ηὐλήσαμεν ὑμῖν κ. οὐκ ὠρχήσασθε

ὍΣ 3739

(1) ὃς ἄν, ἐάν (2) ἐφ᾽ ὅ, ᾧ (3) ἄχρι, ἕως, μέχρις οὗ (4) ἐπάνω, ἐφ᾽ οὗ (5) ἐν ᾧ (6) ἀνθ᾽ ὧν, οὗ εἵνεκεν, χάριν (7) ἀφ᾽ ἧς, οὗ (8) ὅς γε

Instances cited later are omitted here.

Mt 1. 16, [8]25; 2. [4]9, 16; 3. 11, 12; 5. [1]19 (*bis*), [1]21, [1]22 (*bis*), [1]31, [1]32 h. v., [WH]; 7. 9; 10. [1]11, [1]14, 26 (*bis*), [1]42; 11. [1]6, 10 (*bis*), 16, 20, [1]27; 12. 11, 18 (*bis*), [1]32 (*bis*), 36; 13. 23, 31, 32, [3]33, 44, 48; 14. [1]7, [3]22; 15. [1]5 (*bis*), 13; 16. [1]19 (*bis*), [1]25 (*bis*); 17. 5, [8]9; 18. [1]5, [1]6, 7, [1]19, 23, 28, [8]34; 19. [1]9; 20. [1]4, 22, [1]26, [1]27; 21. 24, [1]44 — h. v., T [WH] R mg.; 22. 10 ὅσους, R; 23. [1]16 (*bis*), [1]18 (*bis*), 35; 24. 45, 46; 25. 41 τὸ, TWH non mg. R; 26. 24, [3]36 [WH], [1]48, [2]50; 27. 9, 15, 55, 57, 60.

Mk 1. 2; 2. [5]19, 26; 3. 14—h. v., TR non mg., [1]29, [1]35; 4. 16, 25 (*bis*), 31; 5. 3; 6. [1]11, [1]22, [1]23 —ὁ, WH non mg.; 7. 4, [1]11, 15; 8. [1]35 (*bis*) [1]38; 9. [1]37 (*bis*), 38 —h. v., WH non mg. R, 39, [1]41, [1]42; 10. [1]11, [1]15, 29, [1]35, 38 (*bis*), 39 (*bis*), [1]43, [1]44; 11. 2, 21, [1]23; 13. [1]11, 19, 20, [3]30; 14. 21, 32, [1]44; 15. 6, 23, 41, 43, 46; 16. [9.

Lu 1. [6]20, 26, 27, 61, 78; 2. 11, 15, 25, 31, 37; 4. [1]6, [6]18, [4]29; 5. 3, 10, 17, 18, 21, 29, [5]34; 6. 3, 4, 13, 14, 16, 48, 49; 7. 2, 4, [1]23, 27 (*bis*), 32 —T, [7]45, [6]47; 8. 2 (*bis*), 13 (*bis*), 17 (*bis*), [1]18 (*bis*), 35, 38, 41; 9. [1]4, [1]24 (*bis*), [1]26, 27, 31 (*bis*), [1]48 (*bis*); 10. [1]5, [1]8, [1]10, [1]22, 30, 39 [WH]; 11. 22, 27; 12. 2 (*bis*), [6]3, [1]8, 24, 37, 42, 43, 48; 13. 4, [7]7, 14, 16, 19, 21, [3]21, [1 7]25, 30 (*bis*); 14. 33; 15. [8]8 ὅτου, T; 16. 1; 17. 7, 12, [1]33 (*bis*); 18. [1]17, 29, 30; 19. [5]13, 15, 20, 30 (*bis*), [6]44; 20. [1]18, 47; 21. 4, 6 (*bis*), 15, [3]24; 22. 7, 10, [3]18 ὅτου, T, 22; 23. 27, 29 (*ter*), 51; 24. 13, 17, 18 —WHR, 19, [7]21, 23, 44, [3]49.

Jo 1. 4, 9, 13, 15 ὁ εἰπών, WH non mg. R mg., 30 (*bis*), [1]33, 47; 2. 22; 3. 2, 26 (*bis*), 32; 4. 5, [1]14, 29 (*bis*), 32, 39, 46, 50, 52, 53; 5. [5]7, 11 —T, [1]19, 20, 28, 36 (*bis*), 38, 45; 6. 2, 13, 21, 27, 37, 42, 51, 63, 64; 7. 3, 25, 36, 39 οὗ, TWH non mg.; 8. 26, 40 (*bis*), 54; 9. 19, 24; 10. 11, 16, 25, 29 ὃ, TWH non mg. R mg., 35; 11. 2; 12. 1, 9, 48; 13. 5, 23, 24, [3]38; 14. 12, 17, 24, 26 (*bis*); 15. [1]7, 24, 26 (*bis*), 17, 18; 17. 4, 5 ᾗ TWH non mg., 8, 22, 24 ὃ, TWHR non mg., 24, 26; 18. 1, 9 (*bis*), 11, 13, 32; 19. 41; 20. 2, 7, 30; 21. 7, 20 (*bis*), 25 —h. v., T.

Ac 1. 2, 3, 4, 7, 12, 23, 24, 25; 2. [1]21, 24, 33; 3. 2, 3, 6, 13, 15, 21; 4. 10 (*bis*), 12, 22, 27, 31; 5. 30, 32 —WH mg. R mg., 36 (*bis*); 6. 3, 6, 10; 7. [1]3, 4, [1]7, [3]18, 18, 20, 33, 35, 38, 39, 40 (*bis*), 43, 44, 45, 46, 52; 8. 6, 10, [1]19, 24 —h. v., TWH non mg. R, 27, 27 —T [WH]; 9. 5, 17, 33, 36, 39; 10. 5, 6, 12, 21 (*bis*), 36 —WH non mg. R mg., 37, 38, 39, 45 ὅσοι, TWH mg. R; 11. 6, 11, 14 (*bis*), 23; 12. 4, [6]23; 13. 6, 7, 22 (*bis*), 25, 31; 14. 8, 9, 15, 16; 15. 10, 29; 16. 2, 14, 21, 24; 17 3, 23 (*bis*), 31, 34; 18. 7, 27; 19. 13, 16, 25, 27, 35, 40: 20. [7]18, 24, 25, 28; 21. 11, 23, [3]26, 29, 32; 22. 4, 8; 23. [3]12, [3]14, 19, [3]21, 28, 29; 24. 6 (*bis*), 8 (*bis*), [7]11, 14, 15, 18, 19; 25. 7, 15, 16, 18, 19, [3]21, 24, 26; 26. 2, 7, 15, 26; 27. 8, 17, 23 (*bis*), [3]33, 39; 28. 4, 7, 8, 10, 15, 23.

Ro 1. 2, 5, 6, 9, 25, 27; 2. 6, 23, 29; 3. 8, 25, 30; 4. 6, 8 ᾧ, WH mg. R, 16, 18, 24, 25; 5. 2 (*bis*), 11, [2]12, 14; 7. 15 (*bis*), 16, 19 (*bis*), 20; 8. [5]3, [5]15, 30 (*ter*), [8]32, 34 (*bis*); 9. 4, 5 (*bis*), [1]15 (*bis*); 10. 8, [1]13; 11. 7, [3]25; 14. 15, 22, 23; 16. [1]2, 4, 5, 7, 17, 27 —[WH] R mg.

I Co 1. 8, 9, 30; 2. 16; 3. 5, 11; 4. 5, 7, 17 (*bis*); 6. [1]18; 7. 24; 8. 6, 6 δι᾽ ὅν, WH mg., 11; 10. 11, 13; 11. [3]26, [1]27; 12. 23; 15. 1 (*quater*), 6, 9, 15, [8]25, 31; 16. [1]3.

II Co 1. 10 (*bis*); 2. 4, 9 εἰ, TWH non mg. R non mg.; 3. 6; 4. 4 (*bis*), 6; 5. [2]4; 8. 18, 22; 9. 2; 10. 1, 2; 11. 4 (*ter*), 15, [1]21; 12. 13; 13. 3, 10.

Ga 1. 5, 7; 2. 2, 4, 5, 18; 3. 1, 10, [3]19 ἄν, WH non mg., 19; 4. 9, [3]20; 5. [1]17, 21; 6. [1]7.

Eph 1. 7, 9, 10, 13 (*bis*), 14 ὅς, TWH mg., 20: 2. 2, 3, 4, 21, 22; 3. 4, 5, 7, 11, 12, 15; 4. 15, 16, 30; 5. 4, 18; 6. 16, 19, 20.

Phl 2. 5, 6; 3. 8, [2]12, 16, 19 (*bis*), 21; 4. 3, 9, [2]10.

Col. 1. 4, 5, 7, 13, 14, 15, 18, 23, 24, 25, 27, 27 ὅς, TWH mg., 28; 2. 3, 10, 11, 12, 14, 17 ὅ, WH mg.; 3. 6, 7, 15, [1]23; 4. 3, 8, 9, 10, 17.

I Th 1. 10; 2. 13; 3. 9; 5. 24.

II Th 1. 5; 2. 8, 9, [6]10; 2. 15; 3. 3, 6.

I Ti 1. 11, 15, 19, 20 (*ter*); 2. 4, 7; 4. 3, 6, 10, 14; 6. 4, 10, 12, 16 (*bis*), 21.

II Ti 1. 3, 11, 13, 15; 2. 2, 9, 17; 4. 8, 13, 15, 18.

Tit 1. 2, 3, 10; 2, 14; 3. 5.

Phm 5, 11, 13.

He 1. 2 (*bis*), 3; 2. 10 (*bis*), 13, [5]18; 3. 6, [8]13, 17; 4. 13; 5. 7; 6. 7, 8, 17, 18, 19; 7. 1 ὁ, TWH non mg. R, 2, 4, 13, 16, 19, 27; 8. 1, 2, 3, 9, 10; 9. 2, 4, 5, 7, 9, 14; 10. 16, 20, 29, 32; 11. 4, 7, 8, 10, 15, 18, 29, 33, 38; 12. 2, 6, 7, 8, 14, 16, 19, 26, 28; 13. 7, 9, 10, 21, 23.

Ja 1. 12 (*bis*), 17; 4. [1]4, 5; 5. 10.

I Pe 1. 6, 8 (*bis*), 12 (*ter*); 2. 4, 8, 22, 23, 24; 3. 3, [5]19, 20, 22; 4. [5]4, 5, 11; 5. 9, 12.

II Pe 1. 4, 17, 19, [3]19; 2. 2, 3, 15 —WH mg., 17, 19; 3. [7]4, 6, 10, 12, 13, 16 (*bis*).

I Jo 1. 5; 2. [1]5, 7 (*bis*), 27; 3. 11, [1]17, [1]22; 4. 2, 3 (*bis*), [1]15, 16, 20 (*bis*); 5. 10, 14, [1]15, 15.

II Jo 5.

III Jo 1, [1]5, 6 (*bis*), 10.

Ju 13.

Re 1. 1, 2, 4 τῶν, WH mg., 20; 2. 6, 7, 8, 13, 14, 17, [1 3]25; 3. 4; 4. 1; 5. 6, 8 ἅ, WH mg.; 7. 9; 8. 2; 9. 20 (*bis*); 10. 5, 6, 8; 11. 16 οἱ, WH non mg.; 12. 5, 16; 13. 2, 14; 14. 4, 8; 16. 14, [7]18; 17. 2, 8, 11, 12, 15, 16, 18; 18. 19; 19. 12, 20; 20. 2 ὅ, T, 11; 21. 12.

ὃς μέν

Mt 13 4 ἃ μὲν ἔπεσεν παρὰ τὴν ὁδόν
8 ἐδίδου καρπὸν ὃ μὲν ἑκατὸν ὃ δὲ ἑξήκοντα ὃ δὲ τριάκοντα
23 ὃς δὴ καρποφορεῖ κ. ποιεῖ ὃ μὲν ἑκατὸν ὃ δὲ ἑξήκοντα ὃ δὲ τριάκοντα

Mt 21 35 ὃν μὲν ἔδειραν ὃν δὲ ἀπέκτειναν ὃν δὲ ἐλιθοβόλησαν
22 5 ὃς μὲν εἰς τ. ἴδιον ἀγρὸν ὃς δὲ ἐπὶ τ. ἐμπορίαν αὐτοῦ
25 15 ᾧ μὲν ἔδωκεν πέντε τάλαντα ᾧ δὲ δύο ᾧ δὲ ἕν
Mk 4 4 ὃ μὲν ἔπεσεν παρὰ τὴν ὁδόν
12 5 οὓς μὲν δέροντες οὓς δὲ ἀποκτέννυντες
Lu 8 5 ὃ μὲν ἔπεσεν παρὰ τὴν ὁδόν
23 33 ἐσταύρωσαν . . . τ. κακούργους ὃν μὲν ἐκ δεξιῶν ὃν δὲ ἐξ ἀριστερῶν
Ac 27 44 οὓς μὲν ἐπὶ σανίσιν οὓς δὲ ἐπί τινων τῶν ἀπὸ τ. πλοίου
Ro 9 21 ποιῆσαι ὃ μὲν εἰς τιμὴν σκεῦος ὃ δὲ εἰς ἀτιμίαν
14 2 ὃς μὲν πιστεύει φαγεῖν πάντα
5 ὃς μὲν γὰρ κρίνει ἡμέραν παρ' ἡμέραν ὃς δὲ κρίνει πᾶσαν ἡμέραν
I Co 11 21 ὃς μὲν πεινᾷ ὃς δὲ μεθύει
12 8 ᾧ μὲν γὰρ διὰ τ. πνεύματος δίδοται λόγος σοφίας
28 οὓς μὲν ἔθετο ὁ Θεὸς ἐν τ. ἐκκλησίᾳ πρῶτον ἀποστόλους
II Co 2 16 οἷς μὲν ὀσμὴ ἐκ θανάτου εἰς θάνατον· οἷς δὲ ὀσμὴ ἐκ ζωῆς εἰς ζωήν
II Ti 2 20 ἃ μὲν εἰς τιμὴν ἃ δὲ εἰς ἀτιμίαν
Ju 22 οὓς μὲν ἐλεᾶτε διακρινομένους οὓς δὲ σώζετε ἐκ πυρὸς ἁρπάζοντες.
—οὓς δέ, WH
23 οὓς δὲ ἐλεᾶτε ἐν φόβῳ

Construction according to sense.

Mk 15 16 ἔσω τ. αὐλῆς ὅ ἐστιν πραιτώριον
Lu 6 17 πλῆθος πολὺ τ. λαοῦ . . . οἳ ἦλθαν ἀκοῦσαι αὐτοῦ
Jo 6 9 ἔστιν παιδάριον ὧδε ὃς ἔχει πέντε ἄρτους κριθίνους
Ac 15 17 πάντα τὰ ἔθνη ἐφ' οὓς ἐπικέκληται τὸ ὄνομά μου ἐπ' αὐτούς
כָּל־הַגּוֹיִם אֲשֶׁר־נִקְרָא שְׁמִי עֲלֵיהֶם, Am.ix.12
36 κατὰ πόλιν πᾶσαν ἐν αἷς κατηγγείλαμεν τ. λόγον τ. Κυρίου
22 5 πᾶν τὸ πρεσβυτέριον παρ' ὧν κ. ἐπιστολὰς δεξάμενος
24 11 ἡμέραι δώδεκα ἀφ' ἧς ἀνέβην προσκυνήσων
26 17 ἐξαιρούμενός σε ἐκ τ. λαοῦ κ. ἐκ τ. ἐθνῶν εἰς οὓς ἐγὼ ἀποστέλλω σε
Ro 6 21 τίνα οὖν καρπὸν εἴχετε τότε ἐφ' οἷς νῦν ἐπαισχύνεσθε;
τότε; . . . ἐπαισχύνεσθε, T
9 24 σκεύη ἐλέους . . . οὓς κ. ἐκάλεσεν ἡμᾶς
Ga 3 16 κ. τ. σπέρματί σου ὅς ἐστιν Χριστός
4 19 τεκνία μου οὓς πάλιν ὠδίνω
Eph 1 14 ἐσφραγίσθητε τ. πνεύματι τ. ἐπαγγελίας τ. ἁγίῳ ὅς ἐστιν ἀρραβών
ὅ, WH non mg. R
5 4 μωρολογία ἢ εὐτραπελία ἃ οὐκ ἀνῆκεν
6 17 τ. μάχαιραν τ. πνεύματος ὅ ἐστιν ῥῆμα Θεοῦ
Phl 2 15 μέσον γενεᾶς σκολιᾶς κ. διεστραμμένης ἐν οἷς φαίνεσθε
3 20 ἐν οὐρανοῖς ὑπάρχει ἐξ οὗ κ. σωτῆρα ἀπεκδεχόμεθα
Col 1 27 τ. μυστηρίου τούτου ἐν τ. ἔθνεσιν ὅς ἐστιν Χριστὸς ἐν ὑμῖν
ὅ, WH non mg.
2 19 οὐ κρατῶν τ. κεφαλὴν ἐξ οὗ πᾶν τὸ σῶμα . . . αὔξει

I Ti 3 16 τὸ τ. εὐσεβείας μυστήριον ὃς ἐφανερώθη ἐν σαρκί
ὅ, R mg.
Phm 10 περὶ τ. ἐμοῦ τέκνου ὃν ἐγέννησα ἐν τ. δεσμοῖς
II Pe 3 1 δευτέραν ὑμῖν γράφω ἐπιστολὴν ἐν αἷς διεγείρω
I Jo 2 8 ἐντολὴν καινὴν γράφω ὑμῖν ὅ ἐστιν ἀληθὲς ἐν αὐτῷ κ. ἐν ὑμῖν
II Jo 1 τ. τέκνοις αὐτῆς οὓς ἐγὼ ἀγαπῶ ἐν ἀληθείᾳ
Re 4 5 ἑπτὰ λαμπάδες πυρὸς καιόμεναι . . . ἅ εἰσιν τὰ ἑπτὰ πνεύματα τ. Θεοῦ
5 8 φιάλας χρυσᾶς γεμούσας θυμιαμάτων αἵ εἰσιν αἱ προσευχαὶ τ. ἁγίων
ἅ, WH mg.
13 14 ποιῆσαι εἰκόνα τ. θηρίῳ ὃς ἔχει τ. πληγὴν τ. μαχαίρης κ. ἔζησεν

ὃ ἑρμηνεύεται, ὅ ἐστιν, ὃ λέγεται

Mt 1 23 Ἐμμανουὴλ ὅ ἐστιν μεθερμηνευόμενον Μεθ' ἡμῶν ὁ Θεός
27 33 Γολγοθὰ ὅ ἐστιν Κρανίου Τόπος λεγόμενος
Mk 3 17 Βοανηργὲς ὅ ἐστιν Υἱοὶ βροντῆς
5 41 Ταλειθὰ κοὺμ ὅ ἐστιν μεθερμηνευόμενον
7 11 Κορβὰν ὅ ἐστιν Δῶρον
34 Ἐφφαθὰ ὅ ἐστιν Διανοίχθητι
12 42 ἔβαλεν λεπτὰ δύο ὅ ἐστιν κοδράντης
15 16 ἔσω τ. αὐλῆς ὅ ἐστιν πραιτώριον
22 τ. Γολγοθὰν τόπον ὅ ἐστιν μεθερμηνευόμενος Κρανίου Τόπος
34 ἐλωὶ ἐλωὶ λαμὰ σαβαχθανεὶ ὅ ἐστιν μεθερμηνευόμενον
42 παρασκευὴ ὅ ἐστιν προσάββατον
Jo 1 38 Ῥαββεὶ ὃ λέγεται μεθερμηνευόμενον Διδάσκαλε
41 εὑρήκαμεν τ. Μεσσίαν ὅ ἐστιν μεθερμηνευόμενον Χριστός
42 σὺ κληθήσῃ Κηφᾶς ὃ ἑρμηνεύεται Πέτρος
9 7 Σιλωὰμ ὃ ἑρμηνεύεται Ἀπεσταλμένος
19 17 Κρανίου Τόπον ὃ λέγεται Ἑβραϊστὶ Γολγοθά
20 16 λέγει αὐτῷ Ἑβραϊστὶ Ῥαββουνεὶ ὃ λέγεται Διδάσκαλε
Ac 4 36 Βαρνάβας . . . ὅ ἐστιν μεθερμηνευόμενον Υἱὸς Παρακλήσεως
Eph 5 5 ἢ πλεονέκτης ὅ ἐστιν εἰδωλολάτρης
Col 1 24 ὑπὲρ τ. σώματος αὐτοῦ ὅ ἐστιν ἡ ἐκκλησία
3 14 τ. ἀγάπην ὅ ἐστιν σύνδεσμος τ. τελειότητος
II Th 3 17 ὁ ἀσπασμὸς τ. ἐμῇ χειρὶ Παύλου ὅ ἐστιν σημεῖον
He 7 2 βασιλεὺς Σαλὴμ ὅ ἐστιν βασιλεὺς εἰρήνης
Re 20 2 ὁ ὄφις ὁ ἀρχαῖος ὅ ἐστιν ὁ διάβολος κ. ὁ Σατανᾶς
ὅς ἐστ. διάβ., WH
12 ἄλλο βιβλίον ἠνοίχθη ὅ ἐστιν τ. ζωῆς
21 17 μέτρον ἀνθρώπου ὅ ἐστιν ἀγγέλου

ὅ refers to whole sentence

Mt 12 4 τ. ἄρτους τ. προθέσεως ἔφαγον ὃ οὐκ ἐξὸν ἦν αὐτῷ φαγεῖν
οὓς, R
Ac 1 19 ὃ κ. γνωστὸν ἐγένετο πᾶσι τ. κατοικοῦσιν Ἰερουσαλήμ
—ὅ, WHR

Ac 2 32 τοῦτον τ. Ἰησοῦν ἀνέστησεν ὁ Θεὸς οὗ πάντες ἡμεῖς ἐσμὲν μάρτυρες
3 15 ὃν ὁ Θεὸς ἤγειρεν ἐκ νεκρῶν οὗ ἡμεῖς μάρτυρές ἐσμεν
11 30 ὃ καὶ ἐποίησαν ἀποστείλαντες πρὸς τ. πρεσβυτέρους
26 10 ὃ κ. ἐποίησα ἐν Ἱεροσολύμοις
12 ἐν οἷς πορευόμενος εἰς τὴν Δαμασκόν
Ga 2 10 τ. πτωχῶν ἵνα μνημονεύωμεν ὃ κ. ἐσπούδασα αὐτὸ τοῦτο ποιῆσαι
Eph 1 14 ὅ ἐστιν ἀρραβὼν τ. κληρονομίας ἡμῶν
ὅς, TWH mg.
Col 1 29 εἰς ὃ κ. κοπιῶ ἀγωνιζόμενος
2 17 ἐν μέρει ἑορτῆς . . . ἢ σαββάτων ὅ ἐστιν σκιὰ τ. μελλόντων
ἅ, TWH non mg. R
22 ἅ ἐστιν πάντα εἰς φθορὰν τ. ἀποχρήσει
II Th 1 11 εἰς ὃ κ. προσευχόμεθα πάντοτε περὶ ὑμῶν
2 14 εἰς ὃ ἐκάλεσεν ὑμᾶς διὰ τ. εὐαγγελίου ἡμῶν
I Ti 1 6 ὧν τινες ἀστοχήσαντες ἐξετράπησαν εἰς ματαιολογίαν
He 5 11 περὶ οὗ πολὺς ἡμῖν ὁ λόγος
I Pe 2 8 εἰς ὃ κ. ἐτέθησαν
3 4 ὅ ἐστιν ἐνώπιον τ. Θεοῦ πολυτελές
21 ὃ κ. ὑμᾶς ἀντίτυπον νῦν σώζει βάπτισμα
Re 21 8 τὸ μέρος αὐτῶν ἐν τ. λίμνῃ τ. καιομένῃ πυρὶ κ. θείῳ ὅ ἐστιν ὁ θάνατος ὁ δεύτερος

demonstrative implied

(1) case of implied antecedent would differ

Mt 6 8 [1] οἶδεν γὰρ ὁ Θεὸς ὁ πατὴρ ὑμῶν ὧν χρείαν ἔχετε
10 27 ὃ λέγω ὑμῖν ἐν τ. σκοτίᾳ εἴπατε ἐν τ. φωτί·
κ. ὃ εἰς τὸ οὖς ἀκούετε κηρύξατε ἐπὶ τ. δωμάτων
38 ὃς οὐ λαμβάνει τ. σταυρὸν αὐτοῦ . . . οὐκ ἔστιν μου ἄξιος
11 4 ἀπαγγείλατε Ἰωάνει ἃ ἀκούετε κ. βλέπετε
12 2 ποιοῦσιν ὃ οὐκ ἔξεστιν ποιεῖν ἐν σαββάτῳ
13 12 [1] κ. ὃ ἔχει ἀρθήσεται ἀπ' αὐτοῦ
17 ἐπεθύμησαν ἰδεῖν ἃ βλέπετε κ. οὐκ εἶδαν·
κ. ἀκοῦσαι ἃ ἀκούετε κ. οὐκ ἤκουσαν
19 6 ὃ οὖν ὁ Θεὸς συνέζευξεν ἄνθρωπος μὴ χωριζέτω
11 [1] οὐ πάντες χωροῦσιν τ. λόγον ἀλλ' οἷς δέδοται
20 15 οὐκ ἔξεστίν μοι ὃ θέλω ποιῆσαι ἐν τ. ἐμοῖς;
23 οὐκ ἔστιν ἐμὸν δοῦναι ἀλλ' οἷς ἡτοίμασται
25 29 [1] κ. ὃ ἔχει ἀρθήσεται ἀπ' αὐτοῦ
26 13 [1] λαληθήσεται κ. ὃ ἐποίησεν αὕτη
Mk 1 44 προσένεγκε περὶ τ. καθαρισμοῦ σου ἃ προσέταξεν Μωυσῆς
2 24 τί ποιοῦσιν τ. σάββασιν ὃ οὐκ ἔξεστιν
3 13 προσκαλεῖται οὓς ἤθελεν αὐτός
4 9 ὃς ἔχει ὦτα ἀκούειν ἀκουέτω
25 [1] κ. ὃ ἔχει ἀρθήσεται ἀπ' αὐτοῦ
5 33 [1] εἰδυῖα ὃ γέγονεν αὐτῇ
9 9 ἵνα μηδενὶ ἃ εἶδον διηγήσωνται
40 ὃς γὰρ οὐκ ἔστιν καθ' ἡμῶν ὑπὲρ ἡμῶν ἐστίν
10 9 ὃ οὖν ὁ Θεὸς συνέζευξεν ἄνθρωπος μὴ χωριζέτω
30 ὃς δὲ ἀφῆκεν οἰκίαν . . . ζωὴν αἰώνιον λήμψεται
—ὃς δὲ ἀφ. . . . λήμψ., TWH non mg. R
Mk 10 40 οὐκ ἔστιν ἐμὸν δοῦναι ἀλλ' οἷς ἡτοίμασται
11 23 [1] ὃς ἂν . . . πιστεύῃ ὅτι ὃ λαλεῖ γίνεται
13 37 ὃ δὲ ὑμῖν λέγω πᾶσι λέγω
14 8 ὃ ἔσχεν ἐποίησεν
9 [1] κ. ὃ ἐποίησεν αὕτη λαληθήσεται
15 12 τί οὖν ποιήσω ὃν λέγετε τ. βασιλέα τ. Ἰουδαίων;
[ὃν], WH
Lu 5 25 ἄρας ἐφ' ὃ κατέκειτο
6 2 τί ποιεῖτε ὃ οὐκ ἔξεστιν τ. σάββασιν;
34 [1] ἐὰν δανίσητε παρ' ὧν ἐλπίζετε λαβεῖν
46 τί δὲ . . . οὐ ποιεῖτε ἃ λέγω
ὅ, WH mg.
7 22 ἀπαγγείλατε Ἰωάνει ἃ εἴδετε κ. ἠκούσατε
43 [1] ὑπολαμβάνω ὅτι ᾧ τὸ πλεῖον ἐχαρίσατο
47 [1] ᾧ δὲ ὀλίγον ἀφίεται ὀλίγον ἀγαπᾷ
8 18 [1] κ. ὃ δοκεῖ ἔχειν ἀρθήσεται ἀπ' αὐτοῦ
9 33 μὴ εἰδὼς ὃ λέγει
36 [1] οὐδενὶ ἀνήγγειλαν ἐν ἐκείναις τ. ἡμέραις οὐδὲν ὧν ἑώρακαν
50 ὃς γὰρ οὐκ ἔστιν καθ' ὑμῶν ὑπὲρ ὑμῶν ἐστίν
10 23 μακάριοι οἱ ὀφθαλμοὶ οἱ βλέποντες ἃ βλέπετε
24 πολλοὶ . . . ἠθέλησαν ἰδεῖν ἃ ὑμεῖς βλέπετε κ. οὐκ εἶδαν·
κ. ἀκοῦσαι ἃ ἀκούετε κ. οὐκ ἤκουσαν
11 6 οὐκ ἔχω ὃ παραθήσω αὐτῷ
12 3 [1] ὃ πρὸς τὸ οὖς ἐλαλήσατε ἐν τ. ταμείοις
12 διδάξει ὑμᾶς ἐν αὐτῇ τ. ὥρᾳ ἃ δεῖ εἰπεῖν
20 [1] ἃ δὲ ἡτοίμασας τίνι ἔσται;
14 22 [1] Κύριε γέγονεν ὃ ἐπέταξας
17 1 [1] πλὴν οὐαὶ δι' οὗ ἔρχεται
10 ὃ ὠφείλομεν ποιῆσαι πεποιήκαμεν
31 ὃς ἔσται ἐπὶ τ. δώματος . . . μὴ καταβάτω ἆραι αὐτά
19 21 αἴρεις ὃ οὐκ ἔθηκας κ. θερίζεις ὃ οὐκ ἔσπειρας
22 αἴρων ὃ οὐκ ἔθηκα κ. θερίζων ὃ οὐκ ἔσπειρα
26 [1] ἀπὸ δὲ τ. μὴ ἔχοντος κ. ὃ ἔχει ἀρθήσεται
22 60 ἄνθρωπε οὐκ οἶδα ὃ λέγεις
23 14 οὐθὲν εὗρον . . . αἴτιον ὧν κατηγορεῖτε κατ' αὐτοῦ
Jo 1 4 ὃ γέγονεν ἐν αὐτῷ ζωὴ ἦν
ὃ γέγονεν. Ἐν TWH mg. R non mg.
26 [1] μέσος ὑμῶν στήκει ὃν ὑμεῖς οὐκ οἴδατε
45 ὃν ἔγραψεν Μωυσῆς ἐν τ. νόμῳ κ. οἱ προφῆται εὑρήκαμεν
3 11 ὃ οἴδαμεν λαλοῦμεν κ. ὃ ἑωράκαμεν μαρτυροῦμεν
32 ὃ ἑώρακεν κ. ἤκουσεν μαρτυρεῖ
τοῦτο μαρτ., WH non mg. R
34 [1] ὃν γὰρ ἀπέστειλεν ὁ Θεὸς τὰ ῥήματα τ. Θεοῦ λαλεῖ
4 18 [1] νῦν ὃν ἔχεις οὐκ ἔστιν σου ἀνήρ
22 ὑμεῖς προσκυνεῖτε ὃ οὐκ οἴδατε·
ἡμεῖς προσκυνοῦμεν ὃ οἴδαμεν
38 θερίζειν ὃ οὐχ ὑμεῖς κεκοπιάκατε
5 21 οὕτως κ. ὁ υἱὸς οὓς θέλει ζωοποιεῖ
6 29 ἵνα πιστεύητε εἰς ὃν ἀπέστειλεν ἐκεῖνος
8 38 ἃ ἐγὼ ἑώρακα παρὰ τ. πατρὶ λαλῶ·
ἐγὼ ἅ, WH mg.
κ. ὑμεῖς οὖν ἃ ἠκούσατε παρὰ τ. πατρὸς ποιεῖτε
10 29 [1] ὁ πατήρ μου ὃ δέδωκέν μοι πάντων μεῖζόν ἐστιν
ὃς . . . μείζων, WH mg. R non mg.

Jo 10 36 ὃν ὁ πατὴρ ἡγίασεν . . . ὑμεῖς λέγετε
11 3 [1] Κύριε ἴδε ὃν φιλεῖς ἀσθενεῖ
45 θεασάμενοι ὃ ἐποίησεν ἐπίστευσαν εἰς αὐτόν
ἅ, TWH mg. R mg.
46 εἶπαν αὐτοῖς ἃ ἐποίησεν Ἰησοῦς
12 50 ἃ οὖν ἐγὼ λαλῶ . . . οὕτως λαλῶ
13 7 ὃ ἐγὼ ποιῶ σὺ οὐκ οἶδας ἄρτι
27 ὃ ποιεῖς ποίησον τάχειον
29 [1] ἀγόρασον ὧν χρείαν ἔχομεν εἰς τ. ἑορτήν
15 14 ἐὰν ποιῆτε ὃ ἐγὼ ἐντέλλομαι ὑμῖν
ἅ, TWH mg. R
17 9 [1] οὐ περὶ τ. κόσμου ἐρωτῶ ἀλλὰ περὶ ὧν δέδωκάς μοι
24 πατὴρ ὃ δέδωκάς μοι θέλω ἵνα . . . κἀκεῖνοι ὦσι μετ᾽ ἐμοῦ
οὕς, R mg
18 21 ἴδε οὗτοι οἴδασιν ἃ εἶπον ἐγώ
26 συγγενὴς ὧν οὗ ἀπέκοψεν Πέτρος τὸ ὠτίον
19 22 ὃ γέγραφα γέγραφα
37 ὄψονται εἰς ὃν ἐξεκέντησαν
הִבִּיטוּ אֵלַי אֵת אֲשֶׁר־דָּקָרוּ, Zech. xii. 10

Ac 3 18 ὁ δὲ Θεὸς ἃ προκατήγγειλεν . . . ἐπλήρωσεν οὕτως
4 20 οὐ δυνάμεθα γὰρ ἡμεῖς ἃ εἴδαμεν κ. ἠκούσαμεν μὴ λαλεῖν
8 24 [1] ὅπως μηδὲν ἐπέλθῃ ἐπ᾽ ἐμὲ ὧν εἰρήκατε
30 ἆρά γε γινώσκεις ἃ ἀναγινώσκεις;
10 15 ἃ ὁ Θεὸς ἐκαθάρισεν σὺ μὴ κοίνου
21 [1] ἰδοὺ ἐγώ εἰμι ὃν ζητεῖτε
11 9 ἃ ὁ Θεὸς ἐκαθάρισεν σὺ μὴ κοίνου
13 25 [1] ἔρχεται μετ᾽ ἐμὲ οὗ οὐκ εἰμὶ ἄξιος τὸ ὑπόδημα τ. ποδῶν λῦσαι
37 [1] ὃν δὲ ὁ Θεὸς ἤγειρεν οὐκ εἶδεν διαφθοράν
14 11 οἵ τε ὄχλοι ἰδόντες ὃ ἐποίησεν Παῦλος
21 16 [1] ἄγοντες παρ᾽ ᾧ ξενισθῶμεν
22 15 [1] ἔσῃ μάρτυς . . . ὧν ἑώρακας κ. ἤκουσας
24 13 [1] οὐδὲ παραστῆσαι δύνανταί σοι περὶ ὧν νυνὶ κατηγοροῦσίν μου
25 11 [1] εἰ δὲ οὐδέν ἐστιν ὧν οὗτοι κατηγοροῦσίν μου
26 16 [1] μάρτυρα ὧν τε εἶδές με ὧν τε ὀφθήσομαί σοι
28 22 ἀξιοῦμεν δὲ παρὰ σοῦ ἀκοῦσαι ἃ φρονεῖς

Ro 2 1 ἐν ᾧ γὰρ κρίνεις τ. ἕτερον σεαυτὸν κατακρίνεις
4 7 [1] μακάριοι ὧν ἀφέθησαν αἱ ἀνομίαι,
אַשְׁרֵי נְשׂוּי־פֶּשַׁע, Ps. xxxii. 1
[1] κ. ὧν ἐπεκαλύφθησαν αἱ ἁμαρτίαι
כְּסוּי חֲטָאָה, *ib.*
21 ὃ ἐπήγγελται δυνατός ἐστιν κ. ποιῆσαι
6 16 [1] ᾧ παριστάνετε ἑαυτοὺς δούλους εἰς ὑπακοήν,
[1] δοῦλοί ἐστε ᾧ ὑπακούετε
21 [1] τίνα οὖν κάρπον εἴχετε τότε ἐφ᾽ οἷς νῦν ἐπαισχύνεσθε;
τότε; ἐφ᾽ οἷς ν. ἐπαισχ., T
7 6 ἀποθανόντες ἐν ᾧ κατειχόμεθα
15 ὃ γὰρ κατεργάζομαι οὐ γινώσκω
8 24 ὃ γὰρ βλέπει τίς ἐλπίζει;
25 εἰ δὲ ὃ οὐ βλέπομεν ἐλπίζομεν
29 οὓς προέγνω κ. προώρισεν συμμόρφους

Ro 9 18 ἄρα οὖν ὃν θέλει ἐλεεῖ·
ὃν δὲ θέλει σκληρύνει
10 14 πῶς οὖν ἐπικαλέσωνται εἰς ὃν οὐκ ἐπίστευσαν;
[1] πῶς δὲ πιστεύσωσιν οὗ οὐκ ἤκουσαν;
12 3 μὴ ὑπερφρονεῖν παρ᾽ ὃ δεῖ φρονεῖν
14 21 [1] μηδὲ ἐν ᾧ ὁ ἀδελφός σου προσκόπτει
22 [1] μακάριος ὁ μὴ κρίνων ἑαυτὸν ἐν ᾧ δοκιμάζει
15 18 [1] οὐ γὰρ τολμήσω τι λαλεῖν ὧν οὐ κατειργάσατο Χριστός
21 [1] ὄψονται οἷς οὐκ ἀνηγγέλη περὶ αὐτοῦ·
οἷς οὐκ ἀν. π. αὐτ. ὄψ., TWH mg.
אֲשֶׁר לֹא־סֻפַּר לָהֶם רָאוּ, Is. lii. 15
κ. οἳ οὐκ ἀκηκόασιν συνήσουσιν
וַאֲשֶׁר לֹא־שָׁמְעוּ הִתְבּוֹנָנוּ, *ib.*

I Co 2 9 ἃ ὀφθαλμὸς οὐκ εἶδεν, Is. lxiv. 3
9 ἃ ἡτοίμασεν ὁ Θεὸς τ. ἀγαπῶσιν αὐτόν, *ib.*
ὅσα, WHR
4 6 ἵνα ἐν ἡμῖν μάθητε τὸ μὴ ὑπὲρ ἃ γέγραπται
7 1 [1] περὶ δὲ ὧν ἐγράψατε
36 ὃ θέλει ποιείτω οὐχ ἁμαρτάνει
37 ὃς δὲ ἕστηκεν ἐν τ. καρδίᾳ αὐτοῦ ἑδραῖος
39 ἐλευθέρα ἐστὶν ᾧ θέλει γαμηθῆναι
10 13 ὃς οὐκ ἐάσει ὑμᾶς πειρασθῆναι ὑπὲρ ὃ δύνασθε
15 κρίνατε ὑμεῖς ὅ φημι
20 ἃ θύουσιν τὰ ἔθνη δαιμονίοις κ. οὐ Θεῷ θύουσιν
30 [1] τί βλασφημοῦμαι ὑπὲρ οὗ ἐγὼ εὐχαριστῶ;
11 23 ἐγὼ γὰρ παρέλαβον ἀπὸ Κυρίου ὃ κ. παρέδωκα ὑμῖν
14 37 [1] ἐπιγινωσκέτω ἃ γράφω ὑμῖν ὅτι Κυρίου ἐστὶν ἐντολή
15 3 παρέδωκα γὰρ ὑμῖν ἐν πρώτοις ὃ κ. παρέλαβον
10 χάριτι δὲ Θεοῦ εἰμὶ ὅ εἰμι
36 [1] σὺ ὃ σπείρεις οὐ ζωοποιεῖται ἐὰν μὴ ἀποθάνῃ·
37 κ. ὃ σπείρεις οὐ τὸ σῶμα τὸ γενησόμενον σπείρεις

II Co 1 13 οὐ γὰρ ἄλλα γράφομεν ὑμῖν ἀλλ᾽ ἢ ἃ ἀναγινώσκετε
17 ἢ ἃ βουλεύομαι κατὰ σάρκα βουλεύομαι
2 3 ἵνα μὴ ἐλθὼν λύπην σχῶ ἀφ᾽ ὧν ἔδει με χαίρειν
10 ᾧ δέ τι χαρίζεσθε κἀγω·
κ. γὰρ ἐγὼ ὃ κεχάρισμαι εἴ τι κεχάρισμαι
5 10 ἵνα κομίσηται ἕκαστος . . . πρὸς ἃ ἔπραξεν
11 12 ὃ δὲ ποιῶ κ. ποιήσω
12 ἵνα ἐν ᾧ καυχῶνται εὑρεθῶσιν καθὼς κ. ἡμεῖς
17 ὃ λαλῶ οὐ κατὰ Κύριον λαλῶ
12 6 μή τις εἰς ἐμὲ λογίσηται ὑπὲρ ὃ βλέπει με

Ga 1 8 ἐὰν . . . εὐαγγελίσηται ὑμῖν παρ᾽ ὃ εὐηγγελισάμεθα ὑμῖν
9 εἴ τις ὑμᾶς εὐαγγελίζεται παρ᾽ ὃ παρελάβετε
20 ἃ δὲ γράφω ὑμῖν ἰδοὺ . . . ὅτι οὐ ψεύδομαι

Phl 4 11 ἔμαθον ἐν οἷς εἰμὶ αὐτάρκης εἶναι

Col 2 18 ἃ ἑόρακεν ἐμβατεύων
3 25 ὁ γὰρ ἀδικῶν κομίσεται ὃ ἠδίκησεν

II Th 3 4 πεποίθαμεν . . . ὅτι ἃ παραγγέλλομεν κ. ποιεῖτε

I Ti 1 7 μὴ νοοῦντες μήτε ἃ λέγουσιν

I Ti 2 10 [1] ἀλλ' ὃ πρέπει γυναιξὶν ἐπαγγελομέναις θεοσέβειαν
II Ti 1 12 [1] οἶδα γὰρ ᾧ πεπίστευκα
2 7 νόει ὃ λέγω
3 14 [1] σὺ δὲ μένε ἐν οἷς ἔμαθες κ. ἐπιστώθης
Tit 1 11 διδάσκοντες ἃ μὴ δεῖ αἰσχροῦ κέρδους χάριν
2 1 [1] σὺ δὲ λάλει ἃ πρέπει τ. ὑγιαινούσῃ διδασκαλίᾳ
Phm 21 εἰδὼς ὅτι κ. ὑπὲρ ἃ λέγω ποιήσεις
He 2 18 ἐν ᾧ γὰρ πέπονθεν αὐτὸς πειρασθείς
5 8 [1] ἔμαθεν ἀφ' ὧν ἔπαθεν τ. ὑπακοήν
7 13 [1] ἐφ' ὃν γὰρ λέγεται ταῦτα φυλῆς ἑτέρας μετέσχηκεν
12 6 ὃν γὰρ ἀγαπᾷ Κύριος παιδεύει
כִּי אֶת אֲשֶׁר יֶאֱהַב יְהוָה יוֹכִיחַ, Pr. iii. 12
I Pe 2 12 ἐν ᾧ καταλαλοῦσιν ὑμῶν ὡς κακοποιῶν
3 16 ἵνα ἐν ᾧ καταλαλεῖσθε καταισχυνθῶσιν
II Pe 1 9 [1] ᾧ γὰρ μὴ πάρεστιν ταῦτα τυφλός ἐστιν
2 12 [1] ἐν οἷς ἀγνοοῦσιν βλασφημοῦντες
I Jo 1 1 [1] ὃ ἦν ἀπ' ἀρχῆς ὃ ἀκηκόαμεν ὃ ἑωράκαμεν τ. ὀφθαλμοῖς ἡμῶν ὃ ἐθεασάμεθα
3 ὃ ἑωράκαμεν κ. ἀκηκόαμεν ἀπαγγέλλομεν
2 8 [1] ἐντολὴν καινὴν γράφω ὑμῖν ὅ ἐστιν ἀληθὲς ἐν αὐτῷ κ. ἐν ὑμῖν
24 [1] ὑμεῖς ὃ ἠκούσατε ἀπ' ἀρχῆς ἐν ὑμῖν μενέτω·
[1] ἐὰν ἐν ὑμῖν μείνῃ ὃ ἀπ' ἀρχῆς ἠκούσατε
4 6 ὃς οὐκ ἔστιν ἐκ τ. Θεοῦ οὐκ ἀκούει ἡμῶν
II Jo 8 ἵνα μὴ ἀπολέσητε ἃ ἠργασάμεθα
Re 1 1 δεῖξαι τ. δούλοις αὐτοῦ ἃ δεῖ γενέσθαι ἐν τάχει
11 ὃ βλέπεις γράψον εἰς βιβλίον
19 [1] γράψον οὖν ἃ εἶδες κ. ἃ εἰσὶν κ. ἃ μέλλει γίνεσθαι μετὰ ταῦτα
2 10 μὴ φοβοῦ ἃ μέλλεις πάσχειν
25 πλὴν ὃ ἔχετε κρατήσατε ἄχρι οὗ ἂν ἥξω
3 11 κράτει ὃ ἔχεις
4 1 δείξω σοι ἃ δεῖ γενέσθαι
10 4 σφράγισον ἃ ἐλάλησαν αἱ ἑπτὰ βρονταί
22 6 δεῖξαι τ. δούλοις αὐτοῦ ἃ δεῖ γενέσθαι ἐν τάχει

case attracted to antecedent
(1) antecedent follows relative

Mt 7 2 [1] ἐν ᾧ γὰρ κρίματι κρίνετε κριθήσεσθε·
[1] κ. ἐν ᾧ μέτρῳ μετρεῖτε μετρηθήσεται ὑμῖν
18 19 περὶ παντὸς πράγματος οὗ ἐὰν αἰτήσωνται
21 42 λίθον ὃν ἀπεδοκίμασαν οἱ οἰκοδομοῦντες
אֶבֶן מָאֲסוּ הַבּוֹנִים, Ps. cxviii. 22
23 37 [1] ὃν τρόπον ὄρνις ἐπισυνάγει τὰ νόσσια αὐτῆς ὑπὸ τ. πτέρυγας
24 38 [1] ἄχρι ἧς ἡμέρας εἰσῆλθεν Νῶε εἰς τὴν κιβωτόν
44 [1] ᾗ οὐ δοκεῖτε ὥρᾳ ὁ υἱὸς τ. ἀνθρώπου ἔρχεται
50 ἥξει ὁ κύριος . . . ἐν ἡμέρᾳ ᾗ οὐ προσδοκᾷ κ. ἐν ὥρᾳ ᾗ οὐ γινώσκει
Mk 4 24 [1] ἐν ᾧ μέτρῳ μετρεῖτε μετρηθήσεται ὑμῖν
6 16 [1] ὃν ἐγὼ ἀπεκεφάλισα Ἰωάνην οὗτος ἠγέρθη
7 13 ἀκυροῦντες τ. λόγον τ. Θεοῦ τ. παραδόσει ὑμῶν ᾗ παρεδώκατε
12 10 λίθον ὃν ἀπεδοκίμασαν οἱ οἰκοδομοῦντες, Ps. *l.c.*
Lu 1 4 [1] ἵνα ἐπιγνῷς περὶ ὧν κατηχήθης λόγων τ. ἀσφάλειαν
Lu 1 20 [1] ἄχρι ἧς ἡμέρας γένηται ταῦτα
73 ὅρκον ὃν ὤμοσεν πρὸς Ἀβραὰμ τ. πατέρα ἡμῶν
2 20 αἰνοῦντες τ. Θεὸν ἐπὶ πᾶσιν οἷς ἤκουσαν
3 19 [1] ἐλεγχόμενος . . . περὶ πάντων ὧν ἐποίησεν πονηρῶν ὁ Ἡρῴδης
5 9 ἐπὶ τ. ἄγρᾳ τ. ἰχθύων ὧν συνέλαβον
ᾗ, TWH mg.
6 38 [1] ᾧ γὰρ μέτρῳ μετρεῖτε ἀντιμετρηθήσεται ὑμῖν
8 47 [1] δι' ἣν αἰτίαν ἥψατο αὐτοῦ ἀπήγγειλεν
9 36 οὐδενὶ ἀπήγγειλαν ἐν ἐκείναις τ. ἡμέραις οὐδὲν ὧν ἑώρακαν
43 πάντων δὲ θαυμαζόντων ἐπὶ πᾶσιν οἷς ἐποίει
12 10 πᾶς ὃς ἐρεῖ λόγον εἰς τ. υἱὸν τ. ἀνθρώπου ἀφεθήσεται αὐτῷ
40 [1] ᾗ ὥρᾳ οὐ δοκεῖτε ὁ υἱὸς τ. ἀνθρώπου ἔρχεται
46 ἥξει ὁ κύριος . . . ἐν ἡμέρᾳ ᾗ οὐ προσδοκᾷ κ. ἐν ὥρᾳ ᾗ οὐ γινώσκει
48 παντὶ δὲ ᾧ ἐδόθη πολὺ πολὺ ζητηθήσεται παρ' αὐτοῦ
13 34 [1] ὃν τρόπον ὄρνις τὴν ἑαυτοῦ νοσσίαν ὑπὸ τ. πτέρυγας
15 16 χορτασθῆναι ἐκ τ. κερατίων ὧν ἤσθιον οἱ χοῖροι
17 27 [1] ἄχρι ἧς ἡμέρας εἰσῆλθεν Νῶε εἰς τὴν κιβωτόν
29 [1] ᾗ δὲ ἡμέρᾳ ἐξῆλθεν Λὼτ ἀπὸ Σοδόμων
30 [1] κατὰ τὰ αὐτὰ ἔσται ᾗ ἡμέρᾳ ὁ υἱὸς τ. ἀνθρώπου ἀποκαλύπτεται
19 37 [1] αἰνεῖν τ. Θεὸν . . . περὶ πασῶν ὧν εἶδον δυναμέων
20 17 λίθον ὃν ἀπεδοκίμασαν οἱ οἰκοδομοῦντες, Ps. *l.c.*
23 41 ἄξια γὰρ ὧν ἐπράξαμεν λαμβάνομεν
24 1 [1] φέρουσαι ἃ ἡτοίμασαν ἀρώματα
25 πιστεύειν ἐπὶ πᾶσιν οἷς ἐλάλησαν οἱ προφῆται
Jo 4 14 ὃς δ' ἂν πίῃ ἐκ τ. ὕδατος οὗ ἐγὼ δώσω αὐτῷ
5 [4 [1] ὑγιὴς ἐγίνετο ᾧ δήποτε κατείχετο νοσήματι
6 14 [1] ἰδόντες ἃ ἐποίησεν σημεῖα ἔλεγον
ὃ ἐπ. σημεῖον, TWH mg. R non mg.
29 ἵνα πιστεύητε εἰς ὃν ἀπέστειλεν ἐκεῖνος
39 ἵνα πᾶν ὃ δέδωκέν μοι μὴ ἀπολέσω ἐξ αὐτοῦ
7 31 μὴ πλείονα σημεῖα ποιήσει ὧν οὗτος ἐποίησεν;
39 εἶπεν περὶ τ. πνεύματος οὗ ἔμελλον λαμβάνειν
ὅ, WH mg.
9 14 [1] ἦν δὲ σάββατον ἐν ᾗ ἡμέρᾳ τ. πηλὸν ἐποίησεν
11 6 [1] τότε μὲν ἔμεινεν ἐν ᾧ ἦν τόπῳ δύο ἡμέρας
15 20 μνημονεύετε τ. λόγου οὗ ἐγὼ εἶπον ὑμῖν
17 2 ἵνα πᾶν ὃ δέδωκας αὐτῷ δώσει αὐτοῖς ζωὴν αἰώνιον
3 [1] ἵνα γινώσκωσιν . . . ὃν ἀπέστειλας Ἰησοῦν Χριστόν
5 δόξασόν με σὺ τ. δόξῃ ᾗ εἶχον πρὸ τοῦ τ. κόσμον εἶναι
ἥν, WH mg.
9 οὐ περὶ τ. κόσμου ἐρωτῶ ἀλλὰ περὶ ὧν δέδωκάς μοι

Jo 17 11 τήρησον αὐτοὺς ἐν τ. ὀνόματί σου ᾧ δέδωκάς μοι
12 ἐτήρουν αὐτοὺς ἐν τ. ὀνόματι σου ᾧ δέδωκάς μοι
21 10 ἐνέγκατε ἀπὸ τ. ὀψαρίων ὧν ἐπιάσατε νῦν
Ac 1 1 ἐποιησάμην περὶ πάντων . . . ὧν ἤρξατο Ἰησοῦς ποιεῖν τε κ. διδάσκειν,
2 [1] ἄχρι ἧς ἡμέρας ἐντειλάμενος τ. ἀποστόλοις
22 ἕως τ. ἡμέρας ἧς ἀνελήμφθη
2 22 σημείοις οἷς ἐποίησεν δι' αὐτοῦ ὁ Θεός
3 21 ἄχρι χρόνων ἀποκαταστάσεως πάντων ὧν ἐλάλησεν ὁ Θεός
25 οἱ υἱοὶ . . . τ. διαθήκης ἧς ὁ Θεὸς διέθετο πρὸς τ. πατέρας ὑμῶν
7 16 ἐτέθησαν ἐν τ. μνήματι ᾧ ὠνήσατο Ἀβραάμ
17 ὁ χρόνος τ. ἐπαγγελίας ἧς ὡμολόγησεν ὁ Θεὸς τῷ Ἀβραάμ
20 [1] ἐν ᾧ καιρῷ ἐγεννήθη Μωυσῆς
28 [1] ὃν τρόπον ἀνεῖλες ἐχθὲς τ. Αἰγύπτιον
45 ἐν τ. κατασχέσει τ. ἐθνῶν ὧν ἐξῶσεν ὁ Θεός
8 24 ὅπως μηδὲν ἐπέλθῃ ἐπ' ἐμὲ ὧν εἰρήκατε
9 36 αὕτη ἦν πλήρης . . . ἐλεημοσυνῶν ὧν ἐποίει
10 39 ἡμεῖς μάρτυρες πάντων ὧν ἐποίησεν
13 2 ἀφορίσατε . . . εἰς τὸ ἔργον ὃ προσκέκλημαι αὐτούς
39 ἀπὸ πάντων ὧν οὐκ ἠδυνήθητε ἐν νόμῳ Μωυσέως δικαιωθῆναι
41 ἔργον ὃ οὐ μὴ πιστεύσητε
15 11 [1] πιστεύομεν σωθῆναι καθ' ὃν τρόπον κἀκεῖνοι
17 31 μέλλει κρίνειν . . . ἐν ἀνδρὶ ᾧ ὥρισεν
20 38 ὀδυνώμενοι μάλιστα ἐπὶ τ. λόγῳ ᾧ εἰρήκει
21 16 [1] ἄγοντες παρ' ᾧ ξενισθῶμεν Μνάσωνί τινι Κυπρίῳ
19 ἐξηγεῖτο καθ' ἓν ἕκαστον ὧν ἐποίησεν ὁ Θεός
24 ὧν κατήχηνται περὶ σοῦ οὐδέν ἐστιν
22 10 λαληθήσεται περὶ πάντων ὧν τέτακταί σοι ποιῆσαι
15 ἔσῃ μάρτυς . . . ὧν ἑώρακας κ. ἤκουσας
24 [1] ἵνα ἐπιγνῷ δι' ἣν αἰτίαν οὕτως ἐπεφώνουν αὐτῷ
24 11 ἡμέραι δώδεκα ἀφ' ἧς ἀνέβην προσκυνήσων
21 ἢ περὶ μιᾶς ταύτης φωνῆς ἧς ἐκέκραξα
25 18 [1] οὐδεμίαν αἰτίαν ἔφερον ὧν ἐγὼ ὑπενόουν πονηρῶν
26 7 [1] περὶ ἧς ἐλπίδος ἐγκαλοῦμαι ὑπὸ Ἰουδαίων
16 μάρτυρα ὧν τε εἶδές με ὧν τε ὀφθήσομαί σοι
22 [1] οὐδὲν ἐκτὸς λέγων ὧν τε οἱ προφῆται ἐλάλησαν μελλόντων γίνεσθαι
27 25 [1] οὕτως ἔσται καθ' ὃν τρόπον λελάληταί μοι
Ro 2 16 [1] ἐν ᾗ ἡμέρᾳ κρίνει ὁ Θεὸς τὰ κρυπτὰ τ. ἀνθρώπων
ἐν ἡμ. ᾗ, TWH mg.; ἐν ἡμ. ὅτε, WH mg. alt.
4 17 [1] κατέναντι οὗ ἐπίστευσεν Θεοῦ
6 17 [1] ὑπηκούσατε δὲ ἐκ καρδίας εἰς ὃν παρεδόθητε τύπον διδαχῆς
7 19 [1] ὃ οὐ θέλω κακὸν τοῦτο πράσσω
9 24 [1] οὓς κ. ἐκάλεσεν ἡμᾶς οὐ μόνον ἐξ Ἰουδαίων
15 18 οὐ γὰρ τολμήσω τι λαλεῖν ὧν οὐ κατειργάσατο Χριστὸς δι' ἐμοῦ

I Co 6 19 τὸ σῶμα ὑμῶν ναὸς τοῦ ἐν ὑμῖν ἁγίου πνεύματός ἐστιν οὗ ἔχετε ἀπὸ Θεοῦ
7 1 περὶ δὲ ὧν ἐγράψατε
39 ἐλευθέρα ἐστὶν ᾧ θέλει γαμηθῆναι
10 16 τὸ ποτήριον τ. εὐλογίας ὃ εὐλογοῦμεν οὐχὶ κοινωνία ἐστὶν τ. αἵματος τ. Χριστοῦ;
τ. ἄρτον ὃν κλῶμεν οὐχὶ κοινωνία τ. σώματος τ. Χριστοῦ ἐστίν;
II Co 1 4 διὰ τ. παρακλήσεως ἧς παρακαλούμεθα αὐτοί
6 ἐν ὑπομονῇ τ. αὐτῶν παθημάτων ὧν κ. ἡμεῖς πάσχομεν
10 8 περὶ τ. ἐξουσίας ἡμῶν ἧς ἔδωκεν ὁ Κύριος εἰς οἰκοδομήν
13 κατὰ τὸ μέτρον τ. κανόνος οὗ ἐμέρισεν ἡμῖν ὁ Θεός
12 17 μή τινα ὧν ἀπέσταλκα πρὸς ὑμᾶς
21 μὴ μετανοησάντων ἐπὶ τ. ἀκαθαρσίᾳ . . . ᾗ ἔπραξαν
Eph 1 6 εἰς ἔπαινον δόξης τ. χάριτος αὐτοῦ ἧς ἐχαρίτωσεν ἡμᾶς
8 κατὰ τὸ πλοῦτος τ. χάριτος αὐτοῦ ἧς ἐπερίσσευσεν εἰς ἡμᾶς
2 10 ἐπὶ ἔργοις ἀγαθοῖς οἷς προητοίμασεν ὁ Θεός
3 20 ὑπὲρ πάντα ποιῆσαι ὑπερεκπερισσοῦ ὧν αἰτούμεθα
4 1 ἀξίως περιπατῆσαι τ. κλήσεως ἧς ἐκλήθητε
Phl 3 18 [1] πολλοὶ γὰρ περιπατοῦσιν οὓς πολλάκις ἔλεγον ὑμῖν . . . τ. ἐχθροὺς τ. σταυροῦ τ. Χριστοῦ
Col 1 6 [1] αὐξανόμενον . . . ἀφ' ἧς ἡμέρας ἠκούσατε
9 [1] κ. ἡμεῖς ἀφ' ἧς ἡμέρας ἠκούσαμεν οὐ παυόμεθα
II Th 1 4 ἐν πᾶσι . . . τ. θλίψεσιν αἷς ἀνέχεσθε
II Ti 1 6 [1] δι' ἣν αἰτίαν ἀναμιμνήσκω σε ἀναζωπυρεῖν
12 [1] δι' ἣν αἰτίαν κ. ταῦτα πάσχω
3 8 [1] ὃν τρόπον δὲ Ἰαννῆς κ. Ἰαμβρῆς ἀντέστησαν Μωυσεῖ
Tit 1 13 [1] δι' ἣν αἰτίαν ἔλεγχε αὐτοὺς ἀποτόμως
3 6 πνεύματος ἁγίου οὗ ἐξέχεεν ἐφ' ἡμᾶς πλουσίως
Phm 10 [1] τ. ἐμοῦ τέκνου ὃν ἐγέννησα ἐν τ. δεσμοῖς Ὀνήσιμον
He 2 11 [1] δι' ἣν αἰτίαν οὐκ ἐπαισχύνεται ἀδελφοὺς αὐτοὺς καλεῖν
5 8 ἔμαθεν ἀφ' ὧν ἔπαθεν τ. ὑπακοήν
6 10 ἐπιλαθέσθαι . . . τ. ἀγάπης ἧς ἐνεδείξασθε εἰς τὸ ὄνομα αὐτοῦ
7 14 [1] ἐξ Ἰούδα . . . εἰς ἣν φυλὴν περὶ ἱερέων οὐδὲν Μωυσῆς ἐλάλησεν
9 20 τοῦτο τὸ αἷμα τ. διαθήκης ἧς ἐνετείλατο πρὸς ὑμᾶς ὁ Θεός
10 1 τ. αὐταῖς θυσίαις αἷς προσφέρουσιν . . . τελειῶσαι
ἃς, WH
10 [1] ἐν ᾧ θελήματι ἡγιασμένοι ἐσμέν
13 11 [1] ὧν γὰρ εἰσφέρεται ζώων τὸ αἷμα . . . εἰς τὰ ἅγια
Ja 2 5 κληρονόμους τ. βασιλείας ἧς ἐπηγγείλατο τ. ἀγαπῶσιν αὐτόν
I Pe 1 10 [1] περὶ ἧς σωτηρίας ἐξεζήτησαν . . . προφῆται
2 7 λίθον ὃν ἀπεδοκίμασαν οἱ οἰκοδομοῦντες, Ps. *l.c.*
λίθος, WH

I Pe 4 11 ὡς ἐξ ἰσχύος ἧς χορηγεῖ ὁ Θεός
II Pe 2 12 ἐν οἷς ἀγνοοῦσιν βλασφημοῦντες
I Jo 2 25 [1] ἡ ἐπαγγελία ἣν αὐτὸς ἐπηγγείλατο ἡμῖν τ. ζωὴν τ. αἰώνιον
3 24 γινώσκομεν ὅτι μένει ἐν ἡμῖν **ἐκ τ. πνεύματος** οὗ ἡμῖν ἔδωκεν
Ju 15 ἐλέγξαι . . . περὶ πάντων τ. ἔργων ἀσεβείας αὐτῶν ὧν ἠσέβησαν, κ. περὶ πάντων τ. σκληρῶν ὧν ἐλάλησαν
Re 5 13 πᾶν κτίσμα ὃ ἐν τ. οὐρανῷ . . . ἤκουσα λέγοντας
17 8 [1] οἱ κατοικοῦντες ἐπὶ τ. γῆς ὧν οὐ γέγραπται τὸ ὄνομα . . . βλεπόντων τὸ θηρίον
18 6 ἐν τ. ποτηρίῳ ᾧ ἐκέρασεν κεράσατε **αὐτῇ**

ὅ, adv. acc.

Ro 6 10 ὃ γὰρ ἀπέθανεν τ. ἁμαρτίᾳ ἀπέθανεν **ἐφάπαξ**· ὃ δὲ ζῇ ζῇ τ. Θεῷ
Ga 2 20 ὃ δὲ νῦν ζῶ ἐν σαρκί

seq. demonstr.

Mt 3 12 οὗ τὸ πτύον ἐν τ. χειρὶ **αὐτοῦ**
Mk 1 7 οὗ οὐκ εἰμὶ ἱκανὸς κύψας λῦσαι **τ. ἱμάντα** τ. ὑποδημάτων **αὐτοῦ**
7 25 ἧς εἶχεν τὸ θυγάτριον **αὐτῆς** πνεῦμα ἀκάθαρτον
Lu 3 16 οὗ οὐκ εἰμὶ ἱκανὸς λῦσαι **τ. ἱμάντα τ.** ὑποδημάτων **αὐτοῦ**
17 οὗ τὸ πτύον ἐν τ. χειρὶ **αὐτοῦ**
13 1 ὧν τὸ αἷμα Πειλᾶτος ἔμιξεν μετὰ τ. θυσιῶν **αὐτῶν**
Jo 1 27 οὗ οὐκ εἰμὶ ἐγὼ ἄξιος ἵνα λύσω **αὐτοῦ τ.** ἱμάντα τ. ὑποδήματος
33 ἐφ' ὃν ἂν ἴδῃς τὸ πνεῦμα καταβαῖνον κ. μένον **ἐπ' αὐτόν**
Ac 15 17 ἐφ' οὓς ἐπικέκληται τὸ ὄνομά μου **ἐπ' αὐτούς**
אֲשֶׁר־נִקְרָא שְׁמִי עֲלֵיהֶם, Am. ix. 12
I Pe 2 24 οὗ τ. μώλωπι **αὐτοῦ** ἰάθητε
—αὐτ., WHR
וּבַחֲבֻרָתוֹ נִרְפָּא־לָנוּ, Is. liii. 5
Re 3 8 ἣν οὐδεὶς δύναται κλεῖσαι **αὐτήν**
7 2 οἷς ἐδόθη **αὐτοῖς** ἀδικῆσαι τ. γῆν
9 ὃν ἀριθμῆσαι **αὐτὸν** οὐδεὶς ἐδύνατο
9 11 ᾧ ὄνομα **αὐτῷ** Ἑβραϊστὶ Ἀβαδδών
—ᾧ, WHR
13 8 οὗ οὐ γέγραπται τὸ ὄνομα **αὐτοῦ** ἐν τ. βιβλίῳ τ. ζωῆς τ. ἀρνίου
12 οὗ ἐθεραπεύθη ἡ πληγὴ τ. θανάτου **αὐτοῦ**
20 8 ὧν ὁ ἀριθμὸς **αὐτῶν** ὡς ἡ ἄμμος τ. θαλάσσης

ὉΣΆΚΙΣ 3740

I Co 11 25 **τοῦτο ποιεῖτε** ὁσ. ἐὰν **πίνητε εἰς τ. ἐμὴν ἀνάμνησιν.**
26 ὁσάκις γὰρ ἐὰν ἐσθίητε **τ. ἄρτον τοῦτον**
Re 11 6 ὁσάκις ἐὰν θελήσωσιν

ὍΣΙΟΣ 3741

Ac 2 27 **οὐδὲ δώσεις τ. ὅσιόν σου ἰδεῖν διαφθοράν**
לֹא־תִתֵּן חֲסִידְךָ לִרְאוֹת שָׁחַת, Ps. xvi. 10
13 34 δώσω ὑμῖν τὰ ὅσια Δαυεὶδ **τὰ πιστά**
חַסְדֵי דָוִד הַנֶּאֱמָנִים, Is. lv. 3
35 **οὐ δώσεις τ. ὅσιόν σου ἰδεῖν διαφθοράν,** Ps. *l.c.*
I Ti 2 8 βούλομαι οὖν προσεύχεσθαι **τ. ἄνδρας . . .** ἐπαίροντας ὁσίους χεῖρας
Tit 1 8 δίκαιον ὅσιον ἐγκρατῆ
He 7 26 τοιοῦτος γὰρ ἡμῖν κ. ἔπρεπεν **ἀρχιερεύς** ὅσιος ἄκακος
Re 15 4 **τίς οὐ μὴ . . . δοξάσει τὸ ὄνομά σου ὅτι** μόνος ὅσιος
16 5 δίκαιος εἶ ὁ ὢν κ. ὁ ἦν ὁ ὅσιος

ὉΣΙΌΤΗΣ 3742

Lu 1 75 **λατρεύειν αὐτῷ ἐν ὁσιότητι κ. δικαιοσύνῃ**
Eph 4 24 τὸν κατὰ Θεὸν κτισθέντα ἐν δικαιοσύνῃ κ. ὁσιότητι τ. ἀληθείας

ὉΣΊΩΣ 3743

I Th 2 10 ὡς ὁσίως κ. δικαίως κ. **ἀμέμπτως . . .** ἐγενήθημεν

ὈΣΜΉ 3744

Jo 12 3 ἡ δὲ οἰκία ἐπληρώθη ἐκ τ. ὀσμῆς τ. μύρου
II Co 2 14 τ. ὀσμὴν τ. γνώσεως αὐτοῦ φανεροῦντι δι' ἡμῶν
16 οἷς μὲν ὀσμὴ ἐκ θανάτου εἰς θάνατον· οἷς δὲ ὀσμὴ ἐκ ζωῆς εἰς ζωήν
Eph 5 2 προσφορὰν κ. θυσίαν τ. Θεῷ **εἰς ὀσμὴν εὐωδίας**
Phl 4 18 **δεξάμενος . . .** τὰ παρ' ὑμῶν **ὀσμὴν εὐωδίας**

ὍΣΟΣ 3745

(1) de temp. (2) ὅσος ἄν, ἐάν (3) καθ', ἐφ' ὅσον (4) τοσοῦτος . . . ὅσος (5) ὅσον ὅσον

Mt 7 12 [2] πάντα γὰρ ὅσα ἐὰν θέλητε ἵνα ποιῶσιν ὑμῖν οἱ ἄνθρωποι
9 15 [1 3] ἐφ' ὅσον μετ' αὐτῶν ἐστὶν ὁ **νυμφίος**
13 44 ὑπάγει κ. πωλεῖ ὅσα ἔχει
46 ἀπελθὼν πέπρακεν πάντα ὅσα εἶχεν
14 36 ὅσοι ἥψαντο διεσώθησαν
17 12 ἀλλὰ ἐποίησαν ἐν αὐτῷ ὅσα ἠθέλησαν
18 18 [2] ὅσα ἐὰν δήσητε ἐπὶ τ. γῆς
18 [2] κ. ὅσα ἐὰν λύσητε ἐπὶ τ. γῆς
25 ἐκέλευσεν αὐτὸν ὁ κύριος πραθῆναι . . . κ. πάντα ὅσα ἔχει
21 22 [2] πάντα ὅσα ἂν αἰτήσητε ἐν τ. προσευχῇ
22 9 [2] ὅσους ἐὰν εὕρητε καλέσατε **εἰς τ. γάμους**
10 συνήγαγον πάντας ὅσους εὗρον
οὕς, TWH
23 3 [2] πάντα οὖν ὅσα ἐὰν εἴπωσιν ὑμῖν
25 40 [3] ἐφ' ὅσον ἐποιήσατε ἑνὶ τούτων τ. ἀδελφῶν μου
45 [3] ἐφ' ὅσον οὐκ ἐποιήσατε ἑνὶ τούτων τ. ἐλαχίστων
28 20 τηρεῖν πάντα ὅσα ἐνετειλάμην ὑμῖν
Mk 2 19 [1] ὅσον χρόνον ἔχουσιν τ. νυμφίον **μετ' αὐτῶν**
3 8 ἀκούοντες ὅσα ποιεῖ
10 ὥστε ἐπιπίπτειν **αὐτῷ . . .** ὅσοι εἶχον μάστιγας
28 [2] αἱ βλασφημίαι ὅσα ἐὰν βλασφημήσωσιν
5 19 ἀπάγγειλον αὐτοῖς ὅσα ὁ Κύριός σοι πεποίηκεν
20 ἤρξατο κηρύσσειν . . . ὅσα ἐποίησεν **αὐτῷ** ὁ Ἰησοῦς
6 30 πάντα ὅσα ἐποίησαν κ. ὅσα ἐδίδαξαν
ἐπ. κ. ἐδιδ., T

Mk 6 56 [2] ὅσοι ἂν ἥψαντο αὐτοῦ ἐσῴζοντο
7 36 ὅσον δὲ αὐτοῖς διεστέλλετο
9 13 ἐποίησαν αὐτῷ ὅσα ἤθελον
10 21 ὅσα ἔχεις πώλησον
11 24 πάντα ὅσα προσεύχεσθε κ. αἰτεῖσθε
12 44 πάντα ὅσα εἶχεν ἔβαλεν
Lu 4 23 ὅσα ἠκούσαμεν γενόμενα εἰς τὴν Καφαρναούμ
40 ἅπαντες ὅσοι εἶχον ἀσθενοῦντας νόσοις ποικίλαις
8 39 διηγοῦ ὅσα σοι ἐποίησεν ὁ Θεός
39 κηρύσσων ὅσα ἐποίησεν αὐτῷ ὁ Ἰησοῦς
9 5 [2] ὅσοι ἂν μὴ δέχωνται ὑμᾶς
10 διηγήσαντο αὐτῷ ὅσα ἐποίησαν
11 8 ἐγερθεὶς δώσει αὐτῷ ὅσων χρῄζει
12 3 ἀνθ' ὧν ὅσα ἐν τ. σκοτίᾳ εἴπατε
18 12 ἀποδεκατεύω πάντα ὅσα κτῶμαι
22 πάντα ὅσα ἔχεις πώλησον
Jo 1 12 ὅσοι δὲ ἔλαβον αὐτόν
4 45 πάντα ἑωρακότες ὅσα ἐποίησεν ἐν Ἱεροσολύμοις
ἅ, T
6 11 ὁμοίως κ. ἐκ τ. ὀψαρίων ὅσον ἤθελον
10 8 πάντες ὅσοι ἦλθον πρὸ ἐμοῦ
41 πάντα δὲ ὅσα εἶπεν Ἰωάνης περὶ τούτου
11 22 [2] ὅσα ἂν αἰτήσῃ τ. Θεόν
16 13 ἀλλ' ὅσα ἀκούει λαλήσει
15 πάντα ὅσα ἔχει ὁ πατὴρ ἐμά ἐστιν
17 7 πάντα ὅσα ἔδωκάς μοι παρὰ σοῦ εἰσίν
Ac 2 39 [2] ὅσους ἂν προσκαλέσηται Κύριος ὁ Θεὸς ἡμῶν
3 22 [2] κατὰ πάντα ὅσα ἂν λαλήσῃ πρὸς ὑμᾶς
כְּכֹל אֲשֶׁר־שָׁאַלְתָּ מֵעִם יְהוָה אֱלֹהֶיךָ, Dt. xviii. 16
24 ὅσοι ἐλάλησαν κ. κατήγγειλαν τ. ἡμέρας ταύτας
4 6 ὅσοι ἦσαν ἐκ γένους ἀρχιερατικοῦ
23 ἀπήγγειλαν ὅσα πρὸς αὐτοὺς οἱ ἀρχιερεῖς . . . εἶπαν
28 ποιῆσαι ὅσα ἡ χείρ σου κ. ἡ βουλὴ προώρισεν γενέσθαι
34 ὅσοι γὰρ κτήτορες χωρίων ἢ οἰκιῶν ὑπῆρχον
5 36 πάντες ὅσοι ἐπείθοντο αὐτῷ διελύθησαν
37 πάντες ὅσοι ἐπείθοντο αὐτῷ διεσκορπίσθησαν
9 13 ὅσα κακὰ τ. ἁγίοις σου ἐποίησεν ἐν Ἰερουσαλήμ
16 ὅσα δεῖ αὐτὸν ὑπὲρ τ. ὀνόματός μου παθεῖν
39 ἱμάτια ὅσα ἐποίει μετ' αὐτῶν οὖσα
10 45 οἱ ἐκ περιτομῆς πιστοὶ ὅσοι συνῆλθαν τ. Πέτρῳ
οἱ, WH non mg.
13 48 ἐπίστευσαν ὅσοι ἦσαν τεταγμένοι εἰς ζωὴν αἰώνιον
14 27 ἀνήγγελλον ὅσα ἐποίησεν ὁ Θεὸς μετ' αὐτῶν
15 4 ἀνήγγειλάν τε ὅσα ὁ Θεὸς ἐποίησεν μετ' αὐτῶν
12 ἐξηγουμένων ὅσα ἐποίησεν ὁ Θεὸς σημεῖα
Ro 2 12 ὅσοι γὰρ ἀνόμως ἥμαρτον ἀνόμως κ. ἀπολοῦνται·
κ. ὅσοι ἐν νόμῳ ἥμαρτον διὰ νόμου κριθήσονται
3 19 οἴδαμεν δὲ ὅτι ὅσα ὁ νόμος λέγει
6 3 ὅτι ὅσοι ἐβαπτίσθημεν εἰς Χριστὸν Ἰησοῦν
7 1 [1] ὁ νόμος κυριεύει τ. ἀνθρώπου ἐφ' ὅσον χρόνον ζῇ

Ro 8 14 ὅσοι γὰρ πνεύματι Θεοῦ ἄγονται
11 13 [3] ἐφ' ὅσον μὲν οὖν εἰμὶ ἐγὼ ἐθνῶν ἀπόστολος
15 4 ὅσα γὰρ προεγράφη πάντα
I Co 2 9 ὅσα ἡτοίμασεν ὁ Θεὸς τ. ἀγαπῶσιν αὐτόν, Is. lxiv. 3
ἅ, T
7 39 [1] γυνὴ δέδεται ἐφ' ὅσον χρόνον ζῇ ὁ ἀνὴρ αὐτῆς
II Co 1 20 ὅσαι γὰρ ἐπαγγελίαι Θεοῦ
Ga 3 10 ὅσοι γὰρ ἐξ ἔργων νόμου εἰσίν
27 ὅσοι γὰρ εἰς Χριστὸν ἐβαπτίσθητε
4 1 [1] ἐφ' ὅσον χρόνον ὁ κληρονόμος νήπιός ἐστιν
6 12 ὅσοι θέλουσιν εὐπροσωπῆσαι ἐν σαρκί
16 ὅσοι τ. κανόνι τούτῳ στοιχήσουσιν
Phl 3 15 ὅσοι οὖν τέλειοι τοῦτο φρονῶμεν
4 8 ὅσα ἐστὶν ἀληθῆ ὅσα σεμνὰ ὅσα δίκαια ὅσα ἁγνὰ ὅσα προσφιλῆ ὅσα εὔφημα . . . ταῦτα λογίζεσθε
Col 2 1 ὅσοι οὐχ ἑόρακαν τὸ πρόσωπόν μου ἐν σαρκί
I Ti 6 1 ὅσοι εἰσὶν ὑπὸ ζυγὸν δοῦλοι
II Ti 1 18 ὅσα ἐν Ἐφέσῳ διηκόνησεν
He 1 4 [4] ὅσῳ διαφορώτερον παρ' αὐτοὺς κεκληρονόμηκεν ὄνομα
2 15 ὅσοι φόβῳ θανάτου . . . ἔνοχοι ἦσαν δουλείας
3 3 [3] καθ' ὅσον πλείονα τιμὴν ἔχει τ. οἴκου
7 20 [3] καθ' ὅσον οὐ χωρὶς ὁρκωμοσίας
8 6 ὅσῳ κ. κρείττονός ἐστιν διαθήκης μεσίτης
9 27 [3] καθ' ὅσον ἀπόκειται τ. ἀνθρώποις ἅπαξ ἀποθανεῖν
10 25 [4] τοσούτῳ μᾶλλον ὅσῳ βλέπετε ἐγγίζουσαν τ. ἡμέραν
37 [1 5] ἔτι γὰρ μικρὸν ὅσον ὅσον ὁ ἐρχόμενος ἥξει
כִּי־בֹא יָבֹא לֹא יְאַחֵר, Hab. ii. 3
II Pe 1 13 [1 3] ἐφ' ὅσον εἰμὶ ἐν τούτῳ τ. σκηνώματι
Ju 10 οὗτοι δὲ ὅσα μὲν οὐκ οἴδασιν βλασφημοῦσιν· ὅσα δὲ φυσικῶς ὡς τὰ ἄλογα ζῷα ἐπίστανται
Re 1 2 ὃς ἐμαρτύρησεν . . . ὅσα εἶδεν
2 24 ὅσοι οὐκ ἔχουσιν τ. διδαχὴν ταύτην
3 19 [2] ἐγὼ ὅσους ἐὰν φιλῶ ἐλέγχω κ. παιδεύω
13 15 [2] ἵνα ὅσοι ἐὰν προσκυνήσωσιν τῇ εἰκόνι τ. θηρίου ἀποκτανθῶσιν
18 7 ὅσα ἐδόξασεν αὐτὴν κ. ἐστρηνίασεν
17 ὅσοι τ. θάλασσαν ἐργάζονται
21 16 τὸ μῆκος αὐτῆς ὅσον τὸ πλάτος

ὈΣΤΈΟΝ 3747

Mt 23 27 ἔσωθεν δὲ γέμουσιν ὀστέων νεκρῶν
Lu 24 39 ὅτι πνεῦμα σάρκα κ. ὀστέα οὐκ ἔχει
Jo 19 36 ὀστοῦν οὐ συντριβήσεται αὐτοῦ
עֶצֶם לֹא־תִשְׁבְּרוּ־בוֹ, Ex. xii. 46, *cf.* Ps. xxxiv. 21
He 11 22 περὶ τ. ὀστέων αὐτοῦ ἐνετείλατο

ὍΣΤΙΣ 3748

(1) ὅστις ἄν, ἐάν (2) ἕως ὅτου

Mt 2 6 ὅστις ποιμανεῖ τ. λαόν μου τ. Ἰσραήλ
לִהְיוֹת מוֹשֵׁל בְּיִשְׂרָאֵל, Mic. v. 1
5 25 [2] ἕως ὅτου εἶ μετ' αὐτοῦ ἐν τῇ ὁδῷ
39 ὅστις σε ῥαπίζει εἰς τ. δεξιάν σου σιαγόνα
41 ὅστις σε ἀγγαρεύσει μίλιον ἕν

Mt 7 15 οἵτινες ἔρχονται πρὸς ὑμᾶς ἐν ἐνδύμασι προβάτων
24 πᾶς οὖν ὅστις ἀκούει μου τ. λόγους τούτους
26 ὅστις ᾠκοδόμησεν αὐτοῦ τ. οἰκίαν ἐπὶ τὴν ἄμμον
10 32 πᾶς οὖν ὅστις ὁμολογήσει ἐν ἐμοὶ ἔμπροσθεν τ. ἀνθρώπων
33 [1] ὅστις δὲ ἀρνήσηταί με ἔμπροσθεν τ. ἀνθρώπων
ὅστ. δ᾽ ἂν ἀρν., TWH mg. R
12 50 [1] ὅστις γὰρ ἂν ποιήσῃ τὸ θέλημα τ. πατρός μου
13 12 ὅστις γὰρ ἔχει δοθήσεται αὐτῷ
12 ὅστις δὲ οὐκ ἔχει κ. ὃ ἔχει ἀρθήσεται
52 οἰκοδεσπότῃ ὅστις ἐκβάλλει ἐκ τ. θησαυροῦ αὐτοῦ καινὰ κ. παλαιά
16 28 οἵτινες οὐ μὴ γεύσωνται θανάτου
18 4 ὅστις οὖν ταπεινώσει ἑαυτὸν ὡς τὸ παιδίον τοῦτο
19 12 εἰσὶν γὰρ εὐνοῦχοι οἵτινες ἐκ κοιλίας μητρὸς ἐγεννήθησαν οὕτως·
κ. εἰσὶν εὐνοῦχοι οἵτινες εὐνουχίσθησαν ὑπὸ τ. ἀνθρώπων·
κ. εἰσὶν εὐνοῦχοι οἵτινες εὐνούχισαν ἑαυτούς
29 πᾶς ὅστις ἀφῆκεν οἰκίας
20 1 ὅστις ἐξῆλθεν ἅμα πρωὶ μισθώσασθαι ἐργάτας
21 33 ἄνθρωπος ἦν οἰκοδεσπότης ὅστις ἐφύτευσεν ἀμπελῶνα
41 ἄλλοις γεωργοῖς οἵτινες ἀποδώσουσιν αὐτῷ τ. καρπούς
22 2 ὅστις ἐποίησεν γάμους τ. υἱῷ αὐτοῦ
23 12 ὅστις δὲ ὑψώσει ἑαυτὸν ταπεινωθήσεται·
κ. ὅστις ταπεινώσει ἑαυτὸν ὑψωθήσεται
27 οἵτινες ἔξωθεν μὲν φαίνονται ὡραῖοι
25 1 αἵτινες λαβοῦσαι τ. λαμπάδας ἑαυτῶν ἐξῆλθον
27 55 γυναῖκες πολλαὶ . . . αἵτινες ἠκολούθησαν τῷ Ἰησοῦ
62 τῇ δὲ ἐπαύριον ἥτις ἐστὶν μετὰ τ. παρασκευήν
Mk 4 20 οἵτινες ἀκούουσιν τ. λόγον κ. παραδέχονται
6 23 [1] ὅτι ἐάν με αἰτήσῃς δώσω σοι
ὅτι ὃ ἐάν, TWH mg.
8 34 ὅστις θέλει ὀπίσω μου ἀκολουθεῖν
εἴ τις . . . ἐλθεῖν, WHR
9 1 οἵτινες οὐ μὴ γεύσωνται θανάτου
12 18 οἵτινες λέγουσιν ἀνάστασιν μὴ εἶναι
15 7 οἵτινες ἐν τ. στάσει φόνον πεποιήκεισαν
Lu 1 20 τ. λόγοις μου οἵτινες πληρωθήσονται εἰς τ. καιρὸν αὐτῶν
2 4 εἰς πόλιν Δαυεὶδ ἥτις καλεῖται Βηθλεέμ
10 χαρὰν μεγάλην ἥτις ἔσται παντὶ τ. λαῷ
7 37 γυνὴ ἥτις ἦν ἐν τ. πόλει ἁμαρτωλός
39 τίς κ. ποταπὴ ἡ γυνὴ ἥτις ἅπτεται αὐτοῦ
8 3 αἵτινες διηκόνουν αὐτοῖς ἐκ τ. ὑπαρχόντων αὐταῖς
15 οὗτοί εἰσιν οἵτινες . . . ἀκούσαντες τ. λόγον κατέχουσιν
26 τ. χώραν τ. Γερασηνῶν ἥτις ἐστὶν ἀντίπερα τ. Γαλιλαίας
43 γυνὴ . . . ἥτις οὐκ ἴσχυσεν ἀπ᾽ οὐδενὸς θεραπευθῆναι
9 30 ἄνδρες δύο συνελάλουν αὐτῷ οἵτινες ἦσαν Μωυσῆς κ. Ἠλείας
10 35 [1] ὅτι ἂν προσδαπανήσῃς
42 ἥτις οὐκ ἀφαιρεθήσεται αὐτῆς

Lu 12 1 προσέχετε ἑαυτοῖς ἀπὸ τ. ζύμης ἥτις ἐστὶν ὑπόκρισις τ. Φαρισαίων
50 [2] πῶς συνέχομαι ἕως ὅτου τελεσθῇ
13 8 [2] ἕως ὅτου σκάψω περὶ αὐτήν
14 15 μακάριος ὅστις φάγεται ἄρτον ἐν τ. βασιλείᾳ τ. Θεοῦ
27 ὅστις οὐ βαστάζει τ. σταυρὸν ἑαυτοῦ
15 7 οἵτινες οὐ χρείαν ἔχουσιν μετανοίας
8 [2] ζητεῖ ἐπιμελῶς ἕως ὅτου εὕρῃ
οὗ, WH
22 16 [2] ἕως ὅτου πληρωθῇ ἐν τ. βασιλείᾳ τ. Θεοῦ
18 [2] ἕως ὅτου ἡ βασιλεία τ. Θεοῦ ἔλθῃ
οὗ, WH
23 19 ὅστις ἦν διὰ στάσιν τινὰ . . . βληθεὶς ἐν τ. φυλακῇ
55 γυναῖκες αἵτινες ἦσαν συνεληλυθυῖαι . . . αὐτῷ
Jo 2 5 [1] ὅτι ἂν λέγῃ ὑμῖν ποιήσατε
8 25 τ. ἀρχὴν ὅτι κ. λαλῶ ὑμῖν
53 μὴ σὺ μείζων εἶ τ. πατρὸς ἡμῶν Ἀβραὰμ ὅστις ἀπέθανεν;
9 18 [2] ἕως ὅτου ἐφώνησαν τ. γονεῖς αὐτοῦ τ. ἀναβλέψαντος
14 13 [1] ὅτι ἂν αἰτήσητε ἐν τ. ὀνόματί μου
15 16 [1] ὅτι ἂν αἰτήσητε τ. πατέρα ἐν τ. ὀνόματί μου
21 25 [1] ἅτινα ἐὰν γράφηται καθ᾽ ἕν
—h. v., T
Ac 3 23 [1] πᾶσα ψυχὴ ἥτις ἂν μὴ ἀκούσῃ τ. προφήτου ἐκείνου
הָאִישׁ אֲשֶׁר לֹא־יִשְׁמַע אֶל־דְּבָרַי אֲשֶׁר יְדַבֵּר בִּשְׁמִי, Dt. xviii. 19
5 16 οἵτινες ἐθεραπεύοντο ἅπαντες
7 53 οἵτινες ἐλάβετε τ. νόμον εἰς διαταγὰς ἀγγέλων
8 15 οἵτινες καταβάντες προσηύξαντο περὶ αὐτῶν
9 6 λαληθήσεταί σοι ὅτι σε δεῖ ποιεῖν
35 οἵτινες ἐπέστρεψαν πρὸς τ. Κύριον
10 41 οἵτινες συνεφάγομεν κ. συνεπίομεν αὐτῷ
47 οἵτινες τὸ πνεῦμα τὸ ἅγιον ἔλαβον ὡς κ. ἡμεῖς
11 20 οἵτινες ἐλθόντες εἰς Ἀντιόχειαν ἐλάλουν κ. πρὸς τ. Ἑλληνιστάς
28 ἥτις ἐγένετο ἐπὶ Κλαυδίου
12 10 ἥτις αὐτομάτη ἠνοίγη αὐτοῖς
13 31 οἵτινες νῦν εἰσιν μάρτυρες αὐτοῦ πρὸς τ. λαόν
43 οἵτινες προσλαλοῦντες αὐτοῖς ἔπειθον
16 12 Φιλίππους ἥτις ἐστὶν πρώτη τ. μερίδος Μακεδονίας πόλις κολωνία
16 ἥτις ἐργασίαν πολλὴν παρεῖχεν τ. κυρίοις αὐτῆς
17 οἵτινες καταγγέλλουσιν ὑμῖν ὁδὸν σωτηρίας
17 10 οἵτινες παραγενόμενοι εἰς τ. συναγωγὴν τ. Ἰουδαίων ἀπῄεσαν
11 οἵτινες ἐδέξαντο τ. λόγον μετὰ πάσης προθυμίας
21 4 οἵτινες τ. Παύλῳ ἔλεγον διὰ τ. πνεύματος
23 14 οἵτινες προσελθόντες τ. ἀρχιερεῦσιν . . . εἶπαν
21 οἵτινες ἀνεθεμάτισαν ἑαυτοὺς μήτε φαγεῖν μήτε πεῖν
33 οἵτινες εἰσελθόντες εἰς τ. Καισαρίαν
24 1 οἵτινες ἐνεφάνισαν τ. ἡγεμόνι κατὰ τ. Παύλου
28 18 οἵτινες ἀνακρίναντές με ἐβούλοντο ἀπολῦσαι
Ro 1 25 οἵτινες μετήλλαξαν τ. ἀλήθειαν τ. Θεοῦ ἐν τ. ψεύδει

Ro 1 32 οἵτινες τὸ δικαίωμα τ. Θεοῦ ἐπιγνόντες
2 15 οἵτινες ἐνδείκνυνται τὸ ἔργον τ. νόμου
6 2 οἵτινες ἀπεθάνομεν τ. ἁμαρτίᾳ
9 4 οἵτινές εἰσιν Ἰσραηλεῖται
11 4 οἵτινες οὐκ ἔκαμψαν γόνυ τῇ Βάαλ
כָּל־הַבִּרְכַּיִם אֲשֶׁר לֹא־כָרְעוּ לַבַּעַל, 1 Ki. xix. 18
16 4 οἵτινες ὑπὲρ τ. ψυχῆς μου τὸν ἑαυτῶν τράχηλον ὑπέθηκαν
6 Μαρίαν ἥτις πολλὰ ἐκοπίασεν εἰς ὑμᾶς
7 οἵτινές εἰσιν ἐπίσημοι ἐν τ. ἀποστόλοις
12 Περσίδα . . . ἥτις πολλὰ ἐκοπίασεν ἐν Κυρίῳ
1 Co 3 17 ὁ γὰρ ναὸς τ. Θεοῦ ἅγιός ἐστιν οἵτινές ἐστε ὑμεῖς
5 1 τοιαύτη πορνεία ἥτις οὐδὲ ἐν τ. ἔθνεσιν
7 13 γυνὴ ἥτις ἔχει ἄνδρα ἄπιστον
εἴ τις, T
16 2 [1] θησαυρίζων ὅτι ἐὰν εὐοδῶται
II Co 3 14 μένει μὴ ἀνακαλυπτόμενον ὅτι ἐν Χριστῷ καταργεῖται
8 10 οἵτινες οὐ μόνον τὸ ποιῆσαι ἀλλὰ κ. τὸ θέλειν προενήρξασθε
9 11 ἥτις κατεργάζεται δι' ἡμῶν εὐχαριστίαν τ. Θεῷ
Ga 2 4 διὰ δὲ τ. παρεισάκτους ψευδαδέλφους οἵτινες παρεισῆλθον
4 24 ἅτινά ἐστιν ἀλληγορούμενα
24 μία μὲν ἀπὸ ὄρους Σινὰ . . . ἥτις ἐστὶν Ἄγαρ
26 ἡ δὲ ἄνω Ἰερουσαλὴμ ἐλευθέρα ἐστὶν ἥτις ἐστὶν μήτηρ ἡμῶν
5 4 οἵτινες ἐν νόμῳ δικαιοῦσθε
10 [1] βαστάσει τὸ κρίμα ὅστις ἐὰν ᾖ
19 τὰ ἔργα τ. σαρκὸς ἅτινά ἐστιν πορνεία
Eph 1 23 τ. ἐκκλησίᾳ ἥτις ἐστὶν τὸ σῶμα αὐτοῦ
3 13 διὸ αἰτοῦμαι μὴ ἐνκακεῖν . . . ἥτις ἐστὶν δόξα ὑμῶν
4 19 οἵτινες ἀπηλγηκότες ἑαυτοὺς παρέδωκαν τ. ἀσελγείᾳ
6 2 ἥτις ἐστὶν ἐντολὴ πρώτη ἐν ἐπαγγελίᾳ
Phl 1 28 ἥτις ἐστὶν αὐτοῖς ἔνδειξις ἀπωλείας
2 20 ὅστις γνησίως τὰ περὶ ὑμῶν μεριμνήσει
3 7 ἀλλὰ ἅτινα ἦν μοι κέρδη
4 3 αἵτινες ἐν τ. εὐαγγελίῳ συνήθλησάν μοι
Col 2 23 ἅτινά ἐστιν λόγον μὲν ἔχοντα σοφίας
3 5 τ. πλεονεξίαν ἥτις ἐστὶν εἰδωλολατρία
17 [1] πᾶν ὅτι ἐὰν ποιῆτε ἐν λόγῳ ἢ ἐν ἔργῳ
4 11 οἵτινες ἐγενήθησάν μοι παρηγορία
II Th 1 9 οἵτινες δίκην τίσουσιν ὄλεθρον αἰώνιον
I Ti 1 4 αἵτινες ἐκζητήσεις παρέχουσιν
3 15 οἴκῳ Θεοῦ . . . ἥτις ἐστὶν ἐκκλησία Θεοῦ ζῶντος
6 9 αἵτινες βυθίζουσιν τ. ἀνθρώπους εἰς ὄλεθρον
II Ti 1 5 τῆς . . . πίστεως ἥτις ἐνῴκησεν πρῶτον ἐν τ. μάμμῃ σου Λωΐδι
2 2 οἵτινες ἱκανοὶ ἔσονται κ. ἑτέρους διδάξαι
18 οἵτινες περὶ τ. ἀλήθειαν ἠστόχησαν
Tit 1 11 οἵτινες ὅλους οἴκους ἀνατρέπουσιν
He 2 3 ἥτις ἀρχὴν λαβοῦσα λαλεῖσθαι διὰ τ. Κυρίου
8 5 οἵτινες ὑποδείγματι κ. σκιᾷ λατρεύουσιν τ. ἐπουρανίων
6 ἥτις ἐπὶ κρείττοσιν ἐπαγγελίαις νενομοθέτηται
9 2 σκηνὴ γὰρ κατεσκευάσθη ἡ πρώτη . . . ἥτις λέγεται ἅγια
9 ἥτις παραβολὴ εἰς τ. καιρὸν τ. ἐνεστηκότα
He 10 8 αἵτινες κατὰ νόμον προσφέρονται
11 αἵτινες οὐδέποτε δύνανται περιελεῖν ἁμαρτίας
35 τ. παρρησίαν ὑμῶν ἥτις ἔχει μεγάλην μισθαποδοσίαν
12 5 τ. παρακλήσεως ἥτις ὑμῖν ὡς υἱοῖς διαλέγεται
13 7 οἵτινες ἐλάλησαν ὑμῖν τ. λόγον τ. Θεοῦ
Ja 2 10 ὅστις γὰρ ὅλον τ. νόμον τηρήσῃ
4 14 οἵτινες οὐκ ἐπίστασθε τῆς αὔριον ποία ἡ ζωὴ ὑμῶν
I Pe 2 11 τ. σαρκικῶν ἐπιθυμιῶν αἵτινες στρατεύονται κατὰ τ. ψυχῆς
II Pe 2 1 οἵτινες παρεισάξουσιν αἱρέσεις ἀπωλείας
I Jo 1 2 τ. ζωὴν τ. αἰώνιον ἥτις ἦν πρὸς τ. πατέρα
3 20 [1] πείσομεν τ. καρδίαν ἡμῶν ὅτι ἐὰν καταγινώσκῃ ἡμῶν ἡ καρδία
Re 1 7 οἵτινες αὐτὸν ἐξεκέντησαν
12 ἐπέστρεψα βλέπειν τ. φωνὴν ἥτις ἐλάλει μετ' ἐμοῦ
2 24 οἵτινες οὐκ ἔγνωσαν τὰ βαθέα τοῦ Σατανᾶ
9 4 τ. ἀνθρώπους οἵτινες οὐκ ἔχουσιν τ. σφραγῖδα τ. Θεοῦ
11 8 ἥτις καλεῖται πνευματικῶς Σόδομα κ. Αἴγυπτος
12 13 ἐδίωξεν τ. γυναῖκα ἥτις ἔτεκεν τ. ἄρσενα
17 12 δέκα βασιλεῖς εἰσὶν οἵτινες βασιλείαν οὔπω ἔλαβον
19 2 ἥτις ἔφθειρεν τ. γῆν ἐν τ. πορνείᾳ αὐτῆς
20 4 οἵτινες οὐ προσεκύνησαν τὸ θηρίον

ὈΣΤΡΆΚΙΝΟΣ 3749

II Co 4 7 ἔχομεν δὲ τ. θησαυρὸν τοῦτον ἐν ὀστρακίνοις σκεύεσιν
II Ti 2 20 οὐκ ἔστιν μόνον σκεύη χρυσᾶ κ. ἀργυρᾶ ἀλλὰ κ. ξύλινα κ. ὀστράκινα

ὌΣΦΡΗΣΙΣ * 3750

I Co 12 17 εἰ ὅλον ἀκοὴ ποῦ ἡ ὄσφρησις;

ὈΣΦΎΣ 3751

Mt 3 4 εἶχεν . . . ζώνην δερματίνην περὶ τ. ὀσφὺν αὐτοῦ
Mk 1 6 ἐνδεδυμένος . . . ζώνην δερματίνην περὶ τ. ὀσφὺν αὐτοῦ
Lu 12 35 ἔστωσαν ὑμῶν αἱ ὀσφύες περιεζωσμέναι
Ac 2 30 ἐκ καρποῦ τ. ὀσφύος αὐτοῦ καθίσαι ἐπὶ τ. θρόνον αὐτοῦ
Eph 6 14 περιζωσάμενοι τ. ὀσφὺν ὑμῶν ἐν ἀληθείᾳ
He 7 5 καίπερ ἐξεληλυθότας ἐκ τ. ὀσφύος Ἀβραάμ
10 ἔτι γὰρ ἐν τῇ ὀσφύϊ τ. πατρὸς ἦν
I Pe 1 13 ἀναζωσάμενοι τ. ὀσφύας τ. διανοίας ὑμῶν

ὍΤΑΝ 3752

(1) seq. indic. (2) ὡς, εἰ μὴ ὅταν

Mt 5 11 μακάριοί ἐστε ὅταν ὀνειδίσωσιν ὑμᾶς
6 2 ὅταν οὖν ποιῇς ἐλεημοσύνην
5 ὅταν προσεύχησθε οὐκ ἔσεσθε ὡς οἱ ὑποκριταί
6 σὺ δὲ ὅταν προσεύχῃ εἴσελθε εἰς τὸ ταμεῖόν σου
16 ὅταν δὲ νηστεύητε
9 15 ἐλεύσονται δὲ ἡμέραι ὅταν ἀπαρθῇ ἀπ' αὐτῶν ὁ νυμφίος
10 19 ὅταν δὲ παραδῶσιν ὑμᾶς
23 ὅταν δὲ διώκωσιν ὑμᾶς ἐν τ. πόλει ταύτῃ

Mt 12 43 ὅταν δὲ τὸ ἀκάθαρτον πνεῦμα ἐξέλθῃ
13 32 ὅταν δὲ αὐξηθῇ
15 2 οὐ γὰρ νίπτονται τ. χεῖρας ὅταν ἄρτον ἐσθίωσιν
19 28 ἐν τ. παλινγενεσίᾳ ὅταν καθίσῃ ὁ υἱὸς τ. ἀνθρώπου
21 40 ὅταν οὖν ἔλθῃ ὁ κύριος τ. ἀμπελῶνος
23 15 ὅτ. γένηται ποιεῖτε αὐτὸν υἱὸν γεέννης
24 15 ὅταν οὖν ἴδητε τὸ βδέλυγμα τ. ἐρημώσεως
32 ὅτ. ἤδη ὁ κλάδος αὐτῆς γένηται ἁπαλός
33 ὅταν ἴδητε πάντα ταῦτα
25 31 ὅταν δὲ ἔλθῃ ὁ υἱὸς τ. ἀνθρώπου
26 29 ἕως τ. ἡμέρας ἐκείνης ὅταν αὐτὸ πίνω μεθ' ὑμῶν καινόν
Mk 2 20 ἐλεύσονται δὲ ἡμέραι ὅταν ἀπαρθῇ ἀπ' αὐτῶν ὁ νυμφίος
3 11 [1] ὅταν αὐτὸν ἐθεώρουν προσέπιπτον αὐτῷ
4 15 ὅτ. ἀκούσωσιν εὐθὺς ἔρχεται ὁ Σατανᾶς
16 οἳ ὅταν ἀκούσωσιν τ. λόγον . . λαμβάνουσιν αὐτόν
29 ὅταν δὲ παραδοῖ ὁ καρπός
31 ὅταν σπαρῇ ἐπὶ τ. γῆς
32 κ. ὅταν σπαρῇ ἀναβαίνει
8 38 ὅτ. ἔλθῃ ἐν τ. δόξῃ τ. πατρὸς αὐτοῦ
9 9 [2] εἰ μὴ ὅταν ὁ υἱὸς τ. ἀνθρώπου ἐκ νεκρῶν ἀναστῇ
11 19 [1] ὅταν ὀψὲ ἐγένετο
25 [1] ὅταν στήκετε προσευχόμενοι
12 23 ἐν τῇ ἀναστάσει ὅταν ἀναστῶσιν —ὅτ. ἀναστ., WHR
25 ὅταν γὰρ ἐκ νεκρῶν ἀναστῶσιν
13 4 τί τὸ σημεῖον ὅταν μέλλῃ ταῦτα συντελεῖσθαι πάντα;
7 ὅτ. δὲ ἀκούσητε πολέμους κ. ἀκοὰς πολέμων
11 ὅταν ἄγωσιν ὑμᾶς παραδιδόντες
14 ὅταν δὲ ἴδητε τὸ βδέλυγμα τ. ἐρημώσεως
28 ὅταν ἤδη ὁ κλάδος αὐτῆς ἁπαλὸς γένηται
29 ὅταν ἴδητε ταῦτα γινόμενα
14 7 ὅταν θέλητε δύνασθε αὐτοῖς εὖ ποιῆσαι
25 ἕως τ. ἡμέρας ἐκείνης ὅταν αὐτὸ πίνω καινόν
Lu 5 35 ὅταν ἀπαρθῇ ἀπ' αὐτῶν ὁ νυμφίος τότε νηστεύσουσιν
6 22 μακάριοί ἐστε ὅταν μισήσωσιν ὑμᾶς οἱ ἄνθρωποι,
κ. ὅταν ἀφορίσωσιν ὑμᾶς κ. ὀνειδίσωσιν
26 οὐαὶ ὅταν καλῶς ὑμᾶς εἴπωσιν πάντες οἱ ἄνθρωποι
8 13 οἳ ὅτ. ἀκούσωσιν μετὰ χαρᾶς δέχονται
9 26 ὅταν ἔλθῃ ἐν τ. δόξῃ αὐτοῦ
11 2 ὅταν προσεύχησθε λέγετε
21 ὅταν ὁ ἰσχυρὸς καθωπλισμένος φυλάσσῃ τὴν ἑαυτοῦ αὐλήν
24 ὅταν τὸ ἀκάθαρτον πνεῦμα ἐξέλθῃ ἀπὸ τ. ἀνθρώπου
34 ὅταν ὁ ὀφθαλμός σου ἁπλοῦς ᾖ
36 [2] ὡς ὅταν ὁ λύχνος τ. ἀστραπῇ φωτίζῃ σε
12 11 ὅταν δὲ εἰσφέρωσιν ὑμᾶς ἐπὶ τ. συναγωγάς
54 ὅταν ἴδητε νεφέλην ἀνατέλλουσαν ἐπὶ δυσμῶν
55 ὅταν νότον πνέοντα λέγετε
13 28 [1] ὅτ. ὄψησθε Ἀβραὰμ κ. Ἰσαὰκ κ. Ἰακὼβ —ὅτ. ὄψεσθε, TWH mg.
14 8 ὅταν κληθῇς ὑπό τινος εἰς γάμους
10 ὅταν κληθῇς πορευθεὶς ἀνάπεσε εἰς τὸν ἔσχατον τόπον·
ἵνα ὅτ. ἔλθῃ ὁ κεκληκώς σε ἐρεῖ
Lu 14 12 ὅταν ποιῇς ἄριστον ἢ δεῖπνον
13 ἀλλ' ὅταν δοχὴν ποιῇς κάλει πτωχούς
16 4 ὅταν μετασταθῶ ἐκ τ. οἰκονομίας
9 ἵνα ὅταν ἐκλίπῃ δέξωνται ὑμᾶς
17 10 ὅτ. ποιήσητε πάντα τὰ διαταχθέντα ὑμῖν
21 7 τί τὸ σημεῖον ὅτ. μέλλῃ ταῦτα γίνεσθαι;
9 ὅτ. δὲ ἀκούσητε πολέμους κ. ἀκαταστασίας
20 ὅταν δὲ ἴδητε κυκλουμένην ὑπὸ στρατοπέδων Ἰερουσαλήμ
30 ὅταν προβάλωσιν ἤδη
31 οὕτως κ. ὑμεῖς ὅτ. ἴδητε ταῦτα γινόμενα
23 42 μνήσθητί μου ὅτ. ἔλθῃς εἰς τ. βασιλείαν σου
Jo 2 10 κ. ὅταν μεθυσθῶσιν τὸν ἐλάσσω
4 25 ὅταν ἔλθῃ ἐκεῖνος
5 7 ἵνα ὅτ. ταραχθῇ τὸ ὕδωρ βάλῃ με
7 27 ὁ δὲ Χριστὸς ὅταν ἔρχηται
31 ὁ Χριστὸς ὅταν ἔλθῃ
8 28 ὅταν ὑψώσητε τ. υἱὸν τ. ἀνθρώπου
44 ὅταν λαλῇ τὸ ψεῦδος ἐκ τ. ἰδίων λαλεῖ
9 5 ὅταν ἐν τ. κόσμῳ ὦ
10 4 ὅταν τὰ ἴδια πάντα ἐκβάλῃ
13 19 ἵνα πιστεύητε ὅταν γένηται
14 29 ἵνα ὅταν γένηται πιστεύσητε
15 26 ὅταν ἔλθῃ ὁ παράκλητος
16 4 ὅταν ἔλθῃ ἡ ὥρα αὐτῶν
13 ὅταν δὲ ἔλθῃ ἐκεῖνος
21 ἡ γυνὴ ὅταν τίκτῃ λύπην ἔχει
21 ὅταν δὲ γεννήσῃ τὸ παιδίον
21 18 ὅτ. δὲ γηράσῃς ἐκτενεῖς τ. χεῖράς σου
Ac 23 35 ὅταν κ. οἱ κατήγοροί σου παραγένωνται
24 22 ὅταν Λυσίας ὁ χιλίαρχος καταβῇ
Ro 2 14 ὅτ. γὰρ ἔθνη . . . τὰ τ. νόμου ποιῶσιν
11 27 ὅταν ἀφέλωμαι τ. ἁμαρτίας αὐτῶν
I Co 3 4 ὅταν γὰρ λέγῃ τις
13 10 ὅταν δὲ ἔλθῃ τὸ τέλειον
14 26 ὅταν συνέρχησθε ἕκαστος ψαλμὸν ἔχει
15 24 ὅτ. παραδιδῷ τ. βασιλείαν τ. Θεῷ κ. πατρί, ὅταν καταργήσῃ πᾶσαν ἀρχήν
27 ὅταν δὲ εἴπῃ ὅτι πάντα ὑποτέτακται
28 ὅταν δὲ ὑποταγῇ αὐτῷ τὰ πάντα
54 ὅταν δὲ τὸ θνητὸν τοῦτο ἐνδύσηται τ. ἀθανασίαν
16 2 ἵνα μὴ ὅτ. ἔλθω τότε λογίαι γίνωνται
3 ὅταν δὲ παραγένωμαι
5 ἐλεύσομαι δὲ πρὸς ὑμᾶς ὅταν Μακεδονίαν διέλθω
12 ἐλεύσεται δὲ ὅταν εὐκαιρήσῃ
II Co 10 6 ὅταν πληρωθῇ ὑμῶν ἡ ὑπακοή
12 10 ὅταν γὰρ ἀσθενῶ τότε δυνατός εἰμι
13 9 χαίρομεν γὰρ ὅταν ἡμεῖς ἀσθενῶμεν
Col 3 4 ὅτ. ὁ Χριστὸς φανερωθῇ ἡ ζωὴ ἡμῶν
4 16 ὅταν ἀναγνωσθῇ παρ' ὑμῖν ἡ ἐπιστολή
I Th 5 3 ὅταν λέγωσιν Εἰρήνη κ. ἀσφάλεια
II Th 1 10 ὅτ. ἔλθῃ ἐνδοξασθῆναι ἐν τ. ἁγίοις αὐτοῦ
I Ti 5 11 ὅταν γὰρ καταστρηνιάσωσιν τ. Χριστοῦ
Tit 3 12 ὅτ. πέμψω Ἀρτεμᾶν πρός σε ἢ Τύχικον
He 1 6 ὅταν δὲ πάλιν εἰσαγάγῃ τ. πρωτότοκον εἰς τ. οἰκουμένην
Ja 1 2 ὅταν πειρασμοῖς περιπέσητε ποικίλοις
I Jo 5 2 ὅταν τ. Θεὸν ἀγαπῶμεν
Re 4 9 [1] ὅταν δώσουσιν τὰ ζῷα δόξαν κ. τιμήν
8 1 [1] ὅταν ἤνοιξεν τ. σφραγῖδα τ. ἑβδόμην
9 5 ὡς βασανισμὸς σκορπίου ὅτ. παίσῃ ἄνθρωπον
10 7 ὅταν μέλλῃ σαλπίζειν

Re 11 7 ὅταν τελέσωσιν τ. μαρτυρίαν αὐτῶν
12 4 ἵνα ὅτ. τέκῃ τὸ τέκνον αὐτῆς καταφάγῃ
17 10 ὅταν ἔλθῃ ὀλίγον αὐτὸν δεῖ μεῖναι
18 9 ὅτ. βλέπωσιν τ. καπνὸν τ. πυρώσεως αὐτῆς
20 7 ὅταν τελεσθῇ τὰ χίλια ἔτη

ὍΤΕ 3753

(1) seq. indic. fut.

Mt 7 28 ἐγένετο ὅτε ἐτέλεσεν ὁ Ἰησοῦς τ. λόγους τούτους
9 25 ὅτε δὲ ἐξεβλήθη ὁ ὄχλος
11 1 ἐγένετο ὅτε ἐτέλεσεν ὁ Ἰησοῦς διατάσσων
12 3 τί ἐποίησεν Δαυεὶδ ὅτε ἐπείνασεν
13 26 ὅτε δὲ ἐβλάστησεν ὁ χόρτος
48 ἣν ὅτε ἐπληρώθη ἀναβιβάσαντες ἐπὶ τ. αἰγιαλόν
53 ἐγένετο ὅτε ἐτέλεσεν ὁ Ἰησοῦς τ. παραβολὰς ταύτας
17 25 κ. ὅτε εἰσῆλθεν εἰς τ. οἰκίαν
κ. ἐλθόντα, WH ; κ. εἰσελθόντα, TWH mg.
19 1 ἐγένετο ὅτε ἐτέλεσεν ὁ Ἰησοῦς τ. λόγους τούτους
21 1 ὅτε ἤγγισαν εἰς Ἱεροσόλυμα
34 ὅτε δὲ ἤγγισεν ὁ καιρὸς τ. καρπῶν
26 1 ἐγένετο ὅτε ἐτέλεσεν ὁ Ἰησοῦς πάντας τ. λόγους τούτους
27 31 ὅτε ἐνέπαιξαν αὐτῷ
Mk 1 32 ὀψίας δὲ γενομένης ὅτε ἔδυσεν ὁ ἥλιος
ὅτ. ἔδυ, T
2 25 τί ἐποίησεν Δαυεὶδ ὅτε χρείαν ἔσχεν
4 6 ὅτε ἀνέτειλεν ὁ ἥλιος ἐκαυματίσθη
10 ὅτε ἐγένετο κατὰ μόνας
6 21 γενομένης ἡμέρας εὐκαίρου ὅτε Ἡρῴδης . . . δεῖπνον ἐποίησεν
7 17 ὅτε εἰσῆλθεν εἰς οἶκον ἀπὸ τ. ὄχλου
8 19 ὅτε τ. πέντε ἄρτους ἔκλασα εἰς τ. πεντακισχιλίους
20 ὅτε τοὺς ἑπτὰ εἰς τ. τετρακισχιλίους
11 1 ὅτε ἐγγίζουσιν εἰς Ἱεροσόλυμα
14 12 τ. πρώτῃ ἡμέρᾳ τ. ἀζύμων ὅτε τὸ πάσχα ἔθυον
15 20 ὅτε ἐνέπαιξαν αὐτῷ
41 αἳ ὅτε ἦν ἐν τ. Γαλιλαίᾳ ἠκολούθουν αὐτῷ
Lu 2 21 ὅτε ἐπλήσθησαν ἡμέραι ὀκτώ
22 ὅτε ἐπλήσθησαν αἱ ἡμέραι τ. καθαρισμοῦ αὐτῶν
42 ὅτε ἐγένετο ἐτῶν δώδεκα
4 25 ὅτε ἐκλείσθη ὁ οὐρανὸς ἔτη τρία κ. μῆνας ἕξ
6 3 ὃ ἐποίησεν Δαυεὶδ ὅτε ἐπείνασεν αὐτός
ὁπότε, T
13 ὅτε ἐγένετο ἡμέρα
13 35 [1] οὐ μὴ ἴδητέ με ἕως ἥξει ὅτε εἴπητε
—ἥξ. ὅτε, WHR
15 30 ὅτε δὲ ὁ υἱός σου οὗτος . . . ἦλθεν
17 22 [1] ἐλεύσονται ἡμέραι ὅτε ἐπιθυμήσετε . . . ἰδεῖν
22 14 ὅτε ἐγένετο ἡ ὥρα ἀνέπεσεν
35 ὅτε ἀπέστειλα ὑμᾶς ἄτερ βαλλαντίου
23 33 ὅτε ἦλθαν ἐπὶ τ. τόπον τ. καλούμενον Κρανίον
Jo 1 19 ὅτε ἀπέστειλαν πρὸς αὐτὸν οἱ Ἰουδαῖοι
2 22 ὅτε οὖν ἠγέρθη ἐκ νεκρῶν
4 21 [1] ἔρχεται ὥρα ὅτε οὔτε ἐν τ. ὄρει τούτῳ . . . προσκυνήσετε
Jo 4 23 [1] ἔρχεται ὥρα κ. νῦν ἐστὶν ὅτε οἱ ἀληθινοὶ προσκυνηταὶ προσκυνήσουσιν
45 ὅτε οὖν ἦλθεν εἰς τ. Γαλιλαίαν
ὡς, T
5 25 [1] ἔρχεται ὥρα κ. νῦν ἐστὶν ὅτε οἱ νεκροὶ ἀκούσουσιν τ. φωνῆς τ. υἱοῦ τ. Θεοῦ
6 24 ὅτε οὖν εἶδεν ὁ ὄχλος
9 4 ἔρχεται νὺξ ὅτε οὐδεὶς δύναται ἐργάζεσθαι
12 16 ἀλλ' ὅτε ἐδοξάσθη Ἰησοῦς
17 ὅτε τ. Λάζαρον ἐφώνησεν ἐκ τ. μνημείου
ὅτι, T
13 12 ὅτε οὖν ἔνιψεν τ. πόδας αὐτῶν
31 ὅτε οὖν ἐξῆλθεν λέγει Ἰησοῦς
16 25 [1] ἔρχεται ὥρα ὅτε οὐκέτι ἐν παροιμίαις λαλήσω ὑμῖν
17 12 ὅτε ἤμην μετ' αὐτῶν ἐγὼ ἐτήρουν αὐτούς
19 6 ὅτε οὖν εἶδον αὐτὸν οἱ ἀρχιερεῖς
8 ὅτε οὖν ἤκουσεν ὁ Πειλᾶτος τοῦτον τ. λόγον
23 οἱ οὖν στρατιῶται ὅτε ἐσταύρωσαν τ. Ἰησοῦν
30 ὅτε οὖν ἔλαβεν τὸ ὄξος ὁ Ἰησοῦς
20 24 Θωμᾶς δὲ . . . οὐκ ἦν μετ' αὐτῶν ὅτε ἦλθεν Ἰησοῦς
21 15 ὅτε οὖν ἠρίστησαν
18 ὅτε ἦς νεώτερος ἐζώννυες σεαυτόν
Ac 1 13 ὅτε εἰσῆλθον εἰς τὸ ὑπερῷον ἀνέβησαν
8 12 ὅτε δὲ ἐπίστευσαν τ. Φιλίππῳ εὐαγγελιζομένῳ
39 ὅτε δὲ ἀνέβησαν ἐκ τ. ὕδατος
11 2 ὅτε δὲ ἀνέβη Πέτρος εἰς Ἰερουσαλήμ
12 6 ὅτε δὲ ἤμελλεν προσαγαγεῖν αὐτὸν ὁ Ἡρῴδης
21 5 ὅτε δὲ ἐγένετο ἐξαρτίσαι ἡμᾶς τ. ἡμέρας
35 ὅτε δὲ ἐγένετο ἐπὶ τ. ἀναβαθμούς
22 20 ὅτε ἐξεχύννετο τὸ αἷμα Στεφάνου
27 39 ὅτε δὲ ἡμέρα ἐγένετο
28 16 ὅτε δὲ εἰσήλθαμεν εἰς Ῥώμην
Ro 2 16 [1] ἐν ἡμέρᾳ ὅτε κρινεῖ ὁ Θεὸς τὰ κρυπτὰ τ. ἀνθρώπων
ἐν ᾗ ἡμ. κρίνει, WH non mg.; ἐν ἡμ. ᾗ κρ., WH mg. alt.
6 20 ὅτε γὰρ δοῦλοι ἦτε τ. ἁμαρτίας
7 5 ὅτε γὰρ ἦμεν ἐν τ. σαρκί
13 11 ἐγγύτερον ἡμῶν ἡ σωτηρία ἢ ὅτε ἐπιστεύσαμεν
I Co 12 2 οἴδατε ὅτι ὅτε ἔθνη ἦτε
13 11 ὅτε ἤμην νήπιος ἐλάλουν ὡς νήπιος
11 ὅτε γέγονα ἀνὴρ κατήργηκα τὰ τ. νηπίου
Ga 1 15 ὅτε δὲ εὐδόκησεν ὁ Θεός
2 11 ὅτε δὲ ἦλθεν Κηφᾶς εἰς Ἀντιόχειαν
12 ὅτε δὲ ἦλθον ὑπέστελλεν
14 ἀλλ' ὅτε εἶδον ὅτι οὐκ ὀρθοποδοῦσιν
4 3 οὕτως κ. ἡμεῖς ὅτε ἦμεν νήπιοι
4 ὅτε δὲ ἦλθεν τὸ πλήρωμα τ. χρόνου
Phl 4 15 ἐν ἀρχῇ τ. εὐαγγελίου ὅτε ἐξῆλθον ἀπὸ Μακεδονίας
Col 3 7 περιεπατήσατέ ποτε ὅτε ἐζῆτε ἐν τούτοις
I Th 3 4 κ. γὰρ ὅτε πρὸς ὑμᾶς ἦμεν
II Th 3 10 κ. γὰρ ὅτε ἦμεν πρὸς ὑμᾶς
II Ti 4 3 [1] ἔσται γὰρ καιρὸς ὅτε τ. ὑγιαινούσης διδασκαλίας οὐκ ἀνέξονται
Tit 3 4 ὅτε δὲ ἡ χρηστότης . . . ἐπεφάνη τ. σωτῆρος ἡμῶν Θεοῦ
He 7 10 ὅτε συνήντησεν αὐτῷ Μελχισεδέκ
9 17 ἐπεὶ μὴ τότε ἰσχύει ὅτε ζῇ ὁ διαθέμενος
I Pe 3 20 ὅτε ἀπεξεδέχετο ἡ τ. Θεοῦ μακροθυμία
Ju 9 ὅτε τ. διαβόλῳ διακρινόμενος διελέγετο
Re 1 17 ὅτε εἶδον αὐτὸν ἔπεσα πρὸς τ. πόδας αὐτοῦ

Re 5 8 ὅτε ἔλαβεν τὸ βιβλίον
6 1 εἶδον ὅτε ἤνοιξεν τὸ ἀρνίον μίαν ἐκ τ. ἑπτὰ σφραγίδων
3 ὅτε ἤνοιξεν τ. σφραγῖδα τ. δευτέραν
5 ὅτε ἤνοιξεν τ. σφραγῖδα τ. τρίτην
7 ὅτε ἤνοιξεν τ. σφραγῖδα τ. τετάρτην
9 ὅτε ἤνοιξεν τ. πέμπτην σφραγῖδα
12 εἶδον ὅτε ἤνοιξεν τ. σφραγῖδα τ. ἕκτην
10 3 ὅτε ἔκραξεν ἐλάλησαν αἱ ἑπτὰ βρονταί
4 ὅτε ἐλάλησαν αἱ ἑπτὰ βρονταί
10 ὅτε ἔφαγον αὐτὸ ἐπικράνθη ἡ κοιλία μου
12 13 ὅτε εἶδεν ὁ δράκων ὅτι ἐβλήθη εἰς τ. γῆν
22 8 ὅτε ἤκουσα κ. ἔβλεψα ἔπεσα προσκυνῆσαι

ὅτι (See Supplement, p. 1091) 3754

(1) causal. **(2)** **ποταπὸς, ποῦ, τίς . . . ὅτι** **(3)** post verb. jurand. **(4)** praeced. subj. claus. suae **(5)** **οὐχ ὅτι** **(6)** **ὡς ὅτι**

Mt 2. 16, [1]18, 22, 23 ; 3. 9 ; 4. 6, 12 ; 5. [1]3, [1]4, [1]5, [1]6, [1]7, [1]8, [1]9, [1]10, [1]12, 17, 20, 21, 22, 23, 27, 28, 32, 33, [1]34, [1]35 (*bis*), [1]36, 38, 43, [1]45 ; 6. [1]5, 7, [1]13 —h. v., TWHR non mg., 26, 29, 32 ; 7. [1]13, [1]14 τί, R mg., 23 ; 8. 11, [2]27 ; 9. 6, 18 —T, 28, [1]36 ; 10. 7, 34 ; 11. [1]20, [1]21, [1]23, 24, [3]25, [1]26, [1]29 ; 12. [1]5, 6, 36, [1]41, [1]42 ; 13. 11, [1]13, [1]16 (*bis*), 17 ; 14. [1]5, 26 ; 15. 12, 17, [1]23, [1]32 ; 16. 7, [1]῞Οτι, R mg., [1]8, 11, 12, [1]17, 18, 20, 21, [1]23, 28 ; 17. 10, 12, 13, [1]15 ; 18. 10, 13, 19 ; 19. 4, 8, 9 —WH mg., 23, 24 —WH non mg., 28 ; 20. [1]7, 10, [1]15, 25, 30 ; 21. 3, 16, 31, 43 —WH mg., 45 ; 22. 16, 34 ; 23. [1]10, [1]13 —h. v., TWHR non mg., [1]14, [1]15, [1]23, [1]25, [1]27, [1]29, 31 ; 24. 32, 33, 34 —T, [1]42, 43, [1]44, 47 ; 25. [1]8, [1]13, [4]24, 26 ; 26. 2, 21, 34, 53, 54, [3]72, [3]74, 75 ; 27. 3, 18, 24, 43, 47, 63 ; 28. 5, 7, 13.

Mk 1. 15, [1]34, 37, 40 ; 2. 7 τί, TWH non mg. R, 8, 10, 12, 16 (*bis*), 17 —T [WH] ; 3. 11, 21, 22 (*bis*), 28, [1]30 ; 4. 21, [1]29, 38, [2]41 ; 5. [1]9, 23, 28, 29, 35 ; 6. 4, 14, 15 (*bis*), [1]17, 18, [3]23, [1]34, 35, 49, 55 ; 7. 2, 6, 18, [1]19, 20 ; 8. [1]2, 4, 16, [1]17, [1]24, 28 (*bis*), 31, [1]33 ; 9. 1, 11 (*bis*), 13, 25, 26, 28, 31, [1]38 —h. v., WH mg., [1]41 (*bis*) ; 10. 33, 42, 47 ; 11. 17, 23 (*bis*), 24, 32 ; 12. 6, 7, 12, 14, 19, 26, 28, 29, 32, [4]34, 35, 43 ; 13. 6, 28, 29, 30 ; 14. 14, 18, [1]21, 25, 27, [1]27, 30, 58 (*bis*), 60 τί, TWH non mg. R, 69, [3]71, 72 ; 15. 10, 39 ; 16. 4, 7, [11, [[1]14.

Lu 1. 22, 25, [1]37, [1]45, [1]48, [1]49, 58, 61, [1]68 ; 2. [1]11, 23, [1]30, [2]49, 49 ; 3. 8 ; 4. 4, [1]6, 10, 11, 12, 21, 24, 25 —WH, [1]32, [2]36, 41, [1]41, 43, [1]43 ; 5. [1]8, 24, 26, 36 ; 6. 5 —WH, [1]19, [1]20, [1]21 (*bis*), [1]24, [1]25 (*bis*), [1]35 ; 7. 4, 16 (*bis*), 22 —WH, 37, [1]39, 43, [1]47 ; 8. 20 —WH, [2]25, [1]30, [1]37, [1]42, 47, 49, 53 ; 9. 7, 8 (*bis*), [1]12, 19, 22, [1]38, [1]49, [1]53 ; 10. 11, 12, [1]13, 20 (*bis*), [3]21, [1]21, 24, 40 ; 11. [1]18, [1]31, [1]32, 38, [1]42, [1]43, [1]44, [1]46, [1]47, [1]48, [1]52 ; 12. [1]15, [1]17, 24, 30, [1]32, 37, 39, [1]40, 44, 51, 54, 55 ; 13. 2, [1]2, 4, 14 (*bis*), [1]24, [1]31, [1]33, 35 —WH ; 14. [1]11, [1]14, [1]17, 24, 30 ; 15. 2, [1]6, 7, [1]9, [1]24, 27, [1]27, [1]32 ; 16. [1]3, 8, [1]8, [1]15, [1]24, 25 ; 17. [1]9, 10, 15 ; 18. 8, 9, 11, [1]14, 29 —T, 37 ; 19. [1]3, [1]4, 7, 9, 11, [1]17, [1]21, 22, 26, 31, 34, 40 —WH non mg., 42, [1]43 ; 20. 5, 19, 21, 37 ; 21. 3, 5, 20, [1]22, 30, 31, 32 ; 22. 16, 18 —WH, [1]22, 37, 61, 70 ; 23. 5, 7, [1]29, [1]31, [1]40 ; 24. [4]7, 21, [1]29, 34, 39, [1]39, 44, 46.

Jo 1. [1]15, [1]16, [1]17, 20, [1]30, 32, 34, [1]50, 50 ; 2. [1]3 —h. v., WH non mg. R, 17, 18, 22, [1]25 ; 3. 2, 7, 11, [1]18, 19, 21, [1]23, 28 (*bis*), 33 ; 4. 1 (*bis*), 17, 19, 20, 21, [1]22, 25, 27, 35 (*bis*), 37, 39, 42 (*bis*), 44, 47, 51, 52, 53 ; 5. 6, 15, [1]16, [1]18, 24, 25, [1]27, [1]28, [1]30, 32, 36, [1]38, [1]39, 42, 45 ; 6. [1]2, 5, 14, 15, 22 (*bis*), 24, [1]26 (*bis*), 36, [1]38, [1]41, 42, [5]46, 61, 65, 69 ; 7. [1]1, [1]7, 7, [1]8, 12, [5]22, [1]23, 26, [1]29, [1]30, [2]35, [1]39, 40 —T [WH], 42, 52 ; 8. [1]14, [1]16, 17, [1]20, 22, 24 (*bis*), 25 ὅ τι, TWH mg. R non mg., 27, 28, [1]29, 33, 34, 37, [1]37, [1]43, [1]44 (*bis*), [1]45, [1]47, 48, 52, [4]54, 55 ; 9. [4]8, 9 (*bis*), 11, [1]16, 17 (*bis*), 18, 19, 20 (*bis*), [1]22, 23, 24, 25, 29, 30, 31, 32, 35, 41 ; 10. [1]4, [1]5, 7 —WH, [1]13, [1]17, [1]26, [1]33, 34, 36, [1]36, 38, 41 ; 11. 6, [1]9, [1]10, 13, 15, 20, 22, 24, 27, 31 (*bis*), 40, 41, 42 (*bis*), [1]47, 50, 51, [2]56 ; 12. [5]6, [1]6, 9, [1]11, 12, 16, 17 ὅτε, WHR, [1]18, 19, 34 (*bis*), [1]39, [1]41, [1]49, 50 ; 13. 1, 3 (*bis*), 11, 19, 21, 29, 33, 35 ; 14. [1]2, 10, 11, [1]12, [1]17 (*bis*), [1]19, 20, [2]22, 28 (*bis*), [1]28, 31 ; 15. [1]5, [1]15 (*bis*), 18, [1]19, [1]21, 25, [1]27 ; 16. [1]3, 4, [1]4, [1]6, [1]9, [1]10, [1]11, [1]14, 15, [1]17, 19 (*bis*), 20, [1]21, 21, 26, [1]27, 27, 30 (*bis*), [1]32 ; 17. 7, [1]8, 8 (*bis*), [1]9, [1]14, 21, 23, [1]24, 25 ; 18. [1]2, 8, 9, 14, [1]18, 37 ; 19. 4, [1]7, 10, [1]20, 21, 28, 35, [1]42 ; 20. 9, 13, 14, 15, 18, [1]29, 31 ; 21. 4, 7, 12, 15, 16, 17 (*bis*), 23 (*bis*), 24.

Ac 1. [1]5, [1]17 ; 2. [1]6, 13, [1]25, [1]27, 29, 30, 31, 36 ; 3. [4]10, 17, 22 ; 4. 10, 13 (*bis*), 16, [1]21 ; 5. [2]4, [2]9, 23, 25, [1]38, 41 ; 6. [1]1, 11, 14 ; 7. 6, 25 ; 8. 14, 18, [1]20, [1]33 ; 9. [1]15, [4]20, 22, 26, 27, 38 ; 10. [1]14, [1]20, 34, [1]38, 42, [1]45 ; 11. 1, 3, [1]8, [1]24 ; 12. 3, 9, 11 ; 13. [4]33, 34 (*bis*), 38, [1]41 ; 14. 9, 22, 27 ; 15. 1, 5, 7, 24 ; 16. 3, [4]T, 10, 19, 36, 38 ; 17. 3, 6, 13, [1]18 ; 18. 13 ; 19. 21, 25, 26 (*bis*), 34 ; 20. 23 (*bis*), 25, 26, 29, 31, 34, 35 (*bis*), 38 ; 21. 21, 22, 24, 29, 31 ; 22. 2, [1]15, 19, [1]21, 29 ; 23. 5, 6, 20, 22, 27, 34 ; 24. 11, 14, 21, 26 ; 25. 8, 16 ; 26. 5, 27, 31 ; 27. 10, 25 ; 28. 1, 22, 25, 28.

Ro 1. 8, 13, 32 ; 2. 2, 3, 4 ; 3. 2, 8, 10, 19 ; 4. 17, 21, 23 ; 5. 3, [1]5, 8 ; 6. 3, 6, 8, 9, [1]15, 16, 17 ; 7. 1, 14, 16, 18, 21 ; 8. 16, 18, 21 διότι, T, 22, [1]27, 28, [1]29, 36, 38 ; 9. 2, 6, [1]7, 12, 17, 30, [1]32 ; 10. 2, 5, [1]9, 9 —TWH mg. R non mg., 9 ; 11. 25, [1]36 ; 13. 11 ; 14. [3]11, 14, [1]23 ; 15. 14, 29.

I Co 1. 5, 11, 12, 14, 15, [1]25, 26 ; 2. [1]14 ; 3. [1]13, 16, [4]20 ; 4. [1]9 ; 5. 6 ; 6. 2, 3, 7, 9, 15, 16, 19 ; 7. 26 ; 8. 1, 4 ; 9. [1]10, 13, 24 ; 10. 1, [1]17, 19 (*bis*), 20 ; 11. 2, 3, 14, [1]15, 17, 23 ; 12. 2, 3, 15, 16 ; 14. 21, 23, 25, 37 ; 15. 3, 4 (*bis*), 5, 12 (*bis*), [1]15, 15, 27 —WH mg., 27, 50, 58 ; 16. [4]15, 17.

II Co 1. [1]5, 7, 8, 10 —[WH] R mg., 12, 13, 14, [3]18, [3]23, [5]24 ; 2. 3, [1]15 ; 3. 3, [5]5, [1]14 ; 4. [1]6, 14 ; 5. 1, 6, 14, [6]19 ; 6. 16 ; 7. 3, [1]8, 8, [5]9, 9, 13, [1]14, 16 ; 8. [1]2, [1]3, 9, [1]17 ; 9. 2, [1]12 ; 10. 7, [1]10, 11 ; 11. [1]7, [3]10, [1]11, [6]21, 31 ; 12. 4, [1]13, 19 ; 13. 2, 5, 6 (*bis*).

Ga 1. 6, [4]11, 13, [3]20, 23 ; 2. 7, [1]11, 14, 16, [1]16 ; 3. 7, 8 (*bis*), 10, 11, [1]11, [1]13 ; 4. [1]6, [1]12, 13, 15, [1]20, 22, [1]27 ; 5. 2, 3, 10, 21 ; 6. [1]8.

Eph 2. 11, 12, [1]18 ; 3. 3 [WH] ; 4. 9, [1]25 ; 5. 5, [1]16, [1]23, [1]30 ; 6. 8, 9, [1]12.

Phl 1. 6, 12, 16, [2]18, 19, 20, 25, 27, [1]29 ; 2. 11, 16, 22, 24, 26, [1]30 ; 3. [5]12 ; 4. 10, [5]11, 15, [1]16, [5]17.

Col 1. [1]16, [1]19 ; 2. [1]9 ; 3. 24 ; 4. 1, 13.

I Th 1. [1]5 ; 2. [4]1, 13, [1]14 ; 3. 3, 4, 6, [1]8 ; 4. 14, 15, [1]16 ; 5. 2, [1]9.

II Th 1. [1]3, [1]10; 2. [6]2, [1]3, [4]4, 5, 13; 3. 4, [1]7, [5]9, 10.

I Ti 1. 8, 9, [1]12, [1]13, 15; 4. 1, [1]4, [1]10; 5. [1]12; 6. 2, [1]2, [1]7.

II Ti 1. 5, 12, 15, [1]16; 2. 23; 3. 1, 15.

Tit 3. 11.

Phm [1]7, 19, 21, 22.

He 2. [2]6; 3. 19; 7. 8, 14, 17; 8. [1]9, [1]10, [1]11, [1]12; 10. 8; 11. 6, 13, 14, 18, 19; 12. 17; 13. 18.

Ja 1. 3, 7, [1]10, [1]12, 13, [1]23; 2. 19, 20, 22, 24; 3. 1; 4. 4, 5; 5. [1]8, 11, 20.

I Pe 1. 12, 16 —T [WH], [1]16 *διότι*, T, 18; 2. 3, [1]15, [1]21; 3. 9, [1]12, [1]18; 4. [1]1, [1]8, [1]14, [1]17; 5. [1]5, [1]7.

II Pe 1. 14, 20; 3. 3, 5, 8.

I Jo 1. 5, 6, 8, 10; 2. 3, 4, 5, [1]8, [1]11, [1]12, [1]13 (*ter*), [1]14 (*bis*), [1]16, 18 (*bis*), 19, [1]21 (*ter*), 22, 29 (*bis*); 3. [1]1, 2, [1]2, 5, [1]8, [1]9 (*bis*), [1]11, [1]12, 14, [1]14, 15, [1]16, 19, 20 (*bis*), [1]22, 24; 4. [1]1, 3, [1]4, [1]7, [1]8, 9, [5]10, 10, 13, [1]13, 14, 15, [1]17, [1]18, [1]19, 20; 5. 1, 2, [1]4, 5, [1]6, [1]7, [1]9, 9, [1]10, 11, 13, 14, 15 (*bis*), 18, 19, 20.

II Jo 4, [1]7.

III Jo 12.

Ju 5, [1]11, 18.

Re 2. 2, [1]4, 6, [1]14 —WH mg., [1]20, 23; 3. 1 (*bis*), [1]4, [1]8, 9, [1]10, 15, [1]16, [1]17, 17 (*bis*); 4. [1]11; 5. [1]4, [1]9; 6. [1]17; 7. [1]17; 8. [1]11; 10. [3]6; 11. [1]2, [1]10, 17; 12. [1]10, [1]12, 12, 13; 13. [1]4; 14. [1]7, [1]15 (*bis*), [1]18; 15. [1]1, [1]4 (*ter*); 16. [1]5, [1]6, [1]21; 17. [4]8, [1]14; 18. [1]3, [1]5, [1]7, 7, [1]8, [1]10, [1]11, [1]16, [1]19, [1]20, [1]23 (*bis*); 19. [1]2 (*bis*), [1]6, [1]7; 21. [1]4 —WHR, [1]5; 22. [1]5.

ΟΥ῾ 3757

Mt 2 9 *ἕως ἐλθὼν ἐστάθη ἐπάνω οὗ ἦν τὸ παιδίον*
18 20 *οὗ γάρ εἰσιν δύο ἢ τρεῖς συνηγμένοι*
28 16 *εἰς τὸ ὄρος οὗ ἐτάξατο αὐτοῖς ὁ Ἰησοῦς*
Lu 4 16 *ἦλθεν εἰς Ναζαρὰ οὗ ἦν τεθραμμένος*
17 *εὗρεν τ. τόπον οὗ ἦν γεγραμμένον*
10 1 *εἰς πᾶσαν πόλιν κ. τόπον οὗ ἤμελλεν αὐτὸς ἔρχεσθαι*
23 53 *ἐν μνήματι λαξευτῷ οὗ οὐκ ἦν οὐδεὶς οὔπω κείμενος*
24 28 *ἤγγισαν εἰς τ. κώμην οὗ ἐπορεύοντο*
Ac 1 13 *εἰς τὸ ὑπερῷον ἀνέβησαν οὗ ἦσαν καταμένοντες*
2 2 *ἐπλήρωσεν ὅλον τ. οἶκον οὗ ἦσαν καθήμενοι*
7 29 *ἐν γῇ Μαδιὰμ οὗ ἐγέννησεν υἱοὺς δύο*
12 12 *οὗ ἦσαν ἱκανοὶ συνηθροισμένοι*
16 13 *παρὰ ποταμὸν οὗ ἐνομίζομεν προσευχὴν εἶναι*
20 6 *εἰς τ. Τρῳάδα . . . οὗ διετρίψαμεν ἡμέρας ἑπτά*
ὅπου, T
8 *ἐν τ. ὑπερῴῳ οὗ ἦμεν συνηγμένοι*
25 10 *ἑστὼς ἐπὶ τ. βήματος Καίσαρός εἰμι οὗ με δεῖ κρίνεσθαι*
28 14 *οὗ εὑρόντες ἀδελφοὺς παρεκλήθημεν*
Ro 4 15 *οὗ δὲ οὐκ ἔστιν νόμος οὐδὲ παράβασις*
5 20 *οὗ δὲ ἐπλεόνασεν ἡ ἁμαρτία*
9 26 *ἔσται ἐν τ. τόπῳ οὗ ἐρρέθη αὐτοῖς*
בִּמְקוֹם אֲשֶׁר יֵאָמֵר לָהֶם, Hos. ii. 1
I Co 16 6 *ἵνα ὑμεῖς με προπέμψητε οὗ ἐὰν πορεύωμαι*
II Co 3 17 *οὗ δὲ τὸ πνεῦμα Κυρίου ἐλευθερία*
Col 3 1 *τὰ ἄνω ζητεῖτε οὗ ὁ Χριστός ἐστιν ἐν δεξιᾷ τ. Θεοῦ καθήμενος*
He 3 9 *οὗ ἐπείρασαν οἱ πατέρες ὑμῶν*
אֲשֶׁר נִסּוּנִי אֲבוֹתֵיכֶם, Ps. xcv. 9
Re 17 15 *τὰ ὕδατα ἃ εἶδες οὗ ἡ πόρνη κάθηται*

3756.5 ΟΥ᾽ cf. 3756

Mt 5 37 *ἔστω δὲ ὁ λόγος ὑμῶν ναὶ ναὶ οὒ οὔ*
13 29 *ὁ δέ φησιν Οὔ*
22 17 *ἔξεστιν δοῦναι κῆνσον Καίσαρι ἢ οὔ;*
Mk 12 14 *ἔξεστιν δοῦναι κῆνσον Καίσαρι ἢ οὔ;*
Lu 14 3 *ἔξεστιν τ. σαββάτῳ θεραπεῦσαι ἢ οὔ;*
20 22 *ἔξεστιν ἡμᾶς Καίσαρι φόρον δοῦναι ἢ οὔ;*
Jo 1 21 *ὁ προφήτης εἶ σύ; κ. ἀπεκρίθη Οὔ*
7 12 *ἄλλοι δὲ ἔλεγον Οὔ*
21 5 *ἀπεκρίθησαν αὐτῷ Οὔ*
Ro 7 18 *τὸ δὲ κατεργάζεσθαι τὸ καλὸν οὔ*
II Co 1 17 *ἵνα ᾖ παρ᾽ ἐμοὶ τὸ ναὶ ναὶ κ. τὸ οὒ οὔ*
18 *ὁ λόγος ἡμῶν ὁ πρὸς ὑμᾶς οὐκ ἔστιν ναὶ κ. οὔ·*
19 *ὁ τ. Θεοῦ γὰρ υἱὸς Χριστὸς Ἰησοῦς . . οὐκ ἐγένετο ναὶ κ. οὔ*
Ja 5 12 *ἤτω δὲ ὑμῶν τὸ ναὶ ναὶ κ. τὸ οὒ οὔ*

3756 ΟΥ, ΟΥΚ, ΟΥΧ cf. 3756.5

(1) οὐ μή, μὴ οὐ (2) in interrog. (3) seq. fut. in imper. (4) c. partic. (5) οὐ πᾶς (6) seq. negat. al. (7) οὐχ ὅτι (8) οὐκ before rough., οὐχ before smooth.

Cf. οὐ μή *sub* μή

Mt. 1 25; 2. 18 (*bis*); 3. 11; 4. 4, [8]7; 5. 14, 17, [8]21, [8]27, [3]33, 36; 6. 1, [8]5, 20, 24, 26, [2]26, 28, [2]30; 7. 3, 18, [5]21, [2]22, 25, 29; 8. 8, 20; 9. 12, 13 (*bis*), 14, 24; 10. 20, 24, 26 (*bis*), 29, 34, 37 (*bis*), 38 (*bis*); 11. 11, 17 (*bis*), 20; 12. 2, [2]3, 4, [2]5, 7 (*bis*), 19, 20 (*bis*), 24, 25, 31, 32 *οὐ μὴ*, WH mg., 39, 43; 13. 5, 11, 12, 13 (*bis*), 17 (*bis*), 21, [2]55 (*bis*), 57, 58; 14. 4, 16, 17; 15. 2, 11, 13, [2]17, 20, 23, 24, 26, 32 (*bis*); 16. 3, 4, 7, 8, 11 (*bis*), 12, 17, 18, [1]22, 23; 17. 12, 16, 19, 21 —h. v., TWHR non mg., [2]24; 18. 14, 22, 30, [2]33; 19. [2]4, 8, 10, [5]11, [3]18 (*quater*); 20. 13, [2]15, 22, 23, 26, 28; 21. [1]19, 21, 25, 27, 29, 30, 32, 32 *οὐδὲ*, WHR; 22. 3, 8, [4]11, [6]16, 16, [2]31, 32; 23. 3, 4, 14, 30, 37; 24. [2]2, [1]2, 2, 21, [1]21, 22, 29, 39, 42, 43, 44, 50 (*bis*); 25. 3, [1]9 *οὐκ*, TWH mg., 12, 13, 24 (*bis*), 26 (*bis*), 42 (*bis*), 43 (*ter*), 44, 45; 26. 11, 24, 39, [2]40, 42, 53, 55, 60, 70, 72, 74; 27. 6, [2]13, [6]14, 34, 42; 28. 6.

Mk 1. 7, 22, 34; 2. 17 (*bis*), 18, 19. 24, 26, 27; 3. 24, 25, 26, [6]27, 29; 4. 5, 7, [2]13, 17, [2]21, 22, 25, 27, 34, [2]38, [2]40 *οὔπω*, WHR; 5. 19, [6]37, 39; 6. [2]3 (*bis*), 4, [6]5, 18, 19, 26, 52; 7. 3, 4, 5, [2]18, 19, 24, 27; 8. 2, 14, 16, 17, [2]18 (*ter*), 33; 9. 3, 6, 18, 28, 30, 37, 38 —WH non mg. R, 38 —WH mg., 40, 48 (*bis*); 10. 27 —WH mg., 38, 40, 43, 45; 11. 13, 16, [2]17, 26 —h. v., TWHR non mg., 31, 33; 12. [6]14, 14, 20, 22, [2]24, [2]26, 27, 31, 32, 34; 13. 11, 14, 19, [1]19, 20, 24, 33, 35; 14. 7, 21, 29, 36, [2]37, 40, 49, 55, 56, [2 6]60, [6]61, 71; 15. [2 6]4, 23, 31; 16. 6, [14.

Lu 1. 7, 20, 22, 33, 34, [5]37; 2. 7, 37, 43, [2]49, 50; 3. 16; 4. [6]2, 4, [3]12, 41; 5. 31, 32, 36; 6. 2, 4, 40, 41, [4]42, 43, 44, 46, 48; 7. 6 (*bis*), 32 (*bis*). 44, 45 (*bis*), 46; 8. 13, 14, 17 (*ter*), 19, 27 (*bis*), [6]43, 47, 51, 52; 9. 13, 40, 49, 50, 53, 55 —h. v., TWH non mg. R non mg., 56—h. v., TWH non mg. R non mg., 58; 10. [1]19, 24 (*bis*), [2]40, 42; 11. 6, 7, 8. 29, 38, 40, 44, 46, 52; 12. 2 (*bis*), 6, 10, 15, 17, 24 οὔτε, TWH mg., 24, 27 οὔτε, TWH mg., 33, 39, 40, 46 (*bis*), 56, 57; 13. 6, 7, [2]15, [2]16, 24, 25, 27, 33, 34; 14. 5, 6, 14, 20, 26 (*bis*), 27 (*bis*), 30, 33 (*bis*); 15. 4, 7, 13, 28; 16. 2, 3, 11, 12, 13, 31; 17. [2]17 οὐχὶ, T, [2]18, 20, 22; 18. 4 (*bis*), 11, [6]13, 34; 19. 3, 14, 21 (*bis*), 22 (*bis*), 23, 44 (*bis*), 48; 20. 5, 21, 26, 31, 38; 21. 6 (*bis*), 9, 15; 22. 26, 34, 53, 57, 58, 60; 23. 29 (*bis*), 34 —h. v., [[WH]] R mg., 51, [6]53; 24. 3, 6 —h. v., [[WH]] R mg., 18, 24, 39.

Jo 1. 5, 8, 10, 11, 13, 20 (*bis*), 21, 25, 26, 27, 31, 33, 47; 2. 3 —h. v., WH non mg. R, 3, 9, 12, 24, 25; 3. 3, 5, 8, [2]10, 11, 12, 17, 18, 20, 27, 28, 34, 36; 4. 2, 9 —h. v., T [WH] R mg., 17 (*bis*), 18, 22, 32, [2]35, 38, 44; 5. 7, 10, 13, 18, 19, 23, 24, [6]30, 30, 31, 34, 38 (*bis*), 40, 41, 42, 43, 44, 47; 6. 7, 22 (*bis*), 24, [7]26, 32, [1]35 (*bis*), 36, [1]37, 38, 42 οὐχὶ, WH non mg., [7]46, 53, 58, [6]63, 64, [2]70; 7. 1, 7, 8 οὔπω, WH non mg. R non mg., 10, 16, 18, [2]19, [7]22, [2]25, 28 (*bis*), 34 (*bis*), 35, 36 (*bis*), [2]42 οὐχὶ, T, 45, 52; 8. 13, 14, [6]15, 16, 21, 22, 23, 27, 29, 35, 37, 40, 41, 43 (*bis*), [8]44 οὐκ ἕστηκεν, WH, 44, 45, 46, 47 (*bis*), [2]48, 49, 50, 55 (*bis*); 9. [2]8, 12, 16 (*bis*), 18, 21 (*bis*), 25, 27, 29, 30, 31, 32, 33, 41; 10. [1]5, 5, 6, 8, 10, [4]12, 12, 13, 16, 21, 25, 26 (*bis*), [1]28, 28, 33, [2]34, 35, 37; 11. 4, 9, 10, 15, 21, 32, [2]37, [2]40, [6]49, 51, 52; 12. 5, [7]6, 8, 9, 16, [6]19, 30, 35, 37, 39, 42, 44, 47 (*bis*), 49; 13. 7, [1]8, 8, 10, 16, 18, 33, 36, 37; 14. 5, 9, [2]10, 10, 17 (*bis*), 18, 22, 24 (*bis*), 27, [6]30; 15. 4, [6]5, 15, 16, 19, 20, 21, 22 (*bis*), 24; 16. 3, 4, [1]7 οὐκ, TR, 9, 12, 13, 17, 18, 19, [6]23, [6]24, 26, 30, 32; 17. 9, 14 (*bis*), 15, 16 (*bis*), 20, 25; 18. [6]9, 17, 25, [2]26, 28, 30, [6]31, 36 (*bis*); 19. 4 οὐδεμίαν, WHR, 6, 9, [2]10 (*bis*), 11, 12, 15, 33, 36; 20. 2, 5, 7, 13, 14, 24, 30; 21. 4, 8, 11, 18, 23 (*ter*).

Ac 1. 5, 7; 2. [2 8]7 οὐχὶ, WH non mg., 15, 24, 27, 34; 3. 6; 4. [6]12, 16, [6]20; 5. 4, 22, 26, 39, 42; 6. 2, 10, 13; 7. 5, [4]5, 11, 18, 25, 32, 39, 40, 48, 52, 53; 8. 21 (*bis*), 24 —h. v., TWH non mg. R, 32, [6]39; 9. 9, [2]21; 10. 34, [5]41; 12. 9, 14, 18, 22, 23; 13. [2]10, 25 (*bis*), [3]35, 37, 39, 46; 14. 17, 28; 15. 1, 2, 24; 16. 7, 21, 37; 17. 4, 12, 24, 27, 29; 18. 15, 20; 19. 11, 23, 24, 26 (*bis*), 27, 30, 32, 35, 40; 20. 12, 27, 31; 21. 13, [2]38, 39; 22. 9, 11 οὐδὲν, WH mg., 18, 22; 23. 5 (*bis*); 24. 11, 18; 25. 6, 7, 11, 16, 26; 26. 19, 25, [6]26, 26, 29; 27. 10, 14, 20, 31, 39; 28. 2, 4, 19.

Ro 1. 13, 16, 21, 28, 32; 2. 11, 13, [2]21, [2]26, 28, 29 (*bis*); 3. 9, 10, 11 (*bis*), 12, 12 —WH mg., 17, 18, [5]20, 22; 4. 2, 4, 10, 12, 13, 15, 16, 20, 23; 5. 3, 5, 11, 13, 15, 16; 6. 14 (*bis*), 15, [2]16; 7. 6, 7 (*bis*), [3]7, 15 (*bis*), 16, 18, 19 (*bis*), 20; 8. 7, 8, 9 (*ter*), 12, 15, 18, 20, 23, 24, 25, 26, 32; 9. 1, [7]6, 6, 8, 10, 11, 16, [2]21, 24, 25, [4]25, 26, 31, 32, 33; 10. 2, 3, 11, 12, 14 (*bis*), [5]16, [1 2]18, [1 2]19, 19; 11. 2, [2]2, 4, 7, 18, 21, 25; 12. 4; 13. 1, 3, 4, 5, [3]9 (*quater*), 10; 14. 6, 17, 23 (*bis*); 15. 3, 18 (*bis*), 20. 21 (*bis*); 16. 4, 18.

I Co 1. 16, 17 (*bis*), 21, 26 (*ter*); 2. 1, 2, 4, 6, 8, 9 (*ter*), 12, 13, 14 (*bis*); 3. 1, 2, [2]4, [2]16; 4. 4, 7, [4]14, 15, 19, 20; 5. 6, [2]6, 10; 6. [2]2, [2]3, [6]5, 9, 10 (*ter*), 12 (*bis*), 13, [2]15, [2]16, [2]19, 19; 7. 4 (*bis*), 6, 9, 10, 12, 15, 25, 28 (*bis*), 35, 36; 8. 7, 8; 9. [2]1 (*ter*), 2, [1]4, [1]5, 6, 7 (*bis*), [2]8, [3]9, [2]12, 12, [2]13, [6]15, 15, 16, [2]24, 26, [4]26; 10. 1, 5, 13 (*bis*); [2]18 οὐχὶ, WH mg., 20 (*bis*), 21 (*bis*), 23 (*bis*); 11. 6, 7, 8, 9, 16, 17 οὐκ ἐπαινῶν, WH mg., 17, 20, [1 4]22, 22, 31; 12. 1, 14, 15 (*ter*), [2]15, 16 (*ter*), [2]16, 21 (*ter*), 24; 13. 4 (*ter*), 5 (*quater*), 6; 14. 2, 16, 17, 22 (*bis*), [2]23, 33, 34; 15. 9, 10 (*bis*), 12, 13, 14, 15 (*bis*), 16, 17, 29, 32, 36, 37, [5]39, 46, 50, 51, 58; 16. 7, 12, 22.

II Co 1. 8, 12, 13, 18, 19, [7]24; 2. 4, 5, 11, 13, 17; 3. 3 (*bis*), [7]5, 6, 10, 13; 4. 1, 5, [4]8 (*bis*), [4]9 (*bis*), 16; 5. 3, 4, 7, 12; 6. 12; 7. 3, 7, 8, [7]9, 12, 14; 8. 5, 8, 10, 12 (*bis*), 13, 15 (*bis*), 19, 21; 9. 12; 10. 3, 4, 8 (*bis*), 12 (*bis*), 13, 14 —WH mg., 15, 16, 18; 11. 4 (*ter*), 6, [6]9, 10, 11, 14, 15, 17, 29 (*bis*), 31; 12. 1, 2 (*bis*), 3 [WH], [4]4, 5, 6, 13, 14 (*ter*), 16, [2]18 (*bis*), 20 (*bis*); 13. 2, 3, [2]5, 6, 7, 8, 10.

Ga 1. 1, 7, 10, 11, 16, 19, 20; 2. 6, 14, [8]14 οὐχ Ἰουδαϊκῶς, TWH mg., 15, 16 (*ter*), 21; 3. 10, 12 16, 17, 20, 28 (*ter*); 4. [4]8, 14, 17, [2]21, [4]27 (*bis*), 31; 5. 8, 18, 21, 23; 6. 4, 7.

Eph 1. 16, 21; 2. 8, 9; 3. 5; 4. 20; 5. 4, 5; 6. 7, 9, 12.

Phl 1. 17, 22, 29; 2. 6, 16, 21, 27; 3. 1, 3, [7]12, 13 οὔπω, TWH non mg. R non mg.; 4. [7]11, [7]17.

Col 1. 9; 2. 1, 8, [4]19, 23; 3. 11, 23, 25.

I Th 1. 5, 8; 2. 1, 3, 4, 8, 13, 17; 4. 7, 8, 9, 13; 5. 1, 4, 5, 9.

II Th 2. [2]5, 10; 3. 2, 7, [7]9, 10, 14.

I Ti 1. 9; 2. 7, 12, 14; 3. 5; 5. 8, 13, [3]18, 25.

II Ti 1. 7, 9, 12, 16; 2. 5, 9, 13, 20, 24; 3. 9; 4. 3, 8.

Tit 3. 5.

Phm 16 οὐκέτι, WH.

He 1. 12; 2. 5, 11, 16; 3. 10, [5]16, 19; 4. 2, 6, 8, 13, 15; 5. 4, 5, 12; 6. 10; 7. 11, 16, 20, 21, 27; 8. 2, 7, 9 (*bis*); 9. 5, 7, 11 (*bis*), 22, 24; 10. 1, 2, 5, 6, 8, 37, 38, 39; 11. [4]1, 5, 16, 23, 31, [4]35, 38, 39; 12. 7, 8, [2]9, 11, 17, 18, 20, 25, 26; 13. 5 (*bis*), 9 (*bis*), 10, 14.

Ja 1. 17, 20, 23, 25; 2. [2]4 —WH mg., [2]5, [2]6, [2]7, 11, [2]21, 24, [2]25; 3. 2, 10, 15; 4. [2]1, 2 (*ter*), 3, [2]4, 11, 14; 5. 6, 17.

I Pe 1. [4]8, 12, 18, 23; 2. 10, [4]10, 18, 22, 23 (*bis*); 3. 3, 21.

II Pe 1. 8, 16, 20, 21; 2. 3 (*bis*), 4, 5, 10, 11; 3. 9.

I Jo 1. [6]5, 6, 8 (*bis*), 10 (*bis*); 2. 2, 4, 7, 10, 11, 15, 16, 19 (*bis*), 21 (*ter*), 22, 27 (*bis*); 3. 1 (*bis*), 5, 6 (*bis*), 9 (*bis*), 10, 12, 15; 4. 3, 6 (*bis*), 8, [7]10, 18 (*bis*), 20, 20 πῶς, R mg.; 5. 3, 6, 10, 12, 16, 17, 18 (*bis*).

II Jo 1, 5, 9, 10, 12.

III Jo 4, 9, 11, 13.

Ju 9, 10.

Re 2. 2 (*bis*), 3, 9, 13, 21, 24 (*ter*); 3. 2, 4, 8, 9, 17; 4. 8; 6. 10; 7. 16; 9. 4, [1]6, 20, 20 οὐδέ, TWH mg., οὔτε WH mg. alt., 21; 11. 9; 12. 8, 11; 13. 8; 14. 4, 5, 11; 16. 9, 11, 18, 20; 17. 8 (*ter*), 11; 18. 7, [1]7; 20. 4 (*bis*), 5, 6, 11, 15; 21. 1, 4 (*bis*), 22, 23, [1]25, 25; 22. 3, 5 (*bis*).

’ΟΥΑ’ *† 3758

Mk 15 29 οὐὰ ὁ καταλύων τ. ναόν

οὐᾶ, T

'ΟΥΑΙ' † 3759

(1) seq. accus. (2) ἡ οὐαί

Mt 11 21 οὐαί σοι Χοραζεὶν οὐαί σοι Βηθσαιδάν
18 7 οὐαὶ τ. κόσμῳ ἀπὸ τ. σκανδάλων
7 πλὴν οὐαὶ τ. ἀνθρώπῳ δι' οὗ τὸ σκάνδαλον ἔρχεται
23 13 οὐαὶ ὑμῖν γραμματεῖς κ. Φαρισαῖοι ὑποκριταί
—h. v., TWHR non mg.
14 οὐαὶ δὲ ὑμῖν γραμματεῖς κ. φαρισαῖοι ὑποκριταί
15 οὐαὶ ὑμῖν γραμματεῖς κ. Φαρισαῖοι ὑποκριταί
16 οὐαὶ ὑμῖν ὁδηγοὶ τυφλοί
23 οὐαὶ ὑμῖν γραμματεῖς κ. Φαρισαῖοι ὑποκριταί
add. 25, 27, 29
24 19 οὐαὶ δὲ ταῖς ἐν γαστρὶ ἐχούσαις κ. τ. θηλαζούσαις
26 24 οὐαὶ δὲ τ. ἀνθρώπῳ ἐκείνῳ
Mk 13 17 οὐαὶ δὲ ταῖς ἐν γαστρὶ ἐχούσαις κ. τ. θηλαζούσαις
14 21 οὐαὶ δὲ τ. ἀνθρώπῳ ἐκείνῳ
Lu 6 24 πλὴν οὐαὶ ὑμῖν τ. πλουσίοις
25 οὐαὶ ὑμῖν οἱ ἐμπεπλησμένοι νῦν ὅτι πεινάσετε.
οὐαὶ οἱ γελῶντες νῦν ὅτι πενθήσετε
26 οὐαὶ ὅταν καλῶς ὑμᾶς εἴπωσιν πάντες οἱ ἄνθρωποι
10 13 οὐαί σοι Χοραζεὶν οὐαί σοι Βηθσαιδά
11 42 ἀλλὰ οὐαὶ ὑμῖν τ. Φαρισαίοις
43 οὐαὶ ὑμῖν τ. Φαρισαίοις
44 οὐαὶ ὑμῖν ὅτι ἐστὲ ὡς τὰ μνημεῖα τὰ ἄδηλα
46 κ. ὑμῖν τ. νομικοῖς οὐαί
47 οὐαὶ ὑμῖν ὅτι οἰκοδομεῖτε τὰ μνημεῖα τ. προφητῶν
52 οὐαὶ ὑμῖν τ. νομικοῖς
17 1 πλὴν οὐαὶ δι' οὗ ἔρχεται
οὐαὶ δέ, T
21 23 οὐαὶ ταῖς ἐν γαστρὶ ἐχούσαις κ. τ. θηλαζούσαις
22 22 πλὴν οὐαὶ τ. ἀνθρώπῳ ἐκείνῳ δι οὗ παραδίδοται
1 Co 9 16 οὐαὶ γάρ μοι ἐστὶν ἐὰν μὴ εὐαγγελίσωμαι
Ju 11 οὐαὶ αὐτοῖς ὅτι τῇ ὁδῷ τοῦ Καὶν ἐπορεύθησαν
Re 8 13 [1] οὐαὶ οὐαὶ οὐαὶ τ. κατοικοῦντας ἐπὶ τ. γῆς
9 12 [2] ἡ οὐαὶ ἡ μία ἀπῆλθεν·
[2] ἰδοὺ ἔρχεται ἔτι δύο οὐαὶ μετὰ ταῦτα
11 14 [2] ἡ οὐαὶ ἡ δευτέρα ἀπῆλθεν·
[2] ἰδοὺ ἡ οὐαὶ ἡ τρίτη ἔρχεται ταχύ
12 12 [1] οὐαὶ τ. γῆν κ. τ. θάλασσαν
18 10 οὐαὶ οὐαὶ ἡ πόλις ἡ μεγάλη Βαβυλών
16 οὐαὶ οὐαὶ ἡ πόλις ἡ μεγάλη
19 οὐαὶ οὐαὶ ἡ πόλις ἡ μεγάλη

'ΟΥΔΑΜΩ͂Σ ** 3760

Mt 2 6 οὐδ. ἐλαχίστη εἶ ἐν τ. ἡγεμόσιν Ἰούδα
צָעִיר לִהְיוֹת בְּאַלְפֵי יְהוּדָה, Mic. v. 1

'ΟΥΔΕ' 3761

(1) οὐ, οὐδὲ . . . οὐδέ (2) οὐδὲ εἷς
(3) ἀλλ' οὐδέ

Mt 5 15 οὐδὲ καίουσιν λύχνον κ. τιθέασιν αὐτὸν ὑπὸ τ. μόδιον
6 15 οὐδὲ ὁ πατὴρ ὑμῶν ἀφήσει τὰ παραπτώματα ὑμῶν
20 [1] ὅπου κλέπται οὐ διορύσσουσιν οὐδὲ κλέπτουσιν
26 [1] οὐ σπείρουσιν οὐδὲ θερίζουσιν οὐδὲ συνάγουσιν εἰς ἀποθήκας
28 [1] οὐ κοπιῶσιν οὐδὲ νήθουσιν
29 οὐδὲ Σολομὼν ἐν πάσῃ τ. δόξῃ αὐτοῦ
7 18 [1] οὐδὲ δένδρον σαπρὸν καρποὺς καλοὺς ποιεῖν
8 10 οὐδὲ ἐν τῷ Ἰσραὴλ τοσαύτην πίστιν εὗρον
παρ' οὐδένι τοσ. π. ἐν τ. Ἰσρ. εὗρ., WHR mg.
9 17 οὐδὲ βάλλουσιν οἶνον νέον εἰς ἀσκοὺς παλαιούς
10 24 [1] οὐδὲ δοῦλος ὑπὲρ τ. κύριον αὐτοῦ
11 27 [1] οὐδὲ τ. πατέρα τις ἐπιγινώσκει
12 4 [1] ὃ οὐκ ἐξὸν ἦν αὐτῷ φαγεῖν οὐδὲ τοῖς μετ' αὐτοῦ
19 [1] οὐκ ἐρίσει οὐδὲ κραυγάσει οὐδὲ ἀκούσει τις ἐν τ. πλατείαις τ. φωνὴν αὐτοῦ
לֹא יִצְעַק וְלֹא יִשָּׂא וְלֹא־יַשְׁמִיעַ בַּחוּץ קוֹלוֹ
Is. xlii. 2
13 13 [1] ἀκούοντες οὐκ ἀκούουσιν οὐδὲ συνιοῦσιν
16 9 [1] οὔπω νοεῖτε οὐδὲ μνημονεύετε τ. πέντε ἄρτους τ. πεντακισχιλίων
10 [1] οὐδὲ τ. ἑπτὰ ἄρτους τ. τετρακισχιλίων
21 27 οὐδὲ ἐγὼ λέγω ὑμῖν ἐν ποίᾳ ἐξουσίᾳ ταῦτα ποιῶ
32 ὑμεῖς δὲ ἰδόντες οὐδὲ μετεμελήθητε ὕστερον
οὐ, T
22 46 οὐδὲ ἐτόλμησέν τις ἀπ' ἐκείνης τ. ἡμέρας
23 14 [1] οὐδὲ τ. εἰσερχομένους ἀφίετε εἰσελθεῖν
24 21 [1] οἷα οὐ γέγονεν ἀπ' ἀρχῆς κόσμου ἕως τοῦ νῦν οὐδ' οὐ μὴ γένηται
36 [1] οὐδεὶς οἶδεν οὐδὲ οἱ ἄγγελοι τ. οὐρανῶν,
[1] οὐδὲ ὁ υἱός
—h. v., R mg.
25 13 [1] ὅτι οὐκ οἴδατε τ. ἡμέραν οὐδὲ τ. ὥραν
45 [1] ἐφ' ὅσον οὐκ ἐποιήσατε ἑνὶ τούτων τ. ἐλαχίστων οὐδὲ ἐμοὶ ἐποιήσατε
27 14 [2] οὐκ ἀπεκρίθη αὐτῷ πρὸς οὐδὲ ἓν ῥῆμα
Mk 4 22 [1] οὐδὲ ἐγένετο ἀπόκρυφον
5 3 οὐδὲ ἁλύσει οὐκέτι οὐδεὶς ἐδύνατο αὐτὸν δῆσαι
6 31 οὐδὲ φαγεῖν εὐκαίρουν
8 17 [1] οὔπω νοεῖτε οὐδὲ συνίετε;
11 26 οὐδὲ ὁ πατὴρ ὑμῶν . . . ἀφήσει τὰ παραπτώματα ὑμῶν
—h. v., TWHR non mg.
33 οὐδὲ ἐγὼ λέγω ὑμῖν ἐν ποίᾳ ἐξουσίᾳ ταῦτα ποιῶ
12 10 οὐδὲ τ. γραφὴν ταύτην ἀνέγνωτε;
13 32 [1] οὐδεὶς οἶδεν οὐδὲ οἱ ἄγγελοι ἐν οὐρανῷ οὐδὲ ὁ υἱός
14 59 οὐδὲ οὕτως ἴση ἦν ἡ μαρτυρία αὐτῶν
16 [13 οὐδὲ ἐκείνοις ἐπίστευσαν
Lu 6 3 οὐδὲ τοῦτο ἀνέγνωτε
43 [1] οὐδὲ πάλιν δένδρον σαπρὸν ποιοῦν καρπὸν καλόν
44 [1] οὐδὲ ἐκ βάτου σταφυλὴν τρυγῶσιν
7 7 διὸ οὐδὲ ἐμαυτὸν ἠξίωσα πρὸς σὲ ἐλθεῖν
9 οὐδὲ ἐν τῷ Ἰσραὴλ τοσαύτην πίστιν εὗρον
8 17 [1] οὐδὲ ἀπόκρυφον ὃ οὐ μὴ γνωσθῇ
11 33 [1] εἰς κρύπτην τίθησιν οὐδὲ ὑπὸ τ. μόδιον
12 24 [1] οὐ σπείρουσιν οὐδὲ θερίζουσιν,
οὔτε σπ. οὔτε θερ., TWH mg.
[1] οἷς οὐκ ἔστιν ταμεῖον οὐδὲ ἀποθήκη

Lu 12 26 εἰ οὖν οὐδὲ ἐλάχιστον δύνασθε

27 [1] πῶς αὐξάνει· οὐ κοπιᾷ οὐδὲ νήθει

πῶς οὔτε νήθ. οὔτε ὑφαίνει, TWH mg.

27 οὐδὲ Σολομὼν ἐν πάσῃ τ. δόξῃ αὐτοῦ

33 [1] ὅπου κλέπτης οὐκ ἐγγίζει οὐδὲ σὴς διαφθείρει

16 31 οὐδ' ἐάν τις ἐκ νεκρῶν ἀναστῇ πεισθήσονται

οὐδέ, T

17 21 [1] οὐδὲ ἐροῦσιν Ἰδοὺ ὧδε ἢ ἐκεῖ

18 4 [1] εἰ κ. τ. Θεὸν οὐ φοβοῦμαι οὐδὲ ἄνθρωπον ἐντρέπομαι

13 [1] οὐκ ἤθελεν οὐδὲ τ. ὀφθαλμοὺς ἐπᾶραι

20 8 οὐδὲ ἐγὼ λέγω ὑμῖν ἐν ποίᾳ ἐξουσίᾳ ταῦτα ποιῶ

36 οὐδὲ γὰρ ἀποθανεῖν ἔτι δύνανται

οὔτε, T

23 15 [3] ἀλλ' οὐδὲ Ἡρῴδης

40 οὐδὲ φοβῇ σὺ τ. Θεόν

Jo 1 3 [2] χωρὶς αὐτοῦ ἐγένετο οὐδὲ ἕν

13 [1] οὐκ ἐξ αἱμάτων οὐδὲ ἐκ θελήματος σαρκὸς οὐδὲ ἐκ θελήματος ἀνδρός

25 [1] εἰ σὺ οὐκ εἶ ὁ Χριστὸς οὐδὲ Ἠλείας οὐδὲ ὁ προφήτης

5 22 οὐδὲ γὰρ ὁ πατὴρ κρίνει οὐδένα

6 24 [1] Ἰησοῦς οὐκ ἔστιν ἐκεῖ οὐδὲ οἱ μαθηταὶ αὐτοῦ

7 5 οὐδὲ γὰρ οἱ ἀδελφοὶ αὐτοῦ ἐπίστευον εἰς αὐτόν

8 [11 οὐδὲ ἐγώ σε κατακρίνω

42 οὐδὲ γὰρ ἀπ' ἐμαυτοῦ ἐλήλυθα

11 50 [1] οὐδὲ λογίζεσθε ὅτι συμφέρει ὑμῖν

13 16 [1] οὐδὲ ἀπόστολος μείζων τ. πέμψαντος αὐτόν

14 17 [1] οὐ θεωρεῖ αὐτὸ οὐδὲ γινώσκει

15 4 οὕτως οὐδὲ ὑμεῖς ἐὰν μὴ ἐν ἐμοὶ μένητε

16 3 [1] ὅτι οὐκ ἔγνωσαν τ. πατέρα οὐδὲ ἐμέ

21 25 οὐδ' αὐτὸν οἶμαι τ. κόσμον χωρήσειν τὰ γραφόμενα βιβλία

—h. v., T

Ac 2 27 [1] οὐδὲ δώσεις τ. ὅσιόν σου ἰδεῖν διαφθοράν

לֹא־תִתֵּן חֲסִידְךָ לִרְאוֹת שָׁחַת, Ps. xvi. 10

4 12 οὐδὲ γὰρ ὄνομά ἐστιν ἕτερον ὑπὸ τ. οὐρανόν

32 [2] οὐδὲ εἷς τι τ. ὑπαρχόντων αὐτῷ ἔλεγεν ἴδιον εἶναι

34 οὐδὲ γὰρ ἐνδεής τις ἦν ἐν αὐτοῖς

7 5 [1] οὐκ ἔδωκεν αὐτῷ κληρονομίαν ἐν αὐτῷ οὐδὲ βῆμα ποδός

8 21 [1] οὐκ ἔστιν σοι μερὶς οὐδὲ κλῆρος ἐν τ. λόγῳ τούτῳ

9 9 [1] οὐκ ἔφαγεν οὐδὲ ἔπιεν

16 21 [1] ἃ οὐκ ἔξεστιν ἡμῖν παραδέχεσθαι οὐδὲ ποιεῖν

17 25 [1] οὐδὲ ὑπὸ χειρῶν ἀνθρωπίνων θεραπεύεται

19 2 [3] ἀλλ' οὐδ' εἰ πνεῦμα ἅγιόν ἐστιν ἠκούσαμεν

24 13 οὐδὲ παραστῆσαι δύνανταί σοι

18 [1] οὐ μετὰ ὄχλου οὐδὲ μετὰ θορύβου

Ro 2 28 [1] οὐδὲ ἡ ἐν τ. φανερῷ ἐν σαρκὶ περιτομή

3 10 [1 2] οὐκ ἔστιν δίκαιος οὐδὲ εἷς

אֵין עֹשֵׂה־טוֹב, Ps. xiv. 1

4 15 [1] οὗ δὲ οὐκ ἔστιν νόμος οὐδὲ παράβασις

8 7 [1] τ. γὰρ νόμῳ τ. Θεοῦ οὐχ ὑποτάσσεται οὐδὲ γὰρ δύναται

9 7 οὐδ' ὅτι εἰσὶν σπέρμα Ἀβραάμ

16 [1] ἄρα οὖν οὐ τ. θέλοντος οὐδὲ τ. τρέχοντος

11 21 οὐδὲ σοῦ φείσεται

I Co 2 6 [1] οὐ τ. αἰῶνος τούτου οὐδὲ τ. ἀρχόντων τ. αἰῶνος τούτου

I Co 3 2 [3] ἀλλ' οὐδὲ ἔτι νῦν δύνασθε

4 3 [3] ἀλλ' οὐδὲ ἐμαυτὸν ἀνακρίνω

5 1 τοιαύτη πορνεία ἥτις οὐδὲ ἐν τ. ἔθνεσιν

11 14 οὐδὲ ἡ φύσις αὐτὴ διδάσκει ὑμᾶς

16 [1] τοιαύτην συνήθειαν οὐκ ἔχομεν οὐδὲ αἱ ἐκκλησίαι τ. Θεοῦ

14 21 οὐδ' οὕτως εἰσακούσονταί μου

לֹא אָבוּא שְׁמוֹעַ, Is. xxviii. 12

15 13 [1] εἰ δὲ ἀνάστασις νεκρῶν οὐκ ἔστιν οὐδὲ Χριστὸς ἐγήγερται

16 [1] εἰ γὰρ νεκροὶ οὐκ ἐγείρονται οὐδὲ Χριστὸς ἐγήγερται

50 [1] οὐδὲ ἡ φθορὰ τ. ἀφθαρσίαν κληρονομεῖ

II Co 7 12 [3] ἀλλ' οὐδὲ ἕνεκεν τ. ἀδικηθέντος

Ga 1 1 [1] οὐκ ἀπ' ἀνθρώπων οὐδὲ δι' ἀνθρώπου

12 [1] οὐδὲ γὰρ ἐγὼ παρὰ ἀνθρώπου παρέλαβον αὐτὸ οὐδὲ ἐδιδάχθην

οὔτε ἐδιδ., TWH non mg.

17 [1] οὐδὲ ἀνῆλθον εἰς Ἱεροσόλυμα πρὸς τοὺς πρὸ ἐμοῦ ἀποστόλους

2 3 [3] ἀλλ' οὐδὲ Τίτος ὁ σὺν ἐμοὶ . . . ἠναγκάσθη περιτμηθῆναι

5 οἷς οὐδὲ πρὸς ὥραν εἴξαμεν τ. ὑποταγῇ

3 28 [1] οὐκ ἔνι Ἰουδαῖος οὐδὲ Ἕλλην·

[1] οὐκ ἔνι δοῦλος οὐδὲ ἐλεύθερος

4 14 [1] τ. πειρασμὸν ὑμῶν . . . οὐκ ἐξουθενήσατε οὐδὲ ἐξεπτύσατε

6 13 οὐδὲ γὰρ οἱ περιτεμνόμενοι αὐτοὶ νόμον φυλάσσουσιν

Phl 2 16 [1] οὐκ εἰς κενὸν ἔδραμον οὐδὲ εἰς κενὸν ἐκοπίασα

I Th 2 3 [1] οὐκ ἐκ πλάνης οὐδὲ ἐξ ἀκαθαρσίας οὐδὲ ἐν δόλῳ

5 5 [1] οὐκ ἐσμὲν νυκτὸς οὐδὲ σκότους

II Th 3 8 [1] οὐδὲ δωρεὰν ἄρτον ἐφάγομεν παρά τινος

I Ti 2 12 [1] διδάσκειν δὲ γυναικὶ οὐκ ἐπιτρέπω οὐδὲ αὐθεντεῖν ἀνδρός

6 7 ὅτι οὐδὲ ἐξενεγκεῖν τι δυνάμεθα

16 [1] ὃν εἶδεν οὐδεὶς ἀνθρώπων οὐδὲ ἰδεῖν δύναται

He 8 4 εἰ μὲν οὖν ἦν ἐπὶ γῆς οὐδ' ἂν ἦν ἱερεύς

9 12 οὐδὲ δι' αἵματος τράγων κ. μόσχων

18 ὅθεν οὐδὲ ἡ πρώτη χωρὶς αἵματος ἐνκεκαίνισται

οὐδ', T

25 [1] οὐδ' ἵνα πολλάκις προσφέρῃ ἑαυτόν

10 8 [1] θυσίας . . . οὐκ ἠθέλησας οὐδὲ ηὐδόκησας, Ps. xl. 7

13 5 οὐ μή σε ἀνῶ οὐδ' οὐ μή σε ἐγκαταλίπω

אֶהְיֶה עִמָּךְ לֹא אַרְפְּךָ וְלֹא אֶעֶזְבֶךָּ, Josh. i. 5

I Pe 2 22 [1] οὐδὲ εὑρέθη δόλος ἐν τ. στόματι αὐτοῦ

II Pe 1 8 [1] οὐκ ἀργοὺς οὐδὲ ἀκάρπους καθίστησιν

I Jo 2 23 πᾶς ὁ ἀρνούμενος τ. υἱὸν οὐδὲ τ. πατέρα ἔχει

3 6 [1] πᾶς ὁ ἁμαρτάνων οὐχ ἑώρακεν αὐτὸν οὐδὲ ἔγνωκεν αὐτόν

Re 5 3 [1] οὐδεὶς ἐδύνατο ἐν τ. οὐρανῷ οὐδὲ ἐπὶ τ. γῆς οὐδὲ ὑποκάτω τ. γῆς

οὔτε . . . οὔτε, TWH mg.

7 16 [1] οὐ πεινάσουσιν ἔτι οὐδὲ διψήσουσιν ἔτι,

[1] οὐδὲ μὴ πέσῃ ἐπ' αὐτοὺς ὁ ἥλιος οὐδὲ πᾶν καῦμα

9 4 [1] ἵνα μὴ ἀδικήσουσιν τ. χόρτον τ. γῆς οὐδὲ πᾶν χλωρὸν οὐδὲ πᾶν δένδρον

Re 9 20 οὐδὲ μετενόησαν ἐκ τ. ἔργων τ. χειρῶν αὐτῶν
οὐ, WH non mg. R ; οὔτε, WH mg. alt.
12 8 [1] οὐδὲ τόπος εὑρέθη αὐτῶν ἔτι ἐν τ. οὐρανῷ
20 4 [1] οἵτινες οὐ προσεκύνησαν τὸ θηρίον οὐδὲ τ. εἰκόνα αὐτοῦ
21 23 [1] οὐ χρείαν ἔχει τ. ἡλίου οὐδὲ τ. σελήνης

ʼΟΥΔΕΙ΄Σ 3762 cf. 3764.5

(1) c. neg. (2) εἰς, ἐπ᾽ οὐδέν
(3) οὐδ. . . ἐάν, εἰ μή (4) οὐδὲν ἐκτός

Mt 5 13 [2] εἰς οὐδὲν ἰσχύει ἔτι
6 24 οὐδεὶς δύναται δυσὶ κυρίοις δουλεύειν
8 10 παρ᾽ οὐδενὶ τοσαύτην πίστιν ἐν τ. Ἰσραὴλ εὗρον
οὐδὲ ἐν τ. Ἰσρ. τοσ. π. εὗρ., TR non mg.
9 16 οὐδεὶς δὲ ἐπιβάλλει ἐπίβλημα ῥάκους ἀγνάφου
10 26 οὐδὲν γάρ ἐστιν κεκαλυμμένον
11 27 [3] οὐδεὶς γινώσκει τ. υἱὸν εἰ μὴ ὁ πατήρ
13 34 χωρὶς παραβολῆς οὐδὲν ἐλάλει αὐτοῖς
17 8 [3] οὐδένα εἶδον εἰ μὴ αὐτὸν Ἰησοῦν μόνον
20 κ. οὐδὲν ἀδυνατήσει ὑμῖν
19 17 [3] οὐδεὶς ἀγαθὸς εἰ μὴ εἷς ὁ Θεός
εἷς ἐστὶν ὁ ἀγαθός, TWHR non mg.
20 7 ὅτι οὐδεὶς ἡμᾶς ἐμισθώσατο
21 19 [3] οὐδὲν εὗρεν ἐν αὐτῇ εἰ μὴ φύλλα μόνον
22 16 [1] οὐ μέλει σοι περὶ οὐδενός
46 οὐδεὶς ἐδύνατο ἀποκριθῆναι αὐτῷ λόγον
23 16 ὃς ἂν ὀμόσῃ ἐν τ. ναῷ οὐδέν ἐστιν
18 ὃς ἂν ὀμόσῃ ἐν τ. θυσιαστηρίῳ οὐδέν ἐστιν
24 36 περὶ δὲ τ. ἡμέρας ἐκείνης κ. ὥρας οὐδεὶς οἶδεν
26 62 ὁ ἀρχιερεὺς εἶπεν αὐτῷ Οὐδὲν ἀποκρίνῃ;
27 12 ἐν τ. κατηγορεῖσθαι αὐτὸν . . . οὐδὲν ἀπεκρίνατο
24 ἰδὼν δὲ ὁ Πειλᾶτος ὅτι οὐδὲν ὠφελεῖ
Mk 2 21 οὐδεὶς ἐπίβλημα ῥάκους ἀγνάφου ἐπιράπτει
22 οὐδεὶς βάλλει οἶνον νέον εἰς ἀσκοὺς παλαιούς
3 27 [1] οὐ δύναται οὐδεὶς εἰς τ. οἰκίαν τ. ἰσχυροῦ εἰσελθὼν . . . διαρπάσαι
5 3 [1] οὐδὲ ἁλύσει οὐκέτι οὐδεὶς ἐδύνατο αὐτὸν δῆσαι
4 οὐδεὶς ἴσχυεν αὐτὸν δαμάσαι
37 [1] οὐκ ἀφῆκεν οὐδένα μετ᾽ αὐτοῦ συνακολουθῆσαι
6 5 [1] οὐκ ἐδύνατο ἐκεῖ ποιῆσαι οὐδεμίαν δύναμιν
7 12 [1] οὐκέτι ἀφίετε αὐτὸν οὐδὲν ποιῆσαι τ. πατρί
15 οὐδέν ἐστιν ἔξωθεν τ. ἀνθρώπου εἰσπορευόμενον εἰς αὐτόν
24 οὐδένα ἤθελεν γνῶναι
9 8 [1] οὐκέτι οὐδένα εἶδον μεθ᾽ ἑαυτῶν
29 [3] τοῦτο τὸ γένος ἐν οὐδενὶ δύναται ἐξελθεῖν
39 οὐδεὶς γάρ ἐστιν ὃς ποιήσει δύναμιν
10 18 [3] οὐδεὶς ἀγαθὸς εἰ μὴ εἷς ὁ Θεός
29 οὐδείς ἐστιν ὃς ἀφῆκεν οἰκίαν ἢ ἀδελφοὺς
11 2 [1] ἐφ᾽ ὃν οὐδεὶς οὔπω ἀνθρώπων ἐκάθισεν
13 [3] οὐδὲν εὗρεν εἰ μὴ φύλλα
12 14 [1] οὐ μέλει σοι περὶ οὐδενός
34 [1] οὐδεὶς οὐκέτι ἐτόλμα αὐτὸν ἐπερωτῆσαι
13 32 περὶ δὲ τ. ἡμέρας ἐκείνης ἢ τ. ὥρας οὐδεὶς οἶδεν
14 60 [1] οὐκ ἀποκρίνῃ οὐδέν;
61 [1] ὁ δὲ ἐσιώπα κ. οὐκ ἀπεκρίνατο οὐδέν
Mk 15 4 [1] οὐκ ἀποκρίνῃ οὐδέν;
5 [1] ὁ δὲ Ἰησοῦς οὐκέτι οὐδὲν ἀπεκρίθη
16 8 [1] οὐδενὶ οὐδὲν εἶπον ἐφοβοῦντο γάρ
Lu 1 61 οὐδείς ἐστιν ἐκ τ. συγγενείας σου ὃς καλεῖται τ. ὀνόματι τούτῳ
4 2 [1] οὐκ ἔφαγεν οὐδὲν ἐν τ. ἡμέραις ἐκείναις
24 οὐδεὶς προφήτης δεκτός ἐστιν ἐν τ. πατρίδι αὐτοῦ
26 [3] πρὸς οὐδεμίαν αὐτῶν ἐπέμφθη Ἠλείας
27 [3] οὐδεὶς αὐτῶν ἐκαθαρίσθη εἰ μὴ Ναιμάν
5 5 δι᾽ ὅλης νυκτὸς κοπιάσαντες οὐδὲν ἐλάβομεν
36 οὐδεὶς ἐπίβλημα ἀπὸ ἱματίου καινοῦ σχίσας ἐπιβάλλει
37 οὐδεὶς βάλλει οἶνον νέον εἰς ἀσκοὺς παλαιούς
39 οὐδεὶς πιὼν παλαιὸν θέλει νέον
h. v., [WH]
7 28 μείζων . . . Ἰωάνου οὐδείς ἐστιν
8 16 οὐδεὶς δὲ λύχνον ἅψας καλύπτει αὐτὸν σκεύει
43 [1] οὐκ ἴσχυσεν ἀπ᾽ οὐδενὸς θεραπευθῆναι
9 36 [1] οὐδενὶ ἀπήγγειλαν ἐν ἐκείναις τ. ἡμέραις οὐδὲν ὧν ἑώρακαν
62 οὐδεὶς ἐπιβαλὼν τ. χεῖρα ἐπ᾽ ἄροτρον
10 19 [1] οὐδὲν ὑμᾶς οὐ μὴ ἀδικήσει
22 [3] οὐδεὶς γινώσκει τίς ἐστιν ὁ υἱὸς εἰ μὴ ὁ πατήρ
11 33 οὐδεὶς λύχνον ἅψας εἰς κρύπτην τίθησιν
12 2 οὐδὲν δὲ συγκεκαλυμμένον ἐστίν
14 24 οὐδεὶς τ. ἀνδρῶν ἐκείνων τ. κεκλημένων γεύσεται
15 16 οὐδεὶς ἐδίδου αὐτῷ
16 13 οὐδεὶς οἰκέτης δύναται δυσὶ κυρίοις δουλεύειν
18 19 [3] οὐδεὶς ἀγαθὸς εἰ μὴ εἷς ὁ Θεός
29 οὐδείς ἐστιν ὃς ἀφῆκεν οἰκίαν ἢ γυναῖκα
34 αὐτοὶ οὐδὲν τούτων συνῆκαν
19 30 ἐφ᾽ ὃν οὐδεὶς πώποτε ἀνθρώπων ἐκάθισεν
20 40 [1] οὐκέτι γὰρ ἐτόλμων ἐπερωτᾶν αὐτὸν οὐδέν
23 4 οὐδὲν εὑρίσκω αἴτιον ἐν τ. ἀνθρώπῳ τούτῳ
9 αὐτὸς δὲ οὐδὲν ἀπεκρίνατο αὐτῷ
15 οὐδὲν ἄξιον θανάτου ἐστὶν πεπραγμένον αὐτῷ
22 οὐδὲν αἴτιον θανάτου εὗρον ἐν αὐτῷ
41 οὗτος δὲ οὐδὲν ἄτοπον ἔπραξεν
53 [1] οὗ οὐκ ἦν οὐδεὶς οὔπω κείμενος
Jo 1 18 Θεὸν οὐδεὶς ἑώρακεν πώποτε
3 2 οὐδεὶς γὰρ δύναται ταῦτα τὰ σημεῖα ποιεῖν
13 [3] οὐδεὶς ἀναβέβηκεν εἰς τ. οὐρανόν
27 [1] οὐ δύναται ἄνθρωπος λαμβάνειν οὐδέν
32 τ. μαρτυρίαν αὐτοῦ οὐδεὶς λαμβάνει
4 27 οὐδεὶς μέντοι εἶπεν Τί ζητεῖς;
5 19 [1 3] οὐ δύναται ὁ υἱὸς ποιεῖν ἀφ᾽ ἑαυτοῦ οὐδέν
22 [1] οὐδὲ γὰρ ὁ πατὴρ κρίνει οὐδένα
30 [1] οὐ δύναμαι ἐγὼ ποιεῖν ἀπ᾽ ἐμαυτοῦ οὐδέν
6 44 [3] οὐδεὶς δύναται ἐλθεῖν πρός με
63 [1] ἡ σὰρξ οὐκ ὠφελεῖ οὐδέν
65 [3] οὐδεὶς δύναται ἐλθεῖν πρός με
7 4 οὐδεὶς γάρ τι ἐν κρυπτῷ ποιεῖ
13 οὐδεὶς μέντοι παρρησίᾳ ἐλάλει περὶ αὐτοῦ
19 κ. οὐδεὶς ἐξ ὑμῶν ποιεῖ τ. νόμον
26 παρρησίᾳ λαλεῖ κ. οὐδὲν αὐτῷ λέγουσιν
27 ὁ δὲ Χριστὸς ὅταν ἔρχηται οὐδεὶς γινώσκει πόθεν ἐστίν
30 οὐδεὶς ἐπέβαλεν ἐπ᾽ αὐτὸν τ. χεῖρα
44 ἀλλ᾽ οὐδεὶς ἔβαλεν ἐπ᾽ αὐτὸν τ. χεῖρας
8 [10 οὐδείς σε κατέκρινεν;
[11 ἡ δὲ εἶπεν Οὐδείς Κύριε
15 [1] ἐγὼ οὐ κρίνω οὐδένα

Jo 8 20 οὐδεὶς ἐπίασεν αὐτόν
28 ἀπ' ἐμαυτοῦ ποιῶ οὐδέν
33 οὐδενὶ δεδουλεύκαμεν πώποτε
54 ἐὰν ἐγὼ δοξάσω ἐμαυτὸν ἡ δόξα μου οὐδέν ἐστιν
9 4 ἔρχεται νὺξ ὅτε οὐδεὶς δύναται ἐργάζεσθαι
33 [1] εἰ μὴ ἦν οὗτος παρὰ Θεοῦ οὐκ ἠδύνατο ποιεῖν οὐδέν
10 18 οὐδεὶς ἦρεν αὐτὴν ἀπ' ἐμοῦ
29 οὐδεὶς δύναται ἁρπάζειν ἐκ τ. χειρὸς τ. π ατρός
41 Ἰωάνης μὲν σημεῖον ἐποίησεν οὐδέν
11 49 [1] ὑμεῖς οὐκ οἴδατε οὐδέν
12 19 [1] θεωρεῖτε ὅτι οὐκ ὠφελεῖτε οὐδέν
13 28 τοῦτο δὲ οὐδεὶς ἔγνω τ. ἀνακειμένων
14 6 [3] οὐδεὶς ἔρχεται πρὸς τ. πατέρα εἰ μὴ δι' ἐμοῦ
30 [1] ἐν ἐμοὶ οὐκ ἔχει οὐδέν
15 5 [1] χωρὶς ἐμοῦ οὐ δύνασθε ποιεῖν οὐδέν
13 μείζονα ταύτης ἀγάπην οὐδεὶς ἔχει
24 τὰ ἔργα . . . ἃ οὐδεὶς ἄλλος ἐποίησεν
16 5 οὐδεὶς ἐξ ὑμῶν ἐρωτᾷ με Ποῦ ὑπάγεις;
22 τ. χαρὰν ὑμῶν οὐδεὶς ἀρεῖ ἀφ' ὑμῶν
23 [1] ἐν ἐκείνῃ τ. ἡμέρᾳ ἐμὲ οὐκ ἐρωτήσετε οὐδέν
24 [1] ἕως ἄρτι οὐκ ᾐτήσατε οὐδὲν ἐν τ. ὀνόματί μου
29 ἴδε νῦν . . . παροιμίαν οὐδεμίαν λέγεις
17 12 [3] οὐδεὶς ἐξ αὐτῶν ἀπώλετο
18 9 [1] οὓς δέδωκάς μοι οὐκ ἀπώλεσα ἐξ αὐτῶν οὐδένα
20 ἐν κρυπτῷ ἐλάλησα οὐδέν
31 [1] ἡμῖν οὐκ ἔξεστιν ἀποκτεῖναι οὐδένα
38 ἐγὼ οὐδεμίαν εὑρίσκω ἐν αὐτῷ αἰτίαν
19 4 ἵνα γνῶτε ὅτι οὐδεμίαν αἰτίαν εὑρίσκω ἐν αὐτῷ
ὅτι αἰτ. οὐχ εὑρ., T
11 [1] [3] οὐκ εἶχες ἐξουσίαν κατ' ἐμοῦ οὐδεμίαν
41 [1] μνημεῖον καινὸν ἐν ᾧ οὐδέπω οὐδεὶς ἦν τεθειμένος
21 3 ἐν ἐκείνῃ τ. νυκτὶ ἐπίασαν οὐδέν
12 οὐδεὶς ἐτόλμα τ. μαθητῶν ἐξετάσαι αὐτόν
Ac 4 12 [1] οὐκ ἔστιν ἐν ἄλλῳ οὐδενὶ ἡ σωτηρία
14 οὐδὲν εἶχον ἀντειπεῖν
5 13 τ. δὲ λοιπῶν οὐδεὶς ἐτόλμα κολλᾶσθαι αὐτοῖς
23 ἀνοίξαντες δὲ ἔσω οὐδένα εὗρον
36 [2] πάντες ὅσοι ἐπείθοντο αὐτῷ . . . ἐγένοντο εἰς οὐδέν
8 16 [1] οὐδέπω γὰρ ἦν ἐπ' οὐδενὶ αὐτῶν ἐπιπεπτωκός
9 8 ἀνεῳγμένων δὲ τ. ὀφθαλμῶν αὐτοῦ οὐδὲν ἔβλεπεν
15 9 οὐδὲν διέκρινεν μεταξὺ ἡμῶν τε κ. αὐτῶν
οὐθὲν, TWH non mg.
17 21 [2] Ἀθηναῖοι δὲ πάντες . . . εἰς οὐδὲν ἕτερον ηὐκαίρουν
18 10 οὐδεὶς ἐπιθήσεταί σοι τοῦ κακῶσαί σε
17 οὐδὲν τούτων τ. Γαλλίωνι ἔμελεν
20 20 ὡς οὐδὲν ὑπεστειλάμην τ. συμφερόντων
24 ἀλλ' οὐδενὸς λόγου ποιοῦμαι τ. ψυχήν
33 ἀργυρίου ἢ χρυσίου ἢ ἱματισμοῦ οὐδενὸς ἐπεθύμησα
οὐθενός, T
21 24 ὧν κατήχηνται περὶ σοῦ οὐδέν ἐστιν
22 11 ὡς δὲ οὐδὲν ἔβλεπον ἀπὸ τ. δόξης τ. φωτὸς ἐκείνου
οὐκ ἐνέβλεπον, TWH non mg. R
23 9 οὐδὲν κακὸν εὑρίσκομεν ἐν τ. ἀνθρώπῳ τούτῳ
25 10 Ἰουδαίους οὐδὲν ἠδίκηκα

Ac 25 11 εἰ δὲ οὐδέν ἐστιν ὧν οὗτοι κατηγοροῦσίν μου, οὐδείς με δύναται αὐτοῖς χαρίσασθαι
18 οἱ κατήγοροι οὐδεμίαν αἰτίαν ἔφερον ὧν ἐγὼ ὑπενόουν πονηρῶν
26 22 [4] οὐδὲν ἐκτὸς λέγων ὧν τε οἱ προφῆται ἐλάλησαν
31 οὐδὲν θανάτου ἢ δεσμῶν ἄξιον πράσσει
27 22 ἀποβολὴ γὰρ ψυχῆς οὐδεμία ἔσται ἐξ ὑμῶν
34 οὐδενὸς γὰρ ὑμῶν θρὶξ ἀπὸ τ. κεφαλῆς ἀπολεῖται
28 5 ὁ μὲν οὖν . . . ἔπαθεν οὐδὲν κακόν
17 ἐγὼ . . . οὐδὲν ἐναντίον ποιήσας τ. λαῷ
Ro 8 1 οὐδὲν ἄρα νῦν κατάκριμα τοῖς ἐν Χριστῷ Ἰησοῦ
14 7 οὐδεὶς γὰρ ἡμῶν ἑαυτῷ ζῇ,
κ. οὐδεὶς ἑαυτῷ ἀποθνήσκει
14 οὐδὲν κοινὸν δι' ἑαυτοῦ
I Co 1 14 [3] οὐδένα ὑμῶν ἐβάπτισα εἰ μὴ Κρίσπον κ. Γαΐον
2 8 ἣν οὐδεὶς τ. ἀρχόντων τ. αἰῶνος τούτου ἔγνωκεν
11 οὕτως κ. τὰ τ. Θεοῦ οὐδεὶς ἔγνωκεν
15 αὐτὸς δὲ ὑπ' οὐδενὸς ἀνακρίνεται
3 11 θεμέλιον γὰρ ἄλλον οὐδεὶς δύναται θεῖναι
4 4 οὐδὲν γὰρ ἐμαυτῷ σύνοιδα
6 5 [1] οὕτως οὐκ ἔνι ἐν ὑμῖν οὐδεὶς σοφός
7 19 ἡ περιτομὴ οὐδέν ἐστιν,
κ. ἡ ἀκροβυστία οὐδέν ἐστιν
8 4 οἴδαμεν ὅτι οὐδὲν εἴδωλον ἐν κόσμῳ,
[3] κ. ὅτι οὐδεὶς Θεὸς εἰ μὴ εἷς
9 15 [1] ἐγὼ δὲ οὐ κέχρημαι οὐδενὶ τούτων
15 τὸ καύχημά μου οὐδεὶς κενώσει
12 3 οὐδεὶς ἐν πνεύματι Θεοῦ λαλῶν λέγει Ἀνάθεμα Ἰησοῦς·
κ. οὐδεὶς δύναται εἰπεῖν Κύριος Ἰησοῦς
13 3 ἀγάπην δὲ μὴ ἔχω οὐδὲν ὠφελοῦμαι
οὐθέν, T
14 2 οὐδεὶς γὰρ ἀκούει
10 κ. οὐδὲν ἄφωνον
II Co 5 16 ἀπὸ τοῦ νῦν οὐδένα οἴδαμεν κατὰ σάρκα
7 2 οὐδένα ἠδικήσαμεν οὐδένα ἐφθείραμεν οὐδένα ἐπλεονεκτήσαμεν
5 οὐδεμίαν ἔσχηκεν ἄνεσιν ἡ σὰρξ ἡμῶν
12 11 οὐδὲν γὰρ ὑστέρησα τῶν ὑπερλίαν ἀποστόλων εἰ κ. οὐδέν εἰμι
Ga 2 6 ὁποῖοί ποτε ἦσαν οὐδέν μοι διαφέρει
6 ἐμοὶ γὰρ οἱ δοκοῦντες οὐδὲν προσανέθεντο
3 11 ὅτι δὲ ἐν νόμῳ οὐδεὶς δικαιοῦται παρὰ τ. Θεῷ
15 ὅμως ἀνθρώπου κεκυρωμένην διαθήκην οὐδεὶς ἀθετεῖ
4 1 ὁ κληρονόμος . . . οὐδὲν διαφέρει δούλου
12 οὐδέν με ἠδικήσατε
5 2 Χριστὸς ὑμᾶς οὐδὲν ὠφελήσει
10 πέποιθα . . . ὅτι οὐδὲν ἄλλο φρονήσετε
Eph 5 29 οὐδεὶς γάρ ποτε τὴν ἑαυτοῦ σάρκα ἐμίσησεν
Phl 1 20 ὅτι ἐν οὐδενὶ αἰσχυνθήσομαι
2 20 οὐδένα γὰρ ἔχω ἰσόψυχον
4 15 [3] οὐδεμία μοι ἐκκλησία ἐκοινώνησεν
I Ti 4 4 πᾶν κτίσμα Θεοῦ καλὸν κ. οὐδὲν ἀπόβλητον
6 7 οὐδὲν γὰρ εἰσηνέγκαμεν εἰς τ. κόσμον
16 ὃν εἶδεν οὐδεὶς ἀνθρώπων
II Ti 2 4 οὐδεὶς στρατευόμενος ἐμπλέκεται ταῖς τ. βίου πραγματίαις
14 [2] μὴ λογομαχεῖν ἐπ' οὐδὲν χρήσιμον
4 16 ἐν τ. πρώτῃ μου ἀπολογίᾳ οὐδείς μοι παρεγένετο

Tit 1 15 τ. δὲ μεμιαμμένοις κ. ἀπίστοις οὐδὲν καθαρόν
Phm 14 χωρὶς δὲ τ. σῆς γνώμης οὐδὲν ἠθέλησα ποιῆσαι
He 2 8 οὐδὲν ἀφῆκεν αὐτῷ ἀνυπότακτον
6 13 ἐπεὶ κατ' οὐδενὸς εἶχεν μείζονος ὀμόσαι
7 13 ἀφ' ἧς οὐδεὶς προσέσχηκεν τ. θυσιαστηρίῳ
14 εἰς ἣν φυλὴν περὶ ἱερέων οὐδὲν Μωυσῆς ἐλάλησεν
19 οὐδὲν γὰρ ἐτελείωσεν ὁ νόμος
12 14 οὗ χωρὶς οὐδεὶς ὄψεται τ. Θεόν
Ja 1 13 πειράζει δὲ αὐτὸς οὐδένα
3 8 τ. δὲ γλῶσσαν οὐδεὶς δαμάσαι δύναται ἀνθρώπων
I Jo 1 5 [1] σκοτία οὐκ ἔστιν ἐν αὐτῷ οὐδεμία
4 12 Θεὸν οὐδεὶς πώποτε τεθέαται
Re 2 17 [3] ὃ οὐδεὶς οἶδεν εἰ μὴ ὁ λαμβάνων
3 7 ὁ ἀνοίγων κ. οὐδεὶς κλείσει,
κ. κλείων κ. οὐδεὶς ἀνοίγει
8 ἣν οὐδεὶς δύναται κλεῖσαι αὐτήν
17 κ. οὐδὲν χρείαν ἔχω
5 3 οὐδεὶς ἐδύνατο ἐν τ. οὐρανῷ . . . ἀνοῖξαι τὸ βιβλίον
4 οὐδεὶς ἄξιος εὑρέθη ἀνοῖξαι τὸ βιβλίον
7 9 ὄχλος πολὺς ὃν ἀριθμῆσαι αὐτὸν οὐδεὶς ἐδύνατο
14 3 [3] οὐδεὶς ἐδύνατο μαθεῖν τ. ᾠδήν
15 8 οὐδεὶς ἐδύνατο εἰσελθεῖν εἰς τ. ναόν
18 11 [1] τ. γόμον αὐτῶν οὐδεὶς ἀγοράζει οὐκέτι
19 12 [3] ὄνομα γεγραμμένον ὃ οὐδεὶς οἶδεν εἰ μὴ αὐτός

ΟΥΔΕ΄ΠΟΤΕ 3763

Mt 7 23 τότε ὁμολογήσω αὐτοῖς ὅτι οὐδέποτε ἔγνων ὑμᾶς
9 33 οὐδέποτε ἐφάνη οὕτως ἐν τῷ Ἰσραήλ
21 16 ναὶ οὐδέποτε ἀνέγνωτε
42 οὐδέποτε ἀνέγνωτε ἐν τ. γραφαῖς
26 33 ἐγὼ οὐδέποτε σκανδαλισθήσομαι
Mk 2 12 οὕτως οὐδέποτε εἴδαμεν
25 οὐδέποτε ἀνέγνωτε τί ἐποίησεν Δαυείδ
Lu 15 29 οὐδέποτε ἐντολήν σου παρῆλθον,
κ. ἐμοὶ οὐδέποτε ἔδωκας ἔριφον
Jo 7 46 οὐδέποτε ἐλάλησεν οὕτως ἄνθρωπος
Ac 10 14 οὐδ. ἔφαγον πᾶν κοινὸν κ. ἀκάθαρτον
11 8 κοινὸν ἢ ἀκάθαρτον οὐδέποτε εἰσῆλθεν εἰς τὸ στόμα μου
14 8 χωλὸς ἐκ . . . ὃς οὐδέποτε περιεπάτησεν
I Co 13 8 ἡ ἀγάπη οὐδέποτε πίπτει
He 10 1 οὐδέποτε δύνανται τ. προσερχομένους τελειῶσαι
11 αἵτινες οὐδ. δύνανται περιελεῖν αμαρτιας

ΟΥΔΕ΄ΠΩ 3764

Lu 23 53 οὗ οὐκ ἦν οὐδεὶς οὐδέπω κείμενος
οὔπω, WH
Jo 7 39 ὅτι Ἰησοῦς οὐδέπω ἐδοξάσθη
οὔπω, WH
19 41 μνημεῖον καινὸν ἐν ᾧ οὐδέπω οὐδεὶς ἦν τεθειμένος
20 9 οὐδέπω γὰρ ᾔδεισαν τ. γραφήν
Ac 8 16 οὐδέπω γὰρ ἦν ἐπ' οὐδενὶ αὐτῶν ἐπιπεπτωκός

ΟΥΘΕΙ΄Σ 3764.5 cf. 3762

Lu 22 35 οἱ δὲ εἶπαν Οὐθενός
23 14 οὐθὲν εὗρον ἐν τ. ἀνθρώπῳ τούτῳ αἴτιον
Ac 15 9 οὐθὲν διέκρινεν μεταξὺ ἡμῶν τε κ. αὐτῶν
οὐδὲν, WH mg.
19 27 τὸ τ. μεγάλης θεᾶς Ἀρτέμιδος ἱερὸν εἰς οὐθὲν λογισθῆναι
20 33 ἀργυρίου ἢ χρυσίου ἢ ἱματισμοῦ οὐθενὸς ἐπεθύμησα
οὐδενὸς, WH
26 26 λανθάνειν γὰρ αὐτὸν τούτων οὐ πειθομαι οὐθέν
I Co 13 2 ἀγάπην δὲ μὴ ἔχω οὐθέν εἰμι
3 ἀγάπην δὲ μὴ ἔχω οὐθὲν ὠφελοῦμαι
οὐδὲν, WH
II Co 11 9 οὐ κατενάρκησα οὐθενός

ΟΥΚΕ΄ΤΙ 3765

(1) c. negat.

Mt 19 6 ὥστε οὐκέτι εἰσὶν δύο ἀλλὰ σὰρξ μία
22 46 [1] οὐδὲ ἐτόλμησέν τις ἀπ' ἐκείνης τ. ἡμέρας ἐπερωτῆσαι αὐτὸν οὐκέτι
Mk 5 3 [1] οὐδὲ ἁλύσει οὐκέτι οὐδεὶς ἐδύνατο αὐτὸν δῆσαι
7 12 [1] οὐκέτι ἀφίετε αὐτὸν οὐδὲν ποιῆσαι τ. πατρί
9 8 [1] ἐξάπινα περιβλεψάμενοι οὐκέτι οὐδένα εἶδον
10 8 ὥστε οὐκέτι εἰσὶν δύο ἀλλὰ μία σάρξ
12 34 [1] οὐδεὶς οὐκέτι ἐτόλμα αὐτὸν ἐπερωτῆσαι
14 25 [1] οὐκέτι οὐ μὴ πίω ἐκ τ. γενήματος τῆς ἀμπέλου
15 5 [1] ὁ δὲ Ἰησοῦς οὐκέτι οὐδὲν ἀπεκρίθη
Lu 15 19 οὐκέτι εἰμὶ ἄξιος κληθῆναι υἱός σου
21 οὐκέτι εἰμὶ ἄξιος κληθῆναι υἱός σου
20 40 [1] οὐκέτι γὰρ ἐτόλμων ἐπερωτᾶν αὐτὸν οὐδεν
22 16 [1] οὐκέτι οὐ μὴ φάγω αὐτό
—οὐκέτι, WHR
Jo 4 42 οὐκέτι διὰ τ. σὴν λαλίαν πιστεύομεν
6 66 οὐκέτι μετ' αὐτοῦ περιεπάτουν
11 54 ὁ οὖν Ἰησοῦς οὐκέτι παρρησίᾳ περιεπάτει
14 19 ἔτι μικρὸν κ. ὁ κόσμος με οὐκέτι θεωρεῖ
30 οὐκέτι πολλὰ λαλήσω μεθ' ὑμῶν
15 15 οὐκέτι λέγω ὑμᾶς δούλους
16 10 πρὸς τ. πατέρα ὑπάγω κ. οὐκέτι θεωρεῖτέ με
16 μικρὸν κ. οὐκέτι θεωρεῖτέ με
21 οὐκέτι μνημονεύει τ. θλίψεως
25 ἔρχεται ὥρα ὅτε οὐκέτι ἐν παροιμίαις λαλήσω ὑμῖν
17 11 κ. οὐκέτι εἰμὶ ἐν τ. κόσμῳ
21 6 οὐκέτι αὐτὸ ἑλκύσαι ἴσχυον
Ac 8 39 [1] οὐκ εἶδεν αὐτὸν οὐκέτι ὁ εὐνοῦχος
20 25 οὐκέτι ὄψεσθε τὸ πρόσωπόν μου ὑμεῖς πάντες
38 οὐκέτι μέλλουσιν τὸ πρόσωπον αὐτοῦ θεωρεῖν
Ro 6 9 Χριστὸς ἐγερθεὶς ἐκ νεκρῶν οὐκέτι ἀποθνήσκει·
θάνατος αὐτοῦ οὐκέτι κυριεύει
7 17 νυνὶ δὲ οὐκέτι ἐγὼ κατεργάζομαι αὐτό
20 οὐκέτι ἐγὼ κατεργάζομαι αὐτό
11 6 εἰ δὲ χάριτι οὐκέτι ἐξ ἔργων·
ἐπεὶ ἡ χάρις οὐκέτι γίνεται χάρις
14 15 οὐκέτι κατὰ ἀγάπην περιπατεῖς
II Co 1 23 φειδόμενος ὑμῶν οὐκέτι ἦλθον εἰς Κόρινθον
5 16 ἀλλὰ νῦν οὐκέτι γινώσκομεν
Ga 2 20 ζῶ δὲ οὐκέτι ἐγώ
3 18 εἰ δὲ ἐκ νόμου ἡ κληρονομία οὐκέτι ἐξ ἐπαγγελίας
25 οὐκέτι ὑπὸ παιδαγωγόν ἐσμεν
4 7 ὥστε οὐκέτι εἶ δοῦλος ἀλλὰ υἱός

Eph 2 19 ἄρα οὖν οὐκέτι ἐστὲ ξένοι κ. πάροικοι
Phm 16 οὐκέτι ὡς δοῦλον ἀλλὰ ὑπὲρ δοῦλον
οὐκ ἔτι, T
He 10 18 ὅπου δὲ ἄφεσις τούτων οὐκέτι προσφορὰ
περὶ ἁμαρτίας
26 οὐκέτι περὶ ἁμαρτιῶν ἀπολείπεται θυσία
Re 10 6 ὤμοσεν . . . ὅτι χρόνος οὐκέτι ἔσται
18 11 [1] τ. γόμον αὐτῶν οὐδεὶς ἀγοράζει οὐκέτι
14 [1] οὐκέτι οὐ μὴ αὐτὰ εὑρήσουσιν

'ΟΥΚΟΥ͂Ν 3766

Jo 18 37 οὐκοῦν βασιλεὺς εἶ σύ;

'ΟΥ͂Ν (See Supplement, p. 1104) 3767

(1) εἰ, ἐὰν οὖν (2) ὅταν, ὅτε, ὡς οὖν (3) in interrog. (4) νῦν οὖν (5) ἄρα οὖν

Mt 1. 17; 3. 8, 10; 5. [1]19, [1]23, 48; 6. [2]2, 8, 9, [1]22 —T, [1]23, 31, 34; 7. [1]11, 12, 24; 9. 38; 10. 16, 26, 31, 32; 12. 12, [3]26; 13. 18, [3]27, 28, 40, [3]56; 14. 15 —WH non mg. R; 17. [3]10; 18. 4, 26, 29, 31; 19. 6, [3]7; 21. [3]25, [2]40; 22. 9, 17, 21, 28, [3]43, [1]45; 23. 3, 20; 24. [2]15, [1]26, 42; 25. 13, 27, 28; 26. [3]54; 27. 17, [3]22, 64; 28. 19 —T.
Mk 10. 9; 11. [3]31 [WH]; 12. [3]9 —TWH; 13. 35; 15. [3]12; 16. [19.
Lu 3. 7, 8, 9, [3]10, 18; 4. 7; 7. [3]31, [3]42; 8. 18; 10. 2, 40; 11. [1]13, 35, [1]36; 12. 26 —h. v., WH mg.; 13. 14; 14. 33, 34; 16. [1]11, 27; 19. 12; 20. [3]15, [3]17, 29, 33, 44; 21. [3]7, 14; 22. 70; 23. 16, 22.
Jo 1. [3]21, 22, [3]25, 39; 2. 18, 20, [2]22; 3. 25, 29; 4. [2]1, 5, 6, 9 —T, [3]11 —T, 28, 33, [2]40, [2]45, 46, 48, 52 (*bis*), 53; 5. 4 —h. v., TWHR non mg., 10, 18 —T, 19; 6. 5, 10, 11, 13, 14, 15, 19, 21, [2]24, 28, [3]30 (*bis*), 32, 34, 35 —WHR, 41, 52, 53, 60, [1]62, 66 —WHR, 67; 7. 3, 6 —T, 11, 15, 16, 25, 28, 30, 33, 35, 40, 43, 45, 47 —T; 8. [5 δέ, WH mg., 12, 13, 19, 21, 22, 24, 25, 28, 31, [1]36, 38, 57, 59; 9. 7, 8, 10, [3]10 [WH], 11, 15, 16, 17, 18, [3]19, 20 —R, 24, 25, 26, [3]27 —TWH non mg. R; 10. 7, 20 δέ, WHR, 24, 39 —[WH] R; 11. 3, [2]6, 12, 14, 16, 17, 20, 21, 31, 32, 33, 36, 38, 41, 45, 47, 53, 54, 56; 12. 1, 2, 3, 7, 9, 17, 19, 21, 28, 29 [WH], 34, 35, 50; 13. 6, [2]12, [1]14, 24, 25 —WHR, 26 —T, 27, 30, [2]31; 16. 17, 18, 22; 18. 3, 4, [2]6, 7, [1]8, 10, 11, 12, 16, 17, 19, 24, 25, 27, 28, 29, 31, 31 —WHR, 33, 37, 39, 40; 19. 1, 5, [2]6, [2]8, 10 —T, 13, 16 (*bis*), 20, 21, 23, 24 (*bis*), 26, 29, [2]30, 31, 32, 38, 40, 42; 20. 2, 3, 6, 8, 10, [2]11, 19, 20, 21, 25, 30; 21. 5, 6, 7 (*bis*), [2]9, 11 —T, [2]15, 21, 23.
Ac 1. 6, 18, 21; 2. 30, 33, 36, 41; 3. 19; 5. 41; 6. 3 δέ, TWH R mg., [δή], WH mg.; 8. 4, 22, 25; 9. 31; 10. 23, 29, 32, 33, [4]33; 11. [1]17, 19; 12. 5; 13. 4, 38, 40; 14. 3; 15. 3, [4]10, 27, 30; 16. 5, 11 δέ, T, [4]36; 17. 12, 17, 20, 23, 29, 30; 19. 3, 32, 36, 38; 21. [3]22, 23; 22. 29; 23. [4]15, 18, 21, 22, 31; 25. 1, 4, 5, 11, 17, 23; 26. 4, 9, 22; 28. 5, 20, 28.
Ro 2. 21, [1]26; 3. [3]1, [3]9, [3]27, 28 γάρ, TWH non mg. R mg., 31; 4. [3]1, 9, [3]10; 5. 1, 9, [5]18; 6. [3]1, 4, 12, [3]15, [3]21; 7. [5]3, [3]7, 13, [5]25; 8. [5]12, [3]31; 9. [3]14, [5]16, [5]18, 19 (*bis*), [3]30; 10. [3]14; 11. 1, 5, [3]7, 11, 13, 19, 22; 12. 1; 13. 10, 12; 14. [1]8, [5]12 [WH], 13, 16, [5]19; 15. 17, 28; 16. 19.
I Co 3. [3]5; 4. 16; 6. 4, 7 —T, 15; 7. 26; 8. 4; 9. [3]18, 25; 10. [3]19, 31; 11. 20; 14. [1]11, [3]15, [1]23, [3]26; 15. 11; 16. 11, 18.
II Co 1. 17; 3. 12; 5. 6, 11, 20; 7. 1; 8. 24; 9. 5; 11. 15; 12. 9.
Ga 3. 5, [3]19, 21; 4. [3]15; 5. 1; 6. [5]10.
Eph 2. [5]19; 4. 1, 17; 5. 1, 7, 15; 6. 14.
Phl 2. [1]1, 23, 28, 29; 3. 8 μενοῦνγε, T, 15.
Col 2. 6, 16; 3. [1]1, 5, 12.
I Th 4. 1 —WH non mg.; 5. [5]6.
II Th 2. [5]15.
I Ti 2. 1, 8; 3. 2; 5. 14.
II Ti 1. 8; 2. 1, [1]21.
Phm [1]17.
He 2. 14; 4. 1, 3 γάρ, TWH non mg. R non mg., 6, 11, 14, 16; 7. [1]11; 8. [1]4; 9. 1, 23; 10. 19, 35; 13. 15 —WH non mg. R mg.
Ja 4. [1]4, 7, 17; 5. 7, 16.
I Pe 2. 1, 7; 4. 1, 7; 5. 1, 6.
II Pe 3. 11 οὕτως, WHR, 17.
III Jo 8.
Re 1. 19; 2. 5, 16 —T; 3. 3, [1]3, 19.

'ΟΥ΄ΠΩ 3768

Mt 16 9 οὔπω νοεῖτε οὐδὲ μνημονεύετε τ. πέντε ἄρτους
24 6 ἀλλ' οὔπω ἐστὶν τὸ τέλος
Mk 4 40 τί δειλοί ἐστε; οὔπω ἔχετε πίστιν;
τί δ. ἐστ. οὕτως; πῶς οὐκ ἔχ. π.;, T
8 17 οὔπω νοεῖτε οὐδὲ συνίετε;
21 ἔλεγεν αὐτοῖς Οὔπω συνίετε;
11 2 ἐφ' ὃν οὐδεὶς οὔπω ἀνθρώπων ἐκάθισεν
ἀνθρ. οὔπ. κεκάθικεν, T
13 7 ἀλλ' οὔπω τὸ τέλος
Lu 23 53 οὗ οὐκ ἦν οὐδεὶς οὔπω κείμενος
οὐδέπω, T
Jo 2 4 οὔπω ἥκει ἡ ὥρα μου
3 24 οὔπω γὰρ ἦν βεβλημένος εἰς τ. φυλακὴν
Ἰωάνης
6 17 οὔπω ἐληλύθει πρὸς αὐτοὺς ὁ Ἰησοῦς
7 6 ὁ καιρὸς ὁ ἐμὸς οὔπω πάρεστιν
8 ἐγὼ οὔπω ἀναβαίνω εἰς τ. ἑορτὴν ταύτην,
οὐκ, TWH mg. R mg.
ὅτι ὁ ἐμὸς καιρὸς οὔπω πεπλήρωται
30 ὅτι οὔπω ἐληλύθει ἡ ὥρα αὐτοῦ
39 οὔπω γὰρ ἦν πνεῦμα,
ὅτι Ἰησοῦς οὔπω ἐδοξάσθη
οὐδέπω, T
8 20 ὅτι οὔπω ἐληλύθει ἡ ὥρα αὐτοῦ
57 πεντήκοντα ἔτη οὔπω ἔχεις
11 30 οὔπω δὲ ἐληλύθει ὁ Ἰησοῦς εἰς τ. κώμην
20 17 οὔπω γὰρ ἀναβέβηκα πρὸς τ. πατέρα
I Co 3 2 οὔπω γὰρ ἐδύνασθε
8 2 οὔπω ἔγνω καθὼς δεῖ γνῶναι
Phl 3 13 ἐγὼ ἐμαυτὸν οὔπω λογίζομαι κατειληφέναι
οὐ, WH mg. R mg.
He 2 8 νῦν δὲ οὔπω ὁρῶμεν αὐτῷ τὰ πάντα ὑποτεταγμένα
12 4 οὔπω μέχρις αἵματος ἀντικατέστητε
I Jo 3 2 οὔπω ἐφανερώθη τί ἐσόμεθα
Re 17 10 ὁ εἷς ἔστιν ὁ ἄλλος οὔπω ἦλθεν
12 δέκα βασιλεῖς εἰσὶν οἵτινες βασιλείαν οὔπω ἔλαβον

'ΟΥΡΑ΄ 3769

Re 9 10 ἔχουσιν οὐρὰς ὁμοίας σκορπίοις κ. κέντρα,
κ. ἐν τ. οὐραῖς αὐτῶν ἡ ἐξουσία αὐτῶν

Re 9 19 ἡ γὰρ ἐξουσία τ. ἵππων . . . ἐν τ. οὐραῖς αὐτῶν·
αἱ γὰρ οὐραὶ αὐτῶν ὅμοιαι ὄφεσιν
12 4 ἡ οὐρὰ αὐτοῦ σύρει τὸ τρίτον τ. ἀστέρων τ. οὐρανοῦ

᾿ΟΥΡΑ´ΝΙΟΣ 3770

Mt 5 48 ὡς ὁ πατὴρ ὑμῶν ὁ οὐράνιος τέλειός ἐστιν
6 14 ἀφήσει κ. ὑμῖν ὁ πατὴρ ὑμῶν ὁ οὐράνιος
26 ὁ πατὴρ ὑμῶν ὁ οὐράνιος τρέφει αὐτά
32 οἶδεν γὰρ ὁ πατὴρ ὑμῶν ὁ οὐράνιος
15 13 πᾶσα φυτεία ἣν οὐκ ἐφύτευσεν ὁ πατήρ μου ὁ οὐράνιος
18 35 οὕτως κ. ὁ πατήρ μου ὁ οὐράνιος ποιήσει ὑμῖν
ἐπουράνιος, R
23 9 εἷς γάρ ἐστιν ὑμῶν ὁ πατὴρ ὁ οὐράνιος
Lu 2 13 ἐγένετο σὺν τ. ἀγγέλῳ πλῆθος στρατιᾶς οὐρανίου
οὐρανοῦ, WH mg.
Ac 26 19 οὐκ ἐγενόμην ἀπειθὴς τῇ οὐρανίῳ ὀπτασίᾳ

᾿ΟΥΡΑΝΟ´ΘΕΝ ** 3771

Ac 14 17 οὐρανόθεν ὑμῖν ὑετοὺς διδούς
26 13 οὐρανόθεν ὑπὲρ τ. λαμπρότητα τ. ἡλίου περιλάμψαν με φῶς

᾿ΟΥΡΑΝΟ´Σ 3772

(1) βασιλεία τ. οὐρ. (2) οὐρανὸς . . . γῆ
(3) ἕως, ἄχρι οὐρανοῦ (4) ἄκρον οὐρ.
(5) πρῶτος, τρίτος οὐρ. (6) Θεὸς τ. οὐρ.

Mt 3 2 [1] ἤγγικεν γὰρ ἡ βασιλεία τ. οὐρανῶν
16 ἰδοὺ ἠνεῴχθησαν οἱ οὐρανοί
17 ἰδοὺ φωνὴ ἐκ τ. οὐρανῶν λέγουσα
4 17 [1] ἤγγικεν γὰρ ἡ βασιλεία τ οὐρανῶν
5 3 [1] ὅτι αὐτῶν ἐστὶν ἡ βασιλεία τ. οὐρανῶν
10 [1] ὅτι αὐτῶν ἐστὶν ἡ βασιλεία τ. οὐρανῶν
12 ὅτι ὁ μισθὸς ὑμῶν πολὺς ἐν τ. οὐρανοῖς
16 ὅπως . . . δοξάσωσιν τ. πατέρα ὑμῶν τὸν ἐν τ. οὐρανοῖς
18 [2] ἕως ἂν παρέλθῃ ὁ οὐρανὸς κ. ἡ γῆ
19 [1] ἐλάχιστος κληθήσεται ἐν τ. βασιλείᾳ τ. οὐρανῶν
19 [1] οὗτος μέγας κληθήσεται ἐν τ. βασιλείᾳ τ. οὐρανῶν
20 [1] οὐ μὴ εἰσέλθητε εἰς τ. βασιλείαν τ. οὐρανῶν
34 [2] μὴ ὀμόσαι ὅλως μήτε ἐν τ. οὐρανῷ
45 ὅπως γένησθε υἱοὶ τ. πατρὸς ὑμῶν τοῦ ἐν οὐρανοῖς
6 1 μισθὸν οὐκ ἔχετε παρὰ τ. πατρὶ ὑμῶν τῷ ἐν τ. οὐρανοῖς
9 πάτερ ἡμῶν ὁ ἐν τ. οὐρανοῖς
10 [2] ὡς ἐν οὐρανῷ κ. ἐπὶ γῆς
20 θησαυρίζετε δὲ ὑμῖν θησαυροὺς ἐν οὐρανῷ
26 ἐμβλέψατε εἰς τὰ πετεινὰ τ. οὐρανοῦ
7 11 πόσῳ μᾶλλον ὁ πατὴρ ὑμῶν ὁ ἐν τ. οὐρανοῖς δώσει ἀγαθά
21 [1] οὐ πᾶς . . . εἰσελεύσεται εἰς τ. βασιλείαν τ. οὐρανῶν·
ἀλλ' ὁ ποιῶν τὸ θέλημα τοῦ πατρός μου τοῦ ἐν τ. οὐρανοῖς,

Mt 7 21 [1] οὗτος εἰσελεύσεται εἰς τ. βασιλείαν τ. οὐρανῶν
—h. v., TWH non mg. R
8 11 [1] ἀνακλιθήσονται μετὰ Ἀβραὰμ . . . ἐν τ. βασιλείᾳ τ. οὐρανῶν
20 ἔχουσιν κ. τὰ πετεινὰ τ. οὐρανοῦ κατασκηνώσεις
10 7 [1] ἤγγικεν ἡ βασιλεία τ. οὐρανῶν
32 ὁμολογήσω κἀγὼ ἐν αὐτῷ ἔμπροσθεν τ. πατρός μου τοῦ ἐν τ. οὐρανοῖς
33 ἀρνήσομαι κἀγὼ αὐτὸν ἔμπροσθεν τ. πατρός μου τοῦ ἐν τ. οὐρανοῖς
11 11 [1] ὁ δὲ μικρότερος ἐν τ. βασιλείᾳ τ. οὐρανῶν μείζων αὐτοῦ ἐστίν
12 [1] ἡ βασιλεία τ. οὐρανῶν βιάζεται
23 [3] κ. σὺ Καφαρναοὺμ μὴ ἕως οὐρανοῦ ὑψωθήσῃ;
25 [2] ἐξομολογοῦμαί σοι πάτερ Κύριε τ. οὐρανοῦ κ. τ. γῆς
12 50 ὅστις γὰρ ἂν ποιήσῃ τὸ θέλημα τ. πατρός μου τοῦ ἐν οὐρανοῖς
13 11 [1] ὑμῖν δέδοται γνῶναι τὰ μυστήρια τ. βασιλείας τ. οὐρανῶν
24 [1] ὡμοιώθη ἡ βασιλεία τ. οὐρανῶν ἀνθρώπῳ σπείραντι καλὸν σπέρμα
31 [1] ὁμοία ἐστὶν ἡ βασιλεία τ. οὐρανῶν κόκκῳ σινάπεως
32 ὥστε ἐλθεῖν τὰ πετεινὰ τ. οὐρανοῦ
33 [1] ὁμοία ἐστὶν ἡ βασιλεία τ. οὐρανῶν ζύμῃ
44 [1] ὁμοία ἐστὶν ἡ βασιλεία τ. οὐρανῶν θησαυρῷ κεκρυμμένῳ
45 [1] πάλιν ὁμοία ἐστὶν ἡ βασιλεία τ. οὐρανῶν ἐμπόρῳ
47 [1] πάλιν ὁμοία ἐστὶν ἡ βασιλεία τ. οὐρανῶν σαγήνῃ
52 [1] πᾶς γραμματεὺς μαθητευθεὶς τ. βασιλείᾳ τ. οὐρανῶν
14 19 ἀναβλέψας εἰς τ. οὐρανὸν εὐλόγησεν
16 1 ἐπηρώτησαν αὐτὸν σημεῖον ἐκ τ. οὐρανοῦ ἐπιδεῖξαι αὐτοῖς
2 εὐδία πυρράζει γὰρ ὁ οὐρανός
—h. v., [T] [[WH]] R mg.
3 σήμερον χειμὼν πυρράζει γὰρ στυγνάζων ὁ οὐρανός
—h. v., [T] [[WH]] R mg.
3 τὸ μὲν πρόσωπον τ. οὐρανοῦ γινώσκετε διακρίνειν
17 ἀλλ' ὁ πατήρ μου ὁ ἐν τ. οὐρανοῖς
19 [1] δώσω σοι τὰς κλεῖδας τ. βασιλείας τ. οὐρανῶν·
[2] κ. ὃ ἐὰν δήσῃς ἐπὶ τ. γῆς ἔσται δεδεμένον ἐν τ. οὐρανοῖς·
[2] κ. ὃ ἐὰν λύσῃς ἐπὶ τ. γῆς ἔσται λελυμένον ἐν τ. οὐρανοῖς
18 1 [1] τίς ἄρα μείζων ἐστὶν ἐν τ. βασιλείᾳ τ. οὐρανῶν;
3 [1] οὐ μὴ εἰσέλθητε εἰς τ. βασιλείαν τ. οὐρανῶν
4 [1] οὗτός ἐστιν ὁ μείζων ἐν τ. βασιλείᾳ τ. οὐρανῶν
10 οἱ ἄγγελοι αὐτῶν ἐν οὐρανοῖς διὰ παντὸς βλέπουσιν τὸ πρόσωπον τ. πατρός μου τοῦ ἐν οὐρανοῖς
ἀγγ. αὐτ. ἐν τ. οὐρανῷ, WH mg.
14 οὕτως οὐκ ἔστιν θέλημα ἔμπροσθεν τ. πατρός μου τοῦ ἐν οὐρανοῖς

Mk 18 18 ² ὅσα ἐὰν δήσητε ἐπὶ τ. γῆς ἔσται δεδεμένα ἐν οὐρανῷ·
² κ. ὅσα ἐὰν λύσητε ἐπὶ τ. γῆς ἔσται λελυμένα ἐν οὐρανῷ
19 γενήσεται αὐτοῖς παρὰ τ. πατρός μου τοῦ ἐν οὐρανοῖς
23 ¹ ὡμοιώθη ἡ βασιλεία τ. οὐρανῶν ἀνθρώπῳ βασιλεῖ
19 12 ¹ οἵτινες εὐνούχισαν ἑαυτοὺς διὰ τ. βασιλείαν τ. οὐρανῶν
14 ¹ τ. γὰρ τοιούτων ἐστὶν ἡ βασιλεία τ. οὐρανῶν
21 ἕξεις θησαυρὸν ἐν οὐρανοῖς
οὐρανῷ, TR
23 ¹ πλούσιος δυσκόλως εἰσελεύσεται εἰς τ. βασιλείαν τ. οὐρανῶν
24 ¹ ἢ πλούσιον εἰς τ. βασιλείαν τ. οὐρανῶν
τ. Θεοῦ, WHR
20 1 ¹ ὁμοία γάρ ἐστιν ἡ βασιλεία τ. οὐρανῶν ἀνθρώπῳ οἰκοδεσπότῃ
21 25 ἐξ οὐρανοῦ ἢ ἐξ ἀνθρώπων;
25 ἐὰν εἴπωμεν Ἐξ οὐρανοῦ ἐρεῖ ἡμῖν
22 2 ¹ ὡμοιώθη ἡ βασιλεία τ. οὐρανῶν ἀνθρώπῳ βασιλεῖ
30 ἀλλ' ὡς ἄγγελοι ἐν τ. οὐρανῷ εἰσίν
23 14 ¹ ὅτι κλείετε τ. βασιλείαν τ. οὐρανῶν ἔμπροσθεν τ. ἀνθρώπων
22 ὁ ὀμόσας ἐν τ. οὐρανῷ ὀμνύει ἐν τ. θρόνῳ τ. Θεοῦ
24 29 οἱ ἀστέρες πεσοῦνται ἀπὸ τ. οὐρανοῦ,
ἐκ τ. οὐρ., T
κ. αἱ δυνάμεις τ. οὐρανῶν σαλευθήσονται.
30 κ. τότε φανήσεται τὸ σημεῖον τ. υἱοῦ τ. ἀνθρώπου ἐν οὐρανῷ
30 ὄψονται τ. υἱὸν τ. ἀνθρώπου ἐρχόμενον ἐπὶ τ. νεφελῶν τ. οὐρανοῦ
31 ⁴ ἀπ' ἄκρων οὐρανῶν ἕως τ. ἄκρων αὐτῶν
35 ² ὁ οὐρανὸς κ. ἡ γῆ παρελεύσεται
36 οὐδεὶς οἶδεν οὐδὲ οἱ ἄγγελοι τ. οὐρανῶν
25 1 ¹ ὁμοιωθήσεται ἡ βασιλεία τ. οὐρανῶν δέκα παρθένοις
26 64 ὄψεσθε τ. υἱὸν τ. ἀνθρώπου . . . ἐρχόμενον ἐπὶ τ. νεφελῶν τ. οὐρανοῦ
28 2 ἄγγελος γὰρ Κυρίου καταβὰς ἐξ οὐρανοῦ
18 ² ἐδόθη μοι πᾶσα ἐξουσία ἐν οὐρανῷ κ. ἐπὶ τ. γῆς

Mk 1 10 εἶδεν σχιζομένους τ. οὐρανούς
11 φωνὴ ἐγένετο ἐκ τ. οὐρανῶν
4 32 ὥστε δύνασθαι ὑπὸ τ. σκιὰν αὐτοῦ τὰ πετεινὰ τ. οὐρανοῦ κατασκηνοῖν
6 41 ἀναβλέψας εἰς τ. οὐρανὸν εὐλόγησεν
7 34 ἀναβλέψας εἰς τ. οὐρανὸν ἐστέναξεν
8 11 ζητοῦντες παρ' αὐτοῦ σημεῖον ἀπὸ τ. οὐρανοῦ
10 21 ἕξεις θησαυρὸν ἐν οὐρανῷ
11 25 ἵνα κ. ὁ πατὴρ ὑμῶν ὁ ἐν τ. οὐρανοῖς ἀφῇ ὑμῖν
26 οὐδὲ ὁ πατὴρ ὑμῶν ὁ ἐν οὐρανοῖς ἀφήσει
—h. v., TWHR non mg.
30 τὸ βάπτισμα τὸ Ἰωάνου ἐξ οὐρανοῦ ἦν ἢ ἐξ ἀνθρώπων;
31 ἐὰν εἴπωμεν Ἐξ οὐρανοῦ ἐρεῖ
12 25 ἀλλ' εἰσὶν ὡς ἄγγελοι ἐν τ. οὐρανοῖς
13 25 οἱ ἀστέρες ἔσονται ἐκ τ. οὐρανοῦ πίπτοντες, κ. αἱ δυνάμεις αἱ ἐν τ. οὐρανοῖς σαλευθήσονται
27 ² ⁴ ἀπ' ἄκρου γῆς ἕως ἄκρου οὐρανοῦ
31 ² ὁ οὐρανὸς κ. ἡ γῆ παρελεύσονται
32 οὐδεὶς οἶδεν οὐδὲ οἱ ἄγγελοι ἐν οὐρανῷ

Mk 14 62 ὄψεσθε τ. υἱὸν τ. ἀνθρώπου . . . ἐρχόμενον μετὰ τ. νεφελῶν τ. οὐρανοῦ
16 [19 ὁ μὲν οὖν Κύριος Ἰησοῦς . . . ἀνελήμφθη εἰς τ. οὐρανόν

Lu 2 13 ἐγένετο σὺν τ. ἀγγέλῳ πλῆθος στρατιᾶς οὐρανοῦ
οὐρανίου, TWH non mg. R
15 ὡς ἀπῆλθον ἀπ' αὐτῶν εἰς τ. οὐρανὸν οἱ ἄγγελοι
3 21 ἐγένετο δὲ . . . ἀνεῳχθῆναι τ. οὐρανόν
22 κ. φωνὴν ἐξ οὐρανοῦ γενέσθαι
4 25 ὅτε ἐκλείσθη ὁ οὐρανὸς ἔτη τρία κ. μῆνας ἕξ
6 23 ὁ μισθὸς ὑμῶν πολὺς ἐν τ. οὐρανῷ
8 5 τὰ πετεινὰ τ. οὐρανοῦ κατέφαγεν αὐτό
9 16 ἀναβλέψας εἰς τ. οὐρανὸν εὐλόγησεν αὐτούς
54 θέλεις εἴπωμεν πῦρ καταβῆναι ἀπὸ τ. οὐρανοῦ
58 ἔχουσιν κ. τὰ πετεινὰ τ. οὐρανοῦ κατασκηνώσεις
10 15 ³ κ. σὺ Καφαρναοὺμ μὴ ἕως οὐρανοῦ ὑψωθήσῃ;
18 ἐθεώρουν τ. Σατανᾶν ὡς ἀστραπὴν ἐκ τ. οὐρανοῦ πεσόντα
ἐκ τ. οὐρ. ὡς ἀστρ., WH mg.
20 ὅτι τὰ ὀνόματα ὑμῶν ἐνγέγραπται ἐν τ. οὐρανοῖς
21 ² ἐξομολογοῦμαί σοι πάτερ Κύριε τ. οὐρανοῦ κ. τ. γῆς
11 2 πάτερ ἡμῶν ὁ ἐν τ. οὐρανοῖς
—ἡμ. ὁ ἐν τ. οὐρ., TWHR non mg.
2 ² ὡς ἐν οὐρανῷ κ. ἐπὶ γῆς
—h. v., TWHR non mg.
13 πόσῳ μᾶλλον ὁ πατὴρ ὁ ἐξ οὐρανοῦ δώσει πνεῦμα ἅγιον
16 σημεῖον ἐξ οὐρανοῦ ἐζήτουν παρ' αὐτοῦ
12 33 ποιήσατε ἑαυτοῖς . . . θησαυρὸν ἀνέκλειπτον ἐν τ. οὐρανοῖς
56 ² τὸ πρόσωπον τ. γῆς κ. τ. οὐρανοῦ οἴδατε δοκιμάζειν
13 19 τὰ πετεινὰ τ. οὐρανοῦ κατεσκήνωσεν ἐν τ. κλάδοις αὐτοῦ
15 7 οὕτως χαρὰ ἐν τ. οὐρανῷ ἔσται
18 ἥμαρτον εἰς τ. οὐρανὸν κ. ἐνώπιόν σου
21 ἥμαρτον εἰς τ. οὐρανὸν κ. ἐνώπιόν σου
16 17 ² εὐκοπώτερον δέ ἐστιν τ. οὐρανὸν κ. τ. γῆν παρελθεῖν
17 24 ὥσπερ γὰρ ἡ ἀστραπὴ ἀστράπτουσα ἐκ τῆς ὑπὸ τ. οὐρανὸν εἰς τὴν ὑπ' οὐρανὸν λάμπει
29 ἔβρεξεν πῦρ κ. θεῖον ἀπ' οὐρανοῦ
18 13 οὐκ ἤθελεν οὐδὲ τ. ὀφθαλμοὺς ἐπᾶραι εἰς τ. οὐρανόν
22 ἕξεις θησαυρὸν ἐν τ. οὐρανοῖς
—τοῖς, T [WH]
19 38 ἐν οὐρανῷ εἰρήνη
20 4 τὸ βάπτισμα Ἰωάνου ἐξ οὐρανοῦ ἦν ἢ ἐξ ἀνθρώπων;
5 ἐὰν εἴπωμεν Ἐξ οὐρανοῦ ἐρεῖ
21 11 φόβητρά τε κ. ἀπ' οὐρανοῦ σημεῖα μεγάλα ἔσται
σημ. ἀπ' οὐρ. μ., T; σημ. μ. ἀπ' οὐρ., WH mg.
26 αἱ γὰρ δυνάμεις τ. οὐρανῶν σαλευθήσονται
33 ² ὁ οὐρανὸς κ. ἡ γῆ παρελεύσονται
22 43 ὤφθη δὲ αὐτῷ ἄγγελος ἀπὸ τ. οὐρανοῦ ἐνισχύων αὐτόν
—h. v., [[WH]] R mg.; ἀπ' οὐρ., TWH mg.

Lu 24 51 ἀνεφέρετο εἰς τ. οὐρανόν
—h. v., T [[WH]] R mg.
Jo 1 32 τεθέαμαι τὸ πνεῦμα καταβαῖνον ὡς περιστερὰν ἐξ οὐρανοῦ
51 ὄψεσθε τ. οὐρανὸν ἀνεῳγότα
3 5 [1] οὐ δύναται εἰσελθεῖν εἰς τ. βασιλείαν τ. οὐρανῶν
τ. Θεοῦ, WHR
13 οὐδεὶς ἀναβέβηκεν εἰς τ. οὐρανόν,
εἰ μὴ ὁ ἐκ τ. οὐρανοῦ καταβάς,
ὁ υἱὸς τ. ἀνθρώπου ὁ ὢν ἐν τ. οὐρανῷ
—ὁ ὢν ἐν τ. οὐρ., WH non mg. R mg.
27 ἐὰν μὴ ᾖ δεδομένον αὐτῷ ἐκ τ. οὐρανοῦ
31 ὁ ἐκ τ. οὐρανοῦ ἐρχόμενος ἐπάνω πάντων ἐστίν
6 31 ἄρτον ἐκ τ. οὐρανοῦ ἔδωκεν αὐτοῖς φαγεῖν
דְגַן שָׁמַיִם נָתַן לָמוֹ, Ps. lxxviii. 24
32 οὐ Μωυσῆς ἔδωκεν ὑμῖν τ. ἄρτον ἐκ τ. οὐρανοῦ·
ἀλλ' ὁ πατήρ μου δίδωσιν ὑμῖν τ. ἄρτον ἐκ τ. οὐρανοῦ τ. ἀληθινόν.
33 ὁ γὰρ ἄρτος τ. Θεοῦ ἐστὶν ὁ καταβαίνων ἐκ τ. οὐρανοῦ
38 ὅτι καταβέβηκα ἀπὸ τ. οὐρανοῦ
41 ἐγώ εἰμι ὁ ἄρτος ὁ καταβὰς ἐκ τ. οὐρανοῦ
42 πῶς νῦν λέγει ὅτι Ἐκ τ. οὐρανοῦ καταβέβηκα;
50 οὗτός ἐστιν ὁ ἄρτος ὁ ἐκ τ. οὐρανοῦ καταβαίνων
51 ἐγώ εἰμι ὁ ἄρτος ὁ ζῶν ὁ ἐκ τ. οὐρανοῦ καταβάς
58 οὗτός ἐστιν ὁ ἄρτος ὁ ἐξ οὐρανοῦ καταβάς
12 28 ἦλθεν οὖν φωνὴ ἐκ τ. οὐρανοῦ
17 1 ἐπάρας τ. ὀφθαλμοὺς αὐτοῦ εἰς τ. οὐρανόν
Ac 1 10 ὡς ἀτενίζοντες ἦσαν εἰς τ. οὐρανόν
11 τί ἑστήκατε βλέποντες εἰς τ. οὐρανόν;
οὗτος ὁ Ἰησοῦς ὁ ἀναλημφθεὶς ἀφ' ὑμῶν εἰς τ. οὐρανόν
11 ὃν τρόπον ἐθεάσασθε αὐτὸν πορευόμενον εἰς τ. οὐρανόν
2 2 ἐγένετο ἄφνω ἐκ τ. οὐρανοῦ ἦχος
5 ἄνδρες εὐλαβεῖς ἀπὸ παντὸς ἔθνους τῶν ὑπὸ τ. οὐρανόν
19 [2] δώσω τέρατα ἐν τ. οὐρανῷ ἄνω
נָתַתִּי מוֹפְתִים בַּשָּׁמַיִם, Joel iii. 3
34 οὐ γὰρ Δαυεὶδ ἀνέβη εἰς τ. οὐρανούς
3 21 ὃν δεῖ οὐρανὸν μὲν δέξασθαι
4 12 οὐδὲ γὰρ ὄνομά ἐστιν ἕτερον ὑπὸ τ. οὐρανόν
24 [2] σὺ ὁ ποιήσας τ. οὐρανὸν κ. τ. γῆν
7 42 παρέδωκεν αὐτοὺς λατρεύειν τ. στρατιᾷ τ. οὐρανοῦ
49 [2] ὁ οὐρανός μοι θρόνος
הַשָּׁמַיִם כִּסְאִי, Is. lxvi. 1
55 ἀτενίσας εἰς τ. οὐρανὸν εἶδεν δόξαν Θεοῦ
56 ἰδοὺ θεωρῶ τ. οὐρανοὺς διηνοιγμένους
9 3 ἐξαίφνης τε αὐτὸν περιήστραψεν φῶς ἐκ τ. οὐρανοῦ
10 11 θεωρεῖ τ. οὐρανὸν ἀνεῳγμένον
12 ἐν ᾧ ὑπῆρχεν . . . πετεινὰ τ. οὐρανοῦ
16 εὐθὺς ἀνελήμφθη τὸ σκεῦος εἰς τ. οὐρανόν
11 5 τέσσαρσιν ἀρχαῖς καθιεμένην ἐκ τ. οὐρανοῦ
6 εἶδον . . . τὰ πετεινὰ τ. οὐρανοῦ
9 ἀπεκρίθη δὲ ἐκ δευτέρου φωνὴ ἐκ τ. οὐρανοῦ

Ac 11 10 ἀνεσπάσθη πάλιν ἅπαντα εἰς τ. οὐρανόν
14 15 [2] ὃς ἐποίησεν τ. οὐρανὸν κ. τ. γῆν
17 24 [2] οὗτος οὐρανοῦ κ. γῆς ὑπάρχων κύριος
22 6 ἐξαίφνης ἐκ τ. οὐρανοῦ περιαστράψαι φῶς ἱκανὸν περὶ ἐμέ
Ro 1 18 ἀποκαλύπτεται γὰρ ὀργὴ Θεοῦ ἀπ' οὐρανοῦ
10 6 τίς ἀναβήσεται εἰς τ. οὐρανόν
מִי יַעֲלֶה־לָּנוּ הַשָּׁמַיְמָה, Dt. xxx. 12
I Co 8 5 [2] εἴτε ἐν οὐρανῷ εἴτε ἐπὶ γῆς
15 47 [2] ὁ δεύτερος ἄνθρωπος ἐξ οὐρανοῦ
II Co 5 1 οἰκίαν ἀχειροποίητον αἰώνιον ἐν τ. οὐρανοῖς
2 τὸ οἰκητήριον ἡμῶν τὸ ἐξ οὐρανοῦ ἐπενδύσασθαι ἐπιποθοῦντες
12 2 [3 5] ἁρπαγέντα τ. τοιοῦτον ἕως τρίτου οὐρανοῦ
Ga 1 8 ἐὰν ἡμεῖς ἢ ἄγγελος ἐξ οὐρανοῦ εὐαγγελίσηται ὑμῖν
Eph 1 10 [2] τὰ ἐπὶ τ. οὐρανοῖς κ. τὰ ἐπὶ τ. γῆς
3 15 [2] ἐξ οὗ πᾶσα πατριὰ ἐν οὐρανοῖς κ. ἐπὶ γῆς ὀνομάζεται
4 10 αὐτός ἐστιν κ. ὁ ἀναβὰς ὑπεράνω πάντων τ. οὐρανῶν
6 9 εἰδότες ὅτι κ. αὐτῶν κ. ὑμῶν ὁ Κύριός ἐστιν ἐν οὐρανοῖς
Phl 3 20 ἡμῶν γὰρ τὸ πολίτευμα ἐν οὐρανοῖς ὑπάρχει
Col 1 5 διὰ τ. ἐλπίδα τ. ἀποκειμένην ὑμῖν ἐν τ. οὐρανοῖς
16 [2] ἐν αὐτῷ ἐκτίσθη τὰ πάντα ἐν τ. οὐρανοῖς κ. ἐπὶ τ. γῆς
20 [2] εἴτε τὰ ἐπὶ τ. γῆς εἴτε τὰ ἐν τ. οὐρανοῖς
23 τ. εὐαγγελίου . . . τ. κηρυχθέντος ἐν πάσῃ κτίσει τῇ ὑπὸ τ. οὐρανόν
4 1 εἰδότες ὅτι κ. ὑμεῖς ἔχετε Κύριον ἐν οὐρανῷ
I Th 1 10 ἀναμένειν τ. υἱὸν αὐτοῦ ἐκ τ. οὐρανῶν
4 16 ἐν σάλπιγγι Θεοῦ καταβήσεται ἀπ' οὐρανοῦ
II Th 1 7 ἐν τ. ἀποκαλύψει τ. Κυρίου Ἰησοῦ ἀπ' οὐρανοῦ
He 1 10 ἔργα τ. χειρῶν σού εἰσιν οἱ οὐρανοί
מַעֲשֵׂה יָדֶיךָ שָׁמָיִם, Ps. cii. 26
4 14 ἀρχιερέα μέγαν διεληλυθότα τ. οὐρανούς
7 26 ὑψηλότερος τ. οὐρανῶν γενόμενος
8 1 ὃς ἐκάθισεν ἐν δεξιᾷ τ. θρόνου τ. μεγαλωσύνης ἐν τ. οὐρανοῖς
9 23 τὰ μὲν ὑποδείγματα τῶν ἐν τ. οὐρανοῖς
24 οὐ γὰρ εἰς χειροποίητα εἰσῆλθεν ἅγια . . . ἀλλ' εἰς αὐτὸν τ. οὐρανόν
11 12 καθὼς τὰ ἄστρα τ. οὐρανοῦ τ. πλήθει
12 23 ἐκκλησίᾳ πρωτοτόκων ἀπογεγραμμένων ἐν οὐρανοῖς
25 πολὺ μᾶλλον ἡμεῖς οἱ τὸν ἀπ' οὐρανῶν ἀποστρεφόμενοι
ἀπ' οὐρανοῦ, WH mg.
26 [2] ἔτι ἅπαξ ἐγὼ σείσω οὐ μόνον τ. γῆν ἀλλὰ κ. τ. οὐρανόν
עוֹד אַחַת מְעַט הִיא וַאֲנִי מַרְעִישׁ אֶת־הַשָּׁמַיִם וְאֶת־הָאָרֶץ, Hagg. ii. 6
Ja 5 12 [2] μὴ ὀμνύετε μήτε τ. οὐρανὸν μήτε τ. γῆν
18 ὁ οὐρανὸς ὑετὸν ἔδωκεν
I Pe 1 4 εἰς κληρονομίαν . . . τετηρημένην ἐν οὐρανοῖς εἰς ὑμᾶς
12 διὰ τ. εὐαγγελισαμένων ὑμᾶς πνεύματι ἁγίῳ ἀποσταλέντι ἀπ' οὐρανοῦ
3 22 ὅς ἐστιν ἐν δεξιᾷ Θεοῦ πορευθεὶς εἰς οὐρανόν

II Pe 1 18 ταύτην τ. φωνὴν ἡμεῖς ἠκούσαμεν ἐξ οὐρανοῦ ἐνεχθεῖσαν
3 5 ὅτι οὐρανοὶ ἦσαν ἔκπαλαι
7 [2] οἱ δὲ νῦν οὐρανοὶ κ. ἡ γῆ τ. αὐτῷ λόγῳ τεθησαυρισμένοι εἰσίν
10 [2] ἐν ᾗ οἱ οὐρανοὶ ῥοιζηδὸν παρελεύσονται
—οἱ, T
12 δι' ἣν οὐρανοὶ πυρούμενοι λυθήσονται
13 [2] καινοὺς δὲ οὐρανοὺς κ. γῆν καινὴν . . . προσδοκῶμεν
Re 3 12 Ἰερουσαλὴμ ἡ καταβαίνουσα ἐκ τ οὐρανοῦ ἀπὸ τ. Θεοῦ μου
4 1 ἰδοὺ θύρα ἠνεῳγμένη ἐν τ. οὐρανῷ
2 ἰδοὺ θρόνος ἔκειτο ἐν τ οὐρανῷ
5 3 [2] οὐδεὶς ἐδύνατο ἐν τ. οὐρανῷ . . . ἀνοῖξαι τὸ βιβλίον
13 [2] κ. πᾶν κτίσμα ὃ ἐν τ. οὐρανῷ . . . ἤκουσα
6 13 [2] οἱ ἀστέρες τ. οὐρανοῦ ἔπεσαν εἰς τ. γῆν
14 ὁ οὐρανὸς ἀπεχωρίσθη ὡς βιβλίον ἑλισσόμενον
8 1 ἐγένετο σιγὴ ἐν τ. οὐρανῷ ὡς ἡμίωρον
10 ἔπεσεν ἐκ τ. οὐρανοῦ ἀστὴρ μέγας
9 1 [2] εἶδον ἀστέρα ἐκ τ. οὐρανοῦ πεπτωκότα εἰς τ. γῆν
10 1 εἶδον ἄλλον ἄγγελον ἰσχυρὸν καταβαίνοντα ἐκ τ. οὐρανοῦ
4 ἤκουσα φωνὴν ἐκ τ. οὐρανοῦ λέγουσαν
5 ὁ ἄγγελος . . . ἦρεν τ. χεῖρα αὐτοῦ τ. δεξιὰν εἰς τ. οὐρανόν
6 [2] ὃς ἔκτισεν τ. οὐρανὸν κ. τὰ ἐν αὐτῷ
8 ἡ φωνὴ ἣν ἤκουσα ἐκ τ. οὐρανοῦ
11 6 οὗτοι ἔχουσιν τ. ἐξουσίαν κλεῖσαι τ. οὐρανόν
12 ἤκουσαν φωνῆς μεγάλης ἐκ τ. οὐρανοῦ
12 ἀνέβησαν εἰς τ. οὐρανὸν ἐν τ. νεφέλῃ
13 [6] οἱ λοιποὶ . . . ἔδωκαν δόξαν τ. Θεῷ τ. οὐρανοῦ
15 ἐγένοντο φωναὶ μεγάλαι ἐν τ. οὐρανῷ
19 ἠνοίγη ὁ ναὸς τ. Θεοῦ ὁ ἐν τ. οὐρανῷ
12 1 σημεῖον μέγα ὤφθη ἐν τ. οὐρανῷ
3 ὤφθη ἄλλο σημεῖον ἐν τ. οὐρανῷ
4 ἡ οὐρὰ αὐτοῦ σύρει τὸ τρίτον τ. ἀστέρων τ. οὐρανοῦ
7 ἐγένετο πόλεμος ἐν τ. οὐρανῷ
8 οὐδὲ τόπος εὑρέθη αὐτῶν ἔτι ἐν τ. οὐρανῷ
10 ἤκουσα φωνὴν μεγάλην ἐν τ. οὐρανῷ λέγουσαν
12 εὐφραίνεσθε οὐρανοὶ κ. οἱ ἐν αὐτοῖς σκηνοῦντες
οἱ οὐρ., WH mg.
13 6 βλασφημῆσαι . . . τοὺς ἐν τ. οὐρανῷ σκηνοῦντας
13 ἵνα κ. πῦρ ποιῇ ἐκ τ οὐρανοῦ καταβαίνειν
καταβ. ἐκ τ. οὐρ., T
14 2 ἤκουσα φωνὴν ἐκ τ. οὐρανοῦ
7 [2] προσκυνήσατε τ. ποιήσαντι τ. οὐρανὸν κ. τ. γῆν
13 ἤκουσα φωνῆς ἐκ τ. οὐρανοῦ λεγούσης
17 ἄλλος ἄγγελος ἐξῆλθεν ἐκ τ. ναοῦ τοῦ ἐν τ. οὐρανῷ
15 1 εἶδον ἄλλο σημεῖον ἐν τ. οὐρανῷ
5 ἠνοίγη ὁ ναὸς τ. σκηνῆς τ. μαρτυρίου ἐν τ. οὐρανῷ
16 11 [6] ἐβλασφήμησαν τ. Θεὸν τ. οὐρανοῦ ἐκ τ. πόνων αὐτῶν
21 χάλαζα μεγάλη ὡς ταλαντιαία καταβαίνει ἐκ τ. οὐρανοῦ
Re 18 1 εἶδον ἄλλον ἄγγελον καταβαίνοντα ἐκ τ. οὐρανοῦ
4 ἤκουσα ἄλλην φωνὴν ἐκ τ. οὐρανοῦ
5 [3] ἐκολλήθησαν αὐτῆς αἱ ἁμαρτίαι ἄχρι τ. οὐρανοῦ
20 εὐφραίνου ἐπ' αὐτῇ οὐρανέ
19 1 ἤκουσα ὡς φωνὴν μεγάλην ὄχλου πολλοῦ ἐν τ. οὐρανῷ
11 εἶδον τ. οὐρανὸν ἠνεῳγμένον
14 τὰ στρατεύματα τὰ ἐν τ. οὐρανῷ ἠκολούθει αὐτῷ
20 1 εἶδον ἄγγελον καταβαίνοντα ἐκ τ. οὐρανοῦ
9 κατέβη πῦρ ἐκ τ. οὐρανοῦ
11 [2] οὗ ἀπὸ τ. προσώπου ἔφυγεν ἡ γῆ κ. ὁ οὐρανός
21 1 εἶδον οὐρανὸν καινὸν κ. γῆν καινήν·
[2] [5] ὁ γὰρ πρῶτος οὐρανὸς κ. ἡ πρώτη γῆ ἀπῆλθαν
2 Ἰερουσαλὴμ καινὴν καταβαίνουσαν ἐκ τ. οὐρανοῦ ἀπὸ τ. Θεοῦ
10 τ. ἁγίαν Ἰερουσαλὴμ καταβαίνουσαν ἐκ τ. οὐρανοῦ ἀπὸ τ. Θεοῦ

ʼΟΥΡΒΑΝΟ΄Σ 3773

Ro 16 9 ἀσπάσασθε Οὐρβανὸν τ. συνεργὸν ἡμῶν ἐν Χριστῷ

ʼΟΥΡΙ΄ΑΣ 3774

Mt 1 6 Δαυεὶδ δὲ ἐγέννησεν τ. Σολομῶνα ἐκ τῆς τ. Οὐρίου

ʼΟΥ͂Σ 3775

Mt 10 27 ὃ εἰς τὸ οὖς ἀκούετε
11 15 ὁ ἔχων ὦτα ἀκουέτω
13 9 ὁ ἔχων ὦτα ἀκουέτω
15 τ. ὠσὶ βαρέως ἤκουσαν
אָזְנָיו הַכְבֵּד, Is. vi. 10
15 μήποτε . . . τ. ὠσὶν ἀκούσωσιν
פֶּן . . . בְּאָזְנָיו יִשְׁמָע, *ib.*
16 μακάριοι . . . τὰ ὦτα ὑμῶν ὅτι ἀκούουσιν
43 ὁ ἔχων ὦτα ἀκουέτω
Mk 4 9 ὃς ἔχει ὦτα ἀκούειν ἀκουέτω
23 εἴ τις ἔχει ὦτα ἀκούειν ἀκουέτω
7 16 εἴ τις ἔχει ὦτα ἀκούειν ἀκουέτω
—h. v., TWHR non mg.
33 ἔβαλεν τ. δακτύλους αὐτοῦ εἰς τὰ ὦτα αὐτοῦ
8 18 κ. ὦτα ἔχοντες οὐκ ἀκούετε;
Lu 1 44 ὡς ἐγένετο ἡ φωνὴ τ. ἀσπασμοῦ σου εἰς τὰ ὦτά μου
4 21 σήμερον πεπλήρωται ἡ γραφὴ αὕτη ἐν τ. ὠσὶν ὑμῶν
8 8 ὁ ἔχων ὦτα ἀκούειν ἀκουέτω
9 44 θέσθε ὑμεῖς εἰς τὰ ὦτα ὑμῶν τ. λόγους τούτους
12 3 ὃ πρὸς τὸ οὖς ἐλαλήσατε ἐν τ. ταμείοις
14 35 ὁ ἔχων ὦτα ἀκούειν ἀκουέτω
22 50 ἀφεῖλεν τὸ οὖς αὐτοῦ τὸ δεξιόν
Ac 7 51 ἀπερίτμητοι καρδίαις κ. τ. ὠσίν
57 συνέσχον τὰ ὦτα αὐτῶν
11 22 ἠκούσθη δὲ ὁ λόγος εἰς τὰ ὦτα τ. ἐκκλησίας
28 27 τ. ὠσὶ βαρέως ἤκουσαν, Is. *l.c.*
27 μήποτε . . . τ. ὠσὶν ἀκούσωσιν, *ib.*
Ro 11 8 ἔδωκεν αὐτοῖς ὁ Θεὸς . . . ὦτα τοῦ μὴ ἀκούειν, Is. xxix. 10

I Co 2 9 ἃ ὀφθαλμὸς οὐκ εἶδεν κ. οὖς οὐκ ἤκουσεν
לֹא הֶאֱזִינוּ עַיִן לֹא־רָאָתָה, Is. lxiv. 3
12 16 κ. ἐὰν εἴπῃ τὸ οὖς
Ja 5 4 αἱ βοαὶ τ. θερισάντων εἰς τὰ ὦτα Κυρίου Σαβαὼθ εἰσελήλυθαν
I Pe 3 12 ὀφθαλμοὶ Κυρίου ἐπὶ δικαίους κ. ὦτα αὐτοῦ εἰς δέησιν αὐτῶν
עֵינֵי יְהוָה אֶל־צַדִּיקִים וְאָזְנָיו אֶל־שַׁוְעָתָם, Ps. xxxiv. 16
Re 2 7 ὁ ἔχων οὖς ἀκουσάτω τί τὸ Πνεῦμα λέγει τ. ἐκκλησίαις
add. 11, 17, 29; 3. 6, 13, 22.
13 9 εἴ τις ἔχει οὖς ἀκουσάτω

Ὀ̓ΥΣΊΑ ** 3776

Lu 15 12 δός μοι τὸ ἐπιβάλλον μέρος τ. οὐσίας
13 ἐκεῖ διεσκόρπισεν τ. οὐσίαν αὐτοῦ

Ὀ̓ΥΤΕ 3777

(1) simplic. (2) οὐδὲ, οὐδεὶς . . . οὔτε

Mt 6 20 ὅπου οὔτε σὴς οὔτε βρῶσις ἀφανίζει
12 32 οὐκ ἀφεθήσεται αὐτῷ οὔτε ἐν τούτῳ τ. αἰῶνι οὔτε ἐν τ. μέλλοντι
22 30 ἐν γὰρ τ. ἀναστάσει οὔτε γαμοῦσιν οὔτε γαμίζονται
Mk 12 25 ὅταν γὰρ ἐκ νεκρῶν ἀναστῶσιν οὔτε γαμοῦσιν οὔτε γαμίζονται
14 68 οὔτε οἶδα οὔτε ἐπίσταμαι σὺ τί λέγεις
Lu 12 24 ὅτι οὔτε σπείρουσιν οὔτε θερίζουσιν
οὐ σπ. οὐδὲ θερ., WH non mg. R
27 πῶς οὔτε νήθει οὔτε ὑφαίνει
πῶς αὐξάνει οὐ κοπιᾷ οὐδὲ νήθ., WH non mg. R
14 35 οὔτε εἰς γῆν οὔτε εἰς κοπρίαν εὔθετόν ἐστιν
20 35 οἱ δὲ καταξιωθέντες . . . τ. ἀναστάσεως τῆς ἐκ νεκρῶν οὔτε γαμοῦσιν οὔτε γαμίζονται·
36 [1] οὔτε γὰρ ἀποθανεῖν ἔτι δύνανται
οὐδὲ, WHR
Jo 4 11 [1] Κύριε οὔτε ἄντλημα ἔχεις
21 οὔτε ἐν τ. ὄρει τούτῳ οὔτε ἐν Ἱεροσολύμοις προσκυνήσετε
5 37 οὔτε φωνὴν αὐτοῦ πώποτε ἀκηκόατε οὔτε εἶδος αὐτοῦ ἑωράκατε
8 19 οὔτε ἐμὲ οἴδατε οὔτε τ. πατέρα μου
9 3 οὔτε οὗτος ἥμαρτεν οὔτε οἱ γονεῖς αὐτοῦ
Ac 2 31 οὔτε ἐνκατελείφθη εἰς ᾅδην οὔτε ἡ σὰρξ αὐτοῦ εἶδεν διαφθοράν
15 10 ὃν οὔτε οἱ πατέρες ἡμῶν οὔτε ἡμεῖς ἰσχύσαμεν βαστάσαι
19 37 οὔτε ἱεροσύλους οὔτε βλασφημοῦντας τὴν θεὸν ἡμῶν
24 12 οὔτε ἐν τ. ἱερῷ εὗρόν με πρός τινα διαλεγόμενον . . . οὔτε ἐν τ. συναγωγαῖς οὔτε κατὰ τ. πόλιν
25 8 οὔτε εἰς τ. νόμον τ. Ἰουδαίων οὔτε εἰς τὸ ἱερὸν οὔτε εἰς Καίσαρά τι ἥμαρτον
28 21 ἡμεῖς οὔτε γράμματα περί σου ἐδεξάμεθα . . . οὔτε παραγενόμενός τις τ. ἀδελφῶν ἀπήγγειλεν
Ro 8 38 πέπεισμαι γὰρ ὅτι οὔτε θάνατος οὔτε ζωή, οὔτε ἄγγελοι οὔτε ἀρχαί, οὔτε ἐνεστῶτα οὔτε μέλλοντα οὔτε δυνάμεις,
Ro 8 *39* οὔτε ὕψωμα οὔτε βάθος οὔτε τις κτίσις ἑτέρα δυνήσεται ἡμᾶς χωρίσαι
I Co 3 7 ὥστε οὔτε ὁ φυτεύων ἐστίν τι οὔτε ὁ ποτίζων
6 9 οὔτε πόρνοι οὔτε εἰδωλολάτραι οὔτε μοιχοὶ οὔτε μαλακοὶ οὔτε ἀρσενοκοῖται,
10 οὔτε κλέπται οὔτε πλεονέκται . . . βασιλείαν Θεοῦ κληρονομήσουσιν
8 8 οὔτε ἐὰν μὴ φάγωμεν ὑστερούμεθα οὔτε ἐὰν φάγωμεν περισσεύομεν
οὔτ. ἐ. φάγ. περ. οὔτ. ἐ. μὴ φαγ. ὑστ., T
11 11 πλὴν οὔτε γυνὴ χωρὶς ἀνδρὸς οὔτε ἀνὴρ χωρὶς γυναικὸς ἐν Κυρίῳ
Ga 1 12 [2] οὐδὲ γὰρ ἐγὼ παρὰ ἀνθρώπου παρέλαβον αὐτὸ οὔτε ἐδιδάχθην
οὐδὲ ἐδ., WH mg.
5 6 ἐν γὰρ Χριστῷ Ἰησοῦ οὔτε περιτομή τι ἰσχύει οὔτε ἀκροβυστία
6 15 οὔτε γὰρ περιτομή τι ἔστιν οὔτε ἀκροβυστία
I Th 2 5 οὔτε γάρ ποτε ἐν λόγῳ κολακίας ἐγενήθημεν . . . οὔτε ἐν προφάσει πλεονεξίας
6 οὔτε ζητοῦντες ἐξ ἀνθρώπων δόξαν οὔτε ἀφ' ὑμῶν οὔτε ἀπ' ἄλλων
Ja 3 12 [1] οὔτε ἁλυκὸν γλυκὺ ποιῆσαι ὕδωρ
III Jo 10 [1] οὔτε αὐτὸς ἐπιδέχεται τ. ἀδελφοὺς
Re 3 15 οὔτε ψυχρὸς εἶ οὔτε ζεστός
16 οὕτως ὅτι χλιαρὸς εἶ κ. οὔτε ζεστὸς οὔτε ψυχρός
5 3 οὐδεὶς ἐδύνατο ἐν τ. οὐρανῷ οὔτε ἐπὶ τ. γῆς οὔτε ὑποκάτω τ. γῆς ἀνοῖξαι τὸ βιβλίον οὔτε βλέπειν αὐτό
[2] οὐδὲ ἐπ. τ. γῆς οὐδὲ, WH non mg.
4 [2] οὐδεὶς ἄξιος εὑρέθη ἀνοῖξαι τὸ βιβλίον οὔτε βλέπειν αὐτό
9 20 [1] οἱ λοιποὶ τ. ἀνθρώπων . . . οὔτε μετενόησαν ἐκ τ. ἔργων
οὐ, WH non mg. R; οὐδὲ, TWH mg. alt.
20 ἃ οὔτε βλέπειν δύνανται οὔτε ἀκούειν οὔτε περιπατεῖν
21 οὐ μετενόησαν ἐκ τ. φόνων αὐτῶν οὔτε ἐκ τ. φαρμάκων αὐτῶν οὔτε ἐκ τ. πορνείας αὐτῶν οὔτε ἐκ τ. κλεμμάτων αὐτῶν
21 4 οὔτε πένθος οὔτε κραυγὴ οὔτε πόνος οὐκ ἔσται ἔτι

Ὀ̓ΥΤΟΣ 3778

(1) ὁ c. partic., ὃς . . . οὗτος (2) c. num.

Mt 3 3 οὗτος γάρ ἐστιν ὁ ῥηθεὶς διὰ Ἠσαίου τ. προφήτου
17 οὗτός ἐστιν ὁ υἱός μου ὁ ἀγαπητός
5 19 οὗτος μέγας κληθήσεται ἐν τ. βασιλείᾳ τ. οὐρανῶν
7 12 οὗτος γάρ ἐστιν ὁ νόμος κ. οἱ προφῆται
21 [1] οὗτος εἰσελεύσεται εἰς τ. βασιλείαν τ. οὐρανῶν
—h. v., TWH non mg. R
8 27 ποταπός ἐστιν οὗτος
9 3 εἶπαν ἐν ἑαυτοῖς Οὗτος βλασφημεῖ
10 22 [1] ὁ δὲ ὑπομείνας εἰς τέλος οὗτος σωθήσεται
11 10 οὗτός ἐστιν περὶ οὗ γέγραπται
12 23 μήτι οὗτός ἐστιν ὁ υἱὸς Δαυείδ;
24 οὗτος οὐκ ἐκβάλλει τὰ δαιμόνια εἰ μὴ ἐν τῷ Βεεζεβοὺλ
13 19 οὗτός ἐστιν ὁ παρὰ τὴν ὁδὸν σπαρείς
20 [1] οὗτός ἐστιν ὁ τ. λόγον ἀκούων

Mt 13 22 [1] οὗτός ἐστιν ὁ τ. λόγον ἀκούων
23 [1] οὗτός ἐστιν ὁ τ. λόγον ἀκούων κ. συνιείς
55 οὐχ οὗτός ἐστιν ὁ τ. τέκτονος υἱός;
14 2 οὗτός ἐστιν Ἰωάνης ὁ βαπτιστής
15 8 ὁ λαὸς οὗτος τ. χείλεσί με τιμᾷ
הָעָם הַזֶּה . . . בִּשְׂפָתָיו כִּבְּדוּנִי, Is. xxix. 13
17 5 οὗτός ἐστιν ὁ υἱός μου ὁ ἀγαπητός
18 4 οὗτός ἐστιν ὁ μείζων ἐν τ. βασιλείᾳ τ. οὐρανῶν
21 10 λέγουσα Τίς ἐστιν οὗτος;
11 οὗτός ἐστιν ὁ προφήτης Ἰησοῦς
38 οὗτός ἐστιν ὁ κληρονόμος
42 οὗτος ἐγενήθη εἰς κεφαλὴν γωνίας
הָיְתָה לְרֹאשׁ פִּנָּה, Ps. cviii. 22
24 13 [1] ὁ δὲ ὑπομείνας εἰς τέλος οὗτος σωθήσεται
26 23 [1] ὁ ἐμβάψας μετ' ἐμοῦ . . . οὗτός με παραδώσει
61 οὗτος ἔφη Δύναμαι καταλῦσαι τ. ναόν
71 οὗτος ἦν μετὰ Ἰησοῦ τ. Ναζωραίου
27 37 οὗτός ἐστιν Ἰησοῦς ὁ βασιλεὺς τ. Ἰουδαίων
47 Ἠλείαν φωνεῖ οὗτος
54 ἀληθῶς Θεοῦ υἱὸς ἦν οὗτος
58 οὗτος προσελθὼν τ. Πειλάτῳ ᾐτήσατο τὸ σῶμα
28 15 διεφημίσθη ὁ λόγος οὗτος παρὰ Ἰουδαίοις
Mk 2 7 τί οὗτος οὕτως λαλεῖ; βλασφημεῖ
3 35 [1] οὗτος ἀδελφός μου κ. ἀδελφὴ κ. μήτηρ ἐστίν
4 41 τίς ἄρα οὗτός ἐστιν
6 3 οὐχ οὗτός ἐστιν ὁ τέκτων
16 [1] ὃν ἐγὼ ἀπεκεφάλισα Ἰωάνην οὗτος ἠγέρθη
7 6 οὗτος ὁ λαὸς τ. χείλεσί με τιμᾷ, Is. *l.c.*
ὁ λαὸς οὗτ., WH mg.
9 7 οὗτός ἐστιν ὁ υἱός μου ὁ ἀγαπητός
12 7 οὗτός ἐστιν ὁ κληρονόμος
10 οὗτος ἐγενήθη εἰς κεφαλὴν γωνίας, Ps. *l.c.*
13 13 [1] ὁ δὲ ὑπομείνας εἰς τέλος οὗτος σωθήσεται
14 69 οὗτος ἐξ αὐτῶν ἐστίν
15 39 ἀληθῶς οὗτος ὁ ἄνθρωπος υἱὸς Θεοῦ ἦν
Lu 1 29 διελογίζετο ποταπὸς εἴη ὁ ἀσπασμὸς οὗτος
32 οὗτος ἔσται μέγας κ. υἱὸς ὑψίστου κληθήσεται
36 [2] οὗτος μὴν ἕκτος ἐστὶν αὐτῇ τ. καλουμένῃ στείρᾳ
2 25 ὁ ἄνθρωπος οὗτος δίκαιος κ. εὐλαβής
34 οὗτος κεῖται εἰς πτῶσιν κ. ἀνάστασιν πολλῶν
4 22 οὐχὶ υἱός ἐστιν Ἰωσὴφ οὗτος;
36 τίς ὁ λόγος οὗτος
5 21 τίς ἐστιν οὗτος ὃς λαλεῖ βλασφημίας;
7 17 ἐξῆλθεν ὁ λόγος οὗτος ἐν ὅλῃ τ. Ἰουδαίᾳ
27 οὗτός ἐστιν περὶ οὗ γέγραπται
39 οὗτος εἰ ἦν ὁ προφήτης ἐγίνωσκεν ἄν
49 τίς οὗτός ἐστιν ὃς κ. ἁμαρτίας ἀφίησιν;
8 25 τίς ἄρα οὗτός ἐστιν
41 κ. οὗτος ἄρχων τ. συναγωγῆς ὑπῆρχεν
αὐτὸς, TWH mg. R
9 9 τίς δέ ἐστιν οὗτος
24 [1] ὃς δ' ἂν ἀπολέσῃ τ. ψυχὴν αὐτοῦ ἕνεκεν ἐμοῦ οὗτος σώσει αὐτήν
35 οὗτός ἐστιν ὁ υἱός μου ὁ ἐκλελεγμένος
48 ὁ γὰρ μικρότερος . . . οὗτός ἐστιν μέγας
14 30 οὗτος ὁ ἄνθρωπος ἤρξατο οἰκοδομεῖν
15 2 οὗτος ἁμαρτωλοὺς προσδέχεται
24 οὗτος ὁ υἱός μου νεκρὸς ἦν

Lu 15 30 ὅτε δὲ ὁ υἱός σου οὗτος . . . ἦλθεν
32 ὁ ἀδελφός σου οὗτος νεκρὸς ἦν
16 1 οὗτος διεβλήθη αὐτῷ ὡς διασκορπίζων τὰ ὑπάρχοντα αὐτοῦ
17 18 οὐχ εὑρέθησαν ὑποστρέψαντες . . . εἰ μὴ ὁ ἀλλογενὴς οὗτος;
18 11 ἢ κ. ὡς οὗτος ὁ τελώνης
14 κατέβη οὗτος δεδικαιωμένος εἰς τ. οἶκον αὐτοῦ
20 14 οὗτός ἐστιν ὁ κληρονόμος
17 οὗτος ἐγενήθη εἰς κεφαλὴν γωνίας, Ps. *l.c.*
28 ἐὰν . . . οὗτος ἄτεκνος ᾖ
22 56 κ. οὗτος σὺν αὐτῷ ἦν
59 ἐπ' ἀληθείας κ. οὗτος μετ' αὐτοῦ ἦν
23 22 τί γὰρ κακὸν ἐποίησεν οὗτος;
35 σωσάτω ἑαυτὸν εἰ οὗτός ἐστιν ὁ Χριστὸς τ. Θεοῦ
38 ὁ βασιλεὺς τ. Ἰουδαίων οὗτος
41 οὗτος δὲ οὐδὲν ἄτοπον ἔπραξεν
47 ὄντως ὁ ἄνθρωπος οὗτος δίκαιος ἦν
51 οὗτος οὐκ ἦν συνκατατεθειμένος τ. βουλῇ κ. τ. πράξει αὐτῶν
52 οὗτος προσελθὼν τ. Πειλάτῳ ᾐτήσατο τὸ σῶμα
Jo 1 2 οὗτος ἦν ἐν ἀρχῇ πρὸς τ. Θεόν
7 οὗτος ἦλθεν εἰς μαρτυρίαν
15 οὗτος ἦν ὁ εἰπών
30 οὗτός ἐστιν ὑπὲρ οὗ ἐγὼ εἶπον
33 [1] οὗτός ἐστιν ὁ βαπτίζων ἐν πνεύματι ἁγίῳ
34 μεμαρτύρηκα ὅτι οὗτός ἐστιν ὁ υἱὸς τ. Θεοῦ
41 εὑρίσκει οὗτος πρῶτον τ. ἀδελφὸν τ. ἴδιον Σίμωνα
2 20 τεσσεράκοντα κ. ἓξ ἔτεσιν οἰκοδομήθη ὁ ναὸς οὗτος
3 2 οὗτος ἦλθεν πρὸς αὐτὸν νυκτός
26 ἴδε οὗτος βαπτίζει
4 29 μήτι οὗτός ἐστιν ὁ Χριστός;
42 οὗτός ἐστιν ἀληθῶς ὁ σωτὴρ τ. κόσμου
47 οὗτος ἀκούσας ὅτι Ἰησοῦς ἥκει
6 14 οὗτός ἐστιν ἀληθῶς ὁ προφήτης
42 οὐχὶ οὗτός ἐστιν Ἰησοῦς ὁ υἱὸς Ἰωσήφ
42 πῶς νῦν λέγει οὗτος
—οὗτος, WHR
46 [1] οὗτος ἑώρακεν τ. πατέρα
50 οὗτός ἐστιν ὁ ἄρτος ὁ ἐκ τ. οὐρανοῦ καταβαίνων
52 πῶς δύναται οὗτος ἡμῖν δοῦναι τ. σάρκα αὐτοῦ φαγεῖν;
ἡμ. οὗτ., T
58 οὗτός ἐστιν ὁ ἄρτος ὁ ἐξ οὐρανοῦ καταβάς
60 σκληρός ἐστιν ὁ λόγος οὗτος
71 οὗτος γὰρ ἔμελλεν παραδιδόναι αὐτόν
7 15 πῶς οὗτος γράμματα οἶδεν μὴ μεμαθηκώς;
18 [1] ὁ δὲ ζητῶν τ. δόξαν τ. πέμψαντος αὐτὸν οὗτος ἀληθής ἐστιν
25 οὐχ οὗτός ἐστιν ὃν ζητοῦσιν ἀποκτεῖναι;
26 ἔγνωσαν οἱ ἄρχοντες ὅτι οὗτός ἐστιν ὁ Χριστός
31 μὴ πλείονα σημεῖα ποιήσει ὧν οὗτος ἐποίησεν;
35 ποῦ οὗτος μέλλει πορεύεσθαι;
μέλλ. οὗτ., T
36 τίς ἐστιν ὁ λόγος οὗτος ὃν εἶπεν
40 οὗτός ἐστιν ἀληθῶς ὁ προφήτης
41 ἄλλοι ἔλεγον Οὗτός ἐστιν ὁ Χριστός
46 ὡς οὗτος λαλεῖ ὁ ἄνθρωπος
—h. v., WHR

Jo 7 49 ὁ ὄχλος οὗτος ὁ μὴ γινώσκων τ. νόμον
9 2 τίς ἥμαρτεν οὗτος ἢ οἱ γονεῖς αὐτοῦ
3 οὔτε οὗτος ἥμαρτεν οὔτε οἱ γονεῖς αὐτοῦ
8 οὐχ οὗτός ἐστιν ὁ καθήμενος κ. προσαιτῶν;
9 ἄλλοι ἔλεγον ὅτι Οὗτός ἐστιν
16 οὐκ ἔστιν οὗτος παρὰ Θεοῦ ὁ ἄνθρωπος
19 οὗτός ἐστιν ὁ υἱὸς ὑμῶν
20 οἴδαμεν ὅτι οὗτός ἐστιν ὁ υἱὸς ἡμῶν
24 ἡμεῖς οἴδαμεν ὅτι οὗτος ὁ ἄνθρωπος ἁμαρτωλός ἐστιν
ὁ ἄνθρ. οὗτ., T
33 εἰ μὴ ἦν οὗτος παρὰ Θεοῦ
11 37 οὐκ ἐδύνατο οὗτος ὁ ἀνοίξας τ. ὀφθαλμοὺς τ. τυφλοῦ ποιῆσαι ἵνα κ. οὗτος μὴ ἀποθάνῃ;
47 ὅτι οὗτος ὁ ἄνθρωπος πολλὰ ποιεῖ σημεῖα
12 34 τίς ἐστιν οὗτος ὁ υἱὸς τ. ἀνθρώπου;
15 5 [1] ὁ μένων ἐν ἐμοὶ . . . οὗτος φέρει καρπὸν πολύν
18 30 εἰ μὴ ἦν οὗτος κακὸν ποιῶν
21 21 Κύριε οὗτος δὲ τί;
23 ἐξῆλθεν οὖν οὗτος ὁ λόγος εἰς τ. ἀδελφοὺς
24 οὗτός ἐστιν ὁ μαθητὴς ὁ μαρτυρῶν περὶ τούτων
Ac 1 11 οὗτος ὁ Ἰησοῦς ὁ ἀναλημφθεὶς ἀφ' ὑμῶν
18 οὗτος μὲν οὖν ἐκτήσατο χωρίον ἐκ μισθοῦ τ. ἀδικίας
3 10 οὗτος ἦν ὁ πρὸς τ. ἐλεημοσύνην καθήμενος
αὐτὸς, T
4 9 ἐν τίνι οὗτος σέσωσται
10 ἐν τούτῳ οὗτος παρέστηκεν ἐνώπιον ὑμῶν ὑγιής
11 οὗτός ἐστιν ὁ λίθος ὁ ἐξουθενηθεὶς ὑφ' ὑμῶν
6 13 ὁ ἄνθρωπος οὗτος οὐ παύεται λαλῶν ῥήματα
14 Ἰησοῦς ὁ Ναζωραῖος οὗτος καταλύσει τ. τόπον τοῦτον
7 19 οὗτος κατασοφισάμενος τὸ γένος ἡμῶν
36 οὗτος ἐξήγαγεν αὐτούς
37 οὗτός ἐστιν ὁ Μωυσῆς ὁ εἴπας
38 οὗτός ἐστιν ὁ γενόμενος ἐν τ. ἐκκλησίᾳ ἐν τῇ ἐρήμῳ
40 ὁ γὰρ Μωυσῆς οὗτος ὃς ἐξήγαγεν ἡμᾶς
כִּי־זֶה מֹשֶׁה הָאִישׁ אֲשֶׁר הֶעֱלָנוּ, Ex. xxxii. 1
8 10 οὗτός ἐστιν ἡ Δύναμις τ. Θεοῦ ἡ καλουμένη Μεγάλη
9 15 σκεῦος ἐκλογῆς ἐστίν μοι οὗτος
20 ἐκήρυσσεν τ. Ἰησοῦν ὅτι οὗτός ἐστιν ὁ υἱὸς τ. Θεοῦ
21 οὐχ οὗτός ἐστιν ὁ πορθήσας ἐν Ἰερουσαλὴμ
22 συμβιβάζων ὅτι οὗτός ἐστιν ὁ Χριστός
10 6 οὗτος ξενίζεται παρά τινι Σίμωνι βυρσεῖ
32 οὗτος ξενίζεται ἐν οἰκίᾳ Σίμωνος βυρσέως
36 οὗτός ἐστιν πάντων Κύριος
42 οὗτός ἐστιν ὁ ὡρισμένος ὑπὸ τ. Θεοῦ κριτὴς
αὐτός, T
13 7 οὗτος προσκαλεσάμενος Βαρνάβαν κ. Σαῦλον
14 9 οὗτος ἤκουεν τ. Παύλου λαλοῦντος
17 3 ὅτι οὗτός ἐστιν ὁ Χριστὸς ὁ Ἰησοῦς
18 τί ἂν θέλοι ὁ σπερμολόγος οὗτος λέγειν;
24 οὗτος οὐρανοῦ κ. γῆς ὑπάρχων Κύριος
18 13 παρὰ τ. νόμον ἀναπείθει οὗτος τ. ἀνθρώπους σέβεσθαι τ. Θεόν
25 οὗτος ἦν κατηχημένος τὴν ὁδὸν τ. Κυρίου
26 οὗτός τε ἤρξατο παρρησιάζεσθαι ἐν τ. συναγωγῇ

Ac 19 26 οὗτος πείσας μετέστησεν ἱκανὸν ὄχλον
21 28 οὗτός ἐστιν ὁ ἄνθρωπος ὁ κατὰ τ. λαοῦ . . . διδάσκων
22 26 ὁ γὰρ ἄνθρωπος οὗτος Ῥωμαῖός ἐστιν
26 31 οὐδὲν θανάτου ἢ δεσμῶν ἄξιον πράσσει ὁ ἄνθρωπος οὗτος
32 ἀπολελύσθαι ἐδύνατο ὁ ἄνθρωπος οὗτος
28 4 πάντως φονεύς ἐστιν ὁ ἄνθρωπος οὗτος
Ro 4 9 ὁ μακαρισμὸς οὖν οὗτος ἐπὶ τ. περιτομὴν
8 9 εἰ δέ τις πνεῦμα Χριστοῦ οὐκ ἔχει οὗτος οὐκ ἔστιν αὐτοῦ
9 9 ἐπαγγελίας γὰρ ὁ λόγος οὗτος
I Co 7 13 κ. οὗτος συνευδοκεῖ οἰκεῖν μετ' αὐτῆς
8 3 εἰ δέ τις ἀγαπᾷ τ. Θεὸν οὗτος ἔγνωσται ὑπ' αὐτοῦ
He 3 3 πλείονος γὰρ οὗτος δόξης παρὰ Μωυσῆν ἠξίωται
7 1 οὗτος γὰρ ὁ Μελχισεδὲκ βασιλεὺς Σαλήμ
4 θεωρεῖτε δὲ πηλίκος οὗτος
10 12 οὗτος δὲ μίαν ὑπὲρ ἁμαρτιῶν προσενέγκας θυσίαν
Ja 1 23 οὗτος ἔοικεν ἀνδρὶ κατανοοῦντι τὸ πρόσωπον
25 [1] οὗτος μακάριος ἐν τ. ποιήσει αὐτοῦ ἔσται
3 2 εἴ τις ἐν λόγῳ οὐ πταίει οὗτος τέλειος ἀνήρ
I Pe 2 7 οὗτος ἐγενήθη εἰς κεφαλὴν γωνίας, Ps. *l.c.*
II Pe 1 17 ὁ υἱός μου ὁ ἀγαπητός μου οὗτός ἐστιν
οὗτ. ἐστ. ὁ υἱ. μ. ὁ ἀγαπ., T
I Jo 2 22 οὗτός ἐστιν ὁ ἀντίχριστος
5 6 οὗτός ἐστιν ὁ ἐλθὼν δι' ὕδατος κ. αἵματος
20 οὗτός ἐστιν ὁ ἀληθινὸς Θεός
II Jo 7 οὗτός ἐστιν ὁ πλάνος κ. ὁ ἀντίχριστος
9 [1] οὗτος κ. τ. πατέρα κ. τ. υἱὸν ἔχει
Re 20 14 [2] οὗτος ὁ θάνατος ὁ δεύτερός ἐστιν

ΑΥ´ΤΗ 3778.1 cf. 3778

Mt 9 26 ἐξῆλθεν ἡ φήμη αὕτη εἰς ὅλην τ. γῆν ἐκείνην
αὐτῆς, WH mg.
13 54 πόθεν τούτῳ ἡ σοφία αὕτη κ. αἱ δυνάμεις;
21 42 παρὰ Κυρίου ἐγένετο αὕτη
מֵאֵת יְהוָה הָיְתָה זֹּאת, Ps. cxviii. 23
22 20 τίνος ἡ εἰκὼν αὕτη κ. ἡ ἐπιγραφή;
38 αὕτη ἐστὶν ἡ μεγάλη κ. πρώτη ἐντολή
24 34 οὐ μὴ παρέλθῃ ἡ γενεὰ αὕτη
26 8 εἰς τί ἡ ἀπώλεια αὕτη;
12 βαλοῦσα γὰρ αὕτη τὸ μύρον τοῦτο ἐπὶ τ. σώματός μου
13 λαληθήσεται κ. ὃ ἐποίησεν αὕτη
Mk 8 12 τί ἡ γενεὰ αὕτη ζητεῖ σημεῖον;
12 11 παρὰ Κυρίου ἐγένετο αὕτη, Ps. *l.c.*
16 τίνος ἡ εἰκὼν αὕτη κ. ἡ ἐπιγραφή;
31 δευτέρα αὕτη
43 ἡ χήρα αὕτη ἡ πτωχὴ πλεῖον πάντων ἔβαλεν
44 αὕτη δὲ ἐκ τ. ὑστερήσεως αὐτῆς πάντα ὅσα εἶχεν ἔβαλεν
13 30 οὐ μὴ παρέλθῃ ἡ γενεὰ αὕτη
14 4 εἰς τί ἡ ἀπώλεια αὕτη τ. μύρου γέγονεν;
9 κ. ὃ ἐποίησεν αὕτη λαληθήσεται
Lu 2 2 αὕτη ἀπογραφὴ πρώτη ἐγένετο
36 αὕτη προβεβηκυῖα ἐν ἡμέραις πολλαῖς
4 21 σήμερον πεπλήρωται ἡ γραφὴ αὕτη ἐν τ. ὠσὶν ὑμῶν
7 12 κ. αὕτη ἦν χήρα
αὐτή, WHR

Lu 7 44 αὕτη δὲ τ. δάκρυσιν ἔβρεξέν μου τ. πόδας
45 αὕτη δὲ . . . οὐ διέλιπεν καταφιλοῦσά μου τ. πόδας
46 αὕτη δὲ μύρῳ ἤλειψεν τ. πόδας μου
8 9 τίς αὕτη εἴη ἡ παραβολή;
11 ἔστιν δὲ αὕτη ἡ παραβολή
42 θυγάτηρ μονογενὴς ἦν αὐτῷ . . . κ. αὕτη ἀπέθνησκεν
αὐτὴ, WH
11 29 ἡ γενεὰ αὕτη γενεὰ πονηρά ἐστιν
21 3 ἡ χήρα αὕτη ἡ πτωχὴ πλεῖον πάντων ἔβαλεν
ἡ πτ. αὕτη, T
4 αὕτη δὲ ἐκ τ. ὑστερήματος αὐτῆς πάντα τ. βίον ὃν εἶχεν ἔβαλεν
32 οὐ μὴ παρέλθῃ ἡ γενεὰ αὕτη
22 53 ἀλλ' αὕτη ἐστὶν ὑμῶν ἡ ὥρα
Jo 1 19 αὕτη ἐστὶν ἡ μαρτυρία τ. Ἰωάνου
3 19 αὕτη δέ ἐστιν ἡ κρίσις
29 αὕτη οὖν ἡ χαρὰ ἡ ἐμὴ πεπλήρωται
8 [4 αὕτη ἡ γυνὴ κατείληπται ἐπ' αὐτοφώρῳ μοιχευομένη
11 4 αὕτη ἡ ἀσθένεια οὐκ ἔστιν πρὸς θάνατον
12 30 οὐ δι' ἐμὲ ἡ φωνὴ αὕτη γέγονεν
15 12 αὕτη ἐστὶν ἡ ἐντολὴ ἡ ἐμὴ ἵνα ἀγαπᾶτε ἀλλήλους
17 3 αὕτη δέ ἐστιν ἡ αἰώνιος ζωὴ ἵνα γινώσκωσίν σε
Ac 5 38 ἐὰν ᾖ ἐξ ἀνθρώπων ἡ βουλὴ αὕτη
8 26 αὕτη ἐστὶν ἔρημος
32 ἡ δὲ περιοχὴ τ. γραφῆς ἣν ἀνεγίνωσκεν ἦν αὕτη
9 36 αὕτη ἦν πλήρης ἔργων ἀγαθῶν
16 17 αὕτη κατακολουθοῦσα τ. Παύλῳ κ. ἡμῖν ἔκραζεν
17 19 τίς ἡ καινὴ αὕτη ἡ ὑπὸ σοῦ λαλουμένη διδαχή;
21 11 τ. ἄνδρα οὗ ἐστὶν ἡ ζώνη αὕτη
Ro 7 10 εὑρέθη μοι ἡ ἐντολὴ ἡ εἰς ζωὴν αὕτη εἰς θάνατον
11 27 αὕτη αὐτοῖς ἡ παρ' ἐμοῦ διαθήκη
אֲנִי זֹאת בְּרִיתִי אֹתָם, Is. lix. 21
I Co 7 12 κ. αὕτη συνευδοκεῖ οἰκεῖν μετ' αὐτοῦ
8 9 μή πως ἡ ἐξουσία ὑμῶν αὕτη πρόσκομμα γένηται
9 3 ἡ ἐμὴ ἀπολογία τοῖς ἐμὲ ἀνακρίνουσίν ἐστιν αὕτη
II Co 1 12 ἡ γὰρ καύχησις ἡμῶν αὕτη ἐστίν
2 6 ἱκανὸν τ. τοιούτῳ ἡ ἐπιτιμία αὕτη
11 10 ἡ καύχησις αὕτη οὐ φραγήσεται εἰς ἐμέ
Eph 3 8 ἐμοὶ τ. ἐλαχιστοτέρῳ πάντων ἁγίων ἐδόθη ἡ χάρις αὕτη
Tit 1 13 ἡ μαρτυρία αὕτη ἐστὶν ἀληθής
He 8 10 ὅτι αὕτη ἡ διαθήκη ἣν διαθήσομαι τ. οἴκῳ Ἰσραήλ
כִּי זֹאת הַבְּרִית אֲשֶׁר אֶכְרֹת אֶת־בֵּית יִשְׂרָאֵל Jer. xxxi. 33
10 16 αὕτη ἡ διαθήκη ἣν διαθήσομαι πρὸς αὐτούς, Jer. *l.c.*
Ja 1 27 θρησκεία καθαρὰ κ. ἀμίαντος . . . αὕτη ἐστίν
3 15 οὐκ ἔστιν αὕτη ἡ σοφία ἄνωθεν κατερχομένη
I Jo 1 5 ἔστιν αὕτη ἡ ἀγγελία ἣν ἀκηκόαμεν ἀπ' αὐτοῦ
2 25 αὕτη ἐστὶν ἡ ἐπαγγελία ἣν αὐτὸς ἐπηγγείλατο ἡμῖν
I Jo 3 11 αὕτη ἐστὶν ἡ ἀγγελία . . . ἵνα ἀγαπῶμεν ἀλλήλους
23 αὕτη ἐστὶν ἡ ἐντολὴ αὐτοῦ ἵνα πιστεύσωμεν
5 3 αὕτη γάρ ἐστιν ἡ ἀγάπη τ. Θεοῦ ἵνα . . . τηρῶμεν
4 αὕτη ἐστὶν ἡ νίκη ἡ νικήσασα τ. κόσμον
9 αὕτη ἐστὶν ἡ μαρτυρία τ. Θεοῦ
11 αὕτη ἐστὶν ἡ μαρτυρία
11 αὕτη ἡ ζωὴ ἐν τ. υἱῷ αὐτοῦ ἐστίν
14 αὕτη ἐστὶν ἡ παρρησία ἣν ἔχομεν πρὸς αὐτόν
II Jo 6 αὕτη ἐστὶν ἡ ἀγάπη ἵνα περιπατῶμεν κατὰ τ. ἐντολὰς αὐτοῦ·
αὕτη ἡ ἐντολή ἐστιν . . . ἵνα ἐν αὐτῇ περιπατῆτε
Re 20 5 αὕτη ἡ ἀνάστασις ἡ πρώτη

ΤΟΥ͂ΤΟ 3778.2

(1) αὐτὸ τοῦτο **(2)** διὰ τοῦτο **(3)** εἰς, ἐπὶ τοῦτο **(4)** τὸ c. partic., ὃ . . . τοῦτο **(5)** τοῦτο τρίτον

Cf. infra τοῦτ' ἔστιν

Mt **1.** 22; **6.** [2]25; **8.** 9; **9.** 28; **12.** 11, [2]27, [2]31; **13.** [2]13, 28, [2]52; **14.** [2]2; **15.** [4]11; **16.** 22; **17** 21 —h. v., TWHR non mg.; **18.** 4, [2]23; **19.** 26, **20.** 23 —WH non mg. R; **21,** 4, [2]43; **23.** [2]13 —h. v., TWHR non mg., [2]34; **24.** 14, [2]44; **26.** 9, 12, 13, 26, 28, 39, 42, 56; **28.** 14.
Mk **1.** 27, [3]38; **5.** 32, 43; **6.** [2]14; **9.** 21, 29; **11.** 3, [2]24; **12.** [2]24; **13.** [4]11; **14.** 5, 22, 24, 36.
Lu **1.** 18, 34, 43, 66; **2.** 12, 15; **3.** 20; **4.** [3]43; **5.** 6, 14 —TWH non mg. R; **6.** 3; **7.** 4, 8; **9.** 21, 45, 48; **10.** 11, 28; **11.** [2]19, [2]49; **12.** 18, [2]22, 39; **13.** 8; **14.** [2]20; **16.** 2; **18.** 34, 36; **20.** 17; **22.** 15, 17, 19 (*bis*), 20 —h. v., [[WH]] R mg., 23, 37, 42; **23.** 46; **24.** 40 —h. v., T [[WH]] R mg.
Jo **1.** [2]31; **2.** 12, 22; **3.** 32 —TWH mg.; **4.** 15, 18, 54; **5.** [2]16, [2]18, 28; **6.** 6, 29, 39, 40, 61, [2]65; **7.** [2]22 —T, 39; **8.** [6, 40, [2]47; **9.** [2]23; **10.** [2]17; **11.** 7, 11, 26, 28, 51; **12.** 5, 6, [2]18, 18, [2]27, 33, [2]39; **13.** [2]11, 28; **14.** [4]13, 14 ἐγὼ, TWH mg.; **15.** [2]19; **16.** [2]15, 17, 18; **18.** 34, [3]37 (*bis*), 38; **19.** [2]11, 28; **20.** 20, 22; **21.** [5]14, 19 (*bis*).
Ac **2.** 12, 14, 16, [2]26, 33; **3.** [4]6; **4.** 7, 22; **5.** 4, 24, 38; **7.** 60; **8.** 34; **9.** 21, [3]21; **10.** 16; **11.** 10; **16.** 18; **17.** [4]23; **19.** 10, 14, 17, 27; **21.** 23; **23.** 7; **24.** 14; **26.** [3]16, 26; **27.** 34; **28.** 28.
Ro **1.** [2]26; **2.** 3; **4.** [2]16; **5.** [2]12; **6.** 6; **7.** [4]15 (*bis*), [4]16, [4]19, [4]20; **9.** [13]17; **11.** [4]7, 25; **12.** 20; **13.** [2]6, [13]6, 11; **14.** [3]9, 13; **15.** [2]9, 28.
I Co **1.** 12; **4.** [2]17; **5.** 2, 3; **6.** 6, 8; **7.** 6, 26, 29, 35, 37; **9.** 17; **10.** 28; **11.** [2]10, 17, 24 (*bis*), 25 (*bis*), [2]30; **12.** 15, 16; **15.** 50, 53 (*bis*), 54 —h. v., WH non mg. R mg., 54.
II Co **1.** 17; **2.** 1, [1]3, [3]9; **4.** [2]1; **5.** [13]5, 14; **7.** [1]11, [2]13; **8.** 10, 20; **9.** 6; **10.** 7, 11; **12.** [5]14; **13.** [5]1, 9, [2]10.
Ga **2.** [14]10; **3.** 2, 17; **6.** [4]7.
Eph **1.** [2]15; **2.** 8; **4.** 17; **5.** 5, [2]17, 32; **6.** 1, [4]8, [2]13, [13]22.
Phl **1.** [1]6, 7, 9, 19, [4]22, 25, 28; **2.** 5; **3.** 15 (*bis*).
Col **1.** [2]9; **2.** 4; **3.** 20; **4.** [13]8.
I Th **2.** [2]13; **3.** [3]3, [2]5, [2]7; **4.** 3, 15; **5.** 18.
II Th **2.** [2]11; **3.** 10.
I Ti **1.** 9, [2]16; **2.** 3; **4.** [3]10, 16; **5.** 4.

II Ti 1. 15 ; 2. [2]10 ; 3. 1.
Phm [2]15, 18.
He 1. [2]9 ; 2. [2]1 ; 6. 3 ; 7. 27 ; 9. 8, [2]15, 20, 27 ; 10. 33 (*bis*) ; 13. 17 (*bis*), 19.
Ja 4. 15.
I Pe 1. 25 ; 2. 19, 20, [3]21 ; 3. [3]9 ; 4. [3]6.
II Pe 1. [1]5, 20 ; 3. 3, 5, 8.
I Jo 3. [2]1, [3]8 ; 4. 3, [2]5.
III Jo 5, [2]10.
Ju 4.
Re 2. 6 ; 7. 1, [2]15 ; 12. [2]12 ; 18. [2]8.

ΤΟΥ̂Τ᾽ ἜΣΤΙΝ 3778.3

Mt 27 46 *ἐλωὶ ἐλωὶ λεμὰ σαβαχθανεὶ τοῦτ᾽ ἔστιν θεέ μου θεέ μου ἵνα τί με ἐγκατέλιπες;*
Mk 7 2 *κοιναῖς χερσὶν τοῦτ᾽ ἔστιν ἀνίπτοις*
Ac 1 19 *Ἀκελδαμὰχ τοῦτ᾽ ἔστιν χωρίον αἵματος*
19 4 *εἰς τ. ἐρχόμενον μετ᾽ αὐτὸν ἵνα πιστεύσωσιν τοῦτ᾽ ἔστιν εἰς τ. Ἰησοῦν*
Ro 1 12 *εἰς τὸ στηριχθῆναι ὑμᾶς τοῦτο δέ ἐστιν συνπαρακληθῆναι*
7 18 *οὐκ οἰκεῖ ἐν ἐμοὶ τοῦτ᾽ ἔστιν ἐν τ. σαρκί μου ἀγαθόν*
9 8 *τοῦτ᾽ ἔστιν οὐ τὰ τέκνα τ. σαρκός*
10 6 *τοῦτ᾽ ἔστιν Χριστὸν καταγαγεῖν*
7 *τοῦτ᾽ ἔστιν Χριστὸν ἐκ νεκρῶν ἀναγαγεῖν*
8 *τοῦτ᾽ ἔστιν τὸ ῥῆμα τ. πίστεως ὃ κηρύσσομεν*
Phm 12 *ὃν ἀνέπεμψά σοι αὐτὸν τοῦτ᾽ ἔστιν τὰ ἐμὰ σπλάγχνα*
He 2 14 *τὸν τὸ κράτος ἔχοντα τ. θανάτου τοῦτ᾽ ἔστιν τ. διάβολον*
7 5 *ἀποδεκατοῖν τ. λαὸν . . . τοῦτ᾽ ἔστιν τ. ἀδελφοὺς αὐτῶν*
9 11 *οὐ χειροποιήτου τοῦτ᾽ ἔστιν οὐ ταύτης τ. κτίσεως*
10 20 *διὰ τ. καταπετάσματος τοῦτ᾽ ἔστιν τ. σαρκὸς αὐτοῦ*
11 16 *νῦν δὲ κρείττονος ὀρέγονται τοῦτ᾽ ἔστιν ἐπουρανίου*
13 15 *ἀναφέρωμεν θυσίαν αἰνέσεως . . . τοῦτ᾽ ἔστιν καρπὸν χειλέων*
I Pe 3 20 *εἰς ἣν ὀλίγοι τοῦτ᾽ ἔστιν ὀκτὼ ψυχαὶ διεσώθησαν*

ΤΟΥ΄ΤΟΥ 3778.4

(1) **ἕως τούτ., τούτ. χάριν** (2) **ἐκ τούτου** (3) **αὐτοῦ τούτου**

Mt 13. 15 ; 19. 5 ; 26. 29 ; 27. 24.
Mk 10. 7, 10.
Lu 2. 17 ; 9. 45 ; 13. 16 ; 16. 8 ; 20. 34 ; 22. [1]51 ; 24. 4.
Jo 4. 13 ; 6. 51 τ. ἐμοῦ, T, 61, [2]66 ; 8. 23 (*bis*) ; 9. 31 ; 10. 41 ; 11. 9 ; 12. 31 (*bis*) ; 13. 1 ; 16. 11, 19 ; 18. 17, 29, 36 (*bis*) ; 19. [2]12.
Ac 5. 28 ; 6. 13 —T [WH] ; 9. 13 ; 13. 17, 23, 38 ; 15. 2, 6 ; 17. 32 ; 21. 28 ; 22. 22 ; 25. [3]25 ; 28. 9, 27.
Ro 7. 24.
I Co 1. 20 ; 2. 6 (*bis*), 8 ; 3. 19 ; 5. 10 ; 7. 31.
II Co 4. 4 ; 12. 8.
Eph 2. 2 ; 3. [1]1, [1]14 ; 5. 31 ; 6. 12.
Col 1. 27.
Tit 1. [1]5.
Ja 1. 26.
I Jo 4. [2]6.
Re 22. 7, 9, 10, 18.

ΤΑΥ΄ΤΗΣ 3778.5

Mt 10. 23 —h. v., TWH non mg. R.; 12. 41, 42.
Lu 7. 31 ; 11. 31, 32, 50, 51 ; 17. 25.
Jo 10. 16 ; 12. 27 ; 15. 13.
Ac 1. 17, 25 ; 2. 6, 29, 40 ; 5. 20 ; 6. 3 ; 8. 22, 35 ; 10. 30 ; 13. 26 ; 19. 25, 40 ; 23. 1 ; 24. 21 ; 26. 22 ; 28. 22.
II Co 9. 12, 13.
He 9. 11 ; 12. 15 *δι᾽ αὐτῆς*, WH non mg.; 13. 2.
Re 22. 19.

ΤΟΥ΄Τῼ 3778.6

(1) **ἐν, ἐπὶ τούτῳ** (2) **ὃς . . . τούτῳ**

Mt 8. 9 ; 12. 32 ; 13. 54, 56 ; 17. 20 ; 20. 14 ; 21. 21.
Mk 6. 2 (*bis*) ; 10. 30 ; 11. 23.
Lu 1. 61 ; 4. 3 ; 7. 8 ; 10. 5, [1]20 ; 14. 9 ; 18. 30 ; 19. 9, 19 ; 21. 23 ; 23. 4, 14.
Jo 4. 20, 21, [1]27, [1]37 ; 5. [2]38 ; 9. [1]30 ; 10. 3 ; 12. 25 ; 13. 24, [1]35 ; 15. [1]8 ; 16. [1]30 ; 20. 30.
Ac 1. 6 ; 3. [1]12 ; 4. [2]10, 17 ; 5. 28 ; 7. 7, 29 ; 8. 21, 29 ; 10. 43 ; 13. [1]39 ; 15. 15 ; 21. 9 ; 23. 9 ; 24. 2, *v.* 3, T, 10, [1]16.
Ro 12. 2 ; 13. 9 ; 14. [1]18.
I Co 3. 18 ; 4. [1]4 ; 7. [1]24, 31 ; 11. [1]22 ; 14. 21.
II Co 3. 10 ; 5. [1]2 ; 8. [1]10 ; 9. 3.
Ga 6. 16.
Eph 1. 21.
Phl 1. [1]18.
He 4. [1]5.
I Pe 4. 16.
II Pe 1. 13 ; 2. [2]19.
I Jo 2. [1]3, [1]4, [1]5 (*bis*) ; 3. [1]10, [1]16, [1]19, [1]24 ; 4. [1]2, [1]9, [1]10, [1]13, [1]17, 17 ; 5. [1]2.
Re 22. 18, 19.

ΤΑΥ΄Τῌ 3778.7

Mt 10. 23 ; 12. 45 ; 16. 18 ; 26. 31, 34.
Mk 8. 12, 38 ; 14. 30.
Lu 11. 30 ; 12. 20 ; 13. 7, 32 ; 16. 24 ; 17. 6 [WH], 34 ; 19. 42.
Ac 4. 27 ; 16. 12 ; 18. 10 ; 22. 3 ; 27. 23.
I Co 7. 20 ; 9. 12 ; 15. 19.
II Co 1. 15 ; 8. 7, 19, 20 ; 9. 4 ; 11. 17.
He 3. 10 ; 11. 2.

ΤΟΥ΄ΤΟΝ 3778.8

(1) **ὁ** c. partic., **ὃς . . . τοῦτον**

Mt 19. 11 —WH, 22 —T [WH] R ; 21. 44 —h. v., T [WH] R mg. ; 27. 32.
Mk 7. 29 ; 14. 58, 71.
Lu 9. 13, [1]26 ; 12. 5, 56 ; 16. 28 ; 19. 14 ; 20. 12, 13 ; 23. 2, 14, 18.
Jo 2. 19 ; 5. 6 ; 6. 27, 34, 58 ; 7. 27 ; 9. 29, 39 ; 18. 40 ; 19. 8, 12, 20 ; 21. 21.
Ac 2. 23, 32, 36 ; 3. 16 ; 5. 31, 37 ; 6. 14 ; 7. 35 ; 10. 40 ; 13. 27 ; 15. [1]38 ; 16. 3 ; 21. 28 ; 23. 17, 18, 25, 27 ; 24. 5 ; 25. 24 ; 28. 26.
Ro 9. 9 ; 15. 28.
I Co 2. 2 ; 3. 17 ; 11. 26.
II Co 4. 7.
Phl 2. 23.
II Th 3. 14.
He 8. 3.

ΤΑΥ´ΤΗΝ 3778.9

(1) δευτέραν, τρίτην ταύτην

Mt 11. 16; 21. 23; 23. 36.
Mk 4. 13; 10. 5; 11. 28; 12. 10.
Lu 4. 6, 23; 7. 44; 12. 41; 13, 6, 16; 15. 3; 18. 5, 9; 20. 2, 9, 19; 23. 48; 24. [1]21.
Jo 2. 11; 7. 8; 10. 6, 18; 12. 27.
Ac 3. 16; 7. 4, 60; 8. 19; 13. 32; 22. 4, 28; 23. 13; 27. 21; 28. 20 (*bis*).
Ro 5. 2.
I Co 6. 13.
II Co 4. 1; 8. 6; 9. 5; 12. 13.
I Ti 1. 18.
II Ti 2. 19.
I Pe 5. 12.
II Pe 1. 18; 3. [1]1.
I Jo 3. 3; 4. 21.
II Jo 10.
Re 2. 24.

ʽΟΥ´ΤΟΙ 3778.91

(1) ὁ c. partic., οἱ, ὅσοι . . . οὗτοι
(2) αὐτοὶ οὗτοι

Mt 4 3 εἰπὸν ἵνα οἱ λίθοι οὗτοι ἄρτοι γένωνται
13 38 οὗτοί εἰσιν οἱ υἱοὶ τ. βασιλείας
20 12 οὗτοι οἱ ἔσχατοι μίαν ὥραν ἐποίησαν
21 εἰπὲ ἵνα καθίσωσιν οὗτοι οἱ δύο υἱοί μου
21 16 ἀκούεις τί οὗτοι λέγουσιν;
25 46 ἀπελεύσονται οὗτοι εἰς κόλασιν αἰώνιον
26 62 τί οὗτοί σου καταμαρτυροῦσιν;
Mk 4 15 οὗτοι δέ εἰσιν οἱ παρὰ τὴν ὁδόν
16 κ. οὗτοί εἰσιν ὁμοίως οἱ ἐπὶ τὰ πετρώδη σπειρόμενοι
18 οὗτοί εἰσιν οἱ τ. λόγον ἀκούσαντες
12 40 [1] οὗτοι λήμψονται περισσότερον κρίμα
14 60 τί οὗτοί σου καταμαρτυροῦσιν;
Lu 8 13 οὗτοι ῥίζαν οὐκ ἔχουσιν
αὐτοὶ, WH mg.
14 [1] οὗτοί εἰσιν οἱ ἀκούσαντες
15 [1] οὗτοί εἰσιν οἵτινες . . . ἀκούσαντες τ. λόγον κατέχουσιν
21 μήτηρ μου κ. ἀδελφοί μου οὗτοί εἰσιν
13 2 δοκεῖτε ὅτι οἱ Γαλιλαῖοι οὗτοι ἁμαρτωλοὶ . . . ἐγένοντο
19 40 λέγω ὑμῖν ἐὰν οὗτοι σιωπήσουσιν
20 47 [1] οὗτοι λήμψονται περισσότερον κρίμα
21 4 πάντες γὰρ οὗτοι ἐκ τ. περισσεύοντος αὐτοῖς ἔβαλον
24 17 τίνες οἱ λόγοι οὗτοι οὓς ἀντιβάλλετε
44 οὗτοι οἱ λόγοι μου οὓς ἐλάλησα πρὸς ὑμᾶς
Jo 6 5 πόθεν ἀγοράσωμεν ἄρτους ἵνα φάγωσιν οὗτοι;
12 21 οὗτοι οὖν προσῆλθαν Φιλίππῳ
17 11 οὗτοι ἐν τ. κόσμῳ εἰσίν
αὐτοὶ, TWH non mg.
25 οὗτοι ἔγνωσαν ὅτι σύ με ἀπέστειλας
18 21 ἴδε οὗτοι οἴδασιν ἃ εἶπον ἐγώ
Ac 1 14 οὗτοι πάντες ἦσαν προσκαρτεροῦντες ὁμοθυμαδὸν τ. προσευχῇ
2 7 οὐχὶ ἰδοὺ πάντες οὗτοί εἰσιν οἱ λαλοῦντες Γαλιλαῖοι;
15 οὐ γὰρ ὡς ὑμεῖς ὑπολαμβάνετε οὗτοι μεθύουσιν
Ac 11 12 ἦλθον δὲ σὺν ἐμοὶ κ. οἱ ἓξ ἀδελφοὶ οὗτοι
16 17 οὗτοι οἱ ἄνθρωποι δοῦλοι τ. Θεοῦ τ. ὑψίστου εἰσίν
20 οὗτοι οἱ ἄνθρωποι ἐκταράσσουσιν ἡμῶν τ. πόλιν
17 6 [1] οἱ τ. οἰκουμένην ἀναστατώσαντες οὗτοι κ. ἐνθάδε πάρεισιν
7 οὗτοι πάντες ἀπέναντι τ. δογμάτων Καίσαρος πράσσουσιν
11 οὗτοι δὲ ἦσαν εὐγενέστεροι τῶν ἐν Θεσσαλονίκῃ
20 5 οὗτοι δὲ προσελθόντες ἔμενον ἡμᾶς ἐν Τρῳάδι
24 15 [2] ἣν κ. αὐτοὶ οὗτοι προσδέχονται
20 [2] ἢ αὐτοὶ οὗτοι εἰπάτωσαν
25 11 εἰ δὲ οὐδέν ἐστιν ὧν οὗτοι κατηγοροῦσίν μου
27 31 ἐὰν μὴ οὗτοι μείνωσιν ἐν τ. πλοίῳ
Ro 2 14 [1] οὗτοι νόμον μὴ ἔχοντες ἑαυτοῖς εἰσὶν νόμος
8 14 [1] ὅσοι γὰρ πνεύματι Θεοῦ ἄγονται οὗτοι υἱοὶ Θεοῦ εἰσίν
9 6 [1] οὐ γὰρ πάντες οἱ ἐξ Ἰσραὴλ οὗτοι Ἰσραήλ
11 24 πόσῳ μᾶλλον οὗτοι οἱ κατὰ φύσιν ἐνκεντρισθήσονται
31 οὕτως κ. οὗτοι νῦν ἠπείθησαν
I Co 16 17 ὅτι τὸ ὑμέτερον ὑστέρημα οὗτοι ἀνεπλήρωσαν
Ga 3 7 [1] οἱ ἐκ πίστεως οὗτοι υἱοί εἰσιν Ἀβραάμ
6 12 [1] οὗτοι ἀναγκάζουσιν ὑμᾶς περιτέμνεσθαι
Col 4 11 οὗτοι μόνοι συνεργοὶ εἰς τ. βασιλείαν τ. Θεοῦ
I Ti 3 10 κ. οὗτοι δὲ δοκιμαζέσθωσαν πρῶτον
II Ti 3 8 οὕτως κ. οὗτοι ἀνθίστανται τ. ἀληθείᾳ
He 11 13 κατὰ πίστιν ἀπέθανον οὗτοι πάντες
39 οὗτοι πάντες μαρτυρηθέντες διὰ τ. πίστεως
II Pe 2 12 οὗτοι δὲ ὡς ἄλογα ζῷα
17 οὗτοί εἰσιν πηγαὶ ἄνυδροι
Ju 8 ὁμοίως μέντοι κ. οὗτοι ἐνυπνιαζόμενοι
10 οὗτοι δὲ ὅσα μὲν οὐκ οἴδασιν βλασφημοῦσιν
12 οὗτοί εἰσιν οἱ ἐν τ. ἀγάπαις ὑμῶν σπιλάδες
16 οὗτοί εἰσιν γογγυσταὶ μεμψίμοιροι
19 οὗτοί εἰσιν οἱ ἀποδιορίζοντες ψυχικοί
Re 7 13 οὗτοι οἱ περιβεβλημένοι τ. στολὰς τ. λευκὰς τίνες εἰσίν
14 οὗτοί εἰσιν οἱ ἐρχόμενοι ἐκ τ. θλίψεως τ. μεγάλης
11 4 οὗτοί εἰσιν αἱ δύο ἐλαῖαι κ. αἱ δύο λυχνίαι
6 οὗτοι ἔχουσιν τ. ἐξουσίαν κλεῖσαι τ. οὐρανόν
10 οὗτοι οἱ δύο προφῆται ἐβασάνισαν τ. κατοικοῦντας ἐπὶ τ. γῆς
14 4 οὗτοί εἰσιν οἱ μετὰ γυναικῶν οὐκ ἐμολύνθησαν
—οὗτ. εἰσ., WH mg.
4 οὗτοι οἱ ἀκολουθοῦντες τ. ἀρνίῳ ὅπου ἂν ὑπάγει·
οὗτοι ἠγοράσθησαν ἀπὸ τ. ἀνθρώπων
17 13 οὗτοι μίαν γνώμην ἔχουσιν
14 οὗτοι μετὰ τ. ἀρνίου πολεμήσουσιν
16 οὗτοι μισήσουσιν τ. πόρνην
19 9 οὗτοι οἱ λόγοι ἀληθινοὶ τ. Θεοῦ εἰσίν
21 5 ὅτι οὗτοι οἱ λόγοι πιστοὶ κ. ἀληθινοί εἰσιν
22 6 οὗτοι οἱ λόγοι πιστοὶ κ. ἀληθινοί

ʽΑΥ´ΤΑΙ 3778.92

Lu 21 22 ὅτι ἡμέραι ἐκδικήσεως αὗταί εἰσιν
Ac 20 34 τ. χρείαις μου . . . ὑπηρέτησαν αἱ χεῖρες αὗται
Ga 4 24 αὗται γάρ εἰσιν δύο διαθῆκαι

ΤΑΥ'ΤΑ 3778.93

(1) μετὰ ταῦτα (2) πρὸς ταῦτα
(3) ἃ . . . ταῦτα (4) διὰ ταῦτα

Mt 1. 20 ; 4. 9 ; 6. 32, 33 ; 9. 18 ; 10. 2 ; 11. 25 ; 13. 34, 51, 56 ; 15. 20 ; 19. 20 ; 21. 23, 24, 27 ; 23. 23, 36 ; 24. 2, 3, 8, 33, 34.
Mk 2. 8 ; 6. 2 ; 7. 23 ; 8. 7 —T ; 10. 20 ; 11. 28 (*bis*), 29, 33 ; 13. 4 (*bis*), 8, 29, 30 ; 16. [[1] 12, [17.
Lu 1. 19, 20, 65 ; 2. 19 ; 4. 28 ; 5. [1]27 ; 7. 9 ; 8. 8 ; 9. 34 ; 10. [1]1, 21 ; 11. 27, 42, 45 ; 12. [1]4, 30, 31 ; 13. 2, 17 ; 14. [2]6, 15, 21 ; 15. 26 ; 16. 14 ; 17. [1]8 ; 18. [1]4, 11, 21, 23 ; 19. 11, 28 ; 20. 2, 8 ; 21. 6, 7 (*bis*), 9, 31, 36 ; 23. 31, 49 ; 24. 9, 10, 11, 21, 26, 36.
Jo 1. 28 ; 2. 16, 18 ; 3. 2, 9, 10, [1]22 ; 5. [1]1, [1]14, 16, [3]19, 34 ; 6. [1]1, 9, 59 ; 7. [1]1, 4, 9, 32 ; 8. 20, [3]26, 28, 30, [3]38 —TWH [WH mg.] R ; 9. 6, 22, 40 —T ; 10. 21, [3]25 ; 11. 11, 43 ; 12. 16 (*ter*), 36, 41 ; 13. [1]7, 17, 21 ; 14. 25 ; 15. 11, 17, 21 ; 16. 1, 3, 4 (*bis*), 6, 25, 33 ; 17. 1, 13 ; 18. 1, 22 ; 19. 24, 36, [1]38 ; 20. 14, 18, 31 ; 21. [1]1, 24.
Ac 1. 9 ; 5. 11 ; 7. 1, [1]7, 50, 54 ; 10. 44 ; 11. 18 ; 12. 17 ; 13. [1]20, 42 ; 14. 15, 18 ; 15. [1]16, 17 ; 16. 38 ; 17. 8, 11, 20 ; 18. [1]1 ; 19. 21, 41 ; 20. 36 ; 21. 12 ; 23. 22 ; 24. 9 ; 26. 24 ; 27. 35 ; 28. 29 —h. v., TWHR non mg.
Ro 8. [2]31 ; 9. 8.
I Co 4. 6, 14 ; 6. 11, 13 ; 9. 8 (*bis*), 15 ; 10. 6, 11 ; 12. 11 ; 13. 13.
II Co 2. [2]16 ; 13. 10.
Ga 2. [3]18 ; 5. 17, [3]17.
Eph 5. [4]6.
Phl 3. [3]7 ; 4. 8, [3]9.
II Th 2. 5.
I Ti 3. 14 ; 4. 6, 11, 15 ; 5. 7, 21 ; 6. 2, 11.
II Ti 1. 12 ; 2. [3]2, 14.
Tit 2. 15 ; 3. 8.
He 4. [1]8 ; 7. 13 ; 11. 12.
Ja 3. 10.
I Pe 1. [1]11.
II Pe 1. 8, 9, 10 ; 3. 14.
I Jo 1. 4 ; 2. 1, 26 ; 5. 13.
Re 1. [1]19 ; 4. [1]1, [1]2 *v.* 1, TR non mg.; 7. [1]9 ; 9. [1]12 ; 15. [1]5 ; 16. 5 ; 18. [1]1 ; 19. [1]1 ; 20. [1]3 ; 21. 7 ; 22. 8 (*bis*), 16, 20.

ΤΟΥ'ΤΩΝ 3778.94

(1) ὧν . . . τούτων (2) gen. abs.

Mt 3. 9 ; 5. 19, 37 ; 6. 29, 32 ; 10. 42 ; 11. [2]7 ; 18. 6, 10, 14 ; 25. 40, 45.
Mk 9. 37 *τοιούτων*, WHR, 42 ; 12. 31.
Lu 3. 8 ; 7. 18 ; 10. 36 ; 12. 27, 30 ; 17. 2 ; 18. 34 ; 21. 12, [2]28 ; 24. 14, 48.
Jo 1. 50 ; 5. 20 ; 7. 40 ; 14. 12 ; 17. 20 ; 19. 13 ; 21. 15, 24.
Ac 1. 22, 24 ; 5. 32, 36, 38 ; 14. 15 ; 15. 28 ; 18. 15, 17 ; 19. [2]36 ; 21. 38 ; 24. 8 ; 25. 9, 20 (*bis*) ; 26. 21, 26 (*bis*), 29.
Ro 11. 30.
I Co 9. 15 ; 13. 13.
I Th 4. 6.
II Ti 2. 21 ; 3. 6.
Tit 3. 8.
He 1. 1 ; 9. [2]6 ; 10. 18 ; 13. [1]11
II Pe 1. 4, 12, 15 ; 3. [2]11, 16.
III Jo. 4.
Re 9. 18 ; 18. 15 ; 20. 6.

ΤΟΥ'ΤΟΙΣ 3778.95

(1) ἐν τούτοις (2) ἐπὶ τούτοις

Lu 16. [1]26 ; 24. 21.
Ac 4. 16 ; 5. 35.
Ro 8. [1]37 ; 15. 23.
I Co 12. 23.
Ga 5. 21.
Col 3. [1]7, [2]14.
I Th 4. 18.
I Ti 4. [1]15 ; 6. 8.
He 9. 23.
II Pe 2. 20.
III Jo [2]10.
Ju 7, [1]10, 14.

ΤΑΥ'ΤΑΙΣ 3778.96

Mt 22. 40.
Lu 1. 39 ; 6. 12 ; 23. 7 ; 24. 18.
Jo 5. 3.
Ac 1. 15 ; 6. 1 ; 11. 27.
I Th 3. 3.
Re 9. 20.

ΤΟΥ'ΤΟΥΣ 3778.97

(1) τοὺς c. partic., οὓς . . . τούτους

Mt 7. 24 [WH], 26, 28 ; 10. 5 ; 19. 1 ; 26. 1.
Mk 8. 4.
Lu 9. 28, 44 ; 19. 15, 27 ; 20. 16.
Jo 10. 19 ; 18. 8.
Ac 2. 22 ; 5. 5, 24 ; 10. 47 ; 16. 36 —WHR ; 19. 37 21. 24.
Ro 8. [1]30 (*ter*).
I Co 6. [1]4 ; 16. [1]3.
II Ti 3. 5.
He 2. 15.

ΤΑΥ'ΤΑΣ 3778.98

Mt 13. 53.
Mk 13. 2.
Lu 1. 24.
Ac 1. 5 ; 3. 24 ; 21. 15.
II Co 7. 1.
He 9. 23.
Re 16. 9.

'ΟΥ'ΤΩΣ 3779

(1) οὐδὲ, οὐχ οὕτως (2) οὕτ. ἔχειν (3) ὡς, ὥσπερ, καθὼς . . . οὕτως (4) οὕτως . . . ὥστε, ἵνα (5) οὕτως . . . οὕτως

Mt 1 18 *τοῦ δὲ Ἰησοῦ Χριστοῦ ἡ γένεσις οὕτως ἦν*
2 5 *οὕτως γὰρ γέγραπται διὰ τ. προφήτου*
3 15 *οὕτως γὰρ πρέπον ἐστὶν ἡμῖν πληρῶσαι πᾶσαν δικαιοσύνην*
5 12 *οὕτως γὰρ ἐδίωξαν τ. προφήτας τοὺς πρὸ ὑμῶν*
16 *οὕτως λαμψάτω τὸ φῶς ὑμῶν ἔμπροσθεν τ. ἀνθρώπων*
19 *ὃς ἐὰν οὖν . . . διδάξῃ οὕτως τ. ἀνθρώπους*
46 *οὐχὶ κ. οἱ τελῶναι οὕτως ποιοῦσιν ;* *τὸ αὐτὸ*, TWH non mg. R

Mt 6 9 οὕτως οὖν προσεύχεσθε ὑμεῖς
30 εἰ δὲ τ. χόρτον τ. ἀγροῦ . . . ὁ Θεὸς οὕτως ἀμφιέννυσιν
7 12 οὕτως κ. ὑμεῖς ποιεῖτε αὐτοῖς
17 οὕτως πᾶν δένδρον ἀγαθὸν καρποὺς καλοὺς ποιεῖ
9 33 οὐδέποτε ἐφάνη οὕτως ἐν τῷ Ἰσραήλ
11 26 ὅτι οὕτως εὐδοκία ἐγένετο ἔμπροσθέν σου
12 40 [3] οὕτως ἔσται ὁ υἱὸς τ. ἀνθρώπου ἐν τ. καρδίᾳ τ. γῆς
45 οὕτως ἔσται κ. τ. γενεᾷ ταύτῃ τ. πονηρᾷ
13 40 [3] οὕτως ἔσται ἐν τ. συντελείᾳ τ. αἰῶνος
49 οὕτως ἔσται ἐν τ. συντελείᾳ τ. αἰῶνος
17 12 οὕτως κ. ὁ υἱὸς τ. ἀνθρώπου μέλλει πάσχειν ὑπ' αὐτῶν
18 14 οὕτως οὐκ ἔστι θέλημα ἔμπροσθεν τ. πατρός μου
35 οὕτως κ. ὁ πατήρ μου ὁ ἐπουράνιος ποιήσει ὑμῖν
19 8 [1] ἀπ' ἀρχῆς δὲ οὐ γέγονεν οὕτως
10 εἰ οὕτως ἐστὶν ἡ αἰτία τ. ἀνθρώπου μετὰ τ. γυναικός
12 οἵτινες ἐκ κοιλίας μητρὸς ἐγεννήθησαν οὕτως
20 16 οὕτως ἔσονται οἱ ἔσχατοι πρῶτοι
26 [1] οὐχ οὕτως ἐστὶν ἐν ὑμῖν
23 28 οὕτως κ. ὑμεῖς ἔξωθεν μὲν φαίνεσθε . . . δίκαιοι
24 27 [3] οὕτως ἔσται ἡ παρουσία τ. υἱοῦ τ. ἀνθρώπου
33 οὕτως κ. ὑμεῖς ὅταν ἴδητε πάντα ταῦτα
37 [3] οὕτως ἔσται ἡ παρουσία τ. υἱοῦ τ. ἀνθρώπου
39 [3] οὕτως ἔσται ἡ παρουσία τ. υἱοῦ τ. ἀνθρώπου
46 ὃν ἐλθὼν ὁ κύριος αὐτοῦ εὑρήσει οὕτως ποιοῦντα
26 40 οὕτως οὐκ ἰσχύσατε μίαν ὥραν γρηγορῆσαι
54 ὅτι οὕτως δεῖ γενέσθαι
Mk 2 7 τί οὗτος οὕτως λαλεῖ; βλασφημεῖ
8 ἐπιγνοὺς ὁ Ἰησοῦς . . . ὅτι οὕτως διαλογίζονται ἐν ἑαυτοῖς
οὕτως, [WH]
12 λέγοντας ὅτι οὕτως οὐδέποτε εἴδαμεν
4 26 [3] οὕτως ἐστὶν ἡ βασιλεία τ. Θεοῦ
7 18 οὕτως κ. ὑμεῖς ἀσύνετοί ἐστε;
9 3 οἷα γναφεὺς ἐπὶ τ. γῆς οὐ δύναται οὕτως λευκᾶναι
10 43 [1] οὐχ οὕτως δέ ἐστιν ἐν ὑμῖν
13 29 οὕτως κ. ὑμεῖς ὅταν ἴδητε ταῦτα γινόμενα
14 59 [1] οὐδὲ οὕτως ἴση ἦν ἡ μαρτυρία αὐτῶν
15 39 ἰδὼν δὲ ὁ κεντυρίων . . . ὅτι οὕτως ἐξέπνευσεν
Lu 1 25 οὕτως μοι πεποίηκεν Κύριος ἐν ἡμέραις
2 48 τέκνον τί ἐποίησας ἡμῖν οὕτως;
9 15 ἐποίησαν οὕτως κ. κατέκλιναν ἅπαντας
10 21 ὅτι οὕτως εὐδοκία ἐγένετο ἔμπροσθέν σου
11 30 [3] οὕτως ἔσται κ. ὁ υἱὸς τ. ἀνθρώπου τ. γενεᾷ ταύτῃ
12 21 οὕτως ὁ θησαυρίζων αὑτῷ
h. v., [WH]
28 εἰ δὲ ἐν ἀγρῷ τ. χόρτον . . . ὁ Θεὸς οὕτως ἀμφιάζει
38 κἂν ἐν τῇ δευτέρᾳ . . . φυλακῇ ἔλθῃ κ. εὕρῃ οὕτως
43 ὃν ἐλθὼν ὁ κύριος αὐτοῦ εὑρήσει ποιοῦντα οὕτως
54 ὄμβρος ἔρχεται κ. γίνεται οὕτως
14 33 οὕτως οὖν πᾶς ἐξ ὑμῶν ὃς οὐκ ἀποτάσσεται
15 7 οὕτως χαρὰ ἐν τ. οὐρανῷ ἔσται

Lu 15 10 οὕτως . . . γίνεται χαρὰ ἐνώπιον τ. ἀγγέλων τ. Θεοῦ
17 10 οὕτως κ. ὑμεῖς . . . λέγετε
24 [3] οὕτως ἔσται ὁ υἱὸς τ. ἀνθρώπου
26 [3] οὕτως ἔσται κ. ἐν τ. ἡμέραις τ. υἱοῦ τ. ἀνθρώπου
19 31 ἐάν τις ὑμᾶς ἐρωτᾷ Διὰ τί λύετε; οὕτως ἐρεῖτε
21 31 οὕτως κ. ὑμεῖς ὅταν ἴδητε ταῦτα γινόμενα
22 26 [1] ὑμεῖς δὲ οὐχ οὕτως
24 24 [3] εὗρον οὕτως καθὼς αἱ γυναῖκες εἶπον
46 οὕτως γέγραπται παθεῖν τ. Χριστόν
Jo 3 8 οὕτως ἐστὶν πᾶς ὁ γεγεννημένος ἐκ τ. πνεύματος
14 [3] οὕτως ὑψωθῆναι δεῖ τ. υἱὸν τ. ἀνθρώπου
16 [4] οὕτως γὰρ ἠγάπησεν ὁ Θεὸς τ. κόσμον
4 6 ὁ οὖν Ἰησοῦς . . . ἐκαθέζετο οὕτως ἐπὶ τ πηγῇ
5 21 [3] οὕτως κ. ὁ υἱὸς οὓς θέλει ζωοποιεῖ
26 [3] οὕτως κ. τ. υἱῷ ἔδωκεν ζωὴν ἔχειν ἐν ἑαυτῷ
7 46 οὐδέποτε ἐλάλησεν οὕτως ἄνθρωπος
8 59 διελθὼν διὰ μέσου αὐτῶν ἐπορεύετο κ. παρῆγεν οὕτως
—h. v., TWHR non mg.
11 48 ἐὰν ἀφῶμεν αὐτὸν οὕτως
12 50 [3] καθὼς εἴρηκέν μοι ὁ πατὴρ οὕτως λαλῶ
13 25 ἀναπεσὼν ἐκεῖνος οὕτως ἐπὶ τὸ στῆθος τ. Ἰησοῦ
14 31 [3] καθὼς ἐντολὴν ἔδωκέν μοι ὁ πατὴρ οὕτως ποιῶ
15 4 [3] οὕτως οὐδὲ ὑμεῖς ἐὰν μὴ ἐν ἐμοὶ μένητε
18 22 οὕτως ἀποκρίνῃ τ. ἀρχιερεῖ;
21 1 ἐφανέρωσεν δὲ οὕτως
Ac 1 11 οὕτως ἐλεύσεται ὃν τρόπον ἐθεάσασθε αὐτὸν πορευόμενον
3 18 ὁ δὲ Θεὸς ἃ προκατήγγειλεν . . . ἐπλήρωσεν οὕτως
7 1 [2] εἰ ταῦτα οὕτως ἔχει;
6 ἐλάλησεν δὲ οὕτως ὁ Θεός
8 κ. οὕτως ἐγέννησεν τὸν Ἰσαάκ
8 32 [3] οὕτως οὐκ ἀνοίγει τὸ στόμα αὐτοῦ
וְלֹא יִפְתַּח־פִּיו, Is. liii. 7
12 8 ἐποίησεν δὲ οὕτως
15 [2] ἡ δὲ διισχυρίζετο οὕτως ἔχειν
13 8 οὕτως γὰρ μεθερμηνεύεται τὸ ὄνομα αὐτοῦ
34 ὅτι δὲ ἀνέστησεν αὐτὸν ἐκ νεκρῶν . . . οὕτως εἴρηκεν
47 οὕτως γὰρ ἐντέταλται ἡμῖν ὁ Κύριος
14 1 [4] λαλῆσαι οὕτως ὥστε πιστεῦσαι . . . πολὺ πλῆθος
17 11 [2] ἀνακρίνοντες τ. γραφὰς εἰ ἔχοι ταῦτα οὕτως
33 οὕτως ὁ Παῦλος ἐξῆλθεν ἐκ μέσου αὐτῶν
19 20 οὕτως κατὰ κράτος τ. Κυρίου ὁ λόγος ηὔξανεν
20 11 ἀναβὰς δὲ κ. κλάσας τ. ἄρτον . . . οὕτως ἐξῆλθεν
13 οὕτως γὰρ διατεταγμένος ἦν
35 οὕτως κοπιῶντας δεῖ ἀντιλαμβάνεσθαι τ. ἀσθενούντων
21 11 τ. ἄνδρα οὗ ἐστὶν ἡ ζώνη αὕτη οὕτως δήσουσιν
22 24 δι' ἣν αἰτίαν οὕτως ἐπεφώνουν αὐτῷ
23 11 [3] οὕτω σε δεῖ κ. εἰς Ῥώμην μαρτυρῆσαι
24 9 [2] φάσκοντες ταῦτα οὕτως ἔχειν

Ac 24 14 οὕτως λατρεύω τ. πατρῴῳ Θεῷ
27 17 χαλάσαντες τὸ σκεῦος οὕτως ἐφέροντο
25 οὕτως ἔσται καθ' ὃν τρόπον λελάληταί μοι
44 οὕτως ἐγένετο πάντας διασωθῆναι ἐπὶ τ. γῆν
28 14 κ. οὕτως εἰς τὴν Ῥώμην ἤλθαμεν
Ro 1 15 οὕτως τὸ κατ' ἐμὲ πρόθυμον κ. ὑμῖν τοῖς ἐν Ῥώμῃ εὐαγγελίσασθαι
4 18 οὕτως ἔσται τὸ σπέρμα σου
כֹּה יִהְיֶה זַרְעֶךָ, Gen. xv. 5
5 12 [3] κ. οὕτως εἰς πάντας ἀνθρώπους ὁ θάνατος διῆλθεν
15 [3] οὐχ ὡς τὸ παράπτωμα οὕτως κ. τὸ χάρισμα
18 [3] οὕτως κ. δι' ἑνὸς δικαιώματος εἰς πάντας ἀνθρώπους εἰς δικαίωσιν ζωῆς
19 [3] οὕτως κ. διὰ τ. ὑπακοῆς τ. ἑνὸς δίκαιοι κατασταθήσονται οἱ πολλοί
21 [3] ἵνα . . . οὕτως κ. ἡ χάρις βασιλεύσῃ διὰ δικαιοσύνης
6 4 [3] ἵνα . . . οὕτως κ. ἡμεῖς ἐν καινότητι ζωῆς περιπατήσωμεν
11 οὕτως κ. ὑμεῖς λογίζεσθε ἑαυτοὺς εἶναι νεκροὺς μὲν τ. ἁμαρτίᾳ
19 [3] οὕτως νῦν παραστήσατε τὰ μέλη ὑμῶν δοῦλα τ. δικαιοσύνῃ
9 20 τί με ἐποίησας οὕτως;
10 6 ἡ δὲ ἐκ πίστεως δικαιοσύνη οὕτως λέγει
11 5 οὕτως οὖν κ. ἐν τ. νῦν καιρῷ λεῖμμα
26 οὕτως πᾶς Ἰσραὴλ σωθήσεται
31 [3] οὕτως κ. οὗτοι νῦν ἠπείθησαν
12 5 οὕτως οἱ πολλοὶ ἓν σῶμά ἐσμεν ἐν Χριστῷ
15 20 οὕτως δὲ φιλοτιμούμενον εὐαγγελίζεσθαι
I Co 2 11 οὕτως κ. τὰ τ. Θεοῦ οὐδεὶς ἔγνωκεν
3 15 [3] αὐτὸς δὲ σωθήσεται οὕτως δὲ ὡς διὰ πυρός
4 1 [3] οὕτως ἡμᾶς λογιζέσθω ἄνθρωπος
5 3 ἤδη κέκρικα ὡς παρὼν τὸν οὕτως τοῦτο κατεργασάμενον
6 5 οὕτως οὐκ ἔνι ἐν ὑμῖν οὐδεὶς σοφός
7 7 [5] ἕκαστος ἴδιον ἔχει χάρισμα ἐκ Θεοῦ ὁ μὲν οὕτως ὁ δὲ οὕτως
17 [3] ἕκαστον ὡς κέκληκεν ὁ Θεὸς οὕτως περιπατείτω·
κ. οὕτως ἐν τ. ἐκκλησίαις πάσαις διατάσσομαι
26 καλὸν ἀνθρώπῳ τὸ οὕτως εἶναι
36 κ. οὕτως ὀφείλει γίνεσθαι
40 μακαριωτέρα δέ ἐστιν ἐὰν οὕτως μείνῃ
8 12 οὕτως δὲ ἁμαρτάνοντες εἰς τ. ἀδελφοὺς
9 14 οὕτως κ. ὁ Κύριος διέταξεν τοῖς τὸ εὐαγγέλιον καταγγέλλουσιν
15 ἵνα οὕτως γένηται ἐν ἐμοί
24 [4] οὕτως τρέχετε ἵνα καταλάβητε
26 [3] ἐγὼ τοίνυν οὕτως τρέχω ὡς οὐκ ἀδήλως·
[3] οὕτως πυκτεύω ὡς οὐκ ἀέρα δέρων
11 12 [3] οὕτως κ. ὁ ἀνὴρ διὰ τ. γυναικός
28 κ. οὕτως ἐκ τ. ἄρτου ἐσθιέτω
12 12 οὕτως κ. ὁ Χριστός
14 9 οὕτως κ. ὑμεῖς διὰ τ. γλώσσης ἐὰν μὴ εὔσημον λόγον δῶτε
12 οὕτως κ. ὑμεῖς ἐπεὶ ζηλωταί ἐστε πνευμάτων
21 [1] οὐδ' οὕτως εἰσακούσονταί μου
וְלֹא אָבוּא שְׁמוֹעַ, Is. xxviii. 12
25 οὕτως πεσὼν ἐπὶ πρόσωπον προσκυνήσει τ. Θεῷ

I Co 15 11 οὕτως κηρύσσομεν κ. οὕτως ἐπιστεύσατε
22 [3] οὕτως κ. ἐν τ. Χριστῷ πάντες ζωοποιηθήσονται
42 οὕτως κ. ἡ ἀνάστασις τ. νεκρῶν
45 οὕτως κ. γέγραπται
16 1 [3] οὕτως κ. ὑμεῖς ποιήσατε
II Co 1 5 [3] οὕτως διὰ τ. Χριστοῦ περισσεύει κ. ἡ παράκλησις ἡμῶν
7 [3] ὡς κοινωνοί ἐστε τ. παθημάτων οὕτως κ. τ. παρακλήσεως
7 14 [3] οὕτως κ. ἡ καύχησις ἡμῶν ἐπὶ Τίτου ἀλήθεια ἐγενήθη
8 6 [3] ἵνα καθὼς προενήρξατο οὕτως κ. ἐπιτελέσῃ
11 [3] οὕτως κ. τὸ ἐπιτελέσαι ἐκ τοῦ ἔχειν
9 5 [3] οὕτως ὡς εὐλογίαν κ. μὴ ὡς πλεονεξίαν
10 7 [3] καθὼς αὐτὸς Χριστοῦ οὕτως κ. ἡμεῖς
Ga 1 6 θαυμάζω ὅτι οὕτως ταχέως μετατίθεσθε
3 3 οὕτως ἀνόητοί ἐστε;
4 3 οὕτως κ. ἡμεῖς ὅτε ἦμεν νήπιοι
29 [3] ὥσπερ τότε ὁ κατὰ σάρκα γεννηθεὶς ἐδίωκεν τὸν κατὰ πνεῦμα οὕτως κ. νῦν
6 2 κ. οὕτως ἀναπληρώσατε τ. νόμον τ. Χριστοῦ
Eph 4 20 [1] ὑμεῖς δὲ οὐχ οὕτως ἐμάθετε τ. Χριστόν
5 24 [3] ὡς ἡ ἐκκλησία ὑποτάσσεται τ. Χριστῷ οὕτως κ. αἱ γυναῖκες τ. ἀνδράσιν
28 [3] οὕτως ὀφείλουσιν κ. οἱ ἄνδρες ἀγαπᾶν
33 [3] ἕκαστος τὴν ἑαυτοῦ γυναῖκα οὕτως ἀγαπάτω ὡς ἑαυτόν
Phl 3 17 [3] σκοπεῖτε τοὺς οὕτως περιπατοῦντας
4 1 οὕτως στήκετε ἐν Κυρίῳ
Col 3 13 [3] καθὼς κ. ὁ Κύριος ἐχαρίσατο ὑμῖν οὕτως κ. ὑμεῖς
I Th 2 4 [3] οὕτως λαλοῦμεν οὐχ ὡς ἀνθρώποις ἀρέσκοντες
8 οὕτως ὁμειρόμενοι ὑμῶν ηὐδοκοῦμεν μεταδοῦναι ὑμῖν
4 14 οὕτως κ. ὁ Θεὸς τ. κοιμηθέντας διὰ τ. Ἰησοῦ ἄξει σὺν αὐτῷ
17 οὕτως πάντοτε σὺν Κυρίῳ ἐσόμεθα
5 2 [3] ἡμέρα Κυρίου ὡς κλέπτης ἐν νυκτὶ οὕτως ἔρχεται
II Th 3 17 σημεῖον ἐν πάσῃ ἐπιστολῇ· οὕτως γράφω
II Ti 3 8 οὕτως κ. οὗτοι ἀνθίστανται τ. ἀληθείᾳ
He 4 4 εἴρηκεν γάρ που περὶ τ. ἑβδόμης οὕτως
5 3 [3] οὕτως κ. περὶ ἑαυτοῦ προσφέρειν περὶ ἁμαρτιῶν
5 οὕτως κ. ὁ Χριστὸς οὐχ ἑαυτὸν ἐδόξασεν
6 9 εἰ κ. οὕτως λαλοῦμεν
15 οὕτως μακροθυμήσας ἐπέτυχεν τ. ἐπαγγελίας
9 6 τούτων δὲ οὕτως κατεσκευασμένων
28 οὕτως κ. ὁ Χριστὸς ἅπαξ προσενεχθείς
10 33 κοινωνοὶ τῶν οὕτως ἀναστρεφομένων γενηθέντες
12 21 οὕτως φοβερὸν ἦν τὸ φανταζόμενον
Ja 1 11 οὕτως κ. ὁ πλούσιος ἐν τ. πορείαις αὐτοῦ μαρανθήσεται
2 12 [3] οὕτως λαλεῖτε κ. οὕτως ποιεῖτε
17 οὕτως κ. ἡ πίστις . . . νεκρά ἐστιν καθ' ἑαυτήν
26 οὕτως κ. ἡ πίστις χωρὶς ἔργων νεκρά ἐστιν
3 5 οὕτως κ. ἡ γλῶσσα μικρὸν μέλος ἐστίν
10 οὐ χρή ἀδελφοί μου ταῦτα οὕτως γίνεσθαι
I Pe 2 15 ὅτι οὕτως ἐστὶν τὸ θέλημα τ. Θεοῦ
3 5 οὕτως γάρ ποτε κ. αἱ ἅγιαι γυναῖκες αἱ ἐλπίζουσαι εἰς Θεόν
II Pe 1 11 οὕτως γὰρ πλουσίως ἐπιχορηγηθήσεται ὑμῖν ἡ εἴσοδος

II Pe 3 4 πάντα οὕτως διαμένει ἀπ' ἀρχῆς κτίσεως
11 τούτων οὕτως πάντων λυομένων
οὖν, T
I Jo 2 6 [3] καθὼς ἐκεῖνος περιεπάτησεν κ. αὐτὸς οὕτως περιπατεῖν
—οὕτως, WHR
4 11 εἰ οὕτως ὁ Θεὸς ἠγάπησεν ἡμᾶς
Re 2 15 οὕτως ἔχεις κ. σὺ κρατοῦντας τ. διδαχὴν Νικολαϊτῶν
3 5 ὁ νικῶν οὕτως περιβαλεῖται ἐν ἱματίοις λευκοῖς
16 οὕτως ὅτι χλιαρὸς εἶ
9 17 οὕτως εἶδον τ. ἵππους ἐν τ. ὁράσει
11 5 οὕτως δεῖ αὐτὸν ἀποκτανθῆναι
16 18 τηλικοῦτος σεισμὸς οὕτως μέγας
18 21 οὕτως ὁρμήματι βληθήσεται Βαβυλών

ʼΟΥΧΙʹ 3780

(1) ἀλλ' οὐχί, οὐχὶ ἀλλά (2) οὐχὶ μή

Mt 5 46 οὐχὶ κ. οἱ τελῶναι τὸ αὐτὸ ποιοῦσιν;
47 οὐχὶ κ. οἱ ἐθνικοὶ τὸ αὐτὸ ποιοῦσιν;
6 25 οὐχὶ ἡ ψυχὴ πλεῖόν ἐστιν τ. τροφῆς
10 29 οὐχὶ δύο στρουθία ἀσσαρίου πωλεῖται;
12 11 οὐχὶ κρατήσει αὐτὸ κ. ἐγερεῖ;
13 27 οὐχὶ καλὸν σπέρμα ἔσπειρας ἐν τ. σῷ ἀγρῷ;
56 αἱ ἀδελφαὶ αὐτοῦ οὐχὶ πᾶσαι πρὸς ἡμᾶς εἰσίν;
18 12 οὐχὶ ἀφήσει τὰ ἐνενήκοντα ἐννέα ἐπὶ τὰ ὄρη
20 13 οὐχὶ δηναρίου συνεφώνησάς μοι;
Lu 1 60 [1] οὐχὶ ἀλλὰ κληθήσεται Ἰωάνης
4 22 οὐχὶ υἱός ἐστιν Ἰωσὴφ οὗτος
6 39 οὐχὶ ἀμφότεροι εἰς βόθυνον ἐμπεσοῦνται;
12 6 οὐχὶ πέντε στρουθία πωλοῦνται ἀσσαρίων δύο;
51 [1] οὐχὶ λέγω ὑμῖν ἀλλ' ἢ διαμερισμόν
13 3 [1] οὐχὶ λέγω ὑμῖν
5 [1] οὐχὶ λέγω ὑμῖν
14 28 οὐχὶ πρῶτον καθίσας ψηφίζει τ. δαπάνην
31 οὐχὶ καθίσας πρῶτον βουλεύσεται
15 8 οὐχὶ ἅπτει λύχνον κ. σαροῖ τ. οἰκίαν
16 30 [1] ὁ δὲ εἶπεν Οὐχὶ πάτερ Ἀβραάμ
17 8 [1] ἀλλ' οὐχὶ ἐρεῖ αὐτῷ
17 οὐχὶ οἱ δέκα ἐκαθαρίσθησαν;
οὐχ, WH
18 30 [2] ὃς οὐχὶ μὴ λάβῃ πολλαπλασίονα ἐν τ. καιρῷ τούτῳ
22 27 οὐχὶ ὁ ἀνακείμενος;
23 39 οὐχὶ σὺ εἶ ὁ Χριστός;
24 26 οὐχὶ ταῦτα ἔδει παθεῖν τ. Χριστόν
32 οὐχὶ ἡ καρδία ἡμῶν καιομένη ἦν
Jo 6 42 οὐχὶ οὗτός ἐστιν Ἰησοῦς ὁ υἱὸς Ἰωσήφ
οὐχ, TWH mg.
7 42 οὐχὶ ἡ γραφὴ εἶπεν
οὐχ, WH
9 9 [1] ἄλλοι ἔλεγον οὐχὶ ἀλλὰ ὅμοιος αὐτῷ ἐστίν
11 9 οὐχὶ δώδεκα ὧραί εἰσιν τ. ἡμέρας;
13 10 [1] ὑμεῖς καθαροί ἐστε ἀλλ' οὐχὶ πάντες
11 οὐχὶ πάντες καθαροί ἐστε
14 22 ἡμῖν μέλλεις ἐμφανίζειν σεαυτὸν κ. οὐχὶ τ. κόσμῳ
Ac 2 7 οὐχὶ ἰδοὺ πάντες οὗτοί εἰσιν οἱ λαλοῦντες Γαλιλαῖοι;
οὐχ, TWH mg.
5 4 οὐχὶ μένον σοὶ ἔμενεν
7 50 οὐχὶ ἡ χείρ μου ἐποίησεν ταῦτα πάντα;
וְאֶת־כָּל־אֵלֶּה יָדִי עָשָׂתָה, Is. lxvi. 2
Ro 3 27 [1] οὐχὶ ἀλλὰ διὰ νόμου πίστεως
29 οὐχὶ κ. ἐθνῶν;
8 32 πῶς οὐχὶ κ. σὺν αὐτῷ τὰ πάντα ἡμῖν χαρίσεται;
I Co 1 20 οὐχὶ ἐμώρανεν ὁ Θεὸς τ. σοφίαν τ. κόσμου;
3 3 ὅπου γὰρ ἐν ὑμῖν ζῆλος . . . οὐχὶ σαρκικοί ἐστε
5 2 οὐχὶ μᾶλλον ἐπενθήσατε
12 οὐχὶ τοὺς ἔσω ὑμεῖς κρίνετε
6 1 κρίνεσθαι ἐπὶ τ. ἀδίκων κ. οὐχὶ ἐπὶ τ. ἁγίων
7 διὰ τί οὐχὶ μᾶλλον ἀδικεῖσθε;
διὰ τί οὐχὶ μᾶλλον ἀποστερεῖσθε;
8 10 οὐχὶ ἡ συνείδησις αὐτοῦ ἀσθενοῦς ὄντος οἰκοδομηθήσεται
9 1 οὐχὶ Ἰησοῦν τ. Κύριον ἡμῶν ἑόρακα;
10 16 οὐχὶ κοινωνία ἐστὶν τ. αἵματος τ. Χριστοῦ;
16 οὐχὶ κοινωνία τ. σώματος τ. Χριστοῦ ἐστίν;
18 οὐχὶ οἱ ἐσθίοντες τ. θυσίας κοινωνοί
οὐχ, TWH non mg.
29 [1] συνείδησιν δὲ λέγω οὐχὶ τὴν ἑαυτοῦ
II Co 3 8 πῶς οὐχὶ μᾶλλον ἡ διακονία τ. πνεύματος ἔσται ἐν δόξῃ;
I Th 2 19 ἢ οὐχὶ κ. ὑμεῖς
He 1 14 οὐχὶ πάντες εἰσὶν λειτουργικὰ πνεύματα
3 17 τίσι δὲ προσώχθισεν τεσσεράκοντα ἔτη; οὐχὶ τ. ἁμαρτήσασιν

ʼΟΦΕΙΛΕʹΤΗΣ * 3781

Mt 6 12 ὡς κ. ἡμεῖς ἀφήκαμεν τ. ὀφειλέταις ἡμῶν
18 24 προσήχθη εἷς αὐτῷ ὀφειλέτης μυρίων ταλάντων
Lu 13 4 δοκεῖτε ὅτι αὐτοὶ ὀφειλέται ἐγένοντο παρὰ πάντας τ. ἀνθρώπους
Ro 1 14 σοφοῖς τε κ. ἀνοήτοις ὀφειλέτης εἰμί
8 12 ὀφειλέται ἐσμὲν οὐ τ. σαρκὶ τοῦ κατὰ σάρκα ζῆν
15 27 ηὐδόκησαν γὰρ κ. ὀφειλέται εἰσὶν αὐτῶν
Ga 5 3 ὀφειλέτης ἐστὶν ὅλον τ. νόμον ποιῆσαι

ʼΟΦΕΙΛΗʹ * † 3782

Mt 18 32 πᾶσαν τ. ὀφειλὴν ἐκείνην ἀφῆκά σοι
Ro 13 7 ἀπόδοτε πᾶσι τ. ὀφειλάς
I Co 7 3 τ. γυναικὶ ὁ ἀνὴρ τ. ὀφειλὴν ἀποδιδότω

ʼΟΦΕΙʹΛΗΜΑ 3783

Mt 6 12 ἄφες ἡμῖν τὰ ὀφειλήματα ἡμῶν
Ro 4 4 ὁ μισθὸς οὐ λογίζεται κατὰ χάριν ἀλλὰ κατὰ ὀφείλημα

ʼΟΦΕΙʹΛΩ 3784

Mt 18 28 ὃς ὤφειλεν αὐτῷ ἑκατὸν δηνάρια
28 ἀπόδος εἴ τι ὀφείλεις
30 ἕως ἀποδῷ τὸ ὀφειλόμενον
34 ἕως οὗ ἀποδῷ πᾶν τὸ ὀφειλόμενον
23 16 ὃς δ' ἂν ὀμόσῃ ἐν τ. χρυσῷ τ. ναοῦ ὀφείλει
18 ὃς δ' ἂν ὀμόσῃ ἐν τ. δώρῳ τῷ ἐπάνω αὐτοῦ ὀφείλει
Lu 7 41 ὁ εἷς ὤφειλεν δηνάρια πεντακόσια
11 4 κ. γὰρ αὐτοὶ ἀφίομεν παντὶ ὀφείλοντι ἡμῖν
16 5 πόσον ὀφείλεις τ. κυρίῳ μου;
7 σὺ δὲ πόσον ὀφείλεις;
17 10 ὃ ὠφείλομεν ποιῆσαι πεποιήκαμεν

Jo 13 14 κ. ὑμεῖς ὀφείλετε ἀλλήλων νίπτειν τ. πόδας
19 7 κατὰ τ. νόμον ὀφείλει ἀποθανεῖν
Ac 17 29 οὐκ ὀφείλομεν νομίζειν χρυσῷ . . . τὸ θεῖον εἶναι ὅμοιον
Ro 13 8 μηδενὶ μηδὲν ὀφείλετε εἰ μὴ τὸ ἀλλήλους ἀγαπᾶν
15 1 ὀφείλομεν δὲ ἡμεῖς οἱ δυνατοὶ τὰ ἀσθενήματα τ. ἀδυνάτων βαστάζειν
27 ὀφείλουσιν κ. ἐν τ. σαρκικοῖς λειτουργῆσαι αὐτοῖς
I Co 5 10 ἐπεὶ ὠφείλετε ἄρα ἐκ τ. κόσμου ἐξελθεῖν
7 36 κ. οὕτως ὀφείλει γίνεσθαι
9 10 ὅτι ὀφείλει ἐπ' ἐλπίδι ὁ ἀροτριῶν ἀροτριᾶν
11 7 ἀνὴρ μὲν γὰρ οὐκ ὀφείλει κατακαλύπτεσθαι τ. κεφαλήν
10 ὀφείλει ἡ γυνὴ ἐξουσίαν ἔχειν ἐπὶ τ. κεφαλῆς
II Co 12 11 ἐγὼ γὰρ ὤφειλον ὑφ' ὑμῶν συνίστασθαι
14 οὐ γὰρ ὀφείλει τὰ τέκνα τ. γονεῦσι θησαυρίζειν
Eph 5 28 οὕτως ὀφείλουσιν κ. οἱ ἄνδρες ἀγαπᾶν τὰς ἑαυτῶν γυναῖκας
II Th 1 3 εὐχαριστεῖν ὀφείλομεν τ. Θεῷ πάντοτε περὶ ὑμῶν
2 13 ἡμεῖς δὲ ὀφείλομεν εὐχαριστεῖν τ. Θεῷ πάντοτε περὶ ὑμῶν
Phm 18 εἰ δέ τι ἠδίκησέν σε ἢ ὀφείλει
He 2 17 ὅθεν ὤφειλεν κατὰ πάντα τ. ἀδελφοῖς ὁμοιωθῆναι
5 3 δι' αὐτὴν ὀφείλει . . . περὶ ἑαυτοῦ προσφέρειν περὶ ἁμαρτιῶν
12 ὀφείλοντες εἶναι διδάσκαλοι διὰ τ. χρόνον
I Jo 2 6 ὀφείλει καθὼς ἐκεῖνος περιεπάτησεν κ. αὐτὸς περιπατεῖν
3 16 κ. ἡμεῖς ὀφείλομεν ὑπὲρ τ. ἀδελφῶν τ. ψυχὰς θεῖναι
4 11 κ. ἡμεῖς ὀφείλομεν ἀλλήλους ἀγαπᾶν
III Jo 8 ἡμεῖς οὖν ὀφείλομεν ὑπολαμβάνειν τ. τοιούτους

ὌΦΕΛΟΝ 3785

I Co 4 8 ὄφελόν γε ἐβασιλεύσατε
II Co 11 1 ὄφελον ἀνείχεσθέ μου μικρόν τι ἀφροσύνης
Ga 5 12 ὄφελον κ. ἀποκόψονται οἱ ἀναστατοῦντες ὑμᾶς
Re 3 15 ὄφελον ψυχρὸς ἦς ἢ ζεστός

ὌΦΕΛΟΣ 3786

I Co 15 32 τί μοι τὸ ὄφελος;
Ja 2 14 τί τὸ ὄφελος ἀδελφοί μου
—τὸ, WH
16 τί τὸ ὄφελος;
—τὸ, WH

ὈΦΘΑΛΜΟΔΟΥΛΊΑ * † 3787

Eph 6 6 μὴ κατ' ὀφθαλμοδουλίαν ὡς ἀνθρωπάρεσκοι
Col 3 22 μὴ ἐν ὀφθαλμοδουλίαις ὡς ἀνθρωπάρεσκοι
ὀφθαλμοδουλίᾳ, WH mg.

ὈΦΘΑΛΜΌΣ 3788

(1) ὀφθ. πονηρός (2) ὀφθ. κρατεῖν, σκοτίζειν, τυφλοῦν (3) metaph.

Mt 5 29 εἰ δὲ ὁ ὀφθαλμός σου ὁ δεξιὸς σκανδαλίζει σε
5 38 ἠκούσατε ὅτι ἐρρέθη Ὀφθαλμὸν ἀντὶ ὀφθαλμοῦ
עַיִן תַּחַת עַיִן, Ex. xxi. 24
6 22 ὁ λύχνος τ. σώματός ἐστιν ὁ ὀφθαλμός ἐὰν οὖν ᾖ ὁ ὀφθαλμός σου ἁπλοῦς
23 [1] ἐὰν δὲ ὁ ὀφθαλμός σου πονηρὸς ᾖ
7 3 τί δὲ βλέπεις τὸ κάρφος τὸ ἐν τ. ὀφθαλμῷ τ. ἀδελφοῦ σου,
τὴν δὲ ἐν τ. σῷ ὀφθαλμῷ δοκὸν οὐ κατανοεῖς;
4 ἄφες ἐκβάλω τὸ κάρφος ἐκ τ. ὀφθαλμοῦ σου· κ. ἰδοὺ ἡ δοκὸς ἐν τ. ὀφθαλμῷ σου
5 ἔκβαλε πρῶτον ἐκ τ. ὀφθαλμοῦ σου τὴν δοκόν,
κ. τότε διαβλέψεις ἐκβαλεῖν τὸ κάρφος ἐκ τ. ὀφθαλμοῦ τ. ἀδελφοῦ σου
9 29 τότε ἥψατο τ. ὀφθαλμῶν αὐτῶν λέγων
30 ἠνεῴχθησαν αὐτῶν οἱ ὀφθαλμοί
13 15 τ. ὀφθαλμοὺς αὐτῶν ἐκάμμυσαν μήποτε ἴδωσιν τ. ὀφθαλμοῖς
עֵינָיו הָשַׁע פֶּן־יִרְאֶה בְעֵינָיו, Is. vi. 10.
16 ὑμῶν δὲ μακάριοι οἱ ὀφθαλμοὶ ὅτι βλέπουσιν
17 8 ἐπάραντες δὲ τ. ὀφθαλμοὺς αὐτῶν
18 9 εἰ ὁ ὀφθαλμός σου σκανδαλίζει σε
9 ἢ δύο ὀφθαλμοὺς ἔχοντα βληθῆναι εἰς τ. γέενναν
20 15 [1] ἢ ὁ ὀφθαλμός σου πονηρός ἐστιν
33 Κύριε ἵνα ἀνοιγῶσιν οἱ ὀφθαλμοὶ ἡμῶν
21 42 ἔστιν θαυμαστὴ ἐν ὀφθαλμοῖς ἡμῶν
הִיא נִפְלָאת בְּעֵינֵינוּ, Ps. cxviii. 23
26 43 ἦσαν γὰρ αὐτῶν οἱ ὀφθαλμοὶ βεβαρημένοι
Mk 7 22 [1] ἀσέλγεια ὀφθαλμὸς πονηρὸς βλασφημία
8 18 ὀφθαλμοὺς ἔχοντες οὐ βλέπετε
25 εἶτα πάλιν ἔθηκεν τ. χεῖρας ἐπὶ τ. ὀφθαλμοὺς αὐτοῦ
9 47 ἐὰν ὁ ὀφθαλμός σου σκανδαλίζῃ σε
47 ἢ δύο ὀφθαλμοὺς ἔχοντα βληθῆναι εἰς γέενναν
12 11 ἔστιν θαυμαστὴ ἐν ὀφθαλμοῖς ἡμῶν, Ps. *l.c.*
14 40 ἦσαν γὰρ αὐτῶν οἱ ὀφθαλμοὶ καταβαρυνόμενοι
Lu 2 30 ὅτι εἶδον οἱ ὀφθαλμοί μου τὸ σωτήριόν σου
4 20 πάντων οἱ ὀφθαλμοὶ ἐν τ. συναγωγῇ ἦσαν ἀτενίζοντες αὐτῷ
6 20 ἐπάρας τ. ὀφθαλμοὺς αὐτοῦ εἰς τ. μαθητὰς αὐτοῦ
41 τί δὲ βλέπεις τὸ κάρφος τὸ ἐν τ. ὀφθαλμῷ τ. ἀδελφοῦ σου,
τὴν δὲ δοκὸν τὴν ἐν τ. ἰδίῳ ὀφθαλμῷ οὐ κατανοεῖς;
42 ἄφες ἐκβάλω τὸ κάρφος τὸ ἐν τ. ὀφθαλμῷ σου,
αὐτὸς τὴν ἐν τ. ὀφθαλμῷ σου δοκὸν οὐ βλέπων
42 ἔκβαλε πρῶτον τὴν δοκὸν ἐκ τ. ὀφθαλμοῦ σου,
κ. τότε διαβλέψεις τὸ κάρφος τὸ ἐν τ. ὀφθαλμῷ τ. ἀδελφοῦ σου ἐκβαλεῖν
10 23 μακάριοι οἱ ὀφθαλμοὶ οἱ βλέποντες ἃ βλέπετε
11 34 ὁ λύχνος τ. σώματός ἐστιν ὁ ὀφθαλμός σου· ὅταν ὁ ὀφθαλμός σου ἁπλοῦς ᾖ
16 23 ἐν τῷ ᾅδῃ ἐπάρας τ. ὀφθαλμοὺς αὐτοῦ
18 13 οὐκ ἤθελεν οὐδὲ τ. ὀφθαλμοὺς ἐπᾶραι εἰς τ. οὐρανόν
19 42 νῦν δὲ ἐκρύβη ἀπὸ ὀφθαλμῶν σου

Lu 24 16 [2] οἱ δὲ ὀφθαλμοὶ αὐτῶν ἐκρατοῦντο τοῦ μὴ ἐπιγνῶναι αὐτόν
31 αὐτῶν δὲ διηνοίχθησαν οἱ ὀφθαλμοί
Jo 4 35 ἐπάρατε τ. ὀφθαλμοὺς ὑμῶν
6 5 ἐπάρας οὖν τ. ὀφθαλμοὺς ὁ Ἰησοῦς
9 6 ἐπέθηκεν αὐτοῦ τ. πηλὸν ἐπὶ τ. ὀφθαλμούς
10 πῶς οὖν ἠνεῴχθησάν σου οἱ ὀφθαλμοί;
11 ἐπέχρισέν μου τ. ὀφθαλμούς
14 ἀνέῳξεν αὐτοῦ τ. ὀφθαλμούς
15 πηλὸν ἐπέθηκέν μου ἐπὶ τ. ὀφθαλμούς
17 ὅτι ἠνέῳξέν σου τ. ὀφθαλμούς
21 ἢ τίς ἤνοιξεν αὐτοῦ τ. ὀφθαλμοὺς ἡμεῖς οὐκ οἴδαμεν
26 πῶς ἤνοιξέν σου τ. ὀφθαλμούς;
30 οὐκ οἴδατε πόθεν ἐστὶν κ. ἤνοιξέν μου τ. ὀφθαλμούς
32 ἠνέῳξέν τις ὀφθαλμοὺς τυφλοῦ γεγεννημένου
10 21 μὴ δαιμόνιον δύναται τυφλῶν ὀφθαλμοὺς ἀνοῖξαι;
11 37 οὐκ ἐδύνατο οὗτος ὁ ἀνοίξας τ. ὀφθαλμοὺς τ. τυφλοῦ
41 ὁ δὲ Ἰησοῦς ἦρεν τ. ὀφθαλμοὺς ἄνω
12 40 [2] τετύφλωκεν αὐτῶν τ. ὀφθαλμοὺς . . . ἵνα μὴ ἴδωσιν τ. ὀφθαλμοῖς, Is. *l.c.*
17 1 ἐπάρας τ. ὀφθαλμοὺς αὐτοῦ εἰς τ. οὐρανόν
Ac 1 9 νεφέλη ὑπέλαβεν αὐτὸν ἀπὸ τ. ὀφθαλμῶν αὐτῶν
9 8 ἀνεῳγμένων δὲ τ. ὀφθαλμῶν αὐτοῦ οὐδὲν ἔβλεπεν
18 εὐθέως ἀπέπεσαν αὐτοῦ ἀπὸ τ. ὀφθαλμῶν ὡς λεπίδες
40 ἡ δὲ ἤνοιξεν τ. ὀφθαλμοὺς αὐτῆς
26 18 εἰς οὓς ἐγὼ ἀποστέλλω σε ἀνοῖξαι ὀφθαλμοὺς αὐτῶν
28 27 τ. ὀφθαλμοὺς αὐτῶν ἐκάμμυσαν μήποτε ἴδωσιν τ. ὀφθαλμοῖς, Is. *l.c.*
Ro 3 18 οὐκ ἔστιν φόβος Θεοῦ ἀπέναντι τ. ὀφθαλμῶν αὐτῶν
אֵין־פַּחַד אֱלֹהִים לְנֶגֶד עֵינָיו, Ps. xxxvi. 2
11 8 ἔδωκεν αὐτοῖς ὁ Θεὸς . . . ὀφθαλμοὺς τοῦ μὴ βλέπειν
יְעַצֵּם אֶת־עֵינֵיכֶם, Is. xxix. 10
10 [2] σκοτισθήτωσαν οἱ ὀφθαλμοὶ αὐτῶν τοῦ μὴ βλέπειν
תֶּחְשַׁכְנָה עֵינֵיהֶם מֵרְאוֹת, Ps. lxix. 24
I Co 2 9 ἃ ὀφθαλμὸς οὐκ εἶδεν
עַיִן לֹא־רָאָתָה, Is. lxiv. 3
12 16 ὅτι οὐκ εἰμὶ ὀφθαλμὸς οὐκ εἰμὶ ἐκ τ. σώματος
17 εἰ ὅλον τὸ σῶμα ὀφθαλμὸς ποῦ ἡ ἀκοή;
21 οὐ δύναται δὲ ὁ ὀφθαλμὸς εἰπεῖν τῇ χειρί
15 52 ἀλλαγησόμεθα ἐν ἀτόμῳ ἐν ῥιπῇ ὀφθαλμοῦ
Ga 3 1 οἷς κατ' ὀφθαλμοὺς Ἰησοῦς Χριστὸς προεγράφη
4 15 τ. ὀφθαλμοὺς ὑμῶν ἐξορύξαντες ἐδώκατέ μοι
Eph 1 18 [3] πεφωτισμένους τ. ὀφθαλμοὺς τ. καρδίας ὑμῶν
He 4 13 πάντα δὲ γυμνὰ κ. τετραχηλισμένα τ. ὀφθαλμοῖς αὐτοῦ
I Pe 3 12 ὅτι ὀφθαλμοὶ Κυρίου ἐπὶ δικαίους
עֵינֵי יְהוָה אֶל־צַדִּיקִים, Ps. xxxiv. 16
II Pe 2 14 ὀφθαλμοὺς ἔχοντες μεστοὺς μοιχαλίδος

I Jo 1 1 ὃ ἑωράκαμεν τ. ὀφθαλμοῖς ἡμῶν
2 11 [2] ὅτι ἡ σκοτία ἐτύφλωσεν τ. ὀφθαλμοὺς αὐτοῦ
16 [3] ἡ ἐπιθυμία τ. σαρκὸς κ. ἡ ἐπιθυμία τ. ὀφθαλμῶν
Re 1 7 ὄψεται αὐτὸν πᾶς ὀφθαλμός
14 οἱ ὀφθαλμοὶ αὐτοῦ ὡς φλὸξ πυρός
2 18 ὁ υἱὸς τ. Θεοῦ ὁ ἔχων τ. ὀφθαλμοὺς αὐτοῦ ὡς φλόγα πυρός
3 18 κολλύριον ἐγχρῖσαι τ. ὀφθαλμούς σου
4 6 κύκλῳ τ. θρόνου τέσσερα ζῷα γέμοντα ὀφθαλμῶν
8 κυκλόθεν κ. ἔσωθεν γέμουσιν ὀφθαλμῶν
5 6 ἀρνίον . . . ἔχων κέρατα ἑπτὰ κ. ὀφθαλμοὺς ἑπτά
7 17 ἐξαλείψει ὁ Θεὸς πᾶν δάκρυον ἐκ τῶν ὀφθαλμῶν αὐτῶν
19 12 οἱ δὲ ὀφθαλμοὶ αὐτοῦ φλὸξ πυρός
21 4 ἐξαλείψει πᾶν δάκρυον ἐκ τ. ὀφθαλμῶν αὐτῶν

ὌΦΙΣ 3789

Mt 7 10 μὴ ὄφιν ἐπιδώσει αὐτῷ;
10 16 γίνεσθε οὖν φρόνιμοι ὡς οἱ ὄφεις
ὁ ὄφις, WH mg.
23 33 ὄφεις γεννήματα ἐχιδνῶν
Mk 16 [18 ἐν τ. χερσὶν ὄφεις ἀροῦσιν
Lu 10 19 δέδωκα ὑμῖν τ. ἐξουσίαν τοῦ πατεῖν ἐπάνω ὄφεων
11 11 μὴ ἀντὶ ἰχθύος ὄφιν αὐτῷ ἐπιδώσει;
Jo 3 14 καθὼς Μωυσῆς ὕψωσεν τ. ὄφιν ἐν τῇ ἐρήμῳ
I Co 10 9 κ. ὑπὸ τ. ὄφεων ἀπώλλυντο
II Co 11 3 ὡς ὁ ὄφις ἐξηπάτησεν Εὕαν ἐν τ. πανουργίᾳ αὐτοῦ
Re 9 19 αἱ γὰρ οὐραὶ αὐτῶν ὅμοιαι ὄφεσιν
12 9 ἐβλήθη ὁ δράκων ὁ μέγας ὁ ὄφις ὁ ἀρχαῖος
14 ὅπου τρέφεται ἐκεῖ . . . ἀπὸ προσώπου τ. ὄφεως.
15 κ. ἔβαλεν ὁ ὄφις ἐκ τ. στόματος αὐτοῦ . . . ὕδωρ ὡς ποταμόν
20 2 ἐκράτησεν τ. δράκοντα ὁ ὄφις ὁ ἀρχαῖος
τ. ὄφιν τ. ἀρχαῖον, WH mg.

ὈΦΡΎΣ 3790

Lu 4 29 ἤγαγεν αὐτὸν ἕως ὀφρύος τ. ὄρους

ὈΧΕΤΌΣ** 3790.5

Mk 7 19 εἰς τ. ὀχετὸν ἐκπορεύεται
ἀφεδρῶνα, TWH non mg. R

ὈΧΛΈΟΜΑΙ** 3791

Ac 5 16 φέροντες . . . ὀχλουμένους ὑπὸ πνευμάτων ἀκαθάρτων

ὈΧΛΟΠΟΙΈΩ* † 3792

Ac 17 5 ὀχλοποιήσαντες ἐθορύβουν τ. πόλιν

ὌΧΛΟΣ 3793

(1) ὄχλ. ἱκανός, πλεῖστος (2) seq. gen.

Mt 4 25 ἠκολούθησαν αὐτῷ ὄχλοι πολλοὶ ἀπὸ τ. Γαλιλαίας
5 1 ἰδὼν δὲ τ. ὄχλους ἀνέβη εἰς τὸ ὄρος
7 28 ἐξεπλήσσοντο οἱ ὄχλοι ἐπὶ τ. διδαχῇ αὐτοῦ
8 1 ἠκολούθησαν αὐτῷ ὄχλοι πολλοί

Mt **8** 18 ἰδὼν δὲ ὁ Ἰησοῦς ὄχλον περὶ αὐτόν
πολλοὺς ὄχλους, TWH mg. R
9 8 ἰδόντες δὲ οἱ ὄχλοι ἐφοβήθησαν
23 ἰδὼν τ. αὐλητὰς κ. τ. ὄχλον θορυβούμενον
25 ὅτε δὲ ἐξεβλήθη ὁ ὄχλος
33 ἐθαύμασαν οἱ ὄχλοι λέγοντες
36 ἰδὼν δὲ τ. ὄχλους ἐσπλαγχνίσθη περὶ αὐτῶν
11 7 ἤρξατο ὁ Ἰησοῦς λέγειν τ. ὄχλοις περὶ Ἰωάνου
12 23 ἐξίσταντο πάντες οἱ ὄχλοι
46 ἔτι αὐτοῦ λαλοῦντος τ. ὄχλοις
13 2 συνήχθησαν πρὸς αὐτὸν ὄχλοι πολλοί
2 πᾶς ὁ ὄχλος ἐπὶ τ. αἰγιαλὸν εἱστήκει
34 ταῦτα πάντα ἐλάλησεν ὁ Ἰησοῦς ἐν παραβολαῖς τ. ὄχλοις
36 τότε ἀφεὶς τ. ὄχλους ἦλθεν εἰς τ. οἰκίαν
14 5 θέλων αὐτὸν ἀποκτεῖναι ἐφοβήθη τ. ὄχλον
13 ἀκούσαντες οἱ ὄχλοι ἠκολούθησαν αὐτῷ
14 ἐξελθὼν εἶδεν πολὺν ὄχλον
15 ἀπόλυσον τ. ὄχλους
19 κελεύσας τ. ὄχλους ἀνακλιθῆναι ἐπὶ τ. χόρτου
19 ἔδωκεν τ. μαθηταῖς τ. ἄρτους οἱ δὲ μαθηταὶ τ. ὄχλοις
22 ἕως οὗ ἀπολύσῃ τ. ὄχλους.
23 κ. ἀπολύσας τ. ὄχλους ἀνέβη εἰς τὸ ὄρος
15 10 προσκαλεσάμενος τ. ὄχλον εἶπεν αὐτοῖς
30 προσῆλθον αὐτῷ ὄχλοι πολλοί
31 ἐθεράπευσεν αὐτοὺς ὥστε τ. ὄχλον θαυμάσαι
τ. ὄχλους, WH mg.
32 σπλαγχνίζομαι ἐπὶ τ. ὄχλον
33 ἄρτοι τοσοῦτοι ὥστε χορτάσαι ὄχλον τοσοῦτον
35 παραγγείλας τ. ὄχλῳ ἀναπεσεῖν ἐπὶ τ. γῆν
36 ἐδίδου τ. μαθηταῖς οἱ δὲ μαθηταὶ τ. ὄχλοις
39 ἀπολύσας τ. ὄχλους ἐνέβη εἰς τὸ πλοῖον
17 14 ἐλθόντων πρὸς τ. ὄχλον προσῆλθεν αὐτῷ ἄνθρωπος
19 2 ἠκολούθησαν αὐτῷ ὄχλοι πολλοί
20 29 ἠκολούθησεν αὐτῷ ὄχλος πολύς
31 ὁ δὲ ὄχλος ἐπετίμησεν αὐτοῖς ἵνα σιωπήσωσιν
21 8 [1] ὁ δὲ πλεῖστος ὄχλος ἔστρωσαν ἑαυτῶν τὰ ἱμάτια
9 οἱ δὲ ὄχλοι οἱ προάγοντες αὐτὸν κ. οἱ ἀκολουθοῦντες ἔκραζον
11 οἱ δὲ ὄχλοι ἔλεγον
26 ἐὰν δὲ εἴπωμεν Ἐξ ἀνθρώπων φοβούμεθα τ. ὄχλον
46 ζητοῦντες αὐτὸν κρατῆσαι ἐφοβήθησαν τ. ὄχλους
22 33 ἀκούσαντες οἱ ὄχλοι ἐξεπλήσσοντο ἐπὶ τ. διδαχῇ αὐτοῦ
23 1 τότε ὁ Ἰησοῦς ἐλάλησεν τ. ὄχλοις
26 47 μετ' αὐτοῦ ὄχλος πολὺς μετὰ μαχαιρῶν
55 εἶπεν ὁ Ἰησοῦς τ. ὄχλοις
27 15 εἰώθει ὁ ἡγεμὼν ἀπολύειν ἕνα τ. ὄχλῳ δέσμιον
20 οἱ δὲ ἀρχιερεῖς κ. οἱ πρεσβύτεροι ἔπεισαν τ. ὄχλους
24 ἀπενίψατο τ. χεῖρας κατέναντι τ. ὄχλου
Mk **2** 4 μὴ δυνάμενοι προσενέγκαι αὐτῷ διὰ τ. ὄχλον
13 πᾶς ὁ ὄχλος ἤρχετο πρὸς αὐτόν
3 9 ἵνα πλοιάριον προσκαρτερῇ αὐτῷ διὰ τ. ὄχλον
20 συνέρχεται πάλιν ὁ ὄχλος
—ὁ, T [WH]

Mk **3** 32 ἐκάθητο περὶ αὐτὸν ὄχλος
4 1 [1] συνάγεται πρὸς αὐτὸν ὄχλος πλεῖστος
1 πᾶς ὁ ὄχλος πρὸς τ. θάλασσαν ἐπὶ τ. γῆς ἦσαν
36 ἀφέντες τ. ὄχλον παραλαμβάνουσιν αὐτόν
5 21 συνήχθη ὄχλος πολὺς ἐπ' αὐτόν
24 ἠκολούθει αὐτῷ ὄχλος πολύς
27 ἐλθοῦσα ἐν τ. ὄχλῳ ὄπισθεν ἥψατο τ. ἱματίου αὐτοῦ
30 ἐπιστραφεὶς ἐν τ. ὄχλῳ ἔλεγεν
31 βλέπεις τ. ὄχλον συνθλίβοντά σε
6 34 ἐξελθὼν εἶδεν πολὺν ὄχλον
45 ἕως αὐτὸς ἀπολύει τ. ὄχλον
7 14 προσκαλεσάμενος πάλιν τ. ὄχλον ἔλεγεν αὐτοῖς
17 ὅτε εἰσῆλθεν εἰς οἶκον ἀπὸ τ. ὄχλου
33 ἀπολαβόμενος αὐτὸν ἀπὸ τ. ὄχλου κατ' ἰδίαν
8 1 ἐν ἐκείναις τ. ἡμέραις πάλιν πολλοῦ ὄχλου ὄντος
2 σπλαγχνίζομαι ἐπὶ τ. ὄχλον
6 παραγγέλλει τ. ὄχλῳ ἀναπεσεῖν ἐπὶ τ. γῆς
6 κ. παρέθηκαν τ. ὄχλῳ
34 προσκαλεσάμενος τ. ὄχλον σὺν τ. μαθηταῖς αὐτοῦ
9 14 εἶδαν ὄχλον πολὺν περὶ αὐτούς
15 εὐθὺς πᾶς ὁ ὄχλος ἰδόντες αὐτὸν ἐξεθαμβήθησαν
17 ἀπεκρίθη αὐτῷ εἷς ἐκ τ. ὄχλου
25 ἰδὼν δὲ ὁ Ἰησοῦς ὅτι ἐπισυντρέχει ὄχλος
ὁ ὄχλ., T
10 1 συνπορεύονται πάλιν ὄχλοι πρὸς αὐτόν
46 [1] ἐκπορευομένου αὐτοῦ ἀπὸ Ἰερειχὼ . . κ. ὄχλου ἱκανοῦ
11 18 πᾶς γὰρ ὄχλος ἐξεπλήσσετο ἐπὶ τ. διδαχῇ αὐτοῦ
ἐξεπλήσσοντο, T
32 ἀλλὰ εἴπωμεν Ἐξ ἀνθρώπων; ἐφοβοῦντο τ. ὄχλον
τ. λαόν, TR
12 12 ἐζήτουν αὐτὸν κρατῆσαι κ. ἐφοβήθησαν τ. ὄχλον
37 ὁ πολὺς ὄχλος ἤκουεν αὐτοῦ ἡδέως
41 ἐθεώρει πῶς ὁ ὄχλος βάλλει χαλκόν
14 43 μετ' αὐτοῦ ὄχλος μετὰ μαχαιρῶν κ. ξύλων
15 8 ἀναβὰς ὁ ὄχλος ἤρξατο αἰτεῖσθαι
11 οἱ δὲ ἀρχιερεῖς ἀνέσεισαν τ. ὄχλον
15 ὁ δὲ Πειλᾶτος βουλόμενος τ. ὄχλῳ τὸ ἱκανὸν ποιῆσαι
ποι. τὸ ἱκ. τ. ὄχλ., T
Lu **3** 7 ἔλεγεν οὖν τοῖς ἐκπορευομένοις ὄχλοις βαπτισθῆναι
10 ἐπηρώτων αὐτὸν οἱ ὄχλοι λέγοντες
4 42 οἱ ὄχλοι ἐπεζήτουν αὐτὸν κ. ἦλθον ἕως αὐτοῦ
5 1 ἐγένετο δὲ ἐν τῷ τ. ὄχλον ἐπικεῖσθαι αὐτῷ
3 καθίσας δὲ ἐκ τ. πλοίου ἐδίδασκεν τ. ὄχλους
15 συνήρχοντο ὄχλοι πολλοὶ ἀκούειν
19 μὴ εὑρόντες ποίας εἰσενέγκωσιν αὐτὸν διὰ τ. ὄχλον
29 [2] ἦν ὄχλος πολὺς τελωνῶν κ. ἄλλων
6 17 [2] ἔστη . . . ὄχλος πολὺς μαθητῶν αὐτοῦ
19 πᾶς ὁ ὄχλος ἐζήτουν ἅπτεσθαι αὐτοῦ
7 9 στραφεὶς τ. ἀκολουθοῦντι ὄχλῳ εἶπεν
11 συνεπορεύοντο αὐτῷ οἱ μαθηταὶ αὐτοῦ κ. ὄχλος πολύς
12 [1] ὄχλος τ. πόλεως ἱκανὸς ἦν σὺν αὐτῇ

Lu 7 24 ἤρξατο λέγειν πρὸς τ. ὄχλους περὶ Ἰωάνου
8 4 συνιόντος δὲ ὄχλου πολλοῦ
19 οὐκ ἠδύναντο συντυχεῖν αὐτῷ διὰ τ. ὄχλον
40 ἀπεδέξατο αὐτὸν ὁ ὄχλος
42 ἐν δὲ τῷ ὑπάγειν αὐτὸν οἱ ὄχλοι συνέπνιγον αὐτόν
45 οἱ ὄχλοι συνέχουσίν σε κ. ἀποθλίβουσιν
9 11 οἱ δὲ ὄχλοι γνόντες ἠκολούθησαν αὐτῷ
12 ἀπόλυσον τ. ὄχλον
16 ἐδίδου τ. μαθηταῖς παραθεῖναι τ. ὄχλῳ
18 τίνα με οἱ ὄχλοι λέγουσιν εἶναι;
37 συνήντησεν αὐτῷ ὄχλος πολύς
38 ἀνὴρ ἀπὸ τ. ὄχλου ἐβόησεν λέγων
11 14 ἐθαύμασαν οἱ ὄχλοι
27 ἐπάρασά τις φωνὴν γυνὴ ἐκ τ. ὄχλου εἶπεν αὐτῷ
29 τ. δὲ ὄχλων ἐπαθροιζομένων ἤρξατο λέγειν
12 1 ἐν οἷς ἐπισυναχθεισῶν τ. μυριάδων τ. ὄχλου
13 εἶπεν δέ τις ἐκ τ. ὄχλου αὐτῷ
54 ἔλεγεν δὲ κ. τ. ὄχλοις
13 14 ἀποκριθεὶς δὲ ὁ ἀρχισυνάγωγος . . . ἔλεγεν τ. ὄχλῳ
17 πᾶς ὁ ὄχλος ἔχαιρεν ἐπὶ πᾶσι τ. ἐνδόξοις
14 25 συνεπορεύοντο δὲ αὐτῷ ὄχλοι πολλοί
18 36 ἀκούσας δὲ ὄχλου διαπορευομένου ἐπυνθάνετο
19 3 οὐκ ἠδύνατο ἀπὸ τ. ὄχλου
39 τινὲς τ. Φαρισαίων ἀπὸ τ. ὄχλου εἶπαν πρὸς αὐτόν
22 6 ἐζήτει εὐκαιρίαν τοῦ παραδοῦναι αὐτὸν ἄτερ ὄχλου αὐτοῖς
47 ἔτι αὐτοῦ λαλοῦντος ἰδοὺ ὄχλος
23 4 ὁ δὲ Πειλᾶτος εἶπεν πρὸς τ. ἀρχιερεῖς κ. τ. ὄχλους
48 πάντες οἱ συνπαραγενόμενοι ὄχλοι ἐπὶ τ. θεωρίαν ταύτην
Jo 5 13 ὁ γὰρ Ἰησοῦς ἐξένευσεν ὄχλου ὄντος ἐν τ. τόπῳ
6 2 ἠκολούθει δὲ αὐτῷ ὄχλος πολύς
5 θεασάμενος ὅτι πολὺς ὄχλος ἔρχεται πρὸς αὐτόν
22 ὁ ὄχλος ὁ ἑστηκὼς πέραν τ. θαλάσσης
24 ὅτε οὖν εἶδεν ὁ ὄχλος
7 12 γογγυσμὸς περὶ αὐτοῦ ἦν πολὺς ἐν τ. ὄχλοις
ἐν τ. ὄχλῳ, T
12 ἀλλὰ πλανᾷ τ. ὄχλον
20 ἀπεκρίθη ὁ ὄχλος
31 ἐκ τ. ὄχλου δὲ πολλοὶ ἐπίστευσαν εἰς αὐτόν
πολλ. δὲ ἐπίστ. ἐκ τ. ὄχλ., T
32 ἤκουσαν δὲ Φαρισαῖοι τ. ὄχλου γογγύζοντος περὶ αὐτοῦ ταῦτα
40 ἐκ τ. ὄχλου οὖν ἀκούσαντες τ. λόγων τούτων
43 σχίσμα οὖν ἐγένετο ἐν τ. ὄχλῳ δι' αὐτόν
49 ὁ ὄχλος οὗτος ὁ μὴ γινώσκων τ. νόμον ἐπάρατοί εἰσιν
11 42 διὰ τ. ὄχλον τ. περιεστῶτα εἶπον
12 9 ἔγνω οὖν ὁ ὄχλος πολὺς ἐκ τ. Ἰουδαίων
12 τῇ ἐπαύριον ὁ ὄχλος πολὺς ὁ ἐλθὼν εἰς τ. ἑορτήν
—ὁ, TR non mg.
17 ἐμαρτύρει οὖν ὁ ὄχλος ὁ ὢν μετ' αὐτοῦ
18 διὰ τοῦτο κ. ὑπήντησεν αὐτῷ ὁ ὄχλος
29 ὁ οὖν ὄχλος ὁ ἑστὼς κ. ἀκούσας ἔλεγεν
34 ἀπεκρίθη οὖν αὐτῷ ὁ ὄχλος
Ac 1 15 [2] ἦν τε ὄχλος ὀνομάτων ἐπὶ τὸ αὐτὸ ὡς ἑκατὸν εἴκοσι
6 7 [2] πολύς τε ὄχλος τ. ἱερέων ὑπήκουον τ. πίστει
Ac 8 6 προσεῖχον δὲ οἱ ὄχλοι τ. λεγομένοις ὑπὸ τ. Φιλίππου
11 24 [1] προσετέθη ὄχλος ἱκανὸς τ. Κυρίῳ
26 [1] ἐγένετο δὲ αὐτοῖς . . . διδάξαι ὄχλον ἱκανόν
13 45 ἰδόντες δὲ οἱ Ἰουδαῖοι τ. ὄχλους
14 11 οἵ τε ὄχλοι ἰδόντες ὃ ἐποίησεν Παῦλος
13 σὺν τ. ὄχλοις ἤθελεν θύειν
14 ἀκούσαντες δὲ οἱ ἀπόστολοι Βαρνάβας κ. Παῦλος . . . ἐξεπήδησαν εἰς τ. ὄχλον
18 ταῦτα λέγοντες μόλις κατέπαυσαν τ. ὄχλους
19 πείσαντες τ. ὄχλους κ. λιθάσαντες τ. Παῦλον
16 22 συνεπέστη ὁ ὄχλος κατ' αὐτῶν
17 8 ἐτάραξαν δὲ τ. ὄχλον κ. τ. πολιτάρχας
13 ἦλθον κἀκεῖ σαλεύοντες κ. ταράσσοντες τ. ὄχλους
19 26 [1] οὗτος πείσας μετέστησεν ἱκανὸν ὄχλον
33 ἐκ δὲ τ. ὄχλου συνεβίβασαν Ἀλέξανδρον
35 καταστείλας δὲ τ. ὄχλον ὁ γραμματεύς
ὁ γρ. τ. ὄχλ., T
21 27 συνέχεον πάντα τ. ὄχλον
34 ἄλλοι δὲ ἄλλο τι ἐπεφώνουν ἐν τ. ὄχλῳ
35 συνέβη βαστάζεσθαι αὐτὸν ὑπὸ τ. στρατιωτῶν διὰ τ. βίαν τ. ὄχλου
24 12 οὔτε ἐν τ. ἱερῷ εὗρόν με . . . ἐπίστασιν ποιοῦντα ὄχλου
18 εὗρόν με . . . ἐν τ. ἱερῷ οὐ μετὰ ὄχλου οὐδὲ μετὰ θορύβου
Re 7 9 ἰδοὺ ὄχλος πολὺς ὃν ἀριθμῆσαι αὐτὸν οὐδεὶς ἐδύνατο
17 15 τὰ ὕδατα ἃ εἶδες . . . λαοὶ κ. ὄχλοι εἰσίν
19 1 ἤκουσα ὡς φωνὴν μεγάλην ὄχλου πολλοῦ ἐν τ. οὐρανῷ
6 ἤκουσα ὡς φωνὴν ὄχλου πολλοῦ

ὈΧΥΡΩΜΑ 3794

IICo 10 4 δυνατὰ τ. Θεῷ πρὸς καθαίρεσιν ὀχυρωμάτων

ὈΨΑΡΙΟΝ ** 3795

Jo 6 9 ὃς ἔχει πέντε ἄρτους κριθίνους κ. δύο ὀψάρια
11 ὁμοίως κ. ἐκ τ. ὀψαρίων ὅσον ἤθελον
21 9 βλέπουσιν ἀνθρακιὰν κειμένην κ. ὀψάριον ἐπικείμενον
10 ἐνέγκατε ἀπὸ τ. ὀψαρίων ὧν ἐπιάσατε νῦν
13 λαμβάνει τ. ἄρτον κ. δίδωσιν αὐτοῖς κ. τὸ ὀψάριον ὁμοίως

ὈΨΕ 3796

Mt 28 1 ὀψὲ σαββάτων τ. ἐπιφωσκούσῃ εἰς μίαν σαββάτων
Mk 11 11 ὀψὲ ἤδη οὔσης τ. ὥρας
ὀψίας, WH mg.
19 ὅταν ὀψὲ ἐγένετο
13 35 πότε ὁ κύριος τ. οἰκίας ἔρχεται ἢ ὀψὲ ἢ μεσονύκτιον

ὈΨΙΑ * 3798 cf. 3798.5

Mt 8 16 ὀψίας δὲ γενομένης προσήνεγκαν αὐτῷ
14 15 ὀψίας δὲ γενομένης προσῆλθαν αὐτῷ
23 ὀψίας δὲ γενομένης μόνος ἦν ἐκεῖ
16 2 ὀψίας γενομένης λέγετε Εὐδία
—h. v., [T] [[WH]] R mg.
20 8 ὀψίας δὲ γενομένης λέγει ὁ κύριος τ. ἀμπελῶνος

Mt 26 20 ὀψίας δὲ γενομένης ἀνέκειτο μετὰ τ. δώδεκα μαθητῶν
27 57 ὀψίας δὲ γενομένης ἦλθεν ἄνθρωπος πλούσιος
Mk 1 32 ὀψίας δὲ γενομένης ὅτε ἔδυσεν ὁ ἥλιος
4 35 ἐν ἐκείνῃ τ. ἡμέρᾳ ὀψίας γενομένης
6 47 ὀψίας γενομένης ἦν τὸ πλοῖον ἐν μέσῳ τ. θαλάσσης
11 11 ὀψίας ἤδη οὔσης [τ. ὥρας] WH mg
14 17 ὀψίας γενομένης ἔρχεται μετὰ τ. δώδεκα
15 42 ἤδη ὀψίας γενομένης ἐπεὶ ἦν παρασκευή
Jo 6 16 ὡς δὲ ὀψία ἐγένετο
20 19 οὔσης οὖν ὀψίας τ. ἡμέρᾳ ἐκείνῃ

ὈΨΙΜΟΣ 3797

Ja 5 7 ἕως λάβῃ πρόϊμον κ. ὄψιμον

ὈΨΙΟΣ* 3798.5 cf. 3798

Mk 11 11 ὀψίας ἤδη οὔσης τ. ὥρας
ὀψὲ, TWH non mg.

ὌΨΙΣ 3799

Jo 7 24 μὴ κρίνετε κατ' ὄψιν
11 44 ἡ ὄψις αὐτοῦ σουδαρίῳ περιεδέδετο
Re 1 16 ἡ ὄψις αὐτοῦ ὡς ὁ ἥλιος φαίνει

ὈΨΩ΄ΝΙΟΝ** 3800

Lu 3 14 ἀρκεῖσθε τ. ὀψωνίοις ὑμῶν
Ro 6 23 τὰ γὰρ ὀψώνια τ. ἁμαρτίας θάνατος
I Co 9 7 τίς στρατεύεται ἰδίοις ὀψωνίοις ποτέ;
II Co 11 8 λαβὼν ὀψώνιον πρὸς τὴν ὑμῶν διακονίαν

Π

ΠΑΓΙΔΕΥ΄Ω † 3802

Mt 22 15 ὅπως αὐτὸν παγιδεύσωσιν ἐν λόγῳ

ΠΑΓΙ΄Σ 3803

Lu 21 35 μήποτε . . . ἐπιστῇ ἐφ' ὑμᾶς αἰφνίδιος ἡ ἡμέρα ἐκείνη ὡς παγίς
Ro 11 9 γενηθήτω ἡ τράπεζα αὐτῶν εἰς παγίδα
יְהִי־שֻׁלְחָנָם לִפְנֵיהֶם לְפָח, Ps. lxix. 23
I Ti 3 7 ἵνα μὴ εἰς ὀνειδισμὸν ἐμπέσῃ κ. παγίδα τ. διαβόλου
6 9 ἐμπίπτουσιν εἰς πειρασμὸν κ. παγίδα
II Ti 2 26 μήποτε . . . ἀνανήψωσιν ἐκ τῆς τ. διαβόλου παγίδος

ΠΑ΄ΓΟΣ *Vide* **ἈΡΕΙΟΣ**, 697

ΠΑ΄ΘΗΜΑ* 3804

Ro 7 5 τὰ παθήματα τ. ἁμαρτιῶν τὰ διὰ τ. νόμου
8 18 οὐκ ἄξια τὰ παθήματα τ. νῦν καιροῦ πρὸς τ. μέλλουσαν δόξαν ἀποκαλυφθῆναι
II Co 1 5 καθὼς περισσεύει τὰ παθήματα τ. Χριστοῦ εἰς ἡμᾶς
6 τ. ἐνεργουμένης ἐν ὑπομονῇ τ. αὐτῶν παθημάτων
7 ὡς κοινωνοί ἐστε τ. παθημάτων
Ga 5 24 τὴν σάρκα ἐσταύρωσαν σὺν τ. παθήμασι κ. τ. ἐπιθυμίαις
Phl 3 10 τοῦ γνῶναι . . . κοινωνίαν παθημάτων αὐτοῦ
Col 1 24 νῦν χαίρω ἐν τ. παθήμασιν ὑπὲρ ὑμῶν
II Ti 3 11 σὺ δὲ παρηκολούθησάς μου . . . τ. διωγμοῖς τ. παθήμασιν
He 2 9 διὰ τὸ πάθημα τ. θανάτου δόξῃ κ. τιμῇ ἐστεφανωμένον
10 τ. ἀρχηγὸν τ. σωτηρίας αὐτῶν διὰ παθημάτων τελειῶσαι
10 32 πολλὴν ἄθλησιν ὑπεμείνατε παθημάτων
I Pe 1 11 προμαρτυρόμενον τὰ εἰς Χριστὸν παθήματα
4 13 καθὸ κοινωνεῖτε τοῖς τ. Χριστοῦ παθήμασιν
5 1 συνπρεσβύτερος κ. μάρτυς τῶν τ. Χριστοῦ παθημάτων
9 εἰδότες τὰ αὐτὰ τ. παθημάτων . . . ἐπιτελεῖσθαι

ΠΑΘΗΤΟ΄Σ* 3805

Ac 26 23 εἰ παθητὸς ὁ Χριστός

ΠΑ΄ΘΟΣ 3806

Ro 1 26 παρέδωκεν αὐτοὺς ὁ Θεὸς εἰς πάθη ἀτιμίας
Col 3 5 ἀκαθαρσίαν πάθος ἐπιθυμίαν κακήν
I Th 4 5 μὴ ἐν πάθει ἐπιθυμίας

ΠΑΙΔΑΓΩΓΟ΄Σ* 3807

I Co 4 15 ἐὰν γὰρ μυρίους παιδαγωγοὺς ἔχητε ἐν Χριστῷ
Ga 3 24 ὁ νόμος παιδαγωγὸς ἡμῶν γέγονεν εἰς Χριστόν
25 ἐλθούσης δὲ τ. πίστεως οὐκέτι ὑπὸ παιδαγωγόν ἐσμεν

ΠΑΙΔΑ΄ΡΙΟΝ 3808

Jo 6 9 ἔστιν παιδάριον ἓν ὧδε

ΠΑΙΔΕΙ΄Α 3809

παιδία, T

Eph 6 4 ἐκτρέφετε αὐτὰ ἐν παιδείᾳ κ. νουθεσίᾳ Κυρίου
II Ti 3 16 ὠφέλιμος . . . πρὸς παιδείαν τὴν ἐν δικαιοσύνῃ
He 12 5 υἱέ μου μὴ ὀλιγώρει παιδείας Κυρίου
מוּסַר יְהוָה בְּנִי אַל־תִּמְאָס, Pr. iii. 11
7 εἰς παιδείαν ὑπομένετε
8 εἰ δὲ χωρίς ἐστε παιδείας
11 πᾶσα μὲν παιδεία πρὸς μὲν τὸ παρὸν οὐ δοκεῖ χαρᾶς εἶναι

ΠΑΙΔΕΥΤΗ΄Σ 3810

Ro 2 20 φῶς τῶν ἐν σκότει παιδευτὴν ἀφρόνων
He 12 9 τοὺς μὲν τ. σαρκὸς ἡμῶν πατέρας εἴχομεν παιδευτάς

ΠΑΙΔΕΥ΄Ω 3811

Lu 23 16 παιδεύσας οὖν αὐτὸν ἀπολύσω
22 παιδεύσας οὖν αὐτὸν ἀπολύσω

Ac 7 22 ἐπαιδεύθη Μωυσῆς πάσῃ σοφίᾳ Αἰγυπτίων
22 3 πεπαιδευμένος κατὰ ἀκρίβειαν τ. πατρῴου νόμου
1Co11 32 κρινόμενοι δὲ ὑπὸ τοῦ Κυρίου παιδευόμεθα
11Co6 9 ὡς παιδευόμενοι καὶ μὴ θανατούμενοι
1Ti 1 20 ἵνα παιδευθῶσιν μὴ βλασφημεῖν
11Ti 2 25 ἐν πραΰτητι παιδεύοντα τ. ἀντιδιατιθεμένους
Tit 2 12 παιδεύουσα ἡμᾶς ἵνα . . . εὐσεβῶς ζήσωμεν
He 12 6 ὃν γὰρ ἀγαπᾷ Κύριος παιδεύει
כִּי אֶת אֲשֶׁר יֶאֱהַב יְהוָֹה יוֹכִיחַ, Pr. iii. 12
7 τίς γὰρ υἱὸς ὃν οὐ παιδεύει πατήρ
10 οἱ μὲν γὰρ . . . κατὰ τὸ δοκοῦν αὐτοῖς ἐπαίδευον
Re 3 19 ἐγὼ ὅσους ἐὰν φιλῶ ἐλέγχω κ. παιδεύω

ΠΑΙΔΙ'Α *Vide* ΠΑΙΔΕΙ'Α, 3809

ΠΑΙΔΙΟ'ΘΕΝ 3812

Mk 9 21 ὁ δὲ εἶπεν Ἐκ παιδιόθεν

ΠΑΙΔΙ'ΟΝ 3813

(1) voc. (2) metaph.

Mt 2 8 πορευθέντες ἐξετάσατε ἀκριβῶς περὶ τ. παιδίου
9 ἕως ἐλθὼν ἐστάθη ἐπάνω οὗ ἦν τὸ παιδίον
11 εἶδον τὸ παιδίον μετὰ Μαρίας τ. μητρὸς αὐτοῦ
13 ἐγερθεὶς παράλαβε τὸ παιδίον
13 μέλλει γὰρ Ἡρῴδης ζητεῖν τὸ παιδίον
14 ὁ δὲ ἐγερθεὶς παρέλαβεν τὸ παιδίον
20 ἐγερθεὶς παράλαβε τὸ παιδίον
20 τεθνήκασιν γὰρ οἱ ζητοῦντες τ. ψυχὴν τ. παιδίου.
21 ὁ δὲ ἐγερθεὶς παρέλαβεν τὸ παιδίον
11 16 ὁμοία ἐστὶν παιδίοις καθημένοις ἐν τ. ἀγοραῖς
14 21 ἄνδρες ὡσεὶ πεντακισχίλιοι χωρὶς γυναικῶν κ. παιδίων
15 38 χωρὶς γυναικῶν καὶ παιδίων
18 2 προσκαλεσάμενος παιδίον ἔστησεν αὐτὸ ἐν μέσῳ αὐτῶν
3 ἐὰν μὴ στραφῆτε κ. γένησθε ὡς τὰ παιδία
4 ὅστις οὖν ταπεινώσει ἑαυτὸν ὡς τὸ παιδίον τοῦτο
5 ὃς ἐὰν δέξηται ἓν παιδίον τοιοῦτον ἐπὶ τ. ὀνόματί μου
19 13 τότε προσηνέχθησαν αὐτῷ παιδία
14 ἄφετε τὰ παιδία κ. μὴ κωλύετε αὐτὰ ἐλθεῖν
Mk 5 39 τὸ παιδίον οὐκ ἀπέθανεν ἀλλὰ καθεύδει
40 παραλαμβάνει τ. πατέρα τ. παιδίου κ. τ. μητέρα
40 εἰσπορεύεται ὅπου ἦν τὸ παιδίον.
41 κ. κρατήσας τ. χειρὸς τ. παιδίου
7 28 κ. τὰ κυνάρια . . . ἐσθίουσιν ἀπὸ τ. ψιχίων τ. παιδίων
30 εὗρεν τὸ παιδίον βεβλημένον ἐπὶ τ. κλίνην
9 24 εὐθὺς κράξας ὁ πατὴρ τ. παιδίου ἔλεγεν
36 λαβὼν παιδίον ἔστησεν αὐτὸ ἐν μέσῳ αὐτῶν
37 ὃς ἂν ἓν τ. τοιούτων παιδίων δέξηται ἐπὶ τ. ὀνόματί μου
τ. παιδ. τούτων, T
Mk 10 13 προσέφερον αὐτῷ παιδία ἵνα αὐτῶν ἅψηται
14 ἄφετε τὰ παιδία ἔρχεσθαι πρός με
15 ὃς ἂν μὴ δέξηται τ. βασιλείαν τ. Θεοῦ ὡς παιδίον
Lu 1 59 ἦλθαν περιτεμεῖν τὸ παιδίον
66 τί ἄρα τὸ παιδίον τοῦτο ἔσται;
76 [1] κ. σὺ δὲ παιδίον προφήτης ὑψίστου κληθήσῃ
80 τὸ δὲ παιδίον ηὔξανεν κ. ἐκραταιοῦτο πνεύματι
2 17 τ. ῥήματος τ. λαληθέντος αὐτοῖς περὶ τ. παιδίου τούτου
27 ἐν τ. εἰσαγαγεῖν τ. γονεῖς τὸ παιδίον Ἰησοῦν
40 τὸ δὲ παιδίον ηὔξανεν κ. ἐκραταιοῦτο
7 32 ὅμοιοί εἰσιν παιδίοις τοῖς ἐν ἀγορᾷ καθημένοις
9 47 ἐπιλαβόμενος παιδίον ἔστησεν αὐτὸ παρ' ἑαυτῷ
παιδίου, T
48 ὃς ἂν δέξηται τοῦτο τὸ παιδίον ἐπὶ τ. ὀνόματί μου
11 7 τὰ παιδία μου μετ' ἐμοῦ εἰς τ. κοίτην εἰσίν
18 16 ἄφετε τὰ παιδία ἔρχεσθαι πρός με
17 ὃς ἂν μὴ δέξηται τ. βασιλείαν τ. Θεοῦ ὡς παιδίον
Jo 4 49 κατάβηθι πρὶν ἀποθανεῖν τὸ παιδίον μου
16 21 ὅταν δὲ γεννήσῃ τὸ παιδίον
21 5 [1] παιδία μή τι προσφάγιον ἔχετε;
1Co14 20 [2] ἀδελφοὶ μὴ παιδία γίνεσθε ταῖς φρεσίν
He 2 13 ἐγὼ κ. τὰ παιδία ἅ μοι ἔδωκεν ὁ Θεός.
אָנֹכִי וְהַיְלָדִים אֲשֶׁר נָתַן־לִי יְהוָֹה, Is. viii. 18
14 ἐπεὶ οὖν τὰ παιδία κεκοινώνηκεν αἵματος κ. σαρκός
11 23 διότι εἶδον ἀστεῖον τὸ παιδίον
1Jo 2 14 [1] ἔγραψα ὑμῖν παιδία ὅτι ἐγνώκατε τ. πατέρα
18 [1] παιδία ἐσχάτη ὥρα ἐστίν
3 7 [1] παιδία μηδεὶς πλανάτω ὑμᾶς
τεκνία, TWH non mg. R

ΠΑΙΔΙ'ΣΚΗ 3814

Mt 26 69 προσῆλθεν αὐτῷ μία παιδίσκη
Mk 14 66 ἔρχεται μία τ. παιδισκῶν τ. ἀρχιερέως
69 ἡ παιδίσκη ἰδοῦσα αὐτὸν ἤρξατο πάλιν λέγειν
Lu 12 45 ἐὰν . . . ἄρξηται τύπτειν τ. παῖδας κ. τ. παιδίσκας
22 56 ἰδοῦσα δὲ αὐτὸν παιδίσκη τις καθήμενον
Jo 18 17 λέγει οὖν τ. Πέτρῳ ἡ παιδίσκη ἡ θυρωρός
Ac 12 13 προσῆλθεν παιδίσκη ὑπακοῦσαι ὀνόματι Ῥόδη
16 16 παιδίσκην τινὰ ἔχουσαν πνεῦμα πύθωνα ὑπαντῆσαι ἡμῖν
Ga 4 22 ἕνα ἐκ τ. παιδίσκης κ. ἕνα ἐκ τ. ἐλευθέρας·
23 ἀλλ' ὁ μὲν ἐκ τ. παιδίσκης κατὰ σάρκα γεγέννηται
30 ἔκβαλε τ. παιδίσκην κ. τ. υἱὸν αὐτῆς,
גָּרֵשׁ הָאָמָה הַזֹּאת וְאֶת־בְּנָהּ, Gen. xxi. 10
οὐ γαρ μὴ κληρονομήσει ὁ υἱὸς τ. παιδίσκης
כִּי לֹא יִירַשׁ בֶּן־הָאָמָה הַזֹּאת, *ib.*
31 οὐκ ἐσμὲν παιδίσκης τέκνα ἀλλὰ τ. ἐλευθέρας

ΠΑΙ´ΖΩ 3815

1 Co 10 7 ἐκάθισεν ὁ λαὸς φαγεῖν κ. πεῖν κ. ἀνέστησαν παίζειν
וַיֵּשֶׁב הָעָם לֶאֱכֹל וְשָׁתוֹ וַיָּקֻמוּ לְצַחֵק, Ex. xxxii. 6

ΠΑΙ´Σ 3816

(1) π. Θεοῦ

Mt 2 16 ἀποστείλας ἀνεῖλεν πάντας τ. παῖδας τοὺς ἐν Βηθλεέμ
8 6 ὁ παῖς μου βέβληται ἐν τ. οἰκίᾳ παραλυτικός
8 εἰπὲ λόγῳ κ. ἰαθήσεται ὁ παῖς μου
13 ἰάθη ὁ παῖς ἐν τ. ὥρᾳ ἐκείνῃ
12 18 [1] ἰδοὺ ὁ παῖς μου ὃν ᾑρέτισα
הֵן עַבְדִּי אֶתְמָךְ־בּוֹ, Is. xlii. 1
14 2 Ἡρῴδης . . . εἶπεν τ. παισὶν αὐτοῦ
17 18 ἐθεραπεύθη ὁ παῖς ἀπὸ τ. ὥρας ἐκείνης
21 15 ἰδόντες δὲ . . . τ. παῖδας τ. κράζοντας ἐν τ. ἱερῷ
Lu 1 54 [1] ἀντελάβετο Ἰσραὴλ παιδὸς αὐτοῦ
69 [1] κέρας σωτηρίας ἡμῖν ἐν οἴκῳ Δαυεὶδ παιδὸς αὐτοῦ
2 43 ὑπέμεινεν Ἰησοῦς ὁ παῖς ἐν Ἱερουσαλήμ
7 7 εἰπὲ λόγῳ κ. ἰαθήτω ὁ παῖς μου
8 51 εἰ μὴ . . . τ. πατέρα τῆς παιδὸς κ. τ. μητέρα
54 ἐφώνησεν λέγων Ἡ παῖς ἔγειρε
9 42 ὁ Ἰησοῦς . . . ἰάσατο τὸν παῖδα
12 45 ἐὰν . . . ἄρξηται τύπτειν τ. παῖδας κ. τ. παιδίσκας
15 26 προσκαλεσάμενος ἕνα τ. παίδων ἐπυνθάνετο
Jo 4 51 λέγοντες ὅτι ὁ παῖς αὐτοῦ ζῇ
Ac 3 13 [1] ὁ Θεὸς . . . ἐδόξασεν τ. παῖδα αὐτοῦ Ἰησοῦν
26 [1] ὑμῖν πρῶτον ἀναστήσας ὁ Θεὸς τ. παῖδα αὐτοῦ
4 25 [1] ὁ τ. πατρὸς ἡμῶν διὰ πνεύματος ἁγίου στόματος παιδός σου εἰπών
27 [1] συνήχθησαν γὰρ . . . ἐπὶ τ. ἅγιον παῖδά σου Ἰησοῦν
30 [1] διὰ τ. ὀνόματος τ. ἁγίου παιδός σου Ἰησοῦ
20 12 ἤγαγον δὲ τὸν παῖδα ζῶντα

ΠΑΙ´Ω 3817

Mt 26 68 τίς ἐστιν ὁ παίσας σε;
Mk 14 47 εἷς δέ τις τ. παρεστηκότων ἔπαισεν τ. δοῦλον τ. ἀρχιερέως
Lu 22 64 τίς ἐστιν ὁ παίσας σε;
Jo 18 10 Σίμων οὖν Πέτρος . . . ἔπαισεν τὸν τ. ἀρχιερέως δοῦλον
Re 9 5 ὡς βασανισμὸς σκορπίου ὅταν παίσῃ ἄνθρωπον

ΠΑ´ΛΑΙ 3819

Mt 11 21 πάλαι ἂν ἐν σάκκῳ κ. σποδῷ μετενόησαν
Mk 6 47 ἦν π. τὸ πλοῖον ἐν μέσῳ τ. θαλάσσης
—πάλαι, TWH non mg. R
15 44 ἐπηρώτησεν αὐτὸν εἰ πάλαι ἀπέθανεν
ἤδη, WH non mg. R mg.
Lu 10 13 πάλαι ἂν ἐν σάκκῳ κ. σποδῷ καθήμενοι μετενόησαν
II Co 12 19 πάλαι δοκεῖτε ὅτι ὑμῖν ἀπολογούμεθα;
He 1 1 πάλαι ὁ Θεὸς λαλήσας τ. πατράσιν
II Pe 1 9 λήθην λαβὼν τ. καθαρισμοῦ τῶν π. αὐτοῦ ἁμαρτιῶν
Ju 4 οἱ πάλαι προγεγραμμένοι εἰς τοῦτο τὸ κρίμα

ΠΑΛΑΙΟ´Σ 3820

Mt 9 16 οὐδεὶς δὲ ἐπιβάλλει ἐπίβλημα ῥάκους ἀγνάφου ἐπὶ ἱματίῳ παλαιῷ
17 οὐδὲ βάλλουσιν οἶνον νέον εἰς ἀσκοὺς παλαιούς
13 52 ὅστις ἐκβάλλει ἐκ τ. θησαυροῦ αὐτοῦ καινὰ κ. παλαιά
Mk 2 21 οὐδεὶς ἐπίβλημα ῥάκους ἀγνάφου ἐπιράπτει ἐπὶ ἱμάτιον παλαιόν·
εἰ δὲ μὴ αἴρει τὸ πλήρωμα ἀπ᾽ αὐτοῦ τὸ καινὸν τ. παλαιοῦ
22 οὐδεὶς βάλλει οἶνον νέον εἰς ἀσκοὺς παλαιούς
Lu 5 36 οὐδεὶς ἐπίβλημα ἀπὸ ἱματίου καινοῦ σχίσας ἐπιβάλλει ἐπὶ ἱμάτιον παλαιόν·
εἰ δὲ μήγε κ. τὸ καινὸν σχίσει κ. τ. παλαιῷ οὐ συμφωνήσει
37 οὐδεὶς βάλλει οἶνον νέον εἰς ἀσκοὺς παλαιούς
39 οὐδεὶς πιὼν παλαιὸν θέλει νέον·
h. v., [WH]
λέγει γὰρ ὁ παλαιὸς χρηστός ἐστιν
h. v., [WH]
Ro 6 6 ὁ παλαιὸς ἡμῶν ἄνθρωπος συνεσταυρώθη
I Co 5 7 ἐκκαθάρατε τ. παλαιὰν ζύμην
8 ὥστε ἑορτάζωμεν μὴ ἐν ζύμῃ παλαιᾷ
II Co 3 14 ἐπὶ τ. ἀναγνώσει τ. παλαιᾶς διαθήκης μένει
Eph 4 22 ἀποθέσθαι ὑμᾶς . . . τ. παλαιὸν ἄνθρωπον
Col 3 9 ἀπεκδυσάμενοι τ. παλαιὸν ἄνθρωπον σὺν τ. πράξεσιν αὐτοῦ
I Jo 2 7 ἐντολὴν παλαιὰν ἣν εἴχετε ἀπ᾽ ἀρχῆς·
ἡ ἐντολὴ ἡ παλαιά ἐστιν ὁ λόγος ὃν ἠκούσατε

ΠΑΛΑΙΟ´ΤΗΣ* 3821

Ro 7 6 ὥστε δουλεύειν ἡμᾶς ἐν καινότητι πνεύματος κ. οὐ παλαιότητι γράμματος

ΠΑΛΑΙΟ´Ω 3822

Lu 12 33 ποιήσατε ἑαυτοῖς βαλλάντια μὴ παλαιούμενα
He 1 11 πάντες ὡς ἱμάτιον παλαιωθήσονται
כֻּלָּם כַּבֶּגֶד יִבְלוּ, Ps. cii. 27
8 13 ἐν τῷ λέγειν Καινὴν πεπαλαίωκεν τ. πρώτην·
τὸ δὲ παλαιούμενον κ. γηράσκον ἐγγὺς ἀφανισμοῦ

ΠΑ´ΛΗ* 3823

Eph 6 12 οὐκ ἔστιν ἡμῖν ἡ πάλη πρὸς αἷμα κ. σάρκα

ΠΑ´ΛΙΝ 3825

(1) π. ἀμήν, ἄνωθεν (2) π. δεύτερον, ἐκ δευτ. (3) εἰς τὸ πάλιν

Mt 4 7 πάλιν γέγραπται Οὐκ ἐκπειράσεις, Dt. vi. 16
8 πάλιν παραλαμβάνει αὐτὸν ὁ διάβολος εἰς ὄρος ὑψηλὸν λίαν
5 33 πάλιν ἠκούσατε ὅτι ἐρρέθη τ. ἀρχαίοις
13 45 π. ὁμοία ἐστὶν ἡ βασιλεία τ. οὐρανῶν ἐμπόρῳ
47 π. ὁμοία ἐστὶν ἡ βασιλεία τ. οὐρανῶν σαγήνῃ
18 19 [1] πάλιν ἀμὴν λέγω ὑμῖν
—ἀμ., TR
19 24 πάλιν δὲ λέγω ὑμῖν
20 5 πάλιν δὲ ἐξελθὼν περὶ ἕκτην κ. ἐνάτην ὥραν
21 36 π. ἀπέστειλεν ἄλλους δούλους πλείονας τ πρώτων
22 1 πάλιν εἶπεν ἐν παραβολαῖς αὐτοῖς

Mt 22 4 πάλιν ἀπέστειλεν ἄλλους δούλους
26 42 [2] πάλιν ἐκ δευτέρου ἀπελθὼν προσηύξατο
43 ἐλθὼν πάλιν εὗρεν αὐτοὺς καθεύδοντας
44 ἀφεὶς αὐτοὺς π. ἀπελθὼν προσηύξατο ἐκ τρίτου τ. αὐτὸν λόγον εἰπὼν πάλιν
72 πάλιν ἠρνήσατο μετὰ ὅρκου
27 50 ὁ δὲ Ἰησοῦς πάλιν κράξας φωνῇ μεγάλῃ
Mk 2 1 εἰσελθὼν πάλιν εἰς Καφαρναοὺμ δι' ἡμερῶν
13 ἐξῆλθεν πάλιν παρὰ τ. θάλασσαν
3 1 εἰσῆλθεν πάλιν εἰς συναγωγήν
20 συνέρχεται πάλιν ὁ ὄχλος
4 1 πάλιν ἤρξατο διδάσκειν παρὰ τ. θάλασσαν
5 21 διαπεράσαντος τ. Ἰησοῦ ἐν τ. πλοίῳ π. εἰς τὸ πέραν
εἰς τὸ πέραν πάλιν, T
7 14 προσκαλεσάμενος πάλιν τ. ὄχλον
31 πάλιν ἐξελθὼν ἐκ τ. ὁρίων Τύρου
8 1 πάλιν πολλοῦ ὄχλου ὄντος
13 ἀφεὶς αὐτοὺς π. ἐμβὰς ἀπῆλθεν εἰς τὸ πέραν
25 εἶτα π. ἔθηκεν τ. χεῖρας ἐπὶ τ. ὀφθαλμοὺς αὐτοῦ
10 1 συνπορεύονται πάλιν ὄχλοι πρὸς αὐτόν· κ. ὡς εἰώθει πάλιν ἐδίδασκεν αὐτούς
10 εἰς τ. οἰκίαν π. οἱ μαθηταὶ περὶ τούτου ἐπηρώτων
24 ὁ δὲ Ἰησοῦς π. ἀποκριθεὶς λέγει αὐτοῖς
32 παραλαβὼν πάλιν τοὺς δώδεκα
11 3 εὐθὺς αὐτὸν ἀποστέλλει πάλιν ὧδε
ἀποστ. π. αὐτ., WH mg.
27 ἔρχονται πάλιν εἰς Ἱεροσόλυμα
12 4 π. ἀπέστειλεν πρὸς αὐτοὺς ἄλλον δοῦλον
14 39 πάλιν ἀπελθὼν προσηύξατο
40 πάλιν ἐλθὼν εὗρεν αὐτοὺς καθεύδοντας
ὑποστρέψας εὗρ. αὐτ. π. καθεύδ., T
61 πάλιν ὁ ἀρχιερεὺς ἐπηρώτα αὐτούς
69 ἰδοῦσα αὐτὸν ἤρξατο π. λέγειν τ. παρεστῶσιν
ἰδ. αὐτ. εἶπεν τ. παρ., WH mg.
70 ὁ δὲ πάλιν ἠρνεῖτο.
κ. μετὰ μικρὸν π. οἱ παρεστῶτες ἔλεγον τ. Πέτρῳ
15 4 ὁ δὲ Πειλᾶτος πάλιν ἐπηρώτα αὐτόν
12 ὁ δὲ Πειλᾶτος πάλιν ἀποκριθεὶς ἔλεγεν αὐτοῖς
13 οἱ δὲ πάλιν ἔκραξαν
Lu 6 43 οὐδὲ π. δένδρον σαπρὸν ποιοῦν καρπὸν καλόν
13 20 κ. πάλιν εἶπεν
23 20 πάλιν δὲ ὁ Πειλᾶτος προσεφώνησεν αὐτοῖς
Jo 1 35 τῇ ἐπαύριον πάλιν εἱστήκει Ἰωάνης
4 3 ἀπῆλθεν πάλιν εἰς τ. Γαλιλαίαν
13 πᾶς ὁ πίνων ἐκ τ. ὕδατος τούτου διψήσει πάλιν
46 ἦλθεν οὖν π. εἰς τὴν Κανὰ τ. Γαλιλαίας
54 [2] τοῦτο δὲ π. δεύτερον σημεῖον ἐποίησεν ὁ Ἰησοῦς
6 15 ἀνεχώρησεν π. εἰς τὸ ὄρος αὐτὸς μόνος
8 [2 ὄρθρου δὲ πάλιν παρεγένετο εἰς τὸ ἱερόν
[8 πάλιν κατακύψας ἔγραφεν εἰς τ. γῆν
12 πάλιν οὖν αὐτοῖς ἐλάλησεν ὁ Ἰησοῦς
21 εἶπεν οὖν πάλιν αὐτοῖς
9 15 π. οὖν ἠρώτων αὐτὸν κ. οἱ Φαρισαῖοι
17 λέγουσιν οὖν τῷ τυφλῷ πάλιν
27 τί πάλιν θέλετε ἀκούειν;
10 7 εἶπεν οὖν πάλιν ὁ Ἰησοῦς
—πάλιν, T
17 τίθημι τ. ψυχήν μου ἵνα π. λάβω αὐτήν
Jo 10 18 ἐξουσίαν ἔχω πάλιν λαβεῖν αὐτήν
19 σχίσμα π. ἐγένετο ἐν τ. Ἰουδαίοις διὰ τ. λόγους τούτους
31 ἐβάστασαν πάλιν λίθους οἱ Ἰουδαῖοι
39 ἐζήτουν οὖν αὐτὸν πάλιν πιάσαι
—πάλ., T; [πάλιν] αὐτ., WH mg.
40 ἀπῆλθεν πάλιν πέραν τ. Ἰορδάνου
11 7 ἄγωμεν εἰς τ. Ἰουδαίαν πάλιν
8 κ. πάλιν ὑπάγεις ἐκεῖ;
38 Ἰησοῦς οὖν πάλιν ἐμβριμώμενος ἐν ἑαυτῷ
12 28 κ. ἐδόξασα κ. πάλιν δοξάσω
39 ὅτι πάλιν εἶπεν Ἠσαίας
13 12 ἀνέπεσεν πάλιν εἶπεν αὐτοῖς
14 3 π. ἔρχομαι κ. παραλήμψομαι ὑμᾶς πρὸς ἐμαυτόν
16 16 πάλιν μικρὸν κ. ὄψεσθέ με
17 πάλιν μικρὸν κ. ὄψεσθέ με
19 πάλιν μικρὸν κ. ὄψεσθέ με
22 πάλιν δὲ ὄψομαι ὑμᾶς
28 πάλιν ἀφίημι τ. κόσμον
18 7 πάλιν οὖν ἐπηρώτησεν αὐτούς
27 πάλιν οὖν ἠρνήσατο Πέτρος
33 εἰσῆλθεν οὖν π. εἰς τὸ πραιτώριον ὁ Πειλᾶτος
εἰς τὸ πραιτ. πάλιν, T
38 τοῦτο εἰπὼν π. ἐξῆλθεν πρὸς τ. Ἰουδαίους
40 ἐκραύγασαν οὖν πάλιν λέγοντες
19 4 ἐξῆλθεν πάλιν ἔξω ὁ Πειλᾶτος
9 εἰσῆλθεν εἰς τὸ πραιτώριον πάλιν
37 πάλιν ἑτέρα γραφὴ λέγει
20 10 ἀπῆλθον οὖν πάλιν πρὸς αὐτοὺς οἱ μαθηταί
21 εἶπεν οὖν αὐτοῖς ὁ Ἰησοῦς πάλιν
26 μεθ' ἡμέρας ὀκτὼ π. ἦσαν ἔσω οἱ μαθηταὶ αὐτοῦ
21 1 ἐφανέρωσεν ἑαυτὸν πάλιν ὁ Ἰησοῦς
16 [2] λέγει αὐτῷ πάλιν δεύτερον
Ac 10 15 [2] φωνὴ πάλιν ἐκ δευτέρου πρὸς αὐτόν
11 10 ἀνεσπάσθη πάλιν ἅπαντα εἰς τ. οὐρανόν
17 32 ἀκουσόμεθά σου περὶ τούτου κ. πάλιν
18 21 πάλιν ἀνακάμψω πρὸς ὑμᾶς τ. Θεοῦ θέλοντος
27 28 βραχὺ δὲ διαστήσαντες κ. πάλιν βολίσαντες
Ro 8 15 οὐ γὰρ ἐλάβετε πνεῦμα δουλείας π. εἰς φόβον
11 23 δυνατὸς γάρ ἐστιν ὁ Θεὸς π. ἐνκεντρίσαι αὐτούς
15 10 πάλιν λέγει Εὐφράνθητε ἔθνη, Dt. xxxii. 43
11 κ. πάλιν Αἰνεῖτε πάντα τὰ ἔθνη, Ps. cxvii. 1
12 κ. πάλιν Ἠσαίας λέγει
I Co 3 20 κ. πάλιν Κύριος γινώσκει τ. διαλογισμούς, Ps. xciv. 11
7 5 ἵνα . . . πάλιν ἐπὶ τὸ αὐτὸ ἦτε
12 21 ἢ πάλιν ἡ κεφαλὴ τ. ποσίν
II Co 1 16 πάλιν ἀπὸ Μακεδονίας ἐλθεῖν πρὸς ὑμᾶς
2 1 τὸ μὴ πάλιν ἐν λύπῃ πρὸς ὑμᾶς ἐλθεῖν
3 1 ἀρχόμεθα πάλιν ἑαυτοὺς συνιστάνειν;
5 12 οὐ πάλιν ἑαυτοὺς συνιστάνομεν ὑμῖν
10 7 τοῦτο λογιζέσθω πάλιν ἐφ' ἑαυτοῦ
11 16 π. λέγω μή τις με δόξῃ ἄφρονα εἶναι
12 21 μὴ π. ἐλθόντος μου ταπεινώσῃ με ὁ Θεός μου
13 2 [3] ἐὰν ἔλθω εἰς τὸ πάλιν οὐ φείσομαι
Ga 1 9 ὡς προειρήκαμεν κ. ἄρτι πάλιν λέγω
17 πάλιν ὑπέστρεψα εἰς Δαμασκόν
2 1 ἔπειτα διὰ δεκατεσσάρων ἐτῶν π. ἀνέβην
18 εἰ γὰρ ἃ κατέλυσα ταῦτα π. οἰκοδομῶ
4 9 πῶς ἐπιστρέφετε πάλιν ἐπὶ τὰ ἀσθενῆ κ. πτωχὰ στοιχεῖα,
[1] οἷς πάλιν ἄνωθεν δουλεῦσαι θέλετε;
19 τεκνία μου οὓς πάλιν ὠδίνω

Ga 5 1 μὴ πάλιν ζυγῷ δουλείας ἐνέχεσθε
3 μαρτύρομαι δὲ π. παντὶ ἀνθρώπῳ περιτεμνομένῳ
Phl 1 26 διὰ τ. ἐμῆς παρουσίας πάλιν πρὸς ὑμᾶς
2 28 ἵνα ἰδόντες αὐτὸν πάλιν χαρῆτε
4 4 πάλιν ἐρῶ χαίρετε
He 1 5 κ. πάλιν Ἐγὼ ἔσομαι αὐτῷ εἰς πατέρα, 2 Sam. vii. 14
6 ὅταν δὲ π. εἰσαγάγῃ τ. πρωτότοκον εἰς τ. οἰκουμένην
2 13 κ. πάλιν Ἐγὼ ἔσομαι πεποιθὼς ἐπ' αὐτῷ, Ps. xviii. 3
κ. πάλιν Ἰδοὺ ἐγὼ κ. τὰ παιδία, Is. viii. 18
4 5 κ. ἐν τούτῳ πάλιν
7 πάλιν τινὰ ὁρίζει ἡμέραν
5 12 πάλιν χρείαν ἔχετε τοῦ διδάσκειν ὑμᾶς
6 1 μὴ πάλιν θεμέλιον καταβαλλόμενοι μετανοίας
6 πάλιν ἀνακαινίζειν εἰς μετάνοιαν
10 30 κ. πάλιν Κρινεῖ Κύριος τ. λαὸν αὐτοῦ, Ps. cxxxv. 14
Ja 5 18 π. προσηύξατο κ. ὁ οὐρανὸς ὑετὸν ἔδωκεν
II Pe 2 20 τούτοις δὲ πάλιν ἐμπλακέντες ἡττῶνται
I Jo 2 8 πάλιν ἐντολὴν καινὴν γράφω ὑμῖν
Re 10 8 ἡ φωνὴ ἣν ἤκουσα . . . π. λαλοῦσαν μετ' ἐμοῦ
11 δεῖ σε πάλιν προφητεῦσαι ἐπὶ λαοῖς

ΠΑΛΙΝΓΕΝΕΣΙ΄Α * † 3824

Mt 19 28 ἐν τ. παλινγενεσίᾳ ὅταν καθίσῃ ὁ υἱὸς τ. ἀνθρώπου
Tit 3 5 διὰ λουτροῦ παλινγενεσίας

ΠΑΜΦΥΛΙ΄Α 3828

Ac 2 10 Φρυγίαν τε καὶ Παμφυλίαν
13 13 ἦλθον εἰς Πέργην τῆς Παμφυλίας
14 24 ἦλθαν εἰς τὴν Παμφυλίαν
15 38 Μάρκον . . . τὸν ἀποστάντα ἀπ' αὐτῶν ἀπὸ Παμφυλίας
27 5 τό τε πέλαγος τὸ κατὰ τ. Κιλικίαν κ. Παμφυλίαν διαπλεύσαντες

ΠΑΝΔΟΧΕΙ΄ΟΝ * 3829

Lu 10 34 ἤγαγεν αὐτὸν εἰς πανδοχεῖον
πανδοκίον, T

ΠΑΝΔΟΧΕΥ΄Σ * 3830

Lu 10 35 ἐκβαλὼν δύο δηνάρια ἔδωκε τῷ πανδοχεῖ
πανδοκεῖ, T

ΠΑΝΗ΄ΓΥΡΙΣ 3831

He 12 23 μυριάσιν ἀγγέλων πανηγύρει κ. ἐκκλησίᾳ πρωτοτόκων

ΠΑΝΟΙΚΕΙ΄ 3832

Ac 16 34 ἠγαλλιάσατο πανοικεὶ πεπιστευκὼς τ. Θεῷ

ΠΑΝΟΠΛΙ΄Α 3833

Lu 11 22 τ. πανοπλίαν αὐτοῦ αἴρει ἐφ' ᾗ ἐπεποίθει
Eph 6 11 ἐνδύσασθε τ. πανοπλίαν τ. Θεοῦ
13 διὰ τοῦτο ἀναλάβετε τ. πανοπλίαν τ. Θεοῦ

ΠΑΝΟΥΡΓΙ΄Α 3834

Lu 20 23 κατανοήσας δὲ αὐτῶν τ. πανουργίαν
I Co 3 19 ὁ δρασσόμενος τ. σοφοὺς ἐν τ. πανουργίᾳ αὐτῶν
לֹכֵד חֲכָמִים בְּעָרְמָם, Job v. 13
II Co 4 2 μὴ περιπατοῦντες ἐν πανουργίᾳ
11 3 ὡς ὁ ὄφις ἐξηπάτησεν Εὕαν ἐν τ. πανουργίᾳ αὐτοῦ
Eph 4 14 ἐν πανουργίᾳ πρὸς τ. μεθοδίαν τ. πλάνης

ΠΑΝΟΥ΄ΡΓΟΣ 3835

II Co 12 16 ὑπάρχων πανοῦργος δόλῳ ὑμᾶς ἔλαβον

ΠΑΝΠΛΗΘΕΙ΄ * 3835.5

Lu 23 18 ἀνέκραγον δὲ πανπληθεὶ λέγοντες

ΠΑΝΤΑΧΗ͂ 3837.5 cf. 3837

Ac 21 28 ὁ κατὰ τ. λαοῦ . . . πάντας πανταχῇ διδάσκων
πανταχῆ, T

ΠΑΝΤΑΧΟΥ͂ 3837 cf. 3837.5

Mk 1 28 ἐξῆλθεν ἡ ἀκοὴ αὐτοῦ εὐθὺς πανταχοῦ
16 [20 ἐκεῖνοι δὲ ἐξελθόντες ἐκήρυξαν πανταχοῦ
Lu 9 6 εὐαγγελιζόμενοι κ. θεραπεύοντες πανταχοῦ
Ac 17 30 ἀπαγγέλλει τ. ἀνθρώποις πάντας π. μετανοεῖν
24 3 παντῇ τε κ. πανταχοῦ ἀποδεχόμεθα
28 22 γνωστὸν ἡμῖν ἐστὶν ὅτι πανταχοῦ ἀντιλέγεται
I Co 4 17 καθὼς π. ἐν πάσῃ ἐκκλησίᾳ διδάσκω

ΠΑΝΤΕΛΗ΄Σ ** 3838

Lu 13 11 μὴ δυναμένη ἀνακύψαι εἰς τὸ παντελές
He 7 25 σώζειν εἰς τὸ παντελὲς δύναται τ. προσερχομένους δι' αὐτοῦ τ. Θεῷ

ΠΑ΄ΝΤῌ ** 3839

Ac 24 3 πάντῃ τε κ. πανταχοῦ ἀποδεχόμεθα
πάντη, T

ΠΑ΄ΝΤΟΘΕΝ 3840

Mk 1 45 ἤρχοντο πρὸς αὐτὸν πάντοθεν
Lu 19 43 οἱ ἐχθροί σου . . . συνέξουσίν σε πάντοθεν
He 9 4 τὴν κιβωτὸν τ. διαθήκης περικεκαλυμμένην πάντοθεν χρυσίῳ

ΠΑΝΤΟΚΡΑ΄ΤΩΡ † 3841

II Co 6 18 λέγει Κύριος παντοκράτωρ
Re 1 8 λέγει Κύριος ὁ Θεὸς . . . ὁ παντοκράτωρ
4 8 ἅγιος ἅγιος ἅγιος Κύριος ὁ Θεὸς ὁ παντοκράτωρ
11 17 εὐχαριστοῦμέν σοι Κύριε ὁ Θεὸς ὁ παντοκράτωρ
15 3 μεγάλα . . . τὰ ἔργα σου Κύριε ὁ Θεὸς ὁ παντοκράτωρ
16 7 ναὶ Κύριε ὁ Θεὸς ὁ παντοκράτωρ
14 τ. ἡμέρας τ. μεγάλης τ. Θεοῦ τ. παντοκράτορος
19 6 ὅτι ἐβασίλευσεν Κύριος ὁ Θεὸς ἡμῶν ὁ παντοκράτωρ
15 τὴν ληνὸν τ. οἴνου τ. θυμοῦ τ. ὀργῆς τ. Θεοῦ τ. παντοκράτορος
21 22 ὁ γὰρ Κύριος ὁ Θεὸς ὁ παντοκράτωρ ναὸς αὐτῆς

ΠΑ'ΝΤΟΤΕ ** 3842

(1) οὐ πάντοτε

Mt 26 11 πάντοτε γὰρ τ. πτωχοὺς ἔχετε μεθ' ἑαυτῶν·
[1] ἐμὲ δὲ οὐ πάντοτε ἔχετε
Mk 14 7 πάντοτε γὰρ τ. πτωχοὺς ἔχετε μεθ' ἑαυτῶν,
κ. ὅταν θέλητε δύνασθε αὐτοῖς π. εὖ ποιῆσαι,
—πάντοτε, T [WH] R
7 [1] ἐμὲ δὲ οὐ πάντοτε ἔχετε
Lu 15 31 τέκνον σὺ πάντοτε μετ' ἐμοῦ εἶ
18 1 πρὸς τὸ δεῖν πάντοτε προσεύχεσθαι αὐτούς
Jo 6 34 Κύριε πάντοτε δὸς ἡμῖν τ. ἄρτον τοῦτον
7 6 ὁ δὲ καιρὸς ὁ ὑμέτερος πάντοτέ ἐστιν ἕτοιμος
8 29 ὅτι ἐγὼ τὰ ἀρεστὰ αὐτῷ ποιῶ πάντοτε
11 42 ἐγὼ δὲ ᾔδειν ὅτι πάντοτέ μου ἀκούεις
12 8 τ. πτωχοὺς γὰρ πάντοτε ἔχετε μεθ' ἑαυτῶν·
[1] ἐμὲ δὲ οὐ πάντοτε ἔχετε
18 20 ἐγὼ πάντοτε ἐδίδαξα ἐν συναγωγῇ
Ro 1 10 μνείαν ὑμῶν ποιοῦμαι πάντοτε ἐπὶ τ.
προσευχῶν μου δεόμενος
I Co 1 4 εὐχαριστῶ τῷ Θεῷ πάντοτε περὶ ὑμῶν
15 58 περισσεύοντες ἐν τ. ἔργῳ τ. Κυρίου πάντοτε
II Co 2 14 τῷ δὲ Θεῷ χάρις τῷ π. θριαμβεύοντι ἡμᾶς
4 10 πάντοτε τ. νέκρωσιν τ. Ἰησοῦ ἐν τ. σώματι
περιφέροντες
5 6 θαρροῦντες οὖν πάντοτε
9 8 ἐν παντὶ πάντοτε πᾶσαν αὐτάρκειαν ἔχοντες
Ga 4 18 καλὸν δὲ ζηλοῦσθαι ἐν καλῷ πάντοτε
Eph 5 20 εὐχαριστοῦντες πάντοτε ὑπὲρ πάντων
Phl 1 4 πάντοτε ἐν πάσῃ δεήσει μου . . . τ. δέησιν
ποιούμενος
20 ὡς πάντοτε κ. νῦν μεγαλυνθήσεται Χριστός
2 12 καθὼς πάντοτε ὑπηκούσατε
4 4 χαίρετε ἐν Κυρίῳ πάντοτε
Col 1 3 πάντοτε περὶ ὑμῶν προσευχόμενοι
4 6 ὁ λόγος ὑμῶν πάντοτε ἐν χάριτι
12 πάντοτε ἀγωνιζόμενος ὑπὲρ ὑμῶν ἐν τ.
προσευχαῖς
I Th 1 2 εὐχαριστοῦμεν τ. Θεῷ π. περὶ πάντων ὑμῶν
2 16 εἰς τὸ ἀναπληρῶσαι αὐτῶν τ. ἁμαρτίας πάν-
τοτε
3 6 ὅτι ἔχετε μνείαν ἡμῶν ἀγαθὴν πάντοτε
4 17 οὕτως πάντοτε σὺν Κυρίῳ ἐσόμεθα
5 15 πάντοτε τὸ ἀγαθὸν διώκετε εἰς ἀλλήλους
16 πάντοτε χαίρετε
II Th 1 3 εὐχαριστεῖν ὀφείλομεν τ. Θεῷ π. περὶ ὑμῶν
11 εἰς ὃ κ. προσευχόμεθα πάντοτε περὶ ὑμῶν
2 13 ὀφείλομεν εὐχαριστεῖν τ. Θεῷ π. περὶ ὑμῶν
II Ti 3 7 πάντοτε μανθάνοντα
Phm 4 π. μνείαν σου ποιούμενος ἐπὶ τ. προσευχῶν
μου
He 7 25 πάντοτε ζῶν εἰς τὸ ἐντυγχάνειν ὑπὲρ αὐτῶν

ΠΑ'ΝΤΩΣ 3843

Lu 4 23 πάντως ἐρεῖτέ μοι τ. παραβολὴν ταύτην
Ac 18 21 δεῖ με π. τ. ἑορτὴν τ. ἐρχομένην ποιῆσαι
—h. v., TWH non mg. R
21 22 πάντως ἀκούσονται ὅτι ἐλήλυθας
28 4 πάντως φονεύς ἐστιν ὁ ἄνθρωπος οὗτος
Ro 3 9 προεχόμεθα; οὐ πάντως
I Co 5 10 οὐ πάντως τ. πόρνοις τ. κόσμου τούτου
9 10 ἢ δι' ἡμᾶς πάντως λέγει;
22 γέγονα πάντα ἵνα πάντως τινὰς σώσω
16 12 πάντως οὐκ ἦν θέλημα ἵνα νῦν ἔλθῃ

ΠΑΡΑ' 3844

c. gen.

(1) ὁ παρά (2) π. Θεοῦ, Κυρίου, πατρός

Mt 2 4 ἐπυνθάνετο παρ' αὐτῶν ποῦ ὁ Χριστὸς
γεννᾶται
7 ἠκρίβωσεν παρ' αὐτῶν τ. χρόνον τ. φαινο-
μένου ἀστέρος
16 κατὰ τ. χρόνον ὃν ἠκρίβωσεν παρὰ τ. μάγων
18 19 γενήσεται αὐτοῖς παρὰ τ. πατρός μου τοῦ
ἐν οὐρανοῖς
20 20 προσκυνοῦσα κ. αἰτοῦσά τι παρ' αὐτοῦ
ἀπ', WH non mg.
21 42 [2] παρὰ Κυρίου ἐγένετο αὕτη
מֵאֵת יְהוָה הָיְתָה זֹּאת, Ps. cxviii. 23
Mk 3 21 [1] ἀκούσαντες οἱ παρ' αὐτοῦ ἐξῆλθον κρατῆσαι
5 26 [1] δαπανήσασα τὰ παρ' αὐτῆς πάντα
8 11 ζητοῦντες παρ' αὐτοῦ σημεῖον ἀπὸ τ. οὐρανοῦ
12 2 ἵνα παρὰ τ. γεωργῶν λάβῃ ἀπὸ τ. καρπῶν
11 [2] παρὰ Κυρίου ἐγένετο αὕτη, Ps. *l.c.*
14 43 παραγίνεται ὁ Ἰούδας . . . παρὰ τ. ἀρχιερέων
16 [9 παρ' ἧς ἐκβεβλήκει ἑπτὰ δαιμόνια
ἀφ', T
Lu 1 37 [2] οὐκ ἀδυνατήσει παρὰ τ. Θεοῦ πᾶν ῥῆμα
45 [2] ἔσται τελείωσις τ. λαλουμένοις αὐτῇ παρὰ
Κυρίου
2 1 ἐξῆλθεν δόγμα παρὰ Καίσαρος Αὐγούστου
6 19 ὅτι δύναμις παρ' αὐτοῦ ἐξήρχετο
34 ἐὰν δανίσητε παρ' ὧν ἐλπίζετε λαβεῖν
8 49 ἔρχεταί τις παρὰ τ. ἀρχισυναγώγου
10 7 [1] ἔσθοντες κ. πίνοντες τὰ παρ' αὐτῶν
11 16 σημεῖον ἐξ οὐρανοῦ ἐζήτουν παρ' αὐτοῦ
12 48 παντὶ δὲ ᾧ ἐδόθη πολὺ πολὺ ζητηθήσεται
παρ' αὐτοῦ
Jo 1 6 [2] ἐγένετο ἄνθρωπος ἀπεσταλμένος παρὰ
Θεοῦ
14 [2] δόξαν ὡς μονογενοῦς παρὰ πατρός
40 εἷς ἐκ τῶν δύο τ. ἀκουσάντων παρὰ Ἰωάνου
4 9 πῶς σὺ Ἰουδαῖος ὢν παρ' ἐμοῦ πεῖν αἰτεῖς;
52 ἐπύθετο οὖν τ. ὥραν παρ' αὐτῶν
5 34 ἐγὼ δὲ οὐ παρὰ ἀνθρώπου τ. μαρτυρίαν
λαμβάνω
41 δόξαν παρὰ ἀνθρώπων οὐ λαμβάνω
44 δόξαν παρὰ ἀλλήλων λαμβάνοντες,
[2] κ. τ. δόξαν τὴν παρὰ τ. μόνου Θεοῦ οὐ
ζητεῖτε
6 45 [2] πᾶς ὁ ἀκούσας παρὰ τ. πατρὸς κ. μαθὼν
46 [2] οὐχ . . . ἑώρακέν τις εἰ μὴ ὁ ὢν παρὰ
τ. Θεοῦ
7 29 [2] ἐγὼ οἶδα αὐτὸν ὅτι παρ' αὐτοῦ εἰμί
51 ἐὰν μὴ ἀκούσῃ πρῶτον παρ' αὐτοῦ
8 26 [2] ἃ ἤκουσα παρ' αὐτοῦ ταῦτα λαλῶ εἰς τ.
κόσμον
38 ὑμεῖς οὖν ἃ ἠκούσατε παρὰ τ. πατρὸς ποιεῖτε
παρὰ τ. πατρὶ ὑμῶν, WH mg.
40 [2] τ. ἀλήθειαν . . . ἣν ἤκουσα παρὰ τ. Θεοῦ
9 16 [2] οὐκ ἔστιν οὗτος παρὰ Θεοῦ ὁ ἄνθρωπος
33 [2] εἰ μὴ ἦν οὗτος παρὰ Θεοῦ
10 18 [2] ταύτην τ. ἐντολὴν ἔλαβον παρὰ τ. πατρός
μου
15 15 [2] πάντα ἃ ἤκουσα παρὰ τ. πατρός μου
26 [2] ὃν ἐγὼ πέμψω ὑμῖν παρὰ τ. πατρός,
[2] τὸ πνεῦμα τ. ἀληθείας ὃ παρὰ τ. πατρὸς
ἐκπορεύεται

Jo 16 27 [2] πεπιστεύκατε ὅτι ἐγὼ παρὰ τ. πατρὸς ἐξῆλθον
17 7 [2] πάντα ὅσα ἔδωκάς μοι παρὰ σοῦ εἰσίν
8 [2] ἔγνωσαν ἀληθῶς ὅτι παρὰ σοῦ ἐξῆλθον
Ac 2 33 [2] τήν τε ἐπαγγελίαν τ. πνεύματος τ. ἁγίου λαβὼν παρὰ τ. πατρός
3 2 τοῦ αἰτεῖν ἐλεημοσύνην παρὰ τ. εἰσπορευομένων εἰς τὸ ἱερόν
5 προσδοκῶν τι παρ' αὐτῶν λαβεῖν
7 16 ᾧ ὠνήσατο Ἀβραὰμ τιμῆς ἀργυρίου παρὰ τ. υἱῶν Ἐμμώρ
9 2 ᾐτήσατο παρ' αὐτοῦ ἐπιστολὰς εἰς Δαμασκόν
14 ὧδε ἔχει ἐξουσίαν παρὰ τ. ἀρχιερέων
10 22 ἐχρηματίσθη . . . ἀκοῦσαι ῥήματα παρὰ σοῦ
17 9 λαβόντες τὸ ἱκανὸν παρὰ τ. Ἰάσονος
20 24 [2] τ. διακονίαν ἣν ἔλαβον παρὰ τ. Κυρίου Ἰησοῦ
22 5 παρ' ὧν κ. ἐπιστολὰς δεξάμενος
24 8 παρ' οὗ δυνήσῃ αὐτὸς ἀνακρίνας
26 10 τὴν παρὰ τ. ἀρχιερέων ἐξουσίαν λαβών
28 22 ἀξιοῦμεν δὲ παρὰ σοῦ ἀκοῦσαι ἃ φρονεῖς
Ro 11 27 αὕτη αὐτοῖς ἡ παρ' ἐμοῦ διαθήκη
וזאת בְּרִיתִי אֹתָם, Is. lix. 21
Ga 1 12 οὐδὲ γὰρ ἐγὼ παρὰ ἀνθρώπου παρέλαβον αὐτό
Eph 6 8 [2] τοῦτο κομίσεται παρὰ Κυρίου
Phl 4 18 [1] δεξάμενος παρὰ Ἐπαφροδίτου τὰ παρ' ὑμῶν
I Th 2 13 παραλαβόντες λόγον ἀκοῆς παρ' ἡμῶν τ. Θεοῦ
4 1 καθὼς παρελάβετε παρ' ἡμῶν τὸ πῶς δεῖ ὑμᾶς περιπατεῖν
II Th 3 6 μὴ κατὰ τ. παράδοσιν ἣν παρελάβετε παρ' ἡμῶν
8 οὐδὲ δωρεὰν ἄρτον ἐφάγομεν παρά τινος
II Ti 1 13 ὑγιαινόντων λόγων ὧν παρ' ἐμοῦ ἤκουσας
18 [2] δῴη αὐτῷ ὁ Κύριος εὑρεῖν ἔλεος παρὰ Κυρίου
2 2 ἃ ἤκουσας παρ' ἐμοῦ διὰ πολλῶν μαρτύρων
3 14 εἰδὼς παρὰ τίνων ἔμαθες
Ja 1 5 [2] αἰτείτω παρὰ τ. διδόντος Θεοῦ πᾶσιν ἁπλῶς
7 [2] ὅτι λήμψεταί τι παρὰ τ. Κυρίου
II Pe 1 17 [2] λαβὼν γὰρ παρὰ Θεοῦ πατρὸς τιμὴν κ. δόξαν
II Jo 3 [2] χάρις ἔλεος εἰρήνη παρὰ Θεοῦ πατρός, κ. παρὰ Ἰησοῦ Χριστοῦ τ. υἱοῦ τ. πατρός
4 [2] καθὼς ἐντολὴν ἐλάβομεν παρὰ τ. πατρος
Re 2 28 [2] ὡς κἀγὼ εἴληφα παρὰ τ. πατρός μου
3 18 συμβουλεύω σοι ἀγοράσαι παρ' ἐμοῦ χρυσίον

c. dat.

(1) dat. rei

Mt 6 1 μισθὸν οὐκ ἔχετε παρὰ τ. πατρὶ ὑμῶν τῷ ἐν τ. οὐρανοῖς
8 10 παρ' οὐδενὶ τοσαύτην πίστιν ἐν τ. Ἰσραὴλ εὗρον
οὐδὲ ἐν τ. Ἰσρ. τοσ. π. εὗρ., TR non mg.
19 26 παρὰ ἀνθρώποις τοῦτο ἀδύνατόν ἐστιν, παρὰ δὲ Θεῷ πάντα δυνατά
21 25 οἱ δὲ διελογίζοντο παρ' ἑαυτοῖς λέγοντες
ἐν, WH non mg.
22 25 ἦσαν δὲ παρ' ἡμῖν ἑπτὰ ἀδελφοί
28 15 διεφημίσθη ὁ λόγος οὗτος παρὰ Ἰουδαίοις
Mk 10 27 παρὰ ἀνθρώποις ἀδύνατον ἀλλ' οὐ παρὰ Θεῷ·
—ἀλλ' οὐ π. Θεῷ, WH mg.
Lu 1 30 εὗρες γὰρ χάριν παρὰ τ. Θεῷ
Lu 2 52 προέκοπτεν . . . χάριτι παρὰ Θεῷ κ. ἀνθρώποις
9 47 ἐπιλαβόμενος παιδίον ἔστησεν αὐτὸ παρ' ἑαυτῷ
11 37 ἐρωτᾷ αὐτὸν Φαρισαῖος ὅπως ἀριστήσῃ παρ' αὐτῷ
18 27 τὰ ἀδύνατα παρὰ ἀνθρώποις δυνατὰ παρὰ τ. Θεῷ ἐστίν
19 7 παρὰ ἁμαρτωλῷ ἀνδρὶ εἰσῆλθεν καταλῦσαι
Jo 1 39 παρ' αὐτῷ ἔμειναν τ. ἡμέραν ἐκείνην
4 40 ἠρώτων αὐτὸν μεῖναι παρ' αὐτοῖς
8 38 ἃ ἐγὼ ἑώρακα παρὰ τ. πατρὶ λαλῶ· κ. ὑμεῖς οὖν ἃ ἑωράκατε παρὰ τ. πατρὶ ὑμῶν ποιεῖτε
π. τοῦ πατρός, TWH non mg. R
14 17 ὅτι παρ' ὑμῖν μένει
23 μονὴν παρ' αὐτῷ ποιησόμεθα
25 ταῦτα λελάληκα ὑμῖν παρ' ὑμῖν μένων
17 5 δόξασόν με σὺ πάτερ παρὰ σεαυτῷ τῇ δόξῃ ᾗ εἶχον πρὸ τοῦ τ. κοσμον εἶναι παρὰ σοί
19 25 [1] εἱστήκεισαν δὲ παρὰ τ. σταυρῷ τ. Ἰησοῦ
Ac 9 43 μεῖναι ἐν Ἰόππῃ παρά τινι Σίμωνι βυρσεῖ
10 6 οὗτος ξενίζεται παρά τινι Σίμωνι βυρσεῖ
18 3 διὰ τὸ ὁμότεχνον εἶναι ἔμενεν παρ' αὐτοῖς
21 7 ἐμείναμεν ἡμέραν μίαν παρ' αὐτοῖς
8 εἰσελθόντες εἰς τ. οἶκον Φιλίππου . . . ἐμείναμεν παρ' αὐτῷ
16 ἄγοντες παρ' ᾧ ξενισθῶμεν
26 8 τί ἄπιστον κρίνεται παρ' ὑμῖν
28 14 παρεκλήθημεν παρ' αὐτοῖς ἐπιμεῖναι ἡμέρας ἑπτά
Ro 2 11 οὐ γάρ ἐστιν προσωπολημψία παρὰ τ. Θεῷ
13 οὐ γὰρ οἱ ἀκροαταὶ νόμου δίκαιοι παρὰ τ. Θεῷ
9 14 μὴ ἀδικία παρὰ τ. Θεῷ;
11 25 ἵνα μὴ ἦτε παρ' ἑαυτοῖς φρόνιμοι
ἐν, WH non mg.
12 16 μὴ γίνεσθε φρόνιμοι παρ' ἑαυτοῖς
I Co 3 19 ἡ γὰρ σοφία τ. κόσμου μωρία παρὰ τ. Θεῷ
7 24 ἐν τούτῳ μενέτω παρὰ Θεῷ
16 2 ἕκαστος ὑμῶν παρ' ἑαυτῷ τιθέτω
II Co 1 17 ἵνα ᾖ παρ' ἐμοὶ τὸ ναὶ ναὶ κ. τὸ οὒ οὔ
Ga 3 11 ὅτι δὲ ἐν νόμῳ οὐδεὶς δικαιοῦται παρὰ τ. Θεῷ
Eph 6 9 προσωπολημψία οὐκ ἔστιν παρ' αὐτῷ
Col 4 16 ὅταν ἀναγνωσθῇ παρ' ὑμῖν ἡ ἐπιστολή
II Th 1 6 εἴπερ δίκαιον παρὰ Θεῷ ἀνταποδοῦναι τ. θλίβουσιν ὑμᾶς
II Ti 4 13 ὃν ἀπέλειπον ἐν Τρῳάδι παρὰ Κάρπῳ
Ja 1 17 παρ' ᾧ οὐκ ἔνι παραλλαγή
27 θρησκεία καθαρὰ κ. ἀμίαντος παρὰ τ. Θεῷ κ. πατρί
I Pe 2 4 παρὰ δὲ Θεῷ ἐκλεκτόν
20 τοῦτο χάρις παρὰ Θεῷ
II Pe 2 11 οὐ φέρουσιν κατ' αὐτῶν παρὰ Κυρίῳ βλάσφημον κρίσιν
π. Κυρ. [WH]
3 8 μία ἡμέρα παρὰ Κυρίῳ ὡς χίλια ἔτη
Re 2 13 ὃς ἀπεκτάνθη παρ' ὑμῖν

c. accus.

(1) ὁ παρά (2) *contra* (3) παρ' ὅ, τοῦτο

Mt 4 18 περιπατῶν δὲ παρὰ τ. θάλασσαν τ. Γαλιλαίας
13 1 ἐκάθητο παρὰ τ. θάλασσαν
4 ἃ μὲν ἔπεσεν παρὰ τὴν ὁδόν
19 [1] οὗτός ἐστιν ὁ παρὰ τὴν ὁδὸν σπαρείς
15 29 ἦλθεν παρὰ τ. θάλασσαν τ. Γαλιλαίας

Mt 15 30 ἔριψαν αὐτοὺς παρὰ τ. πόδας αὐτοῦ
20 30 δύο τυφλοὶ καθήμενοι παρὰ τὴν ὁδόν
Mk 1 16 παράγων παρὰ τ. θάλασσαν τ. Γαλιλαίας
2 13 ἐξῆλθεν πάλιν παρὰ τ. θάλασσαν
εἰς, T
4 1 πάλιν ἤρξατο διδάσκειν παρὰ τ. θάλασσαν
4 ὃ μὲν ἔπεσεν παρὰ τὴν ὁδόν
15 [1] οὗτοι δέ εἰσιν οἱ παρὰ τὴν ὁδόν
5 21 ἦν παρὰ τ. θάλασσαν
10 46 τυφλὸς προσαίτης ἐκάθητο παρὰ τὴν ὁδόν
Lu 3 13 μηδὲν πλέον παρὰ τὸ διατεταγμένον ὑμῖν πράσσετε
5 1 αὐτὸς ἦν ἑστὼς παρὰ τ. λίμνην Γεννησαρέτ·
2 κ. εἶδεν πλοῖα δύο ἑστῶτα παρὰ τ. λίμνην
7 38 στᾶσα ὀπίσω παρὰ τ. πόδας αὐτοῦ κλαίουσα
8 5 ὃ μὲν ἔπεσεν παρὰ τὴν ὁδόν
12 [1] οἱ δὲ παρὰ τὴν ὁδὸν εἰσὶν οἱ ἀκούσαντες
35 εὗραν καθήμενον τ. ἄνθρωπον . . . παρὰ τ. πόδας τ. Ἰησοῦ
41 πεσὼν παρὰ τ. πόδας Ἰησοῦ
13 2 ἁμαρτωλοὶ παρὰ πάντας τ. Γαλιλαίους ἐγένοντο
4 ὀφειλέται ἐγένοντο παρὰ πάντας τ. Ἰουδαίους
17 16 ἔπεσεν ἐπὶ πρόσωπον παρὰ τ. πόδας αὐτοῦ
18 14 κατέβη οὗτος δεδικαιωμένος . . . παρ' ἐκεῖνον
ἢ γὰρ ἐκεῖνος, T ; ἢ ἐκ., R
35 τυφλός τις ἐκάθητο παρὰ τὴν ὁδὸν ἐπαιτῶν
Ac 4 35 ἐτίθουν παρὰ τ. πόδας τ. ἀποστόλων
37 ἔθηκεν παρὰ τ. πόδας τ. ἀποστόλων
πρὸς, T
5 2 μέρος τι παρὰ τ. πόδας τ. ἀποστόλων ἔθηκεν
7 58 ἀπέθεντο τὰ ἱμάτια αὐτῶν παρὰ τ. πόδας νεανίου
10 6 ᾧ ἐστὶν οἰκία παρὰ θάλασσαν
32 ξενίζεται ἐν οἰκίᾳ Σίμωνος βυρσέως παρὰ θάλασσαν
16 13 ἐξήλθομεν ἔξω τ. πύλης παρὰ ποταμόν
18 13 [2] παρὰ τ. νόμον ἀναπείθει οὗτος τ. ἀνθρώπους σέβεσθαι
22 3 ἀνατεθραμμένος . . . παρὰ τ. πόδας Γαμαλιήλ
Ro 1 25 ἐλάτρευσαν τ. κτίσει παρὰ τ. κτίσαντα
26 [1 2] μετήλλαξαν τ. φυσικὴν χρῆσιν εἰς τὴν παρὰ φύσιν
4 18 [2] ὃς παρ' ἐλπίδα ἐπ' ἐλπίδι ἐπίστευσεν
11 24 [2] παρὰ φύσιν ἐνεκεντρίσθης εἰς καλλιέλαιον
12 3 [3] μὴ ὑπερφρονεῖν παρ' ὃ δεῖ φρονεῖν
14 5 ὃς μὲν γὰρ κρίνει ἡμέραν παρ' ἡμέραν
16 17 [2] παρὰ τ. διδαχὴν ἣν ὑμεῖς ἐμάθετε
I Co 3 11 θεμέλιον γὰρ ἄλλον οὐδεὶς δύναται θεῖναι παρὰ τ. κείμενον
12 15 [3] οὐ παρὰ τοῦτο οὐκ ἔστιν ἐκ τ. σώματος
16 [3] οὐ παρὰ τοῦτο οὐκ ἔστιν ἐκ τ. σώματος
II Co 8 3 παρὰ δύναμιν αὐθαίρετοι
11 24 τεσσεράκοντα παρὰ μίαν ἔλαβον
Ga 1 8 [2 3] ἐὰν . . . εὐαγγελίσηται ὑμῖν παρ' ὃ εὐηγγελισάμεθα
9 [2 3] εἴ τις ὑμᾶς εὐαγγελίζεται παρ' ὃ παρελάβετε
He 1 4 ὅσῳ διαφορώτερον παρ' αὐτοὺς κεκληρονόμηκεν ὄνομα
9 ἔχρισέν σε . . . ἔλαιον ἀγαλλιάσεως παρὰ τ. μετόχους σου
שֶׁמֶן שָׂשׂוֹן מֵחֲבֵרֶךָ . . . מְשָׁחֲךָ, Ps. xlv. 8
2 7 ἠλάττωσας αὐτὸν βραχύ τι παρ' ἀγγέλους
וַתְּחַסְּרֵהוּ מְעַט מֵאֱלֹהִים, Ps. viii. 6
He 2 9 τὸν δὲ βραχύ τι παρ' ἀγγέλους ἠλαττωμένον
3 3 πλείονος γὰρ οὗτος δόξης παρὰ Μωυσῆν ἠξίωται
9 23 κρείττοσι θυσίαις παρὰ ταύτας
11 4 πλείονα θυσίαν Ἅβελ παρὰ Κάϊν προσήνεγκεν
11 [2] δύναμιν . . . ἔλαβεν κ. παρὰ καιρὸν ἡλικίας
12 ὡς ἡ ἄμμος ἡ παρὰ τὸ χεῖλος τ. θαλάσσης
12 24 αἵματι ῥαντισμοῦ κρεῖττον λαλοῦντι παρὰ τ. Ἅβελ

ΠΑΡΑΒΑΙ'ΝΩ 3845

Mt 15 2 διὰ τί οἱ μαθηταί σου παραβαίνουσιν τ. παράδοσιν τ. πρεσβυτέρων;
3 διὰ τί κ. ὑμεῖς παραβαίνετε τὴν ἐντολὴν τ. Θεοῦ
Ac 1 25 ἀφ' ἧς παρέβη Ἰούδας

ΠΑΡΑΒΑ'ΛΛΩ 3846

Ac 20 15 τῇ δὲ ἑτέρᾳ παρεβάλομεν εἰς Σάμον

ΠΑΡΑ'ΒΑΣΙΣ 3847

Ro 2 23 διὰ τ. παραβάσεως τ. νόμου τ. Θεὸν ἀτιμάζεις;
4 15 οὗ δὲ οὐκ ἔστιν νόμος οὐδὲ παράβασις
5 14 ἐπὶ τ. μὴ ἁμαρτήσαντας ἐπὶ τ. ὁμοιώματι τ. παραβάσεως Ἀδάμ
Ga 3 19 τ. παραβάσεων χάριν προσετέθη
I Ti 2 14 ἡ δὲ γυνὴ ἐξαπατηθεῖσα ἐν παραβάσει γέγονεν
He 2 2 πᾶσα παράβασις κ. παρακοὴ ἔλαβεν ἔνδικον μισθαποδοσίαν
9 15 εἰς ἀπολύτρωσιν τῶν ἐπὶ τ. πρώτῃ διαθήκῃ παραβάσεων

ΠΑΡΑΒΑ'ΤΗΣ ** 3848

Ro 2 25 ἐὰν δὲ παραβάτης νόμου ᾖς
27 σὲ τὸν διὰ γράμματος κ. περιτομῆς παραβάτην νόμου
Ga 2 18 παραβάτην ἐμαυτὸν συνιστάνω
Ja 2 9 ἐλεγχόμενοι ὑπὸ τ. νόμου ὡς παραβάται
11 γέγονας παραβάτης νόμου

ΠΑΡΑΒΙΑ'ΖΟΜΑΙ 3849

Lu 24 29 παρεβιάσαντο αὐτὸν λέγοντες
Ac 16 15 παρεβιάσατο ἡμᾶς

ΠΑΡΑΒΟΛΕΥ'ΟΜΑΙ * † 3851

Phl 2 30 μέχρι θανάτου ἤγγισεν παραβολευσάμενος τ. ψυχῇ

ΠΑΡΑΒΟΛΗ' 3850

Mt 13 3 ἐλάλησεν αὐτοῖς πολλὰ ἐν παραβολαῖς
10 διὰ τί ἐν παραβολαῖς λαλεῖς αὐτοῖς;
13 διὰ τοῦτο ἐν παραβολαῖς αὐτοῖς λαλῶ
18 ὑμεῖς οὖν ἀκούσατε τὴν παραβολὴν τ. σπείραντος
24 ἄλλην παραβολὴν παρέθηκεν αὐτοῖς
31 ἄλλην παραβολὴν παρέθηκεν αὐτοῖς
33 ἄλλην παραβολὴν ἐλάλησεν αὐτοῖς

Mt 13 34 ταῦτα πάντα ἐλάλησεν ὁ Ἰησοῦς ἐν παραβολαῖς τ. ὄχλοις,
κ. χωρὶς παραβολῆς οὐδὲν ἐλάλει αὐτοῖς
35 ἀνοίξω ἐν παραβολαῖς τὸ στόμα μου
אֶפְתְּחָה בְמָשָׁל פִּי, Ps. lxxviii. 2
36 διασάφησον ἡμῖν τ. παραβολὴν τ. ζιζανίων τ. ἀγροῦ
53 ὅτε ἐτέλεσεν ὁ Ἰησοῦς τ. παραβολὰς ταύτας
15 15 φράσον ἡμῖν τ. παραβολήν
21 33 ἄλλην παραβολὴν ἀκούσατε
45 ἀκούσαντες οἱ ἀρχιερεῖς κ. οἱ Φαρισαῖοι τὰς παραβολὰς αὐτοῦ
22 1 πάλιν εἶπεν ἐν παραβολαῖς αὐτοῖς
24 32 ἀπὸ δὲ τ. συκῆς μάθετε τ. παραβολήν
Mk 3 23 ἐν παραβολαῖς ἔλεγεν αὐτοῖς
4 2 ἐδίδασκεν αὐτοὺς ἐν παραβολαῖς πολλά
10 ἠρώτων αὐτὸν οἱ περὶ αὐτὸν σὺν τ. δώδεκα τ. παραβολάς
11 τοῖς ἔξω ἐν παραβολαῖς τὰ πάντα γίνεται
13 οὐκ οἴδατε τὴν παραβολὴν ταύτην,
κ. πῶς πάσας τ. παραβολὰς γνώσεσθε;
30 ἢ ἐν τίνι αὐτὴν παραβολῇ θῶμεν;
33 τοιαύταις παραβολαῖς πολλαῖς ἐλάλει αὐτοῖς τ. λόγον
34 χωρὶς δὲ παραβολῆς οὐκ ἐλάλει αὐτοῖς
7 17 ἐπηρώτων αὐτὸν οἱ μαθηταὶ αὐτοῦ τ. παραβολήν
12 1 ἤρξατο αὐτοῖς ἐν παραβολαῖς λαλεῖν
12 ἔγνωσαν γὰρ ὅτι πρὸς αὐτοὺς τ. παραβολὴν εἶπεν
13 28 ἀπὸ δὲ τ. συκῆς μάθετε τ. παραβολήν
Lu 4 23 πάντως ἐρεῖτέ μοι τ. παραβολὴν ταύτην
5 36 ἔλεγεν δὲ κ. παραβολὴν πρὸς αὐτούς
6 39 εἶπεν δὲ κ. παραβολὴν αὐτοῖς
8 4 εἶπεν διὰ παραβολῆς
9 τίς αὕτη εἴη ἡ παραβολή
10 τοῖς δὲ λοιποῖς ἐν παραβολαῖς
11 ἔστιν δὲ αὕτη ἡ παραβολή
12 16 εἶπεν δὲ παραβολὴν πρὸς αὐτούς
41 Κύριε πρὸς ἡμᾶς τ. παραβολὴν ταύτην λέγεις
13 6 ἔλεγεν δὲ ταύτην τ. παραβολήν
14 7 ἔλεγεν δὲ πρὸς τ. κεκλημένους παραβολήν
15 3 εἶπεν δὲ πρὸς αὐτοὺς τ. παραβολὴν ταύτην
18 1 ἔλεγεν δὲ παραβολὴν αὐτοῖς
9 εἶπεν δὲ κ. πρός τινας τ. παραβολὴν ταύτην
19 11 προσθεὶς εἶπεν παραβολήν
20 9 ἤρξατο δὲ πρὸς τ. λαὸν λέγειν τ. παραβολὴν ταύτην
19 ἔγνωσαν γὰρ ὅτι πρὸς αὐτοὺς εἶπεν τ. παραβολὴν ταύτην
21 29 εἶπεν παραβολὴν αὐτοῖς
He 9 9 ἥτις παραβολὴ εἰς τ. καιρὸν τ. ἐνεστηκότα
11 19 ὅθεν αὐτὸν κ. ἐν παραβολῇ ἐκομίσατο

ΠΑΡΑΓΓΕΛΙ΄Α * 3852

Ac 5 28 παραγγελίᾳ παρηγγείλαμεν ὑμῖν μὴ διδάσκειν
16 24 ὃς παραγγελίαν τοιαύτην λαβών
I Th 4 2 οἴδατε γὰρ τίνας παραγγελίας ἐδώκαμεν ὑμῖν
I Ti 1 5 τὸ δὲ τέλος τ. παραγγελίας ἐστὶν ἀγάπη
18 ταύτην τ. παραγγελίαν παρατίθεμαί σοι

ΠΑΡΑΓΓΕ΄ΛΛΩ 3853

(1) παραγγ. παραγγελίᾳ

Mt 10 5 ἀπέστειλεν ὁ Ἰησοῦς παραγγείλας αὐτοῖς
15 35 παραγγείλας τ. ὄχλῳ ἀναπεσεῖν ἐπὶ τ. γῆν
Mk 6 8 παρήγγειλεν αὐτοῖς ἵνα μηδὲν αἴρωσιν εἰς ὁδὸν
8 6 παραγγέλλει τ. ὄχλῳ ἀναπεσεῖν ἐπὶ τ. γῆς
Lu 5 14 αὐτὸς παρήγγειλεν αὐτῷ μηδενὶ εἰπεῖν
8 29 παρήγγελλεν γὰρ τ. πνεύματι τ. ἀκαθάρτῳ ἐξελθεῖν
παρήγγειλεν, WH mg.
56 ὁ δὲ παρήγγειλεν αὐτοῖς μηδενὶ εἰπεῖν τὸ γεγονός
9 21 ἐπιτιμήσας αὐτοῖς παρήγγειλεν μηδενὶ λέγειν τοῦτο
Ac 1 4 παρήγγειλεν αὐτοῖς ἀπὸ Ἱεροσολύμων μὴ χωρίζεσθαι
4 18 καλέσαντες αὐτοὺς παρήγγειλαν καθόλου μὴ φθέγγεσθαι
5 28 [1] παραγγελίᾳ παρηγγείλαμεν ὑμῖν μὴ διδάσκειν
40 δείραντες παρήγγειλαν μὴ λαλεῖν ἐπὶ τ. ὀνόματι τ. Ἰησοῦ
10 42 παρήγγειλεν ἡμῖν κηρύξαι τ. λαῷ
15 5 δεῖ . . . παραγγέλλειν τε τηρεῖν τ. νόμον Μωυσέως
16 18 παραγγέλλω σοι ἐν ὀνόματι Ἰησοῦ Χριστοῦ ἐξελθεῖν
23 παραγγείλαντες τ. δεσμοφύλακι ἀσφαλῶς τηρεῖν
17 30 τὰ νῦν παραγγέλλει τ. ἀνθρώποις πάντας πανταχοῦ μετανοεῖν
ἀπαγγέλλει, TWHR mg.
23 22 παραγγείλας μηδενὶ ἐκλαλῆσαι
30 παραγγείλας κ. τ. κατηγόροις λέγειν πρὸς αὐτόν
I Co 7 10 τ. δὲ γεγαμηκόσι παραγγέλλω οὐκ ἐγὼ ἀλλὰ ὁ Κύριος
11 17 τοῦτο δὲ παραγγέλλων οὐκ ἐπαινῶ
παραγγέλλω οὐκ ἐπαινῶν, WH mg.
I Th 4 11 καθὼς ὑμῖν παρηγγείλαμεν
II Th 3 4 ὅτι ἃ παραγγέλλομεν κ. ποιεῖτε κ. ποιήσετε
6 παραγγέλλομεν δὲ ὑμῖν ἀδελφοί
10 ὅτε ἦμεν πρὸς ὑμᾶς τοῦτο παρηγγέλλομεν ὑμῖν
12 τ. δὲ τοιούτοις παραγγέλλομεν
I Ti 1 3 ἵνα παραγγείλῃς τισὶν μὴ ἑτεροδιδασκαλεῖν
4 11 παράγγελλε ταῦτα κ. δίδασκε
5 7 ταῦτα παράγγελλε ἵνα ἀνεπίλημπτοι ὦσιν
6 13 παραγγέλλω σοι ἐνώπιον τ. Θεοῦ τ. ζωογονοῦντος τὰ πάντα
17 τ. πλουσίοις ἐν τ. νῦν αἰῶνι παράγγελλε μὴ ὑψηλοφρονεῖν

ΠΑΡΑΓΙ΄ΝΟΜΑΙ 3854

(1) seq. εἰς, ἐπί (2) seq. πρός

Mt 2 1 [1] μάγοι ἀπὸ ἀνατολῶν παρεγένοντο εἰς Ἱεροσόλυμα
3 1 παραγίνεται Ἰωάνης ὁ βαπτιστὴς κηρύσσων
13 [1] [2] τότε παραγίνεται ὁ Ἰησοῦς ἀπὸ τ. Γαλιλαίας ἐπὶ τ. Ἰορδάνην
Mk 14 43 παραγίνεται ὁ Ἰούδας εἷς τῶν δώδεκα
Lu 7 4 [2] οἱ δὲ παραγενόμενοι πρὸς τ. Ἰησοῦν παρεκάλουν αὐτόν

Lu 7 20 [2] παραγενόμενοι δὲ πρὸς αὐτὸν οἱ ἄνδρες εἶπαν
8 19 [2] παρεγένετο δὲ πρὸς αὐτὸν ἡ μήτηρ κ. οἱ ἀδελφοὶ αὐτοῦ
11 6 [2] φίλος μου παρεγένετο ἐξ ὁδοῦ πρός με
12 51 δοκεῖτε ὅτι εἰρήνην παρεγενόμην δοῦναι ἐν τ. γῇ;
14 21 παραγενόμενος ὁ δοῦλος ἀπήγγειλεν τ. κυρίῳ αὐτοῦ
19 16 παρεγένετο δὲ ὁ πρῶτος λέγων
22 52 [1 2] εἶπεν δὲ Ἰησοῦς πρὸς τ. παραγενομένους ἐπ' αὐτὸν ἀρχιερεῖς
παρ. πρὸς αὐτ., T
Jo 8 23 παρεγίνοντο κ. ἐβαπτίζοντο
8 [2 [1] ὄρθρου δὲ πάλιν παρεγένετο εἰς τὸ ἱερόν ἦλθεν, WH mg.
Ac 5 21 παραγενόμενος δὲ ὁ ἀρχιερεὺς κ. οἱ σὺν αὐτῷ
22 οἱ δὲ παραγενόμενοι ὑπηρέται οὐχ εὗρον αὐτούς
25 παραγενόμενος δέ τις ἀπήγγειλεν αὐτοῖς
9 26 [1] παραγενόμενος δὲ εἰς Ἱερουσαλὴμ ἐπείραζεν
39 ὃν παραγενόμενον ἀνήγαγον εἰς τὸ ὑπερῷον
10 33 σύ τε καλῶς ἐποίησας παραγενόμενος
11 23 ὃς παραγενόμενος κ. ἰδὼν τ. χάριν τὴν τ. Θεοῦ ἐχάρη
13 14 [1] αὐτοὶ δὲ . . . παρεγένοντο εἰς Ἀντιόχειαν τ. Πισιδίαν
14 27 παραγενόμενοι δὲ κ. συναγαγόντες τ. ἐκκλησίαν
15 4 [1] παραγενόμενοι δὲ εἰς Ἱερουσαλὴμ παρεδέχθησαν
17 10 [1] οἵτινες παραγενόμενοι εἰς τ. συναγωγὴν τ. Ἰουδαίων ἀπῄεσαν
18 27 ὃς παραγενόμενος συνεβάλετο πολὺ τ. πεπιστευκόσιν
20 18 [2] ὡς δὲ παρεγένοντο πρὸς αὐτόν
21 18 πάντες τε παρεγένοντο οἱ πρεσβύτεροι
23 16 παραγενόμενος κ. εἰσελθὼν εἰς τ. παρεμβολήν
35 ὅταν κ. οἱ κατήγοροί σου παραγένωνται
24 17 [1] ἐλεημοσύνας ποιήσων εἰς τὸ ἔθνος μου παρεγενόμην
24 μετὰ δὲ ἡμέρας τινὰς παραγενόμενος ὁ Φῆλιξ
25 7 παραγενομένου δὲ αὐτοῦ
28 21 οὔτε παραγενόμενός τις τ. ἀδελφῶν ἀπήγγειλεν
I Co 16 3 ὅταν δὲ παραγένωμαι
II Ti 4 16 ἐν τ. πρώτῃ μου ἀπολογίᾳ οὐδείς μοι παρεγένετο
He 9 11 Χριστὸς δὲ παραγενόμενος ἀρχιερεὺς τ. γενομένων ἀγαθῶν

ΠΑΡΑ'ΓΩ 3855

(1) παράγομαι

Mt 9 9 παραγων ὁ Ἰησοῦς ἐκεῖθεν εἶδεν ἄνθρωπον
27 παράγοντι ἐκεῖθεν τ. Ἰησοῦ
20 30 ἀκούσαντες ὅτι Ἰησοῦς παράγει ἔκραξαν
Mk 1 16 παράγων παρὰ τ. θάλασσαν τ. Γαλιλαίας
2 14 παράγων εἶδεν Λευεὶν τὸν τ. Ἀλφαίου
15 21 ἀγγαρεύουσιν παράγοντά τινα Σίμωνα Κυρηναῖον
Jo 8 59 διελθὼν διὰ μέσου αὐτῶν ἐπορεύετο κ. παρῆγεν οὕτως
—h. v., TWHR non mg.
Jo 9 1 παράγων εἶδεν ἄνθρωπον τυφλὸν ἐκ γενετῆς
I Co 7 31 παράγει γὰρ τὸ σχῆμα τ. κόσμου τούτου
I Jo 2 8 [1] ὅτι ἡ σκοτία παράγεται
17 [1] ὁ κόσμος παράγεται κ. ἡ ἐπιθυμία αὐτοῦ

ΠΑΡΑΔΕΙΓΜΑΤΙ'ΖΩ 3856

He 6 6 ἀνασταυροῦντας ἑαυτοῖς τ. υἱὸν τ. Θεοῦ κ. παραδειγματίζοντας

ΠΑΡΑ'ΔΕΙΣΟΣ 3857

Lu 23 43 σήμερον μετ' ἐμοῦ ἔσῃ ἐν τ. παραδείσῳ
II Co 12 4 ὅτι ἡρπάγη εἰς τ. παράδεισον
Re 2 7 ὅ ἐστιν ἐν τ. παραδείσῳ τ. Θεοῦ

ΠΑΡΑΔΕ'ΧΟΜΑΙ 3858

Mk 4 20 οἵτινες ἀκούουσιν τ. λόγον κ. παραδέχονται
Ac 15 4 παρεδέχθησαν ἀπὸ τ. ἐκκλησίας κ. τ. ἀποστόλων
16 21 ἃ οὐκ ἔξεστιν ἡμῖν παραδέχεσθαι οὐδὲ ποιεῖν Ῥωμαίοις οὖσιν
22 18 διότι οὐ παραδέξονταί σου μαρτυρίαν περὶ ἐμοῦ
I Ti 5 19 κατὰ πρεσβυτέρου κατηγορίαν μὴ παραδέχου
He 12 6 μαστιγοῖ δὲ πάντα υἱὸν ὃν παραδέχεται
וּכְאָב אֶת־בֵּן יִרְצֶה, Pr. xi. 12

ΠΑΡΑΔΙ'ΔΩΜΙ 3860

(1) seq. εἰς (2) παραδοῖ, παραδιδοῖ
(3) παραδ. παράδοσιν

Mt 4 12 ἀκούσας δὲ ὅτι Ἰωάνης παρεδόθη
5 25 μήποτέ σε παραδῷ ὁ ἀντίδικος τῷ κριτῇ, κ. ὁ κριτής σε παραδῷ τῷ ὑπηρέτῃ
—σε παραδῷ, TWHR mg.
10 4 Ἰούδας ὁ Ἰσκαριώτης ὁ κ. παραδοὺς αὐτόν
17 [1] παραδώσουσιν γὰρ ὑμᾶς εἰς συνέδρια
19 ὅταν δὲ παραδῶσιν ὑμᾶς
21 [1] παραδώσει δὲ ἀδελφὸς ἀδελφὸν εἰς θάνατον
11 27 πάντα μοι παρεδόθη ὑπὸ τ. πατρός μου
17 22 [1] μέλλει ὁ υἱὸς τ. ἀνθρώπου παραδίδοσθαι εἰς χεῖρας ἀνθρώπων
18 34 ὁ κύριος αὐτοῦ παρέδωκεν αὐτὸν τ. βασανισταῖς
20 18 ὁ υἱὸς τ. ἀνθρώπου παραδοθήσεται τ. ἀρχιερεῦσιν
19 [1] παραδώσουσιν αὐτὸν τ. ἔθνεσιν εἰς τὸ ἐμπαῖξαι
24 9 [1] τότε παραδώσουσιν ὑμᾶς εἰς θλίψιν
10 σκανδαλισθήσονται πολλοὶ κ. ἀλλήλους παραδώσουσιν
25 14 παρέδωκεν αὐτοῖς τὰ ὑπάρχοντα αὐτοῦ
20 κύριε πέντε τάλαντά μοι παρέδωκας
22 κύριε δύο τάλαντά μοι παρέδωκας
26 2 [1] ὁ υἱὸς τ. ἀνθρώπου παραδίδοται εἰς τὸ σταυρωθῆναι
15 κἀγὼ ὑμῖν παραδώσω αὐτόν
16 ἀπὸ τότε ἐζήτει εὐκαιρίαν ἵνα αὐτὸν παραδῷ
21 εἷς ἐξ ὑμῶν παραδώσει με
23 ὁ ἐμβάψας μετ' ἐμοῦ . . . οὗτός με παραδώσει
24 δι' οὗ ὁ υἱὸς τ. ἀνθρώπου παραδίδοται
25 ἀποκριθεὶς δὲ Ἰούδας ὁ παραδιδοὺς αὐτόν
45 [1] ὁ υἱὸς τ. ἀνθρώπου παραδίδοται εἰς χεῖρας ἁμαρτωλῶν

Mt 26 46 ἰδοὺ ἤγγικεν ὁ παραδιδούς με
48 ὁ δὲ παραδιδοὺς αὐτὸν ἔδωκεν αὐτοῖς σημεῖον
27 2 παρέδωκαν Πειλάτῳ τῷ ἡγεμόνι.
3 τότε ἰδὼν Ἰούδας ὁ παραδοὺς αὐτὸν ὅτι κατεκρίθη
παραδιδούς, TWH mg.
4 ἥμαρτον παραδοὺς αἷμα δίκαιον
18 ᾔδει γὰρ ὅτι διὰ φθόνον παρέδωκαν αὐτόν
26 τὸν δὲ Ἰησοῦν φραγελλώσας παρέδωκεν ἵνα σταυρωθῇ
Mk 1 14 μετὰ τὸ παραδοθῆναι τ. Ἰωάνην
3 19 Ἰούδαν Ἰσκαριὼθ ὃς κ. παρέδωκεν αὐτόν
4 29 [2] ὅταν δὲ παραδοῖ ὁ καρπός
7 13 [3] ἀκυροῦντες . . . τ. παραδόσει ὑμῶν ᾗ παρεδώκατε
9 31 [1] ὁ υἱὸς τ. ἀνθρώπου παραδίδοται εἰς χεῖρας ἀνθρώπων
10 33 ὁ υἱὸς τ. ἀνθρώπου παραδοθήσεται τ. ἀρχιερεῦσιν
33 κ. παραδώσουσιν αὐτὸν τ. ἔθνεσιν
13 9 [1] παραδώσουσιν ὑμᾶς εἰς συνέδρια
11 ὅταν ἄγωσιν ὑμᾶς παραδιδόντες
12 [1] παραδώσει ἀδελφὸς ἀδελφὸν εἰς θάνατον
14 10 [2] ἵνα αὐτὸν παραδοῖ αὐτοῖς
11 [2] ἐζήτει πῶς αὐτὸν εὐκαίρως παραδοῖ
18 εἷς ἐξ ὑμῶν παραδώσει με
21 δι' οὗ ὁ υἱὸς τ. ἀνθρώπου παραδίδοται
41 [1] παραδίδοται ὁ υἱὸς τ. ἀνθρώπου εἰς τ. χεῖρας τ. ἁμαρτωλῶν
42 ἰδοὺ ὁ παραδιδούς με ἤγγικεν
44 δεδώκει δὲ ὁ παραδιδοὺς αὐτὸν σύσσημον αὐτοῖς
15 1 ἀπήνεγκαν κ. παρέδωκαν Πειλάτῳ
10 ἐγίνωσκεν ὅτι διὰ φθόνον παραδεδώκεισαν αὐτόν
15 παρέδωκεν τ. Ἰησοῦν φραγελλώσας ἵνα σταυρωθῇ
Lu 1 2 καθὼς παρέδοσαν ἡμῖν οἱ ἀπ' ἀρχῆς αὐτόπται
4 6 ἐμοὶ παραδέδοται κ. ᾧ ἂν θέλω δίδωμι αὐτήν
9 44 [1] ὁ γὰρ υἱὸς τ. ἀνθρώπου μέλλει παραδίδοσθαι εἰς χεῖρας ἀνθρώπων
10 22 πάντα μοι παρεδόθη ὑπὸ τ. πατρός μου
12 58 ὁ κριτής σε παραδώσει τῷ πράκτορι
18 32 παραδοθήσεται γὰρ τ. ἔθνεσιν
20 20 ὥστε παραδοῦναι αὐτὸν τ. ἀρχῇ κ. τ. ἐξουσίᾳ τ. ἡγεμόνος
21 12 [1] παραδιδόντες εἰς τ. συναγωγὰς κ. φυλακάς
16 παραδοθήσεσθε δὲ κ. ὑπὸ γονέων κ. ἀδελφῶν
22 4 πῶς αὐτοῖς παραδῷ αὐτόν
6 ἐζήτει εὐκαιρίαν τοῦ παραδοῦναι αὐτὸν ἄτερ ὄχλου αὐτοῖς
21 ἡ χεὶρ τ. παραδιδόντος με μετ' ἐμοῦ
22 οὐαὶ τ. ἀνθρώπῳ ἐκείνῳ δι' οὗ παραδίδοται
48 φιλήματι τ. υἱὸν τ. ἀνθρώπου παραδίδως;
23 25 τὸν δὲ Ἰησοῦν παρέδωκεν τ. θελήματι αὐτῶν
24 7 [1] δεῖ παραδοθῆναι εἰς χεῖρας ἀνθρώπων ἁμαρτωλῶν
20 [1] ὅπως τε παρέδωκαν αὐτὸν οἱ ἀρχιερεῖς . . . εἰς κρίμα θανάτου
Jo 6 64 ᾔδει γὰρ ἐξ ἀρχῆς . . . τίς ἐστιν ὁ παραδώσων αὐτόν
71 οὗτος γὰρ ἔμελλεν παραδιδόναι αὐτόν
αὐτ. παραδιδ., T
Jo 12 4 Ἰούδας ὁ Ἰσκαριώτης . . . ὁ μέλλων αὐτὸν παραδιδόναι
13 2 [2] ἵνα παραδοῖ αὐτὸν Ἰούδας Σίμωνος Ἰσκαριώτης
11 ᾔδει γὰρ τ. παραδιδόντα αὐτόν
21 εἷς ἐξ ὑμῶν παραδώσει με
18 2 ᾔδει δὲ κ. Ἰούδας ὁ παραδιδοὺς αὐτόν
5 εἱστήκει δὲ κ. Ἰούδας ὁ παραδιδοὺς αὐτὸν μετ' αὐτῶν
30 οὐκ ἄν σοι παρεδώκαμεν αὐτόν
35 τὸ ἔθνος τὸ σὸν κ. οἱ ἀρχιερεῖς παρέδωκάν σε ἐμοί
36 ἵνα μὴ παραδοθῶ τ. Ἰουδαίοις
19 11 διὰ τοῦτο ὁ παραδούς μέ σοι μείζονα ἁμαρτίαν ἔχει
16 τότε οὖν παρέδωκεν αὐτὸν αὐτοῖς ἵνα σταυρωθῇ
30 κλίνας τ. κεφαλὴν παρέδωκεν τὸ πνεῦμα
21 20 εἶπεν Κύριε τίς ἐστιν ὁ παραδιδούς σε
Ac 3 13 ὃν ὑμεῖς μὲν παρεδώκατε
6 14 ἀλλάξει τὰ ἔθη ἃ παρέδωκεν ἡμῖν Μωυσῆς
7 42 παρέδωκεν αὐτοὺς λατρεύειν τ. στρατιᾷ τ. οὐρανοῦ
8 3 [1] σύρων τε ἄνδρας κ. γυναῖκας παρεδίδου εἰς φυλακήν
12 4 παραδοὺς τέσσαρσι τετραδίοις στρατιωτῶν φυλάσσειν
14 26 ὅθεν ἦσαν παραδεδομένοι τ. χάριτι τ. Θεοῦ
15 26 ἀνθρώποις παραδεδωκόσι τ. ψυχὰς αὐτῶν
40 παραδοθεὶς τ. χάριτι τ. Κυρίου ὑπὸ τ. ἀδελφῶν
16 4 παρεδίδοσαν αὐτοῖς φυλάσσειν τὰ δόγματα
21 11 [1] παραδώσουσιν εἰς χεῖρας ἐθνῶν
22 4 [1] παραδιδοὺς εἰς φυλακὰς ἄνδρας τε κ. γυναῖκας
27 1 παρεδίδουν τόν τε Παῦλον . . . ἑκατοντάρχῃ
28 16 ὁ ἑκατοντάρχης παρέδωκεν τ. δεσμίους τ. στρατοπεδάρχῳ
—h. v., TWH non mg. R non mg.
17 [1] δέσμιος ἐξ Ἱεροσολύμων παρεδόθην εἰς τ. χεῖρας τ. Ῥωμαίων
Ro 1 24 [1] διὸ παρέδωκεν αὐτοὺς ὁ Θεὸς . . . εἰς ἀκαθαρσίαν
26 [1] διὰ τοῦτο παρέδωκεν αὐτοὺς ὁ Θεὸς εἰς πάθη ἀτιμίας
28 [1] παρέδωκεν αὐτοὺς ὁ Θεὸς εἰς ἀδόκιμον νοῦν
4 25 ὃς παρεδόθη διὰ τὰ παραπτώματα ἡμῶν
6 17 [1] εἰς ὃν παρεδόθητε τύπον διδαχῆς
8 32 ὑπὲρ ἡμῶν πάντων παρέδωκεν αὐτόν
I Co 5 5 [1] παραδοῦναι τ. τοιοῦτον τῷ Σατανᾷ εἰς ὄλεθρον τ. σαρκός
11 2 [3] καθὼς παρέδωκα ὑμῖν τ. παραδόσεις κατέχετε
23 ὃ κ. παρέδωκα ὑμῖν,
ὅτι ὁ Κύριος Ἰησοῦς ἐν τ. νυκτὶ ᾗ παρεδίδετο ἔλαβεν ἄρτον
13 3 κἂν παραδῶ τὸ σῶμά μου ἵνα καυχήσωμαι
15 3 παρέδωκα γὰρ ὑμῖν ἐν πρώτοις
24 [2] ὅταν παραδιδῷ τ. βασιλείαν τ. Θεῷ κ. πατρί
παραδιδοῖ, T
II Co 4 11 [1] ἡμεῖς οἱ ζῶντες εἰς θάνατον παραδιδόμεθα διὰ Ἰησοῦν
Ga 2 20 τοῦ . . . παραδόντος ἑαυτὸν ὑπὲρ ἐμοῦ
Eph 4 19 οἵτινες ἀπηλγηκότες ἑαυτοὺς παρέδωκαν τ. ἀσελγείᾳ

Eph 5 2 καθὼς κ. ὁ Χριστὸς . . . παρέδωκεν ἑαυτὸν ὑπὲρ ὑμῶν
25 καθὼς κ. ὁ Χριστὸς . . . ἑαυτὸν παρέδωκεν ὑπὲρ αὐτῆς
I Ti 1 20 οὓς παρέδωκα τῷ Σατανᾷ
I Pe 2 23 παρεδίδου δὲ τ. κρίνοντι δικαίως
II Pe 2 4 [1] σειροῖς ζόφου ταρταρώσας παρέδωκεν εἰς κρίσιν τηρουμένους
21 ὑποστρέψαι ἐκ τ. παραδοθείσης αὐτοῖς ἁγίας ἐντολῆς
Ju 3 ἐπαγωνίζεσθαι τῇ ἅπαξ παραδοθείσῃ τ. ἁγίοις πίστει

ΠΑΡΑ´ΔΟΞΟΣ** 3861

Lu 5 26 εἴδαμεν παράδοξα σήμερον

ΠΑΡΑ´ΔΟΣΙΣ 3862

Mt 15 2 διὰ τί οἱ μαθηταί σου παραβαίνουσιν τ. παράδοσιν τ. πρεσβυτέρων;
3 διὰ τί κ. ὑμεῖς παραβαίνετε . . . διὰ τ. παράδοσιν ὑμῶν;
6 ἠκυρώσατε τ. λόγον τ. Θεοῦ διὰ τ. παράδοσιν ὑμῶν
Mk 7 3 κρατοῦντες τ. παράδοσιν τ. πρεσβυτέρων
5 διὰ τί οὐ περιπατοῦσιν . . . κατὰ τ. παράδοσιν τ. πρεσβυτέρων;
8 κρατεῖτε τ. παράδοσιν τ. ἀνθρώπων
9 καλῶς ἀθετεῖτε . . . ἵνα τ. παράδοσιν ὑμῶν τηρήσητε
13 ἀκυροῦντες τ. λόγον τ. Θεοῦ τ. παραδόσει ὑμῶν ᾗ παρεδώκατε
I Co 11 2 καθὼς παρέδωκα ὑμῖν τ. παραδόσεις κατέχετε
Ga 1 14 περισσοτέρως ζηλωτὴς ὑπάρχων τ. πατρικῶν μου παραδόσεων
Col 2 8 κατὰ τ. παράδοσιν τ. ἀνθρώπων
II Th 2 15 κρατεῖτε τ. παραδόσεις ἃς ἐδιδάχθητε
3 6 μὴ κατὰ τ. παράδοσιν ἣν παρελάβετε παρ' ἡμῶν

ΠΑΡΑΖΗΛΟ´Ω † 3863

Ro 10 19 ἐγὼ παραζηλώσω ὑμᾶς ἐπ' οὐκ ἔθνει
אֲנִי אַקְנִיאֵם בְּלֹא־עָם, Dt. xxxii. 21
11 11 ἡ σωτηρία τ. ἔθνεσιν εἰς τὸ παραζηλῶσαι αὐτούς
14 εἴ πως παραζηλώσω μου τ. σάρκα
I Co 10 22 ἢ παραζηλοῦμεν τ. Κύριον;

ΠΑΡΑΘΑΛΑ´ΣΣΙΟΣ 3864

Mt 4 13 ἐλθὼν κατῴκησεν εἰς Καφαρναοὺμ τ. παραθαλασσίαν

ΠΑΡΑΘΕΩΡΕ´ΟΜΑΙ* 3865

Ac 6 1 ὅτι παρεθεωροῦντο ἐν τ. διακονίᾳ τ. καθημερινῇ αἱ χῆραι αὐτῶν

ΠΑΡΑΘΗ´ΚΗ 3866

I Ti 6 20 ὦ Τιμόθεε τ. παραθήκην φύλαξον
II Ti 1 12 δυνατός ἐστιν τ. παραθήκην μου φυλάξαι
14 τ. καλὴν παραθήκην φύλαξον διὰ πνεύματος ἁγίου

ΠΑΡΑΙΝΕ´Ω** 3867

Ac 27 9 παρῄνει ὁ Παῦλος λέγων αὐτοῖς
22 τὰ νῦν παραινῶ ὑμᾶς εὐθυμεῖν

ΠΑΡΑΙΤΕ´ΟΜΑΙ 3868

Mk 15 6 ἀπέλυεν αὐτοῖς ἕνα δέσμιον ὃν παρῃτοῦντο
Lu 14 18 ἤρξαντο ἀπὸ μιᾶς πάντες παραιτεῖσθαι
18 ἐρωτῶ σε ἔχε με παρῃτημένον
19 ἐρωτῶ σε ἔχε με παρῃτημένον
Ac 25 11 οὐ παραιτοῦμαι τὸ ἀποθανεῖν
I Ti 4 7 τ. δὲ βεβήλους κ. γραώδεις μύθους παραιτοῦ
5 11 νεωτέρας δὲ χήρας παραιτοῦ
II Ti 2 23 τὰς δὲ μωρὰς κ. ἀπαιδεύτους ζητήσεις παραιτοῦ
Tit 3 10 αἱρετικὸν ἄνθρωπον . . . παραιτοῦ
He 12 19 ἧς οἱ ἀκούσαντες παρῃτήσαντο προστεθῆναι αὐτοῖς λόγον
25 βλέπετε μὴ παραιτήσησθε τ. λαλοῦντα. εἰ γὰρ ἐκεῖνοι οὐκ ἐξέφυγον ἐπὶ γῆς παραιτησάμενοι τ. χρηματίζοντα

ΠΑΡΑΚΑΘΕ´ΖΟΜΑΙ* † 3869

Lu 10 39 ἣ κ. παρακαθεσθεῖσα πρὸς τ. πόδας τ. Κυρίου

ΠΑΡΑΚΑΛΕ´Ω 3870

(1) seq. inf. (2) seq. ἐπί (3) παρακ. παρακλήσει

Mt 2 18 οὐκ ἤθελεν παρακληθῆναι ὅτι οὐκ εἰσίν
מֵאֲנָה לְהִנָּחֵם עַל־בָּנֶיהָ כִּי אֵינֶנּוּ, Jer. xxxi. 15
5 4 μακάριοι οἱ πενθοῦντες ὅτι αὐτοὶ παρακληθήσονται
v. 5, TWH mg. R mg.
8 5 προσῆλθον αὐτῷ ἑκατόνταρχος παρακαλῶν αὐτόν
31 οἱ δὲ δαίμονες παρεκάλουν αὐτὸν λέγοντες
34 παρεκάλεσαν ὅπως μεταβῇ ἀπὸ τ. ὁρίων αὐτῶν
14 36 παρεκάλουν αὐτὸν ἵνα μόνον ἅψωνται τ. κρασπέδου
18 29 πεσὼν οὖν ὁ σύνδουλος αὐτοῦ παρεκάλει αὐτόν
32 ἀφῆκά σοι ἐπεὶ παρεκάλεσάς με
26 53 δοκεῖς ὅτι οὐ δύναμαι παρακαλέσαι τ. πατέρα μου
Mk 1 40 ἔρχεται πρὸς αὐτὸν λεπρὸς παρακαλῶν αὐτόν
5 10 παρεκάλει αὐτὸν πολλά
12 παρεκάλεσαν αὐτὸν λέγοντες
17 [1] ἤρξαντο παρακαλεῖν αὐτὸν ἀπελθεῖν
18 παρεκάλει αὐτὸν ὁ δαιμονισθείς
23 παρακαλεῖ αὐτὸν πολλὰ λέγων
παρεκάλει, WH mg.
6 56 παρεκάλουν αὐτὸν ἵνα κἂν τ. κρασπέδου . . . ἅψωνται
7 32 παρακαλοῦσιν αὐτὸν ἵνα ἐπιθῇ αὐτῷ τ. χεῖρα
8 22 παρακαλοῦσιν αὐτὸν ἵνα αὐτοῦ ἅψηται
Lu 3 18 πολλὰ μὲν οὖν κ. ἕτερα παρακαλῶν
7 4 οἱ δὲ . . . παρεκάλουν αὐτὸν σπουδαίως
ἠρώτων, T
8 31 παρεκάλουν αὐτὸν ἵνα μὴ ἐπιτάξῃ αὐτοῖς
32 παρεκάλεσαν αὐτὸν ἵνα ἐπιτρέψῃ αὐτοῖς
41 [1] πεσὼν . . . παρεκάλει αὐτὸν εἰσελθεῖν εἰς τ. οἶκον αὐτοῦ
15 28 ὁ δὲ πατὴρ αὐτοῦ ἐξελθὼν παρεκάλει αὐτόν
16 25 νῦν δὲ ὧδε παρακαλεῖται
Ac 2 40 διεμαρτύρατο κ. παρεκάλει αὐτοὺς λέγων
8 31 [1] παρεκάλεσέν τε τ. Φίλιππον ἀναβάντα καθίσαι

Ac 9 38 παρακαλοῦντες Μὴ ὀκνήσῃς διελθεῖν ἕως ἡμῶν
11 23 [1] παρεκάλει πάντας τ. προθέσει τ. καρδίας προσμένειν ἐν τ. Κυρίῳ
13 42 [1] παρεκάλουν εἰς τὸ μεταξὺ σάββατον λαληθῆναι
14 22 [1] παρακαλοῦντες ἐμμένειν τ. πίστει
15 32 διὰ λόγου πολλοῦ παρεκάλεσαν τ. ἀδελφούς
16 9 ἀνὴρ Μακεδών τις ἦν ἑστὼς κ. παρακαλῶν αὐτόν
15 ὡς δὲ ἐβαπτίσθη . . . παρεκάλεσεν λέγουσα
39 ἐλθόντες παρεκάλεσαν αὐτούς
40 ἰδόντες παρεκάλεσαν τ. ἀδελφούς
18 27 [1] ἀκούσαντες αὐτοῦ παρεκάλουν διελθεῖν —h. v., TWH non mg. R
19 31 [1] παρεκάλουν μὴ δοῦναι ἑαυτὸν εἰς τὸ θέατρον
20 1 μεταπεμψάμενος ὁ Παῦλος τ. μαθητὰς κ. παρακαλέσας
2 παρακαλέσας αὐτοὺς λόγῳ πολλῷ
12 παρεκλήθησαν οὐ μετρίως
21 12 [1] παρεκαλοῦμεν ἡμεῖς τε κ. οἱ ἐντόπιοι
24 4 [1] παρακαλῶ ἀκοῦσαί σε ἡμῶν συντόμως
25 2 ἐνεφάνισάν τε αὐτῷ οἱ ἀρχιερεῖς . . . κ. παρεκάλουν αὐτόν
27 33 [1] παρεκάλει ὁ Παῦλος ἅπαντας μεταλαβεῖν τροφῆς
34 [1] διὸ παρακαλῶ ὑμᾶς μεταλαβεῖν τροφῆς
28 14 [1] εὑρόντες ἀδελφοὺς παρεκλήθημεν παρ' αὐτοῖς ἐπιμεῖναι
20 [1] διὰ ταύτην οὖν τ. αἰτίαν παρεκάλεσα ὑμᾶς ἰδεῖν
Ro 12 1 [1] παρακαλῶ οὖν ὑμᾶς ἀδελφοὶ διὰ τ. οἰκτιρμῶν τ. Θεοῦ
8 εἴτε ὁ παρακαλῶν ἐν τ. παρακλήσει
15 30 [1] παρακαλῶ δὲ ὑμᾶς ἀδελφοὶ διὰ τ. Κυρίου ἡμῶν
16 17 [1] παρακαλῶ δὲ ὑμᾶς ἀδελφοὶ σκοπεῖν
I Co 1 10 παρακαλῶ δὲ ὑμᾶς ἀδελφοὶ διὰ τ. ὀνόματος τ. Κυρίου ἡμῶν
4 13 δυσφημούμενοι παρακαλοῦμεν
16 παρακαλῶ οὖν ὑμᾶς μιμηταί μου γίνεσθε
14 31 ἵνα πάντες μανθάνωσιν κ. πάντες παρακαλῶνται
16 12 πολλὰ παρεκάλεσα αὐτὸν ἵνα ἔλθῃ πρὸς ὑμᾶς
15 παρακαλῶ δὲ ὑμᾶς ἀδελφοί
II Co 1 4 [2] ὁ παρακαλῶν ἡμᾶς ἐπὶ πάσῃ τ. θλίψει ἡμῶν,
εἰς τὸ δύνασθαι ἡμᾶς παρακαλεῖν τοὺς ἐν πάσῃ θλίψει,
[3] διὰ τ. παρακλήσεως ἧς παρακαλούμεθα αὐτοὶ ὑπὸ τ. Θεοῦ
6 εἴτε παρακαλούμεθα ὑπὲρ τῆς ὑμῶν παρακλήσεως
2 7 ὥστε τοὐναντίον ὑμᾶς χαρίσασθαι κ. παρακαλέσαι
8 [1] διὸ παρακαλῶ ὑμᾶς κυρῶσαι εἰς αὐτὸν ἀγάπην
5 20 ὡς τ. Θεοῦ παρακαλοῦντος δι' ἡμῶν
6 1 [1] παρακαλοῦμεν μὴ εἰς κενὸν τ. χάριν τ. Θεοῦ δέξασθαι ὑμᾶς
7 6 ὁ παρακαλῶν τ. ταπεινοὺς παρεκάλεσεν ἡμᾶς ὁ Θεός
7 [3] ἐν τ. παρακλήσει ᾗ παρεκλήθη ἐφ' ὑμῖν
13 διὰ τοῦτο παρακεκλήμεθα
8 6 εἰς τὸ παρακαλέσαι ἡμᾶς Τίτον
II Co 9 5 ἀναγκαῖον οὖν ἡγησάμην παρακαλέσαι τ. ἀδελφούς
10 1 ἐγὼ Παῦλος παρακαλῶ ὑμᾶς διὰ τ. πραΰτητος κ. ἐπιεικίας τ. Χριστοῦ
12 8 ὑπὲρ τούτου τρὶς τ. Κύριον παρεκάλεσα
18 παρεκάλεσα Τίτον κ. συναπέστειλα τ. ἀδελφόν
13 11 καταρτίζεσθε παρακαλεῖσθε τὸ αὐτὸ φρονεῖτε
Eph 4 1 [1] παρακαλῶ οὖν ὑμᾶς ἐγὼ ὁ δέσμιος ἐν Κυρίῳ
6 22 ἵνα . . . παρακαλέσῃ τ. καρδίας ὑμῶν
Phl 4 2 [1] Εὐοδίαν παρακαλῶ κ. Συντύχην παρακαλῶ τὸ αὐτὸ φρονεῖν
Col 2 2 ἵνα παρακληθῶσιν αἱ καρδίαι αὐτῶν
4 8 ἵνα . . . παρακαλέσῃ τ. καρδίας ὑμῶν
I Th 2 12 ὡς πατὴρ τέκνα ἑαυτοῦ παρακαλοῦντες ὑμᾶς
3 2 εἰς τὸ . . . παρακαλέσαι ὑπὲρ τ. πίστεως ὑμῶν
7 [2] διὰ τοῦτο παρεκλήθημεν ἀδελφοὶ ἐφ' ὑμῖν
4 1 ἐρωτῶμεν ὑμᾶς κ. παρακαλοῦμεν ἐν Κυρίῳ Ἰησοῦ
10 [1] παρακαλοῦμεν δὲ ὑμᾶς ἀδελφοὶ περισσεύειν μᾶλλον
18 ὥστε παρακαλεῖτε ἀλλήλους ἐν τ. λόγοις τούτοις
5 11 διὸ παρακαλεῖτε ἀλλήλους
14 παρακαλοῦμεν δὲ ὑμᾶς ἀδελφοὶ νουθετεῖτε
II Th 2 17 αὐτὸς δὲ ὁ Κύριος ἡμῶν . . . παρακαλέσαι ὑμῶν τ. καρδίας
3 12 παρακαλοῦμεν ἐν Κυρίῳ Ἰησοῦ Χριστῷ
I Ti 1 3 [1] καθὼς παρεκάλεσά σε προσμεῖναι ἐν Ἐφέσῳ
2 1 [1] παρακαλῶ οὖν πρῶτον πάντων ποιεῖσθαι δεήσεις
5 1 ἀλλὰ παρακάλει ὡς πατέρα
6 2 ταῦτα δίδασκε κ. παρακάλει
II Ti 4 2 ἔλεγξον ἐπιτίμησον παρακάλεσον παρακ. ἐπιτ., TWH mg.
Tit 1 9 ἵνα δυνατὸς ᾖ κ. παρακαλεῖν ἐν τ. διδασκαλίᾳ τ. ὑγιαινούσῃ
2 6 [1] τ. νεωτέρους ὡσαύτως παρακάλει σωφρονεῖν
15 ταῦτα λάλει κ. παρακάλει
Phm 9 διὰ τ. ἀγάπην μᾶλλον παρακαλῶ
10 παρακαλῶ σε περὶ τ. ἐμοῦ τέκνου
He 3 13 παρακαλεῖτε ἑαυτοὺς καθ' ἑκάστην ἡμέραν
10 25 μὴ ἐγκαταλείποντες τ. ἐπισυναγωγὴν ἑαυτῶν . . . ἀλλὰ παρακαλοῦντες
13 19 [1] περισσοτέρως δὲ παρακαλῶ τοῦτο ποιῆσαι
22 παρακαλῶ δὲ ὑμᾶς ἀδελφοὶ ἀνέχεσθε
I Pe 2 11 [1] παρακαλῶ ὡς παροίκους κ. παρεπιδήμους
5 1 πρεσβυτέρους οὖν ἐν ὑμῖν παρακαλῶ ὁ συνπρεσβύτερος
12 δι' ὀλίγων ἔγραψα παρακαλῶν κ. ἐπιμαρτυρῶν
Ju 3 [1] ἀνάγκην ἔσχον γράψαι ὑμῖν παρακαλῶν ἐπαγωνίζεσθαι

ΠΑΡΑΚΑΛΥ΄ΠΤΟΜΑΙ 3871

Lu 9 45 ἦν παρακεκαλυμμένον ἀπ' αὐτῶν

ΠΑΡΑ΄ΚΕΙΜΑΙ ** 3873

Ro 7 18 τὸ γὰρ θέλειν παράκειταί μοι
21 εὑρίσκω ἄρα . . . ὅτι ἐμοὶ τὸ κακὸν παράκειται

ΠΑΡΑ΄ΚΛΗΣΙΣ 3874

(1) παράκλ. τ. Ἰσραήλ (2) Θεὸς παρακλ. (3) λόγος παρακλ.

Lu 2 25 [1] προσδεχόμενος παράκλησιν τοῦ Ἰσραήλ
6 24 ὅτι ἀπέχετε τ. παράκλησιν ὑμῶν
Ac 4 36 Βαρνάβας . . . ὅ ἐστιν μεθερμηνευόμενον υἱὸς παρακλήσεως
9 31 πορευομένη . . . τ. παρακλήσει τ. ἁγίου πνεύματος ἐπληθύνετο
13 15 [3] εἴ τις ἔστιν ἐν ὑμῖν λόγος παρακλήσεως πρὸς τ. λαόν
15 31 ἀναγνόντες δὲ ἐχάρησαν ἐπὶ τ. παρακλήσει
Ro 12 8 εἴτε ὁ παρακαλῶν ἐν τ. παρακλήσει
15 4 ἵνα . . . διὰ τ. παρακλήσεως τ. γραφῶν τ. ἐλπίδα ἔχωμεν.
+τ. παρακλήσεως, WH mg.
5 [2] ὁ δὲ Θεὸς τ. ὑπομονῆς κ. τ. παρακλήσεως δῴη ὑμῖν
I Co 14 3 ἀνθρώποις λαλεῖ οἰκοδομὴν κ. παράκλησιν
II Co 1 3 [2] ὁ πατὴρ τ. οἰκτιρμῶν κ. Θεὸς πάσης παρακλήσεως
4 διὰ τ. παρακλήσεως ἧς παρακαλούμεθα αὐτοὶ ὑπὸ τ. Θεοῦ
5 διὰ τ. Χριστοῦ περισσεύει κ. ἡ παράκλησις ἡμῶν
6 εἴτε δὲ θλιβόμεθα ὑπὲρ τῆς ὑμῶν παρακλήσεως
6 εἴτε παρακαλούμεθα ὑπὲρ τῆς ὑμῶν παρακλήσεως
7 ὡς κοινωνοί ἐστε τ. παθημάτων οὕτως κ. τ. παρακλήσεως
7 4 πεπλήρωμαι τ. παρακλήσει
7 ἐν τ. παρακλήσει ᾗ παρεκλήθη ἐφ' ὑμῖν
13 ἐπὶ δὲ τ. παρακλήσει ἡμῶν περισσοτέρως μᾶλλον ἐχάρημεν
8 4 μετὰ πολλῆς παρακλήσεως δεόμενοι ἡμῶν
17 ὅτι τ. μὲν παράκλησιν ἐδέξατο
Phl 2 1 εἴ τις οὖν παράκλησις ἐν Χριστῷ
I Th 2 3 ἡ γὰρ παράκλησις ἡμῶν οὐκ ἐκ πλάνης
II Th 2 16 ὁ ἀγαπήσας ἡμᾶς κ. δοὺς παράκλησιν αἰωνίαν
I Ti 4 13 πρόσεχε τ. ἀναγνώσει τ. παρακλήσει
Phm 7 χαρὰν γὰρ πολλὴν ἔσχον κ. παράκλησιν
He 6 18 ἵνα . . . ἰσχυρὰν παράκλησιν ἔχωμεν
12 5 ἐκλέλησθε τ. παρακλήσεως
13 22 [3] ἀνέχεσθε τ. λόγου τ. παρακλήσεως

ΠΑΡΑ΄ΚΛΗΤΟΣ ** 3875

Jo 14 16 ἄλλον παράκλητον δώσει ὑμῖν
26 ὁ δὲ παράκλητος τὸ πνεῦμα τὸ ἅγιον
15 26 ὅταν ἔλθῃ ὁ παράκλητος . . . τὸ πνεῦμα τ. ἀληθείας
16 7 ὁ παράκλητος οὐ μὴ ἔλθῃ πρὸς ὑμᾶς
I Jo 2 1 παράκλητον ἔχομεν πρὸς τ. πατέρα Ἰησοῦν Χριστὸν δίκαιον

ΠΑΡΑΚΟΗ΄ * 3876

Ro 5 19 ὥσπερ γὰρ διὰ τ. παρακοῆς τ. ἑνὸς ἀνθρώπου
II Co 10 6 ἐν ἑτοίμῳ ἔχοντες ἐκδικῆσαι πᾶσαν παρακοήν
He 2 2 πᾶσα παράβασις κ. παρακοὴ ἔλαβεν ἔνδικον μισθαποδοσίαν

ΠΑΡΑΚΟΛΟΥΘΕ΄Ω ** 3877

Mk 16 [17 σημεῖα δὲ τ. πιστεύσασι ταῦτα παρακολουθήσει
ἀκολουθήσει ταῦτα, WH non mg.
Lu 1 3 ἔδοξεν κἀμοὶ παρηκολουθηκότι ἄνωθεν πᾶσιν ἀκριβῶς
I Ti 4 6 τ. καλῆς διδασκαλίας ᾗ παρηκολούθηκας
παρηκολούθησας, WH mg.
II Ti 3 10 σὺ δὲ παρηκολούθησάς μου τ. διδασκαλίᾳ
παρηκολούθηκάς, WH mg.

ΠΑΡΑΚΟΥ΄Ω 3878

Mt 18 17 ἐὰν δὲ παρακούσῃ αὐτῶν εἰπὸν τ. ἐκκλησίᾳ· ἐὰν δὲ κ. τ. ἐκκλησίας παρακούσῃ
Mk 5 36 ὁ δὲ Ἰησοῦς παρακούσας τ. λόγον λαλούμενον

ΠΑΡΑΚΥ΄ΠΤΩ 3879

Lu 24 12 παρακύψας βλέπει τὰ ὀθόνια μόνα
—h. v., T [[WH]] R mg.
Jo 20 5 παρακύψας βλέπει κείμενα τὰ ὀθόνια
11 ὡς οὖν ἔκλαιεν παρέκυψεν εἰς τὸ μνημεῖον
Ja 1 25 ὁ δὲ παρακύψας εἰς νόμον τέλειον τὸν τ. ἐλευθερίας
I Pe 1 12 εἰς ἃ ἐπιθυμοῦσιν ἄγγελοι παρακύψαι

ΠΑΡΑΛΑΜΒΑ΄ΝΩ 3880

(1) παραλ. γυναῖκα (2) seq. μετά (3) παρελάβοσαν

Mt 1 20 [1] μὴ φοβηθῇς παραλαβεῖν Μαρίαν τ. γυναῖκά σου
24 [1] παρέλαβεν τ. γυναῖκα αὐτοῦ
2 13 ἐγερθεὶς παράλαβε τὸ παιδίον κ. τ. μητέρα αὐτοῦ
14 ὁ δὲ ἐγερθεὶς παρέλαβεν τὸ παιδίον
20 ἐγερθεὶς παράλαβε τὸ παιδίον κ. τ. μητέρα αὐτοῦ
21 ὁ δὲ ἐγερθεὶς παρέλαβεν τὸ παιδίον
4 5 τότε παραλαμβάνει αὐτὸν ὁ διάβολος εἰς τ. ἁγίαν πόλιν
8 πάλιν παραλαμβάνει αὐτὸν ὁ διάβολος εἰς ὄρος ὑψηλόν
12 45 [2] παραλαμβάνει μεθ' ἑαυτοῦ ἑπτὰ ἕτερα πνεύματα
17 1 μεθ' ἡμέρας ἓξ παραλαμβάνει ὁ Ἰησοῦς τ. Πέτρον
18 16 [2] παράλαβε μετὰ σοῦ ἔτι ἕνα ἢ δύο
20 17 παρέλαβεν τ. δώδεκα μαθητὰς κατ' ἰδίαν
24 40 εἷς παραλαμβάνεται κ. εἷς ἀφίεται
41 μία παραλαμβάνεται κ. μία ἀφίεται
26 37 παραλαβὼν τ. Πέτρον κ. τ. δύο υἱοὺς Ζεβεδαίου
27 27 παραλαβόντες τ. Ἰησοῦν εἰς τὸ πραιτώριον
Mk 4 36 παραλαμβάνουσιν αὐτὸν ὡς ἦν ἐν τ. πλοίῳ
5 40 παραλαμβάνει τ. πατέρα τ. παιδίου κ. τ. μητέρα
7 4 ἄλλα πολλά ἐστιν ἃ παρέλαβον κρατεῖν
9 2 μετὰ ἡμέρας ἓξ παραλαμβάνει ὁ Ἰησοῦς τ. Πέτρον
10 32 παραλαβὼν πάλιν τ. δώδεκα ἤρξατο αὐτοῖς λέγειν
14 33 [2] παραλαμβάνει τ. Πέτρον κ. τ. Ἰάκωβον κ. τ. Ἰωάνην μετ' αὐτοῦ
Lu 9 10 παραλαβὼν αὐτοὺς ὑπεχώρησεν κατ' ἰδίαν

Lu 9 28 παραλαβὼν Πέτρον κ. Ἰωάνην κ. Ἰάκωβον ἀνέβη εἰς τὸ ὄρος
11 26 παραλαμβάνει ἕτερα πνεύματα πονηρότερα ἑαυτοῦ ἑπτά
17 34 εἷς παραλημφθήσεται κ. ὁ ἕτερος ἀφεθήσεται
35 ἡ μία παραλημφθήσεται ἡ δὲ ἑτέρα ἀφεθήσεται
18 31 παραλαβὼν δὲ τ. δώδεκα εἶπεν πρὸς αὐτούς
Jo 1 11 οἱ ἴδιοι αὐτὸν οὐ παρέλαβον
14 3 παραλήμψομαι ὑμᾶς πρὸς ἐμαυτόν
19 16 παρέλαβον οὖν τ. Ἰησοῦν
Ac 15 39 τόν τε Βαρνάβαν παραλαβόντα τ. Μάρκον ἐκπλεῦσαι
16 33 παραλαβὼν αὐτοὺς ἐν ἐκείνῃ τ. ὥρᾳ τ. νυκτός
21 24 τούτους παραλαβὼν ἁγνίσθητι σὺν αὐτοῖς
26 τότε ὁ Παῦλος παραλαβὼν τ. ἄνδρας
32 ὃς ἐξαυτῆς παραλαβὼν στρατιώτας κ. ἑκατοντάρχας
λαβών, WH marg.
23 18 ὁ μὲν οὖν παραλαβὼν αὐτὸν ἤγαγεν πρὸς τ. χιλίαρχον
1Co 11 23 ἐγὼ γὰρ παρέλαβον ἀπὸ τ. Κυρίου
15 1 τὸ εὐαγγέλιον ὃ εὐηγγελισάμην ὑμῖν ὃ κ. παρελάβετε
3 παρέδωκα γὰρ ὑμῖν ἐν πρώτοις ὃ κ. παρέλαβον
Ga 1 9 εἴ τις ὑμᾶς εὐαγγελίζεται παρ' ὃ παρελάβετε
12 οὐδὲ γὰρ ἐγὼ παρὰ ἀνθρώπου παρέλαβον αὐτό
Phl 4 9 ἃ κ. ἐμάθετε κ. παρελάβετε . . . κ. εἴδετε ἐν ἐμοί
Col 2 6 ὡς οὖν παρελάβετε τ. Χριστὸν Ἰησοῦν
4 17 βλέπε τ. διακονίαν ἣν παρέλαβες ἐν Κυρίῳ
I Th 2 13 παραλαβόντες λόγον ἀκοῆς παρ' ἡμῶν τ. Θεοῦ
4 1 καθὼς παρελάβετε παρ' ἡμῶν τὸ πῶς δεῖ ὑμᾶς περιπατεῖν
II Th 3 6 [a] μὴ κατὰ τ. παράδοσιν ἣν παρελάβετε παρ' ἡμῶν
παρελάβοσαν, TWH mg. R non mg.
He 12 28 διὸ βασιλείαν ἀσάλευτον παραλαμβάνοντες

ΠΑΡΑΛΕ΄ΓΟΜΑΙ * 3881

Ac 27 8 μόλις τε παραλεγόμενοι αὐτήν
13 ἄραντες ἆσσον παρελέγοντο τ. Κρήτην

ΠΑΡΑ΄ΛΙΟΣ 3882

Lu 6 17 πλῆθος πολὺ τ. λαοῦ ἀπὸ . . . τῆς παραλίου Τύρου κ. Σιδῶνος

ΠΑΡΑΛΛΑΓΗ΄ 3883

Ja 1 17 παρ' ᾧ οὐκ ἔνι παραλλαγή

ΠΑΡΑΛΟΓΙ΄ΖΟΜΑΙ 3884

Col 2 4 ἵνα μηδεὶς ὑμᾶς παραλογίζηται ἐν πιθανολογίᾳ
Ja 1 22 μὴ ἀκροαταὶ μόνον παραλογιζόμενοι ἑαυτούς

ΠΑΡΑΛΥ΄ΟΜΑΙ 3886

Lu 5 18 φέροντες ἐπὶ κλίνης ἄνθρωπον ὃς ἦν παραλελυμένος
24 εἶπεν τ. παραλελυμένῳ
παραλυτικῷ, WH mg.

Ac 8 7 πολλοὶ δὲ παραλελυμένοι κ. χωλοὶ ἐθεραπεύθησαν
9 33 ἄνθρωπόν τινα ὀνόματι Αἰνέαν . . . ὃς ἦν παραλελυμένος
He 12 12 διὸ . . . τὰ παραλελυμένα γόνατα ἀνορθώσατε
בִּרְכַּיִם כֹּשְׁלוֹת אַמֵּצוּ, Is xxxv. 3

ΠΑΡΑΛΥΤΙΚΟ΄Σ * † 3885

Mt 4 24 προσήνεγκαν αὐτῷ . . . σεληνιαζομένους κ. παραλυτικούς
8 6 ὁ παῖς μου βέβληται ἐν τ. οἰκίᾳ παραλυτικός
9 2 προσέφερον αὐτῷ παραλυτικὸν ἐπὶ κλίνης βεβλημένον·
κ. ἰδὼν ὁ Ἰησοῦς τ. πίστιν αὐτῶν εἶπεν τ. παραλυτικῷ
6 τότε λέγει τ. παραλυτικῷ
Mk 2 3 ἔρχονται φέροντες πρὸς αὐτὸν παραλυτικόν
4 ὅπου ὁ παραλυτικὸς κατέκειτο.
5 κ. ἰδὼν ὁ Ἰησοῦς τ. πίστιν αὐτῶν λέγει τ. παραλυτικῷ
9 τί ἐστιν εὐκοπώτερον εἰπεῖν τ. παραλυτικῷ
10 λέγει τ. παραλυτικῷ
Lu 5 24 εἶπεν τ. παραλυτικῷ
παραλελυμένῳ, TWH non mg. R

ΠΑΡΑΜΕ΄ΝΩ 3887

1Co 16 6 πρὸς ὑμᾶς δὲ τυχὸν παραμενῶ
καταμενῶ, WH
Phl 1 25 οἶδα ὅτι μενῶ κ. παραμενῶ πᾶσιν ὑμῖν
He 7 23 διὰ τὸ θανάτῳ κωλύεσθαι παραμένειν
Ja 1 25 ὁ δὲ παρακύψας εἰς νόμον τέλειον τὸν τ. ἐλευθερίας κ. παραμείνας

ΠΑΡΑΜΥΘΕ΄ΟΜΑΙ ** 3888

Jo 11 19 ἵνα παραμυθήσωνται αὐτὰς περὶ τ. ἀδελφοῦ
31 οἱ οὖν Ἰουδαῖοι οἱ ὄντες μετ' αὐτῆς . . . κ. παραμυθούμενοι αὐτήν
I Th 2 12 παρακαλοῦντες ὑμᾶς κ. παραμυθούμενοι
5 14 παραμυθεῖσθε τ. ὀλιγοψύχους

ΠΑΡΑΜΥΘΙ΄Α ** 3889

1Co 14 3 ἀνθρώποις λαλεῖ οἰκοδομὴν κ. παράκλησιν κ. παραμυθίαν

ΠΑΡΑΜΥ΄ΘΙΟΝ ** 3890

Phl 2 1 εἴ τι παραμύθιον ἀγάπης

ΠΑΡΑΝΟΜΕ΄Ω 3891

Ac 23 3 παρανομῶν κελεύεις με τύπτεσθαι;

ΠΑΡΑΝΟΜΙ΄Α 3892

II Pe 2 16 ἔλεγξιν δὲ ἔσχεν ἰδίας παρανομίας

ΠΑΡΑΠΙΚΡΑΙ΄ΝΩ † 3893

He 3 16 τίνες γὰρ ἀκούσαντες παρεπίκραναν;

ΠΑΡΑΠΙΚΡΑΣΜΟ΄Σ † 3894

He 3 8 μὴ σκληρύνητε τ. καρδίας ὑμῶν ὡς ἐν τ. παραπικρασμῷ
אַל־תַּקְשׁוּ לְבַבְכֶם כִּמְרִיבָה, Ps. xcv. 8
15 μὴ σκληρύνητε τ. καρδίας ὑμῶν ὡς ἐν τ. παραπικρασμῷ, Ps. *l.c.*

ΠΑΡΑΠΙ΄ΠΤΩ 3895

He 6 6 καλὸν γευσαμένους Θεοῦ ῥῆμα . . . κ. παραπεσόντας

ΠΑΡΑΠΛΕ΄Ω * 3896

Ac 20 16 κεκρίκει γὰρ ὁ Παῦλος παραπλεῦσαι τὴν Ἔφεσον

ΠΑΡΑΠΛΗ΄ΣΙΟΝ * 3897

Phl 2 27 κ. γὰρ ἠσθένησε παραπλήσιον θανάτου
παραπλ. θανάτῳ, T

ΠΑΡΑΠΛΗΣΙ΄ΩΣ ** 3898

He 2 14 κ. αὐτὸς παραπλησίως μετέσχεν τ. αὐτῶν

ΠΑΡΑΠΟΡΕΥ΄ΟΜΑΙ 3899

Mt 27 39 οἱ δὲ παραπορευόμενοι ἐβλασφήμουν αὐτόν
Mk 2 23 ἐγένετο αὐτὸν ἐν τ. σάββασιν παραπορεύεσθαι διὰ τ. σπορίμων
διαπορεύεσθαι, WH non mg. R
9 30 ἐξελθόντες παρεπορεύοντο διὰ τ. Γαλιλαίας
ἐπορεύοντο, WH non mg.
11 20 παραπορευόμενοι πρωὶ εἶδον τ. συκῆν ἐξηραμμένην
15 29 οἱ παραπορευόμενοι ἐβλασφήμουν αὐτόν

ΠΑΡΑ΄ΠΤΩΜΑ 3900

Mt 6 14 ἐὰν γὰρ ἀφῆτε τ. ἀνθρώποις τὰ παραπτώματα αὐτῶν
15 ἐὰν δὲ μὴ ἀφῆτε τ. ἀνθρώποις τ. παραπτώματα αὐτῶν,
—τὰ παραπτ. αὐτ., T [WH]
οὐδὲ ὁ πατὴρ ὑμῶν ἀφήσει τὰ παραπτώματα ὑμῶν
Mk 11 25 ἵνα κ. ὁ πατὴρ ὑμῶν . . . ἀφῇ ὑμῖν τὰ παραπτώματα ὑμῶν
26 οὐδὲ ὁ πατὴρ ὑμῶν . . . ἀφήσει τὰ παραπτώματα ὑμῶν
—h. v., TWHR non mg.
Ro 4 25 ὃς παρεδόθη διὰ τὰ παραπτώματα ἡμῶν
5 15 οὐχ ὡς τὸ παράπτωμα οὕτως κ. τὸ χάρισμα. εἰ γὰρ τῷ τ. ἑνὸς παραπτώματι οἱ πολλοὶ ἀπέθανον
16 τὸ δὲ χάρισμα ἐκ πολλῶν παραπτωμάτων εἰς δικαίωμα
17 εἰ γὰρ τῷ τ. ἑνὸς παραπτώματι ὁ θάνατος ἐβασίλευσεν
18 ὡς δι' ἑνὸς παραπτώματος εἰς πάντας ἀνθρώπους εἰς κατάκριμα
20 νόμος δὲ παρεισῆλθεν ἵνα πλεονάσῃ τὸ παράπτωμα
11 11 τῷ αὐτῶν παραπτώματι ἡ σωτηρία τ. ἔθνεσιν
12 εἰ δὲ τὸ παράπτωμα αὐτῶν πλοῦτος κόσμου
IICo 5 19 μὴ λογιζόμενος αὐτοῖς τ. παραπτώματα αὐτῶν
Ga 6 1 ἐὰν κ. προλημφθῇ ἄνθρωπος ἔν τινι παραπτώματι
Eph 1 7 ἐν ᾧ ἔχομεν τ. ἀπολύτρωσιν . . . τ. ἄφεσιν τ. παραπτωμάτων
2 1 ὑμᾶς ὄντας νεκροὺς τ. παραπτώμασι κ. τ. ἁμαρτίαις ὑμῶν
5 ὄντας ἡμᾶς νεκροὺς τ. παραπτώμασι συνεζωοποίησεν
Col 2 13 ὑμᾶς νεκροὺς ὄντας τ. παραπτώμασι . . συνεζωοποίησεν ὑμᾶς σὺν αὐτῷ, χαρισάμενος ἡμῖν πάντα τὰ παραπτώματα

ΠΑΡΑΡΕ΄Ω 3901

He 2 1 προσέχειν ἡμᾶς τ. ἀκουσθεῖσιν μή ποτε παραρυῶμεν

ΠΑΡΑ΄ΣΗΜΟΣ ** 3902

Ac 28 11 ἐν πλοίῳ . . . Ἀλεξανδρινῷ παρασήμῳ Διοσκούροις

ΠΑΡΑΣΚΕΥΑ΄ΖΩ 3903

Ac 10 10 παρασκευαζόντων δὲ αὐτῶν
ICo 14 8 τίς παρασκευάσεται εἰς πόλεμον;
IICo 9 2 ὅτι Ἀχαία παρεσκεύασται ἀπὸ πέρυσι
3 ἵνα καθὼς ἔλεγον παρεσκευασμένοι ἦτε

ΠΑΡΑΣΚΕΥΗ΄ 3904

Mt 27 62 τῇ δὲ ἐπαύριον ἥτις ἐστὶν μετὰ τ. παρασκευήν
Mk 15 42 ἐπεὶ ἦν παρασκευὴ ὅ ἐστιν προσάββατον
Lu 23 54 ἡμέρα ἦν παρασκευῆς
Jo 19 14 ἦν δὲ παρασκευὴ τοῦ πάσχα
31 οἱ οὖν Ἰουδαῖοι ἐπεὶ παρασκευὴ ἦν
42 ἐκεῖ οὖν διὰ τ. παρασκευὴν τ. Ἰουδαίων . . . ἔθηκαν τ. Ἰησοῦν

ΠΑΡΑΤΕΙ΄ΝΩ 3905

Ac 20 7 παρέτεινέν τε τ. λόγον μέχρι μεσονυκτίου

ΠΑΡΑΤΗΡΕ΄Ω 3906

Mk 3 2 παρετήρουν αὐτὸν εἰ τ. σάββασι θεραπεύσει αὐτόν
Lu 6 7 παρετηροῦντο δὲ αὐτὸν οἱ γραμματεῖς κ. οἱ Φαρισαῖοι
14 1 κ. αὐτοὶ ἦσαν παρατηρούμενοι αὐτόν
20 20 παρατηρήσαντες ἀπέστειλαν ἐνκαθέτους
ἀποχωρήσαντες, WH mg.
Ac 9 24 παρετηροῦντο δὲ κ. τ. πύλας ἡμέρας τε κ. νυκτός
Ga 4 10 ἡμέρας παρατηρεῖσθε κ. μῆνας κ. καιρούς

ΠΑΡΑΤΗ΄ΡΗΣΙΣ ** 3907

Lu 17 20 οὐκ ἔρχεται ἡ βασιλεία τ. Θεοῦ μετὰ παρατηρήσεως

ΠΑΡΑΤΙ΄ΘΗΜΙ 3908

Mt 13 24 ἄλλην παραβολὴν παρέθηκεν αὐτοῖς
31 ἄλλην παραβολὴν παρέθηκεν αὐτοῖς
Mk 6 41 ἐδίδου τ. μαθηταῖς ἵνα παρατιθῶσιν αὐτοῖς
8 6 ἐδίδου τ. μαθηταῖς αὐτοῦ ἵνα παρατιθῶσιν· κ. παρέθηκαν τ. ὄχλῳ
7 εὐλογήσας αὐτὰ εἶπεν κ. ταῦτα παρατιθέναι
εὐλ. αὐτὰ παρέθηκεν, T
Lu 9 16 ἐδίδου τ. μαθηταῖς παραθεῖναι τ. ὄχλῳ
10 8 ἐσθίετε τὰ παρατιθέμενα ὑμῖν
11 6 οὐκ ἔχω ὃ παραθήσω αὐτῷ
12 48 ᾧ παρέθεντο πολὺ περισσότερον αἰτήσουσιν αὐτόν
23 46 εἰς χεῖράς σου παρατίθεμαι τὸ πνεῦμά μου

Ac 14 23 προσευξάμενοι μετὰ νηστειῶν παρέθεντο
αὐτοὺς τ. Κυρίῳ
16 34 ἀναγαγών τε αὐτοὺς εἰς τ. οἶκον παρέθηκεν
τράπεζαν
17 3 διανοίγων κ. παρατιθέμενος
20 32 τὰ νῦν παρατίθεμαι ὑμᾶς τ. Κυρίῳ
I Co 10 27 πᾶν τὸ παρατιθέμενον ὑμῖν ἐσθίετε
I Ti 1 18 ταύτην τ. παραγγελίαν παρατίθεμαί σοι
II Ti 2 2 ταῦτα παράθου πιστοῖς ἀνθρώποις
I Pe 4 19 πιστῷ κτίστῃ παρατιθέσθωσαν τ. ψυχάς

ΠΑΡΑΤΥΓΧΑ΄ΝΩ * 3909

Ac 17 17 διελέγετο μὲν οὖν . . . ἐν τ. ἀγορᾷ κατὰ
πᾶσαν ἡμέραν πρὸς τ. παρατυγχάνοντας

ΠΑΡΑΥΤΙ΄ΚΑ 3910

II Co 4 17 τὸ γὰρ παραυτίκα ἐλαφρὸν τ. θλίψεως

ΠΑΡΑΦΕ΄ΡΩ 3911

Mk 14 36 παρένεγκε τὸ ποτήριον τοῦτο ἀπ' ἐμοῦ
Lu 22 42 εἰ βούλει παρένεγκε τοῦτο τὸ ποτήριον ἀπ'
ἐμοῦ
παρενέγκαι, T
He 13 9 διδαχαῖς ποικίλαις κ. ξέναις μὴ παραφέ-
ρεσθε
Ju 12 νεφέλαι ἄνυδροι ὑπὸ ἀνέμου παραφερόμεναι

ΠΑΡΑΦΡΟΝΕ΄Ω 3912

II Co 11 23 παραφρονῶν λαλῶ ὑπερ ἐγώ

ΠΑΡΑΦΡΟΝΙ΄Α * † 3913

II Pe 2 16 ὑποζύγιον ἄφωνον . . . ἐκώλυσεν τὴν τ.
προφήτου παραφρονίαν

ΠΑΡΑΧΕΙΜΑ΄ΖΩ * 3914

Ac 27 12 εἴ πως δύναιντο καταντήσαντες εἰς Φοίνικα
παραχειμάσαι
28 11 ἀνήχθημεν ἐν πλοίῳ παρακεχειμακότι ἐν
τῇ νήσῳ
I Co 16 6 πρὸς ὑμᾶς δὲ τυχὸν καταμενῶ ἢ παραχει-
μάσω
Tit 3 12 ἐκεῖ γὰρ κέκρικα παραχειμάσαι

ΠΑΡΑΧΕΙΜΑΣΙ΄Α * 3915

Ac 27 12 ἀνευθέτου δὲ τ. λιμένος ὑπάρχοντος πρὸς
παραχειμασίαν

ΠΑΡΑΧΡΗ͂ΜΑ 3916

Mt 21 19 ἐξηράνθη παραχρῆμα ἡ συκῆ
20 πῶς παραχρῆμα ἐξηράνθη ἡ συκῆ;
Lu 1 64 ἀνεῴχθη δὲ τὸ στόμα αὐτοῦ παραχρῆμα
4 39 παραχρῆμα δὲ ἀναστᾶσα διηκόνει αὐτοῖς
5 25 παραχρῆμα ἀναστὰς ἐνώπιον αὐτῶν
8 44 παραχρῆμα ἔστη ἡ ῥύσις τ. αἵματος αὐτῆς
47 ἀπήγγειλεν . . . ὡς ἰάθη παραχρῆμα
55 ἀνέστη παραχρῆμα
13 13 παραχρῆμα ἀνωρθώθη κ. ἐδόξαζεν τ. Θεόν
18 43 παραχρῆμα ἀνέβλεψεν κ. ἠκολούθει αὐτῷ
19 11 π. μέλλει ἡ βασιλεία τ. Θεοῦ ἀναφαίνεσθαι
22 60 π. ἔτι λαλοῦντος αὐτοῦ ἐφώνησεν ἀλέκτωρ
Ac 3 7 παραχρῆμα δὲ ἐστερεώθησαν αἱ βάσεις αὐτοῦ
5 10 ἔπεσεν δὲ π. πρὸς τ. πόδας αὐτοῦ
Ac 12 23 παραχρῆμα δὲ ἐπάταξεν αὐτὸν ἄγγελος
Κυρίου
13 11 π. δὲ ἔπεσεν ἐπ' αὐτὸν ἀχλὺς κ. σκότος
16 26 ἠνεῴχθησαν δὲ παραχρῆμα αἱ θύραι πᾶσαι
παραχρ., [WH]
33 ἐβαπτίσθη αὐτὸς κ. οἱ αὐτοῦ ἅπαντες παρα-
χρῆμα

ΠΑ΄ΡΔΑΛΙΣ 3917

Re 13 2 τὸ θηρίον ὃ εἶδον ἦν ὅμοιον παρδάλει

ΠΑΡΕΔΡΕΥ΄Ω 3917.5

I Co 9 13 οἱ τ. θυσιαστηρίῳ παρεδρεύοντες

ΠΑ΄ΡΕΙΜΙ 3918

(1) de temp. (2) seq. εἰς, πρός c. acc.

Mt 26 50 ἑταῖρε ἐφ' ὃ πάρει
πάρει; T
Lu 13 1 παρῆσαν δέ τινες ἐν αὐτῷ τ. καιρῷ ἀπαγ-
γέλλοντες αὐτῷ
Jo 7 6 [1] ὁ καιρὸς ὁ ἐμὸς οὔπω πάρεστιν
11 28 ὁ διδάσκαλος πάρεστιν κ. φωνεῖ σε
Ac 10 21 τίς ἡ αἰτία δι' ἣν πάρεστε;
33 νῦν οὖν πάντες ἡμεῖς ἐνώπιον τ. Θεοῦ
πάρεσμεν
12 20 [2] ὁμοθυμαδὸν δὲ παρῆσαν πρὸς αὐτόν
17 6 οὗτοι κ. ἐνθάδε πάρεισιν
24 19 οὓς ἔδει ἐπὶ σοῦ παρεῖναι κ. κατηγορεῖν
I Co 5 3 ἐγὼ μὲν γὰρ ἀπὼν τ. σώματι παρὼν δὲ
τ. πνεύματι,
ἤδη κέκρικα ὡς παρών
II Co 10 2 τὸ μὴ παρὼν θαρρῆσαι τ. πεποιθήσει
11 οἷοί ἐσμεν τ. λόγῳ . . . ἀπόντες τοιοῦτοι
κ. παρόντες τ. ἔργῳ
11 9 [2] παρὼν πρὸς ὑμᾶς κ. ὑστερηθείς
13 2 προείρηκα κ. προλέγω ὡς παρὼν τὸ δεύ-
τερον
10 ἵνα παρὼν μὴ ἀποτόμως χρήσωμαι
Ga 4 18 [2] μὴ μόνον ἐν τῷ παρεῖναί με πρὸς ὑμᾶς
20 [2] ἤθελον δὲ παρεῖναι πρὸς ὑμᾶς ἄρτι
Col 1 6 [2] ἐν τ. λόγῳ τ. ἀληθείας τ. εὐαγγελίου
τ. παρόντος εἰς ὑμᾶς
He 12 11 [1] πρὸς μὲν τὸ παρὸν οὐ δοκεῖ χαρᾶς εἶναι
13 5 ἀρκούμενοι τ. παροῦσιν
II Pe 1 9 ᾧ γὰρ μὴ πάρεστιν ταῦτα
12 ἐστηριγμένους ἐν τ. παρούσῃ ἀληθείᾳ
Re 17 8 [1] βλεπόντων τὸ θηρίον ὅτι ἦν κ. οὐκ
ἔστιν κ. πάρεσται

ΠΑΡΕΙΣΑ΄ΓΩ * 3919

II Pe 2 1 οἵτινες παρεισάξουσιν αἱρέσεις ἀπωλείας

ΠΑΡΕΙ΄ΣΑΚΤΟΣ * † 3920

Ga 2 4 διὰ δὲ τ. παρεισάκτους ψευδαδέλφους

ΠΑΡΕΙΣΔΥ΄Ω * 3921

Ju 4 παρεισεδύησαν γάρ τινες ἄνθρωποι
παρεισέδυσαν, T

ΠΑΡΕΙΣΕ΄ΡΧΟΜΑΙ * 3922

Ro 5 20 νόμος δὲ παρεισῆλθεν ἵνα πλεονάσῃ
Ga 2 4 οἵτινες παρεισῆλθον κατασκοπῆσαι τ. ἐλευ-
θερίαν ἡμῶν

ΠΑΡΕΙΣΦΕ'ΡΩ * 3923

II Pe 1 5 σπουδὴν πᾶσαν παρεισενέγκαντες

ΠΑΡΕΚΤΟ'Σ ** † 3924

Mt 5 32 παρεκτὸς λόγου πορνείας
19 9 παρεκτὸς λόγου πορνείας
μὴ ἐπὶ πορνείᾳ, TWH non mg. R non mg.
Ac 26 29 παρεκτὸς τ. δεσμῶν τούτων
II Co 11 28 χωρὶς τῶν παρεκτὸς ἡ ἐπίστασίς μοι ἡ καθ' ἡμέραν

3924.5 ΠΑΡΕΜΒΑ'ΛΛΩ cf. 4016

Lu 19 43 παρεμβαλοῦσιν οἱ ἐχθροί σου χάρακά σοι
περιβαλοῦσιν, WH mg.

ΠΑΡΕΜΒΟΛΗ' 3925

Ac 21 34 ἐκέλευσεν ἄγεσθαι αὐτὸν εἰς τ. παρεμβολήν
37 μέλλων τε εἰσάγεσθαι εἰς τ. παρεμβολὴν
22 24 ἐκέλευσεν ὁ χιλίαρχος εἰσάγεσθαι αὐτὸν εἰς τ. παρεμβολήν
23 10 ἐκέλευσεν τὸ στράτευμα . . . ἄγειν εἰς τ. παρεμβολήν
16 εἰσελθὼν εἰς τ. παρεμβολὴν ἀπήγγειλεν τ. Παύλῳ
32 τῇ δὲ ἐπαύριον . . . ὑπέστρεψαν εἰς τ. παρεμβολην
28 16 μένειν καθ' ἑαυτὸν ἔξω τ. παρεμβολῆς
—ἔξω τ. παρ., TWH non mg. R
He 11 34 παρεμβολὰς ἔκλιναν ἀλλοτρίων
13 11 τούτων τὰ σώματα κατακαίεται ἔξω τ. παρεμβολῆς
13 τοίνυν ἐξερχώμεθα πρὸς αὐτὸν ἔξω τ. παρεμβολῆς
Re 20 9 ἐκύκλευσαν τ. παρεμβολὴν τ. ἁγίων

ΠΑΡΕΝΟΧΛΕ'Ω 3926

Ac 15 19 ἐγὼ κρίνω μὴ παρενοχλεῖν τοῖς ἀπὸ τ. ἐθνῶν ἐπιστρέφουσιν

ΠΑΡΕΠΙ'ΔΗΜΟΣ 3927

He 11 13 ὅτι ξένοι κ. παρεπίδημοί εἰσιν ἐπὶ τ. γῆς
I Pe 1 1 ἐκλεκτοῖς παρεπιδήμοις διασπορᾶς Πόντου
2 11 παρακαλῶ ὡς παροίκους κ. παρεπιδήμους

ΠΑΡΕ'ΡΧΟΜΑΙ 3928

(1) de temp. (2) παρῆλθα

Mt 5 18 ἕως ἂν παρέλθῃ ὁ οὐρανὸς κ. ἡ γῆ,
ἰῶτα ἓν ἢ μία κεραία οὐ μὴ παρέλθῃ ἀπὸ τ. νόμου
8 28 ὥστε μὴ ἰσχύειν τινὰ παρελθεῖν διὰ τῆς ὁδοῦ ἐκείνης
14 15 [1] ἡ ὥρα ἤδη παρῆλθεν
παρ. ἤδη, TWH marg.
24 34 οὐ μὴ παρέλθῃ ἡ γενεὰ αὕτη
35 ὁ οὐρανὸς κ. ἡ γῆ παρελεύσεται,
οἱ δὲ λόγοι μου οὐ μὴ παρέλθωσιν
26 39 [2] παρελθάτω ἀπ' ἐμοῦ τὸ ποτήριον τοῦτο
42 εἰ οὐ δύναται τοῦτο παρελθεῖν
Mk 6 48 ἤθελεν παρελθεῖν αὐτούς
13 30 οὐ μὴ παρέλθῃ ἡ γενεὰ αὕτη
31 ὁ οὐρανὸς κ. ἡ γῆ παρελεύσονται,
οἱ δὲ λόγοι μου οὐ παρελεύσονται
οὐ μὴ παρ., TWH mg.
14 35 [1] ἵνα εἰ δυνατόν ἐστιν παρέλθῃ ἀπ' αὐτοῦ ἡ ὥρα
Lu 11 42 παρέρχεσθε τ. κρίσιν κ. τ. ἀγάπην τ. Θεοῦ
12 37 παρελθὼν διακονήσει αὐτοῖς
15 29 οὐδέποτε ἐντολήν σου παρῆλθον
16 17 εὐκοπώτερον δέ ἐστιν τ. οὐρανὸν κ. τ. γῆν παρελθεῖν
17 7 ἐρεῖ αὐτῷ Εὐθέως παρελθὼν ἀνάπεσε
18 37 Ἰησοῦς ὁ Ναζωραῖος παρέρχεται
21 32 οὐ μὴ παρέλθῃ ἡ γενεὰ αὕτη
33 ὁ οὐρανὸς κ. ἡ γῆ παρελεύσονται,
οἱ δὲ λόγοι μου οὐ μὴ παρελεύσονται
Ac 16 8 παρελθόντες δὲ τ. Μυσίαν
24 7 παρελθὼν δὲ Λυσίας ὁ χιλίαρχος μετὰ πολλῆς βίας
—h. v., TWHR non mg.
27 9 [1] διὰ τὸ κ. τ. νηστείαν ἤδη παρεληλυθέναι
II Co 5 17 τὰ ἀρχαῖα παρῆλθεν ἰδοὺ γέγονεν καινά
Ja 1 10 ὅτι ὡς ἄνθος χόρτου παρελεύσεται
I Pe 4 3 [1] ἀρκετὸς γὰρ ὁ παρεληλυθὼς χρόνος
II Pe 3 10 ἐν ᾗ οἱ οὐρανοὶ ῥοιζηδὸν παρελεύσονται

ΠΑ'ΡΕΣΙΣ * 3929

Ro 3 25 διὰ τ. πάρεσιν τ. προγεγονότων ἁμαρτημάτων

ΠΑΡΕ'ΧΩ 3930

(1) παρεῖχα

Mt 26 10 τί κόπους παρέχετε τ. γυναικί;
Mk 14 6 τί αὐτῇ κόπους παρέχετε;
Lu 6 29 τ. τύπτοντί σε ἐπὶ τ. σιαγόνα πάρεχε κ. τ. ἄλλην
7 4 ἄξιός ἐστιν ᾧ παρέξῃ τοῦτο
11 7 μή μοι κόπους πάρεχε
18 5 διά γε τὸ παρέχειν μοι κόπον τ. χήραν ταύτην
Ac 16 16 ἥτις ἐργασίαν πολλὴν παρεῖχεν τ. κυρίοις αὐτῆς μαντευομένη
17 31 πίστιν παρασχὼν πᾶσιν
19 24 παρείχετο τ. τεχνίταις οὐκ ὀλίγην ἐργασίαν
22 2 μᾶλλον παρέσχον ἡσυχίαν
28 2 [1] οἵ τε βάρβαροι παρεῖχαν οὐ τ. τυχοῦσαν φιλανθρωπίαν ἡμῖν
Ga 6 17 τ. λοιποῦ κόπους μοι μηδεὶς παρεχέτω
Col 4 1 τὸ δίκαιον κ. τ. ἰσότητα τ. δούλοις παρέχεσθε
I Ti 1 4 αἵτινες ἐκζητήσεις παρέχουσιν
6 17 Θεῷ τ. παρέχοντι ἡμῖν πάντα πλουσίως εἰς ἀπόλαυσιν
Tit 2 7 σεαυτὸν παρεχόμενος τύπον καλῶν ἔργων

ΠΑΡΗΓΟΡΙ'Α ** 3931

Col 4 11 οἵτινες ἐγενήθησάν μοι παρηγορία

ΠΑΡΘΕΝΙ'Α 3932

Lu 2 36 ζήσασα μετὰ ἀνδρὸς ἔτη ἑπτὰ ἀπὸ τ. παρθενίας αὐτῆς

ΠΑΡΘΕ'ΝΟΣ 3933

Mt 1 23 ἰδοὺ ἡ παρθένος ἐν γαστρὶ ἕξει

הִנֵּה הָעַלְמָה הָרָה, Is. vii. 14

Mt 25 1 ὁμοιωθήσεται ἡ βασιλεία τ. οὐρανῶν δέκα παρθένοις
7 τότε ἠγέρθησαν πᾶσαι αἱ παρθένοι ἐκεῖναι
11 ὕστερον δὲ ἔρχονται κ. αἱ λοιπαὶ παρθένοι
Lu 1 27 ἀπεστάλη ὁ ἄγγελος . . . πρὸς παρθένον ἐμνηστευμένην ἀνδρί
27 κ. τὸ ὄνομα τ. παρθένου Μαριάμ
Ac 21 9 τούτῳ δὲ ἦσαν θυγατέρες τέσσαρες παρθένοι προφητεύουσαι
I Co 7 25 περὶ δὲ τ. παρθένων ἐπιταγὴν Κυρίου οὐκ ἔχω
28 ἐὰν γήμῃ ἡ παρθένος οὐχ ἥμαρτεν
34 ἡ γυνὴ ἡ ἄγαμος κ. ἡ παρθένος μεριμνᾷ τὰ τ. Κυρίου
ἡ γ. κ. ἡ παρθένος. ἡ ἄγ. μερ. τὰ τ. Κ., TR non mg.
36 εἰ δέ τις ἀσχημονεῖν ἐπὶ τὴν παρθένον αὐτοῦ νομίζει
37 τοῦτο κέκρικεν ἐν τ. ἰδίᾳ καρδίᾳ τηρεῖν τὴν ἑαυτοῦ παρθένον
38 ὥστε κ. ὁ γαμίζων τὴν ἑαυτοῦ παρθένον καλῶς ποιεῖ
παρθ. ἑαυτ., WH mg.
II Co 11 2 ἡρμοσάμην γὰρ ὑμᾶς ἑνὶ ἀνδρὶ παρθένον ἁγνήν
Re 14 4 παρθένοι γάρ εἰσιν

ΠΑ΄ΡΘΟΣ 3934

Ac 2 9 Πάρθοι κ. Μῆδοι κ. Ἐλαμεῖται

ΠΑΡΙ΄ΗΜΙ 3935

Lu 11 42 ταῦτα δὲ ἔδει ποιῆσαι κἀκεῖνα μὴ παρεῖναι
He 12 12 τὰς παρειμένας χεῖρας . . . ἀνορθώσατε
חַזְּקוּ יָדַיִם רָפוֹת, Is. xxxv. 3

ΠΑΡΙ΄ΣΤΗΜΙ 3936

(1) trans. (2) παριστάνω

Mt 26 53 [1] παραστήσει μοι ἄρτι πλείω δώδεκα λεγιῶνας ἀγγέλων
Mk 4 29 ὅτι παρέστηκεν ὁ θερισμός
14 47 εἷς δέ τις τ. παρεστηκότων σπασάμενος τ. μάχαιραν
69 ἤρξατο πάλιν λέγειν τ. παρεστῶσιν
70 μετὰ μικρὸν πάλιν οἱ παρεστῶτες ἔλεγον τ. Πέτρῳ
15 35 τινὲς τ. παρεστηκότων ἀκούσαντες ἔλεγον
παρεστώτων, T; ἑστηκότων, WH mg.
39 ἰδὼν δὲ ὁ κεντυρίων ὁ παρεστηκὼς ἐξ ἐναντίας αὐτοῦ
Lu 1 19 ἐγώ εἰμι Γαβριὴλ ὁ παρεστηκὼς ἐνώπιον τ. Θεοῦ
2 22 [1] ἀνήγαγον αὐτὸν εἰς Ἱεροσόλυμα παραστῆσαι τ. Κυρίῳ
19 24 κ. τ. παρεστῶσιν εἶπεν
Jo 18 22 εἷς παρεστηκὼς τ. ὑπηρετῶν ἔδωκεν ῥάπισμα
19 26 ἰδὼν . . . τ. μαθητὴν παρεστῶτα ὃν ἠγάπα
Ac 1 3 [1] οἷς κ. παρέστησεν ἑαυτὸν ζῶντα μετὰ τὸ παθεῖν
10 ἰδοὺ ἄνδρες δύο παρειστήκεισαν αὐτοῖς
4 10 ἐν τούτῳ οὗτος παρέστηκεν ἐνώπιον ὑμῶν ὑγιής
26 παρέστησαν οἱ βασιλεῖς τ. γῆς
יִתְיַצְּבוּ מַלְכֵי־אֶרֶץ, Ps. ii. 2

Ac 9 39 παρέστησαν αὐτῷ πᾶσαι αἱ χῆραι κλαίουσαι
41 [1] φωνήσας δὲ τ. ἁγίους κ. τ. χήρας παρέστησεν αὐτὴν ζῶσαν
23 2 ἐπέταξεν τ. παρεστῶσιν αὐτῷ τύπτειν αὐτοῦ τὸ στόμα
4 οἱ δὲ παρεστῶτες εἶπαν
24 [1] κτήνη τε παραστῆσαι . . . ἵνα διασώσωσιν πρὸς Φήλικα
33 [1] παρέστησαν κ. τ. Παῦλον αὐτῷ
24 13 [1] οὐδὲ παραστῆσαι δύνανταί σοι
27 23 παρέστη γάρ μοι ταύτῃ τ. νυκτὶ τ. Θεοῦ . . . ἄγγελος
24 Καίσαρί σε δεῖ παραστῆναι
Ro 6 13 [1 2] μηδὲ παριστάνετε τὰ μέλη ὑμῶν ὅπλα ἀδικίας
13 [1] ἀλλὰ παραστήσατε ἑαυτοὺς τ. Θεῷ
16 [1 2] ᾧ παριστάνετε ἑαυτοὺς εἰς ὑπακοήν
19 [1] ὥσπερ γὰρ παρεστήσατε τὰ μέλη ὑμῶν δοῦλα τ. ἀκαθαρσίᾳ . . . εἰς τ. ἀνομίαν,
[1] οὕτως νῦν παραστήσατε τὰ μέλη ὑμῶν δοῦλα τ. δικαιοσύνῃ εἰς ἁγιασμόν
12 1 [1] παρακαλῶ . . . παραστῆσαι τὰ σώματα ὑμῶν θυσίαν ζῶσαν
14 10 πάντες γὰρ παραστησόμεθα τ. βήματι τ. Θεοῦ
16 2 ἵνα . . . παραστῆτε αὐτῇ ἐν ᾧ ἂν ὑμῶν χρῄζῃ πράγματι
I Co 8 8 [1] βρῶμα δὲ ἡμᾶς οὐ παραστήσει τ. Θεῷ
II Co 4 14 [1] κ. ἡμᾶς σὺν Ἰησοῦ ἐγερεῖ κ. παραστήσει σὺν ὑμῖν
11 2 [1] παρθένον ἁγνὴν παραστῆσαι τ. Χριστῷ
Eph 5 27 [1] ἵνα παραστήσῃ αὐτὸς ἑαυτῷ ἔνδοξον τ. ἐκκλησίαν
Col 1 22 [1] παραστῆσαι ὑμᾶς ἁγίους κ. ἀμώμους . . . κατενώπιον αὐτοῦ
28 [1] ἵνα παραστήσωμεν πάντα ἄνθρωπον τέλειον ἐν Χριστῷ
II Ti 2 15 [1] σπούδασον σεαυτὸν δόκιμον παραστῆσαι τ. Θεῷ
4 17 ὁ δὲ Κύριός μοι παρέστη

ΠΑΡΜΕΝΑ΄Σ 3937

Ac 6 5 ἐξελέξαντο . . . Τίμωνα κ. Παρμενᾶν

ΠΑ΄ΡΟΔΟΣ 3938

I Co 16 7 οὐ θέλω γὰρ ὑμᾶς ἄρτι ἐν παρόδῳ ἰδεῖν

ΠΑΡΟΙΚΕ΄Ω 3939

Lu 24 18 σὺ μόνος παροικεῖς Ἱερουσαλὴμ
He 11 9 πίστει παρῴκησεν εἰς γῆν τ. ἐπαγγελίας

ΠΑΡΟΙΚΙ΄Α † 3940

Ac 13 17 τ. λαὸν ὕψωσεν ἐν τ. παροικίᾳ ἐν γῇ Αἰγύπτου
I Pe 1 17 ἐν φόβῳ τὸν τ. παροικίας ὑμῶν χρόνον ἀναστράφητε

ΠΑ΄ΡΟΙΚΟΣ 3941

Ac 7 6 ἔσται τὸ σπέρμα αὐτοῦ πάροικον ἐν γῇ ἀλλοτρίᾳ
גֵּר יִהְיֶה זַרְעֲךָ בְּאֶרֶץ לֹא לָהֶם, Gen. xv. 13
29 ἐγένετο πάροικος ἐν γῇ Μαδιάμ
Eph 2 19 ἄρα οὖν οὐκέτι ἐστὲ ξένοι κ. πάροικοι
I Pe 2 11 παρακαλῶ ὡς παροίκους κ. παρεπιδήμους

ΠΑΡΟΙΜΙ´Α 3942

Jo 10 6 ταύτην τ. παροιμίαν εἶπεν αὐτοῖς ὁ Ἰησοῦς
16 25 ταῦτα ἐν παροιμίαις λελάληκα ὑμῖν· ἔρχεται ὥρα ὅτε οὐκέτι ἐν παροιμίαις λαλήσω ὑμῖν
29 ἴδε νῦν . . . παροιμίαν οὐδεμίαν λέγεις
II Pe 2 22 συμβέβηκεν αὐτοῖς τὸ τ. ἀληθοῦς παροιμίας

ΠΑ´ΡΟΙΝΟΣ * 3943

I Ti 3 3 διδακτικὸν μὴ πάροινον μὴ πλήκτην
Tit 1 7 μὴ ὀργίλον μὴ πάροινον μὴ πλήκτην

ΠΑΡΟΙ´ΧΟΜΑΙ * 3944

Ac 14 16 ὃς ἐν τ. παρῳχημέναις γενεαῖς εἴασεν πάντα τὰ ἔθνη

ΠΑΡΟΜΟΙΑ´ΖΩ * † 3945

Mt 23 27 ὅτι παρομοιάζετε τάφοις κεκονιαμένοις
ὁμοιάζετε, WH marg.

ΠΑΡΟ´ΜΟΙΟΣ * 3946

Mk 7 13 παρόμοια τοιαῦτα πολλὰ ποιεῖτε

ΠΑΡΟΞΥ´ΝΟΜΑΙ 3947

Ac 17 16 παρωξύνετο τὸ πνεῦμα αὐτοῦ ἐν αὐτῷ
I Co 13 5 οὐ ζητεῖ τὰ ἑαυτῆς οὐ παροξύνεται

ΠΑΡΟΞΥΣΜΟ´Σ 3948

Ac 15 39 ἐγένετο δὲ παροξυσμὸς ὥστε ἀποχωρισθῆναι
He 10 24 κατανοῶμεν ἀλλήλους εἰς παροξυσμὸν ἀγάπης

ΠΑΡΟΡΓΙ´ΖΩ 3949

Ro 10 19 ἐπ' ἔθνει ἀσυνέτῳ παροργιῶ ὑμᾶς
בְּגוֹי נָבָל אַכְעִיסֵם, Dt. xxxii. 21
Eph 6 4 οἱ πατέρες μὴ παροργίζετε τὰ τέκνα ὑμῶν

ΠΑΡΟΡΓΙΣΜΟ´Σ † 3950

Eph 4 26 ὁ ἥλιος μὴ ἐπιδυέτω ἐπὶ παροργισμῷ ὑμῶν

ΠΑΡΟΤΡΥ´ΝΩ * 3951

Ac 13 50 οἱ δὲ Ἰουδαῖοι παρώτρυναν τ. σεβομένας γυναῖκας

ΠΑΡΟΥΣΙ´Α 3952

Mt 24 3 τί τὸ σημεῖον τ. σῆς παρουσίας
27 οὕτως ἔσται ἡ παρουσία τ. υἱοῦ τ. ἀνθρώπου
37 οὕτως ἔσται ἡ παρουσία τ. υἱοῦ τ. ἀνθρώπου
39 οὕτως ἔσται ἡ παρουσία τ. υἱοῦ τ. ἀνθρώπου
ἔστ. καὶ ἡ παρ., T
I Co 15 23 ἔπειτα οἱ τ. Χριστοῦ ἐν τ. παρουσίᾳ αὐτοῦ
16 17 χαίρω δὲ ἐπὶ τ. παρουσίᾳ Στεφανᾶ
II Co 7 6 παρεκάλεσεν ἡμᾶς ὁ Θεὸς ἐν τ. παρουσίᾳ Τίτου·
7 οὐ μόνον δὲ ἐν τ. παρουσίᾳ αὐτοῦ
10 10 ἡ δὲ παρουσία τ. σώματος ἀσθενής
Phl 1 26 διὰ τ. ἐμῆς παρουσίας πάλιν πρὸς ὑμᾶς
2 12 μὴ ὡς ἐν τ. παρουσίᾳ μου μόνον
I Th 2 19 ἔμπροσθεν τ. Κυρίου ἡμῶν Ἰησοῦ ἐν τ. αὐτοῦ παρουσίᾳ
3 13 στηρίξαι ὑμῶν τ. καρδίας . . . ἐν τ. παρουσίᾳ τ. Κυρίου ἡμῶν Ἰησοῦ
I Th 4 15 οἱ περιλειπόμενοι εἰς τ. παρουσίαν τ. Κυρίου
5 23 ἀμέμπτως ἐν τ. παρουσίᾳ τ. Κυρίου ἡμῶν Ἰησοῦ Χριστοῦ
II Th 2 1 ἐρωτῶμεν δὲ ὑμᾶς . . . ὑπὲρ τ. παρουσίας τ. Κυρίου ἡμῶν Ἰησοῦ Χριστοῦ
8 καταργήσει τ. ἐπιφανείᾳ τ. παρουσίας αὐτοῦ
9 οὗ ἐστὶν ἡ παρουσία κατ' ἐνέργειαν τ. Σατανᾶ
Ja 5 7 μακροθυμήσατε οὖν ἀδελφοὶ ἕως τ. παρουσίας τ. Κυρίου
8 ὅτι ἡ παρουσία τ. Κυρίου ἤγγικεν
II Pe 1 16 ἐγνωρίσαμεν ὑμῖν τὴν τ. Κυρίου ἡμῶν Ἰησοῦ Χριστοῦ δύναμιν κ. παρουσίαν
3 4 ποῦ ἐστὶν ἡ ἐπαγγελία τ. παρουσίας αὐτοῦ;
12 σπεύδοντας τ. παρουσίαν τῆς τ. Θεοῦ ἡμέρας
I Jo 2 28 ἵνα . . . μὴ αἰσχυνθῶμεν ἀπ' αὐτοῦ ἐν τ. παρουσίᾳ αὐτοῦ

ΠΑΡΟΨΙ´Σ * 3953

Mt 23 25 καθαρίζετε τὸ ἔξωθεν τ. ποτηρίου κ. τ. παροψίδος
26 καθάρισον πρῶτον τὸ ἐντὸς τ. ποτηρίου κ. τ. παροψίδος
—κ. τῆς παροψ., T [WH]

ΠΑΡΡΗΣΙ´Α 3954

(1) μετὰ παρρησίας

Mk 8 32 παρρησίᾳ τ. λόγον ἐλάλει
Jo 7 4 ζητεῖ αὐτὸς ἐν παρρησίᾳ εἶναι
13 οὐδεὶς μέντοι παρρησίᾳ ἐλάλει περὶ αὐτοῦ
26 ἴδε παρρησίᾳ λαλεῖ
10 24 εἰ σὺ εἶ ὁ Χριστὸς εἰπὸν ἡμῖν παρρησίᾳ
11 14 τότε οὖν εἶπεν αὐτοῖς ὁ Ἰησοῦς παρρησίᾳ
54 οὐκέτι παρρησίᾳ περιεπάτει ἐν τ. Ἰουδαίοις
16 25 παρρησίᾳ περὶ τ. πατρὸς ἀπαγγελῶ ὑμῖν
29 ἴδε νῦν ἐν παρρησίᾳ λαλεῖς
18 20 ἐγὼ παρρησίᾳ λελάληκα τ. κόσμῳ
Ac 2 29 1 ἐξὸν εἰπεῖν μετὰ παρρησίας πρὸς ὑμᾶς
4 13 θεωροῦντες δὲ τὴν τ. Πέτρου παρρησίαν κ. Ἰωάνου
29 1 μετὰ παρρησίας πάσης λαλεῖν τ. λόγον σου
31 1 ἐλάλουν τ. λόγον τ. Θεοῦ μετὰ παρρησίας
28 31 1 διδάσκων . . . μετὰ πάσης παρρησίας ἀκωλύτως
II Co 3 12 ἔχοντες οὖν τοιαύτην ἐλπίδα πολλῇ παρρησίᾳ χρώμεθα
7 4 πολλή μοι παρρησία πρὸς ὑμᾶς
Eph 3 12 ἐν ᾧ ἔχομεν τ. παρρησίαν κ. προσαγωγὴν
6 19 ἵνα μοι δοθῇ λόγος . . . ἐν παρρησίᾳ γνωρίσαι τὸ μυστήριον τ. εὐαγγελίου
Phl 1 20 ἐν πάσῃ παρρησίᾳ ὡς πάντοτε κ. νῦν
Col 2 15 ἐδειγμάτισεν ἐν παρρησίᾳ θριαμβεύσας αὐτοὺς ἐν αὐτῷ
I Ti 3 13 πολλὴν παρρησίαν ἐν πίστει τῇ ἐν Χριστῷ Ἰησοῦ
Phm 8 πολλὴν ἐν Χριστῷ παρρησίαν ἔχων ἐπιτάσσειν σοι
He 3 6 ἐὰν τ. παρρησίαν κ. τὸ καύχημα τ. ἐλπίδος μέχρι τέλους βεβαίαν κατασχῶμεν
4 16 1 προσερχώμεθα οὖν μετὰ παρρησίας τ. θρόνῳ τ. χάριτος
10 19 ἔχοντες οὖν ἀδελφοὶ παρρησίαν εἰς τὴν εἴσοδον τ. ἁγίων

He 10 35 μὴ ἀποβάλητε οὖν τ. παρρησίαν ὑμῶν
1 Jo 2 28 ἵνα ἐὰν φανερωθῇ σχῶμεν παρρησίαν
3 21 παρρησίαν ἔχομεν πρὸς τὸν Θεόν
4 17 ἵνα παρρησίαν ἔχωμεν ἐν τ. ἡμέρᾳ τ. κρίσεως
5 14 αὕτη ἐστὶν ἡ παρρησία ἣν ἔχομεν πρὸς αὐτόν

ΠΑΡΡΗΣΙΆΖΟΜΑΙ 3955

Ac 9 27 πῶς ἐν Δαμασκῷ ἐπαρρησιάσατο ἐν τ. ὀνόματι Ἰησοῦ.
28 κ. ἦν μετ' αὐτῶν . . . παρρησιαζόμενος ἐν τ. ὀνόματι τ. Κυρίου
13 46 παρρησιασάμενοί τε ὁ Παῦλος κ. ὁ Βαρνάβας
14 3 διέτριψαν παρρησιαζόμενοι ἐπὶ τ. Κυρίῳ
18 26 οὗτός τε ἤρξατο παρρησιάζεσθαι ἐν τ. συναγωγῇ
19 8 εἰσελθὼν δὲ εἰς τ. συναγωγὴν ἐπαρρησιάζετο
26 26 πρὸς ὃν παρρησιαζόμενος λαλῶ
Eph 6 20 ἵνα ἐν αὐτῷ παρρησιάσωμαι ὡς δεῖ με λαλῆσαι
1 Th 2 2 ἐπαρρησιασάμεθα ἐν τ. Θεῷ ἡμῶν λαλῆσαι

ΠΑ͂Σ 3956

(1) ὁ πᾶς (2) πᾶς ὁ (3) πᾶς ὅς, ὅστις, ὅσος (4) πᾶς . . . οὐ, μή (5) οὐ πᾶς (6) διὰ παντός, πρὸ πάντων (7) εἰς, κατὰ πάντα

Mt 1 17 [2] πᾶσαι οὖν αἱ γενεαὶ ἀπὸ Ἀβραὰμ ἕως Δαυείδ
2 3 ἐταράχθη κ. πᾶσα Ἱεροσόλυμα μετ' αὐτοῦ·
4 [2] κ. συναγαγὼν πάντας τ. ἀρχιερεῖς . . . ἐπυνθάνετο
16 [2] ἀνεῖλεν πάντας τ. παῖδας τοὺς ἐν Βηθλεέμ,
[2] κ. ἐν πᾶσι τ. ὁρίοις αὐτῆς
3 5 [2] Ἱεροσόλυμα κ. πᾶσα ἡ Ἰουδαία κ. πᾶσα ἡ περίχωρος τ. Ἰορδάνου
10 πᾶν οὖν δένδρον μὴ ποιοῦν καρπὸν καλόν
15 πρέπον ἐστὶν ἡμῖν πληρῶσαι πᾶσαν δικαιοσύνην
4 4 ἐπὶ παντὶ ῥήματι ἐκπορευομένῳ διὰ στόματος Θεοῦ
עַל־כָּל־מוֹצָא פִי יְהוָֹה, Dt. viii. 3
8 [2] δείκνυσιν αὐτῷ πάσας τ. βασιλείας τ. κόσμου
9 ταῦτά σοι πάντα δώσω
23 θεραπεύων πᾶσαν νόσον κ. πᾶσαν μαλακίαν ἐν τ. λαῷ
24 [2] προσήνεγκαν αὐτῷ πάντας τ. κακῶς ἔχοντας
5 11 ὅταν εἴπωσιν πᾶν πονηρὸν καθ' ὑμῶν
15 [2] λάμπει πᾶσι τοῖς ἐν τ. οἰκίᾳ
18 ἕως ἂν πάντα γένηται
22 [2] πᾶς ὁ ὀργιζόμενος τ. ἀδελφῷ αὐτοῦ
28 [2] πᾶς ὁ βλέπων γυναῖκα πρὸς τὸ ἐπιθυμῆσαι αὐτήν
32 [2] πᾶς ὁ ἀπολύων τ. γυναῖκα αὐτοῦ
6 29 [2] οὐδὲ Σολομὼν ἐν πάσῃ τ. δόξῃ αὐτοῦ
32 πάντα γὰρ ταῦτα τὰ ἔθνη ἐπιζητοῦσιν
33 ταῦτα πάντα προστεθήσεται ὑμῖν
7 8 [2] πᾶς γὰρ ὁ αἰτῶν λαμβάνει
12 [3] πάντα οὖν ὅσα ἐὰν θέλητε
17 οὕτως πᾶν δένδρον ἀγαθὸν καρποὺς καλοὺς ποιεῖ
19 πᾶν δένδρον μὴ ποιοῦν καρπὸν καλόν

Mt 7 21 [2 5] οὐ πᾶς ὁ λέγων μοι Κύριε Κύριε
24 [3] πᾶς οὖν ὅστις ἀκούει μου τ. λόγους τούτους
26 [2] πᾶς ὁ ἀκούων μου τ. λόγους τούτους
8 16 [2] πάντας τοὺς κακῶς ἔχοντας ἐθεράπευσεν
32 [2] ὥρμησεν πᾶσα ἡ ἀγέλη κατὰ τ. κρημνοῦ
33 ἀπελθόντες εἰς τ. πόλιν ἀπήγγειλαν πάντα
34 [2] πᾶσα ἡ πόλις ἐξῆλθεν εἰς ὑπάντησιν τῷ Ἰησοῦ
9 35 [2] περιῆγεν ὁ Ἰησοῦς τ. πόλεις πάσας
35 θεραπεύων πᾶσαν νόσον κ. πᾶσαν μαλακίαν
10 1 θεραπεύειν πᾶσαν νόσον κ. πᾶσαν μαλακίαν
22 ἔσεσθε μισούμενοι ὑπὸ πάντων διὰ τὸ ὄνομά μου
30 [2] αἱ τρίχες τ. κεφαλῆς πᾶσαι ἠριθμημέναι εἰσίν
32 [3] πᾶς οὖν ὅστις ὁμολογήσει ἐν ἐμοί
11 13 [2] πάντες γὰρ οἱ προφῆται κ. ὁ νόμος ἕως Ἰωάνου ἐπροφήτευσαν
27 πάντα μοι παρεδόθη ὑπὸ τ. πατρός μου
28 [2] δεῦτε πρός με πάντες οἱ κοπιῶντες
12 15 ἐθεράπευσεν αὐτοὺς πάντας
23 [2] ἐξίσταντο πάντες οἱ ὄχλοι
25 πᾶσα βασιλεία μερισθεῖσα καθ' ἑαυτῆς ἐρημοῦται·
κ. πᾶσα πόλις ἢ οἰκία μερισθεῖσα καθ' ἑαυτῆς οὐ σταθήσεται
31 πᾶσα ἁμαρτία κ. βλασφημία ἀφεθήσεται
36 πᾶν ῥῆμα ἀργὸν ὃ λαλήσουσιν οἱ ἄνθρωποι
13 2 [2] πᾶς ὁ ὄχλος ἐπὶ τ. αἰγιαλὸν εἱστήκει
19 παντὸς ἀκούοντος τ. λόγον τ. βασιλείας
32 [2] ὃ μικρότερον μέν ἐστιν πάντων τ. σπερμάτων
34 ταῦτα πάντα ἐλάλησεν ὁ Ἰησοῦς ἐν παραβολαῖς
41 [2] συλλέξουσιν ἐκ τ. βασιλείας αὐτοῦ πάντα τὰ σκάνδαλα
44 [3] πωλεῖ πάντα ὅσα ἔχει
—πάντα, WH non mg.
46 [3] ἀπελθὼν πέπρακεν πάντα ὅσα εἶχεν
47 σαγήνῃ . . . ἐκ παντὸς γένους συναγαγούσῃ
51 συνήκατε ταῦτα πάντα;
52 πᾶς γραμματεὺς μαθητευθεὶς τ. βασιλείᾳ τ. οὐρανῶν
56 [3] αἱ ἀδελφαὶ αὐτοῦ οὐχὶ πᾶσαι πρὸς ἡμᾶς εἰσίν;
πόθεν οὖν τούτῳ ταῦτα πάντα;
14 20 ἔφαγον πάντες κ. ἐχορτάσθησαν
35 [2] προσήνεγκαν αὐτῷ πάντας τ. κακῶς ἔχοντας
15 13 πᾶσα φυτεία ἣν οὐκ ἐφύτευσεν ὁ πατήρ μου
17 [2] πᾶν τὸ εἰσπορευόμενον εἰς τὸ στόμα
37 ἔφαγον πάντες κ. ἐχορτάσθησαν
17 11 Ἠλείας μὲν ἔρχεται κ. ἀποκαταστήσει πάντα
18 10 [6] οἱ ἄγγελοι αὐτῶν ἐν οὐρανοῖς διὰ παντὸς βλέπουσιν
16 ἵνα ἐπὶ στόματος δύο μαρτύρων ἢ τριῶν σταθῇ πᾶν ῥῆμα, Dt. xix. 15
19 περὶ παντὸς πράγματος οὗ ἐὰν αἰτήσωνται
25 [3] πραθῆναι . . . τὰ τέκνα κ. πάντα ὅσα ἔχει
26 κ. πάντα ἀποδώσω σοι
31 [2] διεσάφησαν τ. κυρίῳ ἑαυτῶν πάντα τὰ γενόμενα
32 [2] πᾶσαν τ. ὀφειλὴν ἐκείνην ἀφῆκά σοι
34 [2] ἕως οὗ ἀποδῷ πᾶν τὸ ὀφειλόμενον

Mt 19 3 ³ εἰ ἔξεστιν ἀπολῦσαι τ. γυναῖκα αὐτοῦ κατὰ πᾶσαν αἰτίαν;
11 ⁵ οὐ πάντες χωροῦσιν τ. λόγον
20 ταῦτα πάντα ἐφύλαξα
πάντα ταῦτα, TWH marg.
26 παρὰ δὲ Θεῷ πάντα δυνατά
δυν. πάντα, T
27 ἰδοὺ ἡμεῖς ἀφήκαμεν πάντα
29 ³ πᾶς ὅστις ἀφῆκεν οἰκίας ἢ ἀδελφούς
21 10 ² ἐσείσθη πᾶσα ἡ πόλις λέγουσα
12 ² ἐξέβαλεν πάντας τ. πωλοῦντας κ. ἀγοράζοντας
22 ³ πάντα ὅσα ἂν αἰτήσητε ἐν τ. προσευχῇ
26 πάντες γὰρ ὡς προφήτην ἔχουσιν τ. Ἰωάνην
22 4 τὰ σιτιστὰ τεθυμένα κ. πάντα ἕτοιμα
10 ³ συνήγαγον πάντας οὓς εὗρον
27 ὕστερον δὲ πάντων ἀπέθανεν ἡ γυνή
28 πάντες γὰρ ἔσχον αὐτήν
23 3 ³ πάντα οὖν ὅσα ἐὰν εἴπωσιν ὑμῖν
5 ² πάντα δὲ τὰ ἔργα αὐτῶν ποιοῦσιν πρὸς τὸ θεαθῆναι
8 πάντες δὲ ὑμεῖς ἀδελφοί ἐστε
20 ² ὀμνύει ἐν αὐτῷ κ. ἐν πᾶσι τοῖς ἐπάνω αὐτοῦ
27 γέμουσιν ὀστέων νεκρῶν κ. πάσης ἀκαθαρσίας
35 πᾶν αἷμα δίκαιον ἐκχυννόμενον ἐπὶ τ. γῆς
36 ἥξει ταῦτα πάντα ἐπὶ τ. γενεὰν ταύτην
πάντα ταῦτα, WH mg.
24 2 οὐ βλέπετε ταῦτα πάντα;
8 πάντα δὲ ταῦτα ἀρχὴ ὠδίνων
9 ² ἔσεσθε μισούμενοι ὑπὸ πάντων τ. ἐθνῶν
14 ² κηρυχθήσεται . . . εἰς μαρτύριον πᾶσι τ. ἔθνεσιν
22 ⁴ οὐκ ἂν ἐσώθη πᾶσα σάρξ
30 ² κόψονται πᾶσαι αἱ φυλαὶ τ. γῆς
33 οὕτως κ. ὑμεῖς ὅταν ἴδητε πάντα ταῦτα
ταῦτα πάντα, T
34 ἕως ἂν πάντα ταῦτα γένηται
47 ² ἐπὶ πᾶσι τ. ὑπάρχουσιν αὐτοῦ καταστήσει αὐτόν
25 5 ἐνύσταξαν πᾶσαι κ. ἐκάθευδον
7 ² τότε ἠγέρθησαν πᾶσαι αἱ παρθένοι ἐκεῖναι
29 ² τῷ γὰρ ἔχοντι παντὶ δοθήσεται
31 ² ὅταν δὲ ἔλθῃ . . . κ. πάντες οἱ ἄγγελοι μετ' αὐτοῦ
32 ² συναχθήσονται ἔμπροσθεν αὐτοῦ πάντα τὰ ἔθνη
26 1 ² ὅτε ἐτέλεσεν ὁ Ἰησοῦς πάντας τ. λόγους τούτους
27 πίετε ἐξ αὐτοῦ πάντες
31 πάντες ὑμεῖς σκανδαλισθήσεσθε ἐν ἐμοί
33 εἰ πάντες σκανδαλισθήσονται ἐν σοί
35 ² ὁμοίως κ. πάντες οἱ μαθηταὶ εἶπαν
52 ² πάντες γὰρ οἱ λαβόντες μάχαιραν ἐν μαχαίρῃ ἀπολοῦνται
56 ² τότε οἱ μαθηταὶ πάντες ἀφέντες αὐτὸν ἔφυγον
70 ὁ δὲ ἠρνήσατο ἔμπροσθεν πάντων
27 1 ² συμβούλιον ἔλαβον πάντες οἱ ἀρχιερεῖς
22 λέγουσιν πάντες Σταυρωθήτω
25 ² ἀποκριθεὶς πᾶς ὁ λαὸς εἶπεν
45 ² σκότος ἐγένετο ἐπὶ πᾶσαν τ. γῆν
28 18 ἐδόθη μοι πᾶσα ἐξουσία ἐν οὐρανῷ κ. ἐπὶ τ. γῆς
19 ² πορευθέντες οὖν μαθητεύσατε πάντα τὰ ἔθνη

Mt 28 20 ³ διδάσκοντες αὐτοὺς τηρεῖν πάντα ὅσα ἐνετειλάμην ὑμῖν
20 ² ἐγὼ μεθ' ὑμῶν εἰμὶ πάσας τ. ἡμέρας
Mk 1 5 ² ἐξεπορεύετο πρὸς αὐτὸν πᾶσα ἡ Ἰουδαία χώρα,
² κ. οἱ Ἱεροσολυμεῖται πάντες
32 ² ἔφερον πρὸς αὐτὸν πάντας τοὺς κακῶς ἔχοντας
37 πάντες ζητοῦσίν σε
2 12 ἐξῆλθεν ἔμπροσθεν πάντων ὥστε ἐξίστασθαι πάντας
13 ² πᾶς ὁ ὄχλος ἤρχετο πρὸς αὐτόν
3 28 ² πάντα ἀφεθήσεται τ. υἱοῖς τ. ἀνθρώπων τὰ ἁμαρτήματα
4 1 ² πᾶς ὁ ὄχλος πρὸς τ. θάλασσαν ἐπὶ τ. γῆς ἦσαν
11 ¹ ἐν παραβολαῖς τὰ πάντα γίνεται
—τὰ, T
13 ² πῶς πάσας τ. παραβολὰς γνώσεσθε,
31 ² μικρότερον ὂν πάντων τ. σπερμάτων
32 ² γίνεται μεῖζον πάντων τ. λαχάνων
34 κατ' ἰδίαν δὲ τ. ἰδίοις μαθηταῖς ἀπέλυεν πάντα
5 5 ⁶ διὰ παντὸς νυκτὸς κ. ἡμέρας
διαπαντὸς, T
20 κ. πάντες ἐθαύμαζον
26 ² δαπανήσασα τὰ παρ' αὐτῆς πάντα
33 ² εἶπεν αὐτῷ πᾶσαν τ. ἀλήθειαν
40 αὐτὸς δὲ ἐκβαλὼν πάντας
6 30 ἀπήγγειλαν αὐτῷ πάντα
33 ² πεζῇ ἀπὸ πασῶν τ. πόλεων συνέδραμον ἐκεῖ
39 ἐπέταξεν αὐτοῖς ἀνακλιθῆναι πάντας συμπόσια συμπόσια
41 τοὺς δύο ἰχθύας ἐμέρισεν πᾶσιν·
42 κ. ἔφαγον πάντες κ. ἐχορτάσθησαν
50 πάντες γὰρ αὐτὸν εἶδαν
7 3 ² οἱ γὰρ Φαρισαῖοι κ. πάντες οἱ Ἰουδαῖοι
14 ἀκούσατέ μου πάντες κ. σύνετε
18 ² πᾶν τὸ ἔξωθεν εἰσπορευόμενον εἰς τ. ἄνθρωπον
19 ² καθαρίζων πάντα τὰ βρώματα
23 ² πάντα ταῦτα τά πονηρὰ ἔσωθεν ἐκπορεύεται
37 καλῶς πάντα πεποίηκεν
9 12 Ἠλείας μὲν ἐλθὼν πρῶτον ἀποκαθιστάνει πάντα
15 ² εὐθὺς πᾶς ὁ ὄχλος ἰδόντες αὐτόν
23 πάντα δυνατὰ τ. πιστεύοντι
35 ἔσται πάντων ἔσχατος κ. πάντων διάκονος
49 πᾶς γὰρ πυρὶ ἁλισθήσεται,
—h. v., WH mg.
κ. πᾶσα θυσία ἁλὶ ἁλισθήσεται
—h. v., TWH non mg. R non mg.;
πᾶσα γὰρ θυσ., WH mg.
10 20 ταῦτα πάντα ἐφυλαξάμην ἐκ νεότητός μου
27 πάντα γὰρ δυνατὰ παρὰ τ. Θεῷ
παρ. δὲ τ. Θ. δυνατόν, WH mg.
28 ἰδοὺ ἡμεῖς ἀφήκαμεν πάντα
44 ὃς ἂν θέλῃ ἐν ὑμῖν εἶναι πρῶτος ἔσται πάντων δοῦλος
11 11 περιβλεψάμενος πάντα . . . ἐξῆλθεν εἰς Βηθανίαν
17 ² οἶκος προσευχῆς κληθήσεται πᾶσι τ. ἔθνεσιν

בֵּית־תְּפִלָּה יִקָּרֵא לְכָל־הָעַמִּים, Is. lvi. 7

Mk 11 18 [2] πᾶς γὰρ ὁ ὄχλος ἐξεπλήσσετο ἐπὶ τ. διδαχῇ αὐτοῦ
24 [3] πάντα ὅσα προσεύχεσθε κ. αἰτεῖσθε
12 22 ἔσχατον πάντων κ. ἡ γυνὴ ἀπέθανεν
28 ποία ἐστὶν ἐντολὴ πρώτη πάντων
33 [2] περισσότερόν ἐστιν πάντων τ. ὁλοκαυτωμάτων
43 αὕτη ἡ πτωχὴ πλεῖον πάντων ἔβαλεν
44 πάντες γὰρ ἐκ τ. περισσεύοντος αὐτοῖς ἔβαλον·
[3] αὕτη δὲ . . . πάντα ὅσα εἶχεν ἔβαλεν
13 4 ὅταν μέλλῃ ταῦτα συντελεῖσθαι πάντα
10 [2] εἰς πάντα τὰ ἔθνη πρῶτον δεῖ κηρυχθῆναι
13 ἔσεσθε μισούμενοι ὑπὸ πάντων διὰ τὸ ὄνομά μου
20 [4] οὐκ ἂν ἐσώθη πᾶσα σάρξ
23 προείρηκα ὑμῖν πάντα
30 μέχρις οὗ ταῦτα πάντα γένηται
37 ὃ δὲ ὑμῖν λέγω πᾶσιν λέγω Γρηγορεῖτε
14 23 ἔπιον ἐξ αὐτοῦ πάντες
27 πάντες σκανδαλισθήσεσθε
29 εἰ κ. πάντες σκανδαλισθήσονται
31 ὡσαύτως δὲ κ. πάντες ἔλεγον
36 ἀββὰ ὁ πατὴρ πάντα δυνατά σοι
50 ἀφέντες αὐτὸν ἔφυγον πάντες
53 [2] συνέρχονται πάντες οἱ ἀρχιερεῖς κ. οἱ πρεσβύτεροι
64 [1] οἱ δὲ πάντες κατέκριναν αὐτὸν ἔνοχον εἶναι θανάτου
16 [15 [2] κηρύξατε τὸ εὐαγγέλιον πάσῃ τῇ κτίσει
Lu 1 3 παρηκολουθηκότι ἄνωθεν πᾶσιν ἀκριβῶς
6 [2] πορευόμενοι ἐν πάσαις τ. ἐντολαῖς . . . ἄμεμπτοι
10 [2] πᾶν τὸ πλῆθος ἦν τ. λαοῦ προσευχόμενον ἔξω
37 [4] οὐκ ἀδυνατήσει παρὰ τ. Θεοῦ πᾶν ῥῆμα
48 [2] ἀπὸ τοῦ νῦν μακαριοῦσίν με πᾶσαι αἱ γενεαί
63 κ. ἐθαύμασαν πάντες
65 ἐγένετο ἐπὶ πάντας φόβος τ. περιοικοῦντας αὐτούς
65 [2] διελαλεῖτο πάντα τὰ ῥήματα ταῦτα·
66 [2] κ. ἔθεντο πάντες οἱ ἀκούσαντες ἐν τ. καρδίᾳ αὐτῶν
71 [2] ἐκ χειρὸς πάντων τ. μισούντων ἡμᾶς
75 [2] λατρεύειν αὐτῷ ἐν ὁσιότητι πάσαις τ. ἡμέραις ἡμῶν
πάσας τ. ἡμέρας, TWH mg.
2 1 [2] δόγμα . . . ἀπογράφεσθαι πᾶσαν τ. οἰκουμένην
3 ἐπορεύοντο πάντες ἀπογράφεσθαι
10 [2] ἥτις ἔσται παντὶ τ. λαῷ
18 [2] πάντες οἱ ἀκούσαντες ἐθαύμασαν
19 [2] ἡ δὲ Μαρία πάντα συνετήρει τὰ ῥήματα ταῦτα
20 [3] αἰνοῦντες τ. Θεὸν ἐπὶ πᾶσιν οἷς ἤκουσαν
23 πᾶν ἄρσεν διανοῖγον μήτραν
כָּל־בְּכוֹר פֶּטֶר כָּל־רֶחֶם, Ex. xiii. 2
31 [2] ὃ ἡτοίμασας κατὰ πρόσωπον πάντων τ. λαῶν
38 [2] ἐλάλει περὶ αὐτοῦ πᾶσι τ. προσδεχομένοις λύτρωσιν
39 [2] ὡς ἐτέλεσαν πάντα τὰ κατὰ τ. νόμον Κυρίου
47 [2] ἐξίσταντο δὲ πάντες οἱ ἀκούοντες αὐτοῦ

Lu 2 51 [2] ἡ μήτηρ αὐτοῦ διετήρει πάντα τὰ ῥήματα
3 3 ἦλθεν εἰς πᾶσαν περίχωρον τ. Ἰορδάνου
5 πᾶσα φάραγξ πληρωθήσεται,
כָּל־גֶּיא יִנָּשֵׂא, Is. xl. 4
κ. πᾶν ὄρος κ. βουνὸς ταπεινωθήσεται
וְכָל־הַר וְגִבְעָה יִשְׁפָּלוּ, *ib.*
6 ὄψεται πᾶσα σὰρξ τὸ σωτήριον τ. Θεοῦ
רָאוּ כָל־בָּשָׂר יַחְדָּו, *ib.* 5
9 [4] πᾶν οὖν δένδρον μὴ ποιοῦν καρπὸν καλόν
15 διαλογιζομένων πάντων ἐν τ. καρδίαις αὐτῶν
16 ἀπεκρίνατο λέγων πᾶσιν ὁ Ἰωάνης
19 [3] περὶ πάντων ὧν ἐποίησεν πονηρῶν ὁ Ἡρῴδης,
20 προσέθηκεν κ. τοῦτο ἐπὶ πᾶσιν
4 5 [2] ἔδειξεν αὐτῷ πάσας τ. βασιλείας τ. οἰκουμένης
7 ἐὰν προσκυνήσῃς ἐνώπιον ἐμοῦ ἔσται σου πᾶσα
13 συντελέσας πάντα πειρασμόν
15 ἐδίδασκεν . . . δοξαζόμενος ὑπὸ πάντων
20 πάντων οἱ ὀφθαλμοὶ ἐν τ. συναγωγῇ
22 πάντες ἐμαρτύρουν αὐτῷ
25 [2] ὡς ἐγένετο λιμὸς μέγας ἐπὶ πᾶσαν τ. γῆν
28 ἐπλήσθησαν πάντες θυμοῦ ἐν τ. συναγωγῇ
36 ἐγένετο θάμβος ἐπὶ πάντας
37 ἐξεπορεύετο ἦχος περὶ αὐτοῦ εἰς πάντα τόπον
40 [3] πάντες ὅσοι εἶχον ἀσθενοῦντας
ἅπαντες, WH non mg.
5 9 [2] περιέσχεν αὐτὸν κ. πάντας τοὺς σὺν αὐτῷ
11 ἀφέντες πάντα ἠκολούθησαν αὐτῷ
17 οἳ ἦσαν ἐληλυθότες ἐκ πάσης κώμης τ. Γαλιλαίας
28 καταλιπὼν πάντα ἀναστὰς ἠκολούθει αὐτῷ
6 10 περιβλεψάμενος πάντας αὐτούς
17 [2] πλῆθος πολὺ τ. λαοῦ ἀπὸ πάσης τ. Ἰουδαίας
19 [2] πᾶς ὁ ὄχλος ἐζήτουν ἅπτεσθαι αὐτοῦ· ὅτι δύναμις παρ' αὐτοῦ ἐξήρχετο κ. ἰᾶτο πάντας
26 [2] ὅταν καλῶς ὑμᾶς εἴπωσιν πάντες οἱ ἄνθρωποι
30 παντὶ αἰτοῦντί σε δίδου
40 κατηρτισμένος δὲ πᾶς ἔσται ὡς ὁ διδάσκαλος αὐτοῦ
47 [2] πᾶς ὁ ἐρχόμενος πρός με
7 1 [2] ἐπειδὴ ἐπλήρωσεν πάντα τὰ ῥήματα αὐτοῦ
16 ἔλαβεν δὲ φόβος πάντας
ἅπαντας, TWH mg.
17 [2] ἐξῆλθεν ὁ λόγος οὗτος ἐν . . . πάσῃ τ. περιχώρῳ.
18 κ. ἀπήγγειλαν Ἰωάνει . . . περὶ πάντων τούτων
29 [2] πᾶς ὁ λαὸς ἀκούσας κ. οἱ τελῶναι
35 [2] ἐδικαιώθη ἡ σοφία ἀπὸ πάντων τ. τέκνων αὐτῆς
τ. τέκν. αὐτ. πάντων, TWH mg.
8 40 ἦσαν γὰρ πάντες προσδοκῶντες αὐτόν
45 ἀρνουμένων δὲ πάντων εἶπεν ὁ Πέτρος
47 [2] ἡ γυνὴ . . . ἀπήγγειλεν ἐνώπιον παντὸς τ. λαοῦ
52 ἔκλαιον δὲ πάντες κ. ἐκόπτοντο αὐτήν

Lu 9 1 [2] ἔδωκεν . . . ἐξουσίαν ἐπὶ πάντα τὰ δαιμόνια
7 [2] ἤκουσεν δὲ Ἡρῴδης ὁ τετραάρχης τὰ γινόμενα πάντα
13 [2] εἰ μήτι . . . ἀγοράσωμεν εἰς πάντα τ. λαὸν τοῦτον βρώματα
15 ἐποίησαν οὕτως κ. κατέκλιναν πάντας
ἅπαντας, TWH non mg.
17 ἔφαγον κ. ἐχορτάσθησαν πάντες
23 ἔλεγεν δὲ πρὸς πάντας
43 ἐξεπλήσσοντο δὲ πάντες ἐπὶ τ. μεγαλειότητι τ. Θεοῦ.
θαυμαζόντων δὲ πάντων ἐπὶ πᾶσιν οἷς ἐποίει
48 ὁ γὰρ μικρότερος ἐν πᾶσιν ὑμῖν ὑπάρχων
10 1 ἀπέστειλεν αὐτοὺς ἀνὰ δύο . . . εἰς πᾶσαν πόλιν
19 [2] τ. ἐξουσίαν τοῦ πατεῖν . . . ἐπὶ πᾶσαν τ. δύναμιν τ. ἐχθροῦ
22 πάντα μοι παρεδόθη ὑπὸ τ. πατρός μου
11 4 κ. γὰρ αὐτοὶ ἀφίομεν παντὶ ὀφείλοντι ἡμῖν
10 [2] πᾶς γὰρ ὁ αἰτῶν λαμβάνει
17 πᾶσα βασιλεία ἐφ' ἑαυτὴν διαμερισθεῖσα ἐρημοῦται
41 ἰδοὺ πάντα καθαρὰ ὑμῖν ἐστίν
42 ἀποδεκατοῦτε τὸ ἡδύοσμον . . . κ. πᾶν λάχανον
50 [2] ἵνα ἐκζητηθῇ τὸ αἷμα πάντων τ. προφητῶν
53 [2] λέγοντος δὲ αὐτοῦ ταῦτα . . . ἐνώπιον παντὸς τ. λαοῦ
—h. v., TWH non mg. R
12 7 [2] αἱ τρίχες τ. κεφαλῆς ὑμῶν πᾶσαι ἠρίθμηνται
8 [3] πᾶς ὃς ἂν ὁμολογήσει ἐν ἐμοί
10 [3] πᾶς ὃς ἐρεῖ λόγον εἰς τ. υἱὸν τ. ἀνθρώπου
15 ὁρᾶτε κ. φυλάσσεσθε ἀπὸ πάσης πλεονεξίας
18 [2] συνάξω ἐκεῖ πάντα τὸν σῖτον
π. τὰ γενήματά μου, TWH mg.
27 [2] οὐδὲ Σολομὼν ἐν πάσῃ τ. δόξῃ αὐτοῦ
30 ταῦτα γὰρ πάντα τὰ ἔθνη τ. κόσμου ἐπιζητοῦσιν
41 πρὸς ἡμᾶς τ. παραβολὴν ταύτην λέγεις ἢ κ. πρὸς πάντας;
44 [2] ἐπὶ πᾶσι τ. ὑπάρχουσιν αὐτοῦ καταστήσει αὐτόν
48 [3] παντὶ δὲ ᾧ ἐδόθη πολύ
13 2 [2] ἁμαρτωλοὶ παρὰ πάντας τ. Γαλιλαίους
3 πάντες ὁμοίως ἀπολεῖσθε
4 [2] ὀφειλέται ἐγένοντο παρὰ πάντας τ. ἀνθρώπους τ. κατοικοῦντας Ἱερουσαλήμ
5 πάντες ὡσαύτως ἀπολεῖσθε
17 [2] κατῃσχύνοντο πάντες οἱ ἀντικείμενοι αὐτῷ·
[2] κ. πᾶς ὁ ὄχλος ἔχαιρεν ἐπὶ πᾶσι τ. ἐνδόξοις
27 ἀπόστητε ἀπ' ἐμοῦ πάντες ἐργάται ἀδικίας
28 [2] ὅταν ὄψησθε . . . πάντας τ. προφήτας ἐν τ. βασιλείᾳ τ. Θεοῦ
14 10 [2] τότε ἔσται σοι δόξα ἐνώπιον πάντων τ. συνανακειμένων σοί.
11 [2] ὅτι πᾶς ὁ ὑψῶν ἑαυτὸν ταπεινωθήσεται
18 ἤρξαντο ἀπὸ μιᾶς πάντες παραιτεῖσθαι
29 [2] ἵνα μήποτε . . . πάντες οἱ θεωροῦντες ἄρξωνται αὐτῷ ἐμπαίζειν
33 [2] [3] πᾶς ἐξ ὑμῶν ὃς οὐκ ἀποτάσσεται πᾶσι τοῖς ἑαυτοῦ ὑπάρχουσιν
15 1 [2] ἦσαν δὲ αὐτῷ ἐγγίζοντες πάντες οἱ τελῶναι

Lu 15 13 συναγαγὼν πάντα ὁ νεώτερος υἱὸς
ἅπαντα, TWH mg.
14 δαπανήσαντος δὲ αὐτοῦ πάντα
31 [2] πάντα τὰ ἐμὰ σά ἐστιν
16 14 ἤκουον δὲ ταῦτα πάντα οἱ Φαρισαῖοι
16 πᾶς εἰς αὐτὴν βιάζεται
18 [2] πᾶς ὁ ἀπολύων τ. γυναῖκα αὐτοῦ
26 ἐν πᾶσι τούτοις μεταξὺ ἡμῶν κ. ὑμῶν χάσμα
17 10 [2] ὅταν ποιήσητε πάντα τὰ διαταχθέντα ὑμῖν
27 ἦλθεν ὁ κατακλυσμὸς κ. ἀπώλεσεν πάντας
ἅπαντας, TWH mg.
29 ἔβρεξεν πῦρ κ. θεῖον . . . κ. ἀπώλεσεν πάντας
ἅπαντας, TWH mg.
18 12 [3] ἀποδεκατεύω πάντα ὅσα κτῶμαι
14 [2] πᾶς ὁ ὑψῶν ἑαυτὸν ταπεινωθήσεται
21 ταῦτα πάντα ἐφύλαξα ἐκ νεότητος
22 [3] πάντα ὅσα ἔχεις πώλησον
31 [2] τελεσθήσεται πάντα τὰ γεγραμμένα διὰ τ. προφητῶν
43 [2] πᾶς ὁ λαὸς ἰδὼν ἔδωκεν αἶνον τ. Θεῷ
19 7 ἰδόντες πάντες διεγόγγυζον
26 [2] παντὶ τ. ἔχοντι δοθήσεται
37 [3] αἰνεῖν τ. Θεὸν . . . περὶ πασῶν ὧν εἶδον δυνάμεων
20 18 [2] πᾶς ὁ πεσὼν ἐπ' ἐκεῖνον τ. λίθον
38 πάντες γὰρ αὐτῷ ζῶσιν
45 [2] ἀκούοντος δὲ παντὸς τ. λαοῦ
21 3 ἡ χήρα αὕτη ἡ πτωχὴ πλεῖον πάντων ἔβαλεν·
4 πάντες γὰρ οὗτοι ἐκ τ. περισσεύοντος αὐτοῖς ἔβαλον εἰς τὰ δῶρα·
ἅπαντες, T
[2] αὕτη δὲ . . . πάντα τὸν βίον ὃν εἶχεν ἔβαλεν
ἅπαντα, T
12 πρὸ δὲ τούτων πάντων ἐπιβαλοῦσιν ἐφ' ὑμᾶς
15 [2] οὐ δυνήσονται ἀντιστῆναι . . . πάντες οἱ ἀντικείμενοι ὑμῖν
ἅπαντες, TWH non mg.
17 ἔσεσθε μισούμενοι ὑπὸ πάντων διὰ τὸ ὄνομά μου
22 [2] τοῦ πλησθῆναι πάντα τὰ γεγραμμένα
24 [2] αἰχμαλωτισθήσονται εἰς τὰ ἔθνη πάντα
29 [2] ἴδετε τ. συκῆν κ. πάντα τὰ δένδρα
32 ἕως ἂν πάντα γένηται
35 [2] ἐπεισελεύσεται γὰρ ἐπὶ πάντας τ. καθημένους ἐπὶ πρόσωπον πάσης τ. γῆς.
36 ἀγρυπνεῖτε δὲ ἐν παντὶ καιρῷ δεόμενοι
36 [2] ἐκφυγεῖν ταῦτα πάντα τὰ μέλλοντα γίνεσθαι
38 [2] πᾶς ὁ λαὸς ὤρθριζεν πρὸς αὐτόν
22 70 εἶπαν δὲ πάντες
23 48 [2] πάντες οἱ συμπαραγενόμενοι ὄχλοι
49 [2] εἱστήκεισαν δὲ πάντες οἱ γνωστοὶ αὐτῷ
24 9 [2] ἀπήγγειλαν ταῦτα πάντα τοῖς ἕνδεκα κ. πᾶσι τ. λοιποῖς
πάντα ταῦτα, T
14 [2] ὡμίλουν πρὸς ἀλλήλους περὶ πάντων τ. συμβεβηκότων τούτων
19 [2] ἐναντίον τ. Θεοῦ κ. παντὸς τ. λαοῦ
21 ἀλλά γε κ. σὺν πᾶσι τούτοις
25 [3] πιστεύειν ἐπὶ πᾶσιν οἷς ἐλάλησαν οἱ προφῆται
27 [2] ἀρξάμενος ἀπὸ Μωυσέως κ. ἀπὸ πάντων τ. προφητῶν
[2] διερμήνευσεν ἐν πάσαις τ. γραφαῖς τὰ περὶ ἑαυτοῦ
44 [2] δεῖ πληρωθῆναι πάντα τὰ γεγραμμένα ἐν τ. νόμῳ

Lu 24 47 [2] κηρυχθῆναι . . . ἄφεσιν ἁμαρτιῶν εἰς πάντα τὰ ἔθνη
53 [6] ἦσαν διὰ παντὸς ἐν τ. ἱερῷ
διαπαντός, T
Jo 1 3 πάντα δι' αὐτοῦ ἐγένετο
7 ἵνα πάντες πιστεύσωσιν δι' αὐτοῦ
9 τὸ φῶς τὸ ἀληθινὸν ὃ φωτίζει πάντα ἄνθρωπον
16 ἐκ τ. πληρώματος αὐτοῦ ἡμεῖς πάντες ἐλάβομεν
2 10 πᾶς ἄνθρωπος πρῶτον τ. καλὸν οἶνον τίθησιν
15 πάντας ἐξέβαλεν ἐκ τ. ἱεροῦ
24 διὰ τὸ αὐτὸν γινώσκειν πάντας
3 8 [2] οὕτως ἐστὶν πᾶς ὁ γεγεννημένος ἐκ τ. ὕδατος
15 [2] ἵνα πᾶς ὁ πιστεύων ἐν αὐτῷ ἔχῃ ζωὴν αἰώνιον
16 [2] [4] ἵνα πᾶς ὁ πιστεύων εἰς αὐτὸν μὴ ἀπόληται
20 [2] πᾶς γὰρ ὁ φαῦλα πράσσων
26 πάντες ἔρχονται πρὸς αὐτόν
31 ὁ ἄνωθεν ἐρχόμενος ἐπάνω πάντων ἐστίν
31 ὁ ἐκ τ. οὐρανοῦ ἐρχόμενος ἐπάνω πάντων ἐστίν
—ἐπ. π. ἐστ., TWH mg. R mg.
35 πάντα δέδωκεν ἐν τ. χειρὶ αὐτοῦ
4 13 [2] πᾶς ὁ πίνων ἐκ τ. ὕδατος τούτου
29 [3] ὃς εἶπέν μοι πάντα ἃ ἐποίησα
39 [3] εἶπέν μοι πάντα ἃ ἐποίησα
45 [3] πάντα ἑωρακότες ὅσα ἐποίησεν ἐν Ἱεροσολύμοις
5 20 [3] πάντα δείκνυσιν αὐτῷ ἃ αὐτὸς ποιεῖ
22 [2] τ. κρίσιν πᾶσαν δέδωκεν τ. υἱῷ
23 ἵνα πάντες τιμῶσιν τ. υἱόν
28 [2] πάντες οἱ ἐν τ. μνημείοις ἀκούσουσιν τ. φωνῆς αὐτοῦ
6 37 [3] πᾶν ὃ δίδωσίν μοι ὁ πατὴρ πρὸς ἐμὲ ἥξει
39 [3] ἵνα πᾶν ὃ δέδωκέν μοι μὴ ἀπολέσω ἐξ αὐτοῦ
40 [2] πᾶς ὁ θεωρῶν τ. υἱὸν κ. πιστεύων εἰς αὐτόν
45 ἔσονται πάντες διδακτοὶ Θεοῦ.
כָּל־בָּנַיִךְ לִמּוּדֵי יְהוָה, Is. liv. 13
[2] πᾶς ὁ ἀκούσας παρὰ τ. πατρός
7 21 ἓν ἔργον ἐποίησα κ. πάντες θαυμάζετε
8 [2 [2] πᾶς ὁ λαὸς ἤρχετο πρὸς αὐτόν
34 [2] πᾶς ὁ ποιῶν τ. ἁμαρτίαν δοῦλός ἐστιν
10 4 [2] ὅταν τὰ ἴδια πάντα ἐκβάλῃ
8 [3] πάντες ὅσοι ἦλθον πρὸ ἐμοῦ
29 ὃ δέδωκέν μοι πάντων μεῖζόν ἐστιν
ὃς . . . πάντ. μείζων, WH mg. R non mg.
41 [3] πάντα δὲ ὅσα εἶπεν Ἰωάνης περὶ τούτου
11 26 [2] πᾶς ὁ ζῶν κ. πιστεύων εἰς ἐμέ
48 πάντες πιστεύσουσιν εἰς αὐτόν
12 32 πάντας ἑλκύσω πρὸς ἐμαυτόν
πάντα, WH marg.
46 [2] [4] ἵνα πᾶς ὁ πιστεύων εἰς ἐμὲ ἐν τ. σκοτίᾳ μὴ μείνῃ
13 3 πάντα ἔδωκεν αὐτῷ ὁ πατὴρ εἰς τ. χεῖρας
10 [5] ὑμεῖς καθαροί ἐστε ἀλλ' οὐχὶ πάντες
11 [5] οὐχὶ πάντες καθαροί ἐστε
18 οὐ περὶ πάντων ὑμῶν λέγω
35 ἐν τούτῳ γνώσονται πάντες
14 26 ἐκεῖνος ὑμᾶς διδάξει πάντα,
[3] κ. ὑπομνήσει ὑμᾶς πάντα ἃ εἶπον ὑμῖν
15 2 [4] πᾶν κλῆμα ἐν ἐμοὶ μὴ φέρον καρπόν
2 κ. πᾶν τὸ καρπὸν φέρον
15 [3] πάντα ἃ ἤκουσα παρὰ τ. πατρός μου
Jo 15 21 ταῦτα πάντα ποιήσουσιν εἰς ὑμᾶς διὰ τὸ ὄνομά μου
16 2 [2] ἵνα πᾶς ὁ ἀποκτείνας ὑμᾶς δόξῃ
13 [2] ὁδηγήσει ὑμᾶς εἰς τ. ἀλήθειαν πᾶσαν
ἐν τ. ἀληθείᾳ πάσῃ, TWH mg.
15 [3] πάντα ὅσα ἔχει ὁ πατὴρ ἐμά ἐστιν
30 νῦν οἴδαμεν ὅτι οἶδας πάντα
17 2 καθὼς ἔδωκας αὐτῷ ἐξουσίαν πάσης σαρκός,
[3] ἵνα πᾶν ὃ δέδωκας αὐτῷ δώσει αὐτοῖς
7 [3] πάντα ὅσα ἔδωκάς μοι
10 [2] τὰ ἐμὰ πάντα σά ἐστιν
21 ἵνα πάντες ἓν ὦσιν
18 4 [2] εἰδὼς πάντα τὰ ἐρχόμενα ἐπ' αὐτόν
20 [2] ὅπου πάντες οἱ Ἰουδαῖοι συνέρχονται
37 [2] πᾶς ὁ ὢν ἐκ τ. ἀληθείας ἀκούει μου τ. φωνῆς
19 12 [2] πᾶς ὁ βασιλέα ἑαυτὸν ποιῶν
28 εἰδὼς ὁ Ἰησοῦς ὅτι ἤδη πάντα τετέλεσται
21 17 Κύριε πάντα σὺ οἶδας
Ac 1 1 [3] τὸν μὲν πρῶτον λόγον ἐποιησάμην περὶ πάντων
8 [2] μάρτυρες ἔν τε Ἱερουσαλὴμ κ. ἐν πάσῃ τ. Ἰουδαίᾳ
14 οὗτοι πάντες ἦσαν προσκαρτεροῦντες ὁμοθυμαδὸν
18 [2] ἐξεχύθη πάντα τὰ σπλάγχνα αὐτοῦ·
19 [2] κ. γνωστὸν ἐγένετο πᾶσι τ. κατοικοῦσιν Ἱερουσαλήμ
21 [3] τ. συνελθόντων ἡμῖν ἀνδρῶν ἐν παντὶ χρόνῳ ᾧ εἰσῆλθεν
24 σὺ Κύριε καρδιογνῶστα πάντων
2 1 ἦσαν πάντες ὁμοῦ ἐπὶ τὸ αὐτό
4 ἐπλήσθησαν πάντες πνεύματος ἁγίου
5 ἄνδρες εὐλαβεῖς ἀπὸ παντὸς ἔθνους
7 ἐξίσταντο δὲ πάντες κ. ἐθαύμαζον
—πάντες, WH
7 [2] οὐχὶ ἰδοὺ πάντες οὗτοί εἰσιν οἱ λαλοῦντες Γαλιλαῖοι;
ἅπαντες, T
12 ἐξίσταντο δὲ πάντες κ. διηποροῦντο
14 [2] οἱ κατοικοῦντες Ἱερουσαλὴμ πάντες
17 ἐκχεῶ ἀπὸ τ. πνεύματός μου ἐπὶ πᾶσαν σάρκα
אֶשְׁפּוֹךְ אֶת־רוּחִי עַל־כָּל־בָּשָׂר, Joel iii. 1
21 [3] πᾶς ὃς ἐὰν ἐπικαλέσηται τὸ ὄνομα Κυρίου
כֹּל אֲשֶׁר־יִקְרָא בְּשֵׁם יְהוָה, *ib.* 4
25 [6] προορώμην τ. Κύριον ἐνώπιόν μου διὰ παντός
διαπαντός, T
שִׁוִּיתִי יְהוָה לְנֶגְדִּי תָמִיד, Ps. xvi. 8
32 οὗ πάντες ἡμεῖς ἐσμὲν μάρτυρες
36 ἀσφαλῶς οὖν γινωσκέτω πᾶς οἶκος Ἰσραήλ
39 [2] ὑμῖν γάρ ἐστιν ἡ ἐπαγγελία . . . κ. πᾶσι τοῖς εἰς μακράν
43 ἐγίνετο δὲ πάσῃ ψυχῇ φόβος
43 φόβος τε ἦν μέγας ἐπὶ πάντας.
—h. v., WHR non mg.
44 [2] πάντες δὲ οἱ πιστεύσαντες ἐπὶ τὸ αὐτό
45 διεμέριζον αὐτὰ πᾶσιν
3 9 [2] εἶδεν πᾶς ὁ λαὸς αὐτὸν περιπατοῦντα
11 [2] συνέδραμεν πᾶς ὁ λαὸς πρὸς αὐτούς
16 τ. ὁλοκληρίαν ταύτην ἀπέναντι πάντων ὑμῶν
18 [2] ἃ προκατήγγειλεν διὰ στόματος πάντων τ. προφητῶν
21 ἄχρι χρόνων ἀποκαταστάσεως πάντων

Ac 3 22 [3] [7] αὐτοῦ ἀκούσεσθε κατὰ πάντα ὅσα ἂν
λαλήσῃ πρὸς ὑμᾶς
אֵלָיו תִּשְׁמָעוּן כְּכֹל אֲשֶׁר־שָׁאַלְתָּ, Dt. xviii.
15, 16
23 [3] πᾶσα ψυχὴ ἥτις ἂν μὴ ἀκούσῃ τ. προφήτου
ἐκείνου
הָאִישׁ אֲשֶׁר לֹא־יִשְׁמַע אֶל־דְּבָרַי אֲשֶׁר יְדַבֵּר
בִּשְׁמִי, *ib.* 19
24 [2] πάντες δὲ οἱ προφῆται ἀπὸ Σαμουήλ
25 [2] ἐν τ. σπέρματί σου εὐλογηθήσονται πᾶσαι
αἱ πατριαὶ τ. γῆς
הִתְבָּרֲכוּ בְזַרְעֲךָ כֹּל גּוֹיֵי הָאָרֶץ, Gen. xxii. 18
4 10 [2] γνωστὸν ἔστω πᾶσιν ὑμῖν κ. παντὶ τ. λαῷ
Ἰσραήλ
16 [2] πᾶσι τ. κατοικοῦσιν Ἰερουσαλὴμ φανερόν
21 πάντες ἐδόξαζον τ. Θεὸν ἐπὶ τ. γεγονότι
24 [2] ὁ ποιήσας τ. οὐρανὸν . . . κ. πάντα τὰ
ἐν αὐτοῖς
29 μετὰ παρρησίας πάσης λαλεῖν τ. λόγον σου
32 ἦν αὐτοῖς πάντα κοινά
ἅπαντα, T
33 χάρις τε μεγάλη ἦν ἐπὶ πάντας αὐτούς
5 5 [2] ἐγένετο φόβος μέγας ἐπὶ πάντας τ. ἀκού-
οντας
11 [2] ἐγένετο φόβος μέγας . . . ἐπὶ πάντας τ.
ἀκούοντας ταῦτα
12 ἦσαν ὁμοθυμαδὸν πάντες ἐν τ. στοᾷ Σολο-
μῶντος
ἅπαντες, T
17 [2] ἀναστὰς δὲ ὁ ἀρχιερεὺς κ. πάντες οἱ σὺν
αὐτῷ
20 [2] λαλεῖτε . . . πάντα τὰ ῥήματα τ. ζωῆς ταύτης
21 [2] συνεκάλεσαν . . . πᾶσαν τ. γερουσίαν τ.
υἱῶν Ἰσραήλ
23 εὕρομεν κεκλεισμένον ἐν πάσῃ ἀσφαλείᾳ
34 [2] νομοδιδάσκαλος τίμιος παντὶ τ. λαῷ
36 [3] πάντες ὅσοι ἐπείθοντο αὐτῷ
37 [3] πάντες ὅσοι ἐπείθοντο αὐτῷ
42 πᾶσάν τε ἡμέραν ἐν τ. ἱερῷ κ. κατ᾽ οἶκον
6 5 [2] ἤρεσεν ὁ λόγος ἐνώπιον παντὸς τ. πλήθους
15 [2] ἀτενίσαντες εἰς αὐτὸν πάντες οἱ καθεζόμενοι
7 10 [2] ἐξείλατο αὐτὸν ἐκ πασῶν τ. θλίψεων αὐτοῦ
14 [2] μετεκαλέσατο . . . πᾶσαν τ. συγγένειαν
22 ἐπαιδεύθη Μωυσῆς πάσῃ σοφίᾳ Αἰγυπτίων
50 οὐχὶ ἡ χείρ μου ἐποίησεν ταῦτα πάντα;
אֶת־כָּל־אֵלֶּה יָדִי עָשָׂתָה, Is. lxii. 2
8 1 πάντες δὲ διεσπάρησαν κατὰ τ. χώρας
10 ᾧ προσεῖχον πάντες ἀπὸ μικροῦ ἕως μεγάλου
27 [2] ὃς ἦν ἐπὶ πάσης τ. γάζης αὐτοῦ
40 [2] διερχόμενος εὐηγγελίζετο τ. πόλεις πάσας
9 14 [2] δῆσαι πάντας τ. ἐπικαλουμένους τὸ ὄνομά
σου
21 [2] ἐξίσταντο δὲ πάντες οἱ ἀκούοντες
26 πάντες ἐφοβοῦντο αὐτόν
32 ἐγένετο δὲ Πέτρον διερχόμενον διὰ πάντων
35 [2] εἶδαν αὐτὸν πάντες οἱ κατοικοῦντες Λύδδα
39 [2] παρέστησαν αὐτῷ πᾶσαι αἱ χῆραι κλαίουσαι
40 ἐκβαλὼν δὲ ἔξω πάντας ὁ Πέτρος
10 2 [2] φοβούμενος τ. Θεὸν σὺν παντὶ τ. οἴκῳ
αὐτοῦ

Ac 10 2 [6] δεόμενος τ. Θεοῦ διὰ παντός
διαπαντός, T
12 [2] ἐν ᾧ ὑπῆρχεν πάντα τὰ τετράποδα
14 οὐδέποτε ἔφαγον πᾶν κοινὸν κ. ἀκάθαρτον
33 νῦν οὖν πάντες ἡμεῖς ἐνώπιον τ. Θεοῦ
πάρεσμεν
33 [2] ἀκοῦσαι πάντα τὰ προστεταγμένα σοι ὑπὸ
τ. Κυρίου
35 ἐν παντὶ ἔθνει ὁ φοβούμενος αὐτόν
36 οὗτός ἐστιν πάντων Κύριος
38 [2] ἰώμενος πάντας τ. καταδυναστευομένους
ὑπὸ τ. διαβόλου
39 [3] ἡμεῖς μάρτυρες πάντων ὧν ἐποίησεν
41 [2] οὐ παντὶ τ. λαῷ ἀλλὰ μάρτυσιν
43 [2] τούτῳ πάντες οἱ προφῆται μαρτυροῦσιν,
[2] ἄφεσιν ἁμαρτιῶν λαβεῖν . . . πάντα τ.
πιστεύοντα εἰς αὐτόν
44 [2] ἐπέπεσεν . . . ἐπὶ πάντας τ. ἀκούοντας
τ. λόγον
11 14 [2] ἐν οἷς σωθήσῃ σὺ κ. πᾶς ὁ οἶκός σου
23 παρεκάλει πάντας . . . προσμένειν ἐν τ.
Κυρίῳ
12 11 [2] ἐξείλατό με ἐκ . . . πάσης τ. προσδοκίας
τ. λαοῦ
13 10 ὦ πλήρης παντὸς δόλου κ. πάσης ῥᾳδιουρ-
γίας,
υἱὲ διαβόλου ἐχθρὲ πάσης δικαιοσύνης
22 [2] ὃς ποιήσει πάντα τὰ θελήματά μου
24 [2] βάπτισμα μετανοίας παντὶ τ. λαῷ Ἰσραήλ
27 τ. φωνὰς τ. προφητῶν τὰς κατὰ πᾶν σάβ-
βατον ἀναγινωσκομένας
29 [2] ὡς δὲ ἐτέλεσαν πάντα τὰ περὶ αὐτοῦ
γεγραμμένα
39 [3] ἀπὸ πάντων ὧν οὐκ ἠδυνήθητε ἐν νόμῳ
Μωυσέως δικαιωθῆναι,
[2] ἐν τούτῳ πᾶς ὁ πιστεύων δικαιοῦται
44 [2] σχεδὸν πᾶσα ἡ πόλις συνήχθη
14 15 [2] ὃς ἐποίησεν τ. οὐρανὸν . . . κ. πάντα
τὰ ἐν αὐτοῖς
16 [2] εἴασεν πάντα τὰ ἔθνη πορεύεσθαι ταῖς
ὁδοῖς αὐτῶν
15 3 [2] ἐποίουν χαρὰν μεγάλην πᾶσι τ. ἀδελφοῖς
12 [2] ἐσίγησεν δὲ πᾶν τὸ πλῆθος
17 [2] πάντα τὰ ἔθνη ἐφ᾽ οὓς ἐπικέκληται τὸ
ὄνομά μου ἐπ᾽ αὐτούς
כָּל־הַגּוֹיִם אֲשֶׁר־נִקְרָא שְׁמִי עֲלֵיהֶם, Am.
ix. 12
21 Μωυσῆς . . . κατὰ πᾶν σάββατον ἀναγι-
νωσκόμενος
36 ἐπισκεψώμεθα τ. ἀδελφοὺς κατὰ πόλιν
πᾶσαν
16 26 [2] ἠνεῴχθησαν δὲ παραχρῆμα αἱ θύραι πᾶσαι,
κ. πάντων τὰ δεσμὰ ἀνέθη
32 [2] σὺν πᾶσι τοῖς ἐν τ. οἰκίᾳ αὐτοῦ
17 7 οὗτοι πάντες ἀπέναντι τ. δογμάτων Καίσαρος
πράσσουσιν
11 ἐδέξαντο τ. λόγον μετὰ πάσης προθυμίας
17 διελέγετο μὲν οὖν . . . κατὰ πᾶσαν ἡμέραν
21 Ἀθηναῖοι δὲ πάντες κ. οἱ ἐπιδημοῦντες
ξένοι
22 [7] κατὰ πάντα ὡς δεισιδαιμονεστέρους ὑμᾶς
θεωρῶ
24 [2] ὁ ποιήσας τ. κόσμον κ. πάντα τὰ ἐν αὐτῷ
25 [1] αὐτὸς διδοὺς πᾶσι ζωὴν κ. πνοὴν κ. τὰ
πάντα

Ac 17 26 ἐποίησέν τε ἐξ ἑνὸς πᾶν ἔθνος ἀνθρώπων, κατοικεῖν ἐπὶ παντὸς προσώπου τ. γῆς
30 ἀπαγγέλλει τ. ἀνθρώποις πάντας πανταχοῦ μετανοεῖν
31 πίστιν παρασχὼν πᾶσιν
18 2 [2] χωρίζεσθαι πάντας τ. Ἰουδαίους ἀπὸ τ. Ῥώμης
4 διελέγετο δὲ ἐν τ. συναγωγῇ κατὰ πᾶν σάββατον
17 ἐπιλαβόμενοι δὲ πάντες Σωσθένην
23 [2] στηρίζων πάντας τ. μαθητάς
19 7 [1] ἦσαν δὲ οἱ πάντες ἄνδρες ὡσεὶ δώδεκα
10 [2] ὥστε πάντας τ. κατοικοῦντας τ. Ἀσίαν ἀκοῦσαι
17 ἐγένετο γνωστὸν πᾶσιν Ἰουδαίοις τε κ. Ἕλλησιν
17 ἐπέπεσεν φόβος ἐπὶ πάντας αὐτούς
19 συνενέγκαντες τὰς βίβλους κατέκαιον ἐνώπιον πάντων
26 [2] οὐ μόνον Ἐφέσου ἀλλὰ σχεδὸν πάσης τ. Ἀσίας
34 φωνὴ ἐγένετο μία ἐκ πάντων
20 18 [1] πῶς μεθ' ὑμῶν τ. πάντα χρόνον ἐγενόμην
19 δουλεύων τ. Κυρίῳ μετὰ πάσης ταπεινοφροσύνης
25 [4] οὐκέτι ὄψεσθε τὸ πρόσωπόν μου ὑμεῖς πάντες
26 καθαρός εἰμι ἀπὸ τ. αἵματος πάντων
27 [2] τοῦ μὴ ἀναγγεῖλαι πᾶσαν τ. βουλὴν τ. Θεοῦ ὑμῖν.
28 [2] προσέχετε ἑαυτοῖς κ. παντὶ τ. ποιμνίῳ
32 [2] δοῦναι τ. κληρονομίαν ἐν τ. ἡγιασμένοις πᾶσιν
35 πάντα ὑπέδειξα ὑμῖν
36 ταῦτα εἰπὼν . . . σὺν πᾶσιν αὐτοῖς προσηύξατο
37 ἱκανὸς δὲ κλαυθμὸς ἐγένετο πάντων
21 5 προπεμπόντων ἡμᾶς πάντων σὺν γυναιξὶν
18 [2] πάντες τε παρεγένοντο οἱ πρεσβύτεροι
20 πάντες ζηλωταὶ τ. νόμου ὑπάρχουσιν
21 [1] ἀποστασίαν διδάσκεις ἀπὸ Μωυσέως τοὺς κατὰ τὰ ἔθνη πάντας Ἰουδαίους
24 γνώσονται πάντες ὅτι ὧν κατήχηνται περὶ σοῦ οὐδέν ἐστιν
27 [2] συνέχεον πάντα τ. ὄχλον
28 ὁ κατὰ τ. λαοῦ . . . πάντας πανταχῇ διδάσκων
22 3 καθὼς πάντες ὑμεῖς ἐστὲ σήμερον
5 [2] ὁ ἀρχιερεὺς μαρτυρεῖ μοι κ. πᾶν τὸ πρεσβυτέριον
10 κἀκεῖ σοι λαληθήσεται περὶ πάντων
12 [2] μαρτυρούμενος ὑπὸ πάντων τ. κατοικούντων Ἰουδαίων
15 ἔσῃ μάρτυς αὐτῷ πρὸς πάντας ἀνθρώπους
30 [2] ἐκέλευσεν συνελθεῖν τ. ἀρχιερεῖς κ. πᾶν τὸ συνέδριον
23 1 ἐγὼ πάσῃ συνειδήσει ἀγαθῇ πεπολίτευμαι
24 3 ἀποδεχόμεθα . . . μετὰ πάσης εὐχαριστίας
5 [2] κινοῦντα στάσεις πᾶσι τ. Ἰουδαίοις
8 αὐτὸς ἀνακρίνας περὶ πάντων τούτων ἐπιγνῶναι
14 [2] πιστεύων πᾶσι τοῖς κατὰ τ. νόμον . . . γεγραμμένοις
16 [6] ἀπρόσκοπον συνείδησιν ἔχειν . . . διὰ παντός
διαπαντός, T

Ac 25 24 [2] Ἀγρίππα βασιλεῦ κ. πάντες οἱ συνπαρόντες ἡμῖν ἄνδρες
26 2 [3] περὶ πάντων ὧν ἐγκαλοῦμαι ὑπὸ Ἰουδαίων
3 [2] γνώστην ὄντα σε πάντων τ. κατὰ Ἰουδαίους ἐθῶν
4 τὴν μὲν οὖν βίωσίν μου . . . ἴσασιν πάντες Ἰουδαῖοι
11 [2] κατὰ πάσας τ. συναγωγὰς πολλάκις τιμωρῶν αὐτούς
14 πάντων τε καταπεσόντων ἡμῶν εἰς τ. γῆν
20 [2] πᾶσάν τε τ. χώραν τ. Ἰουδαίας
29 [2] ἀλλὰ κ. πάντας τ. ἀκούοντάς μου σήμερον
27 20 λοιπὸν περιῃρεῖτο ἐλπὶς πᾶσα τοῦ σώζεσθαι ἡμᾶς
24 [2] κεχάρισταί σοι ὁ Θεὸς πάντας τ. πλέοντας
35 εὐχαρίστησεν τ. Θεῷ ἐνώπιον πάντων
36 εὔθυμοι δὲ γενόμενοι πάντες
37 [1] ἤμεθα δὲ αἱ πᾶσαι ψυχαὶ ἐν τ. πλοίῳ
44 ἐγένετο πάντας διασωθῆναι ἐπὶ τ. γῆν
28 2 προσελάβοντο πάντας ἡμᾶς
30 [2] ἀπεδέχετο πάντας τ. εἰσπορευομένους πρὸς αὐτόν
31 διδάσκων . . . μετὰ πάσης παρρησίας ἀκωλύτως
Ro 1 5 [2] εἰς ὑπακοὴν πίστεως ἐν πᾶσι τ. ἔθνεσιν
7 [2] πᾶσι τ. οὖσιν ἐν Ῥώμῃ ἀγαπητοῖς Θεοῦ
8 εὐχαριστῶ τ. Θεῷ μου . . . περὶ πάντων ὑμῶν
16 [2] δύναμις γὰρ Θεοῦ ἐστὶν εἰς σωτηρίαν παντὶ τ. πιστεύοντι
18 ἐπὶ πᾶσαν ἀσέβειαν κ. ἀδικίαν ἀνθρώπων
29 πεπληρωμένους πάσῃ ἀδικίᾳ
2 1 [2] ὦ ἄνθρωπε πᾶς ὁ κρίνων
9 ἐπὶ πᾶσαν ψυχὴν ἀνθρώπου τ. κατεργαζομένου τὸ κακόν
10 [2] εἰρήνη παντὶ τ. ἐργαζομένῳ τὸ ἀγαθόν
3 2 [7] πολὺ κατὰ πάντα τρόπον
4 πᾶς δὲ ἄνθρωπος ψεύστης
9 προῃτιασάμεθα γὰρ . . . πάντας ὑφ' ἁμαρτίαν εἶναι
12 πάντες ἐξέκλιναν ἅμα ἠχρεώθησαν
הַכֹּל סָר יַחְדָּו נֶאֱלָחוּ, Ps. xiv. 3
19 ἵνα πᾶν στόμα φραγῇ,
[2] κ. ὑπόδικος γένηται πᾶς ὁ κόσμος τ. Θεῷ
20 [4] οὐ δικαιωθήσεται πᾶσα σὰρξ ἐνώπιον αὐτοῦ
לֹא יִצְדַּק לְפָנֶיךָ כָל־חָי, Ps. cxliii. 2
22 [2] δικαιοσύνη δὲ Θεοῦ . . . εἰς πάντας κ. ἐπὶ πάντας τ. πιστεύοντας
—κ. ἐπὶ πάντας, TWHR non mg.
23 πάντες γὰρ ἥμαρτον
4 11 [2] πατέρα πάντων τ. πιστευόντων δι' ἀκροβυστίας
16 [2] εἰς τὸ εἶναι βεβαίαν τ. ἐπαγγελίαν παντὶ τ. σπέρματι
16 ὅς ἐστιν πατὴρ πάντων ἡμῶν
5 12 οὕτως εἰς πάντας ἀνθρώπους ὁ θάνατος διῆλθεν ἐφ' ᾧ πάντες ἥμαρτον
18 ὡς δι' ἑνὸς παραπτώματος εἰς πάντας ἀνθρώπους εἰς κατάκριμα·
οὕτως κ. δι' ἑνὸς δικαιώματος εἰς πάντας ἀνθρώπους εἰς δικαίωσιν ζωῆς
7 8 κατειργάσατο ἐν ἐμοὶ πᾶσαν ἐπιθυμίαν
8 22 [2] πᾶσα ἡ κτίσις συνστενάζει κ. συνωδίνει
28 πάντα συνεργεῖ ὁ Θεὸς εἰς ἀγαθόν

Ro 8 32 ἀλλὰ ὑπὲρ ἡμῶν πάντων παρέδωκεν αὐτόν,
[1] πῶς οὐχὶ κ. σὺν αὐτῷ τὰ πάντα ἡμῖν χαρίσεται;
37 ἐν τούτοις πᾶσιν ὑπερνικῶμεν
9 5 ὁ Χριστὸς τὸ κατὰ σάρκα ὁ ὢν ἐπὶ πάντων
6 [2] οὐ γὰρ πάντες οἱ ἐξ Ἰσραὴλ οὗτοι Ἰσραήλ·
7 οὐδ' ὅτι εἰσὶν σπέρμα Ἀβραὰμ πάντες τέκνα
17 [2] ὅπως διαγγελῇ τὸ ὄνομά μου ἐν πάσῃ τῇ γῇ
לְמַעַן סַפֵּר שְׁמִי בְּכָל־הָאָרֶץ, Ex. ix. 12
10 4 [2] τέλος γὰρ νόμου Χριστὸς . . . παντὶ τ. πιστεύοντι
11 [2] πᾶς ὁ πιστεύων ἐπ' αὐτῷ οὐ καταισχυνθήσεται
הַמַּאֲמִין לֹא יָחִישׁ, Is. xxviii. 16
12 ὁ γὰρ αὐτὸς Κύριος πάντων
[2] πλουτῶν εἰς πάντας τ. ἐπικαλουμένους αὐτόν.
13 [3] πᾶς γὰρ ὃς ἂν ἐπικαλέσηται τὸ ὄνομα Κυρίου σωθήσεται
וְהָיָה כֹּל אֲשֶׁר־יִקְרָא בְּשֵׁם יְהוָה יִמָּלֵט, Joel iii. 5
16 [5] οὐ πάντες ὑπήκουσαν τ. εὐαγγελίῳ
18 [2] μενοῦνγε εἰς πᾶσαν τ. γῆν ἐξῆλθεν ὁ φθόγγος αὐτῶν
בְּכָל־הָאָרֶץ יָצָא קַוָּם, Ps. xix. 5
11 10 [6] τ. νῶτον αὐτῶν διὰ παντὸς συνκάμψον
διαπαντός, T
מָתְנֵיהֶם תָּמִיד הַמְעַד, Ps. lxix. 24
26 οὕτως πᾶς Ἰσραὴλ σωθήσεται
32 [1] συνέκλεισεν γὰρ ὁ Θεὸς τ. πάντας εἰς ἀπείθειαν,
[1] ἵνα τ. πάντας ἐλεήσῃ
36 [1] ἐξ αὐτοῦ κ. δι' αὐτοῦ κ. εἰς αὐτὸν τὰ πάντα
12 3 [2] λέγω γὰρ . . . παντὶ τ. ὄντι ἐν ὑμῖν
4 [2] τὰ δὲ μέλη πάντα οὐ τ. αὐτὴν ἔχει πρᾶξιν
17 προνοούμενοι καλὰ ἐνώπιον πάντων ἀνθρώπων·
18 εἰ δυνατὸν . . . μετὰ πάντων ἀνθρώπων εἰρηνεύοντες
13 1 πᾶσα ψυχὴ ἐξουσίαις ὑπερεχούσαις ὑποτασσέσθω
7 ἀπόδοτε πᾶσι τ. ὀφειλάς
14 2 ὃς μὲν πιστεύει φαγεῖν πάντα
5 ὃς δὲ κρίνει πᾶσαν ἡμέραν
10 πάντες γὰρ παραστησόμεθα τ. βήματι τ. Θεοῦ
11 ὅτι ἐμοὶ κάμψει πᾶν γόνυ,
כִּי־לִי תִּכְרַע כָּל־בֶּרֶךְ, Is. xlv. 23
κ. πᾶσα γλῶσσα ἐξομολογήσεται τ. Θεῷ
תִּשָּׁבַע כָּל־לָשׁוֹן, ib.
20 πάντα μὲν καθαρά
23 [3] πᾶν δὲ ὃ οὐκ ἐκ πίστεως ἁμαρτία ἐστίν
15 4 [3] ὅσα γὰρ προεγράφη πάντα
—πάντα, T [WH] R
11 [2] αἰνεῖτε πάντα τὰ ἔθνη τ. Κύριον,
הַלְלוּ אֶת־יְהוָה כָּל־גּוֹיִם, Ps. cxvii. 1

Ro 15 11 [2] κ. ἐπαινεσάτωσαν αὐτὸν πάντες οἱ λαοί
שַׁבְּחוּהוּ כָּל־הָאֻמִּים, ib.
13 πληρώσαι ὑμᾶς πάσης χαρᾶς κ. εἰρήνης
14 [2] πεπληρωμένοι πάσης τ. γνώσεως
33 ὁ δὲ Θεὸς τ. εἰρήνης μετὰ πάντων ὑμῶν
16 4 [2] πᾶσαι αἱ ἐκκλησίαι τ. ἐθνῶν
15 [2] ἀσπάσασθε . . . τοὺς σὺν αὐτοῖς πάντας ἁγίους
16 [2] ἀσπάζονται ὑμᾶς αἱ ἐκκλησίαι πᾶσαι τ. Χριστοῦ
19 ἡ γὰρ ὑμῶν ὑπακοὴ εἰς πάντας ἀφίκετο
24 ἡ χάρις τ. Κυρίου ἡμῶν Ἰησοῦ Χριστοῦ μετὰ πάντων ὑμῶν
—h. v., TWHR non mg.
26 [2] εἰς ὑπακοὴν πίστεως εἰς πάντα τὰ ἔθνη
1 Co 1 2 [2] σὺν πᾶσι τ. ἐπικαλουμένοις τὸ ὄνομα τ. Κυρίου ἡμῶν Ἰησοῦ Χριστῷ ἐν παντὶ τόπῳ
5 ὅτι ἐν παντὶ ἐπλουτίσθητε ἐν αὐτῷ,
ἐν παντὶ λόγῳ κ. πάσῃ γνώσει
10 ἵνα τὸ αὐτὸ λέγητε πάντες
29 ὅπως μὴ καυχήσηται πᾶσα σάρξ
2 10 τὸ γὰρ πνεῦμα πάντα ἐραυνᾷ
15 ὁ γὰρ πνευματικὸς ἀνακρίνει μὲν πάντα
ἀν. τὰ πάντα, WH mg.
3 21 πάντα γὰρ ὑμῶν ἐστίν
22 πάντα ὑμῶν ὑμεῖς δὲ Χριστοῦ
4 13 πάντων περίψημα ἕως ἄρτι
17 καθὼς πανταχοῦ ἐν πάσῃ ἐκκλησίᾳ διδάσκω
6 12 [5] πάντα μοι ἔξεστιν ἀλλ' οὐ πάντα συμφέρει·
πάντα μοι ἔξεστιν ἀλλ' οὐκ ἐγὼ ἐξουσιασθήσομαι
18 [3] πᾶν ἁμάρτημα ὃ ἐὰν ποιήσῃ ἄνθρωπος
7 7 θέλω δὲ πάντας ἀνθρώπους εἶναι ὡς κ. ἐμαυτόν
17 [2] οὕτως ἐν τ. ἐκκλησίαις πάσαις διατάσσομαι
8 1 οἴδαμεν ὅτι πάντες γνῶσιν ἔχομεν
6 [1] εἷς Θεὸς ὁ πατὴρ ἐξ οὗ τὰ πάντα
6 [1] εἷς Κύριος Ἰησοῦς Χριστὸς δι' οὗ τὰ πάντα
7 οὐκ ἐν πᾶσιν ἡ γνῶσις
9 12 ἀλλὰ πάντα στέγομεν
19 ἐλεύθερος γὰρ ὢν ἐκ πάντων πᾶσιν ἐμαυτὸν ἐδούλωσα
22 [1] τοῖς πᾶσιν γέγονα πάντα
23 πάντα δὲ ποιῶ διὰ τὸ εὐαγγέλιον
24 [2] οἱ ἐν σταδίῳ τρέχοντες πάντες μὲν τρέχουσιν
25 [2] πᾶς δὲ ὁ ἀγωνιζόμενος πάντα ἐγκρατεύεται
10 1 [2] οἱ πατέρες ἡμῶν πάντες ὑπὸ τ. νεφέλην ἦσαν,
κ. πάντες διὰ τ. θαλάσσης διῆλθον,
2 κ. πάντες εἰς τ. Μωυσῆν ἐβαπτίσαντο
3 πάντες τὸ αὐτὸ πνευματικὸν βρῶμα ἔφαγον,
4 κ. πάντες τὸ αὐτὸ πνευματικὸν ἔπιον πόμα
17 [1] οἱ γὰρ πάντες ἐκ τ. ἑνὸς ἄρτου μετέχομεν
23 [5] πάντα ἔξεστιν ἀλλ' οὐ πάντα συμφέρει·
[5] πάντα ἔξεστιν ἀλλ' οὐ πάντα οἰκοδομεῖ
25 [2] πᾶν τὸ ἐν μακέλλῳ πωλούμενον ἐσθίετε
27 [2] πᾶν τὸ παρατιθέμενον ὑμῖν ἐσθίετε
31 πάντα εἰς δόξαν Θεοῦ ποιεῖτε
33 καθὼς κἀγὼ πάντα πᾶσιν ἀρέσκω
11 2 ὅτι πάντα μου μέμνησθε
3 παντὸς ἀνδρὸς ἡ κεφαλὴ ὁ Χριστός ἐστιν
4 πᾶς ἀνὴρ προσευχόμενος ἢ προφητεύων
5 πᾶσα δὲ γυνὴ προσευχομένη ἢ προφητεύουσα

1Co11 12 [1] τὰ δὲ **πάντα** ἐκ τ. Θεοῦ
12 6 [1] ὁ αὐτὸς Θεὸς ὁ ἐνεργῶν τὰ **πάντα** ἐν **πᾶσιν**
11 **πάντα** δὲ ταῦτα ἐνεργεῖ τὸ ἓν κ. τὸ αὐτὸ πνεῦμα
12 [2] **πάντα** δὲ τὰ μέλη τ. σώματος
13 ἡμεῖς **πάντες** εἰς ἓν σῶμα ἐβαπτίσθημεν
13 **πάντες** ἓν πνεῦμα ἐποτίσθημεν
19 [1] εἰ δὲ ἦν τὰ **πάντα** ἓν μέλος
26 [2] συνπάσχει **πάντα** τὰ μέλη
26 [2] συνχαίρει **πάντα** τὰ μέλη
29 μὴ **πάντες** ἀπόστολοι; μὴ **πάντες** προφῆται; μὴ **πάντες** διδάσκαλοι; μὴ **πάντες** δυνάμεις;
30 μὴ **πάντες** χαρίσματα ἔχουσιν ἰαμάτων; μὴ **πάντες** γλώσσαις λαλοῦσιν; μὴ **πάντες** διερμηνεύουσιν;
13 2 [2] κἂν . . . εἰδῶ τὰ μυστήρια **πάντα** κ. **πᾶσαν** τ. γνῶσιν,
[2] κἂν ἔχω **πᾶσαν** τ. πίστιν
3 [2] κἂν ψωμίσω **πάντα** τὰ ὑπάρχοντά μου
7 **πάντα** στέγει **πάντα** πιστεύει, **πάντα** ἐλπίζει **πάντα** ὑπομένει
14 5 θέλω δὲ **πάντας** ὑμᾶς λαλεῖν γλώσσαις
18 **πάντων** ὑμῶν μᾶλλον γλώσσαις λαλῶ
23 ἐὰν . . . **πάντες** λαλῶσιν γλώσσαις
24 ἐὰν δὲ **πάντες** προφητεύωσιν
24 ἐλέγχεται ὑπὸ **πάντων** ἀνακρίνεται ὑπὸ **πάντων**
26 **πάντα** πρὸς οἰκοδομὴν γινέσθω
31 δύνασθε γὰρ καθ' ἕνα **πάντες** προφητεύειν, ἵνα **πάντες** μανθάνωσιν κ. **πάντες** παρακαλῶνται
33 [2] ὡς ἐν **πάσαις** τ. ἐκκλησίαις τ. ἁγίων
40 **πάντα** δὲ εὐσχημόνως κ. κατὰ τάξιν γινέσθω
15 7 [2] εἶτα τ. ἀποστόλοις **πᾶσιν**.
8 ἔσχατον δὲ **πάντων** . . . ὤφθη κἀμοί
10 περισσότερον αὐτῶν **πάντων** ἐκοπίασα
19 ἐλεεινότεροι **πάντων** ἀνθρώπων ἐσμέν
22 ὥσπερ γὰρ ἐν τ. Ἀδὰμ **πάντες** ἀποθνήσκουσιν, οὕτως κ. ἐν τ. Χριστῷ **πάντες** ζωοποιηθήσονται
24 ὅταν καταργήσῃ **πᾶσαν** ἀρχὴν κ. **πᾶσαν** ἐξουσίαν κ. δύναμιν
25 [2] ἄχρι οὗ θῇ **πάντας** τ. ἐχθροὺς ὑπὸ τ. πόδας αὐτοῦ
עַד־אָשִׁית אֹיְבֶיךָ הֲדֹם לְרַגְלֶיךָ, Ps. cx. 1
27 **πάντα** γὰρ ὑπέταξεν ὑπὸ τ. πόδας αὐτοῦ·
כֹּל שַׁתָּה תַחַת־רַגְלָיו, Ps. viii. 7
ὅταν δὲ εἴπῃ ὅτι **πάντα** ὑποτέτακται,
[1] δῆλον ὅτι ἐκτὸς τ. ὑποτάξαντος αὐτῷ τὰ **πάντα**·
28 [1] ὅταν δὲ ὑποταγῇ αὐτῷ τὰ **πάντα**,
[1] τότε κ. αὐτὸς ὁ υἱὸς ὑποταγήσεται τ. ὑποτάξαντι αὐτῷ τὰ **πάντα**,
[1] ἵνα ᾖ ὁ Θεὸς **πάντα** ἐν **πᾶσιν** τὰ πάντα, T
30 τί κ. ἡμεῖς κινδυνεύομεν **πᾶσαν** ὥραν;
39 οὐ **πᾶσα** σὰρξ ἡ αὐτὴ σάρξ
51 [4] **πάντες** οὐ κοιμηθησόμεθα **πάντες** δὲ ἀλλαγησόμεθα
16 14 **πάντα** ὑμῶν ἐν ἀγάπῃ γινέσθω
16 [2] ἵνα κ. ὑμεῖς ὑποτάσσησθε . . . **παντὶ** τ. συνεργοῦντι κ. κοπιῶντι

1Co16 20 [2] ἀσπάζονται ὑμᾶς οἱ ἀδελφοὶ **πάντες**
24 ἡ ἀγάπη μου μετὰ **πάντων** ὑμῶν
IICo1 1 [2] σὺν τ. ἁγίοις **πᾶσιν** τ. οὖσιν ἐν ὅλῃ τ. Ἀχαΐᾳ
3 ὁ . . . Θεὸς **πάσης** παρακλήσεως,
4 [2] ὁ παρακαλῶν ἡμᾶς ἐπὶ **πάσῃ** τ. θλίψει ἡμῶν,
εἰς τὸ δύνασθαι ἡμᾶς παρακαλεῖν τοὺς ἐν **πάσῃ** θλίψει
2 3 πεποιθὼς ἐπὶ **πάντας** ὑμᾶς,
ὅτι ἡ ἐμὴ χαρὰ **πάντων** ὑμῶν ἐστίν
5 ἵνα μὴ ἐπιβαρῶ **πάντας** ὑμᾶς
9 [7] εἰ εἰς **πάντα** ὑπήκοοί ἐστε
14 φανεροῦντι δι' ἡμῶν ἐν **παντὶ** τόπῳ
3 2 ἀναγινωσκομένη ὑπὸ **πάντων** ἀνθρώπων
18 ἡμεῖς δὲ **πάντες** ἀνακεκαλυμμένῳ προσώπῳ
4 2 συνιστάνοντες ἑαυτοὺς πρὸς **πᾶσαν** συνείδησιν ἀνθρώπων
8 ἐν **παντὶ** θλιβόμενοι
15 [1] τὰ γὰρ **πάντα** δι' ὑμᾶς
5 10 [1] τοὺς γὰρ **πάντας** ἡμᾶς δεῖ φανερωθῆναι
14 ὅτι εἷς ὑπὲρ **πάντων** ἀπέθανεν·
[1] ἄρα οἱ **πάντες** ἀπέθανον·
15 κ. ὑπὲρ **πάντων** ἀπέθανεν
18 [1] τὰ δὲ **πάντα** ἐκ τ. Θεοῦ
6 4 ἐν **παντὶ** συνιστάντες ἑαυτοὺς ὡς Θεοῦ διάκονοι
10 ὡς μηδὲν ἔχοντες κ. **πάντα** κατέχοντες
7 1 καθαρίσωμεν ἑαυτοὺς ἀπὸ **παντὸς** μολυσμοῦ σαρκὸς κ. πνεύματος
4 [2] ὑπερπερισσεύομαι τ. χαρᾷ ἐπὶ **πάσῃ** τ. θλίψει ἡμῶν
5 ἐν **παντὶ** θλιβόμενοι
11 ἐν **παντὶ** συνεστήσατε ἑαυτοὺς ἁγνοὺς εἶναι
13 ἀναπέπαυται τὸ πνεῦμα αὐτοῦ ἀπὸ **πάντων** ὑμῶν
14 ὡς **πάντα** ἐν ἀληθείᾳ ἐλαλήσαμεν ὑμῖν
15 ἀναμιμνησκομένου τὴν **πάντων** ὑμῶν ὑπακοήν
16 ἐν **παντὶ** θαρρῶ ἐν ὑμῖν
8 7 ὥσπερ ἐν **παντὶ** περισσεύετε,
πίστει κ. λόγῳ κ. γνώσει κ. **πάσῃ** σπουδῇ
18 [2] οὗ ὁ ἔπαινος ἐν τ. εὐαγγελίῳ διὰ **πασῶν** τ. ἐκκλησιῶν
9 8 ἵνα ἐν **παντὶ** πάντοτε **πᾶσαν** αὐτάρκειαν ἔχοντες περισσεύητε εἰς **πᾶν** ἔργον ἀγαθόν
11 ἐν **παντὶ** πλουτιζόμενοι εἰς **πᾶσαν** ἁπλότητα
13 ἐπὶ τῇ . . . ἁπλότητι τ. κοινωνίας εἰς αὐτοὺς κ. εἰς **πάντας**
10 5 λογισμοὺς καθαιροῦντες κ. **πᾶν** ὕψωμα
5 αἰχμαλωτίζοντες **πᾶν** νόημα εἰς τ. ὑπακοὴν τ. Χριστοῦ
6 ἐν ἑτοίμῳ ἔχοντες ἐκδικῆσαι **πᾶσαν** παρακοήν
11 6 ἐν **παντὶ** φανερώσαντες ἐν **πᾶσιν** εἰς ὑμᾶς
9 ἐν **παντὶ** ἀβαρῆ ἐμαυτὸν ὑμῖν ἐτήρησα
28 [2] ἡ μέριμνα **πασῶν** τ. ἐκκλησιῶν
12 12 κατειργάσθη ἐν ὑμῖν ἐν **πάσῃ** ὑπομονῇ
19 [1] τὰ δὲ **πάντα** ἀγαπητοὶ ὑπὲρ τῆς ὑμῶν οἰκοδομῆς
13 1 ἐπὶ στόματος δύο μαρτύρων κ. τριῶν σταθήσεται **πᾶν** ῥῆμα
עַל־פִּי שְׁנֵי עֵדִים אוֹ עַל־פִּי שְׁלֹשָׁה־עֵדִים יָקוּם דָּבָר, Dt. xix. 15
2 [2] προλέγω . . . τ. λοιποῖς **πᾶσιν**

II Co 13 12 [2] ἀσπάζονται ὑμᾶς οἱ ἅγιοι πάντες
13 ἡ κοινωνία τ. ἁγίου πνεύματος μετὰ πάντων ὑμῶν
Ga 1 2 [1] οἱ σὺν ἐμοὶ πάντες ἀδελφοί
2 14 εἶπον τ. Κηφᾷ ἔμπροσθεν πάντων
16 [4] ἐξ ἔργων νόμου οὐ δικαιωθήσεται πᾶσα σάρξ, Ps. cxliii. 2
3 8 [2] ἐνευλογηθήσονται ἐν σοὶ πάντα τὰ ἔθνη
נִבְרְכוּ בְךָ כֹּל מִשְׁפְּחֹת הָאֲדָמָה, Gen. xii. 3
10 [2 3] ἐπικατάρατος πᾶς ὃς οὐκ ἐμμένει πᾶσι τ. γεγραμμένοις ἐν τ. βιβλίῳ τ. νόμου
אָרוּר אֲשֶׁר לֹא־יָקִים אֶת־דִּבְרֵי הַתּוֹרָה־הַזֹּאת
Dt. xxvii. 26
13 [2] ἐπικατάρατος πᾶς ὁ κρεμάμενος ἐπὶ ξύλου
קִלְלַת אֱלֹהִים תָּלוּי, Dt. xxi. 23
22 [1] συνέκλεισεν ἡ γραφὴ τὰ πάντα ὑπὸ ἁμαρτίαν
26 πάντες γὰρ υἱοὶ Θεοῦ ἐστέ
28 πάντες γὰρ ὑμεῖς εἷς ἐστὲ ἐν Χριστῷ Ἰησοῦ ἅπαντες, T
4 1 οὐδὲν διαφέρει δούλου κύριος πάντων ὤν
5 3 μαρτύρομαι δὲ πάλιν παντὶ ἀνθρώπῳ περιτεμνομένῳ
14 [1] ὁ γὰρ πᾶς νόμος ἐν ἑνὶ λόγῳ πεπλήρωται
6 6 κοινωνείτω δὲ . . . τ. κατηχοῦντι ἐν πᾶσιν ἀγαθοῖς
10 ἐργαζώμεθα τὸ ἀγαθὸν πρὸς πάντας
Eph 1 3 ὁ εὐλογήσας ἡμᾶς ἐν πάσῃ εὐλογίᾳ πνευματικῇ
8 ἧς ἐπερίσσευσεν εἰς ἡμᾶς ἐν πάσῃ σοφίᾳ
10 [1] ἀνακεφαλαιώσασθαι τὰ πάντα ἐν τ. Χριστῷ
11 [1] κατὰ πρόθεσιν τοῦ τὰ πάντα ἐνεργοῦντος
15 [2] τὴν καθ' ὑμᾶς πίστιν . . . τὴν εἰς πάντας τ. ἁγίους
21 ὑπεράνω πάσης ἀρχῆς κ. ἐξουσίας
21 κ. παντὸς ὀνόματος ὀνομαζομένου
22 πάντα ὑπέταξεν ὑπὸ τ. πόδας αὐτοῦ·
κ. αὐτὸν ἔδωκεν κεφαλὴν ὑπὲρ πάντα τ. ἐκκλησίᾳ
23 [1] τὸ πλήρωμα τοῦ τὰ πάντα ἐν πᾶσιν πληρουμένου
2 3 ἐν οἷς κ. ἡμεῖς πάντες ἀνεστράφημέν ποτε
21 ἐν ᾧ πᾶσα οἰκοδομὴ συναρμολογουμένη
3 8 ἐμοὶ τ. ἐλαχιστοτέρῳ πάντων ἁγίων
9 φωτίσαι πάντας τίς ἡ οἰκονομία τ. μυστηρίου —πάντ., TWH non mg. R mg.
9 [1] ἐν τ. Θεῷ τῷ τὰ πάντα κτίσαντι
15 ἐξ οὗ πᾶσα πατριὰ . . . ὀνομάζεται
18 [2] ἵνα ἐξισχύσητε καταλαβέσθαι σὺν πᾶσι τ. ἁγίοις
19 [2] ἵνα πληρωθῆτε εἰς πᾶν τὸ πλήρωμα τ. Θεοῦ.
20 τῷ δὲ δυναμένῳ ὑπὲρ πάντα ποιῆσαι
21 [2] εἰς πάσας τ. γενεὰς τ. αἰῶνος τ. αἰώνων
4 2 μετὰ πάσης ταπεινοφροσύνης κ. πραΰτητος
6 εἷς Θεὸς κ. πατὴρ πάντων ὁ ἐπὶ πάντων κ. διὰ πάντων κ. ἐν πᾶσιν
10 [2] ὁ ἀναβὰς ὑπεράνω πάντων τ. οὐρανῶν,
[1] ἵνα πληρώσῃ τὰ πάντα
13 [1] μέχρι καταντήσωμεν οἱ πάντες εἰς τ. ἑνότητα τ. πίστεως
14 περιφερόμενοι παντὶ ἀνέμῳ τ. διδασκαλίας
15 [1] αὐξήσωμεν εἰς αὐτὸν τὰ πάντα

Eph 4 16 [2] ἐξ οὗ πᾶν τὸ σῶμα . . . συνβιβαζόμενον διὰ πάσης ἁφῆς τ. ἐπιχορηγίας
19 εἰς ἐργασίαν ἀκαθαρσίας πάσης ἐν πλεονεξίᾳ
29 [4] πᾶς λόγος σαπρὸς ἐκ τ. στόματος ὑμῶν μὴ ἐκπορευέσθω
31 πᾶσα πικρία κ. θυμὸς . . . ἀρθήτω ἀφ' ὑμῶν σὺν πάσῃ κακίᾳ
5 3 πορνεία δὲ κ. ἀκαθαρσία πᾶσα
5 [4] πᾶς πόρνος ἢ ἀκάθαρτος ἢ πλεονέκτης . . . οὐκ ἔχει κληρονομίαν
9 ὁ γὰρ καρπὸς τ. φωτὸς ἐν πάσῃ ἀγαθωσύνῃ
13 [1] τὰ δὲ πάντα ἐλεγχόμενα ὑπὸ τ. φωτὸς φανεροῦται·
14 [2] πᾶν γὰρ τὸ φανερούμενον φῶς ἐστίν
20 εὐχαριστοῦντες πάντοτε ὑπὲρ πάντων
24 οὕτως κ. αἱ γυναῖκες τ. ἀνδράσιν ἐν παντί
6 16 ἐν πᾶσιν ἀναλαβόντες τ. θυρεὸν τ. πίστεως
16 [2] πάντα τὰ βέλη τ. πονηροῦ . . . σβέσαι
18 διὰ πάσης προσευχῆς κ. δεήσεως προσευχόμενοι ἐν παντὶ καιρῷ
18 [2] ἀγρυπνοῦντες ἐν πάσῃ προσκαρτερήσει κ. δεήσει περὶ πάντων τ. ἁγίων
21 πάντα γνωρίσει ὑμῖν Τύχικος
24 [2] ἡ χάρις μετὰ πάντων τ. ἀγαπώντων τ. Κύριον ἡμῶν Ἰησοῦν Χριστόν
Phl 1 1 [2] πᾶσι τ. ἁγίοις ἐν Χριστῷ Ἰησοῦ τ. οὖσιν ἐν Φιλίπποις
3 [2] εὐχαριστῶ τ. Θεῷ μου ἐπὶ πάσῃ τ. μνείᾳ ὑμῶν,
4 πάντοτε ἐν πάσῃ δεήσει μου ὑπὲρ πάντων ὑμῶν
7 τοῦτο φρονεῖν ὑπὲρ πάντων ὑμῶν
7 συνκοινωνούς μου τ. χάριτος πάντας ὑμᾶς ὄντας
8 ὡς ἐπιποθῶ πάντας ὑμᾶς
9 ἵνα . . . περισσεύῃ ἐν ἐπιγνώσει κ. πάσῃ αἰσθήσει
13 [2] ἐν ὅλῳ τ. πραιτωρίῳ κ. τ. λοιποῖς πᾶσιν
18 πλὴν ὅτι παντὶ τρόπῳ . . . Χριστὸς καταγγέλλεται
20 ἐν πάσῃ παρρησίᾳ . . . μεγαλυνθήσεται Χριστός
25 οἶδα ὅτι μενῶ κ. παραμενῶ πᾶσιν ὑμῖν
2 9 ἐχαρίσατο αὐτῷ τὸ ὄνομα τὸ ὑπὲρ πᾶν ὄνομα·
10 ἵνα ἐν τ. ὀνόματι Ἰησοῦ πᾶν γόνυ κάμψῃ
11 κ. πᾶσα γλῶσσα ἐξομολογήσηται
14 πάντα ποιεῖτε χωρὶς γογγυσμῶν
17 χαίρω κ. συνχαίρω πᾶσιν ὑμῖν
21 [1] οἱ πάντες γὰρ τὰ ἑαυτῶν ζητοῦσιν
26 ἐπειδὴ ἐπιποθῶν ἦν πάντας ὑμᾶς ἰδεῖν ὑμ. πάντ., WH marg.
29 προσδέχεσθε οὖν αὐτὸν ἐν Κυρίῳ μετὰ πάσης χαρᾶς
3 8 ἡγοῦμαι πάντα ζημίαν εἶναι
8 [1] δι' ὃν τὰ πάντα ἐζημιώθην
21 [1] κ. ὑποτάξαι αὐτῷ τὰ πάντα
4 5 τὸ ἐπιεικὲς ὑμῶν γνωσθήτω πᾶσιν ἀνθρώποις
6 ἐν παντὶ τ. προσευχῇ κ. τ. δεήσει
7 ἡ εἰρήνη τ. Θεου ἡ ὑπερέχουσα πάντα νοῦν
12 ἐν παντὶ κ. ἐν πᾶσιν μεμύημαι
13 πάντα ἰσχύω ἐν τ. ἐνδυναμοῦντί με
18 ἀπέχω δὲ πάντα κ. περισσεύω
19 ὁ δὲ Θεός μου πληρώσει πᾶσαν χρείαν ὑμῶν
21 ἀσπάσασθε πάντα ἅγιον ἐν Χριστῷ Ἰησοῦ
22 [2] ἀσπάζονται ὑμᾶς πάντες οἱ ἅγιοι

Col 1 4 [2] τ. ἀγάπην ἣν ἔχετε εἰς πάντας τ. ἁγίους
6 [2] καθὼς κ. ἐν παντὶ τ. κόσμῳ
9 ἐν πάσῃ σοφίᾳ κ. συνέσει πνευματικῇ,
10 περιπατῆσαι ἀξίως τ. Θεοῦ εἰς πᾶσαν ἀρεσκίαν·
ἐν παντὶ ἔργῳ ἀγαθῷ καρποφοροῦντες
11 ἐν πάσῃ δυνάμει δυναμούμενοι . . . εἰς πᾶσαν ὑπομονὴν κ. μακροθυμίαν
15 πρωτότοκος πάσης κτίσεως·
16 [1] ὅτι ἐν αὐτῷ ἐκτίσθη τὰ πάντα
16 [1] τὰ πάντα δι' αὐτοῦ κ. εἰς αὐτὸν ἔκτισται·
17 [6] κ. αὐτός ἐστιν πρὸ πάντων,
[1] κ. τὰ πάντα ἐν αὐτῷ συνέστηκεν
18 ἵνα γένηται ἐν πᾶσιν αὐτὸς πρωτεύων·
19 [2] ὅτι ἐν αὐτῷ εὐδόκησεν πᾶν τὸ πλήρωμα κατοικῆσαι,
20 [1] κ. δι' αὐτοῦ ἀποκαταλλάξαι τὰ πάντα εἰς αὐτόν
23 τ. κηρυχθέντος ἐν πάσῃ κτίσει τῇ ὑπὸ τ. οὐρανόν
28 νουθετοῦντες πάντα ἄνθρωπον,
κ. διδάσκοντες πάντα ἄνθρωπον ἐν πάσῃ σοφίᾳ,
ἵνα παραστήσωμεν πάντα ἄνθρωπον τέλειον
2 2 εἰς πᾶν πλοῦτος τ. πληροφορίας τ. συνέσεως
3 [2] ἐν ᾧ εἰσὶν πάντες οἱ θησαυροὶ τ. σοφίας
9 [2] ἐν αὐτῷ κατοικεῖ πᾶν τὸ πλήρωμα τ. θεότητος
10 ὅς ἐστιν ἡ κεφαλὴ πάσης ἀρχῆς
13 [2] χαρισάμενος ὑμῖν πάντα τὰ παραπτώματα
19 [2] ἐξ οὗ πᾶν τὸ σῶμα . . . ἐπιχορηγούμενον
22 ἅ ἐστιν πάντα εἰς φθορὰν τ. ἀποχρήσει
3 8 [1] νυνὶ δὲ ἀπόθεσθε κ. ὑμεῖς τὰ πάντα
11 ἀλλὰ πάντα κ. ἐν πᾶσιν Χριστός
14 ἐπὶ πᾶσιν δὲ τούτοις τ. ἀγάπην
16 ἐνοικείτω ἐν ὑμῖν πλουσίως ἐν πάσῃ σοφίᾳ
17 [3] πᾶν ὅτι ἐὰν ποιῆτε ἐν λόγῳ ἢ ἐν ἔργῳ, πάντα ἐν ὀνόματι Κυρίου Ἰησοῦ
20 [7] ὑπακούετε τ. γονεῦσι κατὰ πάντα
22 [7] ὑπακούετε κατὰ πάντα τοῖς κατὰ σάρκα κυρίοις
4 7 [2] τὰ κατ' ἐμὲ πάντα γνωρίσει ὑμῖν Τύχικος
9 [2] πάντα ὑμῖν γνωρίσουσιν τὰ ὧδε
12 πεπληροφορημένοι ἐν παντὶ θελήματι τ. Θεοῦ
I Th 1 2 εὐχαριστοῦμεν τ. Θεῷ πάντοτε περὶ πάντων ὑμῶν
7 [2] τύπον πᾶσι τ. πιστεύουσιν ἐν τ. Μακεδονίᾳ
8 ἐν παντὶ τόπῳ ἡ πίστις ὑμῶν . . . ἐξελήλυθεν
2 15 πᾶσιν ἀνθρώποις ἐναντίων
3 7 [2] ἐπὶ πάσῃ τ. ἀνάγκῃ κ. θλίψει ἡμῶν
9 [2] ἐπὶ πάσῃ τ. χαρᾷ ᾗ χαίρομεν
12 περισσεύσαι τ. ἀγάπῃ εἰς ἀλλήλους κ. εἰς πάντας
13 [2] ἐν τ. παρουσίᾳ τ. Κυρίου ἡμῶν Ἰησοῦ μετὰ πάντων τ. ἁγίων αὐτοῦ
4 6 διότι ἔκδικος Κύριος περὶ πάντων τούτων
10 [2] ποιεῖτε αὐτὸ εἰς πάντας τ. ἀδελφούς
5 5 πάντες γὰρ ὑμεῖς υἱοὶ φωτός ἐστε
14 μακροθυμεῖτε πρὸς πάντας
15 τὸ ἀγαθὸν διώκετε εἰς ἀλλήλους κ. εἰς πάντας
18 ἐν παντὶ εὐχαριστεῖτε
21 πάντα δὲ δοκιμάζετε

I Th 5 22 ἀπὸ παντὸς εἴδους πονηροῦ ἀπέχεσθε
26 [2] ἀσπάσασθε τ. ἀδελφοὺς πάντας
27 [2] ἀναγνωσθῆναι τ. ἐπιστολὴν πᾶσι τ. ἀδελφοῖς
II Th 1 3 πλεονάζει ἡ ἀγάπη ἑνὸς ἑκάστου πάντων ὑμῶν
4 [2] ἐν πᾶσι τ. διωγμοῖς ὑμῶν κ. τ. θλίψεσιν
10 [2] θαυμασθῆναι ἐν πᾶσι τ. πιστεύσασιν
11 ἵνα . . . πληρώσῃ πᾶσαν εὐδοκίαν ἀγαθωσύνης
2 4 ὑπεραιρόμενον ἐπὶ πάντα λεγόμενον Θεόν
9 ἐν πάσῃ δυνάμει κ. σημείοις κ. τέρασι ψεύδους,
10 κ. ἐν πάσῃ ἀπάτῃ ἀδικίας τ. ἀπολλυμένοις
12 [2] ἵνα κριθῶσιν πάντες οἱ μὴ πιστεύσαντες τ. ἀληθείᾳ
ἅπαντες, TWH mg.
17 στηρίξαι ἐν παντὶ ἔργῳ κ. λόγῳ ἀγαθῷ
3 2 οὐ γὰρ πάντων ἡ πίστις
6 στέλλεσθαι ὑμᾶς ἀπὸ παντὸς ἀδελφοῦ ἀτάκτως περιπατοῦντος
16 [6] δῴη ὑμῖν τ. εἰρήνην διὰ παντὸς ἐν παντὶ τρόπῳ.
διαπαντὸς, T
ὁ Κύριος μετὰ πάντων ὑμῶν
17 ὅ ἐστιν σημεῖον ἐν πάσῃ ἐπιστολῇ
18 ἡ χάρις τ. Κυρίου ἡμῶν . . . μετὰ πάντων ὑμῶν
I Ti 1 15 πιστὸς ὁ λόγος κ. πάσης ἀποδοχῆς ἄξιος
2 1 πρῶτον πάντων ποιεῖσθαι δεήσεις
1 εὐχαριστίας ὑπὲρ πάντων ἀνθρώπων,
2 [2] ὑπὲρ βασιλέων κ. πάντων τῶν ἐν ὑπεροχῇ ὄντων,
ἵνα ἤρεμον κ. ἡσύχιον βίον διάγωμεν ἐν πάσῃ εὐσεβείᾳ
4 ὃς πάντας ἀνθρώπους θέλει σωθῆναι
6 ὁ δοὺς ἑαυτὸν ἀντίλυτρον ὑπὲρ πάντων
8 προσεύχεσθαι τ. ἄνδρας ἐν παντὶ τόπῳ
11 γυνὴ ἐν ἡσυχίᾳ μανθανέτω ἐν πάσῃ ὑποταγῇ
3 4 τέκνα ἔχοντα ἐν ὑποταγῇ μετὰ πάσης σεμνότητος
11 νηφαλίους πιστὰς ἐν πᾶσιν
4 4 ὅτι πᾶν κτίσμα Θεοῦ καλόν
8 ἡ δὲ εὐσέβεια πρὸς πάντα ὠφέλιμός ἐστιν
9 πιστὸς ὁ λόγος κ. πάσης ἀποδοχῆς ἄξιος
10 ὅς ἐστιν σωτὴρ πάντων ἀνθρώπων
15 ἵνα σου ἡ προκοπὴ φανερὰ ᾖ πᾶσιν
5 2 νεωτέρας ὡς ἀδελφὰς ἐν πάσῃ ἁγνείᾳ
10 εἰ παντὶ ἔργῳ ἀγαθῷ ἐπηκολούθησεν
20 τ. δὲ ἁμαρτάνοντας ἐνώπιον πάντων ἔλεγχε
6 1 τ. ἰδίους δεσπότας πάσης τιμῆς ἀξίους ἡγείσθωσαν
10 [2] ῥίζα γὰρ πάντων τ. κακῶν ἐστιν ἡ φιλαργυρία
13 [1] ἐνώπιον τ. Θεοῦ τ. ζωογονοῦντος τὰ πάντα
17 τ. παρέχοντι ἡμῖν πάντα πλουσίως εἰς ἀπόλαυσιν
II Ti 1 15 [2] ἀπεστράφησάν με πάντες οἱ ἐν τ. Ἀσίᾳ
2 7 δώσει γάρ σοι ὁ Κύριος σύνεσιν ἐν πᾶσιν
10 διὰ τοῦτο πάντα ὑπομένω διὰ τ. ἐκλεκτούς
19 [2] ἀποστήτω ἀπὸ ἀδικίας πᾶς ὁ ὀνομάζων τὸ ὄνομα Κυρίου
21 εἰς πᾶν ἔργον ἀγαθὸν ἡτοιμασμένον
22 [2] μετὰ πάντων τ. ἐπικαλουμένων τ. Κύριον
—πάντων, TWH non mg. R
24 ἀλλὰ ἤπιον εἶναι πρὸς πάντας

II Ti 3 9 ἡ γὰρ ἄνοια αὐτῶν ἔκδηλος ἔσται πᾶσιν
11 ἐκ πάντων με ἐρύσατο ὁ Κύριος.
12 [2] κ. πάντες δὲ οἱ θέλοντες ζῆν εὐσεβῶς
16 πᾶσα γραφὴ θεόπνευστος κ. ὠφέλιμος
17 πρὸς πᾶν ἔργον ἀγαθὸν ἐξηρτισμένος
4 2 παρακάλεσον ἐν πάσῃ μακροθυμίᾳ κ. διδαχῇ
5 σὺ δὲ νῆφε ἐν πᾶσιν
8 [2] πᾶσι τ. ἠγαπηκόσι τ. ἐπιφάνειαν αὐτοῦ
16 ἀλλὰ πάντες με ἐγκατέλειπον
17 [2] ἵνα . . . ἀκούσωσιν πάντα τὰ ἔθνη
18 ῥύσεταί με ὁ Κύριος ἀπὸ παντὸς ἔργου πονηροῦ
21 [2] ἀσπάζεταί σε Εὔβουλος . . . κ. οἱ ἀδελφοὶ πάντες
[πάντες], WH
Tit 1 15 πάντα καθαρὰ τ. καθαροῖς
16 πρὸς πᾶν ἔργον ἀγαθὸν ἀδόκιμοι
2 7 περὶ πάντα σεαυτὸν παρεχόμενος τύπον
9 ἐν πᾶσιν εὐαρέστους εἶναι
10 ἀλλὰ πᾶσαν πίστιν ἐνδεικνυμένους ἀγαθήν· ἵνα τ. διδασκαλίαν . . . κοσμῶσιν ἐν πᾶσιν
11 ἡ χάρις τ. Θεοῦ σωτήριος πᾶσιν ἀνθρώποις
14 ἵνα λυτρώσηται ἡμᾶς ἀπὸ πάσης ἀνομίας
15 ἔλεγχε μετὰ πάσης ἐπιταγῆς
3 1 πρὸς πᾶν ἔργον ἀγαθὸν ἑτοίμους εἶναι
2 πᾶσαν ἐνδεικνυμένους πραΰτητα πρὸς πάντας ἀνθρώπους
15 [2] ἀσπάζονταί σε οἱ μετ' ἐμοῦ πάντες
15 ἡ χάρις μετὰ πάντων ὑμῶν
Phm 5 [2] ἣν ἔχεις . . . εἰς πάντας τ. ἁγίους
6 ἐν ἐπιγνώσει παντὸς ἀγαθοῦ τοῦ ἐν ἡμῖν εἰς Χριστόν
He 1 2 ὃν ἔθηκεν κληρονόμον πάντων
3 [1] φέρων τε τὰ πάντα τ. ῥήματι τ. δυνάμεως αὐτοῦ
6 προσκυνησάτωσαν αὐτῷ πάντες ἄγγελοι Θεοῦ
הִשְׁתַּחֲווּ־לוֹ כָּל־אֱלֹהִים, Ps. xcvii. 7
11 πάντες ὡς ἱμάτιον παλαιωθήσονται
כֻּלָּם כַּבֶּגֶד יִבְלוּ, Ps. cii. 27
14 οὐχὶ πάντες εἰσὶν λειτουργικὰ πνεύματα
2 2 πᾶσα παράβασις κ. παρακοὴ ἔλαβεν
8 πάντα ὑπέταξας ὑποκάτω τ. ποδῶν αὐτοῦ, Ps. viii. 7
[1] ἐν τῷ γὰρ ὑποτάξαι αὐτῷ τὰ πάντα
8 [1] οὔπω ὁρῶμεν αὐτῷ τὰ πάντα ὑποτεταγμένα
9 ὅπως χάριτι Θεοῦ ὑπὲρ παντὸς γεύσηται θανάτου
10 [1] δι' ὃν τὰ πάντα κ. δι' οὗ τὰ πάντα
11 ὅ τε γὰρ ἁγιάζων κ. οἱ ἁγιαζόμενοι ἐξ ἑνὸς πάντες
15 [2] [6] διὰ παντὸς τοῦ ζῆν ἔνοχοι ἦσαν δουλείας
17 [7] ὤφειλεν κατὰ πάντα τ. ἀδελφοῖς ὁμοιωθῆναι
3 4 πᾶς γὰρ οἶκος κατασκευάζεται ὑπό τινος, ὁ δὲ πάντα κατασκευάσας Θεός
16 [2] [5] οὐ πάντες οἱ ἐξελθόντες ἐξ Αἰγύπτου διὰ Μωυσέως
4 4 [2] κ. κατέπαυσεν ὁ Θεὸς . . . ἀπὸ πάντων τ. ἔργων
וַיִּשְׁבֹּת . . . מִכָּל־מְלַאכְתּוֹ, Gen. ii. 2
12 τομώτερος ὑπὲρ πᾶσαν μάχαιραν δίστομον

He 4 13 πάντα δὲ γυμνὰ κ. τετραχηλισμένα
15 [7] πεπειρασμένον δὲ κατὰ πάντα καθ' ὁμοιότητα
5 1 πᾶς γὰρ ἀρχιερεὺς ἐξ ἀνθρώπων λαμβανόμενος
9 [2] ἐγένετο πᾶσιν τ. ὑπακούουσιν αὐτῷ αἴτιος σωτηρίας αἰωνίου
13 [2] πᾶς γὰρ ὁ μετέχων γάλακτος
6 16 πάσης αὐτοῖς ἀντιλογίας πέρας εἰς βεβαίωσιν
7 2 ᾧ κ. δεκάτην ἀπὸ πάντων ἐμέρισεν Ἀβραάμ
7 χωρὶς δὲ πάσης ἀντιλογίας
8 3 πᾶς γὰρ ἀρχιερεὺς εἰς τὸ προσφέρειν δῶρα
5 ποιήσεις πάντα κατὰ τ. τύπον τ. δειχθέντα σοι
עֲשֵׂה בְּתַבְנִיתָם אֲשֶׁר אַתָּה מָרְאֶה, Ex. xxv. 40
11 ὅτι πάντες εἰδήσουσίν με
כִּי כוּלָּם יֵדְעוּ אוֹתִי, Jer. xxxi. 34
9 6 [6] διὰ παντὸς εἰσίασιν οἱ ἱερεῖς
διαπαντὸς, T
19 [2] λαληθείσης γὰρ πάσης ἐντολῆς κατὰ τ. νόμον ὑπὸ Μωυσέως παντὶ τ. λαῷ
19 [2] πάντα τ. λαὸν ἐράντισεν
21 [2] πάντα τὰ σκεύη τ. λειτουργίας . . . ἐράντισεν.
22 κ. σχεδὸν ἐν αἵματι πάντα καθαρίζεται
10 11 πᾶς μὲν ἱερεὺς ἕστηκεν καθ' ἡμέραν λειτουργῶν
11 13 κατὰ πίστιν ἀπέθανον οὗτοι πάντες
39 οὗτοι πάντες μαρτυρηθέντες διὰ τ. πίστεως
12 1 ὄγκον ἀποθέμενοι πάντα
6 μαστιγοῖ δὲ πάντα υἱὸν ὃν παραδέχεται
וּכְאָב אֶת־בֵּן יִרְצֶה, Pr. iii. 12
8 ἧς μέτοχοι γεγόνασιν πάντες
11 πᾶσα μὲν παιδεία πρὸς μὲν τὸ παρὸν οὐ δοκεῖ χαρᾶς εἶναι
14 εἰρήνην διώκετε μετὰ πάντων
23 προσεληλύθατε . . . κριτῇ Θεῷ πάντων
13 4 τίμιος ὁ γάμος ἐν πᾶσιν
15 [6] ἀναφέρωμεν θυσίαν αἰνέσεως διὰ παντὸς τ. Θεῷ
διαπαντὸς, T
18 ἐν πᾶσιν καλῶς θέλοντες ἀναστρέφεσθαι
21 καταρτίσαι ὑμᾶς ἐν παντὶ ἀγαθῷ
24 [2] ἀσπάσασθε πάντας τ. ἡγουμένους ὑμῶν κ. πάντας τ. ἁγίους
25 ἡ χάρις μετὰ πάντων ὑμῶν
Ja 1 2 πᾶσαν χαρὰν ἡγήσασθε ἀδελφοί μου
5 αἰτείτω παρὰ τ. διδόντος Θεοῦ πᾶσιν ἁπλῶς
8 [2] ἀκατάστατος ἐν πάσαις τ. ὁδοῖς αὐτοῦ
17 πᾶσα δόσις ἀγαθὴ κ. πᾶν δώρημα τέλειον
19 ἔστω δὲ πᾶς ἄνθρωπος ταχὺς εἰς τὸ ἀκοῦσαι
21 διὸ ἀποθέμενοι πᾶσαν ῥυπαρίαν
2 10 γέγονεν πάντων ἔνοχος
3 7 πᾶσα γὰρ φύσις θηρίων τε κ. πετεινῶν
16 ἐκεῖ ἀκαταστασία κ. πᾶν φαῦλον πρᾶγμα
4 16 πᾶσα καύχησις τοιαύτη πονηρά ἐστιν
5 12 [6] πρὸ πάντων δὲ ἀδελφοί μου μὴ ὀμνύετε
I Pe 1 15 κ. αὐτοὶ ἅγιοι ἐν πάσῃ ἀναστροφῇ γενήθητε
24 διότι πᾶσα σὰρξ ὡς χόρτος κ. πᾶσα δόξα αὐτῆς ὡς ἄνθος χόρτου

כָּל־הַבָּשָׂר חָצִיר וְכָל־חַסְדּוֹ כְּצִיץ הַשָּׂדֶה, Is. xl. 6

I Pe 2 1 ἀποθέμενοι οὖν πᾶσαν κακίαν κ. πάντα δόλον
1 κ. φθόνους κ. πάσας καταλαλίας
13 ὑποτάγητε πάσῃ ἀνθρωπίνῃ κτίσει
17 πάντας τιμήσατε
18 ὑποτασσόμενοι ἐν παντὶ φόβῳ τ. δεσπόταις
3 8 πάντες ὁμόφρονες συμπαθεῖς
15 [2] ἕτοιμοι ἀεὶ πρὸς ἀπολογίαν παντὶ τ. αἰτοῦντι ὑμᾶς λόγον
4 7 πάντων δὲ τὸ τέλος ἤγγικεν
8 [6] πρὸ πάντων τὴν εἰς ἑαυτοὺς ἀγάπην ἐκτενῆ ἔχοντες
11 ἵνα ἐν πᾶσι δοξάζηται ὁ Θεός
5 5 πάντες δὲ ἀλλήλοις τ. ταπεινοφροσύνην ἐγκομβώσασθε
7 [2] πᾶσαν τ. μέριμναν ὑμῶν ἐπιρίψαντες ἐπ' αὐτόν
10 ὁ δὲ Θεὸς πάσης χάριτος
14 [2] εἰρήνη ὑμῖν πᾶσι τοῖς ἐν Χριστῷ
II Pe 1 3 [1] ὡς πάντα ἡμῖν τ. θείας δυνάμεως αὐτοῦ . . . δεδωρημένης
ὡς τὰ πάντα, T
5 σπουδὴν πᾶσαν παρεισενέγκαντες
20 [4] πᾶσα προφητεία γραφῆς ἰδίας ἐπιλύσεως οὐ γίνεται
3 4 πάντα οὕτως διαμένει ἀπ' ἀρχῆς κτίσεως
9 βουλόμενος . . . πάντας εἰς μετάνοιαν χωρῆσαι
11 τούτων οὕτως πάντων λυομένων
16 [2] ὡς κ. ἐν πάσαις ἐπιστολαῖς
πάσ. ταῖς ἐπ., T
I Jo 1 7 καθαρίζει ἡμᾶς ἀπὸ πάσης ἁμαρτίας
9 ἵνα . . . καθαρίσῃ ἡμᾶς ἀπὸ πάσης ἀδικίας
2 16 [2] [4] πᾶν τὸ ἐν τ. κόσμῳ . . . οὐκ ἔστιν ἐκ τ. πατρός
19 [4] ἵνα φανερωθῶσιν ὅτι οὐκ εἰσὶν πάντες ἐξ ἡμῶν
20 χρίσμα ἔχετε ἀπὸ τ. ἁγίου οἴδατε πάντες
ἁγ. κ. οἴδ. πάντα, WH mg. R non mg.
21 [4] πᾶν ψεῦδος ἐκ τ. ἀληθείας οὐκ ἔστιν
23 [2] [4] πᾶς ὁ ἀρνούμενος τ. υἱὸν οὐδὲ τ. πατέρα ἔχει
27 ὡς τὸ αὐτοῦ χρίσμα διδάσκει ὑμᾶς περὶ πάντων
29 [2] πᾶς ὁ ποιῶν τ. δικαιοσύνην ἐξ αὐτοῦ γεγέννηται
3 3 [2] πᾶς ὁ ἔχων τ. ἐλπίδα ταύτην ἐπ' αὐτῷ
4 [2] πᾶς ὁ ποιῶν τ. ἁμαρτίαν
6 [2] [4] πᾶς ὁ ἐν αὐτῷ μένων οὐχ ἁμαρτάνει·
[2] [4] πᾶς ὁ ἁμαρτάνων οὐχ ἑώρακεν αὐτόν
9 [2] [4] πᾶς ὁ γεγεννημένος ἐκ τ. Θεοῦ
10 [2] [4] πᾶς ὁ μὴ ποιῶν δικαιοσύνην
15 [2] πᾶς ὁ μισῶν τ. ἀδελφὸν αὐτοῦ ἀνθρωποκτόνος ἐστιν·
[4] κ. οἴδατε ὅτι πᾶς ἀνθρωποκτόνος οὐκ ἔχει ζωὴν αἰώνιον
20 ὁ Θεὸς . . . γινώσκει πάντα
4 1 μὴ παντὶ πνεύματι πιστεύετε
2 πᾶν πνεῦμα ὃ ὁμολογεῖ Ἰησοῦν Χριστόν
3 [4] πᾶν πνεῦμα ὃ μὴ ὁμολογεῖ τ. Ἰησοῦν
7 [2] πᾶς ὁ ἀγαπῶν ἐκ τ. Θεοῦ γεγέννηται
5 1 [2] πᾶς ὁ πιστεύων ὅτι Ἰησοῦς ἐστὶν ὁ Χριστός
1 [2] πᾶς ὁ ἀγαπῶν τ. γεννήσαντα
4 [2] πᾶν τὸ γεγεννημένον ἐκ τ. Θεοῦ
17 πᾶσα ἀδικία ἁμαρτία ἐστίν

I Jo 5 18 [2] [4] πᾶς ὁ γεγεννημένος ἐκ τ. Θεοῦ οὐχ ἁμαρτάνει
II Jo 1 [2] ἀλλὰ κ. πάντες οἱ ἐγνωκότες τ. ἀλήθειαν
9 [2] [4] πᾶς ὁ προάγων κ. μὴ μένων ἐν τ. διδαχῇ τ. Χριστοῦ Θεὸν οὐκ ἔχει
III Jo 2 περὶ πάντων εὔχομαί σε εὐοδοῦσθαι
12 Δημητρίῳ μεμαρτύρηται ὑπὸ πάντων
Ju 3 πᾶσαν σπουδὴν ποιούμενος γράφειν ὑμῖν
5 ὑπομνῆσαι δὲ ὑμᾶς βούλομαι εἰδότας ἅπαξ πάντα
15 ποιῆσαι κρίσιν κατὰ πάντων,
[2] κ. ἐλέγξαι πάντας τ. ἀσεβεῖς περὶ πάντων τ. ἔργων ἀσεβείας αὐτῶν ὧν ἠσέβησαν,
[2] κ. περὶ πάντων τ. σκληρῶν ὧν ἐλάλησαν
25 [2] κράτος κ. ἐξουσία πρὸ παντὸς τ. αἰῶνος,
[2] κ. νῦν κ. εἰς πάντας τ. αἰῶνας
Re 1 7 ὄψεται αὐτὸν πᾶς ὀφθαλμός
7 [2] κόψονται ἐπ' αὐτὸν πᾶσαι αἱ φυλαὶ τ. γῆς
2 23 [2] γνώσονται πᾶσαι αἱ ἐκκλησίαι
4 11 [1] ὅτι σὺ ἔκτισας τὰ πάντα
5 6 [2] ἀπεσταλμένοι εἰς πᾶσαν τ. γῆν
9 ἠγόρασας τ. Θεῷ . . . ἐκ πάσης φυλῆς κ. γλώσσης
13 πᾶν κτίσμα ὃ ἐν τ. οὐρανῷ κ. ἐπὶ τ. γῆς
13 [2] κ. τὰ ἐν αὐτοῖς πάντα
6 14 πᾶν ὄρος κ. νῆσος ἐκ τ. τόπων αὐτῶν ἐκινήθησαν
15 πᾶς δοῦλος κ. ἐλεύθερος ἔκρυψαν ἑαυτούς
7 1 ἵνα μὴ πνέῃ ἄνεμος . . . μήτε ἐπὶ πᾶν δένδρον
ἐπί τι δ., WH mg. R
4 ἐσφραγισμένοι ἐκ πάσης φυλῆς υἱῶν Ἰσραήλ
9 ὄχλος πολὺς . . . ἐκ παντὸς ἔθνους κ. φυλῶν
11 [2] πάντες οἱ ἄγγελοι εἱστήκεισαν κύκλῳ τ. θρόνου
16 [4] οὐδὲ μὴ πέσῃ ἐπ' αὐτοὺς . . . πᾶν καῦμα
17 ἐξαλείψει ὁ Θεὸς πᾶν δάκρυον
8 3 [2] ἵνα δώσει τ. προσευχαῖς τ. ἁγίων πάντων
7 πᾶς χόρτος χλωρὸς κατεκάη
9 4 [4] ἵνα μὴ ἀδικήσουσιν . . . πᾶν χλωρὸν οὐδὲ πᾶν δένδρον
11 6 πατάξαι τ. γῆν ἐν πάσῃ πληγῇ
12 5 [2] ὃς μέλλει ποιμαίνειν πάντα τὰ ἔθνη
13 7 ἐδόθη αὐτῷ ἐξουσία ἐπὶ πᾶσαν φυλήν
8 [2] προσκυνήσουσιν αὐτὸν πάντες οἱ κατοικοῦντες ἐπὶ τ. γῆς
12 [2] τ. ἐξουσίαν τ. πρώτου θηρίου πᾶσαν ποιεῖ
16 [2] ποιεῖ πάντας τ. μικροὺς κ. τ. μεγάλους
14 6 εὐαγγελίσαι . . . ἐπὶ πᾶν ἔθνος κ. φυλήν
8 [2] ἐκ τ. οἴνου τ. θυμοῦ τ. πορνείας αὐτῆς πεπότικεν πάντα τὰ ἔθνη
15 4 [2] ὅτι πάντα τὰ ἔθνη ἥξουσιν
16 3 πᾶσα ψυχὴ ζωῆς ἀπέθανεν
20 πᾶσα νῆσος ἔφυγεν
18 2 ἐγένετο . . . φυλακὴ παντὸς πνεύματος ἀκαθάρτου,
κ. φυλακὴ παντὸς ὀρνέου ἀκαθάρτου
3 [2] ἐκ τ. οἴνου τ. θυμοῦ τ. πορνείας αὐτῆς πέπτωκαν πάντα τὰ ἔθνη
12 πᾶν ξύλον θύινον κ. πᾶν σκεῦος ἐλεφάντινον, κ. πᾶν σκεῦος ἐκ ξύλου τιμιωτάτου
14 [2] πάντα τὰ λιπαρὰ κ. τὰ λαμπρὰ ἀπώλετο
17 [2] πᾶς κυβερνήτης κ. πᾶς ὁ ἐπὶ τόπον πλέων
19 [2] ἐν ᾗ ἐπλούτησαν πάντες οἱ ἔχοντες τὰ πλοῖα
22 [4] πᾶς τεχνίτης πάσης τέχνης οὐ μὴ εὑρεθῇ ἐν σοὶ ἔτι
–πάσ. τέχν., [WH] R mg.

Re 18 23 [2] ἐν τ. φαρμακίᾳ σου ἐπλανήθησαν πάντα τὰ ἔθνη
24 [2] αἷμα . . . πάντων τ. ἐσφαγμένων ἐπὶ τ. γῆς
19 5 [2] αἰνεῖτε τ. Θεῷ ἡμῶν πάντες οἱ δοῦλοι αὐτοῦ
17 [2] λέγων πᾶσι τ. ὀρνέοις
18 ἵνα φάγητε σάρκας πάντων ἐλευθέρων τε κ. δούλων
21 [2] πάντα τὰ ὄρνεα ἐχορτάσθησαν ἐκ τ. σαρκῶν αὐτῶν
21 4 ἐξαλείψει πᾶν δάκρυον ἐκ τ. ὀφθαλμῶν αὐτῶν
5 ἰδοὺ καινὰ ποιῶ πάντα
8 [2] εἰδωλολάτραις κ. πᾶσι τ. ψεύδεσιν
19 οἱ θεμέλιοι . . . παντὶ λίθῳ τιμίῳ κεκοσμημένοι
27 [4] οὐ μὴ εἰσέλθῃ εἰς αὐτὴν πᾶν κοινόν
22 3 [4] πᾶν κατάθεμα οὐκ ἔσται ἔτι
15 πᾶς φιλῶν κ. ποιῶν ψεῦδος
18 [2] μαρτυρῶ ἐγὼ παντὶ τ. ἀκούοντι τ. λόγους
21 ἡ χάρις τ. Κυρίου Ἰησοῦ Χριστοῦ μετὰ πάντων μ. τῶν ἁγίων, WHR non mg.

ΠΑ΄ΣΧΑ† 3957

(1) metaph.

Mt 26 2 μετὰ δύο ἡμέρας τὸ πάσχα γίνεται
17 ποῦ θέλεις ἑτοιμάσωμέν σοι φαγεῖν τὸ πάσχα;
18 πρός σε ποιῶ τὸ πάσχα μετὰ τ. μαθητῶν μου
19 ἡτοίμασαν τὸ πάσχα
Mk 14 1 ἦν δὲ τὸ πάσχα . . . μετὰ δύο ἡμέρας
12 ὅτε τὸ πάσχα ἔθυον
12 ποῦ θέλεις ἀπελθόντες ἑτοιμάσωμεν ἵνα φάγῃς τὸ πάσχα;
14 ὅπου τὸ πάσχα μετὰ τ. μαθητῶν μου φάγω
16 ἡτοίμασαν τὸ πάσχα
Lu 2 41 ἐπορεύοντο οἱ γονεῖς αὐτοῦ κατ' ἔτος εἰς Ἰερουσαλὴμ τ. ἑορτῇ τοῦ πάσχα
22 1 ἡ ἑορτὴ τ. ἀζύμων ἡ λεγομένη πάσχα
7 ᾗ ἔδει θύεσθαι τὸ πάσχα
8 πορευθέντες ἑτοιμάσατε ἡμῖν τὸ πάσχα ἵνα φάγωμεν
11 ὅπου τὸ πάσχα μετὰ τ. μαθητῶν μου φάγω
13 ἡτοίμασαν τὸ πάσχα
15 ἐπιθυμίᾳ ἐπεθύμησα τοῦτο τὸ πάσχα φαγεῖν μεθ' ὑμῶν
Jo 2 13 ἐγγὺς ἦν τὸ πάσχα τ. Ἰουδαίων
23 ὡς δὲ ἦν ἐν τ. Ἱεροσολύμοις ἐν τῷ πάσχα
6 4 ἦν δὲ ἐγγὺς τὸ πάσχα ἡ ἑορτὴ τ. Ἰουδαίων τὸ πάσχα, [WH]
11 55 ἦν δὲ ἐγγὺς τὸ πάσχα τ. Ἰουδαίων· κ. ἀνέβησαν πολλοὶ . . . πρὸ τοῦ πάσχα
12 1 πρὸ ἓξ ἡμερῶν τοῦ πάσχα ἦλθεν εἰς Βηθανίαν
13 1 πρὸ δὲ τ. ἑορτῆς τοῦ πάσχα
18 28 ἵνα . . . φάγωσιν τὸ πάσχα
39 ἵνα ἕνα ἀπολύσω ὑμῖν ἐν τῷ πάσχα
19 14 ἦν δὲ παρασκευὴ τοῦ πάσχα
Ac 12 4 βουλόμενος μετὰ τὸ πάσχα ἀναγαγεῖν αὐτὸν τ. λαῷ
I Co 5 7 [1] κ. γὰρ τὸ πάσχα ἡμῶν ἐτύθη Χριστός
He 11 28 πίστει πεποίηκεν τὸ πάσχα

ΠΑ΄ΣΧΩ 3958

(1) π. ἀδίκως, κακῶς (2) π. παθήματα (3) seq. περί, ὑπέρ

Mt 16 21 πολλὰ παθεῖν ἀπὸ τ. πρεσβυτέρων
17 12 ὁ υἱὸς τ. ἀνθρώπου μέλλει πάσχειν ὑπ' αὐτῶν
15 [1] σεληνιάζεται κ. κακῶς πάσχει ἔχει, WH non mg.
27 19 πολλὰ γὰρ ἔπαθον σήμερον κατ' ὄναρ δι' αὐτόν
Mk 5 26 πολλὰ παθοῦσα ὑπὸ πολλῶν ἰατρῶν
8 31 δεῖ τ. υἱὸν τ. ἀνθρώπου πολλὰ παθεῖν
9 12 ἵνα πολλὰ πάθῃ κ. ἐξουδενηθῇ
Lu 9 22 δεῖ τ. υἱὸν τ. ἀνθρώπου πολλὰ παθεῖν
13 2 ὅτι ταῦτα πεπόνθασιν
17 25 πρῶτον δὲ δεῖ αὐτὸν πολλὰ παθεῖν
22 15 τοῦτο τὸ πάσχα φαγεῖν μεθ' ὑμῶν πρὸ τοῦ με παθεῖν
24 26 οὐχὶ ταῦτα ἔδει παθεῖν τ. Χριστόν
46 οὕτως γέγραπται παθεῖν τ. Χριστόν
Ac 1 3 παρέστησεν ἑαυτὸν ζῶντα μετὰ τὸ παθεῖν αὐτόν
3 18 ἃ προκατήγγειλεν . . . παθεῖν τ. Χριστὸν αὐτοῦ
9 16 [3] ὅσα δεῖ αὐτὸν ὑπὲρ τ. ὀνόματός μου παθεῖν
17 3 τ. Χριστὸν ἔδει παθεῖν
28 5 ὁ δὲ . . . ἔπαθεν οὐδὲν κακόν
I Co 12 26 εἴτε πάσχει ἓν μέλος συνπάσχει πάντα τὰ μέλη
II Co 1 6 [2] τ. αὐτῶν παθημάτων ὧν κ. ἡμεῖς πάσχομεν
Ga 3 4 τοσαῦτα ἐπάθετε εἰκῇ;
Phl 1 29 [3] ἀλλὰ κ. τὸ ὑπὲρ αὐτοῦ πάσχειν
I Th 2 14 ὅτι τὰ αὐτὰ ἐπάθετε κ. ὑμεῖς ὑπὸ τ. ἰδίων συμφυλετῶν
II Th 1 5 [3] ὑπὲρ ἧς κ. πάσχετε
II Ti 1 12 δι' ἣν αἰτίαν κ. ταῦτα πάσχω
He 2 18 ἐν ᾧ γὰρ πέπονθεν αὐτὸς πειρασθείς
5 8 ἔμαθεν ἀφ' ὧν ἔπαθεν τ. ὑπακοήν
9 26 ἐπεὶ ἔδει αὐτὸν πολλάκις παθεῖν ἀπὸ καταβολῆς κόσμου
13 12 διὸ κ. Ἰησοῦς . . . ἔξω τ. πύλης ἔπαθεν
I Pe 2 19 [1] εἰ . . . ὑποφέρει τις λύπας πάσχων ἀδίκως
20 εἰ ἀγαθοποιοῦντες κ. πάσχοντες ὑπομενεῖτε
21 [3] κ. Χριστὸς ἔπαθεν ὑπὲρ ὑμῶν
23 ὃς . . . πάσχων οὐκ ἠπείλει
3 14 εἰ καὶ πάσχοιτε διὰ δικαιοσύνην μακάριοι
17 κρεῖττον γὰρ ἀγαθοποιοῦντας . . . πάσχειν
18 [3] κ. Χριστὸς ἅπαξ περὶ ἁμαρτιῶν ἔπαθεν ἀπέθανεν, TWH non mg. R mg.
4 1 Χριστοῦ οὖν παθόντος σαρκί
1 ὅτι ὁ παθὼν σαρκὶ πέπαυται ἁμαρτίαις
15 μὴ γάρ τις ὑμῶν πασχέτω ὡς φονεύς
19 ὥστε κ. οἱ πάσχοντες κατὰ τὸ θέλημα τ. Θεοῦ . . . παρατιθέσθωσαν
5 10 ὀλίγον παθόντας αὐτὸς καταρτίσει
Re 2 10 μὴ φοβοῦ ἃ μέλλεις πάσχειν

ΠΑ΄ΤΑΡΑ 3959

Ac 21 1 ἤλθομεν . . . εἰς τὴν Ῥόδον κἀκεῖθεν εἰς Πάταρα

ΠΑΤΑ΄ΣΣΩ 3960

Mt 26 31 γέγραπται γὰρ Πατάξω τ. ποιμένα הַךְ אֶת־הָרֹעֶה, Zech. xiii. 7
51 πατάξας τ. δοῦλον τ. ἀρχιερέως
Mk 14 27 ὅτι γέγραπται Πατάξω τ. ποιμένα, Zech. *l.c.*
Lu 22 49 Κύριε εἰ πατάξομεν ἐν μαχαίρῃ;
50 κ. ἐπάταξεν εἷς τις ἐξ αὐτῶν τ. ἀρχιερέως τ. δοῦλον

Ac 7 24 ἐποίησεν ἐκδίκησιν τ. καταπονουμένῳ πατάξας τ. Αἰγύπτιον
12 7 πατάξας δὲ τ. πλευρὰν τ. Πέτρου
23 παραχρῆμα δὲ ἐπάταξεν αὐτὸν ἄγγελος Κυρίου
Re 11 6 πατάξαι τ. γῆν ἐν πάσῃ πληγῇ
19 15 ἵνα ἐν αὐτῇ πατάξῃ τὰ ἔθνη

ΠΑΤΈΩ 3961

Lu 10 19 τ. ἐξουσίαν τοῦ πατεῖν ἐπάνω ὄφεων κ. σκορπίων
21 24 Ἰερουσαλὴμ ἔσται πατουμένη ὑπὸ ἐθνῶν
Re 11 2 τ. πόλιν τ. ἁγίαν πατήσουσιν μῆνας τεσσεράκοντα κ. δύο
14 20 ἐπατήθη ἡ ληνὸς ἔξωθεν τ. πόλεως
19 15 αὐτὸς πατεῖ τὴν ληνὸν τ. οἴνου τ. θυμοῦ τ. ὀργῆς τ. Θεοῦ

ΠΑΤΉΡ 3962

(1) de Deo (2) πατήρ, πατέρες, voc.
(3) πατ. τ. δόξης, τ. οἰκτιρμῶν, φώτων

Mt 2 22 βασιλεύει τ. Ἰουδαίας ἀντὶ τ. πατρὸς αὐτοῦ Ἡρῴδου
3 9 πατέρα ἔχομεν τὸν Ἀβραάμ
4 21 ἐν τ. πλοίῳ μετὰ Ζεβεδαίου τ. πατρὸς αὐτῶν
22 ἀφέντες τὸ πλοῖον κ. τ. πατέρα αὐτῶν
5 16 [1] ὅπως . . . δοξάσωσιν τ. πατέρα ὑμῶν τὸν ἐν τ. οὐρανοῖς
45 [1] ὅπως γένησθε υἱοὶ τ. πατρὸς ὑμῶν τοῦ ἐν οὐρανοῖς
48 [1] ὡς ὁ πατὴρ ὑμῶν ὁ οὐράνιος τέλειός ἐστιν
6 1 [1] μισθὸν οὐκ ἔχετε παρὰ τ. πατρὶ ὑμῶν τῷ ἐν τ. οὐρανοῖς
4 [1] ὁ πατήρ σου ὁ βλέπων ἐν τ. κρυπτῷ
6 [1] πρόσευξαι τ. πατρί σου τῷ ἐν τ. κρυπτῷ·
[1] κ. ὁ πατήρ σου ὁ βλέπων ἐν τ. κρυπτῷ
8 [1] οἶδεν γὰρ ὁ Θεὸς ὁ πατὴρ ὑμῶν
—ὁ Θεός, T [WH] R non mg.
9 [1] πάτερ ἡμῶν ὁ ἐν τ. οὐρανοῖς
14 [1] ἀφήσει κ. ὑμῖν ὁ πατὴρ ὑμῶν ὁ οὐράνιος
15 [1] οὐδὲ ὁ πατὴρ ὑμῶν ἀφήσει τὰ παραπτώματα ὑμῶν
18 [1] ἀλλὰ τ. πατρί σου τῷ ἐν τ. κρυφαίῳ·
[1] κ. ὁ πατήρ σου ὁ βλέπων ἐν τ. κρυφαίῳ
26 [1] ὁ πατὴρ ὑμῶν ὁ οὐράνιος τρέφει αὐτά
32 [1] οἶδεν γὰρ ὁ πατὴρ ὑμῶν ὁ οὐράνιος
7 11 [1] πόσῳ μᾶλλον ὁ πατὴρ ὑμῶν ὁ ἐν τ. οὐρανοῖς δώσει ἀγαθά
21 [1] ὁ ποιῶν τὸ θέλημα τ. πατρός μου τοῦ ἐν τ. οὐρανοῖς
8 21 πρῶτον ἀπελθεῖν κ. θάψαι τ. πατέρα μου
10 20 [1] τὸ πνεῦμα τ. πατρὸς ὑμῶν τὸ λαλοῦν ἐν ὑμῖν
21 παραδώσει δὲ ἀδελφὸς ἀδελφὸν εἰς θάνατον κ. πατὴρ τέκνον
29 [1] οὐ πεσεῖται ἐπὶ τ. γῆν ἄνευ τ. πατρὸς ὑμῶν
32 [1] ἔμπροσθεν τ. πατρός μου τοῦ ἐν τ. οὐρανοῖς
33 [1] ἀρνήσομαι κἀγὼ αὐτὸν ἔμπροσθεν τ. πατρός μου τοῦ ἐν τ. οὐρανοῖς
35 διχάσαι ἄνθρωπον κατὰ τ. πατρὸς αὐτοῦ
37 ὁ φιλῶν πατέρα ἢ μητέρα ὑπὲρ ἐμέ
11 25 [1] ἐξομολογοῦμαί σοι πάτερ Κύριε τ. οὐρανοῦ κ. τ. γῆς
26 [1] [2] ναὶ ὁ πατὴρ ὅτι οὕτως εὐδοκία ἐγένετο

Mt 11 27 [1] πάντα μοι παρεδόθη ὑπὸ τ. πατρός μου·
[1] κ. οὐδεὶς ἐπιγινώσκει τ. υἱὸν εἰ μὴ ὁ πατήρ·
[1] οὐδὲ τ. πατέρα τις ἐπιγινώσκει εἰ μὴ ὁ υἱός
12 50 [1] ὅστις γὰρ ἂν ποιήσῃ τὸ θέλημα τ. πατρός μου τοῦ ἐν οὐρανοῖς
13 43 [1] ἐκλάμψουσιν ὡς ὁ ἥλιος ἐν τ. βασιλείᾳ τ. πατρὸς αὐτῶν
15 4 τίμα τ. πατέρα κ. τ. μητέρα·
כַּבֵּד אֶת־אָבִיךָ וְאֶת־אִמֶּךָ, Ex. xx. 12
κ. Ὁ κακολογῶν πατέρα ἢ μητέρα θανάτῳ τελευτάτω
מְקַלֵּל אָבִיו וְאִמּוֹ מוֹת יוּמָת, Ex. xxi. 17
5 ὃς ἂν εἴπῃ τ. πατρὶ ἢ τ. μητρί
5 οὐ μὴ τιμήσει τ. πατέρα αὐτοῦ
13 [1] ἣν οὐκ ἐφύτευσεν ὁ πατήρ μου ὁ οὐράνιος
16 17 [1] ἀλλ' ὁ πατήρ μου ὁ ἐν τ. οὐρανοῖς
27 [1] μέλλει γὰρ . . . ἔρχεσθαι ἐν τ. δόξῃ τ. πατρὸς αὐτοῦ
18 10 [1] βλέπουσιν τὸ πρόσωπον τ. πατρός μου τοῦ ἐν οὐρανοῖς
14 [1] οὕτως οὐκ ἔστιν θέλημα ἔμπροσθεν τ. πατρός μου τοῦ ἐν οὐρανοῖς
πατρ. ὑμῶν, TWH mg. R non mg.
19 [1] γενήσεται αὐτοῖς παρὰ τ. πατρός μου τοῦ ἐν οὐρανοῖς
35 [1] οὕτως κ. ὁ πατήρ μου ὁ ἐπουράνιος ποιήσει ὑμῖν
19 5 καταλείψει ἄνθρωπος τ. πατέρα κ. τ. μητέρα
יַעֲזָב־אִישׁ אֶת־אָבִיו וְאֶת־אִמּוֹ, Gen. ii. 24
19 τίμα τ. πατέρα κ. τ. μητέρα, Ex. xx. 12
29 πᾶς ὅστις ἀφῆκεν . . . πατέρα ἢ μητέρα
20 23 [1] ἀλλ' οἷς ἡτοίμασται ὑπὸ τ. πατρός μου
21 31 τίς ἐκ τ. δύο ἐποίησεν τὸ θέλημα τ. πατρός;
23 9 πατέρα μὴ καλέσητε ὑμῶν ἐπὶ τ. γῆς·
[1] εἷς γάρ ἐστιν ὑμῶν ὁ πατήρ
30 εἰ ἤμεθα ἐν τ. ἡμέραις τ. πατέρων ἡμῶν
32 ὑμεῖς πληρώσατε τ. μέτρον τ. πατέρων ὑμῶν
24 36 [1] οὐδεὶς οἶδεν . . . εἰ μὴ ὁ πατὴρ μόνος
25 34 [1] δεῦτε οἱ εὐλογημένοι τ. πατρός μου
41 [1] τὸ πῦρ . . . ὃ ἡτοίμασεν ὁ πατήρ μου
τὸ ἡτοιμασμένον, TWH non mg. R
26 29 [1] καινὸν ἐν τ. βασιλείᾳ τ. πατρός μου
39 [1] πάτερ μου εἰ δυνατόν ἐστιν παρελθάτω
—μου, T
42 [1] πάτερ μου εἰ οὐ δύναται τοῦτο παρελθεῖν
53 [1] δοκεῖς ὅτι οὐ δύναμαι παρακαλέσαι τ. πατέρα μου
28 19 [1] βαπτίζοντες αὐτοὺς εἰς τὸ ὄνομα τ. πατρὸς κ. τ. υἱοῦ κ. τ. ἁγίου πνεύματος
Mk 1 20 ἀφέντες τ. πατέρα αὐτῶν Ζεβεδαῖον
5 40 παραλαμβάνει τ. πατέρα τ. παιδίου κ. τ. μητέρα
7 10 τίμα τ. πατέρα σου κ. τ. μητέρα σου, Ex. *l.c.*
κ. Ὁ κακολογῶν πατέρα ἢ μητέρα θανάτῳ τελευτάτω, Ex. xxi. 17
11 ἐὰν εἴπῃ ἄνθρωπος τ. πατρὶ ἢ τ. μητρί
12 οὐδὲν ποιῆσαι τ. πατρὶ ἢ τ. μητρί
8 38 [1] ὅταν ἔλθῃ ἐν τ. δόξῃ τ. πατρὸς αὐτοῦ
9 21 ἐπηρώτησεν τ. πατέρα αὐτοῦ
24 εὐθὺς κράξας ὁ πατὴρ τ. παιδίου
10 7 καταλείψει ἄνθρωπος τ. πατέρα αὐτοῦ κ. τ. μητέρα, Gen. *l.c.*
19 τίμα τ. πατέρα σου κ. τ. μητέρα, Ex. xx. 12

Mk 10 29 οὐδείς ἐστιν ὃς ἀφῆκεν . . . μητέρα ἢ πατέρα

11 10 εὐλογημένη ἡ ἐρχομένη βασιλεία τ. πατρὸς ἡμῶν Δαυείδ

25 [1] ἵνα κ. ὁ πατὴρ ὑμῶν ὁ ἐν τ. οὐρανοῖς ἀφῇ ὑμῖν

26 [1] οὐδὲ ὁ πατὴρ ὑμῶν ὁ ἐν τ. οὐρανοῖς ἀφήσει
—h. v., TWHR non mg.

13 12 παραδώσει ἀδελφὸς ἀδελφὸν εἰς θάνατον κ. πατὴρ τέκνον

32 [1] οὐδεὶς οἶδεν . . . εἰ μὴ ὁ πατήρ

14 36 [1,2] ἀββὰ ὁ πατὴρ πάντα δυνατά σοι

15 21 Σιμῶνα Κυρηναῖον . . . τ. πατέρα Ἀλεξάνδρου κ. Ῥούφου

Lu 1 17 ἐπιστρέψαι καρδίας πατέρων ἐπὶ τέκνα

32 δώσει αὐτῷ Κύριος ὁ Θεὸς τ. θρόνον Δαυεὶδ τ. πατρὸς αὐτοῦ

55 καθὼς ἐλάλησεν πρὸς τ. πατέρας ἡμῶν

59 ἐκάλουν αὐτὸ ἐπὶ τ. ὀνόματι τ. πατρὸς αὐτοῦ Ζαχαρίαν

62 ἐνένευον δὲ τ. πατρὶ αὐτοῦ

67 Ζαχαρίας ὁ πατὴρ αὐτοῦ ἐπλήσθη πνεύματος ἁγίου

72 ποιῆσαι ἔλεος μετὰ τ. πατέρων ἡμῶν

73 ὅρκον ὃν ὤμοσεν πρὸς Ἀβραὰμ τ. πατέρα ἡμῶν

2 33 ἦν ὁ πατὴρ αὐτοῦ κ. ἡ μήτηρ θαυμάζοντες

48 ὁ πατήρ σου κ. ἐγὼ ὀδυνώμενοι ζητοῦμέν σε

49 [1] ἐν τοῖς τ. πατρός μου δεῖ εἶναί με

3 8 πατέρα ἔχομεν τὸν Ἀβραάμ

6 23 κατὰ τὰ αὐτὰ γὰρ ἐποίουν τ. προφήταις οἱ πατέρες αὐτῶν

26 κατὰ τὰ αὐτὰ γὰρ ἐποίουν τ. ψευδοπροφήταις οἱ πατέρες αὐτῶν

36 [1] καθὼς ὁ πατὴρ ὑμῶν οἰκτίρμων ἐστίν

8 51 εἰ μὴ . . . τ. πατέρα τῆς παιδὸς κ. τ. μητέρα

9 26 [1] ὅταν ἔλθῃ ἐν τ. δόξῃ αὐτοῦ κ. τ. πατρός

42 ἀπέδωκεν αὐτὸν τ. πατρὶ αὐτοῦ

59 ἐπίτρεψόν μοι πρῶτον ἀπελθόντι θάψαι τ. πατέρα μου

10 21 [1] ἐξομολογοῦμαί σοι πάτερ Κύριε τ. οὐρανοῦ κ. τ. γῆς

21 [1,2] ναὶ ὁ πατὴρ ὅτι οὕτως εὐδοκία ἐγένετο

22 [1] πάντα μοι παρεδόθη ὑπὸ τ. πατρός μου·
[1] κ. οὐδεὶς γινώσκει τίς ἐστιν ὁ υἱὸς εἰ μὴ ὁ πατήρ,
[1] κ. τίς ἐστιν ὁ πατὴρ εἰ μὴ ὁ υἱός

11 2 [1] πάτερ ἁγιασθήτω τὸ ὄνομά σου

11 τίνα δὲ ἐξ ὑμῶν τ. πατέρα αἰτήσει ὁ υἱὸς
αἰτ. τ. πατ., WH marg.

13 [1] πόσῳ μᾶλλον ὁ πατὴρ ὁ ἐξ οὐρανοῦ δώσει

47 οἱ δὲ πατέρες ὑμῶν ἀπέκτειναν αὐτούς.
καὶ οἱ πατ., T

48 ἄρα . . . συνευδοκεῖτε τ. ἔργοις τ. πατέρων ὑμῶν

12 30 [1] ὑμῶν δὲ ὁ πατὴρ οἶδεν ὅτι χρῄζετε τούτων

32 [1] εὐδόκησεν ὁ πατὴρ ὑμῶν δοῦναι ὑμῖν

53 διαμερισθήσονται πατὴρ ἐπὶ υἱῷ κ. υἱὸς ἐπὶ πατρί

14 26 εἴ τις οὐ μισεῖ τ. πατέρα ἑαυτοῦ

15 12 εἶπεν ὁ νεώτερος αὐτῶν τ. πατρί,
πάτερ δός μοι τὸ ἐπιβάλλον μέρος τ. οὐσίας

17 πόσοι μίσθιοι τ. πατρός μου περισσεύονται ἄρτων

18 ἀναστὰς πορεύσομαι πρὸς τ. πατέρα μου

18 πάτερ ἥμαρτον εἰς τ. οὐρανὸν κ. ἐνώπιόν σου

20 ἀναστὰς ἦλθεν πρὸς τ. πατέρα ἑαυτοῦ

Lu 15 20 εἶδεν αὐτὸν ὁ πατὴρ αὐτοῦ

21 πάτερ ἥμαρτον εἰς τ. οὐρανὸν κ. ἐνώπιόν σου

22 εἶπεν δὲ ὁ πατὴρ πρὸς τ. δούλους αὐτοῦ

27 ἔθυσεν ὁ πατήρ σου τ. μόσχον τ. σιτευτόν

28 ὁ δὲ πατὴρ αὐτοῦ ἐξελθὼν παρεκάλει αὐτόν.

29 ὁ δὲ ἀποκριθεὶς εἶπεν τ. πατρὶ αὐτοῦ

16 24 πάτερ Ἀβραὰμ ἐλέησόν με

27 ἐρωτῶ σε οὖν πάτερ ἵνα πέμψῃς αὐτὸν εἰς τ. οἶκον τ. πατρός μου

30 ὁ δὲ εἶπεν Οὐχὶ πάτερ Ἀβραάμ

18 20 τίμα τ. πατέρα σου κ. τ. μητέρα, Ex. *l.c.*

22 29 [1] καθὼς διέθετό μοι ὁ πατήρ μου βασιλείαν

42 [1] πάτερ εἰ βούλει παρένεγκε τοῦτο τὸ ποτήριον ἀπ' ἐμοῦ

23 34 [1] πάτερ ἄφες αὐτοῖς
—h. v., [[WH]] R mg.

46 [1] πάτερ εἰς χεῖράς σου παρατίθεμαι τὸ πνεῦμά μου

24 49 [1] ἐξαποστέλλω τ. ἐπαγγελίαν τ. πατρός μου ἐφ' ὑμᾶς

Jo 1 14 [1] δόξαν ὡς μονογενοῦς παρὰ πατρός

18 [1] μονογενὴς Θεὸς ὁ ὢν εἰς τ. κόλπον τ. πατρός

2 16 [1] μὴ ποιεῖτε τ. οἶκον τ. πατρός μου οἶκον ἐμπορίου

3 35 [1] ὁ πατὴρ ἀγαπᾷ τ. υἱόν

4 12 μὴ σὺ μείζων εἶ τ. πατρὸς ἡμῶν Ἰακώβ

20 οἱ πατέρες ἡμῶν ἐν τ. ὄρει τούτῳ προσεκύνησαν

21 [1] οὔτε ἐν Ἱεροσολύμοις προσκυνήσετε τ. πατρί

23 [1] προσκυνήσουσιν τ. πατρὶ ἐν πνεύματι κ. ἀληθείᾳ·
[1] κ. γὰρ ὁ πατὴρ τοιούτους ζητεῖ τ. προσκυνοῦντας αὐτόν

53 ἔγνω οὖν ὁ πατήρ

5 17 [1] ὁ πατήρ μου ἕως ἄρτι ἐργάζεται

18 [1] ἀλλὰ κ. πατέρα ἴδιον ἔλεγεν τ. Θεόν

19 [1] ἂν μή τι βλέπῃ τ. πατέρα ποιοῦντα

20 [1] ὁ γὰρ πατὴρ φιλεῖ τ. υἱόν

21 [1] ὥσπερ γὰρ ὁ πατὴρ ἐγείρει τ. νεκρούς

22 [1] οὐδὲ γὰρ ὁ πατὴρ κρίνει οὐδένα

23 [1] καθὼς τιμῶσιν τ. πατέρα

23 [1] οὐ τιμᾷ τ. πατέρα τ. πέμψαντα αὐτόν

26 [1] ὥσπερ γὰρ ὁ πατὴρ ἔχει ζωὴν ἐν ἑαυτῷ

36 [1] τὰ γὰρ ἔργα ἃ δέδωκέν μοι ὁ πατήρ

36 [1] μαρτυρεῖ περὶ ἐμοῦ ὅτι ὁ πατήρ με ἀπέσταλκεν·

37 [1] κ. ὁ πέμψας με πατὴρ ἐκεῖνος μεμαρτύρηκεν

43 [1] ἐγὼ ἐλήλυθα ἐν τ. ὀνόματι τ. πατρός μου

45 [1] ὅτι ἐγὼ κατηγορήσω ὑμῶν πρὸς τ. πατέρα

6 27 [1] τοῦτον γὰρ ὁ πατὴρ ἐσφράγισεν ὁ Θεός

31 οἱ πατέρες ἡμῶν τὸ μάννα ἔφαγον ἐν τῇ ἐρήμῳ

32 [1] ὁ πατήρ μου δίδωσιν ὑμῖν τ. ἄρτον ἐκ τ. οὐρανοῦ τ. ἀληθινόν

37 [1] πᾶν ὃ δίδωσίν μοι ὁ πατήρ

40 [1] τοῦτο γάρ ἐστιν τὸ θέλημα τ. πατρός μου

42 οὗ ἡμεῖς οἴδαμεν τ. πατέρα κ. τ. μητέρα

44 [1] ἐὰν μὴ ὁ πατὴρ ὁ πέμψας με ἑλκύσῃ αὐτόν

45 [1] πᾶς ὁ ἀκούσας παρὰ τ. πατρὸς κ. μαθών

46 [1] οὐχ ὅτι τ. πατέρα ἑώρακέν τις

46 [1] οὗτος ἑώρακεν τ. πατέρα
τ. Θεόν, T

Jo **6** 49 οἱ πατέρες ὑμῶν ἔφαγον ἐν τῇ ἐρήμῳ τὸ μάννα
57 [1] καθὼς ἀπέστειλέν με ὁ ζῶν πατήρ,
[1] κἀγὼ ζῶ διὰ τ. πατέρα
58 οὐ καθὼς ἔφαγον οἱ πατέρες κ. ἀπέθανον
65 [1] ἐὰν μὴ ᾖ δεδομένον αὐτῷ ἐκ τ. πατρός
7 22 οὐχ ὅτι ἐκ τ. Μωυσέως ἐστὶν ἀλλ᾽ ἐκ τ. πατέρων
8 16 [1] ἀλλ᾽ ἐγὼ κ. ὁ πέμψας με πατήρ
—πατήρ, T [WH]
18 [1] μαρτυρεῖ περὶ ἐμοῦ ὁ πέμψας με πατήρ.
19 [1] ἔλεγον οὖν αὐτῷ Ποῦ ἐστὶν ὁ πατήρ σου;
19 [1] οὔτε ἐμὲ οἴδατε οὔτε τ. πατέρα μου·
[1] εἰ ἐμὲ ᾔδειτε κ. τ. πατέρα μου ἂν ᾔδειτε
27 [1] οὐκ ἔγνωσαν ὅτι τ. πατέρα αὐτοῖς ἔλεγεν
28 [1] καθὼς ἐδίδαξέν με ὁ πατήρ
38 [1] ἃ ἐγὼ ἑώρακα παρὰ τ. πατρὶ λαλῶ·
παρ. τ. πατρ. μου ταῦτα λαλ., WH mg.
[1] κ. ὑμεῖς οὖν ἃ ἠκούσατε παρὰ τ. πατρὸς ποιεῖτε
παρ. τ. πατρὶ ὑμῶν ποι., WH mg.
39 ὁ πατὴρ ἡμῶν Ἀβραάμ ἐστιν
41 ὑμεῖς ποιεῖτε τὰ ἔργα τ. πατρὸς ὑμῶν
41 [1] ἕνα πατέρα ἔχομεν τ. Θεόν
42 [1] εἰ ὁ Θεὸς πατὴρ ὑμῶν ἦν
44 ὑμεῖς ἐκ τ. πατρὸς τ. διαβόλου ἐστέ,
κ. τ. ἐπιθυμίας τ. πατρὸς ὑμῶν θέλετε ποιεῖν
44 ὅτι ψεύστης ἐστὶν κ. ὁ πατὴρ αὐτοῦ
49 [1] τιμῶ τ. πατέρα μου
53 μὴ σὺ μείζων εἶ τ. πατρὸς ἡμῶν Ἀβραάμ
54 [1] ἔστιν ὁ πατήρ μου ὁ δοξάζων με
56 Ἀβραὰμ ὁ πατὴρ ὑμῶν ἠγαλλιάσατο ἵνα ἴδῃ
10 15 [1] καθὼς γινώσκει με ὁ πατήρ,
[1] κἀγὼ γινώσκω τ. πατέρα
17 [1] διὰ τοῦτό με ὁ πατὴρ ἀγαπᾷ
18 [1] ταύτην τ. ἐντολὴν ἔλαβον παρὰ τ. πατρός μου
25 [1] τὰ ἔργα ἃ ἐγὼ ποιῶ ἐν τ. ὀνόματι τ. πατρός μου
29 [1] ὁ πατήρ μου ὃ δέδωκέν μοι πάντων μεῖζόν ἐστιν·
—μου, T
29 [1] κ. οὐδεὶς δύναται ἁρπάζειν ἐκ τ. χειρὸς τ. πατρός.
30 [1] ἐγὼ κ. ὁ πατὴρ ἕν ἐσμεν
32 [1] πολλὰ ἔργα ἔδειξα ὑμῖν καλὰ ἐκ τ. πατρός
36 [1] ὃν ὁ πατὴρ ἡγίασεν κ. ἀπέστειλεν
37 [1] εἰ οὐ ποιῶ τὰ ἔργα τ. πατρός μου
38 [1] ἵνα . . . γινώσκητε ὅτι ἐν ἐμοὶ ὁ πατὴρ κἀγὼ ἐν τ. πατρί
11 41 [1] πάτερ εὐχαριστῶ σοι ὅτι ἤκουσάς με
12 26 [1] τιμήσει αὐτὸν ὁ πατήρ
27 [1] πάτερ σῶσόν με ἐκ τ. ὥρας ταύτης
28 [1] πάτερ δόξασόν σου τὸ ὄνομα
49 [1] ὁ πέμψας με πατὴρ αὐτός μοι ἐντολὴν δέδωκεν
50 [1] καθὼς εἴρηκέν μοι ὁ πατὴρ οὕτως λαλῶ
13 1 [1] ἵνα μεταβῇ ἐκ τ. κόσμου τούτου πρὸς τ. πατέρα
3 [1] πάντα ἔδωκεν αὐτῷ ὁ πατὴρ εἰς τ. χεῖρας
14 2 [1] ἐν τ. οἰκίᾳ τ. πατρός μου μοναὶ πολλαί εἰσιν
6 [1] οὐδεὶς ἔρχεται πρὸς τ. πατέρα εἰ μὴ δι᾽ ἐμοῦ

Jo **14** 7 [1] εἰ ἐγνώκειτε με κ. τ. πατέρα μου ἂν ᾔδειτε
8 [1] δεῖξον ἡμῖν τ. πατέρα κ. ἀρκεῖ ἡμῖν
9 [1] ὁ ἑωρακὼς ἐμὲ ἑώρακεν τ. πατέρα·
[1] πῶς σὺ λέγεις Δεῖξον ἡμῖν τ. πατέρα;
10 [1] οὐ πιστεύεις ὅτι ἐγὼ ἐν τ. πατρὶ κ. ὁ πατὴρ ἐν ἐμοί ἐστιν;
10 [1] ὁ δὲ πατὴρ ἐν ἐμοὶ μένων ποιεῖ τὰ ἔργα αὐτοῦ.
11 [1] πιστεύετέ μου ὅτι ἐγὼ ἐν τ. πατρὶ κ. ὁ πατὴρ ἐν ἐμοί
12 [1] ὅτι ἐγὼ πρὸς τ. πατέρα πορεύομαι
13 [1] ἵνα δοξασθῇ ὁ πατὴρ ἐν τ. υἱῷ
16 [1] κἀγὼ ἐρωτήσω τ. πατέρα
20 [1] γνώσεσθε ὅτι ἐγὼ ἐν τ. πατρί μου
21 [1] ὁ δὲ ἀγαπῶν με ἀγαπηθήσεται ὑπὸ τ. πατρός μου
23 [1] ὁ πατήρ μου ἀγαπήσει αὐτόν
24 [1] οὐκ ἔστιν ἐμὸς ἀλλὰ τ. πέμψαντός με πατρός
26 [1] ὃ πέμψει ὁ πατὴρ ἐν τ. ὀνόματί μου
28 [1] ἐχάρητε ἂν ὅτι πορεύομαι πρὸς τ. πατέρα·
[1] ὅτι ὁ πατὴρ μείζων μου ἐστίν
31 [1] ἵνα γνῷ ὁ κόσμος ὅτι ἀγαπῶ τ. πατέρα,
[1] κ. καθὼς ἐντολὴν ἔδωκέν μοι ὁ πατήρ
15 1 [1] ὁ πατήρ μου ὁ γεωργός ἐστιν
8 [1] ἐν τούτῳ ἐδοξάσθη ὁ πατήρ μου
9 [1] καθὼς ἠγάπησέν με ὁ πατήρ
10 [1] καθὼς ἐγὼ τ. πατρὸς τ. ἐντολὰς τετήρηκα
τ. πατρός μου, TWH mg.
15 [1] πάντα ἃ ἤκουσα παρὰ τ. πατρός μου
16 [1] ἵνα ὅτι ἂν αἰτήσητε τ. πατέρα ἐν τ. ὀνόματί μου
23 [1] ὁ ἐμὲ μισῶν κ. τ. πατέρα μου μισεῖ
24 [1] μεμισήκασιν κ. ἐμὲ κ. τ. πατέρα μου
26 [1] ὃν ἐγὼ πέμψω ὑμῖν παρὰ τ. πατρός
26 [1] ὃ παρὰ τ. πατρὸς ἐκπορεύεται
16 3 [1] ὅτι οὐκ ἔγνωσαν τ. πατέρα οὐδὲ ἐμέ
10 [1] ὅτι πρὸς τ. πατέρα ὑπάγω
15 [1] πάντα ὅσα ἔχει ὁ πατὴρ ἐμά ἐστιν
17 [1] ὅτι ὑπάγω πρὸς τ. πατέρα
23 [1] ἄν τι αἰτήσητε τ. πατέρα δώσει ὑμῖν
25 [1] παρρησίᾳ περὶ τ. πατρὸς ἀπαγγελῶ ὑμῖν
26 [1] οὐ λέγω ὑμῖν ὅτι ἐγὼ ἐρωτήσω τ. πατέρα περὶ ὑμῶν·
27 [1] αὐτὸς γὰρ ὁ πατὴρ φιλεῖ ὑμᾶς,
[1] ὅτι . . . πεπιστεύκατε ὅτι παρὰ τ. πατρὸς ἐξῆλθον
τ. Θεοῦ, T
28 [1] ἐξῆλθον ἐκ τ. πατρὸς κ. ἐλήλυθα εἰς τ. κόσμον·
[1] πάλιν ἀφίημι τ. κόσμον κ. πορεύομαι πρὸς τ. πατέρα
32 [1] ὅτι ὁ πατὴρ μετ᾽ ἐμοῦ ἐστίν
17 1 [1] πάτερ ἐλήλυθεν ἡ ὥρα
5 [1] δόξασόν με σὺ πάτερ παρὰ σεαυτῷ
11 [1] πάτερ ἅγιε τήρησον αὐτοὺς ἐν τ. ὀνόματί σου
21 [1 2] καθὼς σὺ πατὴρ ἐν ἐμοὶ κἀγὼ ἐν σοί
24 [1 2] πατὴρ ὃ δέδωκάς μοι
25 [1 2] πατὴρ δίκαιε κ. ὁ κόσμος σε οὐκ ἔγνω
18 11 [1] τὸ ποτήριον ὃ δέδωκέν μοι ὁ πατήρ
20 17 [1] οὔπω γὰρ ἀναβέβηκα πρὸς τ. πατέρα
17 [1] ἀναβαίνω πρὸς τ. πατέρα μου κ. πατέρα ὑμῶν

Jo 20 21 [1] καθὼς ἀπέσταλκέν με ὁ πατήρ
Ac 1 4 [1] ἀλλὰ περιμένειν τ. ἐπαγγελίαν τ. πατρός
7 [1] οὓς ὁ πατὴρ ἔθετο ἐν τ. ἰδίᾳ ἐξουσίᾳ
2 33 [1] τήν τε ἐπαγγελίαν τ. πνεύματος τ. ἁγίου λαβὼν παρὰ τ. πατρός
3 13 ὁ Θεὸς τ. πατέρων ἡμῶν ἐδόξασεν τ. παῖδα αὐτοῦ Ἰησοῦν
25 ἧς ὁ Θεὸς διέθετο πρὸς τ. πατέρας ὑμῶν ἡμῶν, TWH mg.
4 25 ὁ τ. πατρὸς ἡμῶν διὰ πνεύματος ἁγίου στόματος . . . εἰπών
5 30 ὁ Θεὸς τ. πατέρων ἡμῶν ἤγειρεν Ἰησοῦν
7 2 [2] ἄνδρες ἀδελφοὶ κ. πατέρες ἀκούσατε. ὁ Θεὸς τ. δόξης ὤφθη τ. πατρὶ ἡμῶν Ἀβραάμ
4 μετὰ τὸ ἀποθανεῖν τ. πατέρα αὐτοῦ
11 οὐχ ηὕρισκον χορτάσματα οἱ πατέρες ἡμῶν
12 ἐξαπέστειλεν τ. πατέρας ἡμῶν πρῶτον
14 Ἰωσὴφ μετεκαλέσατο Ἰακὼβ τ. πατέρα αὐτοῦ
15 ἐτελεύτησεν αὐτὸς κ. οἱ πατέρες ἡμῶν
19 οὗτος . . . ἐκάκωσεν τ. πατέρας
20 ὃς ἀνετράφη μῆνας τρεῖς ἐν τ. οἴκῳ τ. πατρός
32 ἐγὼ ὁ Θεὸς τ. πατέρων σου
אָנֹכִי אֱלֹהֵי אָבִיךָ, Ex. iii. 6
38 ἐν τῇ ἐρήμῳ μετὰ . . . τ. πατέρων ἡμῶν
39 ᾧ οὐκ ἠθέλησαν ὑπήκοοι γενέσθαι οἱ πατέρες ἡμῶν
44 ἡ σκηνὴ τ. μαρτυρίου ἦν τ. πατράσιν ἡμῶν
45 ἣν κ. εἰσήγαγον διαδεξάμενοι οἱ πατέρες ἡμῶν
45 ὧν ἐξῶσεν ὁ Θεὸς ἀπὸ προσώπου τ. πατέρων ἡμῶν
51 ὡς οἱ πατέρες ὑμῶν κ. ὑμεῖς.
52 τίνα τ. προφητῶν οὐκ ἐδίωξαν οἱ πατέρες ὑμῶν;
13 17 ὁ Θεὸς τ. λαοῦ τούτου Ἰσραὴλ ἐξελέξατο τ. πατέρας ἡμῶν
32 τὴν πρὸς τ. πατέρας ἐπαγγελίαν γενομένην
36 προσετέθη πρὸς τ. πατέρας αὐτοῦ
15 10 ὃν οὔτε οἱ πατέρες ἡμῶν οὔτε ἡμεῖς ἰσχύσαμεν βαστάσαι
16 1 υἱὸς γυναικὸς Ἰουδαίας πιστῆς πατρὸς δὲ Ἕλληνος
3 ᾔδεισαν γὰρ ἅπαντες ὅτι Ἕλλην ὁ πατὴρ αὐτοῦ ὑπῆρχεν
ᾔδ. γ. ἅπ. τ. πατέρα αὐτ. ὅτι Ἕλ. ὑπ., T
22 1 [2] ἄνδρες ἀδελφοὶ κ. πατέρες ἀκούσατε
14 ὁ Θεὸς τ. πατέρων ἡμῶν προεχειρίσατό σε
26 6 ἐπ' ἐλπίδι τῆς εἰς τ. πατέρας ἡμῶν ἐπαγγελίας γενομένης
28 8 ἐγένετο δὲ τ. πατέρα τ. Ποπλίου . . . κατακεῖσθαι
25 ἐλάλησεν διὰ Ἠσαΐου τ. προφήτου πρὸς τ. πατέρας ὑμῶν
Ro 1 7 [1] χάρις ὑμῖν κ. εἰρήνη ἀπὸ Θεοῦ πατρὸς ἡμῶν
4 11 εἰς τὸ εἶναι αὐτὸν πατέρα πάντων τ. πιστευόντων
12 πατέρα περιτομῆς τοῖς οὐκ ἐκ περιτομῆς μόνον
12 τῆς ἐν ἀκροβυστίᾳ πίστεως τ. πατρὸς ἡμῶν Ἀβραάμ
16 Ἀβραὰμ ὅς ἐστιν πατὴρ πάντων ἡμῶν
17 πατέρα πολλῶν ἐθνῶν τέθεικά σε
אַב־הֲמוֹן גּוֹיִם נְתַתִּיךָ, Gen. xvii. 5
Ro 4 18 εἰς τὸ γενέσθαι αὐτὸν πατέρα πολλῶν ἐθνῶν
6 4 [1] ὥσπερ ἠγέρθη Χριστὸς ἐκ νεκρῶν διὰ τ. δόξης τ. πατρός
8 15 [1 2] ἐν ᾧ κράζομεν Ἀββὰ ὁ πατήρ
9 5 ὧν οἱ πατέρες κ. ἐξ ὧν ὁ Χριστός
10 ἐξ ἑνὸς κοίτην ἔχουσα Ἰσαὰκ τ. πατρὸς ἡμῶν
11 28 κατὰ δὲ τ. ἐκλογὴν ἀγαπητοὶ διὰ τ. πατέρας
15 6 [1] ἵνα . . . δοξάζητε τ. Θεὸν κ. πατέρα τ. Κυρίου ἡμῶν Ἰησοῦ Χριστοῦ
8 εἰς τὸ βεβαιῶσαι τ. ἐπαγγελίας τ. πατέρων
I Co 1 3 [1] χάρις ὑμῖν κ. εἰρήνη ἀπὸ Θεοῦ πατρὸς ἡμῶν
4 15 ἀλλ' οὐ πολλοὺς πατέρας
5 1 ὥστε γυναῖκά τινα τ. πατρὸς ἔχειν
8 6 [1] ἀλλ' ἡμῖν εἷς Θεὸς πατήρ
10 1 οἱ πατέρες ἡμῶν πάντες ὑπὸ τ. νεφέλην ἦσαν
15 24 [1] ὅταν παραδιδῷ τ. βασιλείαν τ. Θεῷ κ. πατρί
II Co 1 2 [1] χάρις ὑμῖν κ. εἰρήνη ἀπὸ Θεοῦ πατρὸς ἡμῶν
3 [1] εὐλογητὸς ὁ Θεὸς κ. πατὴρ τ. Κυρίου ἡμῶν Ἰησοῦ Χριστοῦ,
[1 3] ὁ πατὴρ τ. οἰκτιρμῶν κ. Θεὸς πάσης παρακλήσεως
6 18 [1] ἔσομαι ὑμῖν εἰς πατέρα
אֲנִי אֶהְיֶה־לּוֹ לְאָב, 2 Sam. vii. 14, *cf.* Jer. xxxi. 9
11 31 [1] ὁ Θεὸς κ. πατὴρ τ. Κυρίου Ἰησοῦ οἶδεν
Ga 1 1 [1] διὰ Ἰησοῦ Χριστοῦ κ. Θεοῦ πατρός
3 [1] χάρις ὑμῖν κ. εἰρήνη ἀπὸ Θεοῦ πατρός
4 [1] κατὰ τὸ θέλημα τ. Θεοῦ κ. πατρὸς ἡμῶν
4 2 ὑπὸ ἐπιτρόπους ἐστὶν . . . ἄχρι τ. προθεσμίας τ. πατρός
6 [1 2] κρᾶζον Ἀββὰ ὁ πατήρ
Eph 1 2 [1] χάρις ὑμῖν κ. εἰρήνη ἀπὸ Θεοῦ πατρὸς ἡμῶν
3 [1] εὐλογητὸς ὁ Θεὸς κ. πατὴρ τ. Κυρίου ἡμῶν
17 [1 3] ἵνα ὁ Θεὸς . . . ὁ πατὴρ τ. δόξης δῴη ὑμῖν
2 18 [1] δι' αὐτοῦ ἔχομεν τ. προσαγωγὴν . . . πρὸς τ. πατέρα
3 14 [1] τούτου χάριν κάμπτω τὰ γόνατά μου πρὸς τ. πατέρα
4 6 [1] εἷς Θεὸς κ. πατὴρ πάντων
5 20 [1] εὐχαριστοῦντες πάντοτε ὑπὲρ πάντων . . . τ. Θεῷ κ. πατρί
31 ἀντὶ τούτου καταλείψει ἄνθρωπος τ. πατέρα κ. τ. μητέρα, Gen. ii. 24
6 2 τίμα τ. πατέρα σου κ. τ. μητέρα, Ex. xx. 12
4 [2] οἱ πατέρες μὴ παροργίζετε τὰ τέκνα ὑμῶν
23 [1] εἰρήνη τ. ἀδελφοῖς κ. ἀγάπη μετὰ πίστεως ἀπὸ Θεοῦ πατρός
Phl 1 2 [1] χάρις ὑμῖν κ. εἰρήνη ἀπὸ Θεοῦ πατρὸς ἡμῶν
2 11 [1] Κύριος Ἰησοῦς Χριστὸς εἰς δόξαν Θεοῦ πατρός
22 ὡς πατρὶ τέκνον σὺν ἐμοὶ ἐδούλευσεν
4 20 [1] τῷ δὲ Θεῷ κ. πατρὶ ἡμῶν ἡ δόξα
Col 1 2 [1] χάρις ὑμῖν κ. εἰρήνη ἀπὸ Θεοῦ πατρὸς ἡμῶν

Col 1 3 [1] εὐχαριστοῦμεν τ. Θεῷ πατρὶ τ. Κυρίου ἡμῶν Ἰησοῦ Χριστοῦ
Θεῷ κ. πατρὶ, T
12 [1] εὐχαριστοῦντες τ. πατρὶ τ. ἱκανώσαντι ὑμᾶς
τ. Θεῷ πατρὶ, WH mg.
3 17 [1] εὐχαριστοῦντες τ. Θεῷ πατρὶ δι' αὐτοῦ
21 [2] οἱ πατέρες μὴ ἐρεθίζετε τὰ τέκνα ὑμῶν
I Th 1 1 [1] τ. ἐκκλησίᾳ Θεσσαλονικέων ἐν Θεῷ πατρί
3 [1] ἔμπροσθεν τ. Θεοῦ κ. πατρὸς ἡμῶν
2 11 ὡς πατὴρ τέκνα ἑαυτοῦ παρακαλοῦντες ὑμᾶς
3 11 [1] αὐτὸς δὲ ὁ Θεὸς κ. πατὴρ ἡμῶν
13 [1] ἔμπροσθεν τ. Θεοῦ κ. πατρὸς ἡμῶν
II Th 1 1 [1] τ. ἐκκλησίᾳ Θεσσαλονικέων ἐν Θεῷ πατρὶ ἡμῶν
2 [1] χάρις ὑμῖν κ. εἰρήνη ἀπὸ Θεοῦ πατρὸς
\+ ἡμῶν, T
2 16 [1] αὐτὸς δὲ ὁ Κύριος ἡμῶν . . . κ. ὁ Θεὸς ὁ πατὴρ ἡμῶν
I Ti 1 2 [1] χάρις ἔλεος εἰρήνη ἀπὸ Θεοῦ πατρός
5 1 ἀλλὰ παρακάλει ὡς πατέρα
II Ti 1 2 [1] χάρις ἔλεος εἰρήνη ἀπὸ Θεοῦ πατρός
Tit 1 4 [1] χάρις κ. εἰρήνη ἀπὸ Θεοῦ πατρός
Phm 3 [1] χάρις ὑμῖν κ. εἰρήνη ἀπὸ Θεοῦ πατρὸς ἡμῶν
He 1 1 πάλαι ὁ Θεὸς λαλήσας τ. πατράσιν ἐν τ. προφήταις
5 [1] ἐγὼ ἔσομαι αὐτῷ εἰς πατέρα, 2 Sam. *l.c.*
3 9 οὗ ἐπείρασάν οἱ πατέρες ὑμῶν
אֲשֶׁר נִסּוּנִי אֲבוֹתֵיכֶם, Ps. xcv. 9
7 10 ἔτι γὰρ ἐν τ. ὀσφύϊ τ. πατρὸς ἦν
8 9 οὐ κατὰ τ. διαθήκην ἣν ἐποίησα τ. πατράσιν αὐτῶν
לֹא כַבְּרִית אֲשֶׁר כָּרַתִּי אֶת־אֲבוֹתָם, Jer. xxxi. 32
11 23 πίστει . . . ἐκρύβη τρίμηνον ὑπὸ τ. πατέρων αὐτοῦ
12 7 τίς γὰρ υἱὸς ὃν οὐ παιδεύει πατήρ;
9 τοὺς μὲν τ. σαρκὸς ἡμῶν πατέρας εἴχομεν παιδευτάς
9 [1] οὐ πολὺ μᾶλλον ὑποταγησόμεθα τ. πατρὶ τ. πνευμάτων κ. ζήσομεν;
Ja 1 17 [1] [3] καταβαῖνον ἀπὸ τ. πατρὸς τ. φώτων
27 [1] θρησκεία καθαρὰ κ. ἀμίαντος παρὰ τ. Θεῷ κ. πατρί
2 21 Ἀβραὰμ ὁ πατὴρ ἡμῶν οὐκ ἐξ ἔργων ἐδικαιώθη
3 9 [1] ἐν αὐτῇ εὐλογοῦμεν τ. Κύριον κ. πατέρα
I Pe 1 2 [1] κατὰ πρόγνωσιν Θεοῦ πατρός
3 [1] εὐλογητὸς ὁ Θεὸς κ. πατὴρ τ. Κυρίου ἡμῶν
17 [1] εἰ πατέρα ἐπικαλεῖσθε τὸν ἀπροσωπολήμπτως κρίνοντα
II Pe 1 17 [1] λαβὼν γὰρ παρὰ Θεοῦ πατρὸς τιμήν
3 4 ἀφ' ἧς γὰρ οἱ πατέρες ἐκοιμήθησαν
I Jo 1 2 [1] ἥτις ἦν πρὸς τ. πατέρα
3 [1] κ. ἡ κοινωνία δὲ ἡ ἡμετέρα μετὰ τ. πατρός
2 1 [1] παράκλητον ἔχομεν πρὸς τ. πατέρα
13 [2] γράφω ὑμῖν πατέρες ὅτι ἐγνώκατε τὸν ἀπ' ἀρχῆς
13 [1] ἔγραψα ὑμῖν παιδία ὅτι ἐγνώκατε τ. πατέρα.
14 [2] ἔγραψα ὑμῖν πατέρες ὅτι ἐγνώκατε τὸν ἀπ' ἀρχῆς
15 [1] οὐκ ἔστιν ἡ ἀγάπη τ. πατρὸς ἐν αὐτῷ·

I Jo 2 *16* [1] ὅτι πᾶν τὸ ἐν τ. κόσμῳ . . . οὐκ ἔστιν ἐκ τ. πατρός
22 [1] ὁ ἀρνούμενος τ. πατέρα κ. τ. υἱόν.
23 [1] πᾶς ὁ ἀρνούμενος τ. υἱὸν οὐδὲ τ. πατέρα ἔχει·
[1] ὁ ὁμολογῶν τ. υἱὸν κ. τ. πατέρα ἔχει
24 [1] ὑμεῖς ἐν τ. υἱῷ κ. ἐν τ. πατρὶ μενεῖτε
3 1 [1] ἴδετε ποταπὴν ἀγάπην δέδωκεν ἡμῖν ὁ πατήρ
4 14 [1] μαρτυροῦμεν ὅτι ὁ πατὴρ ἀπέσταλκεν τ. υἱόν
II Jo 3 [1] χάρις ἔλεος εἰρήνη παρὰ Θεοῦ πατρός,
[1] κ. παρὰ Ἰησοῦ Χριστοῦ τ. υἱοῦ τ. πατρός
4 [1] καθὼς ἐντολὴν ἐλάβομεν παρὰ τ. πατρός
9 [1] οὗτος κ. τ. πατέρα κ. τ. υἱὸν ἔχει
Ju 1 [1] Ἰούδας . . . τοῖς ἐν Θεῷ πατρὶ ἠγαπημένοις
Re 1 6 [1] ἱερεῖς τ. Θεῷ κ. πατρὶ αὐτοῦ
2 28 [1] ὡς κἀγὼ εἴληφα παρὰ τ. πατρός μου
3 5 [1] ὁμολογήσω τὸ ὄνομα αὐτοῦ ἐνώπιον τ. πατρός μου
21 [1] ἐκάθισα μετὰ τ. πατρός μου ἐν τ. θρόνῳ αὐτοῦ
14 1 ἔχουσαι . . . τὸ ὄνομα τ. πατρὸς αὐτοῦ γεγραμμένον

ΠΑ΄ΤΜΟΣ 3963

Re 1 9 ἐγενόμην ἐν τῇ νήσῳ τ. καλουμένῃ Πάτμῳ

ΠΑΤΡΙΑ΄ 3965

Lu 2 4 διὰ τὸ εἶναι αὐτὸν ἐξ οἴκου κ. πατριᾶς Δαυείδ
Ac 3 25 ἐν τ. σπέρματί σου εὐλογηθήσονται πᾶσαι αἱ πατριαὶ τ. γῆς
נִבְרְכוּ בְךָ כֹּל מִשְׁפְּחֹת הָאֲדָמָה, Gen. xii. 3
Eph 3 15 ἐξ οὗ πᾶσα πατριὰ ἐν οὐρανοῖς κ. ἐπὶ γῆς ὀνομάζεται

ΠΑΤΡΙΑ΄ΡΧΗΣ † 3966

Ac 2 29 εἰπεῖν μετὰ παρρησίας πρὸς ὑμᾶς περὶ τ. πατριάρχου Δαυείδ
7 8 κ. Ἰακὼβ τοὺς δώδεκα πατριάρχας·
9 κ. οἱ πατριάρχαι ζηλώσαντες τ. Ἰωσὴφ ἀπέδοντο
He 7 4 ᾧ δεκάτην Ἀβραὰμ ἔδωκεν ἐκ τ. ἀκροθινίων ὁ πατριάρχης

ΠΑΤΡΙΚΟ΄Σ 3967

Ga 1 14 ζηλωτὴς ὑπάρχων τ. πατρικῶν μου παραδόσεων

ΠΑΤΡΙ΄Σ 3968

Mt 13 54 ἐλθὼν εἰς τ. πατρίδα αὐτοῦ ἐδίδασκεν αὐτούς
57 οὐκ ἔστιν προφήτης ἄτιμος εἰ μὴ ἐν τ. πατρίδι
\+ ἰδίᾳ, TWH marg.
Mk 6 1 ἔρχεται εἰς τ. πατρίδα αὐτοῦ
4 οὐκ ἔστιν προφήτης ἄτιμος εἰ μὴ ἐν τ. πατρίδι αὐτοῦ
ἑαυτοῦ, T
Lu 4 23 ποίησον κ. ὧδε ἐν τ. πατρίδι σου

Lu 4 24 οὐδεὶς προφήτης δεκτός ἐστιν ἐν τ. πατρίδι αὐτοῦ
ἑαυτοῦ, T
Jo 4 44 προφήτης ἐν τ. ἰδίᾳ πατρίδι τιμὴν οὐκ ἔχει
Ac 18 27 παρεκάλουν διελθεῖν σὺν αὐτοῖς εἰς τ. πατρίδα αὐτῶν
δι. εἰς τ. Ἀχαίαν, TWH non mg. R
He 11 14 ἐμφανίζουσιν ὅτι πατρίδα ἐπιζητοῦσιν

ΠΑΤΡΟ´ΒΑΣ 3969

Ro 16 14 ἀσπάσασθε . . . Ἑρμῆν Πατρόβαν Ἑρμᾶν

ΠΑΤΡΟΛΩ´ΗΣ* 3969.5

1 Ti 1 9 πατρολῴαις κ. μητρολῴαις

ΠΑΤΡΟΠΑΡΑ´ΔΟΤΟΣ* 3970

1 Pe 1 18 ἐλυτρώθητε ἐκ τ. ματαίας ὑμῶν ἀναστροφῆς πατροπαραδότου

ΠΑΤΡΩ͂ΟΣ 3971

Ac 22 3 πεπαιδευμένος κατὰ ἀκρίβειαν τ. πατρῴου νόμου
24 14 οὕτως λατρεύω τ. πατρῴῳ Θεῷ
28 17 οὐδὲν ἐναντίον ποιήσας . . . τ ἔθεσι τ. πατρῴοις

ΠΑΥ´ΛΟΣ 3972

(1) Σέργιος Παῦλος

Ac 13 7 [1] ὃς ἦν σὺν τ. ἀνθυπάτῳ Σεργίῳ Παύλῳ
9 Σαῦλος δὲ ὁ κ. Παῦλος
13 ἀναχθέντες δὲ ἀπὸ τῆς Πάφου οἱ περὶ Παῦλον
16 ἀναστὰς δὲ Παῦλος . . . εἶπεν
43 ἠκολούθησαν πολλοὶ . . . τ. Παύλῳ κ. τ. Βαρνάβᾳ
45 ἀντέλεγον τοῖς ὑπὸ Παύλου λαλουμένοις
46 παρρησιασάμενοί τε ὁ Παῦλος κ. ὁ Βαρνάβας
50 ἐπήγειραν διωγμὸν ἐπὶ τ. Παῦλον κ. Βαρνάβαν
14 9 οὗτος ἤκουεν τ. Παύλου λαλοῦντος
11 οἵ τε ὄχλοι ἰδόντες ὃ ἐποίησεν Παῦλος
12 ἐκάλουν τε τ. Βαρνάβαν Δία τ. δὲ Παῦλον Ἑρμῆν
14 ἀκούσαντες δὲ οἱ ἀπόστολοι Βαρνάβας κ. Παῦλος
19 λιθάσαντες τ. Παῦλον ἔσυρον ἔξω τ. πόλεως
15 2 γενομένης δὲ . . . ζητήσεως οὐκ ὀλίγης τ. Παύλῳ κ. τ. Βαρνάβᾳ πρὸς αὐτούς, ἔταξαν ἀναβαίνειν Παῦλον κ. Βαρνάβαν
12 ἤκουον Βαρνάβα κ. Παύλου ἐξηγουμένων
22 πέμψαι εἰς Ἀντιόχειαν σὺν τ. Παύλῳ κ. Βαρνάβᾳ
25 σὺν τ. ἀγαπητοῖς ἡμῶν Βαρνάβᾳ κ. Παύλῳ
35 Παῦλος δὲ κ. Βαρνάβας διέτριβον ἐν Ἀντιοχείᾳ
36 εἶπεν πρὸς Βαρνάβαν Παῦλος
38 Παῦλος δὲ ἠξίου . . . μὴ συνπαραλαμβάνειν τοῦτον
40 Παῦλος δὲ ἐπιλεξάμενος Σίλαν ἐξῆλθεν
16 3 τοῦτον ἠθέλησεν ὁ Παῦλος σὺν αὐτῷ ἐξελθεῖν
9 ὅραμα διὰ νυκτὸς τῷ Παύλῳ ὤφθη
14 προσέχειν τ. λαλουμένοις ὑπὸ Παύλου
17 αὕτη κατακολουθοῦσα τ. Παύλῳ κ. ἡμῖν
18 διαπονηθεὶς δὲ Παῦλος . . . τ. πνεύματι εἶπεν
19 ἐπιλαβόμενοι τ. Παῦλον κ. τ. Σίλαν

Ac 16 25 κατὰ δὲ τὸ μεσονύκτιον Παῦλος κ. Σίλας προσευχόμενοι
28 ἐφώνησεν δὲ Παῦλος μεγάλῃ φωνῇ
φων. μεγ. Π., T
29 προσέπεσεν τῷ Παύλῳ κ. Σίλᾳ
36 ἀπήγγειλεν δὲ ὁ δεσμοφύλαξ τ. λόγους πρὸς τ. Παῦλον
37 ὁ δὲ Παῦλος ἔφη πρὸς αὐτούς
17 2 κατὰ δὲ τὸ εἰωθὸς τ. Παύλῳ εἰσῆλθεν
4 προσεκληρώθησαν τ. Παύλῳ κ. τ. Σίλᾳ
10 ἐξέπεμψαν τόν τε Παῦλον κ. τ. Σίλαν εἰς Βέροιαν
13 κ. ἐν τ. Βεροίᾳ κατηγγέλη ὑπὸ τ. Παύλου ὁ λόγος τ. Θεοῦ
14 εὐθέως δὲ τότε τ. Παῦλον ἐξαπέστειλαν
15 οἱ δὲ καθιστάνοντες τ. Παῦλον
16 ἐν δὲ τ. Ἀθήναις ἐκδεχομένου αὐτοὺς τ. Παύλου
22 σταθεὶς δὲ Παῦλος ἐν μέσῳ τ. Ἀρείου Πάγου
33 οὕτως ὁ Παῦλος ἐξῆλθεν ἐκ μέσου αὐτῶν
18 5 συνείχετο τ. λόγῳ ὁ Παῦλος
9 εἶπεν δὲ ὁ Κύριος ἐν νυκτὶ δι' ὁράματος τ. Παύλῳ
12 κατεπέστησαν οἱ Ἰουδαῖοι ὁμοθυμαδὸν τ. Παύλῳ
14 μέλλοντος δὲ τ. Παύλου ἀνοίγειν τὸ στόμα
18 ὁ δὲ Παῦλος ἔτι προσμείνας ἡμέρας ἱκανάς
19 1 ἐγένετο δὲ . . . Παῦλον διελθόντα τὰ ἀνωτερικὰ μέρη
4 εἶπεν δὲ Παῦλος
6 ἐπιθέντος αὐτοῖς τ. Παύλου χεῖρας
11 δυνάμεις τε . . . ὁ Θεὸς ἐποίει διὰ τ. χειρῶν Παύλου
13 ὁρκίζω ὑμᾶς τ. Ἰησοῦν ὃν Παῦλος κηρύσσει
15 τ. μὲν Ἰησοῦν γινώσκω κ. τ. Παῦλον ἐπίσταμαι
21 ἔθετο ὁ Παῦλος ἐν τ. πνεύματι
26 ὁ Παῦλος οὗτος πείσας μετέστησεν ἱκανὸν ὄχλον
29 Γαῖον κ. Ἀρίσταρχον . . . συνεκδήμους Παύλου.
30 Παύλου δὲ βουλομένου εἰσελθεῖν εἰς τ. δῆμον
20 1 μεταπεμψάμενος ὁ Παῦλος τ. μαθητάς
7 ὁ Παῦλος διελέγετο αὐτοῖς
9 διαλεγομένου τ. Παύλου ἐπὶ πλεῖον
10 καταβὰς δὲ ὁ Παῦλος ἐπέπεσεν αὐτῷ
13 ἐκεῖθεν μέλλοντες ἀναλαμβάνειν τ. Παῦλον
16 κεκρίκει γὰρ ὁ Παῦλος παραπλεῦσαι τὴν Ἔφεσον
37 ἐπιπεσόντες ἐπὶ τ. τράχηλον τ. Παύλου
21 4 οἵτινες τ. Παύλῳ ἔλεγον διὰ τ. πνεύματος
11 ἄρας τ. ζώνην τ. Παύλου
13 τότε ἀπεκρίθη ὁ Παῦλος
18 τῇ δὲ ἐπιούσῃ εἰσῄει ὁ Παῦλος σὺν ἡμῖν
26 τότε ὁ Παῦλος παραλαβὼν τ. ἄνδρας
29 ὃν ἐνόμιζον ὅτι εἰς τὸ ἱερὸν εἰσήγαγεν ὁ Παῦλος
30 ἐπιλαβόμενοι τ. Παύλου εἷλκον αὐτὸν ἔξω τ ἱεροῦ
32 ἐπαύσαντο τύπτοντες τ. Παῦλον
37 ὁ Παῦλος λέγει τῷ χιλιάρχῳ
39 εἶπεν δὲ ὁ Παῦλος
40 ὁ Παῦλος ἑστὼς ἐπὶ τ. ἀναβαθμῶν
22 25 εἶπεν πρὸς τ. ἑστῶτα χιλίαρχον ὁ Παῦλος
28 ὁ δὲ Παῦλος ἔφη
30 καταγαγὼν τ. Παῦλον ἔστησεν εἰς αὐτούς

Ac 23 1 ἀτενίσας δὲ Παῦλος τ. συνεδρίῳ εἶπεν
ἀτεν. δὲ τ. συν. ὁ Π., TWH mg.
3 τότε ὁ Παῦλος πρὸς αὐτὸν εἶπεν
5 ἔφη τε ὁ Παῦλος
6 γνοὺς δὲ ὁ Παῦλος ὅτι τὸ ἓν μέρος ἐστὶν Σαδδουκαίων
10 φοβηθεὶς . . . μὴ διασπασθῇ ὁ Παῦλος ὑπ' αὐτῶν
12 ἕως οὗ ἀποκτείνωσιν τ. Παῦλον
14 ἕως οὗ ἀποκτείνωμεν τ. Παῦλον
16 ἀκούσας δὲ ὁ υἱὸς τ. ἀδελφῆς Παύλου τ. ἐνέδραν,
παραγενόμενος . . . ἀπήγγειλεν τ. Παύλῳ
17 προσκαλεσάμενος δὲ ὁ Παῦλος ἕνα τ. ἑκατοντ-αρχῶν
18 ὁ δέσμιος Παῦλος προσκαλεσάμενός με ἠρώτησεν
20 ὅπως αὔριον τ. Παῦλον καταγάγῃς εἰς τὸ συνέδριον
24 ἵνα ἐπιβιβάσαντες τ. Παῦλον διασώσωσιν πρὸς Φήλικα
31 οἱ μὲν οὖν στρατιῶται . . . ἀναλαβόντες τ. Παῦλον
33 παρέστησαν κ. τ. Παῦλον αὐτῷ
24 1 οἵτινες ἐνεφάνισαν τ. ἡγεμόνι κατὰ τ. Παύλου
10 ἀπεκρίθη τε ὁ Παῦλος
24 παραγενόμενος ὁ Φῆλιξ . . . μετεπέμψατο τ. Παῦλον
26 ὅτι χρήματα δοθήσεται αὐτῷ ὑπὸ τ. Παύλου
27 κατέλιπεν τ. Παῦλον δεδεμένον
25 2 ἐνεφάνισάν τε αὐτῷ οἱ ἀρχιερεῖς . . . κατὰ τ. Παύλου
4 ἀπεκρίθη τηρεῖσθαι τ. Παῦλον εἰς Καισαρίαν
6 ἐκέλευσεν τ. Παῦλον ἀχθῆναι
8 τοῦ Παύλου ἀπολογουμένου
9 ὁ Φῆστος δὲ . . . ἀποκριθεὶς τ. Παύλῳ ἔφη
10 εἶπεν δὲ ὁ Παῦλος
14 ὁ Φῆστος τ. βασιλεῖ ἀνέθετο τὰ κατὰ τ. Παῦλον
19 ὃν ἔφασκεν ὁ Παῦλος ζῆν
21 τ. δὲ Παύλου ἐπικαλεσαμένου τηρηθῆναι αὐτόν
23 κελεύσαντος τ. Φήστου ἤχθη ὁ Παῦλος
26 1 Ἀγρίππας δὲ πρὸς τ. Παῦλον ἔφη
1 τότε ὁ Παῦλος ἐκτείνας τ. χεῖρα ἀπελογεῖτο
24 ὁ Φῆστος μεγάλῃ τ. φωνῇ φησὶν Μαίνῃ Παῦλε
25 ὁ δὲ Παῦλος Οὐ μαίνομαι φησίν
28 ὁ δὲ Ἀγρίππας πρὸς τ. Παῦλον
29 ὁ δὲ Παῦλος Εὐξαίμην ἂν τῷ Θεῷ
27 1 παρεδίδουν τόν τε Παῦλον . . . ἑκατοντάρχῃ
3 φιλανθρώπως τε ὁ Ἰούλιος τ. Παύλῳ χρη-σάμενος
9 παρῄνει ὁ Παῦλος λέγων αὐτοῖς
11 μᾶλλον ἐπείθετο ἢ τοῖς ὑπὸ Παύλου λεγο-μένοις
21 σταθεὶς ὁ Παῦλος ἐν μέσῳ αὐτῶν εἶπεν
24 μὴ φοβοῦ Παῦλε Καίσαρί σε δεῖ παραστῆναι
31 εἶπεν ὁ Παῦλος τ. ἑκατοντάρχῃ
33 παρεκάλει ὁ Παῦλος ἅπαντας μεταλαβεῖν τροφῆς
43 ὁ δὲ ἑκατοντάρχης βουλόμενος διασῶσαι τ. Παῦλον
28 3 συστρέψαντος δὲ τ. Παύλου φρυγάνων τι πλῆθος
8 πρὸς ὃν ὁ Παῦλος εἰσελθὼν

Ac 28 15 οὓς ἰδὼν ὁ Παῦλος . . . ἔλαβεν θάρσος
16 ἐπετράπη τῷ Παύλῳ μένειν καθ' ἑαυτὸν
τῷ δὲ Π. ἐπετρ., WH mg.
25 εἰπόντος τ. Παύλου ῥῆμα ἕν
Ro 1 1 Παῦλος δοῦλος Ἰησοῦ Χριστοῦ
I Co 1 1 Παῦλος κλητὸς ἀπόστολος Ἰησοῦ Χριστοῦ
12 ἕκαστος ὑμῶν λέγει Ἐγὼ μέν εἰμι Παύλου
13 μὴ Παῦλος ἐσταυρώθη ὑπὲρ ὑμῶν,
ἢ εἰς τὸ ὄνομα Παύλου ἐβαπτίσθητε;
3 4 ὅταν γὰρ λέγῃ τις Ἐγὼ μέν εἰμι Παύλου
5 τί οὖν ἐστιν Ἀπολλώς; τί δέ ἐστιν Παῦλος;
22 πάντα γὰρ ὑμῶν ἐστὶν εἴτε Παῦλος εἴτε Ἀπολλώς
16 21 ὁ ἀσπασμὸς τ. ἐμῇ χειρὶ Παύλου
II Co 1 1 Παῦλος ἀπόστολος Χριστοῦ Ἰησοῦ
10 1 αὐτὸς δὲ ἐγὼ Παῦλος παρακαλῶ ὑμᾶς
Ga 1 1 Παῦλος ἀπόστολος οὐκ ἀπ' ἀνθρώπων
5 2 ἴδε ἐγὼ Παῦλος λέγω ὑμῖν
Eph 1 1 Παῦλος ἀπόστολος Χριστοῦ Ἰησοῦ
3 1 ἐγὼ Παῦλος ὁ δέσμιος τ. Χριστοῦ Ἰησοῦ
Phl 1 1 Παῦλος κ. Τιμόθεος δοῦλοι Χριστοῦ Ἰησοῦ
Col 1 1 Παῦλος ἀπόστολος Χριστοῦ Ἰησοῦ
23 οὗ ἐγενόμην ἐγὼ Παῦλος διάκονος
4 18 ὁ ἀσπασμὸς τ. ἐμῇ χειρὶ Παύλου
I Th 1 1 Παῦλος κ. Σιλουανὸς κ. Τιμόθεος τ. ἐκκλη-σίᾳ Θεσσαλονικέων
2 18 ἠθελήσαμεν ἐλθεῖν πρὸς ὑμᾶς ἐγὼ μὲν Παῦλος
II Th 1 1 Παῦλος κ. Σιλουανὸς κ. Τιμόθεος τ. ἐκκλη-σίᾳ Θεσσαλονικέων
3 17 ὁ ἀσπασμὸς τ. ἐμῇ χειρὶ Παύλου
I Ti 1 1 Παῦλος ἀπόστολος Χριστοῦ Ἰησοῦ
II Ti 1 1 Παῦλος ἀπόστολος Χριστοῦ Ἰησοῦ
Tit 1 1 Παῦλος δοῦλος Θεοῦ ἀπόστολος δὲ Ἰησοῦ Χριστοῦ
Phm 1 Παῦλος δέσμιος Χριστοῦ Ἰησοῦ
9 τοιοῦτος ὢν ὡς Παῦλος πρεσβύτης
19 ἐγὼ Παῦλος ἔγραψα τ. ἐμῇ χειρί
II Pe 3 15 καθὼς κ. ὁ ἀγαπητὸς ἡμῶν ἀδελφὸς Παῦλος

ΠΑΥ´Ω 3973

Lu 5 4 ὡς δὲ ἐπαύσατο λαλῶν
8 24 ἐπαύσαντο κ. ἐγένετο γαλήνη
11 1 ἐν τ. εἶναι αὐτὸν . . . προσευχόμενον ὡς ἐπαύσατο
Ac 5 42 κατ' οἶκον οὐκ ἐπαύοντο διδάσκοντες
6 13 οὐ παύεται λαλῶν ῥήματα κατὰ τ. τόπου τ. ἁγίου
13 10 οὐ παύσῃ διαστρέφων τὰς ὁδοὺς τ. Κυρίου τ. εὐθείας;
20 1 μετὰ δὲ τὸ παύσασθαι τ. θόρυβον
31 οὐκ ἐπαυσάμην μετὰ δακρύων νουθετῶν
21 32 ἐπαύσαντο τύπτοντες τ. Παῦλον
I Co 13 8 εἴτε γλῶσσαι παύσονται
Eph 1 16 οὐ παύομαι εὐχαριστῶν ὑπὲρ ὑμῶν
Col 1 9 οὐ παυόμεθα ὑπὲρ ὑμῶν προσευχόμενοι
He 10 2 ἐπεὶ οὐκ ἂν ἐπαύσαντο προσφερόμεναι
I Pe 3 10 παυσάτω τ. γλῶσσαν ἀπὸ κακοῦ
נְצֹר לְשׁוֹנְךָ מֵרָע, Ps. xxxiv. 14
4 1 ὁ παθὼν σαρκὶ πέπαυται ἁμαρτίαις
ἁμαρτίας, TWH mg. R non mg.

ΠΑ´ΦΟΣ 3974

Ac 13 6 διελθόντες δὲ ὅλην τὴν νῆσον ἄχρι Πάφου
13 ἀναχθέντες δὲ ἀπὸ τῆς Πάφου οἱ περὶ Παῦλον

ΠΑΧΥ´ΝΟΜΑΙ 3975

Mt 13 15 ἐπαχύνθη γὰρ ἡ καρδία τ. λαοῦ τούτου
הִשְׁמֵן לֵב־הָעָם הַזֶּה, Is. vi. 10
Ac 28 27 ἐπαχύνθη γὰρ ἡ καρδία τ. λαοῦ τούτου, Is. *l.c.*

ΠΕ´ΔΗ 3976

Mk 5 4 διὰ τὸ αὐτὸν πολλάκις πέδαις κ. ἁλύσεσι δεδέσθαι,
κ. διεσπάσθαι ὑπ' αὐτοῦ τ. ἁλύσεις κ. τ. πέδας συντετρίφθαι
Lu 8 29 ἐδεσμεύετο ἁλύσεσι κ. πέδαις φυλασσόμενος

ΠΕΔΙΝΟ´Σ 3977

Lu 6 17 καταβὰς μετ' αὐτῶν ἔστη ἐπὶ τόπου πεδινοῦ

ΠΕΖΕΥ´Ω * 3978

Ac 20 13 μέλλων αὐτὸς πεζεύειν

ΠΕΖΗ͂Ι 3979

Mt 14 13 ἠκολούθησαν αὐτῷ πεζῇ ἀπὸ τ. πόλεων
πεζοί, TWH mg.
Mk 6 33 πεζῇ ἀπὸ πασῶν τ. πόλεων συνέδραμον ἐκεῖ

ΠΕΖΟ´Σ 3979.5 cf. 3979

Mt 14 13 ἠκολούθησαν αὐτῷ πεζοὶ ἀπὸ τ. πόλεων
πεζῇ, WH non mg.

ΠΕΙΘΑΡΧΕ´Ω 3980

Ac 5 29 πειθαρχεῖν δεῖ Θεῷ μᾶλλον ἢ ἀνθρώποις
32 ὃ ἔδωκεν ὁ Θεὸς τ. πειθαρχοῦσιν αὐτῷ
27 21 πειθαρχήσαντάς μοι μὴ ἀνάγεσθαι ἀπὸ τ. Κρήτης
Tit 3 1 ὑπομίμνησκε αὐτοὺς . . . πειθαρχεῖν

ΠΕΙΘΟ´Σ * † 3981

I Co 2 4 τὸ κήρυγμά μου οὐκ ἐν πειθοῖς σοφίας λόγοις
πιθοῖς, WH

ΠΕΙ´ΘΩ 3982

(1) πείθομαι

Mt 27 20 οἱ δὲ ἀρχιερεῖς κ. οἱ πρεσβύτεροι ἔπεισαν τ. ὄχλους
43 πέποιθεν ἐπὶ τ. Θεόν
ἐπὶ τ. Θεῷ, WH mg.
28 14 ἡμεῖς πείσομεν κ. ὑμᾶς ἀμερίμνους ποιήσομεν
Mk 10 24 πῶς δύσκολόν ἐστιν τ. πεποιθότας ἐπὶ τ. χρήμασιν
—τ. πεπ. ἐπὶ τ. χρήμ., TWHR mg.
Lu 11 22 τ. πανοπλίαν αὐτοῦ αἴρει ἐφ' ᾗ ἐπεποίθει
16 31 [1] οὐδ' ἐάν τις ἐκ νεκρῶν ἀναστῇ πεισθήσονται
18 9 πρός τινας τ. πεποιθότας ἐφ' ἑαυτοῖς ὅτι εἰσὶν δίκαιοι
20 6 [1] πεπεισμένος γάρ ἐστιν Ἰωάνην προφήτην εἶναι
Ac 5 36 [1] πάντες ὅσοι ἐπείθοντο αὐτῷ διελύθησαν
37 [1] πάντες ὅσοι ἐπείθοντο αὐτῷ διεσκορπίσθησαν
40 [1] ἐπείσθησαν δὲ αὐτῷ
12 20 πείσαντες Βλάστον τὸν ἐπὶ τ. κοιτῶνος τ. βασιλέως
Ac 13 43 ἔπειθον αὐτοὺς προσμένειν τ. χάριτι τ. Θεοῦ
14 19 ἐπῆλθαν δὲ . . . Ἰουδαῖοι κ. πείσαντες τ. ὄχλους
17 4 [1] κ. τινες ἐξ αὐτῶν ἐπείσθησαν
18 4 ἔπειθέν τε Ἰουδαίους κ. Ἕλληνας
19 8 πείθων περὶ τ. βασιλείας τ. Θεοῦ
26 ὁ Παῦλος οὗτος πείσας μετέστησεν ἱκανὸν ὄχλον
21 14 [1] μὴ πειθομένου δὲ αὐτοῦ ἡσυχάσαμεν
23 21 [1] σὺ οὖν μὴ πεισθῇς αὐτοῖς
26 26 [1] λανθάνειν γὰρ αὐτὸν τούτων οὐ πείθομαι οὐθέν
28 ἐν ὀλίγῳ με πείθεις Χριστιανὸν ποιῆσαι;
27 11 [1] ὁ δὲ ἑκατοντάρχης . . . τ. ναυκλήρῳ μᾶλλον ἐπείθετο
28 23 πείθων τε αὐτοὺς περὶ τ. Ἰησοῦ
24 [1] οἱ μὲν ἐπείθοντο τ. λεγομένοις
Ro 2 8 [1] τοῖς δὲ . . . ἀπειθοῦσιν τ. ἀληθείᾳ πειθομένοις δὲ τ. ἀδικίᾳ
19 πέποιθάς τε σεαυτὸν ὁδηγὸν εἶναι τυφλῶν
8 38 [1] πέπεισμαι γὰρ ὅτι οὔτε θάνατος οὔτε ζωή
14 14 [1] οἶδα κ. πέπεισμαι ἐν Κυρίῳ Ἰησοῦ
15 14 [1] πέπεισμαι δὲ . . . κ. αὐτὸς ἐγὼ περὶ ὑμῶν
II Co 1 9 ἵνα μὴ πεποιθότες ὦμεν ἐφ' ἑαυτοῖς
2 3 πεποιθὼς ἐπὶ πάντας ὑμᾶς
5 11 εἰδότες οὖν τ. φόβον τ. Κυρίου ἀνθρώπους πείθομεν
10 7 εἴ τις πέποιθεν ἑαυτῷ Χριστοῦ εἶναι
Ga 1 10 ἄρτι γὰρ ἀνθρώπους πείθω ἢ τ. Θεόν;
5 7 [1] τίς ὑμᾶς ἐνέκοψεν ἀληθείᾳ μὴ πείθεσθαι;
10 ἐγὼ πέποιθα εἰς ὑμᾶς ἐν Κυρίῳ
Phl 1 6 πεποιθὼς αὐτὸ τοῦτο
14 τ. πλείονας τ. ἀδελφῶν ἐν Κυρίῳ πεποιθότας τ. δεσμοῖς μου
25 κ. τοῦτο πεποιθὼς οἶδα ὅτι μενῶ
2 24 πέποιθα δὲ ἐν Κυρίῳ
3 3 ἡμεῖς γάρ ἐσμεν ἡ περιτομὴ οἱ . . . οὐκ ἐν σαρκὶ πεποιθότες
4 εἴ τις δοκεῖ ἄλλος πεποιθέναι ἐν σαρκί
II Th 3 4 πεποίθαμεν δὲ ἐν Κυρίῳ ἐφ' ὑμᾶς
II Ti 1 5 [1] πέπεισμαι δὲ ὅτι κ. ἐν σοί
12 [1] πέπεισμαι ὅτι δυνατός ἐστιν . . . φυλάξαι
Phm 21 πεποιθὼς τ. ὑπακοῇ σου ἔγραψά σοι
He 2 13 ἐγὼ ἔσομαι πεποιθὼς ἐπ' αὐτῷ
קִוֵּיתִי־לוֹ, Is. viii. 17
6 9 [1] πεπείσμεθα δὲ περὶ ὑμῶν ἀγαπητοὶ τὰ κρείσσονα
13 17 [1] πείθεσθε τ. ἡγουμένοις ὑμῶν
18 [1] πειθόμεθα γὰρ ὅτι καλὴν συνείδησιν ἔχομεν
Ja 3 3 [1] τ. χαλίνους εἰς τὰ στόματα βάλλομεν εἰς τὸ πείθεσθαι αὐτοὺς ἡμῖν
I Jo 3 19 ἔμπροσθεν αὐτοῦ πείσομεν τ. καρδίαν ἡμῶν

ΠΕΙΛΑ͂ΤΟΣ 3982.5

Mt 27 2 παρέδωκαν Πειλάτῳ τ. ἡγεμόνι
Ποντίῳ Πειλ., WH mg.
13 τότε λέγει αὐτῷ ὁ Πειλᾶτος
17 συνηγμένων οὖν αὐτῶν εἶπεν αὐτοῖς ὁ Πειλᾶτος
22 λέγει αὐτοῖς ὁ Πειλᾶτος
24 ἰδὼν δὲ ὁ Πειλᾶτος ὅτι οὐδὲν ὠφελεῖ

Mt 27 58 οὗτος προσελθὼν τ. Πειλάτῳ ᾐτήσατο τὸ σῶμα τ. Ἰησοῦ.
τότε ὁ Πειλᾶτος ἐκέλευσεν ἀποδοθῆναι
62 συνήχθησαν οἱ ἀρχιερεῖς κ. οἱ Φαρισαῖοι πρὸς Πειλᾶτον
65 ἔφη αὐτοῖς ὁ Πειλᾶτος
Mk 15 1 δήσαντες τ. Ἰησοῦν ἀπήνεγκαν κ. παρέδωκαν Πειλάτῳ.
2 κ. ἐπηρώτησεν αὐτὸν ὁ Πειλᾶτος
4 ὁ δὲ Πειλᾶτος πάλιν ἐπηρώτα αὐτόν
5 ὥστε θαυμάζειν τ. Πειλᾶτον
9 ὁ δὲ Πειλᾶτος ἀπεκρίθη αὐτοῖς λέγων
12 ὁ δὲ Πειλᾶτος πάλιν ἀποκριθεὶς ἔλεγεν αὐτοῖς
14 ὁ δὲ Πειλᾶτος ἔλεγεν αὐτοῖς
15 ὁ δὲ Πειλᾶτος βουλόμενος τ. ὄχλῳ τὸ ἱκανὸν ποιῆσαι
43 τολμήσας εἰσῆλθεν πρὸς τ. Πειλᾶτον
44 ὁ δὲ Πειλᾶτος ἐθαύμασεν εἰ ἤδη τέθνηκεν
Lu 3 1 ἡγεμονεύοντος Ποντίου Πειλάτου τ. Ἰουδαίας
13 1 ὧν τὸ αἷμα Πειλᾶτος ἔμιξεν μετὰ τ. θυσιῶν αὐτῶν
23 1 ἤγαγον αὐτὸν πρὸς τ. Πειλᾶτον
3 ὁ δὲ Πειλᾶτος ἠρώτησεν αὐτὸν λέγων
4 ὁ δὲ Πειλᾶτος εἶπεν πρὸς τ. ἀρχιερεῖς
6 Πειλᾶτος δὲ ἀκούσας ἐπηρώτησεν
11 ὁ Ἡρῴδης . . . ἀνέπεμψεν αὐτὸν τ. Πειλάτῳ.
12 ἐγένοντο δὲ φίλοι ὅ τε Ἡρῴδης κ. ὁ Πειλᾶτος
13 Πειλᾶτος δὲ συνκαλεσάμενος τ. ἀρχιερεῖς
20 πάλιν δὲ ὁ Πειλᾶτος προσεφώνησεν αὐτοῖς
24 Πειλᾶτος ἐπέκρινεν γενέσθαι τὸ αἴτημα αὐτῶν
52 οὗτος προσελθὼν τ. Πειλάτῳ ᾐτήσατο τὸ σῶμα τ. Ἰησοῦ
Jo 18 29 ἐξῆλθεν οὖν ὁ Πειλᾶτος ἔξω πρὸς αὐτούς
31 εἶπεν οὖν αὐτοῖς Πειλᾶτος
ὁ Πειλ., T
33 εἰσῆλθεν οὖν πάλιν εἰς τὸ πραιτώριον ὁ Πειλᾶτος
35 ἀπεκρίθη ὁ Πειλᾶτος
37 εἶπεν οὖν αὐτῷ ὁ Πειλᾶτος
38 λέγει αὐτῷ ὁ Πειλᾶτος Τί ἐστιν ἀλήθεια;
19 1 τότε οὖν ἔλαβεν ὁ Πειλᾶτος τ. Ἰησοῦν
4 ἐξῆλθεν πάλιν ἔξω ὁ Πειλᾶτος
ὁ Πειλ. ἔξω, TWHmg.
6 λέγει αὐτοῖς ὁ Πειλᾶτος
8 ὅτε οὖν ἤκουσεν ὁ Πειλᾶτος τοῦτον τ. λόγον
10 λέγει οὖν αὐτῷ ὁ Πειλᾶτος
12 ἐκ τούτου ὁ Πειλᾶτος ἐζήτει ἀπολῦσαι αὐτόν
13 ὁ οὖν Πειλᾶτος ἀκούσας τ. λόγων τούτων
15 λέγει αὐτοῖς ὁ Πειλᾶτος
19 ἔγραψεν δὲ κ. τίτλον ὁ Πειλᾶτος
21 ἔλεγον οὖν τ. Πειλάτῳ οἱ ἀρχιερεῖς τ. Ἰουδαίων
22 ἀπεκρίθη ὁ Πειλᾶτος
31 ἠρώτησαν τ. Πειλᾶτον ἵνα κατεαγῶσιν αὐτῶν τὰ σκέλη
38 ἠρώτησε τ. Πειλᾶτον Ἰωσὴφ ἀπὸ Ἀριμαθαίας
38 ἐπέτρεψεν ὁ Πειλᾶτος
Ac 3 13 ἠρνήσασθε κατὰ πρόσωπον Πειλάτου
4 27 συνήχθησαν γὰρ . . . Ἡρῴδης τε κ. Πόντιος Πειλᾶτος
13 28 ᾐτήσαντο Πειλᾶτον ἀναιρεθῆναι αὐτόν
1 Ti 6 13 τ. μαρτυρήσαντος ἐπὶ Ποντίου Πειλάτου τ. καλὴν ὁμολογίαν

ΠΕΙΝΑ'Ω 3983

(1) metaph.

Mt 4 2 νηστεύσας ἡμέρας τεσσεράκοντα κ. νύκτας τεσσεράκοντα ὕστερον ἐπείνασεν
5 6 [1] μακάριοι οἱ πεινῶντες κ. διψῶντες τ. δικαιοσύνην
12 1 οἱ δὲ μαθηταὶ αὐτοῦ ἐπείνασαν
3 ὅτε ἐπείνασεν κ. οἱ μετ᾽ αὐτοῦ
21 18 πρωῒ δὲ ἐπαναγαγὼν εἰς τ. πόλιν ἐπείνασεν
25 35 ἐπείνασα γὰρ κ. ἐδώκατέ μοι φαγεῖν
37 Κύριε πότε σὲ εἴδαμεν πεινῶντα
42 ἐπείνασα γὰρ κ. οὐκ ἐδώκατέ μοι φαγεῖν
44 Κύριε πότε σε εἴδομεν πεινῶντα
Mk 2 25 ὅτε χρείαν ἔσχεν κ. ἐπείνασεν αὐτὸς κ. οἱ μετ᾽ αὐτοῦ
11 12 ἐξελθόντων αὐτῶν ἀπὸ Βηθανίας ἐπείνασεν
Lu 1 53 πεινῶντας ἐνέπλησεν ἀγαθῶν
4 2 συντελεσθεισῶν αὐτῶν ἐπείνασεν
6 3 ὅτε ἐπείνασεν αὐτὸς κ. οἱ μετ᾽ αὐτοῦ
21 [1] μακάριοι οἱ πεινῶντες νῦν ὅτι χορτασθήσεσθε
25 [1] οὐαὶ ὑμῖν οἱ ἐμπεπλησμένοι νῦν ὅτι πεινάσετε
Jo 6 35 [1] ὁ ἐρχόμενος πρὸς ἐμὲ οὐ μὴ πεινάσῃ
Ro 12 20 ἀλλὰ ἐὰν πεινᾷ ὁ ἐχθρός σου ψώμιζε αὐτόν
אִם־רָעֵב שֹׂנַאֲךָ הַאֲכִלֵהוּ, Pr. xxv. 21
1 Co 4 11 ἄχρι τ. ἄρτι ὥρας κ. πεινῶμεν κ. διψῶμεν
11 21 ὃς μὲν πεινᾷ ὃς δὲ μεθύει
34 εἴ τις πεινᾷ ἐν οἴκῳ ἐσθιέτω
Phl 4 12 ἐν πᾶσι μεμύημαι κ. χορτάζεσθαι κ. πεινᾶν
Re 7 16 οὐ πεινάσουσιν ἔτι οὐδὲ διψήσουσιν ἔτι

ΠΕΙ̃ΡΑ 3984

He 11 29 ἧς πεῖραν λαβόντες οἱ Αἰγύπτιοι κατεπόθησαν
36 ἕτεροι δὲ ἐμπαιγμῶν κ. μαστίγων πεῖραν ἔλαβον

ΠΕΙΡΑ'ΖΩ 3985

(1) ὁ πειράζων (2) πειρ. τ. Θεόν, τὸ πνεῦμα

Mt 4 1 ἀνήχθη εἰς τὴν ἔρημον . . . πειρασθῆναι ὑπὸ τ. διαβόλου
3 [1] προσελθὼν ὁ πειράζων εἶπεν αὐτῷ
16 1 οἱ Φαρισαῖοι κ. Σαδδουκαῖοι πειράζοντες ἐπηρώτησαν αὐτόν
19 3 προσῆλθαν αὐτῷ Φαρισαῖοι πειράζοντες αὐτόν
22 18 τί με πειράζετε ὑποκριταί;
35 ἐπηρώτησεν εἷς ἐξ αὐτῶν νομικὸς πειράζων αὐτόν
Mk 1 13 ἦν ἐν τῇ ἐρήμῳ πειραζόμενος ὑπὸ τοῦ Σατανᾶ
8 11 ἤρξαντο συνζητεῖν αὐτῷ . . . πειράζοντες αὐτόν
10 2 προσελθόντες Φαρισαῖοι ἐπηρώτων αὐτὸν . . . πειράζοντες αὐτόν
12 15 εἶπεν αὐτοῖς Τί με πειράζετε;
Lu 4 2 ἡμέρας τεσσεράκοντα πειραζόμενος ὑπὸ τ. διαβόλου
11 16 ἕτεροι δὲ πειράζοντες σημεῖον ἐξ οὐρανοῦ ἐζήτουν
Jo 6 6 τοῦτο δὲ ἔλεγεν πειράζων αὐτόν

Jo 8 [6 τοῦτο δὲ ἔλεγον πειράζοντες αὐτόν h. v., [WH]
Ac 5 9 ² τί ὅτι συνεφωνήθη ὑμῖν πειράσαι τὸ πνεῦμα Κυρίου;
9 26 ἐπείραζεν κολλᾶσθαι τ. μαθηταῖς
15 10 ² νῦν οὖν τί πειράζετε τ. Θεόν
16 7 ἐπείραζον εἰς τ. Βιθυνίαν πορευθῆναι
24 6 ὃς κ. τὸ ἱερὸν ἐπείρασεν βεβηλῶσαι
1 Co 7 5 ἵνα μὴ πειράζῃ ὑμᾶς ὁ Σατανᾶς
10 9 καθώς τινες αὐτῶν ἐπείρασαν
ἐξεπείρασαν, TWH mg.
13 ὃς οὐκ ἐάσει ὑμᾶς πειρασθῆναι ὑπὲρ ὃ δύνασθε
πειρ. ὑμ., WH mg.
II Co 13 5 ἑαυτοὺς πειράζετε εἰ ἐστὲ ἐν τ. πίστει
Ga 6 1 σκοπῶν σεαυτὸν μὴ κ. σὺ πειρασθῇς
1 Th 3 5 ¹ μή πως ἐπείρασεν ὑμᾶς ὁ πειράζων
He 2 18 ἐν ᾧ γὰρ πέπονθεν αὐτὸς πειρασθείς, δύναται τ. πειραζομένοις βοηθῆσαι
3 9 οὗ ἐπείρασαν οἱ πατέρες ὑμῶν
אֲשֶׁר נִסּוּנִי אֲבוֹתֵיכֶם, Ps. xcv. 9
4 15 πεπειρασμένον δὲ κατὰ πάντα καθ' ὁμοιότητα
11 17 πίστει προσενήνοχεν Ἀβραὰμ τ. Ἰσαὰκ πειραζόμενος
37 ἐπειράσθησαν ἐπρίσθησαν
ἐπρίσθ. ἐπειρ., WH mg. R
Ja 1 13 μηδεὶς πειραζόμενος λεγέτω ὅτι Ἀπὸ Θεοῦ πειράζομαι
13 πειράζει δὲ αὐτὸς οὐδένα.
14 ἕκαστος δὲ πειράζεται ὑπὸ τ. ἰδίας ἐπιθυμίας ἐξελκόμενος
Re 2 2 ἐπείρασας τ. λέγοντας ἑαυτοὺς ἀποστόλους
10 μέλλει βάλλειν ὁ διάβολος ἐξ ὑμῶν εἰς φυλακὴν ἵνα πειρασθῆτε
3 10 πειράσαι τ. κατοικοῦντας ἐπὶ τ. γῆς

ΠΕΙΡΑ'ΟΜΑΙ 3987

Ac 26 21 Ἰουδαῖοι συλλαβόμενοι ἐν τ. ἱερῷ ἐπειρῶντο διαχειρίσασθαι

ΠΕΙΡΑΣΜΟ'Σ † 3986

Mt 6 13 μὴ εἰσενέγκῃς ἡμᾶς εἰς πειρασμόν
26 41 προσεύχεσθε ἵνα μὴ εἰσέλθητε εἰς πειρασμόν
Mk 14 38 προσεύχεσθε ἵνα μὴ ἔλθητε εἰς πειρασμόν
Lu 4 13 συντελέσας πάντα πειρασμὸν ὁ διάβολος
8 13 ἐν καιρῷ πειρασμοῦ ἀφίστανται
11 4 μὴ εἰσενέγκῃς ἡμᾶς εἰς πειρασμόν
22 28 ὑμεῖς δέ ἐστε οἱ διαμεμενηκότες μετ' ἐμοῦ ἐν τ. πειρασμοῖς μου
40 προσεύχεσθε μὴ εἰσελθεῖν εἰς πειρασμόν
46 προσεύχεσθε ἵνα μὴ εἰσέλθητε εἰς πειρασμόν
Ac 20 19 δουλεύων τ. Κυρίῳ μετὰ . . . δακρύων κ. πειρασμῶν
1 Co 10 13 πειρασμὸς ὑμᾶς οὐκ εἴληφεν εἰ μὴ ἀνθρώπινος
13 ποιήσει σὺν τ. πειρασμῷ κ. τ. ἔκβασιν
Ga 4 14 τ. πειρασμὸν ὑμῶν ἐν τ. σαρκί μου οὐκ ἐξουθενήσατε
1 Ti 6 9 οἱ δὲ βουλόμενοι πλουτεῖν ἐμπίπτουσιν εἰς πειρασμόν
He 3 8 κατὰ τ. ἡμέραν τ. πειρασμοῦ ἐν τῇ ἐρήμῳ
כְּיוֹם מַסָּה בַּמִּדְבָּר, Ps. xcv. 9
Ja 1 2 ὅταν πειρασμοῖς περιπέσητε ποικίλοις
12 μακάριος ἀνὴρ ὃς ὑπομένει πειρασμόν
1 Pe 1 6 ὀλίγον ἄρτι εἰ δέον λυπηθέντες ἐν ποικίλοις πειρασμοῖς
4 12 μὴ ξενίζεσθε τῇ ἐν ὑμῖν πυρώσει πρὸς πειρασμὸν ὑμῖν γινομένῃ
II Pe 2 9 οἶδεν Κύριος εὐσεβεῖς ἐκ πειρασμοῦ ῥύεσθαι
ἐκ πειρασμῶν, T
Re 3 10 κἀγώ σε τηρήσω ἐκ τ. ὥρας τ. πειρασμοῦ

ΠΕΙΣΜΟΝΗ' *† 3988

Ga 5 8 ἡ πεισμονὴ οὐκ ἐκ τ. καλοῦντος ὑμᾶς

ΠΕ'ΛΑΓΟΣ ** 3989

Mt 18 6 ἵνα . . . καταποντισθῇ ἐν τ. πελάγει τ. θαλάσσης
Ac 27 5 τό τε πέλαγος τὸ κατὰ τ. Κιλικίαν . . διαπλεύσαντες

ΠΕΛΕΚΙ'ΖΟΜΑΙ * 3990

Re 20 4 τ. ψυχὰς τ. πεπελεκισμένων διὰ τ. μαρτυρίαν Ἰησοῦ

ΠΕ'ΜΠΤΟΣ 3991

Re 6 9 ὅτε ἤνοιξεν τ. πέμπτην σφραγῖδα
9 1 ὁ πέμπτος ἄγγελος ἐσάλπισεν
16 10 ὁ πέμπτος ἐξέχεεν τ. φιάλην αὐτοῦ ἐπὶ τ. θρόνον τ. θηρίου
21 20 ὁ πέμπτος σαρδόνυξ

ΠΕ'ΜΠΩ 3992

(1) seq. **διά, παρά** (2) seq. **εἰς, πρός**

Mt 2 8 ² πέμψας αὐτοὺς εἰς Βηθλεέμ εἶπεν
11 2 ¹ πέμψας διὰ τ. μαθητῶν αὐτοῦ εἶπεν αὐτῷ
14 10 πέμψας ἀπεκεφάλισεν Ἰωάνην ἐν τ. φυλακῇ
22 7 πέμψας τὰ στρατεύματα αὐτοῦ ἀπώλεσεν
Mk 5 12 ² πέμψον ἡμᾶς εἰς τ. χοίρους
Lu 4 26 ² πρὸς οὐδεμίαν αὐτῶν ἐπέμφθη Ἠλείας
7 6 ἔπεμψεν φίλους ὁ ἑκατοντάρχης λέγων αὐτῷ
10 ὑποστρέψαντες εἰς τ. οἶκον οἱ πεμφθέντες
19 ² ὁ Ἰωάνης ἔπεμψεν πρὸς τ. Κύριον λέγων
15 15 ² ἔπεμψεν αὐτὸν εἰς τ. ἀγροὺς αὐτοῦ βόσκειν χοίρους
16 24 πέμψον Λάζαρον ἵνα βάψῃ τὸ ἄκρον τ. δακτύλου αὐτοῦ ὕδατος
27 ² ἵνα πέμψῃς αὐτὸν εἰς τ. οἶκον τ. πατρός μου
20 11 προσέθετο ἕτερον πέμψαι δοῦλον
12 προσέθετο τρίτον πέμψαι
13 πέμψω τ. υἱόν μου τ. ἀγαπητόν
Jo 1 22 ἵνα ἀπόκρισιν δῶμεν τ. πέμψασιν ἡμᾶς
33 ὁ πέμψας με βαπτίζειν ἐν ὕδατι
4 34 ἵνα ποιήσω τὸ θέλημα τ. πέμψαντός με
5 23 οὐ τιμᾷ τ. πατέρα τ. πέμψαντα αὐτόν
24 ὁ . . . πιστεύων τ. πέμψαντι με ἔχει ζωὴν αἰώνιον
30 ἀλλὰ τὸ θέλημα τ. πέμψαντός με
37 ὁ πέμψας με πατὴρ ἐκεῖνος μεμαρτύρηκεν περὶ ἐμοῦ
6 38 ἀλλὰ τὸ θέλημα τ. πέμψαντός με.
39 τοῦτο δέ ἐστιν τὸ θέλημα τ. πέμψαντός με
44 ἐὰν μὴ ὁ πατὴρ ὁ πέμψας με ἑλκύσῃ αὐτόν
7 16 ἡ ἐμὴ διδαχὴ οὐκ ἔστιν ἐμὴ ἀλλὰ τ. πέμψαντός με

Jo 7 18 ὁ δὲ ζητῶν τ. δόξαν τ. πέμψαντός αὐτον
28 ἀλλ' ἔστιν ἀληθινὸς ὁ πέμψας με
33 ὑπάγω πρὸς τ. πέμψαντά με
8 16 ἀλλ' ἐγὼ κ. ὁ πέμψας με πατήρ
18 μαρτυρεῖ περὶ ἐμοῦ ὁ πέμψας με πατήρ
26 ὁ πέμψας με ἀληθής ἐστιν
29 ὁ πέμψας με μετ' ἐμοῦ ἐστίν
9 4 ἡμᾶς δεῖ ἐργάζεσθαι τὰ ἔργα τ. πέμψαντός με
12 44 οὐ πιστεύει εἰς ἐμὲ ἀλλὰ εἰς τ. πέμψαντά με·
45 κ. ὁ θεωρῶν ἐμὲ θεωρεῖ τ. πέμψαντά με
49 ὁ πέμψας με πατὴρ αὐτός μοι ἐντολὴν δέδωκεν
13 16 οὐδὲ ἀπόστολος μείζων τ. πέμψαντος αὐτόν
20 ὁ λαμβάνων ἄν τινα πέμψω ἐμὲ λαμβάνει· κ. ὁ ἐμὲ λαμβάνων λαμβάνει τ. πέμψαντά με
14 24 οὐκ ἔστιν ἐμὸς ἀλλὰ τ. πέμψαντός με πατρός
26 ὃ πέμψει ὁ πατὴρ ἐν τ. ὀνόματί μου
15 21 ὅτι οὐκ οἴδασιν τ. πέμψαντά με
26 [1] ὃν ἐγὼ πέμψω ὑμῖν παρὰ τ. πατρός
16 5 νῦν δὲ ὑπάγω πρὸς τ. πέμψαντά με
7 [2] ἐὰν δὲ πορευθῶ πέμψω αὐτὸν πρὸς ὑμᾶς
20 21 καθὼς ἀπέσταλκέν με ὁ πατὴρ κἀγὼ πέμπω ὑμᾶς
Ac 10 5 [2] νῦν πέμψον ἄνδρας εἰς Ἰόππην
32 [2] πέμψον οὖν εἰς Ἰόππην
33 [2] ἐξαυτῆς οὖν ἔπεμψα πρός σε
11 29 [2] εἰς διακονίαν πέμψαι τ. κατοικοῦσιν ἐν τ. Ἰουδαίᾳ ἀδελφοῖς
15 22 [2] ἐκλεξαμένους ἄνδρας ἐξ αὐτῶν πέμψαι εἰς Ἀντιόχειαν
25 [2] ἔδοξεν ἡμῖν . . . ἐκλεξαμένοις ἄνδρας πέμψαι πρὸς ὑμᾶς
19 31 [2] τινὲς δὲ κ. τ. Ἀσιαρχῶν . . . πέμψαντες πρὸς αὐτόν
20 17 [2] ἀπὸ δὲ τῆς Μιλήτου πέμψας εἰς Ἔφεσον
23 30 [2] ἐξαυτῆς ἔπεμψα πρός σε
25 25 αὐτοῦ δὲ τούτου ἐπικαλεσαμένου τ. Σεβαστὸν ἔκρινα πέμπειν
27 ἄλογον γάρ μοι δοκεῖ πέμποντα δέσμιον
Ro 8 3 ὁ Θεὸς τὸν ἑαυτοῦ υἱὸν πέμψας ἐν ὁμοιώματι σαρκὸς ἁμαρτίας
I Co 4 17 διὰ τοῦτο ἔπεμψα ὑμῖν Τιμόθεον
16 3 τούτους πέμψω ἀπενεγκεῖν τ. χάριν ὑμῶν
II Co 9 3 ἔπεμψα δὲ τ. ἀδελφούς
Eph 6 22 [2] ὃν ἔπεμψα πρὸς ὑμᾶς εἰς αὐτὸ τοῦτο
Phl 2 19 ἐλπίζω δὲ . . . Τιμόθεον ταχέως πέμψαι ὑμῖν
23 τοῦτον μὲν οὖν ἐλπίζω πέμψαι
25 [2] ἀναγκαῖον δὲ ἡγησάμην Ἐπαφρόδιτον . . . πέμψαι πρὸς ὑμᾶς
28 σπουδαιοτέρως οὖν ἔπεμψα αὐτόν
4 16 [2] ἅπαξ κ. δὶς εἰς τ. χρείαν μοι ἐπέμψατε
Col 4 8 [2] ὃν ἔπεμψα πρὸς ὑμᾶς εἰς αὐτὸ τοῦτο
I Th 3 2 ἐπέμψαμεν Τιμόθεον τ. ἀδελφὸν ἡμῶν
5 [2] ἔπεμψα εἰς τὸ γνῶναι τ. πίστιν ὑμῶν
II Th 2 11 πέμπει αὐτοῖς ὁ Θεὸς ἐνέργειαν πλάνης
Tit 3 12 [2] ὅταν πέμψω Ἀρτεμᾶν πρός σε ἢ Τύχικον
I Pe 2 14 [1 2] ὡς δι' αὐτοῦ πεμπομένοις εἰς ἐκδίκησιν κακοποιῶν
Re 1 11 [2] πέμψον τ. ἑπτὰ ἐκκλησίαις εἰς Ἔφεσον
11 10 δῶρα πέμψουσιν ἀλλήλοις
πέμπουσιν, T
14 15 πέμψον τὸ δρέπανόν σου κ. θέρισον
18 πέμψον σου τὸ δρέπανον τὸ ὀξύ
22 16 ἐγὼ Ἰησοῦς ἔπεμψα τ. ἄγγελόν μου

ΠΕ΄ΝΗΣ 3993

II Co 9 9 ἐσκόρπισεν ἔδωκεν τοῖς πένησιν
פִּזַּר נָתַן לָאֶבְיוֹנִים, Ps. cxii. 9

ΠΕΝΘΕΡΑ΄ 3994

Mt 8 14 εἶδεν τ. πενθερὰν αὐτοῦ βεβλημένην κ. πυρέσσουσαν
10 35 διχάσαι . . . νύμφην κατὰ τ. πενθερᾶς αὐτῆς
Mk 1 30 ἡ δὲ πενθερὰ Σίμωνος κατέκειτο πυρέσσουσα
Lu 4 38 πενθερὰ δὲ τ. Σίμωνος ἦν συνεχομένη πυρετῷ μεγάλῳ
12 53 διαμερισθήσονται . . . πενθερὰ ἐπὶ τ. νύμφην αὐτῆς κ. νύμφην ἐπὶ τ. πενθεράν

ΠΕΝΘΕΡΟ΄Σ 3995

Jo 18 13 ἦν γὰρ πενθερὸς τοῦ Καιάφα

ΠΕΝΘΕ΄Ω 3996

Mt 5 4 μακάριοι οἱ πενθοῦντες ὅτι αὐτοὶ παρακληθήσονται
ver. 5, TWH mg. R mg.
9 15 μὴ δύνανται οἱ υἱοὶ τ. νυμφῶνος πενθεῖν
Mk 16 [10 ἀπήγγειλεν τοῖς μετ' αὐτοῦ γενομένοις πενθοῦσιν κ. κλαίουσιν
Lu 6 25 οὐαὶ οἱ γελῶντες νῦν ὅτι πενθήσετε κ. κλαύσετε
I Co 5 2 κ. οὐχὶ μᾶλλον ἐπενθήσατε
II Co 12 21 πενθήσω πολλοὺς τ. προημαρτηκότων
Ja 4 9 ταλαιπωρήσατε κ. πενθήσατε κ. κλαύσατε
Re 18 11 οἱ ἔμποροι τ. γῆς κλαίουσιν κ. πενθοῦσιν ἐπ' αὐτήν
15 ἀπὸ μακρόθεν στήσονται . . . κλαίοντες κ. πενθοῦντες
19 ἔκραξαν κλαίοντες κ. πενθοῦντες

ΠΕ΄ΝΘΟΣ 3997

Ja 4 9 ὁ γέλως ὑμῶν εἰς πένθος μετατραπήτω
Re 18 7 τοσοῦτον δότε αὐτῇ βασανισμὸν κ. πένθος· ὅτι ἐν τ. καρδίᾳ αὐτῆς λέγει ὅτι . . . πένθος οὐ μὴ ἴδω
8 ἥξουσιν . . . θάνατος κ. πένθος κ. λιμός
21 4 οὔτε πένθος οὔτε κραυγὴ οὔτε πόνος οὐκ ἔσται ἔτι

ΠΕΝΙΧΡΟ΄Σ 3998

Lu 21 2 εἶδεν δέ τινα χήραν πενιχρὰν βάλλουσαν ἐκεῖ λεπτὰ δύο

ΠΕΝΤΑ΄ΚΙΣ 3999

II Co 11 24 ὑπὸ Ἰουδαίων πεντάκις τεσσεράκοντα παρὰ μίαν ἔλαβον

ΠΕΝΤΑΚΙΣΧΙ΄ΛΙΟΙ 4000

Mt 14 21 οἱ δὲ ἐσθίοντες ἦσαν ἄνδρες ὡσεὶ πεντακισχίλιοι
16 9 οὐδὲ μνημονεύετε τ. πέντε ἄρτους τ. πεντακισχιλίων
Mk 6 44 ἦσαν οἱ φαγόντες τ. ἄρτους πεντακισχίλιοι ἄνδρες

Mk 8 19 ὅτε τ. πέντε ἄρτους ἔκλασα εἰς τ. πεντακισχιλίους
Lu 9 14 ἦσαν γὰρ ὡσεὶ ἄνδρες πεντακισχίλιοι
Jo 6 10 ἀνέπεσαν οὖν οἱ ἄνδρες τ. ἀριθμὸν ὡς πεντακισχίλιοι

ΠΕΝΤΑΚΟ´ΣΙΟΙ 4001

Lu 7 41 ὁ εἷς ὤφειλεν δηνάρια πεντακόσια
1Co15 6 ἔπειτα ὤφθη ἐπάνω πεντακοσίοις ἀδελφοῖς ἐφάπαξ

ΠΕ´ΝΤΕ 4002

Mt 14 17 οὐκ ἔχομεν ὧδε εἰ μὴ πέντε ἄρτους κ. δύο ἰχθύας
19 λαβὼν τ. πέντε ἄρτους κ. τ. δύο ἰχθύας
16 9 οὐδὲ μνημονεύετε τ. πέντε ἄρτους τ. πεντακισχιλίων
25 2 πέντε δὲ ἐξ αὐτῶν ἦσαν μωραὶ κ. πέντε φρόνιμοι
15 ᾧ μὲν ἔδωκεν πέντε τάλαντα
16 πορευθεὶς ὁ τὰ πέντε τάλαντα λαβὼν
16 ἐκέρδησεν ἄλλα πέντε
+ τάλαντα, TR
20 προσελθὼν ὁ τὰ πέντε τάλαντα λαβὼν προσήνεγκεν ἄλλα πέντε τάλαντα λέγων, Κύριε πέντε τάλαντά μοι παρέδωκας· ἴδε ἄλλα πέντε τάλαντα ἐκέρδησα
Mk 6 38 γνόντες λέγουσιν Πέντε κ. δύο ἰχθύας
41 λαβὼν τ. πέντε ἄρτους κ. τ. δύο ἰχθύας
8 19 ὅτε τ. πέντε ἄρτους ἔκλασα εἰς τ. πεντακισχιλίους
Lu 1 24 περιέκρυβεν ἑαυτὴν μῆνας πέντε
9 13 οὐκ εἰσὶν ἡμῖν πλεῖον ἢ ἄρτοι πέντε κ. ἰχθύες δύο
πέντε ἄρτ., WH mg.
16 λαβὼν δὲ τ. πέντε ἄρτους κ. τ. δύο ἰχθύας
12 6 οὐχὶ π. στρουθία πωλοῦνται ἀσσαρίων δύο;
52 ἔσονται γὰρ ἀπὸ τοῦ νῦν πέντε ἐν ἑνὶ οἴκῳ διαμεμερισμένοι
14 19 ζεύγη βοῶν ἠγόρασα πέντε
16 28 ἔχω γὰρ πέντε ἀδελφούς
19 18 ἡ μνᾶ σου Κύριε ἐποίησεν π. μνᾶς
19 κ. σὺ ἐπάνω γίνου πέντε πόλεων
Jo 4 18 πέντε γὰρ ἄνδρας ἔσχες
5 2 κολυμβήθρα . . . πέντε στοὰς ἔχουσα
6 9 ὃς ἔχει π. ἄρτους κριθίνους κ. δύο ὀψάρια
13 ἐγέμισαν . . . κλασμάτων ἐκ τ. πέντε ἄρτων τ. κριθίνων
19 ἐληλακότες οὖν ὡς σταδίους εἴκοσι π. ἢ τριάκοντα
Ac 4 4 ἐγενήθη ἀριθμὸς τ. ἀνδρῶν ὡς χιλιάδες πέντε
7 14 πᾶσαν τ. συγγένειαν ἐν ψυχαῖς ἑβδομήκοντα πέντε
19 19 εὗρον ἀργυρίου μυριάδας πέντε
20 6 ἤλθομεν πρὸς αὐτοὺς εἰς τ. Τρῳάδα ἄχρι ἡμερῶν πέντε
24 1 μετὰ δὲ π. ἡμέρας κατέβη ὁ ἀρχιερεὺς Ἁνανίας
1Co14 19 ἐν ἐκκλησίᾳ θέλω π. λόγους τ. νοΐ μου λαλῆσαι
Re 9 5 ἀλλ' ἵνα βασανισθήσονται μῆνας πέντε
10 ἡ ἐξουσία αὐτῶν ἀδικῆσαι τ. ἀνθρώπους μῆνας πέντε
17 10 οἱ πέντε ἔπεσαν ὁ εἷς ἔστιν

ΠΕΝΤΕΚΑΙΔΕ´ΚΑΤΟΣ 4003

Lu 3 1 ἐν ἔτει δὲ πεντεκαιδεκάτῳ τ. ἡγεμονίας Τιβερίου Καίσαρος

ΠΕΝΤΗ´ΚΟΝΤΑ 4004

Mk 6 40 ἀνέπεσον πρασιαὶ πρασιαὶ κατὰ ἑκατὸν κ. κατὰ πεντήκοντα
Lu 7 41 ὁ εἷς ὤφειλεν δηνάρια πεντακόσια ὁ δὲ ἕτερος πεντήκοντα
9 14 κατακλίνατε αὐτοὺς κλισίας ὡσεὶ ἀνὰ πεντήκοντα
16 6 καθίσας ταχέως γράψον πεντήκοντα
Jo 8 57 π. ἔτη οὔπω ἔχεις κ. Ἀβραὰμ ἑώρακας;
21 11 μεστὸν ἰχθύων μεγάλων ἑκατὸν π. τριῶν
Ac 13 20 κατεκληρονόμησεν τ. γῆν αὐτῶν ὡς ἔτεσιν τετρακοσίοις κ. πεντήκοντα

ΠΕΝΤΗΚΟΣΤΗ´ * † 4005

Ac 2 1 ἐν τῷ συνπληροῦσθαι τ. ἡμέραν τ. πεντηκοστῆς
20 16 ἔσπευδεν γὰρ . . . τ. ἡμέραν τ. πεντηκοστῆς γενέσθαι εἰς Ἱεροσόλυμα
1Co16 8 ἐπιμενῶ δὲ ἐν Ἐφέσῳ ἕως τ. πεντηκοστῆς

ΠΕΠΟΙ´ΘΗΣΙΣ † 4006

IICo1 15 ταύτῃ τ. πεποιθήσει ἐβουλόμην πρότερον πρὸς ὑμᾶς ἐλθεῖν
3 4 πεποίθησιν δὲ τοιαύτην ἔχομεν διὰ τ. Χριστοῦ
8 22 πολὺ σπουδαιότερον πεποιθήσει πολλῇ τῇ εἰς ὑμᾶς
10 2 τὸ μὴ παρὼν θαρρῆσαι τ. πεποιθήσει
Eph 3 12 ἐν ᾧ ἔχομεν τ. παρρησίαν κ. προσαγωγὴν ἐν πεποιθήσει
Phl 3 4 καίπερ ἐγὼ ἔχων πεποίθησιν κ. ἐν σαρκί

4006.5 ΠΕΡΑΙΤΕ´ΡΩ* cf. 2087

Ac 19 39 εἰ δέ τι περαιτέρω ἐπιζητεῖτε
περὶ ἑτέρων, TR

ΠΕ´ΡΑΝ 4008

(1) τὸ πέραν

Mt 4 15 ὁδὸν θαλάσσης πέραν τ. Ἰορδάνου
דֶּרֶךְ הַיָּם עֵבֶר הַיַּרְדֵּן, Is. viii. 23
25 ὄχλοι πολλοὶ ἀπὸ τ. Γαλιλαίας . . . κ. πέραν τ. Ἰορδάνου
8 18 ¹ ἐκέλευσεν ἀπελθεῖν εἰς τὸ πέραν
28 ¹ ἐλθόντος αὐτοῦ εἰς τὸ πέραν
14 22 ¹ ἠνάγκασεν τ. μαθητὰς . . . προάγειν αὐτὸν εἰς τὸ πέραν
16 5 ¹ ἐλθόντες οἱ μαθηταὶ εἰς τὸ πέραν
19 1 ἦλθεν εἰς τὰ ὅρια τ. Ἰουδαίας πέραν τ. Ἰορδάνου
Mk 3 8 πολὺ πλῆθος ἀπὸ τ. Γαλιλαίας . . . κ. πέραν τ. Ἰορδάνου
4 35 ¹ διέλθωμεν εἰς τὸ πέραν
5 1 ¹ ἦλθον εἰς τὸ πέραν τ. θαλάσσης
21 ¹ διαπεράσαντος τ. Ἰησοῦ ἐν τ. πλοίῳ πάλιν εἰς τὸ πέραν
εἰς τὸ πέρ. πάλ., T
6 45 ¹ ἠνάγκασεν προάγειν εἰς τὸ πέραν πρὸς Βηθσαϊδάν
8 13 ¹ πάλιν ἐμβὰς ἀπῆλθεν εἰς τὸ πέραν

Mk 10 1 ἔρχεται εἰς τὰ ὅρια τ. Ἰουδαίας κ. πέραν τ. Ἰορδάνου
Lu 8 22 [1] διέλθωμεν εἰς τὸ πέραν τ. λίμνης
Jo 1 28 ταῦτα ἐν Βηθανίᾳ ἐγένετο πέραν τ. Ἰορδάνου
3 26 ὃς ἦν μετὰ σοῦ πέραν τ. Ἰορδάνου
6 1 ἀπῆλθεν ὁ Ἰησοῦς πέραν τ. θαλάσσης τ. Γαλιλαίας τ. Τιβεριάδος
17 ἤρχοντο πέραν τ. θαλάσσης εἰς Καφαρναούμ
22 ὁ ὄχλος ὁ ἑστηκὼς πέραν τ. θαλάσσης
25 εὑρόντες αὐτὸν πέραν τ. θαλάσσης εἶπον αὐτῷ
10 40 ἀπῆλθεν πάλιν πέραν τοῦ Ἰορδάνου
18 1 ἐξῆλθεν σὺν τ. μαθηταῖς αὐτοῦ πέραν τ. Χειμάρρου τ. Κέδρων

ΠΕ΄ΡΑΣ 4009

Mt 12 42 ἦλθεν ἐκ τ. περάτων τ. γῆς ἀκοῦσαι τ. σοφίαν Σολομῶνος
Lu 11 31 ἦλθεν ἐκ τ. περάτων τ. γῆς ἀκοῦσαι τ. σοφίαν Σολομῶνος
Ro 10 18 εἰς τὰ πέρατα τ. οἰκουμένης τὰ ῥήματα αὐτῶν
בִקְצֵה תֵבֵל מִלֵּיהֶם, Ps. xix. 5
He 6 16 πάσης αὐτοῖς ἀντιλογίας πέρας εἰς βεβαίωσιν ὁ ὅρκος

ΠΕ΄ΡΓΑΜΟΣ 4010

Re 1 11 πέμψον τ. ἐκκλησίαις . . . εἰς Πέργαμον
2 12 τ. ἀγγέλῳ τῆς ἐν Περγάμῳ ἐκκλησίας γράψον

ΠΕ΄ΡΓΗ 4011

Ac 13 13 ἦλθον εἰς Πέργην τ. Παμφυλίας
14 αὐτοὶ δὲ διελθόντες ἀπὸ τ. Πέργης
14 25 λαλήσαντες ἐν Πέργῃ τ. λόγον
εἰς τ. Πέργην, TWH mg.

ΠΕΡΙ΄ 4012

c. gen.

(1) τό, τὰ περί (2) π. ἁμαρτ.

Mt 2 8 πορευθέντες ἐξετάσαι ἀκριβῶς περὶ τ. παιδίου
4 6 τ. ἀγγέλοις αὐτοῦ ἐντελεῖται περὶ σοῦ
מַלְאָכָיו יְצַוֶּה־לָּךְ, Ps. xci. 11
6 28 περὶ ἐνδύματος τί μεριμνᾶτε;
9 36 ἰδὼν δὲ τ. ὄχλους ἐσπλαγχνίσθη περὶ αὐτῶν
11 7 ἤρξατο ὁ Ἰησοῦς λέγειν τ. ὄχλοις περὶ Ἰωάνου
10 οὗτός ἐστιν περὶ οὗ γέγραπται
12 36 ἀποδώσουσιν περὶ αὐτοῦ λόγον ἐν ἡμέρᾳ κρίσεως
15 7 καλῶς ἐπροφήτευσεν περὶ ὑμῶν Ἠσαίας
16 11 οὐ περὶ ἄρτων εἶπον ὑμῖν
17 13 περὶ Ἰωάνου τ. βαπτιστοῦ εἶπεν αὐτοῖς
18 19 ἐὰν δύο συμφωνήσωσιν ἐξ ὑμῶν ἐπὶ τ. γῆς περὶ παντὸς πράγματος
19 17 τί με ἐρωτᾷς περὶ τ. ἀγαθοῦ;
τί με λέγεις ἀγαθόν; R mg.
20 24 ἀκούσαντες οἱ δέκα ἠγανάκτησαν περὶ τ. δύο ἀδελφῶν
21 45 ἔγνωσαν ὅτι περὶ αὐτῶν λέγει
22 16 οὐ μέλει σοι περὶ οὐδενός
31 περὶ δὲ τ. ἀναστάσεως τ. νεκρῶν οὐκ ἀνέγνωτε τὸ ῥηθὲν ὑμῖν
42 τί ὑμῖν δοκεῖ περὶ τ. Χριστοῦ;

Mt 24 36 περὶ δὲ τ. ἡμέρας ἐκείνης κ. ὥρας οὐδεὶς οἶδεν
26 24 ὑπάγει καθὼς γέγραπται περὶ αὐτοῦ
28 [1] τὸ αἷμά μου . . . τὸ περὶ πολλῶν ἐκχυννόμενον
Mk 1 30 εὐθὺς λέγουσιν αὐτῷ περὶ αὐτῆς
44 προσένεγκε περὶ τ. καθαρισμοῦ σου ἃ προσέταξεν Μωυσῆς
5 16 διηγήσαντο αὐτοῖς οἱ ἰδόντες . . . περὶ τ. χοίρων
27 [1] γυνὴ οὖσα ἐν ῥύσει αἵματος . . . ἀκούσασα τὰ περὶ τ. Ἰησοῦ
7 6 καλῶς ἐπροφήτευσεν Ἠσαίας περὶ ὑμῶν τ. ὑποκριτῶν
25 ἀλλ' εὐθὺς ἀκούσασα γυνὴ περὶ αὐτοῦ
8 30 ἵνα μηδενὶ λέγωσιν περὶ αὐτοῦ
10 10 πάλιν οἱ μαθηταὶ π. τούτου ἐπηρώτων αὐτόν
41 ἀκούσαντες οἱ δέκα ἤρξαντο ἀγανακτεῖν περὶ Ἰακώβου κ. Ἰωάνου
12 14 οὐ μέλει σοι περὶ οὐδενός
26 περὶ δὲ τ. νεκρῶν ὅτι ἐγείρονται
13 32 περὶ δὲ τ. ἡμέρας ἐκείνης ἢ τ. ὥρας οὐδεὶς οἶδεν
14 21 ὑπάγει καθὼς γέγραπται περὶ αὐτοῦ
Lu 1 1 διήγησιν περὶ τ. πεπληροφορημένων ἐν ἡμῖν πραγμάτων
4 ἵνα ἐπιγνῷς π. ὧν κατηχήθης λόγων τ. ἀσφάλειαν
2 17 ἰδόντες δὲ ἐγνώρισαν περὶ τ. ῥήματος τ. λαληθέντος αὐτοῖς περὶ τ. παιδίου τούτου
18 ἐθαύμασαν περὶ τ. λαληθέντων ὑπὸ τ. ποιμένων
27 τοῦ ποιῆσαι αὐτοὺς κατὰ τὸ εἰθισμένον τ. νόμου περὶ αὐτοῦ
33 θαυμάζοντες ἐπὶ τ. λαλουμένοις περὶ αὐτοῦ
38 ἐλάλει π. αὐτοῦ πᾶσι τ. προσδεχομένοις λύτρωσιν Ἱερουσαλήμ
3 15 διαλογιζομένων πάντων ἐν τ. καρδίαις αὐτῶν περὶ τ. Ἰωάνου
19 ἐλεγχόμενος ὑπ' αὐτοῦ π. Ἡρῳδιάδος . . . κ. π. πάντων ὧν ἐποίησεν πονηρῶν ὁ Ἡρῴδης
4 10 τ. ἀγγέλοις αὐτοῦ ἐντελεῖται περὶ σοῦ, Ps. *l.c.*
14 φήμη ἐξῆλθεν καθ' ὅλης τῆς περιχώρου π. αὐτοῦ
37 ἐξεπορεύετο ἦχος π. αὐτοῦ εἰς πάντα τόπον
38 ἠρώτησαν αὐτὸν περὶ αὐτῆς
5 14 προσένεγκε περὶ τ. καθαρισμοῦ σου καθὼς προσέταξεν Μωυσῆς
15 διήρχετο δὲ μᾶλλον ὁ λόγος περὶ αὐτοῦ
6 28 προσεύχεσθε περὶ τ. ἐπηρεαζόντων ὑμᾶς
7 3 ἀκούσας δὲ περὶ τ. Ἰησοῦ ἀπέστειλεν πρὸς αὐτόν
17 ἐξῆλθεν ὁ λόγος οὗτος ἐν ὅλῃ τ. Ἰουδαίᾳ π. αὐτοῦ
18 ἀπήγγειλαν Ἰωάνει οἱ μαθηταὶ αὐτοῦ περὶ πάντων τούτων
24 ἤρξατο λέγειν πρὸς τ. ὄχλους περὶ Ἰωάνου
27 οὗτός ἐστιν περὶ οὗ γέγραπται
9 9 τίς δέ ἐστιν οὗτος π. οὗ ἀκούω τοιαῦτα;
11 ἐλάλει αὐτοῖς περὶ τ. βασιλείας τ. Θεοῦ
45 ἐφοβοῦντο ἐρωτῆσαι αὐτὸν περὶ τ. ῥήματος τούτου
11 53 ἤρξαντο . . . ἀποστοματίζειν αὐτὸν π. πλειόνων
12 26 τί περὶ τ. λοιπῶν μεριμνᾶτε;
περ. τ. λοιπ. τί μερ., WH mg.

Lu 13 1 ἀπαγγέλλοντες αὐτῷ περὶ τ. Γαλιλαίων
16 2 τί τοῦτο ἀκούω περὶ σοῦ;
19 37 χαίροντες αἰνεῖν τ. Θεὸν . . . περὶ πασῶν ὧν εἶδον δυνάμεων
21 5 κ. τινων λεγόντων περὶ τ. ἱεροῦ
22 32 ἐγὼ δὲ ἐδεήθην περὶ σοῦ
37 [1] κ. γὰρ τὸ περὶ ἐμοῦ τέλος ἔχει
23 8 θέλων ἰδεῖν αὐτὸν διὰ τὸ ἀκούειν π. αὐτοῦ
24 4 ἐγένετο ἐν τῷ ἀπορεῖσθαι αὐτὰς π. τούτου
14 αὐτοὶ ὡμίλουν πρὸς ἀλλήλους περὶ πάντων τ. συμβεβηκότων τούτων
19 [1] οἱ δὲ εἶπαν αὐτῷ Τὰ π. Ἰησοῦ τ. Ναζαρηνοῦ
27 [1] διερμήνευσεν αὐτοῖς . . . τὰ περὶ ἑαυτοῦ
44 δεῖ πληρωθῆναι πάντα τὰ γεγραμμένα . . . περὶ ἐμοῦ
Jo 1 7 ἦλθεν εἰς μαρτυρίαν ἵνα μαρτυρήσῃ περὶ τ. φωτός
8 ἀλλ' ἵνα μαρτυρήσῃ περὶ τ. φωτός
15 Ἰωάνης μαρτυρεῖ περὶ αὐτοῦ
22 τί λέγεις περὶ σεαυτοῦ;
47 εἶδεν Ἰησοῦς τ. Ναθαναὴλ . . . κ. λέγει π. αὐτοῦ
2 21 ἐκεῖνος δὲ ἔλεγεν περὶ τ. ναοῦ τ. σώματος αὐτοῦ
25 ἵνα τις μαρτυρήσῃ περὶ τ. ἀνθρώπου
3 25 ἐγένετο οὖν ζήτησις . . . περὶ καθαρισμοῦ
5 31 ἐὰν ἐγὼ μαρτυρῶ περὶ ἐμαυτοῦ
32 ἄλλος ἐστὶν ὁ μαρτυρῶν περὶ ἐμοῦ, κ. οἶδα ὅτι ἀληθής ἐστιν ἡ μαρτυρία ἣν μαρτυρεῖ περὶ ἐμοῦ
36 αὐτὰ τὰ ἔργα ἃ ποιῶ μαρτυρεῖ περὶ ἐμοῦ
37 ἐκεῖνος μεμαρτύρηκεν περὶ ἐμοῦ
39 ἐκεῖναί εἰσιν αἱ μαρτυροῦσαι περὶ ἐμοῦ
46 περὶ γὰρ ἐμοῦ ἐκεῖνος ἔγραψεν
6 41 ἐγόγγυζον οὖν οἱ Ἰουδαῖοι περὶ αὐτοῦ
61 γογγύζουσιν περὶ τούτου οἱ μαθηταὶ αὐτοῦ
7 7 ἐμὲ δὲ μισεῖ ὅτι ἐγὼ μαρτυρῶ π. αὐτοῦ
12 γογγυσμὸς π. αὐτοῦ ἦν πολὺς ἐν τ. ὄχλοις
ἦν π. αὐτ. πολ., T
13 οὐδεὶς μέντοι παρρησίᾳ ἐλάλει π. αὐτοῦ
17 ἐάν τις θέλῃ τὸ θέλημα αὐτοῦ ποιεῖν γνώσεται περὶ τ. διδαχῆς
32 ἤκουσαν οἱ Φαρισαῖοι τ. ὄχλου γογγύζοντος περὶ αὐτοῦ ταῦτα
39 τοῦτο δὲ εἶπεν περὶ τ. πνεύματος
8 [5 σὺ δὲ τί λέγεις περὶ αὐτῆς
—περὶ αὐτ., WH non mg.
13 σὺ περὶ σεαυτοῦ μαρτυρεῖς
14 κἂν ἐγὼ μαρτυρῶ περὶ ἐμαυτοῦ
18 ἐγώ εἰμι ὁ μαρτυρῶν περὶ ἐμαυτοῦ, κ. μαρτυρεῖ π. ἐμοῦ ὁ πέμψας με πατήρ
26 πολλὰ ἔχω π. ὑμῶν λαλεῖν κ. κρίνειν
46 [2] τίς ἐξ ὑμῶν ἐλέγχει με περὶ ἁμαρτίας;
9 17 τί σὺ λέγεις περὶ αὐτοῦ
18 οὐκ ἐπίστευσαν οὖν οἱ Ἰουδαῖοι π. αὐτοῦ
21 αὐτὸς περὶ ἑαυτοῦ λαλήσει
10 13 οὐ μέλει αὐτῷ περὶ τ. προβάτων
25 τὰ ἔργα ἃ ἐγὼ ποιῶ . . . ταῦτα μαρτυρεῖ π. ἐμοῦ
33 π. καλοῦ ἔργου οὐ λιθάζομέν σε ἀλλὰ π. βλασφημίας
41 πάντα δὲ ὅσα εἶπεν Ἰωάνης περὶ τούτου
11 13 εἰρήκει δὲ ὁ Ἰησοῦς π. τ. θανάτου αὐτοῦ· ἐκεῖνοι δὲ ἔδοξαν ὅτι περὶ τ. κοιμήσεως τ. ὕπνου λέγει
19 ἵνα παραμυθήσωνται αὐτὰς περὶ τ. ἀδελφοῦ

Jo 12 6 οὐχ ὅτι περὶ τ. πτωχῶν ἔμελεν αὐτῷ
41 ταῦτα εἶπεν Ἠσαίας ὅτι . . . ἐλάλησεν π. αὐτοῦ
13 18 οὐ περὶ πάντων ὑμῶν λέγω
22 ἀπορούμενοι περὶ τίνος λέγει
24 εἰπὲ τίς ἐστιν περὶ οὗ λέγει
15 22 [2] νῦν δὲ πρόφασιν οὐκ ἔχουσιν περὶ τ. ἁμαρτίας αὐτῶν
26 ἐκεῖνος μαρτυρήσει περὶ ἐμοῦ
16 8 [2] ἐλθὼν ἐκεῖνος ἐλέγξει τ. κόσμον περὶ ἁμαρτίας κ. περὶ δικαιοσύνης κ. περὶ κρίσεως.
9 [2] π. ἁμαρτίας μὲν ὅτι οὐ πιστεύουσιν εἰς ἐμέ·
10 π. δικαιοσύνης δὲ ὅτι πρὸς τ. πατέρα ὑπάγω
11 περὶ δὲ κρίσεως ὅτι ὁ ἄρχων τ. κόσμου τούτου κέκριται
19 περὶ τούτου ζητεῖτε μετ' ἀλλήλων
25 ἀλλὰ παρρησίᾳ περὶ τ. πατρὸς ἀπαγγελῶ ὑμῖν
26 ὅτι ἐγὼ ἐρωτήσω τ. πατέρα περὶ ὑμῶν
17 9 ἐγὼ περὶ αὐτῶν ἐρωτῶ· οὐ περὶ τ. κόσμου ἐρωτῶ, ἀλλὰ περὶ ὧν δέδωκάς μοι
20 οὐ περὶ τούτων δὲ ἐρωτῶ μόνον, ἀλλὰ κ. περὶ τ. πιστευόντων διὰ τ. λόγου αὐτῶν εἰς ἐμέ
18 19 ἠρώτησεν τ. Ἰησοῦν περὶ τ. μαθητῶν αὐτοῦ κ. περὶ τ. διδαχῆς αὐτοῦ
23 εἰ κακῶς ἐλάλησα μαρτύρησον περὶ τ. κακοῦ
34 ἢ ἄλλοι εἶπόν σοι περὶ ἐμοῦ;
19 24 λάχωμεν περὶ αὐτοῦ τίνος ἔσται
21 24 οὗτός ἐστιν ὁ μαθητὴς ὁ μαρτυρῶν π. τούτων
Ac 1 1 τὸν μὲν πρῶτον λόγον ἐποιησάμην π. πάντων
3 [1] λέγων τὰ περὶ τ. βασιλείας τ. Θεοῦ
16 ἣν προεῖπεν τὸ πνεῦμα τὸ ἅγιον . . . περὶ Ἰούδα
2 29 ἐξὸν εἰπεῖν . . . περὶ τ. πατριάρχου Δαυείδ
31 προϊδὼν ἐλάλησεν περὶ τ. ἀναστάσεως τ. Χριστοῦ
5 24 διηπόρουν περὶ αὐτῶν τί ἂν γένοιτο τοῦτο
7 52 τ. προκαταγγείλαντας περὶ τ. ἐλεύσεως τ. δικαίου
8 12 ἐπίστευσαν τ. Φιλίππῳ εὐαγγελιζομένῳ περὶ τ. βασιλείας τ. Θεοῦ
15 οἵτινες καταβάντες προσηύξαντο περὶ αὐτῶν
34 π. τίνος ὁ προφήτης λέγει τοῦτο; περὶ ἑαυτοῦ ἢ περὶ ἑτέρου τινός;
9 13 ἤκουσα ἀπὸ πολλῶν περὶ τ. ἀνδρὸς τούτου
10 19 τ. δὲ Πέτρου διενθυμουμένου περὶ τ. ὁράματος
11 22 ἠκούσθη δὲ ὁ λόγος εἰς τὰ ὦτα τ. ἐκκλησίας . . . περὶ αὐτῶν
12 5 προσευχὴ δὲ ἦν ἐκτενῶς γινομένη . . . περὶ αὐτοῦ
13 29 [1] ὡς δὲ ἐτέλεσαν πάντα τὰ π. αὐτοῦ γεγραμμένα
τὰ γεγρ. π. αὐτοῦ, WH mg.
15 2 ἔταξαν ἀναβαίνειν Παῦλον κ. Βαρνάβαν . . . περὶ τ. ζητήματος τούτου
6 συνήχθησάν τε . . . ἰδεῖν περὶ τ. λόγου τούτου
17 32 ἀκουσόμεθά σου π. τούτου κ. πάλιν
18 15 εἰ δὲ ζητήματά ἐστιν π. λόγου κ. ὀνομάτων
25 [1] ἐλάλει κ. ἐδίδασκεν ἀκριβῶς τὰ περὶ τ. Ἰησοῦ

Ac 19 8 [1] πείθων περὶ τ. βασιλείας τ. Θεοῦ
πείθ. τὰ περὶ, T
23 ἐγένετο δὲ . . . τάραχος οὐκ ὀλίγος π. τῆς ὁδοῦ
39 εἰ δέ τι περὶ ἑτέρων ἐπιζητεῖτε
τι περαιτέρω ἐπιζ., WH
40 κινδυνεύομεν ἐγκαλεῖσθαι στάσεως π. τῆς σήμερον
40 περὶ οὗ οὐ δυνησόμεθα ἀποδοῦναι λόγον περὶ τ. συστροφῆς ταύτης
21 21 κατηχήθησαν δὲ περὶ σοῦ
24 ὧν κατήχηνται περὶ σοῦ οὐδέν ἐστιν
25 π. δὲ τ. πεπιστευκότων ἐθνῶν ἡμεῖς ἀπεστείλαμεν
22 10 κἀκεῖ σοι λαληθήσεται περὶ πάντων
18 οὐ παραδέξονταί σου μαρτυρίαν περὶ ἐμοῦ
23 6 π. ἐλπίδος κ. ἀναστάσεως νεκρῶν κρίνομαι
11 [1] ὡς γὰρ διεμαρτύρω τὰ π. ἐμοῦ εἰς Ἰερουσαλὴμ
15 [1] ὡς μέλλοντας διαγινώσκειν ἀκριβέστερον τὰ περὶ αὐτοῦ
20 ὡς μέλλων τι ἀκριβέστερον πυνθάνεσθαι περὶ αὐτοῦ
29 ἐγκαλούμενον π. ζητημάτων τ. νόμου αὐτῶν
24 8 δυνήσῃ αὐτὸς ἀνακρίνας π. πάντων τούτων ἐπιγνῶναι
10 [1] εὐθύμως τὰ π. ἐμαυτοῦ ἀπολογοῦμαι
13 περὶ ὧν νυνὶ κατηγοροῦσίν μου
21 ἢ περὶ μιᾶς ταύτης φωνῆς
21 π. ἀναστάσεως νεκρῶν ἐγὼ κρίνομαι σήμερον
22 [1] ἀκριβέστερον εἰδὼς τὰ περὶ τῆς ὁδοῦ
24 ἤκουσεν αὐτοῦ π. τῆς εἰς Χριστὸν Ἰησοῦν πίστεως.
25 διαλεγομένου δὲ αὐτοῦ περὶ δικαιοσύνης
25 9 ἐκεῖ περὶ τούτων κριθῆναι ἐπ' ἐμοῦ
15 περὶ οὗ . . . ἐνεφάνισαν οἱ ἀρχιερεῖς
16 τόπον τε ἀπολογίας λάβοι περὶ τ. ἐγκλήματος
18 περὶ οὗ σταθέντες οἱ κατήγοροι
19 ζητήματα δέ τινα περὶ τ. ἰδίας δεισιδαιμονίας εἶχον πρὸς αὐτὸν κ. περί τινος Ἰησοῦ τεθνηκότος
20 ἀπορούμενος δὲ ἐγὼ τὴν π. τούτων ζήτησιν
20 κἀκεῖ κρίνεσθαι περὶ τούτων
24 π. οὗ ἅπαν τὸ πλῆθος τ. Ἰουδαίων ἐνέτυχέν μοι
26 περὶ οὗ ἀσφαλές τι γράψαι τ. κυρίῳ οὐκ ἔχω
26 1 ἐπιτρέπεταί σοι περὶ σεαυτοῦ λέγειν
ὑπὲρ, WH non mg. R
2 π. πάντων ὧν ἐγκαλοῦμαι ὑπὸ Ἰουδαίων
7 περὶ ἧς ἐλπίδος ἐγκαλοῦμαι ὑπὸ Ἰουδαίων
26 ἐπίσταται γὰρ περὶ τούτων ὁ βασιλεύς
28 15 [1] κἀκεῖθεν οἱ ἀδελφοὶ ἀκούσαντες τὰ π. ἡμῶν
21 οὔτε γράμματα π. σοῦ ἐδεξάμεθα ἀπὸ τ. Ἰουδαίας,
οὔτε παραγενόμενός τις . . . ἐλάλησέν τι π. σοῦ πονηρόν
22 π. μὲν γὰρ τ. αἱρέσεως ταύτης γνωστὸν
23 πείθων τε αὐτοὺς περὶ τ. Ἰησοῦ
31 [1] διδάσκων τὰ περὶ τ. Κυρίου Ἰησοῦ Χριστοῦ
Ro 1 3 ὃ προεπηγγείλατο . . . περὶ τ. υἱοῦ αὐτοῦ
8 εὐχαριστῶ τ. Θεῷ μου διὰ Ἰησοῦ Χριστοῦ περὶ πάντων ὑμῶν

Ro 8 3 [2] πέμψας ἐν ὁμοιώματι σαρκὸς ἁμαρτίας κ. περὶ ἁμαρτίας
14 12 ἕκαστος ὑμῶν περὶ ἑαυτοῦ λόγον δώσει
15 14 πέπεισμαι δὲ . . . κ. αὐτὸς ἐγὼ περὶ ὑμῶν
21 ὄψονται οἷς οὐκ ἀνηγγέλη π. αὐτοῦ
οἷς οὐκ ἀν. π. αὐτ. ὄψ., TWH mg.
אֲשֶׁר לֹא־סֻפַּר לָהֶם רָאוּ, Is. lii. 15
I Co 1 4 εὐχαριστῶ τ. Θεῷ πάντοτε περὶ ὑμῶν
11 ἐδηλώθη γάρ μοι περὶ ὑμῶν ἐν τ. Ἀσίᾳ
13 μὴ Παῦλος ἐσταυρώθη περὶ ὑμῶν
ὑπὲρ, TWH non mg. R
7 1 περὶ δὲ ὧν ἐγράψατε
25 π. δὲ τ. παρθένων ἐπιταγὴν Κυρίου οὐκ ἔχω
37 ἐξουσίαν δὲ ἔχει περὶ τ. ἰδίου θελήματος
8 1 περὶ δὲ τῶν εἰδωλοθύτων οἴδαμεν
4 περὶ τ. βρώσεως οὖν τ. εἰδωλοθύτων οἴδαμεν
12 1 περὶ δὲ τ. πνευματικῶν . . . οὐ θέλω ὑμᾶς ἀγνοεῖν
16 1 περὶ δὲ τ. λογίας τῆς εἰς τ. ἁγίους
12 περὶ δὲ Ἀπολλὼ τ. ἀδελφοῦ πολλὰ παρεκάλεσα αὐτόν
II Co 1 8 ἀγνοεῖν . . . περὶ τ. θλίψεως ἡμῶν τ. γενομένης ἐν τ. Ἀσίᾳ
ὑπὲρ, WH non mg.
9 1 π. μὲν γὰρ τ. διακονίας τῆς εἰς τ. ἁγίους
10 8 ἐάν τε γὰρ περισσότερόν τι καυχήσωμαι περὶ τ. ἐξουσίας ἡμῶν
Ga 1 4 [2] τ. δόντος ἑαυτὸν περὶ τ. ἁμαρτιῶν ἡμῶν
ὑπὲρ, WH non mg. R
Eph 6 18 ἀγρυπνοῦντες ἐν πάσῃ . . . δεήσει περὶ πάντων τ. ἁγίων
22 [1] ἵνα γνῶτε τὰ περὶ ἡμῶν
Phl 1 27 [1] ἵνα . . . ἀκούω τὰ περὶ ὑμῶν
2 19 [1] ἵνα κἀγὼ εὐψυχῶ γνοὺς τὰ π. ὑμῶν
20 [1] ὅστις γνησίως τὰ περὶ ὑμῶν μεριμνήσει
Col 1 3 πάντοτε περὶ ὑμῶν προσευχόμενοι
ὑπὲρ, WH mg.
4 3 προσευχόμενοι ἅμα κ. περὶ ἡμῶν
8 [1] ἵνα γνῶτε τὰ περὶ ἡμῶν
10 Μάρκος . . . περὶ οὗ ἐλάβετε ἐντολάς
I Th 1 2 εὐχαριστοῦμεν τ. Θεῷ πάντοτε π. πάντων ὑμῶν
9 αὐτοὶ γὰρ περὶ ἡμῶν ἀπαγγέλλουσιν
3 9 τίνα γὰρ εὐχαριστίαν δυνάμεθα τ. Θεῷ ἀνταποδοῦναι περὶ ὑμῶν
4 6 διότι ἔκδικος Κύριος π. πάντων τούτων
9 π. δὲ τ. φιλαδελφίας οὐ χρείαν ἔχετε γράφειν ὑμῖν
13 οὐ θέλομεν δὲ ὑμᾶς ἀγνοεῖν . . . περὶ τ. κοιμωμένων
5 1 π. δὲ τ. χρόνων κ. τ. καιρῶν
10 Ἰησοῦ Χριστοῦ τ. ἀποθανόντος π. ἡμῶν
ὑπὲρ, WH mg. R
25 ἀδελφοὶ προσεύχεσθε κ. περὶ ἡμῶν
II Th 1 3 εὐχαριστεῖν ὀφείλομεν τ. Θεῷ πάντοτε π. ὑμῶν
11 εἰς ὃ κ. προσευχόμεθα πάντοτε π. ὑμῶν
2 13 ὀφείλομεν εὐχαριστεῖν τ. Θεῷ πάντοτε π. ὑμῶν
3 1 προσεύχεσθε ἀδελφοὶ περὶ ἡμῶν
I Ti 1 7 μήτε περὶ τίνων διαβεβαιοῦνται
II Ti 1 3 ὡς ἀδιάλειπτον ἔχω τὴν π. σοῦ μνείαν
Tit 2 8 μηδὲν ἔχων λέγειν περὶ ἡμῶν φαῦλον
3 8 π. τούτων βούλομαί σε διαβεβαιοῦσθαι

Phm 10 παρακαλῶ σε περὶ τ. ἐμοῦ τέκνου
He 2 5 τ. οἰκουμένην τ. μέλλουσαν π. ἧς λαλοῦμεν
4 4 εἴρηκεν γάρ που περὶ τ. ἑβδόμης οὕτως
8 οὐκ ἂν π. ἄλλης ἐλάλει μετὰ ταῦτα ἡμέρας
5 3 ² ὀφείλει καθὼς περὶ τ. λαοῦ οὕτως κ. περὶ ἑαυτοῦ προσφέρειν περὶ ἁμαρτιῶν
11 περὶ οὗ πολὺς ἡμῖν ὁ λόγος
6 9 πεπείσμεθα δὲ περὶ ὑμῶν ἀδελφοί
7 14 εἰς ἣν φυλὴν π. ἱερέων οὐδὲν Μωυσῆς ἐλάλησεν
9 5 π. ὧν οὐκ ἔστιν νῦν λέγειν κατὰ μέρος
10 6 ² ὁλοκαυτώματα κ. π. ἁμαρτίας οὐκ εὐδόκησας

עוֹלָה וַחֲטָאָה לֹא שָׁאָלְתָּ, Ps. xl. 7

7 ἐν κεφαλίδι βιβλίου γέγραπται π. ἐμοῦ

בִּמְגִלַּת־סֵפֶר כָּתוּב עָלָי, *ib.* 8

8 ² ὁλοκαυτώματα κ. π. ἁμαρτίας οὐκ ἠθέλησας, Ps. *l.c.*
18 ² οὐκέτι προσφορὰ περὶ ἁμαρτίας
26 ² οὐκέτι π. ἁμαρτιῶν ἀπολείπεται θυσία
11 7 πίστει χρηματισθεὶς Νῶε περὶ τῶν μηδέπω βλεπομένων
20 πίστει κ. περὶ μελλόντων εὐλόγησεν Ἰσαάκ
22 π. τῆς ἐξόδου τ. υἱῶν Ἰσραὴλ ἐμνημόνευσεν,
κ. περὶ τ. ὀστέων αὐτοῦ ἐνετείλατο
32 ἐπιλείψει με γὰρ διηγούμενον ὁ χρόνος π. Γεδεών
40 τ. Θεοῦ π. ἡμῶν κρεῖττόν τι προβλεψαμένου
13 11 ² ὧν γὰρ εἰσφέρεται ζῴων τὸ αἷμα περὶ ἁμαρτίας
18 προσεύχεσθε περὶ ἡμῶν
I Pe 1 10 π. ἧς σωτηρίας ἐξεζήτησαν κ. ἐξηραύνησαν προφῆται,
οἱ π. τῆς εἰς ὑμᾶς χάριτος προφητεύσαντες
3 15 τ. αἰτοῦντι ὑμᾶς λόγον π. τῆς ἐν ὑμῖν ἐλπίδος
18 ² ἅπαξ π. ἁμαρτιῶν ἀπέθανεν δίκαιος ὑπὲρ ἀδίκων
5 7 ὅτι αὐτῷ μέλει περὶ ὑμῶν
II Pe 1 12 μελλήσω ἀεὶ ὑμᾶς ὑπομιμνήσκειν π. τούτων
3 16 λαλῶν ἐν αὐταῖς περὶ τούτων
I Jo 1 1 αἱ χεῖρες ἡμῶν ἐψηλάφησαν περὶ τ. λόγου τ. ζωῆς
2 2 ² αὐτὸς ἱλασμός ἐστιν περὶ τ. ἁμαρτιῶν ἡμῶν·
² οὐ περὶ τ. ἡμετέρων δὲ μόνον ἀλλὰ κ. π. ὅλου τ. κόσμου
26 ταῦτα ἔγραψα ὑμῖν περὶ τ. πλανώντων ὑμᾶς
27 ὡς τὸ αὐτοῦ χρίσμα διδάσκει ὑμᾶς π. πάντων
4 10 ² ἀπέστειλεν τ. υἱὸν αὐτοῦ ἱλασμὸν περὶ τ. ἁμαρτιῶν ἡμῶν
5 9 ὅτι μεμαρτύρηκεν περὶ τ. υἱοῦ αὐτοῦ
10 ἣν μεμαρτύρηκεν ὁ Θεὸς περὶ τ. υἱοῦ αὐτοῦ
16 οὐ π. ἐκείνης λέγω ἵνα ἐρωτήσῃ
III Jo 2 π. πάντων εὔχομαί σε εὐοδοῦσθαι κ. ὑγιαίνειν
Ju 3 γράφειν ὑμῖν περὶ τ. κοινῆς ἡμῶν σωτηρίας
9 διελέγετο περὶ τ. Μωυσέως σώματος
15 ἐλέγξαι πάντας τ. ἀσεβεῖς π. πάντων τ. ἔργων ἀσεβείας αὐτῶν ὧν ἠσέβησαν,
κ. π. πάντων τ. σκληρῶν ὧν ἐλάλησαν κατ' αὐτοῦ

ΠΕΡΙ´ 4012

c. accus.

(1) ὁ περί (2) de temp.

Mt 3 4 εἶχεν . . . ζώνην δερματίνην περὶ τ. ὀσφὺν αὐτοῦ
8 18 ἰδὼν δὲ ὁ Ἰησοῦς ὄχλον περὶ αὐτόν
18 6 ἵνα κρεμασθῇ μύλος ὀνικὸς περὶ τ. τράχηλον αὐτοῦ
20 3 ² ἐξελθὼν περὶ τρίτην ὥραν
5 ² πάλιν δὲ ἐξελθὼν π. ἕκτην κ. ἐνάτην ὥραν
6 ² περὶ δὲ τ. ἑνδεκάτην ἐξελθὼν
9 ¹ ² ἐλθόντες δὲ οἱ περὶ τ. ἑνδεκάτην ὥραν
27 46 ² περὶ δὲ τ. ἐνάτην ὥραν ἐβόησεν ὁ Ἰησοῦς
Mk 1 6 ἐνδεδυμένος . . . ζώνην δερματίνην περὶ τ. ὀσφὺν αὐτοῦ
3 8 περὶ Τύρον κ. Σιδῶνα πλῆθος πολύ
32 ἐκάθητο περὶ αὐτὸν ὄχλος
34 ¹ περιβλεψάμενος τοὺς π. αὐτὸν κύκλῳ καθημένους
4 10 ¹ ἠρώτων αὐτὸν οἱ π. αὐτὸν σὺν τοῖς δώδεκα
19 ¹ αἱ περὶ τὰ λοιπὰ ἐπιθυμίαι εἰσπορευόμεναι
6 48 ² π. τετάρτην φυλακὴν τ. νυκτὸς ἔρχεται πρὸς αὐτούς
9 14 εἶδαν ὄχλον πολὺν περὶ αὐτούς
42 εἰ περίκειται μύλος ὀνικὸς περὶ τ. τράχηλον αὐτοῦ
Lu 10 40 ἡ δὲ Μάρθα περιεσπᾶτο π. πολλὴν διακονίαν
41 μεριμνᾷς κ. θορυβάζῃ περὶ πολλά
—περὶ π., WH mg. R mg.
13 8 ἕως ὅτου σκάψω περὶ αὐτήν
17 2 εἰ λίθος μυλικὸς περίκειται περὶ τ. τράχηλον αὐτοῦ
22 49 ¹ ἰδόντες δὲ οἱ περὶ αὐτὸν τὸ ἐσόμενον
Jo 11 19 ¹ ἐληλύθεισαν πρὸς τὰς περὶ Μάρθαν κ. Μαριάμ
πρὸς τὴν Μ., WHR
Ac 10 3 ² ὡσεὶ περὶ ὥραν ἐνάτην τ. ἡμέρας
9 ² ἀνέβη Πέτρος ἐπὶ τὸ δῶμα προσεύξασθαι περὶ ὥραν ἕκτην
13 13 ¹ ἀναχθέντες δὲ ἀπὸ τῆς Πάφου οἱ π. Παῦλον
19 25 ¹ οὓς συναθροίσας κ. τοὺς π. τὰ τοιαῦτα ἐργάτας
22 6 ² π. μεσημβρίαν ἐξαίφνης ἐκ τ. οὐρανοῦ περιαστράψαι φῶς ἱκανὸν περὶ ἐμέ
28 7 ¹ ἐν δὲ τοῖς περὶ τ. τόπον ἐκεῖνον ὑπῆρχεν χωρία
Phl 2 23 ¹ ὡς ἂν ἀφίδω τὰ περὶ ἐμέ
I Ti 1 19 ἥν τινες ἀπωσάμενοι περὶ τ. πίστιν ἐναυάγησαν
6 4 νοσῶν περὶ ζητήσεις κ. λογομαχίας
21 ἥν τινες ἐπαγγελλόμενοι περὶ τ. πίστιν ἠστόχησαν
II Ti 2 18 οἵτινες περὶ τ. ἀλήθειαν ἠστόχησαν
3 8 ἀδόκιμοι περὶ τ. πίστιν
Tit 2 7 π. πάντα σεαυτὸν παρεχόμενος τύπον καλῶν ἔργων
Ju 7 ¹ ὡς Σόδομα κ. Γόμορρα κ. αἱ π. αὐτὰς πόλεις
Re 15 6 περιεζωσμένοι περὶ τὰ στήθη ζώνας χρυσᾶς

ΠΕΡΙΑ'ΓΩ 4013

Mt 4 23 περιῆγεν ἐν ὅλῃ τ. Γαλιλαίᾳ διδάσκων
9 35 περιῆγεν ὁ Ἰησοῦς τ. πόλεις πάσας
23 15 περιάγετε τ. θάλασσαν κ. τ. ξηράν
Mk 6 6 περιῆγεν τ. κώμας κύκλῳ διδάσκων
Ac 13 11 περιάγων ἐζήτει χειραγωγούς
I Co 9 5 μὴ οὐκ ἔχομεν ἐξουσίαν ἀδελφὴν γυναῖκα περιάγειν

ΠΕΡΙΑΙΡΕ'Ω 4014

Ac 27 20 λοιπὸν περιῃρεῖτο ἐλπὶς πᾶσα τοῦ σῴζεσθαι ἡμᾶς
40 τ. ἀγκύρας περιελόντες εἴων εἰς τ. θάλασσαν
28 13 ὅθεν περιελόντες κατηντήσαμεν εἰς Ῥήγιον
περιελθόντες, TR non mg.
II Co 3 16 περιαιρεῖται τὸ κάλυμμα
He 10 11 αἵτινες οὐδέποτε δύνανται περιελεῖν ἁμαρτίας

ΠΕΡΙΑ'ΠΤΩ ** 4014.5 cf. 681

Lu 22 55 περιαψάντων δὲ πῦρ ἐν μέσῳ τ. αὐλῆς

ΠΕΡΙΑΣΤΡΑ'ΠΤΩ ** † 4015

Ac 9 3 ἐξαίφνης τε αὐτὸν περιήστραψεν φῶς ἐκ τ. οὐρανοῦ
22 6 ἐξαίφνης ἐκ τ. οὐρανοῦ περιαστράψαι φῶς ἱκανὸν περὶ ἐμέ

ΠΕΡΙΒΑ'ΛΛΩ 4016

Mt 6 29 οὐδὲ Σολομὼν . . . περιεβάλετο ὡς ἓν τούτων
31 τί φάγωμεν ἢ τί πίωμεν ἢ τί περιβαλώμεθα
25 36 γυμνὸς κ. περιεβάλετέ με
38 ἢ γυμνὸν κ. περιεβάλομεν;
43 γυμνὸς κ. οὐ περιεβάλετέ με
Mk 14 51 περιβεβλημένος σινδόνα ἐπὶ γυμνοῦ
16 5 εἶδον νεανίσκον . . . περιβεβλημένον στολὴν λευκήν
Lu 12 27 οὐδὲ Σολομὼν . . . περιεβάλετο ὡς ἓν τούτων
19 43 περιβαλοῦσιν οἱ ἐχθροί σου χάρακά σοι
παρεμβαλοῦσιν, TWH non mg.
23 11 περιβαλὼν ἐσθῆτα λαμπρὰν ἀνέπεμψεν αὐτόν
Jo 19 2 ἱμάτιον πορφυροῦν περιέβαλον αὐτόν
Ac 12 8 περιβαλοῦ τὸ ἱμάτιόν σου κ. ἀκολούθει μοι
Re 3 5 ὁ νικῶν οὕτως περιβαλεῖται ἐν ἱματίοις λευκοῖς
18 ἀγοράσαι . . . ἱμάτια λευκὰ ἵνα περιβάλῃ
4 4 πρεσβυτέρους . . . περιβεβλημένους ἱματίοις λευκοῖς
περιβ. ἐν ἱμ. λ., TWH mg.
7 9 ὄχλος πολὺς . . . περιβεβλημένους στολὰς λευκάς
13 οὗτοι οἱ περιβεβλημένοι τ. στολὰς τ. λευκάς
10 1 εἶδον ἄλλον ἄγγελον . . περιβεβλημένον νεφέλην
11 3 προφητεύσουσιν . . . περιβεβλημένους σάκκους
περιβεβλημένοι, T
12 1 γυνὴ περιβεβλημένη τ. ἥλιον
17 4 ἡ γυνὴ ἦν περιβεβλημένη πορφυροῦν κ. κόκκινον
18 16 οὐαὶ ἡ πόλις ἡ μεγάλη ἡ περιβεβλημένη βύσσινον
Re 19 8 ἐδόθη αὐτῇ ἵνα περιβάληται βύσσινον
13 περιβεβλημένος ἱμάτιον ῥεραντισμένον αἵματι

ΠΕΡΙΒΛΕ'ΠΟΜΑΙ 4017

Mk 3 5 περιβλεψάμενος αὐτοὺς μετ' ὀργῆς
34 περιβλεψάμενος τοὺς περὶ αὐτὸν κύκλῳ καθημένους
5 32 περιεβλέπετο ἰδεῖν τὴν τοῦτο ποιήσασαν
9 8 ἐξάπινα περιβλεψάμενοι οὐκέτι οὐδένα εἶδον
10 23 περιβλεψάμενος ὁ Ἰησοῦς λέγει τ. μαθηταῖς αὐτοῦ
11 11 περιβλεψάμενος πάντα . . . ἐξῆλθεν εἰς Βηθανίαν
Lu 6 10 περιβλεψάμενος πάντας αὐτοὺς εἶπεν αὐτῷ

ΠΕΡΙΒΟ'ΛΑΙΟΝ 4018

I Co 11 15 ἡ κόμη ἀντὶ περιβολαίου δέδοται αὐτῇ
He 1 12 ὡσεὶ περιβόλαιον ἑλίξεις αὐτούς
כַּלְּבוּשׁ תַּחֲלִיפֵם, Ps. cii. 27

ΠΕΡΙΔΕ'ΟΜΑΙ 4019

Jo 11 44 ἡ ὄψις αὐτοῦ σουδαρίῳ περιεδέδετο

ΠΕΡΙΕΡΓΑ'ΖΟΜΑΙ ** 4020

II Th 3 11 μηδὲν ἐργαζομένους ἀλλὰ περιεργαζομένους

ΠΕΡΙ'ΕΡΓΟΣ * 4021

Ac 19 19 ἱκανοὶ δὲ τῶν τὰ περίεργα πραξάντων
I Ti 5 13 ἀλλὰ κ. φλύαροι κ. περίεργοι

ΠΕΡΙΕ'ΡΧΟΜΑΙ 4022

Ac 19 13 ἐπεχείρησαν δέ τινες κ. τ. περιερχομένων Ἰουδαίων
28 13 ὅθεν περιελθόντες κατηντήσαμεν εἰς Ῥήγιον
περιελόντες, WHR mg.
I Ti 5 13 ἅμα δὲ κ. ἀργαὶ μανθάνουσιν περιερχόμεναι τ. οἰκίας
He 11 37 περιῆλθον ἐν μηλωταῖς

ΠΕΡΙΕ'ΧΩ 4023

Lu 5 9 θάμβος γὰρ περιέσχεν αὐτόν
I Pe 2 6 διότι περιέχει ἐν γραφῇ

ΠΕΡΙΖΩ'ΝΝΥΜΑΙ 4024

Lu 12 35 ἔστωσαν ὑμῶν αἱ ὀσφύες περιεζωσμέναι
37 περιζώσεται κ. ἀνακλινεῖ αὐτούς
17 8 περιζωσάμενος διακόνει μοι ἕως φάγω κ. πίω
Eph 6 14 περιζωσάμενοι τ. ὀσφὺν ὑμῶν ἐν ἀληθείᾳ
Re 1 13 περιεζωσμένον πρὸς τ. μαστοῖς ζώνην χρυσᾶν
15 6 περιεζωσμένοι περὶ τὰ στήθη ζώνας χρυσᾶς

ΠΕΡΙ'ΘΕΣΙΣ ** † 4025

I Pe 3 3 οὐχ ὁ ἔξωθεν ἐμπλοκῆς τριχῶν κ. περιθέσεως χρυσίων

ΠΕΡΙΙ'ΣΤΗΜΙ 4026

Jo 11 42 διὰ τ. ὄχλον τ. περιεστῶτα εἶπον
Ac 25 7 περιέστησαν αὐτὸν οἱ ἀπὸ Ἱεροσολύμων καταβεβηκότες Ἰουδαῖοι

II Ti 2 16 τὰς δὲ βεβήλους κενοφωνίας περιΐστασο
Tit 3 9 ἔριν κ. μάχας νομικὰς περιΐστασο

ΠΕΡΙΚΑ'ΘΑΡΜΑ † 4027

I Co 4 13 ὡς περικαθάρματα τ. κόσμου ἐγενήθημεν

ΠΕΡΙΚΑΛΥ'ΠΤΩ 4028

Mk 14 65 ἤρξαντο . . . περικαλύπτειν αὐτοῦ το πρόσωπον
Lu 22 64 περικαλύψαντες αὐτὸν ἐπηρώτων
He 9 4 τὴν κιβωτὸν τ. διαθήκης περικεκαλυμμένην πάντοθεν χρυσίῳ

ΠΕΡΙ'ΚΕΙΜΑΙ ** 4029

Mk 9 42 εἰ περίκειται μύλος ὀνικὸς περὶ τ. τράχηλον αὐτοῦ
Lu 17 2 εἰ λίθος μυλικὸς περίκειται περὶ τ. τράχηλον αὐτοῦ
Ac 28 20 εἵνεκεν γὰρ τ. ἐλπίδος τ. Ἰσραὴλ τ. ἅλυσιν ταύτην περίκειμαι
He 5 2 ἐπεὶ κ. αὐτὸς περίκειται ἀσθένειαν
12 1 τοσοῦτον ἔχοντες περικείμενον ἡμῖν νέφος μαρτύρων

ΠΕΡΙΚΕΦΑΛΑΙ'Α 4030

Eph 6 17 τὴν περικεφαλαίαν τ. σωτηρίου δέξασθε
כּוֹבַע יְשׁוּעָה, Is. lix. 17
I Th 5 8 ἐνδυσάμενοι . . . περικεφαλαίαν ἐλπίδα σωτηρίας

ΠΕΡΙΚΡΑΤΗ'Σ ** † 4031

Ac 27 16 ἰσχύσαμεν μόλις περικρατεῖς γενέσθαι τ. σκάφης

ΠΕΡΙΚΡΥ'ΠΤΩ * † 4032

Lu 1 24 περιέκρυβεν ἑαυτὴν μῆνας πέντε

ΠΕΡΙΚΥΚΛΟ'Ω 4033

Lu 19 43 οἱ ἐχθροί σου . . . περικυκλώσουσίν σε

ΠΕΡΙΛΑ'ΜΠΩ * 4034

Lu 2 9 δόξα Κυρίου περιέλαμψεν αὐτούς
Ac 26 13 κατὰ τ. ὁδὸν εἶδον . . . περιλάμψαν με φῶς

ΠΕΡΙΛΕΙ'ΠΟΜΑΙ 4035

I Th 4 15 ἡμεῖς οἱ ζῶντες οἱ περιλειπόμενοι εἰς τ. παρουσίαν τ. Κυρίου
17 ἔπειτα ἡμεῖς οἱ ζῶντες οἱ περιλειπόμενοι

ΠΕΡΙ'ΛΥΠΟΣ 4036

Mt 26 38 περίλυπός ἐστιν ἡ ψυχή μου ἕως θανάτου
Mk 6 26 περίλυπος γενόμενος ὁ βασιλεὺς
14 34 περίλυπός ἐστιν ἡ ψυχή μου ἕως θανάτου
Lu 18 23 ὁ δὲ ἀκούσας ταῦτα περίλυπος ἐγενήθη

ΠΕΡΙΜΕ'ΝΩ 4037

Ac 1 4 περιμένειν τ. ἐπαγγελίαν τ. πατρός

ΠΕ'ΡΙΞ ** 4038

Ac 5 16 συνήρχετο δὲ κ. τὸ πλῆθος τῶν πέριξ πόλεων

ΠΕΡΙΟΙΚΕ'Ω * 4039

Lu 1 65 ἐγένετο ἐπὶ πάντας φόβος τ. περιοικοῦντας αὐτούς

ΠΕΡΙ'ΟΙΚΟΣ 4040

Lu 1 58 ἤκουσαν οἱ περίοικοι κ. οἱ συγγενεῖς αὐτῆς

ΠΕΡΙΟΥ'ΣΙΟΣ † 4041

Tit 2 14 ἵνα . . . καθαρίσῃ ἑαυτῷ λαὸν περιούσιον
לִהְיוֹת לוֹ לְעַם סְגֻלָּה, Dt. xiv. 2

ΠΕΡΙΟΧΗ' 4042

Ac 8 32 ἡ δὲ περιοχὴ τ. γραφῆς ἣν ἀνεγίνωσκεν

ΠΕΡΙΠΑΤΕ'Ω 4043

(1) metaph. (2) seq. κατά (3) seq. διά

Mt 4 18 περιπατῶν δὲ παρὰ τ. θάλασσαν τ. Γαλιλαίας
9 5 ἢ εἰπεῖν Ἔγειρε κ. περιπάτει
11 5 τυφλοὶ ἀναβλέπουσιν κ. χωλοὶ περιπατοῦσιν
14 25 ἦλθεν . . . περιπατῶν ἐπὶ τ. θάλασσαν.
26 οἱ δὲ μαθηταὶ ἰδόντες αὐτὸν ἐπὶ τ. θαλάσσης περιπατοῦντα
29 καταβὰς ἀπὸ τ. πλοίου Πέτρος περιεπάτησεν ἐπὶ τὰ ὕδατα
15 31 ὥστε τ. ὄχλον θαυμάσαι βλέποντας . . . χωλοὺς περιπατοῦντας
Mk 2 9 ἢ εἰπεῖν Ἐγείρου . . . κ. περιπάτει ὕπαγε, T
5 42 ἀνέστη τὸ κοράσιον κ. περιεπάτει
6 48 ἔρχεται πρὸς αὐτοὺς περιπατῶν ἐπὶ τ. θαλάσσης
49 οἱ δὲ ἰδόντες αὐτὸν ἐπὶ τ. θαλάσσης περιπατοῦντα
7 5 [1] [2] διὰ τί οὐ περιπατοῦσιν οἱ μαθηταί σου κατὰ τ. παράδοσιν τ. πρεσβυτέρων
8 24 ὅτι ὡς δένδρα ὁρῶ περιπατοῦντας
11 27 ἐν τ. ἱερῷ περιπατοῦντος αὐτοῦ
12 38 τ. γραμματέων τ. θελόντων ἐν στολαῖς περιπατεῖν
16 [12 δυσὶν ἐξ αὐτῶν περιπατοῦσιν ἐφανερώθη
Lu 5 23 ἢ εἰπεῖν Ἔγειρε κ. περιπάτει
7 22 τυφλοὶ ἀναβλέπουσιν χωλοὶ περιπατοῦσιν
11 44 οἱ ἄνθρωποι οἱ περιπατοῦντες ἐπάνω οὐκ οἴδασιν
20 46 τ. γραμματέων τ. θελόντων περιπατεῖν ἐν στολαῖς
24 17 οὓς ἀντιβάλλετε πρὸς ἀλλήλους περιπατοῦντες
Jo 1 36 ἐμβλέψας τ. Ἰησοῦ περιπατοῦντι λέγει
5 8 ἔγειρε ἆρον τ. κράβαττόν σου κ. περιπάτει
9 ἦρεν τ. κράβαττον αὐτοῦ κ. περιεπάτει
11 ἐκεῖνός μοι εἶπεν Ἆρον . . . κ. περιπάτει
12 τίς ἐστιν ὁ ἄνθρωπος ὁ εἰπών σοι Ἆρον κ. περιπάτει;
6 19 θεωροῦσιν τ. Ἰησοῦν περιπατοῦντα ἐπὶ τ. θαλάσσης
66 οὐκέτι μετ' αὐτοῦ περιεπάτουν
7 1 μετὰ ταῦτα περιεπάτει ὁ Ἰησοῦς ἐν τ. Γαλιλαίᾳ·
οὐ γὰρ ἤθελεν ἐν τ. Ἰουδαίᾳ περιπατεῖν
8 12 [1] οὐ μὴ περιπατήσῃ ἐν τ. σκοτίᾳ
10 23 περιεπάτει ὁ Ἰησοῦς ἐν τ. ἱερῷ
11 9 ἐάν τις περιπατῇ ἐν τ. ἡμέρᾳ

Jo 11 10 ἐὰν δέ τις περιπατῇ ἐν τ. νυκτί
54 οὐκέτι παρρησίᾳ περιεπάτει ἐν τ. Ἰουδαίοις
12 35 [1] περιπατεῖτε ὡς τὸ φῶς ἔχετε
35 ὁ περιπατῶν ἐν τ. σκοτίᾳ οὐκ οἶδεν ποῦ ὑπάγει
21 18 ὅτε ἦς νεώτερος ... περιεπάτεις ὅπου ἤθελες
Ac 3 6 ἐν τ. ὀνόματι Ἰησοῦ Χριστοῦ τ. Ναζωραίου περιπάτει
8 ἐξαλλόμενος ἔστη κ. περιεπάτει,
κ. εἰσῆλθεν σὺν αὐτοῖς εἰς τὸ ἱερὸν περιπατῶν
9 εἶδεν πᾶς ὁ λαὸς αὐτὸν περιπατοῦντα
12 ὡς ἰδίᾳ δυνάμει ἢ εὐσεβείᾳ πεποιηκόσι τοῦ περιπατεῖν αὐτόν
14 8 ὃς οὐδέποτε περιεπάτησεν
10 ἥλατο κ. περιεπάτει
21 21 [1] λέγων μὴ περιτέμνειν . . . μηδὲ τ. ἔθεσι περιπατεῖν
Ro 6 4 [1] οὕτως κ. ἡμεῖς ἐν καινότητι ζωῆς περιπατήσωμεν
8 4 [1 2] τοῖς μὴ κατὰ σάρκα περιπατοῦσιν
13 13 [1] ὡς ἐν ἡμέρᾳ εὐσχημόνως περιπατήσωμεν
14 15 [1 2] οὐκέτι κατὰ ἀγάπην περιπατεῖς
I Co 3 3 [1 2] οὐχὶ σαρκικοί ἐστε κ. κατὰ ἄνθρωπον περιπατεῖτε;
7 17 [1] ἕκαστον ὡς κέκληκεν ὁ Θεὸς οὕτως περιπατείτω
II Co 4 2 [1] μὴ περιπατοῦντες ἐν πανουργίᾳ
5 7 [1 3] διὰ πίστεως γὰρ περιπατοῦμεν οὐ διὰ εἴδους
10 2 [1 2] τ. λογιζομένους ἡμᾶς ὡς κατὰ σάρκα περιπατοῦντας·
3 [1] ἐν σαρκὶ γὰρ περιπατοῦντες οὐ κατὰ σάρκα στρατευόμεθα
12 18 [1] οὐ τ. αὐτῷ πνεύματι περιεπατήσαμεν;
Ga 5 16 [1] λέγω δὲ Πνεύματι περιπατεῖτε
Eph 2 2 [1 2] ἐν αἷς ποτὲ περιεπατήσατε κατὰ τ. αἰῶνα τ. κόσμου τούτου
10 [1] οἷς προητοίμασεν ὁ Θεὸς ἵνα ἐν αὐτοῖς περιπατήσωμεν
4 1 [1] ἀξίως περιπατῆσαι τ. κλήσεως ἧς ἐκλήθητε
17 [1] μηκέτι ὑμᾶς περιπατεῖν καθὼς κ. τὰ ἔθνη περιπατεῖ
5 2 [1] περιπατεῖτε ἐν ἀγάπῃ
8 [1] ὡς τέκνα φωτὸς περιπατεῖτε
15 [1] βλέπετε οὖν ἀκριβῶς πῶς περιπατεῖτε
Phl 3 17 [1] σκοπεῖτε τοὺς οὕτως περιπατοῦντας καθὼς ἔχετε τύπον ἡμᾶς.
18 [1] πολλοὶ γὰρ περιπατοῦσιν οὓς πολλάκις ἔλεγον
Col 1 10 [1] περιπατῆσαι ἀξίως τ. Κυρίου εἰς πᾶσαν ἀρεσκίαν
2 6 [1] ὡς οὖν παρελάβετε . . . τ. Κύριον ἐν αὐτῷ περιπατεῖτε
3 7 [1] ἐν οἷς κ. ὑμεῖς περιεπατήσατε ποτε
4 5 [1] ἐν σοφίᾳ περιπατεῖτε πρὸς τοὺς ἔξω
I Th 2 12 [1] εἰς τὸ περιπατεῖν ὑμᾶς ἀξίως τ. Θεοῦ
4 1 [1] καθὼς παρελάβετε παρ᾽ ἡμῶν τὸ πῶς δεῖ ὑμᾶς περιπατεῖν κ. ἀρέσκειν Θεῷ,
[1] καθὼς κ. περιπατεῖτε
12 [1] ἵνα περιπατῆτε εὐσχημόνως πρὸς τοὺς ἔξω
II Th 3 6 [1] στέλλεσθαι ὑμᾶς ἀπὸ παντὸς ἀδελφοῦ ἀτάκτως περιπατοῦντος
11 [1] ἀκούομεν γάρ τινας περιπατοῦντας ἐν ὑμῖν ἀτάκτως
He 13 9 [1] ἐν οἷς οὐκ ὠφελήθησαν οἱ περιπατοῦντες
περιπατήσαντες, WH mg.

I Pe 5 8 ὁ ἀντίδικος ὑμῶν διάβολος ὡς λέων ὠρυόμενος περιπατεῖ
I Jo 1 6 [1] ἐὰν εἴπωμεν . . . κ. ἐν τ. σκότει περιπατῶμεν
7 [1] ἐὰν δὲ ἐν τ. φωτὶ περιπατῶμεν
2 6 [1] ὀφείλει καθὼς ἐκεῖνος περιεπάτησεν κ. αὐτὸς περιπατεῖν
αὐτ. οὕτως περ., T
11 [1] ὁ δὲ μισῶν τ. ἀδελφὸν αὐτοῦ . . . ἐν τ. σκοτίᾳ περιπατεῖ
II Jo 4 [1] εὕρηκα ἐκ τ. τέκνων σου περιπατοῦντας ἐν ἀληθείᾳ
6 [1 2] ἵνα περιπατῶμεν κατὰ τ. ἐντολὰς αὐτοῦ.
[1] αὕτη ἡ ἐντολή ἐστιν . . . ἵνα ἐν αὐτῇ περιπατῆτε
III Jo 3 [1] καθὼς σὺ ἐν ἀληθείᾳ περιπατεῖς
4 [1] ἵνα ἀκούω τὰ ἐμὰ τέκνα ἐν τ. ἀληθείᾳ περιπατοῦντα
Re 2 1 ὁ περιπατῶν ἐν μέσῳ τ. ἑπτὰ λυχνιῶν τ. χρυσῶν
3 4 περιπατήσουσιν μετ᾽ ἐμοῦ ἐν λευκοῖς
9 20 ἃ οὔτε βλέπειν δύνανται οὔτε ἀκούειν οὔτε περιπατεῖν
16 15 ἵνα μὴ γυμνὸς περιπατῇ
21 24 [1 3] περιπατήσουσιν τὰ ἔθνη διὰ τ. φωτὸς αὐτῆς

ΠΕΡΙΠΕΙ´ΡΩ* 4044

I Ti 6 10 ἑαυτοὺς περιέπειραν ὀδύναις πολλαῖς

ΠΕΡΙΠΙ´ΠΤΩ 4045

Lu 10 30 ἄνθρωπός τις . . . λησταῖς περιέπεσεν
Ac 27 41 περιπεσόντες δὲ εἰς τόπον διθάλασσον
Ja 1 2 ὅταν πειρασμοῖς περιπέσητε ποικίλοις

ΠΕΡΙΠΟΙΕ´ΟΜΑΙ 4046

Lu 17 33 ὃς ἐὰν ζητήσῃ τ. ψυχὴν αὐτοῦ περιποιήσασθαι
Ac 20 28 ἣν περιεποιήσατο διὰ τ. αἵματος τ. ἰδίου
I Ti 3 13 βαθμὸν ἑαυτοῖς καλὸν περιποιοῦνται

ΠΕΡΙΠΟΙ´ΗΣΙΣ † 4047

Eph 1 14 εἰς ἀπολύτρωσιν τ. περιποιήσεως
I Th 5 9 εἰς περιποίησιν σωτηρίας διὰ τ. Κυρίου ἡμῶν Ἰησοῦ Χριστοῦ
II Th 2 14 εἰς περιποίησιν δόξης τ. Κυρίου ἡμῶν Ἰησοῦ Χριστοῦ
He 10 39 ἡμεῖς δὲ . . . πίστεως εἰς περιποίησιν ψυχῆς
I Pe 2 9 ἔθνος ἅγιον λαὸς εἰς περιποίησιν
סְגֻלָּה מִכָּל־הָעַמִּים, Ex. xix. 5, *cf.* Dt. xiv. 2

ΠΕΡΙΡΑΙ´ΝΩ 4047.5 cf. 911

Re 19 13 περιβεβλημένος ἱμάτιον περιρεραμμένον αἵματι
ῥεραντισμένον, WHR; βεβαμμένον, R mg.

ΠΕΡΙΡΗ´ΓΝΥΜΙ ** 4048

Ac 16 22 οἱ στρατηγοὶ περιρήξαντες αὐτῶν τὰ ἱμάτια

ΠΕΡΙΣΠΑ´ΟΜΑΙ 4049

Lu 10 40 ἡ δὲ Μάρθα περιεσπᾶτο περὶ πολλὴν διακονίαν

ΠΕΡΙΣΣΕΙ'Α † 4050

Ro 5 17 οἱ τ. περισσείαν τ. χάριτος . . . λαμβάνοντες
IICo8 2 ἡ περισσεία τ. χαρᾶς αὐτῶν . . . ἐπερίσσευσεν
10 15 ἐν ὑμῖν μεγαλυνθῆναι κατὰ τ. κανόνα ἡμῶν εἰς περισσείαν
Ja 1 21 ἀποθέμενοι πᾶσαν ῥυπαρίαν κ. περισσείαν κακίας

ΠΕΡΙ'ΣΣΕΥΜΑ † 4051

Mt 12 34 ἐκ γὰρ τ. περισσεύματος τ. καρδίας τὸ στόμα λαλεῖ
Mk 8 8 ἦραν περισσεύματα κλασμάτων
Lu 6 45 ἐκ γὰρ περισσεύματος καρδίας λαλεῖ τὸ στόμα αὐτοῦ
IICo8 14 τὸ ὑμῶν περίσσευμα εἰς τὸ ἐκείνων ὑστέρημα,
ἵνα κ. τὸ ἐκείνων περίσσευμα γένηται εἰς τὸ ὑμῶν ὑστέρημα

ΠΕΡΙΣΣΕΥ'Ω 4052

(1) τὸ περισσεῦον, περισσεῦσαν (2) π. μᾶλλον, πλεῖον (3) seq. εἰς, πρός

Mt 5 20 ³ ἐὰν μὴ περισσεύσῃ ὑμῶν ἡ δικαιοσύνη πλεῖον
13 12 ὅστις γὰρ ἔχει δοθήσεται αὐτῷ κ. περισσευθήσεται
14 20 ¹ ἦραν τὸ περισσεῦον τ. κλασμάτων
15 37 ¹ τὸ περισσεῦον τῶν κλασμάτων ἦραν
25 29 τῷ γὰρ ἔχοντι παντὶ δοθήσεται κ. περισσευθήσεται
Mk12 44 ¹ πάντες γὰρ ἐκ τ. περισσεύοντος αὐτοῖς ἔβαλον
Lu 9 17 ¹ ἤρθη τὸ περισσεῦσαν αὐτοῖς κλασμάτων
12 15 οὐκ ἐν τ. περισσεύειν τινὶ ἡ ζωὴ αὐτοῦ ἐστίν
15 17 πόσοι μίσθιοι τ. πατρός μου περισσεύονται ἄρτων
περισσεύουσιν, T
21 4 ¹ πάντες γὰρ οὗτοι ἐκ τ. περισσεύοντος αὐτοῖς ἔβαλον
Jo 6 12 συναγάγετε τὰ περισσεύσαντα κλάσματα
13 ἃ ἐπερίσσευσαν τοῖς βεβρωκόσιν
Ac 16 5 αἱ μὲν οὖν ἐκκλησίαι . . . ἐπερίσσευον τ ἀριθμῷ καθ' ἡμέραν
Ro 3 7 ³ εἰ δὲ ἡ ἀλήθεια τ. Θεοῦ ἐν τ. ἐμῷ ψεύσματι ἐπερίσσευσεν εἰς τ. δόξαν αὐτοῦ
5 15 ³ πολλῷ μᾶλλον ἡ χάρις τ. Θεοῦ . . . εἰς τ. πολλοὺς ἐπερίσσευσεν
15 13 εἰς τὸ περισσεύειν ὑμᾶς ἐν τ. ἐλπίδι
I Co 8 8 οὔτε ἐὰν φάγωμεν περισσεύομεν
14 12 ³ πρὸς τ. οἰκοδομὴν τ. ἐκκλησίας ζητεῖτε ἵνα περισσεύητε
15 58 περισσεύοντες ἐν τ. ἔργῳ τ. Κυρίου πάντοτε
IICo1 5 ³ καθὼς περισσεύει τὰ παθήματα τ. Χριστοῦ εἰς ἡμᾶς,
οὕτως διὰ τ. Χριστοῦ περισσεύει κ. ἡ παράκλησις ἡμῶν
3 9 ² πολλῷ μᾶλλον περισσεύει ἡ διακονία τ. δικαιοσύνης δόξῃ
4 15 ³ ἵνα ἡ χάρις πλεονάσασα . . . περισσεύσῃ εἰς τ. δόξαν τ. Θεοῦ
IICo8 2 ³ ἡ κατὰ βάθους πτωχεία αὐτῶν ἐπερίσσευσεν εἰς τὸ πλοῦτος τ. ἁπλότητος αὐτῶν
7 ὥσπερ ἐν παντὶ περισσεύετε
7 ἵνα κ. ἐν ταύτῃ τ. χάριτι περισσεύητε
9 8 ³ δυνατεῖ δὲ ὁ Θεὸς πᾶσαν χάριν περισσεῦσαι εἰς ὑμᾶς,
³ ἵνα . . . περισσεύητε εἰς πᾶν ἔργον ἀγαθόν
12 περισσεύουσα διὰ πολλῶν εὐχαριστιῶν τ. Θεῷ
Eph 1 8 ³ ἧς ἐπερίσσευσεν εἰς ἡμᾶς ἐν πάσῃ σοφίᾳ
Phl 1 9 ² ἵνα ἡ ἀγάπη ὑμῶν ἔτι μᾶλλον κ. μᾶλλον περισσεύῃ
περισσεύσῃ, WH mg.
26 ἵνα τὸ καύχημα ὑμῶν περισσεύῃ ἐν Χριστῷ Ἰησοῦ
4 12 οἶδα κ. ταπεινοῦσθαι οἶδα κ. περισσεύειν· ἐν παντὶ κ. ἐν πᾶσι μεμύημαι . . . κ. περισσεύειν κ. ὑστερεῖσθαι
18 ἀπέχω δὲ πάντα κ. περισσεύω
Col 2 7 περισσεύοντες ἐν αὐτῇ ἐν εὐχαριστίᾳ
I Th 3 12 ³ ὑμᾶς δὲ ὁ Κύριος πλεονάσαι κ. περισσεύσαι τ. ἀγάπῃ εἰς ἀλλήλους
4 1 ² παρακαλοῦμεν . . . ἵνα περισσεύητε μᾶλλον
10 ² παρακαλοῦμεν δὲ ὑμᾶς ἀδελφοὶ περισσεύειν μᾶλλον

4053 ΠΕΡΙΣΣΟ'Σ cf. 1599.5

(1) ἐκ περισσοῦ

Mt 5 37 τὸ δὲ περισσὸν τούτων ἐκ τ. πονηροῦ ἐστίν
47 τί περισσὸν ποιεῖτε;
Mk 6 51 ¹ λίαν ἐκ περισσοῦ ἐν ἑαυτοῖς ἐξίσταντο
—ἐκ περ., WHR
Jo 10 10 ἵνα ζωὴν ἔχωσιν κ. περισσὸν ἔχωσιν
Ro 3 1 τί οὖν τὸ περισσὸν τ. Ἰουδαίου
IICo9 1 περὶ μὲν γὰρ τ. διακονίας . . . περισσόν μοί ἐστιν τὸ γράφειν ὑμῖν

ΠΕΡΙΣΣΟ'ΤΕΡΟΣ ** 4055

(1) περ. μᾶλλον

Mt 11 9 ναὶ λέγω ὑμῖν κ. περισσότερον προφήτου
23 13 διὰ τοῦτο λήψεσθε περισσότερον κρίμα
—h. v., TWHR non mg.
Mk 7 36 ¹ αὐτοὶ μᾶλλον περισσότερον ἐκήρυσσον
12 33 τὸ ἀγαπᾶν αὐτὸν . . . περισσότερόν ἐστιν πάντων τ. ὁλοκαυτωμάτων
40 οὗτοι λήμψονται περισσότερον κρίμα
Lu 7 26 ναὶ λέγω ὑμῖν κ. περισσότερον προφήτου
12 4 μετὰ ταῦτα μὴ ἐχόντων περισσότερόν τι ποιῆσαι
48 ᾧ παρέθεντο πολὺ περισσότερον αἰτήσουσιν αὐτόν
20 47 οὗτοι λήμψονται περισσότερον κρίμα
ICo12 23 τούτοις τιμὴν περισσοτέραν περιτίθεμεν· κ. τὰ ἀσχήμονα ἡμῶν εὐσχημοσύνην περισσοτέραν ἔχει
24 τ. ὑστερουμένῳ περισσοτέραν δοὺς τιμήν
15 10 περισσότερον αὐτῶν πάντων ἐκοπίασα
IICo2 7 μή πως τ. περισσοτέρᾳ λύπῃ καταποθῇ ὁ τοιοῦτος
10 8 ἐάν τε γὰρ περισσότερόν τι καυχήσωμαι
He 6 17 περισσότερον βουλόμενος ὁ Θεὸς ἐπιδεῖξαι . . . τὸ ἀμετάθετον τ. βουλῆς αὐτοῦ
7 15 περισσότερον ἔτι κατάδηλόν ἐστιν

ΠΕΡΙΣΣΟΤΕ΄ΡΩΣ * 4056

(1) περ. μᾶλλον

IICo 1 12 περισσοτέρως δὲ πρὸς ὑμᾶς
2 4 τ. ἀγάπην ἵνα γνῶτε ἣν ἔχω π. εἰς ὑμᾶς
7 13 [1] ἐπὶ δὲ τ. παρακλήσει ἡμῶν π. μᾶλλον ἐχάρημεν
15 τὰ σπλάγχνα αὐτοῦ π. εἰς ὑμᾶς ἐστίν
11 23 ἐν κόποις π. ἐν φυλακαῖς περισσοτέρως
ἐν κόπ. π. ἐν πληγαῖς π., T
12 15 εἰ περισσοτέρως ὑμᾶς ἀγαπῶ
Ga 1 14 π. ζηλωτὴς ὑπάρχων τ. πατρικῶν μου παραδοσέων
Phl 1 14 π. τολμᾶν ἀφόβως τ. λόγον τ. Θεοῦ λαλεῖν
I Th 2 17 π. ἐσπουδάσαμεν τὸ πρόσωπον ὑμῶν ἰδεῖν
He 2 1 δεῖ π. προσέχειν ἡμᾶς τ. ἀκουσθεῖσιν
13 19 περισσοτέρως δὲ παρακαλῶ τοῦτο ποιῆσαι

ΠΕΡΙΣΣΩ΄Σ 4057

Mt 27 23 οἱ δὲ περισσῶς ἔκραζον λέγοντες
Mk 10 26 οἱ δὲ π. ἐξεπλήσσοντο λέγοντες πρὸς αὐτόν
15 14 οἱ δὲ περισσῶς ἔκραξαν
Ac 26 11 περισσῶς τε ἐμμαινόμενος αὐτοῖς

ΠΕΡΙΣΤΕΡΑ΄ 4058

Mt 3 16 εἶδεν πνεῦμα Θεοῦ καταβαῖνον ὡσεὶ περιστεράν
10 16 ἀκέραιοι ὡς αἱ περιστεραί
21 12 κατέστρεψεν κ. τ. καθέδρας τ. πωλούντων τ. περιστεράς
Mk 1 10 εἶδεν . . . τὸ πνεῦμα ὡς περιστερὰν καταβαῖνον εἰς αὐτόν
11 15 τ καθέδρας τ. πωλούντων τ. περιστερὰς κατέστρεψεν
Lu 2 24 ζεῦγος τρυγόνων ἢ δύο νοσσοὺς περιστερῶν
שְׁתֵּי־תֹרִים אוֹ שְׁנֵי בְּנֵי יוֹנָה, Lev. xii. 8
3 22 καταβῆναι τὸ πνεῦμα τὸ ἅγιον σωματικῷ εἴδει ὡς περιστερὰν ἐπ' αὐτόν
Jo 1 32 τεθέαμαι τὸ πνεῦμα καταβαῖνον ὡς περιστερὰν ἐξ οὐρανοῦ
2 14 εὗρεν ἐν τ. ἱερῷ τ. πωλοῦντας . . . περιστεράς
16 τοῖς τ. περιστερὰς πωλοῦσιν εἶπεν

ΠΕΡΙΤΕ΄ΜΝΩ 4059

Lu 1 59 ἦλθαν περιτεμεῖν τὸ παιδίον
2 21 ὅτε ἐπλήσθησαν ἡμέραι ὀκτὼ τοῦ περιτεμεῖν αὐτόν
Jo 7 22 ἐν σαββάτῳ περιτέμνετε ἄνθρωπον
Ac 7 8 κ. περιέτεμεν αὐτὸν τ. ἡμέρᾳ τ. ὀγδόῃ
15 1 ἐὰν μὴ περιτμηθῆτε τ. ἔθει τῷ Μωυσέως
5 δεῖ περιτέμνειν αὐτούς
16 3 λαβὼν περιέτεμεν αὐτόν
21 21 λέγων μὴ περιτέμνειν αὐτοὺς τὰ τέκνα
I Co 7 18 περιτετμημένος τις ἐκλήθη; μὴ ἐπισπάσθω·
18 ἐν ἀκροβυστίᾳ κέκληταί τις; μὴ περιτεμνέσθω
Ga 2 3 οὐδὲ Τίτος ὁ σὺν ἐμοὶ . . . ἠναγκάσθη περιτμηθῆναι
5 2 ἐὰν περιτέμνησθε Χριστὸς ὑμᾶς οὐδὲν ὠφελήσει·
Ga 5 3 μαρτύρομαι δὲ πάλιν παντὶ ἀνθρώπῳ περιτεμνομένῳ
6 12 οὗτοι ἀναγκάζουσιν ὑμᾶς περιτέμνεσθαι
13 οὐδὲ γὰρ οἱ περιτεμνόμενοι αὐτοὶ νόμον φυλάσσουσιν·
περιτετμημένοι, WH mg. R mg.
ἀλλὰ θέλουσιν ὑμᾶς περιτέμνεσθαι
Col 2 11 ἐν ᾧ κ. περιετμήθητε περιτομῇ ἀχειροποιήτῳ

ΠΕΡΙΤΙ΄ΘΗΜΙ 4060

Mt 21 33 φραγμὸν αὐτῷ περιέθηκεν
27 28 χλαμύδα κοκκίνην περιέθηκαν αὐτῷ
48 πλήσας τε ὄξους κ. περιθεὶς καλάμῳ
Mk 12 1 ἀμπελῶνα ἄνθρωπος ἐφύτευσεν κ. περιέθηκεν φραγμόν
15 17 περιτιθέασιν αὐτῷ πλέξαντες ἀκάνθινον στέφανον
36 γεμίσας σπόγγον ὄξους περιθεὶς καλάμῳ
Jo 19 29 σπόγγον οὖν μεστὸν τ. ὄξους ὑσσώπῳ περιθέντες
I Co 12 23 τούτοις τιμὴν περισσοτέραν περιτίθεμεν

ΠΕΡΙΤΟΜΗ΄ † 4061

(1) οἱ ἐκ περιτομῆς (2) metaph.

Jo 7 22 διὰ τοῦτο Μωυσῆς δέδωκεν ὑμῖν τ. περιτομήν
23 εἰ περιτομὴν λαμβάνει ὁ ἄνθρωπος ἐν σαββάτῳ
Ac 7 8 ἔδωκεν αὐτῷ διαθήκην περιτομῆς
10 45 [1] ἐξέστησαν οἱ ἐκ περιτομῆς πιστοί
11 2 [1] διεκρίνοντο πρὸς αὐτὸν οἱ ἐκ περιτομῆς
Ro 2 25 περιτομὴ μὲν γὰρ ὠφελεῖ ἐὰν νόμον πράσσῃς
25 ἡ περιτομή σου ἀκροβυστία γέγονεν
26 οὐχ ἡ ἀκροβυστία αὐτοῦ εἰς περιτομὴν λογισθήσεται;
27 κ. κρινεῖ . . . σὲ τὸν διὰ γράμματος κ. περιτομῆς παραβάτην νόμου
28 οὐδὲ ἡ ἐν τ. φανερῷ ἐν σαρκὶ περιτομή
29 [2] περιτομὴ καρδίας ἐν πνεύματι
3 1 τίς ἡ ὠφελεία τ. περιτομῆς;
30 ὃς δικαιώσει περιτομὴν ἐκ πίστεως
4 9 ὁ μακαρισμὸς οὖν οὗτος ἐπὶ τ. περιτομήν
10 ἐν περιτομῇ ὄντι ἢ ἐν ἀκροβυστίᾳ;
οὐκ ἐν περιτομῇ ἀλλ' ἐν ἀκροβυστίᾳ·
11 κ. σημεῖον ἔλαβεν περιτομῆς
περιτομήν, WH mg.
12 [1] πατέρα περιτομῆς τοῖς οὐκ ἐκ περιτομῆς μόνον
15 8 λέγω γὰρ Χριστὸν διάκονον γεγενῆσθαι περιτομῆς
I Co 7 19 ἡ περιτομὴ οὐδέν ἐστιν
Ga 2 7 καθὼς Πέτρος τ. περιτομῆς·
8 ὁ γὰρ ἐνεργήσας Πέτρῳ εἰς ἀποστολὴν τ. περιτομῆς
9 ἵνα ἡμεῖς εἰς τὰ ἔθνη αὐτοὶ δὲ εἰς τ. περιτομήν
12 [1] φοβούμενος τοὺς ἐκ περιτομῆς
5 6 ἐν γὰρ Χριστῷ Ἰησοῦ οὔτε περιτομή τι ἰσχύει
11 εἰ περιτομὴν ἔτι κηρύσσω τί ἔτι διώκομαι;
6 15 οὔτε γὰρ περιτομή τι ἔστιν
Eph 2 11 οἱ λεγόμενοι ἀκροβυστία ὑπὸ τ. λεγομένης περιτομῆς ἐν σαρκὶ χειροποιήτου
Phl 3 3 ἡμεῖς γάρ ἐσμεν ἡ περιτομή
5 περιτομῇ ὀκταήμερος ἐκ γένους Ἰσραήλ

Col 2 11 ² ἐν ᾧ κ. περιετμήθητε περιτομῇ ἀχειροποιήτῳ
11 ² ἐν τ. περιτομῇ τ. Χριστοῦ
3 11 ὅπου οὐκ ἔνι . . . περιτομὴ κ. ἀκροβυστία
4 11 ¹ Μάρκος . . . κ. Ἰησοῦς ὁ λεγόμενος Ἰοῦστος οἱ ὄντες ἐκ περιτομῆς
Tit 1 10 ¹ μάλιστα οἱ ἐκ τ. περιτομῆς

ΠΕΡΙΤΡΕ΄ΠΩ ** 4062

Ac 26 24 τὰ πολλά σε γράμματα εἰς μανίαν περιτρέπει

ΠΕΡΙΤΡΕ΄ΧΩ 4063

Mk 6 55 περιέδραμον ὅλην τ. χώραν ἐκείνην

ΠΕΡΙΦΕ΄ΡΩ 4064

Mk 6 55 ἤρξαντο ἐπὶ τ. κραβάττοις τ. κακῶς ἔχοντας περιφέρειν
II Co 4 10 πάντοτε τ. νέκρωσιν τ. Ἰησοῦ ἐν τ. σώματι περιφέροντες
Eph 4 14 περιφερόμενοι παντὶ ἀνέμῳ τ. διδασκαλίας

ΠΕΡΙΦΡΟΝΕ΄Ω ** 4065

Tit 2 15 μηδείς σου περιφρονείτω

ΠΕΡΙ΄ΧΩΡΟΣ 4066

Mt 8 5 ἐξεπορεύετο πρὸς αὐτὸν . . . πᾶσα ἡ περίχωρος τ. Ἰορδάνου
14 35 ἀπέστειλαν εἰς ὅλην τ. περίχωρον ἐκείνην
Mk 1 28 ἐξῆλθεν ἡ ἀκοὴ αὐτοῦ . . . εἰς ὅλην τ. περίχωρον τ. Γαλιλαίας
Lu 3 3 ἦλθεν εἰς πᾶσαν περίχωρον τ. Ἰορδάνου
πᾶσ. τ. περιχ., T
4 14 φήμη ἐξῆλθεν καθ' ὅλης τ. περιχώρου περὶ αὐτοῦ
37 ἐξεπορεύετο ἦχος περὶ αὐτοῦ εἰς πάντα τόπον τῆς περιχώρου
7 17 ἐξῆλθεν ὁ λόγος οὗτος ἐν . . . πάσῃ τ. περιχώρῳ
8 37 ἠρώτησεν αὐτὸν ἅπαν τὸ πλῆθος τῆς περιχώρου τ. Γερασηνῶν
Ac 14 6 κατέφυγον εἰς τ. πόλεις τ. Λυκαονίας . . . κ. τὴν περίχωρον

ΠΕΡΙ΄ΨΗΜΑ ** † 4067

I Co 4 13 πάντων περίψημα ἕως ἄρτι

ΠΕΡΠΕΡΕΥ΄ΟΜΑΙ * † 4068

I Co 13 4 ἡ ἀγάπη οὐ ζηλοῖ οὐ περπερεύεται
ἡ ἀγ., οὐ ζηλ. ἡ ἀγάπη, οὐ περπ., T

ΠΕΡΣΙ΄Σ 4069

Ro 16 12 ἀσπάσασθε Περσίδα τ. ἀγαπητήν

ΠΕ΄ΡΥΣΙ * 4070

II Co 8 10 τὸ θέλειν προενήρξασθε ἀπὸ πέρυσι
9 2 Ἀχαία παρεσκεύασται ἀπὸ πέρυσι

ΠΕΤΕΙΝΟ΄Ν 4071

Mt 6 26 ἐμβλέψατε εἰς τὰ πετεινὰ τ. οὐρανοῦ
8 20 ἔχουσιν . . . τὰ πετεινὰ τ. οὐρανοῦ κατασκηνώσεις
13 4 ἐλθόντα τὰ πετεινὰ κατέφαγεν αὐτά
32 ὥστε ἐλθεῖν τὰ πετεινὰ τ. οὐρανοῦ
Mk 4 4 ἦλθεν τὰ πετεινὰ κ. κατέφαγεν αὐτό
32 ὥστε δύνασθαι ὑπὸ τ. σκιὰν αὐτοῦ τὰ πετεινὰ τ. οὐρανοῦ κατασκηνοῖν
Lu 8 5 τὰ πετεινὰ τ. οὐρανοῦ κατέφαγεν αὐτό
9 58 ἔχουσιν . . . τὰ πετεινὰ τ. οὐρανοῦ κατασκηνώσεις
12 24 πόσῳ μᾶλλον ὑμεῖς διαφέρετε τ. πετεινῶν;
13 19 τὰ πετεινὰ τ. οὐρανοῦ κατεσκήνωσεν ἐν τ. κλάδοις αὐτοῦ
Ac 10 12 ἐν ᾧ ὑπῆρχεν πάντα τὰ τετράποδα . . . κ. πετεινὰ τ. οὐρανοῦ
11 6 εἶδον τὰ τετράποδα τ. γῆς . . . κ. τὰ πετεινὰ τ. οὐρανοῦ
Ro 1 23 ἐν ὁμοιώματι εἰκόνος . . . πετεινῶν κ. τετραπόδων
Ja 3 7 πᾶσα γὰρ φύσις θηρίων τε κ. πετεινῶν . . . δαμάζεται

ΠΕ΄ΤΟΜΑΙ 4072

Re 4 7 τὸ τέταρτον ζῷον ὅμοιον ἀετῷ πετομένῳ
8 13 ἤκουσα ἑνὸς ἀετοῦ πετομένου ἐν μεσουρανήματι
12 14 ἵνα πέτηται εἰς τὴν ἔρημον εἰς τ. τόπον αὐτῆς
14 6 εἶδον ἄλλον ἄγγελον πετόμενον ἐν μεσουρανήματι
19 17 λέγων πᾶσι τ. ὀρνέοις τ. πετομένοις ἐν μεσουρανήματι

ΠΕ΄ΤΡΑ 4073

(1) metaph.

Mt 7 24 ὅστις ᾠκοδόμησεν αὐτοῦ τ. οἰκίαν ἐπὶ τ. πέτραν
25 τεθεμελίωτο γὰρ ἐπὶ τ. πέτραν
16 18 ¹ ἐπὶ ταύτῃ τ. πέτρᾳ οἰκοδομήσω μου τ. ἐκκλησίαν
27 51 ἡ γῆ ἐσείσθη κ. αἱ πέτραι ἐσχίσθησαν
60 ὃ ἐλατόμησεν ἐν τ. πέτρᾳ
Mk 15 46 ὃ ἦν λελατομημένον ἐκ πέτρας
Lu 6 48 ἔθηκεν θεμέλιον ἐπὶ τ. πέτραν
48 τεθεμελίωτο γὰρ ἐπὶ τ. πέτραν
διὰ τὸ καλῶς οἰκοδομῆσθαι αὐτήν, TWHR non mg.
8 6 ἕτερον κατέπεσεν ἐπὶ τ. πέτραν
13 οἱ δὲ ἐπὶ τ. πέτρας οἳ . . . δέχονται τ. λόγον
ἐπὶ τὴν πέτραν, TWH mg.
Ro 9 33 ¹ τίθημι ἐν Σιὼν λίθον προσκόμματος κ. πέτραν σκανδάλου
לְאֶבֶן נֶגֶף וּלְצוּר מִכְשׁוֹל . . . הָיָה, Is. viii. 14, *cf.* xxviii. 16
I Co 10 4 ¹ ἔπινον γὰρ ἐκ πνευματικῆς ἀκολουθούσης πέτρας·
¹ ἡ πέτρα δὲ ἦν ὁ Χριστός
I Pe 2 8 ¹ λίθος προσκόμματος κ. πέτρα σκανδάλου, Is. *l.c.*
Re 6 15 ἔκρυψαν ἑαυτοὺς . . . εἰς τ. πέτρας τ. ὀρέων,
16 κ. λέγουσιν τ. ὄρεσι κ. τ. πέτραις

ΠΕ΄ΤΡΟΣ 4074

(1) Σίμων, Συμεὼν Πέτρος

Mt 4 18 ¹ εἶδεν δύο ἀδελφοὺς Σίμωνα τ. λεγόμενον Πέτρον

Mt 8 14 ἐλθὼν ὁ Ἰησοῦς εἰς τ. οἰκίαν Πέτρου
10 2 [1] πρῶτος Σίμων ὁ λεγόμενος Πέτρος
14 28 ἀποκριθεὶς δὲ ὁ Πέτρος εἶπεν αὐτῷ
ἀπ. δὲ αὐτῷ ὁ Π. εἶπ., TR
29 Πέτρος περιεπάτησεν ἐπὶ τὰ ὕδατα
15 15 ἀποκριθεὶς δὲ ὁ Πέτρος εἶπεν αὐτῷ
16 16 [1] ἀποκριθεὶς δὲ Σίμων Πέτρος εἶπεν
18 κἀγὼ δέ σοι λέγω ὅτι σὺ εἶ Πέτρος
22 προσλαβόμενος αὐτὸν ὁ Πέτρος ἤρξατο ἐπιτιμᾶν
23 ὁ δὲ στραφεὶς εἶπεν τ. Πέτρῳ
17 1 μεθ' ἡμέρας ἓξ παραλαμβάνει ὁ Ἰησοῦς τ. Πέτρον
4 ἀποκριθεὶς δὲ ὁ Πέτρος εἶπεν τ. Ἰησοῦ
24 προσῆλθον οἱ τὰ δίδραχμα λαμβάνοντες τ. Πέτρῳ
18 21 τότε προσελθὼν ὁ Πέτρος εἶπεν αὐτῷ
19 27 τότε ἀποκριθεὶς ὁ Πέτρος εἶπεν αὐτῷ
26 33 ἀποκριθεὶς δὲ ὁ Πέτρος εἶπεν αὐτῷ
35 λέγει αὐτῷ ὁ Πέτρος
37 παραλαβὼν τ. Πέτρον κ. τοὺς δύο υἱοὺς Ζεβεδαίου
40 λέγει τ. Πέτρῳ
58 ὁ δὲ Πέτρος ἠκολούθει αὐτῷ ἀπὸ μακρόθεν
69 ὁ δὲ Πέτρος ἐκάθητο ἔξω ἐν τ. αὐλῇ
73 προσελθόντες οἱ ἑστῶτες εἶπον τ. Πέτρῳ
75 ἐμνήσθη ὁ Πέτρος τ. ῥήματος Ἰησοῦ
Mk 3 16 [1] ἐπέθηκεν ὄνομα τ. Σίμωνι Πέτρον
5 37 εἰ μὴ τ. Πέτρον κ. Ἰάκωβον κ. Ἰωάνην
8 29 ἀποκριθεὶς ὁ Πέτρος λέγει αὐτῷ
32 προσλαβόμενος ὁ Πέτρος αὐτὸν ἤρξατο ἐπιτιμᾶν αὐτῷ.
33 ὁ δὲ ἐπιστραφεὶς . . . ἐπετίμησεν Πέτρῳ
9 2 μετὰ ἡμέρας ἓξ παραλαμβάνει ὁ Ἰησοῦς τ. Πέτρον
5 ἀποκριθεὶς ὁ Πέτρος λέγει τ. Ἰησοῦ
10 28 ἤρξατο λέγειν ὁ Πέτρος αὐτῷ
11 21 ἀναμνησθεὶς ὁ Πέτρος λέγει αὐτῷ
13 3 ἐπηρώτα αὐτὸν κατ' ἰδίαν Πέτρος
ὁ Πέτρ., T
14 29 ὁ δὲ Πέτρος ἔφη αὐτῷ
33 παραλαμβάνει τ. Πέτρον κ. τ. Ἰάκωβον κ τ. Ἰωάνην
37 λέγει τ. Πέτρῳ
54 ὁ Πέτρος ἀπὸ μακρόθεν ἠκολούθησεν αὐτῷ
66 ὄντος τ. Πέτρου κάτω ἐν τ. αὐλῇ
67 ἰδοῦσα τ. Πέτρον θερμαινόμενον
70 πάλιν οἱ παρεστῶτες ἔλεγον τ. Πέτρῳ
72 ἀνεμνήσθη ὁ Πέτρος τὸ ῥῆμα
16 7 εἴπατε τ. μαθηταῖς αὐτοῦ κ. τ. Πέτρῳ
Lu 5 8 [1] ἰδὼν δὲ Σίμων Πέτρος προσέπεσεν τ. γόνασιν Ἰησοῦ
6 14 [1] Σίμωνα ὃν κ. ὠνόμασεν Πέτρον
8 45 ἀρνουμένων δὲ πάντων εἶπεν ὁ Πέτρος
51 εἰ μὴ Πέτρον κ. Ἰωάνην κ. Ἰάκωβον
9 20 Πέτρος δὲ ἀποκριθεὶς εἶπεν
28 παραλαβὼν Πέτρον κ. Ἰωάνην κ. Ἰάκωβον
32 ὁ δὲ Πέτρος κ. οἱ σὺν αὐτῷ ἦσαν βεβαρημένοι ὕπνῳ
33 εἶπεν ὁ Πέτρος πρὸς τ. Ἰησοῦν
12 41 εἶπεν δὲ ὁ Πέτρος
18 28 εἶπεν δὲ ὁ Πέτρος
22 8 ἀπέστειλεν Πέτρον κ. Ἰωάνην εἰπών
34 λέγω σοι Πέτρε οὐ φωνήσει σήμερον ἀλέκτωρ
54 ὁ δὲ Πέτρος ἠκολούθει μακρόθεν

Lu 22 55 ἐκάθητο ὁ Πέτρος μέσος αὐτῶν
58 ὁ δὲ Πέτρος ἔφη
60 εἶπεν δὲ ὁ Πέτρος
61 στραφεὶς ὁ Κύριος ἐνέβλεψεν τ. Πέτρῳ· κ. ὑπεμνήσθη ὁ Πέτρος τ. ῥήματος τ. Κυρίου
24 12 ὁ δὲ Πέτρος ἀναστὰς ἔδραμεν ἐπὶ τὸ μνημεῖον
—h. v., T [[WH]] R mg.
Jo 1 40 [1] ἦν Ἀνδρέας ὁ ἀδελφὸς Σίμωνος Πέτρου
42 σὺ κληθήσῃ Κηφᾶς ὃ ἑρμηνεύεται Πέτρος
44 ἀπὸ Βηθσαιδὰ ἐκ τ. πόλεως Ἀνδρέου κ. Πέτρου
6 8 [1] λέγει αὐτῷ . . . Ἀνδρέας ὁ ἀδελφὸς Σίμωνος Πέτρου
68 [1] ἀπεκρίθη αὐτῷ Σίμων Πέτρος
13 6 [1] ἔρχεται οὖν πρὸς Σίμωνα Πέτρον
8 λέγει αὐτῷ Πέτρος
9 [1] λέγει αὐτῷ Σίμων Πέτρος
24 [1] νεύει οὖν τούτῳ Σίμων Πέτρος
36 [1] λέγει αὐτῷ Σίμων Πέτρος
37 λέγει αὐτῷ ὁ Πέτρος
—ὁ, T [WH]
18 10 [1] Σίμων οὖν Πέτρος ἔχων μάχαιραν εἵλκυσεν αὐτήν
11 εἶπεν οὖν ὁ Ἰησοῦς τ. Πέτρῳ
15 [1] ἠκολούθει δὲ τῷ Ἰησοῦ Σίμων Πέτρος
16 ὁ δὲ Πέτρος εἱστήκει πρὸς τ. θύρᾳ ἔξω
16 εἶπεν τῇ θυρωρῷ κ. εἰσήγαγεν τ. Πέτρον.
17 λέγει οὖν τ. Πέτρῳ ἡ παιδίσκη ἡ θυρωρός
18 ἦν δὲ κ. ὁ Πέτρος μετ' αὐτῶν ἑστώς
25 [1] ἦν δὲ Σίμων Πέτρος ἑστὼς κ. θερμαινόμενος
26 συγγενὴς ὢν οὗ ἀπέκοψεν Πέτρος τὸ ὠτίον
27 πάλιν οὖν ἠρνήσατο Πέτρος
20 2 [1] τρέχει οὖν κ. ἔρχεται πρὸς Σίμωνα Πέτρον
3 ἐξῆλθεν οὖν ὁ Πέτρος κ. ὁ ἄλλος μαθητής
4 ὁ ἄλλος μαθητὴς προέδραμεν τάχειον τ. Πέτρου
6 [1] ἔρχεται οὖν κ. Σίμων Πέτρος ἀκολουθῶν αὐτῷ
21 2 [1] ἦσαν ὁμοῦ Σιμων Πέτρος κ. Θωμᾶς
3 [1] λέγει αὐτοῖς Σίμων Πέτρος
7 λέγει οὖν ὁ μαθητὴς ἐκεῖνος . . . τ. Πέτρῳ
7 [1] Σίμων οὖν Πέτρος ἀκούσας ὅτι ὁ Κύριός ἐστιν
11 [1] ἀνέβη οὖν Σίμων Πέτρος
15 [1] λέγει τ. Σίμωνι Πέτρῳ ὁ Ἰησοῦς
17 ἐλυπήθη ὁ Πέτρος ὅτι εἶπεν αὐτῷ τὸ τρίτον
20 ἐπιστραφεὶς ὁ Πέτρος βλέπει τ. μαθητήν
21 τοῦτον οὖν ἰδὼν ὁ Πέτρος λέγει τ. Ἰησοῦ
Ac 1 13 οὗ ἦσαν καταμένοντες ὅ τε Πέτρος κ. Ἰωάνης κ. Ἰάκωβος
15 ἀναστὰς Πέτρος ἐν μέσῳ τ. ἀδελφῶν εἶπεν
2 14 σταθεὶς δὲ ὁ Πέτρος σὺν τοῖς ἕνδεκα
37 εἶπάν τε πρὸς τ. Πέτρον κ. τ. λοιποὺς ἀποστόλους
38 Πέτρος δὲ πρὸς αὐτούς
3 1 Πέτρος δὲ κ. Ἰωάνης ἀνέβαινον εἰς τὸ ἱερόν
3 ὃς ἰδὼν Πέτρον κ. Ἰωάνην μέλλοντας εἰσιέναι
4 ἀτενίσας δὲ Πέτρος εἰς αὐτὸν . . . εἶπεν
6 εἶπεν δὲ Πέτρος
11 κρατοῦντος δὲ αὐτοῦ τ. Πέτρον κ. τ. Ἰωάνην

Ac 3 12 ἰδὼν δὲ ὁ Πέτρος ἀπεκρίνατο πρὸς τ. λαόν
4 8 τότε Πέτρος πλησθεὶς πνεύματος ἁγίου εἶπεν
13 θεωροῦντες δὲ τὴν τ. Πέτρου παρρησίαν κ. Ἰωάνου
19 ὁ δὲ Πέτρος κ. Ἰωάνης ἀποκριθέντες εἶπαν
5 3 εἶπεν δὲ ὁ Πέτρος
8 ἀπεκρίθη δὲ πρὸς αὐτὴν Πέτρος
9 ὁ δὲ Πέτρος πρὸς αὐτήν
15 ἵνα ἐρχομένου Πέτρου κἂν ἡ σκιὰ ἐπισκιάσει
29 ἀποκριθεὶς δὲ Πέτρος κ. οἱ ἀπόστολοι εἶπαν
8 14 ἀπέστειλαν πρὸς αὐτοὺς Πέτρον κ. Ἰωάνην
20 Πέτρος δὲ εἶπεν πρὸς αὐτόν
9 32 ἐγένετο δὲ Πέτρον διερχόμενον διὰ πάντων
34 εἶπεν αὐτῷ ὁ Πέτρος
38 οἱ μαθηταὶ ἀκούσαντες ὅτι Πέτρος ἐστὶν ἐν αὐτῇ
39 ἀναστὰς δὲ Πέτρος συνῆλθεν αὐτοῖς
40 ἐκβαλὼν δὲ ἔξω πάντας ὁ Πέτρος
40 ἰδοῦσα τ. Πέτρον ἀνεκάθισεν
10 5 [1] μετάπεμψαι Σίμωνά τινα ὃς ἐπικαλεῖται Πέτρος
9 ἀνέβη Πέτρος ἐπὶ τὸ δῶμα προσεύξασθαι
13 ἀναστὰς Πέτρε θῦσον κ. φάγε.
14 ὁ δὲ Πέτρος εἶπεν
17 ὡς δὲ ἐν ἑαυτῷ διηπόρει ὁ Πέτρος
18 [1] εἰ Σίμων ὁ ἐπικαλούμενος Πέτρος ἐνθάδε ξενίζεται.
19 τ. δὲ Πέτρου διενθυμουμένου περὶ τ. ὁράματος
21 καταβὰς δὲ Πέτρος πρὸς τ. ἄνδρας
25 ὡς δὲ ἐγένετο τοῦ εἰσελθεῖν τ. Πέτρον
26 ὁ δὲ Πέτρος ἤγειρεν αὐτὸν λέγων
32 [1] μετακάλεσαι Σίμωνα ὃς ἐπικαλεῖται Πέτρος
34 ἀνοίξας δὲ Πέτρος τὸ στόμα εἶπεν
44 ἔτι λαλοῦντος τ. Πέτρου τὰ ῥήματα ταῦτα
45 οἱ ἐκ περιτομῆς πιστοὶ οἳ συνῆλθαν τ. Πέτρῳ
46 τότε ἀπεκρίθη Πέτρος
11 2 ὅτε δὲ ἀνέβη Πέτρος εἰς Ἱερουσαλήμ
4 ἀρξάμενος δὲ Πέτρος ἐξετίθετο αὐτοῖς
7 ἀναστὰς Πέτρε θῦσον κ. φάγε
13 [1] μετάπεμψαι Σίμωνα τ. ἐπικαλούμενον Πέτρον
12 3 προσέθετο συλλαβεῖν κ. Πέτρον
5 ὁ μὲν οὖν Πέτρος ἐτηρεῖτο ἐν τ. φυλακῇ
6 τ. νυκτὶ ἐκείνῃ ἦν ὁ Πέτρος κοιμώμενος
7 πατάξας δὲ τ. πλευρὰν τ. Πέτρου
11 ὁ Πέτρος ἐν ἑαυτῷ γενόμενος εἶπεν
14 ἐπιγνοῦσα τ. φωνὴν τ. Πέτρου
14 ἀπήγγειλεν ἑστάναι τ. Πέτρον πρὸ τ. πυλῶνος
16 ὁ δὲ Πέτρος ἐπέμενεν κρούων
18 τί ἄρα ὁ Πέτρος ἐγένετο
15 *7* ἀναστὰς Πέτρος εἶπεν πρὸς αὐτούς
Ga 2 *7* καθὼς Πέτρος τ. περιτομῆς·
8 ὁ γὰρ ἐνεργήσας Πέτρῳ εἰς ἀποστολὴν τ. περιτομῆς
I Pe 1 1 Πέτρος ἀπόστολος Ἰησοῦ Χριστοῦ
II Pe 1 1 [1] Σίμων Πέτρος δοῦλος κ. ἀπόστολος Ἰησοῦ Χριστοῦ
Συμεών, TWH mg. R mg.

ΠΕΤΡΩ΄ΔΗΣ * 4075

Mt 13 5 ἄλλα δὲ ἔπεσεν ἐπὶ τὰ πετρώδη
20 ὁ δὲ ἐπὶ τὰ πετρώδη σπαρείς
Mk 4 5 ἄλλο ἔπεσεν ἐπὶ τὸ πετρῶδες
16 οὗτοί εἰσιν ὁμοίως οἱ ἐπὶ τὰ πετρώδη σπειρόμενοι

ΠΗ΄ΓΑΝΟΝ * 4076

Lu 11 42 ἀποδεκατοῦτε τὸ ἡδύοσμον κ. τὸ πήγανον κ. πᾶν λάχανον

ΠΗΓΗ΄ 4077

Mk 5 29 εὐθὺς ἐξηράνθη ἡ πηγὴ τ. αἵματος αὐτῆς
Jo 4 6 ἦν δὲ ἐκεῖ πηγὴ τοῦ Ἰακώβ.
ὁ οὖν Ἰησοῦς . . . ἐκαθέζετο οὕτως ἐπὶ τ. πηγῇ
14 γενήσεται ἐν αὐτῷ πηγὴ ὕδατος
Ja 3 11 μήτι ἡ πηγὴ ἐκ τ. αὐτῆς ὀπῆς βρύει τὸ γλυκὺ κ. τὸ πικρόν;
II Pe 2 17 οὗτοί εἰσιν πηγαὶ ἄνυδροι
Re 7 17 ὁδηγήσει αὐτοὺς ἐπὶ ζωῆς πηγὰς ὑδάτων
8 10 ἔπεσεν . . . ἐπὶ τ. πηγὰς τ. ὑδάτων
14 7 προσκυνήσατε τ. ποιήσαντι . . . θάλασσαν κ. πηγὰς ὑδάτων
16 4 ἐξέχεεν τ. φιάλην αὐτοῦ εἰς . . . τ. πηγὰς τ. ὑδάτων
21 6 τ. διψῶντι δώσω ἐκ τ. πηγῆς τ. ὕδατος τ. ζωῆς δωρεάν

ΠΗ΄ΓΝΥΜΙ 4078

He 8 2 ἣν ἔπηξεν ὁ Κύριος οὐκ ἄνθρωπος

ΠΗΔΑ΄ΛΙΟΝ * 4079

Ac 27 40 ἅμα ἀνέντες τ. ζευκτηρίας τ. πηδαλίων
Ja 3 4 τὰ πλοῖα . . . μετάγεται ὑπὸ ἐλαχίστου πηδαλίου

ΠΗΛΙ΄ΚΟΣ 4080

Ga 6 11 ἴδετε πηλίκοις ὑμῖν γράμμασιν ἔγραψα
ἡλίκοις, WH mg.
He 7 4 θεωρεῖτε δὲ πηλίκος οὗτος

ΠΗΛΟ΄Σ 4081

Jo 9 6 ἐποίησεν πηλὸν ἐκ τ. πτύσματος,
κ. ἐπέθηκεν αὐτοῦ τ. πηλὸν ἐπὶ τ. ὀφθαλμούς
11 ὁ ἄνθρωπος ὁ λεγόμενος Ἰησοῦς πηλὸν ἐποίησεν
14 ἐν ᾗ ἡμέρᾳ τ. πηλὸν ἐποίησεν ὁ Ἰησοῦς
15 πηλὸν ἐπέθηκέν μου ἐπὶ τ. ὀφθαλμούς
Ro 9 21 ἢ οὐκ ἔχει ἐξουσίαν ὁ κεραμεὺς τ. πηλοῦ;

ΠΗ΄ΡΑ ** 4082

Mt 10 10 μὴ κτήσησθε χρυσὸν . . . μὴ πήραν εἰς ὁδόν
Mk 6 8 ἵνα μηδὲν αἴρωσιν εἰς ὁδὸν . . . μὴ ἄρτον μὴ πήραν
Lu 9 3 μηδὲν αἴρετε εἰς τὴν ὁδὸν μήτε ῥάβδον μήτε πήραν
10 4 μὴ βαστάζετε βαλλάντιον μὴ πήραν
22 35 ὅτε ἀπέστειλα ὑμᾶς ἄτερ βαλλαντίου κ. πήρας
36 ὁ ἔχων βαλλάντιον ἀράτω ὁμοίως κ. πήραν

ΠΗ΄ΧΥΣ 4083

Mt 6 27 δύναται προσθεῖναι ἐπὶ τ. ἡλικίαν αὐτοῦ πῆχυν ἕνα
Lu 12 25 δύναται ἐπὶ τ. ἡλικίαν αὐτοῦ προσθεῖναι πῆχυν

Jo 21 8 ἀλλὰ ὡς ἀπὸ πηχῶν διακοσίων
Re 21 17 τὸ τεῖχος αὐτῆς ἑκατὸν τεσσεράκοντα τεσσάρων πηχῶν

ΠΙΑ΄ΖΩ 4084

Jo 7 30 ἐζήτουν οὖν αὐτὸν πιάσαι
32 ἀπέστειλαν . . . ὑπηρέτας ἵνα πιάσωσιν αὐτόν
44 τινὲς δὲ ἤθελον ἐξ αὐτῶν πιάσαι αὐτόν
8 20 οὐδεὶς ἐπίασεν αὐτόν
10 39 ἐζήτουν οὖν αὐτὸν πάλιν πιάσαι
11 57 ὅπως πιάσωσιν αὐτόν
21 3 ἐν ἐκείνῃ τ. νυκτὶ ἐπίασαν οὐδέν
10 ἐνέγκατε ἀπὸ τ. ὀψαρίων ὧν ἐπιάσατε νῦν
Ac 3 7 πιάσας αὐτὸν τ. δεξιᾶς χειρὸς ἤγειρεν αὐτόν
12 4 ὃν κ. πιάσας ἔθετο εἰς φυλακήν
II Co 11 32 ἐφρούρει τ. πόλιν Δαμασκηνῶν πιάσαι με
Re 19 20 ἐπιάσθη τὸ θηρίον

ΠΙΕ΄ΖΩ 4085

Lu 6 38 μέτρον καλὸν πεπιεσμένον . . . δώσουσιν εἰς τ. κόλπον ὑμῶν

ΠΙΘΑΝΟΛΟΓΙ΄Α* 4086

Col 2 4 ἵνα μηδεὶς ὑμᾶς παραλογίζηται ἐν πιθανολογίᾳ

ΠΙΘΟ΄Σ *Vide* ΠΕΙΘΟ΄Σ, 3981

ΠΙΚΡΑΙ΄ΝΩ 4087

Col 3 19 μὴ πικραίνεσθε πρὸς αὐτάς
Re 8 11 ἀπέθανον ἐκ τ. ὑδάτων ὅτι ἐπικράνθησαν
10 9 πικρανεῖ σου τ. κοιλίαν
10 ὅτε ἔφαγον αὐτὸ ἐπικράνθη ἡ κοιλία μου

ΠΙΚΡΙ΄Α 4088

Ac 8 23 εἰς γὰρ χολὴν πικρίας . . . ὁρῶ σε ὄντα
Ro 3 14 τὸ στόμα ἀρᾶς κ. πικρίας γέμει
אָלָה פִּיהוּ מָלֵא וּמִרְמוֹת, Ps. x. 7
Eph 4 31 πᾶσα πικρία κ. θυμὸς . . . ἀρθήτω ἀφ᾽ ὑμῶν
He 12 15 μή τις ῥίζα πικρίας ἄνω φύουσα ἐνοχλῇ

ΠΙΚΡΟ΄Σ 4089

Ja 3 11 μήτι ἡ πηγὴ ἐκ τ. αὐτῆς ὀπῆς βρύει τὸ γλυκὺ κ. τὸ πικρόν;
14 εἰ δὲ ζῆλον πικρὸν ἔχετε . . . ἐν τ. καρδίᾳ ὑμῶν

ΠΙΚΡΩ΄Σ 4090

Mt 26 75 ἐξελθὼν ἔξω ἔκλαυσεν πικρῶς
Lu 22 62 ἐξελθὼν ἔξω ἔκλαυσεν πικρῶς
h. v., [WH]

ΠΙ΄ΜΠΛΗΜΙ 4090.5

Mt 22 10 ἐπλήσθη ὁ νυμφὼν ἀνακειμένων
27 48 πλήσας τε ὄξους κ. περιθεὶς καλάμῳ
Lu 1 15 πνεύματος ἁγίου πλησθήσεται ἔτι ἐκ κοιλίας μητρὸς αὐτοῦ
23 ὡς ἐπλήσθησαν αἱ ἡμέραι τ. λειτουργίας αὐτῆς
41 ἐπλήσθη πνεύματος ἁγίου ἡ Ἐλεισάβετ
57 τῇ δὲ Ἐλεισάβετ ἐπλήσθη ὁ χρόνος τοῦ τεκεῖν αὐτήν
Lu 1 67 Ζαχαρίας ὁ πατὴρ αὐτοῦ ἐπλήσθη πνεύματος ἁγίου
2 6 ἐπλήσθησαν αἱ ἡμέραι τοῦ τεκεῖν αὐτήν
21 ὅτε ἐπλήσθησαν ἡμέραι ὀκτὼ τοῦ περιτεμεῖν αὐτόν
22 ὅτε ἐπλήσθησαν αἱ ἡμέραι τ. καθαρισμοῦ αὐτῶν
4 28 ἐπλήσθησαν πάντες θυμοῦ ἐν τ. συναγωγῇ
5 7 ἔπλησαν ἀμφότερα τὰ πλοῖα ὥστε βυθίζεσθαι αὐτά
26 ἐπλήσθησαν φόβου λέγοντες
6 11 αὐτοὶ δὲ ἐπλήσθησαν ἀνοίας
21 22 ἡμέραι ἐκδικήσεως . . . τοῦ πλησθῆναι πάντα τὰ γεγραμμένα
Ac 2 4 ἐπλήσθησαν πάντες πνεύματος ἁγίου
3 10 ἐπλήσθησαν θάμβους κ. ἐκστάσεως ἐπὶ τ. συμβεβηκότι αὐτῷ
4 8 τότε Πέτρος πλησθεὶς πνεύματος ἁγίου
31 ἐπλήσθησαν ἅπαντες τοῦ ἁγίου πνεύματος
5 17 ὁ ἀρχιερεὺς κ. πάντες οἱ σὺν αὐτῷ . . . ἐπλήσθησαν ζήλου
9 17 ὅπως ἀναβλέψῃς κ. πλησθῇς πνεύματος ἁγίου
13 9 Σαῦλος δὲ ὁ κ. Παῦλος πλησθεὶς πνεύματος ἁγίου
45 ἰδόντες δὲ οἱ Ἰουδαῖοι τ. ὄχλους ἐπλήσθησαν ζήλου
19 29 ἐπλήσθη ἡ πόλις τ. συγχύσεως

4092 ΠΙ΄ΜΠΡΗΜΙ cf. 1705.5

Ac 28 6 οἱ δὲ προσεδόκων αὐτὸν μέλλειν πίμπρασθαι
ἐμπιπρᾶσθαι, T

ΠΙΝΑΚΙ΄ΔΙΟΝ ** 4093

Lu 1 63 αἰτήσας πινακίδιον ἔγραψεν λέγων

ΠΙ΄ΝΑΞ ** 4094

Mt 14 8 δός μοι φησὶν ὧδε ἐπὶ πίνακι τ. κεφαλὴν Ἰωάνου τ. βαπτιστοῦ
11 ἠνέχθη ἡ κεφαλὴ αὐτοῦ ἐπὶ πίνακι
Mk 6 25 θέλω ἵνα ἐξαυτῆς δῷς μοι ἐπὶ πίνακι τ. κεφαλὴν Ἰωάνου τ. βαπτιστοῦ
28 ἤνεγκεν τ. κεφαλὴν αὐτοῦ ἐπὶ πίνακι
Lu 11 39 τὸ ἔξωθεν τ. ποτηρίου κ. τ. πίνακος καθαρίζετε

ΠΙ΄ΝΩ 4095

(1) seq. ἀπό, ἐκ **(2)** πεῖν

Mt 6 25 μὴ μεριμνᾶτε τ. ψυχῇ ὑμῶν τί φάγητε ἢ τί πίητε
—ἢ τί πίητε, T [WH]
31 μὴ οὖν μεριμνήσητε λέγοντες Τί φάγωμεν ἢ τί πίωμεν
11 18 ἦλθεν γὰρ Ἰωάνης μήτε ἐσθίων μήτε πίνων
19 ἦλθεν ὁ υἱὸς τ. ἀνθρώπου ἐσθίων κ. πίνων
20 22 δύνασθε πιεῖν τὸ ποτήριον ὃ ἐγὼ μέλλω πίνειν
23 τὸ μὲν ποτήριόν μου πίεσθε
24 38 ὡς γὰρ ἦσαν ἐν τ. ἡμέραις ταῖς πρὸ τ. κατακλυσμοῦ τρώγοντες κ. πίνοντες
49 ἐσθίῃ δὲ κ. πίνῃ μετὰ τ. μεθυόντων
26 27 [1] πίετε ἐξ αὐτοῦ πάντες

Mt 26 29 [1] οὐ μὴ πίω ἀπ' ἄρτι ἐκ τούτου τ. γενήματος τῆς ἀμπέλου,
ἕως τ. ἡμέρας ἐκείνης ὅταν **αὐτὸ πίνω μεθ'** ὑμῶν καινόν
42 ἐὰν μὴ αὐτὸ πίω
27 34 [2] ἔδωκαν αὐτῷ πιεῖν οἶνον **μετὰ** χολῆς μεμιγμένον·
πεῖν, T
[2] κ. γευσάμενος οὐκ ἠθέλησεν πιεῖν
πεῖν, T
Mk 2 16 μετὰ ἁμαρτωλῶν κ. τελωνῶν ἐσθίει κ. πίνει
—κ. πίνει, WH non mg. R mg.
10 38 δύνασθε πιεῖν τὸ ποτήριον ὃ ἐγὼ πίνω
39 **τὸ** ποτήριον ὃ ἐγὼ πίνω **πίεσθε**
14 23 ἔπιον ἐξ αὐτοῦ πάντες
25 [1] οὐκέτι οὐ μὴ πίω ἐκ τ. γενήματος τῆς ἀμπέλου,
ἕως τ. ἡμέρας ἐκείνης ὅταν αὐτὸ πίνω **καινόν**
16 [18 κἂν θανάσιμόν τι πίωσιν
Lu 1 15 οἶνον κ. σίκερα οὐ μὴ πίῃ
5 30 διὰ τί μετὰ τ. τελωνῶν κ. ἁμαρτωλῶν ἐσθίετε κ. πίνετε;
33 οἱ δὲ σοὶ ἐσθίουσιν κ. πίνουσιν
39 οὐδεὶς πιὼν παλαιὸν θέλει νέον
h. v., [WH]
7 33 μὴ ἔσθων ἄρτον μήτε πίνων οἶνον
34 ἐλήλυθεν ὁ υἱὸς τ. ἀνθρώπου ἔσθων κ. πίνων
10 7 ἔσθοντες κ. πίνοντες τὰ παρ' αὐτῶν
12 19 ἀναπαύου φάγε πίε εὐφραίνου
ἀναπ. φάγε πίε, [WH]
29 ὑμεῖς μὴ ζητεῖτε τί φάγητε κ. τί πίητε
45 ἄρξηται . . . ἐσθίειν τε κ. πίνειν κ. μεθύσκεσθαι
13 26 ἐφάγομεν ἐνώπιόν σου κ. ἐπίομεν
17 8 διακόνει μοι ἕως φάγω κ. πίω·
κ. μετὰ **ταῦτα** φάγεσαι κ. πίεσαι **σύ**
27 ἤσθιον ἔπινον ἐγάμουν ἐγαμίζοντο
28 ἤσθιον ἔπινον ἠγόραζον ἐπώλουν
22 18 [1] οὐ μὴ πίω ἀπὸ **τ. νῦν** ἀπὸ τ. γενήματος τῆς ἀμπέλου
30 ἵνα ἔσθητε κ. πίνητε ἐπὶ τ. τραπέζης μου
Jo 4 7 [2] λέγει αὐτῇ ὁ Ἰησοῦς Δός μοι πεῖν
9 [2] πῶς σὺ Ἰουδαῖος ὢν παρ' ἐμοῦ πεῖν αἰτεῖς
10 [2] τίς ἐστιν ὁ λέγων σοι Δός μοι πεῖν
12 [1] κ. αὐτὸς ἐξ αὐτοῦ ἔπιεν
13 [1] πᾶς ὁ πίνων ἐκ τ. ὕδατος τούτου διψήσει πάλιν·
14 [1] ὃς δ' ἂν πίῃ ἐκ τ. ὕδατος οὗ ἐγὼ δώσω αὐτῷ
6 53 ἐὰν μὴ . . . πίητε αὐτοῦ τὸ αἷμα
54 ὁ . . . πίνων μου τὸ αἷμα ἔχει ζωὴν αἰώνιον
56 ὁ . . . πίνων μου τὸ αἷμα ἐν ἐμοὶ μένει
7 37 **ἐάν τις** διψᾷ ἐρχέσθω πρός με κ. πινέτω
18 11 τὸ ποτήριον ὃ δέδωκέν μοι ὁ πατὴρ οὐ μὴ πίω αὐτό;
Ac 9 9 οὐκ ἔφαγεν οὐδὲ ἔπιεν
23 12 [2] λέγοντες μήτε φαγεῖν μήτε πεῖν
πιεῖν, T
21 [2] οἵτινες ἀνεθεμάτισαν ἑαυτοὺς μήτε φαγεῖν μήτε πεῖν
πιεῖν, T
Ro 14 21 [2] καλὸν τὸ μὴ φαγεῖν κρέα μηδὲ πεῖν οἶνον
πιεῖν, T
1 Co 9 4 [2] μὴ οὐκ ἔχομεν ἐξουσίαν φαγεῖν κ. πεῖν
10 4 πάντες τὸ αὐτὸ πνευματικὸν ἔπιον πόμα·
[1] ἔπινον γὰρ ἐκ πνευματικῆς ἀκολουθούσης πέτρας

1Co 10 7 [2] ἐκάθισεν ὁ λαὸς φαγεῖν κ. πεῖν
וַיֵּשֶׁב הָעָם לֶאֱכֹל וְשָׁתוֹ, Ex. xxxii. 6
21 οὐ δύνασθε ποτήριον Κυρίου πίνειν κ ποτήριον δαιμονίων
31 εἴτε οὖν ἐσθίετε εἴτε πίνετε
11 22 μὴ γὰρ οἰκίας οὐκ ἔχετε εἰς τὸ ἐσθίειν κ. πίνειν;
25 τοῦτο ποιεῖτε ὁσάκις ἐὰν πίνητε εἰς τ. ἐμὴν ἀνάμνησιν.
26 ὁσάκις γὰρ . . . τὸ ποτήριον πίνητε
27 ὃς ἂν . . . πίνῃ τὸ ποτήριον τ. Κυρίου ἀναξίως
28 [1] οὕτως . . . ἐκ τ. ποτηρίου πινέτω·
29 ὁ γὰρ ἐσθίων κ. πίνων κρίμα ἑαυτῷ ἐσθίει κ. πίνει
15 32 **εἰ** νεκροὶ οὐκ ἐγείρονται φάγωμεν κ. πίωμεν
אָכוֹל וְשָׁתוֹ, Is. xxii. 13
He 6 7 γῆ γὰρ ἡ πιοῦσα τὸν . . . ὑετόν
Re 14 10 [1] αὐτὸς πίεται ἐκ τ. οἴνου τ. θυμοῦ τ. Θεοῦ
16 6 [2] αἷμα αὐτοῖς δέδωκας πεῖν
18 3 [1] ἐκ τ. οἴνου τ. θυμοῦ τ. πορνείας αὐτῆς πέπωκαν πάντα τὰ ἔθνη
πέπτωκαν, WH non mg. R non mg.

ΠΙΟ'ΤΗΣ 4096

Ro 11 17 συνκοινωνὸς **τ.** ῥίζης τ. πιότητος **τ.** ἐλαίας ἐγένου

ΠΙΠΡΑ'ΣΚΩ 4097

Mt 13 46 ἀπελθὼν πέπρακεν πάντα ὅσα εἶχεν
18 25 ἐκέλευσεν αὐτὸν ὁ κύριος πραθῆναι
26 9 ἐδύνατο γὰρ τοῦτο πραθῆναι πολλοῦ
Mk 14 5 ἠδύνατο γὰρ τοῦτο τὸ μύρον πραθῆναι ἐπάνω δηναρίων τριακοσίων
Jo 12 5 διὰ τί τοῦτο τὸ μύρον οὐκ ἐπράθη τριακοσίων δηναρίων
Ac 2 45 τὰ κτήματα κ. τ. ὑπάρξεις ἐπίπρασκον
4 34 πωλοῦντες ἔφερον τ. τιμὰς τ. πιπρασκομένων
5 4 οὐχὶ . . . πραθὲν ἐν τ. σῇ ἐξουσίᾳ ὑπῆρχεν;
Ro 7 14 ἐγὼ δὲ σάρκινός εἰμι πεπραμένος ὑπὸ τ. ἁμαρτίαν

ΠΙ'ΠΤΩ 4098

(1) ἔπεσα (2) seq. παρά, πρός
(3) seq. ἀπό, ἐκ (4) seq. ὑπό

Mt 2 11 πεσόντες προσεκύνησαν αὐτῷ
4 9 ἐὰν πεσὼν προσκυνήσῃς μοι
7 25 προσέπεσαν τῇ οἰκίᾳ ἐκείνῃ κ. οὐκ ἔπεσεν
27 προσέκοψαν τ. οἰκίᾳ ἐκείνῃ κ. ἔπεσεν
10 29 ἓν ἐξ αὐτῶν οὐ πεσεῖται ἐπὶ τ. γῆν ἄνευ τ. πατρὸς ὑμῶν
13 4 [2] ἃ μὲν ἔπεσεν παρὰ τὴν ὁδόν
5 ἄλλα δὲ ἔπεσεν ἐπὶ τὰ πετρώδη
7 ἄλλα δὲ ἔπεσεν ἐπὶ τ. ἀκάνθας
8 ἄλλα δὲ ἔπεσεν ἐπὶ τ. γῆν τ. καλήν
15 14 ἀμφότεροι εἰς βόθυνον πεσοῦνται
27 [3] κ. γὰρ τὰ κυνάρια ἐσθίει ἀπὸ τ. ψιχίων τ. πιπτόντων ἀπὸ τ. τραπέζης
17 6 [1] ἀκούσαντες οἱ μαθηταὶ ἔπεσαν ἐπὶ πρόσωπον αὐτῶν
15 πολλάκις γὰρ πίπτει εἰς τὸ πῦρ

Mt 18 26 πεσὼν οὖν ὁ δοῦλος προσεκύνει αὐτῷ
29 πεσὼν οὖν ὁ σύνδουλος αὐτοῦ παρεκάλει αὐτόν
21 44 ὁ πεσὼν ἐπὶ τ. λίθον τοῦτον συνθλασθήσεται ἐφ' ὃν δ' ἂν πέσῃ λικμήσει αὐτόν
—h. v., T [WH] R mg.
24 29 [3] οἱ ἀστέρες πεσοῦνται ἀπὸ τ. οὐρανοῦ
26 39 ἔπεσεν ἐπὶ πρόσωπον αὐτοῦ προσευχόμενος
Mk 4 4 [2] ὃ μὲν ἔπεσεν παρὰ τὴν ὁδόν
5 ἄλλο ἔπεσεν ἐπὶ τὸ πετρῶδες
7 ἄλλο ἔπεσεν εἰς τ. ἀκάνθας
8 ἄλλα ἔπεσεν εἰς τ. γῆν τ. καλήν
5 22 [2] ἰδὼν αὐτὸν πίπτει πρὸς τ. πόδας αὐτοῦ
9 20 πεσὼν ἐπὶ τ. γῆς ἐκυλίετο ἀφρίζων
13 25 [3] οἱ ἀστέρες ἔσονται ἐκ τ. οὐρανοῦ πίπτοντες
14 35 προελθὼν μικρὸν ἔπιπτεν ἐπὶ τ. γῆς
Lu 5 12 πεσὼν ἐπὶ πρόσωπον ἐδεήθη αὐτοῦ
8 5 [2] ὃ μὲν ἔπεσεν παρὰ τὴν ὁδόν
7 ἕτερον ἔπεσεν ἐν μέσῳ τ. ἀκανθῶν
8 ἕτερον ἔπεσεν εἰς τ. γῆν τ. ἀγαθήν
14 τὸ δὲ εἰς τ. ἀκάνθας πεσόν
41 [2] πεσὼν παρὰ τ. πόδας Ἰησοῦ παρεκάλει αὐτόν
10 18 [3] ἐθεώρουν τ. Σατανᾶν ὡς ἀστραπὴν ἐκ τ. οὐρανοῦ πεσόντα
11 17 κ. οἶκος ἐπὶ οἶκον πίπτει
13 4 ἐφ' οὓς ἔπεσεν ὁ πύργος ἐν τῷ Σιλωάμ
14 5 τίνος ὑμῶν υἱὸς ἢ βοῦς εἰς φρέαρ πεσεῖται
16 17 ἢ τ. νόμου μίαν κεραίαν πεσεῖν
21 [3] ἐπιθυμῶν χορτασθῆναι ἀπὸ τ. πιπτόντων ἀπὸ τ. τραπέζης τ. πλουσίου
17 16 [2] ἔπεσεν ἐπὶ πρόσωπον παρὰ τ. πόδας αὐτοῦ
20 18 πᾶς ὁ πεσὼν ἐπ' ἐκεῖνον τ. λίθον συνθλασθήσεται·
ἐφ' ὃν δ' ἂν πέσῃ λικμήσει αὐτόν
21 24 πεσοῦνται στόματι μαχαίρης
23 30 [1] ἄρξονται λέγειν τ. ὄρεσιν Πέσατε ἐφ' ἡμᾶς
Jo 11 32 [2] ἰδοῦσα αὐτὸν ἔπεσεν αὐτοῦ πρὸς τ. πόδας
12 24 ἐὰν μὴ ὁ κόκκος τ. σίτου πεσὼν εἰς τ. γῆν ἀποθάνῃ
18 6 [1] ἀπῆλθαν εἰς τὰ ὀπίσω κ. ἔπεσαν χαμαί
Ac 1 26 ἔπεσεν ὁ κλῆρος ἐπὶ Μαθθίαν
5 5 ἀκούσας δὲ ὁ Ἀνανίας τ. λόγους τούτους πεσὼν ἐξέψυξεν
10 [2] ἔπεσεν δὲ παραχρῆμα πρὸς τ. πόδας αὐτοῦ
9 4 πεσὼν ἐπὶ τ. γῆν ἤκουσεν φωνήν
10 25 πεσὼν ἐπὶ τ. πόδας προσεκύνησεν
13 11 παραχρῆμα δὲ ἔπεσεν ἐπ' αὐτὸν ἀχλὺς κ. σκότος
15 16 ἀνοικοδομήσω τ. σκηνὴν Δαυεὶδ τ. πεπτωκυῖαν
אָקִים אֶת־סֻכַּת דָּוִיד הַנֹּפֶלֶת, Am. ix. 11
20 9 [3] κατενεχθεὶς ἀπὸ τ. ὕπνου ἔπεσεν ἀπὸ τ. τριστέγου κάτω
22 7 [1] ἔπεσά τε εἰς τὸ ἔδαφος
Ro 11 11 λέγω οὖν μὴ ἔπταισαν ἵνα πέσωσιν;
22 ἐπὶ μὲν τ. πεσόντας ἀποτομία
14 4 τ. ἰδίῳ κυρίῳ στήκει ἢ πίπτει
1Co 10 8 [1] ἔπεσαν μιᾷ ἡμέρᾳ εἴκοσι τρεῖς χιλιάδες
12 ὥστε ὁ δοκῶν ἑστάναι βλεπέτω μὴ πέσῃ
13 8 ἡ ἀγάπη οὐδέποτε πίπτει

1Co 14 25 οὕτως πεσὼν ἐπὶ πρόσωπον προσκυνήσει τ. Θεῷ
He 3 17 ὧν τὰ κῶλα ἔπεσεν ἐν τῇ ἐρήμῳ
4 11 ἵνα μὴ ἐν τ. αὐτῷ τις ὑποδείγματι πέσῃ τ. ἀπειθείας
11 30 [1] πίστει τὰ τείχη Ἰερειχὼ ἔπεσαν
Ja 5 12 [4] ἵνα μὴ ὑπὸ κρίσιν πέσητε
Re 1 17 [1] [2] ἔπεσα πρὸς τ. πόδας αὐτοῦ ὡς νεκρός
2 5 μνημόνευε οὖν πόθεν πέπτωκες
4 10 πεσοῦνται οἱ εἴκοσι τέσσαρες πρεσβύτεροι ἐνώπιον τ. καθημένου ἐπὶ τ. θρόνου
5 8 [1] οἱ εἴκοσι τέσσαρες πρεσβύτεροι ἔπεσαν ἐνώπιον τ. ἀρνίου
14 [1] οἱ πρεσβύτεροι ἔπεσαν κ. προσεκύνησαν
6 13 [1] οἱ ἀστέρες τ. οὐρανοῦ ἔπεσαν εἰς τ. γῆν
16 [1] λέγουσιν τ. ὄρεσι κ. τ. πέτραις Πέσατε ἐφ' ἡμᾶς
πέσετε, T
7 11 [1] ἔπεσαν ἐνώπιον τ. θρόνου ἐπὶ τὰ πρόσωπα αὐτῶν
16 οὐδὲ μὴ πέσῃ ἐπ' αὐτοὺς ὁ ἥλιος
8 10 [3] ἔπεσεν ἐκ τ. οὐρανοῦ ἀστὴρ μέγας καιόμενος ὡς λαμπάς,
κ. ἔπεσεν ἐπὶ τὸ τρίτον τ. ποταμῶν
9 1 [3] εἶδον ἀστέρα ἐκ τ. οὐρανοῦ πεπτωκότα εἰς τ. γῆν
11 13 τὸ δέκατον τ. πόλεως ἔπεσεν
16 [1] οἱ εἴκοσι τέσσαρες πρεσβύτεροι . . ἔπεσαν ἐπὶ τὰ πρόσωπα αὐτῶν
14 8 ἔπεσεν ἔπεσεν Βαβυλὼν ἡ μεγάλη
16 19 [1] αἱ πόλεις τ. ἐθνῶν ἔπεσαν
17 10 [1] οἱ πέντε ἔπεσαν ὁ εἷς ἔστιν
18 2 ἔπεσεν ἔπεσεν Βαβυλὼν ἡ μεγάλη
3 [3] ἐκ τ. οἴνου τ. θυμοῦ τ. πορνείας αὐτῆς πέπτωκαν πάντα τὰ ἔθνη
πέπωκαν, TWH mg. R mg.
19 4 [1] ἔπεσαν οἱ πρεσβύτεροι οἱ εἴκοσι τέσσαρες
10 [1] ἔπεσα ἔμπροσθεν τ. ποδῶν αὐτοῦ προσκυνῆσαι αὐτῷ
22 8 [1] ἔπεσα προσκυνῆσαι ἔμπροσθεν τ. ποδῶν τ. ἀγγέλου

ΠΙΣΙΔΙ΄Α 4099

Ac 14 24 διελθόντες τ. Πισιδίαν ἦλθαν εἰς τ. Παμφυλίαν

ΠΙΣΙ΄ΔΙΟΣ 4099.5

Ac 13 14 παρεγένοντο εἰς Ἀντιόχειαν τ. Πισιδίαν

ΠΙΣΤΕΥ΄Ω 4100

(1) seq. εἰς (2) seq. ἐπί (3) c. dat. pers.
(4) *entrust* (5) οἱ πεπιστευκότες

Mt 8 13 ὡς ἐπίστευσας γενηθήτω σοι
9 28 πιστεύετε ὅτι δύναμαι τοῦτο ποιῆσαι;
18 6 [1] ὃς δ' ἂν σκανδαλίσῃ ἕνα τ. μικρῶν τούτων τ. πιστευόντων εἰς ἐμέ
21 22 ὅσα ἂν αἰτήσητε ἐν τ. προσευχῇ πιστεύοντες
25 [3] διὰ τί οὐκ ἐπιστεύσατε αὐτῷ;
32 [3] ἦλθεν γὰρ Ἰωάνης . . . κ. οὐκ ἐπιστεύσατε αὐτῷ,
[3] οἱ δὲ τελῶναι κ. αἱ πόρναι ἐπίστευσαν αὐτῷ·
[3] ὑμεῖς δὲ ἰδόντες οὐ μετεμελήθητε ὕστερον τοῦ πιστεῦσαι αὐτῷ
24 23 ἐάν τις ὑμῖν εἴπῃ Ἰδοὺ ὧδε ὁ Χριστὸς ἤ ὧδε μὴ πιστεύσητε

Mt **24** 26 ἐὰν οὖν εἴπωσιν ὑμῖν . . . Ἰδοὺ ἐν τ. ταμείοις μὴ πιστεύσητε

27 42 [3] καταβάτω νῦν ἀπὸ τ. σταυροῦ κ. πιστεύσομεν ἐπ' αὐτόν

πιστεύσωμεν, T

Mk **1** 15 μετανοεῖτε κ. πιστεύετε ἐν τ. εὐαγγελίῳ

5 36 μὴ φοβοῦ μόνον πίστευε

9 23 πάντα δυνατὰ τ. πιστεύοντι

24 πιστεύω βοήθει μου τ. ἀπιστίᾳ

42 [1] ὃς ἂν σκανδαλίσῃ ἕνα τ. μικρῶν τούτων τ. πιστευόντων

+ εἰς ἐμέ, R non mg.

11 23 ὃς ἂν . . . πιστεύῃ ὅτι ὃ λαλεῖ γίνεται

24 πιστεύετε ὅτι ἐλάβετε κ. ἔσται ὑμῖν

31 [3] διὰ τί οὖν οὐκ ἐπιστεύσατε αὐτῷ;

13 21 ἐάν τις ὑμῖν εἴπῃ Ἴδε ὧδε ὁ Χριστὸς ἴδε ἐκεῖ μὴ πιστεύετε

15 32 καταβάτω νῦν ἀπὸ τ. σταυροῦ ἵνα ἴδωμεν κ. πιστεύσωμεν

16 [13 [3] οὐδὲ ἐκείνοις ἐπίστευσαν

[14 [3] τ. θεασαμένοις αὐτὸν ἐγηγερμένον ἐκ νεκρῶν οὐκ ἐπίστευσαν

[16 ὁ πιστεύσας κ. βαπτισθεὶς σωθήσεται

[17 σημεῖα δὲ τ. πιστεύσασιν ἀκολουθήσει ταῦτα

Lu **1** 20 ἀνθ' ὧν οὐκ ἐπίστευσας τ. λόγοις μου

45 μακαρία ἡ πιστεύσασα ὅτι ἔσται τελείωσις

8 12 ἵνα μὴ πιστεύσαντες σωθῶσιν

13 οἳ πρὸς καιρὸν πιστεύουσιν

50 μὴ φοβοῦ μόνον πίστευσον κ. σωθήσεται

16 11 [4] τὸ ἀληθινὸν τίς ὑμῖν πιστεύσει;

20 5 [3] διὰ τί οὐκ ἐπιστεύσατε αὐτῷ;

22 67 ἐὰν ὑμῖν εἴπω οὐ μὴ πιστεύσητε

24 25 [2] βραδεῖς τ. καρδίᾳ τοῦ πιστεύειν ἐπὶ πᾶσιν οἷς ἐλάλησαν οἱ προφῆται

Jo **1** 7 ἵνα πάντες πιστεύσωσιν δι' αὐτοῦ

12 [1] ἔδωκεν αὐτοῖς ἐξουσίαν τ. πιστεύουσιν εἰς τὸ ὄνομα αὐτοῦ

50 ὅτι εἶπόν σοι ὅτι εἶδόν σε ὑποκάτω τ. συκῆς πιστεύεις;

2 11 [1] ἐπίστευσαν εἰς αὐτὸν οἱ μαθηταὶ αὐτοῦ

22 ἐπίστευσαν τ. γραφῇ κ. τ. λόγῳ ὃν εἶπεν

23 [1] πολλοὶ ἐπίστευσαν εἰς τὸ ὄνομα αὐτοῦ

24 [4] αὐτὸς δὲ Ἰησοῦς οὐκ ἐπίστευεν αὐτὸν αὐτοῖς

3 12 εἰ τὰ ἐπίγεια εἶπον ὑμῖν κ. οὐ πιστεύετε, πῶς ἐὰν εἴπω ὑμῖν τὰ ἐπουράνια πιστεύσετε;

15 ἵνα πᾶς ὁ πιστεύων ἐν αὐτῷ ἔχῃ ζωὴν αἰώνιον

16 [1] ἵνα πᾶς ὁ πιστεύων εἰς αὐτὸν μὴ ἀπόληται

18 [1] ὁ πιστεύων εἰς αὐτὸν οὐ κέκριται· ὁ μὴ πιστεύων ἤδη κέκριται,

[1] ὅτι μὴ πεπίστευκεν εἰς τὸ ὄνομα τ. μονογενοῦς υἱοῦ τ. Θεοῦ

36 [1] ὁ πιστεύων εἰς τ. υἱὸν ἔχει ζωὴν αἰώνιον

4 21 [3] πίστευέ μοι γύναι ὅτι ἔρχεται ὥρα

39 [1] πολλοὶ ἐπίστευσαν εἰς αὐτὸν τ. Σαμαρειτῶν

41 πολλῷ πλείους ἐπίστευσαν διὰ τ. λόγον αὐτοῦ

42 οὐκέτι διὰ τ. σὴν λαλιὰν πιστεύομεν

48 ἐὰν μὴ σημεῖα κ. τέρατα ἴδητε οὐ μὴ πιστεύσητε

50 ἐπίστευσεν ὁ ἄνθρωπος τ. λόγῳ ὃν εἶπεν

53 ἐπίστευσεν αὐτὸς κ. ἡ οἰκία αὐτοῦ ὅλη

5 24 [3] ὁ . . . πιστεύων τ. πέμψαντί με ἔχει ζωὴν αἰώνιον

Jo **5** 38 [3] ὃν ἀπέστειλεν ἐκεῖνος τούτῳ ὑμεῖς οὐ πιστεύετε

44 πῶς δύνασθε ὑμεῖς πιστεῦσαι

46 [3] εἰ γὰρ ἐπιστεύετε Μωυσεῖ ἐπιστεύετε ἂν ἐμοί

47 εἰ δὲ τοῖς ἐκείνου γράμμασιν οὐ πιστεύετε, πῶς τ. ἐμοῖς ῥήμασι πιστεύσετε;

πιστεύετε, WH mg.

6 29 [1] ἵνα πιστεύητε εἰς ὃν ἀπέστειλεν ἐκεῖνος

30 [3] ἵνα ἴδωμεν κ. πιστεύσωμέν σοι

35 [1] ὁ πιστεύων εἰς ἐμὲ οὐ μὴ διψήσει πώποτε

36 κ. ἑωράκατέ με κ. οὐ πιστεύετε

40 [1] ἵνα πᾶς ὁ . . . πιστεύων εἰς αὐτὸν ἔχῃ ζωὴν αἰώνιον

47 ὁ πιστεύων ἔχει ζωὴν αἰώνιον

64 εἰσὶν ἐξ ὑμῶν τινὲς οἳ οὐ πιστεύουσιν. ᾔδει γὰρ . . . τίνες εἰσὶν οἱ μὴ πιστεύοντες

69 ἡμεῖς πεπιστεύκαμεν κ. ἐγνώκαμεν

7 5 [1] οὐδὲ γὰρ οἱ ἀδελφοὶ αὐτοῦ ἐπίστευον εἰς αὐτόν

31 [1] ἐκ τ. ὄχλου δὲ πολλοὶ ἐπίστευσαν εἰς αὐτόν

π. δὲ ἐπίστ. ἐκ τ. ὄχλ., T

38 [1] ὁ πιστεύων εἰς ἐμὲ καθὼς εἶπεν ἡ γραφή

39 [1] οὗ ἔμελλον λαμβάνειν οἱ πιστεύσαντες εἰς αὐτόν

πιστεύοντες, T

48 [1] μή τις ἐκ τ. ἀρχόντων ἐπίστευσεν εἰς αὐτόν

8 24 ἐὰν γὰρ μὴ πιστεύσητε ὅτι ἐγώ εἰμι

30 [1] ταῦτα αὐτοῦ λαλοῦντος πολλοὶ ἐπίστευσαν εἰς αὐτόν.

31 [3] ἔλεγεν οὖν ὁ Ἰησοῦς πρὸς τ. πεπιστευκότας αὐτῷ Ἰουδαίους

45 [3] ὅτι τ. ἀλήθειαν λέγω οὐ πιστεύετέ μοι

46 [3] διὰ τί ὑμεῖς οὐ πιστεύετέ μοι;

9 18 οὐκ ἐπίστευσαν οὖν οἱ Ἰουδαῖοι περὶ αὐτοῦ

35 [1] σὺ πιστεύεις εἰς τ. υἱὸν τ. ἀνθρώπου;

36 [1] τίς ἐστιν Κύριε ἵνα πιστεύσω εἰς αὐτόν;

38 ὁ δὲ ἔφη Πιστεύω Κύριε

10 25 εἶπον ὑμῖν κ. οὐ πιστεύετε

26 ἀλλὰ ὑμεῖς οὐ πιστεύετε

37 [3] εἰ οὐ ποιῶ τὰ ἔργα τ. πατρός μου μὴ πιστεύετέ μοι·

38 [3] εἰ δὲ ποιῶ κἂν ἐμοὶ μὴ πιστεύητε τ. ἔργοις πιστεύετε

μὴ πιστεύετε, T

42 [1] πολλοὶ ἐπίστευσαν εἰς αὐτὸν ἐκεῖ

11 15 χαίρω δι' ὑμᾶς ἵνα πιστεύσητε

25 [1] ὁ πιστεύων εἰς ἐμὲ κἂν ἀποθάνῃ ζήσεται

26 [1] κ. πᾶς ὁ ζῶν κ. πιστεύων εἰς ἐμὲ οὐ μὴ ἀποθάνῃ εἰς τ. αἰῶνα· πιστεύεις τοῦτο;

27 ἐγὼ πεπίστευκα ὅτι σὺ εἶ ὁ Χριστός

40 ἐὰν πιστεύσῃς ὄψῃ τ. δόξαν τ. Θεοῦ

42 ἵνα πιστεύσωσιν ὅτι σύ με ἀπέστειλας

45 [1] πολλοὶ οὖν ἐκ τ. Ἰουδαίων . . . ἐπίστευσαν εἰς αὐτόν

48 [1] πάντες πιστεύσουσιν εἰς αὐτόν

12 11 [1] πολλοὶ δι' αὐτὸν ὑπῆγον τ. Ἰουδαίων κ. ἐπίστευον εἰς τ. Ἰησοῦν

36 [1] ὡς τὸ φῶς ἔχετε πιστεύετε εἰς τὸ φῶς

37 [1] οὐκ ἐπίστευον εἰς αὐτόν

38 Κύριε τίς ἐπίστευσεν τ. ἀκοῇ ἡμῶν

מִי הֶאֱמִין לִשְׁמֻעָתֵנוּ, Is. liii. 1

39 διὰ τοῦτο οὐκ ἠδύναντο πιστεύειν

Jo 12 42 [1] ἐκ τ. ἀρχόντων πολλοὶ ἐπίστευσαν εἰς αὐτόν
44 [1] ὁ πιστεύων εἰς ἐμὲ οὐ πιστεύει εἰς ἐμέ
46 [1] ἵνα πᾶς ὁ πιστεύων εἰς ἐμὲ ἐν τ. σκοτίᾳ μὴ μείνῃ
13 19 ἵνα πιστεύητε ὅταν γένηται ὅτι ἐγώ εἰμι
πιστεύσητε, T
14 1 [1] πιστεύετε εἰς τ. Θεὸν κ. εἰς ἐμὲ πιστεύετε
10 οὐ πιστεύεις ὅτι ἐγὼ ἐν τ. πατρί
11 [3] πιστεύετέ μοι ὅτι ἐγὼ ἐν τ. πατρί
11 [3] διὰ τὰ ἔργα αὐτὰ πιστεύετε
+μοι, WH mg. R
12 [1] ὁ πιστεύων εἰς ἐμὲ τὰ ἔργα ἃ ἐγὼ ποιῶ κἀκεῖνος ποιήσει
29 ἵνα ὅταν γένηται πιστεύσητε
16 9 [1] περὶ ἁμαρτίας μὲν ὅτι οὐ πιστεύουσιν εἰς ἐμέ
27 πεπιστεύκατε ὅτι ἐγὼ παρὰ τ. πατρὸς ἐξῆλθον
30 ἐν τούτῳ πιστεύομεν ὅτι ἀπὸ Θεοῦ ἐξῆλθες.
31 ἀπεκρίθη αὐτοῖς Ἰησοῦς Ἄρτι πιστεύετε;
17 8 ἐπίστευσαν ὅτι σύ με ἀπέστειλας
20 [1] περὶ τ. πιστευόντων διὰ τ. λόγου αὐτῶν εἰς ἐμέ
21 ἵνα ὁ κόσμος πιστεύῃ ὅτι σύ με ἀπέστειλας
19 35 ἵνα κ. ὑμεῖς πιστεύητε
20 8 εἶδεν κ. ἐπίστευσεν
25 ἐὰν μὴ ἴδω . . . οὐ μὴ πιστεύσω
29 ὅτι ἑώρακάς με πεπίστευκας·
πεπίστευκας; WHR mg.
μακάριοι οἱ μὴ ἰδόντες κ. πιστεύσαντες
31 ταῦτα δὲ γέγραπται ἵνα πιστεύητε ὅτι Ἰησοῦς ἐστὶν ὁ Χριστὸς ὁ υἱὸς τ. Θεοῦ,
κ. ἵνα πιστεύοντες ζωὴν ἔχητε ἐν τ. ὀνόματι αὐτοῦ
Ac 2 44 πάντες δὲ οἱ πιστεύσαντες ἐπὶ τὸ αὐτό
4 4 πολλοὶ δὲ τ. ἀκουσάντων τ. λόγον ἐπίστευσαν
32 τ. δὲ πλήθους τ. πιστευσάντων ἦν καρδία κ. ψυχὴ μία
5 14 μᾶλλον δὲ προσετίθεντο πιστεύοντες τ. Κυρίῳ
8 12 [3] ὅτε δὲ ἐπίστευσαν τ. Φιλίππῳ εὐαγγελιζομένῳ
13 ὁ δὲ Σίμων κ. αὐτὸς ἐπίστευσεν
37 εἰ πιστεύεις ἐξ ὅλης τ. καρδίας σου ἔξεστιν
—h. v., TWH non mg. R non mg.
37 πιστεύω τ. υἱὸν τ. Θεοῦ εἶναι τ. Ἰησοῦν Χριστόν
—h. v., TWH non mg. R non mg.
9 26 μὴ πιστεύοντες ὅτι ἐστὶν μαθητής
42 [2] ἐπίστευσαν πολλοὶ ἐπὶ τ. Κύριον
10 43 [1] ἄφεσιν ἁμαρτιῶν λαβεῖν . . . πάντα τ. πιστεύοντα εἰς αὐτόν
11 17 [2] ὡς κ. ἡμῖν πιστεύσασιν ἐπὶ τ. Κύριον Ἰησοῦν Χριστόν
21 πολύς τε ἀριθμὸς ὁ πιστεύσας ἐπέστρεψεν ἐπὶ τ. Κύριον
13 12 ἰδὼν ὁ ἀνθύπατος τὸ γεγονὸς ἐπίστευσεν
39 ἐν τούτῳ πᾶς ὁ πιστεύων δικαιοῦται
41 ἔργον ὃ οὐ μὴ πιστεύσητε ἐάν τις ἐκδιηγῆται ὑμῖν
פֹּעַל . . . לֹא תַאֲמִינוּ כִּי יְסֻפָּר, Hab. i. 5
48 ἐπίστευσαν ὅσοι ἦσαν τεταγμένοι εἰς ζωὴν αἰώνιον

Ac **14** 1 ὥστε πιστεῦσαι Ἰουδαίων τε κ. Ἑλλήνων πολὺ πλῆθος
23 [1] παρέθεντο αὐτοὺς τ. Κυρίῳ εἰς ὃν πεπιστεύκεισαν
15 5 [5] ἐξανέστησαν δέ τινες τῶν ἀπὸ τ. αἱρέσεως τ. Φαρισαίων πεπιστευκότες
7 διὰ τ. στόματός μου ἀκοῦσαι τὰ ἔθνη . . . κ. πιστεῦσαι
11 διὰ τ. χάριτος τ. Κυρίου Ἰησοῦ πιστεύομεν σωθῆναι
16 31 [2] πίστευσον ἐπὶ τ. Κύριον Ἰησοῦν
34 [3] ἠγαλλιάσατο πανοικεὶ πεπιστευκὼς τῷ Θεῷ
17 12 πολλοὶ μὲν οὖν ἐξ αὐτῶν ἐπίστευσαν
34 [3] τινὲς δὲ ἄνδρες κολληθέντες αὐτῷ ἐπίστευσαν
18 8 [3] Κρίσπος δὲ ὁ ἀρχισυνάγωγος ἐπίστευσεν τ. Κυρίῳ
8 πολλοὶ τ. Κορινθίων ἀκούοντες ἐπίστευον
27 [5] συνεβάλετο πολὺ τ. πεπιστευκόσι διὰ τ. χάριτος
19 2 εἰ πνεῦμα ἅγιον ἐλάβετε πιστεύσαντες;
4 [1] εἰς τ. ἐρχόμενον μετ' αὐτὸν ἵνα πιστεύσωσιν
18 [5] πολλοί τε τ. πεπιστευκότων ἤρχοντο
21 20 [5] πόσαι μυριάδες εἰσὶν ἐν τ. Ἰουδαίοις τ. πεπιστευκότων
25 [5] περὶ δὲ τ. πεπιστευκότων ἐθνῶν ἡμεῖς ἀπεστείλαμεν
22 19 [2] δέρων κατὰ τ. συναγωγὰς τ. πιστεύοντας ἐπὶ σέ
24 14 πιστεύων πᾶσι τοῖς κατὰ τ. νόμον . . . γεγραμμένοις
26 27 [3] πιστεύεις βασιλεῦ Ἀγρίππα τ. προφήταις;
οἶδα ὅτι πιστεύεις
27 25 [3] πιστεύω γὰρ τ. Θεῷ ὅτι οὕτως ἔσται
Ro 1 16 δύναμις γὰρ Θεοῦ ἐστὶν εἰς σωτηρίαν παντὶ τ. πιστεύοντι
3 2 [4] ὅτι ἐπιστεύθησαν τὰ λόγια τ. Θεοῦ
22 δικαιοσύνη δὲ Θεοῦ . . . εἰς πάντας τ. πιστεύοντας
4 3 [3] ἐπίστευσεν δὲ Ἀβραὰμ τ. Θεῷ
וְהֶאֱמִן בַּיהוָֹה, Gen. xv. 6
5 [2] πιστεύοντι δὲ ἐπὶ τ. δικαιοῦντα τ. ἀσεβῆ
11 εἰς τὸ εἶναι αὐτὸν πατέρα πάντων τ. πιστευόντων
17 κατέναντι οὗ ἐπίστευσεν Θεοῦ
18 [2] ὃς παρ' ἐλπίδα ἐπ' ἐλπίδι ἐπίστευσεν
24 [2] οἷς μέλλει λογίζεσθαι τ. πιστεύουσιν ἐπὶ τ. ἐγείραντα Ἰησοῦν
6 8 πιστεύομεν ὅτι κ. συνζήσομεν αὐτῷ
9 33 [2] ὁ πιστεύων ἐπ' αὐτῷ οὐ καταισχυνθήσεται
הַמַּאֲמִין לֹא יָחִישׁ, Is. xxviii. 16
10 4 τέλος γὰρ νόμου Χριστὸς εἰς δικαιοσύνην παντὶ τ. πιστεύοντι
9 ἐὰν . . . πιστεύσῃς ἐν τ. καρδίᾳ σου
10 καρδίᾳ γὰρ πιστεύεται εἰς δικαιοσύνην
11 [2] πᾶς ὁ πιστεύων ἐπ' αὐτῷ οὐ καταισχυνθήσεται, Is. *l.c.*
14 [1] πῶς οὖν ἐπικαλέσωνται εἰς ὃν οὐκ ἐπίστευσαν;
πῶς δὲ πιστεύσωσιν οὗ οὐκ ἤκουσαν;

Ro 10 16 Κύριε τίς ἐπίστευσεν τ. ἀκοῇ ἡμῶν, Is. liii. 1
13 11 ἐγγύτερον ἡμῶν ἡ σωτηρία ἢ ὅτε ἐπιστεύσαμεν
14 2 ὃς μὲν πιστεύει φαγεῖν πάντα
15 13 πληρῶσαι ὑμᾶς πάσης χαρᾶς κ. εἰρήνης ἐν τῷ πιστεύειν
I Co 1 21 διὰ τ. μωρίας τ. κηρύγματος σῶσαι τοὺς πιστεύοντας
3 5 διάκονοι δι' ὧν ἐπιστεύσατε
9 17 [4] εἰ δὲ ἄκων οἰκονομίαν πεπίστευμαι
11 18 ἀκούω σχίσματα . . . κ. μέρος τι πιστεύω
13 7 πάντα στέγει πάντα πιστεύει
14 22 ὥστε αἱ γλῶσσαι εἰς σημεῖόν εἰσιν οὐ τ. πιστεύουσιν ἀλλὰ τ. ἀπίστοις·
ἡ δὲ προφητεία οὐ τ. ἀπίστοις ἀλλὰ τ. πιστεύουσιν
15 2 ἐκτὸς εἰ μὴ εἰκῇ ἐπιστεύσατε
11 οὕτως κηρύσσομεν κ. οὕτως ἐπιστεύσατε
II Co 4 13 κατὰ τὸ γεγραμμένον Ἐπίστευσα διὸ ἐλάλησα,
הֶאֱמַנְתִּי כִּי אֲדַבֵּר, Ps. cxvi. 10
κ. ἡμεῖς πιστεύομεν διὸ κ. λαλοῦμεν
Ga 2 7 [4] ἰδόντες ὅτι πεπίστευμαι τὸ εὐαγγέλιον τ. ἀκροβυστίας
16 [1] κ. ἡμεῖς εἰς Χριστὸν Ἰησοῦν ἐπιστεύσαμεν
3 6 [3] καθὼς Ἀβραὰμ ἐπίστευσεν τ. Θεῷ, Gen. *l.c.*
22 ἵνα ἡ ἐπαγγελία ἐκ πίστεως Ἰησοῦ Χριστοῦ δοθῇ τ. πιστεύουσιν
Eph 1 13 ἐν ᾧ κ. πιστεύσαντες ἐσφραγίσθητε
19 τί τὸ ὑπερβάλλον μέγεθος τ. δυνάμεως αὐτοῦ εἰς ἡμᾶς τ. πιστεύοντας
Phl 1 29 [1] οὐ μόνον τὸ εἰς αὐτὸν πιστεύειν
I Th 1 7 ὥστε γενέσθαι ὑμᾶς τύπον πᾶσι τ. πιστεύουσιν
2 4 [4] καθὼς δεδοκιμάσμεθα ὑπὸ τ. Θεοῦ πιστευθῆναι τὸ εὐαγγέλιον
10 ὡς . . . ἀμέμπτως ὑμῖν τ. πιστεύουσιν ἐγενήθημεν
13 ὃς κ. ἐνεργεῖται ἐν ὑμῖν τ. πιστεύουσιν
4 14 εἰ γὰρ πιστεύομεν ὅτι Ἰησοῦς ἀπέθανεν
II Th 1 10 ὅταν ἔλθῃ . . . θαυμασθῆναι ἐν πᾶσι τ. πιστεύσασιν,
[8] ὅτι ἐπιστεύθη τὸ μαρτύριον ἡμῶν ἐφ' ὑμᾶς
2 11 εἰς τὸ πιστεῦσαι αὐτοὺς τ. ψεύδει·
12 ἵνα κριθῶσιν πάντες οἱ μὴ πιστεύσαντες τ. ἀληθείᾳ
I Ti 1 11 [4] κατὰ τὸ εὐαγγέλιον . . . ὃ ἐπιστεύθην ἐγώ
16 [2] πρὸς ὑποτύπωσιν τ. μελλόντων πιστεύειν ἐπ' αὐτῷ
3 16 ἐπιστεύθη ἐν κόσμῳ
II Ti 1 12 [8] οἶδα γὰρ ᾧ πεπίστευκα
Tit 1 3 [4] ἐν κηρύγματι ὃ ἐπιστεύθην ἐγώ
3 8 [3 5] ἵνα φροντίζωσιν καλῶν ἔργων προΐστασθαι οἱ πεπιστευκότες Θεῷ
He 4 3 εἰσερχόμεθα γὰρ εἰς τὴν κατάπαυσιν οἱ πιστεύσαντες
11 6 πιστεῦσαι γὰρ δεῖ τ. προσερχόμενον τ. Θεῷ
Ja 2 19 σὺ πιστεύεις ὅτι εἷς Θεὸς ἐστίν; καλῶς ποιεῖς· κ. τὰ δαιμόνια πιστεύουσιν
23 [8] ἐπίστευσεν δὲ Ἀβραὰμ τ. Θεῷ, Gen. *l.c.*
I Pe 1 8 [1] εἰς ὃν ἄρτι μὴ ὁρῶντες πιστεύοντες δέ
2 6 [2] ὁ πιστεύων ἐπ' αὐτῷ οὐ μὴ καταισχυνθῇ, Is. xxviii. 16
7 ὑμῖν οὖν ἡ τιμὴ τ. πιστεύουσιν

I Jo 3 23 ἵνα πιστεύσωμεν τ. ὀνόματι τ. υἱοῦ αὐτοῦ
πιστεύωμεν, TWH mg.
4 1 [8] μὴ παντὶ πνεύματι πιστεύετε
16 ἡμεῖς ἐγνώκαμεν κ. πεπιστεύκαμεν τ. ἀγάπην
5 1 πᾶς ὁ πιστεύων ὅτι Ἰησοῦς ἐστὶν ὁ Χριστός
5 εἰ μὴ ὁ πιστεύων ὅτι Ἰησοῦς ἐστιν ὁ υἱὸς τ. Θεοῦ
10 [1] ὁ πιστεύων εἰς τ. υἱὸν τ. Θεοῦ ἔχει τ. μαρτυρίαν ἐν αὐτῷ·
[8] ὁ μὴ πιστεύων τ. Θεῷ ψεύστην πεποίηκεν αὐτόν,
[1] ὅτι οὐ πεπίστευκεν εἰς τ. μαρτυρίαν
13 [1] ἔγραψα ὑμῖν . . . τ. πιστεύουσιν εἰς τὸ ὄνομα τ. υἱοῦ τ. Θεοῦ
Ju 5 τὸ δεύτερον τοὺς μὴ πιστεύσαντας ἀπώλεσεν

ΠΙΣΤΙΚΟ´Σ* † 4101

Mk 14 3 ἦλθεν γυνὴ ἔχουσα ἀλάβαστρον μύρου νάρδου πιστικῆς πολυτελοῦς
Jo 12 3 ἡ οὖν Μαριὰμ λαβοῦσα λίτραν μύρου νάρδου πιστικῆς πολυτίμου

ΠΙ´ΣΤΙΣ 4102

(1) π. ἔχειν (2) π. Θεοῦ, εἰς, ἐπὶ, πρὸς Θεόν (3) π. Ἰησοῦ, εἰς Ἰησοῦν, ἐν Ἰησοῦ, Χριστοῦ, εἰς Χριστόν (4) ἐκ πίστεως (5) κατὰ πίστιν

Mt 8 10 παρ' οὐδενὶ τοσαύτην πίστιν ἐν τ. Ἰσραὴλ εὗρον
οὐδὲ ἐν τ. Ἰσρ. τοσ. πίστ εὗρ., TR non mg.
9 2 ἰδὼν ὁ Ἰησοῦς τ. πίστιν αὐτῶν
22 ἡ πίστις σου σέσωκέν σε
29 [5] κατὰ τ. πίστιν ὑμῶν γενηθήτω ὑμῖν
15 28 ὦ γύναι μεγάλη σου ἡ πίστις
17 20 [1] ἐὰν ἔχητε πίστιν ὡς κόκκον σινάπεως
21 21 [1] ἐὰν ἔχητε πίστιν κ. μὴ διακριθῆτε
23 23 ἀφήκατε . . . τ. κρίσιν κ. τὸ ἔλεος κ. τ. πίστιν
Mk 2 5 ἰδὼν ὁ Ἰησοῦς τ. πίστιν αὐτῶν
4 40 [1] οὔπω ἔχετε πίστιν;
5 34 θυγάτηρ ἡ πίστις σου σέσωκέν σε
10 52 ὕπαγε ἡ πίστις σου σέσωκέν σε
11 22 [1 2] ἔχετε πίστιν Θεοῦ
Lu 5 20 ἰδὼν τ. πίστιν αὐτῶν εἶπεν
7 9 οὐδὲ ἐν τ. Ἰσραὴλ τοσαύτην πίστιν εὗρον
50 ἡ πίστις σου σέσωκέν σε
8 25 εἶπεν δὲ αὐτοῖς Ποῦ ἡ πίστις ὑμῶν;
48 θυγάτηρ ἡ πίστις σου σέσωκέν σε
17 5 πρόσθες ἡμῖν πίστιν
6 [1] εἰ ἔχετε πίστιν ὡς κόκκον σινάπεως
19 ἡ πίστις σου σέσωκέν σε
18 8 ἐλθὼν ἄρα εὑρήσει τ. πίστιν ἐπὶ τ. γῆς;
42 ἀνάβλεψον ἡ πίστις σου σέσωκέν σε
22 32 ἵνα μὴ ἐκλίπῃ ἡ πίστις σου
Ac 3 16 τ. πίστει τ. ὀνόματος αὐτοῦ τοῦτον . . . ἐστερέωσεν τὸ ὄνομα αὐτοῦ·
ἐπὶ τ. πίστει, T
κ. ἡ πίστις ἡ δι' αὐτοῦ ἔδωκεν αὐτῷ τ. ὁλοκληρίαν ταύτην
6 5 Στέφανον ἄνδρα πλήρη πίστεως κ. πνεύματος ἁγίου
7 πολύς τε ὄχλος τ. ἱερέων ὑπήκουον τ. πίστει
11 24 ἦν ἀνὴρ ἀγαθὸς κ. πλήρης πνεύματος ἁγίου κ. πίστεως

Ac 13 8 ζητῶν διαστρέψαι τ. ἀνθύπατον ἀπὸ τ. πίστεως
14 9 [1] ἰδὼν ὅτι ἔχει πίστιν τοῦ σωθῆναι
22 παρακαλοῦντες ἐμμένειν τ. πίστει
27 ὅτι ἤνοιξεν τ. ἔθνεσιν θύραν πίστεως
15 9 τ. πίστει καθαρίσας τ. καρδίας αὐτῶν
16 5 αἱ μὲν οὖν ἐκκλησίαι ἐστερεοῦντο τ. πίστει
17 31 πίστιν παρασχὼν πᾶσιν ἀναστήσας αὐτὸν ἐκ νεκρῶν
20 21 [3] διαμαρτυρόμενος . . . πίστιν εἰς τ. Κύριον ἡμῶν Ἰησοῦν
24 24 [3] ἤκουσεν αὐτὸν περὶ τῆς εἰς Χριστὸν Ἰησοῦν πίστεως
26 18 [3] τοῦ λαβεῖν αὐτοὺς ἄφεσιν ἁμαρτιῶν . . . πίστει τῇ εἰς ἐμέ
Ro 1 5 δι᾽ οὗ ἐλάβομεν χάριν κ. ἀποστολὴν εἰς ὑπακοὴν πίστεως
8 ἡ πίστις ὑμῶν καταγγέλλεται ἐν ὅλῳ τ. κόσμῳ
12 διὰ τῆς ἐν ἀλλήλοις πίστεως ὑμῶν τε κ. ἐμοῦ
17 [4] δικαιοσύνη γὰρ Θεοῦ ἐν αὐτῷ ἀποκαλύπτεται ἐκ πίστεως εἰς πίστιν
17 [4] ὁ δὲ δίκαιος ἐκ πίστεως ζήσεται
וְצַדִּיק בֶּאֱמוּנָתוֹ יִחְיֶה, Hab. ii. 4
3 3 [2] μὴ ἡ ἀπιστία αὐτῶν τ. πίστιν τ. Θεοῦ καταργήσει;
22 [3] δικαιοσύνη δὲ Θεοῦ διὰ πίστεως Ἰησοῦ Χριστοῦ
25 ἱλαστήριον διὰ πίστεως ἐν τ. αὐτοῦ αἵματι
διὰ τῆς πίστ., WH mg.
26 [3] [4] δίκαιον κ. δικαιοῦντα τ. ἐκ πίστεως Ἰησοῦ
27 οὐχὶ ἀλλὰ διὰ νόμου πίστεως
28 λογιζόμεθα γὰρ δικαιοῦσθαι πίστει ἄνθρωπον
30 [4] ὃς δικαιώσει περιτομὴν ἐκ πίστεως κ. ἀκροβυστίαν διὰ τ. πίστεως
31 νόμον οὖν καταργοῦμεν διὰ τ. πίστεως;
4 5 λογίζεται ἡ πίστις αὐτοῦ εἰς δικαιοσύνην
9 ἐλογίσθη τῷ Ἀβραὰμ ἡ πίστις εἰς δικαιοσύνην
11 σφραγῖδα τ. δικαιοσύνης τ. πίστεως τῆς ἐν τ. ἀκροβυστίᾳ
12 τ. ἴχνεσι τῆς ἐν ἀκροβυστίᾳ πίστεως τ. πατρὸς ἡμῶν Ἀβραάμ.
13 οὐ γὰρ διὰ νόμου ἡ ἐπαγγελία . . . ἀλλὰ διὰ δικαιοσύνης πίστεως.
14 εἰ γὰρ οἱ ἐκ νόμου κληρονόμοι κεκένωται ἡ πίστις
16 [4] διὰ τοῦτο ἐκ πίστεως ἵνα κατὰ χάριν
16 [4] ἀλλὰ κ. τῷ ἐκ πίστεως Ἀβραάμ
19 μὴ ἀσθενήσας τ. πίστει κατενόησεν
20 ἐνεδυναμώθη τ. πίστει
5 1 [4] δικαιωθέντες οὖν ἐκ πίστεως εἰρήνην ἔχωμεν
2 δι᾽ οὗ κ. τ. προσαγωγὴν ἐσχήκαμεν τ. πίστει
—τ. πίστει, [WH] R mg.
9 30 [4] δικαιοσύνην δὲ τὴν ἐκ πίστεως
32 [4] ὅτι οὐκ ἐκ πίστεως ἀλλ᾽ ὡς ἐξ ἔργων
10 6 [4] ἡ δὲ ἐκ πίστεως δικαιοσύνη οὕτως λέγει
8 τοῦτ᾽ ἔστιν τὸ ῥῆμα τ. πίστεως ὃ κηρύσσομεν
17 ἄρα ἡ πίστις ἐξ ἀκοῆς
11 20 τ. ἀπιστίᾳ ἐξεκλάσθησαν σὺ δὲ τ. πίστει ἕστηκας
12 3 ἑκάστῳ ὡς ὁ Θεὸς ἐμέρισεν μέτρον πίστεως
6 εἴτε προφητείαν κατὰ τ. ἀναλογίαν τ. πίστεως

Ro 14 1 τὸν δὲ ἀσθενοῦντα τ. πίστει προσλαμβάνεσθε
22 [1] σὺ πίστιν ἣν ἔχεις κατὰ σεαυτὸν ἔχε
23 [4] ἐὰν φάγῃ κατακέκριται ὅτι οὐκ ἐκ πίστεως·
[4] πᾶν δὲ ὃ οὐκ ἐκ πίστεως ἁμαρτία ἐστίν
16 26 εἰς ὑπακοὴν πίστεως εἰς πάντα τὰ ἔθνη γνωρισθέντος
I Co 2 5 ἵνα ἡ πίστις ὑμῶν μὴ ᾖ ἐν σοφίᾳ ἀνθρώπων
12 9 ἑτέρῳ πίστις ἐν τ. αὐτῷ πνεύματι
13 2 [1] κἂν ἔχω πᾶσαν τ. πίστιν
13 νυνὶ δὲ μένει πίστις ἐλπὶς ἀγάπη
15 14 κενὴ κ. ἡ πίστις ἡμῶν
17 ματαία ἡ πίστις ὑμῶν ἐστίν
16 13 γρηγορεῖτε στήκετε ἐν τ. πίστει
II Co 1 24 οὐχ ὅτι κυριεύομεν ὑμῶν τ. πίστεως
24 τῇ γὰρ πίστει ἑστήκατε
4 13 ἔχοντες δὲ τὸ αὐτὸ πνεῦμα τ. πίστεως
5 7 διὰ πίστεως γὰρ περιπατοῦμεν οὐ διὰ εἴδους
8 7 ὥσπερ ἐν παντὶ περισσεύετε πίστει κ. λόγῳ
10 15 ἐλπίδα δὲ ἔχοντες αὐξανομένης τ. πίστεως ὑμῶν
13 5 ἑαυτοὺς πειράζετε εἰ ἐστὲ ἐν τ. πίστει
Ga 1 23 νῦν εὐαγγελίζεται τ. πίστιν ἥν ποτε ἐπόρθει
2 16 [3] οὐ δικαιοῦται . . . ἐὰν μὴ διὰ πίστεως Χριστοῦ Ἰησοῦ
16 [3] ἵνα δικαιωθῶμεν ἐκ πίστεως Χριστοῦ
20 ἐν πίστει ζῶ τῇ τ. υἱοῦ τ. Θεοῦ
3 2 ἐξ ἔργων νόμου τὸ πνεῦμα ἐλάβετε ἢ ἐξ ἀκοῆς πίστεως;
5 ἐξ ἔργων νόμου ἢ ἐξ ἀκοῆς πίστεως;
7 [4] οἱ ἐκ πίστεως οὗτοι υἱοί εἰσιν Ἀβραάμ
8 [4] ὅτι ἐκ πίστεως δικαιοῖ τὰ ἔθνη ὁ Θεός
9 [4] ὥστε οἱ ἐκ πίστεως εὐλογοῦνται σὺν τ. πιστῷ Ἀβραάμ
11 [4] ὁ δίκαιος ἐκ πίστεως ζήσεται, Hab. *l.c.*
12 [4] ὁ δὲ νόμος οὐκ ἔστιν ἐκ πίστεως
14 ἵνα τ. ἐπαγγελίαν τ. πνεύματος λάβωμεν διὰ τ. πίστεως
22 [3] [4] ἵνα ἡ ἐπαγγελία ἐκ πίστεως Ἰησοῦ Χριστοῦ δοθῇ τ. πιστεύουσιν
23 πρὸ τοῦ δὲ ἐλθεῖν τ. πίστιν
23 συνκλειόμενοι εἰς τ. μέλλουσαν πίστιν ἀποκαλυφθῆναι
24 [4] ἵνα ἐκ πίστεως δικαιωθῶμεν·
25 ἐλθούσης δὲ τ. πίστεως οὐκέτι ὑπὸ παιδαγωγόν ἐσμεν.
26 [3] πάντες γὰρ υἱοὶ Θεοῦ ἐστὲ διὰ τ. πίστεως ἐν Χριστῷ Ἰησοῦ
5 5 [4] πνεύματι ἐκ πίστεως ἐλπίδα δικαιοσύνης ἀπεκδεχόμεθα
6 ἀλλὰ πίστις δι᾽ ἀγάπης ἐνεργουμένη
22 ὁ δὲ καρπὸς τ. πνεύματός ἐστιν . . . ἀγαθωσύνη πίστις πραΰτης
6 10 μάλιστα δὲ πρὸς τ. οἰκείους τ. πίστεως
Eph 1 15 [3] ἀκούσας τὴν καθ᾽ ὑμᾶς πίστιν ἐν τ. Κυρίῳ Ἰησοῦ
2 8 τῇ γὰρ χάριτί ἐστε σεσωσμένοι διὰ πίστεως
3 12 [3] ἐν ᾧ ἔχομεν τ. παρρησίαν . . . διὰ τ. πίστεως αὐτοῦ
17 κατοικῆσαι τ. Χριστὸν διὰ τ. πίστεως ἐν τ. καρδίαις ὑμῶν
4 5 εἷς Κύριος μία πίστις ἓν βάπτισμα
13 μέχρι καταντήσωμεν οἱ πάντες εἰς τ. ἑνότητα τ. πίστεως
6 16 ἐν πᾶσιν ἀναλαβόντες τ. θυρεὸν τ. πίστεως
23 εἰρήνη τ. ἀδελφοῖς κ. ἀγάπη μετὰ πίστεως
Phl 1 25 εἰς τὴν ὑμῶν προκοπὴν κ. χαρὰν τ. πίστεως

Phl 1 27 μιᾷ ψυχῇ συναθλοῦντες τ. πίστει τ. εὐαγγελίου
2 17 εἰ κ. σπένδομαι ἐπὶ τ. θυσίᾳ κ. λειτουργίᾳ τ. πίστεως ὑμῶν
3 9 [3] μὴ ἔχων ἐμὴν δικαιοσύνην . . . ἀλλὰ τὴν διὰ πίστεως Χριστοῦ,
τὴν ἐκ Θεοῦ δικαιοσύνην ἐπὶ τ. πίστει
Col 1 4 [3] ἀκούσαντες τ. πίστιν ὑμῶν ἐν Χριστῷ Ἰησοῦ
23 εἴ γε ἐπιμένετε τ. πίστει τεθεμελιωμένοι
2 5 [3] βλέπων . . . τὸ στερέωμα τῆς εἰς Χριστὸν πίστεως ὑμῶν
7 βεβαιούμενοι τ. πίστει καθὼς ἐδιδάχθητε
12 συνηγέρθητε διὰ τ. πίστεως τ. ἐνεργείας τ. Θεοῦ
I Th 1 3 μνημονεύοντες ὑμῶν τ. ἔργου τ. πίστεως
8 [2] ἐν παντὶ τόπῳ ἡ πίστις ὑμῶν ἡ πρὸς τ. Θεὸν ἐξελήλυθεν
3 2 εἰς τὸ . . . παρακαλέσαι ὑπὲρ τ. πίστεως ὑμῶν
5 ἔπεμψα εἰς τὸ γνῶναι τ. πίστιν ὑμῶν
ὑμ. πίστ., WH mg.
6 εὐαγγελισαμένου ἡμῖν τ. πίστιν κ. τ. ἀγάπην ὑμῶν
7 παρεκλήθημεν ἀδελφοὶ ἐφ' ὑμῖν . . . διὰ τῆς ὑμῶν πίστεως
10 καταρτίσαι τὰ ὑστερήματα τ. πίστεως ὑμῶν
5 8 ἐνδυσάμενοι θώρακα πίστεως κ. ἀγάπης
II Th 1 3 ὅτι ὑπεραυξάνει ἡ πίστις ὑμῶν
4 ἐνκαυχᾶσθαι . . . ὑπὲρ τ. ὑπομονῆς ὑμῶν κ. πίστεως
11 πληρώσῃ . . . ἔργον πίστεως ἐν δυνάμει
2 13 ὅτι εἵλατο ὑμᾶς ὁ Θεὸς ἀπ' ἀρχῆς εἰς σωτηρίαν ἐν . . . πίστει ἀληθείας
3 2 οὐ γὰρ πάντων ἡ πίστις
I Ti 1 2 Τιμοθέῳ γνησίῳ τέκνῳ ἐν πίστει
4 μᾶλλον ἢ οἰκονομίαν Θεοῦ τὴν ἐν πίστει
5 ἀγάπη ἐκ καθαρᾶς καρδίας . . . κ. πίστεως ἀνυποκρίτου
14 ὑπερεπλεόνασεν δὲ ἡ χάρις τ. Κυρίου ἡμῶν μετὰ πίστεως κ. ἀγάπης
19 [1] ἔχων πίστιν κ. ἀγαθὴν συνείδησιν,
ἥν τινες ἀπωσάμενοι περὶ τ. πίστιν ἐναυάγησαν
2 7 διδάσκαλος ἐθνῶν ἐν πίστει κ. ἀληθείᾳ
15 ἐὰν μείνωσιν ἐν πίστει κ. ἀγάπῃ
3 9 ἔχοντας τὸ μυστήριον τ. πίστεως ἐν καθαρᾷ συνειδήσει
13 [3] πολλὴν παρρησίαν ἐν πίστει τῇ ἐν Χριστῷ Ἰησοῦ
4 1 ἐν ὑστέροις καιροῖς ἀποστήσονταί τινες τ. πίστεως
6 ἐντρεφόμενος τ. λόγοις τ. πίστεως
12 τύπος γίνου τ. πιστῶν . . . ἐν ἀγάπῃ ἐν πίστει
5 8 τ. πίστιν ἤρνηται κ. ἔστιν ἀπίστου χείρων
12 ὅτι τ. πρώτην πίστιν ἠθέτησαν
6 10 ἧς τινὲς ὀρεγόμενοι ἀπεπλανήθησαν ἀπὸ τ. πίστεως
11 δίωκε δὲ δικαιοσύνην . . . πίστιν ἀγάπην
12 ἀγωνίζου τ. καλὸν ἀγῶνα τ. πίστεως
21 ἥν τινες ἐπαγγελλόμενοι περὶ τ. πίστιν ἠστόχησαν
II Ti 1 5 ὑπόμνησιν λαβὼν τῆς ἐν σοὶ ἀνυποκρίτου πίστεως
13 [3] ὑποτύπωσιν ἔχε ὑγιαινόντων λόγων . . . ἐν πίστει κ. ἀγάπῃ τῇ ἐν Χριστῷ Ἰησοῦ

II Ti 2 18 ἀνατρέπουσιν τήν τινων πίστιν
22 δίωκε δὲ δικαιοσύνην πίστιν ἀγάπην
3 8 ἀδόκιμοι περὶ τ. πίστιν
10 σὺ δὲ παρηκολούθησάς μου . . . τ. πίστει τ. μακροθυμίᾳ τ. ἀγάπῃ
15 [3] σοφίσαι εἰς σωτηρίαν διὰ πίστεως τῆς ἐν Χριστῷ Ἰησοῦ
4 7 τ. πίστιν τετήρηκα
Tit 1 1 [5] κατὰ πίστιν ἐκλεκτῶν Θεοῦ
4 [5] Τίτῳ γνησίῳ τέκνῳ κατὰ κοινὴν πίστιν
13 ἵνα ὑγιαίνωσιν ἐν τ. πίστει
2 2 πρεσβύτας νηφαλίους εἶναι . . . ὑγιαίνοντας τ. πίστει
10 πᾶσαν πίστιν ἐνδεικνυμένους ἀγαθήν
3 15 ἄσπασαι τ. φιλοῦντας ἡμᾶς ἐν πίστει
Phm 5 ἀκούων σου τ. ἀγάπην κ. τ. πίστιν
6 ὅπως ἡ κοινωνία τ. πίστεώς σου ἐνεργὴς γένηται
He 4 2 μὴ συνκεκερασμένους τ. πίστει τ. ἀκούσασιν
6 1 [2] μὴ πάλιν θεμέλιον καταβαλλόμενοι . . . πίστεως ἐπὶ Θεόν
12 μιμηταὶ δὲ τῶν διὰ πίστεως κ. μακροθυμίας κληρονομούντων τ. ἐπαγγελίας
10 22 προσερχώμεθα μετὰ ἀληθινῆς καρδίας ἐν πληροφορίᾳ πίστεως
38 [4] ὁ δὲ δίκαιός μου ἐκ πίστεως ζήσεται, Hab. *l.c.*
39 ἡμεῖς δὲ . . . πίστεως εἰς περιποίησιν ψυχῆς.
11 *1* ἔστιν δὲ πίστις ἐλπιζομένων ὑπόστασις
3 πίστει νοοῦμεν κατηρτίσθαι τ. αἰῶνας ῥήματι Θεοῦ
4 πίστει πλείονα θυσίαν Ἄβελ παρὰ Καὶν προσήνεγκεν τ. Θεῷ
5 πίστει Ἐνὼχ μετετέθη τοῦ μὴ ἰδεῖν θάνατον
6 χωρὶς δὲ πίστεως ἀδύνατον εὐαρεστῆσαι
7 πίστει χρηματισθεὶς Νῶε περὶ τῶν μηδέπω βλεπομένων
7 [5] τῆς κατὰ πίστιν δικαιοσύνης ἐγένετο κληρονόμος
8 πίστει καλούμενος Ἀβραὰμ ὑπήκουσεν
9 πίστει παρῴκησεν εἰς γῆν τ. ἐπαγγελίας
11 πίστει κ. αὐτὴ Σάρρα δύναμιν εἰς καταβολὴν σπέρματος ἔλαβεν
13 [5] κατὰ πίστιν ἀπέθανον οὗτοι πάντες
17 πίστει προσενήνοχεν Ἀβραὰμ τὸν Ἰσαὰκ πειραζόμενος
20 πίστει κ. περὶ μελλόντων εὐλόγησεν Ἰσαὰκ τὸν Ἰακὼβ
21 πίστει Ἰακὼβ ἀποθνήσκων ἕκαστον τ. υἱῶν Ἰωσὴφ εὐλόγησεν
22 πίστει Ἰωσὴφ τελευτῶν περὶ τῆς ἐξόδου τ. υἱῶν Ἰσραὴλ ἐμνημόνευσεν
23 πίστει Μωυσῆς γεννηθεὶς ἐκρύβη τρίμηνον
24 πίστει Μωυσῆς μέγας γενόμενος ἠρνήσατο λέγεσθαι
27 πίστει κατέλιπεν Αἴγυπτον
28 πίστει πεποίηκεν τὸ πάσχα
29 πίστει διέβησαν τ. ἐρυθρὰν θάλασσαν ὡς διὰ ξηρᾶς γῆς
30 πίστει τὰ τείχη Ἰερειχὼ ἔπεσαν
31 πίστει Ῥαὰβ ἡ πόρνη οὐ συναπώλετο τ. ἀπειθήσασιν
33 οἳ διὰ πίστεως κατηγωνίσαντο βασιλείας
39 οὗτοι πάντες μαρτυρηθέντες διὰ τ. πίστεως
12 2 ἀφορῶντες εἰς τὸν τ. πίστεως ἀρχηγὸν κ. τελειωτὴν Ἰησοῦν

He 13 7 ὧν . . . μιμεῖσθε τ. πίστιν

Ja 1 3 τὸ δοκίμιον ὑμῶν τ. πίστεως κατεργάζεται ὑπομονήν

6 αἰτείτω δὲ ἐν πίστει μηδὲν διακρινόμενος

2 1 [1 3] μὴ ἐν προσωπολημψίαις ἔχετε τ. πίστιν τ. Κυρίου ἡμῶν

5 οὐχ ὁ Θεὸς ἐξελέξατο τ. πτωχοὺς τ. κόσμῳ πλουσίους ἐν πίστει

14 ἐὰν πίστιν λέγῃ τις ἔχειν ἔργα δὲ μὴ ἔχῃ; μὴ δύναται ἡ πίστις σῶσαι αὐτόν;

17 οὕτως κ. ἡ πίστις ἐὰν μὴ ἔχῃ ἔργα νεκρά ἐστιν.

18 [1] ἀλλ' ἐρεῖ τις Σὺ πίστιν ἔχεις κἀγὼ ἔργα ἔχω·
δεῖξόν μοι τ. πίστιν σου χωρὶς τ. ἔργων,
κἀγώ σοι δείξω ἐκ τ. ἔργων μου τ. πίστιν

20 ἡ πίστις χωρὶς τ. ἔργων ἀργή ἐστιν

22 βλέπεις ὅτι ἡ πίστις συνήργει τ. ἔργοις αὐτοῦ,
κ. ἐκ τ. ἔργων ἡ πίστις ἐτελειώθη

24 [4] ἐξ ἔργων δικαιοῦται ἄνθρωπος κ. οὐκ ἐκ πίστεως μόνον

26 οὕτως κ. ἡ πίστις χωρὶς ἔργων νεκρά ἐστιν

5 15 ἡ εὐχὴ τ. πίστεως σώσει τ. κάμνοντα

I Pe 1 5 τοὺς ἐν δυνάμει Θεοῦ φρουρουμένους διὰ πίστεως

7 τὸ δοκίμιον ὑμῶν τ. πίστεως πολυτιμότερον χρυσίου τ. ἀπολλυμένου

9 κομιζόμενοι τὸ τέλος τ. πίστεως
+ ὑμῶν, TR

21 [2] ὥστε τ. πίστιν ὑμῶν κ. ἐλπίδα εἶναι εἰς Θεόν

5 9 ᾧ ἀντίστητε στερεοὶ τ. πίστει

II Pe 1 1 τοῖς ἰσότιμον ἡμῖν λαχοῦσιν πίστιν

5 ἐπιχορηγήσατε ἐν τ. πίστει ὑμῶν τ. ἀρετήν

I Jo 5 4 αὕτη ἐστὶν ἡ νίκη ἡ νικήσασα τ. κόσμον ἡ πίστις ἡμῶν

Ju 3 παρακαλῶν ἐπαγωνίζεσθαι τῇ ἅπαξ παραδοθείσῃ τ. ἁγίοις πίστει

20 ἐποικοδομοῦντες ἑαυτοὺς τ. ἁγιωτάτῃ ὑμῶν πίστει

Re 2 13 [8] οὐκ ἠρνήσω τ. πίστιν μου

19 οἶδά σου τὰ ἔργα κ. τ. ἀγάπην κ. τ. πίστιν

13 10 ὧδέ ἐστιν ἡ ὑπομονὴ κ. ἡ πίστις τ. ἁγίων

14 12 [8] οἱ τηροῦντες τ. ἐντολὰς τ. Θεοῦ κ. τ. πίστιν Ἰησοῦ

ΠΙΣΤΟΌΜΑΙ 4104

II Ti 3 14 σὺ δὲ μένε ἐν οἷς ἔμαθες κ. ἐπιστώθης

ΠΙΣΤΌΣ 4103

(1) de Deo, Christo (2) **οἱ πιστοί**
(3) **πιστὸν ποιεῖν**

Mt 24 45 τίς ἄρα ἐστὶν ὁ πιστὸς δοῦλος κ. φρόνιμος

25 21 εὖ δοῦλε ἀγαθὲ κ. πιστέ, ἐπὶ ὀλίγα ἦς πιστός

23 εὖ δοῦλε ἀγαθὲ κ. πιστέ, ἐπὶ ὀλίγα ἦς πιστός
πιστὸς ἦς, WH mg.

Lu 12 42 τίς ἄρα ἐστὶν ὁ πιστὸς οἰκονόμος ὁ φρόνιμος

16 10 ὁ πιστὸς ἐν ἐλαχίστῳ κ. ἐν πολλῷ πιστός ἐστιν

11 εἰ οὖν ἐν τ. ἀδίκῳ μαμωνᾷ πιστοὶ οὐκ ἐγένεσθε

Lu 16 12 εἰ ἐν τ. ἀλλοτρίῳ πιστοὶ οὐκ ἐγένεσθε

19 17 ὅτι ἐν ἐλαχίστῳ πιστὸς ἐγένου

Jo 20 27 μὴ γίνου ἄπιστος ἀλλὰ πιστός

Ac 10 45 [2] ἐξέστησαν οἱ ἐκ περιτομῆς πιστοὶ οἱ συνῆλθαν τ. Πέτρῳ

13 34 δώσω ὑμῖν τὰ ὅσια Δαυεὶδ τὰ πιστά
אֶכְרְתָה לָכֶם בְּרִית עוֹלָם חַסְדֵי דָוִד הַנֶּאֱמָנִים
Is. lv. 3

16 1 Τιμόθεος υἱὸς γυναικὸς Ἰουδαίας πιστῆς

15 εἰ κεκρίκατέ με πιστὴν τ. Κυρίῳ εἶναι

I Co 1 9 [1] πιστὸς ὁ Θεὸς δι' οὗ ἐκλήθητε

4 2 ἵνα πιστός τις εὑρεθῇ

17 ὅς ἐστίν μου τέκνον ἀγαπητὸν κ. πιστὸν ἐν Κυρίῳ

7 25 γνώμην δὲ δίδωμι ὡς ἠλεημένος ὑπὸ Κυρίου πιστὸς εἶναι

10 13 [1] πιστὸς δὲ ὁ Θεὸς ὃς οὐκ ἐάσει

II Co 1 18 [1] πιστὸς δὲ ὁ Θεὸς ὅτι ὁ λόγος ἡμῶν

6 15 ἢ τίς μερὶς πιστῷ μετὰ ἀπίστου;
πιστοῦ, WH mg.

Ga 3 9 ὥστε οἱ ἐκ πίστεως εὐλογοῦνται σὺν τ. πιστῷ Ἀβραάμ

Eph 1 1 τ. ἁγίοις τ. οὖσιν ἐν Ἐφέσῳ κ. πιστοῖς ἐν Χριστῷ Ἰησοῦ

6 21 Τύχικος ὁ ἀγαπητὸς ἀδελφὸς κ. πιστὸς διάκονος ἐν Κυρίῳ

Col 1 2 τοῖς ἐν Κολοσσαῖς ἁγίοις κ. πιστοῖς ἀδελφοῖς ἐν Χριστῷ

7 ὅς ἐστιν πιστὸς ὑπὲρ ἡμῶν διάκονος τ. Χριστοῦ

4 7 Τύχικος ὁ ἀγαπητὸς ἀδελφὸς κ. πιστὸς διάκονος . . . ἐν Κυρίῳ

9 σὺν Ὀνησίμῳ τ. πιστῷ κ. ἀγαπητῷ ἀδελφῷ

I Th 5 24 [1] πιστὸς ὁ καλῶν ὑμᾶς ὃς κ. ποιήσει

II Th 3 3 [1] πιστὸς δέ ἐστιν ὁ Κύριος ὃς στηρίξει ὑμᾶς

I Ti 1 12 χάριν ἔχω τ. ἐνδυναμώσαντί με Χριστῷ . . . ὅτι πιστόν με ἡγήσατο

15 πιστὸς ὁ λόγος κ. πάσης ἀποδοχῆς ἄξιος

3 1 πιστὸς ὁ λόγος

11 γυναῖκας ὡσαύτως σεμνὰς . . . πιστὰς ἐν πᾶσιν

4 3 [2] ἔκτισεν εἰς μετάλημψιν μετὰ εὐχαριστίας τ. πιστοῖς

9 πιστὸς ὁ λόγος κ. πάσης ἀποδοχῆς ἄξιος

10 ὅς ἐστιν σωτὴρ πάντων ἀνθρώπων μάλιστα πιστῶν

12 [2] τύπος γίνου τ. πιστῶν ἐν λόγῳ

5 16 εἴ τις πιστὴ ἔχει χήρας

6 2 οἱ δὲ πιστοὺς ἔχοντες δεσπότας μὴ καταφρονείτωσαν

2 ὅτι πιστοί εἰσιν κ. ἀγαπητοὶ οἱ τ. εὐεργεσίας ἀντιλαμβανόμενοι

II Ti 2 2 ταῦτα παράθου πιστοῖς ἀνθρώποις

11 πιστὸς ὁ λόγος

13 [1] εἰ ἀπιστοῦμεν ἐκεῖνος πιστὸς μένει

Tit 1 6 εἴ τίς ἐστιν ἀνέγκλητος . . . τέκνα ἔχων πιστά

9 ἀντεχόμενον τοῦ κατὰ τ. διδαχὴν πιστοῦ λόγου

3 8 πιστὸς ὁ λόγος κ. περὶ τούτων βούλομαί σε διαβεβαιοῦσθαι

He 2 17 ἵνα ἐλεήμων γένηται κ. πιστὸς ἀρχιερεὺς τὰ πρὸς τ. Θεόν

He 3 2 πιστὸν ὄντα τ. ποιήσαντι αὐτόν
5 κ. Μωυσῆς μὲν πιστὸς ἐν ὅλῳ τ. οἴκῳ αὐτοῦ
10 23 [1] πιστὸς γὰρ ὁ ἐπαγγειλάμενος
11 11 [1] ἐπεὶ πιστὸν ἡγήσατο τ. ἐπαγγειλάμενον
I Pe 1 21 δι' ὑμᾶς τοὺς δι' αὐτοῦ πιστοὺς εἰς Θεόν
4 19 [1] πιστῷ κτίστῃ παρατιθέσθωσαν τ. ψυχάς
5 12 διὰ Σιλουανοῦ ὑμῖν τ. πιστοῦ ἀδελφοῦ
I Jo 1 9 [1] πιστός ἐστιν κ. δίκαιος ἵνα ἀφῇ ἡμῖν τ. ἁμαρτίας
III Jo 5 [8] πιστὸν ποιεῖς ὃ ἐὰν ἐργάσῃ εἰς τ. ἀδελφούς
Re 1 5 [1] ἀπὸ Ἰησοῦ Χριστοῦ ὁ μάρτυς ὁ πιστός
2 10 γίνου πιστὸς ἄχρι θανάτου
13 Ἀντίπας ὁ μάρτυς μου ὁ πιστός μου
3 14 [1] τάδε λέγει ὁ Ἀμὴν ὁ μάρτυς ὁ πιστὸς κ. ὁ ἀληθινός
17 14 οἱ μετ' αὐτοῦ κλητοὶ κ. ἐκλεκτοὶ κ. πιστοί
19 11 [1] ὁ καθήμενος ἐπ' αὐτὸν πιστὸς καλούμενος κ. ἀληθινός
καλ. πιστ., T
21 5 ὅτι οὗτοι οἱ λόγοι πιστοὶ κ. ἀληθινοί εἰσιν
22 6 οὗτοι οἱ λόγοι πιστοὶ κ. ἀληθινοί

ΠΛΑΝΑ'Ω 4105

(1) seq. ἀπό

Mt 18 12 ἐὰν . . . πλανηθῇ ἓν ἐξ αὐτῶν
12 πορευθεὶς ζητεῖ τὸ πλανώμενον
13 ἢ ἐπὶ τοῖς ἐνενήκοντα ἐννέα τ. μὴ πεπλανημένοις
22 29 πλανᾶσθε μὴ εἰδότες τ. γραφάς
24 4 βλέπετε μή τις ὑμᾶς πλανήσῃ·
5 πολλοὶ γὰρ ἐλεύσονται . . . κ. πολλοὺς πλανήσουσιν
11 πολλοὶ ψευδοπροφῆται ἐγερθήσονται κ. πλανήσουσιν πολλούς
24 ὥστε πλανᾶσθαι εἰ δυνατὸν κ. τ. ἐκλεκτούς
πλανηθῆναι, T ; πλανῆσαι, WH mg.
Mk 12 24 οὐ διὰ τοῦτο πλανᾶσθε
27 πολὺ πλανᾶσθε
13 5 βλέπετε μή τις ὑμᾶς πλανήσῃ·
6 πολλοὶ ἐλεύσονται . . . κ. πολλοὺς πλανήσουσιν
Lu 21 8 βλέπετε μὴ πλανηθῆτε
Jo 7 12 οὔ ἀλλὰ πλανᾷ τ. ὄχλον
47 μὴ κ. ὑμεῖς πεπλάνησθε;
I Co 6 9 μὴ πλανᾶσθε
15 33 μὴ πλανᾶσθε
Ga 6 7 μὴ πλανᾶσθε Θεὸς οὐ μυκτηρίζεται
II Ti 3 13 προκόψουσιν ἐπὶ τὸ χεῖρον πλανῶντες κ. πλανώμενοι
Tit 3 3 ἦμεν γάρ ποτε κ. ἡμεῖς ἀνόητοι ἀπειθεῖς πλανώμενοι
He 3 10 ἀεὶ πλανῶνται τ. καρδίᾳ
עַם תֹּעֵי לֵבָב הֵם, Ps. xcv. 10
5 2 μετριοπαθεῖν δυνάμενος τ. ἀγνοοῦσιν κ. πλανωμένοις
11 38 ἐπὶ ἐρημίαις πλανώμενοι κ. ὄρεσιν
Ja 1 16 μὴ πλανᾶσθε ἀδελφοί μου ἀγαπητοί
5 19 [1] ἐάν τις ἐν ὑμῖν πλανηθῇ ἀπὸ τ. ἀληθείας
I Pe 2 25 ἦτε γὰρ ὡς πρόβατα πλανώμενοι
II Pe 2 15 καταλείποντες εὐθεῖαν ὁδὸν ἐπλανήθησαν
I Jo 1 8 ἐὰν εἴπωμεν ὅτι ἁμαρτίαν οὐκ ἔχομεν ἑαυτοὺς πλανῶμεν
2 26 ταῦτα ἔγραψα ὑμῖν περὶ τ. πλανώντων ὑμᾶς
3 7 τεκνία μηδεὶς πλανάτω ὑμᾶς
Re 2 20 διδάσκει κ. πλανᾷ τ. ἐμοὺς δούλους
12 9 ὁ Σατανᾶς ὁ πλανῶν τ. οἰκουμένην ὅλην
13 14 πλανᾷ τ. κατοικοῦντας ἐπὶ τ. γῆς
18 23 ἐν τ. φαρμακίᾳ σου ἐπλανήθησαν πάντα τὰ ἔθνη
19 20 ἐν οἷς ἐπλάνησεν τ. λαβόντας τὸ χάραγμα τ. θηρίου
20 3 ἵνα μὴ πλανήσῃ ἔτι τὰ ἔθνη
8 ἐξελεύσεται πλανῆσαι τὰ ἔθνη
10 ὁ διάβολος ὁ πλανῶν αὐτοὺς ἐβλήθη εἰς τ. λίμνην

ΠΛΑ'ΝΗ 4106

Mt 27 64 ἔσται ἡ ἐσχάτη πλάνη χείρων τ. πρώτης
Ro 1 27 τ. ἀντιμισθίαν ἣν ἔδει τ. πλάνης αὐτῶν
Eph 4 14 ἐν πανουργίᾳ πρὸς τ. μεθοδίαν τ. πλάνης
I Th 2 3 ἡ γὰρ παράκλησις ἡμῶν οὐκ ἐκ πλάνης
II Th 2 11 πέμπει αὐτοῖς ὁ Θεὸς ἐνέργειαν πλάνης
Ja 5 20 ὁ ἐπιστρέψας ἁμαρτωλὸν ἐκ πλάνης ὁδοῦ αὐτοῦ
II Pe 2 18 τοὺς ὀλίγως ἀποφεύγοντας τ. ἐν πλάνῃ ἀναστρεφομένους
3 17 ἵνα μὴ τῇ τ. ἀθέσμων πλάνῃ συναπαχθέντες
I Jo 4 6 ἐκ τούτου γινώσκομεν . . . τὸ πνεῦμα τ. πλάνης
Ju 11 τῇ πλάνῃ τοῦ Βαλαὰμ μισθοῦ ἐξεχύθησαν

ΠΛΑΝΗ'ΤΗΣ 4107

Ju 13 ἀστέρες πλανῆται οἷς ὁ ζόφος τ. σκότους εἰς αἰῶνα τετήρηται
πλάνητες οἷς ζόφ. σκότ., WH mg.

ΠΛΑ'ΝΟΣ 4108

Mt 27 63 ἐκεῖνος ὁ πλάνος εἶπεν ἔτι ζῶν
II Co 6 8 ὡς πλάνοι κ. ἀληθεῖς
I Ti 4 1 προσέχοντες πνεύμασι πλάνοις κ. διδασκαλίαις δαιμονίων
II Jo 7 πολλοὶ πλάνοι ἐξῆλθαν εἰς τ. κόσμον
7 οὗτός ἐστιν ὁ πλάνος κ. ὁ ἀντίχριστος

ΠΛΑ'Ξ 4109

II Co 3 3 ἐνγεγραμμένη . . . οὐκ ἐν πλαξὶ λιθίναις, ἀλλ' ἐν πλαξὶ καρδίαις σαρκίναις
He 9 4 ἐν ᾗ . . . αἱ πλάκες τ. διαθήκης

ΠΛΑ'ΣΜΑ 4110

Ro 9 20 μὴ ἐρεῖ τὸ πλάσμα τ. πλάσαντι

ΠΛΑ'ΣΣΩ 4111

Ro 9 20 μὴ ἐρεῖ τὸ πλάσμα τ. πλάσαντι
I Ti 2 13 Ἀδὰμ γὰρ πρῶτος ἐπλάσθη εἶτα Εὕα

ΠΛΑΣΤΟ'Σ * 4112

II Pe 2 3 ἐν πλεονεξίᾳ πλαστοῖς λόγοις ὑμᾶς ἐμπορεύσονται

ΠΛΑΤΕΙ'Α 4113

Mt 6 5 ἐν τ. γωνίαις τ. πλατειῶν ἑστῶτες προσεύχεσθαι
12 19 οὐδὲ ἀκούσει τις ἐν τ. πλατείαις τ. φωνὴν αὐτοῦ
וְלֹא־יַשְׁמִיעַ בַּחוּץ קוֹלוֹ, Is. xlii. 2

Mk 6 56 ἐν τ. πλατείαις ἐτίθεσαν τ. ἀσθενοῦντας
ἀγοραῖς, TWH non mg. R
Lu 10 10 ἐξελθόντες εἰς τ. πλατείας αὐτῆς εἴπατε
13 26 ἐν τ. πλατείαις ἡμῶν ἐδίδαξας
14 21 ἔξελθε ταχέως εἰς τ. πλατείας κ. ῥύμας τ. πόλεως
Ac 5 15 ὥστε κ. εἰς τ. πλατείας ἐκφέρειν τ. ἀσθενεῖς
Re 11 8 τὸ πτῶμα αὐτῶν ἐπὶ τ. πλατείας τ. πόλεως τ. μεγάλης
21 21 ἡ πλατεῖα τ. πόλεως χρυσίον καθαρόν
22 2 ἐκ τ. θρόνου τ. Θεοῦ κ. τ. ἀρνίου ἐν μέσῳ τ. πλατείας αὐτῆς

ΠΛΑ΄ΤΟΣ 4114

Eph 3 18 τί τὸ πλάτος κ. μῆκος κ. ὕψος κ. βάθος
Re 20 9 ἀνέβησαν ἐπὶ τὸ πλάτος τ. γῆς
21 16 τὸ μῆκος αὐτῆς ὅσον τὸ πλάτος
16 τὸ μῆκος κ. τὸ πλάτος κ. τὸ ὕψος αὐτῆς ἴσα ἐστίν

ΠΛΑΤΥ΄ΝΩ 4115

Mt 23 5 πλατύνουσι γὰρ τὰ φυλακτήρια αὐτῶν
II Co 6 11 ἡ καρδία ἡμῶν πεπλάτυνται
13 τ. δὲ αὐτὴν ἀντιμισθίαν . . . πλατύνθητε κ. ὑμεῖς

ΠΛΑΤΥ΄Σ 4116

Mt 7 13 ὅτι πλατεῖα κ. εὐρύχωρος ἡ ὁδὸς ἡ ἀπάγουσα εἰς τ. ἀπώλειαν
πλατ. ἡ πύλη κ., TWH mg. R non mg.

ΠΛΕ΄ΓΜΑ ** 4117

I Ti 2 9 κοσμεῖν ἑαυτὰς μὴ ἐν πλέγμασιν κ. χρυσίῳ

ΠΛΕΙ͂ΣΤΟΣ 4118

Mt 11 20 ἐν αἷς ἐγένοντο αἱ πλεῖσται δυνάμεις αὐτοῦ
21 8 ὁ δὲ πλεῖστος ὄχλος ἔστρωσαν ἑαυτῶν τὰ ἱμάτια ἐν τῇ ὁδῷ
Mk 4 1 συνάγεται πρὸς αὐτὸν ὄχλος πλεῖστος
I Co 14 27 κατὰ δύο ἢ τὸ πλεῖστον τρεῖς

ΠΛΕΙ΄ΩΝ 4119

(1) πλέων (2) ἐπὶ πλεῖον (3) πολλῷ πλ.

Mt 5 20 ἐὰν μὴ περισσεύσῃ ὑμῶν ἡ δικαιοσύνη πλεῖον τ. γραμματέων κ. Φαρισαίων
6 25 οὐχὶ ἡ ψυχὴ πλεῖόν ἐστιν τ. τροφῆς
12 41 ἰδοὺ πλεῖον Ἰωνᾶ ὧδε
42 ἰδοὺ πλεῖον Σολομῶνος ὧδε
20 10 οἱ πρῶτοι ἐνόμισαν ὅτι πλεῖον λήμψονται
πλείονα, T
21 36 πάλιν ἀπέστειλεν ἄλλους δούλους πλείονας τ. πρώτων
26 53 παραστήσει μοι ἄρτι πλειω δώδεκα λεγιῶνας ἀγγέλων
Mk 12 43 ἡ χήρα αὕτη ἡ πτωχὴ πλεῖον πάντων ἔβαλεν τ. βαλλόντων
Lu 3 13 [1] μηδὲν πλέον παρὰ τὸ διατεταγμένον ὑμῖν πράσσετε
7 42 τίς οὖν αὐτῶν πλεῖον ἀγαπήσει αὐτόν;
43 ὑπολαμβάνω ὅτι ᾧ τὸ πλεῖον ἐχαρίσατο
9 13 οὐκ εἰσὶν ἡμῖν πλεῖον ἢ ἄρτοι πέντε κ. ἰχθύες δύο
11 31 ἰδοὺ πλεῖον Σολομῶνος ὧδε
32 ἰδοὺ πλεῖον Ἰωνᾶ ὧδε
53 ἤρξαντο . . ἀποστοματίζειν αὐτὸν περὶ πλειόνων

Lu 12 23 ἡ γὰρ ψυχὴ πλεῖόν ἐστιν τ. τροφῆς
21 3 ἡ χήρα αὕτη ἡ πτωχὴ πλεῖον πάντων ἔβαλεν
πλείω, T
Jo 4 1 ὅτι Ἰησοῦς πλείονας μαθητὰς ποιεῖ κ βαπτίζει ἢ Ἰωάνης
41 [3] πολλῷ πλείους ἐπίστευσαν διὰ τ. λόγον αὐτοῦ
7 31 μὴ πλείονα σημεῖα ποιήσει ὧν οὗτος ἐποίησεν;
15 2 ἵνα καρπὸν πλείονα φέρῃ
21 15 [1] ἀγαπᾷς με πλέον τούτων;
Ac 2 40 ἑτέροις τε λόγοις πλείοσιν διεμαρτύρατο
4 17 [2] ἵνα μὴ ἐπὶ πλεῖον διανεμηθῇ εἰς τ. λαόν
22 ἐτῶν γὰρ ἦν πλειόνων τεσσεράκοντα ὁ ἄνθρωπος
13 31 ὃς ὤφθη ἐπὶ ἡμέρας πλείους τ. συναναβᾶσιν αὐτῷ
15 28 [1] μηδὲν πλέον ἐπιτίθεσθαι ὑμῖν βάρος
18 20 ἐρωτώντων δὲ αὐτῶν ἐπὶ πλείονα χρόνον μεῖναι
19 32 οἱ πλείους οὐκ ᾔδεισαν τίνος ἕνεκα συνεληλύθεισαν
20 9 [2] διαλεγομένου τ. Παύλου ἐπὶ πλεῖον
21 10 ἐπιμενόντων δὲ ἡμέρας πλείους
23 13 ἦσαν δὲ πλείους τεσσεράκοντα οἱ ταύτην τ. συνωμοσίαν ποιησάμενοι
21 ἐνεδρεύουσιν γὰρ αὐτὸν ἐξ αὐτῶν ἄνδρες πλείους τεσσεράκοντα
24 4 [2] ἵνα δὲ μὴ ἐπὶ πλεῖόν σε ἐνκόπτω
11 οὐ πλείους εἰσίν μοι ἡμέραι δώδεκα
17 δι' ἐτῶν δὲ πλειόνων ἐλεημοσύνας ποιήσων εἰς τὸ ἔθνος μου παρεγενόμην
25 6 διατρίψας δὲ ἐν αὐτοῖς ἡμέρας οὐ πλείους ὀκτὼ ἢ δέκα
14 ὡς δὲ πλείους ἡμέρας διέτριβον ἐκεῖ
27 12 οἱ πλείονες ἔθεντο βουλὴν ἀναχθῆναι ἐκεῖθεν
20 μήτε ἄστρων ἐπιφαινόντων ἐπὶ πλείονας ἡμέρας
28 23 ἦλθαν πρὸς αὐτὸν εἰς τ. ξενίαν πλείονες
I Co 9 19 πᾶσιν ἐμαυτὸν ἐδούλωσα ἵνα τ. πλείονας κερδήσω
10 5 οὐκ ἐν τ. πλείοσιν αὐτῶν ηὐδόκησεν ὁ Θεός
15 6 ἐξ ὧν οἱ πλείονες μένουσιν ἕως ἄρτι
II Co 2 6 ἱκανὸν τ. τοιούτῳ ἡ ἐπιτιμία αὕτη ἡ ὑπὸ τ. πλειόνων
4 15 ἵνα ἡ χάρις πλεονάσασα διὰ τ. πλειόνων τ. εὐχαριστίαν περισσεύσῃ
9 2 τὸ ὑμῶν ζῆλος ἠρέθισεν τ. πλείονας
Phl 1 14 τ. πλείονας τ. ἀδελφῶν ἐν Κυρίῳ πεποιθότας
II Ti 2 16 [2] ἐπὶ πλεῖον γὰρ προκόψουσιν ἀσεβείας
3 9 [2] ἀλλ' οὐ προκόψουσιν ἐπὶ πλεῖον
He 3 3 πλείονος γὰρ οὗτος δόξης παρὰ Μωυσῆν ἠξίωται,
καθ' ὅσον πλείονα τιμὴν ἔχει τ. οἴκου
7 23 οἱ μὲν πλείονές εἰσιν γεγονότες ἱερεῖς
11 4 πίστει πλείονα θυσίαν Ἄβελ παρὰ Καὶν προσήνεγκεν τ. Θεῷ
Re 2 19 οἶδα . . . τὰ ἔργα σου τὰ ἔσχατα πλείονα τ. πρώτων

ΠΛΕ΄ΚΩ 4120

Mt 27 29 πλέξαντες στέφανον ἐξ ἀκανθῶν ἐπέθηκαν
Mk 15 17 περιτιθέασιν αὐτῷ πλέξαντες ἀκάνθινον στέφανον
Jo 19 2 οἱ στρατιῶται πλέξαντες στέφανον ἐξ ἀκανθῶν

ΠΛΕΟΝΑ´ΖΩ 4121

Ro 5 20 νόμος δὲ παρεισῆλθεν ἵνα πλεονάσῃ τὸ παράπτωμα·
οὗ δὲ ἐπλεόνασεν ἡ ἁμαρτία
6 1 ἐπιμένωμεν τ. ἁμαρτίᾳ ἵνα ἡ χάρις πλεονάσῃ;
II Co 4 15 ἵνα ἡ χάρις πλεονάσασα διὰ τ. πλειόνων τ. εὐχαριστίαν περισσεύσῃ
8 15 ὁ τὸ πολὺ οὐκ ἐπλεόνασεν
לֹא הֶעְדִּיף הַמַּרְבֶּה, Ex. xvi. 18
Phl 4 17 ἐπιζητῶ τ. καρπὸν τ. πλεονάζοντα εἰς λόγον ὑμῶν
I Th 3 12 ὑμᾶς δὲ ὁ Κύριος πλεονάσαι κ. περισσεύσαι
II Th 1 3 πλεονάζει ἡ ἀγάπη ἑνὸς ἑκάστου πάντων ὑμῶν εἰς ἀλλήλους
II Pe 1 8 ταῦτα γὰρ ὑμῖν ὑπάρχοντα κ. πλεονάζοντα

ΠΛΕΟΝΕΚΤΕ´Ω 4122

II Co 2 11 ἵνα μὴ πλεονεκτηθῶμεν ὑπὸ τοῦ Σατανᾶ
7 2 οὐδένα ἐφθείραμεν οὐδένα ἐπλεονεκτήσαμεν
12 17 δι' αὐτοῦ ἐπλεονέκτησα ὑμᾶς;
18 μήτι ἐπλεονέκτησεν ὑμᾶς Τίτος;
I Th 4 6 τὸ μὴ ὑπερβαίνειν κ. πλεονεκτεῖν ἐν τ. πράγματι τ. ἀδελφὸν αὐτοῦ

ΠΛΕΟΝΕ´ΚΤΗΣ ** 4123

I Co 5 10 οὐ πάντως τ. πόρνοις τ. κόσμου τούτου ἢ τ. πλεονέκταις
11 ἐάν τις ἀδελφὸς ὀνομαζόμενος ᾖ πόρνος ἢ πλεονέκτης
6 10 οὔτε κλέπται οὔτε πλεονέκται οὐ μέθυσοι
Eph 5 5 πᾶς πόρνος ἢ ἀκάθαρτος ἢ πλεονέκτης

ΠΛΕΟΝΕΞΙ´Α 4124

Mk 7 22 μοιχεῖαι πλεονεξίαι πονηρίαι
Lu 12 15 ὁρᾶτε κ. φυλάσσεσθε ἀπὸ πάσης πλεονεξίας
Ro 1 29 πεπληρωμένους πάσῃ ἀδικίᾳ πονηρίᾳ πλεονεξίᾳ κακίᾳ
πον. κακ. πλεον., TWH mg.; κακ. πον. πλεον., WH mg. alter
II Co 9 5 οὕτως ὡς εὐλογίαν κ. μὴ ὡς πλεονεξίαν
Eph 4 19 εἰς ἐργασίαν ἀκαθαρσίας πάσης ἐν πλεονεξίᾳ
5 3 ἀκαθαρσία πᾶσα ἢ πλεονεξία μηδὲ ὀνομαζέσθω ἐν ὑμῖν
Col 3 5 τ. πλεονεξίαν ἥτις ἐστὶν εἰδωλολατρία
I Th 2 5 οὔτε ἐν προφάσει πλεονεξίας
II Pe 2 3 ἐν πλεονεξίᾳ πλαστοῖς λόγοις ὑμᾶς ἐμπορεύσονται
14 καρδίαν γεγυμνασμένην πλεονεξίας ἔχοντες

ΠΛΕΥΡΑ´ 4125

Mt 27 49 ἄλλος δὲ λαβὼν λόγχην ἔνυξεν αὐτοῦ τ. πλευράν
—h. v., T [[WH]] R non mg.
Jo 19 34 εἷς τ. στρατιωτῶν λόγχῃ αὐτοῦ τ. πλευρὰν ἔνυξεν
20 20 ἔδειξεν κ. τ. χεῖρας κ. τ. πλευρὰν αὐτοῖς
25 ἐὰν μὴ . . . βάλω μου τ. χεῖρα εἰς τ. πλευρὰν αὐτοῦ
27 φέρε τ. χεῖρά σου κ. βάλε εἰς τ. πλευράν μου
Ac 12 7 πατάξας δὲ τ. πλευρὰν τ. Πέτρου ἤγειρεν αὐτόν

ΠΛΕ´Ω 4126

Lu 8 23 πλεόντων δὲ αὐτῶν ἀφύπνωσεν
Ac 21 3 καταλιπόντες αὐτὴν εὐώνυμον ἐπλέομεν εἰς Συρίαν
27 2 μέλλοντι πλεῖν εἰς τοὺς κατὰ τ. Ἀσίαν τόπους
6 εὑρὼν . . . πλοῖον Ἀλεξανδρινὸν πλέον εἰς τ. Ἰταλίαν
24 κεχάρισταί σοι ὁ Θεὸς πάντας τ. πλέοντας μετὰ σοῦ
Re 18 17 πᾶς κυβερνήτης κ. πᾶς ὁ ἐπὶ τόπον πλέων

ΠΛΗΓΗ´ 4127

Lu 10 30 οἳ . . . πληγὰς ἐπιθέντες ἀπῆλθον
12 48 ὁ δὲ μὴ γνοὺς ποιήσας δὲ ἄξια πληγῶν
Ac 16 23 πολλὰς δὲ ἐπιθέντες αὐτοῖς πληγάς
33 παραλαβὼν αὐτοὺς . . . ἔλουσεν ἀπὸ τ. πληγῶν
II Co 6 5 ἐν στενοχωρίαις ἐν πληγαῖς ἐν φυλακαῖς
11 23 ἐν πληγαῖς ὑπερβαλλόντως
ἐν πλ. περισσοτέρως, T
Re 9 18 ἀπὸ τ. τριῶν πληγῶν τούτων ἀπεκτάνθησαν
20 οἳ οὐκ ἀπεκτάνθησαν ἐν τ. πληγαῖς ταύταις
11 6 ἐξουσίαν ἔχουσιν . . . πατάξαι τ. γῆν ἐν πάσῃ πληγῇ
13 3 ἡ πληγὴ τ. θανάτου αὐτοῦ ἐθεραπεύθη
12 οὗ ἐθεραπεύθη ἡ πληγὴ τ. θανάτου αὐτοῦ
14 ὃς ἔχει τ. πληγὴν τ. μαχαίρης κ. ἔζησεν
15 1 εἶδον . . . ἀγγέλους ἑπτὰ ἔχοντας πληγὰς ἑπτὰ τ. ἐσχάτας
6 ἐξῆλθαν οἱ ἑπτὰ ἄγγελοι οἱ ἔχοντες τὰς ἑπτὰ πληγάς
8 ἄχρι τελεσθῶσιν αἱ ἑπτὰ πληγαὶ τῶν ἑπτὰ ἀγγέλων
16 9 ἐβλασφήμησαν τὸ ὄνομα τ. Θεοῦ τ. ἔχοντος τ. ἐξουσίαν ἐπὶ τ. πληγὰς ταύτας
21 ἐβλασφήμησαν οἱ ἄνθρωποι τ. Θεὸν ἐκ τ. πληγῆς τ. χαλάζης·
ὅτι μεγάλη ἐστὶν ἡ πληγὴ αὐτῆς σφόδρα
18 4 ἐκ τ. πληγῶν αὐτῆς ἵνα μὴ λάβητε
8 ἐν μιᾷ ἡμέρᾳ ἥξουσιν αἱ πληγαὶ αὐτῆς
21 9 τὰς ἑπτὰ φιάλας τ. γεμόντων τ. ἑπτὰ πληγῶν τ. ἐσχάτων
22 18 ἐπιθήσει ὁ Θεὸς ἐπ' αὐτὸν τ. πληγὰς τ. γεγραμμένας ἐν τ. βιβλίῳ τούτῳ

ΠΛΗ˜ΘΟΣ 4128

Mk 3 7 πολὺ πλῆθος ἀπὸ τ. Γαλιλαίας ἠκολούθησεν
8 πλῆθος πολὺ ἀκούοντες ὅσα ποιεῖ
Lu 1 10 πᾶν τὸ πλῆθος ἦν τ. λαοῦ προσευχόμενον ἔξω
2 13 ἐγένετο σὺν τ. ἀγγέλῳ πλῆθος στρατιᾶς οὐρανίου
5 6 συνέκλεισαν πλῆθος ἰχθύων πολύ
6 17 πλῆθος πολὺ τ. λαοῦ ἀπὸ πάσης τ. Ἰουδαίας
8 37 ἠρώτησεν αὐτὸν ἅπαν τὸ πλῆθος τῆς περιχώρου τ. Γερασηνῶν
19 37 ἤρξαντο ἅπαν τὸ πλῆθος τ. μαθητῶν χαίροντες αἰνεῖν τ. Θεόν
23 1 ἀναστὰν ἅπαν τὸ πλῆθος αὐτῶν ἤγαγον
27 ἠκολούθει δὲ αὐτῷ πολὺ πλῆθος τ. λαοῦ
Jo 5 3 ἐν ταύταις κατέκειτο πλῆθος τ. ἀσθενούντων
21 6 οὐκέτι αὐτὸ ἑλκύσαι ἴσχυον ἀπὸ τ. πλήθους τ. ἰχθύων

Ac 2 6 συνῆλθεν τὸ πλῆθος κ. συνεχύθη
4 32 τ. δὲ πλήθους τ. πιστευσάντων ἦν καρδία κ. ψυχὴ μία
5 14 πλήθη ἀνδρῶν τε κ. γυναικῶν
16 συνήρχετο δὲ κ. τὸ πλῆθος τ. πέριξ πόλεων
6 2 προσκαλεσάμενοι δὲ οἱ δώδεκα τὸ πλῆθος τ. μαθητῶν
5 ἤρεσεν ὁ λόγος ἐνώπιον παντὸς τ. πλήθους
14 1 ὥστε πιστεῦσαι Ἰουδαίων τε κ. Ἑλλήνων πολὺ πλῆθος
4 ἐσχίσθη δὲ τὸ πλῆθος τ. πόλεως
15 12 ἐσίγησεν δὲ πᾶν τὸ πλῆθος
30 συναγαγόντες τὸ πλῆθος ἐπέδωκαν τ. ἐπιστολήν
17 4 τῶν τε σεβομένων Ἑλλήνων πλῆθος πολύ
19 9 κακολογοῦντες τὴν ὁδὸν ἐνώπιον τ. πλήθους
21 22 πάντως δεῖ συνελθεῖν πλῆθος
—δεῖ συν. πλ., WHR
36 ἠκολούθει γὰρ τὸ πλῆθος τ. λαοῦ κράζοντες
23 7 κ. ἐσχίσθη τὸ πλῆθος
25 24 περὶ οὗ ἅπαν τὸ πλῆθος τ. Ἰουδαίων ἐνέτυχέν μοι
28 3 συστρέψαντος δὲ τ. Παύλου φρυγάνων τι πλῆθος
He 11 12 καθὼς τὰ ἄστρα τ. οὐρανοῦ τ. πλήθει
Ja 5 20 καλύψει πλῆθος ἁμαρτιῶν
I Pe 4 8 ὅτι ἀγάπη καλύπτει πλῆθος ἁμαρτιῶν

ΠΛΗΘΥ'ΝΩ 4129

Mt 24 12 διὰ τὸ πληθυνθῆναι τ. ἀνομίαν
Ac 6 1 ἐν δὲ τ. ἡμέραις ταύταις πληθυνόντων τ. μαθητῶν
7 ἐπληθύνετο ὁ ἀριθμὸς τ. μαθητῶν ἐν Ἰερουσαλὴμ σφόδρα
7 17 ηὔξησεν ὁ λαὸς κ. ἐπληθύνθη ἐν Αἰγύπτῳ
9 31 ἡ μὲν οὖν ἐκκλησία καθ' ὅλης τ. Ἰουδαίας . . . ἐπληθύνετο
12 24 ὁ δὲ λόγος τ. Κυρίου ηὔξανεν κ. ἐπληθύνετο
II Co 9 10 ὁ δὲ ἐπιχορηγῶν σπέρμα . . . πληθυνεῖ τ. σπόρον ὑμῶν
He 6 14 εἰ μὴν εὐλογῶν εὐλογήσω σε κ. πληθύνων πληθυνῶ σε

כִּי־בָרֵךְ אֲבָרֶכְךָ וְהַרְבָּה אַרְבֶּה אֶת־זַרְעֲךָ
Gen. xxii. 17

I Pe 1 2 χάρις ὑμῖν κ. εἰρήνη πληθυνθείη
II Pe 1 2 χάρις ὑμῖν κ. εἰρήνη πληθυνθείη ἐν ἐπιγνώσει τ. Θεοῦ
Ju 2 ἔλεος ὑμῖν κ. εἰρήνη κ. ἀγάπη πληθυνθείη

ΠΛΗ'ΘΩ *Vide* ΠΙ'ΜΠΛΗΜΙ, 4090.5

ΠΛΗ'ΚΤΗΣ ** 4131

I Ti 3 3 μὴ πάροινον μὴ πλήκτην ἀλλὰ ἐπιεικῆ
Tit 1 7 μὴ πάροινον μὴ πλήκτην μὴ αἰσχροκέρδη

ΠΛΗ'ΜΜΥΡΑ † 4132

Lu 6 48 πλημμύρης δὲ γενομένης προσέρηξεν ὁ ποταμός

ΠΛΗ'Ν 4133

(1) seq. gen.

Mt 11 22 πλὴν λέγω ὑμῖν
24 πλὴν λέγω ὑμῖν
18 7 πλὴν οὐαὶ τ. ἀνθρώπῳ δι' οὗ τὸ σκάνδαλον ἔρχεται
26 39 πλὴν οὐχ ὡς ἐγὼ θέλω ἀλλ' ὡς σύ
64 πλὴν λέγω ὑμῖν
Mk 12 32 [1] οὐκ ἔστιν ἄλλος πλὴν αὐτοῦ
Lu 6 24 πλὴν οὐαὶ ὑμῖν τ. πλουσίοις
35 πλὴν ἀγαπᾶτε τ. ἐχθροὺς ὑμῶν
10 11 πλὴν τοῦτο γινώσκετε
14 πλὴν Τύρῳ κ. Σιδῶνι ἀνεκτότερον ἔσται ἐν τ. κρίσει
20 πλὴν ἐν τούτῳ μὴ χαίρετε
11 41 πλὴν τὰ ἐνόντα δότε ἐλεημοσύνην
12 31 πλὴν ζητεῖτε τ. βασιλείαν αὐτοῦ
13 33 πλὴν δεῖ με σήμερον κ. αὔριον κ. τ. ἐχομένῃ πορεύεσθαι
17 1 πλὴν οὐαὶ δι' οὗ ἔρχεται
οὐαὶ δὲ δι' οὗ, T
18 8 πλὴν ὁ υἱὸς τ. ἀνθρώπου ἐλθὼν ἆρα εὑρήσει τ. πίστιν ἐπὶ τ. γῆς;
19 27 πλὴν τ. ἐχθρούς μου τούτους . . . ἀγάγετε ὧδε
22 21 πλὴν ἰδοὺ ἡ χεὶρ τ. παραδιδόντος με μετ' ἐμοῦ
22 πλὴν οὐαὶ τ. ἀνθρώπῳ ἐκείνῳ δι' οὗ παραδίδοται
42 πλὴν μὴ τὸ θέλημά μου γινέσθω
—πλήν, WH mg.
23 28 πλὴν ἐφ' ἑαυτὰς κλαίετε
Ac 8 1 [1] πάντες δὲ διεσπάρησαν . . . πλὴν τ. ἀποστόλων
15 28 [1] μηδὲν πλέον ἐπιτίθεσθαι ὑμῖν βάρος πλὴν τούτων τῶν ἐπάναγκες
20 23 μὴ εἰδὼς πλὴν ὅτι τὸ πνεῦμα . . . διαμαρτύρεται
27 22 [1] ἀποβολὴ γὰρ ψυχῆς οὐδεμία ἔσται ἐξ ὑμῶν πλὴν τ. πλοίου
I Co 11 11 πλὴν οὔτε γυνὴ χωρὶς ἀνδρός
Eph 5 33 πλὴν κ. ὑμεῖς οἱ καθ' ἕνα ἕκαστος . . . ἀγαπάτω
Phl 1 18 πλὴν ὅτι παντὶ τρόπῳ . . . Χριστὸς καταγγέλλεται
3 16 πλὴν εἰς ὃ ἐφθάσαμεν τ. αὐτῷ στοιχεῖν
4 14 πλὴν καλῶς ἐποιήσατε
Re 2 25 πλὴν ὃ ἔχετε κρατήσατε

ΠΛΗ'ΡΗΣ 4134

Mt 14 20 ἦραν τὸ περισσεῦον τ. κλασμάτων δώδεκα κοφίνους πλήρεις
15 37 τὸ περισσεῦον τ. κλασμάτων ἦραν ἑπτὰ σφυρίδας πλήρεις
Mk 4 28 εἶτεν πλήρη σῖτον ἐν τ. στάχυι
πλήρης σῖτος, T
8 19 πόσους κοφίνους κλασμάτων πλήρεις ἤρατε;
Lu 4 1 Ἰησοῦς δὲ πλήρης πνεύματος ἁγίου ὑπέστρεψεν
5 12 ἰδοὺ ἀνὴρ πλήρης λέπρας
Jo 1 14 ὁ λόγος σὰρξ ἐγένετο . . . πλήρης χάριτος κ. ἀληθείας
Ac 6 3 ἄνδρας ἐξ ὑμῶν μαρτυρουμένους ἑπτὰ πλήρεις πνεύματος κ. σοφίας
5 Στέφανον ἄνδρα πλήρη πίστεως κ. πνεύματος ἁγίου
πλήρης, WH mg.
8 Στέφανος δὲ πλήρης χάριτος κ. δυνάμεως
7 55 ὑπάρχων δὲ πλήρης πνεύματος ἁγίου

Ac 9 36 αὕτη ἦν πλήρης ἔργων ἀγαθῶν κ. ἐλεημοσυνῶν
11 24 ἦν ἀνὴρ . . . πλήρης πνεύματος ἁγίου κ. πίστεως
13 10 ὦ πλήρης παντὸς δόλου κ. πάσης ῥᾳδιουργίας
19 28 ἀκούσαντες δὲ κ. γενόμενοι πλήρεις θυμοῦ
II Jo 8 ἵνα . . . μισθὸν πλήρη ἀπολάβητε

ΠΛΗΡΟΦΟΡΕ'Ω † 4135

Lu 1 1 διήγησιν περὶ τ. πεπληροφορημένων ἐν ἡμῖν πραγμάτων
Ro 4 21 πληροφορηθεὶς ὅτι ὃ ἐπήγγελται δυνατός ἐστιν κ. ποιῆσαι
14 5 ἕκαστος ἐν τ. ἰδίῳ νοῒ πληροφορείσθω
Col 4 12 ἵνα σταθῆτε τέλειοι κ. πεπληροφορημένοι ἐν παντὶ θελήματι τ. Θεοῦ
II Ti 4 5 τ. διακονίαν σου πληροφόρησον
17 ἵνα δι' ἐμοῦ τὸ κήρυγμα πληροφορηθῇ

ΠΛΗΡΟΦΟΡΙ'Α *† 4136

Col 2 2 εἰς πᾶν πλοῦτος τ. πληροφορίας τ. συνέσεως
I Th 1 5 ἐν πνεύματι ἁγίῳ κ. πληροφορίᾳ πολλῇ
He 6 11 πρὸς τ. πληροφορίαν τ. ἐλπίδος ἄχρι τέλους
10 22 προσερχώμεθα μετὰ ἀληθινῆς καρδίας ἐν πληροφορίᾳ πίστεως

ΠΛΗΡΟ'Ω 4137

(1) seq. gen., ἐκ (2) seq. εἰς

Mt 1 22 ἵνα πληρωθῇ τὸ ῥηθὲν ὑπὸ Κυρίου
2 15 ἵνα πληρωθῇ τὸ ῥηθὲν ὑπὸ Κυρίου
17 τότε ἐπληρώθη τὸ ῥηθὲν διὰ Ἰερεμίου τ. προφήτου
23 ὅπως πληρωθῇ τὸ ῥηθὲν διὰ τ. προφητῶν
3 15 οὕτως γὰρ πρέπον ἐστὶν ἡμῖν πληρῶσαι πᾶσαν δικαιοσύνην
4 14 ἵνα πληρωθῇ τὸ ῥηθὲν διὰ Ἠσαίου τ. προφήτου
5 17 οὐκ ἦλθον καταλῦσαι ἀλλὰ πληρῶσαι
8 17 ὅπως πληρωθῇ τὸ ῥηθὲν διὰ Ἠσαίου τ. προφήτου
12 17 ἵνα πληρωθῇ τὸ ῥηθὲν διὰ Ἠσαίου τ. προφήτου
13 35 ὅπως πληρωθῇ τὸ ῥηθὲν διὰ τ. προφήτου
48 ἣν ὅτε ἐπληρώθη ἀναβιβάσαντες ἐπὶ τ. αἰγιαλόν
21 4 ἵνα πληρωθῇ τὸ ῥηθὲν διὰ τ. προφήτου
23 32 ὑμεῖς πληρώσατε τὸ μέτρον τ. πατέρων ὑμῶν
πληρώσετε, WH mg.
26 54 πῶς οὖν πληρωθῶσιν αἱ γραφαί;
56 ἵνα πληρωθῶσιν αἱ γραφαὶ τ. προφητῶν
27 9 τότε ἐπληρώθη τὸ ῥηθὲν διὰ Ἰερεμίου τ. προφήτου
Mk 1 15 ὅτι πεπλήρωται ὁ καιρός
14 49 ἀλλ' ἵνα πληρωθῶσιν αἱ γραφαί
15 28 ἐπληρώθη ἡ γραφὴ ἡ λέγουσα
—h. v., TWHR non mg.
Lu 1 20 [2] οἵτινες πληρωθήσονται εἰς τ. καιρὸν αὐτῶν
2 40 [1] τὸ δὲ παιδίον ηὔξανεν κ. ἐκραταιοῦτο πληρούμενον σοφίᾳ
σοφίας, T
3 5 πᾶσα φάραγξ πληρωθήσεται
כָּל גֶּיא יִנָּשֵׂא, Is. xl. 4

Lu 4 21 σήμερον πεπλήρωται ἡ γραφὴ αὕτη ἐν τ. ὠσὶν ὑμῶν
7 1 ἐπειδὴ ἐπλήρωσεν πάντα τὰ ῥήματα αὐτοῦ
9 31 ἣν ἤμελλεν πληροῦν ἐν Ἰερουσαλήμ
21 24 ἄχρι οὗ πληρωθῶσιν κ. ἔσονται καιροὶ ἐθνῶν
22 16 ἕως ὅτου πληρωθῇ ἐν τ. βασιλείᾳ τ. Θεοῦ
24 44 δεῖ πληρωθῆναι πάντα τὰ γεγραμμένα ἐν τ. νόμῳ Μωυσέως
Jo 3 29 αὕτη οὖν ἡ χαρὰ ἡ ἐμὴ πεπλήρωται
7 8 ὅτι ὁ ἐμὸς καιρὸς οὔπω πεπλήρωται
12 3 [1] ἡ δὲ οἰκία ἐπληρώθη ἐκ τ. ὀσμῆς τ. μύρου
38 ἵνα ὁ λόγος Ἠσαίου τ. προφήτου πληρωθῇ
13 18 ἵνα ἡ γραφὴ πληρωθῇ
15 11 ἵνα . . . ἡ χαρὰ ὑμῶν πληρωθῇ
25 ἵνα πληρωθῇ ὁ λόγος ὁ ἐν τ. νόμῳ αὐτῶν γεγραμμένος
16 6 ἡ λύπη πεπλήρωκεν ὑμῶν τ. καρδίαν
24 ἵνα ἡ χαρὰ ὑμῶν ᾖ πεπληρωμένη
17 12 ἵνα ἡ γραφὴ πληρωθῇ
13 ἵνα ἔχωσιν τ. χαρὰν τ. ἐμὴν πεπληρωμένην ἐν ἑαυτοῖς
18 9 ἵνα πληρωθῇ ὁ λόγος ὃν εἶπεν
32 ἵνα ὁ λόγος τοῦ Ἰησοῦ πληρωθῇ
19 24 ἵνα ἡ γραφὴ πληρωθῇ
36 ἐγένετο γὰρ ταῦτα ἵνα ἡ γραφὴ πληρωθῇ
Ac 1 16 ἔδει πληρωθῆναι τ. γραφὴν
2 2 ἐπλήρωσεν ὅλον τ. οἶκον οὗ ἦσαν καθήμενοι
28 [1] πληρώσεις με εὐφροσύνης μετὰ τ. προσώπου σου
שֹׂבַע שְׂמָחוֹת אֶת־פָּנֶיךָ, Ps. xvi. 11
3 18 ὁ δὲ Θεὸς ἃ προκατήγγειλεν . . . ἐπλήρωσεν οὕτως
5 3 διὰ τί ἐπλήρωσεν ὁ Σατανᾶς τ. καρδίαν σου
28 [1] πεπληρώκατε τὴν Ἰερουσαλὴμ τ. διδαχῆς ὑμῶν
7 23 ὡς δὲ ἐπληροῦτο αὐτῷ τεσσερακονταετὴς χρόνος
30 πληρωθέντων ἐτῶν τεσσεράκοντα ὤφθη αὐτῷ
9 23 ὡς δὲ ἐπληροῦντο ἡμέραι ἱκαναί
12 25 ὑπέστρεψαν εἰς Ἰερουσαλὴμ πληρώσαντες τ. διακονίαν
13 25 ὡς δὲ ἐπλήρου Ἰωάνης τ. δρόμον
27 ἀγνοήσαντες κ. τ. φωνὰς τ. προφητῶν . . . κρίναντες ἐπλήρωσαν
52 [1] οἵ τε μαθηταὶ ἐπληροῦντο χαρᾶς κ. πνεύματος ἁγίου
14 26 ὅθεν ἦσαν παραδεδομένοι τ. χάριτι τ. Θεοῦ εἰς τὸ ἔργον ὃ ἐπλήρωσαν
19 21 ὡς δὲ ἐπληρώθη ταῦτα
24 27 διετίας δὲ πληρωθείσης ἔλαβεν διάδοχον
Ro 1 29 πεπληρωμένους πάσῃ ἀδικίᾳ πονηρίᾳ
8 4 ἵνα τὸ δικαίωμα τ. νόμου πληρωθῇ ἐν ἡμῖν
13 8 ὁ γὰρ ἀγαπῶν τ. ἕτερον νόμον πεπλήρωκεν
15 13 [1] ὁ δὲ Θεὸς τ. ἐλπίδος πληρώσαι ὑμᾶς πάσης χαρᾶς κ. εἰρήνης
14 [1] πεπληρωμένοι πάσης τ. γνώσεως
19 κύκλῳ μέχρι τ. Ἰλλυρικοῦ πεπληρωκέναι τὸ εὐαγγέλιον τ. Χριστοῦ
II Co 7 4 πεπλήρωμαι τ. παρακλήσει
10 6 ὅταν πληρωθῇ ὑμῶν ἡ ὑπακοή
Ga 5 14 ὁ γὰρ πᾶς νόμος ἐν ἑνὶ λόγῳ πεπλήρωται

Eph 1 23 τὸ πλήρωμα τοῦ τὰ πάντα ἐν πᾶσιν πληρουμένου
3 19 ² ἵνα πληρωθῆτε εἰς πᾶν τὸ πλήρωμα τ. Θεοῦ
ἵν. πληρωθῇ πᾶν, WH mg.
4 10 ἵνα πληρώσῃ τὰ πάντα
5 18 ἀλλὰ πληροῦσθε ἐν πνεύματι
Phl 1 11 πεπληρωμένοι καρπὸν δικαιοσύνης τὸν διὰ Ἰησοῦ Χριστοῦ
2 2 πληρώσατέ μου τ. χαράν
4 18 πεπλήρωμαι δεξάμενος παρὰ Ἐπαφροδίτου
19 ὁ δὲ Θεός μου πληρώσει πᾶσαν χρείαν ὑμῶν
Col 1 9 αἰτούμενοι ἵνα πληρωθῆτε τ. ἐπίγνωσιν τ. θελήματος αὐτοῦ
25 πληρῶσαι τ. λόγον τ. Θεοῦ
2 10 κ. ἐστε ἐν αὐτῷ πεπληρωμένοι
4 17 βλέπε τ. διακονίαν . . . ἵνα αὐτὴν πληροῖς
II Th 1 11 ἵνα . . . πληρώσῃ πᾶσαν εὐδοκίαν ἀγαθωσύνης
II Ti 1 4 ¹ ἐπιποθῶν σε ἰδεῖν . . . ἵνα χαρᾶς πληρωθῶ
Ja 2 23 ἐπληρώθη ἡ γραφὴ ἡ λέγουσα
I Jo 1 4 ἵνα ἡ χαρὰ ἡμῶν ᾖ πεπληρωμένη
II Jo 12 ἵνα ἡ χαρὰ ὑμῶν πεπληρωμένη ᾖ
Re 3 2 οὐ γὰρ εὕρηκά σου ἔργα πεπληρωμένα ἐνώπιον τ. Θεοῦ μου
6 11 ἕως πληρωθῶσιν κ. οἱ σύνδουλοι αὐτῶν
πληρώσωσιν, TWH mg. R mg.

ΠΛΗ´ΡΩΜΑ 4138

Mt 9 16 αἴρει γὰρ τὸ πλήρωμα αὐτοῦ ἀπὸ τ. ἱματίου
Mk 2 21 αἴρει τὸ πλήρωμα ἀπ' αὐτοῦ τὸ καινὸν τ. παλαιοῦ
6 43 ἦραν κλάσματα δώδεκα κοφίνων πληρώματα
8 20 πόσων σφυρίδων πληρώματα κλασμάτων ἤρατε;
Jo 1 16 ἐκ τ. πληρώματος αὐτοῦ ἡμεῖς πάντες ἐλάβομεν
Ro 11 12 πόσῳ μᾶλλον τὸ πλήρωμα αὐτῶν;
25 ἄχρι οὗ τὸ πλήρωμα τ. ἐθνῶν εἰσέλθῃ
13 10 πλήρωμα οὖν νόμου ἡ ἀγάπη
15 29 ἐν πληρώματι εὐλογίας Χριστοῦ ἐλεύσομαι
I Co 10 26 τ. Κυρίου γὰρ ἡ γῆ κ. τὸ πλήρωμα αὐτῆς
לַיהוָה הָאָרֶץ וּמְלוֹאָהּ, Ps. xxiv. 1
Ga 4 4 ὅτε δὲ ἦλθεν τὸ πλήρωμα τ. χρόνου
Eph 1 10 εἰς οἰκονομίαν τ. πληρώματος τ. καιρῶν
23 τὸ πλήρωμα τοῦ τὰ πάντα ἐν πᾶσιν πληρουμένοι
3 19 ἵνα πληρωθῆτε εἰς πᾶν τὸ πλήρωμα τ. Θεοῦ
4 13 μέχρι καταντήσωμεν οἱ πάντες . . . εἰς μέτρον ἡλικίας τ. πληρώματος τ. Χριστοῦ
Col 1 19 ὅτι ἐν αὐτῷ εὐδόκησεν πᾶν τὸ πλήρωμα κατοικῆσαι
2 9 ὅτι ἐν αὐτῷ κατοικεῖ πᾶν τὸ πλήρωμα τ. θεότητος σωματικῶς

ΠΛΗΣΙ´ΟΝ 4139

(1) seq. gen. loc.

Mt 5 43 ἀγαπήσεις τὸν πλησίον σου κ. μισήσεις τ. ἐχθρόν σου
אָהַבְתָּ לְרֵעֲךָ כָּמוֹךָ, Lev. xix. 18
19 19 ἀγαπήσεις τὸν πλησίον σου ὡς σεαυτόν, Lev l.c.
Mt 22 39 ἀγαπήσεις τὸν πλησίον σου ὡς σεαυτόν, Lev. l.c.
Mk 12 31 ἀγαπήσεις τὸν πλησίον σου ὡς σεαυτόν, Lev. l.c.
33 τὸ ἀγαπᾶν τὸν πλησίον ὡς ἑαυτόν
Lu 10 27 ἀγαπήσεις . . . τὸν πλησίον σου ὡς σεαυτόν, Lev. l.c.
29 κ. τίς ἐστίν μου πλησίον;
36 τίς τούτων τ. τριῶν πλησίον δοκεῖ σοι γεγονέναι
Jo 4 5 ¹ Συχὰρ πλησίον τ. χωρίου ὃ ἔδωκεν Ἰακὼβ
Ac 7 27 ὁ δὲ ἀδικῶν τὸν πλησίον ἀπώσατο αὐτόν
Ro 13 9 ἀγαπήσεις τὸν πλησίον σου ὡς σεαυτόν, Lev. l.c.
10 ἡ ἀγάπη τῷ πλησίον κακὸν οὐκ ἐργάζεται
15 2 ἕκαστος ἡμῶν τῷ πλησίον ἀρεσκέτω εἰς τὸ ἀγαθόν
Ga 5 14 ἀγαπήσεις τὸν πλησίον σου ὡς σεαυτόν, Lev. l.c.
Eph 4 25 λαλεῖτε ἀλήθειαν ἕκαστος μετὰ τοῦ πλησίον αὐτοῦ
Ja 2 8 ἀγαπήσεις τὸν πλησίον σου ὡς σεαυτόν, Lev. l.c.
4 12 σὺ δὲ τίς εἶ ὁ κρίνων τὸν πλησίον;

ΠΛΗΣΜΟΝΗ´ 4140

Col 2 23 οὐκ ἐν τιμῇ τινὶ πρὸς πλησμονὴν τ. σαρκός

ΠΛΗ´ΣΣΩ 4141

Re 8 12 ἐπλήγη τὸ τρίτον τ. ἡλίου

ΠΛΟΙΑ´ΡΙΟΝ * 4142

Mk 3 9 εἶπεν . . . ἵνα πλοιάριον προσκαρτερῇ αὐτῷ
Lu 5 2 εἶδεν δύο πλοιάρια ἑστῶτα παρὰ τ. λίμνην
πλοῖα δύο, WH non mg. R
Jo 6 22 πλοιάριον ἄλλο οὐκ ἦν ἐκεῖ εἰ μὴ ἕν
23 ἄλλα ἦλθον πλοιάρια ἐκ Τιβεριάδος
ἀλλὰ ἦλθεν πλοῖα, WH
24 ἐνέβησαν αὐτοὶ εἰς τὰ πλοιάρια
21 8 οἱ δὲ ἄλλοι μαθηταὶ τ. πλοιαρίῳ ἦλθον

ΠΛΟΙ´ΟΝ 4143

Mt 4 21 ἐν τ. πλοίῳ μετὰ Ζεβεδαίου τ. πατρὸς αὐτῶν
22 οἱ δὲ εὐθέως ἀφέντες τὸ πλοῖον
8 23 ἐμβάντι αὐτῷ εἰς πλοῖον
εἰς τὸ πλ., T
24 ὥστε τὸ πλοῖον καλύπτεσθαι ὑπὸ τ. κυμάτων
9 1 ἐμβὰς εἰς πλοῖον διεπέρασεν
13 2 ὥστε αὐτὸν εἰς πλοῖον ἐμβάντα καθῆσθαι
14 13 ὁ Ἰησοῦς ἀνεχώρησεν ἐκεῖθεν ἐν πλοίῳ εἰς ἔρημον τόπον
22 ἠνάγκασεν τ. μαθητὰς ἐμβῆναι εἰς τὸ πλοῖον
—τό, WH non mg.
24 τὸ δὲ πλοῖον ἤδη σταδίους πολλοὺς ἀπὸ τ. γῆς ἀπεῖχεν
29 καταβὰς ἀπὸ τ. πλοίου Πέτρος
32 ἀναβάντων αὐτῶν εἰς τὸ πλοῖον ἐκόπασεν ὁ ἄνεμος
33 οἱ δὲ ἐν τ. πλοίῳ προσεκύνησαν αὐτῷ
15 39 ἀπολύσας τ. ὄχλους ἐνέβη εἰς τὸ πλοῖον
Mk 1 19 κ. αὐτοὺς ἐν τ. πλοίῳ καταρτίζοντας τὰ δίκτυα
20 ἀφέντες τ. πατέρα αὐτῶν Ζεβεδαῖον ἐν τ. πλοίῳ
4 1 ὥστε αὐτὸν εἰς πλοῖον ἐμβάντα καθῆσθαι

Mk 4 36 παραλαμβάνουσιν αὐτὸν ὡς ἦν ἐν τ. πλοίῳ,
κ. ἄλλα πλοῖα ἦν μετ' αὐτοῦ
37 τὰ κύματα ἐπέβαλλεν εἰς τὸ πλοῖον,
ὥστε ἤδη γεμίζεσθαι τὸ πλοῖον
5 2 ἐξελθόντος αὐτοῦ ἐκ τ. πλοίου
18 ἐμβαίνοντος αὐτοῦ εἰς τὸ πλοῖον
21 διαπεράσαντος τ. Ἰησοῦ ἐν τ. πλοίῳ
6 32 ἀπῆλθον ἐν τ. πλοίῳ εἰς ἔρημον τόπον
κατ' ἰδίαν
εἰς ἐρ. τόπ. τ. πλοίῳ, T
45 ἠνάγκασεν τ. μαθητὰς αὐτοῦ ἐμβῆναι εἰς τὸ
πλοῖον
47 ἦν τὸ πλοῖον ἐν μέσῳ τ. θάλασσης
51 ἀνέβη πρὸς αὐτοὺς εἰς τὸ πλοῖον
54 ἐξελθόντων αὐτῶν ἐκ τ. πλοίου
8 10 ἐμβὰς εἰς τὸ πλοῖον μετὰ τ μαθητῶν αὐτοῦ
14 εἰ μὴ ἕνα ἄρτον οὐκ εἶχον μεθ' ἑαυτῶν ἐν
τ. πλοίῳ
Lu 5 2 εἶδεν πλοῖα δύο ἑστῶτα παρὰ τ. λίμνην
δύο πλοιάρια, TWH mg.
3 ἐμβὰς δὲ εἰς ἓν τ. πλοίων ὃ ἦν Σίμωνος
3 καθίσας δὲ ἐκ τ. πλοίου ἐδίδασκεν τ. ὄχλους
ἐν τ. πλοίῳ, T
7 κατένευσαν τ. μετόχοις ἐν τ. ἑτέρῳ πλοίῳ
7 ἦλθαν κ. ἔπλησαν ἀμφότερα τὰ πλοῖα
11 καταγαγόντες τὰ πλοῖα ἐπὶ τ. γῆν
8 22 αὐτὸς ἀνέβη εἰς πλοῖον κ. οἱ μαθηταὶ αὐτοῦ
37 αὐτὸς δὲ ἐμβὰς εἰς πλοῖον ὑπέστρεψεν
Jo 6 17 ἐμβάντες εἰς πλοῖον ἤρχοντο πέραν τ.
θαλάσσης
19 θεωροῦσιν τ. Ἰησοῦν . . . ἐγγὺς τ. πλοίου
γινόμενον
21 ἤθελον οὖν λαβεῖν αὐτὸν εἰς τὸ πλοῖον,
κ. εὐθέως ἐγένετο τὸ πλοῖον ἐπὶ τ. γῆς εἰς
ἣν ὑπῆγον
22 οὐ συνεισῆλθεν . . . ὁ Ἰησοῦς εἰς τὸ πλοῖον
23 ἀλλὰ ἦλθεν πλοῖα ἐκ Τιβεριάδος
ἄλλα ἦλθον πλοιάρια, T ; ἀλλὰ ἦλθε πλοιάρια, R
21 3 ἐξῆλθαν κ. ἐνέβησαν εἰς τὸ πλοῖον
6 βάλετε εἰς τὰ δεξιὰ μέρη τ. πλοίου τὸ
δίκτυον
Ac 20 13 ἡμεῖς δὲ προελθόντες ἐπὶ τὸ πλοῖον
38 προέπεμπον δὲ αὐτὸν εἰς τὸ πλοῖον
21 2 εὑρόντες πλοῖον διαπερῶν εἰς Φοινίκην
3 ἐκεῖσε γὰρ τὸ πλοῖον ἦν ἀποφορτιζόμενον
τ. γόμον
6 ἀπησπασάμεθα ἀλλήλους κ. ἐνέβημεν εἰς
τὸ πλοῖον
27 2 ἐπιβάντες δὲ πλοίῳ Ἀδραμυντηνῷ
6 κἀκεῖ εὑρὼν ὁ ἑκατοντάρχης πλοῖον Ἀλεξαν-
δρινόν
10 πολλῆς ζημίας οὐ μόνον τ. φορτίου κ. τ.
πλοίου
15 συναρπασθέντος δὲ τ. πλοίου
17 βοηθείαις ἐχρῶντο ὑποζωννύντες τὸ πλοῖον
19 αὐτόχειρες τ. σκευὴν τ. πλοίου ἔριψαν
22 ἀποβολὴ γὰρ ψυχῆς οὐδεμία ἔσται ἐξ ὑμῶν
πλὴν τ. πλοίου
30 τ. δὲ ναυτῶν ζητούντων φυγεῖν ἐκ τ. πλοίου
31 ἐὰν μὴ οὗτοι μείνωσιν ἐν τ. πλοίῳ
37 ἤμεθα δὲ αἱ πᾶσαι ψυχαὶ ἐν τ. πλοίῳ
38 κορεσθέντες δὲ τροφῆς ἐκούφιζον τὸ πλοῖον
39 εἰς ὃν ἐβουλεύοντο εἰ δύναιντο ἐκσῶσαι τὸ
πλοῖον
44 οὓς δὲ ἐπί τινων τῶν ἀπὸ τ. πλοίου
28 11 ἀνήχθημεν ἐν πλοίῳ παρακεχειμακότι ἐν
τῇ νήσῳ
Ja 3 4 ἰδοὺ κ. τὰ πλοῖα τηλικαῦτα ὄντα
Re 8 9 τὸ τρίτον τ. πλοίων διεφθάρησαν
18 19 ἐν ᾗ ἐπλούτησαν πάντες οἱ ἔχοντες τὰ
πλοῖα ἐν τ. θαλάσσῃ

ΠΛΟ'ΟΣ ** 4144

Ac 21 7 ἡμεῖς δὲ τ. πλοῦν διανύσαντες ἀπὸ Τύρου
27 9 ὄντος ἤδη ἐπισφαλοῦς τ. πλοός
10 θεωρῶ ὅτι μετὰ ὕβρεως . . . μέλλειν ἔσεσθαι
τ. πλοῦν

ΠΛΟΥ'ΣΙΟΣ 4145

(1) metaph.

Mt 19 23 πλούσιος δυσκόλως εἰσελεύσεται εἰς τ.
βασιλείαν τ. οὐρανῶν
24 ἢ πλούσιον εἰς τ. βασιλείαν τ. Θεοῦ
27 57 ἦλθεν ἄνθρωπος πλούσιος ἀπὸ Ἁριμαθαίας
Mk 10 25 ἢ πλούσιον εἰς τ. βασιλείαν τ. Θεοῦ εἰσελθεῖν
12 41 πολλοὶ πλούσιοι ἔβαλλον πολλά
Lu 6 24 πλὴν οὐαὶ ὑμῖν τ. πλουσίοις
12 16 ἀνθρώπου τινὸς πλουσίου εὐφόρησεν ἡ χώρα
14 12 μὴ φώνει τ. φίλους σου . . . μηδὲ γείτονας
πλουσίους
16 1 ἄνθρωπός τις ἦν πλούσιος ὃς εἶχεν οἰκο-
νόμον
19 ἄνθρωπος δέ τις ἦν πλούσιος
21 χορτασθῆναι ἀπὸ τ. πιπτόντων ἀπὸ τ.
τραπέζης τ. πλουσίου
22 ἀπέθανεν δὲ κ. ὁ πλούσιος κ. ἐτάφη
18 23 ἦν γὰρ πλούσιος σφόδρα
25 ἢ πλούσιον εἰς τ. βασιλείαν τ. Θεοῦ εἰσελθεῖν
19 2 αὐτὸς ἦν ἀρχιτελώνης κ. αὐτὸς πλούσιος
21 1 εἶδεν τ. βάλλοντας εἰς τὸ γαζοφυλάκιον τὰ
δῶρα αὐτῶν πλουσίους
II Co 8 9 δι' ὑμᾶς ἐπτώχευσεν πλούσιος ὤν
Eph 2 4 [1] ὁ δὲ Θεὸς πλούσιος ὢν ἐν ἐλέει
I Ti 6 17 τ. πλουσίοις ἐν τῷ νῦν αἰῶνι παράγγελλε
Ja 1 10 ὁ δὲ πλούσιος ἐν τ. ταπεινώσει αὐτοῦ
11 οὕτως κ. ὁ πλούσιος ἐν τ. πορείαις αὐτοῦ
μαρανθήσεται
2 5 [1] οὐχ ὁ Θεὸς ἐξελέξατο τ. πτωχοὺς τ.
κόσμῳ πλουσίους ἐν πίστει
6 οὐχ οἱ πλούσιοι καταδυναστεύουσιν ὑμῶν
5 1 ἄγε νῦν οἱ πλούσιοι
Re 2 9 [1] ἀλλὰ πλούσιος εἶ
3 17 [1] πλούσιός εἰμι κ. πεπλούτηκα
6 15 οἱ χιλίαρχοι κ. οἱ πλούσιοι κ. οἱ ἰσχυροί
13 16 ποιεῖ πάντας . . . τ. πλουσίους κ. τ. πτωχούς

ΠΛΟΥΣΙ'ΩΣ * 4146

Col 3 16 ὁ λόγος τ. Χριστοῦ ἐνοικείτω ἐν ὑμῖν
πλουσίως
I Ti 6 17 τ. παρέχοντι ἡμῖν πάντα πλ. εἰς ἀπόλαυσιν
Ti 3 6 οὗ ἐξέχεεν ἐφ' ἡμᾶς πλουσίως
II Pe 1 11 οὕτως γὰρ πλ. ἐπιχορηγηθήσεται ὑμῖν ἡ
εἴσοδος

ΠΛΟΥΤΕ'Ω 4147

Lu 1 53 πλουτοῦντας ἐξαπέστειλεν κενούς
12 21 κ. μὴ εἰς Θεὸν πλουτῶν
h. v., [WH]
Ro 10 12 ὁ γὰρ αὐτὸς Κύριος πάντων πλουτῶν εἰς
πάντας τ. ἐπικαλουμένους αὐτόν
I Co 4 8 ἤδη κεκορεσμένοι ἐστέ· ἤδη ἐπλουτήσατε·

II Co 8 9 ἵνα ὑμεῖς τῇ ἐκείνου πτωχείᾳ πλουτήσητε
I Ti 6 9 οἱ δὲ βουλόμενοι πλουτεῖν ἐμπίπτουσιν εἰς πειρασμόν
18 παράγγελλε . . . πλουτεῖν ἐν ἔργοις καλοῖς
Re 3 17 πλούσιός εἰμι κ. πεπλούτηκα
18 ἀγοράσαι παρ' ἐμοῦ χρυσίον . . . ἵνα πλουτήσῃς
18 3 ἐκ τ. δυνάμεως τ. στρήνους αὐτῆς ἐπλούτησαν
15 οἱ ἔμποροι τουτων οἱ πλουτήσαντες ἀπ' αὐτῆς
19 ἐν ᾗ ἐπλούτησαν πάντες οἱ ἔχοντες τὰ πλοῖα

ΠΛΟΥΤΙ´ΖΩ 4148

I Co 1 5 ὅτι ἐν παντὶ ἐπλουτίσθητε ἐν αὐτῷ
II Co 6 10 ὡς πτωχοὶ πολλοὺς δὲ πλουτίζοντες
9 11 ἐν παντὶ πλουτιζόμενοι εἰς πᾶσαν ἁπλότητα

ΠΛΟΥ´ΤΟΣ 4149

(1) τὸ πλοῦτος

Mt 13 22 ἡ ἀπάτη τ. πλούτου συνπνίγει τ. λόγον
Mk 4 19 ἡ ἀπάτη τ. πλούτου κ. αἱ περὶ τὰ λοιπὰ ἐπιθυμίαι . . . συνπνίγουσιν τ. λόγον
Lu 8 14 ὑπὸ μεριμνῶν κ. πλούτου κ. ἡδονῶν . . . συνπνίγονται
Ro 2 4 ἢ τ. πλούτου τ. χρηστότητος αὐτοῦ . . . καταφρονεῖς
9 23 ἵνα γνωρίσῃ τ. πλοῦτον τ. δόξης αὐτοῦ
11 12 εἰ δὲ τὸ παράπτωμα αὐτῶν πλοῦτος κόσμου, κ. τὸ ἥττημα αὐτῶν πλοῦτος ἐθνῶν
33 ὢ βάθος πλούτου κ. σοφίας κ. γνώσεως Θεοῦ
II Co 8 2 [1] ἡ κατὰ βάθους πτωχεία αὐτῶν ἐπερίσσευσεν εἰς τὸ πλοῦτος τ. ἁπλότητος αὐτῶν
Eph 1 7 [1] ἔχομεν τ. ἀπολύτρωσιν . . . κατὰ τὸ πλοῦτος τ. χάριτος αὐτοῦ
18 τίς ὁ πλοῦτος τ. δόξης τ. κληρονομίας αὐτοῦ
2 7 [1] ἵνα ἐνδείξηται . . . τὸ ὑπερβάλλον πλοῦτος τ. χάριτος αὐτοῦ
3 8 [1] τ. ἔθνεσιν εὐαγγελίσασθαι τὸ ἀνεξιχνίαστον πλοῦτος τ. Χριστοῦ
16 [1] ἵνα δῷ ὑμῖν κατὰ τὸ πλοῦτος τ. δόξης αὐτοῦ
Phl 4 19 [1] πληρώσει πᾶσαν χρείαν ὑμῶν κατὰ τὸ πλοῦτος αὐτοῦ ἐν δόξῃ
Col 1 27 [1] τί τὸ πλοῦτος τ. δόξης τ. μυστηρίου τούτου
2 2 [1] εἰς πᾶν πλοῦτος τ. πληροφορίας τ. συνέσεως
I Ti 6 17 μηδὲ ἠλπικέναι ἐπὶ πλούτου ἀδηλότητι
He 11 26 μείζονα πλοῦτον ἡγησάμενος τῶν Αἰγύπτου θησαυρῶν
Ja 5 2 ὁ πλοῦτος ὑμῶν σέσηπεν
Re 5 12 λαβεῖν τ. δύναμιν κ. πλοῦτον κ. σοφίαν
18 17 ὅτι μιᾷ ὥρᾳ ἠρημώθη ὁ τοσοῦτος πλοῦτος

ΠΛΥ´ΝΩ 4150

Lu 5 2 οἱ δὲ ἁλεεῖς ἀπ' αὐτῶν ἀποβάντες ἔπλυνον τὰ δίκτυα
ἔπλυναν, TWH mg.
Re 7 14 οὗτοι . . . ἔπλυναν τ. στολὰς αὐτῶν
22 14 μακάριοι οἱ πλύνοντες τ. στολὰς αὐτῶν

ΠΝΕΥ´ΜΑ 4151

(1) πν. Θεοῦ, ἐκ τ. Θεοῦ, Κυρίου **(2)** πν. Ἰησοῦ, Χριστοῦ **(3)** πν. ἀκάθαρτον, πονηρόν, πύθωνα **(4)** πν. δαιμονίου, κόσμου **(5)** πνεῦμα . . . σάρξ, σῶμα **(6)** πνεῦμα . . . γράμμα **(7)** εἶναι πνεῦμα, πνεύματος **(8)** πν. προφητῶν, Ἠλεία **(9)** πν. αἰώνιον

Mt 1 18 εὑρέθη ἐν γαστρὶ ἔχουσα ἐκ πνεύματος ἁγίου
20 τὸ γὰρ ἐν αὐτῇ γεννηθὲν ἐκ πνεύματός ἐστιν ἁγίου
3 11 αὐτὸς ὑμᾶς βαπτίσει ἐν πνεύματι ἁγίῳ κ πυρί
16 [1] εἶδεν πνεῦμα Θεοῦ καταβαῖνον ὡσεὶ περιστεράν
4 1 τότε ὁ Ἰησοῦς ἀνήχθη εἰς τὴν ἔρημον ὑπὸ τ. πνεύματος
5 3 μακάριοι οἱ πτωχοὶ τ. πνεύματι
8 16 ἐξέβαλεν τὰ πνεύματα λόγῳ
10 1 [3] ἔδωκεν αὐτοῖς ἐξουσίαν πνευμάτων ἀκαθάρτων
20 τὸ πνεῦμα τ. πατρὸς ὑμῶν τὸ λαλοῦν ἐν ὑμῖν
12 18 [1] θήσω τὸ πνεῦμά μου ἐπ' αὐτόν
נָתַתִּי רוּחִי עָלָיו, Is. xlii. 1
28 [1] εἰ δὲ ἐν πνεύματι Θεοῦ ἐγὼ ἐκβάλλω τὰ δαιμόνια
31 ἡ δὲ τοῦ πνεύματος βλασφημία οὐκ ἀφεθήσεται
32 ὃς δ' ἂν εἴπῃ κατὰ τ. πνεύματος τ. ἁγίου
43 [3] ὅταν δὲ τὸ ἀκάθαρτον πνεῦμα ἐξέλθῃ ἀπὸ τ. ἀνθρώπου
45 [3] παραλαμβάνει μεθ' ἑαυτοῦ ἑπτὰ ἕτερα πνεύματα πονηρότερα ἑαυτοῦ
22 43 πῶς οὖν Δαυεὶδ ἐν πνεύματι καλεῖ αὐτὸν Κύριον;
26 41 [5] τὸ μὲν πνεῦμα πρόθυμον ἡ δὲ σὰρξ ἀσθενής
27 50 κράξας φωνῇ μεγάλῃ ἀφῆκεν τὸ πνεῦμα
28 19 βαπτίζοντες αὐτοὺς εἰς τὸ ὄνομα τ. πατρὸς κ. τ. υἱοῦ κ. τ. ἁγίου πνεύματος
Mk 1 8 αὐτὸς δὲ βαπτίσει ὑμᾶς πνεύματι ἁγίῳ
ἐν πν. ἁγ., T
10 εἶδεν . . . τὸ πνεῦμα ὡς περιστερὰν καταβαῖνον εἰς αὐτόν
12 εὐθὺς τὸ πνεῦμα αὐτὸν ἐκβάλλει εἰς τὴν ἔρημον
23 [3] ἄνθρωπος ἐν πνεύματι ἀκαθάρτῳ
26 [3] σπαράξαν αὐτὸν τὸ πνεῦμα τὸ ἀκάθαρτον
27 [3] κατ' ἐξουσίαν κ.τ. πνεύμασι τ. ἀκαθάρτοις ἐπιτάσσει
2 8 εὐθὺς ἐπιγνοὺς ὁ Ἰησοῦς τ. πνεύματι αὐτοῦ
3 11 [3] τὰ πνεύματα τὰ ἀκάθαρτα ὅταν αὐτὸν ἐθεώρουν
29 ὃς δ' ἂν βλασφημήσῃ εἰς τὸ πνεῦμα τὸ ἅγιον
30 [3] ὅτι ἔλεγον Πνεῦμα ἀκάθαρτον ἔχει
5 2 [3] ἐκ τ. μνημείων ἄνθρωπος ἐν πνεύματι ἀκαθάρτῳ
8 [3] ἔξελθε τὸ πνεῦμα τὸ ἀκάθαρτον ἐκ τ ἀνθρώπου
13 [3] ἐξελθόντα τὰ πνεύματα τὰ ἀκάθαρτα εἰσῆλθον εἰς τ. χοίρους

Mk 6 7 [8] ἐδίδου αὐτοῖς ἐξουσίαν τ. πνευμάτων τ. ἀκαθάρτων
7 25 [8] ἧς εἶχεν τὸ θυγάτριον αὐτῆς πνεῦμα ἀκάθαρτον
8 12 ἀναστενάξας τῷ πνεύματι αὐτοῦ λέγει
9 17 ἤνεγκα τ. υἱόν μου πρός σε ἔχοντα πνεῦμα ἄλαλον
20 τὸ πνεῦμα εὐθὺς συνεσπάραξεν αὐτόν
25 [8] ἐπετίμησεν τ. πνεύματι τ. ἀκαθάρτῳ λέγων αὐτῷ,
τὸ ἄλαλον κ. κωφὸν πνεῦμα ἐγὼ ἐπιτάσσω σοι
12 36 αὐτὸς Δαυεὶδ εἶπεν ἐν τ. πνεύματι τ. ἁγίῳ
13 11 οὐ γάρ ἐστε ὑμεῖς οἱ λαλοῦντες ἀλλὰ τὸ πνεῦμα τὸ ἅγιον
14 38 [5] τὸ μὲν πνεῦμα πρόθυμον ἡ δὲ σὰρξ ἀσθενής
Lu 1 15 πνεύματος ἁγίου πλησθήσεται ἔτι ἐκ κοιλίας μητρὸς αὐτοῦ
17 [8] προελεύσεται ἐνώπιον αὐτοῦ ἐν πνεύματι κ. δυνάμει Ἠλείa
35 πνεῦμα ἅγιον ἐπελεύσεται ἐπὶ σε
41 ἐπλήσθη πνεύματος ἁγίου ἡ Ἐλεισάβετ
47 ἠγαλλίασεν τὸ πνεῦμά μου ἐπὶ τ. Θεῷ
67 Ζαχαρίας ὁ πατὴρ αὐτοῦ ἐπλήσθη πνεύματος ἁγίου
80 τὸ δὲ παιδίον ηὔξανεν κ. ἐκραταιοῦτο πνεύματι
2 25 πνεῦμα ἦν ἅγιον ἐπ' αὐτόν
26 ἦν αὐτῷ κεχρηματισμένον ὑπὸ τ. πνεύματος τ. ἁγίου
27 ἦλθεν ἐν τ. πνεύματι εἰς τὸ ἱερόν
3 16 αὐτὸς ὑμᾶς βαπτίσει ἐν πνεύματι ἁγίῳ κ. πυρί
22 καταβῆναι τὸ πνεῦμα τὸ ἅγιον σωματικῷ εἴδει
4 1 Ἰησοῦς δὲ πλήρης πνεύματος ἁγίου ὑπέστρεψεν ἀπὸ τ. Ἰορδάνου
1 ἤγετο ἐν τ. πνεύματι ἐν τῇ ἐρήμῳ
14 ὑπέστρεψεν ὁ Ἰησοῦς ἐν τ. δυνάμει τ. πνεύματος
18 [1] πνεῦμα Κυρίου ἐπ' ἐμέ
רוּחַ אֲדֹנָי יֱהֹוִה עָלָי, Is. lxi. 1
33 [4] ἄνθρωπος ἔχων πνεῦμα δαιμονίου ἀκαθάρτου
36 [8] ἐν ἐξουσίᾳ κ. δυνάμει ἐπιτάσσει τ. ἀκαθάρτοις πνεύμασιν
6 18 [8] οἱ ἐνοχλούμενοι ἀπὸ πνευμάτων ἀκαθάρτων ἐθεραπεύοντο
7 21 [8] ἐθεράπευσεν πολλοὺς ἀπὸ . . . πνευμάτων πονηρῶν
8 2 [8] αἳ ἦσαν τεθεραπευμέναι ἀπὸ πνευμάτων πονηρῶν κ. ἀσθενειῶν
29 [8] παρήγγελλεν γὰρ τ. πνεύματι τ. ἀκαθάρτῳ ἐξελθεῖν
55 ἐπέστρεψεν τὸ πνεῦμα αὐτῆς
9 39 ἰδοὺ πνεῦμα λαμβάνει αὐτόν
42 [8] ἐπετίμησεν δὲ ὁ Ἰησοῦς τ. πνεύματι τ. ἀκαθάρτῳ
55 [7] οὐκ οἴδατε ποίου πνεύματός ἐστε
—h. v., TWH non mg. R non mg.
10 20 μὴ χαίρετε ὅτι τὰ πνεύματα ὑμῖν ὑποτάσσεται
21 ἠγαλλιάσατο τ. πνεύματι τ. ἁγίῳ
ἐν τ. πν. τ. ἁγ., T

Lu 11 13 δώσει πνεῦμα ἅγιον τ. αἰτοῦσιν αὐτόν
δώσ. ἀγαθὸν δόμα, WH mg.
24 [8] ὅταν τὸ ἀκάθαρτον πνεῦμα ἐξέλθῃ ἀπὸ τ. ἀνθρώπου
26 [8] παραλαμβάνει ἕτερα πνεύματα πονηρότερα ἑαυτοῦ ἑπτά
12 10 τῷ δὲ εἰς τὸ ἅγιον πνεῦμα βλασφημήσαντι οὐκ ἀφεθήσεται
12 τὸ γὰρ ἅγιον πνεῦμα διδάξει ὑμᾶς ἐν αὐτῇ τ. ὥρᾳ
13 11 ἰδοὺ γυνὴ πνεῦμα ἔχουσα ἀσθενείας
23 46 εἰς χεῖράς σου παρατίθεμαι τὸ πνεῦμά μου
24 37 ἔμφοβοι γενόμενοι ἐδόκουν πνεῦμα θεωρεῖν
39 [5] ὅτι πνεῦμα σάρκα κ. ὀστέα οὐκ ἔχει
Jo 1 32 τεθέαμαι τὸ πνεῦμα καταβαῖνον ὡς περιστερὰν ἐξ οὐρανοῦ
33 ἐφ' ὃν ἂν ἴδῃς τὸ πνεῦμα καταβαῖνον κ. μένον ἐπ' αὐτόν,
οὗτός ἐστιν ὁ βαπτίζων ἐν πνεύματι ἁγίῳ
3 5 ἐὰν μή τις γεννηθῇ ἐξ ὕδατος κ. πνεύματος
6 [7] τὸ γεγεννημένον ἐκ τ. πνεύματος πνεῦμά ἐστιν
8 τὸ πνεῦμα ὅπου θέλει πνεῖ
8 οὕτως ἐστὶν πᾶς ὁ γεγεννημένος ἐκ τ. πνεύματος
ἐκ τ. ὕδατος κ. τ. πνεύμ., WH mg.
34 οὐ γὰρ ἐκ μέτρου δίδωσιν τὸ πνεῦμα
4 23 προσκυνήσουσιν τ. πατρὶ ἐν πνεύματι κ. ἀληθείᾳ
24 [7] πνεῦμα ὁ Θεός
24 ἐν πνεύματι κ. ἀληθείᾳ δεῖ προσκυνεῖν
6 63 τὸ πνεῦμα ἐστὶν τὸ ζωοποιοῦν
63 [7] τὰ ῥήματα ἃ ἐγὼ λελάληκα ὑμῖν πνεῦμά ἐστιν κ. ζωή ἐστιν
7 39 τοῦτο δὲ εἶπεν περὶ τ. πνεύματος
39 οὔπω γὰρ ἦν πνεῦμα
+ ἅγιον δεδομένον, R mg.
11 33 Ἰησοῦς οὖν . . . ἐνεβριμήσατο τ. πνεύματι
13 21 ταῦτα εἰπὼν Ἰησοῦς ἐταράχθη τ. πνεύματι
14 17 ἄλλον παράκλητον δώσει ὑμῖν . . . τὸ πνεῦμα τ. ἀληθείας
26 ὁ δὲ παράκλητος τὸ πνεῦμα τὸ ἅγιον
15 26 ὅταν ἔλθῃ ὁ παράκλητος . . . τὸ πνεῦμα τ. ἀληθείας
16 13 ὅταν δὲ ἔλθῃ ἐκεῖνος τὸ πνεῦμα τ. ἀληθείας
19 30 κλίνας τ. κεφαλὴν παρέδωκεν τὸ πνεῦμα
20 22 λέγει αὐτοῖς Λάβετε πνεῦμα ἅγιον
Ac 1 2 ἐντειλάμενος τ. ἀποστόλοις διὰ πνεύματος ἁγίου
5 ὑμεῖς δὲ ἐν πνεύματι βαπτισθήσεσθε ἁγίῳ
8 ἐπελθόντος τ. ἁγίου πνεύματος ἐφ' ὑμᾶς
16 ἣν προεῖπεν τὸ πνεῦμα τὸ ἅγιον διὰ στόματος Δαυείδ
2 4 ἐπλήσθησαν πάντες πνεύματος ἁγίου
4 καθὼς τὸ πνεῦμα ἐδίδου ἀποφθέγγεσθαι αὐτοῖς
17 ἐκχεῶ ἀπὸ τ. πνεύματός μου ἐπὶ πᾶσαν σάρκα
אֶשְׁפּוֹךְ אֶת־רוּחִי עַל־כָּל־בָּשָׂר, Joel iii. 1
18 κ. γε ἐπὶ τ. δούλους μου . . . ἐκχεῶ ἀπὸ τ. πνεύματός μου
וְגַם עַל־הָעֲבָדִים . . . אֶשְׁפּוֹךְ אֶת־רוּחִי, ib. 2
33 τ. τε ἐπαγγελίαν τ. πνεύματος τ. ἁγίου λαβὼν παρὰ τ. πατρός

Ac 2 38 λήμψεσθε τ. δωρεὰν τ. ἁγίου πνεύματος

4 8 τότε Πέτρος πλησθεὶς πνεύματος ἁγίου εἶπεν

25 ὁ τ. πατρὸς ἡμῶν διὰ πνεύματος ἁγίου στόματος Δαυεὶδ . . . εἰπών

31 ἐπλήσθησαν ἅπαντες τ. ἁγίου πνεύματος

5 3 ψεύσασθαί σε τὸ πνεῦμα τὸ ἅγιον

9 [1] τί ὅτι συνεφωνήθη ὑμῖν πειράσαι τὸ πνεῦμα Κυρίου;

16 [8] φέροντες . . . ὀχλουμένους ὑπὸ πνευμάτων ἀκαθάρτων

32 ἡμεῖς ἐσμὲν μάρτυρες . . . κ. τὸ πνεῦμα τὸ ἅγιον

6 3 ἄνδρας ἐξ ὑμῶν μαρτυρουμένους ἑπτὰ πλήρεις πνεύματος κ. σοφίας

5 Στέφανον ἄνδρα πλήρη πίστεως κ. πνεύματος ἁγίου

10 ἀντιστῆναι τ. σοφίᾳ κ. τ. πνεύματι ᾧ ἐλάλει

7 51 ὑμεῖς ἀεὶ τ. πνεύματι τ. ἁγίῳ ἀντιπίπτετε

55 ὑπάρχων δὲ πλήρης πνεύματος ἁγίου

59 Κύριε Ἰησοῦ δέξαι τὸ πνεῦμά μου

8 7 [8] πολλοὶ γὰρ τ. ἐχόντων πνεύματα ἀκάθαρτα

15 ὅπως λάβωσιν πνεῦμα ἅγιον

17 κ. ἐλάμβανον πνεῦμα ἅγιον

18 διὰ τ. ἐπιθέσεως τ. χειρῶν τ. ἀποστόλων δίδοται τὸ πνεῦμα

+ τὸ ἅγιον, R non mg.

19 ἵνα . . . λαμβάνῃ πνεῦμα ἅγιον

29 εἶπεν δὲ τὸ πνεῦμα τῷ Φιλίππῳ

39 [1] πνεῦμα Κυρίου ἥρπασεν τ. Φίλιππον

9 17 ὅπως ἀναβλέψῃς κ. πλησθῇς πνεύματος ἁγίου

31 τ. παρακλήσει τ. ἁγίου πνεύματος ἐπληθύνετο

10 19 τ. δὲ Πέτρου διενθυμουμένου εἶπεν τὸ πνεῦμα

38 ὡς ἔχρισεν αὐτὸν ὁ Θεὸς πνεύματι ἁγίῳ κ. δυνάμει

44 ἐπέπεσεν τὸ πνεῦμα τὸ ἅγιον ἐπὶ πάντας τ. ἀκούοντας τ. λόγον

45 κ. ἐπὶ τὰ ἔθνη ἡ δωρεὰ τ. πνεύματος τ. ἁγίου ἐκκέχυται

τ. ἁγ. πνεύμ., T

47 οἵτινες τὸ πνεῦμα τὸ ἅγιον ἔλαβον ὡς κ. ἡμεῖς

11 12 εἶπεν δὲ τὸ πνεῦμά μοι συνελθεῖν αὐτοῖς

15 ἐπέπεσεν τὸ πνεῦμα τὸ ἅγιον ἐπ᾽ αὐτούς

16 ὑμεῖς δὲ βαπτισθήσεσθε ἐν πνεύματι ἁγίῳ

24 ἦν ἀνὴρ ἀγαθὸς κ. πλήρης πνεύματος ἁγίου κ. πίστεως

28 Ἄγαβος ἐσήμαινεν διὰ τ. πνεύματος

13 2 λειτουργούντων δὲ αὐτῶν . . . εἶπεν τὸ πνεῦμα τὸ ἅγιον

4 αὐτοὶ μὲν οὖν ἐκπεμφθέντες ὑπὸ τ. ἁγίου πνεύματος

9 Σαῦλος δὲ ὁ κ. Παῦλος πλησθεὶς πνεύματος ἁγίου

52 οἵ τε μαθηταὶ ἐπληροῦντο χαρᾶς κ. πνεύματος ἁγίου

15 8 ἐμαρτύρησεν αὐτοῖς δοὺς τὸ πνεῦμα τὸ ἅγιον

28 ἔδοξεν γὰρ τ. πνεύματι τ. ἁγίῳ κ. ἡμῖν

29 εὖ πράξετε φερόμενοι ἐν τ. ἁγίῳ πνεύματι

—φερ. ἐν τ. ἁγ. πνεύμ., TWH non mg. R

16 6 κωλυθέντες ὑπὸ τ. ἁγίου πνεύματος λαλῆσαι τ. λόγον ἐν τ. Ἀσίᾳ

7 [2] οὐκ εἴασεν αὐτοὺς τὸ πνεῦμα Ἰησοῦ

16 [3] παιδίσκην τινὰ ἔχουσαν πνεῦμα πύθωνα

Ac 16 18 διαπονηθεὶς δὲ Παῦλος κ. ἐπιστρέψας τ. πνεύματι εἶπεν

17 16 παρωξύνετο τὸ πνεῦμα αὐτοῦ ἐν αὐτῷ

18 25 ζέων τ. πνεύματι ἐλάλει κ. ἐδίδασκεν

19 1 εἶπεν αὐτῷ τὸ πνεῦμα ὑποστρέφειν εἰς τ. Ἀσίαν

—h. v., TWH non mg. R

2 εἰ πνεῦμα ἅγιον ἐλάβετε πιστεύσαντες;

2 ἀλλ᾽ οὐδ᾽ εἰ πνεῦμα ἅγιόν ἐστιν ἠκούσαμεν

6 ἦλθεν τὸ πνεῦμα τὸ ἅγιον ἐπ᾽ αὐτούς

12 [3] τά τε πνεύματα τὰ πονηρὰ ἐκπορεύεσθαι

13 [3] ὀνομάζειν ἐπὶ τ. ἔχοντας τὰ πνεύματα τὰ πονηρά

15 [3] ἀποκριθὲν δὲ τὸ πνεῦμα τὸ πονηρὸν εἶπεν αὐτοῖς

16 [3] ἐν ᾧ ἦν τὸ πνεῦμα τὸ πονηρόν

21 ἔθετο ὁ Παῦλος ἐν τ. πνεύματι

20 22 δεδεμένος ἐγὼ τ. πνεύματι πορεύομαι εἰς Ἰερουσαλήμ

23 πλὴν ὅτι τὸ πνεῦμα τὸ ἅγιον κατὰ πόλιν διαμαρτύρεταί μοι

28 ἐν ᾧ ὑμᾶς τὸ πνεῦμα τὸ ἅγιον ἔθετο ἐπισκόπους

21 4 οἵτινες τ. Παύλῳ ἔλεγον διὰ τ. πνεύματος

11 τάδε λέγει τὸ πνεῦμα τὸ ἅγιον

23 8 λέγουσιν μὴ εἶναι ἀνάστασιν μήτε ἄγγελον μήτε πνεῦμα

9 εἰ δὲ πνεῦμα ἐλάλησεν ἢ ἄγγελος

28 25 καλῶς τὸ πνεῦμα τὸ ἅγιον ἐλάλησεν διὰ Ἠσαίου

Ro 1 4 τ. ὁρισθέντος υἱοῦ Θεοῦ ἐν δυνάμει κατὰ πνεῦμα ἁγιωσύνης

9 ᾧ λατρεύω ἐν τ. πνεύματί μου

2 29 [6] περιτομὴ καρδίας ἐν πνεύματι οὐ γράμματι

5 5 ἐκκέχυται ἐν τ. καρδίαις ἡμῶν διὰ πνεύματος ἁγίου τ. δοθέντος ἡμῖν

7 6 [6] ὥστε δουλεύειν ἡμᾶς ἐν καινότητι πνεύματος

8 2 ὁ γὰρ νόμος τ. πνεύματος τ. ζωῆς ἐν Χριστῷ Ἰησοῦ ἠλευθέρωσέν σε

4 [5] τοῖς μὴ κατὰ σάρκα περιπατοῦσιν ἀλλὰ κατὰ πνεῦμα

5 [5] οἱ δὲ κατὰ πνεῦμα τὰ τ. πνεύματος

6 [5] τὸ δὲ φρόνημα τ. πνεύματος ζωὴ κ. εἰρήνη

9 [5] ὑμεῖς δὲ οὐκ ἐστὲ ἐν σαρκὶ ἀλλὰ ἐν πνεύματι,

[1] εἴπερ πνεῦμα Θεοῦ οἰκεῖ ἐν ὑμῖν·

[2] εἰ δέ τις πνεῦμα Χριστοῦ οὐκ ἔχει

10 [5] τὸ δὲ πνεῦμα ζωὴ διὰ δικαιοσύνην.

11 εἰ δὲ τὸ πνεῦμα τ. ἐγείραντος τ. Ἰησοῦν ἐκ νεκρῶν οἰκεῖ ἐν ὑμῖν

11 ζωοποιήσει . . . διὰ τ. ἐνοικοῦντος αὐτοῦ πνεύματος ἐν ὑμῖν

δ. τὸ ἐνοικοῦν αὐτοῦ πνεῦμα, WH mg. R mg.

13 [5] εἰ δὲ πνεύματι τ. πράξεις τ. σώματος θανατοῦτε

14 [1] ὅσοι γὰρ πνεύματι Θεοῦ ἄγονται

15 οὐ γὰρ ἐλάβετε πνεῦμα δουλείας πάλιν εἰς φόβον,

ἀλλὰ ἐλάβετε πνεῦμα υἱοθεσίας

16 αὐτὸ τὸ πνεῦμα συνμαρτυρεῖ τ. πνεύματι ἡμῶν

23 αὐτοὶ τ. ἀπαρχὴν τ. πνεύματος ἔχοντες ἡμεῖς

26 τὸ πνεῦμα συναντιλαμβάνεται τ. ἀσθενείᾳ ἡμῶν

Ro 8 26 αὐτὸ τὸ πνεῦμα ὑπερεντυγχάνει στεναγμοῖς ἀλαλήτοις
27 οἶδεν τί τὸ φρόνημα τ. πνεύματος
9 1 συνμαρτυρούσης μοι τ. συνειδήσεώς μου ἐν πνεύματι ἁγίῳ
11 8 ἔδωκεν αὐτοῖς ὁ Θεὸς πνεῦμα κατανύξεως
נָסַךְ עֲלֵיכֶם יְהוָה רוּחַ תַּרְדֵּמָה, Is. xxix. 10
12 11 τ. σπουδῇ μὴ ὀκνηροὶ τ. πνεύματι ζέοντες
14 17 δικαιοσύνη κ. εἰρήνη κ. χαρὰ ἐν πνεύματι ἁγίῳ
15 13 εἰς τὸ περισσεύειν ὑμᾶς ἐν τ. ἐλπίδι ἐν δυνάμει πνεύματος ἁγίου
16 ἡ προσφορὰ τ. ἐθνῶν εὐπρόσδεκτος ἡγιασμένη ἐν πνεύματι ἁγίῳ
19 [1] κατειργάσατο Χριστὸς ἐν δυνάμει πνεύματος ἁγίου
πν. Θεοῦ, TR mg.; —ἁγ., [WH] R mg. alter
30 παρακαλῶ δὲ ὑμᾶς . . . διὰ τ. ἀγάπης τ. πνεύματος
1 Co 2 4 ἐν ἀποδείξει πνεύματος κ. δυνάμεως
10 ἀπεκάλυψεν ὁ Θεὸς διὰ τ. πνεύματος·
τὸ γὰρ πνεῦμα πάντα ἐραυνᾷ
11 τίς γὰρ οἶδεν . . . εἰ μὴ τὸ πνεῦμα τ. ἀνθρώπου τὸ ἐν αὐτῷ;
11 [1] οὐδεὶς ἔγνωκεν εἰ μὴ τὸ πνεῦμα τ. Θεοῦ.
12 [4] ἡμεῖς δὲ οὐ τὸ πνεῦμα τ. κόσμου ἐλάβομεν,
[1] ἀλλὰ τὸ πνεῦμα τὸ ἐκ τ. Θεοῦ
13 ἃ κ. λαλοῦμεν . . . ἐν διδακτοῖς πνεύματος
14 [1] οὐ δέχεται τὰ τ. πνεύματος τ. Θεοῦ
3 16 [1] τὸ πνεῦμα τ. Θεοῦ ἐν ὑμῖν οἰκεῖ
4 21 ἢ ἐν ἀγάπῃ πνεύματί τε πραΰτητος
5 3 [5] ἐγὼ μὲν γὰρ ἀπὼν τ. σώματι παρὼν δὲ τ. πνεύματι
4 συναχθέντων ὑμῶν κ. τ. ἐμοῦ πνεύματος
5 [5] εἰς ὄλεθρον τ. σαρκὸς ἵνα τὸ πνεῦμα σωθῇ ἐν τ. ἡμέρᾳ τ. Κυρίου
6 11 [1] ἐδικαιώθητε . . . ἐν τ. πνεύματι τ. Θεοῦ ἡμῶν
17 [5] [7] ὁ δὲ κολλώμενος τ. Κυρίῳ ἓν πνεῦμά ἐστιν
19 τὸ σῶμα ὑμῶν ναὸς τοῦ ἐν ὑμῖν ἁγίου πνεύματός ἐστιν
πνεύμ. ἁγ., WH mg.
7 34 [5] ἵνα ᾖ ἁγία κ. τ. σώματι κ. τ. πνεύματι
40 [1] δοκῶ γὰρ κἀγὼ πνεῦμα Θεοῦ ἔχειν
12 3 [1] οὐδεὶς ἐν πνεύματι Θεοῦ λαλῶν λέγει Ἀνάθεμα Ἰησοῦς·
κ. οὐδεὶς δύναται εἰπεῖν Κύριος Ἰησοῦς εἰ μὴ ἐν πνεύματι ἁγίῳ.
4 διαιρέσεις δὲ χαρισμάτων εἰσὶν τὸ δὲ αὐτὸ πνεῦμα
7 ἑκάστῳ δὲ δίδοται ἡ φανέρωσις τ. πνεύματος
8 ᾧ μὲν γὰρ διὰ τ. πνεύματος δίδοται λόγος σοφίας,
ἄλλῳ δὲ λόγος γνώσεως κατὰ τὸ αὐτὸ πνεῦμα·
9 ἑτέρῳ πίστις ἐν τ. αὐτῷ πνεύματι·
ἄλλῳ δὲ χαρίσματα ἰαμάτων ἐν τ. ἑνὶ πνεύματι
10 ἄλλῳ δὲ διακρίσεις πνευμάτων
11 πάντα δὲ ταῦτα ἐνεργεῖ τὸ ἓν κ. τὸ αὐτὸ πνεῦμα
13 [5] ἐν ἑνὶ πνεύματι ἡμεῖς πάντες εἰς ἓν σῶμα ἐβαπτίσθημεν

1 Co 12 13 πάντες ἓν πνεῦμα ἐποτίσθημεν
14 2 πνεύματι δὲ λαλεῖ μυστήρια
12 ἐπεὶ ζηλωταί ἐστε πνευμάτων
14 τὸ πνεῦμά μου προσεύχεται
15 προσεύξομαι τ. πνεύματι
15 ψαλῶ τ. πνεύματι
16 ἐπεὶ ἐὰν εὐλογῇς ἐν πνεύματι
—ἐν, T [WH]
32 [8] πνεύματα προφητῶν προφήταις ὑποτάσσεται
15 45 ὁ ἔσχατος Ἀδὰμ εἰς πνεῦμα ζωοποιοῦν
16 18 ἀνέπαυσαν γὰρ τὸ ἐμὸν πνεῦμα κ. τὸ ὑμῶν
II Co 1 22 δοὺς τ. ἀρραβῶνα τ. πνεύματος ἐν τ. καρδίαις ἡμῶν
2 13 οὐκ ἔσχηκα ἄνεσιν τ. πνεύματί μου
3 3 [1] ἐνγεγραμμένη . . . πνεύματι Θεοῦ ζῶντος
6 [6] διακόνους καινῆς διαθήκης οὐ γράμματος ἀλλὰ πνεύματος·
[6] τὸ γὰρ γράμμα ἀποκτέννει τὸ δὲ πνεῦμα ζωοποιεῖ
8 πῶς οὐχὶ μᾶλλον ἡ διακονία τ. πνεύματος ἔσται ἐν δόξῃ;
17 [7] ὁ δὲ Κύριος τὸ πνεῦμά ἐστιν·
[1] οὗ δὲ τὸ πνεῦμα Κυρίου ἐλευθερία
18 [1] μεταμορφούμεθα . . . καθάπερ ἀπὸ Κυρίου πνεύματος
4 13 ἔχοντες δὲ τὸ αὐτὸ πνεῦμα τ. πίστεως
5 5 ὁ δοὺς ἡμῖν τ. ἀρραβῶνα τ. πνεύματος
6 6 ἐν χρηστότητι ἐν πνεύματι ἁγίῳ
7 1 [5] καθαρίσωμεν ἑαυτοὺς ἀπὸ παντὸς μολυσμοῦ σαρκὸς κ. πνεύματος
13 ἀναπέπαυται τὸ πνεῦμα αὐτοῦ ἀπὸ πάντων ὑμῶν
11 4 ἢ πνεῦμα ἕτερον λαμβάνετε ὃ οὐκ ἐλάβετε
12 18 οὐ τ. αὐτῷ πνεύματι περιεπατήσαμεν;
13 13 ἡ κοινωνία τ. ἁγίου πνεύματος μετὰ πάντων ὑμῶν
Ga 3 2 ἐξ ἔργων νόμου τὸ πνεῦμα ἐλάβετε
3 [5] ἐναρξάμενοι πνεύματι νῦν σαρκὶ ἐπιτελεῖσθε;
5 ὁ οὖν ἐπιχορηγῶν ὑμῖν τὸ πνεῦμα
14 ἵνα τ. ἐπαγγελίαν τ. πνεύματος λάβωμεν διὰ τ. πίστεως
4 6 ἐξαπέστειλεν ὁ Θεὸς τὸ πνεῦμα τ. υἱοῦ αὐτοῦ
29 [5] ὁ κατὰ σάρκα γεννηθεὶς ἐδίωκεν τὸν κατὰ πνεῦμα
5 5 ἡμεῖς γὰρ πνεύματι ἐκ πίστεως ἐλπίδα δικαιοσύνης ἀπεκδεχόμεθα
16 λέγω δὲ πνεύματι περιπατεῖτε
17 [5] ἡ γὰρ σὰρξ ἐπιθυμεῖ κατὰ τ. πνεύματος,
[5] τὸ δὲ πνεῦμα κατὰ τ. σαρκός
18 εἰ δὲ πνεύματι ἄγεσθε
22 [5] ὁ δὲ καρπὸς τ. πνεύματός ἐστιν ἀγάπη
25 εἰ ζῶμεν πνεύματι πνεύματι κ. στοιχῶμεν
6 1 καταρτίζετε τ. τοιοῦτον ἐν πνεύματι πραΰτητος
8 [5] ὁ δὲ σπείρων εἰς τὸ πνεῦμα ἐκ τ. πνεύματος θερίσει ζωὴν αἰώνιον
18 ἡ χάρις τ. Κυρίου ἡμῶν Ἰησοῦ Χριστοῦ μετὰ τ. πνεύματος ὑμῶν
Eph 1 13 ἐσφραγίσθητε τ. πνεύματι τ. ἐπαγγελίας τ. ἁγίῳ
17 δῴη ὑμῖν πνεῦμα σοφίας κ. ἀποκαλύψεως

Eph 2 2 τ. πνεύματος τοῦ νῦν ἐνεργοῦντος ἐν τ. υἱοῖς τ. ἀπειθείας
18 δι' αὐτοῦ ἔχομεν τ. προσαγωγὴν οἱ ἀμφότεροι ἐν ἑνὶ πνεύματι
22 συνοικοδομεῖσθε εἰς κατοικητήριον τ. Θεοῦ ἐν πνεύματι
3 5 ὡς νῦν ἀπεκαλύφθη . . . ἐν πνεύματι
16 δυνάμει κραταιωθῆναι διὰ τ. πνεύματος αὐτοῦ
4 3 σπουδάζοντες τηρεῖν τ. ἑνότητα τ. πνεύματος
4 [5] ἓν σῶμα κ. ἓν πνεῦμα καθὼς κ. ἐκλήθητε
23 ἀνανεοῦσθαι δὲ τ. πνεύματι τ. νοὸς ὑμῶν
30 [1] μὴ λυπεῖτε τὸ πνεῦμα τὸ ἅγιον τ. Θεοῦ
5 18 ἀλλὰ πληροῦσθε ἐν πνεύματι
6 17 τ. μάχαιραν τ. πνεύματος ὅ ἐστιν ῥῆμα Θεοῦ
18 προσευχόμενοι ἐν παντὶ καιρῷ ἐν πνεύματι
Phl 1 19 [2] διὰ τῆς . . . ἐπιχορηγίας τ. πνεύματος Ἰησοῦ Χριστοῦ
27 ὅτι στήκετε ἐν ἑνὶ πνεύματι
2 1 εἴ τις κοινωνία πνεύματος
3 3 [1] ἡ περιτομὴ οἱ πνεύματι Θεοῦ λατρεύοντες
4 23 ἡ χάρις τ. Κυρίου Ἰησοῦ Χριστοῦ μετὰ τ. πνεύματος ὑμῶν
Col 1 8 ὁ κ. δηλώσας ἡμῖν τὴν ὑμῶν ἀγάπην ἐν πνεύματι
2 5 [5] τ. πνεύματι σὺν ὑμῖν εἰμί
I Th 1 5 ἐν δυνάμει κ. ἐν πνεύματι ἁγίῳ
6 δεξάμενοι τ. λόγον . . . μετὰ χαρᾶς πνεύματος ἁγίου
4 8 [1] τ. Θεὸν τ. διδόντα τὸ πνεῦμα αὐτοῦ τὸ ἅγιον εἰς ὑμᾶς
5 19 τὸ πνεῦμα μὴ σβέννυτε
23 [5] ὁλόκληρον ὑμῶν τὸ πνεῦμα κ. ἡ ψυχὴ κ. τὸ σῶμα . . . τηρηθείη
II Th 2 2 μηδὲ θροεῖσθαι μήτε διὰ πνεύματος μήτε διὰ λόγου
8 ὃν ὁ Κύριος Ἰησοῦς ἀνελεῖ τ. πνεύματι τ. στόματος αὐτοῦ
13 ἐν ἁγιασμῷ πνεύματος κ. πίστει ἀληθείας
I Ti 3 16 ἐδικαιώθη ἐν πνεύματι
4 1 τὸ δὲ πνεῦμα ῥητῶς λέγει
1 προσέχοντες πνεύμασι πλάνοις κ. διδασκαλίαις δαιμονίων
II Ti 1 7 οὐ γὰρ ἔδωκεν ἡμῖν ὁ Θεὸς πνεῦμα δειλίας
14 φύλαξον διὰ πνεύματος ἁγίου τ. ἐνοικοῦντος ἐν ἡμῖν
4 22 ὁ Κύριος μετὰ τ. πνεύματός σου
Tit 3 5 ἔσωσεν ἡμᾶς διὰ . . . ἀνακαινώσεως πνεύματος ἁγίου
Phm 25 ἡ χάρις τ. Κυρίου Ἰησοῦ Χριστοῦ μετὰ τ. πνεύματος ὑμῶν
He 1 7 ὁ ποιῶν τ. ἀγγέλους αὐτοῦ πνεύματα
עֹשֶׂה מַלְאָכָיו רוּחוֹת, Ps. civ. 4
14 [7] οὐχὶ πάντες εἰσὶν λειτουργικὰ πνεύματα
2 4 ποικίλαις δυνάμεσιν κ. πνεύματος ἁγίου μερισμοῖς
3 7 καθὼς λέγει τὸ πνεῦμα τὸ ἅγιον
4 12 διικνούμενος ἄχρι μερισμοῦ ψυχῆς κ. πνεύματος
6 4 μετόχους γενηθέντας πνεύματος ἁγίου
9 8 τοῦτο δηλοῦντος τ. πνεύματος τ. ἁγίου
14 [9] ὃς διὰ πνεύματος αἰωνίου ἑαυτὸν προσήνεγκεν
10 15 μαρτυρεῖ δὲ ἡμῖν κ. τὸ πνεῦμα τὸ ἅγιον
29 τὸ πνεῦμα τ. χάριτος ἐνυβρίσας
12 9 οὐ πολὺ μᾶλλον ὑποταγησόμεθα τ. πατρὶ τ. πνευμάτων κ. ζήσομεν;

He 12 23 προσεληλύθατε . . . πνεύμασι δικαίων τετελειωμένων
Ja 2 26 [5] ὥσπερ τὸ σῶμα χωρὶς πνεύματος νεκρόν ἐστιν
4 5 πρὸς φθόνον ἐπιποθεῖ τὸ πνεῦμα ὃ κατῴκισεν ἐν ἡμῖν
I Pe 1 2 κατὰ πρόγνωσιν Θεοῦ πατρὸς ἐν ἁγιασμῷ πνεύματος
11 [2] ποῖον καιρὸν ἐδήλου τὸ ἐν αὐτοῖς πνεῦμα Χριστοῦ
12 διὰ τ. εὐαγγελισαμένων ὑμᾶς πνεύματι ἁγίῳ ἀποσταλέντι ἀπ' οὐρανοῦ
ἐν πν. ἁγ., TR
3 4 ἐν τ. ἀφθάρτῳ τ. ἡσυχίου κ. πραέως πνεύματος
18 [5] ζωοποιηθεὶς δὲ πνεύματι
19 τοῖς ἐν φυλακῇ πνεύμασιν πορευθεὶς ἐκήρυξεν
4 6 [5] ἵνα κριθῶσιν μὲν κατὰ ἀνθρώπους σαρκὶ ζῶσιν δὲ κατὰ Θεὸν πνεύματι
14 [1] τὸ τ. Θεοῦ πνεῦμα ἐφ' ὑμᾶς ἀναπαύεται
II Pe 1 21 ὑπὸ πνεύματος ἁγίου φερόμενοι ἐλάλησαν
I Jo 3 24 γινώσκομεν . . . ἐκ τ. πνεύματος οὗ ἡμῖν ἔδωκεν
4 1 μὴ παντὶ πνεύματι πιστεύετε,
ἀλλὰ δοκιμάζετε τὰ πνεύματα
2 [1] ἐν τούτῳ γινώσκετε τὸ πνεῦμα τ. Θεοῦ· πᾶν πνεῦμα ὃ ὁμολογεῖ Ἰησοῦν Χριστόν
3 πᾶν πνεῦμα ὃ μὴ ὁμολογεῖ τ. Ἰησοῦν
6 ἐκ τούτου γινώσκομεν τὸ πνεῦμα τ. ἀληθείας κ. τὸ πνεῦμα τ. πλάνης
13 ὅτι ἐκ τ. πνεύματος αὐτοῦ δέδωκεν ἡμῖν
5 6 τὸ πνεῦμά ἐστιν τὸ μαρτυροῦν,
ὅτι τὸ πνεῦμά ἐστιν ἡ ἀλήθεια
8 τρεῖς εἰσὶν οἱ μαρτυροῦντες τὸ πνεῦμα κ. τὸ ὕδωρ κ. τὸ αἷμα
Ju 19 ψυχικοὶ πνεῦμα μὴ ἔχοντες
20 ἐν πνεύματι ἁγίῳ προσευχόμενοι
Re 1 4 ἀπὸ τ. ἑπτὰ πνευμάτων ἃ ἐνώπιον τ. θρόνου αὐτοῦ
10 ἐγενόμην ἐν πνεύματι ἐν τ. κυριακῇ ἡμέρᾳ
2 7 ἀκουσάτω τί τὸ πνεῦμα λέγει τ. ἐκκλησίαις
add. 2. 11, 17, 29; 3. 6, 13, 22
3 1 [1] τάδε λέγει ὁ ἔχων τὰ ἑπτὰ πνεύματα τ. Θεοῦ
4 2 εὐθέως ἐγενόμην ἐν πνεύματι
5 [1] ἅ εἰσιν τὰ ἑπτὰ πνεύματα τ. Θεοῦ
5 6 [1] οἵ εἰσιν τὰ ἑπτὰ πνεύματα τ. Θεοῦ
11 11 [1] πνεῦμα ζωῆς ἐκ τ. Θεοῦ εἰσῆλθεν ἐν αὐτοῖς
13 15 ἐδόθη αὐτῇ δοῦναι πνεῦμα τῇ εἰκόνι τ. θηρίου
14 13 ναὶ λέγει τὸ πνεῦμα ἵνα ἀναπαήσονται
16 13 [3] εἶδον ἐκ τ. στόματος τ. δράκοντος . . . πνεύματα τρία ἀκάθαρτα
14 [4] εἰσὶν γὰρ πνεύματα δαιμονίων ποιοῦντα σημεῖα
17 3 ἀπήνεγκέν με εἰς ἔρημον ἐν πνεύματι
18 2 [3] ἐγένετο . . . φυλακὴ παντὸς πνεύματος ἀκαθάρτου
19 10 ἡ γὰρ μαρτυρία Ἰησοῦ ἐστὶν τὸ πνεῦμα τ. προφητείας
21 10 ἀπήνεγκέν με ἐν πνεύματι ἐπὶ ὄρος μέγα
22 6 [8] ὁ Θεὸς τ. πνευμάτων τ. προφητῶν
17 τὸ πνεῦμα κ. ἡ νύμφη λέγουσιν
πν. κ. νύμφ., WH mg.

ΠΝΕΥΜΑΤΙΚΌΣ * 4152

(1) πν. . . . σαρκικός, σάρκινος, ψυχικός

Ro 1 11 ἵνα τι μεταδῶ χάρισμα ὑμῖν πνευματικόν
7 14 [1] οἴδαμεν γὰρ ὅτι ὁ νόμος πνευματικός ἐστιν
15 27 [1] εἰ γὰρ τ. πνευματικοῖς αὐτῶν ἐκοινώνησαν τὰ ἔθνη
1 Co 2 13 πνευματικοῖς πνευματικὰ συνκρίνοντες πνευματικῶς πν., WH mg.
15 [1] ὁ δὲ πνευματικὸς ἀνακρίνει μὲν πάντα
3 1 [1] οὐκ ἠδυνήθην λαλῆσαι ὑμῖν ὡς πνευματικοῖς
9 11 [1] εἰ ἡμεῖς ὑμῖν τὰ πνευματικὰ ἐσπείραμεν
10 3 πάντες τὸ αὐτὸ πνευματικὸν βρῶμα ἔφαγον,
4 κ. πάντες τὸ αὐτὸ πνευματικὸν ἔπιον πόμα ἔπινον γὰρ ἐκ πνευματικῆς ἀκολουθούσης πέτρας
12 1 περὶ δὲ τ. πνευματικῶν . . . οὐ θέλω ὑμᾶς ἀγνοεῖν
14 1 ζηλοῦτε δὲ τὰ πνευματικά
37 εἴ τις δοκεῖ προφήτης εἶναι ἢ πνευματικός
15 44 [1] σπείρεται σῶμα ψυχικὸν ἐγείρεται σῶμα πνευματικόν.
[1] εἰ ἔστιν σῶμα ψυχικὸν ἔστιν κ. πνευματικόν
46 [1] οὐ πρῶτον τὸ πνευματικὸν ἀλλὰ τὸ ψυχικὸν ἔπειτα τὸ πνευματικόν
Ga 6 1 ὑμεῖς οἱ πνευματικοὶ καταρτίζετε τ. τοιοῦτον
Eph 1 3 ὁ εὐλογήσας ἡμᾶς ἐν πάσῃ εὐλογίᾳ πνευματικῇ
5 19 λαλοῦντες ἑαυτοῖς . . . ᾠδαῖς πνευματικαῖς
6 12 πρὸς τὰ πνευματικὰ τ. πονηρίας ἐν τ. ἐπουρανίοις
Col 1 9 ἐν πάσῃ σοφίᾳ κ. συνέσει πνευματικῇ
3 16 νουθετοῦντες ἑαυτοὺς . . . ᾠδαῖς πνευματικαῖς
1 Pe 2 5 ὡς λίθοι ζῶντες οἰκοδομεῖσθε οἶκος πνευματικός
5 ἀνενέγκαι πνευματικὰς θυσίας εὐπροσδέκτους Θεῷ

ΠΝΕΥΜΑΤΙΚΩ͂Σ * † 4153

1 Co 2 13 πνευματικῶς πνευματικὰ συνκρίνοντες πνευματικοῖς πν., TWH non mg. R
14 οὐ δύναται γνῶναι ὅτι πνευμ. ἀνακρίνεται
Re 11 8 ἥτις καλεῖται πνευμ. Σόδομα κ. Αἴγυπτος

ΠΝΈΩ 4154

Mt 7 25 ἦλθαν οἱ ποταμοὶ κ. ἔπνευσαν οἱ ἄνεμοι
27 ἦλθαν οἱ ποταμοὶ κ. ἔπνευσαν οἱ ἄνεμοι
Lu 12 55 ὅταν νότον πνέοντα λέγετε
Jo 3 8 τὸ πνεῦμα ὅπου θέλει πνεῖ
6 18 ἥ τε θάλασσα ἀνέμου μεγάλου πνέοντος διεγείρετο
Ac 27 40 ἐπάραντες τ. ἀρτέμωνα τ. πνεούσῃ
Re 7 1 ἵνα μὴ πνέῃ ἄνεμος ἐπὶ τ. γῆς

ΠΝΊΓΩ 4155

Mt 13 7 ἀνέβησαν αἱ ἄκανθαι κ. ἔπνιξαν αὐτά
ἀπέπνιξαν, WH non mg.
18 28 κρατήσας αὐτὸν ἔπνιγεν λέγων
Mk 5 13 ἐπνίγοντο ἐν τ. θαλάσσῃ

ΠΝΙΚΤΌΣ * 4156

Ac 15 20 τοῦ ἀπέχεσθαι . . . τ. πορνείας κ. πνικτοῦ κ. τ. αἵματος
τοῦ πν., T
Ac 15 29 ἀπέχεσθαι . . . αἵματος κ. πνικτῶν κ. πορνείας
21 25 κρίναντες φυλάσσεσθαι αὐτοὺς . . . αἷμα κ. πνικτὸν κ. πορνείαν

ΠΝΟΉ 4157

Ac 2 2 ἐγένετο ἄφνω ἦχος ὥσπερ φερομένης πνοῆς βιαίας
17 25 αὐτὸς διδοὺς πᾶσι ζωὴν κ. πνοὴν κ. τὰ πάντα

ΠΟΔΉΡΗΣ 4158

Re 1 13 ὅμοιον υἱὸν ἀνθρώπου ἐνδεδυμένον ποδήρη

ΠΌΘΕΝ 4159

Mt 13 27 πόθεν οὖν ἔχει ζιζάνια;
54 πόθεν τούτῳ ἡ σοφία αὕτη κ. αἱ δυνάμεις;
56 πόθεν οὖν τούτῳ ταῦτα πάντα;
15 33 πόθεν ἡμῖν ἐν ἐρημίᾳ ἄρτοι τοσοῦτοι
21 25 τὸ βάπτισμα τὸ Ἰωάνου πόθεν ἦν;
Mk 6 2 πόθεν τούτῳ ταῦτα;
8 4 πόθεν τούτους δυνήσεταί τις ὧδε χορτάσαι
12 37 κ. πόθεν αὐτοῦ ἐστὶν υἱός;
Lu 1 43 πόθεν μοι τοῦτο ἵνα ἔλθῃ ἡ μήτηρ
13 25 οὐκ οἶδα ὑμᾶς πόθεν ἐστέ
27 οὐκ οἶδα πόθεν ἐστέ
20 7 ἀπεκρίθησαν μὴ εἰδέναι πόθεν
Jo 1 48 λέγει αὐτῷ Ναθαναὴλ Πόθεν με γινώσκεις;
2 9 οὐκ ᾔδει πόθεν ἐστίν
3 8 οὐκ οἶδας πόθεν ἔρχεται
4 11 πόθεν οὖν ἔχεις τὸ ὕδωρ τὸ ζῶν;
6 5 πόθεν ἀγοράσωμεν ἄρτους ἵνα φάγωσιν οὗτοι;
7 27 τοῦτον οἴδαμεν πόθεν ἐστίν
27 οὐδεὶς γινώσκει πόθεν ἐστίν
28 κἀμὲ οἴδατε κ. οἴδατε πόθεν εἰμί
8 14 ὅτι οἶδα πόθεν ἦλθον κ. ποῦ ὑπάγω· ὑμεῖς δὲ οὐκ οἴδατε πόθεν ἔρχομαι ἢ ποῦ ὑπάγω
9 29 τοῦτον δὲ οὐκ οἴδαμεν πόθεν ἐστίν
30 ὅτι ὑμεῖς οὐκ οἴδατε πόθεν ἐστίν
19 9 λέγει τῷ Ἰησοῦ Πόθεν εἶ σύ;
Ja 4 1 πόθεν πόλεμοι κ. πόθεν μάχαι ἐν ὑμῖν;
Re 2 5 μνημόνευε οὖν πόθεν πέπτωκες
7 13 οὗτοι οἱ περιβεβλημένοι τ. στολὰς τ. λευκὰς τίνες εἰσὶν κ. πόθεν ἦλθον;

ΠΟΙΈΩ 4160

(1) de temp. (2) c. adv. (3) c. du. accus. (4) c. partic. (5) seq. dat. (6) seq. ἐν (7) seq. μετά (8) ὁδὸν, πορείαν ποιεῖν (9) seq. ἵνα

Mt 1 24 ἐποίησεν ὡς προσέταξεν αὐτῷ ὁ ἄγγελος Κυρίου
3 3 [8] εὐθείας ποιεῖτε τὰς τρίβους αὐτοῦ
יַשְּׁרוּ בָּעֲרָבָה מְסִלָּה לֵאלֹהֵינוּ, Is. xl. 3
8 ποιήσατε οὖν καρπὸν ἄξιον τ. μετανοίας
10 πᾶν οὖν δένδρον μὴ ποιοῦν καρπὸν καλόν
4 19 [3] ποιήσω ὑμᾶς ἁλεεῖς ἀνθρώπων
5 19 ὃς δ' ἂν ποιήσῃ κ. διδάξῃ
32 πᾶς ὁ ἀπολύων τ. γυναῖκα αὐτοῦ . . . ποιεῖ αὐτὴν μοιχευθῆναι
36 [3] οὐ δύνασαι μίαν τρίχα λευκὴν ποιῆσαι ἢ μέλαιναν

Mt 5 46 οὐχὶ κ. οἱ τελῶναι τὸ αὐτὸ ποιοῦσιν;
47 ἐὰν ἀσπάσησθε . . . τί πέρισσον ποιεῖτε;
οὐχὶ κ. οἱ ἐθνικοὶ τὸ αὐτὸ ποιοῦσιν;
6 1 προσέχετε δὲ τ. δικαιοσύνην ὑμῶν μὴ ποιεῖν ἔμπροσθεν τ. ἀνθρώπων
2 ὅταν οὖν ποιῇς ἐλεημοσύνην
2 ὥσπερ οἱ ὑποκριταὶ ποιοῦσιν ἐν τ. συναγωγαῖς
3 σοῦ δὲ ποιοῦντος ἐλεημοσύνην,
μὴ γνώτω ἡ ἀριστερά σου τί ποιεῖ ἡ δεξιά σου
7 12 [5] πάντα οὖν ὅσα ἐὰν θέλητε ἵνα ποιῶσιν ὑμῖν οἱ ἄνθρωποι,
[5] οὕτως κ. ὑμεῖς ποιεῖτε αὐτοῖς
17 οὕτως πᾶν δένδρον ἀγαθὸν καρποὺς καλοὺς ποιεῖ·
ποιεῖ καλούς, WH mg.
τὸ δὲ σαπρὸν δένδρον καρποὺς πονηροὺς ποιεῖ.
18 οὐ δύναται δένδρον ἀγαθὸν καρποὺς πονηροὺς ποιεῖν,
ἐνεγκεῖν, TWH
οὐδὲ δένδρον σαπρὸν καρποὺς καλοὺς ποιεῖν.
ἐνεγκεῖν, T
19 πᾶν δένδρον μὴ ποιοῦν καρπὸν καλόν
21 ἀλλ' ὁ ποιῶν τὸ θέλημα τ. πατρός μου
22 τῷ σῷ ὀνόματι δυνάμεις πολλὰς ἐποιήσαμεν
24 πᾶς οὖν ὅστις ἀκούει μου τ. λόγους κ. ποιεῖ αὐτούς
26 πᾶς ὁ ἀκούων μου τ. λόγους τούτους κ. μὴ ποιῶν αὐτούς
8 9 λέγω . . . τ. δούλῳ μου Ποίησον τοῦτο κ. ποιεῖ
9 28 πιστεύετε ὅτι δύναμαι τοῦτο ποιῆσαι;
12 2 οἱ μαθηταί σου ποιοῦσιν ὃ οὐκ ἔξεστιν ποιεῖν ἐν σαββάτῳ
3 οὐκ ἀνέγνωτε τί ἐποίησεν Δαυείδ
12 [2] ὥστε ἔξεστιν τ. σάββασιν καλῶς ποιεῖν
16 [8] ἵνα μὴ φανερὸν αὐτὸν ποιήσωσιν
33 [8] ἢ ποιήσατε τὸ δένδρον καλόν
33 [8] ἢ ποιήσατε τὸ δένδρον σαπρόν
50 ὅστις γὰρ ἂν ποιήσῃ τὸ θέλημα τ. πατρός μου
13 23 ὃς δὴ καρποφορεῖ κ. ποιεῖ ὃ μὲν ἑκατόν
26 ὅτε δὲ ἐβλάστησεν ὁ χόρτος κ. καρπὸν ἐποίησεν
28 ἐχθρὸς ἄνθρωπος τοῦτο ἐποίησεν
41 συλλέξουσιν . . . τ. ποιοῦντας τ. ἀνομίαν
58 οὐκ ἐποίησεν ἐκεῖ δυνάμεις πολλάς
17 4 εἰ θέλεις ποιήσω ὧδε τρεῖς σκηνάς
12 [6] ἀλλὰ ἐποίησαν ἐν αὐτῷ ὅσα ἠθέλησαν
18 35 [5] οὕτως κ. ὁ πατήρ μου ὁ ἐπουράνιος ποιήσει ὑμῖν
19 4 [8] ὁ ποιήσας ἀπ' ἀρχῆς ἄρσεν κ. θῆλυ ἐποίησεν αὐτούς
ὁ κτίσας, WHR mg.
זָכָר וּנְקֵבָה בָּרָא אֹתָם, Gen. i. 27
16 τί ἀγαθὸν ποιήσω ἵνα σχῶ ζωὴν αἰώνιον;
20 5 [2] ἐξελθὼν περὶ ἕκτην κ. ἐνάτην ὥραν ἐποίησεν ὡσαύτως
12 [1] οὗτοι οἱ ἔσχατοι μίαν ὥραν ἐποίησαν,
[8] κ. ἴσους αὐτοὺς ἡμῖν ἐποίησας
15 [6] οὐκ ἔξεστίν μοι ὃ θέλω ποιῆσαι ἐν τ. ἐμοῖς;
32 [5] τί θέλετε ποιήσω ὑμῖν;
21 6 ποιήσαντες καθὼς συνέταξεν αὐτοῖς ὁ Ἰησοῦς
13 [3] ὑμεῖς δὲ αὐτὸν ποιεῖτε σπήλαιον λῃστῶν
15 ἰδόντες δὲ οἱ ἀρχιερεῖς . . . τὰ θαυμάσια ἃ ἐποίησεν
21 οὐ μόνον τὸ τ. συκῆς ποιήσετε
23 [6] ἐν ποίᾳ ἐξουσίᾳ ταῦτα ποιεῖς;

Mt 21 24 [6] κἀγὼ ὑμῖν ἐρῶ ἐν ποίᾳ ἐξουσίᾳ ταῦτα ποιῶ
27 [6] οὐδὲ ἐγὼ λέγω ὑμῖν ἐν ποίᾳ ἐξουσίᾳ ταῦτα ποιῶ
31 τίς ἐκ τ. δύο ἐποίησεν τὸ θέλημα τ. πατρός;
36 [2] [5] ἐποίησαν αὐτοῖς ὡσαύτως
40 [5] τί ποιήσει τ. γεωργοῖς ἐκείνοις
43 δοθήσεται ἔθνει ποιοῦντι τ. καρποὺς αὐτῆς
22 2 ὅστις ἐποίησεν γάμους τ. υἱῷ αὐτοῦ
23 3 πάντα οὖν ὅσα ἐὰν εἴπωσιν ὑμῖν ποιήσατε κ. τηρεῖτε,
κατὰ δὲ τὰ ἔργα αὐτῶν μὴ ποιεῖτε·
λέγουσιν γὰρ κ. οὐ ποιοῦσιν
5 πάντα δὲ τὰ ἔργα αὐτῶν ποιοῦσιν πρὸς τὸ θεαθῆναι τ. ἀνθρώποις
15 περιάγετε τ. θάλασσαν κ. τ. ξηρὰν ποιῆσαι ἕνα προσήλυτον,
[8] κ. ὅταν γένηται ποιεῖτε αὐτὸν υἱὸν γεέννης διπλότερον ὑμῶν
23 ταῦτα δὲ ἔδει ποιῆσαι κἀκεῖνα μὴ ἀφεῖναι
24 46 [2] ὃν ἐλθὼν ὁ κύριος αὐτοῦ εὑρήσει οὕτως ποιοῦντα
25 16 ἐποίησεν ἄλλα πέντε τάλαντα
ἐκέρδησεν, WH
40 [5] ἐφ' ὅσον ἐποιήσατε ἑνὶ τούτων . . . ἐμοὶ ἐποιήσατε
45 [5] ἐφ' ὅσον οὐκ ἐποιήσατε ἑνὶ τούτων . . . οὐδὲ ἐμοὶ ἐποιήσατε
26 12 πρὸς τὸ ἐνταφιάσαι με ἐποίησεν
13 λαληθήσεται κ. ὃ ἐποίησεν αὕτη
18 πρὸς σὲ ποιῶ τὸ πάσχα μετὰ τ. μαθητῶν μου.
19 κ. ἐποίησαν οἱ μαθηταὶ ὡς συνέταξεν αὐτοῖς ὁ Ἰησοῦς
73 [8] κ. γὰρ ἡ λαλιά σου δῆλόν σε ποιεῖ
ἡ λαλ. σ. ὁμοιάζει, WH mg.
27 22 [8] τί οὖν ποιήσω Ἰησοῦν τ. λεγόμενον Χριστόν;
23 τί γὰρ κακὸν ἐποίησεν;
28 14 [3] ἡμεῖς πείσομεν κ. ὑμᾶς ἀμερίμνους ποιήσομεν.
15 οἱ δὲ λαβόντες ἀργύρια ἐποίησαν ὡς ἐδιδάχθησαν
Mk 1 3 [3] εὐθείας ποιεῖτε τὰς τρίβους αὐτοῦ, Is. l.c.
17 ποιήσω ὑμᾶς γενέσθαι ἁλεεῖς ἀνθρώπων
2 23 [8] οἱ μαθηταὶ αὐτοῦ ἤρξαντο ὁδὸν ποιεῖν
ὁδοποιεῖν, WH mg.
24 τί ποιοῦσιν τ. σάββασιν ὃ οὐκ ἔξεστιν;
25 οὐδέποτε ἀνέγνωτε τί ἐποίησεν Δαυείδ;
3 4 ἔξεστιν τ. σάββασιν ἀγαθὸν ποιῆσαι
ἀγαθοποιῆσαι, WH
6 συμβούλιον ἐποίησαν κατ' αὐτοῦ
ἐδίδουν, WH non mg.
8 ἀκούοντες ὅσα ποιεῖ ἦλθαν πρὸς αὐτόν
ἐποίει, TWH mg.
12 [8] ἵνα μὴ αὐτὸν φανερὸν ποιήσωσιν
ποιῶσιν, T
14 ἐποίησεν δώδεκα οὓς κ. ἀποστόλους ὠνόμασεν
16 κ. ἐποίησεν τοὺς δώδεκα
—h. v., R non mg.
35 ὃς ἂν ποιήσῃ τὸ θέλημα τ. Θεοῦ
4 32 ποιεῖ κλάδους μεγάλους
5 19 [5] ἀπάγγειλον αὐτοῖς ὅσα ὁ Κύριός σοι πεποίηκεν
20 [5] ἤρξατο κηρύσσειν . . . ὅσα ἐποίησεν αὐτῷ ὁ Ἰησοῦς
32 περιεβλέπετο ἰδεῖν τὴν τοῦτο ποιήσασαν

Mk 5 33 τρέμουσα διὸ πεποιήκει λάθρᾳ
—δ. πεπ. λάθρ., TWH non mg. R
6 5 οὐκ ἐδύνατο ἐκεῖ ποιῆσαι οὐδεμίαν δύναμιν
20 ἀκούσας αὐτοῦ πολλὰ ἐποίει
π. ἠπόρει, TWHR non mg.
21 [5] ὅτε Ἡρῴδης τ. γενεσίοις αὐτοῦ δεῖπνον ἐποίησεν
30 ἀπήγγειλαν αὐτῷ πάντα ὅσα ἐποίησαν κ. ὅσα ἐδίδαξαν
7 12 [5] οὐκέτι ἀφίετε αὐτὸν οὐδὲν ποιῆσαι τ. πατρί
13 παρόμοια τοιαῦτα πολλὰ ποιεῖτε
37 [2] καλῶς πάντα πεποίηκεν·
κ. τ. κωφοὺς ποιεῖ ἀκούειν κ. ἀλάλους λαλεῖν
9 5 κ. ποιήσωμεν τρεῖς σκηνάς
13 [5] ἐποίησαν αὐτῷ ὅσα ἤθελον
39 οὐδεὶς γάρ ἐστιν ὃς ποιήσει δύναμιν ἐπὶ τ. ὀνόματί μου
10 6 [3] ἀπὸ δὲ ἀρχῆς κτίσεως ἄρσεν κ. θῆλυ ἐποίησεν αὐτούς, Gen. *l.c.*
17 τί ποιήσω ἵνα ζωὴν αἰώνιον κληρονομήσω;
35 [5] θέλομεν ἵνα ὃ ἐὰν αἰτήσωμέν σε ποιήσῃς ἡμῖν
36 [5] τί θέλετε ποιήσω ὑμῖν;
τί θέλ. με ποι., TWH mg.
51 [5] τί σοι θέλεις ποιήσω;
11 3 ἐάν τις ὑμῖν εἴπῃ Τί ποιεῖτε τοῦτο;
5 [4] τί ποιεῖτε λύοντες τ. πῶλον;
17 [3] ὑμεῖς δὲ πεποιήκατε αὐτὸν σπήλαιον λῃστῶν
28 [6] ἐν ποίᾳ ἐξουσίᾳ ταῦτα ποιεῖς;
ἢ τίς σοι ἔδωκεν τ. ἐξουσίαν ταύτην ἵνα ταῦτα ποιῇς;
29 [6] κ. ἐρῶ ὑμῖν ἐν ποίᾳ ἐξουσίᾳ ταῦτα ποιῶ
33 [6] οὐδὲ ἐγὼ λέγω ὑμῖν ἐν ποίᾳ ἐξουσίᾳ ταῦτα ποιῶ
12 9 τί ποιήσει ὁ κύριος τ. ἀμπελῶνος;
13 22 ποιήσουσιν σημεῖα κ. τέρατα
δώσουσιν, WHR
14 7 [2] [5] ὅταν θέλητε δύνασθε αὐτοῖς πάντοτε εὖ ποιῆσαι
8 ὃ ἔσχεν ἐποίησεν
9 κ. ὃ ἐποίησεν αὕτη λαληθήσεται
15 1 συμβούλιον ποιήσαντες οἱ ἀρχιερεῖς μετὰ τ. πρεσβυτέρων
ἑτοιμάσαντες, TWH mg.
7 οἵτινες ἐν τ. στάσει φόνον πεποιήκεισαν
8 [5] ἤρξατο αἰτεῖσθαι καθὼς ἐποίει αὐτοῖς
12 [3] τί οὖν ποιήσω ὃν λέγετε τ. βασιλέα τ. Ἰουδαίων;
14 τί γὰρ ἐποίησεν κακόν;
15 [5] ὁ δὲ Πειλᾶτος βουλόμενος τ. ὄχλῳ τὸ ἱκανὸν ποιῆσαι
ποι. τὸ ἱκ. τ. ὄχλῳ, T
1 25 [2] [5] οὕτως μοι πεποίηκεν Κύριος
49 [5] ὅτι ἐποίησέν μοι μεγάλα ὁ δυνατός
51 [6] ἐποίησεν κράτος ἐν βραχίονι αὐτοῦ
68 [5] ὅτι . . . ἐποίησεν λύτρωσιν τ. λαῷ αὐτοῦ
72 [7] ποιῆσαι ἔλεος μετὰ τ. πατέρων ἡμῶν
2 27 τοῦ ποιῆσαι αὐτοὺς κατὰ τὸ εἰθισμένον τ. νόμου περὶ αὐτοῦ
48 [2] [5] τέκνον τί ἐποίησας ἡμῖν οὕτως;
3 4 [3] εὐθείας ποιεῖτε τὰς τρίβους αὐτοῦ, Is. *l.c.*
8 [3] ποιήσατε οὖν καρποὺς ἀξίους τ. μετανοίας
9 πᾶν οὖν δένδρον μὴ ποιοῦν καρπὸν καλόν
10 τί οὖν ποιήσωμεν;

Lu 3 11 [2] ὁ ἔχων βρώματα ὁμοίως ποιείτω
12 διδάσκαλε τί ποιήσωμεν;
14 τί ποιήσωμεν καὶ ἡμεῖς;
19 περὶ πάντων ὧν ἐποίησεν πονηρῶν ὁ Ἡρῴδης
4 23 ὅσα ἠκούσαμεν γενόμενα εἰς τ. Καφαρναοὺμ ποίησον κ. ὧδε
5 6 τοῦτο ποιήσαντες συνέκλεισαν πλῆθος ἰχθύων πολύ
29 [5] ἐποίησεν δοχὴν μεγάλην Λευεὶς αὐτῷ
33 οἱ μαθηταὶ Ἰωάνου . . . δεήσεις ποιοῦνται
34 μὴ δύνασθε τ. υἱοὺς τ. νυμφῶνος . . ποιῆσαι νηστεῦσαι;
6 2 τί ποιεῖτε ὃ οὐκ ἔξεστιν ποιεῖν τ. σάββασιν;
—ποιεῖν, WH
3 οὐδὲ τοῦτο ἀνέγνωτε ὃ ἐποίησεν Δαυείδ
10 ὁ δὲ ἐποίησεν
11 [5] τί ἂν ποιήσαιεν τῷ Ἰησοῦ
23 [5] κατὰ τὰ αὐτὰ γὰρ ἐποίουν τ. προφήταις οἱ πατέρες αὐτῶν
26 [5] κατὰ τὰ αὐτὰ γὰρ ἐποίουν τ. ψευδοπροφήταις οἱ πατέρες αὐτῶν
27 [2] [5] καλῶς ποιεῖτε τ. μισοῦσιν ὑμᾶς
31 [5] καθὼς θέλετε ἵνα ποιῶσιν ὑμῖν οἱ ἄνθρωποι,
[2] [5] κ. ὑμεῖς ποιεῖτε αὐτοῖς ὁμοίως
—κ. ὑμ., WH non mg.
33 κ. οἱ ἁμαρτωλοὶ τὸ αὐτὸ ποιοῦσιν
43 οὐ γάρ ἐστιν δένδρον καλὸν ποιοῦν καρπὸν σαπρόν,
οὐδὲ πάλιν δένδρον σαπρὸν ποιοῦν καρπὸν καλόν
46 κ. οὐ ποιεῖτε ἃ λέγω
47 πᾶς ὁ . . . ἀκούων μου τ. λόγων κ. ποιῶν αὐτούς
49 ὁ δὲ ἀκούσας κ. μὴ ποιήσας
7 8 λέγω τ. δούλῳ μου Ποίησον τοῦτο κ. ποιεῖ
8 8 φυὲν ἐποίησεν καρπὸν ἑκατονταπλασίονα
21 οἱ τ. λόγον τ. Θεοῦ ἀκούοντες κ. ποιοῦντες
39 [5] διηγοῦ ὅσα σοι ἐποίησεν ὁ Θεός
39 [5] κηρύσσων ὅσα ἐποίησεν αὐτῷ ὁ Ἰησοῦς
9 10 διηγήσαντο αὐτῷ ὅσα ἐποίησαν
15 [2] ἐποίησαν οὕτως κ. κατέκλιναν ἅπαντας
33 κ. ποιήσωμεν σκηνὰς τρεῖς
43 πάντων δὲ θαυμαζόντων ἐπὶ πᾶσιν οἷς ἐποίει
54 ὡς κ. Ἠλείας ἐποίησεν
—h. v., TWH non mg. R non mg.
10 25 τί ποιήσας ζωὴν αἰώνιον κληρονομήσω;
28 τοῦτο ποίει κ. ζήσῃ
37 [7] ὁ δὲ εἶπεν Ὁ ποιήσας τὸ ἔλεος μετ' αὐτοῦ
37 [2] πορεύου κ. σὺ ποίει ὁμοίως
11 40 οὐχ ὁ ποιήσας τὸ ἔξωθεν κ. τὸ ἔσωθεν ἐποίησεν;
42 ταῦτα δὲ ἔδει ποιῆσαι κἀκεῖνα μὴ παρεῖναι
12 4 μετὰ ταῦτα μὴ ἐχόντων περισσότερόν τι ποιῆσαι
17 διελογίζετο ἐν αὑτῷ λέγων Τί ποιήσω
18 κ. εἶπεν Τοῦτο ποιήσω
33 [5] ποιήσατε ἑαυτοῖς βαλλάντια μὴ παλαιούμενα
38 [2] ἐὰν ἔλθῃ τ. ἑσπερινῇ φυλακῇ κ. εὑρήσει οὕτως ποιήσει
—ποιήσει, TWH non mg. R
43 [2] ὃν ἐλθὼν ὁ κύριος αὐτοῦ εὑρήσει ποιοῦντα οὕτως

Lu 12 47 ὁ . . . μὴ ἑτοιμάσας ἢ ποιήσας πρὸς τὸ θέλημα αὐτοῦ
48 ὁ δὲ μὴ γνοὺς ποιήσας δὲ ἄξια πληγῶν
13 9 κἂν μὲν ποιήσῃ καρπόν
22 [8] πορείαν ποιούμενος εἰς Ἱεροσόλυμα
14 12 ὅταν ποιῇς ἄριστον ἢ δεῖπνον
13 ἀλλ' ὅταν δοχὴν ποιῇς
ποι. δοχ., T
16 ἄνθρωπός τις ἐποίει δεῖπνον μέγα
15 19 ποίησόν με ὡς ἕνα τ. μισθίων σου
21 ποίησόν με ὡς ἕνα τ. μισθίων σου
—h. v., T [WH] R non mg.
16 3 εἶπεν δὲ ἐν ἑαυτῷ ὁ οἰκονόμος Τί ποιήσω
4 ἔγνων τί ποιήσω ἵνα . . . δέξωνταί με
8 [2] ἐπῄνεσεν . . . ὅτι φρονίμως ἐποίησεν
9 [5] ἑαυτοῖς ποιήσατε φίλους ἐκ τ. μαμωνᾶ τ. ἀδικίας
17 9 ὅτι ἐποίησεν τὰ διαταχθέντα
10 ὅταν ποιήσητε πάντα τὰ διαταχθέντα ὑμῖν
10 ὃ ὠφείλομεν ποιῆσαι πεποιήκαμεν
18 7 ὁ δὲ Θεὸς οὐ μὴ ποιήσῃ τ. ἐκδίκησιν τ. ἐκλεκτῶν αὐτοῦ
8 ποιήσει τ. ἐκδίκησιν αὐτῶν ἐν τάχει
18 τί ποιήσας ζωὴν αἰώνιον κληρονομήσω;
41 [5] τί σοι θέλεις ποιήσω;
19 18 ἡ μνᾶ σου κύριε ἐποίησεν πέντε μνᾶς
46 [3] ὑμεῖς δὲ αὐτὸν ἐποιήσατε σπήλαιον λῃστῶν
48 οὐχ ηὕρισκον τὸ τί ποιήσωσιν
20 2 [6] εἰπὸν ἡμῖν ἐν ποίᾳ ἐξουσίᾳ ταῦτα ποιεῖς
8 [6] οὐδὲ ἐγὼ λέγω ὑμῖν ἐν ποίᾳ ἐξουσίᾳ ταῦτα ποιῶ
13 εἶπεν δὲ ὁ κύριος τ. ἀμπελῶνος Τί ποιήσω;
15 [5] τί οὖν ποιήσει αὐτοῖς ὁ κύριος τ. ἀμπελῶνος;
22 19 τοῦτο ποιεῖτε εἰς τ. ἐμὴν ἀνάμνησιν
—h. v., [[WH]] R mg.
23 22 τί γὰρ κακὸν ἐποίησεν οὗτος;
31 [6] εἰ ἐν ὑγρῷ ξύλῳ ταῦτα ποιοῦσιν
34 οὐ γὰρ οἴδασιν τί ποιοῦσιν
—h. v., [[WH]] R mg.
Jo 2 5 ὅτι ἂν λέγῃ ὑμῖν ποιήσατε
11 [3] ταύτην ἐποίησεν ἀρχὴν τ. σημείων ὁ Ἰησοῦς
15 ποιήσας φραγέλλιον ἐκ σχοινίων
16 [3] μὴ ποιεῖτε τ. οἶκον τ. πατρός μου οἶκον ἐμπορίου
18 τί σημεῖον δεικνύεις ἡμῖν ὅτι ταῦτα ποιεῖς;
23 θεωροῦντες αὐτοῦ τὰ σημεῖα ἃ ἐποίει
3 2 οὐδεὶς γὰρ δύναται ταῦτα τὰ σημεῖα ποιεῖν ἃ σὺ ποιεῖς
21 ὁ δὲ ποιῶν τ. ἀλήθειαν ἔρχεται πρὸς τὸ φῶς
4 1 ὅτι Ἰησοῦς πλείονας μαθητὰς ποιεῖ κ. βαπτίζει
29 ὃς εἶπέν μοι πάντα ἃ ἐποίησα
34 ἵνα ποιήσω τὸ θέλημα τ. πέμψαντός με
ποιῶ, T
39 εἶπέν μοι πάντα ἃ ἐποίησα
45 πάντα ἑωρακότες ὅσα ἐποίησεν ἐν Ἱεροσολύμοις ἐν τ. ἑορτῇ
46 [8] ὅπου ἐποίησεν τὸ ὕδωρ οἶνον
54 τοῦτο δὲ πάλιν δεύτερον σημεῖον ἐποίησεν ὁ Ἰησοῦς
5 11 [3] ὁ ποιήσας με ὑγιῆ ἐκεῖνός μοι εἶπεν
15 [3] Ἰησοῦς ἐστὶν ὁ ποιήσας αὐτὸν ὑγιῆ
16 ὅτι ταῦτα ἐποίει ἐν σαββάτῳ

Jo 5 18 [8] ἴσον ἑαυτὸν ποιῶν τ. Θεῷ
19 οὐ δύναται ὁ υἱὸς ποιεῖν ἀφ' ἑαυτοῦ οὐδέν, ἂν μή τι βλέπῃ τ. πατέρα ποιοῦντα·
ἃ γὰρ ἂν ἐκεῖνος ποιῇ,
[8] ταῦτα κ. ὁ υἱὸς ὁμοίως ποιεῖ
ποιεῖ ὁμ., T
20 πάντα δείκνυσιν αὐτῷ ἃ αὐτὸς ποιεῖ
27 ἐξουσίαν ἔδωκεν αὐτῷ κρίσιν ποιεῖν
29 ἐκπορεύσονται οἱ τὰ ἀγαθὰ ποιήσαντες εἰς ἀνάστασιν ζωῆς
30 οὐ δύναμαι ἐγὼ ποιεῖν ἀπ' ἐμαυτοῦ οὐδέν
36 αὐτὰ τὰ ἔργα ἃ ποιῶ μαρτυρεῖ περὶ ἐμοῦ
6 2 ἐθεώρουν τὰ σημεῖα ἃ ἐποίει ἐπὶ τ. ἀσθενούντων
6 αὐτὸς γὰρ ᾔδει τί ἔμελλεν ποιεῖν
10 ποιήσατε τ. ἀνθρώπους ἀναπεσεῖν
14 οἱ οὖν ἄνθρωποι ἰδόντες ἃ ἐποίησεν σημεῖα
15 [3] ἁρπάζειν αὐτὸν ἵνα ποιήσωσιν βασιλέα
28 τί ποιῶμεν ἵνα ἐργαζώμεθα τὰ ἔργα τ. Θεοῦ;
30 τί οὖν ποιεῖς σὺ σημεῖον
38 οὐχ ἵνα ποιῶ τὸ θέλημα τὸ ἐμόν
ποιήσω, T
7 3 θεωρήσουσίν σου τὰ ἔργα ἃ ποιεῖς·
4 οὐδεὶς γάρ τι ἐν κρυπτῷ ποιεῖ
4 εἰ ταῦτα ποιεῖς φανέρωσον σεαυτὸν τ. κόσμῳ
17 ἐάν τις θέλῃ τὸ θέλημα αὐτοῦ ποιεῖν
19 οὐδεὶς ἐξ ὑμῶν ποιεῖ τ. νόμον
21 ἓν ἔργον ἐποίησα κ. πάντες θαυμάζετε
23 [3] ὅλον ἄνθρωπον ὑγιῆ ἐποίησα ἐν σαββάτῳ
31 μὴ πλείονα σημεῖα ποιήσει ὧν οὗτος ἐποίησεν
ὧν οὗτ. ποιεῖ, T
51 ἐὰν μὴ . . . γνῷ τί ποιεῖ
8 28 ἀπ' ἐμαυτοῦ ποιῶ οὐδέν
29 ὅτι ἐγὼ τὰ ἀρεστὰ αὐτῷ ποιῶ πάντοτε
34 πᾶς ὁ ποιῶν τ. ἁμαρτίαν δοῦλός ἐστιν τ. ἁμαρτίας
38 ὑμεῖς οὖν ἃ ἠκούσατε παρὰ τ. πατρὸς ποιεῖτε
39 τὰ ἔργα τοῦ Ἀβραὰμ ποιεῖτε
ἐποιεῖτε, TWH mg. R non mg.
40 τοῦτο Ἀβραὰμ οὐκ ἐποίησεν.
41 ὑμεῖς ποιεῖτε τὰ ἔργα τ. πατρὸς ὑμῶν
44 τ. ἐπιθυμίας τ. πατρὸς ὑμῶν θέλετε ποιεῖν
53 [3] τίνα σεαυτὸν ποιεῖς;
9 6 ἐποίησεν πηλὸν ἐκ τ. πτύσματος
11 ὁ ἄνθρωπος ὁ λεγόμενος Ἰησοῦς πηλὸν ἐποίησεν
14 ἐν ᾗ ἡμέρᾳ τ. πηλὸν ἐποίησεν ὁ Ἰησοῦς
16 πῶς δύναται ἄνθρωπος ἁμαρτωλὸς τοιαῦτα σημεῖα ποιεῖν;
26 [5] εἶπαν οὖν αὐτῷ Τί ἐποίησέν σοι;
31 ἐάν τις . . . τὸ θέλημα αὐτοῦ ποιῇ
33 εἰ μὴ ἦν οὗτος παρὰ Θεοῦ οὐκ ἠδύνατο ποιεῖν οὐδέν
10 25 τὰ ἔργα ἃ ἐγὼ ποιῶ ἐν τ. ὀνόματι τ. πατρός μου
33 [8] ὅτι σὺ ἄνθρωπος ὢν ποιεῖς σεαυτὸν Θεόν
37 εἰ οὐ ποιῶ τὰ ἔργα τ. πατρός μου
38 εἰ δὲ ποιῶ κἂν ἐμοὶ μὴ πιστεύητε
41 Ἰωάνης μὲν σημεῖον ἐποίησεν οὐδέν
11 37 [9] οὐκ ἐδύνατο οὗτος . . . ποιῆσαι ἵνα κ. οὗτος μὴ ἀποθάνῃ;
45 θεασάμενοι ὃ ἐποίησεν

Jo 11 46 εἶπαν αὐτοῖς ἃ ἐποίησεν Ἰησοῦς
47 ἔλεγον Τί ποιοῦμεν;
ὅτι οὗτος ὁ ἄνθρωπος πολλὰ ποιεῖ σημεῖα
12 2 [5] ἐποίησαν οὖν αὐτῷ δεῖπνον ἐκεῖ
16 [5] τότε ἐμνήσθησαν ὅτι . . . ταῦτα ἐποίησαν αὐτῷ
18 ἤκουσαν τοῦτο αὐτὸν πεποιηκέναι τὸ σημεῖον
37 τοσαῦτα δὲ αὐτοῦ σημεῖα πεποιηκότος ἔμπροσθεν αὐτῶν
13 7 ὃ ἐγὼ ποιῶ σὺ οὐκ οἶδας ἄρτι
12 [5] γινώσκετε τί πεποίηκα ὑμῖν;
15 [5] ἵνα καθὼς ἐγὼ ἐποίησα ὑμῖν κ. ὑμεῖς ποιῆτε
17 μακάριοί ἐστε ἐὰν ποιῆτε αὐτά
27 ὃ ποιεῖς ποίησον τάχειον
14 10 ὁ δὲ πατὴρ ἐν ἐμοὶ μένων ποιεῖ τὰ ἔργα αὐτοῦ
12 τὰ ἔργα ἃ ἐγὼ ποιῶ κἀκεῖνος ποιήσει,
κ. μείζονα τούτων ποιήσει
13 ὅτι ἂν αἰτήσητε ἐν τ. ὀνόματί μου τοῦτο ποιήσω
14 ἐάν τι αἰτήσητέ με εν τ. ὀνόματί μου τοῦτο ποιήσω
23 μονὴν παρ' αὐτῷ ποιησόμεθα
31 [2] καθὼς ἐντολὴν ἔδωκέν μοι ὁ πατὴρ οὕτως ποιῶ
15 5 χωρὶς ἐμοῦ οὐ δύνασθε ποιεῖν οὐδέν
14 ἐὰν ποιῆτε ὃ ἐγὼ ἐντέλλομαι ὑμῖν
15 ὁ δοῦλος οὐκ οἶδεν τί ποιεῖ αὐτοῦ ὁ κύριος
21 ταῦτα πάντα ποιήσουσιν εις υμᾶς
24 εἰ τὰ ἔργα μὴ ἐποίησα ἐν αὐτοῖς ἃ οὐδεὶς ἄλλος ἐποίησεν
16 2 [3] ἀποσυναγώγους ποιήσουσιν ὑμᾶς
3 ταῦτα ποιήσουσιν ὅτι οὐκ ἔγνωσαν τ. πατέρα
17 4 τὸ ἔργον τελειώσας ὃ δέδωκάς μοι ἵνα ποιήσω
18 18 εἱστήκεισαν δὲ οἱ δοῦλοι . . . ἀνθρακίαν πεποιηκότες
30 εἰ μὴ ἦν οὗτος κακὸν ποιῶν
35 οἱ ἀρχιερεῖς παρέδωκάν σε ἐμοί· τί ἐποίησας;
19 7 [3] ὅτι υἱὸν Θεοῦ ἑαυτὸν ἐποίησεν
12 [3] πᾶς ὁ βασιλέα ἑαυτὸν ποιῶν ἀντιλέγει τ. Καίσαρι
23 ἐποίησαν τέσσερα μέρη ἑκάστῳ στρατιώτῃ μέρος
24 οἱ μὲν οὖν στρατιῶται ταῦτα ἐποίησαν
20 30 πολλὰ μὲν οὖν κ. ἄλλα σημεῖα ἐποίησεν ὁ Ἰησοῦς
21 25 ἔστιν δὲ κ. ἄλλα πολλὰ ἃ ἐποίησεν ὁ Ἰησοῦς
—h. v., T
Ac 1 1 τ. μὲν πρῶτον λόγον ἐποιησάμην περὶ πάντων ὦ Θεόφιλε,
ὧν ἤρξατο Ἰησοῦς ποιεῖν τε κ. διδάσκειν
2 22 σημείοις οἷς ἐποίησεν ὁ Θεὸς ἐν μέσῳ ὑμῶν
36 [3] κ. Κύριον αὐτὸν κ. Χριστὸν ἐποίησεν ὁ Θεός
37 τί ποιήσωμεν ἄνδρες ἀδελφοί;
3 12 ὡς ἰδίᾳ δυνάμει ἢ εὐσεβείᾳ πεποιηκόσι τοῦ περιπατεῖν αὐτόν
4 7 [6] ἐν ποίῳ ὀνόματι ἐποιήσατε τοῦτο ὑμεῖς;
τοῦτ. ἐποιήσατε, T
16 [5] τί ποιήσωμεν τ. ἀνθρώποις τούτοις;
24 σὺ ὁ ποιήσας τ. οὐρανὸν κ. τ. γῆν
28 ποιῆσαι ὅσα ἡ χείρ σου κ. ἡ βουλὴ προώρισεν γενέσθαι
5 34 [2] ἐκέλευσεν ἔξω βραχὺ τ. ἀνθρώπους ποιῆσαι
6 8 Στέφανος δὲ . . . ἐποίει τέρατα κ. σημεῖα μεγάλα
7 19 [3] τοῦ ποιεῖν τὰ βρέφη ἔκθετα αὐτῶν

Ac 7 24 [5] ἠμύνατο κ. ἐποίησεν ἐκδίκησιν τ. καταπονουμένῳ
36 ποιήσας τέρατα κ. σημεῖα ἐν τῇ Αἰγύπτῳ
40 [5] ποίησον ἡμῖν θεοὺς οἳ προπορεύσονται ἡμῶν
עֲשֵׂה־לָנוּ אֱלֹהִים אֲשֶׁר יֵלְכוּ לְפָנֵינוּ, Ex. xxxii. 1
43 τ. τύπους οὓς ἐποιήσατε προσκυνεῖν αὐτοῖς
אֲשֶׁר עֲשִׂיתֶם לָכֶם, Am. v. 26
44 λαλῶν τ. Μωυσῇ ποιῆσαι αὐτὴν κατὰ τ. τύπον ὃν ἑωράκει
50 οὐχὶ ἡ χείρ μου ἐποίησεν ταῦτα πάντα;
אֶת־כָּל־אֵלֶּה יָדִי עָשָׂתָה, Is. lxvi. 2
8 2 ἐποίησαν κοπετὸν μέγαν ἐπ' αὐτῷ
6 ἐν τῷ . . . βλέπειν τὰ σημεῖα ἃ ἐποίει
9 6 λαληθήσεταί σοι ὅτι σε δεῖ ποιεῖν
13 [5] ὅσα κακὰ τ. ἁγίοις σου ἐποίησεν ἐν Ἰερουσαλήμ
36 αὕτη ἦν πλήρης . . . ἐλεημοσυνῶν ὧν ἐποίει
39 ἐπιδεικνύμεναι . . . ἱμάτια ὅσα ἐποίει μετ' αὐτῶν οὖσα ἡ Δορκάς
10 2 [5] ποιῶν ἐλεημοσύνας πολλὰς τ. λαῷ
33 [2,4] σύ τε καλῶς ἐποίησας παραγενόμενος
39 ἡμεῖς μάρτυρες πάντων ὧν ἐποίησεν
11 30 [4] ὃ κ. ἐποίησαν ἀποστείλαντες πρὸς τ. πρεσβυτέρους
12 8 [2] ἐποίησεν δὲ οὕτως
13 22 ὃς ποιήσει πάντα τὰ θελήματά μου
14 11 οἵ τε ὄχλοι ἰδόντες ὃ ἐποίησεν Παῦλος
15 ἄνδρες τί ταῦτα ποιεῖτε;
15 ὃς ἐποίησεν τ. οὐρανὸν κ. τ. γῆν
27 [7] ἀνήγγελλον ὅσα ἐποίησεν ὁ Θεὸς μετ' αὐτῶν
15 3 [5] ἐποίουν χαρὰν μεγάλην πᾶσι τ. ἀδελφοῖς
4 [7] ἀνήγγειλόν τε ὅσα ὁ Θεὸς ἐποίησεν μετ' αὐτῶν
12 ἐξηγουμένων ὅσα ἐποίησεν ὁ Θεὸς σημεῖα . . . δι' αὐτῶν
17 λέγει Κύριος ποιῶν ταῦτα
נְאֻם־יְהוָה עֹשֶׂה זֹּאת, Am. ix. 12
33 [1] ποιήσαντες δὲ χρόνον ἀπελύθησαν
16 18 τοῦτο δὲ ἐποίει ἐπὶ πολλὰς ἡμέρας
21 ἃ οὐκ ἔξεστιν ἡμῖν παραδέχεσθαι οὐδὲ ποιεῖν
30 [9] κύριοι τί με δεῖ ποιεῖν ἵνα σωθῶ;
17 24 ὁ Θεὸς ὁ ποιήσας τ. κόσμον κ. πάντα τὰ ἐν αὐτῷ
26 ἐποίησέν τε ἐξ ἑνὸς πᾶν ἔθνος ἀνθρώπων
18 21 δεῖ με πάντως τ. ἑορτὴν . . . ποιῆσαι εἰς Ἱεροσόλυμα
—h. v., TWH non mg. R
23 [1] ποιήσας χρόνον τινὰ ἐξῆλθεν
19 11 δυνάμεις τε . . . ὁ Θεὸς ἐποίει διὰ τ. χειρῶν Παύλου
14 ἦσαν δέ τινος Σκευᾶ . . . ἑπτὰ υἱοὶ τοῦτο ποιοῦντες
24 Δημήτριος γάρ τις . . . ποιῶν ναοὺς ἀργυροῦς Ἀρτέμιδος
20 3 [1] ποιήσας τε μῆνας τρεῖς
24 ἀλλ' οὐδενὸς λόγου ποιοῦμαι τ. ψυχήν
21 13 [4] τί ποιεῖτε κλαίοντες
19 καθ' ἓν ἕκαστον ὧν ἐποίησεν ὁ Θεὸς
23 τοῦτο οὖν ποίησον ὅ σοι λέγομεν
33 ἐπυνθάνετο . . . τί ἐστιν πεποιηκώς

Ac 22 10 εἶπον δὲ Τί ποιήσω Κύριε
10 λαληθήσεταί περὶ πάντων ὧν τέτακταί σοι ποιῆσαι
26 τί μέλλεις ποιεῖν;
23 12 ποιήσαντες συστροφὴν οἱ Ἰουδαῖοι
13 ἦσαν δὲ πλείους τεσσεράκοντα οἱ ταύτην τ. συνωμοσίαν ποιησάμενοι
24 12 οὔτε ἐν τ. ἱερῷ εὗρόν με . . . ἐπίστασιν ποιοῦντα ὄχλου
17 ἐλεημοσύνας ποιήσων εἰς τὸ ἔθνος μου παρεγενόμην
25 3 ἐνέδραν ποιοῦντες ἀνελεῖν αὐτὸν κατὰ τὴν ὁδόν
17 ἀναβολὴν μηδεμίαν ποιησάμενος
26 10 ὃ κ. ἐποίησα ἐν Ἱεροσολύμοις
28 [3] ἐν ὀλίγῳ με πείθεις Χριστιανὸν ποιῆσαι
27 18 τῇ ἑξῆς ἐκβολὴν ἐποιοῦντο
28 17 ἐγὼ . . . οὐδὲν ἐναντίον ποιήσας τ. λαῷ
Ro 1 9 [2] ὡς ἀδιαλείπτως μνείαν ὑμῶν ποιοῦμαι
28 παρέδωκεν αὐτοὺς . . . ποιεῖν τὰ μὴ καθήκοντα
32 οὐ μόνον αὐτὰ ποιοῦσιν
2 3 ὁ κρίνων τοὺς τὰ τοιαῦτα πράσσοντας κ. ποιῶν αὐτά
14 ὅταν γὰρ ἔθνη . . . τὰ τοῦ νόμου ποιῶσιν
3 8 ποιήσωμεν τὰ κακὰ ἵνα ἔλθῃ τὰ ἀγαθά
12 οὐκ ἔστιν ποιῶν χρηστότητα
ἔστ. ὁ ποι., TWH mg.
אֵין עֹשֵׂה־טוֹב, Ps. xiv. 3
4 21 ὃ ἐπήγγελται δύνατός ἐστιν κ. ποιῆσαι
7 15 ἀλλ᾽ ὃ μισῶ τοῦτο ποιῶ.
16 εἰ δὲ ὃ οὐ θέλω τοῦτο ποιῶ
19 οὐ γὰρ ὃ θέλω ποιῶ ἀγαθόν
20 εἰ δὲ ὃ οὐ θέλω τοῦτο ποιῶ
21 τ. θέλοντι ἐμοὶ ποιεῖν τὸ καλόν
9 20 [2] τί με ἐποίησας οὕτως;
21 ἐκ τ. αὐτοῦ φυράματος ποιῆσαι ὃ μεν εἰς τιμὴν σκεῦος
28 λόγον γὰρ συντελῶν κ. συντέμνων ποιήσει Κύριος ἐπὶ τ. γῆς
כִּי כָלָה וְנֶחֱרָצָה אֲדֹנָי יֱהוִֹה צְבָאוֹת עֹשֶׂה בְּקֶרֶב כָּל־הָאָרֶץ, Is. x. 23
10 5 ὁ ποιήσας ἄνθρωπος ζήσεται ἐν αὐτῇ
אֲשֶׁר יַעֲשֶׂה אֹתָם הָאָדָם וָחַי בָּהֶם, Lev. xviii. 5
12 20 τοῦτο γὰρ ποιῶν ἄνθρακας πυρὸς σωρεύσεις, Pr. xxv. 22
13 3 τὸ ἀγαθὸν ποίει κ. ἕξεις ἔπαινον ἐξ αὐτῆς
4 ἐὰν δὲ τὸ κακὸν ποιῇς φοβοῦ
14 τ. σαρκὸς πρόνοιαν μὴ ποιεῖσθε εἰς ἐπιθυμίας
15 26 ηὐδόκησαν γὰρ . . . κοινωνίαν τινὰ ποιήσασθαι
16 17 σκοπεῖν τοὺς τ. διχοστασίας κ. τὰ σκάνδαλα . . . ποιοῦντας
I Co 6 15 ἄρας οὖν τὰ μέλη τ. Χριστοῦ ποιήσω πόρνης μέλη;
18 πᾶν ἁμάρτημα ὃ ἐὰν ποιήσῃ ἄνθρωπος
7 36 ὃ θέλει ποιείτω
37 [2] τοῦτο κέκρικεν . . . τηρεῖν τὴν ἑαυτοῦ παρθένον καλῶς ποιήσει.
38 [2] ὥστε κ. ὁ γαμίζων τὴν ἑαυτοῦ παρθένον καλῶς ποιεῖ·
ποιήσει, WH mg
38 [2] κ. ὁ μὴ γαμίζων κρεῖσσον ποιήσει

I Co 9 23 πάντα δὲ ποιῶ διὰ τὸ εὐαγγέλιον
10 13 ποιήσει σὺν τ. πειρασμῷ κ. τ. ἔκβασιν
31 εἴτε οὖν ἐσθίετε εἴτε πίνετε εἴτε τι ποιεῖτε πάντα εἰς δόξαν Θεοῦ ποιεῖτε
11 24 τοῦτο ποιεῖτε εἰς τ. ἐμὴν ἀνάμνησιν
25 τοῦτο ποιεῖτε ὁσάκις ἐὰν πίνητε εἰς τ. ἐμὴν ἀνάμνησιν
15 29 ἐπεὶ τί ποιήσουσιν οἱ βαπτιζόμενοι ὑπὲρ τ. νεκρῶν;
16 1 [2] οὕτως κ. ὑμεῖς ποιήσατε
II Co 5 21 [3] τὸν μὴ γνόντα ἁμαρτίαν ὑπὲρ ἡμῶν ἁμαρτίαν ἐποίησεν
8 10 οἵτινες οὐ μόνον τὸ ποιῆσαι ἀλλὰ κ. τὸ θέλειν προενήρξασθε
11 νυνὶ δὲ κ. τὸ ποιῆσαι ἐπιτελέσατε
11 7 [4] ἢ ἁμαρτίαν ἐποίησα ἐμαυτὸν ταπεινῶν
12 ὃ δὲ ποιῶ κ. ποιήσω
25 [1] νυχθήμερον ἐν τ. βυθῷ πεποίηκα
13 7 εὐχόμεθα δὲ πρὸς τ. Θεὸν μὴ ποιῆσαι ὑμᾶς κακὸν μηδέν
7 ἀλλ᾽ ἵνα ὑμεῖς τὸ καλὸν ποιῆτε
Ga 2 10 ὃ κ. ἐσπούδασα αὐτὸ τοῦτο ποιῆσαι
3 10 ὃς οὐκ ἐμμένει πᾶσι τ. γεγραμμένοις . . . τοῦ ποιῆσαι αὐτά
אֲשֶׁר לֹא־יָקִים אֶת־דִּבְרֵי הַתּוֹרָה־הַזֹּאת לַעֲשׂוֹת אוֹתָם, Dt. xxvii. 26
12 ὁ ποιήσας αὐτὰ ζήσεται ἐν αὐτοῖς, Lev. *l.c.*
5 3 ὀφειλέτης ἐστὶν ὅλον τ. νόμον ποιῆσαι
17 ἵνα μὴ ἃ ἐὰν θέλητε ταῦτα ποιῆτε
6 9 τὸ δὲ καλὸν ποιοῦντες μὴ ἐνκακῶμεν
Eph 1 16 μνείαν ποιούμενος ἐπὶ τ. προσευχῶν μου
2 3 ποιοῦντες τὰ θελήματα τ. σαρκὸς κ. τ. διανοιῶν
14 [3] ὁ ποιήσας τὰ ἀμφότερα ἕν
15 ἵνα τοὺς δύο κτίσῃ ἐν αὐτῷ εἰς ἕνα καινὸν ἄνθρωπον ποιῶν εἰρήνην
3 11 κατὰ πρόθεσιν τ. αἰώνων ἣν ἐποίησεν ἐν τ. Χριστῷ Ἰησοῦ τ. Κυρίῳ ἡμῶν
20 [2] τ. δὲ δυναμένῳ ὑπὲρ πάντα ποιῆσαι ὑπερεκπερισσοῦ ὧν αἰτούμεθα
4 16 τ. αὔξησιν τ. σώματος ποιεῖται εἰς οἰκοδομὴν ἑαυτοῦ
6 6 ποιοῦντες τὸ θέλημα τοῦ Θεοῦ ἐκ ψυχῆς
8 ἕκαστος ἐάν τι ποιήσῃ ἀγαθόν
9 οἱ κύριοι τὰ αὐτὰ ποιεῖτε πρὸς αὐτούς
Phl 1 4 ὑπὲρ πάντων ὑμῶν μετὰ χαρᾶς τ. δέησιν ποιούμενος
2 14 πάντα ποιεῖτε χωρὶς γογγυσμῶν κ. διαλογισμῶν
4 14 [4] καλῶς ἐποιήσατε συνκοινωνήσαντές μου τ. θλίψει
Col 3 17 πᾶν ὅτι ἐὰν ποιῆτε ἐν λόγῳ ἢ ἐν ἔργῳ
23 ὃ ἐὰν ποιῆτε ἐκ ψυχῆς ἐργάζεσθε
4 16 [9] ποιήσατε ἵνα κ. ἐν τῇ Λαοδικέων ἐκκλησίᾳ ἀναγνωσθῇ
I Th 1 2 μνείαν ποιούμενοι ἐπὶ τ. προσευχῶν ἡμῶν
4 10 κ. γὰρ ποιεῖτε αὐτὸ εἰς πάντας τ. ἀδελφοὺς
5 11 οἰκοδομεῖτε εἷς τ. ἕνα καθὼς κ. ποιεῖτε
24 πιστὸς ὁ καλῶν ὑμᾶς ὃς κ. ποιήσει
II Th 3 4 ἃ παραγγέλλομεν κ. ποιεῖτε κ. ποιήσετε
I Ti 1 13 [4] ὅτι ἀγνοῶν ἐποίησα ἐν ἀπιστίᾳ
2 1 παρακαλῶ οὖν πρῶτον πάντων ποιεῖσθαι δεήσεις
4 16 τοῦτο γὰρ ποιῶν κ. σεαυτὸν σώσεις
5 21 μηδὲν ποιῶν κατὰ πρόσκλισιν
II Ti 4 5 ἔργον ποίησον εὐαγγελιστοῦ

Tit 3 5 οὐκ ἐξ ἔργων τῶν ἐν δικαιοσύνῃ ἃ ἐποιήσαμεν ἡμεῖς
Phm 4 πάντοτε μνείαν σου ποιούμενος ἐπὶ τ. προσευχῶν μου
14 χωρὶς δὲ τ. σῆς γνώμης οὐδὲν ἠθέλησα ποιῆσαι
21 εἰδὼς ὅτι κ. ὑπὲρ ἃ λέγω ποιήσεις
He 1 2 δι' οὗ κ. ἐποίησεν τ. αἰῶνας
3 καθαρισμὸν τ. ἁμαρτιῶν ποιησάμενος
7 [3] ὁ ποιῶν τ. ἀγγέλους αὐτοῦ πνεύματα
עֹשֶׂה מַלְאָכָיו רוּחוֹת, Ps. civ. 4
3 2 πιστὸν ὄντα τ. ποιήσαντι αὐτόν
6 3 κ. τοῦτο ποιήσομεν ἐάνπερ ἐπιτρέπῃ ὁ Θεός
7 27 [2 4] τοῦτο γὰρ ἐποίησεν ἐφάπαξ ἑαυτὸν ἀνενέγκας
8 5 ὅρα γάρ φησιν ποιήσεις πάντα κατὰ τ. τύπον τ. δειχθέντα σοι
רְאֵה וַעֲשֵׂה בְּתַבְנִיתָם אֲשֶׁר אַתָּה מָרְאֶה Ex. xxv. 40
9 οὐ κατὰ τ. διαθήκην ἣν ἐποίησα τ. πατράσιν αὐτῶν
לֹא כַבְּרִית אֲשֶׁר כָּרַתִּי אֶת־אֲבוֹתָם, Jer. xxxi. 32
10 7 ἰδοὺ ἥκω . . . τοῦ ποιῆσαι ὁ Θεὸς τὸ θέλημά σου
הִנֵּה־בָאתִי . . . לַעֲשׂוֹת רְצוֹנְךָ אֱלֹהַי, Ps. xl. 8, 9
9 ἰδοὺ ἥκω τοῦ ποιῆσαι τὸ θέλημά σου Ps. *l.c.*
36 ἵνα τὸ θέλημα τ. Θεοῦ ποιήσαντες κομίσησθε τ. ἐπαγγελίαν
11 28 πίστει πεποίηκεν τὸ πάσχα
12 13 [5] τροχιὰς ὀρθὰς ποιεῖτε τ. ποσὶν ὑμῶν
ποιήσατε, WH mg.
פַּלֵּס מַעְגַּל רַגְלֶךָ, Pr. iv. 26
27 δηλοῖ τὴν τ. σαλευομένων μετάθεσιν ὡς πεποιημένων
13 6 [5] τί ποιήσει μοι ἄνθρωπος;
מַה־יַּעֲשֶׂה לִי אָדָם, Ps. cxviii. 6
17 ἵνα μετὰ χαρᾶς τοῦτο ποιῶσιν
19 περισσοτέρως δὲ παρακαλῶ τοῦτο ποιῆσαι
21 εἰς τὸ ποιῆσαι τὸ θέλημα αὐτοῦ,
[6] ποιῶν ἐν ἡμῖν τὸ εὐάρεστον ἐνώπιον αὐτοῦ
Ja 2 8 [2] εἰ μέντοι νόμον τελεῖτε βασιλικὸν . . . καλῶς ποιεῖτε
12 [2] οὕτως λαλεῖτε κ. οὕτως ποιεῖτε
13 ἡ γὰρ κρίσις ἀνέλεος τῷ μὴ ποιήσαντι ἔλεος
19 [2] σὺ πιστεύεις ὅτι εἷς Θεὸς ἔστιν· καλῶς ποιεῖς
3 12 μὴ δύναται . . . συκῆ ἐλαίας ποιῆσαι ἢ ἄμπελος σῦκα;
οὔτε ἁλυκὸν γλυκὺ ποιῆσαι ὕδωρ
18 ἐν εἰρήνῃ σπείρεται τ. ποιοῦσιν εἰρήνην
4 13 [1] ποιήσομεν ἐκεῖ ἐνιαυτόν
15 ἐὰν ὁ Κύριος θέλῃ κ. ζήσομεν κ. ποιήσομεν τοῦτο ἢ ἐκεῖνο
17 εἰδότι οὖν καλὸν ποιεῖν κ. μὴ ποιοῦντι
5 15 κἂν ἁμαρτίας ᾖ πεποιηκὼς ἀφεθήσεται αὐτῷ
I Pe 2 22 ὃς ἁμαρτίαν οὐκ ἐποίησεν
I Pe 3 11 ἐκκλινάτω δὲ ἀπὸ κακοῦ κ. ποιησάτω ἀγαθόν
סוּר מֵרָע וַעֲשֵׂה־טוֹב, Ps. xxxiv. 15
12 πρόσωπον δὲ Κυρίου ἐπὶ ποιοῦντας κακά
פְּנֵי יְהוָה בְּעֹשֵׂי רָע, *ib.* 17
II Pe 1 10 [3] σπουδάσατε βεβαίαν ὑμῶν τ. κλῆσιν κ. ἐκλογὴν ποιεῖσθαι·
ταῦτα γὰρ ποιοῦντες οὐ μὴ πταίσητέ ποτε
15 τὴν τούτων μνήμην ποιεῖσθαι
19 [2] ᾧ καλῶς ποιεῖτε προσέχοντες
I Jo 1 6 ψευδόμεθα κ. οὐ ποιοῦμεν τ. ἀλήθειαν
10 [3] ἐὰν εἴπωμεν ὅτι οὐχ ἡμαρτήκομεν ψεύστην ποιοῦμεν αὐτόν
2 17 ὁ γὰρ ποιῶν τὸ θέλημα τ. Θεοῦ μένει εἰς τ. αἰῶνα
29 πᾶς ὁ ποιῶν τ. δικαιοσύνην ἐξ αὐτοῦ γεγέννηται
3 4 πᾶς ὁ ποιῶν τ. ἁμαρτίαν κ. τ. ἀνομίαν ποιεῖ
7 ὁ ποιῶν τ. δικαιοσύνην δίκαιός ἐστιν
8 ὁ ποιῶν τ. ἁμαρτίαν ἐκ τ. διαβόλου ἐστίν
9 πᾶς ὁ γεγεννημένος ἐκ τ. Θεοῦ ἁμαρτίαν οὐ ποιεῖ
10 πᾶς ὁ μὴ ποιῶν δικαιοσύνην οὐκ ἔστιν ἐκ τ. Θεοῦ
22 ὅτι . . . τὰ ἀρεστὰ ἐνώπιον αὐτοῦ ποιοῦμεν
5 2 ὅταν . . . τὰς ἐντολὰς αὐτοῦ ποιῶμεν
10 [3] ὁ μὴ πιστεύων τ. Θεῷ ψεύστην πεποίηκεν αὐτόν
III Jo 5 πιστὸν ποιεῖς ὃ ἐὰν ἐργάσῃ εἰς τ. ἀδελφούς
6 [2 4] οὓς καλῶς ποιήσεις προπέμψας ἀξίως τ. Θεοῦ
10 ὑπομνήσω αὐτοῦ τὰ ἔργα ἃ ποιεῖ
Ju 3 πᾶσαν σπουδὴν ποιούμενος γράφειν ὑμῖν
15 ἦλθεν Κύριος . . . ποιῆσαι κρίσιν κατὰ πάντων
Re 1 6 [3] ἐποίησεν ἡμᾶς βασιλείαν ἱερεῖς τ. Θεῷ
2 5 μετανόησον κ. τὰ πρῶτα ἔργα ποίησον
3 9 [9] ποιήσω αὐτοὺς ἵνα ἥξουσιν κ. προσκυνήσουσιν
12 [3] ὁ νικῶν ποιήσω αὐτὸν στύλον ἐν τ. ναῷ τ. Θεοῦ μου
5 10 [3] ἐποίησας αὐτοὺς τῷ Θεῷ ἡμῶν βασιλείαν κ. ἱερεῖς
11 7 τὸ θηρίον τὸ ἀναβαῖνον ἐκ τῆς ἀβύσσου ποιήσει μετ' αὐτῶν πόλεμον
12 15 [3] ἵνα αὐτὴν ποταμοφόρητον ποιήσῃ
17 ἀπῆλθεν ποιῆσαι πόλεμον μετὰ τ. λοιπῶν τ. σπέρματος αὐτῆς
13 5 [1] ἐδόθη αὐτῷ ἐξουσία ποιῆσαι μῆνας τεσσεράκοντα κ. δύο
7 ἐδόθη αὐτῷ ποιῆσαι πόλεμον μετὰ τ. ἁγίων —h. v., [WH] R mg.
12 τ. ἐξουσίαν τ. πρώτου θηρίου πᾶσαν ποιεῖ ἐνώπιον αὐτοῦ·
[9] κ. ποιεῖ τ. γῆν κ. τοὺς ἐν αὐτῇ κατοικοῦντας ἵνα προσκυνήσουσιν
13 ποιεῖ σημεῖα μεγάλα,
ἵνα κ. πῦρ ποιῇ ἐκ τ. οὐρανοῦ καταβαίνειν
14 διὰ τὰ σημεῖα ἃ ἐδόθη αὐτῷ ποιῆσαι
14 λέγων τ. κατοικοῦσιν ἐπὶ τ. γῆς ποιῆσαι εἰκόνα τ. θηρίῳ
15 [9] ἵνα κ. λαλήσῃ . . . κ. ποιήσῃ ἵνα ὅσοι ἐὰν μὴ προσκυνήσωσιν
ποιήσει, WH mg. R mg

Re 13 16 [9] ποιεῖ πάντας τ. μικροὺς κ. τ. μεγάλους . . . ἵνα δῶσιν αὐτοῖς χάραγμα
14 7 προσκυνήσατε τ. ποιήσαντι τ. οὐρανόν
16 14 εἰσὶν γὰρ πνεύματα δαιμονίων ποιοῦντα σημεῖα
17 16 [8] ἠρημωμένην ποιήσουσιν αὐτὴν κ. γυμνήν
17 ἔδωκεν εἰς τ. καρδίας αὐτῶν ποιῆσαι τ. γνώμην αὐτοῦ κ. ποιῆσαι μίαν γνώμην
19 19 συνηγμένα ποιῆσαι τ. πόλεμον μετὰ τ. καθημένου ἐπὶ τ. ἵππου
20 ὁ ψευδοπροφήτης ὁ ποιήσας τὰ σημεῖα ἐνώπιον αὐτοῦ
21 5 [8] ἰδοὺ καινὰ ποιῶ πάντα
27 οὐ μὴ εἰσέλθῃ εἰς αὐτὴν πᾶν κοινὸν κ. ὁ ποιῶν βδέλυγμα
22 2 ξύλον ζωῆς ποιοῦν καρποὺς δώδεκα ποιῶν, TWH mg.
11 ὁ δίκαιος δικαιοσύνην ποιησάτω ἔτι
15 ἔξω . . . πᾶς φιλῶν κ. ποιῶν ψεῦδος ποιῶν κ. φιλῶν, T

ΠΟΙ΄ΗΜΑ 4161

Ro 1 20 τὰ γὰρ ἀόρατα αὐτοῦ . . . τ. ποιήμασι νοούμενα καθορᾶται
Eph 2 10 αὐτοῦ γάρ ἐσμεν ποίημα

ΠΟΙ΄ΗΣΙΣ 4162

Ja 1 25 οὗτος μακάριος ἐν τ. ποιήσει αὐτοῦ ἔσται

ΠΟΙΗΤΗ΄Σ ** 4163

Ac 17 28 ὡς κ. τινες τῶν καθ' ὑμᾶς ποιητῶν εἰρήκασιν
Ro 2 13 ἀλλ' οἱ ποιηταὶ νόμου δικαιωθήσονται
Ja 1 22 γίνεσθε δὲ ποιηταὶ λόγου
23 εἴ τις ἀκροατὴς λόγου ἐστὶν κ. οὐ ποιητής
25 οὐκ ἀκροατὴς ἐπιλησμονῆς γενόμενος ἀλλὰ ποιητὴς ἔργου
4 11 οὐκ εἶ ποιητὴς νόμου ἀλλὰ κριτής

ΠΟΙΚΙ΄ΛΟΣ 4164

Mt 4 24 ποικίλαις νόσοις κ. βασάνοις συνεχομένους
Mk 1 34 ἐθεράπευσεν πολλοὺς κακῶς ἔχοντας ποικίλαις νόσοις
Lu 4 40 ὅσοι εἶχον ἀσθενοῦντας νόσοις ποικίλαις
II Ti 3 6 γυναικάρια . . . ἀγόμενα ἐπιθυμίαις ποικίλαις
Tit 3 3 δουλεύοντες ἐπιθυμίαις κ. ἡδοναῖς ποικίλαις
He 2 4 συνεπιμαρτυροῦντος τ. Θεοῦ . . . ποικίλαις δυνάμεσιν
13 9 διδαχαῖς ποικίλαις κ. ξέναις μὴ παραφέρεσθε
Ja 1 2 ὅταν πειρασμοῖς περιπέσητε ποικίλοις
I Pe 1 6 λυπηθέντες ἐν ποικίλοις πειρασμοῖς
4 10 ὡς καλοὶ οἰκονόμοι ποικίλης χάριτος Θεοῦ

ΠΟΙΜΑΙ΄ΝΩ 4165

Mt 2 6 ὅστις ποιμανεῖ τ. λαόν μου τ. Ἰσραήλ
לִהְיוֹת מוֹשֵׁל בְּיִשְׂרָאֵל, Mic. v. 1
Lu 17 7 τίς δὲ ἐξ ὑμῶν δοῦλον ἔχων ἀροτριῶντα ἢ ποιμαίνοντα
Jo 21 16 λέγει αὐτῷ Ποίμαινε τὰ προβάτιά μου
Ac 20 28 προσέχετε ἑαυτοῖς . . . ποιμαίνειν τ. ἐκκλησίαν τ. Θεοῦ
I Co 9 7 ἢ τίς ποιμαίνει ποίμνην
I Pe 5 2 ποιμάνατε τὸ ἐν ὑμῖν ποίμνιον τ. Θεοῦ
Ju 12 ἀφόβως ἑαυτοὺς ποιμαίνοντες
Re 2 27 ποιμανεῖ αὐτοὺς ἐν ῥάβδῳ σιδηρᾷ
7 17 τὸ ἀρνίον τὸ ἀνὰ μέσον τ. θρόνου ποιμανεῖ αὐτούς
12 5 ὃς μέλλει ποιμαίνειν πάντα τὰ ἔθνη ἐν ῥάβδῳ σιδηρᾷ
19 15 αὐτὸς ποιμανεῖ αὐτοὺς ἐν ῥάβδῳ σιδηρᾷ

ΠΟΙΜΗ΄Ν 4166

Mt 9 36 ἦσαν . . . ἐριμμένοι ὡσεὶ πρόβατα μὴ ἔχοντα ποιμένα
25 32 ὥσπερ ὁ ποιμὴν ἀφορίζει τὰ πρόβατα ἀπὸ τ. ἐρίφων
26 31 πατάξω τ. ποιμένα
הַךְ אֶת־הָרֹעֶה, Zech. xiii. 7
Mk 6 34 ἦσαν ὡς πρόβατα μὴ ἔχοντα ποιμένα
14 27 πατάξω τ. ποιμένα, Zech. *l.c.*
Lu 2 8 ποιμένες ἦσαν ἐν τ. χώρᾳ τ. αὐτῇ ἀγραυλοῦντες
15 οἱ ποιμένες ἐλάλουν πρὸς ἀλλήλους
18 ἐθαύμασαν περὶ τ. λαληθέντων ὑπὸ τ. ποιμένων
20 ὑπέστρεψαν οἱ ποιμένες
Jo 10 2 ὁ δὲ εἰσερχόμενος διὰ τ. θύρας ποιμήν ἐστιν τ. προβάτων
11 ἐγώ εἰμι ὁ ποιμὴν ὁ καλός· ὁ ποιμὴν ὁ καλὸς τ. ψυχὴν αὐτοῦ τίθησιν ὑπὲρ τ. προβάτων.
12 ὁ μισθωτὸς κ. οὐκ ὢν ποιμήν
14 ἐγώ εἰμι ὁ ποιμὴν ὁ καλός
16 γενήσονται μία ποίμνη εἷς ποιμήν
Eph 4 11 αὐτὸς ἔδωκεν . . . τοὺς δὲ ποιμένας κ. διδασκάλους
He 13 20 ὁ ἀναγαγὼν ἐκ νεκρῶν τ. ποιμένα τ. προβάτων τὸν μέγαν
I Pe 2 25 ἐπεστράφητε νῦν ἐπὶ τ. ποιμένα κ. ἐπίσκοπον τ. ψυχῶν ὑμῶν

ΠΟΙ΄ΜΝΗ 4167

Mt 26 31 διασκορπισθήσονται τὰ πρόβατα τ. ποίμνης
תְּפוּצֶיןָ הַצֹּאן, Zech. xiii. 7
Lu 2 8 φυλάσσοντες φυλακὰς τ. νυκτὸς ἐπὶ τ. ποίμνην αὐτῶν
Jo 10 16 γενήσονται μία ποίμνη εἷς ποιμήν
I Co 9 7 ἢ τίς ποιμαίνει ποίμνην, κ. ἐκ τ. γάλακτος τ. ποίμνης οὐκ ἐσθίει;

ΠΟΙ΄ΜΝΙΟΝ 4168

Lu 12 32 μὴ φοβοῦ τὸ μικρὸν ποίμνιον
Ac 20 28 προσέχετε ἑαυτοῖς κ. παντὶ τ. ποιμνίῳ
29 λύκοι βαρεῖς . . . μὴ φειδόμενοι τ. ποιμνίου
I Pe 5 2 ποιμάνατε τὸ ἐν ὑμῖν ποίμνιον τ. Θεοῦ
3 τύποι γινόμενοι τ. ποιμνίου

ΠΟΙ͂ΟΣ 4169

Mt 19 18 λέγει αὐτῷ Ποίας;
21 23 ἐν ποίᾳ ἐξουσίᾳ ταῦτα ποιεῖς;
24 κἀγὼ ὑμῖν ἐρῶ ἐν ποίᾳ ἐξουσίᾳ ταῦτα ποιῶ
27 οὐδὲ ἐγὼ λέγω ὑμῖν ἐν ποίᾳ ἐξουσίᾳ ταῦτα ποιῶ
22 36 ποία ἐντολὴ μεγάλη ἐν τ. νόμῳ;
24 42 οὐκ οἴδατε ποίᾳ ἡμέρᾳ ὁ κύριος ὑμῶν ἔρχεται

Mt 24 43 εἰ ᾔδει ὁ οἰκοδεσπότης ποίᾳ φυλακῇ ὁ κλέπτης ἔρχεται
Mk 11 28 ἐν ποίᾳ ἐξουσίᾳ ταῦτα ποιεῖς;
29 ἐρῶ ὑμῖν ἐν ποίᾳ ἐξουσίᾳ ταῦτα ποιῶ
33 οὐδὲ ἐγὼ λέγω ὑμῖν ἐν ποίᾳ ἐξουσίᾳ ταῦτα ποιῶ
12 28 ποία ἐστὶν ἐντολὴ πρώτη πάντων;
Lu 5 19 μὴ εὑρόντες ποίας εἰσενέγκωσιν αὐτὸν
6 32 ποία ὑμῖν χάρις ἐστίν;
33 ποία ὑμῖν χάρις ἐστίν;
34 ποία ὑμῖν χάρις ἐστίν;
9 55 οὐκ οἴδατε ποίου πνεύματός ἐστε —h. v., TWH non mg. R non mg.
12 39 εἰ ᾔδει ὁ οἰκοδεσπότης ποίᾳ ὥρᾳ ὁ κλέπτης ἔρχεται
20 2 εἰπὸν ἡμῖν ἐν ποίᾳ ἐξουσίᾳ ταῦτα ποιεῖς
8 οὐδὲ ἐγὼ λέγω ὑμῖν ἐν ποίᾳ ἐξουσίᾳ ταῦτα ποιῶ
24 19 εἶπεν αὐτοῖς Ποῖα;
Jo 10 32 διὰ ποῖον αὐτῶν ἔργον ἐμὲ λιθάζετε;
12 33 σημαίνων ποίῳ θανάτῳ ἤμελλεν ἀποθνήσκειν
18 32 σημαίνων ποίῳ θανάτῳ ἤμελλεν ἀποθνήσκειν
21 19 σημαίνων ποίῳ θανάτῳ δοξάσει τ. Θεόν
Ac 4 7 ἐν ποίᾳ δυνάμει ἢ ἐν ποίῳ ὀνόματι ἐποιήσατε τοῦτο ὑμεῖς;
7 49 ποῖον οἶκον οἰκοδομήσετέ μοι;
אֵי־זֶה בַיִת אֲשֶׁר תִּבְנוּ־לִי, Is. lxvi. 1
23 34 ἐπερωτήσας ἐκ ποίας ἐπαρχίας ἐστίν
Ro 3 27 διὰ ποίου νόμου; τ. ἔργων;
1 Co 15 35 ποίῳ δὲ σώματι ἔρχονται;
Ja 4 14 οὐκ ἐπίστασθε τῆς αὔριον ποία ἡ ζωὴ ὑμῶν αὔριον· π. γ. ἡ ζ. ὑμῶν; TWH mg. R; —γὰρ, R
1 Pe 1 11 εἰς τίνα ἢ ποῖον καιρὸν ἐδήλου τὸ ἐν αὐτοῖς πνεῦμα Χριστοῦ
2 20 ποῖον γὰρ κλέος εἰ ἁμαρτάνοντες . . . ὑπομενεῖτε;
Re 3 3 οὐ μὴ γνῷς ποίαν ὥραν ἥξω ἐπὶ σέ

ΠΟΛΕΜΕ'Ω 4170

Ja 4 2 μάχεσθε κ. πολεμεῖτε
Re 2 16 πολεμήσω μετ' αὐτῶν ἐν τ. ῥομφαίᾳ τ. στόματός μου
12 7 οἱ ἄγγελοι αὐτοῦ τοῦ πολεμῆσαι μετὰ τ. δράκοντος,
—τοῦ, T
κ. ὁ δράκων ἐπολέμησεν κ. οἱ ἄγγελοι αὐτοῦ
13 4 τίς δύναται πολεμῆσαι μετ' αὐτοῦ;
17 14 οὗτοι μετὰ τ. ἀρνίου πολεμήσουσιν
19 11 ἐν δικαιοσύνῃ κρίνει κ. πολεμεῖ

ΠΟ'ΛΕΜΟΣ 4171

Mt 24 6 μελλήσετε δὲ ἀκούειν πολέμους κ. ἀκοὰς πολέμων
Mk 13 7 ὅταν δὲ ἀκούσητε πολέμους κ. ἀκοὰς πολέμων
Lu 14 31 πορευόμενος ἑτέρῳ βασιλεῖ συνβαλεῖν εἰς πόλεμον
21 9 ὅταν δὲ ἀκούσητε πολέμους κ. ἀκαταστασίας
1 Co 14 8 τίς παρασκευάσεται εἰς πόλεμον;
He 11 34 ἐγενήθησαν ἰσχυροὶ ἐν πολέμῳ
Ja 4 1 πόθεν πόλεμοι κ. πόθεν μάχαι ἐν ὑμῖν;
Re 9 7 ὅμοια ἵπποις ἡτοιμασμένοις εἰς πόλεμον
9 ὡς φωνὴ ἁρμάτων ἵππων πολλῶν τρεχόντων εἰς πόλεμον
Re 11 7 τὸ θηρίον . . . ποιήσει μετ' αὐτῶν πόλεμον
12 7 ἐγένετο πόλεμος ἐν τ. οὐρανῷ
17 ἀπῆλθεν ποιῆσαι πόλεμον μετὰ τ. λοιπῶν τ. σπέρματος αὐτῆς
13 7 ἐδόθη αὐτῷ ποιῆσαι πόλεμον μετὰ τ. ἁγίων —h. v., [WH] R mg.
16 14 συναγαγεῖν αὐτοὺς εἰς τ. πόλεμον τ. ἡμέρας τ. μεγάλης τ. Θεοῦ
19 19 συνηγμένα ποιῆσαι τ. πόλεμον μετὰ τ. καθημένου ἐπὶ τ. ἵππου
20 8 συναγαγεῖν αὐτοὺς εἰς τ. πόλεμον

ΠΟ'ΛΙΣ 4172

(1) seq. nom. propr. (2) πόλ. ἁγία, Θεοῦ (3) metaph. (4) κατὰ πόλιν, πόλεις

Mt 2 23 [1] ἐλθὼν κατῴκησεν εἰς πόλιν λεγομένην Ναζαρέτ
4 5 [2] παραλαμβάνει αὐτὸν ὁ διάβολος εἰς τ. ἁγίαν πόλιν
5 14 οὐ δύναται πόλις κρυβῆναι ἐπάνω ὄρους κειμένη
35 ὅτι πόλις ἐστὶν τ. μεγάλου βασιλέως
8 33 ἀπελθόντες εἰς τ. πόλιν ἀπήγγειλαν πάντα
34 [3] πᾶσα ἡ πόλις ἐξῆλθεν εἰς ὑπάντησιν τῷ Ἰησοῦ
9 1 ἦλθεν εἰς τ. ἰδίαν πόλιν
35 περιῆγεν ὁ Ἰησοῦς τ. πόλεις πάσας κ. τ. κώμας
10 5 [1] εἰς πόλιν Σαμαρειτῶν μὴ εἰσέλθητε
11 εἰς ἣν δ' ἂν πόλιν ἢ κώμην εἰσέλθητε
14 ἐξερχόμενοι ἔξω τ. οἰκίας ἢ τ. πόλεως ἐκείνης
15 ἀνεκτότερον ἔσται γῇ Σοδόμων . . . ἢ τ. πόλει ἐκείνῃ
23 ὅταν δὲ διώκωσιν ὑμᾶς ἐν τ. πόλει ταύτῃ
23 [1] οὐ μὴ τελέσητε τ. πόλεις τοῦ Ἰσραήλ
11 1 μετέβη τοῦ . . . κηρύσσειν ἐν τ. πόλεσιν αὐτῶν
20 τότε ἤρξατο ὀνειδίζειν τ. πόλεις
12 25 [3] πᾶσα πόλις ἢ οἰκία μερισθεῖσα καθ' ἑαυτῆς
14 13 ἠκολούθησαν αὐτῷ πεζῇ ἀπὸ τ. πόλεων
21 10 [3] ἐσείσθη πᾶσα ἡ πόλις λέγουσα
17 ἐξῆλθεν ἔξω τῆς πόλεως εἰς Βηθανίαν
18 πρωὶ δὲ ἐπαναγαγὼν εἰς τ. πόλιν ἐπείνασεν
22 7 τ. πόλιν αὐτῶν ἐνέπρησεν
23 34 διώξετε ἀπὸ πόλεως εἰς πόλιν
26 18 ὑπάγετε εἰς τ. πόλιν πρὸς τὸν δεῖνα
27 53 [2] εἰσῆλθον εἰς τ. ἁγίαν πόλιν
28 11 τινὲς τ. κουστωδίας ἐλθόντες εἰς τ. πόλιν
Mk 1 33 [3] ἦν ὅλη ἡ πόλις ἐπισυνηγμένη πρὸς τ. θύραν
45 ὥστε μηκέτι αὐτὸν δύνασθαι φανερῶς εἰς πόλιν εἰσελθεῖν
εἰς πόλ. φαν., TWH mg.
5 14 ἀπήγγειλαν εἰς τ. πόλιν κ. εἰς τ. ἀγρούς
6 33 πεζῇ ἀπὸ πασῶν τ. πόλεων συνέδραμον ἐκεῖ
56 ὅπου ἂν εἰσεπορεύετο ἢ εἰς κώμας ἢ εἰς πόλεις ἢ εἰς ἀγρούς
11 19 ὅταν ὀψὲ ἐγένετο ἐξεπορεύοντο ἔξω τ. πόλεως
14 13 ὑπάγετε εἰς τ. πόλιν
16 ἦλθον εἰς τ. πόλιν

Lu 1 26 [1] ἀπεστάλη ὁ ἄγγελος Γαβριὴλ . . . εἰς πόλιν τ. Γαλιλαίας ᾗ ὄνομα Ναζαρέτ
39 [1] ἐπορεύθη εἰς τ. ὀρεινὴν μετὰ σπουδῆς εἰς πόλιν Ἰούδα
2 3 ἐπορεύοντο . . . ἕκαστος εἰς τὴν ἑαυτοῦ πόλιν.
4 [1] ἀνέβη δὲ κ. Ἰωσὴφ ἐκ πόλεως Ναζαρὲτ εἰς τ. Ἰουδαίαν,
[1] εἰς πόλιν Δαυεὶδ ἥτις καλεῖται Βηθλεέμ
11 [1] ἐτέχθη ὑμῖν σήμερον σωτὴρ . . . ἐν πόλει Δαυείδ
39 [1] ἐπέστρεψαν . . . εἰς πόλιν ἑαυτῶν Ναζαρέτ
4 29 ἀναστάντες ἐξέβαλον αὐτὸν ἔξω τ. πόλεως
29 ἐφ' οὗ ἡ πόλις ᾠκοδόμητο αὐτῶν
31 [1] κατῆλθεν εἰς Καφαρναοὺμ πόλιν τ. Γαλιλαίας
43 κ. τ. ἑτέραις πόλεσιν εὐαγγελίσασθαί με δεῖ
5 12 ἐν τῷ εἶναι αὐτὸν ἐν μιᾷ τ. πόλεων
7 11 [1] ἐπορεύθη εἰς πόλιν καλουμένην Ναίν
12 ὡς δὲ ἤγγισεν τ. πύλῃ τ. πόλεως
12 ὄχλος τ. πόλεως ἱκανὸς ἦν σὺν αὐτῇ
37 γυνὴ ἥτις ἦν ἐν τ. πόλει ἁμαρτωλός
8 1 [4] αὐτὸς διώδευεν κατὰ πόλιν κ. κώμην
4 [4] τῶν κατὰ πόλιν ἐπιπορευομένων πρὸς αὐτόν
27 ὑπήντησεν ἀνήρ τις ἐκ τ. πόλεως
34 ἀπήγγειλαν εἰς τ. πόλιν κ. εἰς τ. ἀγρούς
39 [4] καθ' ὅλην τ. πόλιν κηρύσσων ὅσα ἐποίησεν αὐτῷ ὁ Ἰησοῦς
9 5 ἐξερχόμενοι ἀπὸ τ. πόλεως ἐκείνης
10 [1] ὑπεχώρησεν κατ' ἰδίαν εἰς πόλιν καλουμένην Βηθσαιδά
52 [1] πορευθέντες εἰσῆλθον εἰς πόλιν Σαμαριτῶν
κώμην, WHR
10 1 ἀπέστειλεν αὐτοὺς ἀνὰ δύο . . . εἰς πᾶσαν πόλιν κ. τόπον
8 εἰς ἣν ἂν πόλιν εἰσέρχησθε
10 εἰς ἣν δ' ἂν πόλιν εἰσέλθητε
11 κ. τ. κονιορτὸν τ. κολληθέντα ἡμῖν ἐκ τ. πόλεως ὑμῶν
12 Σοδόμοις . . . ἀνεκτότερον ἔσται ἢ τ. πόλει ἐκείνῃ
13 22 [4] διεπορεύετο κατὰ πόλεις κ. κώμας διδάσκων
14 21 ἔξελθε ταχέως εἰς τ. πλατείας κ. ῥύμας τ. πόλεως
18 2 κριτής τις ἦν ἔν τινι πόλει
3 χήρα δὲ ἦν ἐν τ. πόλει ἐκείνῃ
19 17 ἴσθι ἐξουσίαν ἔχων ἐπάνω δέκα πόλεων
19 κ. σὺ ἐπάνω γίνου πέντε πόλεων
41 ἰδὼν τ. πόλιν ἔκλαυσεν ἐπ' αὐτήν
22 10 εἰσελθόντων ὑμῶν εἰς τ. πόλιν
23 19 ὅστις ἦν διὰ στάσιν τινὰ γενομένην ἐν τ. πόλει
51 [1] ἀπὸ Ἀριμαθαίας πόλεως τ. Ἰουδαίων
24 49 ὑμεῖς δὲ καθίσατε ἐν τ. πόλει
Jo 1 44 [1] ἦν δὲ ὁ Φίλιππος ἀπὸ Βηθσαιδὰ ἐκ τ. πόλεως Ἀνδρέου κ. Πέτρου
4 5 [1] ἔρχεται οὖν εἰς πόλιν τ. Σαμαρίας λεγομένην Συχάρ
8 οἱ γὰρ μαθηταὶ αὐτοῦ ἀπεληλύθεισαν εἰς τ. πόλιν
28 ἀπῆλθεν εἰς τ. πόλιν κ. λέγει τ. ἀνθρώποις
30 ἐξῆλθον ἐκ τ. πόλεως
39 ἐκ δὲ τ. πόλεως ἐκείνης πολλοὶ ἐπίστευσαν

Jo 11 54 [1] ἀπῆλθεν ἐκεῖθεν . . . εἰς Ἐφραὶμ λεγομένην πόλιν
19 20 ὅτι ἐγγὺς ἦν ὁ τόπος τ. πόλεως
Ac 4 27 συνήχθησαν γὰρ ἐπ' ἀληθείας ἐν τ. πόλει ταύτῃ
5 16 συνήρχετο δὲ κ. τὸ πλῆθος τῶν πέριξ πόλεων
7 58 ἐκβαλόντες ἔξω τ. πόλεως ἐλιθοβόλουν
8 5 [1] Φίλιππος δὲ κατελθὼν εἰς τ. πόλιν τ. Σαμαρίας
8 ἐγένετο δὲ πολλὴ χαρὰ ἐν τ. πόλει ἐκείνῃ.
9 ἀνὴρ δέ τις . . . προυπῆρχεν ἐν τ. πόλει μαγεύων
40 διερχόμενος εὐηγγελίζετο τ. πόλεις πάσας
9 6 ἀνάστηθι κ. εἴσελθε εἰς τ. πόλιν
10 9 ὁδοιπορούντων αὐτῶν κ. τ. πόλει ἐγγιζόντων
11 5 [1] ἐγὼ ἤμην ἐν πόλει Ἰόππῃ προσευχόμενος
12 10 ἦλθαν ἐπὶ τ. πύλην τ. σιδηρᾶν τ. φέρουσαν εἰς τ. πόλιν
13 44 [3] σχεδὸν πᾶσα ἡ πόλις συνήχθη
50 οἱ δὲ Ἰουδαῖοι παρώτρυναν . . . τ. πρώτους τ. πόλεως
14 4 ἐσχίσθη δὲ τὸ πλῆθος τ. πόλεως
6 [1] κατέφυγον εἰς τ. πόλεις τ. Λυκαονίας
13 ὅ τε ἱερεὺς τ. Διὸς τ. ὄντος πρὸ τ. πόλεως
19 λιθάσαντες τ. Παῦλον ἔσυρον ἔξω τ. πόλεως
20 ἀναστὰς εἰσῆλθεν εἰς τ. πόλιν
21 [3] εὐαγγελισάμενοί τε τ. πόλιν ἐκείνην
15 21 [4] ἐκ γενεῶν ἀρχαίων κατὰ πόλιν τοὺς κηρύσσοντας αὐτὸν ἔχει
36 [4] ἐπισκεψώμεθα τ. ἀδελφοὺς κατὰ πόλιν πᾶσαν
16 4 ὡς δὲ διεπορεύοντο τ. πόλεις
11 τῇ δὲ ἐπιούσῃ εἰς Νέαν Πόλιν
πόλιν, T
12 ἥτις ἐστὶν πρώτη τ. μερίδος Μακεδονίας πόλις κολωνία.
ἦμεν δὲ ἐν ταύτῃ τ. πόλει διατρίβοντες
14 [1] Λυδία πορφυρόπωλις πόλεως Θυατείρων
20 οὗτοι οἱ ἄνθρωποι ἐκταράσσουσιν ἡμῶν τ. πόλιν
39 ἐξαγαγόντες ἠρώτων ἀπελθεῖν ἀπὸ τ. πόλεως
17 5 ὀχλοποιήσαντες ἐθορύβουν τ. πόλιν
16 θεωροῦντος κατείδωλον οὖσαν τ. πόλιν
18 10 διότι λαός ἐστίν μοι πολὺς ἐν τ. πόλει ταύτῃ
19 29 ἐπλήσθη ἡ πόλις τ. συγχύσεως
35 [1] ὃς οὐ γινώσκει τὴν Ἐφεσίων πόλιν νεωκόρον οὖσαν τ. μεγάλης Ἀρτέμιδος
20 23 [4] τὸ πνεῦμα τὸ ἅγιον κατὰ πόλιν διαμαρτύρεταί μοι
21 5 προπεμπόντων ἡμᾶς πάντων . . . ἕξω τ. πόλεως
29 προεωρακότες Τρόφιμον τ. Ἐφέσιον ἐν τ. πόλει σὺν αὐτῷ
30 [3] ἐκινήθη τε ἡ πόλις ὅλη
39 [1] τ. Κιλικίας οὐκ ἀσήμου πόλεως πολίτης
22 3 ἀνατεθραμμένος δὲ ἐν τ. πόλει ταύτῃ
24 12 [4] οὔτε ἐν τ. συναγωγαῖς οὔτε κατὰ τ. πόλιν
25 23 σὺν . . . ἀνδράσι τοῖς κατ' ἐξοχὴν τ. πόλεως
26 11 ἐδίωκον ἕως κ. εἰς τὰς ἔξω πόλεις
27 8 [1] ᾧ ἐγγὺς ἦν πόλις Λασέα
πόλις ἦν Λασαία, T
Ro 16 23 ἀσπάζεται ὑμᾶς Ἔραστος ὁ οἰκονόμος τ. πόλεως

II Co 11 26 κινδύνοις ἐν πόλει

32 [1] ὁ ἐθνάρχης . . . ἐφρούρει τ. πόλιν Δαμασκηνῶν

Col 4 13 πολὺν πόνον ὑπὲρ . . . των ἐν Ἱερᾷ Πόλει
ἐν Ἱεραπόλει, TR

Tit 1 5 [4] ἵνα . . . καταστήσῃς κατὰ πόλιν πρεσβυτέρους

He 11 10 ἐξεδέχετο γὰρ τὴν τ. θεμελίους ἔχουσαν πόλιν

16 ἡτοίμασεν γὰρ αὐτοῖς πόλιν

12 22 [2] προσεληλύθατε . . . πόλει Θεοῦ ζῶντος

13 14 οὐ γὰρ ἔχομεν ὧδε μένουσαν πόλιν

Ja 4 13 σήμερον ἢ αὔριον πορευσόμεθα εἰς τήνδε τ. πόλιν

II Pe 2 6 [1] πόλεις Σοδόμων κ. Γομόρρας τεφρώσας κατέκρινεν

Ju 7 ὡς Σόδομα κ. Γόμορρα κ. αἱ περὶ αὐτὰς πόλεις

Re 3 12 [1 2] γράψω ἐπ' αὐτὸν . . . τὸ ὄνομα τ. πόλεως τ. Θεοῦ μου

11 2 [2] τ. πόλιν τ. ἁγίαν πατήσουσιν μῆνας τεσσεράκοντα κ. δύο

8 τὸ πτῶμα αὐτῶν ἐπὶ τ. πλατείας τ. πόλεως τ. μεγάλης

13 τὸ δέκατον τ. πόλεως ἔπεσεν

14 20 ἐπατήθη ἡ ληνὸς ἔξωθεν τ. πόλεως

16 19 ἐγένετο ἡ πόλις ἡ μεγάλη εἰς τρία μέρη, κ. αἱ πόλεις τ. ἐθνῶν ἔπεσαν

17 18 ἡ γυνὴ ἣν εἶδες ἔστιν ἡ πόλις ἡ μεγάλη

18 10 [1] οὐαὶ ἡ πόλις ἡ μεγάλη Βαβυλὼν ἡ πόλις ἡ ἰσχυρά

16 οὐαὶ ἡ πόλις ἡ μεγάλη ἡ περιβεβλημένη βύσσινον

18 τίς ὁμοία τ. πόλει τ. μεγάλῃ;

19 οὐαὶ ἡ πόλις ἡ μεγάλη

21 [1] οὕτως ὁρμήματι βληθήσεται Βαβυλὼν ἡ μεγάλη πόλις

20 9 ἐκύκλευσαν . . . τ. πόλιν τ. ἠγαπημένην

21 2 [1 2] τ. πόλιν τ. ἁγίαν Ἰερουσαλὴμ καινὴν εἶδον

10 [1 2] ἔδειξέν μοι τ. πόλιν τ. ἁγίαν Ἰερουσαλήμ

14 τὸ τεῖχος τ. πόλεως ἔχων θεμελίους δώδεκα

15 ἵνα μετρήσῃ τ. πόλιν κ. τ. πυλῶνας αὐτῆς

16 ἡ πόλις τετράγωνος κεῖται

16 ἐμέτρησεν τ. πόλιν τ. καλάμῳ

18 ἡ πόλις χρυσίον καθαρόν

19 οἱ θεμέλιοι τ. τείχους τ. πόλεως παντὶ λίθῳ τιμίῳ κεκοσμημένοι

21 ἡ πλατεῖα τ. πόλεως χρυσίον καθαρόν

23 ἡ πόλις οὐ χρείαν ἔχει τ. ἡλίου

22 14 ἵνα . . . τ. πυλῶσιν εἰσέλθωσιν εἰς τ. πόλιν

19 [2] ἀφελεῖ ὁ Θεὸς τὸ μέρος αὐτοῦ . . . ἐκ τ. πόλεως τ. ἁγίας

ΠΟΛΙΤΑ'ΡΧΗΣ* † 4173

Ac 17 6 ἔσυρον Ἰάσονα κ. τινας ἀδελφοὺς ἐπὶ τ. πολιτάρχας

8 ἐτάραξαν δὲ τ. ὄχλον κ. τ. πολιτάρχας ἀκούοντας ταῦτα

ΠΟΛΙΤΕΙ'Α** 4174

Ac 22 28 ἐγὼ πολλοῦ κεφαλαίου πολιτείαν ταύτην ἐκτησάμην

Eph 2 12 ἀπηλλοτριωμένοι τ. πολιτείας τοῦ Ἰσραήλ

ΠΟΛΙ'ΤΕΥΜΑ** 4175

Phl 3 20 ἡμῶν γὰρ τὸ πολίτευμα ἐν οὐρανοῖς ὑπάρχει

ΠΟΛΙΤΕΥ'ΟΜΑΙ** 4176

Ac 23 1 ἐγὼ πάσῃ συνειδήσει ἀγαθῇ πεπολίτευμαι τ. Θεῷ

Phl 1 27 μόνον ἀξίως τ. εὐαγγελίου τ. Χριστοῦ πολιτεύεσθε

ΠΟΛΙ'ΤΗΣ 4177

Lu 15 15 πορευθεὶς ἐκολλήθη ἑνὶ τ. πολιτῶν τ. χώρας ἐκείνης

19 14 οἱ δὲ πολῖται αὐτοῦ ἐμίσουν αὐτόν

Ac 21 39 Ταρσεὺς τ. Κιλικίας οὐκ ἀσήμου πόλεως πολίτης

He 8 11 οὐ μὴ διδάξωσιν ἕκαστος τ. πολίτην αὐτοῦ
לֹא יְלַמְּדוּ עוֹד אִישׁ אֶת־רֵעֵהוּ, Jer. xxxi. 34

ΠΟΛΛΑ'ΚΙΣ 4178

Mt 17 15 π. γὰρ πίπτει εἰς τὸ πῦρ κ. π. εἰς τὸ ὕδωρ

Mk 5 4 διὰ τὸ αὐτὸν π. πέδαις κ. ἁλύσεσιν δεδέσθαι

9 22 πολλάκις κ. εἰς πῦρ αὐτὸν ἔβαλεν

Jo 18 2 ὅτι πολλάκις συνήχθη Ἰησοῦς ἐκεῖ

Ac 26 11 κατὰ πάσας τ. συναγωγὰς π. τιμωρῶν αὐτούς

Ro 1 13 ὅτι π. προεθέμην ἐλθεῖν πρὸς ὑμᾶς

II Co 8 22 ὃν ἐδοκιμάσαμεν ἐν πολλοῖς π. σπουδαῖον ὄντα

11 23 ἐν θανάτοις πολλάκις

26 ὁδοιπορίαις πολλάκις

27 ἐν ἀγρυπνίαις πολλάκις ἐν λιμῷ κ. δίψει, ἐν νηστείαις πολλάκις

Phl 3 18 οὓς π. ἔλεγον ὑμῖν νῦν δὲ κ. κλαίων λέγω

II Ti 1 16 ὅτι πολλάκις με ἀνέψυξεν

He 6 7 γῆ γὰρ ἡ πιοῦσα τὸν ἐπ' αὐτῆς ἐρχόμενον π. ὑετόν

9 25 οὐδ' ἵνα π. προσφέρῃ ἑαυτόν

26 ἐπεὶ ἔδει αὐτὸν π. παθεῖν ἀπὸ καταβολῆς κόσμου

10 11 τ. αὐτὰς πολλάκις προσφέρων θυσίας

4179 ΠΟΛΛΑΠΛΑΣΙ'ΩΝ* cf. 2036.5

Mt 19 29 πᾶς ὅστις ἀφῆκεν οἰκίας . . . πολλαπλασίονα λήμψεται
ἑκατονταπλασίονα, R non mg.

Lu 18 30 ὃς οὐχὶ μὴ λάβῃ πολλαπλασίονα ἐν τ. καιρῷ τούτῳ
ἑπταπλασίονα, WH mg.

ΠΟΛΥΛΟΓΙ'Α 4180

Mt 6 7 δοκοῦσιν γὰρ ὅτι ἐν τ. πολυλογίᾳ αὐτῶν εἰσακουσθήσονται

ΠΟΛΥΜΕΡΩ'Σ* 4181

He 1 1 πολυμερῶς κ. πολυτρόπως πάλαι ὁ Θεὸς λαλήσας τ. πατράσιν

ΠΟΛΥΠΟΙ'ΚΙΛΟΣ* 4182

Eph 3 10 ἵνα γνωρισθῇ νῦν . . . ἡ πολυποίκιλος σοφία τ. Θεοῦ

ΠΟΛΥ'Σ 4183

(1) seq. gen., ἐκ (2) οἱ πολλοί (3) de temp. (4) πολύ *adv.*, πολλοῦ, πολλῷ, πολλά.

Mt 2 18 φωνὴ ἐν Ῥαμὰ ἠκούσθη κλαυθμὸς κ. ὀδυρμὸς πολύς
קוֹל בְּרָמָה נִשְׁמָע נְהִי בְּכִי תַמְרוּרִים, Jer. xxxi. 15

Mt 3 7 [1] ἰδὼν δὲ πολλοὺς τ. Φαρισαίων κ. Σαδδουκαίων ἐρχομένους
4 25 ἠκολούθησαν αὐτῷ ὄχλοι πολλοὶ ἀπὸ τ. Γαλιλαιας
5 12 ὁ μισθὸς ὑμῶν πολὺς ἐν τ. οὐρανοῖς
6 30 [4] οὐ πολλῷ μᾶλλον ὑμᾶς ὀλιγόπιστοι;
7 13 πολλοί εἰσιν οἱ εἰσερχόμενοι δι' αὐτῆς
22 πολλοὶ ἐροῦσίν μοι ἐν ἐκείνῃ τ. ἡμέρᾳ
22 οὐ . . . τ. σῷ ὀνόματι δυνάμεις πολλὰς ἐποιήσαμεν;
8 1 ἠκολούθησαν αὐτῷ ὄχλοι πολλοί
11 πολλοὶ ἀπὸ ἀνατολῶν κ. δυσμῶν ἥξουσιν
16 προσήνεγκαν αὐτῷ δαιμονιζομένους πολλούς
18 ἰδὼν δὲ ὁ Ἰησοῦς πολλοὺς ὄχλους περὶ αὐτόν
—πολλούς, WH [WH mg.]
30 ἦν δὲ μακρὰν ἀπ' αὐτῶν ἀγέλη χοίρων πολλῶν βοσκομένη
9 10 πολλοὶ τελῶναι κ. ἁμαρτωλοὶ ἐλθόντες συνανέκειντο
14 [4] διὰ τί ἡμεῖς κ. οἱ Φαρισαῖοι νηστεύομεν πολλά;
—πολλά, WH non mg. R mg.
37 ὁ μὲν θερισμὸς πολὺς οἱ δὲ ἐργάται ὀλίγοι
10 31 πολλῶν στρουθίων διαφέρετε ὑμεῖς
12 15 ἠκολούθησαν αὐτῷ πολλοί
13 2 συνήχθησαν πρὸς αὐτὸν ὄχλοι πολλοί
3 ἐλάλησεν αὐτοῖς πολλὰ ἐν παραβολαῖς
5 ὅπου οὐκ εἶχεν γῆν πολλήν
17 πολλοὶ προφῆται κ. δίκαιοι ἐπεθύμησαν ἰδεῖν
58 οὐκ ἐποίησεν ἐκεῖ δυνάμεις πολλάς
14 14 ἐξελθὼν εἶδεν πολὺν ὄχλον
24 τὸ δὲ πλοῖον ἤδη σταδίους πολλοὺς ἀπὸ τ. γῆς ἀπεῖχεν
ἤδ. μέσον τ. θαλάσσης ἦν, TWH mg. R non mg.
15 30 προσῆλθον αὐτῷ ὄχλοι πολλοί,
ἔχοντες μεθ' ἑαυτῶν χωλοὺς . . . κ. ἑτέρους πολλούς
16 21 δεῖ αὐτὸν . . . πολλὰ παθεῖν ἀπὸ τῶν πρεσβυτέρων
19 2 ἠκολούθησαν αὐτῷ ὄχλοι πολλοι
22 ἦν γὰρ ἔχων κτήματα πολλά
30 πολλοὶ δὲ ἔσονται πρῶτοι ἔσχατοι
20 16 πολλοὶ γάρ εἰσιν κλητοὶ ὀλίγοι δὲ ἐκλεκτοί
—h. v., TWH non mg. R
28 δοῦναι τ. ψυχὴν αὐτοῦ λύτρον ἀντὶ πολλῶν
29 ἠκολούθησεν αὐτῷ ὄχλος πολύς
22 14 πολλοὶ γάρ εἰσιν κλητοὶ ὀλίγοι δὲ ἐκλεκτοί
24 5 πολλοὶ γὰρ ἐλεύσονται ἐπὶ τ. ὀνόματί μου
5 κ. πολλοὺς πλανήσουσιν
10 τότε σκανδαλισθήσονται πολλοί
11 πολλοὶ ψευδοπροφῆται ἐγερθήσονται κ. πλανήσουσιν πολλούς
12 [2] ψυγήσεται ἡ ἀγάπη τ. πολλῶν
30 ἐρχόμενον ἐπὶ τ. νεφελῶν τ. οὐρανοῦ μετὰ δυνάμεως κ. δόξης πολλῆς
25 19 [3] μετὰ δὲ πολὺν χρόνον ἔρχεται ὁ κύριος
21 ἐπὶ πολλῶν σε καταστήσω
23 ἐπὶ πολλῶν σε καταστήσω
26 9 [4] ἐδύνατο γὰρ τοῦτο πραθῆναι πολλοῦ
28 τοῦτο γάρ ἐστιν τὸ αἷμά μου . . . τὸ περὶ πολλῶν ἐκχυννόμενον
47 μετ' αὐτοῦ ὄχλος πολὺς μετὰ μαχαιρῶν κ. ξύλων
60 πολλῶν προσελθόντων ψευδομαρτύρων

Mt 27 19 πολλὰ γὰρ ἔπαθον σήμερον κατ' ὄναρ
52 πολλὰ σώματα τ. κεκοιμημένων ἁγίων ἠγέρθησαν
53 κ. ἐνεφανίσθησαν πολλοῖς
55 ἦσαν δὲ ἐκεῖ γυναῖκες πολλαὶ ἀπὸ μακρόθεν θεωροῦσαι
Mk 1 34 ἐθεράπευσεν πολλοὺς κακῶς ἔχοντας ποικίλαις νόσοις,
κ. δαιμόνια πολλὰ ἐξέβαλεν
45 [4] ὁ δὲ ἐξελθὼν ἤρξατο κηρύσσειν πολλά
2 2 συνήχθησαν πολλοὶ ὥστε μηκέτι χωρεῖν
15 πολλοὶ τελῶναι κ. ἁμαρτωλοὶ συνανέκειντο τῷ Ἰησοῦ
15 ἦσαν γὰρ πολλοὶ κ. ἠκολούθουν αὐτῷ
3 7 πολὺ πλῆθος ἀπὸ τ. Γαλιλαίας ἠκολούθησεν
8 πλῆθος πολὺ ἀκούοντες ὅσα ποιεῖ
10 πολλοὺς γὰρ ἐθεράπευσεν
12 [4] πολλὰ ἐπετίμα αὐτοῖς
4 2 ἐδίδασκεν αὐτοὺς ἐν παραβολαῖς πολλά
5 ὅπου οὐκ εἶχεν γῆν πολλήν
33 τοιαύταις παραβολαῖς πολλαῖς ἐλάλει αὐτοῖς τ. λόγον
5 9 Λεγιὼν ὄνομά μοι ὅτι πολλοί ἐσμεν.
10 [4] κ. παρεκάλει αὐτὸν πολλά
21 συνήχθη ὄχλος πολὺς ἐπ' αὐτόν
23 [4] παρακαλεῖ αὐτὸν πολλὰ λέγων
24 ἠκολούθει αὐτῷ ὄχλος πολύς
26 πολλὰ παθοῦσα ὑπὸ πολλῶν ἰατρῶν
38 [4] θεωρεῖ . . . κλαίοντας κ. ἀλαλάζοντας πολλά
43 [4] διεστείλατο αὐτοῖς πολλὰ ἵνα μηδεὶς γνοῖ τοῦτο
6 2 [2] οἱ πολλοὶ ἀκούοντες ἐξεπλήσσοντο
—οἱ, R non mg.
13 δαιμόνια πολλὰ ἐξέβαλλον
13 ἤλειφον ἐλαίῳ πολλοὺς ἀρρώστους
20 [4] ἀκούσας αὐτοῦ πολλὰ ἠπόρει
31 ἦσαν γὰρ οἱ ἐρχόμενοι κ. οἱ ὑπάγοντες πολλοί
33 καὶ ἔγνωσαν πολλοί
34 ἐξελθὼν εἶδεν πολὺν ὄχλον
34 [4] ἤρξατο διδάσκειν αὐτοὺς πολλά.
35 [3] κ. ἤδη ὥρας πολλῆς γενομένης
35 [3] ἤδη ὥρα πολλή
7 4 ἄλλα πολλά ἐστιν ἃ παρέλαβον κρατεῖν
13 παρόμοια τοιαῦτα πολλὰ ποιεῖτε
8 1 πάλιν πολλοῦ ὄχλου ὄντος
31 δεῖ τ. υἱὸν τ. ἀνθρώπου πολλὰ παθεῖν
9 12 ἵνα πολλὰ πάθῃ κ. ἐξουδενηθῇ
14 εἶδαν ὄχλον πολὺν περὶ αὐτούς
26 [4] κράξας κ. πολλὰ σπαράξας ἐξῆλθεν
26 [2] ὥστε τ. πολλοὺς λέγειν ὅτι ἀπέθανεν
10 22 ἦν γὰρ ἔχων κτήματα πολλά
31 πολλοὶ δὲ ἔσονται πρῶτοι ἔσχατοι
45 δοῦναι τ. ψυχὴν αὐτοῦ λύτρον ἀντὶ πολλῶν
48 ἐπετίμων αὐτῷ πολλοὶ ἵνα σιωπήσῃ·
[4] ὁ δὲ πολλῷ μᾶλλον ἔκραζεν
11 8 πολλοὶ τὰ ἱμάτια αὐτῶν ἔστρωσαν εἰς τὴν ὁδόν
12 5 πάλιν ἀπέστειλεν . . . πολλοὺς ἄλλους
27 [4] πολὺ πλανᾶσθε
37 ὁ πολὺς ὄχλος ἤκουεν αὐτοῦ ἡδέως
41 πολλοὶ πλούσιοι ἔβαλλον πολλά
13 6 πολλοὶ ἐλεύσονται ἐπὶ τ. ὀνόματί μου
6 κ. πολλοὺς πλανήσουσιν
26 ἐρχόμενον ἐν νεφέλαις μετὰ δυνάμεως πολλῆς κ. δόξης

Mk 14 24 τοῦτό ἐστιν τὸ αἷμά μου . . . τὸ ἐκχυννόμενον ὑπὲρ πολλῶν
56 πολλοὶ γὰρ ἐψευδομαρτύρουν κατ' αὐτοῦ
15 3 [4] κατηγόρουν αὐτοῦ οἱ ἀρχιερεῖς πολλά
41 ἄλλαι πολλαὶ αἱ συναναβᾶσαι αὐτῷ εἰς Ἱεροσόλυμα
Lu 1 1 ἐπειδήπερ πολλοὶ ἐπεχείρησαν ἀνατάξασθαι διήγησιν
14 πολλοὶ ἐπὶ τ. γενέσει αὐτοῦ χαρήσονται
16 [1] πολλοὺς τ. υἱῶν Ἰσραὴλ ἐπιστρέψει ἐπὶ Κύριον
2 34 οὗτος κεῖται εἰς πτῶσιν κ. ἀνάστασιν πολλῶν ἐν τ. Ἰσραήλ
35 ὅπως ἂν ἀποκαλυφθῶσιν ἐκ πολλῶν καρδιῶν διαλογισμοί
36 [8] αὕτη προβεβηκυῖα ἐν ἡμέραις πολλαῖς
3 18 πολλὰ μὲν οὖν κ. ἕτερα παρακαλῶν
4 25 πολλαὶ χῆραι ἦσαν ἐν τ. ἡμέραις Ἠλείου
27 πολλοὶ λεπροὶ ἦσαν ἐν τῷ Ἰσραὴλ ἐπὶ Ἐλισαίου
41 ἐξήρχετο δὲ κ. δαιμόνια ἀπὸ πολλῶι
5 6 συνέκλεισαν πλῆθος ἰχθύων πολύ
15 συνήρχοντο ὄχλοι πολλοὶ ἀκούειν
29 ἦν ὄχλος πολὺς τελωνῶν
6 17 ἔστη . . . ὄχλος πολὺς μαθητῶν αὐτοῦ, κ. πλῆθος πολὺ τ. λαοῦ ἀπὸ πάσης τ. Ἰουδαίας
23 ὁ μισθὸς ὑμῶν πολὺς ἐν τ. οὐρανῷ
35 ἔσται ὁ μισθὸς ὑμῶν πολύς
7 11 συνεπορεύοντο αὐτῷ οἱ μαθηταὶ αὐτοῦ κ. ὄχλος πολύς
21 ἐν ἐκείνῃ τ. ὥρᾳ ἐθεράπευσεν πολλοὺς ἀπὸ νόσων
21 κ. τυφλοῖς πολλοῖς ἐχαρίσατο βλέπειν
47 ἀφέωνται αἱ ἁμαρτίαι αὐτῆς αἱ πολλαί, [4] ὅτι ἠγάπησεν πολύ
8 3 ἕτεραι πολλαὶ αἵτινες διηκόνουν αὐτοῖς
4 συνιόντος δὲ ὄχλου πολλοῦ
29 [8] πολλοῖς γὰρ χρόνοις συνηρπάκει αὐτόν
30 Λεγιών· ὅτι εἰσῆλθεν δαιμόνια πολλὰ εἰς αὐτόν
9 22 δεῖ τ. υἱὸν τ. ἀνθρώπου πολλὰ παθεῖν
37 συνήντησεν αὐτῷ ὄχλος πολύς
10 2 ὁ μὲν θερισμὸς πολὺς οἱ δὲ ἐργάται ὀλίγοι
24 πολλοὶ προφῆται κ. βασιλεῖς ἠθέλησαν ἰδεῖν
40 ἡ δὲ Μάρθα περιεσπᾶτο περὶ πολλὴν διακονίαν
41 μεριμνᾷς κ. θορυβάζῃ περὶ πολλά
—π. πολλά, WH mg. R. mg.
12 7 πολλῶν στρουθίων διαφέρετε
19 [3] ἔχεις πολλὰ ἀγαθὰ κείμενα εἰς ἔτη πολλά
47 ἐκεῖνος δὲ ὁ δοῦλος . . . δαρήσεται πολλάς
48 παντὶ δὲ ᾧ ἐδόθη πολύ, πολὺ ζητηθήσεται παρ' αὐτοῦ·
κ. ᾧ παρέθεντο πολύ
13 24 πολλοὶ λέγω ὑμῖν ζητήσουσιν εἰσελθεῖν
14 16 ἐποίει δεῖπνον μέγα κ. ἐκάλεσεν πολλούς
25 συνεπορεύοντο δὲ αὐτῷ ὄχλοι πολλοί
15 13 [8] μετ' οὐ πολλὰς ἡμέρας συναγαγὼν πάντα
16 10 ὁ πιστὸς ἐν ἐλαχίστῳ κ. ἐν πολλῷ πιστός ἐστιν·
κ. ὁ ἐν ἐλαχίστῳ ἄδικος κ. ἐν πολλῷ ἄδικός ἐστιν
17 25 πρῶτον δὲ δεῖ αὐτὸν πολλὰ παθεῖν
18 39 [4] αὐτὸς δὲ πολλῷ μᾶλλον ἔκραζεν
21 8 πολλοὶ γὰρ ἐλεύσονται ἐπὶ τ. ὀνόματί μου

Lu 21 27 ἐρχόμενον ἐν νεφέλῃ μετὰ δυνάμεως κ. δόξης πολλῆς
22 65 ἕτερα πολλὰ βλασφημοῦντες ἔλεγον εἰς αὐτόν
23 27 ἠκολούθει δὲ αὐτῷ πολὺ πλῆθος τ. λαοῦ
Jo 2 12 [8] ἐκεῖ ἔμειναν οὐ πολλὰς ἡμέρας
23 πολλοὶ ἐπίστευσαν εἰς τὸ ὄνομα αὐτοῦ
3 23 ὅτι ὕδατα πολλὰ ἦν ἐκεῖ
4 39 [1] ἐκ δὲ τ. πόλεως ἐκείνης πολλοὶ ἐπίστευσαν εἰς αὐτὸν τ. Σαμαρειτῶν
41 [4] πολλῷ πλείους ἐπίστευσαν διὰ τ. λόγον αὐτοῦ
5 6 [8] γνοὺς ὅτι πολὺν ἤδη χρόνον ἔχει
6 2 ἠκολούθει δὲ αὐτῷ ὄχλος πολύς
5 θεασάμενος ὅτι πολὺς ὄχλος ἔρχεται πρὸς αὐτόν
10 ἦν δὲ χόρτος πολὺς ἐν τ. τόπῳ
60 [1] πολλοὶ οὖν ἀκούσαντες ἐκ τ. μαθητῶν αὐτοῦ
66 [1] ἐκ τούτου πολλοὶ ἐκ τ. μαθητῶν αὐτοῦ ἀπῆλθον
7 12 γογγυσμὸς περὶ αὐτοῦ ἦν πολὺς ἐν τ. ὄχλοις
ἦν π. αὐτ. πολ., T
31 [1] ἐκ τ. ὄχλου δὲ πολλοὶ ἐπίστευσαν εἰς αὐτόν
πολ. δὲ ἐπιστ. ἐκ τ. ὄχλ., T
8 26 πολλὰ ἔχω περὶ ὑμῶν λαλεῖν κ. κρίνειν
30 ταῦτα αὐτοῦ λαλοῦντος πολλοὶ ἐπίστευσαν εἰς αὐτόν
10 20 [1] ἔλεγον δὲ πολλοὶ ἐξ αὐτῶν
32 πολλὰ ἔργα ἔδειξα ὑμῖν καλὰ ἐκ τ. πατρός
41 πολλοὶ ἦλθον πρὸς αὐτόν
42 πολλοὶ ἐπίστευσαν εἰς αὐτὸν ἐκεῖ
11 19 [1] πολλοὶ δὲ ἐκ τ. Ἰουδαίων ἐληλύθεισαν
45 [1] πολλοὶ οὖν ἐκ τ. Ἰουδαίων οἱ ἐλθόντες πρὸς τ. Μαριάμ
47 οὗτος ὁ ἄνθρωπος πολλὰ ποιεῖ σημεῖα
55 ἀνέβησαν πολλοὶ εἰς Ἱεροσόλυμα ἐκ τ. χώρας
12 9 [1] ἔγνω οὖν ὁ ὄχλος πολὺς ἐκ τ. Ἰουδαίων
11 [1] ὅτι πολλοὶ δι' αὐτὸν ὑπῆγον τ. Ἰουδαίων
12 ὁ ὄχλος πολὺς ὁ ἐλθὼν εἰς τ. ἑορτήν
24 ἐὰν δὲ ἀποθάνῃ πολὺν καρπὸν φέρει
42 [1] ἐκ τ. ἀρχόντων πολλοὶ ἐπίστευσαν εἰς αὐτόν
14 2 ἐν τ. οἰκίᾳ τ. πατρός μου μοναὶ πολλαί εἰσιν
30 οὐκέτι πολλὰ λαλήσω μεθ' ὑμῶν
15 5 οὗτος φέρει καρπὸν πολύν
8 ἵνα καρπὸν πολὺν φέρητε
16 12 ἔτι πολλὰ ἔχω ὑμῖν λέγειν
19 20 [1] τοῦτον οὖν τ. τίτλον πολλοὶ ἀνέγνωσαν τ. Ἰουδαίων
20 30 πολλὰ μὲν οὖν κ. ἄλλα σημεῖα ἐποίησεν ὁ Ἰησοῦς
21 25 ἔστιν δὲ κ. ἄλλα πολλὰ ἃ ἐποίησεν ὁ Ἰησοῦς
—h. v., T
Ac 1 3 οἷς κ. παρέστησεν ἑαυτὸν ζῶντα . . . ἐν πολλοῖς τεκμηρίοις
5 [8] ἐν πνεύματι βαπτισθήσεσθε ἁγίῳ οὐ μετὰ πολλὰς ταύτας ἡμέρας
2 43 πολλὰ δὲ τέρατα κ. σημεῖα διὰ τ. ἀποστόλων ἐγίνετο
4 4 [1] πολλοὶ δὲ τ. ἀκουσάντων τ. λόγον ἐπίστευσαν

Ac 5 12 ἐγίνετο σημεῖα κ. τέρατα πολλὰ ἐν τ. λαῷ
6 7 πολύς τε ὄχλος τ. ἱερέων ὑπήκουον τ. πίστει
8 7 [1] πολλοὶ γὰρ τ. ἐχόντων πνεύματα ἀκάθαρτα
7 πολλοὶ δὲ παραλελυμένοι κ. χωλοὶ ἐθεραπεύθησαν
8 ἐγένετο δὲ πολλὴ χαρὰ ἐν τ. πόλει ἐκείνῃ
24 [4] ὃς πολλὰ κλαίων οὐ διελίμπανεν
—h. v., TWH non mg. R
25 πολλάς τε κώμας τ. Σαμαρειτῶν εὐηγγελίζοντο
9 13 ἤκουσα ἀπὸ πολλῶν περὶ τ. ἀνδρὸς τούτου
42 ἐπίστευσαν πολλοὶ ἐπὶ τ. Κύριον
10 2 ποιῶν ἐλεημοσύνας πολλὰς τ. λαῷ
27 εὑρίσκει συνεληλυθότας πολλούς
11 21 πολύς τε ἀριθμὸς ὁ πιστεύσας ἐπέστρεψεν
13 43 [1] ἠκολούθησαν πολλοὶ τ. Ἰουδαίων . . . τ. Παύλῳ
14 1 ὥστε πιστεῦσαι Ἰουδαίων τε κ. Ἑλλήνων πολὺ πλῆθος
22 διὰ πολλῶν θλίψεων δεῖ ἡμᾶς εἰσελθεῖν
15 7 πολλῆς δὲ ζητήσεως γενομένης
32 διὰ λόγου πολλοῦ παρεκάλεσαν τ. ἀδελφούς
35 εὐαγγελιζόμενοι μετὰ κ. ἑτέρων πολλῶν
16 16 ἥτις ἐργασίαν πολλὴν παρεῖχεν τ. κυρίοις αὐτῆς
18 [3] τοῦτο δὲ ἐποίει ἐπὶ πολλὰς ἡμέρας
23 πολλὰς δὲ ἐπιθέντες αὐτοῖς πληγάς
17 4 τῶν τε σεβομένων Ἑλλήνων πλῆθος πολύ
12 [1] πολλοὶ μὲν οὖν ἐξ αὐτῶν ἐπίστευσαν
18 8 [1] πολλοὶ τ. Κορινθίων ἀκούοντες ἐπίστευον
10 διότι λαός ἐστίν μοι πολὺς ἐν τ. πόλει ταύτῃ
27 [4] συνεβάλετο πολὺ τ. πεπιστευκόσιν διὰ τ. χάριτος
19 18 [1] πολλοί τε τ. πεπιστευκότων ἤρχοντο
20 2 παρακαλέσας αὐτοὺς λόγῳ πολλῷ
21 40 πολλῆς δὲ σιγῆς γενομένης
22 28 ἐγὼ πολλοῦ κεφαλαίου τ. πολιτείαν ταύτην ἐκτησάμην
23 10 πολλῆς δὲ γινομένης στάσεως
24 2 πολλῆς εἰρήνης τυγχάνοντες διὰ σοῦ
7 παρελθὼν δὲ Λυσίας ὁ χιλίαρχος μετὰ πολλῆς βίας
—h. v., TWHR non mg.
10 [3] ἐκ πολλῶν ἐτῶν ὄντα σε κριτὴν τ. ἔθνει τούτῳ ἐπιστάμενος
25 7 πολλὰ κ. βαρέα αἰτιώματα καταφέροντες
23 ἐλθόντος τ. Ἀγρίππα . . . μετὰ πολλῆς φαντασίας
26 9 πρὸς τὸ ὄνομα Ἰησοῦ . . . δεῖν πολλὰ ἐναντία πρᾶξαι
10 πολλούς τε τ. ἁγίων ἐγὼ ἐν φυλακαῖς κατέκλεισα
24 τὰ πολλά σε γράμματα εἰς μανίαν περιτρέπει
27 10 μετὰ ὕβρεως κ. πολλῆς ζημίας οὐ μόνον τ. φορτίου
14 [3 4] μετ' οὐ πολὺ δὲ ἔβαλεν κατ' αὐτῆς ἄνεμος τυφωνικός
21 πολλῆς τε ἀσιτίας ὑπαρχούσης
28 6 [3 4] ἐπὶ πολὺ δὲ αὐτῶν προσδοκώντων
10 οἳ κ. πολλαῖς τιμαῖς ἐτίμησαν ἡμᾶς
29 πολλὴν ἔχοντες ἐν ἑαυτοῖς συζήτησιν
—h. v., TWHR non mg.
Ro 3 2 [4] πολὺ κατὰ πάντα τρόπον
4 17 πατέρα πολλῶν ἐθνῶν τέθεικά σε
אַב־הֲמוֹן גּוֹיִם נְתַתִּיךָ, Gen. xvii. 5

Ro 4 18 εἰς τὸ γενέσθαι αὐτὸν πατέρα πολλῶν ἐθνῶν
5 9 [4] πολλῷ οὖν μᾶλλον δικαιωθέντες νῦν
10 [4] πολλῷ μᾶλλον καταλλαγέντες σωθησόμεθα
15 [2] εἰ γὰρ τῷ τ. ἑνὸς παραπτώματι οἱ πολλοὶ ἀπέθανον,
[2 4] πολλῷ μᾶλλον ἡ χάρις τ. Θεοῦ . . . εἰς τ. πολλοὺς ἐπερίσσευσεν
16 τὸ δὲ χάρισμα ἐκ πολλῶν παραπτωμάτων εἰς δικαίωμα
17 [4] πολλῷ μᾶλλον οἱ τ. περισσείαν τ. χάριτος . . . λαμβάνοντες
19 [2] ἁμαρτωλοὶ κατεστάθησαν οἱ πολλοί
19 [2] δίκαιοι κατασταθήσονται οἱ πολλοί
8 29 εἰς τὸ εἶναι αὐτὸν πρωτότοκον ἐν πολλοῖς ἀδελφοῖς
9 22 ἤνεγκεν ἐν πολλῇ μακροθυμίᾳ σκεύη ὀργῆς
12 4 καθάπερ γὰρ ἐν ἑνὶ σώματι πολλὰ μέλη ἔχομεν
μέλ. πολλά, WH mg.
5 [2] οὕτως οἱ πολλοὶ ἓν σῶμά ἐσμεν ἐν Χριστῷ
15 22 [4] διὸ κ. ἐνεκοπτόμην τὰ πολλὰ τοῦ ἐλθεῖν
23 [3] ἐπιποθίαν δὲ ἔχων τοῦ ἐλθεῖν πρὸς ὑμᾶς ἀπὸ πολλῶν ἐτῶν
ἱκανῶν, WH
16 2 κ. γὰρ αὐτὴ προστάτις πολλῶν ἐγενήθη
6 [4] ἥτις πολλὰ ἐκοπίασεν εἰς ὑμᾶς
12 [4] ἥτις πολλὰ ἐκοπίασεν ἐν Κυρίῳ
I Co 1 26 ὅτι οὐ πολλοὶ σοφοὶ κατὰ σάρκα, οὐ πολλοὶ δυνατοὶ οὐ πολλοὶ εὐγενεῖς
2 3 ἐν τρόμῳ πολλῷ ἐγενόμην πρὸς ὑμᾶς
4 15 ἐὰν γὰρ μυρίους παιδαγωγοὺς ἔχητε ἐν Χριστῷ ἀλλ' οὐ πολλοὺς πατέρας
8 5 ὥσπερ εἰσὶν θεοὶ πολλοὶ κ. κύριοι πολλοί
10 17 [2] εἷς ἄρτος ἓν σῶμα οἱ πολλοί ἐσμεν
33 [2] μὴ ζητῶν τὸ ἐμαυτοῦ σύμφορον ἀλλὰ τὸ τ. πολλῶν
11 30 διὰ τοῦτο ἐν ὑμῖν πολλοὶ ἀσθενεῖς κ. ἄρρωστοι
12 12 καθάπερ γὰρ τὸ σῶμα ἕν ἐστιν κ. μέλη πολλὰ ἔχει,
πάντα δὲ τὰ μέλη τ. σώματος πολλὰ ὄντα ἕν ἐστιν σῶμα
14 τὸ σῶμα οὐκ ἔστιν ἓν μέλος ἀλλὰ πολλά
20 νῦν δὲ πολλὰ μέλη ἓν δὲ σῶμα
22 [4] πολλῷ μᾶλλον τὰ δοκοῦντα μέλη . . . ἀσθενέστερα
16 9 θύρα γάρ μοι ἀνέῳγεν . . . κ. ἀντικείμενοι πολλοί
12 [4] πολλὰ παρεκάλεσα αὐτὸν ἵνα ἔλθῃ
19 [4] ἀσπάζεται ὑμᾶς ἐν Κυρίῳ πολλὰ Ἀκύλας κ. Πρίσκα
II Co 1 11 ἵνα ἐκ πολλῶν προσώπων τὸ εἰς ἡμᾶς χάρισμα διὰ πολλῶν εὐχαριστηθῇ
2 4 ἐκ γὰρ πολλῆς θλίψεως κ. συνοχῆς καρδίας ἔγραψα ὑμῖν διὰ πολλῶν δακρύων
17 [2] οὐ γάρ ἐσμεν ὡς οἱ πολλοί
3 9 [4] πολλῷ μᾶλλον περισσεύει ἡ διακονία τ. δικαιοσύνης
11 [4] πολλῷ μᾶλλον τὸ μένον ἐν δόξῃ
12 πολλῇ παρρησίᾳ χρώμεθα
6 4 συνιστάνοντες ἑαυτοὺς ὡς Θεοῦ διάκονοι ἐν ὑπομονῇ πολλῇ
10 ὡς πτωχοὶ πολλοὺς δὲ πλουτίζοντες
7 4 πολλή μοι παρρησία πρὸς ὑμᾶς,
πολλή μοι καύχησις ὑπὲρ ὑμῶν

II Co 8 2 ἐν πολλῇ δοκιμῇ θλίψεως ἡ περισσεία τ. χαρᾶς αὐτῶν . . . ἐπερίσσευσεν
4 μετὰ πολλῆς παρακλήσεως δεόμενοι ἡμῶν
15 ὁ τὸ πολὺ οὐκ ἐπλεόνασεν
לֹא הֶעְדִּיף הַמַּרְבֶּה, Ex. xvi. 18
22 ὃν ἐδοκιμάσαμεν ἐν πολλοῖς πολλάκις σπουδαῖον ὄντα,
[4] νυνὶ δὲ πολὺ σπουδαιότερον, πεποιθήσει πολλῇ τῇ εἰς ὑμᾶς
9 12 περισσεύουσα διὰ πολλῶν εὐχαριστιῶν τ. Θεῷ
11 18 ἐπεὶ πολλοὶ καυχῶνται κατὰ τ. σάρκα
12 21 [1] μὴ . . . πενθήσω πολλοὺς τ. προημαρτηκότων
Ga 1 14 προέκοπτόμην ἐν τ. Ἰουδαϊσμῷ ὑπὲρ πολλοὺς συνηλικιώτας
3 16 οὐ λέγει . . . ὡς ἐπὶ πολλῶν ἀλλ' ὡς ἐφ' ἑνός
4 27 πολλὰ τὰ τέκνα τῆς ἐρήμου μᾶλλον ἢ τ. ἐχούσης τ. ἄνδρα
רַבִּים בְּנֵי־שׁוֹמֵמָה מִבְּנֵי בְעוּלָה, Is. liv. 1
Eph 2 4 διὰ τ. πολλὴν ἀγάπην αὐτοῦ ἣν ἠγάπησεν ἡμᾶς
Phl 1 23 [4] πολλῷ γὰρ μᾶλλον κρεῖσσον
2 12 [4] ἀλλὰ νῦν πολλῷ μᾶλλον ἐν τ. ἀπουσίᾳ μου
3 18 πολλοὶ γὰρ περιπατοῦσιν
Col 4 13 ὅτι ἔχει πολὺν πόνον ὑπὲρ ὑμῶν
I Th 1 5 ἐν πνεύματι ἁγίῳ κ. πληροφορίᾳ πολλῇ
6 δεξάμενοι τ. λόγον ἐν θλίψει πολλῇ
2 2 λαλῆσαι πρὸς ὑμᾶς τὸ εὐαγγέλιον τ. Θεοῦ ἐν πολλῷ ἀγῶνι
17 ἐσπουδάσαμεν τὸ πρόσωπον ὑμῶν ἰδεῖν ἐν πολλῇ ἐπιθυμίᾳ
I Ti 3 8 μὴ οἴνῳ πολλῷ προσέχοντας
13 πολλὴν παρρησίαν ἐν πίστει τῇ ἐν Χριστῷ Ἰησοῦ
6 9 ἐμπίπτουσιν εἰς . . . ἐπιθυμίας πολλὰς ἀνοήτους
10 ἑαυτοὺς περιέπειραν ὀδύναις πολλαῖς
12 ὡμολόγησας τ. καλὴν ὁμολογίαν ἐνώπιον πολλῶν μαρτύρων
II Ti 2 2 ἃ ἤκουσας παρ' ἐμοῦ διὰ πολλῶν μαρτύρων
4 14 Ἀλέξανδρος ὁ χαλκεὺς πολλά μοι κακὰ ἐνεδείξατο
Tit 1 10 εἰσὶν γὰρ πολλοὶ ἀνυπότακτοι
2 3 μηδὲ οἴνῳ πολλῷ δεδουλωμένας
Phm 7 χαρὰν γὰρ πολλὴν ἔσχον κ. παράκλησιν
8 διὸ πολλὴν ἐν Χριστῷ παρρησίαν ἔχων
He 2 10 πολλοὺς υἱοὺς εἰς δόξαν ἀγαγόντα
5 11 περὶ οὗ πολὺς ἡμῖν ὁ λόγος
9 28 εἰς τὸ πολλῶν ἀνενεγκεῖν ἁμαρτίας
10 32 πολλὴν ἄθλησιν ὑπεμείνατε παθημάτων
12 9 [4] οὐ πολὺ μᾶλλον ὑποταγησόμεθα τ. πατρὶ τ. πνευμάτων
15 [2] μὴ . . . δι' αὐτῆς μιανθῶσιν οἱ πολλοί
25 [4] πολὺ μᾶλλον ἡμεῖς οἱ τὸν ἀπ' οὐρανῶν ἀποστρεφόμενοι
Ja 3 1 μὴ πολλοὶ διδάσκαλοι γίνεσθε
2 [4] πολλὰ γὰρ πταίομεν ἅπαντες
5 16 [4] πολὺ ἰσχύει δέησις δικαίου ἐνεργουμένη
I Pe 1 3 ὁ κατὰ τὸ πολὺ αὐτοῦ ἔλεος ἀναγεννήσας ἡμᾶς
II Pe 2 2 πολλοὶ ἐξακολουθήσουσιν αὐτῶν τ. ἀσελγείαις
I Jo 2 18 κ. νῦν ἀντίχριστοι πολλοὶ γεγόνασιν
4 1 πολλοὶ ψευδοπροφῆται ἐξεληλύθασιν εἰς τ. κόσμον
II Jo 7 πολλοὶ πλάνοι ἐξῆλθαν εἰς τ. κόσμον
12 πολλὰ ἔχων ὑμῖν γράφειν
III Jo 13 πολλὰ εἶχον γράψαι σοι
Re 1 15 ἡ φωνὴ αὐτοῦ ὡς φωνὴ ὑδάτων πολλῶν
5 4 [4] κ. ἐγὼ ἔκλαιον πολύ
11 ἤκουσα φωνὴν ἀγγέλων πολλῶν κύκλῳ τ. θρόνου
7 9 εἶδον κ. ἰδοὺ ὄχλος πολύς
8 3 ἐδόθη αὐτῷ θυμιάματα πολλά
11 [1] πολλοὶ τ. ἀνθρώπων ἀπέθανον ἐκ τ. ὑδάτων
9 9 ὡς φωνὴ ἁρμάτων ἵππων πολλῶν τρεχόντων εἰς πόλεμον
10 11 προφητεῦσαι ἐπὶ λαοῖς κ. . . . βασιλεῦσι πολλοῖς
14 2 ἤκουσα . . . ὡς φωνὴν ὑδάτων πολλῶν
17 1 τ. πόρνης . . . τ. καθημένης ἐπὶ ὑδάτων πολλῶν
τ. ὑδ. τ. πολλ., T
19 1 ἤκουσα ὡς φωνὴν μεγάλην ὄχλου πολλοῦ
6 ἤκουσα ὡς φωνὴν ὄχλου πολλοῦ, κ. ὡς φωνὴν ὑδάτων πολλῶν
12 ἐπὶ τ. κεφαλὴν αὐτοῦ διαδήματα πολλά

ΠΟΛΥ'ΣΠΛΑΓΧΝΟΣ * † 4184

Ja 5 11 πολύσπλαγχνός ἐστιν ὁ Κύριος κ. οἰκτίρμων

ΠΟΛΥΤΕΛΗ'Σ 4185

Mk 14 3 γυνὴ ἔχουσα ἀλάβαστρον μύρου νάρδου πιστικῆς πολυτελοῦς
I Ti 2 9 μὴ ἐν πλέγμασιν . . . ἢ ἱματισμῷ πολυτελεῖ
I Pe 3 4 ὅ ἐστιν ἐνώπιον τ. Θεοῦ πολυτελές

ΠΟΛΥ'ΤΙΜΟΣ * 4186

Mt 13 46 εὑρὼν δὲ ἕνα πολύτιμον μαργαρίτην
26 7 γυνὴ ἔχουσα ἀλάβαστρον μύρου πολυτίμου
βαρυτίμου, WH
Jo 12 3 ἡ οὖν Μαριὰμ λαβοῦσα λίτραν μύρου νάρδου πιστικῆς πολυτίμου
I Pe 1 7 τὸ δοκίμιον ὑμῶν τ. πίστεως πολυτιμότερον χρυσίου

ΠΟΛΥΤΡΟ'ΠΩΣ ** 4187

He 1 1 πολυμερῶς κ. πολ. πάλαι ὁ Θεὸς λαλήσας τ. πατράσιν

ΠΟ'ΜΑ 4188

I Co 10 4 πάντες τὸ αὐτὸ πνευματικὸν ἔπιον πόμα
He 9 10 μόνον ἐπὶ βρώμασι κ. πόμασι

ΠΟΝΗΡΙ'Α 4189

Mt 22 18 γνοὺς δὲ ὁ Ἰησοῦς τ. πονηρίαν αὐτῶν
Mk 7 22 πλεονεξίαι πονηρίαι δόλος
Lu 11 39 τὸ δὲ ἔσωθεν ὑμῶν γέμει ἁρπαγῆς κ. πονηρίας
Ac 3 26 ἐν τῷ ἀποστρέφειν ἕκαστον ἀπὸ τ. πονηριῶν ὑμῶν
Ro 1 29 πεπληρωμένους πάσῃ ἀδικίᾳ πονηρίᾳ πλεονεξίᾳ κακίᾳ
κακ. πον. πλεον., WH mg.; πον. κακ πλεον., TWH mg. alt.

I Co 5 8 μηδὲ ἐν ζύμῃ κακίας κ. πονηρίας
Eph 6 12 πρὸς τὰ πνευματικὰ τ. πονηρίας ἐν τ. ἐπουρανίοις

ΠΟΝΗΡΟ'Σ 4190, 4191

(1) ὁ πον., τὸ πονηρόν (2) πονηρότερος (3) πον. ἡμέρα

Mt 5 11 ὅταν . . . εἴπωσιν πᾶν πονηρὸν καθ' ὑμῶν ψευδόμενοι
37 [1] τὸ δὲ περισσὸν τούτων ἐκ τ. πονηροῦ ἐστίν
39 [1] ἐγὼ δὲ λέγω ὑμῖν μὴ ἀντιστῆναι τ. πονηρῷ
45 τ. ἥλιον αὐτοῦ ἀνατέλλει ἐπὶ πονηροὺς κ. ἀγαθούς
6 13 [1] ἀλλὰ ῥῦσαι ἡμᾶς ἀπὸ τ. πονηροῦ
23 ἐὰν δὲ ὁ ὀφθαλμός σου πονηρὸς ᾖ
7 11 εἰ οὖν ὑμεῖς πονηροὶ ὄντες οἴδατε
17 τὸ δὲ σαπρὸν δένδρον καρποὺς πονηροὺς ποιεῖ.
18 οὐ δύναται δένδρον ἀγαθὸν καρποὺς πονηροὺς ἐνεγκεῖν
9 4 ἵνα τί ἐνθυμεῖσθε πονηρὰ ἐν τ. καρδίαις ὑμῶν;
12 34 πῶς δύνασθε ἀγαθὰ λαλεῖν πονηροὶ ὄντες
35 ὁ πονηρὸς ἄνθρωπος ἐκ τ. πονηροῦ θησαυροῦ ἐκβάλλει πονηρά
39 γενεὰ πονηρὰ κ. μοιχαλὶς σημεῖον ἐπιζητεῖ
45 [2] παραλαμβάνει μεθ' ἑαυτοῦ ἑπτὰ ἕτερα πνεύματα πονηρότερα ἑαυτοῦ
45 οὕτως ἔσται κ. τ. γενεᾷ ταύτῃ τ. πονηρᾷ
13 19 [1] ἔρχεται ὁ πονηρὸς κ. ἁρπάζει τὸ ἐσπαρμένον
38 [1] τὰ δὲ ζιζάνιά εἰσιν οἱ υἱοὶ τ. πονηροῦ
49 ἀφοριοῦσιν τ. πονηροὺς ἐκ μέσου τ. δικαίων
15 19 ἐκ γὰρ τ. καρδίας ἐξέρχονται διαλογισμοὶ πονηροί
16 4 γενεὰ πονηρὰ κ. μοιχαλὶς σημεῖον ἐπιζητεῖ
18 32 λέγει αὐτῷ Δοῦλε πονηρέ
20 15 ἢ ὁ ὀφθαλμός σου πονηρός ἐστιν
22 10 συνήγαγον πάντας . . . πονηρούς τε κ. ἀγαθούς
25 26 πονηρὲ δοῦλε κ. ὀκνηρέ
Mk 7 22 ὀφθαλμὸς πονηρὸς βλασφημία
23 πάντα ταῦτα τὰ πονηρὰ ἔσωθεν ἐκπορεύεται
Lu 3 19 περὶ πάντων ὧν ἐποίησεν πονηρῶν ὁ Ἡρῴδης
6 22 ὅταν . . . ἐκβάλωσιν τὸ ὄνομα ὑμῶν ὡς πονηρόν
35 αὐτὸς χρηστός ἐστιν ἐπὶ τ. ἀχαρίστους κ. πονηρούς
45 [1] ὁ πονηρὸς ἐκ τ. πονηροῦ προφέρει τὸ πονηρόν
7 21 ἐθεράπευσεν πολλοὺς ἀπὸ νόσων . . . κ. πνευμάτων πονηρῶν
8 2 αἳ ἦσαν τεθεραπευμέναι ἀπὸ πνευμάτων πονηρῶν
11 4 [1] ἀλλὰ ῥῦσαι ἡμᾶς ἀπὸ τ. πονηροῦ
—h. v., TWHR non mg.
13 εἰ οὖν ὑμεῖς πονηροὶ ὑπάρχοντες οἴδατε
26 [2] παραλαμβάνει ἕτερα πνεύματα πονηρότερα ἑαυτοῦ ἑπτά
29 ἡ γενεὰ αὕτη γενεὰ πονηρά ἐστιν
34 ἐπὰν δὲ πονηρὸς ᾖ
19 22 ἐκ τ. στόματός σου κρίνω σε πονηρὲ δοῦλε
Jo 3 19 ἦν γὰρ αὐτῶν πονηρὰ τὰ ἔργα
7 7 μαρτυρῶ περὶ αὐτοῦ ὅτι τὰ ἔργα αὐτοῦ πονηρά ἐστιν
17 15 [1] ἀλλ' ἵνα τηρήσῃς αὐτοὺς ἐκ τ. πονηροῦ
Ac 17 5 προσλαβόμενοι τ. ἀγοραίων ἄνδρας τινὰς πονηρούς
18 14 εἰ μὲν ἦν ἀδίκημά τι ἢ ῥᾳδιούργημα πονηρόν
19 12 τά τε πνεύματα τὰ πονηρὰ ἐκπορεύεσθαι
13 ὀνομάζειν ἐπὶ τ. ἔχοντας τὰ πνεύματα τὰ πονηρά
15 ἀποκριθὲν δὲ τὸ πνεῦμα τὸ πονηρὸν εἶπεν αὐτοῖς
16 ὁ ἄνθρωπος . . . ἐν ᾧ ἦν τὸ πνεῦμα τὸ πονηρόν
25 18 οὐδεμίαν αἰτίαν ἔφερον ὧν ἐγὼ ὑπενόουν πονηρῶν
πονηράν, TWH mg.
28 21 ἢ ἐλάλησέν τι περὶ σοῦ πονηρόν
Ro 12 9 [1] ἀποστυγοῦντες τὸ πονηρόν
I Co 5 13 [1] ἐξάρατε τὸν πονηρὸν ἐξ ὑμῶν αὐτῶν
בִּעַרְתָּ הָרַע מִקִּרְבֶּךָ, Dt. xvii. 7
Ga 1 4 ὅπως ἐξέληται ἡμᾶς ἐκ τ. αἰῶνος τ. ἐνεστῶτος πονηροῦ
Eph 5 16 [3] ὅτι αἱ ἡμέραι πονηραί εἰσιν
6 13 [3] ἵνα δυνηθῆτε ἀντιστῆναι ἐν τ. ἡμέρᾳ τ. πονηρᾷ
16 [1] πάντα τὰ βέλη τ. πονηροῦ τὰ πεπυρωμένα σβέσαι
Col 1 21 ἐχθροὺς τ. διανοίᾳ ἐν τ. ἔργοις τ. πονηροῖς
I Th 5 22 ἀπὸ παντὸς εἴδους πονηροῦ ἀπέχεσθε
II Th 3 2 ἵνα ῥυσθῶμεν ἀπὸ τ. ἀτόπων κ. πονηρῶν ἀνθρώπων
3 [1] ὃς στηρίξει ὑμᾶς κ. φυλάξει ἀπὸ τ. πονηροῦ
I Ti 6 4 ἐξ ὧν γίνεται φθόνος . . . ὑπόνοιαι πονηραί
II Ti 3 13 πονηροὶ δὲ ἄνθρωποι κ. γόητες προκόψουσιν ἐπὶ τὸ χεῖρον
4 18 ῥύσεταί με ὁ Κύριος ἀπὸ παντὸς ἔργου πονηροῦ
He 3 12 μή ποτε ἔσται ἔν τινι ὑμῶν καρδία πονηρὰ ἀπιστίας
10 22 ῥεραντισμένοι τὰς καρδίας ἀπὸ συνειδήσεως πονηρᾶς
Ja 2 4 ἐγένεσθε κριταὶ διαλογισμῶν πονηρῶν
4 16 πᾶσα καύχησις τοιαύτη πονηρά ἐστιν
I Jo 2 13 [1] γράφω ὑμῖν νεανίσκοι ὅτι . . . νενικήκατε τὸν πονηρόν
14 [1] ἔγραψα ὑμῖν νεανίσκοι ὅτι . . νενικήκατε τὸν πονηρόν
3 12 [1] οὐ καθὼς Καὶν ἐκ τ. πονηροῦ ἦν
12 ὅτι τὰ ἔργα αὐτοῦ πονηρὰ ἦν
5 18 [1] ὁ πονηρὸς οὐχ ἅπτεται αὐτοῦ
19 [1] ὁ κόσμος ὅλος ἐν τ. πονηρῷ κεῖται
II Jo 11 κοινωνεῖ τ. ἔργοις αὐτοῦ τ. πονηροῖς
III Jo 10 λόγοις πονηροῖς φλυαρῶν ἡμᾶς
Re 16 2 ἐγένετο ἕλκος κακὸν κ. πονηρὸν ἐπὶ τ. ἀνθρώπους

ΠΟ'ΝΟΣ 4192

Col 4 13 ὅτι ἔχει πολὺν πόνον ὑπὲρ ὑμῶν
Re 16 10 ἐμασῶντο τ. γλώσσας αὐτῶν ἐκ τ. πόνου,
11 κ. ἐβλασφήμησαν τ. Θεὸν τ. οὐρανοῦ ἐκ τ. πόνων αὐτῶν
21 4 οὔτε πένθος οὔτε κραυγὴ οὔτε πόνος οὐκ ἔσται ἔτι

ΠΟΝΤΙΚΟ´Σ 4193

Ac 18 2 εὑρών τινα Ἰουδαῖον ὀνόματι Ἀκύλαν Ποντικὸν τ. γένει

ΠΟ´ΝΤΙΟΣ 4194

Mt 27 2 παρέδωκαν Ποντίῳ Πειλάτῳ τ. ἡγεμόνι
—Ποντίῳ, TWH non mg. R
Lu 3 1 ἡγεμονεύοντος Ποντίου Πειλάτου τ. Ἰουδαίας
Ac 4 27 συνήχθησαν γὰρ . . . Ἡρῴδης τε κ. Πόντιος Πειλᾶτος
1 Ti 6 13 τ. μαρτυρήσαντος ἐπὶ Ποντίου Πειλάτου τ. καλὴν ὁμολογίαν

ΠΟ´ΝΤΟΣ 4195

Ac 2 9 Ἰουδαίαν τε κ. Καππαδοκίαν Πόντον κ. τ. Ἀσίαν
1 Pe 1 1 Πέτρος . . . ἐκλεκτοῖς παρεπιδήμοις διασπορᾶς Πόντου

ΠΟ´ΠΛΙΟΣ 4196

Ac 28 7 ὑπῆρχεν χωρία τ. πρώτῳ τῆς νήσου ὀνόματι Ποπλίῳ
8 ἐγένετο δὲ τ. πατέρα τ. Ποπλίου πυρετοῖς . . . κατακεῖσθαι

ΠΟΡΕΙ´Α 4197

Lu 13 22 πορείαν ποιούμενος εἰς Ἱεροσόλυμα
Ja 1 11 οὕτως κ. ὁ πλούσιος ἐν τ. πορείαις αὐτοῦ μαρανθήσεται

ΠΟΡΕΥ´ΟΜΑΙ 4198

(1) seq. dat., ἐν (2) seq. ἐπί (3) seq. infin., ἵνα (4) πορ. εἰς εἰρ., ἐν εἰρήνῃ (5) c. acc. loci, κατά loci

Mt 2 8 πορευθέντες ἐξετάσατε ἀκριβῶς περὶ τ. παιδίου
9 οἱ δὲ ἀκούσαντες τ. βασιλέως ἐπορεύθησαν
20 ἐγερθεὶς . . . πορεύου εἰς γῆν Ἰσραήλ
8 9 λέγω τούτῳ Πορεύθητι κ. πορεύεται
9 13 πορευθέντες δὲ μάθετε τί ἐστιν
10 6 πορεύεσθε δὲ μᾶλλον πρὸς τὰ πρόβατα τὰ ἀπολωλότα
7 πορευόμενοι δὲ κηρύσσετε λέγοντες
11 4 πορευθέντες ἀπαγγείλατε Ἰωάνει
7 τούτων δὲ πορευομένων ἤρξατο ὁ Ἰησοῦς
12 1 ἐν ἐκείνῳ τ. καιρῷ ἐπορεύθη ὁ Ἰησοῦς τ. σάββασιν διὰ τ. σπορίμων
45 τότε πορεύεται κ. παραλαμβάνει μεθ' ἑαυτοῦ
17 27 πορευθεὶς εἰς θάλασσαν βάλε ἄγκιστρον
18 12 πορευθεὶς ζητεῖ τὸ πλανώμενον
19 15 ἐπιθεὶς τ. χεῖρας αὐτοῖς ἐπορεύθη ἐκεῖθεν
21 2 πορεύεσθε εἰς τ. κώμην τὴν κατέναντι ὑμῶν
6 πορευθέντες δὲ οἱ μαθηταὶ . . . ἤγαγον τὴν ὄνον
22 9 [2] πορεύεσθε οὖν ἐπὶ τὰς διεξόδους τ. ὁδῶν
15 τότε πορευθέντες οἱ Φαρισαῖοι συμβούλιον ἔλαβον
24 1 ἐξελθὼν ὁ Ἰησοῦς ἀπὸ τ. ἱεροῦ ἐπορεύετο
25 9 πορεύεσθε μᾶλλον πρὸς τ. πωλοῦντας
16 πορευθεὶς ὁ τὰ πέντε τάλαντα λαβών
41 πορεύεσθε ἀπ' ἐμοῦ κατηραμένοι εἰς τὸ πῦρ τὸ αἰώνιον
Mt 26 14 τότε πορευθεὶς εἷς τῶν δώδεκα . . . πρὸς τ. ἀρχιερεῖς
27 66 οἱ δὲ πορευθέντες ἠσφαλίσαντο τ. τάφον
28 7 ταχὺ πορευθεῖσαι εἴπατε τ. μαθηταῖς αὐτοῦ
11 πορευομένων δὲ αὐτῶν
16 οἱ δὲ ἕνδεκα μαθηταὶ ἐπορεύθησαν εἰς τ. Γαλιλαίαν
19 πορευθέντες οὖν μαθητεύσατε πάντα τὰ ἔθνη
Mk 9 30 ἐξελθόντες ἐπορεύοντο διὰ τ. Γαλιλαίας
παρεπορεύοντο, TWH mg.
16 [10 ἐκείνη πορευθεῖσα ἀπήγγειλεν τοῖς μετ' αὐτοῦ γενομένοις
[12 δυσὶν ἐξ αὐτῶν περιπατοῦσιν ἐφανερώθη . . . πορευομένοις εἰς ἀγρόν
[15 πορευθέντες εἰς τ. κόσμον ἅπαντα κηρύξατε
Lu 1 6 [1] πορευόμενοι ἐν πάσαις τ. ἐντολαῖς . . . ἄμεμπτοι
39 ἐπορεύθη εἰς τ. ὀρεινὴν μετὰ σπουδῆς
2 3 [3] ἐπορεύοντο πάντες ἀπογράφεσθαι
41 ἐπορεύοντο οἱ γονεῖς αὐτοῦ κατ' ἔτος εἰς Ἰερουσαλήμ
4 30 αὐτὸς δὲ διελθὼν διὰ μέσου αὐτῶν ἐπορεύετο
42 ἐξελθὼν ἐπορεύθη εἰς ἔρημον τόπον
42 κατεῖχον αὐτὸν τοῦ μὴ πορεύεσθαι ἀπ' αὐτῶν
5 24 πορεύου εἰς τ. οἶκόν σου
7 6 ὁ δὲ Ἰησοῦς ἐπορεύετο σὺν αὐτοῖς
8 λέγω τούτῳ Πορεύθητι κ. πορεύεται
11 ἐπορεύθη εἰς πόλιν καλουμένην Ναίν
22 πορευθέντες ἀπαγγείλατε Ἰωάνει
50 [4] πορεύου εἰς εἰρήνην
8 14 ὑπὸ . . . ἡδονῶν τ. βίου πορευόμενοι συνπνίγονται
48 [4] πορεύου εἰς εἰρήνην
9 12 ἵνα πορευθέντες εἰς τὰς κύκλῳ κώμας . . . καταλύσωσιν
13 εἰ μήτι πορευθέντες ἡμεῖς ἀγοράσωμεν
51 τὸ πρόσωπον ἐστήρισεν τοῦ πορεύεσθαι εἰς Ἰερουσαλήμ
52 πορευθέντες εἰσῆλθον εἰς κώμην Σαμαρειτῶν
53 ὅτι τὸ πρόσωπον αὐτοῦ ἦν πορευόμενον εἰς Ἰερουσαλήμ
56 κ. ἐπορεύθησαν εἰς ἑτέραν κώμην
57 πορευομένων αὐτῶν ἐν τῇ ὁδῷ
10 37 πορεύου κ. σὺ ποίει ὁμοίως.
38 ἐν δὲ τῷ πορεύεσθαι αὐτούς
11 5 πορεύσεται πρὸς αὐτὸν μεσονυκτίου
26 τότε πορεύεται κ. παραλαμβάνει ἕτερα πνεύματα
13 31 ἔξελθε κ. πορεύου ἐντεῦθεν
32 πορευθέντες εἴπατε τ. ἀλώπεκι ταύτῃ
33 δεῖ με σήμερον κ. αὔριον κ. τῇ ἐχομένῃ πορεύεσθαι
14 10 πορευθεὶς ἀνάπεσε εἰς τ. ἔσχατον τόπον
19 [3] πορεύομαι δοκιμάσαι αὐτά
31 [3] ἢ τίς βασιλεὺς πορευόμενος ἑτέρῳ βασιλεῖ συνβαλεῖν εἰς πόλεμον
15 4 [2] πορεύεται ἐπὶ τὸ ἀπολωλὸς ἕως εὕρῃ αὐτό
15 πορευθεὶς ἐκολλήθη ἑνὶ τ. πολιτῶν
18 ἀναστὰς πορεύσομαι πρὸς τ. πατέρα μου
16 30 ἐάν τις ἀπὸ νεκρῶν πορευθῇ πρὸς αὐτούς
17 11 ἐν τῷ πορεύεσθαι εἰς Ἰερουσαλήμ

Lu 17 14 πορευθέντες ἐπιδείξατε ἑαυτοὺς
19 εἶπεν αὐτῷ Ἀναστὰς πορεύου
19 12 ἄνθρωπός τις εὐγενὴς ἐπορεύθη εἰς χώραν μακράν
28 εἰπὼν ταῦτα ἐπορεύετο ἔμπροσθεν
36 πορευομένου δὲ αὐτοῦ ὑπεστρώννυον
21 8 μὴ πορευθῆτε ὀπίσω αὐτῶν
22 8 πορευθέντες ἑτοιμάσατε ἡμῖν τὸ πάσχα
22 ὁ υἱὸς μὲν τ. ἀνθρώπου κατὰ τὸ ὡρισμένον πορεύεται
33 ἕτοιμός εἰμι κ. εἰς φυλακὴν κ. εἰς θάνατον πορεύεσθαι
39 ἐξελθὼν ἐπορεύθη κατὰ τὸ ἔθος εἰς τὸ ὄρος τ. ἐλαιῶν
24 13 ἐν αὐτῇ τ. ἡμέρᾳ ἦσαν πορευόμενοι εἰς κώμην
28 ἤγγισαν εἰς τ. κώμην οὗ ἐπορεύοντο· κ. αὐτὸς προσεποιήσατο πορρώτερον πορεύεσθαι

Jo 4 50 πορεύου ὁ υἱός σου ζῇ.
ἐπίστευσεν ὁ ἄνθρωπος . . . κ. ἐπορεύετο
7 35 ποῦ οὗτος μέλλει πορεύεσθαι
35 μὴ εἰς τ. διασπορὰν τ. Ἑλλήνων μέλλει πορεύεσθαι
[53 ἐπορεύθησαν ἕκαστος εἰς τ. οἶκον αὐτοῦ.
8 [1 Ἰησοῦς δὲ ἐπορεύθη εἰς τὸ ὄρος τ. ἐλαιῶν
[11 πορεύου ἀπὸ τοῦ νῦν μηκέτι ἁμάρτανε
59 διελθὼν διὰ μέσου αὐτῶν ἐπορεύετο
—h. v., TWHR non mg.
10 4 ἔμπροσθεν αὐτῶν πορεύεται
11 11 [3] πορεύομαι ἵνα ἐξυπνίσω αὐτόν
14 2 [3] πορεύομαι ἑτοιμάσαι τόπον ὑμῖν.
3 κ. ἐὰν πορευθῶ κ. ἑτοιμάσω τόπον ὑμῖν
12 ὅτι ἐγὼ πρὸς τ. πατέρα πορεύομαι
28 ὅτι πορεύομαι πρὸς τ. πατέρα
16 7 ἐὰν δὲ πορευθῶ πέμψω αὐτὸν πρὸς ὑμᾶς
28 ἀφίημι τ. κόσμον κ. πορεύομαι πρὸς τ. πατέρα
20 17 πορεύου δὲ πρὸς τ. ἀδελφούς μου

Ac 1 10 ὡς ἀτενίζοντες ἦσαν εἰς τ. οὐρανὸν πορευομένου αὐτοῦ
11 ὃν τρόπον ἐθεάσασθε αὐτὸν πορευόμενον
25 παρέβη Ἰούδας πορευθῆναι εἰς τ. τόπον τ. ἴδιον
5 20 πορεύεσθε κ. σταθέντες λαλεῖτε ἐν τ. ἱερῷ
41 οἱ μὲν οὖν ἐπορεύοντο χαίροντες
8 26 [2 5] ἀνάστηθι κ. πορεύου κατὰ μεσημβρίαν ἐπὶ τὴν ὁδὸν τ. καταβαίνουσαν
27 κ. ἀναστὰς ἐπορεύθη
36 [5] ὡς δὲ ἐπορεύοντο κατὰ τὴν ὁδόν
39 [5] ἐπορεύετο γὰρ τὴν ὁδὸν αὐτοῦ χαίρων
9 3 ἐν δὲ τῷ πορεύεσθαι ἐγένετο αὐτὸν ἐγγίζειν
11 [2] ἀνάστα πορεύθητι ἐπὶ τ. ῥύμην τ. καλουμένην Εὐθεῖαν
15 πορεύου ὅτι σκεῦος ἐκλογῆς ἐστίν μοι
31 [1] πορευομένη τ. φόβῳ τ. Κυρίου . . . ἐπληθύνετο
10 20 κατάβηθι κ. πορεύου σὺν αὐτοῖς
12 17 ἐξελθὼν ἐπορεύθη εἰς ἕτερον τόπον
14 16 [1] εἴασεν πάντα τὰ ἔθνη πορεύεσθαι ταῖς ὁδοῖς αὐτῶν
15 34 μόνος δὲ Ἰούδας ἐπορεύθη
—h. v., TWH non mg. R
16 7 ἐπείραζον εἰς τ. Βιθυνίαν πορευθῆναι
16 ἐγένετο δὲ πορευομένων ἡμῶν εἰς τ. προσευχήν
16 36 [4] νῦν οὖν ἐξελθόντες πορεύεσθε ἐν εἰρήνῃ
17 14 [2] τ. Παῦλον ἐξαπέστειλαν . . . πορεύεσθαι ἕως ἐπὶ τ. θάλασσαν
18 6 ἀπὸ τοῦ νῦν εἰς τὰ ἔθνη πορεύσομαι
19 1 θέλοντος δὲ τ. Παύλου . . . πορεύεσθαι εἰς Ἱεροσόλυμα
—h. v., TWH non mg. R
21 διελθὼν τ. Μακεδονίαν κ. Ἀχαίαν πορεύεσθαι εἰς Ἱεροσόλυμα
20 1 ἐξῆλθεν πορεύεσθαι εἰς Μακεδονίαν
22 δεδεμένος ἐγὼ τ. πνεύματι πορεύομαι εἰς Ἱερουσαλὴμ
21 5 ἐξελθόντες ἐπορευόμεθα
22 5 εἰς Δαμασκὸν ἐπορευόμην
6 ἐγένετο δέ μοι πορευομένῳ κ. ἐγγίζοντι
10 ἀναστὰς πορεύου εἰς Δαμασκόν
21 πορεύου ὅτι ἐγὼ εἰς ἔθνη μακρὰν ἐξαποστελῶ σε
23 23 ὅπως πορευθῶσιν ἕως Καισαρίας
24 25 τὸ νῦν ἔχον πορεύου
25 12 [2] Καίσαρα ἐπικέκλησαι ἐπὶ Καίσαρα πορεύσῃ
20 εἰ βούλοιτο πορεύεσθαι εἰς Ἱεροσόλυμα
26 12 ἐν οἷς πορευόμενος εἰς τὴν Δαμασκόν
13 περιλάμψαν με φῶς κ. τοὺς σὺν ἐμοὶ πορευομένους
27 3 ἐπέτρεψεν πρὸς τ. φίλους πορευθέντι ἐπιμελείας τυχεῖν
28 26 πορεύθητι πρὸς τ. λαὸν τοῦτον κ. εἰπόν
לֵךְ וְאָמַרְתָּ לָעָם הַזֶּה, Is. vi. 9

Ro 15 24 ὡς ἂν πορεύωμαι εἰς τ. Σπανίαν
25 νυνὶ δὲ πορεύομαι εἰς Ἱερουσαλήμ
I Co 10 27 εἴ τις καλεῖ ὑμᾶς τ. ἀπίστων κ. θέλετε πορεύεσθαι
16 4 ἐὰν δὲ ἄξιον ᾖ τοῦ κἀμὲ πορεύεσθαι, σὺν ἐμοὶ πορεύσονται
6 ἵνα ὑμεῖς με προπέμψητε οὗ ἐὰν πορεύωμαι
I Ti 1 3 παρεκάλεσά σε προσμεῖναι ἐν Ἐφέσῳ πορευόμενος εἰς Μακεδονίαν
II Ti 4 10 Δημᾶς γὰρ . . . ἐπορεύθη εἰς Θεσσαλονίκην
Ja 4 13 σήμερον ἢ αὔριον πορευσόμεθα εἰς τήνδε τ. πόλιν
I Pe 3 19 τοῖς ἐν φυλακῇ πνεύμασι πορευθεὶς ἐκήρυξεν
22 πορευθεὶς εἰς οὐρανόν
4 3 [1] πεπορευμένους ἐν ἀσελγείαις ἐπιθυμίαις
II Pe 2 10 [1] τοὺς ὀπίσω σαρκὸς ἐν ἐπιθυμίᾳ μιασμοῦ πορευομένους
3 3 κατὰ τ. ἰδίας ἐπιθυμίας αὐτῶν πορευόμενοι
Ju 11 [1] ὅτι τῇ ὁδῷ τοῦ Κάϊν ἐπορεύθησαν
16 κατὰ τ. ἐπιθυμίας αὐτῶν πορευόμενοι
18 κατὰ τὰς ἑαυτῶν ἐπιθυμίας πορευόμενοι τ. ἀσεβειῶν

ΠΟΡΘΕΏ** 4199

Ac 9 21 ὁ πορθήσας ἐν Ἱερουσαλὴμ τ. ἐπικαλουμένους τὸ ὄνομα τοῦτο
Ga 1 13 καθ' ὑπερβολὴν ἐδίωκον τ. ἐκκλησίαν τ. Θεοῦ κ. ἐπόρθουν αὐτήν
23 νῦν εὐαγγελίζεται τ. πίστιν ἥν ποτε ἐπόρθει

ΠΟΡΙΣΜΌΣ** 4200

I Ti 6 5 νομιζόντων πορισμὸν εἶναι τ. εὐσέβειαν.
6 ἔστιν δὲ πορισμὸς μέγας ἡ εὐσέβεια μετὰ αὐταρκείας

ΠΟ'ΡΚΙΟΣ 4201

Ac 24 27 ἔλαβεν διάδοχον ὁ Φῆλιξ Πόρκιον **Φῆστον**

ΠΟΡΝΕΙ'Α 4202

Mt 5 32 πᾶς ὁ ἀπολύων . . . παρεκτὸς λόγου πορνείας
15 19 ἐκ γὰρ τ. καρδίας ἐξέρχονται . . . μοιχεῖαι πορνεῖαι κλοπαί
19 9 ὃς ἂν ἀπολύσῃ . . . εἰ μὴ ἐπὶ πορνείᾳ
παρεκτὸς λόγου πορνείας, WH mg. R mg.
Mk 7 21 ἐκ τ. καρδίας . . . ἐκπορεύονται πορνεῖαι κλοπαί
Jo 8 41 ἡμεῖς ἐκ πορνείας οὐκ ἐγεννήθημεν
Ac 15 20 ἐπιστεῖλαι αὐτοῖς τοῦ ἀπέχεσθαι . . . τ. πορνείας κ. πνικτοῦ
29 ἀπέχεσθαι . . . πνικτῶν κ. πορνείας
21 25 κρίναντες φυλάσσεσθαι αὐτοὺς τὸ . . . πνικτὸν κ. πορνείαν
I Co 5 1 ὅλως ἀκούεται ἐν ὑμῖν πορνεία,
κ. τοιαύτη πορνεία ἥτις οὐδὲ ἐν τ. ἔθνεσιν
6 13 τὸ δὲ σῶμα οὐ τ. πορνείᾳ
18 φεύγετε τ. πορνείαν
7 2 διὰ δὲ τὰς πορνείας ἕκαστος τὴν ἑαυτοῦ γυναῖκα ἐχέτω
II Co 12 21 μὴ μετανοησάντων ἐπὶ τ. ἀκαθαρσίᾳ κ. πορνείᾳ
Ga 5 19 ἅτινά ἐστιν πορνεία ἀκαθαρσία ἀσέλγεια
Eph 5 3 πορνεία δὲ ἀκαθαρσία πᾶσα . . . μηδὲ ὀνομαζέσθω
Col 3 5 νεκρώσατε οὖν τὰ μέλη . . . πορνείαν ἀκαθαρσίαν
I Th 4 3 ἀπέχεσθαι ὑμᾶς ἀπὸ τ. πορνείας
Re 2 21 οὐ θέλει μετανοῆσαι ἐκ τ. πορνείας αὐτῆς
9 21 οὐ μετενόησαν . . . ἐκ τ. πορνείας αὐτῶν
14 8 ἐκ τ. οἴνου τ. θυμοῦ τ. πορνείας αὐτῆς πεπότικεν πάντα τὰ ἔθνη
17 2 ἐμεθύσθησαν . . . ἐκ τ. οἴνου τ. πορνείας αὐτῆς
4 γέμον βδελυγμάτων κ. τὰ ἀκάθαρτα τ. πορνείας αὐτῆς
18 3 ἐκ τ. οἴνου τ. θυμοῦ τ. πορνείας αὐτῆς πέπτωκαν πάντα τὰ ἔθνη
19 2 ἥτις ἔφθειρεν τ. γῆν ἐν τ. πορνείᾳ αὐτῆς

ΠΟΡΝΕΥ'Ω 4203

Mk 10 19 μὴ μοιχεύσῃς μὴ πορνεύσῃς
μὴ φονεύσῃς μὴ μοιχ., WH non mg. R ;
μὴ μοιχ. μὴ φον., T
I Co 6 18 ὁ δὲ πορνεύων εἰς τὸ ἴδιον σῶμα ἁμαρτάνει
10 8 μηδὲ πορνεύωμεν καθώς τινες αὐτῶν ἐπόρνευσαν
Re 2 14 φαγεῖν εἰδωλόθυτα κ. πορνεῦσαι
20 πορνεῦσαι κ. φαγεῖν εἰδωλόθυτα
17 2 μεθ' ἧς ἐπόρνευσαν οἱ βασιλεῖς τ. γῆς
18 3 οἱ βασιλεῖς τ. γῆς μετ' αὐτῆς ἐπόρνευσαν
9 οἱ μετ' αὐτῆς πορνεύσαντες κ. στρηνιάσαντες

ΠΟ'ΡΝΗ 4204

Mt 21 31 οἱ τελῶναι κ. αἱ πόρναι προάγουσιν ὑμᾶς εἰς τ. βασιλείαν τ. Θεοῦ
32 οἱ δὲ τελῶναι κ. αἱ πόρναι ἐπίστευσαν αὐτῷ
Lu 15 30 ὁ καταφαγών σου τ. βίον μετὰ πορνῶν
μ. τῶν πορν., WH mg. R
I Co 6 15 ἄρας οὖν τὰ μέλη τ. Χριστοῦ ποιήσω πόρνης μέλη ;
16 ὁ κολλώμενος τ. πόρνῃ ἓν σῶμά ἐστιν
He 11 31 πίστει Ῥαὰβ ἡ πόρνη οὐ συναπώλετο
Ja 2 25 ὁμοίως δὲ κ. Ῥαὰβ ἡ πόρνη οὐκ ἐξ ἔργων ἐδικαιώθη
Re 17 1 δείξω σοι τὸ κρίμα τ. πόρνης τ. μεγάλης
5 Βαβυλὼν ἡ μεγάλη ἡ μήτηρ τ. πορνῶν
15 τὰ ὕδατα ἃ εἶδες οὗ ἡ πόρνη κάθηται
16 οὗτοι μισήσουσιν τ. πόρνην
19 2 ὅτι ἔκρινεν τ. πόρνην τ. μεγάλην

ΠΟ'ΡΝΟΣ** 4205

I Co 5 9 ἔγραψα ὑμῖν ἐν τ. ἐπιστολῇ μὴ συναναμίγνυσθαι πόρνοις·
10 οὐ πάντως τ. πόρνοις τ. κόσμου τούτου
11 ἐάν τις ἀδελφὸς ὀνομαζόμενος ᾖ πόρνος
6 9 οὔτε πόρνοι οὔτε εἰδωλολάτραι . . . βασιλείαν Θεοῦ κληρονομήσουσιν
Eph 5 5 πᾶς πόρνος ἢ ἀκάθαρτος ἢ πλεονέκτης
I Ti 1 10 ἀνδροφόνοις πόρνοις ἀρσενοκοίταις
He 12 16 μή τις πόρνος ἢ βέβηλος ὡς Ἠσαῦ
13 4 πόρνους γὰρ κ. μοιχοὺς κρινεῖ ὁ Θεός
Re 21 8 φονεῦσι κ. πόρνοις κ. φαρμακοῖς
22 15 ἔξω οἱ κύνες κ. οἱ φαρμακοὶ κ. οἱ πόρνοι

ΠΟ'ΡΡΩ 4206, 4208

(1) πορρώτερον, πορρωτέρω

Mt 15 8 ἡ δὲ καρδία αὐτῶν πόρρω ἀπέχει ἀπ' ἐμοῦ
וְלִבּוֹ רִחַק מִמֶּנִּי, Is. xxix. 13
Mk 7 6 ἡ δὲ καρδία αὐτῶν πόρρω ἀπέχει ἀπ' ἐμοῦ, Is. *l.c.*
Lu 14 32 ἔτι πόρρω ὄντος πρεσβείαν ἀποστείλας
24 28 [1] αὐτὸς προσεποιήσατο πορρώτερον πορεύεσθαι
πορρωτέρω, T

ΠΟ'ΡΡΩΘΕΝ 4207

Lu 17 12 δέκα λεπροὶ ἄνδρες οἳ ἀνέστησαν πόρρωθεν
He 11 13 ἀλλὰ πόρρωθεν αὐτὰς ἰδόντες

ΠΟΡΦΥ'ΡΑ 4209

Mk 15 17 ἐνδιδύσκουσιν αὐτὸν πορφύραν
20 ἐξέδυσαν αὐτὸν τὴν πορφύραν
Lu 16 19 ἐνεδιδύσκετο πορφύραν κ. βύσσον
Re 18 12 γόμον χρυσοῦ . . . κ. βυσσίνου κ. πορφύρας

ΠΟΡΦΥ'ΡΕΟΣ 4210

Jo 19 2 ἱμάτιον πορφυροῦν περιέβαλον αὐτόν
5 φορῶν . . . τὸ πορφυροῦν ἱμάτιον
Re 17 4 ἡ γυνὴ ἦν περιβεβλημένη πορφυροῦν κ. κόκκινον
18 16 ἡ πόλις ἡ μεγάλη ἡ περιβεβλημένη βύσσινον κ. πορφυροῦν κ. κόκκινον

ΠΟΡΦΥΡΟ'ΠΩΛΙΣ* † 4211

Ac 16 14 **Λυδία** πορφυρόπωλις πόλεως Θυατείρων

ΠΟΣΑ'ΚΙΣ 4212

Mt 18 21 ποσάκις ἁμαρτήσει εἰς ἐμὲ ὁ ἀδελφός μου
23 37 ποσάκις ἠθέλησα ἐπισυναγαγεῖν τὰ τέκνα σου
Lu 13 34 ποσάκις ἠθέλησα ἐπισυνάξαι τὰ τέκνα σου

ΠΌΣΙΣ 4213

Jo 6 55 τὸ αἷμά μου ἀληθής ἐστιν πόσις
Ro 14 17 οὐ γάρ ἐστιν ἡ βασιλεία τ. Θεοῦ βρῶσις κ. πόσις
Col 2 16 μὴ οὖν τις ὑμᾶς κρινέτω ἐν βρώσει κ. ἐν πόσει

ΠΌΣΟΣ 4214

(1) πόσῳ μᾶλλον

Mt 6 23 εἰ οὖν τὸ φῶς τὸ ἐν σοὶ σκότος ἐστὶν τὸ σκότος πόσον;
7 11 [1] πόσῳ μᾶλλον ὁ πατὴρ ὑμῶν . . . δώσει ἀγαθά
10 25 [1] πόσῳ μᾶλλον τ. οἰκιακοὺς αὐτοῦ
12 12 πόσῳ οὖν διαφέρει ἄνθρωπος προβάτου;
15 34 πόσους ἄρτους ἔχετε;
16 9 οὐδὲ μνημονεύετε . . . πόσους κοφίνους ἐλάβετε;
10 οὐδὲ . . . πόσους σφυρίδας ἐλάβετε;
27 13 οὐκ ἀκούεις πόσα σου καταμαρτυροῦσιν;
Mk 6 38 πόσους ἔχετε ἄρτους;
8 5 πόσους ἔχετε ἄρτους;
19 πόσους κοφίνους κλασμάτων πλήρεις ἤρατε;
20 πόσων σφυρίδων πληρώματα κλασμάτων ἤρατε;
9 21 πόσος χρόνος ἐστὶν ὡς τοῦτο γέγονεν αὐτῷ;
15 4 ἴδε πόσα σου κατηγοροῦσιν
Lu 11 13 [1] πόσῳ μᾶλλον ὁ πατὴρ . . . δώσει πνεῦμα ἅγιον
12 24 [1] πόσῳ μᾶλλον ὑμεῖς διαφέρετε τ. πετεινῶν;
28 [1] πόσῳ μᾶλλον ὑμᾶς ὀλιγόπιστοι;
15 17 πόσοι μίσθιοι τ. πατρός μου περισσεύονται ἄρτων
16 5 πόσον ὀφείλεις τ. κυρίῳ μου;
7 σὺ δὲ πόσον ὀφείλεις;
Ac 21 20 θεωρεῖς . . . πόσαι μυριάδες εἰσὶν ἐν τ. Ἰουδαίοις τ. πεπιστευκότων
Ro 11 12 [1] πόσῳ μᾶλλον τὸ πλήρωμα αὐτῶν;
24 [1] πόσῳ μᾶλλον οὗτοι οἱ κατὰ φύσιν ἐνκεντρισθήσονται
II Co 7 11 πόσην κατειργάσατο ὑμῖν σπουδήν
Phm 16 [1] μάλιστα ἐμοί πόσῳ δὲ μᾶλλον σοί
He 9 14 [1] πόσῳ μᾶλλον τὸ αἷμα τ. Χριστοῦ . . καθαριεῖ
10 29 πόσῳ δοκεῖτε χείρονος ἀξιωθήσεται τιμωρίας

ΠΟΤΑΜΌΣ 4215

Mt 3 6 ἐβαπτίζοντο ἐν τῷ Ἰορδάνῃ ποταμῷ ὑπ' αὐτοῦ
7 25 κατέβη ἡ βροχὴ κ. ἦλθαν οἱ ποταμοί
27 κατέβη ἡ βροχὴ κ. ἦλθαν οἱ ποταμοί
Mk 1 5 ἐβαπτίζοντο ὑπ' αὐτοῦ ἐν τῷ Ἰορδάνῃ ποταμῷ
Lu 6 48 προσέρηξεν ὁ ποταμὸς τ. οἰκίᾳ ἐκείνῃ
49 ᾗ προσέρηξεν ὁ ποταμός
Jo 7 38 ποταμοὶ ἐκ τ. κοιλίας αὐτοῦ ῥεύσουσιν ὕδατος ζῶντος
Ac 16 13 ἐξήλθομεν ἔξω τ. πύλης παρὰ ποταμόν
II Co 11 26 κινδύνοις ποταμῶν κινδύνοις λῃστῶν
Re 8 10 ἔπεσεν ἐπὶ τὸ τρίτον τ. ποταμῶν
9 14 τ. δεδεμένους ἐπὶ τ. ποταμῷ τ. μεγάλῳ Εὐφράτῃ
12 15 ἔβαλεν ὁ ὄφις . . . ὕδωρ ὡς ποταμόν
16 κατέπιεν τ. ποταμὸν ὃν ἔβαλεν ὁ δράκων
16 4 ἐξέχεεν τ. φιάλην αὐτοῦ εἰς τ. ποταμούς
Re 16 12 ἐξέχεεν τ. φιάλην αὐτοῦ ἐπὶ τ. ποταμὸν τ. μέγαν τὸν Εὐφράτην
22 1 ἔδειξέν μοι ποταμὸν ὕδατος ζωῆς
2 ἐν μέσῳ . . . τ. ποταμοῦ ἐντεῦθεν κ. ἐκεῖθεν ξύλον ζωῆς

ΠΟΤΑΜΟΦΌΡΗΤΟΣ* † 4216

Re 12 15 ἵνα αὐτὴν ποταμοφόρητον ποιήσῃ

ΠΟΤΑΠΌΣ** 4217

Mt 8 27 ποταπός ἐστιν οὗτος
Mk 13 1 ἴδε ποταποὶ λίθοι κ. ποταπαὶ οἰκοδομαί
Lu 1 29 διελογίζετο ποταπὸς εἴη ὁ ἀσπασμὸς οὗτος
7 39 ἐγίνωσκεν ἂν τίς κ. ποταπὴ ἡ γυνή
II Pe 3 11 ποταποὺς δεῖ ὑπάρχειν ὑμᾶς ἐν ἁγίαις ἀναστροφαῖς
I Jo 3 1 ἴδετε ποταπὴν ἀγάπην δέδωκεν ἡμῖν ὁ πατήρ

ΠΟΤΈ 4218

(1) οὐ . . . ποτε

Cf. μήποτε

Lu 22 32 σύ ποτε ἐπιστρέψας στήρισον τ. ἀδελφούς σου
Jo 9 13 ἄγουσιν αὐτὸν πρὸς τ. Φαρισαίους τ. ποτε τυφλόν
Ro 1 10 εἴ πως ἤδη ποτὲ εὐοδωθήσομαι
7 9 ἐγὼ δὲ ἔζων χωρὶς νόμου ποτέ
11 30 ὥσπερ γὰρ ὑμεῖς ποτὲ ἠπειθήσατε τ. Θεῷ
I Co 9 7 τίς στρατεύεται ἰδίοις ὀψωνίοις ποτέ;
Ga 1 13 ἠκούσατε γὰρ τ. ἐμὴν ἀναστροφήν ποτε ἐν τ. Ἰουδαϊσμῷ
23 ὁ διώκων ἡμᾶς ποτὲ νῦν εὐαγγελίζεται τ. πίστιν ἥν ποτε ἐπόρθει
2 6 ὁποῖοί ποτε ἦσαν οὐδέν μοι διαφέρει
Eph 2 2 ἐν αἷς ποτὲ περιεπατήσατε κατὰ τ. αἰῶνα
3 ἐν οἷς κ. ἡμεῖς πάντες ἀνεστράφημεν ποτέ
11 ὅτι ποτὲ ὑμεῖς τὰ ἔθνη ἐν σαρκί
13 ὑμεῖς οἵ ποτε ὄντες μακρὰν ἐγενήθητε ἐγγύς
5 8 ἦτε γάρ ποτε σκότος νῦν δὲ φῶς ἐν Κυρίῳ
29 [1] οὐδεὶς γάρ ποτε τὴν ἑαυτοῦ σάρκα ἐμίσησεν
Phl 4 10 ἤδη ποτὲ ἀνεθάλετε τὸ ὑπὲρ ἐμοῦ φρονεῖν
Col 1 21 ὑμᾶς ποτὲ ὄντας ἀπηλλοτριωμένους
3 7 ἐν οἷς κ. ὑμεῖς περιεπατήσατέ ποτε
I Th 2 5 [1] οὔτε γάρ ποτε ἐν λόγῳ κολακίας ἐγενήθημεν
Tit 3 3 ἦμεν γάρ ποτε κ. ἡμεῖς ἀνόητοι
Phm 11 Ὀνήσιμον τόν ποτέ σοι ἄχρηστον
He 1 5 τίνι γὰρ εἶπέν ποτε τ. ἀγγέλων
13 πρὸς τίνα δὲ τ. ἀγγέλων εἴρηκέν ποτε
I Pe 2 10 οἵ ποτε οὐ λαὸς νῦν δὲ λαὸς Θεοῦ
3 5 οὕτως γάρ ποτε κ. αἱ ἅγιαι γυναῖκες . . ἐκόσμουν ἑαυτάς
20 τοῖς ἐν φυλακῇ πνεύμασιν . . . ἀπειθήσασίν ποτε
II Pe 1 10 [1] ταῦτα γὰρ ποιοῦντες οὐ μὴ πταίσητέ ποτε
21 [1] οὐ γὰρ θελήματι ἀνθρώπου ἠνέχθη προφητεία ποτέ

ποτὲ προφ., T

ΠΌΤΕ 4219

(1) ἕως πότε

Mt 17 17 [1] ἕως πότε ἔσομαι μεθ' ὑμῶν;
[1] ἕως πότε ἀνέξομαι ὑμῶν;

Mt 24 3 εἰπὸν ἡμῖν πότε ταῦτα ἔσται
25 37 Κύριε πότε σε εἴδαμεν πεινῶντα
38 πότε δέ σε εἴδαμεν ξένον
39 πότε δέ σε εἴδομεν ἀσθενοῦντα
44 Κύριε πότε σε εἴδομεν πεινῶντα
Mk 9 19 [1] ἕως πότε πρὸς ὑμᾶς ἔσομαι;
[1] ἕως πότε ἀνέξομαι ὑμῶν;
13 4 εἰπὸν ἡμῖν πότε ταῦτα ἔσται
33 οὐκ οἴδατε γὰρ πότε ὁ καιρός ἐστιν
35 οὐκ οἴδατε γὰρ πότε ὁ κύριος τ. οἰκίας ἔρχεται
Lu 9 41 [1] ἕως πότε ἔσομαι πρὸς ὑμᾶς κ. ἀνέξομαι ὑμῶν;
12 36 προσδεχομένοις τ. κύριον ἑαυτῶν πότε ἀναλύσῃ ἐκ τ. γάμων
17 20 ἐπερωτηθεὶς . . . πότε ἔρχεται ἡ βασιλεία τ. Θεοῦ
21 7 διδάσκαλε πότε οὖν ταῦτα ἔσται;
Jo 6 25 ῥαββεὶ πότε ὧδε γέγονας;
10 24 [1] ἕως πότε τ. ψυχὴν ἡμῶν αἴρεις;
Re 6 10 [1] ἕως πότε . . . οὐ κρίνεις κ. ἐκδικεῖς τὸ αἷμα ἡμῶν

ΠΟ'ΤΕΡΟΝ 4220

Jo 7 17 γνώσεται περὶ τ. διδαχῆς π. ἐκ τ. Θεοῦ ἐστίν

ΠΟΤΗ'ΡΙΟΝ 4221

(1) seq. gen. rei

Mt 10 42 [1] ὃς ἐὰν ποτίσῃ ἕνα τ. μικρῶν τούτων ποτήριον ψυχροῦ μόνον
20 22 δύνασθε πιεῖν τὸ ποτήριον ὃ ἐγὼ μέλλω πίνειν
23 τὸ μὲν ποτήριόν μου πίεσθε
23 25 καθαρίζετε τὸ ἔξωθεν τ. ποτηρίου
26 καθάρισον πρῶτον τὸ ἐντὸς τ. ποτηρίου
26 27 λαβὼν ποτήριον κ. εὐχαριστήσας
τὸ ποτ., R mg.
39 παρελθάτω ἀπ' ἐμοῦ τὸ ποτήριον τοῦτο
Mk 7 4 παρέλαβον κρατεῖν βαπτισμοὺς ποτηρίων κ. ξεστῶν
9 41 [1] ὃς γὰρ ἂν ποτίσῃ ὑμᾶς ποτήριον ὕδατος
10 38 δύνασθε πιεῖν τὸ ποτήριον ὃ ἐγὼ πίνω
39 τὸ ποτήριον ὃ ἐγὼ πίνω πίεσθε
14 23 λαβὼν ποτήριον εὐχαριστήσας ἔδωκεν αὐτοῖς
36 παρένεγκε τὸ ποτήριον τοῦτο ἀπ' ἐμοῦ
Lu 11 39 ὑμεῖς οἱ Φαρισαῖοι τὸ ἔξωθεν τ. ποτηρίου . . . καθαρίζετε
22 17 δεξάμενος ποτήριον εὐχαριστήσας εἶπεν
20 τὸ ποτήριον ὡσαύτως μετὰ τὸ δειπνῆσαι λέγων,
—h. v., [[WH]] R mg.
τοῦτο τὸ ποτήριον ἡ καινὴ διαθήκη ἐν τ. αἵματί μου
—h. v., [[WH]] R mg.
42 παρένεγκε τοῦτο τὸ ποτήριον ἀπ' ἐμοῦ
Jo 18 11 τὸ ποτήριον ὃ δέδωκέν μοι ὁ πατὴρ οὐ μὴ πίω αὐτό;
1Co10 16 [1] τὸ ποτήριον τ. εὐλογίας ὃ εὐλογοῦμεν
21 οὐ δύνασθε ποτήριον Κυρίου πίνειν κ. ποτήριον δαιμονίων
11 25 ὡσαύτως κ. τὸ ποτήριον μετὰ τὸ δειπνῆσαι λέγων,
τοῦτο τὸ ποτήριον ἡ καινὴ διαθήκη ἐστὶν ἐν τ. ἐμῷ αἵματι
26 ὁσάκις γὰρ . . . τὸ ποτήριον πίνητε
1Co11 27 ὃς ἂν . . . πίνῃ τὸ ποτήριον τ. Κυρίου ἀναξίως
28 οὕτως . . . ἐκ τ. ποτηρίου πινέτω
Re 14 10 [1] τ. κεκερασμένου ἀκράτου ἐν τ. ποτηρίῳ τ. ὀργῆς αὐτοῦ
16 19 [1] δοῦναι αὐτῇ τὸ ποτήριον τ. οἴνου τ. θυμοῦ τ. ὀργῆς αὐτοῦ
17 4 ἔχουσα ποτήριον χρυσοῦν ἐν τ. χειρὶ αὐτῆς
18 6 ἐν τ. ποτηρίῳ ᾧ ἐκέρασεν κεράσατε αὐτῇ

ΠΟΤΙ'ΖΩ 4222

Mt 10 42 ὃς ἐὰν ποτίσῃ ἕνα τ. μικρῶν τούτων ποτήριον ψυχροῦ μόνον
25 35 ἐδίψησα κ. ἐποτίσατέ με
37 πότε σὲ εἴδαμεν . . . διψῶντα κ. ἐποτίσαμεν;
42 ἐδίψησα κ. οὐκ ἐποτίσατέ με
27 48 περιθεὶς καλάμῳ ἐπότιζεν αὐτόν
Mk 9 41 ὃς γὰρ ἂν ποτίσῃ ὑμᾶς ποτήριον ὕδατος
15 36 περιθεὶς καλάμῳ ἐπότιζεν αὐτόν
Lu 13 15 οὐ λύει τ. βοῦν αὐτοῦ . . . κ. ἀπάγων ποτίζει;
Ro 12 20 ἐὰν διψᾷ πότιζε αὐτόν
אִם־צָמֵא הַשְׁקֵהוּ מָיִם, Pr. xxv. 21
1 Co 3 2 γάλα ὑμᾶς ἐπότισα οὐ βρῶμα
6 ἐγὼ ἐφύτευσα Ἀπολλὼς ἐπότισεν
7 οὔτε ὁ φυτεύων ἐστίν τι οὔτε ὁ ποτίζων
8 ὁ φυτεύων δὲ κ. ὁ ποτίζων ἕν εἰσιν
12 13 πάντες ἓν πνεῦμα ἐποτίσθημεν
Re 14 8 ἐκ τ. οἴνου τ. θυμοῦ τ. πορνείας αὐτῆς πεπότικεν πάντα τὰ ἔθνη

ΠΟΤΙ'ΟΛΟΙ 4223

Ac 28 13 δευτεραῖοι ἤλθομεν εἰς Ποτιόλους

ΠΟ'ΤΟΣ 4224

1 Pe 4 3 κώμοις πότοις κ. ἀθεμίτοις εἰδωλολατρείαις

ΠΟΥ' 4225

Ac 27 29 φοβούμενοί τε μή που κατὰ τραχεῖς τόπους ἐκπέσωμεν
μήπου, T
Ro 4 19 ἑκατονταετής που ὑπάρχων
He 2 6 διεμαρτύρατο δέ πού τις λέγων
16 οὐ γὰρ δή που ἀγγέλων ἐπιλαμβάνεται
δήπου, T
4 4 εἴρηκεν γάρ που περὶ τ. ἑβδόμης οὕτως

ΠΟΥ͂ 4226

Mt 2 2 ποῦ ἐστὶν ὁ τεχθεὶς βασιλεὺς τ. Ἰουδαίων;
4 ἐπυνθάνετο παρ' αὐτῶν ποῦ ὁ Χριστὸς γεννᾶται
8 20 οὐκ ἔχει ποῦ τ. κεφαλὴν κλίνῃ
26 17 ποῦ θέλεις ἑτοιμάσωμέν σοι φαγεῖν τὸ πάσχα;
Mk 14 12 ποῦ θέλεις ἀπελθόντες ἑτοιμάσωμεν
14 ποῦ ἐστὶν τὸ κατάλυμά μου
15 47 ἐθεώρουν ποῦ τέθειται
Lu 8 25 ποῦ ἡ πίστις ὑμῶν;
9 58 οὐκ ἔχει ποῦ τ. κεφαλὴν κλίνῃ
12 17 οὐχ ἔχω ποῦ συνάξω τ. καρπούς μου
17 17 οἱ δὲ ἐννέα ποῦ;
37 λέγουσιν αὐτῷ Ποῦ Κύριε:

Lu 22 9 ποῦ θέλεις ἑτοιμάσωμεν;
11 ποῦ ἐστὶν τὸ κατάλυμα
Jo 1 38 ῥαββεὶ . . . ποῦ μένεις;
39 ἦλθαν οὖν κ. εἶδαν ποῦ μένει
3 8 οὐκ οἶδας πόθεν ἔρχεται κ. ποῦ ὑπάγει
7 11 ἔλεγον Ποῦ ἐστὶν ἐκεῖνος;
35 ποῦ οὗτος μέλλει πορεύεσθαι
8 [10 γύναι ποῦ εἰσίν;
14 οἶδα πόθεν ἦλθον κ. ποῦ ὑπάγω·
ὑμεῖς δὲ οὐκ οἴδατε πόθεν ἔρχομαι ἢ ποῦ ὑπάγω
19 ποῦ ἐστὶν ὁ πατήρ σου;
9 12 εἶπαν αὐτῷ Ποῦ ἐστὶν ἐκεῖνος;
11 34 ποῦ τεθείκατε αὐτόν;
57 ἵνα ἐάν τις γνῷ ποῦ ἐστὶν μηνύσῃ
12 35 ὁ περιπατῶν ἐν τ. σκοτίᾳ οὐκ οἶδεν ποῦ ὑπάγει
13 36 Κύριε ποῦ ὑπάγεις;
14 5 Κύριε οὐκ οἴδαμεν ποῦ ὑπάγεις
16 5 οὐδεὶς ἐξ ὑμῶν ἐρωτᾷ με Ποῦ ὑπάγεις;
20 2 οὐκ οἴδαμεν ποῦ ἔθηκαν αὐτόν
13 οὐκ οἶδα ποῦ ἔθηκαν αὐτόν
15 εἰπέ μοι ποῦ ἔθηκας αὐτὸν
Ro 3 27 ποῦ οὖν ἡ καύχησις; ἐξεκλείσθη
I Co 1 20 ποῦ σοφός; ποῦ γραμματεύς; ποῦ συνζητητὴς τ. αἰῶνος τούτου;
12 17 εἰ ὅλον τὸ σῶμα ὀφθαλμὸς ποῦ ἡ ἀκοή; εἰ ὅλον ἀκοὴ ποῦ ἡ ὄσφρησις;
19 εἰ δὲ ἦν τὰ πάντα ἓν μέλος ποῦ τὸ σῶμα;
15 55 ποῦ σου θάνατε τὸ νῖκος; ποῦ σου θάνατε τὸ κέντρον;
אֱהִי דְבָרֶיךָ מָוֶת אֱהִי קָטָבְךָ שְׁאוֹל, Hos. xiii. 14
Ga 4 15 ποῦ οὖν ὁ μακαρισμὸς ὑμῶν;
He 11 8 ἐξῆλθεν μὴ ἐπιστάμενος ποῦ ἔρχεται
I Pe 4 18 ὁ ἀσεβὴς κ. ἁμαρτωλὸς ποῦ φανεῖται;
II Pe 3 4 ποῦ ἐστὶν ἡ ἐπαγγελία τ. παρουσίας αὐτοῦ;
I Jo 2 11 οὐκ οἶδεν ποῦ ὑπάγει
Re 2 13 οἶδα ποῦ κατοικεῖς ὅπου ὁ θρόνος τοῦ Σατανᾶ

ΠΟΥ΄ΔΗΣ 4227

II Ti 4 21 ἀσπάζεταί σε Εὔβουλος κ. Πούδης κ. Λίνος

ΠΟΥ΄Σ 4228

(1) προσκυνεῖν, πίπτειν παρὰ, πρὸς τ. πόδας, ἔμπροσθεν τ. ποδῶν

Mt 4 6 μήποτε προσκόψῃς πρὸς λίθον τ. πόδα σου
פֶּן־תִּגֹּף בָּאֶבֶן רַגְלֶךָ, Ps. xci. 12
5 35 ὅτι ὑποπόδιόν ἐστιν τ. ποδῶν αὐτοῦ
7 6 μήποτε καταπατήσουσιν αὐτοὺς ἐν τ. ποσὶν αὐτῶν
10 14 ἐκτινάξατε τ. κονιορτὸν τ. ποδῶν ὑμῶν
ἐκ τ. ποδ. ὑμ., TWH mg.
15 30 ἔριψαν αὐτοὺς παρὰ τ. πόδας αὐτοῦ
18 8 εἰ δὲ ἡ χείρ σου ἢ ὁ πούς σου σκανδαλίζει σε
8 ἢ δύο χεῖρας ἢ δύο πόδας ἔχοντα βληθῆναι
22 13 δήσαντες αὐτοῦ πόδας κ. χεῖρας ἐκβάλετε αὐτόν
44 ἕως ἂν θῶ τ. ἐχθρούς σου ὑποκάτω τ. ποδῶν σου
עַד־אָשִׁית אֹיְבֶיךָ הֲדֹם לְרַגְלֶיךָ, Ps. cx. 1
Mt 28 9 αἱ δὲ προσελθοῦσαι ἐκράτησαν αὐτοῦ τ. πόδας
Mk 5 22 [1] Ἰάειρος . . . πίπτει πρὸς τ. πόδας αὐτοῦ
6 11 ἐκτινάξατε τ. χοῦν τὸν ὑποκάτω τ. ποδῶν ὑμῶν
7 25 [1] ἐλθοῦσα προσέπεσεν πρὸς τ. πόδας αὐτοῦ
9 45 ἐὰν ὁ πούς σου σκανδαλίζει σε
45 ἢ τ. δύο πόδας ἔχοντα βληθῆναι εἰς τ. γέενναν
12 36 ἕως ἂν θῶ τ. ἐχθρούς σου ὑποκάτω τ. ποδῶν σου, Ps. *l.c.*
Lu 1 79 τοῦ κατευθῦναι τ. πόδας ἡμῶν εἰς ὁδὸν εἰρήνης
4 11 μήποτε προσκόψῃς πρὸς λίθον τ. πόδα σου, Ps. xci. 12
7 38 στᾶσα ὀπίσω παρὰ τ. πόδας αὐτοῦ κλαίουσα, τ. δάκρυσιν ἤρξατο βρέχειν τ. πόδας αὐτοῦ, κ. κατεφίλει τ. πόδας αὐτοῦ
44 ὕδωρ μοι ἐπὶ πόδας οὐκ ἔδωκας.
ὕδ. μου ἐπὶ τ. πόδ., TWH mg.
αὕτη δὲ τ. δάκρυσιν ἔβρεξέν μου τ. πόδας
45 οὐ διέλιπεν καταφιλοῦσά μου τ. πόδας
46 αὕτη δὲ μύρῳ ἤλειψεν τ. πόδας μου
μ. τ. πόδας, T
8 35 εὗραν καθήμενον τ. ἄνθρωπον . . . σωφρονοῦντα παρὰ τ. πόδας τοῦ Ἰησοῦ
41 [1] πεσὼν παρὰ τ. πόδας Ἰησοῦ παρεκάλει αὐτόν
9 5 τ. κονιορτὸν ἀπὸ τ. ποδῶν ὑμῶν ἀποτινάσσετε
10 11 τ. κονιορτὸν τ. κολληθέντα ἡμῖν . . . εἰς τ. πόδας ἀπομασσόμεθα ὑμῖν
39 ἢ κ. παρακαθεσθεῖσα πρὸς τ. πόδας τ. Κυρίου
15 22 δότε . . . ὑποδήματα εἰς τ. πόδας
17 16 [1] ἔπεσεν ἐπὶ πρόσωπον παρὰ τ. πόδας αὐτοῦ
20 43 ἕως ἂν θῶ τ. ἐχθρούς σου ὑποπόδιον τ. ποδῶν σου, Ps. cx. 1
24 39 ἴδετε τ. χεῖράς μου κ. τ. πόδας μου
40 ἔδειξεν αὐτοῖς τ. χεῖρας κ. τ. πόδας
—h. v., T [[WH]] R mg.
Jo 11 2 Μαριὰμ ἡ . . . ἐκμάξασα τ. πόδας αὐτοῦ τ. θριξὶν αὐτῆς
32 [1] ἡ οὖν Μαριὰμ . . . ἔπεσεν αὐτοῦ πρὸς τ. πόδας
44 δεδεμένος τ. πόδας κ. τ. χεῖρας κειρίαις
12 3 ἡ οὖν Μαριὰμ . . . ἤλειψεν τ. πόδας τ. Ἰησοῦ, κ. ἐξέμαξεν τ. θριξὶν αὐτῆς τ. πόδας αὐτοῦ
13 5 ἤρξατο νίπτειν τ. πόδας τ. μαθητῶν
6 Κύριε σύ μου νίπτεις τ. πόδας;
8 οὐ μὴ νίψῃς μου τ. πόδας εἰς τ. αἰῶνα
9 Κύριε μὴ τ. πόδας μου μόνον
10 ὁ λελουμένος οὐκ ἔχει χρείαν εἰ μὴ τ. πόδας νίψασθαι
—εἰ μὴ τ. πόδ., T [WH] R mg.
12 ὅτε οὖν ἔνιψεν τ. πόδας αὐτῶν
14 εἰ οὖν ἐγὼ ἔνιψα ὑμῶν τ. πόδας
14 κ. ὑμεῖς ὀφείλετε ἀλλήλων νίπτειν τ. πόδας
20 12 ἕνα πρὸς τ. κεφαλῇ κ. ἕνα πρὸς τ. ποσίν
Ac 2 35 ἕως ἂν θῶ τ. ἐχθρούς σου ὑποπόδιον τ. ποδῶν σου, Ps. *l.c.*
4 35 ἐτίθουν παρὰ τ. πόδας τ. ἀποστόλων
37 ἔθηκεν παρὰ τ. πόδας τ. ἀποστόλων
πρὸς τ. πόδ., T
5 2 παρὰ τ. πόδας τ. ἀποστόλων ἔθηκεν
9 οἱ πόδες τ. θαψάντων τ. ἄνδρα σου ἐπὶ τ. θύρᾳ
10 [1] ἔπεσεν δὲ παραχρῆμα πρὸς τ. πόδας αὐτοῦ
7 5 οὐκ ἔδωκεν αὐτῷ κληρονομίαν ἐν αὐτῇ οὐδὲ βῆμα ποδός
33 λῦσον τὸ ὑπόδημα τ. ποδῶν σου

שַׁל־נְעָלֶיךָ מֵעַל רַגְלֶךָ, Ex. iii. 5

Ac 7 49 ἡ γῆ ὑποπόδιον τ. ποδῶν μου

הָאָרֶץ הֲדֹם רַגְלָי, Is. lxvi. 1

58 ἀπέθεντο τὰ ἱμάτια αὐτῶν παρὰ τ. πόδας νεανίου καλουμένου Σαύλου

10 25 [1] πεσὼν ἐπὶ τ. πόδας προσεκύνησεν

13 25 οὗ οὐκ εἰμὶ ἄξιος τὸ ὑπόδημα τ. ποδῶν λῦσαι

51 οἱ δὲ ἐκτιναξάμενοι τ. κονιορτὸν τ. ποδῶν ἐπ' αὐτούς

14 8 τὶς ἀνὴρ ἀδύνατος ἐν Λύστροις τ. ποσὶν ἐκάθητο

10 ἀνάστηθι ἐπὶ τ. πόδας σου ὀρθός

16 24 τ. πόδας ἠσφαλίσατο αὐτῶν εἰς τὸ ξύλον

21 11 δήσας ἑαυτοῦ τ. πόδας κ. τ. χεῖρας

22 3 ἀνατεθραμμένος δὲ ἐν τ. πόλει ταύτῃ παρὰ τ. πόδας Γαμαλιήλ

26 16 ἀνάστηθι κ. στῆθι ἐπὶ τ. πόδας σου

Ro 3 15 ὀξεῖς οἱ πόδες αὐτῶν ἐκχέαι αἷμα

רַגְלֵיהֶם . . . יְמַהֲרוּ לִשְׁפֹּךְ דָּם, Is. lix. 7

10 15 ὡς ὡραῖοι οἱ πόδες τ. εὐαγγελιζομένων ἀγαθά

מַה־נָּאווּ . . . רַגְלֵי . . . מְבַשֵּׂר טוֹב, Is. lii. 7

16 20 συντρίψει τ. Σατανᾶν ὑπὸ τ. πόδας ὑμῶν ἐν τάχει

I Co 12 15 ἐὰν εἴπῃ ὁ πούς Ὅτι οὐκ εἰμὶ χείρ

21 ἢ πάλιν ἡ κεφαλὴ τ. ποσίν

15 25 ἄχρι οὗ θῇ πάντας τ. ἐχθροὺς ὑπὸ τ. πόδας αὐτοῦ, Ps. *l.c.*

27 πάντα γὰρ ὑπέταξεν ὑπὸ τ. πόδας αὐτοῦ

כֹּל שַׁתָּה תַחַת־רַגְלָיו, Ps. viii. 7

Eph 1 22 πάντα ὑπέταξεν ὑπὸ τ. πόδας αὐτοῦ Ps. *l.c.*

6 15 ὑποδησάμενοι τ. πόδας ἐν ἑτοιμασίᾳ τ. εὐαγγελίου τ. εἰρήνης

I Ti 5 10 εἰ ἁγίων πόδας ἔνιψεν

He 1 13 ἕως ἂν θῶ τ. ἐχθρούς σου ὑποπόδιον τ. ποδῶν σου, Ps. cx. 1

2 8 πάντα ὑπέταξας ὑποκάτω τ. ποδῶν αὐτοῦ, Ps. viii. 7

10 13 ἕως τεθῶσιν οἱ ἐχθροὶ αὐτοῦ ὑποπόδιον τ. ποδῶν αὐτοῦ, Ps. cx. 1

12 13 τροχιὰς ὀρθὰς ποιεῖτε τ. ποσὶν ὑμῶν

פַּלֵּס מַעְגַּל רַגְלֶךָ, Pr. iv. 26

Re 1 15 οἱ πόδες αὐτοῦ ὅμοιοι χαλκολιβάνῳ

17 [1] ἔπεσα πρὸς τ. πόδας αὐτοῦ ὡς νεκρός

2 18 οἱ πόδες αὐτοῦ ὅμοιοι χαλκολιβάνῳ

3 9 [1] προσκυνήσουσιν ἐνώπιον τ. ποδῶν σου

10 1 οἱ πόδες αὐτοῦ ὡς στῦλοι πυρός

2 ἔθηκεν τ. πόδα αὐτοῦ τ. δεξιὸν ἐπὶ τ. θαλάσσης

11 11 ἔστησαν ἐπὶ τ. πόδας αὐτῶν

12 1 ἡ σελήνη ὑποκάτω τ. ποδῶν αὐτῆς

13 2 οἱ πόδες αὐτοῦ ὡς ἄρκου

19 10 [1] ἔπεσα ἔμπροσθεν τ. ποδῶν αὐτοῦ προσκυνῆσαι

22 8 [1] ἔπεσα προσκυνῆσαι ἔμπροσθεν τ. ποδῶν τ. ἀγγέλου

ΠΡΑ͂ΓΜΑ 4229

Mt 18 19 ἐὰν δύο συμφωνήσωσιν ἐξ ὑμῶν . . . περὶ παντὸς πράγματος

Lu 1 1 διήγησιν περὶ τ. πεπληροφορημένων ἐν ἡμῖν πραγμάτων

Ac 5 4 τί ὅτι ἔθου ἐν τ. καρδίᾳ σου τ. πρᾶγμα τοῦτο

Ro 16 2 ἐν ᾧ ἂν ὑμῶν χρῄζῃ πράγματι

I Co 6 1 τολμᾷ τις ὑμῶν πρᾶγμα ἔχων πρὸς τ. ἕτερον

II Co 7 11 ἐν παντὶ συνεστήσατε ἑαυτοὺς ἁγνοὺς εἶναι τ. πράγματι

I Th 4 6 τὸ μὴ . . . πλεονεκτεῖν ἐν τ. πράγματι τ. ἀδελφὸν αὐτοῦ

He 6 18 ἵνα διὰ δύο πραγμάτων ἀμεταθέτων . . . ἰσχυρὰν παράκλησιν ἔχωμεν

10 1 οὐκ αὐτὴν τ. εἰκόνα τ. πραγμάτων

11 1 πραγμάτων ἔλεγχος οὐ βλεπομένων

Ja 3 16 ἐκεῖ ἀκαταστασία κ. πᾶν φαῦλον πρᾶγμα

ΠΡΑΓΜΑΤΕΥ΄ΟΜΑΙ 4231

Lu 19 13 εἶπεν πρὸς αὐτοὺς πραγματεύσασθαι ἐν ᾧ ἔρχομαι

Πραγματεύσασθε, TWH mg. R

ΠΡΑΓΜΑΤΙ΄Α 4230

II Ti 2 4 οὐδεὶς στρατευόμενος ἐμπλέκεται ταῖς τ. βίου πραγματίαις

ΠΡΑΙΤΩ΄ΡΙΟΝ * † 4232

Mt 27 27 παραλαβόντες τ. Ἰησοῦν εἰς τὸ πραιτώριον

Mk 15 16 ἔσω τ. αὐλῆς ὅ ἐστιν πραιτώριον

Jo 18 28 ἄγουσιν οὖν τ. Ἰησοῦν ἀπὸ τ. Καιάφα εἰς τὸ πραιτώριον

28 κ. αὐτοὶ οὐκ εἰσῆλθον εἰς τὸ πραιτώριον

33 εἰσῆλθεν οὖν πάλιν εἰς τὸ πραιτώριον ὁ Πειλᾶτος

εἰς τὸ πραιτ. πάλ., T

19 9 εἰσῆλθεν εἰς τὸ πραιτώριον πάλιν

Ac 23 35 κελεύσας ἐν τ. πραιτωρίῳ τ. Ἡρῴδου φυλάσσεσθαι αὐτόν

Phl 1 13 ὥστε τ. δεσμούς μου φανεροὺς ἐν Χριστῷ γενέσθαι ἐν ὅλῳ τ. πραιτωρίῳ

ΠΡΑ΄ΚΤΩΡ 4233

Lu 12 58 ὁ κριτής σε παραδώσει τ. πράκτορι, κ. ὁ πράκτωρ σε βαλεῖ εἰς φυλακήν

ΠΡΑ͂ΞΙΣ 4234

Mt 16 27 τότε ἀποδώσει ἑκάστῳ κατὰ τ. πρᾶξιν αὐτοῦ

Lu 23 51 οὗτος οὐκ ἦν συνκατατεθειμένος τ. βουλῇ κ. τ. πράξει αὐτῶν

Ac 19 18 ἤρχοντο . . . ἀναγγέλλοντες τ. πράξεις αὐτῶν

Ro 8 13 εἰ δὲ πνεύματι τ. πράξεις τ. σώματος θανατοῦτε

12 4 τὰ δὲ μέλη πάντα οὐ τ. αὐτὴν ἔχει πρᾶξιν

Col 3 9 ἀπεκδυσάμενοι τ. παλαιὸν ἄνθρωπον σὺν τ. πράξεσιν αὐτοῦ

ΠΡΑΣΙΑ΄ ** 4237

Mk 6 40 ἀνέπεσαν πρασιαὶ πρασιαὶ κατὰ ἑκατὸν κ. κατὰ πεντήκοντα

ΠΡΑ΄ΣΣΩ 4238

(1) c. adv.

Lu 3 13 μηδὲν πλέον παρὰ τὸ διατεταγμένον ὑμῖν πράσσετε

19 23 κἀγὼ ἐλθὼν σὺν τόκῳ ἂν αὐτὸ ἔπραξα

22 23 τίς ἄρα εἴη ἐξ αὐτῶν ὁ τοῦτο μέλλων πράσσειν

Lu 23 15 οὐδὲν ἄξιον θανάτου ἐστὶν πεπραγμένον αὐτῷ
41 ἄξια γὰρ ὧν ἐπράξαμεν ἀπολαμβάνομεν· οὗτος δὲ οὐδὲν ἄτοπον ἔπραξεν
Jo 3 20 πᾶς γὰρ ὁ φαῦλα πράσσων μισεῖ τὸ φῶς
5 29 ἐκπορεύσονται . . . οἱ τὰ φαῦλα πράξαντες εἰς ἀνάστασιν κρίσεως
Ac 3 17 [1] οἶδα ὅτι κατὰ ἄγνοιαν ἐπράξατε
5 35 προσέχετε ἑαυτοῖς . . . τί μέλλετε πράσσειν
15 29 [1] ἐξ ὧν διατηροῦντες ἑαυτοὺς εὖ πράξετε
16 28 μηδὲν πράξῃς σεαυτῷ κακόν
17 7 οὗτοι πάντες ἀπέναντι τ. δογμάτων Καίσαρος πράσσουσιν
19 19 ἱκανοὶ δὲ τῶν τὰ περίεργα πραξάντων
36 δέον ἐστὶν ὑμᾶς . . . μηδὲν προπετὲς πράσσειν
25 11 εἰ μὲν οὖν ἀδικῶ κ. ἄξιον θανάτου πέπραχά τι
25 κατελαβόμην μηδὲν ἄξιον αὐτὸν θανάτου πεπραχέναι
26 9 πρὸς τὸ ὄνομα Ἰησοῦ τ. Ναζωραίου δεῖν πολλὰ ἐναντία πρᾶξαι
20 ἄξια τ. μετανοίας ἔργα πράσσοντας
26 οὐ γάρ ἐστιν ἐν γωνίᾳ πεπραγμένον τοῦτο
31 οὐδὲν θανάτου ἢ δεσμῶν ἄξιον πράσσει ὁ ἄνθρωπος οὗτος
Ro 1 32 ἐπιγνόντες ὅτι οἱ τὰ τοιαῦτα πράσσοντες ἄξιοι θανάτου εἰσίν,
οὐ μόνον αὐτὰ ποιοῦσιν ἀλλὰ κ. συνευδοκοῦσιν τ. πράσσουσιν
2 1 τὰ γὰρ αὐτὰ πράσσεις ὁ κρινων
2 τὸ κρίμα τ. Θεοῦ ἐστὶν κατ' ἀλήθειαν ἐπὶ τοὺς τὰ τοιαῦτα πράσσοντας
3 ὁ κρίνων τοὺς τὰ τοιαῦτα πράσσοντας κ. ποιῶν αὐτά
25 περιτομὴ μὲν γὰρ ὠφελεῖ ἐὰν νόμον πράσσῃς
7 15 οὐ γὰρ ὃ θέλω τοῦτο πράσσω
19 ὃ οὐ θέλω κακὸν τοῦτο πράσσω
9 11 μηδὲ πραξάντων τι ἀγαθὸν ἢ φαῦλον
13 4 ἔκδικος εἰς ὀργὴν τῷ τὸ κακὸν πράσσοντι
I Co 5 2 ἵνα ἀρθῇ ἐκ μέσου ὑμῶν ὁ τὸ ἔργον τοῦτο πράξας
9 17 εἰ γὰρ ἑκὼν τοῦτο πράσσω μισθὸν ἔχω
II Co 5 10 πρὸς ἃ ἔπραξεν εἴτε ἀγαθὸν εἴτε φαῦλον
12 21 μὴ μετανοησάντων ἐπὶ τῇ . . . ἀσελγείᾳ ᾗ ἔπραξαν
Ga 5 21 οἱ τὰ τοιαῦτα πράσσοντες βασιλείαν Θεοῦ οὐ κληρονομήσουσιν
Eph 6 21 ἵνα δὲ εἰδῆτε κ. ὑμεῖς τὰ κατ' ἐμὲ τί πράσσω
Phl 4 9 ἃ κ. ἐμάθετε . . . κ. εἴδετε ἐν ἐμοὶ ταῦτα πράσσετε
I Th 4 11 παρακαλοῦμεν δὲ ὑμᾶς . . . πράσσειν τὰ ἴδια

ΠΡΑΥ¨ΠΑΘΙ'Α * 4236 cf. 4240

I Ti 6 11 δίωκε δὲ . . . ὑπομονὴν πραϋπαθίαν

ΠΡΑΥ'Σ 4239

Mt 5 5 μακάριοι οἱ πραεῖς ὅτι αὐτοὶ κληρονομήσουσιν τ. γῆν
11 29 ὅτι πραΰς εἰμι κ. ταπεινὸς τ. καρδίᾳ
21 5 ὁ βασιλεύς σου ἔρχεταί σοι πραΰς κ. ἐπιβεβηκὼς ἐπὶ ὄνον
מַלְכֵּךְ יָבוֹא לָךְ . . . עָנִי וְרֹכֵב עַל־חֲמוֹר
Zech. ix. 9

I Pe 3 4 ἐν τ. ἀφθάρτῳ τ. ἡσυχίου κ. πραέως πνεύματος
πρ. κ. ἡσ., TWH mg. R

ΠΡΑΥ΄ΤΗΣ 4240 cf. 4236

I Co 4 21 ἢ ἐν ἀγάπῃ πνεύματί τε πραΰτητος
II Co 10 1 παρακαλῶ ὑμᾶς διὰ τ. πραΰτητος κ. ἐπιεικίας τ. Χριστοῦ
Ga 5 23 πίστις πραΰτης ἐγκρατεία
6 1 ὑμεῖς οἱ πνευματικοὶ καταρτίζετε τ. τοιοῦτον ἐν πνεύματι πραΰτητος
Eph 4 2 μετὰ πάσης ταπεινοφροσύνης κ. πραΰτητος
Col 3 12 ταπεινοφροσύνην πραΰτητα μακροθυμίαν
II Ti 2 25 ἐν πραΰτητι παιδεύοντα τ. ἀντιδιατιθεμένους
Tit 3 2 πᾶσαν ἐνδεικνυμένους πραΰτητα πρὸς πάντας ἀνθρώπους
Ja 1 21 ἐν πραΰτητι δέξασθε τ. ἔμφυτον λόγον
3 13 δειξάτω ἐκ τ. καλῆς ἀναστροφῆς τὰ ἔργα αὐτοῦ ἐν πραΰτητι σοφίας
I Pe 3 15 ἕτοιμοι ἀεὶ πρὸς ἀπολογίαν . . . ἀλλὰ μετὰ πραΰτητος κ. φόβου

ΠΡΕ΄ΠΩ 4241

Mt 3 15 οὕτως γὰρ πρέπον ἐστὶν ἡμῖν πληρῶσαι
I Co 11 13 πρέπον ἐστὶν γυναῖκα ἀκατακάλυπτον τ. Θεῷ προσεύχεσθαι;
Eph 5 3 καθὼς πρέπει ἁγίοις
I Ti 2 10 ὃ πρέπει γυναιξὶν ἐπαγγελλομέναις θεοσέβειαν
Tit 2 1 σὺ δὲ λάλει ἃ πρέπει τ. ὑγιαινούσῃ διδασκαλίᾳ
He 2 10 ἔπρεπεν γὰρ αὐτῷ . . . τ. ἀρχηγὸν τ. σωτηρίας αὐτῶν διὰ παθημάτων τελειῶσαι
7 26 τοιοῦτος γὰρ ἡμῖν κ. ἔπρεπεν ἀρχιερεύς

ΠΡΕΣΒΕΙ΄Α ** 4242

Lu 14 32 πρεσβείαν ἀποστείλας ἐρωτᾷ πρὸς εἰρήνην
19 14 οἱ δὲ πολῖται . . . ἀπέστειλαν πρεσβείαν ὀπίσω αὐτοῦ

ΠΡΕΣΒΕΥ΄Ω * 4243

II Co 5 20 ὑπὲρ Χριστοῦ οὖν πρεσβεύομεν
Eph 6 20 ὑπὲρ οὗ πρεσβεύω ἐν ἁλύσει

ΠΡΕΣΒΥΤΕ΄ΡΙΟΝ ** † 4244

Lu 22 66 συνήχθη τὸ πρεσβυτέριον τ. λαοῦ
Ac 22 5 ὡς κ. ὁ ἀρχιερεὺς μαρτυρεῖ μοι κ. πᾶν τὸ πρεσβυτέριον
I Ti 4 14 ὃ ἐδόθη σοι διὰ προφητείας μετὰ ἐπιθέσεως τ. χειρῶν τ. πρεσβυτερίου

ΠΡΕΣΒΥ΄ΤΕΡΟΣ 4245

(1) πρεσβ. τ. λαοῦ, τ. Ἰουδαίων (2) Christiani (3) πρεσβύτεραι

Mt 15 2 διὰ τί . . . παραβαίνουσιν τ. παράδοσιν τ. πρεσβυτέρων;
16 21 πολλὰ παθεῖν ἀπὸ τ. πρεσβυτέρων κ. ἀρχιερέων κ. γραμματέων
21 23 [1] προσῆλθαν αὐτῷ διδάσκοντι οἱ ἀρχιερεῖς κ. οἱ πρεσβύτεροι τ. λαοῦ
26 3 [1] τότε συνήχθησαν οἱ ἀρχιερεῖς καὶ οἱ πρεσβύτεροι τ. λαοῦ

Mt 26 47 [1] ὄχλος πολὺς . . . ἀπὸ τ. ἀρχιερέων κ. πρεσβυτέρων τ. λαοῦ
57 ὅπου οἱ γραμματεῖς κ. οἱ πρεσβύτεροι συνήχθησαν
27 1 [1] συμβούλιον ἔλαβον πάντες οἱ ἀρχιερεῖς κ. οἱ πρεσβύτεροι τ. λαοῦ
3 ἔστρεψεν τὰ τριάκοντα ἀργύρια τ. ἀρχιερεῦσιν κ. πρεσβυτέροις
12 ἐν τῷ κατηγορεῖσθαι αὐτὸν ὑπὸ τ. ἀρχιερέων κ. πρεσβυτέρων
20 οἱ δὲ ἀρχιερεῖς κ. οἱ πρεσβύτεροι ἔπεισαν τ. ὄχλους
41 οἱ ἀρχιερεῖς ἐμπαίζοντες μετὰ τ. γραμματέων κ. πρεσβυτέρων
28 12 συναχθέντες μετὰ τ. πρεσβυτέρων
Mk 7 3 κρατοῦντες τ. παράδοσιν τ. πρεσβυτέρων
5 διὰ τί οὐ περιπατοῦσιν . . . κατὰ τ. παράδοσιν τ. πρεσβυτέρων
8 31 ἀποδοκιμασθῆναι ὑπὸ τ. πρεσβυτέρων κ. τ. ἀρχιερέων κ. τ. γραμματέων
11 27 ἔρχονται πρὸς αὐτὸν οἱ ἀρχιερεῖς κ. οἱ γραμματεῖς κ. οἱ πρεσβύτεροι
14 43 μετ' αὐτοῦ ὄχλος . . . παρὰ τ. ἀρχιερέων κ. τ. γραμματέων κ. τ. πρεσβυτέρων
κ. πρεσβ., T
53 συνέρχονται πάντες οἱ ἀρχιερεῖς κ. οἱ πρεσβύτεροι κ. οἱ γραμματεῖς
15 1 συμβούλιον ποιήσαντες οἱ ἀρχιερεῖς μετὰ τ. πρεσβυτέρων κ. γραμματέων
Lu 7 3 [1] ἀπέστειλεν πρὸς αὐτὸν πρεσβυτέρους τ. Ἰουδαίων
9 22 ἀποδοκιμασθῆναι ἀπὸ τ. πρεσβυτέρων κ. ἀρχιερέων κ. γραμματέων
15 25 ἦν δὲ ὁ υἱὸς αὐτοῦ ὁ πρεσβύτερος ἐν ἀγρῷ
20 1 ἐπέστησαν οἱ ἀρχιερεῖς κ. οἱ γραμματεῖς σὺν τ. πρεσβυτέροις
22 52 εἶπεν δὲ Ἰησοῦς πρὸς τοὺς . . . ἀρχιερεῖς κ. στρατηγοὺς τ. ἱεροῦ κ. πρεσβυτέρους
Jo 8 [9 ἐξήρχοντο εἷς καθ' εἷς ἀρξάμενοι ἀπὸ τ. πρεσβυτέρων
Ac 2 17 οἱ πρεσβύτεροι ὑμῶν ἐνυπνίοις ἐνυπνιασθήσονται
זִקְנֵיכֶם חֲלֹמוֹת יַחֲלֹמוּן, Joel iii. 1
4 5 συναχθῆναι αὐτῶν τ. ἄρχοντας καὶ τ. πρεσβυτέρους κ. τ. γραμματεῖς
8 ἄρχοντες τ. λαοῦ κ. πρεσβύτεροι
23 ὅσα πρὸς αὐτοὺς οἱ ἀρχιερεῖς καὶ οἱ πρεσβύτεροι εἶπαν
6 12 συνεκίνησάν τε τ. λαὸν κ. τ. πρεσβυτέρους κ. τ. γραμματεῖς
11 30 [2] ἀποστείλαντες πρὸς τ. πρεσβυτέρους διὰ χειρὸς Βαρνάβα κ. Σαύλου
14 23 [2] χειροτονήσαντες δὲ αὐτοῖς κατ' ἐκκλησίαν πρεσβυτέρους
15 2 [2] ἔταξαν ἀναβαίνειν . . . πρὸς τ. ἀποστόλους κ. πρεσβυτέρους
4 [2] παρεδέχθησαν ἀπὸ τ. ἐκκλησίας κ. τ. ἀποστόλων κ. τ. πρεσβυτέρων
6 [2] συνήχθησάν τε οἱ ἀπόστολοι καὶ οἱ πρεσβύτεροι
22 [2] τότε ἔδοξεν τ. ἀποστόλοις καὶ τ. πρεσβυτέροις
23 [2] οἱ ἀπόστολοι κ. οἱ πρεσβύτεροι ἀδελφοὶ . . . χαίρειν
Ac 16 4 [2] τὰ δόγματα τὰ κεκριμένα ὑπὸ τ. ἀποστόλων κ. πρεσβυτέρων τῶν ἐν Ἱεροσολύμοις
20 17 [2] μετεκαλέσατο τ. πρεσβυτέρους τ. ἐκκλησίας
21 18 [2] πάντες τε παρεγένοντο οἱ πρεσβύτεροι
23 14 οἵτινες προσελθόντες τ. ἀρχιερεῦσι κ. τ. πρεσβυτέροις
24 1 κατέβη ὁ ἀρχιερεὺς Ἀνανίας μετὰ πρεσβυτέρων τινῶν
25 15 [1] ἐνεφάνισαν οἱ ἀρχιερεῖς κ. οἱ πρεσβύτεροι τ. Ἰουδαίων
I Ti 5 1 [2] πρεσβυτέρῳ μὴ ἐπιπλήξῃς
2 [3] παρακάλει . . . πρεσβυτέρας ὡς μητέρας
17 [2] οἱ καλῶς προεστῶτες πρεσβύτεροι διπλῆς τιμῆς ἀξιούσθωσαν
19 [2] κατὰ πρεσβυτέρου κατηγορίαν μὴ παραδέχου
Tit 1 5 [2] ἵνα . . . καταστήσῃς κατὰ πόλιν πρεσβυτέρους
He 11 2 [3] ἐν ταύτῃ γὰρ ἐμαρτυρήθησαν οἱ πρεσβύτεροι
Ja 5 14 [2] προσκαλεσάσθω τ. πρεσβυτέρους τ. ἐκκλησίας
I Pe 5 1 [2] πρεσβυτέρους οὖν ἐν ὑμῖν παρακαλῶ
πρ. οὖν τοὺς ἐν ὑμ., T
5 5 [2] ὁμοίως νεώτεροι ὑποτάγητε πρεσβυτέροις
II Jo 1 [2] ὁ πρεσβύτερος ἐκλεκτῇ κυρίᾳ
III Jo 1 [2] ὁ πρεσβύτερος Γαΐῳ τ. ἀγαπητῷ
Re 4 4 ἐπὶ τ. θρόνους εἴκοσι τέσσαρας πρεσβυτέρους καθημένους
10 πεσοῦνται οἱ εἴκοσι τέσσαρες πρεσβύτεροι
5 5 εἷς ἐκ τ. πρεσβυτέρων λέγει μοι
6 ἐν μέσῳ τ. πρεσβυτέρων ἀρνίον ἑστηκός
8 οἱ εἴκοσι τέσσαρες πρεσβύτεροι ἔπεσαν ἐνώπιον τ. ἀρνίου
11 ἤκουσα φωνὴν . . . κύκλῳ τ. θρόνου κ. τ. ζῴων κ. τ. πρεσβυτέρων
14 οἱ πρεσβύτεροι ἔπεσαν κ. προσεκύνησαν
7 11 εἱστήκεισαν κύκλῳ τ. θρόνου καὶ τ. πρεσβυτέρων κ. τ. τεσσάρων ζῴων
13 ἀπεκρίθη εἷς ἐκ τ. πρεσβυτέρων
11 16 οἱ εἴκοσι τέσσαρες πρεσβύτεροι οἱ ἐνώπιον τ. Θεοῦ καθήμενοι
14 3 ᾠδὴν καινὴν . . . ἐνώπιον τ. τεσσάρων ζῴων κ. τ. πρεσβυτέρων
19 4 ἔπεσαν οἱ πρεσβύτεροι οἱ εἴκοσι τέσσαρες

ΠΡΕΣΒΥ'ΤΗΣ 4246

Lu 1 18 ἐγὼ γάρ εἰμι πρεσβύτης
Tit 2 2 πρεσβύτας νηφαλίους εἶναι σεμνούς
Phm 9 τοιοῦτος ὢν ὡς Παῦλος πρεσβύτης

ΠΡΕΣΒΥ'ΤΙΣ ** 4247

Tit 2 3 πρεσβύτιδας ὡσαύτως ἐν καταστήματι ἱεροπρεπεῖς

ΠΡΗΝΗ'Σ ** 4248

Ac 1 18 πρηνὴς γενόμενος ἐλάκησεν μέσος

ΠΡΙ'ΖΩ 4249

He 11 37 ἐλιθάσθησαν ἐπειράσθησαν ἐπρίσθησαν
ἐπρίσθ. ἐπειρ., WH mg. R

ΠΡΙ'Ν 4250

Mt 1 18 πρὶν ἢ συνελθεῖν αὐτούς
26 34 πρὶν ἀλέκτορα φωνῆσαι τρὶς ἀπαρνήσῃ με
75 πρὶν ἀλέκτορα φωνῆσαι τρὶς ἀπαρνήσῃ με
Mk 14 30 πρὶν ἢ δὶς ἀλέκτορα φωνῆσαι τρίς με ἀπαρνήσῃ
72 πρὶν ἀλέκτορα δὶς φωνῆσαι τρίς με ἀπαρνήσῃ
Lu 2 26 μὴ ἰδεῖν θάνατον πρὶν ἢ ἂν ἴδῃ τὸν Χριστὸν Κυρίου
22 61 πρὶν ἀλέκτορα φωνῆσαι σήμερον ἀπαρνήσῃ με τρίς
Jo 4 49 κατάβηθι πρὶν ἀποθανεῖν τὸ παιδίον μου
8 58 πρὶν Ἀβραὰμ γενέσθαι ἐγὼ εἰμί
14 29 νῦν εἴρηκα ὑμῖν πρὶν γενέσθαι
Ac 2 20 πρὶν ἐλθεῖν ἡμέραν Κυρίου τ. μεγάλην κ. ἐπιφανῆ
πρὶν ἤ, WH mg.
לִפְנֵי בּוֹא יוֹם יְהוָה הַגָּדוֹל וְהַנּוֹרָא, Joel iii. 4
7 2 πρὶν ἢ κατοικῆσαι αὐτὸν ἐν Χαρράν
25 16 πρὶν ἢ ὁ κατηγορούμενος κατὰ πρόσωπον ἔχοι τ. κατηγόρους

ΠΡΙ'ΣΚΑ, ΠΡΙ'ΣΚΙΛΛΑ 4251, 4252

Ac 18 2 Ἀκύλαν . . . κ. Πρίσκιλλαν γυναῖκα αὐτοῦ
18 σὺν αὐτῷ Πρίσκιλλα κ. Ἀκύλας
26 ἀκούσαντες δὲ αὐτοῦ Πρίσκιλλα κ. Ἀκύλας
Ro 16 3 ἀσπάσασθε Πρίσκαν κ. Ἀκύλαν τ. συνεργούς μου
I Co 16 19 ἀσπάζεται ὑμᾶς ἐν Κυρίῳ πολλὰ Ἀκύλας κ. Πρίσκα
II Ti 4 19 ἄσπασαι Πρίσκαν κ. Ἀκύλαν

ΠΡΟ' 4253

(1) de loc. (2) seq. infin
(3) π. προσώπου

Mt 5 12 οὕτως γὰρ ἐδίωξαν τ. προφήτας τοὺς πρὸ ὑμῶν
6 8 [2] οἶδεν γὰρ ὁ πατὴρ ὑμῶν . . . πρὸ τοῦ ὑμᾶς αἰτῆσαι αὐτόν
8 29 ἦλθες ὧδε πρὸ καιροῦ βασανίσαι ἡμᾶς;
11 10 [3] ἀποστέλλω τ. ἄγγελόν μου πρὸ προσώπου σου
שֹׁלֵחַ מַלְאָכִי . . . לְפָנָי, Mal. iii. 1
24 38 ἐν τ. ἡμέραις ἐκείναις ταῖς πρὸ τ. κατακλυσμοῦ
Mk 1 2 [3] ἀποστέλλω τ. ἄγγελόν μου πρὸ προσώπου σου, Mal. *l.c.*
Lu 1 76 [3] προπορεύσῃ γὰρ πρὸ προσώπου Κυρίου
προπ. γ. ἐνώπιον Κυρ., WH
2 21 [2] τὸ κληθὲν ὑπὸ τ. ἀγγέλου πρὸ τοῦ συλλημφθῆναι αὐτὸν ἐν τ. κοιλίᾳ
7 27 [3] ἀποστέλλω τ. ἄγγελόν μου πρὸ προσώπου σου, Mal. *l.c.*
9 52 [3] ἀπέστειλεν ἀγγέλους πρὸ προσώπου αὐτοῦ
10 1 [3] ἀπέστειλεν αὐτοὺς ἀνὰ δύο δύο πρὸ προσώπου αὐτοῦ
11 38 ὅτι οὐ πρῶτον ἐβαπτίσθη πρὸ τ. ἀρίστου
21 12 πρὸ δὲ τούτων πάντων ἐπιβαλοῦσιν ἐφ' ὑμᾶς τ. χεῖρας αὐτῶν
22 15 [2] τοῦτο τὸ πάσχα φαγεῖν μεθ' ὑμῶν πρὸ τοῦ με πάσχειν
Jo 1 48 [2] πρὸ τοῦ σε Φίλιππον φωνῆσαι . . . εἶδόν σε
5 7 ἄλλος πρὸ ἐμοῦ καταβαίνει
10 8 πάντες ὅσοι ἦλθον πρὸ ἐμοῦ
—πρὸ ἐμ., T
11 55 ἀνέβησαν πολλοὶ εἰς Ἱεροσόλυμα . . . πρὸ τοῦ πάσχα
12 1 πρὸ ἓξ ἡμερῶν τοῦ πάσχα ἦλθεν εἰς Βηθανίαν
13 1 πρὸ δὲ τῆς ἑορτῆς τοῦ πάσχα εἰδὼς ὁ Ἰησοῦς
19 [2] ἀπ' ἄρτι λέγω ὑμῖν πρὸ τοῦ γενέσθαι
17 5 [2] τ. δόξῃ ᾗ εἶχον πρὸ τοῦ τ. κόσμον εἶναι παρὰ σοί
24 ὅτι ἠγάπησάς με πρὸ καταβολῆς κόσμου
Ac 5 36 πρὸ γὰρ τούτων τ. ἡμερῶν ἀνέστη Θευδᾶς
12 6 [1] φύλακές τε πρὸ τ. θύρας ἐτήρουν τ. φυλακήν
14 [1] ἀπήγγειλεν ἑστάναι τ. Πέτρον πρὸ τ. πυλῶνος
13 24 [3] προκηρύξαντος Ἰωάνου πρὸ προσώπου τῆς εἰσόδου αὐτοῦ
14 13 [1] ὅ τε ἱερεὺς τ. Διὸς τ. ὄντος πρὸ τ. πόλεως
21 38 ὁ Αἰγύπτιος ὁ πρὸ τούτων τ. ἡμερῶν ἀναστατώσας
23 15 [2] ἡμεῖς δὲ πρὸ τοῦ ἐγγίσαι αὐτὸν ἕτοιμοί ἐσμεν
Ro 16 7 οἳ κ. πρὸ ἐμοῦ γέγοναν ἐν Χριστῷ
I Co 2 7 ἣν προώρισεν ὁ Θεὸς πρὸ τ. αἰώνων
4 5 ὥστε μὴ πρὸ καιροῦ τι κρίνετε
II Co 12 2 οἶδα ἄνθρωπον ἐν Χριστῷ πρὸ ἐτῶν δεκατεσσάρων
Ga 1 17 ἀνῆλθον εἰς Ἱεροσόλυμα πρὸς τοὺς πρὸ ἐμοῦ ἀποστόλους
2 12 [2] πρὸ τοῦ γὰρ ἐλθεῖν τινὰς ἀπὸ Ἰακώβου
3 23 [2] πρὸ τοῦ δὲ ἐλθεῖν τ. πίστιν
Eph 1 4 καθὼς ἐξελέξατο ἡμᾶς ἐν αὐτῷ πρὸ καταβολῆς κόσμου
Col 1 17 κ. αὐτός ἐστιν πρὸ πάντων
II Ti 1 9 κατὰ . . . χάριν τ. δοθεῖσαν ἡμῖν ἐν Χριστῷ Ἰησοῦ πρὸ χρόνων αἰωνίων
4 21 σπούδασον πρὸ χειμῶνος ἐλθεῖν
Tit 1 2 ἣν ἐπηγγείλατο ὁ ἀψευδὴς Θεὸς πρὸ χρόνων αἰωνίων
He 11 5 πρὸ γὰρ τ. μεταθέσεως μεμαρτύρηται
Ja 5 9 [1] ἰδοὺ ὁ κριτὴς πρὸ τ. θυρῶν ἕστηκεν
12 πρὸ πάντων δὲ ἀδελφοί μου μὴ ὀμνύετε
I Pe 1 20 προεγνωσμένου μὲν πρὸ καταβολῆς κόσμου
4 8 πρὸ πάντων τὴν εἰς ἑαυτοὺς ἀγάπην ἐκτενῆ ἔχοντες
Ju 25 κράτος κ. ἐξουσία πρὸ παντὸς τ. αἰῶνος

ΠΡΟΑ'ΓΩ 4254

Mt 2 9 ὁ ἀστὴρ ὃν εἶδον ἐν τ. ἀνατολῇ προῆγεν αὐτούς
14 22 ἠνάγκασεν τ. μαθητὰς . . . προάγειν αὐτὸν εἰς τὸ πέραν
21 9 οἱ δὲ ὄχλοι οἱ προάγοντες αὐτὸν . . ἔκραζον
31 οἱ τελῶναι κ. αἱ πόρναι προάγουσιν ὑμᾶς εἰς τ. βασιλείαν τ. Θεοῦ
26 32 προάξω ὑμᾶς εἰς τ. Γαλιλαίαν
28 7 ἰδοὺ προάγει ὑμᾶς εἰς τ. Γαλιλαίαν
Mk 6 45 ἠνάγκασεν τ. μαθητὰς αὐτοῦ . . . προάγειν εἰς τὸ πέραν πρὸς Βηθσαϊδάν
10 32 ἦν προάγων αὐτοὺς ὁ Ἰησοῦς
11 9 οἱ προάγοντες κ. οἱ ἀκολουθοῦντες ἔκραζον
14 28 προάξω ὑμᾶς εἰς τ. Γαλιλαίαν

Mk 16 7 ὅτι προάγει ὑμᾶς εἰς τ. Γαλιλαίαν
Lu 18 39 οἱ προάγοντες ἐπετίμων αὐτῷ ἵνα σιγήσῃ
Ac 12 6 ὅτε δὲ ἤμελλεν προαγαγεῖν αὐτὸν ὁ Ἡρῴδης
προσαγαγεῖν, WH non mg.
16 30 προαγαγὼν αὐτοὺς ἔξω ἔφη
17 5 ἐζήτουν αὐτοὺς προαγαγεῖν εἰς τ. δῆμον
25 26 διὸ προήγαγον αὐτὸν ἐφ' ὑμῶν
I Ti 1 18 κατὰ τ. προαγούσας ἐπὶ σὲ προφητείας
5 24 αἱ ἁμαρτίαι προδηλοί εἰσιν προάγουσαι εἰς κρίσιν
He 7 18 ἀθέτησις μὲν γὰρ γίνεται προαγούσης ἐντολῆς
II Jo 9 πᾶς ὁ προάγων κ. μὴ μένων ἐν τ. διδαχῇ τ. Χριστοῦ

ΠΡΟΑΙΡΕ´ΟΜΑΙ 4255

II Co 9 7 ἕκαστος καθὼς προῄρηται τ. καρδίᾳ

ΠΡΟΑΙΤΙΑ´ΟΜΑΙ *† 4256

Ro 3 9 προῃτιασάμεθα γὰρ . . . πάντας ὑφ' ἁμαρτίαν εἶναι

ΠΡΟΑΚΟΥ´Ω* 4257

Col 1 5 ἣν προηκούσατε ἐν τ. λόγῳ τ. ἀληθείας τ. εὐαγγελίου

ΠΡΟΑΜΑΡΤΑ´ΝΩ *† 4258

II Co 12 21 μὴ . . . πενθήσω πολλοὺς τ. προημαρτηκότων
13 2 προλέγω . . . κ. ἀπὼν νῦν τ. προημαρτηκόσιν

ΠΡΟΑΥ´ΛΙΟΝ* 4259

Mk 14 68 ἐξῆλθεν ἔξω εἰς τὸ προαύλιον

ΠΡΟΒΑΙ´ΝΩ 4260

Mt 4 21 προβὰς ἐκεῖθεν εἶδεν ἄλλους δύο ἀδελφούς
Mk 1 19 προβὰς ὀλίγον εἶδεν Ἰάκωβον τὸν τ. Ζεβεδαίου
Lu 1 7 ἀμφότεροι προβεβηκότες ἐν τ. ἡμέραις αὐτῶν ἦσαν
18 ἡ γυνή μου προβεβηκυῖα ἐν τ. ἡμέραις αὐτῆς
2 36 αὕτη προβεβηκυῖα ἐν ἡμέραις πολλαῖς

ΠΡΟΒΑ´ΛΛΩ 4261

Lu 21 30 ὅταν προβάλωσιν ἤδη
Ac 19 33 προβαλόντων αὐτὸν τ. Ἰουδαίων

ΠΡΟΒΑΤΙΚΟ´Σ 4262

Jo 5 2 ἔστιν δὲ ἐν τ. Ἱεροσολύμοις ἐπὶ τ. προβατικῇ κολυμβήθρα

ΠΡΟΒΑ´ΤΙΟΝ* 4263 cf. 4263.5

Jo 21 16 ποίμαινε τὰ προβάτιά μου
πρόβατά, WH mg.
17 βόσκε τὰ προβάτιά μου
πρόβατά, WH mg.

ΠΡΟ´ΒΑΤΟΝ 4263.5 cf. 4263

Mt 7 15 οἵτινες ἔρχονται πρὸς ὑμᾶς ἐν ἐνδύμασι προβάτων
9 36 ἐρριμμένοι ὡσεὶ πρόβατα μὴ ἔχοντα ποιμένα
10 6 πορεύεσθε δὲ μᾶλλον πρὸς τὰ πρόβατα τὰ ἀπολωλότα οἴκου Ἰσραήλ
Mt 10 16 ἀποστέλλω ὑμᾶς ὡς πρόβατα ἐν μέσῳ λύκων
12 11 ὃς ἕξει πρόβατον ἕν
12 πόσῳ οὖν διαφέρει ἄνθρωπος προβάτου;
15 24 [1] οὐκ ἀπεστάλην εἰ μὴ εἰς τὰ πρόβατα τὰ ἀπολωλότα οἴκου Ἰσραήλ
18 12 ἐὰν γένηταί τινι ἀνθρώπῳ ἑκατὸν πρόβατα
25 32 ὥσπερ ὁ ποιμὴν ἀφορίζει τὰ πρόβατα ἀπὸ τ. ἐρίφων,
33 κ. στήσει τὰ μὲν πρόβατα ἐκ δεξιῶν αὐτοῦ
26 31 διασκορπισθήσονται τὰ πρόβατα τ. ποίμνης
תְּפוּצֶיןָ הַצֹּאן, Zech. xiii. 7
Mk 6 34 ὅτι ἦσαν ὡς πρόβατα μὴ ἔχοντα ποιμένα
14 27 τὰ πρόβατα διασκορπισθήσονται, Zech. *l.c.*
Lu 15 4 τίς ἄνθρωπος ἐξ ὑμῶν ἔχων ἑκατὸν πρόβατα
6 ὅτι εὗρον τὸ πρόβατόν μου τὸ ἀπολωλός
Jo 2 14 εὗρεν ἐν τ. ἱερῷ τ. πωλοῦντας βόας κ. πρόβατα κ. περιστεράς
15 πάντας ἐξέβαλεν ἐκ τ. ἱεροῦ τά τε πρόβατα κ. τ. βόας
10 1 ὁ μὴ εἰσερχόμενος διὰ τ. θύρας εἰς τ. αὐλὴν τ. προβάτων
2 ὁ δὲ εἰσερχόμενος διὰ τ. θύρας ποιμήν ἐστιν τ. προβάτων
3 τὰ πρόβατα τ. φωνῆς αὐτοῦ ἀκούει,
κ. τὰ ἴδια πρόβατα φωνεῖ κατ' ὄνομα
4 τὰ πρόβατα αὐτῷ ἀκολουθεῖ
7 ἐγώ εἰμι ἡ θύρα τ. προβάτων
8 ἀλλ' οὐκ ἤκουσαν αὐτῶν τὰ πρόβατα
11 ὁ ποιμὴν ὁ καλὸς τ. ψυχὴν αὐτοῦ τίθησιν ὑπὲρ τ. προβάτων
12 ὁ μισθωτὸς . . . οὗ οὐκ ἔστιν τὰ πρόβατα ἴδια,
θεωρεῖ τ. λύκον ἐρχόμενον κ. ἀφίησιν τὰ πρόβατα
13 οὐ μέλει αὐτῷ περὶ τ. προβάτων
15 τ. ψυχήν μου τίθημι ὑπὲρ τ. προβάτων
16 ἄλλα πρόβατα ἔχω ἃ οὐκ ἔστιν ἐκ τ. αὐλῆς ταύτης
26 ὅτι οὐκ ἐστὲ ἐκ τ. προβάτων τ. ἐμῶν
27 τὰ πρόβατα τὰ ἐμὰ τ. φωνῆς μου ἀκούουσιν
21 16 ποίμαινε τὰ πρόβατά μου
προβάτιά, TWH non mg.
17 βόσκε τὰ πρόβατά μου
προβάτιά, TWH non mg.
Ac 8 32 ὡς πρόβατον ἐπὶ σφαγὴν ἤχθη
כַּשֶּׂה לַטֶּבַח יוּבָל, Is. liii. 7
Ro 8 36 ἐλογίσθημεν ὡς πρόβατα σφαγῆς
נֶחְשַׁבְנוּ כְּצֹאן טִבְחָה, Ps. xliv. 23
He 13 20 ὁ ἀναγαγὼν ἐκ νεκρῶν τ. ποιμένα τ. προβάτων τὸν μέγαν
I Pe 2 25 ἦτε γὰρ ὡς πρόβατα πλανώμενοι
Re 18 13 σῖτον κ. κτήνη κ. πρόβατα

ΠΡΟΒΙΒΑ´ΖΩ 4264

Mt 14 8 ἡ δὲ προβιβασθεῖσα ὑπὸ τ. μητρὸς αὐτῆς

ΠΡΟΒΛΕ´ΠΟΜΑΙ 4265

He 11 40 τ. Θεοῦ περὶ ἡμῶν κρεῖττόν τι προβλεψαμένου

ΠΡΟΓΙ´ΝΟΜΑΙ ** 4266

Ro 3 25 διὰ τ. πάρεσιν τ. προγεγονότων ἁμαρτημάτων

ΠΡΟΓΙΝΩ΄ΣΚΩ ** 4267

Ac 26 5 προγινώσκοντές με ἄνωθεν ἐὰν θέλωσιν μαρτυρεῖν
Ro 8 29 ὅτι οὓς προέγνω κ. προώρισεν συμμόρφους
11 2 οὐκ ἀπώσατο ὁ Θεὸς τ. λαὸν αὐτοῦ ὃν προέγνω
I Pe 1 20 προεγνωσμένου μὲν πρὸ καταβολῆς κόσμου
II Pe 3 17 ὑμεῖς οὖν ἀγαπητοὶ προγινώσκοντες φυλάσσεσθε

ΠΡΟ΄ΓΝΩΣΙΣ ** † 4268

Ac 2 23 τοῦτον τ. ὡρισμένῃ βουλῇ κ. προγνώσει τ. Θεοῦ ἔκδοτον
I Pe 1 2 κατὰ πρόγνωσιν Θεοῦ πατρός

ΠΡΟ΄ΓΟΝΟΣ ** 4269

I Ti 5 4 μανθανέτωσαν . . . ἀμοιβὰς ἀποδιδόναι τ. προγόνοις
II Ti 1 3 ᾧ λατρεύω ἀπὸ προγόνων ἐν καθαρᾷ συνειδήσει

ΠΡΟΓΡΑ΄ΦΩ 4270

Ro 15 4 ὅσα γὰρ προεγράφη πάντα εἰς τ. ἡμετέραν διδασκαλίαν ἐγράφη
Ga 3 1 οἷς κατ᾽ ὀφθαλμοὺς Ἰησοῦς Χριστὸς προεγράφη ἐσταυρωμένος
Eph 3 3 καθὼς προέγραψα ἐν ὀλίγῳ
Ju 4 οἱ πάλαι προγεγραμμένοι εἰς τοῦτο τὸ κρίμα

ΠΡΟ΄ΔΗΛΟΣ ** 4271

I Ti 5 24 τινῶν ἀνθρώπων αἱ ἁμαρτίαι πρόδηλοί εἰσιν
25 ὡσαύτως κ. τὰ ἔργα τὰ καλὰ πρόδηλα
He 7 14 πρόδηλον γὰρ ὅτι ἐξ Ἰούδα ἀνατέταλκεν ὁ Κύριος ἡμῶν

ΠΡΟΔΙ΄ΔΩΜΙ 4272

Ro 11 35 ἢ τίς προέδωκεν αὐτῷ κ. ἀνταποδοθήσεται αὐτῷ
מִי הִקְדִּימַנִי וַאֲשַׁלֵּם, Job xli. 3

ΠΡΟΔΟ΄ΤΗΣ ** 4273

Lu 6 16 Ἰούδαν Ἰσκαριὼθ ὃς ἐγένετο προδότης
Ac 7 52 οὗ νῦν ὑμεῖς προδόται κ. φονεῖς ἐγένεσθε
II Ti 3 4 ἀφιλάγαθοι προδόται προπετεῖς

ΠΡΟ΄ΔΡΟΜΟΣ 4274

He 6 20 ὅπου πρόδρομος ὑπὲρ ἡμῶν εἰσῆλθεν Ἰησοῦς

ΠΡΟΕΙ΄ΔΟΝ 4275
Cf. προοράω

Ac 2 31 προϊδὼν ἐλάλησεν περὶ τ. ἀναστάσεως τ. Χριστοῦ
Ga 3 8 προϊδοῦσα δὲ ἡ γραφὴ ὅτι ἐκ πίστεως δικαιοῖ τὰ ἔθνη ὁ Θεός

ΠΡΟΕΙ΄ΠΟΝ * 4277

Ac 1 16 ἣν προεῖπεν τὸ πνεῦμα τὸ ἅγιον διὰ στόματος Δαυείδ
Ga 5 21 ἃ προλέγω ὑμῖν καθὼς προεῖπον
I Th 4 6 καθὼς κ. προείπαμεν ὑμῖν κ. διεμαρτυράμεθα

ΠΡΟΕΛΠΙ΄ΖΩ * 4276

Eph 1 12 ἡμᾶς . . . τοὺς προηλπικότας ἐν τ. Χριστῷ

ΠΡΟΕΝΑ΄ΡΧΟΜΑΙ * † 4278

II Co 8 6 ἵνα καθὼς προενήρξατο οὕτως κ. ἐπιτελέσῃ
10 οἵτινες . . . κ. τὸ θέλειν προενήρξασθε ἀπὸ πέρυσι

ΠΡΟΕΠΑΓΓΕ΄ΛΛΟΜΑΙ * † 4279

Ro 1 2 ὃ προεπηγγείλατο διὰ τ. προφητῶν αὐτοῦ ἐν γραφαῖς ἁγίαις
II Co 9 5 ἵνα . . . προκαταρτίσωσιν τ. προεπηγγελμένην εὐλογίαν ὑμῶν

ΠΡΟΕ΄ΡΧΟΜΑΙ 4281

Mt 26 39 προελθὼν μικρὸν ἔπεσεν ἐπὶ πρόσωπον αὐτοῦ
προσελθών, TWH mg.
Mk 6 33 συνέδραμον ἐκεῖ κ. προῆλθον αὐτούς
14 35 προελθὼν μικρὸν ἔπιπτεν ἐπὶ τ. γῆς
προσελθών, WH mg.
Lu 1 17 αὐτὸς προελεύσεται ἐνώπιον αὐτοῦ ἐν πνεύματι κ. δυνάμει Ἠλεία
προσελεύσεται, WH mg. R mg.
22 47 ὁ λεγόμενος Ἰούδας . . . προήρχετο αὐτούς
Ac 12 10 ἐξελθόντες προῆλθον ῥύμην μίαν
13 προῆλθεν παιδίσκη ὑπακοῦσαι
προσῆλθεν, TWH non mg. R
20 5 οὗτοι δὲ προελθόντες ἔμενον ἡμᾶς ἐν Τρῳάδι
προσελθόντες, WH non mg. R mg.
13 ἡμεῖς δὲ προελθόντες ἐπὶ τὸ πλοῖον
προσελθόντες, WH mg.
II Co 9 5 ἵνα προέλθωσιν εἰς ὑμᾶς

ΠΡΟΕΡΩ΄ ** 4280
Cf. προεῖπον

Mt 24 25 ἰδοὺ προείρηκα ὑμῖν
Mk 13 23 προείρηκα ὑμῖν πάντα
Ro 9 29 καθὼς προείρηκεν Ἠσαίας
II Co 7 3 προείρηκα γὰρ ὅτι ἐν τ. καρδίαις ἡμῶν ἐστέ
13 2 προείρηκα κ. προλέγω ὡς παρὼν τὸ δεύτερον
Ga 1 9 ὡς προειρήκαμεν κ. ἄρτι πάλιν λέγω
He 4 7 καθὼς προείρηται
προείρηκεν, WH mg.
II Pe 3 2 μνησθῆναι τ. προειρημένων ῥημάτων ὑπὸ τ. ἁγίων προφητῶν
Ju 17 μνήσθητε τ. ῥημάτων τ. προειρημένων ὑπὸ τ. ἀποστόλων τ. Κυρίου ἡμῶν

ΠΡΟΕΤΟΙΜΑ΄ΖΩ 4282

Ro 9 23 σκεύη ἐλέους ἃ προητοίμασεν εἰς δόξαν
Eph 2 10 οἷς προητοίμασεν ὁ Θεὸς ἵνα ἐν αὐτοῖς περιπατήσωμεν

ΠΡΟΕΥΑΓΓΕΛΙ΄ΖΟΜΑΙ * † 4283

Ga 3 8 ἡ γραφὴ . . . προευηγγελίσατο τῷ Ἀβραάμ

ΠΡΟΕ΄ΧΟΜΑΙ 4284

Ro 3 9 τί οὖν; προεχόμεθα; οὐ πάντως

ΠΡΟΗΓΕ΄ΟΜΑΙ 4285

Ro 12 10 τ. τιμῇ ἀλλήλους προηγούμενοι

ΠΡΟ΄ΘΕΣΙΣ 4286

(1) ἄρτοι τ. προθέσεως, πρόθ. τ. ἄρτων

Mt 12 4 [1] τ. ἄρτους τῆς προθέσεως ἔφαγον
Mk 2 26 [1] τ. ἄρτους τῆς προθέσεως ἔφαγεν

Lu 6 4 [1] τ. ἄρτους τ. προθέσεως λαβὼν ἔφαγεν
Ac 11 23 παρεκάλει πάντας τῇ προθέσει τ. καρδίας προσμένειν ἐν τ. Κυρίῳ
27 13 δόξαντες τ. προθέσεως κεκρατηκέναι
Ro 8 28 τοῖς κατὰ πρόθεσιν κλητοῖς οὖσιν
9 11 ἵνα ἡ κατ' ἐκλογὴν πρόθεσις τ. Θεοῦ μένῃ
Eph 1 11 προορισθέντες κατὰ πρόθεσιν τοῦ τὰ πάντα ἐνεργοῦντος
3 11 ἵνα γνωρισθῇ νῦν . . . κατὰ πρόθεσιν τ. αἰώνων
II Ti 1 9 οὐ κατὰ τὰ ἔργα ἡμῶν ἀλλὰ κατὰ ἰδίαν πρόθεσιν
3 10 σὺ δὲ παρηκολούθησάς μου τ. διδασκαλίᾳ τ. ἀγωγῇ τ. προθέσει
He 9 2 [1] ἐν ᾗ ἥ τε λυχνία κ. ἡ τράπεζα κ. ἡ πρόθεσις τ. ἄρτων

ΠΡΟΘΕΣΜΙ΄Α ** 4287

Ga 4 2 ἄχρι τ. προθεσμίας τ. πατρός

ΠΡΟΘΥΜΙ΄Α ** 4288

Ac 17 11 οἵτινες ἐδέξαντο τ. λόγον μετὰ πάσης προθυμίας
II Co 8 11 ὅπως καθάπερ ἡ προθυμία τοῦ θέλει
12 εἰ γὰρ ἡ προθυμία πρόκειται
19 πρὸς τὴν τ. Κυρίου δόξαν κ. προθυμίαν ἡμῶν
9 2 οἶδα γὰρ τ. προθυμίαν ὑμῶν

ΠΡΟ΄ΘΥΜΟΣ 4289

Mt 26 41 τὸ μὲν πνεῦμα πρόθυμον ἡ δὲ σὰρξ ἀσθενής
Mk 14 38 τὸ μὲν πνεῦμα πρόθυμον ἡ δὲ σὰρξ ἀσθενής
Ro 1 15 οὕτως τὸ κατ' ἐμὲ πρόθυμο κ. ὑμῖν τοῖς ἐν Ῥώμῃ εὐαγγελίσασθαι

ΠΡΟΘΥ΄ΜΩΣ 4290

I Pe 5 2 μηδὲ αἰσχροκερδῶς ἀλλὰ προθύμως

ΠΡΟ΄Ϊ΄ΜΟΣ 4290.5

Ja 5 7 ἕως λάβῃ πρόϊμον κ. ὄψιμον

ΠΡΟΪ΄ΣΤΗΜΙ 4291

Ro 12 8 ὁ προϊστάμενος ἐν σπουδῇ
I Th 5 12 εἰδέναι τοὺς . . . προϊσταμένους ὑμῶν ἐν Κυρίῳ
I T 3 4 τοῦ ἰδίου οἴκου καλῶς προϊστάμενον
5 εἰ δέ τις τ. ἰδίου οἴκου προστῆναι οὐκ οἶδεν
12 τέκνων καλῶς προϊστάμενοι κ. τ. ἰδίων οἴκων
5 17 οἱ καλῶς προεστῶτες πρεσβύτεροι διπλῆς τιμῆς ἀξιούσθωσαν
Tit 3 8 ἵνα φροντίζωσιν καλῶν ἔργων προΐστασθαι
14 μανθανέτωσαν δὲ κ. οἱ ἡμέτεροι καλῶν ἔργων προΐστασθαι

ΠΡΟΚΑΛΕ΄ΟΜΑΙ ** 4292

Ga 5 26 μὴ γινώμεθα κενόδοξοι ἀλλήλους προκαλούμενοι

ΠΡΟΚΑΤΑΓΓΕ΄ΛΛΩ * † 4293

Ac 3 18 ἃ προκατήγγειλεν διὰ στόματος πάντων τ. προφητῶν
7 52 ἀπέκτειναν τ. προκαταγγείλαντας περὶ τ. ἐλεύσεως τ. δικαίου

ΠΡΟΚΑΤΑΡΤΙ΄ΖΩ * 4294

II Co 9 5 ἵνα . . . προκαταρτίσωσιν τ. προεπηγγελμένην εὐλογίαν ὑμῶν

ΠΡΟ΄ΚΕΙΜΑΙ 4295

II Co 8 12 εἰ γὰρ ἡ προθυμία πρόκειται
He 6 18 οἱ καταφυγόντες κρατῆσαι τ. προκειμένης ἐλπίδος
12 1 δι' ὑπομονῆς τρέχωμεν τ. προκείμενον ἡμῖν ἀγῶνα
2 ὃς ἀντὶ τ. προκειμένης αὐτῷ χαρᾶς ὑπέμεινεν σταυρόν
Ju 7 ὡς Σόδομα κ. Γόμορρα . . . πρόκεινται δεῖγμα

ΠΡΟΚΗΡΥ΄ΣΣΩ * 4296

Ac 13 24 προκηρύξαντος Ἰωάνου πρὸ προσώπου τῆς εἰσόδου αὐτοῦ βάπτισμα μετανοίας

ΠΡΟΚΟΠΗ΄ ** 4297

Phl 1 12 μᾶλλον εἰς προκοπὴν τ. εὐαγγελίου ἐλήλυθεν
25 εἰς τὴν ὑμῶν προκοπὴν κ. χαρὰν τ. πιστεως
I Ti 4 15 ἵνα σου ἡ προκοπὴ φανερὰ ᾖ πᾶσιν

ΠΡΟΚΟ΄ΠΤΩ ** 4298

Lu 2 52 Ἰησοῦς προέκοπτεν τ. σοφίᾳ κ. ἡλικίᾳ
Ro 13 12 ἡ νὺξ προέκοψεν ἡ δὲ ἡμέρα ἤγγικεν
Ga 1 14 προέκοπτον ἐν τ. Ἰουδαϊσμῷ ὑπὲρ πολλοὺς συνηλικιώτας ἐν τ. γένει μου
II Ti 2 16 ἐπὶ πλεῖον γὰρ προκόψουσιν ἀσεβείας
3 9 ἀλλ' οὐ προκόψουσιν ἐπὶ πλεῖον
13 πονηροὶ δὲ ἄνθρωποι κ. γόητες προκόψουσιν ἐπὶ τὸ χεῖρον

ΠΡΟ΄ΚΡΙΜΑ * † 4299

I Ti 5 21 ἵνα ταῦτα φυλάξῃς χωρὶς προκρίματος

ΠΡΟΚΥΡΟ΄ΟΜΑΙ * † 4300

Ga 3 17 διαθήκην προκεκυρωμένην ὑπὸ τ. Θεοῦ ὁ . . . νόμος οὐκ ἀκυροῖ

ΠΡΟΛΑΜΒΑ΄ΝΩ ** 4301

Mk 14 8 προέλαβεν μυρίσαι τὸ σῶμά μου εἰς τ. ἐνταφιασμόν
I Co 11 21 ἕκαστος γὰρ τὸ ἴδιον δεῖπνον προλαμβάνει ἐν τῷ φαγεῖν
Ga 6 1 ἐὰν κ. προλημφθῇ ἄνθρωπος ἔν τινι παραπτώματι

ΠΡΟΛΕ΄ΓΩ 4302

II Co 13 2 προείρηκα κ. προλέγω ὡς παρὼν τὸ δεύτερον
Ga 5 21 ἃ προλέγω ὑμῖν καθὼς προεῖπον
I Th 3 4 προελέγομεν ὑμῖν ὅτι μέλλομεν θλίβεσθαι

ΠΡΟΜΑΡΤΥ΄ΡΟΜΑΙ * † 4303

I Pe 1 11 προμαρτυρόμενον τὰ εἰς Χριστὸν παθήματα

ΠΡΟΜΕΛΕΤΑ΄Ω * 4304

Lu 21 14 θέτε οὖν ἐν τ. καρδίαις ὑμῶν μὴ προμελετᾶν ἀπολογηθῆναι

ΠΡΟΜΕΡΙΜΝΆΩ * † 4305

Mk 13 11 μὴ προμεριμνᾶτε τί λαλήσητε

ΠΡΟΝΟΈΩ 4306

Ro 12 17 προνοούμενοι καλὰ ἐνώπιον πάντων ἀνθρώπων
II Co 8 21 προνοοῦμεν γὰρ καλὰ οὐ μόνον ἐνώπιον Κυρίου
I Ti 5 8 εἰ δέ τις τ. ἰδίων κ. μάλιστα οἰκείων οὐ προνοεῖ
προνοεῖται, TWH mg.

ΠΡΌΝΟΙΑ 4307

Ac 24 2 διορθωμάτων γινομένων τ. ἔθνει τούτῳ διὰ τ. σῆς προνοίας
Ro 13 14 τ. σαρκὸς πρόνοιαν μὴ ποιεῖσθε εἰς ἐπιθυμίας

ΠΡΟΟΡΆΩ 4308

Ac 2 25 προορώμην τ. Κύριον ἐνώπιόν μου διὰ παντός
שִׁוִּיתִי יְהוָה לְנֶגְדִּי תָמִיד, Ps. xvi. 8
21 29 ἦσαν γὰρ προεωρακότες Τρόφιμον τ. Ἐφέσιον

ΠΡΟΟΡΊΖΩ * 4309

Ac 4 28 ὅσα ἡ χείρ σου κ. ἡ βουλὴ προώρισεν γενέσθαι
Ro 8 29 οὓς προέγνω κ. προώρισεν συμμόρφους τῆς εἰκόνος τ. υἱοῦ αὐτοῦ
30 οὓς δὲ προώρισεν τούτους κ. ἐκάλεσεν
I Co 2 7 ἣν προώρισεν ὁ Θεὸς πρὸ τ. αἰώνων εἰς δόξαν ἡμῶν
Eph 1 5 προορίσας ἡμᾶς εἰς υἱοθεσιαν διὰ Ἰησοῦ Χριστοῦ
11 προορισθέντες κατὰ πρόθεσιν τοῦ τὰ πάντα ἐνεργοῦντος

ΠΡΟΠΆΣΧΩ * 4310

I Th 2 2 προπαθόντες κ. ὑβρισθέντες καθὼς οἴδατε

ΠΡΟΠΆΤΩΡ ** 4310.5 cf. 3962

Ro 4 1 τί οὖν ἐροῦμεν Ἀβραὰμ τ. προπάτορα ἡμῶν κατὰ σάρκα;
ἐρ. εὑρηκέναι Ἀβρ., TWH mg. R non mg.

ΠΡΟΠΈΜΠΩ ** 4311

Ac 15 3 οἱ μὲν οὖν προπεμφθέντες ὑπὸ τ. ἐκκλησίας
20 38 προέπεμπον δὲ αὐτὸν εἰς τὸ πλοῖον
21 5 προπεμπόντων ἡμᾶς πάντων . . . ἕως ἔξω τ. πόλεως
Ro 15 24 ὑφ' ὑμῶν προπεμφθῆναι ἐκεῖ
I Co 16 6 ἵνα ὑμεῖς με προπέμψητε οὗ ἐὰν πορεύωμαι
11 προπέμψατε δὲ αὐτὸν ἐν εἰρήνῃ
II Co 1 16 ὑφ' ὑμῶν προπεμφθῆναι εἰς τ. Ἰουδαίαν
Tit 3 13 Ζηνᾶν τ. νομικὸν κ. Ἀπολλῶν σπουδαίως πρόπεμψον
III Jo 6 οὓς καλῶς ποιήσεις προπέμψας ἀξίως τ. Θεοῦ

ΠΡΟΠΕΤΉΣ 4312

Ac 19 36 δέον ἐστὶν ὑμᾶς . . . μηδὲν προπετὲς πράσσειν
II Ti 3 4 προδόται προπετεῖς τετυφωμένοι

ΠΡΟΠΟΡΕΎΟΜΑΙ 4313

Lu 1 76 προπορεύσῃ γὰρ ἐνώπιον Κυρίου
Ac 7 40 ποίησον ἡμῖν θεοὺς οἳ προπορεύσονται ἡμῶν
עֲשֵׂה־לָנוּ אֱלֹהִים אֲשֶׁר יֵלְכוּ לְפָנֵינוּ, Ex. xxxii. 1

ΠΡΌΣ 4314

c. gen.

Ac 27 34 τοῦτο γὰρ πρὸς τ. ὑμετέρας σωτηρίας ὑπάρχει

c. dat.

Mk 5 11 ἦν δὲ ἐκεῖ πρὸς τ. ὄρει ἀγέλη χοίρων μεγάλη βοσκομένη
Lu 19 37 ἐγγίζοντος δὲ αὐτοῦ ἤδη πρὸς τ. καταβάσει τ. ὄρους
Jo 18 16 ὁ δὲ Πέτρος εἱστήκει πρὸς τ. θύρᾳ ἔξω
20 11 Μαρία δὲ εἱστήκει πρὸς τ. μνημείῳ ἔξω κλαίουσα
12 καθεζομένους ἕνα πρὸς τ. κεφαλῇ κ. ἕνα πρὸς τ. ποσίν
Re 1 13 περιεζωσμένον πρὸς τ. μαστοῖς ζώνην χρυσᾶν

c. accus.

(1) in constr. praegn. (2) seq. infin. (3) post adj. et partic. (4) de temp. (5) ὁ πρός (6) πρὸς τί, τί πρός (7) πρ. ἐμαυτὸν, ἑαυτ., ἀλλήλους, ἄλλος πρ. ἄλλον (8) πρόσωπον πρὸς πρόσωπον, στόμα πρ. στόμα

Mt 2 12 χρηματισθέντες κατ' ὄναρ μὴ ἀνακάμψαι πρὸς Ἡρῴδην
3 5 τότε ἐξεπορεύετο πρὸς αὐτὸν Ἱεροσόλυμα
10 [1] ἤδη δὲ ἡ ἀξίνη πρὸς τ. ῥίζαν τ. δένδρων κεῖται
13 τότε παραγίνεται ὁ Ἰησοῦς . . . πρὸς τ. Ἰωάνην
14 κ. σὺ ἔρχῃ πρός με;
15 ἀποκριθεὶς δὲ ὁ Ἰησοῦς εἶπεν πρὸς αὐτόν
εἶπεν αὐτῷ, WH non mg.
4 6 μήποτε προσκόψῃς πρὸς λίθον τ. πόδα σου
פֶּן־תִּגֹּף בָּאֶבֶן רַגְלֶךָ, Ps. xci. 12
5 28 [2] πᾶς ὁ βλέπων γυναῖκα πρὸς τὸ ἐπιθυμῆσαι αὐτήν
6 1 [2] τ. δικαιοσύνην ὑμῶν μὴ ποιεῖν . . . πρὸς τὸ θεαθῆναι αὐτοῖς
7 15 οἵτινες ἔρχονται πρὸς ὑμᾶς ἐν ἐνδύμασι προβάτων
10 6 πορεύεσθε δὲ μᾶλλον πρὸς τὰ πρόβατα τὰ ἀπολωλότα
13 ἡ εἰρήνη ὑμῶν πρὸς ὑμᾶς ἐπιστραφήτω
ἐφ' ὑμ., WH non mg.
11 28 δεῦτε πρός με πάντες οἱ κοπιῶντες κ. πεφορτισμένοι
13 2 συνήχθησαν πρὸς αὐτὸν ὄχλοι πολλοί
30 [2] δήσατε αὐτὰ εἰς δέσμας πρὸς τὸ κατακαῦσαι αὐτά
56 [1] αἱ ἀδελφαὶ αὐτοῦ οὐχὶ πᾶσαι πρὸς ἡμᾶς εἰσιν;
14 25 τετάρτῃ δὲ φυλακῇ τ. νυκτὸς ἦλθεν πρὸς αὐτούς

Mt 14 28 κέλευσόν με ἐλθεῖν πρός σε ἐπὶ τὰ ὕδατα
29 καταβὰς ἀπὸ τ. πλοίου Πέτρος . . . ἦλθεν πρὸς τ. Ἰησοῦν
17 14 κ. ἐλθόντων πρὸς τ. ὄχλον
19 8 Μωυσῆς πρὸς τ. σκληροκαρδίαν ὑμῶν ἐπέτρεψεν ὑμῖν
14 μὴ κωλύετε αὐτὰ ἐλθεῖν πρός με
21 32 ἦλθεν γὰρ Ἰωάνης πρὸς ὑμᾶς ἐν ὁδῷ δικαιοσύνης
34 ἀπέστειλεν τ. δούλους αὐτοῦ πρὸς τ. γεωργούς
37 ὕστερον δὲ ἀπέστειλεν πρὸς αὐτοὺς τ. υἱὸν αὐτοῦ
23 5 [2] πάντα δὲ τὰ ἔργα αὐτῶν ποιοῦσιν πρὸς τὸ θεαθῆναι τ. ἀνθρώποις
34 ἰδοὺ ἐγὼ ἀποστέλλω πρὸς ὑμᾶς προφήτας
37 ἡ . . . λιθοβολοῦσα τ. ἀπεσταλμένους πρὸς αὐτήν
25 9 πορεύεσθε μᾶλλον πρὸς τ. πωλοῦντας
36 ἐν φυλακῇ ἤμην κ. ἤλθατε πρός με
39 πότε δέ σε εἴδομεν . . . ἐν φυλακῇ κ. ἤλθομεν πρός σε;
26 12 [2] πρὸς τὸ ἐνταφιάσαι με ἐποίησεν
14 τότε πορευθεὶς εἷς τῶν δώδεκα . . . πρὸς τ. ἀρχιερεῖς
18 ὑπάγετε εἰς τ. πόλιν πρὸς τὸν δεῖνα
18 [1] πρὸς σὲ ποιῶ τὸ πάσχα μετὰ τ. μαθητῶν μου
40 ἔρχεται πρὸς τ. μαθητάς
45 τότε ἔρχεται πρὸς τ. μαθητάς
57 ἀπήγαγον πρὸς Καιάφαν τ. ἀρχιερέα
27 4 [6] οἱ δὲ εἶπαν Τί πρὸς ἡμᾶς;
14 οὐκ ἀπεκρίθη αὐτῷ πρὸς οὐδὲ ἓν ῥῆμα
19 ἀπέστειλεν πρὸς αὐτὸν ἡ γυνὴ αὐτοῦ
62 συνήχθησαν οἱ ἀρχιερεῖς κ. οἱ Φαρισαῖοι πρὸς Πειλᾶτον
Mk 1 5 ἐξεπορεύετο πρὸς αὐτὸν πᾶσα ἡ Ἰουδαία χώρα
27 [7] ὥστε συνζητεῖν πρὸς ἑαυτοὺς λέγοντας
συνζ. αὐτούς, TWH non mg.
32 ἔφερον πρὸς αὐτὸν πάντας τ. κακῶς ἔχοντας
33 ἦν ὅλη ἡ πόλις ἐπισυνηγμένη πρὸς τ. θύραν
40 ἔρχεται πρὸς αὐτὸν λεπρός
45 ἤρχοντο πρὸς αὐτὸν πάντοθεν
2 2 [6] ὥστε μηκέτι χωρεῖν μηδὲ τὰ πρὸς τ. θύραν
3 ἔρχονται φέροντες πρὸς αὐτὸν παραλυτικόν
13 πᾶς ὁ ὄχλος ἤρχετο πρὸς αὐτόν
3 7 ὁ Ἰησοῦς μετὰ τ. μαθητῶν αὐτοῦ ἀνεχώρησεν πρὸς τ. θάλασσαν
εἰς, T
8 ἀκούοντες ὅσα ποιεῖ ἦλθαν πρὸς αὐτόν
13 κ. ἀπῆλθον πρὸς αὐτόν
31 ἔξω στήκοντες ἀπέστειλαν πρὸς αὐτόν
4 1 συνάγεται πρὸς αὐτὸν ὄχλος πλεῖστος
1 [1] πᾶς ὁ ὄχλος πρὸς τ. θάλασσαν ἐπὶ τ. γῆς ἦσαν
41 [7] ἔλεγον πρὸς ἀλλήλους
5 15 ἔρχονται πρὸς τ. Ἰησοῦν
19 ὕπαγε εἰς τ. οἶκόν σου πρὸς τοὺς σούς
22 ἰδὼν αὐτὸν πίπτει πρὸς τ. πόδας αὐτοῦ
6 3 [1] οὐκ εἰσὶν αἱ ἀδελφαὶ αὐτοῦ ὧδε πρὸς ἡμᾶς;
25 εἰσελθοῦσα εὐθὺς μετὰ σπουδῆς πρὸς τ. βασιλέα
30 συνάγονται οἱ ἀπόστολοι πρὸς τ. Ἰησοῦν
45 προάγειν εἰς τὸ πέραν πρὸς Βηθσαιδάν

Mk 6 48 ἔρχεται πρὸς αὐτοὺς περιπατῶν ἐπὶ τ. θαλάσσης
51 ἀνέβη πρὸς αὐτοὺς εἰς τὸ πλοῖον
7 1 συνάγονται πρὸς αὐτὸν οἱ Φαρισαῖοι
25 ἐλθοῦσα προσέπεσεν πρὸς τ. πόδας αὐτοῦ
8 16 [7] διελογίζοντο πρὸς ἀλλήλους
9 10 [7] τ. λόγον ἐκράτησαν πρὸς ἑαυτούς
14 ἐλθόντες πρὸς τ. μαθητὰς εἶδαν ὄχλον πολὺν περὶ αὐτούς,
κ. γραμματεῖς συνζητοῦντας πρὸς αὐτούς
16 τί συνζητεῖτε πρὸς αὐτούς;
17 ἤνεγκα τ. υἱόν μου πρός σε
19 [1] ἕως πότε πρὸς ὑμᾶς ἔσομαι;
19 φέρετε αὐτὸν πρός με
20 ἤνεγκαν αὐτὸν πρὸς αὐτόν
34 [7] πρὸς ἀλλήλους γὰρ διελέχθησαν ἐν τῇ ὁδῷ
10 1 συνπορεύονται πάλιν ὄχλοι πρὸς αὐτόν
5 πρὸς τ. σκληροκαρδίαν ὑμῶν ἔγραψεν ὑμῖν τ. ἐντολὴν ταύτην
7 κ. προσκολληθήσεται πρὸς τ. γυναῖκα αὐτοῦ —h. v., TWHR mg.
וְדָבַק בְּאִשְׁתּוֹ, Gen. ii. 24
14 ἄφετε τὰ παιδία ἔρχεσθαι πρός με
26 [7] οἱ δὲ περισσῶς ἐξεπλήσσοντο λέγοντες πρὸς αὐτόν
πρὸς ἑαυτούς, TR mg.
50 ἀναπηδήσας ἦλθεν πρὸς τ. Ἰησοῦν
11 1 ὅτε ἐγγίζουσιν εἰς Ἰεροσόλυμα . . . πρὸς τὸ ὄρος τ. ἐλαιῶν
4 εὗρον πῶλον δεδεμένον πρὸς θύραν ἔξω
7 φέρουσιν τ. πῶλον πρὸς τ. Ἰησοῦν
27 ἔρχονται πρὸς αὐτὸν οἱ ἀρχιερεῖς κ. οἱ γραμματεῖς
31 [7] διελογίζοντο πρὸς ἑαυτοὺς λέγοντες
12 2 ἀπέστειλεν πρὸς τ. γεωργοὺς τ. καιρῷ δοῦλον
4 πάλιν ἀπέστειλεν πρὸς αὐτοὺς ἄλλον δοῦλον
6 ἀπέστειλεν αὐτὸν ἔσχατον πρὸς αὐτούς
7 [7] ἐκεῖνοι δὲ οἱ γεωργοὶ πρὸς ἑαυτοὺς εἶπαν
12 ἔγνωσαν γὰρ ὅτι πρὸς αὐτοὺς τ. παραβολὴν εἶπεν
13 ἀποστέλλουσιν πρὸς αὐτόν τινας τ. Φαρισαίων
18 ἔρχονται Σαδδουκαῖοι πρὸς αὐτόν
13 22 [2] πρὸς τὸ ἀποπλανᾶν εἰ δυνατὸν τ. ἐκλεκτούς
14 4 [7] ἦσαν δέ τινες ἀγανακτοῦντες πρὸς ἑαυτούς
οἱ δὲ μαθηταὶ αὐτοῦ διεπονοῦντο κ. ἔλεγον, WH mg.
10 Ἰούδας Ἰσκαριώθ . . . ἀπῆλθεν πρὸς τ. ἀρχιερεῖς
49 [1] καθ' ἡμέραν ἤμην πρὸς ὑμᾶς ἐν τ. ἱερῷ διδάσκων
53 ἀπήγαγον τ. Ἰησοῦν πρὸς τ. ἀρχιερέα
54 ἦν . . . θερμαινόμενος πρὸς τὸ φῶς
15 31 [7] οἱ ἀρχιερεῖς ἐμπαίζοντες πρὸς ἀλλήλους . . . ἔλεγον
43 τολμήσας εἰσῆλθεν πρὸς τ. Πειλᾶτον
16 3 [7] ἔλεγον πρὸς ἑαυτάς
Lu 1 13 εἶπεν δὲ πρὸς αὐτὸν ὁ ἄγγελος
18 εἶπεν Ζαχαρίας πρὸς τ. ἄγγελον
19 ἀπεστάλην λαλῆσαι πρὸς σέ
27 ἀπεστάλη ὁ ἄγγελος Γαβριὴλ . . . πρὸς παρθένον ἐμνηστευμένην
28 εἰσελθὼν πρὸς αὐτὴν εἶπεν
34 εἶπεν δὲ Μαριὰμ πρὸς τ. ἄγγελον
43 ἵνα ἔλθῃ ἡ μήτηρ τ. Κυρίου μου πρὸς ἐμέ

Lu 1 55 καθὼς ἐλάλησεν πρὸς τ. πατέρας ἡμῶν
61 κ. εἶπαν πρὸς αὐτήν
73 ὅρκον ὃν ὤμοσεν πρὸς Ἀβραὰμ τ. πατέρα ἡμῶν
80 ἕως ἡμέρας ἀναδείξεως αὐτοῦ πρὸς τὸν Ἰσραήλ
2 15 [7] οἱ ποιμένες ἐλάλουν πρὸς ἀλλήλους
18 ἐθαύμασαν περὶ τ. λαληθέντων ὑπὸ τ. ποιμένων πρὸς αὐτούς
20 καθὼς ἐλαλήθη πρὸς αὐτούς
34 εἶπεν πρὸς Μαριὰμ τ. μητέρα αὐτοῦ
48 εἶπεν πρὸς αὐτὸν ἡ μήτηρ αὐτοῦ
49 κ. εἶπεν πρὸς αὐτούς
3 9 [1] ἤδη δὲ κ. ἡ ἀξίνη πρὸς τ. ῥίζαν τ. δένδρων κεῖται
12 κ. εἶπαν πρὸς αὐτόν
13 ὁ δὲ εἶπεν πρὸς αὐτούς
14 κ. εἶπεν πρὸς αὐτούς
εἶπ. αὐτοῖς, WH
4 4 ἀπεκρίθη πρὸς αὐτὸν ὁ Ἰησοῦς
11 μήποτε προσκόψῃς πρὸς λίθον τ. πόδα σου, Ps. *l.c.*
21 ἤρξατο δὲ λέγειν πρὸς αὐτούς
23 κ. εἶπεν πρὸς αὐτούς
26 πρὸς οὐδεμίαν αὐτῶν ἐπέμφθη Ἠλείας, εἰ μὴ εἰς Σάρεπτα τ. Σιδωνίας πρὸς γυναῖκα χήραν
36 [7] συνελάλουν πρὸς ἀλλήλους
40 ἅπαντες ὅσοι εἶχον ἀσθενοῦντας . . . ἤγαγον αὐτοὺς πρὸς αὐτόν
43 ὁ δὲ εἶπεν πρὸς αὐτούς
5 4 ὡς δὲ ἐπαύσατο λαλῶν εἶπεν πρὸς τ. Σίμωνα
10 εἶπεν πρὸς τ. Σίμωνα Ἰησοῦς
22 ἀποκριθεὶς εἶπεν πρὸς αὐτούς
30 ἐγόγγυζον . . . οἱ Φαρισαῖοι πρὸς τ. μαθητὰς αὐτοῦ
31 ἀποκριθεὶς ὁ Ἰησοῦς εἶπεν πρὸς αὐτούς
33 οἱ δὲ εἶπαν πρὸς αὐτόν
34 ὁ δὲ Ἰησοῦς εἶπεν πρὸς αὐτούς
36 ἔλεγεν δὲ κ. παραβολὴν πρὸς αὐτούς
6 3 ἀποκριθεὶς πρὸς αὐτοὺς εἶπεν ὁ Ἰησοῦς
ὁ Ἰησ. πρὸς αὐτ. εἶπ., T
9 εἶπεν δὲ ὁ Ἰησοῦς πρὸς αὐτούς
11 [7] διελάλουν πρὸς ἀλλήλους
47 πᾶς ὁ ἐρχόμενος πρός με
7 3 ἀπέστειλεν πρὸς αὐτὸν πρεσβυτέρους τ. Ἰουδαίων
4 οἱ δὲ παραγενόμενοι πρὸς τ. Ἰησοῦν παρεκάλουν αὐτόν
6 ἔπεμψεν πρὸς αὐτὸν φίλους ὁ ἑκατοντάρχης
—πρ. αὐτ., TWH
7 διὸ οὐδὲ ἐμαυτὸν ἠξίωσα πρός σε ἐλθεῖν
19 ὁ Ἰωάνης ἔπεμψεν πρὸς τ. Κύριον λέγων
20 παραγενόμενοι δὲ πρὸς αὐτὸν οἱ ἄνδρες εἶπαν,
Ἰωάνης ὁ βαπτιστὴς ἀπέστειλεν ἡμᾶς πρός σε
24 ἤρξατο λέγειν πρὸς τ. ὄχλους περὶ Ἰωάνου
40 ἀποκριθεὶς ὁ Ἰησοῦς εἶπεν πρὸς αὐτόν
44 στραφεὶς πρὸς τ. γυναῖκα τ. Σίμωνι ἔφη
50 εἶπεν δὲ πρὸς τ. γυναῖκα
8 4 τῶν κατὰ πόλιν ἐπιπορευομένων πρὸς αὐτόν
13 [4] οἳ πρὸς καιρὸν πιστεύουσιν
19 παρεγένετο δὲ πρὸς αὐτὸν ἡ μήτηρ
21 ὁ δὲ ἀποκριθεὶς εἶπεν πρὸς αὐτούς
22 αὐτὸς . . . εἶπεν πρὸς αὐτούς
25 [7] φοβηθέντες δὲ ἐθαύμασαν λέγοντες πρὸς ἀλλήλους

Lu 8 35 ἦλθαν πρὸς τ. Ἰησοῦν
9 3 κ. εἶπεν πρὸς αὐτούς
13 εἶπεν δὲ πρὸς αὐτούς
14 εἶπεν δὲ πρὸς τ. μαθητὰς αὐτοῦ
23 ἔλεγεν δὲ πρὸς πάντας
33 εἶπεν ὁ Πέτρος πρὸς τ. Ἰησοῦν
41 [1] ἕως πότε ἔσομαι πρὸς ὑμᾶς
43 εἶπεν πρὸς τ. μαθητὰς αὐτοῦ
50 εἶπεν δὲ πρὸς αὐτὸν Ἰησοῦς
57 ἐν τῇ ὁδῷ εἶπέν τις πρὸς αὐτόν
59 εἶπεν δὲ πρὸς ἕτερον
62 εἶπεν δὲ πρὸς αὐτὸν ὁ Ἰησοῦς
10 2 ἔλεγεν δὲ πρὸς αὐτούς
22 στραφεὶς πρὸς τ. μαθητὰς εἶπεν
—h. v., WHR
23 στραφεὶς πρὸς τ. μαθητὰς κατ' ἰδίαν εἶπεν
26 ὁ δὲ εἶπεν πρὸς αὐτόν
29 ὁ δὲ θέλων δικαιῶσαι ἑαυτὸν εἶπεν πρὸς τ. Ἰησοῦν
39 ἣ κ. παρακαθεσθεῖσα πρὸς τ. πόδας τ. Κυρίου ἤκουεν τ. λόγον αὐτοῦ
11 1 εἶπέν τις τ. μαθητῶν αὐτοῦ πρὸς αὐτόν
5 κ. εἶπεν πρὸς αὐτούς,
τίς ἐξ ὑμῶν . . . πορεύσεται πρὸς αὐτὸν μεσονυκτίου
6 ἐπειδὴ φίλος μου παρεγένετο ἐξ ὁδοῦ πρός με
39 εἶπεν δὲ ὁ Κύριος πρὸς αὐτόν
12 1 ἤρξατο λέγειν πρὸς τ. μαθητὰς αὐτοῦ πρῶτον
3 ὃ πρὸς τὸ οὖς ἐλαλήσατε ἐν τ. ταμείοις
15 εἶπεν δὲ πρὸς αὐτούς
16 εἶπεν δὲ παραβολὴν πρὸς αὐτοὺς λέγων
22 εἶπεν δὲ πρὸς τ. μαθητὰς αὐτοῦ
41 Κύριε πρὸς ἡμᾶς τ. παραβολὴν ταύτην λέγεις ἢ κ. πρὸς πάντας;
47 μὴ ἑτοιμάσας ἢ ποιήσας πρὸς τὸ θέλημα αὐτοῦ
58 μήποτε κατασύρῃ σε πρὸς τ. κριτήν
13 7 εἶπεν δὲ πρὸς τ. ἀμπελουργόν
23 ὁ δὲ εἶπεν πρὸς αὐτούς
34 ἡ . . . λιθοβολοῦσα τ. ἀπεσταλμένους πρὸς αὐτήν
14 3 ἀποκριθεὶς ὁ Ἰησοῦς εἶπεν πρὸς τ. νομικοὺς κ. Φαρισαίους
5 κ. πρὸς αὐτοὺς εἶπεν
6 οὐκ ἴσχυσαν ἀνταποκριθῆναι πρὸς ταῦτα
7 ἔλεγεν δὲ πρὸς τ. κεκλημένους παραβολήν
7 λέγων πρὸς αὐτούς
23 εἶπεν ὁ κύριος πρὸς τ. δοῦλον
25 στραφεὶς εἶπεν πρὸς αὐτούς,
26 εἴ τις ἔρχεται πρός με
32 [5] πρεσβείαν ἀποστείλας ἐρωτᾷ πρὸς εἰρήνην
τὰ πρ. εἰρ., TWH mg. R; ἐρ. εἰς εἰρ., WH mg. alt.
15 3 εἶπεν δὲ πρὸς αὐτοὺς τ. παραβολὴν ταύτην
18 ἀναστὰς πορεύσομαι πρὸς τ. πατέρα μου
20 ἀναστὰς ἦλθεν πρὸς τ. πατέρα ἑαυτοῦ
22 εἶπεν δὲ ὁ πατὴρ πρὸς τ. δούλους αὐτοῦ
16 1 ἔλεγεν δὲ κ. πρὸς τ. μαθητάς
20 πτωχὸς δέ τις ἐβέβλητο πρὸς τ. πυλῶνα αὐτοῦ
26 οἱ θέλοντες διαβῆναι ἔνθεν πρὸς ὑμᾶς
26 μηδὲ ἐκεῖθεν πρὸς ἡμᾶς διαπερῶσιν
30 ἐάν τις ἀπὸ νεκρῶν πορευθῇ πρὸς αὐτούς
17 1 εἶπεν δὲ πρὸς τ. μαθητάς αὐτοῦ
4 ἐὰν . . . ἑπτάκις ἐπιστρέψῃ πρός σε

Lu 17 22 εἶπεν δὲ πρὸς τ. μαθητάς
18 1 [2] ἔλεγεν δὲ παραβολὴν αὐτοῖς πρὸς τὸ δεῖν πάντοτε προσεύχεσθαι αὐτούς
3 ἤρχετο πρὸς αὐτὸν λέγουσα
9 εἶπεν δὲ κ. πρός τινας τ. πεποιθότας ἐφ' ἑαυτοῖς
11 [7] ὁ Φαρισαῖος σταθεὶς ταῦτα πρὸς ἑαυτὸν προσηύχετο
—πρ. ἑαυτ., T; πρ. ἑαυτ. ταῦτα, WH mg.
16 ἄφετε τὰ παιδία ἔρχεσθαι πρός με
31 παραλαβὼν δὲ τοὺς δώδεκα εἶπεν πρὸς αὐτούς
40 ἐκέλευσεν αὐτὸν ἀχθῆναι πρὸς αὐτόν
19 5 ἀναβλέψας ὁ Ἰησοῦς εἶπεν πρὸς αὐτόν
8 σταθεὶς δὲ Ζακχαῖος εἶπεν πρὸς τ. Κύριον
9 εἶπεν δὲ πρὸς αὐτὸν ὁ Ἰησοῦς
13 καλέσας δὲ δέκα δούλους ἑαυτοῦ . . . εἶπεν πρὸς αὐτούς
29 ὡς ἤγγισεν εἰς Βηθφαγὴ . . . πρὸς τὸ ὄρος τὸ καλούμενον Ἐλαιῶν
33 εἶπαν οἱ κύριοι αὐτοῦ πρὸς αὐτούς
35 ἤγαγον αὐτὸν πρὸς τ. Ἰησοῦν
39 τινὲς τ. Φαρισαίων ἀπὸ τ. ὄχλου εἶπαν πρὸς αὐτόν
42 [5] εἰ ἔγνως . . . κ. σὺ τὰ πρὸς εἰρήνην
20 2 εἶπαν λέγοντες πρὸς αὐτόν
3 ἀποκριθεὶς δὲ εἶπεν πρὸς αὐτούς
5 [7] οἱ δὲ συνελογίσαντο πρὸς ἑαυτούς
9 ἤρξατο δὲ πρὸς τ. λαὸν λέγειν τ. παραβολὴν ταύτην
10 καιρῷ ἀπέστειλεν πρὸς τ. γεωργοὺς δοῦλον
14 [7] οἱ γεωργοὶ διελογίζοντο πρὸς ἀλλήλους
19 ἔγνωσαν γὰρ ὅτι πρὸς αὐτοὺς εἶπεν τ. παραβολὴν ταύτην
23 εἶπεν πρὸς αὐτούς
25 ὁ δὲ εἶπεν πρὸς αὐτούς
41 εἶπεν δὲ πρὸς αὐτούς
21 38 πᾶς ὁ λαὸς ὤρθριζεν πρὸς αὐτὸν ἐν τ. ἱερῷ
22 15 κ. εἶπεν πρὸς αὐτούς
23 [7] αὐτοὶ ἤρξαντο συνζητεῖν πρὸς ἑαυτούς
45 ἐλθὼν πρὸς τ. μαθητὰς εὗρεν κοιμωμένους αὐτούς
52 εἶπεν δὲ Ἰησοῦς πρὸς τ. παραγενομένους ἐπ' αὐτὸν ἀρχιερεῖς
πρὸς αὐτ., T
56 [1] ἰδοῦσα δὲ αὐτὸν παιδίσκη τις καθήμενον πρὸς τὸ φῶς
70 ὁ δὲ πρὸς αὐτοὺς ἔφη
23 4 ὁ δὲ Πειλᾶτος εἶπεν πρὸς τ. ἀρχιερεῖς κ. τ. ὄχλους
7 ἀνέπεμψεν αὐτὸν πρὸς Ἡρῴδην
12 [1] [7] προϋπῆρχον γὰρ ἐν ἔχθρᾳ ὄντες πρὸς αὐτούς
14 Πειλᾶτος δὲ . . . εἶπεν πρὸς αὐτούς
15 ἀνέπεμψεν γὰρ αὐτὸν πρὸς ἡμᾶς
22 ὁ δὲ τρίτον εἶπεν πρὸς αὐτούς
28 στραφεὶς δὲ πρὸς αὐτὰς Ἰησοῦς εἶπεν
24 5 εἶπαν πρὸς αὐτάς
10 ἔλεγον πρὸς τ. ἀποστόλους ταῦτα
12 [7] ἀπῆλθεν πρὸς αὐτὸν θαυμάζων τὸ γεγονός
—h. v., T [[WH]] R mg.
14 [7] αὐτοὶ ὡμίλουν πρὸς ἀλλήλους
17 εἶπεν δὲ πρὸς αὐτούς
17 [7] οὓς ἀντιβάλλετε πρὸς ἀλλήλους περιπατοῦντες

Lu 24 18 ἀποκριθεὶς δὲ εἷς . . . εἶπεν πρὸς αὐτόν
25 αὐτὸς εἶπεν πρὸς αὐτούς
29 [4] μεῖνον μεθ' ἡμῶν ὅτι πρὸς ἑσπέραν ἐστίν
32 [7] κ. εἶπαν πρὸς ἀλλήλους
44 οὓς ἐλάλησα πρὸς ὑμᾶς ἔτι ὢν σὺν ὑμῖν
50 ἐξήγαγεν δὲ αὐτοὺς ἕως πρὸς Βηθανίαν
Jo 1 1 [1] ὁ λόγος ἦν πρὸς τ. Θεόν
2 [1] οὗτος ἦν ἐν ἀρχῇ πρὸς τ. Θεόν
19 ὅτε ἀπέστειλαν πρὸς αὐτὸν οἱ Ἰουδαῖοι
—πρ. αὐτ., T
29 βλέπει τ. Ἰησοῦν ἐρχόμενον πρὸς αὐτόν
43 ἤγαγεν αὐτὸν πρὸς τ. Ἰησοῦν
48 εἶδεν Ἰησοῦς τ. Ναθαναὴλ ἐρχόμενον πρὸς αὐτόν
2 3 λέγει ἡ μήτηρ τ. Ἰησοῦ πρὸς αὐτόν
3 2 οὗτος ἦλθεν πρὸς αὐτὸν νυκτός
4 λέγει πρὸς αὐτὸν ὁ Νικόδημος
20 πᾶς γὰρ ὁ φαῦλα πράσσων . . . οὐκ ἔρχεται πρὸς τὸ φῶς
21 ὁ δὲ ποιῶν τ. ἀλήθειαν ἔρχεται πρὸς τὸ φῶς
26 ἦλθαν πρὸς τ. Ἰωάνην κ. εἶπαν αὐτῷ
26 πάντες ἔρχονται πρὸς αὐτόν
4 15 λέγει πρὸς αὐτὸν ἡ γυνή
30 ἤρχοντο πρὸς αὐτόν
33 [7] ἔλεγον οὖν οἱ μαθηταὶ πρὸς ἀλλήλους
35 [8] ὅτι λευκαί εἰσιν πρὸς θερισμόν
40 ὡς οὖν ἦλθον πρὸς αὐτὸν οἱ Σαμαρεῖται
47 οὗτος ἀκούσας . . . ἀπῆλθεν πρὸς αὐτόν
48 εἶπεν οὖν ὁ Ἰησοῦς πρὸς αὐτόν
49 λέγει πρὸς αὐτὸν ὁ βασιλικός
5 33 ὑμεῖς ἀπεστάλκατε πρὸς Ἰωάνην
35 [4] ἠθελήσατε ἀγαλλιαθῆναι πρὸς ὥραν ἐν τ. φωτὶ αὐτοῦ
40 οὐ θέλετε ἐλθεῖν πρός με
45 [1] μὴ δοκεῖτε ὅτι ἐγὼ κατηγορήσω ὑμῶν πρὸς τ. πατέρα
6 5 θεασάμενος ὅτι πολὺς ὄχλος ἔρχεται πρὸς αὐτόν,
λέγει πρὸς Φίλιππον
17 οὔπω ἐληλύθει πρὸς αὐτοὺς ὁ Ἰησοῦς
ἐλ. Ἰησ. πρ. αὐτ., TWH mg.
28 εἶπον οὖν πρὸς αὐτόν
34 εἶπον οὖν πρὸς αὐτόν
35 ὁ ἐρχόμενος πρὸς ἐμὲ οὐ μὴ πεινάσῃ
37 πᾶν ὃ δίδωσίν μοι ὁ πατὴρ πρὸς ἐμὲ ἥξει·
κ. τ. ἐρχόμενον πρός με οὐ μὴ ἐκβάλω ἔξω
44 οὐδεὶς δύναται ἐλθεῖν πρός με
45 πᾶς ὁ ἀκούσας . . . ἔρχεται πρὸς ἐμέ
52 [7] ἐμάχοντο οὖν πρὸς ἀλλήλους οἱ Ἰουδαῖοι
65 οὐδεὶς δύναται ἐλθεῖν πρός με
68 Κύριε πρὸς τίνα ἀπελευσόμεθα;
7 3 εἶπον οὖν πρὸς αὐτὸν οἱ ἀδελφοὶ αὐτοῦ
33 ὑπάγω πρὸς τὸν πέμψαντά με
35 [7] εἶπον οὖν οἱ Ἰουδαῖοι πρὸς ἑαυτούς
37 ἐρχέσθω πρός με κ. πινέτω
—πρός με, T
45 ἦλθον οὖν οἱ ὑπηρέται πρὸς τ. ἀρχιερεῖς κ. Φαρισαίους
50 λέγει Νικόδημος πρὸς αὐτούς,
ὁ ἐλθὼν πρὸς αὐτὸν πρότερον
—h. v., T
8 [2 πᾶς ὁ λαὸς ἤρχετο πρὸς αὐτόν
31 ἔλεγεν οὖν ὁ Ἰησοῦς πρὸς τ. πεπιστευκότας αὐτῷ Ἰουδαίους
33 ἀπεκρίθησαν πρὸς αὐτόν

Jo 8 57 εἶπαν οὖν οἱ Ἰουδαῖοι πρὸς αὐτόν
9 13 ἄγουσιν αὐτὸν πρὸς τ. Φαρισαίους
10 35 [1] πρὸς οὓς ὁ λόγος τ. Θεοῦ ἐγένετο
41 πολλοὶ ἦλθον πρὸς αὐτὸν κ. ἔλεγον
11 3 ἀπέστειλαν οὖν αἱ ἀδελφαὶ πρὸς αὐτόν
4 [1] αὕτη ἡ ἀσθένεια οὐκ ἔστιν πρὸς θάνατον
15 ἀλλὰ ἄγωμεν πρὸς αὐτόν
19 πολλοὶ δὲ ἐκ τ. Ἰουδαίων ἐληλύθεισαν πρὸς τ. Μάρθαν κ. Μαριάμ
21 εἶπεν οὖν ἡ Μάρθα πρὸς Ἰησοῦν
29 ἠγέρθη ταχὺ κ. ἤρχετο πρὸς αὐτόν
32 ἡ οὖν Μαριὰμ . . . ἔπεσεν αὐτοῦ πρὸς τ. πόδας
45 πολλοὶ οὖν ἐκ τ. Ἰουδαίων οἱ ἐλθόντες πρὸς τ. Μαριάμ
46 τινὲς δὲ ἐξ αὐτῶν ἀπῆλθον πρὸς τ. Φαρισαίους
12 19 [7] οἱ οὖν Φαρισαῖοι εἶπαν πρὸς ἑαυτούς
32 [7] πάντας ἑλκύσω πρὸς ἐμαυτόν
13 1 ἵνα μεταβῇ ἐκ τ. κόσμου τούτου πρὸς τ. πατέρα
3 ἀπὸ Θεοῦ ἐξῆλθεν κ. πρὸς τ. Θεὸν ὑπάγει
6 ἔρχεται οὖν πρὸς Σίμωνα Πέτρον
28 [6] οὐδεὶς ἔγνω τ. ἀνακειμένων πρὸς τί εἶπεν αὐτῷ
14 3 [7] πάλιν ἔρχομαι κ. παραλήμψομαι ὑμᾶς πρὸς ἐμαυτόν
6 οὐδεὶς ἔρχεται πρὸς τ. πατέρα εἰ μὴ δι' ἐμοῦ
12 ὅτι ἐγὼ πρὸς τ. πατέρα πορεύομαι
18 ἔρχομαι πρὸς ὑμᾶς
23 πρὸς αὐτὸν ἐλευσόμεθα
28 ὑπάγω κ. ἔρχομαι πρὸς ὑμᾶς
28 ἐχάρητε ἂν ὅτι πορεύομαι πρὸς τ. πατέρα
16 5 νῦν δὲ ὑπάγω πρὸς τ. πέμψαντά με
7 ὁ παράκλητος οὐ μὴ ἔλθῃ πρὸς ὑμᾶς· ἐὰν δὲ πορευθῶ πέμψω αὐτὸν πρὸς ὑμᾶς
10 ὅτι πρὸς τ. πατέρα ὑπάγω
17 [7] εἶπαν οὖν ἐκ τ. μαθητῶν αὐτοῦ πρὸς ἀλλήλους
17 ὅτι ὑπάγω πρὸς τ. πατέρα
28 πορεύομαι πρὸς τ. πατέρα
17 11 κἀγὼ πρός σε ἔρχομαι
13 νῦν δὲ πρός σε ἔρχομαι
18 13 ἤγαγον πρὸς Ἅνναν πρῶτον
24 ἀπέστειλεν οὖν αὐτὸν ὁ Ἅννας δεδεμένον πρὸς Καιάφαν
29 ἐξῆλθεν οὖν ὁ Πειλᾶτος ἔξω πρὸς αὐτούς
38 πάλιν ἐξῆλθεν πρὸς τ. Ἰουδαίους
19 3 ἤρχοντο πρὸς αὐτόν
24 [7] εἶπαν οὖν πρὸς ἀλλήλους
39 Νικόδημος ὁ ἐλθὼν πρὸς αὐτὸν νυκτὸς τὸ πρῶτον
20 2 τρέχει οὖν κ. ἔρχεται πρὸς Σίμωνα Πέτρον κ. πρὸς τ. ἄλλον μαθητήν
10 [7] ἀπῆλθον οὖν πάλιν πρὸς αὐτοὺς οἱ μαθηταί
17 οὔπω γὰρ ἀναβέβηκα πρὸς τ. πατέρα· πορεύου δὲ πρὸς τ. ἀδελφούς μου κ. εἰπὲ αὐτοῖς, ἀναβαίνω πρὸς τ. πατέρα μου κ. πατέρα ὑμῶν
21 22 [6] τί πρός σε;
23 [6] τί πρός σε;
—h. v., T
Ac 1 7 εἶπεν πρὸς αὐτούς
2 12 [7] διηπορούντο ἄλλος πρὸς ἄλλον λέγοντες
29 ἐξὸν εἰπεῖν μετὰ παρρησίας πρὸς ὑμᾶς
37 εἶπάν τε πρὸς τ. Πέτρον κ. τ. λοιποὺς ἀποστόλους

Ac 2 38 Πέτρος δὲ πρὸς αὐτούς
47 [1] ἔχοντες χάριν πρὸς ὅλον τ. λαόν
3 2 ὃν ἐτίθουν καθ' ἡμέραν πρὸς τ. θύραν τ. ἱεροῦ
10 [1] οὗτος ἦν ὁ πρὸς τ. ἐλεημοσύνην καθήμενος
11 συνέδραμεν πᾶς ὁ λαὸς πρὸς αὐτούς
12 ἰδὼν δὲ ὁ Πέτρος ἀπεκρίνατο πρὸς τ. λαόν
19 [2] ἐπιστρέψατε πρὸς τὸ ἐξαλειφθῆναι ὑμῶν τ. ἁμαρτίας
22 κατὰ πάντα ὅσα ἂν λαλήσῃ πρὸς ὑμᾶς, Dt. xviii. 16
25 τ. διαθήκης ἧς ὁ Θεὸς διέθετο πρὸς τ. πατέρας ὑμῶν λέγων πρὸς Ἀβραάμ
4 1 λαλούντων δὲ αὐτῶν πρὸς τ. λαόν
8 τότε Πέτρος πλησθεὶς πνεύματος ἁγίου εἶπεν πρὸς αὐτούς
15 [7] συνέβαλλον πρὸς ἀλλήλους λέγοντες
19 ὁ δὲ Πέτρος κ. Ἰωάνης ἀποκριθέντες εἶπαν πρὸς αὐτούς
23 ἀπολυθέντες δὲ ἦλθον πρὸς τ. ἰδίους
23 ὅσα πρὸς αὐτοὺς οἱ ἀρχιερεῖς καὶ οἱ πρεσβύτεροι εἶπαν
24 ὁμοθυμαδὸν ἦραν φωνὴν πρὸς τ. Θεόν
37 ἔθηκεν πρὸς τ. πόδας τ. ἀποστόλων
παρὰ, WHR
5 8 ἀπεκρίθη δὲ πρὸς αὐτὴν Πέτρος
9 ὁ δὲ Πέτρος πρὸς αὐτήν
10 ἔπεσεν δὲ παραχρῆμα πρὸς τ. πόδας αὐτοῦ
10 ἐξενέγκαντες ἔθαψαν πρὸς τ. ἄνδρα αὐτῆς
35 εἶπέν τε πρὸς αὐτούς
6 1 ἐγένετο γογγυσμὸς τ. Ἑλληνιστῶν πρὸς τ. Ἑβραίους
7 3 κ. εἶπεν πρὸς αὐτόν
8 14 ἀπέστειλαν πρὸς αὐτοὺς Πέτρον κ. Ἰωάνην
20 Πέτρος δὲ εἶπεν πρὸς αὐτόν
24 δεήθητε ὑμεῖς ὑπὲρ ἐμοῦ πρὸς τ. Κύριον
26 ἄγγελος δὲ Κυρίου ἐλάλησεν πρὸς Φίλιππον
9 2 ᾐτήσατο παρ' αὐτοῦ ἐπιστολὰς εἰς Δαμασκὸν πρὸς τ. συναγωγάς
10 εἶπεν πρὸς αὐτὸν ἐν ὁράματι ὁ Κύριος
11 ὁ δὲ Κύριος πρὸς αὐτόν
15 εἶπεν δὲ πρὸς αὐτὸν ὁ Κύριος
27 ἤγαγεν πρὸς τ. ἀποστόλους
29 ἐλάλει τε κ. συνεζήτει πρὸς τ. Ἑλληνιστάς
32 κατελθεῖν κ. πρὸς τ. ἁγίους τ. κατοικοῦντας Λύδδα
38 ἀπέστειλαν δύο ἄνδρας πρὸς αὐτόν
40 ἐπιστρέψας πρὸς τὸ σῶμα εἶπεν
10 3 εἶδεν . . . ἄγγελον τ. Θεοῦ εἰσελθόντα πρὸς αὐτόν
13 [1] ἐγένετο φωνὴ πρὸς αὐτόν
15 [1] φωνὴ πάλιν ἐκ δευτέρου πρὸς αὐτόν
21 καταβὰς δὲ Πέτρος πρὸς τ. ἄνδρας εἶπεν
28 ἔφη τε πρὸς αὐτούς
33 ἐξαυτῆς οὖν ἔπεμψα πρός σε
11 2 διεκρίνοντο πρὸς αὐτὸν οἱ ἐκ περιτομῆς
3 εἰσῆλθες πρὸς ἄνδρας ἀκροβυστίαν ἔχοντας
11 τρεῖς ἄνδρες . . . ἀπεσταλμένοι ἀπὸ Καισαρίας πρός με
14 ὃς λαλήσει ῥήματα πρός σε
20 ἐλάλουν κ. πρὸς τ. Ἑλληνιστάς
πρὸς τ. Ἕλληνας, TR non mg.
30 ἀποστείλαντες πρὸς τ. πρεσβυτέρους
12 5 [1] προσευχὴ δὲ ἦν ἐκτενῶς γινομένη . . πρὸς τ. Θεὸν περὶ αὐτοῦ
8 εἶπεν δὲ ὁ ἄγγελος πρὸς αὐτόν

Ac 12 15 οἱ δὲ πρὸς αὐτὴν εἶπαν
20 [1] ὁμοθυμαδὸν δὲ παρῆσαν πρὸς αὐτόν
21 τακτῇ δὲ ἡμέρᾳ ὁ Ἡρῴδης . . . ἐδημηγόρει πρὸς αὐτούς
13 15 ἀπέστειλαν οἱ ἀρχισυναγωγοὶ πρὸς αὐτούς
15 εἴ τις ἔστιν ἐν ὑμῖν λόγος παρακλήσεως πρὸς τ. λαόν
31 οἵτινες νῦν εἰσὶν μάρτυρες αὐτοῦ πρὸς τ. λαόν
32 [1] εὐαγγελιζόμεθα τὴν πρὸς τ. πατέρας ἐπαγγελίαν γενομένην
36 προσετέθη πρὸς τ. πατέρας αὐτοῦ
14 11 οἱ Θεοὶ ὁμοιωθέντες ἀνθρώποις κατέβησαν πρὸς ἡμᾶς
15 2 [1] γενομένης δὲ στάσεως κ. ζητήσεως οὐκ ὀλίγης . . . πρὸς αὐτούς,
ἔταξαν ἀναβαίνειν Παῦλον . . . πρὸς τ. ἀποστόλους κ. πρεσβυτέρους
7 ἀναστὰς Πέτρος εἶπεν πρὸς αὐτούς
25 ἔδοξεν ἡμῖν . . . ἐκλεξαμένοις ἄνδρας πέμψαι πρὸς ὑμᾶς
33 ἀπελύθησαν . . . πρὸς τ. ἀποστείλαντας αὐτούς
36 εἶπεν πρὸς Βαρνάβαν Παῦλος
16 36 ἀπήγγειλεν δὲ ὁ δεσμοφύλαξ τ. λόγους πρὸς τ. Παῦλον
37 ὁ δὲ Παῦλος ἔφη πρὸς αὐτούς
40 ἐξελθόντες δὲ ἀπὸ τ. φυλακῆς εἰσῆλθον πρός τ. Λυδίαν
17 2 κατὰ δὲ τὸ εἰωθὸς τ. Παύλῳ εἰσῆλθεν πρὸς αὐτούς
15 λαβόντες ἐντολὴν πρὸς τ. Σίλαν κ. τ. Τιμόθεον,
ἵνα ὡς τάχιστα ἔλθωσιν πρὸς αὐτόν
17 διελέγετο μὲν οὖν ἐν τ. συναγωγῇ . . . πρὸς τ. παρατυγχάνοντας
18 6 ἐκτιναξάμενος τὰ ἱμάτια εἶπεν πρὸς αὐτούς
14 εἶπεν ὁ Γαλλίων πρὸς τ. Ἰουδαίους
21 πάλιν ἀνακάμψω πρὸς ὑμᾶς
19 2 εἶπέν τε πρὸς αὐτούς
2 οἱ δὲ πρὸς αὐτόν
31 τινὲς δὲ κ. τ. Ἀσιαρχῶν . . . πέμψαντες πρὸς αὐτόν
38 εἰ . . . οἱ σὺν αὐτῷ τεχνῖται ἔχουσιν πρός τινα λόγον
20 6 ἤλθομεν πρὸς αὐτοὺς εἰς τ. Τρῳάδα
18 ὡς δὲ παρεγένοντο πρὸς αὐτόν
21 11 ἐλθὼν πρὸς ἡμᾶς . . . εἶπεν
18 εἰσήει ὁ Παῦλος σὺν ἡμῖν πρὸς Ἰάκωβον
37 εἰ ἔξεστίν μοι εἰπεῖν τι πρὸς σέ;
39 ἐπίτρεψόν μοι λαλῆσαι πρὸς τ. λαόν
22 1 [5] ἀκούσατέ μου τῆς πρὸς ὑμᾶς νυνὶ ἀπολογίας
5 παρ' ὧν κ. ἐπιστολὰς δεξάμενος πρὸς τ. ἀδελφούς
8 εἶπέν τε πρὸς ἐμέ
10 ὁ δὲ Κύριος εἶπεν πρός με
13 ἐλθὼν πρὸς ἐμὲ κ. ἐπιστάς
15 ὅτι ἔσῃ μάρτυς αὐτῷ πρὸς πάντας ἀνθρώπους
21 κ. εἶπεν πρός με
25 εἶπεν πρὸς τ. ἑστῶτα ἑκατόνταρχον ὁ Παῦλος
23 3 τότε ὁ Παῦλος πρὸς αὐτὸν εἶπεν
17 τὸν νεανίαν τοῦτον ἄπαγε πρὸς τ. χιλίαρχον

Ac 23 18 ἤγαγεν πρὸς τ. χιλίαρχον
18 ἠρώτησεν τοῦτον τ. νεανίσκον ἀγαγεῖν πρός σε
22 ὅτι ταῦτα ἐνεφάνισας πρὸς ἐμέ
24 ἵνα . . . διασώσωσιν πρὸς Φήλικα τ. ἡγεμόνα
30 ἐξαυτῆς ἔπεμψα πρός σε,
παραγγείλας κ. τ. κατηγόροις λέγειν πρὸς αὐτὸν ἐπὶ σοῦ
λέγ. αὐτοὺς ἐπ. σοῦ, T
24 12 οὔτε ἐν τ. ἱερῷ εὗρόν με πρός τινα διαλεγόμενον
15 ἐλπίδα ἔχων πρὸς τ. Θεόν
εἰς, WH
16 ἀπρόσκοπον συνείδησιν ἔχειν πρὸς τ. Θεόν
19 κατηγορεῖν εἴ τι ἔχοιεν πρὸς ἐμέ
25 16 πρὸς οὓς ἀπεκρίθην
19 ζητήματα δέ τινα περὶ τ. ἰδίας δεισιδαιμονίας εἶχον πρὸς αὐτόν
21 ἕως οὗ ἀναπέμψω αὐτὸν πρὸς Καίσαρα
22 Ἀγρίππας δὲ πρὸς τ. Φῆστον
26 1 Ἀγρίππας δὲ πρὸς τ. Παῦλον ἔφη
9 πρὸς τὸ ὄνομα Ἰησοῦ τ. Ναζωραίου δεῖν πολλὰ ἐναντία πρᾶξαι
14 ἤκουσα φωνὴν λέγουσαν πρός με
14 σκληρόν σοι πρὸς κέντρα λακτίζειν
26 πρὸς ὃν παρρησιαζόμενος λαλῶ
28 ὁ δὲ Ἀγρίππας πρὸς τ. Παῦλον
31 [7] ἀναχωρήσαντες ἐλάλουν πρὸς ἀλλήλους
27 3 ἐπέτρεψεν πρὸς τ. φίλους πορευθέντι ἐπιμελείας τυχεῖν
12 [8] ἀνευθέτου δὲ τοῦ λιμένος ὑπάρχοντος πρὸς παραχειμασίαν
28 4 [7] οἱ βάρβαροι . . . πρὸς ἀλλήλους ἔλεγον
8 πρὸς ὃν ὁ Παῦλος εἰσελθών
10 [5] ἀναγομένοις ἐπέθεντο τὰ πρὸς τ. χρείας
17 συνελθόντων δὲ αὐτῶν ἔλεγεν πρὸς αὐτούς
21 οἱ δὲ πρὸς αὐτὸν εἶπαν
23 ἦλθαν πρὸς αὐτὸν εἰς τ. ξενίαν πλείονες
25 [8 7] ἀσύμφωνοι δὲ ὄντες πρὸς ἀλλήλους ἀπελύοντο
25 καλῶς τὸ πνεῦμα τὸ ἅγιον ἐλάλησεν . . . πρὸς τ. πατέρας ὑμῶν λέγων,
26 πορεύθητι πρὸς τ. λαὸν τοῦτον κ. εἰπόν
לֵךְ וְאָמַרְתָּ לָעָם הַזֶּה, Is. vi. 9
30 ἀπεδέχετο πάντας τ. εἰσπορευομένους πρὸς αὐτόν
Ro 1 10 ἐν τ. θελήματι τ. Θεοῦ ἐλθεῖν πρὸς ὑμᾶς
13 πολλάκις προεθέμην ἐλθεῖν πρὸς ὑμᾶς
3 26 πρὸς τ. ἔνδειξιν τ. δικαιοσύνης αὐτοῦ ἐν τῷ νῦν καιρῷ
4 2 ἔχει καύχημα ἀλλ' οὐ πρὸς Θεόν
5 1 εἰρήνην ἔχωμεν πρὸς τ. Θεόν
8 18 [8] οὐκ ἄξια τὰ παθήματα τοῦ νῦν καιροῦ πρὸς τ. μέλλουσαν δόξαν ἀποκαλυφθῆναι
31 τί οὖν ἐροῦμεν πρὸς ταῦτα;
10 1 ἡ δέησις πρὸς τ. Θεὸν ὑπὲρ αὐτῶν
21 πρὸς δὲ τὸν Ἰσραὴλ λέγει
21 ἐξεπέτασα τ. χεῖράς μου πρὸς λαὸν ἀπειθοῦντα κ. ἀντιλέγοντα
פֵּרַשְׂתִּי יָדַי . . . אֶל־עַם סוֹרֵר, Is. lxv. 2
15 2 ἕκαστος . . . τῷ πλησίον ἀρεσκέτω εἰς τὸ ἀγαθὸν πρὸς οἰκοδομήν
17 [5] ἔχω οὖν τ. καύχησιν ἐν Χριστῷ Ἰησοῦ τὰ πρὸς τ. Θεόν

Ro 15 22 διὸ κ. ἐνεκοπτόμην τὰ πολλὰ τοῦ ἐλθεῖν πρὸς ὑμᾶς
23 ἐπιποθίαν δὲ ἔχων τοῦ ἐλθεῖν πρὸς ὑμᾶς
29 οἶδα δὲ ὅτι ἐρχόμενος πρὸς ὑμᾶς
30 συναγωνίσασθαί μοι ἐν τ. προσευχαῖς ὑπὲρ ἐμοῦ πρὸς τ. Θεόν
32 ἐν χαρᾷ ἐλθὼν πρὸς ὑμᾶς διὰ θελήματος Θεοῦ
I Co 2 1 κἀγὼ ἐλθὼν πρὸς ὑμᾶς ἀδελφοί
3 [1] ἐν τρόμῳ πολλῷ ἐγενόμην πρὸς ὑμᾶς
4 18 ὡς μὴ ἐρχομένου δέ μου πρὸς ὑμᾶς
19 ἐλεύσομαι δὲ ταχέως πρὸς ὑμᾶς
21 ἐν ῥάβδῳ ἔλθω πρὸς ὑμᾶς
6 1 πρᾶγμα ἔχων πρὸς τ. ἕτερον
5 πρὸς ἐντροπὴν ὑμῖν λέγω
7 5 [4] εἰ μήτι ἂν ἐκ συμφώνου πρὸς καιρόν
35 τοῦτο δὲ πρὸς τὸ ὑμῶν αὐτῶν σύμφορον λέγω
35 πρὸς τὸ εὔσχημον κ. εὐπάρεδρον τ. Κυρίῳ,
10 11 ἐγράφη δὲ πρὸς νουθεσίαν ἡμῶν
12 2 πρὸς τὰ εἴδωλα τὰ ἄφωνα ὡς ἂν ἤγεσθε ἀπαγόμενοι
7 ἑκάστῳ δὲ δίδοται ἡ φανέρωσις τ. πνεύματος πρὸς τὸ συμφέρον
13 12 [8] τότε δὲ πρόσωπον πρὸς πρόσωπον
14 6 ἐὰν ἔλθω πρὸς ὑμᾶς γλώσσαις λαλῶν
12 πρὸς τ. οἰκοδομὴν τ. ἐκκλησίας ζητεῖτε ἵνα περισσεύητε
26 [1] πάντα πρὸς οἰκοδομὴν γινέσθω
15 34 πρὸς ἐντροπὴν ὑμῖν λαλῶ
16 5 ἐλεύσομαι δὲ πρὸς ὑμᾶς
6 [1] πρὸς ὑμᾶς δὲ τυχὸν καταμενῶ
7 [1] ἐλπίζω γὰρ χρόνον τινὰ ἐπιμεῖναι πρὸς ὑμᾶς
10 [1] βλέπετε ἵνα ἀφόβως γένηται πρὸς ὑμᾶς
11 ἵνα ἔλθῃ πρός με
12 ἵνα ἔλθῃ πρὸς ὑμᾶς μετὰ τ. ἀδελφῶν
II Co 1 12 [1] ἀνεστράφημεν ἐν τ. κόσμῳ περισσοτέρως δὲ πρὸς ὑμᾶς
15 ἐβουλόμην πρότερον πρὸς ὑμᾶς ἐλθεῖν
16 πάλιν ἀπὸ Μακεδονίας ἐλθεῖν πρὸς ὑμᾶς
18 [5] ὁ λόγος ἡμῶν ὁ πρὸς ὑμᾶς οὐκ ἔστιν ναὶ κ. οὔ
20 τῷ Θεῷ πρὸς δόξαν δι' ἡμῶν
2 1 τὸ μὴ πάλιν ἐν λύπῃ πρὸς ὑμᾶς ἐλθεῖν
16 [3] κ. πρὸς ταῦτα τίς ἱκανός;
3 1 ἢ μὴ χρῄζομεν . . . συστατικῶν ἐπιστολῶν πρὸς ὑμᾶς
4 πεποίθησιν δὲ τοιαύτην ἔχομεν . . . πρὸς τ. Θεόν
13 [2] πρὸς τὸ μὴ ἀτενίσαι τοὺς υἱοὺς Ἰσραήλ
16 ἡνίκα δὲ ἐὰν ἐπιστρέψῃ πρὸς Κύριον
4 2 συνιστάνοντες ἑαυτοὺς πρὸς πᾶσαν συνείδησιν ἀνθρώπων
6 ὃς ἔλαμψεν . . . πρὸς φωτισμὸν τ. γνώσεως τ. δόξης τ. Θεοῦ
5 8 [1] εὐδοκοῦμεν . . . ἐνδημῆσαι πρὸς τ. Κύριον
10 ἵνα κομίσηται ἕκαστος . . . πρὸς ἃ ἔπραξεν
12 ἵνα ἔχητε πρὸς τοὺς ἐν προσώπῳ καυχωμένους
6 11 τὸ στόμα ἡμῶν ἀνέῳγεν πρὸς ὑμᾶς
14 ἢ τίς κοινωνία φωτὶ πρὸς σκότος;
15 τίς δὲ συμφώνησις Χριστοῦ πρὸς Βελίαρ;
7 3 πρὸς κατάκρισιν οὐ λέγω
4 πολλή μοι παρρησία πρὸς ὑμᾶς
8 [4] ἡ ἐπιστολὴ ἐκείνη εἰ κ. πρὸς ὥραν ἐλύπησεν ὑμᾶς

II Co 7 12 [5] ἕνεκεν τοῦ φανερωθῆναι τ. σπουδὴν ὑμῶν τὴν ὑπὲρ ἡμῶν πρὸς ὑμᾶς
8 17 αὐθαίρετος ἐξῆλθεν πρὸς ὑμᾶς
19 ἐν τ. χάριτι ταύτῃ τῇ διακονουμένῃ ὑφ' ἡμῶν πρὸς τὴν τοῦ Κυρίου δόξαν
10 4 [3] δυνατὰ τ. Θεῷ πρὸς καθαίρεσιν ὀχυρωμάτων
11 8 λαβὼν ὀψώνιον πρὸς τὴν ὑμῶν διακονίαν
9 [1] παρὼν πρὸς ὑμᾶς κ. ὑστερηθείς
12 14 τρίτον τοῦτο ἑτοίμως ἔχω ἐλθεῖν πρὸς ὑμᾶς
17 μή τινα ὧν ἀπέσταλκα πρὸς ὑμᾶς
21 [1] μὴ πάλιν . . . ταπεινώσῃ με ὁ Θεός μου πρὸς ὑμᾶς
13 1 τρίτον τοῦτο ἔρχομαι πρὸς ὑμᾶς
7 εὐχόμεθα δὲ πρὸς τὸν Θεόν
Ga 1 17 οὐδὲ ἀνῆλθον εἰς Ἱεροσόλυμα πρὸς τοὺς πρὸ ἐμοῦ ἀποστόλους
18 [1] ἐπέμεινα πρὸς αὐτὸν ἡμέρας δεκαπέντε
2 5 [4] οἷς οὐδὲ πρὸς ὥραν εἴξαμεν τ. ὑποταγῇ,
[1] ἵνα ἡ ἀλήθεια τ. εὐαγγελίου διαμείνῃ πρὸς ὑμᾶς
14 ὅτι οὐκ ὀρθοποδοῦσιν πρὸς τ. ἀλήθειαν τ. εὐαγγελίου
4 18 [1] μὴ μόνον ἐν τῷ παρεῖναί με πρὸς ὑμᾶς
20 [1] ἤθελον δὲ παρεῖναι πρὸς ὑμᾶς ἄρτι
6 10 ἐργαζώμεθα τὸ ἀγαθὸν πρὸς πάντας, μάλιστα δὲ πρὸς τ. οἰκείους τ. πίστεως
Eph 2 18 δι' αὐτοῦ ἔχομεν τ. προσαγωγὴν . . . ἐν ἑνὶ πνεύματι πρὸς τ. πατέρα
3 4 πρὸς ὃ δύνασθε ἀναγινώσκοντες
14 τούτου χάριν κάμπτω τὰ γόνατά μου πρὸς τ. πατέρα
4 12 αὐτὸς ἔδωκεν τοὺς μὲν ἀποστόλους . . . πρὸς τ. καταρτισμὸν τ. ἁγίων
14 ἐν πανουργίᾳ πρὸς τ. μεθοδίαν τ. πλάνης
29 [8] εἴ τις ἀγαθὸς πρὸς οἰκοδομὴν τ. χρείας
5 31 προσκολληθήσεται πρὸς τ. γυναῖκα αὐτοῦ, Gen. *l.c.*
προσκ. τ. γυναικί, TWH mg.
6 9 οἱ κύριοι τὰ αὐτὰ ποιεῖτε πρὸς αὐτούς
11 [1 2] ἐνδύσασθε τ. πανοπλίαν τ. Θεοῦ πρὸς τὸ δύνασθαι ὑμᾶς στῆναι πρὸς τ. μεθοδίας τ. διαβόλου·
12 [1] ὅτι οὐκ ἔστιν ἡμῖν ἡ πάλη πρὸς αἷμα κ. σάρκα,
ἀλλὰ πρὸς τ. ἀρχὰς πρὸς τ. ἐξουσίας,
πρὸς τ. κοσμοκράτορας τ. σκότους τούτου,
πρὸς τὰ πνευματικὰ τ. πονηρίας ἐν τ. ἐπουρανίοις
22 ὃν ἔπεμψα πρὸς ὑμᾶς εἰς αὐτὸ τοῦτο
Phl 1 26 [1] διὰ τ. ἐμῆς παρουσίας πάλιν πρὸς ὑμᾶς
2 25 ἀναγκαῖον δὲ ἡγησάμην Ἐπαφρόδιτον . . . πέμψαι πρὸς ὑμᾶς
30 τὸ ὑμῶν ὑστέρημα τῆς πρός με λειτουργίας
4 6 τὰ αἰτήματα ὑμῶν γνωριζέσθω πρὸς τ. Θεόν
Col 2 23 οὐκ ἐν τιμῇ τινὶ πρὸς πλησμονὴν τ. σαρκός
3 13 ἐάν τις πρός τινα ἔχῃ μομφήν
19 μὴ πικραίνεσθε πρὸς αὐτάς
4 5 ἐν σοφίᾳ περιπατεῖτε πρὸς τοὺς ἔξω
8 ὃν ἔπεμψα πρὸς ὑμᾶς εἰς αὐτὸ τοῦτο
10 ἐὰν ἔλθῃ πρὸς ὑμᾶς δέξασθε αὐτόν
I Th 1 8 [5] ἡ πίστις ὑμῶν ἡ πρὸς τ. Θεὸν ἐξελήλυθεν
9 ἀπαγγέλλουσιν ὁποίαν εἴσοδον ἔσχομεν πρὸς ὑμᾶς,
κ. πῶς ἐπεστρέψατε πρὸς τ. Θεὸν ἀπὸ τ. εἰδώλων

I Th 2 1 [5] οἴδατε ἀδελφοὶ τὴν εἴσοδον ἡμῶν τὴν πρὸς ὑμᾶς
2 λαλῆσαι πρὸς ὑμᾶς τὸ εὐαγγέλιον τ. Θεοῦ ἐν πολλῷ ἀγῶνι
9 [3] ἐργαζόμενοι πρὸς τὸ μὴ ἐπιβαρῆσαί τινα ὑμῶν
17 [4] ἀπορφανισθέντες ἀφ' ὑμῶν πρὸς καιρὸν ὥρας
18 διότι ἠθελήσαμεν ἐλθεῖν πρὸς ὑμᾶς
3 4 [1] κ. γὰρ ὅτε πρὸς ὑμᾶς ἦμεν
6 ἄρτι δὲ ἐλθόντος Τιμοθέου πρὸς ἡμᾶς ἀφ' ὑμῶν
11 κατευθύναι τὴν ὁδὸν ἡμῶν πρὸς ὑμᾶς
4 12 ἵνα περιπατῆτε εὐσχημόνως πρὸς τοὺς ἔξω
5 14 μακροθυμεῖτε πρὸς πάντας
II Th 2 5 [1] ἔτι ὢν πρὸς ὑμᾶς ταῦτα ἔλεγον ὑμῖν
3 1 [1] ἵνα ὁ λόγος τ. Κυρίου . . . δοξάζηται καθὼς κ. πρὸς ὑμᾶς
8 [3] ἐργαζόμενοι πρὸς τὸ μὴ ἐπιβαρῆσαί τινα ὑμῶν
10 [1] κ. γὰρ ὅτε ἦμεν πρὸς ὑμᾶς
I Ti 1 16 πρὸς ὑποτύπωσιν τ. μελλόντων πιστεύειν ἐπ' αὐτῷ
3 14 ἐλπίζων ἐλθεῖν πρός σε ἐν τάχει
4 7 γύμναζε δὲ σεαυτὸν πρὸς εὐσέβειαν.
8 [3] ἡ γὰρ σωματικὴ γυμνασία πρὸς ὀλίγον ἐστὶν ὠφέλιμος·
[3] ἡ δὲ εὐσέβεια πρὸς πάντα ὠφέλιμός ἐστιν
II Ti 2 24 [3] ἤπιον εἶναι πρὸς πάντας
3 16 [3] πᾶσα γραφὴ θεόπνευστος ὠφέλιμος πρὸς διδασκαλίαν πρὸς ἐλεγμὸν πρὸς ἐπανόρθωσιν πρὸς παιδείαν τὴν ἐν δικαιοσύνῃ
17 [3] πρὸς πᾶν ἔργον ἀγαθὸν ἐξηρτισμένος
4 9 σπούδασον ἐλθεῖν πρός με ταχέως
Tit 1 16 [3] πρὸς πᾶν ἔργον ἀγαθὸν ἀδόκιμοι
3 1 [3] πρὸς πᾶν ἔργον ἀγαθὸν ἑτοίμους εἶναι
2 πᾶσαν ἐνδεικνυμένους πραΰτητα πρὸς πάντας ἀνθρώπους
12 ὅταν πέμψω Ἀρτεμᾶν πρός σε ἢ Τύχικον, σπούδασον ἐλθεῖν πρός με εἰς Νικόπολιν
Phm 5 [1] τ. πίστιν ἣν ἔχεις πρὸς τ. Κύριον Ἰησοῦν
εἰς, WH non mg.
13 [7] ὃν ἐγὼ ἐβουλόμην πρὸς ἐμαυτὸν κατέχειν
15 [4] τάχα γὰρ διὰ τοῦτο ἐχωρίσθη πρὸς ὥραν
He 1 7 πρὸς μὲν τ. ἀγγέλους λέγει
8 πρὸς δὲ τ. υἱόν
13 πρὸς τίνα δὲ τ. ἀγγέλων εἴρηκέν ποτε
2 17 [5] πιστὸς ἀρχιερεὺς τὰ πρὸς τ. Θεόν
4 13 [1] πρὸς ὃν ἡμῖν ὁ λόγος
5 1 [5] πᾶς γὰρ ἀρχιερεὺς . . . ὑπὲρ ἀνθρώπων καθίσταται τὰ πρὸς τ. Θεόν
5 ἀλλ' ὁ λαλήσας πρὸς αὐτόν
7 ἱκετηρίας πρὸς τ. δυνάμενον σῴζειν αὐτὸν ἐκ θανάτου . . . προσενέγκας
14 [3] τὰ αἰσθητήρια γεγυμνασμένα ἐχόντων πρὸς διάκρισιν καλοῦ τε κ. κακοῦ
6 11 πρὸς τ. πληροφορίαν τ. ἐλπίδος ἄχρι τέλους
7 21 διὰ τοῦ λέγοντος πρὸς αὐτόν
9 13 ἁγιάζει πρὸς τὴν τ. σαρκὸς καθαρότητα
20 τ. διαθήκης ἧς ἐνετείλατο πρὸς ὑμᾶς ὁ Θεός
הַבְּרִית אֲשֶׁר כָּרַת יְהוָה עִמָּכֶם, Ex. xxiv. 8
10 16 αὕτη ἡ διαθήκη ἣν διαθήσομαι πρὸς αὐτούς
זֹאת הַבְּרִית אֲשֶׁר אֶכְרֹת אֶת־בֵּית יִשְׂרָאֵל, Jer. xxxi. 33

He 11 18 πρὸς ὃν ἐλαλήθη
12 4 πρὸς τ. ἁμαρτίαν ἀνταγωνιζόμενοι
10 [4] οἱ μὲν γὰρ πρὸς ὀλίγας ἡμέρας . . . ἐπαίδευον
11 [4] πᾶσα μὲν παιδεία πρὸς μὲν τὸ παρὸν οὐ δοκεῖ χαρᾶς εἶναι
13 13 ἐξερχώμεθα πρὸς αὐτὸν ἔξω τ. παρεμβολῆς
Ja 4 5 πρὸς φθόνον ἐπιποθεῖ τὸ πνεῦμα ὃ κατῴκισεν ἐν ἡμῖν
14 [4] ἀτμὶς γάρ ἐστε πρὸς ὀλίγον φαινομένη
I Pe 2 4 πρὸς ὃν προσερχόμενοι λίθον ζῶντα
3 15 [3] ἕτοιμοι ἀεὶ πρὸς ἀπολογίαν παντὶ τ. αἰτοῦντι ὑμᾶς λόγον
4 12 [1] τῇ ἐν ὑμῖν πυρώσει πρὸς πειρασμὸν ὑμῖν γινομένῃ
II Pe 1 3 [5] τ. θείας δυνάμεως τὰ πρὸς ζωὴν κ. εὐσέβειαν δεδωρημένης
3 16 ἃ οἱ ἀμαθεῖς κ. ἀστήρικτοι στρεβλοῦσιν . . . πρὸς τ. ἰδίαν αὐτῶν ἀπώλειαν
I Jo 1 2 [1] ἥτις ἦν πρὸς τ. πατέρα
2 1 παράκλητον ἔχομεν πρὸς τ. πατέρα
3 21 παρρησίαν ἔχομεν πρὸς τ. Θεόν
5 14 αὕτη ἐστὶν ἡ παρρησία ἣν ἔχομεν πρὸς αὐτόν
16 ἁμαρτάνοντα ἁμαρτίαν μὴ πρὸς θάνατον
16 δώσει αὐτῷ ζωὴν τ. ἁμαρτάνουσιν μὴ πρὸς θάνατον·
ἔστιν ἁμαρτία πρὸς θάνατον
17 ἔστιν ἁμαρτία οὐ πρὸς θάνατον
II Jo 10 εἴ τις ἔρχεται πρὸς ὑμᾶς
12 [1] ἀλλὰ ἐλπίζω γενέσθαι πρὸς ὑμᾶς,
[3] κ. στόμα πρὸς στόμα λαλῆσαι
III Jo 14 [3] στόμα πρὸς στόμα λαλήσομεν
Re 1 17 ἔπεσα πρὸς τ. πόδας αὐτοῦ ὡς νεκρός
3 20 εἰσελεύσομαι πρὸς αὐτόν
10 9 ἀπῆλθα πρὸς τ. ἄγγελον λέγων αὐτῷ
12 5 ἡρπάσθη τὸ τέκνον αὐτῆς πρὸς τ. Θεὸν κ. πρὸς τ. θρόνον αὐτοῦ
12 ὅτι κατέβη ὁ διάβολος πρὸς ὑμᾶς
13 6 ἤνοιξεν τὸ στόμα αὐτοῦ εἰς βλασφημίας πρὸς τ. Θεόν

ΠΡΟΣΆΒΒΑΤΟΝ † 4315

Mk 15 42 ἐπεὶ ἦν παρασκευὴ ὅ ἐστιν προσάββατον

ΠΡΟΣΑΓΟΡΕΎΩ 4316

He 5 10 προσαγορευθεὶς ὑπὸ τ. Θεοῦ ἀρχιερεύς

ΠΡΟΣΆΓΩ 4317 cf. 4324.5

Mt 18 24 προσήχθη εἰς αὐτῷ ὀφειλέτης μυρίων ταλάντων
προσηνέχθη, T
Lu 9 41 προσάγαγε ὧδε τ. υἱόν σου
Ac 12 6 ὅτε δὲ ἤμελλεν προσαγαγεῖν αὐτὸν ὁ Ἡρῴδης
προαγαγεῖν, TWH mg. R
16 20 προσαγαγόντες αὐτοὺς τ. στρατηγοῖς
27 27 ὑπενόουν οἱ ναῦται προσάγειν τινὰ αὐτοῖς χώραν
προσαχεῖν, WH mg.
I Pe 3 18 ἵνα ἡμᾶς προσαγάγῃ τ. Θεῷ

ΠΡΟΣΑΓΩΓΉ * 4318

Ro 5 2 δι' οὗ κ. τ. προσαγωγὴν ἐσχήκαμεν τ. πίστει εἰς τ. χάριν ταύτην

Eph 2 18 δι' αὐτοῦ ἔχομεν τ. προσαγωγὴν οἱ ἀμφότεροι . . . πρὸς τ. πατέρα
3 12 ἐν ᾧ ἔχομεν τ. παρρησίαν κ. προσαγωγήν

ΠΡΟΣΑΙΤΕ'Ω 4319 cf. 4319.5

Jo 9 8 οὐχ οὗτός ἐστιν ὁ καθήμενος κ. προσαιτῶν;

ΠΡΟΣΑΙ'ΤΗΣ * † 4319.5 cf. 4319

Mk 10 46 Βαρτίμαιος τυφλὸς προσαίτης ἐκάθητο παρὰ τὴν ὁδόν
Jo 9 8 οἱ θεωροῦντες αὐτὸν τὸ πρότερον ὅτι προσαίτης ἦν

ΠΡΟΣΑΝΑΒΑΙ'ΝΩ 4320

Lu 14 10 φίλε προσανάβηθι ἀνώτερον

ΠΡΟΣΑΝΑΛΙ'ΣΚΩ * 4321

Lu 8 43 ἰατροῖς προσαναλώσασα ὅλον τ. βίον
—h. v., WHR mg.

ΠΡΟΣΑΝΑΠΛΗΡΟ'Ω ** 4322

IICo 9 12 οὐ μόνον ἐστὶν προσαναπληροῦσα τὰ ὑστερήματα τ. ἁγίων
11 9 τὸ γὰρ ὑστέρημά μου προσανεπλήρωσαν οἱ ἀδελφοί

ΠΡΟΣΑΝΑΤΙ'ΘΕΜΑΙ * 4323

Ga 1 16 οὐ προσανεθέμην σαρκὶ κ. αἵματι
2 6 ἐμοὶ γὰρ οἱ δοκοῦντες οὐδὲν προσανέθεντο

ΠΡΟΣΑΠΕΙΛΕ'ΟΜΑΙ ** 4324

Ac 4 21 οἱ δὲ προσαπειλησάμενοι ἀπέλυσαν αὐτούς

ΠΡΟΣΑΧΕ'Ω * † 4324.5 cf. 4317

Ac 27 27 ὑπενόουν οἱ ναῦται προσαχεῖν τινὰ αὐτοῖς χώραν
προσάγειν, TWH non mg. R

ΠΡΟΣΔΑΠΑΝΑ'Ω * † 4325

Lu 10 35 ὅτι ἂν προσδαπανήσῃς

ΠΡΟΣΔΕ'ΟΜΑΙ 4326

Ac 17 25 οὐδὲ ὑπὸ χειρῶν ἀνθρωπίνων θεραπεύεται προσδεόμενός τινος

ΠΡΟΣΔΕ'ΧΟΜΑΙ 4327

Mk 15 43 ὃς κ. αὐτὸς ἦν προσδεχόμενος τ. βασιλείαν τ. Θεοῦ
Lu 2 25 προσδεχόμενος παράκλησιν τοῦ Ἰσραήλ
38 ἐλάλει περὶ αὐτοῦ πᾶσι τ. προσδεχομένοις λύτρωσιν Ἱερουσαλήμ
12 36 ὑμεῖς ὅμοιοι ἀνθρώποις προσδεχομένοις τ. κύριον ἑαυτῶν
15 2 οὗτος ἁμαρτωλοὺς προσδέχεται
23 51 ὃς προσεδέχετο τ. βασιλείαν τ. Θεοῦ
Ac 23 21 προσδεχόμενοι τὴν ἀπὸ σοῦ ἐπαγγελίαν
24 15 ἐλπίδα ἔχων εἰς τ. Θεὸν ἣν κ. αὐτοὶ οὗτοι προσδέχονται

Ro 16 2 ἵνα προσδέξησθε αὐτὴν ἐν Κυρίῳ ἀξίως τ ἁγίων
αὐτ. προσδ., TWH mg.
Phl 2 29 προσδέχεσθε οὖν αὐτὸν ἐν Κυρίῳ μετὰ πάσης χαρᾶς
Tit 2 13 προσδεχόμενοι τ. μακαρίαν ἐλπίδα
He 10 34 τ. ἁρπαγὴν τ. ὑπαρχόντων ὑμῶν μετὰ χαρᾶς προσεδέξασθε
11 35 οὐ προσδεξάμενοι τ. ἀπολύτρωσιν
Ju 21 προσδεχόμενοι τὸ ἔλεος τ. Κυρίου ἡμῶν Ἰησοῦ Χριστοῦ

ΠΡΟΣΔΟΚΑ'Ω 4328

Mt 11 3 σὺ εἶ ὁ ἐρχόμενος ἢ ἕτερον προσδοκῶμεν;
24 50 ἐν ἡμέρᾳ ᾗ οὐ προσδοκᾷ
Lu 1 21 ἦν ὁ λαὸς προσδοκῶν τ. Ζαχαρίαν
3 15 προσδοκῶντος δὲ τ. λαοῦ
7 19 σὺ εἶ ὁ ἐρχόμενος ἢ ἕτερον προσδοκῶμεν;
20 σὺ εἶ ὁ ἐρχόμενος ἢ ἄλλον προσδοκῶμεν;
8 40 ἦσαν γὰρ πάντες προσδοκῶντες αὐτόν
12 46 ἐν ἡμέρᾳ ᾗ οὐ προσδοκᾷ
Ac 3 5 προσδοκῶν τι παρ' αὐτῶν λαβεῖν
10 24 ὁ δὲ Κορνήλιος ἦν προσδοκῶν αὐτούς
27 33 τεσσαρεσκαιδεκάτην σήμερον ἡμέραν προσδοκῶντες
28 6 οἱ δὲ προσεδόκων αὐτὸν μέλλειν πίμπρασθαι
6 ἐπὶ πολὺ δὲ αὐτῶν προσδοκώντων
IIPe 3 12 προσδοκῶντας κ. σπεύδοντας τ. παρουσίαν τῆς τ. Θεοῦ ἡμέρας
13 καινοὺς δὲ οὐρανοὺς κ. γῆν καινὴν . . . προσδοκῶμεν
14 διὸ ἀγαπητοὶ ταῦτα προσδοκῶντες

ΠΡΟΣΔΟΚΙ'Α 4329

Lu 21 26 ἀποψυχόντων ἀνθρώπων ἀπὸ . . . προσδοκίας τ. ἐπερχομένων τ. οἰκουμένῃ
Ac 12 11 ἐξείλατό με ἐκ . . . πάσης τ. προσδοκίας τ. λαοῦ τ. Ἰουδαίων

ΠΡΟΣΕΑ'Ω * † 4330

Ac 27 7 μὴ προσεῶντος ἡμᾶς τ. ἀνέμου

ΠΡΟΣΕΓΓΙ'ΖΩ 4331

Mk 2 4 μὴ δυνάμενοι προσεγγίσαι αὐτῷ διὰ τ. ὄχλον
προσενέγκαι, TWHR mg.

ΠΡΟΣΕΡΓΑ'ΖΟΜΑΙ * 4333

Lu 19 16 ἡ μνᾶ σου δέκα προσηργάσατο μνᾶς

ΠΡΟΣΕ'ΡΧΟΜΑΙ 4334

(1) προσέρχ. τ. Θεῷ (2) προσῆλθα
(3) seq. dat. rei

Mt 4 3 προσελθὼν ὁ πειράζων εἶπεν αὐτῷ
11 ἄγγελοι προσῆλθον κ. διηκόνουν αὐτῷ
5 1 [2] προσῆλθαν αὐτῷ οἱ μαθηταὶ αὐτοῦ
8 2 λεπρὸς προσελθὼν προσεκύνει αὐτῷ
5 προσῆλθεν αὐτῷ ἑκατόνταρχος παρακαλῶν αὐτόν
19 προσελθὼν εἷς γραμματεὺς εἶπεν αὐτῷ
25 προσελθόντες ἤγειραν αὐτόν
9 14 τότε προσέρχονται αὐτῷ οἱ μαθηταὶ Ἰωάνου
18 ἄρχων εἷς προσελθὼν προσεκύνει αὐτῷ
ἄρχ. εἰσελθὼν, TWH mg.; εἷς ἐλθὼν, R

Mt 9 20 προσελθοῦσα ὄπισθεν ἥψατο τ. κρασπέδου τ. ἱματίου αὐτοῦ
28 [2] προσῆλθαν αὐτῷ οἱ τυφλοί
προσῆλθον, T
13 10 προσελθόντες οἱ μαθηταὶ εἶπαν αὐτῷ
27 προσελθόντες δὲ οἱ δοῦλοι τ. οἰκοδεσπότου
36 [2] προσῆλθαν αὐτῷ οἱ μαθηταὶ αὐτοῦ
προσῆλθον, T
14 12 προσελθόντες οἱ μαθηταὶ αὐτοῦ ἦραν τὸ πτῶμα
15 [2] προσῆλθαν αὐτῷ οἱ μαθηταὶ λέγοντες
προσῆλθον, T
15 1 τότε προσέρχονται τῷ Ἰησοῦ ἀπὸ Ἱερουσαλὴμ Φαρισαῖοι
12 τότε προσελθόντες οἱ μαθηταὶ λέγουσιν αὐτῷ
23 προσελθόντες οἱ μαθηταὶ αὐτοῦ ἠρώτουν αὐτόν
30 προσῆλθον αὐτῷ ὄχλοι πολλοί
16 1 προσελθόντες οἱ Φαρισαῖοι κ. Σαδδουκαῖοι . . . ἐπηρώτησαν αὐτόν
17 7 προσῆλθεν ὁ Ἰησοῦς κ. ἁψάμενος αὐτῶν εἶπεν
14 προσῆλθεν αὐτῷ ἄνθρωπος γονυπετῶν αὐτόν
19 τότε προσελθόντες οἱ μαθηταὶ τῷ Ἰησοῦ κατ' ἰδίαν
24 προσῆλθον οἱ τὰ δίδραχμα λαμβάνοντες τ. Πέτρῳ
18 1 ἐν ἐκείνῃ τ. ὥρᾳ προσῆλθον οἱ μαθηταὶ τῷ Ἰησοῦ
21 τότε προσελθὼν ὁ Πέτρος εἶπεν αὐτῷ
19 3 [2] προσῆλθαν αὐτῷ Φαρισαῖοι πειράζοντες αὐτόν
προσῆλθον, T
16 εἷς προσελθὼν αὐτῷ εἶπεν
20 20 τότε προσῆλθεν αὐτῷ ἡ μήτηρ τ. υἱῶν Ζεβεδαίου
21 14 προσῆλθον αὐτῷ τυφλοὶ κ. χωλοὶ ἐν τ. ἱερῷ
23 [2] προσῆλθαν αὐτῷ διδάσκοντι οἱ ἀρχιερεῖς
προσῆλθον, T
28 προσελθὼν τ. πρώτῳ εἶπεν
30 προσελθὼν δὲ τ. δευτέρῳ εἶπεν ὡσαύτως
22 23 ἐν ἐκείνῃ τ. ἡμέρᾳ προσῆλθον αὐτῷ Σαδδουκαῖοι
24 1 προσῆλθον οἱ μαθηταὶ αὐτοῦ ἐπιδεῖξαι αὐτῷ
3 προσῆλθον αὐτῷ οἱ μαθηταὶ κατ' ἰδίαν
25 20 προσελθὼν ὁ τὰ πέντε τάλαντα λαβὼν
22 προσελθὼν κ. ὁ τὰ δύο τάλαντα εἶπεν
24 προσελθὼν δὲ κ. ὁ τὸ ἓν τάλαντον εἰληφὼς εἶπεν
26 7 προσῆλθεν αὐτῷ γυνὴ ἔχουσα ἀλάβαστρον μύρου
17 τῇ δὲ πρώτῃ τ. ἀζύμων προσῆλθον οἱ μαθηταὶ τῷ Ἰησοῦ
39 προσελθὼν μικρὸν ἔπεσεν ἐπὶ πρόσωπον αὐτοῦ
προελθὼν, WH non mg. R
49 εὐθέως προσελθὼν τῷ Ἰησοῦ εἶπον
50 τότε προσελθόντες ἐπέβαλον τ. χεῖρας ἐπὶ τ. Ἰησοῦν
60 οὐχ εὗρον πολλῶν προσελθόντων ψευδομαρτύρων·
ὕστερον δὲ προσελθόντες δύο εἶπαν
69 προσῆλθεν αὐτῷ μία παιδίσκη
73 μετὰ μικρὸν δὲ προσελθόντες οἱ ἑστῶτες
27 58 οὗτος προσελθὼν τ. Πειλάτῳ
28 2 προσελθὼν ἀπεκύλισεν τ. λίθον

Mt 28 9 αἱ δὲ προσελθοῦσαι ἐκράτησαν αὐτοῦ τ. πόδας
18 προσελθὼν ὁ Ἰησοῦς ἐλάλησεν αὐτοῖς
Mk 1 31 προσελθὼν ἤγειρεν αὐτήν
6 35 προσελθόντες αὐτῷ οἱ μαθηταὶ αὐτοῦ ἔλεγον
10 2 προσελθόντες Φαρισαῖοι ἐπηρώτων αὐτόν
προσελθ. Φαρ., [WH]
12 28 προσελθὼν εἷς τ. γραμματέων
14 35 προσελθὼν μικρὸν ἔπιπτεν ἐπὶ τ. γῆς
προελθὼν, TWH non mg. R
45 εὐθὺς προσελθὼν αὐτῷ λέγει
Lu 1 17 αὐτὸς προσελεύσεται ἐνώπιον αὐτοῦ ἐν πνεύματι κ. δυνάμει Ἠλείᾳ
προελεύσεται, TWH non mg. R non mg.
7 14 προσελθὼν ἥψατο τῆς σοροῦ
8 24 προσελθόντες δὲ διήγειραν αὐτὸν λέγοντες
44 προσελθοῦσα ὄπισθεν ἥψατο τ. κρασπέδου τ. ἱματίου αὐτοῦ
9 12 προσελθόντες δὲ οἱ δώδεκα εἶπαν αὐτῷ
42 ἔτι δὲ προσερχομένου αὐτοῦ
10 34 προσελθὼν κατέδησεν τὰ τραύματα αὐτοῦ
13 31 [2] ἐν αὐτῇ τ. ὥρᾳ προσῆλθάν τινες Φαρισαῖοι
20 27 προσελθόντες δέ τινες τ. Σαδδουκαίων
23 36 οἱ στρατιῶται προσερχόμενοι ὄξος προσφέροντες αὐτῷ
52 οὗτος προσελθὼν τ. Πειλάτῳ ᾐτήσατο
Jo 12 21 [2] οὗτοι οὖν προσῆλθαν Φιλίππῳ τῷ ἀπὸ Βηθσαιδά
προσῆλθον, T
Ac 7 31 προσερχομένου δὲ αὐτοῦ κατανοῆσαι
8 29 πρόσελθε κ. κολλήθητι τ. ἅρματι τούτῳ
9 1 ὁ δὲ Σαῦλος . . . προσελθὼν τ. ἀρχιερεῖ
10 28 ἀθέμιτόν ἐστιν ἀνδρὶ Ἰουδαίῳ . . . προσέρχεσθαι ἀλλοφύλῳ
12 13 προσῆλθεν παιδίσκη ὑπακοῦσαι ὀνόματι Ῥόδη
προῆλθεν, WH mg.
18 2 εὑρών τινα Ἰουδαῖον ὀνόματι Ἀκύλαν . . . κ. Πρίσκιλλαν . . . προσῆλθεν αὐτοῖς
20 5 οὗτοι δὲ προσελθόντες ἔμενον ἡμᾶς ἐν Τρῳάδι
προελθόντες, TWH mg. R non mg.
13 ἡμεῖς δὲ προσελθόντες ἐπὶ τὸ πλοῖον
προελθόντες, TWH non mg. R
22 26 προσελθὼν τ. χιλιάρχῳ ἀπήγγειλεν
27 προσελθὼν δὲ ὁ χιλίαρχος εἶπεν αὐτῷ
23 14 οἵτινες προσελθόντες τ. ἀρχιερεῦσι κ. τ. πρεσβυτέροις εἶπαν
28 9 κ. οἱ λοιποὶ . . . προσήρχοντο κ. ἐθεραπεύοντο
1 Ti 6 3 [3] εἴ τις . . . μὴ προσέρχεται ὑγιαίνουσιν λόγοις
προσέχεται, T
He 4 16 [3] προσερχώμεθα οὖν μετὰ παρρησίας τ. θρόνῳ τ. χάριτος
7 25 [1] σώζειν εἰς τὸ παντελὲς δύναται τ. προσερχομένους δι' αὐτοῦ τ. Θεῷ
10 1 οὐδέποτε δύνανται τ. προσερχομένους τελειῶσαι
22 προσερχώμεθα μετὰ ἀληθινῆς καρδίας ἐν πληροφορίᾳ πίστεως
11 6 [1] πιστεῦσαι γὰρ δεῖ τὸν προσερχόμενον τ. Θεῷ
12 18 [3] οὐ γὰρ προσεληλύθατε ψηλαφωμένῳ
22 [3] ἀλλὰ προσεληλύθατε Σιὼν ὄρει
1 Pe 2 4 πρὸς ὃν προσερχόμενοι λίθον ζῶντα

ΠΡΟΣΕΥΧΗ΄ † 4335

(1) οἶκος προσευχῆς (2) προσ. τ. Θεοῦ, πρὸς τ. Θεόν

Mt 17 21 οὐκ ἐκπορεύεται εἰ μὴ ἐν προσευχῇ κ. νηστείᾳ
—h. v., TWHR non mg.
21 13 [1] ὁ οἶκός μου οἶκος προσευχῆς κληθήσεται
בֵּיתִי בֵּית־תְּפִלָּה יִקָּרֵא לְכָל־הָעַמִּים, Is. lvi. 7.
22 πάντα ὅσα ἂν αἰτήσητε ἐν τ. προσευχῇ
Mk 9 29 ἐν οὐδενὶ δύναται ἐξελθεῖν εἰ μὴ ἐν προσευχῇ
11 17 [1] ὁ οἶκός μου οἶκος προσευχῆς κληθήσεται πᾶσι τ. ἔθνεσιν, Is. *l.c.*
Lu 6 12 [2] ἦν διανυκτερεύων ἐν τῇ προσευχῇ τ. Θεοῦ
19 46 [1] ἔσται ὁ οἶκός μου οἶκος προσευχῆς, Is. *l.c.*
22 45 ἀναστὰς ἀπὸ τ. προσευχῆς
Ac 1 14 οὗτοι πάντες ἦσαν προσκαρτεροῦντες ὁμοθυμαδὸν τ. προσευχῇ
2 42 ἦσαν δὲ προσκαρτεροῦντες . . . τ. προσευχαῖς
3 1 ἀνέβαινον εἰς τὸ ἱερὸν ἐπὶ τ. ὥραν τ. προσευχῆς τ. ἐνάτην
6 4 ἡμεῖς δὲ τ. προσευχῇ κ. τ. διακονίᾳ προσκαρτερήσομεν
10 4 αἱ προσευχαί σου κ. αἱ ἐλεημοσύναι σου ἀνέβησαν εἰς μνημόσυνον
31 Κορνήλιε εἰσηκούσθη σου ἡ προσευχή
12 5 [2] προσευχὴ δὲ ἦν ἐκτενῶς γινόμενη ὑπὸ τ. ἐκκλησίας πρὸς τ. Θεόν
16 13 παρὰ ποταμὸν οὗ ἐνομίζομεν προσευχὴν εἶναι
16 ἐγένετο δὲ πορευομένων ἡμῶν εἰς τ. προσευχήν
Ro 1 10 μνείαν ὑμῶν ποιοῦμαι πάντοτε ἐπὶ τ. προσευχῶν μου
12 12 τῇ προσευχῇ προσκαρτεροῦντες
15 30 [2] συναγωνίσασθαί μοι ἐν τ. προσευχαῖς ὑπὲρ ἐμοῦ πρὸς τ. Θεόν
I Co 7 5 ἵνα σχολάσητε τῇ προσευχῇ
Eph 1 16 μνείαν ποιούμενος ἐπὶ τ. προσευχῶν μου
6 18 διὰ πάσης προσευχῆς κ. δεήσεως προσευχόμενοι
Phl 4 6 ἐν παντὶ τ. προσευχῇ κ. τ. δεήσει μετὰ εὐχαριστίας τὰ αἰτήματα ὑμῶν γνωριζέσθω
Col 4 2 τῇ προσευχῇ προσκαρτερεῖτε
12 πάντοτε ἀγωνιζόμενος ὑπὲρ ὑμῶν ἐν τ. προσευχαῖς
I Th 1 2 μνείαν ποιούμενοι ἐπὶ τ. προσευχῶν ἡμῶν
I Ti 2 1 πρῶτον πάντων ποιεῖσθαι δεήσεις προσευχὰς ἐντεύξεις εὐχαριστίας
5 5 προσμένει τ. δεήσεσιν κ. τ. προσευχαῖς νυκτὸς κ. ἡμέρας
Phm 4 μνείαν σου ποιούμενος ἐπὶ τ. προσευχῶν μου
22 διὰ τ. προσευχῶν ὑμῶν χαρισθήσομαι ὑμῖν
Ja 5 17 προσευχῇ προσηύξατο τοῦ μὴ βρέξαι
I Pe 3 7 εἰς τὸ μὴ ἐγκόπτεσθαι τ. προσευχὰς ὑμῶν
τ. προσευχαῖς, WH mg.
4 7 σωφρονήσατε οὖν κ. νήψατε εἰς προσευχάς
Re 5 8 αἵ εἰσιν αἱ προσευχαὶ τ. ἁγίων
8 3 ἵνα δώσει τ. προσευχαῖς τ. ἁγίων πάντων
4 ἀνέβη ὁ καπνὸς τ. θυμιαμάτων τ. προσευχαῖς τ. ἁγίων

ΠΡΟΣΕΥ΄ΧΟΜΑΙ 4336

(1) seq. περί, ὑπέρ (2) c. acc. rei (3) c. adv. (4) προσευχῇ, διὰ προσευχῆς προσεύχεσθαι

Mt 5 44 [1] προσεύχεσθε ὑπὲρ τ. διωκόντων ὑμᾶς
6 5 ὅταν προσεύχησθε οὐκ ἔσεσθε ὡς οἱ ὑποκριταί,
ὅτι φιλοῦσιν ἐν τ. συναγωγαῖς . . . προσεύχεσθαι
6 σὺ δὲ ὅταν προσεύχῃ εἴσελθε εἰς τὸ ταμεῖόν σου
6 πρόσευξαι τ. πατρί σου τῷ ἐν τ. κρυπτῷ
7 προσευχόμενοι δὲ μὴ βατταλογήσητε
9 [3] οὕτως οὖν προσεύχεσθε ὑμεῖς
14 23 ἀνέβη εἰς τὸ ὄρος κατ' ἰδίαν προσεύξασθαι
19 13 ἵνα τ. χεῖρας ἐπιθῇ αὐτοῖς κ. προσεύξηται
23 14 [3] κ. προφάσει μακρὰ προσευχόμενοι
—h. v., TWHR non mg.
24 20 προσεύχεσθε δὲ ἵνα μὴ γένηται ἡ φυγὴ ὑμῶν χειμῶνος
26 36 ἕως οὗ ἀπελθὼν ἐκεῖ προσεύξωμαι
39 ἔπεσεν ἐπὶ πρόσωπον αὐτοῦ προσευχόμενος
41 γρηγορεῖτε κ. προσεύχεσθε
42 πάλιν ἐκ δευτέρου ἀπελθὼν προσηύξατο
44 πάλιν ἀπελθὼν προσηύξατο ἐκ τρίτου
Mk 1 35 ἀπῆλθεν εἰς ἔρημον τόπον κἀκεῖ προσηύχετο
6 46 ἀπῆλθεν εἰς τὸ ὄρος προσεύξασθαι
11 24 [2] πάντα ὅσα προσεύχεσθε κ. αἰτεῖσθε
25 ὅταν στήκετε προσευχόμενοι ἀφίετε
12 40 [3] οἱ . . . προφάσει μακρὰ προσευχόμενοι
13 18 προσεύχεσθε δὲ ἵνα μὴ γένηται χειμῶνος
33 ἀγρυπνεῖτε κ. προσεύχεσθε
—κ. προσεύχ., TWHR mg.
14 32 καθίσατε ὧδε ἕως προσεύξωμαι
35 ἔπιπτεν ἐπὶ τ. γῆς κ. προσηύχετο
38 γρηγορεῖτε κ. προσεύχεσθε ἵνα μὴ ἔλθητε εἰς πειρασμόν
39 πάλιν ἀπελθὼν προσηύξατο τ. αὐτὸν λόγον εἰπών
Lu 1 10 προσευχόμενον ἔξω τ. ὥρᾳ τ. θυμιάματος
3 21 Ἰησοῦ βαπτισθέντος κ. προσευχομένου
5 16 αὐτὸς δὲ ἦν ὑποχωρῶν ἐν ταῖς ἐρήμοις κ. προσευχόμενος
6 12 ἐγένετο δὲ . . . ἐξελθεῖν αὐτὸν εἰς τὸ ὄρος προσεύξασθαι
28 [1] προσεύχεσθε περὶ τ. ἐπηρεαζόντων ὑμᾶς
9 18 ἐν τῷ εἶναι αὐτὸν προσευχόμενον κατὰ μόνας
28 ἀνέβη εἰς τὸ ὄρος προσεύξασθαι.
29 κ. ἐγένετο ἐν τῷ προσεύχεσθαι αὐτόν
11 1 ἐν τῷ εἶναι αὐτὸν ἐν τόπῳ τινὶ προσευχόμενον
1 Κύριε δίδαξον ἡμᾶς προσεύχεσθαι
2 ὅταν προσεύχησθε λέγετε
18 1 [3] πρὸς τὸ δεῖν πάντοτε προσεύχεσθαι αὐτούς
10 ἄνθρωποι δύο ἀνέβησαν εἰς τὸ ἱερὸν προσεύξασθαι
11 [2] ὁ Φαρισαῖος σταθεὶς ταῦτα πρὸς ἑαυτὸν προσηύχετο
20 47 [3] οἳ . . . προφάσει μακρὰ προσεύχονται
22 40 προσεύχεσθε μὴ εἰσελθεῖν εἰς πειρασμόν
41 θεὶς τὰ γόνατα προσηύχετο λέγων

Lu 22 44 [3] γενόμενος ἐν ἀγωνίᾳ ἐκτενέστερον προσηύχετο
—h. v., [[WH]] R mg.
46 ἀναστάντες προσεύχεσθε ἵνα μὴ εἰσέλθητε εἰς πειρασμόν
Ac 1 24 προσευξάμενοι εἶπαν
6 6 προσευξάμενοι ἐπέθηκαν αὐτοῖς τ. χεῖρας
8 15 οἵτινες καταβάντες προσηύξαντο περὶ αὐτῶν
9 11 ἰδοὺ γὰρ προσεύχεται
40 θεὶς τὰ γόνατα προσηύξατο
10 9 ἀνέβη Πέτρος ἐπὶ τὸ δῶμα προσεύξασθαι
30 μέχρι ταύτης τ. ὥρας ἤμην τ. ἐνάτην προσευχόμενος
11 5 ἐγὼ ἤμην ἐν πόλει Ἰόππῃ προσευχόμενος
12 12 οὗ ἦσαν ἱκανοὶ συνηθροισμένοι κ. προσευχόμενοι
13 3 τότε νηστεύσαντες κ. προσευξάμενοι
14 23 προσευξάμενοι μετὰ νηστειῶν παρέθεντο αὐτοὺς τ. Κυρίῳ
16 25 Παῦλος κ. Σίλας προσευχόμενοι ὕμνουν τ. Θεόν
20 36 θεὶς τὰ γόνατα αὐτοῦ σὺν πᾶσιν αὐτοῖς προσηύξατο
21 5 θέντες τὰ γόνατα ἐπὶ τ. αἰγιαλὸν προσευξάμενοι ἀπησπασάμεθα ἀλλήλους
22 17 προσευχομένου μου ἐν τ. ἱερῷ
28 8 πρὸς ὃν ὁ Παῦλος εἰσελθὼν κ. προσευξάμενος
Ro 8 26 [2] τὸ γὰρ τί προσευξώμεθα καθὸ δεῖ οὐκ οἴδαμεν
I Co 11 4 πᾶς ἀνὴρ προσευχόμενος ἢ προφητεύων
5 πᾶσα δὲ γυνὴ προσευχομένη ἢ προφητεύουσα
13 πρέπον ἐστὶν γυναῖκα ἀκατακάλυπτον τ. Θεῷ προσεύχεσθαι;
14 13 ὁ λαλῶν γλώσσῃ προσευχέσθω ἵνα διερμηνεύῃ.
14 ἐὰν γὰρ προσεύχωμαι γλώσσῃ, τὸ πνεῦμά μου προσεύχεται
15 προσεύξομαι τ. πνεύματι προσεύξομαι δὲ κ. τ. νοΐ
Eph 6 18 [4] διὰ πάσης προσευχῆς κ. δεήσεως προσευχόμενοι ἐν παντὶ καιρῷ
Phl 1 9 [2] τοῦτο προσεύχομαι ἵνα ἡ ἀγάπη ὑμῶν . . . περισσεύῃ
Col 1 3 [1] πάντοτε περὶ ὑμῶν προσευχόμενοι
ὑπὲρ ὑμ., WH mg.
9 [1] οὐ παυόμεθα ὑπὲρ ὑμῶν προσευχόμενοι
4 3 [1] προσευχόμενοι ἅμα κ. περὶ ἡμῶν
I Th 5 17 [3] ἀδιαλείπτως προσεύχεσθε
25 [1] ἀδελφοὶ προσεύχεσθε κ. περὶ ἡμῶν
II Th 1 11 [1] εἰς ὃ κ. προσευχόμεθα πάντοτε περὶ ὑμῶν
3 1 [1] τὸ λοιπὸν προσεύχεσθε ἀδελφοὶ περὶ ἡμῶν
I Ti 2 8 βούλομαι οὖν προσεύχεσθαι τ. ἄνδρας ἐν παντὶ τόπῳ
He 13 18 [1] προσεύχεσθε περὶ ἡμῶν
Ja 5 13 κακοπαθεῖ τις ἐν ὑμῖν; προσευχέσθω
14 προσευξάσθωσαν ἐπ' αὐτόν
16 [1] προσεύχεσθε ὑπὲρ ἀλλήλων ὅπως ἰαθῆτε
εὔχεσθε, TWH mg.
17 [4] προσευχῇ προσηύξατο τοῦ μὴ βρέξαι
18 πάλιν προσηύξατο κ. ὁ οὐρανὸς ὑετὸν ἔδωκεν
Ju 20 ὑμεῖς δὲ . . . ἐν πνεύματι ἁγίῳ προσευχόμενοι

ΠΡΟΣΕ´ΧΩ 4337

(1) seq. μή

Mt 6 1 [1] προσέχετε δὲ τ. δικαιοσύνην ὑμῶν μὴ ποιεῖν ἔμπροσθεν τ. ἀνθρώπων
Mt 7 15 προσέχετε ἀπὸ τ. ψευδοπροφητῶν
10 17 προσέχετε δὲ ἀπὸ τ. ἀνθρώπων
16 6 ὁρᾶτε κ. προσέχετε ἀπὸ τ. ζύμης τ. Φαρισαίων
11 προσέχετε δὲ ἀπὸ τ. ζύμης τ. Φαρισαίων
12 οὐκ εἶπεν προσέχειν ἀπὸ τ. ζύμης τ. ἄρτων
Lu 12 1 προσέχετε ἑαυτοῖς ἀπὸ τ. ζύμης . . . τ. Φαρισαίων
17 3 προσέχετε ἑαυτοῖς
20 46 προσέχετε ἀπὸ τ. γραμματέων
21 34 [1] προσέχετε δὲ ἑαυτοῖς μήποτε βαρηθῶσιν
Ac 5 35 προσέχετε ἑαυτοῖς ἐπὶ τ. ἀνθρώποις τούτοις
8 6 προσεῖχον δὲ οἱ ὄχλοι τ. λεγομένοις ὑπὸ τ. Φιλίππου
10 ᾧ προσεῖχον πάντες ἀπὸ μικροῦ ἕως μεγάλου
11 προσεῖχον δὲ αὐτῷ
16 14 ἧς ὁ Κύριος διήνοιξεν τ. καρδίαν προσέχειν τ. λαλουμένοις ὑπὸ Παύλου
20 28 προσέχετε ἑαυτοῖς κ. παντὶ τ. ποιμνίῳ
I Ti 1 4 μηδὲ προσέχειν μύθοις κ. γενεαλογίαις ἀπεράντοις
3 8 διακόνους . . . μὴ οἴνῳ πολλῷ προσέχοντας
4 1 ἀποστήσονταί τινες τ. πίστεως προσέχοντες πνεύμασι πλάνοις
13 πρόσεχε τ. ἀναγνώσει
6 3 εἴ τις . . . μὴ προσέχεται ὑγιαίνουσιν λόγοις
προσέρχεται, WHR
Tit 1 14 μὴ προσέχοντες Ἰουδαϊκοῖς μύθοις
He 2 1 [1] δεῖ περισσοτέρως προσέχειν ἡμᾶς τ. ἀκουσθεῖσιν μή ποτε παραρυῶμεν
7 13 ἀφ' ἧς οὐδεὶς προσέσχηκεν τ. θυσιαστηρίῳ
II Pe 1 19 ᾧ καλῶς ποιεῖτε προσέχοντες

ΠΡΟΣΗΛΟ´Ω** 4338

Col 2 14 αὐτὸ ἦρκεν ἐκ τ. μέσου προσηλώσας αὐτὸ τ. σταυρῷ

ΠΡΟΣΗ´ΛΥΤΟΣ† 4339

Mt 23 15 περιάγετε τ. θάλασσαν κ. τ. ξηρὰν ποιῆσαι ἕνα προσήλυτον
Ac 2 11 Ἰουδαῖοί τε κ. προσήλυτοι
6 5 ἐξελέξαντο . . . Νικόλαον προσήλυτον Ἀντιοχέα
13 43 ἠκολούθησαν πολλοὶ τ. Ἰουδαίων κ. τ. σεβομένων προσηλύτων

ΠΡΟ´ΣΚΑΙΡΟΣ** 4340

Mt 12 21 ἀλλὰ πρόσκαιρός ἐστιν
Mk 4 17 ἀλλὰ πρόσκαιροί εἰσιν
II Co 4 18 τὰ γαρ βλεπόμενα πρόσκαιρα
He 11 25 ἢ πρόσκαιρον ἔχειν ἁμαρτίας ἀπόλαυσιν

ΠΡΟΣΚΑΛΕ´ΟΜΑΙ 4341

Mt 10 1 προσκαλεσάμενος τ. δώδεκα μαθητὰς αὐτοῦ
15 10 προσκαλεσάμενος τ. ὄχλον εἶπεν αὐτοῖς
32 ὁ δὲ Ἰησοῦς προσκαλεσάμενος τ. μαθητὰς αὐτοῦ
18 2 προσκαλεσάμενος παιδίον ἔστησεν αὐτό
32 τότε προσκαλεσάμενος αὐτὸν ὁ κύριος αὐτοῦ
20 25 ὁ δὲ Ἰησοῦς προσκαλεσάμενος αὐτοὺς εἶπεν
Mk 3 13 προσκαλεῖται οὓς ἤθελεν αὐτός
23 προσκαλεσάμενος αὐτοὺς ἐν παραβολαῖς ἔλεγεν
6 7 προσκαλεῖται τοὺς δώδεκα

Mk 7 14 προσκαλεσάμενος πάλιν τ. ὄχλον ἔλεγεν αὐτοῖς
8 1 προσκαλεσάμενος τ. μαθητὰς λέγει αὐτοῖς
34 προσκαλεσάμενος τ. ὄχλον σὺν τ. μαθηταῖς αὐτοῦ
10 42 προσκαλεσάμενος αὐτοὺς ὁ Ἰησοῦς
12 43 προσκαλεσάμενος τ. μαθητὰς αὐτοῦ εἶπεν αὐτοῖς
15 44 προσκαλεσάμενος τ. κεντυρίωνα ἐπηρώτησεν αὐτόν
Lu 7 18 προσκαλεσάμενος δύο τινὰς τ. μαθητῶν αὐτοῦ
15 26 προσκαλεσάμενος ἕνα τ. παίδων ἐπυνθάνετο
16 5 προσκαλεσάμενος ἕνα ἕκαστον τ. χρεοφειλετῶν
18 16 ὁ δὲ Ἰησοῦς προσεκαλέσατο αὐτὰ λέγων
Ac 2 39 ὅσους ἂν προσκαλέσηται Κύριος ὁ Θεὸς ἡμῶν
5 40 προσκαλεσάμενοι τ. ἀποστόλους
6 2 προσκαλεσάμενοι δὲ οἱ δώδεκα τὸ πλῆθος τ. μαθητῶν
13 2 εἰς τὸ ἔργον ὃ προσκέκλημαι αὐτούς
7 οὗτος προσκαλεσάμενος Βαρνάβαν κ. Σαῦλον
16 10 συνβιβάζοντες ὅτι προσκέκληται ἡμᾶς ὁ Θεὸς εὐαγγελίσασθαι αὐτούς
23 17 προσκαλεσάμενος δὲ ὁ Παῦλος ἕνα τ. ἑκατονταρχῶν
18 ὁ δέσμιος Παῦλος προσκαλεσάμενός με ἠρώτησεν
23 προσκαλεσάμενός τινας δύο τ. ἑκατονταρχῶν εἶπεν
Ja 5 14 προσκαλεσάσθω τ. πρεσβυτέρους τ. ἐκκλησίας

ΠΡΟΣΚΑΡΤΕΡΕ´Ω 4342

Mk 3 9 ἵνα πλοιάριον προσκαρτερῇ αὐτῷ
Ac 1 14 οὗτοι πάντες ἦσαν προσκαρτεροῦντες ὁμοθυμαδὸν τ. προσευχῇ
2 42 ἦσαν δὲ προσκαρτεροῦντες τ. διδαχῇ τ. ἀποστόλων
46 καθ' ἡμέραν τε προσκαρτεροῦντες ὁμοθυμαδὸν ἐν τ. ἱερῷ
6 4 ἡμεῖς δὲ τ. προσευχῇ κ. τ. διακονίᾳ τ. λόγου προσκαρτερήσομεν
8 13 βαπτισθεὶς ἦν προσκαρτερῶν τ. Φιλίππῳ
10 7 φωνήσας . . . στρατιώτην εὐσεβῆ τ. προσκαρτερούντων αὐτῷ
Ro 12 12 τ. προσευχῇ προσκαρτεροῦντες
13 6 εἰς αὐτὸ τοῦτο προσκαρτεροῦντες
Col 4 2 τ. προσευχῇ προσκαρτερεῖτε

ΠΡΟΣΚΑΡΤΕ´ΡΗΣΙΣ * † 4343

Eph 6 18 εἰς αὐτὸ ἀγρυπνοῦντες ἐν πάσῃ προσκαρτερήσει

ΠΡΟΣΚΕΦΑ´ΛΑΙΟΝ 4344

Mk 4 38 αὐτὸς ἦν ἐν τ. πρύμνῃ ἐπὶ τὸ προσκεφάλαιον καθεύδων

ΠΡΟΣΚΛΗΡΟ´ΟΜΑΙ * † 4345

Ac 17 4 προσεκληρώθησαν τ. Παύλῳ κ. τ. Σίλᾳ

4345.5 ΠΡΟΣΚΛΙ´ΝΟΜΑΙ ** cf.4347

Ac 5 36 ᾧ προσεκλίθη ἀνδρῶν ἀριθμὸς ὡς τετρακοσίων

ΠΡΟ´ΣΚΛΙΣΙΣ * 4346

1 Ti 5 21 μηδὲν ποιῶν κατὰ πρόσκλισιν

4347 ΠΡΟΣΚΟΛΛΑ´ΟΜΑΙ cf.4345.5

Mk 10 7 προσκολληθήσεται πρὸς τ. γυναῖκα αὐτοῦ —h. v., TWHR mg.
דָּבַק בְּאִשְׁתּוֹ, Gen. ii. 24
Eph 5 31 προσκολληθήσεται πρὸς τ. γυναῖκα αὐτοῦ, Gen. *l.c.*

ΠΡΟ´ΣΚΟΜΜΑ † 4348

Ro 9 32 προσέκοψαν τ. λίθῳ τ. προσκόμματος
33 ἰδοὺ τίθημι ἐν Σιὼν λίθον προσκόμματος
לְאֶבֶן נֶגֶף וּלְצוּר מִכְשׁוֹל, Is. viii. 14, *cf.* xxviii. 16
14 13 τὸ μὴ τιθέναι πρόσκομμα τ. ἀδελφῷ ἢ σκάνδαλον —πρόσκ., WH mg.
20 κακὸν τ. ἀνθρώπῳ τῷ διὰ προσκόμματος ἐσθίοντι
1 Co 8 9 μή πως ἡ ἐξουσία ὑμῶν αὕτη πρόσκομμα γένηται τ. ἀσθενέσιν
1 Pe 2 8 λίθος προσκόμματος κ. πέτρα σκανδάλου. Is. *l.c.*

ΠΡΟΣΚΟΠΗ´ * 4349

II Co 6 3 μηδεμίαν ἐν μηδενὶ διδόντες προσκοπήν

ΠΡΟΣΚΟ´ΠΤΩ 4350

Mt 4 6 μήποτε προσκόψῃς πρὸς λίθον τ. πόδα σοῦ
פֶּן־תִּגֹּף בָּאֶבֶן רַגְלֶךָ, Ps. xci. 12
7 27 προσέκοψαν τ. οἰκίᾳ ἐκείνῃ κ. ἔπεσεν
Lu 4 11 μήποτε προσκόψῃς πρὸς λίθον τ. πόδα σου, Ps. *l.c.*
Jo 11 9 ἐάν τις περιπατῇ ἐν τ. ἡμέρᾳ οὐ προσκόπτει
10 ἐὰν δέ τις περιπατῇ ἐν τ. νυκτὶ προσκόπτει
Ro 9 32 προσέκοψαν τ. λίθῳ τ. προσκόμματος
14 21 μηδὲ ἐν ᾧ ὁ ἀδελφός σου προσκόπτει
1 Pe 2 8 οἳ προσκόπτουσιν τ. λόγῳ ἀπειθοῦντες

ΠΡΟΣΚΥΛΙ´Ω * 4351

Mt 27 60 προσκυλίσας λίθον μέγαν τ. θύρᾳ τ. μνημείου
Mk 15 46 προσεκύλισεν λίθον ἐπὶ τ. θύραν τ. μνημείου

ΠΡΟΣΚΥΝΕ´Ω 4352

(1) seq. acc. (2) seq. ἐνώπιον, ἔμπροσθεν

Mt 2 2 ἤλθομεν προσκυνῆσαι αὐτῷ
8 ὅπως κἀγὼ ἐλθὼν προσκυνήσω αὐτῷ
11 πεσόντες προσεκύνησαν αὐτῷ
4 9 ταῦτά σοι πάντα δώσω ἐὰν πεσὼν προσκυνήσῃς μοι
10 [1] Κύριον τ. Θεόν σου προσκυνήσεις
אֶת־יְהוָה אֱלֹהֶיךָ תִּירָא, Dt. vi. 13
8 2 λεπρὸς προσελθὼν προσεκύνει αὐτῷ
9 18 ἄρχων εἷς προσελθὼν προσεκύνει αὐτῷ
14 33 οἱ δὲ ἐν τ. πλοίῳ προσεκύνησαν αὐτῷ
15 25 ἡ δὲ ἐλθοῦσα προσεκύνει αὐτῷ
18 26 πεσὼν οὖν ὁ δοῦλος προσεκύνει αὐτῷ
20 20 προσῆλθεν αὐτῷ ἡ μήτηρ . . . προσκυνοῦσα κ. αἰτοῦσά τι ἀπ' αὐτοῦ

Mt 28 9 αἱ δὲ προσελθοῦσαι . . . προσεκύνησαν αὐτῷ
17 ἰδόντες αὐτὸν προσεκύνησαν
Mk 5 6 [1] ἰδὼν τ. Ἰησοῦν ἀπὸ μακρόθεν ἔδραμεν κ. προσεκύνησεν αὐτόν
προσεκ. αὐτῷ, T
15 19 τιθέντες τὰ γόνατα προσεκύνουν αὐτῷ
Lu 4 7 [2] σὺ οὖν ἐὰν προσκυνήσῃς ἐνώπιον ἐμοῦ
8 [1] Κύριον τ. Θεόν σου προσκυνήσεις, Dt. *l.c.*
προσκ. Κύρ. τ. Θ. σου, T
24 52 [1] αὐτοὶ προσκυνήσαντες αὐτὸν ὑπέστρεψαν εἰς Ἰερουσαλὴμ
—προσκ. αὐτ., T [[WH]] R mg.
Jo 4 20 οἱ πατέρες ἡμῶν ἐν τ. ὄρει τούτῳ προσεκύνησαν
20 ἐν Ἱεροσολύμοις ἐστὶν ὁ τόπος ὅπου προσκυνεῖν δεῖ
21 οὔτε ἐν τ. ὄρει τούτῳ οὔτε ἐν Ἱεροσολύμοις προσκυνήσετε τ. πατρί.
22 [1] ὑμεῖς προσκυνεῖτε ὃ οὐκ οἴδατε·
[1] ἡμεῖς προσκυνοῦμεν ὃ οἴδαμεν
23 οἱ ἀληθινοὶ προσκυνηταὶ προσκυνήσουσιν τ. πατρὶ ἐν πνεύματι κ. ἀληθείᾳ·
[1] κ. γὰρ ὁ πατὴρ τοιούτους ζητεῖ τ. προσκυνοῦντας αὐτόν
24 [1] τ. προσκυνοῦντας αὐτὸν ἐν πνεύματι κ. ἀληθείᾳ δεῖ προσκυνεῖν
προσκ. δεῖ, T
9 38 κ. προσεκύνησεν αὐτῷ
12 20 ἀναβαινόντων ἵνα προσκυνήσωσιν ἐν τ. ἑορτῇ
Ac 7 43 τ. τύπους οὓς ἐποιήσατε προσκυνεῖν αὐτοῖς, Amos v. 26
8 27 ὃς ἐληλύθει προσκυνήσων εἰς Ἰερουσαλήμ
10 25 πεσὼν ἐπὶ τ. πόδας προσεκύνησεν
24 11 ἀφ' ἧς ἀνέβην προσκυνήσων εἰς Ἰερουσαλήμ
1Co 14 25 οὕτως πεσὼν ἐπὶ πρόσωπον προσκυνήσει τ. Θεῷ
He 1 6 προσκυνησάτωσαν αὐτῷ πάντες ἄγγελοι Θεοῦ: LXX: Dt. xxxii. 43
הִשְׁתַּחֲווּ־לוֹ כָּל־אֱלֹהִים, Ps. xcvii. 7
11 21 προσεκύνησεν ἐπὶ τὸ ἄκρον τῆς ῥάβδου αὐτοῦ
Re 3 9 [2] ἥξουσιν κ. προσκυνήσουσιν ἐνώπιον τ. ποδῶν σου
4 10 προσκυνήσουσιν τ. ζῶντι εἰς τ. αἰῶνας τ. αἰώνων
5 14 οἱ πρεσβύτεροι ἔπεσαν κ. προσεκύνησαν
7 11 προσεκύνησαν τῷ Θεῷ λέγοντες
9 20 [1] ἵνα μὴ προσκυνήσουσιν τὰ δαιμόνια
11 1 μέτρησον τ. ναὸν τ. Θεοῦ . . . κ. τ. προσκυνοῦντας ἐν αὐτῷ
16 ἔπεσαν ἐπὶ τὰ πρόσωπα αὐτῶν κ. προσεκύνησαν τ. Θεῷ
13 4 προσεκύνησαν τ. δράκοντι
4 κ. προσεκύνησαν τ. θηρίῳ
8 [1] προσκυνήσουσιν αὐτὸν πάντες οἱ κατοικοῦντες ἐπὶ τ. γῆς
12 [1] ἵνα προσκυνήσουσιν τὸ θηρίον τὸ πρῶτον
15 ἵνα ὅσοι ἐὰν μὴ προσκυνήσωσιν τῇ εἰκόνι τ. θηρίου ἀποκτανθῶσιν
προσκυνήσουσιν, T
14 7 προσκυνήσατε τ. ποιήσαντι τ. οὐρανόν
9 [1] εἴ τις προσκυνεῖ τὸ θηρίον κ. τ. εἰκόνα αὐτοῦ
Re 14 11 [1] οὐκ ἔχουσιν ἀνάπαυσιν . . . οἱ προσκυνοῦντες τὸ θηρίον κ. τ. εἰκόνα αὐτοῦ
15 4 [2] πάντα τὰ ἔθνη ἥξουσιν κ. προσκυνήσουσιν ἐνώπιόν σου
16 2 ἐπὶ τ. ἀνθρώπους . . . τ. προσκυνοῦντας τῇ εἰκόνι αὐτοῦ
19 4 ἔπεσαν οἱ πρεσβύτεροι . . . κ. προσεκύνησαν τῷ Θεῷ
10 ἔπεσα ἔμπροσθεν τ. ποδῶν αὐτοῦ προσκυνῆσαι αὐτῷ
10 τ. Θεῷ προσκύνησον
20 ἐν οἷς ἐπλάνησεν . . . τ. προσκυνοῦντας τῇ εἰκόνι αὐτοῦ
20 4 [1] οἵτινες οὐ προσεκύνησαν τὸ θηρίον
22 8 [2] ἔπεσα προσκυνῆσαι ἔμπροσθεν τ. ποδῶν τ. ἀγγέλου
9 τ. Θεῷ προσκύνησον

ΠΡΟΣΚΥΝΗΤΗ'Σ * † 4353

Jo 4 23 οἱ ἀληθινοὶ προσκυνηταὶ προσκυνήσουσιν τ. πατρὶ ἐν πνεύματι κ. ἀληθείᾳ

ΠΡΟΣΛΑΛΕ'Ω 4354

Ac 13 43 οἵτινες προσλαλοῦντες αὐτοῖς ἔπειθον
28 20 παρεκάλεσα ὑμᾶς ἰδεῖν κ. προσλαλῆσαι

ΠΡΟΣΛΑΜΒΑ'ΝΟΜΑΙ 4355

Mt 16 22 προσλαβόμενος αὐτὸν ὁ Πέτρος ἤρξατο
Mk 8 32 προσλαβόμενος ὁ Πέτρος αὐτὸν ἤρξατο
Ac 17 5 προσλαβόμενοι τ. ἀγοραίων ἄνδρας τινὰς πονηρούς
18 26 ἀκούσαντες δὲ αὐτοῦ . . . προσελάβοντο αὐτόν
27 33 ἄσιτοι διατελεῖτε μηθὲν προσλαβόμενοι
36 κ. αὐτοὶ προσελάβοντο τροφῆς
28 2 οἵ τε βάρβαροι . . . προσελάβοντο πάντας ἡμᾶς
Ro 14 1 τὸν δὲ ἀσθενοῦντα τ. πίστει προσλαμβάνεσθε
3 ὁ Θεὸς γὰρ αὐτὸν προσελάβετο
15 7 διὸ προσλαμβάνεσθε ἀλλήλους, καθὼς κ. ὁ Χριστὸς προσελάβετο ἡμᾶς
Phm 17 προσλαβοῦ αὐτὸν ὡς ἐμέ

ΠΡΟ'ΣΛΗΜΨΙΣ * 4356

Ro 11 15 τίς ἡ πρόσλημψις εἰ μὴ ζωὴ ἐκ νεκρῶν;

ΠΡΟΣΜΕ'ΝΩ 4357

Mt 15 32 ἤδη ἡμέραι τρεῖς προσμένουσίν μοι
Mk 8 2 ἤδη ἡμέραι τρεῖς προσμένουσίν μοι
Ac 11 23 παρεκάλει πάντας τ. προθέσει τ. καρδίας προσμένειν ἐν τ. Κυρίῳ
—ἐν, T [WH] R non mg.
13 43 ἔπειθον αὐτοὺς προσμένειν τ. χάριτι τ. Θεοῦ
18 18 ὁ δὲ Παῦλος ἔτι προσμείνας ἡμέρας ἱκανάς
1 Ti 1 3 καθὼς παρεκάλεσά σε προσμεῖναι ἐν Ἐφέσῳ
5 5 ἡ δὲ ὄντως χήρα . . . προσμένει τ. δεήσεσιν κ. τ. προσευχαῖς

ΠΡΟΣΟΡΜΙ'ΖΟΜΑΙ * 4358

Mk 6 53 ἦλθον εἰς Γεννησαρὲτ κ. προσωρμίσθησαν

ΠΡΟΣΟΦΕΙ'ΛΩ * 4359

Phm 19 ἵνα μὴ λέγω σοι ὅτι κ. σεαυτόν μοι προσοφείλεις

ΠΡΟΣΟΧΘΙ΄ΖΩ † 4360

He 3 10 διὸ προσώχθισα τ. γενεᾷ ταύτῃ
אָקוּט בְּדוֹר, Ps. xcv. 10
17 τίσι δὲ προσώχθισεν τεσσεράκοντα ἔτη;

ΠΡΟ΄ΣΠΕΙΝΟΣ * † 4361

Ac 10 10 ἐγένετο δὲ πρόσπεινος κ. ἤθελεν γεύσασθαι

ΠΡΟΣΠΗ΄ΓΝΥΜΙ * 4362

Ac 2 23 διὰ χειρὸς ἀνόμων προσπήξαντες ἀνείλατε

ΠΡΟΣΠΙ΄ΠΤΩ 4363
(1) προσέπεσα

Mt 7 25 [1] προσέπεσαν τ. οἰκίᾳ ἐκείνῃ κ. οὐκ ἔπεσεν
Mk 3 11 ὅταν αὐτὸν ἐθεώρουν προσέπιπτον αὐτῷ
5 33 ἦλθεν κ. προσέπεσεν αὐτῷ
7 25 ἐλθοῦσα προσέπεσεν πρὸς τ. πόδας αὐτοῦ
Lu 5 8 Σίμων Πέτρος προσέπεσεν τ. γόνασιν Ἰησοῦ
8 28 ἰδὼν δὲ τ. Ἰησοῦν ἀνακράξας προσέπεσεν αὐτῷ
47 προσπεσοῦσα αὐτῷ δι' ἣν αἰτίαν ἥψατο αὐτοῦ ἀπήγγειλεν
Ac 16 29 ἔντρομος γενόμενος προσέπεσεν τ. Παύλῳ κ. Σίλᾳ

ΠΡΟΣΠΟΙΕ΄ΟΜΑΙ 4364

Lu 24 28 αὐτὸς προσεποιήσατο πορρώτερον πορεύεσθαι

ΠΡΟΣΠΟΡΕΥ΄ΟΜΑΙ 4365

Mk 10 35 προσπορεύονται αὐτῷ Ἰάκωβος κ. Ἰωάνης

ΠΡΟΣΡΗ΄ΓΝΥΜΙ ** † 4366

Lu 6 48 προσέρηξεν ὁ ποταμὸς τ. οἰκίᾳ ἐκείνῃ
49 ᾗ προσέρηξεν ὁ ποταμός

ΠΡΟΣΤΑ΄ΣΣΩ 4367

Mt 1 24 ἐποίησεν ὡς προσέταξεν αὐτῷ ὁ ἄγγελος Κυρίου
8 4 προσένεγκον τὸ δῶρον ὃ προσέταξεν Μωυσῆς
21 6 ποιήσαντες καθὼς προσέταξεν αὐτοῖς ὁ Ἰησοῦς
συνέταξεν, WHR
Mk 1 44 προσένεγκε περὶ τ. καθαρισμοῦ σου ἃ προσέταξεν Μωυσῆς
Lu 5 14 προσένεγκε περὶ τ. καθαρισμοῦ σου καθὼς προσέταξεν Μωυσῆς
Ac 10 33 ἀκοῦσαι πάντα τὰ προστεταγμένα σοι ὑπὸ τ. Κυρίου
48 προσέταξεν δὲ αὐτοὺς ἐν τ. ὀνόματι Ἰησοῦ Χριστοῦ βαπτισθῆναι
17 26 ὁρίσας προστεταγμένους καιρούς

ΠΡΟΣΤΑ΄ΤΙΣ * 4368

Ro 16 2 κ. γὰρ αὐτὴ προστάτις πολλῶν ἐγενήθη

ΠΡΟΣΤΙ΄ΘΗΜΙ 4369
(1) seq. infin.

Mt 6 27 δύναται προσθεῖναι ἐπὶ τ. ἡλικίαν αὐτοῦ πῆχυν ἕνα
33 ταῦτα πάντα προστεθήσεται ὑμῖν
Mk 4 24 μετρηθήσεται ὑμῖν κ. προστεθήσεται ὑμῖν
Lu 3 20 προσέθηκεν κ. τοῦτο ἐπὶ πᾶσιν
12 25 δύναται ἐπὶ τ. ἡλικίαν αὐτοῦ προσθεῖναι πῆχυν
προσθ. ἐπὶ τ. ἡλ. αὐτ., TWH mg.
31 ταῦτα προστεθήσεται ὑμῖν
17 5 πρόσθες ἡμῖν πίστιν
19 11 προσθεὶς εἶπεν παραβολήν
20 11 [1] προσέθετο ἕτερον πέμψαι δοῦλον
12 [1] προσέθετο τρίτον πέμψαι
Ac 2 41 προσετέθησαν ἐν τ. ἡμέρᾳ ἐκείνῃ ψυχαὶ ὡσεὶ τρισχίλιαι
47 ὁ δὲ Κύριος προσετίθει τ. σωζομένους καθ' ἡμέραν ἐπὶ τὸ αὐτό
5 14 μᾶλλον δὲ προσετίθεντο πιστεύοντες τ. Κυρίῳ
11 24 προσετέθη ὄχλος ἱκανὸς τ. Κυρίῳ
12 3 [1] προσέθετο συλλαβεῖν κ. Πέτρον
13 36 προσετέθη πρὸς τ. πατέρας αὐτοῦ
Ga 3 19 τῶν παραβάσεων χάριν προσετέθη
He 12 19 παρῃτήσαντο προστεθῆναι αὐτοῖς λόγον

ΠΡΟΣΤΡΕ΄ΧΩ 4370

Mk 9 15 προστρέχοντες ἠσπάζοντο αὐτόν
10 17 προσδραμὼν εἷς κ. γονυπετήσας αὐτόν
Ac 8 30 προσδραμὼν δὲ ὁ Φίλιππος ἤκουσεν αὐτοῦ ἀναγινώσκοντος

ΠΡΟΣΦΑ΄ΓΙΟΝ * † 4371

Jo 21 5 παιδία μή τι προσφάγιον ἔχετε;

ΠΡΟ΄ΣΦΑΤΟΣ 4372

He 10 20 ἣν ἐνεκαίνισεν ἡμῖν ὁδὸν πρόσφατον κ. ζῶσαν

ΠΡΟΣΦΑ΄ΤΩΣ 4373

Ac 18 2 προσφάτως ἐληλυθότα ἀπὸ τ. Ἰταλίας

ΠΡΟΣΦΕ΄ΡΩ 4374
(1) προσφ. δῶρον, θυσίαν, λατρείαν, προσφοράν
(2) seq. περί, ὑπέρ

Mt 2 11 [1] ἀνοίξαντες τ. θησαυροὺς αὐτῶν προσήνεγκαν αὐτῷ δῶρα
4 24 προσήνεγκαν αὐτῷ πάντας τ. κακῶς ἔχοντας
5 23 [1] ἐὰν οὖν προσφέρῃς τὸ δῶρόν σου ἐπὶ τὸ θυσιαστήριον
24 [1] τότε ἐλθὼν πρόσφερε τὸ δῶρόν σου
8 4 [1] προσένεγκον τὸ δῶρον ὃ προσέταξεν Μωυσῆς
16 προσήνεγκαν αὐτῷ δαιμονιζομένους πολλούς
9 2 προσέφερον αὐτῷ παραλυτικὸν ἐπὶ κλίνης βεβλημένον
32 προσήνεγκαν αὐτῷ κωφὸν δαιμονιζόμενον
12 22 τότε προσήνεγκαν αὐτῷ δαιμονιζόμενον τυφλὸν κ. κωφόν
προσηνέχθη . . . -νὸς τυφλὸς κ. κωφός, TWH mg. R
14 35 προσήνεγκαν αὐτῷ πάντας τ. κακῶς ἔχοντας
17 16 προσήνεγκα αὐτὸν τ. μαθηταῖς σου
18 24 προσηνέχθη εἷς αὐτῷ ὀφειλέτης μυρίων ταλάντων
προσήχθη, WH
19 13 τότε προσηνέχθησαν αὐτῷ παιδία
22 19 οἱ δὲ προσήνεγκαν αὐτῷ δηνάριον
25 20 ὁ τὰ πέντε τάλαντα λαβὼν προσήνεγκεν ἄλλα πέντε τάλαντα

Mk 1 44 [2] προσένεγκε περὶ τ. καθαρισμοῦ σου ἃ προσέταξεν Μωυσῆς
2 4 μὴ δυνάμενοι προσενέγκαι αὐτῷ διὰ τ. ὄχλον
προσεγγίσαι, R non mg.
10 13 προσέφερον αὐτῷ παιδία ἵνα αὐτῶν ἅψηται.
οἱ δὲ μαθηταὶ ἐπετίμων τ. προσφέρουσιν
ἐπ. αὐτοῖς, WHR
Lu 5 14 [2] προσένεγκε περὶ τ. καθαρισμοῦ σου καθὼς προσέταξεν Μωυσῆς
18 15 προσέφερον δὲ αὐτῷ κ. τὰ βρέφη
23 14 προσηνέγκατέ μοι τ. ἄνθρωπον τοῦτον
36 προσερχόμενοι ὄξος προσφέροντες αὐτῷ
Jo 16 2 [1] ἵνα πᾶς ὁ ἀποκτείνας ὑμᾶς δόξῃ λατρείαν προσφέρειν τ. Θεῷ
19 29 προσήνεγκαν αὐτοῦ τ. στόματι
Ac 7 42 [1] μὴ σφάγια κ. θυσίας προσηνέγκατέ μοι ἔτη τεσσεράκοντα
הַזְּבָחִים וּמִנְחָה הִגַּשְׁתֶּם־לִי . . . אַרְבָּעִים שָׁנָה
Am. v. 25
8 18 ἰδὼν δὲ ὁ Σίμων . . . προσήνεγκεν αὐτοῖς χρήματα
21 26 [1] [2] ἕως οὗ προσηνέχθη ὑπὲρ ἑνὸς ἑκάστου αὐτῶν ἡ προσφορά
He 5 1 [1] [2] ἵνα προσφέρῃ δῶρά τε κ. θυσίας ὑπὲρ ἁμαρτιῶν
3 [2] οὕτως κ. περὶ ἑαυτοῦ προσφέρειν περὶ ἁμαρτιῶν
7 δεήσεις τε κ. ἱκετηρίας πρὸς τ. δυνάμενον σώζειν αὐτὸν . . . προσενέγκας
7 27 τοῦτο γὰρ ἐποίησεν ἐφάπαξ ἑαυτὸν προσενέγκας
ἀνενέγκας, WH non mg.
8 3 [1] πᾶς γὰρ ἀρχιερεὺς εἰς τὸ προσφέρειν δῶρά τε κ. θυσίας καθίσταται·
ὅθεν ἀναγκαῖον ἔχειν τι κ. τοῦτον ὃ προσενέγκῃ
4 [1] ὄντων τ. προσφερόντων κατὰ νόμον τὰ δῶρα
9 7 [2] οὐ χωρὶς αἵματος ὃ προσφέρει ὑπὲρ ἑαυτοῦ
9 [1] καθ' ἣν δῶρά τε κ. θυσίαι προσφέρονται
14 ὃς διὰ πνεύματος αἰωνίου ἑαυτὸν προσήνεγκεν ἄμωμον τ. Θεῷ
25 οὐδ' ἵνα πολλάκις προσφέρῃ ἑαυτόν
28 οὕτως κ. ὁ Χριστὸς ἅπαξ προσενεχθεὶς εἰς τὸ πολλῶν ἀνενεγκεῖν ἁμαρτίας
10 1 [1] τ. αὐταῖς θυσίαις ἃς προσφέρουσιν εἰς τὸ διηνεκές
αἷς προσφ., T
2 [1] ἐπεὶ οὐκ ἂν ἐπαύσαντο προσφερόμεναι
8 [1] αἵτινες κατὰ νόμον προσφέρονται
11 [1] τ. αὐτὰς πολλάκις προσφέρων θυσίας
12 [1] [2] οὗτος δὲ μίαν ὑπὲρ ἁμαρτιῶν προσενέγκας θυσίαν
11 4 [1] πίστει πλείονα θυσίαν Ἄβελ παρὰ Καὶν προσήνεγκεν τ. Θεῷ
17 πίστει προσενήνοχεν Ἀβραὰμ τὸν Ἰσαὰκ πειραζόμενος,
κ. τ. μονογενῆ προσέφερεν ὁ τ. ἐπαγγελίας ἀποδεξάμενος
12 7 ὡς υἱοῖς ὑμῖν προσφέρεται ὁ Θεός

ΠΡΟΣΦΙΛΗ´Σ ** 4375

Phl 4 8 ὅσα ἁγνὰ ὅσα προσφιλῆ ὅσα εὔφημα

ΠΡΟΣΦΟΡΑ´ 4376

Ac 21 26 ἕως οὗ προσηνέχθη ὑπὲρ ἑνὸς ἑκάστου αὐτῶν ἡ προσφορά
24 17 ἐλεημοσύνας ποιήσων εἰς τὸ ἔθνος μου παρεγενόμην κ. προσφοράς
Ro 15 16 ἵνα γένηται ἡ προσφορὰ τ. ἐθνῶν εὐπρόσδεκτος
Eph 5 2 παρέδωκεν ἑαυτὸν ὑπὲρ ὑμῶν προσφορὰν κ. θυσίαν τ. Θεῷ
He 10 5 θυσίαν κ. προσφορὰν οὐκ ἠθέλησας
זֶבַח וּמִנְחָה לֹא־חָפַצְתָּ, Ps. xl. 7
8 θυσίας κ. προσφορὰς κ. ὁλοκαυτώματα . . οὐκ ἠθέλησας, Ps. *l.c.*
10 ἡγιασμένοι ἐσμὲν διὰ τ. προσφορᾶς τ. σώματος Ἰησοῦ Χριστοῦ ἐφάπαξ
14 μιᾷ γὰρ προσφορᾷ τετελείωκεν εἰς τὸ διηνεκὲς τ. ἁγιαζομένους
18 οὐκέτι προσφορὰ περὶ ἁμαρτίας

ΠΡΟΣΦΩΝΕ´Ω 4377

Mt 11 16 παιδίοις . . . ἃ προσφωνοῦντα τ. ἑτέροις λέγουσιν
Lu 6 13 ὅτε ἐγένετο ἡμέρα προσεφώνησεν τ. μαθητὰς αὐτοῦ
7 32 ὅμοιοί εἰσιν παιδίοις τοῖς . . . προσφωνοῦσιν ἀλλήλοις
13 12 ἰδὼν δὲ αὐτὴν ὁ Ἰησοῦς προσεφώνησεν
23 20 πάλιν δὲ ὁ Πειλᾶτος προσεφώνησεν αὐτοῖς
Ac 21 40 πολλῆς δὲ σιγῆς γενομένης προσεφώνησεν τῇ Ἑβραΐδι διαλέκτῳ
22 2 ἀκούσαντες δὲ ὅτι τῇ Ἑβραΐδι διαλέκτῳ προσεφώνει αὐτοῖς

ΠΡΟ´ΣΧΥΣΙΣ * † 4378

He 11 28 πίστει πεποίηκεν τὸ πάσχα κ. τ. πρόσχυσιν τ. αἵματος

ΠΡΟΣΨΑΥ´Ω * 4379

Lu 11 46 αὐτοὶ ἑνὶ τ. δακτύλων ὑμῶν οὐ προσψαύετε τ. φορτίοις

ΠΡΟΣΩΠΟΛΗΜΠΤΕ´Ω * † 4380

Ja 2 9 εἰ δὲ προσωπολημπτεῖτε ἁμαρτίαν ἐργάζεσθε

ΠΡΟΣΩΠΟΛΗ´ΜΠΤΗΣ * † 4381

Ac 10 34 οὐκ ἔστιν προσωπολήμπτης ὁ Θεός

ΠΡΟΣΩΠΟΛΗΜΨΙ´Α * † 4382

Ro 2 11 οὐ γάρ ἐστιν προσωπολημψία παρὰ τ. Θεῷ
Eph 6 9 προσωπολημψία οὐκ ἔστιν παρ' αὐτῷ
Col 3 25 κ. οὐκ ἔστιν προσωπολημψία
Ja 2 1 μὴ ἐν προσωπολημψίαις ἔχετε τ. πίστιν τ. Κυρίου ἡμῶν

ΠΡΟ´ΣΩΠΟΝ 4383

(1) πρ. Θεοῦ, Κυρίου (2) πρόσωπον . . . καρδία (3) κατὰ πρόσωπον, πρὸ προσώπου (4) βλέπειν εἰς πρ., πρ. λαμβάνειν, θαυμάζειν (5) πρ. πρὸς πρόσωπον

Mt 6 16 ἀφανίζουσιν γὰρ τὰ πρόσωπα αὐτῶν
17 σὺ δὲ νηστεύων . . . τὸ πρόσωπόν σου νίψαι

Mt 11 10 [3] ἰδοὺ ἐγὼ ἀποστέλλω τ. ἄγγελόν μου πρὸ προσώπου σου
הִנְנִי שֹׁלֵחַ מַלְאָכִי . . . לְפָנָי, Mal. iii. 1
16 3 τὸ μὲν πρόσωπον τ. οὐρανοῦ γινώσκετε διακρίνειν
—h. v., [T] [[WH]] R mg.
17 2 ἔλαμψεν τὸ πρόσωπον αὐτοῦ ὡς ὁ ἥλιος
6 ἀκούσαντες οἱ μαθηταὶ ἔπεσαν ἐπὶ πρόσωπον αὐτῶν
18 10 [1] οἱ ἄγγελοι αὐτῶν . . . βλέπουσιν τὸ πρόσωπον τ. πατρός μου
22 16 [4] οὐ γὰρ βλέπεις εἰς πρόσωπον ἀνθρώπων
26 39 ἔπεσεν ἐπὶ πρόσωπον αὐτοῦ προσευχόμενος
67 τότε ἐνέπτυσαν εἰς τὸ πρόσωπον αὐτοῦ
Mk 1 2 [3] ἰδοὺ ἀποστέλλω τ. ἄγγελόν μου πρὸ προσώπου σου, Mal. *l.c.*
12 14 [4] οὐ γὰρ βλέπεις εἰς πρόσωπον ἀνθρώπων
14 65 ἤρξαντό τινες . . . περικαλύπτειν αὐτοῦ τὸ πρόσωπον
Lu 1 76 [3] προπορεύσῃ γὰρ πρὸ προσώπου Κυρίου
ἐνώπιον Κυρ., WH
2 31 [3] ὃ ἡτοίμασας κατὰ πρόσωπον πάντων τ. λαῶν
5 12 πεσὼν ἐπὶ πρόσωπον ἐδεήθη αὐτοῦ
7 27 [3] ἰδοὺ ἀποστέλλω τ. ἄγγελόν μου πρὸ προσώπου σου, Mal. *l.c.*
9 29 ἐγένετο . . . τὸ εἶδος τ. προσώπου αὐτοῦ ἕτερον
51 αὐτὸς τὸ πρόσωπον ἐστήρισεν τοῦ πορεύεσθαι εἰς Ἱερουσαλήμ,
52 [3] κ. ἀπέστειλεν ἀγγέλους πρὸ προσώπου αὐτοῦ
53 ὅτι τὸ πρόσωπον αὐτοῦ ἦν πορευόμενον εἰς Ἱερουσαλήμ
10 1 [3] ἀπέστειλεν αὐτοὺς ἀνὰ δύο δύο πρὸ προσώπου αὐτοῦ
12 56 τὸ πρόσωπον τ. γῆς κ. τ. οὐρανοῦ οἴδατε δοκιμάζειν
17 16 ἔπεσεν ἐπὶ πρόσωπον παρὰ τ. πόδας αὐτοῦ
20 21 [4] οὐ λαμβάνεις πρόσωπον
21 35 ἐπεισελεύσεται γὰρ ἐπὶ πάντας τ. καθημένους ἐπὶ πρόσωπον πάσης τ. γῆς
24 5 κλινουσῶν τὰ πρόσωπα εἰς τ. γῆν
Ac 2 28 [1] πληρώσεις με εὐφροσύνης μετὰ τ. προσώπου σου
שֹׂבַע שְׂמָחוֹת אֶת־פָּנֶיךָ, Ps. xvi. 11
3 13 [3] ἠρνήσασθε κατὰ πρόσωπον Πειλάτου
19 [1] ὅπως ἂν ἔλθωσιν καιροὶ ἀναψύξεως ἀπὸ προσώπου τ. Κυρίου
5 41 οἱ μὲν οὖν ἐπορεύοντο χαίροντες ἀπὸ προσώπου τ. συνεδρίου
6 15 εἶδαν τὸ πρόσωπον αὐτοῦ ὡσεὶ πρόσωπον ἀγγέλου
7 45 ὧν ἔξῶσεν ὁ Θεὸς ἀπὸ προσώπου τ. πατέρων ἡμῶν
13 24 [3] προκηρύξαντος Ἰωάνου πρὸ προσώπου τῆς εἰσόδου αὐτοῦ
17 26 κατοικεῖν ἐπὶ παντὸς προσώπου τ. γῆς
20 25 οὐκέτι ὄψεσθε τὸ πρόσωπόν μου ὑμεῖς πάντες
38 οὐκέτι μέλλουσιν τὸ πρόσωπον αὐτοῦ θεωρεῖν
Ac 25 16 [3] πρὶν ἢ ὁ κατηγορούμενος κατὰ πρόσωπον ἔχοι τ. κατηγόρους
I Co 13 12 [5] τότε δὲ πρόσωπον πρὸς πρόσωπον
14 25 οὕτως πεσὼν ἐπὶ πρόσωπον προσκυνήσει τ. Θεῷ
II Co 1 11 ἵνα ἐκ πολλῶν προσώπων τὸ εἰς ἡμᾶς χάρισμα διὰ πολλῶν εὐχαριστηθῇ
2 10 εἴ τι κεχάρισμαι δι' ὑμᾶς ἐν προσώπῳ Χριστοῦ
3 7 ὥστε μὴ δύνασθαι ἀτενίσαι . . . εἰς τὸ πρόσωπον Μωυσέως,
διὰ τ. δόξαν τ. προσώπου αὐτοῦ τ. καταργουμένην
13 οὐ καθάπερ Μωυσῆς ἐτίθει κάλυμμα ἐπὶ τὸ πρόσωπον αὐτοῦ
18 ἀνακεκαλυμμένῳ προσώπῳ τ. δόξαν Κυρίου κατοπτριζόμενοι
4 6 πρὸς φωτισμὸν τ. γνώσεως τ. δόξης τ. Θεοῦ ἐν προσώπῳ Χριστοῦ
5 12 [2] ἵνα ἔχητε πρὸς τοὺς ἐν προσώπῳ καυχωμένους κ. μὴ ἐν καρδίᾳ
8 24 εἰς αὐτοὺς ἐνδείξασθε εἰς πρόσωπον τ. ἐκκλησιῶν
10 1 [3] ὃς κατὰ πρόσωπον μὲν ταπεινὸς ἐν ὑμῖν
7 [3] τὰ κατὰ πρόσωπον βλέπετε
11 20 εἴ τις εἰς πρόσωπον ὑμᾶς δέρει
Ga 1 22 ἤμην δὲ ἀγνοούμενος τ. προσώπῳ τ. ἐκκλησίαις τ. Ἰουδαίας
2 6 [4] πρόσωπον ὁ Θεὸς ἀνθρώπου οὐ λαμβάνει
11 [3] κατὰ πρόσωπον αὐτῷ ἀντέστην
Col 2 1 ὅσοι οὐχ ἑόρακαν τὸ πρόσωπόν μου ἐν σαρκί
I Th 2 17 [2] ἀπορφανισθέντες ἀφ' ὑμῶν . . . προσώπῳ οὐ καρδίᾳ,
περισσοτέρως ἐσπουδάσαμεν τὸ πρόσωπον ὑμῶν ἰδεῖν
3 10 δεόμενοι εἰς τὸ ἰδεῖν ὑμῶν τὸ πρόσωπον
II Th 1 9 [1] ὄλεθρον αἰώνιον ἀπὸ προσώπου τ. Κυρίου
He 9 24 [1] νῦν ἐμφανισθῆναι τ. προσώπῳ τ. Θεοῦ ὑπὲρ ἡμῶν
Ja 1 11 ἡ εὐπρέπεια τ. προσώπου αὐτοῦ ἀπώλετο
23 οὗτος ἔοικεν ἀνδρὶ κατανοοῦντι τὸ πρόσωπον τ. γενέσεως αὐτοῦ ἐν ἐσόπτρῳ
I Pe 3 12 [1] πρόσωπον δὲ Κυρίου ἐπὶ ποιοῦντας κακά
פְּנֵי יְהוָה בְּעֹשֵׂי רָע, Ps. xxxiv. 17
Ju 16 [4] θαυμάζοντες πρόσωπα ὠφελείας χάριν
Re 4 7 τὸ τρίτον ζῷον ἔχων τὸ πρόσωπον ὡς ἀνθρώπου
6 16 κρύψατε ἡμᾶς ἀπὸ προσώπου τ. καθημένου ἐπὶ τ. θρόνου
7 11 ἔπεσαν ἐνώπιον τ. θρόνου ἐπὶ τὰ πρόσωπα αὐτῶν
9 7 τὰ πρόσωπα αὐτῶν ὡς πρόσωπα ἀνθρώπων
10 1 τὸ πρόσωπον αὐτοῦ ὡς ὁ ἥλιος
11 16 ἔπεσαν ἐπὶ τὰ πρόσωπα αὐτῶν
12 14 ἵνα πέτηται εἰς τὴν ἔρημον . . . ἀπὸ προσώπου τ. ὄφεως
20 11 οὗ ἀπὸ τ. προσώπου ἔφυγεν ἡ γῆ κ. ὁ οὐρανός
22 4 [1] ὄψονται τὸ πρόσωπον αὐτοῦ

ΠΡΟΤΕΙ΄ΝΩ** 4385

Ac 22 25 ὡς δὲ προέτειναν αὐτὸν τ. ἱμᾶσιν

ΠΡΟ΄ΤΕΡΟΣ 4386, 4387

(1) προτέρα

Jo 6 62 τ. υἱὸν τ. ἀνθρώπου ἀναβαίνοντα ὅπου ἦν τὸ πρότερον
7 50 Νικόδημος ὁ ἐλθὼν πρὸς αὐτὸν πρότερον —ὁ ἐλθ. πρ. αὐτ. πρότ., T
9 8 οἱ θεωροῦντες αὐτὸν τὸ πρότερον ὅτι προσαίτης ἦν
II Co 1 15 ἐβουλόμην πρότερον πρὸς ὑμᾶς ἐλθεῖν
Ga 4 13 δι' ἀσθένειαν τ. σαρκὸς εὐηγγελισάμην ὑμῖν τὸ πρότερον
Eph 4 22 [1] ἀποθέσθαι ὑμᾶς κατὰ τ. προτέραν ἀναστροφὴν τ. παλαιὸν ἄνθρωπον
I Ti 1 13 τὸ πρότερον ὄντα βλάσφημον κ. διώκτην
He 4 6 οἱ πρότερον εὐαγγελισθέντες οὐκ εἰσῆλθον
7 27 πρότερον ὑπὲρ τ. ἰδίων ἁμαρτιῶν θυσίας ἀναφέρειν
10 32 ἀναμιμνήσκεσθε δὲ τὰς πρότερον ἡμέρας
I Pe 1 14 μὴ συνσχηματιζόμενοι ταῖς πρότερον ἐν τ. ἀγνοίᾳ ὑμῶν ἐπιθυμίαις

ΠΡΟΤΙ΄ΘΕΜΑΙ 4388

Ro 1 13 πολλάκις προεθέμην ἐλθεῖν πρὸς ὑμᾶς
3 25 ὃν προέθετο ὁ Θεὸς ἱλαστήριον
Eph 1 9 κατὰ τ. εὐδοκίαν αὐτοῦ ἣν προέθετο ἐν αὐτῷ

ΠΡΟΤΡΕ΄ΠΟΜΑΙ** 4389

Ac 18 27 προτρεψάμενοι οἱ ἀδελφοὶ ἔγραψαν τ. μαθηταῖς —προτρ. οἱ ἀδ., WH mg.

ΠΡΟΤΡΕ΄ΧΩ 4390

Lu 19 4 προδραμὼν εἰς τὸ ἔμπροσθεν ἀνέβη ἐπὶ συκομορέαν
Jo 20 4 ὁ ἄλλος μαθητὴς προέδραμεν τάχειον τ. Πέτρου

ΠΡΟΥ῞ΠΑ΄ΡΧΩ** 4391

Lu 23 12 προϋπῆρχον γὰρ ἐν ἔχθρᾳ ὄντες πρὸς αὐτούς
Ac 8 9 ἀνὴρ δέ τις ὀνόματι Σίμων προϋπῆρχεν ἐν τ. πόλει μαγεύων

ΠΡΟ΄ΦΑΣΙΣ 4392

Mt 23 14 προφάσει μακρὰ προσευχόμενοι —h. v., TWHR non mg.
Mk 12 40 προφάσει μακρὰ προσευχόμενοι
Lu 20 47 προφάσει μακρὰ προσεύχονται
Jo 15 22 νῦν δὲ πρόφασιν οὐκ ἔχουσιν περὶ τ. ἁμαρτίας αὐτῶν
Ac 27 30 προφάσει ὡς ἐκ πρῴρης ἀγκύρας μελλόντων ἐκτείνειν
Phl 1 18 εἴτε προφάσει εἴτε ἀληθείᾳ
I Th 2 5 οὔτε γάρ ποτε ἐν λόγῳ κολακίας ἐγενήθημεν . . . οὔτε ἐν προφάσει πλεονεξίας

ΠΡΟΦΕ΄ΡΩ 4393

Lu 6 45 ὁ ἀγαθὸς ἄνθρωπος ἐκ τ. ἀγαθοῦ θησαυροῦ τ. καρδίας προφέρει τὸ ἀγαθόν· κ. ὁ πονηρὸς ἐκ τ. πονηροῦ προφέρει τὸ πονηρόν

ΠΡΟΦΗΤΕΙ΄Α 4394

Mt 13 14 ἀναπληροῦται αὐτοῖς ἡ προφητεία Ἠσαίου
Ro 12 6 εἴτε προφητείαν κατὰ τ. ἀναλογίαν τ. πίστεως
I Co 12 10 ἄλλῳ δὲ προφητεία
13 2 κἂν ἔχω προφητείαν
8 εἴτε δὲ προφητεῖαι καταργηθήσονται προφητεία καταργηθήσεται, WH mg.
14 6 ἐὰν μὴ ὑμῖν λαλήσω . . . ἐν προφητείᾳ
22 ἡ δὲ προφητεία οὐ τ. ἀπίστοις
I Th 5 20 προφητείας μὴ ἐξουθενεῖτε
I Ti 1 18 κατὰ τ. προαγούσας ἐπὶ σὲ προφητείας
4 14 ὃ ἐδόθη σοι διὰ προφητείας
II Pe 1 20 πᾶσα προφητεία γραφῆς ἰδίας ἐπιλύσεως οὐ γίνεται·
21 οὐ γὰρ θελήματι ἀνθρώπου ἠνέχθη προφητεία ποτέ ἠν. ποτὲ προφ., T
Re 1 3 μακάριος ὁ ἀναγινώσκων κ. οἱ ἀκούοντες τ. λόγους τ. προφητείας
11 6 ἵνα μὴ ὑετὸς βρέχῃ τ. ἡμέρας τ. προφητείας αὐτῶν
19 10 ἡ γὰρ μαρτυρία Ἰησοῦ ἐστὶν τὸ πνεῦμα τ. προφητείας
22 7 μακάριος ὁ τηρῶν τ. λόγους τ. προφητείας τ. βιβλίου τούτου
10 μὴ σφραγίσῃς τ. λόγους τ. προφητείας τ. βιβλίου τούτου
18 μαρτυρῶ ἐγὼ παντὶ τ. ἀκούοντι τ. λόγους τ. προφητείας τ. βιβλίου τούτου
19 ἐάν τις ἀφέλῃ ἀπὸ τ. λόγων τ. βιβλίου τ. προφητείας ταύτης

ΠΡΟΦΗΤΕΥ΄Ω 4395

Mt 7 22 οὐ τ. σῷ ὀνόματι ἐπροφητεύσαμεν
11 13 πάντες γὰρ οἱ προφῆται κ. ὁ νόμος ἕως Ἰωάνου ἐπροφήτευσαν
15 7 καλῶς ἐπροφήτευσεν περὶ ὑμῶν Ἠσαίας
26 68 προφήτευσον ἡμῖν Χριστέ
Mk 7 6 καλῶς ἐπροφήτευσεν Ἠσαίας περὶ ὑμῶν τ. ὑποκριτῶν
14 65 ἤρξαντό τινες . . . λέγειν αὐτῷ Προφήτευσον
Lu 1 67 Ζαχαρίας ὁ πατὴρ αὐτοῦ . . . ἐπροφήτευσεν λέγων
22 64 προφήτευσον τίς ἐστιν ὁ παίσας σε;
Jo 11 51 ἀρχιερεὺς ὢν τ. ἐνιαυτοῦ ἐκείνου ἐπροφήτευσεν
Ac 2 17 προφητεύσουσιν οἱ υἱοὶ ὑμῶν κ. αἱ θυγατέρες ὑμῶν
נִבְּאוּ בְּנֵיכֶם וּבְנוֹתֵיכֶם, Joel iii. 1
18 ἐκχεῶ ἀπὸ τ. πνεύματός μου κ. προφητεύσουσιν, *ib.* 2
19 6 ἐλάλουν τε γλώσσαις κ. ἐπροφήτευον
21 9 τούτῳ δὲ ἦσαν θυγατέρες τέσσαρες παρθένοι προφητεύουσαι
I Co 11 4 πᾶς ἀνὴρ προσευχόμενος ἢ προφητεύων κατὰ κεφαλῆς ἔχων
5 πᾶσα δὲ γυνὴ προσευχομένη ἢ προφητεύουσα ἀκατακαλύπτῳ τ. κεφαλῇ
13 9 ἐκ μέρους προφητεύομεν
14 1 μᾶλλον δὲ ἵνα προφητεύητε
3 ὁ δὲ προφητεύων ἀνθρώποις λαλεῖ οἰκοδομὴν
4 ὁ δὲ προφητεύων ἐκκλησίαν οἰκοδομεῖ
5 μᾶλλον δὲ ἵνα προφητεύητε· μείζων δὲ ὁ προφητεύων ἢ ὁ λαλῶν γλώσσαις
24 ἐὰν δὲ πάντες προφητεύωσιν
31 δύνασθε γὰρ καθ' ἕνα πάντες προφητεύειν
39 ὥστε ἀδελφοί μου ζηλοῦτε τὸ προφητεύειν

1 Pe 1 10 προφῆται οἱ περὶ τῆς εἰς ὑμᾶς χάριτος προφητεύσαντες
Ju 14 ἐπροφήτευσεν δὲ κ. τούτοις ἕβδομος ἀπὸ Ἀδὰμ Ἐνὼχ
Re 10 11 δεῖ σε πάλιν προφητεῦσαι ἐπὶ λαοῖς
11 3 προφητεύσουσιν ἡμέρας χιλίας διακοσίας ἑξήκοντα

ΠΡΟΦΗΤΗΣ 4396

(1) νόμος, Μωυσῆς . . . προφῆται (2) de Jesu Christo (3) de Christianis (4) βίβλος, βιβλίον, γραφαὶ τ. προφητῶν (5) poeta

Mt 1 22 ἵνα πληρωθῇ τὸ ῥηθὲν ὑπὸ Κυρίου διὰ τ. προφήτου
2 5 οὕτως γὰρ γέγραπται διὰ τ. προφήτου
15 ἵνα πληρωθῇ τὸ ῥηθὲν ὑπὸ Κυρίου διὰ τ. προφήτου
17 τότε ἐπληρώθη τὸ ῥηθὲν διὰ Ἰερεμίου τ. προφήτου
23 ὅπως πληρωθῇ τὸ ῥηθὲν διὰ τ. προφητῶν
3 3 οὗτος γάρ ἐστιν ὁ ῥηθεὶς διὰ Ἠσαίου τ. προφήτου
4 14 ἵνα πληρωθῇ τὸ ῥηθὲν διὰ Ἠσαίου τ. προφήτου
5 12 οὕτως γὰρ ἐδίωξαν τ. προφήτας τοὺς πρὸ ὑμῶν
17 [1] μὴ νομίσητε ὅτι ἦλθον καταλῦσαι τ. νόμον ἢ τ. προφήτας
7 12 [1] οὗτος γάρ ἐστιν ὁ νόμος κ. οἱ προφῆται
8 17 ὅπως πληρωθῇ τὸ ῥηθὲν διὰ Ἠσαίου τ. προφήτου
10 41 ὁ δεχόμενος προφήτην εἰς ὄνομα προφήτου μισθὸν προφήτου λήμψεται
11 9 ἀλλὰ τί ἐξήλθατε; προφήτην ἰδεῖν;
τί ἐξ. ἰδεῖν; προφήτην; R mg.
ναὶ λέγω ὑμῖν κ. περισσότερον προφήτου
13 [1] πάντες γὰρ οἱ προφῆται κ. ὁ νόμος ἕως Ἰωάνου ἐπροφήτευσαν
12 17 ἵνα πληρωθῇ τὸ ῥηθὲν διὰ Ἠσαίου τ. προφήτου
39 εἰ μὴ τὸ σημεῖον Ἰωνᾶ τ. προφήτου
13 17 πολλοὶ προφῆται κ. δίκαιοι ἐπεθύμησαν ἰδεῖν
35 ὅπως πληρωθῇ τὸ ῥηθὲν διὰ τ. προφήτου
διὰ Ἠσαίου τ. προφ., TWH mg.
57 οὐκ ἔστιν προφήτης ἄτιμος εἰ μὴ ἐν τ. πατρίδι
14 5 ὅτι ὡς προφήτην αὐτὸν εἶχον
16 14 ἕτεροι δὲ Ἰερεμίαν ἢ ἕνα τ. προφητῶν
21 4 ἵνα πληρωθῇ τὸ ῥηθὲν διὰ τ. προφήτου
11 [2] οὗτός ἐστιν ὁ προφήτης Ἰησοῦς
26 πάντες γὰρ ὡς προφήτην ἔχουσιν τ. Ἰωάνην
46 [2] ἐπεὶ εἰς προφήτην αὐτὸν εἶχον
22 40 [1] ἐν ταύταις τ. δυσὶν ἐντολαῖς ὅλος ὁ νόμος κρέμαται κ. οἱ προφῆται
23 29 ὅτι οἰκοδομεῖτε τ. τάφους τ. προφητῶν
30 οὐκ ἂν ἤμεθα αὐτῶν κοινωνοὶ ἐν τ. αἵματι τ. προφητῶν
31 ὅτι υἱοί ἐστε τ. φονευσάντων τ. προφήτας
34 ἐγὼ ἀποστέλλω πρὸς ὑμᾶς προφήτας κ. σοφούς
37 Ἰερουσαλὴμ Ἰερουσαλὴμ ἡ ἀποκτείνουσα τ. προφήτας
24 15 τὸ βδέλυγμα τ. ἐρημώσεως τὸ ῥηθὲν διὰ Δανιὴλ τ. προφήτου

Mt 26 56 [4] ἵνα πληρωθῶσιν αἱ γραφαὶ τ. προφητῶν
27 9 τότε ἐπληρώθη τὸ ῥηθὲν διὰ Ἰερεμίου τ. προφήτου
Mk 1 2 καθὼς γέγραπται ἐν τῷ Ἠσαίᾳ τῷ προφήτῃ
6 4 οὐκ ἔστιν προφήτης ἄτιμος εἰ μὴ ἐν τ. πατρίδι αὐτοῦ
15 [2] ἄλλοι δὲ ἔλεγον ὅτι προφήτης ὡς εἷς τ. προφητῶν
8 28 ἄλλοι δὲ ὅτι εἷς τ. προφητῶν
11 32 εἶχον τ. Ἰωάνην ὄντως ὅτι προφήτης ἦν
Lu 1 70 καθὼς ἐλάλησεν διὰ στόματος τ. ἁγίων ἀπ' αἰῶνος προφητῶν αὐτοῦ
76 κ. σὺ δὲ παιδίον προφήτης ὑψίστου κληθήσῃ
3 4 ὡς γέγραπται ἐν βίβλῳ λόγων Ἠσαίου τ. προφήτου
4 17 [4] ἐπεδόθη αὐτῷ βιβλίον τ. προφήτου Ἠσαίου
24 οὐδεὶς προφήτης δεκτός ἐστιν ἐν τ. πατρίδι αὐτοῦ
27 πολλοὶ λεπροὶ ἦσαν ἐν τ. Ἰσραὴλ ἐπὶ Ἐλισαίου τ. προφήτου
6 23 κατὰ τὰ αὐτὰ γὰρ ἐποίουν τ. προφήταις οἱ πατέρες αὐτῶν
7 16 [2] προφήτης μέγας ἠγέρθη ἐν ἡμῖν
26 ἀλλὰ τί ἐξήλθατε ἰδεῖν; προφήτην;
ναὶ λέγω ὑμῖν κ. περισσότερον προφήτου
28 μείζων ἐν γεννητοῖς γυναικῶν προφήτης Ἰωάνου οὐδείς ἐστιν
—προφ., WHR
39 [2] οὗτος εἰ ἦν ὁ προφήτης ἐγίνωσκεν ἂν
—ὁ, T [WH] R non mg.
9 8 [2] ἄλλων δὲ ὅτι προφήτης τις τ. ἀρχαίων ἀνέστη
19 [2] ἄλλοι δὲ ὅτι προφήτης τις τ. ἀρχαίων ἀνέστη
10 24 πολλοὶ προφῆται κ. βασιλεῖς ἠθέλησαν ἰδεῖν
11 47 οἰκοδομεῖτε τὰ μνημεῖα τ. προφητῶν
49 ἀποστελῶ εἰς αὐτοὺς προφήτας κ. ἀποστόλους
50 ἵνα ἐκζητηθῇ τὸ αἷμα πάντων τ. προφητῶν
13 28 ὅταν ὄψησθε Ἀβραὰμ . . . κ. πάντας τ. προφήτας ἐν τ. βασιλείᾳ τ. Θεοῦ
33 οὐκ ἐνδέχεται προφήτην ἀπολέσθαι ἔξω Ἰερουσαλήμ.
34 Ἰερουσαλὴμ Ἰερουσαλὴμ ἡ ἀποκτείνουσα τ. προφήτας
16 16 [1] ὁ νόμος κ. οἱ προφῆται μέχρι Ἰωάνου
29 [1] ἔχουσιν Μωυσέα κ. τ. προφήτας
31 [1] εἰ Μωυσέως κ. τ. προφητῶν οὐκ ἀκούουσιν
18 31 τελεσθήσεται πάντα τὰ γεγραμμένα διὰ τ. προφητῶν
20 6 πεπεισμένος γάρ ἐστιν Ἰωάνην προφήτην εἶναι
24 19 [2] ὃς ἐγένετο ἀνὴρ προφήτης
25 τοῦ πιστεύειν ἐπὶ πᾶσιν οἷς ἐλάλησαν οἱ προφῆται
27 [1] ἀρξάμενος ἀπὸ Μωυσέως κ. ἀπὸ πάντων τ. προφητῶν
44 [1] δεῖ πληρωθῆναι πάντα τὰ γεγραμμένα ἐν τ. νόμῳ Μωυσέως κ. τ. προφήταις κ. ψαλμοῖς περὶ ἐμοῦ
κ. προφ., T
Jo 1 21 ὁ προφήτης εἶ σύ;
23 καθὼς εἶπεν Ἠσαίας ὁ προφήτης
25 εἰ σὺ οὐκ εἶ ὁ Χριστὸς οὐδὲ Ἠλείας οὐδὲ ὁ προφήτης

Jo 1 45 [1] ὃν ἔγραψεν Μωυσῆς ἐν τ. νόμῳ κ. οἱ προφῆται εὑρήκαμεν
4 19 [2] Κύριε θεωρῶ ὅτι προφήτης εἶ σύ
44 προφήτης ἐν τ. ἰδίᾳ πατρίδι τιμὴν οὐκ ἔχει
6 14 [2] οὗτός ἐστιν ἀληθῶς ὁ προφήτης ὁ ἐρχόμενος εἰς τ. κόσμον
45 ἔστιν γεγραμμένον ἐν τ. προφήταις
7 40 [2] οὗτός ἐστιν ἀληθῶς ὁ προφήτης
52 ἐκ τ. Γαλιλαίας προφήτης οὐκ ἐγείρεται
προφ. ἐκ τ. Γαλ., T
8 52 Ἀβραὰμ ἀπέθανεν κ. οἱ προφῆται
53 κ. οἱ προφῆται ἀπέθανον
9 17 [2] ὁ δὲ εἶπεν ὅτι Προφήτης ἐστίν
12 38 ἵνα ὁ λόγος Ἠσαίου τ. προφήτου πληρωθῇ
Ac 2 16 τοῦτό ἐστιν τὸ εἰρημένον διὰ τ. προφήτου Ἰωήλ
30 προφήτης οὖν ὑπάρχων
3 18 ἃ προκατήγγειλεν διὰ στόματος πάντων τ. προφητῶν
21 ὧν ἐλάλησεν ὁ Θεὸς διὰ στόματος τ. ἁγίων ἀπ᾽ αἰῶνος αὐτοῦ προφητῶν
22 προφήτην ὑμῖν ἀναστήσει Κύριος ὁ Θεός
נָבִיא מִקִּרְבְּךָ . . . יָקִים לְךָ יְהוָה, Dt. xviii. 15
23 ἥτις ἂν μὴ ἀκούσῃ τ. προφήτου ἐκείνου
הָאִישׁ אֲשֶׁר לֹא־יִשְׁמַע אֶל־דְּבָרַי אֲשֶׁר יְדַבֵּר בִּשְׁמִי, *ib.* 19
24 πάντες δὲ οἱ προφῆται ἀπὸ Σαμουὴλ κ. τῶν καθεξῆς
25 ὑμεῖς ἐστὲ οἱ υἱοὶ τ. προφητῶν
7 37 προφήτην ὑμῖν ἀναστήσει ὁ Θεός, Dt. *l.c.*
42 [4] καθὼς γέγραπται ἐν βίβλῳ τ. προφητῶν
48 καθὼς ὁ προφήτης λέγει
52 τίνα τ. προφητῶν οὐκ ἐδίωξαν οἱ πατέρες ὑμῶν;
8 28 ἀνεγίνωσκεν τ. προφήτην Ἠσαίαν
30 ὁ Φίλιππος ἤκουσεν αὐτοῦ ἀναγινώσκοντος Ἠσαίαν τ. προφήτην
34 περὶ τίνος ὁ προφήτης λέγει τοῦτο;
10 43 τούτῳ πάντες οἱ προφῆται μαρτυροῦσιν
11 27 [3] κατῆλθον ἀπὸ Ἱεροσολύμων προφῆται εἰς Ἀντιόχειαν
13 1 [3] ἦσαν δὲ ἐν Ἀντιοχείᾳ . . . προφῆται κ. διδάσκαλοι
15 [1] μετὰ δὲ τ. ἀνάγνωσιν τ. νόμου κ. τ. προφητῶν
20 ἔδωκεν κριτὰς ἕως Σαμουὴλ προφήτου
27 τ. φωνὰς τ. προφητῶν τὰς κατὰ πᾶν σάββατον ἀναγινωσκομένας
40 μὴ ἐπέλθῃ τὸ εἰρημένον ἐν τ. προφήταις
15 15 τούτῳ συμφωνοῦσιν οἱ λόγοι τ. προφητῶν
32 [3] κ. αὐτοὶ προφῆται ὄντες
21 10 [3] κατῆλθέν τις ἀπὸ τ. Ἰουδαίας προφήτης ὀνόματι Ἄγαβος
24 14 [1] πιστεύων πᾶσι τοῖς κατὰ τ. νόμον κ. τοῖς ἐν τ. προφήταις γεγραμμένοις
26 22 οὐδὲν ἐκτὸς λέγων ὧν τε οἱ προφῆται ἐλάλησαν
27 πιστεύεις βασιλεῦ Ἀγρίππα τ. προφήταις;
28 23 [1] πείθων τε αὐτοὺς . . . ἀπό τε τ. νόμου Μωυσέως κ. τ. προφητῶν
25 καλῶς τὸ πνεῦμα τὸ ἅγιον ἐλάλησεν διὰ Ἠσαίου τ. προφήτου

Ro 1 2 ὃ προεπηγγείλατο διὰ τ. προφητῶν αὐτοῦ ἐν γραφαῖς ἁγίαις
3 21 [1] μαρτυρουμένη ὑπὸ τ. νόμου κ. τ. προφητῶν
11 3 Κύριε τ. προφήτας σου ἀπέκτειναν
אֶת־נְבִיאֶיךָ הָרְגוּ בֶחָרֶב, 1 Ki. xix. 10
1Co 12 28 [3] πρῶτον ἀποστόλους δεύτερον προφήτας
29 [3] μὴ πάντες προφῆται;
14 29 [3] προφῆται δὲ δύο ἢ τρεῖς λαλείτωσαν
32 [3] πνεύματα προφητῶν προφήταις ὑποτάσσεται
37 [3] εἴ τις δοκεῖ προφήτης εἶναι ἢ πνευματικός
Eph 2 20 [3] ἐποικοδομηθέντες ἐπὶ τ. θεμελίῳ τ. ἀποστόλων κ. προφητῶν
3 5 [3] ὡς νῦν ἀπεκαλύφθη τ. ἁγίοις ἀποστόλοις αὐτοῦ κ. προφήταις
4 11 [3] κ. αὐτὸς ἔδωκεν τ. μὲν ἀποστόλους τ. δὲ προφήτας
1 Th 2 15 τῶν κ. τ. Κύριον ἀποκτεινάντων Ἰησοῦν κ. τ. προφήτας
Tit 1 12 [5] εἶπέν τις ἐξ αὐτῶν ἴδιος αὐτῶν προφήτης
He 1 1 πάλαι ὁ Θεὸς λαλήσας τ. πατράσιν ἐν τ. προφήταις
11 32 Δαυείδ τε κ. Σαμουὴλ κ. τ. προφητῶν
Ja 5 10 ὑπόδειγμα λάβετε ἀδελφοὶ τ. κακοπαθείας . . . τ. προφήτας
1 Pe 1 10 περὶ ἧς σωτηρίας ἐξεζήτησαν κ. ἐξηραύνησαν προφῆται
2 Pe 2 16 ὑποζύγιον ἄφωνον . . . ἐκώλυσεν τὴν τ. προφήτου παραφρονίαν
3 2 μνησθῆναι τ. προειρημένων ῥημάτων ὑπὸ τ. ἁγίων προφητῶν
Re 10 7 ὡς εὐηγγέλισεν τοὺς ἑαυτοῦ δούλους τ. προφήτας
11 10 οὗτοι οἱ δύο προφῆται ἐβασάνισαν τ. κατοικοῦντας ἐπὶ τ. γῆς
18 δοῦναι τ. μισθὸν τ. δούλοις σου τ. προφήταις
16 6 ὅτι αἷμα ἁγίων κ. προφητῶν ἐξέχεαν
18 20 εὐφραίνου ἐπ᾽ αὐτῇ οὐρανὲ . . . κ. οἱ προφῆται
24 ἐν αὐτῇ αἷμα προφητῶν κ. ἁγίων εὑρέθη
22 6 ὁ Κύριος ὁ Θεὸς τ. πνευμάτων τ. προφητῶν
9 σύνδουλός σου εἰμὶ κ. τ. ἀδελφῶν σου τ. προφητῶν

ΠΡΟΦΗΤΙΚΟ´Σ* † 4397

Ro 16 26 φανερωθέντος δὲ νῦν διά τε γραφῶν προφητικῶν
2 Pe 1 19 ἔχομεν βεβαιότερον τ. προφητικὸν λόγον

ΠΡΟΦΗ´ΤΙΣ 4398

Lu 2 36 ἦν Ἄννα προφῆτις θυγάτηρ Φανουήλ
Re 2 20 Ἰεζάβελ ἡ λέγουσα ἑαυτὴν προφῆτιν

ΠΡΟΦΘΑ´ΝΩ 4399

Mt 17 25 προέφθασεν αὐτὸν ὁ Ἰησοῦς λέγων

ΠΡΟΧΕΙΡΙ´ΖΟΜΑΙ 4400

Ac 3 20 ὅπως ἂν . . . ἀποστείλῃ τ. προκεχειρισμένον ὑμῖν Χριστὸν Ἰησοῦν
22 14 ὁ Θεὸς τ. πατέρων ἡμῶν προεχειρίσατό σε γνῶναι τὸ θέλημα αὐτοῦ
26 16 ὤφθην σοι προχειρίσασθαί σε ὑπηρέτην

ΠΡΟΧΕΙΡΟΤΟΝΕ´Ω* 4401

Ac 10 41 μάρτυσι τ. προκεχειροτονημένοις ὑπὸ τ. Θεοῦ

ΠΡΟ'ΧΟΡΟΣ 4402

Ac 6 5 ἐξελέξαντο . . . Πρόχορον κ. Νικάνορα

ΠΡΥ'ΜΝΑ* 4403

Mk 4 38 αὐτὸς ἦν ἐν τ. πρύμνῃ ἐπὶ τὸ προσκεφάλαιον καθεύδων
Ac 27 29 ἐκ πρύμνης ῥίψαντες ἀγκύρας τέσσαρας
41 ἡ δὲ πρύμνα ἐλύετο ὑπὸ τ. βίας

ΠΡΩΙ' 4404

πρωΐ, T

Mt 16 3 καὶ πρωὶ Σήμερον χειμών
—h. v., [T] [[WH]] R mg.
20 1 ὅστις ἐξῆλθεν ἅμα πρωὶ μισθώσασθαι ἐργάτας
21 18 πρωὶ δὲ ἐπαναγαγὼν εἰς τ. πόλιν
Mk 1 35 πρωὶ ἔννυχα λίαν ἀναστὰς ἐξῆλθεν
11 20 παραπορευόμενοι πρωὶ εἶδον τ. συκῆν
13 35 ἢ ἀλεκτοροφωνίας ἢ πρωί
15 1 εὐθὺς πρωὶ συμβούλιον ποιήσαντες οἱ ἀρχιερεῖς
16 2 λίαν πρωὶ τ. μιᾷ τ. σαββάτων ἔρχονται
[9 ἀναστὰς δὲ πρωὶ πρώτῃ σαββάτου
Jo 18 28 ἦν δὲ πρωί
20 1 Μαρία ἡ Μαγδαληνὴ ἔρχεται πρωὶ σκοτίας ἔτι οὔσης
Ac 28 23 πείθων τε αὐτοὺς . . . ἀπὸ πρωὶ ἕως ἑσπέρας

ΠΡΩΙ'Α 4405

πρωΐα, T

Mt 27 1 πρωίας δὲ γενομένης
Jo 21 4 πρωίας δὲ ἤδη γινομένης ἔστη Ἰησοῦς

ΠΡΩΙΝΟ'Σ † 4407

πρωϊνός, T

Re 2 28 δώσω αὐτῷ τ. ἀστέρα τ. πρωινόν
22 16 ἐγώ εἰμι . . . ὁ ἀστὴρ ὁ λαμπρὸς ὁ πρωινός

ΠΡΩ͂ΡΑ * 4408

Ac 27 30 προφάσει ὡς ἐκ πρῴρης ἀγκύρας μελλόντων ἐκτείνειν
41 ἡ μὲν πρῷρα ἐρείσασα ἔμεινεν ἀσάλευτος

ΠΡΩΤΕΥ'Ω 4409

Col 1 18 ἵνα γένηται ἐν πᾶσιν αὐτὸς πρωτεύων

ΠΡΩΤΟΚΑΘΕΔΡΙ'Α * † 4410

Mt 23 6 φιλοῦσιν δὲ . . . τ. πρωτοκαθεδρίας ἐν τ. συναγωγαῖς
Mk 12 39 τ. θελόντων . . . πρωτοκαθεδρίας ἐν τ. συναγωγαῖς
Lu 11 43 ὅτι ἀγαπᾶτε τ. πρωτοκαθεδρίαν ἐν τ. συναγωγαῖς
20 46 φιλούντων . . . πρωτοκαθεδρίας ἐν τ. συναγωγαῖς

ΠΡΩΤΟΚΛΙΣΙ'Α * † 4411

Mt 23 6 φιλοῦσιν δὲ τ. πρωτοκλισίαν ἐν τ. δείπνοις
Mk 12 39 τ. θελόντων . . . πρωτοκλισίας ἐν τ. δείπνοις
Lu 14 7 ἐπέχων πῶς τ. πρωτοκλισίας ἐξελέγοντο
8 μὴ κατακλιθῇς εἰς τ. πρωτοκλισίαν
20 46 φιλούντων . . . πρωτοκλισίας ἐν τ. δείπνοις

ΠΡΩ͂ΤΟΝ 4412

(1) τὸ πρῶτον (2) seq. gen. (3) πρῶτον . . . δεύτερον, εἶτεν, ἔπειτα

Mt 5 24 πρῶτον διαλλάγηθι τ. ἀδελφῷ σου
6 33 ζητεῖτε δὲ πρῶτον τ. βασιλείαν κ. τ. δικαιοσύνην αὐτοῦ
7 5 ἔκβαλε πρῶτον ἐκ τ. ὀφθαλμοῦ σου τὴν δοκόν
8 21 ἐπίτρεψόν μοι πρῶτον ἀπελθεῖν κ. θάψαι
12 29 ἐὰν μὴ πρῶτον δήσῃ τ. ἰσχυρόν
13 30 συλλέξατε πρῶτον τὰ ζιζάνια
17 10 Ἠλείαν δεῖ ἐλθεῖν πρῶτον
23 26 καθάρισον πρῶτον τὸ ἐντὸς τ. ποτηρίου
Mk 3 27 ἐὰν μὴ πρῶτον τ. ἰσχυρὸν δήσῃ
4 28 [3] πρῶτον χόρτον εἶτεν στάχυν
7 27 ἄφες πρῶτον χορτασθῆναι τὰ τέκνα
9 11 Ἠλείαν δεῖ ἐλθεῖν πρῶτον
12 Ἠλείας μὲν ἐλθὼν πρῶτον ἀποκαθιστάνει πάντα
13 10 εἰς πάντα τὰ ἔθνη πρῶτον δεῖ κηρυχθῆναι τὸ εὐαγγέλιον
16 [9 ἐφάνη πρῶτον Μαρίᾳ τ. Μαγδαληνῇ
Lu 6 42 ἔκβαλε πρ. τὴν δοκὸν ἐκ τ. ὀφθαλμοῦ σου
9 59 ἐπίτρεψόν μοι πρῶτον ἀπελθόντι θάψαι
61 πρῶτον δὲ ἐπίτρεψόν μοι ἀποτάξασθαι
10 5 πρῶτον λέγετε Εἰρήνη τ. οἴκῳ τούτῳ
11 38 ὅτι οὐ πρῶτον ἐβαπτίσθη πρὸ τ. ἀρίστου
12 1 ἤρξατο λέγειν πρὸς τ. μαθητὰς αὐτοῦ πρῶτον
14 28 οὐχὶ πρῶτον καθίσας ψηφίζει τ. δαπάνην
31 οὐχὶ καθίσας πρῶτον βουλεύσεται
17 25 πρῶτον δὲ δεῖ αὐτὸν πολλὰ παθεῖν
21 9 δεῖ γὰρ ταῦτα γενέσθαι πρῶτον
Jo 1 41 εὑρίσκει οὗτος πρῶτον τ. ἀδελφὸν τ. ἴδιον Σίμωνα
πρῶτος, T
2 10 πᾶς ἄνθρωπος πρ. τ. καλὸν οἶνον τίθησιν
7 51 ἐὰν μὴ ἀκούσῃ πρῶτον παρ' αὐτοῦ
10 40 [1] ὅπου ἦν Ἰωάνης τὸ πρῶτον βαπτίζων
12 16 [1] ταῦτα οὐκ ἔγνωσαν αὐτοῦ οἱ μαθηταὶ τὸ πρῶτον
15 18 [2] γινώσκετε ὅτι ἐμὲ πρῶτον ὑμῶν μεμίσηκεν
—ὑμῶν, T
18 13 ἤγαγον πρὸς Ἅνναν πρῶτον
19 39 [1] Νικόδημος ὁ ἐλθὼν πρὸς αὐτὸν νυκτὸς τὸ πρῶτον
Ac 3 26 ὑμῖν πρ. ἀναστήσας ὁ Θεὸς τ. παῖδα αὐτοῦ
7 12 [3] ἐξαπέστειλεν τ. πατέρας ἡμῶν πρῶτον
13 46 ὑμῖν ἦν ἀναγκαῖον πρ. λαληθῆναι τ. λόγον τ. Θεοῦ
15 14 καθὼς πρ. ὁ Θεὸς ἐπεσκέψατο λαβεῖν
26 20 ἀλλὰ τοῖς ἐν Δαμασκῷ πρῶτόν τε κ. Ἱεροσολύμοις
Ro 1 8 πρῶτον μὲν εὐχαριστῶ τ. Θεῷ μου
16 Ἰουδαίῳ τε πρῶτον κ. Ἕλληνι
πρῶτον, [WH]
2 9 Ἰουδαίου τε πρῶτον κ. Ἕλληνος
10 Ἰουδαίῳ τε πρῶτον κ. Ἕλληνι
3 2 πρ. μὲν γὰρ ὅτι ἐπιστεύθησαν τὰ λόγια τ. Θεοῦ
15 24 ἐὰν ὑμῶν πρῶτον ἀπὸ μέρους ἐμπλησθῶ
I Co 11 18 πρ. μὲν γὰρ συνερχομένων ὑμῶν ἐν ἐκκλησίᾳ
12 28 [3] ἔθετο ὁ Θεὸς ἐν τ. ἐκκλησίᾳ πρῶτον ἀποστόλους δεύτερον προφήτας
15 46 [3] ἀλλ' οὐ πρῶτον τὸ πνευματικόν
II Co 8 5 ἀλλ' ἑαυτοὺς ἔδωκαν πρῶτον τ. Κυρίῳ

Eph 4 9 τί ἐστιν εἰ μὴ ὅτι κ. κατέβη πρῶτον
—πρ., TWH non mg. R non mg.
I Th 4 16 [3] οἱ νεκροὶ ἐν Χριστῷ ἀναστήσονται πρῶτον
II Th 2 3 ἐὰν μὴ ἔλθῃ ἡ ἀποστασία πρῶτον
I Ti 2 1 [2] παρακαλῶ οὖν πρῶτον πάντων ποιεῖσθαι δεήσεις
3 10 [3] κ. οὗτοι δὲ δοκιμαζέσθωσαν πρῶτον εἶτα διακονείτωσαν
5 4 μανθανέτωσαν πρ. τ. ἴδιον οἶκον εὐσεβεῖν
II Ti 1 5 ἥτις ἐνῴκησεν πρ. ἐν τ. μάμμῃ σου Λωΐδι
2 6 τ. κοπιῶντα γεωργὸν δεῖ πρῶτον τ. καρπῶν μεταλαμβάνειν
He 7 2 [3] πρ. μὲν ἑρμηνευόμενος βασιλεὺς δικαιοσύνης
Ja 3 17 [3] ἡ δὲ ἄνωθεν σοφία πρ. μὲν ἁγνή ἐστιν
I Pe 4 17 εἰ δὲ πρῶτον ἀφ' ἡμῶν
II Pe 1 20 τοῦτο πρῶτον γινώσκοντες
3 3 τοῦτο πρῶτον γινώσκοντες

ΠΡΩ͂ΤΟΣ 4413

(1) ἐν πρώτοις, τὰ πρῶτα (2) seq. gen. (3) πρῶτος . . . δεύτερος, ἄλλος, ἕτερος, ἔσχατος, καινός

Mt 10 2 πρῶτος Σίμων ὁ λεγόμενος Πέτρος
12 45 [3] γίνεται τὰ ἔσχατα τ. ἀνθρώπου ἐκείνου χείρονα τ. πρώτων
17 27 τ. ἀναβάντα πρῶτον ἰχθὺν ἆρον
19 30 [3] πολλοὶ δὲ ἔσονται πρῶτοι ἔσχατοι
20 8 [3] ἀρξάμενος ἀπὸ τ. ἐσχάτων ἕως τ. πρώτων
10 ἐλθόντες οἱ πρῶτοι ἐνόμισαν ὅτι πλεῖον λήμψονται
16 [3] οὕτως ἔσονται οἱ ἔσχατοι πρῶτοι κ. οἱ πρῶτοι ἔσχατοι
27 ὃς ἂν θέλῃ ἐν ὑμῖν εἶναι πρῶτος
21 28 [3] προσελθὼν τ. πρώτῳ εἶπεν
31 λέγουσιν Ὁ πρῶτος
ὁ ὕστερος, WH
36 [3] πάλιν ἀπέστειλεν ἄλλους δούλους πλείονας τ. πρώτων
22 25 [3] ὁ πρῶτος γήμας ἐτελεύτησεν
38 [3] αὕτη ἐστὶν ἡ μεγάλη κ. πρώτη ἐντολή
26 17 τῇ δὲ πρώτῃ τ. ἀζύμων προσῆλθον οἱ μαθηταὶ
27 64 [3] ἔσται ἡ ἐσχάτη πλάνη χείρων τ. πρώτης
Mk 6 21 [2] δεῖπνον ἐποίησεν . . . τ. πρώτοις τ. Γαλιλαίας
9 35 [3] εἴ τις θέλει πρῶτος εἶναι ἔσται πάντων ἔσχατος
10 31 [3] πολλοὶ δὲ ἔσονται πρῶτοι ἔσχατοι κ. οἱ ἔσχατοι πρῶτοι
44 ὃς ἂν θέλῃ ἐν ὑμῖν εἶναι πρῶτος
12 20 [3] ὁ πρῶτος ἔλαβεν γυναῖκα
28 [2] ποία ἐστὶν ἐντολὴ πρώτη πάντων
29 [3] πρώτη ἐστὶν Ἄκουε Ἰσραήλ
14 12 τ. πρώτῃ ἡμέρᾳ τ. ἀζύμων ὅτε τὸ πάσχα ἔθυον
16 [9 [2] ἀναστὰς δὲ πρωῒ πρώτῃ σαββάτου
Lu 2 2 αὕτη ἀπογραφὴ πρώτη ἐγένετο
ἐγέν. πρ., T
11 26 [3] γίνεται τὰ ἔσχατα τ. ἀνθρώπου ἐκείνου χείρονα τ. πρώτων
13 30 [3] εἰσὶν ἔσχατοι οἳ ἔσονται πρῶτοι κ. εἰσὶν πρῶτοι οἳ ἔσονται ἔσχατοι
14 18 [3] ὁ πρῶτος εἶπεν αὐτῷ
15 22 ταχὺ ἐξενέγκατε στολὴν τ. πρώτην
Lu 16 5 [3] προσκαλεσάμενος ἕνα ἕκαστον τ. χρεοφειλετῶν . . . ἔλεγεν τ. πρώτῳ
19 16 [3] παρεγένετο δὲ ὁ πρῶτος λέγων
47 [2] οἱ γραμματεῖς ἐζήτουν αὐτὸν ἀπολέσαι κ. οἱ πρῶτοι τ. λαοῦ
20 29 [3] ὁ πρῶτος λαβὼν γυναῖκα ἀπέθανεν ἄτεκνος
Jo 1 15 [2] ὅτι πρῶτός μου ἦν
30 [2] ὅτι πρῶτός μου ἦν
41 εὑρίσκει οὗτος πρῶτος τ. ἀδελφὸν τ. ἴδιον Σίμωνα
πρῶτον, WHR
5 [4 ὁ οὖν πρῶτος ἐμβὰς μετὰ τ. ταραχὴν τ. ὕδατος
—h. v., TWHR non mg.
8 [7 ὁ ἀναμάρτητος ὑμῶν πρῶτος ἐπ' αὐτὴν βαλέτω λίθον
19 32 [3] τοῦ μὲν πρώτου κατέαξαν τὰ σκέλη
20 4 ὁ ἄλλος μαθητὴς . . . ἦλθεν πρῶτος εἰς τὸ μνημεῖον
8 ὁ ἄλλος μαθητὴς ὁ ἐλθὼν πρῶτος εἰς τὸ μνημεῖον
Ac 1 1 τὸν μὲν πρῶτον λόγον ἐποιησάμην
12 10 [3] διελθόντες δὲ πρώτην φυλακὴν κ. δευτέραν
13 33 ὡς κ. ἐν τ. πρώτῳ ψαλμῷ γέγραπται
ἐν τ. ψαλ. γέγρ. τ. δευτέρῳ, WHR
50 [2] οἱ δὲ Ἰουδαῖοι παρώτρυναν . . . τ. πρώτους τ. πόλεως
16 12 [2] ἥτις ἐστὶν πρώτη τ. μερίδος Μακεδονίας πόλις κολωνία
17 4 γυναικῶν τε τ. πρώτων οὐκ ὀλίγαι
20 18 ἀπὸ πρώτης ἡμέρας ἀφ' ἧς ἐπέβην εἰς τ. Ἀσίαν
25 2 [2] ἐνεφάνισάν τε αὐτῷ οἱ ἀρχιερεῖς κ. οἱ πρῶτοι τ. Ἰουδαίων
26 23 εἰ πρῶτος ἐξ ἀναστάσεως νεκρῶν φῶς μέλλει καταγγέλλειν
27 43 ἀπορίψαντας πρώτους ἐπὶ τ. γῆν ἐξιέναι
28 7 [2] ὑπῆρχεν χωρία τ. πρώτῳ τῆς νήσου
17 [2] συνκαλέσασθαι αὐτὸν τ. ὄντας τ. Ἰουδαίων πρώτους
Ro 10 19 πρῶτος Μωυσῆς λέγει
I Co 14 30 [3] ὁ πρῶτος σιγάτω
15 3 [1] παρέδωκα γὰρ ὑμῖν ἐν πρώτοις
45 [3] ἐγένετο ὁ πρῶτος ἄνθρωπος Ἀδὰμ εἰς ψυχὴν ζῶσαν
וַיְהִי הָאָדָם לְנֶפֶשׁ חַיָּה, Gen. ii. 7
47 [3] ὁ πρῶτος ἄνθρωπος ἐκ γῆς χοϊκός
Eph 6 2 ἥτις ἐστὶν ἐντολὴ πρώτη ἐν ἐπαγγελίᾳ
Phl 1 5 ἀπὸ τ. πρώτης ἡμέρας ἄχρι τοῦ νῦν
I Ti 1 15 [2] ὧν πρῶτός εἰμι ἐγώ
16 ἵνα ἐν ἐμοὶ πρώτῳ ἐνδείξηται Χριστὸς Ἰησοῦς τ. ἅπασαν μακροθυμίαν
2 13 Ἀδὰμ γὰρ πρῶτος ἐπλάσθη εἶτα Εὕα
5 12 ὅτι τ. πρώτην πίστιν ἠθέτησαν
II Ti 4 16 ἐν τ. πρώτῃ μου ἀπολογίᾳ οὐδείς μοι παρεγένετο
He 8 7 εἰ γὰρ ἡ πρώτη ἐκείνη ἦν ἄμεμπτος
13 [3] ἐν τῷ λέγειν Καινὴν πεπαλαίωκεν τ. πρώτην
9 1 εἶχεν μὲν οὖν κ. ἡ πρώτη δικαιώματα λατρείας
2 σκηνὴ γὰρ κατεσκευάσθη ἡ πρώτη
6 [3] εἰς μὲν τ. πρώτην σκηνὴν διὰ παντὸς εἰσίασιν οἱ ἱερεῖς
8 ἔτι τ. πρώτης σκηνῆς ἐχούσης στάσιν

He 9 15 εἰς ἀπολύτρωσιν τῶν ἐπὶ τ. πρώτῃ διαθήκῃ παραβάσεων
18 ὅθεν οὐδὲ ἡ πρώτη χωρὶς αἵματος ἐνκεκαίνισται
10 9 [3] ἀναιρεῖ τὸ πρῶτον ἵνα τὸ δεύτερον στήσῃ
II Pe 2 20 [3] γέγονεν αὐτοῖς τὰ ἔσχατα χείρονα τ. πρώτων
I Jo 4 19 ὅτι αὐτὸς πρῶτος ἠγάπησεν ἡμᾶς
Re 1 17 [3] ἐγώ εἰμι ὁ πρῶτος κ. ὁ ἔσχατος
2 4 ὅτι τ. ἀγάπην σου τ. πρώτην ἀφῆκες
5 τὰ πρῶτα ἔργα ποίησον
8 [3] τάδε λέγει ὁ πρῶτος κ. ὁ ἔσχατος
19 [3] οἶδά σου τὰ ἔργα . . . τὰ ἔσχατα πλείονα τ. πρώτων
4 1 ἡ φωνὴ ἡ πρώτη ἣν ἤκουσα ὡς σάλπιγγος
7 [3] τὸ ζῷον τὸ πρῶτον ὅμοιον λέοντι
8 7 [3] ὁ πρῶτος ἐσάλπισεν
13 12 τ. ἐξουσίαν τ. πρώτου θηρίου πᾶσαν ποιεῖ
12 ἵνα προσκυνήσουσιν τὸ θηρίον τὸ πρῶτον
16 2 [3] ἀπῆλθεν ὁ πρῶτος
20 5 αὕτη ἡ ἀνάστασις ἡ πρώτη
6 ὁ ἔχων μέρος ἐν τ. ἀναστάσει τ. πρώτῃ
21 1 ὁ γὰρ πρῶτος οὐρανὸς κ. ἡ πρώτη γῆ ἀπῆλθαν
4 [1] τὰ πρῶτα ἀπῆλθαν
19 [3] ὁ θεμέλιος ὁ πρῶτος ἴασπις
22 13 [3] ἐγὼ . . . ὁ πρῶτος κ. ὁ ἔσχατος
ἐγὼ . . . πρ., WH mg.

ΠΡΩΤΟΣΤΑ´ΤΗΣ 4414

Ac 24 5 πρωτοστάτην τε τῆς τ. Ναζωραίων αἱρέσεως

ΠΡΩΤΟΤΟ´ΚΙΑ **† 4415

He 12 16 Ἠσαῦ ὃς ἀντὶ βρώσεως μιᾶς ἀπέδετο τὰ πρωτοτόκια ἑαυτοῦ

ΠΡΩΤΟ´ΤΟΚΟΣ 4416

Lu 2 7 ἔτεκεν τ. υἱὸν αὐτῆς τ. πρωτότοκον
Ro 8 29 εἰς τὸ εἶναι αὐτὸν πρωτότοκον ἐν πολλοῖς ἀδελφοῖς
Col 1 15 πρωτότοκος πάσης κτίσεως
18 ὅς ἐστιν ἡ ἀρχή πρωτότοκος ἐκ τ. νεκρῶν
He 1 6 ὅταν δὲ πάλιν εἰσαγάγῃ τ. πρωτότοκον εἰς τ. οἰκουμένην
11 28 ἵνα μὴ ὁ ὀλοθρεύων τὰ πρωτότοκα θίγῃ αὐτῶν
12 23 ἐκκλησίᾳ πρωτοτόκων ἀπογεγραμμένων ἐν οὐρανοῖς
Re 1 5 ὁ μάρτυς ὁ πιστὸς ὁ πρωτότοκος τ. νεκρῶν

ΠΡΩ´ΤΩΣ * 4416.5 cf. 4412

Ac 11 26 χρηματίσαι τε πρώτως ἐν Ἀντιοχείᾳ τ. μαθητὰς Χριστιανούς

ΠΤΑΙ´Ω 4417

Ro 11 11 λέγω οὖν μὴ ἔπταισαν ἵνα πέσωσιν;
Ja 2 10 ὅστις γὰρ ὅλον τ. νόμον τηρήσῃ πταίσῃ δὲ ἐν ἑνί
3 2 πολλὰ γὰρ πταίομεν ἅπαντες.
εἴ τις ἐν λόγῳ οὐ πταίει
II Pe 1 10 ταῦτα γὰρ ποιοῦντες οὐ μὴ πταίσητέ ποτε

ΠΤΕ´ΡΝΑ 4418

Jo 13 18 ἐπῆρεν ἐπ' ἐμὲ τ. πτέρναν αὐτοῦ
הִגְדִּיל עָלַי עָקֵב, Ps. xli. 10

ΠΤΕΡΥ´ΓΙΟΝ 4419

Mt 4 5 ἔστησεν αὐτὸν ἐπὶ τὸ πτερύγιον τ. ἱεροῦ
Lu 4 9 ἔστησεν ἐπὶ τὸ πτερύγιον τ. ἱεροῦ

ΠΤΕ´ΡΥΞ 4420

Mt 23 37 ὃν τρόπον ὄρνις ἐπισυνάγει τὰ νοσσία αὐτῆς ὑπὸ τ. πτέρυγας
Lu 13 34 ὃν τρόπον ὄρνις τὴν ἑαυτῆς νοσσιαν ὑπὸ τ. πτέρυγας
Re 4 8 ἓν καθ' ἓν αὐτῶν ἔχων ἀνὰ πτέρυγας ἕξ
9 9 ἡ φωνὴ τ. πτερύγων αὐτῶν ὡς φωνὴ ἁρμάτων
12 14 ἐδόθησαν τ. γυναικὶ αἱ δύο πτέρυγες τ. ἀετοῦ τ. μεγάλου

ΠΤΗΝΟ´Σ ** 4421

I Co 15 39 ἄλλη δὲ σὰρξ πτηνῶν ἄλλη δὲ ἰχθύων

ΠΤΟΕ´ΟΜΑΙ 4422

Lu 21 9 ὅταν δὲ ἀκούσητε πολέμους . . . μὴ πτοηθῆτε
24 37 πτοηθέντες δὲ κ. ἔμφοβοι γενόμενοι
θροηθέντες, WH mg.

ΠΤΟ´ΗΣΙΣ 4423

I Pe 3 6 μὴ φοβούμεναι μηδεμίαν πτόησιν

ΠΤΟΛΕΜΑΙ´Σ 4424

Ac 21 7 τ. πλοῦν διανύσαντες ἀπὸ Τύρου κατηντήσαμεν εἰς Πτολεμαΐδα

ΠΤΥ´ΟΝ ** 4425

Mt 3 12 οὗ τὸ πτύον ἐν τ. χειρὶ αὐτοῦ
Lu 3 17 οὗ τὸ πτύον ἐν τ. χειρὶ αὐτοῦ

ΠΤΥ´ΡΟΜΑΙ * 4426

Phl 1 28 μὴ πτυρόμενοι ἐν μηδενὶ ὑπὸ τ. ἀντικειμένων

ΠΤΥ´ΣΜΑ * 4427

Jo 9 6 ἐποίησεν πηλὸν ἐκ τ. πτύσματος

ΠΤΥ´ΣΣΩ * 4428

Lu 4 20 πτύξας τὸ βιβλίον ἀποδοὺς τῷ ὑπηρέτῃ ἐκάθισεν

ΠΤΥ´Ω 4429

Mk 7 33 πτύσας ἥψατο τ. γλώσσης αὐτοῦ
8 23 πτύσας εἰς τὰ ὄμματα αὐτοῦ
Jo 9 6 ταῦτα εἰπὼν ἔπτυσεν χαμαί

ΠΤΩ͂ΜΑ 4430

Mt 14 12 προσελθόντες οἱ μαθηταὶ αὐτοῦ ἦραν τὸ πτῶμα
24 28 ὅπου ἐὰν ᾖ τὸ πτῶμα
Mk 6 29 ἦλθαν κ. ἦραν τὸ πτῶμα αὐτοῦ
15 45 ἐδωρήσατο τὸ πτῶμα τῷ Ἰωσήφ
Re 11 8 τὸ πτῶμα αὐτῶν ἐπὶ τῆς πλατείας τ. πόλεως τ. μεγάλης
9 βλέπουσιν . . . τὸ πτῶμα αὐτῶν ἡμέρας τρεῖς κ. ἥμισυ,
κ. τὰ πτώματα αὐτῶν οὐκ ἀφίουσιν τεθῆναι εἰς μνῆμα

ΠΤΩ͂ΣΙΣ 4431

Mt 7 27 ἦν ἡ πτῶσις αὐτῆς μεγάλη
Lu 2 34 οὗτος κεῖται εἰς πτῶσιν κ. ἀνάστασιν πολλῶν ἐν τ. Ἰσραήλ

ΠΤΩΧΕΙ͂Α 4432

IICo8 2 ἡ κατὰ βάθους πτωχεία αὐτῶν ἐπερίσσευσεν
9 ἵνα ὑμεῖς τῇ ἐκείνου πτωχείᾳ πλουτήσητε
Re 2 9 οἶδά σου τ. θλῖψιν κ. τ. πτωχείαν

ΠΤΩΧΕΥ͂Ω 4433

IICo8 9 ὅτι δι' ὑμᾶς ἐπτώχευσεν πλούσιος ὤν

ΠΤΩΧΟ͂Σ 4434

(1) metaph.

Mt 5 3 [1] μακάριοι οἱ πτωχοὶ τ. πνεύματι
11 5 νεκροὶ ἐγείρονται κ. πτωχοὶ εὐαγγελίζονται
19 21 πώλησόν σου τὰ ὑπάρχοντα κ. δὸς τ. πτωχοῖς
—τοῖς, T [WH]
26 9 πραθῆναι πολλοῦ κ. δοθῆναι πτωχοῖς
11 πάντοτε γὰρ τ. πτωχοὺς ἔχετε μεθ' ἑαυτῶν
Mk 10 21 ὅσα ἔχεις πώλησον κ. δὸς τ. πτωχοῖς
τοῖς, [WH]
12 42 ἐλθοῦσα μία χήρα πτωχὴ ἔβαλεν λεπτὰ δύο
43 ἡ χήρα αὕτη ἡ πτωχὴ πλεῖον πάντων ἔβαλεν
14 5 πραθῆναι . . . κ. δοθῆναι τ. πτωχοῖς
7 πάντοτε γὰρ τ. πτωχοὺς ἔχετε μεθ' ἑαυτῶν
Lu 4 18 οὗ εἵνεκεν ἔχρισέν με εὐαγγελίσασθαι πτωχοῖς
יַעַן מָשַׁח יְהוָה אֹתִי לְבַשֵּׂר עֲנָוִים, Is. lxi. 1
6 20 [1] μακάριοι οἱ πτωχοί
7 22 νεκροὶ ἐγείρονται πτωχοὶ εὐαγγελίζονται
14 13 ὅταν δοχὴν ποιῇς κάλει πτωχοὺς ἀναπείρους
21 τ. πτωχοὺς κ. ἀναπείρους . . . εἰσάγαγε ὧδε
16 20 πτωχὸς δέ τις ὀνόματι Λάζαρος ἐβέβλητο
22 ἐγένετο δὲ ἀποθανεῖν τ. πτωχόν
18 22 ὅσα ἔχεις πώλησον κ. διάδος πτωχοῖς
19 8 τὰ ἡμίσιά μου τ. ὑπαρχόντων . . . τ. πτωχοῖς δίδωμι
21 3 ἡ χήρα αὕτη ἡ πτωχὴ πλεῖον πάντων ἔβαλεν
ἡ πτ. αὐτ., T
Jo 12 5 διὰ τί τοῦτο τὸ μύρον οὐκ . . . ἐδόθη πτωχοῖς;
6 οὐχ ὅτι περὶ τ. πτωχῶν ἔμελεν αὐτῷ
8 τ. πτωχοὺς γὰρ πάντοτε ἔχετε μεθ' ἑαυτῶν
13 29 ἢ τ. πτωχοῖς ἵνα τι δῷ
Ro 15 26 κοινωνίαν τινὰ ποιήσασθαι εἰς τ. πτωχοὺς τ. ἁγίων τῶν ἐν Ἱερουσαλήμ
IICo6 10 ὡς πτωχοὶ πολλοὺς δὲ πλουτίζοντες
Ga 2 10 μόνον τ. πτωχῶν ἵνα μνημονεύωμεν
4 9 [1] πῶς ἐπιστρέφετε πάλιν ἐπὶ τὰ ἀσθενῆ κ. πτωχὰ στοιχεῖα
Ja 2 2 εἰσέλθῃ δὲ κ. πτωχὸς ἐν ῥυπαρᾷ ἐσθῆτι
3 κ. τ. πτωχῷ εἴπητε
5 οὐχ ὁ Θεὸς ἐξελέξατο τ. πτωχοὺς τ. κόσμῳ πλουσίους ἐν πίστει
6 ὑμεῖς δὲ ἠτιμάσατε τ. πτωχόν
Re 3 17 [1] οὐκ οἶδας ὅτι σὺ εἶ ὁ ταλαίπωρος . . . κ. πτωχός
13 16 ποιεῖ πάντας . . . τ. πλουσίους κ. τ. πτωχούς

ΠΥΓΜΗ͂ 4435

Mk 7 3 ἐὰν μὴ πυγμῇ νίψωνται τ. χεῖρας
πυκνά, T

ΠΥ͂ΘΩΝ * 4436

Ac 16 16 παιδίσκην τινὰ ἔχουσαν πνεῦμα πύθωνα

ΠΥΚΝΟ͂Σ 4437

(1) πυκνότερος

Mk 7 3 ἐὰν μὴ πυκνὰ νίψωνται τ. χεῖρας
πυγμῇ, WHR
Lu 5 33 οἱ μαθηταὶ Ἰωάνου νηστεύουσιν πυκνά
Ac 24 26 [1] διὸ κ. πυκνότερον αὐτὸν μεταπεμπόμενος
I Ti 5 23 διὰ τ. στόμαχον κ. τ. πυκνάς σου ἀσθενείας

ΠΥΚΤΕΥ͂Ω * 4438

I Co 9 26 οὕτως πυκτεύω ὡς οὐκ ἀέρα δέρων

ΠΥ͂ΛΗ 4439

Mt 7 13 εἰσέλθατε διὰ τ. στενῆς πύλης·
ὅτι πλατεῖα ἡ πύλη κ. εὐρύχωρος ἡ ὁδός
—ἡ πύλη, [T] WH non mg. R mg.
14 ὅτι στενὴ ἡ πύλη κ. τεθλιμμένη ἡ ὁδὸς
ἡ πύλη, [T]
16 18 πύλαι ᾅδου οὐ κατισχύσουσιν αὐτῆς
Lu 7 12 ὡς δὲ ἤγγισεν τ. πύλῃ τ. πόλεως
Ac 3 10 καθήμενος ἐπὶ τ. Ὡραίᾳ Πύλῃ τ. ἱεροῦ
ὡρ. πύλῃ, T
9 24 παρετηροῦντο δὲ κ. τ. πύλας ἡμέρας τε κ. νυκτός
12 10 ἦλθαν ἐπὶ τ. πύλην τ. σιδηρᾶν
16 13 ἐξήλθομεν ἔξω τ. πύλης παρὰ ποταμόν
He 13 12 διὸ κ. Ἰησοῦς . . . ἔξω τ. πύλης ἔπαθεν

ΠΥΛΩ͂Ν 4440

Mt 26 71 ἐξελθόντα δὲ εἰς τ. πυλῶνα εἶδεν αὐτὸν ἄλλη
Lu 16 20 Λάζαρος ἐβέβλητο πρὸς τ. πυλῶνα αὐτοῦ
Ac 10 17 οἱ ἄνδρες οἱ ἀπεσταλμένοι . . . ἐπέστησαν ἐπὶ τ. πυλῶνα
12 13 κρούσαντος δὲ αὐτοῦ τ. θύραν τ. πυλῶνος
14 ἀπὸ τ. χαρᾶς οὐκ ἤνοιξεν τ. πυλῶνα,
εἰσδραμοῦσα δὲ ἀπήγγειλεν ἑστάναι τὸν Πέτρον πρὸ τ. πυλῶνος
14 13 ταύρους κ. στέμματα ἐπὶ τ. πυλῶνας ἐνέγκας
Re 21 12 ἔχουσα πυλῶνας δώδεκα,
κ. ἐπὶ τ. πυλῶσιν ἀγγέλους δώδεκα
13 ἀπὸ ἀνατολῆς πυλῶνες τρεῖς·
κ. ἀπὸ βορρᾶ πυλῶνες τρεῖς·
κ. ἀπὸ νότου πυλῶνες τρεῖς·
κ. ἀπὸ δυσμῶν πυλῶνες τρεῖς
15 ἵνα μετρήσῃ τ. πόλιν κ. τ. πυλῶνας αὐτῆς
21 οἱ δώδεκα πυλῶνες δώδεκα μαργαρῖται·
ἀνὰ εἷς ἕκαστος τ. πυλώνων ἦν ἐξ ἑνὸς μαργαρίτου
25 οἱ πυλῶνες αὐτῆς οὐ μὴ κλεισθῶσιν ἡμέρας
22 14 ἵνα . . . τ. πυλῶσιν εἰσέλθωσιν εἰς τ. πόλιν

ΠΥΝΘΑ͂ΝΟΜΑΙ 4441

Mt 2 4 ἐπυνθάνετο παρ' αὐτῶν ποῦ ὁ Χριστὸς γεννᾶται
Lu 15 26 ἐπυνθάνετο τί ἂν εἴη ταῦτα

Lu 18 36 ἐπυνθάνετο τί εἴη τοῦτο
Jo 4 52 ἐπύθετο οὖν τ. ὥραν παρ' αὐτῶν
Ac 4 7 στήσαντες αὐτοὺς ἐν μέσῳ ἐπυνθάνοντο
10 18 φωνήσαντες ἐπύθοντο εἰ Σίμων . . . ἐνθάδε ξενίζεται
ἐπυνθάνοντο, TWH mg.
29 πυνθάνομαι οὖν τίνι λόγῳ μετεπέμψασθέ με
21 33 ἐπυνθάνετο τίς εἴη κ. τί ἐστιν πεποιηκώς
23 19 ἀναχωρήσας κατ' ἰδίαν ἐπυνθάνετο
20 ὡς μέλλων τι ἀκριβέστερον πυνθάνεσθαι περὶ αὐτοῦ
34 πυθόμενος ὅτι ἀπὸ Κιλικίας

ΠΥ͂Ρ 4442

(1) π. αἰώνιον, ἄσβεστον (2) γέεννα, κάμινος, λίμνη πυρός (3) metaph. (4) φλὸξ πυρός, πῦρ φλογός

Mt 3 10 ἐκκόπτεται κ. εἰς πῦρ βάλλεται
11 αὐτὸς ὑμᾶς βαπτίσει ἐν πνεύματι ἁγίῳ κ. πυρί
12 [1] τὸ δὲ ἄχυρον κατακαύσει πυρὶ ἀσβέστῳ
5 22 [2] ἔνοχος ἔσται εἰς τ. γέενναν τ. πυρός
7 19 ἐκκόπτεται κ. εἰς πῦρ βάλλεται
13 40 ὥσπερ οὖν συλλέγεται τὰ ζιζάνια κ. πυρὶ κατακαίεται
42 [2] βαλοῦσιν αὐτοὺς εἰς τὴν κάμινον τ. πυρός
50 [2] βαλοῦσιν αὐτοὺς εἰς τὴν κάμινον τ. πυρός
17 15 πολλάκις γὰρ πίπτει εἰς τὸ πῦρ
18 8 [1] ἢ δύο χεῖρας ἢ δύο πόδας ἔχοντα βληθῆναι εἰς τὸ πῦρ τὸ αἰώνιον
9 [2] ἢ δύο ὀφθαλμοὺς ἔχοντα βληθῆναι εἰς τ. γέενναν τ. πυρός
25 41 [1] πορεύεσθε ἀπ' ἐμοῦ . . . εἰς τὸ πῦρ τὸ αἰώνιον
Mk 9 22 πολλάκις κ. εἰς πῦρ αὐτὸν ἔβαλεν
43 [1] ἢ τὰς δύο χεῖρας ἔχοντα ἀπελθεῖν . . . εἰς τὸ πῦρ τὸ ἄσβεστον
48 ὅπου . . . τὸ πῦρ οὐ σβέννυται
כִּי . . . אִשָּׁם לֹא תִכְבֶּה, Is. lxvi. 24
49 [3] πᾶς γὰρ πυρὶ ἁλισθήσεται
πᾶσα γὰρ θυσία ἁλὶ ἁλισθ., WH mg.
Lu 3 9 ἐκκόπτεται κ. εἰς πῦρ βάλλεται
16 αὐτὸς ὑμᾶς βαπτίσει ἐν πνεύματι ἁγίῳ κ. πυρί
17 [1] τὸ δὲ ἄχυρον κατακαύσει πυρὶ ἀσβέστῳ
9 54 θέλεις εἴπωμεν πῦρ καταβῆναι ἀπὸ τ. οὐρανοῦ
12 49 [3] πῦρ ἦλθον βαλεῖν ἐπὶ τ. γῆν
17 29 ἔβρεξεν πῦρ κ. θεῖον ἀπ' οὐρανοῦ
22 55 περιαψάντων δὲ πῦρ ἐν μέσῳ τ. αὐλῆς
Jo 15 6 συνάγουσιν αὐτὰ κ. εἰς τὸ πῦρ βάλλουσιν
Ac 2 3 διαμεριζόμεναι γλῶσσαι ὡσεὶ πυρός
19 αἷμα κ. πῦρ κ. ἀτμίδα καπνοῦ
דָּם וָאֵשׁ וְתִימְרוֹת עָשָׁן, Joel iii. 3
7 30 [4] ὤφθη αὐτῷ . . . ἄγγελος ἐν φλογὶ πυρὸς βάτου
28 5 ὁ μὲν οὖν ἀποτινάξας τὸ θηρίον εἰς τὸ πῦρ
Ro 12 20 ἄνθρακας πυρὸς σωρεύσεις ἐπὶ τ. κεφαλὴν αὐτοῦ
גֶּחָלִים אַתָּה חֹתֶה עַל־רֹאשׁוֹ, Pr. xxv. 22
I Co 3 13 ὅτι ἐν πυρὶ ἀποκαλύπτεται
I Co 3 13 τὸ πῦρ αὐτὸ δοκιμάσει
15 αὐτὸς δὲ σωθήσεται οὕτως δὲ ὡς διὰ πυρός
II Th 1 8 [4] ἐν πυρὶ φλογὸς διδόντος ἐκδίκησιν
He 1 7 [4] ὁ ποιῶν . . . τ. λειτουργοὺς αὐτοῦ πυρὸς φλόγα
עֹשֶׂה . . . מְשָׁרְתָיו אֵשׁ לֹהֵט, Ps. civ. 4
10 27 [3] πυρὸς ζῆλος ἐσθίειν μέλλοντος τ. ὑπεναντίους
11 34 ἔσβεσαν δύναμιν πυρός
12 18 οὐ γὰρ προσεληλύθατε . . . κεκαυμένῳ πυρί
29 [3] κ. γὰρ ὁ Θεὸς ἡμῶν πῦρ καταναλίσκον
כִּי יְהוָה אֱלֹהֶיךָ אֵשׁ אֹכְלָה הוּא, Dt. iv. 24
Ja 3 5 [3] ἰδοὺ ἡλίκον πῦρ ἡλίκην ὕλην ἀνάπτει·
6 καὶ ἡ γλῶσσα πῦρ
ἀν. ἡ γλῶσσα., T
5 3 φάγεται τ. σάρκας ὑμῶν ὡς πῦρ
I Pe 1 7 διὰ πυρὸς δὲ δοκιμαζομένου
II Pe 3 7 τεθησαυρισμένοι εἰσὶν πυρὶ τηρούμενοι εἰς ἡμέραν κρίσεως
Ju 7 [1] πρόκεινται δεῖγμα πυρὸς αἰωνίου δίκην ὑπέχουσαι
23 [3] σώζετε ἐκ πυρὸς ἁρπάζοντες
Re 1 14 [4] οἱ ὀφθαλμοὶ αὐτοῦ ὡς φλὸξ πυρός
2 18 [4] ὁ ἔχων τ. ὀφθαλμοὺς αὐτοῦ ὡς φλόγα πυρός
3 18 ἀγοράσαι παρ' ἐμοῦ χρυσίον πεπυρωμένον ἐκ πυρός
4 5 ἑπτὰ λαμπάδες πυρὸς καιόμεναι ἐνώπιον τ. θρόνου
8 5 ἐγέμισεν αὐτὸν ἐκ τ. πυρὸς τ. θυσιαστηρίου
7 ἐγένετο χάλαζα κ. πῦρ μεμιγμένα ἐν αἵματι
8 ὡς ὄρος μέγα πυρὶ καιόμενον ἐβλήθη εἰς τ. θάλασσαν
9 17 ἐκ τ. στομάτων αὐτῶν ἐκπορεύεται πῦρ
18 ἀπεκτάνθησαν τὸ τρίτον τ. ἀνθρώπων ἐκ τ. πυρός
10 1 οἱ πόδες αὐτοῦ ὡς στύλοι πυρός
11 5 πῦρ ἐκπορεύεται ἐκ τ. στόματος αὐτῶν
13 13 ἵνα κ. πῦρ ποιῇ ἐκ τ. οὐρανοῦ καταβαίνειν
14 10 βασανισθήσεται ἐν πυρὶ κ. θείῳ ἐνώπιον ἀγγέλων ἁγίων
18 ὁ ἔχων ἐξουσίαν ἐπὶ τ. πυρός
15 2 εἶδον ὡς θάλασσαν ὑαλίνην μεμιγμένην πυρί
16 8 ἐδόθη αὐτῷ καυματίσαι τ. ἀνθρώπους ἐν πυρί
17 16 αὐτὴν κατακαύσουσιν ἐν πυρί
—ἐν, T [WH]
18 8 ἐν πυρὶ κατακαυθήσεται
19 12 [4] οἱ δὲ ὀφθαλμοὶ αὐτοῦ φλὸξ πυρός
20 [2] ζῶντες ἐβλήθησαν οἱ δύο εἰς τ. λίμνην τ. πυρός
20 9 κατέβη πῦρ ἐκ τ. οὐρανοῦ
10 [2] ὁ διάβολος ὁ πλανῶν αὐτοὺς ἐβλήθη εἰς τ. λίμνην τ. πυρὸς κ. θείου
14 [2] ὁ θάνατος κ. ὁ ᾅδης ἐβλήθησαν εἰς τ. λίμνην τ. πυρός·
[2] οὗτος ὁ θάνατος ὁ δεύτερός ἐστιν ἡ λίμνη τ. πυρός
15 [2] ἐβλήθη εἰς τ. λίμνην τ. πυρός
21 8 [2] τὸ μέρος αὐτῶν ἐν τ. λίμνῃ τ. καιομένῃ πυρὶ κ. θείῳ

ΠΥΡΑ΄** 4443

Ac 28 2 ἅψαντες γὰρ πυρὰν προσελάβοντο πάντας ἡμᾶς
3 κ. ἐπιθέντος ἐπὶ τ. πυράν

ΠΥ'ΡΓΟΣ 4444

Mt 21 33 ἄνθρωπος . . . ᾠκοδόμησεν πυργον
Mk 12 1 ἄνθρωπος . . . ᾠκοδόμησεν πύργον
Lu 13 4 ἐφ' οὓς ἔπεσεν ὁ πύργος ὁ ἐν Σιλωάμ
14 28 τίς γὰρ ἐξ ὑμῶν θέλων πύργον οἰκοδομῆσαι

ΠΥΡΕ'ΣΣΩ * 4445

Mt 8 14 εἶδεν τ. πενθερὰν αὐτοῦ . . . πυρέσσουσαν
Mk 1 30 ἡ δὲ πενθερὰ Σίμωνος κατέκειτο πυρέσσουσα

ΠΥΡΕΤΟ'Σ 4446

Mt 8 15 ἀφῆκεν αὐτὴν ὁ πυρετός
Mk 1 31 ἀφῆκεν αὐτὴν ὁ πυρετὸς
Lu 4 38 πενθερὰ δὲ τ. Σίμωνος ἦν συνεχομένη πυρετῷ μεγάλῳ
39 ἐπιστὰς ἐπάνω αὐτῆς ἐπετίμησεν τ. πυρετῷ
Jo 4 52 ἐχθὲς ὥραν ἑβδόμην ἀφῆκεν αὐτὸν ὁ πυρετός
Ac 28 8 πυρετοῖς κ. δυσεντερίῳ συνεχόμενον

ΠΥ'ΡΙΝΟΣ 4447

Re 9 17 ἔχοντας θώρακας πυρίνους κ. ὑακινθίνους

ΠΥΡΟ'ΟΜΑΙ 4448

I Co 7 9 κρεῖττον γάρ ἐστιν γαμεῖν ἢ πυροῦσθαι
II Co 11 29 τίς σκανδαλίζεται κ. οὐκ ἐγὼ πυροῦμαι;
Eph 6 16 πάντα τὰ βέλη τ. πονηροῦ τὰ πεπυρωμένα σβέσαι
II Pe 3 12 δι' ἣν οὐρανοὶ πυρούμενοι λυθήσονται
Re 1 15 οἱ πόδες αὐτοῦ ὅμοιοι χαλκολιβάνῳ ὡς ἐν καμίνῳ πεπυρωμένης
πεπυρωμένῳ, T; πεπυρωμένοι, WH mg.
8 18 ἀγοράσαι παρ' ἐμοῦ χρυσίον πεπυρωμένον ἐκ πυρός

ΠΥΡΡΑ'ΖΩ * † 4449

Mt 16 2 εὐδία· πυρράζει γὰρ ὁ οὐρανός
—h. v., [T] [[WH]] R mg.
3 σήμερον χειμών· πυρράζει γὰρ στυγνάζων ὁ οὐρανός
—h. v., [T] [[WH]] R mg.

ΠΥ'ΡΡΟΣ 4450.5 cf. 4450

Ac 20 4 συνείπετο δὲ αὐτῷ Σώπατρος Πύρρου Βεροιαῖος

ΠΥΡΡΟ'Σ 4450 cf. 4450.5

Re 6 4 ἐξῆλθεν ἄλλος ἵππος πυρρός
12 3 ἰδοὺ δράκων μέγας πυρρός
πυρρ. μέγ., TWH mg. R

ΠΥ'ΡΩΣΙΣ 4451

I Pe 4 12 μὴ ξενίζεσθε τῇ ἐν ὑμῖν πυρώσει
Re 18 9 ὅταν βλέπωσιν τ. καπνὸν τ. πυρώσεως αὐτῆς
18 ἔκραξαν βλέποντες τ. καπνὸν τ. πυρώσεως αὐτῆς

ΠΩΛΕ'Ω 4453

Mt 10 29 οὐχὶ δύο στρουθία ἀσσαρίου πωλεῖται;
13 44 ὑπάγει κ. πωλεῖ ὅσα ἔχει
19 21 ὕπαγε πώλησόν σου τὰ ὑπάρχοντα
21 12 ἐξέβαλεν πάντας τ. πωλοῦντας κ. ἀγοράζοντας
12 κατέστρεψεν . . . τ. καθέδρας τ. πωλούντων τ. περιστεράς
Mt 25 9 πορεύεσθε μᾶλλον πρὸς τ. πωλοῦντας
Mk 10 21 ὕπαγε ὅσα ἔχεις πώλησον
11 15 ἤρξατο ἐκβάλλειν τ. πωλοῦντας κ. τ. ἀγοράζοντας
15 τ. καθέδρας τ. πωλούντων τ. περιστερὰς κατέστρεψεν
Lu 12 6 οὐχὶ πέντε στρουθία πωλοῦνται ἀσσαρίων δύο;
33 πωλήσατε τὰ ὑπάρχοντα ὑμῶν
17 28 ἤσθιον ἔπινον ἠγόραζον ἐπώλουν
18 22 πάντα ὅσα ἔχεις πώλησον
19 45 ἤρξατο ἐκβάλλειν τ. πωλοῦντας
22 36 ὁ μὴ ἔχων πωλησάτω τὸ ἱμάτιον αὐτοῦ
Jo 2 14 εὗρεν ἐν τ. ἱερῷ τ. πωλοῦντας βόας
16 τοῖς τ. περιστερὰς πωλοῦσιν εἶπεν
Ac 4 34 πωλοῦντες ἔφερον τ. τιμὰς τ. πιπρασκομένων
37 πωλήσας ἤνεγκεν τὸ χρῆμα
5 1 ἀνὴρ δέ τις Ἀνανίας . . . ἐπώλησεν κτῆμα
I Co 10 25 πᾶν τὸ ἐν μακέλλῳ πωλούμενον ἐσθίετε
Re 13 17 ἵνα μή τις δύνηται ἀγοράσαι ἢ πωλῆσαι

ΠΩ͂ΛΟΣ 4454

Mt 21 2 εὑρήσετε ὄνον δεδεμένην κ. πῶλον μετ' αὐτῆς
5 ἐπιβεβηκὼς ἐπὶ ὄνον κ. ἐπὶ πῶλον υἱὸν ὑποζυγίου
רֹכֵב עַל־חֲמוֹר וְעַל־עַיִר בֶּן־אֲתֹנוֹת, Zech. ix. 9
7 ἤγαγον τὴν ὄνον κ. τ. πῶλον
Mk 11 2 εἰσπορευόμενοι εἰς αὐτὴν εὑρήσετε πῶλον δεδεμένον
4 εὗρον πῶλον δεδεμένον πρὸς θύραν ἔξω
τὸν πῶλ., T
5 τί ποιεῖτε λύοντες τ. πῶλον;
7 φέρουσιν τ. πῶλον πρὸς τ. Ἰησοῦν
Lu 19 30 ἐν ᾗ εἰσπορευόμενοι εὑρήσετε πῶλον δεδεμένον
33 λυόντων δὲ αὐτῶν τ. πῶλον
33 τί λύετε τ. πῶλον;
35 ἐπιρίψαντες αὐτῶν τὰ ἱμάτια ἐπὶ τ. πῶλον
Jo 12 15 ὁ βασιλεύς σου ἔρχεται καθήμενος ἐπὶ πῶλον ὄνου, Zech. *l.c.*

ΠΩ'ΠΟΤΕ 4455

Lu 19 30 ἐφ' ὃν οὐδεὶς π. ἀνθρώπων ἐκάθισεν
Jo 1 18 Θεὸν οὐδεὶς ἑώρακεν πώποτε
5 37 οὔτε φωνὴν αὐτοῦ πώποτε ἀκηκόατε
6 35 ὁ πιστεύων εἰς ἐμὲ οὐ μὴ διψήσει πώποτε
8 33 οὐδενὶ δεδουλεύκαμεν πώποτε
I Jo 4 12 Θεὸν οὐδεὶς πώποτε τεθέαται

ΠΩΡΟ'Ω 4456

Mk 6 52 ἀλλ' ἦν αὐτῶν ἡ καρδία πεπωρωμένη
8 17 πεπωρωμένην ἔχετε τ. καρδίαν ὑμῶν;
Jo 12 40 ἐπώρωσεν αὐτῶν τ. καρδίαν
הַשְׁמֵן לֵב־הָעָם הַזֶּה, Is. vi. 10
Ro 11 7 οἱ δὲ λοιποὶ ἐπωρώθησαν
II Co 3 14 ἀλλὰ ἐπωρώθη τὰ νοήματα αὐτῶν

ΠΩ'ΡΩΣΙΣ * 4457

Mk 3 5 συνλυπούμενος ἐπὶ τ. πωρώσει τ. καρδίας αὐτῶν
Ro 11 25 πώρωσις ἀπὸ μέρους τῷ Ἰσραὴλ γέγονεν
Eph 4 18 ἀπηλλοτριωμένοι . . . διὰ τ. πώρωσιν τ. καρδίας αὐτῶν

ΠΩ͂Σ 4459

(1) π. οὖν (2) π. οὐ, οὐχί (3) c. adv. (4) seq. conj., optat.

Mt 6 28 καταμάθετε τὰ κρίνα τ. ἀγροῦ πῶς αὐξάνουσιν
7 4 ἢ πῶς ἐρεῖς τ. ἀδελφῷ σου
10 19 [4] μὴ μεριμνήσητε πῶς ἢ τί λαλήσητε
12 4 πῶς εἰσῆλθεν εἰς τ. οἶκον τ. Θεοῦ
26 [1] πῶς οὖν σταθήσεται ἡ βασιλεία αὐτοῦ;
29 ἢ πῶς δύναταί τις εἰσελθεῖν εἰς τ. οἰκίαν τ. ἰσχυροῦ
34 πῶς δύνασθε ἀγαθὰ λαλεῖν πονηροὶ ὄντες;
16 11 [2] πῶς οὐ νοεῖτε ὅτι οὐ περὶ ἄρτων εἶπον
21 20 [3] πῶς παραχρῆμα ἐξηράνθη ἡ συκῆ;
22 12 πῶς εἰσῆλθες ὧδε μὴ ἔχων ἔνδυμα γάμου;
43 [1] πῶς οὖν Δαυεὶδ ἐν πνεύματι καλεῖ αὐτὸν Κύριον;
45 πῶς υἱὸς αὐτοῦ ἐστίν;
23 33 [4] πῶς φύγητε ἀπὸ τ. κρίσεως τ. γεέννης;
26 54 [1] [4] πῶς οὖν πληρωθῶσιν αἱ γραφαί
Mk 2 26 πῶς εἰσῆλθεν εἰς τ. οἶκον τ. Θεοῦ
πῶς, [WH]
3 23 πῶς δύναται Σατανᾶς Σατανᾶν ἐκβάλλειν;
4 13 πῶς πάσας τ. παραβολὰς γνώσεσθε;
30 [4] πῶς ὁμοιώσωμεν τ. βασιλείαν τ. Θεοῦ;
40 [2] πῶς οὐκ ἔχετε πίστιν;
οὔπω ἔχ., WHR
5 16 διηγήσαντο . . . πῶς ἐγένετο τ. δαιμονιζομένῳ
9 12 πῶς γέγραπται ἐπὶ τ. υἱὸν τ. ἀνθρώπου
10 23 [3] πῶς δυσκόλως οἱ τὰ χρήματα ἔχοντες . . . εἰσελεύσονται
24 [3] πῶς δύσκολόν ἐστιν εἰς τ. βασιλείαν τ. Θεοῦ εἰσελθεῖν
11 18 [4] ἐζήτουν πῶς αὐτὸν ἀπολέσωσιν
12 26 οὐκ ἀνέγνωτε . . . πῶς εἶπεν αὐτῷ ὁ Θεός
35 πῶς λέγουσιν οἱ γραμματεῖς
41 ἐθεώρει πῶς ὁ ὄχλος βάλλει χαλκόν
14 1 [4] ἐζήτουν . . . πῶς αὐτὸν ἐν δόλῳ κρατήσαντες ἀποκτείνωσιν
11 [4] ἐζήτει πῶς αὐτὸν εὐκαίρως παραδοῖ
Lu 1 34 πῶς ἔσται τοῦτο
6 42 πῶς δύνασαι λέγειν τ. ἀδελφῷ σου
8 18 βλέπετε οὖν πῶς ἀκούετε
36 ἀπήγγειλαν δὲ αὐτοῖς οἱ ἰδόντες πῶς ἐσώθη ὁ δαιμονισθείς
10 26 πῶς ἀναγινώσκεις;
11 18 πῶς σταθήσεται ἡ βασιλεία αὐτοῦ;
12 11 [4] μὴ μεριμνήσητε πῶς ἢ τί ἀπολογήσησθε
27 κατανοήσατε τὰ κρίνα πῶς αὐξάνει
50 πῶς συνέχομαι ἕως ὅτου τελεσθῇ
56 [2] τ. καιρὸν δὲ τοῦτον πῶς οὐκ οἴδατε δοκιμάζειν;
14 7 ἐπέχων πῶς τ. πρωτοκλισίας ἐξελέγοντο
18 24 [3] πῶς δυσκόλως οἱ τὰ χρήματα ἔχοντες . . . εἰσπορεύονται
20 41 πῶς λέγουσιν τ. Χριστὸν εἶναι Δαυεὶδ υἱόν;
44 κ. πῶς αὐτοῦ υἱός ἐστιν;
22 2 [4] ἐζήτουν οἱ ἀρχιερεῖς . . . τὸ πῶς ἀνέλωσιν αὐτόν
4 [4] συνελάλησεν τ. ἀρχιερεῦσι . . . τὸ πῶς αὐτοῖς παραδῷ αὐτόν
Jo 3 4 πῶς δύναται ἄνθρωπος γεννηθῆναι γέρων ὤν;
9 πῶς δύναται ταῦτα γενέσθαι;
12 πῶς ἐὰν εἴπω ὑμῖν τὰ ἐπουράνια πιστεύσετε;
Jo 4 9 πῶς σὺ Ἰουδαῖος ὢν παρ᾽ ἐμοῦ πεῖν αἰτεῖς
5 44 πῶς δύνασθε ὑμεῖς πιστεῦσαι
47 πῶς τ. ἐμοῖς ῥήμασι πιστεύσετε;
6 42 πῶς νῦν λέγει
52 πῶς δύναται οὗτος ἡμῖν δοῦναι τ. σάρκα αὐτοῦ φαγεῖν;
7 15 πῶς οὗτος γράμματα οἶδεν
8 33 πῶς σὺ λέγεις ὅτι Ἐλεύθεροι γενήσεσθε;
9 10 [1] πῶς οὖν ἠνεῴχθησάν σου οἱ ὀφθαλμοί;
15 πάλιν οὖν ἠρώτων αὐτὸν κ. οἱ Φαρισαῖοι πῶς ἀνέβλεψεν
16 πῶς δύναται ἄνθρωπος ἁμαρτωλὸς τοιαῦτα σημεῖα ποιεῖν;
19 πῶς οὖν βλέπει ἄρτι;
21 πῶς δὲ νῦν βλέπει οὐκ οἴδαμεν
26 πῶς ἤνοιξέν σου τ. ὀφθαλμούς;
11 36 ἴδε πῶς ἐφίλει αὐτόν
12 34 πῶς λέγεις σὺ ὅτι δεῖ ὑψωθῆναι
14 5 πῶς οἴδαμεν τὴν ὁδόν;
9 πῶς σὺ λέγεις Δεῖξον ἡμῖν τ. πατέρα;
Ac 2 8 πῶς ἡμεῖς ἀκούομεν ἕκαστος
4 21 [4] μηδὲν εὑρίσκοντες τὸ πῶς κολάσωνται αὐτούς
8 31 [4] πῶς γὰρ ἂν δυναίμην
9 27 διηγήσατο αὐτοῖς πῶς ἐν τῇ ὁδῷ εἶδεν τ. Κύριον
27 κ. πῶς ἐν Δαμασκῷ ἐπαρρησιάσατο ἐν τ. ὀνόματι Ἰησοῦ
11 13 ἀπήγγειλεν δὲ ἡμῖν πῶς εἶδεν τ. ἄγγελον
12 17 διηγήσατο αὐτοῖς πῶς ὁ Κύριος αὐτὸν ἐξήγαγεν
15 36 ἐπισκεψώμεθα τ. ἀδελφοὺς . . . πῶς ἔχουσιν
20 18 ἐπίστασθε . . . πῶς μεθ᾽ ὑμῶν τ. πάντα χρόνον ἐγενόμην
Ro 3 6 ἐπεὶ πῶς κρινεῖ ὁ Θεὸς τ. κόσμον;
4 10 [1] πῶς οὖν ἐλογίσθη;
6 2 πῶς ἔτι ζήσομεν ἐν αὐτῇ;
8 32 [2] πῶς οὐχὶ κ. σὺν αὐτῷ τὰ πάντα ἡμῖν χαρίσεται;
10 14 [1] [4] πῶς οὖν ἐπικαλέσωνται εἰς ὃν οὐκ ἐπίστευσαν;
[4] πῶς δὲ πιστεύσωσιν οὗ οὐκ ἤκουσαν;
[4] πῶς δὲ ἀκούσωσιν χωρὶς κηρύσσοντος;
ἀκούσονται, T
15 [4] πῶς δὲ κηρύξωσιν ἐὰν μὴ ἀποσταλῶσιν;
I Co 3 10 ἕκαστος δὲ βλεπέτω πῶς ἐποικοδομεῖ
7 32 [4] ὁ ἄγαμος μεριμνᾷ τὰ τ. Κυρίου πῶς ἀρέσῃ τ. Κυρίῳ·
33 [4] ὁ δὲ γαμήσας μεριμνᾷ τὰ τ. κόσμου πῶς ἀρέσῃ τ. γυναικί
34 [4] ἡ δὲ γαμήσασα μεριμνᾷ τὰ τ. κόσμου πῶς ἀρέσῃ τ. ἀνδρί
14 7 πῶς γνωσθήσεται τὸ αὐλούμενον ἢ τὸ κιθαριζόμενον;
9 πῶς γνωσθήσεται τὸ λαλούμενον;
16 πῶς ἐρεῖ τὸ ἀμὴν ἐπὶ τ. σῇ εὐχαριστίᾳ
15 12 πῶς λέγουσιν ἐν ὑμῖν τινές
35 πῶς ἐγείρονται οἱ νεκροί;
II Co 3 8 [2] πῶς οὐχὶ μᾶλλον ἡ διακονία τ. πνεύματος ἔσται ἐν δόξῃ;
Ga 2 14 πῶς τὰ ἔθνη ἀναγκάζεις Ἰουδαΐζειν;
4 9 πῶς ἐπιστρέφετε πάλιν ἐπὶ τὰ . . . στοιχεῖα
Eph 5 15 βλέπετε οὖν ἀκριβῶς πῶς περιπατεῖτε
Col 4 6 εἰδέναι πῶς δεῖ ὑμᾶς ἑνὶ ἑκάστῳ ἀποκρίνεσθαι

I Th 1 9 ἀπαγγέλλουσιν . . . πῶς ἐπεστρέψατε πρὸς τ. Θεὸν ἀπὸ τ. εἰδώλων
4 1 καθὼς παρελάβετε παρ' ἡμῶν τὸ πῶς δεῖ ὑμᾶς περιπατεῖν
II Th 3 7 αὐτοὶ γὰρ οἴδατε πῶς δεῖ μιμεῖσθαι ἡμᾶς
I Ti 3 5 πῶς ἐκκλησίας Θεοῦ ἐπιμελήσεται;
15 ἵνα εἰδῇς πῶς δεῖ ἐν οἴκῳ Θεοῦ ἀναστρέφεσθαι
He 2 3 πῶς ἡμεῖς ἐκφευξόμεθα
I Jo 3 17 πῶς ἡ ἀγάπη τ. Θεοῦ μένει ἐν αὐτῷ;
4 20 τὸν Θεὸν ὃν οὐχ ἑώρακεν πῶς δύναται ἀγαπᾶν;
οὐ δύν., TWHR non mg.
Re 3 3 μνημόνευε οὖν πῶς εἴληφας κ. ἤκουσας

ΠΩ'Σ 4458

enclit. *Vide* εἴ πως, μή πως

Ρ

ῬΑΑ'Β 4460

He 11 31 πίστει Ῥαὰβ ἡ πόρνη οὐ συναπώλετο
Ja 2 25 ὁμοίως δὲ κ. Ῥαὰβ ἡ πόρνη οὐκ ἐξ ἔργων ἐδικαιώθη

ῬΑΒΒΕΙ' * † 4461

Mt 23 7 καλεῖσθαι ὑπὸ τ. ἀνθρώπων Ῥαββεί.
8 ὑμεῖς δὲ μὴ κληθῆτε Ῥαββεί
26 25 μήτι ἐγώ εἰμι ῥαββεί;
49 προσελθὼν τ. Ἰησοῦ εἶπεν Χαῖρε ῥαββεί
Mk 9 5 ῥαββεὶ καλόν ἐστιν ἡμᾶς ὧδε εἶναι
10 51 Κύριε ῥαββεὶ ἵνα ἀναβλέψω
ῥαββουνεὶ, TWH non mg. R
11 21 ῥαββεὶ ἴδε ἡ συκῆ ἣν κατηράσω ἐξήρανται
14 45 προσελθὼν αὐτῷ λέγει Ῥαββεί
Jo 1 38 οἱ δὲ εἶπαν αὐτῷ Ῥαββεὶ ὃ λέγεται μεθερμηνευόμενον Διδάσκαλε
49 ῥαββεὶ σὺ εἶ ὁ υἱὸς τ. Θεοῦ
3 2 ῥαββεὶ οἴδαμεν ὅτι ἀπὸ Θεοῦ ἐλήλυθας διδάσκαλος
26 ῥαββεὶ ὃς ἦν μετὰ σοῦ πέραν τ. Ἰορδάνου
4 31 λέγοντες Ῥαββεὶ φάγε
6 25 ῥαββεὶ πότε ὧδε γέγονας;
9 2 ῥαββεὶ τίς ἥμαρτεν
11 8 λέγουσιν αὐτῷ οἱ μαθηταὶ Ῥαββεὶ νῦν ἐζήτουν σε λιθάσαι

ῬΑΒΒΟΥΝΕΙ' * † 4462

ῥαββουνί, T

Mk 10 51 ῥαββουνεὶ ἵνα ἀναβλέψω
Κύριε ῥαββεί, WH mg.
Jo 20 16 λέγει αὐτῷ Ἑβραϊστὶ Ῥαββουνεὶ ὃ λέγεται Διδάσκαλε

ῬΑΒΔΙ'ΖΩ 4463

Ac 16 22 οἱ στρατηγοὶ . . . ἐκέλευον ῥαβδίζειν
II Co 11 25 τρὶς ἐραβδίσθην ἅπαξ ἐλιθάσθην

ῬΑ'ΒΔΟΣ 4464

Mt 10 10 μὴ κτήσησθε χρυσὸν . . . μηδὲ ὑποδήματα μηδὲ ῥάβδον
Mk 6 8 ἵνα μηδὲν αἴρωσιν εἰς ὁδὸν εἰ μὴ ῥάβδον μόνον
Lu 9 3 μηδὲν αἴρετε εἰς τὴν ὁδὸν μήτε ῥάβδον
I Co 4 21 ἐν ῥάβδῳ ἔλθω πρὸς ὑμᾶς ἢ ἐν ἀγάπῃ
He 1 8 ἡ ῥάβδος τ. εὐθύτητος ῥάβδος τ. βασιλείας αὐτοῦ
שֵׁבֶט מִישֹׁר שֵׁבֶט מַלְכוּתֶךָ, Ps. xlv. 7
9 4 ἡ ῥάβδος Ἀαρὼν ἡ βλαστήσασα
11 21 προσεκύνησεν ἐπὶ τὸ ἄκρον τῆς ῥάβδου αὐτοῦ
Re 2 27 ποιμανεῖ αὐτοὺς ἐν ῥάβδῳ σιδηρᾷ
11 1 ἐδόθη μοι κάλαμος ὅμοιος ῥάβδῳ
12 5 ὃς μέλλει ποιμαίνειν πάντα τὰ ἔθνη ἐν ῥάβδῳ σιδηρᾷ
19 15 αὐτὸς ποιμανεῖ αὐτοὺς ἐν ῥάβδῳ σιδηρᾷ

ῬΑΒΔΟΥ'ΧΟΣ * 4465

Ac 16 35 ἀπέστειλαν οἱ στρατηγοὶ τ. ῥαβδούχους
38 ἀπήγγειλαν δὲ τ. στρατηγοῖς οἱ ῥαβδοῦχοι τὰ ῥήματα ταῦτα

ῬΑΓΑΥ' 4466

Lu 3 35 τοῦ Σεροὺχ τοῦ Ῥαγαὺ τοῦ Φάλεκ
Ῥαγαῦ, T

ῬᾼΔΙΟΥ'ΡΓΗΜΑ * 4467

Ac 18 14 εἰ μὲν ἦν ἀδίκημά τι ἢ ῥᾳδιούργημα πονηρόν

ῬᾼΔΙΟΥΡΓΙ'Α * 4468

Ac 13 10 ὦ πλήρης παντὸς δόλου κ. πάσης ῥᾳδιουργίας

ῬΑΚΑ' 4469

Mt 5 22 ὃς δ' ἂν εἴπῃ τ. ἀδελφῷ αὐτοῦ Ῥακά
ῥαχά, T

ῬΑ'ΚΟΣ 4470

Mt 9 16 οὐδεὶς δὲ ἐπιβάλλει ἐπίβλημα ῥάκους ἀγνάφου
Mk 2 21 οὐδεὶς ἐπίβλημα ῥάκους ἀγνάφου ἐπιράπτει

ῬΑΜΑ' 4471

Mt 2 18 φωνὴ ἐν Ῥαμᾶ ἠκούσθη
קוֹל בְּרָמָה נִשְׁמָע, Jer. xxxi. 15

ῬΑΝΤΙ'ΖΩ † 4472

Mk 7 4 ἀπ' ἀγορᾶς ἐὰν μὴ ῥαντίσωνται οὐκ ἐσθίουσιν
βαπτίσωνται, TWH mg. R non mg.
He 9 13 σποδὸς δαμάλεως ῥαντίζουσα τ. κεκοινωμένους
19 αὐτό τε τὸ βιβλίον κ. πάντα τ. λαὸν ἐράντισεν
21 πάντα τὰ σκεύη τ. λειτουργίας τ. αἵματι ὁμοίως ἐράντισεν
10 22 ῥεραντισμένοι τὰς καρδίας ἀπὸ συνειδήσεως πονηρᾶς
ῥεραντ., T
Re 19 13 περιβεβλημένος ἱμάτιον ῥεραντισμένον αἵματι
περιρεραμμένον, T; βεβαμμένον, R mg.

ῬΑΝΤΙΣΜΟ'Σ † 4473

He 12 24 αἵματι ῥαντισμοῦ κρεῖττον λαλοῦντι παρὰ τὸν Ἅβελ
I Pe 1 2 εἰς ὑπακοὴν κ. ῥαντισμὸν αἵματος Ἰησοῦ Χριστοῦ

ῬΑΠΙ´ΖΩ 4474

Mt 5 39 ὅστις σε ῥαπίζει εἰς τ. δεξιάν σου σιαγόνα
26 67 οἱ δὲ ἐράπισαν λέγοντες

ῬΑ´ΠΙΣΜΑ 4475

Mk 14 65 οἱ ὑπηρέται ῥαπίσμασιν αὐτὸν ἔλαβον
Jo 18 22 εἷς παρεστηκὼς τ. ὑπηρετῶν ἔδωκεν ῥάπισμα τῷ Ἰησοῦ
19 3 ἐδίδοσαν αὐτῷ ῥαπίσματα

ῬΑΦΙ´Σ * 4476 cf. 955.5

Mt 19 24 εὐκοπώτερόν ἐστιν κάμηλον διὰ τρήματος ῥαφίδος εἰσελθεῖν
Mk 10 25 εὐκοπώτερόν ἐστιν κάμηλον διὰ τρυμαλιᾶς ῥαφίδος διελθεῖν

ῬΑΧΑ´ *Vide* **ῬΑΚΑ´**, 4469

ῬΑΧΑ´Β 4477

Mt 1 5 Σαλμὼν δὲ ἐγέννησεν τ. Βοὲς ἐκ τῆς Ῥαχάβ

ῬΑΧΗ´Λ 4478

Mt 2 18 Ῥαχὴλ κλαίουσα τὰ τέκνα αὐτῆς
רָחֵל מְבַכָּה עַל־בָּנֶיהָ, Jer. xxxi. 15

ῬΕΒΕ´ΚΚΑ 4479

Ro 9 10 ἀλλὰ κ. Ῥεβέκκα ἐξ ἑνὸς κοίτην ἔχουσα

ῬΕ´ΔΗ * † 4480

Re 18 13 ἵππων κ. ῥεδῶν κ. σωμάτων

ῬΕΦΑ´Ν *Vide* **ῬΟΜΦΑ´**, 4450.5

ῬΕ´Ω 4482

Jo 7 38 ποταμοὶ ἐκ τ. κοιλίας αὐτοῦ ῥεύσουσιν ὕδατος ζῶντος

ῬΗ´ΓΙΟΝ 4484

Ac 28 13 ὅθεν περιελόντες κατηντήσαμεν εἰς Ῥήγιον

ῬΗ´ΓΜΑ 4485

Lu 6 49 ἐγένετο τὸ ῥῆγμα τ. οἰκίας ἐκείνης μέγα

ῬΗ´ΓΝΥΜΙ 4486

(1) ῥήσσω

Mt 7 6 μήποτε . . . στραφέντες ῥήξωσιν ὑμᾶς
9 17 εἰ δὲ μήγε ῥήγνυνται οἱ ἀσκοί
Mk 2 22 εἰ δὲ μὴ ῥήξει ὁ οἶνος τ. ἀσκούς
9 18 [1] ὅπου ἐὰν αὐτὸν καταλάβῃ ῥήσσει αὐτόν
Lu 5 37 εἰ δὲ μήγε ῥήξει ὁ οἶνος ὁ νέος τ. ἀσκούς
9 42 ἔτι δὲ προσερχομένου αὐτοῦ ἔρρηξεν αὐτὸν τὸ δαιμόνιον
Ga 4 27 ῥῆξον κ. βόησον ἡ οὐκ ὠδίνουσα
פִּצְחִי רִנָּה וְצַהֲלִי לֹא־חָלָה, Is. liv. 1

ῬΗ˜ΜΑ 4487

(1) ῥῆμ. Θεοῦ, Κυρίου (2) ῥῆμ. ἀργόν, ἄρρητον (3) res

Mt 4 4 ἐπὶ παντὶ ῥήματι ἐκπορευομένῳ διὰ στόματος Θεοῦ
עַל־כָּל־מוֹצָא פִי־יְהוָה, Dt. viii. 3
12 36 [2] πᾶν ῥῆμα ἀργὸν ὃ λαλήσουσιν οἱ ἄνθρωποι
18 16 [3] ἵνα ἐπὶ στόματος δύο μαρτύρων ἢ τριῶν σταθῇ πᾶν ῥῆμα
עַל־פִּי שְׁנֵי עֵדִים אוֹ עַל־פִּי שְׁלֹשָׁה־עֵדִים יָקוּם דָּבָר, Dt. xix. 15
26 75 ἐμνήσθη ὁ Πέτρος τ. ῥήματος Ἰησοῦ
27 14 οὐκ ἀπεκρίθη αὐτῷ πρὸς οὐδὲ ἓν ῥῆμα
Mk 9 32 οἱ δὲ ἠγνόουν τὸ ῥῆμα
14 72 ἀνεμνήσθη ὁ Πέτρος τὸ ῥῆμα ὡς εἶπεν αὐτῷ ὁ Ἰησοῦς
Lu 1 37 [3] οὐκ ἀδυνατήσει παρὰ τ. Θεοῦ πᾶν ῥῆμα
38 γένοιτό μοι κατὰ τὸ ῥῆμά σου
65 ἐν ὅλῃ τ. ὀρεινῇ τ. Ἰουδαίας διελαλεῖτο πάντα τὰ ῥήματα ταῦτα
2 15 [3] ἴδωμεν τὸ ῥῆμα τοῦτο τὸ γεγονός
17 ἐγνώρισαν περὶ τ. ῥήματος τ. λαληθέντος αὐτοῖς
19 [3] ἡ δὲ Μαρία πάντα συνετήρει τὰ ῥήματα ταῦτα
29 νῦν ἀπολύεις τ. δοῦλόν σου δέσποτα κατὰ τὸ ῥῆμά σου
50 αὐτοὶ οὐ συνῆκαν τὸ ῥῆμα ὃ ἐλάλησεν αὐτοῖς
51 [3] ἡ μήτηρ αὐτοῦ διετήρει πάντα τὰ ῥήματα
3 2 [1] ἐγένετο ῥῆμα Θεοῦ ἐπὶ Ἰωάνην
5 5 ἐπὶ δὲ τ. ῥήματί σου χαλάσω τὰ δίκτυα
7 1 ἐπειδὴ ἐπλήρωσεν πάντα τὰ ῥήματα αὐτοῦ
9 45 οἱ δὲ ἠγνόουν τὸ ῥῆμα τοῦτο
45 ἐφοβοῦντο ἐρωτῆσαι αὐτὸν περὶ τ. ῥήματος τούτου
18 34 ἦν τὸ ῥῆμα τοῦτο κεκρυμμένον ἀπ᾽ αὐτῶν
20 26 οὐκ ἴσχυσαν ἐπιλαβέσθαι τ. ῥήματος
22 61 [1] ὑπεμνήσθη ὁ Πέτρος τ. ῥήματος τ. Κυρίου τ. λόγου, T
24 8 ἐμνήσθησαν τ. ῥημάτων αὐτοῦ
11 ἐφάνησαν ἐνώπιον αὐτῶν ὡσεὶ λῆρος τὰ ῥήματα ταῦτα
Jo 3 34 [1] τὰ ῥήματα τοῦ Θεοῦ λαλεῖ
5 47 πῶς τ. ἐμοῖς ῥήμασιν πιστεύσετε;
6 63 τὰ ῥήματα ἃ ἐγὼ λελάληκα ὑμῖν
68 ῥήματα ζωῆς αἰωνίου ἔχεις
8 20 ταῦτα τὰ ῥήματα ἐλάλησεν ἐν τ. γαζοφυλακίῳ
47 [1] ὁ ὢν ἐκ τ. Θεοῦ τὰ ῥήματα τ. Θεοῦ ἀκούει
10 21 ταῦτα τὰ ῥήματα οὐκ ἔστιν δαιμονιζομένου
12 47 ἐάν τίς μου ἀκούσῃ τ. ῥημάτων
48 ὁ ἀθετῶν ἐμὲ κ. μὴ λαμβάνων τὰ ῥήματά μου
14 10 τὰ ῥήματα ἃ ἐγὼ λέγω ὑμῖν ἀπ᾽ ἐμαυτοῦ οὐ λαλῶ
15 7 ἐὰν . . . τὰ ῥήματά μου ἐν ὑμῖν μείνῃ
17 8 τὰ ῥήματα ἃ ἔδωκάς μοι δέδωκα αὐτοῖς
Ac 2 14 ἐνωτίσασθε τὰ ῥήματά μου
5 20 λαλεῖτε . . . πάντα τὰ ῥήματα τ. ζωῆς ταύτης
32 [3] ἡμεῖς ἐσμὲν μάρτυρες τ. ῥημάτων τούτων
6 11 ἀκηκόαμεν αὐτοῦ λαλοῦντος ῥήματα βλάσφημα
13 ὁ ἄνθρωπος οὗτος οὐ παύεται λαλῶν ῥήματα
10 22 ἐχρηματίσθη . . . ἀκοῦσαι ῥήματα παρὰ σοῦ
37 ὑμεῖς οἴδατε τὸ γενόμενον ῥῆμα καθ᾽ ὅλης τ. Ἰουδαίας
44 ἔτι λαλοῦντος τ. Πέτρου τὰ ῥήματα ταῦτα
11 14 ὃς λαλήσει ῥήματα πρός σε
16 [1] ἐμνήσθην δὲ τοῦ ῥήματος τοῦ Κυρίου
13 42 [3] εἰς τὸ μεταξὺ σάββατον λαληθῆναι αὐτοῖς τὰ ῥήματα ταῦτα
16 38 ἀπήγγειλαν δὲ τ. στρατηγοῖς οἱ ῥαβδοῦχοι τὰ ῥήματα ταῦτα

Ac 26 25 ἀληθείας κ. σωφροσύνης ῥήματα ἀποφθέγγομαι
28 25 εἰπόντος τ. Παύλου ῥῆμα ἕν
Ro 10 8 ἐγγύς σου τὸ ῥῆμά ἐστιν
קָרוֹב אֵלֶיךָ הַדָּבָר מְאֹד, Dt. xxx. 14
8 τοῦτ' ἔστιν τὸ ῥῆμα τ. πίστεως ὃ κηρύσσομεν·
9 ὅτι ἐὰν ὁμολογήσῃς τὸ ῥῆμα ἐν τ. στόματί σου
—τὸ ῥῆμα, TWH mg. R non mg.
17 ἡ δὲ ἀκοὴ διὰ ῥήματος Χριστοῦ
18 εἰς τὰ πέρατα τ. οἰκουμένης τὰ ῥήματα αὐτῶν
בִּקְצֵה תֵבֵל מִלֵּיהֶם, Ps. xix. 5
II Co 12 4 [2] κ. ἤκουσεν ἄρρητα ῥήματα
13 1 [3] ἐπὶ στόματος δύο μαρτύρων κ. τριῶν σταθήσεται πᾶν ῥῆμα, Dt. xix. 15
Eph 5 26 καθαρίσας τ. λουτρῷ τ. ὕδατος ἐν ῥήματι
6 17 [1] τ. μάχαιραν τ. πνεύματος ὅ ἐστιν ῥῆμα Θεοῦ
He 1 3 φέρων τε τὰ πάντα τ. ῥήματι τ. δυνάμεως αὐτοῦ
6 5 [1] καλὸν γευσαμένους Θεοῦ ῥῆμα
11 3 [1] πίστει νοοῦμεν κατηρτίσθαι τ. αἰῶνας ῥήματι Θεοῦ
12 19 σάλπιγγος ἤχῳ κ. φωνῇ ῥημάτων
I Pe 1 25 [1] τὸ δὲ ῥῆμα Κυρίου μένει εἰς τ. αἰῶνα·
וּדְבַר אֱלֹהֵינוּ יָקוּם לְעוֹלָם, Is. xl. 8
τοῦτο δέ ἐστιν τὸ ῥῆμα τὸ εὐαγγελισθὲν εἰς ὑμᾶς
II Pe 3 2 μνησθῆναι τ. προειρημένων ῥημάτων ὑπὸ τ. ἁγίων προφητῶν
Ju 17 μνήσθητε τ. ῥημάτων τ. προειρημένων ὑπὸ τ. ἀποστόλων τ. Κυρίου

ῬΗΣΑ´ 4488

Lu 3 27 τοῦ Ἰωανὰν τοῦ Ῥησὰ τοῦ Ζοροβάβελ

ῬΗ´ΣΣΩ *Vide* ῬΗ´ΓΝΥΜΙ, 4486

ῬΗ´ΤΩΡ * 4489

Ac 24 1 κατέβη ὁ ἀρχιερεὺς Ἀνανίας μετὰ . . . ῥήτορος Τερτύλλου τινός

ῬΗΤΩ͂Σ * 4490

I Ti 4 1 τὸ δὲ πνεῦμα ῥητῶς λέγει

ῬΙ´ΖΑ 4491

Mt 3 10 ἤδη δὲ ἡ ἀξίνη πρὸς τ. ῥίζαν τ. δένδρων κεῖται
13 6 διὰ τὸ μὴ ἔχειν ῥίζαν ἐξηράνθη
21 οὐκ ἔχει δὲ ῥίζαν ἐν ἑαυτῷ
Mk 4 6 διὰ τὸ μὴ ἔχειν ῥίζαν ἐξηράνθη
17 οὐκ ἔχουσιν ῥίζαν ἐν ἑαυτοῖς
11 20 εἶδον τ. συκῆν ἐξηραμμένην ἐκ ῥιζῶν
Lu 3 9 ἤδη δὲ κ. ἡ ἀξίνη πρὸς τ. ῥίζαν τ. δένδρων κεῖται
8 13 οὗτοι ῥίζαν οὐκ ἔχουσιν
Ro 11 16 εἰ ἡ ῥίζα ἁγία κ. οἱ κλάδοι
17 συνκοινωνὸς τ. ῥίζης τ. πιότητος τ. ἐλαίας ἐγένου
18 οὐ σὺ τ. ῥίζαν βαστάζεις ἀλλὰ ἡ ῥίζα σέ
Ro 15 12 ἔσται ἡ ῥίζα τοῦ Ἰεσσαί
הָיָה . . . שֹׁרֶשׁ יִשַׁי, Is. xi. 10
I Ti 6 10 ῥίζα γὰρ πάντων τ. κακῶν ἐστὶν ἡ φιλαργυρία
He 12 15 μή τις ῥίζα πικρίας ἄνω φύουσα ἐνοχλῇ
Re 5 5 ἐνίκησεν ὁ λέων . . . ἡ ῥίζα Δαυείδ
22 16 ἐγώ εἰμι ἡ ῥίζα κ. τὸ γένος Δαυείδ

ῬΙΖΟ´ΟΜΑΙ 4492

Eph 3 17 ἐν ἀγάπῃ ἐρριζωμένοι κ. τεθεμελιωμένοι
Col 2 7 ἐρριζωμένοι κ. ἐποικοδομούμενοι ἐν αὐτῷ

ῬΙΠΗ´ * 4493

I Co 15 52 ἐν ἀτόμῳ ἐν ῥιπῇ ὀφθαλμοῦ

ῬΙΠΙ´ΖΟΜΑΙ 4494

Ja 1 6 ὁ γὰρ διακρινόμενος ἔοικεν κλύδωνι θαλάσσης ἀνεμιζομένῳ κ. ῥιπιζομένῳ

ῬΙ´ΠΤΩ 4495, 4496

(1) ῥιπτέω

Mt 9 36 ἐσκυλμένοι κ. ἐριμμένοι ὡσεὶ πρόβατα μὴ ἔχοντα ποιμένα
15 30 ἔριψαν αὐτοὺς παρὰ τ. πόδας αὐτοῦ
27 5 ῥίψας τὰ ἀργύρια εἰς τ. ναὸν ἀνεχώρησεν
Lu 4 35 ῥίψαν αὐτὸν τὸ δαιμόνιον εἰς τὸ μέσον
ῥῖψαν, T
17 2 εἰ . . . ἔρριπται εἰς τ. θάλασσαν
Ac 22 23 [1] κραυγαζόντων τε αὐτῶν κ. ῥιπτούντων τὰ ἱμάτια
27 19 αὐτόχειρες τ. σκευὴν τ. πλοίου ἔριψαν
29 ἐκ πρύμνης ῥίψαντες ἀγκύρας τέσσαρας

ῬΟΒΟΑ´Μ 4497

Mt 1 7 Σολομὼν δὲ ἐγέννησεν τὸν Ῥοβοάμ·
Ῥοβοὰμ δὲ ἐγέννησεν τὸν Ἀβιά

ῬΟ´ΔΗ 4498

Ac 12 13 προσῆλθεν παιδίσκη ὑπακοῦσαι ὀνόματι Ῥόδη

ῬΟ´ΔΟΣ 4499

Ac 21 1 τῇ δὲ ἑξῆς εἰς τὴν Ῥόδον

ῬΟΙΖΗΔΟ´Ν * 4500

II Pe 3 10 ἐν ᾗ οἱ οὐρανοὶ ῥοιζηδὸν παρελεύσονται

ῬΟΜΦΑ´ 4500.5

Ac 7 43 ἀνελάβετε . . . τὸ ἄστρον τοῦ Θεοῦ Ῥομφά
Ῥομφάν, T; Ῥεφάν, R
נְשָׂאתֶם . . . אֵת־כִּיּוּן צַלְמֵיכֶם כּוֹכַב אֱלֹהֵיכֶם
Am. v. 26

ῬΟΜΦΑΙ´Α † 4501

Lu 2 35 κ. σου αὐτῆς τ. ψυχὴν διελεύσεται ῥομφαία
Re 1 16 ἐκ τ. στόματος αὐτοῦ ῥομφαία δίστομος ὀξεῖα
2 12 τάδε λέγει ὁ ἔχων τ. ῥομφαίαν τ. δίστομον τ. ὀξεῖαν

Re 2 16 πολεμήσω μετ' αὐτῶν ἐν τ. ῥομφαίᾳ τ. στόματός μου
6 8 ἀποκτεῖναι ἐν ῥομφαίᾳ κ. ἐν λιμῷ κ. ἐν θανάτῳ
19 15 ἐκ τ. στόματος αὐτοῦ ἐκπορεύεται ῥομφαία ὀξεῖα
21 οἱ λοιποὶ ἀπεκτάνθησαν ἐν τ. ῥομφαίᾳ τ. καθημένου ἐπὶ τ. ἵππου

ῬΟΥΒΗ'Ν 4502

Re 7 5 ἐκ φυλῆς Ῥουβὴν δώδεκα χιλιάδες

ῬΟΥ'Θ 4503

Mt 1 5 Βοὲς δὲ ἐγέννησεν τ. Ἰωβὴδ ἐκ τῆς Ῥούθ

ῬΟΥ^ΦΟΣ 4504

Mk 15 21 Σίμωνα . . . τ. πατέρα Ἀλεξάνδρου κ. Ῥούφου
Ro 16 13 ἀσπάσασθε Ῥοῦφον τ. ἐκλεκτὸν ἐν Κυρίῳ

ῬΥ'ΜΗ 4505

Mt 6 2 ὥσπερ οἱ ὑποκριταὶ ποιοῦσιν ἐν τ. συναγωγαῖς κ. ἐν τ. ῥύμαις
Lu 14 21 ἔξελθε ταχέως εἰς τ. πλατείας κ. ῥύμας τ. πόλεως
Ac 9 11 πορεύθητι ἐπὶ τ. ῥύμην τ. καλουμένην Εὐθεῖαν
12 10 ἐξελθόντες προῆλθον ῥύμην μίαν

ῬΥ'ΟΜΑΙ 4506

Mt 6 13 ἀλλὰ ῥῦσαι ἡμᾶς ἀπὸ τ. πονηροῦ
27 43 ῥυσάσθω νῦν εἰ θέλει αὐτόν
Lu 1 74 ἐκ χειρὸς ἐχθρῶν ῥυσθέντας λατρεύειν αὐτῷ
11 4 ἀλλὰ ῥῦσαι ἡμᾶς ἀπὸ τ. πονηροῦ
—h. v., TWHR non mg.
Ro 7 24 τίς με ῥύσεται ἐκ τ. σώματος τ. θανάτου τούτου;
11 26 ἥξει ἐκ Σιὼν ὁ ῥυόμενος
בָּא לְצִיּוֹן גּוֹאֵל, Is. lix. 20
15 31 ἵνα ῥυσθῶ ἀπὸ τ. ἀπειθούντων ἐν τ. Ἰουδαίᾳ
II Co 1 10 ὃς ἐκ τηλικούτου θανάτου ἐρύσατο ἡμᾶς κ. ῥύσεται·
ἐρρύσατο, T
εἰς ὃν ἠλπίκαμεν ὅτι κ. ἔτι ῥύσεται
Col 1 13 ὃς ἐρύσατο ἡμᾶς ἐκ τ. ἐξουσίας τ. σκότους
I Th 1 10 Ἰησοῦν τ. ῥυόμενον ἡμᾶς ἐκ τ. ὀργῆς τ. ἐρχομένης
II Th 3 2 ἵνα ῥυσθῶμεν ἀπὸ τ. ἀτόπων κ. πονηρῶν ἀνθρώπων
II Ti 3 11 ἐκ πάντων με ἐρύσατο ὁ Κύριος
4 17 ἐρύσθην ἐκ στόματος λέοντος.
18 ῥύσεταί με ὁ Κύριος ἀπὸ παντὸς ἔργου πονηροῦ
II Pe 2 7 δίκαιον Λὼτ καταπονούμενον . . . ἐρύσατο
ἐρρύσατο, T
9 οἶδεν Κύριος εὐσεβεῖς ἐκ πειρασμοῦ ῥύεσθαι

4510 **ῬΥΠΑΙ'ΝΟΜΑΙ** * cf. 4510.5

Re 22 11 ὁ ῥυπαρὸς ῥυπανθήτω ἔτι
ῥυπαρευθήτω, WH mg.

4510.5 **ῬΥΠΑΡΕΥ'ΟΜΑΙ** * † cf. 4510

Re 22 11 ὁ ῥυπαρὸς ῥυπαρευθήτω ἔτι
ῥυπανθήτω, TWH non mg.

ῬΥΠΑΡΙ'Α * 4507

Ja 1 21 ἀποθέμενοι πᾶσαν ῥυπαρίαν κ. περισσείαν κακίας

ῬΥΠΑΡΟ'Σ 4508

Ja 2 2 εἰσέλθῃ δὲ κ. πτωχὸς ἐν ῥυπαρᾷ ἐσθῆτι
Re 22 11 ὁ ῥυπαρὸς ῥυπανθήτω ἔτι

ῬΥ'ΠΟΣ 4509

I Pe 3 21 οὐ σαρκὸς ἀπόθεσις ῥύπου

ῬΥ'ΣΙΣ 4511

Mk 5 25 γυνὴ οὖσα ἐν ῥύσει αἵματος δώδεκα ἔτη
Lu 8 43 γυνὴ οὖσα ἐν ῥύσει αἵματος ἀπὸ ἐτῶν δώδεκα
44 παραχρῆμα ἔστη ἡ ῥύσις τ. αἵματος αὐτῆς

ῬΥΤΙ'Σ * 4512

Eph 5 27 μὴ ἔχουσαν σπίλον ἢ ῥυτίδα ἤ τι τ. τοιούτων

ῬΩΜΑΙ'ΟΣ 4514

Jo 11 48 ἐλεύσονται οἱ Ῥωμαῖοι κ. ἀροῦσιν
Ac 2 10 οἱ ἐπιδημοῦντες Ῥωμαῖοι Ἰουδαῖοί τε κ. προσήλυτοι
16 21 ἃ οὐκ ἔξεστιν ἡμῖν . . . Ῥωμαίοις οὖσιν
37 δείραντες ἡμᾶς . . . ἀνθρώπους Ῥωμαίους ὑπάρχοντας
38 ἐφοβήθησαν δὲ ἀκούσαντες ὅτι Ῥωμαῖοί εἰσιν
22 25 εἰ ἄνθρωπον Ῥωμαῖον κ. ἀκατάκριτον ἔξεστιν ὑμῖν μαστίζειν;
26 ὁ γὰρ ἄνθρωπος οὗτος Ῥωμαῖός ἐστιν
27 λέγε μοι σὺ Ῥωμαῖος εἶ;
29 ἐφοβήθη ἐπιγνοὺς ὅτι Ῥωμαῖός ἐστιν
23 27 ἐξειλάμην μαθὼν ὅτι Ῥωμαῖός ἐστιν
25 16 οὐκ ἔστιν ἔθος Ῥωμαίοις χαρίζεσθαί τινα ἄνθρωπον
28 17 δέσμιος ἐξ Ἱερουσαλὴμ παρεδόθην εἰς τ. χεῖρας τ. Ῥωμαίων

ῬΩΜΑΙ'ΣΤΙ' 4515

Jo 19 20 ἦν γεγραμμένον Ἑβραϊστὶ Ῥωμαϊστὶ Ἑλληνιστί

ῬΩ'ΜΗ 4516

Ac 18 2 διὰ τὸ διατεταχέναι Κλαύδιον χωρίζεσθαι πάντας τ. Ἰουδαίους ἀπὸ τ. Ῥώμης
19 21 δεῖ με κ. Ῥώμην ἰδεῖν
23 11 οὕτως σε δεῖ κ. εἰς Ῥώμην μαρτυρῆσαι
28 14 οὕτως εἰς τ. Ῥώμην ἤλθαμεν
16 ὅτε δὲ εἰσήλθαμεν εἰς Ῥώμην
εἰς τὴν Ῥ., T
Ro 1 7 πᾶσι τ. οὖσιν ἐν Ῥώμῃ ἀγαπητοῖς Θεοῦ
15 τὸ κατ' ἐμὲ πρόθυμον κ. ὑμῖν τοῖς ἐν Ῥώμῃ εὐαγγελίσασθαι
II Ti 1 17 γενόμενος ἐν Ῥώμῃ σπουδαίως ἐζήτησέν με

ῬΩ'ΝΝΥΜΑΙ ** 4517

Ac 15 29 ἐξ ὧν διατηροῦντες ἑαυτοὺς εὖ πράξετε· ἔρρωσθε
23 30 παραγγείλας κ. τ. κατηγόροις λέγειν πρὸς αὐτὸν ἐπὶ σοῦ· ἔρρωσο
—ἔρρωσο, TWHR non mg.

Σ

4518 **ΣΑΒΑΧΘΑΝΕΊ** cf. 2196.5

Mt 27 46 ἐλωὶ ἐλωὶ λεμὰ σαβαχθανεί
λαμὰ ζαφθανεί, WH mg.
אֵלִי אֵלִי לָמָה עֲזַבְתָּנִי, Ps. xxii. 2

Mk 15 34 ἐλωὶ ἐλωὶ λαμὰ σαβαχθανεί, Ps. *l.c.*

ΣΑΒΑΩ'Θ † 4519

Ro 9 29 εἰ μὴ Κύριος Σαβαὼθ ἐγκατέλιπεν ἡμῖν σπέρμα
לוּלֵי יְהוָה צְבָאוֹת הוֹתִיר לָנוּ שָׂרִיד, Is. i. 9

Ja 5 4 εἰς τὰ ὦτα Κυρίου Σαβαὼθ εἰσελήλυθαν

ΣΑΒΒΑΤΙΣΜΟ'Σ * † 4520

He 4 9 ἀπολείπεται σαββατισμὸς τ. λαῷ τ. Θεοῦ

ΣΑ'ΒΒΑΤΟΝ † 4521

(1) τὰ σάββατα, τ. σάββασιν (2) πρώτη, μία σαββ., ἡμέρα σαββ.

Mt 12 1 [1] ἐπορεύθη ὁ Ἰησοῦς τ. σάββασιν διὰ τ. σποpίμων
2 ποιοῦσιν ὃ οὐκ ἔξεστιν ποιεῖν ἐν σαββάτῳ
5 [1] τ. σάββασιν οἱ ἱερεῖς ἐν τ. ἱερῷ τὸ σάββατον βεβηλοῦσιν
8 κύριος γάρ ἐστιν τ. σαββάτου ὁ υἱὸς τ. ἀνθρώπου
10 [1] εἰ ἔξεστιν τ. σάββασιν θεραπεύειν;
11 [1] ἐὰν ἐμπέσῃ τοῦτο τ. σάββασιν εἰς βόθυνον
12 [1] ὥστε ἔξεστιν τ. σάββασιν καλῶς ποιεῖν
24 20 ἵνα μὴ γένηται ἡ φυγὴ ὑμῶν . . . σαββάτῳ
28 1 [2] ὄψε δὲ σαββάτων τ. ἐπιφωσκούσκῃ εἰς μίαν σαββάτων

Mk 1 21 [1] εὐθὺς τ. σάββασιν εἰσελθὼν εἰς τ. συναγωγήν
2 23 [1] ἐγένετο αὐτὸν ἐν τ. σάββασιν διαπορεύεσθαι διὰ τ. σπορίμων
24 [1] τί ποιοῦσιν τ. σάββασιν ὃ οὐκ ἔξεστιν;
27 τὸ σάββατον διὰ τ. ἄνθρωπον ἐγένετο, κ. οὐχ ὁ ἄνθρωπος διὰ τὸ σάββατον·
28 ὥστε κύριός ἐστιν ὁ υἱὸς τ. ἀνθρώπου κ. τ. σαββάτου
3 2 [1] εἰ τ. σάββασιν θεραπεύσει αὐτόν
εἰ ἐν τ. σάββ. θεραπεύει, T
4 [1] ἔξεστιν τ. σάββασιν ἀγαθοποιῆσαι
6 2 γενομένου σαββάτου ἤρξατο διδάσκειν
16 1 διαγενομένου τ. σαββάτου
2 [2] λίαν πρωὶ τ. μιᾷ τ. σαββάτων ἔρχονται
[9 [2] ἀναστὰς δὲ πρωὶ πρώτῃ σαββάτου

Lu 4 16 [2] εἰσῆλθεν . . . ἐν τ. ἡμέρᾳ τ. σαββάτων εἰς τ. συναγωγήν
31 [1] ἦν διδάσκων αὐτοὺς ἐν τ. σάββασιν
6 1 ἐγένετο δὲ ἐν σαββάτῳ διαπορεύεσθαι αὐτόν
σαββ. δευτεροπρώτῳ, TWH mg. R mg.
2 [1] τί ποιεῖτε ὃ οὐκ ἔξεστιν τ. σάββασιν
5 κύριός ἐστιν τ. σαββάτου ὁ υἱὸς τ. ἀνθρώπου
ὁ υἱ. τ. ἀνθρ. κ. τ. σαββ., TWH mg.
6 ἐγένετο δὲ ἐν ἑτέρῳ σαββάτῳ εἰσελθεῖν αὐτόν

Lu 6 7 εἰ ἐν τ. σαββάτῳ θεραπεύει
9 εἰ ἔξεστιν τ. σαββάτῳ ἀγαθοποιῆσαι
13 10 [1] ἦν δὲ διδάσκων ἐν μιᾷ τ. συναγωγῶν ἐν τ. σάββασιν
14 ἀγανακτῶν ὅτι τ. σαββάτῳ ἐθεράπευσεν ὁ Ἰησοῦς
14 [2] μὴ τ. ἡμέρᾳ τ. σαββάτου
15 ἕκαστος ὑμῶν τ. σαββάτῳ οὐ λύει τ. βοῦν αὐτοῦ
16 [2] οὐκ ἔδει λυθῆναι . . . τ. ἡμέρᾳ τ. σαββάτου
14 1 ἐν τῷ ἐλθεῖν αὐτὸν εἰς οἶκον . . . σαββάτῳ φαγεῖν ἄρτον
3 ἔξεστιν τ. σαββάτῳ θεραπεῦσαι ἢ οὔ;
5 [2] οὐκ εὐθέως ἀνασπάσει αὐτὸν ἐν ἡμέρᾳ τ. σαββάτου
18 12 νηστεύω δὶς τ. σαββάτου
23 54 σάββατον ἐπέφωσκεν
56 τὸ μὲν σάββατον ἡσύχασαν κατὰ τ. ἐντολήν.
24 *1* [2] τῇ δὲ μιᾷ τ. σαββάτων ὄρθρου βαθέως

Jo 5 9 ἦν δὲ σάββατον ἐν ἐκείνῃ τ. ἡμέρᾳ.
10 ἔλεγον οὖν . . . τ. τεθεραπευμένῳ Σάββατόν ἐστιν
16 ὅτι ταῦτα ἐποίει τ. σαββάτῳ
18 ὅτι οὐ μόνον ἔλυεν τὸ σάββατον
6 59 διδάσκων ἐν Καφαρναοὺμ σαββάτῳ
—σαββ., TWH non mg. R
7 22 ἐν σαββάτῳ περιτέμνετε ἄνθρωπον.
23 εἰ περιτομὴν λαμβάνει ὁ ἄνθρωπος ἐν σαββάτῳ
23 ὅλον ἄνθρωπον ὑγιῆ ἐποίησα ἐν σαββάτῳ
9 14 ἦν δὲ σάββατον ἐν ᾗ ἡμέρᾳ τ. πηλὸν ἐποίησεν
16 ὅτι τὸ σάββατον οὐ τηρεῖ
19 31 ἵνα μὴ μείνῃ ἐπὶ τ. σταυροῦ τὰ σώματα ἐν τ. σαββάτῳ·
[2] ἦν γὰρ μεγάλη ἡ ἡμέρα ἐκείνου τ. σαββάτου
20 1 [2] τῇ δὲ μιᾷ τ. σαββάτων Μαρία . . . ἔρχεται πρωί
19 [2] οὔσης οὖν ὀψίας τ. ἡμέρᾳ ἐκείνῃ τ. μιᾷ σαββάτων

Ac 1 12 σαββάτου ἔχον ὁδόν
13 14 [2] ἐλθόντες εἰς τ. συναγωγὴν τ. ἡμέρᾳ τ. σαββάτων
27 τ. φωνὰς τ. προφητῶν τὰς κατὰ πᾶν σάββατον ἀναγινωσκομένας
42 εἰς τὸ μεταξὺ σάββατον λαληθῆναι αὐτοῖς τὰ ῥήματα ταῦτα
44 τῷ δὲ ἐρχομένῳ σαββάτῳ σχεδὸν πᾶσα ἡ πόλις συνήχθη
15 21 ἐν τ. συναγωγαῖς κατὰ πᾶν σάββατον ἀναγινωσκόμενος
16 13 [2] τῇ τε ἡμέρᾳ τ. σαββάτων ἐξήλθομεν ἔξω τ. πύλης
17 2 [1] ἐπὶ σάββατα τρία διελέξατο αὐτοῖς
18 4 διελέγετο δὲ ἐν τ. συναγωγῇ κατὰ πᾶν σάββατον
20 7 [2] ἐν δὲ τ. μιᾷ τ. σαββάτων συνηγμένων ἡμῶν

1 Co 16 2 [2] κατὰ μίαν σαββάτου ἕκαστος . . . τιθέτω

Col 2 16 ἢ ἐν μέρει ἑορτῆς . . . ἢ σαββάτων

ΣΑΓΗ΄ΝΗ 4522

Mt 13 47 ὁμοία ἐστὶν ἡ βασιλεία τ. οὐρανῶν σαγήνῃ βληθείσῃ εἰς τ. θάλασσαν

ΣΑΔΔΟΥΚΑΙ΄ΟΣ 4523

Mt 3 7 ἰδὼν δὲ πολλοὺς τ. Φαρισαίων κ. Σαδδουκαίων ἐρχομένους
16 1 προσελθόντες οἱ Φαρισαῖοι κ. Σαδδουκαῖοι
6 προσέχετε ἀπὸ τ. ζύμης τ. Φαρισαίων κ. Σαδδουκαίων
11 προσέχετε δὲ ἀπὸ τ. ζύμης τ. Φαρισαίων κ. Σαδδουκαίων
12 οὐκ εἶπεν προσέχειν ἀπὸ τ. ζύμης τ. Φαρισαίων κ. Σαδδουκαίων,
τ. ζύμ. τ. ἄρτων, WHR
ἀλλὰ ἀπὸ τ. διδαχῆς τ. Φαρισαίων κ. Σαδδουκαίων
22 23 ἐν ἐκείνῃ τ. ἡμέρᾳ προσῆλθον αὐτῷ Σαδδουκαῖοι
34 ἀκούσαντες ὅτι ἐφίμωσεν τ. Σαδδουκαίους
Mk 12 18 ἔρχονται Σαδδουκαῖοι πρὸς αὐτόν
Lu 20 27 προσελθόντες δέ τινες τ. Σαδδουκαιων
Ac 4 1 ἐπέστησαν αὐτοῖς . . . οἱ Σαδδουκαῖοι
5 17 ἡ οὖσα αἵρεσις τ. Σαδδουκαίων
23 6 γνοὺς δὲ ὁ Παῦλος ὅτι τὸ ἓν μέρος ἐστὶν Σαδδουκαίων
7 ἐγένετο στάσις τ. Φαρισαίων κ. Σαδδουκαΐων
8 Σαδδουκαῖοι γὰρ λέγουσιν μὴ εἶναι ἀνάστασιν

ΣΑΔΩ΄Κ 4524

Mt 1 14 Ἀζὼρ δὲ ἐγέννησεν τ. Σαδώκ·
Σαδὼκ δὲ ἐγέννησεν τ. Ἀχείμ

ΣΑΙ΄ΝΟΜΑΙ * 4525

I Th 3 3 τὸ μηδένα σαίνεσθαι ἐν τ. θλίψεσι ταύταις

ΣΑ΄ΚΚΟΣ 4526

Mt 11 21 πάλαι ἂν ἐν σάκκῳ κ. σποδῷ μετενόησαν
Lu 10 13 πάλαι ἂν ἐν σάκκῳ κ. σποδῷ καθήμενοι μετενόησαν
Re 6 12 ὁ ἥλιος ἐγένετο μέλας ὡς σάκκος τρίχινος
11 3 περιβεβλημένους σάκκους

ΣΑΛΑ΄ 4527

Lu 3 32 τοῦ Βοὸς τοῦ Σαλὰ τοῦ Ναασσὼν
Σαλμὼν, R non mg.
35 τοῦ Ἔβερ τοῦ Σαλὰ τοῦ Καινάμ

ΣΑΛΑΘΙΗ΄Λ 4528

Mt 1 12 Ἰεχονίας ἐγέννησεν τ. Σαλαθιήλ·
Σαλαθιὴλ δὲ ἐγέννησεν τ. Ζοροβάβελ
Lu 3 27 τοῦ Ζοροβάβελ τοῦ Σαλαθιὴλ τοῦ Νηρεί

ΣΑΛΑΜΙ΄Σ 4529

Ac 13 5 γενόμενοι ἐν Σαλαμῖνι κατήγγελλον

ΣΑΛΕΙ΄Μ 4530

Jo 3 23 ἦν δὲ κ. ὁ Ἰωάνης βαπτίζων ἐν Αἰνὼν ἐγγὺς τοῦ Σαλείμ

ΣΑΛΕΥ΄Ω 4531

Mt 11 7 κάλαμον ὑπὸ ἀνέμου σαλευόμενον;
24 29 αἱ δυνάμεις τ. οὐρανῶν σαλευθήσονται
Mk 13 25 αἱ δυνάμεις αἱ ἐν τ. οὐρανοῖς σαλευθήσονται
Lu 6 38 μέτρον καλὸν πεπιεσμένον σεσαλευμένον
48 οὐκ ἴσχυσεν σαλεῦσαι αὐτήν
7 24 κάλαμον ὑπὸ ἀνέμου σαλευόμενον;
21 26 αἱ γὰρ δυνάμεις τ. οὐρανῶν σαλευθήσονται
Ac 2 25 ἐκ δεξιῶν μου ἐστὶν ἵνα μὴ σαλευθῶ
מִימִינִי בַּל־אֶמּוֹט, Ps. xvi. 8
4 31 ἐσαλεύθη ὁ τόπος ἐν ᾧ ἦσαν συνηγμένοι
16 26 ὥστε σαλευθῆναι τὰ θεμέλια τ. δεσμωτηρίου
17 13 ἦλθον κἀκεῖ σαλεύοντες . . . τ. ὄχλους
II Th 2 2 εἰς τὸ μὴ ταχέως σαλευθῆναι ὑμᾶς ἀπὸ τ. νοός
He 12 26 οὗ ἡ φωνὴ τ. γῆν ἐσάλευσεν τότε
27 δηλοῖ τὴν τ. σαλευομένων μετάθεσιν ὡς πεποιημένων,
ἵνα μείνῃ τὰ μὴ σαλευόμενα

ΣΑΛΗ΄Μ 4532

He 7 1 οὗτος γὰρ ὁ Μελχισεδὲκ βασιλεὺς Σαλήμ
2 ἔπειτα δὲ κ. βασιλεὺς Σαλήμ

ΣΑΛΜΩ΄Ν 4533

Mt 1 4 Ναασσὼν δὲ ἐγέννησεν τ. Σαλμών·
5 Σαλμὼν δὲ ἐγέννησεν τ. Βοὲς ἐκ τῆς Ῥαχάβ
Lu 3 32 τοῦ Βοὸς τοῦ Σαλμὼν τοῦ Ναασσὼν
Σαλὰ, TWHR mg.

ΣΑΛΜΩ΄ΝΗ 4534

Ac 27 7 ὑπεπλεύσαμεν τ. Κρήτην κατὰ Σαλμώνην

ΣΑ΄ΛΟΣ 4535

Lu 21 25 ἠχοῦς θαλάσσης κ. σάλου

ΣΑ΄ΛΠΙΓΞ 4536

Mt 24 31 ἀποστελεῖ τ. ἀγγέλους αὐτοῦ μετὰ σάλπιγγος μεγάλης
I Co 14 8 ἐὰν ἄδηλον σάλπιγξ φωνὴν δῷ
φων. σάλπ., WH mg.
15 52 ἀλλαγησόμεθα . . . ἐν τ. ἐσχάτῃ σάλπιγγι
I Th 4 16 ἐν σάλπιγγι Θεοῦ καταβήσεται ἀπ' οὐρανοῦ
He 12 19 οὐ γὰρ προσεληλύθατε . . . σάλπιγγος ἤχῳ
Re 1 10 ἤκουσα ὀπίσω μου φωνὴν μεγάλην ὡς σάλπιγγος
4 1 ἡ φωνὴ . . . ὡς σάλπιγγος λαλούσης μετ' ἐμοῦ
8 2 ἐδόθησαν αὐτοῖς ἑπτὰ σάλπιγγες
6 οἱ ἑπτὰ ἄγγελοι οἱ ἔχοντες τ. ἑπτὰ σάλπιγγας
13 ἐκ τ. λοιπῶν φωνῶν τ. σάλπιγγος τ. τριῶν ἀγγέλων
9 14 λέγοντα τ. ἕκτῳ ἀγγέλῳ ὁ ἔχων τ. σάλπιγγα

ΣΑΛΠΙ΄ΖΩ 4537

Mt 6 2 μὴ σαλπίσῃς ἔμπροσθέν σου
I Co 15 52 σαλπίσει γὰρ κ. οἱ νεκροὶ ἐγερθήσονται
Re 8 6 ἡτοίμασαν αὐτοὺς ἵνα σαλπίσωσιν.
7 κ. ὁ πρῶτος ἐσάλπισεν
8 ὁ δεύτερος ἄγγελος ἐσάλπισεν
10 ὁ τρίτος ἄγγελος ἐσάλπισεν
12 ὁ τέταρτος ἄγγελος ἐσάλπισεν
13 τ. σάλπιγγος τ. τριῶν ἀγγέλλων τ. μελλόντων σαλπίζειν.
9 1 κ. ὁ πέμπτος ἄγγελος ἐσάλπισεν
13 ὁ ἕκτος ἄγγελος ἐσάλπισεν
10 7 ὅταν μέλλῃ σαλπίζειν
11 15 ὁ ἕβδομος ἄγγελος ἐσάλπισεν

ΣΑΛΠΙΣΤΗ'Σ * 4538

Re 18 22 *φωνὴ . . . σαλπιστῶν οὐ μὴ ἀκουσθῇ ἐν σοὶ ἔτι*

ΣΑΛΩ'ΜΗ 4539

Mk 15 40 *ἐν αἷς κ. Μαριὰμ ἡ Μαγδαληνὴ . . . κ. Σαλώμη*
16 1 *ἡ Μαρία ἡ Μαγδαληνὴ . . . κ. Σαλώμη ἠγόρασαν ἀρώματα*

ΣΑΛΩΜΩ'Ν *Vide* ΣΟΛΟΜΩ'Ν, 4672

ΣΑΜΑΡΕΙ'ΤΗΣ 4541
Σαμαρίτης, T

Mt 10 5 *εἰς πόλιν Σαμαρειτῶν μὴ εἰσέλθητε*
Lu 9 52 *πορευθέντες εἰσῆλθον εἰς κώμην Σαμαρειτῶν*
10 33 *Σαμαρείτης δέ τις ὁδεύων ἦλθεν κατ' αὐτόν*
17 16 *κ. αὐτὸς ἦν Σαμαρείτης*
Jo 4 9 *οὐ γὰρ συγχρῶνται Ἰουδαῖοι Σαμαρείταις* —h. v., T [WH] R mg.
39 *πολλοὶ ἐπίστευσαν εἰς αὐτὸν τ. Σαμαρειτῶν*
40 *ὡς οὖν ἦλθον πρὸς αὐτὸν οἱ Σαμαρεῖται*
8 48 *οὐ καλῶς λέγομεν ἡμεῖς ὅτι Σαμαρείτης εἶ σύ*
Ac 8 25 *πολλάς τε κώμας τ. Σαμαρειτῶν εὐηγγελίζοντο*

ΣΑΜΑΡΕΙ'ΤΙΣ 4542
Σαμαρῖτις, T

Jo 4 9 *λέγει οὖν αὐτῷ ἡ γυνὴ ἡ Σαμαρεῖτις*
9 *παρ' ἐμοῦ πεῖν αἰτεῖς γυναικὸς Σαμαρείτιδος οὔσης*

ΣΑΜΑΡΙ'Α 4542.5

Lu 17 11 *αὐτὸς διήρχετο διὰ μέσον Σαμαρίας κ. Γαλιλαίας*
Jo 4 4 *ἔδει δὲ αὐτὸν διέρχεσθαι διὰ τ. Σαμαρίας.*
5 *ἔρχεται οὖν εἰς πόλιν τ. Σαμαρίας λεγομένην Σύχαρ*
7 *ἐγένετο γυνὴ ἐκ τ. Σαμαρίας ἀντλῆσαι ὕδωρ*
Ac 1 8 *ἔσεσθέ μου μάρτυρες . . . ἐν πασῇ τ. Ἰουδαίᾳ κ. Σαμαρίᾳ*
8 1 *διεσπάρησαν κατὰ τ. χώρας τ. Ἰουδαίας κ. Σαμαρίας*
5 *κατελθὼν εἰς τ. πόλιν τ. Σαμαρίας*
9 *ἐξιστάνων τὸ ἔθνος τ. Σαμαρίας*
14 *δέδεκται ἡ Σαμαρία τ. λόγον τ. Θεοῦ*
9 31 *ἡ μὲν οὖν ἐκκλησία καθ' ὅλης τ. Ἰουδαίας κ. Γαλιλαίας κ. Σαμαρίας*
15 3 *διήρχοντο τήν τε Φοινίκην κ. Σαμαρίαν*

ΣΑΜΟΘΡΑ'ΚΗ 4543

Ac 16 11 *εὐθυδρομήσαμεν εἰς Σαμοθρᾴκην*

ΣΑ'ΜΟΣ 4544

Ac 20 15 *τῇ δὲ ἑτέρᾳ μετεβάλομεν εἰς Σάμον*

ΣΑΜΟΥΗ'Λ 4545

Ac 3 24 *οἱ προφῆται ἀπὸ Σ. κ. τῶν καθεξῆς*
13 20 *ἔδωκεν κριτὰς ἕως Σαμουὴλ προφήτου*
He 11 32 *ἐπιλείψει με γὰρ διηγούμενον ὁ χρόνος περὶ . . . Δαυεὶδ τε κ. Σαμουήλ*

ΣΑΜΨΩ'Ν 4546

He 11 32 *ἐπιλείψει με γὰρ διηγούμενον ὁ χρόνος περὶ Γεδεὼν Βαρὰκ Σαμψών*

ΣΑΝΔΑ'ΛΙΟΝ 4547

Mk 6 9 *ἀλλὰ ὑποδεδεμένους σανδάλια*
Ac 12 8 *ζῶσαι κ. ὑπόδησαι τὰ σανδάλιά σου*

ΣΑΝΙ'Σ 4548

Ac 27 44 *οὓς μὲν ἐπὶ σανίσιν*

ΣΑΟΥ'Λ 4549

Ac 9 4 *Σαοὺλ Σαοὺλ τί με διώκεις;*
17 *Σαοὺλ ἀδελφὲ ὁ Κύριος ἀπέσταλκέν με*
13 21 *ἔδωκεν αὐτοῖς ὁ Θεὸς τ. Σαοὺλ υἱὸν Κείς*
22 7 *Σαοὺλ Σαοὺλ τί με διώκεις;*
13 *Σαοὺλ ἀδελφὲ ἀνάβλεψον*
26 14 *Σαοὺλ Σαοὺλ τί με διώκεις;*

ΣΑΠΡΟ'Σ 4550

Mt 7 17 *τὸ δὲ σαπρὸν δένδρον καρποὺς πονηροὺς ποιεῖ*
18 *οὐδὲ δένδρον σαπρὸν καρποὺς καλοὺς ποιεῖν*
12 33 *ἢ ποιήσατε τὸ δένδρον σαπρόν, κ. τ. καρπὸν αὐτοῦ σαπρόν*
13 48 *τὰ δὲ σαπρὰ ἔξω ἔβαλον*
Lu 6 43 *οὐ γάρ ἐστιν δένδρον καλὸν ποιοῦν καρπὸν σαπρόν·*
οὐδὲ πάλιν δένδρον σαπρὸν ποιοῦν καρπὸν καλόν
Eph 4 29 *πᾶς λόγος σαπρὸς ἐκ τ. στόματος ὑμῶν μὴ ἐκπορευέσθω*

ΣΑΠΦΕΙ'ΡΗ 4551

Ac 5 1 *Ἀνανίας . . . σὺν Σαπφείρῃ τ. γυναικὶ αὐτοῦ*

ΣΑ'ΠΦΕΙΡΟΣ 4552

Re 21 19 *ὁ δεύτερος σάπφειρος*

ΣΑΡΓΑ'ΝΗ * 4553

II Co 11 33 *διὰ θυρίδος ἐν σαργάνῃ ἐχαλάσθην*

ΣΑ'ΡΔΕΙΣ 4554

Re 1 11 *πέμψον τ. ἑπτὰ ἐκκλησίαις . . . εἰς Σάρδεις*
3 1 *τ. ἀγγέλῳ τῆς ἐν Σάρδεσιν ἐκκλησίας γράψον*
4 *ἀλλὰ ἔχεις ὀλίγα ὀνόματα ἐν Σάρδεσιν*

ΣΑ'ΡΔΙΟΝ 4555, 4556

Re 4 3 *ὅμοιος ὁράσει λίθῳ ἰάσπιδι κ. σαρδίῳ*
21 20 *ὁ ἕκτος σάρδιον*

ΣΑΡΔΟ'ΝΥΞ * † 4557

Re 21 20 *ὁ πέμπτος σαρδόνυξ*

ΣΑ'ΡΕΠΤΑ 4558

Lu 4 26 *πρὸς οὐδεμίαν ἐπέμφθη Ἠλείας εἰ μὴ εἰς Σ. τ. Σιδωνίας*

ΣΑΡΚΙΚΟ'Σ * 4559

Ro 15 27 *ὀφείλουσιν κ. ἐν τ. σαρκικοῖς λειτουργῆσαι αὐτοῖς*
I Co 3 3 *ἔτι γὰρ σαρκικοί ἐστε*
3 *οὐχὶ σαρκικοί ἐστε*
9 11 *μέγα εἰ ἡμεῖς ὑμῶν τὰ σαρκικὰ θερίσομεν;*
II Co 1 12 *οὐκ ἐν σοφίᾳ σαρκικῇ*
10 4 *τὰ γὰρ ὅπλα τ. στρατείας ἡμῶν οὐ σαρκικά*
I Pe 2 11 *παρακαλῶ . . . ἀπέχεσθαι τ. σαρκικῶν ἐπιθυμιῶν*

ΣΑ΄ΡΚΙΝΟΣ 4560

Ro 7 14 ἐγὼ δὲ σάρκινός εἰμι
I Co 3 1 οὐκ ἠδυνήθην λαλῆσαι ὑμῖν ὡς πνευματικοῖς ἀλλ' ὡς σαρκίνοις
II Co 3 3 ἐνγεγραμμένη . . . ἐν πλαξὶ καρδίαις σαρκίναις
He 7 16 ὃς οὐ κατὰ νόμον ἐντολῆς σαρκίνης γέγονεν

ΣΑ΄ΡΞ 4561

(1) σὰρξ . . . αἷμα (2) σὰρξ . . . πνεῦμα
(3) σὰρξ . . . νοῦς (4) κατὰ σάρκα
(5) τὰ τ. σαρκός (6) σάρκες

Mt 16 17 [1] σὰρξ κ. αἷμα οὐκ ἀπεκάλυψέν σοι
19 5 ἔσονται οἱ δύο εἰς σάρκα μίαν;
הָיוּ לְבָשָׂר אֶחָד, Gen. ii. 24
6 ὥστε οὐκέτι εἰσὶν δύο ἀλλὰ σὰρξ μία
24 22 οὐκ ἂν ἐσώθη πᾶσα σάρξ
26 41 [2] τὸ μὲν πνεῦμα πρόθυμον ἡ δὲ σὰρξ ἀσθενής
Mk 10 8 ἔσονται οἱ δύο εἰς σάρκα μίαν· Gen. *l.c.*
ὥστε οὐκέτι εἰσὶν δύο ἀλλὰ μία σάρξ
13 20 οὐκ ἂν ἐσώθη πᾶσα σάρξ
14 38 [2] τὸ μὲν πνεῦμα πρόθυμον ἡ δὲ σὰρξ ἀσθενής
Lu 3 6 ὄψεται πᾶσα σὰρξ τὸ σωτήριον τ. Θεοῦ
רָאוּ כָל־בָּשָׂר יַחְדָּו, Is. xl. 5
24 39 [6] ὅτι πνεῦμα σάρκα κ. ὀστέα οὐκ ἔχει
σάρκας, T
Jo 1 13 [1] οὐδὲ ἐκ θελήματος σαρκὸς . . . ἐγεννήθησαν
14 ὁ λόγος σὰρξ ἐγένετο
3 6 [2] τὸ γεγεννημένον ἐκ τ. σαρκὸς σάρξ ἐστιν
6 51 ὁ ἄρτος δὲ ὃν ἐγὼ δώσω ἡ σάρξ μου ἐστίν
δώσω . . . ἡ σάρξ μ. ἐστ., T
52 πῶς δύναται οὗτος ἡμῖν δοῦναι τ. σάρκα αὐτοῦ φαγεῖν
—αὐτ., T [WH]
53 ἐὰν μὴ φάγητε τ. σάρκα τ. υἱοῦ τ. ἀνθρώπου
54 ὁ τρώγων μου τ. σάρκα
55 ἡ γὰρ σάρξ μου ἀληθής ἐστιν βρῶσις
56 ὁ τρώγων μου τ. σάρκα
63 [2] ἡ σὰρξ οὐκ ὠφελεῖ οὐδέν
8 15 [4] ὑμεῖς κατὰ τ. σάρκα κρίνετε
17 2 καθὼς ἔδωκας αὐτῷ ἐξουσίαν πάσης σαρκός
Ac 2 17 ἐκχεῶ ἀπὸ τ. πνεύματός μου ἐπὶ πᾶσαν σάρκα
אֶשְׁפּוֹךְ אֶת־רוּחִי עַל־כָּל־בָּשָׂר, Joel iii. 1
26 ἡ σάρξ μου κατασκηνώσει ἐπ' ἐλπίδι
בְּשָׂרִי יִשְׁכֹּן לָבֶטַח, Ps. xvi. 9
31 οὔτε ἡ σὰρξ αὐτοῦ εἶδεν διαφθοράν
Ro 1 3 [4] τ. γενομένου ἐκ σπέρματος Δαυεὶδ κατὰ σάρκα
2 28 οὐδὲ ἡ ἐν τ. φανερῷ ἐν σαρκὶ περιτομή
3 20 ἐξ ἔργων νόμου οὐ δικαιωθήσεται πᾶσα σάρξ
לֹא־יִצְדַּק לְפָנֶיךָ כָל־חָי, Ps. cxliii. 2
4 1 [4] τί οὖν ἐροῦμεν Ἀβραὰμ τ. προπατέρα ἡμῶν κατὰ σάρκα
6 19 ἀνθρώπινον λέγω διὰ τ. ἀσθένειαν τ. σαρκὸς ὑμῶν
7 5 ὅτε γὰρ ἦμεν ἐν τ. σαρκί
18 οὐκ οἰκεῖ ἐν ἐμοὶ τοῦτ' ἔστιν ἐν τ. σαρκί μου
Ro 7 25 [3] τ. δὲ σαρκὶ νόμῳ ἁμαρτίας
8 3 ἐν ᾧ ἠσθένει διὰ τ. σαρκός,
ὁ Θεὸς . . . πέμψας ἐν ὁμοιώματι σαρκὸς ἁμαρτίας
3 κατέκρινεν τ. ἁμαρτίαν ἐν τ. σαρκί
4 [2][4] ἐν ἡμῖν τοῖς μὴ κατὰ σάρκα περιπατοῦσιν ἀλλὰ κατὰ πνεῦμα.
5 [2][4][5] οἱ γὰρ κατὰ σάρκα ὄντες τὰ τ. σαρκὸς φρονοῦσιν
6 [2] τὸ γὰρ φρόνημα τ. σαρκὸς θάνατος
7 τὸ φρόνημα τ. σαρκὸς ἔχθρα εἰς Θεόν
8 οἱ δὲ ἐν σαρκὶ ὄντες Θεῷ ἀρέσαι οὐ δύνανται.
9 [2] ὑμεῖς δὲ οὐκ ἐστὲ ἐν σαρκί
12 [4] ὀφειλέται ἐσμὲν οὐ τ. σαρκὶ τοῦ κατὰ σάρκα ζῆν·
13 [2][4] εἰ γὰρ κατὰ σάρκα ζῆτε μέλλετε ἀποθνήσκειν
9 3 [4] τ. συγγενῶν μου κατὰ σάρκα
5 [4] ἐξ ὧν ὁ Χριστὸς τὸ κατὰ σάρκα
8 οὐ τὰ τέκνα τ. σαρκὸς ταῦτα τέκνα τ. Θεοῦ
11 14 εἴ πως παραζηλώσω μου τ. σάρκα
13 14 τ. σαρκὸς πρόνοιαν μὴ ποιεῖσθε εἰς ἐπιθυμίας
I Co 1 26 [4] οὐ πολλοὶ σοφοὶ κατὰ σάρκα
29 ὅπως μὴ καυχήσηται πᾶσα σὰρξ ἐνώπιον τ. Θεοῦ
5 5 [2] παραδοῦναι . . . τ. Σατανᾷ εἰς ὄλεθρον τ. σαρκός
6 16 ἔσονται γὰρ φησὶν οἱ δύο εἰς σάρκα μίαν, Gen. *l.c.*
7 28 θλίψιν δὲ τ. σαρκὶ ἕξουσιν οἱ τοιοῦτοι
10 18 [4] βλέπετε τὸν Ἰσραὴλ κατὰ σάρκα
15 39 οὐ πᾶσα σὰρξ ἡ αὐτὴ σάρξ
39 ἄλλη δὲ σὰρξ κτηνῶν ἄλλη δὲ σὰρξ πτηνῶν
50 [1] σὰρξ κ. αἷμα βασιλείαν Θεοῦ κληρονομῆσαι οὐ δύναται
II Co 1 17 [4] ἢ ἃ βουλεύομαι κατὰ σάρκα βουλεύομαι
4 11 ἵνα κ. ἡ ζωὴ τ. Ἰησοῦ φανερωθῇ ἐν τ. θνητῇ σαρκὶ ἡμῶν
5 16 [4] ἀπὸ τοῦ νῦν οὐδένα οἴδαμεν κατὰ σάρκα·
[4] εἰ κ. ἐγνώκαμεν κατὰ σάρκα Χριστόν
7 1 [2] καθαρίσωμεν ἑαυτοὺς ἀπὸ παντὸς μολυσμοῦ σαρκὸς κ. πνεύματος
5 οὐδεμίαν ἔσχηκεν ἄνεσιν ἡ σὰρξ ἡμῶν
10 2 [4] τ. λογιζομένους ἡμᾶς ὡς κατὰ σάρκα περιπατοῦντας.
3 ἐν σαρκὶ γὰρ περιπατοῦντες,
[4] οὐ κατὰ σάρκα στρατευόμεθα
11 18 [4] ἐπεὶ πολλοὶ καυχῶνται κατὰ τ. σάρκα
—τήν, T [WH]
12 7 ἐδόθη μοι σκόλοψ τ. σαρκί
Ga 1 16 [1] οὐ προσανεθέμην σαρκὶ κ. αἵματι
2 16 ἐξ ἔργων νόμου οὐ δικαιωθήσεται πᾶσα σάρξ, Ps. *l.c.*
20 ὃ δὲ νῦν ζῶ ἐν σαρκί
3 3 [2] ἐναρξάμενοι πνεύματι νῦν σαρκὶ ἐπιτελεῖσθε;
4 13 δι' ἀσθένειαν τ. σαρκὸς εὐηγγελισάμην ὑμῖν
14 τ. πειρασμὸν ὑμῶν ἐν τ. σαρκί μου
23 [4] ὁ μὲν ἐκ τ. παιδίσκης κατὰ σάρκα γεγέννηται
29 [2][4] ὁ κατὰ σάρκα γεννηθεὶς ἐδίωκεν τὸν κατὰ πνεῦμα
5 13 μόνον μὴ τ. ἐλευθερίαν εἰς ἀφορμὴν τ. σαρκί
16 [2] ἐπιθυμίαν σαρκὸς οὐ μὴ τελέσητε.
17 [2] ἡ γὰρ σὰρξ ἐπιθυμεῖ κατὰ τ. πνεύματος
[2] τὸ δὲ πνεῦμα κατὰ τ. σαρκός

Ga 5 19 [2] φανερὰ δέ ἐστιν τὰ ἔργα τ. σαρκός
24 οἱ δὲ τ. Χριστοῦ Ἰησοῦ τ. σάρκα ἐσταύρωσαν
6 8 [2] ὅτι ὁ σπείρων εἰς τ. σάρκα ἑαυτοῦ ἐκ τ. σαρκὸς θερίσει φθοράν
12 ὅσοι θέλουσιν εὐπροσωπῆσαι τ. σαρκί
13 ἵνα ἐν τ. ὑμετέρᾳ σαρκὶ καυχήσωνται
Eph 2 3 ἀνεστράφημέν ποτε ἐν τ. ἐπιθυμίαις τ. σαρκὸς ἡμῶν,
ποιοῦντες τὰ θελήματα τ. σαρκὸς κ. τ. διανοιῶν
11 ὑμεῖς τὰ ἔθνη ἐν σαρκί
11 τ. λεγομένης περιτομῆς ἐν σαρκὶ χειροποιήτου
14 τ. ἔχθραν ἐν τ. σαρκὶ αὐτοῦ . . . καταργήσας
5 29 οὐδεὶς γάρ ποτε τὴν ἑαυτοῦ σάρκα ἐμίσησεν
31 ἔσονται οἱ δύο εἰς σάρκα μίαν, Gen. *l.c.*
6 5 [4] ὑπακούετε τοῖς κατὰ σάρκα κυρίοις
12 [1] οὐκ ἔστιν ἡμῖν ἡ πάλη πρὸς αἷμα κ. σάρκα
Phl 1 22 εἰ δὲ τὸ ζῆν ἐν σαρκί
24 τὸ δὲ ἐπιμένειν σαρκὶ ἀναγκαιότερον
3 3 ἡμεῖς γὰρ . . . οὐκ ἐν σαρκὶ πεποιθότες,
4 καίπερ ἐγὼ ἔχων πεποίθησιν κ. ἐν σαρκί.
εἴ τις δοκεῖ ἄλλος πεποιθέναι ἐν σαρκί
Col 1 22 νυνὶ δὲ ἀποκατήλλαξεν ἐν τ. σώματι τ. σαρκὸς αὐτοῦ
24 ἀνταναπληρῶ τὰ ὑστερήματα . . . ἐν τ. σαρκί μου
2 1 ὅσοι οὐχ ἑόρακαν τὸ πρόσωπόν μου ἐν σαρκί
5 [2] εἰ γὰρ κ. τ. σαρκὶ ἄπειμι
11 ἐν τ. ἀπεκδύσει τ. σώματος τ. σαρκός
13 ὑμᾶς νεκροὺς ὄντας . . . τ. ἀκροβυστίᾳ τ. σαρκὸς ὑμῶν
18 εἰκῇ φυσιούμενος ὑπὸ τ. νοὸς τ. σαρκὸς αὐτοῦ
23 οὐκ ἐν τιμῇ τινὶ πρὸς πλησμονὴν τ. σαρκός
3 22 [4] ὑπακούετε κατὰ πάντα τοῖς κατὰ σάρκα κυρίοις
I Ti 3 16 [2] ὃς ἐφανερώθη ἐν σαρκί
Phm 16 πόσῳ δὲ μᾶλλόν σοι κ. ἐν σαρκὶ κ. ἐν Κυρίῳ
He 2 14 [1] ἐπεὶ οὖν τὰ παιδία κεκοινώνηκεν αἵματος κ. σαρκός
5 7 ὃς ἐν τ. ἡμέραις τ. σαρκὸς αὐτοῦ
9 10 δικαιώματα σαρκὸς μεχρὶ καιροῦ διορθώσεως ἐπικείμενα
13 ἁγιάζει πρὸς τὴν τ. σαρκὸς καθαρότητα
10 20 διὰ τ. καταπετάσματος τοῦτ' ἔστιν τ. σαρκὸς αὐτοῦ
12 9 [2] τοὺς μὲν τ. σαρκὸς ἡμῶν πατέρας εἴχομεν
Ja 5 3 [6] ὁ ἰὸς αὐτῶν . . . φάγεται τ. σάρκας ὑμῶν
I Pe 1 24 πᾶσα σὰρξ ὡς χόρτος
כָּל־הַבָּשָׂר חָצִיר, Is. xl. 6
3 18 [2] θανατωθεὶς μὲν σαρκί
21 οὐ σαρκὸς ἀπόθεσις ῥύπου
4 1 Χριστοῦ οὖν παθόντος σαρκί
1 ὅτι ὁ παθὼν σαρκὶ πέπαυται ἁμαρτίαις·
2 εἰς τὸ . . . θελήματι Θεοῦ τὸν ἐπίλοιπον ἐν σαρκὶ βιῶσαι χρόνον
6 [2] ἵνα κριθῶσιν μὲν κατὰ ἀνθρώπους σαρκί
II Pe 2 10 τοὺς ὀπίσω σαρκὸς ἐν ἐπιθυμίᾳ μιασμοῦ πορευομένους
18 δελεάζουσιν ἐν ἐπιθυμίαις σαρκός
I Jo 2 16 ἡ ἐπιθυμία τ. σαρκὸς . . . οὐκ ἔστιν ἐκ τ. πατρός
I Jo 4 2 πᾶν πνεῦμα ὃ ὁμολογεῖ Ἰησοῦν Χριστὸν ἐν σαρκὶ ἐληλυθότα
II Jo 7 οἱ μὴ ὁμολογοῦντες Ἰησοῦν Χριστὸν ἐρχόμενον ἐν σαρκί
Ju 7 ἀπελθοῦσαι ὀπίσω σαρκὸς ἑτέρας
8 σάρκα μὲν μιαίνουσιν
23 μισοῦντες κ. τὸν ἀπὸ τ. σαρκὸς ἐσπιλωμένον χιτῶνα
Re 17 16 [6] οὗτοι . . . τ. σάρκας αὐτῆς φάγονται
19 18 [6] ἵνα φάγητε σάρκας βασιλέων,
[6] κ. σάρκας χιλιάρχων κ. σάρκας ἰσχυρῶν
[6] κ. σάρκας ἵππων κ. τ. καθημένων ἐπ' αὐτούς,
[6] κ. σάρκας πάντων ἐλευθέρων τε κ. δούλων
21 [6] πάντα τὰ ὄρνεα ἐχορτάσθησαν ἐκ τ. σαρκῶν αὐτῶν

ΣΑΡΟ'Ω * 4563

Mt 12 44 εὑρίσκει σχολάζοντα κ. σεσαρωμένον
Lu 11 25 εὑρίσκει σχολάζοντα σεσαρωμένον
15 8 οὐχὶ . . . σαροῖ τ. οἰκίαν

ΣΑ'ΡΡΑ 4564

Ro 4 19 κατενόησεν . . . τ. νέκρωσιν μήτρας Σάρρας
9 9 ἔσται τ. Σάρρᾳ υἱός
הִנֵּה־בֵן לְשָׂרָה אִשְׁתֶּךָ, Gen. xviii. 10
He 11 11 πίστει κ. αὐτὴ Σάρρα δύναμιν εἰς καταβολὴν σπέρματος ἔλαβεν
αὐτῇ Σάρρᾳ, WH mg.
I Pe 3 6 ὡς Σάρρα ὑπήκουεν τῷ Ἀβραάμ

ΣΑΡΩ'Ν 4565

Ac 9 35 πάντες οἱ κατοικοῦντες Λύδδα κ. τ. Σαρῶνα
Σάρωνα, T

ΣΑΤΑΝΑ'Σ 4567, 4566

Mt 4 10 λέγει αὐτῷ ὁ Ἰησοῦς Ὕπαγε Σατανᾶ
12 26 εἰ ὁ Σατανᾶς τ. Σατανᾶν ἐκβάλλει
16 23 ὕπαγε ὀπίσω μου Σατανᾶ
Mk 1 13 πειραζόμενος ὑπὸ τοῦ Σατανᾶ
3 23 πῶς δύναται Σατανᾶς Σατανᾶν ἐκβάλλειν ;
26 εἰ ὁ Σατανᾶς ἀνέστη ἐφ' ἑαυτόν
4 15 εὐθὺς ἔρχεται ὁ Σατανᾶς
8 33 ὕπαγε ὀπίσω μου Σατανᾶ
Lu 10 18 ἐθεώρουν τ. Σατανᾶν . . . ἐκ τ. οὐρανοῦ πεσόντα
11 18 εἰ δὲ κ. ὁ Σατανᾶς ἐφ' ἑαυτὸν διεμερίσθη
13 16 ἣν ἔδησεν ὁ Σατανᾶς
22 3 εἰσῆλθεν δὲ Σατανᾶς εἰς Ἰούδαν
31 ἰδοὺ ὁ Σατανᾶς ἐξῃτήσατο ὑμᾶς
Jo 13 27 τότε εἰσῆλθεν εἰς ἐκεῖνον ὁ Σατανᾶς
Ac 5 3 διὰ τί ἐπλήρωσεν ὁ Σατανᾶς τ. καρδίαν σου
26 18 ἐπιστρέψαι ἀπὸ . . . τ. ἐξουσίας τοῦ Σατανᾶ ἐπὶ τ. Θεόν
Ro 16 20 ὁ δὲ Θεὸς τ. εἰρήνης συντρίψει τ. Σατανᾶν
I Co 5 5 παραδοῦναι τ. τοιοῦτον τ. Σατανᾷ εἰς ὄλεθρον τ. σαρκός
7 5 ἵνα μὴ πειράζῃ ὑμᾶς ὁ Σατανᾶ·
II Co 2 11 ἵνα μὴ πλεονεκτηθῶμεν ὑπὸ τ. Σατανᾶ
11 14 αὐτὸς γὰρ ὁ Σατανᾶς μετασχηματίζεται εἰς ἄγγελον φωτός
12 7 ἄγγελος Σατανᾶ ἵνα με κολαφίζῃ
I Th 2 18 ἐνέκοψεν ἡμᾶς ὁ Σατανᾶς

II Th 2 9 οὗ ἐστὶν ἡ παρουσία κατ' ἐνέργειαν τ. Σατανᾶ
I Ti 1 20 οὓς παρέδωκα τ. Σατανᾷ
5 15 ἤδη γάρ τινες ἐξετράπησαν ὀπίσω τ. Σατανᾶ
Re 2 9 ἀλλὰ συναγωγὴ τ. Σατανᾶ
13 ὅπου ὁ θρόνος τ. Σατανᾶ
13 ὅπου ὁ Σατανᾶς κατοικεῖ
24 οἵτινες οὐκ ἔγνωσαν τὰ βαθέα τ. Σατανᾶ
3 9 ἰδοὺ διδῶ ἐκ τ. συναγωγῆς τ. Σατανᾶ
12 9 ὁ Σατανᾶς ὁ πλανῶν τ. οἰκουμένην ὅλην
20 2 ὅς ἐστιν διάβολος κ. ὁ Σατανᾶς
7 λυθήσεται ὁ Σατανᾶς ἐκ τ. φυλακῆς αὐτοῦ

ΣΑ´ΤΟΝ † 4568

Mt 13 33 ἐνέκρυψεν εἰς ἀλεύρου σάτα τρία
Lu 13 21 ἔκρυψεν εἰς ἀλεύρου σάτα τρία

ΣΑΥ^ΛΟΣ 4569

Ac 7 58 παρὰ τ. πόδας νεανίου καλουμένου Σαύλου
8 1 Σαῦλος δὲ ἦν συνευδοκῶν τ. ἀναιρέσει αὐτοῦ
3 Σαῦλος δὲ ἐλυμαίνετο τ. ἐκκλησίαν
9 1 ὁ δὲ Σαῦλος ἔτι ἐνπνέων ἀπειλῆς κ. φόνου
8 ἠγέρθη δὲ Σαῦλος ἀπὸ τ. γῆς
11 ζήτησον ἐν οἰκίᾳ Ἰούδα Σαῦλον ὀνόματι Ταρσέα
22 Σαῦλος δὲ μᾶλλον ἐνεδυναμοῦτο
24 ἐγνώσθη δὲ τ. Σαύλῳ ἡ ἐπιβουλὴ αὐτῶν
11 25 ἐξῆλθεν δὲ εἰς Ταρσὸν ἀναζητῆσαι Σαῦλον
30 ἀποστείλαντες . . . διὰ χειρὸς Βαρνάβα κ. Σαύλου
12 25 Βαρνάβας δὲ κ. Σαῦλος ὑπέστρεψαν εἰς Ἰερουσαλήμ
13 1 Μαναήν τε Ἡρῴδου . . . σύντροφος κ. Σαῦλος
2 ἀφορίσατε δή μοι τ. Βαρνάβαν κ. Σαῦλον
7 οὗτος προσκαλεσάμενος Βαρνάβαν κ. Σαῦλον
9 Σαῦλος δὲ ὁ κ. Παῦλος

ΣΒΕ´ΝΝΥΜΙ 4570 cf. 2198.5

Mt 12 20 λίνον τυφόμενον οὐ σβέσει
פִּשְׁתָּה כֵהָה לֹא יְכַבֶּנָּה, Is. xlii. 3
25 8 ὅτι αἱ λαμπάδες ἡμῶν σβέννυνται
Mk 9 48 ὅπου . . . τὸ πῦρ οὐ σβέννυται
כִּי . . . אִשָּׁם לֹא תִכְבֶּה, Is. lxvi. 24
Eph 6 16 πάντα τὰ βέλη τ. πονηροῦ τὰ πεπυρωμένα σβέσαι
I Th 5 19 τὸ πνεῦμα μὴ σβέννυτε
ζβέννυτε, T
He 11 34 ἔσβεσαν δύναμιν πυρός

ΣΕΑΥΤΟΥ^ 4572

Mt 4 6 βάλε σεαυτὸν κάτω
8 4 ὕπαγε σεαυτὸν δεῖξον τ. ἱερεῖ
18 16 παράλαβε μετὰ σεαυτοῦ ἔτι ἕνα ἢ δύο
μετὰ σοῦ, WHR
19 19 ἀγαπήσεις τὸν πλησίον σου ὡς σεαυτόν
אָהַבְתָּ לְרֵעֲךָ כָּמוֹךָ, Lev. xix. 18
22 39 ἀγαπήσεις τὸν πλησίον σου ὡς σεαυτόν, Lev. *l.c.*
27 40 ὁ καταλύων τ. ναὸν . . σῶσον σεαυτόν

Mk 1 44 ὕπαγε σεαυτὸν δεῖξον τ. ἱερεῖ
12 31 ἀγαπήσεις τὸν πλησίον σου ὡς σεαυτον, Lev. *l.c.*
15 30 ὁ καταλύων τ. ναὸν . . . σῶσον σεαυτόν
Lu 4 9 βάλε σεαυτὸν ἐντεῦθεν κάτω
23 ἰατρὲ θεράπευσον σεαυτόν
5 14 ἀπελθὼν δεῖξον σεαυτὸν τ. ἱερεῖ
10 27 ἀγαπήσεις . . . τὸν πλησίον σου ὡς σεαυτόν, Lev. *l.c.*
23 37 εἰ σὺ εἶ ὁ βασιλεὺς τ. Ἰουδαίων σῶσον σεαυτόν
39 σῶσον σεαυτὸν κ. ἡμᾶς
Jo 1 22 τί λέγεις περὶ σεαυτοῦ;
7 4 φανέρωσον σεαυτὸν τ. κόσμῳ
8 13 σὺ περὶ σεαυτοῦ μαρτυρεῖς
53 τίνα σεαυτὸν ποιεῖς;
10 33 ὅτι σὺ ἄνθρωπος ὢν ποιεῖς σεαυτὸν Θεόν
14 22 ἡμῖν μέλλεις ἐμφανίζειν σεαυτόν
17 5 δόξασόν με σὺ πάτερ παρὰ σεαυτῷ
18 34 ἀπὸ σεαυτοῦ σὺ τοῦτο λέγεις
ἀφ' ἑαυτοῦ, T
21 18 ὅτε ἦς νεώτερος ἐζώννυες σεαυτόν
Ac 9 34 ἀνάστηθι κ. στρῶσον σεαυτῷ
16 28 μηδὲν πράξῃς σεαυτῷ κακόν
26 1 ἐπιτρέπεταί σοι ὑπὲρ σεαυτοῦ λέγειν
Ro 2 1 ἐν ᾧ γὰρ κρίνεις τ. ἕτερον σεαυτὸν κατακρίνεις
5 θησαυρίζεις σεαυτῷ ὀργὴν ἐν ἡμέρᾳ ὀργῆς
19 πέποιθάς τε σεαυτὸν ὁδηγὸν εἶναι τυφλῶν
21 ὁ οὖν διδάσκων ἕτερον σεαυτὸν οὐ διδάσκεις;
13 9 ἀγαπήσεις τὸν πλησίον σοῦ ὡς σεαυτόν, Lev. *l.c.*
14 22 κατὰ σεαυτὸν ἔχε ἐνώπιον τ. Θεοῦ
Ga 5 14 ἀγαπήσεις τὸν πλησίον σου ὡς σεαυτόν, Lev. *l.c.*
6 1 σκοπῶν σεαυτὸν μὴ κ. σὺ πειρασθῇς
I Ti 4 7 γύμναζε δὲ σεαυτὸν πρὸς εὐσέβειαν
16 ἔπεχε σεαυτῷ κ. τ. διδασκαλίᾳ
16 κ. σεαυτὸν σώσεις κ. τ. ἀκούοντάς σου
5 22 σεαυτὸν ἁγνὸν τήρει
II Ti 2 15 σπούδασον σεαυτὸν δόκιμον παραστῆσαι τ. Θεῷ
4 11 Μάρκον ἀναλαβὼν ἄγε μετὰ σεαυτοῦ
Tit 2 7 σεαυτὸν παρεχόμενος τύπον καλῶν ἔργων
Phm 19 κ. σεαυτόν μοι προσοφείλεις
Ja 2 8 ἀγαπήσεις τὸν πλησίον σου ὡς σεαυτόν, Lev. *l.c.*

ΣΕΒΑ´ΖΟΜΑΙ ** 4573

Ro 1 25 ἐσεβάσθησαν κ. ἐλάτρευσαν τ. κτίσει παρὰ τ. κτίσαντα

ΣΕ´ΒΑΣΜΑ ** 4574

Ac 17 23 ἀναθεωρῶν τὰ σεβάσματα ὑμῶν
II Th 2 4 ὑπεραιρόμενος ἐπὶ πάντα λεγόμενον Θεὸν ἢ σέβασμα

ΣΕΒΑΣΤΟ´Σ * 4575

Ac 25 21 ἐπικαλεσαμένου τηρηθῆναι αὐτὸν εἰς τὴν τ. Σεβαστοῦ διάγνωσιν
25 αὐτοῦ δὲ τούτου ἐπικαλεσαμένου τ. Σεβαστόν
27 1 ἑκατοντάρχῃ ὀνόματι Ἰουλίῳ σπείρης Σεβαστῆς

ΣΕ΄ΒΟΜΑΙ 4576

Mt 15 9 μάτην δὲ σέβονταί με
וַתְּהִי יִרְאָתָם אֹתִי, Is. xxix. 13
Mk 7 7 μάτην δὲ σέβονταί με, Is. *l.c.*
Ac 13 43 πολλοὶ τ. Ἰουδαίων κ. τ. σεβομένων προσηλύτων
50 οἱ δὲ Ἰουδαῖοι παρώτρυναν τ. σεβομένας γυναῖκας
16 14 γυνὴ ὀνόματι Λυδία . . . σεβομένη τ. Θεόν
17 4 τῶν τε σεβομένων Ἑλλήνων πλῆθος πολύ
17 διελέγετο μὲν οὖν . . . τ. Ἰουδαίοις κ. τ. σεβομένοις
18 7 ἦλθεν εἰς οἰκίαν . . . Τιτίου Ἰούστου σεβομένου τ. Θεόν
13 ἀναπείθει οὗτος τ. ἀνθρώπους σέβεσθαι τ. Θεόν
19 27 ἣν ὅλη ἡ Ἀσία κ. ἡ οἰκουμένη σέβεται

ΣΕΙΡΟ΄Σ, ΣΕΙΡΑ΄ 4577

II Pe 2 4 σειροῖς ζόφου ταρταρώσας
σιροῖς, T ; σειραῖς, R mg.

ΣΕΙΣΜΟ΄Σ 4578

Mt 8 24 σεισμὸς μέγας ἐγένετο ἐν τ. θαλάσσῃ
24 7 ἔσονται . . . σεισμοὶ κατὰ τόπους
27 54 ἰδόντες τ. σεισμὸν κ. τὰ γινόμενα
28 2 ἰδοὺ σεισμὸς ἐγένετο μέγας
Mk 13 8 ἔσονται σεισμοὶ κατὰ τόπους
Lu 21 11 σεισμοί τε μεγάλοι . . . ἔσονται
Ac 16 26 ἄφνω δὲ σεισμὸς ἐγένετο μέγας
Re 6 12 σεισμὸς μέγας ἐγένετο
8 5 ἐγένοντο βρονταὶ . . . κ. σεισμός
11 13 ἐν ἐκείνῃ τ. ὥρᾳ ἐγένετο σεισμὸς μέγας
13 ἀπεκτάνθησαν ἐν τ. σεισμῷ ὀνόματα ἀνθρώπων χιλιάδες ἑπτά
19 ἐγένοντο . . . βρονταὶ κ. σεισμός
16 18 σεισμὸς ἐγένετο μέγας,
οἷος οὐκ ἐγένετο . . . τηλικοῦτος σεισμὸς οὕτως μέγας

ΣΕΙ΄Ω 4579

Mt 21 10 ἐσείσθη πᾶσα ἡ πόλις
27 51 ἡ γῆ ἐσείσθη
28 4 ἀπὸ δὲ τ. φόβου αὐτοῦ ἐσείσθησαν οἱ τηροῦντες
He 12 26 ἔτι ἅπαξ ἐγὼ σείσω οὐ μόνον τ. γῆν ἀλλὰ κ. τ. οὐρανόν
עוֹד אַחַת מְעַט הִיא וַאֲנִי מַרְעִישׁ אֶת־הַשָּׁמַיִם
וְאֶת־הָאָרֶץ, Hagg. ii. 6
Re 6 13 ὡς συκῆ βάλλει . . . ὑπὸ ἀνέμου μεγάλου σειομένη

ΣΕ΄ΚΟΥΝΔΟΣ 4580

Ac 20 4 συνείπετο δὲ αὐτῷ . . . Ἀρίσταρχος κ. Σέκουνδος

ΣΕΛΕΥΚΙ΄Α 4581

Ac 13 4 κατῆλθον εἰς Σελευκίαν

ΣΕΛΗ΄ΝΗ 4582

Mt 24 29 ἡ σελήνη οὐ δώσει τὸ φέγγος αὐτῆς
Mk 13 24 ἡ σελήνη οὐ δώσει τὸ φέγγος αὐτῆς
Lu 21 25 ἔσονται σημεῖα ἐν ἡλίῳ κ. σελήνῃ κ. ἄστροις
Ac 2 20 μεταστραφήσεται . . . ἡ σελήνη εἰς αἷμα
יֵהָפֵךְ . . . הַיָּרֵחַ לְדָם, Joel iii. 4
I Co 15 41 ἄλλη δόξα σελήνης
Re 6 12 ἡ σελήνη ὅλη ἐγένετο ὡς αἷμα
8 12 ἐπλήγη . . . τὸ τρίτον τ. σελήνης
12 1 ἡ σελήνη ὑποκάτω τ. ποδῶν αὐτῆς
21 23 ἡ πόλις οὐ χρείαν ἔχει τ. ἡλίου οὐδὲ τ. σελήνης

ΣΕΛΗΝΙΑ΄ΖΟΜΑΙ * † 4583

Mt 4 24 προσήνεγκαν αὐτῷ . . . δαιμονιζομένους κ. σεληνιαζομένους
17 15 ὅτι σεληνιάζεται κ. κακῶς ἔχει

ΣΕΜΕΕΙ΄Ν 4584

Lu 3 26 τοῦ Ματταθίου τοῦ Σεμεεὶν τοῦ Ἰωσήχ

ΣΕΜΙ΄ΔΑΛΙΣ 4585

Re 18 13 ἔλαιον κ. σεμίδαλιν κ. σῖτον

ΣΕΜΝΟ΄Σ 4586

Phl 4 8 ὅσα ἐστὶν ἀληθῆ ὅσα σεμνά
I Ti 3 8 διακόνους ὡσαύτως σεμνούς
11 γυναῖκας ὡσαύτως σεμνάς
Tit 2 2 πρεσβύτας νηφαλίους εἶναι σεμνούς

ΣΕΜΝΟ΄ΤΗΣ ** 4587

I Ti 2 2 ἵνα . . . διάγωμεν ἐν πάσῃ εὐσεβείᾳ κ. σεμνότητι
3 4 τέκνα ἔχοντα ἐν ὑποταγῇ μετὰ πάσης σεμνότητος
Tit 2 7 παρεχόμενος . . . ἐν τ. διδασκαλίᾳ ἀφθορίαν σεμνότητα

ΣΕ΄ΡΓΙΟΣ 4588

Ac 13 7 ὃς ἦν σὺν τ. ἀνθυπάτῳ Σεργίῳ Παύλῳ

ΣΕΡΟΥ΄Χ 4588.5

Lu 3 35 τοῦ Ναχὼρ τοῦ Σεροὺχ τοῦ Ραγαῦ

ΣΗ΄Θ 4589

Lu 3 38 τοῦ Ἐνὼς τοῦ Σὴθ τοῦ Ἀδάμ

ΣΗ΄Μ 4590

Lu 3 36 τοῦ Ἀρφαξὰδ τοῦ Σὴμ τοῦ Νῶε

ΣΗΜΑΙ΄ΝΩ 4591

Jo 12 33 σημαίνων ποίῳ θανάτῳ ἤμελλεν ἀποθνήσκειν
18 32 σημαίνων ποίῳ θανάτῳ ἤμελλεν ἀποθνήσκειν
21 19 σημαίνων ποίῳ θανάτῳ δοξάσει τ. Θεόν
Ac 11 28 ἐσήμαινεν διὰ τ. πνεύματος λιμὸν μεγάλην μέλλειν ἔσεσθαι
ἐσήμανεν, TWH mg.
25 27 μὴ κ. τὰς κατ' αὐτοῦ αἰτίας σημᾶναι
Re 1 1 ἐσήμανεν . . . τ. δούλῳ αὐτοῦ Ἰωάνει

ΣΗΜΕΙ΄ΟΝ 4592

(1) σημεῖα κ. τέρατα

Mt 12 38 θέλομεν ἀπὸ σοῦ σημεῖον ἰδεῖν
39 γενεὰ πονηρὰ κ. μοιχαλὶς σημεῖον ἐπιζητεῖ
κ. σημεῖον οὐ δοθήσεται αὐτῇ,
εἰ μὴ τὸ σημεῖον Ἰωνᾶ τ. προφήτου

Mt 16 1 σημεῖον ἐκ τ. οὐρανοῦ ἐπιδεῖξαι αὐτοῖς
3 τὰ δὲ σημεῖα τ. καιρῶν οὐ δύνασθε
4 γενεὰ πονηρὰ κ. μοιχαλὶς σημεῖον ἐπιζητεῖ· κ. σημεῖον οὐ δοθήσεται αὐτῇ, εἰ μὴ τὸ σημεῖον Ἰωνᾶ
24 3 τί τὸ σημεῖον τ. σῆς παρουσίας
24 [1] δώσουσιν σημεῖα μεγάλα κ. τέρατα
30 τότε φανήσεται τὸ σημεῖον τ. υἱοῦ τ. ἀνθρώπου
26 48 ὁ δὲ παραδιδοὺς αὐτὸν ἔδωκεν αὐτοῖς σημεῖον
Mk 8 11 ζητοῦντες παρ' αὐτοῦ σημεῖον ἀπὸ τ. οὐρανοῦ
12 τί ἡ γενεὰ αὕτη ζητεῖ σημεῖον;
12 εἰ δοθήσεται τ. γενεᾷ ταύτῃ σημεῖον
13 4 τί τὸ σημεῖον ὅταν μέλλῃ ταῦτα συντελεῖσθαι πάντα
22 [1] δώσουσιν σημεῖα κ. τέρατα
16 [17 σημεῖα δὲ τ. πιστεύσασιν ἀκολουθήσει ταῦτα
[20 τ. λόγον βεβαιοῦντος διὰ τ. ἐπακολουθούντων σημείων
Lu 2 12 τοῦτο ὑμῖν σημεῖον
τὸ σημ, TWH mg. R
34 οὗτος κεῖται . . . εἰς σημεῖον ἀντιλεγόμενον
11 16 σημεῖον ἐξ οὐρανοῦ ἐζήτουν παρ' αὐτοῦ
29 σημεῖον ζητεῖ κ. σημεῖον οὐ δοθήσεται αὐτῇ, εἰ μὴ τὸ σημεῖον Ἰωνᾶ.
30 καθὼς γὰρ ἐγένετο ὁ Ἰωνᾶς τ. Νινευείταις σημεῖον
21 7 τί τὸ σημεῖον ὅταν μελλῃ ταῦτα γίνεσθαι;
11 φόβηθρά τε κ. ἀπ' οὐρανοῦ σημεῖα μεγάλα ἔσται
σημ. ἀπ. οὐρ. μεγ., T; σημ. μεγ. ἀπ. οὐρ., WH mg.
25 ἔσονται σημεῖα ἐν ἡλίῳ κ. σελήνῃ κ. ἄστροις
23 8 ἤλπιζέν τι σημεῖον ἰδεῖν ὑπ' αὐτοῦ γινόμενον
Jo 2 11 ταύτην ἐποίησεν ἀρχὴν τ. σημείων ὁ Ἰησοῦς
18 τί σημεῖον δεικνύεις ὑμῖν
23 θεωροῦντες αὐτοῦ τὰ σημεῖα ἃ ἐποίει
3 2 οὐδεὶς γὰρ δύναται ταῦτα τὰ σημεῖα ποιεῖν
4 48 [1] ἐὰν μὴ σημεῖα κ. τέρατα ἴδητε
54 τοῦτο δὲ πάλιν δεύτερον σημεῖον ἐποίησεν ὁ Ἰησοῦς
6 2 ἐθεώρουν τὰ σημεῖα ἃ ἐποίει
14 οἱ οὖν ἄνθρωποι ἰδόντες ἃ ἐποίησεν σημεῖα
ὃ ἐπ. σημεῖον, TWH mg. R non mg.
26 ζητεῖτέ με οὐχ ὅτι εἴδετε σημεῖα
30 τί οὖν ποιεῖς σὺ σημεῖον
7 31 μὴ πλείονα σημεῖα ποιήσει ὧν οὗτος
9 16 πῶς δύναται ἄνθρωπος ἁμαρτωλὸς τοιαῦτα σημεῖα ποιεῖν;
10 41 Ἰωάνης μὲν σημεῖον ἐποίησεν οὐδέν
11 47 οὗτος ὁ ἄνθρωπος πολλὰ ποιεῖ σημεῖα
12 18 ἤκουσαν τοῦτο αὐτὸν πεποιηκέναι τὸ σημεῖον
37 τοσαῦτα δὲ αὐτοῦ σημεῖα πεποιηκότος
20 30 πολλὰ μὲν οὖν κ. ἄλλα σημεῖα ἐποίησεν ὁ Ἰησοῦς
Ac 2 19 [1] δώσω . . . σημεῖα ἐπὶ τ. γῆς κάτω
נָתַתִּי מוֹפְתִים . . . בָּאָרֶץ, Joel iii. 3
22 [1] ἄνδρα ἀποδεδειγμένον . . . δυνάμεσι κ. τέρασι κ. σημείοις
43 [1] πολλὰ δὲ τέρατα κ. σημεῖα διὰ τ. ἀποστόλων ἐγίνετο
4 16 ὅτι μὲν γὰρ γνωστὸν σημεῖον γέγονεν δι' αὐτῶν . . . φανερόν
22 ἐφ' ὃν γεγόνει τὸ σημεῖον τοῦτο τ. ἰάσεως
30 [1] σημεῖα κ. τέρατα γίνεσθαι διὰ τ. ὀνόματος

Ac 5 12 [1] διὰ δὲ τ. χειρῶν τ. ἀποστόλων ἐγίνετο σημεῖα κ. τέρατα
6 8 [1] ἐποίει τέρατα κ. σημεῖα μεγάλα ἐν τ. λαῷ
7 36 [1] ποιήσας τέρατα κ. σημεῖα ἐν τῇ Αἰγύπτῳ
8 6 ἐν τῷ . . . βλέπειν τὰ σημεῖα ἃ ἐποίει
13 θεωρῶν τε σημεῖα κ. δυνάμεις μεγάλας γινομένας
14 3 [1] τῷ . . . διδόντι σημεῖα κ. τέρατα γίνεσθαι
15 12 [1] ὅσα ἐποίησεν ὁ Θεὸς σημεῖα κ. τέρατα
Ro 4 11 σημεῖον ἔλαβεν περιτομῆς
15 19 [1] ἐν δυνάμει σημείων κ. τεράτων
I Co 1 22 ἐπειδὴ κ. Ἰουδαῖοι σημεῖα αἰτοῦσιν
14 22 ὥστε αἱ γλῶσσαι εἰς σημεῖόν εἰσιν
II Co 12 12 [1] τὰ μὲν σημεῖα τ. ἀποστόλου κατειργάσθη ἐν ὑμῖν ἐν πάσῃ ὑπομονῇ σημείοις τε κ. τέρασιν
II Th 2 9 [1] ἐν πάσῃ δυνάμει κ. σημείοις κ. τέρασι ψεύδους
3 17 ὅ ἐστιν σημεῖον ἐν πάσῃ ἐπιστολῇ
He 2 4 [1] συνεπιμαρτυροῦντος τ. Θεοῦ σημείοις τε κ. τέρασιν
Re 12 1 σημεῖον μέγα ὤφθη ἐν τ. οὐρανῷ
3 ὤφθη ἄλλο σημεῖον ἐν τ. οὐρανῷ
13 13 ποιεῖ σημεῖα μεγάλα
14 διὰ τὰ σημεῖα ἃ ἐδόθη αὐτῷ ποιῆσαι
15 1 εἶδον ἄλλο σημεῖον ἐν τ. οὐρανῷ μέγα κ. θαυμαστόν
16 14 εἰσὶν γὰρ πνεύματα δαιμονίων ποιοῦντα σημεῖα
19 20 ὁ ψευδοπροφήτης ὁ ποιήσας τὰ σημεῖα

ΣΗΜΕΙΌΟΜΑΙ 4593

II Th 3 14 τοῦτον σημειοῦσθε

ΣΗ´ΜΕΡΟΝ 4594

(1) ἡ σήμερον

Mt 6 11 τ. ἄρτον ἡμῶν τ. ἐπιούσιον δὸς ἡμῖν σήμερον
30 τ. χόρτον τ. ἀγροῦ σήμερον ὄντα
11 23 [1] ἔμεινεν ἂν μέχρι τῆς σήμερον
16 3 κ. πρωΐ Σήμερον χειμών
—h. v., [T] [[WH]] R mg.
21 28 σήμερον ἐργάζου ἐν τ. ἀμπελῶνι
27 8 [1] ἐκλήθη ὁ ἀγρὸς ἐκεῖνος ἀγρὸς αἵματος ἕως τῆς σήμερον
19 πολλὰ γὰρ ἔπαθον σ. κατ' ὄναρ δι' αὐτόν
28 15 [1] διεφημίσθη ὁ λόγος οὗτος παρὰ Ἰουδαίοις μέχρι τῆς σ. ἡμέρας
—ἡμ., T [WH]
Mk 14 30 σ. ταύτῃ τ. νυκτὶ . . . τρίς με ἀπαρνήσῃ
Lu 2 11 ὅτι ἐτέχθη ὑμῖν σήμερον σωτήρ
3 22 υἱός μου εἶ σὺ ἐγὼ σ. γεγέννηκά σε
σὺ εἶ ὁ υἱ. μ. ὁ ἀγαπητὸς ἐν σοὶ εὐδόκησα, TWH non mg. R
4 21 σήμερον πεπλήρωται ἡ γραφὴ αὕτη
5 26 εἴδαμεν παράδοξα σήμερον
12 28 ἐν ἀγρῷ τ. χόρτον ὄντα σήμερον
13 32 ἰάσεις ἀποτελῶ σήμερον κ. αὔριον
33 δεῖ με σ. κ. αὔριον κ. τ. ἐχομένῃ πορεύεσθαι
19 5 σ. γὰρ ἐν τ. οἴκῳ σου δεῖ με μεῖναι
9 σήμερον σωτηρία τ. οἴκῳ τούτῳ ἐγένετο
22 34 οὐ φωνήσει σήμερον ἀλέκτωρ
61 πρὶν ἀλέκτορα φωνῆσαι σήμερον
23 43 σήμερον μετ' ἐμοῦ ἔσῃ ἐν τ. παραδείσῳ
Ac 4 9 εἰ ἡμεῖς σ. ἀνακρινόμεθα ἐπὶ εὐεργεσίᾳ
13 33 υἱός μου εἶ σὺ ἐγὼ σ. γεγέννηκά σε

בְּנִי אַתָּה אֲנִי הַיּוֹם יְלִדְתִּיךָ, Ps. ii. 7

Ac 19 40 [1] κινδυνεύομεν ἐγκαλεῖσθαι στάσεως περὶ τῆς σήμερον
20 26 [1] μαρτύρομαι ὑμῖν ἐν τῇ σήμερον ἡμέρᾳ
22 3 καθὼς πάντες ὑμεῖς ἐστὲ σήμερον
24 21 περὶ ἀναστάσεως νεκρῶν ἐγὼ κρίνομαι σ. ἐφ' ὑμῶν
26 2 ἐπὶ σοῦ μέλλων σήμερον ἀπολογεῖσθαι
29 ἀλλὰ κ. πάντας τ. ἀκούοντάς μου σήμερον
27 33 τεσσαρεσκαιδεκάτην σ. ἡμέραν προσδοκῶντες
Ro 11 8 [1] ὦτα τοῦ μὴ ἀκούειν ἕως τῆς σ. ἡμέρας, Is. xxix. 10
IICo 3 14 [1] ἄχρι γὰρ τῆς σ. ἡμέρας τὸ αὐτὸ κάλυμμα . . . μένει
15 ἕως σ. ἡνίκα ἂν ἀναγινώσκηται Μωυσῆς
He 1 5 υἱός μου εἶ σὺ ἐγὼ σ. γεγέννηκά σε, Ps. *l.c.*
3 7 σ. ἐὰν τ. φωνῆς αὐτοῦ ἀκούσητε

הַיּוֹם אִם־בְּקֹלוֹ תִשְׁמָעוּ, Ps. xcv. 7

13 ἄχρις οὗ τὸ σήμερον καλεῖται
15 σ. ἐὰν τ. φωνῆς αὐτοῦ ἀκούσητε, Ps. *l.c.*
4 7 σ. ἐν Δαυεὶδ λέγων μετὰ τοσοῦτον χρόνον
7 σ. ἐὰν τ. φωνῆς αὐτοῦ ἀκούσητε, Ps. *l.c.*
5 5 υἱός μου εἶ σὺ ἐγὼ σ. γεγέννηκά σε, Ps. ii. 7
13 8 Ἰησοῦς Χριστὸς ἐχθὲς κ. σήμερον ὁ αὐτός
Ja 4 13 σήμερον ἢ αὔριον πορευσόμεθα εἰς τήνδε τ. πόλιν

ΣΗ'ΠΩ 4595

Ja 5 2 ὁ πλοῦτος ὑμῶν σέσηπεν

ΣΗ'Σ 4597

Mt 6 19 ὅπου σὴς κ. βρῶσις ἀφανίζει
20 ὅπου οὔτε σὴς οὔτε βρῶσις ἀφανίζει
Lu 12 33 ὅπου κλέπτης οὐκ ἐγγίζει οὐδὲ σὴς διαφθείρει

ΣΗΤΟ'ΒΡΩΤΟΣ † 4598

Ja 5 2 τὰ ἱμάτια ὑμῶν σητόβρωτα γέγονεν

ΣΘΕΝΟ'Ω * † 4599

I Pe 5 10 αὐτὸς καταρτίσει στηρίξει σθενώσει

ΣΙΑΓΩ'Ν 4600

Mt 5 39 ὅστις σε ῥαπίζει εἰς τ. δεξιάν σου σιαγόνα
Lu 6 29 τ. τύπτοντί σε ἐπὶ τ. σιαγόνα πάρεχε κ. τ. ἄλλην

ΣΙΓΑ'Ω 4601

Lu 9 36 κ. αὐτοὶ ἐσίγησαν
18 39 οἱ προάγοντες ἐπετίμων αὐτῷ ἵνα σιγήσῃ
20 26 θαυμάσαντες ἐπὶ τ. ἀποκρίσει αὐτοῦ ἐσίγησαν
Ac 12 17 κατασείσας δὲ αὐτοῖς τ. χειρὶ σιγᾶν
15 12 ἐσίγησεν δὲ πᾶν τὸ πλῆθος
13 μετὰ δὲ τὸ σιγῆσαι αὐτούς
Ro 16 25 κατὰ ἀποκάλυψιν μυστηρίου χρόνοις αἰωνίοις σεσιγημένου
ICo 14 28 ἐὰν δὲ μὴ ᾖ διερμηνευτὴς σιγάτω ἐν ἐκκλησίᾳ
30 ἐὰν δὲ ἄλλῳ ἀποκαλυφθῇ καθημένῳ ὁ πρῶτος σιγάτω
34 αἱ γυναῖκες ἐν τ. ἐκκλησίαις σιγάτωσαν

ΣΙΓΗ' ** 4602

Ac 21 40 πολλῆς δὲ σιγῆς γενομένης
γεν. σιγ., WH mg.
Re 8 1 ἐγένετο σιγὴ ἐν τ. οὐρανῷ ὡς ἡμίωρον

ΣΙΔΗ'ΡΕΟΣ 4603

Ac 12 10 ἦλθαν ἐπὶ τ. πύλην τ. σιδηρᾶν
Re 2 27 ποιμανεῖ αὐτοὺς ἐν ῥάβδῳ σιδηρᾷ
9 9 εἶχαν θώρακας ὡς θώρακας σιδηροῦς
12 5 ὃς μέλλει ποιμαίνειν πάντα τὰ ἔθνη ἐν ῥάβδῳ σιδηρᾷ
19 15 αὐτὸς ποιμανεῖ αὐτοὺς ἐν ῥάβδῳ σιδηρᾷ

ΣΙ'ΔΗΡΟΣ 4604

Re 18 12 πᾶν σκεῦος ἐκ . . . χαλκοῦ κ. σιδήρου

ΣΙΔΩ'Ν 4605

Mt 11 21 εἰ ἐν Τύρῳ κ. Σιδῶνι ἐγένοντο αἱ δυνάμεις
22 Τύρῳ κ. Σιδῶνι ἀνεκτότερον ἔσται ἐν ἡμέρᾳ κρίσεως
15 21 ἀνεχώρησεν εἰς τὰ μέρη Τύρου κ. Σιδῶνος
Mk 3 8 περὶ Τύρον κ. Σιδῶνα πλῆθος πολύ
7 24 ἀπῆλθεν εἰς τὰ ὅρια Τύρου καὶ Σιδῶνος
—κ. Σιδ., T [WH] R marg.
31 ἦλθεν διὰ Σιδῶνος εἰς τ. θάλασσαν τ. Γαλιλαίας
Lu 6 17 πλῆθος πολὺ τ. λαοῦ ἀπὸ . . . τῆς παραλίου Τύρου κ. Σιδῶνος
10 13 εἰ ἐν Τύρῳ κ. Σιδῶνι ἐγενήθησαν αἱ δυνάμεις
14 Τύρῳ κ. Σιδῶνι ἀνεκτότερον ἔσται ἐν τ. κρίσει
Ac 27 3 τῇ τε ἑτέρᾳ κατήχθημεν εἰς Σιδῶνα

ΣΙΔΩ'ΝΙΟΣ 4606

Lu 4 26 εἰ μὴ εἰς Σάρεπτα τ. Σιδωνίας
Ac 12 20 ἦν δὲ θυμομαχῶν Τυρίοις κ. Σιδωνίοις

ΣΙΚΑ'ΡΙΟΣ * † 4607

Ac 21 38 ἐξαγαγὼν εἰς τὴν ἔρημον τ. τετρακισχιλίους ἄνδρας τ. σικαρίων

ΣΙ'ΚΕΡΑ † 4608

Lu 1 15 οἶνον κ. σίκερα οὐ μὴ πίῃ

ΣΙ'ΛΑΣ 4609

Ac 15 22 πέμψαι εἰς Ἀντιόχειαν . . . Ἰούδαν . . . κ. Σίλαν
27 ἀπεστάλκαμεν οὖν Ἰούδαν κ. Σίλαν
32 Ἰούδας τε κ. Σίλας κ. αὐτοὶ προφῆται ὄντες
34 ἔδοξεν δὲ τ. Σίλᾳ ἐπιμεῖναι αὐτοῦ
—h. v., TWH non mg. R non mg.
40 Παῦλος δὲ ἐπιλεξάμενος Σίλαν ἐξῆλθεν
16 19 ἐπιλαβόμενοι τ. Παῦλον κ. τ. Σίλαν
25 κατὰ δὲ τὸ μεσονύκτιον Παῦλος κ. Σίλας προσευχόμενοι
29 προσέπεσεν τ. Παύλῳ κ. Σίλᾳ
τῷ Σ., T
17 4 προσεκληρώθησαν τ. Παύλῳ κ. τ. Σίλᾳ
10 ἐξέπεμψαν τόν τε Παῦλον κ. τ. Σίλαν εἰς Βέροιαν
14 ὑπέμεινάν τε ὅ τε Σίλας κ. ὁ Τιμόθεος
15 λαβόντες ἐντολὴν πρὸς τ. Σίλαν κ. τ. Τιμόθεον
18 5 ὡς δὲ κατῆλθον . . . ὅ τε Σίλας κ. ὁ Τιμόθεος

ΣΙΛΟΥΑΝΌΣ 4610

IICo 1 19 δι' ἡμῶν κηρυχθεὶς δι' ἐμοῦ κ. Σιλουανοῦ κ. Τιμοθέου
I Th 1 1 Παῦλος κ. Σιλουανὸς κ. Τιμόθεος
II Th 1 1 Παῦλος κ. Σιλουανὸς κ. Τιμόθεος
I Pe 5 12 διὰ Σιλουανοῦ ὑμῖν τ. πιστοῦ ἀδελφοῦ . . . ἔγραψα

ΣΙΛΩΆΜ 4611

Lu 13 4 ἐφ' οὓς ἔπεσεν ὁ πύργος ἐν τῷ Σιλωάμ
Jo 9 7 ὕπαγε νίψαι εἰς τ. κολυμβήθραν τοῦ Σιλωάμ
11 ὕπαγε εἰς τὸν Σιλωὰμ κ. νίψαι

ΣΙΜΙΚΊΝΘΙΟΝ * † 4612

Ac 19 12 ἀποφέρεσθαι ἀπὸ τ. χρωτὸς αὐτοῦ σουδάρια ἢ σιμικίνθια

4613 ΣΊΜΩΝ ΠΈΤΡΟΣ cf. 4613.5

Mt 4 18 εἶδεν δύο ἀδελφοὺς Σίμωνα τ. λεγόμενον Πέτρον κ. Ἀνδρέαν
10 2 πρῶτος Σίμων ὁ λεγόμενος Πέτρος
16 16 ἀποκριθεὶς δὲ Σίμων Πέτρος εἶπεν
17 μακάριος εἶ Σίμων Βαριωνᾶ
17 25 τί σοι δοκεῖ Σίμων;
Mk 1 16 εἶδεν Σίμωνα κ. Ἀνδρέαν τ. ἀδελφὸν Σίμωνος
29 ἦλθαν εἰς τ. οἰκίαν Σίμωνος κ. Ἀνδρέου
30 ἡ δὲ πενθερὰ Σίμωνος κατέκειτο πυρέσσουσα
36 κατεδίωξεν αὐτὸν Σίμων κ. οἱ μετ' αὐτοῦ
3 16 ἐπέθηκεν ὄνομα τ. Σίμωνι Πέτρον
14 37 λέγει τ. Πέτρῳ Σίμων καθεύδεις;
Lu 4 38 εἰσῆλθεν εἰς τ. οἰκίαν Σίμωνος· πενθερὰ δὲ τ. Σίμωνος ἦν συνεχομένη πυρετῷ μεγάλῳ
5 3 ἐμβὰς δὲ εἰς ἓν τ. πλοίων ὃ ἦν Σίμωνος
4 ὡς δὲ ἐπαύσατο λαλῶν εἶπεν πρὸς τ. Σίμωνα
5 ἀποκριθεὶς Σίμων εἶπεν
8 ἰδὼν δὲ Σίμων Πέτρος προσέπεσεν τ. γόνασιν Ἰησοῦ
10 οἳ ἦσαν κοινωνοὶ τ. Σίμωνι.
κ. εἶπεν πρὸς τ. Σίμωνα Ἰησοῦς
6 14 Σίμωνα ὃν κ. ὠνόμασεν Πέτρον
22 31 Σίμων Σίμων ἰδοὺ ὁ Σατανᾶς ἐξῃτήσατο ὑμᾶς
24 34 ἠγέρθη ὁ Κύριος κ. ὤφθη Σίμωνι
Jo 1 41 ἦν Ἀνδρέας ὁ ἀδελφὸς Σίμωνος Πέτρου
42 εὑρίσκει οὗτος πρῶτον τ. ἀδελφὸν τ. ἴδιον Σίμωνα
43 σὺ εἶ Σίμων ὁ υἱὸς Ἰωάνου
6 8 λέγει αὐτῷ . . . Ἀνδρέας ὁ ἀδελφὸς Σίμωνος Πέτρου
68 ἀπεκρίθη αὐτῷ Σίμων Πέτρος
13 6 ἔρχεται οὖν πρὸς Σίμωνα Πέτρον
9 λέγει αὐτῷ Σίμων Πέτρος
24 νεύει οὖν τούτῳ Σίμων Πέτρος
36 λέγει αὐτῷ Σίμων Πέτρος
18 10 Σίμων οὖν Πέτρος ἔχων μάχαιραν εἵλκυσεν αὐτήν
15 ἠκολούθει δὲ τῷ Ἰησοῦ Σίμων Πέτρος
25 ἦν δὲ Σίμων Πέτρος ἑστὼς κ. θερμαινόμενος
20 2 τρέχει οὖν κ. ἔρχεται πρὸς Σίμωνα Πέτρον
6 ἔρχεται οὖν κ. Σίμων Πέτρος ἀκολουθῶν αὐτῷ
21 2 ἦσαν ὁμοῦ Σίμων Πέτρος κ. Θωμᾶς
3 λέγει αὐτοῖς Σίμων Πέτρος
7 Σίμων οὖν Πέτρος ἀκούσας ὅτι Κύριός ἐστιν
11 ἀνέβη οὖν Σίμων Πέτρος
Jo 21 15 λέγει τ. Σίμωνι Πέτρῳ ὁ Ἰησοῦς, Σίμων Ἰωάνου ἀγαπᾷς με πλέον τούτων;
16 Σίμων Ἰωάνου ἀγαπᾷς με;
17 Σίμων Ἰωάνου φιλεῖς με;
Ac 10 5 μετάπεμψαι Σίμωνά τινα ὃς ἐπικαλεῖται Πέτρος
18 εἰ Σίμων ὁ ἐπικαλούμενος Πέτρος ἐνθάδε ξενίζεται
32 μετακάλεσαι Σίμωνα ὃς ἐπικαλεῖται Πέτρος
11 13 μετάπεμψαι Σίμωνα τ. ἐπικαλούμενον Πέτρον
II Pe 1 1 Σίμων Πέτρος δοῦλος κ. ἀπόστολος Ἰησοῦ Χριστοῦ
Συμεὼν, TWH mg. R mg.

4613.5 ΣΊΜΩΝ cf. 4613

Mt 10 4 Σίμων ὁ Καναναῖος κ. Ἰούδας ὁ Ἰσκαριώτης
13 55 οἱ ἀδελφοὶ αὐτοῦ Ἰάκωβος κ. Ἰωσὴφ κ. Σίμων κ. Ἰούδας
26 6 ἐν Βηθανίᾳ ἐν οἰκίᾳ Σίμωνος τ. λεπροῦ
27 32 εὗρον ἄνθρωπον Κυρηναῖον ὀνόματι Σίμωνα
Mk 3 18 Σίμωνα τ. Καναναῖον κ. Ἰούδαν Ἰσκαριώθ
6 3 ἀδελφὸς Ἰακώβου κ. Ἰωσῆτος κ. Ἰούδα κ. Σίμωνος
14 3 ἐν Βηθανίᾳ ἐν τ. οἰκίᾳ Σίμωνος τ. λεπροῦ
15 21 ἀγγαρεύουσιν παράγοντά τινα Σίμωνα Κυρηναῖον
Lu 6 15 Σίμωνα τ. καλούμενον Ζηλώτην κ. Ἰούδαν Ἰακώβου
7 40 Σίμων ἔχω σοί τι εἰπεῖν
43 ἀποκριθεὶς Σίμων εἶπεν
44 στραφεὶς πρὸς τ. γυναῖκα τ. Σίμωνι ἔφη
23 26 ἐπιλαβόμενοι Σίμωνά τινα Κυρηναῖον
Jo 6 71 ἔλεγεν δὲ τ. Ἰούδαν Σίμωνος Ἰσκαριώτου
13 2 ἵνα παραδοῖ αὐτὸν Ἰούδας Σίμωνος Ἰσκαριώτης
26 λαμβάνει κ. δίδωσιν Ἰούδᾳ Σίμωνος Ἰσκαριώτου
Ac 1 13 Σίμων ὁ ζηλωτὴς κ. Ἰούδας Ἰακώβου
8 9 ἀνὴρ δέ τις ὀνόματι Σίμων προϋπῆρχεν
13 ὁ δὲ Σίμων κ. αὐτὸς ἐπίστευσεν
18 ἰδὼν δὲ ὁ Σίμων ὅτι . . . δίδοται τὸ πνεῦμα
24 ἀποκριθεὶς δὲ ὁ Σίμων εἶπεν
9 43 ἐγένετο δὲ μεῖναι ἐν Ἰόππῃ παρά τινι Σίμωνι βυρσεῖ
10 6 οὗτος ξενίζεται παρά τινι Σίμωνι βυρσεῖ
17 διερωτήσαντες τ. οἰκίαν τ. Σίμωνος
32 οὗτος ξενίζεται ἐν οἰκίᾳ Σίμωνος βυρσέως

ΣΙΝΆ 4614

Σινᾶ, T

Ac 7 30 ὤφθη αὐτῷ ἐν τῇ ἐρήμῳ τ. ὄρους Σινά
38 μετὰ τ. ἀγγέλου τ. λαλοῦντος αὐτῷ ἐν τ. ὄρει Σινά
Ga 4 24 μία μὲν ἀπὸ ὄρους Σινὰ εἰς δουλείαν γεννῶσα
25 τὸ δὲ Ἄγαρ Σ. ὄρος ἐστὶν ἐν τ. Ἀραβίᾳ
τὸ γὰρ Σ., TWH mg. R mg.

ΣΊΝΑΠΙ * 4615

Mt 13 31 ὁμοία ἐστὶν ἡ βασιλεία τ. οὐρανῶν κόκκῳ σινάπεως
17 20 ἐὰν ἔχητε πίστιν ὡς κόκκον σινάπεως
Mk 4 31 ὡς κόκκῳ σινάπεως
Lu 13 19 ὁμοία ἐστὶν κόκκῳ σινάπεως
17 6 εἰ ἔχετε πίστιν ὡς κόκκον σινάπεως

ΣΙΝΔΩ΄Ν 4616

Mt 27 59 ἐνετύλιξεν αὐτὸ ἐν σινδόνι καθαρᾷ
—ἐν, T [WH]
Mk 14 51 περιβεβλημένος σινδόνα ἐπὶ γυμνοῦ
52 ὁ δὲ καταλιπὼν τ. σινδόνα γυμνὸς ἔφυγεν
15 46 κ. ἀγοράσας σινδόνα καθελὼν αὐτὸν ἐνείλησεν τ. σινδόνι
Lu 23 53 καθελὼν ἐνετύλιξεν αὐτὸ σινδόνι

ΣΙΝΙΑ΄ΖΩ * † 4617

Lu 22 31 ἐξῃτήσατο ὑμᾶς τοῦ σινιάσαι ὡς τ. σῖτον

ΣΙΡΙΚΟ΄Σ * 4617.5

Re 18 12 γόμον . . . πορφύρας κ. σιρικοῦ κ. κοκκίνου

ΣΙΡΟ΄Σ *Vide* ΣΕΙΡΟ΄Σ, 4577

ΣΙΤΕΥΤΟ΄Σ 4618

Lu 15 23 φέρετε τ. μόσχον τ. σιτευτὸν θύσατε
27 ἔθυσεν ὁ πατήρ σου τ. μόσχον τ. σιτευτόν
30 ἔθυσας αὐτῷ τ. σιτευτόν μόσχον

ΣΙΤΙ΄ΟΝ 4618.5 cf. 4621

Ac 7 12 ἀκούσας δὲ Ἰακὼβ ὄντα σιτία εἰς Αἴγυπτον

ΣΙΤΙΣΤΟ΄Σ ** 4619

Mt 22 4 οἱ ταῦροί μου κ. τὰ σιτιστὰ τεθυμένα

ΣΙΤΟΜΕ΄ΤΡΙΟΝ * † 4620

Lu 12 42 τοῦ διδόναι ἐν καιρῷ τὸ σιτομέτριον

ΣΙ΄ΤΟΣ 4621 cf. 4618.5

Mt 3 12 συνάξει τ. σῖτον αὐτοῦ εἰς τ. ἀποθήκην
13 25 ἐπέσπειρεν ζιζάνια ἀνὰ μέσον τ. σίτου
29 μήποτε . . . ἐκριζώσητε ἅμα αὐτοῖς τ. σῖτον
30 τ. δὲ σῖτον συνάγετε εἰς τ. ἀποθήκην μου
Mk 4 28 εἶτεν πλήρη σῖτον ἐν τῷ στάχυϊ
πλήρης σῖτος, T
Lu 3 17 συναγαγεῖν τ. σῖτον εἰς τ. ἀποθήκην αὐτοῦ
12 18 συνάξω ἐκεῖ πάντα τ. σῖτον
π. τὰ γενήματά μου, TWH mg.
16 7 ὁ δὲ εἶπεν Ἑκατὸν κόρους σίτου
22 31 ἐξῃτήσατο ὑμᾶς τοῦ σινιάσαι ὡς τ. σῖτον
Jo 12 24 ἐὰν μὴ ὁ κόκκος τ. σίτου πεσὼν εἰς τ. γῆν ἀποθάνῃ
Ac 27 38 ἐκβαλλόμενοι τ. σῖτον εἰς τ. θάλασσαν
I Co 15 37 γυμνὸν κόκκον εἰ τύχοι σίτου ἤ τινος τ. λοιπῶν
Re 6 6 χοῖνιξ σίτου δηναρίου
18 13 ἔλαιον κ. σεμίδαλιν κ. σῖτον

ΣΙΩ΄Ν 4622

Mt 21 5 εἴπατε τ. θυγατρὶ Σιών
גִּילִי מְאֹד בַּת־צִיּוֹן, Zech. ix. 9
Jo 12 15 μὴ φοβοῦ θυγάτηρ Σιών, Zech. *l.c.*
Ro 9 33 ἰδοὺ τίθημι ἐν Σ. λίθον προσκόμματος
הִנְנִי יִסַּד בְּצִיּוֹן אָבֶן, Is. xxviii. 16, *cf.* viii. 14
11 26 ἥξει ἐκ Σιὼν ὁ ῥυόμενος
בָּא לְצִיּוֹן גּוֹאֵל, Is. lix. 20
He 12 22 ἀλλὰ προσεληλύθατε Σιὼν ὄρει
I Pe 2 6 ἰδοὺ τίθημι ἐν Σ. λίθον ἐκλεκτόν, Is xxviii. 16
Re 14 1 ἰδοὺ τὸ ἀρνίον ἑστὸς ἐπὶ τὸ ὄρος Σιών

ΣΙΩΠΑ΄Ω 4623

Mt 20 31 ὁ δὲ ὄχλος ἐπετίμησεν αὐτοῖς ἵνα σιωπήσωσιν
26 63 ὁ δὲ Ἰησοῦς ἐσιώπα
Mk 3 4 οἱ δὲ ἐσιώπων
4 39 εἶπεν τ. θαλάσσῃ Σιώπα πεφίμωσο
9 34 οἱ δὲ ἐσιώπων
10 48 ἐπετίμων αὐτῷ πολλοὶ ἵνα σιωπήσῃ
14 61 ὁ δὲ ἐσιώπα κ. οὐκ ἀπεκρίνατο οὐδέν
Lu 1 20 ἔσῃ σιωπῶν κ. μὴ δυνάμενος λαλῆσαι
19 40 ἐὰν οὗτοι σιωπήσουσιν οἱ λίθοι κράξουσιν
Ac 18 9 λάλει κ. μὴ σιωπήσῃς

ΣΚΑΝΔΑΛΙ΄ΖΩ † 4624

Mt 5 29 εἰ δὲ ὁ ὀφθαλμός σου ὁ δεξιὸς σκανδαλίζει σε
30 εἰ ἡ δεξιά σου χεὶρ σκανδαλίζει σε
11 6 μακάριός ἐστιν ὃς ἂν μὴ σκανδαλισθῇ ἐν ἐμοί
13 21 γενομένης δὲ θλίψεως ἢ διωγμοῦ διὰ τ. λόγον εὐθὺς σκανδαλίζεται
57 ἐσκανδαλίζοντο ἐν αὐτῷ
15 12 οἱ Φαρισαῖοι ἀκούσαντες τ. λόγον ἐσκανδαλίσθησαν
17 27 ἵνα δὲ μὴ σκανδαλίσωμεν αὐτούς
σκανδαλίζωμεν, TWH mg.
18 6 ὃς δ' ἂν σκανδαλίσῃ ἕνα τ. μικρῶν τούτων
8 εἰ δὲ ἡ χείρ σου ἢ ὁ πούς σου σκανδαλίζει σε
9 εἰ ὁ ὀφθαλμός σου σκανδαλίζει σε
24 10 τότε σκανδαλισθήσονται πολλοί
26 31 πάντες ὑμεῖς σκανδαλισθήσεσθε ἐν ἐμοὶ ἐν τ. νυκτὶ ταύτῃ
33 εἰ πάντες σκανδαλισθήσονται ἐν σοί, ἐγὼ οὐδέποτε σκανδαλισθήσομαι
Mk 4 17 γενομένης θλίψεως ἢ διωγμοῦ διὰ τ. λόγον εὐθὺς σκανδαλίζονται
6 3 ἐσκανδαλίζοντο ἐν αὐτῷ
9 42 ὃς ἂν σκανδαλίσῃ ἕνα τ. μικρῶν τούτων
43 ἐὰν σκανδαλίσῃ σε ἡ χείρ σου
σκανδαλίζῃ, WH mg.
45 ἐὰν ὁ πούς σου σκανδαλίζῃ σε
47 ἐὰν ὁ ὀφθαλμός σου σκανδαλίζῃ σε
14 27 ὅτι πάντες σκανδαλισθήσεσθε
29 εἰ κ. πάντες σκανδαλισθήσονται
Lu 7 23 μακάριός ἐστιν ὃς ἐὰν μὴ σκανδαλισθῇ ἐν ἐμοί
17 2 ἢ ἵνα σκανδαλίσῃ τ. μικρῶν τούτων ἕνα
Jo 6 61 τοῦτο ὑμᾶς σκανδαλίζει;
16 1 ταῦτα λελάληκα ὑμῖν ἵνα μὴ σκανδαλισθῆτε
Ro 14 21 ἐν ᾧ ὁ ἀδελφός σου προσκόπτει ἢ σκανδαλίζεται
—ἢ σκανδ., TWHR non mg.
I Co 8 13 εἰ βρῶμα σκανδαλίζει τ. ἀδελφόν μου
13 ἵνα μὴ τ. ἀδελφόν μου σκανδαλίσω
II Co 11 29 τίς σκανδαλίζεται κ. οὐκ ἐγὼ πυροῦμαι;

ΣΚΑ΄ΝΔΑΛΟΝ † 4625

Mt 13 41 συλλέξουσιν ἐκ τ. βασιλείας αὐτοῦ πάντα τὰ σκάνδαλα
16 23 σκάνδαλον εἶ ἐμοῦ

Mt 18 7 οὐαὶ τ. κόσμῳ ἀπὸ τ. σκανδάλων· ἀνάγκη γὰρ ἐλθεῖν τὰ σκάνδαλα· πλὴν οὐαὶ τ. ἀνθρώπῳ δι' οὗ τὸ σκάνδαλον ἔρχεται
Lu 17 1 ἀνένδεκτόν ἐστιν τοῦ τὰ σκάνδαλα μὴ ἐλθεῖν
Ro 9 33 ἰδοὺ τίθημι ἐν Σιὼν . . . πέτραν σκανδάλου
הָיָה . . . לְצוּר מִכְשׁוֹל, Is. viii. 14, *cf.* xxviii. 16
11 9 γενηθήτω ἡ τράπεζα αὐτῶν . . . εἰς σκάνδαλον
יְהִי שֻׁלְחָנָם לִפְנֵיהֶם . . . לְמוֹקֵשׁ, Ps. lxix. 23 (Heb.), 22 (Eng.)
14 13 τὸ μὴ τιθέναι πρόσκομμα τ. ἀδελφῷ ἢ σκάνδαλον
16 17 σκοπεῖν τοὺς τ. διχοστασίας κ. τὰ σκάνδαλα . . . ποιοῦντας
I Co 1 23 Χριστὸν ἐσταυρωμένον Ἰουδαίοις μὲν σκάνδαλον
Ga 5 11 ἄρα κατήργηται τὸ σκάνδαλον τ. σταυροῦ
I Pe 2 8 λίθος προσκόμματος κ. πέτρα σκανδάλου
I Jo 2 10 σκάνδαλον ἐν αὐτῷ οὐκ ἔστιν
Re 2 14 ἐδίδασκεν τῷ Βαλὰκ βαλεῖν σκάνδαλον ἐνώπιον τ. υἱῶν Ἰσραήλ

ΣΚΑ'ΠΤΩ 4626

Lu 6 48 ὃς ἔσκαψεν κ. ἐβάθυνεν
13 8 ἕως ὅτου σκάψω περὶ αὐτήν
16 3 σκάπτειν οὐκ ἰσχύω

ΣΚΑ'ΦΗ ** 4627

Ac 27 16 ἰσχύσαμεν μόλις περικρατεῖς γενέσθαι τ. σκάφης
30 χαλασάντων τ. σκάφην εἰς τ. θάλασσην
32 ἀπέκοψαν οἱ στρατιῶται τὰ σχοινία τ. σκάφης

ΣΚΕ'ΛΟΣ 4628

Jo 19 31 ἵνα κατεαγῶσιν αὐτῶν τὰ σκέλη
32 τοῦ μὲν πρώτου κατέαξαν τὰ σκέλη
33 οὐ κατέαξαν αὐτοῦ τὰ σκέλη

ΣΚΕ'ΠΑΣΜΑ * 4629

I Ti 6 8 ἔχοντες δὲ διατροφὰς κ. σκεπάσματα

ΣΚΕΥΑ͂Σ 4630

Ac 19 14 ἦσαν δέ τινος Σκευᾶ Ἰουδαίου ἀρχιερέως ἑπτὰ υἱοί

ΣΚΕΥΗ' ** 4631

Ac 27 19 αὐτόχειρες τ. σκευὴν τ. πλοίου ἔριψαν

ΣΚΕΥ͂ΟΣ 4632

(1) metaph.

Mt 12 29 πῶς δύναταί τις . . . τὰ σκεύη αὐτοῦ ἁρπάσαι
Mk 3 27 οὐ δύναται οὐδεὶς . . τὰ σκεύη αὐτοῦ διαρπάσαι
11 16 ἵνα τις διενέγκῃ σκεῦος διὰ τ. ἱεροῦ
Lu 8 16 οὐδεὶς δὲ λύχνον ἅψας καλύπτει αὐτὸν σκεύει
17 31 τὰ σκεύη αὐτοῦ ἐν τ. οἰκίᾳ
Jo 19 29 σκεῦος ἔκειτο ὄξους μεστόν
Ac 9 15 [1] σκεῦος ἐκλογῆς ἐστίν μοι οὗτος
10 11 καταβαῖνον σκεῦός τι ὡς ὀθόνην μεγάλην
Ac 10 16 εὐθὺς ἀνελήμφθη τὸ σκεῦος εἰς τ. οὐρανόν
11 5 καταβαῖνον σκεῦός τι ὡς ὀθόνην μεγάλην
27 17 χαλάσαντες τὸ σκεῦος οὕτως ἐφέροντο
Ro 9 21 ποιῆσαι ὃ μὲν εἰς τιμὴν σκεῦος
22 [1] ἤνεγκεν ἐν πολλῇ μακροθυμίᾳ σκεύη ὀργῆς
23 [1] ἵνα γνωρίσῃ τ. πλοῦτον τ. δόξης αὐτοῦ ἐπὶ σκεύη ἐλέους
II Co 4 7 [1] ἔχομεν δὲ τ. θησαυρὸν τοῦτον ἐν ὀστρακίνοις σκεύεσιν
I Th 4 4 [1] τὸ ἑαυτοῦ σκεῦος κτᾶσθαι ἐν ἁγιασμῷ κ. τιμῇ
II Ti 2 20 οὐκ ἔστιν μόνον σκεύη χρυσᾶ κ. ἀργυρᾶ
21 [1] ἔσται σκεῦος εἰς τιμήν
He 9 21 πάντα τὰ σκεύη τ. λειτουργίας τ. αἵματι ὁμοίως ἐράντισεν
I Pe 3 7 [1] ὡς ἀσθενεστέρῳ σκεύει τ. γυναικείῳ ἀπονέμοντες τιμήν
Re 2 27 ὡς τὰ σκεύη τὰ κεραμικὰ συντρίβεται
18 12 πᾶν σκεῦος ἐλεφάντινον, κ. πᾶν σκεῦος ἐκ ξύλου τιμιωτάτου

ΣΚΗΝΗ' 4633

Mt 17 4 ποιήσω ὧδε τρεῖς σκηνάς
σκ. τρ., WH mg.
Mk 9 5 ποιήσωμεν τρεῖς σκηνὰς
Lu 9 33 ποιήσωμεν σκηνὰς τρεῖς
16 9 ἵνα . . . δέξωνται ὑμᾶς εἰς τὰς αἰωνίους σκηνάς
Ac 7 43 ἀνελάβετε τ. σκηνὴν τοῦ Μολόχ
נְשָׂאתֶם אֵת סִכּוּת מַלְכְּכֶם, Am. v. 26
44 ἡ σκηνὴ τ. μαρτυρίου ἦν τ. πατράσιν ἡμῶν
15 16 ἀνοικοδομήσω τ. σκηνὴν Δαυεὶδ τ. πεπτωκυῖαν
אָקִים אֶת־סֻכַּת דָּוִיד הַנֹּפֶלֶת, Am. ix. 11
He 8 2 τ. ἁγίων λειτουργὸς κ. τ. σκηνῆς τ. ἀληθινῆς
5 Μωυσῆς μέλλων ἐπιτελεῖν τ. σκηνήν
9 2 σκηνὴ γὰρ κατεσκευάσθη ἡ πρώτη
3 μετὰ δὲ τὸ δεύτερον καταπέτασμα σκηνὴ ἡ λεγομένη ἅγια ἁγίων
6 εἰς μὲν τ. πρώτην σκηνὴν διὰ παντὸς εἰσίασιν οἱ ἱερεῖς
8 ἔτι τ. πρώτης σκηνῆς ἐχούσης στάσιν
11 διὰ τ. μείζονος κ. τελειοτέρας σκηνῆς
21 τ. σκηνὴν δὲ κ. πάντα τὰ σκεύη . . . ὁμοίως ἐράντισεν
11 9 ἐν σκηναῖς κατοικήσας μετὰ Ἰσαὰκ κ. Ἰακὼβ
13 10 φαγεῖν οὐκ ἔχουσιν ἐξουσίαν οἱ τ. σκηνῇ λατρεύοντες
Re 13 6 βλασφημῆσαι . . . τ. σκηνὴν αὐτοῦ
15 5 ἠνοίγη ὁ ναὸς τ. σκηνῆς τ. μαρτυρίου ἐν τ. οὐρανῷ
21 3 ἰδοὺ ἡ σκηνὴ τ. Θεοῦ μετὰ τ. ἀνθρώπων

ΣΚΗΝΟΠΗΓΙ'Α 4634

Jo 7 2 ἦν δὲ ἐγγὺς ἡ ἑορτὴ τ. Ἰουδαίων ἡ σκηνοπηγία

ΣΚΗΝΟΠΟΙΟ'Σ * † 4635

Ac 18 3 ἦσαν γὰρ σκηνοποιοὶ τῇ τέχνῃ

ΣΚΗ͂ΝΟΣ ** 4636

II Co 5 1 ἐὰν ἡ ἐπίγειος ἡμῶν οἰκία τ. σκήνους καταλυθῇ
4 οἱ ὄντες ἐν τ. σκήνει στενάζομεν βαρούμενοι

ΣΚΗΝΟ΄Ω 4637

Jo 1 14 ὁ λόγος σὰρξ ἐγένετο κ. ἐσκήνωσεν ἐν ἡμῖν
Re 7 15 ὁ καθήμενος ἐπὶ τ. θρόνου σκηνώσει ἐπ' αὐτούς
12 12 εὐφραίνεσθε οὐρανοὶ κ. οἱ ἐν αὐτοῖς σκηνοῦντες
13 6 βλασφημῆσαι . . . τοὺς ἐν τ. οὐρανῷ σκηνοῦντας
21 3 σκηνώσει μετ' αὐτῶν

ΣΚΗ΄ΝΩΜΑ 4638

Ac 7 46 ᾐτήσατο εὑρεῖν σκήνωμα τ. Θεῷ Ἰακώβ
II Pe 1 13 ἐφ' ὅσον εἰμὶ ἐν τούτῳ τ. σκηνώματι
14 ταχινή ἐστιν ἡ ἀπόθεσις τ. σκηνώματός μου

ΣΚΙΑ΄ 4639

Mt 4 16 τ. καθημένοις ἐν χώρᾳ κ. σκιᾷ θανάτου φῶς ἀνέτειλεν αὐτοῖς
יֹשְׁבֵי בְּאֶרֶץ צַלְמָוֶת אוֹר נָגַהּ עֲלֵיהֶם, Is. ix. 1
Mk 4 32 ὥστε δύνασθαι ὑπὸ τ. σκιὰν αὐτῷ τὰ πετεινὰ τ. οὐρανοῦ κατασκηνοῖν
Lu 1 79 ἐπιφᾶναι τοῖς ἐν σκότει κ. σκιᾷ θανάτου καθημένοις
Ac 5 15 ἵνα ἐρχομένου Πέτρου κἂν ἡ σκιὰ ἐπισκιάσει
Col 2 17 ἅ ἐστιν σκιὰ τ. μελλόντων
He 8 5 οἵτινες ὑποδείγματι κ. σκιᾷ λατρεύουσιν τ. ἐπουρανίων
10 1 σκιὰν γὰρ ἔχων ὁ νόμος τ. μελλόντων ἀγαθῶν

ΣΚΙΡΤΑ΄Ω 4640

Lu 1 41 ἐσκίρτησεν τὸ βρέφος ἐν τ. κοιλίᾳ αὐτῆς
44 ἐσκίρτησεν ἐν ἀγαλλιάσει τὸ βρέφος ἐν τ. κοιλίᾳ μου
6 23 χάρητε ἐν ἐκείνῃ τ. ἡμέρᾳ κ. σκιρτήσατε

ΣΚΛΗΡΟΚΑΡΔΙ΄Α † 4641

Mt 19 8 πρὸς τ. σκληροκαρδίαν ὑμῶν ἐπέτρεψεν ὑμῖν
Mk 10 5 πρὸς τ. σκληροκαρδίαν ὑμῶν ἔγραψεν ὑμῖν
16 [14 ὠνείδισεν τ. ἀπιστίαν αὐτῶν κ. σκληροκαρδίαν

ΣΚΛΗΡΟ΄Σ 4642

Mt 25 24 ἔγνων σε ὅτι σκληρὸς εἶ ἄνθρωπος
Jo 6 60 σκληρός ἐστιν ὁ λόγος οὗτος
Ac 26 14 σκληρόν σοι πρὸς κέντρα λακτίζειν
Ja 3 4 ὑπὸ ἀνέμων σκληρῶν ἐλαυνόμενα
Ju 15 περὶ πάντων τ. σκληρῶν ὧν ἐλάλησαν κατ' αὐτοῦ
σκλ. λόγων, T

ΣΚΛΗΡΟ΄ΤΗΣ 4643

Ro 2 5 κατὰ δὲ τ. σκληρότητά σου κ. ἀμετανόητον καρδίαν

ΣΚΛΗΡΟΤΡΑ΄ΧΗΛΟΣ † 4644

Ac 7 51 σκληροτράχηλοι κ. ἀπερίτμητοι καρδίαις

ΣΚΛΗΡΥ΄ΝΩ 4645

Ac 19 9 ὡς δέ τινες ἐσκληρύνοντο κ. ἠπείθουν
Ro 9 18 ὃν δὲ θέλει σκληρύνει
He 3 8 μὴ σκληρύνητε τ. καρδίας ὑμῶν
אַל־תַּקְשׁוּ לְבַבְכֶם, Ps. xcv. 8
13 ἵνα μὴ σκληρυνθῇ τις ἐξ ὑμῶν
15 μὴ σκληρύνητε τ. καρδίας ὑμῶν, Ps. *l.c.*
4 7 μὴ σκληρύνητε τ. καρδίας ὑμῶν, Ps. *l.c.*

ΣΚΟΛΙΟ΄Σ 4646

Lu 3 5 ἔσται τὰ σκολιὰ εἰς εὐθείας
הָיָה הֶעָקֹב לְמִישׁוֹר, Is. xl. 4
Ac 2 40 σώθητε ἀπὸ τ. γενεᾶς τ. σκολιᾶς ταύτης
Phl 2 15 μέσον γενεᾶς σκολιᾶς κ. διεστραμμένης
I Pe 2 18 οὐ μόνον τ. ἀγαθοῖς κ. ἐπιεικέσιν ἀλλὰ κ. τ. σκολιοῖς

ΣΚΟ΄ΛΟΨ 4647

II Co 12 7 ἐδόθη μοι σκόλοψ τ. σαρκί

ΣΚΟΠΕ΄Ω ** 4648

Lu 11 35 σκόπει οὖν μὴ τὸ φῶς τὸ ἐν σοὶ σκότος ἐστίν
Ro 16 17 παρακαλῶ δὲ ὑμᾶς ἀδελφοὶ σκοπεῖν τοὺς τ. διχοστασίας . . . ποιοῦντας
II Co 4 18 μὴ σκοπούντων ἡμῶν τὰ βλεπόμενα
Ga 6 1 σκοπῶν σεαυτὸν μὴ κ. σὺ πειρασθῇς
Phl 2 4 μὴ τὰ ἑαυτῶν ἕκαστοι σκοποῦντες
3 17 σκοπεῖτε τοὺς οὕτως περιπατοῦντας

ΣΚΟΠΟ΄Σ 4649

Phl 3 14 κατὰ σκοπὸν διώκω εἰς τὸ βραβεῖον τῆς ἄνω κλήσεως

ΣΚΟΡΠΙ΄ΖΩ 4650

Mt 12 30 ὁ μὴ συνάγων μετ' ἐμοῦ σκορπίζει
Lu 11 23 ὁ μὴ συνάγων μετ' ἐμοῦ σκορπίζει
Jo 10 12 ὁ λύκος ἁρπάζει αὐτὰ κ. σκορπίζει
16 32 ἵνα σκορπισθῆτε ἕκαστος εἰς τὰ ἴδια
II Co 9 9 ἐσκόρπισεν ἔδωκεν τ. πένησιν
פִּזַּר נָתַן לָאֶבְיוֹנִים, Ps. cxii. 9

ΣΚΟΡΠΙ΄ΟΣ 4651

Lu 10 19 ἐξουσίαν τοῦ πατεῖν ἐπάνω ὄφεων κ. σκορπίων
11 12 ἢ κ. αἰτήσει ᾠὸν ἐπιδώσει αὐτῷ σκορπίον;
Re 9 3 ὡς ἔχουσιν ἐξουσίαν οἱ σκορπίοι τ. γῆς
5 ὁ βασανισμὸς αὐτῶν ὡς βασανισμὸς σκόρπίου
10 ἔχουσιν οὐρὰς ὁμοίας σκορπίοις

ΣΚΟΤΕΙΝΟ΄Σ 4652

σκοτινός, WH

Mt 6 23 ὅλον τὸ σῶμά σου σκοτεινὸν ἔσται
Lu 11 34 κ. τὸ σῶμά σου σκοτεινόν
36 μὴ ἔχον μέρος τι σκοτεινόν

ΣΚΟΤΙ΄Α 4653

Mt 4 16 ὁ λαὸς ὁ καθήμενος ἐν σκοτίᾳ φῶς εἶδεν μέγα
σκότει, T
הָעָם הַהֹלְכִים בַּחֹשֶׁךְ רָאוּ אוֹר גָּדוֹל, Is. ix. 1
10 27 ὃ λέγω ὑμῖν ἐν τ. σκοτίᾳ
Lu 12 3 ἀνθ' ὧν ὅσα ἐν τ. σκοτίᾳ εἴπατε

Jo 1 5 τὸ φῶς ἐν τ. σκοτίᾳ φαίνει,
κ. ἡ σκοτία αὐτὸ οὐ κατέλαβεν
6 17 σκοτία ἤδη ἐγεγόνει
κατέλαβεν δὲ αὐτοὺς ἡ σκοτία, T
8 12 ὁ ἀκολουθῶν μοι οὐ μὴ περιπατήσῃ ἐν τ. σκοτίᾳ
12 35 ἵνα μὴ σκοτία ὑμᾶς καταλάβῃ·
κ. ὁ περιπατῶν ἐν τ. σκοτίᾳ οὐκ οἶδεν ποῦ ὑπάγει
46 ἵνα πᾶς ὁ πιστεύων εἰς ἐμὲ ἐν τ. σκοτίᾳ μὴ μείνῃ
20 1 ἔρχεται πρωὶ σκοτίας ἔτι οὔσης
I Jo 1 5 σκοτία οὐκ ἔστιν ἐν αὐτῷ οὐδεμία
2 8 ὅτι ἡ σκοτία παράγεται
9 ὁ . . . τ. ἀδελφὸν αὐτοῦ μισῶν ἐν τ. σκοτίᾳ ἔστιν ἕως ἄρτι
11 ὁ δὲ μισῶν τ. ἀδελφὸν αὐτοῦ ἐν τ. σκοτίᾳ ἐστὶν κ. ἐν τ. σκοτίᾳ περιπατεῖ
ὅτι ἡ σκοτία ἐτύφλωσεν τ. ὀφθαλμοὺς αὐτοῦ

ΣΚΟΤΙ'ΖΟΜΑΙ 4654

Mt 24 29 ὁ ἥλιος σκοτισθήσεται
Mk 13 24 ὁ ἥλιος σκοτισθήσεται
Lu 23 45 ἐσκοτίσθη ὁ ἥλιος
τ. ἡλίου ἐκλείποντος, TWH non mg. R
Ro 1 21 ἐσκοτίσθη ἡ ἀσύνετος αὐτῶν καρδία
11 10 σκοτισθήτωσαν οἱ ὀφθαλμοὶ αὐτῶν τοῦ μὴ βλέπειν
תֶּחְשַׁכְנָה עֵינֵיהֶם מֵרְאוֹת, Ps. lxix. 24
Re 8 12 ἵνα σκοτισθῇ τὸ τρίτον αὐτῶν

ΣΚΟ'ΤΟΣ 4655

Mt 4 16 ὁ λαὸς ὁ καθήμενος ἐν σκότει φῶς εἶδεν μέγα
σκοτίᾳ, WH
הָעָם הַהֹלְכִים בַּחֹשֶׁךְ רָאוּ אוֹר גָּדוֹל, Is.ix.1
6 23 εἰ οὖν τὸ φῶς τὸ ἐν σοὶ σκότος ἐστὶν τὸ σκότος πόσον;
8 12 οἱ δὲ υἱοὶ τ. βασιλείας ἐκβληθήσονται εἰς τὸ σκότος τὸ ἐξώτερον
22 13 ἐκβάλετε αὐτὸν εἰς τὸ σκότος τὸ ἐξώτερον
25 30 τ. ἀχρεῖον δοῦλον ἐκβάλετε εἰς τὸ σκότος τὸ ἐξώτερον
27 45 ἀπὸ δὲ ἕκτης ὥρας σκότος ἐγένετο ἐπὶ πᾶσαν τ. γῆν
Mk 15 33 σκότος ἐγένετο ἐφ' ὅλην τ. γῆν
Lu 1 79 ἐπιφᾶναι τοῖς ἐν σκότει . . . καθημένοις
11 35 μὴ τὸ φῶς τὸ ἐν σοὶ σκότος ἐστίν
22 53 αὕτη ἐστὶν . . . ἡ ἐξουσία τ. σκότους
23 44 σκότος ἐγένετο ἐφ' ὅλην τ. γῆν
Jo 3 19 ἠγάπησαν οἱ ἄνθρωποι μᾶλλον τὸ σκότος
Ac 2 20 ὁ ἥλιος μεταστραφήσεται εἰς σκότος
הַשֶּׁמֶשׁ יֵהָפֵךְ לְחֹשֶׁךְ, Joel iii. 4
13 11 παραχρῆμα δὲ ἔπεσεν ἐπ' αὐτὸν ἀχλὺς κ. σκότος
26 18 τοῦ ἐπιστρέψαι ἀπὸ σκότους εἰς φῶς
Ro 2 19 φῶς τῶν ἐν σκότει
13 12 ἀποθώμεθα οὖν τὰ ἔργα τ. σκότους
I Co 4 5 ὃς κ. φωτίσει τὰ κρυπτὰ τ. σκότους
II Co 4 6 ὁ Θεὸς ὁ εἰπὼν Ἐκ σκότους φῶς λάμψει
6 14 ἢ τίς κοινωνία φωτὶ πρὸς σκότος
Eph 5 8 ἦτε γάρ ποτε σκότος νῦν δὲ φῶς ἐν Κυρίῳ
11 μὴ συγκοινωνεῖτε τ. ἔργοις τ. ἀκάρποις τ. σκότους
6 12 πρὸς τ. κοσμοκράτορας τ. σκότους τούτου
Col 1 13 ὃς ἐρύσατο ἡμᾶς ἐκ τ. ἐξουσίας τ. σκότους
I Th 5 4 ὑμεῖς δὲ ἀδελφοὶ οὐκ ἐστὲ ἐν σκότει
5 οὐκ ἐσμὲν νυκτὸς οὐδὲ σκότους
I Pe 2 9 ὅπως τ. ἀρετὰς ἐξαγγείλητε τοῦ ἐκ σκότους ὑμᾶς καλέσαντος
II Pe 2 17 οἷς ὁ ζόφος τ. σκότους τετήρηται
I Jo 1 6 ἐὰν . . . ἐν τ. σκότει περιπατῶμεν
Ju 13 οἷς ὁ ζόφος τ. σκότους εἰς αἰῶνα τετήρηται

ΣΚΟΤΟ'ΟΜΑΙ 4656

Eph 4 18 ἐσκοτωμένοι τῇ διανοίᾳ ὄντες
Re 9 2 ἐσκοτώθη ὁ ἥλιος κ. ὁ ἀήρ
16 10 ἐγένετο ἡ βασιλεία αὐτοῦ ἐσκοτωμένη

ΣΚΥ'ΒΑΛΟΝ** 4657

Phl 3 8 ἡγοῦμαι σκύβαλα ἵνα Χριστὸν κερδήσω

ΣΚΥ'ΘΗΣ 4658

Col 3 11 ὅπου οὐκ ἔνι . . . βάρβαρος Σκύθης

ΣΚΥΘΡΩΠΟ'Σ 4659

Mt 6 16 μὴ γίνεσθε ὡς οἱ ὑποκριταὶ σκυθρωποί
Lu 24 17 καὶ ἐστάθησαν σκυθρωποί

ΣΚΥ'ΛΛΩ* 4660

Mt 9 36 ὅτι ἦσαν ἐσκυλμένοι κ. ἐριμμένοι
Mk 5 35 τί ἔτι σκύλλεις τ. διδάσκαλον;
Lu 7 6 Κύριε μὴ σκύλλου
8 49 μηκέτι σκύλλε τ. διδάσκαλον

ΣΚΥ͂ΛΟΝ 4661

Lu 11 22 τὰ σκῦλα αὐτοῦ διαδίδωσιν

ΣΚΩΛΗΚΟ'ΒΡΩΤΟΣ* 4662

Ac 12 23 γενόμενος σκωληκόβρωτος ἐξέψυξεν

ΣΚΩ'ΛΗΞ 4663

Mk 9 48 ὅπου ὁ σκώληξ αὐτῶν οὐ τελευτᾷ
כִּי תוֹלַעְתָּם לֹא תָמוּת, Is. lxvi. 24

ΣΜΑΡΑ'ΓΔΙΝΟΣ*† 4664

Re 4 3 ἶρις κυκλόθεν τ. θρόνου ὅμοιος ὁράσει σμαραγδίνῳ

ΣΜΑ'ΡΑΓΔΟΣ 4665

Re 21 19 ὁ τέταρτος σμάραγδος

ΣΜΥ'ΡΝΑ 4666

Mt 2 11 προσήνεγκαν αὐτῷ δῶρα χρυσὸν κ. λίβανον κ. σμύρναν
Jo 19 39 φέρων ἕλιγμα σμύρνης κ. ἀλόης

ΣΜΥ'ΡΝΑ 4667, 4668

Ζμύρνα, T

Re 1 11 πέμψον τ. ἑπτὰ ἐκκλησίαις . . . εἰς Σμύρναν
2 8 τ. ἀγγέλῳ τῷ ἐν Σμύρνῃ ἐκκλησίας γράψον

ΣΜΥΡΝΙ'ΖΩ*† 4669

Mk 15 23 ἐδίδουν αὐτῷ ἐσμυρνισμένον οἶνον

ΣΟ'ΔΟΜΑ 4670

Mt 10 15 ἀνεκτότερον ἔσται γῇ Σοδόμων κ. Γομόρρων ἐν ἡμέρᾳ κρίσεως
11 23 εἰ ἐν Σοδόμοις ἐγενήθησαν αἱ δυνάμεις

Mt 11 24 γῇ Σοδόμων ἀνεκτότερον ἔσται ἐν ἡμέρᾳ κρίσεως
Lu 10 12 Σοδόμοις ἐν τ. ἡμέρᾳ ἐκείνῃ ἀνεκτότερον ἔσται
17 29 ᾗ δὲ ἡμέρᾳ ἐξῆλθεν Λὼτ ἀπὸ Σοδόμων
Ro 9 29 ὡς Σόδομα ἂν ἐγενήθημεν
כִּסְדֹם הָיִינוּ, Is. i. 9
II Pe 2 6 πόλεις Σοδόμων κ. Γομόρρας τεφρώσας κατέκρινεν
Ju 7 ὡς Σόδομα κ. Γόμορρα κ. αἱ περὶ αὐτὰς πόλεις
Re 11 8 ἥτις καλεῖται πνευματικῶς Σόδομα κ. Αἴγυπτος

ΣΟΛΟΜΩ´Ν 4672

Mt 1 6 Δαυεὶδ δὲ ἐγέννησεν τ. Σολομῶνα ἐκ τῆς τ. Οὐρίου·
7 Σολομὼν δὲ ἐγέννησεν τ. Ῥοβοάμ
6 29 οὐδὲ Σολομὼν ἐν πάσῃ τ. δόξῃ αὐτοῦ περιεβάλετο ὡς ἓν τούτων
12 42 ἦλθεν . . . ἀκοῦσαι τ. σοφίαν Σολομῶνος· κ. ἰδοὺ πλεῖον Σολομῶνος ὧδε
Lu 11 31 ἦλθεν . . . ἀκοῦσαι τ. σοφίαν Σολομῶνος· κ. ἰδοὺ πλεῖον Σολομῶνος ὧδε
12 27 οὐδὲ Σολομὼν ἐν πάσῃ τ. δόξῃ αὐτοῦ περιεβάλετο ὡς ἓν τούτων
Jo 10 23 περιεπάτει ὁ Ἰησοῦς . . . ἐν τ. στοᾷ τ. Σολομῶνος
Ac 3 11 συνέδραμεν . . . ἐπὶ τ. στοᾷ τ. καλουμένῃ Σολομῶντος
5 12 ἦσαν ὁμοθυμαδὸν πάντες ἐν τ. στοᾷ Σολομῶντος
7 47 Σολομὼν δὲ οἰκοδόμησεν αὐτῷ οἶκον
Σαλωμών, T

ΣΟΡΟ´Σ 4673

Lu 7 14 προσελθὼν ἥψατο τῆς σοροῦ

ΣΟ´Σ 4674

Mt 7 3 τὴν δὲ ἐν τ. σῷ ὀφθαλμῷ δοκὸν οὐ κατανοεῖς;
22 οὐ τ. σῷ ὀνόματι ἐπροφητεύσαμεν, κ. τ. σῷ ὀνόματι δαιμόνια ἐξεβάλομεν, κ. τ. σῷ ὀνόματι δυνάμεις πολλὰς ἐποιήσαμεν;
13 27 οὐχὶ καλὸν σπέρμα ἔσπειρας ἐν τ. σῷ ἀγρῷ;
20 14 ἆρον τὸ σὸν κ. ὕπαγε
24 3 τί τὸ σημεῖον τ. σῆς παρουσίας
25 25 ἴδε ἔχεις τὸ σόν
Mk 2 18 οἱ δὲ σοὶ μαθηταὶ οὐ νηστεύουσιν
5 19 ὕπαγε εἰς τ. οἶκόν σου πρὸς τ. σούς
Lu 5 33 οἱ δὲ σοὶ ἐσθίουσιν κ. πίνουσιν
6 30 ἀπὸ τ. αἴροντος τὰ σὰ μὴ ἀπαίτει
15 31 πάντα τὰ ἐμὰ σά ἐστιν
22 42 μὴ τὸ θέλημά μου ἀλλὰ τὸ σὸν γινέσθω
Jo 4 42 οὐκέτι διὰ τ. σὴν λαλιὰν πιστεύομεν
τ. λαλ. σου, WH marg.
17 6 σοὶ ἦσαν κἀμοὶ αὐτοὺς ἔδωκας
9 περὶ ὧν δέδωκάς μοι ὅτι σοί εἰσιν.
10 κ. τὰ ἐμὰ πάντα σά ἐστιν κ. τὰ σὰ ἐμά
17 ὁ λόγος ὁ σὸς ἀλήθειά ἐστιν
18 35 τὸ ἔθνος τὸ σὸν κ. οἱ ἀρχιερεῖς παρέδωκάν σε ἐμοί
Ac 5 4 οὐχὶ . . . πραθὲν ἐν τ. σῇ ἐξουσίᾳ ὑπῆρχεν
24 3 διορθωμάτων γινομένων τ. ἔθνει τούτῳ διὰ τ. σῆς προνοίας
4 παρακαλῶ ἀκοῦσαί σε ἡμῶν συντόμως τ. σῇ ἐπιεικείᾳ

I Co 8 11 ἀπόλλυται γὰρ ὁ ἀσθενῶν ἐν τ. σῇ γνώσει
14 16 πῶς ἐρεῖ τὸ ἀμὴν ἐπὶ τ. σῇ εὐχαριστίᾳ
Phm 14 χωρὶς δὲ σῆς γνώμης οὐδὲν ἠθέλησα ποιῆσαι

ΣΟΥΔΑ´ΡΙΟΝ * † 4676

Lu 19 20 ἣν εἶχον ἀποκειμένην ἐν σουδαρίῳ
Jo 11 44 ἡ ὄψις αὐτοῦ σουδαρίῳ περιεδέδετο
20 7 θεωρεῖ . . . τὸ σουδάριον ὃ ἦν ἐπὶ τ. κεφαλῆς αὐτοῦ
Ac 19 12 ἀποφέρεσθαι ἀπὸ τ. χρωτὸς αὐτοῦ σουδάρια

ΣΟΥΣΑ´ΝΝΑ 4677

Lu 8 3 Ἰωάνα . . . κ. Σουσάννα κ. ἕτεραι πολλαί

ΣΟΦΙ´Α 4678

(1) σοφ. τ. Θεοῦ (2) σοφ. τ. κόσμου, αἰῶνος (3) λόγος, πνεῦμα σοφίας (4) σοφ. σαρκική

Mt 11 19 ἐδικαιώθη ἡ σοφία ἀπὸ τ. ἔργων αὐτῆς
12 42 ἦλθεν . . . ἀκοῦσαι τ. σοφίαν Σολομῶνος
13 54 πόθεν τούτῳ ἡ σοφία αὕτη κ. αἱ δυνάμεις;
Mk 6 2 τίς ἡ σοφία ἡ δοθεῖσα τούτῳ
Lu 2 40 τὸ δὲ παιδίον ηὔξανεν . . . πληρούμενον σοφίᾳ
σοφίας, T
52 Ἰησοῦς προέκοπτεν τ. σοφίᾳ κ. ἡλικίᾳ
ἐν τ. σοφ., T
7 35 ἐδικαιώθη ἡ σοφία ἀπὸ πάντων τ. τέκνων αὐτῆς
11 31 ἦλθεν . . . ἀκοῦσαι τ. σοφίαν Σολομῶνος
49 [1] διὰ τοῦτο κ. ἡ σοφία τ. Θεοῦ εἶπεν
21 15 ἐγὼ γὰρ δώσω ὑμῖν στόμα κ. σοφίαν
Ac 6 3 ἄνδρας . . . πλήρεις πνεύματος κ. σοφίας
10 οὐκ ἴσχυον ἀντιστῆναι τ. σοφίᾳ κ. τ. πνεύματι ᾧ ἐλάλει
7 10 ἔδωκεν αὐτῷ χάριν κ. σοφίαν ἐναντίον Φαραώ
22 ἐπαιδεύθη Μωυσῆς πάσῃ σοφίᾳ Αἰγυπτίων
ἐν π. σοφ., T
Ro 11 33 [1] ὦ βάθος πλούτου κ. σοφίας κ. γνώσεως Θεοῦ
I Co 1 17 οὐκ ἐν σοφίᾳ λόγου
19 ἀπολῶ τ. σοφίαν τ. σοφῶν
אָבְדָה חָכְמַת חֲכָמָיו, Is. xxix. 14
20 [2] οὐχὶ ἐμώρανεν ὁ Θεὸς τ. σοφίαν τ. κόσμου;
21 [1] ἐπειδὴ γὰρ ἐν τ. σοφίᾳ τ. Θεοῦ οὐκ ἔγνω ὁ κόσμος διὰ τ. σοφίας τ. Θεόν
22 ἐπειδὴ . . . Ἕλληνες σοφίαν ζητοῦσιν
24 [1] Χριστὸν Θεοῦ δύναμιν κ. Θεοῦ σοφίαν
30 ὃς ἐγενήθη σοφία ἡμῖν ἀπὸ Θεοῦ
2 1 οὐ καθ' ὑπεροχὴν λόγου ἢ σοφίας καταγγέλλων ὑμῖν
4 [3] τὸ κήρυγμά μου οὐκ ἐν πειθοῖς σοφίας λόγοις
5 ἵνα ἡ πίστις ὑμῶν μὴ ᾖ ἐν σοφίᾳ ἀνθρώπων
6 σοφίαν δὲ λαλοῦμεν ἐν τ. τελείοις·
[2] σοφίαν δὲ οὐ τ. αἰῶνος τούτου
7 [1] ἀλλὰ λαλοῦμεν Θεοῦ σοφίαν ἐν μυστηρίῳ
13 [3] οὐκ ἐν διδακτοῖς ἀνθρωπίνης σοφίας λόγοις
3 19 [2] ἡ γὰρ σοφία τ. κόσμου τούτου μωρία παρὰ τ. Θεῷ ἐστίν

I Co 12 8 [8] ᾧ μὲν γὰρ διὰ τ. πνεύματος δίδοται λόγος σοφίας
II Co 1 12 [4] οὐκ ἐν σοφίᾳ σαρκικῇ
Eph 1 8 ἧς ἐπερίσσευσεν εἰς ἡμᾶς ἐν πάσῃ σοφίᾳ κ. φρονήσει
17 [8] δῴη ὑμῖν πνεῦμα σοφίας κ. ἀποκαλύψεως
3 10 [1] ἵνα γνωρισθῇ νῦν . . . ἡ πολυποίκιλος σοφία τ. Θεοῦ
Col 1 9 ἵνα πληρωθῆτε . . . ἐν πάσῃ σοφίᾳ κ. συνέσει πνευματικῇ
28 διδάσκοντες πάντα ἄνθρωπον ἐν πάσῃ σοφίᾳ
2 3 ἐν ᾧ εἰσὶν πάντες οἱ θησαυροὶ τ. σοφίας κ. γνώσεως ἀπόκρυφοι
23 [8] ἅτινά ἐστιν λόγον μὲν ἔχοντα σοφίας
3 16 ὁ λόγος τ. Χριστοῦ ἐνοικείτω ἐν ὑμῖν πλουσίως ἐν πάσῃ σοφίᾳ
4 5 ἐν σοφίᾳ περιπατεῖτε πρὸς τοὺς ἔξω
Ja 1 5 εἰ δέ τις ὑμῶν λείπεται σοφίας
3 13 δειξάτω . . . τὰ ἔργα αὐτοῦ ἐν πραΰτητι σοφίας
15 οὐκ ἔστιν αὕτη ἡ σοφία ἄνωθεν κατερχομένη
17 ἡ δὲ ἄνωθεν σοφία πρῶτον μὲν ἁγνή ἐστιν
II Pe 3 15 κατὰ τ. δοθεῖσαν αὐτῷ σοφίαν ἔγραψεν ὑμῖν
Re 5 12 λαβεῖν τ. δύναμιν κ. πλοῦτον κ. σοφίαν
7 12 ἡ δόξα κ. ἡ σοφία κ. ἡ εὐχαριστία . . . τ. Θεῷ ἡμῶν
13 18 ὧδε ἡ σοφία ἐστίν
17 9 ὧδε ὁ νοῦς ὁ ἔχων σοφίαν

ΣΟΦΙ΄ΖΩ 4679

II Ti 3 15 τὰ δυνάμενά σε σοφίσαι εἰς σωτηρίαν
II Pe 1 16 οὐ γὰρ σεσοφισμένοις μύθοις ἐξακολουθήσαντες

ΣΟΦΟ΄Σ 4680

(1) σοφώτερος

Mt 11 25 ὅτι ἔκρυψας ταῦτα ἀπὸ σοφῶν κ. συνετῶν
23 34 ἀποστέλλω πρὸς ὑμᾶς προφήτας κ. σοφοὺς κ. γραμματεῖς
Lu 10 21 ὅτι ἀπέκρυψας ταῦτα ἀπὸ σοφῶν κ. συνετῶν
Ro 1 14 σοφοῖς τε κ. ἀνοήτοις ὀφειλέτης εἰμί
22 φάσκοντες εἶναι σοφοὶ ἐμωράνθησαν
16 19 θέλω δὲ ὑμᾶς σοφοὺς μὲν εἶναι εἰς τὸ ἀγαθόν
27 μόνῳ σοφῷ Θεῷ διὰ Ἰησοῦ Χριστοῦ
I Co 1 19 ἀπολῶ τ. σοφίαν τ. σοφῶν
אַבְּדָה חָכְמַת חֲכָמָיו, Is. xxix. 14
20 ποῦ σοφός; ποῦ γραμματεύς;
25 [1] τὸ μωρὸν τ. Θεοῦ σοφώτερον τ. ἀνθρώπων ἐστίν
26 οὐ πολλοὶ σοφοὶ κατὰ σάρκα
27 ἵνα καταισχύνῃ τ. σοφούς
3 10 ὡς σοφὸς ἀρχιτέκτων θεμέλιον ἔθηκα
18 εἴ τις δοκεῖ σοφὸς εἶναι ἐν ὑμῖν ἐν τ. αἰῶνι τούτῳ, μωρὸς γενέσθω ἵνα γένηται σοφός
19 ὁ δρασσόμενος τ. σοφοὺς ἐν τ. πανουργίᾳ αὐτῶν
לֹכֵד חֲכָמִים בְּעָרְמָם, Job v. 13
20 Κύριος γινώσκει τ. διαλογισμοὺς τ. σοφῶν
יְהוָה יֹדֵעַ מַחְשְׁבוֹת אָדָם, Ps. xciv. 11
6 5 οὕτως οὐκ ἔνι ἐν ὑμῖν οὐδεὶς σοφός
Eph 5 15 περιπατεῖτε μὴ ὡς ἄσοφοι ἀλλ᾽ ὡς σοφοί
Ja 3 13 τίς σοφὸς κ. ἐπιστήμων ἐν ὑμῖν

ΣΠΑΝΙ΄Α 4681

Ro 15 24 ὡς ἂν πορεύωμαι εἰς τ. Σπανίαν
28 ἀπελεύσομαι δι᾽ ὑμῶν εἰς Σπανίαν

ΣΠΑ΄ΟΜΑΙ 4681.5

Mk 14 47 εἷς δέ τις τ. παρεστηκότων σπασάμενος τ. μάχαιραν
Ac 16 27 σπασάμενος τ. μάχαιραν ἤμελλεν ἑαυτὸν ἀναιρεῖν

ΣΠΑΡΑ΄ΣΣΩ 4682

Mk 1 26 σπαράξαν αὐτὸν τὸ πνεῦμα τὸ ἀκάθαρτον
9 26 κράξας κ. πολλὰ σπαράξας ἐξῆλθεν
Lu 9 39 σπαράσσει αὐτὸν μετὰ ἀφροῦ

ΣΠΑΡΓΑΝΟ΄Ω 4683

Lu 2 7 ἐσπαργάνωσεν αὐτόν
12 εὑρήσετε βρέφος ἐσπαργανωμένον

ΣΠΑΤΑΛΑ΄Ω 4684

I Ti 5 6 ἡ δὲ σπαταλῶσα ζῶσα τέθνηκεν
Ja 5 5 ἐτρυφήσατε ἐπὶ τ. γῆς κ. ἐσπαταλήσατε

ΣΠΕΙ͂ΡΑ ** 4686

Mt 27 27 συνήγαγον ἐπ᾽ αὐτὸν ὅλην τ. σπεῖραν
Mk 15 16 συνκαλοῦσιν ὅλην τ. σπεῖραν
Jo 18 3 ὁ οὖν Ἰούδας λαβὼν τ. σπεῖραν
12 ἡ οὖν σπεῖρα κ. ὁ χιλίαρχος . . . συνέλαβον τ. Ἰησοῦν
Ac 10 1 ἑκατοντάρχης ἐκ σπείρης τ. καλουμένης Ἰταλικῆς
21 31 ἀνέβη φάσις τ. χιλιάρχῳ τ. σπείρης
27 1 ἑκατοντάρχῃ ὀνόματι Ἰουλίῳ σπείρης Σεβαστῆς

ΣΠΕΙ΄ΡΩ 4687 cf. 1986.5

(1) ὁ σπείρων, σπείρας (2) σπ. σπέρμα, σπόρον (3) metaph.

Mt 6 26 οὐ σπείρουσιν οὐδὲ θερίζουσιν
13 3 [1] ἐξῆλθεν ὁ σπείρων τοῦ σπείρειν.
4 κ. ἐν τῷ σπείρειν αὐτὸν ἃ μὲν ἔπεσεν
18 [1] ὑμεῖς οὖν ἀκούσατε τ. παραβολὴν τ. σπείραντος
19 ἁρπάζει τὸ ἐσπαρμένον ἐν τ. καρδίᾳ αὐτοῦ· οὗτός ἐστιν ὁ παρὰ τὴν ὁδὸν σπαρείς.
20 ὁ δὲ ἐπὶ τὰ πετρώδη σπαρείς
22 ὁ δὲ εἰς τ. ἀκάνθας σπαρείς
23 ὁ δε ἐπὶ τ. καλὴν γῆν σπαρείς
24 [2] ὡμοιώθη . . . ἀνθρώπῳ σπείραντι καλὸν σπέρμα
27 [2] οὐχὶ καλὸν σπέρμα ἔσπειρας ἐν τ. σῷ ἀγρῷ;
31 ὃν λαβὼν ἄνθρωπος ἔσπειρεν ἐν τ. ἀγρῷ αὐτοῦ
37 [1 2] ὁ σπείρων τὸ καλὸν σπέρμα ἐστὶν ὁ υἱὸς τ. ἀνθρώπου

Mt 13 39 [1] ὁ δὲ ἐχθρὸς ὁ σπείρας αὐτά ἐστιν ὁ διάβολος
25 24 θερίζων ὅπου οὐκ ἔσπειρας
26 ᾔδεις ὅτι θερίζω ὅπου οὐκ ἔσπειρα
Mk 4 3 [1] ἐξῆλθεν ὁ σπείρων σπεῖραι·
4 κ. ἐγένετο ἐν τῷ σπείρειν ὃ μὲν ἔπεσεν
14 [1] ὁ σπείρων τ. λόγον σπείρει.
15 οὗτοι δέ εἰσιν οἱ παρὰ τὴν ὁδὸν ὅπου σπείρεται ὁ λόγος
15 αἴρει τ. λόγον τ. ἐσπαρμένον εἰς αὐτούς. ἐν αὐτοῖς, T
16 κ. οὗτοί εἰσιν ὁμοίως οἱ ἐπὶ τὰ πετρώδη σπειρόμενοι
18 ἄλλοι εἰσὶν οἱ εἰς τ. ἀκάνθας σπειρόμενοι ἐπὶ τ. ἀκ., T
20 ἐκεῖνοί εἰσιν οἱ ἐπὶ τ. γῆν τ. καλὴν σπαρέντες
31 ὃς ὅταν σπαρῇ ἐπὶ τ. γῆς
32 ὅταν σπαρῇ ἀναβαίνει
Lu 8 5 [1 2] ἐξῆλθεν ὁ σπείρων τοῦ σπεῖραι τ. σπόρον αὐτοῦ·
κ. ἐν τῷ σπείρειν αὐτὸν ὃ μὲν ἔπεσεν
12 24 οὐ σπείρουσιν οὐδὲ θερίζουσιν
19 21 θερίζεις ὃ οὐκ ἔσπειρας
22 θερίζων ὃ οὐκ ἔσπειρα
Jo 4 36 [1] ἵνα ὁ σπείρων ὁμοῦ χαίρῃ κ. ὁ θερίζων
37 [1] ἄλλος ἐστὶν ὁ σπείρων κ. ἄλλος ὁ θερίζων
I Co 9 11 [3] εἰ ἡμεῖς ὑμῖν τὰ πνευματικὰ ἐσπείραμεν
15 36 σὺ ὃ σπείρεις οὐ ζωοποιεῖται ἐὰν μὴ ἀποθάνῃ·
37 κ. ὃ σπείρεις οὐ τὸ σῶμα τὸ γενησόμενον σπείρεις
42 σπείρεται ἐν φθορᾷ ἐγείρεται ἐν ἀφθαρσίᾳ·
43 σπείρεται ἐν ἀτιμίᾳ ἐγείρεται ἐν δόξῃ·
σπείρεται ἐν ἀσθενείᾳ ἐγείρεται ἐν δυνάμει·
44 σπείρεται σῶμα ψυχικὸν ἐγείρεται σῶμα πνευματικόν
II Co 9 6 [1 3] ὁ σπείρων φειδομένως φειδομένως κ. θερίσει·
[1 3] κ. ὁ σπείρων ἐπ' εὐλογίαις ἐπ' εὐλογίαις κ. θερίσει
10 [1] ὁ δὲ ἐπιχορηγῶν σπέρμα τ. σπείροντι
Ga 6 7 [3] ὃ γὰρ ἐὰν σπείρῃ ἄνθρωπος τοῦτο κ. θερίσει.
8 [1 3] ὅτι ὁ σπείρων εἰς τ. σάρκα ἑαυτοῦ ἐκ τ. σαρκὸς θερίσει φθοράν·
[1 3] ὁ δὲ σπείρων εἰς τὸ πνεῦμα ἐκ τ. πνεύματος θερίσει ζωὴν αἰώνιον
Ja 3 18 [3] ἐν εἰρήνῃ σπείρεται τ. ποιοῦσιν εἰρήνην

ΣΠΕΚΟΥΛΑ'ΤΩΡ * † 4688

Mk 6 27 εὐθὺς ἀποστείλας ὁ βασιλεὺς σπεκουλάτορα

ΣΠΕ'ΝΔΟΜΑΙ 4689

Phl 2 17 εἰ κ. σπένδομαι ἐπὶ τ. θυσίᾳ κ. λειτουργίᾳ τ. πίστεως ὑμῶν
II Ti 4 6 ἐγὼ γὰρ ἤδη σπένδομαι

ΣΠΕ'ΡΜΑ 4690

(1) σπ. σπείρειν (2) σπ. 'Αβραάμ, Δαυείδ

Mt 13 24 [1] ὡμοιώθη . . . ἀνθρώπῳ σπείραντι καλὸν σπέρμα
27 [1] οὐχὶ καλὸν σπέρμα ἔσπειρας ἐν τ. σῷ ἀγρῷ;
Mt 13 32 ὃ μικρότερον μέν ἐστιν πάντων τ. σπερμάτων
37 [1] ὁ σπείρων τὸ καλὸν σπέρμα ἐστὶν ὁ υἱὸς τ. ἀνθρώπου
38 τὸ δὲ καλὸν σπέρμα οὗτοί εἰσιν οἱ υἱοὶ τ. βασιλείας
22 24 ἀναστήσει σπέρμα τ. ἀδελφῷ αὐτοῦ, Dt. xxv. 5
25 μὴ ἔχων σπέρμα ἀφῆκεν τ. γυναῖκα αὐτοῦ
Mk 4 31 μικρότερον ὂν πάντων τ. σπερμάτων
12 19 ἵνα . . . ἐξαναστήσῃ σπέρμα τ. ἀδελφῷ αὐτοῦ, Dt. *l.c.*
20 ἀποθνήσκων οὐκ ἀφῆκεν σπέρμα
21 ἀπέθανεν μὴ καταλιπὼν σπέρμα
22 οἱ ἑπτὰ οὐκ ἀφῆκαν σπέρμα
Lu 1 55 τῷ 'Αβραὰμ κ. τ. σπέρματι αὐτοῦ εἰς τ. αἰῶνα
20 28 ἵνα . . . ἐξαναστήσῃ σπέρμα τ. ἀδελφῷ αὐτοῦ, Dt. *l.c.*
Jo 7 42 [2] ἐκ τ. σπέρματος Δαυεὶδ . . . ἔρχεται ὁ Χριστός
8 33 [2] σπέρμα 'Αβραάμ ἐσμεν
37 [2] οἶδα ὅτι σπέρμα 'Αβραάμ ἐστε
Ac 3 25 [2] ἐν τ. σπέρματί σου εὐλογηθήσονται πᾶσαι αἱ πατριαὶ τ. γῆς
הִתְבָּרְכוּ בְזַרְעֲךָ כֹּל גּוֹיֵי הָאָרֶץ, Gen. xxii. 18
7 5 [2] ἐπηγγείλατο δοῦναι αὐτῷ . . . κ. τ. σπέρματι αὐτοῦ μετ' αὐτόν
6 [2] ἔσται τὸ σπέρμα αὐτοῦ πάροικον ἐν γῇ ἀλλοτρίᾳ
גֵּר יִהְיֶה זַרְעֲךָ בְּאֶרֶץ לֹא לָהֶם, Gen. xv. 13
13 23 [2] τούτου ὁ Θεὸς ἀπὸ τ. σπέρματος . . . ἤγαγεν τῷ 'Ισραὴλ σωτῆρα
Ro 1 3 [2] τ. γενομένου ἐκ σπέρματος Δαυεὶδ κατὰ σάρκα
4 13 [2] ἡ ἐπαγγελία τῷ 'Αβραὰμ ἢ τ. σπέρματι αὐτοῦ
16 εἰς τὸ εἶναι βεβαίαν τ. ἐπαγγελίαν παντὶ τ. σπέρματι
18 [2] οὕτως ἔσται τὸ σπέρμα σου
כֹּה יִהְיֶה זַרְעֶךָ, Gen. xv. 5
9 7 [2] οὐδ' ὅτι εἰσὶν σπέρμα 'Αβραὰμ παντες τέκνα,
ἀλλ' ἐν 'Ισαὰκ κληθήσεταί σοι σπέρμα
בְּיִצְחָק יִקָּרֵא לְךָ זָרַע, Gen. xxi. 12
8 τὰ τέκνα τ. ἐπαγγελίας λογίζεται εἰς σπερμα
29 εἰ μὴ Κύριος Σαβαὼθ ἐγκατέλιπεν ἡμῖν σπέρμα
לוּלֵי יְהוָה צְבָאוֹת הוֹתִיר לָנוּ שָׂרִיד, Is. i. 9
11 1 [2] ἐκ σπέρματος 'Αβραὰμ φυλῆς Βενιαμείν
I Co 15 38 ἑκάστῳ τ. σπερμάτων ἴδιον σῶμα
II Co 9 10 ὁ δὲ ἐπιχορηγῶν σπέρμα τ. σπείροντι
11 22 [2] σπέρμα 'Αβραάμ εἰσιν; κἀγώ
Ga 3 16 [2] τῷ δὲ 'Αβραὰμ ἐρρέθησαν αἱ ἐπαγγελίαι κ. τ. σπέρματι αὐτοῦ·
οὐ λέγει Κ. τ. σπέρμασιν ὡς ἐπὶ πολλῶν, ἀλλ' ὡς ἐφ' ἑνὸς Κ. τ. σπέρματί σου
19 ἄχρις ἂν ἔλθῃ τὸ σπέρμα ᾧ ἐπήγγελται
29 [2] ἄρα τοῦ 'Αβραὰμ σπέρμα ἐστέ

II Ti 2 8 ² μνημόνευε Ἰησοῦν Χριστὸν . . . ἐκ σπέρματος Δαυείδ
He 2 16 ² σπέρματος Ἀβραὰμ ἐπιλαμβάνεται
11 11 αὐτὴ Σάρρα δύναμιν εἰς καταβολὴν σπέρματος ἔλαβεν
18 ἐν Ἰσαὰκ κληθήσεταί σοι σπέρμα, Gen. *l.c.*
I Jo 3 9 ὅτι σπέρμα αὐτοῦ ἐν αὐτῷ μένει
Re 12 17 ποιῆσαι πόλεμον μετὰ τ. λοιπῶν τ. σπέρματος αὐτῆς

ΣΠΕΡΜΟΛΟ΄ΓΟΣ * 4691

Ac 17 18 τί ἂν θέλοι ὁ σπερμολόγος οὗτος λέγειν;

ΣΠΕΥ΄ΔΩ 4692

Lu 2 16 ἦλθαν σπεύσαντες κ. ἀνεῦραν
19 5 Ζακχαῖε σπεύσας κατάβηθι
6 κ. σπεύσας κατέβη
Ac 20 16 ἔσπευδεν γὰρ . . . τ. ἡμέραν τ. πεντηκοστῆς γενέσθαι εἰς Ἱεροσόλυμα
22 18 σπεῦσον κ. ἔξελθε ἐν τάχει ἐξ Ἱερουσαλήμ
II Pe 3 12 σπεύδοντας τ. παρουσίαν τῆς τ. Θεοῦ ἡμέρας

ΣΠΗ΄ΛΑΙΟΝ 4693

Mt 21 13 ὑμεῖς δὲ αὐτὸν ποιεῖτε σπήλαιον λῃστῶν
מְעָרַת פָּרִצִים, Jer. vii. 11
Mk 11 17 ὑμεῖς δὲ πεποιήκατε αὐτὸν σπήλαιον λῃστῶν, Jer. *l.c.*
Lu 19 46 ὑμεῖς δὲ αὐτὸν ἐποιήσατε σπήλαιον λῃστῶν, Jer. *l.c.*
Jo 11 38 ἦν δὲ σπήλαιον
He 11 38 ἐπὶ ἐρημίαις πλανώμενοι κ. ὄρεσι κ. σπηλαίοις
Re 6 15 ἔκρυψαν ἑαυτοὺς εἰς τὰ σπήλαια

ΣΠΙΛΑ΄Σ * 4694

Ju 12 οὗτοί εἰσιν οἱ ἐν τ. ἀγάπαις ὑμῶν σπιλάδες

ΣΠΙ΄ΛΟΣ * 4696

σπίλος, T

Eph 5 27 ἔνδοξον τ. ἐκκλησίαν μὴ ἔχουσαν σπίλον
II Pe 2 13 σπίλοι κ. μῶμοι

ΣΠΙΛΟ΄Ω ** 4695

Ja 3 6 ἡ γλῶσσα . . . ἡ σπιλοῦσα ὅλον τὸ σῶμα
κ. σπιλ., T
Ju 23 μισοῦντες κ. τὸν ἀπὸ τ. σαρκὸς ἐσπιλωμένον χιτῶνα

ΣΠΛΑΓΧΝΙ΄ΖΟΜΑΙ 4697

Mt 9 36 ἰδὼν δὲ τ. ὄχλους ἐσπλαγχνίσθη περὶ αὐτῶν
14 14 εἶδεν πολὺν ὄχλον κ. ἐσπλαγχνίσθη ἐπ' αὐτοῖς
15 32 σπλαγχνίζομαι ἐπὶ τ. ὄχλον
18 27 σπλαγχνισθεὶς δὲ ὁ κύριος τ. δούλου ἐκείνου
20 34 σπλαγχνισθεὶς δὲ ὁ Ἰησοῦς
Mk 1 41 σπλαγχνισθεὶς ἐκτείνας τ. χεῖρα αὐτοῦ ἥψατο
ὀργισθείς, WH mg.
6 34 εἶδεν πολὺν ὄχλον κ. ἐσπλαγχνίσθη ἐπ' αὐτούς
8 2 σπλαγχνίζομαι ἐπὶ τ. ὄχλον
9 22 βοήθησον ἡμῖν σπλαγχνισθεὶς ἐφ' ἡμᾶς
Lu 7 13 ἰδὼν αὐτὴν ὁ Κύριος ἐσπλαγχνίσθη ἐπ' αὐτῇ
ἐπ' αὐτήν, T
10 33 ἰδὼν ἐσπλαγχνίσθη
15 20 εἶδεν αὐτὸν ὁ πατὴρ αὐτοῦ κ. ἐσπλαγχνίσθη

ΣΠΛΑ΄ΓΧΝΟΝ 4698

Lu 1 78 διὰ σπλάγχνα ἐλέους Θεοῦ ἡμῶν
Ac 1 18 ἐξεχύθη πάντα τὰ σπλάγχνα αὐτοῦ
II Co 6 12 στενοχωρεῖσθε δὲ ἐν τ. σπλάγχνοις ὑμῶν
7 15 τὰ σπλάγχνα αὐτοῦ περισσοτέρως εἰς ὑμᾶς ἐστίν
Phl 1 8 ὡς ἐπιποθῶ πάντας ὑμᾶς ἐν σπλάγχνοις Χριστοῦ Ἰησοῦ
2 1 εἴ τις σπλάγχνα κ. οἰκτιρμοί
Col 3 12 ἐνδύσασθε οὖν . . . σπλάγχνα οἰκτιρμοῦ
Phm 7 τὰ σπλάγχνα τ. ἁγίων ἀναπέπαυται διὰ σοῦ
12 αὐτὸν τοῦτ' ἔστιν τὰ ἐμὰ σπλάγχνα
20 ἀνάπαυσόν μου τὰ σπλάγχνα ἐν Χριστῷ
I Jo 3 17 ὃς δ' ἂν . . . κλείσῃ τὰ σπλάγχνα αὐτοῦ ἀπ' αὐτοῦ

ΣΠΟ΄ΓΓΟΣ * 4699

Mt 27 48 λαβὼν σπόγγον πλήσας τε ὄξους
Mk 15 36 γεμίσας σπόγγον ὄξους
Jo 19 29 σπόγγον οὖν μεστὸν τ. ὄξους ὑσσώπῳ περιθέντες

ΣΠΟΔΟ΄Σ 4700

Mt 11 21 πάλαι ἂν ἐν σάκκῳ κ. σποδῷ μετενόησαν
Lu 10 13 πάλαι ἂν ἐν σάκκῳ κ. σποδῷ καθήμενοι μετενόησαν
He 9 13 σποδὸς δαμάλεως ῥαντίζουσα τ. κεκοινωμένους

ΣΠΟΡΑ΄ 4701

I Pe 1 23 ἀναγεγεννημένοι οὐκ ἐκ σπορᾶς φθαρτῆς

ΣΠΟ΄ΡΙΜΟΣ 4702

Mt 12 1 ἐπορεύθη ὁ Ἰησοῦς τ. σάββασι διὰ τ. σπορίμων
Mk 2 23 ἐγένετο αὐτὸν ἐν τ. σάββασιν διαπορεύεσθαι διὰ τ. σπορίμων
Lu 6 1 ἐγένετο δὲ ἐν σαββάτῳ διαπορεύεσθαι αὐτὸν διὰ σπορίμων

ΣΠΟ΄ΡΟΣ 4703

Mk 4 26 ὡς ἄνθρωπος βάλῃ τ. σπόρον ἐπὶ τ. γῆς
27 ὁ σπόρος βλαστᾷ κ. μηκύνηται ὡς οὐκ οἶδεν αὐτός
Lu 8 5 ἐξῆλθεν ὁ σπείρων τοῦ σπεῖραι τ. σπόρον αὐτοῦ
11 ὁ σπόρος ἐστὶν ὁ λόγος τ. Θεοῦ
II Co 9 10 πληθυνεῖ τ. σπόρον ὑμῶν

ΣΠΟΥΔΑ΄ΖΩ 4704

Ga 2 10 ὃ κ. ἐσπούδασα αὐτὸ τοῦτο ποιῆσαι
Eph 4 3 σπουδάζοντες τηρεῖν τ. ἑνότητα τ. πνεύματος
I Th 2 17 περισσοτέρως ἐσπουδάσαμεν τὸ πρόσωπον ὑμῶν ἰδεῖν
II Ti 2 15 σπούδασον σεαυτὸν δόκιμον παραστῆσαι τ. Θεῷ
4 9 σπούδασον ἐλθεῖν πρός με ταχέως
21 σπούδασον πρὸ χειμῶνος ἐλθεῖν

Tit 3 12 σπούδασον ἐλθεῖν πρός με εἰς Νικόπολιν
He 4 11 σπουδάσωμεν οὖν εἰσελθεῖν εἰς ἐκείνην τ. ἀνάπαυσιν
II Pe 1 10 σπουδάσατε βεβαίαν ὑμῶν τ. κλῆσιν . . . ποιεῖσθαι
15 σπουδάσω δὲ κ. ἑκάστοτε ἔχειν ὑμᾶς
3 14 σπουδάσατε ἄσπιλοι κ. ἀμώμητοι αὐτῷ εὑρεθῆναι

ΣΠΟΥΔΑΙ͂ΟΣ 4705, 4707

II Co 8 17 σπουδαιότερος δὲ ὑπάρχων αὐθαίρετος ἐξῆλθεν
22 ὃν ἐδοκιμάσαμεν ἐν πολλοῖς πολλάκις σπουδαῖον ὄντα νυνὶ δὲ πολὺ σπουδαιότερον

ΣΠΟΥΔΑΙ΄ΩΣ ** 4708, 4709

Lu 7 4 παρεκάλουν αὐτὸν σπουδαίως λέγοντες
Phl 2 28 σπουδαιοτέρως οὖν ἔπεμψα αὐτόν
II Ti 1 17 σπουδαίως ἐζήτησέν με κ. εὗρεν
Tit 3 13 Ζηνᾶν τ. νομικὸν κ. Ἀπολλῶν σπουδαίως πρόπεμψον

ΣΠΟΥΔΗ΄ 4710

Mk 6 25 εἰσελθοῦσα εὐθὺς μετὰ σπουδῆς πρὸς τ. βασιλέα
Lu 1 39 ἐπορεύθη εἰς τ. ὀρεινὴν μετὰ σπουδῆς
Ro 12 8 ὁ προϊστάμενος ἐν σπουδῇ
11 τ. σπουδῇ μὴ ὀκνηροί
II Co 7 11 πόσην κατειργάσατο ὑμῖν σπουδήν
12 ἕνεκεν τοῦ φανερωθῆναι τ. σπουδὴν ὑμῶν
8 7 ὥσπερ ἐν παντὶ περισσεύετε πίστει . . . κ. πάσῃ σπουδῇ
8 οὐ κατ' ἐπιταγὴν λέγω ἀλλὰ διὰ τῆς ἑτέρων σπουδῆς
16 χάρις δὲ τ. Θεῷ τ. διδόντι τ. αὐτὴν σπουδὴν ὑπὲρ ὑμῶν
He 6 11 ἕκαστον ὑμῶν τ. αὐτὴν ἐνδείκνυσθαι σπουδήν
II Pe 1 5 σπουδὴν πᾶσαν παρεισενέγκαντες
Ju 3 πᾶσαν σπουδὴν ποιούμενος γράφειν ὑμῖν

ΣΠΥΡΙ΄Σ *Vide* **ΣΦΥΡΙ΄Σ**, 4974.5

ΣΤΑ΄ΔΙΟΝ 4712

(1) στάδια

Mt 14 24 ἤδη σταδίους πολλοὺς ἀπὸ τ. γῆς ἀπεῖχεν ἤδ. μέσον τ. θαλάσσης ἦν, TWH mg. R non mg.
Lu 24 13 εἰς κώμην ἀπέχουσαν σταδίους ἑξήκοντα ἀπὸ Ἱερουσαλήμ
Jo 6 19 [1] ἐληλακότες οὖν ὡς σταδίους εἴκοσι πέντε ἢ τριάκοντα
στάδια, T
11 18 ὡς ἀπὸ σταδίων δεκαπέντε
I Co 9 24 οἱ ἐν σταδίῳ τρέχοντες πάντες μὲν τρέχουσιν
Re 14 20 ἄχρι τ. χαλινῶν τ. ἵππων ἀπὸ σταδίων χιλίων ἑξακοσίων
21 16 ἐμέτρησεν τ. πόλιν τ. καλάμῳ ἐπὶ σταδίων δώδεκα χιλιάδων
σταδίους, WH mg.

ΣΤΑ΄ΜΝΟΣ 4713

He 9 4 ἐν ᾗ στάμνος χρυσῆ ἔχουσα τὸ μάννα

ΣΤΑΣΙΑΣΤΗ΄Σ * † 4713.5

Mk 15 7 Βαραββᾶς μετὰ τ. στασιαστῶν δεδεμένος

ΣΤΑ΄ΣΙΣ 4714

Mk 15 7 οἵτινες ἐν τ. στάσει φόνον πεποιήκεισαν
Lu 23 19 ὅστις ἦν διὰ στάσιν τινὰ γενομένην ἐν τ. πόλει κ. φόνον βληθείς
25 ἀπέλυσεν δὲ τὸν διὰ στάσιν κ. φόνον βεβλημένον
Ac 15 2 γενομένης δὲ στάσεως κ. ζητήσεως οὐκ ὀλίγης
19 40 κινδυνεύομεν ἐγκαλεῖσθαι στάσεως περὶ τῆς σήμερον
23 7 ἐγένετο στάσις τ. Φαρισαίων κ. Σαδδουκαίων
10 πολλῆς δε γινομένης στάσεως
24 5 κινοῦντα στάσεις πᾶσι τ. Ἰουδαίοις
He 9 8 ἔτι τ. πρώτης σκηνῆς ἐχούσης στάσιν

ΣΤΑΤΗ΄Ρ ** 4715

Mt 17 27 ἀνοίξας τὸ στόμα αὐτοῦ εὑρήσεις στατῆρα
26 15 οἱ δὲ ἔστησαν αὐτῷ τριάκοντα στατῆρας ἀργύρια, TWH non mg. R

ΣΤΑΥΡΟ΄Σ * 4716

(1) λόγος τ. σταυροῦ

Mt 10 38 ὃς οὐ λαμβάνει τ. σταυρὸν αὐτοῦ
16 24 ἀράτω τ. σταυρὸν αὐτοῦ
27 32 ἠγγάρευσαν ἵνα ἄρῃ τ. σταυρὸν αὐτοῦ
40 εἰ υἱὸς εἶ τ. Θεοῦ κατάβηθι ἀπὸ τ. σταυροῦ
42 καταβάτω νῦν ἀπὸ τ. σταυροῦ
Mk 8 34 ἀράτω τ. σταυρὸν αὐτοῦ
15 21 ἀγγαρεύουσιν . . . ἵνα ἄρῃ τ. σταυρὸν αὐτοῦ
30 σῶσον σεαυτὸν καταβὰς ἀπὸ τ. σταυροῦ
32 καταβάτω νῦν ἀπὸ τ. σταυροῦ
Lu 9 23 ἀράτω τ. σταυρὸν αὐτοῦ καθ' ἡμέραν
14 27 ὅστις οὐ βαστάζει τ. σταυρὸν ἑαυτοῦ
23 26 ἐπέθηκαν αὐτῷ τ. σταυρόν
Jo 19 17 βαστάζων ἑαυτῷ τ. σταυρὸν ἐξῆλθεν
19 τίτλον . . . ἔθηκεν ἐπὶ τ. σταυροῦ
25 εἱστήκεισαν δὲ παρὰ τ. σταυρῷ τ. Ἰησοῦ
31 ἵνα μὴ μείνῃ ἐπὶ τ. σταυροῦ τὰ σώματα ἐν τ. σαββάτῳ
I Co 1 17 ἵνα μὴ κενωθῇ ὁ σταυρὸς τ. Χριστοῦ.
18 [1] ὁ λόγος γὰρ ὁ τ. σταυροῦ τοῖς μὲν ἀπολλυμένοις μωρία ἐστίν
Ga 5 11 ἄρα κατήργηται τὸ σκάνδαλον τ. σταυροῦ
6 12 μόνον τ. σταυρῷ τ. Χριστοῦ Ἰησοῦ μὴ διώκωνται
14 εἰ μὴ ἐν τ. σταυρῷ τ. Κυρίου ἡμῶν Ἰησοῦ Χριστοῦ
Eph 2 16 ἵνα . . . ἀποκαταλλάξῃ τ. ἀμφοτέρους ἐν ἑνὶ σώματι τ. Θεῷ διὰ τ. σταυροῦ
Phl 2 8 γενόμενος ὑπήκοος μέχρι θανάτου θανάτου δὲ σταυροῦ
3 18 οὓς πολλάκις ἔλεγον . . . τ. ἐχθροὺς τ. σταυροῦ τ. Χριστοῦ
Col 1 20 εἰρηνοποιήσας διὰ τ. αἵματος τ. σταυροῦ αὐτοῦ
2 14 προσηλώσας αὐτὸ τ. σταυρῷ
He 12 2 ὑπέμεινεν σταυρὸν αἰσχύνης καταφρονήσας

ΣΤΑΥΡΟ΄Ω 4717

(1) metaph.

Mt 20 19 εἰς τὸ ἐμπαῖξαι κ. μαστιγῶσαι κ. σταυρῶσαι
23 34 ἐξ αὐτῶν ἀποκτενεῖτε κ. σταυρώσετε

Mt 26 2 ὁ υἱὸς τ. ἀνθρώπου παραδίδοται εἰς τὸ σταυρωθῆναι
27 22 λέγουσιν πάντες Σταυρωθήτω
23 οἱ δὲ περισσῶς ἔκραζον λέγοντες Σταυρωθήτω
26 τ. δὲ Ἰησοῦν φραγελλώσας παρέδωκεν ἵνα σταυρωθῇ
31 ἀπήγαγον αὐτὸν εἰς τὸ σταυρῶσαι
35 σταυρώσαντες δὲ αὐτὸν διεμερίσαντο
38 τότε σταυροῦνται σὺν αὐτῷ δύο λῃσταί
28 5 οἶδα γὰρ ὅτι Ἰησοῦν τ. ἐσταυρωμένον ζητεῖτε
Mk 15 13 οἱ δὲ πάλιν ἔκραξαν Σταύρωσον αὐτόν
14 οἱ δὲ περισσῶς ἔκραξαν Σταύρωσον αὐτόν
15 παρέδωκεν τ. Ἰησοῦν φραγελλώσας ἵνα σταυρωθῇ
20 ἐξάγουσιν αὐτὸν ἵνα σταυρώσωσιν αὐτόν
ἵνα σταυρώσουσιν, T
24 σταυροῦσιν αὐτὸν κ. διαμερίζονται
25 ἦν δὲ ὥρα τρίτη κ. ἐσταύρωσαν αὐτὸν
ἐφύλασσον, WH mg.
27 σὺν αὐτῷ σταυροῦσιν δύο λῃστάς
16 6 Ἰησοῦν ζητεῖτε τ. Ναζαρηνὸν τ. ἐσταυρωμένον
Lu 23 21 οἱ δὲ ἐπεφώνουν λέγοντες Σταύρου σταύρου αὐτόν
23 αἰτούμενοι αὐτὸν σταυρωθῆναι
σταυρῶσαι, WH mg.
33 ἐκεῖ ἐσταύρωσαν αὐτόν
24 7 δεῖ παραδοθῆναι . . . κ. σταυρωθῆναι
20 ὅπως τε παρέδωκαν αὐτὸν . . . κ. ἐσταύρωσαν αὐτόν
Jo 19 6 ἐκραύγασαν λέγοντες Σταύρωσον σταύρωσον
6 λάβετε αὐτὸν ὑμεῖς κ. σταυρώσατε
10 οὐκ οἶδας ὅτι . . . ἐξουσίαν ἔχω σταυρῶσαί σε
15 ἐκραύγασαν οὖν ἐκεῖνοι Ἆρον ἆρον σταύρωσον αὐτόν
15 τ. βασιλέα ὑμῶν σταυρώσω;
16 παρέδωκεν αὐτὸν αὐτοῖς ἵνα σταυρωθῇ
18 ὅπου αὐτὸν ἐσταύρωσαν
20 ὁ τόπος . . . ὅπου ἐσταυρώθη ὁ Ἰησοῦς
23 οἱ οὖν στρατιῶται ὅτε ἐσταύρωσαν τ. Ἰησοῦν
41 ἦν δὲ ἐν τ. τόπῳ ὅπου ἐσταυρώθη κῆπος
Ac 2 36 τοῦτον τ. Ἰησοῦν ὃν ὑμεῖς ἐσταυρώσατε
4 10 ἐν τ. ὀνόματι Ἰησοῦ Χριστοῦ τ. Ναζωραίου ὃν ὑμεῖς ἐσταυρώσατε
I Co 1 13 μὴ Παῦλος ἐσταυρώθη ὑπὲρ ὑμῶν;
23 ἡμεῖς δὲ κηρύσσομεν Χριστὸν ἐσταυρωμένον
2 2 εἰ μὴ Ἰησοῦν Χριστὸν κ. τοῦτον ἐσταυρωμένον
8 οὐκ ἂν τ. Κύριον τ. δόξης ἐσταύρωσαν
II Co 13 4 κ. γὰρ ἐσταυρώθη ἐξ ἀσθενείας
Ga 3 1 οἷς κατ' ὀφθαλμοὺς Ἰησοῦς Χριστὸς προεγράφη ἐσταυρωμένος
5 24 [1] οἱ δὲ τ. Χριστοῦ Ἰησοῦ τ. σάρκα ἐσταύρωσαν
6 14 [1] δι' οὗ ἐμοὶ κόσμος ἐσταύρωται κἀγὼ κόσμῳ
Re 11 8 ὅπου κ. ὁ Κύριος αὐτῶν ἐσταυρώθη

ΣΤΑΦΥΛΗ´ 4718

Mt 7 16 μήτι συλλέγουσιν ἀπὸ ἀκανθῶν σταφυλάς
Lu 6 44 οὐδὲ ἐκ βάτου σταφυλὴν τρυγῶσιν
Re 14 18 ὅτι ἤκμασαν αἱ σταφυλαὶ αὐτῆς

ΣΤΑ´ΧΥΣ 4719

Mt 12 1 ἤρξαντο τίλλειν στάχυας κ. ἐσθίειν
Mk 2 23 ἤρξαντο ὁδὸν ποιεῖν τίλλοντες τ. στάχυας
4 28 πρῶτον χόρτον εἶτεν στάχυν,
εἶτεν πλήρη σῖτον ἐν τ. στάχυϊ
Lu 6 1 ἔτιλλον οἱ μαθηταὶ αὐτοῦ κ. ἤσθιον τ. στάχυας
τ. στάχ. κ. ἤσθ., TR

ΣΤΑ´ΧΥΣ 4720

Ro 16 9 ἀσπάσασθε . . . Στάχυν τ. ἀγαπητόν μου

ΣΤΕ´ΓΗ 4721

Mt 8 8 οὐκ εἰμὶ ἱκανὸς ἵνα μου ὑπὸ τ. στέγην εἰσέλθῃς
Mk 2 4 ἀπεστέγασαν τ. στέγην ὅπου ἦν
Lu 7 6 οὐ γὰρ ἱκανός εἰμι ἵνα ὑπὸ τ. στέγην μου εἰσέλθῃς

ΣΤΕ´ΓΩ ** 4722

I Co 9 12 ἀλλὰ πάντα στέγομεν
13 7 πάντα στέγει πάντα πιστεύει
I Th 3 1 διὸ μηκέτι στέγοντες ηὐδοκήσαμεν καταλειφθῆναι
5 διὰ τοῦτο κἀγὼ μηκέτι στέγων

ΣΤΕΙ´ΡΟΣ 4723

Lu 1 7 καθότι ἦν ἡ Ἐλεισάβετ στεῖρα
36 οὗτος μὴν ἕκτος ἐστὶν αὐτῇ τ. καλουμένῃ στείρᾳ
23 29 μακάριαι αἱ στεῖραι
Ga 4 27 εὐφράνθητι στεῖρα ἡ οὐ τίκτουσα
רָנִּי עֲקָרָה לֹא יָלָדָה, Is. liv. 1

ΣΤΕ´ΛΛΟΜΑΙ 4724

II Co 8 20 στελλόμενοι τοῦτο μή τις ὑμᾶς μωμήσηται
II Th 3 6 στέλλεσθαι ὑμᾶς ἀπὸ παντὸς ἀδελφοῦ ἀτάκτως περιπατοῦντος

ΣΤΕ´ΜΜΑ * 4725

Ac 14 13 ταύρους κ. στέμματα ἐπὶ τ. πυλῶνας ἐνέγκας

ΣΤΕΝΑΓΜΟ´Σ 4726

Ac 7 34 τ. στεναγμοῦ αὐτοῦ ἤκουσα
αὐτῶν, TR
אֶת־צַעֲקָתָם שָׁמַעְתִּי, Ex. iii. 7
Ro 8 26 αὐτὸ τὸ πνεῦμα ὑπερεντυγχάνει στεναγμοῖς ἀλαλήτοις

ΣΤΕΝΑ´ΖΩ 4727

Mk 7 34 ἀναβλέψας εἰς τ. οὐρανὸν ἐστέναξεν
Ro 8 23 κ. αὐτοὶ ἐν ἑαυτοῖς στενάζομεν
II Co 5 2 κ. γὰρ ἐν τούτῳ στενάζομεν
4 οἱ ὄντες ἐν τ. σκήνει στενάζομεν βαρούμενοι
He 13 17 ἵνα μετὰ χαρᾶς τοῦτο ποιῶσιν κ. μὴ στενάζοντες
Ja 5 9 μὴ στενάζετε ἀδελφοὶ κατ' ἀλλήλων

ΣΤΕΝΟ´Σ 4728

Mt 7 13 εἰσέλθατε διὰ τ. στενῆς πύλης
14 ὅτι στενὴ ἡ πύλη κ. τεθλιμμένη ἡ ὁδός
Lu 13 24 ἀγωνίζεσθε εἰσελθεῖν διὰ τ. στενῆς θύρας

ΣΤΕΝΟΧΩΡΕ΄ΟΜΑΙ 4729

II Co 4 8 ἐν παντὶ θλιβόμενοι ἀλλ' οὐ στενοχωρούμενοι
6 12 οὐ στενοχωρεῖσθε ἐν ἡμῖν,
στενοχωρεῖσθε δὲ ἐν τ. σπλάγχνοις ὑμῶν

ΣΤΕΝΟΧΩΡΙ΄Α 4730

Ro 2 9 θλῖψις κ. στενοχωρία
8 35 τίς ἡμᾶς χωρίσει . . . θλῖψις ἢ στενοχωρία
II Co 6 4 συνιστάνοντες ἑαυτοὺς ὡς Θεοῦ διάκονοι . . . ἐν στενοχωρίαις
12 10 διὸ εὐδοκῶ ἐν ἀσθενείαις . . . κ. στενοχωρίαις
ἐν στεν., WH mg.

ΣΤΕΡΕΟ΄Σ 4731

II Ti 2 19 ὁ μέντοι στερεὸς θεμέλιος τ. Θεοῦ ἕστηκεν
He 5 12 χρείαν ἔχοντες γάλακτος οὐ στερεᾶς τροφῆς
14 τελείων δέ ἐστιν ἡ στερεὰ τροφή
I Pe 5 9 ᾧ ἀντίστητε στερεοὶ τ. πίστει

ΣΤΕΡΕΟ΄Ω 4732

Ac 3 7 παραχρῆμα δὲ ἐστερεώθησαν αἱ βάσεις αὐτοῦ
16 τοῦτον . . . ἐστερέωσεν τὸ ὄνομα αὐτοῦ
16 5 αἱ μὲν οὖν ἐκκλησίαι ἐστερεοῦντο τ. πίστει

ΣΤΕΡΕ΄ΩΜΑ 4733

Col 2 5 βλέπων . . . τὸ στερέωμα τῆς εἰς Χριστὸν πίστεως ὑμῶν

ΣΤΕΦΑΝΑ΄Σ 4734

I Co 1 16 ἐβάπτισα δὲ κ. τὸν Στεφανᾶ οἶκον
16 15 οἴδατε τ. οἰκίαν Στεφανᾶ
17 χαίρω δὲ ἐπὶ τ. παρουσίᾳ Στεφανᾶ

ΣΤΕ΄ΦΑΝΟΣ 4735

Ac 6 5 ἐξελέξαντο Στέφανον ἄνδρα πλήρη πίστεως
8 Στέφανος δὲ πλήρης χάριτος κ. δυνάμεως
9 ἀνέστησαν δέ τινες . . . συνζητοῦντες τ. Στεφάνῳ
7 59 ἐλιθοβόλουν τ. Στέφανον
8 2 συνεκόμισαν δὲ τ. Στέφανον ἄνδρες εὐλαβεῖς
11 19 οἱ μὲν οὖν διασπαρέντες ἀπὸ τ. θλίψεως τ. γενομένης ἐπὶ Στεφάνῳ
22 20 ὅτε ἐξεχύννετο τὸ αἷμα Στεφάνου τ. μάρτυρός σου

ΣΤΕ΄ΦΑΝΟΣ 4736

Mt 27 29 πλέξαντες στέφανον ἐξ ἀκανθῶν ἐπέθηκαν
Mk 15 17 περιτιθέασιν αὐτῷ πλέξαντες ἀκάνθινον στέφανον
Jo 19 2 οἱ στρατιῶται πλέξαντες στέφανον ἐξ ἀκανθῶν
5 φορῶν τ. ἀκάνθινον στέφανον
I Co 9 25 ἐκεῖνοι μὲν οὖν ἵνα φθαρτὸν στέφανον λάβωσιν
Phl 4 1 χαρὰ κ. στέφανός μου
I Th 2 19 τίς γὰρ ἡμῶν ἐλπὶς ἢ χαρὰ ἢ στέφανος καυχήσεως;
II Ti 4 8 ἀπόκειταί μοι ὁ τ. δικαιοσύνης στέφανος
Ja 1 12 δόκιμος γενόμενος λήμψεται τ. στέφανον τ. ζωῆς
I Pe 5 4 κομιεῖσθε τ. ἀμαράντινον τ. δόξης στέφανον
Re 2 10 δώσω σοι τ. στέφανον τ. ζωῆς
3 11 ἵνα μηδεὶς λάβῃ τ. στέφανόν σου
Re 4 4 ἐπὶ τ. κεφαλὰς αὐτῶν στεφάνους χρυσοῦς
10 βαλοῦσιν τ. στεφάνους αὐτῶν ἐνώπιον τ θρόνου
6 2 ἐδόθη αὐτῷ στέφανος
9 7 ἐπὶ τ. κεφαλὰς αὐτῶν ὡς στέφανοι ὅμοιοι χρυσῷ
12 1 ἐπὶ τ. κεφαλῆς αὐτῆς στέφανος ἀστέρων δώδεκα
14 14 ἔχων ἐπὶ τ. κεφαλῆς αὐτοῦ στέφανον χρυσοῦν

ΣΤΕΦΑΝΟ΄Ω 4737

II Ti 2 5 οὐ στεφανοῦται ἐὰν μὴ νομίμως ἀθλήσῃ
He 2 7 δόξῃ κ. τιμῇ ἐστεφάνωσας αὐτόν
כָּבוֹד וְהָדָר תְּעַטְּרֵהוּ, Ps. viii. 6
9 διὰ τὸ πάθημα τ. θανάτου δόξῃ κ. τιμῇ ἐστεφανωμένον

ΣΤΗ΄ΘΟΣ 4738

Lu 18 13 ἔτυπτεν τὸ στῆθος ἑαυτοῦ λέγων
23 48 τύπτοντες τὰ στήθη ὑπέστρεφον
Jo 13 25 ἀναπεσὼν ἐκεῖνος οὕτως ἐπὶ τὸ στῆθος τοῦ Ἰησοῦ
21 20 ὃς κ. ἀνέπεσεν ἐν τ. δείπνῳ ἐπὶ τὸ στῆθος αὐτοῦ
Re 15 6 περιεζωσμένοι περὶ τὰ στήθη ζώνας χρυσᾶς

ΣΤΗ΄ΚΩ † 4739

Mk 3 31 ἔξω στήκοντες ἀπέστειλαν πρὸς αὐτόν
11 25 ὅταν στήκετε προσευχόμενοι
Jo 1 26 μέσος ὑμῶν στήκει ὃν ὑμεῖς οὐκ οἴδατε
8 44 ἐν τ. ἀληθείᾳ οὐκ ἔστηκεν
οὐχ ἕστηκεν, TR mg.
Ro 14 4 τ. ἰδίῳ κυρίῳ στήκει ἢ πίπτει
I Co 16 13 γρηγορεῖτε στήκετε ἐν τ. πίστει
Ga 5 1 στήκετε οὖν
Phl 1 27 ὅτι στήκετε ἐν ἑνὶ πνεύματι
4 1 οὕτως στήκετε ἐν Κυρίῳ ἀγαπητοί
I Th 3 8 ἐὰν ὑμεῖς στήκετε ἐν Κυρίῳ
II Th 2 15 ἄρα οὖν ἀδελφοὶ στήκετε
Re 12 4 ὁ δράκων ἕστηκεν ἐνώπιον τ. γυναικός
ἕστηκεν, T

ΣΤΗΡΙΓΜΟ΄Σ** 4740

II Pe 3 17 ἵνα μὴ . . . ἐκπέσητε τ. ἰδίου στηριγμοῦ

ΣΤΗΡΙ΄ΖΩ 4741

Lu 9 51 αὐτὸς τὸ πρόσωπον ἐστήρισεν τοῦ πορεύεσθαι
16 26 μεταξὺ ἡμῶν κ. ὑμῶν χάσμα μέγα ἐστήρικται
22 32 σύ ποτε ἐπιστρέψας στήρισον τ. ἀδελφούς σου
Ac 18 23 διερχόμενος . . . στηρίζων πάντας τ. μαθητάς
Ro 1 11 ἵνα τι μεταδῶ χάρισμα . . . εἰς τὸ στηριχθῆναι ὑμᾶς
16 25 τῷ δὲ δυναμένῳ ὑμᾶς στηρίξαι κατὰ τὸ εὐαγγέλιόν μου
I Th 3 2 ἐπέμψαμεν Τιμόθεον . . . εἰς τὸ στηρίξαι ὑμᾶς
13 εἰς τὸ στηρίξαι ὑμῶν τ. καρδίας ἀμέμπτους
II Th 2 17 ὁ Θεὸς . . . στηρίξαι ἐν παντὶ ἔργῳ κ. λόγῳ ἀγαθῷ
3 3 ὃς στηρίξει ὑμᾶς κ. φυλάξει ἀπὸ τ. πονηροῦ
Ja 5 8 στηρίξατε τ. καρδίας ὑμῶν
I Pe 5 10 αὐτὸς καταρτίσει στηρίξει σθενώσει
II Pe 1 12 καίπερ . . . ἐστηριγμένους ἐν τ. παρούσῃ ἀληθείᾳ
Re 3 2 στήρισον τὰ λοιπὰ ἃ ἔμελλον ἀποθανεῖν

ΣΤΙΒΑ΄Σ ** 4741.5

Mk 11 8 ἄλλοι δὲ στιβάδας κόψαντες ἐκ τ. ἀγρῶν

ΣΤΙ΄ΓΜΑ 4742

Ga 6 17 τὰ στίγματα τ. Ἰησοῦ ἐν τ. σώματί μου βαστάζω

ΣΤΙΓΜΗ΄ 4743

Lu 4 5 ἔδειξεν αὐτῷ πάσας τ. βασιλείας τ. οἰκουμένης ἐν στιγμῇ χρόνου

ΣΤΙ΄ΛΒΩ 4744

Mk 9 3 τὰ ἱμάτια αὐτοῦ ἐγένετο στίλβοντα

ΣΤΟΑ΄ 4745

Jo 5 2 κολυμβήθρα . . . πέντε στοὰς ἔχουσα
10 23 περιεπάτει ὁ Ἰησοῦς . . . ἐν τ. στοᾷ τ. Σολομῶνος
Ac 3 11 συνέδραμεν πᾶς ὁ λαὸς . . . ἐπὶ τ. στοᾷ τ. καλουμένῃ Σολομῶντος
5 12 ἦσαν ὁμοθυμαδὸν πάντες ἐν τ. στοᾷ Σολομῶντος
Στοᾷ, WH

ΣΤΟΪΚΟ΄Σ *Vide* ΣΤΩΙΚΟ΄Σ, 4770

ΣΤΟΙΧΕΪΟΝ ** 4747

Ga 4 3 ὑπὸ τὰ στοιχεῖα τ. κόσμου ἤμεθα δεδουλωμένοι
9 πῶς ἐπιστρέφετε πάλιν ἐπὶ τὰ ἀσθενῆ κ. πτωχὰ στοιχεῖα
Col 2 8 κατὰ τὰ στοιχεῖα τ. κόσμου κ. οὐ κατὰ Χριστόν
20 εἰ ἀπεθάνετε σὺν Χριστῷ ἀπὸ τ. στοιχείων τ. κόσμου
He 5 12 τίνα τὰ στοιχεῖα τ. ἀρχῆς τ. λογίων τ. Θεοῦ
II Pe 3 10 στοιχεῖα δὲ καυσούμενα λυθήσεται
12 δι' ἣν . . . στοιχεῖα καυσούμενα τήκεται

ΣΤΟΙΧΕ΄Ω 4748

Ac 21 24 ἀλλὰ στοιχεῖς κ. αὐτὸς φυλάσσων τ. νόμον
Ro 4 12 τ. στοιχοῦσιν τ. ἴχνεσι τῆς ἐν ἀκροβυστίᾳ πίστεως
Ga 5 25 εἰ ζῶμεν πνεύματι πνεύματι κ. στοιχῶμεν
6 16 ὅσοι τ. κανόνι τούτῳ στοιχήσουσιν
Phl 3 16 εἰς ὃ ἐφθάσαμεν τῷ αὐτῷ στοιχεῖν

ΣΤΟΛΗ΄ 4749

Mk 12 38 τ. γραμματέων τ. θελόντων ἐν στολαῖς περιπατεῖν
16 5 εἶδον νεανίσκον . . . περιβεβλημένον στολὴν λευκήν
Lu 15 22 ταχὺ ἐξενέγκατε στολὴν τ. πρώτην
20 46 τ. γραμματέων τ. θελόντων περιπατεῖν ἐν στολαῖς
Re 6 11 ἐδόθη αὐτοῖς ἑκάστῳ στολὴ λευκή
7 9 ὄχλος πολὺς . . . περιβεβλημένους στολὰς λευκάς
13 οὗτοι οἱ περιβεβλημένοι τ. στολὰς τ. λευκὰς
14 ἔπλυναν τ. στολὰς αὐτῶν
22 14 μακάριοι οἱ πλύνοντες τ. στολὰς αὐτῶν

ΣΤΟ΄ΜΑ 4750

(1) στ. Θεοῦ (2) metaph. (3) στ. πρὸς στόμα

Mt 4 4 [1] ἐπὶ παντὶ ῥήματι ἐκπορευομένῳ διὰ στόματος Θεοῦ
עַל־כָּל־מוֹצָא פִי־יְהוָה, Dt. viii. 3
5 2 ἀνοίξας τὸ στόμα αὐτοῦ ἐδίδασκεν αὐτοὺς
12 34 ἐκ γὰρ τ. περισσεύματος τ. καρδίας τὸ στόμα λαλεῖ
13 35 ἀνοίξω ἐν παραβολαῖς τὸ στόμα μου
אֶפְתְּחָה בְמָשָׁל פִּי, Ps. lxxviii. 2
15 11 οὐ τὸ εἰσερχόμενον εἰς τὸ στόμα κοινοῖ τ. ἄνθρωπον·
ἀλλὰ τὸ ἐκπορευόμενον ἐκ τ. στόματος τοῦτο κοινοῖ τ. ἄνθρωπον
17 πᾶν τὸ εἰσπορευόμενον εἰς τὸ στόμα εἰς τ. κοιλίαν χωρεῖ
18 τὰ δὲ ἐκπορευόμενα ἐκ τ. στόματος ἐκ τ. καρδίας ἐξέρχεται
17 27 ἀνοίξας τὸ στόμα αὐτοῦ εὑρήσεις στατῆρα
18 16 ἵνα ἐπὶ στόματος δύο μαρτύρων ἢ τριῶν σταθῇ πᾶν ῥῆμα
עַל־פִּי שְׁנֵי עֵדִים אוֹ עַל־פִּי שְׁלֹשָׁה־עֵדִים
יָקוּם דָּבָר, Dt. xix. 15
21 16 ἐκ στόματος νηπίων κ. θηλαζόντων κατηρτίσω αἶνον
מִפִּי עוֹלְלִים וְיֹנְקִים יִסַּדְתָּ עֹז, Ps. viii. 3
Lu 1 64 ἀνεῴχθη δὲ τὸ στόμα αὐτοῦ παραχρῆμα
70 καθὼς ἐλάλησεν διὰ στόματος τ. ἁγίων ἀπ' αἰῶνος προφητῶν αὐτοῦ
4 22 τ. λόγοις τ. χάριτος τ. ἐκπορευομένοις ἐκ τ. στόματος αὐτοῦ
6 45 ἐκ γὰρ περισσεύματος καρδίας λαλεῖ τὸ στόμα αὐτοῦ
11 54 ἐνεδρεύοντες αὐτὸν θηρεῦσαί τι ἐκ τ. στόματος αὐτοῦ
—h. v., WH mg.
19 22 ἐκ τ. στόματός σου κρίνω σε
21 15 [2] ἐγὼ γὰρ δώσω ὑμῖν στόμα κ. σοφίαν
24 [2] πεσοῦνται στόματι μαχαίρης
22 71 αὐτοὶ γὰρ ἠκούσαμεν ἀπὸ τ. στόματος αὐτοῦ
Jo 19 29 προσήνεγκαν αὐτοῦ τ. στόματι
Ac 1 16 ἣν προεῖπεν τὸ πνεῦμα τὸ ἅγιον διὰ στόματος Δαυεὶδ
3 18 ἃ προκατήγγειλεν διὰ στόματος πάντων τ. προφητῶν
21 ὧν ἐλάλησεν ὁ Θεὸς διὰ στόματος τ. ἁγίων ἀπ' αἰῶνος αὐτοῦ προφητῶν
4 25 ὁ τ. πατρὸς ἡμῶν διὰ πνεύματος ἁγίου στόματος Δαυεὶδ . . . εἰπών
8 32 οὕτως οὐκ ἀνοίγει τὸ στόμα αὐτοῦ
וְלֹא יִפְתַּח פִּיו, Is. liii. 3
35 ἀνοίξας δὲ ὁ Φίλιππος τὸ στόμα αὐτοῦ
10 34 ἀνοίξας δὲ Πέτρος τὸ στόμα εἶπεν
11 8 κοινὸν ἢ ἀκάθαρτον οὐδέποτε εἰσῆλθεν εἰς τὸ στόμα μου
15 7 διὰ τ. στόματός μου ἀκοῦσαι τὰ ἔθνη τ. λόγον τ. εὐαγγελίου
18 14 μέλλοντος δὲ τ. Παύλου ἀνοίγειν τὸ στόμα
22 14 προεχειρίσατό σε . . . ἀκοῦσαι φωνὴν ἐκ τ. στόματος αὐτοῦ

Ac 23 2 ἐπέταξεν . . . τύπτειν αὐτοῦ τὸ στόμα
Ro 3 14 ὧν τὸ στόμα ἀρᾶς κ. πικρίας γέμει
אָלָה פִּיהוּ מָלֵא וּמִרְמוֹת, Ps. x. 7
19 ἵνα πᾶν στόμα φραγῇ
10 8 ἐγγύς σου τὸ ῥῆμά ἐστιν ἐν τ. στόματί σου
קָרוֹב אֵלֶיךָ הַדָּבָר מְאֹד בְּפִיךָ, Dt. xxx. 14
9 ἐὰν ὁμολογήσῃς τὸ ῥῆμα ἐν τ. στόματί σου
10 στόματι δὲ ὁμολογεῖται εἰς σωτηρίαν
15 6 ἵνα ὁμοθυμαδὸν ἐν ἑνὶ στόματι δοξάζητε τ. Θεόν
II Co 6 11 τὸ στόμα ἡμῶν ἀνέῳγεν πρὸς ὑμᾶς
13 1 ἐπὶ στόματος δύο μαρτύρων κ. τριῶν σταθήσεται πᾶν ῥῆμα, Dt. xix. 18
Eph 4 29 πᾶς λόγος σαπρὸς ἐκ τ. στόματος ὑμῶν μὴ ἐκπορευέσθω
6 19 ἵνα μοι δοθῇ λόγος ἐν ἀνοίξει τ. στόματός μου
Col 3 8 ἀπόθεσθε κ. ὑμεῖς . . . αἰσχρολογίαν ἐκ τ. στόματος ὑμῶν
II Th 2 8 ὃν ὁ Κύριος Ἰησοῦς ἀνελεῖ τ. πνεύματι τ. στόματος αὐτοῦ
II Ti 4 17 [2] ἐρύσθην ἐκ στόματος λέοντος
He 11 33 ἔφραξαν στόματα λεόντων
34 [2] ἔφυγον στόματα μαχαίρης
Ja 3 3 τ. ἵππων τ. χαλινοὺς εἰς τὰ στόματα βάλλομεν
10 ἐκ τ. αὐτοῦ στόματος ἐξέρχεται εὐλογία κ. κατάρα
I Pe 2 22 οὐδὲ εὑρέθη δόλος ἐν τ. στόματι αὐτοῦ
II Jo 12 [3] ἐλπίζω . . . στόμα πρὸς στόμα λαλῆσαι
III Jo 14 [3] στόμα πρὸς στόμα λαλήσομεν
Ju 16 τὸ στόμα αὐτῶν λαλεῖ ὑπέρογκα
Re 1 16 ἐκ τ. στόματος αὐτοῦ ῥομφαία δίστομος ὀξεῖα ἐκπορευομένη
2 16 πολεμήσω μετ᾽ αὐτῶν ἐν τ. ῥομφαίᾳ τ. στόματός μου
3 16 μέλλω σε ἐμέσαι ἐκ τ. στόματός μου
9 17 ἐκ τ. στομάτων αὐτῶν ἐκπορεύεται πῦρ
18 τ. θείου τ. ἐκπορευομένου ἐκ τ. στομάτων αὐτῶν.
19 ἡ γὰρ ἐξουσία τ. ἵππων ἐν τ. στόματι αὐτῶν ἐστίν
10 9 ἐν τ. στόματί σου ἔσται γλυκὺ ὡς μέλι
10 ἦν ἐν τ. στόματί μου ὡς μέλι γλυκύ
11 5 πῦρ ἐκπορεύεται ἐκ τ. στόματος αὐτῶν
12 15 ἔβαλεν ὁ ὄφις ἐκ τ. στόματος αὐτοῦ . . . ὕδωρ
16 [2] ἤνοιξεν ἡ γῆ τὸ στόμα αὐτῆς, κ. κατέπιεν τ. ποταμὸν ὃν ἔβαλεν ὁ δράκων ἐκ τ. στόματος αὐτοῦ
13 2 τὸ στόμα αὐτοῦ ὡς στόμα λέοντος
5 ἐδόθη αὐτῷ στόμα λαλοῦν μεγάλα
6 ἤνοιξεν τὸ στόμα αὐτοῦ εἰς βλασφημίας
14 5 ἐν τ. στόματι αὐτῶν οὐχ εὑρέθη ψεῦδος
16 13 εἶδον ἐκ τ. στόματος τ. δράκοντος κ. ἐκ τ. στόματος τ. θηρίου κ. ἐκ τ. στόματος τ. ψευδοπροφήτου πνεύματα τρία ἀκάθαρτα
19 15 ἐκ τ. στόματος αὐτοῦ ἐκπορεύεται ῥομφαία ὀξεῖα
21 ἀπεκτάνθησαν ἐν τ. ῥομφαίᾳ . . . τ. ἐξελθούσῃ ἐκ τ. στόματος αὐτοῦ

ΣΤΟ΄ΜΑΧΟΣ * 4751

I Ti 5 23 οἴνῳ ὀλίγῳ χρῶ διὰ τ. στόμαχον

ΣΤΡΑΤΕΙ΄Α 4752

II Co 10 4 τὰ γὰρ ὅπλα τ. στρατείας ἡμῶν οὐ σαρκικά
στρατιᾶς, T
I Ti 1 18 ἵνα στρατεύῃ ἐν αὐταῖς τ. καλὴν στρατείαν

ΣΤΡΑ΄ΤΕΥΜΑ ** 4753

Mt 22 7 πέμψας τὰ στρατεύματα αὐτοῦ ἀπώλεσεν τ. φονεῖς ἐκείνους
Lu 23 11 ἐξουθενήσας δὲ αὐτὸν ὁ Ἡρῴδης σὺν τ. στρατεύμασιν αὐτοῦ
Ac 23 10 ἐκέλευσεν τὸ στράτευμα καταβὰν ἁρπάσαι αὐτόν
27 ἐπιστὰς σὺν τ. στρατεύματι ἐξειλάμην
Re 9 16 ὁ ἀριθμὸς τ. στρατευμάτων τ. ἱππικοῦ δὶς μυριάδες μυριάδων
19 14 τὰ στρατεύματα τὰ ἐν τ. οὐρανῷ ἠκολούθει αὐτῷ
19 τὰ στρατεύματα αὐτῶν συνηγμένα ποιῆσαι τ. πόλεμον μετὰ . . . τ. στρατεύματος αὐτοῦ

ΣΤΡΑΤΕΥ΄ΟΜΑΙ 4754

Lu 3 14 ἐπηρώτων δὲ αὐτὸν κ. στρατευόμενοι
I Co 9 7 τίς στρατεύεται ἰδίοις ὀψωνίοις ποτέ;
II Co 10 3 οὐ κατὰ σάρκα στρατευόμεθα
I Ti 1 18 ἵνα στρατεύῃ ἐν αὐταῖς τ. καλὴν στρατείαν
στρατεύσῃ, TWH mg.
II Ti 2 4 οὐδεὶς στρατευόμενος ἐμπλέκεται ταῖς τ. βίου πραγματίαις
Ja 4 1 ἐκ τ. ἡδονῶν ὑμῶν τ. στρατευομένων ἐν τ. μέλεσιν ὑμῶν
I Pe 2 11 αἵτινες στρατεύονται κατὰ τ. ψυχῆς

ΣΤΡΑΤΗΓΟ΄Σ 4755

Lu 22 4 ἀπελθὼν συνελάλησεν τ. ἀρχιερεῦσι κ. στρατηγοῖς
52 εἶπεν δὲ Ἰησοῦς πρὸς τοὺς . . . ἀρχιερεῖς κ. στρατηγοὺς τ. ἱεροῦ
Ac 4 1 ἐπέστησαν αὐτοῖς οἱ ἀρχιερεῖς κ. ὁ στρατηγὸς τ. ἱεροῦ
5 24 ὡς δὲ ἤκουσαν . . . ὅ τε στρατηγὸς τ. ἱεροῦ κ. οἱ ἀρχιερεῖς
26 τότε ἀπελθὼν ὁ στρατηγὸς σὺν τ. ὑπηρέταις
16 20 προσαγαγόντες αὐτοὺς τ. στρατηγοῖς
22 οἱ στρατηγοὶ περιρήξαντες αὐτῶν τὰ ἱμάτια ἐκέλευον ῥαβδίζειν
35 ἀπέστειλαν οἱ στρατηγοὶ τ. ῥαβδούχους
36 ἀπέσταλκαν οἱ στρατηγοὶ ἵνα ἀπολυθῆτε
38 ἀπήγγειλαν δὲ τ. στρατηγοῖς οἱ ῥαβδοῦχοι τὰ ῥήματα ταῦτα

ΣΤΡΑΤΙΑ΄ 4756

Lu 2 13 ἐγένετο σὺν τ. ἀγγέλῳ πλῆθος στρατιᾶς οὐρανίου
Ac 7 42 παρέδωκεν αὐτοὺς λατρεύειν τ. στρατιᾷ τ. οὐρανοῦ
II Co 10 4 τὰ γὰρ ὅπλα τ. στρατιᾶς ἡμῶν οὐ σαρκικά
στρατείας, WHR

ΣΤΡΑΤΙΩ΄ΤΗΣ 4757

Mt 8 9 ἔχων ὑπ' ἐμαυτὸν στρατιώτας

27 27 οἱ στρατιῶται τ. ἡγεμόνος παραλαβόντες τ. Ἰησοῦν

28 12 ἀργύρια ἱκανὰ ἔδωκαν τ. στρατιώταις

Mk 15 16 οἱ δὲ στρατιῶται ἀπήγαγον αὐτὸν ἔσω τ. αὐλῆς

Lu 7 8 ἔχων ὑπ' ἐμαυτὸν στρατιώτας

23 36 ἐνέπαιξαν δὲ αὐτῷ κ. οἱ στρατιῶται

Jo 19 2 οἱ στρατιῶται πλέξαντες στέφανον ἐξ ἀκανθῶν

23 οἱ οὖν στρατιῶται . . . ἔλαβον τὰ ἱμάτια αὐτοῦ

23 ἑκάστῳ στρατιώτῃ μέρος

25 οἱ μὲν οὖν στρατιῶται ταῦτα ἐποίησαν

32 ἦλθον οὖν οἱ στρατιῶται

34 εἷς τ. στρατιωτῶν λόγχῃ αὐτοῦ τ. πλευρὰν ἔνυξεν

Ac 10 7 φωνήσας . . . στρατιώτην εὐσεβῆ τ. προσκαρτερούντων αὐτῷ

12 4 παραδοὺς τέσσαρσι τετραδίοις στρατιωτῶν

6 ἦν ὁ Πέτρος κοιμώμενος μεταξὺ δύο στρατιωτῶν

18 ἦν τάραχος οὐκ ὀλίγος ἐν τ. στρατιώταις

21 32 ἐξαυτῆς παραλαβὼν στρατιώτας κ. ἑκατοντάρχας

32 οἱ δὲ ἰδόντες τ. χιλίαρχον κ. τ. στρατιώτας

35 συνέβη βαστάζεσθαι αὐτὸν ὑπὸ τ. στρατιωτῶν

23 23 ἑτοιμάσατε στρατιώτας διακοσίους

31 οἱ μὲν οὖν στρατιῶται . . . ἀναλαβόντες τ. Παῦλον

27 31 εἶπεν ὁ Παῦλος τ. ἑκατοντάρχῃ κ. τ. στρατιώταις

32 ἀπέκοψαν οἱ στρατιῶται τὰ σχοινία τ. σκάφης

42 τ. δὲ στρατιωτῶν βουλὴ ἐγένετο

28 16 μένειν καθ' ἑαυτὸν σὺν τ. φυλάσσοντι αὐτὸν στρατιώτῃ

II Ti 2 3 συνκακοπάθησον ὡς καλὸς στρατιώτης Χριστοῦ Ἰησοῦ

ΣΤΡΑΤΟΛΟΓΕ΄Ω * 4758

II Ti 2 4 ἵνα τ. στρατολογήσαντι ἀρέσῃ

ΣΤΡΑΤΟΠΕ΄ΔΑΡΧΟΣ 4759

Ac 28 16 ὁ ἑκατόνταρχος παρέδωκεν τ. δεσμίους τ. στρατοπεδάρχῳ
—h. v., TWH non mg. R non mg.

ΣΤΡΑΤΟ΄ΠΕΔΟΝ 4760

Lu 21 20 ὅταν δὲ ἴδητε κυκλουμένην ὑπὸ στρατοπέδων Ἰερουσαλήμ

ΣΤΡΕΒΛΟ΄Ω 4761

II Pe 3 16 ἃ οἱ ἀμαθεῖς κ. ἀστήρικτοι στρεβλοῦσιν

ΣΤΡΕ΄ΦΩ 4762

Mt 5 39 στρέψον αὐτῷ κ. τ. ἄλλην

7 6 μήποτε . . . στραφέντες ῥήξωσιν ὑμᾶς

9 22 ὁ δὲ Ἰησοῦς στραφεὶς κ. ἰδὼν αὐτήν

16 23 ὁ δὲ στραφεὶς εἶπεν τ. Πέτρῳ

18 3 ἐὰν μὴ στραφῆτε κ. γένησθε ὡς τὰ παιδία

27 3 μεταμεληθεὶς ἔστρεψεν τὰ τριάκοντα ἀργύρια

Lu 7 9 στραφεὶς τ. ἀκολουθοῦντι αὐτῷ ὄχλῳ εἶπεν

44 στραφεὶς πρὸς τ. γυναῖκα τ. Σίμωνι ἔφη

9 55 στραφεὶς δὲ ἐπετίμησεν αὐτοῖς

10 22 στραφεὶς πρὸς τ. μαθητὰς εἶπεν
—h. v., WHR

23 στραφεὶς πρὸς τ. μαθητὰς κατ' ἰδίαν εἶπεν

14 25 στραφεὶς εἶπεν πρὸς αὐτούς

22 61 στραφεὶς ὁ Κύριος ἐνέβλεψεν τ. Πέτρῳ

23 28 στραφεὶς δὲ πρὸς αὐτὰς Ἰησοῦς εἶπεν

Jo 1 38 στραφεὶς δὲ ὁ Ἰησοῦς . . . λέγει αὐτοῖς

12 40 ἵνα μὴ . . . στραφῶσιν κ. ἰάσομαι αὐτούς
פֶּן . . . שָׁב וְרָפָא לוֹ, Is. vi. 10

20 14 ταῦτα εἰποῦσα ἐστράφη εἰς τὰ ὀπίσω

16 στραφεῖσα ἐκείνη λέγει αὐτῷ Ἑβραϊστί

Ac 7 39 ἐστράφησαν ἐν τ. καρδίαις αὐτῶν εἰς Αἴγυπτον

42 ἔστρεψεν δὲ ὁ Θεός

13 46 ἰδοὺ στρεφόμεθα εἰς τὰ ἔθνη

Re 11 6 ἐξουσίαν ἔχουσιν ἐπὶ τ. ὑδάτων στρέφειν αὐτὰ εἰς αἷμα

ΣΤΡΗΝΙΑ΄Ω ** 4763

Re 18 7 ὅσα ἐδόξασεν αὐτὴν κ. ἐστρηνίασεν

9 οἱ βασιλεῖς τ. γῆς οἱ μετ' αὐτῆς πορνεύσαντες κ. στρηνιάσαντες

ΣΤΡΗ͂ΝΟΣ 4764

Re 18 3 οἱ ἔμποροι τ. γῆς ἐκ τ. δυνάμεως τ. στρήνους αὐτῆς ἐπλούτησαν

ΣΤΡΟΥΘΙ΄ΟΝ 4765

Mt 10 29 οὐχὶ δύο στρουθία ἀσσαρίου πωλεῖται;

31 πολλῶν στρουθίων διαφέρετε ὑμεῖς

Lu 12 6 οὐχὶ πέντε στρουθία πωλοῦνται ἀσσαρίων δύο;

7 πολλῶν στρουθίων διαφέρετε

ΣΤΡΩ΄ΝΝΥΜΙ, ΣΤΡΩΝΝΥ΄Ω 4766

Mt 21 8 ὁ δὲ πλεῖστος ὄχλος ἔστρωσαν ἑαυτῶν τὰ ἱμάτια ἐν τῇ ὁδῷ·
ἄλλοι δὲ ἔκοπτον κλάδους . . . κ. ἐστρώννυον ἐν τῇ ὁδῷ
ἔστρωσαν, T

Mk 11 8 πολλοὶ τὰ ἱμάτια αὐτῶν ἔστρωσαν εἰς τὴν ὁδόν

14 15 αὐτὸς ὑμῖν δείξει ἀνάγαιον μέγα ἐστρωμένον ἕτοιμον

Lu 22 12 κἀκεῖνος ὑμῖν δείξει ἀνάγαιον μέγα ἐστρωμένον

Ac 9 34 ἀνάστηθι κ. στρῶσον σεαυτῷ

ΣΤΥΓΗΤΟ΄Σ * 4767

Tit 3 3 ἐν κακίᾳ κ. φθόνῳ διάγοντες στυγητοί

ΣΤΥΓΝΑ΄ΖΩ † 4768

Mt 16 3 πυρράζει γὰρ στυγνάζων ὁ οὐρανός
—h. v., [T] [[WH]] R mg.

Mk 10 22 ὁ δὲ στυγνάσας ἐπὶ τ. λόγῳ ἀπῆλθεν

ΣΤΥ΄ΛΟΣ 4769

στῦλος, Γ

Ga 2 9 Ἰάκωβος κ. Κηφᾶς κ. Ἰωάνης οἱ δοκοῦντες στῦλοι εἶναι

1 Ti 3 15 στύλος κ. ἑδραίωμα τ. πίστεως
Re 3 12 ποιήσω αὐτὸν στύλον ἐν τ. ναῷ τ. Θεοῦ μου
10 1 οἱ πόδες αὐτοῦ ὡς στύλοι πυρός

ΣΤΩΙΚΟ'Σ * 4770

Ac 17 18 τινὲς δὲ κ. τ. Ἐπικουρίων κ. Στωικῶν φιλοσόφων συνέβαλλον αὐτῷ
Στοϊκῶν, T

ΣΥ' 4771

(1) σὺ . . . ἐγώ, ἡμεῖς, αὐτοί

Mt 2 6 κ. σὺ Βηθλεὲμ γῆ Ἰούδα
וְאַתָּה בֵּית־לֶחֶם אֶפְרָתָה, Mic. v. 1
3 14 κ. σὺ ἔρχῃ πρός με;
6 6 σὺ δὲ ὅταν προσεύχῃ εἴσελθε εἰς τὸ ταμεῖόν σου
17 σὺ δὲ νηστεύων ἄλειψαί σου τ. κεφαλήν
11 3 σὺ εἶ ὁ ἐρχόμενος ἢ ἕτερον προσδοκῶμεν;
23 κ. σὺ Καφαρναοὺμ μὴ ἕως οὐρανοῦ ὑψωθήσῃ;
14 28 Κύριε εἰ σὺ εἶ κέλευσόν με ἐλθεῖν
16 16 σὺ εἶ ὁ Χριστὸς ὁ υἱὸς τ. Θεοῦ τ. ζῶντος
18 κἀγὼ δέ σοι λέγω ὅτι σὺ εἶ Πέτρος
26 25 λέγει αὐτῷ Σὺ εἶπας
39 οὐχ ὡς ἐγὼ θέλω ἀλλ' ὡς σύ
63 εἰ σὺ εἶ ὁ Χριστὸς ὁ υἱὸς τ. Θεοῦ.
64 λέγει αὐτῷ ὁ Ἰησοῦς Σὺ εἶπας
69 κ. σὺ ἦσθα μετὰ Ἰησοῦ τ. Γαλιλαίου
73 ἀληθῶς κ. σὺ ἐξ αὐτῶν εἶ
27 4 τί πρὸς ἡμᾶς; σὺ ὄψῃ
11 σὺ εἶ ὁ βασιλεὺς τ. Ἰουδαίων;
ὁ δὲ Ἰησοῦς ἔφη Σὺ λέγεις
Mk 1 11 σὺ εἶ ὁ υἱός μου ὁ ἀγαπητός
3 11 ἔκραζον λέγοντα ὅτι Σὺ εἶ ὁ υἱὸς τ. Θεοῦ
8 29 λέγει αὐτῷ Σὺ εἶ ὁ Χριστός
14 30 σὺ σήμερον ταύτῃ τ. νυκτὶ . . . τρίς με ἀπαρνήσῃ
36 οὐ τί ἐγὼ θέλω ἀλλὰ τί σύ
61 σὺ εἶ ὁ Χριστὸς ὁ υἱὸς τ. εὐλογητοῦ;
67 κ. σὺ μετὰ τ. Ναζαρηνοῦ ἦσθα τ. Ἰησοῦ
68 οὔτε οἶδα οὔτε ἐπίσταμαι σὺ τί λέγεις
15 2 σὺ εἶ ὁ βασιλεὺς τ. Ἰουδαίων;
ὁ δὲ ἀποκριθεὶς αὐτῷ λέγει Σὺ λέγεις
Lu 1 28 εὐλογημένη σὺ ἐν γυναιξίν
—h. v., TWH non mg. R non mg.
42 εὐλογημένη σὺ ἐν γυναιξίν
76 κ. σὺ δὲ παιδίον προφήτης ὑψίστου κληθήσῃ
3 22 σὺ εἶ ὁ υἱός μου ὁ ἀγαπητός
4 7 σὺ οὖν ἐὰν προσκυνήσῃς ἐνώπιον ἐμοῦ
41 κράζοντα κ. λέγοντα ὅτι Σὺ εἶ ὁ υἱὸς τ. Θεοῦ
7 19 σὺ εἶ ὁ ἐρχόμενος ἢ ἕτερον προσδοκῶμεν;
20 σὺ εἶ ὁ ἐρχόμενος ἢ ἄλλον προσδοκῶμεν;
9 60 σὺ δὲ ἀπελθὼν διάγγελλε τ. βασιλείαν τ. Θεοῦ
10 15 κ. σὺ Καφαρναοὺμ μὴ ἕως οὐρανοῦ ὑψωθήσῃ;
37 πορεύου κ. σὺ ποίει ὁμοίως
15 31 τέκνον σὺ πάντοτε μετ' ἐμοῦ εἶ
16 7 σὺ δὲ πόσον ὀφείλεις;
25 νῦν δὲ ὧδε παρακαλεῖται σὺ δὲ ὀδυνᾶσαι
17 8 μετὰ ταῦτα φάγεσαι κ. πίεσαι σύ
19 19 κ. σὺ ἐπάνω γίνου πέντε πόλεων
42 εἰ ἔγνως ἐν τ. ἡμέρᾳ ταύτῃ κ. σύ
κ. σὺ κ. γε ἐν τ. ἡμ. σου ταύτ., T

Lu 22 32 σύ ποτε ἐπιστρέψας στήρισον τ. ἀδελφούς σου
58 κ. σὺ ἐξ αὐτῶν εἶ
67 εἰ σὺ εἶ ὁ Χριστὸς εἰπὸν ἡμῖν
70 σὺ οὖν εἶ ὁ υἱὸς τ. Θεοῦ;
23 3 σὺ εἶ ὁ βασιλεὺς τ. Ἰουδαίων;
ὁ δὲ ἀποκριθεὶς αὐτῷ ἔφη Σὺ λέγεις
37 εἰ σὺ εἶ ὁ βασιλεὺς τ. Ἰουδαίων σῶσον σεαυτόν
39 οὐχὶ σὺ εἶ ὁ Χριστός;
40 οὐδὲ φοβῇ σὺ τ. Θεόν
24 18 σὺ μόνος παροικεῖς Ἱερουσαλήμ
Jo 1 19 ἵνα ἐπερώτωσιν αὐτὸν Σὺ τίς εἶ;
21 τί οὖν; σὺ Ἠλείας εἶ;
—σύ, T [WH]; τί οὖν σύ; Ἠλ. εἶ; WH mg.
21 ὁ προφήτης εἶ σύ;
25 τί οὖν βαπτίζεις εἰ σὺ οὐκ εἶ ὁ Χριστός
42 σὺ εἶ Σίμων ὁ υἱὸς Ἰωάνου·
σὺ κληθήσῃ Κηφᾶς
49 Ῥαββεὶ σὺ εἶ ὁ υἱὸς τ. Θεοῦ,
σὺ βασιλεὺς εἶ τοῦ Ἰσραήλ
2 10 σὺ τετήρηκας τ. καλὸν οἶνον ἕως ἄρτι
20 κ. σὺ ἐν τρισὶν ἡμέραις ἐγερεῖς αὐτόν;
3 2 ταῦτα τὰ σημεῖα ποιεῖν ἃ σὺ ποιεῖς
10 σὺ εἶ ὁ διδάσκαλος τοῦ Ἰσραήλ
26 ᾧ σὺ μεμαρτύρηκας ἴδε οὗτος βαπτίζει
4 9 πῶς σὺ Ἰουδαῖος ὢν παρ' ἐμοῦ πεῖν αἰτεῖς
10 σὺ ἂν ᾔτησας αὐτόν
12 μὴ σὺ μείζων εἶ τ. πατρὸς ἡμῶν Ἰακώβ
19 θεωρῶ ὅτι προφήτης εἶ σύ
6 30 τί οὖν ποιεῖς σὺ σημεῖον
69 ἡμεῖς . . . ἐγνώκαμεν ὅτι σὺ εἶ ὁ ἅγιος τ. Θεοῦ
7 52 μὴ κ. σὺ ἐκ τ. Γαλιλαίας εἶ;
8 [5 σὺ οὖν τί λέγεις;
13 σὺ περὶ σεαυτοῦ μαρτυρεῖς
25 ἔλεγον οὖν αὐτῷ Σὺ τίς εἶ;
33 πῶς σὺ λέγεις ὅτι Ἐλεύθεροι γενήσεσθε;
48 οὐ καλῶς λέγομεν ἡμεῖς ὅτι Σαμαρείτης εἶ σύ
52 Ἀβραὰμ ἀπέθανεν κ. οἱ προφῆται κ. σὺ λέγεις
53 μὴ σὺ μείζων εἶ τ. πατρὸς ἡμῶν Ἀβραάμ
9 17 τί σὺ λέγεις περὶ αὐτοῦ
σὺ τί, T
28 [1] σὺ μαθητὴς εἶ ἐκείνου
34 ἐν ἁμαρτίαις σὺ ἐγεννήθης ὅλος,
κ. σὺ διδάσκεις ἡμᾶς;
35 σὺ πιστεύεις εἰς τ. υἱὸν τ. ἀνθρώπου;
10 24 εἰ σὺ εἶ ὁ Χριστὸς εἰπὸν ἡμῖν παρρησίᾳ
33 ὅτι σὺ ἄνθρωπος ὢν ποιεῖς σεαυτὸν Θεόν
11 27 ἐγὼ πεπίστευκα ὅτι σὺ εἶ ὁ Χριστός
42 ἵνα πιστεύσωσιν ὅτι σύ με ἀπέστειλας
12 34 πῶς λέγεις σὺ ὅτι δεῖ ὑψωθῆναι
13 6 Κύριε σύ μου νίπτεις τ. πόδας;
7 [1] ὃ ἐγὼ ποιῶ σὺ οὐκ οἶδας ἄρτι
14 9 πῶς σὺ λέγεις Δεῖξον ἡμῖν τ. πατέρα;
17 5 δόξασόν με σὺ πάτερ παρὰ σεαυτῷ
8 ἐπίστευσαν ὅτι σύ με ἀπέστειλας
21 [1] καθὼς σὺ πατὴρ ἐν ἐμοὶ κἀγὼ ἐν σοί
21 ἵνα ὁ κόσμος πιστεύῃ ὅτι σύ με ἀπέστειλας
23 [1] ἐγὼ ἐν αὐτοῖς κ. σὺ ἐν ἐμοί
23 ἵνα γινώσκῃ ὁ κόσμος ὅτι σύ με ἀπέστειλας
25 οὗτοι ἔγνωσαν ὅτι σύ με ἀπέστειλας
18 17 μὴ κ. σὺ ἐκ τ. μαθητῶν εἶ τ. ἀνθρώπου τούτου;

Jo 18 25 μὴ κ. σὺ ἐκ τ. μαθητῶν αὐτοῦ εἶ;
33 σὺ εἶ ὁ βασιλεὺς τ. Ἰουδαίων;
34 ἀπὸ σεαυτοῦ σὺ τοῦτο λέγεις
37 οὐκοῦν βασιλεὺς εἶ σύ;
37 σὺ λέγεις ὅτι βασιλεύς εἰμι
19 9 λέγει τῷ Ἰησοῦ Πόθεν εἶ σύ;
20 15 Κύριε εἰ σὺ ἐβάστασας αὐτόν
21 12 οὐδεὶς ἐτόλμα τ. μαθητῶν ἐξετάσαι αὐτὸν Σὺ τίς εἶ;
15 σὺ οἶδας ὅτι φιλῶ σε
16 σὺ οἶδας ὅτι φιλῶ σε
17 Κύριε πάντα σὺ οἶδας· σὺ γινώσκεις ὅτι φιλῶ σε
22 σύ μοι ἀκολούθει
Ac 1 24 σὺ Κύριε καρδιογνῶστα πάντων
4 24 δέσποτα σὺ ὁ ποιήσας τ. οὐρανόν
7 28 μὴ ἀνελεῖν με σὺ θέλεις
הַלְהָרְגֵנִי אַתָּה אֹמֵר, Ex. ii. 14
9 5 ἐγώ εἰμι Ἰησοῦς ὃν σὺ διώκεις
10 15 ἃ ὁ Θεὸς ἐκαθάρισεν σὺ μὴ κοίνου
33 σύ τε καλῶς ἐποίησας παραγενόμενος
11 9 ἃ ὁ Θεὸς ἐκαθάρισεν σὺ μὴ κοίνου
14 ἐν οἷς σωθήσῃ σὺ κ. πᾶς ὁ οἶκός σου
13 33 υἱός μου εἶ σὺ ἐγὼ σήμερον γεγέννηκά σε
בְּנִי אַתָּה אֲנִי הַיּוֹם יְלִדְתִּיךָ, Ps. ii. 7
16 31 σωθήσῃ σὺ κ. ὁ οἶκός σου
21 38 οὐκ ἄρα σὺ εἶ ὁ Αἰγύπτιος
22 8 ἐγώ εἰμι Ἰησοῦς ὁ Ναζωραῖος ὃν σὺ διώκεις
27 λέγε μοι σὺ Ῥωμαῖος εἶ;
23 3 σὺ κάθῃ κρίνων με κατὰ τ. νόμον
21 σὺ οὖν μὴ πεισθῇς αὐτοῖς
25 10 ὡς κ. σὺ κάλλιον ἐπιγινώσκεις
26 15 ἐγώ εἰμι Ἰησοῦς ὃν σὺ διώκεις
Ro 2 3 ὅτι σὺ ἐκφεύξῃ τὸ κρίμα τ. Θεοῦ
17 εἰ δὲ σὺ Ἰουδαῖος ἐπονομάζῃ
9 20 ὦ ἄνθρωπε μενοῦνγε σὺ τίς εἶ
11 17 σὺ δὲ ἀγριέλαιος ὢν ἐνεκεντρίσθης ἐν αὐτοῖς
18 οὐ σὺ τ. ῥίζαν βαστάζεις
20 σὺ δὲ τ. πίστει ἕστηκας
22 ἐπεὶ κ. σὺ ἐκκοπήσῃ
24 εἰ γὰρ σὺ ἐκ τῆς κατὰ φύσιν ἐξεκόπης ἀγριελαίου
14 4 σὺ τίς εἶ ὁ κρίνων ἀλλότριον οἰκέτην;
10 σὺ δὲ τί κρίνεις τ. ἀδελφόν σου; ἢ κ. σὺ τί ἐξουθενεῖς τ. ἀδελφόν σου
22 σὺ πίστιν ἣν ἔχεις κατὰ σεαυτὸν ἔχε
I Co 14 17 σὺ μὲν γὰρ καλῶς εὐχαριστεῖς
15 36 σὺ ὃ σπείρεις οὐ ζωοποιεῖται ἐὰν μὴ ἀποθάνῃ
Ga 2 14 εἰ σὺ Ἰουδαῖος ὑπάρχων ἐθνικῶς . . . ζῇς
6 1 σκοπῶν σεαυτὸν μὴ κ. σὺ πειρασθῇς
I Ti 6 11 σὺ δὲ ὦ ἄνθρωπε Θεοῦ ταῦτα φεῦγε
II Ti 1 18 ὅσα ἐν Ἐφέσῳ διηκόνησεν βέλτιον σὺ γινώσκεις
2 1 σὺ οὖν τέκνον μου ἐνδυναμοῦ
3 10 σὺ δὲ παρηκολούθησάς μου τ. διδασκαλίᾳ
14 σὺ δὲ μένε ἐν οἷς ἔμαθες κ. ἐπιστώθης
4 5 σὺ δὲ νῆφε ἐν πᾶσιν
15 ὃν κ. σὺ φυλάσσου
Tit 2 1 σὺ δὲ λάλει ἃ πρέπει τ. ὑγιαινούσῃ διδασκαλίᾳ
He 1 5 υἱός μου εἶ σὺ ἐγὼ σήμερον γεγέννηκά σε, Ps. *l.c.*
10 σὺ κατ' ἀρχὰς Κύριε τ. γῆν ἐθεμελίωσας
לְפָנִים הָאָרֶץ יָסַדְתָּ, Ps. cii. 26
He 1 11 [1] αὐτοὶ ἀπολοῦνται σὺ δὲ διαμένεις
הֵמָּה יֹאבֵדוּ וְאַתָּה תַעֲמֹד, *ib.* 27
12 σὺ δὲ ὁ αὐτὸς εἶ
וְאַתָּה הוּא, *ib.* 28
5 5 υἱός μου εἶ σὺ ἐγὼ σήμερον γεγέννηκα σε, Ps. ii. 7
6 σὺ ἱερεὺς εἰς τ. αἰῶνα κατὰ τ. τάξιν Μελχισεδέκ
אַתָּה־כֹהֵן לְעוֹלָם עַל־דִּבְרָתִי מַלְכִּי־צֶדֶק, Ps. cx. 4
7 17 σὺ ἱερεὺς εἰς τ. αἰῶνα κατὰ τ. τάξιν Μελχισεδέκ, Ps. *l.c.*
21 σὺ ἱερεὺς εἰς τ. αἰῶνα, Ps. *l.c.*
Ja 2 3 σὺ κάθου ὧδε καλῶς
3 σὺ στῆθι ἢ κάθου ἐκεῖ
18 [1] σὺ πίστιν ἔχεις κἀγὼ ἔργα ἔχω
19 σὺ πιστεύεις ὅτι εἷς Θεός ἐστιν
4 12 σὺ δὲ τίς εἶ ὁ κρίνων τὸν πλησίον
III Jo 3 καθὼς σὺ ἐν ἀληθείᾳ περιπατεῖς
Re 2 15 οὕτως ἔχεις κ. σὺ κρατοῦντας τ. διδαχὴν Νικολαϊτῶν
3 17 οὐκ οἶδας ὅτι σὺ εἶ ὁ ταλαίπωρος κ. ἐλεεινός
4 11 ὅτι σὺ ἔκτισας τὰ πάντα
7 14 εἴρηκα αὐτῷ Κύριέ μου σὺ οἶδας

ΣΟΥ 4771.1

(1) gen. absol. **(2)** σοῦ αὐτῆς, ἐμοῦ κ. σοῦ, σ. κ. αὐτοῦ

Mt **1.** 20; **2.** 6; **3.** 14; **4.** 6 (*bis*), 7, 10; **5.** 23 (*ter*), 24 (*ter*), 25, 29 (*quater*), 30 (*quater*), 33, 36, 39 —T [WH], 40, 42, 43 (*bis*); **6.** 2, [1] 3, 3 (*bis*), 4 (*bis*), 6 (*quater*), 9, 10 (*bis*), 13 —h. v., TWHR non mg., 17 (*bis*), 18 (*bis*), 21 (*bis*), 22 (*bis*), 23 (*bis*); **7.** 3, 4 (*ter*), 5 (*bis*); **9.** 2, 5, 6 (*bis*), 14, 18, 22; **11.** 10 (*bis*), 26; **12.** 2, 13, 37 (*bis*), 38, 47 (*bis*) —h. v., [T] WH non mg. R mg.; **15.** 2, 28; **17.** 16, [2] 27; **18.** 8 (*ter*), 9 (*bis*), 15, [2] 15, 15 (*bis*), 16 σεαυτοῦ, T, 33; **19.** 19, 21; **20.** 15, 21 (*bis*); **21.** 5, 19; **22.** 37 (*quater*), 39, 44 (*bis*); **23.** 37; **25.** 21, 23, 25; **26.** 42, 52, 62, 73; **27.** 13.

Mk **1.** 2 (*bis*), 44; **2.** 5, 9 (*bis*), 11 (*bis*); **3.** 5 —TWH mg., 32 (*bis*), 32 —h. v., WH non mg. R; **5.** 19, 34 (*bis*), 35; **6.** 18; **7.** 5, 10 (*bis*), 29; **9.** 18, 38, 43, 45, 47; **10.** 19, 19 —WH, 37 (*bis*), 37 —WHR, 52; **11.** 14; **12.** 30 (*quinquies*), 31, 36 (*bis*); **14.** 60; **15.** 4.

Lu **1.** 13 (*bis*) 28, 35 —TWHR non mg., 36, 38, 42, 44, 61; **2.** 29 (*bis*), 30, 32, [2] 35, 48; **4.** 7, 8, 10, 11, 12, 23; **5.** 5, 14, 20, 23, 24 (*bis*); **6.** 10, 29, 41, 42 (*quinquies*); **7.** 27 (*bis*), 44, 48, 50; **8.** 20 (*bis*), 28, 39, 48, 49; **9.** 38, 40, 41, 49; **10.** 17, 21, 27 — WH mg., 27 (*quinquies*); **11.** 2 (*bis*), 2 —h. v., TWHR non mg., 34 (*quater*), 36; **12.** 20 (*bis*), 58; **13.** 12, 26, 34; **14.** 8, 12 (*ter*); **15.** 18, 19 (*bis*), 21 (*bis*), 21 —h. v., T [WH] R non mg., 27 (*bis*), 29, 30 (*bis*), 32; **16.** 2 (*bis*), 6, 7, 25 (*bis*); **17.** 3, 19; **18.** 20, 20 —WHR, 42; **19.** 5, 16, 18, 20, 22, 39, 42 (*bis*) —WHR, 42, 43, 44 (*bis*); **20.** 43 (*bis*), **22.** 32 (*ter*), 33; **23.** 42, 46.

Jo **2.** 17; **3.** 26; **4.** 16, 18, 42 σήν, TWH non mg. R 50, 53; **5.** 8, 11; **7.** 3 (*bis*): **8.** 13, 19; **9.** 10, 17,

26, 37 ; **11.** 23 ; **12.** 15, 28 ; **13.** 37, 38 ; **17.** 1, 6 (*bis*), 7, 8, 11, 12, 14, 26 ; **19.** 26, 27 ; **20.** 27 (*bis*) ; **21.** 18.
Ac **2.** 27, 28, 35 (*bis*) ; **3.** 25 ; **4.** 25, 27, 28, 28 —WH, 29 (*bis*), 30 —WH, 30 ; **5.** 3, 4, 9 ; **7.** 3 (*bis*), 32, 33 ; **8.** 20, 21, 22 (*bis*), 34, 37 —h. v., TWH non mg. R non mg. ; **9.** 13, 14 ; **10.** 4 (*bis*), 22, 31 (*bis*) ; **11.** 14 ; **12.** 8 (*bis*) ; **13.** 35 ; **14.** 10 ; **16.** 31 ; **17.** 19, 32 ; **18.** 10 ; **21.** 21, 24, 39 ; **22.** 16, 18, 20 ; **23.** 5, 21, 30, 35 (*bis*) ; **24.** 2, [1] 11, 19 ; **25.** 26 ; **26.** 2, 16 ; **27.** 24 ; **28.** 21 (*bis*), 22.
Ro **2.** 5, 25 ; **3.** 4 ; **4.** 18 ; **8.** 36 ; **10.** 6, 8 (*ter*), 9 (*bis*) ; **11.** 3 (*bis*), 21 ; **12.** 20 ; **13.** 9 ; **14.** 10 (*bis*), 15 (*bis*), 21 ; **15.** 9.
I Co **12.** 21 ; **15.** 55 (*bis*).
II Co **6.** 2.
Ga **3.** 16 ; **5.** 14.
Eph **6.** 2.
I Ti **4.** 12, 15, 16 ; **5.** 23.
II Ti **1.** 3, 4, 5 (*bis*) ; **4.** 5, 22.
Tit **2.** 15.
Phm 2, 4, 5, 6, 7 (*bis*), 13, 14, 20, 21.
He **1.** 8, 8 *αὐτοῦ*, WH non mg. R mg., 9 (*bis*), 10, 12, 13 (*bis*) ; **2.** 7 —h. v., T [WH] R mg., 12 ; **10.** 7, 9.
Ja **2.** 8, 18.
II Jo 4, 13.
III Jo 2, 3, 6.
Re **2.** 2 (*bis*), 4 (*bis*), 5, 9, 14, 19 (*bis*), 19 —T, 20, 20 —TWH non mg. R non mg. ; **3.** 1, 2, 8 (*bis*), 9, 11, 15, 18 (*bis*) ; **4.** 11 ; **5.** 9 ; **10.** 9 (*bis*) ; **11.** 17, 18 (*ter*) ; **14.** 15, 18 ; **15.** 3 (*bis*), 4 (*ter*) ; **16.** 7 ; **18.** 10, 14 (*ter*), 23 (*bis*) ; **19.** 10 (*bis*) ; **22.** 9 (*bis*).

ΣΟΙ΄ 4771.2

(1) ἐμοὶ, ἡμῖν κ. σοί

Mt **2.** 13 ; **4.** 9 ; **5.** 26, 29, 30, 40 ; **6.** 4, 6, 18, 23 ; **8.** 13, 19, [1]29 ; **11.** 21 (*bis*), 23, 24, 25 ; **12.** 47 —h. v., [T] WH non mg. R mg. ; **14.** 4 ; **15.** 28 ; **16.** 17, 18, 19, 22 (*bis*) ; **17.** 4, 25 ; **18.** 8, 9, 17, 22, 26, 29, 32 ; **19.** 27 ; **20.** 14 ; **21.** 5, 23 ; **22.** 16, 17 ; **25.** 44 ; **26.** 17, 33, 34, 35 ; **27.** 19.
Mk **1.** 11, [1]24 ; **2.** 11 ; **4.** 38 ; **5.** [1]7, 9, 19, 41 ; **6.** 18, 22, 23 ; **9.** 5, 25 ; **10.** 28, 51 ; **11.** 28 ; **12.** 14 ; **14.** 30, 31, 36.
Lu **1.** 3, 13, 14, 19, 35 ; **3.** 22 —h. v., WH mg. ; **4.** 6, [1]34 ; **5.** 20, 23, 24 ; **7.** 14, 40, 47 ; **8.** [1]28, 30, 39 ; **9.** 33, 57, 61 ; **10.** 13 (*bis*), 21, 35, 36, 40 ; **11.** 7, 35 ; **12.** 59 ; **14.** 9, 10 (*bis*), 12, 14 (*bis*) ; **15.** 29 ; **18.** 11, 22, 28, 41 ; **19.** 43, 44 (*bis*) ; **20.** 2 ; **22.** 11, 34 ; **23.** 43.
Jo **1.** 50 ; **2.** [1]4 ; **3.** 3, 5, 7, 11 ; **4.** 10 (*bis*), 26 ; **5.** 10, 12, 14 ; **6.** 30 ; **9.** 26 ; **11.** 22, 40, 41 ; **13.** 37, 38 ; **17.** 5, 6, 9, 21 ; **18.** 30, 34 ; **19.** 11 (*bis*) ; **21.** 3, 18.
Ac **3.** 6 ; **5.** 4 ; **7.** 3 ; **8.** 20, 21, 22 ; **9.** 6, 17 ; **10.** 33 ; **16.** 18 ; **18.** 10 ; **21.** 23 ; **22.** 10 (*bis*) ; **23.** 18 ; **24.** 13, 14 ; **26.** 1, 14, 16 (*bis*) ; **27.** 24.
Ro **9.** 7, 17 ; **13.** 4 ; **15.** 9.
I Co **7.** 21.
II Co **6.** 2 ; **12.** 9.
Ga **3.** 8.
Eph **5.** 14 ; **6.** 3.
I Ti **1.** 18 ; **3.** 14 ; **4.** 14 (*bis*) ; **6.** 13 —T.
II Ti **1.** 5 (*bis*), 6 ; **2.** 7.
Tit **1.** 5.
Phm 8, 11, [1]11, 12, 16, 19, 21.
He **8.** 5 ; **11.** 18.
Ja **2.** 18.
II Jo 5.
III Jo 13 (*bis*), 15.
Ju 9.
Re **2.** 5, 10, 16 ; **3.** 18 ; **4.** 1 ; **11.** 17 ; **17.** 1, 7 ; **18.** 22 (*ter*), 23 (*bis*) ; **21.** 9.

ΣΕ΄ 4771.3

(1) σὲ κ. αὐτόν

Mt **4.** 6 ; **5.** 25, 25 —TWHR mg., 29, 30, 39, 41, 42 ; **9.** 22 ; **14.** 28 ; **18.** 8, 9, 15 —TWHR mg., 33 (*bis*) ; **20.** 13 ; **25.** 21, 23, 24, 27, 37, 38, 39 (*bis*), 44 ; **26.** 18, 35, 63, 68, 73 —WH mg.
Mk **1.** 24, 37 ; **3.** 32 ; **5.** 7, 19, 31, 34 ; **9.** 17, 43 (*bis*), 45 (*bis*), 47 (*bis*) ; **10.** 21, 35, 49, 52 ; **14.** 31.
Lu **1.** 19, 35 ; **2.** 48 ; **3.** 22 —h. v., TWH non mg. R ; **4.** 10, 11, 34 ; **6.** 29, 30 ; **7.** 7, 20, 50 ; **8.** 20, 45, 48 ; **11.** 27, 36 ; **12.** 58 (*ter*) ; **13.** 31 ; **14.** [1]9, 10, 12, 18, 19 ; **16.** 27 ; **17.** 4 (*bis*), 19 ; **18.** 42 ; **19.** 21, 22, 43 (*ter*), 44 ; **22.** 64.
Jo **1.** 48 (*bis*), 51 ; **7.** 20 ; **8.** [10, [11, 57 —TWH non mg. R ; **10.** 33 ; **11.** 8, 28 ; **13.** 8 ; **16.** 30 ; **17.** 1, 3, 4, 11, 13, 25 (*bis*) ; **18.** 26, 35 ; **19.** 10 (*bis*) ; **21.** 15, 16, 17, 18, 20, 22, 23—h. v., T.
Ac **4.** 30 ; **5.** 3, 9 ; **7.** 27, 34, 35 ; **8.** 23 ; **9.** 6, 34 ; **10.** 19, 22, 33 ; **11.** 14 ; **13.** 11, 33, 47 (*bis*) ; **18.** 10 ; **21.** 37 ; **22.** 14, 19, 21 ; **23.** 3, 11, 18, 20, 30 ; **24.** 4 (*bis*), 8 —h. v., TWHR non mg., 10, 25 ; **26.** 3, 16, 17 (*bis*), 24, 29 ; **27.** 24.
Ro **2.** 4, 27 ; **3.** 4 ; **4.** 17 ; **8.** 2 *με*, WH mg. R ; **9.** 17 ; **11.** 18, 22 ; **15.** 3.
I Co **4.** 7 ; **8.** 10 [WH].
Phl. **4.** 3.
I Ti **1.** 3, 18 ; **3.** 14 [WH] ; **6.** 14.
II Ti **1.** 4, 6 ; **3.** 15 ; **4.** 21.
Tit **1.** 5 ; **3.** 8, 12, 15.
Phm 10, 18, 23.
He **1.** 5, 9 ; **2,** 12 ; **5.** 5 ; **6.** 14 (*bis*) ; **13.** 5 (*bis*).
II Jo 5, 13.
III Jo 2, 14, 15.
Re **3.** 3, 9, 10, 16 ; **10.** 11.

῾ΥΜΕΙ͂Σ 4771.4

(1) ὑμ. αὐτοί, μόνοι **(2)** ἐγώ, ἡμεῖς . . . ὑμεῖς

Mt **5** 13 ὑμεῖς ἐστὲ τὸ ἅλας τ. γῆς
14 ὑμεῖς ἐστὲ τὸ φῶς τ. κόσμου
48 ἔσεσθε οὖν ὑμεῖς τέλειοι
6 9 οὕτως οὖν προσεύχεσθε ὑμεῖς
26 οὐχ ὑμεῖς μᾶλλον διαφέρετε αὐτῶν ;
7 11 εἰ οὖν ὑμεῖς πονηροὶ ὄντες οἴδατε δόματα ἀγαθὰ διδόναι
12 οὕτως κ. ὑμεῖς ποιεῖτε αὐτοῖς
10 20 οὐ γὰρ ὑμεῖς ἐστὲ οἱ λαλοῦντες
31 πολλῶν στρουθίων διαφέρετε ὑμεῖς
13 18 ὑμεῖς οὖν ἀκούσατε τ. παραβολὴν τ σπείραντος
14 16 δότε αὐτοῖς ὑμεῖς φαγεῖν
15 3 διὰ τί κ. ὑμεῖς παραβαίνετε τ. ἐντολὴν τ Θεοῦ
5 ὑμεῖς δὲ λέγετε
16 ἀκμὴν κ. ὑμεῖς ἀσύνετοί ἐστε ;
16 15 ὑμεῖς δὲ τίνα με λέγετε εἶναι ;

Mt 19 28 [1] ὑμεῖς οἱ ἀκολουθήσαντές μοι . . . καθήσεσθε κ. ὑμεῖς ἐπὶ δώδεκα θρόνους
καθ. κ. αὐτοὶ, TWH mg.
20 4 ὑπάγετε κ. ὑμεῖς εἰς τ. ἀμπελῶνα
7 ὑπάγετε κ. ὑμεῖς εἰς τ. ἀμπελῶνα
21 13 ὑμεῖς δὲ αὐτὸν ποιεῖτε σπήλαιον λῃστῶν
32 ὑμεῖς δὲ ἰδόντες οὐδὲ μετεμελήθητε ὕστερον
23 8 ὑμεῖς δὲ μὴ κληθῆτε Ῥαββεί
8 πάντες δὲ ὑμεῖς ἀδελφοί ἐστε
14 ὑμεῖς γὰρ οὐκ εἰσέρχεσθε
28 οὕτως κ. ὑμεῖς ἔξωθεν μὲν φαίνεσθε τ. ἀνθρώποις δίκαιοι
32 κ. ὑμεῖς πληρώσατε τὸ μέτρον τ. πατέρων ὑμῶν
24 33 οὕτως κ. ὑμεῖς ὅταν ἴδητε πάντα ταῦτα γινώσκετε
44 διὰ τοῦτο κ. ὑμεῖς γίνεσθε ἕτοιμοι
26 31 πάντες ὑμεῖς σκανδαλισθήσεσθε ἐν ἐμοί
27 24 ἀθῷός εἰμι ἀπὸ τ. αἵματος τούτου ὑμεῖς ὄψεσθε
28 5 μὴ φοβεῖσθε ὑμεῖς
Mk 6 31 [1] δεῦτε ὑμεῖς αὐτοὶ κατ' ἰδίαν εἰς ἔρημον τόπον
37 δότε αὐτοῖς ὑμεῖς φαγεῖν
7 11 ὑμεῖς δὲ λέγετε
18 οὕτως κ. ὑμεῖς ἀσύνετοί ἐστε;
8 29 ὑμεῖς δὲ τίνα με λέγετε εἶναι;
11 17 ὑμεῖς δὲ πεποιήκατε αὐτὸν σπήλαιον λῃστῶν
26 εἰ δὲ ὑμεῖς οὐκ ἀφίετε
—h. v., TWHR non mg.
13 9 βλέπετε δὲ ὑμεῖς ἑαυτούς
11 οὐ γάρ ἐστε ὑμεῖς οἱ λαλοῦντες
23 ὑμεῖς δὲ βλέπετε
29 οὕτως κ. ὑμεῖς ὅταν ἴδητε ταῦτα γινόμενα
Lu 6 31 κ. ὑμεῖς ποιεῖτε αὐτοῖς ὁμοίως
—κ. ὑμ., WH non mg.
9 13 δότε αὐτοῖς φαγεῖν ὑμεῖς
ὑμ. φαγ., WH mg.
20 ὑμεῖς δὲ τίνα με λέγετε εἶναι;
44 θέσθε ὑμεῖς εἰς τὰ ὦτα ὑμῶν τ. λόγους τούτους
10 24 ἠθέλησαν ἰδεῖν ἃ ὑμεῖς βλέπετε
11 13 εἰ οὖν ὑμεῖς πονηροὶ ὑπάρχοντες οἴδατε δόματα ἀγαθὰ διδόναι
39 νῦν ὑμεῖς οἱ Φαρισαῖοι τὸ ἔξωθεν τ. ποτηρίου . . . καθαρίζετε
48 ὑμεῖς δὲ οἰκοδομεῖτε
12 24 πόσῳ μᾶλλον ὑμεῖς διαφέρετε τ. πετεινῶν;
29 κ. ὑμεῖς μὴ ζητεῖτε τί φάγητε
36 ὑμεῖς ὅμοιοι ἀνθρώποις προσδεχομένοις τ. κύριον ἑαυτῶν
40 κ. ὑμεῖς γίνεσθε ἕτοιμοι
16 15 ὑμεῖς ἐστὲ οἱ δικαιοῦντες ἑαυτούς
17 10 οὕτως κ. ὑμεῖς ὅταν ποιήσητε πάντα τὰ διαταχθέντα ὑμῖν
19 46 ὑμεῖς δὲ αὐτὸν ἐποιήσατε σπήλαιον λῃστῶν
21 31 οὕτως κ. ὑμεῖς ὅταν ἴδητε ταῦτα γινόμενα
22 26 ὑμεῖς δὲ οὐχ οὕτως
28 ὑμεῖς δέ ἐστε οἱ διαμεμενηκότες μετ' ἐμοῦ
70 ὑμεῖς λέγετε ὅτι ἐγώ εἰμι
24 48 ὑμεῖς μάρτυρες τουτων
49 ὑμεῖς δὲ καθίσατε ἐν τ. πόλει
Jo 1 26 μέσος ὑμῶν στήκει ὃν ὑμεῖς οὐκ οἴδατε
3 28 [1] αὐτοὶ ὑμεῖς μοι μαρτυρεῖτε ὅτι εἶπον
4 20 ὑμεῖς λέγετε ὅτι ἐν Ἱεροσολύμοις ἐστὶν ὁ τόπος

Jo 4 22 [2] ὑμεῖς προσκυνεῖτε ὃ οὐκ οἴδατε
32 βρῶσιν ἔχω φαγεῖν ἣν ὑμεῖς οὐκ οἴδατε
35 οὐχ ὑμεῖς λέγετε ὅτι Ἔτι τετράμηνός ἐστιν
38 θερίζειν ὃ οὐχ ὑμεῖς κεκοπιάκατε
38 ὑμεῖς εἰς τ. κόπον αὐτῶν εἰσεληλύθατε
5 20 ἵνα ὑμεῖς θαυμάζητε
33 ὑμεῖς ἀπεστάλκατε πρὸς Ἰωάνην
34 ταῦτα λέγω ἵνα ὑμεῖς σωθῆτε
35 ὑμεῖς δὲ ἠθελήσατε ἀγαλλιαθῆναι πρὸς ὥραν
38 ὃν ἀπέστειλεν ἐκεῖνος τούτῳ ὑμεῖς οὐ πιστεύετε
39 ὑμεῖς δοκεῖτε ἐν αὐταῖς ζωὴν αἰώνιον ἔχειν
44 πῶς δύνασθε ὑμεῖς πιστεῦσαι
45 Μωυσῆς εἰς ὃν ὑμεῖς ἠλπίκατε
6 67 μὴ κ. ὑμεῖς θέλετε ὑπάγειν;
7 8 ὑμεῖς ἀνάβητε εἰς τ. ἑορτήν
28 ὁ πέμψας με ὃν ὑμεῖς οὐκ οἴδατε
34 [2] ὅπου εἰμὶ ἐγὼ ὑμεῖς οὐ δύνασθε ἐλθεῖν
36 [2] ὅπου εἰμὶ ἐγὼ ὑμεῖς οὐ δύνασθε ἐλθεῖν
47 μὴ κ. ὑμεῖς πεπλάνησθε;
8 14 ὑμεῖς δὲ οὐκ οἴδατε πόθεν ἔρχομαι
15 [2] ὑμεῖς κατὰ τ. σάρκα κρίνετε
21 [2] ὅπου ἐγὼ ὑπάγω ὑμεῖς οὐ δύνασθε ἐλθεῖν
22 [2] ὅπου ἐγὼ ὑπάγω ὑμεῖς οὐ δύνασθε ἐλθεῖν
23 [2] ὑμεῖς ἐκ τῶν κάτω ἐστέ
23 [2] ὑμεῖς ἐκ τούτου τ. κόσμου ἐστέ
31 ἐὰν ὑμεῖς μείνητε ἐν τ. λόγῳ τ. ἐμῷ
38 [2] ὑμεῖς οὖν ἃ ἠκούσατε παρὰ τ. πατρός
41 ὑμεῖς ποιεῖτε τὰ ἔργα τ. πατρὸς ὑμῶν
44 ὑμεῖς ἐκ τ. πατρὸς τ. διαβόλου ἐστέ
46 διὰ τί ὑμεῖς οὐ πιστεύετέ μοι
47 διὰ τοῦτο ὑμεῖς οὐκ ἀκούετε
49 [2] ὑμεῖς ἀτιμάζετέ με
54 ὃν ὑμεῖς λέγετε ὅτι Θεὸς ὑμῶν ἐστίν
9 19 ὃν ὑμεῖς λέγετε ὅτι τυφλὸς ἐγεννήθη
27 μὴ κ. ὑμεῖς θέλετε αὐτοῦ μαθηταὶ γενέσθαι;
30 ὑμεῖς οὐκ οἴδατε πόθεν ἐστίν
10 26 ἀλλὰ ὑμεῖς οὐ πιστεύετε
36 ὃν ὁ πατὴρ ἡγίασεν . . . ὑμεῖς λέγετε
11 49 ὑμεῖς οὐκ οἴδατε οὐδέν
13 10 ὑμεῖς καθαροί ἐστε ἀλλ' οὐχὶ πάντες
13 ὑμεῖς φωνεῖτέ με Ὁ διδάσκαλος
14 [2] κ. ὑμεῖς ὀφείλετε ἀλλήλων νίπτειν τ. πόδας
15 [2] ἵνα καθὼς ἐγὼ ἐποίησα ὑμῖν κ. ὑμεῖς ποιῆτε
33 [2] ὅπου ἐγὼ ὑπάγω ὑμεῖς οὐ δύνασθε ἐλθεῖν
34 ἵνα κ. ὑμεῖς ἀγαπᾶτε ἀλλήλους
14 3 [2] ἵνα ὅπου εἰμὶ ἐγὼ κ. ὑμεῖς ἦτε
17 ὑμεῖς γινώσκετε αὐτό
19 ὑμεῖς δὲ θεωρεῖτέ με
[2] ὅτι ἐγὼ ζῶ κ. ὑμεῖς ζήσετε.
20 ἐν ἐκείνῃ τ. ἡμέρᾳ ὑμεῖς γνώσεσθε,
γνώσ. ὑμ., T
[2] ὅτι ἐγὼ ἐν τ. πατρί μου κ. ὑμεῖς ἐν ἐμοί
15 3 ἤδη ὑμεῖς καθαροί ἐστε
4 οὕτως οὐδὲ ὑμεῖς ἐὰν μὴ ἐν ἐμοὶ μένητε.
5 [2] ἐγώ εἰμι ἡ ἄμπελος ὑμεῖς τὰ κλήματα
14 ὑμεῖς φίλοι μου ἐστέ
16 [2] οὐχ ὑμεῖς με ἐξελέξασθε
16 ἵνα ὑμεῖς ὑπάγητε κ. καρπὸν φέρητε
27 κ. ὑμεῖς δὲ μαρτυρεῖτε
16 20 κλαύσετε κ. θρηνήσετε ὑμεῖς
20 ὑμεῖς λυπηθήσεσθε
22 ὑμεῖς οὖν νῦν μὲν λύπην ἔχετε
27 ὅτι ὑμεῖς ἐμὲ πεφιλήκατε

Jo 18 31 λάβετε αὐτὸν ὑμεῖς
19 6 [2] λάβετε αὐτὸν ὑμεῖς κ. σταυρώσατε
35 ἵνα κ. ὑμεῖς πιστεύητε
Ac 1 5 ὑμεῖς δὲ ἐν πνεύματι βαπτισθήσεσθε ἁγίῳ
2 15 οὐ γὰρ ὡς ὑμεῖς ὑπολαμβάνετε οὗτοι μεθύουσιν
33 ἐξέχεεν τοῦτο ὃ ὑμεῖς κ. βλέπετε κ. ἀκούετε
36 τοῦτον τ. Ἰησοῦν ὃν ὑμεῖς ἐσταυρώσατε
3 13 ὃν ὑμεῖς μὲν παρεδώκατε
14 ὑμεῖς δὲ τ. ἅγιον κ. δίκαιον ἠρνήσασθε
25 ὑμεῖς ἐστὲ οἱ υἱοὶ τ. προφητῶν
4 7 ἐν ποίᾳ δυνάμει . . . ἐποιήσατε τοῦτο ὑμεῖς;
10 Ἰησοῦ Χριστοῦ τ. Ναζωραίου ὃν ὑμεῖς ἐσταυρώσατε
5 30 ὃν ὑμεῖς διεχειρίσασθε κρεμάσαντες ἐπὶ ξύλου
7 4 τ. γῆν ταύτην εἰς ἣν ὑμεῖς νῦν κατοικεῖτε
51 ὑμεῖς ἀεὶ τ. πνεύματι τ. ἁγίῳ ἀντιπίπτετε, ὡς οἱ πατέρες ὑμῶν κ. ὑμεῖς
52 οὗ νῦν ὑμεῖς προδόται κ. φονεῖς ἐγένεσθε
8 24 δεήθητε ὑμεῖς ὑπὲρ ἐμοῦ πρὸς τ. Κύριον
10 28 ὑμεῖς ἐπίστασθε ὡς ἀθέμιτόν ἐστιν
37 ὑμεῖς οἴδατε τὸ γενόμενον ῥῆμα
11 16 ὑμεῖς δὲ βαπτισθήσεσθε ἐν πνεύματι ἁγίῳ
15 7 ὑμεῖς ἐπίστασθε ὅτι . . . ἐν ὑμῖν ἐξελέξατο ὁ Θεός
19 15 ὑμεῖς δὲ τίνες ἐστέ;
20 18 ὑμεῖς ἐπίστασθε . . . πῶς μεθ' ὑμῶν τ. πάντα χρόνον ἐγενόμην
25 οὐκέτι ὄψεσθε τὸ πρόσωπόν μου ὑμεῖς πάντες
22 3 καθὼς πάντες ὑμεῖς ἐστὲ σήμερον
23 15 νῦν οὖν ὑμεῖς ἐμφανίσατε τ. χιλιάρχῳ
27 31 ὑμεῖς σωθῆναι οὐ δύνασθε
Ro 1 6 ἐν οἷς ἐστὲ κ. ὑμεῖς κλητοὶ Ἰησοῦ Χριστοῦ
6 11 οὕτως κ. ὑμεῖς λογίζεσθε ἑαυτοὺς εἶναι νεκρούς
7 4 κ. ὑμεῖς ἐθανατώθητε τ. νόμῳ
8 9 ὑμεῖς δὲ οὐκ ἐστὲ ἐν σαρκί
9 26 οὗ ἐρρέθη αὐτοῖς Οὐ λαός μου ὑμεῖς
אַתֶּם לֹא־עַמִּי, Hos. i. 9
11 30 ὥσπερ γὰρ ὑμεῖς ποτὲ ἠπειθήσατε τ. Θεῷ
16 17 παρὰ τ. διδαχὴν ἣν ὑμεῖς ἐμάθετε
I Co 1 30 ἐξ αὐτοῦ δὲ ὑμεῖς ἐστὲ ἐν Χριστῷ Ἰησοῦ
3 17 οἵτινές ἐστε ὑμεῖς
23 πάντα ὑμῶν ὑμεῖς δὲ Χριστοῦ
4 10 [2] ἡμεῖς μωροὶ διὰ Χριστὸν ὑμεῖς δὲ φρόνιμοι ἐν Χριστῷ·
[2] ἡμεῖς ἀσθενεῖς ὑμεῖς δὲ ἰσχυροί·
[2] ὑμεῖς ἔνδοξοι ἡμεῖς δὲ ἄτιμοι
5 2 κ. ὑμεῖς πεφυσιωμένοι ἐστέ
12 οὐχὶ τοὺς ἔσω ὑμεῖς κρίνετε
6 8 ἀλλὰ ὑμεῖς ἀδικεῖτε κ. ἀποστερεῖτε
9 1 οὐ τὸ ἔργον μου ὑμεῖς ἐστὲ ἐν Κυρίῳ;
2 ἡ γὰρ σφραγίς μου τ. ἀποστολῆς ὑμεῖς ἐστὲ ἐν Κυρίῳ
10 15 κρίνατε ὑμεῖς ὅ φημι
12 27 ὑμεῖς δέ ἐστε σῶμα Χριστοῦ
14 9 οὕτως κ. ὑμεῖς διὰ τ. γλώσσης ἐὰν μὴ εὔσημον λόγον δῶτε
12 οὕτως κ. ὑμεῖς . . . ζητεῖτε ἵνα περισσεύητε
16 1 οὕτως κ. ὑμεῖς ποιήσατε
6 ἵνα ὑμεῖς με προπέμψητε
16 ἵνα κ. ὑμεῖς ὑποτάσσησθε τ. τοιούτοις

II Co 1 14 καύχημα ὑμῶν ἐσμὲν καθάπερ κ. ὑμεῖς ἡμῶν
3 2 ἡ ἐπιστολὴ ἡμῶν ὑμεῖς ἐστέ
6 13 πλατύνθητε κ. ὑμεῖς
18 ὑμεῖς ἔσεσθέ μοι εἰς υἱοὺς κ. θυγατέρας
הוּא יִהְיֶה־לִּי לְבֵן, 2 Sam. vii. 14
8 9 ἵνα ὑμεῖς τῇ ἐκείνου πτωχείᾳ πλουτήσητε
9 4 [2] καταισχυνθῶμεν ἡμεῖς ἵνα μὴ λέγωμεν ὑμεῖς
11 7 [2] ἐμαυτὸν ταπεινῶν ἵνα ὑμεῖς ὑψωθῆτε
12 11 ὑμεῖς με ἠναγκάσατε
13 7 ἀλλ' ἵνα ὑμεῖς τὸ καλὸν ποιῆτε
9 [2] ὅταν ἡμεῖς ἀσθενῶμεν ὑμεῖς δὲ δυνατοὶ ἦτε
Ga 3 28 πάντες γὰρ ὑμεῖς εἷς ἐστὲ ἐν Χριστῷ Ἰησοῦ.
29 εἰ δὲ ὑμεῖς Χριστοῦ
4 12 [2] γίνεσθε ὡς ἐγὼ ὅτι κἀγὼ ὡς ὑμεῖς
28 ὑμεῖς δὲ . . . ἐπαγγελίας τέκνα ἐστέ ἡμεῖς . . . ἐσμέν, WH non mg. R non mg.
5 13 ὑμεῖς γὰρ ἐπ' ἐλευθερίᾳ ἐκλήθητε
6 1 ὑμεῖς οἱ πνευματικοὶ καταρτίζετε τ. τοιοῦτον
Eph 1 13 ἐν ᾧ κ. ὑμεῖς ἀκούσαντες τ. λόγον τ. ἀληθείας
2 11 μνημονεύετε ὅτι ποτὲ ὑμεῖς τὰ ἔθνη ἐν σαρκί
13 ὑμεῖς οἵ ποτε ὄντες μακρὰν ἐγενήθητε ἐγγύς
22 ἐν ᾧ κ. ὑμεῖς συνοικοδομεῖσθε
4 20 ὑμεῖς δὲ οὐχ οὕτως ἐμάθετε τ. Χριστόν
5 33 πλὴν κ. ὑμεῖς οἱ καθ' ἕνα
6 21 ἵνα δὲ εἰδῆτε κ. ὑμεῖς τὰ κατ' ἐμέ
κ. ὑμ. εἰδ., TWH mg.
Phl 2 18 τὸ δὲ αὐτὸ κ. ὑμεῖς χαίρετε
4 15 οἴδατε δὲ κ. ὑμεῖς Φιλιππήσιοι
15 [1] οὐδεμία μοι ἐκκλησία ἐκοινώνησεν . . . εἰ μὴ ὑμεῖς μόνοι
Col 3 4 τότε κ. ὑμεῖς σὺν αὐτῷ φανερωθήσεσθε
7 ἐν οἷς κ. ὑμεῖς περιεπατήσατέ ποτε
8 νυνὶ δὲ ἀπόθεσθε κ. ὑμεῖς τὰ πάντα
13 καθὼς κ. ὁ Κύριος ἐχαρίσατο ὑμῖν οὕτως κ. ὑμεῖς
4 1 εἰδότες ὅτι κ. ὑμεῖς ἔχετε Κύριον ἐν οὐρανῷ
16 τὴν ἐκ Λαοδικίας ἵνα κ. ὑμεῖς ἀναγνῶτε
I Th 1 6 ὑμεῖς μιμηταὶ ἡμῶν ἐγενήθητε
2 10 ὑμεῖς μάρτυρες κ. ὁ Θεός
14 ὑμεῖς γὰρ μιμηταὶ ἐγενήθητε . . . τ. ἐκκλησιῶν τ. Θεοῦ
14 τὰ αὐτὰ ἐπάθετε κ. ὑμεῖς ἀπὸ τ. ἰδίων συμφυλετῶν
19 ἢ οὐχὶ κ. ὑμεῖς
20 ὑμεῖς γάρ ἐστε ἡ δόξα ἡμῶν κ. ἡ χαρά
3 8 ὅτι νῦν ζῶμεν ἐὰν ὑμεῖς στήκετε ἐν Κυρίῳ
4 9 [1] αὐτοὶ γὰρ ὑμεῖς θεοδίδακτοί ἐστε
5 4 ὑμεῖς δὲ ἀδελφοὶ οὐκ ἐστὲ ἐν σκότει
5 πάντες γὰρ ὑμεῖς υἱοὶ φωτός ἐστε
II Th 1 12 ὅπως ἐνδοξασθῇ . . . ἐν ὑμῖν κ. ὑμεῖς ἐν αὐτῷ
3 13 ὑμεῖς δὲ ἀδελφοὶ μὴ ἐνκακήσητε καλοποιοῦντες
Ja 2 6 ὑμεῖς δὲ ἠτιμάσατε τ. πτωχόν
5 8 μακροθυμήσατε κ. ὑμεῖς
I Pe 2 9 ὑμεῖς δὲ γένος ἐκλεκτόν, Ex. xix. 6
4 1 κ. ὑμεῖς τ. αὐτὴν ἔννοιαν ὁπλίσασθε
II Pe 3 17 ὑμεῖς οὖν ἀγαπητοὶ προγινώσκοντες φυλάσσεσθε
I Jo 1 3 ἵνα κ. ὑμεῖς κοινωνίαν ἔχητε μεθ' ἡμῶν

I Jo 2 20 ὑμεῖς χρίσμα ἔχετε ἀπὸ τ. ἁγίου
24 ὑμεῖς ὃ ἠκούσατε ἀπ' ἀρχῆς ἐν ὑμῖν μενέτω
24 κ. ὑμεῖς ἐν τ. υἱῷ κ. ἐν τ. πατρὶ μενεῖτε
27 ὑμεῖς τὸ χρίσμα ὃ ἐλάβετε ἀπ' αὐτοῦ
4 4 ὑμεῖς ἐκ τ. Θεοῦ ἐστὲ τεκνία
Ju 17 ὑμεῖς δὲ ἀγαπητοὶ μνήσθητε τ. ῥημάτων τ. προειρημένων
20 ὑμεῖς δὲ ἀγαπητοὶ ἐποικοδομοῦντες ἑαυτούς

ὙΜΩ͂Ν 4771.5

(1) seq. nom. **(2)** ὑμ. αὐτῶν, ὑμ. κ. αὐτῶν, ἐμοῦ, ἡμῶν **(3)** gen. abs.

Mt 5. 11, 12 (*bis*), 16, [1] 16, 16, [1] 20, 37, 44, 45, 47, 48; 6. 1 (*bis*), 8, 14, 15 (*bis*), 25 (*bis*), 26, 27, 32; 7. 6, 9, 11 (*bis*); 9. 4, 11, 29; 10. 9, 13 (*bis*), 14 (*bis*), 20, 29, [1] 30; 11. 29; 12. 11, 27 (*bis*); 13. [1] 16, 16 [WH]; 15. 3, 6, 7; 17. 17 (*bis*), 20, 24; 18. 14 μου, WH non mg. R mg., 19, 35; 19. 8 (*bis*); 20. [1] 26, [1] 27 ἐν ὑμῖν, TWH non mg. R, [1] 27; 21. 2, 43; 23. [1] 8, 9, [1] 9, 10, 11, [1] 11, 15, 32, 34, 38; 24. 20, 42; 25. 8; 26. 21, 29; 28. 20.
Mk 2. 8; 6. 11 (*bis*); 7. 6, 9, 13; 8. 17; 9. 19; 10. 5, [1] 43, [1] 44 ἐν ὑμῖν, WHR; 11. 2, 25 (*bis*), 26 (*bis*) —h. v., TWH R non mg.; 14. 18.
Lu 3. 14; 4. 21; 5. 4, 22; 6. 22, 23, 24, 27, 35 (*bis*), 36, 38; 8. 25; 9. 5, 41, 44, 50 (*bis*); 10. 6, 11, 16, 20; 11. 5, 11, 13, 19, [1] 19 κριταὶ ὑμ., TWH mg., 39, 46, 47, 48; 12. 7, 22 —T [WH], 25, [1] 30, 32, 33, 34 (*bis*), [1] 35; 13. 15, 35; 14. 5, 28, 33; 15. 4; 16. 15, [2] 26; 17. 7, 21; 21. 14, 16, 18, 19 (*bis*), 28 (*bis*), [1] 34 αἱ καρδίαι ὑμ., WH; 22. [3] 10, 15, 19 —h. v. [[WH]] R mg., 20 —h. v., [[WH]] R mg., 27, 53, [1] 53; 23. 14, 28; 24. 38.
Jo 1. 26; 4. 35; 5. 45 (*bis*); 6. 49, 64, 70; 7. 19, 33; 8. [7, 21, 24 (*bis*), 26, 38 —TWH non mg. R, 41, 42, 44, 46, 54 ἡμῶν, TWH mg., 55 ὑμῖν, WH, 56; 9. 19, 41; 10. 34; 13. [1] 14, 18, 21, 33; 14. [1] 1, 9, 16, [1] 27, 30; 15. 11, 16, 18 —T; 16. 4, 5, [1] 6, 20, [1] 22, 22 (*bis*), 24, 26; 18. 31; 19. 14, 15; 20. 17 (*bis*).
Ac 1. 7, 11; 2. 17 (*quater*), 22, 38 (*bis*), 39; 3. 16, 17, [1] 19, 22, 25 ἡμῶν, TWH mg., 26 [WH]; 4. 10, 11, 19; 5. 28; 6. 3; 7. 37, 51, 52; 13. 41; 14. 17; 15. 24; 17. 23; 18. 6, 14; 20. 18, [2] 30; 24. 21; 25. 26; 27. 22, [1] 34; 28. 25.
Ro 1. 8 (*bis*), 9, [2] 12; 6. [1] 12, 13 (*bis*), 14, 19 (*ter*), 22; 8. 11; 12. 1 (*bis*), 18; 14. [1] 16; 15. 14, 24 (*bis*), 28, 33; 16. 2, [1] 19, 20 (*bis*), 24 —h. v., TWH R non mg.
I Co 1. 4, 11, 12, 13, 14, 26; 2. 5; 3. 21, 22; 4. 3; 5. 2, [3] 4, 6, [2] 13; 6. 1, 15, 19, 20; 7. 5 [WH], 14, 28, [2] 35; 8. 9; 9. [1] 11, [1] 12; 11. [3] 18, [3] 20, 24; 12. 21; 14. 18, 36; 15. 14 ἡμῶν, WH non mg. R mg., 17 (*bis*), 58; 16. 2, 3, 14, [1] 17 ὑμέτερον, TWH non mg., 18, 23, 24.
II Co 1. [1] 6 (*bis*), 6, [3] 11, 14, 16 (*bis*), 23, [1] 24, 24; 2. 3, 9; 3. 1; 4. 5; 5. 11; 6. 12; 7. 4, [1] 7 (*ter*), 12, 13, 14, [1] 15; 8. 7 ἡμῶν, WH non mg. R mg., [1] 13, [1] 14, 16, 24 (*bis*); 9. 2 (*bis*), [1] 2, 3, 5, 10 (*bis*), 13, 14; 10. [1] 6, 8, 13, 14, 15, 16; 11. 3, [1] 8; 12. 11, 13, 14, 15, [1] 19; 13. [1] 9, 11, 13.
Ga 3. 2; 4. 12, 14, 15 (*bis*), 16; 6. 18.
Eph 1. 13, 16, 18 [WH]; 2. 1, 8; 3. 1, 13 (*bis*), 17; 4. 4, 23, 26, 29, 31; 5. 2 ἡμῶν, TWH mg. R non mg., 19; 6. 1, 4, 5, [1] [2] 9, 14, 22.
Phl 1. 3, 4, 5, 7, 9, [1] 19, [1] 25, 26, 27, [1] 28; 2. 17, 19, 20, [1] 25, [1] 30; 4. 5, 6, 7 (*bis*), 9, 17, 18, 19, 23.
Col 1. 3, 4, 7 ἡμῶν, WH non mg. R non mg., [1] 8, 9, 24; 2. 1, [1] 5, 5, 13; 3. 3, 4 ἡμῶν, WH non mg. R non mg., 8, 15, 16, 21; 4. 6, 8, 9, 12 (*bis*), 13, 18.
I Th 1. 2, [1] 3, 4, 8 (*bis*), 9 ἡμῶν, TWH non mg. R; 2. 6, 7, 8, 9, 11, 17 (*bis*); 3. 2, [1] 5 πίστιν ὑμ., TWH non mg., 6 (*bis*), [1] 7, 9, [1] 10, 10; 3. [1] 13; 4. 3, 4, 11; 5. 12, [1] 23, 28.
II Th 1. 3 (*ter*), 4 (*bis*), 11; 2. 13, [1] 17; 3. [1] 5, 8, 16, 18.
I Ti 6. 21.
II Ti 4. 22.
Tit 3. 15.
Phm 22, 25.
He 3. 8, 9, 12, 13, 15; 4. 1, 7; 6. 9, 10, 11; 9. 14 ἡμῶν, WH non mg. R mg.; 10. 34, 35; 12. 3, 13; 13. 7, 17 (*bis*), 24, 25.
Ja 1. [1] 3, 5, 21; 2. 2, 6 ὑμᾶς, T, 16; 3. 14; 4. 1 (*bis*), 3, 7, 9, 14, 16; 5. 1, 2 (*bis*), 3 (*bis*), 4 (*bis*), 5, 8, [1] 12.
I Pe 1. [1] 7, 9 —WH, 13, 14, 17, [1] 18, 21, 22; 2. 12 (*bis*), 21, 24 ἡμῶν, TWH non mg. R, 25; 3. 2, 7, 15, [1] 16; 4. [3] 4, 15; 5. 7 (*bis*), 8, [1] 9.
II Pe 1. 5, [1] 10, 19; 3. [1] 1, 2.
I Jo 1. 4 ἡμῶν, TWH non mg. R non mg.
II Jo 12 ἡμῶν, TWH mg.
Ju 12, [1] 20.
Re 1. 9; 2. 10, 23; 18. 20.

ὙΜΙ͂Ν 4771.6

(1) seq. verb. **(2)** ἡμῖν κ. ὑμῖν

Mt 3. 7, 9; 5. 18, 20, 22, 28, 32, 34, 39, 44; 6. 2, 5, 14, 16, 19, 20, 25, 29, 33; 7. 2, 7 (*bis*), 12; 8. 10, 11; 9. 29; 10. 15, 19, 20, 23, 27, 42; 11. 9, 11, 17, 21, 22 (*bis*) 24; 12. 6, 31, 31 —TWH non mg. R non mg., 36; 13. [1] 11, 17; 16. 11, 28; 17. 12, 20 (*bis*); 18. 3, 10, [1] 12, 13, 18, 19, 35; 19. 8, 9, 23, 24, 28; 20. 4, 26 (*bis*), 27 ὑμῶν, WH mg., 32; 21. [1] 3, 21, [1] 24, 27, [1] 28, 31, 43; 22. 31, [1] 42; 23. 3, 13 —h. v., TWHR non mg., 14, 15, 16, 23, 25, 27, 29, 36, 38, 39; 24. 2, [1] 23, 25, 26, 34, 47; 25. [2] 9, 12, 34, 40, 45; 26. 13, [1] 15, 21, 29, 64, [1] 66; 27. 17, 21; 28. 7, 20.
Mk 3. 28; 4. [1] 11, 24 (*bis*); 8. 12 —WH non mg.; 9. 1, 13, 41; 10. [1] 3, 5, 15, 29, 36, 43 (*bis*), 44 ὑμῶν, T; 11. [1] 3, 23, 24 (*bis*), 25, 29, 33; 12. 43; 13. 11, [1] 21, 23, 30, [1] 37; 14. 9, 13, [1] 15, 18, 25, [1] 64; 15. 9; 16. 7.
Lu 2. 10, 11, 12; 3. 7, 8, 13; 4. 24, 25; 5. 14 αὐτοῖς, TWH non mg. R; 6. 24, 25, [1] 27, 31, [1] 32, [1] 33, [1] 34, 38 (*bis*), 47; 7. 9, 26, 28, 32; 8. [1] 10; 9. 27, 48; 10. 8, 11, 12, 13, 14, 19, [1] 20, 24; 11. 8, 9 (*ter*), 41, 42, 43, 44, [1] 46, 47, 51, 52; 12. 4, 5 (*bis*), 8, [1] 22 λέγω ὑμ., WH non mg., 27, 31, 32, 37, 44, 51; 13. 3, 5, 24, 25, 27, 35 (*bis*); 14. 24; 15. 7, 10; 16. 9, [1] 11, [1] 12 δώσει ὑμ., TWH non mg.; 17. 6, 10, 23, 34; 18. 8, 14, 17, 29; 19. 26, 40; 20. 8; 21. 3, 13, 15 (*bis*), 32; 22. 10, [1] 12, 16, 18, 26, 29, 37, [1] 67; 24. 6, 36 — h. v., T [[WH]] R mg., 44.
Jo 1. 51; 2. 5; 3. 12 (*bis*); 4. 35; 5. 19, 24, 25, 38; 6. 26, [1] 27 δίδωσιν ὑμῖν, T, 32 (*ter*), 36, 47, 53, 63, 65; 7. 19, 22; 8. 24, 25, 34, 37, [1] 40, 51, 55 ὑμῶν, T, 58; 9. 27; 10. 1, 7, 25, 32; 11. 50, 56; 12. 24,

35 ; 13. 12, 15 (*bis*), 16, 19, 20, 21, [1]33, 34 ; 14. 2 (*bis*), 3, 10, 12, 16, 17 (*bis*), 20, 25 (*bis*), 26, 27 (*ter*), 28, 29 ; 15. 3, 4, 7 (*bis*), 11 (*bis*), 14, 15, 16, 17, 20, 26 ; 16. 1, 4 (*bis*), [1]4, 6, 7 (*bis*), [1]12, 13, 14, 15, 20, 23 (*bis*), 25 (*ter*), 26, 33 ; 18. 8, 39 (*ter*) ; 19. 4 ; 20. 19, 21, 26.
Ac 2. [1]14, [1]39 ; 3. 14, 20, [1]22, [1]26 ; 4. 10 ; 5. 9, 28, 38 ; 7. [1]37, 38 ἡμῖν, TWH mg. R ; 13. 15, 26, 34, 38, [1]38, 41, [1]46 ; 14. 15, [1]17 ; 15. 7, 28 ; 16. 17 ; 17. 3, 23 ; 20. 20, 26, 27, 35 ; 22. 25 ; 25. 5 ; 26. 8 ; 28. 28.
Ro 1. 7, 11, 12, 13, [1]15 ; 8. 9, 10, 11 (*bis*) ; 11. [1]13 ; 12. 3 ; 15. 5, 15, 32 ; 16. 1, 19.
I Co 1. 3, 4, 6, 10, 11 ; 2. 1, 2 ; 3. 1, 3, 16, 18 ; 4. [1]8, 17 ; 5. 1, 9, 11 ; 6. 2, [1]5, 5, [1]7, 19 ; 7. [1]35 ; 9. [1]2, [1]11 ; 10. 27, [1]28 ; 11. 2, 13, 18, 19 (*bis*), 22, 23, 30 ; 12. 3, [1]31 ; 14. [1]6, 25, 37 ; 15. 1 (*bis*), 2, 3, 12, [1]34, [1]51.
II Co 1. 2, 13, 19, 21 ; 2. 4 ; 4. 12, 14 ; 5. 12 (*bis*), 13 ; 6. 18 ; 7. 7, 11, 12, 14, 16 ; 8. 1, 7 ἡμῖν, TWH mg. R non mg., [1]10, 13 ; 9. 1, 14 ; 10. 1, 15 ; 11. 7, [1]9 ; 12. 12, [1]19, 20 ; 13. 3, 5.
Ga 1. 3, 8 — T [WH] R mg., 8, 11, 20 ; 3. 5 (*bis*) ; 4. 13, 15, 16, 19, 20 ; 5. 2, 21 ; 6. [1]11.
Eph 1. 2, 17 ; 2. 17 ; 3. 16 ; 4. 32 ἡμῖν, WH mg. R mg. ; 5. 3 ; 6. 12 ἡμῖν, TWH non mg. R, 21.
Phl 1. 2, 6, 25, [1]29 ; 2. 5, 13, 17, 19 ; 3. 1, [1]1, [1]15, 18.
Col 1. 2, 5, 6, 27 ; 2. 5 ; 3. 13, 16 ; 4. 7, [1]9, 16.
I Th 1. 1, 5 ; 2. 8, [1]10, 13 ; 3. 4, 7 ; 4. 2, 6, 9, [1]11, [1]15 ; 5. [1]1, 12.
II Th 1. 2, 4, 7, 12 ; 2. 5 ; 3. 6, 7, 9, 10, 11, 16.
Phm 3, 6 ἡμῖν, WH non mg. R mg., 22.
He 12. [1]5, [1]7 ; 13. 7, 17, 19, 21 ἡμῖν, TWHR non mg., 22.
Ja 3. 13 ; 4. 1, 8 ; 5. [1]3, 6, 13, 14, 19.
I Pe 1. 2, [1]12, 12, 13 ; 2. [1]7, [1]21 ; 3. 15 ; 4. 12, [1]12 (*bis*) ; 5. 1, 2, [1]12, 14.
II Pe 1. 2, [1]8, 11, 16 ; 2. 1, 13 ; 3. [1]1, 15.
I Jo 1. 2, 3, 5 ; 2. 1, 7, 8 (*bis*), 12 (*bis*), 13 (*ter*), 14 (*ter*), 21, 24 (*bis*), 25 ἡμῖν, TWHR non mg., 26, 27 ; 4. 4 ; 5. 13.
II Jo [1]12.
Ju 2, 3 (*bis*), 18.
Re 1. 4 ; 2. 13, 23, [1]24 ; 22. 16.

ὙΜΑ͂Σ 4771.7

(1) πρὸς ὑμᾶς (2) δι', καθ' ὑμᾶς
(3) ὑμ. μόνους

Mt 3. 11 (*bis*) ; 4. 19 ; 5. 11, 44, 46 ; 6. 8, 30 ; 7. 6, [1]15, 23 ; 10. [1]13 ἐφ' ὑμ., WH non mg., 14, 16, 17 (*bis*), 19, 23, 23 —h. v., TWH non mg. R, 40 ; 11. 28, 29 ; 12. 28 ; 21. 24, 31, [1]32 ; 23. [1]34, 35 ; 24. 4, 9 (*bis*) ; 25. 12 ; 26. 32 ; 28. 7, 14.
Mk 1. 8 (*bis*), 17 ; 6. 11 ; 9. [1]19, 41 ; 11. 29 ; 13. 5, 9, 11, 36 ; 14. 28, [1]49 ; 16. 7.
Lu 3. 16 (*bis*) ; 6. 9, 22 (*bis*), 26, 27, 28 (*bis*), 32, 33 ; 9. 5, [1]41 ; 10. 3, 6, 8, 9, 10, 16, 19 ; 11. 20 ; 12. 11, 12, 14, 28 ; 13. 25, 27 —WHR, 28 ; 16. 9, [1]26 ; 19. 31 ; 20. 3 ; 21. 12, 34 ; 22. 31, 35 ; 24. [1]44, 49.
Jo 3. 7 ; 4. 38 ; 5. 42 ; 6. 61, 70 ; 7. 7 ; 8. 32, 36 ; 11. [2]15 ; 12. [2]30, 35 ; 13. 34 ; 14. 3, 18, [1]18, 26 (*bis*), [1]28 ; 15. 9, 12, 15 (*bis*), 16 (*bis*), 18, 19 (*bis*), 20, 21 ; 16. 2, 2 [WH], [1]7 (*bis*), 13, 22, 27 ; 20. 21.
Ac 1. 8 ; 2. 22, [1]29 ; 3. [1]22, 26 ; 7. 43 ; 13. 32 ; 14. 15 ; 15. 24, [1]25 ; 17. 22, [2]28 ἡμᾶς, WH mg. ; 18. [2]15, [1]21 ; 19. 13, 36 ; 20. 20, 28, 29, 32 ; 22. [1]1 ; 23. 15 ; 24. [2]22 ; 27. 22, 34 ; 28. 20.
Ro 1. [1]10, 11 (*bis*), 13, [1]13 ; 2. [2]24 ; 7. 4 ; 10. 19 (*bis*) ; 11. 25, [2]28 ; 12. 1, 2, 14 ; 13. 11 ἡμᾶς, WH mg. ; 15. 7 ἡμᾶς, WH non mg. R mg., 13 (*bis*), 15, [1]22, [1]23, 24, [1]29, 30, [1]32 ; 16. 6, 16, 17, 19, 21, 22, 23 (*bis*), 25.
I Co 1. 7, 8, 10 ; 2. [1]1, [1]3 ; 3. 2 ; 4. [2]6, 14, 15, 16, 17, [1]18, [1]19, [1]21 ; 7. 5, 15 ἡμᾶς, WH mg. R non mg., 32 ; 10. 1, 13 (*bis*), 20, 27 ; 11. 2, 3, 14, 22 ; 12. 1 ; 14. 5, [1]6, 6, [3]36 ; 16. [1]5, [1]6, 7, [1]7, [1]10, [1]12, 15, 19 (*bis*), 20.
II Co 1. 8, [1]12, [1]15, [1]16, [1]18 ; 2. [1]1, 2, 3, 4, 5, 7, 8, [2]10 ; 3. [1]1 ; 4. [2]15 ; 6. 1, [1]11, 17 ; 7. [1]4, 8 (*bis*), [1]12, 15 ; 8. 6, [2]9, [1]17, 22, 23 ; 9. 4, 5, 8, 14 ; 10. 1 (*bis*), 9, 14 ; 11. 2 (*bis*), 6, [1]9, 11, 20 (*bis*) ; 12. [1]14, 14, 15, 16 (*bis*), [1]17, 17, 18, 20, [1]21 ; 13. [1]1, 3, 4 [WH], 7, 12.
Ga 1. 6, 7, 9 ; 2. [1]5 ; 3. 1 ; 4. 11 (*bis*), 17 (*bis*), [1]18, [1]20 ; 5. 2, 7, 8, 10 (*bis*), 12 ; 6. 12, 13.
Eph 1. [2]15, 18 ; 2. 1 ; 3. 2 ; 4. 1, 17, 22 ; 5. 2, 6 ; 6. 11, [1]22.
Phl 1. 7 (*bis*), 8, 10, 12, [2]24, [1]26, 27 ; 2. [1]25, 26 ; 4. 21, 22.
Col 1. 6, 12 ἡμᾶς, WH mg. R non mg., 21, 22, 25 ; 2. 1, 4, 8, 13, 13 ἡμᾶς, WH mg., 16, 18 ; 4. 6, [1]8, 10, [1]10, 12, 14.
I Th 1. 5, [2]5, 7, [1]9 ; 2. [1]1, [1]2, 9, 11, 12 (*bis*), [1]18 ; 3. 2, [1]4, 5, 6, [2]9, [1]11, 12 (*bis*) ; 4. 1 (*bis*), 3, 8, 10, 13 ; 5. 4, 12 (*bis*), 14, 18, 23, 24, 27.
II Th 1. 5, 6, 10, 11 ; 2. 1, 2, 3, [1]5, 13, 14 ; 3. [1]1, 3, 4, 6, [1]10.
He 5. 12 ; 9. [1]20 ; 13. 21, 22, 23, 24.
Ja 2. 6 ὑμῶν, WH, 6, 7 ; 4. 2, 10, 15.
I Pe 1. 4, 10, 12, 15, [2]20, 25 ; 2. 9 ; 3. 13, 15, 21 ; 4. 14 ; 5. 6, 10, 13.
II Pe 1. 12, 13, 15 ; 2. 3 ; 3. 8, [2]9 εἰς ὑμ., WHR, 11 [WH].
I Jo 2. 26, 27 (*ter*) ; 3. 7, 13.
II Jo [1]10, [1]12.
Ju 5, 24.
Re 2. 24 ; 12. [1]12.

ΣΥΓΓΕ´ΝΕΙΑ 4772

Lu 1 61 οὐδείς ἐστιν ἐκ τ. συγγενείας σου
Ac 7 3 ἔξελθε ἐκ τ. γῆς σου κ. τ. συγγενείας σου κ. ἐκ τ. συγγ. σου, TWH mg.
לֶךְ־לְךָ מֵאַרְצְךָ וּמִמּוֹלַדְתְּךָ, Gen. xii. 1
14 μετεκαλέσατο . . . πᾶσαν τ. συγγένειαν

4773 cf. ΣΥΓΓΕΝΕΥ´Σ ** † 4773.2, 4773.4

Mk 6 4 οὐκ ἔστιν προφήτης ἄτιμος εἰ μὴ . . . ἐν τ. συγγενεῦσιν αὐτοῦ
Lu 2 44 ἀνεζήτουν αὐτὸν ἐν τ. συγγενεῦσιν
συγγενέσιν, T

4773.2 ΣΥΓΓΕΝΗ´Σ cf. 4773

Lu 1 58 ἤκουσαν οἱ περίοικοι κ. οἱ συγγενεῖς αὐτῆς
2 44 ἀνεζήτουν αὐτὸν ἐν τ. συγγενέσιν
συγγενεῦσιν, WH
14 12 μὴ φώνει . . . τ. συγγενεῖς σου
21 16 παραδοθήσεσθε δὲ κ. ὑπὸ γονέων κ. ἀδελφῶν κ. συγγενῶν

Jo 18 26 συγγενὴς ὢν οὗ ἀπέκοψεν Πέτρος τὸ ὠτίον
Ac 10 24 συνκαλεσάμενος τ. συγγενεῖς αὐτοῦ
Ro 9 3 τ. ἀδελφῶν μου τ. συγγενῶν μου κατὰ σάρκα
16 7 ἀσπάσασθε Ἀνδρόνικον κ. Ἰουνίαν τ. συγγενεῖς μου
11 ἀσπάσασθε Ἡρῳδίωνα τ. συγγενῆ μου
21 ἀσπάζεται ὑμᾶς . . . Λούκιος κ. Ἰάσων κ. Σωσίπατρος οἱ συγγενεῖς μου

4773.4 **ΣΥΓΓΕΝΙ'Σ** * † cf. 4773

Lu 1 36 ἰδοὺ Ἐλεισάβετ ἡ συγγενίς σου

ΣΥΓΓΝΩ'ΜΗ *Vide* **ΣΥΝΓΝΩ'ΜΗ**, 4885.8

ΣΥΓΚ *Vide passim* **ΣΥΝΚ.** +4775ff

ΣΥΓΚΥΡΙ'Α ** 4795

Lu 10 31 κατὰ συγκυρίαν δὲ ἱερεύς τις κατέβαινεν

ΣΥΓΧ *Vide passim* **ΣΥΝΧ.** ++4796ff

ΣΥ'ΓΧΥΣΙΣ 4799

Ac 19 29 ἐπλήσθη ἡ πόλις τ. συγχύσεως

ΣΥΖ *Vide* **ΣΥΝΖ.** +++4800ff

ΣΥΚΑ'ΜΙΝΟΣ 4807

Lu 17 6 ἐλέγετε ἂν τῇ συκαμίνῳ ταύτῃ

ΣΥΚΗ͂ 4808

Mt 21 19 ἰδὼν συκῆν μίαν ἐπὶ τῆς ὁδοῦ
19 ἐξηράνθη παραχρῆμα ἡ συκῆ
20 πῶς παραχρῆμα ἐξηράνθη ἡ συκῆ;
21 οὐ μόνον τὸ τ. συκῆς ποιήσετε
24 32 ἀπὸ δὲ τ. συκῆς μάθετε τ. παραβολήν
Mk 11 13 ἰδὼν συκῆν ἀπὸ μακρόθεν ἔχουσαν φύλλα
20 εἶδον τ. συκῆν ἐξηραμμένην ἐκ ῥιζῶν
21 ἴδε ἡ συκῆ ἣν κατηράσω ἐξήρανται
13 28 ἀπὸ δὲ τ. συκῆς μάθετε τ. παραβολήν
Lu 13 6 συκῆν εἶχέν τις πεφυτευμένην ἐν τ. ἀμπελῶνι αὐτοῦ
7 τρία ἔτη ἀφ' οὗ ἔρχομαι ζητῶν καρπὸν ἐν τ. συκῇ ταύτῃ
21 29 ἴδετε τ. συκῆν κ. πάντα τὰ δένδρα
Jo 1 48 ὄντα ὑπὸ τ. συκῆν εἶδόν σε
50 ὅτι εἶπόν σοι ὅτι Εἶδόν σε ὑποκάτω τ. συκῆς πιστεύεις;
Ja 3 12 μὴ δύναται . . . συκῆ ἐλαίας ποιῆσαι
Re 6 13 ὡς συκῆ βάλλει τ. ὀλύνθους αὐτῆς

ΣΥΚΟΜΟΡΕ'Α * † 4809

Lu 19 4 ἀνέβη ἐπὶ συκομορέαν ἵνα ἴδῃ αὐτόν

ΣΥ'ΚΟΝ 4810

Mt 7 16 μήτι συλλέγουσιν . . . ἀπὸ τριβόλων σῦκα;
Mk 11 13 ὁ γὰρ καιρὸς οὐκ ἦν σύκων
Lu 6 44 οὐ γὰρ ἐξ ἀκανθῶν συλλέγουσιν σῦκα
Ja 3 12 μὴ δύναται . . . συκῆ ἐλαίας ποιῆσαι ἢ ἄμπελος σῦκα

ΣΥΚΟΦΑΝΤΕ'Ω 4811

Lu 3 14 μηδένα διασείσητε μηδὲ συκοφαντήσητε
19 8 εἴ τινός τι ἐσυκοφάντησα ἀποδίδωμι τετραπλοῦν

ΣΥΛΑΓΩΓΕ'Ω * † 4812

Col 2 8 βλέπετε μή τις ὑμᾶς ἔσται ὁ συλαγωγῶν

ΣΥΛΑ'Ω ** 4813

II Co 11 8 ἄλλας ἐκκλησίας ἐσύλησα

ΣΥΛΛ *Vide passim* **ΣΥΝΛ.**, 4921.2 (p.924)

ΣΥΛΛΑΜΒΑ'ΝΩ 4815

(1) συνλαμβάνω

Mt 26 55 ὡς ἐπὶ λῃστὴν ἐξήλθατε . . . συλλαβεῖν με;
Mk 14 48 ὡς ἐπὶ λῃστὴν ἐξήλθατε . . . συλλαβεῖν με;
Lu 1 24 συνέλαβεν Ἐλεισάβετ ἡ γυνὴ αὐτοῦ
31 ἰδοὺ συλλήμψῃ ἐν γαστρί
36 κ. αὐτὴ συνείληφεν υἱὸν ἐν γήρει αὐτῆς συνειληφυῖα, T
2 21 πρὸ τοῦ συλλημφθῆναι αὐτὸν ἐν τ. κοιλίᾳ
5 7 κατένευσαν τ. μετόχοις . . . τοῦ ἐλθόντας συλλαβέσθαι αὐτοῖς
9 ἐπὶ τῇ ἄγρᾳ τ. ἰχθύων ὧν συνέλαβον
22 54 συλλαβόντες δὲ αὐτὸν ἤγαγον
Jo 18 12 ἡ οὖν σπεῖρα κ. ὁ χιλίαρχος . . . συνέλαβον τ. Ἰησοῦν
Ac 1 16 Ἰούδα τ. γενομένου ὁδηγοῦ τ. συλλαβοῦσιν Ἰησοῦν
12 3 προσέθετο συλλαβεῖν κ. Πέτρον
23 27 τ. ἄνδρα τοῦτον συλλημφθέντα ὑπὸ τ. Ἰουδαίων
26 21 ἕνεκα τούτων με Ἰουδαῖοι συλλαβόμενοι ἐν τ. ἱερῷ
Phl 4 3 [1] ἐρωτῶ κ. σε . . . συνλαμβάνου αὐταῖς
Ja 1 15 ἡ ἐπιθυμία συλλαβοῦσα τίκτει ἁμαρτίαν

ΣΥΛΛΕ'ΓΩ 4816

Mt 7 16 μήτι συλλέγουσιν ἀπὸ ἀκανθῶν σταφυλάς
13 28 θέλεις οὖν ἀπελθόντες συλλέξωμεν αὐτά;
29 μήποτε συλλέγοντες τὰ ζιζάνια ἐκριζώσητε
30 συλλέξατε πρῶτον τὰ ζιζάνια
40 ὥσπερ οὖν συλλέγεται τὰ ζιζάνια
41 συλλέξουσιν ἐκ τ. βασιλείας αὐτοῦ πάντα τὰ σκάνδαλα
48 καθίσαντες συνέλεξαν τὰ καλὰ εἰς ἄγγη
Lu 6 44 οὐ γὰρ ἐξ ἀκανθῶν συλλέγουσιν σῦκα

ΣΥΛΛΟΓΙ'ΖΟΜΑΙ 4817

Lu 20 5 οἱ δὲ συνελογίσαντο πρὸς ἑαυτοὺς λέγοντες

ΣΥΜΒ *Vide passim* **ΣΥΝΒ.**, 4921.4 (p.924)

ΣΥΜΒΑΙ'ΝΩ 4819

Mk 10 32 ἤρξατο αὐτοῖς λέγειν τὰ μέλλοντα αὐτῷ συμβαίνειν
Lu 24 14 ὡμίλουν πρὸς ἀλλήλους περὶ πάντων τ συμβεβηκότων τούτων
Ac 3 10 ἐπλήσθησαν . . . ἐκστάσεως ἐπὶ τ. συμβεβηκότι αὐτῷ
20 19 μετὰ . . . πειρασμῶν τ. συμβάντων μοι ἐν τ. ἐπιβουλαῖς τ. Ἰουδαίων
21 35 συνέβη βαστάζεσθαι αὐτὸν ὑπὸ τ. στρατιωτῶν
I Co 10 11 ταῦτα δὲ τυπικῶς συνέβαινεν ἐκείνοις
I Pe 4 12 ὡς ξένου ὑμῖν συμβαίνοντος
II Pe 2 22 συμβέβηκεν αὐτοῖς τὸ τ. ἀληθοῦς παροιμίας

+ Numbers 4775 through 4794 are found on pages 923 and 924.
++ Numbers 4796 through 4798 are found on page 926.
+++ Numbers 4800 through 4806 are found on page 922.

ΣΥΜΒΟΥΛΕΥ'Ω 4823

Mt 26 4 συνεβουλεύσαντο ἵνα τ. Ἰησοῦν δόλῳ κρατήσωσιν
Jo 18 14 ἦν δὲ Καιάφας ὁ συμβουλεύσας τ. Ἰουδαίοις
Ac 9 23 συνεβουλεύσαντο οἱ Ἰουδαῖοι ἀνελεῖν αὐτόν
Re 3 18 συμβουλεύω σοι ἀγοράσαι παρ' ἐμοῦ χρυσίον

ΣΥΜΒΟΥ'ΛΙΟΝ ** † 4824

Mt 12 14 οἱ Φαρισαῖοι συμβούλιον ἔλαβον κατ' αὐτοῦ
22 15 πορευθέντες οἱ Φαρισαῖοι συμβούλιον ἔλαβον
27 1 συμβούλιον ἔλαβον πάντες οἱ ἀρχιερεῖς
7 συμβούλιον δὲ λαβόντες ἠγόρασαν ἐξ αὐτῶν
28 12 συναχθέντες μετὰ τ. πρεσβυτέρων συμβούλιόν τε λαβόντες
Mk 3 6 οἱ Φαρισαῖοι . . . συμβούλιον ἐδίδουν κατ' αὐτοῦ
συμβ. ἐποίησαν, TWH mg. R
15 1 συμβούλιον ποιήσαντες οἱ ἀρχιερεῖς
συμβ. ἑτοιμάσαντες, TWH mg.
Ac 25 12 τότε ὁ Φῆστος συνλαλήσας μετὰ τ. συμβουλίου

ΣΥ'ΜΒΟΥΛΟΣ 4825

Ro 11 34 ἢ τίς σύμβουλος αὐτοῦ ἐγένετο
וְאִישׁ עֲצָתוֹ יוֹדִיעֶנּוּ, Is. xl. 13

ΣΥΜΕΩ'Ν 4826

Lu 2 25 ἄνθρωπος ἦν ἐν Ἱερουσαλὴμ ᾧ ὄνομα Συμεών
34 εὐλόγησεν αὐτοὺς Συμεών
3 30 τοῦ Λευεὶ τοῦ Συμεὼν τοῦ Ἰούδα
Ac 13 1 ὅ τε Βαρνάβας κ. Συμεὼν ὁ καλούμενος Νίγερ
15 14 Συμεὼν ἐξηγήσατο
II Pe 1 1 Συμεὼν Πέτρος δοῦλος κ. ἀπόστολος Ἰησοῦ Χριστοῦ
Σίμων, WH non mg. R non mg.
Re 7 7 ἐκ φυλῆς Συμεὼν δώδεκα χιλιάδες

ΣΥΜΜ *Vide passim* **ΣΥΝΜ.** +4827ff

ΣΥΜΜΟΡΦΙ'ΖΟΜΑΙ * † 4832

Phl 3 10 συμμορφιζόμενος τ. θανάτῳ αὐτοῦ
συνμορφιζόμενος, T

ΣΥ'ΜΜΟΡΦΟΣ * 4833

Ro 8 29 προώρισεν συμμόρφους τῆς εἰκόνος τ. υἱοῦ αὐτοῦ
Phl 3 21 μετασχηματίσει τὸ σῶμα τ. ταπεινώσεως ἡμῶν σύμμορφον τ. σώματι τ. δόξης αὐτοῦ
σύνμορφον, T

ΣΥΜΠ *Vide passim* **ΣΥΝΠ.** ++4834ff

ΣΥΜΠΑΘΗ'Σ 4835

I Pe 3 8 πάντες ὁμόφρονες συμπαθεῖς φιλάδελφοι

ΣΥΜΠΟ'ΣΙΟΝ 4849

Mk 6 39 ἐπέταξεν αὐτοῖς ἀνακλιθῆναι πάντας συμπόσια συμπόσια

ΣΥΜΦ *Vide passim* **ΣΥΝΦ**, 4850 (p.925)

4851 **ΣΥΜΦΕ'ΡΩ** cf. 4851.5

Mt 5 29 συμφέρει γάρ σοι ἵνα ἀπόληται ἓν τ. μελῶν σου
5 30 συμφέρει γάρ σοι ἵνα ἀπόληται ἓν τ. μελῶν σου
18 6 συμφέρει αὐτῷ ἵνα κρεμασθῇ μύλος ὀνικὸς
19 10 οὐ συμφέρει γαμῆσαι
Jo 11 50 συμφέρει ὑμῖν ἵνα εἷς ἄνθρωπος ἀποθάνῃ
16 7 συμφέρει ὑμῖν ἵνα ἐγὼ ἀπέλθω
18 14 συμφέρει ἕνα ἄνθρωπον ἀποθανεῖν ὑπὲρ τ. λαοῦ
Ac 19 19 συνενέγκαντες τὰς βίβλους κατέκαιον
20 20 ὡς οὐδὲν ὑπεστειλάμην τ. συμφερόντων
I Co 6 12 πάντα μοι ἔξεστιν ἀλλ' οὐ πάντα συμφέρει
10 23 πάντα ἔξεστιν ἀλλ' οὐ πάντα συμφέρει
12 7 δίδοται ἡ φανέρωσις τ. πνεύματος πρὸς τὸ συμφέρον
II Co 8 10 τοῦτο γὰρ ὑμῖν συμφέρει
12 1 καυχᾶσθαι δεῖ οὐ συμφέρον μέν
He 12 10 ὁ δὲ ἐπὶ τὸ συμφέρον

4851.5 **ΣΥ'ΜΦΟΡΟΣ** ** cf. 4851

I Co 7 35 τοῦτο δὲ πρὸς τὸ ὑμῶν αὐτῶν σύμφορον λέγω
10 33 μὴ ζητῶν τὸ ἐμαυτοῦ σύμφορον

ΣΥΜΦΥΛΕ'ΤΗΣ * † 4853

I Th 2 14 τὰ αὐτὰ ἐπάθετε κ. ὑμεῖς ὑπὸ τ. ἰδίων συμφυλετῶν

ΣΥ'ΜΦΥΤΟΣ 4854

Ro 6 5 εἰ γὰρ σύμφυτοι γεγόναμεν τ. ὁμοιώματι τ. θανάτου αὐτοῦ

ΣΥΜΦΩΝΕ'Ω 4856

Mt 18 19 ἐὰν δύο συμφωνήσωσιν ἐξ ὑμῶν ἐπὶ τ. γῆς
συμφωνήσουσιν, T
20 2 συμφωνήσας δὲ μετὰ τ. ἐργατῶν ἐκ δηναρίου τ. ἡμέραν
13 οὐχὶ δηναρίου συνεφώνησάς μοι;
Lu 5 36 τ. παλαιῷ οὐ συμφωνήσει τὸ ἐπίβλημα τὸ ἀπὸ τ. καινοῦ
Ac 5 9 τί ὅτι συνεφωνήθη ὑμῖν πειράσαι τὸ πνεῦμα Κυρίου;
15 15 τούτῳ συμφωνοῦσιν οἱ λόγοι τ. προφητῶν

ΣΥΜΦΩ'ΝΗΣΙΣ * † 4857

II Co 6 15 τίς δὲ συμφώνησις Χριστοῦ πρὸς Βελίαρ

ΣΥΜΦΩΝΙ'Α 4858

Lu 15 25 ἤκουσεν συμφωνίας κ. χορῶν

ΣΥ'ΜΦΩΝΟΣ 4859

I Co 7 5 εἰ μήτι ἂν ἐκ συμφώνου πρὸς καιρόν

ΣΥΜΨΗΦΙ'ΖΩ 4860

Ac 19 19 συνεψήφισαν τ. τιμὰς αὐτῶν

ΣΥ'ΜΨΥΧΟΣ *Vide* **ΣΥ'ΝΨΥΧΟΣ**, 4797.8

ΣΥ'Ν (See Supplement, p. 1109) 4862

(1) οἱ σύν (2) ἅμα σύν

Mt 25. 27; 26. 35; 27. 38, 44.
Mk 2. [1]26; 4. 10; 8. 34; 9. 4; 15. 27, 32.
Lu 1. 56; 2. 5, 13; 5. [1]9, 19; 7. 6, 12; 8. 1, 38, 45 —h. v., WHR mg., 51; 9. [1]32; 19. 23; 20. 1; 22. 14, 56; 23. 11, 32; 24. 10, 21, [1]24, 29, [1]33, 44.

+ Numbers 4827 through 4831, see p. 924.
++ Numbers 4834, 4836-4848, 4850, see pp. 924, 925.

Jo 12. 2 ; 18. 1 ; 21. 3.
Ac 1. 14, 14 —T, 22 ; 2. 14 ; 3. 4, 8 ; 4. 13, 14, 27 ; 5. 1, [1]17, [1]21, 26 ; 7. 35 ; 8. 20, 31 ; 10. 2, 20, 23 ; 11. 12 ; 13. 7 ; 14. 4 (*bis*), 5, 13, 20, 28 ; 15. 22 (*bis*), 25 ; 16. 3, 32 ; 17. 34 ; 18. 8, 18, 27 —h. v., TWH non mg. R ; 19. [1]38 ; 20. 36 ; 21. 5, 16, 18, 24, 26, 29 ; 22. [1]9 ; 23. 15, 27, 32 ; 24. 24 ; 25. 23 ; 26. [1]13 ; 27. 2 ; 28. 16.
Ro 6. 8 ; 8. 32 ; 16. [1]14, [1]15.
I Co 1. 2 ; 5. 4 ; 10. 13 ; 11. 32 ; 15. 10 ; 16. 4, 19.
II Co 1. 1, 21 ; 4. 14 (*bis*) ; 8. 19 ἐν, WHR ; 9. 4 ; 13. 4 ἐν, TWH non mg. R non mg., 4
Ga 1. [1]2 ; 2. [1]3 ; 3. [1]9 ; 5. 24.
Eph 3. 18 ; 4. 31.
Phl 1. 1, 23 ; 2. 22 ; 4. [1]21.
Col 2. 5, 13, 20 ; 3. 3, 4, 9 ; 4. 9.
I Th 4. 14, [2]17, 17 ; 5. [2]10.
Ja 1. 11.
II Pe 1. 18.

ΣΥΝΑ΄ΓΩ 4863

Mt 2 4 συναγαγὼν πάντας τ. ἀρχιερεῖς . . . ἐπυνθάνετο
3 12 συνάξει τ. σῖτον αὐτοῦ εἰς τ. ἀποθήκην
6 26 οὐδὲ συνάγουσιν εἰς ἀποθήκας
12 30 ὁ μὴ συνάγων μετ' ἐμοῦ σκορπίζει
13 2 συνήχθησαν πρὸς αὐτὸν ὄχλοι πολλοί
30 τ. δὲ σῖτον συνάγετε εἰς τ. ἀποθήκην μου
συναγάγετε, TWH marg.
47 σαγήνῃ . . . ἐκ παντὸς γένους συναγαγούσῃ
18 20 οὗ γάρ εἰσιν δύο ἢ τρεῖς συνηγμένοι εἰς τὸ ἐμὸν ὄνομα
22 10 συνήγαγον πάντας οὓς εὗρον
34 οἱ δὲ Φαρισαῖοι . . . συνήχθησαν ἐπὶ τὸ αὐτό
41 συνηγμένων δὲ τ. Φαρισαίων
24 28 ἐκεῖ συναχθήσονται οἱ ἀετοί
25 24 συνάγων ὅθεν οὐ διεσκόρπισας
26 ᾔδεις ὅτι . . . συνάγω ὅθεν οὐ διεσκόρπισα
32 συναχθήσονται ἔμπροσθεν αὐτοῦ πάντα τὰ ἔθνη
35 ξένος ἤμην κ. συνηγάγετέ με
38 πότε δέ σε εἴδαμεν ξένον κ. συνηγάγομεν;
43 ξένος ἤμην κ. οὐ συνηγάγετέ με
26 3 τότε συνήχθησαν οἱ ἀρχιερεῖς . . . εἰς τ. αὐλὴν τ. ἀρχιερέως
57 ὅπου οἱ γραμματεῖς κ. οἱ πρεσβύτεροι συνήχθησαν
27 17 συνηγμένων οὖν αὐτῶν εἶπεν αὐτοῖς
27 συνήγαγον ἐπ' αὐτὸν ὅλην τ. σπεῖραν
62 συνήχθησαν οἱ ἀρχιερεῖς κ. οἱ Φαρισαῖοι πρὸς Πειλᾶτον
28 12 συναχθέντες μετὰ τ. πρεσβυτέρων
Mk 2 2 συνήχθησαν πολλοὶ ὥστε μηκέτι χωρεῖν
4 1 συνάγεται πρὸς αὐτὸν ὄχλος πλεῖστος
5 21 συνήχθη ὄχλος πολὺς ἐπ' αὐτόν
6 30 συνάγονται οἱ ἀπόστολοι πρὸς τ. Ἰησοῦν
7 1 συνάγονται πρὸς αὐτὸν οἱ Φαρισαῖοι
Lu 3 17 συναγαγεῖν τ. σῖτον εἰς τ. ἀποθήκην αὐτοῦ
11 23 ὁ μὴ συνάγων μετ' ἐμοῦ σκορπίζει
12 17 οὐκ ἔχω ποῦ συνάξω τ. καρπούς μου
18 συνάξω ἐκεῖ πάντα τ. σῖτον
15 13 μετ' οὐ πολλὰς ἡμέρας συναγαγὼν πάντα ὁ νεώτερος υἱός
22 66 συνήχθη τὸ πρεσβυτέριον τ. λαοῦ
Jo 4 36 ὁ θερίζων . . . συνάγει καρπὸν εἰς ζωὴν αἰώνιον
6 12 συναγάγετε τὰ περισσεύσαντα κλάσματα
13 συνήγαγον οὖν κ. ἐγέμισαν δώδεκα κοφίνους
11 47 συνήγαγον οὖν οἱ ἀρχιερεῖς . . . συνέδριον
52 ἵνα κ. τὰ τέκνα τ. Θεοῦ τὰ διεσκορπισμένα συναγάγῃ εἰς ἕν
15 6 συνάγουσιν αὐτὰ κ. εἰς τὸ πῦρ βάλλουσιν
18 2 πολλάκις συνήχθη Ἰησοῦς ἐκεῖ
Ac 4 5 ἐγένετο δὲ ἐπὶ τὴν αὔριον συναχθῆναι αὐτῶν τ. ἄρχοντας
26 οἱ ἄρχοντες συνήχθησαν ἐπὶ τὸ αὐτὸ κατὰ τ. Κυρίου
רוֹזְנִים נוֹסְדוּ־יָחַד עַל־יְהוָה, Ps. ii. 2
27 συνήχθησαν γὰρ ἐπ' ἀληθείας . . . ἐπὶ τ. ἅγιον παῖδά σου Ἰησοῦν
31 ἐσαλεύθη ὁ τόπος ἐν ᾧ ἦσαν συνηγμένοι
11 26 ἐγένετο δὲ αὐτοῖς κ. ἐνιαυτὸν ὅλον συναχθῆναι ἐν τ. ἐκκλησίᾳ
13 44 σχεδὸν πᾶσα ἡ πόλις συνήχθη ἀκοῦσαι τ. λόγον τ. Θεοῦ
14 27 συναγαγόντες τ. ἐκκλησίαν ἀνήγγελλον
15 6 συνήχθησάν τε οἱ ἀπόστολοι . . . ἰδεῖν περὶ τ. λόγου τούτου
30 συναγαγόντες τὸ πλῆθος ἐπέδωκαν τ. ἐπιστολήν
20 7 συνηγμένων ἡμῶν κλάσαι ἄρτον
8 ἐν τ. ὑπερῴῳ οὗ ἦμεν συνηγμένοι
I Co 5 4 συναχθέντων ὑμῶν κ. τ. ἐμοῦ πνεύματος
Re 13 10 εἴ τις εἰς αἰχμαλωσίαν συνάγει
—συνάγει, TWHR non mg.
16 14 συναγαγεῖν αὐτοὺς εἰς τ. πόλεμον τ. ἡμέρας τ. μεγάλης
16 συνήγαγεν αὐτοὺς εἰς τ. τόπον τ. καλούμενον Ἑβραϊστὶ Ἂρ Μαγεδών
19 17 συνάχθητε εἰς τὸ δεῖπνον τὸ μέγα τ. Θεοῦ
19 εἶδον . . . τὰ στρατεύματα αὐτῶν συνηγμένα ποιῆσαι τ. πόλεμον
20 8 συναγαγεῖν αὐτοὺς εἰς τ. πόλεμον

ΣΥΝΑΓΩΓΗ΄ 4864

(1) seq. nom. propr. (2) de Christ.

Mt 4 23 διδάσκων ἐν τ. συναγωγαῖς αὐτῶν
6 2 ὥσπερ οἱ ὑποκριταὶ ποιοῦσιν ἐν τ. συναγωγαῖς
5 φιλοῦσιν ἐν τ. συναγωγαῖς . . . ἑστῶτες προσεύχεσθαι
9 35 διδάσκων ἐν τ. συναγωγαῖς αὐτῶν
10 17 ἐν τ. συναγωγαῖς αὐτῶν μαστιγώσουσιν ὑμᾶς
12 9 ἦλθεν εἰς τ. συναγωγὴν αὐτῶν
13 54 ἐδίδασκεν αὐτοὺς ἐν τ. συναγωγῇ αὐτῶν
23 6 φιλοῦσιν δὲ . . . τ. πρωτοκαθεδρίας ἐν τ. συναγωγαῖς
34 ἐξ αὐτῶν μαστιγώσετε ἐν τ. συναγωγαῖς ὑμῶν
Mk 1 21 τ. σάββασιν εἰσελθὼν εἰς τ. συναγωγὴν ἐδίδασκεν
τ. σάββ. ἐδίδ. εἰς τ. συναγ., TWH mg.
23 ἦν ἐν τ. συναγωγῇ αὐτῶν ἄνθρωπος ἐν πνεύματι ἀκαθάρτῳ
29 εὐθὺς ἐκ τ. συναγωγῆς ἐξελθόντες
39 ἦλθεν κηρύσσων εἰς τ. συναγωγὰς αὐτῶν
8 1 εἰσῆλθεν πάλιν εἰς συναγωγήν

Mk 6 2 ἤρξατο διδάσκειν ἐν τ. συναγωγῇ
12 39 τ. γραμματέων τ. θελόντων . . . πρωτοκαθεδρίας ἐν τ. συναγωγαῖς
13 9 εἰς συναγωγὰς δαρήσεσθε
Lu 4 15 αὐτὸς ἐδίδασκεν ἐν τ. συναγωγαῖς αὐτῶν
16 εἰσῆλθεν κατὰ τὸ εἰωθὸς αὐτῷ . . . εἰς τ. συναγωγήν
20 πάντων οἱ ὀφθαλμοὶ ἐν τ. συναγωγῇ ἦσαν ἀτενίζοντες
28 ἐπλήσθησαν πάντες θυμοῦ ἐν τ. συναγωγῇ
33 ἐν τ. συναγωγῇ ἦν ἄνθρωπος ἔχων πνεῦμα δαιμονίου ἀκαθάρτου
38 ἀναστὰς δὲ ἀπὸ τ. συναγωγῆς
44 [1] ἦν κηρύσσων εἰς τ. συναγωγὰς τ. Ἰουδαίας τ. Γαλιλαίας, TWH mg. R non mg.
6 6 ἐγένετο δὲ . . . εἰσελθεῖν αὐτὸν εἰς τ. συναγωγήν
7 5 τ. συναγωγὴν αὐτὸς ᾠκοδόμησεν ἡμῖν
8 41 οὗτος ἄρχων τ. συναγωγῆς ὑπῆρχεν
11 43 ὅτι ἀγαπᾶτε τ. πρωτοκαθεδρίαν ἐν τ. συναγωγαῖς
12 11 ὅταν δὲ εἰσφέρωσιν ὑμᾶς ἐπὶ τ. συναγωγάς
13 10 ἦν δὲ διδάσκων ἐν μιᾷ τ. συναγωγῶν
20 46 τ. γραμματέων τῶν . . . φιλούντων . . . πρωτοκαθεδρίας ἐν τ. συναγωγαῖς
21 12 παραδιδόντες εἰς τ. συναγωγὰς κ. φυλακάς
Jo 6 59 ταῦτα εἶπεν ἐν συναγωγῇ διδάσκων ἐν Καφαρναούμ
18 20 ἐγὼ πάντοτε ἐδίδαξα ἐν συναγωγῇ
Ac 6 9 [1] ἀνέστησαν δέ τινες τῶν ἐκ τ. συναγωγῆς τ. λεγομένης Λιβερτίνων
9 2 ᾐτήσατο . . . ἐπιστολὰς εἰς Δαμασκὸν πρὸς τ. συναγωγάς
20 εὐθέως ἐν τ. συναγωγαῖς ἐκήρυσσεν τ. Ἰησοῦν
13 5 [1] κατήγγελλον τ. λόγον τ. Θεοῦ ἐν τ. συναγωγαῖς τ. Ἰουδαίων
14 ἐλθόντες εἰς τ. συναγωγὴν τ. ἡμέρᾳ τ. σαββάτων
43 λυθείσης δὲ τ. συναγωγῆς
14 1 [1] κατὰ τὸ αὐτὸ εἰσελθεῖν αὐτοὺς εἰς τ. συναγωγὴν τ. Ἰουδαίων
15 21 ἐν τ. συναγωγαῖς κατὰ πᾶν σάββατον ἀναγινωσκόμενος
17 1 [1] ὅπου ἦν συναγωγὴ τῶν Ἰουδαίων
10 [1] εἰς τ. συναγωγὴν τ. Ἰουδαίων ἀπῄεσαν
17 διελέγετο μὲν οὖν ἐν τ. συναγωγῇ τ. Ἰουδαίοις
18 4 διελέγετο δὲ ἐν τ. συναγωγῇ κατὰ πᾶν σάββατον
7 οὗ ἡ οἰκία ἦν συνομοροῦσα τ. συναγωγῇ
19 αὐτὸς δὲ εἰσελθὼν εἰς τ. συναγωγήν
26 ἤρξατο παρρησιάζεσθαι ἐν τ. συναγωγῇ
19 8 εἰσελθὼν δὲ εἰς τ. συναγωγήν
22 19 δέρων κατὰ τ. συναγωγὰς τ. πιστεύοντας ἐπὶ σέ
24 12 οὔτε ἐν τ. ἱερῷ εὗρόν με πρός τινα διαλεγόμενον . . . οὔτε ἐν τ. συναγωγαῖς
26 11 κατὰ πάσας τ. συναγωγὰς πολλάκις τιμωρῶν αὐτούς
Ja 2 2 [2] ἐὰν γὰρ εἰσέλθῃ εἰς συναγωγὴν ὑμῶν
Re 2 9 [1] ἀλλὰ συναγωγὴ τοῦ Σατανᾶ
3 9 [1] διδῶ ἐκ τ. συναγωγῆς τοῦ Σατανᾶ

ΣΥΝΑΓΩΝΙ΄ΖΟΜΑΙ * 4865

Ro 15 30 συναγωνίσασθαί μοι ἐν τ. προσευχαῖς ὑπὲρ ἐμοῦ

ΣΥΝΑΘΛΕ΄Ω * 4866

Phl 1 27 μιᾷ ψυχῇ συναθλοῦντες τ. πίστει τ. εὐαγγελίου
4 3 αἵτινες ἐν τ. εὐαγγελίῳ συνήθλησάν μοι

4867 ΣΥΝΑΘΡΟΙ΄ΖΩ cf. 119.5

Ac 12 12 οὗ ἦσαν ἱκανοὶ συνηθροισμένοι
19 25 οὓς συναθροίσας κ. τοὺς περὶ τὰ τοιαῦτα ἐργάτας

ΣΥΝΑΙ΄ΡΩ 4868

Mt 18 23 ὃς ἠθέλησεν συνᾶραι λόγον μετὰ τ. δούλων αὐτοῦ.
24 ἀρξαμένου δὲ αὐτοῦ συναίρειν
25 19 συναίρει λόγον μετ' αὐτῶν

ΣΥΝΑΙΧΜΑ΄ΛΩΤΟΣ * † 4869

Ro 16 7 ἀσπάσασθε . . . Ἀνδρόνικον κ. Ἰουνίαν τοὺς . . . συναιχμαλώτους μου
Col 4 10 ἀσπάζεται ὑμᾶς Ἀρίσταρχος ὁ συναιχμάλωτός μου
Phm 23 ἀσπάζεταί σε Ἐπαφρᾶς ὁ συναιχμάλωτός μου ἐν Χριστῷ Ἰησοῦ

ΣΥΝΑΚΟΛΟΥΘΕ΄Ω ** 4870

Mk 5 37 οὐκ ἀφῆκεν οὐδένα μετ' αὐτοῦ συνακολουθῆσαι
14 51 νεανίσκος τις συνηκολούθει αὐτῷ
Lu 23 49 γυναῖκες αἱ συνακολουθοῦσαι αὐτῷ ἀπὸ τ. Γαλιλαίας

ΣΥΝΑΛΙ΄ΖΟΜΑΙ ** 4871

Ac 1 4 συναλιζόμενος παρήγγειλεν αὐτοῖς

ΣΥΝΑΛΛΑ΄ΣΣΩ * 4871.5

Ac 7 26 συνήλλασσεν αὐτοὺς εἰς εἰρήνην

ΣΥΝΑΝΑΒΑΙ΄ΝΩ 4872

Mk 15 41 ἄλλαι πολλαὶ αἱ συναναβᾶσαι αὐτῷ εἰς Ἱεροσόλυμα
Ac 13 31 ὤφθη ἐπὶ ἡμέρας πλείους τ. συναναβᾶσιν αὐτῷ

ΣΥΝΑΝΑ΄ΚΕΙΜΑΙ ** † 4873

Mt 9 10 πολλοὶ τελῶναι κ. ἁμαρτωλοὶ ἐλθόντες συνανέκειντο τῷ Ἰησοῦ
14 9 διὰ τ. ὅρκους κ. τ. συνανακειμένους ἐκέλευσεν δοθῆναι
Mk 2 15 πολλοὶ τελῶναι κ. ἁμαρτωλοὶ συνανέκειντο τῷ Ἰησοῦ
6 22 ἤρεσεν τῷ Ἡρῴδῃ κ. τ. συνανακειμένοις
Lu 7 49 ἤρξαντο οἱ συνανακείμενοι λέγειν ἐν ἑαυτοῖς
14 10 ἔσται σοι δόξα ἐνώπιον πάντων τ. συνανακειμένων σοι
15 ἀκούσας δέ τις τ. συνανακειμένων ταῦτα

ΣΥΝΑΝΑΜΙ΄ΓΝΥΜΑΙ † 4874

I Co 5 9 ἔγραψα ὑμῖν . . . μὴ συναναμίγνυσθαι πόρνοις
11 νῦν δὲ ἔγραψα ὑμῖν μὴ συναναμίγνυσθαι
II Th 3 14 τοῦτον σημειοῦσθε μὴ συναναμίγνυσθαι αὐτῷ συναναμίγνυσθε, T

ΣΥΝΑΝΑΠΑΥ'ΟΜΑΙ 4875

Ro 15 32 ἵνα . . . συναναπαύσωμαι ὑμῖν

ΣΥΝΑΝΤΆ'Ω 4876

Lu 9 18 συνήντησαν αὐτῷ οἱ μαθηταί
συνῆσαν, TWH non mg. R
37 συνήντησεν αὐτῷ ὄχλος πολύς
22 10 συναντήσει ὑμῖν ἄνθρωπος κεράμιον ὕδατος βαστάζων
Ac 10 25 συναντήσας αὐτῷ ὁ Κορνήλιος
20 22 τὰ ἐν αὐτῇ συναντήσοντα ἐμοὶ μὴ εἰδώς
He 7 1 οὗτος γὰρ ὁ Μελχισεδὲκ . . . ὁ συναντήσας Ἀβραάμ
10 ὅτε συνήντησεν αὐτῷ Μελχισεδέκ

ΣΥΝΑΝΤΙΛΑΜΒΑ'ΝΟΜΑΙ 4878

Lu 10 40 εἰπὸν οὖν αὐτῇ ἵνα μοι συναντιλάβηται
Ro 8 26 τὸ πνεῦμα συναντιλαμβάνεται τ. ἀσθενείᾳ ἡμῶν

ΣΥΝΑΠΑ'ΓΟΜΑΙ 4879

Ro 12 16 τ. ταπεινοῖς συναπαγόμενοι
Ga 2 13 ὥστε κ. Βαρνάβας συναπήχθη αὐτῶν τ. ὑποκρίσει
II Pe 3 17 ἵνα μὴ τῇ τ. ἀθέσμων πλάνῃ συναπαχθέντες ἐκπέσητε

ΣΥΝΑΠΟΘΝΗ'ΣΚΩ ** 4880

Mk 14 31 ἐὰν δέῃ με συναποθανεῖν σοι
II Co 7 3 ἐν τ. καρδίαις ἡμῶν ἐστὲ εἰς τὸ συναποθανεῖν κ. συνζῆν
II Ti 2 11 εἰ γὰρ συναπεθάνομεν κ. συνζήσομεν

ΣΥΝΑΠΟ'ΛΛΥΜΑΙ 4881

He 11 31 πίστει Ῥαὰβ ἡ πόρνη οὐ συναπώλετο τ. ἀπειθήσασιν

ΣΥΝΑΠΟΣΤΕ'ΛΛΩ 4882

II Co 12 18 συναπέστειλα τ. ἀδελφόν

ΣΥΝΑΡΜΟΛΟΓΕ'Ω * † 4883

Eph 2 21 ἐν ᾧ πᾶσα οἰκοδομὴ συναρμολογουμένη
4 16 ἐξ οὗ πᾶν τὸ σῶμα συναρμολογούμενον

ΣΥΝΑΡΠΑ'ΖΩ 4884

Lu 8 29 πολλοῖς γὰρ χρόνοις συνηρπάκει αὐτόν
Ac 6 12 ἐπιστάντες συνήρπασαν αὐτόν
19 29 συναρπάσαντες Γαΐον κ. Ἀρίσταρχον Μακεδόνας
27 15 συναρπασθέντος δὲ τ. πλοίου

ΣΥΝΑΥΞΑ'ΝΟΜΑΙ ** 4885

Mt 13 30 ἄφετε συναυξάνεσθαι ἀμφότερα ἕως τ. θερισμοῦ

ΣΥΝΒΑ'ΛΛΩ 4885.2

Lu 2 19 συνετήρει τὰ ῥήματα ταῦτα συνβάλλουσα ἐν τ. καρδίᾳ αὐτῆς
11 53 ἤρξαντο . . . συνβάλλειν αὐτῷ περὶ πλειόνων ἀποστοματίζειν αὐτὸν, TWH non mg. R
14 31 πορευόμενος ἑτέρῳ βασιλεῖ συνβαλεῖν εἰς πόλεμον
συμβαλεῖν, T
Ac 4 15 συνέβαλλον πρὸς ἀλλήλους λέγοντες
17 18 τινὲς δὲ κ. τ. Ἐπικουρίων κ. Στωικῶν φιλοσόφων συνέβαλλον αὐτῷ
18 27 ὃς παραγενόμενος συνεβάλετο πολὺ τ. πεπιστευκόσιν
20 14 ὡς δὲ συνέβαλλεν ἡμῖν εἰς τὴν Ἄσσον

ΣΥΝΒΑΣΙΛΕΥ'Ω ** 4885.4

I Co 4 8 ἵνα κ. ἡμεῖς ὑμῖν συνβασιλεύσωμεν
II Ti 2 12 εἰ ὑπομένομεν κ. συνβασιλεύσομεν
συμβασιλεύσομεν, WH

ΣΥΝΒΙΒΑ'ΖΩ 4885.6

Ac 9 22 συνβιβάζων ὅτι οὗτός ἐστιν ὁ Χριστός
συμβιβάζων, T
16 10 συνβιβάζοντες ὅτι προσκέκληται ἡμᾶς ὁ Θεός
συμβιβάζοντες, T
19 33 ἐκ δὲ τ. ὄχλου συνεβίβασαν Ἀλέξανδρον
I Co 2 16 ὃς συνβιβάσει αὐτόν
συμβιβάσει, T

וִיבִינֵהוּ, Is. xl. 14

Eph 4 16 πᾶν τὸ σῶμα . . . συνβιβαζόμενον διὰ πάσης ἁφῆς τ. ἐπιχορηγίας
Col 2 2 συνβιβασθέντες ἐν ἀγάπῃ
συμβιβασθέντες, T
19 διὰ τ. ἁφῶν . . . ἐπιχορηγούμενον κ. συνβιβαζόμενον

ΣΥΝΓΝΩ'ΜΗ ** 4885.8

I Co 7 6 τοῦτο δὲ λέγω κατὰ συνγνώμην οὐ κατ' ἐπιταγήν

ΣΥΝΔΕ'ΟΜΑΙ 4887

He 13 3 μιμνήσκεσθε τ. δεσμίων ὡς συνδεδεμένοι

ΣΥ'ΝΔΕΣΜΟΣ 4886

Ac 8 23 εἰς γὰρ χολὴν πικρίας κ. σύνδεσμον ἀδικίας ὁρῶ σε ὄντα
Eph 4 3 τηρεῖν τ. ἑνότητα τ. πνεύματος ἐν τ. συνδέσμῳ τ. εἰρήνης
Col 2 19 πᾶν τὸ σῶμα διὰ τ. ἁφῶν κ. συνδέσμων ἐπιχορηγούμενον
3 14 ὅ ἐστιν σύνδεσμος τ. τελειότητος

ΣΥΝΔΟΞΑ'ΖΩ * 4888

Ro 8 17 εἴπερ συνπάσχομεν ἵνα κ. συνδοξασθῶμεν

ΣΥ'ΝΔΟΥΛΟΣ 4889

Mt 18 28 ὁ δοῦλος ἐκεῖνος εὗρεν ἕνα τ. συνδούλων αὐτοῦ
29 πεσὼν οὖν ὁ σύνδουλος αὐτοῦ παρεκάλει αὐτόν
31 ἰδόντες οὖν οἱ σύνδουλοι αὐτοῦ τὰ γενόμενα
33 οὐκ ἔδει κ. σὲ ἐλεῆσαι τ. σύνδουλόν σου
24 49 ἐὰν δὲ . . . ἄρξηται τύπτειν τ. συνδούλους αὐτοῦ
Col 1 7 καθὼς ἐμάθετε ἀπὸ Ἐπαφρᾶ τ. ἀγαπητοῦ συνδούλου ἡμῶν
4 7 Τύχικος ὁ ἀγαπητὸς ἀδελφὸς . . . κ. σύνδουλος ἐν Κυρίῳ
Re 6 11 ἕως πληρωθῶσιν κ. οἱ σύνδουλοι αὐτῶν
19 10 σύνδουλός σου εἰμὶ κ. τ. ἀδελφῶν σου
22 9 σύνδουλός σου εἰμι κ. τ. ἀδελφῶν σου

ΣΥΝΔΡΟΜΗ´ ** 4890

Ac 21 30 ἐγένετο συνδρομὴ τ. λαοῦ

ΣΥΝΕΓΕΙ´ΡΩ 4891

Eph 2 6 συνήγειρεν κ. συνεκάθισεν ἐν τ. ἐπουρανίοις
Col 2 12 ἐν ᾧ κ. συνηγέρθητε διὰ τ. πίστεως τ. ἐνεργείας τ. Θεοῦ
3 1 εἰ οὖν συνηγέρθητε τ. Χριστῷ

ΣΥΝΕ´ΔΡΙΟΝ 4892

Mt 5 22 ἔνοχος ἔσται τ. συνεδρίῳ
10 17 παραδώσουσιν γὰρ ὑμᾶς εἰς συνέδρια
26 59 οἱ δὲ ἀρχιερεῖς κ. τὸ συνέδριον ὅλον ἐζήτουν ψευδομαρτυρίαν
Mk 13 9 παραδώσουσιν ὑμᾶς εἰς συνέδρια
14 55 οἱ δὲ ἀρχιερεῖς κ. ὅλον τὸ συνέδριον ἐζήτουν κατὰ τοῦ Ἰησοῦ μαρτυρίαν
15 1 συμβούλιον ποιήσαντες οἱ ἀρχιερεῖς . . . κ. ὅλον τὸ συνέδριον
Lu 22 66 ἀπήγαγον αὐτὸν εἰς τὸ συνέδριον αὐτῶν
Jo 11 47 συνήγαγον οὖν οἱ ἀρχιερεῖς κ. οἱ Φαρισαῖοι συνέδριον
Ac 4 15 κελεύσαντες δὲ αὐτοὺς ἔξω τ. συνεδρίου ἀπελθεῖν
5 21 συνεκάλεσαν τὸ συνέδριον κ. πᾶσαν τ. γερουσίαν
27 ἀγαγόντες δὲ αὐτοὺς ἔστησαν ἐν τ. συνεδρίῳ
34 ἀναστὰς δέ τις ἐν τ. συνεδρίῳ Φαρισαῖος
41 ἐπορεύοντο χαίροντες ἀπὸ προσώπου τ. συνεδρίου
6 12 ἤγαγον εἰς τὸ συνέδριον
15 ἀτενίσαντες εἰς αὐτὸν πάντες οἱ καθεζόμενοι ἐν τ. συνεδρίῳ
22 30 ἐκέλευσεν συνελθεῖν τ. ἀρχιερεῖς κ. πᾶν τὸ συνέδριον
23 1 ἀτενίσας δὲ Παῦλος τ. συνεδρίῳ εἶπεν
τ. συνεδρ. ὁ Π., TWH mg.
6 ἔκραζεν ἐν τῷ συνεδρίῳ
15 ἐμφανίσατε τ. χιλιάρχῳ σὺν τ. συνεδρίῳ
20 ὅπως αὔριον τ. Παῦλον καταγάγῃς εἰς τὸ συνέδριον
28 κατήγαγον εἰς τὸ συνέδριον αὐτῶν
—h. v., [WH] R marg.
24 20 στάντος μου ἐπὶ τ. συνεδρίου

ΣΥΝΕΙ´ΔΗΣΙΣ 4893

(1) συνείδ. Θεοῦ

Ac 23 1 ἐγὼ πάσῃ συνειδήσει ἀγαθῇ πεπολίτευμαι τ. Θεῷ
24 16 ἀπρόσκοπον συνείδησιν ἔχειν πρὸς τ. Θεόν
Ro 2 15 συνμαρτυρούσης αὐτῶν τ. συνειδήσεως
9 1 συνμαρτυρούσης μοι τ. συνειδήσεώς μου ἐν πνεύματι ἁγίῳ
13 5 ἀνάγκη ὑποτάσσεσθαι . . . διὰ τ. συνείδησιν
I Co 8 7 ἡ συνείδησις αὐτῶν ἀσθενὴς οὖσα μολύνεται
10 οὐχὶ ἡ συνείδησις αὐτοῦ ἀσθενοῦς ὄντος οἰκοδομηθήσεται
12 τύπτοντες αὐτῶν τ. συνείδησιν ἀσθενοῦσαν
10 25 μηδὲν ἀνακρίνοντες διὰ τ. συνείδησιν
27 μηδὲν ἀνακρίνοντες διὰ τ. συνείδησιν
28 δι᾽ ἐκεῖνον τ. μηνύσαντα κ. τ. συνείδησιν·
29 συνείδησιν δὲ λέγω οὐχὶ τὴν ἑαυτοῦ
I Co 10 29 ἵνα τί γὰρ ἡ ἐλευθερία μου κρίνεται ὑπὸ ἄλλης συνειδήσεως;
II Co 1 12 τὸ μαρτύριον τ. συνειδήσεως ἡμῶν
4 2 συνιστάνοντες ἑαυτοὺς πρὸς πᾶσαν συνείδησιν ἀνθρώπων
5 11 ἐλπίζω δὲ κ. ἐν τ. συνειδήσεσιν ὑμῶν πεφανερῶσθαι
I Ti 1 5 ἀγάπη ἐκ καθαρᾶς καρδίας κ. συνειδήσεως ἀγαθῆς
19 ἔχων πίστιν κ. ἀγαθὴν συνείδησιν
3 9 ἔχοντες τὸ μυστήριον τ. πίστεως ἐν καθαρᾷ συνειδήσει
4 2 κεκαυστηριασμένων τ. ἰδίαν συνείδησιν
II Ti 1 3 ᾧ λατρεύω ἀπὸ προγόνων ἐν καθαρᾷ συνειδήσει
Tit 1 15 μεμίανται αὐτῶν κ. ὁ νοῦς κ. ἡ συνείδησις
He 9 9 μὴ δυνάμεναι κατὰ συνείδησιν τελειῶσαι τ. λατρεύοντα
14 καθαριεῖ τ. συνείδησιν ἡμῶν ἀπὸ νεκρῶν ἔργων
10 2 διὰ τὸ μηδεμίαν ἔχειν ἔτι συνείδησιν ἁμαρτιῶν τ. λατρεύοντας
22 ῥεραντισμένοι τ. καρδίας ἀπὸ συνειδήσεως πονηρᾶς
13 18 πειθόμεθα γὰρ ὅτι καλὴν συνείδησιν ἔχομεν
I Pe 2 19 [1] εἰ διὰ συνείδησιν Θεοῦ ὑποφέρει τις λύπας
3 16 συνείδησιν ἔχοντες ἀγαθήν
21 συνειδήσεως ἀγαθῆς ἐπερώτημα εἰς Θεόν

ΣΥΝΕΙ´ΔΟΝ 4894

Ac 5 2 συνειδυίης κ. τ. γυναικός
12 12 συνιδών τε ἦλθεν ἐπὶ τ. οἰκίαν τ. Μαρίας
14 6 συνιδόντες κατέφυγον εἰς τ. πόλεις τ. Λυκαονίας
I Co 4 4 οὐδὲν γὰρ ἐμαυτῷ σύνοιδα

ΣΥ´ΝΕΙΜΙ * 4896

Lu 8 4 συνιόντος δὲ ὄχλου πολλοῦ

ΣΥ´ΝΕΙΜΙ 4895

Lu 9 18 συνῆσαν αὐτῷ οἱ μαθηταί
συνήντησαν, WH mg.
Ac 22 11 χειραγωγούμενος ὑπὸ τ. συνόντων μοι

ΣΥΝΕΙΣΕ´ΡΧΟΜΑΙ 4897

Jo 6 22 οὐ συνεισῆλθεν τ. μαθηταῖς αὐτοῦ ὁ Ἰησοῦς
18 15 συνεισῆλθεν τῷ Ἰησοῦ εἰς τ. αὐλὴν τ. ἀρχιερέως

ΣΥΝΕ´ΚΔΗΜΟΣ * † 4898

Ac 19 29 συναρπάσαντες Γαΐον κ. Ἀρίσταρχον . . . συνεκδήμους Παύλου
II Co 8 19 χειροτονηθεὶς ὑπὸ τ. ἐκκλησιῶν συνέκδημος ἡμῶν

ΣΥΝΕΚΛΕΚΤΟ´Σ * † 4899

I Pe 5 13 ἀσπάζεται ὑμᾶς ἡ ἐν Βαβυλῶνι συνεκλεκτή

ΣΥΝΕΠΙΜΑΡΤΥΡΕ´Ω * 4901

He 2 4 συνεπιμαρτυροῦντος τ. Θεοῦ σημείοις τε κ. τέρασιν

4901.5 ΣΥΝΕΠΙΤΙ´ΘΕΜΑΙ cf. 4934

Ac 24 9 συνεπέθεντο δὲ κ. οἱ Ἰουδαῖοι

ΣΥΝΕ΄ΠΟΜΑΙ ** 4902

Ac 20 4 συνείπετο δὲ αὐτῷ Σώπατρος Πύρρου Βεροιαῖος

ΣΥΝΕΡΓΕ΄Ω ** 4903

Mk 16 [20 τ. Κυρίου συνεργοῦντος
Ro 8 28 τ. ἀγαπῶσι τ. Θεὸν πάντα συνεργεῖ ὁ Θεὸς εἰς ἀγαθόν
—ὁ Θεὸς, T [WH] R non mg.
I Co 16 16 ἵνα κ. ὑμεῖς ὑποτάσσησθε . . . παντὶ τ. συνεργοῦντι
II Co 6 1 συνεργοῦντες δὲ κ. παρακαλοῦμεν
Ja 2 22 ἡ πίστις συνήργει τ. ἔργοις αὐτοῦ
συνεργεῖ, T

ΣΥΝΕΡΓΟ΄Σ ** 4904

Ro 16 3 ἀσπάσασθε Πρίσκαν κ. Ἀκύλαν τ. συνεργούς μου
9 ἀσπάσασθε Οὐρβανὸν τ. συνεργὸν ἡμῶν
21 ἀσπάζεται ὑμᾶς Τιμόθεος ὁ συνεργός μου
I Co 3 9 Θεοῦ γάρ ἐσμεν συνεργοί
II Co 1 24 συνεργοί ἐσμεν τ. χαρᾶς ὑμῶν
8 23 κοινωνὸς ἐμὸς κ. εἰς ὑμᾶς συνεργός
Phl 2 25 Ἐπαφρόδιτον τ. ἀδελφὸν κ. συνεργόν
4 3 μετὰ κ. Κλήμεντος κ. τ. λοιπῶν συνεργῶν μου
Col 4 11 οὗτοι μόνοι συνεργοὶ εἰς τ. βασιλείαν τ. Θεοῦ
I Th 3 2 ἐπέμψαμεν Τιμόθεον τ. ἀδελφὸν ἡμῶν κ. συνεργὸν τ. Θεοῦ
διάκονον, TWH non mg. R non mg.
Phm 1 Φιλήμονι τ. ἀγαπητῷ κ. συνεργῷ ἡμῶν
24 ἀσπάζεταί σε Ἐπαφρᾶς . . . Δημᾶς Λουκᾶς οἱ συνεργοί μου
III Jo 8 ἵνα συνεργοὶ γινώμεθα τ. ἀληθείᾳ

ΣΥΝΕ΄ΡΧΟΜΑΙ 4905

(1) συνῆλθα

Mt 1 18 πρὶν ἢ συνελθεῖν αὐτούς
Mk 3 20 συνέρχεται πάλιν ὁ ὄχλος
6 33 συνέδραμον ἐκεῖ κ. συνῆλθον αὐτοῦ
κ. προῆλθον αὐτούς, TWH non mg. R
14 53 συνέρχονται πάντες οἱ ἀρχιερεῖς
συνέρχ. αὐτῷ, WH mg. R
Lu 5 15 συνήρχοντο ὄχλοι πολλοὶ ἀκούειν
23 55 αἵτινες ἦσαν συνεληλυθυῖαι ἐκ τ. Γαλιλαίας αὐτῷ
Jo 11 33 ὡς εἶδεν . . . τ. συνελθόντας αὐτῇ Ἰουδαίους κλαίοντας
18 20 ὅπου πάντες οἱ Ἰουδαῖοι συνέρχονται
Ac 1 6 οἱ μὲν οὖν συνελθόντες ἠρώτων αὐτόι
21 δεῖ οὖν τ. συνελθόντων ἡμῖν ἀνδρῶν
2 6 συνῆλθεν τὸ πλῆθος κ. συνεχύθη
5 16 συνήρχετο δὲ κ. τὸ πλῆθος τῶν πέριξ πόλεων
9 39 ἀναστὰς δὲ Πέτρος συνῆλθεν αὐτοῖς
10 23 [1] τινὲς τ. ἀδελφῶν τῶν ἀπὸ Ἰόππης συνῆλθαν αὐτῷ
συνῆλθον, T
27 εὑρίσκει συνεληλυθότας πολλούς
45 [1] οἱ ἐκ περιτομῆς πιστοὶ οἳ συνῆλθαν τ. Πέτρῳ
11 12 εἶπεν δὲ τὸ πνεῦμά μοι συνελθεῖν αὐτοῖς
15 38 μὴ συνελθόντα αὐτοῖς εἰς τὸ ἔργον

Ac 16 13 καθίσαντες ἐλαλοῦμεν τ. συνελθούσαις γυναιξίν
19 32 οὐκ ᾔδεισαν τίνος ἕνεκα συνεληλύθεισαν
21 16 συνῆλθον δὲ κ. τ. μαθητῶν ἀπὸ Καισαρίας σὺν ἡμῖν
22 πάντως δεῖ συνελθεῖν πλῆθος
—δεῖ συν. πλ., WHR
22 30 ἐκέλευσεν συνελθεῖν τ. ἀρχιερεῖς
25 17 συνελθόντων οὖν αὐτῶν ἐνθάδε
28 17 συνελθόντων δὲ αὐτῶν ἔλεγεν πρὸς αὐτούς
I Co 11 17 εἰς τὸ ἧσσον συνέρχεσθε.
18 πρῶτον μὲν γὰρ συνερχομένων ὑμῶν ἐν ἐκκλησίᾳ
20 συνερχομένων οὖν ὑμῶν ἐπὶ τὸ αὐτό
33 συνερχόμενοι εἰς τὸ φαγεῖν ἀλλήλους ἐκδέχεσθε
34 ἵνα μὴ εἰς κρίμα συνέρχησθε
14 23 ἐὰν οὖν συνέλθῃ ἡ ἐκκλησία ὅλη ἐπὶ τὸ αὐτό
26 ὅταν συνέρχησθε

ΣΥΝΕΣΘΙ΄Ω 4906

Lu 15 2 ἁμαρτωλοὺς προσδέχεται κ. συνεσθίει αὐτοῖς
Ac 10 41 οἵτινες συνεφάγομεν κ. συνεπίομεν αὐτῷ
11 3 εἰσῆλθεν πρὸς ἄνδρας ἀκροβυστίαν ἔχοντας κ. συνέφαγεν αὐτοῖς
εἰσῆλθες . . . συνέφαγες, TWH mg. R
I Co 5 11 τ. τοιούτῳ μηδὲ συνεσθίειν
Ga 2 12 μετὰ τ. ἐθνῶν συνήσθιεν

ΣΥ΄ΝΕΣΙΣ 4907

Mk 12 33 τὸ ἀγαπᾶν αὐτὸν . . . ἐξ ὅλης τ. συνέσεως
Lu 2 47 ἐξίσταντο δὲ . . . ἐπὶ τ. συνέσει κ. τ. ἀποκρίσεσιν αὐτοῦ
I Co 1 19 τ. σύνεσιν τ. συνετῶν ἀθετήσω
בִּינַת נְבֹנָיו תִּסְתַּתָּר, Is. xxix. 14
Eph 3 4 νοῆσαι τ. σύνεσίν μου ἐν τ. μυστηρίῳ τ. Χριστοῦ
Col 1 9 ἐν πάσῃ σοφίᾳ κ. συνέσει πνευματικῇ
2 2 εἰς πᾶν πλοῦτος τ. πληροφορίας τ. συνέσεως
II Ti 2 7 δώσει γάρ σοι ὁ Κύριος σύνεσιν ἐν πᾶσιν

ΣΥΝΕΤΟ΄Σ 4908

Mt 11 25 ὅτι ἔκρυψας ταῦτα ἀπὸ σοφῶν κ. συνετῶν
Lu 10 21 ὅτι ἀπέκρυψας ταῦτα ἀπὸ σοφῶν κ. συνετῶν
Ac 13 7 ὃς ἦν σὺν τ. ἀνθυπάτῳ Σεργίῳ Παύλῳ ἀνδρὶ συνετῷ
I Co 1 19 τ. σύνεσιν τ. συνετῶν ἀθετήσω
בִּינַת נְבֹנָיו תִּסְתַּתָּר, Is. xxix. 14

ΣΥΝΕΥΔΟΚΕ΄Ω ** 4909

Lu 11 48 μάρτυρές ἐστε κ. συνευδοκεῖτε τ. ἔργοις τ. πατέρων ὑμῶν
μάρτ. ἐστ. μὴ συνευδοκεῖν, WH mg.
Ac 8 1 Σαῦλος δὲ ἦν συνευδοκῶν τ. ἀναιρέσει αὐτοῦ
22 20 αὐτὸς ἤμην ἐφεστὼς κ. συνευδοκῶν
Ro 1 32 ἀλλὰ κ. συνευδοκοῦσιν τ. πράσσουσιν
I Co 7 12 εἰ . . . αὕτη συνευδοκεῖ οἰκεῖν μετ᾽ αὐτοῦ
13 κ. οὗτος συνευδοκεῖ οἰκεῖν μετ᾽ αὐτῆς

ΣΥΝΕΥΩΧΕ΄ΟΜΑΙ * 4910

II Pe 2 13 ἐντρυφῶντες ἐν τ. ἀπάταις αὐτῶν συνευωχούμενοι ὑμῖν
Ju 12 ἐν τ. ἀγάπαις ὑμῶν σπιλάδες συνευωχούμενοι

ΣΥΝΕΦΙ´ΣΤΗΜΙ 4911

Ac 16 22 συνεπέστη ὁ ὄχλος κατ' αὐτῶν

ΣΥΝΕ´ΧΩ 4912

Mt 4 24 ποικίλαις νόσοις κ. βασάνοις συνεχομένους
Lu 4 38 πενθερὰ δὲ τ. Σίμωνος ἦν συνεχομένη πυρετῷ μεγάλῳ
8 37 ὅτι φόβῳ μεγάλῳ συνείχοντο
45 οἱ ὄχλοι συνέχουσίν σε κ. ἀποθλίβουσιν
12 50 πῶς συνέχομαι ἕως ὅτου τελεσθῇ
19 43 οἱ ἐχθροί σου . . . συνέξουσίν σε πάντοθεν
22 63 οἱ ἄνδρες οἱ συνέχοντες αὐτὸν ἐνέπαιζον αὐτῷ
Ac 7 57 συνέσχον τὰ ὦτα αὐτῶν
18 5 συνείχετο τ. λόγῳ ὁ Παῦλος
28 8 πυρετοῖς κ. δυσεντερίῳ συνεχόμενον κατακεῖσθαι
II Co 5 14 ἡ γὰρ ἀγάπη τ. Χριστοῦ συνέχει ἡμᾶς
Phl 1 23 συνέχομαι δὲ ἐκ τῶν δύο

ΣΥΝΖΑ´Ω * 4800

Ro 6 8 πιστεύομεν ὅτι κ. συνζήσομεν αὐτῷ
II Co 7 3 ἐν τ. καρδίαις ἡμῶν ἐστὲ εἰς τὸ συναποθανεῖν κ. συνζῆν
συνζῆν, T
II Ti 2 11 εἰ γὰρ συναπεθάνομεν καὶ συνζήσομεν

ΣΥΝΖΕΥ´ΓΝΥΜΙ 4801

Mt 19 6 ὃ οὖν ὁ Θεὸς συνέζευξεν
Mk 10 9 ὃ οὖν ὁ Θεὸς συνέζευξεν

ΣΥΝΖΗΤΕ´Ω 4802

Mk 1 27 ὥστε συνζητεῖν αὐτοὺς λέγοντας
8 11 ἤρξαντο συνζητεῖν αὐτῷ
9 10 συνζητοῦντες τί ἐστιν τὸ ἐκ νεκρῶν ἀναστῆναι
14 εἶδαν . . . γραμματεῖς συνζητοῦντας πρὸς αὐτούς
16 τί συνζητεῖτε πρὸς αὐτούς;
12 28 εἷς τ. γραμματέων ἀκούσας αὐτῶν συνζητούντων
Lu 22 23 αὐτοὶ ἤρξαντο συνζητεῖν πρὸς ἑαυτούς
24 15 ἐγένετο ἐν τῷ ὁμιλεῖν αὐτοὺς κ. συνζητεῖν
Ac 6 9 ἀνέστησαν δέ τινες . . . συνζητοῦντες τ. Στεφάνῳ
9 29 ἐλάλει τε κ. συνεζήτει πρὸς τ. Ἑλληνιστάς

ΣΥΝΖΗ´ΤΗΣΙΣ * † 4803

Ac 28 29 πολλὴν ἔχοντες ἐν ἑαυτοῖς συνζήτησιν
—h. v., TWHR non mg.

ΣΥΝΖΗΤΗΤΗ´Σ * 4804

I Co 1 20 ποῦ συνζητητὴς τ. αἰῶνος τούτου;

ΣΥ´ΝΖΥΓΟΣ ** 4805

Phl 4 3 ναὶ ἐρωτῶ κ. σε γνήσιε σύνζυγε
Σύνζυγε, WH mg.

ΣΥΝΖΩΟΠΟΙΕ´Ω * † 4806

Eph 2 5 ὄντας ἡμᾶς νεκροὺς τ. παραπτώμασι συνεζωοποίησεν τ. Χριστῷ
Col 2 13 ὑμᾶς νεκροὺς ὄντας τ. παραπτώμασι . . συνεζωοποίησεν ὑμᾶς σὺν αὐτῷ

ΣΥΝΗ´ΔΟΜΑΙ * 4913

Ro 7 22 συνήδομαι γὰρ τ. νόμῳ τ. Θεοῦ κατὰ τὸν ἔσω ἄνθρωπον

ΣΥΝΗ´ΘΕΙΑ ** 4914

Jo 18 39 ἔστιν δὲ συνήθεια ὑμῖν
I Co 8 7 τινὲς δὲ τ. συνηθείᾳ ἕως ἄρτι τ. εἰδώλου . . . ἐσθίουσιν
11 16 ἡμεῖς τοιαύτην συνήθειαν οὐκ ἔχομεν

ΣΥΝΗΛΙΚΙΩ´ΤΗΣ * 4915

Ga 1 14 προέκοπτον . . . ὑπὲρ πολλοὺς συνηλικιώτας ἐν τ. γένει μου

ΣΥΝΘΑ´ΠΤΟΜΑΙ * 4916

Ro 6 4 συνετάφημεν οὖν αὐτῷ διὰ τ. βαπτίσματος
Col 2 12 συνταφέντες αὐτῷ ἐν τ. βαπτίσματι

ΣΥΝΘΛΑ´ΟΜΑΙ 4917

Mt 21 44 ὁ πεσὼν ἐπὶ τ. λίθον τοῦτον συνθλασθήσεται
—h. v., T [WH] R mg.
Lu 20 18 πᾶς ὁ πεσὼν ἐπ' ἐκεῖνον τ. λίθον συνθλασθήσεται

ΣΥΝΘΛΙ´ΒΩ 4918

Mk 5 24 κ. συνέθλιβον αὐτόν
31 βλέπεις τ. ὄχλον συνθλίβοντά σε

ΣΥΝΘΡΥ´ΠΤΩ * † 4919

Ac 21 13 τί ποιεῖτε κλαίοντες κ. συνθρύπτοντές μου τ. καρδίαν;

ΣΥΝΙ´ΗΜΙ 4920

Mt 13 13 ἀκούοντες οὐκ ἀκούουσιν οὐδὲ συνίουσιν
συνιοῦσιν, T
14 ἀκοῇ ἀκούσετε κ. οὐ μὴ συνῆτε
שִׁמְעוּ שָׁמוֹעַ וְאַל־תָּבִינוּ, Is. vi. 9
15 μήποτε . . . τ. ὠσὶν ἀκούσωσιν κ. τ. καρδίᾳ συνῶσιν
פֶּן . . . בְּאָזְנָיו יִשְׁמָע וּלְבָבוֹ יָבִין, *ib.* 10
19 παντὸς ἀκούοντος τ. λόγον τ. βασιλείας κ. μὴ συνιέντος
23 οὗτός ἐστιν ὁ τ. λόγον ἀκούων κ. συνιείς
51 συνήκατε ταῦτα πάντα;
15 10 ἀκούετε κ. συνίετε
16 12 τότε συνῆκαν ὅτι οὐκ εἶπεν προσέχειν
17 13 τότε συνῆκαν οἱ μαθηταί
Mk 4 9 ὁ συνίων συνιέτω
—h. v., TWH non mg. R
12 ἵνα . . . ἀκούοντες ἀκούωσιν κ. μὴ συνιῶσιν, Is. *l.c.*
6 52 οὐ γὰρ συνῆκαν ἐπὶ τ. ἄρτοις
7 14 ἀκούσατέ μου πάντες κ. σύνετε
8 17 οὔπω νοεῖτε οὐδὲ συνίετε;
21 οὔπω συνίετε;
Lu 2 50 αὐτοὶ οὐ συνῆκαν τὸ ῥῆμα
8 10 ἵνα . . . ἀκούοντες μὴ συνίωσιν, Is. *l.c.*
18 34 αὐτοὶ οὐδὲν τούτων συνῆκαν
24 45 διήνοιξεν αὐτῶν τ. νοῦν τοῦ συνιέναι τ. γραφάς
Ac 7 25 ἐνόμιζεν δὲ συνιέναι τ. ἀδελφούς

Ac 7 25 οἱ δὲ οὐ συνῆκαν
28 26 ἀκοῇ ἀκούσετε κ. οὐ μὴ συνῆτε, Is. vi. 9
27 μήποτε . . . τ. ὠσὶν ἀκούσωσιν κ. τ. καρδίᾳ συνῶσιν, ib. 10
Ro 3 11 οὐκ ἔστιν συνίων
ὁ συν., WH mg.; ὁ συνιῶν, T
הֲיֵשׁ מַשְׂכִּיל, Ps. xiv. 2
15 21 οἳ οὐκ ἀκηκόασιν συνήσουσιν
אֲשֶׁר לֹא־שָׁמְעוּ הִתְבּוֹנָנוּ, Is. lii. 15
II Co 10 12 συνκρίνοντες ἑαυτοὺς ἑαυτοῖς οὐ συνιᾶσιν
Eph 5 17 συνίετε τί τὸ θέλημα τ. Κυρίου

ΣΥΝΙ´ΣΤΗΜΙ, ΣΥΝΙΣΤΑ´ΝΩ 4921

Lu 9 32 εἶδαν . . . τ. δύο ἄνδρας τ. συνεστῶτας αὐτῷ
Ro 3 5 εἰ δὲ ἡ ἀδικία ἡμῶν Θεοῦ δικαιοσύνην συνίστησιν
5 8 συνίστησιν δὲ τὴν ἑαυτοῦ ἀγάπην εἰς ἡμᾶς ὁ Θεός
16 1 συνίστημι δὲ ὑμῖν Φοίβην τ. ἀδελφὴν ἡμῶν
II Co 3 1 ἀρχόμεθα πάλιν ἑαυτοὺς συνιστάνειν;
4 2 τ. φανερώσει τ. ἀληθείας συνιστάνοντες ἑαυτοὺς πρὸς πᾶσαν συνείδησιν ἀνθρώπων
συνιστάντες, T
5 12 οὐ πάλιν ἑαυτοὺς συνιστάνομεν ὑμῖν
6 4 ἐν παντὶ συνιστάνοντες ἑαυτοὺς ὡς Θεοῦ διάκονοι
συνιστάντες, T
7 11 ἐν παντὶ συνεστήσατε ἑαυτοὺς ἁγνοὺς εἶναι
10 12 συνκρῖναι ἑαυτούς τισι τῶν ἑαυτοὺς συνιστανόντων
18 οὐ γὰρ ὁ ἑαυτὸν συνιστάνων ἐκεῖνός ἐστιν δόκιμος,
ἀλλὰ ὃν ὁ Κύριος συνίστησιν
12 11 ἐγὼ γὰρ ὤφειλον ὑφ' ὑμῶν συνίστασθαι
Ga 2 18 παραβάτην ἐμαυτὸν συνιστάνω
Col 1 17 τὰ πάντα ἐν αὐτῷ συνέστηκεν
II Pe 3 5 γῆ ἐξ ὕδατος κ. δι' ὕδατος συνεστῶσα
συνεστῶτα, WH marg.

ΣΥΝΚΑ´ΘΗΜΑΙ 4775

Mk 14 54 ἦν συνκαθήμενος μετὰ τ. ὑπηρετῶν
Ac 26 30 ἀνέστη τε ὁ βασιλεὺς . . . κ. οἱ συνκαθήμενοι αὐτοῖς

ΣΥΝΚΑΘΙ´ΖΩ 4776

Lu 22 55 περιαψάντων δὲ πῦρ ἐν μέσῳ τ. αὐλῆς κ. συνκαθισάντων
Eph 2 6 συνεκάθισεν ἐν τ. ἐπουρανίοις ἐν Χριστῷ Ἰησοῦ

ΣΥΝΚΑΚΟΠΑΘΕ´Ω * † 4777

II Ti 1 8 συνκακοπάθησον τ. εὐαγγελίῳ κατὰ δύναμιν Θεοῦ
2 3 συνκακοπάθησον ὡς καλὸς στρατιώτης Χριστοῦ Ἰησοῦ

ΣΥΝΚΑΚΟΥΧΕ´ΟΜΑΙ * † 4778

He 11 25 μᾶλλον ἑλόμενος συνκακουχεῖσθαι τ. λαῷ τ. Θεοῦ

ΣΥΝΚΑΛΕ´Ω 4779

Mk 15 16 συνκαλοῦσιν ὅλην τ. σπεῖραν
Lu 9 1 συνκαλεσάμενος δὲ τοὺς δώδεκα
Lu 15 6 συνκαλεῖ τ. φίλους κ. τ. γείτονας
9 εὑροῦσα συνκαλεῖ τὰς φίλας κ. γείτονας
23 13 Πειλᾶτος δὲ συνκαλεσάμενος τ. ἀρχιερεῖς
Ac 5 21 συνεκάλεσαν τὸ συνέδριον κ. πᾶσαν τ. γερουσίαν
10 24 συνκαλεσάμενος τ. συγγενεῖς αὐτοῦ
28 17 ἐγένετο δὲ . . . συνκαλέσασθαι αὐτὸν τ. ὄντας τ. Ἰουδαίων πρώτους

ΣΥΝΚΑΛΥ´ΠΤΩ 4780

Lu 12 2 οὐδὲν δὲ συγκεκαλυμμένον ἐστὶν ὃ οὐκ ἀποκαλυφθήσεται

ΣΥΝΚΑ´ΜΠΤΩ 4781

Ro 11 10 τ. νῶτον αὐτῶν διὰ παντὸς σύνκαμψον
מָתְנֵיהֶם תָּמִיד הַמְעַד, Ps. lxix. 24

ΣΥΝΚΑΤΑΒΑΙ´ΝΩ 4782

Ac 25 5 οἱ οὖν ἐν ὑμῖν φησὶν δυνατοὶ συνκαταβάντες

ΣΥΝΚΑΤΑ´ΘΕΣΙΣ * 4783

II Co 6 16 τίς δὲ συνκατάθεσις ναῷ Θεοῦ μετὰ εἰδώλων

4783.5 ΣΥΝΚΑΤΑΝΕΥ´Ω * cf. 1014

Ac 18 27 συνκατανεύσαντος δὲ αὐτοῦ
—h. v., TWH non mg. R

ΣΥΝΚΑΤΑΤΙ´ΘΕΜΑΙ 4784

Lu 23 51 οὗτος οὐκ ἦν συνκατατεθειμένος τ. βουλῇ κ. τ. πράξει αὐτῶν
συνκατατιθέμενος, TWH marg.

ΣΥΝΚΑΤΑΨΗΦΙ´ΖΟΜΑΙ * † 4785

Ac 1 26 συνκατεψηφίσθη μετὰ τῶν ἕνδεκα ἀποστόλων

ΣΥΝΚΕΡΑ´ΝΝΥΜΙ 4786

I Co 12 24 ἀλλὰ ὁ Θεὸς συνεκέρασεν τὸ σῶμα
He 4 2 οὐκ ὠφέλησεν ὁ λόγος τ. ἀκοῆς ἐκείνους μὴ συνκεκερασμένους τ. πίστει τ. ἀκούσασιν
συνκεκερασμένος, TWH mg. R mg.

ΣΥΝΚΙΝΕ´Ω * 4787

Ac 6 12 συνεκίνησάν τε τ. λαὸν κ. τ. πρεσβυτέρους

ΣΥΝΚΛΕΙ´Ω 4788

Lu 5 6 συνέκλεισαν πλῆθος ἰχθύων πολύ
Ro 11 32 συνέκλεισεν γὰρ ὁ Θεὸς τ. πάντας εἰς ἀπείθειαν
Ga 3 22 συνέκλεισεν ἡ γραφὴ τὰ πάντα ὑπὸ ἁμαρτίαν
23 ἐφρουρούμεθα συνκλειόμενοι εἰς τ. μέλλουσαν πίστιν ἀποκαλυφθῆναι

ΣΥΝΚΛΗΡΟΝΟ´ΜΟΣ * † 4789

Ro 8 17 κληρονόμοι μὲν Θεοῦ συνκληρονόμοι δὲ Χριστοῦ
Eph 3 6 εἶναι τὰ ἔθνη συνκληρονόμα κ. σύνσωμα
He 11 9 Ἰσαὰκ κ. Ἰακὼβ τ. συνκληρονόμων τ. ἐπαγγελίας τ. αὐτῆς
I Pe 3 7 ὡς κ. συνκληρονόμοι χάριτος ζωῆς
συγκληρονόμοις, TWH mg.

ΣΥΝΚΟΙΝΩΝΕ΄Ω * 4790

Eph 5 11 μὴ συνκοινωνεῖτε τ. ἔργοις τ. ἀκάρποις τ. σκότους
Phl 4 14 καλῶς ἐποιήσατε συνκοινωνήσαντές μου τ. θλίψει
Re 18 4 ἵνα μὴ συνκοινωνήσητε τ. ἁμαρτίαις αὐτῆς

ΣΥΝΚΟΙΝΩΝΟ΄Σ * † 4791

Ro 11 17 συνκοινωνὸς τ. ῥίζης τ. πιότητος τ. ἐλαίας ἐγένου
I Co 9 23 ἵνα συνκοινωνὸς αὐτοῦ γένωμαι
Phl 1 7 συνκοινωνούς μου τ. χάριτος πάντας ὑμᾶς ὄντας
Re 1 9 ὁ ἀδελφὸς ὑμῶν κ. συνκοινωνὸς ἐν τ. θλίψει . . . ἐν Ἰησοῦ

ΣΥΝΚΟΜΙ΄ΖΩ 4792

Ac 8 2 συνεκόμισαν δὲ τ. Στέφανον ἄνδρες εὐλαβεῖς

ΣΥΝΚΡΙ΄ΝΩ 4793

I Co 2 13 πνευματικοῖς πνευματικὰ συνκρίνοντες
II Co 10 12 οὐ γὰρ τολμῶμεν . . . συνκρῖναι ἑαυτούς τισι τῶν ἑαυτοὺς συνιστανόντων,
ἀλλὰ αὐτοὶ . . . συνκρίνοντες ἑαυτοὺς ἑαυτοῖς οὐ συνιᾶσιν

ΣΥΝΚΥ΄ΠΤΩ 4794

Lu 13 11 ἦν συνκύπτουσα κ. μὴ δυναμένη ἀνακύψαι

ΣΥΝΛΑΛΕ΄Ω 4921.2

Mt 17 3 Μωυσῆς κ. Ἠλείας συνλαλοῦντες μετ' αὐτοῦ
Mk 9 4 ἦσαν συνλαλοῦντες τῷ Ἰησοῦ
Lu 4 36 συνελάλουν πρὸς ἀλλήλους λέγοντες
9 30 ἄνδρες δύο συνελάλουν αὐτῷ
22 4 ἀπελθὼν συνελάλησεν τ. ἀρχιερεῦσι κ. στρατηγοῖς
Ac 25 12 τότε ὁ Φῆστος συνλαλήσας μετὰ τ. συμβουλίου

ΣΥΝΛΥΠΕ΄ΟΜΑΙ 4921.4

Mk 3 5 συνλυπούμενος ἐπὶ τ. πωρώσει τ. καρδίας αὐτῶν

ΣΥΝΜΑΘΗΤΗ΄Σ * 4827

Jo 11 16 εἶπεν οὖν Θωμᾶς . . . τ. συνμαθηταῖς

ΣΥΝΜΑΡΤΥΡΕ΄Ω * 4828

Ro 2 15 συνμαρτυρούσης αὐτῶν τ. συνειδήσεως
8 16 αὐτὸ τὸ πνεῦμα συνμαρτυρεῖ τ. πνεύματι ἡμῶν
9 1 συνμαρτυρούσης μοι τ. συνειδήσεως ἐν πνεύματι ἁγίῳ

ΣΥΝΜΕΡΙ΄ΖΟΜΑΙ 4829

I Co 9 13 οἱ τ. θυσιαστηρίῳ παρεδρεύοντες τ. θυσιαστηρίῳ συνμερίζονται
συμμερίζονται, T

ΣΥΝΜΕ΄ΤΟΧΟΣ * † 4830

Eph 3 6 εἶναι τὰ ἔθνη . . . συνμέτοχα τ. ἐπαγγελίας
5 7 μὴ οὖν γίνεσθε συνμέτοχοι αὐτῶν

ΣΥΝΜΙΜΗΤΗ΄Σ * † 4831

Phl 3 17 συνμιμηταί μου γίνεσθε ἀδελφοί

ΣΥΝΟΔΕΥ΄Ω † 4922

Ac 9 7 οἱ δὲ ἄνδρες οἱ συνοδεύοντες αὐτῷ εἱστήκεισαν ἐνεοί

ΣΥΝΟΔΙ΄Α 4923

Lu 2 44 νομίσαντες δὲ αὐτὸν εἶναι ἐν τ. συνοδίᾳ

ΣΥ΄ΝΟΙΔΑ *Vide* ΣΥΝΕΙ΄ΔΟΝ, 4894

ΣΥΝΟΙΚΕ΄Ω 4924

I Pe 3 7 οἱ ἄνδρες ὁμοίως συνοικοῦντες κατὰ γνῶσιν

ΣΥΝΟΙΚΟΔΟΜΕ΄Ω ** 4925

Eph 2 22 ἐν ᾧ κ. ὑμεῖς συνοικοδομεῖσθε εἰς κατοικητήριον τ. Θεοῦ ἐν πνεύματι

ΣΥΝΟΜΙΛΕ΄Ω * 4926

Ac 10 27 συνομιλῶν αὐτῷ εἰσῆλθεν

ΣΥΝΟΜΟΡΕ΄Ω * † 4927

Ac 18 7 οὗ ἡ οἰκία ἦν συνομοροῦσα τ. συναγωγῇ

ΣΥΝΟΧΗ΄ 4928

Lu 21 25 ἐπὶ τ. γῆς συνοχὴ ἐθνῶν ἐν ἀπορίᾳ
II Co 2 4 ἐκ γὰρ πολλῆς θλίψεως κ. συνοχῆς καρδίας ἔγραψα ὑμῖν

ΣΥΝΠΑΘΕ΄Ω ** 4834

He 4 15 ἀρχιερέα μὴ δυνάμενον συνπαθῆσαι τ. ἀσθενείαις ἡμῶν
10 34 κ. γὰρ τ. δεσμίοις συνεπαθήσατε

ΣΥΝΠΑΡΑΓΙ΄ΝΟΜΑΙ 4836

Lu 23 48 πάντες οἱ συνπαραγενόμενοι ὄχλοι ἐπὶ τ. θεωρίαν ταύτην

ΣΥΝΠΑΡΑΚΑΛΕ΄ΟΜΑΙ * 4837

Ro 1 12 εἰς τὸ . . . συνπαρακληθῆναι ἐν ὑμῖν διὰ τῆς ἐν ἀλλήλοις πίστεως

ΣΥΝΠΑΡΑΛΑΜΒΑ΄ΝΩ 4838

Ac 12 25 συνπαραλαβόντες Ἰωάνην τ. ἐπικληθέντα Μάρκον
15 37 Βαρνάβας δὲ ἐβούλετο συνπαραλαβεῖν κ. τ. Ἰωάνην
38 Παῦλος δὲ ἠξίου . . . μὴ συνπαραλαμβάνειν τοῦτον
Ga 2 1 ἀνέβην εἰς Ἱεροσόλυμα . . . συνπαραλαβὼν κ. Τίτον

ΣΥΝΠΑ΄ΡΕΙΜΙ 4840

Ac 25 24 Ἀγρίππα βασιλεῦ κ. πάντες οἱ συνπαρόντες ἡμῖν ἄνδρες

ΣΥΝΠΑ΄ΣΧΩ ** 4841

Ro 8 17 εἴπερ συνπάσχομεν ἵνα κ. συνδοξασθῶμεν
I Co 12 26 συνπάσχει πάντα τὰ μέλη

ΣΥΝΠΕ΄ΜΠΩ * 4842

II Co 8 18 συνεπέμψαμεν δὲ μετ' αὐτοῦ τ. ἀδελφόν
22 συνεπέμψαμεν δὲ αὐτοῖς τ. ἀδελφὸν ἡμῶν

ΣΥΝΠΕΡΙΛΑΜΒΑ'ΝΩ 4843

Ac 20 10 ἐπέπεσεν αὐτῷ κ. συνπεριλαβὼν εἶπεν

ΣΥΝΠΙ'ΝΩ 4844

Ac 10 41 οἵτινες συνεφάγομεν κ. συνεπίομεν αὐτῷ

ΣΥΝΠΙ'ΠΤΩ 4098

Lu 6 49 εὐθὺς συνέπεσεν

ΣΥΝΠΛΗΡΟ'Ω 4845

Lu 8 23 συνεπληροῦντο κ. ἐκινδύνευον
9 51 ἐν τῷ συμπληροῦσθαι τ. ἡμέρας τ. ἀναλήμψεως αὐτοῦ
Ac 2 1 ἐν τῷ συνπληροῦσθαι τ. ἡμέραν τ. πεντηκοστῆς

ΣΥΝΠΝΙ'ΓΩ * 4846

Mt 13 22 ἡ ἀπάτη τ. πλούτου συνπνίγει τ. λόγον
Mk 4 7 ἀνέβησαν αἱ ἄκανθαι κ. συνέπνιξαν αὐτό
19 αἱ περὶ τὰ λοιπὰ ἐπιθυμίαι εἰσπορευόμεναι συνπνίγουσιν τ. λόγον
Lu 8 14 ὑπὸ . . . ἡδονῶν τ. βίου πορευόμενοι συνπνίγονται
42 ἐν δὲ τῷ ὑπάγειν αὐτὸν οἱ ὄχλοι συνέπνιγον αὐτόν

ΣΥΝΠΟΛΙ'ΤΗΣ * 4847

Eph 2 19 ἀλλὰ ἐστὲ συνπολῖται τ. ἁγίων

ΣΥΝΠΟΡΕΥ'ΟΜΑΙ 4848

Mk 10 1 συνπορεύονται πάλιν ὄχλοι πρὸς αὐτόν
Lu 7 11 συνεπορεύοντο αὐτῷ οἱ μαθηταὶ αὐτοῦ
14 25 συνεπορεύοντο δὲ αὐτῷ ὄχλοι πολλοί
24 15 αὐτὸς Ἰησοῦς ἐγγίσας συνεπορεύετο αὐτοῖς

ΣΥΝΠΡΕΣΒΥ'ΤΕΡΟΣ * † 4850

1 Pe 5 1 πρεσβυτέρους οὖν ἐν ὑμῖν παρακαλῶ ὁ συνπρεσβύτερος

ΣΥΝΣ *Vide passim* ΣΥΣΣ.

ΣΥ'ΝΣΩΜΟΣ * † 4954

Eph 3 6 εἶναι τὰ ἔθνη συνκληρονόμα κ. σύνσωμα

ΣΥΝΣΤΑΥΡΟ'Ω * † 4957

Mt 27 44 οἱ λησταὶ οἱ συνσταυρωθέντες σὺν αὐτῷ ὠνείδιζον αὐτόν
Mk 15 32 οἱ συνεσταυρωμένοι σὺν αὐτῷ ὠνείδιζον αὐτόν
Jo 19 32 κατέαξαν τὰ σκέλη κ. τ. ἄλλου τ. συνσταυρωθέντος αὐτῷ
Ro 6 6 ὁ παλαιὸς ἡμῶν ἄνθρωπος συνεσταυρώθη
Ga 2 19 Χριστῷ συνεσταύρωμαι

ΣΥΝΣΤΕ'ΛΛΩ 4958

Ac 5 6 ἀναστάντες δὲ οἱ νεώτεροι συνέστειλαν αὐτόν
1 Co 7 29 ὁ καιρὸς συνεσταλμένος ἐστίν

ΣΥΝΣΤΕΝΑ'ΖΩ * 4959

Ro 8 22 πᾶσα ἡ κτίσις συνστενάζει κ. συνωδίνει ἄχρι τοῦ νῦν

ΣΥΝΣΤΟΙΧΕ'Ω * 4960

Ga 4 25 συνστοιχεῖ δὲ τῇ νῦν Ἱερουσαλήμ

ΣΥΝΣΤΡΑΤΙΩ'ΤΗΣ * 4961

Phl 2 25 Ἐπαφρόδιτον τ. ἀδελφὸν . . . κ. συνστρατιώτην μου
Phm 2 Ἀρχίππῳ τῷ συνστρατιώτῃ ἡμῶν

ΣΥΝΣΧΗΜΑΤΙ'ΖΟΜΑΙ * 4964

Ro 12 2 μὴ συνσχηματίζεσθε τ. αἰῶνι τούτῳ
μὴ συνσχηματίζεσθαι, WH mg.
1 Pe 1 14 μὴ συνσχηματιζόμενοι ταῖς πρότερον . . . ἐπιθυμίαις
συσχηματιζόμενοι, T

ΣΥΝΤΑ'ΣΣΩ 4929

Mt 21 6 ποιήσαντες καθὼς συνέταξεν αὐτοῖς ὁ Ἰησοῦς
προσέταξεν, T
26 19 ἐποίησαν οἱ μαθηταὶ ὡς συνέταξεν αὐτοῖς ὁ Ἰησοῦς
27 10 καθὰ συνέταξέν μοι Κύριος, Zech. xi. 13

ΣΥΝΤΕ'ΛΕΙΑ 4930

Mt 13 39 ὁ δὲ θερισμὸς συντέλεια αἰῶνός ἐστιν
40 οὕτως ἔσται ἐν τῇ συντελείᾳ τ. αἰῶνος
49 οὕτως ἔσται ἐν τῇ συντελείᾳ τ. αἰῶνος
24 3 τί τὸ σημεῖον τῆς . . . συντελείας τ. αἰῶνος
28 20 μεθ' ὑμῶν εἰμὶ πάσας τ. ἡμέρας ἕως τ. συντελείας τ. αἰῶνος
He 9 26 νυνὶ δὲ ἅπαξ ἐπὶ συντελείᾳ τ. αἰώνων

ΣΥΝΤΕΛΕ'Ω 4931

Mk 13 4 ὅταν μέλλῃ ταῦτα συντελεῖσθαι πάντα
Lu 4 2 συντελεσθεισῶν αὐτῶν ἐπείνασεν
13 συντελέσας πάντα πειρασμὸν ὁ διάβολος ἀπέστη
Jo 2 3 ὅτι συνετελέσθη ὁ οἶνος τ. γάμου
—h. v., WH non mg. R
Ac 21 27 ὡς δὲ ἔμελλον αἱ ἑπτὰ ἡμέραι συντελεῖσθαι
Ro 9 28 λόγον γὰρ συντελῶν κ. συντέμνων ποιήσει Κύριος

כִּי כָלָה וְנֶחֱרָצָה אֲדֹנָי יְהוִה צְבָאוֹת עֹשֶׂה

Is. x. 23

He 8 8 συντελέσω ἐπὶ τ. οἶκον Ἰσραὴλ . . . διαθήκην καινήν

כָּרַתִּי אֶת־בֵּית יִשְׂרָאֵל . . . בְּרִית חֲדָשָׁה

Jer. xxxi. 31

ΣΥΝΤΕ'ΜΝΩ 4932

Ro 9 28 λόγον γὰρ συντελῶν κ. συντέμνων ποιήσει Κύριος, Is. *l.c.*

ΣΥΝΤΗΡΕ'Ω 4933

Mt 9 17 ἀμφότεροι συντηροῦνται
Mk 6 20 ἐφοβεῖτο τ. Ἰωάνην . . . κ. συνετήρει αὐτόν
Lu 2 19 ἡ δὲ Μαρία πάντα συνετήρει τὰ ῥήματα ταῦτα

ΣΥΝΤΙ'ΘΕΜΑΙ 4934 cf. 4901.5

Lu 22 5 συνέθεντο αὐτῷ ἀργύριον δοῦναι
Jo 9 22 ἤδη γὰρ συνετέθειντο οἱ Ἰουδαῖοι
Ac 23 20 οἱ Ἰουδαῖοι συνέθεντο τοῦ ἐρωτῆσαί σε

ΣΥΝΤΟ'ΜΩΣ 4935

Ac 24 4 ἀκοῦσαί σε ἡμῶν συντόμως τ. σῇ ἐπιεικείᾳ

ΣΥΝΤΡΕ´ΧΩ 4936

Mk 6 33 πεζῇ ἀπὸ πασῶν τ. πόλεων συνέδραμον ἐκεῖ
Ac 3 11 συνέδραμεν πᾶς ὁ λαὸς πρὸς αὐτούς
1 Pe 4 4 μὴ συντρεχόντων ὑμῶν εἰς τ. αὐτὴν τ. ἀσωτίας ἀνάχυσιν

ΣΥΝΤΡΙ´ΒΩ 4937

Mt 12 20 κάλαμον συντετριμμένον οὐ κατεάξει
קָנֶה רָצוּץ לֹא יִשְׁבּוֹר, Is. xlii. 3
Mk 5 4 τ. πέδας συντετρίφθαι
14 3 συντρίψασα τὴν ἀλάβαστρον κατέχεεν αὐτοῦ τ. κεφαλῆς
Lu 9 39 μόλις ἀποχωρεῖ ἀπ' αὐτοῦ συντρῖβον αὐτόν
Jo 19 36 ὀστοῦν οὐ συντριβήσεται αὐτοῦ
כָּל־עַצְמֹתָיו אַחַת מֵהֵנָּה לֹא נִשְׁבָּרָה, Ps. xxxiv. 21
Ro 16 20 ὁ δὲ Θεὸς τ. εἰρήνης συντρίψει τ. Σατανᾶν
Re 2 27 ὡς τὰ σκεύη τὰ κεραμικὰ συντρίβεται

ΣΥ´ΝΤΡΙΜΜΑ 4938

Ro 3 16 σύντριμμα κ. ταλαιπωρία ἐν ταῖς ὁδοῖς αὐτῶν
שֹׁד וָשֶׁבֶר בִּמְסִלּוֹתָם, Is. lix. 7

ΣΥ´ΝΤΡΟΦΟΣ 4939

Ac 13 1 Μαναήν τε Ἡρῴδου τ. τετραάρχου σύντροφος

ΣΥΝΤΥΓΧΑ´ΝΩ ** 4940

Lu 8 19 οὐκ ἠδύναντο συντυχεῖν αὐτῷ διὰ τ. ὄχλον

ΣΥΝΤΥ´ΧΗ 4941

Phl 4 2 Εὐοδίαν παρακαλῶ κ. Συντύχην παρακαλῶ

ΣΥΝΥΠΟΚΡΙ´ΝΟΜΑΙ * 4942

Ga 2 13 συνυπεκρίθησαν αὐτῷ κ. οἱ λοιποὶ Ἰουδαῖοι

ΣΥΝΥΠΟΥΡΓΕ´Ω * 4943

II Co 1 11 συνυπουργούντων κ. ὑμῶν ὑπὲρ ἡμῶν τ. δεήσει

ΣΥ´ΝΦΗΜΙ * 4943.2

Ro 7 16 σύνφημι τ. νόμῳ ὅτι καλός

ΣΥΝΦΥ´ΟΜΑΙ ** 4943.5

Lu 8 7 συνφυεῖσαι αἱ ἄκανθαι ἀπέπνιξαν αὐτό

ΣΥΝΧΑΙ´ΡΩ 4796

Lu 1 58 συνέχαιρον αὐτῇ
15 6 συνχάρητέ μοι ὅτι εὗρον τὸ πρόβατόν μου
9 συνχάρητέ μοι ὅτι εὗρον τ. δραχμήν
I Co 12 26 συνχαίρει πάντα τὰ μέλη
13 6 συνχαίρει δὲ τ. ἀληθείᾳ
Phl 2 17 χαίρω κ. συνχαίρω πᾶσιν ὑμῖν·
18 τὸ δὲ αὐτὸ κ. ὑμεῖς χαίρετε κ. συνχαίρετέ μοι

ΣΥΝΧΕ´Ω 4797 cf. 4797.5

Cf. συνχύννω

Ac 21 27 οἱ ἀπὸ τ. Ἀσίας Ἰουδαῖοι . . . συνέχεον πάντα τ. ὄχλον

ΣΥΝΧΡΑ´ΟΜΑΙ ** 4798

Jo 4 9 οὐ γὰρ συνχρῶνται Ἰουδαῖοι Σαμαρείταις —h. v., T [WH] R mg.

ΣΥΝΧΥ´ΝΝΩ * † 4797.5 cf. 4797

Ac 2 6 συνῆλθεν τὸ πλῆθος κ. συνεχύθη
9 22 συνέχυννεν Ἰουδαίους τ. κατοικουντας ἐν Δαμασκῷ
19 32 ἦν γὰρ ἡ ἐκκλησία συνκεχυμένη
21 31 ὅτι ὅλη συνχύννεται Ἰερουσαλήμ

ΣΥ´ΝΨΥΧΟΣ * † 4797.8

Phl 2 2 σύνψυχοι τὸ ἓν φρονοῦντες

ΣΥΝΩΔΙ´ΝΩ * 4944

Ro 8 22 πᾶσα ἡ κτίσις συνστενάζει κ. συνωδίνει ἄχρι τοῦ νῦν

ΣΥΝΩΜΟΣΙ´Α ** 4945

Ac 23 13 πλείους τεσσεράκοντα οἱ ταύτην τ. συνωμοσίαν ποιησάμενοι

ΣΥΡΑ´ΚΟΥΣΑΙ 4946

Ac 28 12 καταχθέντες εἰς Συρακούσας ἐπεμείναμεν

ΣΥΡΙ´Α 4947

Mt 4 24 ἀπῆλθεν ἡ ἀκοὴ αὐτοῦ εἰς ὅλην τ. Συρίαν
Lu 2 2 ἡγεμονεύοντος τ. Συρίας Κυρηνίου
Ac 15 23 τοῖς κατὰ τ. Ἀντιόχειαν κ. Συρίαν κ. Κιλικίαν ἀδελφοῖς
41 διήρχετο δὲ τ. Συρίαν κ. τ. Κιλικίαν
18 18 ὁ δὲ Παῦλος . . . ἐξέπλει εἰς τ. Συρίαν
20 3 μέλλοντι ἀνάγεσθαι εἰς τ. Συρίαν
21 3 ἐπλέομεν εἰς Συρίαν
Ga 1 21 ἔπειτα ἦλθον εἰς τὰ κλίματα τ. Συρίας κ. τ. Κιλικίας

ΣΥ´ΡΟΣ 4948

Mk 7 26 ἡ δὲ γυνὴ ἦν Ἑλληνὶς Σύρα Φοινίκισσα τ. γένει
Συροφοινίκισσα, TWH non mg. R
Lu 4 27 εἰ μὴ Ναιμὰν ὁ Σύρος

4949 **ΣΥΡΟΦΟΙΝΙ´ΚΙΣΣΑ** cf. 5403.5

Mk 7 26 ἡ δὲ γυνὴ ἦν Ἑλληνὶς Συροφοινίκισσα τ. γένει
Σύρα Φοινίκισσα, WH mg.

ΣΥ´ΡΤΙΣ 4950

Ac 27 17 φοβούμενοί τε μὴ εἰς τ. Σύρτιν ἐκπέσωσιν

ΣΥ´ΡΩ 4951

Jo 21 8 σύροντες τὸ δίκτυον τ. ἰχθύων
Ac 8 3 σύρων τε ἄνδρας κ. γυναῖκας παρεδίδου εἰς φυλακήν
14 19 λιθάσαντες τ. Παῦλον ἔσυρον ἔξω τ. πόλεως
17 6 ἔσυρον Ἰάσονα κ. τινας ἀδελφοὺς ἐπὶ τ. πολιτάρχας
Re 12 4 ἡ οὐρὰ αὐτοῦ σύρει τὸ τρίτον τ. ἀστέρων τ. οὐρανοῦ

ΣΥΣΠΑΡΑ´ΣΣΩ * † 4952

Mk 9 20 τὸ πνεῦμα εὐθὺς συνεσπάραξεν αὐτόν
Lu 9 42 ἔρρηξεν αὐτὸν τὸ δαιμόνιον κ. συνεσπάραξεν

ΣΥ΄ΣΣΗΜΟΝ 4953

Mk 14 44 δεδώκει δὲ ὁ παραδιδοὺς αὐτὸν σύσσημον αὐτοῖς
σύνσημον, T

ΣΥΣΤΑΤΙΚΟ΄Σ * 4956

II Co 3 1 ἢ μὴ χρῄζομεν . . . συστατικῶν ἐπιστολῶν πρὸς ὑμᾶς ἢ ἐξ ὑμῶν

ΣΥΣΤΡΕ΄ΦΩ 4962

Mt 17 22 συστρεφομένων δὲ αὐτῶν ἐν τ. Γαλιλαίᾳ
ἀναστρεφομένων, R non mg.
Ac 28 3 συστρέψαντος δὲ τ. Παύλου φρυγάνων τι πλῆθος

ΣΥΣΤΡΟΦΗ΄ 4963

Ac 19 40 ἀποδοῦναι λόγον περὶ τ. συστροφῆς ταύτης
23 12 ποιήσαντες συστροφὴν οἱ Ἰουδαῖοι

ΣΥΧΑ΄Ρ 4965

Jo 4 5 ἔρχεται οὖν εἰς πόλιν τ. Σαμαρίας λεγομένην Συχάρ

ΣΥΧΕ΄Μ 4966

Ac 7 16 μετετέθησαν εἰς Συχέμ
16 ᾧ ὠνήσατο Ἀβραὰμ . . . παρὰ τ. υἱῶν Ἑμμὼρ ἐν Συχέμ

ΣΦΑΓΗ΄ 4967

Ac 8 32 ὡς πρόβατον ἐπὶ σφαγὴ ἤχθη
כַּשֶּׂה לַטֶּבַח יוּבָל, Is. liii. 7
Ro 8 36 ἐλογίσθημεν ὡς πρόβατα σφαγῆς
נֶחְשַׁבְנוּ כְּצֹאן טִבְחָה, Ps. xliv. 23
Ja 5 5 ἐθρέψατε τ. καρδίας ὑμῶν ἐν ἡμέρᾳ σφαγῆς

ΣΦΑ΄ΓΙΟΝ 4968

Ac 7 42 μὴ σφάγια κ. θυσίας προσηνέγκατέ μοι
הַזְּבָחִים וּמִנְחָה הִגַּשְׁתֶּם־לִי, Am. v. 25

ΣΦΑ΄ΖΩ 4969

I Jo 3 12 οὐ καθὼς Καὶν . . . ἔσφαξεν τ. ἀδελφὸν αὐτοῦ· κ. χάριν τίνος ἔσφαξεν αὐτόν;
Re 5 6 εἶδον . . . ἀρνίον ἑστηκὸς ὡς ἐσφαγμένον
9 ὅτι ἐσφάγης κ. ἠγόρασας Θεῷ
12 ἄξιόν ἐστιν τὸ ἀρνίον τὸ ἐσφαγμένον
6 4 ἵνα ἀλλήλους σφάξουσιν
9 εἶδον . . . τ. ψυχὰς τ. ἐσφαγμένων διὰ τ. λόγον τ. Θεοῦ
13 3 μίαν ἐκ τ. κεφαλῶν αὐτοῦ ὡς ἐσφαγμένην εἰς θάνατον
8 τ. ἀρνίου τ. ἐσφαγμένου ἀπὸ καταβολῆς κόσμου
18 24 αἷμα προφητῶν κ. ἁγίων εὑρέθη κ. πάντων τ. ἐσφαγμένων ἐπὶ τ. γῆς

ΣΦΟ΄ΔΡΑ 4970

Mt 2 10 ἐχάρησαν χαρὰν μεγάλην σφόδρα
17 6 ἀκούσαντες οἱ μαθηταὶ . . . ἐφοβήθησαν σφόδρα
23 κ. ἐλυπήθησαν σφόδρα
18 31 ἰδόντες οὖν οἱ σύνδουλοι αὐτοῦ . . . ἐλυπήθησαν σφόδρα
19 25 ἀκούσαντες δὲ οἱ μαθηταὶ ἐξεπλήσσοντο σφόδρα
26 22 λυπούμενοι σφ. ἤρξαντο λέγειν αὐτῷ
27 54 ἰδόντες τ. σεισμὸν . . . ἐφοβήθησαν σφόδρα
Mk 16 4 ἦν γὰρ μέγας σφόδρα
Lu 18 23 ἦν γὰρ πλούσιος σφόδρα
Ac 6 7 ἐπληθύνετο ὁ ἀριθμὸς τ. μαθητῶν ἐν Ἱερουσαλὴμ σφόδρα
Re 16 21 ὅτι μεγάλη ἐστὶν ἡ πληγὴ αὐτῆς σφόδρα

ΣΦΟΔΡΩ͂Σ 4971

Ac 27 18 σφοδρῶς δὲ χειμαζομένων ἡμῶν

ΣΦΡΑΓΙ΄ΖΩ 4972

Mt 27 66 σφραγίσαντες τ. λίθον μετὰ τ. κουστωδίας
Jo 3 33 ὁ λαβὼν αὐτοῦ τ. μαρτυρίαν ἐσφράγισεν
6 27 τοῦτον γὰρ ὁ πατὴρ ἐσφράγισεν ὁ Θεός
Ro 15 28 σφραγισάμενος αὐτοῖς τ. καρπὸν τοῦτον
II Co 1 22 ὁ κ. σφραγισάμενος ἡμᾶς
Eph 1 13 ἐσφραγίσθητε τ. πνεύματι τ. ἐπαγγελίας τ. ἁγίῳ
4 30 ἐν ᾧ ἐσφραγίσθητε εἰς ἡμέραν ἀπολυτρώσεως
Re 7 3 ἄχρι σφραγίσωμεν τ. δούλους τ. Θεοῦ ἡμῶν ἐπὶ τ. μετώπων αὐτῶν.
4 κ. ἤκουσα τ. ἀριθμὸν τ. ἐσφραγισμένων
4 ἐσφραγισμένοι ἐκ πάσης φυλῆς υἱῶν Ἰσραήλ·
5 ἐκ φυλῆς Ἰούδα δώδεκα χιλιάδες ἐσφραγισμένοι
8 ἐκ φυλῆς Βενιαμεὶν δώδεκα χιλιάδες ἐσφραγισμένοι
10 4 σφράγισον ἃ ἐλάλησαν αἱ ἑπτὰ βρονταί
20 3 ἐσφράγισεν ἐπάνω αὐτοῦ
22 10 μὴ σφραγίσῃς τ. λόγους τ. προφητείας

ΣΦΡΑΓΙ΄Σ 4973

Ro 4 11 σημεῖον ἔλαβεν περιτομῆς σφραγῖδα τ. δικαιοσύνης τ. πίστεως
I Co 9 2 ἡ γὰρ σφραγίς μου τ. ἀποστολῆς ὑμεῖς ἐστέ
II Ti 2 19 ἔχων τ. σφραγῖδα ταύτην
Re 5 1 βιβλίον . . . κατεσφραγισμένον σφραγῖσιν ἑπτά
2 τίς ἄξιος . . . λῦσαι τ. σφραγῖδας αὐτοῦ;
5 ἀνοῖξαι τὸ βιβλίον κ. τὰς ἑπτὰ σφραγῖδας αὐτοῦ
9 ἄξιος εἶ . . . ἀνοῖξαι τ. σφραγῖδας αὐτοῦ
6 1 ὅτε ἤνοιξεν τὸ ἀρνίον μίαν ἐκ τ. ἑπτὰ σφραγίδων
3 ὅτε ἤνοιξεν τ. σφραγῖδα τ. δευτέραν
5 ὅτε ἤνοιξεν τ. σφραγῖδα τ. τρίτην
7 ὅτε ἤνοιξεν τ. σφραγῖδα τ. τετάρτην
9 ὅτε ἤνοιξεν τ. πέμπτην σφραγῖδα
12 ὅτε ἤνοιξεν τ. σφραγῖδα τ. ἕκτην
7 2 ἄλλον ἄγγελον . . . ἔχοντα σφραγῖδα Θεοῦ ζῶντος
8 1 ὅταν ἤνοιξεν τ. σφραγῖδα τ. ἑβδόμην
9 4 οἵτινες οὐκ ἔχουσιν τ. σφραγῖδα τ. Θεοῦ

ΣΦΥΔΡΟ΄Ν * † 4974

Ac 8 7 ἐστερεώθησαν αἱ βάσεις αὐτοῦ κ. τὰ σφυδρά

ΣΦΥΡΙ΄Σ * 4974.5

σπυρίς, T

Mt 15 37 τὸ περισσεῦον τ. κλασμάτων ἑπτὰ σφυρίδας πλήρεις
16 10 κ. πόσας σφυρίδας ἐλάβετε;

Mk 8 8 ἦραν περισσεύματα κλασμάτων ἑπτὰ σφυρίδας
20 πόσων σφυρίδων πληρώματα κλασμάτων ἤρατε;
Ac 9 25 καθῆκαν αὐτὸν χαλάσαντες ἐν σφυρίδι

ΣΧΕΔΌΝ ** 4975

Ac 13 44 σχεδὸν πᾶσα ἡ πόλις συνήχθη
19 26 οὐ μόνον Ἐφέσου ἀλλὰ σχ. πάσης τ. Ἀσίας
He 9 22 σχεδὸν ἐν αἵματι πάντα καθαρίζεται κατὰ τ. νόμον

ΣΧΗ͂ΜΑ 4976

I Co 7 31 παράγει γὰρ τὸ σχῆμα τ. κόσμου τούτου
Phl 2 7 σχήματι εὑρεθεὶς ὡς ἄνθρωπος

ΣΧΊΖΩ 4977

Mt 27 51 τὸ καταπέτασμα τ. ναοῦ ἐσχίσθη . . . εἰς δύο· κ. ἡ γῆ ἐσείσθη κ. αἱ πέτραι ἐσχίσθησαν
Mk 1 10 εἶδεν σχιζομένους τ. οὐρανούς
15 38 τὸ καταπέτασμα τ. ναοῦ ἐσχίσθη εἰς δύο
Lu 5 36 οὐδεὶς ἐπίβλημα ἀπὸ ἱματίου καινοῦ σχίσας
36 εἰ δὲ μήγε κ. τὸ καινὸν σχίσει
23 45 ἐσχίσθη δὲ τὸ καταπέτασμα τ. ναοῦ μέσον
Jo 19 24 μὴ σχίσωμεν αὐτόν
21 11 τοσούτων ὄντων οὐκ ἐσχίσθη τὸ δίκτυον
Ac 14 4 ἐσχίσθη δὲ τὸ πλῆθος τ. πόλεως
23 7 ἐσχίσθη τὸ πλῆθος

ΣΧΊΣΜΑ * 4978

Mt 9 16 χεῖρον σχίσμα γίνεται
Mk 2 21 χεῖρον σχίσμα γίνεται
Jo 7 43 σχίσμα οὖν ἐγένετο ἐν τ. ὄχλῳ δι' αὐτόν
9 16 σχίσμα ἦν ἐν αὐτοῖς
10 19 σχίσμα πάλιν ἐγένετο ἐν τ. Ἰουδαίοις
I Co 1 10 ἵνα . . . μὴ ᾖ ἐν ὑμῖν σχίσματα
11 18 ἀκούω σχίσματα ἐν ὑμῖν ὑπάρχειν
12 25 ἵνα μὴ ᾖ σχίσμα ἐν τ. σώματι
σχίσματα, T

ΣΧΟΙΝΊΟΝ 4979

Jo 2 15 ποιήσας φραγέλλιον ἐκ σχοινίων
Ac 27 32 ἀπέκοψαν οἱ στρατιῶται τὰ σχοινια τ. σκάφης

ΣΧΟΛΆΖΩ 4980

Mt 12 44 ἐλθὸν εὑρίσκει σχολάζοντα κ. σεσαρωμένον
Lu 11 25 ἐλθὸν εὑρίσκει σχολάζοντα σεσαρωμένον
—σχολάζ., T [WH] R
I Co 7 5 ἵνα σχολάσητε τ. προσευχῇ

ΣΧΟΛΉ 4981

Ac 19 9 καθ' ἡμέραν διαλεγόμενος ἐν τ. σχολῇ Τυράννου

ΣΏΖΩ 4982

(1) οἱ σωζόμενοι

Mt 1 21 αὐτὸς γὰρ σώσει τ. λαὸν αὐτοῦ ἀπὸ τ. ἁμαρτιῶν αὐτῶν
8 25 Κύριε σῶσον ἀπολλύμεθα
9 21 ἐὰν μόνον ἅψωμαι τ. ἱματίου αὐτοῦ σωθήσομαι
22 ἡ πίστις σου σέσωκέν σε.
κ. ἐσώθη ἡ γυνὴ ἀπὸ τ. ὥρας ἐκείνης
10 22 ὁ δὲ ὑπομείνας εἰς τέλος οὗτος σωθήσεται
14 30 Κύριε σῶσόν με
Mt 16 25 ὃς γὰρ ἐὰν θέλῃ τ. ψυχὴν αὐτοῦ σῶσαι
18 11 ἦλθεν γὰρ ὁ υἱὸς τ. ἀνθρώπου σῶσαι τὸ ἀπολωλός
—h. v., TWHR non mg.
19 25 τίς ἄρα δύναται σωθῆναι;
24 13 ὁ δὲ ὑπομείνας εἰς τέλος οὗτος σωθήσεται
22 οὐκ ἂν ἐσώθη πᾶσα σάρξ
27 40 ὁ καταλύων τ. ναὸν . . . σῶσον σεαυτόν
42 ἄλλους ἔσωσεν ἑαυτὸν οὐ δύναται σῶσαι
σῶσαι; R mg.
49 ἴδωμεν εἰ ἔρχεται Ἠλείας σώσων αὐτόν
Mk 3 4 ἔξεστιν τ. σάββασιν . . . ψυχὴν σῶσαι ἢ ἀποκτεῖναι;
5 23 ἵνα σωθῇ κ. ζήσῃ
28 ἐὰν ἅψωμαι κἂν τ. ἱματίων αὐτοῦ σωθήσομαι
34 ἡ πίστις σου σέσωκέν σε
6 56 ὅσοι ἂν ἥψαντο αὐτοῦ ἐσῴζοντο
8 35 ὃς γὰρ ἐὰν θέλῃ τὴν ἑαυτοῦ ψυχὴν σῶσαι
35 ὃς δ' ἂν ἀπολέσει . . . σώσει αὐτήν
10 26 κ. τίς δύναται σωθῆναι;
52 ἡ πίστις σου σέσωκέν σε
13 13 ὁ δὲ ὑπομείνας εἰς τέλος οὗτος σωθήσεται
20 οὐκ ἂν ἐσώθη πᾶσα σάρξ
15 30 σῶσον σεαυτὸν καταβὰς ἀπὸ τ. σταυροῦ
31 ἄλλους ἔσωσεν ἑαυτὸν οὐ δύναται σῶσαι
σῶσαι; R mg.
16 [16 ὁ πιστεύσας κ. βαπτισθεὶς σωθήσεται
Lu 6 9 ἔξεστιν τ. σαββάτῳ . . . ψυχὴν σῶσαι ἢ ἀπολέσαι;
7 50 ἡ πίστις σου σέσωκέν σε
8 12 ἵνα μὴ πιστεύσαντες σωθῶσιν
36 ἀπήγγειλαν δὲ . . . πῶς ἐσώθη ὁ δαιμονισθείς
48 ἡ πίστις σου σέσωκέν σε
50 μόνον πίστευσον κ. σωθήσεται
9 24 ὃς γὰρ ἂν θέλῃ τ. ψυχὴν αὐτοῦ σῶσαι
24 ὃς δ' ἂν ἀπολέσῃ . . . οὗτος σώσει αὐτήν
56 οὐκ ἦλθεν ψυχὰς ἀνθρώπων ἀπολέσαι ἀλλὰ σῶσαι
—h. v., TWH [WH mg.] R non mg.
13 23 [1] Κύριε εἰ ὀλίγοι οἱ σωζόμενοι;
17 19 ἡ πίστις σου σέσωκέν σε
18 26 κ. τίς δύναται σωθῆναι;
42 ἡ πίστις σου σέσωκέν σε
19 10 ἦλθεν γὰρ ὁ υἱὸς τ. ἀνθρώπου . . . σῶσαι τὸ ἀπολωλός
23 35 ἄλλους ἔσωσεν σωσάτω ἑαυτόν
37 εἰ σὺ εἶ ὁ βασιλεὺς τ. Ἰουδαίων σῶσον σεαυτόν
39 οὐχὶ σὺ εἶ ὁ Χριστός; σῶσον σεαυτὸν κ. ἡμᾶς
Jo 3 17 ἵνα σωθῇ ὁ κόσμος δι' αὐτοῦ
5 34 ταῦτα λέγω ἵνα ὑμεῖς σωθῆτε
10 9 δι' ἐμοῦ ἐάν τις εἰσέλθῃ σωθήσεται
11 12 εἰ κεκοίμηται σωθήσεται
12 27 πάτερ σῶσόν με ἐκ τ. ὥρας ταύτης
47 ἦλθον . . . ἵνα σώσω τ. κόσμον
Ac 2 21 πᾶς ὃς ἐὰν ἐπικαλέσηται τὸ ὄνομα Κυρίου σωθήσεται
כֹּל אֲשֶׁר־יִקְרָא בְּשֵׁם־יְהוָה יִמָּלֵט, Joel iii. 5
40 σώθητε ἀπὸ τ. γενεᾶς τ. σκολιᾶς ταύτης
47 [1] προσετίθει τ. σωζομένους καθ' ἡμέραν ἐπὶ τὸ αὐτό
4 9 ἐν τίνι οὗτος σέσωσται
σέσωται, T

Ac 4 12 ἐν ᾧ δεῖ σωθῆναι ἡμᾶς
11 14 ἐν οἷς σωθήσῃ σὺ κ. πᾶς ὁ οἶκός σου
14 9 ἰδὼν ὅτι ἔχει πίστιν τοῦ σωθῆναι
15 1 ἐὰν μὴ περιτμηθῆτε τ. ἔθει τῷ Μωυσέως οὐ δύνασθε σωθῆναι
11 διὰ τ. χάριτος τ. Κυρίου Ἰησοῦ πιστεύομεν σωθῆναι
16 30 κύριοι τί με δεῖ ποιεῖν ἵνα σωθῶ
31 πίστευσον . . . κ. σωθήσῃ σὺ κ. ὁ οἶκός σου
27 20 περιῃρεῖτο ἐλπὶς πᾶσα τοῦ σῴζεσθαι ἡμᾶς
31 ἐὰν μὴ οὗτοι μείνωσιν ἐν τ. πλοίῳ ὑμεῖς σωθῆναι οὐ δύνασθε
Ro 5 9 σωθησόμεθα δι' αὐτοῦ ἀπὸ τ. ὀργῆς
10 καταλλαγέντες σωθησόμεθα ἐν τ. ζωῇ αὐτοῦ
8 24 τῇ γὰρ ἐλπίδι ἐσώθημεν
9 27 τὸ ὑπόλειμμα σωθήσεται
שְׁאָר יָשׁוּב בּוֹ, Is. x. 22
10 9 ἐὰν ὁμολογήσῃς . . . κ. πιστεύσῃς . . . σωθήσῃ
13 πᾶς γὰρ ὃς ἂν ἐπικαλέσηται τὸ ὄνομα Κυρίου σωθήσεται, Joel, *l.c.*
11 14 εἴ πως . . . σώσω τινὰς ἐξ αὐτῶν
26 οὕτως πᾶς Ἰσραὴλ σωθήσεται
I Co 1 18 [1] τ. δὲ σωζομένοις ἡμῖν δύναμις Θεοῦ ἐστίν
21 διὰ τ. μωρίας τ. κηρύγματος σῶσαι τ. πιστεύοντας
3 15 αὐτὸς δὲ σωθήσεται οὕτως δὲ ὡς διὰ πυρός
5 5 ἵνα τὸ πνεῦμα σωθῇ ἐν τ. ἡμέρᾳ τ. Κυρίου
7 16 τί γὰρ οἶδας γύναι εἰ τ. ἄνδρα σώσεις;
ἢ τί οἶδας ἄνερ εἰ τ. γυναῖκα σώσεις;
9 22 ἵνα πάντως τινὰς σώσω
10 33 ἀλλὰ τὸ τ. πολλῶν ἵνα σωθῶσιν
15 2 δι' οὗ κ. σῴζεσθε
II Co 2 15 [1] Χριστοῦ εὐωδία ἐσμὲν τ. Θεῷ ἐν τ. σωζομένοις κ. ἐν τ. ἀπολλυμένοις
Eph 2 5 χάριτί ἐστε σεσωσμένοι
8 τῇ γὰρ χάριτί ἐστε σεσωσμένοι διὰ πίστεως
I Th 2 16 κωλυόντων ἡμᾶς τ. ἔθνεσι λαλῆσαι ἵνα σωθῶσιν
II Th 2 10 τ. ἀγάπην τ. ἀληθείας οὐκ ἐδέξαντο εἰς τὸ σωθῆναι αὐτούς
I Ti 1 15 Χριστὸς Ἰησοῦς ἦλθεν εἰς τ. κόσμον ἁμαρτωλοὺς σῶσαι
2 4 ὃς πάντας ἀνθρώπους θέλει σωθῆναι
15 σωθήσεται δὲ διὰ τ. τεκνογονίας
4 16 κ. σεαυτὸν σώσεις κ. τ. ἀκούοντάς σου
II Ti 1 9 κατὰ δύναμιν Θεοῦ τ. σώσαντος ἡμᾶς
4 18 σώσει εἰς τ. βασιλείαν αὐτοῦ τὴν ἐπουράνιον
Tit 3 5 κατὰ τὸ αὐτοῦ ἔλεος ἔσωσεν ἡμᾶς
He 5 7 πρὸς τ. δυνάμενον σῴζειν αὐτὸν ἐκ θανάτου
7 25 ὅθεν κ. σῴζειν εἰς τὸ παντελὲς δύναται
Ja 1 21 τ. ἔμφυτον λόγον τ. δυνάμενον σῶσαι τ. ψυχὰς ὑμῶν
2 14 μὴ δύναται ἡ πίστις σῶσαι αὐτόν;
4 12 εἷς ἐστὶν νομοθέτης κ. κριτὴς ὁ δυνάμενος σῶσαι κ. ἀπολέσαι
5 15 ἡ εὐχὴ τ. πίστεως σώσει τ. κάμνοντα
20 σώσει ψυχὴν αὐτοῦ ἐκ θανάτου
I Pe 3 21 ὃ κ. ὑμᾶς ἀντίτυπον νῦν σῴζει βάπτισμα
4 18 εἰ ὁ δίκαιος μόλις σῴζεται
הֵן צַדִּיק בָּאָרֶץ יְשֻׁלָּם, Pr. xi. 31
Ju 5 Κύριος λαὸν ἐκ γῆς Αἰγύπτου σώσας
23 οὓς δὲ σῴζετε ἐκ πυρὸς ἁρπάζοντες
—οὓς δέ, WH

ΣΩΜΑ 4983

(1) σῶμα . . . πνεῦμα (2) σῶμα . . . ψυχή (3) σῶμ. Ἰησοῦ, Χριστοῦ (4) σῶμ. ἁμαρτίας, σαρκός

Mt 5 29 μὴ ὅλον τὸ σῶμά σου βληθῇ εἰς γέενναν
30 μὴ ὅλον τὸ σῶμά σου εἰς γέενναν ἀπέλθῃ
6 22 ὁ λύχνος τ. σώματός ἐστιν ὁ ὀφθαλμός
22 ὅλον τὸ σῶμά σου φωτεινὸν ἔσται
23 ὅλον τὸ σῶμά σου σκοτεινὸν ἔσται
25 [2] μὴ μεριμνᾶτε . . . τ. σώματι ὑμῶν τί ἐνδύσησθε.
[2] οὐχὶ ἡ ψυχὴ πλεῖόν ἐστιν τ. τροφῆς κ. τὸ σῶμα τ. ἐνδύματος;
10 28 μὴ φοβηθῆτε ἀπὸ τ. ἀποκτεινόντων τὸ σῶμα
28 [2] φοβεῖσθε δὲ μᾶλλον τ. δυνάμενον κ. ψυχὴν κ. σῶμα ἀπολέσαι ἐν γεέννῃ
26 12 βαλοῦσα γὰρ αὕτη τὸ μύρον τοῦτο ἐπὶ τ. σώματός μου
26 τοῦτό ἐστιν τὸ σῶμά μου
27 52 πολλὰ σώματα τ. κεκοιμημένων ἁγίων ἠγέρθησαν
58 [3] οὗτος . . . ᾐτήσατο τὸ σῶμα τοῦ Ἰησοῦ
59 λαβὼν τὸ σῶμα ὁ Ἰωσήφ
Mk 5 29 ἔγνω τ. σώματι ὅτι ἴαται
14 8 προέλαβεν μυρίσαι τὸ σῶμά μου εἰς τ. ἐνταφιασμόν
μου τὸ σῶμ., T
22 τοῦτό ἐστιν τὸ σῶμά μου
15 43 [3] ᾐτήσατο τὸ σῶμα τοῦ Ἰησοῦ
Lu 11 34 ὁ λύχνος τ. σώματός ἐστιν ὁ ὀφθαλμός σου
34 ὅλον τὸ σῶμά σου φωτεινόν ἐστιν
34 τὸ σῶμά σου σκοτεινόν
36 εἰ οὖν τὸ σῶμά σου ὅλον φωτεινόν
12 4 μὴ φοβηθῆτε ἀπὸ τ. ἀποκτεινόντων τὸ σῶμα
22 [2] μὴ μεριμνᾶτε . . . τῷ σώματι ὑμῶν τί ἐνδύσησθε.
23 [2] ἡ γὰρ ψυχὴ πλεῖόν ἐστιν τ. τροφῆς κ. τὸ σῶμα τ. ἐνδύματος
17 37 ὅπου τὸ σῶμα ἐκεῖ κ. οἱ ἀετοὶ ἐπισυναχθήσονται
22 19 τοῦτό ἐστιν τὸ σῶμά μου
23 52 [3] οὗτος . . . ᾐτήσατο τὸ σῶμα τοῦ Ἰησοῦ
55 ἐθεάσαντο . . . ὡς ἐτέθη τὸ σῶμα αὐτοῦ
24 3 [3] εἰσελθοῦσαι δὲ οὐχ εὗρον τὸ σῶμα τ. Κυρίου Ἰησοῦ
23 μὴ εὑροῦσαι τὸ σῶμα αὐτοῦ ἦλθαν
Jo 2 21 ἔλεγεν περὶ τ. ναοῦ τ. σώματος αὐτοῦ
19 31 ἵνα μὴ μείνῃ ἐπὶ τ. σταυροῦ τὰ σώματα ἐν τ. σαββάτῳ
38 [3] ἠρώτησεν . . . ἵνα ἄρῃ τὸ σῶμα τοῦ Ἰησοῦ
38 ἦλθεν οὖν κ. ἦρεν τὸ σῶμα αὐτοῦ
ἦλθον οὖν κ. ἦραν αὐτόν, T
40 [3] ἔλαβον οὖν τὸ σῶμα τοῦ Ἰησοῦ
20 12 [3] ὅπου ἔκειτο τὸ σῶμα τοῦ Ἰησοῦ
Ac 9 40 ἐπιστρέψας πρὸς τὸ σῶμα εἶπεν
Ro 1 24 τοῦ ἀτιμάζεσθαι τὰ σώματα αὐτῶν ἐν αὐτοῖς
4 19 κατενόησεν τὸ ἑαυτοῦ σῶμα ἤδη νενεκρωμένον
6 6 [4] ἵνα καταργηθῇ τὸ σῶμα τ. ἁμαρτίας
12 μὴ οὖν βασιλευέτω ἡ ἁμαρτία ἐν τ. θνητῷ ὑμῶν σώματι
7 4 [3] ἐθανατώθητε τ. νόμῳ διὰ τ. σώματος τ. Χριστοῦ

Ro 7 24 τίς με ῥύσεται ἐκ τ. σώματος τ. θανάτου τούτου
8 10 [1] τὸ μὲν σῶμα νεκρὸν διὰ ἁμαρτίαν
11 ζωοποιήσει κ. τὰ θνητὰ σώματα ὑμῶν
13 [1] εἰ δὲ πνεύματι τ. πράξεις τ. σώματος θανατοῦτε
23 υἱοθεσίαν ἀπεκδεχόμενοι τ. ἀπολύτρωσιν τ. σώματος ἡμῶν
12 1 παραστῆσαι τὰ σώματα ὑμῶν θυσίαν ζῶσαν
4 καθάπερ γὰρ ἐν ἑνὶ σώματι πολλὰ μέλη ἔχομεν
5 οὕτως οἱ πολλοὶ ἓν σῶμά ἐσμεν ἐν Χριστῷ
1 Co 5 3 [1] ἐγὼ μὲν γὰρ ἀπὼν τ. σώματι παρὼν δὲ τ. πνεύματι
6 13 τὸ δὲ σῶμα οὐ τ. πορνείᾳ ἀλλὰ τ. Κυρίῳ κ. ὁ Κύριος τ. σώματι
15 τὰ σώματα ὑμῶν μέλη Χριστοῦ ἐστίν
16 ὁ κολλώμενος τ. πόρνῃ ἓν σῶμά ἐστιν
18 πᾶν ἁμάρτημα . . . ἐκτὸς τ. σώματός ἐστιν· ὁ δὲ πορνεύων εἰς τὸ ἴδιον σῶμα ἁμαρτάνει
19 τὸ σῶμα ὑμῶν ναὸς τοῦ ἐν ὑμῖν ἁγίου πνεύματος
20 δοξάσατε δὴ τ. Θεὸν ἐν τ. σώματι ὑμῶν
7 4 ἡ γυνὴ τ. ἰδίου σώματος οὐκ ἐξουσιάζει
4 ὁμοίως δὲ κ. ὁ ἀνὴρ τ. ἰδίου σώματος οὐκ ἐξουσιάζει
34 [1] ἵνα ᾖ ἁγία κ. τ. σώματι κ. τ. πνεύματι
9 27 ὑπωπιάζω μου τὸ σῶμα κ. δουλαγωγῶ
10 16 [3] οὐχὶ κοινωνία τ. σώματος τ. Χριστοῦ ἐστίν;
17 εἷς ἄρτος ἓν σῶμα οἱ πολλοί ἐσμεν
11 24 τοῦτό μού ἐστιν τὸ σῶμα τὸ ὑπὲρ ὑμῶν
27 [3] ἔνοχος ἔσται τ. σώματος κ. τ. αἵματος τ. Κυρίου
29 μὴ διακρίνων τὸ σῶμα
12 12 καθάπερ γὰρ τὸ σῶμα ἕν ἐστιν
12 πάντα δὲ τὰ μέλη τ. σώματος πολλὰ ὄντα ἕν ἐστιν σῶμα
13 πάντες εἰς ἓν σῶμα ἐβαπτίσθημεν
14 κ. γὰρ τὸ σῶμα οὐκ ἔστιν ἓν μέλος
15 ὅτι οὐκ εἰμὶ χεὶρ οὐκ εἰμὶ ἐκ τ. σώματος· οὐ παρὰ τοῦτο οὐκ ἔστιν ἐκ τ. σώματος
16 ὅτι οὐκ εἰμὶ ὀφθαλμὸς οὐκ εἰμὶ ἐκ τ. σώματος· οὐ παρὰ τοῦτο οὐκ ἔστιν ἐκ τ. σώματος.
17 εἰ ὅλον τὸ σῶμα ὀφθαλμὸς ποῦ ἡ ἀκοή;
18 ἔθετο τὰ μέλη ἓν ἕκαστον αὐτῶν ἐν τ. σώματι
19 εἰ δὲ ἦν τὰ πάντα ἓν μέλος ποῦ τὸ σῶμα;
20 νῦν δὲ πολλὰ μέλη ἓν δὲ σῶμα
22 τὰ δοκοῦντα μέλη τ. σώματος ἀσθενέστερα ὑπάρχειν
23 ἃ δοκοῦμεν ἀτιμότερα εἶναι τ. σώματος
24 ὁ Θεὸς συνεκέρασεν τὸ σῶμα
25 ἵνα μὴ ᾖ σχίσμα ἐν τ. σώματι
27 [3] ὑμεῖς δέ ἐστε σῶμα Χριστοῦ
13 3 κἂν παραδῶ τὸ σῶμά μου ἵνα καυχήσωμαι
15 35 ποίῳ δὲ σώματι ἔρχονται;
37 οὐ τὸ σῶμα τὸ γενησόμενον σπείρεις
38 ὁ δὲ Θεὸς δίδωσιν αὐτῷ σῶμα καθὼς ἠθέλησεν, κ. ἑκάστῳ τ. σπερμάτων ἴδιον σῶμα
40 σώματα ἐπουράνια κ. σώματα ἐπίγεια
44 σπείρεται σῶμα ψυχικόν, ἐγείρεται σῶμα πνευματικόν· εἰ ἔστιν σῶμα ψυχικὸν ἔστιν κ. πνευματικόν

II Co 4 10 τ. νέκρωσιν τοῦ Ἰησοῦ ἐν τ. σώματι περιφέροντες, ἵνα κ. ἡ ζωὴ τ. Ἰησοῦ ἐν τ. σώματι ἡμῶν φανερωθῇ
τ. σώμασιν, T
5 6 ἐνδημοῦντες ἐν τ. σώματι ἐκδημοῦμεν ἀπὸ τ. Κυρίου
8 εὐδοκοῦμεν μᾶλλον ἐκδημῆσαι ἐκ τ. σώματος
10 ἵνα κομίσηται ἕκαστος τὰ διὰ τ. σώματος
10 10 ἡ δὲ παρουσία τ. σώματος ἀσθενής
12 2 εἴτε ἐν σώματι οὐκ οἶδα, εἴτε ἐκτὸς τ. σώματος οὐκ οἶδα
3 εἴτε ἐν σώματι εἴτε χωρὶς τ. σώματος οὐκ οἶδα
Ga 6 17 τὰ στίγματα τ. Ἰησοῦ ἐν τ. σώματί μου βαστάζω
Eph 1 23 ἥτις ἐστὶν τὸ σῶμα αὐτοῦ
2 16 ἵνα . . . ἀποκαταλλάξῃ τ. ἀμφοτέρους ἐν ἑνὶ σώματι τ. Θεῷ
4 4 [1] ἓν σῶμα κ. ἓν πνεῦμα
12 [3] εἰς οἰκοδομὴν τ. σώματος τ. Χριστοῦ
16 ἐξ οὗ πᾶν τὸ σῶμα συναρμολογούμενον
16 τ. αὔξησιν τ. σώματος ποιεῖται εἰς οἰκοδομὴν ἑαυτοῦ ἐν ἀγάπῃ
5 23 αὐτὸς σωτὴρ τοῦ σώματος
28 ἀγαπᾶν τὰς ἑαυτῶν γυναῖκας καθὼς τὰ ἑαυτῶν σώματα
30 ὅτι μέλη ἐσμὲν τ. σώματος αὐτοῦ
Phl 1 20 μεγαλυνθήσεται Χριστὸς ἐν τ. σώματί μου
3 21 ὃς μετασχηματίσει τὸ σῶμα τ. ταπεινώσεως ἡμῶν σύμμορφον τ. σώματι τ. δόξης αὐτοῦ
Col 1 18 αὐτός ἐστιν ἡ κεφαλὴ τ. σώματος τ. ἐκκλησίας
22 [4] ἀποκατήλλαξεν ἐν τ. σώματι τ. σαρκὸς αὐτοῦ
24 ἀνταναπληρῶ τὰ ὑστερήματα . . . ἐν τ. σαρκί μου ὑπὲρ τ. σώματος αὐτοῦ
2 11 [4] ἐν τ. ἀπεκδύσει τ. σώματος τ. σαρκός
17 [3] τὸ δὲ σῶμα τ. Χριστοῦ
19 ἐξ οὗ πᾶν τὸ σῶμα . . . ἐπιχορηγούμενον
23 λόγον μὲν ἔχοντα σοφίας ἐν . . . ἀφειδίᾳ σώματος
3 15 εἰς ἣν κ. ἐκλήθητε ἐν ἑνὶ σώματι
I Th 5 23 [1 2] τὸ πνεῦμα κ. ἡ ψυχὴ κ. τὸ σῶμα ἀμέμπτως ἐν τ. παρουσίᾳ . . . τηρηθείη
He 10 5 σῶμα δὲ κατηρτίσω μοι
אָזְנַיִם כָּרִיתָ לִּי, Ps. xl. 7
10 [3] διὰ τ. προσφορᾶς τ. σώματος Ἰησοῦ Χριστοῦ
22 λελουσμένοι τὸ σῶμα ὕδατι καθαρῷ
13 3 ὡς κ. αὐτοὶ ὄντες ἐν σώματι
11 τούτων τὰ σώματα κατακαίεται ἔξω τ. παρεμβολῆς
Ja 2 16 μὴ δῶτε δὲ αὐτοῖς τὰ ἐπιτήδεια τ. σώματος
26 [1] ὥσπερ τὸ σῶμα χωρὶς πνεύματος νεκρόν ἐστιν
3 2 δυνατὸς χαλιναγωγῆσαι κ. ὅλον τὸ σῶμα
3 ὅλον τὸ σῶμα αὐτῶν μετάγομεν
6 ἡ γλῶσσα . . . ἡ σπιλοῦσα ὅλον τὸ σῶμα
I Pe 2 24 τὰς ἁμαρτίας ἡμῶν αὐτὸς ἀνήνεγκεν ἐν τ. σώματι αὐτοῦ
Ju 9 διακρινόμενος διελέγετο περὶ τοῦ Μωυσέως σώματος
Re 18 13 ἵππων κ. ῥεδῶν κ. σωμάτων κ. ψυχὰς ἀνθρώπων

ΣΩΜΑΤΙΚΟ'Σ ** 4984

Lu 3 22 καταβῆναι τὸ πνεῦμα τὸ ἅγιον σωματικῷ εἴδει
I Ti 4 8 ἡ γὰρ σωματικὴ γυμνασία πρὸς ὀλίγον ἐστὶν ὠφέλιμος

ΣΩΜΑΤΙΚΩ'Σ * 4985

Col 2 9 ἐν αὐτῷ κατοικεῖ πᾶν τὸ πλήρωμα τ. θεότητος σωματικῶς

ΣΩ'ΠΑΤΡΟΣ 4986

Ac 20 4 συνείπετο δὲ αὐτῷ Σώπατρος Πύρρου Βεροιαῖος

ΣΩΡΕΥ'Ω 4987

Ro 12 20 ἄνθρακας πυρὸς σωρεύσεις ἐπὶ τ. κεφαλὴν αὐτοῦ
גֶחָלִים אַתָּה חֹתֶה עַל־רֹאשׁוֹ, Pr. xxv. 22
II Ti 3 6 αἰχμαλωτίζοντες γυναικάρια σεσωρευμένα ἁμαρτίαις

ΣΩΣΘΕ'ΝΗΣ 4988

Ac 18 17 ἐπιλαβόμενοι δὲ πάντες Σωσθένην τ. ἀρχισυνάγωγον
I Co 1 1 Παῦλος κλητὸς ἀπόστολος . . . κ. Σωσθένης ὁ ἀδελφός

ΣΩΣΙ'ΠΑΤΡΟΣ 4989

Ro 16 21 ἀσπάζεται ὑμᾶς . . . Ἰάσων κ. Σωσίπατρος οἱ συγγενεῖς μου

ΣΩΤΗ'Ρ 4990

(1) Θεὸς σωτήρ

Lu 1 47 [1] ἠγαλλίασεν τὸ πνεῦμά μου ἐπὶ τ. Θεῷ τ. σωτῆρί μου
2 11 ἐτέχθη ὑμῖν σήμερον σωτήρ
Jo 4 42 οὗτός ἐστιν ἀληθῶς ὁ σωτὴρ τ. κόσμου
Ac 5 31 τοῦτον ὁ Θεὸς ἀρχηγὸν κ. σωτῆρα ὕψωσεν
13 23 τούτου ὁ Θεὸς ἀπὸ τ. σπέρματος . . . ἤγαγεν τῷ Ἰσραὴλ σωτῆρα Ἰησοῦν
Eph 5 23 αὐτὸς σωτὴρ τοῦ σώματος
Phl 3 20 ἐξ οὗ κ. σωτῆρα ἀπεκδεχόμεθα Κύριον Ἰησοῦν Χριστόν
I Ti 1 1 [1] κατ' ἐπιταγὴν Θεοῦ σωτῆρος ἡμῶν
2 3 [1] ἀπόδεκτον ἐνώπιον τ. σωτῆρος ἡμῶν Θεοῦ
4 10 [1] ὅς ἐστιν σωτὴρ πάντων ἀνθρώπων μάλιστα πιστῶν
II Ti 1 10 διὰ τ. ἐπιφανείας τ. σωτῆρος ἡμῶν Χριστοῦ Ἰησοῦ
Tit 1 3 [1] κατ' ἐπιταγὴν τ. σωτῆρος ἡμῶν Θεοῦ
4 εἰρήνη ἀπὸ . . . Χριστοῦ Ἰησοῦ τ. σωτῆρος ἡμῶν
2 10 [1] ἵνα τ. διδασκαλίαν τὴν τ. σωτῆρος ἡμῶν Θεοῦ κοσμῶσιν
13 προσδεχόμενοι τὴν . . . ἐπιφάνειαν τ. δόξης τ. μεγάλου Θεοῦ κ. σωτῆρος ἡμῶν Χριστοῦ Ἰησοῦ
3 4 [1] ἡ φιλανθρωπία ἐπεφάνη τ. σωτῆρος ἡμῶν Θεοῦ
6 ἐξέχεεν . . . διὰ Ἰησοῦ Χριστοῦ τ. σωτῆρος ἡμῶν
II Pe 1 1 ἐν δικαιοσύνῃ τ. Θεοῦ ἡμῶν κ. σωτῆρος Ἰησοῦ Χριστοῦ
σωτ. ἡμῶν, R non mg.
11 τὴν αἰώνιον βασιλείαν τ. Κυρίου ἡμῶν κ. σωτῆρος Ἰησοῦ Χριστοῦ
2 20 ἐν ἐπιγνώσει τ. Κυρίου κ. σωτῆρος Ἰησοῦ Χριστοῦ
3 2 τῆς τ. ἀποστόλων ὑμῶν ἐντολῆς τ. Κυρίου κ. σωτῆρος
18 ἐν χάριτι κ. γνώσει τ. Κυρίου ἡμῶν κ. σωτῆρος Ἰησοῦ Χριστοῦ
I Jo 4 14 ὁ πατὴρ ἀπέσταλκεν τ. υἱὸν σωτῆρα τ. κόσμου
Ju 25 [1] μόνῳ Θεῷ σωτῆρι ἡμῶν . . . δόξα

ΣΩΤΗΡΙ'Α 4991

(1) ὁδὸς, ἡμέρα σωτηρίας (2) σωτ. αιωνιος

Lu 1 69 ἤγειρεν κέρας σωτηρίας ἡμῖν
71 σωτηρίαν ἐξ ἐχθρῶν ἡμῶν
77 τοῦ δοῦναι γνῶσιν σωτηρίας τ. λαῷ αὐτοῦ
19 9 σήμερον σωτηρία τ. οἴκῳ τούτῳ ἐγένετο
Jo 4 22 ὅτι ἡ σωτηρία ἐκ τ. Ἰουδαίων ἐστίν
Ac 4 12 οὐκ ἔστιν ἐν ἄλλῳ οὐδενὶ ἡ σωτηρία
7 25 ὁ Θεὸς διὰ χειρὸς αὐτοῦ δίδωσιν σωτηρίαν αὐτοῖς
13 26 ἡμῖν ὁ λόγος τ. σωτηρίας ταύτης ἐξαπεστάλη
47 τοῦ εἶναί σε εἰς σωτηρίαν ἕως ἐσχάτου τ. γῆς
לִהְיוֹת יְשׁוּעָתִי עַד־קְצֵה הָאָרֶץ, Is. xlix. 6
16 17 [1] οἵτινες καταγγέλλουσιν ὑμῖν ὁδὸν σωτηρίας
27 34 τοῦτο γὰρ πρὸς τῆς ὑμετέρας σωτηρίας ὑπάρχει
Ro 1 16 δύναμις γὰρ Θεοῦ ἐστὶν εἰς σωτηρίαν παντὶ τ. πιστεύοντι
10 1 ἡ δέησις πρὸς τ. Θεὸν ὑπὲρ αὐτῶν εἰς σωτηρίαν
10 στόματι δὲ ὁμολογεῖται εἰς σωτηρίαν
11 11 τῷ αὐτῶν παραπτώματι ἡ σωτηρία τ. ἔθνεσιν
13 11 νῦν γὰρ ἐγγύτερον ἡμῶν ἡ σωτηρία
II Co 1 6 εἴτε δὲ θλιβόμεθα ὑπὲρ τῆς ὑμῶν παρακλήσεως κ. σωτηρίας
—κ. σωτ., WH mg.
6 εἴτε παρακαλούμεθα ὑπὲρ τῆς ὑμῶν παρακλήσεως κ. σωτηρίας
—κ. σωτ., TWH non mg. R
6 2 [1] ἐν ἡμέρᾳ σωτηρίας ἐβοήθησά σοι
בְּיוֹם יְשׁוּעָה עֲזַרְתִּיךָ, Is. xlix. 8
2 [1] ἰδοὺ νῦν ἡμέρα σωτηρίας
7 10 μετάνοιαν εἰς σωτηρίαν ἀμεταμέλητον ἐργάζεται
Eph 1 13 ἀκούσαντες . . . τὸ εὐαγγέλιον τ. σωτηρίας ὑμῶν
Phl 1 19 τοῦτό μοι ἀποβήσεται εἰς σωτηρίαν
28 ἥτις ἐστὶν αὐτοῖς ἔνδειξις ἀπωλείας ὑμῶν δὲ σωτηρίας
2 12 μετὰ φόβου κ. τρόμου τὴν ἑαυτῶν σωτηρίαν κατεργάζεσθε
I Th 5 8 ἐνδυσάμενοι . . . περικεφαλαίαν ἐλπίδα σωτηρίας
9 ἔθετο ἡμᾶς ὁ Θεὸς . . . εἰς περιποίησιν σωτηρίας
II Th 2 13 εἵλατο ὑμᾶς ὁ Θεὸς ἀπ' ἀρχῆς εἰς σωτηρίαν
II Ti 2 10 ἵνα κ. αὐτοὶ σωτηρίας τύχωσιν τῆς ἐν Χριστῷ Ἰησοῦ
3 15 ἱερὰ γράμματα οἶδας τὰ δυνάμενά σε σοφίσαι εἰς σωτηρίαν

He 1 14 εἰς διακονίαν ἀποστελλόμενα διὰ τοὺς μέλλοντας κληρονομεῖν σωτηρίαν
2 3 πῶς ἡμεῖς ἐκφευξόμεθα τηλικαύτης ἀμελήσαντες σωτηρίας
10 τ. ἀρχηγὸν τ. σωτηρίας αὐτῶν διὰ παθημάτων τελειῶσαι
5 9 ² ἐγένετο πᾶσιν τ. ὑπακούουσιν αὐτῷ αἴτιος σωτηρίας αἰωνίου
6 9 τὰ κρείσσονα κ. ἐχόμενα σωτηρίας
9 28 ὀφθήσεται τοῖς αὐτὸν ἀπεκδεχομένοις εἰς σωτηρίαν
11 7 κατεσκεύασεν κιβωτὸν εἰς σωτηρίαν τ. οἴκου αὐτοῦ
I Pe 1 5 φρουρουμένους διὰ πίστεως εἰς σωτηρίαν ἑτοίμην ἀποκαλυφθῆναι
9 κομιζόμενοι τὸ τέλος τ. πίστεως σωτηρίαν ψυχῶν.
10 περὶ ἧς σωτηρίας ἐξεζήτησαν . . . προφῆται
2 2 ἵνα ἐν αὐτῷ αὐξηθῆτε εἰς σωτηρίαν
II Pe 3 15 τὴν τ. Κυρίου ἡμῶν μακροθυμίαν σωτηρίαν ἡγεῖσθε
Ju 3 πᾶσαν σπουδὴν ποιούμενος γράφειν ὑμῖν περὶ τ. κοινῆς ἡμῶν σωτηρίας
Re 7 10 ἡ σωτηρία τ. Θεῷ ἡμῶν τ. καθημένῳ ἐπὶ τ. θρόνῳ
12 10 ἄρτι ἐγένετο ἡ σωτηρία . . . τ. Θεοῦ ἡμῶν
19 1 ἡ σωτηρία κ. ἡ δόξα . . . τ. Θεοῦ ἡμῶν

4992 ΣΩΤΗ΄ΡΙΟΝ cf. 4992.5

Lu 2 30 εἶδον οἱ ὀφθαλμοί μου τὸ σωτήριόν σου
3 6 ὄψεται πᾶσα σὰρξ τὸ σωτήριον τ. Θεοῦ
Ac 28 28 τ. ἔθνεσιν ἀπεστάλη τοῦτο τὸ σωτήριον τ. Θεοῦ
Eph 6 17 τ. περικεφαλαίαν τ. σωτηρίου δέξασθε

4992.5 ΣΩΤΗ΄ΡΙΟΣ cf. 4992

Tit 2 11 ἐπεφάνη γὰρ ἡ χάρις τ. Θεοῦ σωτήριος πᾶσιν ἀνθρώποις

ΣΩΦΡΟΝΕ΄Ω * 4993

Mk 5 15 θεωροῦσιν τ. δαιμονιζόμενον . ἱματισμένον κ. σωφρονοῦντα
Lu 8 35 εὗραν καθήμενον τ. ἄνθρωπον . . . ἱματισμένον κ. σωφρονοῦντα
Ro 12 3 ἀλλὰ φρονεῖν εἰς τὸ σωφρονεῖν
II Co 5 13 εἴτε σωφρονοῦμεν ὑμῖν
Tit 2 6 τ. νεωτέρους ὡσαύτως παρακάλει σωφρονεῖν
I Pe 4 7 σωφρονήσατε οὖν κ. νήψατε εἰς προσευχάς

ΣΩΦΡΟΝΙ΄ΖΩ ** 4994

Tit 2 4 ἵνα σωφρονίζωσιν τ. νέας φιλάνδρους εἶναι
σωφρονίζουσιν, T

ΣΩΦΡΟΝΙΣΜΟ΄Σ * † 4995

II Ti 1 7 πνεῦμα . . . δυνάμεως κ. ἀγάπης κ. σωφρονισμοῦ

ΣΩΦΡΟ΄ΝΩΣ ** 4996

Tit 2 12 ἵνα . . . σωφρόνως κ. δικαίως κ. εὐσεβῶς ζήσωμεν

ΣΩΦΡΟΣΥ΄ΝΗ ** 4997

Ac 26 25 ἀληθείας κ. σωφροσύνης ῥήματα ἀποφθέγγομαι
I Ti 2 9 μετὰ αἰδοῦς κ. σωφροσύνης κοσμεῖν ἑαυτάς
15 ἐὰν μείνωσιν ἐν πίστει . . . μετὰ σωφροσύνης

ΣΩ΄ΦΡΩΝ ** 4998

I Ti 3 2 δεῖ οὖν τ. ἐπίσκοπον ἀνεπίλημπτον εἶναι . . . σώφρονα
Tit 1 8 δεῖ οὖν τ. ἐπίσκοπον ἀνέγκλητον εἶναι . . . σώφρονα
2 2 πρεσβύτας νηφαλίους εἶναι σεμνοὺς σώφρονας
5 τ. νέας φιλάνδρους εἶναι φιλοτέκνους σώφρονας

T

ΤΑΒΕΙΘΑ΄ 5000

Ταβιθά, T

Ac 9 36 ἐν Ἰόππῃ δέ τις ἦν μαθήτρια ὀνόματι Ταβειθά
40 ἐπιστρέψας πρὸς τὸ σῶμα εἶπεν Ταβειθὰ ἀνάστηθι

ΤΑΒΕ΄ΡΝΗ * † 4999

Ac 28 15 ἦλθαν εἰς ἀπάντησιν ἡμῖν ἄχρι Ἀππίου Φόρου κ. Τριῶν Ταβερνῶν

ΤΑ΄ΓΜΑ 5001

I Co 15 23 ἕκαστος δὲ ἐν τ. ἰδίῳ τάγματι

ΤΑΚΤΟ΄Σ 5002

Ac 12 21 τακτῇ δὲ ἡμέρᾳ ὁ Ἡρῴδης . . . ἐδημηγόρει πρὸς αὐτούς

ΤΑΛΑΙΠΩΡΕ΄Ω 5003

Ja 4 9 ταλαιπωρήσατε κ. πενθήσατε

ΤΑΛΑΙΠΩΡΙ΄Α 5004

Ro 3 16 σύντριμμα κ. ταλαιπωρία ἐν ταῖς ὁδοῖς αὐτῶν
שֹׁד וָשֶׁבֶר בִּמְסִלּוֹתָם, Is. lix. 7
Ja 5 1 ὀλολύζοντες ἐπὶ τ. ταλαιπωρίαις ὑμῶν τ. ἐπερχομέναις

ΤΑΛΑΙ΄ΠΩΡΟΣ 5005

Ro 7 24 ταλαιπωρος ἐγὼ ἄνθρωπος
Re 3 17 οὐκ οἶδας ὅτι σὺ εἶ ὁ ταλαίπωρος

ΤΑΛΑΝΤΙΑΙ΄ΟΣ * 5006

Re 16 21 χάλαζα μεγάλη ὡς ταλαντιαία

ΤΑ΄ΛΑΝΤΟΝ 5007

Mt 18 24 προσήχθη εἷς αὐτῷ ὀφειλέτης μυρίων ταλάντων
25 15 ᾧ μὲν ἔδωκεν πέντε τάλαντα

Mt 25 16 πορευθεὶς ὁ τὰ πέντε τάλαντα λαβὼν
16 ἐποίησεν ἄλλα πέντε τάλαντα
—τάλ., WH
20 προσελθὼν ὁ τὰ πέντε τάλαντα λαβὼν
προσήνεγκεν ἄλλα πέντε τάλαντα λέγων,
κύριε πέντε τάλαντά μοι παρέδωκας·
ἴδε ἄλλα πέντε τάλαντα ἐκέρδησα
22 προσελθὼν κ. ὁ τὰ δύο τάλαντα εἶπεν,
κύριε δύο τάλαντά μοι παρέδωκας·
ἴδε ἄλλα δύο τάλαντα ἐκέρδησα
24 προσελθὼν δὲ κ. ὁ τὸ ἓν τάλαντον εἰληφὼς
25 ἀπελθὼν ἔκρυψα τὸ τάλαντόν σου ἐν τ. γῇ
28 ἄρατε οὖν ἀπ' αὐτοῦ τὸ τάλαντον,
κ. δότε τ. ἔχοντι τὰ δέκα τάλαντα

ΤΑΛΕΙΘΑ΄ 5008

Ταλιθά, T

Mk 5 41 λέγει αὐτῇ Ταλειθὰ κούμ

ΤΑΜΕΙ͂ΟΝ 5009

Mt 6 6 εἴσελθε εἰς τὸ ταμεῖόν σου
24 26 ἰδοὺ ἐν τ. ταμείοις
Lu 12 3 ὃ πρὸς τὸ οὖς ἐλαλήσατε ἐν τ. ταμείοις
24 οἷς οὐκ ἔστιν ταμεῖον οὐδὲ ἀποθήκη

ΤΑ΄ΞΙΣ 5010

Lu 1 8 ἐν τῷ ἱερατεύειν αὐτὸν ἐν τ. τάξει τ.
ἐφημερίας αὐτοῦ
1Co14 40 πάντα δὲ εὐσχημόνως κ. κατὰ τάξιν γινέσθω
Col 2 5 χαίρων κ. βλέπων ὑμῶν τ. τάξιν
He 5 6 σὺ ἱερεὺς εἰς τ. αἰῶνα κατὰ τ. τάξιν Μελ-
χισεδέκ
אַתָּה־כֹהֵן לְעוֹלָם עַל־דִּבְרָתִי מַלְכִּי־צֶדֶק, Ps.
cx. 4
10 προσαγορευθεὶς . . . ἀρχιερεὺς κατὰ τ. τάξιν
Μελχισεδέκ
6 20 κατὰ τ. τάξιν Μελχισεδὲκ ἀρχιερεὺς γενό-
μενος
7 11 κατὰ τ. τάξιν Μελχισεδὲκ ἕτερον ἀνίστασθαι
ἱερέα,
κ. οὐ κατὰ τ. τάξιν Ἀαρὼν λέγεσθαι
17 σὺ ἱερεὺς εἰς τ. αἰῶνα κατὰ τ. τάξιν
Μελχισεδέκ, Ps. *l.c.*

ΤΑΠΕΙΝΟ΄Σ 5011

Mt 11 29 ὅτι πραΰς εἰμι κ. ταπεινὸς τ. καρδίᾳ
Lu 1 52 καθεῖλεν δυνάστας ἀπὸ θρόνων κ. ὕψωσεν
ταπεινούς
Ro 12 16 τ. ταπεινοῖς συναπαγόμενοι
IICo7 6 ὁ παρακαλῶν τ. ταπεινοὺς παρεκάλεσεν
ἡμᾶς
10 1 ὃς κατὰ πρόσωπον μὲν ταπεινὸς ἐν ὑμῖν
Ja 1 9 καυχάσθω δὲ ὁ ἀδελφὸς ὁ ταπεινὸς ἐν τ.
ὕψει αὐτοῦ
4 6 ταπεινοῖς δὲ δίδωσιν χάριν
וְלַעֲנָיִים יִתֶּן־חֵן, Pr. iii. 34
1 Pe 5 5 ταπεινοῖς δὲ δίδωσιν χάριν, Pr. *l.c.*

ΤΑΠΕΙΝΟΦΡΟΣΥ΄ΝΗ *† 5012

Ac 20 19 δουλεύων τ. Κυρίῳ μετὰ πάσης ταπεινο-
φροσύνης
Eph 4 2 περιπατῆσαι . . . μετὰ πάσης ταπεινοφρο-
σύνης κ. πραΰτητος
Phl 2 3 τῇ ταπεινοφροσύνῃ ἀλλήλους ἡγούμενοι
ὑπερέχοντας ἑαυτῶν
Col 2 18 θέλων ἐν ταπεινοφροσύνῃ κ. θρησκείᾳ τ.
ἀγγέλων
23 λόγον μὲν ἔχοντα σοφίας ἐν . . . ταπεινο-
φροσύνῃ
3 12 ἐνδύσασθε οὖν . . . χρηστότητα ταπεινο-
φροσύνην πραΰτητα
1 Pe 5 5 ἀλλήλοις τ. ταπεινοφροσύνην ἐγκομβώσασθε

ΤΑΠΕΙΝΟ΄ΦΡΩΝ † 5012.5

1 Pe 3 8 τὸ δὲ τέλος πάντες ὁμόφρονες . . . ταπεινό-
φρονες

ΤΑΠΕΙΝΟ΄Ω 5013

Mt 18 4 ὅστις οὖν ταπεινώσει ἑαυτὸν ὡς τὸ παιδίον
τοῦτο
23 12 ὅστις δὲ ὑψώσει ἑαυτὸν ταπεινωθήσεται·
κ. ὅστις ταπεινώσει ἑαυτὸν ὑψωθήσεται
Lu 3 5 πᾶν ὄρος κ. βουνὸς ταπεινωθήσεται
כָּל־הַר וְגִבְעָה יִשְׁפָּלוּ, Is. xl. 4
14 11 πᾶς ὁ ὑψῶν ἑαυτὸν ταπεινωθήσεται·
κ. ὁ ταπεινῶν ἑαυτὸν ὑψωθήσεται
18 14 πᾶς ὁ ὑψῶν ἑαυτὸν ταπεινωθήσεται·
ὁ δὲ ταπεινῶν ἑαυτὸν ὑψωθήσεται
IICo11 7 ἐμαυτὸν ταπεινῶν ἵνα ὑμεῖς ὑψωθῆτε
12 21 μὴ πάλιν ἐλθόντος μου ταπεινώσῃ με ὁ
Θεός μου
ταπεινώσει, T
Phl 2 8 σχήματι εὑρεθεὶς ὡς ἄνθρωπος ἐταπείνωσεν
ἑαυτόν
4 12 οἶδα κ. ταπεινοῦσθαι
Ja 4 10 ταπεινώθητε ἐνώπιον Κυρίου
1 Pe 5 6 ταπεινώθητε οὖν ὑπὸ τ. κραταιὰν χεῖρα τ.
Θεοῦ

ΤΑΠΕΙ΄ΝΩΣΙΣ 5014

Lu 1 48 ἐπέβλεψεν εἰς τ. ταπείνωσιν τ. δούλης
αὐτοῦ
Ac 8 33 ἐν τ. ταπεινώσει ἡ κρίσις αὐτοῦ ἤρθη
מֵעֹצֶר וּמִמִּשְׁפָּט לֻקָּח, Is. liii. 8
Phl 3 21 ὃς μετασχηματίσει τὸ σῶμα τ. ταπεινώσεως
ἡμῶν
Ja 1 10 ὁ δὲ πλούσιος ἐν τ. ταπεινώσει αὐτοῦ

ΤΑΡΑ΄ΣΣΩ 5015

Mt 2 3 ἀκούσας δὲ ὁ βασιλεὺς Ἡρῴδης ἐταράχθη
14 26 ἰδόντες αὐτὸν ἐπὶ τ. θαλάσσης περιπα-
τοῦντα ἐταράχθησαν
Mk 6 50 πάντες γὰρ αὐτὸν εἶδαν κ. ἐταράχθησαν
Lu 1 12 ἐταράχθη Ζαχαρίας ἰδών
24 38 τί τεταραγμένοι ἐστέ;
Jo 5 [4 ἄγγελος γὰρ Κυρίου ἐτάρασσεν τὸ ὕδωρ
7 ἵνα ὅταν ταραχθῇ τὸ ὕδωρ βάλῃ με
11 33 ἐνεβριμήσατο τ. πνεύματι κ. ἐτάραξεν ἑαυτόν
12 27 νῦν ἡ ψυχή μου τετάρακται
13 21 ταῦτα εἰπὼν Ἰησοῦς ἐταράχθη τ. πνεύματι
14 1 μὴ ταρασσέσθω ὑμῶν ἡ καρδία
27 μὴ ταρασσέσθω ὑμῶν ἡ καρδία μηδὲ δειλιάτω
Ac 15 24 τινὲς ἐξ ἡμῶν ἐτάραξαν ὑμᾶς λόγοις
17 8 ἐτάραξαν δὲ τ. ὄχλον κ. τ. πολιτάρχας

Ac 17 13 ἦλθον κἀκεῖ σαλεύοντες κ. ταράσσοντες τ. ὄχλους
Ga 1 7 εἰ μή τινές εἰσιν οἱ ταράσσοντες ὑμᾶς
5 10 ὁ δὲ ταράσσων ὑμᾶς βαστάσει τὸ κρίμα
1 Pe 3 14 τ. δὲ φόβον αὐτῶν μὴ φοβηθῆτε μηδὲ ταραχθῆτε
וְאֶת־מוֹרָאוֹ לֹא־תִירְאוּ וְלֹא תַעֲרִיצוּ, Is. viii. 12

ΤΑΡΑΧΗ΄ 5016

Jo 5 [4 ὁ οὖν πρῶτος ἐμβὰς μετὰ τ. ταραχὴν τ. ὕδατος

ΤΑ΄ΡΑΧΟΣ 5017

Ac 12 18 ἦν τάραχος οὐκ ὀλίγος ἐν τ. στρατιώταις
19 23 ἐγένετο δὲ . . . τάραχος οὐκ ὀλίγος περὶ τῆς ὁδοῦ

ΤΑΡΣΕΥ΄Σ 5018

Ac 9 11 ζήτησον ἐν οἰκίᾳ Ἰούδα Σαῦλον ὀνόματι Ταρσέα
21 39 ἐγὼ ἄνθρωπος μέν εἰμι Ἰουδαῖος Ταρσεύς

ΤΑΡΣΟ΄Σ 5019

Ac 9 30 ἐξαπέστειλαν αὐτὸν εἰς Ταρσόν
11 25 ἐξῆλθεν δὲ εἰς Ταρσὸν ἀναζητῆσαι Σαῦλον
22 3 γεγεννημένος ἐν Ταρσῷ τ. Κιλικίας

ΤΑΡΤΑΡΟ΄Ω * † 5020

II Pe 2 4 σειροῖς ζόφου ταρταρώσας παρέδωκεν εἰς κρίσιν τηρουμένους

ΤΑ΄ΣΣΩ 5021

Mt 8 9 ἄνθρωπός εἰμι ὑπὸ ἐξουσίαν τασσόμενος
—τασσόμ., T [WH] R non mg.
28 16 εἰς τὸ ὄρος οὗ ἐτάξατο αὐτοῖς ὁ Ἰησοῦς
Lu 7 8 ἐγὼ ἄνθρωπός εἰμι ὑπὸ ἐξουσίαν τασσόμενος
Ac 13 48 ὅσοι ἦσαν τεταγμένοι εἰς ζωὴν αἰώνιον
15 2 ἔταξαν ἀναβαίνειν Παῦλον κ. Βαρνάβαν
18 2 διὰ τὸ τεταχέναι Κλαύδιον χωρίζεσθαι πάντας τ. Ἰουδαίους
διατεταχέναι, WH
22 10 πάντων ὧν τέτακταί σοι ποιῆσαι
28 23 ταξάμενοι δὲ αὐτῷ ἡμέραν ἦλθαν
Ro 13 1 αἱ δὲ οὖσαι ὑπὸ Θεοῦ τεταγμέναι εἰσίν
1 Co 16 15 εἰς διακονίαν τ. ἁγίοις ἔταξαν ἑαυτούς

ΤΑΥ΄ΡΟΣ 5022

Mt 22 4 οἱ ταῦροί μου κ. τὰ σιτιστὰ τεθυμένα
Ac 14 13 ταύρους κ. στέμματα ἐπὶ τ. πυλῶνας ἐνέγκας
He 9 13 εἰ γὰρ τὸ αἷμα τράγων κ. ταύρων . . . ἁγιάζει
10 4 ἀδύνατον γὰρ αἷμα ταύρων κ. τράγων ἀφαιρεῖν ἁμαρτίας

ΤΑΦΗ΄ 5027

Mt 27 7 ἠγόρασαν ἐξ αὐτῶν τ. ἀγρὸν τ. κεράμεως εἰς ταφὴν τ. ξένοις

ΤΑ΄ΦΟΣ 5028

Mt 23 27 παρομοιάζετε τάφοις κεκονιαμένοις
29 οἰκοδομεῖτε τ. τάφους τ. προφητῶν
Mt 27 61 καθήμεναι ἀπέναντι τ. τάφου
64 κέλευσον οὖν ἀσφαλισθῆναι τ. τάφον
66 οἱ δὲ πορευθέντες ἠσφαλίσαντο τ. τάφον
28 1 ἦλθεν Μαριὰμ . . . θεωρῆσαι τ. τάφον
Ro 3 13 τάφος ἀνεῳγμένος ὁ λάρυγξ αὐτῶν
קֶבֶר־פָּתוּחַ גְּרוֹנָם, Ps. v. 10

ΤΑ΄ΧΑ ** 5029

Ro 5 7 ὑπὲρ γὰρ τ. ἀγαθοῦ τάχα τις κ. τολμᾷ ἀποθανεῖν
Phm 15 τάχα γὰρ διὰ τοῦτο ἐχωρίσθη πρὸς ὥραν

ΤΑ΄ΧΕΙΟΝ ** 5032

τάχιον, T

Jo 13 27 ὃ ποιεῖς ποίησον τάχειον
20 4 ὁ ἄλλος μαθητὴς προέδραμεν τάχ. τ. Πέτρου
1 Ti 3 14 ἐλπίζων ἐλθεῖν πρός σε τάχιον
ἐν τάχει, WHR
He 13 19 ἵ[illegible] ἄχειον ἀποκατασταθῶ ὑμῖν
23 μεθ᾽ οὗ ἐὰν τάχ. ἔρχηται ὄψομαι ὑμᾶς

ΤΑΧΕ΄ΩΣ 5030

Lu 14 21 ἔξελθε ταχέως εἰς τ. πλατείας κ. ῥύμας τ. πόλεως
16 6 καθίσας ταχέως γράψον πεντήκοντα
γρ. ταχ., WH mg.
Jo 11 31 ἰδόντες τ. Μαριὰμ ὅτι ταχέως ἀνέστη
1 Co 4 19 ἐλεύσομαι δὲ ταχέως πρὸς ὑμᾶς
Ga 1 6 θαυμάζω ὅτι οὕτως ταχέως μετατίθεσθε
Phl 2 19 ἐλπίζω δὲ . . . Τιμόθεον ταχέως πέμψαι ὑμῖν
24 ὅτι κ. αὐτὸς ταχέως ἐλεύσομαι
II Th 2 2 εἰς τὸ μὴ ταχ. σαλευθῆναι ὑμᾶς ἀπὸ τ. νοός
1 Ti 5 22 χεῖρας ταχέως μηδενὶ ἐπιτίθει
II Ti 4 9 σπούδασον ἐλθεῖν πρός με ταχέως

ΤΑΧΙΝΟ΄Σ 5031

II Pe 1 14 ταχινή ἐστιν ἡ ἀπόθεσις τ. σκηνώματός μου
2 1 ἐπάγοντες ἑαυτοῖς ταχινὴν ἀπώλειαν

ΤΑ΄ΧΙΣΤΑ ** 5033

Ac 17 15 ἵνα ὡς τάχιστα ἔλθωσιν πρὸς αὐτόν

ΤΑ΄ΧΟΣ 5034

Lu 18 8 ποιήσει τ. ἐκδίκησιν αὐτῶν ἐν τάχει
Ac 12 7 ἤγειρεν αὐτὸν λέγων Ἀνάστα ἐν τάχει
22 18 σπεῦσον κ. ἔξελθε ἐν τάχει ἐξ Ἱερουσαλήμ
25 4 ἑαυτὸν δὲ μέλλειν ἐν τάχει ἐκπορεύεσθαι
Ro 16 20 συντρίψει τ. Σατανᾶν ὑπὸ τ. πόδας ὑμῶν ἐν τάχει
1 Ti 3 14 ἐλπίζων ἐλθεῖν πρός σε ἐν τάχει
τάχιον, T
Re 1 1 δεῖξαι τ. δούλοις αὐτοῦ ἃ δεῖ γενέσθαι ἐν τάχει
22 6 δεῖξαι τ. δούλοις αὐτοῦ ἃ δεῖ γενέσθαι ἐν τάχει

ΤΑΧΥ΄ 5035

Mt 5 25 ἴσθι εὐνοῶν τ. ἀντιδίκῳ σου ταχύ
28 7 ταχὺ πορευθεῖσαι εἴπατε τ. μαθηταῖς αὐτοῦ
8 ἀπελθοῦσαι ταχὺ ἀπὸ τ. μνημείου
Mk 9 39 ὃς . . . δυνήσεται ταχὺ κακολογῆσαί με
Lu 15 22 ταχὺ ἐξενέγκατε στολὴν τ. πρώτην
– ταχὺ, T
Jo 11 29 ἐκείνη δὲ ὡς ἤκουσεν ἠγέρθη ταχύ

Re 2 16 εἰ δὲ μὴ ἔρχομαί σοι ταχύ
3 11 ἔρχομαι ταχύ
11 14 ἰδοὺ ἡ οὐαὶ ἡ τρίτη ἔρχεται ταχύ
22 7 κ. ἰδοὺ ἔρχομαι ταχύ
12 ἰδοὺ ἔρχομαι ταχύ
20 ναὶ ἔρχομαι ταχύ

ΤΑΧΥ'Σ 5036

Ja 1 19 ἔστω δὲ πᾶς ἄνθρωπος ταχὺς εἰς τὸ ἀκοῦσαι

ΤΕ' 5037

(1) τὲ . . . δέ (2) τὲ . . . τέ
(3) τέ solitarium

Mt 22. 10 ; 27. 48 ; 28. [3] 12.
Lu 2. 16 ; 12. 45 ; 14. 26 δὲ, T ; 15. 2 ; 21. 11 (*bis*) ; 22. 66 ; 23. 12 ; 24. [3] 20.
Jo 2. 15 ; 4. [3] 42 ; 6. [3] 18.
Ac 1. 1, 8, 13, [3] 15 ; 2. 9, 10 (*bis*), [3] 33, [3] 37, [3] 40, [3] 43 —h. v., WHR non mg., [2] 46 ; 4. [3] 13, [3] 14, 27, [3] 33 ; 5. 14, [3] 19, 24, [3] 35, 42 ; 6. [3] 7, 12, 13 ; 7. [3] 26, 8. [3] 3, 12, [3] 13, [3] 25, [3] 28 δὲ, WH, [3] 31, 38 ; 9. 2, [3] 3, [2] 15, 18, 24, 29 ; 10. [3] 22, [3] 28, [3] 33, 39 ; 11. [3] 21, 26 ; 12. [3] 6, [3] 8 δὲ, WH, [3] 12, [3] 17 ; 13. 1 (*bis*), [3] 4, [3] 11 δὲ, WH non mg., [3] 44 δὲ, TWH non mg., [3] 46, [3] 52 δὲ, TWH mg. ; 14. 1, 5, [3] 11, [3] 12, [3] 13, 21 ; 15. 3, [3] 4, [3] 5, [3] 6 δὲ, T, 9, 32, [1] 39 ; 16. [3] 13, [3] 23 δὲ, WH non mg., [3] 34, [3] 38 δὲ, WH ; 17. [2] 4, 10, 14, [3] 19 δὲ, WH, [3] 26 ; 18. 4, 5, [3] 26 ; 19. [1] 2 —WH mg., [1] 3 δὲ, TWH mg., 6, 10, [3] 11, 12, 17, [1] 18, 27, [3] 29 ; 20. [3] 3, [3] 7, 11, 21, [3] 35 ; 21. 12, [3] 18 δὲ, WH, [3] 18, [3] 20, 25, 28, 30, [3] 31, [3] 37 ; 22. 4, 7, [3] 8, 23 δὲ, T ; 23. [3] 5, [3] 10 —WH non mg., [3] 12 δὲ, TWH non mg., 24, [3] 28 ; 24. 3, 5, [3] 10, 15, 23, [3] 27 ; 25. 2, [3] 16 δὲ, WH mg., 23, 24 ; 26. 3, [3] 4, 10 —WH mg., [2] 10, 11, [3] 14, [2] 16, 20 (*bis*), 22 (*bis*), 23, 30 (*bis*) ; 27. 1, [3] 3, [3] 5, [3] 8, [3] 17, [3] 20, [3] 21, 21, [3] 29, [3] 43 ; 28. [3] 2, [3] 23, 23, [3] 25 δὲ, WH.
Ro 1. 12, 14 (*bis*), 16, 20, [2] 26, [2] 27 ; 2. 9, 10, 19 ; 3. 9 ; 7. [3] 7 ; 10. 12 ; 14. [2] 8 (*bis*) ; 16. [3] 26.
I Co 1. 24, 30 ; 4. [3] 21.
II Co 10. [3] 8 —WH mg. ; 12. 12 [WH].
Eph 3. [3] 19.
Phl 1. 7.
He 1. [3] 3 ; 2. 4, 11 ; 4. 12 ; 5. 1 [WH], 7, 14 ; 6. [2] 2, [2] 2 —WH non mg., 4, [3] 5, 19 ; 8. 3 ; 9. [3] 1, 2, 9, 19 ; 10. 33 ; 11. 32 ; 12. [3] 2.
Ja 3. 7 (*bis*).
Ju [3] 6.
Re 19. 18.

ΤΕΙ'ΧΟΣ 5038

Ac 9 25 διὰ τοῦ τείχους καθῆκαν αὐτόν
II Co 11 33 διὰ θυρίδος ἐν σαργάνῃ ἐχαλάσθην διὰ τ. τείχους
He 11 30 πίστει τὰ τείχη Ἰερειχὼ ἔπεσαν
Re 21 12 ἔχουσα τεῖχος μέγα κ. ὑψηλόν
14 τὸ τεῖχος τ. πόλεως ἔχων θεμελίους δώδεκα
15 ἵνα μετρήσῃ τ. πόλιν . . . κ. τὸ τεῖχος αὐτῆς
17 ἐμέτρησεν τὸ τεῖχος αὐτῆς ἑκατὸν τεσσεράκοντα τεσσάρων πηχῶν
18 ἡ ἐνδώμησις τ. τείχους αὐτῆς ἴασπις
19 οἱ θεμέλιοι τ. τείχους τ. πόλεως παντὶ λίθῳ τιμίῳ κεκοσμημένοι

ΤΕΚΜΗ'ΡΙΟΝ ** 5039

Ac 1 3 οἷς κ. παρέστησεν ἑαυτὸν ζῶντα . . . ἐν πολλοῖς τεκμηρίοις

ΤΕΚΝΙ'ΟΝ * † 5040

Jo 13 33 τεκνία ἔτι μικρὸν μεθ' ὑμῶν εἰμί
Ga 4 19 τεκνία μου οὓς πάλιν ὠδίνω
τέκνα, TWH mg.
I Jo 2 1 τεκνία μου ταῦτα γράφω ὑμῖν
12 γράφω ὑμῖν τεκνία ὅτι ἀφέωνται ὑμῖν
28 κ. νῦν τεκνία μένετε ἐν αὐτῷ
3 7 τεκνία μηδεὶς πλανάτω ὑμᾶς
παιδία, WH mg.
18 τεκνία μὴ ἀγαπῶμεν λόγῳ
4 4 ὑμεῖς ἐκ τ. Θεοῦ ἐστὲ τεκνία
5 21 τεκνία φυλάξατε ἑαυτὰ ἀπὸ τ. εἰδώλων

ΤΕΚΝΟΓΟΝΕ'Ω * † 5041

I Ti 5 14 βούλομαι οὖν νεωτέρας γαμεῖν τεκνογονεῖν

ΤΕΚΝΟΓΟΝΙ'Α * † 5042

I Ti 2 15 σωθήσεται δὲ διὰ τ. τεκνογονίας

ΤΕ'ΚΝΟΝ 5043

(1) voc. (2) metaph. (3) τέκν. Θεοῦ

Mt 2 18 Ῥαχὴλ κλαίουσα τὰ τέκνα αὐτῆς
רָחֵל מְבַכָּה עַל־בָּנֶיהָ, Jer. xxxi. 15
3 9 ἐκ τ. λίθων τούτων ἐγεῖραι τέκνα τῷ Ἀβραάμ
7 11 εἰ οὖν ὑμεῖς . . . οἴδατε δόματα ἀγαθὰ διδόναι τ. τέκνοις ὑμῶν
9 2 [1] θάρσει τέκνον ἀφίενταί σου αἱ ἁμαρτίαι
10 21 παραδώσει δὲ ἀδελφὸς ἀδελφὸν εἰς θάνατον κ. πατὴρ τέκνον·
κ. ἐπαναστήσονται τέκνα ἐπὶ γονεῖς
11 19 [2] ἐδικαιώθη ἡ σοφία ἀπὸ τ. τέκνων αὐτῆς
ἔργων, TWHR non mg.
15 26 οὐκ ἔστιν καλὸν λαβεῖν τ. ἄρτον τ. τέκνων
18 25 ἐκέλευσεν αὐτὸν ὁ κύριος πραθῆναι . . . κ τὰ τέκνα
19 29 ὅστις ἀφῆκεν . . . πατέρα ἢ μητέρα ἢ τέκνα
21 28 ἄνθρωπος εἶχεν τέκνα δύο
δύο τέκν., TWH mg.
28 [1] τέκνον ὕπαγε σήμερον ἐργάζου
22 24 ἐάν τις ἀποθάνῃ μὴ ἔχων τέκνα
וּמֵת אַחַד מֵהֶם וּבֵן אֵין־לוֹ, Dt. xxv. 5
23 37 [2] ποσάκις ἠθέλησα ἐπισυναγαγεῖν τὰ τέκνα σου
27 25 τὸ αἷμα αὐτοῦ ἐφ' ἡμᾶς κ. ἐπὶ τὰ τέκνα ἡμῶν
Mk 2 5 [1] τέκνον ἀφίενταί σου αἱ ἁμαρτίαι
7 27 ἄφες πρῶτον χορτασθῆναι τὰ τέκνα·
οὐ γάρ ἐστιν καλὸν λαβεῖν τ. ἄρτον τ. τέκνων
10 24 [1] τέκνα πῶς δύσκολόν ἐστιν . . . εἰσελθεῖν
29 ὃς ἀφῆκεν . . . μητέρα ἢ πατέρα ἢ τέκνα
30 ἐὰν μὴ λάβῃ ἑκατονταπλασίονα νῦν . . . μητέρας κ. τέκνα
12 19 ἐάν τινος ἀδελφὸς . . . μὴ ἀφῇ τέκνον, Dt. *l.c*
13 12 παραδώσει ἀδελφὸς ἀδελφὸν εἰς θάνατον κ πατὴρ τέκνον·
κ. ἐπαναστήσονται τέκνα ἐπὶ γονεῖς
Lu 1 7 οὐκ ἦν αὐτοῖς τέκνον
17 ἐπιστρέψαι καρδίας πατέρων ἐπὶ τέκνα

Lu 2 48 [1] τέκνον τί ἐποίησας ἡμῖν οὕτως;
3 8 ἐκ τ. λίθων τούτων ἐγεῖραι τέκνα τῷ Ἀβραάμ
7 35 [2] ἐδικαιώθη ἡ σοφία ἀπὸ πάντων τ. τέκνων αὐτῆς
τ. τέκν. αὐτ. πάντ., TWH mg.
11 13 εἰ οὖν ὑμεῖς . . . οἴδατε δόματα ἀγαθὰ διδόναι τ. τέκνοις ὑμῶν
13 34 [2] ποσάκις ἠθέλησα ἐπισυνάξαι τὰ τέκνα σου
14 26 εἴ τις ἔρχεται πρός με κ. οὐ μισεῖ . . . τ. γυναῖκα κ. τὰ τέκνα
15 31 [1] τέκνον σὺ πάντοτε μετ' ἐμοῦ εἶ
16 25 [1] τέκνον μνήσθητι ὅτι ἀπέλαβες τὰ ἀγαθά σου
18 29 ὃς ἀφῆκεν . . . γονεῖς ἢ τέκνα
19 44 [2] ἐδαφιοῦσίν σε κ. τὰ τέκνα σου ἐν σοί
20 31 ὡσαύτως δὲ κ. οἱ ἑπτὰ οὐ κατέλιπον τέκνα
23 28 ἐφ' ἑαυτὰς κλαίετε κ. ἐπὶ τὰ τέκνα ὑμῶν
Jo 1 12 [3] ἔδωκεν αὐτοῖς ἐξουσίαν τέκνα Θεοῦ γενέσθαι
8 39 εἰ τέκνα τοῦ Ἀβραάμ ἐστε
11 52 [3] ἵνα κ. τὰ τέκνα τ. Θεοῦ τὰ διεσκορπισμένα συναγάγῃ εἰς ἕν
Ac 2 39 ὑμῖν γάρ ἐστιν ἡ ἐπαγγελία κ. τ. τέκνοις ὑμῶν
7 5 ἐπηγγείλατο δοῦναι αὐτῷ . . . οὐκ ὄντος αὐτῷ τέκνου
13 33 ταύτην ὁ Θεὸς ἐκπεπλήρωκεν τ. τέκνοις ἡμῶν
21 5 προπεμπόντων ἡμᾶς πάντων σὺν γυναιξὶ κ. τέκνοις
21 λέγων μὴ περιτέμνειν αὐτοὺς τὰ τέκνα
Ro 8 16 [3] συμμαρτυρεῖ . . . ὅτι ἐσμὲν τέκνα Θεοῦ.
17 εἰ δὲ τέκνα κ. κληρονόμοι
21 [3] εἰς τ. ἐλευθερίαν τ. δόξης τ. τέκνων τ. Θεοῦ
9 7 οὐδ' ὅτι εἰσὶν σπέρμα Ἀβραὰμ πάντες τέκνα
8 [3] οὐ τὰ τέκνα τ. σαρκὸς ταῦτα τέκνα τ. Θεοῦ·
[2] ἀλλὰ τὰ τέκνα τ. ἐπαγγελίας λογίζεται εἰς σπέρμα
I Co 4 14 ὡς τέκνα μου ἀγαπητὰ νουθετῶν
17 ὅς ἐστίν μου τέκνον ἀγαπητόν
7 14 ἐπεὶ ἄρα τὰ τέκνα ὑμῶν ἀκάθαρτά ἐστιν
II Co 6 13 ὡς τέκνοις λέγω
12 14 οὐ γὰρ ὀφείλει τὰ τέκνα τ. γονεῦσι θησαυρίζειν ἀλλὰ οἱ γονεῖς τ. τέκνοις
Ga 4 19 [1] τέκνα μου οὓς πάλιν ὠδίνω
τεκνία, WH non mg.
25 [2] δουλεύει γὰρ μετὰ τ. τέκνων αὐτῆς
27 ὅτι πολλὰ τὰ τέκνα τῆς ἐρήμου
כִּי־רַבִּים בְּנֵי־שׁוֹמֵמָה, Is. liv. 1
28 [2] ἡμεῖς δὲ . . . κατὰ Ἰσαὰκ ἐπαγγελίας τέκνα ἐσμέν
31 οὐκ ἐσμὲν παιδίσκης τέκνα ἀλλὰ τ. ἐλευθέρας
Eph 2 3 [2] ἤμεθα τέκνα φύσει ὀργῆς
5 1 μιμηταὶ τ. Θεοῦ ὡς τέκνα ἀγαπητά
8 [2] ὡς τέκνα φωτὸς περιπατεῖτε
6 1 [1] τὰ τέκνα ὑπακούετε τ. γονεῦσιν ὑμῶν
4 οἱ πατέρες μὴ παροργίζετε τὰ τέκνα ὑμῶν
Phl 2 15 [3] τέκνα Θεοῦ ἄμωμα μέσον γενεᾶς σκολιᾶς
22 ὡς πατρὶ τέκνον σὺν ἐμοὶ ἐδούλευσεν
Col 3 20 [1] τὰ τέκνα ὑπακούετε τ. γονεῦσιν
21 οἱ πατέρες μὴ ἐρεθίζετε τὰ τέκνα ὑμῶν
I Th 2 7 ὡς ἐὰν τροφὸς θάλπῃ τὰ ἑαυτῆς τέκνα
11 ὡς πατὴρ τέκνα ἑαυτοῦ παρακαλοῦντες ὑμᾶς
I Ti 1 2 Τιμοθέῳ γνησίῳ τέκνῳ ἐν πίστει
18 [1] ταύτην τ. παραγγελίαν παρατίθεμαί σοι τέκνον Τιμόθεε
3 4 τέκνα ἔχοντα ἐν ὑποταγῇ μετὰ πάσης σεμνότητος
I Ti 3 12 τέκνων καλῶς προϊστάμενοι
5 4 εἰ δέ τις χήρα τέκνα ἢ ἔκγονα ἔχει
II Ti 1 2 Τιμοθέῳ ἀγαπητῷ τέκνῳ
2 1 [1] σὺ οὖν τέκνον μου ἐνδυναμοῦ
Tit 1 4 Τίτῳ γνησίῳ τέκνῳ κατὰ κοινὴν πίστιν
6 τέκνα ἔχων πιστά
Phm 10 παρακαλῶ σε περὶ τ. ἐμοῦ τέκνου
I Pe 1 14 [2] ὡς τέκνα ὑπακοῆς μὴ συνσχηματιζόμενοι
3 6 ἧς ἐγενήθητε τέκνα
II Pe 2 14 [2] κατάρας τέκνα
I Jo 3 1 [3] ἵνα τέκνα Θεοῦ κληθῶμεν
2 [3] ἀγαπητοὶ νῦν τέκνα Θεοῦ ἐσμέν
10 [3] ἐν τούτῳ φανερά ἐστιν τὰ τέκνα τ. Θεοῦ κ. τὰ τέκνα τ. διαβόλου
5 2 [3] γινώσκομεν ὅτι ἀγαπῶμεν τὰ τέκνα τ. Θεοῦ
II Jo 1 ὁ πρεσβύτερος ἐκλεκτῇ κυρίᾳ κ. τ. τέκνοις αὐτῆς
4 εὕρηκα ἐκ τ. τέκνων σου περιπατοῦντας ἐν ἀληθείᾳ
13 ἀσπάζεταί σε τὰ τέκνα τ. ἀδελφῆς σου τ. ἐκλεκτῆς
III Jo 4 ἵνα ἀκούω τὰ ἐμὰ τέκνα ἐν τ. ἀληθείᾳ περιπατοῦντα
Re 2 23 τὰ τέκνα αὐτῆς ἀποκτενῶ ἐν θανάτῳ
12 4 ἵνα ὅταν τέκῃ τὸ τέκνον αὐτῆς καταφάγῃ
5 ἡρπάσθη τὸ τέκνον αὐτῆς πρὸς τ. Θεόν

ΤΕΚΝΟΤΡΟΦΕ'Ω * 5044

I Ti 5 10 εἰ ἐτεκνοτρόφησεν εἰ ἐξενοδόχησεν

ΤΕ'ΚΤΩΝ 5045

Mt 13 55 οὐχ οὗτός ἐστιν ὁ τ. τέκτονος υἱός;
Mk 6 3 οὐχ οὗτός ἐστιν ὁ τέκτων ὁ υἱὸς τ. Μαρίας

ΤΕ'ΛΕΙΟΣ 5046

(1) τελειότερος

Mt 5 48 ἔσεσθε οὖν ὑμεῖς τέλειοι, ὡς ὁ πατὴρ ὑμῶν ὁ οὐράνιος τέλειός ἐστιν
19 21 εἰ θέλεις τέλειος εἶναι
Ro 12 2 τί τὸ θέλημα τ. Θεοῦ τὸ ἀγαθὸν κ. εὐάρεστον κ. τέλειον
I Co 2 6 σοφίαν δὲ λαλοῦμεν ἐν τ. τελείοις
13 10 ὅταν δὲ ἔλθῃ τὸ τέλειον
14 20 ταῖς δὲ φρεσὶ τέλειοι γίνεσθε
Eph 4 13 μέχρι καταντήσωμεν οἱ πάντες . . . εἰς ἄνδρα τέλειον
Phl 3 15 ὅσοι οὖν τέλειοι τοῦτο φρονῶμεν
Col 1 28 ἵνα παραστήσωμεν πάντα ἄνθρωπον τέλειον ἐν Χριστῷ
4 12 ἵνα σταθῆτε τέλειοι κ. πεπληροφορημένοι
He 5 14 τελείων δέ ἐστιν ἡ στερεὰ τροφή
9 11 [1] διὰ τ. μείζονος κ. τελειοτέρας σκηνῆς
Ja 1 4 ἡ δὲ ὑπομονὴ ἔργον τέλειον ἐχέτω, ἵνα ἦτε τέλειοι κ. ὁλόκληροι
17 πᾶν δώρημα τέλειον ἄνωθέν ἐστιν
25 ὁ δὲ παρακύψας εἰς νόμον τέλειον τὸν τ. ἐλευθερίας
3 2 εἴ τις ἐν λόγῳ οὐ πταίει οὗτος τέλειος ἀνήρ
I Jo 4 18 ἡ τελεία ἀγάπη ἔξω βάλλει τ. φόβον

ΤΕΛΕΙΟ'ΤΗΣ 5047

Col 3 14 ὅ ἐστιν σύνδεσμος τ. τελειότητος
He 6 1 ἐπὶ τ. τελειότητα φερώμεθα

ΤΕΛΕΙΟ'Ω 5048

Lu 2 43 τελειωσάντων τ. ἡμέρας
13 32 κ. τῇ τρίτῃ τελειοῦμαι
Jo 4 34 ἵνα . . . τελειώσω αὐτοῦ τὸ ἔργον
5 36 τὰ γὰρ ἔργα ἃ δέδωκέν μοι ὁ πατὴρ ἵνα τελειώσω αὐτά
17 4 τὸ ἔργον τελειώσας ὃ δέδωκάς μοι ἵνα ποιήσω
23 ἵνα ὦσιν τετελειωμένοι εἰς ἕν
19 28 ἵνα τελειωθῇ ἡ γραφὴ λέγει
Ac 20 24 ὡς τελειώσω τὸν δρόμον μου
τελειῶσαι, TWH mg. R
Phl 3 12 οὐχ ὅτι ἤδη ἔλαβον ἢ ἤδη τετελείωμαι
He 2 10 τ. ἀρχηγὸν τ. σωτηρίας αὐτῶν διὰ παθημάτων τελειῶσαι
5 9 τελειωθεὶς ἐγένετο . . . αἴτιος σωτηρίας αἰωνίου
7 19 οὐδὲν γὰρ ἐτελείωσεν ὁ νόμος
28 καθίστησιν . . . υἱὸν εἰς τ. αἰῶνα τετελειωμένον
9 9 μὴ δυνάμεναι κατὰ συνείδησιν τελειῶσαι τ. λατρεύοντα
10 1 οὐδέποτε δύνανται τ. προσερχομένους τελειῶσαι
14 μιᾷ γὰρ προσφορᾷ τετελείωκεν εἰς τὸ διηνεκὲς τ. ἁγιαζομένους
11 40 ἵνα μὴ χωρὶς ἡμῶν τελειωθῶσιν
12 23 προσεληλύθατε . . . πνεύμασι δικαίων τετελειωμένων
Ja 2 22 ἐκ τ. ἔργων ἡ πίστις ἐτελειώθη
I Jo 2 5 ἀληθῶς ἐν τούτῳ ἡ ἀγάπη τ. Θεοῦ τετελείωται
4 12 ἡ ἀγάπη αὐτοῦ τετελειωμένη ἐν ἡμῖν ἐστίν
17 ἐν τούτῳ τετελείωται ἡ ἀγάπη μεθ' ἡμῶν
18 ὁ δὲ φοβούμενος οὐ τετελείωται ἐν τ. ἀγάπῃ

ΤΕΛΕΙ'ΩΣ ** 5049

I Pe 1 13 νήφοντες τελείως ἐλπίσατε ἐπὶ τ. φερομένην ὑμῖν χάριν

ΤΕΛΕΙ'ΩΣΙΣ 5050

Lu 1 45 ἔσται τελείωσις τ. λελαλημένοις αὐτῇ
He 7 11 εἰ μὲν οὖν τελείωσις διὰ τ. Λευειτικῆς ἱερωσύνης ἦν

ΤΕΛΕΙΩΤΗ'Σ * † 5051

He 12 2 ἀφορῶντες εἰς τὸν τ. πίστεως ἀρχηγὸν κ. τελειωτὴν Ἰησοῦν

ΤΕΛΕΣΦΟΡΕ'Ω ** 5052

Lu 8 14 συνπνίγονται κ. οὐ τελεσφοροῦσιν

ΤΕΛΕΥΤΑ'Ω 5053

Mt 2 19 τελευτήσαντος δὲ τ. Ἡρῴδου
9 18 ἡ θυγάτηρ μου ἄρτι ἐτελεύτησεν
15 4 ὁ κακολογῶν πατέρα ἢ μητέρα θανάτῳ τελευτάτω
מְקַלֵּל אָבִיו וְאִמּוֹ מוֹת יוּמָת, Ex. xxi. 17
22 25 ὁ πρῶτος γήμας ἐτελεύτησεν
Mk 7 10 ὁ κακολογῶν πατέρα ἢ μητέρα θανάτῳ τελευτάτω, Ex. *l.c.*
9 48 ὅπου ὁ σκώληξ αὐτῶν οὐ τελευτᾷ
כִּי תוֹלַעְתָּם לֹא תָמוּת, Is. lvi. 24
Lu 7 2 ἑκατοντάρχου δέ τινος δοῦλος . . . ἤμελλεν τελευτᾷν
Jo 11 39 λέγει αὐτῷ ἡ ἀδελφὴ τ. τετελευτηκότος Μάρθα
Ac 2 29 ὅτι κ. ἐτελεύτησεν κ. ἐτάφη
7 15 ἐτελεύτησεν αὐτὸς κ. οἱ πατέρες ἡμῶν
He 11 22 πίστει Ἰωσὴφ τελευτῶν περὶ τῆς ἐξόδου τ. υἱῶν Ἰσραὴλ ἐμνημόνευσεν

ΤΕΛΕΥΤΗ' 5054

Mt 2 15 ἦν ἐκεῖ ἕως τ. τελευτῆς Ἡρῴδου

ΤΕΛΕ'Ω 5055

(1) τελ. φόρους, τὰ δίδραχμα

Mt 7 28 ὅτε ἐτέλεσεν ὁ Ἰησοῦς τ. λόγους τούτους
10 23 οὐ μὴ τελέσητε τὰς πόλεις τοῦ Ἰσραήλ
11 1 ὅτε ἐτέλεσεν ὁ Ἰησοῦς διατάσσων
13 53 ὅτε ἐτέλεσεν ὁ Ἰησοῦς τ. παραβολὰς ταύτας
17 24 [1] ὁ διδάσκαλος ὑμῶν οὐ τελεῖ τὰ δίδραχμα;
19 1 ὅτε ἐτέλεσεν ὁ Ἰησοῦς τ. λόγους τούτους
26 1 ὅτε ἐτέλεσεν ὁ Ἰησοῦς πάντας τ. λόγους τούτους
Lu 2 39 ὡς ἐτέλεσαν πάντα τὰ κατὰ τ. νόμον Κυρίου
12 50 πῶς συνέχομαι ἕως ὅτου τελεσθῇ
18 31 τελεσθήσεται πάντα τὰ γεγραμμένα διὰ τ. προφητῶν
22 37 τοῦτο τὸ γεγραμμένον δεῖ τελεσθῆναι ἐν ἐμοί
Jo 19 28 εἰδὼς . . . ὅτι ἤδη πάντα τετέλεσται
30 ὅτε οὖν ἔλαβεν τὸ ὄξος ὁ Ἰησοῦς εἶπεν Τετέλεσται
Ac 13 29 ὡς δὲ ἐτέλεσαν πάντα τὰ περὶ αὐτοῦ γεγραμμένα
Ro 2 27 ἡ ἐκ φύσεως ἀκροβυστία τ. νόμον τελοῦσα
13 6 [1] διὰ τοῦτο γὰρ κ. φόρους τελεῖτε
II Co 12 9 ἡ γὰρ δύναμις ἐν ἀσθενείᾳ τελεῖται
Ga 5 16 ἐπιθυμίαν σαρκὸς οὐ μὴ τελέσητε
II Ti 4 7 τ. δρόμον τετέλεκα
Ja 2 8 εἰ μέντοι νόμον τελεῖτε βασιλικόν
Re 10 7 ἐτελέσθη τὸ μυστήριον τ. Θεοῦ
11 7 ὅταν τελέσωσιν τ. μαρτυρίαν αὐτῶν
15 1 ἐν αὐταῖς ἐτελέσθη ὁ θυμὸς τ. Θεοῦ
8 ἄχρι τελεσθῶσιν αἱ ἑπτὰ πληγαὶ τ. ἑπτὰ ἀγγέλων
17 17 ἄχρι τελεσθήσονται οἱ λόγοι τ. Θεοῦ
20 3 ἄχρι τελεσθῇ τὰ χίλια ἔτη
5 οὐκ ἔζησαν ἄχρι τελεσθῇ τὰ χίλια ἔτη
7 ὅταν τελεσθῇ τὰ χίλια ἔτη

ΤΕ'ΛΟΣ 5056

(1) ἄχρι, ἕως, μέχρι τέλους, εἰς τέλος (2) ἀρχὴ κ. τέλος, τέλ. τ. αἰώνων (3) τέλ. λαμβάνειν, ἀποδιδόναι

Mt 10 22 [1] ὁ δὲ ὑπομείνας εἰς τέλος οὗτος σωθήσεται
17 25 [3] οἱ βασιλεῖς τ. γῆς ἀπὸ τίνων λαμβάνουσιν τέλη ἢ κῆνσον;
24 6 ἀλλ' οὔπω ἐστὶν τὸ τέλος
13 [1] ὁ δὲ ὑπομείνας εἰς τέλος οὗτος σωθήσεται
14 τότε ἥξει τὸ τέλος
26 58 ἐκάθητο μετὰ τ. ὑπηρετῶν ἰδεῖν τὸ τέλος
Mk 3 26 οὐ δύναται στῆναι ἀλλὰ τέλος ἔχει
13 7 ἀλλ' οὔπω τὸ τέλος
13 [1] ὁ δὲ ὑπομείνας εἰς τέλος οὗτος σωθήσεται
Lu 1 33 τ. βασιλείας αὐτοῦ οὐκ ἔσται τέλος
18 5 [1] ἵνα μὴ εἰς τέλος ἐρχομένη ὑπωπιάζῃ με

Lu 21 9 ἀλλ' οὐκ εὐθέως τὸ τέλος
22 37 κ. γὰρ τὸ περὶ ἐμοῦ τέλος ἔχει
Jo 13 1 [1] εἰς τέλος ἠγάπησεν αὐτούς
Ro 6 21 τὸ γὰρ τέλος ἐκείνων θάνατος
22 τὸ δὲ τέλος ζωὴν αἰώνιον
10 4 τέλος γὰρ νόμου Χριστὸς εἰς δικαιοσύνην
13 7 [3] ἀπόδοτε πᾶσι τ. ὀφειλὰς . . . τῷ τὸ τέλος τὸ τέλος
I Co 1 8 [1] ὃς κ. βεβαιώσει ὑμᾶς ἕως τέλους ἀνεγκλήτους
10 11 [2] εἰς οὓς τὰ τέλη τ. αἰώνων κατήντηκεν
15 24 εἶτα τὸ τέλος ὅταν παραδιδῷ τ. βασιλείαν
II Co 1 13 [1] ἐλπίζω δὲ ὅτι ἕως τέλους ἐπιγνώσεσθε
3 13 πρὸς τὸ μὴ ἀτενίσαι τ. υἱοὺς Ἰσραὴλ εἰς τὸ τέλος τ. καταργουμένου
11 15 ὧν τὸ τέλος ἔσται κατὰ τὰ ἔργα αὐτῶν
Phl 3 19 ὧν τὸ τέλος ἀπώλεια
I Th 2 16 [1] ἔφθασεν δὲ ἐπ' αὐτοὺς ἡ ὀργὴ εἰς τέλος
I Ti 1 5 τὸ δὲ τέλος τ. παραγγελίας ἐστὶν ἀγάπη
He 3 6 [1] ἐὰν τ. παρρησίαν . . . μέχρι τέλους βεβαίαν κατάσχωμεν
μ. τέλ. βεβ., [WH]
14 [1] ἐάνπερ τ. ἀρχὴν τ. ὑποστάσεως μέχρι τέλους βεβαίαν κατάσχωμεν
6 8 ἧς τὸ τέλος εἰς καῦσιν
11 [1] πρὸς τ. πληροφορίαν τ. ἐλπίδος ἄχρι τέλους
7 3 [2] μήτε ἀρχὴν ἡμερῶν μήτε ζωῆς τέλος ἔχων
Ja 5 11 τὸ τέλος Κυρίου εἴδετε
I Pe 1 9 κομιζόμενοι τὸ τέλος τ. πίστεως
3 8 τὸ δὲ τέλος πάντες ὁμόφρονες συμπαθεῖς
4 7 πάντων δὲ τὸ τέλος ἤγγικεν
17 τί τὸ τέλος τ. ἀπειθούντων τῷ τ. Θεοῦ εὐαγγελίῳ;
Re 2 26 [1] ὁ τηρῶν ἄχρι τέλους τὰ ἔργα μου
21 6 [2] ἐγὼ . . . ἡ ἀρχὴ κ. τὸ τέλος
22 13 [2] ἐγὼ . . . ἡ ἀρχὴ κ. τὸ τέλος

ΤΕΛΩ΄ΝΗΣ * 5057

Mt 5 46 οὐχὶ κ. οἱ τελῶναι τὸ αὐτὸ ποιοῦσιν;
9 10 πολλοὶ τελῶναι κ. ἁμαρτωλοὶ ἐλθόντες συνανέκειντο τῷ Ἰησοῦ
11 διὰ τί μετὰ τ. τελωνῶν κ. ἁμαρτωλῶν ἐσθίει
10 3 Θωμᾶς κ. Μαθθαῖος ὁ τελώνης
11 19 τελωνῶν φίλος κ. ἁμαρτωλῶν
18 17 ἔστω σοι ὥσπερ ὁ ἐθνικὸς κ. ὁ τελώνης
21 31 οἱ τελῶναι κ. αἱ πόρναι προάγουσιν ὑμᾶς εἰς τ. βασιλείαν τ. Θεοῦ
32 οἱ δὲ τελῶναι κ. αἱ πόρναι ἐπίστευσαν αὐτῷ
Mk 2 15 πολλοὶ τελῶναι κ. ἁμαρτωλοὶ συνανέκειντο τῷ Ἰησοῦ
16 ἰδόντες ὅτι ἐσθίει μετὰ τ. ἁμαρτωλῶν κ. τελωνῶν
τ. τελ. κ. ἁμ., T
16 μετὰ τ. τελωνῶν κ. ἁμαρτωλῶν ἐσθίει
Lu 3 12 ἦλθον δὲ κ. τελῶναι βαπτισθῆναι
5 27 ἐθεάσατο τελώνην ὀνόματι Λευείν
29 ἦν ὄχλος πολὺς τελωνῶν
30 διὰ τί μετὰ τ. τελωνῶν κ. ἁμαρτωλῶν ἐσθίετε
7 29 πᾶς ὁ λαὸς ἀκούσας κ. οἱ τελῶναι ἐδικαίωσαν τ. Θεόν
34 φίλος τελωνῶν κ. ἁμαρτωλῶν
15 1 ἦσαν δὲ αὐτῷ ἐγγίζοντες πάντες οἱ τελῶναι κ. οἱ ἁμαρτωλοί
18 10 εἷς Φαρισαῖος κ. ὁ ἕτερος τελώνης
11 ἢ κ. ὡς οὗτος ὁ τελώνης
13 ὁ δὲ τελώνης μακρόθεν ἑστὼς οὐκ ἤθελεν . . ἐπᾶραι

ΤΕΛΩ΄ΝΙΟΝ * † 5058

Mt 9 9 εἶδεν ἄνθρωπον καθήμενον ἐπὶ τὸ τελώνιον
Mk 2 14 εἶδεν Λευεὶν . . . καθήμενον ἐπὶ τὸ τελώνιον
Lu 5 27 ἐθεάσατο τελώνην . . . καθήμενον ἐπὶ τὸ τελώνιον

ΤΕ΄ΡΑΣ 5059

Mt 24 24 δώσουσιν σημεῖα μεγάλα κ. τέρατα
Mk 13 22 δώσουσιν σημεῖα κ. τέρατα
Jo 4 48 ἐὰν μὴ σημεῖα κ. τέρατα ἴδητε
Ac 2 19 δώσω τέρατα ἐν τ. οὐρανῷ ἄνω
וְנָתַתִּי מוֹפְתִים בַּשָּׁמַיִם, Joel iii. 3
22 ἄνδρα ἀποδεδειγμένον . . . δυνάμεσι κ. τέρασι κ. σημείοις
43 πολλὰ δὲ τέρατα κ. σημεῖα διὰ τ. ἀποστόλων ἐγίνετο
4 30 δὸς . . . σημεῖα κ. τέρατα γίνεσθαι
5 12 ἐγίνετο σημεῖα κ. τέρατα πολλὰ ἐν τ. λαῷ
6 8 ἐποίει τέρατα κ. σημεῖα μεγάλα ἐν τ. λαῷ
7 36 ποιήσας τέρατα κ. σημεῖα ἐν τῇ Αἰγύπτῳ
14 3 διδόντι σημεῖα κ. τέρατα γίνεσθαι διὰ τ. χειρῶν αὐτῶν
15 12 ἐξηγουμένων ὅσα ἐποίησεν ὁ Θεὸς σημεῖα κ. τέρατα ἐν τ. ἔθνεσιν
Ro 15 19 ἐν δυνάμει σημείων κ. τεράτων
II Co 12 12 κατειργάσθη . . . σημείοις τε κ. τέρασιν κ. δυνάμεσιν
II Th 2 9 οὗ ἐστὶν ἡ παρουσία . . . ἐν πάσῃ δυνάμει κ. σημείοις κ. τέρασιν ψεύδους
He 2 4 συνεπιμαρτυροῦντος τ. Θεοῦ σημείοις τε κ. τέρασιν

ΤΕ΄ΡΤΙΟΣ 5060

Ro 16 22 ἀσπάζομαι ὑμᾶς ἐγὼ Τέρτιος ὁ γράψας τ. ἐπιστολήν

ΤΕ΄ΡΤΥΛΛΟΣ 5061

Ac 24 1 μετὰ πρεσβυτέρων τινῶν κ. ῥήτορος Τερτύλλου τινός
2 ἤρξατο κατηγορεῖν ὁ Τέρτυλλος λέγων

ΤΕ΄ΣΣΑΡΕΣ 5061.2

(1) τέσσερες

Mt 24 31 ἐπισυνάξουσιν τ. ἐκλεκτοὺς αὐτοῦ ἐκ τ. τεσσάρων ἀνέμων
Mk 2 3 παραλυτικὸν αἰρόμενον ὑπὸ τεσσάρων
13 27 ἐπισυνάξει τ. ἐκλεκτοὺς αὐτοῦ ἐκ τ. τεσσάρων ἀνέμων
Lu 2 37 αὐτὴ χήρα ἕως ἐτῶν ὀγδοήκοντα τεσσάρων
Jo 11 17 εὗρεν αὐτὸν τέσσαρας ἤδη ἡμέρας ἔχοντα ἐν τ. μνημείῳ
19 23 [1] οἱ οὖν στρατιῶται . . . ἐποίησαν τέσσερα μέρη
Ac 10 11 τέσσαρσιν ἀρχαῖς καθιέμενον ἐπὶ τ. γῆς
11 5 τέσσαρσιν ἀρχαῖς καθιεμένην ἐκ τ. οὐρανοῦ
12 4 παραδοὺς τέσσαρσι τετραδίοις στρατιωτῶν
21 9 τούτῳ δὲ ἦσαν θυγατέρες τέσσαρες παρθένοι
23 εἰσὶν ἡμῖν ἄνδρες τέσσαρες εὐχὴν ἔχοντες
27 29 ἐκ πρύμνης ῥίψαντες ἀγκύρας τέσσαρας
Re 4 4 κυκλόθεν τ. θρόνου θρόνοι εἴκοσι τέσσαρες·
θρόνους εἴκ. τέσσαρας, T
κ. ἐπὶ τ. θρόνους εἴκοσι τέσσαρας πρεσβυτέρους καθημένους

Re 4 6 ¹ κύκλῳ τ. θρόνου τέσσερα ζῷα γέμοντα ὀφθαλμῶν
8 ¹ τὰ τέσσερα ζῷα ἓν καθ' ἓν αὐτῶν
10 πεσοῦνται οἱ εἴκοσι τέσσαρες πρεσβύτεροι
5 6 εἶδον ἐν μέσῳ τ. θρόνου κ. τ. τεσσάρων ζῴων . . . ἀρνίον
8 ¹ τὰ τέσσερα ζῷα κ. οἱ εἴκοσι τέσσαρες πρεσβύτεροι ἔπεσαν ἐνώπιον τ. ἀρνίου
14 ¹ τὰ τέσσερα ζῷα ἔλεγον Ἀμήν
6 1 ἤκουσα ἑνὸς ἐκ τ. τεσσάρων ζῴων λέγοντος
6 ἤκουσα ὡς φωνὴν ἐν μέσῳ τ. τεσσάρων ζῴων
7 1 εἶδον τέσσαρας ἀγγέλους ἑστῶτας ἐπὶ τ. τέσσαρας γωνίας τ. γῆς,
κρατοῦντας τ. τέσσαρας ἀνέμους τ. γῆς
2 ἔκραξεν φωνῇ μεγάλῃ τ. τέσσαρσιν ἀγγέλοις
4 ἑκατὸν τεσσεράκοντα τέσσαρες χιλιάδες ἐσφραγισμένοι
11 κύκλῳ τ. θρόνου κ. τ. πρεσβυτέρων κ. τ. τεσσάρων ζῴων
9 13 ἤκουσα φωνὴν μίαν ἐκ τ. τεσσάρων κεράτων τ. θυσιαστηρίου
—τεσσάρων, WHR
14 λῦσον τ. τέσσαρας ἀγγέλους τ. δεδεμένους
15 ἐλύθησαν οἱ τέσσαρες ἄγγελοι οἱ ἡτοιμασμένοι
11 16 οἱ εἴκοσι τέσσαρες πρεσβύτεροι οἱ ἐνώπιον τ. Θεοῦ καθήμενοι
14 1 μετ' αὐτοῦ ἑκατὸν τεσσεράκοντα τέσσαρες χιλιάδες
3 ἐνώπιον τ. τεσσάρων ζῴων κ. τ. πρεσβυτέρων
3 εἰ μὴ αἱ ἑκατὸν τεσσεράκοντα τέσσαρες χιλιάδες
15 7 ἓν ἐκ τ. τεσσάρων ζῴων ἔδωκεν τ. ἑπτὰ ἀγγέλοις ἑπτὰ φιάλας χρυσᾶς
19 4 ¹ ἔπεσαν οἱ πρεσβύτεροι οἱ εἴκοσι τέσσαρες κ. τὰ τέσσερα ζῷα
20 8 πλανῆσαι τὰ ἔθνη τὰ ἐν τ. τέσσαρσι γωνίαις τ. γῆς
21 17 ἐμέτρησεν τὸ τεῖχος αὐτῆς ἑκατὸν τεσσεράκοντα τεσσάρων πηχῶν

ΤΕΣΣΑΡΕΣΚΑΙΔΕΚΑΤΟΣ 5061.4

Ac 27 27 ὡς δὲ τεσσαρεσκαιδεκάτη νὺξ ἐγένετο
33 τεσσαρεσκαιδεκάτην σήμερον ἡμέραν προσδοκῶντες

ΤΕΣΣΕΡΑΚΟΝΤΑ 5062

Mt 4 2 νηστεύσας ἡμέρας τεσσ. κ. νύκτας τεσσεράκοντα
τεσσ. νύκτ., T
Mk 1 13 ἦν ἐν τῇ ἐρήμῳ τεσσεράκοντα ἡμέρας
Lu 4 2 ἤγετο ἐν τ. πνεύματι ἐν τῇ ἐρήμῳ ἡμέρας τεσσεράκοντα
Jo 2 20 τεσσ. κ. ἓξ ἔτεσιν οἰκοδομήθη ὁ ναὸς οὗτος
Ac 1 3 δι' ἡμερῶν τεσσ. ὀπτανόμενος αὐτοῖς
4 22 ἐτῶν γὰρ ἦν πλειόνων τεσσ. ὁ ἄνθρωπος
7 30 πληρωθέντων ἐτῶν τεσσεράκοντα
36 ποιήσας τέρατα κ. σημεῖα . . . ἐν τῇ ἐρήμῳ ἔτη τεσσεράκοντα
42 μὴ σφάγια κ. θυσίας προσηνέγκατέ μοι ἔτη τεσσ. ἐν τῇ ἐρήμῳ
הַזְּבָחִים וּמִנְחָה הִגַּשְׁתֶּם־לִי בַמִּדְבָּר אַרְבָּעִים שָׁנָה, Am. v. 25

Ac 13 21 ἔδωκεν αὐτοῖς ὁ Θεὸς τ. Σαοὺλ . . . ἔτη τεσσεράκοντα
23 13 ἦσαν δὲ πλείους τεσσ. οἱ ταύτην τ. συνωμοσίαν ποιησάμενοι
21 ἐνεδρεύουσιν γὰρ αὐτὸν ἐξ αὐτῶν ἄνδρες πλείους τεσσεράκοντα
II Co 11 24 ὑπὸ Ἰουδαίων πεντάκις τεσσ. παρὰ μίαν ἔλαβον
He 3 10 εἶδον τὰ ἔργα μου τεσσ. ἔτη
רָאוּ פָעֳלִי אַרְבָּעִים שָׁנָה, Ps. xcv. 9, 10
17 τίσιν δὲ προσώχθισεν τεσσ. ἔτη;
Re 7 4 ἑκατὸν τεσσ. τέσσαρες χιλιάδες ἐσφραγισμένοι
11 2 τ. πόλιν τ. ἁγίαν πατήσουσιν μῆνας τεσσ. κ. δύο
13 5 ἐξουσία ποιῆσαι μῆνας τεσσ. κ. δύο
14 1 μετ' αὐτοῦ ἑκατὸν τεσσ. τέσσαρες χιλιάδες
3 εἰ μὴ αἱ ἑκατὸν τεσσ. τέσσαρες χιλιάδες
21 17 ἐμέτρησεν τὸ τεῖχος αὐτῆς ἑκατὸν τεσσ. τεσσάρων πηχῶν

ΤΕΣΣΕΡΑΚΟΝΤΑΕΤΗΣ* 5063

τεσσερακονταέτης, T
Ac 7 23 ὡς δὲ ἐπληροῦτο αὐτῷ τεσσερακονταετὴς χρόνος
13 18 ὡς τεσσερακονταετῆ χρόνον ἐτροποφόρησεν αὐτούς

ΤΕΤΑΡΤΑΙΟΣ 5066

Jo 11 39 ἤδη ὄζει τεταρταῖος γάρ ἐστιν

ΤΕΤΑΡΤΟΣ 5067

Mt 14 25 τετάρτῃ δὲ φυλακῇ τ. νυκτὸς ἦλθεν πρὸς αὐτούς
Mk 6 48 περὶ τετάρτην φυλακὴν τ. νυκτὸς ἔρχεται πρὸς αὐτούς
Ac 10 30 ἀπὸ τετάρτης ἡμέρας μέχρι ταύτης τ. ὥρας
Re 4 7 τὸ τέταρτον ζῷον ὅμοιον ἀετῷ πετομένῳ
6 7 ὅτε ἤνοιξεν τ. σφραγῖδα τ. τετάρτην,
ἤκουσα φωνὴν τ. τετάρτου ζῴου λέγοντος
8 ἐδόθη αὐτοῖς ἐξουσία ἐπὶ τὸ τέταρτον τ. γῆς
8 12 ὁ τέταρτος ἄγγελος ἐσάλπισεν
16 8 ὁ τέταρτος ἐξέχεεν τ. φιάλην ἐπὶ τ. ἥλιον
21 19 ὁ τέταρτος σμάραγδος

ΤΕΤΡΑΑΡΧΕΩ *† 5067.2

Lu 3 1 τετρααρχοῦντος τ. Γαλιλαίας Ἡρῴδου, Φιλίππου δὲ τ. ἀδελφοῦ αὐτοῦ τετρααρχοῦντος τῆς Ἰτουραίας κ. Τραχωνίτιδος χώρας,
κ. Λυσανίου τ. Ἀβειληνῆς τετρααρχοῦντος

ΤΕΤΡΑΑΡΧΗΣ * 5067.4

Mt 14 1 ἤκουσεν Ἡρῴδης ὁ τετραάρχης τ. ἀκοὴν Ἰησοῦ
Lu 3 19 ὁ δὲ Ἡρῴδης ὁ τετραάρχης ἐλεγχόμενος ὑπ' αὐτοῦ
9 7 ἤκουσεν δὲ Ἡρῴδης ὁ τετραάρχης τὰ γινόμενα πάντα
Ac 13 1 Μαναήν τε Ἡρῴδου τ. τετραάρχου σύντροφος

ΤΕΤΡΑΓΩΝΟΣ 5068

Re 21 16 ἡ πόλις τετράγωνος κεῖται

ΤΕΤΡΆΔΙΟΝ * † 5069

Ac 12 4 παραδοὺς τέσσαρσιν τετραδίοις στρατιωτῶν

ΤΕΤΡΑΚΙΣΧΊΛΙΟΙ 5070

Mt 15 38 οἱ δὲ ἐσθίοντες ἦσαν τετρακισχίλιοι ἄνδρες
16 10 οὐδὲ τοὺς ἑπτὰ ἄρτους τ. τετρακισχιλίων
Mk 8 9 ἦσαν δὲ ὡς τετρακισχίλιοι
20 ὅτε τοὺς ἑπτὰ εἰς τοὺς τετρακισχιλίους
Ac 21 38 ἐξαγαγὼν εἰς τὴν ἔρημον τ. τετρακισχιλίους ἄνδρας τ. σικαρίων

ΤΕΤΡΑΚΌΣΙΟΙ 5071

Ac 5 36 ᾧ προσεκλίθη ἀνδρῶν ἀριθμὸς ὡς τετρακοσίων
7 6 δουλώσουσιν αὐτὸ κ. κακώσουσιν ἔτη τετρακόσια
וַעֲבָדוּם וְעִנּוּ אֹתָם אַרְבַּע מֵאוֹת שָׁנָה, Gen. xv. 13
13 20 κατεκληρονόμησεν τ. γῆν αὐτῶν ὡς ἔτεσι τετρακοσίοις κ. πεντήκοντα
Ga 3 17 ὁ μετὰ τετρακόσια κ. τριάκοντα ἔτη γεγονὼς νόμος

ΤΕΤΡΆΜΗΝΟΣ 5072

Jo 4 35 οὐχ ὑμεῖς λέγετε ὅτι ἔτι τετράμηνός ἐστιν

ΤΕΤΡΑΠΛΌΟΣ * 5073

Lu 19 8 εἴ τινός τι ἐσυκοφάντησα ἀποδίδωμι τετραπλοῦν

ΤΕΤΡΆΠΟΥΣ 5074

Ac 10 12 ἐν ᾧ ὑπῆρχεν πάντα τὰ τετράποδα κ. ἑρπετὰ τ. γῆς
11 6 εἶδον τὰ τετράποδα τ. γῆς κ. τὰ θηρία
Ro 1 23 ἐν ὁμοιώματι εἰκόνος . . . τετραπόδων κ. ἑρπετῶν

ΤΕΦΡΌΩ * 5077

II Pe 2 6 πόλεις Σοδόμων κ. Γομόρρας τεφρώσας κατέκρινεν

ΤΈΧΝΗ 5078

Ac 17 29 χαράγματι τέχνης κ. ἐνθυμήσεως ἀνθρώπου
18 3 ἦσαν γὰρ σκηνοποιοὶ τ. τέχνῃ
Re 18 22 πᾶς τεχνίτης πάσης τέχνης οὐ μὴ εὑρεθῇ ἐν σοὶ ἔτι
—πάσ. τέχνης, [WH] R mg.

ΤΕΧΝΊΤΗΣ 5079

Ac 19 24 παρείχετο τοῖς τεχνίταις οὐκ ὀλίγην ἐργασίαν
38 εἰ μὲν οὖν Δημήτριος κ. οἱ σὺν αὐτῷ τεχνῖται ἔχουσιν πρός τινα λόγον
He 11 10 ἧς τεχνίτης κ. δημιουργὸς ὁ Θεός
Re 18 22 πᾶς τεχνίτης πάσης τέχνης οὐ μὴ εὑρεθῇ ἐν σοὶ ἔτι

ΤΉΚΟΜΑΙ 5080

II Pe 3 12 στοιχεῖα καυσούμενα τήκεται

5081 ΤΗΛΑΥΓΩ͂Σ * cf. 1211.5

Mk 8 25 ἐνέβλεπεν τηλαυγῶς ἅπαντα
δηλαυγῶς, TWH mg.

ΤΗΛΙΚΟΥ͂ΤΟΣ ** 5082

II Co 1 10 ὃς ἐκ τηλικούτου θανάτου ἐρύσατο ἡμᾶς κ. ῥύσεται
He 2 3 πῶς ἡμεῖς ἐκφευξόμεθα τηλικαύτης ἀμελήσαντες σωτηρίας;
Ja 3 4 κ. τὰ πλοῖα τηλικαῦτα ὄντα
Re 16 18 τηλικοῦτος σεισμὸς οὕτως μέγας

ΤΗΡΈΩ 5083

(1) τηρ. ἐντολήν, λόγον (2) τηρ. νόμον, παράδοσιν (3) τηρ. ἑαυτόν, ἐμαυτόν, σεαυτόν (4) seq. ἐκ

Mt 19 17 [1] εἰ δὲ θέλεις εἰς τ. ζωὴν εἰσελθεῖν τήρει τ. ἐντολάς
τήρησον, TWH mg.
23 3 πάντα οὖν . . . ποιήσατε κ. τηρεῖτε
27 36 καθήμενοι ἐτήρουν αὐτὸν ἐκεῖ
54 οἱ μετ᾽ αὐτοῦ τηροῦντες τ. Ἰησοῦν
28 4 ἀπὸ δὲ τ. φόβου αὐτοῦ ἐσείσθησαν οἱ τηροῦντες
20 διδάσκοντες αὐτοὺς τηρεῖν πάντα ὅσα ἐνετειλάμην ὑμῖν
Mk 7 9 [2] ἵνα τ. παράδοσιν ὑμῶν τηρήσητε
στήσητε, WH mg.
Jo 2 10 σὺ τετήρηκας τ. καλὸν οἶνον ἕως ἄρτι
8 51 [1] ἐάν τις τ. ἐμὸν λόγον τηρήσῃ
52 [1] ἐάν τις τ. λόγον μου τηρήσῃ
55 [1] οἶδα αὐτὸν κ. τ. λόγον αὐτοῦ τηρῶ
9 16 ὅτι τὸ σάββατον οὐ τηρεῖ
12 7 ἵνα εἰς τ. ἡμέραν τ. ἐνταφιασμοῦ μου τηρήσῃ αὐτό
14 15 [1] ἐὰν ἀγαπᾶτέ με τ. ἐντολὰς τ. ἐμὰς τηρήσετε
21 [1] ὁ ἔχων τ. ἐντολάς μου κ. τηρῶν αὐτάς
23 [1] ἐάν τις ἀγαπᾷ με τ. λόγον μου τηρήσει
24 [1] ὁ μὴ ἀγαπῶν με τ. λόγους μου οὐ τηρεῖ
15 10 [1] ἐὰν τ. ἐντολάς μου τηρήσητε
10 [1] καθὼς ἐγὼ τ. πατρός τ. ἐντολὰς τετήρηκα
20 [1] εἰ τ. λόγον μου ἐτήρησαν,
[1] κ. τ. ὑμέτερον τηρήσουσιν
17 6 [1] τὸν λόγον σου τετήρηκαν
11 τήρησον αὐτοὺς ἐν τ. ὀνόματί σου
12 ἐγὼ ἐτήρουν αὐτοὺς ἐν τ. ὀνόματί σου
15 [4] ἵνα τηρήσῃς αὐτοὺς ἐκ τ. πονηροῦ
Ac 12 5 ὁ μὲν οὖν Πέτρος ἐτηρεῖτο ἐν τ. φυλακῇ
6 φύλακές τε πρὸ τ. θύρας ἐτήρουν τ. φυλακήν
15 5 [2] παραγγέλλειν τε τηρεῖν τ. νόμον Μωυσέως
16 23 παραγγείλαντες τ. δεσμοφύλακι ἀσφαλῶς τηρεῖν αὐτούς
24 23 διαταξάμενος τῷ ἑκατοντάρχῃ τηρεῖσθαι αὐτόν
25 4 ἀπεκρίθη τηρεῖσθαι τ. Παῦλον εἰς Καισαρίαν
21 τ. δὲ Παύλου ἐπικαλεσαμένου τηρηθῆναι αὐτὸν εἰς τὴν τ. Σεβαστοῦ διάγνωσιν, ἐκέλευσα τηρεῖσθαι αὐτόν
I Co 7 37 τοῦτο κέκρικεν . . . τηρεῖν τὴν ἑαυτοῦ παρθένον
II Co 11 9 [3] ἐν παντὶ ἀβαρῆ ἐμαυτὸν ὑμῖν ἐτήρησα κ. τηρήσω
Eph 4 3 σπουδάζοντες τηρεῖν τ. ἑνότητα τ. πνεύματος
I Th 5 23 ὁλόκληρον ὑμῶν τὸ πνεῦμα . . . ἀμέμπτως ἐν τ. παρουσίᾳ . . . τηρηθείη

I Ti 5 22 [3] σεαυτὸν ἁγνὸν τήρει
6 14 [1] παραγγέλλω . . . τηρῆσαί σε τ. ἐντολὴν ἄσπιλον
II Ti 4 7 τ. πίστιν τετήρηκα
Ja 1 27 [3] ἄσπιλον ἑαυτὸν τηρεῖν ἀπὸ τ. κόσμου
2 10 [2] ὅστις γὰρ ὅλον τ. νόμον τηρήσῃ
I Pe 1 4 κληρονομίαν . . . τετηρημένην ἐν οὐρανοῖς εἰς ὑμᾶς
II Pe 2 4 σειροῖς ζόφου ταρταρώσας παρέδωκεν εἰς κρίσιν τηρουμένους
9 ἀδίκους δὲ εἰς ἡμέραν κρίσεως κολαζομένους τηρεῖν
17 οἷς ὁ ζόφος τοῦ σκότους τετήρηται
3 7 πυρὶ τηρούμενοι εἰς ἡμέραν κρίσεως
I Jo 2 3 [1] ἐὰν τ. ἐντολὰς αὐτοῦ τηρῶμεν.
4 [1] ὁ . . . τ. ἐντολὰς αὐτοῦ μὴ τηρῶν
5 [1] ὃς δ' ἂν τηρῇ αὐτοῦ τ. λόγον
3 22 [1] ὅτι τ. ἐντολὰς αὐτοῦ τηροῦμεν
24 [1] ὁ τηρῶν τ. ἐντολὰς αὐτοῦ ἐν αὐτῷ μένει
5 3 [1] ἵνα τ. ἐντολὰς αὐτοῦ τηρῶμεν
18 ὁ γεννηθεὶς ἐκ τ. Θεοῦ τηρεῖ αὐτόν
Ju 1 τοῖς ἐν Θεῷ πατρὶ ἠγαπημένοις κ. Ἰησοῦ Χριστῷ τετηρημένοις κλητοῖς
6 ἀγγέλους τε τοὺς μὴ τηρήσαντας τὴν ἑαυτῶν ἀρχήν
6 εἰς κρίσιν μεγάλης ἡμέρας δεσμοῖς ἀϊδίοις ὑπὸ ζόφον τετήρηκεν
13 οἷς ὁ ζόφος τ. σκότους εἰς αἰῶνα τετήρηται
21 [3] ἑαυτοὺς ἐν ἀγάπῃ Θεοῦ τηρήσατε
Re 1 3 οἱ . . . τηροῦντες τὰ ἐν αὐτῇ γεγραμμένα
2 26 ὁ τηρῶν ἄχρι τέλους τὰ ἔργα μου
3 3 μνημόνευε οὖν πῶς εἴληφας . . . κ. τήρει κ. μετανόησον
8 [1] ὅτι . . . ἐτήρησάς μου τ. λόγον
10 [1] ὅτι ἐτήρησας τ. λόγον τ. ὑπομονῆς μου, [4] κἀγώ σε τηρήσω ἐκ τ. ὥρας τ. πειρασμοῦ
12 17 [1] τ. λοιπῶν τ. σπέρματος αὐτῆς τ. τηρούντων τ. ἐντολὰς τ. Θεοῦ
14 12 [1] ὧδε . . . οἱ τηροῦντες τ. ἐντολὰς τ. Θεοῦ
16 15 μακάριος ὁ γρηγορῶν κ. τηρῶν τὰ ἱμάτια αὐτοῦ
22 7 [1] μακάριος ὁ τηρῶν τ. λόγους τ. προφητείας τ. βιβλίου τούτου
9 [1] σύνδουλός σού εἰμι . . . κ. τ. τηρούντων τ. λόγους τ. βιβλίου τούτου

ΤΉΡΗΣΙΣ ** 5084

Ac 4 3 ἔθεντο εἰς τήρησιν εἰς τὴν αὔριον
5 18 ἔθεντο αὐτοὺς ἐν τηρήσει δημοσίᾳ
I Co 7 19 ἀλλὰ τήρησις ἐντολῶν Θεοῦ

ΤΙΒΕΡΙΆΣ 5085

Jo 6 1 ἀπῆλθεν ὁ Ἰησοῦς πέραν τ. θαλάσσης τ. Γαλιλαίας τ. Τιβεριάδος
23 ἀλλὰ ἦλθεν πλοῖα ἐκ Τιβεριάδος
21 1 ἐφανέρωσεν ἑαυτὸν πάλιν . . . ἐπὶ τ. θαλάσσης τ. Τιβεριάδος

ΤΙΒΈΡΙΟΣ 5086

Lu 3 1 ἐν ἔτει δὲ πεντεκαιδεκάτῳ τ. ἡγεμονίας Τιβερίου Καίσαρος

ΤΊΘΗΜΙ 5087

(1) c. du. accus. (2) τιθ. γόνατα (3) τιθ. ἐν καρδίᾳ, εἰς ὦτα (4) τιθ. ψυχήν

Mt 5 15 οὐδὲ . . . τιθέασιν αὐτὸν ὑπὸ τ. μόδιον
12 18 θήσω τὸ πνεῦμά μου ἐπ' αὐτόν
נָתַתִּי רוּחִי עָלָיו, Is. xlii. 1
22 44 ἕως ἂν θῶ τ. ἐχθρούς σου ὑποκάτω τ. ποδῶν σου
עַד־אָשִׁית אֹיְבֶיךָ הֲדֹם לְרַגְלֶיךָ, Ps. cx. 1
24 51 τὸ μέρος αὐτοῦ μετὰ τ. ὑποκριτῶν θήσει
27 60 ἔθηκεν αὐτὸ ἐν τ. καινῷ αὐτοῦ μνημείῳ
Mk 4 21 μήτι ἔρχεται ὁ λύχνος ἵνα ὑπὸ τ. μόδιον τεθῇ
21 οὐχ ἵνα ἐπὶ τ. λυχνίαν τεθῇ;
30 ἢ ἐν τίνι αὐτὴν παραβολῇ θῶμεν;
6 29 ἔθηκαν αὐτὸ ἐν μνημείῳ
56 ἐν τ. ἀγοραῖς ἐτίθεσαν τ. ἀσθενοῦντας
8 25 πάλιν ἔθηκεν τ. χεῖρας ἐπὶ τ. ὀφθαλμοὺς αὐτοῦ
ἐπέθηκεν, TR
10 16 κατευλόγει τιθεὶς τ. χεῖρας ἐπ' αὐτά
12 36 ἕως ἂν θῶ τ. ἐχθρούς σου ὑποκάτω τ. ποδῶν σου, Ps. *l.c.*
15 19 [2] τιθέντες τὰ γόνατα προσεκύνουν αὐτῷ
46 ἔθηκεν αὐτὸν ἐν μνήματι
κατέθηκεν, T
47 ἐθεώρουν ποῦ τέθειται
16 6 ἴδε ὁ τόπος ὅπου ἔθηκαν αὐτόν
Lu 1 66 [3] ἔθεντο πάντες οἱ ἀκούσαντες ἐν τ. καρδίᾳ αὐτῶν
5 18 ἐζήτουν . . . θεῖναι αὐτὸν ἐνώπιον αὐτοῦ
6 48 ἐβάθυνεν κ. ἔθηκεν θεμέλιον ἐπὶ τ. πέτραν
8 16 οὐδεὶς δὲ λύχνον ἅψας . . . ὑποκάτω κλίνης τίθησιν·
ἀλλ' ἐπὶ λυχνίας τίθησιν
9 44 [3] θέσθε οὖν εἰς τὰ ὦτα ὑμῶν τ. λόγους τούτους
11 33 οὐδεὶς λύχνον ἅψας εἰς κρύπτην τίθησιν
12 46 τὸ μέρος αὐτοῦ μετὰ τ. ἀπίστων θήσει
14 29 μήποτε θέντος αὐτοῦ θεμέλιον
19 21 αἴρεις ὃ οὐκ ἔθηκας
22 αἴρων ὃ οὐκ ἔθηκα
20 43 [1] ἕως ἂν θῶ τ. ἐχθρούς σου ὑποπόδιον τ. ποδῶν σου, Ps. *l.c.*
21 14 [3] θέτε οὖν ἐν τ. καρδίαις ὑμῶν μὴ προμελετᾶν
22 41 [2] θεὶς τὰ γόνατα προσηύχετο λέγων
23 53 ἔθηκεν αὐτὸν ἐν μνήματι λαξευτῷ
55 ἐθεάσαντο . . . ὡς ἐτέθη τὸ σῶμα αὐτοῦ
Jo 2 10 πᾶς ἄνθρωπος πρῶτον τ. καλὸν οἶνον τίθησιν
10 11 [4] ὁ ποιμὴν ὁ καλὸς τ. ψυχὴν αὐτοῦ τίθησιν ὑπὲρ τ. προβάτων
15 [4] τ. ψυχήν μου τίθημι ὑπὲρ τ. προβάτων
17 [4] ὅτι ἐγὼ τίθημι τ. ψυχήν μου
18 [4] ἐγὼ τίθημι αὐτὴν ἀπ' ἐμαυτοῦ.
[4] ἐξουσίαν ἔχω θεῖναι αὐτήν
11 34 ποῦ τεθείκατε αὐτόν;
13 4 τίθησιν τὰ ἱμάτια
37 [4] τ. ψυχήν μου ὑπὲρ σοῦ θήσω
38 [4] τ. ψυχήν σου ὑπὲρ ἐμοῦ θήσεις;
15 13 [4] ἵνα τις τ. ψυχὴν αὐτοῦ θῇ ὑπὲρ τ. φίλων αὐτοῦ
16 ἔθηκα ὑμᾶς ἵνα ὑμεῖς ὑπάγητε
19 19 ἔγραψεν δὲ κ. τίτλον . . . κ. ἔθηκεν ἐπὶ τ. σταυροῦ
41 ἐν ᾧ οὐδέπω οὐδεὶς ἦν τεθειμένος
οὐδ. ἐτέθη, TR

Jo 19 42 ἐκεῖ οὖν . . . ἔθηκαν τ. Ἰησοῦν
20 2 οὐκ οἴδαμεν ποῦ ἔθηκαν αὐτόν
13 οὐκ οἶδα ποῦ ἔθηκαν αὐτόν
15 εἰπέ μοι ποῦ ἔθηκας αὐτόν
Ac 1 7 οὓς ὁ πατὴρ ἔθετο ἐν τ. ἰδίᾳ ἐξουσίᾳ
2 35 [1] ἕως ἂν θῶ τ. ἐχθρούς σου ὑποπόδιον τ. ποδῶν σου, Ps. *l.c.*
3 2 ὃν ἐτίθουν καθ' ἡμέραν πρὸς τ. θύραν τ. ἱεροῦ
4 3 ἔθεντο εἰς τήρησιν εἰς τὴν αὔριον
35 ἐτίθουν παρὰ τ. πόδας τ. ἀποστόλων
37 ἔθηκεν παρὰ τ. πόδας τ. ἀποστόλων
5 2 ἐνέγκας μέρος τι παρὰ τ. πόδας τ. ἀποστόλων ἔθηκεν
4 [3] τί ὅτι ἔθου ἐν τ. καρδίᾳ σου τὸ πρᾶγμα τοῦτο;
15 ὥστε . . . τιθέναι ἐπὶ κλιναρίων κ. κραβάττων
18 ἔθεντο αὐτοὺς ἐν τηρήσει δημοσίᾳ
25 οἱ ἄνδρες οὓς ἔθεσθε ἐν τ. φυλακῇ
7 16 ἐτέθησαν ἐν τ. μνήματι ᾧ ὠνήσατο Ἀβραάμ
60 [2] θεὶς δὲ τὰ γόνατα ἔκραξεν φωνῇ μεγάλῃ
9 37 λούσαντες δὲ ἔθηκαν ἐν ὑπερῴῳ
ἔθ. αὐτήν, TWH mg.
40 [2] θεὶς τὰ γόνατα προσηύξατο
12 4 ὃν κ. πιάσας ἔθετο εἰς φυλακήν
13 29 καθελόντες ἀπὸ τ. ξύλου ἔθηκαν εἰς μνημεῖον
47 τέθεικά σε εἰς φῶς ἐθνῶν
נְתַתִּיךָ לְאוֹר גּוֹיִם, Is. xlix. 6
19 21 ἔθετο ὁ Παῦλος ἐν τ. πνεύματι
20 28 [1] ἐν ᾧ ὑμᾶς τὸ πνεῦμα τὸ ἅγιον ἔθετο ἐπισκόπους
36 [2] θεὶς τὰ γόνατα αὐτοῦ σὺν πᾶσιν αὐτοῖς προσηύξατο
21 5 [2] θέντες τὰ γόνατα ἐπὶ τ. αἰγιαλόν
27 12 οἱ πλείονες ἔθεντο βουλὴν ἀναχθῆναι ἐκεῖθεν
Ro 4 17 [1] πατέρα πολλῶν ἐθνῶν τέθεικά σε
אַב־הֲמוֹן גּוֹיִם נְתַתִּיךָ, Gen. xvii. 5
9 33 ἰδοὺ τίθημι ἐν Σιὼν λίθον προσκόμματος
הִנְנִי יִסַּד בְּצִיּוֹן אָבֶן אֶבֶן בֹּחַן, Is. xxviii. 16, *cf.* viii. 14
14 13 τοῦτο κρίνατε μᾶλλον τὸ μὴ τιθέναι πρόσκομμα
ICo 3 10 ὡς σοφὸς ἀρχιτέκτων θεμέλιον ἔθηκα
11 θεμέλιον γὰρ ἄλλον οὐδεὶς δύναται θεῖναι
9 18 [1] ἵνα εὐαγγελιζόμενος ἀδάπανον θήσω τὸ εὐαγγέλιον
12 18 νῦν δὲ ὁ Θεὸς ἔθετο τὰ μέλη
28 [1] οὓς μὲν ἔθετο ὁ Θεὸς ἐν τ. ἐκκλησίᾳ
15 25 ἄχρι οὗ θῇ πάντας τ. ἐχθροὺς ὑπὸ τ. πόδας αὐτοῦ, Ps. *l.c.*
16 2 ἕκαστος ὑμῶν παρ' ἑαυτῷ τιθέτω
IICo 3 13 οὐ καθάπερ Μωυσῆς ἐτίθει κάλυμμα ἐπὶ τὸ πρόσωπον αὐτοῦ
5 19 θέμενος ἐν ἡμῖν τ. λόγον τ. καταλλαγῆς
I Th 5 9 οὐκ ἔθετο ἡμᾶς ὁ Θεὸς εἰς ὀργήν
I Ti 1 12 πιστόν με ἡγήσατο θέμενος εἰς διακονίαν
2 7 [1] εἰς ὃ ἐτέθην ἐγὼ κῆρυξ κ. ἀπόστολος
II Ti 1 11 [1] εἰς ὃ ἐτέθην ἐγὼ κῆρυξ κ. ἀπόστολος
He 1 2 [1] ὃν ἔθηκεν κληρονόμον πάντων
13 [1] ἕως ἂν θῶ τ. ἐχθρούς σου ὑποπόδιον τ. ποδῶν σου, Ps. *l.c.*
10 13 [1] ἕως τεθῶσιν οἱ ἐχθροὶ αὐτοῦ ὑποπόδιον τ. ποδῶν αὐτοῦ, Ps. *l.c.*

I Pe 2 6 ἰδοὺ τίθημι ἐν Σιὼν λίθον ἐκλεκτόν, Is. *l.c.*
8 εἰς ὃ κ. ἐτέθησαν
II Pe 2 6 ὑπόδειγμα μελλόντων ἀσεβεῖν τεθεικώς
I Jo 3 16 [4] ἐκεῖνος ὑπὲρ ἡμῶν τ. ψυχὴν αὐτοῦ ἔθηκεν·
[4] κ. ἡμεῖς ὀφείλομεν ὑπὲρ τ. ἀδελφῶν τ. ψυχὰς θεῖναι
Re 1 17 ἔθηκεν τ. δεξιὰν αὐτοῦ ἐπ' ἐμέ
10 2 ἔθηκεν τ. πόδα αὐτοῦ τ. δεξιὸν ἐπὶ τ. θαλάσσης
11 9 τὰ πτώματα αὐτῶν οὐκ ἀφίουσιν τεθῆναι εἰς μνῆμα

ΤΙ΄ΚΤΩ 5088

Mt 1 21 τέξεται δὲ υἱόν
23 ἡ παρθένος ἐν γαστρὶ ἕξει κ. τέξεται υἱόν
הָעַלְמָה הָרָה וְיֹלֶדֶת בֵּן, Is. vii. 14
25 ἕως οὗ ἔτεκεν υἱόν
2 2 ποῦ ἐστὶν ὁ τεχθεὶς βασιλεὺς τ. Ἰουδαίων;
Lu 1 31 συλλήμψῃ ἐν γαστρὶ κ. τέξῃ υἱόν
57 τῇ δὲ Ἐλεισάβετ ἐπλήσθη ὁ χρόνος τοῦ τεκεῖν αὐτήν
2 6 ἐπλήσθησαν αἱ ἡμέραι τοῦ τεκεῖν αὐτήν·
7 κ. ἔτεκεν τ. υἱὸν αὐτῆς τ. πρωτότοκον
11 ὅτι ἐτέχθη ὑμῖν σήμερον σωτήρ
Jo 16 21 ἡ γυνὴ ὅταν τίκτῃ λύπην ἔχει
Ga 4 27 εὐφράνθητι στεῖρα ἡ οὐ τίκτουσα
רָנִּי עֲקָרָה לֹא יָלָדָה, Is. liv. 1
He 6 7 γῆ γὰρ ἡ . . . τίκτουσα βοτάνην
Ja 1 15 ἡ ἐπιθυμία συλλαβοῦσα τίκτει ἁμαρτίαν
Re 12 2 κράζει ὠδίνουσα κ. βασανιζομένη τεκεῖν
4 ὁ δράκων ἕστηκεν ἐνώπιον τ. γυναικὸς τ. μελλούσης τεκεῖν,
ἵνα ὅταν τέκῃ τὸ τέκνον αὐτῆς καταφάγῃ.
5 καὶ ἔτεκεν υἱὸν ἄρσεν
13 ἐδίωξεν τ. γυναῖκα ἥτις ἔτεκεν τ. ἄρσενα

ΤΙ΄ΛΛΩ 5089

Mt 12 1 ἤρξαντο τίλλειν στάχυας κ. ἐσθίειν
Mk 2 23 ἤρξαντο ὁδὸν ποιεῖν τίλλοντες τ. στάχυας
Lu 6 1 ἔτιλλον οἱ μαθηταὶ αὐτοῦ κ. ἤσθιον τ. στάχυας

ΤΙΜΑΙ΄ΟΣ 5090

Mk 10 46 ὁ υἱὸς Τιμαίου Βαρτίμαιος τυφλὸς προσαίτης

ΤΙΜΑ΄Ω 5091

(1) τιμ. τιμαῖς

Mt 15 4 τίμα τ. πατέρα κ. τ. μητέρα
כַּבֵּד אֶת־אָבִיךָ וְאֶת־אִמֶּךָ, Ex. xx. 12
6 οὐ μὴ τιμήσει τ. πατέρα αὐτοῦ
8 ὁ λαὸς οὗτος τ. χείλεσί με τιμᾷ
הָעָם הַזֶּה . . . בִּשְׂפָתָיו כִּבְּדוּנִי, Is. xxix. 13
19 19 τίμα τ. πατέρα κ. τ. μητέρα, Ex. *l.c.*
27 9 ἔλαβον τὰ τριάκοντα ἀργύρια τ. τιμὴν τ. τετιμημένου ὃν ἐτιμήσαντο ἀπὸ υἱῶν Ἰσραήλ
אֶדֶר הַיְקָר אֲשֶׁר יָקַרְתִּי מֵעֲלֵיהֶם וָאֶקְחָה
שְׁלֹשִׁים הַכֶּסֶף, Zech. xi. 13
Mk 7 6 οὗτος ὁ λαὸς τ. χείλεσί με τιμᾷ, Is. *l.c.*
ἀγαπᾷ, WH mg.

Mk 7 10 τίμα τ. πατέρα σου κ. τ. μητέρα σου, Ex. *l.c.*
10 19 τίμα τ. πατέρα σου κ. τ. μητέρα, Ex. *l.c.*
Lu 18 20 τίμα τ. πατέρα σου κ. τ. μητέρα, Ex. *l.c.*
Jo 5 23 ἵνα πάντες τιμῶσιν τ. υἱόν, καθὼς τιμῶσιν τ. πατέρα·
ὁ μὴ τιμῶν τ. υἱὸν οὐ τιμᾷ τ. πατέρα τ. πέμψαντα αὐτόν
8 49 ἀλλὰ τιμῶ τ. πατέρα μου
12 26 ἐάν τις ἐμοὶ διακονῇ τιμήσει αὐτὸν ὁ πατήρ
Ac 28 10 [1] οἳ κ. πολλαῖς τιμαῖς ἐτίμησαν ἡμᾶς
Eph 6 2 τίμα τ. πατέρα σου κ. τ. μητέρα, Ex. *l.c.*
I Ti 5 3 χήρας τίμα τὰς ὄντως χήρας
I Pe 2 17 πάντας τιμήσατε
17 τὸν βασιλέα τιμᾶτε

ΤΙΜΗ´ 5092

(1) ἀγοράζειν, ἀξιοῦσθαι, ὠνεῖσθαι τιμῆς
(2) τιμ. κ. δόξα

Mt 27 6 ἐπεὶ τιμὴ αἵματός ἐστιν
9 ἔλαβον τὰ τριάκοντα ἀργύρια τ. τιμὴν τ. τετιμημένου
אֶדֶר הַיְקָר . . . אֶקְחָה שְׁלֹשִׁים הַכֶּסֶף, Zech. xi. 13
Jo 4 44 προφήτης ἐν τ. ἰδίᾳ πατρίδι τιμὴν οὐκ ἔχει
Ac 4 34 πωλοῦντες ἔφερον τ. τιμὰς τ. πιπρασκομένων
5 2 ἐνοσφίσατο ἀπὸ τ. τιμῆς
3 νοσφίσασθαι ἀπὸ τ. τιμῆς τ. χωρίου
7 16 [1] ᾧ ὠνήσατο Ἀβραὰμ τιμῆς ἀργυρίου
19 19 συνεψήφισαν τ. τιμὰς αὐτῶν
28 10 οἳ κ. πολλαῖς τιμαῖς ἐτίμησαν ἡμᾶς
Ro 2 7 [2] τοῖς μὲν . . . δόξαν κ. τιμὴν κ. ἀφθαρσίαν ζητοῦσιν
10 [2] δόξα δὲ κ. τιμὴ κ. εἰρήνη παντὶ τ. ἐργαζομένῳ τὸ ἀγαθόν
9 21 ποιῆσαι ὃ μὲν εἰς τιμὴν σκεῦος
12 10 τ. τιμῇ ἀλλήλους προηγούμενοι
13 7 ἀπόδοτε πᾶσι τ. ὀφειλὰς . . . τῷ τ. τιμὴν τ. τιμήν
I Co 6 20 [1] ἠγοράσθητε γὰρ τιμῆς
7 23 [1] τιμῆς ἠγοράσθητε
12 23 τούτοις τιμὴν περισσοτέραν περιτίθεμεν
24 τ. ὑστερουμένῳ περισσοτέραν δοὺς τιμήν
Col 2 23 οὐκ ἐν τιμῇ τινὶ πρὸς πλησμονὴν τ. σαρκός
I Th 4 4 τὸ ἑαυτοῦ σκεῦος κτᾶσθαι ἐν ἁγιασμῷ κ. τιμῇ
I Ti 1 17 [2] μόνῳ Θεῷ τιμὴ κ. δόξα
5 17 [1] οἱ καλῶς προεστῶτες πρεσβύτεροι διπλῆς τιμῆς ἀξιούσθωσαν
6 1 τ. ἰδίους δεσπότας πάσης τιμῆς ἀξίους ἡγείσθωσαν
16 ᾧ τιμὴ κ. κράτος αἰώνιον
II Ti 2 20 ἃ μὲν εἰς τιμὴν ἃ δὲ εἰς ἀτιμίαν
21 ἔσται σκεῦος εἰς τιμήν
He 2 7 [2] δόξῃ κ. τιμῇ ἐστεφάνωσας αὐτόν
כָּבוֹד וְהָדָר תְּעַטְּרֵהוּ, Ps. viii. 6
9 [2] βλέπομεν Ἰησοῦν . . . δόξῃ κ. τιμῇ ἐστεφανωμένον
3 3 καθ' ὅσον πλείονα τιμὴν ἔχει τ. οἴκου ὁ κατασκευάσας αὐτόν
5 4 οὐχ ἑαυτῷ τις λαμβάνει τ. τιμήν
I Pe 1 7 [2] εὑρεθῇ εἰς ἔπαινον κ. δόξαν κ. τιμήν
2 7 ὑμῖν οὖν ἡ τιμὴ τ. πιστεύουσιν
I Pe 3 7 σκεύει τ. γυναικείῳ ἀπονέμοντες τιμήν
II Pe 1 17 [2] λαβὼν γὰρ παρὰ Θεοῦ πατρὸς τιμὴν κ. δόξαν
Re 4 9 [2] ὅταν δώσουσιν τὰ ζῷα δόξαν κ. τιμήν
11 [2] ἄξιος εἶ . . . λαβεῖν τ. δόξαν κ. τ. τιμὴν κ. τ. δύναμιν
5 12 [2] ἄξιόν ἐστιν τὸ ἀρνίον τὸ ἐσφαγμένον λαβεῖν τ. δύναμιν . . . κ. τιμὴν κ. δόξαν
13 [2] τ. καθημένῳ ἐπὶ τ. θρόνου . . . ἡ τιμὴ κ. ἡ δόξα
7 12 [2] ἡ δόξα . . . κ. ἡ τιμὴ κ. ἡ δύναμις κ. ἡ ἰσχὺς τ. Θεῷ ἡμῶν
21 26 [2] οἴσουσιν τ. δόξαν κ. τ. τιμὴν τ. ἐθνῶν εἰς αὐτήν

ΤΙ´ΜΙΟΣ 5093

(1) τιμιώτατος

Ac 5 34 Γαμαλιὴλ νομοδιδάσκαλος τίμιος παντὶ τ. λαῷ
20 24 οὐδενὸς λόγου ποιοῦμαι τ. ψυχὴν τιμίαν ἐμαυτῷ
I Co 3 12 εἰ δέ τις ἐποικοδομεῖ ἐπὶ τ. θεμέλιον χρυσίον ἀργύριον λίθους τιμίους
He 13 4 τίμιος ὁ γάμος ἐν πᾶσιν
Ja 5 7 ὁ γεωργὸς ἐκδέχεται τ. τίμιον καρπὸν τ. γῆς
I Pe 1 19 τιμίῳ αἵματι ὡς ἀμνοῦ ἀμώμου κ. ἀσπίλου Χριστοῦ
II Pe 1 4 δι' ὧν τὰ τίμια κ. μέγιστα ἡμῖν ἐπαγγέλματα δεδώρηται
Re 17 4 κεχρυσωμένη χρυσίῳ κ. λίθῳ τιμίῳ κ. μαργαρίταις
18 12 γόμον χρυσοῦ κ. ἀργύρου κ. λίθου τιμίου
12 [1] πᾶν σκεῦος ἐκ ξύλου τιμιωτάτου
16 κεχρυσωμένη ἐν χρυσίῳ κ. λίθῳ τιμίῳ
21 11 [1] ὁ φωστὴρ αὐτῆς ὅμοιος λίθῳ τιμιωτάτῳ
19 οἱ θεμέλιοι τ. τείχους τ. πόλεως παντὶ λίθῳ τιμίῳ κεκοσμημένοι

ΤΙΜΙΟ´ΤΗΣ * 5094

Re 18 19 ἐπλούτησαν πάντες οἱ ἔχοντες τὰ πλοῖα . . . ἐκ τ. τιμιότητος αὐτῆς

ΤΙΜΟ´ΘΕΟΣ 5095

Ac 16 1 μαθητής τις ἦν ἐκεῖ ὀνόματι Τιμόθεος
17 14 ὑπέμεινάν τε ὅ τε Σίλας κ. ὁ Τιμόθεος ἐκεῖ
15 λαβόντες ἐντολὴν πρὸς τ. Σίλαν κ. τ. Τιμόθεον
18 5 ὡς δὲ κατῆλθον ἀπὸ τ. Μακεδονίας ὅ τε Σίλας κ. ὁ Τιμόθεος
19 22 ἀποστείλας δὲ εἰς τ. Μακεδονίαν . . . Τιμόθεον κ. Ἔραστον
20 4 συνείπετο δὲ αὐτῷ . . . Γαῖος Δερβαῖος κ. Τιμόθεος
Ro 16 21 ἀσπάζεται ὑμᾶς Τιμόθεος ὁ συνεργός μου
I Co 4 17 διὰ τοῦτο ἔπεμψα ὑμῖν Τιμόθεον
16 10 ἐὰν δὲ ἔλθῃ Τιμόθεος
II Co 1 1 Παῦλος ἀπόστολος Χριστοῦ Ἰησοῦ . . . κ. Τιμόθεος ὁ ἀδελφός
19 κηρυχθεὶς δι' ἐμοῦ κ. Σιλουανοῦ κ. Τιμοθέου
Phl 1 1 Παῦλος κ. Τιμόθεος δοῦλοι Χριστοῦ Ἰησοῦ
2 19 ἐλπίζω δὲ . . . Τιμόθεον ταχέως πέμψαι ὑμῖν
Col 1 1 Παῦλος ἀπόστολος Χριστοῦ Ἰησοῦ . . . κ. Τιμόθεος ὁ ἀδελφός
I Th 1 1 Παῦλος κ. Σιλουανὸς κ. Τιμόθεος

I Th 3 2 ἐπέμψαμεν Τιμόθεον τ. ἀδελφὸν ἡμῶν
6 ἄρτι δὲ ἐλθόντος Τιμοθέου πρὸς ἡμᾶς ἀφ' ὑμῶν
II Th 1 1 Παῦλος κ. Σιλουανὸς κ. Τιμόθεος
I Ti 1 2 Τιμοθέῳ γνησίῳ τέκνῳ ἐν πίστει
18 ταύτην τ. παραγγελίαν παρατίθεμαί σοι τέκνον Τιμόθεε
6 20 ὦ Τιμόθεε τ. παραθήκην φύλαξον
II Ti 1 2 Τιμοθέῳ ἀγαπητῷ τέκνῳ
Phm 1 Παῦλος δέσμιος Χριστοῦ Ἰησοῦ κ. Τιμόθεος ὁ ἀδελφός
He 13 23 γινώσκετε τ. ἀδελφὸν ἡμῶν Τιμόθεον ἀπολελυμένον

ΤΙ'ΜΩΝ 5096

Ac 6 5 ἐξελέξαντο . . . Νικάνορα κ. Τίμωνα κ. Παρμενᾶν

ΤΙΜΩΡΕ'Ω 5097

Ac 22 5 ἄξων . . . δεδεμένους εἰς Ἰερουσαλὴμ ἵνα τιμωρηθῶσιν
26 11 κατὰ πάσας τ. συναγωγὰς πολλάκις τιμωρῶν αὐτούς

ΤΙΜΩΡΙ'Α 5098

He 10 29 πόσῳ δοκεῖτε χείρονος ἀξιωθήσεται τιμωρίας

ΤΙ'ΝΩ 5099

II Th 1 9 οἵτινες δίκην τίσουσιν ὄλεθρον αἰώνιον

ΤΙ'Σ 5101

(1) seq. conj. **(2)** seq. optat. **(3)** i. q. ποῖος, πότερος **(4)** τί μοί, σοί **(5)** διὰ τί **(6)** εἰς, κατὰ, πρὸς τί **(7)** τίς, τί ἄρα, οὖν **(8)** τίς τί **(9)** τί γάρ

Mt 3 7 τίς ὑπέδειξεν ὑμῖν φυγεῖν ἀπὸ τ. μελλούσης ὀργῆς;
5 13 ἐν τίνι ἁλισθήσεται;
46 τίνα μισθὸν ἔχετε;
47 τί περισσὸν ποιεῖτε;
6 3 μὴ γνώτω ἡ ἀριστερά σου τί ποιεῖ ἡ δεξιά σου
25 [1] μὴ μεριμνᾶτε . . . τί φάγητε ἢ τί πίητε,
—ἢ τί πίητε, T [WH]
[1] μηδὲ τ. σώματι ὑμῶν τί ἐνδύσησθε
27 τίς δὲ ἐξ ὑμῶν μεριμνῶν δύναται προσθεῖναι
28 περὶ ἐνδύματος τί μεριμνᾶτε;
31 [1] μὴ οὖν μεριμνήσητε λέγοντες Τί φάγωμεν ἢ τί πίωμεν ἢ τί περιβαλώμεθα
7 3 τί δὲ βλέπεις τὸ κάρφος τὸ ἐν τ. ὀφθαλμῷ τ. ἀδελφοῦ σου
9 ἢ τίς ἐξ ὑμῶν ἄνθρωπος . . . μὴ λίθον ἐπιδώσει αὐτῷ;
14 τί στενὴ ἡ πύλη
ὅτι, TWHR non mg.
8 26 τί δειλοί ἐστε ὀλιγόπιστοι;
29 [4] τί ἡμῖν κ. σοί υἱὲ τ. Θεοῦ;
9 5 [8] τί γάρ ἐστιν εὐκοπώτερον
11 [5] διὰ τί μετὰ τ. τελωνῶν κ. ἁμαρτωλῶν ἐσθίει
διατί, T
13 πορευθέντες δὲ μάθετε τί ἐστιν
14 [5] διὰ τί ἡμεῖς κ. οἱ Φαρισαῖοι νηστεύομεν
διατί, T

Mt 10 11 ἐξετάσατε τίς ἐν αὐτῇ ἄξιός ἐστιν
19 [1] μὴ μεριμνήσητε πῶς ἢ τί λαλήσητε·
[1] δοθήσεται γὰρ ὑμῖν . . . τί λαλήσητε
11 7 τί ἐξήλθατε εἰς τὴν ἔρημον θεάσασθαι;
8 ἀλλὰ τί ἐξήλθατε ἰδεῖν;
9 ἀλλὰ τί ἐξήλθατε; προφήτην ἰδεῖν;
16 τίνι δὲ ὁμοιώσω τ. γενεὰν ταύτην;
12 3 οὐκ ἀνέγνωτε τί ἐποίησεν Δαυείδ
7 εἰ δὲ ἐγνώκειτε τί ἐστιν
11 τίς ἔσται ἐξ ὑμῶν ἄνθρωπος
27 οἱ υἱοὶ ὑμῶν ἐν τίνι ἐκβάλλουσιν;
48 τίς ἐστιν ἡ μήτηρ μου,
κ. τίνες εἰσὶν οἱ ἀδελφοί μου;
13 10 [5] διὰ τί ἐν παραβολαῖς λαλεῖς αὐτοῖς;
διατί, T
14 31 [6] ὀλιγόπιστε εἰς τί ἐδίστασας;
15 2 [5] διὰ τί οἱ μαθηταί σου παραβαίνουσιν τ. παράδοσιν τ. πρεσβυτέρων;
διατί, T
3 [5] διὰ τί κ. ὑμεῖς παραβαίνετε τ. ἐντολὴν τ. Θεοῦ
διατί, T
32 [1] οὐκ ἔχουσιν τί φάγωσιν
16 8 τί διαλογίζεσθε ἐν ἑαυτοῖς ὀλιγόπιστοι
13 τίνα λέγουσιν οἱ ἄνθρωποι εἶναι τ. υἱὸν τ. ἀνθρώπου;
15 ὑμεῖς δὲ τίνα με λέγετε εἶναι;
26 τί γὰρ ὠφεληθήσεται ἄνθρωπος
26 ἢ τί δώσει ἄνθρωπος ἀντάλλαγμα
17 10 [7] τί οὖν οἱ γραμματεῖς λέγουσιν
19 [5] διὰ τί ἡμεῖς οὐκ ἠδυνήθημεν ἐκβαλεῖν αὐτό;
διατί, T
25 τί σοι δοκεῖ Σίμων;
οἱ βασιλεῖς τ. γῆς ἀπὸ τίνων λαμβάνουσιν τέλη ἢ κῆνσον;
τίνος, WH marg.
18 1 τίς ἄρα μείζων ἐστὶν ἐν τ. βασιλείᾳ τ. οὐρανῶν;
12 τί ὑμῖν δοκεῖ;
19 7 [7] τί οὖν Μωυσῆς ἐνετείλατο δοῦναι
16 τί ἀγαθὸν ποιήσω ἵνα σχῶ ζωὴν αἰώνιον;
17 τί με ἐρωτᾷς περὶ τ. ἀγαθοῦ;
20 τί ἔτι ὑστερῶ;
25 [7] τίς ἄρα δύναται σωθῆναι;
27 [7] τί ἄρα ἔσται ἡμῖν;
20 6 τί ὧδε ἑστήκατε ὅλην τ. ἡμέραν ἀργοί;
21 ὁ δὲ εἶπεν αὐτῇ Τί θέλεις;
22 οὐκ οἴδατε τί αἰτεῖσθε
32 τί θέλετε ποιήσω ὑμῖν;
21 10 ἐσείσθη πᾶσα ἡ πόλις λέγουσα Τίς ἐστιν οὗτος;
16 ἀκούεις τί οὗτοι λέγουσιν;
23 τίς σοι ἔδωκεν τ. ἐξουσίαν ταύτην;
25 [5 7] διὰ τί οὖν οὐκ ἐπιστεύσατε αὐτῷ;
διατί, T
28 τί δὲ ὑμῖν δοκεῖ;
31 [3] τίς ἐκ τῶν δύο ἐποίησεν τὸ θέλημα τ. πατρός;
40 τί ποιήσει τ. γεωργοῖς ἐκείνοις;
22 17 εἰπὸν οὖν ἡμῖν τί σοι δοκεῖ
18 τί με πειράζετε ὑποκριταί;
20 τίνος ἡ εἰκὼν αὕτη κ. ἡ ἐπιγραφή;
28 τίνος τῶν ἑπτὰ ἔσται γυνή;
42 τί ὑμῖν δοκεῖ περὶ τ. Χριστοῦ;
τίνος υἱός ἐστιν;
23 17 [3] τίς γὰρ μείζων ἐστὶν ὁ χρυσὸς ἢ ὁ ναός

Mt 23 19 [8] [9] τί γὰρ μεῖζον τὸ δῶρον ἢ τὸ θυσιαστήριον
24 3 τί τὸ σημεῖον τ. σῆς παρουσίας
45 [7] τίς ἄρα ἐστὶν ὁ πιστὸς δοῦλος κ. φρόνιμος
26 8 [6] εἰς τί ἡ ἀπώλεια αὕτη;
10 τί κόπους παρέχετε τ. γυναικί;
15 τί θέλετέ μοι δοῦναι
62 τί οὗτοί σου καταμαρτυροῦσιν;
65 τί ἔτι χρείαν ἔχομεν μαρτύρων;
66 τί ὑμῖν δοκεῖ;
68 προφήτευσον ἡμῖν Χριστὲ τίς ἐστιν ὁ παίσας σε;
70 οὐκ οἶδα τί λέγεις
27 4 τί πρὸς ἡμᾶς; σὺ ὄψῃ
17 [3] τίνα θέλετε ἀπολύσω ὑμῖν;
21 [3] τίνα θέλετε ἀπὸ τῶν δύο ἀπολύσω ὑμῖν;
22 [7] τί οὖν ποιήσω Ἰησοῦν τ. λεγόμενον Χριστόν;
23 [9] τί γὰρ κακὸν ἐποίησεν;
Mk 1 24 [4] τί ἡμῖν κ. σοὶ Ἰησοῦ Ναζαρηνέ;
24 οἶδά σε τίς εἶ ὁ ἅγιος τ. Θεοῦ
27 [3] ὥστε συνζητεῖν αὐτοὺς λέγοντας Τί ἐστιν τοῦτο;
2 7 τί οὗτος οὕτως λαλεῖ; βλασφημεῖ·
ὅτι, WH marg.
τίς δύναται ἀφιέναι ἁμαρτίας
8 τί ταῦτα διαλογίζεσθε ἐν τ. καρδίαις ὑμῶν;
9 [3] τί ἐστιν εὐκοπώτερον
18 [5] διὰ τί οἱ μαθηταὶ Ἰωάνου . . . νηστεύουσιν
διατί, T
24 τί ποιοῦσιν τ. σάββασιν ὃ οὐκ ἔξεστιν;
25 οὐδέποτε ἀνέγνωτε τί ἐποίησεν Δαυείδ
3 33 τίς ἐστιν ἡ μήτηρ μου κ. οἱ ἀδελφοί;
4 24 βλέπετε τί ἀκούετε
30 ἢ ἐν τίνι αὐτὴν παραβολῇ θῶμεν;
40 τί δειλοί ἐστε;
41 [3] [7] τίς ἄρα οὗτός ἐστιν;
5 7 [4] τί ἐμοὶ κ. σοὶ Ἰησοῦ
9 ἐπηρώτα αὐτὸν Τί ὄνομά σοι;
14 ἦλθον ἰδεῖν τί ἐστιν τὸ γεγονός
30 τίς μου ἥψατο τ. ἱματίων;
31 λέγεις Τίς μου ἥψατο;
35 τί ἔτι σκύλλεις τ. διδάσκαλον;
39 τί θορυβεῖσθε κ. κλαίετε;
6 2 [3] τίς ἡ σοφία ἡ δοθεῖσα τούτῳ
24 [1] εἶπεν τ. μητρὶ αὐτῆς τί αἰτήσωμαι;
36 [1] ἵνα . . . ἀγοράσωσιν ἑαυτοῖς τί φάγωσιν
7 5 [5] διὰ τί οὐ περιπατοῦσιν οἱ μαθηταί σου κατὰ τ. παράδοσιν
διατί, T
8 1 [1] μὴ ἐχόντων τί φάγωσιν
2 [1] οὐκ ἔχουσιν τί φάγωσιν
12 τί ἡ γενεὰ αὕτη ζητεῖ σημεῖον;
17 τί διαλογίζεσθε ὅτι ἄρτους οὐκ ἔχετε;
27 τίνα με λέγουσιν οἱ ἄνθρωποι εἶναι;
29 ὑμεῖς δὲ τίνα με λέγετε εἶναι;
36 [9] τί γὰρ ὠφελεῖ ἄνθρωπον
37 [1] [2] [9] τί γὰρ δοῖ ἄνθρωπος ἀντάλλαγμα
9 6 [1] οὐ γὰρ ᾔδει τί ἀποκριθῇ
10 συνζητοῦντες τί ἐστιν τὸ ἐκ νεκρῶν ἀναστῆναι
16 τί συνζητεῖτε πρὸς αὐτούς;
33 τί ἐν τῇ ὁδῷ διελογίζεσθε;
34 πρὸς ἀλλήλους γὰρ διελέχθησαν ἐν τῇ ὁδῷ Τίς μείζων
50 ἐν τίνι αὐτὸ ἀρτύσετε;
10 3 τί ὑμῖν ἐνετείλατο Μωυσῆς;
17 τί ποιήσω ἵνα ζωὴν αἰώνιον κληρονομήσω;

Mk 10 18 τί με λέγεις ἀγαθόν;
26 κ. τίς δύναται σωθῆναι;
36 τί θέλετε ποιήσω ὑμῖν;
38 οὐκ οἴδατε τί αἰτεῖσθε
51 τί σοι θέλεις ποιήσω;
11 3 ἐάν τις ὑμῖν εἴπῃ Τί ποιεῖτε τοῦτο;
5 τί ποιεῖτε λύοντες τ. πῶλον;
28 ἢ τίς σοι ἔδωκεν τ. ἐξουσίαν ταύτην
31 [5] διὰ τί οὖν ἐπιστεύσατε αὐτῷ;
διατί, T
12 9 τί ποιήσει ὁ κύριος τ. ἀμπελῶνος;
15 εἶπεν αὐτοῖς Τί με πειράζετε;
16 τίνος ἡ εἰκὼν αὕτη κ. ἡ ἐπιγραφή;
23 τίνος αὐτῶν ἔσται γυνή;
13 4 τί τὸ σημεῖον ὅταν μέλλῃ ταῦτα συντελεῖσθαι
11 [1] μὴ προμεριμνᾶτε τί λαλήσητε
14 4 [6] εἰς τί ἡ ἀπώλεια αὕτη τ. μύρου γέγονεν;
6 τί αὐτῇ κόπους παρέχετε;
36 οὐ τί ἐγὼ θέλω ἀλλὰ τί σύ
40 [1] οὐκ ᾔδεισαν τί ἀποκριθῶσιν αὐτῷ
60 τί οὗτοί σου καταμαρτυροῦσιν;
ὅτι, WH marg.
63 τί ἔτι χρείαν ἔχομεν μαρτύρων;
64 ἠκούσατε τ. βλασφημίας; τί ὑμῖν φαίνεται;
68 οὔτε οἶδα οὔτε ἐπίσταμαι σὺ τί λέγεις
ἐπίσταμαι· σὺ τί λέγεις; WH mg. R mg.
15 12 [1] [7] τί οὖν ποιήσω ὃν λέγετε τ. βασιλέα τ. Ἰουδαίων;
14 [9] τί γὰρ ἐποίησεν κακόν;
24 [1] [8] βάλλοντες κλῆρον ἐπ' αὐτὰ τίς τί ἄρῃ
34 [6] εἰς τί ἐγκατέλιπές με;
16 3 τίς ἀποκυλίσει ἡμῖν τ. λίθον
Lu 1 18 [6] κατὰ τί γνώσομαι τοῦτο;
62 [3] τὸ τί ἂν θέλοι καλεῖσθαι αὐτό
66 [7] τί ἄρα τὸ παιδίον τοῦτο ἔσται;
2 48 τέκνον τί ἐποίησας ἡμῖν οὕτως;
49 τί ὅτι ἐζητεῖτέ με;
3 7 τίς ὑπέδειξεν ὑμῖν φυγεῖν ἀπὸ τ. μελλούσης ὀργῆς;
10 [1] [7] τί οὖν ποιήσωμεν;
12 [1] διδάσκαλε τί ποιήσωμεν;
14 [1] τί ποιήσωμεν κ. ἡμεῖς;
4 34 [4] ἔα τί ἡμῖν κ. σοὶ Ἰησοῦ Ναζαρηνέ;
34 οἶδά σε τίς εἶ ὁ ἅγιος τ. Θεοῦ
36 [3] τίς ὁ λόγος οὗτος
5 21 τίς ἐστιν οὗτος ὃς λαλεῖ βλασφημίας;
τίς δύναται ἁμαρτίας ἀφεῖναι
22 τί διαλογίζεσθε ἐν τ. καρδίαις ὑμῶν;
23 [3] τί ἐστιν εὐκοπώτερον εἰπεῖν
30 [5] διὰ τί μετὰ τ. τελωνῶν κ. ἁμαρτωλῶν ἐσθίετε
διατί, T
6 2 τί ποιεῖτε ὃ οὐκ ἔξεστιν τ. σάββασιν;
11 [2] διελάλουν πρὸς ἀλλήλους τί ἂν ποιήσαιεν τῷ Ἰησοῦ
41 τί δὲ βλέπεις τὸ κάρφος τὸ ἐν τ. ὀφθαλμῷ τ. ἀδελφοῦ σου
46 τί δέ με καλεῖτε Κύριε Κύριε
47 ὑποδείξω ὑμῖν τίνι ἐστὶν ὅμοιος
7 24 τί ἐξήλθατε εἰς τὴν ἔρημον θεάσασθαι;
25 ἀλλὰ τί ἐξήλθατε ἰδεῖν;
26 ἀλλὰ τί ἐξήλθατε ἰδεῖν;
31 τίνι οὖν ὁμοιώσω τ. ἀνθρώπους τ. γενεᾶς ταύτης; κ. τίνι εἰσὶν ὅμοιοι;
39 ἐγίνωσκεν ἂν τίς κ. ποταπὴ ἡ γυνή

Lu 7 42 [3] [7] τίς οὖν αὐτῶν πλεῖον ἀγαπήσει αὐτόν;
49 τίς οὗτός ἐστιν ὃς κ. ἁμαρτίας ἀφίησιν;
8 9 [2] [3] τίς αὕτη εἴη ἡ παραβολή;
25 [7] τίς ἄρα οὗτός ἐστιν
28 [4] τί ἐμοὶ κ. σοὶ Ἰησοῦ
30 τί σοι ὄνομά ἐστιν;
45 εἶπεν ὁ Ἰησοῦς Τίς ὁ ἁψάμενός μου;
9 9 τίς δέ ἐστιν οὗτος
18 τίνα με οἱ ὄχλοι λέγουσιν εἶναι;
20 ὑμεῖς δὲ τίνα με λέγετε εἶναι;
25 τί γὰρ ὠφελεῖται ἄνθρωπος κερδήσας τ. κόσμον ὅλον
46 [2] διαλογισμὸς . . . τὸ τίς ἂν εἴη μείζων αὐτῶν
10 22 οὐδεὶς γινώσκει τίς ἐστιν ὁ υἱὸς εἰ μὴ ὁ πατήρ,
κ. τίς ἐστιν ὁ πατὴρ εἰ μὴ ὁ υἱός
25 τί ποιήσας ζωὴν αἰώνιον κληρονομήσω;
26 ἐν τ. νόμῳ τί γέγραπται;
29 κ. τίς ἐστίν μου πλησίον;
36 τίς τούτων τ. τριῶν πλησίον δοκεῖ σοι γεγονέναι
11 5 τίς ἐξ ὑμῶν ἕξει φίλον
11 τίνα δὲ ἐξ ὑμῶν τ. πατέρα αἰτήσει ὁ υἱὸς
19 οἱ υἱοὶ ὑμῶν ἐν τίνι ἐκβάλλουσιν;
12 5 [1] ὑποδείξω δὲ ὑμῖν τίνα φοβηθῆτε
11 [1] μὴ μεριμνήσητε πῶς ἢ τί ἀπολογήσησθε,
ἢ τί, [WH]
[1] ἢ τί εἴπητε
14 τίς με κατέστησεν κριτὴν ἢ μεριστὴν
17 [1] διελογίζετο ἐν αὐτῷ λέγων Τί ποιήσω
20 ἃ δὲ ἡτοίμασας τίνι ἔσται
22 [1] μὴ μεριμνᾶτε τ. ψυχῇ τί φάγητε·
[1] μηδὲ τ. σώματι ὑμῶν τί ἐνδύσησθε
25 τίς δὲ ἐξ ὑμῶν μεριμνῶν δύναται . . . προσθεῖναι
26 τί περὶ τ. λοιπῶν μεριμνᾶτε;
περ. τ. λοιπ. τί, WH mg.
29 [1] ὑμεῖς μὴ ζητεῖτε τί φάγητε κ. τί πίητε
42 [7] τίς ἄρα ἐστὶν ὁ πιστὸς οἰκονόμος ὁ φρόνιμος
49 τί θέλω εἰ ἤδη ἀνήφθη;
57 τί δὲ κ. ἀφ᾽ ἑαυτῶν οὐ κρίνετε τὸ δίκαιον;
13 18 τίνι ὁμοία ἐστὶν ἡ βασιλεία τ. Θεοῦ;
κ. τίνι ὁμοιώσω αὐτήν;
20 τίνι ὁμοιώσω τ. βασιλείαν τ. Θεοῦ;
14 5 τίνος ὑμῶν υἱὸς ἢ βοῦς εἰς φρέαρ πεσεῖται
28 τίς γὰρ ἐξ ὑμῶν θέλων πύργον οἰκοδομῆσαι
31 ἢ τίς βασιλεὺς πορευόμενος ἑτέρῳ βασιλεῖ συνβαλεῖν
34 ἐν τίνι ἀρτυθήσεται;
15 4 τίς ἄνθρωπος ἐξ ὑμῶν ἔχων ἑκατὸν πρόβατα
8 ἢ τίς γυνὴ δραχμὰς ἔχουσα δέκα
26 [2] ἐπυνθάνετο τί ἂν εἴη ταῦτα
16 2 τί τοῦτο ἀκούω περὶ σοῦ;
3 [1] εἶπεν δὲ ἐν ἑαυτῷ ὁ οἰκονόμος Τί ποιήσω
4 [1] ἔγνων τί ποιήσω
11 τὸ ἀληθινὸν τίς ὑμῖν πιστεύσει;
12 τὸ ἡμέτερον τίς δώσει ὑμῖν;
17 7 τίς δὲ ἐξ ὑμῶν δοῦλον ἔχων ἀροτριῶντα
8 [1] ἑτοίμασον τί δειπνήσω
18 6 ἀκούσατε τί ὁ κριτὴς τ. ἀδικίας λέγει
18 τί ποιήσας ζωὴν αἰώνιον κληρονομήσω;
19 τί με λέγεις ἀγαθόν;
26 κ. τίς δύναται σωθῆναι;
36 [2] ἐπυνθάνετο τί εἴη τοῦτο
41 [1] τί σοι θέλεις ποιήσω;

Lu 19 3 [3] ἐζήτει ἰδεῖν τ. Ἰησοῦν τίς ἐστιν
15 [8] ἵνα γνοῖ τί διεπραγματεύσαντο
γν. τίς τί διεπραγματεύσατο, T
23 [5] διὰ τί οὐκ ἔδωκάς μου τὸ ἀργύριον ἐπὶ τράπεζαν
διατί, T
31 [5] ἐάν τις ὑμᾶς ἐρωτᾷ Διὰ τί λύετε;
διατί, T
33 τί λύετε τ. πῶλον;
48 [1] οὐχ ηὕρισκον τὸ τί ποιήσωσιν
20 2 εἰπὸν ἡμῖν . . . τίς ἐστιν ὁ δούς σοι τ. ἐξουσίαν ταύτην
ταύτην; TR
5 [5] ἐρεῖ Διὰ τί οὐκ ἐπιστεύσατε αὐτῷ;
διατί, T
13 [1] εἶπεν δὲ ὁ κύριος τ. ἀμπελῶνος Τί ποιήσω;
15 τί οὖν ποιήσει αὐτοῖς ὁ κύριος τ. ἀμπελῶνος
17 τί οὖν ἐστιν τὸ γεγραμμένον τοῦτο
24 τίνος ἔχει εἰκόνα κ. ἐπιγραφήν;
33 τίνος αὐτῶν γίνεται γυνή;
21 7 τί τὸ σημεῖον ὅταν μέλλῃ ταῦτα γίνεσθαι;
22 23 [2] [7] ἤρξαντο συνζητεῖν πρὸς ἑαυτοὺς τὸ τίς ἄρα εἴη ἐξ αὐτῶν
24 φιλονεικία . . . τὸ τίς αὐτῶν δοκεῖ εἶναι μείζων
27 [3] τίς γὰρ μείζων ὁ ἀνακείμενος ἢ ὁ διακονῶν;
46 εἶπεν αὐτοῖς Τί καθεύδετε;
64 προφήτευσον τίς ἐστιν ὁ παίσας σε;
71 τί ἔτι ἔχομεν μαρτυρίας χρείαν;
23 22 [9] τί γὰρ κακὸν ἐποίησεν οὗτος;
31 [1] ἐν τ. ξηρῷ τί γένηται;
34 οὐ γὰρ οἴδασιν τί ποιοῦσιν
—h. v., [[WH]] R mg.
24 5 τί ζητεῖτε τ. ζῶντα μετὰ τ. νεκρῶν;
17 [3] τίνες οἱ λόγοι οὗτοι οὓς ἀντιβάλλετε
38 εἶπεν αὐτοῖς Τί τεταραγμένοι ἐστέ;
[5] κ. διὰ τί διαλογισμοὶ ἀναβαίνουσιν ἐν τ. καρδίᾳ ὑμῶν;
διατί, T

Jo 1 19 ἵνα ἐρωτήσωσιν αὐτὸν Σὺ τίς εἶ;
21 [7] ἠρώτησαν αὐτὸν Τί οὖν;
22 εἶπαν οὖν αὐτῷ Τίς εἶ;
22 τί λέγεις περὶ σεαυτοῦ;
25 εἶπαν αὐτῷ Τί οὖν βαπτίζεις
38 λέγει αὐτοῖς Τί ζητεῖτε;
2 4 [4] τί ἐμοὶ κ. σοὶ γύναι;
18 τί σημεῖον δεικνύεις ἡμῖν ὅτι ταῦτα ποιεῖς;
25 αὐτὸς γὰρ ἐγίνωσκεν τί ἦν ἐν τ. ἀνθρώπῳ
4 10 εἰ ᾔδεις . . . τίς ἐστιν ὁ λέγων σοι
27 οὐδεὶς μέντοι εἶπεν Τί ζητεῖς;
ἢ Τί λαλεῖς μετ᾽ αὐτῆς;
5 12 τίς ἐστιν ὁ ἄνθρωπος ὁ εἰπών σοι
13 ὁ δὲ ἰαθεὶς οὐκ ᾔδει τίς ἐστιν
6 6 αὐτὸς γὰρ ᾔδει τί ἔμελλεν ποιεῖν
9 ἀλλὰ ταῦτα τί ἐστιν εἰς τοσούτους;
28 [1] εἶπον οὖν πρὸς αὐτὸν Τί ποιῶμεν
30 [7] τί οὖν ποιεῖς σὺ σημεῖον ἵνα ἴδωμεν κ. πιστεύσωμέν σοι; τί ἐργάζῃ;
60 τίς δύναται αὐτοῦ ἀκούειν;
64 τίνες εἰσὶν οἱ μὴ πιστεύοντες κ. τίς ἐστιν ὁ παραδώσων αὐτόν
68 Κύριε πρὸς τίνα ἀπελευσόμεθα;
7 19 τί με ζητεῖτε ἀποκτεῖναι;
20 δαιμόνιον ἔχεις τίς σε ζητεῖ ἀποκτεῖναι;
36 [3] τίς ἐστιν ὁ λόγος οὗτος ὃν εἶπεν
45 [5] διὰ τί οὐκ ἠγάγετε αὐτόν;
διατί, T
51 ἐὰν μὴ . . . γνῷ τί ποιεῖ

Jo 8 [5 σὺ οὖν τί λέγεις;
25 ἔλεγον οὖν αὐτῷ, Σὺ τίς εἶ;
43 [5] διὰ τί τ. λαλιὰν τ. ἐμὴν οὐ γινώσκετε;
διατί, T
46 τίς ἐξ ὑμῶν ἐλέγχει με περὶ ἁμαρτίας;
46 [5] διὰ τί ὑμεῖς οὐ πιστεύετέ μοι;
διατί, T
53 τίνα σεαυτὸν ποιεῖς;
9 2 [3] τίς ἥμαρτεν οὗτος ἢ οἱ γονεῖς αὐτοῦ;
17 τι σὺ λέγεις περὶ αὐτοῦ
σὺ τί, T
21 ἢ τίς ἤνοιξεν αὐτοῦ τ. ὀφθαλμοὺς ἡμεῖς οὐκ οἴδαμεν
26 εἶπαν οὖν αὐτῷ Τί ἐποίησέν σοι;
27 τί πάλιν θέλετε ἀκούειν;
36 κ. τίς ἐστιν Κύριε ἵνα πιστεύσω εἰς αὐτόν;
10 6 οὐκ ἔγνωσαν τίνα ἦν ἃ ἐλάλει αὐτοῖς
20 τί αὐτοῦ ἀκούετε;
11 47 ἔλεγον Τί ποιοῦμεν;
56 τί δοκεῖ ὑμῖν
12 5 [5] διὰ τί τοῦτο τὸ μύρον οὐκ ἐπράθη τριακοσίων δηναρίων
διατί, T
27 [1] κ. τί εἴπω;
34 τίς ἐστιν οὗτος ὁ υἱὸς τ. ἀνθρώπου;
38 Κύριε τίς ἐπίστευσεν τ. ἀκοῇ ἡμῶν;
מִי הֶאֱמִין לִשְׁמֻעָתֵנוּ, Is. liii. 1
κ. ὁ βραχίων Κυρίου τίνι ἀπεκαλύφθη;
וּזְרוֹעַ יְהוָה עַל־מִי נִגְלָתָה, *ib.*
49 [1] αὐτός μοι ἐντολὴν δέδωκεν τί εἴπω κ. τί λαλήσω
13 12 γινώσκετε τί πεποίηκα ὑμῖν;
18 ἐγὼ οἶδα τίνας ἐξελεξάμην
22 ἀπορούμενοι περὶ τίνος λέγει
24 λέγει αὐτῷ Εἰπὲ τίς ἐστιν
25 λέγει αὐτῷ Κύριε τίς ἐστιν;
28 [6] οὐδεὶς ἔγνω τ. ἀνακειμένων πρὸς τί εἶπεν αὐτῷ
37 [5] διὰ τί οὐ δύναμαί σοι ἀκολουθεῖν ἄρτι;
διατί, T
14 22 τί γέγονεν ὅτι ἡμῖν μέλλεις ἐμφανίζειν
15 15 ὁ δοῦλος οὐκ οἶδεν τί ποιεῖ αὐτοῦ ὁ κύριος
16 17 τί ἐστιν τοῦτο ὃ λέγει ἡμῖν
18 τί ἐστιν τοῦτο ὃ λέγει μικρόν;
τοῦτ. τί ἐστ., T
οὐκ οἴδαμεν τί λαλεῖ
18 4 λέγει αὐτοῖς Τίνα ζητεῖτε;
7 πάλιν οὖν ἐπηρώτησεν αὐτοὺς Τίνα ζητεῖτε;
21 τί με ἐρωτᾷς;
ἐρώτησον τ. ἀκηκοότας τί ἐλάλησα αὐτοῖς
23 εἰ δὲ καλῶς τί με δέρεις;
29 τίνα κατηγορίαν φέρετε τ. ἀνθρώπου τούτου;
35 τί ἐποίησας;
38 λέγει αὐτῷ ὁ Πειλᾶτος Τί ἐστιν ἀλήθεια;
19 24 λάχωμεν περὶ αὐτοῦ τίνος ἔσται
20 13 γύναι τί κλαίεις;
15 γύναι τί κλαίεις; τίνα ζητεῖς;
21 12 οὐδεὶς ἐτόλμα τ. μαθητῶν ἐξετάσαι αὐτὸν Σὺ τίς εἶ;
20 Κύριε τίς ἐστιν ὁ παραδιδούς σε;
21 Κύριε οὗτος δὲ τί;
22 ἐὰν αὐτὸν θέλω μένειν ἕως ἔρχομαι τί πρός σε;
23 ἐὰν αὐτὸν θέλω μένειν ἕως ἔρχομαι τί πρός σε;
—h. v., T

Ac 1 11 τί ἑστήκατε βλέποντες εἰς τ. οὐρανόν;
2 12 τί θέλει τοῦτο εἶναι;
37 [1] τί ποιήσωμεν ἄνδρες ἀδελφοί;
3 12 ἄνδρες Ἰσραηλεῖται τί θαυμάζετε ἐπὶ τούτῳ ἢ ἡμῖν τί ἀτενίζετε
4 9 εἰ ἡμεῖς σήμερον ἀνακρινόμεθα . . . ἐν τίνι οὗτος σέσωσται
16 [1] τί ποιήσωμεν τ. ἀνθρώποις τούτοις;
5 3 [5] διὰ τί ἐπλήρωσεν ὁ Σατανᾶς τ. καρδίαν σου
διατί, T
4 τί ὅτι ἔθου ἐν τ. καρδίᾳ σου τὸ πρᾶγμα τοῦτο;
9 τί ὅτι συνεφωνήθη ὑμῖν
24 [2] διηπόρουν περὶ αὐτῶν τί ἂν γένοιτο τοῦτο
35 προσέχετε ἑαυτοῖς . . . τί μέλλετε πράσσειν
7 27 τίς σε κατέστησεν ἄρχοντα κ. δικαστὴν ἐφ' ἡμῶν;
מִי שָׂמְךָ לְאִישׁ שַׂר וְשֹׁפֵט עָלֵינוּ, Ex. ii. 14
35 τίς σε κατέστησεν ἄρχοντα κ. δικαστήν; Ex. *l.c.*
40 οὐκ οἴδαμεν τί ἐγένετο αὐτῷ
לֹא יָדַעְנוּ מֶה־הָיָה לוֹ, Ex. xxxii. 1
49 ἢ τίς τόπος τ. καταπαύσεώς μου;
וְאֵי־זֶה מָקוֹם מְנוּחָתִי, Is. lxvi. 1
52 τίνα τ. προφητῶν οὐκ ἐδίωξαν οἱ πατέρες ὑμῶν;
8 33 τ. γενεὰν αὐτοῦ τίς διηγήσεται;
אֶת־דּוֹרוֹ מִי יְשׂוֹחֵחַ, Is. liii. 8
34 περὶ τίνος ὁ προφήτης λέγει τοῦτο;
36 ἰδοὺ ὕδωρ τί κωλύει με βαπτισθῆναι;
9 4 Σαοὺλ Σαοὺλ τί με διώκεις;
5 εἶπεν δὲ Τίς εἶ Κύριε;
10 4 ἔμφοβος γενόμενος εἶπεν Τί ἐστιν Κύριε;
17 [2 3] διηπόρει ὁ Πέτρος τί ἂν εἴη τὸ ὅραμα
21 τίς ἡ αἰτία δι' ἣν πάρεστε;
29 πυνθάνομαι οὖν τίνι λόγῳ μετεπέμψασθέ με
11 17 ἐγὼ τίς ἤμην δυνατὸς κωλῦσαι τ. Θεόν;
12 18 [7] τί ἄρα ὁ Πέτρος ἐγένετο
13 25 τί ἐμὲ ὑπονοεῖτε εἶναι;
14 15 ἄνδρες τί ταῦτα ποιεῖτε;
15 10 νῦν οὖν τί πειράζετε τ. Θεόν
16 30 κύριοι τί με δεῖ ποιεῖν ἵνα σωθῶ;
17 18 [2] τί ἂν θέλοι ὁ σπερμολόγος οὗτος λέγειν;
19 [3] δυνάμεθα γνῶναι τίς ἡ καινὴ αὕτη ἡ ὑπὸ σοῦ λαλουμένη διδαχή;
20 γνῶναι τίνα θέλει ταῦτα εἶναι
19 3 [6] εἰς τί οὖν ἐβαπτίσθητε;
15 ὑμεῖς δὲ τίνες ἐστέ;
32 οὐκ ᾔδεισαν τίνος ἕνεκα συνεληλύθεισαν
35 τίς γάρ ἐστιν ἀνθρώπων ὃς οὐ γινώσκει
21 13 τί ποιεῖτε κλαίοντες κ. συνθρύπτοντες
22 [7] τί οὖν ἐστίν;
33 [2] ἐπυνθάνετο τίς εἴη κ. τί ἐστιν πεποιηκώς;
22 7 Σαοὺλ Σαοὺλ τί με διώκεις;
8 ἐγὼ δὲ ἀπεκρίθην Τίς εἶ Κύριε;
10 [1] εἶπον δὲ Τί ποιήσω Κύριε;
16 κ. νῦν τί μέλλεις;
26 τί μέλλεις ποιεῖν;
30 γνῶναι τὸ ἀσφαλὲς τὸ τί κατηγορεῖται ὑπὸ τ. Ἰουδαίων
23 19 τί ἐστιν ὃ ἔχεις ἀπαγγεῖλαί μοι;
24 20 εἰπάτωσαν τί εὗρον ἀδίκημα

Ac 25 26 [1] ὅπως τ. ἀνακρίσεως γενομένης σχῶ τί γράψω
26 8 τί ἄπιστον κρίνεται παρ' ὑμῖν
14 Σαοὺλ Σαοὺλ τί με διώκεις;
15 ἐγὼ δὲ εἶπα Τίς εἶ Κύριε;
Ro 3 1 [7] τί οὖν τὸ περισσὸν τ. Ἰουδαίου,
ἢ τίς ἡ ὠφέλεια τ. περιτομῆς;
3 [9] τί γάρ; εἰ ἠπίστησάν τινες
τί γὰρ εἰ ἠπ. τινες; TR
5 εἰ δὲ ἡ ἀδικία ἡμῶν Θεοῦ δικαιοσύνην συνίστησιν τί ἐροῦμεν;
7 τί ἔτι κἀγὼ ὡς ἁμαρτωλὸς κρίνομαι;
9 [7] τί οὖν; προεχόμεθα;
4 1 [7] τί οὖν ἐροῦμεν Ἀβραὰμ τ. προπάτορα ἡμῶν κατὰ σάρκα;
3 [9] τί γὰρ ἡ γραφὴ λέγει;
6 1 [7] τί οὖν ἐροῦμεν;
15 [7] τί οὖν; ἁμαρτήσωμεν
21 [7] τίνα οὖν καρπὸν εἴχετε τότε
7 7 [7] τί οὖν ἐροῦμεν;
24 τίς με ῥύσεται ἐκ τ. σώματος τ. θανάτου τούτου;
8 24 ὃ γὰρ βλέπει τίς ἐλπίζει;
βλ. τις τί κ. ἐλπ., TWH mg. R mg.
26 [1] τὸ γὰρ τί προσευξώμεθα καθὸ δεῖ
27 οἶδεν τί τὸ φρόνημα τ. πνεύματος
31 τί οὖν ἐροῦμεν πρὸς ταῦτα;
εἰ ὁ Θεὸς ὑπὲρ ἡμῶν τίς καθ' ἡμῶν;
33 τίς ἐγκαλέσει κατὰ ἐκλεκτῶν Θεοῦ;
34 τίς ὁ κατακρινῶν;
35 τίς ἡμᾶς χωρίσει ἀπὸ τ. ἀγάπης τ. Χριστοῦ;
9 14 [7] τί οὖν ἐροῦμεν;
19 ἐρεῖς μοι οὖν Τί ἔτι μέμφεται;
τῷ γὰρ βουλήματι αὐτοῦ τίς ἀνθέστηκεν;
20 σὺ τίς εἶ ὁ ἀνταποκρινόμενος τ. Θεῷ;
μὴ ἐρεῖ τὸ πλάσμα τ. πλάσαντι Τί με ἐποίησας οὕτως;
30 [7] τί οὖν ἐροῦμεν;
32 [5] διὰ τί; ὅτι οὐκ ἐκ πίστεως
διατί, T
10 6 μὴ εἴπῃς . . . Τίς ἀναβήσεται εἰς τ. οὐρανόν;
מִי יַעֲלֶה־לָּנוּ הַשָּׁמַיְמָה, Dt. xxx. 12
7 ἤ Τίς καταβήσεται εἰς τὴν ἄβυσσον;
מִי יַעֲבָר־לָנוּ אֶל־עֵבֶר הַיָּם, *ib.* 13
8 ἀλλὰ τί λέγει;
16 Κύριε τίς ἐπίστευσεν τ. ἀκοῇ ἡμῶν; Is. liii. 1
11 2 ἢ οὐκ οἴδατε ἐν Ἠλείᾳ τί λέγει ἡ γραφή;
4 ἀλλὰ τί λέγει αὐτῷ ὁ χρηματισμός;
7 [7] τί οὖν; ὃ ἐπιζητεῖ Ἰσραὴλ
15 τίς ἡ πρόσλημψις εἰ μὴ ζωὴ ἐκ νεκρῶν;
34 τίς γὰρ ἔγνω νοῦν Κυρίου;
מִי־תִכֵּן אֶת־רוּחַ יְהוָה, Is. xl. 13
ἢ τίς σύμβουλος αὐτοῦ ἐγένετο;
וְאִישׁ עֲצָתוֹ יוֹדִיעֶנּוּ, *ib.*
35 ἢ τίς προέδωκεν αὐτῷ κ. ἀνταποδοθήσεται αὐτῷ;
12 2 εἰς τὸ δοκιμάζειν ὑμᾶς τί τὸ θέλημα τ. Θεοῦ
14 4 σὺ τίς εἶ ὁ κρίνων ἀλλότριον οἰκέτην;
10 σὺ δὲ τί κρίνεις τ. ἀδελφόν σου;
ἢ κ. σὺ τί ἐξουθενεῖς τ. ἀδελφόν σου;
I Co 2 11 τίς γὰρ οἶδεν ἀνθρώπων τὰ τ. ἀνθρώπου

I Co 2 16 τίς γὰρ ἔγνω νοῦν Κυρίου, Is. *l.c.*
3 5 [7] τί οὖν ἐστιν Ἀπολλῶς τί δέ ἐστιν Παῦλος
4 7 τίς γάρ σε διακρίνει;
τί δὲ ἔχεις ὃ οὐκ ἔλαβες;
εἰ δὲ κ. ἔλαβες τί καυχᾶσαι ὡς μὴ λαβών;
21 τί θέλετε; ἐν ῥάβδῳ ἔλθω πρὸς ὑμᾶς
5 12 [4] [9] τί γάρ μοι τοὺς ἔξω κρίνειν;
6 7 [5] διὰ τί οὐχὶ μᾶλλον ἀδικεῖσθε;
διατί, T
[5] διὰ τί οὐχὶ μᾶλλον ἀποστερεῖσθε;
διατί, T
7 16 [9] τί γὰρ οἶδας γύναι εἰ τ. ἄνδρα σώσεις;
ἢ τί οἶδας ἄνερ εἰ τ. γυναῖκα σώσεις;
9 7 τίς στρατεύεται ἰδίοις ὀψωνίοις ποτέ;
τίς φυτεύει ἀμπελῶνα κ. . . . οὐκ ἐσθίει;
ἢ τίς ποιμαίνει ποίμνην κ. . . . οὐκ ἐσθίει;
18 [7] τίς οὖν μού ἐστιν ὁ μισθός;
10 19 [7] τί οὖν φημί;
30 τί βλασφημοῦμαι ὑπὲρ οὗ ἐγὼ εὐχαριστῶ
11 22 [1] τί εἴπω ὑμῖν; ἐπαινέσω ὑμᾶς;
14 6 τί ὑμᾶς ὠφελήσω
8 τίς παρασκευάσεται εἰς πόλεμον;
15 [7] τί οὖν ἐστίν;
16 ἐπειδὴ τί λέγεις οὐκ οἶδεν
26 [7] τί οὖν ἐστὶν ἀδελφοί;
15 2 [3] τίνι λόγῳ εὐηγγελισάμην ὑμῖν εἰ κατέχετε
29 ἐπεὶ τί ποιήσουσιν οἱ βαπτιζόμενοι ὑπὲρ τ. νεκρῶν;
εἰ ὅλως νεκροὶ οὐκ ἐγείρονται τί κ. βαπτίζονται ὑπὲρ αὐτῶν;
30 τί κ. ἡμεῖς κινδυνεύομεν πᾶσαν ὥραν;
32 τί μοι τὸ ὄφελος;
II Co 2 2 κ. τίς ὁ εὐφραίνων με
16 πρὸς ταῦτα τίς ἱκανός;
6 14 τίς γὰρ μετοχὴ δικαιοσύνῃ κ. ἀνομίᾳ;
ἢ τίς κοινωνία φωτὶ πρὸς σκότος;
15 τίς δὲ συμφώνησις Χριστοῦ πρὸς Βελίαρ;
ἢ τίς μερὶς πιστῷ μετὰ ἀπίστου;
16 τίς δὲ συνκατάθεσις ναῷ Θεοῦ μετὰ εἰδώλων
11 11 [5] διὰ τί; ὅτι οὐκ ἀγαπῶ ὑμᾶς;
διατί, T
29 τίς ἀσθενεῖ κ. οὐκ ἀσθενῶ;
τίς σκανδαλίζεται κ. οὐκ ἐγὼ πυροῦμαι;
12 13 [9] τί γάρ ἐστιν ὃ ἡσσώθητε ὑπὲρ τ. λοιπὰς ἐκκλησίας
Ga 3 1 ὦ ἀνόητοι Γαλάται τίς ὑμᾶς ἐβάσκανεν
19 [7] τί οὖν ὁ νόμος;
4 30 ἀλλὰ τί λέγει ἡ γραφή;
5 7 τίς ὑμᾶς ἐνέκοψεν ἀληθείᾳ μὴ πείθεσθαι;
11 εἰ περιτομὴν ἔτι κηρύσσω τί ἔτι διώκομαι;
Eph 1 18 [3] εἰς τὸ εἰδέναι ὑμᾶς τίς ἐστιν ἡ ἐλπὶς τ. κλήσεως αὐτοῦ
[3] τίς ὁ πλοῦτος τ. δόξης τ. κληρονομίας αὐτοῦ ἐν τ. ἁγίοις,
19 [3] κ. τί τὸ ὑπερβάλλον μέγεθος τ. δυνάμεως αὐτοῦ
3 9 [3] φωτίσαι τίς ἡ οἰκονομία τ. μυστηρίου
18 [3] καταλαβέσθαι . . . τί τὸ πλάτος κ. μῆκος
4 9 τί ἐστιν εἰ μὴ ὅτι κ. κατέβη
5 10 δοκιμάζοντες τί ἐστιν εὐάρεστον τ. Κυρίῳ
17 συνίετε τί τὸ θέλημα τ. Κυρίου
6 21 [1] ἵνα δὲ εἰδῆτε κ. ὑμεῖς τὰ κατ' ἐμὲ τί πράσσω
Phl 1 18 [9] τί γάρ; πλὴν ὅτι παντὶ τρόπῳ . . . Χριστὸς καταγγέλλεται
22 [8] κ. τί αἱρήσομαι οὐ γνωρίζω
αἱρήσομαι; WH mg. R mg.

Col 1 27 [3] γνωρίσαι τί τὸ πλοῦτος τ. δόξης τ. μυστηρίου τούτου
2 20 τί ὡς ζῶντες ἐν κόσμῳ δογματίζεσθε;
I Th 2 19 τις γὰρ ἡμῶν ἐλπὶς ἢ χαρά
3 9 τίνα γὰρ εὐχαριστίαν δυνάμεθα τ. Θεῷ ἀνταποδοῦναι
4 2 οἴδατε γὰρ τίνας παραγγελίας ἐδώκαμεν ὑμῖν
I Ti 1 7 μήτε περὶ τίνων διαβεβαιοῦνται
II Ti 3 14 εἰδὼς παρὰ τίνων ἔμαθες
He 1 5 τίνι γὰρ εἶπέν ποτε τ. ἀγγέλων
13 πρὸς τίνα δὲ τ. ἀγγέλων εἴρηκέν ποτε
2 6 τί ἐστιν ἄνθρωπος ὅτι μιμνήσκῃ αὐτοῦ;
מָה־אֱנוֹשׁ כִּי־תִזְכְּרֶנּוּ, Ps. viii. 5
3 16 τίνες γὰρ ἀκούσαντες παρεπίκραναν;
17 τίσιν δὲ προσώχθισεν τεσσεράκοντα ἔτη;
18 τίσιν δὲ ὤμοσεν μὴ εἰσελεύσεσθαι
5 12 διδάσκειν ὑμᾶς τίνα τὰ στοιχεῖα τ. ἀρχῆς τ. λογίων τ. Θεοῦ
τινὰ, WHR non mg.
7 11 τίς ἔτι χρεία . . . ἕτερον ἀνίστασθαι ἱερέα
11 32 [1] κ. τί ἔτι λέγω;
12 7 τίς γὰρ υἱὸς ὃν οὐ παιδεύει πατήρ;
13 6 τί ποιήσει μοι ἄνθρωπος;
מַה־יַּעֲשֶׂה לִי אָדָם, Ps. cxviii. 6
Ja 2 14 τί ὄφελος ἀδελφοί μου
16 τί ὄφελος;
3 13 τίς σοφὸς κ. ἐπιστήμων ἐν ὑμῖν;
4 12 σὺ δὲ τίς εἶ ὁ κρίνων τὸν πλησίον;
I Pe 1 11 ἐραυνῶντες εἰς τίνα ἢ ποῖον καιρὸν ἐδήλου
3 13 κ. τίς ὁ κακώσων ὑμᾶς
4 17 τί τὸ τέλος τ. ἀπειθούντων τῷ τ. Θεοῦ εὐαγγελίῳ;
5 8 ζητῶν τίνα καταπιεῖν
—τίνα, WH; τινὰ, WH mg.
I Jo 2 22 τίς ἐστιν ὁ ψεύστης εἰ μὴ ὁ ἀρνούμενος
3 2 οὔπω ἐφανερώθη τί ἐσόμεθα
12 χάριν τίνος ἔσφαξεν αὐτόν;
5 5 τίς ἐστιν δὲ ὁ νικῶν τ. κόσμον
Re 2 7 ἀκουσάτω τί τὸ Πνεῦμα λέγει τ. ἐκκλησίαις
add. 2. 11, 17, 29; 3. 6, 13, 22
5 2 τίς ἄξιος ἀνοῖξαι τὸ βιβλίον
6 17 κ. τίς δύναται σταθῆναι;
7 13 οὗτοι οἱ περιβεβλημένοι τ. στολὰς τ. λευκὰς τίνες εἰσὶν κ. πόθεν ἦλθον;
13 4 τίς ὅμοιος τ. θηρίῳ;
κ. τίς δύναται πολεμῆσαι μετ' αὐτοῦ;
15 4 [1] τίς οὐ μὴ φοβηθῇ Κύριε
17 7 [5] εἶπέν μοι ὁ ἄγγελος Διὰ τί ἐθαύμασας;
διατί, T
18 18 τίς ὁμοία τ. πόλει τ. μεγάλῃ;

ΤΙΣ 5100

(1) εἶναι τι, τινά, ἔχειν τι **(2)** εἰ, ἐάν τις **(3)** οὐ, μή τις **(4)** c. numer. **(5)** c. nom. propr. **(6)** τὶς . . . ἕτερος, τις **(7)** τίς τι

Mt 5 23 [1] ἐὰν . . . μνησθῇς ὅτι ὁ ἀδελφός σου ἔχει τι κατὰ σοῦ
8 28 ὥστε μὴ ἰσχύειν τινὰ παρελθεῖν
9 3 τινὲς τ. γραμματέων εἶπαν ἐν ἑαυτοῖς
11 27 οὐδὲ τ. πατέρα τις ἐπιγινώσκει
12 19 οὐδὲ ἀκούσει τις ἐν τ. πλατείαις τ. φωνὴν αὐτοῦ
וְלֹא־יַשְׁמִיעַ בַּחוּץ קוֹלוֹ, Is. xlii. 2
Mt 12 29 πῶς δύναταί τις εἰσελθεῖν εἰς τ. οἰκίαν τ ἰσχυροῦ
38 ἀπεκρίθησαν αὐτῷ τινὲς τ. γραμματέων κ. Φαρισαίων
47 εἶπεν δέ τις αὐτῷ
—h. v., [T] WH non mg. R mg.
16 24 [2] εἴ τις θέλει ὀπίσω μου ἐλθεῖν
28 εἰσίν τινες τῶν ὧδε ἑστώτων
18 12 [2] ἐὰν γένηταί τινι ἀνθρώπῳ ἑκατὸν πρόβατα
28 [2] ἀπόδος εἴ τι ὀφείλεις
20 20 προσκυνοῦσα κ. αἰτοῦσά τι ἀπ' αὐτοῦ
21 3 [2] ἐάν τις ὑμῖν εἴπῃ τι
22 24 [2] ἐάν τις ἀποθάνῃ μὴ ἔχων τέκνα
וּמֵת אַחַד מֵהֶם וּבֵן אֵין־לוֹ, Dt. xxv. 5
46 οὐδὲ ἐτόλμησέν τις ἀπ' ἐκείνης τ. ἡμέρας ἐπερωτῆσαι
24 4 [3] βλέπετε μή τις ὑμᾶς πλανήσῃ
23 [2] τότε ἐάν τις ὑμῖν εἴπῃ
27 47 τινὲς δὲ τῶν ἐκεῖ ἑστηκότων ἀκούσαντες
28 11 τινὲς τ. κουστωδίας ἐλθόντες εἰς τ. πόλιν
Mk 2 6 ἦσαν δέ τινες τ. γραμματέων ἐκεῖ καθήμενοι
4 22 οὐ γάρ ἐστίν τι κρυπτὸν ἐὰν μὴ ἵνα φανερωθῇ
—τι, WH non mg.
23 [2] εἴ τις ἔχει ὦτα ἀκούειν ἀκουέτω
7 1 συνάγονται πρὸς αὐτὸν οἱ Φαρισαῖοι κ. τινες τ. γραμματέων
2 ἰδόντες τινὰς τ. μαθητῶν αὐτοῦ ὅτι κοιναῖς χερσὶν . . . ἐσθίουσιν
16 [2] εἴ τις ἔχει ὦτα ἀκούειν ἀκουέτω
—h. v., TWHR non mg.
8 3 κ. τινες αὐτῶν ἀπὸ μακρόθεν εἰσίν
4 πόθεν τούτους δυνήσεταί τις ὧδε χορτάσαι ἄρτων
23 [2] ἐπηρώτα αὐτὸν Εἴ τι βλέπεις;
34 [2] εἴ τις θέλει ὀπίσω μου ἐλθεῖν
ὅστις θέλ. ὀπ. μ. ἀκολουθεῖν, T
9 1 εἰσίν τινες ὧδε τ. ἑστηκότων
22 [2] ἀλλ' εἴ τι δύνῃ βοήθησον ἡμῖν
30 οὐκ ἤθελεν ἵνα τις γνοῖ
35 [2] εἴ τις θέλει πρῶτος εἶναι
38 εἴδαμέν τινα ἐν τ. ὀνόματί σου ἐκβάλλοντα δαιμόνια
11 3 [2] ἐάν τις ὑμῖν εἴπῃ
5 κ. τινες τῶν ἐκεῖ ἑστηκότων ἔλεγον αὐτοῖς
13 [2] ἦλθεν εἰ ἄρα τι εὑρήσει ἐν αὐτῇ
16 ἵνα τις διενέγκῃ σκεῦος διὰ τ. ἱεροῦ
25 [2] ἀφίετε εἴ τι ἔχετε κατά τινος
12 13 ἀποστέλλουσιν πρὸς αὐτόν τινας τ. Φαρισαίων κ. τ. Ἡρῳδιανῶν
19 [2] ἐάν τινος ἀδελφὸς ἀποθανῇ, Dt. *l.c.*
13 5 [3] βλέπετε μή τις ὑμᾶς πλανήσῃ
15 μηδὲ εἰσελθάτω τι ἆραι ἐκ τ. οἰκίας αὐτοῦ
ἆραι τι, T
21 [2] τότε ἐάν τις ὑμῖν εἴπῃ
14 4 ἦσαν δέ τινες ἀγανακτοῦντες πρὸς ἑαυτούς
οἱ δὲ μαθηταὶ αὐτοῦ διεπονοῦντο κ. ἔλεγον, WH mg.
47 [4] εἷς δέ τις τ. παρεστηκότων σπασάμενος τ. μάχαιραν
τις, [WH]
51 [4] νεανίσκος τις συνηκολούθει αὐτῷ
εἷς τις νεαν., T

Mk 14 57 κ. τινες ἀναστάντες ἐψευδομαρτύρουν κατ' αὐτοῦ
65 ἤρξαντό τινες ἐμπτύειν αὐτῷ
15 21 [5] ἀγγαρεύουσιν παράγοντά τινα Σίμωνα Κυρηναῖον
35 τινὲς τ. παρεστηκότων ἀκούσαντες ἔλεγον
36 δραμὼν δέ τις . . . ἐπότιζεν αὐτόν
16 [18 [2] κἂν θανάσιμόν τι πίωσιν
Lu 1 5 ἐγένετο . . . ἱερεύς τις ὀνόματι Ζαχαρίας
6 2 τινὲς δὲ τ. Φαρισαίων εἶπαν
7 2 ἑκατοντάρχου δέ τινος δοῦλος . . . ἤμελλεν τελευτᾶν
18 [4] προσκαλεσάμενος δύο τινὰς τ. μαθητῶν αὐτοῦ
36 ἠρώτα δέ τις αὐτὸν τ. Φαρισαίων
40 Σίμων ἔχω σοί τι εἰπεῖν
41 δύο χρεοφειλέται ἦσαν δανιστῇ τινί
8 2 γυναῖκές τινες αἳ ἦσαν τεθεραπευμέναι
27 ὑπήντησεν ἀνήρ τις ἐκ τ. πόλεως
[τις] ἀνὴρ, WH mg.
46 ὁ δὲ Ἰησοῦς εἶπεν Ἥψατό μού τις
49 ἔρχεταί τις παρὰ τ. ἀρχισυναγώγου
51 οὐκ ἀφῆκεν εἰσελθεῖν τινὰ σὺν αὐτῷ
9 7 [6] διηπόρει διὰ τὸ λέγεσθαι ὑπό τινων
8 [6] ὑπό τινων δὲ ὅτι Ἠλείας ἐφάνη· ἄλλων δὲ ὅτι προφήτης τις τ. ἀρχαίων ἀνέστη
19 ἄλλοι δὲ ὅτι προφήτης τις τ. ἀρχαίων ἀνέστη
23 [2] εἴ τις θέλει ὀπίσω μου ἔρχεσθαι
27 εἰσίν τινες τῶν αὐτοῦ ἑστηκότων
49 εἴδαμέν τινα ἐν τ. ὀνόματί σου ἐκβάλλοντα δαιμόνια
57 ἐν τῇ ὁδῷ εἶπέν τις πρὸς αὐτόν
10 25 νομικός τις ἀνέστη ἐκπειράζων αὐτόν
30 ἄνθρωπός τις κατέβαινεν ἀπὸ Ἰερουσαλὴμ εἰς Ἰερειχώ
31 κατὰ συγκυρίαν ἱερεύς τις κατέβαινεν
33 [5] Σαμαρείτης δέ τις ὁδεύων ἦλθεν κατ' αὐτόν
38 αὐτὸς εἰσῆλθεν εἰς κώμην τινά·
γυνὴ δέ τις ὀνόματι Μάρθα ὑπεδέξατο αὐτόν
11 1 ἐν τῷ εἶναι αὐτὸν ἐν τόπῳ τινὶ προσευχόμενον,
ὡς ἐπαύσατο εἶπέν τις τ. μαθητῶν αὐτοῦ
15 τινὲς δὲ ἐξ αὐτῶν εἶπαν
27 ἐπάρασά τις φωνὴν γυνὴ ἐκ τ. ὄχλου
36 μὴ ἔχον μέρος τι σκοτεινόν
τι μέρος, TWH mg.; [τι], WH mg.
45 ἀποκριθεὶς δέ τις τ. νομικῶν λέγει αὐτῷ
54 ἐνεδρεύοντες αὐτὸν θηρεῦσαί τι ἐκ τ. στόματος αὐτοῦ
ζητοῦντες ἀφορμήν τινα λαβεῖν αὐτοῦ, WH mg.
12 4 μετὰ ταῦτα μὴ ἐχόντων περισσότερόν τι ποιῆσαι
13 εἶπεν δέ τις ἐκ τ. ὄχλου αὐτῷ
15 οὐκ ἐν τ. περισσεύειν τινὶ ἡ ζωὴ αὐτοῦ
16 ἀνθρώπου τινὸς πλουσίου εὐφόρησεν ἡ χώρα
13 1 παρῆσαν δέ τινες ἐν αὐτῷ τ. καιρῷ ἀπαγγέλλοντες αὐτῷ
6 συκῆν εἶχέν τις πεφυτευμένην ἐν τ. ἀμπελῶνι αὐτοῦ
23 εἶπεν δέ τις αὐτῷ
31 ἐν αὐτῇ τ. ὥρᾳ προσῆλθάν τινες Φαρισαῖοι
14 1 ἐν τῷ ἐλθεῖν αὐτὸν εἰς οἶκόν τινος τ. ἀρχόντων

Lu 14 2 ἄνθρωπός τις ἦν ὑδρωπικὸς ἔμπροσθεν αὐτοῦ
8 ὅταν κληθῇς ὑπό τινος εἰς γάμους
15 ἀκούσας δέ τις τ. συνανακειμένων ταῦτα
16 ἄνθρωπός τις ἐποίει δεῖπνον μέγα
26 [2] εἴ τις ἔρχεται πρός με
15 11 ἄνθρωπός τις εἶχεν δύο υἱούς
16 1 ἄνθρωπός τις ἦν πλούσιος
19 ἄνθρωπος δέ τις ἦν πλούσιος
20 πτωχὸς δέ τις ὀνόματι Λάζαρος
30 [2] ἐάν τις ἀπὸ νεκρῶν πορευθῇ πρὸς αὐτούς
31 [2] οὐδ' ἐάν τις ἐκ νεκρῶν ἀναστῇ πεισθήσονται
17 12 εἰσερχομένου αὐτοῦ εἴς τινα κώμην
18 2 κριτής τις ἦν ἔν τινι πόλει
9 εἶπεν δὲ κ. πρός τινας τ. πεποιθότας ἐφ' ἑαυτοῖς
18 ἐπηρώτησέν τις αὐτὸν ἄρχων
35 τυφλός τις ἐκάθητο παρὰ τὴν ὁδὸν ἐπαιτῶν
19 8 [7] εἴ τινός τι ἐσυκοφάντησα ἀποδίδωμι τετραπλοῦν
12 ἄνθρωπός τις εὐγενὴς ἐπορεύθη εἰς χώραν μακράν
31 [2] ἐάν τις ὑμᾶς ἐρωτᾷ
39 κ. τινες τ. Φαρισαίων ἀπὸ τ. ὄχλου εἶπαν
20 27 προσελθόντες δέ τινες τ. Σαδδουκαίων
28 [2] ἐάν τινος ἀδελφὸς ἀποθάνῃ ἔχων γυναῖκα
39 ἀποκριθέντες δέ τινες τ. γραμματέων
21 2 εἶδεν δέ τινα χήραν πενιχρὰν βάλλουσαν
5 κ. τινων λεγόντων περὶ τ. ἱεροῦ
22 35 [3] ὅτε ἀπέστειλα ὑμᾶς . . . μή τινος ὑστερήσατε;
50 [4] ἐπάταξεν εἷς τις ἐξ αὐτῶν τ. ἀρχιερέως τ. δοῦλον
56 ἰδοῦσα δὲ αὐτὸν παιδίσκη τις καθήμενον
59 ἄλλος τις διισχυρίζετο λέγων
23 8 ἤλπιζέν τι σημεῖον ἰδεῖν ὑπ' αὐτοῦ γινόμενον
19 διὰ στάσιν τινὰ γενομένην ἐν τ. πόλει
26 [5] ἐπιλαβόμενοι Σίμωνά τινα Κυρηναῖον
24 22 γυναῖκές τινες ἐξ ἡμῶν ἐξέστησαν ἡμᾶς
24 ἀπῆλθάν τινες τῶν σὺν ἡμῖν ἐπὶ τὸ μνημεῖον
41 [1] ἔχετέ τι βρώσιμον ἐνθάδε;
Jo 1 46 ἐκ Ναζαρὲτ δύναταί τι ἀγαθὸν εἶναι
2 25 οὐ χρείαν εἶχεν ἵνα τις μαρτυρήσῃ
3 3 [2 3] ἐὰν μή τις γεννηθῇ ἄνωθεν
5 [2 3] ἐὰν μή τις γεννηθῇ ἐξ ὕδατος κ. πνεύματος
4 33 [3] μή τις ἤνεγκεν αὐτῷ φαγεῖν;
46 κ. ἦν τις βασιλικὸς οὗ ὁ υἱὸς ἠσθένει
ἦν δέ τις, TWH mg.
5 5 ἦν δέ τις ἄνθρωπος ἐκεῖ
14 [3] ἵνα μὴ χεῖρόν σοί τι γένηται
19 [2 3] ἂν μή τι βλέπῃ τ. πατέρα ποιοῦντα
6 7 ἵνα ἕκαστος βραχύ τι λάβῃ
—τι, WH
12 [3] ἵνα μή τι ἀπόληται
46 οὐχ ὅτι τ. πατέρα ἑώρακέν τις
50 ἵνα τις ἐξ αὐτοῦ φάγῃ κ. μὴ ἀποθάνῃ
51 [2] ἐάν τις φάγῃ ἐκ τούτου τ. ἄρτου
64 εἰσὶν ἐξ ὑμῶν τινὲς οἳ οὐ πιστεύουσιν
7 4 οὐδεὶς γάρ τι ἐν κρυπτῷ ποιεῖ
17 [2] ἐάν τις θέλῃ τὸ θέλημα αὐτοῦ ποιεῖν
25 ἔλεγον οὖν τινὲς ἐκ τ. Ἱεροσολυμειτῶν
37 [2] ἐάν τις διψᾷ ἐρχέσθω πρός με
44 τινὲς δὲ ἤθελον ἐξ αὐτῶν πιάσαι αὐτόν
48 [3] μή τις ἐκ τ. ἀρχόντων ἐπίστευσεν εἰς αὐτόν

Jo 8 51 [2] ἐάν τις τὸν ἐμὸν λόγον τηρήσῃ
52 [2] ἐάν τις τ. λόγον μου τηρήσῃ
9 16 ἔλεγον οὖν ἐκ τ. Φαρισαίων τινές
22 [2] ἐάν τις αὐτὸν ὁμολογήσῃ Χριστόν
31 [2] ἀλλ' ἐάν τις θεοσεβὴς ᾖ
32 ὅτι ἠνέῳξέν τις ὀφθαλμοὺς τυφλοῦ γεγεννημένου
10 9 [2] δι' ἐμοῦ ἐάν τις εἰσέλθῃ σωθήσεται
28 [3] οὐχ ἁρπάσει τις αὐτὰ ἐκ τ. χειρός μου
11 1 [5] ἦν δέ τις ἀσθενῶν Λάζαρος
9 [2] ἐάν τις περιπατῇ ἐν τ. ἡμέρᾳ
10 [2] ἐὰν δέ τις περιπατῇ ἐν τ. νυκτί
37 τινὲς δὲ ἐξ αὐτῶν εἶπαν
46 τινὲς δὲ ἐξ αὐτῶν ἀπῆλθον πρὸς τ. Φαρισαίους
49 [4 5] εἷς δέ τις ἐξ αὐτῶν Καιάφας
57 [2] ἐάν τις γνῷ ποῦ ἐστίν
12 20 [5] ἦσαν δὲ Ἕλληνές τινες ἐκ τ. ἀναβαινόντων
26 [2] ἐὰν ἐμοί τις διακονῇ ἐμοὶ ἀκολουθείτω
26 [2] ἐάν τις ἐμοὶ διακονῇ τιμήσει αὐτὸν ὁ πατήρ
47 [2] ἐάν τίς μου ἀκούσῃ τ. ῥημάτων κ. μὴ φυλάξῃ
13 20 [2] ὁ λαμβάνων ἄν τινα πέμψω ἐμὲ λαμβάνει
29 τινὲς γὰρ ἐδόκουν
29 ἢ τ. πτωχοῖς ἵνα τι δῷ
14 14 [2] ἐάν τι αἰτήσητέ με ἐν τ. ὀνόματί μου
23 [2] ἐάν τις ἀγαπᾷ με
15 6 [2 3] ἐὰν μή τις μένῃ ἐν ἐμοί
13 ἵνα τις τ. ψυχὴν αὐτοῦ θῇ ὑπὲρ τ. φίλων αὐτοῦ
—τις, T
16 23 [2] ἄν τι αἰτήσητε τ. πατέρα δώσει ὑμῖν
30 οὐ χρείαν ἔχεις ἵνα τίς σε ἐρωτᾷ
20 23 [2] ἄν τινων ἀφῆτε τ. ἁμαρτίας ἀφέωνται αὐτοῖς·
τινος, WH mg.
[3] ἄν τινων κρατῆτε κεκράτηνται
τινος, WH mg.
21 5 [3] παιδία μή τι προσφάγιον ἔχετε;
Ac 2 45 καθότι ἄν τις χρείαν εἶχεν
3 2 κ. τις ἀνὴρ χωλὸς ἐκ κοιλίας μητρὸς αὐτοῦ
5 προσδοκῶν τι παρ' αὐτῶν λαβεῖν
4 32 οὐδὲ εἷς τι τ. ὑπαρχόντων αὐτῷ ἔλεγεν ἴδιον εἶναι
34 οὐδὲ γὰρ ἐνδεής τις ἦν ἐν αὐτοῖς
35 καθότι ἄν τις χρείαν εἶχεν
5 1 ἀνὴρ δέ τις Ἀνανίας ὀνόματι
2 ἐνέγκας μέρος τι παρὰ τ. πόδας τ. ἀποστόλων ἔθηκεν
15 ἵνα . . . κἂν ἡ σκιὰ ἐπισκιάσει τινὶ αὐτῶν
25 παραγενόμενος δέ τις ἀπήγγειλεν αὐτοῖς
34 [5] ἀναστὰς δέ τις ἐν τ. συνεδρίῳ Φαρισαῖος
36 [1] ἀνέστη Θευδᾶς λέγων εἶναί τινα ἑαυτόν
6 9 ἀνέστησαν δέ τινες τῶν ἐκ τ. συναγωγῆς τ. λεγομένης Λιβερτίνων
7 24 ἰδών τινα ἀδικούμενον ἠμύνατο
8 9 ἀνὴρ δέ τις ὀνόματι Σίμων προυπῆρχεν ἐν τ. πόλει
9 [1] λέγων εἶναί τινα ἑαυτὸν μέγαν
31 [2 3] ἐὰν μή τις ὁδηγήσει με
34 περὶ ἑαυτοῦ ἢ περὶ ἑτέρου τινός;
36 ἦλθον ἐπί τι ὕδωρ
9 2 [2] ἐάν τινας εὕρῃ τῆς ὁδοῦ ὄντας
10 ἦν δέ τις μαθητὴς ἐν Δαμασκῷ ὀνόματι Ἀνανίας

Ac 9 19 ἐγένετο δὲ μετὰ τῶν ἐν Δαμασκῷ μαθητῶν ἡμέρας τινάς
33 εὗρεν δὲ ἐκεῖ ἄνθρωπόν τινα ὀνόματι Αἰνέαν
36 ἐν Ἰόππῃ δέ τις ἦν μαθήτρια ὀνόματι Ταβειθά
43 [5] ἐγένετο δὲ . . . μεῖναι ἐν Ἰόππῃ παρά τινι Σίμωνι βυρσεῖ
10 1 ἀνὴρ δέ τις ἐν Καισαρίᾳ ὀνόματι Κορνήλιος
5 [5] μετάπεμψαι Σίμωνά τινα ὃς ἐπικαλεῖται Πέτρος·
6 [5] οὗτος ξενίζεται παρά τινι Σίμωνι βυρσεῖ
11 σκεῦός τι ὡς ὀθόνην μεγάλην
23 τινὲς τ. ἀδελφῶν τῶν ἀπὸ Ἰόππης συνῆλθαν αὐτῷ
47 [3] μήτι τὸ ὕδωρ δύναται κωλῦσαί τις
48 ἠρώτησαν αὐτὸν ἐπιμεῖναι ἡμέρας τινάς
11 5 σκεῦός τι ὡς ὀθόνην μεγάλην
20 [5] ἦσαν δέ τινες ἐξ αὐτῶν ἄνδρες Κύπριοι
29 τ. δὲ μαθητῶν καθὼς εὐπορεῖτό τις
12 1 κακῶσαί τινας τῶν ἀπὸ τ. ἐκκλησίας
13 6 εὗρον ἄνδρα τινὰ μάγον ψευδοπροφήτην
15 [2] εἴ τις ἔστιν ἐν ὑμῖν λόγος παρακλήσεως
41 [2] ἐάν τις ἐκδιηγῆται ὑμῖν
כִּי יְסֻפַּר, Hab. i. 5
14 8 κ. τις ἀνὴρ ἀδύνατος ἐν Λύστροις τ. ποσὶν ἐκάθητο
15 1 κ. τινες κατελθόντες ἀπὸ τ. Ἰουδαίας ἐδίδασκον
2 ἀναβαίνειν Παῦλον κ. Βαρνάβαν κ. τινας ἄλλους ἐξ αὐτῶν
5 ἐξανέστησαν δέ τινες τῶν ἀπὸ τ. αἱρέσεως τ. Φαρισαίων πεπιστευκότες
24 ἠκούσαμεν ὅτι τινὲς ἐξ ἡμῶν ἐτάραξαν ὑμᾶς
36 μετὰ δέ τινας ἡμέρας εἶπεν πρὸς Βαρνάβαν Παῦλος
16 1 μαθητής τις ἦν ἐκεῖ ὀνόματι Τιμόθεος
9 ἀνήρ Μακεδών τις ἦν ἑστώς
12 ἦμεν δὲ ἐν ταύτῃ τ. πόλει διατρίβοντες ἡμέρας τινάς
14 κ. τις γυνὴ ὀνόματι Λυδία . . . ἤκουεν
16 παιδίσκην τινὰ ἔχουσαν πνεῦμα πύθωνα
17 4 κ. τινες ἐξ αὐτῶν ἐπείσθησαν
5 προσλαβόμενοι τ. ἀγοραίων ἄνδρας τινὰς πονηρούς
τιν. ἀνδρ., T
6 ἔσυρον Ἰάσονα κ. τινας ἀδελφοὺς ἐπὶ τ. πολιτάρχας
18 [6] τινὲς δὲ κ. τ. Ἐπικουρίων κ. Στωικῶν φιλοσόφων συνέβαλλον αὐτῷ κ. τινες ἔλεγον
20 ξενίζοντα γάρ τινα εἰσφέρεις εἰς τ. ἀκοὰς ἡμῶν
21 ἢ λέγειν τι ἢ ἀκούειν τι καινότερον
25 οὐδὲ . . . θεραπεύεται προσδεόμενός τινος
28 ὡς κ. τινες τῶν καθ' ὑμᾶς ποιητῶν εἰρήκασιν
34 τινὲς δὲ ἄνδρες κολληθέντες αὐτῷ ἐπίστευσαν
18 2 [5] εὑρών τινα Ἰουδαῖον ὀνόματι Ἀκύλαν
7 ἦλθεν εἰς οἰκίαν τινὸς ὀνόματι Τιτίου Ἰούστου
14 [2] εἰ μὲν ἦν ἀδίκημά τι
23 ποιήσας χρόνον τινὰ ἐξῆλθεν
24 [5] Ἰουδαῖος δέ τις Ἀπολλὼς ὀνόματι
27 [5] ἐν δὲ τῇ Ἐφέσῳ ἐπιδημοῦντές τινες Κορίνθιοι
—h. v., TWH non mg. R
19 1 ἐγένετο δὲ . . . εὑρεῖν τινὰς μαθητάς
9 ὡς δέ τινες ἐσκληρύνοντο κ. ἠπείθουν

Ac 19 13 ἐπεχείρησαν δέ τινες κ. τ. περιερχομένων Ἰουδαίων
14 [5] ἦσαν δέ τινος Σκευᾶ Ἰουδαίου ἀρχιερέως ἑπτὰ υἱοί
τινες, T
24 [5] Δημήτριος γάρ τις ὀνόματι ἀργυροκόπος
31 τινὲς δὲ κ. τ. Ἀσιαρχῶν . . . παρεκάλουν
32 ἄλλοι μὲν οὖν ἄλλο τι ἔκραζον
38 εἰ μὲν οὖν . . . ἔχουσιν πρός τινα λόγον
39 [2] εἰ δέ τι περαιτέρω ἐπιζητεῖτε
20 9 καθεζόμενος δέ τις νεανίας ὀνόματι Εὔτυχος
21 10 κατῆλθέν τις ἀπὸ τ. Ἰουδαίας προφήτης
16 [5] ἄγοντες παρ᾽ ᾧ ξενισθῶμεν Μνάσωνί τινι Κυπρίῳ
34 ἄλλοι δὲ ἄλλο τι ἐπεφώνουν ἐν τ. ὄχλῳ
37 [2] εἰ ἔξεστίν μοι εἰπεῖν τι πρός σε
22 12 [5] Ἀνανίας δέ τις ἀνὴρ εὐλαβὴς κατὰ τ. νόμον
23 9 ἀναστάντες τινὲς τ. γραμματέων . . . διεμάχοντο
17 [1] ἔχει γὰρ ἀπαγγεῖλαί τι αὐτῷ
τι ἀπαγγ., T
18 [1] τοῦτον τ. νεανίαν . . . ἔχοντά τι λαλῆσαί σοι
20 ὡς μέλλων τι ἀκριβέστερον πυνθάνεσθαι
23 [4] προσκαλεσάμενός τινας δύο τ. ἑκατοντάρχων
24 1 [5] μετὰ πρεσβυτέρων τινῶν κ. ῥήτορος Τερτύλλου τινός
12 οὔτε ἐν τ. ἱερῷ εὗρόν με πρός τινα διαλεγόμενον
18 [5] τινὲς δὲ ἀπὸ τ. Ἀσίας Ἰουδαῖοι
19 [1] κατηγορεῖν εἴ τι ἔχοιεν πρὸς ἐμέ
24 μετὰ δὲ ἡμέρας τινὰς παραγενόμενος ὁ Φῆλιξ
25 5 [1] [2] εἴ τί ἐστιν ἐν τ. ἀνδρὶ ἄτοπον
8 οὔτε εἰς Καίσαρά τι ἥμαρτον
11 [2] εἰ μὲν οὖν . . . ἄξιον θανάτου πέπραχά τι
13 ἡμερῶν δὲ διαγενομένων τινῶν
14 ἀνήρ τίς ἐστιν καταλελειμμένος ὑπὸ Φήλικος δέσμιος
16 οὐκ ἔστιν ἔθος Ῥωμαίοις χαρίζεσθαί τινα ἄνθρωπον
19 ζητήματα δέ τινα περὶ τ. ἰδίας δεισιδαιμονίας εἶχον πρὸς αὐτόν,
[5] κ. περί τινος Ἰησοῦ τεθνηκότος
26 [1] ἀσφαλές τι γράψαι τ. κυρίῳ οὐκ ἔχω
26 26 λανθάνειν γὰρ αὐτόν τι τούτων οὐ πείθομαι οὐθέν
—τι, WH non mg.
31 οὐδὲν θανάτου ἢ δεσμῶν ἄξιόν τι πράσσει
—τι, WH non mg.
27 1 παρεδίδουν τ. τε Παῦλον κ. τινας ἑτέρους δεσμώτας ἑκατοντάρχῃ
8 ἤλθομεν εἰς τόπον τινὰ καλούμενον Καλοὺς Λιμένας
16 νησίον δέ τι ὑποδραμόντες καλούμενον Καῦδα
26 εἰς νῆσον δέ τινα δεῖ ἡμᾶς ἐκπεσεῖν
27 ὑπενόουν οἱ ναῦται προσάγειν τινὰ αὐτοῖς χώραν
39 κόλπον δέ τινα κατενόουν ἔχοντα αἰγιαλόν
42 [3] μή τις ἐκκολυμβήσας διαφύγῃ
44 οὓς δὲ ἐπί τινων τῶν ἀπὸ τ. πλοίου
28 3 συστρέψαντος δὲ τ. Παύλου φρυγάνων τι πλῆθος
19 [1] οὐχ ὡς τ. ἔθνους μου ἔχων τι κατηγορεῖν

Ac 28 21 οὔτε παραγενόμενός τις τ. ἀδελφῶν ἀπήγγειλεν
Ro 1 11 ἵνα τι μεταδῶ χάρισμα ὑμῖν πνευματικόν
13 ἵνα τινὰ καρπὸν σχῶ κ. ἐν ὑμῖν
3 3 [2] εἰ ἠπίστησάν τινες
8 καθώς φασίν τινες ἡμᾶς λέγειν
5 7 μόλις γὰρ ὑπὲρ δικαίου τις ἀποθανεῖται· ὑπὲρ γὰρ τ. ἀγαθοῦ τάχα τις κ. τολμᾷ ἀποθανεῖν
8 9 [2] εἰ δέ τις πνεῦμα Χριστοῦ οὐκ ἔχει
24 ὃ γὰρ βλέπει τις τί κ. ἐλπίζει;
βλ. τίς ἐλπ., WH non mg. R non mg.
39 οὔτε τις κτίσις ἑτέρα δυνήσεται ἡμᾶς χωρίσαι
9 11 μηδὲ πραξάντων τι ἀγαθὸν ἢ φαῦλον
11 14 [2] εἰ πως . . . σώσω τινὰς ἐξ αὐτῶν
17 [2] εἰ δέ τινες τ. κλάδων ἐξεκλάσθησαν
13 9 [2] κ. εἴ τις ἑτέρα ἐντολή
14 14 εἰ μὴ τ. λογιζομένῳ τι κοινὸν εἶναι
15 18 [3] οὐ γὰρ τολμήσω τι λαλεῖν
26 κοινωνίαν τινὰ ποιήσασθαι εἰς τ. πτωχοὺς τ. ἁγίων
I Co 1 15 [3] ἵνα μή τις εἴπῃ
16 [2] οὐκ οἶδα εἴ τινα ἄλλον ἐβάπτισα
2 2 [3] οὐ γὰρ ἔκρινά τι εἰδέναι ἐν ὑμῖν
εἰδ. τι, T
3 4 [6] ὅταν γὰρ λέγῃ τις
7 [1] ὥστε οὔτε ὁ φυτεύων ἐστίν τι
12 [2] εἰ δέ τις ἐποικοδομεῖ ἐπὶ τ. θεμέλιον
14 [2] εἴ τινος τὸ ἔργον μενεῖ
15 [2] εἴ τινος τὸ ἔργον κατακαήσεται
17 [2] εἴ τις τ. ναὸν τ. Θεοῦ φθείρει
18 [2] εἴ τις δοκεῖ σοφὸς εἶναι ἐν ὑμῖν
4 2 ἵνα πιστός τις εὑρεθῇ
5 μὴ πρὸ καιροῦ τι κρίνετε
18 ὡς μὴ ἐρχομένου δέ μου πρὸς ὑμᾶς ἐφυσιώθησάν τινες
5 1 ὥστε γυναῖκά τινα τ. πατρὸς ἔχειν
11 [2] ἐάν τις ἀδελφὸς ὀνομαζόμενος ᾖ πόρνος
6 1 τολμᾷ τις ὑμῶν πρᾶγμα ἔχων πρὸς τ. ἕτερον
11 κ. ταῦτά τινες ἦτε
12 οὐκ ἐγὼ ἐξουσιασθήσομαι ὑπό τινος
7 12 [2] εἴ τις ἀδελφὸς γυναῖκα ἔχει ἄπιστον
13 [2] κ. γυνὴ εἴ τις ἔχει ἄνδρα ἄπιστον
γυν. ἥτις, WHR
18 περιτετμημένος τις ἐκλήθη;
18 ἐν ἀκροβυστίᾳ κέκληταί τις;
36 [2] εἰ δέ τις ἀσχημονεῖν ἐπὶ τὴν παρθένον αὐτοῦ νομίζει
8 2 [2] εἴ τις δοκεῖ ἐγνωκέναι τι
3 [2] εἰ δέ τις ἀγαπᾷ τ. Θεόν
7 τινὲς δὲ τ. συνηθείᾳ ἕως ἄρτι τ. εἰδώλου ὡς εἰδωλόθυτον ἐσθίουσιν
10 [2] ἐὰν γάρ τις ἴδῃ σε τ. ἔχοντα γνῶσιν
9 12 [3] ἵνα μή τινα ἐνκοπὴν δῶμεν τ. εὐαγγελίῳ τ. Χριστοῦ
22 ἵνα πάντως τινὰς σώσω
10 7 μηδὲ εἰδωλολάτραι γίνεσθε καθώς τινες αὐτῶν
8 μηδὲ πορνεύωμεν καθώς τινες αὐτῶν ἐπόρνευσαν
9 μηδὲ ἐκπειράζωμεν τ. Κύριον καθώς τινες αὐτῶν ἐπείρασαν
10 μηδὲ γογγύζετε καθάπερ τινὲς αὐτῶν ἐγόγγυσαν
19 [1] ὅτι εἰδωλόθυτόν τί ἐστιν;
[1] ἢ ὅτι εἴδωλόν τί ἐστιν
27 [2] εἴ τις καλεῖ ὑμᾶς τ. ἀπίστων

I Co 10 28 ² ἐὰν δέ τις ὑμῖν εἴπῃ
31 εἴτε οὖν ἐσθίετε εἴτε πίνετε εἴτε τι ποιεῖτε
11 16 ² εἰ δέ τις δοκεῖ φιλόνεικος εἶναι
18 κ. μέρος τι πιστεύω
34 ² εἴ τις πεινᾷ ἐν οἴκῳ ἐσθιέτω
14 24 ² εἰσέλθῃ δέ τις ἄπιστος ἢ ἰδιώτης
27 εἴτε γλώσσῃ τις λαλεῖ
35 ² εἰ δέ τι μανθάνειν θέλουσιν
37 ² εἴ τις δοκεῖ προφήτης εἶναι
38 ² εἰ δέ τις ἀγνοεῖ ἀγνοεῖται
15 6 τινὲς δὲ ἐκοιμήθησαν
12 πῶς λέγουσιν ἐν ὑμῖν τινές
34 ἀγνωσίαν γὰρ Θεοῦ τινὲς ἔχουσιν
35 ἀλλὰ ἐρεῖ τις
37 εἰ τύχοι σίτου ἤ τινος τ. λοιπῶν
16 7 ἐλπίζω γὰρ χρόνον τινὰ ἐπιμεῖναι πρὸς ὑμᾶς
11 ³ μή τις οὖν αὐτὸν ἐξουθενήσῃ
22 ² εἴ τις οὐ φιλεῖ τ. Κύριον ἤτω ἀνάθεμα
II Co 2 5 ² εἰ δέ τις λελύπηκεν οὐκ ἐμὲ λελύπηκεν
10 ᾧ δέ τι χαρίζεσθε κἀγώ·
² κ. γὰρ ἐγὼ ὃ κεχάρισμαι εἴ τι κεχάρισμαι
3 1 ἢ μὴ χρῄζομεν ὥς τινες συστατικῶν ἐπιστολῶν πρὸς ὑμᾶς
5 οὐχ ὅτι ἀφ' ἑαυτῶν ἱκανοί ἐσμεν λογίσασθαί τι
5 17 ² ὥστε εἴ τις ἐν Χριστῷ καινὴ κτίσις
7 14 ² εἴ τι αὐτῷ ὑπὲρ ὑμῶν κεκαύχημαι
8 20 ³ στελλόμενοι τοῦτο μή τις ἡμᾶς μωμήσηται
10 2 τολμῆσαι ἐπί τινας τ. λογιζομένους ἡμᾶς
7 ² εἴ τις πέποιθεν ἑαυτῷ Χριστοῦ εἶναι
8 ² ἐάν τε γὰρ περισσότερόν τι καυχήσωμαι
12 συνκρῖναι ἑαυτούς τισι τῶν ἑαυτοὺς συνιστανόντων
11 1 ὄφελον ἀνείχεσθέ μου μικρόν τι ἀφροσύνης
16 ³ μή τίς με δόξῃ ἄφρονα εἶναι
16 ἵνα κἀγὼ μικρόν τι καυχήσωμαι
20 ² εἴ τις ὑμᾶς καταδουλοῖ εἴ τις κατεσθίει,
² εἴ τις λαμβάνει εἴ τις ἐπαίρεται,
² εἴ τις εἰς πρόσωπον ὑμᾶς δέρει
21 ἐν ᾧ δ' ἄν τις τολμᾷ
12 6 ³ μή τις εἰς ἐμὲ λογίσηται ὑπὲρ ὃ βλέπει με
11 οὐδὲν γάρ τι ὑστέρησα τῶν ὑπερλίαν ἀποστόλων
—τι, TWH non mg. R
17 ³ μή τινα ὧν ἀπέσταλκα πρὸς ὑμᾶς
13 8 ³ οὐ γὰρ δυνάμεθά τι κατὰ τ. ἀληθείας
Ga 1 7 ² ³ εἰ μή τινές εἰσιν οἱ ταράσσοντες ὑμᾶς
9 ² εἴ τις ὑμᾶς εὐαγγελίζεται παρ' ὃ παρελάβετε
2 6 ¹ ἀπὸ δὲ τ. δοκούντων εἶναί τι
12 πρὸ τοῦ γὰρ ἐλθεῖν τινὰς ἀπὸ Ἰακώβου
5 6 ἐν γὰρ Χριστῷ Ἰησοῦ οὔτε περιτομή τι ἰσχύει
6 1 ἐὰν κ. προλημφθῇ ἄνθρωπος ἔν τινι παραπτώματι
3 ¹ ² εἰ γὰρ δοκεῖ τις εἶναί τι μηδὲν ὤν
15 ¹ οὔτε γὰρ περιτομή τι ἔστιν
Eph 2 9 ³ οὐκ ἐξ ἔργων ἵνα μή τις καυχήσηται
4 29 ² εἴ τις ἀγαθὸς πρὸς οἰκοδομὴν τ. χρείας
5 27 ³ μὴ ἔχουσαν σπίλον ἢ ῥυτίδα ἤ τι τ. τοιούτων
6 8 ² εἰδότες ὅτι ἕκαστος ἐάν τι ποιήσῃ ἀγαθόν
ἐκ. ὃ ἐὰν ποι., R
Phl 1 15 ⁶ τινὲς μὲν κ. διὰ φθόνον κ. ἔριν,
⁶ τινὲς δὲ κ. δι' εὐδοκίαν τ. Χριστὸν καταγγέλλουσιν
2 1 ² εἴ τις οὖν παράκλησις ἐν Χριστῷ,
² εἴ τι παραμύθιον ἀγάπης,
² εἴ τις κοινωνία πνεύματος,
² εἴ τις σπλάγχνα κ. οἰκτιρμοί

Phl 3 4 ² εἴ τις δοκεῖ ἄλλος πεποιθέναι ἐν σαρκί
15 ² εἴ τι ἑτέρως φρονεῖτε
4 8 ² εἴ τις ἀρετὴ κ. εἴ τις ἔπαινος
Col 2 8 ³ βλέπετε μή τις ὑμᾶς ἔσται ὁ συλαγωγῶν
16 ³ μὴ οὖν τις ὑμᾶς κρινέτω ἐν βρώσει κ. ἐν πόσει
23 οὐκ ἐν τιμῇ τινὶ πρὸς πλησμονὴν τ. σαρκός
3 13 ² ἐάν τις πρός τινα ἔχῃ μομφήν
I Th 1 8 ὥστε μὴ χρείαν ἔχειν ἡμᾶς λαλεῖν τί
2 9 πρὸς τὸ μὴ ἐπιβαρῆσαί τινα ὑμῶν
5 15 ³ ὁρᾶτε μή τις κακὸν ἀντὶ κακοῦ τινὶ ἀποδῷ
II Th 2 3 ³ μή τις ὑμᾶς ἐξαπατήσῃ κατὰ μηδένα τρόπον
3 8 οὐδὲ δωρεὰν ἄρτον ἐφάγομεν παρά τινος
8 πρὸς τὸ μὴ ἐπιβαρῆσαί τινα ὑμῶν
10 ² εἴ τις οὐ θέλει ἐργάζεσθαι
11 ἀκούομεν γάρ τινας περιπατοῦντας ἐν ὑμῖν ἀτάκτως
14 ² εἰ δέ τις οὐχ ὑπακούει τ. λόγῳ ἡμῶν
I Ti 1 3 ἵνα παραγγείλῃς τισὶ μὴ ἑτεροδιδασκαλεῖν
6 ὧν τινὲς ἀστοχήσαντες ἐξετράπησαν
8 ² ἐάν τις αὐτῷ νομίμως χρῆται
10 ² εἴ τι ἕτερον τ. ὑγιαινούσῃ διδασκαλίᾳ ἀντίκειται
19 ἥν τινες ἀπωσάμενοι περὶ τ. πίστιν ἐναυάγησαν
3 1 ² εἴ τις ἐπισκοπῆς ὀρέγεται
5 ² εἰ δέ τις τ. ἰδίου οἴκου προστῆναι οὐκ οἶδεν
4 1 ἐν ὑστέροις καιροῖς ἀποστήσονταί τινες τ. πίστεως
5 4 ² εἰ δέ τις χήρα τέκνα ἢ ἔκγονα ἔχει
8 ² εἰ δέ τις τ. ἰδίων κ. μάλιστα οἰκείων οὐ προνοεῖ
15 ἤδη γάρ τινες ἐξετράπησαν ὀπίσω τ. Σατανᾶ
16 ² εἴ τις πιστὴ ἔχει χήρας
24 τινῶν ἀνθρώπων αἱ ἁμαρτίαι πρόδηλοί εἰσιν
6 3 ² εἴ τις ἑτεροδιδασκαλεῖ
7 ³ ὅτι οὐδὲ ἐξενεγκεῖν τι δυνάμεθα
10 ἧς τινὲς ὀρεγόμενοι ἀπεπλανήθησαν ἀπὸ τ. πίστεως
21 ἥν τινες ἐπαγγελλόμενοι περὶ τ. πίστιν ἠστόχησαν
II Ti 2 5 ² ἐὰν δὲ κ. ἀθλῇ τις
18 ἀνατρέπουσιν τήν τινων πίστιν
21 ² ἐὰν οὖν τις ἐκκαθάρῃ ἑαυτὸν ἀπὸ τούτων
Tit 1 6 ² εἴ τίς ἐστιν ἀνέγκλητος
12 εἶπέν τις ἐξ αὐτῶν ἴδιος αὐτῶν προφήτης
Phm 18 ² εἰ δέ τι ἠδίκησέν σε ἢ ὀφείλει
He 2 6 διεμαρτύρατο δέ πού τις λέγων
7 ἠλάττωσας αὐτὸν βραχύ τι παρ' ἀγγέλους
תְּחַסְּרֵהוּ מְּעַט מֵאֱלֹהִים, Ps. viii. 6
9 τὸν δὲ βραχύ τι παρ' ἀγγέλους ἠλαττωμένον
3 4 πᾶς γὰρ οἶκος κατασκευάζεται ὑπό τινος
12 ³ μήποτε ἔσται ἔν τινι ὑμῶν καρδία πονηρὰ ἀπιστίας
13 ³ ἵνα μὴ σκληρυνθῇ τις ἐξ ὑμῶν
ἐξ ὑμ. τις, WH mg.
4 1 ³ μή ποτε . . . δοκῇ τις ἐξ ὑμῶν ὑστερηκέναι
6 ἐπεὶ οὖν ἀπολείπεται τινὰς εἰσελθεῖν εἰς αὐτήν
7 πάλιν τινὰ ὁρίζει ἡμέραν
11 ³ ἵνα μὴ ἐν τ. αὐτῷ τις ὑποδείγματι πέσῃ
5 4 οὐχ ἑαυτῷ τις λαμβάνει τ. τιμήν
12 διδάσκειν ὑμᾶς τινὰ τὰ στοιχεῖα τ. ἀρχῆς τ. λογίων τ. Θεοῦ
τίνα, TR mg.

He 8 3 [1] ἀναγκαῖον ἔχειν τι κ. τοῦτον ὃ προσενέγκῃ
10 25 καθὼς ἔθος τισίν
27 φοβερὰ δέ τις ἐκδοχὴ κρίσεως
28 ἀθετήσας τις νόμον Μωυσέως . . . ἀποθνήσκει
11 40 τ. Θεοῦ περὶ ἡμῶν κρεῖττόν τι προβλεψαμένου
12 15 [3] μή τις ὑστερῶν ἀπὸ τ. χάριτος τ. Θεοῦ·
[3] μή τις ῥίζα πικρίας ἄνω φύουσα ἐνοχλῇ
16 [3] μή τις πόρνος ἢ βέβηλος ὡς Ἠσαῦ
13 2 ἔλαθόν τινες ξενίσαντες ἀγγέλους
Ja 1 5 [2] εἰ δέ τις ὑμῶν λείπεται σοφίας
7 ὅτι λήμψεταί τι παρὰ τ. Κυρίου
18 εἰς τὸ εἶναι ἡμᾶς ἀπαρχήν τινα τῶν αὐτοῦ κτισμάτων
23 [2] εἴ τις ἀκροατὴς λόγου ἐστὶν κ. οὐ ποιητής
26 [2] εἴ τις δοκεῖ θρῆσκος εἶναι
2 14 [2] ἐὰν πίστιν λέγῃ τις ἔχειν
16 [2] εἴπῃ δέ τις αὐτοῖς ἐξ ὑμῶν
18 ἀλλ' ἐρεῖ τις
3 2 [2] εἴ τις ἐν λόγῳ οὐ πταίει
5 12 [3] μὴ ὀμνύετε μήτε τ. οὐρανὸν . . . μήτε ἄλλον τινὰ ὅρκον
13 κακοπαθεῖ τις ἐν ὑμῖν; προσευχέσθω. εὐθυμεῖ τις; ψαλλέτω.
14 ἀσθενεῖ τις ἐν ὑμῖν; προσκαλεσάσθω τ. πρεσβυτέρους τ. ἐκκλησίας
19 [2] ἐάν τις ἐν ὑμῖν πλανηθῇ ἀπὸ τ. ἀληθείας
I Pe 2 19 [2] εἰ διὰ συνείδησιν Θεοῦ ὑποφέρει τις λύπας
3 1 [2] εἴ τινες ἀπειθοῦσιν τ. λόγῳ
4 11 [2] εἴ τις λαλεῖ ὡς λόγια Θεοῦ·
[2] εἴ τις διακονεῖ ὡς ἐξ ἰσχύος ἧς χορηγεῖ ὁ Θεός
15 [3] μὴ γάρ τις ὑμῶν πασχέτω ὡς φονεύς
5 8 ζητῶν τινὰ καταπιεῖν
τίνα, TR; —τινὰ, WH non mg.
II Pe 2 19 ᾧ γάρ τις ἥττηται
3 9 ὥς τινες βραδυτῆτα ἡγοῦνται
9 μὴ βουλόμενός τινας ἀπολέσθαι
16 ἐν αἷς ἐστὶν δυσνόητά τινα
I Jo 2 1 [2] ἐάν τις ἁμάρτῃ παράκλητον ἔχομεν
15 [2] ἐάν τις ἀγαπᾷ τ. κόσμον
27 οὐ χρείαν ἔχετε ἵνα τις διδάσκῃ ὑμᾶς
4 20 [2] ἐάν τις εἴπῃ
5 14 [2] ἐάν τι αἰτώμεθα κατὰ τὸ θέλημα αὐτοῦ
16 [2] ἐάν τις ἴδῃ τ. ἀδελφὸν αὐτοῦ ἁμαρτάνοντα ἁμαρτίαν
II Jo 10 [2] εἴ τις ἔρχεται πρὸς ὑμᾶς
III Jo 9 ἔγραψά τι τ. ἐκκλησίᾳ
Ju 4 παρεισεδύησαν γάρ τινες ἄνθρωποι
Re 3 20 [2] ἐάν τις ἀκούσῃ τ. φωνῆς μου
7 1 [3] ἵνα μὴ πνέῃ ἄνεμος . . . ἐπὶ τι δένδρον
ἐπὶ πᾶν, TWH non mg.
11 5 [2] εἴ τις αὐτοὺς θέλει ἀδικῆσαι
5 [2] εἴ τις θελήσῃ αὐτοὺς ἀδικῆσαι
13 9 [2] εἴ τις ἔχει οὖς ἀκουσάτω
10 [2] εἴ τις εἰς αἰχμαλωσίαν εἰς αἰχμαλωσίαν ὑπάγει·
[2] εἴ τις ἐν μαχαίρῃ ἀποκτενεῖ
17 [3] ἵνα μή τις δύνηται ἀγοράσαι ἢ πωλῆσαι
14 9 [2] εἴ τις προσκυνεῖ τὸ θηρίον
11 [2] εἴ τις λαμβάνει τὸ χάραγμα τ. ὀνόματος αὐτοῦ
20 15 [2] εἴ τις οὐχ εὑρέθη ἐν τῇ βίβλῳ τ. ζωῆς γεγραμμένος
22 18 [2] ἐάν τις ἐπιθῇ ἐπ' αὐτά
19 [2] ἐάν τις ἀφέλῃ ἀπὸ τ. λόγων τ. βιβλίου

ΤΙ´ΤΙΟΣ 5103.5 cf. 5103

Ac 18 7 ἦλθεν εἰς οἰκίαν τινὸς ὀνόματι Τιτίου Ἰούστου
Τίτου, R

ΤΙ´ΤΛΟΣ ** † 5102

Jo 19 19 ἔγραψεν δὲ κ. τίτλον ὁ Πειλᾶτος
20 τοῦτον οὖν τ. τίτλον πολλοὶ ἀνέγνωσαν

ΤΙ´ΤΟΣ 5103

Ac 18 7 ἦλθεν εἰς οἰκίαν τινὸς ὀνόματι Τίτου Ἰούστου
Τιτίου, TWH
II Co 2 13 τῷ μὴ εὑρεῖν με Τίτον τ. ἀδελφόν μου
7 6 παρεκάλεσεν ἡμᾶς ὁ Θεὸς ἐν τ. παρουσίᾳ Τίτου
13 μᾶλλον ἐχάρημεν ἐπὶ τ. χαρᾷ Τίτου
14 ἡ καύχησις ἡμῶν ἐπὶ Τίτου ἀλήθεια ἐγενήθη
8 6 εἰς τὸ παρακαλέσαι ἡμᾶς Τίτον
16 τ. Θεῷ τ. διδόντι τ. αὐτὴν σπουδὴν ὑπὲρ ὑμῶν ἐν τ. καρδίᾳ Τίτου
23 εἴτε ὑπὲρ Τίτου κοινωνὸς ἐμός
12 18 παρεκάλεσα Τίτον κ. συναπέστειλα τ. ἀδελφόν·
μή τι ἐπλεονέκτησεν ὑμᾶς Τίτος;
Ga 2 1 ἀνέβην . . . συνπαραλαβὼν κ. Τίτον
3 οὐδὲ Τίτος ὁ σὺν ἐμοὶ Ἕλλην ὢν ἠναγκάσθη περιτμηθῆναι
II Ti 4 10 Τίτος εἰς Δαλματίαν
Tit 1 4 Τίτῳ γνησίῳ τέκνῳ κατὰ κοινὴν πίστιν

ΤΟΙΓΑΡΟΥ´Ν 5105

I Th 4 8 τοιγαροῦν ὁ ἀθετῶν οὐκ ἄνθρωπον ἀθετεῖ
He 12 1 τοιγαροῦν κ. ἡμεῖς τοσοῦτον ἔχοντες . . . νέφος μαρτύρων

ΤΟΙ´ΝΥΝ 5106

Lu 20 25 τοίνυν ἀπόδοτε τὰ Καίσαρος Καίσαρι
I Co 9 26 ἐγὼ τοίνυν οὕτως τρέχω
He 13 13 τοίνυν ἐξερχώμεθα πρὸς αὐτὸν ἔξω τ. παρεμβολῆς

ΤΟΙΟ´ΣΔΕ 5107

II Pe 1 17 φωνῆς ἐνεχθείσης αὐτῷ τοιᾶσδε

ΤΟΙΟΥ´ΤΟΣ 5108

(1) τοιοῦτος . . . οἷος, ὁποῖος, ὅστις, ὡς

Mt 9 8 ἐδόξασαν τ. Θεὸν τ. δόντα ἐξουσίαν τοιαύτην τ. ἀνθρώποις
18 5 ὃς ἐὰν δέξηται ἓν παιδίον τοιοῦτο
19 14 τ. γὰρ τοιούτων ἐστὶν ἡ βασιλεία τ. οὐρανῶν
Mk 4 33 τοιαύταις παραβολαῖς πολλαῖς ἐλάλει αὐτοῖς τ. λόγον
6 2 αἱ δυνάμεις τοιαῦται διὰ τ. χειρῶν αὐτοῦ γινόμεναι
7 13 παρόμοια τοιαῦτα πολλὰ ποιεῖτε
9 37 ὃς ἂν ἓν τ. τοιούτων παιδίων δέξηται
τ. παιδ. τούτων, T
10 14 τ. γὰρ τοιούτων ἐστὶν ἡ βασιλεία τ. Θεοῦ
13 19 [1] οἵα οὐ γέγονεν τοιαύτη ἀπ' ἀρχῆς κτίσεως
Lu 9 9 τίς δέ ἐστιν οὗτος περὶ οὗ ἀκούω τοιαῦτα;
18 16 τ. γὰρ τοιούτων ἐστὶν ἡ βασιλεία τ. Θεοῦ

Jo 4 23 ὁ πατὴρ τοιούτους ζητεῖ τ. προσκυνοῦντας αὐτόν
8 [5 Μωυσῆς ἐνετείλατο τ. τοιαύτας λιθάζειν
9 16 πῶς δύναται ἄνθρωπος ἁμαρτωλὸς τοιαῦτα σημεῖα ποιεῖν;
Ac 16 24 ὃς παραγγελίαν τοιαύτην λαβὼν
19 25 οὓς συναθροίσας κ. τοὺς περὶ τὰ τοιαῦτα ἐργάτας
22 22 αἶρε ἀπὸ τ. γῆς τ. τοιοῦτον
26 29 [1] γενέσθαι τοιούτους ὁποῖος κ. ἐγώ εἰμι
Ro 1 32 οἱ τὰ τοιαῦτα πράσσοντες ἄξιοι θανάτου εἰσίν
2 2 τὸ κρίμα τ. Θεοῦ ἐστὶν κατὰ ἀλήθειαν ἐπὶ τοὺς τὰ τοιαῦτα πράσσοντας
3 ὦ ἄνθρωπε ὁ κρίνων τοὺς τὰ τοιαῦτα πράσσοντας
16 18 οἱ γὰρ τοιοῦτοι τ. Κυρίῳ ἡμῶν Χριστῷ οὐ δουλεύουσιν
I Co 5 1 [1] τοιαύτη πορνεία ἥτις οὐδὲ ἐν τ. ἔθνεσιν
5 παραδοῦναι τ. τοιοῦτον τῷ Σατανᾷ
11 τ. τοιούτῳ μηδὲ συνεσθίειν
7 15 οὐ δεδούλωται ὁ ἀδελφὸς ἢ ἡ ἀδελφὴ ἐν τ. τοιούτοις
28 θλῖψιν δὲ τ. σαρκὶ ἕξουσιν οἱ τοιοῦτοι
11 16 ἡμεῖς τοιαύτην συνήθειαν οὐκ ἔχομεν
15 48 [1] οἷος ὁ χοϊκὸς τοιοῦτοι κ. οἱ χοϊκοί·
[1] κ. οἷος ὁ ἐπουράνιος τοιοῦτοι κ. οἱ ἐπουράνιοι
16 16 ἵνα κ. ὑμεῖς ὑποτάσσησθε τ. τοιούτοις
18 ἐπιγινώσκετε οὖν τ. τοιούτους
II Co 2 6 ἱκανὸν τ. τοιούτῳ ἡ ἐπιτιμία αὕτη
7 μή πως τ. περισσοτέρᾳ λύπῃ καταποθῇ ὁ τοιοῦτος
3 4 πεποίθησιν δὲ τοιαύτην ἔχομεν διὰ τ. Χριστοῦ
12 ἔχοντες οὖν τοιαύτην ἐλπίδα
10 11 τοῦτο λογιζέσθω ὁ τοιοῦτος
11 [1] τοιοῦτοι κ. παρόντες τ. ἔργῳ
11 13 οἱ γὰρ τοιοῦτοι ψευδαπόστολοι ἐργάται δόλιοι
12 2 ἁρπαγέντα τ. τοιοῦτον ἕως τρίτου οὐρανοῦ.
3 κ. οἶδα τ. τοιοῦτον ἄνθρωπον
5 ὑπὲρ τ. τοιούτου καυχήσομαι
Ga 5 21 οἱ τὰ τοιαῦτα πράσσοντες βασιλείαν Θεοῦ οὐ κληρονομήσουσιν
23 κατὰ τ. τοιούτων οὐκ ἔστιν νόμος
6 1 ὑμεῖς οἱ πνευματικοὶ καταρτίζετε τ. τοιοῦτον
Eph 5 27 μὴ ἔχουσαν σπίλον ἢ ῥυτίδα ἤ τι τ. τοιούτων
Phl 2 29 τ. τοιούτους ἐντίμους ἔχετε
II Th 3 12 τοῖς δὲ τοιούτοις παραγγέλλομεν
Tit 3 11 εἰδὼς ὅτι ἐξέστραπται ὁ τοιοῦτος
Phm 9 [1] τοιοῦτος ὢν ὡς Παῦλος πρεσβύτης
He 7 26 τοιοῦτος γὰρ ἡμῖν κ. ἔπρεπεν ἀρχιερεύς
8 1 τοιοῦτον ἔχομεν ἀρχιερέα
11 14 οἱ γὰρ τοιαῦτα λέγοντες ἐμφανίζουσιν
12 3 ἀναλογίσασθε γὰρ τὸν τοιαύτην ὑπομεμενηκότα . . . ἀντιλογίαν
13 16 τοιαύταις γὰρ θυσίαις εὐαρεστεῖται ὁ Θεός
Ja 4 16 πᾶσα καύχησις τοιαύτη πονηρά ἐστιν
III Jo 8 ἡμεῖς γὰρ ὀφείλομεν ὑπολαμβάνειν τ. τοιούτους

ΤΟΙ΄ΧΟΣ 5109

Ac 23 3 τύπτειν σε μέλλει ὁ Θεὸς τοῖχε κεκονιαμένε

ΤΟ΄ΚΟΣ 5110

Mt 25 27 ἐκομισάμην ἂν τὸ ἐμὸν σὺν τόκῳ
Lu 19 23 κἀγὼ ἐλθὼν σὺν τόκῳ ἂν αὐτὸ ἔπραξα

ΤΟΛΜΑ΄Ω 5111

Mt 22 46 οὐδὲ ἐτόλμησέν τις ἀπ' ἐκείνης τ. ἡμέρας ἐπερωτῆσαι
Mk 12 34 οὐδεὶς οὐκέτι ἐτόλμα αὐτὸν ἐπερωτῆσαι
15 43 τολμήσας εἰσῆλθεν πρὸς τ. Πειλᾶτον
Lu 20 40 οὐκέτι γὰρ ἐτόλμων ἐπερωτᾶν αὐτὸν οὐδέν
Jo 21 12 οὐδεὶς ἐτόλμα τ. μαθητῶν ἐξετάσαι αὐτόν
Ac 5 13 οὐδεὶς ἐτόλμα κολλᾶσθαι αὐτοῖς
7 32 ἔντρομος δὲ γενόμενος Μωυσῆς οὐκ ἐτόλμα κατανοῆσαι
Ro 5 7 ὑπὲρ γὰρ τ. ἀγαθοῦ τάχα τις κ. τολμᾷ ἀποθανεῖν
15 18 οὐ γὰρ τολμήσω τι λαλεῖν
τολμῶ, WH mg.
I Co 6 1 τολμᾷ τις ὑμῶν . . . κρίνεσθαι ἐπὶ τ. ἀδίκων
II Co 10 2 τ. πεποιθήσει ᾗ λογίζομαι τολμῆσαι
12 οὐ γὰρ τολμῶμεν ἐνκρῖναι ἢ συνκρῖναι ἑαυτούς
11 21 ἐν ᾧ δ' ἄν τις τολμᾷ ἐν ἀφροσύνῃ λέγω τολμῶ κἀγώ
Phl 1 14 περισσοτέρως τολμᾶν ἀφόβως τ. λόγον τ. Θεοῦ λαλεῖν
Ju 9 οὐκ ἐτόλμησεν κρίσιν ἐπενεγκεῖν βλασφημίας

ΤΟΛΜΗΡΟΤΕ΄ΡΩΣ* 5112

Ro 15 15 τολμηροτέρως δὲ ἔγραψα ὑμῖν
τολμηρότερον, T

ΤΟΛΜΗΤΗ΄Σ* 5113

II Pe 2 10 τολμηταὶ αὐθάδεις

ΤΟΜΟ΄Σ* 5114

He 4 12 τομώτερος ὑπὲρ πᾶσαν μάχαιραν δίστομον

ΤΟ΄ΞΟΝ 5115

Re 6 2 ὁ καθήμενος ἐπ' αὐτὸν ἔχων τόξον

ΤΟΠΑ΄ΖΙΟΝ 5116

Re 21 20 ὁ ἔνατος τοπάζιον

ΤΟ΄ΠΟΣ 5117

(1) τόπ. διδόναι (2) τόπ. ἔχειν, κατέχειν, λαμβάνειν (3) τόπ. ἅγιος (4) κατὰ τόπον, τόπους

Mt 12 43 διέρχεται δι' ἀνύδρων τόπων
14 13 ἀνεχώρησεν ἐκεῖθεν ἐν πλοίῳ εἰς ἔρημον τόπον
15 ἔρημός ἐστιν ὁ τόπος
35 ἐπιγνόντες αὐτὸν οἱ ἄνδρες τ. τόπου ἐκείνου
24 7 [4] ἔσονται . . . σεισμοὶ κατὰ τόπους
15 [3] τὸ βδέλυγμα τ. ἐρημώσεως . . . ἑστὸς ἐν τόπῳ ἁγίῳ
26 52 ἀπόστρεψον τ. μάχαιράν σου εἰς τ. τόπον αὐτῆς
27 33 ἐλθόντες εἰς τόπον λεγόμενον Γολγοθά, ὅ ἐστιν Κρανίου Τόπος λεγόμενος
κραν. τόπ., T
28 6 ἴδετε τ. τόπον ὅπου ἔκειτο
Mk 1 35 ἀπῆλθεν εἰς ἔρημον τόπον κἀκεῖ προσηύχετο
45 ἀλλὰ ἔξω ἐπ' ἐρήμοις τόποις ἦν
6 11 ὃς ἂν τόπος μὴ δέξηται ὑμᾶς
31 δεῦτε ὑμεῖς αὐτοὶ κατ' ἰδίαν εἰς ἔρημον τόπον

Mk 6 32 ἀπῆλθον ἐν τ. πλοίῳ εἰς ἔρημον τόπον
ἀπ. εἰς ἔρ. τόπ. τ. πλ., T
35 ἔρημός ἐστιν ὁ τόπος
13 8 [4] ἔσονται σεισμοὶ κατὰ τόπους
15 22 φέρουσιν αὐτὸν ἐπὶ τ. Γολγοθὰν τόπον, ὅ ἐστιν μεθερμηνευόμενος Κρανίου Τόπος
κραν. τόπ., T
16 6 ἴδε ὁ τόπος ὅπου ἔθηκαν αὐτόν
Lu 2 7 οὐκ ἦν αὐτοῖς τόπος ἐν τ. καταλύματι
4 17 εὗρεν τ. τόπον οὗ ἦν γεγραμμένον
—τὸν, T [WH]
37 ἐξεπορεύετο ἦχος περὶ αὐτοῦ εἰς πάντα τόπον τῆς περιχώρου
42 ἐξελθὼν ἐπορεύθη εἰς ἔρημον τόπον
6 17 ἔστη ἐπὶ τόπου πεδινοῦ
9 12 ὅτι ὧδε ἐν ἐρήμῳ τόπῳ ἐσμέν
10 1 ἀπέστειλεν αὐτοὺς . . . εἰς πᾶσαν πόλιν κ. τόπον οὗ ἤμελλεν αὐτὸς ἔρχεσθαι
32 [4] ὁμοίως δὲ κ. Λευείτης κατὰ τ. τόπον
11 1 ἐν τῷ εἶναι αὐτὸν ἐν τόπῳ τινὶ προσευχόμενον
24 διέρχεται δι' ἀνύδρων τόπων
14 9 [1] ἐρεῖ σοι Δὸς τούτῳ τόπον·
[2] κ. τότε ἄρξῃ μετὰ αἰσχύνης τ. ἔσχατον τόπον κατέχειν
10 πορευθεὶς ἀνάπεσε εἰς τ. ἔσχατον τόπον
22 γέγονεν ὃ ἐπέταξας κ. ἔτι τόπος ἐστίν
16 28 ἵνα μὴ κ. αὐτοὶ ἔλθωσιν εἰς τ. τόπον τοῦτον τῆς βασάνου
19 5 ὡς ἦλθεν ἐπὶ τ. τόπον
21 11 [4] κατὰ τόπους λοιμοὶ κ. λιμοὶ ἔσονται
22 40 γενόμενος δὲ ἐπὶ τ. τόπου εἶπεν αὐτοῖς
23 33 ὅτε ἦλθαν ἐπὶ τ. τόπον τ. καλούμενον Κρανίον
Jo 4 20 ἐν Ἱεροσολύμοις ἐστὶν ὁ τόπος ὅπου προσκυνεῖν δεῖ
5 13 ἐξένευσεν ὄχλου ὄντος ἐν τ. τόπῳ
6 10 ἦν δὲ χόρτος πολὺς ἐν τ. τόπῳ
23 ἐγγὺς τ. τόπου ὅπου ἔφαγον τ. ἄρτον
10 40 ἀπῆλθεν . . . εἰς τ. τόπον ὅπου ἦν Ἰωάνης τὸ πρῶτον βαπτίζων
11 6 ἔμεινεν ἐν ᾧ ἦν τόπῳ δύο ἡμέρας
30 ἦν ἔτι ἐν τ. τόπῳ ὅπου ὑπήντησεν αὐτῷ ἡ Μάρθα
48 ἀροῦσιν ἡμῶν κ. τ. τόπον κ. τὸ ἔθνος
14 2 ὅτι πορεύομαι ἑτοιμάσαι τόπον ὑμῖν.
3 κ. ἐὰν πορευθῶ κ. ἑτοιμάσω τόπον ὑμῖν
18 2 ᾔδει δὲ κ. Ἰούδας . . . τ. τόπον
19 13 ἐκάθισεν ἐπὶ βήματος εἰς τόπον λεγόμενον Λιθόστρωτον
17 ἐξῆλθεν εἰς τ. λεγόμενον Κρανίου Τόπον
τόπον, T
20 ἐγγὺς ἦν ὁ τόπος τ. πόλεως ὅπου ἐσταυρώθη ὁ Ἰησοῦς
41 ἦν δὲ ἐν τ. τόπῳ ὅπου ἐσταυρώθη κῆπος
20 7 χωρὶς ἐντετυλιγμένον εἰς ἕνα τόπον
25 ἐὰν μὴ . . . βάλω μου τ. δάκτυλον εἰς τ. τόπον τ. ἥλων
τύπον, WHR
Ac 1 25 λαβεῖν τ. τόπον τ. διακονίας ταύτης κ. ἀποστολῆς,
ἀφ' ἧς παρέβη Ἰούδας πορευθῆναι εἰς τ. τόπον τ. ἴδιον
4 31 ἐσαλεύθη ὁ τόπος ἐν ᾧ ἦσαν συνηγμένοι
6 13 [3] λαλῶν ῥήματα κατὰ τ. τόπου τ. ἁγίου τούτου

Ac 6 14 Ἰησοῦς ὁ Ναζωραῖος οὗτος καταλύσει τ. τόπον τοῦτον
7 7 λατρεύσουσίν μοι ἐν τ. τόπῳ τούτῳ
33 ὁ γὰρ τόπος ἐφ' ᾧ ἕστηκας γῆ ἁγία ἐστίν
כִּי הַמָּקוֹם אֲשֶׁר אַתָּה עוֹמֵד עָלָיו אַדְמַת־קֹדֶשׁ הוּא, Ex. iii. 5
49 ἢ τίς τόπος τ. καταπαύσεώς μου;
וְאֵי־זֶה מָקוֹם מְנוּחָתִי, Is. lxvi. 1
12 17 ἐξελθὼν ἐπορεύθη εἰς ἕτερον τόπον
16 3 διὰ τ. Ἰουδαίους τ. ὄντας ἐν τ. τόποις ἐκείνοις
21 28 ὁ κατὰ . . . τ. τόπου τούτου πάντας πανταχῇ διδάσκων·
[8] ἔτι τε κ. . . . κεκοίνωκεν τ. ἅγιον τόπον τοῦτον
25 16 [2] τόπον τε ἀπολογίας λάβοι περὶ τ. ἐγκλήματος
27 2 μέλλοντι πλεῖν εἰς τοὺς κατὰ τ. Ἀσίαν τόπους
8 ἤλθομεν εἰς τόπον τινὰ καλούμενον Καλοὺς Λιμένας
29 [4] φοβούμενοί τε μή που κατὰ τραχεῖς τόπους ἐκπέσωμεν
41 περιπεσόντες δὲ εἰς τόπον διθάλασσον
28 7 ἐν δὲ τοῖς περὶ τ. τόπον ἐκεῖνον ὑπῆρχεν χωρία τ. πρώτῳ τῆς νήσου
Ro 9 26 ἔσται ἐν τ. τόπῳ οὗ ἐρρέθη αὐτοῖς
הָיָה בִּמְקוֹם אֲשֶׁר יֵאָמֵר לָהֶם, Hos. ii. 1
12 19 [1] δότε τόπον τ. ὀργῇ
15 23 [2] μηκέτι τόπον ἔχων ἐν τ. κλίμασι τούτοις
I Co 1 2 σὺν πᾶσιν τ. ἐπικαλουμένοις τὸ ὄνομα . . . ἐν παντὶ τόπῳ
14 16 ὁ ἀναπληρῶν τ. τόπον τ. ἰδιώτου
II Co 2 14 τ. ὀσμὴν τ. γνώσεως αὐτοῦ φανεροῦντι δι' ἡμῶν ἐν παντὶ τόπῳ
Eph 4 27 [1] μηδὲ δίδοτε τόπον τ. διαβόλῳ
I Th 1 8 ἐν παντὶ τόπῳ ἡ πίστις ὑμῶν ἡ πρὸς τ. Θεὸν ἐξελήλυθεν
I Ti 2 8 βούλομαι οὖν προσεύχεσθαι τ. ἄνδρας ἐν παντὶ τόπῳ
He 8 7 οὐκ ἂν δευτέρας ἐζητεῖτο τόπος
11 8 [2] ὑπήκουσεν ἐξελθεῖν εἰς τόπον ὃν ἤμελλεν λαμβάνειν
12 17 μετανοίας γὰρ τόπον οὐχ εὗρεν
II Pe 1 19 ὡς λύχνῳ φαίνοντι ἐν αὐχμηρῷ τόπῳ
Re 2 5 κινήσω τ. λυχνίαν σου ἐκ τ. τόπου αὐτῆς
6 14 πᾶν ὄρος κ. νῆσος ἐκ τ. τόπων αὐτῶν ἐκινήθησαν
12 6 [2] ὅπου ἔχει ἐκεῖ τόπον ἡτοιμασμένον ἀπὸ τ. Θεοῦ
8 οὐδὲ τόπος εὑρέθη αὐτῶν ἔτι ἐν τ. οὐρανῷ
14 ἵνα πέτηται εἰς τὴν ἔρημον εἰς τ. τόπον αὐτῆς
16 16 συνήγαγεν αὐτοὺς εἰς τ. τόπον τ. καλούμενον Ἑβραϊστὶ Ἁρ Μαγεδών
18 17 πᾶς ὁ ἐπὶ τόπον πλέων
20 11 τόπος οὐχ εὑρέθη αὐτοῖς

ΤΟΣΟΥ̂ΤΟΣ 5118

(1) de temp.

Mt 8 10 παρ' οὐδενὶ τοσαύτην πίστιν ἐν τῷ Ἰσραὴλ εὗρον
οὐδὲ ἐν τ. Ἰσρ. τοσ. π. εὐρ., TR non mg

Mt 15 33 πόθεν ἡμῖν ἐν ἐρημίᾳ ἄρτοι τοσοῦτοι
Lu 7 9 οὐδὲ ἐν τῷ Ἰσραὴλ τοσαύτην πίστιν εὗρον
15 29 ἰδοὺ τοσαῦτα ἔτη δουλεύω σοι
Jo 6 9 ταῦτα τί ἐστιν εἰς τοσούτους;
12 37 τοσαῦτα δὲ αὐτοῦ σημεῖα πεποιηκότος
14 9 [1] τοσοῦτον χρόνον μεθ' ὑμῶν εἰμί
τοσούτῳ χρόνῳ, TWH mg.
21 11 τοσούτων ὄντων οὐκ ἐσχίσθη τὸ δίκτυον
Ac 5 8 εἰπέ μοι εἰ τοσούτου τὸ χωρίον ἀπέδοσθε; ἡ δὲ εἶπεν Ναὶ τοσούτου
1Co14 10 τοσαῦτα εἰ τύχοι γένη φωνῶν εἰσὶν ἐν κόσμῳ
Ga 3 4 τοσαῦτα ἐπάθετε εἰκῇ;
He 1 4 τοσούτῳ κρείττων γενόμενος τ. ἀγγέλων
4 7 [1] σήμερον ἐν Δαυεὶδ λέγων μετὰ τοσοῦτον χρόνον, Ps. xcv. 7, 8
7 22 κατὰ τοσοῦτο κ. κρείττονος διαθήκης γέγονεν ἔγγυος Ἰησοῦς
10 25 τοσούτῳ μᾶλλον ὅσῳ βλέπετε ἐγγίζουσαν τ. ἡμέραν
12 1 τοσοῦτον ἔχοντες περικείμενον ἡμῖν νέφος μαρτύρων
Re 18 7 τοσοῦτον δότε αὐτῇ βασανισμὸν κ. πένθος
16 μιᾷ ὥρᾳ ἠρημώθη ὁ τοσοῦτος πλοῦτος

ΤΟΤΕ 5119

(1) ὁ τότε (2) ἀπὸ τότε (3) ὅταν, ὅτε, ὡς . . . τότε (4) ἄρτι . . . τότε, εὐθέως τότε

Mt 2 7 τότε Ἡρῴδης λάθρᾳ καλέσας τ. μάγους
16 τότε Ἡρῴδης ἰδὼν ὅτι ἐνεπαίχθη
17 τότε ἐπληρώθη τὸ ῥηθὲν διὰ Ἰερεμίου
3 5 τότε ἐξεπορεύετο πρὸς αὐτὸν Ἱεροσόλυμα
13 τότε παραγίνεται ὁ Ἰησοῦς ἀπὸ τ. Γαλιλαίας
15 τότε ἀφίησιν αὐτόν
4 1 τότε ὁ Ἰησοῦς ἀνήχθη εἰς τὴν ἔρημον
5 τότε παραλαμβάνει αὐτὸν ὁ διάβολος
10 τότε λέγει αὐτῷ ὁ Ἰησοῦς
11 τότε ἀφίησιν αὐτὸν ὁ διάβολος
17 [2] ἀπὸ τότε ἤρξατο ὁ Ἰησοῦς κηρύσσειν
5 24 τότε ἐλθὼν πρόσφερε τὸ δῶρόν σου
7 5 τότε διαβλέψεις ἐκβαλεῖν τὸ κάρφος
23 κ. τότε ὁμολογήσω αὐτοῖς
8 26 τότε ἐγερθεὶς ἐπετίμησεν τ. ἀνέμοις
9 6 τότε λέγει τ. παραλυτικῷ
14 τότε προσέρχονται αὐτῷ οἱ μαθηταὶ Ἰωάνου
15 κ. τότε νηστεύσουσιν
29 τότε ἥψατο τ. ὀφθαλμῶν αὐτῶν
37 τότε λέγει τ. μαθηταῖς αὐτοῦ
11 20 τότε ἤρξατο ὀνειδίζειν τ. πόλεις
12 13 τότε λέγει τ. ἀνθρώπῳ
22 τότε προσήνεγκαν αὐτῷ δαιμονιζόμενον τυφλόν
29 κ. τότε τ. οἰκίαν αὐτοῦ διαρπάσει
38 τότε ἀπεκρίθησαν αὐτῷ τινὲς τ. γραμματέων
44 τότε λέγει Εἰς τ. οἶκόν μου ἐπιστρέψω
45 τότε πορεύεται κ. παραλαμβάνει μεθ' ἑαυτοῦ
13 26 [3] τότε ἐφάνη κ. τὰ ζιζάνια
36 τότε ἀφεὶς τ. ὄχλους
43 τότε οἱ δίκαιοι ἐκλάμψουσιν ὡς ὁ ἥλιος
15 1 τότε προσέρχονται τῷ Ἰησοῦ ἀπὸ Ἱεροσολύμων Φαρισαῖοι
12 τότε προσελθόντες οἱ μαθηταὶ λέγουσιν
28 τότε ἀποκριθεὶς ὁ Ἰησοῦς εἶπεν αὐτῇ
16 12 τότε συνῆκαν ὅτι οὐκ εἶπεν προσέχειν
20 τότε διεστείλατο τ. μαθηταῖς
21 [2] ἀπὸ τότε ἤρξατο Ἰησοῦς Χριστὸς δεικνύειν

Mt 16 24 τότε ὁ Ἰησοῦς εἶπεν τ. μαθηταῖς αὐτοῦ
27 κ. τότε ἀποδώσει ἑκάστῳ κατὰ τ. πρᾶξιν αὐτοῦ
17 13 τότε συνῆκαν οἱ μαθηταί
17 τότε ἀποκριθεὶς ὁ Ἰησοῦς εἶπεν
—τότε, TWH [WH mg.] R
19 τότε προσελθόντες οἱ μαθηταὶ τῷ Ἰησοῦ
18 21 τότε προσελθὼν ὁ Πέτρος εἶπεν αὐτῷ
32 τότε προσκαλεσάμενος αὐτὸν ὁ κύριος αὐτοῦ
19 13 τότε προσηνέχθησαν αὐτῷ παιδία
27 τότε ἀποκριθεὶς ὁ Πέτρος εἶπεν αὐτῷ
20 20 τότε προσῆλθεν αὐτῷ ἡ μήτηρ τ. υἱῶν Ζεβεδαίου
21 1 [3] τότε Ἰησοῦς ἀπέστειλεν δύο μαθητάς
22 8 τότε λέγει τ. δούλοις αὐτοῦ
13 τότε ὁ βασιλεὺς εἶπεν τ. διακόνοις
15 τότε πορευθέντες οἱ Φαρισαῖοι συμβούλιον ἔλαβον
21 τότε λέγει αὐτοῖς
23 1 τότε ὁ Ἰησοῦς ἐλάλησεν τ. ὄχλοις
24 9 τότε παραδώσουσιν ὑμᾶς εἰς θλῖψιν
10 κ. τότε σκανδαλισθήσονται πολλοί
14 κ. τότε ἥξει τὸ τέλος
16 τότε οἱ ἐν τ. Ἰουδαίᾳ φευγέτωσαν εἰς τὰ ὄρη
21 ἔσται γὰρ τότε θλῖψις μεγάλη
23 τότε ἐάν τις ὑμῖν εἴπῃ
30 τότε φανήσεται τὸ σημεῖον τ. υἱοῦ τ. ἀνθρώπου ἐν οὐρανῷ·
κ. τότε κόψονται πᾶσαι αἱ φυλαὶ τ. γῆς
—τότε, T
40 τότε ἔσονται δύο ἐν τ. ἀγρῷ
25 1 τότε ὁμοιωθήσεται ἡ βασιλεία τ. οὐρανῶν δέκα παρθένοις
7 τότε ἠγέρθησαν πᾶσαι αἱ παρθένοι ἐκεῖναι
31 τότε καθίσει ἐπὶ θρόνου δόξης αὐτοῦ
34 τότε ἐρεῖ ὁ βασιλεὺς τοῖς ἐκ δεξιῶν αὐτοῦ
37 τότε ἀποκριθήσονται αὐτῷ οἱ δίκαιοι
41 τότε ἐρεῖ κ. τοῖς ἐξ εὐωνύμων
44 τότε ἀποκριθήσονται κ. αὐτοὶ λέγοντες
45 τότε ἀποκριθήσεται αὐτοῖς λέγων
26 3 τότε συνήχθησαν οἱ ἀρχιερεῖς
14 τότε πορευθεὶς εἷς τῶν δώδεκα
16 [2] ἀπὸ τότε ἐζήτει εὐκαιρίαν ἵνα αὐτὸν παραδῷ
31 τότε λέγει αὐτοῖς ὁ Ἰησοῦς
36 τότε ἔρχεται μετ' αὐτῶν ὁ Ἰησοῦς
38 τότε λέγει αὐτοῖς
45 τότε ἔρχεται πρὸς τ. μαθητάς
50 τότε προσελθόντες ἐπέβαλον τ. χεῖρας ἐπὶ τ. Ἰησοῦν
52 τότε λέγει αὐτῷ ὁ Ἰησοῦς
56 τότε οἱ μαθηταὶ πάντες ἀφέντες αὐτὸν ἔφυγον
65 τότε ὁ ἀρχιερεὺς διέρηξεν τὰ ἱμάτια αὐτοῦ
67 τότε ἐνέπτυσαν εἰς τὸ πρόσωπον αὐτοῦ
74 τότε ἤρξατο καταθεματίζειν κ. ὀμνύειν
27 3 τότε ἰδὼν Ἰούδας ὁ παραδοὺς αὐτόν
9 τότε ἐπληρώθη τὸ ῥηθὲν διὰ Ἰερεμίου
13 τότε λέγει αὐτῷ ὁ Πειλᾶτος
16 εἶχον δὲ τότε δέσμιον ἐπίσημον
26 τότε ἀπέλυσεν αὐτοῖς τ. Βαραββᾶν
27 τότε οἱ στρατιῶται τ. ἡγεμόνος παραλαβόντες τ. Ἰησοῦν
38 τότε σταυροῦνται σὺν αὐτῷ δύο λησταί
58 τότε ὁ Πειλᾶτος ἐκέλευσεν ἀποδοθῆναι

Mt 28 10 τότε λέγει αὐταῖς ὁ Ἰησοῦς
Mk 2 20 τότε νηστεύσουσεν ἐν ἐκείνῃ τ. ἡμέρᾳ
3 27 κ. τότε τ. οἰκίαν αὐτοῦ διαρπάσει
13 14 τότε οἱ ἐν τ. Ἰουδαίᾳ φευγέτωσαν εἰς τὰ ὄρη
21 κ. τότε ἐάν τις ὑμῖν εἴπῃ
26 τότε ὄψονται τ. υἱὸν τ. ἀνθρώπου ἐρχόμενον
27 κ. τότε ἀποστελεῖ τ. ἀγγέλους
Lu 5 35 τότε νηστεύσουσιν ἐν ἐκείναις τ. ἡμέραις
6 42 τότε διαβλέψεις τὸ κάρφος . . . ἐκβαλεῖν
11 24 μὴ εὑρίσκον τότε λέγει
—τότε, T [WH] R
26 τότε πορεύεται κ. παραλαμβάνει
13 26 τότε ἄρξεσθε λέγειν
14 9 τότε ἄρξῃ μετὰ αἰσχύνης τ. ἔσχατον τόπον κατέχειν
10 τότε ἔσται σοι δόξα
21 τότε ὀργισθεὶς ὁ οἰκοδεσπότης εἶπεν
16 16 [2] ἀπὸ τότε ἡ βασιλεία τ. Θεοῦ εὐαγγελίζεται
21 10 τότε ἔλεγεν αὐτοῖς
20 τότε γνῶτε ὅτι ἤγγικεν ἡ ἐρήμωσις αὐτῆς
21 τότε οἱ ἐν τ. Ἰουδαίᾳ φευγέτωσαν εἰς τὰ ὄρη
27 τότε ὄψονται τ. υἱὸν τ. ἀνθρώπου ἐρχόμενον
23 30 τότε ἄρξονται λέγειν τ. ὄρεσιν
24 45 τότε διήνοιξεν αὐτῶν τ. νοῦν
Jo 7 10 [3] τότε κ. αὐτὸς ἀνέβη
8 28 [3] τότε γνώσεσθε ὅτι ἐγώ εἰμι
10 22 ἐγένετο τότε τὰ ἐνκαίνια ἐν τ. Ἱεροσολύμοις
δὲ, TR non mg.
11 6 [3] τότε μὲν ἔμεινεν ἐν ᾧ ἦν τόπῳ δύο ἡμέρας
14 τότε οὖν εἶπεν αὐτοῖς ὁ Ἰησοῦς παρρησίᾳ
12 16 [3] ὅτε ἐδοξάσθη Ἰησοῦς τότε ἐμνήσθησαν
13 27 τότε εἰσῆλθεν εἰς ἐκεῖνον ὁ Σατανᾶς
19 1 τότε οὖν ἔλαβεν ὁ Πειλᾶτος τ. Ἰησοῦν
16 τότε οὖν παρέδωκεν αὐτὸν αὐτοῖς
20 8 τότε οὖν εἰσῆλθεν κ. ὁ ἄλλος μαθητής
Ac 1 12 τότε ὑπέστρεψαν εἰς Ἱερουσαλήμ
4 8 τότε Πέτρος πλησθεὶς πνεύματος ἁγίου εἶπεν
5 26 τότε ἀπελθὼν ὁ στρατηγὸς σὺν τ. ὑπηρέταις
6 11 τότε ὑπέβαλον ἄνδρας λέγοντας
7 4 τότε ἐξελθὼν ἐκ γῆς Χαλδαίων
8 17 τότε ἐπετίθεσαν τ. χεῖρας ἐπ' αὐτούς
10 46 τότε ἀπεκρίθη Πέτρος
48 τότε ἠρώτησαν αὐτὸν ἐπιμεῖναι ἡμέρας τινάς
13 3 τότε νηστεύσαντες κ. προσευξάμενοι
12 τότε ἰδὼν ὁ ἀνθύπατος τὸ γεγονὸς ἐπίστευσεν
15 22 τότε ἔδοξεν τ. ἀποστόλοις κ. τ. πρεσβυτέροις
17 14 [4] εὐθέως δὲ τότε τ. Παῦλον ἐξαπέστειλαν
21 13 τότε ἀπεκρίθη ὁ Παῦλος
26 τότε ὁ Παῦλος παραλαβὼν τ. ἄνδρας
33 τότε ἐγγίσας ὁ χιλίαρχος ἐπελάβετο αὐτοῦ
23 3 τότε ὁ Παῦλος πρὸς αὐτὸν εἶπεν
25 12 τότε ὁ Φῆστος . . . ἀπεκρίθη
26 1 τότε ὁ Παῦλος ἐκτείνας τ. χεῖρα ἀπελογεῖτο
27 21 τότε σταθεὶς ὁ Παῦλος ἐν μέσῳ αὐτῶν
32 τότε ἀπέκοψαν οἱ στρατιῶται τὰ σχοινία
28 1 διασωθέντες τότε ἐπέγνωμεν ὅτι Μελιτήνη ἡ νῆσος καλεῖται
Ro 6 21 τίνα οὖν καρπὸν εἴχετε τότε
1 Co 4 5 τότε ὁ ἔπαινος γενήσεται ἑκάστῳ ἀπὸ τ. Θεοῦ
13 12 τότε δὲ πρόσωπον πρὸς πρόσωπον·
[4] ἄρτι γινώσκω ἐκ μέρους τότε δὲ ἐπιγνώσομαι
15 28 [3] τότε κ. αὐτὸς ὁ υἱὸς ὑποταγήσεται
1 Co 15 54 [3] τότε γενήσεται ὁ λόγος ὁ γεγραμμένος
16 2 [3] ἵνα μὴ ὅταν ἔλθω τότε λογίαι γίνωνται
2 Co 12 10 [3] ὅταν γὰρ ἀσθενῶ τότε δυνατός εἰμι
Ga 4 8 τότε μὲν οὐκ εἰδότες Θεὸν ἐδουλεύσατε
29 ὥσπερ τότε ὁ κατὰ σάρκα γεννηθεὶς ἐδίωκεν
6 4 τότε εἰς ἑαυτὸν μόνον τὸ καύχημα ἕξει
Col 3 4 [3] τότε κ. ὑμεῖς σὺν αὐτῷ φανερωθήσεσθε ἐν δόξῃ
1 Th 5 3 [3] τότε αἰφνίδιος αὐτοῖς ἐπίσταται ὄλεθρος
2 Th 2 8 τότε ἀποκαλυφθήσεται ὁ ἄνομος
He 9 17 [3] ἐπεὶ μὴ τότε ἰσχύει ὅτε ζῇ ὁ διαθέμενος
μή ποτε, TWH mg. R
10 7 τότε εἶπον Ἰδοὺ ἥκω
אָז אָמַרְתִּי הִנֵּה־בָאתִי, Ps. xl. 8
9 τότε εἴρηκεν Ἰδοὺ ἥκω, Ps. *l.c.*
12 26 οὗ ἡ φωνὴ τ. γῆν ἐσάλευσεν τότε
2 Pe 3 6 [1] δι' ὧν ὁ τότε κόσμος ὕδατι κατακλυσθεὶς

ΤΟΥ'ΝΑΝΤΙ'ΟΝ 5121

2 Co 2 7 ὥστε τοὐναντίον ὑμᾶς χαρίσασθαι
Ga 2 7 ἀλλὰ τοὐν. ἰδόντες ὅτι πεπίστευμαι τὸ εὐαγγέλιον τ. ἀκροβυστίας
1 Pe 3 9 τοὐναντίον δὲ εὐλογοῦντες

ΤΟΥ"ΝΟΜΑ 5122

Mt 27 57 ἄνθρωπος πλούσιος ἀπὸ Ἀριμαθαίας τοὔνομα Ἰωσήφ

ΤΡΑ'ΓΟΣ 5131

He 9 12 οὐδὲ δι' αἵματος τράγων κ. μόσχων
13 εἰ γὰρ τὸ αἷμα τράγων κ. ταύρων . . . ἁγιάζει
19 λαβὼν τὸ αἷμα τ. μόσχων κ. τ. τράγων
10 4 ἀδύνατον γὰρ αἷμα ταύρων κ. τράγων ἀφαιρεῖν ἁμαρτίας
τράγ. κ. ταύρ., WH mg.

ΤΡΑ'ΠΕΖΑ 5132

Mt 15 27 ἐσθίει ἀπὸ τ. ψιχίων τ. πιπτόντων ἀπὸ τ. τραπέζης τ. κυρίων αὐτῶν
21 12 τ. τραπέζας τ. κολλυβιστῶν κατέστρεψεν
Mk 7 28 κ. τὰ κυνάρια ὑποκάτω τ. τραπέζης ἐσθίουσιν
11 15 τ. τραπέζας τ. κολλυβιστῶν . . . κατέστρεψεν
Lu 16 21 ἐπιθυμῶν χορτασθῆναι ἀπὸ τ. πιπτόντων ἀπὸ τ. τραπέζης τ. πλουσίου
19 23 διὰ τί οὐκ ἔδωκάς μου τὸ ἀργύριον ἐπὶ τράπεζαν
22 21 ἡ χεὶρ τ. παραδιδόντος με μετ' ἐμοῦ ἐπὶ τ. τραπέζης
30 ἵνα ἔσθητε κ. πίνητε ἐπὶ τ. τραπέζης μου
Jo 2 15 τ. τραπέζας ἀνέτρεψεν
Ac 6 2 οὐκ ἀρεστόν ἐστιν ἡμᾶς . . . διακονεῖν τραπέζαις
16 34 ἀναγαγών τε αὐτοὺς εἰς τ. οἶκον παρέθηκεν τράπεζαν
Ro 11 9 γενηθήτω ἡ τράπεζα αὐτῶν εἰς παγίδα
יְהִי־שֻׁלְחָנָם לִפְנֵיהֶם לְפָח, Ps. lxix. 23
1 Co 10 21 οὐ δύνασθε τραπέζης Κυρίου μετέχειν κ. τραπέζης δαιμονίων
He 9 2 ἐν ᾗ ἥ τε λυχνία κ. ἡ τράπεζα κ. ἡ πρόθεσις τ. ἄρτων

ΤΡΑΠΕΖΕΙ'ΤΗΣ * 5133

Mt 25 27 ἔδει σε οὖν βαλεῖν τὰ ἀργύριά μου τ. τραπεζείταις

ΤΡΑΥ͂ΜΑ 5134

Lu 10 34 προσελθὼν κατέδησεν τὰ τραύματα αὐτοῦ

ΤΡΑΥΜΑΤΙ´ΖΩ 5135

Lu 20 12 οἱ δὲ κ. τοῦτον τραυματίσαντες ἐξέβαλον
Ac 19 16 ὥστε γυμνοὺς κ. τετραυματισμένους ἐκφυγεῖν

ΤΡΑΧΗΛΙ´ΖΟΜΑΙ * 5136

He 4 13 πάντα δὲ γυμνὰ κ. τετραχηλισμένα τ. ὀφθαλμοῖς αὐτοῦ

ΤΡΑ´ΧΗΛΟΣ 5137

Mt 18 6 ἵνα κρεμασθῇ μύλος ὀνικὸς περὶ τ. τράχηλον αὐτοῦ
Mk 9 42 εἰ περίκειται μύλος ὀνικὸς περὶ τ. τράχηλον αὐτοῦ
Lu 15 20 δραμὼν ἐπέπεσεν ἐπὶ τ. τράχηλον αὐτοῦ
17 2 εἰ λίθος μυλικὸς περίκειται περὶ τ. τράχηλον αὐτοῦ
Ac 15 10 ἐπιθεῖναι ζυγὸν ἐπὶ τ. τράχηλον τ. μαθητῶν
20 37 ἐπιπεσόντες ἐπὶ τ. τράχηλον τ. Παύλου κατεφίλουν αὐτόν
Ro 16 4 οἵτινες ὑπὲρ τ. ψυχῆς μου τὸν ἑαυτῶν τράχηλον ὑπέθηκαν

ΤΡΑΧΥ´Σ 5138

Lu 8 5 ἔσται . . . αἱ τραχεῖαι εἰς ὁδοὺς λείας
הָיָה . . . הָרְכָסִים לְבִקְעָה, Is. xl. 4
Ac 27 29 φοβούμενοί τε μή που κατὰ τραχεῖς τόπους ἐκπέσωμεν

ΤΡΑΧΩΝΙ´ΤΙΣ 5139

Lu 8 1 Φιλίππου δὲ τ. ἀδελφοῦ αὐτοῦ τετρααρχοῦντος τ. Ἰτουραίας κ. Τραχωνίτιδος χώρας

ΤΡΕΙ͂Σ 5140

(1) δύο ἢ τρεῖς

Mt 12 40 ὥσπερ γὰρ ἦν Ἰωνᾶς . . . τρεῖς ἡμέρας κ. τρεῖς νύκτας,
οὕτως ἔσται ὁ υἱὸς τ. ἀνθρώπου . . . τρεῖς ἡμέρας κ. τρεῖς νύκτας
13 33 ἣν . . . ἐνέκρυψεν εἰς ἀλεύρου σάτα τρία
15 32 ἤδη ἡμέραι τρεῖς προσμένουσίν μοι
17 4 εἰ θέλεις ποιήσω ὧδε τρεῖς σκηνάς
σκην. τρ., WH mg.
18 16 [1] ἵνα ἐπὶ στόματος δύο μαρτύρων ἢ τριῶν σταθῇ πᾶν ῥῆμα
עַל־פִּי שְׁנֵי עֵדִים אוֹ עַל־פִּי שְׁלֹשָׁה־עֵדִים יָקוּם דָּבָר, Dt. xix. 15
20 [1] οὗ γάρ εἰσιν δύο ἢ τρεῖς συνηγμένοι
26 61 δύναμαι . . . διὰ τριῶν ἡμερῶν οἰκοδομῆσαι
27 40 ὁ . . . ἐν τρισὶν ἡμέραις οἰκοδομῶν σῶσον σεαυτόν
63 μετὰ τρεῖς ἡμέρας ἐγείρομαι
Mk 8 2 ἤδη ἡμέραι τρεῖς προσμένουσίν μοι
ἡμέραις τρισὶν, WH mg.
31 δεῖ τ. υἱὸν τ. ἀνθρώπου . . . μετὰ τρεῖς ἡμέρας ἀναστῆναι
9 5 ποιήσωμεν τρεῖς σκηνάς
31 ἀποκτανθεὶς μετὰ τρεῖς ἡμέρας ἀναστήσεται
Mk 10 34 μετὰ τρεῖς ἡμέρας ἀναστήσεται
13 2 διὰ τριῶν ἡμερῶν ἄλλος ἀναστήσεται ἄνευ χειρῶν
—h. v., TWH non mg. R
14 58 διὰ τριῶν ἡμερῶν ἄλλον ἀχειροποίητον οἰκοδομήσω
15 29 ὁ . . . οἰκοδομῶν ἐν τρισὶν ἡμέραις σῶσον σεαυτόν
Lu 1 56 ἔμεινεν δὲ Μαριὰμ σὺν αὐτῇ ὡς μῆνας τρεῖς
2 46 ἐγένετο μετὰ ἡμέρας τρεῖς
4 25 ὅτε ἐκλείσθη ὁ οὐρανὸς ἔτη τρία κ. μῆνας ἕξ
9 33 ποιήσωμεν σκηνὰς τρεῖς
10 36 τίς τούτων τ. τριῶν πλησίον δοκεῖ σοι γεγονέναι
11 5 φίλε χρῆσόν μοι τρεῖς ἄρτους
12 52 [1] διαμεμερισμένοι τρεῖς ἐπὶ δυσὶν κ. δύο ἐπὶ τρισίν
13 7 τρία ἔτη ἀφ' οὗ ἔρχομαι ζητῶν καρπόν
21 ἣν . . . ἔκρυψεν εἰς ἀλεύρου σάτα τρία
Jo 2 6 [1] χωροῦσαι ἀνὰ μετρητὰς δύο ἢ τρεῖς
19 ἐν τρισὶν ἡμέραις ἐγερῶ αὐτόν
20 κ. σὺ ἐν τρισὶν ἡμέραις ἐγερεῖς αὐτόν;
21 11 μεστὸν ἰχθύων μεγάλων ἑκατὸν πεντήκοντα τριῶν
Ac 5 7 ἐγένετο δὲ ὡς ὡρῶν τριῶν διάστημα
7 20 ὃς ἀνετράφη μῆνας τρεῖς ἐν τ. οἴκῳ τ. πατρός
9 9 ἦν ἡμέρας τρεῖς μὴ βλέπων
10 19 ἰδοὺ ἄνδρες τρεῖς ζητοῦντές σε
δύο, WH non mg.;—τρεῖς, T [WH mg.]
11 11 ἐξαυτῆς τρεῖς ἄνδρες ἐπέστησαν ἐπὶ τ. οἰκίαν
17 2 ἐπὶ σάββατα τρία διελέξατο αὐτοῖς
19 8 ἐπαρρησιάζετο ἐπὶ μῆνας τρεῖς διαλεγόμενος
20 3 ποιήσας τε μῆνας τρεῖς
25 1 μετὰ τρεῖς ἡμέρας ἀνέβη εἰς Ἱεροσόλυμα
28 7 ὃς ἀναδεξάμενος ἡμᾶς ἡμέρας τρεῖς φιλοφρόνως ἐξένισεν
τρ. ἡμ., TWH mg.
11 μετὰ δὲ τρεῖς μῆνας ἀνήχθημεν
12 καταχθέντες εἰς Συρακούσας ἐπεμείναμεν ἡμέρας τρεῖς
15 ἦλθαν εἰς ἀπάντησιν ἡμῖν ἄχρι Ἀππίου Φόρου κ. Τριῶν Ταβερνῶν
17 ἐγένετο δὲ μετὰ ἡμέρας τρεῖς συνκαλέσασθαι αὐτόν
I Co 10 8 ἔπεσαν μιᾷ ἡμέρᾳ εἴκοσι τρεῖς χιλιάδες
εἰκοσιτρεῖς, T
13 13 μένει πίστις ἐλπὶς ἀγάπη τὰ τρία ταῦτα
14 27 [1] κατὰ δύο ἢ τὸ πλεῖστον τρεῖς
29 [1] προφῆται δὲ δύο ἢ τρεῖς λαλείτωσαν
II Co 13 1 [1] ἐπὶ στόματος δύο μαρτύρων κ. τριῶν σταθήσεται πᾶν ῥῆμα, Dt. *l.c.*
Ga 1 18 ἔπειτα μετὰ τρία ἔτη ἀνῆλθον εἰς Ἱεροσόλυμα
I Ti 5 19 [1] ἐκτὸς εἰ μὴ ἐπὶ δύο ἢ τριῶν μαρτύρων
He 10 28 [1] ἐπὶ δυσὶν ἢ τρισὶν μάρτυσιν ἀποθνήσκει
עַל־פִּי שְׁנַיִם עֵדִים אוֹ שְׁלֹשָׁה עֵדִים יוּמַת הַמֵּת, Dt. xvii. 6
Ja 5 17 οὐκ ἔβρεξεν ἐπὶ τ. γῆς ἐνιαυτοὺς τρεῖς κ. μῆνας ἕξ
I Jo 5 7 ὅτι τρεῖς εἰσὶν οἱ μαρτυροῦντες
8 κ. οἱ τρεῖς εἰς τὸ ἕν εἰσιν
Re 6 6 τρεῖς χοίνικες κριθῶν δηναρίου
8 13 τ. σάλπιγγος τ. τριῶν ἀγγέλων τ. μελλόντων σαλπίζειν
9 18 ἀπὸ τ. τριῶν πληγῶν τούτων ἀπεκτάνθησαν

Re 11 9 βλέπουσιν . . . τὸ πτῶμα αὐτῶν ἡμέρας τρεῖς κ. ἥμισυ
11 μετὰ τ. τρεῖς ἡμέρας κ. ἥμισυ πνεῦμα ζωῆς ἐκ τ. Θεοῦ εἰσῆλθεν ἐν αὐτοῖς
16 13 εἶδον ἐκ τ. στόματος . . . πνεύματα τρία ἀκάθαρτα
19 ἐγένετο ἡ πόλις ἡ μεγάλη εἰς τρία μέρη
21 13 ἀπὸ ἀνατολῆς πυλῶνες τρεῖς·
κ. ἀπὸ βορρᾶ πυλῶνες τρεῖς·
κ. ἀπὸ νότου πυλῶνες τρεῖς·
κ. ἀπὸ δυσμῶν πυλῶνες τρεῖς

ΤΡΕ´ΜΩ 5141

Mk 5 33 ἡ δὲ γυνὴ φοβηθεῖσα κ. τρέμουσα
Lu 8 47 ἰδοῦσα δὲ ἡ γυνὴ ὅτι οὐκ ἔλαθεν τρέμουσα ἦλθεν
II Pe 2 10 δόξας οὐ τρέμουσιν βλασφημοῦντες

ΤΡΕ´ΦΩ 5142

Mt 6 26 ὁ πατὴρ ὑμῶν ὁ οὐράνιος τρέφει αὐτά
25 37 πότε σε εἴδαμεν πεινῶντα κ. ἐθρέψαμεν;
Lu 4 16 ἦλθεν εἰς Ναζαρὰ οὗ ἦν τεθραμμένος
ἀνατεθραμμένος, TWH mg.
12 24 ὁ Θεὸς τρέφει αὐτούς
23 29 μακάριαι αἱ στεῖραι . . . κ. μαστοὶ οἳ οὐκ ἔθρεψαν
Ac 12 20 διὰ τὸ τρέφεσθαι αὐτῶν τ. χώραν ἀπὸ τ. βασιλικῆς
Ja 5 5 ἐθρέψατε τ. καρδίας ὑμῶν ἐν ἡμέρᾳ σφαγῆς
Re 12 6 ἵνα ἐκεῖ τρέφωσιν αὐτὴν ἡμέρας χιλίας
τρέφουσιν, TWH mg.
14 ὅπου τρέφεται ἐκεῖ καιρὸν κ. καιροὺς κ. ἥμισυ καιροῦ

ΤΡΕ´ΧΩ 5143

Mt 27 48 εὐθέως δραμὼν εἷς ἐξ αὐτῶν
28 8 ἔδραμον ἀπαγγεῖλαι τ. μαθηταῖς αὐτοῦ
Mk 5 6 ἔδραμεν κ. προσεκύνησεν αὐτόν
15 36 δραμὼν δέ τις . . . ἐπότιζεν αὐτόν
Lu 15 20 δραμὼν ἐπέπεσεν ἐπὶ τ. τράχηλον αὐτοῦ
24 12 ὁ δὲ Πέτρος ἀναστὰς ἔδραμεν ἐπὶ τὸ μνημεῖον
—h. v., T [[WH]] R mg.
Jo 20 2 τρέχει οὖν κ. ἔρχεται πρὸς Σίμωνα Πέτρον
4 ἔτρεχον δὲ οἱ δύο ὁμοῦ
Ac 19 28 δραμόντες εἰς τὸ ἄμφοδον
—h. v., TWH non mg. R
Ro 9 16 οὐ τ. θέλοντος οὐδὲ τ. τρέχοντος
I Co 9 24 οἱ ἐν σταδίῳ τρέχοντες πάντες μὲν τρέχουσιν
24 οὕτως τρέχετε ἵνα καταλάβητε
26 ἐγὼ τοίνυν οὕτως τρέχω ὡς οὐκ ἀδήλως
Ga 2 2 μή πως εἰς κενὸν τρέχω ἢ ἔδραμον
5 7 ἐτρέχετε καλῶς
Phl 2 16 ὅτι οὐκ εἰς κενὸν ἔδραμον
II Th 3 1 ἵνα ὁ λόγος τ. Κυρίου τρέχῃ κ. δοξάζηται
He 12 1 δι' ὑπομονῆς τρέχωμεν τ. προκείμενον ἡμῖν ἀγῶνα
Re 9 9 ὡς φωνὴ ἁρμάτων ἵππων πολλῶν τρεχόντων εἰς πόλεμον

ΤΡΗ῀ΜΑ * 5143.5

Mt 19 24 εὐκοπώτερόν ἐστιν κάμηλον διὰ τρήματος ῥαφίδος εἰσελθεῖν
τρυπήματος, TWH mg.
Lu 18 25 εὐκοπώτερον γάρ ἐστιν κάμηλον διὰ τρήματος βελόνης εἰσελθεῖν

ΤΡΙΑ´ΚΟΝΤΑ 5144

Mt 13 8 ἐδίδου καρπὸν ὃ μὲν ἑκατὸν ὃ δὲ ἑξήκοντα ὃ δὲ τριάκοντα
23 ποιεῖ ὃ μὲν ἑκατὸν ὃ δὲ ἑξήκοντα ὃ δὲ τριάκοντα
26 15 οἱ δὲ ἔστησαν αὐτῷ τριάκοντα ἀργύρια
27 3 μεταμεληθεὶς ἔστρεψεν τὰ τρ. ἀργύρια
9 ἔλαβον τὰ τριάκοντα ἀργύρια
אֶקְחָה שְׁלֹשִׁים הַכֶּסֶף, Zech. xi. 13
Mk 4 8 ἔφερεν εἰς τριάκοντα κ. ἐν ἑξήκοντα κ. ἐν ἑκατόν
20 καρποφοροῦσιν ἐν τριάκοντα κ. ἐν ἑξήκοντα κ. ἐν ἑκατόν
Lu 3 23 ἦν Ἰησοῦς ἀρχόμενος ὡσεὶ ἐτῶν τριάκοντα
Jo 5 5 τρ. κ. ὀκτὼ ἔτη ἔχων ἐν τ. ἀσθενείᾳ αὐτοῦ
6 19 ἐληλακότες οὖν ὡς σταδίους εἴκοσι πέντε ἢ τριάκοντα
Ga 3 17 ὁ μετὰ τετρακόσια κ. τρ. ἔτη γεγονὼς νόμος

ΤΡΙΑΚΟ´ΣΙΟΙ 5145

Mk 14 5 ἠδύνατο γὰρ τοῦτο τὸ μύρον πραθῆναι ἐπάνω δηναρίων τριακοσίων
τριακ. δην., WH mg.
Jo 12 5 διὰ τί τοῦτο τὸ μύρον οὐκ ἐπράθη τριακοσίων δηναρίων

ΤΡΙ´ΒΟΛΟΣ 5146

Mt 7 16 μήτι συλλέγουσιν . . . ἀπὸ τριβόλων σῦκα;
He 6 8 ἐκφέρουσα δὲ ἀκάνθας κ. τριβόλους

ΤΡΙ´ΒΟΣ 5147

Mt 3 3 εὐθείας ποιεῖτε τὰς τρίβους αὐτοῦ
יַשְּׁרוּ בָּעֲרָבָה מְסִלָּה לֵאלֹהֵינוּ, Is. xl. 3
Mk 1 3 εὐθείας ποιεῖτε τὰς τρίβους αὐτοῦ, Is. *l.c.*
Lu 3 4 εὐθείας ποιεῖτε τὰς τρίβους αὐτοῦ, Is. *l.c.*

ΤΡΙΕΤΙ´Α * 5148

Ac 20 31 τριετίαν νύκτα κ. ἡμέραν οὐκ ἐπαυσάμην μετὰ δακρύων νουθετῶν

ΤΡΙ´ΖΩ ** 5149

Mk 9 18 ἀφρίζει κ. τρίζει τ. ὀδόντας κ. ξηραίνεται

ΤΡΙ´ΜΗΝΟΣ 5150

He 11 23 ἐκρύβη τρίμηνον ὑπὸ τ. πατέρων αὐτοῦ

ΤΡΙ´Σ 5151

Mt 26 34 τρὶς ἀπαρνήσῃ με
75 τρὶς ἀπαρνήσῃ με
Mk 14 30 σὺ . . . τρίς με ἀπαρνήσῃ
72 τρίς με ἀπαρνήσῃ
Lu 22 34 ἕως τρίς με ἀπαρνήσῃ εἰδέναι
61 ἀπαρνήσῃ με τρίς
Jo 13 38 ἕως οὗ ἀρνήσῃ με τρίς
Ac 10 16 τοῦτο δὲ ἐγένετο ἐπὶ τρίς
11 10 τοῦτο δὲ ἐγένετο ἐπὶ τρίς
II Co 11 25 τρὶς ἐραβδίσθην ἅπαξ ἐλιθάσθην τρὶς ἐναυάγησα
12 8 ὑπὲρ τούτου τρὶς τ. Κύριον παρεκάλεσα

ΤΡΙ´ΣΤΕΓΟΣ ** 5152

Ac 20 9 ἔπεσεν ἀπὸ τ. τριστέγου κάτω

ΤΡΙΣΧΙ΄ΛΙΟΙ 5153

Ac 2 41 προσετέθησαν ἐν τ. ἡμέρᾳ ἐκείνῃ ψυχαὶ ὡσεὶ τρισχίλιαι

ΤΡΙ΄ΤΟΝ 5154.5 cf. 5154

Mk 14 41 ἔρχεται τὸ τρίτον κ. λέγει αὐτοῖς
Lu 23 22 ὁ δὲ τρίτον εἶπεν πρὸς αὐτούς
Jo 21 14 τοῦτο ἤδη τρίτον ἐφανερώθη Ἰησοῦς
17 λέγει αὐτῷ τὸ τρίτον
17 ἐλυπήθη ὁ Πέτρος ὅτι εἶπεν αὐτῷ τὸ τρίτον
I Co 12 28 οὓς μὲν ἔθετο ὁ Θεὸς . . . πρῶτον ἀποστόλους δεύτερον προφήτας τρίτον διδασκάλους
II Co 12 14 τρίτον τοῦτο ἑτοίμως ἔχω ἐλθεῖν πρὸς ὑμᾶς
13 1 τρίτον τοῦτο ἔρχομαι πρὸς ὑμᾶς

ΤΡΙ΄ΤΟΣ 5154 cf. 5154.5

(1) ἐκ τρίτου (2) ἄλλος, οὗτος τρίτος

Mt 16 21 δεῖ αὐτὸν . . . τ. τρίτῃ ἡμέρᾳ ἐγερθῆναι
17 23 τῇ τρίτῃ ἡμέρᾳ ἐγερθήσεται
20 3 ἐξελθὼν περὶ τρίτην ὥραν εἶδεν ἄλλους
19 τῇ τρίτῃ ἡμέρᾳ ἐγερθήσεται
22 26 ὁμοίως κ. ὁ δεύτερος κ. ὁ τρίτος ἕως τῶν ἑπτά
26 44 [1] πάλιν ἀπελθὼν προσηύξατο ἐκ τρίτου
27 64 ἀσφαλισθῆναι τ. τάφον ἕως τ. τρίτης ἡμέρας
Mk 12 21 κ. ὁ τρίτος ὡσαύτως
15 25 ἦν δὲ ὥρα τρίτη κ. ἐσταύρωσαν αὐτόν
Lu 9 22 δεῖ τ. υἱὸν τ. ἀνθρώπου . . τ. τρίτῃ ἡμέρᾳ ἐγερθῆναι
12 38 κἂν ἐν τ. δευτέρᾳ κἂν ἐν τ. τρίτῃ φυλακῇ ἔλθῃ
13 32 τ. τρίτῃ τελειοῦμαι
18 33 τ. ἡμέρᾳ τ. τρίτῃ ἀναστήσεται
20 12 προσέθετο τρίτον πέμψαι
31 ὁ τρίτος ἔλαβεν αὐτήν
24 7 δεῖ . . . τ. τρίτῃ ἡμέρᾳ ἀναστῆναι
21 [2] σὺν πᾶσιν τούτοις τρίτην ταύτην ἡμέραν ἄγει
46 ἀναστῆναι ἐκ νεκρῶν τ. τρίτῃ ἡμέρᾳ
Jo 2 1 τ. ἡμέρᾳ τ. τρίτῃ γάμος ἐγένετο ἐν Κανὰ τ. Γαλιλαίας
τ. τρίτ. ἡμ., WH mg.
Ac 2 15 ἔστιν γὰρ ὥρα τρίτη τ. ἡμέρας
10 40 τοῦτον ὁ Θεὸς ἤγειρεν τ. τρίτῃ ἡμέρᾳ
23 23 ἑτοιμάσατε . . . ἀπὸ τρίτης ὥρας τ. νυκτός
27 19 τ. τρίτῃ αὐτόχειρες τ. σκευὴν τ. πλοίου ἔριψαν
I Co 15 4 ὅτι ἐγήγερται τ. ἡμέρᾳ τ. τρίτῃ
II Co 12 2 ἁρπαγέντα τ. τοιοῦτον ἕως τρίτου οὐρανοῦ
Re 4 7 τὸ τρίτον ζῷον ἔχων τὸ πρόσωπον ὡς ἀνθρώπου
6 5 ὅτε ἤνοιξεν τ. σφραγῖδα τ. τρίτην, ἤκουσα τ. τρίτου ζῴου λέγοντος
8 7 τὸ τρίτον τ. γῆς κατεκάη, κ. τὸ τρίτον τ. δένδρων κατεκάη
8 ἐγένετο τὸ τρίτον τ. θαλάσσης αἷμα·
9 κ. ἀπέθανεν τὸ τρίτον τ. κτισμάτων τῶν ἐν τ. θαλάσσῃ
9 τὸ τρίτον τ. πλοίων διεφθάρησαν.
10 κ. ὁ τρίτος ἄγγελος ἐσάλπισεν
10 ἔπεσεν ἐπὶ τὸ τρίτον τ. ποταμῶν
Re 8 11 ἐγένετο τὸ τρίτον τ. ὑδάτων εἰς ἄψινθον
12 ἐπλήγη τὸ τρίτον τ. ἡλίου κ. τὸ τρίτον τ. σελήνης κ. τὸ τρίτον τ. ἀστέρων, ἵνα σκοτισθῇ τὸ τρίτον αὐτῶν, κ. ἡ ἡμέρα μὴ φάνῃ τὸ τρίτον αὐτῆς
9 15 ἵνα ἀποκτείνωσιν τὸ τρίτον τ. ἀνθρώπων
18 ἀπὸ τ. τριῶν πληγῶν τούτων ἀπεκτάνθησαν τὸ τρίτον τ. ἀνθρώπων
11 14 ἰδοὺ ἡ οὐαὶ ἡ τρίτη ἔρχεται ταχύ
12 4 ἡ οὐρὰ αὐτοῦ σύρει τὸ τρίτον τ. ἀστέρων
14 9 [2] ἄλλος ἄγγελος τρίτος ἠκολούθησεν αὐτοῖς
16 4 ὁ τρίτος ἐξέχεεν τ. φιάλην αὐτοῦ εἰς τ. ποταμούς
21 19 ὁ τρίτος χαλκηδών

ΤΡΙ΄ΧΙΝΟΣ 5155

Re 6 12 ὁ ἥλιος ἐγένετο μέλας ὡς σάκκος τρίχινος

ΤΡΟ΄ΜΟΣ 5156

Mk 16 8 εἶχεν γὰρ αὐτὰς τρόμος κ. ἔκστασις
I Co 2 3 ἐν φόβῳ κ. ἐν τρόμῳ πολλῷ ἐγενόμην πρὸς ὑμᾶς
II Co 7 15 ὡς μετὰ φόβου κ. τρόμου ἐδέξασθε αὐτόν
Eph 6 5 ὑπακούετε τοῖς κατὰ σάρκα κυρίοις μετὰ φόβου κ. τρόμου
Phl 2 12 μετὰ φόβου κ. τρόμου τὴν ἑαυτῶν σωτηρίαν κατεργάζεσθε

ΤΡΟΠΗ΄ 5157

Ja 1 17 παρ' ᾧ οὐκ ἔνι παραλλαγὴ ἢ τροπῆς ἀποσκίασμα

ΤΡΟ΄ΠΟΣ 5158

Mt 23 37 ὃν τρόπον ὄρνις ἐπισυνάγει τὰ νοσσία αὐτῆς
Lu 13 34 ὃν τρόπον ὄρνις τὴν ἑαυτῆς νοσσιὰν ὑπὸ τ. πτέρυγας
Ac 1 11 οὕτως ἐλεύσεται ὃν τρόπον ἐθεάσασθε αὐτὸν πορευόμενον
7 28 ὃν τρόπον ἀνεῖλες ἐχθὲς τ. Αἰγύπτιον
כַּאֲשֶׁר הָרַגְתָּ אֶת־הַמִּצְרִי, Ex. ii. 14
15 11 πιστεύομεν σωθῆναι καθ' ὃν τρόπον κἀκεῖνοι
27 25 οὕτως ἔσται καθ' ὃν τρόπον λελάληταί μοι
Ro 3 2 πολὺ κατὰ πάντα τρόπον
Phl 1 18 παντὶ τρόπῳ εἴτε προφάσει εἴτε ἀληθείᾳ Χριστὸς καταγγέλλεται
II Th 2 3 μή τις ὑμᾶς ἐξαπατήσῃ κατὰ μηδένα τρόπον
3 16 δῴη ὑμῖν τ. εἰρήνην διὰ παντὸς ἐν παντὶ τρόπῳ
II Ti 3 8 ὃν τρόπον δὲ Ἰαννῆς κ. Ἰαμβρῆς ἀντέστησαν Μωυσεῖ
He 13 5 ἀφιλάργυρος ὁ τρόπος
Ju 7 τ. ὅμοιον τρόπον τούτοις ἐκπορνεύσασαι

5159 ΤΡΟΠΟΦΟΡΕ΄Ω † cf. 5162.5

Ac 13 18 ὡς τεσσερακονταετῆ ἐτροποφόρησεν αὐτοὺς ἐν τῇ ἐρήμῳ
ἐτροφοφόρησεν, TR mg.

ΤΡΟΦΗ΄ 5160

Mt 3 4 ἡ δὲ τροφὴ ἦν αὐτοῦ ἀκρίδες κ. μέλι ἄγριον
6 25 οὐχὶ ἡ ψυχὴ πλεῖόν ἐστιν τ. τροφῆς
10 10 ἄξιος γὰρ ὁ ἐργάτης τ. τροφῆς αὐτοῦ
24 45 τοῦ δοῦναι αὐτοῖς τ. τροφὴν ἐν καιρῷ

Lu 12 23 ἡ γὰρ ψυχὴ πλεῖόν ἐστιν τ. τροφῆς
Jo 4 8 ἵνα τροφὰς ἀγοράσωσιν
Ac 2 46 μετελάμβανον τροφῆς ἐν ἀγαλλιάσει κ. ἀφελότητι καρδίας
9 19 λαβὼν τροφὴν ἐνισχύθη
14 17 ἐμπιπλῶν τροφῆς κ. εὐφροσύνης τ. καρδίας ὑμῶν
27 33 παρεκάλει ὁ Παῦλος ἅπαντας μεταλαβεῖν τροφῆς
34 διὸ παρακαλῶ ὑμᾶς μεταλαβεῖν τροφῆς
36 κ. αὐτοὶ προσελάβοντο τροφῆς
38 κορεσθέντες δὲ τροφῆς ἐκούφιζον τὸ πλοῖον
He 5 12 χρείαν ἔχοντες γάλακτος οὐ στερεᾶς τροφῆς
14 τελείων δέ ἐστιν ἡ στερεὰ τροφή
Ja 2 15 λειπόμενοι τῆς ἐφημέρου τροφῆς

ΤΡΌΦΙΜΟΣ 5161

Ac 20 4 Ἀσιανοὶ δὲ Τύχικος κ. Τρόφιμος
21 29 προεωρακότες Τρόφιμον τ. Ἐφέσιον ἐν τ. πόλει σὺν αὐτῷ
II Ti 4 20 Τρόφιμον δὲ ἀπέλειπον ἐν Μιλήτῳ ἀσθενοῦντα

ΤΡΟΦΌΣ 5162

I Th 2 7 ὡς ἐὰν τροφὸς θάλπῃ τὰ ἑαυτῆς τέκνα

5162.5 ΤΡΟΦΟΦΟΡΈΩ † cf. 5159

Ac 13 18 ὡς τεσσερακονταέτη ἐτροφοφόρησεν αὐτοὺς ἐν τῇ ἐρήμῳ
ἐτροποφόρησεν, WHR non mg.

ΤΡΟΧΙΆ 5163

He 12 13 τροχιὰς ὀρθὰς ποιεῖτε τ. ποσὶν ὑμῶν
פַּלֵּס מַעְגַּל רַגְלֶךָ, Pr. iv. 26

ΤΡΟΧΌΣ 5164

Ja 3 6 φλογίζουσα τ. τροχὸν τ. γενέσεως

ΤΡΎΒΛΙΟΝ 5165

Mt 26 23 ὁ ἐμβάψας μετ' ἐμοῦ τ. χεῖρα ἐν τ. τρυβλίῳ
Mk 14 20 ὁ ἐμβαπτόμενος μετ' ἐμοῦ εἰς τὸ ἓν τρύβλιον

ΤΡΥΓΆΩ 5166

Lu 6 44 οὐδὲ ἐκ βάτου σταφυλὴν τρυγῶσιν
Re 14 18 τρύγησον τ. βότρυας τῆς ἀμπέλου τ. γῆς
19 ἐτρύγησεν τὴν ἄμπελον τ. γῆς

ΤΡΥΓΏΝ 5167

Lu 2 24 ζεῦγος τρυγόνων ἢ δύο νοσσοὺς περιστερῶν
שְׁתֵּי־תֹרִים אוֹ שְׁנֵי בְּנֵי יוֹנָה, Lev. xii. 8

ΤΡΥΜΑΛΙΆ † 5168

Mk 10 25 εὐκοπώτερόν ἐστιν κάμηλον διὰ τρυμαλιᾶς ῥαφίδος διελθεῖν
διὰ τῆς τρυμ. τῆς ῥαφ., TWH mg.

ΤΡΎΠΗΜΑ * 5169

Mt 19 24 εὐκοπώτερόν ἐστιν κάμηλον διὰ τρυπήματος ῥαφίδος εἰσελθεῖν
τρήματος, WH non mg.

ΤΡΎΦΑΙΝΑ 5170

Ro 16 12 ἀσπάσασθε Τρύφαιναν κ. Τρυφῶσαν

ΤΡΥΦΆΩ 5171

Ja 5 5 ἐτρυφήσατε ἐπὶ τ. γῆς κ. ἐσπαταλήσατε

ΤΡΥΦΉ 5172

Lu 7 25 οἱ ἐν ἱματισμῷ ἐνδόξῳ κ. τρυφῇ ὑπάρχοντες
II Pe 2 13 ἡδονὴν ἡγούμενοι τὴν ἐν ἡμέρᾳ τρυφήν

ΤΡΥΦΩ͂ΣΑ 5173

Ro 16 12 ἀσπάσασθε Τρύφαιναν κ. Τρυφῶσαν

ΤΡΩΆΣ 5174

Ac 16 8 παρελθόντες δὲ τ. Μυσίαν κατέβησαν εἰς Τρῳάδα
11 ἀναχθέντες οὖν ἀπὸ Τρῳάδος εὐθυδρομήσαμεν εἰς Σαμοθρᾴκην
20 5 οὗτοι δὲ προσελθόντες ἔμενον ἡμᾶς ἐν Τρῳάδι
6 ἤλθομεν πρὸς αὐτοὺς εἰς τ. Τρῳάδα
II Co 2 12 ἐλθὼν δὲ εἰς τ. Τρῳάδα εἰς τὸ εὐαγγέλιον τ. Χριστοῦ
II Ti 4 13 τ. φελόνην ὃν ἀπέλειπον ἐν Τρῳάδι παρὰ Κάρπῳ

ΤΡΩΓΎΛΛΙΟΝ 5175

Ac 20 15 μείναντες ἐν Τρωγυλλίῳ τ. ἐχομένῃ ἤλθομεν εἰς Μίλητον
—μείν. ἐν Τρωγ., TWH non mg. R non mg.

ΤΡΏΓΩ * 5176

Mt 24 38 ὡς γὰρ ἦσαν . . . τρώγοντες κ. πίνοντες
Jo 6 54 ὁ τρώγων μου τ. σάρκα . . . ἔχει ζωὴν αἰώνιον
56 ὁ τρώγων μου τ. σάρκα . . . ἐν ἐμοὶ μένει
57 ὁ τρώγων με κἀκεῖνος ζήσει δι' ἐμέ
58 ὁ τρώγων τοῦτον τ. ἄρτον ζήσει εἰς τ. αἰῶνα
13 18 ὁ τρώγων μου τ. ἄρτον ἐπῆρεν ἐπ' ἐμὲ τ. πτέρναν αὐτοῦ
אוֹכֵל לַחְמִי הִגְדִּיל עָלַי עָקֵב, Ps. xli. 10

ΤΥΓΧΆΝΩ 5177

Lu 20 35 οἱ δὲ καταξιωθέντες τ. αἰῶνος ἐκείνου τυχεῖν
Ac 19 11 δυνάμεις τε οὐ τ. τυχούσας ὁ Θεὸς ἐποίει
24 2 πολλῆς εἰρήνης τυγχάνοντες διὰ σοῦ
26 22 ἐπικουρίας οὖν τυχὼν τῆς ἀπὸ τ. Θεοῦ
27 3 ἐπέτρεψεν πρὸς τ. φίλους πορευθέντι ἐπιμελείας τυχεῖν
28 2 οἵ τε βάρβαροι παρεῖχαν οὐ τ. τυχοῦσαν φιλανθρωπίαν ἡμῖν
I Co 14 10 τοσαῦτα εἰ τύχοι γένη φωνῶν εἰσὶν ἐν τ. κόσμῳ
15 37 γυμνὸν κόκκον εἰ τύχοι σίτου
16 6 πρὸς ὑμᾶς δὲ τυχὸν καταμενῶ
II Ti 2 10 ἵνα κ. αὐτοὶ σωτηρίας τύχωσιν τῆς ἐν Χριστῷ Ἰησοῦ
He 8 6 νῦν δὲ διαφορωτέρας τέτυχεν λειτουργίας
11 35 ἵνα κρείττονος ἀναστάσεως τύχωσιν

ΤΥΜΠΑΝΊΖΩ 5178

He 11 35 ἄλλοι δὲ ἐτυμπανίσθησαν

ΤΥΠΙΚΩ͂Σ * † 5179.5 cf. 5179

I Co 10 11 ταῦτα δὲ τυπικῶς συνέβαινεν ἐκείνοις

ΤΥ΄ΠΟΣ 5179 cf. 5179.5

Jo 20 25 ἐὰν μὴ ἴδω ἐν τ. χερσὶν αὐτοῦ τ. τύπον τ. ἥλων,
κ. βάλω μου τ. χεῖρα εἰς τ. τύπον τ. ἥλων
τόπον, T
Ac 7 43 τ. τύπους οὓς ἐποιήσατε προσκυνεῖν αὐτοῖς
צַלְמֵיכֶם . . . אֲשֶׁר עֲשִׂיתֶם לָכֶם, Am. v. 26
44 ποιῆσαι αὐτὴν κατὰ τ. τύπον ὃν ἑωράκει
23 25 γράψας ἐπιστολὴν ἔχουσαν τ. τύπον τοῦτον
Ro 5 14 ὅς ἐστιν τύπος τ. μέλλοντος
6 17 ὑπηκούσατε δὲ ἐκ καρδίας εἰς ὃν παρεδόθητε τύπον διδαχῆς
I Co 10 6 ταῦτα δὲ τύποι ἡμῶν ἐγενήθησαν
Phl 3 17 καθὼς ἔχετε τύπον ἡμᾶς
I Th 1 7 ὥστε γενέσθαι ὑμᾶς τύπον πᾶσιν τ. πιστεύουσιν
τύπους, WH mg.
II Th 3 9 ἵνα ἑαυτοὺς τύπον δῶμεν ὑμῖν
I Ti 4 12 τύπος γίνου τ. πιστῶν ἐν λόγῳ ἐν ἀναστροφῇ
Tit 2 7 περὶ πάντα σεαυτὸν παρεχόμενος τύπον καλῶν ἔργων
He 8 5 ποιήσεις πάντα κατὰ τ. τύπον τ. δειχθέντα σοι
עֲשֵׂה בְּתַבְנִיתָם אֲשֶׁר־אַתָּה מָרְאֶה, Ex. xxv. 40
I Pe 5 3 ἀλλὰ τύποι γινόμενοι τ. ποιμνίου

ΤΥ΄ΠΤΩ 5180

Mt 24 49 ἐὰν . . . ἄρξηται τύπτειν τ. συνδούλους αὐτοῦ
27 30 ἔτυπτον εἰς τ. κεφαλὴν αὐτοῦ
Mk 15 19 ἔτυπτον αὐτοῦ τ. κεφαλὴν καλάμῳ
Lu 6 29 τ. τύπτοντί σε ἐπὶ τ. σιαγόνα πάρεχε κ. τ. ἄλλην
12 45 ἐὰν . . . ἄρξηται τύπτειν τ. παῖδας κ. τ. παιδίσκας
18 13 ἔτυπτεν τὸ στῆθος ἑαυτοῦ λέγων
23 48 τύπτοντες τὰ στήθη ὑπέστρεφον
Ac 18 17 ἐπιλαβόμενοι δὲ πάντες Σωσθένην . . . ἔτυπτον ἔμπροσθεν τ. βήματος
21 32 ἐπαύσαντο τύπτοντες τ. Παῦλον
23 2 ἐπέταξεν τ. παρεστῶσιν αὐτῷ τύπτειν αὐτοῦ τὸ στόμα
3 τύπτειν σε μέλλει ὁ Θεός
3 παρανομῶν κελεύεις με τύπτεσθαι;
I Co 8 12 τύπτοντες αὐτῶν τ. συνείδησιν ἀσθενοῦσαν

ΤΥ΄ΡΑΝΝΟΣ 5181

Ac 19 9 καθ᾿ ἡμέραν διαλεγόμενος ἐν τ. σχολῇ Τυράννου

ΤΥ΄ΡΙΟΣ 5183

Ac 12 20 ἦν δὲ θυμομαχῶν Τυρίοις κ. Σιδωνίοις

ΤΥ΄ΡΟΣ 5184

Mt 11 21 εἰ ἐν Τύρῳ κ. Σιδῶνι ἐγένοντο αἱ δυνάμεις
22 Τύρῳ κ. Σιδῶνι ἀνεκτότερον ἔσται ἐν ἡμέρᾳ κρίσεως
15 21 ἀνεχώρησεν εἰς τὰ μέρη Τύρου κ. Σιδῶνος
Mk 3 8 περὶ Τύρον κ. Σιδῶνα πλῆθος πολύ
Mk 7 24 ἀπῆλθεν εἰς τὰ ὅρια Τύρου κ. Σιδῶνος
31 πάλιν ἐξελθὼν ἐκ τ. ὁρίων Τύρου
Lu 6 17 πλῆθος πολὺ τ. λαοῦ ἀπὸ . . . τῆς παραλίου Τύρου κ. Σιδῶνος
10 13 εἰ ἐν Τύρῳ κ. Σιδῶνι ἐγενήθησαν αἱ δυνάμεις
14 Τύρῳ κ. Σιδῶνι ἀνεκτότερον ἔσται ἐν τ. κρίσει
Ac 21 3 κατήλθομεν εἰς Τύρον
7 ἀπὸ Τύρου κατηντήσαμεν εἰς Πτολεμαΐδα

ΤΥΦΛΟ΄Σ 5185

(1) metaph.

Mt 9 27 ἠκολούθησαν δύο τυφλοὶ κράζοντες
28 προσῆλθαν αὐτῷ οἱ τυφλοί
11 5 τυφλοὶ ἀναβλέπουσιν κ. χωλοὶ περιπατοῦσιν
12 22 προσήνεγκαν αὐτῷ δαιμονιζόμενον τυφλὸν κ. κωφόν
προσηνέχθη αὐτ. δαιμονιζόμενος τυφλὸς κ. κωφός, TWH mg. R
15 14 [1] τυφλοί εἰσιν ὁδηγοί·
+τυφλῶν, [WH mg.]; ὁδ. εἰσ. τυφλοὶ τυφλῶν, T
τυφλὸς δὲ τυφλὸν ἐὰν ὁδηγῇ
30 ἔχοντες μεθ᾿ ἑαυτῶν χωλοὺς κυλλοὺς τυφλοὺς κωφούς
χωλ. τυφλ. κωφ. κυλλ., TR
31 βλέποντας . . . χωλοὺς περιπατοῦντας κ. τυφλοὺς βλέποντας
20 30 ἰδοὺ δύο τυφλοὶ καθήμενοι παρὰ τὴν ὁδόν
21 14 προσῆλθον αὐτῷ τυφλοὶ κ. χωλοὶ ἐν τ. ἱερῷ
23 16 [1] οὐαὶ ὑμῖν ὁδηγοὶ τυφλοί
17 [1] μωροὶ κ. τυφλοὶ τίς γὰρ μείζων ἐστίν
19 [1] τυφλοὶ τί γὰρ μεῖζον
24 [1] ὁδηγοὶ τυφλοὶ διυλίζοντες τ. κώνωπα
26 [1] Φαρισαῖε τυφλὲ καθάρισον πρῶτον
Mk 8 22 φέρουσιν αὐτῷ τυφλόν
23 ἐπιλαβόμενος τῆς χειρὸς τ. τυφλοῦ
10 46 ὁ υἱὸς Τιμαίου Βαρτίμαιος τυφλὸς προσαίτης ἐκάθητο
49 φωνοῦσιν τ. τυφλὸν λέγοντες αὐτῷ
51 ὁ δὲ τυφλὸς εἶπεν αὐτῷ
Lu 4 18 κηρύξαι . . . τυφλοῖς ἀνάβλεψιν
לִקְרֹא . . . לַאֲסוּרִים פְּקַח־קוֹחַ, Is. lxi. 1
6 39 μήτι δύναται τυφλὸς τυφλὸν ὁδηγεῖν;
7 21 τυφλοῖς πολλοῖς ἐχαρίσατο βλέπειν
22 τυφλοὶ ἀναβλέπουσιν χωλοὶ περιπατοῦσιν
14 13 κάλει πτωχοὺς ἀναπείρους χωλοὺς τυφλούς
21 τ. πτωχοὺς κ. ἀναπείρους κ. τυφλοὺς κ. χωλοὺς εἰσάγαγε ὧδε
18 35 τυφλός τις ἐκάθητο παρὰ τὴν ὁδὸν ἐπαιτῶν
Jo 5 3 κατέκειτο πλῆθος τ. ἀσθενούντων τυφλῶν
9 1 παράγων εἶδεν ἄνθρωπον τυφλὸν ἐκ γενετῆς
2 τίς ἥμαρτεν . . . ἵνα τυφλὸς γεννηθῇ;
13 ἄγουσιν αὐτὸν πρὸς τ. Φαρισαίους τόν ποτε τυφλόν
17 λέγουσιν οὖν τῷ τυφλῷ πάλιν
18 ὅτι ἦν τυφλὸς κ. ἀνέβλεψεν
19 ὃν ὑμεῖς λέγετε ὅτι τυφλὸς ἐγεννήθη
20 οἴδαμεν . . . ὅτι τυφλὸς ἐγεννήθη
24 ἐφώνησαν οὖν τ. ἄνθρωπον ἐκ δευτέρου ὃς ἦν τυφλός
25 ἓν οἶδα ὅτι τυφλὸς ὢν ἄρτι βλέπω
32 ἠνέῳξέν τις ὀφθαλμοὺς τυφλοῦ γεγεννημένου
39 [1] ἵνα . . . οἱ βλέποντες τυφλοὶ γένωνται

Jo 9 40 [1] μὴ κ. ἡμεῖς τυφλοί ἐσμεν;
41 [1] εἰ τυφλοὶ ἦτε οὐκ ἂν εἴχετε ἁμαρτίαν
10 21 μὴ δαιμόνιον δύναται τυφλῶν ὀφθαλμοὺς ἀνοῖξαι;
11 37 οὗτος ὁ ἀνοίξας τ. ὀφθαλμοὺς τ. τυφλοῦ
Ac 13 11 χεὶρ Κυρίου ἐπὶ σὲ κ. ἔσῃ τυφλός
Ro 2 19 [1] πέποιθάς τε σεαυτὸν ὁδηγὸν εἶναι τυφλῶν
II Pe 1 9 [1] ᾧ γὰρ μὴ πάρεστιν ταῦτα τυφλός ἐστιν
Re 3 17 [1] οὐκ οἶδας ὅτι σὺ εἶ ὁ ταλαίπωρος . . . κ. πτωχὸς κ. τυφλός

ΤΥΦΛΟ'Ω 5186

Jo 12 40 τετύφλωκεν αὐτῶν τ. ὀφθαλμούς
עֵינָיו הָשַׁע, Is. vi. 10
II Co 4 4 ὁ Θεὸς τ. αἰῶνος τούτου ἐτύφλωσεν τὰ νοήματα τ. ἀπίστων
I Jo 2 11 ἡ σκοτία ἐτύφλωσεν τ. ὀφθαλμοὺς αὐτοῦ

ΤΥ'ΦΟΜΑΙ * 5188

Mt 12 20 λίνον τυφόμενον οὐ σβέσει
פִּשְׁתָּה כֵהָה לֹא יְכַבֶּנּוּ, Is. xlii. 3

ΤΥΦΟ'ΟΜΑΙ * 5187

I Ti 3 6 ἵνα μὴ τυφωθεὶς εἰς κρίμα ἐμπέσῃ τ. διαβόλου
6 4 τετύφωται μηδὲν ἐπιστάμενος
II Ti 3 4 προδόται προπετεῖς τετυφωμένοι

ΤΥΦΩΝΙΚΟ'Σ * † 5189

Ac 27 14 ἔβαλεν κατ' αὐτῆς ἄνεμος τυφωνικός

ΤΥ'ΧΙΚΟΣ 5190

Τυχικός, T

Ac 20 4 Ἀσιανοὶ δὲ Τύχικος κ. Τρόφιμος
Eph 6 21 πάντα γνωρίσει ὑμῖν Τύχικος ὁ ἀγαπητὸς ἀδελφός
Col 4 7 τὰ κατ' ἐμὲ πάντα γνωρίσει ὑμῖν Τύχικος ὁ ἀγαπητὸς ἀδελφός
II Ti 4 12 Τύχικον δὲ ἀπέστειλα εἰς Ἔφεσον
Tit 3 12 ὅταν πέμψω Ἀρτεμᾶν πρός σε ἢ Τύχικον

Υ

῾ΥΑΚΙ'ΝΘΙΝΟΣ 5191

Re 9 17 ἔχοντας θώρακας πυρίνους κ. ὑακινθίνους

῾ΥΑ'ΚΙΝΘΟΣ 5192

Re 21 20 ὁ ἑνδέκατος ὑάκινθος

῾ΥΑ'ΛΙΝΟΣ * 5193

Re 4 6 ἐνώπιον τ. θρόνου ὡς θάλασσα ὑαλίνη
15 2 εἶδον ὡς θάλασσαν ὑαλίνην μεμιγμένην πυρί
2 ἑστῶτας ἐπὶ τ. θάλασσαν τ. ὑαλίνην

῞ΥΑΛΟΣ 5194

Re 21 18 χρυσίον καθαρὸν ὅμοιον ὑάλῳ καθαρῷ
21 χρυσίον καθαρὸν ὡς ὕαλος διαυγής

῾ΥΒΡΙ'ΖΩ 5195

Mt 22 6 κρατήσαντες τ. δούλους αὐτοῦ ὕβρισαν
Lu 11 45 διδάσκαλε ταῦτα λέγων κ. ἡμᾶς ὑβρίζεις
18 32 ἐμπαιχθήσεται κ. ὑβρισθήσεται
Ac 14 5 ἐγένετο ὁρμὴ . . . ὑβρίσαι κ. λιθοβολῆσαι αὐτούς
I Th 2 2 προπαθόντες κ. ὑβρισθέντες καθὼς οἴδατε ἐν Φιλίπποις

῞ΥΒΡΙΣ 5196

Ac 27 10 μετὰ ὕβρεως κ. πολλῆς ζημίας . . . μέλλειν ἔσεσθαι τ. πλοῦν
21 κερδῆσαί τε τ. ὕβριν ταύτην κ. τ. ζημίαν
II Co 12 10 εὐδοκῶ ἐν ἀσθενείαις ἐν ὕβρεσιν

῾ΥΒΡΙΣΤΗ'Σ 5197

Ro 1 30 θεοστυγεῖς ὑβριστὰς ὑπερηφάνους
I Ti 1 13 τὸ πρότερον ὄντα βλάσφημον κ. διώκτην κ. ὑβριστήν

῾ΥΓΙΑΙ'ΝΩ 5198

Lu 5 31 οὐ χρείαν ἔχουσιν οἱ ὑγιαίνοντες ἰατροῦ
7 10 οἱ πεμφθέντες εὗρον τ. δοῦλον ὑγιαίνοντα
15 27 ὅτι ὑγιαίνοντα αὐτὸν ἀπέλαβεν
I Ti 1 10 εἴ τι ἕτερον τ. ὑγιαινούσῃ διδασκαλίᾳ ἀντίκειται
6 3 εἴ τις . . . μὴ προσέρχεται ὑγιαίνουσι λόγοις
II Ti 1 13 ὑποτύπωσιν ἔχε ὑγιαινόντων λόγων
4 3 ὅτε τ. ὑγιαινούσης διδασκαλίας οὐκ ἀνέξονται
Tit 1 9 ἵνα δυνατὸς ᾖ κ. παρακαλεῖν ἐν τ. διδασκαλίᾳ τ. ὑγιαινούσῃ
13 ἵνα ὑγιαίνωσιν ἐν τ. πίστει
2 1 σὺ δὲ λάλει ἃ πρέπει τ. ὑγιαινούσῃ διδασκαλίᾳ·
2 πρεσβύτας νηφαλίους εἶναι . . . ὑγιαίνοντας τ. πίστει
III Jo 2 περὶ πάντων εὔχομαί σε εὐοδοῦσθαι κ. ὑγιαίνειν

῾ΥΓΙΗ'Σ 5199

Mt 12 13 ἀπεκατεστάθη ὑγιὴς ὡς ἡ ἄλλη
15 31 βλέποντας κωφοὺς λαλοῦντας κυλλοὺς ὑγιεῖς —κυλλ. ὑγ., WH non mg.
Mk 5 34 ἴσθι ὑγιὴς ἀπὸ τῆς μάστιγός σου
Jo 5 [4 ὁ οὖν πρῶτος ἐμβὰς . . . ὑγιὴς ἐγίνετο]
6 θέλεις ὑγιὴς γενέσθαι;
9 εὐθέως ἐγένετο ὑγιὴς ὁ ἄνθρωπος
11 ὁ ποιήσας με ὑγιῆ ἐκεῖνός μοι εἶπεν
14 ἴδε ὑγιὴς γέγονας
15 Ἰησοῦς ἐστὶν ὁ ποιήσας αὐτὸν ὑγιῆ
7 23 ὅλον ἄνθρωπον ὑγιῆ ἐποίησα ἐν σαββάτῳ
Ac 4 10 ἐν τούτῳ οὗτος παρέστηκεν ἐνώπιον ὑμῶν ὑγιής
Tit 2 8 λόγον ὑγιῆ ἀκατάγνωστον

῾ΥΓΡΟ'Σ 5200

Lu 23 31 εἰ ἐν τ. ὑγρῷ ξύλῳ ταῦτα ποιοῦσιν —τῷ, WH non mg.

ὙΔΡΙ΄Α 5201

Jo 2 6 ἦσαν δὲ ἐκεῖ λίθιναι ὑδρίαι ἓξ . . . κείμεναι
7 γεμίσατε τ. ὑδρίας ὕδατος
4 28 ἀφῆκεν οὖν τ. ὑδρίαν αὐτῆς ἡ γυνή

ὙΔΡΟΠΟΤΕ΄Ω 5202

1 Ti 5 23 μηκέτι ὑδροπότει ἀλλὰ οἴνῳ ὀλίγῳ χρῶ

ὙΔΡΩΠΙΚΟ΄Σ * 5203

Lu 14 2 ἄνθρωπός τις ἦν ὑδρωπικὸς ἔμπροσθεν αὐτοῦ

ὝΔΩΡ 5204

(1) ὕδωρ . . . πνεῦμα (2) ὕδ. ζῶν, ζωῆς

Mt 3 11 [1] ἐγὼ μὲν ὑμᾶς βαπτίζω ἐν ὕδατι εἰς μετάνοιαν
16 βαπτισθεὶς δὲ ὁ Ἰησοῦς εὐθὺς ἀνέβη ἀπὸ τ. ὕδατος
8 32 ἀπέθανον ἐν τ. ὕδασιν
14 28 κέλευσόν με ἐλθεῖν πρός σε ἐπὶ τὰ ὕδατα
29 καταβὰς ἀπὸ τ. πλοίου Πέτρος περιεπάτησεν ἐπὶ τὰ ὕδατα
17 15 πολλάκις γὰρ πίπτει . . . εἰς τὸ ὕδωρ
27 24 λαβὼν ὕδωρ ἀπενίψατο τ. χεῖρας
49 ἐξῆλθεν ὕδωρ κ. αἷμα
—h. v., T [[WH]] R non mg.
Mk 1 8 [1] ἐγὼ ἐβάπτισα ὑμᾶς ὕδατι
10 εὐθὺς ἀναβαίνων ἐκ τ. ὕδατος
9 22 πολλάκις κ. εἰς πῦρ αὐτὸν ἔβαλεν κ. εἰς ὕδατα
41 ὃς γὰρ ἂν ποτίσῃ ὑμᾶς ποτήριον ὕδατος
14 13 ἀπαντήσει ὑμῖν ἄνθρωπος κεράμιον ὕδατος βαστάζων
Lu 3 16 [1] ἐγὼ μὲν ὕδατι βαπτίζω ὑμᾶς
7 44 ὕδωρ μοι ἐπὶ πόδας οὐκ ἔδωκας
8 24 ἐπετίμησεν τ. ἀνέμῳ κ. τ. κλύδωνι τ. ὕδατος
25 κ. τ. ἀνέμοις ἐπιτάσσει κ. τ. ὕδατι
16 24 ἵνα βάψῃ τὸ ἄκρον τ δακτύλου αὐτοῦ ὕδατος
22 10 συναντήσει ὑμῖν ἄνθρωπος κεράμιον ὕδατος βαστάζων
Jo 1 26 ἐγὼ βαπτίζω ἐν ὕδατι
31 διὰ τοῦτο ἦλθον ἐγὼ ἐν ὕδατι βαπτίζων
33 [1] ὁ πέμψας με βαπτίζειν ἐν ὕδατι
2 7 γεμίσατε τ. ὑδρίας ὕδατος
9 ὡς δὲ ἐγεύσατο ὁ ἀρχιτρίκλινος τὸ ὕδωρ οἶνον γεγενημένον
9 οἱ δὲ διάκονοι ᾔδεισαν οἱ ἠντληκότες τὸ ὕδωρ
3 5 [1] ἐὰν μή τις γεννηθῇ ἐξ ὕδατος κ. πνεύματος
8 [1] πᾶς ὁ γεγεννημένος ἐκ τ. ὕδατος κ. τ. πνεύματος
—τ. ὕδ. κ., TWH non mg. R
23 ὅτι ὕδατα πολλὰ ἦν ἐκεῖ
4 7 ἔρχεται γυνὴ ἐκ τ. Σαμαρίας ἀντλῆσαι ὕδωρ
10 [2] ἔδωκεν ἄν σοι ὕδωρ ζῶν
11 [2] πόθεν οὖν ἔχεις τὸ ὕδωρ τὸ ζῶν;
13 πᾶς ὁ πίνων ἐκ τ. ὕδατος τούτου διψήσει πάλιν·
14 ὃς δ' ἂν πίῃ ἐκ τ. ὕδατος οὗ ἐγὼ δώσω
14 τὸ ὕδωρ ὃ ἐγὼ δώσω αὐτῷ γενήσεται ἐν αὐτῷ πηγὴ ὕδατος ἀλλομένου εἰς ζωὴν αἰώνιον
15 Κύριε δός μοι τοῦτο τὸ ὕδωρ
46 ὅπου ἐποίησεν τὸ ὕδωρ οἶνον
5 [3 ἐκδεχομένων τὴν τ. ὕδατος κίνησιν.
[*4* ἄγγελος γὰρ . . . ἐτάρασσεν τὸ ὕδωρ· ὁ οὖν πρῶτος ἐμβὰς μετὰ τ. ταραχὴν τ. ὕδατος
Jo 5 7 ὅταν ταραχθῇ τὸ ὕδωρ
7 38 [2] ποταμοὶ ἐκ τ. κοιλίας αὐτοῦ ῥεύσουσιν ὕδατος ζῶντος
יֵצְאוּ מַיִם חַיִּים מִירוּשָׁלַםִ, Zech. xiv. 8, *cf.* Is. lviii. 11
13 5 εἶτα βάλλει ὕδωρ εἰς τ. νιπτῆρα
19 34 ἐξῆλθεν εὐθὺς αἷμα κ. ὕδωρ
Ac 1 5 [1] ὅτι Ἰωάνης μὲν ἐβάπτισεν ὕδατι
8 36 ὡς δὲ ἐπορεύοντο . . . ἦλθον ἐπί τι ὕδωρ· κ. φησιν ὁ εὐνοῦχος Ἰδοὺ ὕδωρ
38 κατέβησαν ἀμφότεροι εἰς τὸ ὕδωρ
39 ὅτε δὲ ἀνέβησαν ἐκ τ. ὕδατος
10 47 μήτι τὸ ὕδωρ δύναται κωλῦσαί τις
11 16 [1] Ἰωάνης μὲν ἐβάπτισεν ὕδατι
Eph 5 26 καθαρίσας τ. λουτρῷ τ. ὕδατος ἐν ῥήματι
He 9 19 λαβὼν τὸ αἷμα . . . μετὰ ὕδατος κ. ἐρίου κοκκίνου κ. ὑσσώπου
10 22 λελουσμένοι τὸ σῶμα ὕδατι καθαρῷ
Ja 3 12 οὔτε ἁλυκὸν γλυκὺ ποιῆσαι ὕδωρ
1 Pe 3 20 εἰς ἥν . . . ὀκτὼ ψυχαὶ διεσώθησαν δι' ὕδατος
II Pe 3 5 γῆ ἐξ ὕδατος κ. δι' ὕδατος συνεστῶσα
6 ὁ τότε κόσμος ὕδατι κατακλυσθεὶς ἀπώλετο
1 Jo 5 6 οὗτός ἐστιν ὁ ἐλθὼν δι' ὕδατος κ. αἵματος
6 οὐκ ἐν τ. ὕδατι μόνον ἀλλ' ἐν τ. ὕδατι κ. ἐν τ. αἵματι
8 [1] τρεῖς εἰσὶν οἱ μαρτυροῦντες τὸ πνεῦμα κ. τὸ ὕδωρ κ. τὸ αἷμα
Re 1 15 ἡ φωνὴ αὐτοῦ ὡς φωνὴ ὑδάτων πολλῶν
7 17 [2] ὁδηγήσει αὐτοὺς ἐπὶ ζωῆς πηγὰς ὑδάτων
8 10 ἔπεσεν . . . ἐπὶ τ. πηγὰς τ. ὑδάτων
11 ἐγένετο τὸ τρίτον τ. ὑδάτων εἰς ἄψινθον, κ. πολλοὶ τ. ἀνθρώπων ἀπέθανον ἐκ τ. ὑδάτων
11 6 ἐξουσίαν ἔχουσιν ἐπὶ τ. ὑδάτων
12 15 ἔβαλεν ὁ ὄφις ἐκ τ. στόματος αὐτοῦ . . . ὕδωρ ὡς ποταμόν
14 2 ἤκουσα φωνὴν ἐκ τ. οὐρανοῦ ὡς φωνὴν ὑδάτων πολλῶν
7 προσκυνήσατε τ. ποιήσαντι τ. οὐρανὸν . . . κ. πηγὰς ὑδάτων
16 4 ἐξέχεεν τ. φιάλην αὐτοῦ εἰς τ. ποταμοὺς κ. τ. πηγὰς τ. ὑδάτων
5 ἤκουσα τ. ἀγγέλου τ. ὑδάτων λέγοντος
12 ἐξηράνθη τὸ ὕδωρ αὐτοῦ
17 1 τ. πόρνης τ. μεγάλης τ. καθημένης ἐπὶ ὑδάτων πολλῶν
ἐπὶ τῶν ὑδ. τῶν πολλ., T
15 τὰ ὕδατα ἃ εἶδες . . . λαοὶ κ. ὄχλοι εἰσίν
19 6 ἤκουσα . . . ὡς φωνὴν ὑδάτων πολλῶν
21 6 [2] ἐγὼ τ. διψῶντι δώσω ἐκ τ. πηγῆς τ. ὕδατος τ. ζωῆς δωρεάν
22 1 [2] ἔδειξέν μοι ποταμὸν ὕδατος ζωῆς
17 [2] ὁ θέλων λαβέτω ὕδωρ ζωῆς δωρεάν

ὙΕΤΟ΄Σ 5205

Ac 14 17 οὐρανόθεν ὑμῖν ὑετοὺς διδούς
28 2 προσελάβοντο πάντας ἡμᾶς διὰ τ. ὑετὸν τ. ἐφεστῶτα
He 6 7 γῆ γὰρ ἡ πιοῦσα τὸν ἐπ' αὐτῆς ἐρχόμενον πολλάκις ὑετόν
Ja 5 18 πάλιν προσηύξατο κ. ὁ οὐρανὸς ὑετὸν ἔδωκεν
ἔδ. ὑετ., TWH mg.
Re 11 6 ἵνα μὴ ὑετὸς βρέχῃ τ. ἡμέρας τ. προφητείας αὐτῶν

ὙΙΟΘΕΣΙ΄Α * † 5206

Ro 8 15 ἀλλὰ ἐλάβετε πνεῦμα υἱοθεσίας
23 υἱοθεσίαν ἀπεκδεχόμενοι τ. ἀπολύτρωσιν τ. σώματος ἡμῶν
9 4 ὧν ἡ υἱοθεσία κ. ἡ δόξα
Ga 4 5 ἵνα τ. υἱοθεσίαν ἀπολάβωμεν
Eph 1 5 προορίσας ἡμᾶς εἰς υἱοθεσίαν διὰ Ἰησοῦ Χριστοῦ

ὙΙΟ΄Σ 5207

(1) υἱὸς Θεοῦ (2) υἱ. ὑψίστου, εὐλογητοῦ (3) υἱ. ἀνθρώπου (4) υἱ. Ἀβραάμ, Δαυείδ (5) υἱοὶ Θεοῦ, τ. πατρός (6) υἱ. ἀπωλείας, γεέννης, διαβόλου

Mt 1 1 [4] βίβλος γενέσεως Ἰησοῦ Χριστοῦ υἱοῦ Δαυεὶδ υἱοῦ Ἀβραάμ
20 [4] Ἰωσὴφ υἱὸς Δαυεὶδ μὴ φοβηθῇς παραλαβεῖν Μαρίαν
21 τέξεται δὲ υἱόν
23 ἡ παρθένος ἐν γαστρὶ ἕξει κ. τέξεται υἱόν
הָעַלְמָה הָרָה וְיֹלֶדֶת בֵּן, Is. vii. 14
25 ἕως οὗ ἔτεκεν υἱόν
2 15 [1] ἐξ Αἰγύπτου ἐκάλεσα τ. υἱόν μου
מִמִּצְרַיִם קָרָאתִי לִבְנִי, Hos. xi. 1
3 17 [1] οὗτός ἐστιν ὁ υἱός μου ὁ ἀγαπητός
4 3 [1] εἰ υἱὸς εἶ τ. Θεοῦ
6 [1] εἰ υἱὸς εἶ τ. Θεοῦ
5 9 [5] ὅτι αὐτοὶ υἱοὶ Θεοῦ κληθήσονται
45 [5] ὅπως γένησθε υἱοὶ τ. πατρὸς ὑμῶν τοῦ ἐν οὐρανοῖς
7 9 ὃν αἰτήσει ὁ υἱὸς αὐτοῦ ἄρτον
8 12 οἱ δὲ υἱοὶ τ. βασιλείας ἐκβληθήσονται εἰς τὸ σκότος τὸ ἐξώτερον
20 [3] ὁ δὲ υἱὸς τ. ἀνθρώπου οὐκ ἔχει ποῦ τ. κεφαλὴν κλίνῃ
29 [1] τί ἡμῖν κ. σοὶ υἱὲ τ. Θεοῦ;
9 6 [3] ἐξουσίαν ἔχει ὁ υἱὸς τ. ἀνθρώπου ἐπὶ τ. γῆς
15 μὴ δύνανται οἱ υἱοὶ τ. νυμφῶνος πενθεῖν
27 [4] ἐλέησον ἡμᾶς υἱὲ Δαυείδ
υἱός, TWH mg.
10 23 [3] ἕως ἔλθῃ ὁ υἱὸς τ. ἀνθρώπου
37 ὁ φιλῶν υἱὸν ἢ θυγατέρα ὑπὲρ ἐμέ
11 19 [3] ἦλθεν ὁ υἱὸς τ. ἀνθρώπου ἐσθίων κ. πίνων
27 οὐδεὶς ἐπιγινώσκει τ. υἱὸν εἰ μὴ ὁ πατήρ· οὐδὲ τ. πατέρα τις ἐπιγινώσκει εἰ μὴ ὁ υἱὸς κ. ᾧ ἐὰν βούληται ὁ υἱὸς ἀποκαλύψαι
12 8 [3] κύριος γάρ ἐστιν τ. σαββάτου ὁ υἱὸς τ. ἀνθρώπου
23 [4] μήτι οὗτός ἐστιν ὁ υἱὸς Δαυείδ;
27 οἱ υἱοὶ ὑμῶν ἐν τίνι ἐκβάλλουσιν;
32 [3] ὃς ἐὰν εἴπῃ λόγον κατὰ τ. υἱοῦ τ. ἀνθρώπου
40 [3] ἔσται ὁ υἱὸς τ. ἀνθρώπου ἐν τ. καρδίᾳ τ. γῆς
13 37 [3] ὁ σπείρων τὸ καλὸν σπέρμα ἐστὶν ὁ υἱὸς τ. ἀνθρώπου
38 τὸ δὲ καλὸν σπέρμα οὗτοί εἰσιν οἱ υἱοὶ τ. βασιλείας·
τὰ δὲ ζιζάνιά εἰσιν οἱ υἱοὶ τ. πονηροῦ

Mt 13 41 [3] ἀποστελεῖ ὁ υἱὸς τ. ἀνθρώπου τ. ἀγγέλους αὐτοῦ
55 οὐχ οὗτός ἐστιν ὁ τ. τέκτονος υἱός;
14 33 [1] ἀληθῶς Θεοῦ υἱὸς εἶ
15 22 [4] ἐλέησόν με Κύριε υἱὸς Δαυείδ
υἱέ, WH mg.
16 13 [3] τίνα λέγουσιν οἱ ἄνθρωποι εἶναι τ. υἱὸν τ. ἀνθρώπου
16 [1] σὺ εἶ ὁ Χριστὸς ὁ υἱὸς τ. Θεοῦ τ. ζῶντος
27 [3] μέλλει γὰρ ὁ υἱὸς τ. ἀνθρώπου ἔρχεσθαι
28 [3] ἕως ἂν ἴδωσιν τ. υἱὸν τ. ἀνθρώπου ἐρχόμενον
17 5 [1] οὗτός ἐστιν ὁ υἱός μου ὁ ἀγαπητός
9 [3] ἕως οὗ ὁ υἱὸς τ. ἀνθρώπου ἐκ νεκρῶν ἐγερθῇ
12 [3] οὕτως κ. ὁ υἱὸς τ. ἀνθρώπου μέλλει πάσχειν ὑπ᾽ αὐτῶν
15 Κύριε ἐλέησόν μου τ. υἱόν
22 [3] μέλλει ὁ υἱὸς τ. ἀνθρώπου παραδίδοσθαι
25 ἀπὸ τ. υἱῶν αὐτῶν ἢ ἀπὸ τ. ἀλλοτρίων;
26 ἄραγε ἐλεύθεροί εἰσιν οἱ υἱοί
18 11 [3] ἦλθεν γὰρ ὁ υἱὸς τ. ἀνθρώπου σῶσαι τὸ ἀπολωλός
—h. v., TWHR non mg.
19 28 [3] ὅταν καθίσῃ ὁ υἱὸς τ. ἀνθρώπου ἐπὶ θρόνου δόξης αὐτοῦ
20 18 [3] ὁ υἱὸς τ. ἀνθρώπου παραδοθήσεται τ. ἀρχιερεῦσιν
20 προσῆλθεν αὐτῷ ἡ μήτηρ τ. υἱῶν Ζεβεδαίου μετὰ τ. υἱῶν αὐτῆς
21 εἰπὲ ἵνα καθίσωσιν οὗτοι οἱ δύο υἱοί μου
28 [3] ὥσπερ ὁ υἱὸς τ. ἀνθρώπου οὐκ ἦλθεν διακονηθῆναι
30 [4] Κύριε ἐλέησον ἡμᾶς υἱὲ Δαυείδ
31 [4] Κύριε ἐλέησον ἡμᾶς υἱὲ Δαυείδ
21 5 ἐπιβεβηκὼς ἐπὶ ὄνον κ. ἐπὶ πῶλον υἱὸν ὑποζυγίου
רֹכֵב עַל־חֲמוֹר וְעַל־עַיִר בֶּן־אֲתֹנוֹת, Zech. ix. 9
9 [4] Ὡσαννὰ τ. υἱῷ Δαυείδ
15 [4] Ὡσαννὰ τ. υἱῷ Δαυείδ
37 ἀπέστειλεν πρὸς αὐτοὺς τ. υἱὸν αὐτοῦ, λέγων Ἐντραπήσονται τ. υἱόν μου.
38 οἱ δὲ γεωργοὶ ἰδόντες τ. υἱὸν εἶπον
22 2 ὅστις ἐποίησεν γάμους τ. υἱῷ αὐτοῦ
42 τίνος υἱός ἐστιν;
45 [4] πῶς υἱὸς αὐτοῦ ἐστίν;
23 15 [6] ποιεῖτε αὐτὸν υἱὸν γεέννης διπλότερον ὑμῶν
31 υἱοί ἐστε τ. φονευσάντων τ. προφήτας
35 ἕως τ. αἵματος Ζαχαρίου υἱοῦ Βαραχίου
24 27 [3] οὕτως ἔσται ἡ παρουσία τ. υἱοῦ τ. ἀνθρώπου
30 [3] τότε φανήσεται τὸ σημεῖον τ. υἱοῦ τ. ἀνθρώπου
30 [3] ὄψονται τ. υἱὸν τ. ἀνθρώπου ἐρχόμενον
36 οὐδεὶς οἶδεν οὐδὲ οἱ ἄγγελοι τ. οὐρανῶν οὐδὲ ὁ υἱός
—οὐδ. ὁ υἱός, R mg.
37 [3] οὕτως ἔσται ἡ παρουσία τ. υἱοῦ τ. ἀνθρώπου
39 [3] οὕτως ἔσται ἡ παρουσία τ. υἱοῦ τ. ἀνθρώπου
44 [3] ὅτι ᾗ οὐ δοκεῖτε ὥρᾳ ὁ υἱὸς τ. ἀνθρώπου ἔρχεται

Mt 25 31 [3] ὅταν δὲ ἔλθῃ ὁ υἱὸς τ. ἀνθρώπου ἐν τ. δόξῃ αὐτοῦ
26 2 [3] ὁ υἱὸς τ. ἀνθρώπου παραδίδοται εἰς τὸ σταυρωθῆναι
24 [3] ὁ μὲν υἱὸς τ. ἀνθρώπου παραδίδοται
24 [3] δι' οὗ ὁ υἱὸς τ. ἀνθρώπου παραδίδοται
37 παραλαβὼν τ. Πέτρον κ. τ. δύο υἱοὺς Ζεβεδαίου
45 [3] ὁ υἱὸς τ. ἀνθρώπου παραδίδοται εἰς χεῖρας ἁμαρτωλῶν
63 [1] εἰ σὺ εἶ ὁ Χριστὸς ὁ υἱὸς τ. Θεοῦ
64 [3] ὄψεσθε τ. υἱὸν τ. ἀνθρώπου καθήμενον
27 9 ὃν ἐτιμήσαντο ἀπὸ υἱῶν Ἰσραήλ
אֲשֶׁר יָקַרְתִּי מֵעֲלֵיהֶם, Zech. xi. 13
40 [1] εἰ υἱὸς εἶ τ. Θεοῦ
43 [1] εἶπεν γὰρ ὅτι Θεοῦ εἰμὶ υἱός
54 [1] ἀληθῶς Θεοῦ υἱὸς ἦν οὗτος
υἱ. Θεοῦ, WH mg.
56 ἐν αἷς ἦν . . . ἡ μήτηρ τ. υἱῶν Ζεβεδαίου
28 19 βαπτίζοντες αὐτοὺς εἰς τὸ ὄνομα τ. πατρὸς κ. τ. υἱοῦ κ. τ. ἁγίου πνεύματος
Mk 1 1 [1] ἀρχὴ τ. εὐαγγελίου Ἰησοῦ Χριστοῦ υἱοῦ Θεοῦ
—υἱ. Θεοῦ, TWH non mg. R mg.
11 [1] σὺ εἶ ὁ υἱός μου ὁ ἀγαπητός
2 10 [3] ἐξουσίαν ἔχει ὁ υἱὸς τ. ἀνθρώπου ἀφιέναι ἁμαρτίας
19 μὴ δύνανται οἱ υἱοὶ τ. νυμφῶνος . . . νηστεύειν;
28 [3] κύριος ἐστὶν ὁ υἱὸς τ. ἀνθρώπου κ. τ. σαββάτου
3 11 [1] σὺ εἶ ὁ υἱὸς τ. Θεοῦ
17 Βοανηργὲς ὅ ἐστιν Υἱοὶ βροντῆς
28 πάντα ἀφεθήσεται τ. υἱοῖς τ. ἀνθρώπων τὰ ἁμαρτήματα
5 7 [1] [2] τί ἐμοὶ κ. σοὶ Ἰησοῦ υἱὲ τ. Θεοῦ τ. ὑψίστου;
6 3 οὐχ οὗτός ἐστιν ὁ τέκτων ὁ υἱὸς τ. Μαρίας
8 31 [3] δεῖ τ. υἱὸν τ. ἀνθρώπου πολλὰ παθεῖν
38 [3] κ. ὁ υἱὸς τ. ἀνθρώπου ἐπαισχυνθήσεται αὐτόν
9 7 [1] οὗτός ἐστιν ὁ υἱός μου ὁ ἀγαπητός
9 [3] εἰ μὴ ὅταν ὁ υἱὸς τ. ἀνθρώπου ἐκ νεκρῶν ἀναστῇ
12 [3] πῶς γέγραπται ἐπὶ τ. υἱὸν τ. ἀνθρώπου
17 ἤνεγκα τ. υἱόν μου πρός σε
31 [3] ὁ υἱὸς τ. ἀνθρώπου παραδίδοται εἰς χεῖρας ἀνθρώπων
10 33 [3] ὁ υἱὸς τ. ἀνθρώπου παραδοθήσεται τ. ἀρχιερεῦσιν
35 Ἰάκωβος κ. Ἰωάνης οἱ δύο υἱοὶ Ζεβεδαίου
—δύο, T [WH] R
45 [3] ὁ υἱὸς τ. ἀνθρώπου οὐκ ἦλθεν διακονηθῆναι
46 ὁ υἱὸς Τιμαιου Βαρτίμαιος τυφλὸς προσαίτης
47 [4] υἱὲ Δαυεὶδ Ἰησοῦ ἐλέησόν με
48 [4] υἱὲ Δαυεὶδ ἐλέησόν με
12 6 ἔτι ἕνα εἶχεν υἱὸν ἀγαπητόν
6 λέγων ὅτι Ἐντραπήσονται τ. υἱόν μου
35 [4] ὅτι ὁ Χριστὸς υἱὸς Δαυείδ ἐστιν
37 [4] κ. πόθεν αὐτοῦ ἐστὶν υἱός;
13 26 [3] τότε ὄψονται τ. υἱὸν τ. ἀνθρώπου ἐρχόμενον
32 οὐδεὶς οἶδεν οὐδὲ οἱ ἄγγελοι ἐν οὐρανῷ οὐδὲ ὁ υἱός

Mk 14 21 [3] ὅτι ὁ μὲν υἱὸς τ. ἀνθρώπου ὑπάγει
21 [3] δι' οὗ ὁ υἱὸς τ. ἀνθρώπου παραδίδοται
41 [3] παραδίδοται ὁ υἱὸς τ. ἀνθρώπου εἰς τ. χεῖρας τ. ἁμαρτωλῶν
61 [2] σὺ εἶ ὁ Χριστὸς ὁ υἱὸς τ. εὐλογητοῦ;
62 [3] ὄψεσθε τ. υἱὸν τ. ἀνθρώπου ἐκ δεξιῶν καθήμενον τ. δυνάμεως
15 39 [1] ἀληθῶς οὗτος ὁ ἄνθρωπος υἱὸς Θεοῦ ἦν
Lu 1 13 ἡ γυνή σου Ἐλεισάβετ γεννήσει υἱόν σοι
16 πολλοὺς τ. υἱῶν Ἰσραὴλ ἐπιστρέψει ἐπὶ Κύριον τ. Θεὸν αὐτῶν
31 συλλήμψῃ ἐν γαστρὶ κ. τέξῃ υἱόν
32 [2] υἱὸς ὑψίστου κληθήσεται
35 [1] τὸ γεννώμενον ἅγιον κληθήσεται υἱὸς Θεοῦ
36 κ. αὐτὴ συνείληφεν υἱὸν ἐν γήρει αὐτῆς
57 ἐγέννησεν υἱόν
2 7 ἔτεκεν τ. υἱὸν αὐτῆς τ. πρωτότοκον
3 2 ἐγένετο ῥῆμα Θεοῦ ἐπὶ Ἰωάνην τὸν Ζαχαρίου υἱόν
22 [1] σὺ εἶ ὁ υἱός μου ὁ ἀγαπητός
υἱός μου εἶ σύ, WH mg.
23 ὢν υἱὸς ὡς ἐνομίζετο Ἰωσήφ
4 3 [1] εἰ υἱὸς εἶ τ. Θεοῦ
9 [1] εἰ υἱὸς εἶ τ. Θεοῦ
22 οὐχὶ υἱός ἐστιν Ἰωσὴφ οὗτος
41 [1] σὺ εἶ ὁ υἱὸς τ. Θεοῦ
5 10 Ἰάκωβον κ. Ἰωάνην υἱοὺς Ζεβεδαίου
24 [3] ὁ υἱὸς τ. ἀνθρώπου ἐξουσίαν ἔχει ἐπὶ τ. γῆς
34 μὴ δύνασθε τ. υἱοὺς τ. νυμφῶνος . . . ποιῆσαι νηστεῦσαι;
6 5 [3] κύριός ἐστιν τ. σαββάτου ὁ υἱὸς τ. ἀνθρώπου
ὁ υἱὸς τ. ἀνθρ. κ. τ. σαββ., TWH mg.
22 [3] ὅταν ἀφορίσωσιν ὑμᾶς . . . ἕνεκα τ. υἱοῦ τ. ἀνθρώπου
35 [2] ἔσεσθε υἱοὶ ὑψίστου
7 12 ἐξεκομίζετο τεθνηκὼς μονογενὴς υἱὸς τ. μητρὶ αὐτοῦ
34 [3] ἐλήλυθεν ὁ υἱὸς τ. ἀνθρώπου ἔσθων κ πίνων
8 28 [1] [2] τί ἐμοὶ κ. σοὶ Ἰησοῦ υἱὲ τ. Θεοῦ τ. ὑψίστου;
9 22 [3] δεῖ τ. υἱὸν τ. ἀνθρώπου πολλὰ παθεῖν
26 [3] τοῦτον ὁ υἱὸς τ. ἀνθρώπου ἐπαισχυνθήσεται
35 [1] οὗτός ἐστιν ὁ υἱός μου ὁ ἐκλελεγμένος
38 δέομαί σου ἐπιβλέψαι ἐπὶ τ. υἱόν μου
41 προσάγαγε ὧδε τ. υἱόν σου
44 [3] ὁ γὰρ υἱὸς τ. ἀνθρώπου μέλλει παραδίδοσθαι
56 [3] ὁ υἱὸς τ. ἀνθρώπου οὐκ ἦλθεν ψυχὰς ἀνθρώπων ἀπολέσαι
—h. v., TWH [WH mg.] R non mg.
58 [3] ὁ δὲ υἱὸς τ. ἀνθρώπου οὐκ ἔχει ποῦ τ. κεφαλὴν κλίνῃ
10 6 ἐὰν ἐκεῖ ᾖ υἱὸς εἰρήνης
22 οὐδεὶς γινώσκει τίς ἐστιν ὁ υἱὸς εἰ μὴ ὁ πατήρ,
κ. τίς ἐστιν ὁ πατὴρ εἰ μὴ ὁ υἱός,
κ. ᾧ ἂν βούληται ὁ υἱὸς ἀποκαλύψαι
11 11 τίνα δὲ ἐξ ὑμῶν τ. πατέρα αἰτήσει ὁ υἱὸς ἰχθύν
19 οἱ υἱοὶ ὑμῶν ἐν τίνι ἐκβάλλουσιν;
30 [3] οὕτως ἔσται κ. ὁ υἱὸς τ. ἀνθρώπου τ γενεᾷ ταύτῃ

Lu 12 8 [8] κ. ὁ υἱὸς τ. ἀνθρώπου ὁμολογήσει ἐν αὐτῷ
10 [8] πᾶς ὃς ἐρεῖ λόγον εἰς τ. υἱὸν τ. ἀνθρώπου
40 [8] ᾗ ὥρᾳ οὐ δοκεῖτε ὁ υἱὸς τ. ἀνθρώπου ἔρχεται
53 δύο ἐπὶ τρισὶν διαμερισθήσονται πατὴρ ἐπὶ υἱῷ κ. υἱὸς ἐπὶ πατρί
14 5 τίνος ὑμῶν υἱὸς ἢ βοῦς εἰς φρέαρ πεσεῖται
ὄνος, R non mg.
15 11 ἄνθρωπός τις εἶχεν δύο υἱούς
13 ὁ νεώτερος υἱὸς ἀπεδήμησεν εἰς χώραν μακράν
19 οὐκέτι εἰμὶ ἄξιος κληθῆναι υἱός σου
21 εἶπεν δὲ ὁ υἱὸς αὐτῷ
αὐτ. ὁ υἱός, T
21 οὐκέτι εἰμὶ ἄξιος κληθῆναι υἱός σου
24 οὗτος ὁ υἱός μου νεκρὸς ἦν
25 ἦν δὲ ὁ υἱὸς αὐτοῦ ὁ πρεσβύτερος ἐν ἀγρῷ
30 ὅτε δὲ ὁ υἱός σου οὗτος . . . ἦλθεν
16 8 οἱ υἱοὶ τ. αἰῶνος τούτου φρονιμώτεροι ὑπὲρ τ. υἱοὺς τ. φωτός
17 22 [8] ἐπιθυμήσετε μίαν τ. ἡμερῶν τ. υἱοῦ τ. ἀνθρώπου ἰδεῖν
24 [8] οὕτως ἔσται ὁ υἱὸς τ. ἀνθρώπου ἐν τ. ἡμέρᾳ αὐτοῦ
26 [8] οὕτως ἔσται κ. ἐν τ. ἡμέραις τ. υἱοῦ τ. ἀνθρώπου
30 [8] ᾗ ἡμέρᾳ ὁ υἱὸς τοῦ ἀνθρώπου ἀποκαλύπτεται
18 8 [8] ὁ υἱὸς τ. ἀνθρώπου ἐλθὼν ἆρα εὑρήσει τ. πίστιν ἐπὶ τ. γῆς;
31 [8] τελεσθήσεται πάντα τὰ γεγραμμένα διὰ τ. προφητῶν τ. υἱῷ τ. ἀνθρώπου
38 [4] Ἰησοῦ υἱὲ Δαυείδ ἐλέησόν με
39 [4] υἱὲ Δαυείδ ἐλέησόν με
19 9 [4] καθότι κ. αὐτὸς υἱὸς Ἀβραάμ ἐστιν.
10 [8] ἦλθεν γὰρ ὁ υἱὸς τ. ἀνθρώπου ζητῆσαι κ. σῶσαι τὸ ἀπολωλός
20 13 πέμψω τ. υἱόν μου τ. ἀγαπητόν
34 οἱ υἱοὶ τ. αἰῶνος τούτου γαμοῦσιν κ. γαμίσκονται
36 [5] υἱοί εἰσιν Θεοῦ τ. ἀναστάσεως υἱοὶ ὄντες
41 [4] πῶς λέγουσιν τ. Χριστὸν εἶναι Δαυεὶδ υἱόν;
44 [4] κ. πῶς αὐτοῦ υἱός ἐστιν,
21 27 [8] τότε ὄψονται τ. υἱὸν τ. ἀνθρώπου ἐρχόμενον
36 [8] ἵνα κατισχύσητε . . . σταθῆναι ἔμπροσθεν τ. υἱοῦ τ. ἀνθρώπου
22 22 [8] ὁ υἱὸς μὲν τ. ἀνθρώπου κατὰ τὸ ὡρισμένον πορεύεται
48 [8] φιλήματι τ. υἱὸν τ. ἀνθρώπου παραδίδως;
69 [8] ἀπὸ τοῦ νῦν δὲ ἔσται ὁ υἱὸς τ. ἀνθρώπου καθήμενος
70 [1] σὺ οὖν εἶ ὁ υἱὸς τ. Θεοῦ;
24 7 [8] λέγων τ. υἱὸν τ. ἀνθρώπου ὅτι δεῖ παραδοθῆναι
Jo 1 18 ὁ μονογενὴς υἱὸς ὁ ὢν εἰς τ. κόλπον τ. πατρός
μον. Θεός, —ὁ, WH non mg. R mg.
34 [1] μεμαρτύρηκα ὅτι οὗτός ἐστιν ὁ υἱὸς τ. Θεοῦ
ὁ ἐκλεκτὸς, WH mg.
42 σὺ εἶ Σίμων ὁ υἱὸς Ἰωάνου
45 εὑρήκαμεν Ἰησοῦν υἱὸν τοῦ Ἰωσὴφ τὸν ἀπὸ Ναζαρέτ
49 [1] ῥαββεὶ σὺ εἶ ὁ υἱὸς τ. Θεοῦ
51 [8] ὄψεσθε . . . ἀναβαίνοντας κ. καταβαίνοντας ἐπὶ τ. υἱὸν τ. ἀνθρώπου

Jo 3 13 [8] εἰ μὴ ὁ ἐκ τ. οὐρανοῦ καταβὰς ὁ υἱὸς τ. ἀνθρώπου
\+ ὁ ὢν ἐν τ. οὐρανῷ, TWH mg. R non mg.
14 [8] οὕτως ὑψωθῆναι δεῖ τ. υἱὸν τ. ἀνθρώπου
16 ὥστε τ. υἱὸν τ. μονογενῆ ἔδωκεν
17 οὐ γὰρ ἀπέστειλεν ὁ Θεὸς τ. υἱὸν εἰς τ. κόσμον
18 [1] ὅτι μὴ πεπίστευκεν εἰς τὸ ὄνομα τ. μονογενοῦς υἱοῦ τ. Θεοῦ
35 ὁ πατὴρ ἀγαπᾷ τ. υἱόν
36 ὁ πιστεύων εἰς τ. υἱὸν ἔχει ζωὴν αἰώνιον· ὁ δὲ ἀπειθῶν τ. υἱῷ οὐκ ὄψεται ζωήν
4 5 ὃ ἔδωκεν Ἰακὼβ τῷ Ἰωσὴφ τ. υἱῷ αὐτοῦ
12 αὐτὸς ἐξ αὐτοῦ ἔπιεν κ. οἱ υἱοὶ αὐτοῦ
46 οὗ ὁ υἱὸς ἠσθένει ἐν Καφαρναούμ
47 ἵνα καταβῇ κ. ἰάσηται αὐτοῦ τ. υἱόν
50 ὁ υἱός σου ζῇ
53 ὁ υἱός σου ζῇ
5 19 οὐ δύναται ὁ υἱὸς ποιεῖν ἀφ᾽ ἑαυτοῦ οὐδέν
19 ταῦτα κ. ὁ υἱὸς ὁμοίως ποιεῖ.
20 ὁ γὰρ πατὴρ φιλεῖ τ. υἱόν
21 οὕτως κ. ὁ υἱὸς οὓς θέλει ζωοποιεῖ
22 τ. κρίσιν πᾶσαν δέδωκεν τ. υἱῷ·
23 ἵνα πάντες τιμῶσιν τ. υἱόν
23 ὁ μὴ τιμῶν τ. υἱὸν οὐ τιμᾷ τ. πατέρα
25 [1] οἱ νεκροὶ ἀκούσουσιν τ. φωνῆς τ. υἱοῦ τ. Θεοῦ
26 οὕτως κ. τ. υἱῷ ἔδωκεν ζωὴν ἔχειν ἐν ἑαυτῷ·
27 [8] κ. ἐξουσίαν ἔδωκεν αὐτῷ κρίσιν ποιεῖν ὅτι υἱὸς ἀνθρώπου ἐστίν
6 27 [8] ἣν ὁ υἱὸς τ. ἀνθρώπου ὑμῖν δώσει
40 πᾶς ὁ θεωρῶν τ. υἱὸν κ. πιστεύων εἰς αὐτόν
42 οὐχὶ οὗτός ἐστιν Ἰησοῦς ὁ υἱὸς Ἰωσήφ
53 [8] ἐὰν μὴ φάγητε τ. σάρκα τ. υἱοῦ τ. ἀνθρώπου
62 [8] ἐὰν οὖν θεωρῆτε τ. υἱὸν τ. ἀνθρώπου ἀναβαίνοντα
8 28 [8] ὅταν ὑψώσητε τ. υἱὸν τ. ἀνθρώπου
35 ὁ υἱὸς μένει εἰς τ. αἰῶνα.
36 ἐὰν οὖν ὁ υἱὸς ὑμᾶς ἐλευθερώσῃ
9 19 οὗτός ἐστιν ὁ υἱὸς ὑμῶν
20 οἴδαμεν ὅτι οὗτός ἐστιν ὁ υἱὸς ἡμῶν
35 [1] [8] σὺ πιστεύεις εἰς τ. υἱὸν τ. ἀνθρώπου;
υἱ. τ. Θεοῦ, R non mg.
10 36 [1] ὅτι εἶπον Υἱὸς τ. Θεοῦ εἰμί
—τοῦ, T
11 4 [1] ἵνα δοξασθῇ ὁ υἱὸς τ. Θεοῦ δι᾽ αὐτῆς
27 [1] πεπίστευκα ὅτι σὺ εἶ ὁ Χριστὸς ὁ υἱὸς τ. Θεοῦ
12 23 [8] ἐλήλυθεν ἡ ὥρα ἵνα δοξασθῇ ὁ υἱὸς τ. ἀνθρώπου
34 [8] πῶς λέγεις σὺ ὅτι δεῖ ὑψωθῆναι τ. υἱὸν τ. ἀνθρώπου;
[8] τίς ἐστιν οὗτος ὁ υἱὸς τ. ἀνθρώπου;
36 ἵνα υἱοὶ φωτὸς γένησθε
13 31 [8] νῦν ἐδοξάσθη ὁ υἱὸς τ. ἀνθρώπου
14 13 ἵνα δοξασθῇ ὁ πατὴρ ἐν τ. υἱῷ
17 1 δόξασόν σου τ. υἱόν,
ἵνα ὁ υἱὸς δοξάσῃ σέ
12 [6] οὐδεὶς ἐξ αὐτῶν ἀπώλετο εἰ μὴ ὁ υἱὸς τ. ἀπωλείας
19 7 [1] ὅτι υἱὸν Θεοῦ ἑαυτὸν ἐποίησεν
26 γύναι ἴδε ὁ υἱός σου
20 31 [1] ἵνα πιστεύητε ὅτι Ἰησοῦς ἐστιν ὁ Χριστὸς ὁ υἱὸς τ. Θεοῦ

Ac 2 17 προφητεύσουσιν οἱ υἱοὶ ὑμῶν κ. αἱ θυγατέρες ὑμῶν
נִבְּאוּ בְּנֵיכֶם וּבְנוֹתֵיכֶם, Joel iii. 1
3 25 ὑμεῖς ἐστὲ οἱ υἱοὶ τ. προφητῶν
4 36 Βαρνάβας . . . ὅ ἐστιν μεθερμηνευόμενον Υἱὸς Παρακλήσεως
υἱ. παρακλ., T
5 21 συνεκάλεσαν . . . πᾶσαν τ. γερουσίαν τ. υἱῶν Ἰσραήλ
7 16 ᾧ ὠνήσατο Ἀβραὰμ . . . παρὰ τ. υἱῶν Ἑμμὼρ ἐν Συχέμ
21 ἀνεθρέψατο αὐτὸν ἑαυτῷ εἰς υἱόν
23 ἐπισκέψασθαι τ. ἀδελφοὺς αὐτοῦ τ. υἱοὺς Ἰσραήλ
29 οὗ ἐγέννησεν υἱοὺς δύο
37 οὗτός ἐστιν ὁ Μωυσῆς ὁ εἴπας τ. υἱοῖς Ἰσραήλ
56 [3] θεωρῶ . . . τ. υἱὸν τ. ἀνθρώπου ἐκ δεξιῶν ἑστῶτα τ. Θεοῦ
8 37 [1] πιστεύω τ. υἱὸν τ. Θεοῦ εἶναι τ. Ἰησοῦν Χριστόν
—h. v., TWH non mg. R non mg.
9 15 ἐνώπιον τ. ἐθνῶν τε κ. βασιλέων υἱῶν τε Ἰσραήλ
20 [1] ἐκήρυσσεν τ. Ἰησοῦν ὅτι οὗτός ἐστιν ὁ υἱὸς τ. Θεοῦ
10 36 τ. λόγον ἀπέστειλεν τ. υἱοῖς Ἰσραήλ
13 10 [6] υἱὲ διαβόλου ἐχθρὲ πάσης δικαιοσύνης
21 ἔδωκεν αὐτοῖς ὁ Θεὸς τ. Σαοὺλ υἱὸν Κείς
26 ἄνδρες ἀδελφοὶ υἱοὶ γένους Ἀβραάμ
33 [1] υἱός μου εἶ σύ
בְּנִי אַתָּה, Ps. ii. 7
16 1 Τιμόθεος υἱὸς γυναικὸς Ἰουδαίας πιστῆς
19 14 ἦσαν δέ τινος Σκευᾶ Ἰουδαίου ἀρχιερέως ἑπτὰ υἱοὶ τοῦτο ποιοῦντες
23 6 ἐγὼ Φαρισαῖός εἰμι υἱὸς Φαρισαίων
16 ἀκούσας δὲ ὁ υἱὸς τ. ἀδελφῆς Παύλου τ. ἐνέδραν
Ro 1 3 [1] περὶ τ. υἱοῦ αὐτοῦ τ. γενομένου ἐκ σπέρματος Δαυεὶδ κατὰ σάρκα,
4 [1] τ. ὁρισθέντος υἱοῦ Θεοῦ ἐν δυνάμει
9 [1] ᾧ λατρεύω . . . ἐν τ. εὐαγγελίῳ τ. υἱοῦ αὐτοῦ
5 10 [1] εἰ γὰρ . . . κατηλλάγημεν τ. Θεῷ διὰ τ. θανάτου τ. υἱοῦ αὐτοῦ
8 3 [1] ὁ Θεὸς τὸν ἑαυτοῦ υἱὸν πέμψας
14 [5] ὅσοι γὰρ πνεύματι Θεοῦ ἄγονται οὗτοι υἱοὶ Θεοῦ εἰσίν
19 [5] τ. ἀποκάλυψιν τ. υἱῶν τ. Θεοῦ ἀπεκδέχεται
29 [1] προώρισεν συμμόρφους τ. εἰκόνος τ. υἱοῦ αὐτοῦ
32 [1] ὅς γε τ. ἰδίου υἱοῦ οὐκ ἐφείσατο
9 9 ἔσται τ. Σάρρᾳ υἱός
הִנֵּה־בֵן לְשָׂרָה אִשְׁתֶּךָ, Gen. xviii. 10
26 [5] ἐκεῖ κληθήσονται υἱοὶ Θεοῦ ζῶντος
יֵאָמֵר לָהֶם בְּנֵי אֵל־חָי, Hos. ii. 1
27 ἐὰν ᾖ ὁ ἀριθμὸς τ. υἱῶν Ἰσραὴλ ὡς ἡ ἄμμος τ. θαλάσσης
אִם־יִהְיֶה עַמְּךָ יִשְׂרָאֵל כְּחוֹל הַיָּם, Is. x. 22
I Co 1 9 [1] δι' οὗ ἐκλήθητε εἰς κοινωνίαν τ. υἱοῦ αὐτοῦ
15 28 τότε κ. αὐτὸς ὁ υἱὸς ὑποταγήσεται
II Co 1 19 [1] ὁ τ. Θεοῦ γὰρ υἱὸς Χριστὸς Ἰησοῦς . . . οὐκ ἐγένετο ναὶ κ. οὔ

II Co 3 7 ὥστε μὴ δύνασθαι ἀτενίσαι τ. υἱοὺς Ἰσραήλ
13 πρὸς τὸ μὴ ἀτενίσαι τ. υἱοὺς Ἰσραήλ
6 18 [5] ὑμεῖς ἔσεσθέ μοι εἰς υἱοὺς κ. θυγατέρας
Ga 1 16 [1] ἀποκαλύψαι τ. υἱὸν αὐτοῦ ἐν ἐμοί
2 20 [1] ἐν πίστει ζῶ τῇ τ. υἱοῦ τ. Θεοῦ
3 7 [4] οἱ ἐκ πίστεως οὗτοι υἱοί εἰσιν Ἀβραάμ
26 [5] πάντες γὰρ υἱοὶ Θεοῦ ἐστὲ διὰ τ. πίστεως
4 4 [1] ἐξαπέστειλεν ὁ Θεὸς τ. υἱὸν αὐτοῦ,
6 [1] ὅτι δέ ἐστε υἱοὶ ἐξαπέστειλεν ὁ Θεὸς τὸ πνεῦμα τ. υἱοῦ αὐτοῦ εἰς τ. καρδίας ἡμῶν
7 ὥστε οὐκέτι εἶ δοῦλος ἀλλὰ υἱός.
εἰ δὲ υἱὸς κ. κληρονόμος διὰ Θεοῦ
22 γέγραπται γὰρ ὅτι Ἀβραὰμ δύο υἱοὺς ἔσχεν
30 ἔκβαλε τ. παιδίσκην κ. τ. υἱὸν αὐτῆς,
גָּרֵשׁ הָאָמָה הַזֹּאת וְאֶת־בְּנָהּ, Gen. xxi. 10
οὐ γὰρ μὴ κληρονομήσει ὁ υἱὸς τ. παιδίσκης μετὰ τ. υἱοῦ τ. ἐλευθέρας
כִּי לֹא יִירַשׁ בֶּן־הָאָמָה הַזֹּאת עִם־בְּנִי עִם־יִצְחָק, *ib.*
Eph 2 2 τ. πνεύματος τ. νῦν ἐνεργοῦντος ἐν τ. υἱοῖς τ. ἀπειθείας
3 5 ὃ ἑτέραις γενεαῖς οὐκ ἐγνωρίσθη τ. υἱοῖς τ. ἀνθρώπων
4 13 [1] τ. ἑνότητα τ. πίστεως κ. τ. ἐπιγνώσεως τ. υἱοῦ τ. Θεοῦ
5 6 ἔρχεται ἡ ὀργὴ τ. Θεοῦ ἐπὶ τ. υἱοὺς τ. ἀπειθείας
Col 1 13 μετέστησεν εἰς τ. βασιλείαν τ. υἱοῦ τ. ἀγάπης αὐτοῦ
3 6 ἔρχεται ἡ ὀργὴ τ. Θεοῦ ἐπὶ τ. υἱοὺς τ. ἀπειθείας
—ἐπ. τ. υἱ. τ. ἀπειθ., TWHR mg.
I Th 1 10 [1] ἀναμένειν τ. υἱὸν αὐτοῦ ἐκ τ. οὐρανῶν
5 5 πάντες γὰρ ὑμεῖς υἱοὶ φωτός ἐστε κ. υἱοὶ ἡμέρας
II Th 2 3 [6] ἐὰν μὴ . . . ἀποκαλυφθῇ . . . ὁ υἱὸς τ. ἀπωλείας
He 1 2 ἐπ' ἐσχάτου τ. ἡμερῶν τούτων ἐλάλησεν ἡμῖν ἐν υἱῷ
5 [1] υἱός μου εἶ σύ, Ps. *l.c.*
5 αὐτὸς ἔσται μοι εἰς υἱόν
הוּא יִהְיֶה־לִּי לְבֵן, 2 Sam. vii. 14
8 πρὸς μὲν τ. ἀγγέλους λέγει . . . πρὸς δὲ τ. υἱόν
2 6 [8] ἢ υἱὸς ἀνθρώπου ὅτι ἐπισκέπτῃ αὐτόν;
וּבֶן־אָדָם כִּי תִפְקְדֶנּוּ, Ps. viii. 5
10 πολλοὺς υἱοὺς εἰς δόξαν ἀγαγόντα
3 6 Χριστὸς δὲ ὡς υἱὸς ἐπὶ τ. οἶκον αὐτοῦ
4 14 [1] ἔχοντες οὖν ἀρχιερέα μέγαν . . . Ἰησοῦν τ. υἱὸν τ. Θεοῦ
5 5 [1] υἱός μου εἶ σύ, Ps. ii. 7
8 καίπερ ὢν υἱὸς ἔμαθεν . . . τ. ὑπακοήν
6 6 [1] ἀνασταυροῦντας ἑαυτοῖς τ. υἱὸν τ. Θεοῦ
7 3 [1] ἀφωμοιωμένος δὲ τ. υἱῷ τ. Θεοῦ
5 οἱ μὲν ἐκ τ. υἱῶν Λευεὶ τ. ἱερατείαν λαμβάνοντες
28 ὁ λόγος δὲ τ. ὁρκωμοσίας . . . υἱὸν εἰς τ. αἰῶνα τετελειωμένον
10 29 [1] ὁ τ. υἱὸν τ. Θεοῦ καταπατήσας
11 21 πίστει Ἰακὼβ ἀποθνήσκων ἕκαστον τ. υἱῶν Ἰωσὴφ εὐλόγησεν

He 11 22 περὶ τῆς ἐξόδου τ. υἱῶν Ἰσραὴλ ἐμνημόνευσεν
24 ἠρνήσατο λέγεσθαι υἱὸς θυγατρὸς Φαραώ
12 5 ἥτις ὑμῖν ὡς υἱοῖς διαλέγεται·
υἱέ μου μὴ ὀλιγώρει παιδείας Κυρίου
מוּסַר יְהוָה בְּנִי אַל־תִּמְאָס, Pr. iii. 11
6 μαστιγοῖ δὲ πάντα υἱὸν ὃν παραδέχεται
וּכְאָב אֶת־בֵּן יִרְצֶה, *ib.* 12
7 ὡς υἱοῖς ὑμῖν προσφέρεται ὁ Θεός·
τίς γὰρ υἱὸς ὃν οὐ παιδεύει πατήρ;
8 ἄρα νόθοι κ. οὐχ υἱοί ἐστε
Ja 2 21 [4] ἀνενέγκας Ἰσαὰκ τ. υἱὸν αὐτοῦ ἐπὶ τὸ θυσιαστήριον
I Pe 5 13 ἀσπάζεται ὑμᾶς . . . Μάρκος ὁ υἱός μου
II Pe 1 17 [1] ὁ υἱός μου ὁ ἀγαπητός μου οὗτός ἐστιν
οὗτ. ἐστ. ὁ υἱ. μ. ὁ ἀγαπ., TR
I Jo 1 3 [1] ἡ κοινωνία δὲ ἡ ἡμετέρα . . . μετὰ τ. υἱοῦ αὐτοῦ Ἰησοῦ Χριστοῦ
7 [1] τὸ αἷμα Ἰησοῦ τ. υἱοῦ αὐτοῦ καθαρίζει ἡμᾶς
2 22 ὁ ἀρνούμενος τ. πατέρα κ. τ. υἱόν.
23 πᾶς ὁ ἀρνούμενος τ. υἱὸν οὐδὲ τ. πατέρα ἔχει·
ὁ ὁμολογῶν τ. υἱὸν κ. τ. πατέρα ἔχει
24 κ. ὑμεῖς ἐν τ. υἱῷ κ. ἐν τ. πατρὶ μενεῖτε
3 8 [1] εἰς τοῦτο ἐφανερώθη ὁ υἱὸς τ. Θεοῦ
23 [1] ἵνα πιστεύσωμεν τ. ὀνόματι τ. υἱοῦ αὐτοῦ Ἰησοῦ Χριστοῦ
4 9 [1] τ. υἱὸν αὐτοῦ τ. μονογενῆ ἀπέσταλκεν ὁ Θεός
10 [1] ἀπέστειλεν τ. υἱὸν αὐτοῦ ἱλασμὸν
14 ὁ πατὴρ ἀπέσταλκεν τ. υἱὸν σωτῆρα τ. κόσμου
15 [1] ὃς ἐὰν ὁμολογήσῃ ὅτι Ἰησοῦς Χριστός ἐστιν ὁ υἱὸς τ. Θεοῦ
5 5 [1] ὁ πιστεύων ὅτι Ἰησοῦς ἐστὶν ὁ υἱὸς τ. Θεοῦ
9 [1] ὅτι μεμαρτύρηκεν περὶ τ. υἱοῦ αὐτοῦ
10 [1] ὁ πιστεύων εἰς τ. υἱὸν τ. Θεοῦ ἔχει τ. μαρτυρίαν ἐν αὐτῷ
10 [1] ἣν μεμαρτύρηκεν ὁ Θεὸς περὶ τ. υἱοῦ αὐτοῦ
11 [1] αὕτη ἡ ζωὴ ἐν τ. υἱῷ αὐτοῦ ἐστίν.
12 ὁ ἔχων τ. υἱὸν ἔχει τ. ζωήν·
[1] ὁ μὴ ἔχων τ. υἱὸν τ. Θεοῦ τ. ζωὴν οὐκ ἔχει
13 [1] τ. πιστεύουσιν εἰς τὸ ὄνομα τ. υἱοῦ τ. Θεοῦ
20 [1] οἴδαμεν δὲ ὅτι ὁ υἱὸς τ. Θεοῦ ἥκει
20 [1] κ. ἐσμεν ἐν τ. ἀληθινῷ ἐν τ. υἱῷ αὐτοῦ Ἰησοῦ Χριστῷ
II Jo 3 [1] παρὰ Ἰησοῦ Χριστοῦ τ. υἱοῦ τ. πατρός
9 οὗτος κ. τ. πατέρα κ. τ. υἱὸν ἔχει
Re 1 13 [8] ἐν μέσῳ τ. λυχνιῶν ὅμοιον υἱὸν ἀνθρώπου
υἱῷ, WH mg.
2 14 βαλεῖν σκάνδαλον ἐνώπιον τ. υἱῶν Ἰσραήλ
18 [1] τάδε λέγει ὁ υἱὸς τ. Θεοῦ
7 4 ἐσφραγισμένοι ἐκ πάσης φυλῆς υἱῶν Ἰσραήλ
12 5 ἔτεκεν υἱὸν ἄρσεν
14 14 [8] ἐπὶ τ. νεφέλην καθήμενον ὅμοιον υἱὸν ἀνθρώπου
21 7 αὐτὸς ἔσται μοι υἱός
12 ἅ ἐστιν τ. δώδεκα φυλῶν υἱῶν Ἰσραήλ

ὝΛΗ 5208

Ja 3 5 ἡλίκον πῦρ ἡλίκην ὕλην ἀνάπτει

ὙΜΈΝΑΙΟΣ 5211

I Ti 1 20 ὧν ἐστὶν Ὑμέναιος κ. Ἀλέξανδρος
II Ti 2 17 ὧν ἐστὶν Ὑμέναιος κ. Φίλητος

ὙΜΈΤΕΡΟΣ 5212

Lu 6 20 ὑμετέρα ἐστὶν ἡ βασιλεία τ. Θεοῦ
16 12 τὸ ὑμέτερον τίς ὑμῖν δώσει;
ἡμέτερον, WH non mg. R mg.
Jo 7 6 ὁ δὲ καιρὸς ὁ ὑμέτερος πάντοτέ ἐστιν ἕτοιμος
8 17 ἐν τ. νόμῳ δὲ τ. ὑμετέρῳ γέγραπται
15 20 εἰ τ. λόγον μου ἐτήρησαν κ. τ. ὑμέτερον τηρήσουσιν
Ac 27 34 τοῦτο γὰρ πρὸς τῆς ὑμετέρας σωτηρίας ὑπάρχει
Ro 11 31 τ. ὑμετέρῳ ἐλέει ἵνα κ. αὐτοὶ νῦν ἐλεηθῶσιν
I Co 15 31 νὴ τ. ὑμετέραν καύχησιν ἀδελφοί
16 17 τὸ ὑμέτερον ὑστέρημα οὗτοι ἀνεπλήρωσαν
ὑμῶν, WH mg.
II Co 8 8 τὸ τ. ὑμετέρας ἀγάπης γνήσιον δοκιμάζων
Ga 6 13 ἵνα ἐν τ. ὑμετέρᾳ σαρκὶ καυχήσωνται

ὙΜΝΈΩ 5214

Mt 26 30 ὑμνήσαντες ἐξῆλθον εἰς τὸ ὄρος τ. ἐλαιῶν
Mk 14 26 ὑμνήσαντες ἐξῆλθον εἰς τὸ ὄρος τ. ἐλαιῶν
Ac 16 25 Παῦλος κ. Σίλας προσευχόμενοι ὕμνουν τ. Θεόν
He 2 12 ἐν μέσῳ ἐκκλησίας ὑμνήσω σε
בְּתוֹךְ קָהָל אֲהַלְלֶךָּ, Ps. xxii. 23

ὝΜΝΟΣ 5215

Eph 5 19 λαλοῦντες ἑαυτοῖς ψαλμοῖς κ. ὕμνοις κ. ᾠδαῖς πνευματικαῖς
Col 3 16 ψαλμοῖς ὕμνοις ᾠδαῖς πνευματικαῖς ἐν χάριτι ᾄδοντες

ὙΠΆΓΩ 5217

(1) ὑπ. εἰς εἰρήνην, ἐν εἰρήνῃ
(2) ἔρχεσθαι . . . ὑπάγειν

Mt 4 10 ὕπαγε Σατανᾶ
5 24 ὕπαγε πρῶτον διαλλάγηθι τ. ἀδελφῷ σου
41 ὕπαγε μετ' αὐτοῦ δύο
8 4 ὕπαγε σεαυτὸν δεῖξον τ. ἱερεῖ
13 εἶπεν ὁ Ἰησοῦς τ. ἑκατοντάρχῃ Ὕπαγε
32 εἶπεν αὐτοῖς Ὑπάγετε
9 6 ὕπαγε εἰς τ. οἶκόν σου
13 44 ἀπὸ τ. χαρᾶς αὐτοῦ ὑπάγει
16 23 ὕπαγε ὀπίσω μου Σατανᾶ
18 15 ὕπαγε ἔλεγξον αὐτὸν μεταξὺ σοῦ κ. αὐτοῦ μόνου
19 21 ὕπαγε πώλησόν σου τὰ ὑπάρχοντα
20 4 ὑπάγετε κ. ὑμεῖς εἰς τ. ἀμπελῶνα
7 ὑπάγετε κ. ὑμεῖς εἰς τ. ἀμπελῶνα
14 ἆρον τὸ σὸν κ. ὕπαγε
21 28 τέκνον ὕπαγε σήμερον ἐργάζου ἐν τ. ἀμπελῶνι
26 18 ὑπάγετε εἰς τ. πόλιν πρὸς τὸν δεῖνα
24 ὁ μὲν υἱὸς τ. ἀνθρώπου ὑπάγει
27 65 ὑπάγετε ἀσφαλίσασθε ὡς οἴδατε

Mt 28 10 ὑπάγετε ἀπαγγείλατε τ. ἀδελφοῖς μου
Mk 1 44 ὕπαγε σεαυτὸν δεῖξον τ. ἱερεῖ
2 9 ἆρον τ. κράβαττόν σου κ. ὕπαγε
περιπάτει, WHR
11 ὕπαγε εἰς τ. οἶκόν σου
5 19 ὕπαγε εἰς τ. οἶκόν σου πρὸς τ. σούς
34 [1] ὕπαγε εἰς εἰρήνην
6 31 [2] ἦσαν γὰρ οἱ ἐρχόμενοι κ. οἱ ὑπάγοντες πολλοί
33 εἶδαν αὐτοὺς ὑπάγοντας
38 ὑπάγετε ἴδετε
7 29 διὰ τοῦτον τ. λόγον ὕπαγε
8 33 ὕπαγε ὀπίσω μου Σατανᾶ
10 21 ὕπαγε ὅσα ἔχεις πώλησον
52 ὁ Ἰησοῦς εἶπεν αὐτῷ Ὕπαγε
11 2 ὑπάγετε εἰς τ. κώμην τὴν κατέναντι ὑμῶν
14 13 ὑπάγετε εἰς τ. πόλιν
21 ὅτι ὁ μὲν υἱὸς τ. ἀνθρώπου ὑπάγει
16 7 ἀλλὰ ὑπάγετε εἴπατε τ. μαθηταῖς αὐτοῦ
Lu 8 42 ἐν δὲ τῷ ὑπάγειν αὐτὸν οἱ ὄχλοι συνέπνιγον αὐτόν
10 3 ὑπάγετε ἰδοὺ ἀποστέλλω ὑμᾶς ὡς ἄρνας
12 58 ὡς γὰρ ὑπάγεις μετὰ τ. ἀντιδίκου σου ἐπ' ἄρχοντα
17 14 ἐγένετο ἐν τῷ ὑπάγειν αὐτοὺς ἐκαθαρίσθησαν
19 30 ὑπάγετε εἰς τὴν κατέναντι κώμην
Jo 3 8 [2] οὐκ οἶδας πόθεν ἔρχεται κ. ποῦ ὑπάγει
4 16 ὕπαγε φώνησόν σου τ. ἄνδρα
6 21 ἐγένετο τὸ πλοῖον ἐπὶ τ. γῆς εἰς ἣν ὑπῆγον
67 μὴ κ. ὑμεῖς θέλετε ὑπάγειν;
7 3 μετάβηθι ἐντεῦθεν κ. ὕπαγε εἰς τ. Ἰουδαίαν
33 ὑπάγω πρὸς τ. πέμψαντά με
8 14 [2] οἶδα πόθεν ἦλθον κ. ποῦ ὑπάγω·
[2] ὑμεῖς δὲ οὐκ οἴδατε πόθεν ἔρχομαι ἢ ποῦ ὑπάγω
21 ἐγὼ ὑπάγω κ. ζητήσετέ με
21 [2] ὅπου ἐγὼ ὑπάγω ὑμεῖς οὐ δύνασθε ἐλθεῖν
22 [2] ὅπου ἐγὼ ὑπάγω ὑμεῖς οὐ δύνασθε ἐλθεῖν
9 7 ὕπαγε νίψαι εἰς τ. κολυμβήθραν τοῦ Σιλωάμ
11 εἶπέν μοι ὅτι Ὕπαγε εἰς τὸν Σιλωάμ
11 8 κ. πάλιν ὑπάγεις ἐκεῖ;
31 ὑπάγει εἰς τὸ μνημεῖον ἵνα κλαύσῃ ἐκεῖ
44 λύσατε αὐτὸν κ. ἄφετε αὐτὸν ὑπάγειν
12 11 πολλοὶ δι' αὐτὸν ὑπῆγον τ. Ἰουδαίων
35 ὁ περιπατῶν ἐν τ. σκοτίᾳ οὐκ οἶδεν ποῦ ὑπάγει
13 3 [2] ἀπὸ Θεοῦ ἐξῆλθεν κ. πρὸς τ. Θεὸν ὑπάγει
33 [2] ὅπου ἐγὼ ὑπάγω ὑμεῖς οὐ δύνασθε ἐλθεῖν
36 Κύριε ποῦ ὑπάγεις;
ἀπεκρίθη Ἰησοῦς Ὅπου ὑπάγω οὐ δύνασαί μοι νῦν ἀκολουθῆσαι
14 4 ὅπου ἐγὼ ὑπάγω οἴδατε τὴν ὁδόν
5 Κύριε οὐκ οἴδαμεν ποῦ ὑπάγεις
28 [2] ὑπάγω κ. ἔρχομαι πρὸς ὑμᾶς
15 16 ἵνα ὑμεῖς ὑπάγητε κ. καρπὸν φέρητε
16 5 νῦν δὲ ὑπάγω πρὸς τ. πέμψαντά με,
κ. οὐδεὶς ἐξ ὑμῶν ἐρωτᾷ με Ποῦ ὑπάγεις;
10 ὅτι πρὸς τ. πατέρα ὑπάγω
17 ὅτι ὑπάγω πρὸς τ. πατέρα
18 8 ἄφετε τούτους ὑπάγειν
21 3 ὑπάγω ἁλιεύειν
Ja 2 16 [1] ὑπάγετε ἐν εἰρήνῃ
I Jo 2 11 οὐκ οἶδεν ποῦ ὑπάγει
Re 10 8 ὕπαγε λάβε τὸ βιβλίον
13 10 εἴ τις εἰς αἰχμαλωσίαν εἰς αἰχμαλωσίαν ὑπάγει
Re 14 4 οὗτοι οἱ ἀκολουθοῦντες τ. ἀρνίῳ ὅπου ἂν ὑπάγει
ὑπάγῃ, T
16 1 ὑπάγετε κ. ἐκχέετε τ. ἑπτὰ φιάλας τ. θυμοῦ τ. Θεοῦ
17 8 μέλλει ἀναβαίνειν ἐκ τῆς ἀβύσσου κ. εἰς ἀπώλειαν ὑπάγει
ὑπάγειν, TWH mg. R non mg.
11 εἰς ἀπώλειαν ὑπάγει

ὙΠΑΚΟΉ † 5218

Ro 1 5 ἐλάβομεν χάριν κ. ἀποστολὴν εἰς ὑπακοὴν πίστεως
5 19 διὰ τ. ὑπακοῆς τ. ἑνὸς δίκαιοι κατασταθήσονται οἱ πολλοί
6 16 ᾧ παριστάνετε ἑαυτοὺς δούλους εἰς ὑπακοήν
16 ἢ ὑπακοῆς εἰς δικαιοσύνην
15 18 κατειργάσατο Χριστὸς δι' ἐμοῦ εἰς ὑπακοὴν ἐθνῶν
16 19 ἡ γὰρ ὑμῶν ὑπακοὴ εἰς πάντας ἀφίκετο
26 εἰς ὑπακοὴν πίστεως εἰς πάντα τὰ ἔθνη γνωρισθέντος
II Co 7 15 ἀναμιμνησκομένου τὴν πάντων ὑμῶν ὑπακοήν
10 5 αἰχμαλωτίζοντες πᾶν νόημα εἰς τ. ὑπακοὴν τ. Χριστοῦ
6 ὅταν πληρωθῇ ὑμῶν ἡ ὑπακοή
Phm 21 πεποιθὼς τ. ὑπακοῇ σου ἔγραψά σοι
He 5 8 ἔμαθεν ἀφ' ὧν ἔπαθεν τ. ὑπακοήν
I Pe 1 2 εἰς ὑπακοὴν κ. ῥαντισμὸν αἵματος Ἰησοῦ Χριστοῦ
14 ὡς τέκνα ὑπακοῆς
22 τ. ψυχὰς ὑμῶν ἡγνικότες ἐν τ. ὑπακοῇ τ. ἀληθείας

ὙΠΑΚΟΎΩ 5219

Mt 8 27 κ. οἱ ἄνεμοι κ. ἡ θάλασσα αὐτῷ ὑπακούουσιν
Mk 1 27 ἐπιτάσσει κ. ὑπακούουσιν αὐτῷ
4 41 κ. ὁ ἄνεμος κ. ἡ θάλασσα ὑπακούει αὐτῷ
αὐτ. ὑπακ., T
Lu 8 25 ἐπιτάσσει . . . κ. ὑπακούουσιν αὐτῷ
17 6 κ. ὑπήκουσεν ἂν ὑμῖν
Ac 6 7 πολύς τε ὄχλος τ. ἱερέων ὑπήκουον τ. πίστει
12 13 προσῆλθεν παιδίσκη ὑπακοῦσαι
Ro 6 12 εἰς τὸ ὑπακούειν τ. ἐπιθυμίαις αὐτοῦ
16 δοῦλοί ἐστε ᾧ ὑπακούετε
17 ὑπηκούσατε δὲ ἐκ καρδίας εἰς ὃν παρεδόθητε τύπον διδαχῆς
10 16 οὐ πάντες ὑπήκουσαν τ. εὐαγγελίῳ
Eph 6 1 τὰ τέκνα ὑπακούετε τ. γονεῦσιν ὑμῶν ἐν Κυρίῳ
5 οἱ δοῦλοι ὑπακούετε τοῖς κατὰ σάρκα κυρίοις
Phl 2 12 καθὼς πάντοτε ὑπηκούσατε
Col 3 20 τὰ τέκνα ὑπακούετε τ. γονεῦσι κατὰ πάντα
22 οἱ δοῦλοι ὑπακούετε κατὰ πάντα τοῖς κατὰ σάρκα κυρίοις
II Th 1 8 τοῖς μὴ ὑπακούουσιν τ. εὐαγγελίῳ τ. Κυρίου ἡμῶν Ἰησοῦ
3 14 εἰ δέ τις οὐχ ὑπακούει τ. λόγῳ ἡμῶν
He 5 9 ἐγένετο πᾶσιν τ. ὑπακούουσιν αὐτῷ αἴτιος σωτηρίας αἰωνίου
11 8 Ἀβραὰμ ὑπήκουσεν ἐξελθεῖν εἰς τόπον
I Pe 3 6 ὡς Σάρρα ὑπήκουεν τῷ Ἀβραάμ
ὑπήκουσεν, T

ὝΠΑΝΔΡΟΣ 5220

Ro 7 2 ἡ γὰρ ὕπανδρος γυνὴ τ. ζῶντι ἀνδρὶ δέδεται

ὙΠΑΝΤΆΩ 5221

Mt 8 28 ὑπήντησαν αὐτῷ δύο δαιμονιζόμενοι
28 9 ὁ Ἰησοῦς ὑπήντησεν αὐταῖς
Mk 5 2 εὐθὺς ὑπήντησεν αὐτῷ ἐκ τ. μνημείων ἄνθρωπος
Lu 8 27 ὑπήντησεν ἀνήρ τις ἐκ τ. πόλεως
14 31 εἰ δυνατός ἐστιν ἐν δέκα χιλιάσιν ὑπαντῆσαι τῷ μετὰ εἴκοσι χιλιάδων ἐρχομένῳ
17 12 ὑπήντησαν αὐτῷ δέκα λεπροὶ ἄνδρες ἀπήντησαν, WH non mg.
Jo 4 51 οἱ δοῦλοι αὐτοῦ ὑπήντησαν αὐτῷ
11 20 ἡ οὖν Μάρθα . . . ὑπήντησεν αὐτῷ
30 ὅπου ὑπήντησεν αὐτῷ ἡ Μάρθα
12 18 διὰ τοῦτο κ. ὑπήντησεν αὐτῷ ὁ ὄχλος
Ac 16 16 παιδίσκην τινὰ ἔχουσαν πνεῦμα πύθωνα ὑπαντῆσαι ἡμῖν

ὙΠΆΝΤΗΣΙΣ † 5222

Mt 8 34 πᾶσα ἡ πόλις ἐξῆλθεν εἰς ὑπάντησιν τῷ Ἰησοῦ
25 1 αἵτινες . . . ἐξῆλθον εἰς ὑπάντησιν τ. νυμφίου
Jo 12 13 ἐξῆλθον εἰς ὑπάντησιν αὐτῷ

ὝΠΑΡΞΙΣ 5223

Ac 2 45 τὰ κτήματα κ. τ. ὑπάρξεις ἐπίπρασκον
He 10 34 γινώσκοντες ἔχειν ἑαυτοὺς κρείσσονα ὕπαρξιν κ. μένουσαν

ὙΠΆΡΧΩ 5224, 5225

(1) τὰ ὑπάρχοντα

Mt 19 21 [1] ὕπαγε πώλησόν σου τὰ ὑπάρχοντα
24 47 [1] ἐπὶ πᾶσιν τ. ὑπάρχουσιν αὐτοῦ καταστήσει αὐτόν
25 14 [1] παρέδωκεν αὐτοῖς τὰ ὑπάρχοντα αὐτοῦ
Lu 7 25 οἱ ἐν ἱματισμῷ ἐνδόξῳ κ. τρυφῇ ὑπάρχοντες
8 3 [1] αἵτινες διηκόνουν αὐτοῖς ἐκ τ. ὑπαρχόντων αὐταῖς
41 οὗτος ἄρχων τ. συναγωγῆς ὑπῆρχεν
9 48 ὁ γὰρ μικρότερος ἐν πᾶσιν ὑμῖν ὑπάρχων
11 13 εἰ οὖν ὑμεῖς πονηροὶ ὑπάρχοντες οἴδατε
21 [1] ἐν εἰρήνῃ ἐστὶν τὰ ὑπάρχοντα αὐτοῦ
12 15 [1] οὐκ ἐν τ. περισσεύειν τινὶ ἡ ζωὴ αὐτοῦ ἐστὶν ἐκ τ. ὑπαρχόντων αὐτῷ
33 [1] πωλήσατε τὰ ὑπάρχοντα ὑμῶν
44 [1] ἐπὶ πᾶσιν τ. ὑπάρχουσιν αὐτοῦ καταστήσει αὐτόν
14 33 [1] ὃς οὐκ ἀποτάσσεται πᾶσιν τοῖς ἑαυτοῦ ὑπάρχουσιν
16 1 [1] ὡς διασκορπίζων τὰ ὑπάρχοντα αὐτοῦ
14 οἱ Φαρισαῖοι φιλάργυροι ὑπάρχοντες
23 ὑπάρχων ἐν βασάνοις
19 8 [1] τὰ ἡμίσιά μου τ. ὑπαρχόντων . . . τ. πτωχοῖς δίδωμι
23 50 Ἰωσὴφ βουλευτὴς ὑπάρχων
Ac 2 30 προφήτης οὖν ὑπάρχων
3 2 ἀνὴρ χωλὸς ἐκ κοιλίας μητρὸς αὐτοῦ ὑπάρχων
6 ἀργύριον κ. χρυσίον οὐχ ὑπάρχει μοι
4 32 [1] οὐδὲ εἷς τι τ. ὑπαρχόντων αὐτῷ ἔλεγεν ἴδιον εἶναι
34 ὅσοι γὰρ κτήτορες χωρίων ἢ οἰκιῶν ὑπῆρχον
37 ὑπάρχοντος αὐτῷ ἀγροῦ
5 4 πραθὲν ἐν τ. σῇ ἐξουσίᾳ ὑπῆρχεν
7 55 ὑπάρχων δὲ πλήρης πνεύματος ἁγίου
8 16 μόνον δὲ βεβαπτισμένοι ὑπῆρχον εἰς τὸ ὄνομα τ. Κυρίου Ἰησοῦ
Ac 10 12 ἐν ᾧ ὑπῆρχεν πάντα τὰ τετράποδα κ. ἑρπετὰ τ. γῆς
16 3 ὅτι Ἕλλην ὁ πατὴρ αὐτοῦ ὑπῆρχεν
20 Ἰουδαῖοι ὑπάρχοντες
37 ἀνθρώπους Ῥωμαίους ὑπάρχοντας
17 24 οὗτος οὐρανοῦ κ. γῆς ὑπάρχων κύριος
27 κ. γε οὐ μακρὰν ἀπὸ ἑνὸς ἑκάστου ἡμῶν ὑπάρχοντα
29 γένος οὖν ὑπάρχοντες τ. Θεοῦ
19 36 δέον ἐστὶν ὑμᾶς κατεσταλμένους ὑπάρχειν
40 μηδενὸς αἰτίου ὑπάρχοντος
21 20 πάντες ζηλωταὶ τ. νόμου ὑπάρχουσιν
22 3 ζηλωτὴς ὑπάρχων τ. Θεοῦ
27 12 ἀνευθέτου δὲ τ. λιμένος ὑπάρχοντος πρὸς παραχειμασίαν
21 πολλῆς τε ἀσιτίας ὑπαρχούσης
34 τοῦτο γὰρ πρὸς τ. ὑμετέρας σωτηρίας ὑπάρχει
28 7 ὑπῆρχεν χωρία τ. πρώτῳ τῆς νήσου
18 διὰ τὸ μηδεμίαν αἰτίαν θανάτου ὑπάρχειν ἐν ἐμοί
Ro 4 19 ἑκατονταετής που ὑπάρχων
I Co 7 26 τοῦτο καλὸν ὑπάρχειν διὰ τ. ἐνεστῶσαν ἀνάγκην
11 7 εἰκὼν κ. δόξα Θεοῦ ὑπάρχων
18 ἀκούω σχίσματα ἐν ὑμῖν ὑπάρχειν
12 22 τὰ δοκοῦντα μέλη τ. σώματος ἀσθενέστερα ὑπάρχειν
13 3 [1] κἂν ψωμίσω πάντα τὰ ὑπάρχοντά μου
II Co 8 17 σπουδαιότερος δὲ ὑπάρχων
12 16 ὑπάρχων πανοῦργος δόλῳ ὑμᾶς ἔλαβον
Ga 1 14 ζηλωτὴς ὑπάρχων τ. πατρικῶν μου παραδόσεων
2 14 εἰ σὺ Ἰουδαῖος ὑπάρχων ἐθνικῶς . . . ζῇς
Phl 2 6 ἐν μορφῇ Θεοῦ ὑπάρχων
3 20 ἡμῶν γὰρ τὸ πολίτευμα ἐν οὐρανοῖς ὑπάρχει
He 10 34 [1] τ. ἁρπαγὴν τ. ὑπαρχόντων ὑμῶν μετὰ χαρᾶς προσεδέξασθε
Ja 2 15 ἐὰν ἀδελφὸς ἢ ἀδελφὴ γυμνοὶ ὑπάρχωσιν
II Pe 1 8 ταῦτα γὰρ ὑμῖν ὑπάρχοντα κ. πλεονάζοντα
2 19 αὐτοὶ δοῦλοι ὑπάρχοντες τ. φθορᾶς
3 11 ποταποὺς δεῖ ὑπάρχειν ὑμᾶς ἐν ἁγίαις ἀναστροφαῖς

ὙΠΕΊΚΩ ** 5226

He 13 17 πείθεσθε τ. ἡγουμένοις ὑμῶν κ. ὑπείκετε

ὙΠΕΝΑΝΤΊΟΣ 5227

Col 2 14 χειρόγραφον τ. δόγμασιν ὃ ἦν ὑπεναντίον ἡμῖν
He 10 27 πυρὸς ζῆλος ἐσθίειν μέλλοντος τ. ὑπεναντίους

ὙΠΈΡ 5228

c. gen.

(1) post verba dic. et prec. (2) διδόναι, εἶναι ὑπέρ (3) ὑπ. Χριστοῦ

Mt 5 44 [1] προσεύχεσθε ὑπὲρ τ. διωκόντων ὑμᾶς
Mk 9 40 [2] ὃς γὰρ οὐκ ἔστιν καθ' ἡμῶν ὑπὲρ ἡμῶν ἐστίν
14 24 τό αἷμά μου . . . τὸ ἐκχυννόμενον ὑπὲρ πολλῶν
Lu 9 50 [2] ὃς γὰρ οὐκ ἔστιν καθ' ὑμῶν ὑπὲρ ὑμῶν ἐστίν
22 19 [2] τὸ σῶμά μου τὸ ὑπὲρ ὑμῶν διδόμενον —τὸ ὑπ. ὑμ. διδ., [[WH]] R mg.

Lu 22 20 ἡ καινὴ διαθήκη ἐν τ. αἵματί μου τὸ ὑπὲρ ὑμῶν ἐκχυννόμενον
—h. v., [[WH]] R mg.
Jo 1 30 [1] οὗτός ἐστιν ὑπὲρ οὗ ἐγὼ εἶπον
6 51 [2] ἡ σάρξ μου ἐστὶν ὑπὲρ τῆς τ. κόσμου ζωῆς
10 11 τ. ψυχὴν αὐτοῦ τίθησιν ὑπὲρ τ. προβάτων
15 τ. ψυχήν μου τίθημι ὑπὲρ τ. προβάτων
11 4 [2] αὕτη ἡ ἀσθένεια . . . ὑπὲρ τ. δόξης τ. Θεοῦ
50 ἵνα εἷς ἄνθρωπος ἀποθάνῃ ὑπὲρ τ. λαοῦ
51 ἔμελλεν Ἰησοῦς ἀποθνήσκειν ὑπὲρ τ. ἔθνους,
52 κ. οὐχ ὑπὲρ τ. ἔθνους μόνον
13 37 [3] τ. ψυχήν μου ὑπὲρ σοῦ θήσω
38 [3] τ. ψυχήν σου ὑπὲρ ἐμοῦ θήσεις;
15 13 ἵνα τις τ. ψυχὴν αὐτοῦ θῇ ὑπὲρ τ. φίλων αὐτοῦ
17 19 ὑπὲρ αὐτῶν ἐγὼ ἁγιάζω ἐμαυτόν
18 14 συμφέρει ἕνα ἄνθρωπον ἀποθανεῖν ὑπὲρ τ. λαοῦ
Ac 5 41 κατηξιώθησαν ὑπὲρ τ. ὀνόματος ἀτιμασθῆναι
8 24 [1] δεήθητε ὑμεῖς ὑπὲρ ἐμοῦ πρὸς τ. Κύριον
9 16 ὅσα δεῖ αὐτὸν ὑπὲρ τ. ὀνόματός μου παθεῖν
15 26 παραδεδωκόσι τ. ψυχὰς αὐτῶν ὑπὲρ τ. ὀνόματος τ. Κυρίου ἡμῶν
21 13 κ. ἀποθανεῖν ἐν Ἱερουσαλὴμ ἑτοίμως ἔχω ὑπὲρ τ. ὀνόματος τ. Κυρίου Ἰησοῦ
26 ἕως οὗ προσηνέχθη ὑπὲρ ἑνὸς ἑκάστου αὐτῶν ἡ προσφορά
26 1 [1] ἐπιτρέπεταί σοι ὑπὲρ σεαυτοῦ λέγειν
περὶ, TWH mg.
Ro 1 5 ἀποστολὴν . . . ἐν πᾶσιν τ. ἔθνεσιν ὑπὲρ τ. ὀνόματος αὐτοῦ
5 6 κατὰ καιρὸν ὑπὲρ ἀσεβῶν ἀπέθανεν.
7 μόλις γὰρ ὑπὲρ δικαίου τις ἀποθανεῖται· ὑπὲρ γὰρ τ. ἀγαθοῦ τάχα τις κ. τολμᾷ ἀποθανεῖν
8 ἔτι ἁμαρτωλῶν ὄντων ἡμῶν Χριστὸς ὑπὲρ ἡμῶν ἀπέθανεν
8 27 [1] κατὰ Θεὸν ἐντυγχάνει ὑπὲρ ἁγίων
31 [2] εἰ ὁ Θεὸς ὑπὲρ ἡμῶν τίς καθ᾽ ἡμῶν;
32 ὑπὲρ ἡμῶν πάντων παρέδωκεν αὐτόν
34 [1] ὃς κ. ἐντυγχάνει ὑπὲρ ἡμῶν
9 3 ἀνάθεμα εἶναι αὐτὸς ἐγὼ ἀπὸ τ. Χριστοῦ ὑπὲρ τ. ἀδελφῶν μου
27 [1] Ἠσαίας δὲ κράζει ὑπὲρ τοῦ Ἰσραήλ
10 1 [1] ἡ δέησις πρὸς τ. Θεὸν ὑπὲρ αὐτῶν εἰς σωτηρίαν
14 15 μὴ . . . ἐκεῖνον ἀπόλλυε ὑπὲρ οὗ Χριστὸς ἀπέθανεν
15 8 Χριστὸν διάκονον γεγενῆσθαι περιτομῆς ὑπὲρ ἀληθείας Θεοῦ
9 τὰ δὲ ἔθνη ὑπὲρ ἐλέους δοξάσαι τ. Θεόν
30 [1] συναγωνίσασθαί μοι ἐν τ. προσευχαῖς ὑπὲρ ἐμοῦ
16 4 οἵτινες ὑπὲρ τ. ψυχῆς μου τὸν ἑαυτῶν τράχηλον ὑπέθηκαν
I Co 1 13 μὴ Παῦλος ἐσταυρώθη ὑπὲρ ὑμῶν
περὶ, WH mg.
4 6 ἵνα μὴ εἷς ὑπὲρ τ. ἑνὸς φυσιοῦσθε κατὰ τ. ἑτέρου
10 30 τί βλασφημοῦμαι ὑπὲρ οὗ ἐγὼ εὐχαριστῶ;
11 24 [2] τοῦτό μού ἐστιν τὸ σῶμα τὸ ὑπὲρ ὑμῶν
12 25 ἵνα . . . τὸ αὐτὸ ὑπὲρ ἀλλήλων μεριμνῶσιν τὰ μέλη
15 3 Χριστὸς ἀπέθανεν ὑπὲρ τ. ἁμαρτιῶν ἡμῶν

I Co 15 29 ἐπεὶ τί ποιήσουσιν οἱ βαπτιζόμενοι ὑπὲρ τ. νεκρῶν;
29 τί κ. βαπτίζονται ὑπὲρ αὐτῶν;
II Co 1 6 [2] εἴτε δὲ θλιβόμεθα ὑπὲρ τῆς ὑμῶν παρακλήσεως κ. σωτηρίας·
[2] εἴτε παρακαλούμεθα ὑπὲρ τῆς ὑμῶν παρακλήσεως
7 ἡ ἐλπὶς ἡμῶν βεβαία ὑπὲρ ὑμῶν
8 ἀγνοεῖν . . . ὑπὲρ τ. θλίψεως ἡμῶν τ. γενομένης ἐν τ. Ἀσίᾳ
περὶ, TWH mg. R
11 συνυπουργούντων κ. ὑμῶν ὑπὲρ ἡμῶν τ. δεήσει,
ἵνα . . . τὸ εἰς ἡμᾶς χάρισμα διὰ πολλῶν εὐχαριστηθῇ ὑπὲρ ἡμῶν
5 12 ἀφορμὴν διδόντες ὑμῖν καυχήματος ὑπὲρ ἡμῶν
14 κρίναντας τοῦτο ὅτι εἷς ὑπὲρ πάντων ἀπέθανεν
15 κ. ὑπὲρ πάντων ἀπέθανεν
15 ζῶσιν . . . τῷ ὑπὲρ αὐτῶν ἀποθανόντι κ. ἐγερθέντι
20 [3] ὑπὲρ Χριστοῦ οὖν πρεσβεύομεν
20 [1] δεόμεθα ὑπὲρ Χριστοῦ καταλλάγητε τ. Θεῷ.
21 τὸν μὴ γνόντα ἁμαρτίαν ὑπὲρ ἡμῶν ἁμαρτίαν ἐποίησεν
7 4 πολλή μοι καύχησις ὑπὲρ ὑμῶν
7 ἀναγγέλλων . . . τὸν ὑμῶν ζῆλον ὑπὲρ ἐμοῦ
12 [2] τ. σπουδὴν ὑμῶν τὴν ὑπὲρ ἡμῶν πρὸς ὑμᾶς
14 εἴ τι αὐτῷ ὑπὲρ ὑμῶν κεκαύχημαι
8 16 τ. Θεῷ τ. διδόντι τ. αὐτὴν σπουδὴν ὑπὲρ ὑμῶν
23 [1] εἴτε ὑπὲρ Τίτου κοινωνὸς ἐμός
24 τ. οὖν ἔνδειξιν τῆς . . . ἡμῶν καυχήσεως ὑπὲρ ὑμῶν
9 2 ἣν ὑπὲρ ὑμῶν καυχῶμαι Μακεδόσιν
3 [2] ἵνα μὴ τὸ καύχημα ἡμῶν τὸ ὑπὲρ ὑμῶν κενωθῇ
14 [1] αὐτῶν δεήσει ὑπὲρ ὑμῶν ἐπιποθούντων ὑμᾶς
12 5 ὑπὲρ τ. τοιούτου καυχήσομαι· ὑπὲρ δὲ ἐμαυτοῦ οὐ καυχήσομαι
8 [1] ὑπὲρ τούτου τρὶς τ. Κύριον παρεκάλεσα
10 [3] διὸ εὐδοκῶ ἐν ἀσθενείαις . . . ὑπὲρ Χριστοῦ
15 ἥδιστα δαπανήσω κ. ἐκδαπανηθήσομαι ὑπὲρ τ. ψυχῶν ὑμῶν
19 [2] τὰ δὲ πάντα ἀγαπητοὶ ὑπὲρ τῆς ὑμῶν οἰκοδομῆς
13 8 οὐ γὰρ δυνάμεθά τι κατὰ τ. ἀληθείας ἀλλα ὑπὲρ τ. ἀληθείας
Ga 1 4 [2] τ. δόντος ἑαυτὸν ὑπὲρ τ. ἁμαρτιῶν ἡμῶν
περὶ, TWH mg.
2 20 [2] τ. υἱοῦ τ. Θεοῦ τοῦ . . . παραδόντος ἑαυτὸν ὑπὲρ ἐμοῦ
3 13 γενόμενος ὑπὲρ ἡμῶν κατάρα
Eph 1 16 οὐ παύομαι εὐχαριστῶν ὑπὲρ ὑμῶν
3 1 ἐγὼ Παῦλος ὁ δέσμιος τ. Χριστοῦ Ἰησοῦ ὑπὲρ ὑμῶν τ. ἐθνῶν
13 μὴ ἐνκακεῖν ἐν τ. θλίψεσί μου ὑπὲρ ὑμῶν
5 2 [2] παρέδωκεν ἑαυτὸν ὑπὲρ ὑμῶν προσφοράν
20 εὐχαριστοῦντες πάντοτε ὑπὲρ πάντων
25 [2] καθὼς κ. ὁ Χριστὸς . . . ἑαυτὸν παρέδωκεν ὑπὲρ αὐτῆς

Eph 6 19 [1] δεήσει περὶ πάντων τ. ἁγίων κ. ὑπὲρ ἐμοῦ
20 ὑπὲρ οὗ πρεσβεύω ἐν ἁλύσει
Phl 1 4 [1] πάντοτε ἐν πάσῃ δεήσει μου ὑπὲρ πάντων ὑμῶν
7 δίκαιον ἐμοὶ τοῦτο φρονεῖν ὑπὲρ πάντων ὑμῶν
29 ὑμῖν ἐχαρίσθη τὸ ὑπὲρ Χριστοῦ οὐ μόνον τὸ εἰς αὐτὸν πιστεύειν ἀλλὰ κ. τὸ ὑπὲρ αὐτοῦ πάσχειν
2 13 κ. τὸ θέλειν κ. τὸ ἐνεργεῖν ὑπὲρ τ. εὐδοκίας
4 10 ἤδη ποτὲ ἀνεθάλετε τὸ ὑπὲρ ἐμοῦ φρονεῖν
Col 1 3 [1] πάντοτε ὑπὲρ ὑμῶν προσευχόμενοι
περὶ, TWH non mg.
7 ὅς ἐστιν πιστὸς ὑπὲρ ἡμῶν διάκονος τ. Χριστοῦ
9 [1] οὐ παυόμεθα ὑπὲρ ὑμῶν προσευχόμενοι
24 νῦν χαίρω ἐν τ. παθήμασιν ὑπὲρ ὑμῶν, κ. ἀνταναπληρῶ τὰ ὑστερήματα . . . ὑπὲρ τ. σώματος αὐτοῦ
2 1 ἡλίκον ἀγῶνα ἔχω ὑπὲρ ὑμῶν κ. τῶν ἐν Λαοδικίᾳ
4 12 [1] ἀγωνιζόμενος ὑπὲρ ὑμῶν ἐν τ. προσευχαῖς
13 ἔχει πολὺν πόνον ὑπὲρ ὑμῶν κ. τῶν ἐν Λαοδικίᾳ
I Th 3 2 [1] εἰς τὸ . . . παρακαλέσαι ὑπὲρ τ. πίστεως ὑμῶν
5 10 Ἰησοῦ Χριστοῦ τ. ἀποθανόντος ὑπὲρ ἡμῶν
περὶ, TWH non mg.
II Th 1 4 ἐνκαυχᾶσθαι . . . ὑπὲρ τ. ὑπομονῆς ὑμῶν κ. πίστεως
5 ὑπὲρ ἧς κ. πάσχετε
2 1 ἐρωτῶμεν . . . ὑπὲρ τ. παρουσίας τ. Κυρίου ἡμῶν
I Ti 2 1 [1] παρακαλῶ οὖν πρῶτον πάντων ποιεῖσθαι δεήσεις . . . ὑπὲρ πάντων,
2 [1] ὑπὲρ βασιλέων κ. πάντων τῶν ἐν ὑπεροχῇ ὄντων
6 [2] ὁ δοὺς ἑαυτὸν ἀντίλυτρον ὑπὲρ πάντων
Tit 2 14 [2] ὃς ἔδωκεν ἑαυτὸν ὑπὲρ ἡμῶν
Phm 13 ἵνα ὑπὲρ σοῦ μοι διακονῇ
He 2 9 ὅπως χάριτι Θεοῦ ὑπὲρ παντὸς γεύσηται θανάτου
5 1 ὑπὲρ ἀνθρώπων καθίσταται τὰ πρὸς τ. Θεόν, ἵνα προσφέρῃ δῶρά τε κ. θυσίας ὑπὲρ ἁμαρτιῶν
6 20 ὅπου πρόδρομος ὑπὲρ ἡμῶν εἰσῆλθεν Ἰησοῦς
7 25 [1] πάντοτε ζῶν εἰς τὸ ἐντυγχάνειν ὑπὲρ αὐτῶν
27 πρότερον ὑπὲρ τ. ἰδίων ἁμαρτιῶν θυσίας ἀναφέρειν
9 7 ὃ προσφέρει ὑπὲρ ἑαυτοῦ κ. τῶν τ. λαοῦ ἀγνοημάτων
24 ἐμφανισθῆναι τ. προσώπῳ τ. Θεοῦ ὑπὲρ ἡμῶν
10 12 οὗτος δὲ μίαν ὑπὲρ ἁμαρτιῶν προσενέγκας θυσίαν
13 17 αὐτοὶ γὰρ ἀγρυπνοῦσιν ὑπὲρ τ. ψυχῶν ὑμῶν
Ja 5 16 [1] προσεύχεσθε ὑπὲρ ἀλλήλων ὅπως ἰαθῆτε
I Pe 2 21 ὅτι κ. Χριστὸς ἔπαθεν ὑπὲρ ὑμῶν
3 18 περὶ ἁμαρτιῶν ἀπέθανεν δίκαιος ὑπὲρ ἀδίκων
I Jo 3 16 ἐκεῖνος ὑπὲρ ἡμῶν τ. ψυχὴν αὐτοῦ ἔθηκεν· κ. ἡμεῖς ὀφείλομεν ὑπὲρ τ. ἀδελφῶν τ. ψυχὰς θεῖναι
III Jo 7 ὑπὲρ γὰρ τ. ὀνόματος ἐξῆλθαν

c. acc.

Mt 10 24 οὐκ ἔστιν μαθητὴς ὑπὲρ τ. διδάσκαλον, οὐδὲ δοῦλον ὑπὲρ τ. κύριον αὐτοῦ
37 ὁ φιλῶν πατέρα ἢ μητέρα ὑπὲρ ἐμέ
37 ὁ φιλῶν υἱὸν ἢ θυγατέρα ὑπὲρ ἐμέ
Lu 6 40 οὐκ ἔστιν μαθητὴς ὑπὲρ τ. διδάσκαλον
16 8 οἱ υἱοὶ τ. αἰῶνος τούτου φρονιμώτεροι ὑπὲρ τ. υἱοὺς τ. φωτός
Jo 12 43 μᾶλλον ὑπὲρ τ. δόξαν τ. Θεοῦ
ἤπερ, TWH non mg. R
Ac 26 13 ὑπὲρ τ. λαμπρότητα τ. ἡλίου περιλάμψαν με φῶς
I Co 4 6 ἵνα ἐν ἡμῖν μάθητε τὸ μὴ ὑπὲρ ἃ γέγραπται
10 13 ὃς οὐκ ἐάσει ὑμᾶς πειρασθῆναι ὑπὲρ ὃ δύνασθε
II Co 1 8 καθ' ὑπερβολὴν ὑπὲρ δύναμιν ἐβαρήθημεν
12 6 μή τις εἰς ἐμὲ λογίσηται ὑπὲρ ὃ βλέπει με
13 ὃ ἡσσώθητε ὑπὲρ τ. λοιπὰς ἐκκλησίας
Ga 1 14 προέκοπτον ἐν τ. Ἰουδαϊσμῷ ὑπὲρ πολλοὺς συνηλικιώτας
Eph 1 22 αὐτὸν ἔδωκεν κεφαλὴν ὑπὲρ πάντα τ. ἐκκλησίᾳ
3 20 τῷ δὲ δυναμένῳ ὑπὲρ πάντα ποιῆσαι
Phl 2 9 ἐχαρίσατο αὐτῷ τὸ ὄνομα τὸ ὑπὲρ πᾶν ὄνομα
Phm 16 οὐκέτι ὡς δοῦλον ἀλλὰ ὑπὲρ δοῦλον
21 εἰδὼς ὅτι κ. ὑπ`ρ ἃ λέγω ποιήσεις
He 4 12 τομώτερος ὑπὲρ πᾶσαν μάχαιραν δίστομον

ὙΠΕΡ * 5228.5 cf. 5228

II Co 11 23 παραφρονῶν λαλῶ ὕπερ ἐγώ
ὑπέρ, T

ὙΠΕΡΑΙ'ΡΟΜΑΙ 5229

II Co 12 7 διὸ ἵνα μὴ ὑπεραίρωμαι
7 ἵνα μὴ ὑπεραίρωμαι
II Th 2 4 ὁ . . . ὑπεραιρόμενος ἐπὶ πάντα λεγόμενον Θεόν

ὙΠΕ'ΡΑΚΜΟΣ * † 5230

I Co 7 36 ἐὰν ᾖ ὑπέρακμος

ὙΠΕΡΑ'ΝΩ 5231

Eph 1 21 ὑπεράνω πάσης ἀρχῆς κ. ἐξουσίας
4 10 αὐτός ἐστιν κ. ὁ ἀναβὰς ὑπ. πάντων τ. οὐρανῶν
He 9 5 ὑπεράνω δὲ αὐτῆς Χερουβεὶν δόξης

ὙΠΕΡΑΥΞΑ'ΝΩ * 5232

II Th 1 3 ὑπεραυξάνει ἡ πίστις ὑμῶν

ὙΠΕΡΒΑΙ'ΝΩ 5233

I Th 4 6 τὸ μὴ ὑπερβαίνειν κ. πλεονεκτεῖν ἐν τ. πράγματι

ὙΠΕΡΒΑΛΛΟ'ΝΤΩΣ 5234

II Co 11 23 ἐν πληγαῖς ὑπερβαλλόντως
ἐν φυλακαῖς ὑπ., T

ὙΠΕΡΒΑ'ΛΛΩ 5235

II Co 3 10 εἵνεκεν τ. ὑπερβαλλούσης δόξης
9 14 διὰ τ. ὑπερβάλλουσαν χάριν τ. Θεοῦ ἐφ' ὑμῖν

Eph 1 19 τί τὸ ὑπερβάλλον μέγεθος τ. δυνάμεως αὐτοῦ
2 7 ἵνα ἐνδείξηται . . . τὸ ὑπερβάλλον πλοῦτος τ. χάριτος αὐτοῦ
3 19 γνῶναί τε τ. ὑπερβάλλουσαν τ. γνώσεως ἀγάπην τ. Χριστοῦ

ὙΠΕΡΒΟΛΗ' ** 5236

Ro 7 13 ἵνα γένηται καθ' ὑπερβολὴν ἁμαρτωλὸς ἡ ἁμαρτία
I Co 12 31 ἔτι καθ' ὑπερβολὴν ὁδὸν δείκνυμι
II Co 1 8 καθ' ὑπερβολὴν ὑπὲρ δύναμιν ἐβαρήθημεν
4 7 ἵνα ἡ ὑπερβολὴ τ. δυνάμεως ᾖ τ. Θεοῦ
17 καθ' ὑπερβολὴν εἰς ὑπερβολὴν αἰώνιον βάρος δόξης κατεργάζεται
12 7 τ. ὑπερβολῇ τ. ἀποκαλύψεων διὸ ἵνα μὴ ὑπεραίρωμαι
Ga 1 13 καθ' ὑπερβολὴν ἐδίωκον τ. ἐκκλησίαν τ. Θεοῦ

ὙΠΕΡΕΙ'ΔΟΝ 5237

Ac 17 30 τ. μὲν οὖν χρόνους τ. ἀγνοίας ὑπεριδὼν ὁ Θεός

ὙΠΕΡΕ'ΚΕΙΝΑ * † 5238

II Co 10 16 εἰς τὰ ὑπερέκεινα ὑμῶν εὐαγγελίσασθαι

5238.2 ὙΠΕΡΕΚΠΕΡΙΣΣΟΥ' * † cf. 4053

Eph 3 20 ὑπὲρ πάντα ποιῆσαι ὑπ. ὧν αἰτούμεθα
I Th 3 10 νυκτὸς κ. ἡμέρας ὑπ. δεόμενοι
5 13 ἡγεῖσθαι αὐτοὺς ὑπερεκπερισσοῦ ἐν ἀγάπῃ ὑπερεκπερισσῶς, TWH mg.

5238.4 ὙΠΕΡΕΚΠΕΡΙΣΣΩ'Σ * † cf. 4053

I Th 5 13 ἡγεῖσθαι αὐτοὺς ὑπερεκπερισσῶς ἐν ἀγάπῃ ὑπερεκπερισσοῦ, WH non mg.

ὙΠΕΡΕΚΤΕΙ'ΝΩ * † 5239

II Co 10 14 οὐ γὰρ ὡς μὴ ἐφικνούμενοι εἰς ὑμᾶς ὑπερεκτείνομεν ἑαυτούς

ὙΠΕΡΕΚΧΥ'ΝΝΟΜΑΙ * † 5240

Lu 6 38 μέτρον καλὸν πεπιεσμένον σεσαλευμένον ὑπερεκχυννόμενον δώσουσιν

ὙΠΕΡΕΝΤΥΓΧΑ'ΝΩ * † 5241

Ro 8 26 αὐτὸ τὸ πνεῦμα ὑπερεντυγχάνει στεναγμοῖς ἀλαλήτοις

ὙΠΕΡΕ'ΧΩ 5242

Ro 13 1 πᾶσα ψυχὴ ἐξουσίαις ὑπερεχούσαις ὑποτασσέσθω
Phl 2 3 ἀλλήλους ἡγούμενοι ὑπερέχοντας ἑαυτῶν
3 8 διὰ τὸ ὑπερέχον τ. γνώσεως Χριστοῦ Ἰησοῦ τ. Κυρίου μου
4 7 ἡ εἰρήνη τ. Θεοῦ ἡ ὑπερέχουσα πάντα νοῦν
I Pe 2 13 εἴτε βασιλεῖ ὡς ὑπερέχοντι

ὙΠΕΡΗΦΑΝΙ'Α 5243

Mk 7 22 βλασφημία ὑπερηφανία ἀφροσύνη

ὙΠΕΡΗ'ΦΑΝΟΣ 5244

Lu 1 51 διεσκόρπισεν ὑπερηφάνους διανοίᾳ καρδίας αὐτῶν
Ro 1 30 ὑβριστὰς ὑπερηφάνους ἀλαζόνας
II Ti 3 2 ἔσονται γὰρ οἱ ἄνθρωποι . . . ὑπερήφανοι
Ja 4 6 ὁ Θεὸς ὑπερηφάνοις ἀντιτάσσεται
לַלֵּצִים הוּא־יָלִיץ, Pr. iii. 34
I Pe 5 5 ὁ Θεὸς ὑπερηφάνοις ἀντιτάσσεται, Pr. *l.c.*

5244.5 ὙΠΕΡΛΙ'ΑΝ * † cf. 5228, 3029

II Co 11 5 μηδὲν ὑστερηκέναι τῶν ὑπερλίαν ἀποστόλων
12 11 οὐδὲν γὰρ ὑστέρησα τῶν ὑπερλίαν ἀποστόλων

ὙΠΕΡΝΙΚΑ'Ω ** † 5245

Ro 8 37 ἐν τούτοις πᾶσιν ὑπερνικῶμεν

ὙΠΕ'ΡΟΓΚΟΣ 5246

II Pe 2 18 ὑπέρογκα γὰρ ματαιότητος φθεγγόμενοι
Ju 16 τὸ στόμα αὐτῶν λαλεῖ ὑπέρογκα

ὙΠΕΡΟΧΗ' 5247

I Co 2 1 ἦλθον οὐ καθ' ὑπεροχὴν λόγου ἢ σοφίας
I Ti 2 2 ὑπὲρ βασιλέων κ. πάντων τῶν ἐν ὑπεροχῇ ὄντων

ὙΠΕΡΠΕΡΙΣΣΕΥ'Ω * † 5248

Ro 5 20 ὑπερεπερίσσευσεν ἡ χάρις
II Co 7 4 ὑπερπερισσεύομαι τ. χαρᾷ ἐπὶ πάσῃ τ. θλίψει ἡμῶν

ὙΠΕΡΠΕΡΙΣΣΩ'Σ * † 5249

Mk 7 37 ὑπερπερισσῶς ἐξεπλήσσοντο λέγοντες

ὙΠΕΡΠΛΕΟΝΑ'ΖΩ * † 5250

I Ti 1 14 ὑπερεπλεόνασεν δὲ ἡ χάρις τ. Κυρίου ἡμῶν

ὙΠΕΡΥΨΟ'Ω † 5251

Phl 2 9 διὸ κ. ὁ Θεὸς αὐτὸν ὑπερύψωσεν

ὙΠΕΡΦΡΟΝΕ'Ω ** 5252

Ro 12 3 μὴ ὑπερφρονεῖν παρ' ὃ δεῖ φρονεῖν

ὙΠΕΡΩ͂ΟΝ 5253

Ac 1 13 εἰς τὸ ὑπερῷον ἀνέβησαν οὗ ἦσαν καταμένοντες
9 37 λούσαντες δὲ ἔθηκαν ἐν ὑπερῴῳ
39 ὃν παραγενόμενον ἀνήγαγον εἰς τὸ ὑπερῷον
20 8 ἦσαν δὲ λαμπάδες ἱκαναὶ ἐν τ. ὑπερῴῳ

ὙΠΕ'ΧΩ 5254

Ju 7 πυρὸς αἰωνίου δίκην ὑπέχουσαι

ὙΠΗ'ΚΟΟΣ 5255

Ac 7 39 ᾧ οὐκ ἠθέλησαν ὑπήκοοι γενέσθαι
II Co 2 9 εἰ εἰς πάντα ὑπήκοοί ἐστε
Phl 2 8 γενόμενος ὑπήκοος μέχρι θανάτου

ὙΠΗΡΕΤΕ'Ω ** 5256

Ac 13 36 ἰδίᾳ γενεᾷ ὑπηρετήσας τῇ τ. Θεοῦ βουλῇ
20 34 τ. χρείαις μου . . . ὑπηρέτησαν αἱ χεῖρες αὗται
24 23 μηδένα κωλύειν τ. ἰδίων αὐτοῦ ὑπηρετεῖν αὐτῷ

ὙΠΗΡΈΤΗΣ 5257

Mt 5 25 μήποτέ σε παραδῷ . . . ὁ κριτὴς τ. ὑπηρέτῃ
26 58 εἰσελθὼν ἔσω ἐκάθητο μετὰ τ. ὑπηρετῶν
Mk 14 54 ἦν συνκαθήμενος μετὰ τ. ὑπηρετῶν
65 οἱ ὑπηρέται ῥαπίσμασιν αὐτὸν ἔλαβον
Lu 1 2 ὑπηρέται γενόμενοι τ. λόγου
4 20 ἀποδοὺς τῷ ὑπηρέτῃ ἐκάθισεν
Jo 7 32 ἀπέστειλαν οἱ ἀρχιερεῖς κ. οἱ Φαρισαῖοι ὑπηρέτας
ὑπ. οἱ ἀρχ. κ. οἱ Φαρ., T
45 ἦλθον οὖν οἱ ὑπηρέται πρὸς τ. ἀρχιερεῖς κ. Φαρισαίους
46 ἀπεκρίθησαν οἱ ὑπηρέται
18 3 λαβὼν . . . ἐκ τ. ἀρχιερέων κ. ἐκ τ. Φαρισαίων ὑπηρέτας
12 οἱ ὑπηρέται τ. Ἰουδαίων συνέλαβον τ. Ἰησοῦν
18 εἱστήκεισαν δὲ οἱ δοῦλοι κ. οἱ ὑπηρέται
22 εἷς παρεστηκὼς τ. ὑπηρετῶν ἔδωκεν ῥάπισμα
36 οἱ ὑπηρέται οἱ ἐμοὶ ἠγωνίζοντο ἄν
19 6 ὅτε οὖν εἶδον αὐτὸν οἱ ἀρχιερεῖς κ. οἱ ὑπηρέται
Ac 5 22 οἱ δὲ παραγενόμενοι ὑπηρέται οὐχ εὗρον αὐτούς
26 ἀπελθὼν ὁ στρατηγὸς σὺν τ. ὑπηρέταις
13 5 εἶχον δὲ κ. Ἰωάνην ὑπηρέτην
26 16 προχειρίσασθαί σε ὑπηρέτην κ. μάρτυρα
1 Co 4 1 οὕτως ἡμᾶς λογιζέσθω ἄνθρωπος ὡς ὑπηρέτας Χριστοῦ

ὝΠΝΟΣ 5258

Mt 1 24 ἐγερθεὶς δὲ ὁ Ἰωσὴφ ἀπὸ τ. ὕπνου
Lu 9 32 ὁ δὲ Πέτρος κ. οἱ σὺν αὐτῷ ἦσαν βεβαρημένοι ὕπνῳ
Jo 11 13 ἔδοξαν ὅτι περὶ τ. κοιμήσεως τ. ὕπνου λέγει
Ac 20 9 Εὔτυχος . . . καταφερόμενος ὕπνῳ βαθεῖ
9 κατενεχθεὶς ἀπὸ τ. ὕπνου
Ro 13 11 ὥρα ἤδη ὑμᾶς ἐξ ὕπνου ἐγερθῆναι

ὙΠΌ 5259 cf. 5259.5

c. gen.

(1) εἶναι, γίνεσθαι ὑπό (2) post verb. act.

Mt 1 22 ἵνα πληρωθῇ τὸ ῥηθὲν ὑπὸ Κυρίου
2 15 ἵνα πληρωθῇ τὸ ῥηθὲν ὑπὸ Κυρίου
16 ἰδὼν ὅτι ἐνεπαίχθη ὑπὸ τ. μάγων
3 6 ἐβαπτίζοντο ἐν τῷ Ἰορδάνῃ ποταμῷ ὑπ' αὐτοῦ
13 παραγίνεται . . . πρὸς τ. Ἰωάνην τοῦ βαπτισθῆναι ὑπ' αὐτοῦ
14 ἐγὼ χρείαν ἔχω ὑπὸ σοῦ βαπτισθῆναι
4 1 τότε ὁ Ἰησοῦς ἀνήχθη εἰς τὴν ἔρημον ὑπὸ τ. πνεύματος πειρασθῆναι ὑπὸ τ. διαβόλου
5 13 εἰ μὴ βληθὲν ἔξω καταπατεῖσθαι ὑπὸ τ. ἀνθρώπων
6 2 ὅπως δοξασθῶσιν ὑπὸ τ. ἀνθρώπων
8 24 ὥστε τὸ πλοῖον καλύπτεσθαι ὑπὸ τ. κυμάτων
10 22 ἔσεσθε μισούμενοι ὑπὸ πάντων διὰ τὸ ὄνομά μου
11 7 κάλαμον ὑπὸ ἀνέμου σαλευόμενον;
27 πάντα μοι παρεδόθη ὑπὸ τ. πατρός μου
14 8 ἡ δὲ προβιβασθεῖσα ὑπὸ τ. μητρὸς αὐτῆς
24 βασανιζόμενον ὑπὸ τ. κυμάτων
17 12 [2] οὕτως κ. ὁ υἱὸς τ. ἀνθρώπου μέλλει πάσχειν ὑπ' αὐτῶν
Mt 19 12 οἵτινες εὐνουχίσθησαν ὑπὸ τ. ἀνθρώπων
20 23 οἷς ἡτοίμασται ὑπὸ τ. πατρός μου
22 31 οὐκ ἀνέγνωτε τὸ ῥηθὲν ὑμῖν ὑπὸ τ. Θεοῦ
23 7 καλεῖσθαι ὑπὸ τ. ἀνθρώπων Ῥαββεί
24 9 ἔσεσθε μισούμενοι ὑπὸ πάντων τ. ἐθνῶν
27 12 ἐν τῷ κατηγορεῖσθαι αὐτὸν ὑπὸ τ. ἀρχιερέων κ. πρεσβυτέρων
28 14 ἐὰν ἀκουσθῇ τοῦτο ὑπὸ τ. ἡγεμόνος
ἐπὶ, TWH non mg. R
Mk 1 5 ἐβαπτίζοντο ὑπ' αὐτοῦ ἐν τῷ Ἰορδάνῃ ποταμῷ
9 ἐβαπτίσθη εἰς τὸν Ἰορδάνην ὑπὸ Ἰωάνου
13 πειραζόμενος ὑπὸ τοῦ Σατανᾶ
2 3 φέροντες . . . παραλυτικὸν αἰρόμενον ὑπὸ τεσσάρων
5 4 διεσπάσθαι ὑπ' αὐτοῦ τ. ἁλύσεις
26 [2] πολλὰ παθοῦσα ὑπὸ πολλῶν ἰατρῶν
8 31 ἀποδοκιμασθῆναι ὑπὸ τ. πρεσβυτέρων κ. τ. ἀρχιερέων
13 13 ἔσεσθε μισούμενοι ὑπὸ πάντων διὰ τὸ ὄνομά μου
16 [11 ἀκούσαντες ὅτι ζῇ κ. ἐθεάθη ὑπ' αὐτῆς
Lu 2 18 ἐθαύμασαν περὶ τ. λαληθέντων ὑπὸ τ. ποιμένων
21 τὸ κληθὲν ὑπὸ τ. ἀγγέλου πρὸ τοῦ συλλημφθῆναι αὐτόν
26 ἦν αὐτῷ κεχρηματισμένον ὑπὸ τ. πνεύματος τ. ἁγίου
3 7 τ. ἐκπορευομένοις ὄχλοις βαπτισθῆναι ὑπ' αὐτοῦ
19 ἐλεγχόμενος ὑπ' αὐτοῦ περὶ Ἡρῳδιάδος
4 2 ἡμέρας τεσσεράκοντα πειραζόμενος ὑπὸ τ. διαβόλου
15 δοξαζόμενος ὑπὸ πάντων
7 24 κάλαμον ὑπὸ ἀνέμου σαλευόμενον;
30 μὴ βαπτισθέντες ὑπ' αὐτοῦ
8 14 ὑπὸ μεριμνῶν κ. πλούτου κ. ἡδονῶν τ. βίου πορευόμενοι συνπνίγονται
29 ἠλαύνετο ὑπὸ τ. δαιμονίου εἰς τὰς ἐρήμους
ἀπὸ, WH non mg.
9 7 διηπόρει διὰ τὸ λέγεσθαι ὑπό τινων
8 ὑπό τινων δὲ ὅτι Ἠλείας ἐφάνη
10 22 πάντα μοι παρεδόθη ὑπὸ τ. πατρός μου
13 17 [1] ἔχαιρεν ἐπὶ πᾶσιν τ. ἐνδόξοις τ. γινομένοις ὑπ' αὐτοῦ
14 8 ὅταν κληθῇς ὑπό τινος εἰς γάμους
8 μήποτε ἐντιμότερός σου ᾖ κεκλημένος ὑπ' αὐτοῦ
16 22 ἀπενεχθῆναι αὐτὸν ὑπὸ τ. ἀγγέλων εἰς τ. κόλπον Ἀβραάμ
17 20 ἐπερωτηθεὶς δὲ ὑπὸ τ. Φαρισαίων
21 16 παραδοθήσεσθε δὲ κ. ὑπὸ γονέων κ. ἀδελφῶν
17 ἔσεσθε μισούμενοι ὑπὸ πάντων διὰ τὸ ὄνομά μου
20 ὅταν δὲ ἴδητε κυκλουμένην ὑπὸ στρατοπέδων Ἰερουσαλήμ
24 Ἰερουσαλὴμ ἔσται πατουμένη ὑπὸ ἐθνῶν
23 8 [1] ἤλπιζέν τι σημεῖον ἰδεῖν ὑπ' αὐτοῦ γινόμενον
Jo 14 21 ὁ δὲ ἀγαπῶν με ἀγαπηθήσεται ὑπὸ τ. πατρός μου
Ac 2 24 οὐκ ἦν δυνατὸν κρατεῖσθαι αὐτὸν ὑπ' αὐτοῦ
4 11 ὁ λίθος ὁ ἐξουθενηθεὶς ὑφ' ὑμῶν τ. οἰκοδόμων
5 16 φέροντες . . . ὀχλουμένους ὑπὸ πνευμάτων ἀκαθάρτων

Ac 8 6 προσεῖχον δὲ οἱ ὄχλοι τ. λεγομένοις ὑπὸ τ. Φιλίππου
10 17 οἱ ἄνδρες οἱ ἀπεσταλμένοι ὑπὸ τ. Κορνηλίου
22 μαρτυρούμενός τε ὑπὸ ὅλου τ. ἔθνους τ. Ἰουδαίων,
ἐχρηματίσθη ὑπὸ ἀγγέλου ἁγίου
33 ἀκοῦσαι πάντα τὰ προστεταγμένα σοι ὑπὸ τ. Κυρίου
38 ἰώμενος πάντας τ. καταδυναστευομένους ὑπὸ τ. διαβόλου
41 μάρτυσι τ. προκεχειροτονημένοις ὑπὸ τ. Θεοῦ
42 οὗτός ἐστιν ὁ ὡρισμένος ὑπὸ τ. Θεοῦ κριτὴς
12 5 [1] προσευχὴ δὲ ἦν ἐκτενῶς γινομένη ὑπὸ τ. ἐκκλησίας
13 4 αὐτοὶ μὲν οὖν ἐκπεμφθέντες ὑπὸ τ. ἁγίου πνεύματος
45 ἀντέλεγον τοῖς ὑπὸ Παύλου λαλουμένοις
15 3 οἱ μὲν οὖν προπεμφθέντες ὑπὸ τ. ἐκκλησίας
4 παρεδέχθησαν ὑπὸ τ. ἐκκλησίας κ. τ. ἀποστόλων
ἀπὸ, WH
40 παραδοθεὶς τ. χάριτι τ. Κυρίου ὑπὸ τ. ἀδελφῶν
16 2 ὃς ἐμαρτυρεῖτο ὑπὸ τῶν ἐν Λύστροις κ. Ἰκονίῳ ἀδελφῶν
4 τὰ δόγματα τὰ κεκριμένα ὑπὸ τ. ἀποστόλων κ. πρεσβυτέρων
6 κωλυθέντες ὑπὸ τ. ἁγίου πνεύματος λαλῆσαι τ. λόγον ἐν τ. Ἀσίᾳ
14 προσέχειν τ. λαλουμένοις ὑπὸ Παύλου
17 13 κατηγγέλη ὑπὸ τ. Παύλου ὁ λόγος τ. Θεοῦ
19 τίς ἡ καινὴ αὕτη ἡ ὑπὸ σοῦ λαλουμένη διδαχή;
25 οὐδὲ ὑπὸ χειρῶν ἀνθρωπίνων θεραπεύεται
20 3 [1] γενομένης ἐπιβουλῆς αὐτῷ ὑπὸ τ. Ἰουδαίων
21 35 συνέβη βαστάζεσθαι αὐτὸν ὑπὸ τ. στρατιωτῶν
22 11 χειραγωγούμενος ὑπὸ τ. συνόντων μοι
12 μαρτυρούμενος ὑπὸ πάντων τ. κατοικούντων Ἰουδαίων
30 τὸ τί κατηγορεῖται ὑπὸ τ. Ἰουδαίων
23 10 φοβηθεὶς ὁ χιλίαρχος μὴ διασπασθῇ ὁ Παῦλος ὑπ' αὐτῶν
27 τ. ἄνδρα τοῦτον συλλήμφθεντα ὑπὸ τ. Ἰουδαίων,
κ. μέλλοντα ἀναιρεῖσθαι ὑπ' αὐτῶν
24 26 χρήματα δοθήσεται αὐτῷ ὑπὸ τ. Παύλου
25 14 ἀνήρ τίς ἐστιν καταλελειμμένος ὑπὸ Φήλικος δέσμιος
26 2 περὶ πάντων ὧν ἐγκαλοῦμαι ὑπὸ Ἰουδαίων
6 ὑπὸ τ. Θεοῦ ἕστηκα κρινόμενος
7 περὶ ἧς ἐλπίδος ἐγκαλοῦμαι ὑπὸ Ἰουδαίων
27 11 μᾶλλον ἐπείθετο ἢ τοῖς ὑπὸ Παύλου λεγομένοις
41 ἡ δὲ πρύμνα ἐλύετο ὑπὸ τ. βίας
Ro 3 21 μαρτυρουμένη ὑπὸ τ. νόμου κ. τ. προφητῶν
12 21 μὴ νικῶ ὑπὸ τ. κακοῦ
13 1 [1] οὐ γάρ ἐστιν ἐξουσία εἰ μὴ ὑπὸ Θεοῦ· αἱ δὲ οὖσαι ὑπὸ Θεοῦ τεταγμέναι εἰσίν
15 24 ὑφ' ὑμῶν προπεμφθῆναι ἐκεῖ
I Co 1 11 ἐδηλώθη γάρ μοι . . . ὑπὸ τῶν Χλόης
2 12 ἵνα εἰδῶμεν τὰ ὑπὸ τ. Θεοῦ χαρισθέντα ἡμῖν
15 αὐτὸς δὲ ὑπ' οὐδενὸς ἀνακρίνεται
4 3 εἰς ἐλάχιστόν ἐστιν ἵνα ὑφ' ὑμῶν ἀνακριθῶ ἢ ὑπὸ ἀνθρωπίνης ἡμέρας

I Co 6 12 οὐκ ἐγὼ ἐξουσιασθήσομαι ὑπό τινος
7 25 ἠλεημένος ὑπὸ Κυρίου πιστὸς εἶναι
8 3 οὗτος ἔγνωσται ὑπ' αὐτοῦ
10 9 ὑπὸ τ. ὄφεων ἀπώλλυντο
10 ἀπώλοντο ὑπὸ τ. ὀλοθρευτοῦ
29 ἵνα τί γὰρ ἡ ἐλευθερία μου κρίνεται ὑπὸ ἄλλης συνειδήσεως;
11 32 κρινόμενοι δὲ ὑπὸ τ. Κυρίου παιδευόμεθα
14 24 ἐλέγχεται ὑπὸ πάντων,
ἀνακρίνεται ὑπὸ πάντων
II Co 1 4 ἧς παρακαλούμεθα αὐτοὶ ὑπὸ τ. Θεοῦ
16 ὑφ' ὑμῶν προπεμφθῆναι εἰς τ. Ἰουδαίαν
2 6 [1] ἡ ἐπιτιμία αὕτη ἡ ὑπὸ τ. πλειόνων
11 ἵνα μὴ πλεονεκτηθῶμεν ὑπὸ τ. Σατανᾶ
3 2 ἀναγινωσκομένη ὑπὸ πάντων ἀνθρώπων
3 ἐπιστολὴ Χριστοῦ διακονηθεῖσα ὑφ' ἡμῶν
5 4 ἵνα καταποθῇ τὸ θνητὸν ὑπὸ τ. ζωῆς
8 19 χειροτονηθεὶς ὑπὸ τ. ἐκκλησιῶν συνέκδημος ἡμῶν,
ἐν τ. χάριτι ταύτῃ τ. διακονουμένῃ ὑφ' ἡμῶν
20 τ. ἁδρότητι ταύτῃ τ. διακονουμένῃ ὑφ' ἡμῶν
11 24 [2] ὑπὸ Ἰουδαίων πεντάκις τεσσεράκοντα παρὰ μίαν ἔλαβον
12 11 ἐγὼ γὰρ ὤφειλον ὑφ' ὑμῶν συνίστασθαι
Ga 1 11 τὸ εὐαγγέλιον τὸ εὐαγγελισθὲν ὑπ' ἐμοῦ
3 17 διαθήκην προκεκυρωμένην ὑπὸ τ. Θεοῦ
4 9 μᾶλλον δὲ γνωσθέντες ὑπὸ Θεοῦ
5 15 βλέπετε μὴ ὑπ' ἀλλήλων ἀναλωθῆτε
Eph 2 11 οἱ λεγόμενοι ἀκροβυστία ὑπὸ τ. λεγομένης περιτομῆς
5 12 [1] τὰ γὰρ κρυφῇ γινόμενα ὑπ' αὐτῶν
13 τὰ δὲ πάντα ἐλεγχόμενα ὑπὸ τ. φωτὸς φανεροῦται
Phl 1 28 μὴ πτυρόμενοι ἐν μηδενὶ ὑπὸ τ. ἀντικειμένων
3 12 ἐφ' ᾧ κ. κατελήμφθην ὑπὸ Χριστοῦ Ἰησοῦ
Col 2 18 εἰκῇ φυσιούμενος ὑπὸ τ. νοὸς τ. σαρκὸς αὐτοῦ
I Th 1 4 ἀδελφοὶ ἠγαπημένοι ὑπὸ τ. Θεοῦ
2 4 δεδοκιμάσμεθα ὑπὸ τ. Θεοῦ πιστευθῆναι τὸ εὐαγγέλιον
14 [2] τὰ αὐτὰ ἐπάθετε κ. ὑμεῖς ὑπὸ τ. ἰδίων συμφυλετῶν,
[2] καθὼς κ. αὐτοὶ ὑπὸ τ. Ἰουδαίων
II Th 2 13 ἀδελφοὶ ἠγαπημένοι ὑπὸ Κυρίου
II Ti 2 26 ἐζωγρημένοι ὑπ' αὐτοῦ εἰς τὸ ἐκείνου θέλημα
He 2 3 ὑπὸ τ. ἀκουσάντων εἰς ἡμᾶς ἐβεβαιώθη
3 4 πᾶς γὰρ οἶκος κατασκευάζεται ὑπό τινος
5 4 ἀλλὰ καλούμενος ὑπὸ τ. Θεοῦ
10 προσαγορευθεὶς ὑπὸ τ. Θεοῦ ἀρχιερεὺς
7 7 τὸ ἔλαττον ὑπὸ τ. κρείττονος εὐλογεῖται
9 19 λαληθείσης γὰρ πάσης ἐντολῆς κατὰ τ. νόμον ὑπὸ Μωυσέως
11 23 ἐκρύβη τρίμηνον ὑπὸ τ. πατέρων αὐτοῦ
12 3 [2] τὸν τοιαύτην ὑπομεμενηκότα ὑπὸ τ. ἁμαρτωλῶν εἰς ἑαυτοὺς ἀντιλογίαν
5 μηδὲ ἐκλύου ὑπ' αὐτοῦ ἐλεγχόμενος
וְאַל־תָּקֹץ בְּתוֹכַחְתּוֹ, Pr. iii. 11
Ja 1 14 πειράζεται ὑπὸ τ. ἰδίας ἐπιθυμίας ἐξελκόμενος
2 9 ἐλεγχόμενοι ὑπὸ τ. νόμου ὡς παραβάται
3 4 ὑπὸ ἀνέμων σκληρῶν ἐλαυνόμενα,
μετάγεται ὑπὸ ἐλαχίστου πηδαλίου
6 ἡ . . . φλογιζομένη ὑπὸ τ. γεέννης
I Pe 2 4 ὑπὸ ἀνθρώπων μὲν ἀποδεδοκιμασμένον

II Pe 1 17 φωνῆς ἐνεχθείσης αὐτῷ τοιᾶσδε ὑπὸ τ. μεγαλοπρεποῦς δόξης
21 ὑπὸ πνεύματος ἁγίου φερόμενοι ἐλάλησαν
2 7 καταπονούμενον ὑπὸ τῆς τ. ἀθέσμων ἐν ἀσελγείᾳ ἀναστροφῆς
17 ὁμίχλαι ὑπὸ λαίλαπος ἐλαυνόμεναι
3 2 τ. προειρημένων ῥημάτων ὑπὸ τ. ἁγίων προφητῶν
III Jo 12 Δημητρίῳ μεμαρτύρηται ὑπὸ πάντων κ. ὑπὸ αὐτῆς τ. ἀληθείας
Ju 12 νεφέλαι ἄνυδροι ὑπὸ ἀνέμων παραφερόμεναι
17 τ. ῥημάτων τ. προειρημένων ὑπὸ τ. ἀποστόλων
Re 6 8 ἀποκτεῖναι . . . ὑπὸ τ. θηρίων τ. γῆς
13 ὑπὸ ἀνέμου μεγάλου σειομένη

ὙΠΌ 5259.5 cf. 5259

c. acc.

(1) εἶναι, γίνεσθαι, ἔχειν ὑπό

Mt 5 15 οὐδὲ . . . τιθέασιν αὐτὸν ὑπὸ τ. μόδιον
8 8 ἵνα μου ὑπὸ τ. στέγην εἰσέλθῃς
9 ἄνθρωπός εἰμι ὑπὸ ἐξουσίαν τασσόμενος, [1] ἔχων ὑπ' ἐμαυτὸν στρατιώτας
23 37 ὃν τρόπον ὄρνις ἐπισυνάγει τὰ νοσσία αὐτῆς ὑπὸ τ. πτέρυγας
Mk 4 21 ἵνα ὑπὸ τ. μόδιον τεθῇ ἢ ὑπὸ τ. κλίνην, οὐχ ἵνα ὑπὸ τ. λυχνίαν τεθῇ
ἐπὶ, TWH non mg. R
32 ὥστε δύνασθαι ὑπὸ τ. σκιὰν αὐτοῦ τὰ πετεινὰ τ. οὐρανοῦ κατασκηνοῖν
Lu 7 6 ἵνα ὑπὸ τ. στέγην μου εἰσέλθῃς
8 ἄνθρωπός εἰμι ὑπὸ ἐξουσίαν τασσόμενος, [1] ἔχων ὑπ' ἐμαυτὸν στρατιώτας
11 33 οὐδεὶς λύχνον ἅψας εἰς κρύπτην τίθησιν οὐδὲ ὑπὸ τ. μόδιον
13 34 ὃν τρόπον ὄρνις τὴν ἑαυτῆς νοσσίαν ὑπὸ τ. πτέρυγας
17 24 [1] ἡ ἀστραπὴ ἀστράπτουσα ἐκ τῆς ὑπὸ τ. οὐρανὸν εἰς τὴν ὑπ' οὐρανὸν λάμπει
Jo 1 48 [1] ὄντα ὑπὸ τ. συκῆν εἶδόν σε
Ac 2 5 [1] ἄνδρες εὐλαβεῖς ἀπὸ παντὸς ἔθνους τῶν ὑπὸ τ. οὐρανόν
4 12 [1] οὐδὲ γὰρ ὄνομά ἐστιν ἕτερον ὑπὸ τ. οὐρανόν
5 21 εἰσῆλθον ὑπὸ τ. ὄρθρον εἰς τὸ ἱερόν
Ro 3 9 [1] προῃτιασάμεθα . . . πάντας ὑφ' ἁμαρτίαν εἶναι
13 [1] ἰὸς ἀσπίδων ὑπὸ τὰ χείλη αὐτῶν
חֲמַת עַכְשׁוּב תַּחַת שְׂפָתֵימוֹ, Ps. cxl. 4
6 14 [1] οὐ γάρ ἐστε ὑπὸ νόμον ἀλλὰ ὑπὸ χάριν
15 [1] ἁμαρτήσωμεν ὅτι οὐκ ἐσμὲν ὑπὸ νόμον ἀλλὰ ὑπὸ χάριν;
7 14 πεπραμένος ὑπὸ τ. ἁμαρτίαν
16 20 συντρίψει τ. Σατανᾶν ὑπὸ τ. πόδας ὑμῶν ἐν τάχει
I Co 9 20 [1] ἐγενόμην . . . τοῖς ὑπὸ νόμον ὡς ὑπὸ νόμον,
[1] μὴ ὢν αὐτὸς ὑπὸ νόμον,
[1] ἵνα τοὺς ὑπὸ νόμον κερδήσω
10 1 [1] οἱ πατέρες ἡμῶν πάντες ὑπὸ τ. νεφέλην ἦσαν
15 25 ἄχρι οὗ θῇ πάντας τ. ἐχθροὺς ὑπὸ τ. πόδας αὐτοῦ
עַד־אָשִׁית אֹיְבֶיךָ הֲדֹם לְרַגְלֶיךָ, Ps. cx. 1

I Co 15 27 πάντα γὰρ ὑπέταξεν ὑπὸ τ. πόδας αὐτοῦ
Ga 3 10 [1] ὅσοι γὰρ ἐξ ἔργων νόμου εἰσὶν ὑπὸ κατάραν εἰσίν
22 συνέκλεισεν ἡ γραφὴ τὰ πάντα ὑπὸ ἁμαρτίαν
23 ὑπὸ νόμον ἐφρουρούμεθα
25 [1] οὐκέτι ὑπὸ παιδαγωγόν ἐσμεν
4 2 [1] ὑπὸ ἐπιτρόπους ἐστὶν κ. οἰκονόμους
3 ὑπὸ τὰ στοιχεῖα τ. κόσμου ἤμεθα δεδουλωμένοι
4 [1] τ. υἱὸν αὐτοῦ . . . γενόμενον ὑπὸ νόμον,
5 ἵνα τοὺς ὑπὸ νόμον ἐξαγοράσῃ
21 [1] λέγετέ μοι οἱ ὑπὸ νόμον θέλοντες εἶναι
5 18 [1] εἰ δὲ πνεύματι ἄγεσθε οὐκ ἐστὲ ὑπὸ νόμον
Eph 1 22 πάντα ὑπέταξεν ὑπὸ τ. πόδας αὐτοῦ
Col 1 23 [1] τ. κηρυχθέντος ἐν πάσῃ κτίσει τῇ ὑπὸ τ. οὐρανόν
I Ti 6 1 [1] ὅσοι εἰσὶν ὑπὸ ζυγὸν δοῦλοι
Ja 2 3 ἢ κάθου ἐκεῖ ὑπὸ τὸ ὑποπόδιόν μου
5 12 ἵνα μὴ ὑπὸ κρίσιν πέσητε
I Pe 5 6 ταπεινώθητε οὖν ὑπὸ τ. κραταιὰν χεῖρα τ. Θεοῦ
Ju 6 δεσμοῖς ἀϊδίοις ὑπὸ ζόφον τετήρηκεν

ὙΠΟΒΆΛΛΩ ** 5260

Ac 6 11 τότε ὑπέβαλον ἄνδρας λέγοντας

ὙΠΟΓΡΑΜΜΌΣ ** † 5261

I Pe 2 21 ὑμῖν ὑπολιμπάνων ὑπογραμμόν

ὙΠΌΔΕΙΓΜΑ 5262

Jo 13 15 ὑπόδειγμα γὰρ ἔδωκα ὑμῖν
He 4 11 ἵνα μὴ ἐν τ. αὐτῷ τις ὑποδείγματι πέσῃ τ. ἀπειθείας
8 5 ὑποδείγματι κ. σκιᾷ λατρεύουσιν τ. ἐπουρανίων
9 23 τὰ μὲν ὑποδείγματα τῶν ἐν τ. οὐρανοῖς
Ja 5 10 ὑπόδειγμα λάβετε ἀδελφοὶ τ. κακοπαθείας
II Pe 2 6 ὑπόδειγμα μελλόντων ἀσεβεῖν τεθεικώς

ὙΠΟΔΕΊΚΝΥΜΙ 5263

Mt 3 7 τίς ὑπέδειξεν ὑμῖν φυγεῖν ἀπὸ τ. μελλούσης ὀργῆς;
Lu 3 7 τίς ὑπέδειξεν ὑμῖν φυγεῖν ἀπὸ τ. μελλούσης ὀργῆς;
6 47 ὑποδείξω ὑμῖν τίνι ἐστὶν ὅμοιος
12 5 ὑποδείξω δὲ ὑμῖν τίνα φοβηθῆτε
Ac 9 16 ἐγὼ γὰρ ὑποδείξω αὐτῷ ὅσα δεῖ . . . παθεῖν
20 35 πάντα ὑπέδειξα ὑμῖν

ὙΠΟΔΈΟΜΑΙ 5265

Mk 6 9 ἀλλὰ ὑποδεδεμένους σανδάλια
Ac 12 8 ζῶσαι κ. ὑπόδησαι τὰ σανδάλιά σου
Eph 6 15 ὑποδησάμενοι τ. πόδας ἐν ἑτοιμασίᾳ τ. εὐαγγελίου

ὙΠΟΔΈΧΟΜΑΙ ** 5264

Lu 10 38 γυνὴ δέ τις ὀνόματι Μάρθα ὑπεδέξατο αὐτόν
19 6 κατέβη κ. ὑπεδέξατο αὐτὸν χαίρων
Ac 17 7 οὓς ὑποδέδεκται Ἰάσων
Ja 2 25 οὐκ ἐξ ἔργων ἐδικαιώθη ὑποδεξαμένη τ. ἀγγέλους

ὙΠΌΔΗΜΑ 5266

Mt 3 11 οὗ οὐκ εἰμὶ ἱκανὸς τὰ ὑποδήματα βαστάσαι
10 10 μηδὲ δύο χιτῶνας μηδὲ ὑποδήματα

Mk 1 7 οὗ οὐκ εἰμὶ ἱκανὸς κύψας λῦσαι τ. ἱμάντα τ. ὑποδημάτων αὐτοῦ
Lu 3 16 οὗ οὐκ εἰμὶ ἱκανὸς λῦσαι τ. ἱμάντα τ. ὑποδημάτων αὐτοῦ
10 4 μὴ βαστάζετε βαλλάντιον μὴ πήραν μὴ ὑποδήματα
15 22 δότε . . . ὑποδήματα εἰς τ. πόδας
22 35 ὅτε ἀπέστειλα ὑμᾶς ἄτερ βαλλαντίου κ. πήρας κ. ὑποδημάτων
Jo 1 27 ἄξιος ἵνα λύσω αὐτοῦ τ. ἱμάντα τ. ὑποδήματος
Ac 7 33 λῦσον τὸ ὑπόδημα τ. ποδῶν σου
שַׁל־נְעָלֶיךָ מֵעַל רַגְלֶיךָ, Ex. iii. 5
13 25 οὗ οὐκ εἰμὶ ἄξιος τὸ ὑπόδημα τ. ποδῶν λῦσαι

ὙΠΟ΄ΔΙΚΟΣ * 5267

Ro 3 19 ἵνα . . . ὑπόδικος γένηται πᾶς ὁ κόσμος τ. Θεῷ

ὙΠΟΖΥ΄ΓΙΟΝ 5268

Mt 21 5 ἐπιβεβηκὼς ἐπὶ ὄνον κ. ἐπὶ πῶλον υἱὸν ὑποζυγίου
רֹכֵב עַל־חֲמוֹר וְעַל־עַיִר בֶּן־אֲתֹנוֹת, Zech. ix. 9
II Pe 2 16 ὑποζύγιον ἄφωνον ἐν ἀνθρώπου φωνῇ φθεγξάμενον

ὙΠΟΖΩ΄ΝΝΥΜΙ ** 5269

Ac 27 17 βοηθείαις ἐχρῶντο ὑποζωννύντες τὸ πλοῖον

ὙΠΟΚΑ΄ΤΩ 5270

Mt 22 44 ἕως ἂν θῶ τ. ἐχθρούς σου ὑπ. τ. ποδῶν σου
עַד־אָשִׁית אֹיְבֶיךָ הֲדֹם לְרַגְלֶיךָ, Ps. cx. 1
Mk 6 11 ἐκτινάξατε τ. χοῦν τὸν ὑπ. τ. ποδῶν ὑμῶν
7 28 κ. τὰ κυνάρια ὑπ. τ. τραπέζης ἐσθίουσιν
12 36 ἕως ἂν θῶ τ. ἐχθρούς σου ὑπ. τ. ποδῶν σου, Ps. *l.c.*
ὑποπόδιον, TR non mg.
Lu 8 16 ἢ ὑποκάτω κλίνης τίθησιν
Jo 1 50 εἶδόν σε ὑποκάτω τ. συκῆς
He 2 8 πάντα ὑπέταξας ὑπ. τ. ποδῶν αὐτοῦ
כֹּל שַׁתָּה תַחַת־רַגְלָיו, Ps. viii. 7
Re 5 3 οὐδεὶς ἐδύνατο . . . οὐδὲ ἐπὶ τ. γῆς οὐδὲ ὑπ. τ. γῆς
13 πᾶν κτίσμα . . . ἐπὶ τ. γῆς κ. ὑπ. τ. γῆς
6 9 εἶδον ὑπ. τ. θυσιαστηρίου τ. ψυχὰς τ. ἐσφαγμένων
12 1 ἡ σελήνη ὑποκάτω τ. ποδῶν αὐτῆς

ὙΠΟΚΡΙ΄ΝΟΜΑΙ 5271

Lu 20 20 ἐνκαθέτους ὑποκρινομένους ἑαυτοὺς δικαίους εἶναι

ὙΠΟ΄ΚΡΙΣΙΣ ** 5272

Mt 23 28 ἔσωθεν δέ ἐστε μεστοὶ ὑποκρίσεως κ. ἀνομίας
Mk 12 15 ὁ δὲ εἰδὼς αὐτῶν τ. ὑπόκρισιν
Lu 12 1 προσέχετε ἑαυτοῖς ἀπὸ τ. ζύμης ἥτις ἐστὶν ὑπόκρισις τ. Φαρισαίων
ζύμ. τ. Φαρ. ἥτ. ἐστ. ὑπ., T
Ga 2 13 ὥστε κ. Βαρνάβας συναπήχθη αὐτῶν τ. ὑποκρίσει
I Ti 4 2 διδασκαλίαις δαιμονίων ἐν ὑποκρίσει ψευδολόγων
I Pe 2 1 ἀποθέμενοι οὖν πᾶσαν κακίαν . . . κ. ὑπόκρισιν
ὑποκρίσεις, TWH mg. R

ὙΠΟΚΡΙΤΗ΄Σ 5273

Mt 6 2 ὥσπερ οἱ ὑποκριταὶ ποιοῦσιν ἐν τ. συναγωγαῖς
5 ὅταν προσεύχησθε οὐκ ἔσεσθε ὡς οἱ ὑποκριταί
16 μὴ γίνεσθε ὡς οἱ ὑποκριταὶ σκυθρωποί
7 5 ὑποκριτὰ ἔκβαλε πρῶτον ἐκ τ. ὀφθαλμοῦ σου τὴν δοκόν
15 7 ὑποκριταὶ καλῶς ἐπροφήτευσεν περὶ ὑμῶν Ἠσαίας
22 18 τί με πειράζετε ὑποκριταί;
23 13 οὐαὶ δὲ ὑμῖν γραμματεῖς κ. Φαρισαῖοι ὑποκριταί
14 οὐαὶ δὲ ὑμῖν γραμματεῖς κ. Φαρισαῖοι ὑποκριταί
—h. v., TWHR non mg.
15 οὐαὶ ὑμῖν γραμματεῖς κ. Φαρισαῖοι ὑποκριταί *add.* 23, 25, 27, 29
24 51 τὸ μέρος αὐτοῦ μετὰ τ. ὑποκριτῶν θήσει
Mk 7 6 καλῶς ἐπροφήτευσεν Ἠσαίας περὶ ὑμῶν τ. ὑποκριτῶν
Lu 6 42 ὑποκριτὰ ἔκβαλε πρῶτον τὴν δοκὸν ἐκ τ. ὀφθαλμοῦ σου
12 56 ὑποκριταὶ τὸ πρόσωπον τ. γῆς κ. τ. οὐρανοῦ οἴδατε δοκιμάζειν
13 15 ὑποκριταὶ ἕκαστος ὑμῶν τ. σαββάτῳ οὐ λύει

ὙΠΟΛΑΜΒΑ΄ΝΩ 5274

Lu 7 43 ὑπολαμβάνω ὅτι ᾧ τὸ πλεῖον ἐχαρίσατο
10 30 ὑπολαβὼν ὁ Ἰησοῦς εἶπεν
Ac 1 9 νεφέλη ὑπέλαβεν αὐτὸν ἀπὸ τ. ὀφθαλμῶν αὐτῶν
2 15 οὐ γὰρ ὡς ὑμεῖς ὑπολαμβάνετε οὗτοι μεθύουσιν
III Jo 8 ἡμεῖς οὖν ὀφείλομεν ὑπολαμβάνειν τ. τοιούτους

ὙΠΟ΄ΛΕΙΜΜΑ 5274.5

Ro 9 27 τὸ ὑπόλειμμα σωθήσεται
ὑπόλιμμα, WH
שְׁאָר יָשׁוּב בּוֹ, Is. x. 22

ὙΠΟΛΕΙ΄ΠΟΜΑΙ 5275

Ro 11 3 κἀγὼ ὑπελείφθην μόνος
וָאִוָּתֵר אֲנִי לְבַדִּי, 1 Ki. xix. 10

ὙΠΟΛΗ΄ΝΙΟΝ † 5276

Mk 12 1 ὤρυξεν ὑπολήνιον

ὙΠΟΛΙΜΠΑ΄ΝΩ * 5277

I Pe 2 21 ὑμῖν ὑπολιμπάνων ὑπογραμμόν

ὙΠΟΜΕ΄ΝΩ 5278

Mt 10 22 ὁ δὲ ὑπομείνας εἰς τέλος οὗτος σωθήσεται
24 13 ὁ δὲ ὑπομείνας εἰς τέλος οὗτος σωθήσεται
Mk 13 13 ὁ δὲ ὑπομείνας εἰς τέλος οὗτος σωθήσεται
Lu 2 43 ὑπέμεινεν Ἰησοῦς ὁ παῖς ἐν Ἱερουσαλήμ

Ac 17 14 ὑπέμεινάν τε ὅ τε Σίλας κ. ὁ Τιμόθεος ἐκεῖ
Ro 8 24 ὃ γὰρ βλέπει τίς κ. ὑπομένει;
βλ. τις τί κ. ἐλπίζει, TWH mg. alt. R mg. alt.; βλ. τίς ἐλπίζει, WH non mg. R non mg.
12 12 τ. θλίψει ὑπομένοντες
I Co 13 7 πάντα ἐλπίζει πάντα ὑπομένει
II Ti 2 10 διὰ τοῦτο πάντα ὑπομένω διὰ τ. ἐκλεκτούς
12 εἰ ὑπομένομεν κ. συμβασιλεύσομεν
He 10 32 πολλὴν ἄθλησιν ὑπεμείνατε παθημάτων
12 2 ἀντὶ τ. προκειμένης αὐτῷ χαρᾶς ὑπέμεινεν σταυρόν
3 τὸν τοιαύτην ὑπομεμενηκότα ὑπὸ τ. ἁμαρτωλῶν εἰς ἑαυτοὺς ἀντιλογίαν
7 εἰς παιδείαν ὑπομένετε
Ja 1 12 μακάριος ἀνὴρ ὃς ὑπομένει πειρασμόν
5 11 ἰδοὺ μακαρίζομεν τ. ὑπομείναντας
I Pe 2 20 ποῖον γὰρ κλέος εἰ ἁμαρτάνοντες κ. κολαφιζόμενοι ὑπομενεῖτε;
ἀλλ' εἰ ἀγαθοποιοῦντες κ. πάσχοντες ὑπομενεῖτε

ὙΠΟΜΙΜΝΉΣΚΩ 5279

Lu 22 61 ὑπεμνήσθη ὁ Πέτρος τ. ῥήματος τ. Κυρίου
Jo 14 26 ὑπομνήσει ὑμᾶς πάντα ἃ εἶπον ὑμῖν
II Ti 2 14 ταῦτα ὑπομίμνησκε
Tit 3 1 ὑπομίμνησκε αὐτοὺς ἀρχαῖς ἐξουσίαις ὑποτάσσεσθαι
II Pe 1 12 μελλήσω ἀεὶ ὑμᾶς ὑπομιμνήσκειν περὶ τούτων
III Jo 10 ὑπομνήσω αὐτοῦ τὰ ἔργα ἃ ποιεῖ
Ju 5 ὑπομνῆσαι δὲ ὑμᾶς βούλομαι

ὙΠΌΜΝΗΣΙΣ 5280

II Ti 1 5 ὑπόμνησιν λαβὼν τῆς ἐν σοὶ ἀνυποκρίτου πίστεως
II Pe 1 13 διεγείρειν ὑμᾶς ἐν ὑπομνήσει
3 1 διεγείρω ὑμῶν ἐν ὑπομνήσει τ. εἰλικρινῆ διάνοιαν

ὙΠΟΜΟΝΉ 5281

Lu 8 15 οἵτινες . . . καρποφοροῦσιν ἐν ὑπομονῇ
21 19 ἐν τ. ὑπομονῇ ὑμῶν κτήσεσθε τ. ψυχὰς ὑμῶν
Ro 2 7 τοῖς μὲν καθ' ὑπομονὴν ἔργου ἀγαθοῦ . . . ζητοῦσιν
5 3 εἰδότες ὅτι ἡ θλίψις ὑπομονὴν κατεργάζεται,
4 ἡ δὲ ὑπομονὴ δοκιμήν
8 25 δι' ὑπομονῆς ἀπεκδεχόμεθα
15 4 διὰ τ. ὑπομονῆς κ. διὰ τ. παρακλήσεως τ. γραφῶν
5 ὁ δὲ Θεὸς τ. ὑπομονῆς κ. τ. παρακλήσεως δῴη ὑμῖν
II Co 1 6 τῆς ὑμῶν παρακλήσεως τ. ἐνεργουμένης ἐν ὑπομονῇ τ. αὐτῶν παθημάτων
6 4 συνιστάνοντες ἑαυτοὺς ὡς Θεοῦ διάκονοι ἐν ὑπομονῇ πολλῇ
12 12 τὰ μὲν σημεῖα τ. ἀποστόλου κατειργάσθη ἐν ὑμῖν ἐν πάσῃ ὑπομονῇ
Col 1 11 δυναμούμενοι . . . εἰς πᾶσαν ὑπομονὴν κ. μακροθυμίαν
I Th 1 3 μνημονεύοντες ὑμῶν . . . τ. ὑπομονῆς τ. ἐλπίδος
II Th 1 4 ἐνκαυχᾶσθαι . . . ὑπὲρ τ. ὑπομονῆς ὑμῶν κ. πίστεως
3 5 κατευθύναι ὑμῶν τ. καρδίας . . . εἰς τ. ὑπομονὴν τ. Χριστοῦ
I Ti 6 11 δίωκε δὲ . . . ἀγάπην ὑπομονὴν πραϋπαθίαν
II Ti 3 10 σὺ δὲ παρηκολούθησάς μου . . . τ. ἀγάπῃ τ. ὑπομονῇ
Tit 2 2 ὑγιαίνοντας τ. πίστει τ. ἀγάπῃ τ. ὑπομονῇ
He 10 36 ὑπομονῆς γὰρ ἔχετε χρείαν
12 1 δι' ὑπομονῆς τρέχωμεν τ. προκείμενον ἡμῖν ἀγῶνα
Ja 1 3 τὸ δοκίμιον ὑμῶν τ. πίστεως κατεργάζεται ὑπομονήν·
4 ἡ δὲ ὑπομονὴ ἔργον τέλειον ἐχέτω
5 11 τ. ὑπομονὴν Ἰὼβ ἠκούσατε
II Pe 1 6 ἐν δὲ τ. ἐγκρατείᾳ τ. ὑπομονήν,
ἐν δὲ τ. ὑπομονῇ τ. εὐσέβειαν
Re 1 9 συνκοινωνὸς ἐν τ. θλίψει κ. βασιλείᾳ κ. ὑπομονῇ ἐν Ἰησοῦ
2 2 οἶδα τὰ ἔργα σου κ. τ. κόπον κ. τ. ὑπομονήν σου
3 ὑπομονὴν ἔχεις κ. ἐβάστασας
19 οἶδά σου τὰ ἔργα . . . κ. τ. διακονίαν κ. τ. ὑπομονήν σου
—σου, T
3 10 ὅτι ἐτήρησας τ. λόγον τ. ὑπομονῆς μου
13 10 ὧδέ ἐστιν ἡ ὑπομονὴ κ. ἡ πίστις τ. ἁγίων
14 12 ὧδε ἡ ὑπομονὴ τ. ἁγίων ἐστίν

ὙΠΟΝΟΈΩ ** 5282

Ac 13 25 τί ἐμὲ ὑπονοεῖτε εἶναι;
25 18 οὐδεμίαν αἰτίαν ἔφερον ὧν ἐγὼ ὑπενόουν πονηρῶν
27 27 ὑπενόουν οἱ ναῦται προσάγειν τινὰ αὐτοῖς χώραν

ὙΠΌΝΟΙΑ 5283

I Ti 6 4 ἐξ ὧν γίνεται φθόνος . . . ὑπόνοιαι πονηραί

ὙΠΟΠΛΈΩ * † 5284

Ac 27 4 κἀκεῖθεν ἀναχθέντες ὑπεπλεύσαμεν τὴν Κύπρον
7 ὑπεπλεύσαμεν τ. Κρήτην κατὰ Σαλμώνην

ὙΠΟΠΝΈΩ * 5285

Ac 27 13 ὑποπνεύσαντος δὲ νότου

ὙΠΟΠΌΔΙΟΝ 5286

Mt 5 35 ὅτι ὑποπόδιόν ἐστιν τ. ποδῶν αὐτοῦ
Mk 12 36 ἕως ἂν θῶ τ. ἐχθρούς σου ὑποπόδιον τ. ποδῶν σοῦ
ὑποκάτω, WHR mg.
עַד־אָשִׁית אֹיְבֶיךָ הֲדֹם לְרַגְלֶיךָ, Ps. cx. 1
Lu 20 43 ἕως ἂν θῶ τ. ἐχθρούς σου ὑποπόδιον τ. ποδῶν σου, Ps. *l.c.*
Ac 2 35 ἕως ἂν θῶ τ. ἐχθρούς σου ὑποπόδιον τ. ποδῶν σου, Ps. *l.c.*
7 49 ἡ γῆ ὑποπόδιον τ. ποδῶν μου
הָאָרֶץ הֲדֹם רַגְלָי, Is. lxvi. 1
He 1 13 ἕως ἂν θῶ τ. ἐχθρούς σου ὑποπόδιον τ. ποδῶν σου, Ps. *l.c.*
10 13 ἕως τεθῶσιν οἱ ἐχθροὶ αὐτοῦ ὑποπόδιον τ. ποδῶν αὐτοῦ, Ps. *l.c.*
Ja 2 3 σὺ . . . κάθου ἐκεῖ ὑπὸ τὸ ὑποπόδιόν μου

ὙΠΌΣΤΑΣΙΣ 5287

II Co 9 4 μή πως . . . καταισχυνθῶμεν ἡμεῖς . . . ἐν τ. ὑποστάσει ταύτῃ
11 17 λαλῶ . . . ἐν ταύτῃ τ. ὑποστάσει τ. καυχήσεως

He 1 3 χαρακτὴρ τ. ὑποστάσεως αὐτοῦ

3 14 ἐάνπερ τ. ἀρχὴν τ. ὑποστάσεως . . . βεβαίαν κατάσχωμεν

11 1 ἔστιν δὲ πίστις ἐλπιζομένων ὑπόστασις

ὙΠΟΣΤΕ´ΛΛΩ 5288

Ac 20 20 ὡς οὐδὲν ὑπεστειλάμην τ. συμφερόντων

27 οὐ γὰρ ὑπεστειλάμην τοῦ μὴ ἀναγγεῖλαι

Ga 2 12 ὑπέστελλεν κ. ἀφώριζεν ἑαυτόν

He 10 38 ἐὰν ὑποστείληται

הִנֵּה עֻפְּלָה, Hab. ii. 4

ὙΠΟΣΤΟΛΗ´ * † 5289

He 10 39 ἡμεῖς δὲ οὐκ ἐσμὲν ὑποστολῆς εἰς ἀπώλειαν

ὙΠΟΣΤΡΕ´ΦΩ 5290

Mk 14 40 ὑποστρέψας εὗρεν αὐτοὺς πάλιν καθεύδοντας

πάλ. ἐλθὼν εὗρ. αὐτ. καθ., WHR

Lu 1 56 ὑπέστρεψεν εἰς τ. οἶκον αὐτῆς

2 20 ὑπέστρεψαν οἱ ποιμένες

43 ἐν τῷ ὑποστρέφειν αὐτοὺς ὑπέμεινεν Ἰησοῦς

45 μὴ εὑρόντες αὐτὸν ὑπέστρεψαν εἰς Ἱερουσαλήμ

4 1 Ἰησοῦς δὲ . . . ὑπέστρεψεν ἀπὸ τ. Ἰορδάνου

14 ὑπέστρεψεν ὁ Ἰησοῦς . . . εἰς τ. Γαλιλαίαν

7 10 ὑποστρέψαντες εἰς τ. οἶκον οἱ πεμφθέντες

8 37 αὐτὸς δὲ ἐμβὰς εἰς πλοῖον ὑπέστρεψεν

39 ὑπόστρεφε εἰς τ. οἶκόν σου

40 ἐν δὲ τῷ ὑποστρέφειν τ. Ἰησοῦν ἀπεδέξατο αὐτὸν ὁ ὄχλος

9 10 ὑποστρέψαντες οἱ ἀπόστολοι διηγήσαντο

10 17 ὑπέστρεψαν δὲ οἱ ἑβδομήκοντα δύο μετὰ χαρᾶς

11 24 ὑποστρέψω εἰς τ. οἶκόν μου ὅθεν ἐξῆλθον

17 15 εἷς δὲ ἐξ αὐτῶν ἰδὼν ὅτι ἰάθη ὑπέστρεψεν

18 οὐχ εὑρέθησαν ὑποστρέψαντες δοῦναι δόξαν τ. Θεῷ

19 12 λαβεῖν ἑαυτῷ βασιλείαν κ. ὑποστρέψαι

23 48 τύπτοντες τὰ στήθη ὑπέστρεφον

56 ὑποστρέψασαι δὲ ἡτοίμασαν ἀρώματα κ. μύρα

24 9 ὑποστρέψασαι ἀπὸ τ. μνημείου

33 ἀναστάντες αὐτῇ τ. ὥρᾳ ὑπέστρεψαν εἰς Ἱερουσαλήμ

52 ὑπέστρεψαν εἰς Ἱερουσαλὴμ μετὰ χαρᾶς μεγάλης

Ac 1 12 τότε ὑπέστρεψαν εἰς Ἱερουσαλὴμ ἀπὸ ὄρους

8 25 οἱ μὲν οὖν διαμαρτυράμενοι . . . ὑπέστρεφον εἰς Ἱεροσόλυμα

28 ἦν δὲ ὑποστρέφων κ. καθήμενος ἐπὶ τ. ἅρματος αὐτοῦ

12 25 Βαρνάβας δὲ κ. Σαῦλος ὑπέστρεψαν εἰς Ἱερουσαλήμ

ἐξ Ἱερ., TWH mg. R non mg.

13 13 Ἰωάνης δὲ . . . ὑπέστρεψεν εἰς Ἱεροσόλυμα

34 μηκέτι μέλλοντα ὑποστρέφειν εἰς διαφθοράν

14 21 ὑπέστρεψαν εἰς τ. Λύστραν κ. εἰς Ἰκόνιον κ. εἰς Ἀντιόχειαν

19 1 εἶπεν αὐτῷ τὸ πνεῦμα ὑποστρέφειν εἰς τ. Ἀσίαν

—h. v., TWH non mg. R

20 3 ἐγένετο γνώμης τοῦ ὑποστρέφειν διὰ Μακεδονίας

21 6 ἐκεῖνοι δὲ ὑπέστρεψαν εἰς τὰ ἴδια

22 17 ἐγένετο δέ μοι ὑποστρέψαντι εἰς Ἱερουσαλήμ

Ac 23 32 τῇ δὲ ἐπαύριον . . . ὑπέστρεψαν εἰς τ. παρεμβολήν

Ga 1 17 πάλιν ὑπέστρεψα εἰς Δαμασκόν

He 7 1 ὁ συναντήσας Ἀβραὰμ ὑποστρέφοντι ἀπὸ τ. κοπῆς τ. βασιλέων

II Pe 2 21 ὑποστρέψαι ἐκ τ. παραδοθείσης αὐτοῖς ἁγίας ἐντολῆς

ὙΠΟΣΤΡΩΝΝΥ´Ω 5291

Lu 19 36 ὑπεστρώννυον τὰ ἱμάτια ἑαυτῶν ἐν τῇ ὁδῷ

ὙΠΟΤΑΓΗ´ ** 5292

II Co 9 13 δοξάζοντες τ. Θεὸν ἐπὶ τ. ὑποταγῇ τ. ὁμολογίας ὑμῶν

Ga 2 5 οἷς οὐδὲ πρὸς ὥραν εἴξαμεν τ. ὑποταγῇ

I Ti 2 11 γυνὴ ἐν ἡσυχίᾳ μανθανέτω ἐν πάσῃ ὑποταγῇ

3 4 τέκνα ἔχοντα ἐν ὑποταγῇ μετὰ πάσης σεμνότητος

ὙΠΟΤΑ´ΣΣΩ 5293

(1) seq. ὑπό, ὑποκάτω

Lu 2 51 ἦν ὑποτασσόμενος αὐτοῖς

10 17 τὰ δαιμόνια ὑποτάσσεται ἡμῖν ἐν τ. ὀνόματί σου

20 ὅτι τὰ πνεύματα ὑμῖν ὑποτάσσεται

Ro 8 7 τῷ γὰρ νόμῳ τ. Θεοῦ οὐχ ὑποτάσσεται

20 τῇ γὰρ ματαιότητι ἡ κτίσις ὑπετάγη, οὐχ ἑκοῦσα ἀλλὰ διὰ τ. ὑποτάξαντα

10 3 τ. δικαιοσύνῃ τ. Θεοῦ οὐχ ὑπετάγησαν

13 1 πᾶσα ψυχὴ ἐξουσίαις ὑπερεχούσαις ὑποτασσέσθω

5 διὸ ἀνάγκη ὑποτάσσεσθαι

I Co 14 32 πνεύματα προφητῶν προφήταις ὑποτάσσεται

34 οὐ γὰρ ἐπιτρέπεται αὐταῖς λαλεῖν ἀλλὰ ὑποτασσέσθωσαν

15 27 [1] πάντα γὰρ ὑπέταξεν ὑπὸ τ. πόδας αὐτοῦ· ὅταν δὲ εἴπῃ ὅτι πάντα ὑποτέτακται, δῆλον ὅτι ἐκτὸς τ. ὑποτάξαντος αὐτῷ τὰ πάντα.

28 ὅταν δὲ ὑποταγῇ αὐτῷ τὰ πάντα, τότε κ. αὐτὸς ὁ υἱὸς ὑποταγήσεται τ. ὑποτάξαντι αὐτῷ τὰ πάντα

16 16 ἵνα κ. ὑμεῖς ὑποτάσσησθε τ. τοιούτοις

Eph 1 22 [1] πάντα ὑπέταξεν ὑπὸ τ. πόδας αὐτοῦ

5 21 ὑποτασσόμενοι ἀλλήλοις ἐν φόβῳ Χριστοῦ.

22 αἱ γυναῖκες τ. ἰδίοις ἀνδράσιν ὑποτασσέσθωσαν

—ὑποτ., TWH non mg. R

24 ὡς ἡ ἐκκλησία ὑποτάσσεται τ. Χριστῷ

Phl 3 21 τοῦ δύνασθαι αὐτὸν κ. ὑποτάξαι αὐτῷ τὰ πάντα

Col 3 18 αἱ γυναῖκες ὑποτάσσεσθε τ. ἀνδράσιν

Tit 2 5 πρεσβύτιδας . . . ὑποτασσομένας τ. ἰδίοις ἀνδράσιν

9 δούλους ἰδίοις δεσπόταις ὑποτάσσεσθαι

3 1 ὑπομίμνησκε αὐτοὺς ἀρχαῖς ἐξουσίαις ὑποτάσσεσθαι

He 2 5 οὐ γὰρ ἀγγέλοις ὑπέταξεν τ. οἰκουμένην τ. μέλλουσαν

8 [1] πάντα ὑπέταξας ὑποκάτω τ. ποδῶν αὐτοῦ.

כֹּל שַׁתָּה תַחַת־רַגְלָיו, Ps. viii. 7

ἐν τῷ γὰρ ὑποτάξαι αὐτῷ τὰ πάντα

8 οὔπω ὁρῶμεν αὐτῷ τὰ πάντα ὑποτεταγμένα

He 12 9 οὐ πολὺ μᾶλλον ὑποταγησόμεθα τ. πατρὶ τ. πνευμάτων
Ja 4 7 ὑποτάγητε οὖν τ. Θεῷ
I Pe 2 13 ὑποτάγητε πάσῃ ἀνθρωπίνῃ κτίσει
18 ὑποτασσόμενοι ἐν παντὶ φόβῳ τ. δεσπόταις
3 1 ὁμοίως γυναῖκες ὑποτασσόμεναι τ. ἰδίοις ἀνδράσιν
5 ὑποτασσόμεναι τ. ἰδίοις ἀνδράσιν
22 ὑποταγέντων αὐτῷ ἀγγέλων κ. ἐξουσιῶν κ. δυνάμεων
5 5 ὁμοίως νεώτεροι ὑποτάγητε πρεσβυτέροις

ὙΠΟΤΙ´ΘΗΜΙ 5294

Ro 16 4 ὑπὲρ τ. ψυχῆς μου τὸν ἑαυτῶν τράχηλον ὑπέθηκαν
I Ti 4 6 ταῦτα ὑποτιθέμενος τ. ἀδελφοῖς

ὙΠΟΤΡΕ´ΧΩ * 5295

Ac 27 16 νησίον δέ τι ὑποδραμόντες καλούμενον Καῦδα

ὙΠΟΤΥ´ΠΩΣΙΣ * † 5296

I Ti 1 16 πρὸς ὑποτύπωσιν τ. μελλόντων πιστεύειν ἐπ' αὐτῷ
II Ti 1 13 ὑποτύπωσιν ἔχε ὑγιαινόντων λόγων

ὙΠΟΦΕ´ΡΩ 5297

I Co 10 13 ποιήσει . . . κ. τ. ἔκβασιν τοῦ δύνασθαι ὑπενεγκεῖν
II Ti 3 11 οἵους διωγμοὺς ὑπήνεγκα
I Pe 2 19 εἰ διὰ συνείδησιν Θεοῦ ὑποφέρει τις λύπας

ὙΠΟΧΩΡΕ´Ω 5298

Lu 5 16 αὐτὸς δὲ ἦν ὑποχωρῶν ἐν ταῖς ἐρήμοις
9 10 ὑπεχώρησεν κατ' ἰδίαν εἰς πόλιν καλουμένην Βηθσαιδά

ὙΠΩΠΙΑ´ΖΩ * 5299

Lu 18 5 ἵνα μὴ εἰς τέλος ἐρχομένη ὑπωπιάζῃ με
I Co 9 27 ὑπωπιάζω μου τὸ σῶμα κ. δουλαγωγῶ

Ὗ́Σ 5300

II Pe 2 22 ὗς λουσαμένη εἰς κυλισμὸν βορβόρου

Ὕ΄ΣΣΩΠΟΣ † 5301

Jo 19 29 σπόγγον οὖν μεστὸν τ. ὄξους ὑσσώπῳ περιθέντες
He 9 19 λαβὼν τὸ αἷμα . . . μετὰ ὕδατος κ ἐρίου κοκκίνου κ. ὑσσώπου

ὙΣΤΕΡΕ´Ω 5302

Mt 19 20 τί ἔτι ὑστερῶ;
Mk 10 21 ἕν σε ὑστερεῖ
Lu 15 14 αὐτὸς ἤρξατο ὑστερεῖσθαι
22 35 μή τινος ὑστερήσατε;
Jo 2 3 ὑστερήσαντος οἴνου λέγει ἡ μήτηρ τ. Ἰησοῦ
οἶνον οὐκ εἶχον, TWH mg.
Ro 3 23 πάντες γὰρ . . . ὑστεροῦνται τ. δόξης τ. Θεοῦ
I Co 1 7 ὥστε ὑμᾶς μὴ ὑστερεῖσθαι ἐν μηδενὶ χαρίσματι
8 8 οὔτε ἐὰν μὴ φάγωμεν ὑστερούμεθα
12 24 τ. ὑστερουμένῳ περισσοτέραν δοὺς τιμήν
II Co 11 5 λογίζομαι γὰρ μηδὲν ὑστερηκέναι τῶν ὑπερλίαν ἀποστόλων
II Co 11 9 παρὼν πρὸς ὑμᾶς κ. ὑστερηθείς
12 11 οὐδὲν γὰρ ὑστέρησα τῶν ὑπερλίαν ἀποστόλων
Phl 4 12 μεμύημαι . . . κ. περισσεύειν κ. ὑστερεῖσθαι
He 4 1 μή ποτε . . . δοκῇ τις ἐξ ὑμῶν ὑστερηκέναι
11 37 ὑστερούμενοι θλιβόμενοι κακουχούμενοι
12 15 μή τις ὑστερῶν ἀπὸ τ. χάριτος τ. Θεοῦ

ὙΣΤΕ´ΡΗΜΑ † 5303

Lu 21 4 αὕτη δὲ ἐκ τ. ὑστερήματος αὐτῆς πάντα τ. βίον . . . ἔβαλεν
I Co 16 17 τὸ ὑμέτερον ὑστέρημα οὗτοι ἀνεπλήρωσαν
II Co 8 14 τὸ ὑμῶν περίσσευμα εἰς τὸ ἐκείνων ὑστέρημα,
14 ἵνα κ. τὸ ἐκείνων περίσσευμα γένηται εἰς τὸ ὑμῶν ὑστέρημα
9 12 προσαναπληροῦσα τὰ ὑστερήματα τ. ἁγίων
11 9 τὸ γὰρ ὑστέρημά μου προσανεπλήρωσαν οἱ ἀδελφοί
Phl 2 30 ἵνα ἀναπληρώσῃ τὸ ὑμῶν ὑστέρημα
Col 1 24 ἀνταναπληρῶ τὰ ὑστερήματα τ. θλίψεων τ. Χριστοῦ
I Th 3 10 καταρτίσαι τὰ ὑστερήματα τ. πίστεως ὑμῶν

ὙΣΤΕ´ΡΗΣΙΣ ** † 5304

Mk 12 44 αὕτη δὲ ἐκ τ. ὑστερήσεως αὐτῆς πάντα ὅσα εἶχεν ἔβαλεν
Phl 4 11 οὐχ ὅτι καθ' ὑστέρησιν λέγω

Ὕ΄ΣΤΕΡΟΝ 5305

Mt 4 2 νηστεύσας . . . ὕστερον ἐπείνασεν
21 29 οὐ θέλω ὕστερον μεταμεληθεὶς ἀπῆλθεν
v. 30, T
32 ὑμεῖς δὲ ἰδόντες οὐδὲ μετεμελήθητε ὕστερον
37 ὕστερον δὲ ἀπέστειλεν πρὸς αὐτοὺς τ. υἱὸν αὐτοῦ
22 27 ὕστερον δὲ πάντων ἀπέθανεν ἡ γυνή
25 11 ὕστερον δὲ ἔρχονται κ. αἱ λοιπαὶ παρθένοι
26 60 ὕστερον δὲ προσελθόντες δύο εἶπαν
Mk 16 [14 ὕστερον δὲ ἀνακειμένοις αὐτοῖς τοῖς ἕνδεκα ἐφανερώθη
Lu 20 32 ὕστερον κ. ἡ γυνὴ ἀπέθανεν
Jo 13 36 ἀκολουθήσεις δὲ ὕστερον
He 12 11 ὕστερον δὲ καρπὸν εἰρηνικὸν . . . ἀποδίδωσιν δικαιοσύνης

Ὕ΄ΣΤΕΡΟΣ 5306

Mt 21 31 λέγουσιν Ὁ ὕστερος
ὁ πρῶτος, TR
I Ti 4 1 ἐν ὑστέροις καιροῖς ἀποστήσονταί τινες τ. πίστεως

5306.5 ὙΦΑΙ´ΝΩ cf. 2872

Lu 12 27 κατανοήσατε τὰ κρίνα πῶς οὔτε νήθει οὔτε ὑφαίνει
πῶς αὐξάνει οὐ κοπιᾷ οὐδὲ νήθ., WH non mg. R

ὙΦΑΝΤΟ´Σ 5307

Jo 19 23 ἐκ τῶν ἄνωθεν ὑφαντὸς δι' ὅλου

ὙΨΗΛΟ´Σ 5308

(1) ὑψηλότερος

Mt 4 8 παραλαμβάνει αὐτὸν ὁ διάβολος εἰς ὄρος ὑψηλὸν λίαν
17 1 ἀναφέρει αὐτοὺς εἰς ὄρος ὑψηλὸν κατ' ἰδίαν

Mk 9 2 ἀναφέρει αὐτοὺς εἰς ὄρος ὑψηλὸν κατ' ἰδίαν μόνους
Lu 16 15 τὸ ἐν ἀνθρώποις ὑψηλὸν βδέλυγμα ἐνώπιον τ. Θεοῦ
Ac 13 17 μετὰ βραχίονος ὑψηλοῦ ἐξήγαγεν αὐτοὺς ἐξ αὐτῆς
Ro 11 20 μὴ ὑψηλὰ φρόνει ἀλλὰ φοβοῦ
12 16 μὴ τὰ ὑψηλὰ φρονοῦντες
I Ti 6 17 τ. πλουσίοις . . . παράγγελλε μὴ ὑψηλὰ φρονεῖν
ὑψηλοφρονεῖν, WH non mg.
He 1 3 ἐκάθισεν ἐν δεξιᾷ τ. μεγαλωσύνης ἐν ὑψηλοῖς
7 26 [1] ὑψηλότερος τ. οὐρανῶν γενόμενος
Re 21 10 ἀπήνεγκέν με ἐν πνεύματι ἐπὶ ὄρος μέγα κ. ὑψηλόν
12 ἔχουσα τεῖχος μέγα κ. ὑψηλόν

ὙΨΗΛΟΦΡΟΝΕ΄Ω * † 5309

I Ti 6 17 τ. πλουσίοις . . . παράγγελλε μὴ ὑψηλοφρονεῖν
ὑψηλὰ φρονεῖν, TWH mg.

ὝΨΙΣΤΟΣ 5310

Mt 21 9 ὡσαννὰ ἐν τ. ὑψίστοις
Mk 5 7 τί ἐμοὶ κ. σοὶ Ἰησοῦ υἱὲ τ. Θεοῦ τ. ὑψίστου;
11 10 ὡσαννὰ ἐν τ. ὑψίστοις
Lu 1 32 οὗτος . . . υἱὸς ὑψίστου κληθήσεται
35 δύναμις ὑψίστου ἐπισκιάσει σοι
76 κ. σὺ δὲ παιδίον προφήτης ὑψίστου κληθήσῃ
2 14 δόξα ἐν ὑψίστοις Θεῷ
6 35 ἔσεσθε υἱοὶ ὑψίστου
8 28 τί ἐμοὶ κ. σοὶ Ἰησοῦ υἱὲ τ. Θεοῦ τ. ὑψίστου;
19 38 ἐν οὐρανῷ εἰρήνη κ. δόξα ἐν ὑψίστοις
Ac 7 48 ἀλλ' οὐχ ὁ ὕψιστος ἐν χειροποιήτοις κατοικεῖ
16 17 οὗτοι οἱ ἄνθρωποι δοῦλοι τ. Θεοῦ τ. ὑψίστου εἰσίν
He 7 1 ὁ Μελχισεδὲκ . . . ἱερεὺς τ. Θεοῦ τ. ὑψίστου

ὝΨΟΣ 5311

Lu 1 78 ἐν οἷς ἐπισκέψεται ἡμᾶς ἀνατολὴ ἐξ ὕψους
24 49 ἕως οὗ ἐνδύσησθε ἐξ ὕψους δύναμιν
Eph 3 18 τί τὸ πλάτος κ. μῆκος κ. ὕψος κ. βάθος
βάθ. κ. ὕψ., TWH mg.
4 8 ἀναβὰς εἰς ὕψος ᾐχμαλώτευσεν αἰχμαλωσίαν
עָלִיתָ לַמָּרוֹם שָׁבִיתָ שֶּׁבִי, Ps. lxviii. 19
Ja 1 9 καυχάσθω δὲ ὁ ἀδελφὸς ὁ ταπεινὸς ἐν τ. ὕψει αὐτοῦ
Re 21 16 τὸ μῆκος κ. τὸ πλάτος κ. τὸ ὕψος αὐτῆς ἴσα ἐστίν

ὙΨΟ΄Ω 5312

Mt 11 23 μὴ ἕως οὐρανοῦ ὑψωθήσῃ;
23 12 ὅστις δὲ ὑψώσει ἑαυτὸν ταπεινωθήσεται· κ. ὅστις ταπεινώσει ἑαυτὸν ὑψωθήσεται
Lu 1 52 ὕψωσεν ταπεινούς
10 15 μὴ ἕως οὐρανοῦ ὑψωθήσῃ;
14 11 πᾶς ὁ ὑψῶν ἑαυτὸν ταπεινωθήσεται· κ. ὁ ταπεινῶν ἑαυτὸν ὑψωθήσεται
18 14 πᾶς ὁ ὑψῶν ἑαυτὸν ταπεινωθήσεται· ὁ δὲ ταπεινῶν ἑαυτὸν ὑψωθήσεται
Jo 3 14 καθὼς Μωυσῆς ὕψωσεν τ. ὄφιν ἐν τῇ ἐρήμῳ,
οὕτως ὑψωθῆναι δεῖ τ. υἱὸν τ. ἀνθρώπου
8 28 ὅταν ὑψώσητε τ. υἱὸν τ. ἀνθρώπου
12 32 κἀγὼ ἂν ὑψωθῶ ἐκ τ. γῆς
34 δεῖ ὑψωθῆναι τ. υἱὸν τ. ἀνθρώπου
Ac 2 33 τ. δεξιᾷ οὖν τ. Θεοῦ ὑψωθείς
5 31 τοῦτον ὁ Θεὸς ἀρχηγὸν κ. σωτῆρα ὕψωσεν τ. δεξιᾷ αὐτοῦ
13 17 τ. λαὸν ὕψωσεν ἐν τ. παροικίᾳ ἐν γῇ Αἰγύπτου
II Co 11 7 ἐμαυτὸν ταπεινῶν ἵνα ὑμεῖς ὑψωθῆτε
Ja 4 10 ταπεινώθητε ἐνώπιον Κυρίου κ. ὑψώσει ὑμᾶς
I Pe 5 6 ἵνα ὑμᾶς ὑψώσῃ ἐν καιρῷ

ὝΨΩΜΑ 5313

Ro 8 39 οὔτε ὕψωμα οὔτε βάθος
II Co 10 5 λογισμοὺς καθαιροῦντες κ. πᾶν ὕψωμα ἐπαιρόμενον

Φ

ΦΑ΄ΓΟΣ * † 5314

Mt 11 19 ἰδοὺ ἄνθρωπος φάγος κ. οἰνοπότης
Lu 7 34 ἰδοὺ ἄνθρωπος φάγος κ. οἰνοπότης

ΦΑΙ΄ΝΩ 5316

Mt 1 20 ἄγγελος Κυρίου κατ' ὄναρ ἐφάνη αὐτῷ
2 7 ἠκρίβωσεν παρ' αὐτῶν τ. χρόνον τ. φαινομένου ἀστέρος
13 ἄγγελος Κυρίου φαίνεται κατ' ὄναρ τῷ Ἰωσήφ
κατ' ὄναρ ἐφάνη, WH mg.
19 ἄγγελος Κυρίου φαίνεται κατ' ὄναρ τῷ Ἰωσὴφ ἐν Αἰγύπτῳ
6 5 ὅπως φανῶσιν τ. ἀνθρώποις
16 ὅπως φανῶσιν τ. ἀνθρώποις νηστεύοντες
18 ὅπως μὴ φανῇς τ. ἀνθρώποις νηστεύων
9 33 οὐδέποτε ἐφάνη οὕτως ἐν τῷ Ἰσραήλ
13 26 τότε ἐφάνη κ. τὰ ζιζάνια
23 27 οἵτινες ἔξωθεν μὲν φαίνονται ὡραῖοι
28 ἔξωθεν μὲν φαίνεσθε τ. ἀνθρώποις δίκαιοι
24 27 ὥσπερ γὰρ ἡ ἀστραπὴ . . . φαίνεται ἕως δυσμῶν
30 τότε φανήσεται τὸ σημεῖον τ. υἱοῦ τ. ἀνθρώπου
Mk 14 64 τί ὑμῖν φαίνεται;
16 [9 ἐφάνη πρῶτον Μαρίᾳ τ. Μαγδαληνῇ
Lu 9 8 ὑπό τινων δὲ ὅτι Ἠλείας ἐφάνη
24 11 ἐφάνησαν ἐνώπιον αὐτῶν ὡσεὶ λῆρος τὰ ῥήματα ταῦτα
Jo 1 5 τὸ φῶς ἐν τ. σκοτίᾳ φαίνει
5 35 ἐκεῖνος ἦν ὁ λύχνος ὁ καιόμενος κ. φαίνων
Ro 7 13 ἀλλὰ ἡ ἁμαρτία ἵνα φανῇ ἁμαρτία
II Co 13 7 οὐχ ἵνα ἡμεῖς δόκιμοι φανῶμεν
Phl 2 15 ἐν οἷς φαίνεσθε ὡς φωστῆρες ἐν κόσμῳ
He 11 3 εἰς τὸ μὴ ἐκ φαινομένων τὸ βλεπόμενον γεγονέναι
Ja 4 14 ἀτμὶς γάρ ἐστε ἡ πρὸς ὀλίγον φαινομένη
—ή, WH non mg.

I Pe 4 18 ὁ δὲ ἀσεβὴς κ. ἁμαρτωλὸς ποῦ φανεῖται;
אַף כִּי־רָשָׁע וְחוֹטֵא, Pr. xi. 31
II Pe 1 19 προσέχοντες ὡς λύχνῳ φαίνοντι ἐν αὐχμηρῷ τόπῳ
I Jo 2 8 τὸ φῶς τὸ ἀληθινὸν ἤδη φαίνει
Re 1 16 ὡς ὁ ἥλιος φαίνει ἐν τ. δυνάμει αὐτοῦ
8 12 ἵνα . . . ἡ ἡμέρα μὴ φάνῃ τὸ τρίτον αὐτῆς
18 23 φῶς λύχνου οὐ μὴ φάνῃ ἐν σοὶ ἔτι
21 23 ἵνα φαίνωσιν αὐτῇ

ΦΑ'ΛΕΚ 5317

Lu 3 35 τοῦ Ῥαγαῦ τοῦ Φάλεκ τοῦ Ἔβερ
Φαλὲκ, T

ΦΑΝΕΡΟ'Σ 5318

Mt 12 16 ἵνα μὴ φανερὸν αὐτὸν ποιήσωσιν
Mk 3 12 ἵνα μὴ αὐτὸν φανερὸν ποιήσωσιν
4 22 ἀλλ' ἵνα ἔλθῃ εἰς φανερόν
6 14 φανερὸν γὰρ ἐγένετο τὸ ὄνομα αὐτοῦ
Lu 8 17 οὐ γάρ ἐστιν κρυπτὸν ὃ οὐ φανερὸν γενήσεται·
οὐδὲ ἀπόκρυφον ὃ οὐ μὴ γνωσθῇ κ. εἰς φανερὸν ἔλθῃ
Ac 4 16 πᾶσιν τ. κατοικοῦσιν Ἱερουσαλὴμ φανερόν
7 13 φανερὸν ἐγένετο τῷ Φαραὼ τὸ γένος Ἰωσήφ
Ro 1 19 τὸ γνωστὸν τ. Θεοῦ φανερόν ἐστιν ἐν αὐτοῖς
2 28 οὐ γὰρ ὁ ἐν τ. φανερῷ Ἰουδαῖός ἐστιν, οὐδὲ ἡ ἐν τ. φανερῷ ἐν σαρκὶ περιτομή
I Co 3 13 ἑκάστου τὸ ἔργον φανερὸν γενήσεται
11 19 ἵνα κ. οἱ δόκιμοι φανεροὶ γένωνται ἐν ὑμῖν
14 25 τὰ κρυπτὰ τ. καρδίας αὐτοῦ φανερὰ γίνεται
Ga 5 19 φανερὰ δέ ἐστιν τὰ ἔργα τ. σαρκός
Phl 1 13 ὥστε τ. δεσμούς μου φανεροὺς ἐν Χριστῷ γενέσθαι
I Ti 4 15 ἵνα σου ἡ προκοπὴ φανερὰ ᾖ πᾶσιν
I Jo 3 10 ἐν τούτῳ φανερά ἐστιν τὰ τέκνα τ. Θεοῦ

ΦΑΝΕΡΟ'Ω 5319

(1) c. accus. pers.

Mk 4 22 οὐ γὰρ ἔστιν κρυπτὸν ἐὰν μὴ ἵνα φανερωθῇ
16 [12 δυσὶν ἐξ αὐτῶν περιπατοῦσιν ἐφανερώθη ἐν ἑτέρᾳ μορφῇ
[14 ὕστερον δὲ ἀνακειμένοις αὐτοῖς τοῖς ἕνδεκα ἐφανερώθη
Jo 1 31 ἀλλ' ἵνα φανερωθῇ τῷ Ἰσραήλ
2 11 ἐφανέρωσεν τ. δόξαν αὐτοῦ
3 21 ἵνα φανερωθῇ αὐτοῦ τὰ ἔργα
7 4 [1] εἰ ταῦτα ποιεῖς φανέρωσον σεαυτὸν τ. κόσμῳ
9 3 ἵνα φανερωθῇ τὰ ἔργα τ. Θεοῦ ἐν αὐτῷ
17 6 ἐφανέρωσά σου τὸ ὄνομα τ. ἀνθρώποις
21 1 [1] ἐφανέρωσεν ἑαυτὸν πάλιν Ἰησοῦς τ. μαθηταῖς
1 [1] ἐφανέρωσεν δὲ οὕτως
14 τοῦτο ἤδη τρίτον ἐφανερώθη Ἰησοῦς τ. μαθηταῖς
Ro 1 19 ὁ Θεὸς γὰρ αὐτοῖς ἐφανέρωσεν
3 21 χωρὶς νόμου δικαιοσύνη Θεοῦ πεφανέρωται
16 26 σεσιγημένου φανερωθέντος δὲ νῦν
I Co 4 5 φανερώσει τ. βουλὰς τ. καρδιῶν
II Co 2 14 τ. ὀσμὴν τ. γνώσεως αὐτοῦ φανεροῦντι δι' ἡμῶν
3 3 φανερούμενοι ὅτι ἐστὲ ἐπιστολὴ Χριστοῦ
II Co 4 10 ἵνα κ. ἡ ζωὴ τ. Ἰησοῦ ἐν τ. σώματι ἡμῶν φανερωθῇ
11 ἵνα κ. ἡ ζωὴ τ. Ἰησοῦ φανερωθῇ ἐν τ. θνητῇ σαρκὶ ἡμῶν
5 10 τοὺς γὰρ πάντας ἡμᾶς φανερωθῆναι δεῖ ἔμπροσθεν τ. βήματος τ. Χριστοῦ
11 Θεῷ δὲ πεφανερώμεθα·
ἐλπίζω δὲ κ. ἐν τ. συνειδήσεσιν ὑμῶν πεφανερῶσθαι
7 12 ἕνεκεν τοῦ φανερωθῆναι τ. σπουδὴν ὑμῶν
11 6 ἐν παντὶ φανερώσαντες ἐν πᾶσιν εἰς ὑμᾶς
Eph 5 13 τὰ δὲ πάντα ἐλεγχόμενα ὑπὸ τ. φωτὸς φανεροῦται·
14 πᾶν γὰρ τὸ φανερούμενον φῶς ἐστίν
Col 1 26 νῦν δὲ ἐφανερώθη τ. ἁγίοις αὐτοῦ
3 4 ὅταν ὁ Χριστὸς φανερωθῇ ἡ ζωὴ ἡμῶν, τότε κ. ὑμεῖς σὺν αὐτῷ φανερωθήσεσθε ἐν δόξῃ
4 4 ἵνα φανερώσω αὐτὸ ὡς δεῖ με λαλῆσαι
I Ti 3 16 ὃς ἐφανερώθη ἐν σαρκί
II Ti 1 10 φανερωθεῖσαν δὲ νῦν διὰ τ. ἐπιφανείας τ. σωτῆρος ἡμῶν
Tit 1 3 ἐφανέρωσεν δὲ καιροῖς ἰδίοις τ. λόγον αὐτοῦ
He 9 8 μήπω πεφανερῶσθαι τὴν τ. ἁγίων ὁδόν
26 ἅπαξ ἐπὶ συντελείᾳ τ. αἰώνων . . . διὰ τ. θυσίας αὐτοῦ πεφανέρωται
I Pe 1 20 φανερωθέντος δὲ ἐπ' ἐσχάτου τ. χρόνων δι' ὑμᾶς
5 4 φανερωθέντος τ. ἀρχιποίμενος
I Jo 1 2 ἡ ζωὴ ἐφανερώθη
2 ἥτις ἦν πρὸς τ. πατέρα κ. ἐφανερώθη ἡμῖν
2 19 ἵνα φανερωθῶσιν ὅτι οὐκ εἰσὶν πάντες ἐξ ἡμῶν
28 ἵνα ἐὰν φανερωθῇ σχῶμεν παρρησίαν
3 2 οὔπω ἐφανερώθη τί ἐσόμεθα.
οἴδαμεν ὅτι ἐὰν φανερωθῇ ὅμοιοι αὐτῷ ἐσόμεθα
5 ἐκεῖνος ἐφανερώθη ἵνα τ. ἁμαρτίας ἄρῃ
8 εἰς τοῦτο ἐφανερώθη ὁ υἱὸς τ. Θεοῦ
4 9 ἐν τούτῳ ἐφανερώθη ἡ ἀγάπη τ. Θεοῦ
Re 3 18 ἵνα . . . μὴ φανερωθῇ ἡ αἰσχύνη τ. γυμνότητός σου
15 4 ὅτι τὰ δικαιώματά σου ἐφανερώθησαν

ΦΑΝΕΡΩ͂Σ ** 5320

Mk 1 45 ὥστε μηκέτι αὐτὸν δύνασθαι φαν. εἰς πόλιν εἰσελθεῖν
εἰς πόλ. φαν., TWH mg.
Jo 7 10 οὐ φανερῶς ἀλλὰ ὡς ἐν κρυπτῷ
Ac 10 3 εἶδεν ἐν ὁράματι φανερῶς

ΦΑΝΕ'ΡΩΣΙΣ * † 5321

I Co 12 7 ἑκάστῳ δὲ δίδοται ἡ φανέρωσις τ. πνεύματος
II Co 4 2 τ. φανερώσει τ. ἀληθείας συνιστάνοντες ἑαυτούς

ΦΑΝΟ'Σ * 5322

Jo 18 3 ἔρχεται ἐκεῖ μετὰ φανῶν κ. λαμπάδων κ ὅπλων

ΦΑΝΟΥΗ'Λ 5323

Lu 2 36 ἦν Ἄννα προφῆτις θυγατηρ Φανουήλ

ΦΑΝΤΑ'ΖΟΜΑΙ ** 5324

He 12 21 οὕτως φοβερὸν ἦν τὸ φανταζόμενον

ΦΑΝΤΑΣΙ´Α 5325

Ac 25 23 ἐλθόντος τ. Ἀγρίππα κ. τ. Βερνίκης μετὰ πολλῆς φαντασίας

ΦΑ´ΝΤΑΣΜΑ 5326

Mt 14 26 ἐταράχθησαν λέγοντες ὅτι Φάντασμά ἐστιν
Mk 6 49 ἔδοξαν ὅτι φάντασμά ἐστιν

ΦΑ´ΡΑΓΞ 5327

Lu 3 5 πᾶσα φάραγξ πληρωθήσεται
כָּל־גֶּיא יִנָּשֵׂא, Is. xl. 4

ΦΑΡΑΩ´ 5328

Ac 7 10 ἔδωκεν αὐτῷ χάριν κ. σοφίαν ἐναντίον Φαραὼ βασιλέως Αἰγύπτου
13 φανερὸν ἐγένετο τῷ Φαραὼ τὸ γένος Ἰωσήφ
21 ἀνείλατο αὐτὸν ἡ θυγάτηρ Φαραώ
Ro 9 17 λέγει γὰρ ἡ γραφὴ τῷ Φαραώ
He 11 24 ἠρνήσατο λέγεσθαι υἱὸς θυγατρὸς Φαραώ

ΦΑΡΕ´Σ 5329

Mt 1 3 Ἰούδας δὲ ἐγέννησεν τ. Φαρὲς
3 Φαρὲς δὲ ἐγέννησεν τ. Ἑσρώμ
Lu 3 33 τοῦ Ἑσρὼν τοῦ Φαρὲς τοῦ Ἰούδα

ΦΑΡΙΣΑΙ´ΟΣ 5330

(1) Φαρ. κ. γραμματεῖς (2) Φαρ. κ. Σαδδουκαῖοι (3) Φαρ. κ. ἀρχιερεῖς

Mt 3 7 ² ἰδὼν δὲ πολλοὺς τ. Φαρισαίων κ. Σαδδουκαίων ἐρχομένους
5 20 ¹ ἐὰν μὴ περισσεύσῃ ὑμῶν ἡ δικαιοσύνη πλεῖον τ. γραμματέων κ. Φαρισαίων
7 29 ¹ οὐχ ὡς οἱ γραμματεῖς αὐτῶν κ. οἱ Φαρισαῖοι
—κ. οἱ Φαρισ., TWH non mg. R
9 11 ἰδόντες οἱ Φαρισαῖοι ἔλεγον τ. μαθηταῖς αὐτοῦ
14 διὰ τί ἡμεῖς κ. οἱ Φαρισαῖοι νηστεύομεν
34 οἱ δὲ Φαρισαῖοι ἔλεγον
h. v., [WH]
12 2 οἱ δὲ Φαρισαῖοι ἰδόντες εἶπαν αὐτῷ
14 ἐξελθόντες δὲ οἱ Φαρισαῖοι συμβούλιον ἔλαβον
24 οἱ δὲ Φαρισαῖοι ἀκούσαντες εἶπον
38 ¹ ἀπεκρίθησαν αὐτῷ τινὲς τ. γραμματέων κ. Φαρισαίων
15 1 ¹ προσέρχονται τῷ Ἰησοῦ ἀπὸ Ἱεροσολύμων Φαρισαῖοι κ. γραμματεῖς
12 οἱ Φαρισαῖοι ἀκούσαντες τ. λόγον ἐσκανδαλίσθησαν
16 1 ² προσελθόντες οἱ Φαρισαῖοι κ. Σαδδουκαῖοι
6 ² προσέχετε ἀπὸ τ. ζύμης τ. Φαρισαίων κ. Σαδδουκαίων
11 ² προσέχετε δὲ ἀπὸ τ. ζύμης τ. Φαρισαίων κ. Σαδδουκαίων
12 ² οὐκ εἶπεν προσέχειν ἀπὸ τ. ζύμης τ. Φαρισαίων κ. Σαδδουκαίων,
ζύμ. τ. ἄρτων, WHR
² ἀλλὰ ἀπὸ τ. διδαχῆς τ. Φαρισαίων κ. Σαδδουκαίων
19 3 προσῆλθαν αὐτῷ Φαρισαῖοι πειράζοντες αὐτόν
οἱ Φαρ., TR mg.

Mt 21 45 ³ ἀκούσαντες οἱ ἀρχιερεῖς κ. Φαρισαῖοι τ παραβολὰς αὐτοῦ
22 15 πορευθέντες οἱ Φαρισαῖοι συμβούλιον ἔλαβον
34 οἱ δὲ Φαρισαῖοι ἀκούσαντες . . . συνήχθησαν ἐπὶ τὸ αὐτό
41 συνηγμένων δὲ τ. Φαρισαίων
23 2 ¹ ἐπὶ τῆς Μωυσέως καθέδρας ἐκάθισαν οἱ γραμματεῖς κ. οἱ Φαρισαῖοι
13 ¹ οὐαὶ δὲ ὑμῖν γραμματεῖς κ. Φαρισαῖοι ὑποκριταί
—h. v., TWHR non mg.
14 ¹ οὐαὶ δὲ ὑμῖν γραμματεῖς κ. Φαρισαῖοι ὑποκριταί
15 ¹ οὐαὶ ὑμῖν γραμματεῖς κ. Φαρισαῖοι ὑποκριταί
add. 23, 25, 27, 29
26 Φαρισαῖε τυφλὲ καθάρισον πρῶτον
27 62 ³ συνήχθησαν οἱ ἀρχιερεῖς κ. οἱ Φαρισαῖοι πρὸς Πειλᾶτον
Mk 2 16 ¹ οἱ γραμματεῖς τ. Φαρισαίων ἰδόντες ὅτι ἐσθίει
γραμ. κ. οἱ Φαρισαῖοι, R mg.
18 ἦσαν οἱ μαθηταὶ Ἰωάνου κ. οἱ Φαρισαῖοι νηστεύοντες
18 διὰ τί . . . οἱ μαθηταὶ τ. Φαρισαίων νηστεύουσιν
24 οἱ Φαρισαῖοι ἔλεγον αὐτῷ
3 6 ἐξελθόντες οἱ Φαρισαῖοι εὐθὺς μετὰ τ. Ἡρῳδιανῶν συμβούλιον ἐδίδουν
7 1 συνάγονται πρὸς αὐτὸν οἱ Φαρισαῖοι
3 οἱ γὰρ Φαρισαῖοι κ. πάντες οἱ Ἰουδαῖοι ἐὰν μὴ πυγμῇ νίψωνται
5 ¹ ἐπερωτῶσιν αὐτὸν οἱ Φαρισαῖοι κ. οἱ γραμματεῖς
8 11 ἐξῆλθον οἱ Φαρισαῖοι
15 βλέπετε ἀπὸ τ. ζύμης τ. Φαρισαίων
9 11 ¹ λέγουσιν οἱ Φαρισαῖοι κ. οἱ γραμματεῖς
—οἱ Φαρ. κ., WHR
10 2 προσελθόντες Φαρισαῖοι ἐπηρώτων αὐτόν
προσ. Φαρ., [WH]; οἱ Φαρ., T
12 13 ἀποστέλλουσιν πρὸς αὐτόν τινας τ. Φαρισαίων κ. τ. Ἡρῳδιανῶν
Lu 5 17 ἦσαν καθήμενοι Φαρισαῖοι κ. νομοδιδάσκαλοι
21 ¹ ἤρξαντο διαλογίζεσθαι οἱ γραμματεῖς κ. οἱ Φαρισαῖοι
30 ¹ ἐγόγγυζον οἱ Φαρισαῖοι κ. οἱ γραμματεῖς αὐτῶν
33 ὁμοίως κ. οἱ τ. Φαρισαίων
6 2 τινὲς δὲ τ. Φαρισαίων εἶπαν
7 ¹ παρετηροῦντο δὲ αὐτὸν οἱ γραμματεῖς κ. οἱ Φαρισαῖοι
7 30 οἱ δὲ Φαρισαῖοι κ. οἱ νομικοὶ τ. βουλὴν τ. Θεοῦ ἠθέτησαν
36 ἠρώτα δέ τις αὐτὸν τ. Φαρισαίων
36 εἰσελθὼν εἰς τ. οἶκον τ. Φαρισαίου κατεκλίθη
37 κατάκειται ἐν τ. οἰκίᾳ τ. Φαρισαίου
39 ἰδὼν δὲ ὁ Φαρισαῖος ὁ καλέσας αὐτόν
11 37 ἐρωτᾷ αὐτὸν Φαρισαῖος ὅπως ἀριστήσῃ
38 ὁ δὲ Φαρισαῖος ἰδὼν ἐθαύμασεν
39 ὑμεῖς οἱ Φαρισαῖοι τὸ ἔξωθεν τ. ποτηρίου . . . καθαρίζετε
42 ἀλλὰ οὐαὶ ὑμῖν τ. Φαρισαίοις
43 οὐαὶ ὑμῖν τ. Φαρισαίοις
53 ¹ ἤρξαντο οἱ γραμματεῖς κ. οἱ Φαρισαῖοι δεινῶς ἐνέχειν

Lu 12 1 προσέχετε ἑαυτοῖς ἀπὸ τ. ζύμης . . . τ. Φαρισαίων
ζύμ. τ. Φαρ., T
13 31 ἐν αὐτῇ τ. ὥρᾳ προσῆλθάν τινες Φαρισαῖοι
14 1 ἐν τ. ἐλθεῖν αὐτὸν εἰς οἶκόν τινος τ. ἀρχόντων τ. Φαρισαίων
3 εἶπεν πρὸς τ. νομικοὺς κ. Φαρισαίους
15 2 [1] διεγόγγυζον οἵ τε Φαρισαῖοι κ. οἱ γραμματεῖς
16 14 ἤκουον δὲ ταῦτα πάντα οἱ Φαρισαῖοι
17 20 ἐπερωτηθεὶς δὲ ὑπὸ τ. Φαρισαίων
18 10 εἷς Φαρισαῖος κ. ὁ ἕτερος τελώνης.
11 ὁ Φαρισαῖος σταθεὶς ταῦτα πρὸς ἑαυτὸν προσηύχετο
19 39 κ. τινες τ. Φαρισαίων ἀπὸ τ. ὄχλου εἶπαν
Jo 1 24 ἀπεσταλμένοι ἦσαν ἐκ τ. Φαρισαίων
3 1 ἦν δὲ ἄνθρωπος ἐκ τ. Φαρισαίων Νικόδημος
4 1 ἔγνω ὁ Κύριος ὅτι ἤκουσαν οἱ Φαρισαῖοι
7 32 ἤκουσαν οἱ Φαρισαῖοι τ. ὄχλου γογγύζοντος
32 [3] ἀπέστειλαν οἱ ἀρχιερεῖς κ. οἱ Φαρισαῖοι ὑπηρέτας
45 [3] ἦλθον οὖν οἱ ὑπηρέται πρὸς τ. ἀρχιερεῖς κ. Φαρισαίους
47 ἀπεκρίθησαν οὖν αὐτοῖς οἱ Φαρισαῖοι
48 μή τις ἐκ τ. ἀρχόντων ἐπίστευσεν . . . ἢ ἐκ τ. Φαρισαίων;
8 [3 [1] ἄγουσιν δὲ οἱ γραμματεῖς κ. οἱ Φαρισαῖοι γυναῖκα
13 εἶπον οὖν αὐτῷ οἱ Φαρισαῖοι
9 13 ἄγουσιν αὐτὸν πρὸς τ. Φαρισαίους
15 πάλιν οὖν ἠρώτων αὐτὸν κ. οἱ Φαρισαῖοι
16 ἔλεγον οὖν ἐκ τ. Φαρισαίων τινές
40 ἤκουσαν ἐκ τ. Φαρισαίων ταῦτα
11 46 τινὲς δὲ ἐξ αὐτῶν ἀπῆλθον πρὸς τ. Φαρισαίους
47 [3] συνήγαγον οὖν οἱ ἀρχιερεῖς κ. οἱ Φαρισαῖοι συνέδριον
57 [3] δεδώκεισαν δὲ οἱ ἀρχιερεῖς κ. οἱ Φαρισαῖοι ἐντολάς
12 19 οἱ οὖν Φαρισαῖοι εἶπαν πρὸς ἑαυτούς
42 διὰ τ. Φαρισαίους οὐχ ὡμολόγουν
18 3 [3] λαβὼν . . . ἐκ τ. ἀρχιερέων κ. ἐκ τ. Φαρισαίων ὑπηρέτας
Ac 5 34 ἀναστὰς δέ τις ἐν τ. συνεδρίῳ Φαρισαῖος
15 5 ἐξανέστησαν δέ τινες τῶν ἀπὸ τ. αἱρέσεως τ. Φαρισαίων πεπιστευκότες
23 6 [2] τὸ ἓν μέρος ἐστὶν Σαδδουκαίων τὸ δὲ ἕτερον Φαρισαίων
6 ἐγὼ Φαρισαῖός εἰμι υἱὸς Φαρισαίων
7 [2] ἐγένετο στάσις τ. Φαρισαίων κ. Σαδδουκαίων
8 [2] Φαρισαῖοι δὲ ὁμολογοῦσιν τὰ ἀμφότερα
9 [1] ἀναστάντες τινὲς τ. γραμματέων τ. μέρους τ. Φαρισαίων
26 5 κατὰ τ. ἀκριβεστάτην αἵρεσιν τ. ἡμετέρας θρησκείας ἔζησα Φαρισαῖος
Phl 3 5 κατὰ νόμον Φαρισαῖος

ΦΑΡΜΑΚΙ΄Α 5331 cf. 5331.5

Ga 5 20 εἰδωλολατρία φαρμακία ἔχθραι ἔρις
φαρμακεία, T
Re 9 21 οὐ μετενόησαν . . . ἐκ τ. φαρμακιῶν αὐτῶν
φαρμάκων, WH non mg.
18 23 ἐν τ. φαρμακίᾳ σου ἐπλανήθησαν πάντα τὰ ἔθνη

ΦΑ΄ΡΜΑΚΟΝ 5331.5 cf. 5331

Re 9 21 οὐ μετενόησαν . . . ἐκ τ. φαρμάκων αὐτῶν
φαρμακιῶν, TWH mg. R

ΦΑΡΜΑΚΟ΄Σ 5332,5333

Re 21 8 πόρνοις κ. φαρμακοῖς κ. εἰδωλολάτραις
22 15 ἔξω οἱ κύνες κ. οἱ φαρμακοὶ κ. οἱ πόρνοι

ΦΑ΄ΣΙΣ 5334

Ac 21 31 ἀνέβη φάσις τ. χιλιάρχῳ τ. σπείρης

ΦΑ΄ΣΚΩ 5335

Ac 24 9 φάσκοντες ταῦτα οὕτως ἔχειν
25 19 ὃν ἔφασκεν ὁ Παῦλος ζῆν
Ro 1 22 φάσκοντες εἶναι σοφοὶ ἐμωράνθησαν

ΦΑ΄ΤΝΗ 5336

Lu 2 7 ἀνέκλινεν αὐτὸν ἐν φάτνῃ
12 εὑρήσετε βρέφος . . . κείμενον ἐν φάτνῃ
16 ἀνεῦραν . . . τὸ βρέφος κείμενον ἐν τ. φάτνῃ
13 15 οὐ λύει τ. βοῦν αὐτοῦ ἢ τ. ὄνον ἀπὸ τ. φάτνης

ΦΑΥ΄ΛΟΣ 5337

Jo 3 20 πᾶς γὰρ ὁ φαῦλα πράσσων μισεῖ τὸ φῶς
5 29 οἱ τὰ φαῦλα πράξαντες εἰς ἀνάστασιν κρίσεως
Ro 9 11 μηδὲ πραξάντων τι ἀγαθὸν ἢ φαῦλον
II Co 5 10 πρὸς ἃ ἔπραξεν εἴτε ἀγαθὸν εἴτε φαῦλον
Tit 2 8 μηδὲν ἔχων λέγειν περὶ ἡμῶν φαῦλον
Ja 3 16 ἐκεῖ ἀκαταστασία κ. πᾶν φαῦλον πρᾶγμα

ΦΕ΄ΓΓΟΣ 5338

Mt 24 29 ἡ σελήνη οὐ δώσει τὸ φέγγος αὐτῆς
Mk 13 24 ἡ σελήνη οὐ δώσει τὸ φέγγος αὐτῆς
Lu 11 33 ἵνα οἱ εἰσπορευόμενοι τὸ φέγγος βλέπωσιν
φῶς, WHR

ΦΕΙ΄ΔΟΜΑΙ 5339

Ac 20 29 μὴ φειδόμενοι τ. ποιμνίου
Ro 8 32 ὅς γε τ. ἰδίου υἱοῦ οὐκ ἐφείσατο
11 21 εἰ γὰρ ὁ Θεὸς τῶν κατὰ φύσιν κλάδων οὐκ ἐφείσατο οὐδέ σου φείσεται
I Co 7 28 ἐγὼ δὲ ὑμῶν φείδομαι
II Co 1 23 φειδόμενος ὑμῶν οὐκέτι ἦλθον εἰς Κόρινθον
12 6 φείδομαι δὲ μή τις εἰς ἐμὲ λογίσηται
13 2 ἐὰν ἔλθω εἰς τὸ πάλιν οὐ φείσομαι
II Pe 2 4 εἰ γὰρ ὁ Θεὸς ἀγγέλων ἁμαρτησάντων οὐκ ἐφείσατο
5 κ. ἀρχαίου κόσμου οὐκ ἐφείσατο

ΦΕΙΔΟΜΕ΄ΝΩΣ * † 5340

II Co 9 6 ὁ σπείρων φειδομένως φειδομένως κ. θερίσει

ΦΕΛΟ΄ΝΗΣ * † 5341

II Ti 4 13 τὸν φελόνην ὃν ἀπέλειπον . . . ἐρχόμενος φέρε

ΦΕ΄ΡΩ 5342

(1) φέρ. καρπόν (2) seq. εἰς, ἐπί

Mt 7 18 [1] οὐ δύναται δένδρον ἀγαθὸν καρποὺς πονηροὺς ἐνεγκεῖν,

Mt 7 18 [1] οὐδὲ δένδρον σαπρὸν καρποὺς καλοὺς ἐνεγκεῖν

ποιεῖν, WH

14 11 ἠνέχθη ἡ κεφαλὴ αὐτοῦ ἐπὶ πίνακι

11 ἤνεγκεν τ. μητρὶ αὐτῆς

18 φέρετέ μοι ὧδε αὐτούς

17 17 φέρετέ μοι αὐτὸν ὧδε

Mk 1 32 ἔφερον πρὸς αὐτὸν πάντας τοὺς κακῶς ἔχοντας

2 3 ἔρχονται φέροντες πρὸς αὐτὸν παραλυτικόν

4 8 [2] ἔφερεν εἰς τριάκοντα κ. ἐν ἑξήκοντα κ. ἐν ἑκατόν

6 27 ἐπέταξεν ἐνέγκαι τ. κεφαλὴν αὐτοῦ

28 ἤνεγκεν τ. κεφαλὴν αὐτοῦ ἐπὶ πίνακι

7 32 φέρουσιν αὐτῷ κωφὸν κ. μογιλάλον

8 22 φέρουσιν αὐτῷ τυφλόν

9 17 ἤνεγκα τ. υἱόν μου πρός σε

19 φέρετε αὐτὸν πρός με.

20 κ. ἤνεγκαν αὐτὸν πρὸς αὐτόν

11 2 λύσατε αὐτὸν κ. φέρετε

7 φέρουσιν τ. πῶλον πρὸς τ. Ἰησοῦν

12 15 φέρετέ μοι δηνάριον ἵνα ἴδω.

16 οἱ δὲ ἤνεγκαν

15 22 [2] φέρουσιν αὐτὸν ἐπὶ τ. Γολγοθὰν τόπον

Lu 5 18 ἄνδρες φέροντες ἐπὶ κλίνης ἄνθρωπον

15 23 φέρετε τ. μόσχον τ. σιτευτὸν θύσατε

23 26 ἐπέθηκαν αὐτῷ τ. σταυρὸν φέρειν ὄπισθεν τοῦ Ἰησοῦ

24 1 φέρουσαι ἃ ἡτοίμασαν ἀρώματα

Jo 2 8 ἀντλήσατε νῦν κ. φέρετε τ. ἀρχιτρικλίνῳ. οἱ δὲ ἤνεγκαν

4 33 μή τις ἤνεγκεν αὐτῷ φαγεῖν;

12 24 [1] ἐὰν δὲ ἀποθάνῃ πολὺν καρπὸν φέρει

15 2 [1] πᾶν κλῆμα ἐν ἐμοὶ μὴ φέρον καρπὸν αἴρει αὐτό·

[1] κ. πᾶν τὸ καρπὸν φέρον καθαίρει αὐτό,

[1] ἵνα καρπὸν πλείονα φέρῃ

4 [1] καθὼς τὸ κλῆμα οὐ δύναται καρπὸν φέρειν ἀφ' ἑαυτοῦ

5 [1] ὁ μένων ἐν ἐμοὶ . . . οὗτος φέρει καρπὸν πολύν

8 [1] ἐν τούτῳ ἐδοξάσθη ὁ πατήρ μου ἵνα καρπὸν πολὺν φέρητε

16 [1] ἵνα ὑμεῖς ὑπάγητε κ. καρπὸν φέρητε

18 29 τίνα κατηγορίαν φέρετε τ. ἀνθρώπου τούτου;

19 39 φέρων ἕλιγμα σμύρνης κ. ἀλόης

20 27 φέρε τ. δάκτυλόν σου ὧδε

27 κ. φέρε τ. χεῖρά σου

21 10 ἐνέγκατε ἀπὸ τ. ὀψαρίων ὧν ἐπιάσατε νῦν

18 ἄλλος . . . οἴσει ὅπου οὐ θέλεις

Ac 2 2 ἦχος ὥσπερ φερομένης πνοῆς βιαίας

4 34 πωλοῦντες ἔφερον τ. τιμὰς τ. πιπρασκομένων

37 πωλήσας ἤνεγκεν τὸ χρῆμα

5 2 ἐνέγκας μέρος τι παρὰ τ. πόδας τ. ἀποστόλων ἔθηκεν

16 συνήρχετο δὲ κ. τὸ πλῆθος . . . φέροντες ἀσθενεῖς

12 10 [2] τ. πύλην τ. σιδηρᾶν τ. φέρουσαν εἰς τ. πόλιν

14 13 [2] ταύρους κ. στέμματα ἐπὶ τ. πυλῶνας ἐνέγκας

15 29 εὖ πράξετε φερόμενοι ἐν τ. ἁγίῳ πνεύματι

—φερ. ἐν τ. ἁγ. πν., TWH non mg. R

25 18 οὐδεμίαν αἰτίαν ἔφερον ὧν ἐγὼ ὑπενόουν πονηρῶν

Ac 27 15 ἐπιδόντες ἐφερόμεθα

17 χαλάσαντες τὸ σκεῦος οὕτως ἐφέροντο

Ro 9 22 ἤνεγκεν ἐν πολλῇ μακροθυμίᾳ σκεύη ὀργῆς

II Ti 4 13 τὸν φελόνην . . . ἐρχόμενος φέρε κ. τὰ βιβλία

He 1 3 φέρων τε τὰ πάντα τ. ῥήματι τ. δυνάμεως αὐτοῦ

6 1 [2] ἐπὶ τ. τελειότητα φερώμεθα

9 16 θάνατον ἀνάγκη φέρεσθαι τ. διαθεμένου

12 20 οὐκ ἔφερον γὰρ τὸ διαστελλόμενον

13 13 ἐξερχώμεθα . . . τ. ὀνειδισμὸν αὐτοῦ φέροντες

I Pe 1 13 ἐλπίσατε ἐπὶ τ. φερομένην ὑμῖν χάριν

II Pe 1 17 φωνῆς ἐνεχθείσης αὐτῷ τοιᾶσδε ὑπὸ τ. μεγαλοπρεποῦς δόξης

18 ταύτην τ. φωνὴν ἡμεῖς ἠκούσαμεν ἐξ οὐρανοῦ ἐνεχθεῖσαν

21 οὐ γὰρ θελήματι ἀνθρώπου ἠνέχθη προφητεία ποτέ,

ἀλλὰ ὑπὸ πνεύματος ἁγίου φερόμενοι ἐλάλησαν

2 11 οὐ φέρουσιν κατ' αὐτῶν παρὰ Κυρίῳ βλάσφημον κρίσιν

II Jo 10 εἴ τις . . . ταύτην τ. διδαχὴν οὐ φέρει

Re 21 24 [2] οἱ βασιλεῖς τ. γῆς φέρουσιν τ. δόξαν αὐτῶν εἰς αὐτήν

26 [2] οἴσουσιν τ. δόξαν κ. τ. τιμὴν τ. ἐθνῶν εἰς αὐτήν

ΦΕΥΓΩ 5343

Mt 2 13 φεῦγε εἰς Αἴγυπτον

3 7 τίς ὑπέδειξεν ὑμῖν φυγεῖν ἀπὸ τ. μελλούσης ὀργῆς;

8 33 οἱ δὲ βόσκοντες ἔφυγον

10 23 φεύγετε εἰς τ. ἑτέραν

23 φεύγετε εἰς τ. ἄλλην

—h. v., TWH non mg. R

23 33 πῶς φύγητε ἀπὸ τ. κρίσεως τ. γεέννης;

24 16 τότε οἱ ἐν τ. Ἰουδαίᾳ φευγέτωσαν εἰς τὰ ὄρη

26 56 τότε οἱ μαθηταὶ πάντες ἀφέντες αὐτὸν ἔφυγον

Mk 5 14 οἱ βόσκοντες αὐτοὺς ἔφυγον

13 14 τότε οἱ ἐν τ. Ἰουδαίᾳ φευγέτωσαν εἰς τὰ ὄρη

14 50 ἀφέντες αὐτὸν ἔφυγον πάντες

52 ὁ δὲ καταλιπὼν τ. σινδόνα γυμνὸς ἔφυγεν

16 8 ἐξελθοῦσαι ἔφυγον ἀπὸ τ. μνημείου

Lu 3 7 τίς ὑπέδειξεν ὑμῖν φυγεῖν ἀπὸ τ. μελλούσης ὀργῆς;

8 34 ἰδόντες δὲ οἱ βόσκοντες τὸ γεγονὸς ἔφυγον

21 21 τότε οἱ ἐν τ. Ἰουδαίᾳ φευγέτωσαν εἰς τὰ ὄρη

Jo 6 15 φεύγει πάλιν εἰς τὸ ὄρος αὐτὸς μόνος

ἀνεχώρησεν, WHR

10 5 ἀλλὰ φεύξονται ἀπ' αὐτοῦ

12 ἀφίησιν τὰ πρόβατα κ. φεύγει

Ac 7 29 ἔφυγεν δὲ Μωυσῆς ἐν τ. λόγῳ τούτῳ

27 30 τ. δὲ ναυτῶν ζητούντων φυγεῖν ἐκ τ. πλοίου

I Co 6 18 φεύγετε τ. πορνείαν

10 14 φεύγετε ἀπὸ τ. εἰδωλολατρείας

I Ti 6 11 σὺ δὲ ὦ ἄνθρωπε Θεοῦ ταῦτα φεῦγε

II Ti 2 22 τ. δὲ νεωτερικὰς ἐπιθυμίας φεῦγε

He 11 34 ἔφυγον στόματα μαχαίρης

Ja 4 7 ἀντίστητε δὲ τ. διαβόλῳ κ. φεύξεται ἀφ' ὑμῶν

Re 9 6 φεύγει ὁ θάνατος ἀπ' αὐτῶν

12 6 ἡ γυνὴ ἔφυγεν εἰς τὴν ἔρημον

16 20 πᾶσα νῆσος ἔφυγεν

20 11 οὗ ἀπὸ τ. προσώπου ἔφυγεν ἡ γῆ κ. ὁ οὐρανός

ΦΗ̃ΛΙΞ 5344

Ac 23 24 ἵνα . . . διασώσωσιν πρὸς Φήλικα τ. ἡγεμόνα
26 Κλαύδιος Λυσίας τ. κρατίστῳ ἡγεμόνι Φήλικι χαίρειν
24 3 ἀποδεχόμεθα κράτιστε Φῆλιξ μετὰ πάσης εὐχαριστίας
22 ἀνεβάλετο δὲ αὐτοὺς ὁ Φῆλιξ
24 μετὰ δὲ ἡμέρας τινὰς παραγενόμενος ὁ Φῆλιξ
25 ἔμφοβος γενόμενος ὁ Φῆλιξ ἀπεκρίθη
27 ἔλαβεν διάδοχον ὁ Φῆλιξ Πόρκιον Φῆστον· θέλων τε χάριτα καταθέσθαι τ. Ἰουδαίοις ὁ Φῆλιξ
25 14 ἀνήρ τίς ἐστιν καταλελειμμένος ὑπὸ Φήλικος δέσμιος

ΦΉΜΗ 5345

Mt 9 26 ἐξῆλθεν ἡ φήμη αὕτη εἰς ὅλην τ. γῆν
φήμ. αὐτῆς, WH mg.
Lu 4 14 φήμη ἐξῆλθεν καθ' ὅλης τῆς περιχώρου περὶ αὐτοῦ

ΦΗΜΙ΄ 5346

Mt 4 7 ἔφη αὐτῷ ὁ Ἰησοῦς
8 8 ἀποκριθεὶς δὲ ὁ ἑκατόνταρχος ἔφη
13 28 ὁ δὲ ἔφη αὐτοῖς
29 ὁ δέ φησιν Οὔ
14 8 δός μοί φησιν ὧδε ἐπὶ πίνακι
17 26 ἔφη αὐτῷ ὁ Ἰησοῦς
19 18 ποίας; φησίν.
λέγει αὐτῷ Ποίας, WH non mg. R
ὁ δὲ Ἰησοῦς ἔφη
εἶπεν, TWH mg.
21 ἔφη αὐτῷ ὁ Ἰησοῦς
λέγει, WH mg.
21 27 ἔφη αὐτοῖς κ. αὐτός
22 37 ὁ δὲ ἔφη αὐτῷ
25 21 ἔφη αὐτῷ ὁ κύριος αὐτοῦ
23 ἔφη αὐτῷ ὁ κύριος αὐτοῦ
26 34 ἔφη αὐτῷ ὁ Ἰησοῦς
61 οὗτος ἔφη Δύναμαι καταλῦσαι
27 11 ὁ δὲ Ἰησοῦς ἔφη
23 ὁ δὲ ἔφη Τί γὰρ κακὸν ἐποίησεν;
65 ἔφη αὐτοῖς ὁ Πειλᾶτος
Mk 9 12 ὁ δὲ ἔφη αὐτοῖς
38 ἔφη αὐτῷ ὁ Ἰωάνης
10 20 ὁ δὲ ἔφη αὐτῷ
29 ἔφη ὁ Ἰησοῦς
12 24 ἔφη αὐτοῖς ὁ Ἰησοῦς
14 29 ὁ δὲ Πέτρος ἔφη αὐτῷ
Lu 7 40 ὁ δὲ Διδάσκαλε εἰπέ φησιν
44 στραφεὶς πρὸς τ. γυναῖκα τ. Σίμωνι ἔφη
15 17 εἰς ἑαυτὸν δὲ ἐλθὼν ἔφη
22 58 μετὰ βραχὺ ἕτερος ἰδὼν αὐτὸν ἔφη
58 ὁ δὲ Πέτρος ἔφη
70 ὁ δὲ πρὸς αὐτοὺς ἔφη
23 3 ὁ δὲ ἀποκριθεὶς αὐτῷ ἔφη
40 ὁ ἕτερος ἐπιτιμῶν αὐτῷ ἔφη
Jo 1 23 ἔφη Ἐγὼ φωνὴ βοῶντος ἐν τῇ ἐρήμῳ, Is. xl. 3
9 36 κ. τίς ἐστιν ἔφη Κύριε
—ἔφη, TWH non mg. R
38 ὁ δὲ ἔφη Πιστεύω Κύριε
18 29 ἐξῆλθεν οὖν ὁ Πειλᾶτος ἔξω πρὸς αὐτοὺς κ. φησιν
Ac 2 38 Πέτρος δὲ πρὸς αὐτοὺς Μετανοήσατε φησίν
—φησίν, WHR
7 2 ὁ δὲ ἔφη
Ac 8 36 κ. φησιν ὁ εὐνοῦχος Ἰδοὺ ὕδωρ
10 28 ἔφη τε πρὸς αὐτούς
30 κ. ὁ Κορνήλιος ἔφη
31 ἀνὴρ ἔστη ἐνώπιόν μου . . . κ. φησιν
16 30 προαγαγὼν αὐτοὺς ἔξω ἔφη
37 ὁ δὲ Παῦλος ἔφη πρὸς αὐτούς
17 22 σταθεὶς δὲ Παῦλος . . . ἔφη
19 35 καταστείλας δὲ τ. ὄχλον ὁ γραμματεύς φησιν
21 37 ὁ δὲ ἔφη Ἑλληνιστὶ γινώσκεις;
22 2 κ. φησιν Ἐγώ εἰμι ἀνὴρ Ἰουδαῖος
27 ὁ δὲ ἔφη Ναί
28 ὁ δὲ Παῦλος ἔφη
23 5 ἔφη τε ὁ Παῦλος
17 προσκαλεσάμενος δὲ ὁ Παῦλος ἕνα τ. ἑκατονταρχῶν ἔφη
18 ἤγαγεν πρὸς τ. χιλίαρχον κ. φησιν
35 διακούσομαί σου ἔφη
25 5 οἱ οὖν ἐν ὑμῖν φησὶν δυνατοί
22 αὔριόν φησιν ἀκούσῃ αὐτοῦ
24 κ. φησιν ὁ Φῆστος
26 1 Ἀγρίππας δὲ πρὸς τ. Παῦλον ἔφη
24 ὁ Φῆστος μεγάλῃ τ. φωνῇ φησίν
25 ὁ δὲ Παῦλος Οὐ μαίνομαί φησιν
32 Ἀγρίππας δὲ τ. Φήστῳ ἔφη
Ro 3 8 καθώς φασίν τινες ἡμᾶς λέγειν
I Co 6 16 ἔσονται γάρ φησιν οἱ δύο εἰς σάρκα μίαν
7 29 τοῦτο δέ φημι ἀδελφοί
10 15 κρίνατε ὑμεῖς ὅ φημι
19 τί οὖν φημί;
15 50 τοῦτο δέ φημι ἀδελφοί
II Co 10 10 ὅτι αἱ ἐπιστολαὶ μέν φησιν βαρεῖαι κ. ἰσχυραί
φασίν, WH mg.
He 8 5 ὅρα γάρ φησιν ποιήσεις πάντα κατὰ τ. τύπον, Ex. xxv. 40

ΦΗΜΙ΄ΖΩ * 5346.5 cf. 1310

Mt 28 15 ἐφημίσθη ὁ λόγος οὗτος παρὰ Ἰουδαίοις
διεφημίσθη, WH non mg.

ΦΗ̃ΣΤΟΣ 5347

Ac 24 27 ἔλαβεν διάδοχον ὁ Φῆλιξ Πόρκιον Φῆστον
25 1 Φῆστος οὖν ἐπιβὰς τ. ἐπαρχείᾳ
4 ὁ μὲν οὖν Φῆστος ἀπεκρίθη
9 ὁ Φῆστος δὲ θέλων τ. Ἰουδαίοις χάριν καταθέσθαι
12 τότε ὁ Φῆστος συνλαλήσας μετὰ τ. συμβουλίου ἀπεκρίθη
13 κατήντησαν εἰς Καισαρίαν ἀσπασάμενοι τ. Φῆστον
14 ὁ Φῆστος τ. βασιλεῖ ἀνέθετο τὰ κατὰ τ. Παῦλον
22 Ἀγρίππας δὲ πρὸς τ. Φῆστον
23 κελεύσαντος τ. Φήστου ἤχθη ὁ Παῦλος.
24 κ. φησιν ὁ Φῆστος
26 24 ὁ Φῆστος μεγάλῃ τ. φωνῇ φησίν
25 οὐ μαίνομαί φησιν κράτιστε Φῆστε
32 Ἀγρίππας δὲ τ. Φήστῳ ἔφη

ΦΘΑ΄ΝΩ 5348

Mt 12 28 ἄρα ἔφθασεν ἐφ' ὑμᾶς ἡ βασιλεία τ. Θεοῦ
Lu 11 20 ἄρα ἔφθασεν ἐφ' ὑμᾶς ἡ βασιλεία τ. Θεοῦ
Ro 9 31 Ἰσραὴλ δὲ . . . εἰς νόμον οὐκ ἔφθασεν
II Co 10 14 ἄχρι γὰρ κ. ὑμῶν ἐφθάσαμεν ἐν τ. εὐαγγελίῳ τ. Χριστοῦ

Phl 3 16 εἰς ὃ ἐφθάσαμεν τ. αὐτῷ στοιχεῖν
I Th 2 16 ἔφθασεν δὲ ἐπ' αὐτοὺς ἡ ὀργὴ εἰς τέλος
ἔφθακεν, WH mg.
4 15 οὐ μὴ φθάσωμεν τ. κοιμηθέντας

ΦΘΑΡΤΟ΄Σ 5349

Ro 1 23 ἐν ὁμοιώματι εἰκόνος φθαρτοῦ ἀνθρώπου
I Co 9 25 ἐκεῖνοι μὲν οὖν ἵνα φθαρτὸν στέφανον λάβωσιν
15 53 δεῖ γὰρ τὸ φθαρτὸν τοῦτο ἐνδύσασθαι ἀφθαρσίαν
54 ὅταν δὲ τὸ φθαρτὸν τοῦτο ἐνδύσηται ἀφθαρσίαν
—τὸ φθαρτ. τ. ἐνδ. ἀφθ., WH non mg. R mg.
I Pe 1 18 οὐ φθαρτοῖς ἀργυρίῳ ἢ χρυσίῳ ἐλυτρώθητε
23 ἀναγεγεννημένοι οὐκ ἐκ σπορᾶς φθαρτῆς

ΦΘΕ΄ΓΓΟΜΑΙ 5350

Ac 4 18 παρήγγειλαν καθόλου μὴ φθέγγεσθαι . . . ἐπὶ τ. ὀνόματι τ. Ἰησοῦ
II Pe 2 16 ὑποζύγιον ἄφωνον ἐν ἀνθρώπου φωνῇ φθεγξάμενον
18 ὑπέρογκα γὰρ ματαιότητος φθεγγόμενοι

ΦΘΕΙ΄ΡΩ 5351

I Co 3 17 εἴ τις τ. ναὸν τ. Θεοῦ φθείρει φθερεῖ τοῦτον ὁ Θεός
15 33 φθείρουσιν ἤθη χρηστὰ ὁμιλίαι κακαί
II Co 7 2 οὐδένα ἐφθείραμεν
11 3 μή πως . . . φθαρῇ τὰ νοήματα ὑμῶν
Eph 4 22 τ. παλαιὸν ἄνθρωπον τ. φθειρόμενον κατὰ τ. ἐπιθυμίας τ. ἀπάτης
II Pe 2 12 ἐν τ. φθορᾷ αὐτῶν κ. φθαρήσονται
Ju 10 ὅσα δὲ φυσικῶς . . . ἐπίστανται ἐν τούτοις φθείρονται
Re 19 2 ἥτις ἔφθειρεν τ. γῆν ἐν τ. πορνείᾳ αὐτῆς

ΦΘΙΝΟΠΩΡΙΝΟ΄Σ * 5352

Ju 12 δένδρα φθινοπωρινὰ ἄκαρπα

ΦΘΟ΄ΓΓΟΣ 5353

Ro 10 18 εἰς πᾶσαν τ. γῆν ἐξῆλθεν ὁ φθόγγος αὐτῶν
בְּכָל־הָאָרֶץ יָצָא קַוָּם, Ps. xix. 5
I Co 14 7 ἐὰν διαστολὴν τ. φθόγγοις μὴ δῷ

ΦΘΟΝΕ΄Ω ** 5354

Ga 5 26 μὴ γινώμεθα κενόδοξοι . . . ἀλλήλοις φθονοῦντες
ἀλλήλους, WH mg.

ΦΘΟ΄ΝΟΣ ** 5355

Mt 27 18 ᾔδει γὰρ ὅτι διὰ φθόνον παρέδωκαν αὐτόν
Mk 15 10 ἐγίνωσκεν γὰρ ὅτι διὰ φθόνον παραδεδώκεισαν αὐτόν
Ro 1 29 μεστοὺς φθόνου φόνου ἔριδος
Ga 5 21 αἱρέσεις φθόνοι μέθαι
Phl 1 15 τινὲς μὲν γὰρ διὰ φθόνον κ. ἔριν
I Ti 6 4 ἐξ ὧν γίνεται φθόνος ἔρις
Tit 3 3 ἐν κακίᾳ κ. φθόνῳ διάγοντες
Ja 4 5 πρὸς φθόνον ἐπιποθεῖ τὸ πνεῦμα
I Pe 2 1 ἀποθέμενοι οὖν πᾶσαν κακίαν . . . κ. ὑπόκρισιν κ. φθόνους

ΦΘΟΡΑ΄ 5356

Ro 8 21 αὐτὴ ἡ κτίσις ἐλευθερωθήσεται ἀπὸ τ. δουλείας τ. φθορᾶς
I Co 15 42 σπείρεται ἐν φθορᾷ ἐγείρεται ἐν ἀφθαρσίᾳ
50 οὐδὲ ἡ φθορὰ τ. ἀφθαρσίαν κληρονομεῖ
Ga 6 8 ἐκ τ. σαρκὸς θερίσει φθοράν
Col 2 22 ἅ ἐστιν πάντα εἰς φθορὰν τ. ἀποχρήσει
II Pe 1 4 ἀποφυγόντες τῆς ἐν τ. κόσμῳ ἐν ἐπιθυμίᾳ φθορᾶς
2 12 ζῷα γεγεννημένα φυσικὰ εἰς ἅλωσιν κ. φθοράν
12 ἐν τ. φθορᾷ αὐτῶν κ. φθαρήσονται
19 αὐτοὶ δοῦλοι ὑπάρχοντες τ. φθορᾶς

ΦΙΑ΄ΛΗ 5357

Re 5 8 ἔχοντες . . . φιάλας χρυσᾶς γεμούσας θυμιαμάτων
15 7 ἔδωκεν τ. ἑπτὰ ἀγγέλοις ἑπτὰ φιάλας χρυσᾶς
16 1 ἐκχέετε τ. ἑπτὰ φιάλας τ. θυμοῦ τ. Θεοῦ εἰς τ. γῆν
2 ὁ πρῶτος . . . ἐξέχεεν τ. φιάλην αὐτοῦ εἰς τ. γῆν
3 ὁ δεύτερος ἐξέχεεν τ. φιάλην αὐτοῦ εἰς τ. θάλασσαν
4 ὁ τρίτος ἐξέχεεν τ. φιάλην αὐτοῦ εἰς τ. ποταμούς
8 ὁ τέταρτος ἐξέχεεν τ. φιάλην αὐτοῦ ἐπὶ τ. ἥλιον
10 ὁ πέμπτος ἐξέχεεν τ. φιάλην αὐτοῦ ἐπὶ τ. θρόνον τ. θηρίου
12 ὁ ἕκτος ἐξέχεεν τ. φιάλην αὐτοῦ ἐπὶ τ. ποταμὸν τ. μέγαν τ. Εὐφράτην
17 ὁ ἕβδομος ἐξέχεεν τ. φιάλην αὐτοῦ ἐπὶ τ. ἀέρα
17 1 εἷς ἐκ τ. ἑπτὰ ἀγγέλων τ. ἐχόντων τ. ἑπτὰ φιάλας
21 9 εἷς ἐκ τ. ἑπτὰ ἀγγέλων τ. ἐχόντων τ. ἑπτὰ φιάλας

ΦΙΛΑ΄ΓΑΘΟΣ ** 5358

Tit 1 8 φιλόξενον φιλάγαθον σώφρονα

ΦΙΛΑΔΕΛΦΙ΄Α 5359

Re 1 11 πέμψον τ. ἑπτὰ ἐκκλησίαις . . . εἰς Φιλαδελφίαν
3 7 τ. ἀγγέλῳ τῆς ἐν Φιλαδελφίᾳ ἐκκλησίας γράψον

ΦΙΛΑΔΕΛΦΙ΄Α ** 5360

Ro 12 10 τ. φιλαδελφίᾳ εἰς ἀλλήλους φιλόστοργοι
I Th 4 9 περὶ δὲ τ. φιλαδελφίας οὐ χρείαν ἔχετε γράφειν ὑμῖν
He 13 1 ἡ φιλαδελφία μενέτω
I Pe 1 22 τ. ψυχὰς ὑμῶν ἡγνικότες . . . εἰς φιλαδελφίαν ἀνυπόκριτον
II Pe 1 7 ἐν δὲ τ. εὐσεβείᾳ τ. φιλαδελφίαν,
ἐν δὲ τ. φιλαδελφίᾳ τ. ἀγάπην

ΦΙΛΑ΄ΔΕΛΦΟΣ ** 5361

I Pe 3 8 πάντες ὁμόφρονες συμπαθεῖς φιλάδελφοι

ΦΙ΄ΛΑΝΔΡΟΣ * 5362

Tit 2 4 ἵνα σωφρονίζωσιν τ. νέας φιλάνδρους εἶναι

ΦΙΛΑΝΘΡΩΠΙ'Α ** 5363

Ac 28 2 παρεῖχαν οὐ τ. τυχοῦσαν φιλανθρωπίαν ἡμῖν
Tit 3 4 ὅτε . . . ἡ φιλανθρωπία ἐπεφάνη τ. σωτῆρος ἡμῶν Θεοῦ

ΦΙΛΑΝΘΡΩ'ΠΩΣ ** 5364

Ac 27 3 φιλ. τε ὁ Ἰούλιος τ. Παύλῳ χρησάμενος

ΦΙΛΑΡΓΥΡΙ'Α ** 5365

I Ti 6 10 ῥίζα γὰρ πάντων τ. κακῶν ἐστὶν ἡ φιλαργυρία

ΦΙΛΑ'ΡΓΥΡΟΣ ** 5366

Lu 16 14 ἤκουον . . . οἱ Φαρισαῖοι φιλάργυροι ὑπάρχοντες
II Ti 3 2 ἔσονται γὰρ οἱ ἄνθρωποι φίλαυτοι φιλάργυροι

ΦΙ'ΛΑΥΤΟΣ * 5367

II Ti 3 2 ἔσονται γὰρ οἱ ἄνθρωποι φίλαυτοι φιλάργυροι

ΦΙΛΕ'Ω 5368

Mt 6 5 φιλοῦσιν ἐν τ. συναγωγαῖς . . . ἑστῶτες προσεύχεσθαι
10 37 ὁ φιλῶν πατέρα ἢ μητέρα ὑπὲρ ἐμέ
37 κ. ὁ φιλῶν υἱὸν ἢ θυγατέρα ὑπὲρ ἐμέ
23 6 φιλοῦσιν δὲ τ. πρωτοκλισίαν ἐν τ. δείπνοις
26 48 ὃν ἂν φιλήσω αὐτός ἐστιν
Mk 14 44 ὃν ἂν φιλήσω αὐτός ἐστιν
Lu 20 46 τ. γραμματέων τῶν . . . φιλούντων ἀσπασμοὺς ἐν τ. ἀγοραῖς
22 47 ἤγγισεν τῷ Ἰησοῦ φιλῆσαι αὐτόν
Jo 5 20 ὁ γὰρ πατὴρ φιλεῖ τ. υἱόν
11 3 Κύριε ἴδε ὃν φιλεῖς ἀσθενεῖ
36 ἴδε πῶς ἐφίλει αὐτόν
12 25 ὁ φιλῶν τ. ψυχὴν αὐτοῦ απολλύει αὐτήν
15 19 ὁ κόσμος ἂν τὸ ἴδιον ἐφίλει
16 27 αὐτὸς γὰρ ὁ πατὴρ φιλεῖ ὑμᾶς, ὅτι ὑμεῖς ἐμὲ πεφιλήκατε
20 2 τ. ἄλλον μαθητὴν ὃν ἐφίλει ὁ Ἰησοῦς
21 15 σὺ οἶδας ὅτι φιλῶ σε
16 σὺ οἶδας ὅτι φιλῶ σε
17 Σίμων Ἰωάνου φιλεῖς με; ἐλυπήθη ὁ Πέτρος ὅτι εἶπεν αὐτῷ τὸ τρίτον Φιλεῖς με
17 σὺ γινώσκεις ὅτι φιλῶ σε
I Co 16 22 εἴ τις οὐ φιλεῖ τ. Κύριον ἤτω ἀνάθεμα
Tit 3 15 ἄσπασαι τ. φιλοῦντας ἡμᾶς ἐν πίστει
Re 3 19 ἐγὼ ὅσους ἐὰν φιλῶ ἐλέγχω
22 15 ἔξω . . . πᾶς φιλῶν κ. ποιῶν ψεῦδος
ποι. κ. φιλ., T

ΦΙΛΗ'ΔΟΝΟΣ * 5369

II Ti 3 4 φιλήδονοι μᾶλλον ἢ φιλόθεοι

ΦΙ'ΛΗΜΑ 5370

Lu 7 45 φίλημά μοι οὐκ ἔδωκας
22 48 φιλήματι τ. υἱὸν τ. ἀνθρώπου παραδίδως;
Ro 16 16 ἀσπάσασθε ἀλλήλους ἐν φιλήματι ἁγίῳ
I Co 16 20 ἀσπάσασθε ἀλλήλους ἐν φιλήματι ἁγίῳ
II Co 13 12 ἀσπάσασθε ἀλλήλους ἐν ἁγίῳ φιλήματι
I Th 5 26 ἀσπάσασθε τ. ἀδελφοὺς πάντας ἐν φιλήματι ἁγίῳ
I Pe 5 14 ἀσπάσασθε ἀλλήλους ἐν φιλήματι ἀγάπης

ΦΙΛΗ'ΜΩΝ 5371

Phm 1 Φιλήμονι τ. ἀγαπητῷ κ. συνεργῷ ἡμῶν

ΦΙ'ΛΗΤΟΣ 5372

II Ti 2 17 ὧν ἐστὶν Ὑμέναιος κ. Φίλητος
Φιλητός, T

ΦΙΛΙ'Α 5373

Ja 4 4 ἡ φιλία τ. κόσμου ἔχθρα τ Θεοῦ ἐστίν

ΦΙΛΙΠΠΗ'ΣΙΟΣ 5374

Phl 4 15 οἴδατε δὲ κ. ὑμεῖς Φιλιππήσιοι

ΦΙ'ΛΙΠΠΟΙ 5375

Ac 16 12 τῇ δὲ ἐπιούσῃ εἰς Νέαν Πόλιν κἀκεῖθεν εἰς Φιλίππους
20 6 ἡμεῖς δὲ ἐξεπλεύσαμεν . . . ἀπὸ Φιλίππων
Phl 1 1 πᾶσιν τ. ἁγίοις ἐν Χριστῷ Ἰησοῦ τ. οὖσιν ἐν Φιλίπποις
I Th 2 2 ὑβρισθέντες καθὼς οἴδατε ἐν Φιλίπποις

ΦΙ'ΛΙΠΠΟΣ 5376

(1) Ἡρῴδης Φίλ. (2) ὁ τετραάρχης

Mt 10 3 Φίλιππος κ. Βαρθολομαῖος
14 3 [1] διὰ Ἡρῳδιάδα τ. γυναῖκα Φιλίππου τ. ἀδελφοῦ αὐτοῦ
16 13 [2] ἐλθὼν δὲ ὁ Ἰησοῦς εἰς τὰ μέρη Καισαρίας τῆς Φιλίππου
Mk 3 18 Ἀνδρέαν κ. Φίλιππον κ. Βαρθολομαῖον
6 17 [1] διὰ Ἡρῳδιάδα τ. γυναῖκα Φιλίππου τ. ἀδελφοῦ αὐτοῦ
8 27 [2] ἐξῆλθεν ὁ Ἰησοῦς . . . εἰς τ. κώμας Καισαρίας τῆς Φιλίππου
Lu 3 1 [2] Φιλίππου δὲ τ. ἀδελφοῦ αὐτοῦ τετρααρχοῦντος τ. Ἰτουραίας
6 14 Φίλιππον κ. Βαρθολομαῖον
Jo 1 43 εὑρίσκει Φίλιππον κ. λέγει αὐτῷ
44 ἦν δὲ ὁ Φίλιππος ἀπὸ Βηθσαϊδά
45 εὑρίσκει Φίλιππος τ. Ναθαναήλ
46 λέγει αὐτῷ ὁ Φίλιππος
—ὁ, T
48 πρὸ τοῦ σε Φίλιππον φωνῆσαι
6 5 λέγει πρὸς Φίλιππον
7 ἀπεκρίθη αὐτῷ Φίλιππος
ἀποκρίνεται αὐτ. ὁ Φίλ., T
12 21 οὗτοι οὖν προσῆλθαν Φιλίππῳ τῷ ἀπὸ Βηθσαϊδά
22 ἔρχεται ὁ Φίλιππος κ. λέγει τ. Ἀνδρέᾳ·
—ὁ, T
ἔρχεται Ἀνδρέας κ. Φίλιππος κ. λέγουσιν τῷ Ἰησοῦ
14 8 λέγει αὐτῷ Φίλιππος
9 οὐκ ἔγνωκάς με Φίλιππε;
Ac 1 13 Φίλιππος κ. Θωμᾶς
6 5 ἐξελέξαντο Στέφανον . . . κ. Φίλιππον
8 5 Φίλιππος δὲ κατελθὼν εἰς τ. πόλιν τ. Σαμαρίας
6 προσεῖχον δὲ οἱ ὄχλοι τ. λεγομένοις ὑπὸ τ. Φιλίππου
12 ὅτε δὲ ἐπίστευσαν τ. Φιλίππῳ εὐαγγελιζομένῳ
13 βαπτισθεὶς ἦν προσκαρτερῶν τ. Φιλίππῳ
26 ἄγγελος δὲ Κυρίου ἐλάλησεν πρὸς Φίλιππον
29 εἶπεν δὲ τὸ Πνεῦμα τ. Φιλίππῳ
30 προσδραμὼν δὲ ὁ Φίλιππος ἤκουσεν αὐτοῦ
31 παρεκάλεσέν τε τ. Φίλιππον ἀναβάντα καθίσαι σὺν αὐτῷ

Ac 8 34 ἀποκριθεὶς δὲ ὁ εὐνοῦχος τ. Φιλίππῳ
35 ἀνοίξας δὲ ὁ Φίλιππος τὸ στόμα αὐτοῦ
37 εἶπεν δὲ αὐτῷ ὁ Φίλιππος
—h. v., TWH non mg. R non mg.; ὁ Φιλ., [WH mg.]
38 κατέβησαν ἀμφότεροι εἰς τὸ ὕδωρ ὅ τε Φίλιππος κ. ὁ εὐνοῦχος
39 πνεῦμα Κυρίου ἥρπασεν τ. Φίλιππον
40 Φίλιππος δὲ εὑρέθη εἰς Ἄζωτον
21 8 εἰσελθόντες εἰς τ. οἶκον Φιλίππου τ. εὐαγγελιστοῦ

ΦΙΛΌΘΕΟΣ* 5377

II Ti 3 4 φιλήδονοι μᾶλλον ἢ φιλόθεοι

ΦΙΛΌΛΟΓΟΣ 5378

Ro 16 15 ἀσπάσασθε Φιλόλογον κ. Ἰουλίαν

ΦΙΛΟΝΕΙΚΊΑ** 5379

Lu 22 24 ἐγένετο δὲ κ. φιλονεικία ἐν αὐτοῖς

ΦΙΛΌΝΕΙΚΟΣ 5380

I Co 11 16 εἰ δέ τις δοκεῖ φιλόνεικος εἶναι

ΦΙΛΟΞΕΝΊΑ* 5381

Ro 12 13 τ. φιλοξενίαν διώκοντες
He 13 2 τ. φιλοξενίας μὴ ἐπιλανθάνεσθε

ΦΙΛΌΞΕΝΟΣ* 5382

I Ti 3 2 κόσμιον φιλόξενον διδακτικόν
Tit 1 8 μὴ αἰσχροκερδῆ ἀλλὰ φιλόξενον
I Pe 4 9 φιλόξενοι εἰς ἀλλήλους ἄνευ γογγυσμοῦ

ΦΙΛΟΠΡΩΤΕΎΩ*† 5383

III Jo 9 ὁ φιλοπρωτεύων αὐτῶν Διοτρέφης οὐκ ἐπιδέχεται ἡμᾶς

ΦΊΛΟΣ 5384

Mt 11 19 τελωνῶν φίλος κ. ἁμαρτωλῶν
Lu 7 6 ἔπεμψεν φίλους ὁ ἑκατοντάρχης
34 φίλος τελωνῶν κ. ἁμαρτωλῶν
11 5 τίς ἐξ ὑμῶν ἕξει φίλον
5 κ. εἴπῃ αὐτῷ Φίλε χρῆσόν μοι τρεῖς ἄρτους,
6 ἐπειδὴ φίλος μου παρεγένετο ἐξ ὁδοῦ πρός με
8 εἰ κ. οὐ δώσει . . . διὰ τὸ εἶναι φίλον αὐτοῦ
12 4 λέγω δὲ ὑμῖν τ. φίλοις μου
14 10 φίλε προσανάβηθι ἀνώτερον
12 μὴ φώνει τ. φίλους σου
15 6 συνκαλεῖ τ. φίλους κ. τ. γείτονας
9 εὑροῦσα συνκαλεῖ τ. φίλας κ. γείτονας
29 ἵνα μετὰ τ. φίλων μου εὐφρανθῶ
16 9 ἑαυτοῖς ποιήσατε φίλους ἐκ τ. μαμωνᾶ τ. ἀδικίας
21 16 παραδοθήσεσθε δὲ κ. ὑπὸ γονέων . . . κ. φίλων
23 12 ἐγένοντο δὲ φίλοι ὅ τε Ἡρῴδης κ. ὁ Πειλᾶτος
Jo 3 29 ὁ δὲ φίλος τ. νυμφίου . . . χαρᾷ χαίρει
11 11 Λάζαρος ὁ φίλος ἡμῶν κεκοίμηται
15 13 ἵνα τις τ. ψυχὴν αὐτοῦ θῇ ὑπὲρ τ. φίλων αὐτοῦ.
14 ὑμεῖς φίλοι μου ἐστέ
15 ὑμᾶς δὲ εἴρηκα φίλους
19 12 ἐὰν τοῦτον ἀπολύσῃς οὐκ εἶ φίλος τ. Καίσαρος

Ac 10 24 ὁ δὲ Κορνήλιος ἦν προσδοκῶν αὐτοὺς συνκαλεσάμενος . . . τ. ἀναγκαίους φίλους
19 31 τινὲς δὲ κ. τ. Ἀσιαρχῶν ὄντες αὐτῷ φίλοι
27 3 ἐπέτρεψεν πρὸς τ. φίλους πορευθέντι ἐπιμελείας τυχεῖν
Ja 2 23 φίλος Θεοῦ ἐκλήθη
4 4 ὃς ἐὰν οὖν βουληθῇ φίλος εἶναι τ. κόσμου
III Jo 15 ἀσπάζονταί σε οἱ φίλοι.
ἀσπάζου τ. φίλους κατ' ὄνομα

ΦΙΛΟΣΟΦΊΑ** 5385

Col 2 8 ὁ συλαγωγῶν διὰ τ. φιλοσοφίας κ. κενῆς ἀπάτης

ΦΙΛΌΣΟΦΟΣ 5386

Ac 17 18 τινὲς δὲ κ. τ. Ἐπικουρίων κ. Στωικῶν φιλοσόφων συνέβαλλον αὐτῷ

ΦΙΛΌΣΤΟΡΓΟΣ** 5387

Ro 12 10 τ. φιλαδελφίᾳ εἰς ἀλλήλους φιλόστοργοι

ΦΙΛΌΤΕΚΝΟΣ** 5388

Tit 2 4 ἵνα σωφρονίζωσιν τ. νέας φιλάνδρους εἶναι φιλοτέκνους

ΦΙΛΟΤΙΜΈΟΜΑΙ** 5389

Ro 15 20 οὕτως δὲ φιλοτιμούμενον εὐαγγελίζεσθαι
II Co 5 9 διὸ κ. φιλοτιμούμεθα . . . εὐάρεστοι αὐτῷ εἶναι
I Th 4 11 παρακαλοῦμεν δὲ ὑμᾶς . . . φιλοτιμεῖσθαι ἡσυχάζειν

ΦΙΛΟΦΡΌΝΩΣ** 5390

Ac 28 7 ὃς ἀναδεξάμενος ἡμᾶς ἡμέρας τρεῖς φιλοφρόνως ἐξένισεν

5392 **ΦΙΜΌΩ** cf. 2777.5

Mt 22 12 ὁ δὲ ἐφιμώθη
34 ἀκούσαντες ὅτι ἐφίμωσεν τ. Σαδδουκαίους
Mk 1 25 φιμώθητι κ. ἔξελθε ἐξ αὐτοῦ
4 39 εἶπεν τ. θαλάσσῃ Σιώπα πεφίμωσο
Lu 4 35 φιμώθητι κ. ἔξελθε ἀπ' αὐτοῦ
I Co 9 9 οὐ φιμώσεις βοῦν ἀλοῶντα
κημώσεις, TWH mg.
לֹא־תַחְסֹם שׁוֹר בְּדִישׁוֹ, Dt. xxv. 4
I Ti 5 18 βοῦν ἀλοῶντα οὐ φιμώσεις, Dt. *l.c.*
I Pe 2 15 ἀγαθοποιοῦντας φιμοῖν τὴν τ. ἀφρόνων ἀνθρώπων ἀγνωσίαν
φιμοῦν, T

ΦΛΈΓΩΝ 5393

Ro 16 14 ἀσπάσασθε Ἀσύνκριτον Φλέγοντα Ἑρμῆν

ΦΛΟΓΊΖΩ 5394

Ja 3 6 φλογίζουσα τ. τροχὸν τ. γενέσεως καὶ φλογιζομένη ὑπὸ τ. γεέννης

ΦΛΌΞ 5395

Lu 16 24 ὅτι ὀδυνῶμαι ἐν τ. φλογὶ ταύτῃ
Ac 7 30 ὤφθη αὐτῷ . . . ἄγγελος ἐν φλογὶ πυρὸς βάτου
II Th 1 8 ἐν πυρὶ φλογὸς διδόντος ἐκδίκησιν
He 1 7 ὁ ποιῶν . . . τ. λειτουργοὺς αὐτοῦ πυρὸς φλόγα
עֹשֶׂה . . . מְשָׁרְתָיו אֵשׁ לֹהֵט, Ps. civ. 4

Re 1 14 οἱ ὀφθαλμοὶ αὐτοῦ ὡς φλὸξ πυρός
2 18 ὁ ἔχων τ. ὀφθαλμοὺς αὐτοῦ ὡς φλόγα πυρός
φλὸξ, T
19 12 οἱ δὲ ὀφθαλμοὶ αὐτοῦ φλὸξ πυρός

ΦΛΥΑΡΕ΄Ω * 5396

III Jo 10 λόγοις πονηροῖς φλυαρῶν ἡμᾶς

ΦΛΥ΄ΑΡΟΣ ** 5397

I Ti 5 13 οὐ μόνον δὲ ἀργαὶ ἀλλὰ κ. φλύαροι κ. περίεργοι

ΦΟΒΕ΄ΟΜΑΙ 5399

(1) φοβ. φόβον, πτόησιν (2) seq. ἀπό (3) seq. μή

Mt 1 20 μὴ φοβηθῇς παραλαβεῖν Μαρίαν τ. γυναῖκά σου
2 22 ἐφοβήθη ἐκεῖ ἀπελθεῖν
9 8 ἰδόντες δὲ οἱ ὄχλοι ἐφοβήθησαν
10 26 μὴ οὖν φοβηθῆτε αὐτούς
28 [2] μὴ φοβηθῆτε ἀπὸ τ. ἀποκτεινόντων τὸ σῶμα
φοβεῖσθε, T
28 φοβεῖσθε δὲ μᾶλλον τ. δυνάμενον κ. ψυχὴν κ. σῶμα ἀπολέσαι ἐν γεέννῃ
31 μὴ οὖν φοβεῖσθε
14 5 θέλων αὐτὸν ἀποκτεῖναι ἐφοβήθη τ. ὄχλον
27 ἐγώ εἰμι μὴ φοβεῖσθε
30 βλέπων δὲ τ. ἄνεμον ἐφοβήθη
17 6 ἀκούσαντες οἱ μαθηταὶ . . . ἐφοβήθησαν σφόδρα
7 ἐγέρθητε κ. μὴ φοβεῖσθε
21 26 ἐὰν δὲ εἴπωμεν Ἐξ ἀνθρώπων φοβούμεθα τ. ὄχλον
46 ζητοῦντες αὐτὸν κρατῆσαι ἐφοβήθησαν τ. ὄχλους
25 25 φοβηθεὶς ἀπελθὼν ἔκρυψα τὸ τάλαντόν σου
27 54 ἰδόντες τ. σεισμὸν κ. τὰ γινόμενα ἐφοβήθησαν σφόδρα
28 5 μὴ φοβεῖσθε ὑμεῖς
10 λέγει αὐταῖς ὁ Ἰησοῦς Μὴ φοβεῖσθε
Mk 4 41 [1] ἐφοβήθησαν φόβον μέγαν
5 15 θεωροῦσιν τ. δαιμονιζόμενον καθήμενον . . . κ. ἐφοβήθησαν
33 ἡ δὲ γυνὴ φοβηθεῖσα κ. τρέμουσα . . . ἦλθεν
36 μὴ φοβοῦ μόνον πίστευε
6 20 ὁ γὰρ Ἡρῴδης ἐφοβεῖτο τ. Ἰωάνην
50 ἐγώ εἰμι μὴ φοβεῖσθε
9 32 ἐφοβοῦντο αὐτὸν ἐπερωτῆσαι
10 32 οἱ δὲ ἀκολουθοῦντες ἐφοβοῦντο
11 18 ἐφοβοῦντο γὰρ αὐτόν
32 ἀλλὰ εἴπωμεν Ἐξ ἀνθρώπων; ἐφοβοῦντο τ. ὄχλον
12 12 ἐφοβήθησαν τ. ὄχλον
16 8 οὐδενὶ οὐδὲν εἶπον ἐφοβοῦντο γάρ
Lu 1 13 μὴ φοβοῦ Ζαχαρία
30 μὴ φοβοῦ Μαριάμ
50 τὸ ἔλεος αὐτοῦ εἰς γενεὰς κ. γενεὰς τ. φοβουμένοις αὐτόν
2 9 [1] ἐφοβήθησαν φόβον μέγαν
10 εἶπεν αὐτοῖς ὁ ἄγγελος Μὴ φοβεῖσθε
5 10 εἶπεν πρὸς τ. Σίμωνα Ἰησοῦς Μὴ φοβοῦ
8 25 φοβηθέντες δὲ ἐθαύμασαν

Lu 8 35 εὗραν καθήμενον τ. ἄνθρωπον . . κ. ἐφοβήθησαν
50 μὴ φοβοῦ μόνον πίστευσον
9 34 ἐφοβήθησαν δὲ ἐν τῷ εἰσελθεῖν αὐτοὺς εἰς τ. νεφέλην
45 ἐφοβοῦντο ἐρωτῆσαι αὐτὸν περὶ τ. ῥήματος τούτου
12 4 [2] μὴ φοβηθῆτε ἀπὸ τ. ἀποκτεινόντων τὸ σῶμα
5 ὑποδείξω δὲ ὑμῖν τίνα φοβηθῆτε· φοβήθητε τὸν μετὰ τὸ ἀποκτεῖναι ἔχοντα ἐξουσίαν ἐμβαλεῖν εἰς τ. γέενναν· ναὶ λέγω ὑμῖν τοῦτον φοβήθητε
7 μὴ φοβεῖσθε πολλῶν στρουθίων διαφέρετε
32 μὴ φοβοῦ τὸ μικρὸν ποίμνιον
18 2 κριτής τις ἦν . . . τ. Θεὸν μὴ φοβούμενος
4 εἰ κ. τ. Θεὸν οὐ φοβοῦμαι
19 21 ἐφοβούμην γάρ σε ὅτι ἄνθρωπος αὐστηρὸς εἶ
20 19 ἐφοβήθησαν τ. λαόν
22 2 ἐφοβοῦντο γὰρ τ. λαόν
23 40 οὐδὲ φοβῇ σὺ τ. Θεόν
Jo 6 19 θεωροῦσιν τ. Ἰησοῦν . . . κ. ἐφοβήθησαν
20 ἐγώ εἰμι μὴ φοβεῖσθε
9 22 ὅτι ἐφοβοῦντο τ. Ἰουδαίους
12 15 μὴ φοβοῦ θυγάτηρ Σιών
גִּילִי מְאֹד בַּת־צִיּוֹן, Zech. ix. 9
19 8 ὅτε οὖν ἤκουσεν ὁ Πειλᾶτος . . . μᾶλλον ἐφοβήθη
Ac 5 26 [3] ἐφοβοῦντο γὰρ τ. λαὸν μὴ λιθασθῶσιν
9 26 πάντες ἐφοβοῦντο αὐτόν
10 2 φοβούμενος τ. Θεὸν σὺν παντὶ τ. οἴκῳ αὐτοῦ
22 ἀνὴρ δίκαιος κ. φοβούμενος τ. Θεόν
35 ἐν παντὶ ἔθνει ὁ φοβούμενος αὐτὸν . . . δεκτὸς αὐτῷ ἐστίν
13 16 οἱ φοβούμενοι τ. Θεὸν ἀκούσατε
26 οἱ ἐν ὑμῖν φοβούμενοι τ. Θεόν
16 38 ἐφοβήθησαν δὲ ἀκούσαντες ὅτι Ῥωμαῖοί εἰσιν
18 9 μὴ φοβοῦ ἀλλὰ λάλει
22 29 ὁ χιλίαρχος δὲ ἐφοβήθη
23 10 [3] φοβηθεὶς ὁ χιλίαρχος μὴ διασπασθῇ
27 17 [3] φοβούμενοί τε μὴ εἰς τ. Σύρτιν ἐκπέσωσιν
24 μὴ φοβοῦ Παῦλε
29 [3] φοβούμενοί τε μή που κατὰ τραχεῖς τόπους ἐκπέσωμεν
Ro 11 20 μὴ ὑψηλὰ φρόνει ἀλλὰ φοβοῦ
13 3 θέλεις δὲ μὴ φοβεῖσθαι τ. ἐξουσίαν;
4 ἐὰν δὲ τὸ κακὸν ποιῇς φοβοῦ
II Co 11 3 [3] φοβοῦμαι δὲ μή πως . . . φθαρῇ τὰ νοήματα ὑμῶν
12 20 [3] φοβοῦμαι γὰρ μή πως ἐλθὼν . . . εὕρω
Ga 2 12 ἀφώριζεν ἑαυτὸν φοβούμενος τοὺς ἐκ περιτομῆς
4 11 [3] φοβοῦμαι ὑμᾶς μή πως εἰκῇ κεκοπίακα
Eph 5 33 ἡ δὲ γυνὴ ἵνα φοβῆται τ. ἄνδρα
Col 3 22 ἐν ἁπλότητι καρδίας φοβούμενοι τ. Κύριον
He 4 1 [3] φοβηθῶμεν οὖν μή ποτε . . . δοκῇ τις ἐξ ὑμῶν ὑστερηκέναι
11 23 οὐκ ἐφοβήθησαν τὸ διάταγμα τ. βασιλέως
27 μὴ φοβηθεὶς τ. θυμὸν τ. βασιλέως
13 6 Κύριος ἐμοὶ βοηθὸς οὐ φοβηθήσομαι
יְהוָה לִי לֹא אִירָא, Ps. cxviii. 6
I Pe 2 17 τ. Θεὸν φοβεῖσθε
3 6 [1] μὴ φοβούμεναι μηδεμίαν πτόησιν

I Pe 3 14 ¹ τ. δὲ φόβον αὐτῶν μὴ φοβηθῆτε
וְאֶת־מוֹרָאוֹ לֹא־תִירְאוּ, Is. viii. 12
I Jo 4 18 ὁ δὲ φοβούμενος οὐ τετελείωται ἐν τ. ἀγάπῃ
Re 1 17 ἔθηκεν τ. δεξιὰν αὐτοῦ ἐπ' ἐμὲ λέγων Μὴ φοβοῦ
2 10 μὴ φοβοῦ ἃ μέλλεις πάσχειν
μηδὲν φοβ., TWH mg.
11 18 δοῦναι τ. μισθὸν . . . τ. φοβουμένοις τὸ ὄνομά σου
14 7 φοβήθητε τ. Θεόν
15 4 τίς οὐ μὴ φοβηθῇ Κύριε
19 5 αἰνεῖτε τ. Θεῷ ἡμῶν . . . οἱ φοβούμενοι αὐτόν

ΦΟΒΕΡΟ'Σ 5398

He 10 27 φοβερὰ δέ τις ἐκδοχὴ κρίσεως
31 φοβερὸν τὸ ἐμπεσεῖν εἰς χεῖρας Θεοῦ ζῶντος
12 21 οὕτως φοβερὸν ἦν τὸ φανταζόμενον

ΦΟ'ΒΗΤΡΟΝ 5400

Lu 21 11 φόβητρά τε κ. ἀπ' οὐρανοῦ σημεῖα μεγάλα ἔσται
φόβηθρά, WH

ΦΟ'ΒΟΣ 5401

(1) φόβ. φοβεῖσθαι (2) φόβ. Θεοῦ, Κυρίου, Χριστοῦ

Mt 14 26 ἀπὸ τ. φόβου ἔκραξαν
28 4 ἀπὸ δὲ τ. φόβου αὐτοῦ ἐσείσθησαν οἱ τηροῦντες
8 ἀπελθοῦσαι ταχὺ ἀπὸ τ. μνημείου μετὰ φόβου κ. χαρᾶς μεγάλης
Mk 4 41 ¹ ἐφοβήθησαν φόβον μέγαν
Lu 1 12 φόβος ἐπέπεσεν ἐπ' αὐτόν
65 ἐγένετο ἐπὶ πάντας φόβος τ. περιοικοῦντας αὐτούς
2 9 ¹ ἐφοβήθησαν φόβον μέγαν
5 26 ἐπλήσθησαν φόβου λέγοντες
7 16 ἔλαβεν δὲ φόβος πάντας
8 37 ὅτι φόβῳ μεγάλῳ συνείχοντο
21 26 ἀποψυχόντων ἀνθρώπων ἀπὸ φόβου
Jo 7 13 οὐδεὶς μέντοι παρρησίᾳ ἐλάλει περὶ αὐτοῦ διὰ τ. φόβον τ. Ἰουδαίων τ.
19 38 κεκρυμμένος δὲ διὰ τ. φόβον τ. Ἰουδαίων
20 19 τ. θυρῶν κεκλεισμένων . . . διὰ τ. φόβον τ. Ἰουδαίων
Ac 2 43 ἐγίνετο δὲ πάσῃ ψυχῇ φόβος
43 φόβος τε ἦν μέγας ἐπὶ πάντας
—h. v., WHR non mg.
5 5 ἐγένετο φόβος μέγας ἐπὶ πάντας τ. ἀκούοντας
11 ἐγένετο φόβος μέγας ἐφ' ὅλην τ. ἐκκλησίαν
9 31 ² πορευομένη τ. φόβῳ τ. Κυρίου . . . ἐπληθύνετο
19 17 ἐπέπεσεν φόβος ἐπὶ πάντας αὐτούς
Ro 3 18 ² οὐκ ἔστιν φόβος Θεοῦ ἀπέναντι τ. ὀφθαλμῶν αὐτῶν
אֵין־פַּחַד אֱלֹהִים לְנֶגֶד עֵינָיו, Ps. xxxvi. 2
8 15 οὐ γὰρ ἐλάβετε πνεῦμα δουλείας πάλιν εἰς φόβον
13 3 οἱ γὰρ ἄρχοντες οὐκ εἰσὶν φόβος τ. ἀγαθῷ ἔργῳ
7 ἀπόδοτε πᾶσι τ. ὀφειλὰς . . . τῷ τ. φόβον τ. φόβον

I Co 2 3 κἀγὼ ἐν ἀσθενείᾳ κ. ἐν φόβῳ . . . ἐγενόμην πρὸς ὑμᾶς
II Co 5 11 ² εἰδότες οὖν τ. φόβον τ. Κυρίου
7 1 ² ἐπιτελοῦντες ἁγιωσύνην ἐν φόβῳ Θεοῦ
5 ἔξωθεν μάχαι ἔσωθεν φόβοι
11 πόσην κατειργάσατο ὑμῖν σπουδὴν . . . ἀλλὰ φόβον
15 ὡς μετὰ φόβου κ. τρόμου ἐδέξασθε αὐτόν
Eph 5 21 ² ὑποτασσόμενοι ἀλλήλοις ἐν φόβῳ Χριστοῦ
6 5 ὑπακούετε τοῖς κατὰ σάρκα κυρίοις μετὰ φόβου κ. τρόμου
Phl 2 12 μετὰ φόβου κ. τρόμου τὴν ἑαυτῶν σωτηρίαν κατεργάζεσθε
I Ti 5 20 ἵνα κ. οἱ λοιποὶ φόβον ἔχωσιν
He 2 15 ὅσοι φόβῳ θανάτου . . . ἔνοχοι ἦσαν δουλείας
I Pe 1 17 ἐν φόβῳ τὸν τ. παροικίας ὑμῶν χρόνον ἀναστράφητε
2 18 ὑποτασσόμενοι ἐν παντὶ φόβῳ τ. δεσπόταις
3 2 ἐποπτεύσαντες τὴν ἐν φόβῳ ἁγνὴν ἀναστροφὴν ὑμῶν
14 ¹ τ. δὲ φόβον αὐτῶν μὴ φοβηθῆτε
וְאֶת־מוֹרָאוֹ לֹא־תִירְאוּ, Is. viii. 12
15 ἕτοιμοι ἀεὶ πρὸς ἀπολογίαν . . . μετὰ πραΰτητος κ. φόβου
I Jo 4 18 φόβος οὐκ ἔστιν ἐν τ. ἀγάπῃ, ἀλλ' ἡ τελεία ἀγάπη ἔξω βάλλει τ. φόβον, ὅτι ὁ φόβος κόλασιν ἔχει
Ju 23 οὓς δὲ ἐλεᾶτε ἐν φόβῳ
Re 11 11 φόβος μέγας ἐπέπεσεν ἐπὶ τ. θεωροῦντας αὐτούς
18 10 ἀπὸ μακρόθεν ἑστηκότες διὰ τ. φόβον τ. βασανισμοῦ αὐτῆς
15 ἀπὸ μακρόθεν στήσονται διὰ τ. φόβον τ. βασανισμοῦ αὐτῆς

ΦΟΙ'ΒΗ 5402

Ro 16 1 συνίστημι δὲ ὑμῖν Φοίβην τ. ἀδελφὴν ἡμῶν

ΦΟΙΝΙ'ΚΗ 5403

Ac 11 19 διῆλθον ἕως Φοινίκης κ. Κύπρου κ. Ἀντιοχείας
15 3 διήρχοντο τήν τε Φοινίκην κ. Σαμαρίαν
21 2 εὑρόντες πλοῖον διαπερῶν εἰς Φοινίκην

ΦΟΙΝΙ'ΚΙΣΣΑ 5403.5 cf. 4949

Mk 7 26 ἡ δὲ γυνὴ ἦν Ἑλληνὶς Σύρα Φοινίκισσα τ. γένει
Συροφοινίκισσα, TWH non mg. R

ΦΟΙ͂ΝΙΞ 5405

Ac 27 12 εἴ πως δύναιντο καταντήσαντες εἰς Φοίνικα παραχειμάσαι

ΦΟΙ͂ΝΙΞ 5404

Jo 12 13 ἔλαβον τὰ βαΐα τ. φοινίκων
Re 7 9 φοίνικες ἐν τ. χερσὶν αὐτῶν
φοίνικας, T

ΦΟΝΕΥ'Σ ** 5406

Mt 22 7 πέμψας τὰ στρατεύματα αὐτοῦ ἀπώλεσεν τ. φονεῖς ἐκείνους
Ac 3 14 ἠτήσασθε ἄνδρα φονέα χαρισθῆναι ὑμῖν

Ac 7 52 οὐ νῦν ὑμεῖς προδόται κ. φονεῖς ἐγένεσθε
28 4 πάντως φονεύς ἐστιν ὁ ἄνθρωπος οὗτος
1 Pe 4 15 μὴ γάρ τις ὑμῶν πασχέτω ὡς φονεύς
Re 21 8 τοῖς δὲ δειλοῖς . . . κ. φονεῦσιν . . . τὸ μέρος αὐτῶν ἐν τ. λίμνῃ
22 15 ἔξω . . . οἱ πόρνοι κ. οἱ φονεῖς κ. οἱ εἰδωλολάτραι

ΦΟΝΕΥ΄Ω 5407

Mt 5 21 ἠκούσατε ὅτι ἐρρέθη τ. ἀρχαίοις Οὐ φονεύσεις, Ex. *l.c.*
ὃς δ᾽ ἂν φονεύσῃ ἔνοχος ἔσται τ. κρίσει
19 18 τὸ Οὐ φονεύσεις οὐ μοιχεύσεις
לֹא תִּרְצָח לֹא תִּנְאָף, Ex. xx. 13, 14
23 31 υἱοί ἐστε τ. φονευσάντων τ. προφήτας
35 ὃν ἐφονεύσατε μεταξὺ τ. ναοῦ κ. τ. θυσιαστηρίου
Mk 10 19 τ. ἐντολὰς οἶδας Μὴ φονεύσῃς μὴ μοιχεύσῃς, Ex. *l.c.*
μὴ μοιχ. μὴ φον., T; μὴ μοιχ. μὴ πορνεύσῃς, WH mg.
Lu 18 20 τ. ἐντολὰς οἶδας Μὴ μοιχεύσῃς μὴ φονεύσῃς, Ex. *l.c.*
Ro 13 9 τὸ γὰρ Οὐ μοιχεύσεις οὐ φονεύσεις, Ex. *l.c.*
Ja 2 11 ὁ γὰρ εἰπὼν Μὴ μοιχεύσῃς εἶπεν κ. Μὴ φονεύσῃς, Ex. *l.c.*
εἰ δὲ οὐ μοιχεύεις φονεύεις δέ
4 2 φονεύετε κ. ζηλοῦτε
5 6 κατεδικάσατε ἐφονεύσατε τ. δίκαιον

ΦΟ΄ΝΟΣ 5408

Mt 15 19 ἐκ γὰρ τ. καρδίας ἐξέρχονται . . . φόνοι
Mk 7 21 ἐκ τ. καρδίας τ. ἀνθρώπων . . . ἐκπορεύονται πορνεῖαι κλοπαὶ φόνοι
15 7 οἵτινες ἐν τ. στάσει φόνον πεποιήκεισαν
Lu 23 19 διὰ στάσιν τινὰ γενομένην ἐν τ. πόλει κ. φόνον
25 τὸν διὰ στάσιν κ. φόνον βεβλημένον εἰς φυλακήν
Ac 9 1 ἔτι ἐνπνέων ἀπειλῆς κ. φόνου
Ro 1 29 μεστοὺς φθόνου φόνου ἔριδος
He 11 37 ἐν φόνῳ μαχαίρης ἀπέθανον
Re 9 21 οὐ μετενόησαν ἐκ τ. φόνων αὐτῶν

ΦΟΡΕ΄Ω 5409

Mt 11 8 οἱ τὰ μαλακὰ φοροῦντες ἐν τ. οἴκοις τ. βασιλέων
Jo 19 5 φορῶν τ. ἀκάνθινον στέφανον
Ro 13 4 οὐ γὰρ εἰκῇ τ. μάχαιραν φορεῖ
1 Co 15 49 καθὼς ἐφορέσαμεν τ. εἰκόνα τ. χοϊκοῦ, φορέσωμεν κ. τ. εἰκόνα τ. ἐπουρανίου
φορέσομεν, WH mg.
Ja 2 3 ἐπιβλέψητε δὲ ἐπὶ τ. φοροῦντα τ. ἐσθῆτα τ. λαμπράν

ΦΟ΄ΡΟΝ * † 5410

Ac 28 15 ἦλθαν εἰς ἀπάντησιν ἡμῖν ἄχρι Ἀππίου Φόρου

ΦΟ΄ΡΟΣ 5411

Lu 20 22 ἔξεστιν ἡμᾶς Καίσαρι φόρον δοῦναι ἢ οὔ;
23 2 κωλύοντα φόρους Καίσαρι διδόναι
Ro 13 6 διὰ τοῦτο γὰρ κ. φόρους τελεῖτε
7 ἀπόδοτε πᾶσι τ. ὀφειλὰς τῷ τ. φόρον τ. φόρον

ΦΟΡΤΙ΄ΖΩ 5412

Mt 11 28 δεῦτε πρός με πάντες οἱ κοπιῶντες κ. πεφορτισμένοι
Lu 11 46 φορτίζετε τ. ἀνθρώπους φορτία δυσβάστακτα

ΦΟΡΤΙ΄ΟΝ 5413, 5414

Mt 11 30 τὸ φορτίον μου ἐλαφρόν ἐστιν
23 4 δεσμεύουσιν δὲ φορτία βαρέα
Lu 11 46 φορτίζετε τ. ἀνθρώπους φορτία δυσβάστακτα, κ. αὐτοὶ . . . οὐ προσψαύετε τ. φορτίοις
Ac 27 10 μετὰ . . . ζημίας οὐ μόνον τ. φορτίου κ. τ. πλοίου
Ga 6 5 ἕκαστος γὰρ τὸ ἴδιον φορτίον βαστάσει

ΦΟΡΤΟΥ΄ΝΑΤΟΣ 5415

1 Co 16 17 χαίρω δὲ ἐπὶ τ. παρουσίᾳ Στεφανᾶ κ. Φορτουνάτου

ΦΡΑΓΕ΄ΛΛΙΟΝ * † 5416

Jo 2 15 ποιήσας φραγέλλιον ἐκ σχοινίων

ΦΡΑΓΕΛΛΟ΄Ω * † 5417

Mt 27 26 τ. δὲ Ἰησοῦν φραγελλώσας παρέδωκεν ἵνα σταυρωθῇ
Mk 15 15 παρέδωκεν τ. Ἰησοῦν φραγελλώσας ἵνα σταυρωθῇ

ΦΡΑΓΜΟ΄Σ 5418

Mt 21 33 φραγμὸν αὐτῷ περιέθηκεν
Mk 12 1 περιέθηκεν φραγμόν
Lu 14 23 ἔξελθε εἰς τὰς ὁδοὺς κ. φραγμούς
Eph 2 14 τὸ μεσότοιχον τ. φραγμοῦ λύσας

ΦΡΑ΄ΖΩ 5419

Mt 13 36 φράσον ἡμῖν τ. παραβολὴν τ. ζιζανίων τ. ἀγροῦ
διασάφησον, WHR
15 15 φράσον ἡμῖν τ. παραβολήν

ΦΡΑ΄ΣΣΩ 5420

Ro 3 19 ἵνα πᾶν στόμα φραγῇ
II Co 11 10 ἡ καύχησις αὕτη οὐ φραγήσεται εἰς ἐμέ
He 11 33 ἔφραξαν στόματα λεόντων

ΦΡΕ΄ΑΡ 5421

Lu 14 5 τίνος ὑμῶν υἱὸς ἢ βοῦς εἰς φρέαρ πεσεῖται
Jo 4 11 τὸ φρέαρ ἐστὶν βαθύ
12 ὃς ἔδωκεν ἡμῖν τὸ φρέαρ
Re 9 1 ἐδόθη αὐτῷ ἡ κλεὶς τ. φρέατος τῆς ἀβύσσου·
2 κ. ἤνοιξεν τὸ φρέαρ τῆς ἀβύσσου, κ. ἀνέβη καπνὸς ἐκ τ. φρέατος
2 ἐσκοτώθη ὁ ἥλιος κ. ὁ ἀὴρ ἐκ τ. καπνοῦ τ. φρέατος

ΦΡΕΝΑΠΑΤΑ΄Ω * † 5422

Ga 6 3 εἰ γὰρ δοκεῖ τις εἶναί τι μηδὲν ὤν φρεναπατᾷ ἑαυτόν

ΦΡΕΝΑΠΑ΄ΤΗΣ * † 5423

Tit 1 10 ματαιολόγοι κ. φρεναπάται

ΦΡΗ΄Ν 5424

1 Co 14 20 μὴ παιδία γίνεσθε ταῖς φρεσίν
20 ταῖς δὲ φρεσὶν τέλειοι γίνεσθε

ΦΡΙ´ΣΣΩ 5425

Ja 2 19 τὰ δαιμόνια πιστεύουσιν κ. φρίσσουσιν

ΦΡΟΝΕ´Ω 5426

Mt 16 23 ὅτι οὐ φρονεῖς τὰ τ. Θεοῦ
Mk 8 33 ὅτι οὐ φρονεῖς τὰ τ. Θεοῦ
Ac 28 22 ἀξιοῦμεν δὲ παρὰ σοῦ ἀκοῦσαι ἃ φρονεῖς
Ro 8 5 οἱ γὰρ κατὰ σάρκα ὄντες τὰ τ. σαρκὸς φρονοῦσιν
11 20 μὴ ὑψηλὰ φρόνει ἀλλὰ φοβοῦ
12 3 μὴ ὑπερφρονεῖν παρ' ὃ δεῖ φρονεῖν, ἀλλὰ φρονεῖν εἰς τὸ σωφρονεῖν
16 τὸ αὐτὸ εἰς ἀλλήλους φρονοῦντες· μὴ τὰ ὑψηλὰ φρονοῦντες
14 6 ὁ φρονῶν τ. ἡμέραν Κυρίῳ φρονεῖ
15 5 δῴη ὑμῖν τὸ αὐτὸ φρονεῖν ἐν ἀλλήλοις
I Co 13 11 ἐφρόνουν ὡς νήπιος
II Co 13 11 τὸ αὐτὸ φρονεῖτε εἰρηνεύετε
Ga 5 10 πέποιθα . . . ὅτι οὐδὲν ἄλλο φρονήσετε
Phl 1 7 δίκαιον ἐμοὶ τοῦτο φρονεῖν ὑπὲρ πάντων ὑμῶν
2 2 ἵνα τὸ αὐτὸ φρονῆτε
2 σύνψυχοι τὸ ἓν φρονοῦντες
5 τοῦτο φρονεῖτε ἐν ὑμῖν ὃ κ. ἐν Χριστῷ Ἰησοῦ
3 15 ὅσοι οὖν τέλειοι τοῦτο φρονῶμεν· κ. εἴ τι ἑτέρως φρονεῖτε
19 οἱ τὰ ἐπίγεια φρονοῦντες
4 2 παρακαλῶ τὸ αὐτὸ φρονεῖν ἐν Κυρίῳ
10 ἤδη ποτὲ ἀνεθάλετε τὸ ὑπὲρ ἐμοῦ φρονεῖν· ἐφ' ᾧ κ. ἐφρονεῖτε ἠκαιρεῖσθε δέ
Col 3 2 τὰ ἄνω φρονεῖτε μὴ τὰ ἐπὶ τ. γῆς
I Ti 6 17 παράγγελλε μὴ ὑψηλὰ φρονεῖν
μὴ ὑψηλοφρονεῖν, WH non mg.

ΦΡΟ´ΝΗΜΑ ** 5427

Ro 8 6 τὸ γὰρ φρόνημα τ. σαρκὸς θάνατος· τὸ δὲ φρόνημα τ. πνεύματος ζωὴ κ. εἰρήνη.
7 διότι τὸ φρόνημα τ. σαρκὸς ἔχθρα εἰς Θεόν
27 ὁ δὲ ἐραυνῶν τ. καρδίας οἶδεν τί τὸ φρόνημα τ. πνεύματος

ΦΡΟ´ΝΗΣΙΣ 5428

Lu 1 17 ἐπιστρέψαι . . . ἀπειθεῖς ἐν φρονήσει δικαίων
Eph 1 8 ἧς ἐπερίσσευσεν εἰς ἡμᾶς ἐν πάσῃ σοφίᾳ κ. φρονήσει

ΦΡΟ´ΝΙΜΟΣ 5429

Mt 7 24 ὁμοιωθήσεται ἀνδρὶ φρονίμῳ
10 16 γίνεσθε οὖν φρόνιμοι ὡς οἱ ὄφεις
24 45 τίς ἄρα ἐστὶν ὁ πιστὸς δοῦλος κ. φρόνιμος
25 2 πέντε δὲ ἐξ αὐτῶν ἦσαν μωραὶ κ. πέντε φρόνιμοι
4 αἱ δὲ φρόνιμοι ἔλαβον ἔλαιον ἐν τ. ἀγγείοις
8 αἱ δὲ μωραὶ ταῖς φρονίμοις εἶπαν
9 ἀπεκρίθησαν δὲ αἱ φρόνιμοι λέγουσαι
Lu 12 42 τίς ἄρα ἐστὶν ὁ πιστὸς οἰκονόμος ὁ φρόνιμος
16 8 οἱ υἱοὶ τ. αἰῶνος τούτου φρονιμώτεροι ὑπὲρ τ. υἱοὺς τ. φωτός
Ro 11 25 ἵνα μὴ ἦτε ἐν ἑαυτοῖς φρόνιμοι
12 16 μὴ γίνεσθε φρόνιμοι παρ' ἑαυτοῖς
I Co 4 10 ὑμεῖς δὲ φρόνιμοι ἐν Χριστῷ
10 15 ὡς φρονίμοις λέγω
II Co 11 19 ἡδέως γὰρ ἀνέχεσθε τ. ἀφρόνων φρόνιμοι ὄντες

ΦΡΟΝΙ´ΜΩΣ ** 5430

Lu 16 8 ἐπῄνεσεν ὁ κύριος . . . ὅτι φρ. ἐποίησεν

ΦΡΟΝΤΙ´ΖΩ 5431

Tit 3 8 ἵνα φροντίζωσιν καλῶν ἔργων προΐστασθαι

ΦΡΟΥΡΕ´Ω ** 5432

II Co 11 32 ὁ ἐθνάρχης . . . ἐφρούρει τ. πόλιν Δαμασκηνῶν
Ga 3 23 πρὸ τοῦ δὲ ἐλθεῖν τ. πίστιν ὑπὸ νόμον ἐφρουρούμεθα
Phl 4 7 ἡ εἰρήνη τ. Θεοῦ . . . φρουρήσει τ. καρδίας ὑμῶν
I Pe 1 5 τοὺς ἐν δυνάμει Θεοῦ φρουρουμένους διὰ πίστεως

ΦΡΥΑ´ΣΣΩ 5433

Ac 4 25 ἵνα τί ἐφρύαξαν ἔθνη
לָמָּה רָגְשׁוּ גוֹיִם, Ps. ii. 1

ΦΡΥ´ΓΑΝΟΝ 5434

Ac 28 3 συστρέψαντος δὲ τ. Παύλου φρυγάνων τι πλῆθος

ΦΡΥΓΙ´Α 5435

Ac 2 10 Φρυγίαν τε κ. Παμφυλίαν
16 6 διῆλθον δὲ τ. Φρυγίαν κ. Γαλατικὴν χώραν
18 23 διερχόμενος καθεξῆς τ. Γαλατικὴν χώραν κ. Φρυγίαν

ΦΥ´ΓΕΛΟΣ 5436

II Ti 1 15 ὧν ἐστὶν Φύγελος κ. Ἑρμογένης

ΦΥΓΗ´ 5437

Mt 24 20 ἵνα μὴ γένηται ἡ φυγὴ ὑμῶν χειμῶνος

ΦΥΛΑΚΗ´ 5438

(1) de nocte

Mt 5 25 μήποτε . . . εἰς φυλακὴν βληθήσῃ
14 3 ἔδησεν κ. ἐν φυλακῇ ἀπέθετο
10 πέμψας ἀπεκεφάλισεν Ἰωάνην ἐν τ. φυλακῇ
25 [1] τετάρτῃ δὲ φυλακῇ τ. νυκτὸς ἦλθεν πρὸς αὐτούς
18 30 ἀπελθὼν ἔβαλεν αὐτὸν εἰς φυλακήν
24 43 [1] εἰ ᾔδει ὁ οἰκοδεσπότης ποίᾳ φυλακῇ ὁ κλέπτης ἔρχεται
25 36 ἐν φυλακῇ ἤμην κ. ἤλθατε πρός με
39 πότε δέ σε εἴδομεν ἀσθενοῦντα ἢ ἐν φυλακῇ
43 ἀσθενὴς κ. ἐν φυλακῇ κ. οὐκ ἐπεσκέψασθέ με
44 πότε σε εἴδομεν . . . ἀσθενῆ ἢ ἐν φυλακῇ
Mk 6 17 ἔδησεν αὐτὸν ἐν φυλακῇ
28 ἀπελθὼν ἀπεκεφάλισεν αὐτὸν ἐν τ. φυλακῇ
48 [1] περὶ τετάρτην φυλακὴν τ. νυκτὸς ἔρχεται πρὸς αὐτούς
Lu 2 8 [1] φυλάσσοντες φυλακὰς τ. νυκτὸς ἐπὶ τ. ποίμνην αὐτῶν
3 20 κατέκλεισεν τ. Ἰωάνην ἐν φυλακῇ
12 38 [1] κἂν ἐν τ. δευτέρᾳ κἂν ἐν τ. τρίτῃ φυλακῇ ἔλθῃ
κ. ἐὰν ἔλθ. τ. ἑσπερινῇ φυλ., WH mg.
58 ὁ πράκτωρ σε βαλεῖ εἰς φυλακήν
21 12 παραδιδόντες εἰς τ. συναγωγὰς κ. φυλακάς
22 33 μετὰ σοῦ ἕτοιμός εἰμι κ. εἰς φυλακὴν . . πορεύεσθαι

Lu 23 19 ὅστις ἦν διὰ στάσιν τινὰ . . . βληθεὶς ἐν τ. φυλακῇ
25 τὸν διὰ στάσιν . . . βεβλημένον εἰς φυλακὴν
Jo 3 24 οὔπω γὰρ ἦν βεβλημένος εἰς τ. φυλακὴν Ἰωάνης
Ac 5 19 ἄγγελος δὲ Κυρίου . . . ἤνοιξεν τ. θύρας τ. φυλακῆς
22 οὐχ εὗρον αὐτοὺς ἐν τ. φυλακῇ
25 ἰδοὺ οἱ ἄνδρες οὓς ἔθεσθε ἐν τ. φυλακῇ
8 3 σύρων τε ἄνδρας κ. γυναῖκας παρεδίδου εἰς φυλακήν
12 4 ὃν κ. πιάσας ἔθετο εἰς φυλακήν
5 ὁ μὲν οὖν Πέτρος ἐτηρεῖτο ἐν τ. φυλακῇ
6 φύλακές τε πρὸ τ. θύρας ἐτήρουν τ. φυλακήν
10 διελθόντες δὲ πρώτην φυλακὴν κ. δευτέραν
17 πῶς ὁ Κύριος αὐτὸν ἐξήγαγεν ἐκ τ. φυλακῆς
16 23 ἔβαλον εἰς φυλακήν
24 ἔβαλεν αὐτοὺς εἰς τ. ἐσωτέραν φυλακὴν
27 ἰδὼν ἀνεῳγμένας τ. θύρας τ. φυλακῆς
37 δείραντες ἡμᾶς δημοσίᾳ . . . ἔβαλαν εἰς φυλακήν
40 ἐξελθόντες δὲ ἀπὸ τ. φυλακῆς εἰσῆλθον
22 4 παραδιδοὺς εἰς φυλακὰς ἄνδρας τε κ. γυναῖκας
26 10 πολλούς τε τ. ἁγίων ἐγὼ ἐν φυλακαῖς κατέκλεισα
II Co 6 5 ἐν πληγαῖς ἐν φυλακαῖς ἐν ἀκαταστασίαις
11 23 ἐν φυλακαῖς περισσοτέρως
He 11 36 ἔτι δὲ δεσμῶν κ. φυλακῆς
I Pe 3 19 τοῖς ἐν φυλακῇ πνεύμασι πορευθεὶς ἐκήρυξεν
Re 2 10 μέλλει βάλλειν ὁ διάβολος ἐξ ὑμῶν εἰς φυλακήν
18 2 ἐγένετο . . . φυλακὴ παντὸς πνεύματος ἀκαθάρτου,
κ. φυλακὴ παντὸς ὀρνέου ἀκαθάρτου
20 7 λυθήσεται ὁ Σατανᾶς ἐκ τ. φυλακῆς αὐτοῦ

ΦΥΛΑΚΙ΄ΖΩ ** † 5439

Ac 22 19 ἐγὼ ἤμην φυλακίζων κ. δέρων

ΦΥΛΑΚΤΗ΄ΡΙΟΝ * 5440

Mt 23 5 πλατύνουσιν γὰρ τὰ φυλακτήρια αὐτῶν

ΦΥ΄ΛΑΞ 5441

Ac 5 23 εὕρομεν . . . τ. φύλακας ἑστῶτας ἐπὶ τ. θυρῶν
12 6 φύλακές τε πρὸ τ. θύρας ἐτήρουν τ. φυλακήν
19 ἀνακρίνας τ. φύλακας ἐκέλευσεν ἀπαχθῆναι

ΦΥΛΑ΄ΣΣΩ 5442

Mt 19 20 ταῦτα πάντα ἐφύλαξα
Mk 10 20 ταῦτα πάντα ἐφυλαξάμην ἐκ νεότητός μου
15 25 ἦν δὲ ὥρα τρίτη κ. ἐφύλασσον αὐτόν ἐσταύρωσαν, TWH non mg. R
Lu 2 8 φυλάσσοντες φυλακὰς τ. νυκτὸς ἐπὶ τ. ποίμνην αὐτῶν
8 29 ἐδεσμεύετο ἁλύσεσι κ. πέδαις φυλασσόμενος
11 21 ὅταν ὁ ἰσχυρὸς . . . φυλάσσῃ τὴν ἑαυτοῦ αὐλήν
28 μακάριοι οἱ ἀκούοντες τ. λόγον τ. Θεοῦ κ. φυλάσσοντες
12 15 ὁρᾶτε φυλάσσεσθε ἀπὸ πάσης πλεονεξίας
18 21 ταῦτα πάντα ἐφύλαξα ἐκ νεότητος
Jo 12 25 εἰς ζωὴν αἰώνιον φυλάξει αὐτήν
Jo 12 47 ἐάν τίς μου ἀκούσῃ τ. ῥημάτων κ. μὴ φυλάξῃ
17 12 ἐφύλαξα κ. οὐδεὶς ἐξ αὐτῶν ἀπώλετο
Ac 7 53 οἵτινες ἐλάβετε τ. νόμον . . . κ. οὐκ ἐφυλάξατε
12 4 παραδοὺς τέσσαρσι τετραδίοις στρατιωτῶν φυλάσσειν αὐτόν
16 4 παρεδίδοσαν αὐτοῖς φυλάσσειν τὰ δόγματα
21 24 στοιχεῖς κ. αὐτὸς φυλάσσων τ. νόμον
25 κρίναντες φυλάσσεσθαι αὐτοὺς τό τε εἰδωλόθυτον
22 20 φυλάσσων τὰ ἱμάτια τ. ἀναιρούντων αὐτόν
23 35 κελεύσας ἐν τ. πραιτωρίῳ τ. Ἡρῴδου φυλάσσεσθαι αὐτόν
28 16 μένειν καθ᾽ ἑαυτὸν σὺν τ. φυλάσσοντι αὐτὸν στρατιώτῃ
Ro 2 26 ἐὰν οὖν ἡ ἀκροβυστία τὰ δικαιώματα τ. νόμου φυλάσσῃ
Ga 6 13 οὐδὲ γὰρ οἱ περιτεμνόμενοι αὐτοὶ νόμον φυλάσσουσιν
II Th 3 3 ὃς στηρίξει ὑμᾶς κ. φυλάξει ἀπὸ τ. πονηροῦ
I Ti 5 21 ἵνα ταῦτα φυλάξῃς χωρὶς προκρίματος
6 20 τ. παραθήκην φύλαξον
II Ti 1 12 δυνατός ἐστιν τ. παραθήκην μου φυλάξαι
14 τ. καλὴν παραθήκην φύλαξον διὰ πνεύματος ἁγίου
4 15 ὃν κ. σὺ φυλάσσου
II Pe 2 5 ὄγδοον Νῶε δικαιοσύνης κήρυκα ἐφύλαξεν
3 17 ὑμεῖς οὖν ἀγαπητοὶ προγινώσκοντες φυλάσσεσθε
I Jo 5 21 τεκνία φυλάξατε ἑαυτὰ ἀπὸ τ. εἰδώλων
Ju 24 τῷ δὲ δυναμένῳ φυλάξαι ὑμᾶς ἀπταίστους

ΦΥΛΗ΄ 5443

Mt 19 28 κρίνοντες τ. δώδεκα φυλὰς τοῦ Ἰσραήλ
24 30 κόψονται πᾶσαι αἱ φυλαὶ τ. γῆς
Lu 2 36 ἦν Ἄννα προφῆτις . . . ἐκ φυλῆς Ἀσήρ
22 30 τ. δώδεκα φυλὰς κρίνοντες τοῦ Ἰσραήλ
κρίν. τ. δώδ. φυλ., T
Ac 13 21 Σαοὺλ . . . ἄνδρα ἐκ φυλῆς Βενιαμείν
Ro 11 1 ἐκ σπέρματος Ἀβραάμ φυλῆς Βενιαμείν
Phl 3 5 ἐκ γένους Ἰσραὴλ φυλῆς Βενιαμείν
He 7 13 ἐφ᾽ ὃν γὰρ λέγεται ταῦτα φυλῆς ἑτέρας μετέσχηκεν
14 εἰς ἣν φυλὴν περὶ ἱερέων οὐδὲν Μωϋσῆς ἐλάλησεν
Ja 1 1 Ἰάκωβος . . . τ. δώδεκα φυλαῖς ταῖς ἐν τ. διασπορᾷ
Re 1 7 κόψονται ἐπ᾽ αὐτὸν πᾶσαι αἱ φυλαὶ τ. γῆς
5 5 ἐνίκησεν ὁ λέων ὁ ἐκ τ. φυλῆς Ἰούδα
9 ἠγόρασας τ. Θεῷ . . . ἐκ πάσης φυλῆς κ. γλώσσης
7 4 ἐσφραγισμένοι ἐκ πάσης φυλῆς υἱῶν Ἰσραήλ.
5 ἐκ φυλῆς Ἰούδα δώδεκα χιλιάδες ἐσφραγισμένοι·
ἐκ φυλῆς Ῥουβὴν δώδεκα χιλιάδες·
ἐκ φυλῆς Γὰδ δώδεκα χιλιάδες·
6 ἐκ φυλῆς Ἀσὴρ δώδεκα χιλιάδες·
ἐκ φυλῆς Νεφθαλὶμ δώδεκα χιλιάδες·
ἐκ φυλῆς Μανασσῆ δώδεκα χιλιάδες·
7 ἐκ φυλῆς Συμεὼν δώδεκα χιλιάδες·
ἐκ φυλῆς Λευεὶ δώδεκα χιλιάδες·
ἐκ φυλῆς Ἰσσαχὰρ δώδεκα χιλιάδες·
8 ἐκ φυλῆς Ζαβουλὼν δώδεκα χιλιάδες·
ἐκ φυλῆς Ἰωσὴφ δώδεκα χιλιάδες·

Re 7 8 ἐκ φυλῆς Βενιαμεὶν δώδεκα χιλιάδες ἐσφραγισμένοι
9 ὄχλος πολὺς . . . ἐκ παντὸς ἔθνους κ. φυλῶν κ. λαῶν
11 9 βλέπουσιν ἐκ τ. λαῶν κ. φυλῶν . . . τὸ πτῶμα αὐτῶν
13 7 ἐδόθη αὐτῷ ἐξουσία ἐπὶ πᾶσαν φυλὴν
14 6 εὐαγγελίσαι . . . ἐπὶ πᾶν ἔθνος κ. φυλὴν
21 12 ἅ ἐστιν τ. δώδεκα φυλῶν υἱῶν Ἰσραήλ

ΦΥ'ΛΛΟΝ 5444

Mt 21 19 οὐδὲν εὗρεν ἐν αὐτῇ εἰ μὴ φύλλα μόνον
24 32 ὅταν ἤδη . . . τὰ φύλλα ἐκφύῃ
Mk 11 13 ἰδὼν συκῆν ἀπὸ μακρόθεν ἔχουσαν φύλλα
13 οὐδὲν εὗρεν εἰ μὴ φύλλα
13 28 ὅταν ἤδη . . . ἐκφύῃ τὰ φύλλα
Re 22 2 τὰ φύλλα τ. ξύλου εἰς θεραπείαν τ. ἐθνῶν

ΦΥ'ΡΑΜΑ 5445

Ro 9 21 ἐκ τ. αὐτοῦ φυράματος ποιῆσαι ὃ μὲν εἰς τιμὴν σκεῦος
11 16 εἰ δὲ ἡ ἀπαρχὴ ἁγία κ. τὸ φύραμα
I Co 5 6 μικρὰ ζύμη ὅλον τὸ φύραμα ζυμοῖ
7 ἵνα ἦτε νέον φύραμα
Ga 5 9 μικρὰ ζύμη ὅλον τὸ φύραμα ζυμοῖ

ΦΥΣΙΚΟ'Σ * 5446

Ro 1 26 μετήλλαξαν τ. φυσικὴν χρῆσιν εἰς τὴν παρὰ φύσιν.
27 ὁμοίως τε κ. οἱ ἄρσενες ἀφέντες τ. φυσικὴν χρῆσιν τ. θηλείας
II Pe 2 12 ὡς ἄλογα ζῷα γεγεννημένα φυσικά

ΦΥΣΙΚΩ'Σ * 5447

Ju 10 ὅσα δὲ φ. ὡς τὰ ἄλογα ζῷα ἐπίστανται

ΦΥΣΙΟ'Ω * † 5448

I Co 4 6 ἵνα μὴ εἷς ὑπὲρ τ. ἑνὸς φυσιοῦσθε κατὰ τ. ἑτέρου
18 ὡς μὴ ἐρχομένου δέ μου πρὸς ὑμᾶς ἐφυσιώθησάν τινες
19 γνώσομαι οὐ τ. λόγον τ. πεφυσιωμένων
5 2 κ. ὑμεῖς πεφυσιωμένοι ἐστέ
8 1 ἡ γνῶσις φυσιοῖ
13 4 οὐ περπερεύεται οὐ φυσιοῦται
Col 2 18 εἰκῇ φυσιούμενος ὑπὸ τ. νοὸς τ. σαρκὸς αὐτοῦ

ΦΥ'ΣΙΣ ** 5449

Ro 1 26 μετήλλαξαν τ. φυσικὴν χρῆσιν εἰς τὴν παρὰ φύσιν
2 14 ὅταν γὰρ ἔθνη . . . φύσει τὰ τ. νόμου ποιῶσιν
27 κρινεῖ ἡ ἐκ φύσεως ἀκροβυστία
11 21 εἰ γὰρ ὁ Θεὸς τῶν κατὰ φύσιν κλάδων οὐκ ἐφείσατο
24 εἰ γὰρ σὺ ἐκ τῆς κατὰ φύσιν ἐξεκόπης ἀγριελαίου,
κ. παρὰ φύσιν ἐνεκεντρίσθης εἰς καλλιέλαιον,
πόσῳ μᾶλλον οὗτοι οἱ κατὰ φύσιν ἐνκεντρισθήσονται
I Co 11 14 οὐδὲ ἡ φύσις αὐτὴ διδάσκει ὑμᾶς
Ga 2 15 ἡμεῖς φύσει Ἰουδαῖοι
Ga 4 8 ἐδουλεύσατε τοῖς φύσει μὴ οὖσιν θεοῖς
Eph 2 3 ἤμεθα τέκνα φύσει ὀργῆς
Ja 3 7 πᾶσα γὰρ φύσις θηρίων τε κ. πετεινῶν . . . δαμάζεται
II Pe 1 4 ἵνα διὰ τούτων γένησθε θείας κοινωνοὶ φύσεως

ΦΥΣΙ'ΩΣΙΣ * † 5450

II Co 12 20 μή πως ἔρις ζῆλος . . . φυσιώσεις

ΦΥΤΕΙ'Α 5451

Mt 15 13 πᾶσα φυτεία ἣν οὐκ ἐφύτευσεν ὁ πατήρ μου ὁ οὐράνιος ἐκριζωθήσεται

ΦΥΤΕΥ'Ω 5452

Mt 15 13 φυτεία ἣν οὐκ ἐφύτευσεν ὁ πατήρ μου
21 33 ὅστις ἐφύτευσεν ἀμπελῶνα
Mk 12 1 ἀμπελῶνα ἄνθρωπος ἐφύτευσεν
Lu 13 6 συκῆν εἶχέν τις πεφυτευμένην ἐν τ. ἀμπελῶνι αὐτοῦ
17 6 ἐκριζώθητι κ. φυτεύθητι ἐν τ. θαλάσσῃ
28 ἐπώλουν ἐφύτευον ᾠκοδόμουν
20 9 ἄνθρωπος ἐφύτευσεν ἀμπελῶνα
I Co 3 6 ἐγὼ ἐφύτευσα Ἀπολλὼς ἐπότισεν
7 οὔτε ὁ φυτεύων ἐστίν τι οὔτε ὁ ποτίζων
8 ὁ φυτεύων δὲ κ. ὁ ποτίζων ἕν εἰσιν
9 7 τίς φυτεύει ἀμπελῶνα κ. τ. καρπὸν αὐτοῦ οὐκ ἐσθίει;

ΦΥ'Ω 5453

Lu 8 6 φυὲν ἐξηράνθη διὰ τὸ μὴ ἔχειν ἰκμάδα
8 φυὲν ἐποίησεν καρπὸν ἑκατονταπλασίονα
He 12 15 μή τις ῥίζα πικρίας ἄνω φύουσα ἐνοχλῇ

ΦΩΛΕΟ'Σ * 5454

Mt 8 20 αἱ ἀλώπεκες φωλεοὺς ἔχουσιν
Lu 9 58 αἱ ἀλώπεκες φωλεοὺς ἔχουσιν

ΦΩΝΕ'Ω 5455

(1) de voc. animal.

Mt 20 32 στὰς ὁ Ἰησοῦς ἐφώνησεν αὐτοὺς
26 34 [1] ἐν ταύτῃ τ. νυκτὶ πρὶν ἀλέκτορα φωνῆσαι
74 [1] εὐθὺς ἀλέκτωρ ἐφώνησεν
75 [1] πρὶν ἀλέκτορα φωνῆσαι τρὶς ἀπαρνήσῃ με
27 47 Ἠλείαν φωνεῖ οὗτος
Mk 1 26 φωνῆσαν φωνῇ μεγάλῃ ἐξῆλθεν ἐξ αὐτοῦ
9 35 καθίσας ἐφώνησεν τοὺς δώδεκα
10 49 στὰς ὁ Ἰησοῦς εἶπεν Φωνήσατε αὐτόν·
κ. φωνοῦσιν τ. τυφλὸν λέγοντες αὐτῷ, θάρσει ἔγειρε φωνεῖ σε
14 30 [1] ταύτῃ τ. νυκτὶ πρὶν ἢ δὶς ἀλέκτορα φωνῆσαι
68 [1] κ. ἀλέκτωρ ἐφώνησεν
—h. v., WHR mg.
72 [1] εὐθὺς ἐκ δευτέρου ἀλέκτωρ ἐφώνησεν
72 [1] πρὶν ἀλέκτορα δὶς φωνῆσαι τρίς με ἀπαρνήσῃ
φων. δὶς, T
15 35 ἴδε Ἠλείαν φωνεῖ
Lu 8 8 ταῦτα λέγων ἐφώνει Ὁ ἔχων ὦτα
54 κρατήσας τ. χειρὸς αὐτῆς ἐφώνησεν λέγων
14 12 μὴ φώνει τ. φίλους σου
16 2 φωνήσας αὐτὸν εἶπεν αὐτῷ
24 κ. αὐτὸς φωνήσας εἶπεν

Lu 19 15 εἶπεν φωνηθῆναι αὐτῷ τ. δούλους τούτους
22 34 [1] οὐ φωνήσει σήμερον ἀλέκτωρ
60 [1] ἔτι λαλοῦντος αὐτοῦ ἐφώνησεν ἀλέκτωρ
61 [1] πρὶν ἀλέκτορα φωνῆσαι σήμερον
23 46 φωνήσας φωνῇ μεγάλῃ ὁ Ἰησοῦς εἶπεν
Jo 1 48 πρὸ τοῦ σε Φίλιππον φωνῆσαι . . . εἶδόν σε
2 9 φωνεῖ τ. νυμφίον ὁ ἀρχιτρίκλινος
4 16 ὕπαγε φώνησόν σου τ. ἄνδρα
9 18 ἕως ὅτου ἐφώνησαν τ. γονεῖς αὐτοῦ τ. ἀναβλέψαντος
24 ἐφώνησαν οὖν τ. ἄνθρωπον ἐκ δευτέρου
10 3 τὰ ἴδια πρόβατα φωνεῖ κατ' ὄνομα
11 28 ἐφώνησεν Μαριὰμ τ. ἀδελφὴν αὐτῆς λάθρᾳ εἴπασα,
ὁ διδάσκαλος πάρεστιν κ. φωνεῖ σε
12 17 ὅτε τ. Λάζαρον ἐφώνησεν ἐκ τ. μνημείου
13 13 ὑμεῖς φωνεῖτέ με Ὁ διδάσκαλος
38 [1] οὐ μὴ ἀλέκτωρ φωνήσῃ ἕως οὗ ἀρνήσῃ με τρίς
18 27 [1] εὐθέως ἀλέκτωρ ἐφώνησεν
33 εἰσῆλθεν οὖν πάλιν . . . κ. ἐφώνησεν τ. Ἰησοῦν
Ac 9 41 φωνήσας δὲ τ. ἁγίους κ. τ. χήρας
10 7 φωνήσας δύο τ. οἰκετῶν . . . ἀπέστειλεν
18 φωνήσαντες ἐπύθοντο
16 28 ἐφώνησεν δὲ Παῦλος μεγάλῃ φωνῇ
Re 14 18 ἐφώνησεν φωνῇ μεγάλῃ τ. ἔχοντι τὸ δρέπανον τὸ ὀξύ

ΦΩΝΗ΄ 5456

(1) βοᾶν, κράζειν, φωνεῖν φωνῇ (2) φωνὴν αἴρειν, ἐπαίρειν (3) φων. Θεοῦ, Κυρίου (4) φωνὴν βλέπειν

Mt 2 18 φωνὴ ἐν Ῥαμὰ ἠκούσθη
קוֹל בְּרָמָה נִשְׁמָע, Jer. xxxi. 15
3 3 φωνὴ βοῶντος ἐν τῇ ἐρήμῳ
קוֹל קוֹרֵא בַּמִּדְבָּר, Is. xl. 3
17 ἰδοὺ φωνὴ ἐκ τ. οὐρανῶν λέγουσα
12 19 οὐδὲ ἀκούσει τις ἐν τ. πλατείαις τ. φωνὴν αὐτοῦ
וְלֹא־יַשְׁמִיעַ בַּחוּץ קוֹלוֹ, Is. xlii. 2
17 5 ἰδοὺ φωνὴ ἐκ τ. νεφέλης λέγουσα
24 31 ἀποστελεῖ τ. ἀγγέλους αὐτοῦ μετὰ σάλπιγγος φωνῆς μεγάλης
—φων., TWH non mg. R mg.
27 46 [1] ἐβόησεν ὁ Ἰησοῦς φωνῇ μεγάλῃ λέγων
50 [1] ὁ δὲ Ἰησοῦς πάλιν κράξας φωνῇ μεγάλῃ
Mk 1 3 φωνὴ βοῶντος ἐν τῇ ἐρήμῳ, Is. xl. 3
11 φωνὴ ἐγένετο ἐκ τ. οὐρανῶν
26 [1] φωνῆσαν φωνῇ μεγάλῃ ἐξῆλθεν ἐξ αὐτοῦ
5 7 [1] κράξας φωνῇ μεγάλῃ λέγει
9 7 ἐγένετο φωνὴ ἐκ τ. νεφέλης
15 34 [1] ἐβόησεν ὁ Ἰησοῦς φωνῇ μεγάλῃ
37 ὁ δὲ Ἰησοῦς ἀφεὶς φωνὴν μεγάλην ἐξέπνευσεν
Lu 1 44 ὡς ἐγένετο ἡ φωνὴ τ. ἀσπασμοῦ σου εἰς τὰ ὦτά μου
3 4 φωνὴ βοῶντος ἐν τῇ ἐρήμῳ, Is. *l.c.*
22 ἐγένετο δὲ . . . φωνὴν ἐξ οὐρανοῦ γενέσθαι
4 33 [1] ἀνέκραξεν φωνῇ μεγάλῃ
8 28 προσέπεσεν αὐτῷ κ. φωνῇ μεγάλῃ εἶπεν
9 35 φωνὴ ἐγένετο ἐκ τ. νεφέλης λέγουσα

Lu 9 36 ἐν τῷ γενέσθαι τ. φωνήν
11 27 [2] ἐπάρασά τις φωνὴν γυνὴ ἐκ τ. ὄχλου
17 13 [2] αὐτοὶ ἦραν φωνὴν λέγοντες
15 ὑπέστρεψεν μετὰ φωνῆς μεγάλης δοξάζων τ. Θεόν
19 37 ἤρξαντο . . . αἰνεῖν τ. Θεὸν φωνῇ μεγάλῃ
23 23 οἱ δὲ ἐπέκειντο φωναῖς μεγάλαις
23 κατίσχυον αἱ φωναὶ αὐτῶν
46 [1] φωνήσας φωνῇ μεγάλῃ ὁ Ἰησοῦς εἶπεν
Jo 1 23 ἐγὼ φωνὴ βοῶντος ἐν τῇ ἐρήμῳ, Is. *l.c.*
3 8 τ. φωνὴν αὐτοῦ ἀκούεις
29 χαρᾷ χαίρει διὰ τ. φωνὴν τ. νυμφίου
5 25 ὅτε οἱ νεκροὶ ἀκούσουσιν τ. φωνῆς τ. υἱοῦ τ. Θεοῦ
28 πάντες οἱ ἐν τ. μνημείοις ἀκούσουσιν τ. φωνῆς αὐτοῦ
37 οὔτε φωνὴν αὐτοῦ πώποτε ἀκηκόατε
10 3 τὰ πρόβατα τ. φωνῆς αὐτοῦ ἀκούει
4 ὅτι οἴδασιν τ. φωνὴν αὐτοῦ
5 ὅτι οὐκ οἴδασιν τ. ἀλλοτρίων τ. φωνήν
16 κἀκεῖνα . . . τ. φωνῆς μου ἀκούσουσιν
27 τὰ πρόβατα τὰ ἐμὰ τ. φωνῆς μου ἀκούουσιν
11 43 [1] ταῦτα εἰπὼν φωνῇ μεγάλῃ ἐκραύγασεν
12 28 ἦλθεν οὖν φωνὴ ἐκ τ. οὐρανοῦ
30 οὐ δι' ἐμὲ ἡ φωνὴ αὕτη γέγονεν
18 37 πᾶς ὁ ὢν ἐκ τ. ἀληθείας ἀκούει μου τ. φωνῆς
Ac 2 6 γενομένης δὲ τ. φωνῆς ταύτης
14 [2] σταθεὶς δὲ ὁ Πέτρος . . . ἐπῆρεν τ. φωνὴν αὐτοῦ
4 24 [2] ὁμοθυμαδὸν ἦραν φωνὴν πρὸς τ. Θεόν
7 31 [3] ἐγένετο φωνὴ Κυρίου
57 [1] κράξαντες δὲ φωνῇ μεγάλῃ
60 [1] θεὶς δὲ τὰ γόνατα ἔκραξεν φωνῇ μεγάλῃ
8 7 [1] πνεύματα ἀκάθαρτα βοῶντα φωνῇ μεγάλῃ ἐξήρχοντο
9 4 ἤκουσεν φωνὴν λέγουσαν αὐτῷ
7 εἱστήκεισαν ἐνεοί ἀκούοντες μὲν τ. φωνῆς
10 13 ἐγένετο φωνὴ πρὸς αὐτόν
15 φωνὴ πάλιν ἐκ δευτέρου πρὸς αὐτόν
11 7 ἤκουσα δὲ κ. φωνῆς λεγούσης μοι
9 ἀπεκρίθη δὲ ἐκ δευτέρου φωνὴ ἐκ τ. οὐρανοῦ
φων. ἐκ δευτ., TWH mg.
12 14 ἐπιγνοῦσα τ. φωνὴν τ. Πέτρου
22 [3] Θεοῦ φωνὴ κ. οὐκ ἀνθρώπου
13 27 τοῦτον ἀγνοήσαντες κ. τ. φωνὰς τ. προφητῶν
14 10 ἰδὼν ὅτι ἔχει πίστιν τοῦ σωθῆναι εἶπεν μεγάλῃ φωνῇ
11 [2] ἐπῆραν τ. φωνὴν αὐτῶν Λυκαονιστὶ λέγοντες
16 28 [1] ἐφώνησεν δὲ Παῦλος μεγάλῃ φωνῇ
μεγ. φων. Παῦλ., T
19 34 φωνὴ ἐγένετο μία ἐκ πάντων
22 7 ἤκουσα φωνῆς λεγούσης μοι
9 τ. δὲ φωνὴν οὐκ ἤκουσαν τ. λαλοῦντός μοι
14 ἀκοῦσαι φωνὴν ἐκ τ. στόματος αὐτοῦ
22 [2] ἐπῆραν τ. φωνὴν αὐτῶν λέγοντες
24 21 [1] ἢ περὶ μιᾶς ταύτης φωνῆς ἧς ἐκέκραξα
26 14 ἤκουσα φωνὴν λέγουσαν πρός με
24 ὁ Φῆστος μεγάλῃ τ. φωνῇ φησίν
1Co 14 7 ὅμως τὰ ἄψυχα φωνὴν διδόντα
8 κ. γὰρ ἐὰν ἄδηλον σάλπιγξ φωνὴν δῷ
φων. σάλπ., WH mg.
10 τοσαῦτα εἰ τύχοι γένη φωνῶν εἰσὶν ἐν κόσμῳ

ICo14 11 ἐὰν οὖν μὴ εἰδῶ τ. δύναμιν τ. φωνῆς
Ga 4 20 ἤθελον δὲ . . . ἀλλάξαι τ. φωνήν μου
I Th 4 16 ἐν φωνῇ ἀρχαγγέλου . . . καταβήσεται ἀπ' οὐρανοῦ
He 3 7 σήμερον ἐὰν τ. φωνῆς αὐτοῦ ἀκούσητε
הַיּוֹם אִם־בְּקֹלוֹ תִשְׁמָעוּ, Ps. xcv. 7
15 σήμερον ἐὰν τ. φωνῆς αὐτοῦ ἀκούσητε, Ps. *l.c.*
4 7 σήμερον ἐὰν τ. φωνῆς αὐτοῦ ἀκούσητε, Ps. *l.c.*
12 19 οὐ γὰρ προσεληλύθατε . . . φωνῇ ῥημάτων
26 οὗ ἡ φωνὴ τ. γῆν ἐσάλευσέν ποτε
IIPe 1 17 φωνῆς ἐνεχθείσης αὐτῷ τοιᾶσδε
18 ταύτην τ. φωνὴν ἡμεῖς ἠκούσαμεν ἐξ οὐρανοῦ ἐνεχθεῖσαν
2 16 ὑποζύγιον ἄφωνον ἐν ἀνθρώπου φωνῇ φθεγξάμενον
Re 1 10 ἤκουσα ὀπίσω μου φωνὴν μεγάλην ὡς σάλπιγγος
φων. μεγ. ὄπισθεν μ., WH mg.
12 [4] ἐπέστρεψα βλέπειν τ. φωνὴν ἥτις ἐλάλει μετ' ἐμοῦ
15 ἡ φωνὴ αὐτοῦ ὡς φωνὴ ὑδάτων πολλῶν
3 20 ἐάν τις ἀκούσῃ τ. φωνῆς μου
4 1 ἡ φωνὴ ἡ πρώτη ἣν ἤκουσα ὡς σάλπιγγος
5 ἐκ τ. θρόνου ἐκπορεύονται . . . φωναὶ κ. βρονταί
5 2 εἶδον ἄγγελον ἰσχυρὸν κηρύσσοντα ἐν φωνῇ μεγάλῃ
11 ἤκουσα φωνὴν ἀγγέλων πολλῶν
ὡς φων., TWH mg.
12 χιλιάδες χιλιάδων λέγοντες φωνῇ μεγάλῃ
6 1 ἤκουσα . . . λέγοντος ὡς φωνῇ βροντῆς
φωνή, T
6 ἤκουσα ὡς φωνὴν ἐν μέσῳ τ. τεσσάρων ζῴων
7 ἤκουσα φωνὴν τ. τετάρτου ζῴου λέγοντος
10 [1] ἔκραξαν φωνῇ μεγάλῃ λέγοντες
7 2 [1] ἔκραξεν φωνῇ μεγάλῃ τ. τέσσαρσιν ἀγγέλοις
10 [1] κράζουσιν φωνῇ μεγάλῃ λέγοντες
8 5 ἐγένοντο βρονταὶ κ. φωναὶ κ. ἀστραπαί
ἀστρ. κ. φων., WH mg.
13 ἤκουσα ἑνὸς ἀετοῦ . . . λέγοντος φωνῇ μεγάλῃ,
οὐαὶ . . . ἐκ τ. λοιπῶν φωνῶν τ. σάλπιγγος
9 9 ἡ φωνὴ τ. πτερύγων αὐτῶν ὡς φωνὴ ἁρμάτων ἵππων πολλῶν
13 ἤκουσα φωνὴν μίαν ἐκ τ. κεράτων τ. θυσιαστηρίου
10 3 [1] ἔκραξεν φωνῇ μεγάλῃ ὥσπερ λέων μυκᾶται
3 ἐλάλησαν αἱ ἑπτὰ βρονταὶ τὰς ἑαυτῶν φωνάς
4 ἤκουσα φωνὴν ἐκ τ. οὐρανοῦ λέγουσαν
7 ἐν τ. ἡμέραις τ. φωνῆς τ. ἑβδόμου ἀγγέλου
8 ἡ φωνὴ ἣν ἤκουσα ἐκ τ. οὐρανοῦ
11 12 ἤκουσαν φωνῆς μεγάλης ἐκ τ. οὐρανοῦ
φωνὴν μεγάλην, TWH mg.
15 ἐγένοντο φωναὶ μεγάλαι ἐν τ. οὐρανῷ
19 ἐγένοντο ἀστραπαὶ κ. φωναὶ κ. βρονταί
12 10 ἤκουσα φωνὴν μεγάλην ἐν τ. οὐρανῷ
14 2 ἤκουσα φωνὴν ἐκ τ. οὐρανοῦ ὡς φωνὴν ὑδάτων πολλῶν κ. ὡς φωνὴν βροντῆς μεγάλης·
κ. ἡ φωνὴ ἣν ἤκουσα ὡς κιθαρῳδῶν
7 εἶδον ἄλλον ἄγγελον . . . λέγων ἐν φωνῇ μεγάλῃ
Re 14 9 ἄγγελος τρίτος . . . λέγων ἐν φωνῇ μεγάλῃ
13 ἤκουσα φωνῆς ἐκ. τ. οὐρανοῦ λεγούσης
15 [1] κράζων ἐν φωνῇ μεγάλῃ τ. καθημένῳ ἐπὶ τ. νεφέλης
18 [1] ἐφώνησεν φωνῇ μεγάλῃ τ. ἔχοντι τὸ δρέπανον τὸ ὀξύ
16 1 ἤκουσα μεγάλης φωνῆς ἐκ τ. ναοῦ
17 ἐξῆλθεν φωνὴ μεγάλη ἐκ τ. ναοῦ
18 ἐγένοντο ἀστραπαὶ κ. φωναὶ κ. βρονταί
18 2 [1] ἔκραξεν ἐν ἰσχυρᾷ φωνῇ λέγων
4 ἤκουσα ἄλλην φωνὴν ἐκ τ. οὐρανοῦ
22 φωνὴ κιθαρῳδῶν . . οὐ μὴ ἀκουσθῇ ἐν σοὶ ἔτι
22 φωνὴ μύλου οὐ μὴ ἀκουσθῇ ἐν σοὶ ἔτι
23 φωνὴ νυμφίου κ. νύμφης οὐ μὴ ἀκουσθῇ ἐν σοὶ ἔτι
19 1 ἤκουσα φωνὴν μεγάλην ὄχλου πολλοῦ ἐν τ. οὐρανῷ
5 φωνὴ ἀπὸ τ. θρόνου ἐξῆλθεν
6 ἤκουσα ὡς φωνὴν ὄχλου πολλοῦ,
κ. ὡς φωνὴν ὑδάτων πολλῶν,
κ. ὡς φωνὴν βροντῶν ἰσχυρῶν
17 [1] ἔκραξεν ἐν φωνῇ μεγάλῃ
21 3 ἤκουσα φωνῆς μεγάλης ἐκ τ. θρόνου

ΦΩ͂Σ 5457

(1) φῶς τ. κόσμου, τ. ἀνθρώπων (2) υἱοί, τέκνα φωτός (3) φῶς ζωῆς, Θεοῦ

Mt 4 16 ὁ λαὸς ὁ καθήμενος ἐν σκοτίᾳ φῶς εἶδεν μέγα,
הָעָם הַהֹלְכִים בַּחֹשֶׁךְ רָאוּ אוֹר גָּדוֹל, Is. ix. 1
κ. τ. καθημένοις ἐν χώρᾳ κ. σκιᾷ θανάτου φῶς ἀνέτειλεν αὐτοῖς
יֹשְׁבֵי בְּאֶרֶץ צַלְמָוֶת אוֹר נָגַהּ עֲלֵיהֶם, *ib.*
5 14 [1] ὑμεῖς ἐστὲ τὸ φῶς τ. κόσμου
16 οὕτως λαμψάτω τὸ φῶς ὑμῶν ἔμπροσθεν τ. ἀνθρώπων
6 23 εἰ οὖν τὸ φῶς τὸ ἐν σοὶ σκότος ἐστίν
10 27 ὃ λέγω ὑμῖν ἐν τ. σκοτίᾳ εἴπατε ἐν τ. φωτί
17 2 τὰ δὲ ἱμάτια αὐτοῦ ἐγένετο λευκὰ ὡς τὸ φῶς
Mk 14 54 ἦν . . . θερμαινόμενος πρὸς τὸ φῶς
Lu 2 32 φῶς εἰς ἀποκάλυψιν ἐθνῶν
8 16 ἵνα οἱ εἰσπορευόμενοι βλέπωσιν τὸ φῶς
11 33 ἵνα οἱ εἰσπορευόμενοι τὸ φῶς βλέπωσιν
φέγγος, T
35 μὴ τὸ φῶς τὸ ἐν σοὶ σκότος ἐστίν
12 3 ὅσα ἐν τ. σκοτίᾳ εἴπατε ἐν τ. φωτὶ ἀκουσθήσεται
16 8 [2] φρονιμώτεροι ὑπὲρ τ. υἱοὺς τ. φωτός
22 56 ἰδοῦσα δὲ αὐτὸν παιδίσκη τις καθήμενον πρὸς τὸ φῶς
Jo 1 4 [1] ἡ ζωὴ ἦν τὸ φῶς τ. ἀνθρώπων,
5 κ. τὸ φῶς ἐν τ. σκοτίᾳ φαίνει
7 ἵνα μαρτυρήσῃ περὶ τ. φωτός
8 οὐκ ἦν ἐκεῖνος τὸ φῶς,
ἀλλ' ἵνα μαρτυρήσῃ περὶ τ. φωτός·
9 ἦν τὸ φῶς τὸ ἀληθινὸν . . . ἐρχόμενον εἰς τ. κόσμον
3 19 ὅτι τὸ φῶς ἐλήλυθεν εἰς τ. κόσμον,
κ. ἠγάπησαν οἱ ἄνθρωποι μᾶλλον τὸ σκότος ἢ τὸ φῶς
20 πᾶς γὰρ ὁ φαῦλα πράσσων μισεῖ τὸ φῶς,
κ. οὐκ ἔρχεται πρὸς τὸ φῶς
21 ὁ δὲ ποιῶν τ. ἀλήθειαν ἔρχεται πρὸς τὸ φῶς

Jo 5 35 ἠθελήσατε ἀγαλλιαθῆναι πρὸς ὥραν **ἐν τ.** φωτὶ αὐτοῦ
8 12 [1] ἐγώ εἰμι τὸ φῶς τ. κόσμου·
[3] ὁ ἀκολουθῶν μοι . . . ἕξει τὸ φῶς **τ. ζωῆς**
9 5 [1] ὅταν ἐν τ. κόσμῳ ὦ φῶς εἰμὶ τ. κόσμου
11 9 [1] ὅτι τὸ φῶς τ. κόσμου τούτου βλέπει
10 ὅτι τὸ φῶς οὐκ ἔστιν ἐν αὐτῷ
12 35 ἔτι μικρὸν χρόνον τὸ φῶς ἐν ὑμῖν **ἐστίν**· περιπατεῖτε ὡς τὸ φῶς ἔχετε
36 ὡς τὸ φῶς ἔχετε πιστεύετε **εἰς** τὸ φῶς,
[2] ἵνα υἱοὶ φωτὸς γένησθε
46 ἐγὼ φῶς εἰς τ. κόσμον ἐλήλυθα
Ac 9 3 αὐτὸν περιήστραψεν φῶς ἐκ τ. οὐρανοῦ
12 7 φῶς ἔλαμψεν ἐν τ. οἰκήματι
13 47 τέθεικά σε εἰς φῶς ἐθνῶν
נְתַתִּיךָ לְאוֹר גּוֹיִם, Is. xlix. 6
16 29 αἰτήσας δὲ φῶτα εἰσεπήδησεν
22 6 ἐγένετο . . . ἐκ τ. οὐρανοῦ **περιαστράψαι** φῶς ἱκανόν
9 οἱ δὲ σὺν ἐμοὶ ὄντες τὸ μὲν φῶς ἐθεάσαντο
11 οὐκ ἐνέβλεπον ἀπὸ τ. δόξης τ. φωτὸς ἐκείνου
26 13 κατὰ τὴν ὁδὸν εἶδον . . . περιλάμψαν με φῶς
18 τοῦ ἐπιστρέψαι ἀπὸ σκότους εἰς φῶς
23 εἰ πρῶτος . . . φῶς μέλλει καταγγέλλειν
Ro 2 19 φῶς τῶν ἐν σκότει
13 12 ἐνδυσώμεθα δὲ τὰ ὅπλα τ. **φωτός**
II Co 4 6 ἐκ σκότους φῶς λάμψει
6 14 ἢ τίς κοινωνία φωτὶ πρὸς σκότος;
11 14 αὐτὸς γὰρ ὁ Σατανᾶς μετασχηματίζεται **εἰς** ἄγγελον φωτός
Eph 5 8 ἦτε γάρ ποτε σκότος νῦν δὲ φῶς ἐν **Κυρίῳ**·
[2] ὡς τέκνα φωτὸς περιπατεῖτε·
9 ὁ γὰρ καρπὸς τ. φωτὸς ἐν πάσῃ ἀγαθωσύνῃ
13 τὰ δὲ πάντα ἐλεγχόμενα ὑπὸ τ. φωτὸς φανεροῦται·
πᾶν γὰρ τὸ φανερούμενον φῶς ἐστίν
Col 1 12 τ. μερίδα τ. κλήρου τ. ἁγίων ἐν τ. φωτί
I Th 5 5 [2] πάντες γὰρ ὑμεῖς υἱοὶ φωτός ἐστε
I Ti 6 16 φῶς οἰκῶν ἀπρόσιτον
Ja 1 17 καταβαῖνον ἀπὸ τ. πατρὸς τ. φώτων
I Pe 2 9 [3] τοῦ ἐκ σκότους ὑμᾶς **καλέσαντος εἰς** τὸ θαυμαστὸν αὐτοῦ φῶς
I Jo 1 5 ὁ Θεὸς φῶς ἐστίν
7 ἐὰν δὲ ἐν τ. φωτὶ **περιπατῶμεν**, ὡς αὐτός ἐστιν ἐν τ. φωτί
2 8 **τὸ φῶς τὸ ἀληθινὸν ἤδη φαίνει.**
I Jo 2 9 ὁ λέγων ἐν τ. φωτὶ εἶναι
10 ὁ ἀγαπῶν τ. ἀδελφὸν αὐτοῦ **ἐν τ. φωτὶ μένει**
Re 18 23 φῶς λύχνου οὐ μὴ φάνῃ ἐν σοὶ ἔτι
21 24 περιπατήσουσιν τὰ ἔθνη διὰ τ. φωτὸς αὐτῆς
22 5 οὐκ ἔχουσιν χρείαν φωτὸς λύχνου κ. φῶς ἡλίου
φωτὸς ἡλ., T

ΦΩΣΤΗ΄Ρ † 5458

Phl 2 15 **ἐν οἷς** φαίνεσθε ὡς φωστῆρες **ἐν κόσμῳ**
Re 21 11 ὁ φωστὴρ αὐτῆς ὅμοιος λίθῳ τιμιωτάτῳ

ΦΩΣΦΟ΄ΡΟΣ * 5459

II Pe 1 19 ἕως . . . φωσφόρος ἀνατείλῃ **ἐν τ. καρδίαις** ὑμῶν

ΦΩΤΕΙΝΟ΄Σ ** 5460

φωτινός, WH

Mt 6 22 ὅλον τὸ σῶμά σου φωτεινὸν ἔσται
17 5 νεφέλη φωτεινὴ ἐπεσκίασεν αὐτούς
Lu 11 34 ὅλον τὸ σῶμά σου φωτεινόν ἐστιν
36 εἰ οὖν τὸ σῶμά σου ὅλον φωτεινόν
36 ἔσται φωτεινὸν ὅλον

ΦΩΤΙ΄ΖΩ 5461

Lu 11 36 ὡς ὅταν ὁ λύχνος τ. ἀστραπῇ φωτίζῃ σε
Jo 1 9 τὸ φῶς τὸ ἀληθινὸν ὃ φωτίζει πάντα ἄνθρωπον
I Co 4 5 ὃς κ. φωτίσει τὰ κρυπτὰ τ. σκότους
Eph 1 18 πεφωτισμένους τ. ὀφθαλμοὺς τ. καρδίας ὑμῶν
3 9 φωτίσαι τίς ἡ οἰκονομία τ. μυστηρίου
II Ti 1 10 φωτίσαντος δὲ ζωὴν κ. ἀφθαρσίαν διὰ τ. εὐαγγελίου
He 6 4 ἀδύνατον γὰρ τοὺς ἅπαξ φωτισθέντας
10 32 ἐν αἷς φωτισθέντες πολλὴν ἄθλησιν ὑπεμείνατε
Re 18 1 ἡ γῆ ἐφωτίσθη ἐκ τ. δόξης αὐτοῦ
21 23 ἡ γὰρ δόξα τ. Θεοῦ ἐφώτισεν αὐτήν
22 5 ὅτι Κύριος ὁ Θεὸς φωτίσει ἐπ' αὐτούς
φωτιεῖ, T

ΦΩΤΙΣΜΟ΄Σ † 5462

II Co 4 4 εἰς τὸ μὴ αὐγάσαι τ. φωτισμὸν τ. εὐαγγελίου τ. δόξης τ. Χριστοῦ
6 ἔλαμψεν ἐν τ. καρδίαις ἡμῶν πρὸς φωτισμὸν τ. γνώσεως τ. δόξης τ. Θεοῦ

X

ΧΑΙ΄ΡΩ 5463

(1) χαῖρε, χαίρετε, χαίρειν λέγειν (2) χαίρ. χαράν, χαρᾷ

Mt 2 10 [2] ἰδόντες δὲ τ. ἀστέρα ἐχάρησαν χαρὰν μεγάλην
5 12 χαίρετε κ. ἀγαλλιᾶσθε
18 13 χαίρει ἐπ' αὐτῷ μᾶλλον
26 49 [1] προσελθὼν τῷ Ἰησοῦ εἶπεν Χαῖρε ῥαββεί
27 29 [1] χαῖρε βασιλεῦ τ. Ἰουδαίων
28 9 [1] ἰδοὺ Ἰησοῦς ὑπήντησεν αὐταῖς λέγων Χαίρετε
Mk 14 11 οἱ δὲ ἀκούσαντες ἐχάρησαν
Mk 15 18 [1] χαῖρε βασιλεῦ τ. Ἰουδαίων
Lu 1 14 πολλοὶ ἐπὶ τ. γενέσει αὐτοῦ χαρήσονται
28 [1] εἰσελθὼν πρὸς αὐτὴν εἶπεν Χαῖρε κεχαριτωμένη
6 23 χάρητε ἐν ἐκείνῃ τ. ἡμέρᾳ κ. σκιρτήσατε
10 20 ἐν τούτῳ μὴ χαίρετε ὅτι τὰ πνεύματα ὑμῖν ὑποτάσσεται·
χαίρετε δὲ ὅτι τὰ ὀνόματα ὑμῶν ἐνγέγραπται ἐν τ. οὐρανοῖς
13 17 πᾶς ὁ ὄχλος ἔχαιρεν ἐπὶ πᾶσιν τ. ἐνδόξοις
15 5 ἐπιτίθησιν ἐπὶ τ. ὤμους αὐτοῦ χαίρων
32 εὐφρανθῆναι δὲ κ. χαρῆναι ἔδει
19 6 ὑπεδέξατο αὐτὸν χαίρων

Lu 19 37 ἤρξαντο ἅπαν τὸ πλῆθος τ. μαθητῶν χαίροντες αἰνεῖν τ. Θεόν
22 5 ἐχάρησαν κ. συνέθεντο αὐτῷ ἀργύριον δοῦναι
23 8 ὁ δὲ Ἡρῴδης ἰδὼν τ. Ἰησοῦν ἐχάρη λίαν
Jo 3 29 ² χαρᾷ χαίρει διὰ τ. φωνὴν τ. νυμφίου
4 36 ἵνα ὁ σπείρων ὁμοῦ χαίρῃ κ. ὁ θερίζων
8 56 εἶδεν κ. ἐχάρη
11 15 χαίρω δι' ὑμᾶς ἵνα πιστεύσητε
14 28 εἰ ἠγαπᾶτέ με ἐχάρητε ἄν
16 20 ὁ δὲ κόσμος χαρήσεται
22 χαρήσεται ὑμῶν ἡ καρδία
19 3 ¹ χαῖρε ὁ βασιλεὺς τ. Ἰουδαίων
20 20 ἐχάρησαν οὖν οἱ μαθηταὶ ἰδόντες τ. Κύριον
Ac 5 41 ἐπορεύοντο χαίροντες ἀπὸ προσώπου τ. συνεδρίου
8 39 ἐπορεύετο γὰρ τὴν ὁδὸν αὐτοῦ χαίρων
11 23 ἰδὼν τ. χάριν τὴν τ. Θεοῦ ἐχάρη
13 48 ἀκούοντα δὲ τὰ ἔθνη ἔχαιρον
15 23 ¹ τοῖς . . . ἀδελφοῖς τοῖς ἐξ ἐθνῶν χαίρειν
31 ἀναγνόντες δὲ ἐχάρησαν ἐπὶ τ. παρακλήσει
23 26 ¹ Κλαύδιος Λυσίας τ. κρατίστῳ ἡγεμόνι Φήλικι χαίρειν
Ro 12 12 τ. ἐλπίδι χαίροντες
15 χαίρειν μετὰ χαιρόντων
16 19 ἐφ' ὑμῖν οὖν χαίρω
I Co 7 30 οἱ χαίροντες ὡς μὴ χαίροντες
13 6 οὐ χαίρει ἐπὶ τ. ἀδικίᾳ
16 17 χαίρω δὲ ἐπὶ τ. παρουσίᾳ Στεφανᾶ
II Co 2 3 ἵνα μὴ ἐλθὼν λύπην σχῶ ἀφ' ὧν ἔδει με χαίρειν
6 10 ὡς λυπούμενοι ἀεὶ δὲ χαίροντες
7 7 ὥστε με μᾶλλον χαρῆναι
9 νῦν χαίρω οὐχ ὅτι ἐλυπήθητε
13 μᾶλλον ἐχάρημεν ἐπὶ τ. χαρᾷ Τίτου
16 χαίρω ὅτι ἐν παντὶ θαρρῶ ἐν ὑμῖν
13 9 χαίρομεν γὰρ ὅταν ἡμεῖς ἀσθενῶμεν
11 ¹ λοιπὸν ἀδελφοὶ χαίρετε καταρτίζεσθε
Phl 1 18 ἐν τούτῳ χαίρω ἀλλὰ κ. χαρήσομαι
2 17 χαίρω κ. συγχαίρω πᾶσιν ὑμῖν·
18 τὸ δὲ αὐτὸ κ. ὑμεῖς χαίρετε κ. συγχαίρετέ μοι
28 ἵνα ἰδόντες αὐτὸν πάλιν χαρῆτε
3 1 τὸ λοιπὸν ἀδελφοί μου χαίρετε ἐν Κυρίῳ
4 4 χαίρετε ἐν Κυρίῳ πάντοτε· πάλιν ἐρῶ χαίρετε
10 ἐχάρην δὲ ἐν Κυρίῳ μεγάλως
Col 1 24 νῦν χαίρω ἐν τ. παθήμασιν ὑπὲρ ὑμῶν
2 5 χαίρων κ. βλέπων ὑμῶν τ. τάξιν
I Th 3 9 ² ἐπὶ πάσῃ τ. χαρᾷ ᾗ χαίρομεν δι' ὑμᾶς
5 16 πάντοτε χαίρετε
Ja 1 1 ¹ ταῖς δώδεκα φυλαῖς ταῖς ἐν τ. διασπορᾷ χαίρειν
I Pe 4 13 καθὸ κοινωνεῖτε τοῖς τ. Χριστοῦ παθήμασιν χαίρετε ἵνα καὶ . . . χαρῆτε ἀγαλλιώμενοι
II Jo 4 ἐχάρην λίαν ὅτι εὕρηκα
10 ¹ χαίρειν αὐτῷ μὴ λέγετε·
11 ¹ ὁ λέγων γὰρ αὐτῷ χαίρειν κοινωνεῖ τ. ἔργοις αὐτοῦ
III Jo 3 ἐχάρην γὰρ λίαν ἐρχομένων ἀδελφῶν
Re 11 10 οἱ κατοικοῦντες ἐπὶ τ. γῆς χαίρουσιν ἐπ' αὐτοῖς
19 7 χαίρωμεν κ. ἀγαλλιῶμεν

ΧΑ'ΛΑΖΑ 5464

Re 8 7 ἐγένετο χάλαζα κ. πῦρ μεμιγμένα ἐν αἵματι
11 19 ἐγένοντο . . . σεισμὸς κ. χάλαζα μεγάλη
16 21 χάλαζα μεγάλη ὡς ταλαντιαία καταβαίνει ἐκ τ. οὐρανοῦ ἐπὶ τ. ἀνθρώπους·
κ. ἐβλασφήμησαν οἱ ἄνθρωποι τ. Θεὸν ἐκ τ. πληγῆς τ. χαλάζης

ΧΑΛΑ'Ω 5465

Mk 2 4 ἐξορύξαντες χαλῶσιν τ. κράβαττον
Lu 5 4 χαλάσατε τὰ δίκτυα ὑμῶν εἰς ἄγραν·
5 ἐπὶ δὲ τ. ῥήματί σου χαλάσω τὰ δίκτυα
Ac 9 25 καθῆκαν αὐτὸν χαλάσαντες ἐν σφυρίδι
27 17 χαλάσαντες τὸ σκεῦος οὕτως ἐφέροντο
30 τ. δὲ ναυτῶν . . . χαλασάντων τ. σκάφην εἰς τ. θάλασσαν
II Co 11 33 διὰ θυρίδος ἐν σαργάνῃ ἐχαλάσθην διὰ τ. τείχους

ΧΑΛΔΑΙ'ΟΣ 5466

Ac 7 4 ἐξελθὼν ἐκ γῆς Χαλδαίων κατῴκησεν ἐν Χαρράν

ΧΑΛΕΠΟ'Σ 5467

Mt 8 28 ὑπήντησαν αὐτῷ δύο δαιμονιζόμενοι . . . χαλεποὶ λίαν
II Ti 3 1 ἐν ἐσχάταις ἡμέραις ἐνστήσονται καιροὶ χαλεποί

ΧΑΛΙΝΑΓΩΓΕ'Ω * † 5468

Ja 1 26 μὴ χαλιναγωγῶν γλῶσσαν ἑαυτοῦ
3 2 δυνατὸς χαλιναγωγῆσαι κ. ὅλον τὸ σῶμα

ΧΑΛΙΝΟ'Σ 5469

Ja 3 3 εἰ δὲ τ. ἵππων τ. χαλινοὺς εἰς τὰ στόματα βάλλομεν
Re 14 20 ἐξῆλθεν αἷμα ἐκ τῆς ληνοῦ ἄχρι τ. χαλινῶν τ. ἵππων

ΧΑ'ΛΚΕΟΣ 5470

Re 9 20 τὰ εἴδωλα τὰ χρυσᾶ κ. τὰ ἀργυρᾶ κ. τὰ χαλκᾶ

ΧΑΛΚΕΥ'Σ 5471

II Ti 4 14 Ἀλέξανδρος ὁ χαλκεὺς πολλά μοι κακὰ ἐνεδείξατο

ΧΑΛΚΗΔΩ'Ν * 5472

Re 21 19 ὁ τρίτος χαλκηδών

ΧΑΛΚΙ'ΟΝ 5473

Mk 7 4 βαπτισμοὺς ποτηρίων κ. ξεστῶν κ. χαλκίων

ΧΑΛΚΟΛΙ'ΒΑΝΟΝ * 5474

Re 1 15 οἱ πόδες αὐτοῦ ὅμοιοι χαλκολιβάνῳ
2 18 οἱ πόδες αὐτοῦ ὅμοιοι χαλκολιβάνῳ

ΧΑΛΚΟ'Σ 5475

Mt 10 9 μὴ κτήσησθε . . . χαλκὸν εἰς τ. ζώνας ὑμῶν
Mk 6 8 ἵνα μηδὲν αἴρωσιν εἰς ὁδὸν . . . μὴ εἰς τ. ζώνην χαλκόν
12 41 ὁ ὄχλος βάλλει χαλκὸν εἰς τὸ γαζοφυλάκιον
I Co 13 1 γέγονα χαλκὸς ἠχῶν ἢ κύμβαλον ἀλαλάζον
Re 18 12 πᾶν σκεῦος ἐκ ξύλου τιμιωτάτου κ. χαλκοῦ

ΧΑΜΑΙ' 5476

Jo 9 6 ταῦτα εἰπὼν ἔπτυσεν χαμαί
18 6 ἀπῆλθον εἰς τὰ ὀπίσω κ. ἔπεσαν χαμαί

ΧΑΝΑΑ´Ν 5477

Ac 7 11 ἦλθεν δὲ λιμὸς ἐφ' ὅλην τ. Αἴγυπτον κ. Χαναάν
13 19 καθελὼν ἔθνη ἑπτὰ ἐν γῇ Χαναάν

ΧΑΝΑΝΑΙ´ΟΣ 5478

Mt 15 22 γυνὴ Χαναναία ἀπὸ τ. ὁρίων ἐκείνων ἐξελθοῦσα

ΧΑΡΑ´ 5479

(1) χαρ. ἔχειν, ποιεῖν (2) χαρὰν, χαρᾷ, ἐπὶ χ. χαίρειν

Mt 2 10 [2] ἰδόντες δὲ τ. ἀστέρα ἐχάρησαν χαρὰν μεγάλην
13 20 ὁ . . . εὐθὺς μετὰ χαρᾶς λαμβάνων αὐτόν
44 ἀπὸ τ. χαρᾶς αὐτοῦ ὑπάγει
25 21 εἴσελθε εἰς τ. χαρὰν τ. κυρίου σου
23 εἴσελθε εἰς τ. χαρὰν τ. κυρίου σου
28 8 ἀπελθοῦσαι ταχὺ ἀπὸ τ. μνημείου μετὰ φόβου κ. χαρᾶς μεγάλης
Mk 4 16 εὐθὺς μετὰ χαρᾶς λαμβάνουσιν αὐτόν
Lu 1 14 ἔσται χαρά σοι κ. ἀγαλλίασις
2 10 εὐαγγελίζομαι ὑμῖν χαρὰν μεγάλην
8 13 μετὰ χαρᾶς δέχονται τ. λόγον
10 17 ὑπέστρεψαν δὲ οἱ ἑβδομήκοντα δύο μετὰ χαρᾶς
15 7 χαρὰ ἐν τ. οὐρανῷ ἔσται ἐπὶ ἑνὶ ἁμαρτωλῷ μετανοοῦντι
10 γίνεται χαρὰ ἐνώπιον τ. ἀγγέλων τ. Θεοῦ ἐπὶ ἑνὶ ἁμαρτωλῷ μετανοοῦντι
24 41 ἔτι δὲ ἀπιστούντων αὐτῶν ἀπὸ τ. χαρᾶς
52 ὑπέστρεψαν εἰς Ἱερουσαλὴμ μετὰ χαρᾶς μεγάλης
Jo 3 29 [2] χαρᾷ χαίρει διὰ τ. φωνὴν τ. νυμφίου· αὕτη οὖν ἡ χαρὰ ἡ ἐμὴ πεπλήρωται
15 11 ἵνα ἡ χαρὰ ἡ ἐμὴ ἐν ὑμῖν ᾖ, κ. ἡ χαρὰ ὑμῶν πληρωθῇ
16 20 ἀλλ' ἡ λύπη ὑμῶν εἰς χαρὰν γενήσεται
21 οὐκέτι μνημονεύει τ. θλίψεως διὰ τ. χαράν
22 τ. χαρὰν ὑμῶν οὐδεὶς ἀρεῖ ἀφ' ὑμῶν
24 λήμψεσθε ἵνα ἡ χαρὰ ὑμῶν ᾖ πεπληρωμένη
17 13 [1] ἵνα ἔχωσιν τ. χαρὰν τ. ἐμὴν πεπληρωμένην ἐν ἑαυτοῖς
Ac 8 8 ἐγένετο δὲ πολλὴ χαρὰ ἐν τ. πόλει ἐκείνῃ
12 14 ἀπὸ τ. χαρᾶς οὐκ ἤνοιξεν τ. πυλῶνα
13 52 οἵ τε μαθηταὶ ἐπληροῦντο χαρᾶς κ. πνεύματος ἁγίου
15 3 [1] ἐποίουν χαρὰν μεγάλην πᾶσι τ. ἀδελφοῖς
Ro 14 17 δικαιοσύνη κ. εἰρήνη κ. χαρὰ ἐν πνεύματι ἁγίῳ
15 13 ὁ δὲ Θεὸς τ. ἐλπίδος πληρώσαι ὑμᾶς πάσης χαρᾶς κ. εἰρήνης
32 ἵνα ἐν χαρᾷ ἐλθὼν πρὸς ὑμᾶς . . . συναναπαύσωμαι ὑμῖν
ἐλθ. ἐν χαρ., T
II Co 1 15 [1] ἵνα δευτέραν χαρὰν σχῆτε
χάριν, TWH mg. R non mg.
24 συνεργοί ἐσμεν τ. χαρᾶς ὑμῶν
2 3 ἡ ἐμὴ χαρὰ πάντων ὑμῶν ἐστιν
7 4 ὑπερπερισσεύομαι τ. χαρᾷ ἐπὶ πάσῃ τ. θλίψει ἡμῶν
13 [2] μᾶλλον ἐχάρημεν ἐπὶ τ. χαρᾷ Τίτου
8 2 ἡ περισσεία τ. χαρᾶς αὐτῶν . . . ἐπερίσσευσεν
Ga 5 22 ὁ δὲ καρπὸς τ. πνεύματός ἐστιν ἀγάπη χαρά
Phl 1 4 μετὰ χαρᾶς τ. δέησιν ποιούμενος
25 εἰς τὴν ὑμῶν προκοπὴν κ. χαρὰν τ. πίστεως
2 2 πληρώσατέ μου τ. χαράν
29 προσδέχεσθε οὖν αὐτὸν ἐν Κυρίῳ μετὰ πάσης χαρᾶς
4 1 ἀδελφοί μου . . . χαρὰ κ. στέφανός μου
Col 1 11 εἰς πᾶσαν ὑπομονὴν κ. μακροθυμίαν μετὰ χαρᾶς
I Th 1 6 δεξάμενοι τ. λόγον ἐν θλίψει πολλῇ μετὰ χαρᾶς πνεύματος ἁγίου
2 19 τίς γὰρ ἡμῶν ἐλπὶς ἢ χαρὰ ἢ στέφανος καυχήσεως;
20 ὑμεῖς γάρ ἐστε ἡ δόξα ἡμῶν κ. ἡ χαρά
3 9 [2] ἐπὶ πάσῃ τ. χαρᾷ ᾗ χαίρομεν δι' ὑμᾶς
II Ti 1 4 μεμνημένος σου τ. δακρύων ἵνα χαρᾶς πληρωθῶ
Phm 7 [1] χαρὰν γὰρ πολλὴν ἔσχον
He 10 34 τ. ἁρπαγὴν τ. ὑπαρχόντων ὑμῶν μετὰ χαρᾶς προσεδέξασθε
12 2 ὃς ἀντὶ τ. προκειμένης αὐτῷ χαρᾶς ὑπέμεινεν σταυρόν
11 πᾶσα μὲν παιδεία πρὸς μὲν τὸ παρὸν οὐ δοκεῖ χαρᾶς εἶναι
13 17 ἵνα μετὰ χαρᾶς τοῦτο ποιῶσιν
Ja 1 2 πᾶσαν χαρὰν ἡγήσασθε ἀδελφοί μου
4 9 μετατραπήτω . . . ἡ χαρὰ εἰς κατήφειαν
I Pe 1 8 ἀγαλλιᾶτε χαρᾷ ἀνεκλαλήτῳ κ. δεδοξασμένῃ
I Jo 1 4 ἵνα ἡ χαρὰ ἡμῶν ᾖ πεπληρωμένη
II Jo 12 ἵνα ἡ χαρὰ ὑμῶν πεπληρωμένη ᾖ
III Jo 4 μειζοτέραν τούτων οὐκ ἔχω χαράν
χάριν, WH non mg. R mg.

ΧΑ´ΡΑΓΜΑ * 5480

Ac 17 29 χαράγματι τέχνης κ. ἐνθυμήσεως ἀνθρώπου
Re 13 16 ἵνα δῶσιν αὐτοῖς χάραγμα ἐπὶ τ. χειρὸς αὐτῶν τ. δεξιᾶς
17 εἰ μὴ ὁ ἔχων τὸ χάραγμα τὸ ὄνομα τ. θηρίου
14 9 εἴ τις . . . λαμβάνει χάραγμα ἐπὶ τ. μετώπου αὐτοῦ
11 εἴ τις λαμβάνει τὸ χάραγμα τ. ὀνόματος αὐτοῦ
16 2 ἕλκος κακὸν κ. πονηρὸν ἐπὶ τ. ἀνθρώπους τ. ἔχοντας τὸ χάραγμα τ. θηρίου
19 20 ἐν οἷς ἐπλάνησεν τ. λαβόντας τὸ χάραγμα τ. θηρίου
20 4 οὐκ ἔλαβον τὸ χάραγμα ἐπὶ τὸ μέτωπον

ΧΑΡΑΚΤΗ´Ρ 5481

He 1 3 ὃς ὢν . . . χαρακτὴρ τ. ὑποστάσεως αὐτοῦ

ΧΑ´ΡΑΞ 5482

Lu 19 43 παρεμβαλοῦσιν οἱ ἐχθροί σου χάρακά σοι

ΧΑΡΙ´ΖΟΜΑΙ 5483

Lu 7 21 τυφλοῖς πολλοῖς ἐχαρίσατο βλέπειν
42 μὴ ἐχόντων αὐτῶν ἀποδοῦναι ἀμφοτέροις ἐχαρίσατο
43 ὑπολαμβάνω ὅτι ᾧ τὸ πλεῖον ἐχαρίσατο
Ac 3 14 ᾐτήσασθε ἄνδρα φονέα χαρισθῆναι ὑμῖν
25 11 οὐδείς με δύναται αὐτοῖς χαρίσασθαι
16 οὐκ ἔστιν ἔθος Ῥωμαίοις χαρίζεσθαί τινα ἄνθρωπον
27 24 κεχάρισταί σοι ὁ Θεὸς πάντας τ. πλέοντας μετὰ σοῦ

Ro 8 32 πῶς οὐχὶ κ. σὺν αὐτῷ τὰ πάντα ἡμῖν χαρίσεται;
I Co 2 12 ἵνα εἰδῶμεν τὰ ὑπὸ τ. Θεοῦ χαρισθέντα ἡμῖν
II Co 2 7 ὥστε τοὐναντίον ὑμᾶς χαρίσασθαι
10 ᾧ δέ τι χαρίζεσθε κἀγώ·
κ. γὰρ ἐγὼ ὃ κεχάρισμαι εἴ τι κεχάρισμαι
12 13 χαρίσασθέ μοι τ. ἀδικίαν ταύτην
Ga 3 18 τῷ δὲ Ἀβραὰμ δι' ἐπαγγελίας κεχάρισται ὁ Θεός
Eph 4 32 γίνεσθε δὲ . . . χαριζόμενοι ἑαυτοῖς, καθὼς κ. ὁ Θεὸς ἐν Χριστῷ ἐχαρίσατο ὑμῖν
Phl 1 29 ὅτι ὑμῖν ἐχαρίσθη τὸ ὑπὲρ Χριστοῦ
2 9 ἐχαρίσατο αὐτῷ τὸ ὄνομα τὸ ὑπὲρ πᾶν ὄνομα
Col 2 13 χαρισάμενος ἡμῖν πάντα τὰ παραπτώματα
3 13 ἀνεχόμενοι ἀλλήλων κ. χαριζόμενοι ἑαυτοῖς
13 καθὼς κ. ὁ Κύριος ἐχαρίσατο ὑμῖν
Phm 22 διὰ τ. προσευχῶν ὑμῶν χαρισθήσομαι ὑμῖν

ΧΑ΄ΡΙΝ 5484

Lu 7 47 οὗ χάριν λέγω σοι ἀφέωνται αἱ ἁμαρτίαι αὐτῆς
Ga 3 19 τ. παραβάσεων χάριν προσετέθη
Eph 3 1 τούτου χάριν ἐγὼ Παῦλος ὁ δέσμιος
14 τούτου χάριν κάμπτω τὰ γόνατά μου
I Ti 5 14 μηδεμίαν ἀφορμὴν διδόναι τ. ἀντικειμένῳ λοιδορίας χάριν
Tit 1 5 τούτου χάριν ἀπέλειπόν σε ἐν Κρήτῃ
11 διδάσκοντες ἃ μὴ δεῖ αἰσχροῦ κέρδους χάριν
I Jo 3 12 χάριν τίνος ἔσφαξεν αὐτόν;
Ju 16 θαυμάζοντες πρόσωπα ὠφελείας χάριν

ΧΑ΄ΡΙΣ 5485

(1) χάρ. ἔχειν, εὑρίσκειν (2) χάρ. Θεοῦ, Κυρίου, Χριστοῦ (3) λόγος χάριτος (4) χάριτα (5) κατὰ, ὑπὸ χάριν

Lu 1 30 [1] εὗρες γὰρ χάριν παρὰ τ. Θεῷ
2 40 [2] χάρις Θεοῦ ἦν ἐπ' αὐτό
52 Ἰησοῦς προέκοπτεν . . . χάριτι παρὰ Θεῷ κ. ἀνθρώποις
4 22 [3] ἐθαύμαζον ἐπὶ τ. λόγοις τ. χάριτος
6 32 ποία ὑμῖν χάρις ἐστίν;
33 ποία ὑμῖν χάρις ἐστίν;
34 ποία ὑμῖν χάρις ἐστίν;
17 9 [1] μὴ ἔχει χάριν τ. δούλῳ
Jo 1 14 ὁ λόγος σὰρξ ἐγένετο . . . πλήρης χάριτος κ. ἀληθείας
16 ἐκ τ. πληρώματος αὐτοῦ ἡμεῖς πάντες ἐλάβομεν κ. χάριν ἀντὶ χάριτος
17 ἡ χάρις κ. ἡ ἀλήθεια διὰ Ἰησοῦ Χριστοῦ ἐγένετο
Ac 2 47 [1] ἔχοντες χάριν πρὸς ὅλον τ. λαόν
4 33 χάρις τε μεγάλη ἦν ἐπὶ πάντας αὐτούς
6 8 Στέφανος δὲ πλήρης χάριτος κ. δυνάμεως
7 10 ἔδωκεν αὐτῷ χάριν κ. σοφίαν ἐναντίον Φαραώ
46 [1] ὃς εὗρεν χάριν ἐνώπιον τ. Θεοῦ
11 23 [2] ἰδὼν τ. χάριν τὴν τ. Θεοῦ ἐχάρη
13 43 [2] ἔπειθον αὐτοὺς προσμένειν τ. χάριτι τ. Θεοῦ
14 3 [3] τ. Κυρίῳ τ. μαρτυροῦντι τ. λόγῳ τ. χάριτος αὐτοῦ
26 [2] ὅθεν ἦσαν παραδεδομένοι τ. χάριτι τ. Θεοῦ
Ac 15 11 [2] διὰ τ. χάριτος τ. Κυρίου Ἰησοῦ πιστεύομεν σωθῆναι
40 [2] παραδοθεὶς τ. χάριτι τ. Κυρίου ὑπὸ τ. ἀδελφῶν
18 27 συνεβάλετο πολὺ τ. πεπιστευκόσιν διὰ τ. χάριτος
20 24 [2] διαμαρτύρασθαι τὸ εὐαγγέλιον τ. χάριτος τ. Θεοῦ
32 [3] παρατίθεμαι ὑμᾶς τ. Κυρίῳ κ. τ. λόγῳ τ. χάριτος αὐτοῦ
24 27 [4] θέλων δὲ χάριτα καταθέσθαι τ. Ἰουδαίοις
25 3 αἰτούμενοι χάριν κατ' αὐτοῦ
9 ὁ Φῆστος δὲ θέλων τ. Ἰουδαίοις χάριν καταθέσθαι
Ro 1 5 δι' οὗ ἐλάβομεν χάριν κ. ἀποστολήν
7 χάρις ὑμῖν κ. εἰρήνη ἀπὸ Θεοῦ πατρὸς ἡμῶν
3 24 [2] δικαιούμενοι δωρεὰν τῇ αὐτοῦ χάριτι
4 4 [5] τῷ δὲ ἐργαζομένῳ ὁ μισθὸς οὐ λογίζεται κατὰ χάριν
16 [5] διὰ τοῦτο ἐκ πίστεως ἵνα κατὰ χάριν
5 2 τ. προσαγωγὴν ἐσχήκαμεν τ. πίστει εἰς τ. χάριν ταύτην
15 [2] πολλῷ μᾶλλον ἡ χάρις τ. Θεοῦ κ. ἡ δωρεὰ ἐν χάριτι τῇ τ. ἑνὸς ἀνθρώπου Ἰησοῦ Χριστοῦ εἰς τ. πολλοὺς ἐπερίσσευσεν
17 οἱ τ. περισσείαν τ. χάριτος κ. τ. δωρεᾶς τ. δικαιοσύνης λαμβάνοντες
20 οὗ δὲ ἐπλεόνασεν ἡ ἁμαρτία ὑπερεπερίσσευσεν ἡ χάρις
21 οὕτως κ. ἡ χάρις βασιλεύσῃ διὰ δικαιοσύνης
6 1 ἐπιμένωμεν τ. ἁμαρτίᾳ ἵνα ἡ χάρις πλεονάσῃ
14 [5] οὐ γάρ ἐστε ὑπὸ νόμον ἀλλὰ ὑπὸ χάριν
15 [5] ἁμαρτήσωμεν ὅτι οὐκ ἐσμὲν ὑπὸ νόμον ἀλλὰ ὑπὸ χάριν
17 χάρις δὲ τ. Θεῷ
7 25 χάρις δὲ τ. Θεῷ διὰ Ἰησοῦ Χριστοῦ
εὐχαριστῷ τ. Θ., WH mg.
11 5 λεῖμμα κατ' ἐκλογὴν χάριτος γέγονεν·
6 εἰ δὲ χάριτι οὐκέτι ἐξ ἔργων·
ἐπεὶ ἡ χάρις οὐκέτι γίνεται χάρις
12 3 λέγω γὰρ διὰ τ. χάριτος τ. δοθείσης μοι
6 [5] χαρίσματα κατὰ τ. χάριν τ. δοθεῖσαν ἡμῖν διάφορα
15 15 ἐπαναμιμνήσκων ὑμᾶς διὰ τ. χάριν τ. δοθεῖσάν μοι ἀπὸ τ. Θεοῦ
16 20 [2] ἡ χάρις τ. Κυρίου ἡμῶν Ἰησοῦ μεθ' ὑμῶν
24 [2] ἡ χάρις τ. Κυρίου ἡμῶν Ἰησοῦ Χριστοῦ μετὰ πάντων ὑμῶν
—h. v., TWHR non mg.
I Co 1 3 χάρις ὑμῖν κ. εἰρήνη ἀπὸ Θεοῦ πατρὸς ἡμῶν
4 [2] ἐπὶ τ. χάριτι τ. Θεοῦ τ. δοθείσῃ ὑμῖν
3 10 [2] [5] κατὰ τ. χάριν τ. Θεοῦ τ. δοθεῖσάν μοι
10 30 εἰ ἐγὼ χάριτι μετέχω
15 10 [2] χάριτι δὲ Θεοῦ εἰμὶ ὅ εἰμι,
[2] κ. ἡ χάρις αὐτοῦ ἡ εἰς ἐμὲ οὐ κενὴ ἐγενήθη
10 [2] οὐκ ἐγὼ δὲ ἀλλὰ ἡ χάρις τ. Θεοῦ σὺν ἐμοί
57 τῷ δὲ Θεῷ χάρις τ. διδόντι ἡμῖν τὸ νῖκος
16 3 πέμψω ἀπενεγκεῖν τ. χάριν ὑμῶν εἰς Ἰερουσαλήμ
23 [2] ἡ χάρις τ. Κυρίου Ἰησοῦ μεθ' ὑμῶν
II Co 1 2 χάρις ὑμῖν κ. εἰρήνη ἀπὸ Θεοῦ πατρὸς ἡμῶν
12 [2] οὐκ ἐν σοφίᾳ σαρκικῇ ἀλλ' ἐν χάριτι Θεοῦ
15 [1] ἵνα δευτέραν χάριν σχῆτε
χαρὰν, WH non mg. R mg.

II Co 2 14 τῷ δὲ Θεῷ χάρις τῷ πάντοτε θριαμβεύοντι ὑμᾶς
4 15 ἵνα ἡ χάρις πλεονάσασα . . . περισσεύσῃ εἰς τ. δόξαν τ. Θεοῦ
6 1 [2] παρακαλοῦμεν μὴ εἰς κενὸν τ. χάριν τ. Θεοῦ δέξασθαι ὑμᾶς
8 1 [2] γνωρίζομεν δὲ ὑμῖν ἀδελφοὶ τ. χάριν τ. Θεοῦ
4 δεόμενοι ἡμῶν τ. χάριν κ. τ. κοινωνίαν τ. διακονίας τῆς εἰς τ. ἁγίους
6 ἵνα . . οὕτως κ. ἐπιτελέσῃ εἰς ὑμᾶς κ. τ. χάριν ταύτην
7 ἵνα κ. ἐν ταύτῃ τ. χάριτι περισσεύητε
9 [2] γινώσκετε γὰρ τ. χάριν τ. Κυρίου ἡμῶν Ἰησοῦ Χριστοῦ
16 χάρις δὲ τ. Θεῷ τ. διδόντι τ. αὐτὴν σπουδήν
19 ἐν τ. χάριτι ταύτῃ τ. διακονουμένῃ ὑφ' ἡμῶν
9 8 δυνατεῖ δὲ ὁ Θεὸς πᾶσαν χάριν περισσεῦσαι εἰς ὑμᾶς
14 [2] διὰ τ. ὑπερβάλλουσαν χάριν τ. Θεοῦ ἐφ' ὑμῖν.
15 χάρις τ. Θεῷ ἐπὶ τ. ἀνεκδιηγήτῳ αὐτοῦ δωρεᾷ
12 9 [2] ἀρκεῖ σοι ἡ χάρις μου
13 13 [2] ἡ χάρις τ. Κυρίου Ἰησοῦ Χριστοῦ . . . μετὰ πάντων ὑμῶν
Ga 1 3 χάρις ὑμῖν κ. εἰρήνη ἀπὸ Θεοῦ πατρός
6 [2] μετατίθεσθε ἀπὸ τ. καλέσαντος ὑμᾶς ἐν χάριτι Χριστοῦ
15 [2] ὁ Θεὸς ὁ . . . καλέσας διὰ τ. χάριτος αὐτοῦ
2 9 γνόντες τ. χάριν τ. δοθεῖσάν μοι
21 [2] οὐκ ἀθετῶ τ. χάριν τ. Θεοῦ
5 4 τ. χάριτος ἐξεπέσατε
6 18 [2] ἡ χάρις τ. Κυρίου ἡμῶν Ἰησοῦ Χριστοῦ μετὰ τ. πνεύματος ὑμῶν
Eph 1 2 χάρις ὑμῖν κ. εἰρήνη ἀπὸ Θεοῦ πατρὸς ἡμῶν
6 [2] εἰς ἔπαινον δόξης τ. χάριτος αὐτοῦ
7 [2] ἔχομεν τ. ἀπολύτρωσιν . . . κατὰ τὸ πλοῦτος τ. χάριτος αὐτοῦ
2 5 χάριτί ἐστε σεσωσμένοι
7 [2] ἵνα ἐνδείξηται . . . τὸ ὑπερβάλλον πλοῦτος τ. χάριτος αὐτοῦ
8 τ. γὰρ χάριτί ἐστε σεσωσμένοι διὰ πίστεως
3 2 [2] εἴ γε ἠκούσατε τ. οἰκονομίαν τ. χάριτος τ. Θεοῦ
7 [2] οὗ ἐγενήθην διάκονος κατὰ τ. δωρεὰν τ. χάριτος τ. Θεοῦ
8 ἐμοὶ τ. ἐλαχιστοτέρῳ πάντων ἁγίων ἐδόθη ἡ χάρις αὕτη
4 7 ἑνὶ δὲ ἑκάστῳ ἡμῶν ἐδόθη ἡ χάρις
29 ἵνα δῷ χάριν τ. ἀκούουσιν
6 24 ἡ χάρις μετὰ πάντων τ. ἀγαπώντων τ. Κύριον ἡμῶν
Phl 1 2 χάρις ὑμῖν κ. εἰρήνη ἀπὸ Θεοῦ πατρὸς ἡμῶν
7 συνκοινωνούς μου τ. χάριτος πάντας ὑμᾶς ὄντας
4 23 [2] ἡ χάρις τ. Κυρίου Ἰησοῦ Χριστοῦ μετὰ τ. πνεύματος ὑμῶν
Col 1 2 χάρις ὑμῖν κ. εἰρήνη ἀπὸ Θεοῦ πατρὸς ἡμῶν
6 [2] ἐπέγνωτε τ. χάριν τ. Θεοῦ ἐν ἀληθείᾳ
3 16 ἐν χάριτι ᾄδοντες ἐν τ. καρδίαις ὑμῶν τ. Θεῷ
ἐν τῇ χάρ., TWH mg.
4 6 ὁ λόγος ὑμῶν πάντοτε ἐν χάριτι
18 ἡ χάρις μεθ' ὑμῶν
I Th 1 1 χάρις ὑμῖν κ. εἰρήνη
5 28 [2] ἡ χάρις τ. Κυρίου ἡμῶν Ἰησοῦ Χριστοῦ μεθ' ὑμῶν
II Th 1 2 χάρις ὑμῖν κ. εἰρήνη ἀπὸ Θεοῦ πατρός
II Th 1 12 [2 5] κατὰ τ. χάριν τ. Θεοῦ ἡμῶν κ. Κυρίου Ἰησοῦ Χριστοῦ
2 16 ὁ ἀγαπήσας ἡμᾶς κ. δοὺς . . . ἐλπίδα ἀγαθὴν ἐν χάριτι
3 18 [2] ἡ χάρις τ. Κυρίου ἡμῶν Ἰησοῦ Χριστοῦ μετὰ πάντων ὑμῶν
I Ti 1 2 χάρις ἔλεος εἰρήνη ἀπὸ Θεοῦ πατρός
12 [1] χάριν ἔχω τ. ἐνδυναμώσαντί με Χριστῷ Ἰησοῦ
14 [2] ὑπερεπλεόνασεν δὲ ἡ χάρις τ. Κυρίου ἡμῶν
6 21 ἡ χάρις μεθ' ὑμῶν
II Ti 1 2 χάρις ἔλεος εἰρήνη ἀπὸ Θεοῦ πατρός
3 [1] χάριν ἔχω τ. Θεῷ
9 κατὰ ἰδίαν πρόθεσιν κ. χάριν τ. δοθεῖσαν ἡμῖν ἐν Χριστῷ Ἰησοῦ
2 1 ἐνδυναμοῦ ἐν τ. χάριτι τῇ ἐν Χριστῷ Ἰησοῦ
4 22 ἡ χάρις μεθ' ὑμῶν
Tit 1 4 χάρις κ. εἰρήνη ἀπὸ Θεοῦ πατρός
2 11 [2] ἐπεφάνη γὰρ ἡ χάρις τ. Θεοῦ σωτήριος
3 7 [2] ἵνα δικαιωθέντες τῇ ἐκείνου χάριτι
15 ἡ χάρις μετὰ πάντων ὑμῶν
Phm 3 χάρις ὑμῖν κ. εἰρήνη ἀπὸ Θεοῦ πατρὸς ἡμῶν
25 [2] ἡ χάρις τ. Κυρίου Ἰησοῦ Χριστοῦ μετὰ τ. πνεύματος ὑμῶν
He 2 9 [2] ὅπως χάριτι Θεοῦ ὑπὲρ πάντος γεύσηται θανάτου
4 16 προσερχώμεθα οὖν μετὰ παρρησίας τ. θρόνῳ τ. χάριτος,
[1] ἵνα . . . χάριν εὕρωμεν εἰς εὔκαιρον βοήθειαν
10 29 τὸ πνεῦμα τ. χάριτος ἐνυβρίσας
12 15 [2] μή τις ὑστερῶν ἀπὸ τ. χάριτος τ. Θεοῦ
28 [1] βασιλείαν ἀσάλευτον παραλαμβάνοντες ἔχωμεν χάριν
13 9 καλὸν γὰρ χάριτι βεβαιοῦσθαι τ. καρδίαν
25 ἡ χάρις μετὰ πάντων ὑμῶν
Ja 4 6 μείζονα δὲ δίδωσιν χάριν
6 ταπεινοῖς δὲ δίδωσιν χάριν
וְלַעֲנִיִּים יִתֶּן־חֵן, Pr. iii. 34
I Pe 1 2 χάρις ὑμῖν κ. εἰρήνη πληθυνθείη
10 προφῆται οἱ περὶ τῆς εἰς ὑμᾶς χάριτος προφητεύσαντες
13 ἐλπίσατε ἐπὶ τ. φερομένην ὑμῖν χάριν
2 19 τοῦτο γὰρ χάρις εἰ . . . ὑποφέρει τις
20 εἰ . . . ὑπομενεῖτε τοῦτο χάρις παρὰ Θεῷ
3 7 ὡς κ. συνκληρονόμοι χάριτος ζωῆς
4 10 [2] ὡς καλοὶ οἰκονόμοι ποικίλης χάριτος Θεοῦ
5 5 ταπεινοῖς δὲ δίδωσιν χάριν, Pr. *l.c.*
10 ὁ δὲ Θεὸς πάσης χάριτος . . . αὐτὸς καταρτίσει
12 [2] ἐπιμαρτυρῶν ταύτην εἶναι ἀληθῆ χάριν τ. Θεοῦ
II Pe 1 2 χάρις ὑμῖν κ. εἰρήνη πληθυνθείη
3 18 [2] αὐξάνετε δὲ χάριτι κ. γνώσει τ. Κυρίου ἡμῶν
II Jo 3 ἔσται μεθ' ἡμῶν χάρις ἔλεος εἰρήνη παρὰ Θεοῦ πατρός
III Jo 4 [1] μειζοτέραν τούτων οὐκ ἔχω χάριν
χαράν, TWH mg. R non mg.
Ju 4 [2 4] τὴν τ. Θεοῦ ἡμῶν χάριτα μετατιθέντες εἰς ἀσέλγειαν
Re 1 4 χάρις ὑμῖν κ. εἰρήνη ἀπὸ ὁ ὢν κ. ὁ ἦν κ. ὁ ἐρχόμενος
22 21 [2] ἡ χάρις τ. Κυρίου Ἰησοῦ Χριστοῦ μετὰ τ. ἁγίων

ΧΑ΄ΡΙΣΜΑ ** † 5486

Ro 1 11 ἵνα τι μεταδῶ χάρισμα ὑμῖν πνευματικόν
5 15 οὐχ ὡς τὸ παράπτωμα οὕτως κ. τὸ χάρισμα
16 τὸ δὲ χάρισμα ἐκ πολλῶν παραπτωμάτων εἰς δικαίωμα
6 23 τὸ δὲ χάρισμα τ. Θεοῦ ζωὴ αἰώνιος
11 29 ἀμεταμέλητα γὰρ τὰ χαρίσματα . . . τ. Θεοῦ
12 6 ἔχοντες δὲ χαρίσματα κατὰ τ. χάριν τ. δοθεῖσαν ἡμῖν διάφορα
I Co 1 7 ὥστε ὑμᾶς μὴ ὑστερεῖσθαι ἐν μηδενὶ χαρίσματι
7 7 ἕκαστος ἴδιον ἔχει χάρισμα ἐκ Θεοῦ
12 4 διαιρέσεις δὲ χαρισμάτων εἰσίν
9 ἄλλῳ δὲ χαρίσματα ἰαμάτων ἐν τ. ἑνὶ πνεύματι
28 ἔπειτα χαρίσματα ἰαμάτων
30 μὴ πάντες χαρίσματα ἔχουσιν ἰαμάτων;
31 ζηλοῦτε δὲ τὰ χαρίσματα τὰ μείζονα
II Co 1 11 ἵνα . . . τὸ εἰς ἡμᾶς χάρισμα διὰ πολλῶν εὐχαριστηθῇ
I Ti 4 14 μὴ ἀμέλει τοῦ ἐν σοὶ χαρίσματος
II Ti 1 6 ἀναμιμνήσκω σε ἀναζωπυρεῖν τὸ χάρισμα τ. Θεοῦ
I Pe 4 10 ἕκαστος καθὼς ἔλαβεν χάρισμα

ΧΑΡΙΤΟ΄Ω ** † 5487

Lu 1 28 εἰσελθὼν πρὸς αὐτὴν εἶπεν Χαῖρε κεχαριτωμένη
Eph 1 6 ἧς ἐχαρίτωσεν ἡμᾶς ἐν τ. ἠγαπημένῳ

ΧΑΡΡΑ΄Ν 5488

Ac 7 2 πρὶν ἢ κατοικῆσαι αὐτὸν ἐν Χαρράν
4 ἐξελθὼν ἐκ γῆς Χαλδαίων κατῴκησεν ἐν Χαρράν

ΧΑ΄ΡΤΗΣ 5489

II Jo 12 οὐκ ἐβουλήθην διὰ χάρτου κ. μέλανος

ΧΑ΄ΣΜΑ 5490

Lu 16 26 μεταξὺ ἡμῶν κ. ὑμῶν χάσμα μέγα ἐστήρικται

ΧΕΙ͂ΛΟΣ 5491

Mt 15 8 ὁ λαὸς οὗτος τ. χείλεσίν με τιμᾷ
הָעָם הַזֶּה . . . בִּשְׂפָתָיו כִּבְּדוּנִי, Is. xxix. 13
Mk 7 6 οὗτος ὁ λαὸς τ. χείλεσίν με τιμᾷ, Is. *l.c.*
Ro 3 13 ἰὸς ἀσπίδων ὑπὸ τὰ χείλη αὐτῶν
חֲמַת עַכְשׁוּב תַּחַת שְׂפָתֵימוֹ, Ps. cxl. 4
I Co 14 21 ἐν ἑτερογλώσσοις κ. ἐν χείλεσιν ἑτέρων λαλήσω τ. λαῷ τούτῳ
בְּלַעֲגֵי שָׂפָה וּבְלָשׁוֹן אַחֶרֶת יְדַבֵּר אֶל־הָעָם הַזֶּה, Is. xxviii. 11
He 11 12 ὡς ἡ ἄμμος ἡ παρὰ τὸ χεῖλος τ. θαλάσσης
13 15 καρπὸν χειλέων ὁμολογούντων τ. ὀνόματι αὐτοῦ
I Pe 3 10 παυσάτω . . . χείλη τοῦ μὴ λαλῆσαι δόλον
נְצֹר . . . שְׂפָתֶיךָ מִדַּבֵּר מִרְמָה, Ps. xxxiv. 14

ΧΕΙΜΑ΄ΖΟΜΑΙ 5492

Ac 27 18 σφοδρῶς δὲ χειμαζομένων ἡμῶν

ΧΕΙ΄ΜΑΡΡΟΣ 5493

Jo 18 1 ἐξῆλθεν . . . πέραν τ. Χειμάρρου τ. Κέδρων
χείμ. τ. κέδρου, T

ΧΕΙΜΩ΄Ν 5494

Mt 16 3 κ. πρωὶ Σήμερον χειμών
—h. v., T [[WH]] R mg.
24 20 ἵνα μὴ γένηται ἡ φυγὴ ὑμῶν χειμῶνος
Mk 13 18 προσεύχεσθε δὲ ἵνα μὴ γένηται χειμῶνος
Jo 10 22 ἐγένετο τότε τὰ ἐνκαίνια ἐν τ. Ἱεροσολύμοις χειμὼν ἦν
Ac 27 20 χειμῶνός τε οὐκ ὀλίγου ἐπικειμένου
II Ti 4 21 σπούδασον πρὸ χειμῶνος ἐλθεῖν

ΧΕΙ΄Ρ 5495

(1) χ. Κυρίου, Θεοῦ, τ. πατρός (2) διὰ χειρός, χειρῶν (3) χεῖραν

Mt 3 12 [1] οὗ τὸ πτύον ἐν τ. χειρὶ αὐτοῦ
4 6 ἐπὶ χειρῶν ἀροῦσίν σε
עַל־כַּפַּיִם יִשָּׂאוּנְךָ, Ps. xci. 12
5 30 εἰ ἡ δεξιά σου χεὶρ σκανδαλίζει σε
8 3 ἐκτείνας τ. χεῖρα ἥψατο αὐτοῦ
15 ἥψατο τ. χειρὸς αὐτῆς
9 18 ἐλθὼν ἐπίθες τ. χεῖρά σου ἐπ' αὐτήν
25 εἰσελθὼν ἐκράτησεν τ. χειρὸς αὐτῆς
12 10 ἰδοὺ ἄνθρωπος χεῖρα ἔχων ξηράν
13 Ἔκτεινόν σου τ. χεῖρα
49 ἐκτείνας τ. χεῖρα αὐτοῦ ἐπὶ τ. μαθητὰς αὐτοῦ
—αὐτοῦ, T [WH]
14 31 ὁ Ἰησοῦς ἐκτείνας τ. χεῖρα ἐπελάβετο αὐτοῦ
15 2 οὐ γὰρ νίπτονται τ. χεῖρας ὅταν ἄρτον ἐσθίωσιν
20 τὸ δὲ ἀνίπτοις χερσὶν φαγεῖν οὐ κοινοῖ τ. ἄνθρωπον
17 22 μέλλει ὁ υἱὸς τ. ἀνθρώπου παραδίδοσθαι εἰς χεῖρας ἀνθρώπων
18 8 εἰ δὲ ἡ χείρ σου ἢ ὁ πούς σου σκανδαλίζει σε
8 ἢ δύο χεῖρας ἢ δύο πόδας ἔχοντα βληθῆναι εἰς τὸ πῦρ τὸ αἰώνιον
19 13 ἵνα τ. χεῖρας ἐπιθῇ αὐτοῖς
15 ἐπιθεὶς τ. χεῖρας αὐτοῖς ἐπορεύθη ἐκεῖθεν
22 13 δήσαντες αὐτοῦ πόδας κ. χεῖρας ἐκβάλετε
26 23 ὁ ἐμβάψας μετ' ἐμοῦ τ. χεῖρα ἐν τ. τρυβλίῳ
45 ὁ υἱὸς τ. ἀνθρώπου παραδίδοται εἰς χεῖρας ἁμαρτωλῶν
50 προσελθόντες ἐπέβαλον τ. χεῖρας ἐπὶ τ. Ἰησοῦν
51 εἷς τῶν μετὰ Ἰησοῦ ἐκτείνας τ. χεῖρα
27 24 ἀπενίψατο τ. χεῖρας κατέναντι τ. ὄχλου
Mk 1 31 ἤγειρεν αὐτὴν κρατήσας τ. χειρός
41 ἐκτείνας τ. χεῖρα αὐτοῦ ἥψατο
3 1 ἦν ἐκεῖ ἄνθρωπος ἐξηραμμένην ἔχων τ. χεῖρα
3 λέγει τ. ἀνθρώπῳ τῷ τ. χεῖρα ἔχοντι ξηράν
τὴν ξηρ. χεῖρ. ἔχ., T
5 λέγει τ. ἀνθρώπῳ Ἔκτεινον τ. χεῖρά σου
—σου, TWH mg.
κ. ἐξέτεινεν κ. ἀπεκατεστάθη ἡ χεὶρ αὐτοῦ
5 23 ἵνα ἐλθὼν ἐπιθῇς τ. χεῖρας αὐτῇ
41 κρατήσας τ. χειρὸς τ. παιδίου λέγει αὐτῇ
6 2 [2] αἱ δυνάμεις τοιαῦται διὰ τ. χειρῶν αὐτοῦ γινόμεναι

Mk 6 5 εἰ μὴ ὀλίγοις ἀρρώστοις ἐπιθεὶς τ. χεῖρας
7 2 κοιναῖς χερσὶν τοῦτ' ἔστιν ἀνίπτοις ἐσθίουσιν
3 ἐὰν μὴ πυγμῇ νίψωνται τ. χεῖρας
5 ἀλλὰ κοιναῖς χερσὶν ἐσθίουσιν τ. ἄρτον
32 ἵνα ἐπιθῇ αὐτῷ τ. χεῖρα
8 23 ἐπιλαβόμενος τ. χειρὸς τ. τυφλοῦ
23 ἐπιθεὶς τ. χεῖρας αὐτῷ ἐπηρώτα αὐτόν
25 πάλιν ἔθηκεν τ. χεῖρας ἐπὶ τ. ὀφθαλμοὺς αὐτοῦ
9 27 κρατήσας τ. χειρὸς αὐτοῦ ἤγειρεν αὐτόν
31 ὁ υἱὸς τ. ἀνθρώπου παραδίδοται εἰς χεῖρας ἀνθρώπων
43 ἐὰν σκανδαλίσῃ σε ἡ χείρ σου
43 ἢ τὰς δύο χεῖρας ἔχοντα ἀπελθεῖν εἰς τ. γέενναν
10 16 κατευλόγει τιθεὶς τ. χεῖρας ἐπ' αὐτά
13 2 διὰ τριῶν ἡμερῶν ἄλλος ἀναστήσεται ἄνευ χειρῶν
—h. v., TWH non mg. R
14 41 παραδίδοται ὁ υἱὸς τ. ἀνθρώπου εἰς τ. χεῖρας τ. ἁμαρτωλῶν
46 οἱ δὲ ἐπέβαλαν τ. χεῖρας αὐτῷ
16 [18 ἐν τ. χερσὶν ὄφεις ἀροῦσιν·
—ἐν τ. χερσ., T [WH] R
[18 ἐπὶ ἀρρώστους χεῖρας ἐπιθήσουσιν
Lu 1 66 [1] κ. γὰρ χεὶρ Κυρίου ἦν μετ' αὐτοῦ
71 σωτηρίαν . . . ἐκ χειρὸς πάντων τ. μισούντων ἡμᾶς
74 ἐκ χειρὸς ἐχθρῶν ῥυσθέντας λατρεύειν αὐτῷ
3 17 [1] οὗ τὸ πτύον ἐν τ. χειρὶ αὐτοῦ
4 11 ἐπὶ χειρῶν ἀροῦσίν σε, Ps. *l.c.*
40 ὁ δὲ ἑνὶ ἑκάστῳ αὐτῶν τ. χεῖρας ἐπιτιθεὶς
5 13 ἐκτείνας τ. χεῖρα ἥψατο αὐτοῦ
6 1 ἤσθιον τ. στάχυας ψώχοντες τ. χερσίν
6 ἡ χεὶρ αὐτοῦ ἡ δεξιὰ ἦν ξηρά
8 εἶπεν δὲ τ. ἀνδρὶ τῷ ξηρὰν ἔχοντι τ. χεῖρα
10 εἶπεν αὐτῷ Ἔκτεινον τ. χεῖρά σου
10 ἀπεκατεστάθη ἡ χεὶρ αὐτοῦ
8 54 αὐτὸς δὲ κρατήσας τ. χειρὸς αὐτῆς ἐφώνησεν
9 44 ὁ γὰρ υἱὸς τ. ἀνθρώπου μέλλει παραδίδοσθαι εἰς χεῖρας ἀνθρώπων
62 οὐδεὶς ἐπιβαλὼν τ. χεῖρα αὐτοῦ ἐπ' ἄροτρον
—αὐτ., WH non mg.
13 13 ἐπέθηκεν αὐτῇ τ. χεῖρας
15 22 δότε δακτύλιον εἰς τ. χεῖρα αὐτοῦ
20 19 ἐζήτησαν . . . ἐπιβαλεῖν ἐπ' αὐτὸν τ. χεῖρας
21 12 ἐπιβαλοῦσιν ἐφ' ὑμᾶς τ. χεῖρας αὐτῶν
22 21 ἡ χεὶρ τ. παραδιδόντος με μετ' ἐμοῦ ἐπὶ τ. τραπέζης
53 οὐκ ἐξετείνατε τ. χεῖρας ἐπ' ἐμέ
23 46 εἰς χεῖράς σου παρατίθεμαι τὸ πνεῦμά μου
24 7 δεῖ παραδοθῆναι εἰς χεῖρας ἀνθρώπων ἁμαρτωλῶν
39 ἴδετε τ. χεῖράς μου κ. τ. πόδας μου
40 ἔδειξεν αὐτοῖς τ. χεῖρας κ. τοὺς πόδας
—h. v., T [[WH]] R mg.
50 ἐπάρας τ. χεῖρας αὐτοῦ εὐλόγησεν αὐτούς
Jo 3 35 πάντα δέδωκεν ἐν τ. χειρὶ αὐτοῦ
7 30 οὐδεὶς ἐπέβαλεν ἐπ' αὐτὸν τ. χεῖρα
44 οὐδεὶς ἔβαλεν ἐπ' αὐτὸν τ. χεῖρας
10 28 οὐχ ἁρπάσει τις αὐτὰ ἐκ τ. χειρός μου
29 [1] οὐδεὶς δύναται ἁρπάζειν ἐκ τ. χειρὸς τ. πατρός
39 ἐξῆλθεν ἐκ τ. χειρὸς αὐτῶν
11 44 δεδεμένος τ. πόδας κ. τ. χεῖρας κειρίαις

Jo 13 3 πάντα ἔδωκεν αὐτῷ ὁ πατὴρ εἰς τ. χεῖρας
9 ἀλλὰ κ. τ. χεῖρας κ. τ. κεφαλήν
20 20 ἔδειξεν κ. τ. χεῖρας κ. τ. πλευρὰν αὐτοῖς
25 ἐὰν μὴ ἴδω ἐν τ. χερσὶν αὐτοῦ τ. τύπον τ. ἥλων
25 κ. βάλω μου τ. χεῖρα εἰς τ. πλευρὰν αὐτοῦ
27 φέρε τ. δάκτυλόν σου ὧδε κ. ἴδε τ. χεῖράς μου·
κ. φέρε τ. χεῖρά σου κ. βάλε εἰς τ. πλευράν μου
21 18 ὅταν δὲ γηράσῃς ἐκτενεῖς τ. χεῖράς σου
Ac 2 23 [2] διὰ χειρὸς ἀνόμων προσπήξαντες ἀνείλατε
3 7 πιάσας αὐτὸν τ. δεξιᾶς χειρὸς ἤγειρεν αὐτόν
4 3 ἐπέβαλον αὐτοῖς τ. χεῖρας
28 [1] ποιῆσαι ὅσα ἡ χείρ σου κ. ἡ βουλὴ προώρισεν γενέσθαι
30 [1] ἐν τῷ τ. χεῖρα ἐκτείνειν σε εἰς ἴασιν
5 12 διὰ δὲ τ. χειρῶν τ. ἀποστόλων ἐγίνετο σημεῖα
18 ἐπέβαλον τ. χεῖρας ἐπὶ τ. ἀποστόλους
6 6 προσευξάμενοι ἐπέθηκαν αὐτοῖς τ. χεῖρας
7 25 ὁ Θεὸς διὰ χειρὸς αὐτοῦ δίδωσιν σωτηρίαν αὐτοῖς
35 ἄρχοντα κ. λυτρωτὴν ἀπέσταλκεν σὺν χειρὶ ἀγγέλου
41 εὐφραίνοντο ἐν τ. ἔργοις τ. χειρῶν αὐτῶν
50 οὐχὶ ἡ χείρ μου ἐποίησεν ταῦτα πάντα;
וְאֶת־כָּל־אֵלֶּה יָדִי עָשָׂתָה, Is. lxvi. 2
8 17 τότε ἐπετίθεσαν τ. χεῖρας ἐπ' αὐτούς
18 διὰ τ. ἐπιθέσεως τ. χειρῶν τ. ἀποστόλων δίδοται τὸ πνεῦμα
19 ἵνα ᾧ ἐὰν ἐπιθῶ τ. χεῖρας λαμβάνῃ
9 12 εἶδεν ἄνδρα . . . ἐπιθέντα αὐτῷ τ. χεῖρας
—τὰς, T [WH]
17 ἐπιθεὶς ἐπ' αὐτὸν τ. χεῖρας εἶπεν
41 δοὺς δὲ αὐτῇ χεῖρα ἀνέστησεν αὐτήν
11 21 [1] ἦν χεὶρ Κυρίου μετ' αὐτῶν
30 [2] ἀποστείλαντες πρὸς τ. πρεσβυτέρους διὰ χειρὸς Βαρνάβα κ. Σαύλου
12 1 ἐπέβαλεν Ἡρῴδης ὁ βασιλεὺς τ. χεῖρας
7 ἐξέπεσαν αὐτοῦ αἱ ἁλύσεις ἐκ τ. χειρῶν
11 ἐξείλατό με ἐκ χειρὸς Ἡρῴδου
17 κατασείσας δὲ αὐτοῖς τ. χειρὶ σιγᾶν
13 3 ἐπιθέντες τ. χεῖρας αὐτοῖς ἀπέλυσαν
11 [1] νῦν ἰδοὺ χεὶρ Κυρίου ἐπὶ σέ
16 κατασείσας τ. χειρὶ εἶπεν
14 3 [2] διδόντι σημεῖα κ. τέρατα γίνεσθαι διὰ τ. χειρῶν αὐτῶν
15 23 [2] γράψαντες διὰ χειρὸς αὐτῶν
17 25 οὐδὲ ὑπὸ χειρῶν ἀνθρωπίνων θεραπεύεται
19 6 ἐπιθέντος αὐτοῖς τ. Παύλου χεῖρας
11 [2] δυνάμεις τε . . . ὁ Θεὸς ἐποίει διὰ τ. χειρῶν Παύλου
26 [2] λέγων ὅτι οὐκ εἰσὶν θεοὶ οἱ διὰ χειρῶν γινόμενοι
33 ὁ δὲ Ἀλέξανδρος κατασείσας τ. χεῖρα
20 34 τ. χρείαις μου . . . ὑπηρέτησαν αἱ χεῖρες αὗται
21 11 δήσας ἑαυτοῦ τ. πόδας κ. τ. χεῖρας
11 παραδώσουσιν εἰς χεῖρας ἐθνῶν
27 ἐπέβαλαν ἐπ' αὐτὸν τ. χεῖρας
40 ὁ Παῦλος . . . κατέσεισεν τ. χειρὶ τ. λαῷ
23 19 ἐπιλαβόμενος δὲ τ. χειρὸς αὐτοῦ ὁ χιλίαρχος
24 7 μετὰ πολλῆς βίας ἐκ τ. χειρῶν ἡμῶν ἀπήγαγεν
—h. v., TWHR non mg.

Ac 26 1 ὁ Παῦλος ἐκτείνας τ. χεῖρα ἀπελογεῖτο
28 3 ἔχιδνα . . . καθῆψεν τ. χειρὸς αὐτοῦ.
4 ὡς δὲ εἶδαν οἱ βάρβαροι κρεμάμενον τὸ θηρίον ἐκ τ. χειρὸς αὐτοῦ
8 ἐπιθεὶς τ. χεῖρας αὐτῷ ἰάσατο αὐτόν
17 δέσμιος . . . παρεδόθην εἰς τ. χεῖρας τ. Ῥωμαίων
Ro 10 21 ἐξεπέτασα τ. χεῖράς μου πρὸς λαὸν ἀπειθοῦντα κ. ἀντιλέγοντα

פֵּרַשְׂתִּי יָדַי . . . אֶל־עַם סוֹרֵר, Is. lxv. 2

I Co 4 12 κοπιῶμεν ἐργαζόμενοι τ. ἰδίαις χερσίν
12 15 ὅτι οὐκ εἰμὶ χείρ οὐκ εἰμὶ ἐκ τ. σώματος
21 οὐ δύναται δὲ ὁ ὀφθαλμὸς εἰπεῖν τ. χειρί
16 21 ὁ ἀσπασμὸς τ. ἐμῇ χειρὶ Παύλου
II Co 11 33 ἐξέφυγον τ. χεῖρας αὐτοῦ
Ga 3 19 διαταγεὶς δι' ἀγγέλων ἐν χειρὶ μεσίτου
6 11 πηλίκοις ἡμῖν γράμμασιν ἔγραψα τ. ἐμῇ χειρί
Eph 4 28 ἐργαζόμενος τ. χερσὶν τὸ ἀγαθόν
τ. ἰδίαις χερσ., TWH mg.
Col 4 18 ὁ ἀσπασμὸς τ. ἐμῇ χειρὶ Παύλου
I Th 4 11 παρακαλοῦμεν . . . ἐργάζεσθαι τ. χερσὶν ὑμῶν
II Th 3 17 ὁ ἀσπασμὸς τ. ἐμῇ χειρὶ Παύλου
I Ti 2 8 ἐπαίροντας ὁσίους χεῖρας χωρὶς ὀργῆς κ. διαλογισμῶν
4 14 ὃ ἐδόθη σοι διὰ προφητείας μετὰ ἐπιθέσεως τ. χειρῶν τ. πρεσβυτερίου
5 22 χεῖρας ταχέως μηδενὶ ἐπιτίθει
II Ti 1 6 ὅ ἐστιν ἐν σοὶ διὰ τ. ἐπιθέσεως τ. χειρῶν μου
Phm 19 ἐγὼ Παῦλος ἔγραψα τ. ἐμῇ χειρί
He 1 10 [1] ἔργα τ. χειρῶν σού εἰσιν οἱ οὐρανοί

מַעֲשֵׂה יָדֶיךָ שָׁמָיִם, Ps. cii. 26

2 7 [1] κατέστησας αὐτὸν ἐπὶ τὰ ἔργα τ. χειρῶν σου
—h. v., T [WH] R mg.

תַּמְשִׁילֵהוּ בְּמַעֲשֵׂי יָדֶיךָ, Ps. viii. 7

6 2 βαπτισμῶν διδαχὴν ἐπιθέσεώς τε χειρῶν
8 9 ἐν ἡμέρᾳ ἐπιλαβομένου μου τ. χειρὸς αὐτῶν

בְּיוֹם הֶחֱזִיקִי בְיָדָם, Jer. xxxi. 32

10 31 [1] φοβερὸν τὸ ἐμπεσεῖν εἰς χεῖρας Θεοῦ ζῶντος
12 12 τ. παρειμένας χεῖρας . . . ἀνορθώσατε

חַזְּקוּ יָדַיִם רָפוֹת, Is. xxxv. 3

Ja 4 8 καθαρίσατε χεῖρας ἁμαρτωλοί
I Pe 5 6 [1 8] ταπεινώθητε οὖν ὑπὸ τ. κραταιὰν χεῖρα τ. Θεοῦ
χεῖραν, T
I Jo 1 1 αἱ χεῖρες ἡμῶν ἐψηλάφησαν περὶ τ. λόγου τ. ζωῆς
Re 1 16 ἔχων ἐν τ. δεξιᾷ χειρὶ αὐτοῦ ἀστέρας ἑπτά
6 5 ἔχων ζυγὸν ἐν τ. χειρὶ αὐτοῦ
7 9 φοίνικες ἐν τ. χερσὶν αὐτῶν
8 4 ἀνέβη ὁ καπνὸς . . . ἐκ χειρὸς τ. ἀγγέλου ἐνώπιον τ. Θεοῦ
9 20 οὐ μετενόησαν ἐκ τ. ἔργων τ. χειρῶν αὐτῶν
10 2 ἔχων ἐν τ. χειρὶ αὐτοῦ βιβλαρίδιον ἠνεῳγμένον
5 ἦρεν τ. χεῖρα αὐτοῦ τ. δεξιὰν εἰς τ. οὐρανόν
Re 10 8 λάβε τὸ βιβλίον τὸ ἠνεῳγμένον ἐν τ. χειρὶ τ. ἀγγέλου
10 ἔλαβον τὸ βιβλαρίδιον ἐκ τ. χειρὸς τ. ἀγγέλου
13 16 ἵνα δῶσιν αὐτοῖς χάραγμα ἐπὶ τ. χειρὸς αὐτῶν τ. δεξιᾶς
14 9 εἴ τις . . . λαμβάνει χάραγμα . . . ἐπὶ τ. χεῖρα αὐτοῦ
14 ἐν τ. χειρὶ αὐτοῦ δρέπανον ὀξύ
17 4 ἔχουσα ποτήριον χρυσοῦν ἐν τ. χειρὶ αὐτῆς
19 2 ἐξεδίκησεν τὸ αἷμα τ. δούλων αὐτοῦ ἐκ χειρὸς αὐτῆς
20 1 εἶδον . . . ἅλυσιν μεγάλην ἐπὶ τ. χεῖρα αὐτοῦ
4 οἵτινες . . . οὐκ ἔλαβον τὸ χάραγμα . . . ἐπὶ τ. χεῖρα αὐτῶν

ΧΕΙΡΑΓΩΓΕ΄Ω 5496

Ac 9 8 χειραγωγοῦντες δὲ αὐτὸν εἰσήγαγον εἰς Δαμασκόν
22 11 χειραγωγούμενος ὑπὸ τ. συνόντων μοι ἦλθον εἰς Δαμασκόν

ΧΕΙΡΑΓΩΓΟ΄Σ * 5497

Ac 13 11 περιάγων ἐζήτει χειραγωγούς

ΧΕΙΡΟ΄ΓΡΑΦΟΝ ** 5498

Col 2 14 ἐξαλείψας τὸ καθ' ἡμῶν χειρόγραφον τ. δόγμασιν

ΧΕΙΡΟΠΟΙ΄ΗΤΟΣ 5499

Mk 14 58 ἐγὼ καταλύσω τ. ναὸν τοῦτον τ. χειροποίητον
Ac 7 48 οὐχ ὁ ὕψιστος ἐν χειροποιήτοις κατοικεῖ
17 24 ὁ Θεὸς . . . οὐκ ἐν χειροποιήτοις ναοῖς κατοικεῖ
Eph 2 11 τ. λεγομένης περιτομῆς ἐν σαρκὶ χειροποιήτου
He 9 11 σκηνῆς οὐ χειροποιήτου τοῦτ' ἔστιν οὐ ταύτης τ. κτίσεως
24 οὐ γὰρ εἰς χειροποίητα εἰσῆλθεν ἅγια Χριστός

ΧΕΙΡΟΤΟΝΕ΄Ω * 5500

Ac 14 23 χειροτονήσαντες δὲ αὐτοῖς κατ' ἐκκλησίαν πρεσβυτέρους
II Co 8 19 χειροτονηθεὶς ὑπὸ τ. ἐκκλησιῶν συνέκδημος ἡμῶν

ΧΕΙ΄ΡΩΝ 5501

(1) εἰς, ἐπὶ τὸ χεῖρον

Mt 9 16 χεῖρον σχίσμα γίνεται
12 45 γίνεται τὰ ἔσχατα τ. ἀνθρώπου ἐκείνου χείρονα τ. πρώτων
27 64 ἔσται ἡ ἐσχάτη πλάνη χείρων τ. πρώτης
Mk 2 21 χεῖρον σχίσμα γίνεται
5 26 [1] ἀλλὰ μᾶλλον εἰς τὸ χεῖρον ἐλθοῦσα
Lu 11 26 γίνεται τὰ ἔσχατα τ. ἀνθρώπου ἐκείνου χείρονα τ. πρώτων
Jo 5 14 ἵνα μὴ χεῖρόν σοί τι γένηται
I Ti 5 8 τ. πίστιν ἤρνηται κ. ἔστιν ἀπίστου χείρων
II Ti 3 13 [1] πονηροὶ δὲ ἄνθρωποι κ. γόητες προκόψουσιν ἐπὶ τὸ χεῖρον
He 10 29 πόσῳ δοκεῖτε χείρονος ἀξιωθήσεται τιμωρίας
II Pe 2 20 γέγονεν αὐτοῖς τὰ ἔσχατα χείρονα τ. πρώτων

ΧΕΡΟΥΒΕΙ΄Ν 5502

He 9 5 ὑπεράνω δὲ αὐτῆς Χερουβεὶν δόξης

ΧΗ'ΡΑ 5503

Mt 23 13 ὅτι κατεσθίετε τ. οἰκίας τ. χηρῶν
—h. v., TWHR non mg.
Mk 12 40 οἱ κατέσθοντες τ. οἰκίας τ. χηρῶν
42 ἐλθοῦσα μία χήρα πτωχὴ ἔβαλεν λεπτὰ δύο
43 ἡ χήρα αὕτη ἡ πτωχὴ πλεῖον πάντων ἔβαλεν
Lu 2 37 αὐτὴ χήρα ἕως ἐτῶν ὀγδοήκοντα τεσσάρων
4 25 πολλαὶ χῆραι ἦσαν ἐν τ. ἡμέραις Ἠλείου
26 εἰ μὴ εἰς Σάρεπτα τ. Σιδωνίας πρὸς γυναῖκα χήραν
7 12 αὐτὴ ἦν χήρα
18 3 χήρα δὲ ἦν ἐν τ. πόλει ἐκείνῃ
5 διά γε τὸ παρέχειν μοι κόπον τ. χήραν ταύτην
20 47 οἳ κατεσθίουσιν τ. οἰκίας τ. χηρῶν
21 2 εἶδεν δέ τινα χήραν πενιχρὰν βάλλουσαν ἐκεῖ λεπτὰ δύο
3 ὅτι ἡ χήρα αὕτη ἡ πτωχὴ πλεῖον πάντων ἔβαλεν
Ac 6 1 παρεθεωροῦντο ἐν τ. διακονίᾳ τ. καθημερινῇ αἱ χῆραι αὐτῶν
9 39 παρέστησαν αὐτῷ πᾶσαι αἱ χῆραι κλαίουσαι
41 φωνήσας δὲ τ. ἁγίους κ. τ. χήρας
1 Co 7 8 λέγω δὲ τ. ἀγάμοις κ. τ. χήραις
1 Ti 5 3 χήρας τίμα τὰς ὄντως χήρας.
4 εἰ δέ τις χήρα τέκνα ἢ ἔκγονα ἔχει
5 ἡ δὲ ὄντως χήρα κ. μεμονωμένη ἤλπικεν ἐπὶ τ. Θεόν
9 χήρα καταλεγέσθω μὴ ἔλαττον ἐτῶν ἑξήκοντα
11 νεωτέρας δὲ χήρας παραιτοῦ
16 εἴ τις πιστὴ ἔχει χήρας ἐπαρκείτω αὐταῖς
16 ἵνα ταῖς ὄντως χήραις ἐπαρκέσῃ
Ja 1 27 ἐπισκέπτεσθαι ὀρφανοὺς κ. χήρας ἐν τ. θλίψει αὐτῶν
Re 18 7 κάθημαι βασίλισσα κ. χήρα οὐκ εἰμί

ΧΙΛΙ'ΑΡΧΟΣ 5506

Mk 6 21 δεῖπνον ἐποίησεν τ. μεγιστᾶσιν αὐτοῦ κ. τ. χιλιάρχοις
Jo 18 12 ἡ οὖν σπεῖρα κ. ὁ χιλίαρχος . . . συνέλαβον τ. Ἰησοῦν
Ac 21 31 ἀνέβη φάσις τ. χιλιάρχῳ τ. σπείρης
32 οἱ δὲ ἰδόντες τ. χιλίαρχον κ. τ. στρατιώτας
33 τότε ἐγγίσας ὁ χιλίαρχος ἐπελάβετο αὐτοῦ
37 ὁ Παῦλος λέγει τ. χιλιάρχῳ
22 24 ἐκέλευσεν ὁ χιλίαρχος εἰσάγεσθαι αὐτὸν εἰς τ. παρεμβολήν
26 προσελθὼν τ. χιλιάρχῳ ἀπήγγειλεν
27 προσελθὼν δὲ ὁ χιλίαρχος εἶπεν αὐτῷ
28 ἀπεκρίθη δὲ ὁ χιλίαρχος
29 κ. ὁ χιλίαρχος δὲ ἐφοβήθη
23 10 φοβηθεὶς ὁ χιλίαρχος μὴ διασπασθῇ
15 ὑμεῖς ἐμφανίσατε τ. χιλιάρχῳ σὺν τ. συνεδρίῳ
17 τ. νεανίαν τοῦτον ἄπαγε πρὸς τ. χιλίαρχον
18 ὁ μὲν οὖν παραλαβὼν αὐτὸν ἤγαγεν πρὸς τ. χιλίαρχον
19 ἐπιλαβόμενος δὲ τ. χειρὸς αὐτοῦ ὁ χιλίαρχος
22 ὁ μὲν οὖν χιλίαρχος ἀπέλυσεν τ. νεανίσκον
24 7 παρελθὼν δὲ Λυσίας ὁ χιλίαρχος
—h. v., TWHR non mg.
22 ὅταν Λυσίας ὁ χιλίαρχος καταβῇ
25 23 σύν τε χιλιάρχοις κ. ἀνδράσιν τοῖς κατ' ἐξοχήν
Re 6 15 οἱ μεγιστᾶνες κ. οἱ χιλίαρχοι κ. οἱ πλούσιοι
19 18 ἵνα φάγητε σάρκας βασιλέων κ. σάρκας χιλιάρχων

ΧΙΛΙΑ'Σ 5505

Lu 14 31 εἰ δυνατός ἐστιν ἐν δέκα χιλιάσιν ὑπαντῆσαι τῷ μετὰ εἴκοσι χιλιάδων ἐρχομένῳ
Ac 4 4 ἐγενήθη ἀριθμὸς τ. ἀνδρῶν ὡς χιλιάδες πέντε
—ὡς, T
1 Co 10 8 ἔπεσαν μιᾷ ἡμέρᾳ εἴκοσι τρεῖς χιλιάδες
Re 5 11 ἦν ὁ ἀριθμὸς αὐτῶν μυριάδες μυριάδων κ. χιλιάδες χιλιάδων
7 4 ἑκατὸν τεσσεράκοντα τέσσαρες χιλιάδες ἐσφραγισμένοι
5 ἐκ φυλῆς Ἰούδα δώδεκα χιλιάδες ἐσφραγισμένοι·
ἐκ φυλῆς Ῥουβὴν δώδεκα χιλιάδες·
ἐκ φυλῆς Γὰδ δώδεκα χιλιάδες·
6 ἐκ φυλῆς Ἀσὴρ δώδεκα χιλιάδες·
ἐκ φυλῆς Νεφθαλὶμ δώδεκα χιλιάδες·
ἐκ φυλῆς Μανασσῆ δώδεκα χιλιάδες·
7 ἐκ φυλῆς Συμεὼν δώδεκα χιλιάδες·
ἐκ φυλῆς Λευεὶ δώδεκα χιλιάδες·
ἐκ φυλῆς Ἰσσαχὰρ δώδεκα χιλιάδες·
8 ἐκ φυλῆς Ζαβουλὼν δώδεκα χιλιάδες·
ἐκ φυλῆς Ἰωσὴφ δώδεκα χιλιάδες·
ἐκ φυλῆς Βενιαμεὶν δώδεκα χιλιάδες ἐσφραγισμένοι
11 13 ἀπεκτάνθησαν ἐν τ. σεισμῷ ὀνόματα ἀνθρώπων χιλιάδες ἑπτά
14 1 μετ' αὐτοῦ ἑκατὸν τεσσεράκοντα τέσσαρες χιλιάδες
3 εἰ μὴ αἱ ἑκατὸν τεσσεράκοντα τέσσαρες χιλιάδες
21 16 ἐμέτρησεν τ. πόλιν τ. καλάμῳ ἐπὶ σταδίων δώδεκα χιλιάδων

ΧΙ'ΛΙΟΙ 5507

II Pe 3 8 μία ἡμέρα παρὰ Κυρίῳ ὡς χίλια ἔτη, κ. χίλια ἔτη ὡς ἡμέρα μία
אֶלֶף שָׁנִים בְּעֵינֶיךָ כְּיוֹם אֶתְמוֹל, Ps. xc. 4
Re 11 3 προφητεύσουσιν ἡμέρας χιλίας διακοσίας ἑξήκοντα
12 6 ἵνα ἐκεῖ τρέφωσιν αὐτὴν ἡμέρας χιλίας διακοσίας ἑξήκοντα
14 20 ἐξῆλθεν αἷμα . . . ἀπὸ σταδίων χιλίων ἑξακοσίων
20 2 ἔδησεν αὐτὸν χίλια ἔτη
3 ἄχρι τελεσθῇ τὰ χίλια ἔτη
4 ἐβασίλευσαν μετὰ τ. Χριστοῦ χίλια ἔτη·
5 οἱ λοιποὶ τ. νεκρῶν οὐκ ἔζησαν ἄχρι τελεσθῇ τὰ χίλια ἔτη
6 βασιλεύσουσιν μετ' αὐτοῦ τὰ χίλια ἔτη.
—τὰ, [WH] R non mg.
7 κ. ὅταν τελεσθῇ τὰ χίλια ἔτη

ΧΙ'ΟΣ 5508

Ac 20 15 τ. ἐπιούσῃ κατηντήσαμεν ἄντικρυς Χίου

ΧΙΤΩ'Ν 5509

Mt 5 40 τ. θέλοντί σοι κριθῆναι κ. τ. χιτῶνά σου λαβεῖν
10 10 μὴ κτήσησθε χρυσὸν . . . μηδὲ δύο χιτῶνας
Mk 6 9 μὴ ἐνδύσασθαι δύο χιτῶνας
14 63 ὁ δὲ ἀρχιερεὺς διαρήξας τ. χιτῶνας αὐτοῦ
Lu 3 11 ὁ ἔχων δύο χιτῶνας μεταδότω τῷ μὴ ἔχοντι
6 29 κ. τ. χιτῶνα μὴ κωλύσῃς
9 3 μήτε δύο χιτῶνας ἔχειν

Jo 19 23 ἔλαβον τὰ ἱμάτια αὐτοῦ . . . κ. τ. χιτῶνα. ἦν δὲ ὁ χιτὼν ἄραφος
Ac 9 39 ἐπιδεικνύμεναι χιτῶνας κ. ἱμάτια ὅσα ἐποίει
Ju 23 μισοῦντες κ. τὸν ἀπὸ τ. σαρκὸς ἐσπιλωμένον χιτῶνα

ΧΙΩ΄Ν 5510

Mt 28 3 τὸ ἔνδυμα αὐτοῦ λευκὸν ὡς χιών
Re 1 14 αἱ τρίχες λευκαὶ ὡς ἔριον λευκὸν ὡς χιών

ΧΛΑΜΥ΄Σ ** 5511

Mt 27 28 χλαμύδα κοκκίνην περιέθηκαν αὐτῷ
31 ἐξέδυσαν αὐτὸν τὴν χλαμύδα

ΧΛΕΥΑ΄ΖΩ ** 5512 cf. 1315.5

Ac 17 32 ἀκούσαντες δὲ ἀνάστασιν νεκρῶν οἱ μὲν ἐχλεύαζον

ΧΛΙΑΡΟ΄Σ * 5513

Re 3 16 οὕτως ὅτι χλιαρὸς εἶ

ΧΛΟ΄Η 5514

I Co 1 11 ἐδηλώθη γάρ μοι περὶ ὑμῶν . . . ὑπὸ τῶν Χλόης

ΧΛΩΡΟ΄Σ 5515

Mk 6 39 ἐπέταξεν αὐτοῖς ἀνακλιθῆναι . . . ἐπὶ τ. χλωρῷ χόρτῳ
Re 6 8 εἶδον κ. ἰδοὺ ἵππος χλωρός
8 7 πᾶς χόρτος χλωρὸς κατεκάη
9 4 ἵνα μὴ ἀδικήσουσιν τ. χόρτον τ. γῆς οὐδὲ πᾶν χλωρόν

ΧΟΪΚΟ΄Σ * † 5517

I Co 15 47 ὁ πρῶτος ἄνθρωπος ἐκ γῆς χοϊκός
48 οἷος ὁ χοϊκὸς τοιοῦτοι κ. οἱ χοϊκοί
49 καθὼς ἐφορέσαμεν τ. εἰκόνα τ. χοϊκοῦ

ΧΟΙ΄ΝΙΞ 5518

Re 6 6 χοῖνιξ σίτου δηναρίου, κ. τρεῖς χοίνικες κριθῶν δηναρίου

ΧΟΙ΄ΡΟΣ ** 5519

Mt 7 6 μηδὲ βάλητε τ. μαργαρίτας ὑμῶν ἔμπροσθεν τ. χοίρων
8 30 ἦν δὲ μακρὰν ἀπ' αὐτῶν ἀγέλη χοίρων πολλῶν βοσκομένη
31 ἀπόστειλον ἡμᾶς εἰς τ. ἀγέλην τ. χοίρων
32 οἱ δὲ ἐξελθόντες ἀπῆλθαν εἰς τ. χοίρους
Mk 5 11 ἦν δὲ ἐκεῖ πρὸς τ. ὄρει ἀγέλη χοίρων μεγάλη βοσκομένη
12 πέμψον ἡμᾶς εἰς τ. χοίρους
13 ἐξελθόντα τὰ πνεύματα τὰ ἀκάθαρτα εἰσῆλθον εἰς τ. χοίρους
16 διηγήσαντο αὐτοῖς οἱ ἰδόντες . . . περὶ τ. χοίρων
Lu 8 32 ἦν δὲ ἐκεῖ ἀγέλη χοιρων ἱκανῶν βοσκομένη ἐν τ. ὄρει
33 ἐξελθόντα δὲ τὰ δαιμόνια . . . εἰσῆλθον εἰς τ. χοίρους
15 15 ἔπεμψεν αὐτὸν εἰς τ. ἀγροὺς αὐτοῦ βόσκειν χοίρους.
16 κ. ἐπεθύμει χορτασθῆναι ἐκ τ. κερατίων ὧν ἤσθιον οἱ χοῖροι

ΧΟΛΑ΄Ω ** 5520

Jo 7 23 ἐμοὶ χολᾶτε ὅτι ὅλον ἄνθρωπον ὑγιῆ ἐποίησα ἐν σαββάτῳ;

ΧΟΛΗ΄ 5521

Mt 27 34 ἔδωκαν αὐτῷ πιεῖν οἶνον μετὰ χολῆς μεμιγμένον
Ac 8 23 εἰς γὰρ χολὴν πικρίας κ. σύνδεσμον ἀδικίας ὁρῶ σε ὄντα

ΧΟΡΑΖΕΙ΄Ν 5523

Mt 11 21 οὐαί σοι Χοραζεὶν οὐαί σοι Βηθσαιδάν
Lu 10 13 οὐαί σοι Χοραζεὶν οὐαί σοι Βηθσαιδά

ΧΟΡΗΓΕ΄Ω 5524

II Co 9 10 κ. ἄρτον εἰς βρῶσιν χορηγήσει
I Pe 4 11 ὡς ἐξ ἰσχύος ἧς χορηγεῖ ὁ Θεός

ΧΟΡΟ΄Σ 5525

Lu 15 25 ἤκουσεν συμφωνίας κ. χορῶν

ΧΟΡΤΑ΄ΖΩ 5526

Mt 5 6 ὅτι αὐτοὶ χορτασθήσονται
14 20 ἔφαγον πάντες κ. ἐχορτάσθησαν
15 33 ἄρτοι τοσοῦτοι ὥστε χορτάσαι ὄχλον τοσοῦτον
37 ἔφαγον πάντες κ. ἐχορτάσθησαν
Mk 6 42 ἔφαγον πάντες κ. ἐχορτάσθησαν
7 27 ἄφες πρῶτον χορτασθῆναι τὰ τέκνα
8 4 πόθεν τούτους δυνήσεταί τις ὧδε χορτάσαι ἄρτων
8 ἔφαγον κ. ἐχορτάσθησαν
Lu 6 21 μακάριοι οἱ πεινῶντες νῦν ὅτι χορτασθήσεσθε
9 17 ἔφαγον κ. ἐχορτάσθησαν πάντες
15 16 ἐπεθύμει χορτασθῆναι ἐκ τ. κερατίων ἐπ. γεμίσαι τ. κοιλίαν αὐτοῦ, TWH mg.
16 21 ἐπιθυμῶν χορτασθῆναι ἀπὸ τ. πιπτόντων ἀπὸ τ. τραπέζης
Jo 6 26 ὅτι ἐφάγετε ἐκ τ. ἄρτων κ. ἐχορτάσθητε
Phl 4 12 μεμύημαι κ. χορτάζεσθαι κ. πεινᾶν
Ja 2 16 θερμαίνεσθε κ. χορτάζεσθε
Re 19 21 πάντα τὰ ὄρνεα ἐχορτάσθησαν ἐκ τ. σαρκῶν αὐτῶν

ΧΟ΄ΡΤΑΣΜΑ 5527

Ac 7 11 οὐχ ηὕρισκον χορτάσματα οἱ πατέρες ἡμῶν

ΧΟ΄ΡΤΟΣ 5528

Mt 6 30 εἰ δὲ τ. χόρτον τ. ἀγροῦ . . . ὁ Θεὸς οὕτως ἀμφιέννυσιν
13 26 ὅτε δὲ ἐβλάστησεν ὁ χόρτος
14 19 κελεύσας τ. ὄχλους ἀνακλιθῆναι ἐπὶ τ. χόρτου
Mk 4 28 ἡ γῆ καρποφορεῖ πρῶτον χόρτον εἶτεν στάχυν
6 39 ἐπέταξεν αὐτοῖς ἀνακλιθῆναι . . . ἐπὶ τ. χλωρῷ χόρτῳ
Lu 12 28 εἰ δὲ ἐν ἀγρῷ τ. χόρτον ὄντα . . . ὁ Θεὸς οὕτως ἀμφιάζει
Jo 6 10 ἦν δὲ χόρτος πολὺς ἐν τ. τόπῳ
I Co 3 12 εἰ δέ τις ἐποικοδομεῖ ἐπὶ τ. θεμέλιον . . . ξύλα χόρτον καλάμην
Ja 1 10 ὡς ἄνθος χόρτου παρελεύσεται
11 ἐξήρανεν τ. χόρτον

I Pe 1 24 διότι πᾶσα σὰρξ ὡς χόρτος,
כָּל־הַבָּשָׂר חָצִיר, Is. xl. 6
κ. πᾶσα δόξα αὐτῆς ὡς ἄνθος χόρτου·
וְכָל חַסְדּוֹ כְּצִיץ הַשָּׂדֶה, *ib.*
ἐξηράνθη ὁ χόρτος
יָבֵשׁ חָצִיר, *ib.* 7
Re 8 7 πᾶς χόρτος χλωρὸς κατεκάη
9 4 ἵνα μὴ ἀδικήσουσιν τ. χόρτον τ. γῆς

ΧΟΥΖΑ͂Σ 5529

Lu 8 3 Ἰωάνα γυνὴ Χουζᾶ ἐπιτρόπου Ἡρῴδου

ΧΟΥ͂Σ 5529.5

Mk 6 11 ἐκτινάξατε τ. χοῦν τὸν ὑποκάτω τ. ποδῶν ὑμῶν
Re 18 19 ἔβαλον χοῦν ἐπὶ τ. κεφαλὰς αὐτῶν

ΧΡΑ΄ΟΜΑΙ 5530

Ac 27 3 φιλανθρώπως τε ὁ Ἰούλιος τ. Παύλῳ χρησάμενος
17 βοηθείαις ἐχρῶντο ὑποζωννύντες τὸ πλοῖον
I Co 7 21 εἰ κ. δύνασαι ἐλεύθερος γενέσθαι μᾶλλον χρῆσαι
31 οἱ χρώμενοι τ. κόσμον ὡς μὴ καταχρώμενοι
9 12 οὐκ ἐχρησάμεθα τ. ἐξουσίᾳ ταύτῃ
15 ἐγὼ δὲ οὐ κέχρημαι οὐδενὶ τούτων
II Co 1 17 μήτι ἄρα τ. ἐλαφρίᾳ ἐχρησάμην;
3 12 πολλῇ παρρησίᾳ χρώμεθα
13 10 ἵνα παρὼν μὴ ἀποτόμως χρήσωμαι
I Ti 1 8 καλὸς ὁ νόμος ἐάν τις αὐτῷ νομίμως χρῆται
5 23 οἴνῳ ὀλίγῳ χρῶ διὰ τ. στόμαχον

ΧΡΑ΄Ω 5531

Lu 11 5 φίλε χρῆσόν μοι τρεῖς ἄρτους

ΧΡΕΙ΄Α 5532

Mt 3 14 ἐγὼ χρείαν ἔχω ὑπὸ σοῦ βαπτισθῆναι
6 8 οἶδεν γὰρ ὁ Θεὸς ὁ πατὴρ ὑμῶν ὧν χρείαν ἔχετε
9 12 οὐ χρείαν ἔχουσιν οἱ ἰσχύοντες ἰατροῦ
14 16 οὐ χρείαν ἔχουσιν ἀπελθεῖν
21 3 ὁ Κύριος αὐτῶν χρείαν ἔχει
26 65 τί ἔτι χρείαν ἔχομεν μαρτύρων;
Mk 2 17 οὐ χρείαν ἔχουσιν οἱ ἰσχύοντες ἰατροῦ
25 τί ἐποίησεν Δαυεὶδ ὅτε χρείαν ἔσχεν
11 3 ὁ Κύριος αὐτοῦ χρείαν ἔχει
14 63 τί ἔτι χρείαν ἔχομεν μαρτύρων;
Lu 5 31 οὐ χρείαν ἔχουσιν οἱ ὑγιαίνοντες ἰατροῦ
9 11 τοὺς χρείαν ἔχοντας θεραπείας ἰᾶτο
10 42 ὀλίγων δέ ἐστιν χρεία ἢ ἑνός
ἑνὸς δέ ἐστ. χρ., TR non mg.;—h. v., WH mg. R mg. alt.
15 7 οἵτινες-οὐ χρείαν ἔχουσιν μετανοίας
19 31 ὁ Κύριος αὐτοῦ χρείαν ἔχει
34 ὁ Κύριος αὐτοῦ χρείαν ἔχει
22 71 τί ἔτι ἔχομεν μαρτυρίας χρείαν;
Jo 2 25 οὐ χρείαν εἶχεν ἵνα τις μαρτυρήσῃ
13 10 ὁ λελουμένος οὐκ ἔχει χρείαν εἰ μὴ τ. πόδας νίψασθαι
29 ἀγόρασον ὧν χρείαν ἔχομεν εἰς τ. ἑορτήν
16 30 οὐ χρείαν ἔχεις ἵνα τίς σε ἐρωτᾷ
Ac 2 45 καθότι ἄν τις χρείαν εἶχεν
4 35 διεδίδετο δὲ ἑκάστῳ καθότι ἄν τις χρείαν εἶχεν
6 3 οὓς καταστήσομεν ἐπὶ τ. χρείας ταύτης
20 34 τ. χρείαις μου . . . ὑπηρέτησαν αἱ χεῖρες αὗται
28 10 ἀναγομένοις ἐπέθεντο τὰ πρὸς τ. χρείας
Ro 12 13 τ. χρείαις τ. ἁγίων κοινωνοῦντες
I Co 12 21 χρείαν σου οὐκ ἔχω
21 χρείαν ὑμῶν οὐκ ἔχω
24 τὰ δὲ εὐσχήμονα ἡμῶν οὐ χρείαν ἔχει
Eph 4 28 ἵνα ἔχῃ μεταδιδόναι τῷ χρείαν ἔχοντι
29 εἴ τις ἀγαθὸς πρὸς οἰκοδομὴν τ. χρείας
Phl 2 25 Ἐπαφρόδιτον τ. ἀδελφὸν . . . κ. λειτουργὸν τ. χρείας μου
4 16 ἅπαξ κ. δὶς εἰς τ. χρείαν μοι ἐπέμψατε
19 ὁ δὲ Θεός μου πληρώσει πᾶσαν χρείαν ὑμῶν
I Th 1 8 ὥστε μὴ χρείαν ἔχειν ἡμᾶς λαλεῖν τι
4 9 οὐ χρείαν ἔχετε γράφειν ὑμῖν
12 ἵνα . . . μηδενὸς χρείαν ἔχητε
5 1 οὐ χρείαν ἔχετε ὑμῖν γράφεσθαι
Tit 3 14 καλῶν ἔργων προΐστασθαι εἰς τ. ἀναγκαίας χρείας
He 5 12 πάλιν χρείαν ἔχετε τοῦ διδάσκειν ὑμᾶς
12 γεγόνατε χρείαν ἔχοντες γάλακτος
7 11 τίς ἔτι χρεία . . . ἕτερον ἀνίστασθαι ἱερέα
10 36 ὑπομονῆς γὰρ ἔχετε χρείαν
I Jo 2 27 οὐ χρείαν ἔχετε ἵνα τις διδάσκῃ ὑμᾶς
3 17 ὃς δ' ἂν . . . θεωρῇ τ. ἀδελφὸν αὐτοῦ χρείαν ἔχοντα
Re 3 17 πεπλούτηκα κ. οὐδὲν χρείαν ἔχω
21 23 ἡ πόλις οὐ χρείαν ἔχει τ. ἡλίου
22 5 οὐκ ἔχουσιν χρείαν φωτὸς λύχνου κ. φῶς ἡλίου

ΧΡΕΟΦΕΙΛΕ΄ΤΗΣ † 5533

χρεοφιλέτης, WH

Lu 7 41 δύο χρεοφειλέται ἦσαν δανιστῇ τινί
16 5 προσκαλεσάμενος ἕνα ἕκαστον τ. χρεοφειλετῶν τ. κυρίου ἑαυτοῦ

ΧΡΗ΄ 5534

Ja 3 10 οὐ χρὴ ἀδελφοί μου ταῦτα οὕτως γίνεσθαι

ΧΡῌ΄ΖΩ 5535

Mt 6 32 οἶδεν γὰρ ὁ πατὴρ ὑμῶν . . . ὅτι χρῄζετε τούτων ἁπάντων
Lu 11 8 ἐγερθεὶς δώσει αὐτῷ ὅσων χρῄζει
12 30 ὑμῶν δὲ ὁ πατὴρ οἶδεν ὅτι χρῄζετε τούτων
Ro 16 2 ἐν ᾧ ἂν ὑμῶν χρῄζῃ πράγματι
II Co 3 1 ἢ μὴ χρῄζομεν ὥς τινες συστατικῶν ἐπιστολῶν

ΧΡΗ͂ΜΑ 5536

Mk 10 23 πῶς δυσκόλως οἱ τὰ χρήματα ἔχοντες εἰς τ. βασιλείαν τ. Θεοῦ εἰσελεύσονται
24 πῶς δύσκολόν ἐστιν τ. πεποιθότας ἐπὶ χρήμασιν . . . εἰσελθεῖν
—τ. πεπ. ἐπ. χρημ., TWHR mg.
Lu 18 24 πῶς δυσκόλως οἱ τὰ χρήματα ἔχοντες εἰς τ. βασιλείαν τ. Θεοῦ εἰσπορεύονται
Ac 4 37 πωλήσας ἤνεγκεν τὸ χρῆμα
8 18 προσήνεγκεν αὐτοῖς χρήματα λέγων

Ac 8 20 τ. δωρεὰν τ. Θεοῦ ἐνόμισας διὰ χρημάτων κτᾶσθαι
24 26 ἐλπίζων ὅτι χρήματα δοθήσεται αὐτῷ ὑπὸ τ. Παύλου

ΧΡΗΜΑΤΙ'ΖΩ 5537

Mt 2 12 χρηματισθέντες κατ' ὄναρ μὴ ἀνακάμψαι
22 χρηματισθεὶς δὲ κατ' ὄναρ ἀνεχώρησεν
Lu 2 26 ἦν αὐτῷ κεχρηματισμένον ὑπὸ τ. πνεύματος τ. ἁγίου
Ac 10 22 ἐχρηματίσθη ὑπὸ ἀγγέλου ἁγίου
11 26 χρηματίσαι τε πρώτως ἐν Ἀντιοχείᾳ τ. μαθητὰς Χριστιανούς
Ro 7 3 ζῶντος τ. ἀνδρὸς μοιχαλὶς χρηματίσει
He 8 5 καθὼς κεχρημάτισται Μωυσῆς
11 7 πίστει χρηματισθεὶς Νῶε περὶ τῶν μηδέπω βλεπομένων
12 25 ἐπὶ γῆς παραιτησάμενοι τ. χρηματίζοντα

ΧΡΗΜΑΤΙΣΜΟ'Σ 5538

Ro 11 4 ἀλλὰ τί λέγει αὐτῷ ὁ χρηματισμός;

ΧΡΗ'ΣΙΜΟΣ 5539

II Ti 2 14 μὴ λογομαχεῖν ἐπ' οὐδὲν χρήσιμον

ΧΡΗ'ΣΙΣ 5540

Ro 1 26 μετήλλαξαν τ. φυσικὴν χρῆσιν εἰς τὴν παρὰ φύσιν·
27 ὁμοίως τε κ. οἱ ἄρσενες ἀφέντες τ. φυσικὴν χρῆσιν τ. θηλείας

ΧΡΗΣΤΕΥ'ΟΜΑΙ * † 5541

I Co 13 4 ἡ ἀγάπη μακροθυμεῖ χρηστεύεται

ΧΡΗΣΤΟΛΟΓΙ'Α * † 5542

Ro 16 18 διὰ τ. χρηστολογίας κ. εὐλογίας ἐξαπατῶσιν

ΧΡΗΣΤΟ'Σ 5543

Mt 11 30 ὁ γὰρ ζυγός μου χρηστός
Lu 5 39 λέγει γὰρ Ὁ παλαιὸς χρηστός ἐστιν
χρηστότερος, R mg.; h. v., [WH]
6 35 αὐτὸς χρηστός ἐστιν ἐπὶ τ. ἀχαρίστους
Ro 2 4 τὸ χρηστὸν τ. Θεοῦ εἰς μετάνοιάν σε ἄγει
I Co 15 33 φθείρουσιν ἤθη χρηστὰ ὁμιλίαι κακαί
Eph 4 32 γίνεσθε δὲ εἰς ἀλλήλους χρηστοί
I Pe 2 3 εἰ ἐγεύσασθε ὅτι χρηστὸς ὁ Κύριος

ΧΡΗΣΤΟ'ΤΗΣ 5544

Ro 2 4 ἢ τ. πλούτου τ. χρηστότητος αὐτοῦ . . . καταφρονεῖς
3 12 οὐκ ἔστιν ποιῶν χρηστότητα
אֵין עֹשֵׂה־טוֹב, Ps. xiv. 3
11 22 ἴδε οὖν χρηστότητα κ. ἀποτομίαν Θεοῦ
22 ἐπὶ δέ σε χρηστότης Θεοῦ, ἐὰν ἐπιμένῃς τ. χρηστότητι
II Co 6 6 ἐν μακροθυμίᾳ ἐν χρηστότητι
Ga 5 22 ὁ δὲ καρπὸς τ. πνεύματός ἐστιν . . . μακροθυμία χρηστότης
Eph 2 7 ἵνα ἐνδείξηται . . . τὸ ὑπερβάλλον πλοῦτος τ. χάριτος αὐτοῦ ἐν χρηστότητι ἐφ' ἡμᾶς
Col 3 12 ἐνδύσασθε οὖν . . . σπλάγχνα οἰκτιρμοῦ χρηστότητα
Tit 3 4 ὅτε δὲ ἡ χρηστότης . . . ἐπεφάνη τ. σωτῆρος ἡμῶν Θεοῦ

ΧΡΙ'ΣΜΑ 5545

χρῖσμα, T

I Jo 2 20 ὑμεῖς χρίσμα ἔχετε ἀπὸ τ. ἁγίου
27 τὸ χρίσμα ὃ ἐλάβετε ἀπ' αὐτοῦ μένει ἐν ὑμῖν
27 ὡς τὸ αὐτοῦ χρίσμα διδάσκει ὑμᾶς περὶ πάντων

ΧΡΙΣΤΙΑΝΟ'Σ 5546

Ac 11 26 χρηματίσαι τε πρώτως ἐν Ἀντιοχείᾳ τ. μαθητὰς Χριστιανούς
26 28 ἐν ὀλίγῳ με πείθεις Χριστιανὸν ποιῆσαι
I Pe 4 16 εἰ δὲ ὡς Χριστιανὸς μὴ αἰσχυνέσθω

ΧΡΙΣΤΟ'Σ 5547

(1) Ἰησ. Χριστός (2) Χρ. Ἰησοῦς
(3) Χρ. Κύριος (4) *anarthr.*

Mt 1 1 [1] βίβλος γενέσεως Ἰησοῦ Χριστοῦ
16 ἐξ ἧς ἐγεννήθη Ἰησοῦς ὁ λεγόμενος Χριστός
17 ἀπὸ τ. μετοικεσίας Βαβυλῶνος ἕως τ. Χριστοῦ
18 [1 2] τ. δὲ Ἰησοῦ Χριστοῦ ἡ γένεσις οὕτως ἦν
Χρ. Ἰησ., WH mg.
2 4 ἐπυνθάνετο παρ' αὐτῶν ποῦ ὁ Χριστὸς γεννᾶται
11 2 ἀκούσας ἐν τ. δεσμωτηρίῳ τὰ ἔργα τ. Χριστοῦ
16 16 σὺ εἶ ὁ Χριστὸς ὁ υἱὸς τ. Θεοῦ τ. ζῶντος
20 ὅτι αὐτός ἐστιν ὁ Χριστός.
21 [1] ἀπὸ τότε ἤρξατο Ἰησοῦς Χριστὸς δεικνύειν
ἤρξ. ὁ Ἰησ. δεικ., TR non mg.
22 42 τί ὑμῖν δοκεῖ περὶ τ. Χριστοῦ;
23 10 καθηγητὴς ὑμῶν ἐστιν εἷς ὁ Χριστός
24 5 λέγοντες Ἐγώ εἰμι ὁ Χριστός
23 ἰδοὺ ὧδε ὁ Χριστὸς ἢ ὧδε
26 63 ἵνα ἡμῖν εἴπῃς εἰ σὺ εἶ ὁ Χριστός
68 [4] προφήτευσον ἡμῖν Χριστέ
27 17 Βαραββᾶν ἢ Ἰησοῦν τ. λεγόμενον Χριστόν;
22 τί οὖν ποιήσω Ἰησοῦν τ. λεγόμενον Χριστόν;
Mk 1 1 [1] ἀρχὴ τ. εὐαγγελίου Ἰησοῦ Χριστοῦ
34 [4] ὅτι ᾔδεισαν αὐτὸν Χριστὸν εἶναι
—Χρ. εἶν., T [WH] R non mg.
8 29 λέγει αὐτῷ Σὺ εἶ ὁ Χριστός
9 41 [4] ποτήριον ὕδατος ἐν ὀνόματι ὅτι Χριστοῦ ἐστέ
12 35 ὅτι ὁ Χριστὸς υἱὸς Δαυείδ ἐστιν
13 21 ἴδε ὧδε ὁ Χριστὸς ἴδε ἐκεῖ
14 61 σὺ εἶ ὁ Χριστὸς ὁ υἱὸς τ. εὐλογητοῦ;
15 32 ὁ Χριστὸς ὁ βασιλεὺς Ἰσραὴλ καταβάτω νῦν ἀπὸ τ. σταυροῦ
Lu 2 11 [3] σωτὴρ ὅς ἐστιν Χριστὸς Κύριος
26 πρὶν ἢ ἂν ἴδῃ τ. Χριστὸν Κυρίου
3 15 μήποτε αὐτὸς εἴη ὁ Χριστός
4 41 ὅτι ᾔδεισαν τ. Χριστὸν αὐτὸν εἶναι
9 20 Πέτρος δὲ ἀποκριθεὶς εἶπεν Τὸν Χριστὸν τ. Θεοῦ
20 41 πῶς λέγουσιν τ. Χριστὸν εἶναι Δαυεὶδ υἱόν;
22 67 εἰ σὺ εἶ ὁ Χριστὸς εἰπὸν ἡμῖν
23 2 [4] λέγοντα ἑαυτὸν Χριστὸν βασιλέα εἶναι
35 σωσάτω ἑαυτὸν εἰ οὗτός ἐστιν ὁ Χριστός
39 οὐχὶ σὺ εἶ ὁ Χριστός;
24 26 οὐχὶ ταῦτα ἔδει παθεῖν τ. Χριστὸν

Lu **24** 46 οὕτως γέγραπται παθεῖν τ. Χριστὸν

Jo **1** 17 [1] ἡ χάρις κ. ἡ ἀλήθεια διὰ Ἰησοῦ Χριστοῦ ἐγένετο

20 ἐγὼ οὐκ εἰμὶ ὁ Χριστός

25 τί οὖν βαπτίζεις εἰ σὺ οὐκ εἶ ὁ Χριστός

41 [4] τ. Μεσσίαν ὅ ἐστιν μεθερμηνευόμενον Χριστός

3 28 οὐκ εἰμὶ ἐγὼ ὁ Χριστός

4 25 Μεσσίας ἔρχεται ὁ λεγόμενος Χριστός

29 μήτι οὗτός ἐστιν ὁ Χριστός;

7 26 ἔγνωσαν οἱ ἄρχοντες ὅτι οὗτός ἐστιν ὁ Χριστός;

27 ὁ δὲ Χριστὸς ὅταν ἔρχηται

31 ὁ Χριστὸς ὅταν ἔλθῃ

41 ἄλλοι ἔλεγον Οὗτός ἐστιν ὁ Χριστός. οἱ δὲ ἔλεγον Μὴ γὰρ ἐκ τ. Γαλιλαίας ὁ Χριστὸς ἔρχεται;

42 ἀπὸ Βηθλεὲμ . . . ἔρχεται ὁ Χριστός

9 22 [4] ἐάν τις αὐτὸν ὁμολογήσῃ Χριστόν

10 24 εἰ σὺ εἶ ὁ Χριστὸς εἰπὸν ἡμῖν παρρησίᾳ

11 27 ἐγὼ πεπίστευκα ὅτι σὺ εἶ ὁ Χριστός

12 34 ὅτι ὁ Χριστὸς μένει εἰς τ. αἰῶνα

17 3 [1] ἵνα γινώσκωσιν . . . ὃν ἀπέστειλας Ἰησοῦν Χριστόν

20 31 ἵνα πιστεύητε ὅτι Ἰησοῦς ἐστὶν ὁ Χριστός

Ac **2** 31 προϊδὼν ἐλάλησεν περὶ τ. ἀναστάσεως τ. Χριστοῦ

36 [3] [4] κ. Κύριον αὐτὸν κ. Χριστὸν ἐποίησεν ὁ Θεός

38 [1] βαπτισθήτω ἕκαστος ὑμῶν ἐν τ. ὀνόματι Ἰησοῦ Χριστοῦ

3 6 [1] ἐν τ. ὀνόματι Ἰησοῦ Χριστοῦ τ. Ναζωραίου περιπάτει

18 ἃ προκατήγγειλεν . . . παθεῖν τ. Χριστὸν αὐτοῦ

20 [2] ὅπως ἂν . . . ἀποστείλῃ τ. προκεχειρισμένον ὑμῖν Χριστὸν Ἰησοῦν

4 10 [1] ἐν τ. ὀνόματι Ἰησοῦ Χριστοῦ τ. Ναζωραίου . . . οὗτος παρέστηκεν

26 συνήχθησαν ἐπὶ τὸ αὐτὸ κατὰ τ. Κυρίου κ. κατὰ τ. Χριστοῦ αὐτοῦ

נוֹסְדוּ־יָחַד עַל־יְהוָה וְעַל־מְשִׁיחוֹ, Ps. ii. 2

33 [1] [3] ἀπεδίδουν τὸ μαρτύριον οἱ ἀπόστολοι τ. ἀναστάσεως Ἰησοῦ Χριστοῦ τ. Κυρίου

τ. Κυρ. Ἰησ. τ. ἀναστ., WHR non mg.

5 42 [2] οὐκ ἐπαύοντο . . . εὐαγγελιζόμενοι τ. Χριστὸν Ἰησοῦν

8 5 ἐκήρυσσεν αὐτοῖς τ. Χριστόν

12 [1] εὐαγγελιζομένῳ περὶ . . . τ. ὀνόματος Ἰησοῦ Χριστοῦ

37 [1] πιστεύω τ. υἱὸν τ. Θεοῦ εἶναι τ. Ἰησοῦν Χριστόν

—h. v., TWH non mg. R non mg.; Χρ., [WH mg.]

9 22 συμβιβάζων ὅτι οὗτός ἐστιν ὁ Χριστός

34 [1] Αἰνέα ἰᾶταί σε Ἰησοῦς Χριστός

10 36 [1] εὐαγγελιζόμενος εἰρήνην διὰ Ἰησοῦ Χριστοῦ

48 [1] προσέταξεν δὲ αὐτοὺς ἐν τ. ὀνόματι Ἰησοῦ Χριστοῦ βαπτισθῆναι

11 17 [1] [3] ἡμῖν πιστεύσασιν ἐπὶ τ. Κύριον Ἰησοῦν Χριστόν

15 26 [1] [3] ὑπὲρ τ. ὀνόματος τ. Κυρίου ἡμῶν Ἰησοῦ Χριστοῦ

16 18 [1] παραγγέλλω σοι ἐν ὀνόματι Ἰησοῦ Χριστοῦ

17 3 παρατιθέμενος ὅτι τ. Χριστὸν ἔδει παθεῖν

Ac **17** 3 [2] ὅτι οὗτός ἐστιν ὁ Χριστὸς ὁ Ἰησοῦς

ἐστ. Χρ. Ἰησ., TWH mg.

18 5 [2] διαμαρτυρόμενος τ. Ἰουδαίοις εἶναι τ. Χριστὸν Ἰησοῦν

28 [2] ἐπιδεικνὺς διὰ τ. γραφῶν εἶναι τ. Χριστὸν Ἰησοῦν

20 21 [1] [3] διαμαρτυρόμενος . . . πίστιν εἰς τ. Κύριον ἡμῶν Ἰησοῦν Χριστόν

—Χρ., WH non mg. R mg.

24 24 [2] ἤκουσεν αὐτοῦ περὶ τῆς εἰς Χριστὸν Ἰησοῦν πίστεως

26 23 εἰ παθητὸς ὁ Χριστός

28 31 [1] [3] διδάσκων τὰ περὶ τ. Κυρίου Ἰησοῦ Χριστοῦ

—Χριστ., T

Ro **1** 1 [1] [2] Παῦλος δοῦλος Ἰησοῦ Χριστοῦ

Χρ. Ἰησ., TWH mg.

4 [1] [3] τ. υἱοῦ αὐτοῦ . . . Ἰησοῦ Χριστοῦ τ. Κυρίου ἡμῶν

6 [1] ἐν οἷς ἐστὲ κ. ὑμεῖς κλητοὶ Ἰησοῦ Χριστοῦ

7 [1] [3] χάρις ὑμῖν κ. εἰρήνη ἀπὸ . . . Κυρίου Ἰησοῦ Χριστοῦ

8 [1] εὐχαριστῶ τ. Θεῷ μου διὰ Ἰησοῦ Χριστοῦ

2 16 [1] [2] κρίνει ὁ Θεὸς τὰ κρυπτὰ τ. ἀνθρώπων . . διὰ Χριστοῦ Ἰησοῦ

Ἰησ. Χρ., WH mg. R

3 22 [1] δικαιοσύνη δὲ Θεοῦ διὰ πίστεως Ἰησοῦ Χριστοῦ

24 [2] δικαιούμενοι . . . διὰ τ. ἀπολυτρώσεως τῆς ἐν Χριστῷ Ἰησοῦ

5 1 [1] [3] εἰρήνην ἔχωμεν . . . διὰ τ. Κυρίου ἡμῶν Ἰησοῦ Χριστοῦ

6 [4] εἴ γε Χριστὸς ὄντων ἡμῶν ἀσθενῶν ἔτι

8 [4] ἔτι ἁμαρτωλῶν ὄντων ἡμῶν Χριστὸς ὑπὲρ ἡμῶν ἀπέθανεν

11 [1] [3] καυχώμενοι ἐν τ. Θεῷ διὰ τ. Κυρίου ἡμῶν Ἰησοῦ Χριστοῦ

Χριστ., [WH]

15 [1] ἡ δωρεὰ ἐν χάριτι τῇ τ. ἑνὸς ἀνθρώπου Ἰησοῦ Χριστοῦ

17 [1] [2] ἐν ζωῇ βασιλεύσουσιν διὰ τ. ἑνὸς Ἰησοῦ Χριστοῦ

Χρ. Ἰησ., WH mg.

21 [1] [3] ἡ χάρις βασιλεύσῃ . . . διὰ Ἰησοῦ Χριστοῦ τ. Κυρίου ἡμῶν

6 3 [2] ὅσοι ἐβαπτίσθημεν εἰς Χριστὸν Ἰησοῦν

4 [4] ὥσπερ ἠγέρθη Χριστὸς ἐκ νεκρῶν

8 [4] εἰ δὲ ἀπεθάνομεν σὺν Χριστῷ

9 [4] Χριστὸς ἐγερθεὶς ἐκ νεκρῶν οὐκέτι ἀποθνήσκει

11 [2] ζῶντας δὲ τ. Θεῷ ἐν Χριστῷ Ἰησοῦ

23 [2] [3] ζωὴ αἰώνιος ἐν Χριστῷ Ἰησοῦ τ. Κυρίῳ ἡμῶν

7 4 ἐθανατώθητε τ. νόμῳ διὰ τ. σώματος τ. Χριστοῦ

25 [1] [3] χάρις δὲ τ. Θεῷ διὰ Ἰησοῦ Χριστοῦ τ. Κυρίου ἡμῶν

8 1 [2] οὐδὲν ἄρα νῦν κατάκριμα τοῖς ἐν Χριστῷ Ἰησοῦ·

2 [2] ὁ γὰρ νόμος τ. πνεύματος τ. ζωῆς ἐν Χριστῷ Ἰησοῦ ἠλευθέρωσέν σε

9 [4] εἰ δέ τις πνεῦμα Χριστοῦ οὐκ ἔχει

10 [4] εἰ δὲ Χριστὸς ἐν ὑμῖν

11 [2] ὁ ἐγείρας ἐκ νεκρῶν Χριστὸν Ἰησοῦν ζωοποιήσει

17 [4] συγκληρονόμοι δὲ Χριστοῦ

Ro 8 34 [2] Χριστὸς Ἰησοῦς ὁ ἀποθανών
35 τίς ἡμᾶς χωρίσει ἀπὸ τ. ἀγάπης τ. Χριστοῦ;
Θεοῦ, WH mg. R mg.
39 [2 3] τ. ἀγάπης τ. Θεοῦ τῆς ἐν Χριστῷ Ἰησοῦ τ. Κυρίῳ ἡμῶν
9 1 [4] ἀλήθειαν λέγω ἐν Χριστῷ
3 ηὐχόμην γὰρ ἀνάθεμα εἶναι αὐτὸς ἐγὼ ἀπὸ τ. Χριστοῦ
5 ἐξ ὧν ὁ Χριστὸς τὸ κατὰ σάρκα
10 4 [4] τέλος γὰρ νόμου Χριστὸς εἰς δικαιοσύνην
6 [4] τοῦτ' ἔστιν Χριστὸν καταγαγεῖν
7 [4] τοῦτ' ἔστιν Χριστὸν ἐκ νεκρῶν ἀναγαγεῖν
17 [4] ἡ δὲ ἀκοὴ διὰ ῥήματος Χριστοῦ
12 5 [4] οἱ πολλοὶ ἓν σῶμά ἐσμεν ἐν Χριστῷ
13 14 [1 2 3] ἐνδύσασθε τ. Κύριον Ἰησοῦν Χριστόν
Χρ. Ἰησ., WH mg.
14 9 [4] εἰς τοῦτο γὰρ Χριστὸς ἀπέθανεν
15 [4] μὴ . . . ἐκεῖνον ἀπόλλυε ὑπὲρ οὗ Χριστὸς ἀπέθανεν
18 ὁ γὰρ ἐν τούτῳ δουλεύων τ. Χριστῷ
15 3 κ. γὰρ ὁ Χριστὸς οὐχ ἑαυτῷ ἤρεσεν
5 [2] τὸ αὐτὸ φρονεῖν ἐν ἀλλήλοις κατὰ Χριστὸν Ἰησοῦν·
Ἰησ. Χρ., WH mg.
6 [1 3] ἵνα . . . δοξάζητε τ. Θεὸν κ. πατέρα τ. Κυρίου ἡμῶν Ἰησοῦ Χριστοῦ
7 καθὼς κ. ὁ Χριστὸς προσελάβετο ἡμᾶς
8 [4] λέγω γὰρ Χριστὸν διάκονον γεγενῆσθαι περιτομῆς
16 [2] εἰς τὸ εἶναί με λειτουργὸν Χριστοῦ Ἰησοῦ εἰς τὰ ἔθνη
17 [2] ἔχω οὖν τ. καύχησιν ἐν Χριστῷ Ἰησοῦ
18 [4] ὧν οὐ κατειργάσατο Χριστὸς δι' ἐμοῦ
19 ὥστε με . . . πεπληρωκέναι τὸ εὐαγγέλιον τ. Χριστοῦ
20 [4] οὐχ ὅπου ὠνομάσθη Χριστός
29 [4] ἐν πληρώματι εὐλογίας Χριστοῦ ἐλεύσομαι.
30 [1 3] παρακαλῶ δὲ ὑμᾶς . . . διὰ τ. Κυρίου ἡμῶν Ἰησοῦ Χριστοῦ
16 3 [2] ἀσπάσασθε . . . τ. συνεργούς μου ἐν Χριστῷ Ἰησοῦ
5 [4] ὅς ἐστιν ἀπαρχὴ τ. Ἀσίας εἰς Χριστόν
7 [4] οἳ κ. πρὸ ἐμοῦ γέγοναν ἐν Χριστῷ
9 [4] ἀσπάσασθε Οὐρβανὸν τ. συνεργὸν ἡμῶν ἐν Χριστῷ
10 [4] ἀσπάσασθε Ἀπελλῆν τ. δόκιμον ἐν Χριστῷ
16 ἀσπάζονται ὑμᾶς αἱ ἐκκλησίαι πᾶσαι τ. Χριστοῦ
18 [3] τ. Κυρίῳ ἡμῶν Χριστῷ οὐ δουλεύουσιν
20 [1 3] ἡ χάρις τ. Κυρίου ἡμῶν Ἰησοῦ Χριστοῦ μεθ' ὑμῶν
—Χριστ., TWH non mg.
24 [1 3] ἡ χάρις τ. Κυρίου ἡμων Ἰησοῦ Χριστοῦ μετὰ πάντων ὑμῶν
—h. v., TWHR non mg.
25 [1] στηρίξαι κατὰ . . . τὸ κήρυγμα Ἰησοῦ Χριστοῦ
27 [1] μόνῳ σοφῷ Θεῷ διὰ Ἰησοῦ Χριστοῦ
1 Co 1 1 [1 2] Παῦλος κλητὸς ἀπόστολος Ἰησοῦ Χριστοῦ
Χρ. Ἰησ., TWH mg.
2 [2] ἡγιασμένοις ἐν Χριστῷ Ἰησοῦ
2 [1 3] τ. ἐπικαλουμένοις τὸ ὄνομα τ. Κυρίου ἡμῶν Ἰησοῦ Χριστοῦ
3 [1 3] χάρις ὑμῖν κ. εἰρήνη ἀπὸ . . . Κυρίου Ἰησοῦ Χριστοῦ

1 Co 1 4 [2] τ. χάριτι τ. Θεοῦ τ. δοθείσῃ ὑμῖν ἐν Χριστῷ Ἰησοῦ
6 καθὼς τὸ μαρτύριον τ. Χριστοῦ ἐβεβαιώθη
7 [1 3] ἀπεκδεχομένους τ. ἀποκάλυψιν τ. Κυρίου ἡμῶν Ἰησοῦ Χριστοῦ
Χριστ., [WH]
8 [1 3] ἐν τ. ἡμέρᾳ τ. Κυρίου ἡμῶν Ἰησοῦ Χριστοῦ
9 [1 3] εἰς κοινωνίαν τ. υἱοῦ αὐτοῦ Ἰησοῦ Χριστοῦ τ. Κυρίου ἡμῶν.
10 [1 3] παρακαλῶ . . . διὰ τ. ὀνόματος τ. Κυρίου ἡμῶν Ἰησοῦ Χριστοῦ
12 [4] ἐγὼ δὲ Κηφᾶ ἐγὼ δὲ Χριστοῦ.
13 μεμέρισται ὁ Χριστός
Χριστός; TWH mg. R non mg.
17 [4] οὐ γὰρ ἀπέστειλέν με Χριστὸς βαπτίζειν
17 ἵνα μὴ κενωθῇ ὁ σταυρὸς τ. Χριστοῦ
23 [4] ἡμεῖς δὲ κηρύσσομεν Χριστὸν ἐσταυρωμένον
24 [4] Χριστὸν Θεοῦ δύναμιν κ. Θεοῦ σοφίαν
30 [2] ἐξ αὐτοῦ δὲ ὑμεῖς ἐστὲ ἐν Χριστῷ Ἰησοῦ
2 2 [1] οὐ γὰρ ἔκρινά τι εἰδέναι ἐν ὑμῖν εἰ μὴ Ἰησοῦν Χριστόν
16 [4] ἡμεῖς δὲ νοῦν Χριστοῦ ἔχομεν
3 1 [4] ὡς σαρκίνοις ὡς νηπίοις ἐν Χριστῷ
11 [1] ὅς ἐστιν Ἰησοῦς Χριστός
23 [4] ὑμεῖς δὲ Χριστοῦ Χριστὸς δὲ Θεοῦ.
4 1 [4] οὕτως ἡμᾶς λογιζέσθω ἄνθρωπος ὡς ὑπηρέτας Χριστοῦ
10 [4] ἡμεῖς μωροὶ διὰ Χριστόν,
[4] ὑμεῖς δὲ φρόνιμοι ἐν Χριστῷ
15 [4] ἐὰν γὰρ μυρίους παιδαγωγοὺς ἔχητε ἐν Χριστῷ
15 [2] ἐν γὰρ Χριστῷ Ἰησοῦ . . . ἐγὼ ὑμᾶς ἐγέννησα
17 [2] ὑμᾶς ἀναμνήσει τὰς ὁδούς μου τὰς ἐν Χριστῷ Ἰησοῦ
5 7 [4] κ. γὰρ τὸ πάσχα ἡμῶν ἐτύθη Χριστός
6 11 [1 3] ἐδικαιώθητε ἐν τ. ὀνόματι τ. Κυρίου ἡμῶν Ἰησοῦ Χριστοῦ
15 [4] τὰ σώματα ὑμῶν μέλη Χριστοῦ ἐστίν; ἄρας οὖν τὰ μέλη τ. Χριστοῦ
7 22 [4] ὁ ἐλεύθερος κληθεὶς δοῦλός ἐστιν Χριστοῦ
8 6 [1 3] εἷς Κύριος Ἰησοῦς Χριστός
11 [4] δι' ὃν Χριστὸς ἀπέθανεν
12 [4] εἰς Χριστὸν ἁμαρτάνετε
9 12 ἵνα μή τινα ἐνκοπὴν δῶμεν τ. εὐαγγελίῳ τ. Χριστοῦ
21 [4] μὴ ὢν ἄνομος Θεοῦ ἀλλ' ἔννομος Χριστοῦ
10 4 ἡ πέτρα δὲ ἦν ὁ Χριστός
9 μηδὲ ἐκπειράζωμεν τ. Χριστόν
Κύριον, TWHR non mg.
16 οὐχὶ κοινωνία ἐστὶν τ. αἵματος τ. Χριστοῦ; τ. αἵμ. τ. Χρ. ἐστ., T
16 οὐχὶ κοινωνία τ. σώματος τ. Χριστοῦ ἐστίν;
11 1 [4] μιμηταί μου γίνεσθε καθὼς κἀγὼ Χριστοῦ
3 παντὸς ἀνδρὸς ἡ κεφαλὴ ὁ Χριστός ἐστιν
—ὁ, WH mg.
3 κεφαλὴ δὲ τ. Χριστοῦ ὁ Θεός
12 12 οὕτως κ. ὁ Χριστός
27 [4] ὑμεῖς δέ ἐστε σῶμα Χριστοῦ
15 3 [4] ὅτι Χριστὸς ἀπέθανεν ὑπὲρ τ. ἁμαρτιῶν ἡμῶν

1Co15 12 [4] εἰ δὲ Χριστὸς κηρύσσεται ὅτι ἐκ νεκρῶν ἐγήγερται
13 [4] οὐδὲ Χριστὸς ἐγήγερται·
14 [4] εἰ δὲ Χριστὸς οὐκ ἐγήγερται
15 ἐμαρτυρήσαμεν κατὰ τ. Θεοῦ ὅτι ἤγειρεν τ. Χριστόν
16 [4] οὐδὲ Χριστὸς ἐγήγερται·
17 [4] εἰ δὲ Χριστὸς οὐκ ἐγήγερται
18 [4] ἄρα κ. οἱ κοιμηθέντες ἐν Χριστῷ ἀπώλοντο.
19 [4] εἰ ἐν τ. ζωῇ ταύτῃ ἐν Χριστῷ ἠλπικότες ἐσμὲν μόνον
20 [4] νυνὶ δὲ Χριστὸς ἐγήγερται ἐκ νεκρῶν
22 ἐν τ. Χριστῷ πάντες ζωοποιηθήσονται
23 [4] ἀπαρχὴ Χριστός,
ἔπειτα οἱ τ. Χριστοῦ ἐν τ. παρουσίᾳ αὐτοῦ
31 [2 3] ἣν ἔχω ἐν Χριστῷ Ἰησοῦ τ. Κυρίῳ ἡμῶν
57 [1 3] τ. διδόντι ἡμῖν τὸ νῖκος διὰ τ. Κυρίου ἡμῶν Ἰησοῦ Χριστοῦ
16 23 [1 3] ἡ χάρις τ. Κυρίου Ἰησοῦ Χριστοῦ μεθ' ὑμῶν.
—Χριστ., TWH
24 [2] ἡ ἀγάπη μου μετὰ πάντων ὑμῶν ἐν Χριστῷ Ἰησοῦ
IICo1 1 [2] Παῦλος ἀπόστολος Χριστοῦ Ἰησοῦ
2 [1 3] χάρις ὑμῖν κ. εἰρήνη ἀπὸ . . . Κυρίου Ἰησοῦ Χριστοῦ.
3 [1 3] εὐλογητὸς ὁ . . . πατὴρ τ. Κυρίου ἡμῶν Ἰησοῦ Χριστοῦ
5 καθὼς περισσεύει τὰ παθήματα τ. Χριστοῦ εἰς ἡμᾶς,
οὕτως διὰ τ. Χριστοῦ περισσεύει κ. ἡ παράκλησις ἡμῶν
19 [1 2] ὁ τ. Θεοῦ γὰρ υἱὸς Χριστὸς Ἰησοῦς
Ἰησ. Χρ., R
21 [4] ὁ δὲ βεβαιῶν ἡμᾶς συν ὑμῖν εἰς Χριστὸν
2 10 [4] εἴ τι κεχάρισμαι δι' ὑμᾶς ἐν προσώπῳ Χριστοῦ
12 ἐλθὼν δὲ εἰς τ. Τρῳάδα εἰς τὸ εὐαγγέλιον τ. Χριστοῦ
14 τῷ πάντοτε θριαμβεύοντι ἡμᾶς ἐν τ. Χριστῷ
15 [4] Χριστοῦ εὐωδία ἐσμὲν τ. Θεῷ
17 [4] κατέναντι Θεοῦ ἐν Χριστῷ λαλοῦμεν
3 3 [4] ἐπιστολὴ Χριστοῦ διακονηθεῖσα ὑφ' ἡμῶν
4 πεποίθησιν δὲ τοιαύτην ἔχομεν διὰ τ. Χριστοῦ
14 [4] ὅτι ἐν Χριστῷ καταργεῖται
4 4 τ. φωτισμὸν τ. εὐαγγελίου τ. δόξης τ. Χριστοῦ
5 [1 2 3] οὐ γὰρ ἑαυτοὺς κηρύσσομεν ἀλλὰ Χριστὸν Ἰησοῦν Κύριον
Ἰησ. Χρ., WH mg.
6 [3] πρὸς φωτισμὸν τ. γνώσεως τ. δόξης τ. Θεοῦ ἐν προσώπῳ Χριστοῦ
5 10 φανερωθῆναι δεῖ ἔμπροσθεν τ. βήματος τ. Χριστοῦ
14 ἡ γὰρ ἀγάπη τ. Χριστοῦ συνέχει ἡμᾶς
16 [4] εἰ κ. ἐγνώκαμεν κατὰ σάρκα Χριστόν
17 [4] ὥστε εἴ τις ἐν Χριστῷ καινὴ κτίσις
18 [4] τ. Θεοῦ τ. καταλλάξαντος ἡμᾶς ἑαυτῷ διὰ Χριστοῦ
19 [4] Θεὸς ἦν ἐν Χριστῷ κόσμον καταλλάσσων
20 [4] ὑπὲρ Χριστοῦ οὖν πρεσβεύομεν
20 [4] δεόμεθα ὑπὲρ Χριστοῦ
6 15 [4] τίς δὲ συμφώνησις Χριστοῦ πρὸς Βελίαρ
8 9 [1 3] γινώσκετε γὰρ τ. χάριν τ. Κυρίου ἡμῶν Ἰησοῦ Χριστοῦ
Χριστ., [WH]
23 [4] εἴτε ἀδελφοὶ ἡμῶν . . . δόξα Χριστοῦ

IICo9 13 τ. ὑποταγῇ τ. ὁμολογίας ὑμῶν εἰς τὸ εὐαγγέλιον τ. Χριστοῦ
10 1 παρακαλῶ ὑμᾶς διὰ τ. πραΰτητος κ. ἐπιεικίας τ. Χριστοῦ
5 αἰχμαλωτίζοντες πᾶν νόημα εἰς τ. ὑπακοὴν τ. Χριστοῦ
7 [4] εἴ τις πέποιθεν ἑαυτῷ Χριστοῦ εἶναι
7 [4] καθὼς αὐτὸς Χριστοῦ οὕτως κ. ἡμεῖς
14 ἄχρι γὰρ κ. ὑμῶν ἐφθάσαμεν ἐν τ. εὐαγγελίῳ τ. Χριστοῦ
11 2 παρθένον ἁγνὴν παραστῆσαι τ. Χριστῷ
3 [4] φθαρῇ τὰ νοήματα ὑμῶν ἀπὸ τ. ἁπλότητος . . . τῆς εἰς τ. Χριστόν
—τόν, TWH mg.
10 [4] ἔστιν ἀλήθεια Χριστοῦ ἐν ἐμοί
13 [4] μετασχηματιζόμενοι εἰς ἀποστόλους Χριστοῦ
23 [4] διάκονοι Χριστοῦ εἰσίν;
12 2 [4] οἶδα ἄνθρωπον ἐν Χριστῷ πρὸ ἐτῶν δεκατεσσάρων
9 ἵνα ἐπισκηνώσῃ ἐπ' ἐμὲ ἡ δύναμις τ. Χριστοῦ.
10 [4] διὸ εὐδοκῶ ἐν ἀσθενείαις . . . ὑπὲρ Χριστοῦ
19 [4] κατέναντι Θεοῦ ἐν Χριστῷ λαλοῦμεν
13 3 ἐπεὶ δοκιμὴν ζητεῖτε τοῦ ἐν ἐμοὶ λαλοῦντος Χριστοῦ
5 [1 2] οὐκ ἐπιγινώσκετε ἑαυτοὺς ὅτι Ἰησοῦς Χριστὸς ἐν ὑμῖν;
Χρ. Ἰησ., TWH mg.
13 [1 3] ἡ χάρις τ. Κυρίου Ἰησοῦ Χριστοῦ . . . μετὰ πάντων ὑμῶν
Χριστ., [WH]
Ga 1 1 [1] Παῦλος ἀπόστολος . . . διὰ Ἰησοῦ Χριστοῦ
3 [1 3] χάρις ὑμῖν κ. εἰρήνη ἀπὸ . . . Κυρίου Ἰησοῦ Χριστοῦ
6 [4] μετατίθεσθε ἀπὸ τ. καλέσαντος ὑμᾶς ἐν χάριτι Χριστοῦ
7 θέλοντες μεταστρέψαι τὸ εὐαγγέλιον τ. Χριστοῦ
10 [4] Χριστοῦ δοῦλος οὐκ ἂν ἤμην
12 [1] ἀλλὰ δι' ἀποκαλύψεως Ἰησοῦ Χριστοῦ
22 [4] ἀγνοούμενος τ. προσώπῳ τ. ἐκκλησίαις τ. Ἰουδαίας ταῖς ἐν Χριστῷ
2 4 [2] τ. ἐλευθερίαν ἡμῶν ἣν ἔχομεν ἐν Χριστῷ Ἰησοῦ
16 [1 2] οὐ δικαιοῦται . . . ἐὰν μὴ διὰ πίστεως Χριστοῦ Ἰησοῦ,
Ἰησ. Χρ., R
[1 2] κ. ἡμεῖς εἰς Χριστὸν Ἰησοῦν ἐπιστεύσαμεν,
Ἰησ. Χρ., WH mg.
[4] ἵνα δικαιωθῶμεν ἐκ πίστεως Χριστοῦ
17 [4] εἰ δὲ ζητοῦντες δικαιωθῆναι ἐν Χριστῷ
17 [4] ἆρα Χριστὸς ἁμαρτίας διάκονος;
20 [4] Χριστῷ συνεσταύρωμαι
20 [4] ζῇ δὲ ἐν ἐμοὶ Χριστός
21 [4] ἄρα Χριστὸς δωρεὰν ἀπέθανεν
3 1 [1] Ἰησοῦς Χριστὸς προεγράφη ἐσταυρωμένος
13 [4] Χριστὸς ἡμᾶς ἐξηγόρασεν ἐκ τ. κατάρας τ. νόμου
14 [1 2] ἵνα . . . ἡ εὐλογία τοῦ Ἀβραὰμ γένηται ἐν Ἰησοῦ Χριστῷ
Χρ. Ἰησ., TWH mg. R
16 [4] τ. σπέρματί σου ὅς ἐστιν Χριστός
22 [1] ἡ ἐπαγγελία ἐκ πίστεως Ἰησοῦ Χριστοῦ
24 [4] ὁ νόμος παιδαγωγὸς ἡμῶν γέγονεν εἰς Χριστόν

Ga 3 26 [2] υἱοὶ Θεοῦ ἐστὲ διὰ τ. πίστεως ἐν Χριστῷ Ἰησοῦ·
27 [4] ὅσοι γὰρ εἰς Χριστὸν ἐβαπτίσθητε Χριστὸν ἐνεδύσασθε
28 [2] πάντες γὰρ ὑμεῖς εἷς ἐστὲ ἐν Χριστῷ Ἰησοῦ·
29 [4] εἰ δὲ ὑμεῖς Χριστοῦ
4 14 [2] ἐδέξασθέ με ὡς Χριστὸν Ἰησοῦν
19 [4] μέχρις οὗ μορφωθῇ Χριστὸς ἐν ὑμῖν
5 1 [4] τῇ ἐλευθερίᾳ ἡμᾶς Χριστὸς ἠλευθέρωσεν
2 [4] ἐὰν περιτέμνησθε Χριστὸς ὑμᾶς οὐδὲν ὠφελήσει
4 [4] κατηργήθητε ἀπὸ Χριστοῦ
6 [2] ἐν γὰρ Χριστῷ Ἰησοῦ οὔτε περιτομή τι ἰσχύει οὔτε ἀκροβυστία
24 [2] οἱ δὲ τ. Χριστοῦ Ἰησοῦ τ. σάρκα ἐσταύρωσαν
6 2 οὕτως ἀναπληρώσατε τ. νόμον τ. Χριστοῦ
12 [2] ἵνα τ. σταυρῷ τ. Χριστοῦ Ἰησοῦ μὴ διώκωνται
—Ἰησ., T [WH] R
14 [1 3] εἰ μὴ ἐν τ. σταυρῷ τ. Κυρίου ἡμῶν Ἰησοῦ Χριστοῦ
18 [1 3] ἡ χάρις τ. Κυρίου ἡμῶν Ἰησοῦ Χριστοῦ μετὰ τ. πνεύματος ὑμῶν
Eph 1 1 [2] Παῦλος ἀπόστολος Χριστοῦ Ἰησοῦ
1 [2] τοῖς . . . πιστοῖς ἐν Χριστῷ Ἰησοῦ·
2 [1 3] χάρις ὑμῖν κ. εἰρήνη ἀπὸ . . . Κυριου Ἰησοῦ Χριστοῦ.
3 [1 3] εὐλογητὸς ὁ Θεὸς κ. πατὴρ τ. Κυρίου ἡμῶν Ἰησοῦ Χριστοῦ,
[4] ὁ εὐλογήσας ἡμᾶς . . . ἐν τ. ἐπουρανίοις ἐν Χριστῷ
5 [1] προορίσας ἡμᾶς εἰς υἱοθεσίαν διὰ Ἰησοῦ Χριστοῦ
10 ἀνακεφαλαιώσασθαι τὰ πάντα ἐν τ. Χριστῷ
12 ἡμᾶς . . . τ. προηλπικότας ἐν τ. Χριστῷ
17 [1 3] ὁ Θεὸς τ. Κυρίου ἡμῶν Ἰησοῦ Χριστοῦ . . . δῴη ὑμῖν
20 ἣν ἐνήργηκεν ἐν τ. Χριστῷ
2 5 συνεζωοποίησεν τ. Χριστῷ
6 [2] συνεκάθισεν ἐν τ. ἐπουρανίοις ἐν Χριστῷ Ἰησοῦ
7 [2] ἐν χρηστότητι ἐφ' ἡμᾶς ἐν Χριστῷ Ἰησοῦ
10 [2] κτισθέντες ἐν Χριστῷ Ἰησοῦ ἐπὶ ἔργοις ἀγαθοῖς
12 [4] ὅτι ἦτε τ. καιρῷ ἐκείνῳ χωρὶς Χριστοῦ
13 [2] νυνὶ δὲ ἐν Χριστῷ Ἰησοῦ ὑμεῖς . . . ἐγενήθητε ἐγγὺς ἐν τ. αἵματι τ. Χριστοῦ
20 [2] ὄντος ἀκρογωνιαίου αὐτοῦ Χριστοῦ Ἰησοῦ
3 1 [2] ἐγὼ Παῦλος ὁ δέσμιος τ. Χριστοῦ Ἰησοῦ
4 νοῆσαι τ. σύνεσίν μου ἐν τ. μυστηρίῳ τ. Χριστοῦ
6 [2] εἶναι τὰ ἔθνη . . . συνμέτοχα τ. ἐπαγγελίας ἐν Χριστῷ Ἰησοῦ
8 εὐαγγελίσασθαι τὸ ἀνεξιχνίαστον πλοῦτος τ. Χριστοῦ
11 [2 3] ἣν ἐποίησεν ἐν τ. Χριστῷ Ἰησοῦ τ. Κυρίῳ ἡμῶν
17 κατοικῆσαι τ. Χριστὸν διὰ τ. πίστεως ἐν τ. καρδίαις ὑμῶν
19 τ. ὑπερβάλλουσαν τ. γνώσεως ἀγάπην τ. Χριστοῦ
21 [2] αὐτῷ ἡ δόξα ἐν τ. ἐκκλησίᾳ κ. ἐν Χριστῷ Ἰησοῦ
4 7 κατὰ τὸ μέτρον τ. δωρεᾶς τ. Χριστοῦ
Eph 4 12 εἰς οἰκοδομὴν τ. σώματος τ. Χριστοῦ
13 εἰς μέτρον ἡλικίας τ. πληρώματος τ. Χριστοῦ
15 [4] ὅς ἐστιν ἡ κεφαλὴ Χριστός
20 ὑμεῖς δὲ οὐχ οὕτως ἐμάθετε τ. Χριστόν
32 [4] καθὼς κ. ὁ Θεὸς ἐν Χριστῷ ἐχαρίσατο ὑμῖν
5 2 καθὼς κ. ὁ Χριστὸς ἠγάπησεν ὑμᾶς
5 οὐκ ἔχει κληρονομίαν ἐν τ. βασιλείᾳ τ. Χριστοῦ
14 ἐπιφαύσει σοι ὁ Χριστός
20 [1 3] εὐχαριστοῦντες . . . ἐν ὀνόματι τ. Κυρίου ἡμῶν Ἰησοῦ Χριστοῦ
21 [4] ὑποτασσόμενοι ἀλλήλοις ἐν φόβῳ Χριστοῦ
23 ὡς κ. ὁ Χριστὸς κεφαλὴ τ. ἐκκλησίας
24 ὡς ἡ ἐκκλησία ὑποτάσσεται τ. Χριστῷ
25 καθὼς κ. ὁ Χριστὸς ἠγάπησεν τ. ἐκκλησίαν
29 καθὼς κ. ὁ Χριστὸς τ. ἐκκλησίαν
32 [4] ἐγὼ δὲ λέγω εἰς Χριστόν
6 5 ἐν ἁπλότητι τ. καρδίας ὑμῶν ὡς τ. Χριστῷ
6 ἀλλ' ὡς δοῦλοι Χριστοῦ
23 [1 3] ἀγάπη μετὰ πίστεως ἀπὸ . . . Κυρίου Ἰησοῦ Χριστοῦ.
24 [1 3] ἡ χάρις μετὰ πάντων τ. ἀγαπώντων τ. Κύριον ἡμῶν Ἰησοῦν Χριστόν
Phl 1 1 [2] Παῦλος κ. Τιμόθεος δοῦλοι Χριστοῦ Ἰησοῦ,
[2] πᾶσιν τ. ἁγίοις ἐν Χριστῷ Ἰησοῦ
2 [1 3] χάρις ὑμῖν κ. εἰρήνη ἀπὸ . . . Κυρίου Ἰησοῦ Χριστοῦ
6 [1 2] ἐπιτελέσει ἄχρι ἡμέρας Ἰησοῦ Χριστοῦ
Χρ. Ἰησ., WH mg.
8 [2] ἐπιποθῶ πάντας ὑμᾶς ἐν σπλαγχνοις Χριστοῦ Ἰησοῦ
10 [4] ἵνα ἦτε . . . ἀπρόσκοποι εἰς ἡμέραν Χριστοῦ
11 [1] πεπληρωμένοι καρπὸν δικαιοσύνης τὸν διὰ Ἰησοῦ Χριστοῦ
13 [4] τ. δεσμούς μου φανεροὺς ἐν Χριστῷ γενέσθαι
15 δι' εὐδοκίαν τ. Χριστὸν κηρύσσουσιν
17 [4] οἱ δὲ ἐξ ἐριθίας τ. Χριστὸν καταγγέλλουσιν
—τὸν, WH mg.
18 [4] εἴτε προφάσει εἴτε ἀληθείᾳ Χριστὸς καταγγέλλεται
19 [1] ἐπιχορηγίας τ. πνεύματος Ἰησοῦ Χριστοῦ
20 [4] μεγαλυνθήσεται Χριστὸς ἐν τ. σώματί μου
21 [4] ἐμοὶ γὰρ τὸ ζῆν Χριστός
23 [4] εἰς τὸ ἀναλῦσαι κ. σὺν Χριστῷ εἶναι
26 [2] ἵνα τὸ καύχημα ὑμῶν περισσεύῃ ἐν Χριστῷ Ἰησοῦ
27 ἀξίως τ. εὐαγγελίου τ. Χριστοῦ πολιτεύεσθε
29 [4] ὅτι ὑμῖν ἐχαρίσθη τὸ ὑπὲρ Χριστοῦ
2 1 [4] εἴ τις οὖν παράκλησις ἐν Χριστῷ
5 [2] τοῦτο φρονεῖτε ἐν ὑμῖν ὃ κ. ἐν Χριστῷ Ἰησοῦ
11 [1 3] ἵνα . . . πᾶσα γλῶσσα ἐξομολογήσηται ὅτι Κύριος Ἰησοῦς Χριστός
16 [4] εἰς καύχημα ἐμοὶ εἰς ἡμέραν Χριστοῦ
21 [1 2] τὰ ἑαυτῶν ζητοῦσιν οὐ τὰ Χριστοῦ Ἰησοῦ
Ἰησ. Χρ., WH mg. R
30 [4] διὰ τὸ ἔργον Χριστοῦ μέχρι θανάτου ἤγγισεν
Κυρίου, WH non mg. R mg.
3 3 [2] οἱ . . . καυχώμενοι ἐν Χριστῷ Ἰησοῦ
7 ταῦτα ἥγημαι διὰ τ. Χριστὸν ζημίαν
8 [2 3] διὰ τὸ ὑπερέχον τ. γνώσεως Χριστοῦ Ἰησοῦ τ. Κυρίου μου

Phl 3 8 [4] ἡγοῦμαι σκύβαλα ἵνα Χριστὸν κερδήσω
9 [4] μὴ ἔχων ἐμὴν δικαιοσύνην . . . ἀλλὰ τὴν διὰ πίστεως Χριστοῦ
12 [2] ἐφ' ᾧ κ. κατελήμφθην ὑπὸ Χριστοῦ Ἰησοῦ
14 [2] εἰς τὸ βραβεῖον τῆς ἄνω κλήσεως τ. Θεοῦ ἐν Χριστῷ Ἰησοῦ
18 τ. ἐχθροὺς τ. σταυροῦ τ. Χριστοῦ
20 [1,3] σωτῆρα ἀπεκδεχόμεθα Κύριον Ἰησοῦν Χριστόν
4 7 [2] φρουρήσει τ. καρδίας ὑμῶν . . . ἐν Χριστῷ Ἰησοῦ
19 [2] κατὰ τὸ πλοῦτος αὐτοῦ ἐν δόξῃ ἐν Χριστῷ Ἰησοῦ
21 [2] ἀσπάσασθε πάντα ἅγιον ἐν Χριστῷ Ἰησοῦ
23 [1,3] ἡ χάρις τ. Κυρίου Ἰησοῦ Χριστοῦ μετὰ τ. πνεύματος ὑμῶν
Col 1 1 [2] Παῦλος ἀπόστολος Χριστοῦ Ἰησοῦ
2 [4] τοῖς . . . ἁγίοις κ. πιστοῖς ἀδελφοῖς ἐν Χριστῷ
3 [1,3] εὐχαριστοῦμεν τ. Θεῷ πατρὶ τ. Κυρίου ἡμῶν Ἰησοῦ Χριστοῦ
Χριστ., [WH]
4 [2] ἀκούσαντες τ. πίστιν ὑμῶν ἐν Χριστῷ Ἰησοῦ
7 πιστὸς ὑπὲρ ἡμῶν διάκονος τ. Χριστοῦ
24 τὰ ὑστερήματα τ. θλίψεων τ. Χριστοῦ
27 [4] Χριστὸς ἐν ὑμῖν ἡ ἐλπὶς τ. δόξης
28 [4] ἵνα παραστήσωμεν πάντα ἄνθρωπον τέλειον ἐν Χριστῷ
2 2 [4] εἰς ἐπίγνωσιν τ. μυστηρίου τ. Θεοῦ Χριστοῦ
5 [4] τὸ στερέωμα τῆς εἰς Χριστὸν πίστεως ὑμῶν.
6 [2,3] ὡς οὖν παρελάβετε τ. Χριστὸν Ἰησοῦν τ. Κύριον
8 [4] κατὰ τὰ στοιχεῖα τ. κόσμου κ. οὐ κατὰ Χριστόν
11 περιετμήθητε . . . ἐν τ. περιτομῇ τ. Χριστοῦ
17 τὸ δὲ σῶμα τ. Χριστοῦ
20 [4] εἰ ἀπεθάνετε σὺν Χριστῷ ἀπὸ τ. στοιχείων τ. κόσμου
3 1 εἰ οὖν συνηγέρθητε τ. Χριστῷ,
τὰ ἄνω ζητεῖτε οὗ ὁ Χριστός ἐστιν
3 ἡ ζωὴ ὑμῶν κέκρυπται σὺν τ. Χριστῷ ἐν τ. Θεῷ·
4 ὅταν ὁ Χριστὸς φανερωθῇ ἡ ζωὴ ἡμῶν
11 [4] ἀλλὰ πάντα κ. ἐν πᾶσιν Χριστός
13 καθὼς κ. ὁ Χριστὸς ἐχαρίσατο ὑμῖν
Κύριος, WH non mg. R non mg.
15 ἡ εἰρήνη τ. Χριστοῦ βραβευέτω ἐν τ. καρδίαις ὑμῶν
16 ὁ λόγος τ. Χριστοῦ ἐνοικείτω ἐν ὑμῖν
Κυρίου, WH mg.; Κυρίου *vel* Θεοῦ, R mg.
24 [3] τ. Κυρίῳ Χριστῷ δουλεύετε
4 3 λαλῆσαι τὸ μυστήριον τ. Χριστοῦ
12 [2] Ἐπαφρᾶς ὁ ἐξ ὑμῶν δοῦλος Χριστοῦ Ἰησοῦ
I Th 1 1 [1,3] τ. ἐκκλησίᾳ Θεσσαλονικέων ἐν . . . Κυρίῳ Ἰησοῦ Χριστῷ
3 [1,3] τ. ὑπομονῆς τ. ἐλπίδος τ. Κυρίου ἡμῶν Ἰησοῦ Χριστοῦ
2 6 [4] δυνάμενοι ἐν βάρει εἶναι ὡς Χριστοῦ ἀπόστολοι
14 [2] τ. ἐκκλησιῶν τ. Θεοῦ τ. οὐσῶν ἐν τ. Ἰουδαίᾳ ἐν Χριστῷ Ἰησοῦ

I Th 3 2 Τιμόθεον τ. ἀδελφὸν ἡμῶν . . . ἐν τ. εὐαγγελίῳ τ. Χριστοῦ
4 16 [4] οἱ νεκροὶ ἐν Χριστῷ ἀναστήσονται πρῶτον
5 9 [1,3] εἰς περιποίησιν σωτηρίας διὰ τ. Κυρίου ἡμῶν Ἰησοῦ Χριστοῦ
Χριστ., [WH]
18 [2] τοῦτο γὰρ θέλημα Θεοῦ ἐν Χριστῷ Ἰησοῦ
23 [1,3] ἐν τ. παρουσίᾳ τ. Κυρίου ἡμῶν Ἰησοῦ Χριστοῦ
28 [1,3] ἡ χάρις τ. Κυρίου ἡμῶν Ἰησοῦ Χριστοῦ μεθ' ὑμῶν
II Th 1 1 [1,3] τ. ἐκκλησίᾳ Θεσσαλονικέων ἐν . . . Κυρίῳ Ἰησοῦ Χριστοῦ·
2 [1,3] χάρις ὑμῖν κ. εἰρήνη ἀπὸ . . . Κυρίου Ἰησοῦ Χριστοῦ
12 [1,3] κατὰ τ. χάριν τοῦ . . . Κυρίου Ἰησοῦ Χριστοῦ
2 1 [1,3] ὑπὲρ τ. παρουσίας τ. Κυρίου ἡμῶν Ἰησοῦ Χριστοῦ
14 [1,3] εἰς περιποίησιν δόξης τ. Κυρίου ἡμῶν Ἰησοῦ Χριστοῦ
16 [1,3] αὐτὸς δὲ ὁ Κύριος ἡμῶν Ἰησοῦς Χριστὸς . . . παρακαλέσαι
3 5 κατευθύναι ὑμῶν τ. καρδίας . . . εἰς τ. ὑπομονὴν τ. Χριστοῦ
6 [1,3] παραγγέλλομεν . . . ἐν ὀνόματι τ. Κυρίου Ἰησοῦ Χριστοῦ
12 [1,3] παρακαλοῦμεν ἐν Κυρίῳ Ἰησοῦ Χριστοῦ
18 [1,3] ἡ χάρις τ. Κυρίου ἡμῶν Ἰησοῦ Χριστοῦ μετὰ πάντων ὑμῶν
I Ti 1 1 [2] Παῦλος ἀπόστολος Χριστοῦ Ἰησοῦ,
[2] κατ' ἐπιταγὴν . . . Χριστοῦ Ἰησοῦ · ἐλπίδος ἡμῶν
2 [2,3] χάρις ἔλεος εἰρήνη ἀπὸ . . . Χριστοῦ Ἰησοῦ τ. Κυρίου ἡμῶν
12 [2,3] χάριν ἔχω τ. ἐνδυναμώσαντί με Χριστῷ Ἰησοῦ τ. Κυρίῳ ἡμῶν
14 [2] μετὰ πίστεως κ. ἀγάπης τῆς ἐν Χριστῷ Ἰησοῦ
15 [2] Χριστὸς Ἰησοῦς ἦλθεν εἰς τ. κόσμον ἁμαρτωλοὺς σῶσαι
16 [1,2] ἵνα ἐν ἐμοὶ πρώτῳ ἐνδείξηται Χριστὸς Ἰησοῦς τ. ἅπασαν μακροθυμίαν
Ἰησ. Χρ., TWH mg. R
2 5 [2] εἷς κ. μεσίτης . . . ἄνθρωπος Χριστὸς Ἰησοῦς
3 13 [2] πολλὴν παρρησίαν ἐν πίστει τῇ ἐν Χριστῷ Ἰησοῦ
4 6 [2] καλὸς ἔσῃ διάκονος Χριστοῦ Ἰησοῦ
5 11 ὅταν γὰρ καταστρηνιάσωσιν τ. Χριστοῦ
21 [2] διαμαρτύρομαι ἐνώπιον τ. Θεοῦ κ. Χριστοῦ Ἰησοῦ
6 3 [1,3] ὑγιαίνουσι λόγοις τοῖς τ. Κυρίου ἡμῶν Ἰησοῦ Χριστοῦ
13 [1,2] παραγγέλλω σοι ἐνώπιον . . . Χριστοῦ Ἰησοῦ
Ἰησ. Χρ., WH mg.
14 [1,3] μέχρι τ. ἐπιφανείας τ. Κυρίου ἡμῶν Ἰησοῦ Χριστοῦ
II Ti 1 1 [2] Παῦλος ἀπόστολος Χριστοῦ Ἰησοῦ
1 [2] κατ' ἐπαγγελίαν ζωῆς τῆς ἐν Χριστῷ Ἰησοῦ
2 [2,3] χάρις ἔλεος εἰρήνη ἀπὸ . . . Χριστοῦ Ἰησοῦ τ. Κυρίου ἡμῶν
Κυρίου Ἰησ., WH mg.
9 [2] κατὰ . . . χάριν τ. δοθεῖσαν ἡμῖν ἐν Χριστῷ Ἰησοῦ

II Ti 1 10 [2] διὰ τ. ἐπιφανείας τ. σωτῆρος ἡμῶν Χριστοῦ Ἰησοῦ
13 [2] ἐν πίστει κ. ἀγάπῃ τῇ ἐν Χριστῷ Ἰησοῦ
2 1 [2] ἐνδυναμοῦ ἐν τ. χάριτι τῇ ἐν Χριστῷ Ἰησοῦ
3 [2] ὡς καλὸς στρατιώτης Χριστοῦ Ἰησοῦ
8 [1] μνημόνευε Ἰησοῦν Χριστὸν ἐγηγερμένον ἐκ νεκρῶν
10 [2] ἵνα κ. αὐτοὶ σωτηρίας τύχωσιν τῆς ἐν Χριστῷ Ἰησοῦ
3 12 [2] οἱ θέλοντες ζῆν εὐσεβῶς ἐν Χριστῷ Ἰησοῦ
15 [2] σοφίσαι . . . διὰ πίστεως τῆς ἐν Χριστῷ Ἰησοῦ
4 1 [2] διαμαρτύρομαι ἐνώπιον τ. Θεοῦ κ. Χριστοῦ Ἰησοῦ
Tit 1 1 [1 2] Παῦλος δοῦλος Θεοῦ ἀπόστολος δὲ Ἰησοῦ Χριστοῦ
Χρ. [Ἰησοῦ], WH mg.
4 [2] χάρις κ. εἰρήνη ἀπὸ . . . Χριστοῦ Ἰησοῦ τ. σωτῆρος ἡμῶν
2 13 [1 2] ἐπιφάνειαν τ. δόξης τ. μεγάλου Θεοῦ κ. σωτῆρος ἡμῶν Χριστοῦ Ἰησοῦ
Ἰησ. Χρ., WH mg. R
3 6 [1] ἐξέχεεν διὰ Ἰησοῦ Χριστοῦ τ. σωτῆρος ἡμῶν
Phm 1 [2] Παῦλος δέσμιος Χριστοῦ Ἰησοῦ
3 [1 3] χάρις ὑμῖν κ. εἰρήνη ἀπὸ . . . Κυρίου Ἰησοῦ Χριστοῦ
6 [4] ἐν ἐπιγνώσει παντὸς ἀγαθοῦ τοῦ ἐν ἡμῖν εἰς Χριστόν
8 [4] πολλὴν ἐν Χριστῷ παρρησίαν ἔχων
9 [2] νυνὶ δὲ κ. δέσμιος Χριστοῦ Ἰησοῦ
20 [4] ἀνάπαυσόν μου τὰ σπλάγχνα ἐν Χριστῷ
23 [2] Ἐπαφρᾶς ὁ συναιχμάλωτός μου ἐν Χριστῷ Ἰησοῦ
25 [1 3] ἡ χάρις τ. Κυρίου Ἰησοῦ Χριστοῦ μετὰ τ. πνεύματος ὑμῶν
He 3 6 [4] Χριστὸς δὲ ὡς υἱὸς ἐπὶ τ. οἶκον αὐτοῦ
14 μέτοχοι γὰρ τ. Χριστοῦ γεγόναμεν
5 5 οὕτως κ. ὁ Χριστὸς οὐχ ἑαυτὸν ἐδόξασεν
6 1 ἀφέντες τὸν τ. ἀρχῆς τ. Χριστοῦ λόγον
9 11 [4] Χριστὸς δὲ παραγενόμενος ἀρχιερεὺς τ. γενομένων ἀγαθῶν
14 πόσῳ μᾶλλον τὸ αἷμα τ. Χριστοῦ
24 [4] οὐ γὰρ εἰς χειροποίητα εἰσῆλθεν ἅγια Χριστός
28 οὕτως κ. ὁ Χριστὸς ἅπαξ προσενεχθεὶς
10 10 [1] διὰ τ. προσφορᾶς τ. σώματος Ἰησοῦ Χριστοῦ ἐφάπαξ
11 26 μείζονα πλοῦτον ἡγησάμενος . . . τ. ὀνειδισμὸν τ. Χριστοῦ
13 8 [1] Ἰησοῦς Χριστὸς ἐχθὲς κ. σήμερον ὁ αὐτός
21 [1] ποιῶν ἐν ἡμῖν τὸ εὐάρεστον ἐνώπιον αὐτοῦ διὰ Ἰησοῦ Χριστοῦ
Ja 1 1 [1 3] Ἰάκωβος Θεοῦ κ. Κυρίου Ἰησοῦ Χριστοῦ δοῦλος
2 1 [1 3] τ. πίστιν τ. Κυρίου ἡμῶν Ἰησοῦ Χριστοῦ τ. δόξης
I Pe 1 1 [1] Πέτρος ἀπόστολος Ἰησοῦ Χριστοῦ
2 [1] ὑπακοὴν κ. ῥαντισμὸν αἵματος Ἰησοῦ Χριστοῦ
3 [1 3] εὐλογητὸς ὁ Θεὸς κ. πατὴρ τ. Κυρίου ἡμῶν Ἰησοῦ Χριστοῦ
3 [1] δι' ἀναστάσεως Ἰησοῦ Χριστοῦ ἐκ νεκρῶν
7 [1] τιμὴν ἐν ἀποκαλύψει Ἰησοῦ Χριστοῦ
11 [4] ἐδήλου τὸ ἐν αὐτοῖς πνεῦμα Χριστοῦ,

I Pe 1 *11* [4] προμαρτυρόμενον τὰ εἰς Χριστὸν παθήματα
13 [1] τ. φερομένην ὑμῖν χάριν ἐν ἀποκαλύψει Ἰησοῦ Χριστοῦ
19 [4] ὡς ἀμνοῦ ἀμώμου κ. ἀσπίλου Χριστοῦ
2 5 [1] θυσίας εὐπροσδέκτους Θεῷ διὰ Ἰησοῦ Χριστοῦ
21 [4] ὅτι κ. Χριστὸς ἔπαθεν ὑπὲρ ὑμῶν
3 15 [3] Κύριον δὲ τ. Χριστὸν ἁγιάσατε ἐν τ. καρδίαις ὑμῶν
16 [4] οἱ ἐπηρεάζοντες ὑμῶν τ. ἀγαθὴν ἐν Χριστῷ ἀναστροφήν
18 [4] κ. Χριστὸς ἅπαξ περὶ ἁμαρτιῶν ἀπέθανεν
21 [1] δι' ἀναστάσεως Ἰησοῦ Χριστοῦ
4 1 [4] Χριστοῦ οὖν παθόντος σαρκί
11 [1] ἵνα ἐν πᾶσιν δοξάζηται ὁ Θεὸς διὰ Ἰησοῦ Χριστοῦ
13 καθὸ κοινωνεῖτε τοῖς τ. Χριστοῦ παθήμασιν
14 [4] εἰ ὀνειδίζεσθε ἐν ὀνόματι Χριστοῦ
5 1 ὁ . . . μάρτυς τῶν τ. Χριστοῦ παθημάτων
10 [4] ὁ καλέσας ὑμᾶς εἰς τὴν αἰώνιον αὐτοῦ δόξαν ἐν Χριστῷ
τῷ Χρ., WH mg.
14 [4] εἰρήνη ὑμῖν πᾶσιν τοῖς ἐν Χριστῷ
II Pe 1 1 [1] Σίμων Πέτρος δοῦλος κ. ἀπόστολος Ἰησοῦ Χριστοῦ
1 [1] ἐν δικαιοσύνῃ τ. Θεοῦ ἡμῶν κ. σωτῆρος Ἰησοῦ Χριστοῦ
8 [1 3] εἰς τὴν τ. Κυρίου ἡμῶν Ἰησοῦ Χριστοῦ ἐπίγνωσιν
11 [1 3] τ. αἰώνιον βασιλείαν τ. Κυρίου ἡμῶν κ. σωτῆρος Ἰησοῦ Χριστοῦ
14 [1 3] καθὼς κ. ὁ Κύριος ἡμῶν Ἰησοῦς Χριστὸς ἐδήλωσέν μοι
16 [1 3] ἐγνωρίσαμεν ὑμῖν τὴν τ. Κυρίου ἡμῶν Ἰησοῦ Χριστοῦ δύναμιν
2 20 [1 3] ἐν ἐπιγνώσει τ. Κυρίου κ. σωτῆρος Ἰησοῦ Χριστοῦ
3 18 [1 3] αὐξάνετε δὲ ἐν γνώσει τ. Κυρίου ἡμῶν κ. σωτῆρος Ἰησοῦ Χριστοῦ
I Jo 1 3 [1] ἡ κοινωνία . . . μετὰ τ. υἱοῦ αὐτοῦ Ἰησοῦ Χριστοῦ
2 1 [1] παράκλητον . . . Ἰησοῦν Χριστὸν δίκαιον
22 ὁ ἀρνούμενος ὅτι Ἰησοῦς οὐκ ἔστιν ὁ Χριστός
3 23 [1] ἵνα πιστεύσωμεν τ. ὀνόματι τ. υἱοῦ αὐτοῦ Ἰησοῦ Χριστοῦ
4 2 [1] ὃ ὁμολογεῖ Ἰησοῦν Χριστὸν ἐν σαρκὶ ἐληλυθότα
15 [1] ὃς ἐὰν ὁμολογήσῃ ὅτι Ἰησοῦς Χριστός ἐστιν ὁ υἱὸς τ. Θεοῦ
—Χρ., T [WH] R
5 1 πᾶς ὁ πιστεύων ὅτι Ἰησοῦς ἐστὶν ὁ Χριστός
6 [1] ὁ ἐλθὼν δι' ὕδατος κ. αἵματος Ἰησοῦς Χριστός
20 [1] κ. ἐσμεν ἐν τ. ἀληθινῷ ἐν τ. υἱῷ αὐτοῦ Ἰησοῦ Χριστῷ
II Jo 3 [1] χάρις ἔλεος εἰρήνη . . . παρὰ Ἰησοῦ Χριστοῦ τ. υἱοῦ τ. πατρός
7 [1] οἱ μὴ ὁμολογοῦντες Ἰησοῦν Χριστὸν ἐρχόμενον ἐν σαρκί
9 πᾶς ὁ . . . μὴ μένων ἐν τ. διδαχῇ τ. Χριστοῦ
Ju 1 [1] Ἰούδας Ἰησοῦ Χριστοῦ δοῦλος
1 [1] τοῖς ἐν . . . Ἰησοῦ Χριστῷ τετηρημένοις κλητοῖς
4 [1 3] Κύριον ἡμῶν Ἰησοῦν Χριστὸν ἀρνούμενοι

Ju 17 [1] [3] ὑπὸ τ. ἀποστόλων τ. Κυρίου ἡμῶν Ἰησοῦ Χριστοῦ
21 [1] [3] προσδεχόμενοι τὸ ἔλεος τ. Κυρίου ἡμῶν Ἰησοῦ Χριστοῦ
25 [1] [3] μόνῳ Θεῷ σωτῆρι ἡμῶν διὰ Ἰησοῦ Χριστοῦ τ. Κυρίου ἡμῶν
Re 1 1 [1] ἀποκάλυψις Ἰησοῦ Χριστοῦ ἣν ἔδωκεν
2 [1] ὃς ἐμαρτύρησεν . . . τ. μαρτυρίαν Ἰησοῦ Χριστοῦ
5 [1] ἀπὸ Ἰησοῦ Χριστοῦ ὁ μάρτυς ὁ πιστός
11 15 ἐγένετο ἡ βασιλεία τ. κόσμου τ. Κυρίου ἡμῶν κ. τ. Χριστοῦ αὐτοῦ
12 10 ἄρτι ἐγένετο . . . ἡ ἐξουσία τ. Χριστοῦ αὐτοῦ
20 4 ἐβασίλευσαν μετὰ τ. Χριστοῦ χίλια ἔτη
6 ἔσονται ἱερεῖς τ. Θεοῦ κ. τ. Χριστοῦ
22 21 [1] [3] ἡ χάρις τ. Κυρίου Ἰησοῦ Χριστοῦ μετὰ τ. ἁγίων
—Χρ., T [WH] R non mg.

ΧΡΙ΄Ω 5548

Lu 4 18 οὗ εἵνεκεν ἔχρισέν με εὐαγγελίσασθαι πτωχοῖς
יַעַן מָשַׁח יְהוָה אֹתִי לְבַשֵּׂר עֲנָוִים, Is. lxi. 1
Ac 4 27 τ. ἅγιον παῖδά σου Ἰησοῦν ὃν ἔχρισας
10 38 ὡς ἔχρισεν αὐτὸν ὁ Θεὸς πνεύματι ἁγίῳ
II Co 1 21 ὁ δὲ . . . χρίσας ἡμᾶς Θεός
He 1 9 διὰ τοῦτο ἔχρισέν σε ὁ Θεός
עַל־כֵּן מְשָׁחֲךָ אֱלֹהִים, Ps. xlv. 8

ΧΡΟΝΙ΄ΖΩ 5549

Mt 24 48 χρονίζει μου ὁ Κύριος
25 5 χρονίζοντος δὲ τ. νυμφίου ἐνύσταξαν
Lu 1 21 ἐθαύμαζον ἐν τῷ χρονίζειν ἐν τ. ναῷ αὐτόν
12 45 χρονίζει ὁ κύριός μου ἔρχεσθαι
He 10 37 ὁ ἐρχόμενος ἥξει κ. οὐ χρονίσει
בֹּא יָבֹא לֹא יְאַחֵר, Hab. ii. 3

ΧΡΟ΄ΝΟΣ 5550

(1) χρ. μικρός, ἱκανός (2) ἐπί, κατὰ χρόνον
(3) χρ. ἔχειν, ποιεῖν (4) χρ. αἰώνιοι

Mt 2 7 ἠκρίβωσεν παρ' αὐτῶν τ. χρόνον τ. φαινομένου ἀστέρος
16 [2] κατὰ τ. χρόνον ὃν ἠκρίβωσεν παρὰ τ. μάγων
25 19 μετὰ δὲ πολὺν χρόνον ἔρχεται ὁ κύριος
Mk 2 19 ὅσον χρόνον ἔχουσιν τ. νυμφίον μετ' αὐτῶν
9 21 πόσος χρόνος ἐστὶν ὡς τοῦτο γέγονεν αὐτῷ;
Lu 1 57 ἐπλήσθη ὁ χρόνος τοῦ τεκεῖν αὐτήν
4 5 ἔδειξεν αὐτῷ πάσας τ. βασιλείας τ. οἰκουμένης ἐν στιγμῇ χρόνου
8 27 [1] χρόνῳ ἱκανῷ οὐκ ἐνεδύσατο ἱμάτιον
29 πολλοῖς γὰρ χρόνοις συνηρπάκει αὐτόν
18 4 [2] οὐκ ἤθελεν ἐπὶ χρόνον
20 9 [1] ἀπεδήμησεν χρόνους ἱκανούς
23 8 [1] ἦν γὰρ ἐξ ἱκανῶν χρόνων θέλων ἰδεῖν αὐτόν
Jo 5 6 [3] γνοὺς ὅτι πολὺν ἤδη χρόνον ἔχει
7 33 [1] ἔτι χρόνον μικρὸν μεθ' ὑμῶν εἰμί
12 35 [1] ἔτι μικρὸν χρόνον τὸ φῶς ἐν ὑμῖν ἐστίν
14 9 τοσοῦτον χρόνον μεθ' ὑμῶν εἰμί
τοσούτῳ χρόνῳ, TWH mg.
Ac 1 6 εἰ ἐν τ. χρόνῳ τούτῳ ἀποκαθιστάνεις τ. βασιλείαν τῷ Ἰσραήλ;
Ac 1 7 οὐχ ὑμῶν ἐστὶν γνῶναι χρόνους ἢ καιρούς
21 ἐν παντὶ χρόνῳ ᾧ εἰσῆλθεν κ. ἐξῆλθεν
3 21 δέξασθαι ἄχρι χρόνων ἀποκαταστάσεως πάντων
7 17 καθὼς δὲ ἤγγιζεν ὁ χρόνος τ. ἐπαγγελίας
23 ὡς δὲ ἐπληροῦτο αὐτῷ τεσσερακονταετὴς χρόνος
8 11 [1] διὰ τὸ ἱκανῷ χρόνῳ τ. μαγίαις ἐξεστακέναι αὐτούς
13 18 ὡς τεσσερακονταετῆ χρόνον ἐτροποφόρησεν αὐτούς
14 3 [1] ἱκανὸν μὲν οὖν χρόνον διέτριψαν
28 διέτριβον δὲ χρόνον οὐκ ὀλίγον σὺν τ. μαθηταῖς
15 33 [3] ποιήσαντες δὲ χρόνον ἀπελύθησαν
17 30 τοὺς μὲν οὖν χρόνους τ. ἀγνοίας ὑπεριδὼν ὁ Θεός
18 20 [2] ἐρωτώντων δὲ αὐτῶν ἐπὶ πλείονα χρόνον μεῖναι
23 [3] ποιήσας χρόνον τινὰ ἐξῆλθεν
19 22 αὐτὸς ἐπέσχεν χρόνον εἰς τ. Ἀσίαν
20 18 πῶς μεθ' ὑμῶν τ. πάντα χρόνον ἐγενόμην
27 9 [1] ἱκανοῦ δὲ χρόνου διαγενομένου
Ro 7 1 ὁ νόμος κυριεύει τ. ἀνθρώπου ἐφ' ὅσον χρόνον ζῇ
16 25 [4] κατὰ ἀποκάλυψιν μυστηρίου χρόνοις αἰωνίοις σεσιγημένου
I Co 7 39 ἐφ' ὅσον χρόνον ζῇ ὁ ἀνὴρ αὐτῆς
16 7 ἐλπίζω γὰρ χρόνον τινὰ ἐπιμεῖναι πρὸς ὑμᾶς
Ga 4 1 ἐφ' ὅσον χρόνον ὁ κληρονόμος νήπιός ἐστιν
4 ὅτε δὲ ἦλθεν τὸ πλήρωμα τ. χρόνου
I Th 5 1 περὶ δὲ τ. χρόνων κ. τ. καιρῶν
II Ti 1 9 [4] χάριν τ. δοθεῖσαν ἡμῖν ἐν Χριστῷ Ἰησοῦ πρὸ χρόνων αἰωνίων
Tit 1 2 [4] ἣν ἐπηγγείλατο ὁ ἀψευδὴς Θεὸς πρὸ χρόνων αἰωνίων
He 4 7 σήμερον ἐν Δαυεὶδ λέγων μετὰ τοσοῦτον χρόνον, Ps. xcv. 7
5 12 ὀφείλοντες εἶναι διδάσκαλοι διὰ τ. χρόνον
11 32 ἐπιλείψει με γὰρ διηγούμενον ὁ χρόνος
I Pe 1 17 ἐν φόβῳ τὸν τ. παροικίας ὑμῶν χρόνον ἀναστράφητε
20 φανερωθέντος δὲ ἐπ' ἐσχάτου τ. χρόνων δι' ὑμᾶς
4 2 θελήματι Θεοῦ τ. ἐπίλοιπον ἐν σαρκὶ βιῶσαι χρόνον.
3 ἀρκετὸς γὰρ ὁ παρεληλυθὼς χρόνος
Ju 18 ἐπ' ἐσχάτου χρόνου ἔσονται ἐμπαῖκται
Re 2 21 ἔδωκα αὐτῇ χρόνον ἵνα μετανοήσῃ
6 11 [1] ἀναπαύσονται ἔτι χρόνον μικρόν
10 6 ὅτι χρόνος οὐκέτι ἔσται
20 3 [1] μετὰ ταῦτα δεῖ λυθῆναι αὐτὸν μικρὸν χρόνον

ΧΡΟΝΟΤΡΙΒΕ΄Ω* 5551

Ac 20 16 ὅπως μὴ γένηται αὐτῷ χρονοτριβῆσαι ἐν τ. Ἀσίᾳ

ΧΡΥ΄ΣΕΟΣ 5552

II Ti 2 20 οὐκ ἔστιν μόνον σκεύη χρυσᾶ κ. ἀργυρᾶ
He 9 4 σκηνὴ . . . χρυσοῦν ἔχουσα θυμιατήριον
4 ἐν ᾗ στάμνος χρυσῆ ἔχουσα τὸ μάννα
Re 1 12 ἐπιστρέψας εἶδον ἑπτὰ λυχνίας χρυσᾶς
13 περιεζωσμένον πρὸς τ. μαστοῖς ζώνην χρυσᾶν

Re 1 20 εἶδες . . . κ. τ. ἑπτὰ λυχνίας τ. χρυσᾶς
2 1 ὁ περιπατῶν ἐν μέσῳ τ. ἑπτὰ λυχνιῶν τ. χρυσῶν
4 4 ἐπὶ τ. κεφαλὰς αὐτῶν στεφάνους χρυσοῦς
5 8 φιάλας χρυσᾶς γεμούσας θυμιαμάτων
8 3 ἄλλος ἄγγελος . . . ἔχων λιβανωτὸν χρυσοῦν
3 ἵνα δώσει . . . ἐπὶ τὸ θυσιαστήριον τὸ χρυσοῦν
9 13 ἐκ τ. κεράτων τ. θυσιαστηρίου τ. χρυσοῦ
20 ἵνα μὴ προσκυνήσουσιν . . . τὰ εἴδωλα τὰ χρυσᾶ κ. τὰ ἀργυρᾶ
14 14 ἔχων ἐπὶ τ. κεφαλῆς αὐτοῦ στέφανον χρυσοῦν
15 6 περιεζωσμένοι περὶ τὰ στήθη ζώνας χρυσᾶς
7 ἔδωκεν τ. ἑπτὰ ἀγγέλοις ἑπτὰ φιάλας χρυσᾶς
17 4 ἔχουσα ποτήριον χρυσοῦν ἐν τ. χειρὶ αὐτῆς
21 15 ὁ λαλῶν μετ' ἐμοῦ εἶχεν μέτρον κάλαμον χρυσοῦν

ΧΡΥΣΙΌΝ 5553

Ac 3 6 ἀργύριον κ. χρυσίον οὐχ ὑπάρχει μοι
20 33 ἀργυρίου ἢ χρυσίου ἢ ἱματισμοῦ οὐδενὸς ἐπεθύμησα
1 Co 3 12 εἰ δέ τις ἐποικοδομεῖ ἐπὶ τ. θεμέλιον χρυσίον
1 Ti 2 9 μὴ ἐν πλέγμασιν κ. χρυσίῳ ἢ μαργαρίταις χρυσῷ, TWH mg.
He 9 4 τὴν κιβωτὸν τ. διαθήκης περικεκαλυμμένην πάντοθεν χρυσίῳ
1 Pe 1 7 τὸ δοκίμιον ὑμῶν τ. πίστεως πολυτιμότερον χρυσίου τ. ἀπολλυμένου
18 οὐ φθαρτοῖς ἀργυρίῳ ἢ χρυσίῳ ἐλυτρώθητε
3 3 οὐχ ὁ ἔξωθεν ἐμπλοκῆς τριχῶν κ. περιθέσεως χρυσίων
Re 3 18 ἀγοράσαι παρ' ἐμοῦ χρυσίον πεπυρωμένον
17 4 κεχρυσωμένη χρυσίῳ κ. λίθῳ τιμίῳ χρυσῷ, TWH mg.
18 16 κεχρυσωμένη ἐν χρυσίῳ κ. λίθῳ τιμίῳ χρυσῷ, TWH mg.
21 18 ἡ πόλις χρυσίον καθαρόν
21 ἡ πλατεῖα τ. πόλεως χρυσίον καθαρόν

ΧΡΥΣΟΔΑΚΤΥΛΙΟΣ *† 5554

Ja 2 2 ἐὰν γὰρ εἰσέλθῃ εἰς συναγωγὴν ὑμῶν ἀνὴρ χρυσοδακτύλιος

ΧΡΥΣΟΛΙΘΟΣ 5555

Re 21 20 ὁ ἕβδομος χρυσόλιθος

ΧΡΥΣΟΠΡΑΣΟΣ *† 5556

Re 21 20 ὁ δέκατος χρυσόπρασος

ΧΡΥΣΟΣ 5557

Mt 2 11 προσήνεγκαν αὐτῷ δῶρα χρυσὸν κ. λίβανον
10 9 μὴ κτήσησθε χρυσὸν μηδὲ ἄργυρον
23 16 ὃς δ' ἂν ὀμόσῃ ἐν τ. χρυσῷ τ. ναοῦ
17 τίς γὰρ μείζων ἐστὶν ὁ χρυσὸς ἢ ὁ ναὸς ὁ ἁγιάσας τ. χρυσόν;
Ac 17 29 οὐκ ὀφείλομεν νομίζειν χρυσῷ ἢ ἀργύρῳ . . . τὸ θεῖον εἶναι ὅμοιον
1 Ti 2 9 μὴ ἐν πλέγμασιν κ. χρυσῷ ἢ μαργαρίταις χρυσίῳ, WH non mg. R
Ja 5 3 ὁ χρυσὸς ὑμῶν κ. ὁ ἄργυρος κατίωται
Re 9 7 ἐπὶ τ. κεφαλὰς αὐτῶν ὡς στέφανοι ὅμοιοι χρυσῷ
17 4 κεχρυσωμένη χρυσῷ κ. λίθῳ τιμίῳ χρυσίῳ, WH non mg. R
18 12 γόμον χρυσοῦ κ. ἀργύρου κ. λίθου τιμιου
16 κεχρυσωμένη ἐν χρυσῷ κ. λίθῳ τιμίῳ χρυσίῳ, WH non mg. R

ΧΡΥΣΟΩ 5558

Re 17 4 ἡ γυνὴ ἦν . . . κεχρυσωμένη χρυσίῳ
18 16 ἡ πόλις ἡ μεγάλη . . . κεχρυσωμένη ἐν χρυσίῳ

ΧΡΩΣ 5559

Ac 19 12 ἀποφέρεσθαι ἀπὸ τ. χρωτὸς αὐτοῦ σουδάρια

ΧΩΛΟΣ 5560

Mt 11 5 τυφλοὶ ἀναβλέπουσιν κ. χωλοὶ περιπατοῦσιν
15 30 ὄχλοι πολλοὶ ἔχοντες μεθ' ἑαυτῶν χωλούς
31 βλέποντας κωφοὺς λαλοῦντας κ. χωλοὺς περιπατοῦντας
18 8 καλόν σοί ἐστιν εἰσελθεῖν εἰς τ. ζωὴν κυλλὸν ἢ χωλόν
21 14 προσῆλθον αὐτῷ τυφλοὶ κ. χωλοὶ ἐν τ. ἱερῷ
Mk 9 45 καλόν ἐστίν σε εἰσελθεῖν εἰς τ. ζωὴν χωλὸν
Lu 7 22 τυφλοὶ ἀναβλέπουσιν χωλοὶ περιπατοῦσιν
14 13 κάλει πτωχοὺς ἀναπείρους χωλούς
21 τυφλοὺς κ. χωλοὺς εἰσάγαγε ὧδε
Jo 5 3 πλῆθος τ. ἀσθενούντων τυφλῶν χωλῶν ξηρῶν
Ac 3 2 τὶς ἀνὴρ χωλὸς ἐκ κοιλίας μητρὸς αὐτοῦ ὑπάρχων ἐβαστάζετο
8 7 πολλοὶ δὲ παραλελυμένοι κ. χωλοὶ ἐθεραπεύθησαν
14 8 ἀνὴρ . . . χωλὸς ἐκ κοιλίας μητρὸς αὐτοῦ
He 12 13 ἵνα μὴ τὸ χωλὸν ἐκτραπῇ

ΧΩΡΑ 5561

Mt 2 12 δι' ἄλλης ὁδοῦ ἀνεχώρησαν εἰς τ. χώραν αὐτῶν
4 16 τ. καθημένοις ἐν χώρᾳ κ. σκιᾷ θανάτου
יֹשְׁבֵי בְּאֶרֶץ צַלְמָוֶת, Is. ix. 1
8 28 ἐλθόντος αὐτοῦ εἰς τὸ πέραν εἰς τ. χώραν τ. Γαδαρηνῶν
Mk 1 5 ἐξεπορεύετο πρὸς αὐτὸν πᾶσα ἡ Ἰουδαία χώρα
5 1 ἦλθον εἰς τὸ πέραν τ. θαλάσσης εἰς τ. χώραν τ. Γερασηνῶν
10 ἵνα μὴ αὐτὰ ἀποστείλῃ ἔξω τ. χώρας
6 55 περιέδραμον ὅλην τ. χώραν ἐκείνην
Lu 2 8 ποιμένες ἦσαν ἐν τ. χώρᾳ τ. αὐτῇ
3 1 Φιλίππου . . . τετραρχοῦντος τ. Ἰτουραίας κ. Τραχωνίτιδος χώρας
8 26 κατέπλευσαν εἰς τ. χώραν τ. Γερασηνῶν
12 16 ἀνθρώπου τινὸς πλουσίου εὐφόρησεν ἡ χώρα
15 13 ὁ νεώτερος υἱὸς ἀπεδήμησεν εἰς χώραν μακράν
14 ἐγένετο λιμὸς ἰσχυρὰ κατὰ τ. χώραν ἐκείνην
15 ἐκολλήθη ἑνὶ τ. πολιτῶν τ. χώρας ἐκείνης
19 12 ἄνθρωπός τις εὐγενὴς ἐπορεύθη εἰς χώραν μακράν
21 21 οἱ ἐν τ. χώραις μὴ εἰσερχέσθωσαν
Jo 4 35 θεάσασθε τ. χώρας ὅτι λευκαί εἰσιν
11 54 ἀπῆλθεν ἐκεῖθεν εἰς τ. χώραν ἐγγὺς τῆς ἐρήμου
55 ἀνέβησαν πολλοὶ εἰς Ἱεροσόλυμα ἐκ τ. χώρας
Ac 8 1 πάντες δὲ διεσπάρησαν κατὰ τ. χώρας τ. Ἰουδαίας κ. Σαμαρίας
10 39 ἐποίησεν ἔν τε τ. χώρᾳ τ. Ἰουδαίων κ. Ἱερουσαλήμ

Ac 12 20 διὰ τὸ τρέφεσθαι αὐτῶν τ. χώραν ἀπὸ τ. βασιλικῆς
13 49 διεφέρετο δὲ ὁ λόγος τ. Κυρίου δι' ὅλης τ. χώρας
καθ' ὅλ. τ. χώρ., T
16 6 διῆλθον δὲ τ. Φρυγίαν κ. Γαλατικὴν χώραν
18 23 διερχόμενος καθεξῆς τ. Γαλατικὴν χώραν κ. Φρυγίαν
26 20 πᾶσάν τε τ. χώραν τ. Ἰουδαίας . . . ἀπήγγελλον μετανοεῖν
27 27 ὑπενόουν οἱ ναῦται προσάγειν τινὰ αὐτοῖς χώραν
Ja 5 4 ὁ μισθὸς τ. ἐργατῶν τ. ἀμησάντων τ. χώρας ὑμῶν

ΧΩΡΈΩ 5562

Mt 15 17 πᾶν τὸ εἰσπορευόμενον εἰς τὸ στόμα εἰς τ. κοιλίαν χωρεῖ
19 11 οὐ πάντες χωροῦσιν τ. λόγον
12 ὁ δυνάμενος χωρεῖν χωρείτω
Mk 2 2 ὥστε μηκέτι χωρεῖν μηδὲ τὰ πρὸς τ. θύραν
Jo 2 6 χωροῦσαι ἀνὰ μετρητὰς δύο ἢ τρεῖς
8 37 ὁ λόγος ὁ ἐμὸς οὐ χωρεῖ ἐν ὑμῖν
21 25 οὐδ' αὐτὸν οἶμαι τ. κόσμον χωρήσειν τὰ γραφόμενα βιβλία
—h. v., T
II Co 7 2 χωρήσατε ἡμᾶς
II Pe 3 9 ἀλλὰ πάντας εἰς μετάνοιαν χωρῆσαι

ΧΩΡΊΖΩ 5563

Mt 19 6 ἄνθρωπος μὴ χωριζέτω
Mk 10 9 ἄνθρωπος μὴ χωριζέτω
Ac 1 4 παρήγγειλεν αὐτοῖς ἀπὸ Ἱεροσολύμων μὴ χωρίζεσθαι
18 1 μετὰ ταῦτα χωρισθεὶς ἐκ τ. Ἀθηνῶν
2 διὰ τὸ διατεταχέναι Κλαύδιον χωρίζεσθαι πάντας τ. Ἰουδαίους ἀπὸ τ. Ῥώμης
Ro 8 35 τίς ἡμᾶς χωρίσει ἀπὸ τ. ἀγάπης τ. Χριστοῦ;
39 οὔτε τις κτίσις ἑτέρα δυνήσεται ἡμᾶς χωρίσαι ἀπὸ τ. ἀγάπης τ. Θεοῦ
I Co 7 10 γυναῖκα ἀπὸ ἀνδρὸς μὴ χωρισθῆναι·
11 ἐὰν δὲ κ. χωρισθῇ μενέτω ἄγαμος
15 εἰ δὲ ὁ ἄπιστος χωρίζεται χωριζέσθω
Phm 15 τάχα γὰρ διὰ τοῦτο ἐχωρίσθη πρὸς ὥραν
He 7 26 ἀρχιερεὺς . . . κεχωρισμένος ἀπὸ τ. ἁμαρτωλῶν

ΧΩΡΊΟΝ 5564

Mt 26 36 ἔρχεται . . . εἰς χωρίον λεγόμενον Γεθσημανεί
Mk 14 32 ἔρχονται εἰς χωρίον οὗ τὸ ὄνομα Γεθσημανεί
Jo 4 5 πλησίον τ. χωρίου ὃ ἔδωκεν Ἰακὼβ τῷ Ἰωσήφ
Ac 1 18 ἐκτήσατο χωρίον ἐκ μισθοῦ τ. ἀδικίας
19 ὥστε κληθῆναι τὸ χωρίον ἐκεῖνο τῇ διαλέκτῳ αὐτῶν Ἀχελδαμὰχ τοῦτ' ἔστιν χωρίον αἵματος
χωρ. Αἱμ., WH
4 34 ὅσοι γὰρ κτήτορες χωρίων ἢ οἰκιῶν ὑπῆρχον
5 3 νοσφίσασθαι ἀπὸ τ. τιμῆς τ. χωρίου
8 εἰπέ μοι εἰ τοσούτου τὸ χωρίον ἀπέδοσθε
28 7 ὑπῆρχεν χωρία τ. πρώτῳ τῆς νήσου

ΧΩΡΊΣ 5565

Mt 13 34 χωρὶς παραβολῆς οὐδὲν ἐλάλει αὐτοῖς
14 21 ἄνδρες ὡσεὶ πεντακισχίλιοι χ. γυναικῶν κ παιδίων
15 38 τετρακισχίλιοι ἄνδρες χ. γυναικῶν κ. παιδίων
Mk 4 34 χωρὶς δὲ παραβολῆς οὐκ ἐλάλει αὐτοῖς
Lu 6 49 οἰκοδομήσαντι οἰκίαν ἐπὶ τ. γῆν χ. θεμελίου
Jo 1 3 χωρὶς αὐτοῦ ἐγένετο οὐδὲ ἕν
15 5 χωρὶς ἐμοῦ οὐ δύνασθε ποιεῖν οὐδέν
20 7 χωρὶς ἐντετυλιγμένον εἰς ἕνα τόπον
Ro 3 21 χ. νόμου δικαιοσύνη Θεοῦ πεφανέρωται
28 λογιζόμεθα γὰρ δικαιοῦσθαι πίστει ἄνθρωπον χ. ἔργων νόμου
4 6 ᾧ ὁ Θεὸς λογίζεται δικαιοσύνην χ. ἔργων
7 8 χωρὶς γὰρ νόμου ἁμαρτία νεκρά·
9 ἐγὼ δὲ ἔζων χωρὶς νόμου ποτέ
10 14 πῶς δὲ ἀκούσωσιν χωρὶς κηρυσσόντος;
I Co 4 8 χωρὶς ἡμῶν ἐβασιλεύσατε;
11 11 πλὴν οὔτε γυνὴ χωρὶς ἀνδρὸς οὔτε ἀνὴρ χωρὶς γυναικὸς ἐν Κυρίῳ
II Co 11 28 χωρὶς τῶν παρεκτός
12 3 εἴτε ἐν σώματι εἴτε χωρὶς τ. σώματος
Eph 2 12 ἦτε τ. καιρῷ ἐκείνῳ χωρὶς Χριστοῦ
Phl 2 14 πάντα ποιεῖτε χ. γογγυσμῶν κ. διαλογισμῶν
I Ti 2 8 ἐπαίροντας ὁσίους χεῖρας χ. ὀργῆς κ. διαλογισμῶν
5 21 ἵνα ταῦτα φυλάξῃς χωρὶς προκρίματος
Phm 14 χωρὶς δὲ τ. σῆς γνώμης οὐδὲν ἠθέλησα ποιῆσαι
He 4 15 πεπειρασμένον δὲ κατὰ πάντα καθ' ὁμοιότητα χωρὶς ἁμαρτίας
7 7 χωρὶς δὲ πάσης ἀντιλογίας
20 καθ' ὅσον οὐ χωρὶς ὁρκωμοσίας·
οἱ μὲν γὰρ χ. ὁρκωμοσίας εἰσὶν ἱερεῖς γεγονότες
9 7 ἅπαξ τ. ἐνιαυτοῦ μόνος ὁ ἀρχιερεὺς οὐ χωρὶς αἵματος
18 οὐδὲ ἡ πρώτη χ. αἵματος ἐνκεκαίνισται
22 χωρὶς αἱματεκχυσίας οὐ γίνεται ἄφεσις
28 ἐκ δευτέρου χ. ἁμαρτίας ὀφθήσεται
10 28 ἀθετήσας τις νόμον Μωυσέως χωρὶς οἰκτιρμῶν . . . ἀποθνήσκει
11 6 χωρὶς δὲ πίστεως ἀδύνατον εὐαρεστῆσαι
40 ἵνα μὴ χωρὶς ἡμῶν τελειωθῶσιν
12 8 εἰ δὲ χωρίς ἐστε παιδείας
14 οὗ χωρὶς οὐδεὶς ὄψεται τ. Κύριον
Ja 2 18 δεῖξόν μοι τ. πίστιν σου χ. τ. ἔργων
20 ἡ πίστις χ. τ. ἔργων ἀργή ἐστιν
26 ὥσπερ τὸ σῶμα χ. πνεύματος νεκρόν ἐστιν,
οὕτως κ. ἡ πίστις χ. ἔργων νεκρά ἐστιν

ΧΩ͂ΡΟΣ * † 5566

Ac 27 12 λιμένα τ. Κρήτης βλέποντα κατὰ λίβα κ. κατὰ χῶρον

Ψ

ΨΑ΄ΛΛΩ 5567

Ro 15 9 τ. ὀνόματί σου ψαλῶ
לְשִׁמְךָ אֲזַמֵּרָה, Ps. xviii. 50 (Heb.), 49 (Eng.)
1Co14 15 ψαλῶ τ. πνεύματι ψαλῶ δὲ κ. τ. νοΐ
Eph 5 19 ᾄδοντες κ. ψάλλοντες τ. καρδίᾳ ὑμῶν τ. Κυρίῳ
Ja 5 13 εὐθυμεῖ τις; ψαλλέτω

ΨΑΛΜΟ΄Σ 5568

Lu 20 42 αὐτὸς γὰρ Δαυεὶδ λέγει ἐν βίβλῳ ψαλμῶν
24 44 πάντα τὰ γεγραμμένα ἐν τ. νόμῳ Μωυσέως κ. τ. προφήταις κ. ψαλμοῖς
Ac 1 20 γέγραπται γὰρ ἐν βίβλῳ ψαλμῶν
13 33 ὡς κ. ἐν τ. ψαλμῷ γέγραπται τ. δευτέρῳ
ἐν τ. πρώτῳ ψ. γέγρ., T
1Co14 26 ἕκαστος ψαλμὸν ἔχει διδαχὴν ἔχει
Eph 5 19 λαλοῦντες ἑαυτοῖς ψαλμοῖς κ. ὕμνοις κ. ᾠδαῖς πνευματικαῖς
Col 3 16 ψαλμοῖς ὕμνοις ᾠδαῖς πνευματικαῖς ἐν χάριτι ᾄδοντες

ΨΕΥΔΑ΄ΔΕΛΦΟΣ * † 5569

IICo11 26 κινδύνοις ἐν ψευδαδέλφοις
Ga 2 4 διὰ δὲ τ. παρεισάκτους ψευδαδέλφους

ΨΕΥΔΑΠΟ΄ΣΤΟΛΟΣ * † 5570

IICo11 13 οἱ γὰρ τοιοῦτοι ψευδαπόστολοι

ΨΕΥΔΗ΄Σ 5571

Ac 6 13 ἔστησάν τε μάρτυρας ψευδεῖς λέγοντας
Re 2 2 εὗρες αὐτοὺς ψευδεῖς
21 8 εἰδωλολάτραις κ. πᾶσι τ. ψευδέσιν

ΨΕΥΔΟΔΙΔΑ΄ΣΚΑΛΟΣ * † 5572

IIPe2 1 ὡς κ. ἐν ὑμῖν ἔσονται ψευδοδιδάσκαλοι

ΨΕΥΔΟΛΟ΄ΓΟΣ * 5573

I Ti 4 2 διδασκαλίαις δαιμονίων ἐν ὑποκρίσει ψευδολόγων

ΨΕΥ΄ΔΟΜΑΙ 5574

Mt 5 11 ὅταν . . . εἴπωσιν πᾶν πονηρὸν καθ' ὑμῶν ψευδόμενοι
Ac 5 3 ψεύσασθαί σε τὸ πνεῦμα τὸ ἅγιον
4 οὐκ ἐψεύσω ἀνθρώποις ἀλλὰ τ. Θεῷ
Ro 9 1 ἀλήθειαν λέγω ἐν Χριστῷ οὐ ψεύδομαι
IICo11 31 ὁ Θεὸς κ. πατὴρ τ. Κυρίου Ἰησοῦ οἶδεν . . . ὅτι οὐ ψεύδομαι
Ga 1 20 ἰδοὺ ἐνώπιον τ. Θεοῦ ὅτι οὐ ψεύδομαι
Col 3 9 μὴ ψεύδεσθε εἰς ἀλλήλους
I Ti 2 7 ἀλήθειαν λέγω οὐ ψεύδομαι
He 6 18 ἐν οἷς ἀδύνατον ψεύσασθαι Θεόν
Ja 3 14 μὴ κατακαυχᾶσθε κ. ψεύδεσθε κατὰ τ. ἀληθείας
κατακ. τ. ἀλ. κ. ψεύδ., T
I Jo 1 6 ἐὰν . . . ἐν τ. σκότει περιπατῶμεν ψευδόμεθα
Re 3 9 οὐκ εἰσὶν ἀλλὰ ψεύδονται

ΨΕΥΔΟΜΑΡΤΥΡΕ΄Ω 5576

Mt 19 18 οὐ κλέψεις οὐ ψευδομαρτυρήσεις
לֹא תִּגְנֹב לֹא־תַעֲנֶה בְרֵעֲךָ עֵד שָׁקֶר, Ex. xx. 15, 16
Mk 10 19 μὴ κλέψῃς μὴ ψευδομαρτυρήσῃς, Ex. *l.c.*
14 56 πολλοὶ γὰρ ἐψευδομαρτύρουν κατ' αὐτοῦ
57 τινὲς ἀναστάντες ἐψευδομαρτύρουν κατ' αὐτοῦ
Lu 18 20 μὴ κλέψῃς μὴ ψευδομαρτυρήσῃς, Ex. *l.c.*

ΨΕΥΔΟΜΑΡΤΥΡΙ΄Α * 5577

Mt 15 19 ἐκ γὰρ τ. καρδίας ἐξέρχονται . . . ψευδομαρτυρίαι
26 59 τὸ συνέδριον ὅλον ἐζήτουν ψευδομαρτυρίαν κατὰ τοῦ Ἰησοῦ

ΨΕΥΔΟΜΑ΄ΡΤΥΣ ** 5575

Mt 26 60 πολλῶν προσελθόντων ψευδομαρτύρων
1Co15 15 εὑρισκόμεθα δὲ κ. ψευδομάρτυρες τ. Θεοῦ

ΨΕΥΔΟΠΡΟΦΗ΄ΤΗΣ † 5578

Mt 7 15 προσέχετε ἀπὸ τ. ψευδοπροφητῶν
24 11 πολλοὶ ψευδοπροφῆται ἐγερθήσονται
24 ἐγερθήσονται γὰρ ψευδόχριστοι κ. ψευδοπροφῆται
Mk 13 22 ἐγερθήσονται γὰρ ψευδόχριστοι κ. ψευδοπροφῆται
Lu 6 26 κατὰ τὰ αὐτὰ γὰρ ἐποίουν τ. ψευδοπροφήταις οἱ πατέρες αὐτῶν
Ac 13 6 εὗρον ἄνδρα τινὰ μάγον ψευδοπροφήτην Ἰουδαῖον
IIPe 2 1 ἐγένοντο δὲ κ. ψευδοπροφῆται ἐν τ. λαῷ
I Jo 4 1 πολλοὶ ψευδοπροφῆται ἐξεληλύθασιν εἰς τ. κόσμον
Re 16 13 ἐκ τ. στόματος τ. ψευδοπροφήτου πνεύματα τρία ἀκάθαρτα
19 20 μετ' αὐτοῦ ὁ ψευδοπροφήτης ὁ ποιήσας τὰ σημεῖα
ὁ μετ' αὐτ. ψευδ., WH mg.
20 10 ὅπου κ. τὸ θηρίον κ. ὁ ψευδοπροφήτης

ΨΕΥ΄ΔΟΣ 5579

Jo 8 44 ὅταν λαλῇ τὸ ψεῦδος
Ro 1 25 μετήλλαξαν τ. ἀλήθειαν τ. Θεοῦ ἐν τ. ψεύδει
Eph 4 25 ἀποθέμενοι τὸ ψεῦδος λαλεῖτε ἀλήθειαν
IITh2 9 ἐν πάσῃ δυνάμει κ. σημείοις κ. τέρασιν ψεύδους
11 εἰς τὸ πιστεῦσαι αὐτοὺς τ. ψεύδει
I Jo 2 21 πᾶν ψεῦδος ἐκ τ. ἀληθείας οὐκ ἔστίν
27 ἀληθές ἐστιν κ. οὐκ ἔστιν ψεῦδος
Re 14 5 ἐν τ. στόματι αὐτῶν οὐχ εὑρέθη ψεῦδος
21 27 οὐ μὴ εἰσέλθῃ εἰς αὐτὴν πᾶν κοινὸν . . . κ. ψεῦδος
22 15 πᾶς φιλῶν κ. ποιῶν ψεῦδος

ΨΕΥΔΟ΄ΧΡΙΣΤΟΣ * † 5580

Mt 24 24 ἐγερθήσονται γὰρ ψευδόχριστοι κ. ψευδοπροφῆται
Mk 13 22 ἐγερθήσονται γὰρ ψευδόχριστοι κ. ψευδοπροφῆται

ΨΕΥΔΩ΄ΝΥΜΟΣ * 5581

I Ti 6 20 ἐκτρεπόμενος τὰς . . . ἀντιθέσεις τῆς ψευδωνύμου γνώσεως

ΨΕΥ΄ΣΜΑ ** 5582

Ro 3 7 εἰ δὲ ἡ ἀλήθεια τ. Θεοῦ **ἐν τ. ἐμῷ ψεύσματι** ἐπερίσσευσεν

ΨΕΥ΄ΣΤΗΣ 5583

Jo 8 44 ὅτι ψεύστης ἐστὶν κ. ὁ πατὴρ αὐτοῦ
55 ἔσομαι ὅμοιος ὑμῖν ψεύστης
Ro 3 4 γινέσθω δὲ ὁ Θεὸς ἀληθὴς πᾶς δὲ ἄνθρωπος ψεύστης
I Ti 1 10 ἀνδραποδισταῖς ψεύσταις ἐπιόρκοις
Tit 1 12 Κρῆτες ἀεὶ ψεῦσται κακὰ θηρία γαστέρες ἀργαί
I Jo 1 10 ψεύστην ποιοῦμεν αὐτόν
2 4 ὁ . . . τ. ἐντολὰς αὐτοῦ μὴ τηρῶν ψεύστης ἐστίν
22 τίς ἐστιν ὁ ψεύστης εἰ μὴ ὁ ἀρνούμενος
4 20 ἐάν τις . . . τ. ἀδελφὸν αὐτοῦ μισῇ ψεύστης ἐστίν
5 10 ὁ μὴ πιστεύων τ. Θεῷ ψεύστην πεποίηκεν αὐτόν

ΨΗΛΑΦΑ΄Ω 5584

Lu 24 39 ψηλαφήσατέ με κ. ἴδετε
Ac 17 27 εἰ ἄρα γε ψηλαφήσειαν αὐτὸν κ. εὕροιεν
He 12 18 οὐ γὰρ προσεληλύθατε ψηλαφωμένῳ
I Jo 1 1 ὃ . . . αἱ χεῖρες ἡμῶν ἐψηλάφησαν περὶ τ. λόγου τ. ζωῆς

ΨΗΦΙ΄ΖΩ 5585

Lu 14 28 οὐχὶ πρῶτον καθίσας ψηφίζει τ. δαπάνην
Re 13 18 ὁ ἔχων νοῦν ψηφισάτω τ. ἀριθμὸν τ. θηρίου

ΨΗ΄ΦΟΣ 5586

Ac 26 10 ἀναιρουμένων τε αὐτῶν κατήνεγκα ψῆφον
Re 2 17 δώσω αὐτῷ ψῆφον λευκήν,
κ. ἐπὶ τὴν ψῆφον ὄνομα καινὸν γεγραμμένον

ΨΙΘΥΡΙΣΜΟ΄Σ † 5587

II Co 12 20 καταλαλιαὶ ψιθυρισμοὶ φυσιώσεις

ΨΙΘΥΡΙΣΤΗ΄Σ * 5588

Ro 1 29 ψιθυριστὰς καταλάλους θεοστυγεῖς

ΨΙΧΙ΄ΟΝ * † 5589

Mt 15 27 κ. γὰρ τὰ κυνάρια ἐσθίει ἀπὸ τ. ψιχίων τ. πιπτόντων
Mk 7 28 κ. τὰ κυνάρια ὑποκάτω τ. τραπέζης ἐσθίουσιν ἀπὸ τ. ψιχίων τ. παιδίων

ΨΥΧΗ΄ 5590

(1) ψυχὴ . . . σῶμα (2) ψυχὴ . . . πνεῦμα (3) ψ. διδόναι, τιθέναι (4) ψ. ζῶσα, ζωῆς (5) ἐκ ψυχῆς

Mt 2 20 τεθνήκασιν γὰρ οἱ ζητοῦντες τ. ψυχὴν τ. παιδίου
6 25 [1] μὴ μεριμνᾶτε τ. ψυχῇ ὑμῶν
25 [1] οὐχὶ ἡ ψυχὴ πλεῖόν ἐστιν τ. τροφῆς
10 28 [1] τ. δὲ ψυχὴν μὴ δυναμένων ἀποκτεῖναι·
[1] φοβεῖσθε δὲ μᾶλλον τ. δυνάμενον κ. ψυχὴν κ. σῶμα ἀπολέσαι
Mt 10 39 ὁ εὑρὼν τ. ψυχὴν αὐτοῦ ἀπολέσει αὐτήν·
κ. ὁ ἀπολέσας τ. ψυχὴν αὐτοῦ ἕνεκεν ἐμοῦ εὑρήσει αὐτήν
11 29 εὑρήσετε ἀνάπαυσιν τ. ψυχαῖς ὑμῶν
12 18 ἀγαπητός μου ὃν εὐδόκησεν ἡ ψυχή μου
בְּחִירִי רָצְתָה נַפְשִׁי, Is. xlii. 1
16 25 ὃς γὰρ ἐὰν θέλῃ τ. ψυχὴν αὐτοῦ σῶσαι ἀπολέσει αὐτήν·
ὃς δ' ἂν ἀπολέσῃ τ. ψυχὴν αὐτοῦ ἕνεκεν ἐμοῦ εὑρήσει αὐτήν
26 τὴν δὲ ψυχὴν αὐτοῦ ζημιωθῇ;
ἢ τί δώσει ἄνθρωπος ἀντάλλαγμα τ. ψυχῆς αὐτοῦ;
20 28 [3] δοῦναι τ. ψυχὴν αὐτοῦ λύτρον ἀντὶ πολλῶν
22 37 ἐν ὅλῃ τ. καρδίᾳ σου κ. ἐν ὅλῃ τ. ψυχῇ σου
בְּכָל־לְבָבְךָ וּבְכָל־נַפְשְׁךָ, Dt. vi. 5
26 38 περίλυπός ἐστιν ἡ ψυχή μου ἕως θανάτου
Mk 3 4 ψυχὴν σῶσαι ἢ ἀποκτεῖναι;
8 35 ὃς γὰρ ἐὰν θέλῃ τὴν ἑαυτοῦ ψυχὴν σῶσαι ἀπολέσει αὐτήν·
τ. ψυχ. αὐτοῦ, TWH mg. R
ὃς δ' ἂν ἀπολέσει τ. ψυχὴν αὐτοῦ ἕνεκεν ἐμοῦ . . . σώσει αὐτήν.
36 τί γὰρ ὠφελεῖ . . . ζημιωθῆναι τ. ψυχὴν αὐτοῦ;
37 τί γὰρ δοῖ ἄνθρωπος ἀντάλλαγμα τ. ψυχῆς αὐτοῦ;
10 45 [3] δοῦναι τ. ψυχὴν αὐτοῦ λύτρον ἀντὶ πολλῶν
12 30 [5] ἐξ ὅλης καρδίας σου κ. ἐξ ὅλης τ. ψυχῆς σου, Dt. *l.c.*
14 34 περίλυπός ἐστιν ἡ ψυχή μου ἕως θανάτου
Lu 1 46 [2] μεγαλύνει ἡ ψυχή μου τ. Κύριον
2 35 κ. σοῦ αὐτῆς τ. ψυχὴν διελεύσεται ῥομφαία
6 9 ψυχὴν σῶσαι ἢ ἀπολέσαι;
9 24 ὃς γὰρ ἂν θέλῃ τ. ψυχὴν αὐτοῦ σῶσαι ἀπολέσει αὐτήν·
ὃς δ' ἂν ἀπολέσῃ τ. ψυχὴν αὐτοῦ ἕνεκεν ἐμοῦ οὗτος σώσει αὐτήν
56 ὁ υἱὸς τ. ἀνθρώπου οὐκ ἦλθεν ψυχὰς ἀνθρώπων ἀπολέσαι
—h. v., TWH [WH mg.] R non mg.
10 27 ἐξ ὅλης καρδίας σου κ. ἐν ὅλῃ τ. ψυχῇ σου, Dt. *l.c.*
12 19 ψυχὴ ἔχεις πολλὰ ἀγαθὰ κείμενα
20 ταύτῃ τ. νυκτὶ τ. ψυχήν σου αἰτοῦσιν ἀπὸ σοῦ
22 [1] μὴ μεριμνᾶτε τ. ψυχῇ τί φάγητε
23 [1] ἡ γὰρ ψυχὴ πλεῖόν ἐστιν τ. τροφῆς
14 26 ἔτι τε κ. τὴν ἑαυτοῦ ψυχήν
17 33 ὃς ἐὰν ζητήσῃ τ. ψυχὴν αὐτοῦ περιποιήσασθαι
21 19 ἐν τ. ὑπομονῇ ὑμῶν κτήσεσθε τ. ψυχὰς ὑμῶν
Jo 10 11 [3] ὁ ποιμὴν ὁ καλὸς τ. ψυχὴν αὐτοῦ τίθησιν
15 [3] τ. ψυχήν μου τίθημι ὑπὲρ τ. προβάτων
17 [3] ὅτι ἐγὼ τίθημι τ. ψυχήν μου
24 ἕως πότε τ. ψυχὴν ἡμῶν αἴρεις;
12 25 ὁ φιλῶν τ. ψυχὴν αὐτοῦ ἀπολλύει αὐτήν·
κ. ὁ μισῶν τ. ψυχὴν αὐτοῦ . . . φυλάξει αὐτήν
27 νῦν ἡ ψυχή μου τετάρακται
13 37 [3] τ. ψυχήν μου ὑπὲρ σοῦ θήσω
38 [3] τ. ψυχήν σου ὑπὲρ ἐμοῦ θήσεις;

Jo **15** 13 [3] ἵνα τις τ. ψυχὴν **αὐτοῦ** θῇ ὑπὲρ τ. φίλων αὐτοῦ
Ac **2** 27 οὐκ ἐνκαταλείψεις τ. ψυχήν μου εἰς ᾅδην
לֹא־תַעֲזֹב נַפְשִׁי לִשְׁאוֹל, Ps. xvi. 10
41 προσετέθησαν ἐν τ. ἡμέρᾳ ἐκείνῃ ψυχαὶ ὡσεὶ τρισχίλιαι
43 ἐγίνετο δὲ πάσῃ ψυχῇ φόβος
3 23 πᾶσα ψυχὴ ἥτις ἂν μὴ ἀκούσῃ τ. προφήτου
הָאִישׁ אֲשֶׁר לֹא־יִשְׁמַע אֶל־דְּבָרַי אֲשֶׁר יְדַבֵּר בִּשְׁמִי, Dt. xviii. 19
4 32 τ. δὲ πλήθους τ. πιστευσάντων ἦν καρδία κ. ψυχὴ μία
7 14 πᾶσαν τ. συγγένειαν ἐν ψυχαῖς ἑβδομήκοντα πέντε
14 2 ἐκάκωσαν τ. ψυχὰς τ. ἐθνῶν κατὰ τ. ἀδελφῶν
22 ἐπιστηρίζοντες τ. ψυχὰς τ. μαθητῶν
15 24 ἀνασκευάζοντες τ. ψυχὰς ὑμῶν
26 [3] ἀνθρώποις παραδεδωκόσι τ. ψυχὰς **αὐτῶν**
20 10 ἡ γὰρ ψυχὴ αὐτοῦ ἐν αὐτῷ ἐστίν
24 οὐδενὸς λόγου **ποιοῦμαι** τ. ψυχὴν τιμίαν ἐμαυτῷ
27 10 οὐ μόνον τ. φορτίου κ. τ. πλοίου ἀλλὰ κ. τ. ψυχῶν ἡμῶν
22 ἀποβολὴ γὰρ ψυχῆς οὐδεμία ἔσται ἐξ ὑμῶν
37 αἱ πᾶσαι ψυχαὶ ἐν τ. πλοίῳ ὡς ἑβδομήκοντα ἕξ
Ro **2** 9 ἐπὶ πᾶσαν ψυχὴν ἀνθρώπου τ. κατεργαζομένου τὸ κακόν
11 3 ζητοῦσιν τ. ψυχήν μου
יְבַקְשׁוּ אֶת־נַפְשִׁי, 1 Ki. xix. 10
13 1 πᾶσα ψυχὴ ἐξουσίαις ὑπερεχούσαις ὑποτασσέσθω
16 4 [3] ὑπὲρ τ. ψυχῆς μου τὸν ἑαυτῶν τράχηλον ὑπέθηκαν
1 Co **15** 45 [2] [4] ἐγένετο ὁ πρῶτος ἄνθρωπος Ἀδὰμ εἰς ψυχὴν ζῶσαν
וַיְהִי הָאָדָם לְנֶפֶשׁ חַיָּה, Gen. ii. 7
2 Co **1** 23 μάρτυρα τ. Θεὸν ἐπικαλοῦμαι ἐπὶ τ. ἐμὴν ψυχήν
12 15 ἐκδαπανηθήσομαι ὑπὲρ τ. ψυχῶν ὑμῶν
Eph **6** 6 [5] ποιοῦντες τὸ θέλημα τ. Θεοῦ ἐκ ψυχῆς
Phl **1** 27 μιᾷ ψυχῇ συναθλοῦντες τ. πίστει τ. εὐαγγελίου
2 30 παραβολευσάμενος τ. ψυχῇ
Col **3** 23 [5] ὃ ἐὰν ποιῆτε ἐκ ψυχῆς ἐργάζεσθε
1 Th **2** 8 [3] μεταδοῦναι ὑμῖν . . . τὰς ἑαυτῶν ψυχάς
5 23 [1] [2] ὁλόκληρον ὑμῶν τὸ πνεῦμα κ. ἡ ψυχὴ κ. τὸ σῶμα . . . τηρηθείη
He **4** 12 [2] διικνούμενος ἄχρι μερισμοῦ ψυχῆς κ. πνεύματος
6 19 ἣν ὡς ἄγκυραν ἔχομεν τ. ψυχῆς
10 38 οὐκ εὐδοκεῖ ἡ ψυχή μου ἐν αὐτῷ
לֹא־יָשְׁרָה נַפְשׁוֹ בּוֹ, Hab. ii. 4
39 ἀλλὰ πίστεως εἰς περιποίησιν ψυχῆς
12 3 ἵνα μὴ κάμητε τ. ψυχαῖς ὑμῶν ἐκλυόμενοι
13 17 αὐτοὶ γὰρ ἀγρυπνοῦσιν ὑπὲρ τ. ψυχῶν ὑμῶν
Ja 1 21 τ. δυνάμενον σῶσαι τ. ψυχὰς ὑμῶν
5 20 σώσει ψυχὴν αὐτοῦ ἐκ θανάτου

1 Pe **1** 9 κομιζόμενοι τὸ τέλος τ. πίστεως σωτηρίαν ψυχῶν
22 τ. ψυχὰς ὑμῶν ἡγνικότες ἐν τ. ὑπακοῇ τ. ἀληθείας
2 11 αἵτινες στρατεύονται κατὰ τ. ψυχῆς
25 ἐπεστράφητε νῦν ἐπὶ τ. ποιμένα κ. ἐπίσκοπον τ. ψυχῶν ὑμῶν
3 20 εἰς ἣν ὀλίγοι τοῦτ' ἔστιν ὀκτὼ ψυχαὶ διεσώθησαν
4 19 πιστῷ κτίστῃ παρατιθέσθωσαν τ. ψυχὰς ἐν ἀγαθοποιΐᾳ
τ. ψυχ. αὐτῶν, TWH mg. R
2 Pe **2** 8 ψυχὴν δικαίαν ἀνόμοις ἔργοις ἐβασάνιζεν
14 δελεάζοντες ψυχὰς ἀστηρίκτους
1 Jo **3** 16 [3] ἐκεῖνος ὑπὲρ ἡμῶν τ. ψυχὴν αὐτοῦ ἔθηκεν·
[3] κ. ἡμεῖς ὀφείλομεν ὑπὲρ τ. ἀδελφῶν τ. ψυχὰς θεῖναι
3 Jo 2 καθὼς εὐοδοῦταί σου ἡ ψυχή
Re **6** 9 εἶδον ὑποκάτω τ. θυσιαστηρίου τ. ψυχὰς τ. ἐσφαγμένων
8 9 ἀπέθανεν τὸ τρίτον τ. κτισμάτων τῶν ἐν τ. θαλάσσῃ τὰ ἔχοντα ψυχάς
12 11 οὐκ ἠγάπησαν τ. ψυχὴν αὐτῶν ἄχρι θανάτου
16 3 [4] πᾶσα ψυχὴ ζωῆς ἀπέθανεν τὰ ἐν τ. θαλάσσῃ
18 13 [1] σωμάτων κ. ψυχὰς ἀνθρώπων.
14 κ. ἡ ὀπώρα σου τ. ἐπιθυμίας τ. ψυχῆς ἀπῆλθεν
20 4 εἶδον . . . τ. ψυχὰς τ. πεπελεκισμένων

ΨΥΧΙΚΌΣ** 5591

1 Co **2** 14 ψυχικὸς δὲ ἄνθρωπος οὐ δέχεται τὰ τ. πνεύματος τ. Θεοῦ
15 44 σπείρεται σῶμα ψυχικόν ἐγείρεται σῶμα πνευματικόν·
εἰ ἔστιν σῶμα ψυχικὸν ἔστιν κ. πνευματικον
46 οὐ πρῶτον τὸ πνευματικὸν ἀλλὰ τὸ ψυχικόν
Ja **3** 15 ἐπίγειος ψυχική δαιμονιώδης
Ju 19 οὗτοί εἰσιν . . . ψυχικοὶ πνεῦμα μὴ ἔχοντες

ΨΎΧΟΜΑΙ 5594

Mt **24** 12 ψυγήσεται ἡ ἀγάπη τ. πολλῶν

ΨΎΧΟΣ 5592

ψῦχος, T

Jo **18** 18 ἀνθρακιὰν πεποιηκότες ὅτι ψύχος ἦν
Ac **28** 2 διὰ τ. ὑετὸν τ. ἐφεστῶτα κ. διὰ τὸ ψύχος
2 Co **11** 27 ἐν ψύχει κ. γυμνότητι

ΨΥΧΡΌΣ 5593

Mt **10** 42 ὃς ἐὰν ποτίσῃ ἕνα τ. μικρῶν τούτων ποτήριον ψυχροῦ μόνον
Re **3** 15 ὅτι οὔτε ψυχρὸς εἶ οὔτε ζεστός·
ὄφελον ψυχρὸς ἦς ἢ ζεστός·
16 οὕτως ὅτι χλιαρὸς εἶ κ. οὔτε ζεστὸς οὔτε ψυχρός

ΨΩΜΊΖΩ 5595

Ro **12** 20 ἐὰν πεινᾷ ὁ ἐχθρός σου ψώμιζε αὐτόν
אִם־רָעֵב שֹׂנַאֲךָ הַאֲכִלֵהוּ, Pr. xxv. 21
1 Co **13** 3 κἂν ψωμίσω πάντα τὰ ὑπάρχοντά μου

ΨΩΜΙ'ΟΝ * † 5596

Jo 13 26 ἐκεῖνός ἐστιν ᾧ ἐγὼ βάψω τὸ ψωμίον κ. δώσω αὐτῷ.
βάψας οὖν τὸ ψωμίον λαμβάνει
13 27 μετὰ τὸ ψωμίον τότε εἰσῆλθεν
30 λαβὼν οὖν τὸ ψωμίον ἐκεῖνος ἐξῆλθεν

ΨΩ'ΧΩ * † 5597

Lu 6 1 ἤσθιον τ. στάχυας ψώχοντες τ. χερσίν

Ω

Ὦ 5599

Mt 15 28 ὦ γύναι μεγάλη σου ἡ πίστις
17 17 ὦ γενεὰ ἄπιστος κ. διεστραμμένη
Mk 9 19 ὦ γενεὰ ἄπιστος
Lu 9 41 ὦ γενεὰ ἄπιστος κ. διεστραμμένη
24 25 ὦ ἀνόητοι κ. βραδεῖς τ. καρδίᾳ
Ac 1 1 τὸν μὲν πρῶτον λόγον ἐποιησάμην . . . ὦ Θεόφιλε
13 10 ὦ πλήρης παντὸς δόλου
18 14 εἰ μὲν ἦν ἀδίκημά τι ἢ ῥᾳδιούργημα πονηρὸν ὦ Ἰουδαῖοι
27 21 ἔδει μὲν ὦ ἄνδρες πειθαρχήσαντάς μοι
Ro 2 1 ἀναπολόγητος εἶ ὦ ἄνθρωπε πᾶς ὁ κρίνων
3 λογίζῃ δὲ τοῦτο ὦ ἄνθρωπε ὁ κρίνων
9 20 ὦ ἄνθρωπε μενοῦνγε σὺ τίς εἶ
11 33 ὦ βάθος πλούτου κ. σοφίας κ. γνώσεως Θεοῦ
Ga 3 1 ὦ ἀνόητοι Γαλάται
1 Ti 6 11 σὺ δέ, ὦ ἄνθρωπε Θεοῦ ταῦτα φεῦγε
20 ὦ Τιμόθεε τ. παραθήκην φύλαξον
Ja 2 20 θέλεις δὲ γνῶναι ὦ ἄνθρωπε κενέ

Ὦ 5598

ἄλφα, ω, T

Re 1 8 ἐγώ εἰμι τὸ Ἄλφα κ. τὸ Ὦ
21 6 ἐγὼ τὸ Ἄλφα κ. τὸ Ὦ
22 13 ἐγὼ τὸ Ἄλφα κ. τὸ Ὦ

Ὠ ΒΗ'Δ *Vide* Ἰ ΩΒΗ'Δ, 2492.2

ὯΔΕ 5602

(1) τὰ ὧδε

Mt 8 29 ἦλθες ὧδε πρὸ καιροῦ βασανίσαι ἡμᾶς;
12 6 τ. ἱεροῦ μεῖζόν ἐστιν ὧδε
41 ἰδοὺ πλεῖον Ἰωνᾶ ὧδε
42 ἰδοὺ πλεῖον Σολομῶνος ὧδε
14 8 δός μοί φησιν ὧδε ἐπὶ πίνακι
17 οὐκ ἔχομεν ὧδε εἰ μὴ πέντε ἄρτους
18 φέρετέ μοι ὧδε αὐτούς
16 28 εἰσίν τινες τῶν ὧδε ἑστώτων
17 4 καλόν ἐστιν ἡμᾶς ὧδε εἶναι·
εἰ θέλεις ποιήσω ὧδε τρεῖς σκηνάς
17 φέρετέ μοι αὐτὸν ὧδε
20 6 τί ὧδε ἑστήκατε ὅλην τ. ἡμέραν ἀργοί
22 12 πῶς εἰσῆλθες ὧδε μὴ ἔχων ἔνδυμα γάμου;
24 2 οὐ μὴ ἀφεθῇ ὧδε λίθος ἐπὶ λίθον
23 ἰδοὺ ὧδε ὁ Χριστὸς ἢ ὧδε
26 38 μείνατε ὧδε κ. γρηγορεῖτε μετ' ἐμοῦ
28 6 οὐκ ἔστιν ὧδε ἠγέρθη γάρ
Mk 6 3 οὐκ εἰσὶν αἱ ἀδελφαὶ αὐτοῦ ὧδε πρὸς ἡμᾶς;
8 4 πόθεν τούτους δυνήσεταί τις ὧδε χορτάσαι ἄρτων ἐπ' ἐρημίας;
9 1 εἰσίν τινες ὧδε τ. ἑστηκότων
5 καλόν ἐστιν ἡμᾶς ὧδε εἶναι
11 3 εὐθὺς αὐτὸν ἀποστέλλει πάλιν ὧδε
Mk 13 2 οὐ μὴ ἀφεθῇ ὧδε λίθος ἐπὶ λίθον —ὧδε, T
21 ἴδε ὧδε ὁ Χριστὸς ἴδε ἐκεῖ
14 32 καθίσατε ὧδε ἕως προσεύξωμαι
34 μείνατε ὧδε κ. γρηγορεῖτε
16 6 ἠγέρθη οὐκ ἔστιν ὧδε
Lu 4 23 ποίησον κ. ὧδε ἐν τ. πατρίδι σου
9 12 ὅτι ὧδε ἐν ἐρήμῳ τόπῳ ἐσμέν
33 καλόν ἐστιν ἡμᾶς ὧδε εἶναι
41 προσάγαγε ὧδε τ. υἱόν σου
11 31 ἰδοὺ πλεῖον Σολομῶνος ὧδε
32 ἰδοὺ πλεῖον Ἰωνᾶ ὧδε
14 21 τυφλοὺς κ. χωλοὺς εἰσάγαγε ὧδε
15 17 ἐγὼ δὲ λιμῷ ὧδε ἀπόλλυμαι
16 25 νῦν δὲ ὧδε παρακαλεῖται
17 21 οὐδὲ ἐροῦσιν Ἰδοὺ ὧδε ἢ ἐκεῖ
23 ἐροῦσιν ὑμῖν Ἰδοὺ ἐκεῖ ἢ Ἰδοὺ ὧδε
19 27 τ. μὴ θελήσαντάς με βασιλεῦσαι ἐπ' αὐτοὺς ἀγάγετε ὧδε
21 6 οὐκ ἀφεθήσεται λίθος ἐπὶ λίθῳ ὧδε —ὧδε, T
22 38 ἰδοὺ μάχαιραι ὧδε δύο
23 5 ἀρξάμενος ἀπὸ τ. Γαλιλαίας ἕως ὧδε
24 6 οὐκ ἔστιν ὧδε ἀλλὰ ἠγέρθη —h. v., [[WH]] R mg.
Jo 6 9 ἔστιν παιδάριον ὧδε
25 ῥαββεὶ πότε ὧδε γέγονας;
11 21 Κύριε εἰ ἦς ὧδε
32 Κύριε εἰ ἦς ὧδε
20 27 φέρε τ. δάκτυλόν σου ὧδε
Ac 9 14 ὧδε ἔχει ἐξουσίαν παρὰ τ. ἀρχιερέων
21 ὧδε εἰς τοῦτο ἐληλύθει
1 Co 4 2 ὧδε λοιπὸν ζητεῖται ἐν τ. οἰκονόμοις
Col 4 9 [1] πάντα ὑμῖν γνωρίσουσιν τὰ ὧδε
He 7 8 ὧδε μὲν δεκάτας ἀποθνήσκοντες ἄνθρωποι λαμβάνουσιν
13 14 οὐ γὰρ ἔχομεν ὧδε μένουσαν πόλιν
Ja 2 3 σὺ κάθου ὧδε καλῶς
Re 4 1 λέγων Ἀνάβα ὧδε κ. δείξω σοι
11 12 λεγούσης αὐτοῖς Ἀνάβατε ὧδε
13 10 ὧδέ ἐστιν ἡ ὑπομονὴ κ. ἡ πίστις τ. ἁγίων
18 ὧδε ἡ σοφία ἐστίν
14 12 ὧδε ἡ ὑπομονὴ τ. ἁγίων ἐστίν
17 9 ὧδε ὁ νοῦς ὁ ἔχων σοφίαν

ᾨΔΗ' 5603

Eph 5 19 λαλοῦντες ἑαυτοῖς ψαλμοῖς κ. ὕμνοις κ. ᾠδαῖς πνευματικαῖς
Col 3 16 ψαλμοῖς ὕμνοις ᾠδαῖς πνευματικαῖς ἐν χάριτι ᾄδοντες
Re 5 9 ᾄδουσιν ᾠδὴν καινὴν λέγοντες
14 3 ᾄδουσιν ὡς ᾠδὴν καινὴν ἐνώπιον τ. θρόνου
3 οὐδεὶς ἐδύνατο μαθεῖν τ. ᾠδήν
15 3 ᾄδουσιν τ. ᾠδὴν Μωυσέως τ. δούλου τ. Θεοῦ

᾿ΩΔΙ´Ν 5604

Mt 24 8 πάντα δὲ ταῦτα ἀρχὴ ὠδίνων
Mk 13 8 ἀρχὴ ὠδίνων ταῦτα
Ac 2 24 λύσας τ. ὠδῖνας τ. θανάτου
1 Th 5 3 ὥσπερ ἡ ὠδὶν τῇ ἐν γαστρὶ ἐχούσῃ

᾿ΩΔΙ´ΝΩ 5605

Ga 4 19 τεκνία μου οὓς πάλιν ὠδίνω
27 ῥῆξον κ. βόησον ἡ οὐκ ὠδίνουσα
פִּצְחִי רִנָּה וְצַהֲלִי לֹא־חָלָה, Is. liv. 1
Re 12 2 κράζει ὠδίνουσα κ. βασανιζομένη τεκεῖν

῏ΩΜΟΣ 5606

Mt 23 4 ἐπιτιθέασιν ἐπὶ τ. ὤμους τ. ἀνθρώπων
Lu 15 5 ἐπιτίθησιν ἐπὶ τ. ὤμους αὐτοῦ χαίρων

᾿ΩΝΕ´ΟΜΑΙ * 5608

Ac 7 16 τ. μνήματι ᾧ ὠνήσατο Ἀβραὰμ τιμῆς ἀργυρίου

᾿ΩΟ´Ν 5609

Lu 11 12 ἢ κ. αἰτήσει ᾠόν

῟ΩΡΑ 5610

(1) ὥρ. πολλή, ἐσχάτη (2) c. numer. (3) πρὸς ὥραν, καιρὸν ὥρας

Mt 8 13 ἰάθη ὁ παῖς ἐν τ. ὥρᾳ ἐκείνῃ
9 22 ἐσώθη ἡ γυνὴ ἀπὸ τ. ὥρας ἐκείνης
10 19 δοθήσεται γὰρ ὑμῖν ἐν ἐκείνῃ τ. ὥρᾳ τί λαλήσητε
14 15 ἡ ὥρα ἤδη παρῆλθεν
15 28 ἰάθη ἡ θυγάτηρ αὐτῆς ἀπὸ τ. ὥρας ἐκείνης
17 18 ἐθεραπεύθη ὁ παῖς ἀπὸ τ. ὥρας ἐκείνης
18 1 ἐν ἐκείνῃ τ. ὥρᾳ προσῆλθον οἱ μαθηταὶ
20 3 [2] ἐξελθὼν περὶ τρίτην ὥραν εἶδεν ἄλλους
5 [2] πάλιν δὲ ἐξελθὼν περὶ ἕκτην κ. ἐνάτην ὥραν
9 [2] ἐλθόντες δὲ οἱ περὶ τ. ἑνδεκάτην ὥραν
12 [2] οὗτοι οἱ ἔσχατοι μίαν ὥραν ἐποίησαν
24 36 περὶ δὲ τ. ἡμέρας ἐκείνης κ. ὥρας οὐδεὶς οἶδεν
44 ᾗ οὐ δοκεῖτε ὥρᾳ ὁ υἱὸς τ. ἀνθρώπου ἔρχεται
50 ἥξει ὁ κύριος . . . ἐν ὥρᾳ ᾗ οὐ γινώσκει
25 13 οὐκ οἴδατε τ. ἡμέραν οὐδὲ τ. ὥραν
26 40 [2] οὐκ ἰσχύσατε μίαν ὥραν γρηγορῆσαι μετ' ἐμοῦ;
45 ἰδοὺ ἤγγικεν ἡ ὥρα
55 ἐν ἐκείνῃ τ. ὥρᾳ εἶπεν ὁ Ἰησοῦς τ. ὄχλοις
27 45 [2] ἀπὸ δὲ ἕκτης ὥρας σκότος ἐγένετο ἐπὶ πᾶσαν τ. γῆν ἕως ὥρας ἐνάτης·
46 [2] περὶ δὲ τ. ἐνάτην ὥραν ἐβόησεν ὁ Ἰησοῦς
Mk 6 35 [1] ἤδη ὥρας πολλῆς γενομένης
35 [1] ἤδη ὥρα πολλή
11 11 ὀψὲ ἤδη οὔσης τ. ὥρας
13 11 ὃ ἐὰν δοθῇ ὑμῖν ἐν ἐκείνῃ τ. ὥρᾳ
32 περὶ δὲ τ. ἡμέρας ἐκείνης ἢ τ. ὥρας οὐδεὶς οἶδεν
14 35 ἵνα . . . παρέλθῃ ἀπ' αὐτοῦ ἡ ὥρα
37 [2] οὐκ ἴσχυσας μίαν ὥραν γρηγορῆσαι;
41 ἀπέχει ἦλθεν ἡ ὥρα
15 25 [2] ἦν δὲ ὥρα τρίτη κ. ἐσταύρωσαν αὐτόν
Mk 15 33 [2] γενομένης ὥρας ἕκτης σκότος ἐγένετο ἐφ' ὅλην τ. γῆν ἕως ὥρας ἐνάτης·
34 [2] κ. τ. ἐνάτῃ ὥρᾳ ἐβόησεν ὁ Ἰησοῦς
Lu 1 10 πᾶν τὸ πλῆθος ἦν τ. λαοῦ προσευχόμενον ἔξω τ. ὥρᾳ τ. θυμιάματος
2 38 αὐτῇ τ. ὥρᾳ ἐπιστᾶσα ἀνθωμολογεῖτο
7 21 ἐν ἐκείνῃ τ. ὥρᾳ ἐθεράπευσεν πολλοὺς ἀπὸ νόσων
10 21 ἐν αὐτῇ τ. ὥρᾳ ἠγαλλιάσατο τ. πνεύματι τ. ἁγίῳ
12 12 τὸ γὰρ ἅγιον πνεῦμα διδάξει ὑμᾶς ἐν αὐτῇ τ. ὥρᾳ
39 εἰ ᾔδει . . . ποίᾳ ὥρᾳ ὁ κλέπτης ἔρχεται
40 ᾗ ὥρᾳ οὐ δοκεῖτε ὁ υἱὸς τ. ἀνθρώπου ἔρχεται
46 ἥξει ὁ κύριος . . . ἐν ὥρᾳ ᾗ οὐ γινώσκει
13 31 ἐν αὐτῇ τ. ὥρᾳ προσῆλθάν τινες Φαρισαῖοι
14 17 ἀπέστειλεν τ. δοῦλον αὐτοῦ τ. ὥρᾳ τ. δείπνου
20 19 ἐπιβαλεῖν ἐπ' αὐτὸν τ. χεῖρας ἐν αὐτῇ τ. ὥρᾳ
22 14 ὅτε ἐγένετο ἡ ὥρα ἀνέπεσεν
53 αὕτη ἐστὶν ὑμῶν ἡ ὥρα
59 [2] διαστάσης ὡσεὶ ὥρας μιᾶς
23 44 [2] ἦν ἤδη ὡσεὶ ὥρα ἕκτη κ. σκότος ἐγένετο ἐφ' ὅλην τ. γῆν ἕως ὥρας ἐνάτης
24 33 ἀναστάντες αὐτῇ τ. ὥρᾳ ὑπέστρεψαν
Jo 1 39 [2] ὥρα ἦν ὡς δεκάτη
2 4 οὔπω ἥκει ἡ ὥρα μου
4 6 [2] ὥρα ἦν ὡς ἕκτη
21 πίστευέ μοι γύναι ὅτι ἔρχεται ὥρα
23 ἀλλὰ ἔρχεται ὥρα κ. νῦν ἐστίν
52 ἐπύθετο οὖν τ. ὥραν παρ' αὐτῶν
52 [2] ἐχθὲς ὥραν ἑβδόμην ἀφῆκεν αὐτὸν ὁ πυρετός.
53 ἔγνω οὖν ὁ πατὴρ ὅτι ἐκείνῃ τ. ὥρᾳ
5 25 ἔρχεται ὥρα κ. νῦν ἐστίν
28 ἔρχεται ὥρα ἐν ᾗ πάντες . . . ἀκούσουσιν
35 [3] ἠθελήσατε ἀγαλλιαθῆναι πρὸς ὥραν ἐν τ. φωτὶ αὐτοῦ
7 30 ὅτι οὔπω ἐληλύθει ἡ ὥρα αὐτοῦ
8 20 ὅτι οὔπω ἐληλύθει ἡ ὥρα αὐτοῦ
11 9 [2] οὐχὶ δώδεκα ὧραί εἰσιν τ. ἡμέρας;
12 23 ἐλήλυθεν ἡ ὥρα ἵνα δοξασθῇ
27 πάτερ σῶσόν με ἐκ τ. ὥρας ταύτης.
ἀλλὰ διὰ τοῦτο ἦλθον εἰς τ. ὥραν ταύτην
13 1 εἰδὼς ὁ Ἰησοῦς ὅτι ἦλθεν αὐτοῦ ἡ ὥρα
16 2 ἔρχεται ὥρα ἵνα πᾶς ὁ ἀποκτείνας ὑμᾶς δόξῃ
4 ἵνα ὅταν ἔλθῃ ἡ ὥρα αὐτῶν μνημονεύητε —αὐτῶν, T
21 λύπην ἔχει ὅτι ἦλθεν ἡ ὥρα αὐτῆς
25 ἔρχεται ὥρα ὅτε οὐκέτι ἐν παροιμίαις λαλήσω ὑμῖν
32 ἰδοὺ ἔρχεται ὥρα κ. ἐλήλυθεν
17 1 πάτερ ἐλήλυθεν ἡ ὥρα
19 14 [2] ὥρα ἦν ὡς ἕκτη
27 ἀπ' ἐκείνης τ. ὥρας ἔλαβεν ὁ μαθητὴς αὐτήν
Ac 2 15 [2] ἔστιν γὰρ ὥρα τρίτη τ. ἡμέρας
3 1 [2] ἀνέβαινον εἰς τὸ ἱερὸν ἐπὶ τ. ὥραν τ. προσευχῆς τ. ἐνάτην
5 7 [2] ἐγένετο δὲ ὡς ὡρῶν τριῶν διάστημα
10 3 [2] εἶδεν . . . ὡσεὶ περὶ ὥραν ἐνάτην τ. ἡμέρας
9 [2] ἀνέβη Πέτρος ἐπὶ τὸ δῶμα προσεύξασθαι περὶ ὥραν ἕκτην
30 [2] ἀπὸ τετάρτης ἡμέρας μέχρι ταύτης τ. ὥρας ἤμην τ. ἐνάτην προσευχόμενος
16 18 ἐξῆλθεν αὐτῇ τ. ὥρᾳ

Ac 16 33 παραλαβὼν αὐτοὺς ἐν ἐκείνῃ τ. ὥρᾳ τ. νυκτός
19 9 [2] διαλεγόμενος . . . ἀπὸ ὥρας ε̄ ἕως δεκάτης
—ἀπ. ὥρ. ε̄ ἕως δεκ., TWH non mg. R
34 [2] ὡσεὶ ἐπὶ ὥρας δύο κραζόντων
22 13 κἀγὼ αὐτῇ τ. ὥρᾳ ἀνέβλεψα εἰς αὐτόν
23 23 [2] ἑτοιμάσατε . . . ἀπὸ τρίτης ὥρας τ. νυκτός
Ro 13 11 ὥρα ἤδη ὑμᾶς ἐξ ὕπνου ἐγερθῆναι
I Co 4 11 ἄχρι τῆς ἄρτι ὥρας κ. πεινῶμεν κ. διψῶμεν
15 30 τί κ. ἡμεῖς κινδυνεύομεν πᾶσαν ὥραν;
II Co 7 8 [8] ἡ ἐπιστολὴ ἐκείνη εἰ κ. πρὸς ὥραν ἐλύπησεν ὑμᾶς
Ga 2 5 [8] οἷς οὐδὲ πρὸς ὥραν εἴξαμεν τ. ὑποταγῇ
I Th 2 17 [8] ἀπορφανισθέντες ἀφ' ὑμῶν πρὸς καιρὸν ὥρας
Phm 15 [8] τάχα γὰρ διὰ τοῦτο ἐχωρίσθη πρὸς ὥραν
I Jo 2 18 [1] παιδία ἐσχάτη ὥρα ἐστίν
18 [1] ὅθεν γινώσκομεν ὅτι ἐσχάτη ὥρα ἐστίν
Re 3 3 οὐ μὴ γνῷς ποίαν ὥραν ἥξω ἐπὶ σε
10 κἀγώ σε τηρήσω ἐκ τ. ὥρας τ. πειρασμοῦ
9 15 οἱ ἡτοιμασμένοι εἰς τ. ὥραν κ. ἡμέραν
11 13 ἐν ἐκείνῃ τ. ὥρᾳ ἐγένετο σεισμὸς μέγας
14 7 ἦλθεν ἡ ὥρα τ. κρίσεως αὐτοῦ
15 ὅτι ἦλθεν ἡ ὥρα θερίσαι
17 12 [2] ἐξουσίαν ὡς βασιλεῖς μίαν ὥραν λαμβάνουσιν
18 10 [2] μιᾷ ὥρᾳ ἦλθεν ἡ κρίσις σου
μίαν ὥραν, WH mg.
16 [2] μιᾷ ὥρᾳ ἠρημώθη ὁ τοσοῦτος πλοῦτος
19 [2] ὅτι μιᾷ ὥρᾳ ἠρημώθη

ὩΡΑΙ͂ΟΣ 5611

Mt 23 27 οἵτινες ἔξωθεν μὲν φαίνονται ὡραῖοι
Ac 3 2 τ. θύραν τ. ἱεροῦ τ. λεγομένην Ὡραίαν
10 καθήμενος ἐπὶ τ. Ὡραίᾳ πύλῃ τ. ἱεροῦ
Ro 10 15 ὡς ὡραῖοι οἱ πόδες τ. εὐαγγελιζομένων ἀγαθά
מַה־נָּאווּ עַל־הֶהָרִים רַגְלֵי . . . מְבַשֵּׂר טוֹב
Is. lii. 7

ὨΡΎΟΜΑΙ 5612

I Pe 5 8 ὡς λέων ὠρυόμενος περιπατεῖ

ὩΣ 5613 cf. 5613.5

(1) εἶναι, γίνεσθαι ὡς (2) ὡς . . . καί (3) ὡς . . . οὕτως (4) ὡς οὐκ, οὐχ ὡς, μὴ ὡς (5) c. numer. (6) ὡς ἄν (7) ὡς ὅταν, ὅτι (8) c. adj. et partic. (9) c. adv.

Mt 1 24 ἐποίησεν ὡς προσέταξεν αὐτῷ ὁ ἄγγελος Κυρίου
5 48 ὡς ὁ πατὴρ ὑμῶν ὁ οὐράνιος τέλειός ἐστιν
6 5 [1] ὅταν προσεύχησθε οὐκ ἔσεσθε ὡς οἱ ὑποκριταί
10 [2] ὡς ἐν οὐρανῷ κ. ἐπὶ γῆς
12 ὡς κ. ἡμεῖς ἀφήκαμεν τ. ὀφειλέταις ἡμῶν
16 [1] μὴ γίνεσθε ὡς οἱ ὑποκριταὶ σκυθρωποί
29 οὐδὲ Σολομὼν . . . περιεβάλετο ὡς ἓν τούτων
7 29 [4 8] ἦν γὰρ διδάσκων αὐτοὺς ὡς ἐξουσίαν ἔχων κ. οὐχ ὡς οἱ γραμματεῖς αὐτῶν
8 13 ὡς ἐπίστευσας γενηθήτω σοι
10 16 ἀποστέλλω ὑμᾶς ὡς πρόβατα ἐν μέσῳ λύκων· γίνεσθε οὖν φρόνιμοι ὡς οἱ ὄφεις, κ. ἀκέραιοι ὡς αἱ περιστεραί
Mt 10 25 [1] ἵνα γένηται ὡς ὁ διδάσκαλος αὐτοῦ,
[1] κ. ὁ δοῦλος ὡς ὁ κύριος αὐτοῦ
12 13 ἀπεκατεστάθη ὑγιὴς ὡς ἡ ἄλλη
13 43 τότε οἱ δίκαιοι ἐκλάμψουσιν ὡς ὁ ἥλιος
14 5 ὅτι ὡς προφήτην αὐτὸν εἶχον
15 28 γενηθήτω σοι ὡς θέλεις
38 [5] οἱ δὲ ἐσθίοντες ἦσαν ὡς τετρακισχίλιοι ἄνδρες
—ὡς, TWH non mg. R
17 2 ἔλαμψεν τὸ πρόσωπον αὐτοῦ ὡς ὁ ἥλιος, τὰ δὲ ἱμάτια αὐτοῦ ἐγένετο λευκὰ ὡς τὸ φῶς
20 ἐὰν ἔχητε πίστιν ὡς κόκκον σινάπεως
18 3 [1] ἐὰν μὴ στραφῆτε κ. γένησθε ὡς τὰ παιδία
4 ὅστις οὖν ταπεινώσει ἑαυτὸν ὡς τὸ παιδίον τοῦτο
33 ὡς κἀγώ σε ἠλέησα
19 19 ἀγαπήσεις τὸν πλησίον σου ὡς σεαυτόν
אָהַבְתָּ לְרֵעֲךָ כָּמוֹךָ, Lev. xix. 18
20 14 θέλω δὲ τούτῳ τ. ἐσχάτῳ δοῦναι ὡς κ. σοι
21 26 πάντες γὰρ ὡς προφήτην ἔχουσιν τ. Ἰωάνην
22 30 ἀλλ' ὡς ἄγγελοι ἐν τ. οὐρανῷ εἰσίν
39 ἀγαπήσεις τὸν πλησίον σου ὡς σεαυτόν, Lev. *l.c.*
24 38 ὡς γὰρ ἦσαν ἐν τ. ἡμέραις ἐκείναις
26 19 ἐποίησαν οἱ μαθηταὶ ὡς συνέταξεν αὐτοῖς ὁ Ἰησοῦς
39 [4] πλὴν οὐχ ὡς ἐγὼ θέλω ἀλλ' ὡς σύ
55 ὡς ἐπὶ λῃστὴν ἐξήλθατε μετὰ μαχαιρῶν
27 65 ἀσφαλίσασθε ὡς οἴδατε
28 3 [1] ἦν δὲ ἡ εἰδέα αὐτοῦ ὡς ἀστραπή, κ. τὸ ἔνδυμα αὐτοῦ λευκὸν ὡς χιών
4 [1] ἐγενήθησαν ὡς νεκροί
15 οἱ δὲ λαβόντες ἀργύρια ἐποίησαν ὡς ἐδιδάχθησαν
Mk 1 10 τὸ πνεῦμα ὡς περιστερὰν καταβαῖνον εἰς αὐτόν
22 [4 8] ἦν γὰρ διδάσκων αὐτοὺς ὡς ἐξουσίαν ἔχων κ. οὐχ ὡς οἱ γραμματεῖς
4 26 [3] οὕτως ἐστὶν ἡ βασιλεία τ. Θεοῦ ὡς ἄνθρωπος βάλῃ τ. σπόρον
27 [4] ὁ σπόρος βλαστᾷ κ. μηκύνηται ὡς οὐκ οἶδεν αὐτός
31 ὡς κόκκῳ σινάπεως
36 παραλαμβάνουσιν αὐτὸν ὡς ἦν ἐν τ. πλοίῳ
5 13 [5] ὥρμησεν ἡ ἀγέλη . . . ὡς δισχίλιοι
6 15 [5] προφήτης ὡς εἷς τ. προφητῶν
34 [1] ἦσαν ὡς πρόβατα μὴ ἔχοντα ποιμένα
7 6 ὡς γέγραπται
37 ὡς κ. τ. κωφοὺς ποιεῖ ἀκούειν
—ὡς, TWH non mg. R
8 9 [5] ἦσαν δὲ ὡς τετρακισχίλιοι
24 ὅτι ὡς δένδρα ὁρῶ περιπατοῦντας
10 1 ὡς εἰώθει πάλιν ἐδίδασκεν αὐτούς
15 ὃς ἂν μὴ δέξηται τ. βασιλείαν τ. Θεοῦ ὡς παιδίον
12 25 [1] ἀλλ' εἰσὶν ὡς ἄγγελοι ἐν τ. οὐρανοῖς
31 ἀγαπήσεις τὸν πλησίον σου ὡς σεαυτόν, Lev. *l.c.*
33 τὸ ἀγαπᾶν τὸν πλησίον ὡς ἑαυτόν
13 34 ὡς ἄνθρωπος ἀπόδημος ἀφεὶς τ. οἰκίαν αὐτοῦ
14 48 ὡς ἐπὶ λῃστὴν ἐξήλθατε μετὰ μαχαιρῶν
Lu 1 56 [5] ἔμεινεν δὲ Μαριὰμ σὺν αὐτῇ ὡς μῆνας τρεῖς
3 4 ὡς γέγραπται ἐν βίβλῳ λόγων Ἠσαίου

Lu 8 22 τὸ πνεῦμα τὸ ἅγιον σωματικῷ εἴδει ὡς περιστεράν
23 ὢν υἱὸς ὡς ἐνομίζετο Ἰωσήφ
6 22 [8] ὅταν . . . ἐκβάλωσιν τὸ ὄνομα ὑμῶν ὡς πονηρόν
40 [1] κατηρτισμένος δὲ πᾶς ἔσται ὡς ὁ διδάσκαλος αὐτοῦ
8 42 [5] θυγάτηρ μονογενὴς ἦν αὐτῷ ὡς ἐτῶν δώδεκα
9 54 ὡς κ. Ἠλείας ἐποίησεν
—h. v., TWH non mg. R non mg.
10 3 ἀποστέλλω ὑμᾶς ὡς ἄρνας ἐν μέσῳ λύκων
18 ἐθεώρουν τ. Σατανᾶν ὡς ἀστραπὴν ἐκ τ. οὐρανοῦ πεσόντα
ἐκ τ. οὐρ. ὡς ἀστρ., WH mg.
27 ἀγαπήσεις . . . τὸν πλησίον σου ὡς σεαυτόν, Lev. *l.c.*
11 2 [1] ὡς ἐν οὐρανῷ κ. ἐπὶ γῆς
—h. v., TWHR non mg.
36 [7] ὡς ὅταν ὁ λύχνος τ. ἀστραπῇ φωτίζῃ σε
44 [1] ὅτι ἐστὲ ὡς τὰ μνημεῖα τὰ ἄδηλα
ἐστ. μν. ἄδ., WH mg.
12 27 οὐδὲ Σολομὼν . . . περιεβάλετο ὡς ἓν τούτων
15 19 ποίησόν με ὡς ἕνα τ. μισθίων σου
21 ποίησόν με ὡς ἕνα τ. μισθίων σου
—h. v., T [WH] R non mg.
16 1 [8] διεβλήθη αὐτῷ ὡς διασκορπίζων τὰ ὑπάρχοντα αὐτοῦ
17 6 εἰ ἔχετε πίστιν ὡς κόκκον σινάπεως
18 11 [1] οὐκ εἰμὶ ὡς οἱ λοιποὶ τ. ἀνθρώπων
ὥσπερ, TWH non mg. R
11 ἢ κ. ὡς οὗτος ὁ τελώνης
17 ὃς ἂν μὴ δέξηται τ. βασιλείαν τ. Θεοῦ ὡς παιδίον
21 35 μήποτε . . . ἐπιστῇ ἐφ' ὑμᾶς αἰφνίδιος ἡ ἡμέρα ἐκείνη ὡς παγίς
22 26 [1] ὁ μείζων ἐν ὑμῖν γινέσθω ὡς ὁ νεώτερος· [1] κ. ὁ ἡγούμενος ὡς ὁ διακονῶν
27 [1] ἐγὼ δὲ ἐν μέσῳ ὑμῶν εἰμὶ ὡς ὁ διακονῶν
31 ἐξῃτήσατο ὑμᾶς τοῦ σινιάσαι ὡς τ. σῖτον
52 ὡς ἐπὶ λῃστὴν ἐξήλθατε μετὰ μαχαιρῶν
23 14 [8] προσηνέγκατέ μοι τ. ἄνθρωπον τοῦτον ὡς ἀποστρέφοντα τ. λαόν
Jo 1 14 δόξαν ὡς μονογενοῦς παρὰ πατρός
32 τεθέαμαι τὸ πνεῦμα καταβαῖνον ὡς περιστεράν
39 [5] ὥρα ἦν ὡς δεκάτη
4 6 [5] ὥρα ἦν ὡς ἕκτη
6 10 [5] ἀνέπεσαν οὖν οἱ ἄνδρες τ. ἀριθμὸν ὡς πεντακισχίλιοι
19 [5] ἐληλακότες οὖν ὡς σταδίους εἴκοσι πέντε ἢ τριάκοντα
7 10 οὐ φανερῶς ἀλλὰ ὡς ἐν κρυπτῷ
—ὡς, T
46 [8] ὡς οὗτος λαλεῖ ὁ ἄνθρωπος
—h. v., WHR
11 18 [5] ἐγγὺς τ. Ἱεροσολύμων ὡς ἀπὸ σταδίων δεκαπέντε
15 6 ἐβλήθη ἔξω ὡς τὸ κλῆμα
19 14 [5] ὥρα ἦν ὡς ἕκτη
39 [5] φέρων ἕλιγμα σμύρνης κ. ἀλόης ὡς λίτρας ἑκατόν
21 8 [5] οὐ γὰρ ἦσαν μακρὰν ἀπὸ τ. γῆς ἀλλὰ ὡς ἀπὸ πηχῶν διακοσίων
Ac 1 15 [5] ἦν τε ὄχλος ὀνομάτων ἐπὶ τὸ αὐτὸ ὡς ἑκατὸν εἴκοσι
ὡσεί, T

Ac 2 15 οὐ γὰρ ὡς ὑμεῖς ὑπολαμβάνετε οὗτοι μεθύουσιν
3 12 [8] ἡμῖν τί ἀτενίζετε ὡς ἰδίᾳ δυνάμει ἢ εὐσεβείᾳ πεποιηκόσιν
22 προφήτην ὑμῖν ἀναστήσει Κύριος ὁ Θεὸς . . . ὡς ἐμέ
נָבִיא . . . כָּמֹנִי יָקִים לְךָ יְהוָה אֱלֹהֶיךָ, Dt. xviii. 15
4 4 [5] ἐγενήθη ἀριθμὸς τ. ἀνδρῶν ὡς χιλιάδες πέντε
—ὡς, T
5 7 [5] ἐγένετο δὲ ὡς ὡρῶν τριῶν διάστημα
36 [5] ᾧ προσεκλίθη ἀνδρῶν ἀριθμὸς ὡς τετρακοσίων
7 37 προφήτην ὑμῖν ἀναστήσει ὁ Θεὸς . . . ὡς ἐμέ, Dt. *l.c.*
51 [2] ὡς οἱ πατέρες ὑμῶν κ. ὑμεῖς
8 32 ὡς πρόβατον ἐπὶ σφαγὴν ἤχθη,
כַּשֶּׂה לַטֶּבַח יוּבָל, Is. liii. 7
[8] κ. ὡς ἀμνὸς ἐναντίον τ. κείροντος αὐτὸν ἄφωνος
וּכְרָחֵל לִפְנֵי גֹזְזֶיהָ נֶאֱלָמָה, *ib.*
9 18 ἀπέπεσαν αὐτοῦ ἀπὸ τ. ὀφθαλμῶν ὡς λεπίδες
10 11 σκεῦός τι ὡς ὀθόνην μεγάλην
47 τὸ πνεῦμα τὸ ἅγιον ἔλαβον ὡς κ. ἡμεῖς
11 5 σκεῦός τι ὡς ὀθόνην μεγάλην
17 τ. ἴσην δωρεὰν ἔδωκεν αὐτοῖς ὁ Θεὸς ὡς κ. ἡμῖν
13 18 [5] ὡς τεσσερακονταετῆ χρόνον ἐτροποφόρησεν αὐτούς
20 [5] κατεκληρονόμησεν τ. γῆν αὐτῶν ὡς ἔτεσι τετρακοσίοις κ. πεντήκοντα
33 ὡς κ. ἐν τ. ψαλμῷ γέγραπται τ. δευτέρῳ
17 15 [9] ἵνα ὡς τάχιστα ἔλθωσιν πρὸς αὐτόν
22 [8] κατὰ πάντα ὡς δεισιδαιμονεστέρους ὑμᾶς θεωρῶ
28 ὡς κ. τινες τῶν καθ' ὑμᾶς ποιητῶν εἰρήκασιν
19 34 [5] ὡς ἐπὶ ὥρας δύο κραζόντες
ὡσεὶ . . . κράζοντων, WH non mg.
22 5 ὡς κ. ὁ ἀρχιερεὺς μαρτυρεῖ μοι
23 11 [3] ὡς γὰρ διεμαρτύρω τὰ περὶ ἐμοῦ εἰς Ἱερουσαλήμ
15 [8] ὡς μέλλοντας διαγινώσκειν ἀκριβέστερον
20 [8] ὡς μέλλων τι ἀκριβέστερον πυνθάνεσθαι
25 10 ὡς κ. σὺ κάλλιον ἐπιγινώσκεις
27 30 [8] προφάσει ὡς ἐκ πρῴρης ἀγκύρας μελλόντων ἐκτείνειν
37 [5] αἱ πᾶσαι ψυχαὶ ἐν τ. πλοίῳ ὡς ἑβδομήκοντα ἕξ
διακοσίαι, TWH mg. R non mg.
28 19 [4] [8] οὐχ ὡς τ. ἔθνους μου ἔχων τι κατηγορεῖν
Ro 1 9 [9] ὡς ἀδιαλείπτως μνείαν ὑμῶν ποιοῦμαι
21 [4] οὐχ ὡς Θεὸν ἐδόξασαν
3 7 τί ἔτι κἀγὼ ὡς ἁμαρτωλὸς κρίνομαι
4 17 [8] τοῦ . . . καλοῦντος τὰ μὴ ὄντα ὡς ὄντα
5 15 [8] [4] οὐχ ὡς τὸ παράπτωμα οὕτως κ. τὸ χάρισμα
16 [4] οὐχ ὡς δι' ἑνὸς ἁμαρτήσαντος τὸ δώρημα
18 [8] ὡς δι' ἑνὸς παραπτώματος εἰς πάντας ἀνθρώπους εἰς κατάκριμα
8 36 ἐλογίσθημεν ὡς πρόβατα σφαγῆς
נֶחְשַׁבְנוּ כְּצֹאן טִבְחָה, Ps. xliv. 23

Ro 9 25 ὡς κ. ἐν τῷ Ὡσηὲ λέγει
27 [1] ἐὰν ᾖ ὁ ἀριθμὸς τ. υἱῶν Ἰσραὴλ ὡς ἡ ἄμμος τ. θαλάσσης
אִם־יִהְיֶה עַמְּךָ יִשְׂרָאֵל כְּחוֹל הַיָּם, Is. x. 22
29 [1] ὡς Σόδομα ἂν ἐγενήθημεν,
כִּסְדֹם הָיִינוּ, Is. i. 9
κ. ὡς Γόμορρα ἂν ὡμοιώθημεν
לַעֲמֹרָה דָּמִינוּ, *ib.*
32 ὅτι οὐκ ἐκ πίστεως ἀλλ' ὡς ἐξ ἔργων
10 15 [8] ὡς ὡραῖοι οἱ πόδες τ. εὐαγγελιζομένων ἀγαθά
מַה־נָּאווּ עַל־הֶהָרִים רַגְלֵי . . . מְבַשֵּׂר טוֹב Is. lii. 7
11 2 ὡς ἐντυγχάνει τ. Θεῷ κατὰ τοῦ Ἰσραήλ
33 [8] ὡς ἀνεξεραύνητα τὰ κρίματα αὐτοῦ
12 3 ἑκάστῳ ὡς ὁ Θεὸς ἐμέρισεν μέτρον πίστεως
13 9 ἀγαπήσεις τὸν πλησίον σου ὡς σεαυτόν, Lev. *l.c.*
13 ὡς ἐν ἡμέρᾳ εὐσχημόνως περιπατήσωμεν
15 15 [8] ὡς ἐπαναμιμνήσκων ὑμᾶς
I Co 3 1 [8] οὐκ ἠδυνήθην λαλῆσαι ὑμῖν ὡς πνευματικοῖς
[8] ἀλλ' ὡς σαρκίνοις ὡς νηπίοις ἐν Χριστῷ
5 ἑκάστῳ ὡς ὁ Κύριος ἔδωκεν
10 ὡς σοφὸς ἀρχιτέκτων θεμέλιον ἔθηκα
15 [8] αὐτὸς δὲ σωθήσεται οὕτως δὲ ὡς διὰ πυρός
4 1 [8] οὕτως ἡμᾶς λογιζέσθω ἄνθρωπος ὡς ὑπηρέτας Χριστοῦ
7 [4 8] τί καυχᾶσαι ὡς μὴ λαβών;
9 [8] ἡμᾶς τ. ἀποστόλους ἐσχάτους ἀπέδειξεν ὡς ἐπιθανατίους
13 [1] ὡς περικαθάρματα τ. κόσμου ἐγενήθημεν
14 ἀλλ' ὡς τέκνα μου ἀγαπητὰ νουθετῶν
18 [4 8] ὡς μὴ ἐρχομένου δέ μου πρὸς ὑμᾶς
5 3 [8] ἤδη κέκρικα ὡς παρών
7 7 [1] θέλω δὲ πάντας ἀνθρώπους εἶναι ὡς κ. ἐμαυτόν
8 καλὸν αὐτοῖς ἐὰν μείνωσιν ὡς κἀγώ
17 εἰ μὴ ἑκάστῳ ὡς μεμέρικεν ὁ Κύριος·
[8] ἕκαστον ὡς κέκληκεν ὁ Θεός
25 [8] γνώμην δὲ δίδωμι ὡς ἠλεημένος
29 [1 4 8] ἵνα κ. οἱ ἔχοντες γυναῖκας ὡς μὴ ἔχοντες ὦσιν·
30 [1 4 8] κ. οἱ κλαίοντες ὡς μὴ κλαίοντες·
[1 4 8] κ. οἱ χαίροντες ὡς μὴ χαίροντες·
[1 4 8] κ. οἱ ἀγοράζοντες ὡς μὴ κατέχοντες·
31 [1 4 8] κ. οἱ χρώμενοι τ. κόσμον ὡς μὴ καταχρώμενοι
8 7 [4 8] ὡς εἰδωλόθυτον ἐσθίουσιν
9 5 γυναῖκα περιάγειν ὡς κ. οἱ λοιποὶ ἀπόστολοι
20 [1] ἐγενόμην τ. Ἰουδαίοις ὡς Ἰουδαῖος
20 [1] τοῖς ὑπὸ νόμον ὡς ὑπὸ νόμον
21 [1 8] τ. ἀνόμοις ὡς ἄνομος
26 [8 4 9] οὕτως τρέχω ὡς οὐκ ἀδήλως·
[8 4 8] οὕτως πυκτεύω ὡς οὐκ ἀέρα δέρων
10 15 [8] ὡς φρονίμοις λέγω
12 2 [6] πρὸς τὰ εἴδωλα τὰ ἄφωνα ὡς ἂν ἤγεσθε ἀπαγόμενοι
13 11 [8] ὅτε ἤμην νήπιος ἐλάλουν ὡς νήπιος,
[8] ἐφρόνουν ὡς νήπιος ἐλογιζόμην ὡς νήπιος
14 33 ὡς ἐν πάσαις τ. ἐκκλησίαις τ. ἁγίων
16 10 τὸ γὰρ ἔργον Κυρίου ἐργάζεται ὡς ἐγώ

II Co 1 7 [3] ὡς κοινωνοί ἐστε τ. παθημάτων οὕτως κ. τ. παρακλήσεως
2 17 [1] οὐ γάρ ἐσμεν ὡς οἱ πολλοί
17 ἀλλ' ὡς ἐξ εἰλικρινίας ἀλλ' ὡς ἐκ Θεοῦ
3 1 ἢ μὴ χρῄζομεν ὥς τινες συστατικῶν ἐπιστολῶν
5 λογίσασθαί τι ὡς ἐξ αὐτῶν
5 20 ὡς τ. Θεοῦ παρακαλοῦντος δι' ἡμῶν
6 4 συνιστάνοντες ἑαυτοὺς ὡς Θεοῦ διάκονοι
8 [8] ὡς πλάνοι κ. ἀληθεῖς,
9 [8] ὡς ἀγνοούμενοι κ. ἐπιγινωσκόμενοι,
[8] ὡς ἀποθνήσκοντες κ. ἰδοὺ ζῶμεν
[8] ὡς παιδευόμενοι κ. μὴ θανατούμενοι,
10 [8] ὡς λυπούμενοι ἀεὶ δὲ χαίροντες,
[8] ὡς πτωχοὶ πολλοὺς δὲ πλουτίζοντες,
[8] ὡς μηδὲν ἔχοντες κ. πάντα κατέχοντες
13 ὡς τέκνοις λέγω
7 14 [8] ὡς πάντα ἐν ἀληθείᾳ ἐλαλήσαμεν ὑμῖν
9 5 [8 4] οὕτως ὡς εὐλογίαν κ. μὴ ὡς πλεονεξίαν
10 2 [8] τ. λογιζομένους ἡμᾶς ὡς κατὰ σάρκα περιπατοῦντας
9 [6] ἵνα μὴ δόξω ὡς ἂν ἐκφοβεῖν ὑμᾶς
14 [4 8] οὐ γὰρ ὡς μὴ ἐφικνούμενοι εἰς ὑμᾶς
ὡς γὰρ μή, WH mg.
11 3 ὡς ὁ ὄφις ἐξηπάτησεν Εὕαν
15 μετασχηματίζονται ὡς διάκονοι δικαιοσύνης
16 [8] κἂν ὡς ἄφρονα δέξασθέ με
17 οὐ κατὰ Κύριον λαλῶ ἀλλ' ὡς ἐν ἀφροσύνῃ
21 [7] κατὰ ἀτιμίαν λέγω ὡς ὅτι ἡμεῖς ἠσθενήκαμεν
13 2 [2 8] προλέγω ὡς παρὼν τὸ δεύτερον
7 [8] ἡμεῖς δὲ ὡς ἀδόκιμοι ὦμεν
Ga 1 9 [2] ὡς προειρήκαμεν κ. ἄρτι πάλιν λέγω
3 16 [5] οὐ λέγει . . . ὡς ἐπὶ πολλῶν ἀλλ' ὡς ἐφ' ἑνός
4 12 [1] γίνεσθε ὡς ἐγὼ ὅτι κἀγὼ ὡς ὑμεῖς
14 ἀλλὰ ὡς ἄγγελον Θεοῦ ἐδέξασθέ με
5 14 ἀγαπήσεις τὸν πλησίον σου ὡς σεαυτόν, Lev. *l.c.*
6 10 ἄρα οὖν ὡς καιρὸν ἔχωμεν
Eph 2 3 ἤμεθα τέκνα φύσει ὀργῆς ὡς κ. οἱ λοιποί
3 5 ὡς νῦν ἀπεκαλύθη τ. ἁγίοις ἀποστόλοις
5 1 μιμηταὶ τ. Θεοῦ ὡς τέκνα ἀγαπητά
8 ὡς τέκνα φωτὸς περιπατεῖτε
15 [4 8] περιπατεῖτε μὴ ὡς ἄσοφοι ἀλλ' ὡς σοφοί
22 αἱ γυναῖκες τ. ἰδίοις ἀνδράσιν ὡς τ. Κυρίῳ
23 ὡς κ. ὁ Χριστὸς κεφαλὴ τ. ἐκκλησίας
24 [3] ὡς ἡ ἐκκλησία ὑποτάσσεται τ. Χριστῷ
28 [8] οὕτως . . . ἀγαπᾶν τὰς ἑαυτῶν γυναῖκας ὡς τὰ ἑαυτῶν σώματα
33 [8] τὴν ἑαυτοῦ γυναῖκα οὕτως ἀγαπάτω ὡς ἑαυτόν
6 5 ἐν ἁπλότητι τ. καρδίας ὑμῶν ὡς τ. Χριστῷ.
6 [8] μὴ κατ' ὀφθαλμοδουλίαν ὡς ἀνθρωπάρεσκοι,
ἀλλ' ὡς δοῦλοι Χριστοῦ
7 μετ' εὐνοίας δουλεύοντες ὡς τ. Κυρίῳ
20 ἵνα ἐν αὐτῷ παρρησιάσωμαι ὡς δεῖ με λαλῆσαι
Phl 1 20 [2 9] ὡς πάντοτε κ. νῦν μεγαλυνθήσεται Χριστός
2 7 σχήματι εὑρεθεὶς ὡς ἄνθρωπος
12 [4] μὴ ὡς ἐν τ. παρουσίᾳ μου μόνον
—ὡς, [WH] R mg.
15 ἐν οἷς φαίνεσθε ὡς φωστῆρες ἐν κόσμῳ
22 ὡς πατρὶ τέκνον σὺν ἐμοὶ ἐδούλευσεν
Col 2 20 [8] τί ὡς ζῶντες ἐν κόσμῳ δογματίζεσθε;
3 12 [8] ἐνδύσασθε οὖν ὡς ἐκλεκτοὶ τ. Θεοῦ
18 ὑποτάσσεσθε τ. ἀνδράσιν ὡς ἀνῆκεν ἐν Κυρίῳ

Col 3 22 [8] μὴ ἐν ὀφθαλμοδουλίαις ὡς ἀνθρωπάρεσκοι
23 ἐκ ψυχῆς ἐργάζεσθε ὡς τ. Κυρίῳ
4 4 ἵνα φανερώσω αὐτὸ ὡς δεῖ με λαλῆσαι
I Th 2 4 [3 4 8] οὕτως λαλοῦμεν οὐχ ὡς ἀνθρώποις ἀρέσκοντες
6 δυνάμενοι ἐν βάρει εἶναι ὡς Χριστοῦ ἀπόστολοι
7 [3 6] ὡς ἐὰν τροφὸς θάλπῃ τὰ ἑαυτῆς τέκνα
10 [9] ὑμεῖς μάρτυρες κ. ὁ Θεὸς ὡς ὁσίως κ. δικαίως . . . ἐγενήθημεν
11 ὡς πατὴρ τέκνα ἑαυτοῦ παρακαλοῦντες ὑμᾶς
5 2 [8] ἡμέρα Κυρίου ὡς κλέπτης ἐν νυκτὶ οὕτως ἔρχεται
4 ἵνα ἡ ἡμέρα ὑμᾶς ὡς κλέπτας καταλάβῃ
6 ἄρα οὖν μὴ καθεύδωμεν ὡς οἱ λοιποί
II Th 2 2 μήτε δι' ἐπιστολῆς ὡς δι' ἡμῶν,
[7] ὡς ὅτι ἐνέστηκεν ἡ ἡμέρα τ. Κυρίου
3 15 [4] μὴ ὡς ἐχθρὸν ἡγεῖσθε,
ἀλλὰ νουθετεῖτε ὡς ἀδελφόν
I Ti 5 1 πρεσβυτέρῳ μὴ ἐπιπλήξῃς ἀλλὰ παρακάλει ὡς πατέρα·
νεωτέρους ὡς ἀδελφούς·
2 πρεσβυτέρας ὡς μητέρας·
νεωτέρας ὡς ἀδελφὰς ἐν πάσῃ ἁγνείᾳ
II Ti 2 3 συνκακοπάθησον ὡς καλὸς στρατιώτης Χριστοῦ Ἰησοῦ
9 κακοπαθῶ μέχρι δεσμῶν ὡς κακοῦργος
17 ὁ λόγος αὐτῶν ὡς γάγγραινα νομὴν ἕξει
3 9 ἡ γὰρ ἄνοια αὐτῶν ἔκδηλος . . . ὡς κ. ἡ ἐκείνων
Tit 1 5 ὡς ἐγώ σοι διεταξάμην
7 ἀνέγκλητον εἶναι ὡς Θεοῦ οἰκονόμον
Phm 9 τοιοῦτος ὢν ὡς Παῦλος πρεσβύτης
14 [4 9] ἵνα μὴ ὡς κατὰ ἀνάγκην τὸ ἀγαθόν σου ᾖ
16 οὐκέτι ὡς δοῦλον ἀλλὰ ὑπὲρ δοῦλον
17 προσλαβοῦ αὐτὸν ὡς ἐμέ
He 1 11 πάντες ὡς ἱμάτιον παλαιωθήσονται
כֻּלָּם כַּבֶּגֶד יִבְלוּ, Ps. cii. 27
12 ὡς ἱμάτιον κ. ἀλλαγήσονται
—ὡς ἱμ., T
וְיַחֲלֹפוּ, *ib.*
3 2 ὡς κ. Μωυσῆς ἐν ὅλῳ τ. οἴκῳ αὐτοῦ
5 κ. Μωυσῆς μὲν πιστὸς . . . ὡς θεράπων
6 Χριστὸς δὲ ὡς υἱὸς ἐπὶ τ. οἶκον αὐτοῦ
8 μὴ σκληρύνητε τ. καρδίας ὑμῶν ὡς ἐν τ. παραπικρασμῷ
אַל־תַּקְשׁוּ לְבַבְכֶם כִּמְרִיבָה, Ps. xcv. 9
11 ὡς ὤμοσα ἐν τ. ὀργῇ μου
אֲשֶׁר־נִשְׁבַּעְתִּי בְאַפִּי, *ib.* 11
15 μὴ σκληρύνητε τ. καρδίας ὑμῶν ὡς ἐν τ. παραπικρασμῷ, Ps. *l.c.*
4 3 ὡς ὤμοσα ἐν τ. ὀργῇ μου, Ps. *l.c.*
6 19 ἣν ὡς ἄγκυραν ἔχομεν τ. ψυχῆς
11 9 [8] παρῴκησεν εἰς γῆν τ. ἐπαγγελίας ὡς ἀλλοτρίαν
12 ὡς ἡ ἄμμος ἡ παρὰ τὸ χεῖλος τ. θαλάσσης
27 [8] τ. γὰρ ἀόρατον ὡς ὁρῶν ἐκαρτέρησεν
29 διέβησαν τ. ἐρυθρὰν θάλασσαν ὡς διὰ ξηρᾶς γῆς
12 5 ἥτις ὑμῖν ὡς υἱοῖς διαλέγεται
7 ὡς υἱοῖς ὑμῖν προσφέρεται ὁ Θεός
16 μή τις πόρνος ἢ βέβηλος ὡς Ἠσαῦ
27 [8] δηλοῖ τὴν τ. σαλευομένων μετάθεσιν ὡς πεποιημένων

He 13 3 [8] μιμνήσκεσθε τ. δεσμίων ὡς συνδεδεμένοι
3 [8] τ. κακουχουμένων ὡς κ. αὐτοὶ ὄντες ἐν σώματι
17 [8] ἀγρυπνοῦσιν ὑπὲρ τ. ψυχῶν ὑμῶν ὡς λόγον ἀποδώσοντες
Ja 1 10 ὅτι ὡς ἄνθος χόρτου παρελεύσεται
2 8 ἀγαπήσεις τὸν πλησίον σου ὡς σεαυτόν, Lev. *l.c.*
9 ἐλεγχόμενοι ὑπὸ τ. νόμου ὡς παραβάται
12 [3 8] ὡς διὰ νόμου ἐλευθερίας μέλλοντες κρίνεσθαι
5 3 φάγεται τ. σάρκας ὑμῶν· ὡς πῦρ ἐθησαυρίσατε ἐν ἐσχάταις ἡμέραις
ὑμ. ὡς πῦρ· ἐθησ., TWH mg. R
I Pe 1 14 ὡς τέκνα ὑπακοῆς μὴ συνσχηματιζόμενοι
19 τιμίῳ αἵματι ὡς ἀμνοῦ ἀμώμου κ. ἀσπίλου Χριστοῦ
24 [1] διότι πᾶσα σὰρξ ὡς χόρτος,
כָּל־הַבָּשָׂר חָצִיר, Is. xl. 6
[1] κ. πᾶσα δόξα αὐτῆς ὡς ἄνθος χόρτου
וְכָל־חַסְדּוֹ כְּצִיץ הַשָּׂדֶה, *ib.*
2 2 ὡς ἀρτιγέννητα βρέφη . . . ἐπιποθήσατε
5 κ. αὐτοὶ ὡς λίθοι ζῶντες οἰκοδομεῖσθε
11 παρακαλῶ ὡς παροίκους κ. παρεπιδήμους
12 ἐν ᾧ καταλαλοῦσιν ὑμῶν ὡς κακοποιῶν
13 [8] εἴτε βασιλεῖ ὡς ὑπερέχοντι·
14 [8] εἴτε ἡγεμόσιν ὡς δι' αὐτοῦ πεμπομένοις
16 [4 8] ὡς ἐλεύθεροι κ. μὴ ὡς ἐπικάλυμμα ἔχοντες τ. κακίας τ. ἐλευθερίαν ἀλλ' ὡς Θεοῦ δοῦλοι
25 [1] ἦτε γὰρ ὡς πρόβατα πλανώμενοι
3 6 ὡς Σάρρα ὑπήκουεν τῷ Ἀβραάμ
7 [8] ὡς ἀσθενεστέρῳ σκεύει τ. γυναικείῳ ἀπονέμοντες τιμήν,
ὡς κ. συνκληρονόμοι χάριτος ζωῆς
4 10 ὡς καλοὶ οἰκονόμοι ποικίλης χάριτος Θεοῦ.
11 εἴ τις λαλεῖ ὡς λόγια Θεοῦ·
εἴ τις διακονεῖ ὡς ἐξ ἰσχύος ἧς χορηγεῖ ὁ Θεός
12 [8] ὡς ξένου ὑμῖν συμβαίνοντος
15 μὴ γάρ τις ὑμῶν πασχέτω ὡς φονεύς,
ἢ κλέπτης . . . ἢ ὡς ἀλλοτριεπίσκοπος·
16 εἰ δὲ ὡς Χριστιανὸς μὴ αἰσχυνέσθω
5 3 [4 8] μηδ' ὡς κατακυριεύοντες τ. κλήρων
8 ὁ ἀντίδικος ὑμῶν διάβολος ὡς λέων ὠρυόμενος περιπατεῖ
12 τ. πιστοῦ ἀδελφοῦ ὡς λογίζομαι
II Pe 1 3 [8] ὡς πάντα ἡμῖν τ. θείας δυνάμεως αὐτοῦ . . . δεδωρημένης
19 ὡς λύχνῳ φαίνοντι ἐν αὐχμηρῷ τόπῳ
2 1 ὡς κ. ἐν ὑμῖν ἔσονται ψευδοδιδάσκαλοι
12 οὗτοι δὲ ὡς ἄλογα ζῷα
3 8 [5] μία ἡμέρα παρὰ Κυρίῳ ὡς χίλια ἔτη,
[5] κ. χίλια ἔτη ὡς ἡμέρα μία
אֶלֶף שָׁנִים בְּעֵינֶיךָ כְּיוֹם אֶתְמוֹל, Ps. xc. 4
9 ὥς τινες βραδύτητα ἡγοῦνται
10 ἥξει δὲ ἡμέρα Κυρίου ὡς κλέπτης
16 ἔγραψεν ὑμῖν ὡς κ. ἐν πάσαις ἐπιστολαῖς
16 στρεβλοῦσιν ὡς κ. τ. λοιπὰς γραφάς
I Jo 1 7 ὡς αὐτός ἐστιν ἐν τ. φωτί
2 27 ἀλλ' ὡς τὸ αὐτοῦ χρίσμα διδάσκει ὑμᾶς
—ὡς, WH mg.
II Jo 5 [4 8] οὐχ ὡς ἐντολὴν γράφων σοι καινήν
Ju 7 ὡς Σόδομα κ. Γόμορρα . . . πρόκεινται δεῖγμα
10 ὅσα δὲ φυσικῶς ὡς τὰ ἄλογα ζῷα ἐπίστανται

Re 1 10 ἤκουσα ὀπίσω μου φωνὴν μεγάλην ὡς σάλπιγγος
14 αἱ τρίχες λευκαὶ ὡς ἔριον λευκὸν ὡς χίων,
κ. οἱ ὀφθαλμοὶ αὐτοῦ ὡς φλὸξ πυρός,
15 [8] κ. οἱ πόδες αὐτοῦ . . . ὡς ἐν καμίνῳ πεπυρωμένης,
κ. ἡ φωνὴ αὐτοῦ ὡς φωνὴ ὑδάτων πολλῶν
16 ἡ ὄψις αὐτοῦ ὡς ὁ ἥλιος φαίνει
17 [8] ἔπεσα πρὸς τ. πόδας αὐτοῦ ὡς νεκρός
2 18 ὁ ἔχων τ. ὀφθαλμοὺς αὐτοῦ ὡς φλόγα πυρός
24 τὰ βαθέα τοῦ Σατανᾶ ὡς λέγουσιν
27 ὡς τὰ σκεύη τὰ κεραμικὰ συντρίβεται,
ὡς κἀγὼ εἴληφα παρὰ τ. πατρός μου
3 3 ἥξω ὡς κλέπτης
21 ὡς κἀγὼ ἐνίκησα
4 1 ἡ φωνὴ ἡ πρώτη ἣν ἤκουσα ὡς σάλπιγγος
6 ἐνώπιον τ. θρόνου ὡς θάλασσα ὑαλίνη
7 τὸ τρίτον ζῷον ἔχων τὸ πρόσωπον ὡς ἀνθρώπου
5 6 [8] εἶδον . . . ἀρνίον ἑστηκὸς ὡς ἐσφαγμένον
11 ἤκουσα ὡς φωνὴν ἀγγέλων πολλῶν
—ὡς, WH non mg. R
6 1 ἤκουσα . . . λέγοντος ὡς φωνῇ βροντῆς
6 ἤκουσα ὡς φωνὴν ἐν μέσῳ τ. τεσσάρων ζῴων
11 οἱ μέλλοντες ἀποκτέννεσθαι ὡς κ. αὐτοί
12 [1] ὁ ἥλιος ἐγένετο μέλας ὡς σάκκος τρίχινος,
[1] κ. ἡ σελήνη ὅλη ἐγένετο ὡς αἷμα
13 ὡς συκῆ βάλλει τ. ὀλύνθους αὐτῆς
14 ὁ οὐρανὸς ἀπεχωρίσθη ὡς βιβλίον ἑλισσόμενον
8 1 [8] ἐγένετο σιγὴ ἐν τ. οὐρανῷ ὡς ἡμίωρον
8 ὡς ὄρος μέγα πυρὶ καιόμενον ἐβλήθη
10 ἀστὴρ μέγας καιόμενος ὡς λαμπάς
9 2 ἀνέβη καπνὸς . . . ὡς καπνὸς καμίνου μεγάλης
3 ὡς ἔχουσιν ἐξουσίαν οἱ σκορπίοι τ. γῆς
5 ὁ βασανισμὸς αὐτῶν ὡς βασανισμὸς σκορπίου
7 ἐπὶ τ. κεφαλὰς αὐτῶν ὡς στέφανοι ὅμοιοι χρυσῷ,
κ. τὰ πρόσωπα αὐτῶν ὡς πρόσωπα ἀνθρώπων·
8 κ. εἶχαν τρίχας ὡς τρίχας γυναικῶν·
[1] κ. οἱ ὀδόντες αὐτῶν ὡς λεόντων ἦσαν·
9 κ. εἶχαν θώρακας ὡς θώρακας σιδηροῦς·
κ. ἡ φωνὴ τ. πτερύγων αὐτῶν ὡς φωνὴ ἁρμάτων
17 αἱ κεφαλαὶ τ. ἵππων ὡς κεφαλαὶ λεόντων
10 1 τὸ πρόσωπον αὐτοῦ ὡς ὁ ἥλιος,
κ. οἱ πόδες αὐτοῦ ὡς στῦλοι πυρός
7 ὡς εὐηγγέλισεν τοὺς ἑαυτοῦ δούλους τ. προφήτας
9 ἐν τ. στόματί σου ἔσται γλυκὺ ὡς μέλι
10 [1] ἦν ἐν τ. στόματί μου ὡς μέλι
12 15 ἔβαλεν ὁ ὄφις . . . ὕδωρ ὡς ποταμόν
13 2 οἱ πόδες αὐτοῦ ὡς ἄρκου,
κ. τὸ στόμα αὐτοῦ ὡς στόμα λέοντος
3 [8] μίαν ἐκ τ. κεφαλῶν αὐτοῦ ὡς ἐσφαγμένην εἰς θάνατον
11 ἐλάλει ὡς δράκων
14 2 ἤκουσα φωνὴν ἐκ τ. οὐρανοῦ ὡς φωνὴν ὑδάτων πολλῶν κ. ὡς φωνὴν βροντῆς μεγάλης·
κ. ἡ φωνὴ ἣν ἤκουσα ὡς κιθαρῳδῶν
3 ᾄδουσιν ὡς ᾠδὴν καινὴν ἐνώπιον τ. θρόνου
—ὡς, T
15 2 εἶδον ὡς θάλασσαν ὑαλίνην μεμιγμένην πυρί
16 3 [8] ἐγένετο αἷμα ὡς νεκροῦ
Re 16 13 πνεύματα τρία ἀκάθαρτα ὡς βάτραχοι
15 ἰδοὺ ἔρχομαι ὡς κλέπτης
21 [8] χάλαζα μεγάλη ὡς ταλαντιαία καταβαίνει
17 12 ἐξουσίαν ὡς βασιλεῖς μίαν ὥραν λαμβάνουσιν
18 6 ἀπόδοτε αὐτῇ ὡς κ. αὐτὴ ἀπέδωκεν
21 ἦρεν . . . λίθον ὡς μύλινον μέγαν
19 1 ἤκουσα ὡς φωνὴν μεγάλην ὄχλου πολλοῦ
6 ἤκουσα ὡς φωνὴν ὄχλου πολλοῦ,
κ. ὡς φωνὴν ὑδάτων πολλῶν,
κ. ὡς φωνὴν βροντῶν ἰσχυρῶν
12 οἱ δὲ ὀφθαλμοὶ αὐτοῦ ὡς φλὸξ πυρός
—ὡς, TWH non mg. R
20 8 ὧν ὁ ἀριθμὸς αὐτῶν ὡς ἡ ἄμμος τ. θαλάσσης
21 2 ἡτοιμασμένην ὡς νύμφην κεκοσμημένην τ. ἀνδρὶ αὐτῆς
11 ὁ φωστὴρ αὐτῆς . . . ὡς λίθῳ ἰάσπιδι κρυσταλλίζοντι
21 χρυσίον καθαρὸν ὡς ὕαλος διαυγής
22 1 ποταμὸν ὕδατος ζωῆς λαμπρὸν ὡς κρύσταλλον
12 ἀποδοῦναι ἑκάστῳ ὡς τὸ ἔργον ἐστὶν αὐτοῦ

ὩΣ 5613.5 cf. 5613

conj.

(1) seq. infin. (2) ὡς ἄν

Mk 9 21 πόσος χρόνος ἐστὶν ὡς τοῦτο γέγονεν αὐτῷ
14 72 ἀνεμνήσθη ὁ Πέτρος τὸ ῥῆμα ὡς εἶπεν αὐτῷ
Lu 1 23 ἐγένετο ὡς ἐπλήσθησαν αἱ ἡμέραι
41 ἐγένετο ὡς ἤκουσεν ἡ Ἐλεισάβετ
44 ὡς ἐγένετο ἡ φωνὴ τ. ἀσπασμοῦ σου
2 15 ὡς ἀπῆλθον ἀπ' αὐτῶν . . . οἱ ἄγγελοι
39 ὡς ἐτέλεσαν πάντα τὰ κατὰ τ. νόμον Κυρίου
4 25 ὡς ἐγένετο λιμὸς μέγας ἐπὶ πᾶσαν τ. γῆν
5 4 ὡς δὲ ἐπαύσατο λαλῶν
6 4 ὡς εἰσῆλθεν εἰς τ. οἶκον τ. Θεοῦ
[ὡς], WH
7 12 ὡς δὲ ἤγγισεν τ. πύλῃ τ. πόλεως
8 47 ἀπήγγειλεν . . . ὡς ἰάθη παραχρῆμα
9 52 [1] εἰσῆλθον εἰς κώμην Σαμαρειτῶν ὡς ἑτοιμάσαι αὐτῷ
ὥστε, T
11 1 ὡς ἐπαύσατο
12 58 ὡς γὰρ ὑπάγεις μετὰ τ. ἀντιδίκου σου
15 25 ὡς ἐρχόμενος ἤγγισεν τ. οἰκίᾳ
19 5 ὡς ἦλθεν ἐπὶ τ. τόπον
29 ἐγένετο ὡς ἤγγισεν εἰς Βηθφαγή
41 ὡς ἤγγισεν ἰδὼν τ. πόλιν ἔκλαυσεν
20 37 ὡς λέγει Κύριον τ. Θεὸν Ἀβραάμ
22 61 ὑπεμνήσθη ὁ Πέτρος . . . ὡς εἶπεν αὐτῷ
66 ὡς ἐγένετο ἡμέρα
23 26 ὡς ἀπήγαγον αὐτόν
55 ἐθεάσαντο . . . ὡς ἐτέθη τὸ σῶμα αὐτοῦ
24 6 μνήσθητε ὡς ἐλάλησεν ὑμῖν
32 ὡς ἐλάλει ἡμῖν ἐν τῇ ὁδῷ,
ὡς διήνοιγεν ἡμῖν τ. γραφάς
35 αὐτοὶ ἐξηγοῦντο . . . ὡς ἐγνώσθη αὐτοῖς
Jo 2 9 ὡς δὲ ἐγεύσατο ὁ ἀρχιτρίκλινος τὸ ὕδωρ
23 ὡς δὲ ἦν ἐν τ. Ἱεροσολύμοις ἐν τῷ πάσχα
4 1 ὡς οὖν ἔγνω ὁ Κύριος
40 ὡς οὖν ἦλθον πρὸς αὐτὸν οἱ Σαμαρεῖται
45 ὡς οὖν ἦλθεν εἰς τ. Γαλιλαίαν
ὅτε, WHR
6 12 ὡς δὲ ἐνεπλήσθησαν
16 ὡς δὲ ὀψία ἐγένετο
7 10 ὡς δὲ ἀνέβησαν οἱ ἀδελφοὶ αὐτοῦ
8 [7 ὡς δὲ ἐπέμενον ἐρωτῶντες αὐτόν

Jo 9 4 ἡμᾶς δεῖ ἐργάζεσθαι . . . ὡς ἡμέρα ἐστίν
ἕως, TWH non mg. R
11 6 ὡς οὖν ἤκουσεν ὅτι ἀσθενεῖ
20 ἡ οὖν Μάρθα ὡς ἤκουσεν
29 ἐκείνη δὲ ὡς ἤκουσεν
32 ἡ οὖν Μαριὰμ ὡς ἦλθεν ὅπου ἦν
33 Ἰησοῦς οὖν ὡς εἶδεν αὐτὴν κλαίουσαν
12 35 περιπατεῖτε ὡς τὸ φῶς ἔχετε
36 ὡς τὸ φῶς ἔχετε πιστεύετε εἰς τὸ φῶς
18 6 ὡς οὖν εἶπεν αὐτοῖς Ἐγώ εἰμι
19 33 ὡς εἶδον ἤδη αὐτὸν τεθνηκότα
20 11 ὡς οὖν ἔκλαιεν παρέκυψεν εἰς τὸ μνημεῖον
21 9 ὡς οὖν ἀπέβησαν εἰς τ. γῆν
Ac 1 10 ὡς ἀτενίζοντες ἦσαν εἰς τ. οὐρανόν
5 24 ὡς δὲ ἤκουσαν τ. λόγους τούτους
7 23 ὡς δὲ ἐπληροῦτο αὐτῷ τεσσερακονταετὴς
χρόνος
8 36 ὡς δὲ ἐπορεύοντο κατὰ τὴν ὁδόν
9 23 ὡς δὲ ἐπληροῦντο ἡμέραι ἱκαναί
10 7 ὡς δὲ ἀπῆλθεν ὁ ἄγγελος
17 ὡς δὲ ἐν ἑαυτῷ διηπόρει ὁ Πέτρος
25 ὡς δὲ ἐγένετο τοῦ εἰσελθεῖν τ. Πέτρον
28 ἐπίστασθε ὡς ἀθέμιτόν ἐστιν ἀνδρὶ Ἰουδαίῳ
38 ὡς ἔχρισεν αὐτὸν ὁ Θεὸς πνεύματι ἁγίῳ
11 16 ἐμνήσθην δὲ τ. ῥήματος τ. Κυρίου ὡς ἔλεγεν
13 25 ὡς δὲ ἐπλήρου Ἰωάνης τ. δρόμον
29 ὡς δὲ ἐτέλεσαν πάντα τὰ περὶ αὐτοῦ
γεγραμμένα
14 5 ὡς δὲ ἐγένετο ὁρμὴ τ. ἐθνῶν
16 4 ὡς δὲ διεπορεύοντο τ. πόλεις
10 ὡς δὲ τὸ ὅραμα εἶδεν
15 ὡς δὲ ἐβαπτίσθη κ. ὁ οἶκος αὐτῆς
17 13 ὡς δὲ ἔγνωσαν οἱ ἀπὸ τ. Θεσσαλονίκης
Ἰουδαῖοι
18 5 ὡς δὲ κατῆλθον ἀπὸ τ. Μακεδονίας
19 9 ὡς δέ τινες ἐσκληρύνοντο κ. ἠπείθουν
21 ὡς δὲ ἐπληρώθη ταῦτα
20 14 ὡς δὲ συνέβαλλεν ἡμῖν εἰς τὴν Ἄσσον
18 ὡς δὲ παρεγένοντο πρὸς αὐτόν
20 ὡς οὐδὲν ὑπεστειλάμην τ. συμφερόντων
24 [1] ὡς τελειώσω τ. δρόμον μου
τελειῶσαι, TWH mg. R
21 1 ὡς δὲ ἐγένετο ἀναχθῆναι ἡμᾶς
12 ὡς δὲ ἠκούσαμεν ταῦτα
27 ὡς δὲ ἔμελλον αἱ ἑπτὰ ἡμέραι συντελεῖσθαι
22 11 ὡς δὲ οὐκ ἐνέβλεπον ἀπὸ τ. δόξης τ.
φωτὸς ἐκείνου
25 ὡς δὲ προέτειναν αὐτὸν τ. ἱμᾶσιν
25 14 ὡς δὲ πλείους ἡμέρας διέτριβον ἐκεῖ
27 1 ὡς δὲ ἐκρίθη τοῦ ἀποπλεῖν ἡμᾶς
27 ὡς δὲ τεσσαρεσκαιδεκάτη νὺξ ἐγένετο
28 4 ὡς δὲ εἶδαν οἱ βάρβαροι
Ro 1 9 ὡς ἀδιαλείπτως μνείαν ὑμῶν ποιοῦμαι
15 24 [2] ὡς ἂν πορεύωμαι εἰς τ. Σπανίαν
I Co 11 34 [2] τὰ δὲ λοιπὰ ὡς ἂν ἔλθω διατάξομαι
II Co 5 19 ὡς ὅτι Θεὸς ἦν ἐν Χριστῷ κόσμον καταλ-
λάσσων ἑαυτῷ
7 15 ὡς μετὰ φόβου κ. τρόμου ἐδέξασθε αὐτόν
Phl 1 8 μάρτυς γάρ μοι ὁ Θεὸς ὡς ἐπιποθῶ πάντας
ὑμᾶς
2 23 [2] ἐλπίζω πέμψαι ὡς ἂν ἀφίδω τὰ περὶ ἐμέ
Col 2 6 ὡς οὖν παρελάβετε τ. Χριστὸν Ἰησοῦν
I Th 2 10 ὑμεῖς μάρτυρες κ. ὁ Θεὸς ὡς ὁσίως κ.
δικαίως . . . ἐγενήθημεν,
11 καθάπερ οἴδατε ὡς ἕνα ἕκαστον ὑμῶν . . .
παρακαλοῦντες

II Th 2 2 ὡς ὅτι ἐνέστηκεν ἡ ἡμέρα τ. Κυριου
II Ti 1 3 ὡς ἀδιάλειπτον ἔχω τὴν περὶ σοῦ μνείαν
He 7 9 [1] ὡς ἔπος εἰπεῖν

ὩΣΑΝΝΑ´ * † 5614

ὡσαννά, T
Mt 21 9 ὡσαννὰ τ. υἱῷ Δαυείδ
9 ὡσαννὰ ἐν τ. ὑψίστοις
15 ὡσαννὰ τ. υἱῷ Δαυείδ
Mk 11 9 οἱ ἀκολουθοῦντες ἔκραζον Ὡσαννά
10 ὡσαννὰ ἐν τ. ὑψίστοις
Jo 12 13 ἐκραύγαζον Ὡσαννά

ὩΣΑΥ´ΤΩΣ 5615

Mt 20 5 πάλιν δὲ ἐξελθὼν . . . ἐποίησεν ὡσαύτως
21 30 προσελθὼν δὲ τ. δευτέρῳ εἶπεν ὡσαύτως
36 ἐποίησαν αὐτοῖς ὡσαύτως
25 17 ὡσαύτως ὁ τὰ δύο ἐκέρδησεν ἄλλα δύο
Mk 12 21 ὁ τρίτος ὡσαύτως
14 31 ὡσαύτως δὲ κ. πάντες ἔλεγον
Lu 13 5 ἐὰν μὴ μετανοήσητε πάντες ὡσ. ἀπολεῖσθε
20 31 ὡσαύτως δὲ κ. οἱ ἑπτὰ οὐ κατέλιπον τέκνα
22 20 κ. τὸ ποτήριον ὡσαύτως μετὰ τὸ δειπνῆσαι
—h. v., [[WH]] R mg.
Ro 8 26 ὡσαύτως δὲ κ. τὸ πνεῦμα συναντιλαμ-
βάνεται τ. ἀσθενείᾳ ἡμῶν
I Co 11 25 ὡσ. κ. τὸ ποτήριον μετὰ τὸ δειπνῆσαι
I Ti 2 9 ὡσαύτως γυναῖκας ἐν καταστολῇ κοσμίῳ
3 8 διακόνους ὡσ. σεμνοὺς μὴ διλόγους
11 γυναῖκας ὡσ. σεμνὰς μὴ διαβόλους
5 25 ὡσαύτως κ. τὰ ἔργα τὰ καλὰ πρόδηλα
Tit 2 3 πρεσβύτιδας ὡσαύτως ἐν καταστήματι ἱερο-
πρεπεῖς
6 τ. νεωτέρους ὡσ. παρακάλει σωφρονεῖν

ὩΣΕΙ´ 5616

Mt 3 16 εἶδεν πνεῦμα Θεοῦ καταβαῖνον ὡσεὶ περι-
στεράν
9 36 ἐριμμένοι ὡσεὶ πρόβατα μὴ ἔχοντα ποιμένα
14 21 οἱ δὲ ἐσθίοντες ἦσαν ἄνδρες ὡσεὶ πεντα-
κισχίλιοι
Mk 9 26 ἐγένετο ὡσεὶ νεκρός
Lu 3 23 αὐτὸς ἦν Ἰησοῦς ἀρχόμενος ὡσεὶ ἐτῶν
τριάκοντα
9 14 ἦσαν γὰρ ὡσεὶ ἄνδρες πεντακισχίλιοι
14 κατακλίνατε αὐτοὺς κλισίας ὡσεὶ ἀνὰ πεντή-
κοντα
—ὡσεί, T
28 μετὰ τ. λόγους τούτους ὡσεὶ ἡμέραι ὀκτώ
22 41 ἀπεσπάσθη ἀπ᾽ αὐτῶν ὡσεὶ λίθου βολήν
44 ἐγένετο ὁ ἱδρὼς αὐτοῦ ὡσεὶ θρόμβοι αἵματος
—h. v., [[WH]] R mg.
59 διαστάσης ὡσεὶ ὥρας μιᾶς
23 44 ἦν ἤδη ὡσεὶ ὥρα ἕκτη
24 11 ἐφάνησαν ἐνώπιον αὐτῶν ὡσεὶ λῆρος τὰ
ῥήματα ταῦτα
Ac 1 15 ἦν τε ὄχλος ὀνομάτων ἐπὶ τὸ αὐτὸ ὡσεὶ
ἑκατὸν εἴκοσι
ὡς, WH
2 3 διαμεριζόμεναι γλῶσσαι ὡσεὶ πυρός
41 προσετέθησαν ἐν τ. ἡμέρᾳ ἐκείνῃ ψυχαὶ
ὡσεὶ τρισχίλιαι
6 15 εἶδαν τὸ πρόσωπον αὐτοῦ ὡσεὶ πρόσωπον
ἀγγέλου
10 3 εἶδεν . . . ὡσεὶ περὶ ὥραν ἐνάτην τ. ἡμέρας

Ac 19 7 ἦσαν δὲ οἱ πάντες ἄνδρες ὡσεὶ δώδεκα
34 ὡσεὶ ἐπὶ ὥρας δύο κραζόντων
ὡς . . . κράζοντες, TWH mg.
Ro 6 13 παραστήσατε ἑαυτοὺς τ. Θεῷ ὡσεὶ ἐκ νεκρῶν ζῶντας
He 1 12 ὡσεὶ περιβόλαιον ἑλίξεις αὐτούς
כַּלְּבוּשׁ תַּחֲלִיפֵם, Ps. cii. 27

Ὡσηέ 5617

Ro 9 25 ὡς κ. ἐν τῷ Ὡσηὲ λέγει
Ὡσηὲ, T

Ὥσπερ 5618

Mt 6 2 ὥσπερ οἱ ὑποκριταὶ ποιοῦσιν ἐν τ. συναγωγαῖς
7 μὴ βατταλογήσητε ὥσπερ οἱ ἐθνικοί
12 40 ὥσπερ γὰρ ἦν Ἰωνᾶς ἐν τ. κοιλίᾳ τ. κήτους
13 40 ὥσπερ οὖν συλλέγεται τὰ ζιζάνια
18 17 ἔστω σοι ὥσπερ ὁ ἐθνικὸς κ. ὁ τελώνης
20 28 ὥσπερ ὁ υἱὸς τ. ἀνθρώπου οὐκ ἦλθεν διακονηθῆναι
24 27 ὥσπερ γὰρ ἡ ἀστραπὴ ἐξέρχεται ἀπὸ ἀνατολῶν
37 ὥσπερ γὰρ αἱ ἡμέραι τοῦ Νῶε
25 14 ὥσπερ γὰρ ἄνθρωπος ἀποδημῶν ἐκάλεσεν
32 ὥσπερ ὁ ποιμὴν ἀφορίζει τὰ πρόβατα
Lu 17 24 ὥσπερ γὰρ ἡ ἀστραπὴ ἀστράπτουσα ἐκ τῆς ὑπὸ τ. οὐρανόν
18 11 οὐκ εἰμὶ ὥσπερ οἱ λοιποὶ τ. ἀνθρώπων
ὡς, WH mg.
Jo 5 21 ὥσπερ γὰρ ὁ πατὴρ ἐγείρει τ. νεκρούς
26 ὥσπερ γὰρ ὁ πατὴρ ἔχει ζωὴν ἐν ἑαυτῷ
Ac 2 2 ἦχος ὥσπερ φερομένης πνοῆς βιαίας
3 17 κατὰ ἄγνοιαν ἐπράξατε ὥσπερ κ. οἱ ἄρχοντες ὑμῶν
11 15 ὥσπερ κ. ἐφ' ἡμᾶς ἐν ἀρχῇ
Ro 5 12 ὥσπερ δι' ἑνὸς ἀνθρώπου ἡ ἁμαρτία . . . εἰσῆλθεν
19 ὥσπερ γὰρ . . . ἁμαρτωλοὶ κατεστάθησαν οἱ πολλοί
21 ὥσπερ ἐβασίλευσεν ἡ ἁμαρτία ἐν τ. θανάτῳ
6 4 ὥσπερ ἠγέρθη Χριστὸς ἐκ νεκρῶν
19 ὥσπερ γὰρ παρεστήσατε τὰ μέλη ὑμῶν δοῦλα
11 30 ὥσπερ γὰρ ὑμεῖς ποτὲ ἠπειθήσατε τ. Θεῷ
I Co 8 5 ὥσπερ εἰσὶν θεοὶ πολλοὶ κ. κύριοι πολλοί
10 7 ὥσπερ γέγραπται
11 12 ὥσπερ γὰρ ἡ γυνὴ ἐκ τ. ἀνδρός
15 22 ὥσπερ γὰρ ἐν τῷ Ἀδὰμ πάντες ἀποθνήσκουσιν
16 1 ὥσπερ διέταξα τ. ἐκκλησίας τ. Γαλατίας
II Co 8 7 ἀλλ' ὥσπερ ἐν παντὶ περισσεύετε
Ga 4 29 ὥσπερ τότε ὁ κατὰ σάρκα γεννηθεὶς ἐδίωκεν
I Th 5 3 ὥσπερ ἡ ὠδὶν τῇ ἐν γαστρὶ ἐχούσῃ
He 4 10 ὥσπερ ἀπὸ τ. ἰδίων ὁ Θεός
7 27 οὐκ ἔχει καθ' ἡμέραν ἀνάγκην ὥσπερ οἱ ἀρχιερεῖς
9 25 ὥσπερ ὁ ἀρχιερεὺς εἰσέρχεται εἰς τὰ ἅγια
Ja 2 26 ὥσπερ τὸ σῶμα χωρὶς πνεύματος νεκρόν ἐστιν
Re 10 3 ἔκραξεν φωνῇ μεγάλῃ ὥσπερ λέων μυκᾶται

Ὡσπερεί * 5619

I Co 15 8 ἔσχατος δὲ πάντων ὡσπ. τ. ἐκτρώματι ὤφθη κἀμοί

Ὥστε 5620

(1) ὥστε μή (2) οὕτως . . . ὥστε (3) seq. indic. (4) seq. conj. (5) seq. imper.

Mt 8 24 ὥστε τὸ πλοῖον καλύπτεσθαι ὑπὸ τ. κυμάτων
28 [1] ὥστε μὴ ἰσχύειν τινὰ παρελθεῖν
10 1 ἔδωκεν αὐτοῖς ἐξουσίαν . . . ὥστε ἐκβάλλειν
12 12 [3] ὥστε ἔξεστιν τ. σάββασιν καλῶς ποιεῖν
22 ἐθεράπευσεν αὐτὸν ὥστε τ. κωφὸν λαλεῖν
13 2 ὥστε αὐτὸν εἰς πλοῖον ἐμβάντα καθῆσθαι
32 ὥστε ἐλθεῖν τὰ πετεινὰ τ. οὐρανοῦ
54 ἐδίδασκεν αὐτοὺς . . . ὥστε ἐκπλήσσεσθαι αὐτούς
15 31 ἐθεράπευσεν αὐτοὺς ὥστε τ. ὄχλον θαυμάσαι
33 ἄρτοι τοσοῦτοι ὥστε χορτάσαι ὄχλον τοσοῦτον
19 6 [3] ὥστε οὐκέτι εἰσὶν δύο ἀλλὰ σὰρξ μία
23 31 [3] ὥστε μαρτυρεῖτε ἑαυτοῖς
24 24 ὥστε πλανᾶσθαι εἰ δυνατὸν κ. τ. ἐκλεκτούς
27 1 συμβούλιον ἔλαβον ... ὥστε θανατῶσαι αὐτόν
14 οὐκ ἀπεκρίθη . . . ὥστε θαυμάζειν ἡγεμόνα λίαν
Mk 1 27 ἐθαμβήθησαν ἅπαντες ὥστε συνζητεῖν αὐτούς
45 [1] ὥστε μηκέτι αὐτὸν δύνασθαι φανερῶς εἰς πόλιν εἰσελθεῖν
2 2 [1] συνήχθησαν πολλοὶ ὥστε μηκέτι χωρεῖν
12 ὥστε ἐξίστασθαι πάντας
28 [3] ὥστε κύριός ἐστιν ὁ υἱὸς τ. ἀνθρώπου κ. τ. σαββάτου
3 10 πολλοὺς γὰρ ἐθεράπευσεν ὥστε ἐπιπίπτειν αὐτῷ
20 [1] ὥστε μὴ δύνασθαι αὐτοὺς μηδὲ ἄρτον φαγεῖν
4 1 ὥστε αὐτὸν εἰς πλοῖον ἐμβάντα καθῆσθαι
32 ὥστε δύνασθαι ὑπὸ τ. σκιὰν αὐτοῦ τὰ πετεινὰ τ. οὐρανοῦ κατασκηνοῖν
37 ὥστε ἤδη γεμίζεσθαι τὸ πλοῖον
9 26 ὥστε τ. πολλοὺς λέγειν ὅτι ἀπέθανεν
10 8 [3] ὥστε οὐκέτι εἰσὶν δύο ἀλλὰ μία σάρξ
15 5 οὐδὲν ἀπεκρίθη ὥστε θαυμάζειν τ. Πειλᾶτον
Lu 4 29 ὥστε κατακρημνίσαι αὐτόν
5 7 ἔπλησαν ἀμφότερα τὰ πλοῖα ὥστε βυθίζεσθαι αὐτά
9 52 εἰσῆλθον εἰς κώμην Σαμαρειτῶν ὥστε ἑτοιμάσαι αὐτῷ
ὡς, WH
12 1 ἐπισυναχθεισῶν τ. μυριάδων τ. ὄχλου ὥστε καταπατεῖν ἀλλήλους
20 20 ὥστε παραδοῦναι αὐτὸν τ. ἀρχῇ
Jo 3 16 [2 3] ὥστε τ. υἱὸν τ. μονογενῆ ἔδωκεν
Ac 1 19 ὥστε κληθῆναι τὸ χωρίον ἐκεῖνο . . . Ἀχελδαμάχ
5 15 ὥστε κ. εἰς τ. πλατείας ἐκφέρειν τ. ἀσθενεῖς
14 1 [2] λαλῆσαι οὕτως ὥστε πιστεῦσαι . . . πολὺ πλῆθος
15 39 ἐγένετο δὲ παροξυσμὸς ὥστε ἀποχωρισθῆναι αὐτούς
16 26 ὥστε σαλευθῆναι τὰ θεμέλια τ. δεσμωτηρίου
19 10 ὥστε πάντας τ. κατοικοῦντας τ. Ἀσίαν ἀκοῦσαι
12 ὥστε κ. ἐπὶ τ. ἀσθενοῦντας ἀποφέρεσθαι . . . σουδάρια
16 ἴσχυσεν κατ' αὐτῶν ὥστε . . . ἐκφυγεῖν
Ro 7 4 [3] ὥστε . . . κ. ὑμεῖς ἐθανατώθητε τ. νόμῳ
6 ὥστε δουλεύειν ἡμᾶς ἐν καινότητι πνεύματος

Ro 7 12 [3] ὥστε ὁ μὲν νόμος ἅγιος
13 2 [3] ὥστε ὁ ἀντιτασσόμενος τ. ἐξουσίᾳ τῇ τ. Θεοῦ διαταγῇ ἀνθέστηκεν
15 19 ὥστε με ἀπὸ Ἰερουσαλὴμ . . . πεπληρωκέναι τὸ εὐαγγέλιον τ. Χριστοῦ
I Co 1 7 [1] ὥστε ὑμᾶς μὴ ὑστερεῖσθαι ἐν μηδενὶ χαρίσματι
3 7 [3] ὥστε οὔτε ὁ φυτεύων ἐστίν τι
21 [1 5] ὥστε μηδεὶς καυχάσθω ἐν ἀνθρώποις
4 5 [1 5] ὥστε μὴ πρὸ καιροῦ τι κρίνετε
5 1 ὥστε γυναῖκά τινα τ. πατρὸς ἔχειν
8 [4] ὥστε ἑορτάζωμεν μὴ ἐν ζύμῃ παλαιᾷ
7 38 [3] ὥστε κ. ὁ γαμίζων τὴν ἑαυτοῦ παρθένον καλῶς ποιεῖ
10 12 [5] ὥστε ὁ δοκῶν ἑστάναι βλεπέτω μὴ πέσῃ
11 27 [3] ὥστε ὃς ἂν ἐσθίῃ τ. ἄρτον . . . ἀναξίως
33 [5] ὥστε . . . συνερχόμενοι εἰς τὸ φαγεῖν ἀλλήλους ἐκδέχεσθε
13 2 κἂν ἔχω πᾶσαν τ. πίστιν ὥστε ὄρη μεθιστάνειν
14 22 [3] ὥστε αἱ γλῶσσαι εἰς σημεῖόν εἰσιν
39 [5] ὥστε ἀδελφοί μου ζηλοῦτε τὸ προφητεύειν
15 58 [5] ὥστε . . . ἑδραῖοι γίνεσθε
II Co 1 8 ὥστε ἐξαπορηθῆναι ἡμᾶς κ. τοῦ ζῆν
2 7 ὥστε τοὐναντίον ὑμᾶς χαρίσασθαι
3 7 [1] ὥστε μὴ δύνασθαι ἀτενίσαι τ. υἱοὺς Ἰσραὴλ
4 12 [3] ὥστε ὁ θάνατος ἐν ἡμῖν ἐνεργεῖται
5 16 [3] ὥστε ἡμεῖς ἀπὸ τοῦ νῦν οὐδένα οἴδαμεν κατὰ σάρκα
17 [3] ὥστε εἴ τις ἐν Χριστῷ καινὴ κτίσις
7 7 ὥστε με μᾶλλον χαρῆναι
Ga 2 13 [3] ὥστε κ. Βαρνάβας συναπήχθη
3 9 [3] ὥστε οἱ ἐκ πίστεως εὐλογοῦνται
24 [3] ὥστε ὁ νόμος παιδαγωγὸς ἡμῶν γέγονεν
4 7 [3] ὥστε οὐκέτι εἶ δοῦλος ἀλλὰ υἱός
16 [3] ὥστε ἐχθρὸς ὑμῶν γέγονα ἀληθεύων ὑμῖν ;
Phl 1 13 ὥστε τ. δεσμούς μου φανεροὺς ἐν Χριστῷ γενέσθαι
2 12 [5] ὥστε . . . μετὰ φόβου κ. τρόμου τὴν ἑαυτῶν σωτηρίαν κατεργάζεσθε
4 1 [5] ὥστε . . . οὕτως στήκετε ἐν Κυρίῳ
I Th 1 7 ὥστε γενέσθαι ὑμᾶς τύπον πᾶσιν τ. πιστεύουσιν
8 [1] ὥστε μὴ χρείαν ἔχειν ἡμᾶς λαλεῖν τι
4 18 [5] ὥστε παρακαλεῖτε ἀλλήλους ἐν τ. λόγοις τούτοις
II Th 1 4 ὥστε αὐτοὺς ἡμᾶς ἐν ὑμῖν ἐνκαυχᾶσθαι
2 4 ὥστε αὐτὸν εἰς τ. ναὸν τ. Θεοῦ καθίσαι
He 13 6 ὥστε θαρροῦντας ἡμᾶς λέγειν
I Pe 1 21 ὥστε τ. πίστιν ὑμῶν κ. ἐλπίδα εἶναι εἰς Θεόν
4 19 [5] ὥστε κ. οἱ πάσχοντες . . . παρατιθέσθωσαν τ. ψυχάς

5621.5 ὨΤΆΡΙΟΝ * cf. 5621

Mk 14 47 ἀφεῖλεν αὐτοῦ τὸ ὠτάριον
Jo 18 10 ἀπέκοψεν αὐτοῦ τὸ ὠτάριον τὸ δεξιόν

ὨΤΊΟΝ 5621 cf. 5621.5

Mt 26 51 πατάξας τ. δοῦλον τ. ἀρχιερέως ἀφεῖλεν αὐτοῦ τὸ ὠτίον
Lu 22 51 ἁψάμενος τ. ὠτίου ἰάσατο αὐτόν
Jo 18 26 συγγενὴς ὢν οὗ ἀπέκοψεν Πέτρος τὸ ὠτίον

ὨΦΈΛΕΙΑ 5622

ὠφελία, WH

Ro 3 1 ἢ τίς ἡ ὠφέλεια τ. περιτομῆς;
Ju 16 θαυμάζοντες πρόσωπα ὠφελείας χάριν

ὨΦΕΛΈΩ 5623

Mt 15 5 δῶρον ὃ ἐὰν ἐξ ἐμοῦ ὠφεληθῇς
16 26 τί γὰρ ὠφεληθήσεται ἄνθρωπος
27 24 ἰδὼν δὲ ὁ Πειλᾶτος ὅτι οὐδὲν ὠφελεῖ
Mk 5 26 δαπανήσασα τὰ παρ᾽ αὐτῆς πάντα κ. μηδὲν ὠφεληθεῖσα
7 11 Κορβὰν . . . ὃ ἐὰν ἐξ ἐμοῦ ὠφεληθῇς
8 36 τί γὰρ ὠφελεῖ ἄνθρωπον
ὠφελήσει τ. ἄνθρ., WH mg.
Lu 9 25 τί γὰρ ὠφελεῖται ἄνθρωπος
ὠφελεῖ, WH mg.
Jo 6 63 ἡ σὰρξ οὐκ ὠφελεῖ οὐδέν
12 19 θεωρεῖτε ὅτι οὐκ ὠφελεῖτε οὐδέν;
Ro 2 25 περιτομὴ μὲν γὰρ ὠφελεῖ ἐὰν νόμον πράσσῃς
I Co 13 3 ἀγάπην δὲ μὴ ἔχω οὐδὲν ὠφελοῦμαι
14 6 τί ὑμᾶς ὠφελήσω
Ga 5 2 ἐὰν περιτέμνησθε Χριστὸς ὑμᾶς οὐδὲν ὠφελήσει
He 4 2 οὐκ ὠφέλησεν ὁ λόγος τ. ἀκοῆς ἐκείνους
13 9 ἐν οἷς οὐκ ὠφελήθησαν οἱ περιπατοῦντες

ὨΦΈΛΙΜΟΣ * 5624

I Ti 4 8 ἡ γὰρ σωματικὴ γυμνασία πρὸς ὀλίγον ἐστὶν ὠφέλιμος·
ἡ δὲ εὐσέβεια πρὸς πάντα ὠφέλιμός ἐστιν
II Ti 3 16 πᾶσα γραφὴ θεόπνευστος κ. ὠφέλιμος πρὸς διδασκαλίαν
Tit 3 8 ταῦτά ἐστιν καλὰ κ. ὠφέλιμα τ. ἀνθρώποις

SUPPLEMENT

In previous editions chapter and verse references alone are given for ἀπό (p.88), εἰς (p.298), ἐκ (p.307), ἐν (p.331), ὅτι (p.718), οὖν (p.726), σύν (p.916). In view of their importance and varied significance, full citations are given in this supplement for each of these words, and a superior number is attached to each individual citation indicating its probable significance. In many cases, of course, there is room for more than one opinion.

'ΑΠΟ'

(see page 88)

(**1**) Descent, (**2**) Time, (**3**) Deliverance from evil or Separation from good, (**4**) Condition or State, (**5**) Local, (**6**) Material source, (**7**) Personal, (**8**) Instrumental, (**9**) Agent, (**10**) Result, (**11**) Partitive, (**12**) Influence, (**13**) Order, (**14**) ἀπ. ἐμαυτοῦ etc., (**15**) Cease from.

Mt **1** 17 [1] αἱ γενεαὶ ἀπὸ Ἀβραὰμ ἕως Δαυὶδ
[1] ἀπὸ Δαυὶδ ἕως τ. μετοικεσίας
[2] ἀπὸ τ. μετοικεσίας Βαβυλῶνος ἕως τ. Χριστοῦ
21 [3] σώσει τ. λαὸν αὐτοῦ ἀπὸ τ. ἁμαρτιῶν
24 [4] ἐγερθεὶς δὲ [ὁ] Ἰωσὴφ ἀπὸ τ. ὕπνου
2 1 [5] ἰδοὺ μάγοι ἀπὸ ἀνατολῶν
16 [4] ἀπὸ διετοῦς κ. κατωτέρω
3 4 [6] εἶχεν τὸ ἔνδυμα αὐτοῦ ἀπὸ τριχῶν καμήλου
7 [3] φυγεῖν ἀπὸ τ. μελλούσης ὀργῆς
13 [5] παραγίνεται ὁ Ἰησοῦς ἀπὸ τ. Γαλιλαίας
16 [5] εὐθὺς ἀνέβη ἀπὸ τ. ὕδατος
4 17 [2] Ἀπὸ τότε ἤρξατο ὁ Ἰησοῦς
25 [5] ὄχλοι πολλοὶ ἀπὸ τ. Γαλιλαίας
5 18 [6] μία κεραία οὐ μὴ παρέλθῃ ἀπὸ τ. νόμου
29 [7] ἔξελε αὐτὸν κ. βάλε ἀπὸ σοῦ
30 [7] ἔκκοψον αὐτὴν κ. βάλε ἀπὸ σοῦ
42 [7] τ. θέλοντα ἀπὸ σοῦ δανίσασθαι μὴ ἀποστραφῇς
6 13 [3] ῥῦσαι ἡμᾶς ἀπὸ τ. πονηροῦ
7 15 [7] Προσέχετε ἀπὸ τ. ψευδοπροφητῶν
16 [8] ἀπὸ τ. καρπῶν αὐτῶν ἐπιγνώσεσθε αὐτούς
[6] μήτι συλλέγουσιν ἀπὸ ἀκανθῶν σταφυλὰς ἢ ἀπὸ τριβόλων σῦκα;
20 [8] ἄρα γε ἀπὸ τ. καρπῶν αὐτῶν ἐπιγνώσεσθε αὐτούς
23 [7] ἀποχωρεῖτε ἀπ' ἐμοῦ οἱ ἐργαζόμενοι τ. ἀνομίαν

Mt **8** 1 [5] Καταβάντος δὲ αὐτοῦ ἀπὸ τ. ὄρους
11 [5] πολλοὶ ἀπὸ ἀνατολῶν κ. δυσμῶν ἥξουσιν
30 [5] ἦν δὲ μακρὰν ἀπ' αὐτῶν ἀγέλη χοίρων
34 [5] ὅπως μεταβῇ ἀπὸ τ. ὁρίων αὐτῶν
9 15 [7] ὅταν ἀπαρθῇ ἀπ' αὐτῶν ὁ νυμφίος
16 [6] αἴρει γὰρ τὸ πλήρωμα αὐτοῦ ἀπὸ τ. ἱματίου
22 [2] ἐσώθη ἡ γυνὴ ἀπὸ τ. ὥρας ἐκείνης
10 17 [7] προσέχετε ἀπὸ τ. ἀνθρώπων
28 [7] μὴ φοβεῖσθε ἀπὸ τ. ἀποκτεννόντων τὸ σῶμα
11 12 [2] ἀπὸ δὲ τ. ἡμερῶν Ἰωάννου
19 [8] ἐδικαιώθη ἡ σοφία ἀπὸ τ. ἔργων αὐτῆς
25 [7] ὅτι ἔκρυψας ταῦτα ἀπὸ σοφῶν
29 [7] κ. μάθετε ἀπ' ἐμοῦ
12 38 [7/9] θέλομεν ἀπὸ σοῦ σημεῖον ἰδεῖν
43 [7] Ὅταν δὲ τὸ ἀκάθαρτον πνεῦμα ἐξέλθῃ ἀπὸ τ. ἀνθρώπου
13 12 [7] κ. ὃ ἔχει ἀρθήσεται ἀπ' αὐτοῦ
35 [2] ἐρεύξομαι κεκρυμμένα ἀπὸ καταβολῆς [κόσμου]
44 [10] κ. ἀπὸ τ. χαρᾶς αὐτοῦ ὑπάγει
14 2 [7] αὐτὸς ἠγέρθη ἀπὸ τ. νεκρῶν
13 [5] ἠκολούθησαν αὐτῷ πεζῇ ἀπὸ τ. πόλεων
24 [5] σταδίους πολλοὺς ἀπὸ τ. γῆς ἀπεῖχεν
26 [8] ἀπὸ τ. φόβου ἔκραξαν
29 [5] καταβὰς ἀπὸ τ. πλοίου ὁ Πέτρος περιεπάτησεν
15 1 [5] προσέρχονται τ. Ἰησοῦ ἀπὸ Ἱεροσολύμων Φαρισαῖοι
8 [7] ἡ δὲ καρδία αὐτῶν πόρρω ἀπέχει ἀπ' ἐμοῦ

וְלִבּוֹ רָחַק מִמֶּנִּי—Is. xxix. 13

22 [5] γυνὴ Χαναναία ἀπὸ τ. ὁρίων ἐκείνων
27 [11] τὰ κυνάρια ἐσθίει ἀπὸ τ. ψιχίων
[5] τ. πιπτόντων ἀπὸ τ. τραπέζης
28 [2] ἰάθη ἡ θυγάτηρ αὐτῆς ἀπὸ τ. ὥρας ἐκείνης
16 6 [12] προσέχετε ἀπὸ τ. ζύμης τ. Φαρισαίων

Mt 16 11 [12] προσέχετε δὲ ἀπὸ τ. ζύμης τ. Φαρισαίων
12 [12] οὐκ εἶπεν προσέχειν ἀπὸ τ. ζύμης . . .
[12] ἀλλὰ ἀπὸ τ. διδαχῆς
21 [2] Ἀπὸ τότε ἤρξατο ὁ Ἰησοῦς
[9] πολλὰ παθεῖν ἀπὸ τ. πρεσβυτέρων
17 18 [7] ἐξῆλθεν ἀπ' αὐτοῦ τὸ δαιμόνιον
[2] ἐθεραπεύθη ὁ παῖς ἀπὸ τ. ὥρας ἐκείνης
25 [7] ἀπὸ τίνων λάμβανουσιν τέλη
[7, 7] ἀπὸ τ. υἱῶν αὐτῶν ἢ ἀπὸ τ. ἀλλοτρίων;
26 [7] εἰπόντος δέ, Ἀπὸ τ. ἀλλοτρίων
18 7 [10] οὐαὶ τ. κόσμῳ ἀπὸ τ. σκανδάλων
8 [7] ἔκκοψον αὐτὸν κ. βάλε ἀπὸ σοῦ
9 [7] ἔξελε αὐτὸν κ. βάλε ἀπὸ σοῦ
35 [8] ἐὰν μὴ ἀφῆτε . . . ἀπὸ τ. καρδιῶν ὑμῶν
19 1 [5] μετῆρεν ἀπὸ τ. Γαλιλαίας
4 [2] ὁ κτίσας ἀπ' ἀρχῆς ἄρσεν κ. θῆλυ ἐποίησεν αὐτούς
8 [2] ἀπ' ἀρχῆς δὲ οὐκ γέγονεν οὕτως
20 8 [7] ἀρξάμενος ἀπὸ τ. ἐσχάτων ἕως τ. πρώτων
20 [7] αἰτοῦσά τι ἀπ' αὐτοῦ, WH mg. παρ'
29 [5] ἐκπορευομένων αὐτῶν ἀπὸ Ἰεριχώ
21 8 [6] ἔκοπτον κλάδους ἀπὸ τ. δένδρων
11 [5] Ἰησοῦς ὁ ἀπὸ Ναζαρὲθ τ. Γαλιλαίας
43 [7] ἀρθήσεται ἀφ' ὑμῶν ἡ βασιλεία τ. θεοῦ
22 46 [2] οὐδὲ ἐτόλμησέν τις ἀπ' ἐκείνης τ. ἡμέρας ἐπερωτῆσαι
23 33 [4/10] πῶς φύγητε ἀπὸ τ. κρίσεως τ. γεέννης;
34 [5] διώξετε ἀπὸ πόλεως εἰς πόλιν
35 [2] ἀπὸ τ. αἵματος Ἅβελ . . . ἕως τ. αἵματος Ζαχαρίου
39 [2] οὐ μή με ἴδητε ἀπ' ἄρτι ἕως ἂν εἴπητε
24 1 [5] ἐξελθὼν ὁ Ἰησοῦς ἀπὸ τ. ἱεροῦ
21 [2] οἷα οὐ γέγονεν ἀπ' ἀρχῆς κόσμου ἕως τοῦ νῦν
27 [5] ἡ ἀστραπὴ ἐξέρχεται ἀπὸ ἀνατολῶν
29 [5] οἱ ἀστέρες πεσοῦνται ἀπὸ τ. οὐρανοῦ
31 [5] ἀπ' ἄκρων οὐρανῶν ἕως ἄκρων αὐτῶν
32 [5] Ἀπὸ δὲ τ. συκῆς μάθετε τ. παραβολήν
25 28 [7] ἄρατε οὖν ἀπ' αὐτοῦ τὸ τάλαντον
29 [7] κ. ὃ ἔχει ἀρθήσεται ἀπ' αὐτοῦ
32 [7, 7] ἀφορίσει αὐτοὺς ἀπ' ἀλλήλων, ὥσπερ ὁ ποιμὴν ἀφορίζει τα πρόβατα ἀπὸ τ. ἐρίφων
34 [2] ἀπὸ καταβολῆς κόσμου
41 [7] Πορεύεσθε ἀπ' ἐμοῦ [οἱ] κατηραμένοι
26 16 [2] ἀπὸ τότε ἐζήτει εὐκαιρίαν
29 [2] οὐ μὴ πίω ἀπ' ἄρτι ἐκ τούτου τ. γενήματος
39 [7] παρελθάτω ἀπ' ἐμοῦ τὸ ποτήριον τοῦτο
47 [7] ὄχλος πολὺς . . . ἀπὸ τ. ἀρχιερέων
58 [5] Πέτρος ἠκολούθει αὐτῷ ἀπὸ μακρόθεν, WH [ἀπό]
64 [2] ἀπ' ἄρτι ὄψεσθε τ. υἱὸν τ. ἀνθρώπου
27 9 [7] ὃν ἐτιμήσαντο ἀπὸ υἱῶν Ἰσραήλ
21 [11] Τίνα θέλετε ἀπὸ τῶν δύο ἀπολύσω ὑμῖν;
24 [4] Ἀθῷός εἰμι ἀπὸ τ. αἵματος τούτου
40 [5] κατάβηθι ἀπὸ τ. σταυροῦ
42 [5] καταβάτω νῦν ἀπὸ τ. σταυροῦ
45 [2] Ἀπὸ δὲ ἕκτης ὥρας σκότος ἐγένετο
51 [5] ἐσχίσθη ἀπ' ἄνωθεν ἕως κάτω, WH [ἀπ']
55 [5] γυναῖκες πολλαὶ ἀπὸ μακρόθεν θεωροῦσαι
[5] ἠκολούθησαν τ. Ἰησοῦ ἀπὸ τ. Γαλιλαίας
57 [5] ἦλθεν ἄνθρωπος πλούσιος ἀπὸ Ἁριμαθαίας

Mt 27 64 [5] Ἠγέρθη ἀπὸ τ. νεκρῶν
28 4 [10] ἀπὸ δὲ τ. φόβου αὐτοῦ ἐσείσθησαν
7 [5] Ἠγέρθη ἀπὸ τ. νεκρῶν
8 [5] ἀπελθοῦσαι ταχὺ ἀπὸ τ. μνημείου.
Mk 1 9 [5] ἦλθεν Ἰησοῦς ἀπὸ Ναζαρέτ
42 [7] εὐθὺς ἀπῆλθεν ἀπ' αὐτοῦ ἡ λέπρα
2 20 [7] ὅταν ἀπαρθῇ ἀπ' αὐτῶν ὁ νυμφίος
21 [5] εἰ δὲ μή, αἴρει τὸ πλήρωμα ἀπ' αὐτοῦ
3 7 [5(4)] πλῆθος ἀπὸ τ. Γαλιλαίας ἠκολούθησεν· κ. ἀπὸ τ. Ἰουδαιας 8. κ. ἀπὸ Ἱεροσολύμων κ. ἀπὸ τ. Ἰδουμαίας
22 [5] οἱ γραμματεῖς οἱ ἀπὸ Ἱεροσολύμων καταβάντες
4 25 [7] κ. ὃ ἔχει ἀρθήσεται ἀπ' αὐτοῦ
5 6 [5] ἰδὼν τ. Ἰησοῦν ἀπὸ μακρόθεν
17 [5] ἀπελθεῖν ἀπὸ τ. ὁρίων αὐτῶν
29 [4] ἴαται ἀπὸ τ. μάστιγος
34 [4] ἴσθι ὑγιὴς ἀπὸ τ. μάστιγός σου
35 [7] ἔρχονται ἀπὸ τ. ἀρχισυναγώγου λέγοντες
6 33 [5] πεζῇ ἀπὸ πασῶν τ. πόλεων συνέδραμον
43 [11] κ. ἀπὸ τ. ἰχθύων
7 1 [5] ἐλθόντες ἀπὸ Ἱεροσολύμων
4 [5] ἀπ' ἀγορᾶς ἐὰν μὴ βαπτίσωνται οὐκ ἐσθίουσιν
6 [7] ἡ δὲ καρδία αὐτῶν πόρρω ἀπέχει ἀπ' ἐμοῦ, Is. l.c.
17 [7] ὅτε εἰσῆλθεν εἰς οἶκον ἀπὸ τ. ὄχλου
28 [11] τὰ κυνάρια . . . ἐσθίουσιν ἀπὸ τ. ψιχίων
33 [7] ἀπολαβόμενος αὐτὸν ἀπὸ τ. ὄχλου
8 3 [5] κ. τινες αὐτῶν ἀπὸ μακρόθεν ἥκασιν
11 [5] ζητοῦντες παρ' αὐτοῦ σημεῖον ἀπὸ τ. οὐρανοῦ
15 [12] βλέπετε ἀπὸ τ. ζύμης τ. Φαρισαίων
9 9 [5] καταβαινόντων αὐτῶν ἐκ τ. ὄρους, WH mg ἀπὸ
10 6 [2] ἀπὸ τ. ἀρχῆς κτίσεως
46 [5] ἐκπορευομένου αὐτοῦ ἀπὸ Ἰεριχώ
11 12 [5] ἐξελθόντων αὐτῶν ἀπὸ Βηθανίας ἐπείνασεν
13 [5] ἰδὼν συκῆν ἀπὸ μακρόθεν
12 2 [11] ἵνα παρὰ τ. γεωργῶν λάβῃ ἀπὸ τ. καρπῶν
34 [12] Οὐ μακρὰν εἶ ἀπὸ τ. βασιλείας τ. θεοῦ
38 [7] Βλέπετε ἀπὸ τ. γραμματέων
13 19 [2] οἷα οὐ γέγονεν τοιαύτη ἀπ' ἀρχῆς κτίσεως
27 [5] ἀπ' ἄκρου γῆς ἕως ἄκρου οὐρανοῦ
28 [5] Ἀπὸ δὲ τ. συκῆς μάθετε τ. παραβολήν
14 35 [7] ἵνα . . . παρέλθῃ ἀπ' αὐτοῦ ἡ ὥρα
36 [7] παρένεγκε τὸ ποτήριον τοῦτο ἀπ' ἐμοῦ
54 [5] Πέτρος ἀπὸ μακρόθεν ἠκολούθησεν αὐτῷ
15 21 [5] Σίμωνα Κυρηναῖον ἐρχόμενον ἀπ' ἀγροῦ
30 [5] σῶσον σεαυτὸν καταβὰς ἀπὸ τ. σταυροῦ
32 [5] καταβάτω νῦν ἀπὸ τ. σταυροῦ
38 [5] ἐσχίσθη εἰς δύο ἀπ' ἄνωθεν ἕως κάτω
40 [5] γυναῖκες ἀπὸ μακρόθεν θεωροῦσαι
43 [5] Ἰωσὴφ [ὁ] ἀπὸ Ἁριμαθαίας
45 [7] κ. γνοὺς ἀπὸ τ. κεντυρίωνος ἐδωρήσατο τὸ πτῶμα
16 8 [5] ἐξελθοῦσαι ἔφυγον ἀπὸ τ. μνημείου
Lu 1 2 [2] καθὼς παρέδοσαν ἡμῖν οἱ ἀπ' ἀρχῆς αὐτόπται
26 [7] ἀπεστάλη ὁ ἄγγελος Γαβριὴλ ἀπὸ τ. θεοῦ
38 [7] ἀπῆλθεν ἀπ' αὐτῆς ὁ ἄγγελος
48 [2] ἀπὸ τοῦ νῦν μακαριοῦσίν με

Lu 1 52 [5] καθεῖλεν δυνάστας ἀπὸ θρόνων
70 [2] τ. ἁγίων ἀπ' αἰῶνος προφητῶν αὐτοῦ
2 4 [5] Ἀνέβη δὲ κ. Ἰωσὴφ ἀπὸ τ. Γαλιλαίας
15 [7] ἀπῆλθον ἀπ' αὐτῶν εἰς τ. οὐρανὸν οἱ ἄγγελοι
36 [2] ἔτη ἑπτὰ ἀπὸ τ. παρθενίας αὐτῆς
3 7 [3] φυγεῖν ἀπὸ τ. μελλούσης ὀργῆς
4 1 [5] Ἰησοῦς . . . ὑπέστρεψεν ἀπὸ τ. Ἰορδάνου
13 [7] ὁ διάβολος ἀπέστη ἀπ' αὐτοῦ ἄχρι καιροῦ
35 [7] φιμώθητι κ. ἔξελθε ἀπ' αὐτοῦ
[7] τὸ δαιμόνιον εἰς τὸ μέσον ἐξῆλθεν ἀπ' αὐτοῦ
38 [5] Ἀναστὰς δὲ ἀπὸ τ. συναγωγῆς εἰσῆλθεν
41 [7] ἐξήρχετο δὲ κ. δαιμόνια ἀπὸ πολλῶν
42 [7] κατεῖχον αὐτὸν τοῦ μὴ πορεύεσθαι ἀπ' αὐτῶν
5 2 [5] οἱ δὲ ἁλιεῖς ἀπ' αὐτῶν ἀποβάντες
3 [5] ἠρώτησεν αὐτὸν ἀπὸ τ. γῆς ἐπαναγαγεῖν
8 [7] Ἔξελθε ἀπ' ἐμοῦ, ὅτι ἀνὴρ ἁμαρτωλός εἰμι
10 [2] ἀπὸ τοῦ νῦν ἀνθρώπους ἔσῃ ζωγρῶν
13 [7] εὐθέως ἡ λέπρα ἀπῆλθεν ἀπ' αὐτοῦ
15 [4] θεραπεύεσθαι ἀπὸ τ. ἀσθενειῶν αὐτῶν
35 [7] ὅταν ἀπαρθῇ ἀπ' αὐτῶν ὁ νυμφίος
36 [6] οὐδεὶς ἐπίβλημα ἀπὸ ἱματίου καινοῦ σχίσας
[6] τὸ ἐπίβλημα τὸ ἀπὸ τ. καινοῦ
6 13 [11] ἐκλεξάμενος ἀπ' αὐτῶν δώδεκα
17 [5] πλῆθος πολὺ τ. λαοῦ ἀπὸ πάσης τ. Ἰουδαίας
18 [4] κ. ἰαθῆναι ἀπὸ τ. νόσων αὐτῶν
29 [7] ἀπὸ τ. αἴροντός σου τὸ ἱμάτιον . . . μὴ κωλύσῃς
30 [7] ἀπὸ τ. αἴροντος τὰ σὰ μὴ ἀπαίτει
7 6 [5] αὐτοῦ οὐ μακρὰν ἀπέχοντος ἀπὸ τ. οἰκίας
21 [4] ἐθεράπευσεν πολλοὺς ἀπὸ νόσων
35 [9] ἐδικαιώθη ἡ σοφία ἀπὸ πάντων τ. τέκνων
45 [2] ἀφ' ἧς εἰσῆλθον οὐ διέλιπεν καταφιλοῦσα
8 2 [4] αἳ ἦσαν τεθεραπευμέναι ἀπὸ πνευμάτων
[7] ἀφ' ἧς δαιμόνια ἑπτὰ ἐξεληλύθει
12 [7] αἴρει τ. λόγον ἀπὸ τ. καρδίας αὐτῶν
18 [7] κ. ὃ δοκεῖ ἔχειν ἀρθήσεται ἀπ' αὐτοῦ
29 [7] παρήγγειλεν . . . ἐξελθεῖν ἀπὸ τ. ἀνθρώπου
[9] ἠλαύνετο ἀπὸ τ. δαιμονίου εἰς τ. ἐρήμους, WH mg ὑπὸ
33 [7] ἐξελθόντα δὲ τὰ δαιμόνια ἀπὸ τ. ἀνθρώπου
35 [7] τ. ἄνθρωπον ἀφ' οὗ τὰ δαιμόνια ἐξῆλθεν
37 [7] ἠρώτησεν αὐτὸν ἅπαν τὸ πλῆθος . . . ἀπελθεῖν ἀπ' αὐτῶν
38 [7] ὁ ἀνὴρ ἀφ' οὗ ἐξεληλύθει τὰ δαιμόνια
43 [2] γυνὴ οὖσα ἐν ῥύσει αἵματος ἀπὸ ἐτῶν δώδεκα
[9] οὐκ ἴσχυσεν ἀπ' οὐδενὸς θεραπευθῆναι
46 [7] ἔγνων δύναμιν ἐξεληλυθυῖαν ἀπ' ἐμοῦ
9 5 [5] ἐξερχόμενοι ἀπὸ τ. πόλεως ἐκείνης
[5] τ. κονιορτὸν ἀπὸ τ. ποδῶν ὑμῶν ἀποτινάσσετε
22 [9] κ. ἀποδοκιμασθῆναι ἀπὸ τ. πρεσβυτέρων
33 [7] ἐν τῷ διαχωρίζεσθαι αὐτοὺς ἀπ' αὐτοῦ
37 [5] κατελθόντων αὐτῶν ἀπὸ τ. ὄρους
38 [11] ἀνὴρ ἀπὸ τ. ὄχλου ἐβόησεν
39 [7] μόγις ἀποχωρεῖ ἀπ' αὐτοῦ συντρῖβον αὐτόν

Lu 9 45 [7] κ. ἦν παρακεκαλυμμένον ἀπ' αὐτῶν
54 [5] θέλεις εἴπωμεν πῦρ καταβῆναι ἀπὸ τ. οὐρανοῦ
תֵּרֶד אֵשׁ מִן־הַשָּׁמַיִם, 2 Ki.i.10
10 21 [7] ὅτι ἀπέκρυψας ταῦτα ἀπὸ σοφῶν
30 [5] κατέβαινεν ἀπὸ Ἰερουσαλὴμ εἰς Ἰεριχώ
11 [4 [3] ἀλλὰ ῥῦσαι ἡμᾶς ἀπὸ τ. πονηροῦ—UBS, WH
24 [7] Ὅταν τὸ ἀκάθαρτον πνεῦμα ἐξέλθῃ ἀπὸ τ. ἀνθρώπου
50 [7] ἵνα ἐκζητηθῇ τὸ αἷμα . . . ἀπὸ τ. γενεᾶς ταύτης
[2] τὸ αἷμα . . . τὸ ἐκκεχυμένον ἀπὸ καταβολῆς κόσμου
51 [2] ἀπὸ αἵματος Ἅβελ ἕως αἵματος Ζαχαρίου
[7] ἐκζητηθήσεται ἀπὸ τ. γενεᾶς ταύτης
12 1 [12] Προσέχετε ἑαυτοῖς ἀπὸ τ. ζύμης . . . τ. Φαρισαίων
4 [7] μὴ φοβηθῆτε ἀπὸ τ. ἀποκτεινόντων τὸ σῶμα
15 [4] φυλάσσεσθε ἀπὸ πάσης πλεονεξίας
20 [7] ταύτῃ τ. νυκτὶ τ. ψυχήν σου ἀπαιτοῦσιν ἀπὸ σοῦ
52 [2] ἔσονται γὰρ ἀπὸ τοῦ νῦν πέντε
57 [9] Τί δὲ κ. ἀφ' ἑαυτῶν οὐ κρίνετε τὸ δίκαιον;
58 [7] δὸς ἐργασίαν ἀπηλλάχθαι ἀπ' αὐτοῦ
13 7 [2] Ἰδοὺ τρία ἔτη ἀφ' οὗ ἔρχομαι
12 [4] ἀπολέλυσαι ἀπὸ τ. ἀσθενείας σου—ἀπό, UBS, WH
15 [5] οὐ λύει τ. βοῦν αὐτοῦ . . . ἀπὸ τ. φάτνης
16 [3] οὐκ ἔδει λυθῆναι ἀπὸ τ. δεσμοῦ τούτου
25 [2] ἀφ' οὗ ἂν ἐγερθῇ ὁ οἰκοδεσπότης
27 [7] ἀπόστητε ἀπ' ἐμοῦ, πάντες ἐργάται ἀδικίας
29 [5] ἥξουσιν ἀπὸ ἀνατολῶν . . . κ. ἀπὸ βορρᾶ
14 18 [8?] ἤρξαντο ἀπὸ μιᾶς πάντες παραιτεῖσθαι
15 16 [11] γεμίσαι τ. κοιλίαν αὐτοῦ ἀπὸ τ. κερατίων—TR
16 3 [7] ἀφαιρεῖται τ. οἰκονομίαν ἀπ' ἐμοῦ
16 [2] ἀπὸ τότε ἡ βασιλεία τ. θεοῦ εὐαγγελίζεται
18 [7] ὁ ἀπολελυμένην ἀπὸ ἀνδρὸς γαμῶν μοιχεύει
21 [11, 5] ἐπιθυμῶν χορτασθῆναι ἀπὸ τ. πιπτόντων ἀπὸ τ. τραπέζης τ. πλουσίου
23 [5] ὁρᾷ Ἀβραὰμ ἀπὸ μακρόθεν
30 [7] ἐάν τις ἀπὸ νεκρῶν πορευθῇ
17 25 [9] κ. ἀποδοκιμασθῆναι ἀπὸ τ. γενεᾶς ταύτης
29 [5] ἐξῆλθεν Λὼτ ἀπὸ Σοδόμων
[5] ἔβρεξεν πῦρ κ. θεῖον ἀπ' οὐρανοῦ
18 3 [3] Ἐκδίκησόν με ἀπὸ τ. ἀντιδίκου μου
34 [7] ἦν τὸ ῥῆμα τοῦτο κεκρυμμένον ἀπ' αὐτῶν
19 3 [9] οὐκ ἠδύνατο ἀπὸ τ. ὄχλου
24 [7] Ἄρατε ἀπ' αὐτοῦ τ. μνᾶν
26 [7] ἀπὸ δὲ τοῦ μὴ ἔχοντος κ. ὃ ἔχει ἀρθήσεται
39 [11] κ. τινες τ. Φαρισαίων ἀπὸ τ. ὄχλου
42 [5/7] νῦν δὲ ἐκρύβη ἀπὸ ὀφθαλμῶν σου
20 10 [11] ἵνα ἀπὸ τ. καρποῦ τ. ἀμπελῶνος δώσουσιν αὐτῷ
46 [7] Προσέχετε ἀπὸ τ. γραμματέων
21 11 [5] ἀπ' οὐρανοῦ σημεῖα μεγάλα ἔσται
[26] ἀποψυχόντων ἀνθρώπων ἀπὸ φόβου
30 [9] βλέποντες ἀφ' ἑαυτῶν γινώσκετε

Lu 22 18 [2,11] οὐ μὴ πίω ἀπὸ τοῦ νῦν ἀπὸ τ. γενήματος τ. ἀμπέλου
41 [7] ἀπεσπάσθη ἀπ' αὐτῶν ὡσεὶ λίθου βολήν
42 [7] παρένεγκε τοῦτο τὸ ποτήριον ἀπ' ἐμοῦ
[43 [5] ὤφθη δὲ αὐτῷ ἄγγελος ἀπ' οὐρανοῦ—[[UBS, WH]]
45 [4] κ. ἀναστὰς ἀπὸ τ. προσευχῆς
[10] εὗρεν κοιμωμένους αὐτοὺς ἀπὸ τ. λύπης
69 [2] ἀπὸ τοῦ νῦν ἔσται ὁ υἱὸς τ. ἀνθρώπου καθήμενος
71 [5/7] αὐτοὶ γὰρ ἠκούσαμεν ἀπὸ τ. στόματος αὐτοῦ
23 5 [5] ἀρξάμενος ἀπὸ τ. Γαλιλαίας ἕως ὧδε
26 [5] ἐπιλαβόμενοι Σίμωνά τινα Κυρηναῖον ἐρχόμενον ἀπ' ἀγροῦ
49 [5] εἱστήκεισαν δὲ πάντες οἱ γνωστοὶ αὐτῷ ἀπὸ μακρόθεν
[5] γυναῖκες αἱ συνακολουθοῦσαι αὐτῷ ἀπὸ τ. Γαλιλαίας
51 [5] ἀπὸ Ἁριμαθαίας πόλεως τ. Ἰουδαίων
24 2 [5] εὗρον δὲ τ. λίθον ἀποκεκυλισμένον ἀπὸ τ. μνημείου
9 [5] ὑποστρέψασαι ἀπὸ τ. μνημείου—[WH]
13 [5] σταδίους ἑξήκοντα ἀπὸ Ἰερουσαλήμ
21 [2] τρίτην ταύτην ἡμέραν ἄγει ἀφ' οὗ ταῦτα ἐγένετο
27 [2] ἀρξάμενος ἀπὸ Μωϋσέως κ. ἀπὸ πάντων τ. προφητῶν
31 [7] ἄφαντος ἐγένετο ἀπ' αὐτῶν
41 [10] ἀπιστούντων αὐτῶν ἀπὸ τ. χαρᾶς
[42 [11] κ. ἀπὸ μελισσίου κηρίου, TR
47 [5] ἀρξάμενοι ἀπὸ Ἰερουσαλήμ
51 [7] διέστη ἀπ' αὐτῶν
Jo 1 44 [5] ἦν δὲ ὁ Φίλιππος ἀπὸ Βηθσαϊδά
45 [5] Ἰησοῦν υἱὸν τ. Ἰωσὴφ τὸν ἀπὸ Ναζαρέτ
3 2 [7] οἴδαμεν ὅτι ἀπὸ θεοῦ ἐλήλυθας
5 19 [14] οὐ δύναται ὁ υἱὸς ποιεῖν ἀφ' ἑαυτοῦ οὐδέν
30 [14] Οὐ δύναμαι ἐγὼ ποιεῖν ἀπ' ἐμαυτοῦ οὐδέν
6 38 [5] ὅτι καταβέβηκα ἀπὸ τ. οὐρανοῦ
7 17 [14] ἢ ἐγὼ ἀπ' ἐμαυτοῦ λαλῶ
18 [14] ὁ ἀφ' ἑαυτοῦ λαλῶν τ. δόξαν τ. ἰδίαν ζητεῖ
28 [14] ἀπ' ἐμαυτοῦ οὐκ ἐλήλυθα
42 [5] ἀπὸ Βηθλέεμ τ. κώμης ὅπου ἦν Δαυίδ
8[9 [13] ἀρξάμενοι ἀπὸ τ. πρεσβυτέρων
[11 [2] ἀπὸ τοῦ νῦν μηκέτι ἁμάρτανε
28 [14] ἀπ' ἐμαυτοῦ ποιῶ οὐδέν
42 [14] οὐδὲ γὰρ ἀπ' ἐμαυτοῦ ἐλήλυθα
44 [2] ἀνθρωποκτόνος ἦν ἀπ' ἀρχῆς
10 5 [7] ἀλλὰ φεύξονται ἀπ' αὐτοῦ
18 [7] οὐδεὶς αἴρει αὐτὴν ἀπ' ἐμοῦ
[14] τίθημι αὐτὴν ἀπ' ἐμαυτοῦ
11 1 [5] Λάζαρος ἀπὸ Βηθανίας
18 [5] ὡς ἀπὸ σταδίων δεκαπέντε
51 [14] τοῦτο δὲ ἀφ' ἑαυτοῦ οὐκ εἶπεν
53 [2] ἀπ' ἐκείνης οὖν τ. ἡμέρας ἐβουλεύσαντο
12 21 [5] Φιλίππῳ τῷ ἀπὸ Βηθσαϊδά
36 [7] ἀπελθὼν ἐκρύβη ἀπ' αὐτῶν
13 3 [7] εἰδὼς . . . ὅτι ἀπὸ θεοῦ ἐξῆλθεν
19 [2] ἀπ' ἄρτι λέγω ὑμῖν πρὸ τοῦ γενέσθαι
14 7 [2] ἀπ' ἄρτι γινώσκετε αὐτόν

Jo 14 10 [14] τὰ ῥήματα . . . ἀπ' ἐμαυτοῦ οὐ λαλῶ
15 4 [14] τὸ κλῆμα οὐ δύναται καρπὸν φέρειν ἀφ' ἑαυτοῦ
27 [2] ἀπ' ἀρχῆς μετ' ἐμοῦ ἐστε
16 13 [14] οὐ γαρ λαλήσει ἀφ' ἑαυτοῦ
22 [7] τ. χαρὰν ὑμῶν οὐδεὶς αἴρει ἀφ' ὑμῶν
30 [7] ἐν τούτῳ πιστεύομεν ὅτι ἀπὸ θεοῦ ἐξῆλθες
18 28 [7] Ἄγουσιν οὖν τ. Ἰησοῦν ἀπὸ τ. Καϊάφα
34 [14] Ἀπὸ σεαυτοῦ σὺ τοῦτο λέγεις
19 27 [2] ἀπ' ἐκείνης τ. ὥρας ἔλαβεν αὐτὴν ὁ μαθητής
38 [5] Ἰωσὴφ ὁ ἀπὸ Ἁριμαθαίας
21 2 [5] Ναθαναὴλ ὁ ἀπὸ Κανὰ τ. Γαλιλαίας
6 [10] οὐκέτι αὐτὸ ἑλκύσαι ἴσχυον ἀπὸ τ. πλήθους τ. ἰχθύων
8 [5] οὐ γὰρ ἦσαν μακρὰν ἀπὸ τ. γῆς ἀλλὰ ὡς ἀπὸ πηχῶν διακοσίων
10 [11] Ἐνέγκατε ἀπὸ τ. ὀψαρίων ὧν ἐπιάσατε
Ac 1 4 [5] παρήγγειλεν αὐτοῖς ἀπὸ Ἱεροσολύμων μὴ χωρίζεσθαι
9 [5/7] νεφέλη ὑπέλαβεν αὐτὸν ἀπὸ τ. ὀφθαλμῶν αὐτῶν
11 [7] ὁ ἀναλημφθεὶς ἀφ' ὑμῶν εἰς τ. οὐρανόν
12 [5] ἀπὸ ὄρους τ. καλουμένου Ἐλαιῶνος
22 [2] ἀρξάμενος ἀπὸ τ. βαπτίσματος Ἰωάννου
[7] ἕως τ. ἡμέρας ἧς ἀνελήμφθη ἀφ' ἡμῶν
25 [4] κ. ἀποστολῆς, ἀφ' ἧς παρέβη Ἰούδας
2 5 [11] ἄνδρες εὐλαβεῖς ἀπὸ παντὸς ἔθνους
17 [11] ἐκχεῶ ἀπὸ τ. πνεύματός μου ἐπὶ πᾶσαν σάρκα
אֶשְׁפּוֹךְ אֶת־רוּחִי עַל־כָּל־בָּשָׂר, Joel ii. 28 (Heb. iii. 1)
18 [11] ἐπὶ τ. δούλους μου . . . ἐκχεῶ ἀπὸ τ. πνεύματός μου
עַל־הָעֲבָדִים . . . אֶשְׁפּוֹךְ אֶת־רוּחִי, Joel ii. 29 (Heb. iii. 2)
22 [9] ἄνδρα ἀποδεδειγμένον ἀπὸ τ. θεοῦ
40 [3] Σώθητε ἀπὸ τ. γενεᾶς τ. σκολιᾶς ταύτης
3 20 [5/7] καιροὶ ἀναψύξεως ἀπὸ προσώπου τ. κυρίου
21 [2] τ. ἁγίων ἀπ' αἰῶνος αὐτοῦ προφητῶν
24 [2] κ. πάντες οἱ προφῆται ἀπὸ Σαμουήλ
26 [3] ἐν τῷ ἀποστρέφειν ἕκαστον ἀπὸ τ. πονηριῶν ὑμῶν
4 36 [9] Ἰωσὴφ δὲ ὁ ἐπικληθεὶς Βαρναβᾶς ἀπὸ τ. ἀποστόλων
5 2 [11] ἐνοσφίσατο ἀπὸ τ. τιμῆς
3 [11] κ. νοσφίσασθαι ἀπὸ τ. τιμῆς τ. χωρίου
38 [7] ἀπόστητε ἀπὸ τ. ἀνθρώπων τούτων
41 [5/7] ἐπορεύοντο χαίροντες ἀπὸ προσώπου τ. συνεδρίου
6 9 [5] τῶν ἀπὸ Κιλικίας κ. Ἀσίας
7 45 [5/7] τ. ἐθνῶν ὧν ἐξῶσεν ὁ θεὸς ἀπὸ προσώπου τ. πατέρων
8 10 [13] πάντες ἀπὸ μικροῦ ἕως μεγάλου
22 [4] μετανόησον οὖν ἀπὸ τ. κακίας σου
26 [5] ἐπὶ τ. ὁδὸν τ. καταβαίνουσαν ἀπὸ Ἰερουσαλήμ
33 [5] αἴρεται ἀπὸ τ. γῆς ἡ ζωὴ αὐτοῦ
נִגְזַר מֵאֶרֶץ חַיִּים, Is. liii. 8
35 [5] ἀρξάμενος ἀπὸ τ. γραφῆς ταύτης

Ac **9** 8 [5] ἠγέρθη δὲ Σαῦλος ἀπὸ τ. γῆς
13 [7] ἤκουσα ἀπὸ πολλῶν περὶ τ. ἀνδρὸς τούτου
18 [5] ἀπέπεσαν αὐτοῦ ἀπὸ τ. ὀφθαλμῶν ὡς λεπίδες
10 23 [5] κ. τινες τ. ἀδελφῶν τῶν ἀπὸ Ἰόππης
30 [2] Ἀπὸ τετάρτης ἡμέρας μέχρι ταύτης τ. ὥρας
37 [2] ἀρξάμενος ἀπὸ τ. Γαλιλαίας
38 [5] Ἰησοῦν τὸν ἀπὸ Ναζαρεθ
11 11 [5] ἀπεσταλμένοι ἀπὸ Καισαρείας πρός με
19 [10] Οἱ μὲν οὖν διασπαρέντες ἀπὸ τ. θλίψεως
27 [5] κατῆλθον ἀπὸ Ἱεροσολύμων προφῆται
12 1 [11] κακῶσαί τινας τῶν ἀπὸ τ. ἐκκλησίας
10 [7] ἀπέστη ὁ ἄγγελος ἀπ' αὐτοῦ
14 [10] ἀπὸ τ. χαρᾶς οὐκ ἤνοιξεν τ. πυλῶνα
19 [5] κατελθὼν ἀπὸ τ. Ἰουδαίας εἰς Καισάρειαν διέτριβεν
20 [8] διὰ τὸ τρέφεσθαι . . . ἀπὸ τ. βασιλικῆς
13 8 [4] ζητῶν διαστρέψαι τ. ἀνθύπατον ἀπὸ τ. πίστεως
13 [5] Ἀναχθέντες δὲ ἀπὸ τ. Πάφου
[7] Ἰωάννης δὲ ἀποχωρήσας ἀπ' αὐτῶν ὑπέστρεψεν
14 [5] αὐτοὶ δὲ διελθόντες ἀπὸ τ. Πέργης
23 [1] τούτου ὁ θεὸς ἀπὸ τ. σπέρματος . . . ἤγαγεν . . . σωτῆρα
29 [5] καθελόντες ἀπὸ τ. ξύλου ἔθηκαν εἰς μνημεῖον
31 [5] τ. συναναβᾶσιν αὐτῷ ἀπὸ τ. Γαλιλαίας
38 [3] ἀπὸ πάντων . . . δικαιωθῆναι— 39 WH
50 [5] ἐξέβαλον αὐτοὺς ἀπὸ τ. ὁρίων αὐτῶν
14 15 [4] ἀπὸ τούτων τ. ματαίων ἐπιστρέφειν ἐπὶ θεόν
19 [5] Ἐπῆλθαν δὲ ἀπὸ Ἀντιοχείας
15 1 [5] Καί τινες κατελθόντες ἀπὸ τ. Ἰουδαίας
4 [9] παρεδέχθησαν ἀπὸ τ. ἐκκλησίας
5 [11] τινες τῶν ἀπὸ τ. αἱρέσεως τ. Φαρισαίων
7 [2] ἀφ' ἡμερῶν ἀρχαίων
18 [2] γνωστὰ ἀπ' αἰῶνος
19 [11] τοῖς ἀπὸ τ. ἐθνῶν ἐπιστρέφουσιν ἐπὶ τ. θεόν
33 [7] ἀπελύθησαν μετ' εἰρήνης ἀπὸ τ. ἀδελφῶν
38 [7, 5] τὸν ἀποστάντα ἀπ' αὐτῶν ἀπὸ Παμφυλίας
39 [7] ὥστε ἀποχωρισθῆναι ἀπ' ἀλλήλων
16 11 [5] Ἀναχθέντες δὲ ἀπὸ Τρῳάδος
18 [7] Παραγγέλλω σοι . . . ἐξελθεῖν ἀπ' αὐτῆς
33 [4] παραλαβὼν αὐτοὺς . . . ἔλουσεν ἀπὸ τ. πληγῶν
39 [5] ἠρώτων ἀπελθεῖν ἀπὸ τ. πόλεως
40 [5] ἐξελθόντες δὲ ἀπὸ τ. φυλακῆς
17 2 [6] διελέξατο αὐτοῖς ἀπὸ τ. γραφῶν
13 [5] ἔγνωσαν οἱ ἀπὸ τ. Θεσσαλονίκης Ἰουδαῖοι
27 [7] οὐ μακρὰν ἀπὸ ἑνὸς ἑκάστου ἡμῶν ὑπάρχοντα
18 2 [5] προσφάτως ἐληλυθότα ἀπὸ τ. Ἰταλίας
[5] χωρίζεσθαι πάντας τ. Ἰουδαίους ἀπὸ τ. Ῥώμης
5 [5] Ὡς δὲ κατῆλθον ἀπὸ τ. Μακεδονίας
6 [2] ἀπὸ τοῦ νῦν εἰς τὰ ἔθνη πορεύσομαι
16 [5] ἀπήλασεν αὐτοὺς ἀπὸ τ. βήματος
21 [5] ἀνήχθη ἀπὸ τ. Ἐφέσου

Ac **19** 9 [7] ἀποστὰς ἀπ' αὐτῶν ἀφώρισεν τ. μαθητάς
[2] Τυράννου τινὸς ἀπὸ ὥρας ε' ἕως δεκάτης, UBS mg
12 [5] ἀποφέρεσθαι ἀπὸ τ. χρωτὸς αὐτοῦ σουδάρια
[7] κ. ἀπαλλάσσεσθαι ἀπ' αὐτῶν τ. νόσους
20 6 [5] ἡμεῖς δὲ ἐξεπλεύσαμεν . . . ἀπὸ Φιλίππων
9 [8] κατενεχθεὶς ἀπὸ τ. ὕπνου
[5] ἔπεσεν ἀπὸ τ. τριστέγου
17 [5] Ἀπὸ δὲ τ. Μιλήτου πέμψας εἰς Ἔφεσον
18 [2] ἀπὸ πρώτης ἡμέρας ἀφ' ἧς ἐπέβην
26 [4] καθαρός εἰμι ἀπὸ τ. αἵματος πάντων
21 1 [7] ἀναχθῆναι ἡμᾶς ἀποσπασθέντας ἀπ' αὐτῶν
7 [5] τ. πλοῦν διανύσαντες ἀπὸ Τύρου
10 [5] κατῆλθέν τις ἀπὸ τ. Ἰουδαίας προφήτης
16 [5] συνῆλθον δὲ κ. τ. μαθητῶν ἀπὸ Καισαρείας
21 [7] ὅτι ἀποστασίαν διδάσκεις ἀπὸ Μωϋσέως
23 [14] εὐχὴν ἔχοντες ἐφ' ἑαυτῶν—WH ἀφ' ἑαυτῶν
27 [5] οἱ ἀπὸ τ. Ἀσίας Ἰουδαῖοι
22 11 [10] ὡς δὲ οὐκ ἐνέβλεπον ἀπὸ τ. δόξης τ. φωτός
22 [5] Αἶρε ἀπὸ τ. γῆς τ. τοιοῦτον
29 [5] εὐθέως οὖν ἀπέστησαν ἀπ' αὐτοῦ
23 21 [7] προσδεχόμενοι τὴν ἀπὸ σοῦ ἐπαγγελίαν
23 [2] ἀπὸ τρίτης ὥρας τ. νυκτός
34 [5] πυθόμενος ὅτι ἀπὸ Κιλικίας
24 11 [2] ἡμέραι δώδεκα ἀφ' ἧς ἀνέβην
19 [5] τινὲς δὲ ἀπὸ τ. Ἀσίας Ἰουδαῖοι—WH 18?
25 1 [5] ἀνέβη εἰς Ἱεροσόλυμα ἀπὸ Καισαρείας
7 [5] οἱ ἀπὸ Ἱεροσολύμων καταβεβηκότες Ἰουδαῖοι
26 4 [2] τὴν ἀπ' ἀρχῆς γενομένην ἐν τ. ἔθνει μου
18 [4] τοῦ ἐπιστρέψαι ἀπὸ σκότους εἰς φῶς
22 [7] ἐπικουρίας οὖν τυχὼν τῆς ἀπὸ τ. θεοῦ
27 21 [5] Ἔδει . . . μὴ ἀνάγεσθαι ἀπὸ τ. Κρήτης
34 [5] οὐδενὸς γὰρ ὑμῶν θρὶξ ἀπὸ τ. κεφαλῆς ἀπολεῖται
44 [5] ἐπί τινων τῶν ἀπὸ τ. πλοίου
28 3 [10] ἔχιδνα ἀπὸ τ. θέρμης ἐξελθοῦσα
21 [5] οὔτε γράμματα περὶ σοῦ ἐδεξάμεθα ἀπὸ τ. Ἰουδαίας
23 [8/11] ἀπό τε τ. νόμου Μωϋσέως
[2] ἀπὸ πρωῒ ἕως ἑσπέρας
Ro **1** 7 [7] χάρις ὑμῖν κ. εἰρήνη ἀπὸ θεοῦ
18 [5] Ἀποκαλύπτεται γὰρ ὀργὴ θεοῦ ἀπ' οὐρανοῦ
20 [2] τὰ γὰρ ἀόρατα αὐτοῦ ἀπὸ κτίσεως κόσμου
5 9 [3] σωθησόμεθα δι' αὐτοῦ ἀπὸ τ. ὀργῆς
14 [2] ἐβασίλευσεν ὁ θάνατος ἀπὸ Ἀδάμ
6 7 [3] ὁ γὰρ ἀποθανὼν δεδικαίωται ἀπὸ τ. ἁμαρτίας
18 [3] ἐλευθερωθέντες δὲ ἀπὸ τ. ἁμαρτίας
22 [3] νυνὶ δέ, ἐλευθερωθέντες ἀπὸ τ. ἁμαρτίας
7 2 [3] κατήργηται ἀπὸ τ. νόμου τ. ἀνδρός
3 [3] ἐλευθέρα ἐστὶν ἀπὸ τ. νόμου
6 [3] νυνὶ δὲ κατηργήθημεν ἀπὸ τ. νόμου
8 2 [3] ἠλευθέρωσέν με ἀπὸ τ. νόμου τ. ἁμαρτίας
21 [3] ἡ κτίσις ἐλευθερωθήσεται ἀπὸ τ. δουλείας
35 [4/7] τίς ἡμᾶς χωρίσει ἀπὸ τ. ἀγάπης τ. Χριστοῦ;

Ro 8 39 [4/7] ἡμᾶς χωρίσαι ἀπὸ τ. ἀγάπης τ. θεοῦ
9 3 [7] ἀνάθεμα εἶναι . . . ἀπὸ τ. Χριστοῦ
11 25 [11] πώρωσις ἀπὸ μέρους τῷ Ἰσραὴλ γέγονεν
26 [7] ἀποστρέψει ἀσεβείας ἀπὸ Ἰακώβ
וּלְשָׁבֵי פֶשַׁע בְּיַעֲקֹב, Is. lix. 20
15 15 [11] τολμηρότερον δὲ ἔγραψα ὑμῖν ἀπὸ μέρους
[7] τ. χάριν τ. δοθεῖσάν μοι ἀπὸ τ. θεοῦ—WH ὑπό
19 [5] ἀπὸ Ἰερουσαλὴμ . . . πεπληρωκέναι τὸ εὐαγγέλιον
23 [2] τοῦ ἐλθεῖν πρὸς ὑμᾶς ἀπὸ πολλῶν ἐτῶν
24 [7] κ. ὑφ' ὑμῶν προπεμφθῆναι ἐκεῖ
31 [3] ἵνα ῥυσθῶ ἀπὸ τ. ἀπειθούντων
16 17 [7] κ. ἐκκλίνετε ἀπ' αὐτῶν
I Co 1 3 [7] χάρις ὑμῖν κ. εἰρήνη ἀπὸ θεοῦ
30 [7] ὃς ἐγενήθη σοφία ἡμῖν ἀπὸ θεοῦ
4 5 [7] ὁ ἔπαινος γενήσεται ἑκάστῳ ἀπὸ τ. θεοῦ
6 19 [7] οὗ ἔχετε ἀπὸ θεοῦ
7 10 [7] γυναῖκα ἀπὸ ἀνδρὸς μὴ χωρισθῆναι
27 [7] λέλυσαι ἀπὸ γυναικός;
10 14 [4] φεύγετε ἀπὸ τ. εἰδωλολατρίας
11 23 [7] Ἐγὼ γὰρ παρέλαβον ἀπὸ τ. κυρίου
14 36 [7] ἢ ἀφ' ὑμῶν ὁ λόγος τ. θεοῦ ἐξῆλθεν
II Co 1 2 [7] χάρις ὑμῖν κ. εἰρήνη ἀπὸ θεοῦ
14 [11] καθὼς κ. ἐπέγνωτε ἡμᾶς ἀπὸ μέρους
16 [5] πάλιν ἀπὸ Μακεδονίας ἐλθεῖν πρὸς ὑμᾶς
2 3 [8] ἵνα μὴ ἐλθὼν λύπην σχῶ ἀφ' ὧν ἔδει με χαίρειν
5 [11] ἀλλὰ ἀπὸ μέρους . . . πάντας ὑμᾶς
3 5 [14] οὐχ ὅτι ἀφ' ἑαυτῶν ἱκανοί ἐσμεν
18 [4] μεταμορφούμεθα ἀπὸ δόξης εἰς δόξαν
[9] καθάπερ ἀπὸ κυρίου πνεύματος
5 6 [7] ἐκδημοῦμεν ἀπὸ τ. κυρίου
16 [2] ἀπὸ τοῦ νῦν οὐδένα οἴδαμεν κατὰ σάρκα
7 1 [3] καθαρίσωμεν ἑαυτοὺς ἀπὸ παντὸς μολυσμοῦ
13 [9] ἀναπέπαυται τὸ πνεῦμα αὐτοῦ ἀπὸ πάντων ὑμῶν
8 10 [2] κ. τὸ θέλειν προενήρξασθε ἀπὸ πέρυσι
9 2 [2] Ἀχαΐα παρεσκεύασται ἀπὸ πέρυσι
11 3 [4] μή πως . . . φθαρῇ τὰ νοήματα ὑμῶν ἀπὸ τ. ἁπλότητος
9 [5] οἱ ἀδελφοὶ ἐλθόντες ἀπὸ Μακεδονίας
12 8 [7] παρεκάλεσα ἵνα ἀποστῇ ἀπ' ἐμοῦ
Ga 1 1 [9] Παῦλος ἀπόστολος, οὐκ ἀπ' ἀνθρώπων
3 [7] χάρις ὑμῖν κ. εἰρήνη ἀπὸ θεοῦ
6 [7] ταχέως μετατίθεσθε ἀπο τ. καλέσαντος ὑμᾶς
2 6 [9] ἀπὸ δὲ τ. δοκούντων εἶναί τι
12 [7] πρὸ τοῦ γὰρ ἐλθεῖν τινας ἀπὸ Ἰακώβου
3 2 [7] τοῦτο μόνον θέλω μαθεῖν ἀφ' ὑμῶν
4 24 [5] μία μὲν ἀπὸ ὄρους Σινᾶ
5 4 [7] κατηργήθητε ἀπὸ Χριστοῦ οἵτινες ἐν νόμῳ δικαιοῦσθε
Eph 1 2 [7] χάρις ὑμῖν κ. εἰρήνη ἀπὸ θεοῦ
3 9 [2] τ. μυστηρίου τ. ἀποκεκρυμμένου ἀπὸ τ. αἰώνων
4 31 [7] πᾶσα . . . βλασφημία ἀρθήτω ἀφ' ὑμῶν
6 23 [7] κ. ἀγάπη μετὰ πίστεως ἀπὸ θεοῦ
Phl 1 2 [7] χάρις ὑμῖν κ. εἰρήνη ἀπὸ θεοῦ
Phl 1 5 [2] ἀπὸ τ. πρώτης ἡμέρας ἄχρι τοῦ νῦν
28 [9] ὑμῶν δὲ σωτηρίας, κ. τοῦτο ἀπὸ θεοῦ
4 15 [5] ὅτε ἐξῆλθον ἀπὸ Μακεδονίας
Col 1 2 [7] χάρις ὑμῖν κ. εἰρήνη ἀπὸ θεοῦ
6 [2] ἀφ' ἧς ἡμέρας ἠκούσατε κ. ἐπέγνωτε
7 [7] καθὼς ἐμάθετε ἀπὸ Ἐπαφρᾶ
9 [2] κ. ἡμεῖς, ἀφ' ἧς ἡμέρας ἠκούσαμεν
23 [4] μὴ μετακινούμενοι ἀπὸ τ. ἐλπίδος
26 [2, 7] τὸ μυστήριον τὸ ἀποκεκρυμμένον ἀπὸ τ. αἰώνων κ. ἀπὸ τ. γενεῶν
2 20 [12] Εἰ ἀπεθάνετε . . . ἀπὸ τ. στοιχείων τ. κόσμου
3 24 [7] ἀπὸ κυρίου ἀπολήμψεσθε τ. ἀνταπόδοσιν
I Th 1 8 [7] ἀφ' ὑμῶν γὰρ ἐξήχηται ὁ λόγος τ. κυρίου
9 [12] ἐπεστρέψατε πρὸς τ. θεὸν ἀπὸ τ. εἰδώλων
2 6 [7] οὔτε ἀφ' ὑμῶν οὔτε ἀπ' ἄλλων
17 [7] ἀπορφανισθέντες ἀφ' ὑμῶν πρὸς καιρὸν ὥρας
3 6 [7] ἐλθόντος Τιμοθέου πρὸς ἡμᾶς ἀφ' ὑμῶν
4 3 [4] ἀπέχεσθαι ὑμᾶς ἀπὸ τ. πορνείας
16 [5] ὁ κύριος . . . καταβήσεται ἀπ' οὐρανοῦ
5 22 [4] ἀπὸ παντὸς εἴδους πονηροῦ ἀπέχεσθε
II Th 1 2 [7] χάρις ὑμῖν κ. εἰρήνη ἀπὸ θεοῦ
7 [5] ἐν τ. ἀποκαλύψει τ. κυρίου Ἰησοῦ ἀπ' οὐρανοῦ
9 [5/7] ἀπὸ προσώπου τ. κυρίου κ. ἀπὸ τ. δόξης τ. ἰσχύος αὐτοῦ
מִפְּנֵי פַּחַד יְהוָה וּמֵהֲדַר גְּאֹנוֹ, Is. ii. 10, 19, 21
2 2 [4] εἰς τὸ μὴ ταχέως σαλευθῆναι ὑμᾶς ἀπὸ τ. νοός
13 [2] εἵλατο ὑμᾶς ὁ θεὸς ἀπαρχήν—WH ἀπ' ἀρχῆς
3 2 [3] ἵνα ῥυσθῶμεν ἀπὸ τ. ἀτόπων
3 [4/7] στηρίξει ὑμᾶς κ. φυλάξει ἀπὸ τ. πονηροῦ
6 [7] στέλλεσθαι ὑμᾶς ἀπὸ παντὸς ἀδελφοῦ ἀτάκτως περιπατοῦντος
I Ti 1 2 [7] χάρις, ἔλεος, εἰρήνη ἀπὸ θεοῦ
3 7 [7] μαρτυρίαν καλὴν ἔχειν ἀπὸ τῶν ἔξωθεν
6 10 [12] ἀπεπλανήθησαν ἀπὸ τ. πίστεως
II Ti 1 2 [7] χάρις, ἔλεος, εἰρήνη ἀπὸ θεοῦ
3 [2] τ. θεῷ, ᾧ λατρεύω ἀπὸ προγόνων
2 19 [12] Ἀποστήτω ἀπὸ ἀδικίας πᾶς ὁ ὀνομάζων
21 [12] ἐὰν οὖν τις ἐκκαθάρῃ ἑαυτὸν ἀπὸ τούτων
3 15 [2] ἀπὸ βρέφους [τὰ] ἱερὰ γράμματα οἶδας
4 4 [12] ἀπὸ μὲν τ. ἀληθείας τ. ἀκοὴν ἀποστρέψουσιν
18 [3] ῥύσεταί με ὁ κύριος ἀπὸ παντὸς ἔργου πονηροῦ
Tit 1 4 [7] χάρις κ. εἰρήνη ἀπὸ θεοῦ
2 14 [3] ἵνα λυτρώσηται ἡμᾶς ἀπὸ πάσης ἀνομίας
Phm 3 [7] χάρις ὑμῖν κ. εἰρήνη ἀπὸ θεοῦ
He 3 12 [7] ἐν τῷ ἀποστῆναι ἀπὸ θεοῦ ζῶντος
4 3 [2] καίτοι τ. ἔργων ἀπὸ καταβολῆς κόσμου γενηθέντων
4 [15] κατέπαυσεν ὁ θεὸς . . . ἀπὸ πάντων τ. ἔργων
10 [15] κ. αὐτὸς κατέπαυσεν ἀπὸ τ. ἔργων αὐτοῦ
[15] ὥσπερ ἀπὸ τ. ἰδίων ὁ θεός
5 7 [10] κ. εἰσακουσθεὶς ἀπὸ τ. εὐλαβείας
8 [8] ἔμαθεν ἀφ' ὧν ἔπαθεν τ. ὑπακοήν

He 6 1 [12] θεμέλιον καταβαλλόμενοι μετανοίας ἀπὸ νεκρῶν ἔργων
7 [7] μεταλαμβάνει εὐλογίας ἀπὸ τ. θεοῦ
7 1 [2/5] ὑποστρέφοντι ἀπὸ τ. κοπῆς τ. βασιλέων
אַחֲרֵי שׁוּבוֹ מֵהַכּוֹת . . . אֶת־הַמְּלָכִים, Gen. xiv. 17
2 [11] δεκάτην ἀπὸ πάντων ἐμέρισεν Ἀβραάμ
וַיִּתֶּן־לוֹ מַעֲשֵׂר מִכֹּל, Gen. xiv. 20
13 [11] φυλῆς . . . ἀφ' ἧς οὐδεὶς προσέσχεν τ. θυσιαστηρίῳ
26 [7] κεχωρισμένος ἀπὸ τ. ἁμαρτωλῶν
8 11 [13] ἀπὸ μικροῦ ἕως μεγάλου αὐτῶν
לְמִקְּטַנָּם וְעַד־גְּדוֹלָם, Jer. xxxi. 34
9 14 [3] καθαριεῖ τ. συνείδησιν ἡμῶν ἀπὸ νεκρῶν ἔργων
26 [2] πολλάκις παθεῖν ἀπὸ καταβολῆς κόσμου
10 22 [12] ῥεραντισμένοι τ. καρδίας ἀπὸ συνειδήσεως πονηρᾶς
11 12 [1] διὸ κ. ἀφ' ἑνὸς ἐγεννήθησαν
15 [5] εἰ μὲν ἐκείνης μνημονεύουσιν ἀφ' ἧς ἐξέβησαν
34 [3] ἐδυναμώθησαν ἀπὸ ἀσθενείας
12 15 [12] μή τις ὑστερῶν ἀπὸ τ. χάριτος τ. θεοῦ
25 [5] ἡμεῖς οἱ τὸν ἀπ' οὐρανῶν ἀποστρεφόμενοι
13 24 [5] ἀσπάζονται ὑμᾶς οἱ ἀπὸ τ. Ἰταλίας
Ja 1 13 [9] ὅτι Ἀπὸ θεοῦ πειράζομαι
17 [7] καταβαῖνον ἀπὸ τ. πατρὸς τ. φώτων
27 [12] ἄσπιλον ἑαυτὸν τηρεῖν ἀπὸ τ. κόσμου
4 7 [7] κ. φεύξεται ἀφ' ὑμῶν
5 4 [7] ὁ μισθὸς . . . ὁ ἀφυστερημένος ἀφ' ὑμῶν
19 [12] ἐάν τις ἐν ὑμῖν πλανηθῇ ἀπὸ τ. ἀληθείας
IPe 1 12 [5] πνεύματι ἁγίῳ ἀποσταλέντι ἀπ' οὐρανοῦ
3 10 [12] παυσάτω τ. γλῶσσαν ἀπὸ κακοῦ
נְצֹר לְשׁוֹנְךָ מֵרָע, Ps. xxxiv. 13 (Heb. 14)
11 [12] ἐκκλινάτω δὲ ἀπὸ κακοῦ
סוּר מֵרָע, Ps. xxxiv. 14 (Heb. 15)
4 17 [13] ὅτι ὁ καιρὸς τοῦ ἄρξασθαι τὸ κρίμα ἀπὸ τ. οἴκου τ. θεοῦ
[13] εἰ δὲ πρῶτον ἀφ' ἡμῶν, τί τὸ τέλος
IIPe 1 21 [7] ἐλάλησαν ἀπὸ θεοῦ ἄνθρωποι
3 4 [2] ἀφ' ἧς γὰρ οἱ πατέρες ἐκοιμήθησαν
[2] πάντα οὕτως διαμένει ἀπ' ἀρχῆς κτίσεως
IJo 1 1 [2] Ὃ ἦν ἀπ' ἀρχῆς
5 [7] ἡ ἀγγελία ἣν ἀκηκόαμεν ἀπ' αὐτοῦ
7 [3] καθαρίζει ἡμᾶς ἀπὸ πάσης ἁμαρτίας
9 [3] ἵνα . . . καθαρίσῃ ἡμᾶς ἀπὸ πάσης ἀδικίας
2 7 [2] ἐντολὴν παλαιὰν ἣν εἴχετε ἀπ' ἀρχῆς
13 [2] ὅτι ἐγνώκατε τὸν ἀπ' ἀρχῆς
14 [2] ὅτι ἐγνώκατε τὸν ἀπ' ἀρχῆς
20 [7] χρῖσμα ἔχετε ἀπὸ τ. ἁγίου
24 [2] ὃ ἠκούσατε ἀπ' ἀρχῆς ἐν ὑμῖν μενέτω
[2] ἐὰν ἐν ὑμῖν μείνῃ ὃ ἀπ' ἀρχῆς ἠκούσατε
27 [7] τὸ χρῖσμα ὃ ἐλάβετε ἀπ' αὐτοῦ μένει ἐν ὑμῖν
28 [7] ἵνα . . . μὴ αἰσχυνθῶμεν ἀπ' αὐτοῦ
3 8 [2] ἀπ' ἀρχῆς ὁ διάβολος ἁμαρτάνει
11 [2] ἡ ἀγγελία ἣν ἠκούσατε ἀπ' ἀρχῆς
17 [7] ὃς δ' ἂν . . . κλείσῃ τὰ σπλάγχνα αὐτοῦ ἀπ' αὐτοῦ
22 [7] ὃ ἐὰν αἰτῶμεν λαμβάνομεν ἀπ' αὐτοῦ
4 21 [7] ταύτην τ. ἐντολὴν ἔχομεν ἀπ' αὐτοῦ

IJo 5 15 [7] τὰ αἰτήματα ἃ ᾐτήκαμεν ἀπ' αὐτοῦ
21 [12] φυλάξατε ἑαυτὰ ἀπὸ τ. εἰδώλων
IIJo 5 [2] ἐντολὴν . . . ἣν εἴχομεν ἀπ' ἀρχῆς
6 [2] καθὼς ἠκούσατε ἀπ' ἀρχῆς
IIIJo 7 [7] μηδὲν λαμβάνοντες ἀπὸ τ. ἐθνικῶν
Ju 14 [13] ἕβδομος ἀπὸ Ἀδὰμ Ἑνώχ
23 [8] μισοῦντες κ. τὸν ἀπὸ τ. σαρκὸς ἐσπιλωμένον χιτῶνα
Re 1 4 [7] ἀπὸ ὁ ὢν κ. ὁ ἦν
[7] κ. ἀπὸ τ. ἑπτὰ πνευμάτων
5 [7] κ. ἀπὸ Ἰησοῦ Χριστοῦ
3 12 [7] ἡ καταβαίνουσα ἐκ τ. οὐρανοῦ ἀπὸ τ. θεοῦ μου
6 16 [3] κρύψατε ἡμᾶς ἀπὸ προσώπου τ. καθημένου ἐπὶ τ. θρόνου κ. ἀπὸ τ. ὀργῆς τ. ἀρνίου
7 2 [5] ἄγγελον ἀναβαίνοντα ἀπὸ ἀνατολῆς ἡλίου
9 6 [7] φεύγει ὁ θάνατος ἀπ' αὐτῶν
18 [8] ἀπὸ τ. τριῶν πληγῶν τούτων ἀπεκτάνθησαν
12 6 [9] τόπον ἡτοιμασμένον ἀπὸ τ. θεοῦ
14 [3/5] ὅπου τρέφεται . . . ἀπὸ προσώπου τ. ὄφεως
13 8 [2] τ. ἀρνίου τ. ἐσφαγμένου ἀπὸ καταβολῆς κόσμου
14 3 [11] οἱ ἠγορασμένοι ἀπὸ τ. γῆς
4 [11] οὗτοι ἠγοράσθησαν ἀπὸ τ. ἀνθρώπων
13 [2] Μακάριοι οἱ νεκροὶ οἱ ἐν κυρίῳ ἀποθήσκοντες ἀπ' ἄρτι
20 [5] ἀπὸ σταδίων χιλίων ἑξακοσίων
16 12 [5] ἡ ὁδὸς τ. βασιλέων τῶν ἀπὸ ἀνατολῆς ἡλίου
17 [5] ἐξῆλθεν φωνὴ μεγάλη ἐκ τ. ναοῦ ἀπὸ τ. θρόνου
18 [2] οἷος οὐκ ἐγένετο ἀφ' οὗ ἄνθρωπος ἐγένετο
17 8 [2] ὧν οὐ γέγραπται τὸ ὄνομα . . . ἀπὸ καταβολῆς κόσμου
18 10 [5] ἀπὸ μακρόθεν ἑστηκότες διὰ τ. φόβον
14 [7] ἡ ὀπώρα σου . . . ἀπῆλθεν ἀπὸ σοῦ
[7] πάντα τὰ λιπαρὰ . . . ἀπώλετο ἀπὸ σοῦ
15 [6, 5] οἱ πλουτήσαντες ἀπ' αὐτῆς, ἀπὸ μακρόθεν στήσονται
17 [5] ὅσοι τ. θάλασσαν ἐργάζονται ἀπὸ μακρόθεν ἔστησαν
19 5 [5] φωνὴ ἀπὸ τ. θρόνου ἐξῆλθεν
20 9 [7] κατέβη πῦρ ἐκ τ. οὐρανοῦ—+ ἀπὸ τ. θεοῦ TR
11 [5/7] οὗ ἀπὸ τ. προσώπου ἔφυγεν ἡ γῆ
21 2 [7] τ. πόλιν . . . εἶδον καταβαίνουσαν ἐκ τ. οὐρανοῦ ἀπὸ τ. θεοῦ
4 [5] ἐξαλείψει πᾶν δάκρυον ἐκ τ. ὀφθαλμῶν—ἀπὸ WH mg
10 [7] καταβαίνουσαν ἐκ τ. οὐρανοῦ ἀπὸ τ. θεοῦ
13 [5(4)] ἀπὸ ἀνατολῆς πυλῶνες τρεῖς, κ. ἀπὸ βορρᾶ . . ., κ. ἀπὸ νότου . . ., κ. ἀπὸ δυσμῶν . . .
מִפְּאַת צָפוֹן . . . וְאֶל־פְּאַת קָדִימָה
. . . וּפְאַת־נֶגְבָּה . . . פְּאַת־יָמָּה, Ez. xlviii. 30–34
22 19 [11] ἐάν τις ἀφέλῃ ἀπὸ τ. λόγων τ. βιβλίου
[3] ἀφελεῖ ὁ θεὸς τὸ μέρος αὐτοῦ ἀπὸ τ. ξύλου τ. ζωῆς

ʼΕΙΣ

(see page 298)

(1) Movement into, **(2)** Double (pregnant) force, **(3)** = ἐν, **(4)** Purpose or suitability for, **(5)** Previous cause, **(6)** εἰς τ. βασιλείαν τ. οὐρανῶν / τ. θεοῦ, **(7)** Contact, **(8)** Metaphorically local, **(9)** εἰς τ. αἰῶνα / τ. αἰῶνας (τ. αἰώνων), **(10)** Direction, **(11)** Reference or regard, **(12)** Indirect object, **(13)** Until, time, **(14)** Result, **(15)** εἰς τί, **(16)** To a person or creature, **(17)** πιστεύω / πιστὸς εἰς, **(18)** Against, **(19)** = Heb. לְ, **(20)** With number, **(21)** = ἐπί, **(22)** Degree, extent.

Mt **2** 1 [1] μάγοι ἀπὸ ἀνατολῶν παρεγένοντο εἰς Ἱεροσόλυμα
8 [1] κ. πέμψας αὐτοὺς εἰς Βηθλέεμ
11 [1] κ. ἐλθόντες εἰς τ. οἰκίαν εἶδον τὸ παιδίον
12 [1] ἀνεχώρησαν εἰς τ. χώραν αὐτῶν
13 [1] κ. φεῦγε εἰς Αἴγυπτον
14 [1] κ. ἀνεχώρησεν εἰς Αἴγυπτον
20 [1] κ. πορεύου εἰς γῆν Ἰσραήλ
21 [1] κ. εἰσῆλθεν εἰς γῆν Ἰσραήλ
22 [1] ἀνεχώρησεν εἰς τὰ μέρη τ. Γαλιλαίας
23 [2/3] κατῴκησεν εἰς πόλιν λεγομένην Ναζαρέτ
3 10 [1] ἐκκόπτεται κ. εἰς πῦρ βάλλεται
11 [4/5] ἐγὼ μὲν ὑμᾶς βαπτίζω ἐν ὕδατι εἰς μετάνοιαν
12 [1] συνάξει τ. σῖτον αὐτοῦ εἰς τ. ἀποθήκην
4 1 [1] ὁ Ἰησοῦς ἀνήχθη εἰς τ. ἔρημον
5 [1] παραλαμβάνει αὐτὸν ὁ διάβολος εἰς τ. ἁγίαν πόλιν
8 [1] παραλαμβάνει αὐτὸν ὁ διάβολος εἰς ὄρος ὑψηλόν
12 [1] ἀνεχώρησεν εἰς τ. Γαλιλαίαν
13 [2/3] κατῴκησεν εἰς Καφαρναούμ
18 [1] βάλλοντας ἀμφίβληστρον εἰς τ. θάλασσαν
24 [1] ἀπῆλθεν ἡ ἀκοὴ αὐτοῦ εἰς ὅλην τ. Συρίαν
5 1 [1] ἀνέβη εἰς τὸ ὄρος
13 [4] εἰς οὐδὲν ἰσχύει ἔτι
20 [6] οὐ μὴ εἰσέλθητε εἰς τ. βασιλείαν τ. οὐρανῶν
22 [4] ἔνοχος ἔσται εἰς τ. γέενναν τ. πυρός
25 [1] κ. εἰς φυλακὴν βληθήσῃ
29 [1] ἵνα . . . μὴ ὅλον τὸ σῶμά σου βληθῇ εἰς γέενναν
30 [1] ἵνα . . . μὴ ὅλον τὸ σῶμά σου εἰς γέενναν ἀπέλθῃ
35 [3] μήτε εἰς Ἱεροσόλυμα
39 [7] ὅστις σε ῥαπίζει εἰς τ. δεξιὰν σιαγόνα
6 6 [1] εἴσελθε εἰς τὸ ταμεῖόν σου
13 [8] μὴ εἰσενέγκῃς ἡμᾶς εἰς πειρασμόν
[13 [9] κ. ἡ δόξα εἰς τ. αἰῶνας
26 [10] ἐμβλέψατε εἰς τὰ πετεινά
[1] οὐδὲ συνάγουσιν εἰς ἀποθήκας
30 [1] κ. αὔριον εἰς κλίβανον βαλλόμενον
34 [11] μὴ οὖν μεριμνήσητε εἰς τὴν αὔριον
7 13 [8] ἡ ὁδὸς ἡ ἀπάγουσα εἰς τ. ἀπώλειαν
14 [8] τεθλιμμένη ἡ ὁδὸς ἡ ἀπάγουσα εἰς τ. ζωήν
19 [1] ἐκκόπτεται κ. εἰς πῦρ βάλλεται
21 [6] Οὐ πᾶς . . . εἰσελεύσεται εἰς τ. βασιλείαν τ. οὐρανῶν
8 4 [4] εἰς μαρτύριον αὐτοῖς

Mt **8** 5 [1] Εἰσελθόντος δὲ αὐτοῦ εἰς Καφαρναούμ
12 [8] ἐκβληθήσονται εἰς τὸ σκότος τὸ ἐξώτερον
14 [1] Κ. ἐλθὼν ὁ Ἰησοῦς εἰς τ. οἰκίαν Πέτρου
18 [1] ἐκέλευσεν ἀπελθεῖν εἰς τὸ πέραν
23 [1] Κ. ἐμβάντι αὐτῷ εἰς [τὸ] πλοῖον
28 [1,1] Κ. ἐλθόντος αὐτοῦ εἰς τὸ πέραν εἰς τ. χώραν τ. Γαδαρηνῶν
31 [1] ἀπόστειλον ἡμᾶς εἰς τ. ἀγέλην τ. χοίρων
32 [1] οἱ δὲ ἐξελθόντες ἀπῆλθον εἰς τ. χοίρους
[1] ὥρμησεν πᾶσα ἡ ἀγέλη . . . εἰς τ. θάλασσαν
33 [1] ἀπελθόντες εἰς τ. πόλιν ἀπήγγειλαν πάντα
34 [4] πᾶσα ἡ πόλις ἐξῆλθεν εἰς ὑπάντησιν τ. Ἰησοῦ
9 1 [1,1] ἐμβὰς εἰς πλοῖον διεπέρασεν κ. ἦλθεν εἰς τ. ἰδίαν πόλιν
6 [1] ὕπαγε εἰς τ. οἶκόν σου
7 [1] κ. ἐγερθεὶς ἀπῆλθεν εἰς τ. οἶκον αὐτοῦ
17 [1] οὐδὲ βάλλουσιν οἶνον νέον εἰς ἀσκοὺς παλαιούς
[1] βάλλουσιν οἶνον νέον εἰς ἀσκοὺς καινούς
23 [1] Κ. ἐλθὼν ὁ Ἰησοῦς εἰς τ. οἰκίαν τ. ἄρχοντος
26 [1] ἐξῆλθεν ἡ φήμη αὕτη εἰς ὅλην τ. γῆν
28 [1] ἐλθόντι δὲ εἰς τ. οἰκίαν προσῆλθον αὐτῷ
38 [1/4] ὅπως ἐκβάλῃ ἐργάτας εἰς τ. θερισμὸν αὐτοῦ
10 5 [1,1] Εἰς ὁδὸν ἐθνῶν μὴ ἀπέλθητε, κ. εἰς πόλιν Σαμαριτῶν μὴ εἰσέλθητε
9 [3/4] Μὴ κτήσησθε . . . χαλκὸν εἰς τ. ζώνας ὑμῶν,
10 [4] μηδὲ πήραν εἰς ὁδόν
11 [1] εἰς ἣν ἂν πόλιν ἢ κώμην εἰσέλθητε
12 [1] εἰσερχόμενοι δὲ εἰς τ. οἰκίαν ἀσπάσασθε αὐτήν
17 [12] παραδώσουσιν γὰρ ὑμᾶς εἰς συνέδρια
18 [4] εἰς μαρτύριον αὐτοῖς κ. τ. ἔθνεσιν
21 [4] παραδώσει δὲ ἀδελφὸς ἀδελφὸν εἰς θάνατον
22 [13] ὁ δὲ ὑπομείνας εἰς τέλος οὗτος σωθήσεται
23 [1] φεύγετε εἰς τ. ἑτέραν
[[1] φεύγετε εἰς τ. ἄλλην—UBS, WH
27 [3] ὃ εἰς τὸ οὖς ἀκούετε
41 [11] ὁ δεχόμενος προφήτην εἰς ὄνομα προφήτου
[11] ὁ δεχόμενος δίκαιον εἰς ὄνομα δικαίου
42 [11] ποτήριον ψυχροῦ μόνον εἰς ὄνομα μαθητοῦ
11 7 [1] Τί ἐξήλθατε εἰς τ. ἔρημον θεάσασθαι;
12 4 [1] πῶς εἰσῆλθεν εἰς τ. οἶκον τ. θεοῦ
9 [1] ἦλθεν εἰς τ. συναγωγὴν αὐτῶν
11 [1] ἐὰν ἐμπέσῃ τοῦτο τ. σάββασιν εἰς βόθυνον
20 [14] ἕως ἂν ἐκβάλῃ εἰς νῖκος τ. κρίσιν—Heb. לְ, Is. xlii. 3
29 [1] εἰσελθεῖν εἰς τ. οἰκίαν τ. ἰσχυροῦ
41 [11] μετενόησαν εἰς τὸ κήρυγμα Ἰωνᾶ
44 [1] Εἰς τ. οἶκόν μου ἐπιστρέψω ὅθεν ἐξῆλθον
13 2 [1] ὥστε αὐτὸν εἰς πλοῖον ἐμβάντα καθῆσθαι
22 [1] ὁ δὲ εἰς τ. ἀκάνθας σπαρείς
30 [14] δήσατε αὐτὰ εἰς δέσμας—WH [εἰς]
[1] τ. δὲ σῖτον συναγάγετε εἰς τ. ἀποθήκην
33 [1] γυνὴ ἐνέκρυψεν εἰς ἀλεύρου σάτα τρία
36 [1] ἦλθεν εἰς τ. οἰκίαν
42 [1] βαλοῦσιν αὐτοὺς εἰς τ. κάμινον τ. πυρός

Mt **13** 47 [1] σαγήνῃ βληθείσῃ εἰς τ. θάλασσαν
48 [1] συνέλεξαν τὰ καλὰ εἰς ἄγγη
50 [1] βαλοῦσιν αὐτοὺς εἰς τ. κάμινον τ. πυρός
54 [1] ἐλθὼν εἰς τ. πατρίδα αὐτοῦ ἐδίδασκεν
14 13 [1] ἀνεχώρησεν ἐκεῖθεν ἐν πλοίῳ εἰς ἔρημον
15 [1] ἵνα ἀπελθόντες εἰς τ. κώμας ἀγοράσωσιν
19 [10] ἀναβλέψας εἰς τ. οὐρανὸν εὐλόγησεν
22 [1] ἠνάγκασεν τ. μαθητὰς ἐμβῆναι εἰς τὸ πλοῖον
[1] κ. προάγειν αὐτὸν εἰς τὸ πέραν
23 [1] ἀνέβη εἰς τὸ ὄρος κατ' ἰδίαν
31 [15] Ὀλιγόπιστε, εἰς τί ἐδίστασας;
32 [1] κ. ἀναβάντων αὐτῶν εἰς τὸ πλοῖον
34 [1] ἦλθον ἐπὶ τ. γῆν εἰς Γεννησαρέτ
35 [1] ἀπέστειλαν εἰς ὅλην τ. περίχωρον ἐκείνην
15 11 [1] οὐ τὸ εἰσερχόμενον εἰς τὸ στόμα
14 [1] ἀμφότεροι εἰς βόθυνον πεσοῦνται
17 [1,1,1] πᾶν τὸ εἰσπορευόμενον εἰς τὸ στόμα εἰς τ. κοιλίαν χωρεῖ κ. εἰς ἀφεδρῶνα ἐκβάλλεται
21 [1] ἀνεχώρησεν εἰς τὰ μέρη Τύρου
24 [16] εἰ μὴ εἰς τὰ πρόβατα τὰ ἀπολωλότα
29 [1] ἀναβὰς εἰς τὸ ὄρος ἐκάθητο ἐκεῖ
39 [1,1] ἐνέβη εἰς τὸ πλοῖον, κ. ἦλθεν εἰς τὰ ὅρια Μαγαδάν
16 5 [1] Κ. ἐλθόντες οἱ μαθηταὶ εἰς τὸ πέραν
13 [1] Ἐλθὼν δὲ ὁ Ἰησοῦς εἰς τὰ μέρη Καισαρείας
21 [1] δεῖ αὐτὸν εἰς Ἱεροσόλυμα ἀπελθεῖν
17 1 [1] ἀναφέρει αὐτοὺς εἰς ὄρος ὑψηλόν
15 [1,1] πολλάκις γὰρ πίπτει εἰς τὸ πῦρ κ. πολλάκις εἰς τὸ ὕδωρ
22 [16] παραδίδοσθαι εἰς χεῖρας ἀνθρώπων
24 [1] Ἐλθόντων δὲ αὐτῶν εἰς Καφαρναούμ
25 [1] ἐλθόντα εἰς τ. οἰκίαν προέφθασεν αὐτὸν ὁ Ἰησοῦς
27 [1] πορευθεὶς εἰς θάλασσαν βάλε ἄγκιστρον
18 3 [6] οὐ μὴ εἰσέλθητε εἰς τ. βασιλείαν τ. οὐρανῶν
6 [17] τ. μικρῶν τούτων τ. πιστευόντων εἰς ἐμέ
8 [8] εἰσελθεῖν εἰς τ. ζωὴν κυλλόν
[1] βληθῆναι εἰς τὸ πῦρ τὸ αἰώνιον
9 [8] μονόφθαλμον εἰς τ. ζωὴν εἰσελθεῖν
[1] βληθῆναι εἰς τ. γέενναν τ. πυρός
15 [16] Ἐὰν δὲ ἁμαρτήσῃ [εἰς σὲ] ὁ ἀδελφός σου—WH—εἰς σέ
20 [11] δύο ἢ τρεῖς συνηγμένοι εἰς τὸ ἐμὸν ὄνομα
21 [18] ποσάκις ἁμαρτήσει εἰς ἐμὲ ὁ ἀδελφός μου
30 [1] ἔβαλεν αὐτὸν εἰς φυλακήν
19 1 [1] ἦλθεν εἰς τὰ ὅρια τ. Ἰουδαίας
5 [19] ἔσονται οἱ δύο εἰς σάρκα μίαν
וְהָיוּ לְבָשָׂר אֶחָד, Gen. ii. 24
17 [8] εἰ δὲ θέλεις εἰς τ. ζωὴν εἰσελθειν
23 [6] πλούσιος δυσκόλως εἰσελεύσεται εἰς τ. βασιλείαν
24 [6] ἢ πλούσιον εἰσελθεῖν εἰς τ. βασιλείαν τ. θεοῦ
20 1 [4] μισθώσασθαι ἐργάτας εἰς τ. ἀμπελῶνα αὐτοῦ
2 [1] ἀπέστειλεν αὐτοὺς εἰς τ. ἀμπελῶνα αὐτοῦ
4 [1] Ὑπάγετε κ. ὑμεῖς εἰς τ. ἀμπελῶνα
7 [1] Ὑπάγετε κ. ὑμεῖς εἰς τ. ἀμπελῶνα

Mt **20** 17 [1] Κ. ἀναβαίνων ὁ Ἰησοῦς εἰς Ἱεροσόλυμα
18 [1] Ἰδοὺ ἀναβαίνομεν εἰς Ἱεροσόλυμα
19 [4/14] εἰς τὸ ἐμπαῖξαι κ. μαστιγῶσαι
21 1 [1,1,1] ὅτε ἤγγισαν εἰς Ἱεροσόλυμα κ. ἦλθον εἰς Βηθφαγὴ εἰς τὸ Ὄρος τ. Ἐλαιῶν
2 [1] Πορεύεσθε εἰς τ. κώμην
10 [1] κ. εἰσελθόντος αὐτοῦ εἰς Ἱεροσόλυμα
12 [1] Κ. εἰσῆλθεν Ἰησοῦς εἰς τὸ ἱερόν
17 [1] ἐξῆλθεν ἔξω τ. πόλεως εἰς Βηθανίαν
18 [1] Πρωῒ δὲ ἐπανάγων εἰς τ. πόλιν ἐπείνασεν
19 [9] Μηκέτι ἐκ σοῦ καρπὸς γένηται εἰς τ. αἰῶνα
21 [1] Ἄρθητι κ. βλήθητι εἰς τ. θάλασσαν
23 [1] Κ. ἐλθόντος αὐτοῦ εἰς τὸ ἱερόν
31 [6] προάγουσιν ὑμᾶς εἰς τ. βασιλείαν τ. θεοῦ
42 [19] οὗτος ἐγενήθη εἰς κεφαλὴν γωνίας
הָיְתָה לְרֹאשׁ פִּנָּה, Ps. cxviii. 22
46 [19] ἐπεὶ εἰς προφήτην αὐτὸν εἶχον
22 3 [1] καλέσαι τ. κεκλημένους εἰς τ. γάμους
4 [1] δεῦτε εἰς τ. γάμους
5 [1] ὃς μὲν εἰς τ. ἴδιον ἀγρόν
9 [1] καλέσατε εἰς τ. γάμους
10 [1] κ. ἐξελθόντες οἱ δοῦλοι ἐκεῖνοι εἰς τ. ὁδούς
13 [8] ἐκβάλετε αὐτὸν εἰς τὸ σκότος
16 [16] οὐ γὰρ βλέπεις εἰς πρόσωπον ἀνθρώπων
23 34 [1] κ. διώξετε ἀπὸ πόλεως εἰς πόλιν
24 9 [4] τότε παραδώσουσιν ὑμᾶς εἰς θλῖψιν
13 [13] ὁ δὲ ὑπομείνας εἰς τέλος
14 [4] εἰς μαρτύριον πᾶσιν τ. ἔθνεσιν
16 [1] τότε οἱ ἐν τ. Ἰουδαίᾳ φευγέτωσαν εἰς τὰ ὄρη
38 [1] εἰσῆλθεν Νῶε εἰς τ. κιβωτόν
25 1 [4] ἐξῆλθον εἰς ὑπάντησιν τ. νυμφίου
6 [4] ἐξέρχεσθε εἰς ἀπάντησιν αὐτοῦ
10 [1] εἰσῆλθον μετ' αὐτοῦ εἰς τ. γάμους
21 [8] εἴσελθε εἰς τ. χαρὰν τ. κυρίου σου
23 [8] εἴσελθε εἰς τ. χαρὰν τ. κυρίου σου
30 [8] ἐκβάλετε εἰς τὸ σκότος τὸ ἐξώτερον
41 [1] Πορεύεσθε . . . εἰς τὸ πῦρ τὸ αἰώνιον
46 [4,8] ἀπελεύσονται οὗτοι εἰς κόλασιν αἰώνιον, οἱ δὲ δίκαιοι εἰς ζωὴν αἰώνιον
26 2 [4] παραδίδοται εἰς τὸ σταυρωθῆναι
3 [1] Τότε συνήχθησαν οἱ ἀρχιερεῖς . . . εἰς τ. αὐλήν
8 [15] Εἰς τί ἡ ἀπώλεια αὕτη;
10 [16] ἔργον γὰρ καλὸν ἠργάσατο εἰς ἐμέ
13 [4/11] λαληθήσεται . . . εἰς μνημόσυνον αὐτῆς
18 [1] Ὑπάγετε εἰς τ. πόλιν
28 [4] ἐκχυννόμενον εἰς ἄφεσιν ἁμαρτιῶν
30 [1] ἐξῆλθον εἰς τὸ Ὄρος τ. Ἐλαιῶν
32 [1] προάξω ὑμᾶς εἰς Γαλιλαίαν
36 [1] εἰς χωρίον λεγόμενον Γεθσημανί
41 [8] προσεύχεσθε, ἵνα μὴ εἰσέλθητε εἰς πειρασμόν
45 [16] παραδίδοται εἰς χεῖρας ἁμαρτωλῶν
52 [1] Ἀπόστρεψον τ. μάχαιράν σου εἰς τ. τόπον αὐτῆς
67 [7] ἐνέπτυσαν εἰς τὸ πρόσωπον αὐτοῦ
71 [1] ἐξελθόντα δὲ εἰς τ. πυλῶνα εἶδεν αὐτὸν ἄλλη
27 5 [1] ῥίψας τὰ ἀργύρια εἰς τ. ναὸν ἀνεχώρησεν
6 [1] Οὐκ ἔξεστιν βαλεῖν αὐτὰ εἰς τ. κορβανᾶν
7 [4] εἰς ταφὴν τ. ξένοις

Mt **27** 10 [4] ἔδωκαν αὐτὰ εἰς τ. ἀγρὸν τ. κεραμέως
27 [1] παραλαβόντες τ. Ἰησοῦν εἰς τὸ πραιτώριον
30 [7] κ. ἐμπτύσαντες εἰς αὐτόν
[7] ἔτυπτον εἰς τ. κεφαλὴν αὐτοῦ
31 [4] ἀπήγαγον αὐτὸν εἰς τὸ σταυρῶσαι
33 [1] ἐλθόντες εἰς τόπον λεγόμενον Γολγοθᾶ
51 [20] ἀπ᾽ ἄνωθεν ἕως κάτω εἰς δύο
53 [1] εἰσῆλθον εἰς τ. ἁγίαν πόλιν
28 1 [13] τ. ἐπιφωσκούσῃ εἰς μίαν σαββάτων
7 [1] προάγει ὑμᾶς εἰς τ. Γαλιλαίαν
10 [1] ἵνα ἀπέλθωσιν εἰς τ. Γαλιλαίαν
11 [1] ἐλθόντες εἰς τ. πόλιν ἀπήγγειλαν
16 [1,1] ἐπορεύθησαν εἰς τ. Γαλιλαίαν εἰς τὸ ὄρος
19 [11] βαπτίζοντες αὐτοὺς εἰς τὸ ὄνομα τ. πατρός
Mk **1** 4 [4] βάπτισμα μετανοίας εἰς ἄφεσιν ἁμαρτιῶν
9 [2/3] ἐβαπτίσθη εἰς τ. Ἰορδάνην
10 [16] τὸ πνεῦμα ὡς περιστερὰν καταβαῖνον εἰς αὐτόν
12 [1] τὸ πνεῦμα αὐτὸν ἐκβάλλει εἰς τ. ἔρημον
14 [1] ἦλθεν ὁ Ἰησοῦς εἰς τ. Γαλιλαίαν
21 [1] εἰσπορεύονται εἰς Καφαρναούμ
[1] [εἰσελθὼν] εἰς τ. συναγωγὴν ἐδίδασκεν
28 [1] ἐξῆλθεν ἡ ἀκοὴ . . . εἰς ὅλην τ. περίχωρον
29 [1] ἦλθον εἰς τ. οἰκίαν Σίμωνος
35 [1] ἀπῆλθεν εἰς ἔρημον τόπον
38 [1] Ἄγωμεν ἀλλαχοῦ εἰς τ. ἐχομένας κωμοπόλεις
[4] εἰς τοῦτο γὰρ ἐξῆλθον
39 [3,1] ἦλθεν κηρύσσων εἰς τ. συναγωγὰς αὐτῶν εἰς ὅλην τ. Γαλιλαίαν
44 [4] εἰς μαρτύριον αὐτοῖς
45 [1] ὥστε μηκέτι αὐτὸν δύνασθαι . . . εἰς πόλιν εἰσελθεῖν
2 1 [1] Κ. εἰσελθὼν πάλιν εἰς Καφαρναούμ
[3] ἠκούσθη ὅτι ἐν οἴκῳ ἐστίν—WH mg εἰς οἶκον
11 [1] ὕπαγε εἰς τ. οἶκόν σου
22 [1] οὐδεὶς βάλλει οἶνον νέον εἰς ἀσκοὺς παλαιούς
[1] ἀλλὰ οἶνον νέον εἰς ἀσκοὺς καινούς—WH brackets whole
26 [1] εἰσῆλθεν εἰς τ. οἶκον τ. θεοῦ
3 1 [1] εἰσῆλθεν πάλιν εἰς τ. συναγωγήν
3 [2/3] Ἔγειρε εἰς τὸ μέσον
13 [1] ἀναβαίνει εἰς τὸ ὄρος
20 [1] Κ. ἔρχεται εἰς οἶκον
27 [1] εἰς τ. οἰκίαν τ. ἰσχυροῦ εἰσελθών
29 [18] ὃς δ᾽ ἂν βλασφημήσῃ εἰς τὸ πνεῦμα
[9] οὐκ ἔχει ἄφεσιν εἰς τ. αἰῶνα
4 1 [1] ὥστε αὐτὸν εἰς πλοῖον ἐμβάντα
7 [1] ἄλλο ἔπεσεν εἰς τ. ἀκάνθας
8 [1] ἄλλα ἔπεσεν εἰς τ. γῆν τ. καλήν
[20,20,20] ἓν τριάκοντα κ. ἓν ἑξήκοντα κ. ἓν ἑκατον—WH εἰς 1°, WH mg εἰς 2°, 3°
15 [16] τ. λόγον τ. ἐσπαρμένον εἰς αὐτούς
18 [1] ἄλλοι εἰσὶν οἱ εἰς τ. ἀκάνθας σπειρόμενοι
22 [8] ἀλλ᾽ ἵνα ἔλθῃ εἰς φανερόν
35 [1] Διέλθωμεν εἰς τὸ πέραν
37 [1] τὰ κύματα ἐπέβαλλεν εἰς τὸ πλοῖον

Mk **5** 1 [1,1] ἦλθον εἰς τὸ πέραν τ. θαλάσσης εἰς τ. χώραν τ. Γερασηνῶν
12 [16,16] Πέμψον ἡμᾶς εἰς τ. χοίρους, ἵνα εἰς αὐτοὺς εἰσέλθωμεν
13 [16] τὰ πνεύματα . . . εἰσῆλθον εἰς τ. χοίρους
[1] ὥρμησεν ἡ ἀγέλη . . . εἰς τ. θάλασσαν
14 [1,1] ἀπήγγειλαν εἰς τ. πόλιν κ. εἰς τ. ἀγρούς
18 [1] ἐμβαίνοντος αὐτοῦ εἰς τὸ πλοῖον
19 [1] Ὕπαγε εἰς τ. οἶκόν σου
21 [1] διαπεράσαντος τ. Ἰησοῦ πάλιν εἰς τὸ πέραν
26 [8/11] ἀλλὰ μᾶλλον εἰς τὸ χεῖρον ἐλθοῦσα
34 [3] ὕπαγε εἰς εἰρήνην
38 [1] ἔρχονται εἰς τ. οἶκον τ. ἀρχισυναγώγου
6 1 [1] ἔρχεται εἰς τ. πατρίδα αὐτοῦ
8 [4] ἵνα μηδὲν αἴρωσιν εἰς ὁδόν
[3/4] μὴ εἰς τ. ζώνην χαλκόν
10 [1] Ὅπου ἐὰν εἰσέλθητε εἰς οἰκίαν
11 [4] εἰς μαρτύριον αὐτοῖς
31 [1] Δεῦτε ὑμεῖς . . . εἰς ἔρημον τόπον
32 [1] ἀπῆλθον ἐν τ. πλοίῳ εἰς ἔρημον τόπον
36 [1] ἵνα ἀπελθόντες εἰς τ. κύκλῳ ἀγροὺς . . . ἀγοράσωσιν
41 [10] ἀναβλέψας εἰς τ. οὐρανὸν εὐλόγησεν
45 [1,1] ἐμβῆναι εἰς τὸ πλοῖον κ. προάγειν εἰς τὸ πέραν
46 [1] ἀπῆλθεν εἰς τὸ ὄρος προσεύξασθαι
51 [1] ἀνέβη πρὸς αὐτοὺς εἰς τὸ πλοῖον
53 [1] ἦλθον εἰς Γεννησαρέτ
56 [1,1,1] εἰσεπορεύετο εἰς κώμας ἢ εἰς πόλεις ἢ εἰς ἀγρούς
7 15 [1] ἔξωθεν τ. ἀνθρώπου εἰσπορευόμενον εἰς αὐτόν
17 [1] ὅτε εἰσῆλθεν εἰς οἶκον
18 [1] πᾶν τὸ ἔξωθεν εἰσπορευόμενον εἰς τ. ἄνθρωπον
19 [1,1,1] οὐκ εἰσπορεύεται αὐτοῦ εἰς τ. καρδίαν ἀλλ᾽ εἰς τ. κοιλίαν, κ. εἰς τ. ἀφεδρῶνα ἐκπορεύεται
24 [1,1] ἀπῆλθεν εἰς τὰ ὅρια Τύρου κ. εἰσελθὼν εἰς οἰκίαν
30 [1] ἀπελθοῦσα εἰς τ. οἶκον αὐτῆς
31 [1] ἦλθεν διὰ Σιδῶνος εἰς τ. θάλασσαν
33 [1] ἔβαλεν τ. δακτύλους αὐτοῦ εἰς τὰ ὦτα
34 [10] κ. ἀναβλέψας εἰς τ. οὐρανόν
8 3 [1] ἐὰν ἀπολύσω αὐτοὺς νήστεις εἰς οἶκον αὐτῶν
10 [1] εὐθὺς ἐμβὰς εἰς τὸ πλοῖον
[1] ἦλθεν εἰς τὰ μέρη Δαλμανουθά
13 [1] πάλιν ἐμβὰς ἀπῆλθεν εἰς τὸ πέραν
19 [4] τ. πέντε ἄρτους ἔκλασα εἰς τ. πεντακισχιλίους
20 [4] τ. ἑπτὰ εἰς τ. τετρακισχιλίους
22 [1] Κ. ἔρχονται εἰς Βηθσαϊδάν
23 [1] κ. πτύσας εἰς τ. ὄμματα αὐτοῦ
26 [1] ἀπέστειλεν αὐτὸν εἰς οἶκον αὐτοῦ
[1] Μηδὲ εἰς τ. κώμην εἰσέλθῃς
27 [1] ἐξῆλθεν ὁ Ἰησοῦς . . . εἰς τ. κώμας Καισαρείας
9 2 [1] ἀναφέρει αὐτοὺς εἰς ὄρος ὑψηλόν
22 [1,1] κ. εἰς πῦρ αὐτὸν ἔβαλεν κ. εἰς ὕδατα
25 [16] μηκέτι εἰσέλθῃς εἰς αὐτόν
28 [1] εἰσελθόντος αὐτοῦ εἰς οἶκον

Mk 9 31 [16] παραδίδοται εἰς χεῖρας ἀνθρώπων
33 [1] Κ. ἦλθον εἰς Καφαρναούμ
42 [17] ἕνα τ. μικρῶν τ. πιστευόντων [εἰς ἐμέ]—WH—εἰς ἐμέ
[1] κ. βέβληται εἰς τ. θάλασσαν
43 [8] κυλλὸν εἰσελθεῖν εἰς τ. ζωήν
[1,1] ἀπελθεῖν εἰς τ. γέενναν, εἰς τὸ πῦρ τὸ ἄσβεστον
45 [8] εἰσελθεῖν εἰς τ. ζωὴν χωλόν
[1] βληθῆναι εἰς τ. γέενναν
47 [6] μονόφθαλμον εἰσελθεῖν εἰς τ. βασιλείαν τ. θεοῦ
[1] βληθῆναι εἰς τ. γέενναν
10 1 [1] ἔρχεται εἰς τὰ ὅρια τ. Ἰουδαίας
8 [19] ἔσονται οἱ δύο εἰς σάρκα μίαν—Gen. l. c.
10 [3] εἰς τ. οἰκίαν πάλιν . . . ἐπηρώτων αὐτόν
15 [6] οὐ μὴ εἰσέλθῃ εἰς αὐτήν
17 [1/4] ἐκπορευομένου αὐτοῦ εἰς ὁδόν
23 [6] Πῶς δυσκόλως . . . εἰς τ. βασιλείαν τ. θεοῦ εἰσελεύσονται
24 [6] πῶς δύσκολόν ἐστιν εἰς τ. βασιλείαν τ. θεοῦ εἰσελθεῖν
25 [6] ἢ πλούσιον εἰς τ. βασιλείαν τ. θεοῦ εἰσελθεῖν
32 [1] ἐν τ. ὁδῷ ἀναβαίνοντες εἰς Ἱεροσόλυμα
33 [1] Ἰδοὺ ἀναβαίνομεν εἰς Ἱεροσόλυμα
46 [1] Κ. ἔρχονται εἰς Ἰεριχώ
11 1 [1,1] Κ. ὅτε ἐγγίζουσιν εἰς Ἱεροσόλυμα εἰς Βηθφαγή
2 [1] Ὑπάγετε εἰς τ. κώμην τὴν κατέναντι ὑμῶν
[1] εἰσπορευόμενοι εἰς αὐτὴν εὑρήσετε
8 [1] τὰ ἱμάτια αὐτῶν ἔστρωσαν εἰς τ. ὁδόν
11 [1,1] εἰσῆλθεν εἰς Ἱεροσόλυμα εἰς τὸ ἱερόν
[1] ἐξῆλθεν εἰς Βηθανίαν
14 [9] Μηκέτι εἰς τ. αἰῶνα ἐκ σοῦ μηδεὶς καρπὸν φάγοι
15 [1] Κ. ἔρχονται εἰς Ἱεροσόλυμα
[1] κ. εἰσελθὼν εἰς τὸ ἱερὸν ἤρξατο
23 [1] Ἄρθητι κ. βλήθητι εἰς τ. θάλασσαν
27 [1] Κ. ἔρχονται πάλιν εἰς Ἱεροσόλυμα
12 10 [19] οὗτος ἐγενήθη εἰς κεφαλὴν γωνίας—Ps. l. c.
14 [16] οὐ γὰρ βλέπεις εἰς πρόσωπον ἀνθρώπων
41 [1] πῶς ὁ ὄχλος βάλλει χαλκὸν εἰς τὸ γαζοφυλάκιον
43 [1] τ. βαλλόντων εἰς τὸ γαζοφυλάκιον
13 3 [21] καθημένου αὐτοῦ εἰς τὸ Ὄρος τ. Ἐλαιῶν
9 [1/12] παραδώσουσιν ὑμᾶς εἰς συνέδρια κ. εἰς συναγωγάς
[4] εἰς μαρτύριον αὐτοῖς
10 [12] κ. εἰς πάντα τὰ ἔθνη
12 [4] παραδώσει ἀδελφὸς ἀδελφὸν εἰς θάνατον
13 [13] ὁ δὲ ὑπομείνας εἰς τέλος
14 [1] οἱ ἐν τ. Ἰουδαίᾳ φευγέτωσαν εἰς τὰ ὄρη
16 [3,1] ὁ εἰς τ. ἄγρον μὴ ἐπιστρεψάτω εἰς τὰ ὀπίσω
14 4 [15] Εἰς τί ἡ ἀπώλεια αὕτη τ. μύρου
8 [4] μυρίσαι τὸ σῶμά μου εἰς τ. ἐνταφιασμόν
9 [12] ὅπου ἐὰν κηρυχθῇ . . . εἰς ὅλον τ. κόσμον
[4] εἰς μνημόσυνον αὐτῆς
13 [1] Ὑπάγετε εἰς τ. πόλιν
16 [1] κ. ἦλθον εἰς τ. πόλιν

Mk 14 20 [1] ὁ ἐμβαπτόμενος μετ' ἐμοῦ εἰς τὸ τρύβλιον
26 [1] ἐξῆλθον εἰς τὸ Ὄρος τ. Ἐλαιῶν
28 [1] προάξω ὑμᾶς εἰς τ. Γαλιλαίαν
32 [1] ἔρχονται εἰς χωρίον οὗ τὸ ὄνομα Γεθσημανί
38 [8] προσεύχεσθε, ἵνα μὴ ἔλθητε εἰς πειρασμόν
41 [16] παραδίδοται . . . εἰς τ. χεῖρας τ. ἁμαρτωλῶν
54 [1] ἕως ἔσω εἰς τ. αὐλὴν τ. ἀρχιερέως
55 [4] εἰς τὸ θανατῶσαι αὐτόν
60 [2/3] κ. ἀναστὰς ὁ ἀρχιερεὺς εἰς μέσον
68 [1] ἐξῆλθεν ἔξω εἰς τὸ προαύλιον
15 34 [15] εἰς τί ἐγκατέλιπές με;
לָמָה עֲזַבְתָּנִי—Ps. xxii. 1
38 [20] ἐσχίσθη εἰς δύο ἀπ' ἄνωθεν
41 [1] αἱ συναναβᾶσαι αὐτῷ εἰς Ἱεροσόλυμα
16 5 [1] εἰσελθοῦσαι εἰς τὸ μνημεῖον εἶδον
7 [1] Προάγει ὑμᾶς εἰς τ. Γαλιλαίαν
[12 [1] δυσὶν ἐξ αὐτῶν . . . πορευομένοις εἰς ἀγρόν
[15 [1] Πορευθέντες εἰς τ. κόσμον ἅπαντα κηρύξατε
[19 [1] ἀνελήμφθη εἰς τ. οὐρανόν
Lu 1 9 [1] εἰσελθὼν εἰς τ. ναὸν τ. κυρίου
20 [13] οἵτινες πληρωθήσονται εἰς τ. καιρὸν αὐτῶν
23 [1] ἀπῆλθεν εἰς τ. οἶκον αὐτοῦ
26 [1] ἀπεστάλη ὁ ἄγγελος . . . εἰς πόλιν τ. Γαλιλαίας
33 [9] βασιλεύσει ἐπὶ τ. οἶκον Ἰακὼβ εἰς τ. αἰῶνας
39 [1,1] ἐπορεύθη εἰς τ. ὀρεινὴν . . . εἰς πόλιν Ἰούδα
40 [1] εἰσῆλθεν εἰς τ. οἶκον Ζαχαρίου
44 [7] ὡς ἐγένετο ἡ φωνὴ . . . εἰς τὰ ὦτά μου
50 [13] κ. τὸ ἔλεος αὐτοῦ εἰς γενεὰς κ. γενεάς
55 [9] κ. τ. σπέρματι αὐτοῦ εἰς τ. αἰῶνα
56 [1] ὑπέστρεψεν εἰς τ. οἶκον αὐτῆς
79 [8] κατευθῦναι τ. πόδας ἡμῶν εἰς ὁδὸν εἰρήνης
2 3 [1] ἕκαστος εἰς τ. ἑαυτοῦ πόλιν
4 [1,1] εἰς τ. Ἰουδαίαν εἰς πόλιν Δαυίδ
15 [1] ὡς ἀπῆλθον ἀπ' αὐτῶν εἰς τ. οὐρανόν
22 [1] ἀνήγαγον αὐτὸν εἰς Ἱεροσόλυμα
27 [1] ἦλθεν ἐν τ. πνεύματι εἰς τὸ ἱερόν
28 [7] ἐδέξατο αὐτὸ εἰς τ. ἀγκάλας
32 [4] φῶς εἰς ἀποκάλυψιν ἐθνῶν
34 [4] οὗτος κεῖται εἰς πτῶσιν κ. ἀνάστασιν
[4] εἰς σημεῖον ἀντιλεγόμενον
39 [1,1] ἐπέστρεψαν εἰς τ. Γαλιλαίαν εἰς πόλιν ἑαυτῶν
41 [1] ἐπορεύοντο . . . κατ' ἔτος εἰς Ἰερουσαλήμ
45 [1] ὑπέστρεψαν εἰς Ἰερουσαλήμ
51 [1] κ. ἦλθεν εἰς Ναζαρέθ
3 3 [1] ἦλθεν εἰς πᾶσαν [τ.] περίχωρον
[4] βάπτισμα μετανοίας εἰς ἄφεσιν ἁμαρτιῶν
5 [14/19] ἔσται τὰ σκολιὰ εἰς εὐθείαν
וְהָיָה הֶעָקֹב לְמִישׁוֹר—Is. xl. 4
5 [14/19] κ. αἱ τραχεῖαι εἰς ὁδοὺς λείας
וְהָרְכָסִים לְבִקְעָה—Is. l. c.
9 [8] ἐκκόπτεται κ. εἰς πῦρ βάλλεται
17 [8] συναγαγεῖν τ. σῖτον εἰς τ. ἀποθήκην
4 9 [1] Ἤγαγεν δὲ αὐτὸν εἰς Ἰερουσαλήμ

Lu 4 14 [1] ὑπέστρεψεν ὁ Ἰησοῦς . . . εἰς τ. Γαλιλαίαν
16 [1] Κ. ἦλθεν εἰς Ναζαρά
[1] κ. εἰσῆλθεν . . . εἰς τ. συναγωγήν
23 [3] ὅσα ἠκούσαμεν γενόμενα εἰς τ. Καφαρναούμ
26 [1] εἰ μὴ εἰς Σάρεπτα τ. Σιδωνίας
31 [1] Κ. κατῆλθεν εἰς Καφαρναούμ
35 [1] ῥίψαν αὐτὸν εἰς τὸ μέσον
37 [1] ἐξεπορεύετο ἦχος . . . εἰς πάντα τόπον
38 [1] εἰσῆλθεν εἰς τ. οἰκίαν Σίμωνος
42 [1] ἐπορεύθη εἰς ἔρημον τόπον
44 [3] ἦν κηρύσσων εἰς τ. συναγωγάς
5 3 [1] ἐμβὰς δὲ εἰς ἓν τ. πλοίων
4 [1] Ἐπανάγαγε εἰς τὸ βάθος
[4] χαλάσατε τὰ δίκτυα ὑμῶν εἰς ἄγραν
14 [4] εἰς μαρτύριον αὐτοῖς
17 [4] δύναμις κυρίου ἦν εἰς τὸ ἰᾶσθαι αὐτόν
19 [1] καθῆκαν αὐτὸν . . . εἰς τὸ μέσον
24 [1] πορεύου εἰς τ. οἶκόν σου
25 [1] ἀπῆλθεν εἰς τ. οἶκον αὐτοῦ
32 [4] ἀλλὰ ἁμαρτωλοὺς εἰς μετάνοιαν
37 [1] οὐδεὶς βάλλει οἶνον εἰς ἀσκοὺς παλαιούς
38 [1] ἀλλὰ οἶνον νέον εἰς ἀσκοὺς καινούς
6 4 [1] [ὡς] εἰσῆλθεν εἰς τ. οἶκον τ. θεοῦ
6 [1] εἰσελθεῖν αὐτὸν εἰς τ. συναγωγὴν κ. διδάσκειν
8 [3] στῆθι εἰς τὸ μέσον
12 [1] ἐξελθεῖν αὐτὸν εἰς τὸ ὄρος προσεύξασθαι
20 [10] ἐπάρας τ. ὀφθαλμοὺς αὐτοῦ εἰς τ. μαθητάς
38 [7] δώσουσιν εἰς τ. κόλπον ὑμῶν
39 [1] ἀμφότεροι εἰς βόθυνον ἐμπεσοῦνται
7 1 [7] ἐπλήρωσεν πάντα . . . εἰς τ. ἀκοὰς τ. λαοῦ
[1] εἰσῆλθεν εἰς Καφαρναούμ
10 [1] κ. ὑποστρέψαντες εἰς τ. οἶκον
11 [1] ἐπορεύθη εἰς πόλιν καλουμένην Ναΐν
24 [1] Τί ἐξήλθατε εἰς τ. ἔρημον
30 [11] τ. βουλὴν τ. θεοῦ ἠθέτησαν εἰς ἑαυτούς
36 [1] εἰσελθὼν εἰς τ. οἶκον τ. Φαρισαίου
44 [1] εἰσῆλθόν σου εἰς τ. οἰκίαν
50 [3] πορεύου εἰς εἰρήνην
8 8 [1] ἕτερον ἔπεσεν εἰς τ. γῆν τ. ἀγαθήν
14 [1] τὸ δὲ εἰς τ. ἀκάνθας πεσόν
17 [8] κ. εἰς φανερὸν ἔλθῃ
22 [1] αὐτὸς ἐνέβη εἰς πλοῖον
[1] Διέλθωμεν εἰς τὸ πέραν τ. λίμνης
23 [1] κατέβη λαῖλαψ ἀνέμου εἰς τ. λίμνην
26 [1] κατέπλευσαν εἰς τ. χώραν τ. Γεργεσηνῶν
29 [1] ἠλαύνετο ὑπὸ τ. δαιμονίου εἰς τ. ἐρήμους
30 [16] εἰσῆλθεν δαιμόνια πολλὰ εἰς αὐτόν
31 [1] εἰς τ. ἄβυσσον ἀπελθεῖν
32 [16] ἵνα ἐπιτρέψῃ αὐτοῖς εἰς ἐκείνους εἰσελθεῖν
33 [16] εἰσῆλθον εἰς τ. χοίρους
[1] ὥρμησεν ἡ ἀγέλη . . . εἰς τ. λίμνην
34 [1,1] ἀπήγγειλαν εἰς τ. πόλιν κ. εἰς τ. ἀγρούς
37 [1] ἐμβὰς εἰς πλοῖον ὑπέστρεψεν
39 [1] Ὑπόστρεφε εἰς τ. οἶκόν σου
41 [1] παρεκάλει αὐτὸν εἰσελθεῖν εἰς τ. οἶκον
48 [3] πορεύου εἰς εἰρήνην
51 ἐλθὼν δὲ εἰς τ. οἰκίαν
9 3 [4] Μηδὲν αἴρετε εἰς τ. ὁδόν
4 εἰς ἣν ἂν οἰκίαν εἰσέλθητε

Lu 9 5 [4] εἰς μαρτύριον ἐπ' αὐτούς
10 [1] ὑπεχώρησεν κατ' ἰδίαν εἰς πόλιν
12 [1] πορευθέντες εἰς τ. κύκλῳ κώμας
13 [12] ἀγοράσωμεν εἰς πάντα τ. λαὸν τοῦτον βρώματα
16 [10] ἀναβλέψας εἰς τ. οὐρανὸν εὐλόγησεν
28 [1] ἀνέβη εἰς το ὄρος προσεύξασθαι
34 [1] ἐν τῷ εἰσελθεῖν αὐτοὺς εἰς τ. νεφέλην
44 [8] Θέσθε ὑμεῖς εἰς τὰ ὦτα ὑμῶν
[16] παραδίδοσθαι εἰς χεῖρας ἀνθρώπων
51 [1] τοῦ πορεύεσθαι εἰς Ἰερουσαλήμ
52 [1] εἰσῆλθον εἰς κώμην Σαμαριτῶν
53 [1] ἦν πορευόμενον εἰς Ἰερουσαλήμ
56 [1] κ. ἐπορεύθησαν εἰς ἑτέραν κώμην
61 [3] ἀποτάξασθαι τοῖς εἰς τ. οἶκόν μου
62 [10] κ. βλέπων εἰς τὰ ὀπίσω
10 1 [1] εἰς πᾶσαν πόλιν κ. τόπον
2 [1/4] ὅπως ἐργάτας ἐκβάλῃ εἰς τ. θερισμόν
5 [1] εἰς ἣν δ' ἂν εἰσέλθητε οἰκίαν
7 [1] μὴ μεταβαίνετε ἐξ οἰκίας εἰς οἰκίαν
8 [1] εἰς ἣν ἂν πόλιν εἰσέρχησθε
10 [1] εἰς ἣν δ' ἂν πόλιν εἰσέλθητε
[1] ἐξελθόντες εἰς τ. πλατείας αὐτῆς
11 [7] τ. κονιορτὸν τ. κολληθέντα . . . εἰς τ. πόδας
30 [1] κατέβαινεν ἀπὸ Ἰερουσαλὴμ εἰς Ἰεριχώ
34 [1] ἤγαγεν αὐτὸν εἰς πανδοχεῖον
36 [16] τ. ἐμπεσόντος εἰς τ. λῃστάς
38 [1] εἰσῆλθεν εἰς κώμην τινά
[1] Μάρθα ὑπεδέξατο αὐτὸν εἰς τ. οἰκίαν—WH, WH mg [ ], – UBS
11 4 [8] μὴ εἰσενέγκῃς ἡμᾶς εἰς πειρασμόν
7 [3] μετ' ἐμοῦ εἰς τ. κοίτην εἰσίν
24 [1] Ὑποστρέψω εἰς τ. οἶκόν ὅθεν ἐξῆλθον
32 [11] μετενόησαν εἰς τὸ κήρυγμα Ἰωνᾶ
33 [1] Οὐδεὶς λύχνον ἅψας εἰς κρύπτην τίθησιν
49 [16] Ἀποστελῶ εἰς αὐτοὺς προφήτας
12 5 [1] ἔχοντα ἐξουσίαν ἐμβαλεῖν εἰς τ. γέενναν
10 [18] πᾶς ὃς ἐρεῖ λόγον εἰς τ. υἱὸν τ. ἀνθρώπου
[18] τῷ δὲ εἰς τὸ ἅγιον πνεῦμα βλασφημήσαντι
19 [4] πολλὰ ἀγαθὰ κείμενα εἰς ἔτη πολλά—WH [κείμενα . . . πολλά]
21 [11] κ. μὴ εἰς θεὸν πλουτῶν—WH [ ]
28 [1] κ. αὔριον εἰς κλίβανον βαλλόμενον
58 [1] ὁ πράκτωρ σε βαλεῖ εἰς φυλακήν
13 9 [3] κἂν μὲν ποιήσῃ καρπὸν εἰς τὸ μέλλον
11 [22] μὴ δυναμένη ἀνακύψαι εἰς τὸ παντελές
19 [1] ἔβαλεν εἰς κῆπον ἑαυτοῦ
[14] ἐγένετο εἰς δένδρον
21 [2/3] ἐνέκρυψεν εἰς ἀλεύρου σάτα τρία
22 [1] πορείαν ποιούμενος εἰς Ἱεροσόλυμα
14 1 [1] ἐν τῷ ἐλθεῖν αὐτὸν εἰς οἶκον
5 [1] υἱὸς ἢ βοῦς εἰς φρέαρ πεσεῖται
8 [1] Ὅταν κληθῇς ὑπό τινος εἰς γάμους
[3] μὴ κατακλιθῇς εἰς τ. πρωτοκλισίαν
10 [3] ἀνάπεσε εἰς τ. ἔσχατον τόπον
21 [1] Ἔξελθε ταχέως εἰς τ. πλατείας
23 [1] Ἔξελθε εἰς τ. ὁδοὺς κ. φραγμούς
28 [4] εἰ ἔχει εἰς ἀπαρτισμόν
31 [4] ἑτέρῳ βασιλεῖ συμβαλεῖν εἰς πόλεμον
32 [4/11] ἐρωτᾷ τὰ πρὸς εἰρήνην—WH mg εἰς
35 [4,4] οὔτε εἰς γῆν οὔτε εἰς κοπρίαν εὔθετον

Lu 15 6 [1] ἐλθὼν εἰς τ. οἶκον συγκαλεῖ τ. φίλους
13 [1] ἀπεδήμησεν εἰς χώραν μακράν
15 [1] ἔπεμψεν αὐτὸν εἰς τ. ἀγροὺς αὐτοῦ
17 [8] εἰς ἑαυτὸν δὲ ἐλθὼν ἔφη
18 [18] Πάτερ, ἥμαρτον εἰς τ. οὐρανόν
21 [18] Πάτερ, ἥμαρτον εἰς τ. οὐρανόν
22 [12,12] δότε δακτύλιον εἰς τ. χεῖρα αὐτοῦ κ. ὑποδήματα εἰς τ. πόδας
16 4 [1] ἵνα . . . δέξωνταί με εἰς τ. οἴκους ἑαυτῶν
8 [11] φρονιμώτεροι . . . εἰς τ. γενεὰν τ. ἑαυτῶν
9 [1] ἵνα . . . δέξωνται ὑμᾶς εἰς τ. αἰωνίους σκηνάς
16 [8] κ. πᾶς εἰς αὐτὴν βιάζεται
22 [1] κ. ἀπενεχθῆναι αὐτὸν . . . εἰς τ. κόλπον Ἀβραάμ
27 [1] ἵνα πέμψῃς αὐτὸν εἰς τ. οἶκον τ. πατρός μου
28 [1] ἵνα μὴ κ. αὐτοὶ ἔλθωσιν εἰς τ. τόπον τοῦτον
17 2 [1] κ. ἔρριπται εἰς τ. θάλασσαν
4 [18] ἐὰν ἑπτάκις τ. ἡμέρας ἁμαρτήσῃ εἰς σέ
11 [1] ἐν τῷ πορεύεσθαι εἰς Ἰερουσαλήμ
12 [1] κ. εἰσερχομένου αὐτοῦ εἴς τινα κώμην
24 [1] ἐκ τῆς ὑπὸ τ. οὐρανὸν εἰς τὴν ὑπ᾿ οὐρανόν
27 [1] εἰσῆλθεν Νῶε εἰς τ. κιβωτόν
31 [1] μὴ ἐπιστρεψάτω εἰς τὰ ὀπίσω
18 5 [22] ἵνα μὴ εἰς τέλος ἐρχομένη ὑπωπιάζῃ με
10 [1] Ἄνθρωποι δύο ἀνέβησαν εἰς τὸ ἱερόν
13 [10] τ. ὀφθαλμοὺς ἐπᾶραι εἰς τ. οὐρανόν
14 [1] κατέβη οὗτος δεδικαιωμένος εἰς τ. οἶκον
17 [6] οὐ μὴ εἰσέλθῃ εἰς αὐτήν
24 [6] εἰς τ. βασιλείαν τ. θεοῦ εἰσπορεύονται
25 [6] ἢ πλούσιον εἰς τ. βασιλείαν τ. θεοῦ εἰσελθεῖν
31 [1] Ἰδοὺ ἀναβαίνομεν εἰς Ἰερουσαλήμ
35 [1] ἐν τῷ ἐγγίζειν αὐτὸν εἰς Ἰεριχώ
19 4 [1] κ. προδράμων εἰς τὸ ἔμπροσθεν ἀνέβη
12 [1] εὐγενὴς ἐπορεύθη εἰς χώραν μακράν
28 [1] ἐπορεύετο ἔμπροσθεν ἀναβαίνων εἰς Ἱεροσόλυμα
29 [1] ὡς ἤγγισεν εἰς Βηθφαγή
30 [1] Ὑπάγετε εἰς τ. κατέναντι κώμην
45 [1] Κ. εἰσελθὼν εἰς τὸ ἱερόν
20 17 [19] οὗτος ἐγενήθη εἰς κεφαλὴν γωνίας—Ps. l. c.
21 1 [1] εἶδεν τ. βάλλοντας εἰς τὸ γαζοφυλάκιον
4 [1] ἐκ τ. περισσεύοντος αὐτοῖς ἔβαλον εἰς τὰ δῶρα
12 [12] παραδιδόντες εἰς τ. συναγωγάς
13 [4] ἀποβήσεται ὑμῖν εἰς μαρτύριον
21 [1] φευγέτωσαν εἰς τὰ ὄρη
[1] μὴ εἰσερχέσθωσαν εἰς αὐτήν
24 [16] κ. αἰχμαλωτισθήσονται εἰς τὰ ἔθνη πάντα
37 [2/3] ἐξερχόμενος ηὐλίζετο εἰς τὸ ὄρος
22 3 [16] Εἰσῆλθεν δὲ Σατανᾶς εἰς Ἰούδαν
10 [1] εἰσελθόντων ὑμῶν εἰς τ. πόλιν
[1] ἀκολουθήσατε αὐτῷ εἰς τ. οἰκίαν
17 [16] κ. διαμερίσατε εἰς ἑαυτούς
19 [4] τοῦτο ποιεῖτε εἰς τ. ἐμὴν ἀνάμνησιν
33 [8,8] κ. εἰς φυλακὴν κ. εἰς θάνατον πορεύεσθαι
39 [1] ἐπορεύθη κατὰ τὸ ἔθος εἰς τὸ Ὄρος τ. Ἐλαιῶν
40 [8] Προσεύχεσθε μὴ εἰσελθεῖν εἰς πειρασμόν

Lu 22 46 [8] ἵνα μὴ εἰσέλθητε εἰς πειρασμόν
54 [1] εἰσήγαγον εἰς τ. οἰκίαν τ. ἀρχιερέως
65 [18] ἕτερα πολλὰ βλασφημοῦντες ἔλεγον εἰς αὐτόν
66 [1] ἀπήγαγον αὐτὸν εἰς τὸ συνέδριον αὐτῶν
23 25 [1] τὸν . . . βεβλημένον εἰς φυλακήν
42 [6] ὅταν ἔλθῃς ἐν τ. βασιλείᾳ σου—WH εἰς
46 [8] εἰς χεῖράς σου παρατίθεμαι τὸ πνεῦμά μου בְּיָדְךָ אַפְקִיד רוּחִי, Ps. xxxi. 5, Heb. xxxi. 6
24 5 [1] κλινουσῶν τὰ πρόσωπα εἰς τ. γῆν
7 [12] δεῖ παραδοθῆναι εἰς χεῖρας ἀνθρώπων
13 [1] ἦσαν πορευόμενοι εἰς κώμην
20 [4] παρέδωκαν αὐτὸν . . . εἰς κρίμα θανάτου
26 [8] κ. εἰσελθεῖν εἰς τ. δόξαν αὐτοῦ
28 [1] Κ. ἤγγισαν εἰς τ. κώμην
33 [1] ὑπέστρεψαν εἰς Ἰερουσαλήμ
47 [4/14] μετάνοιαν κ. ἄφεσιν ἁμαρτιῶν—WH εἰς ἄφεσιν
[12] κηρυχθῆναι . . . εἰς πάντα τὰ ἔθνη
51 [1] κ. ἀνεφέρετο εἰς τ. οὐρανόν—WH txt [ ]
52 [1] ὑπέστρεψαν εἰς Ἰερουσαλήμ
Jo 1 7 [4] οὗτος ἦλθεν εἰς μαρτυρίαν
9 [1] ἐρχόμενον εἰς τ. κόσμον
11 [1] εἰς τὰ ἴδια ἦλθεν
12 [17] τ. πιστεύουσιν εἰς τὸ ὄνομα αὐτοῦ
18 [3] ὁ ὢν εἰς τ. κόλπον τ. πατρός
43 [1] ἠθέλησεν ἐξελθεῖν εἰς τ. Γαλιλαίαν
2 2 [1] ἐκλήθη δὲ κ. Ἰησοῦς . . . εἰς τ. γάμον
11 [17] ἐπίστευσαν εἰς αὐτὸν οἱ μαθηταὶ αὐτοῦ
12 [1] Μετὰ τοῦτο κατέβη εἰς Καφαρναούμ
13 [1] ἀνέβη εἰς Ἱεροσόλυμα ὁ Ἰησοῦς
23 [17] πολλοὶ ἐπίστευσαν εἰς τὸ ὄνομα αὐτοῦ
3 4 [1] εἰς τ. κοιλίαν τ. μητρὸς αὐτοῦ δεύτερον εἰσελθεῖν
5 [6] οὐ δύναται εἰσελθεῖν εἰς τ. βασιλείαν τ. θεοῦ
13 [1] οὐδεὶς ἀναβέβηκεν εἰς τ. οὐρανόν
16 [17] ἵνα πᾶς ὁ πιστεύων εἰς αὐτόν
17 [1] οὐ γὰρ ἀπέστειλεν ὁ θεὸς τ. υἱὸν εἰς τ. κόσμον
18 [17] ὁ πιστεύων εἰς αὐτὸν οὐ κρίνεται
[17] ὅτι μὴ πεπίστευκεν εἰς τὸ ὄνομα
19 [1] τὸ φῶς ἐλήλυθεν εἰς τ. κόσμον
22 [1] ἦλθεν ὁ Ἰησοῦς . . . εἰς τ. Ἰουδαίαν γῆν
24 [1] οὔπω γὰρ ἦν βεβλημένος εἰς τ. φυλακήν
36 [17] ὁ πιστεύων εἰς τ. υἱὸν ἔχει ζωήν
4 3 [1] ἀπῆλθεν πάλιν εἰς τ. Γαλιλαίαν
5 [1] ἔρχεται οὖν εἰς πόλιν τ. Σαμαρείας
8 [1] ἀπεληλύθεισαν εἰς τ. πόλιν
14 [9] οὐ μὴ διψήσει εἰς τ. αἰῶνα
[4/14] πηγὴ ὕδατος ἁλλομένου εἰς ζωὴν αἰώνιον
28 [1] κ. ἀπῆλθεν εἰς τ. πόλιν
36 [4/14] κ. συνάγει καρπὸν εἰς ζωὴν αἰώνιον
38 [8/14] ὑμεῖς εἰς τ. κόπον αὐτῶν εἰσεληλύθατε
39 [17] πολλοὶ ἐπίστευσαν εἰς αὐτόν
43 [1] ἐξῆλθεν ἐκεῖθεν εἰς τ. Γαλιλαίαν
45 [1] ὅτε οὖν ἦλθεν εἰς τ. Γαλιλαίαν
[1/4] κ. αὐτοὶ γὰρ ἦλθον εἰς τ. ἑορτήν
46 [1] Ἦλθεν οὖν πάλιν εἰς τ. Κανά
47 [1] ἥκει ἐκ τ. Ἰουδαίας εἰς τ. Γαλιλαίαν

Jo 4 54 [1] ἐλθὼν ἐκ τ. Ἰουδαίας εἰς τ. Γαλιλαίαν
5 1 [1] ἀνέβη Ἰησοῦς εἰς Ἱεροσόλυμα
7 [1] ἵνα . . . βάλῃ με εἰς τ. κολυμβήθραν
24 [4/14] κ. εἰς κρίσιν οὐκ ἔρχεται
[8/14] μεταβέβηκεν ἐκ τ. θανάτου εἰς τ. ζωήν
29 [4/14] οἱ τὰ ἀγαθὰ ποιήσαντες εἰς ἀνάστασιν ζωῆς,
[4/14] οἱ δὲ τὰ φαῦλα πράξαντες εἰς ἀνάστασιν κρίσεως
45 [10/11] Μωϋσῆς, εἰς ὃν ὑμεῖς ἠλπίκατε
6 3 [1] ἀνῆλθεν δὲ εἰς τὸ ὄρος Ἰησοῦς
9 [4] ταῦτα τί ἐστιν εἰς τοσούτους;
14 [1] ὁ προφήτης ὁ ἐρχόμενος εἰς τ. κόσμον
15 [1] ἀνεχώρησεν πάλιν εἰς τὸ ὄρος
17 [1,1] ἐμβάντες εἰς πλοῖον ἤρχοντο πέραν τ. θαλάσσης εἰς Καφαρναούμ
21 [1] λαβεῖν αὐτὸν εἰς τὸ πλοῖον
[1] ἐπὶ τ. γῆς εἰς ἣν ὑπῆγον
22 [1] οὐ συνεισῆλθεν . . . ὁ Ἰησοῦς εἰς τὸ πλοῖον
24 [1,1] ἐνέβησαν αὐτοὶ εἰς τὰ πλοιάρια κ. ἦλθον εἰς Καφαρναούμ
27 [13/14] τ. βρῶσιν τ. μένουσαν εἰς ζωὴν αἰώνιον
29 [17] ἵνα πιστεύητε εἰς ὃν ἀπέστειλεν ἐκεῖνος
35 [17] ὁ πιστεύων εἰς ἐμὲ οὐ μὴ διψήσει
40 [17] κ. πιστεύων εἰς αὐτὸν
51 [9] ζήσει εἰς τ. αἰῶνα
58 [9] ζήσει εἰς τ. αἰῶνα
66 [8] ἀπῆλθον εἰς τὰ ὀπίσω
7 3 [1] ὕπαγε εἰς τ. Ἰουδαίαν
5 [17] οὐδὲ γὰρ οἱ ἀδελφοὶ αὐτοῦ ἐπίστευον εἰς αὐτόν
8 [1/4, 1/4] ὑμεῖς ἀνάβητε εἰς τ, ἑορτήν· ἐγὼ οὐκ ἀναβαίνω εἰς τ. ἑορτὴν ταύτην
10 [1/4] ἀνέβησαν οἱ ἀδελφοὶ αὐτοῦ εἰς τ. ἑορτήν
14 [1] ἀνέβη Ἰησοῦς εἰς τὸ ἱερόν
31 [17] πολλοὶ ἐπίστευσαν εἰς αὐτόν
35 [1] μὴ εἰς τ. διασπορὰν τ. Ἑλλήνων μέλλει πορεύεσθαι
38 [17] ὁ πιστεύων εἰς ἐμέ
39 [17] ὃ ἔμελλον λαμβάνειν οἱ πιστεύσαντες εἰς αὐτόν
48 [17] μή τις ἐκ τ. ἀρχόντων ἐπίστευσεν εἰς αὐτόν
[53 [1] ἐπορεύθησαν ἕκαστος εἰς τ. οἶκον αὐτοῦ
8 [1 [1] Ἰησοῦς δὲ ἐπορεύθη εἰς τὸ Ὄρος
[2 [1] πάλιν παρεγένετο εἰς τὸ ἱερόν
[6 [1/3] κατέγραφεν εἰς τ. γῆν
[8 [1/3] πάλιν κατακύψας ἔγραφεν εἰς τ. γῆν
26 [16] ταῦτα λαλῶ εἰς τ. κόσμον
30 [17] πολλοὶ ἐπίστευσαν εἰς αὐτόν
35 [9,9] ὁ δὲ δοῦλος οὐ μένει ἐν τ. οἰκίᾳ εἰς τ. αἰῶνα· ὁ υἱὸς μένει εἰς τ. αἰῶνα
51 [9] θάνατον οὐ μὴ θεωρήσῃ εἰς τ. αἰῶνα
52 [9] οὐ μὴ γεύσηται θανάτου εἰς τ. αἰῶνα
9 7 [3] Ὕπαγε νίψαι εἰς τ. κολυμβήθραν
11 [1] Ὕπαγε εἰς τ. Σιλωάμ
35 [17] Σὺ πιστεύεις εἰς τ. υἱὸν τ. ἀνθρώπου;
36 [17] ἵνα πιστεύσω εἰς αὐτόν
39 [4,1] Εἰς κρίμα ἐγὼ εἰς τ. κόσμον τοῦτον ἦλθον
10 1 [1] διὰ τ. θύρας εἰς τ. αὐλὴν τ. προβάτων
28 [9] οὐ μὴ ἀπόλωνται εἰς τ. αἰῶνα

Jo 10 36 [1] ὃν ὁ πατὴρ . . . ἀπέστειλεν εἰς τ. κόσμον
40 [1] πέραν τ. Ἰορδάνου εἰς τ. τόπον ὅπου ἦν
42 [17] πολλοὶ ἐπίστευσαν εἰς αὐτὸν ἐκεῖ
11 7 [1] Ἄγωμεν εἰς τ. Ἰουδαίαν πάλιν
25 [17] ὁ πιστεύων εἰς ἐμὲ κἂν ἀποθάνῃ ζήσεται
26 [17,9] πᾶς ὁ ζῶν κ. πιστεύων εἰς ἐμὲ οὐ μὴ ἀποθάνῃ εἰς τ. αἰῶνα
27 [1] ὁ εἰς τ. κόσμον ἐρχόμενος
30 [1] οὔπω δὲ ἐληλύθει ὁ Ἰησοῦς εἰς τ. κώμην
31 [1] δόξαντες ὅτι ὑπάγει εἰς τὸ μνημεῖον
38 [1] Ἰησοῦς . . . ἔρχεται εἰς τὸ μνημεῖον
45 [17] Πολλοὶ οὖν ἐκ τ. Ἰουδαίων . . . ἐπίστευσαν εἰς αὐτόν
48 [17] πάντες πιστεύσουσιν εἰς αὐτόν
52 [20] ἵνα κ. τὰ τέκνα τ. θεοῦ . . . συναγάγῃ εἰς ἕν
54 [1,1] ἀπῆλθεν ἐκεῖθεν εἰς τ. χώραν ἐγγὺς τ. ἐρήμου, εἰς Ἐφραίμ
55 [1] ἀνέβησαν πολλοὶ εἰς Ἱεροσόλυμα
56 [1/4] ὅτι οὐ μὴ ἔλθῃ εἰς τ. ἑορτήν;
12 1 [1] Ὁ οὖν Ἰησοῦς . . . ἦλθεν εἰς Βηθανίαν
7 [4] ἵνα εἰς τ. ἡμέραν τ. ἐνταφιασμοῦ μου τηρήσῃ
11 [17] κ. ἐπίστευον εἰς τ. Ἰησοῦν
12 [1/4] ὁ ὄχλος πολὺς ὁ ἐλθὼν εἰς τ. ἑορτήν
[1] ὅτι ἔρχεται ὁ Ἰησοῦς εἰς Ἱεροσόλυμα
13 [4] ἐξῆλθον εἰς ὑπάντησιν αὐτῷ
24 [1] πεσὼν εἰς τ. γῆν ἀποθάνῃ
25 [4/14] εἰς ζωὴν αἰώνιον φυλάξει αὐτήν
27 [13] διὰ τοῦτο ἦλθον εἰς τ. ὥραν ταύτην
34 [9] ὅτι ὁ Χριστὸς μένει εἰς τ. αἰῶνα
36 [17] πιστεύετε εἰς τὸ φῶς
37 [17] οὐκ ἐπίστευον εἰς αὐτόν
42 [17] ἐκ τ. ἀρχόντων πολλοὶ ἐπίστευσαν εἰς αὐτόν
44 [17,17,17] Ὁ πιστεύων εἰς ἐμὲ οὐ πιστεύει εἰς ἐμὲ ἀλλὰ εἰς τ. πέμψαντά με
46 [1] ἐγὼ φῶς εἰς τ. κόσμον ἐλήλυθα
[17] ἵνα πᾶς ὁ πιστεύων εἰς ἐμὲ
13 1 [13/22] εἰς τέλος ἠγάπησεν αὐτούς
2 [8] τ. διαβόλου ἤδη βεβληκότος εἰς τ. καρδίαν
3 [16] πάντα ἔδωκεν αὐτῷ εἰς τ. χεῖρας
5 [1] βάλλει ὕδωρ εἰς τ. νιπτῆρα
8 [9] Οὐ μὴ νίψῃς μου τοὺς πόδας εἰς τ. αἰῶνα
22 [16] ἔβλεπον εἰς ἀλλήλους οἱ μαθηταί
27 [16] εἰσῆλθεν εἰς ἐκεῖνον ὁ Σατανᾶς
29 [4] ὧν χρείαν ἔχομεν εἰς τ. ἑορτήν
14 1 [17,17] πιστεύετε εἰς τ. θεόν, κ. εἰς ἐμὲ πιστεύετε
12 [17] ὁ πιστεύων εἰς ἐμὲ τὰ ἔργα . . . ποιήσει
16 [9] ἵνα μεθ' ὑμῶν εἰς τ. αἰῶνα ᾖ
15 6 [1] εἰς τὸ πῦρ βάλλουσιν κ. καίεται
21 [18] ταῦτα πάντα ποιήσουσιν εἰς ὑμᾶς
16 9 [17] ὅτι οὐ πιστεύουσιν εἰς ἐμέ
13 [8] ὁδηγήσει ὑμᾶς ἐν τ. ἀληθείᾳ—WH εἰς τ. ἀλήθειαν
20 [14] ἡ λύπη ὑμῶν εἰς χαρὰν γενήσεται
21 [1] ὅτι ἐγεννήθη ἄνθρωπος εἰς τ. κόσμον
28 [1] κ. ἐλήλυθα εἰς τ. κόσμον
32 [1] ἵνα σκορπισθῆτε ἕκαστος εἰς τὰ ἴδια
17 1 [10] ἐπάρας τ. ὀφθαλμοὺς αὐτοῦ εἰς τ. οὐρανόν

Jo 17 18 [1,1] καθὼς ἐμὲ ἀπέστειλας εἰς τ. κόσμον, κἀγὼ ἀπέστειλα αὐτοὺς εἰς τ. κόσμον
20 [17] περὶ τ. πιστευόντων . . . εἰς ἐμέ
23 [20] ἵνα ὦσιν τετελειωμένοι εἰς ἕν
18 1 [1] κῆπος, εἰς ὃν εἰσῆλθεν αὐτός
6 [1] ἀπῆλθον εἰς τὰ ὀπίσω
11 [1] Βάλε τ. μάχαιραν εἰς τ. θήκην
15 [1] συνεισῆλθεν τ. Ἰησοῦ εἰς τ. αὐλήν
28 [1] Ἄγουσιν οὖν τ. Ἰησοῦν . . . εἰς τὸ πραιτώριον
[1] αὐτοὶ οὐκ εἰσῆλθον εἰς τὸ πραιτώριον
33 [1] Εἰσῆλθεν οὖν πάλιν εἰς τὸ πραιτώριον ὁ Πιλᾶτος
37 [4,4,1] ἐγὼ εἰς τοῦτο γεγέννημαι κ. εἰς τοῦτο ἐλήλυθα εἰς τ. κόσμον
19 9 [1] κ. εἰσῆλθεν πάλιν εἰς τὸ πραιτώριον
13 [3] εἰς τόπον λεγόμενον Λιθόστρωτον
17 [1] ἐξῆλθεν εἰς τ. λεγόμενον Κρανίου Τόπον
27 [1] ἔλαβεν αὐτὴν ὁ μαθητὴς εἰς τὰ ἴδια
37 [16] Ὄψονται εἰς ὃν ἐξεκέντησαν
וְהִבִּיטוּ אֵלַי אֵת אֲשֶׁר־דָּקָרוּ—Zech. xii. 10
20 1 [1] Μαρία ἡ Μαγδαληνὴ ἔρχεται . . . εἰς τὸ μνημεῖον
3 [1] κ. ἤρχοντο εἰς τὸ μνημεῖον
4 [1] κ. ἦλθεν πρῶτος εἰς τὸ μνημεῖον
6 [1] κ. εἰσῆλθεν εἰς τὸ μνημεῖον
7 [20] ἐντετυλιγμένον εἰς ἕνα τόπον
8 [1] ὁ ἐλθὼν πρῶτος εἰς τὸ μνημεῖον
11 [1] παρέκυψεν εἰς τὸ μνημεῖον
14 [10] ταῦτα εἰποῦσα ἐστράφη εἰς τὰ ὀπίσω
19 [3] κ. ἔστη εἰς τὸ μέσον
25 [1,1] κ. βάλω τ. δάκτυλόν μου εἰς τ. τύπον τ. ἥλων κ. βάλω μου τ. χεῖρα εἰς τ. πλευράν
26 [3] κ. ἔστη εἰς τὸ μέσον
27 [1] κ. βάλε εἰς τ. πλευράν μου
21 3 [1] κ. ἐνέβησαν εἰς τὸ πλοῖον
4 [3] ἔστη Ἰησοῦς εἰς τ. αἰγιαλόν—WH mg ἐπί
6 [1] Βάλετε εἰς τά δεξιὰ μέρη τ. πλοίου
7 [1] ἔβαλεν ἑαυτὸν εἰς τ. θάλασσαν
9 [1] ὡς οὖν ἀπέβησαν εἰς τ. γῆν
11 [1] εἵλκυσεν τὸ δίκτυον εἰς τ. γῆν
23 [16] ἐξῆλθεν οὖν οὗτος ὁ λόγος εἰς τ. ἀδελφούς
Ac 1 10 [10] ὡς ἀτενίζοντες ἦσαν εἰς τ. οὐρανόν
11 [10] τί ἑστήκατε βλέποντες εἰς τ. οὐρανόν;
[1] ὁ ἀναλημφθεὶς ἀφ' ὑμῶν εἰς τ. οὐρανόν
[1] ἐθεάσασθε αὐτὸν πορευόμενον εἰς τ. οὐρανόν
12 [1] Τότε ὑπέστρεψαν εἰς Ἰερουσαλήμ
13 [1] εἰς τὸ ὑπερῷον ἀνέβησαν
25 [1] πορευθῆναι εἰς τ. τόπον τ. ἴδιον
2 5 [3] Ἦσαν δὲ ἐν Ἰερουσαλὴμ κατοικοῦντες Ἰουδαῖοι—WH mg εἰς
20 [14,14] ὁ ἥλιος μεταστραφήσεται εἰς σκότος κ. ἡ σελήνη εἰς αἷμα
הַשֶּׁמֶשׁ יֵהָפֵךְ לְחֹשֶׁךְ וְהַיָּרֵחַ לְדָם—Joel iii. 4
22 [12] ἄνδρα ἀποδεδειγμένον ἀπὸ τ. θεοῦ εἰς ὑμᾶς
25 [11] Δαυὶδ γὰρ λέγει εἰς αὐτόν
27 [8/12] οὐκ ἐγκαταλείψεις τ. ψυχήν μου εἰς ᾅδην
לֹא־תַעֲזֹב נַפְשִׁי לִשְׁאוֹל, Ps. xvi. 10

Ac 2 31 [8/12] οὔτε ἐγκατελείφθη εἰς ᾅδην—cf. Ps xvi. 10
34 [1] οὐ γὰρ Δαυὶδ ἀνέβη εἰς τ. οὐρανούς
38 [4] εἰς ἄφεσιν τ. ἁμαρτιῶν ὑμῶν
39 [1/22] πᾶσιν τ. εἰς μακρὰν ὅσους ἂν προσκαλέσηται κύριος
3 1 [1] κ. Ἰωάννης ἀνέβαινον εἰς τὸ ἱερόν
2 [1] παρὰ τ. εἰσπορευομένων εἰς τὸ ἱερόν
3 [1] μέλλοντας εἰσιέναι εἰς τὸ ἱερόν
4 [16] ἀτενίσας δὲ Πέτρος εἰς αὐτόν
[16] εἶπεν Βλέψον εἰς ἡμᾶς
8 [1] εἰσῆλθεν σὺν αὐτοῖς εἰς τὸ ἱερόν
4 3 [3,13] ἔθεντο εἰς τήρησιν εἰς τ. αὔριον
5 [3] Ἐγένετο δὲ ἐπὶ τ. αὔριον συναχθῆναι . . . τ. γραμματεῖς ἐν Ἰερουσαλήμ—TR εἰς Ἰερουσαλήμ
11 [19] ὁ γενόμενος εἰς κεφαλὴν γωνίας, Ps. l. c
17 [12] ἵνα μὴ ἐπὶ πλεῖον διανεμηθῇ εἰς τ. λαόν
30 [4] ἐν τῷ τ. χεῖρά σου ἐκτείνειν σε εἰς ἴασιν
5 15 [1] εἰς τ. πλατείας ἐκφέρειν τ. ἀσθενεῖς
21 [1] εἰσῆλθον ὑπὸ τ. ὄρθρον εἰς τὸ ἱερόν
[1] κ. ἀπέστειλαν εἰς τὸ δεσμωτήριον
36 [14] κ. ἐγένοντο εἰς οὐδέν
6 11 [18] λαλοῦντος ῥήματα βλάσφημα εἰς Μωϋσῆν
12 [1/16] κ. ἤγαγον εἰς τὸ συνέδριον
15 [16] ἀτενίζοντες εἰς αὐτὸν πάντες οἱ καθεζόμενοι
7 3 [1] εἰς τ. γῆν ἣν ἄν σοι δείξω
אֶל־הָאָרֶץ אֲשֶׁר אַרְאֶךָּ, Gen. xii. 1
4 [1,3] μετῴκισεν αὐτὸν εἰς τ. γῆν ταύτην εἰς ἣν ὑμεῖς νῦν κατοικεῖτε
5 [4] δοῦναι αὐτῷ εἰς κατάσχεσιν
(וְנָתַתִּי לְךָ . . . לַאֲחֻזַּת עוֹלָם, Gen. xvii. 8)
9 [1] ἀπέδοντο εἰς Αἴγυπτον
12 [3] ἀκούσας δὲ Ἰακὼβ ὄντα σιτία εἰς Αἴγυπτον
15 [1] κ. κατέβη Ἰακὼβ εἰς Αἴγυπτον—WH [εἰς Αἴγυπτον]
16 [1] κ. μετετέθησαν εἰς Συχέμ
19 [4] εἰς τὸ μὴ ζῳογονεῖσθαι
21 [4] ἀνεθρέψατο αὐτὸν ἑαυτῇ εἰς υἱόν
26 [4] συνήλλασσεν αὐτοὺς εἰς εἰρήνην
34 [1] ἀποστείλω σε εἰς Αἴγυπτον
(אֶשְׁלָחֲךָ אֶל־פַּרְעֹה, Ex. iii. 10)
39 [8/10] ἐστράφησαν ἐν τ. καρδίαις αὐτῶν εἰς Αἴγυπτον
53 [3] ἐλάβετε τ. νόμον εἰς διαταγὰς ἀγγέλων
55 [10] ἀτενίσας εἰς τ. οὐρανὸν εἶδεν δόξαν θεοῦ
8 3 [1] παρεδίδου εἰς φυλακήν
5 [1] Φίλιππος δὲ κατελθὼν εἰς [τ.] πόλιν τ. Σαμαρείας
16 [11] βεβαπτισμένοι ὑπῆρχον εἰς τὸ ὄνομα τ. κυρίου Ἰησοῦ
20 [4] Τὸ ἀργύριόν σου σὺν σοὶ εἴη εἰς ἀπώλειαν
23 [3/4] εἰς γὰρ χολὴν πικρίας . . . ὁρῶ σε ὄντα
25 [1] ὑπέστρεφον εἰς Ἱεροσόλυμα
26 [1] ἐπὶ τ. ὁδὸν τ. καταβαίνουσαν ἀπὸ Ἰερουσαλὴμ εἰς Γάζαν
27 [1] ὃς ἐληλύθει προσκυνήσων εἰς Ἰερουσαλήμ
38 [1] κ. κατέβησαν ἀμφότεροι εἰς τὸ ὕδωρ

Ac 8 40 [3] Φίλιππος δὲ εὑρέθη εἰς Ἄζωτον
[1] ἕως τοῦ ἐλθεῖν αὐτὸν εἰς Καισάρειαν
9 1 [18] ἐμπνέων ἀπειλῆς . . . εἰς τ. μαθητάς
2 [4] ᾐτήσατο παρ' αὐτοῦ ἐπιστολὰς εἰς Δαμασκόν
[1] ὅπως . . . δεδεμένους ἀγάγῃ εἰς Ἰερουσαλήμ
6 [1] κ. εἴσελθε εἰς τ. πόλιν
8 [1] εἰσήγαγον εἰς Δαμασκόν
17 [1] Ἀπῆλθεν δὲ Ἀνανίας κ. εἰσῆλθεν εἰς τ. οἰκίαν
21 [4] κ. ὧδε εἰς τοῦτο ἐληλύθει
26 [1] Παραγενόμενος δὲ εἰς Ἰερουσαλήμ
28 [3] εἰσπορευόμενος κ. ἐκπορευόμενος εἰς Ἰερουσαλήμ
30 [1,1] οἱ ἀδελφοὶ κατήγαγον αὐτὸν εἰς Καισάρειαν κ. ἐξαπέστειλαν αὐτὸν εἰς Ταρσόν
39 [1] ὃν παραγενόμενον ἀνήγαγον εἰς τὸ ὑπερῷον
10 4 [4] Αἱ προσευχαί σου . . . ἀνέβησαν εἰς μνημόσυνον
5 [1] πέμψον ἄνδρας εἰς Ἰόππην
8 [1] ἀπέστειλεν αὐτοὺς εἰς τ. Ἰόππην
16 [1] ἀνελήμφθη τὸ σκεῦος εἰς τ. οὐρανόν
22 [1] μεταπέμψασθαί σε εἰς τ. οἶκον αὐτοῦ
24 [1] τῇ δὲ ἐπαύριον εἰσῆλθεν εἰς τ. Καισάρειαν
32 [1] πέμψον οὖν εἰς Ἰόππην
43 [17] πάντα τ. πιστεύοντα εἰς αὐτόν
11 2 [1] ὅτε δὲ ἀνέβη Πέτρος εἰς Ἰερουσαλήμ
6 [10] εἰς ἣν ἀτενίσας κατενόουν
8 [1] ὅτι κοινὸν . . . οὐδέποτε εἰσῆλθεν εἰς τὸ στόμα μου
10 [1] ἀνεσπάσθη πάλιν ἅπαντα εἰς τ. οὐρανόν
12 [1] εἰσήλθομεν εἰς τ. οἶκον τ. ἀνδρός
13 [1] Ἀπόστειλον εἰς Ἰόππην
18 [4/14] ὁ θεὸς τ. μετάνοιαν εἰς ζωὴν ἔδωκεν
20 [1] ἐλθόντες εἰς Ἀντιόχειαν ἐλάλουν κ. πρὸς τ. Ἕλληνας
22 [8] ἠκούσθη δὲ ὁ λόγος εἰς τὰ ὦτα τ. ἐκκλησίας
25 [1] ἐξῆλθεν δὲ εἰς Ταρσὸν ἀναζητῆσαι Σαῦλον
26 [1] κ. εὑρὼν ἤγαγεν εἰς Ἀντιόχειαν
27 [1] κατῆλθον ἀπὸ Ἱεροσολύμων προφῆται εἰς Ἀντιόχειαν
29 [4] εἰς διακονίαν πέμψαι τ. . . . ἀδελφοῖς
12 4 [1] ὃν κ. πιάσας ἔθετο εἰς φυλακήν
10 [1] τ. πύλην . . . τ. φέρουσαν εἰς τ. πόλιν
17 [1] ἐπορεύθη εἰς ἕτερον τόπον
19 [1] κ. κατελθὼν . . . εἰς Καισάρειαν διέτριβεν
25 [1] ὑπέστρεψαν εἰς Ἰερουσαλήμ—WH mg ἐξ
13 2 [4] εἰς τὸ ἔργον ὃ προσκέκλημαι αὐτούς
4 [1,1] κατῆλθον εἰς Σελεύκειαν, ἐκεῖθέν τε ἀπέπλευσαν εἰς Κύπρον
9 [16] Σαῦλος δὲ . . . ἀτενίσας εἰς αὐτὸν εἶπεν
13 [1,1] ἦλθον εἰς Πέργην τ. Παμφυλίας· Ἰωάννης δε . . . ὑπέστρεψεν εἰς Ἱεροσόλυμα
14 [1] παρεγένοντο εἰς Ἀντιόχειαν
[1] ἐλθόντες εἰς τ. συναγωγὴν . . . ἐκάθισαν
22 [4] ἤγειρεν τ. Δαυὶδ αὐτοῖς εἰς βασιλέα
29 [1] ἔθηκαν εἰς μνημεῖον
31 [1] τ. συναναβᾶσιν αὐτῷ . . . εἰς Ἰερουσαλήμ
34 [8] μηκέτι μέλλοντα ὑποστρέφειν εἰς διαφθοράν

Ac 13 42 [3] παρεκάλουν εἰς τὸ μεταξὺ σάββατον λαληθῆναι
46 [16] ἰδοὺ στρεφόμεθα εἰς τὰ ἔθνη
47 [4,4] Τέθεικά σε εἰς φῶς ἐθνῶν
τοῦ εἶναί σε εἰς σωτηρίαν ἕως ἐσχάτου τ. γῆς
וּנְתַתִּיךָ לְאוֹר גּוֹיִם
לִהְיוֹת יְשׁוּעָתִי עַד־קְצֵה הָאָרֶץ, Is. xlix. 6
48 [4] ὅσοι ἦσαν τεταγμένοι εἰς ζωὴν αἰώνιον
51 [1] οἱ δὲ . . . ἦλθον εἰς Ἰκόνιον
14 1 [1] Ἐγένετο . . . εἰσελθεῖν αὐτοὺς εἰς τ. συναγωγήν
6 [1] κατέφυγον εἰς τ. πόλεις τ. Λυκαονίας
14 [16] ἐξεπήδησαν εἰς τ. ὄχλον
20 [1] ἀναστὰς εἰσῆλθεν εἰς τ. πόλιν
[1] ἐξῆλθεν σὺν τ. Βαρναβᾷ εἰς Δέρβην
21 [1,1,1] ὑπέστρεψαν εἰς τ. Λύστραν κ. εἰς Ἰκόνιον κ. εἰς Ἀντιόχειαν—WH [εἰς 3°]
22 [6] εἰσελθεῖν εἰς τ. βασιλείαν τ. θεοῦ
23 [17] τ. κυρίῳ εἰς ὃν πεπιστεύκεισαν
24 [1] ἦλθον εἰς τ. Παμφυλίαν
25 [3] λαλήσαντες ἐν Πέργῃ τ. λόγον—WH mg εἰς
[1] κατέβησαν εἰς Ἀττάλειαν
26 [1] ἀπέπλευσαν εἰς Ἀντιόχειαν
[4] εἰς τὸ ἔργον ὃ ἐπλήρωσαν
15 2 [1] ἔταξαν ἀναβαίνειν Παῦλον . . . εἰς Ἰερουσαλήμ
4 [1] παραγενόμενοι δὲ εἰς Ἰερουσαλὴμ παρεδέχθησαν
22 [1] πέμψαι εἰς Ἀντιόχειαν σὺν τ. Παύλῳ
30 [1] Οἱ μὲν οὖν ἀπολυθέντες κατῆλθον εἰς Ἀντιόχειαν
38 [4] κ. μὴ συνελθόντα αὐτοῖς εἰς τὸ ἔργον
39 [1] τόν τε Βαρναβᾶν παραλαβόντα τ. Μᾶρκον ἐκπλεῦσαι εἰς Κύπρον
16 1 [1,1] Κατήντησεν δὲ εἰς Δέρβην κ. εἰς Λύστραν
7 [1] ἐπείραζον εἰς τ. Βιθυνίαν πορευθῆναι
8 [1] κατέβησαν εἰς Τρῳάδα
9 [1] Διαβὰς εἰς Μακεδονίαν βοήθησον ἡμῖν
10 [1] ἐζητήσαμεν ἐξελθεῖν εἰς Μακεδονίαν
11 [1] εὐθυδρομήσαμεν εἰς Σαμοθρᾴκην
12 [1] κἀκεῖθεν εἰς Φιλίππους
15 [1] εἰσελθόντες εἰς τ. οἶκόν μου μένετε
16 [1] πορευομένων ἡμῶν εἰς τ. προσευχήν
19 [1] εἵλκυσαν εἰς τ. ἀγορὰν ἐπὶ τ. ἄρχοντας
23 [1] ἔβαλον εἰς φυλακήν
24 [1] ἔβαλεν αὐτοὺς εἰς τ. ἐσωτέραν φυλακήν
[3] κ. τ. πόδας ἠσφαλίσατο εἰς τὸ ξύλον
34 [1] ἀναγαγών τε αὐτοὺς εἰς τ. οἶκον
37 [1] ἔβαλαν εἰς φυλακήν
17 1 [1] ἦλθον εἰς Θεσσαλονίκην
5 [16] ἐζήτουν αὐτοὺς προαγαγεῖν εἰς τ. δῆμον
10 [1] ἐξέπεμψαν τόν τε Παῦλον . . . εἰς Βέροιαν
[1/16] εἰς τ. συναγωγὴν τ. Ἰουδαίων ἀπῄεσαν
20 [8] ξενίζοντα γάρ τινα εἰσφέρεις εἰς τ. ἀκοὰς ἡμῶν
21 [4] εἰς οὐδὲν ἕτερον ηὐκαίρουν
18 1 [1] ἦλθεν εἰς Κόρινθον
6 [16] ἀπὸ τοῦ νῦν εἰς τὰ ἔθνη πορεύσομαι
7 [1] εἰσῆλθεν εἰς οἰκίαν . . . Τιτίου Ἰούστου

Ac 18 18 [1] ἐξέπλει εἰς τ. Συρίαν
19 [1] κατήντησαν δὲ εἰς Ἔφεσον
[1] εἰσελθὼν εἰς τ. συναγωγὴν διελέξατο
21 [3] τ. ἑορτὴν τ. ἐρχομένην ποιῆσαι εἰς Ἱεροσόλυμα TR—UBS WH omit whole clause
22 [1,1] κ. κατελθὼν εἰς Καισάρειαν . . . κατέβη εἰς Ἀντιόχειαν
24 [1] Ἀπολλῶς . . . κατήντησεν εἰς Ἔφεσον
27 [1] βουλομένου δὲ αὐτοῦ διελθεῖν εἰς τ. Ἀχαΐαν
19 1 [1] Ἐγένετο . . . Παῦλον . . . ἐλθεῖν εἰς Ἔφεσον
3 [3/15] Εἰς τί οὖν ἐβαπτίσθητε;
[3] Εἰς τὸ Ἰωάννου βάπτισμα
4 [17,17] εἰς τ. ἐρχόμενον μετ' αὐτὸν ἵνα πιστεύσωσιν, τοῦτ' ἔστιν εἰς τ. Ἰησοῦν
5 [11] ἐβαπτίσθησαν εἰς τὸ ὄνομα τ. κυρίου Ἰησοῦ
8 [1] Εἰσελθὼν δὲ εἰς τ. συναγωγὴν ἐπαρρηζιάζετο
21 [1] ἔθετο . . . πορεύεσθαι εἰς Ἱεροσόλυμα
22 [1] ἀποστείλας δὲ εἰς τ. Μακεδονίαν δύο
[3] αὐτὸς ἐπέσχεν χρόνον εἰς τ. Ἀσίαν
27 [14] κινδυνεύει ἡμῖν τὸ μέρος εἰς ἀπελεγμὸν ἐλθεῖν
[14] τὸ . . . ἱερὸν εἰς οὐθὲν λογισλῆναι
29 [1] ὥρμησάν τε ὁμοθυμαδὸν εἰς τὸ θέατρον
30 [16] Παύλου δὲ βουλομένου εἰσελθεῖν εἰς τ. δῆμον
31 [1] παρεκάλουν μὴ δοῦναι ἑαυτὸν εἰς τὸ θέατρον
20 1 [1] ἐξῆλθεν πορεύεσθαι εἰς Μακεδονίαν
2 [1] ἦλθεν εἰς τ. Ἑλλάδα
3 [1] μέλλοντι ἀνάγεσθαι εἰς τ. Συρίαν
6 [1] ἤλθομεν πρὸς αὐτοὺς εἰς τ. Τρῳάδα
14 [1] ὡς δὲ συνέβαλεν ἡμῖν εἰς τ. Ἄσσον
[1] ἤλθομεν εἰς Μιτυλήνην
15 [1] παρεβάλομεν εἰς Σάμον
[1] ἤλθομεν εἰς Μίλητον
16 [1] ἔσπευδεν γὰρ . . . γενέσθαι εἰς Ἱεροσόλυμα
17 [1] πέμψας εἰς Ἔφεσον μετεκαλέσατο τ. πρεσβυτέρους
18 [1] ἀφ' ἧς ἐπέβην εἰς τ. Ἀσίαν
21 [11,17] τ. εἰς θεὸν μετάνοιαν κ. πίστιν εἰς τ. κύριον
22 [1] πορεύομαι εἰς Ἰερουσαλήμ
29 [16] εἰσελεύσονται . . . λύκοι βαρεῖς εἰς ὑμᾶς
38 [1] προέπεμπον δὲ αὐτὸν εἰς τὸ πλοῖον
21 1 [1,1,1] ἤλθομεν εἰς τ. Κῶ, τ. δὲ ἑξῆς εἰς τ. Ῥόδον, κἀκεῖθεν εἰς Πάταρα
2 [1] διαπερῶν εἰς Φοινίκην
3 [1,1] ἐπλέομεν εἰς Συρίαν, κ. κατήλθομεν εἰς Τύρον
4 [1] μὴ ἐπιβαίνειν εἰς Ἱεροσόλυμα
6 [1] ἐνέβημεν εἰς τὸ πλοῖον
[1] ἐκεῖνοι δὲ ὑπέστρεψαν εἰς τὰ ἴδια
7 [1] κατηντήσαμεν εἰς Πτολεμαΐδα
8 [1] ἤλθομεν εἰς Καισάρειαν
[1] κ. εἰσελθόντες εἰς τ. οἶκον Φιλίππου
11 [16] κ. παραδώσουσιν εἰς χεῖρας ἐθνῶν
12 [1] τοῦ μὴ ἀναβαίνειν αὐτὸν εἰς Ἰερουσαλήμ

Ac 21 13 [3] ἀλλὰ κ. ἀποθανεῖν εἰς Ἰερουσαλήμ
15 [1] ἀνεβαίνομεν εἰς Ἱεροσόλυμα
17 [1] Γενομένων δὲ ἡμῶν εἰς Ἱεροσόλυμα
26 [1] ἁγνισθεὶς εἰσῄει εἰς τὸ ἱερόν
28 [1] Ἕλληνας εἰσήγαγεν εἰς τὸ ἱερόν
29 [1] ἐνόμιζον ὅτι εἰς τὸ ἱερὸν εἰσήγαγεν ὁ Παῦλος
34 [1] ἐκέλευσεν ἄγεσθαι αὐτὸν εἰς τ. παρεμβολήν
37 [1] Μέλλων τε ἄγεσθαι εἰς τ. παρεμβολήν
38 [1] ἐξάγων εἰς τ. ἔρημον τ. τετρακισχιλίους
22 4 [1] παραδιδοὺς εἰς φυλακὰς ἄνδρας
5 [3] πρὸς τ. ἀδελφοὺς εἰς Δαμασκόν
[1] ἄξων κ. τ. ἐκεῖσε ὄντας δεδεμένους εἰς Ἰερουσαλήμ
7 [1] ἔπεσά τε εἰς τὸ ἔδαφος
10 [1] Ἀναστὰς πορεύου εἰς Δαμασκόν
11 [1] ἦλθον εἰς Δαμασκόν
13 [16] αὐτῇ τ. ὥρᾳ ἀνέβλεψα εἰς αὐτόν
17 [1] Ἐγένετο δέ μοι ὑποστρέψαντι εἰς Ἰερουσαλήμ
21 [16] εἰς ἔθνη μακρὰν ἐξαποστελῶ σε
22 23 [1] κ. κονιορτὸν βαλλόντων εἰς τ. ἀέρα
24 [1] εἰσάγεσθαι αὐτὸν εἰς τ. παρεμβολήν
30 [16] καταγαγὼν τ. Παῦλον ἔστησεν εἰς αὐτούς
23 10 [1] ἐκέλευσεν . . . ἄγειν τε εἰς τ. παρεμβολήν
11 [3,3] ὡς γὰρ διεμαρτύρω τὰ περὶ ἐμοῦ εἰς Ἰερουσαλὴμ οὕτω σε δεῖ κ. εἰς Ῥώμην μαρτυρῆσαι
15 [16] ὅπως καταγάγῃ αὐτὸν εἰς ὑμᾶς
16 [1] εἰσελθὼν εἰς τ. παρεμβολὴν ἀπήγγειλεν τ. Παύλῳ
20 [16] ὅπως αὔριον τ. Παῦλον καταγάγης εἰς τὸ συνέδριον
28 [16] κατήγαγον εἰς τὸ συνέδριον αὐτῶν—WH [ ] clause
30 [18] μηνυθείσης δέ μοι ἐπιβουλῆς εἰς τ. ἄνδρα ἔσεσθαι
31 [1] ἤγαγον διὰ νυκτὸς εἰς τ. Ἀντιπατρίδα
32 [1] ὑπέστρεψαν εἰς τ. παρεμβολήν
33 [1] οἵτινες εἰσελθόντες εἰς τ. Καισάρειαν
24 11 [1] ἀνέβην προσκυνήσων εἰς Ἰερουσαλήμ
15 [16] ἐλπίδα ἔχων εἰς τ. θεόν
17 [12] ἐλεημοσύνας ποιήσων εἰς τὸ ἔθνος μου
24 [17] περὶ τ. εἰς Χριστὸν Ἰησοῦν πίστεως
25 1 [1] ἀνέβη εἰς Ἱεροσόλυμα ἀπὸ Καισαρείας
3 [1] ὅπως μεταπέμψηται αὐτὸν εἰς Ἰερουσαλήμ
4 [3] ἀπεκρίθη τηρεῖσθαι τ. Παῦλον εἰς Καισάρειαν
6 [1] καταβὰς εἰς Καισάρειαν
8 [18,18,18] Οὔτε εἰς τ. νόμον τ. Ἰουδαίων οὔτε εἰς τὸ ἱερὸν οὔτε εἰς Καίσαρά τι ἥμαρτον
9 [1] Θέλεις εἰς Ἱεροσόλυμα ἀναβὰς . . . κριθῆναι
13 [1] κατήντησαν εἰς Καισάρειαν
15 [1] γενομένου μου εἰς Ἱεροσόλυμα
20 [1] ἔλεγον εἰ βούλοιτο πορεύεσθαι εἰς Ἱεροσόλυμα
21 [4] τηρηθῆναι αὐτὸν εἰς τὴν τ. Σεβαστοῦ διάγνωσιν
23 [1] κ. εἰσελθόντων εἰς τὸ ἀκροατήριον
26 6 [16] ἐπ' ἐλπίδι τῆς εἰς τ. πατέρας ἡμῶν ἐπαγγελίας

Ac 26 7 [8] εἰς ἣν τὸ δωδεκάφυλον ἡμῶν . . . ἐλπίζει καταντῆσαι
11 [1] ἐδίωκον ἕως κ. εἰς τ. ἔξω πόλεις
12 [1] Ἐν οἷς πορευόμενος εἰς Δαμασκόν
14 [1] καταπεσόντων ἡμῶν εἰς τ. γῆν
16 [4] εἰς τοῦτο γὰρ ὤφθην σοι
17 [16] ἐκ τ. ἐθνῶν, εἰς οὓς ἀποστέλλω σε
18 [8] τοῦ ἐπιστρέψαι ἀπὸ σκότους εἰς φῶς
[17] ἐν τ. ἡγιασμένοις πίστει τῇ εἰς ἐμέ
24 [14] τὰ πολλά σε γράμματα εἰς μανίαν περιτρέπει
27 1 [1] τοῦ ἀποπλεῖν ἡμᾶς εἰς τ. Ἰταλίαν
2 [1] πλεῖν εἰς τ. κατὰ τ. Ἀσίαν τόπους
3 [1] κατήχθημεν εἰς Σιδῶνα
5 [1] κατήλθομεν εἰς Μύρα τ. Λυκίας
6 [1] πλοῖον . . . πλέον εἰς τ. Ἰταλίαν
[1] ἐνεβίβασεν ἡμᾶς εἰς αὐτό
8 [1] ἤλθομεν εἰς τόπον τινά
12 [1] καταντήσαντες εἰς Φοίνικα παραχειμάσαι
17 [1] φοβούμενοί τε μὴ εἰς τ. Σύρτιν ἐκπέσωσιν
26 [1] εἰς νῆσον δέ τινα δεῖ ἡμᾶς ἐκπεσεῖν
30 [1] κ. χαλασάντων τ. σκάφην εἰς τ. θάλασσαν
38 [1] ἐκβαλλόμενοι τ. σῖτον εἰς τ. θάλασσαν
39 [1] αἰγιαλὸν εἰς ὃν ἐβουλεύοντο . . . ἐξῶσαι τὸ πλοῖον
40 [1] τ. ἀγκύρας περιελόντες εἴων εἰς τ. θάλασσαν
[1] κατεῖχον εἰς τ. αἰγιαλόν
41 [1] περιπεσόντες δὲ εἰς τόπον διθάλασσον
28 5 [1] ἀποτινάξας τὸ θηρίον εἰς τὸ πῦρ
6 [18] κ. θεωρούντων μηδὲν ἄτοπον εἰς αὐτὸν γινόμενον
12 [1] κ. καταχθέντες εἰς Συρακούσας
13 [1] κατηντήσαμεν εἰς Ῥήγιον
[1] ἤλθομεν εἰς Ποτιόλους
14 [1] οὕτως εἰς τ. Ῥώμην ἤλθαμεν
15 [4] ἦλθαν εἰς ἀπάντησιν ἡμῖν
16 [1] Ὅτε δὲ εἰσήλθομεν εἰς Ῥώμην
17 [16] παρεδόθην εἰς τ. χεῖρας τ. Ῥωμαίων
23 [1] ἦλθον πρὸς αὐτὸν εἰς τ. ξενίαν

Ro 1 1 [4] ἀφωρισμένος εἰς εὐαγγέλιον θεοῦ
5 [4] ἐλάβομεν χάριν κ. ἀποστολὴν εἰς ὑπακοὴν πίστεως
11 [4] εἰς τὸ στηριχθῆναι ὑμᾶς
16 [4] δύναμις γὰρ θεοῦ ἐστιν εἰς σωτηρίαν
17 [4/14] ἐκ πίστεως εἰς πίστιν
20 [4/14] εἰς τὸ εἶναι αὐτοὺς ἀναπολογήτους
24 [12] παρέδωκεν αὐτοὺς ὁ θεὸς . . . εἰς ἀκαθαρσίαν
25 [9] ὅς ἐστιν εὐλογητὸς εἰς τ. αἰῶνας
26 [12] παρέδωκεν αὐτοὺς ὁ θεος εἰς πάθη ἀτιμίας
[14] μετήλλαξαν τ. φυσικὴν χρῆσιν εἰς τ. παρὰ φύσιν
27 [16] ἐν τ. ὀρέξει αὐτῶν εἰς ἀλλήλους
28 [12] παρέδωκεν αὐτοὺς ὁ θεὸς εἰς ἀδόκιμον νοῦν
2 4 [14] τὸ χρηστὸν τ. θεοῦ εἰς μετάνοιάν σε ἄγει
26 [14] οὐχὶ ἡ ἀκροβυστία αὐτοῦ εἰς περιτομὴν λογισθήσεται;
3 7 [14] εἰ γὰρ ἡ ἀλήθεια τ. θεοῦ . . . ἐπερίσσευσεν εἰς τ. δόξαν αὐτοῦ

Ro 3 22 [16] δικαιοσύνη θεοῦ . . . εἰς πάντας τ. πιστεύοντας
25 [4] εἰς ἔνδειξιν τ. δικαιοσύνης αὐτοῦ
26 [4] εἰς τὸ εἶναι αὐτὸν δίκαιον
4 3 [14] ἐλογίσθη αὐτῷ εἰς δικαιοσύνην
וַיַּחְשְׁבֶהָ לּוֹ צְדָקָה, Gen. xv. 6
5 [14] λογίζεται ἡ πίστις αὐτοῦ εἰς δικαιοσύνην.
9 [14] Ἐλογίσθη τ. Ἀβραὰμ ἡ πίστις εἰς δικαιοσύνην, Gen. l.c.
11 [14] εἰς τὸ εἶναι αὐτὸν πατέρα πάντων τ. πιστευόντων
[14] εἰς τὸ λογισθῆναι αὐτοῖς [τ.] δικαιοσύνην
16 [4] εἰς τὸ εἶναι βεβαίαν τ. ἐπαγγελίαν
18 [14] εἰς τὸ γενέσθαι αὐτὸν πατέρα πολλῶν ἐθνῶν
20 [11] εἰς δὲ τ. ἐπαγγελίαν τ. θεοῦ οὐ διεκρίθη
22 [14] ἐλογίσθη αὐτῷ εἰς δικαιοσύνην, Gen. l.c.
5 2 [8] εἰς τ. χάριν ταύτην ἐν ᾗ ἑστήκαμεν
8 [16] συνίστησιν δὲ τ. ἑαυτοῦ ἀγάπην εἰς ἡμᾶς ὁ θεός
12 [1] δι' ἑνὸς ἀνθρώπου ἡ ἁμαρτία εἰς τ. κόσμον εἰσῆλθεν
[16] οὕτως εἰς πάντας ἀνθρώπους ὁ θάνατος διῆλθεν
15 [16] ἡ χάρις τ. θεοῦ . . . εἰς τ. πολλοὺς ἐπερίσσευσεν
16 [14] ἐξ ἑνὸς εἰς κατάκριμα
[14] ἐκ πολλῶν παραπτωμάτων εἰς δικαίωμα
18 [16,14] εἰς πάντας ἀνθρώπους εἰς κατάκριμα
[16,14] εἰς πάντας ἀνθρώπους εἰς δικαίωσιν ζωῆς
21 [14] εἰς ζωὴν αἰώνιον διὰ Ἰησοῦ Χριστοῦ
6 3 [2/16, 2/14] ὅσοι ἐβαπτίσθημεν εἰς Χριστὸν Ἰησοῦν εἰς τ. θάνατον αὐτοῦ ἐβαπτίσθημεν
4 [14] συνετάφημεν οὖν αὐτῷ . . . εἰς τ. θάνατον
12 [4/14] εἰς τὸ ὑπακούειν τ. ἐπιθυμίαις αὐτοῦ
16 [4] παριστάνετε ἑαυτοὺς δούλους εἰς ὑπακοήν
[14, 14] ἤτοι ἁμαρτίας εἰς θάνατον ἢ ὑπακοῆς εἰς δικαιοσύνην
17 [12] εἰς ὃν παρεδόθητε τύπον διδαχῆς
19 [4] παρεστήσατε τὰ μέλη . . . εἰς τ. ἀνομίαν —WH [εἰς τ. ἀν.]
[4] παραστήσατε τὰ μέλη . . . εἰς ἁγιασμόν
22 [4] ἔχετε τ. καρπὸν ὑμῶν εἰς ἁγιασμόν
7 4 [4/14] εἰς τὸ γενέσθαι ὑμᾶς ἑτέρῳ
5 [4/14] εἰς τὸ καρποφορῆσαι τ. θανάτῳ
10 [4, 14] εὑρέθη μοι ἡ ἐντολὴ ἡ εἰς ζωὴν αὕτη εἰς θάνατον
8 7 [18] τὸ φρόνημα τ. σαρκὸς ἔχθρα εἰς θεόν
15 [14] πνεῦμα δουλείας πάλιν εἰς φόβον
18 [12] πρὸς τ. μέλλουσαν δόξαν ἀποκαλυφθῆναι εἰς ἡμᾶς
21 [14] εἰς τ. ἐλευθερίαν τ. δόξης τ. τέκνων τ. θεοῦ
28 [4] πάντα συνεργεῖ εἰς ἀγαθόν
29 [4] εἰς τὸ εἶναι αὐτὸν πρωτότοκον
9 5 [9] εὐλογητὸς εἰς τ. αἰῶνας
8 [14] τὰ τέκνα τ. ἐπαγγελίας λογίζεται εἰς σπέρμα
17 [4] Εἰς αὐτὸ τοῦτο ἐξήγειρά σε
בַּעֲבוּר זאת הֶעֱמַדְתִּיךָ, Ex. ix. 16

Ro **9** 21 [4,4] ὃ μὲν εἰς τιμὴν σκεῦος, ὃ δὲ εἰς ἀτιμίαν
22 [4] σκεύη ὀργῆς κατηρτισμένα εἰς ἀπώλειαν
23 [4] σκεύη ἐλέους, ἃ προητοίμασεν εἰς δόξαν
31 [14] Ἰσραὴλ . . . εἰς νόμον οὐκ ἔφθασεν
10 1 [4] ἡ δέησις πρὸς τ. θεὸν ὑπὲρ αὐτῶν εἰς σωτηρίαν
4 [4/14] τέλος γὰρ νόμου Χριστὸς εἰς δικαιοσύνην
6 [1] Τίς ἀναβήσεται εἰς τ. οὐρανόν;
מִי יַעֲלֶה־לָנוּ הַשָּׁמַיְמָה, Deut. xxx. 12
7 [1] Τίς καταβήσεται εἰς τ. ἄβυσσον;
מִי יַעֲבָר־לָנוּ אֶל־עֵבֶר הַיָּם, Deut. xxx. 13
10 [4/14] καρδίᾳ γὰρ πιστεύεται εἰς δικαιοσύνην,
[4/14] στόματι δὲ ὁμολογεῖται εἰς σωτηρίαν
12 [16] πλουτῶν εἰς πάντας τ. ἐπικαλουμένους αὐτόν
14 [17] Πῶς οὖν ἐπικαλέσωνται εἰς ὃν οὐκ ἐπίστευσαν;
18 [1,1] Εἰς πᾶσαν τ. γῆν ἐξῆλθεν ὁ φθόγγος αὐτῶν, κ. εἰς τὰ πέρατα τ. οἰκουμένης τὰ ῥήματα αὐτῶν.
בְּכָל־הָאָרֶץ יָצָא קַוָּם
וּבִקְצֵה תֵבֵל מִלֵּיהֶם, Ps. xix. 5
11 9 [14,14] Γενηθήτω ἡ τράπεζα αὐτῶν εἰς παγίδα κ. εἰς θήραν
[14,14] κ. εἰς σκάνδαλον κ. εἰς ἀνταπόδομα αὐτοῖς
יְהִי־שֻׁלְחָנָם לִפְנֵיהֶם לְפָח
וְלִשְׁלוֹמִים לְמוֹקֵשׁ, Ps. lxix. 22 (Heb. 23)
11 [4] εἰς τὸ παραζηλῶσαι αὐτούς
24 [1] παρὰ φύσιν ἐνεκεντρίσθης εἰς καλλιέλαιον
32 [8] συνέκλεισεν γὰρ ὁ θεὸς τ. πάντας εἰς ἀπείθειαν
36 [4] κ. εἰς αὐτὸν τὰ πάντα
[9] αὐτῷ ἡ δόξα εἰς τ. αἰῶνας
12 2 [14] εἰς τὸ δοκιμάζειν ὑμᾶς τί τὸ θέλημα τ. θεοῦ
3 [4/14] ἀλλὰ φρονεῖν εἰς τὸ σωφρονεῖν
10 [16] τ. φιλαδελφίᾳ εἰς ἀλλήλους φιλόστοργοι
16 [16] τὸ αὐτὸ εἰς ἀλλήλους φρονοῦντες
13 4 [4] θεοῦ γὰρ διάκονος . . . εἰς τὸ ἀγαθόν
[4] ἔκδικος εἰς ὀργὴν τῷ τὸ κακὸν πράσσοντι
6 [4] εἰς αὐτὸ τοῦτο προσκαρτεροῦντες
14 [4] τ. σαρκὸς πρόνοιαν μὴ ποιεῖσθε εἰς ἐπιθυμίας
14 1 [4] μὴ εἰς διακρίσεις διαλογισμῶν
9 [4] εἰς τοῦτο γὰρ Χριστὸς ἀπέθανεν
19 [16] τὰ τ. οἰκοδομῆς τ. εἰς ἀλλήλους
15 2 [4] τῷ πλησίον ἀρεσκέτω εἰς τὸ ἀγαθόν
4 [4] εἰς τ. ἡμετέραν διδασκαλίαν ἐγράφη
7 [4] προσλαμβάνεσθε ἀλλήλους . . . εἰς δόξαν τ. θεοῦ
8 [4] εἰς τὸ βεβαιῶσαι τ. ἐπαγγελίας τ. πατέρων
13 [4] εἰς τὸ περισσεύειν ὑμᾶς ἐν τ. ἐλπίδι
16 [4,16] εἰς τὸ εἶναί με λειτουργὸν Χριστοῦ Ἰησοῦ εἰς τὰ ἔθνη
18 [4] εἰς ὑπακοὴν ἐθνῶν, λόγῳ κ. ἔργῳ
24 [1] ὡς ἂν πορεύωμαι εἰς τ. Σπανίαν
25 [1] νυνὶ δὲ πορεύομαι εἰς τ. Σπανίαν
26 [4] κοινωνίαν τινὰ ποιήσασθαι εἰς τ. πτωχούς

Ro **15** 28 [1] ἀπελεύσομαι δι' ὑμῶν εἰς Σπανίαν
31 [1/3] ἡ διακονία μου ἡ εἰς Ἰερουσαλήμ
16 5 [16] ὅς ἐστιν ἀπαρχὴ τ. Ἀσίας εἰς Χριστόν
6 [4] Μαριάμ, ἥτις πολλὰ ἐκοπίασεν εἰς ὑμᾶς
19 [16] ἡ γὰρ ὑμῶν ὑπακοὴ εἰς πάντας ἀφίκετο
[3/4, 3/4] σοφοὺς εἶναι εἰς τὸ ἀγαθόν, ἀκεραίους δὲ εἰς τὸ κακόν
26 [4] εἰς ὑπακοὴν πίστεως
[16] εἰς πάντα τὰ ἔθνη γνωρισθέντος
27 [9] [ᾧ] ἡ δόξα εἰς τ. αἰῶνας
I Co **1** 9 [4] δι' οὗ ἐκλήθητε εἰς κοινωνίαν τ. υἱοῦ
13 [11] ἢ εἰς τὸ ὄνομα Παύλου ἐβαπτίσθητε;
15 [11] ὅτι εἰς τὸ ἐμὸν ὄνομα ἐβαπτίσθητε
2 7 [1] ἣν προώρισεν ὁ θεὸς . . . εἰς δόξαν ἡμῶν
4 3 [22] ἐμοὶ δὲ εἰς ἐλάχιστόν ἐστιν
6 [11] μετεσχημάτισα εἰς ἐμαυτὸν κ. Ἀπολλῶν
5 5 [4] εἰς ὄλεθρον τ. σαρκός
6 16 [19] Ἔσονται . . . οἱ δύο εἰς σάρκα μίαν—Gen. l. c.
18 [18] ὁ δὲ πορνεύων εἰς τὸ ἴδιον σῶμα ἁμαρτάνει
8 6 [4] ἐξ οὗ τὰ πάντα κ. ἡμεῖς εἰς αὐτόν
10 [14] εἰς τὸ τὰ εἰδωλόθυτα ἐσθίειν
12 [18,18] ἁμαρτάνοντες εἰς τ. ἀδελφοὺς . . . εἰς Χριστὸν ἁμαρτάνετε
13 [9] οὐ μὴ φάγω κρέα εἰς τ. αἰῶνα
9 18 [4] εἰς τὸ μὴ καταχρήσασθαι τ. ἐξουσίᾳ μου
10 2 [11] πάντες εἰς τ. Μωϋσῆν ἐβαπτίσαντο
6 [4] εἰς τὸ μὴ εἶναι ἡμᾶς ἐπιθυμητὰς κακῶν
11 [16] εἰς οὓς τὰ τέλη τ. αἰώνων κατήντηκεν
31 [4] πάντα εἰς δόξαν θεοῦ ποιεῖτε
11 17 [14,14] οὐκ εἰς τὸ κρεῖσσον ἀλλὰ εἰς τὸ ἧσσον συνέρχεσθε
22 [4] εἰς τὸ ἐσθίειν κ. πίνειν
24 [4] τοῦτο ποιεῖτε εἰς τ. ἐμὴν ἀνάμνησιν
25 [4] τοῦτο ποιεῖτε . . . εἰς τ. ἐμὴν ἀνάμνησιν
33 [4] συνερχόμενοι εἰς τὸ φαγεῖν ἀλλήλους ἐκδέχεσθε
34 [4/14] ἵνα μὴ εἰς κρίμα συνέρχησθε
12 13 [8] ἡμεῖς πάντες εἰς ἓν σῶμα ἐβαπτίσθημεν
14 8 [4] τίς παρασκευάσεται εἰς πόλεμον;
9 [1] ἔσεσθε γὰρ εἰς ἀέρα λαλοῦντες
22 [4] αἱ γλῶσσαι εἰς σημεῖόν εἰσιν
36 [16] ἢ εἰς ὑμᾶς μόνους κατήντησεν;
15 10 [12] ἡ χάρις αὐτοῦ ἡ εἰς ἐμέ
45 [19] Ἐγένετο ὁ πρῶτος ἄνθρωπος . . . εἰς ψυχὴν ζῶσαν
וַיְהִי הָאָדָם לְנֶפֶשׁ חַיָּה, Gen. ii. 7
[(19)] ὁ ἔσχατος Ἀδὰμ εἰς πνεῦμα ζῳοποιοῦν
54 [19] Κατεπόθη ὁ θάνατος εἰς νῖκος
בִּלַּע הַמָּוֶת לָנֶצַח, Is. xxv. 8
16 1 [4] Περὶ δὲ τ. λογείας τ. εἰς τ. ἁγίους
3 [1] ἀπενεγκεῖν τ. χάριν ὑμῶν εἰς Ἰερουσαλήμ
15 [4] εἰς διακονίαν τ. ἁγίοις ἔταξαν ἑαυτούς
II Co **1** 4 [4] εἰς τὸ δύνασθαι ἡμᾶς παρακαλεῖν
5 [16] περισσεύει τὰ παθήματα τ. Χριστοῦ εἰς ἡμᾶς
10 [16] εἰς ὃν ἠλπίκαμεν κ. ἔτι ῥύσεται
11 [16] τὸ εἰς ἡμᾶς χάρισμα
16 [1] δι' ὑμῶν διελθεῖν εἰς Μακεδονίαν
[1] ὑφ' ὑμῶν προπεμφθῆναι εἰς τ. Ἰουδαίαν

II Co 1 21 [3] ὁ δὲ βεβαιῶν ἡμᾶς σὺν ὑμῖν εἰς Χριστόν
23 [1] οὐκέτι ἦλθον εἰς Κόρινθον
2 4 [16] τ. ἀγάπην . . . ἣν ἔχω περισσοτέρως εἰς ὑμᾶς
8 [16] παρακαλῶ ὑμᾶς κυρῶσαι εἰς αὐτὸν ἀγάπην
9 [4] εἰς τοῦτο γὰρ κ. ἔγραψα
[11] εἰ εἰς πάντα ὑπήκοοί ἐστε
12 [1, 4] Ἐλθὼν δὲ εἰς Τρῳάδα εἰς τὸ εὐαγγέλιον τ. Χριστοῦ
13 [1] ἐξῆλθον εἰς Μακεδονίαν
16 [14, 14] ἐκ θανάτου εἰς θάνατον . . . ἐκ ζωῆς εἰς ζωήν
3 7 [10] ὥστε μὴ δύνασθαι ἀτενίσαι . . . εἰς τὸ πρόσωπον
13 [10] πρὸς τὸ μὴ ἀτενίσαι . . . εἰς τὸ τέλος
18 [22] μεταμορφούμεθα ἀπὸ δόξης εἰς δόξαν
4 4 [4] εἰς τὸ μὴ αὐγάσαι τ. φωτισμὸν τ. εὐαγγελίου
11 [4/12] ἡμεῖς οἱ ζῶντες εἰς θάνατον παραδιδόμεθα
15 [4] ἵνα ἡ χάρις . . . περισσεύσῃ εἰς τ. δόξαν τ. θεοῦ
17 [22] καθ' ὑπερβολὴν εἰς ὑπερβολήν
5 5 [4] ὁ δὲ κατεργασάμενος ἡμᾶς εἰς αὐτὸ τοῦτο θεός
6 1 [4] μὴ εἰς κενὸν τ. χάριν τ. θεοῦ δέξασθαι
18 [19, 19] ἔσομαι ὑμῖν εἰς πατέρα
κ. ὑμεῖς ἔσεσθέ μοι εἰς υἱούς
See אֲנִי אֶהְיֶה־לּוֹ לְאָב וְהוּא יִהְיֶה־לִּי לְבֵן, 2 Sam. vii. 14
7 3 [4] εἰς τὸ συναποθανεῖν κ. συζῆν
5 [1] ἐλθόντων ἡμῶν εἰς Μακεδονίαν
9 [14] ὅτι ἐλυπήθητε εἰς μετάνοιαν
10 [14] μετάνοιαν εἰς σωτηρίαν ἀμεταμέλητον κατεργάζεται
15 [16] τὰ σπλάγχνα αὐτοῦ περισσοτέρως εἰς ὑμᾶς ἐστιν
8 2 [14] εἰς τὸ πλοῦτος τ. ἁπλότητος αὐτῶν
4 [16] τ. διακονίας τ. εἰς ἁγίους
6 [14] εἰς τὸ παρακαλέσαι ἡμᾶς Τίτον
[12] ἵνα . . . ἐπιτελέσῃ εἰς ὑμᾶς κ. τ. χάριν ταύτην
14 [4] τὸ ὑμῶν περίσσευμα εἰς τὸ ἐκείνων ὑστέρημα
[4] τὸ ἐκείνων περίσσευμα γένηται εἰς τὸ ὑμῶν ὑστέρημα
22 [16] πεποιθήσει πολλῇ τ. εἰς ὑμᾶς
23 [16] κ. εἰς ὑμᾶς συνεργός
24 [12, 16] εἰς αὐτοὺς ἐνδεικνύμενοι εἰς πρόσωπον τ. ἐκκλησιῶν
9 1 [4] Περὶ μὲν γὰρ τ. διακονίας τ. εἰς τ. ἁγίους
5 [16] ἵνα προέλθωσιν εἰς ὑμᾶς
8 [12] πᾶσαν χάριν περισσεῦσαι εἰς ὑμᾶς
[4] ἵνα περισσεύητε εἰς πᾶν ἔργον ἀγαθόν
9 [9] ἡ δικαιοσύνη αὐτοῦ μένει εἰς τ. αἰῶνα
צִדְקָתוֹ עֹמֶדֶת לָעַד, Ps. cxii. 9
10 [4] ὁ δὲ ἐπιχορηγῶν . . . ἄρτον εἰς βρῶσιν
11 [4] πλουτιζόμενοι εἰς πᾶσαν ἁπλότητα
13 [11] τ. ὁμολογίας ὑμῶν εἰς τὸ εὐαγγέλιον
[12, 12] τ. κοινωνίας εἰς αὐτοὺς κ. εἰς πάντας
10 1 [18] ἀπὼν δὲ θαρρῶ εἰς ὑμᾶς

II Co 10 5 [4] εἰς τ. ὑπακοὴν τ. Χριστοῦ
8 [4, 4] εἰς οἰκοδομὴν κ. οὐκ εἰς καθαίρεσιν ὑμῶν
13 [11] οὐκ εἰς τὰ ἄμετρα καυχησόμεθα
14 [16] ὡς μὴ ἐφικνούμενοι εἰς ὑμᾶς
15 [11] οὐκ εἰς τὰ ἄμετρα καυχώμενοι
[22] μεγαλυνθῆναι κατὰ τ. κανόνα ἡμῶν εἰς περισσείαν
16 [12] εἰς τὰ ὑπερέκεινα ὑμῶν εὐαγγελίσασθαι
[11] οὐκ . . . εἰς τὰ ἕτοιμα καυχήσασθαι
11 3 [16] ἀπὸ τ. ἁπλότητος . . . τ. εἰς τ. Χριστόν
6 [12] φανερώσαντες ἐν πᾶσιν εἰς ὑμᾶς
10 [11] ἡ καύχησις αὕτη οὐ φραγήσεται εἰς ἐμέ
13 [14] μετασχηματιζόμενοι εἰς ἀποστόλους Χριστοῦ
14 [14] ὁ Σατανᾶς μετασχηματίζεται εἰς ἄγγελον φωτός
20 [11/18] εἴ τις εἰς πρόσωπον ὑμᾶς δέρει
31 [9] ὁ ὢν εὐλογητὸς εἰς τ. αἰῶνας
12 1 [8] ἐλεύσομαι δὲ εἰς ὀπτασίας
4 [1] ἡρπάγη εἰς τ. παράδεισον
6 [11] μή τις εἰς ἐμὲ λογίσηται ὑπὲρ ὃ βλέπει με
13 2 [13] ἐὰν ἔλθω εἰς τὸ πάλιν οὐ φείσομαι
3 [11] ὃς εἰς ὑμᾶς οὐκ ἀσθενεῖ
4 [11] ζήσομεν σὺν αὐτῷ ἐκ δυνάμεως θεοῦ εἰς ὑμᾶς—WH [εἰς ὑμᾶς]
10 [4, 4] εἰς οἰκοδομὴν κ. οὐκ εἰς καθαίρεσιν
Ga 1 5 [9] ᾧ ἡ δόξα εἰς τ. αἰῶνας τ. αἰώνων
6 [8] μετατίθεσθε . . . εἰς ἕτερον εὐαγγέλιον
17 [1] οὐδὲ ἀνῆλθον εἰς Ἱεροσόλυμα
[1, 1] ἀπῆλθον εἰς Ἀραβίαν κ. πάλιν ὑπέστρεψα εἰς Δαμασκόν
18 [1] ἀνῆλθον εἰς Ἱεροσόλυμα
21 [1] ἦλθον εἰς τα κλίματα τ. Συρίας
2 1 [1] πάλιν ἀνέβην εἰς Ἱεροσόλυμα
2 [4] μή πως εἰς κενὸν τρέχω
8 [4] εἰς ἀποστολὴν τ. περιτομῆς
[4] ἐνήργησεν κ. ἐμοὶ εἰς τὰ ἔθνη
9 [4, 4] ἡμεῖς εἰς τὰ ἔθνη, αὐτοὶ δὲ εἰς τ. περιτομήν
11 [1] Ὅτε δὲ ἦλθεν Κηφᾶς εἰς Ἀντιόχειαν
16 [17] ἡμεῖς εἰς Χριστὸν Ἰησοῦν ἐπιστεύσαμεν
3 6 [14] ἐλογίσθη αὐτῷ εἰς δικαιοσύνην—Gen. l. c.
14 [16] ἵνα εἰς τὰ ἔθνη ἡ εὐλογία τ. Ἀβραὰμ γένηται
17 [14] εἰς τὸ καταργῆσαι τ. ἐπαγγελίαν
23 [13] εἰς τ. μέλλουσαν πίστιν ἀποκαλυφθῆναι
24 [13/16] παιδαγωγὸς ἡμῶν εἰς Χριστόν
27 [11] ὅσοι γὰρ εἰς Χριστὸν ἐβαπτίσθητε
4 6 [8] τὸ πνεῦμα τ. υἱοῦ αὐτοῦ εἰς τ. καρδίας ἡμῶν
11 [4] μή πως εἰκῇ κεκοπίακα εἰς ὑμᾶς
24 [4] εἰς δουλείαν γεννῶσα
5 10 [11] ἐγὼ πέποιθα εἰς ὑμᾶς ἐν κυρίῳ
13 [4] μὴ τ. ἐλευθερίαν εἰς ἀφορμὴν τ. σαρκί
6 4 [11, 11] εἰς ἑαυτὸν μόνον . . . κ. οὐκ εἰς τ. ἕτερον
8 [8] ὁ σπείρων εἰς τ. σάρκα ἑαυτοῦ
[8] ὁ δὲ σπείρων εἰς τὸ πνεῦμα
Eph 1 5 [4, 16] προορίσας ἡμᾶς εἰς υἱοθεσίαν διὰ Ἰησοῦ Χριστοῦ εἰς αὐτόν
6 [4] εἰς ἔπαινον δόξης τ. χάριτος αὐτοῦ

Eph 1 8 [16] ἧς ἐπερίσσευσεν εἰς ἡμᾶς
10 [4] εἰς οἰκονομίαν τ. πληρώματος τ. καιρῶν
12 [4, 4] εἰς τὸ εἶναι ἡμᾶς εἰς ἔπαινον δόξης αὐτοῦ
14 [4, 4] εἰς ἀπολύτρωσιν τ. περιποιήσεως, εἰς ἔπαινον τ. δόξης αὐτοῦ
15 [16] τ. ἀγάπην τ. εἰς πάντας τ. ἁγίους
18 [4/14] εἰς τὸ εἰδέναι ὑμᾶς τίς ἐστιν ἡ ἐλπίς
19 [11] μέγεθος τ. δυνάμεως αὐτοῦ εἰς ἡμᾶς
2 15 [20] ἵνα τ. δύο κτίσῃ ἐν αὐτῷ εἰς ἕνα καινὸν ἄνθρωπον
21 [14] αὔξει εἰς ναὸν ἅγιον
22 [14] συνοικοδομεῖσθε εἰς κατοικητήριον τ. θεοῦ
3 2 [4] τ. χάριτος τ. θεοῦ τ. δοθείσης μοι εἰς ὑμᾶς
16 [3] κραταιωθῆναι . . . εἰς τ. ἔσω ἄνθρωπον
19 [22] ἵνα πληρωθῆτε εἰς πᾶν τὸ πλήρωμα τ. θεοῦ—WH mg variant reading
21 [(9)] εἰς πάσας τ. γενεὰς τ. αἰῶνος τ. αἰώνων
4 8 [1] Ἀναβὰς εἰς ὕψος ᾐχμαλώτευσεν αἰχμαλωσίαν
עָלִיתָ לַמָּרוֹם שָׁבִיתָ שֶּׁבִי, Ps. lxviii. 18 (Heb. 19)
9 [1] κατέβη εἰς τὰ κατώτερα [μέρη] τ. γῆς
12 [4, 4] εἰς ἔργον διακονίας, εἰς οἰκοδομὴν τ. σώματος
13 [14] εἰς τ. ἑνότητα τ. πίστεως
[14, 14] εἰς ἄνδρα τέλειον, εἰς μέτρον ἡλικίας
15 [16] αὐξήσωμεν εἰς αὐτὸν τὰ πάντα
16 [14] εἰς οἰκοδομὴν ἑαυτοῦ ἐν ἀγάπῃ
19 [4] εἰς ἐργασίαν ἀκαθαρσίας πάσης
30 [13] ἐν ᾧ ἐσφραγίσθητε εἰς ἡμέραν ἀπολυτρώσεως
32 [16] γίνεσθε εἰς ἀλλήλους χρηστοί
5 2 [4] κ. θυσίαν τ. θεῷ εἰς ὀσμὴν εὐωδίας
31 [19] ἔσονται οἱ δύο εἰς σάρκα μίαν, Gen. l. c.
32 [11, 11] εἰς Χριστὸν κ. εἰς τ. ἐκκλησίαν—WH [ ] 2°
6 18 [4] κ. εἰς αὐτὸ ἀγρυπνοῦντες
22 [4] ὃν ἔπεμψα πρὸς ὑμᾶς εἰς αὐτὸ τοῦτο
Phl 1 5 [3/4] ἐπὶ τ. κοινωνίᾳ ὑμῶν εἰς τὸ εὐαγγέλιον
10 [4] εἰς τὸ δοκιμάζειν ὑμᾶς τὰ διαφέροντα
[13] κ. ἀπρόσκοποι εἰς ἡμέραν Χριστοῦ
11 [4] εἰς δόξαν κ. ἔπαινον θεοῦ
12 [14] εἰς προκοπὴν τ. εὐαγγελίου ἐλήλυθεν
16 [4] εἰς ἀπολογίαν τ. εὐαγγελίου κεῖμαι
19 [14] τοῦτό μοι ἀποβήσεται εἰς σωτηρίαν
23 [4] εἰς τὸ ἀναλῦσαι κ. σὺν Χριστῷ εἶναι
25 [4] παραμενῶ πᾶσιν ὑμῖν εἰς τ. ὑμῶν προκοπήν
29 [17] οὐ μόνον τὸ εἰς αὐτὸν πιστεύειν
2 11 [4/14] εἰς δόξαν θεοῦ πατρός
16 [14, 13] εἰς καύχημα ἐμοὶ εἰς ἡμέραν Χριστοῦ
[14, 14] οὐκ εἰς κενὸν ἔδραμον οὐδὲ εἰς κενὸν ἐκοπίασα
22 [3/4] σὺν ἐμοὶ ἐδούλευσεν εἰς τὸ εὐαγγέλιον
3 11 [8/13] εἴ πως καταντήσω εἰς τ. ἐξανάστασιν
14 [4] κατὰ σκοπὸν διώκω εἰς τὸ βραβεῖον
16 [11] εἰς ὃ ἐφθάσαμεν, τ. αὐτῷ στοιχεῖν
4 15 [11] εἰς λόγον δόσεως κ. λήμψεως
16 [4] εἰς τ. χρείαν μοι ἐπέμψατε
17 [11] τ. καρπὸν τ. πλεονάζοντα εἰς λόγον ὑμῶν
20 [9] ἡ δόξα εἰς τ. αἰῶνας τ. αἰώνων
Col 1 4 [16] τ. ἀγάπην ἣν ἔχετε εἰς πάντας τ. ἁγίους
Col 1 6 [16] τ. εὐαγγελίου 6. τ. παρόντος εἰς ὑμᾶς
10 [4/14] περιπατῆσαι ἀξίως τ. κυρίου εἰς πᾶσαν ἀρεσκείαν
11 [4/14] εἰς πᾶσαν ὑπομονὴν κ. μακροθυμίαν
12 [4] τ. ἱκανώσαντι ὑμᾶς εἰς τ. μερίδα τ. κλήρου
13 [(6)] κ. μετέστησεν εἰς τ. βασιλείαν τ. υἱοῦ
16 [4] τὰ πάντα δι' αὐτοῦ κ. εἰς αὐτὸν ἔκτισται
20 [16] ἀποκαταλλάξαι τὰ πάντα εἰς αὐτόν
25 [4] τ. δοθεῖσάν μοι εἰς ὑμᾶς
29 [4] εἰς ὃ κ. κοπιῶ ἀγωνιζόμενος
2 2 [4] εἰς πᾶν πλοῦτος τ. πληροφορίας τ. συνέσεως
[4/14] εἰς ἐπίγνωσιν τ. μυστηρίου τ. θεοῦ
5 [(17)] τὸ στερέωμα τ. εἰς Χριστὸν πίστεως
22 [14] ἅ ἐστιν πάντα εἰς φθορὰν τ. ἀποχρήσει
3 9 [18] μὴ ψεύδεσθε εἰς ἀλλήλους
10 [4] εἰς ἐπίγνωσιν κατ' εἰκόνα τ. κτίσαντος αὐτόν
15 [4] εἰς ἣν κ. ἐκλήθετε ἐν ἑνὶ σώματι
4 8 [4] ὃν ἔπεμψα πρὸς ὑμᾶς εἰς αὐτὸ τοῦτο
11 [4/6] οὗτοι μόνοι συνεργοὶ εἰς τ. βασιλείαν τ. θεοῦ
ITh 1 5 [16] οὐκ ἐγενήθη εἰς ὑμᾶς ἐν λόγῳ μόνον
2 9 [12] ἐκηρύξαμεν εἰς ὑμᾶς τὸ εὐαγγέλιον τ. θεοῦ
12 [4] εἰς τὸ περιπατεῖν ὑμᾶς ἀξίως τ. θεοῦ
[6] τ. καλοῦντος ὑμᾶς εἰς τ. ἑαυτοῦ βασιλείαν
16 [14] εἰς τὸ ἀναπληρῶσαι αὐτῶν τ. ἁμαρτίας
[22] ἔφθασεν δὲ ἐπ' αὐτοὺς ἡ ὀργὴ εἰς τέλος
3 2 [4] εἰς τὸ στηρίξαι ὑμᾶς
3 [4] οἴδατε ὅτι εἰς τοῦτο κείμεθα
5 [4] ἔπεμψα εἰς τὸ γνῶναι τ. πίστιν ὑμῶν
[14] μή . . . εἰς κενὸν γένηται ὁ κόπος ἡμῶν
10 [4] δεόμενοι εἰς τὸ ἰδεῖν ὑμῶν τὸ πρόσωπον
12 [16, 16] τ. ἀγάπῃ εἰς ἀλλήλους κ. εἰς πάντας
[16] καθάπερ κ. ἡμεῖς εἰς ὑμᾶς
13 [4] εἰς τὸ στηρίξαι ὑμῶν τ. καρδίας
4 8 [12] τ. [κ.] διδόντα τὸ πνεῦμα αὐτοῦ τὸ ἅγιον εἰς ὑμᾶς
9 [4/14] θεοδίδακτοί ἐστε εἰς τὸ ἀγαπᾶν ἀλλήλους
10 [12/16] ποιεῖτε αὐτὸ εἰς πάντας τ. ἀδελφοὺς
15 [13] οἱ περιλειπόμενοι εἰς τ. παρουσίαν
17 [4, 1] εἰς ἀπάντησιν τ. κυρίου εἰς ἀέρα
5 9 [4, 4] οὐκ . . . εἰς ὀργὴν ἀλλὰ εἰς περιποίησιν
15 [16, 16] τὸ ἀγαθὸν διώκετε εἰς ἀλλήλους κ. εἰς πάντας
18 [1/1] θέλημα θεοῦ ἐν Χριστῷ Ἰησοῦ εἰς ὑμᾶς
IITh 1 3 [16] ἡ ἀγάπη ἑνὸς ἑκάστου . . . εἰς ἀλλήλους
5 [14] εἰς τὸ καταξιωθῆναι ὑμᾶς τ. βασιλείας
11 [4] εἰς ὃ κ. προσευχόμεθα πάντοτε
2 2 [4] εἰς τὸ μὴ ταχέως σαλευθῆναι ὑμᾶς
4 [2/3] ὥστε αὐτὸν εἰς τ. ναὸν τ. θεοῦ καθίσαι
6 [4] εἰς τὸ ἀποκαλυφθῆναι αὐτὸν
10 [4/14] οὐκ ἐδέξαντο εἰς τὸ σωθῆναι αὐτούς
11 [14] εἰς τὸ πιστεῦσαι αὐτοὺς τ. ψεύδει
13 [4] εἵλατο ὑμᾶς ὁ θεὸς ἀπαρχὴν εἰς σωτηρίαν
14 [4, 4] εἰς ὃ ἐκάλεσεν ὑμᾶς . . . εἰς περιποίησιν δόξης
3 5 [8, 8] εἰς τ. ἀγάπην τ. θεοῦ κ. εἰς τ. ὑπομονήν
9 [4] εἰς τὸ μιμεῖσθαι ὑμᾶς
ITi 1 3 [1] πορευόμενος εἰς Μακεδονίαν
6 [8] ἐξετράπησαν εἰς ματαιολογίαν

ITi 1 12 [4] θέμενος εἰς διακονίαν
15 [1] Χριστὸς Ἰησοῦς ἦλθεν εἰς τ. κόσμον
16 [14] πιστεύειν ἐπ' αὐτῷ εἰς ζωὴν αἰώνιον
17 [9] δόξα εἰς τ. αἰῶνας τ. αἰώνων
2 4 [8] εἰς ἐπίγνωσιν ἀληθείας ἐλθεῖν
7 [4] εἰς ὃ ἐτέθην ἐγὼ κῆρυξ
3 6 [14] ἵνα μὴ τυφωθεὶς εἰς κρίμα ἐμπέσῃ τ. διαβόλου
7 [14] ἵνα μὴ εἰς ὀνειδισμὸν ἐμπέσῃ
4 3 [4] ἃ ὁ θεὸς ἔκτισεν εἰς μετάλημψιν
10 [4] εἰς τοῦτο γὰρ κοπιῶμεν
5 24 [10] προάγουσαι εἰς κρίσιν
6 7 [1] οὐδὲν γὰρ εἰσηνέγκαμεν εἰς τ. κόσμον
9 [8] ἐμπίπτουσιν εἰς πειρασμόν
[8] βυθίζουσιν τ. ἀνθρώπους εἰς ὄλεθρον
12 [4] τ. αἰωνίου ζωῆς, εἰς ἣν ἐκλήθης
17 [4] τ. παρέχοντι ἡμῖν πάντα πλουσίως εἰς ἀπόλαυσιν
19 [4] θεμέλιον καλὸν εἰς τὸ μέλλον
IITi 1 11 [4] εἰς ὃ ἐτέθην ἐγὼ κῆρυξ
12 [13] φυλάξαι εἰς ἐκείνην τ. ἡμέραν
2 20 [4, 4] ἃ μὲν εἰς τιμὴν ἃ δὲ εἰς ἀτιμίαν
21 [4] ἔσται σκεῦος εἰς τιμήν
[4] εἰς πᾶν ἔργον ἀγαθὸν ἡτοιμασμένον
25 [4/14] μετάνοιαν εἰς ἐπίγνωσιν ἀληθείας
26 [4] ἐζωγρημένοι . . . εἰς τὸ ἐκείνου θέλημα
3 6 [1] οἱ ἐνδύνοντες εἰς τ. οἰκίας
7 [8] μηδέποτε εἰς ἐπίγνωσιν ἀληθείας ἐλθεῖν δυνάμενα
15 [14] τὰ δυνάμενά σε σοφίσαι εἰς σωτηρίαν
4 10 [1, 1, 1] ἐπορεύθη εἰς Θεσσαλονίκην, Κρήσκης εἰς Γαλατίαν, Τίτος εἰς Δαλματίαν
11 [4] εὔχρηστος εἰς διακονίαν
12 [1] Τυχικὸν δὲ ἀπέστειλα εἰς Ἔφεσον
18 [6] σώσει εἰς τ. βασιλείαν αὐτοῦ
[9] ἡ δόξα εἰς τ. αἰῶνας τ. αἰώνων
Tit 3 12 [1] σπούδασον ἐλθεῖν πρός με εἰς Νικόπολιν
14 [4] εἰς τ. ἀναγκαίας χρείας
Phm 5 [16, 16] τ. πίστιν ἣν ἔχεις πρὸς τ. κύριον Ἰησοῦν κ. εἰς πάντας τ. ἁγίους—WH txt εἰς v. πρός
6 [3/16] παντὸς ἀγαθοῦ τοῦ ἐν ἡμῖν εἰς Χριστόν
He 1 5 [19, 19] Ἐγὼ ἔσομαι αὐτῷ εἰς πατέρα κ. αὐτὸς ἔσται μοι εἰς υἱόν, 2 Sam. l. c.
6 [1] ὅταν δὲ πάλιν εἰσαγάγῃ τ. πρωτότοκον εἰς τ. οἰκουμένην
8 [9] Ὁ θρόνος σου, ὁ θεός, εἰς τ. αἰῶνα τ. αἰῶνος
כִּסְאֲךָ אֱלֹהִים עוֹלָם וָעֶד, Ps. xlv. 6 (Heb. 7)
14 [4] εἰς διακονίαν ἀποστελλόμενα
2 3 [12] ὑπὸ τ. ἀκουσάντων εἰς ἡμᾶς ἐβεβαιώθη
10 [8] πολλοὺς υἱοὺς εἰς δόξαν ἀγαγόντα
17 [4] εἰς τὸ ἱλάσκεσθαι τ. ἁμαρτίας
3 5 [4] εἰς μαρτύριον τ. λαληθησομένων
11 [8] Εἰ εἰσελεύσονται εἰς τ. κατάπαυσίν μου
אִם־יְבֹאוּן אֶל־מְנוּחָתִי, Ps. xcv. 11
18 [8] μὴ εἰσελεύσεσθαι εἰς τ. κατάπαυσιν αὐτοῦ, Ps. l. c.
4 1 [8] καταλειπομένης ἐπαγγελίας εἰσελθεῖν εἰς τ. κατάπαυσιν

He 4 3 [8] εἰσερχόμεθα γὰρ εἰς [τ.] κατάπαυσιν
[8] Εἰ εἰσελεύσονται εἰς τ. κατάπαυσίν μου, Ps. l. c.
5 [8] Εἰ εἰσελεύσονται εἰς τ. κατάπαυσίν μου, Ps. l. c.
6 [8] ἀπολείπεται τινὰς εἰσελθεῖν εἰς αὐτήν
10 [8] ὁ γὰρ εἰσελθὼν εἰς τ. κατάπαυσιν αὐτοῦ
11 [8] σπουδάσωμεν οὖν εἰσελθεῖν εἰς ἐκείνην
16 [4] ἵνα . . . χάριν εὕρωμεν εἰς εὔκαιρον βοήθειαν
5 6 [9] Σὺ ἱερεὺς εἰς τ. αἰῶνα
אַתָּה־כֹהֵן לְעוֹלָם, Ps. cx. 4
6 6 [14] πάλιν ἀνακαινίζειν εἰς μετάνοιαν
8 [14] ἧς τὸ τέλος εἰς καῦσιν
10 [11] τ. ἀγάπης ἧς ἐνεδείξασθε εἰς τὸ ὄνομα αὐτοῦ
16 [4] πέρας εἰς βεβαίωσιν ὁ ὅρκος
19 [8] εἰσερχομένην εἰς τὸ ἐσώτερον τ. καταπετάσματος
20 [9] ἀρχιερεὺς γενόμενος εἰς τ. αἰῶνα, Ps. l. c.
7 3 [13] μένει ἱερεὺς εἰς τὸ διηνεκές
14 [11] εἰς ἣν φυλὴν περὶ ἱερέων οὐδὲν Μωϋσῆς ἐλάλησεν
17 [9] Σὺ ἱερεὺς εἰς τ. αἰῶνα, Ps. l. c.
21 [9] Σὺ ἱερεὺς εἰς τ. αἰῶνα, Ps. l. c.
24 [9] διὰ τὸ μένειν αὐτὸν εἰς τ. αἰῶνα
25 [13/22] σῴζειν εἰς τὸ παντελὲς δύναται
[4] πάντοτε ζῶν εἰς τὸ ἐντυγχάνειν
28 [9] υἱὸν εἰς τ. αἰῶνα τετελειωμένον
8 3 [4] εἰς τὸ προσφέρειν δῶρα . . . καθίσταται
10 [12] διδοὺς νόμους μου εἰς τ. διάνοιαν αὐτῶν
נָתַתִּי אֶת־תּוֹרָתִי בְּקִרְבָּם, Jer. xxxi. 33
10 [19] κ. ἔσομαι αὐτοῖς εἰς θεὸν
[19] κ. αὐτοὶ ἔσονταί μοι εἰς λαόν
וְהָיִיתִי לָהֶם לֵאלֹהִים
וְהֵמָּה יִהְיוּ־לִי לְעָם, Jer. xxxi. 33
9 6 [1] εἰς μὲν τ. πρώτην σκηνὴν διὰ παντός
7 [1] εἰς δὲ τ. δευτέραν ἅπαξ τ. ἐνιαυτοῦ
9 [4] παραβολὴ εἰς τ. καιρὸν τ. ἐνεστηκότα
12 [1] εἰσῆλθεν ἐφάπαξ εἰς τὰ ἅγια
14 [4] εἰς τὸ λατρεύειν θεῷ ζῶντι
15 [4] εἰς ἀπολύτρωσιν τῶν ἐπὶ τ. πρώτῃ διαθήκῃ παραβάσεων
24 [1, 1] οὐ γὰρ εἰς χειροποίητα . . . ἀλλ' εἰς αὐτὸν τ. οὐρανόν
25 [1] εἰσέρχεται εἰς τὰ ἅγια κατ' ἐνιαυτόν
26 [4] εἰς ἀθέτησιν [τ.] ἁμαρτίας διὰ τ. θυσίας αὐτοῦ
28 [4] εἰς τὸ πολλῶν ἀνενεγκεῖν ἁμαρτίας
[4] ὀφθήσεται τ. αὐτὸν ἀπεκδεχομένοις εἰς σωτηρίαν
10 1 [13] θυσίαις ἃς προσφέρουσιν εἰς τὸ διηνεκές
5 [1] εἰσερχόμενος εἰς τ. κόσμον λέγει
12 [13] μίαν . . . προσενέγκας θυσίαν εἰς τὸ διηνεκές
14 [13] τετελείωκεν εἰς τὸ διηνεκὲς τ. ἁγιαζομένους
19 [4] παρρησίαν εἰς τ. εἴσοδον τ. ἁγίων
24 [4] κατανοῶμεν ἀλλήλους εἰς παροξυσμὸν ἀγάπης
31 [16] φοβερὸν τὸ ἐμπεσεῖν εἰς χεῖρας θεοῦ

He 10 39 [14,14] οὐκ ἐσμὲν ὑποστολῆς εἰς ἀπώλειαν, ἀλλὰ πίστεως εἰς περιποίησιν ψυχῆς
11 3 [14] εἰς τὸ μὴ ἐκ φαινομένων τὸ βλεπόμενον γεγονέναι
7 [4] κατεσκεύασεν κιβωτὸν εἰς σωτηρίαν
8 [1,4] ὑπήκουσεν ἐξελθεῖν εἰς τόπον ὃν ἤμελλεν λαμβάνειν εἰς κληρονομίαν
9 [3] παρῴκησεν εἰς γῆν τ. ἐπαγγελίας
11 [4] δύναμιν εἰς καταβολὴν σπέρματος ἔλαβεν
26 [10] ἀπέβλεπεν γὰρ εἰς τ. μισθαποδοσίαν
12 2 [16] ἀφορῶντες εἰς τὸν τ. πίστεως ἀρχηγόν
3 [18] ὑπὸ τ. ἁμαρτωλῶν εἰς ἑαυτὸν ἀντιλογίαν
7 [4] εἰς παιδείαν ὑπομένετε
10 [4] εἰς τὸ μεταλαβεῖν τ. ἁγιότητος αὐτοῦ
13 8 [9] κ. εἰς τ. αἰῶνας
11 [1] εἰς τὰ ἅγια διὰ τ. ἀρχιερέως
21 [4] εἰς τὸ ποιῆσαι τὸ θέλημα αὐτοῦ
[9] ᾧ ἡ δόξα εἰς τ. αἰῶνας
Ja 1 18 [4] εἰς τὸ εἶναι ἡμᾶς ἀπαρχήν τινα
19 [11,11] ταχὺς εἰς τὸ ἀκοῦσαι, βραδὺς εἰς τὸ λαλῆσαι,
[11] βραδὺς εἰς ὀργήν
25 [8] ὁ δὲ παρακύψας εἰς νόμον τέλειον
2 2 [1] ἐὰν γὰρ εἰσέλθῃ εἰς συναγωγὴν ὑμῶν ἀνήρ
6 [1] αὐτοὶ ἕλκουσιν ὑμᾶς εἰς κριτήρια
23 ἐλογίσθη αὐτῷ εἰς δικαιοσύνην, Gen. l. c.
3 3 [1,4] εἰς τὰ στόματα βάλλομεν εἰς τὸ πείθεσθαι αὐτούς
4 9 [14,14] ὁ γέλως ὑμῶν εἰς πένθος μετατραπήτω κ. ἡ χαρὰ εἰς κατήφειαν
13 [1] πορευσόμεθα εἰς τήνδε τ. πόλιν
5 3 [4] ὁ ἰὸς αὐτῶν εἰς μαρτύριον ὑμῖν ἔσται
4 [16] εἰς τὰ ὦτα κυρίου Σαβαὼθ εἰσελήλυθαν
IPe 1 2 [4] εἰς ὑπακοὴν κ. ῥαντισμὸν αἵματος
3 [4/8] ἀναγεννήσας ἡμᾶς εἰς ἐλπίδα ζῶσαν
4 [4] εἰς κληρονομίαν ἄφθαρτον
[4] τετηρημένην ἐν οὐρανοῖς εἰς ὑμᾶς
5 [4] εἰς σωτηρίαν ἑτοίμην ἀποκαλυφθῆναι
7 [14] εὑρεθῇ εἰς ἔπαινον κ. δόξαν
8 [17] εἰς ὃν ἄρτι μὴ ὁρῶντες πιστεύοντες δέ
10 [16] προφῆται οἱ περὶ τ. εἰς ὑμᾶς χάριτος προφητεύσαντες
11 [13] ἐραυνῶντες εἰς τίνα ἢ ποῖον καιρόν
[16] προμαρτυρόμενον τὰ εἰς Χριστὸν παθήματα
12 [8] εἰς ἃ ἐπιθυμοῦσιν ἄγγελοι παρακύψαι
21 [17] τ. δι' αὐτοῦ πιστοὺς εἰς θεόν
[16] ὥστε τ. πίστιν ὑμῶν κ. ἐλπίδα εἶναι εἰς θεόν
22 [14] εἰς φιλαδελφίαν ἀνυπόκριτον
25 [9] τὸ δὲ ῥῆμα κυρίου μένει εἰς τ. αἰῶνα
וּדְבַר אֱלֹהֵינוּ יָקוּם לְעוֹלָם, Is. xl. 8
[12] τὸ ῥῆμα τὸ εὐαγγελισθὲν εἰς ὑμᾶς
2 2 [14] ἵνα ἐν αὐτῷ αὐξηθῆτε εἰς σωτηρίαν
5 [14] οἰκοδομεῖσθε οἶκος πνευματικὸς εἰς ἱεράτευμα ἅγιον
7 [19] οὗτος ἐγενήθη εἰς κεφαλὴν γωνίας, Ps. l. c.
8 [4] εἰς ὃ κ. ἐτέθησαν
9 [4/14] λαὸς εἰς περιποίησιν
(סְגֻלָּה מִכָּל־הָעַמִּים, Ex. xix. 5)
[8] καλέσαντος εἰς τὸ θαυμαστὸν αὐτοῦ φῶς

IPe 2 14 [4] πεμπομένοις εἰς ἐκδίκησιν κακοποιῶν
21 [4] εἰς τοῦτο γὰρ ἐκλήθητε
3 5 [16] γυναῖκες αἱ ἐλπίζουσαι εἰς θεόν
7 [4/14] εἰς τὸ μὴ ἐγκόπτεσθαι τ. προσευχὰς ὑμῶν
9 [4] εἰς τοῦτο ἐκλήθητε ἵνα εὐλογίαν κληρονομήσητε
12 [4] κ. ὦτα αὐτοῦ εἰς δέησιν αὐτῶν
וְאָזְנָיו אֶל־שַׁוְעָתָם, Ps. xxxiv. 15 (Heb. 16)
20 [3] εἰς ἣν ὀλίγοι . . . διεσώθησαν δι' ὕδατος
21 [12] συνειδήσεως ἀγαθῆς ἐπερώτημα εἰς θεόν
22 [1] πορευθεὶς εἰς οὐρανόν
4 2 [14] εἰς τὸ μηκέτι ἀνθρώπων ἐπιθυμίαις . . . βιῶσαι
4 [8] εἰς τ. αὐτὴν τ. ἀσωτίας ἀνάχυσιν
6 [4] εἰς τοῦτο γὰρ κ. νεκροῖς εὐηγγελίσθη
7 [4] νήψατε εἰς προσευχάς
8 [16] τ. εἰς ἑαυτοὺς ἀγάπην ἐκτενῆ ἔχοντες
9 [16] φιλόξενοι εἰς ἀλλήλους ἄνευ γογγυσμοῦ
10 [16] εἰς ἑαυτοὺς αὐτὸ διακονοῦντες
11 [9] εἰς τ. αἰῶνας τ. αἰώνων
5 10 [8] ὁ καλέσας ὑμᾶς εἰς τ. αἰώνιον αὐτοῦ δόξαν
11 [9] αὐτῷ τὸ κράτος εἰς τ. αἰῶνας
12 [3] χάριν τ. θεοῦ· εἰς ἣν στῆτε
IIPe 1 8 [3/4] καθίστησιν εἰς τὴν τ. κυρίου . . . ἐπίγνωσιν
11 [6] ἡ εἴσοδος εἰς τ. αἰώνιον βασιλείαν
17 [3] εἰς ὃν ἐγὼ εὐδόκησα
2 4 [4] παρέδωκεν εἰς κρίσιν τηρουμένους
9 [4/13] ἀδίκους δὲ εἰς ἡμέραν κρίσεως . . . τηρεῖν
12 [4] γεγεννημένα . . . εἰς ἅλωσιν κ. φθοράν
22 [4] †Ὗς λουσαμένη εἰς κυλισμὸν βορβόρου
3 7 [4/13] τηρούμενοι εἰς ἡμέραν κρίσεως
9 [16] ἀλλὰ μακροθυμεῖ εἰς ὑμᾶς
[14] ἀλλὰ πάντας εἰς μετάνοιαν χωρῆσαι
18 [13] κ. νῦν κ. εἰς ἡμέραν αἰῶνος
IJo 2 17 [9] μένει εἰς τ. αἰῶνα
3 8 [4] εἰς τοῦτο ἐφανερώθη ὁ υἱός
14 [8/14] μεταβεβήκαμεν ἐκ τ. θανάτου εἰς τ. ζωήν
4 1 [1] ψευδοπροφῆται ἐξεληλύθασιν εἰς τ. κόσμον
9 [1] τ. υἱὸν . . . ἀπέσταλκεν ὁ θεὸς εἰς τ. κόσμον
5 8 [20] οἱ τρεῖς εἰς τὸ ἕν εἰσιν
10 [17] ὁ πιστεύων εἰς τ. υἱὸν τ. θεοῦ
[17] ὅτι οὐ πεπίστευκεν εἰς τ. μαρτυρίαν
13 [17] τ. πιστεύουσιν εἰς τὸ ὄνομα τ. υἱοῦ
IIJo 2 [9] μεθ' ἡμῶν ἔσται εἰς τ. αἰῶνα
7 [1] πολλοὶ πλάνοι ἐξῆλθον εἰς τ. κόσμον
10 [1] μὴ λαμβάνετε αὐτὸν εἰς οἰκίαν
IIIJo 5 [11] ὃ ἐὰν ἐργάσῃ εἰς τ. ἀδελφούς
Ju 4 [4] οἱ πάλαι προγεγραμμένοι εἰς τοῦτο τὸ κρίμα
[4] την τ. θεοῦ ἡμῶν χάριτα μετατιθέντες εἰς ἀσέλγειαν
6 [4] εἰς κρίσιν μεγάλης ἡμέρας . . . τετήρηκεν
13 [9] οἷς ὁ ζόφος τ. σκότους εἰς αἰῶνα τετήρηται
21 [14] τὸ ἔλεος τ. κυρίου . . . εἰς ζωὴν αἰώνιον
25 [9] εἰς πάντας τ. αἰῶνας
Re 1 6 [9] εἰς τ. αἰῶνας [τ. αἰώνων]

Re **1** 11 [2/3] Ὃ βλέπεις γράψον εἰς βιβλίον

[1(7)] εἰς Ἔφεσον κ. εἰς Σμύρναν κ. εἰς Πέργαμον κ. εἰς Θυάτιρα κ. εἰς Σάρδεις κ. εἰς Φιλαδέλφειαν κ. εἰς Λαοδίκειαν

18 [9] ζῶν εἰμι εἰς τ. αἰῶνας τ. αἰώνων

2 10 [1] μέλλει βάλλειν ὁ διάβολος ἐξ ὑμῶν εἰς φυλακήν

22 [1] ἰδοὺ βάλλω αὐτὴν εἰς κλίνην

[4] κ. τ. μοιχεύοντας μετ' αὐτῆς εἰς θλῖψιν

4 9 [9] τ. ζῶντι εἰς τ. αἰῶνας τ. αἰώνων

10 [9] τ. ζῶντι εἰς τ. αἰῶνας τ. αἰώνων

5 13 [9] τὸ κράτος εἰς τ. αἰῶνας τ. αἰώνων

6 13 [1] οἱ ἀστέρες τ. οὐρανοῦ ἔπεσαν εἰς τ. γῆν

15 [1,1] ἔκρυψαν ἑαυτοὺς εἰς τὰ σπήλαια κ. εἰς τ. πέτρας

7 12 [9] τ. θεῷ ἡμῶν εἰς τ. αἰῶνας τ. αἰώνων

8 5 [1] κ. ἔβαλεν εἰς τ. γῆν

7 [1] κ. ἐβλήθη εἰς τ. γῆν

8 [1] ἐβλήθη εἰς τ. θάλασσαν

11 [14] κ. ἐγένετο τὸ τρίτον τ. ὑδάτων εἰς ἄψινθον

9 1 [1] εἶδον ἀστέρα . . . πεπτωκότα εἰς τ. γῆν

3 [1] ἐξῆλθον ἀκρίδες εἰς τ. γῆν

7 [4] ὅμοιοι ἵπποις ἡτοιμασμένοις εἰς πόλεμον

9 [1] ἵππων πολλῶν τρεχόντων εἰς πόλεμον

15 [4] ἄγγελοι οἱ ἡτοιμασμένοι εἰς τ. ὥραν

10 5 [1] ἦρεν τ. χεῖρα αὐτοῦ τ. δεξιὰν εἰς τ. οὐρανόν—cp. Deut. xxxii. 40, Dan. xii. 7

6 [9] κ. ὤμοσεν ἐν τ. ζῶντι εἰς τ. αἰῶνας, cp. do.

11 6 [14] στρέφειν αὐτὰ εἰς αἷμα

9 [1] οὐκ ἀφίουσιν τεθῆναι εἰς μνῆμα

12 [1] ἀνέβησαν εἰς τ. οὐρανὸν ἐν τ. νεφέλῃ

15 [9] βασιλεύσει εἰς τ. αἰῶνας τ. αἰώνων

12 4 [1] κ. ἔβαλεν αὐτοὺς εἰς τ. γῆν

6 κ. ἡ γυνὴ ἔφυγεν εἰς τ. ἔρημον

9 [1] ὁ δράκων . . . ἐβλήθη εἰς τ. γῆν

13 [1] ὅτι ἐβλήθη εἰς τ. γῆν

14 [1,1] ἵνα πέτηται εἰς τ. ἔρημον εἰς τ. τόπον αὐτῆς

13 3 [14] ὡς ἐσφαγμένην εἰς θάνατον

6 [4] εἰς βλασφημίας πρὸς τ. θεόν

10 [4,1] εἴ τις εἰς αἰχμαλωσίαν, εἰς αἰχμαλωσίαν ὑπάγει

וַאֲשֶׁר לַשְּׁבִי לַשֶּׁבִי, Jer. xliii. 11

13 [1] ἵνα κ. πῦρ ποιῇ . . . καταβαίνειν εἰς τ. γῆν

14 11 [9] κ. ὁ καπνὸς . . . εἰς αἰῶνας αἰώνων ἀναβαίνει

19 [1] ἔβαλεν ὁ ἄγγελος τὸ δρέπανον αὐτοῦ εἰς τ. γῆν

[1] κ. ἔβαλεν εἰς τ. ληνὸν τ. θυμοῦ

15 7 [9] τ. ζῶντος εἰς τ. αἰῶνας τ. αἰώνων

8 [1] οὐδεὶς ἐδύνατο εἰσελθεῖν εἰς τ. ναόν

16 1 [1] ἐκχέετε τ. ἑπτὰ φιάλας . . . εἰς τ. γῆν

2 [1] κ. ἐξέχεεν τ. φιάλην αὐτοῦ εἰς τ. γῆν

3 [1] ἐξέχεεν τ. φιάλην αὐτοῦ εἰς τ. γῆν

4 [1] ἐξέχεεν τ. φιάλην αὐτου εἰς τ. γῆν

14 [4] συναγαγεῖν αὐτοὺς εἰς τ. πόλεμον

16 [1] εἰς τ. τόπον τ. καλούμενον . . . Ἁρμαγεδών

19 [14] ἐγένετο ἡ πόλις ἡ μεγάλη εἰς τρία μέρη

Re **17** 3 [1] κ. ἀπήνεγκέν με εἰς ἔρημον

8 [4/14] κ. εἰς ἀπώλειαν ὑπάγει

11 [4/14] κ. εἰς ἀπώλειαν ὑπάγει

17 [12] ὁ γὰρ θεὸς ἔδωκεν εἰς τ. καρδίας αὐτῶν

18 21 [1] κ. ἔβαλεν εἰς τ. θάλασσαν λέγων

19 3 [9] ὁ καπνὸς αὐτῆς ἀναβαίνει εἰς τ. αἰῶνας τ. αἰώνων

9 [4] οἱ εἰς τὸ δεῖπνον τ. γάμου τ. ἀρνίου κεκλημένοι

17 [4] συνάχθητε εἰς τὸ δεῖπνον τὸ μέγα τ. θεοῦ

20 [1] ἐβλήθησαν οἱ δύο εἰς τ. λίμνην τ. πυρός

20 3 [1] κ. ἔβαλεν αὐτὸν εἰς τ. ἄβυσσον

8 [4] συναγαγεῖν αὐτοὺς εἰς τ. πόλεμον

10 [1] κ. ὁ διάβολος . . . ἐβλήθη εἰς τ. λίμνην τ. πυρός

[9] βασανισθήσονται . . . εἰς τ. αἰῶνας τ. αἰώνων

14 [1] κ. ὁ ᾅδης ἐβλήθησαν εἰς τ. λίμνην τ. πυρός

15 [1] ἐβλήθη εἰς τ. λίμνην τ. πυρός

21 24 [1] φέρουσιν τ. δόξαν αὐτῶν εἰς αὐτήν

26 [1] κ. τ. τιμὴν τ. ἐθνῶν εἰς αὐτήν

27 [1] οὐ μὴ εἰσέλθῃ εἰς αὐτὴν πᾶν κοινόν

22 2 [4] κ. τὰ φύλλα τ. ξύλου εἰς θεραπείαν τ. ἐθνῶν

וְעָלֵהוּ לִתְרוּפָה, Ez. xlvii. 12

5 [9] κ. βασιλεύσουσιν εἰς τ. αἰῶνας τ. αἰώνων

14 [1] ἵνα . . . εἰσέλθωσιν εἰς τ. πόλιν

ἘΚ, ἘΞ

(see page 307)

(1) Parental origin, **(2)** Agent, **(3)** Local, **(4)** Origin or source, **(5)** Partitive, **(6)** Instrumental or causal, **(7)** Metaphorically local, **(8)** ἐκ νεκρῶν, **(9)** Price, **(10)** Order, **(11)** Adverbial phrase, **(12)** Time, **(13)** Salvation or deliverance, **(14)** ἐξ ἐμαυτοῦ etc., **(15)** State or condition, **(16)** Against.

Mt **1** 3 [1] Ἰούδας δὲ ἐγέννησεν τὸν Φάρες . . . ἐκ τῆς Θαμάρ

5 [1] Σαλμὼν δὲ ἐγέννησεν τὸν Βόες ἐκ τῆς Ῥαχάβ

[1] Βόες δὲ ἐγέννησεν τὸν Ἰωβὴδ ἐκ τῆς Ῥούθ

6 [1] Δαυὶδ δὲ ἐγέννησεν τ. Σολομῶνα ἐκ τῆς τ. Οὐρίου

16 [1] Ἰωσὴφ τ. ἄνδρα Μαρίας, ἐξ ἧς ἐγεννήθη Ἰησοῦς

18 [2] εὑρέθη ἐν γαστρὶ ἔχουσα ἐκ πνεύματος ἁγίου

20 [2] τὸ γὰρ ἐν αὐτῇ γεννηθὲν ἐκ πνεύματός ἐστιν ἁγίου

2 6 [3] ἐκ σοῦ γὰρ ἐξελεύσεται ἡγούμενος

מִמְּךָ לִי יֵצֵא לִהְיוֹת מוֹשֵׁל, Mic. v. 2 (Heb. 1)

15 [3] Ἐξ Αἰγύπτου ἐκάλεσα τ. υἱόν μου

וּמִמִּצְרַיִם קָרָאתִי לִבְנִי, Hos. xi. 1

3 9 [4] δύναται ἐκ τ. λίθων τούτων ἐγεῖραι τέκνα

17 [3] φωνὴ ἐκ τ. οὐρανῶν λέγουσα

5 37 [2] τὸ δὲ περισσὸν τούτων ἐκ τ. πονηροῦ ἐστιν

6 27 [5] τίς δὲ ἐξ ὑμῶν μεριμνῶν δύναται προσθεῖναι

Mt 7 4 [3] Ἄφες ἐκβάλω τὸ κάρφος ἐκ τ. ὀφθαλμοῦ σου
5 [3] ἔκβαλε πρῶτον τ. δοκὸν ἐκ τ. ὀφθαλμοῦ σου
[3] ἐκβαλεῖν τὸ κάρφος ἐκ τ. ὀφθαλμοῦ τ. ἀδελφοῦ σου
9 [5] ἢ τίς ἐξ ὑμῶν ἄνθρωπος
8 28 [3] δύο δαιμονιζόμενοι ἐκ τ. μνημείων ἐξερχόμενοι
10 14 [3] ἐκτινάξατε τ. κονιορτὸν [ἐκ] τ. ποδῶν ὑμῶν—WH – ἐκ
23 [3] κἂν ἐκ ταύτης διώκωσιν ὑμᾶς – UBS, WH
29 [5] ἓν ἐξ αὐτῶν οὐ πεσεῖται ἐπὶ τ. γῆν
12 11 [5] Τίς ἔσται ἐξ ὑμῶν ἄνθρωπος
33 [6] ἐκ γὰρ τ. καρποῦ τὸ δένδρον γινώσκεται
34 [4] ἐκ γὰρ τ. περισσεύματος τ. καρδίας τὸ στόμα λαλεῖ
35 [4] ἐκ τ. ἀγαθοῦ θησαυροῦ ἐκβάλλει ἀγαθά
[4] ἐκ τ. πονηροῦ θησαυροῦ ἐκβάλλει πονηρά
37 [6,6] ἐκ γὰρ τ. λόγων σου δικαιωθήσῃ, κ. ἐκ τ. λόγων σου καταδικασθήσῃ
42 [3] ἦλθεν ἐκ τ. περάτων τ. γῆς
13 1 [3] ἐξελθὼν ὁ Ἰησοῦς τ. οἰκίας ἐκάθητο—ἐκ τ. οἰκίας WH mg.
41 [7] συλλέξουσιν ἐκ τ. βασιλείας αὐτοῦ πάντα τὰ σκάνδαλα
47 [5] σαγήνῃ . . . ἐκ παντὸς γένους συναγαγούσῃ
49 [3] ἀφοριοῦσιν τ. πονηροὺς ἐκ μέσου τ. δικαίων
52 [5] ὅστις ἐκβάλλει ἐκ τ. θησαυροῦ αὐτοῦ καινὰ κ. παλαιά
15 5 [2] Δῶρον ὃ ἐὰν ἐξ ἐμοῦ ὠφεληθῇς
11 [3] τὸ ἐκπορευόμενον ἐκ τ. στόματος
18 [3,7] τὰ δὲ ἐκπορευόμενα ἐκ τ. στόματος ἐκ τ. καρδίας ἐξέρχεται
19 [7] ἐκ γὰρ τ. καρδίας ἐξέρχονται διαλογισμοί . . .
16 1 [3] σημεῖον ἐκ τ. οὐρανοῦ ἐπιδεῖξαι αὐτοῖς
17 5 [3] φωνὴ ἐκ τ. νεφελῆς λέγουσα
9 [3] καταβαινόντων αὐτῶν ἐκ τ. ὄρους
[8] ἕως οὗ ὁ υἱὸς τ. ἀνθρώπου ἐκ νεκρῶν ἐγερθῇ
18 12 [5] ἐὰν . . . πλανηθῇ ἓν ἐξ αὐτῶν
19 [5] ἐὰν δύο συμφωνήσωσιν ἐξ ὑμῶν ἐπὶ τ. γῆς
19 12 [1] εὐνοῦχοι οἵτινες ἐκ κοιλίας μητρὸς ἐγεννήθησαν
20 2 [9] συμφωνήσας . . . ἐκ δηναρίου τ. ἡμέραν
21 [3] εἷς ἐκ δεξιῶν σου κ. εἷς ἐξ εὐωνύμων σου
23 [3,3] τὸ δὲ καθίσαι ἐκ δεξιῶν μου κ. ἐξ εὐωνύμων
21 16 [6] Ἐκ στόματος νηπίων . . . κατηρτίσω αἶνον . . . מִפִּי עוֹלְלִים, Ps. viii. 2 (Heb. 3)
19 [4] Μηκέτι ἐκ σοῦ καρπὸς γένηται
25 [7,2] ἐξ οὐρανοῦ ἢ ἐξ ἀνθρώπων;
[7] Ἐὰν εἴπωμεν Ἐξ οὐρανοῦ
26 [2] ἐὰν δὲ εἴπωμεν Ἐξ ἀνθρώπων
31 [5] τίς ἐκ τ. δύο ἐποίησεν τὸ θέλημα τ. πατρός;
22 35 [5] εἷς ἐξ αὐτῶν [νομικὸς] πειράζων αὐτόν
44 [3] Κάθου ἐκ δεξιῶν μου
שֵׁב לִימִינִי, Ps. cx. 1

Mt **23** 25 [6] ἔσωθεν δὲ γέμουσιν ἐξ ἁρπαγῆς κ. ἀκρασίας
34 [5,5] ἐξ αὐτῶν ἀποκτενεῖτε κ. σταυρώσετε, κ. ἐξ αὐτῶν μαστιγώσετε
24 17 [3] μὴ καταβάτω ἆραι τὰ ἐκ τ. οἰκίας αὐτοῦ
31 [3] ἐπισυνάξουσιν τ. ἐκλεκτοὺς αὐτοῦ ἐκ τ. τεσσάρων ἀνέμων
25 2 [5] πέντε δὲ ἐξ αὐτῶν ἦσαν μωραί
8 [5] Δότε ἡμῖν ἐκ τ. ἐλαίου ὑμῶν
33 [3,3] στήσει τὰ μὲν πρόβατα ἐκ δεξιῶν αὐτοῦ τὰ δὲ ἐρίφια ἐξ εὐωνύμων
34 [3] τότε ἐρεῖ ὁ βασιλεὺς τοῖς ἐκ δεξιῶν
41 [3] Τότε ἐρεῖ κ. τοῖς ἐξ εὐωνύμων
26 21 [5] εἷς ἐξ ὑμῶν παραδώσει με
27 [3] Πίετε ἐξ αὐτοῦ πάντες
29 [5] οὐ μὴ πίω ἀπ' ἄρτι ἐκ τούτου τ. γενήματος τ. ἀμπέλου
42 [10] πάλιν ἐκ δευτέρου ἀπελθὼν προσηύξατο
44 [10] προσηύξατο ἐκ τρίτου τ. αὐτὸν λόγον
64 [3] καθήμενον ἐκ δεξιῶν τ. δυνάμεως, Ps. l.c.
73 [5] Ἀληθῶς κ. σὺ ἐξ αὐτῶν εἶ
27 7 [6] ἠγόρασαν ἐξ αὐτῶν τ. Ἀγρὸν τ. Κεραμέως
29 [5/6] πλέξαντες στέφανον ἐξ ἀκανθῶν
38 [3,3] εἷς ἐκ δεξιῶν κ. εἷς ἐξ εὐωνύμων
48 [5] κ. εὐθέως δραμὼν εἷς ἐξ αὐτῶν
53 [3] ἐξελθόντες ἐκ τ. μνημείων . . . εἰσῆλθον
28 2 [3] ἄγγελος γὰρ κυρίου καταβὰς ἐξ οὐρανοῦ
Mk **1** 10 [3] κ. εὐθὺς ἀναβαίνων ἐκ τ. ὕδατος
11 [3] φωνὴ ἐγένετο ἐκ τ. οὐρανῶν
25 [3] Φιμώθητι κ. ἔξελθε ἐξ αὐτοῦ
26 [3] φωνῆσαν φωνῇ μεγάλῃ ἐξῆλθεν ἐξ αὐτοῦ
29 [3] εὐθὺς ἐκ τ. συναγωγῆς ἐξελθόντες
5 2 [3] ἐξελθόντος αὐτοῦ ἐκ τ. πλοίου
[3] ὑπήντησεν αὐτῷ ἐκ τ. μνημείων ἄνθρωπος
8 [3] Ἔξελθε τὸ πνεῦμα τὸ ἀκάθαρτον ἐκ τ. ἀνθρώπου
30 [3] ἐπιγνοὺς ἐν ἑαυτῷ τὴν ἐξ αὐτοῦ δύναμιν ἐξελθοῦσαν
6 14 [8] Ἰωάννης ὁ βαπτίζων ἐγήγερται ἐκ νεκρῶν
51 [11] κ. λίαν [ἐκ περισσοῦ] ἐν ἑαυτοῖς ἐξίσταντο—WH – [ ]
54 [3] ἐξελθόντων αὐτῶν ἐκ τ. πλοίου
7 11 [2] Κορβᾶν . . . ὃ ἐὰν ἐξ ἐμοῦ ὠφεληθῇς
15 [3] τὰ ἐκ τ. ἀνθρώπου ἐκπορευόμενα
20 [3] Τὸ ἐκ τ. ἀνθρώπου ἐκπορευόμενον
21 [7] ἔσωθεν γὰρ ἐκ τ. καρδίας τ. ἀνθρώπων
26 [3] ἵνα τὸ δαιμόνιον ἐκβάλῃ ἐκ τ. θυγατρὸς αὐτῆς
29 [3] ἐξελήλυθεν ἐκ τ. θυγατρός σου τὸ δαιμόνιον
31 [3] πάλιν ἐξελθὼν ἐκ τ. ὁρίων Τύρου
9 7 [3] ἐγένετο φωνὴ ἐκ τ. νεφέλης
9 [3] καταβαινόντων αὐτῶν ἐκ τ. ὄρους—WH. mg. ἀπό
[8] ὅταν ὁ υἱὸς τ. ἀνθρώπου ἐκ νεκρῶν ἀναστῇ
10 [8] τί ἐστιν τὸ ἐκ νεκρῶν ἀναστῆναι
17 [5] ἀπεκρίθη αὐτῷ εἷς ἐκ τ. ὄχλου
21 [12] ὁ δὲ εἶπεν Ἐκ παιδιόθεν
25 [3] ἔξελθε ἐξ αὐτοῦ κ. μηκέτι εἰσέλθῃς
10 20 [12] ταῦτα πάντα ἐφυλαξάμην ἐκ νεότητός μου
37 [3,3] εἷς σου ἐκ δεξιῶν κ. εἷς σου ἐξ ἀριστερῶν
40 [3,3] τὸ δὲ καθίσαι ἐκ δεξιῶν μου ἢ ἐξ εὐωνύμων
11 8 [3] ἄλλοι δὲ στιβάδας κόψαντες ἐκ τ. ἀγρῶν

Mk 11 14 [4] ἐκ σοῦ μηδεὶς καρπὸν φάγοι
20 [3] εἶδον τ. συκῆν ἐξηραμμένην ἐκ ῥιζῶν
30 [7, 2] ἐξ οὐρανοῦ ἦν ἢ ἐξ ἀνθρώπων;
31 [7] Ἐὰν εἴπωμεν Ἐξ οὐρανοῦ
32 [2] ἀλλὰ εἴπωμεν Ἐξ ἀνθρώπων; —
12 25 [8] ὅταν γὰρ ἐκ νεκρῶν ἀναστῶσιν
30 [6(4)] ἐξ ὅλης τ. καρδίας σου κ. ἐξ ὅλης τ. ψυχῆς σου κ. ἐξ ὅλης τ. διανοίας σου κ. ἐξ ὅλης τ. ἰσχύος σου
בְּכָל־לְבָבְךָ וּבְכָל־נַפְשְׁךָ וּבְכָל מְאֹדֶךָ, Deut. vi. 5
33 [6(3)] τὸ ἀγαπᾶν αὐτὸν ἐξ ὅλης τ. καρδίας κ. ἐξ ὅλης τ. συνέσεως κ. ἐξ ὅλης τ. ἰσχύος, Deut. l.c.
36 [3] Κάθου ἐκ δεξιῶν μου, Ps. l.c.
44 [5(2)] πάντες γὰρ ἐκ τ. περισσεύοντος αὐτοῖς ἔβαλον, αὕτη δὲ ἐκ τ. ὑστερήσεως αὐτῆς
13 1 [5] λέγει αὐτῷ εἷς [ἐκ] τ. μαθητῶν αὐτοῦ—WH—[ἐκ]
15 [3] μηδὲ εἰσελθάτω ἆραί τι ἐκ τ. οἰκίας αὐτοῦ
25 [3] οἱ ἀστέρες ἔσονται ἐκ τ. οὐρανοῦ πίπτοντες
27 [3] ἐπισυνάξει τ. ἐκλεκτοὺς [αὐτοῦ] ἐκ τ. τεσσάρων ἀνέμων
14 18 [5] εἷς ἐξ ὑμῶν παραδώσει με
20 [5] Εἷς [ἐκ] τ. δώδεκα—WH—[ἐκ]
23 [3] ἔπιον ἐξ αὐτοῦ πάντες
25 [5] οὐ μὴ πίω ἐκ τ. γενήματος τ. ἀμπέλου
62 [3] ἐκ δεξιῶν καθήμενον τ. δυνάμεως, Ps. l.c.
69 [3] Οὗτος ἐξ αὐτῶν ἐστιν
70 [5] Ἀληθῶς ἐξ αὐτῶν εἶ
72 [10] εὐθὺς ἐκ δευτέρου ἀλέκτωρ ἐφώνησεν
15 27 [3] ἕνα ἐκ δεξιῶν κ. ἕνα ἐξ εὐωνύμων
39 [11] ὁ κεντυρίων ὁ παρεστηκὼς ἐξ ἐναντίας αὐτοῦ
46 [3] ὃ ἦν λελατομημένον ἐκ πέτρας
16 3 [3] τίς ἀποκυλίσει ἡμῖν τ. λίθον ἐκ τ. θύρας
[12 [5] δυσὶν ἐξ αὐτῶν περιπατοῦσιν ἐφανερώθη
[14 [8] τ. θεασαμένοις αὐτὸν ἐγηγερμένον ἐκ νεκρῶν—UBS, WH—ἐκ νεκρῶν
[19 [3] ἐκάθισεν ἐκ δεξιῶν τ. θεοῦ
Lu 1 5 [1] Ζαχαρίας ἐξ ἐφημερίας Ἀβιά
[1] γυνὴ αὐτῷ ἐκ τ. θυγατέρων Ἀαρών
11 [3] ἑστὼς ἐκ δεξιῶν τ. θυσιαστηρίου
15 [7] ἔτι ἐκ κοιλίας μητρὸς αὐτοῦ
27 [1] Ἰωσὴφ ἐξ οἴκου Δαυίδ
61 [5] Οὐδείς ἐστιν ἐκ τ. συγγενείας σου
71 [13, 13] σωτηρίαν ἐξ ἐχθρῶν ἡμῶν κ. ἐκ χειρὸς πάντων τ. μισούντων ἡμᾶς
74 [13] ἐκ χειρὸς ἐχθρῶν ῥυσθέντας λατρεύειν αὐτῷ
78 [3] ἐν οἷς ἐπισκέψεται ἡμᾶς ἀνατολὴ ἐξ ὕψους
2 4 [3] ἀπὸ τ. Γαλιλαίας ἐκ πόλεως Ναζαρέθ
[1] διὰ τὸ εἶναι αὐτὸν ἐξ οἴκου . . . Δαυίδ
35 [7] ὅπως ἂν ἀποκαλυφθῶσιν ἐκ πολλῶν καρδιῶν διαλογισμοί
36 [1] Ἄννα προφῆτις . . . ἐκ φυλῆς Ἀσήρ
3 8 [4] δύναται ὁ θεὸς ἐκ τ. λίθων τούτων ἐγεῖραι τέκνα
22 [3] κ. φωνὴν ἐξ οὐρανοῦ γενέσθαι
4 22 [3] ἐπὶ τ. λόγοις τ. χάριτος τ. ἐκπορευομένοις ἐκ τ. στόματος
5 3 [3] ἐκ τ. πλοίου ἐδίδασκεν τ. ὄχλους

Lu 5 17 [3] οἳ ἦσαν ἐληλυθότες ἐκ πάσης κώμης
6 42 [3] ἔκβαλε πρῶτον τ. δοκὸν ἐκ τ. ὀφθαλμοῦ σου
44 [6] δένδρον ἐκ τ. ἰδίου καρποῦ γινώσκεται
[4, 4] οὐ γὰρ ἐξ ἀκανθῶν συλλέγουσιν σῦκα, οὐδὲ ἐκ βάτου σταφυλὴν τρυγῶσιν
45 [7] ἐκ τ. ἀγαθοῦ θησαυροῦ τ. καρδίας προφέρει τὸ ἀγαθόν
[7] ὁ πονηρὸς ἐκ τ. πονηροῦ προφέρει τὸ πονηρόν
[7] ἐκ γὰρ περισσεύματος καρδίας λαλεῖ τὸ στόμα
8 3 [5/6] αἵτινες διηκόνουν αὐτοῖς ἐκ τ. ὑπαρχόντων αὐταῖς
27 [3] ὑπήντησεν ἀνήρ τις ἐκ τ. πόλεως
9 7 [8] ὅτι Ἰωάννης ἠγέρθη ἐκ νεκρῶν
35 [3] φωνὴ ἐγένετο ἐκ τ. νεφέλης
10 7 [3] μὴ μεταβαίνετε ἐξ οἰκίας εἰς οἰκίαν
11 [3] τ. κονιορτὸν τ. κολληθέντα ἡμῖν ἐκ τ. πόλεως ὑμῶν
18 [3] ὡς ἀστραπὴν ἐκ τ. οὐρανοῦ πεσόντα
27 [6] Ἀγαπήσεις κύριον τ. θεόν σου ἐξ ὅλης [τ.] καρδίας, Deut. l.c.
11 5 [5] Τίς ἐξ ὑμῶν ἕξει φίλον
6 [3] φίλος μου παρεγένετο ἐξ ὁδοῦ
11 [5] τίνα δὲ ἐξ ὑμῶν αἰτήσει τ. πατέρα ὁ υἱός
13 [7] ὁ πατὴρ [ὁ] ἐξ οὐρανοῦ δώσει
15 [5] τινὲς δὲ ἐξ αὐτῶν εἶπαν
16 [3] σημεῖον ἐξ οὐρανοῦ ἐζήτουν
27 [5] γυνὴ ἐκ τ. ὄχλου εἶπεν αὐτῷ
31 [3] ἦλθεν ἐκ τ. περάτων τ. γῆς
49 [5] ἐξ αὐτῶν ἀποκτενοῦσιν κ. διώξουσιν
54 [3] θηρεῦσαί τι ἐκ τ. στόματος αὐτοῦ
12 6 [5] ἓν ἐξ αὐτῶν οὐκ ἔστιν ἐπιλελησμένον
13 [5] Εἶπεν δέ τις ἐκ τ. ὄχλου αὐτῷ
15 [4] οὐκ . . . ἡ ζωὴ αὐτοῦ ἐστιν ἐκ τ. ὑπαρχόντων αὐτῷ
25 [5] τίς δὲ ἐξ ὑμῶν μεριμνῶν δύναται
36 [3] πότε ἀναλύσῃ ἐκ τ. γάμων
14 28 [5] τίς γὰρ ἐξ ὑμῶν θέλων πύργον οἰκοδομῆσαι
33 [5] πᾶς ἐξ ὑμῶν ὃς οὐκ ἀποτάσσεται πᾶσιν
15 4 [5, 5] Τίς ἄνθρωπος ἐξ ὑμῶν ἔχων ἑκατὸν πρόβατα κ. ἀπολέσας ἐξ αὐτῶν ἓν
16 [5/6] ἐπεθύμει χορτασθῆναι ἐκ τ. κερατίων
16 4 [7] ὅταν μετασταθῶ ἐκ τ. οἰκονομίας
9 [6] ποιήσατε φίλους ἐκ τ. μαμωνᾶ τ. ἀδικίας
31 [8] ἐάν τις ἐκ νεκρῶν ἀναστῇ
17 7 [5] Τίς δὲ ἐξ ὑμῶν δοῦλον ἔχων
[3] ὃς εἰσελθόντι ἐκ τ. ἀγροῦ ἐρεῖ αὐτῷ
15 [5] εἷς δὲ ἐξ αὐτῶν, ἰδὼν ὅτι ἰάθη
24 [3] ἐκ τῆς ὑπὸ τ. οὐρανὸν εἰς τὴν ὑπ' οὐρανὸν λάμπει
18 21 [12] Ταῦτα πάντα ἐφύλαξα ἐκ νεότητος
19 22 [6/7] Ἐκ τ. στόματός σου κρίνω σε
20 4 [7, 2] Τὸ βάπτισμα Ἰωάννου ἐξ οὐρανοῦ ἦν ἢ ἐξ ἀνθρώπων;
5 [7] Ἐὰν εἴπωμεν, Ἐξ οὐρανοῦ
6 [2] ἐὰν δὲ εἴπωμεν, Ἐξ ἀνθρώπων
35 [8] τ. ἀναστάσεως τῆς ἐκ νεκρῶν
42 [3] Κάθου ἐκ δεξιῶν μου, Ps. l.c.
21 4 [5] οὗτοι ἐκ τ. περισσεύοντος αὐτοῖς
[5] αὕτη δὲ ἐκ τ. ὑστερήματος αὐτῆς

Lu **21** 16 [5] κ. θανατώσουσιν ἐξ ὑμῶν
18 [5] θρὶξ ἐκ τ. κεφαλῆς ὑμῶν οὐ μὴ ἀπόληται
22 3 [5] ὄντα ἐκ τ. ἀριθμοῦ τῶν δώδεκα
23 [5] τὸ τίς ἄρα εἴη ἐξ αὐτῶν ὁ τοῦτο μέλλων πράσσειν
50 [5] ἐπάταξεν εἷς τις ἐξ αὐτῶν . . . τ. δοῦλον
58 [5] Καὶ σὺ ἐξ αὐτῶν εἶ
69 [3] καθήμενος ἐκ δεξιῶν τ. δυνάμεως τ. θεοῦ, Ps. l.c.
23 7 [5] ἐπιγνοὺς ὅτι ἐκ τ. ἐξουσίας Ἡρῴδου ἐστίν
8 [12] ἐξ ἱκανῶν χρόνων θέλων ἰδεῖν αὐτόν
33 [3,3] ὃν μὲν ἐκ δεξιῶν ὃν δὲ ἐξ ἀριστερῶν
55 [3] αἵτινες ἦσαν συνεληλυθυῖαι ἐκ τ. Γαλιλαίας αὐτῷ
24 13 [5] δύο ἐξ αὐτῶν . . . ἦσαν πορευόμενοι
22 [5] γυναῖκές τινες ἐξ ἡμῶν ἐξέστησαν ἡμᾶς
46 [8] ἀναστῆναι ἐκ νεκρῶν τ. τρίτῃ ἡμέρᾳ
49 [3] ἕως οὗ ἐνδύσησθε ἐξ ὕψους δύναμιν
Jo **1** 13 [4, 6, 2, 2] οἳ οὐκ ἐξ αἱμάτων οὐδὲ ἐκ θελήματος σαρκὸς οὐδὲ ἐκ θελήματος ἀνδρὸς ἀλλ' ἐκ θεοῦ ἐγεννήθησαν
16 [5] ἐκ τ. πληρώματος αὐτοῦ ἡμεῖς πάντες ἐλάβομεν
19 [3] ὅτε ἀπέστειλαν . . . οἱ Ἰουδαῖοι ἐξ Ἱεροσολύμων ἱερεῖς
24 [2/5] ἀπεσταλμένοι ἦσαν ἐκ τ. Φαρισαίων
32 [3] τὸ πνεῦμα καταβαῖνον ὡς περιστερὰν ἐξ οὐρανοῦ
35 [5] ἐκ τ. μαθητῶν αὐτοῦ δύο
40 [5] εἷς ἐκ τ. δύο τ. ἀκουσάντων
44 [3] ἦν δὲ ὁ Φίλιππος . . . ἐκ τ. πόλεως Ἀνδρέου
46 [3] Ἐκ Ναζαρὲτ δύναταί τι ἀγαθὸν εἶναι;
2 15 [4, 3] ποιήσας φραγγέλιον ἐκ σχονίων πάντας ἐξέβαλεν ἐκ τ. ἱεροῦ
22 [8] ὅτε οὖν ἠγέρθη ἐκ νεκρῶν
3 1 [5] Ἦν δὲ ἄνθρωπος ἐκ τ. Φαρισαίων
5 [6/2] ἐὰν μή τις γεννηθῇ ἐξ ὕδατος κ. πνεύματος
6 [6] τὸ γεγεννημένον ἐκ τ. σαρκὸς σάρξ ἐστιν
[2] τὸ γεγεννημένον ἐκ τ. πνεύματος πνεῦμά ἐστιν
8 [2] πᾶς ὁ γεγεννημένος ἐκ τ. πνεύματος
13 [3] εἰ μὴ ὁ ἐκ τ. οὐρανοῦ καταβάς
25 [5] ζήτησις ἐκ τ. μαθητῶν Ἰωάννου μετὰ Ἰουδαίου
27 [7] ἐὰν μὴ ᾖ δεδομένον αὐτῷ ἐκ τ. οὐρανοῦ
31 [4] ὁ ὢν ἐκ τ. γῆς ἐκ τ. γῆς ἐστιν κ. ἐκ τ. γῆς λαλεῖ
[7] ὁ ἐκ τ. οὐρανοῦ ἐρχόμενος
34 [6] οὐ γὰρ ἐκ μέτρου δίδωσιν τὸ πνεῦμα
4 6 [6] κεκοπιακὼς ἐκ τ. ὁδοιπορίας
7 [3] Ἔρχεται γυνὴ ἐκ τ. Σαμαρείας
12 [4] κ. αὐτὸς ἐξ αὐτοῦ ἔπιεν
13 [5] Πᾶς ὁ πίνων ἐκ τ. ὕδατος τούτου
14 [4] ὃς δ' ἂν πίῃ ἐκ τ. ὕδατος οὗ ἐγὼ δώσω
22 [13] ἡ σωτηρία ἐκ τ. Ἰουδαίων ἐστίν
30 [3] ἐξῆλθον ἐκ τ. πόλεως κ. ἤρχοντο πρὸς αὐτόν
39 [4] Ἐκ δὲ τ. πόλεως ἐκείνης πολλοὶ ἐπίστευσαν
47 [3] ἀκούσας ὅτι Ἰησοῦς ἥκει ἐκ τ. Ἰουδαίας

Jo **4** 54 [3] ἐλθὼν ἐκ τ. Ἰουδαίας εἰς τ. Γαλιλαίαν
5 24 [7] μεταβέβηκεν ἐκ τ. θανάτου εἰς τ. ζωήν
6 8 [5] εἷς ἐκ τ. μαθητῶν αὐτοῦ, Ἀνδρέας
11 [5] ἐκ τ. ὀψαρίων ὅσον ἤθελον
13 [6] ἐγέμισαν δώδεκα κοφίνους κλασμάτων ἐκ τ. πέντε ἄρτων
23 [3] ἦλθεν πλοῖα ἐκ Τιβεριάδος
26 [5] ἐφάγετε ἐκ τ. ἄρτων κ. ἐχορτάσθητε
31 [3] Ἄρτον ἐκ τ. οὐρανοῦ ἔδωκεν αὐτοῖς וּדְגַן־שָׁמַיִם נָתַן לָמוֹ, Ps. lxxviii. 24
32 [3] τ. ἄρτον ἐκ τ. οὐρανοῦ
[3] τ. ἄρτον ἐκ τ. οὐρανοῦ τ. ἀληθινόν
33 [3] ὁ καταβαίνων ἐκ τ. οὐρανοῦ κ. ζωὴν διδούς
39 [5] ἵνα πᾶν ὃ δέδωκέν μοι μὴ ἀπολέσω ἐξ αὐτοῦ
41 [3] ὁ ἄρτος ὁ καταβὰς ἐκ τ. οὐρανοῦ
42 [3] Ἐκ τ. οὐρανοῦ καταβέβηκα
50 [3] ὁ ἄρτος ὁ ἐκ τ. οὐρανοῦ καταβαίνων
[5] ἵνα τις ἐξ αὐτοῦ φάγῃ
51 [3] ὁ ἄρτος ὁ ζῶν ὁ ἐκ τ. οὐρανοῦ καταβάς
[5] ἐάν τις φάγῃ ἐκ τούτου τ. ἄρτου ζήσει
58 [3] οὗτός ἐστιν ὁ ἄρτος ὁ ἐκ τ. οὐρανοῦ καταβάς
60 [5] Πολλοὶ οὖν ἀκούσαντες ἐκ τ. μαθητῶν αὐτοῦ εἶπαν
64 [5] εἰσὶν ἐξ ὑμῶν τινες οἳ οὐ πιστεύουσιν
[12] ᾔδει γὰρ ἐξ ἀρχῆς ὁ Ἰησοῦς τίνες εἰσίν
65 [2] ἐὰν μὴ ᾖ δεδομένον αὐτῷ ἐκ τ. πατρός
66 [12, 5] Ἐκ τούτου [οὖν] πολλοὶ ἐκ τ. μαθητῶν αὐτοῦ
70 [5] ἐξ ὑμῶν εἷς διάβολός ἐστιν
71 [5] εἷς ὢν ἐκ τ. δώδεκα
7 17 [4] πότερον ἐκ τ. θεοῦ ἐστιν
19 [5] οὐδεὶς ἐξ ὑμῶν ποιεῖ τ. νόμον
22 [2/4] οὐχ ὅτι ἐκ τ. Μωϋσέως ἐστὶν ἀλλ' ἐκ τ. πατέρων
25 [5] Ἔλεγον οὖν τινες ἐκ τ. Ἱεροσολυμιτῶν
31 [5] Ἐκ τ. ὄχλου δὲ πολλοὶ ἐπίστευσαν
38 [7] ποταμοὶ ἐκ τ. κοιλίας αὐτοῦ ῥεύσουσιν
40 [5] Ἐκ τ. ὄχλου οὖν ἀκούσαντες τ. λόγων τούτων ἔλεγον
41 [3] Μὴ γὰρ ἐκ τ. Γαλιλαίας ὁ Χριστὸς ἔρχεται;
42 [1] ἐκ τ. σπέρματος Δαυίδ
44 τινὲς δὲ ἤθελον ἐξ αὐτῶν πιάσαι αὐτόν
48 [5, 5] μή τις ἐκ τ. ἀρχόντων ἐπίστευσεν εἰς αὐτὸν ἢ ἐκ τ. Φαρισαίων;
50 [5] εἷς ὢν ἐξ αὐτῶν
52 [3] Μὴ κ. σὺ ἐκ τ. Γαλιλαίας εἶ;
[3] προφήτης ἐκ τ. Γαλιλαίας οὐκ ἐγείρεται
8 23 [4, 4] Ὑμεῖς ἐκ τῶν κάτω ἐστέ, ἐγὼ ἐκ τῶν ἄνω εἰμί
[4, 4] ὑμεῖς ἐκ τούτου τ. κόσμου ἐστέ, ἐγὼ οὐκ εἰμὶ ἐκ τ. κόσμου τούτου
41 [4/6] Ἡμεῖς ἐκ πορνείας οὐ γεγεννήμεθα
42 [4] ἐγὼ γὰρ ἐκ τ. θεοῦ ἐξῆλθον
44 [1] ὑμεῖς ἐκ τ. πατρος τ. διαβόλου ἐστέ
[5] ἐκ τ. ἰδίων λαλεῖ
46 [5] τίς ἐξ ὑμῶν ἐλέγχει με
47 [1/4] ὁ ὢν ἐκ τ. θεοῦ τὰ ῥήματα τ. θεοῦ ἀκούει
[1/4] ἐκ τ. θεοῦ οὐκ ἐστέ
59 [3] Ἰησοῦς . . . ἐξῆλθεν ἐκ τ. ἱεροῦ

Jo 9 1 [12] ἄνθρωπον τυφλὸν ἐκ γενετῆς
6 [4] ἐποίησεν πηλὸν ἐκ τ. πτύσματος
16 [5] ἔλεγον οὖν ἐκ τ. Φαρισαίων τινές
24 [10] Ἐφώνησαν οὖν τ. ἄνθρωπον ἐκ δευτέρου
32 [12] ἐκ τ. αἰῶνος οὐκ ἠκούσθη
40 [5] Ἤκουσαν ἐκ τ. Φαρισαίων ταῦτα
10 16 [4] ἃ οὐκ ἔστιν ἐκ τ. αὐλῆς ταύτης
20 [5] ἔλεγον δὲ πολλοὶ ἐξ αὐτῶν
26 [4/5] οὐκ ἐστὲ ἐκ τ. προβάτων τ. ἐμῶν
28 [7] οὐχ ἁρπάσει τις αὐτὰ ἐκ τ. χειρός μου
29 [7] οὐδεὶς δύναται ἁρπάζειν ἐκ τ. χειρὸς τ. πατρός
32 [4] Πολλὰ ἔργα καλὰ ἔδειξα ὑπῖν ἐκ τ. πατρός
39 [3] ἐξῆλθεν ἐκ τ. χειρὸς αὐτῶν
11 1 [3] ἐκ τ. κώμης Μαρίας κ. Μάρθας
19 [5] πολλοὶ δὲ ἐκ τ. Ἰουδαίων ἐληλύθεισαν
37 [5] τινὲς δὲ ἐξ αὐτῶν εἶπαν
45 [5] πολλοί οὖν ἐκ τ. Ἰουδαίων
46 [5] τινὲς δὲ ἐξ αὐτῶν ἀπῆλθον
49 [5] εἷς δέ τις ἐξ αὐτῶν Καϊάφας
55 [3] ἀνέβησαν πολλοὶ εἰς Ἱεροσόλυμα ἐκ τ. χώρας
12 1 [8] ὃν ἤγειρεν ἐκ νεκρῶν
2 [5] Λάζαρος εἷς ἦν ἐκ τ. ἀνακειμένων
3 [6] ἡ δὲ οἰκία ἐπληρώθη ἐκ τ. ὀσμῆς
4 [5] Ἰσκαριώτης εἷς ἐκ τ. μαθητῶν—UBS, WH—ἐκ
9 [5] Ἔγνω οὖν [ὁ] ὄχλος πολὺς ἐκ τ. Ἰουδαίων
[8] ὃν ἤγειρεν ἐκ νεκρῶν
17 [3, 8] ὅτε τ. Λάζαρον ἐφώνησεν ἐκ τ. μνημείου κ. ἤγειρεν αὐτὸν ἐκ νεκρῶν
20 [5] Ἕλληνές τινες ἐκ τ. ἀναβαινόντων
27 [13] Πάτερ, σῶσόν με ἐκ τ. ὥρας ταύτης
28 [3] ἦλθεν οὖν φωνὴ ἐκ τ. οὐρανοῦ
32 [3] ἐὰν ὑψωθῶ ἐκ τ. γῆς
34 [4] Ἡμεῖς ἠκούσαμεν ἐκ τ. νόμου
42 [5] ἐκ τ. ἀρχόντων πολλοὶ ἐπίστευσαν
49 [14] ἐγὼ ἐξ ἐμαυτοῦ οὐκ ἐλάλησα
13 1 [3] ἵνα μεταβῇ ἐκ τ. κόσμου τούτου
4 [3] ἐγείρεται ἐκ τ. δείπνου κ. τίθησιν τὰ ἱμάτια
21 [5] εἷς ἐξ ὑμῶν παραδώσει με
23 [5] ἦν ἀνακείμενος εἷς ἐκ τ. μαθητῶν
15 19 [4, 4, 4] εἰ ἐκ τ. κόσμου ἦτε . . . ἐκ τ. κόσμου οὐκ ἐστέ, ἀλλ' ἐγὼ ἐξελεξάμην ὑμᾶς ἐκ τ. κόσμου
16 4 [12] Ταῦτα δὲ ὑμῖν ἐξ ἀρχῆς οὐκ εἶπον
5 [5] οὐδεὶς ἐξ ὑμῶν ἐρωτᾷ με
14 [4/5] ἐκ τ. ἐμοῦ λήμψεται κ. ἀναγγελεῖ ὑμῖν
15 [4/5] ὅτι ἐκ τ. ἐμοῦ λαμβάνει κ. ἀναγγελεῖ ὑμῖν
17 [5] εἶπαν οὖν ἐκ τ. μαθητῶν αὐτοῦ
28 [3] ἐξῆλθον παρὰ τ. πατρός, WH ἐκ
17 6 [7] τ. ἀνθρώποις οὓς ἔδωκάς μοι ἐκ τ. κόσμου
12 [5] οὐδεὶς ἐξ αὐτῶν ἀπώλετο
14 [4, 4] οὐκ εἰσὶν ἐκ τ. κόσμου καθὼς ἐγὼ οὐκ εἰμὶ ἐκ τ. κόσμου
15 [7, 13] οὐ ἐρωτῶ ἵνα ἄρῃς αὐτοὺς ἐκ τ. κόσμου ἀλλ' ἵνα τηρήσῃς αὐτοὺς ἐκ τ. πονηροῦ
16 [4, 4] ἐκ τ. κόσμου οὐκ εἰσὶν καθὼς ἐγὼ οὐκ εἰμὶ ἐκ τ. κόσμου

Jo **18** 3 [4] ἐκ τ. ἀρχιερέων καὶ [ἐκ] τ. Φαρισίων ὑπηρέτας
9 [5] οὐκ ἀπώλεσα ἐξ αὐτῶν οὐδένα
17 [5] Μὴ κ. σὺ ἐκ τ. μαθητῶν εἶ . . .;
25 [5] Μὴ κ. σὺ ἐκ τ. μαθητῶν αὐτοῦ εἶ;
26 [5] λέγει εἷς ἐκ τ. δούλων τ. ἀρχιερέως
36 [4] Ἡ βασιλεία ἡ ἐμὴ οὐκ ἔστιν ἐκ τ. κόσμου
[4] εἰ ἐκ τ. κόσμου τούτου ἦν ἡ βασιλεία
37 [4] πᾶς ὁ ὢν ἐκ τ. ἀληθείας ἀκούει
19 2 [4] πλέξαντες στέφανον ἐξ ἀκανθῶν
12 [6/12] ἐκ τούτου ὁ Πιλᾶτος ἐζήτει ἀπολῦσαι αὐτόν
23 [3] ἐκ τῶν ἄνωθεν ὑφαντὸς δι' ὅλου
20 1 [3] βλέπει τ. λίθον ἠρμένον ἐκ τ. μνημείου
2 [3] Ἦραν τ. κύριον ἐκ τ. μνημείου
9 [8] δεῖ αὐτὸν ἐκ νεκρῶν ἀναστῆναι
24 [5] Θωμᾶς δὲ εἷς ἐκ τῶν δώδεκα
21 2 [5] ἄλλοι ἐκ τ. μαθητῶν δύο
14 [8] ἐφανερώθη Ἰησοῦς τ. μαθηταῖς ἐγερθεὶς ἐκ νεκρῶν
Ac **1** 18 [6/9] ἐκτήσατο χωρίον ἐκ μισθοῦ τ. ἀδικίας
24 [5] ἀνάδειξον ὃν ἐξελέξω ἐκ τούτων τῶν δύο
2 2 [3] ἐγένετο ἄφνω ἐκ τ. οὐρανοῦ ἦχος
25 [3] ὅτι ἐκ δεξιῶν μού ἐστιν
כִּי מִימִינִי, Ps. xvi. 8
30 [1] ἐκ καρποῦ τ. ὀσφύος αὐτοῦ καθίσαι ἐπὶ τ. θρόνον
מִפְּרִי בִטְנְךָ אָשִׁית לְכִסֵּא־לָךְ, Ps. cxxxii. 11
34 [3] Κάθου ἐκ δεξιῶν μου, Ps. cx. l.c.
3 2 [12] ἀνὴρ χωλὸς ἐκ κοιλίας μητρός
15 [8] ὃν ὁ θεὸς ἤγειρεν ἐκ νεκρῶν
22 [5] Προφήτην ὑμῖν ἀναστήσει . . . ἐκ τ. ἀδελφῶν ὑμῶν
נָבִיא מִקִּרְבְּךָ מֵאַחֶיךָ כָּמֹנִי יָקִים לְךָ, Deut. xviii. 15
23 [5] ἐξολεθρευθήσεται ἐκ τ. λαοῦ
וְנִכְרְתָה מֵעַמֶּיהָ, Lev. xxiii. 29
4 2 [8] τ. ἀνάστασιν τὴν ἐκ νεκρῶν
6 [5] ὅσοι ἦσαν ἐκ γένους ἀρχιερατικοῦ
10 [8] ὃν ὁ θεὸς ἤγειρεν ἐκ νεκρῶν
5 38 [2] ἐὰν ᾖ ἐξ ἀνθρώπων ἡ βουλὴ αὕτη
39 [2] εἰ δὲ ἐκ θεοῦ ἐστιν
6 3 [5] ἄνδρας ἐξ ὑμῶν μαρτυρουμένους ἑπτά
9 [3] ἀνέστησαν δέ τινες τῶν ἐκ τ. συναγωγῆς
7 3 [3, 3] Ἔξελθε ἐκ τ. γῆς σου κ. ἐκ τ. συγγενείας σου—ἐκ 2° WH mg. only
לֶךְ־לְךָ מֵאַרְצְךָ וּמִמּוֹלַדְתְּךָ, Gen. xii. 1
4 [3] τότε ἐξελθὼν ἐκ γῆς Χαλδαίων
10 [13] ἐξείλατο αὐτὸν ἐκ πασῶν τ. θλίψεων αὐτοῦ
37 [5] Προφήτην ὑμῖν ἀναστήσει ὁ θεὸς ἐκ τ. ἀδελφῶν ὑμῶν, Deut. l.c.
40 [3/13] ὃς ἐξήγαγεν ἡμᾶς ἐκ γῆς Αἰγύπτου
אֲשֶׁר הֶעֱלָנוּ מֵאֶרֶץ מִצְרָיִם, Ex. xxxii. 1, 23
55 [3] κ. Ἰησοῦν ἑστῶτα ἐκ δεξιῶν τ. θεοῦ
56 [3] κ. τ. υἱὸν τ. ἀνθρώπου ἐκ δεξιῶν ἑστῶτα τ. θεοῦ
8[37 [6] εἰ πιστεύεις ἐξ ὅλης τ. καρδίας—UBS, WH
39 [3] ὅτε δὲ ἀνέβησαν ἐκ τ. ὕδατος
9 3 [5] αὐτὸν περιήστραψεν φῶς ἐκ τ. οὐρανοῦ

Ac 9 33 [12] ἐξ ἐτῶν ὀκτὼ κατακείμενον ἐπὶ κραβάττου
10 1 [5] ἑκατοντάρχης ἐκ σπείρης τ. καλουμένης Ἰταλικῆς
15 [10] κ. φωνὴ πάλιν ἐκ δευτέρου πρὸς αὐτόν
41 [8] μετὰ τὸ ἀναστῆναι αὐτὸν ἐκ νεκρῶν
45 [4] ἐξέστησαν οἱ ἐκ περιτομῆς πιστοί
11 2 [4] διεκρίνοντο πρὸς αὐτὸν οἱ ἐκ περιτομῆς
5 [3] ὡς ὀθόνην . . . καθιεμένην ἐκ τ. οὐρανοῦ
9 [10, 3] ἀπεκρίθη δὲ φωνὴ ἐκ δευτέρου ἐκ τ. οὐρανοῦ
20 [5] ἦσαν δέ τινες ἐξ αὐτῶν ἄνδρες Κύπριοι
28 [5] εἷς ἐξ αὐτῶν ὀνόματι Ἅγαβος
12 7 [3] ἐξέπεσαν αὐτοῦ αἱ ἁλύσεις ἐκ τ. χειρῶν
11 [13] ἐξείλατό με ἐκ χειρὸς Ἡρῴδου
17 [3] πῶς ὁ κύριος αὐτὸν ἐξήγαγεν ἐκ τ. φυλακῆς
25 [3] Βαρναβᾶς δε κ. Σαῦλος ὑπέστρεψαν εἰς Ἰερουσαλήμ—TR ἐξ
13 17 [13] μετὰ βραχίονος ὑψηλοῦ ἐξήγαγεν αὐτοὺς ἐξ αὐτῆς
21 [1] ἄνδρα ἐκ φυλῆς Βενιαμείν
30 [8] ὁ δὲ θεὸς ἤγειρεν αὐτὸν ἐκ νεκρῶν
34 [8] ὅτι δὲ ἀνέστησεν αὐτὸν ἐκ νεκρῶν
14 8 [12] χωλὸς ἐκ κοιλίας μητρὸς αὐτοῦ
15 2 [5] ἔταξαν ἀναβαίνειν . . . ἄλλους ἐξ αὐτῶν πρὸς τ. ἀποστόλους
14 [13] ὁ θεὸς ἐπεσκέψατο λαβεῖν ἐξ ἐθνῶν λαόν
21 [12] ἐκ γενεῶν ἀρχαίων
22 [5] ἐκλεξαμένους ἄνδρας ἐξ αὐτῶν
23 [5] τοῖς ἐξ ἐθνῶν χαίρειν
24 [5] τινὲς ἐξ ἡμῶν [ἐξελθόντες] ἐτάραξαν ὑμᾶς
29 [13] ἐξ ὧν διατηροῦντες ἑαυτοὺς εὖ πράξετε
17 3 [8] παθεῖν κ. ἀναστῆναι ἐκ νεκρῶν
4 [5] καί τινες ἐξ αὐτῶν ἐπείσθησαν
12 [5] πολλοὶ μὲν οὖν ἐξ αὐτῶν ἐπίστευσαν
26 [4] ἐποίησέν τε ἐξ ἑνὸς πᾶν ἔθνος
31 [8] ἀναστήσας αὐτὸν ἐκ νεκρῶν
33 [3] οὕτως ὁ Παῦλος ἐξῆλθεν ἐκ μέσου αὐτῶν
18 1 [3] Μετὰ ταῦτα χωρισθεὶς ἐκ τ. Ἀθηνῶν
19 16 [3] ὥστε . . . ἐκφυγεῖν ἐκ τ. οἴκου ἐκείνου
25 [4/6] ἐκ ταύτης τ. ἐργασίας ἡ εὐπορία ἡμῖν ἐστιν
33 [5] ἐκ δὲ τ. ὄχλου συνεβίβασαν Ἀλέξανδρον
34 [2] φωνὴ ἐγένετο μία ἐκ πάντων
20 30 [5] κ. ἐξ ὑμῶν αὐτῶν ἀναστήσονται ἄνδρες
21 8 [5] Φιλίππου . . . ὄντος ἐκ τῶν ἑπτά
22 6 [3] Ἐγένετο . . . ἐκ τ. οὐρανοῦ περιαστράψαι φῶς
14 [3] ἀκοῦσαι φωνὴν ἐκ τ. στόματος αὐτοῦ
18 [3] Σπεῦσον κ. ἔξελθε ἐν τάχει ἐξ Ἰερουσαλήμ
23 10 [3] ἁρπάσαι αὐτὸν ἐκ μέσου αὐτῶν
21 [5] ἐνεδρεύουσιν γὰρ αὐτὸν ἐξ αὐτῶν ἄνδρες
30 [2] ἐπιβουλῆς εἰς τ. ἄνδρα ἔσεσθαι ἐξ αὐτῶν —WH ἐξαυτῆς
34 [3] ἐπερωτήσας ἐκ ποίας ἐπαρχείας ἐστίν
24 [7 [3] ἥρπασεν αὐτὸν ἐκ τ. χειρῶν ἡμῶν – UBS, WH
10 [12] Ἐκ πολλῶν ἐτῶν ὄντα σε κριτήν
26 4 [12] Τὴν μὲν οὖν βίωσίν μου ἐκ νεότητος
17 [5, 5] ἐξαιρούμενός σε ἐκ τ. λαοῦ κ. ἐκ τ. ἐθνῶν
23 [6] εἰ πρῶτος ἐξ ἀναστάσεως νεκρῶν

Ac 27 22 [5] ἀποβολὴ γὰρ ψυχῆς οὐδεμία ἔσται ἐξ ὑμῶν
29 [3] ἐκ πρύμνης ῥίψαντες ἀγκύρας τέσσαρας
30 [3] ζητούντων φυγεῖν ἐκ τ. πλοίου
[3] ὡς ἐκ πρῴρης ἀγκύρας μελλόντων ἐκτείνειν
28 4 [3] κρεμάμενον τὸ θηρίον ἐκ τ. χειρὸς αὐτοῦ
[13] ὃν διασωθέντα ἐκ τ. θαλάσσης
17 [3] δέσμιος ἐξ Ἱεροσολύμων παρεδόθην
Ro 1 3 [1] τ. γενομένου ἐκ σπέρματος Δαυὶδ κατὰ σάρκα
4 [6] ἐξ ἀναστάσεως νεκρῶν
17 [4] ἀποκαλύπτεται ἐκ πίστεως εἰς πίστιν
[4/6] Ὁ δὲ δίκαιος ἐκ πίστεως ζήσεται
וְצַדִּיק בֶּאֱמוּנָתוֹ יִחְיֶה, Hab. ii. 4
2 8 [4/6] τοῖς δὲ ἐξ ἐριθείας κ. ἀπειθοῦσι τ. ἀληθείᾳ
18 [6] κατηχούμενος ἐκ τ. νόμου
27 [4] κρινεῖ ἡ ἐκ φύσεως ἀκροβυστία . . . σε
29 [2] οὗ ὁ ἔπαινος οὐκ ἐξ ἀνθρώπων ἀλλ' ἐκ τ. θεοῦ
3 20 [6] ἐξ ἔργων νόμου οὐ δικαιωθήσεται πᾶσα σάρξ
26 [4/6] δικαιοῦντα τὸν ἐκ πίστεως Ἰησοῦ
30 [6] ὃς δικαιώσει περιτομὴν ἐκ πίστεως
4 2 [6] εἰ γὰρ Ἀβραὰμ ἐξ ἔργων ἐδικαιώθη
12 [4/6] τοῖς οὐκ ἐκ περιτομῆς μόνον
14 [4/6] εἰ γὰρ οἱ ἐκ νόμου κληρονόμοι
16 [4/6] διὰ τοῦτο ἐκ πίστεως, ἵνα κατὰ χάριν
[4/6(2)] οὐ τῷ ἐκ τ. νόμου μόνον ἀλλὰ κ. τῷ ἐκ πίστεως Ἀβραάμ
24 [8] ἐπὶ τ. ἐγείραντα Ἰησοῦν . . . ἐκ νεκρῶν
5 1 [4/6] Δικαιωθέντες οὖν ἐκ πίστεως
16 [4/6] τὸ μὲν γὰρ κρίμα ἐξ ἑνὸς εἰς κατάκριμα
[12] τὸ δὲ χάρισμα ἐκ πολλῶν παραπτωμάτων
6 4 [8] ὥσπερ ἠγέρθη Χριστὸς ἐκ νεκρῶν
9 [8] Χριστὸς ἐγερθεὶς ἐκ νεκρῶν οὐκέτι ἀποθνήσκει
13 [8] ὡσεὶ ἐκ νεκρῶν ζῶντας
17 [6] ὑπηκούσατε δὲ ἐκ καρδίας εἰς ὃν παρεδόθητε
7 4 [8] ἑτέρῳ, τῷ ἐκ νεκρῶν ἐγερθέντι
24 [13] τίς με ῥύσεται ἐκ τ. σώματος τ. θανάτου
8 11 [8] τ. ἐγείραντος τ. Ἰησοῦν ἐκ νεκρῶν
[8] ὁ ἐγείρας [τ.] Χριστὸν ἐκ νεκρῶν
34 [8] μᾶλλον δὲ ἐγερθεὶς [ἐκ νεκρῶν] WH.–UBS
9 5 [1] ἐξ ὧν ὁ Χριστὸς τὸ κατὰ σάρκα
6 [1] οὐ γὰρ πάντες οἱ ἐξ Ἰσραήλ, οὗτοι Ἰσραήλ
10 [2] Ῥεβέκκα ἐξ ἑνὸς κοίτην ἔχουσα
12 (11) [6, 2] οὐ γὰρ ἐξ ἔργων ἀλλ' ἐκ τ. καλοῦντος
21 [4] ἐκ τ. αὐτοῦ φυράματος ποιῆσαι
24 [5] οὐ μόνον ἐξ Ἰουδαίων ἀλλὰ κ. ἐξ ἐθνῶν
30 [4/6] δικαιοσύνην δὲ τὴν ἐκ πίστεως
32 [4/6] οὐκ ἐκ πίστεως ἀλλ' ὡς ἐξ ἔργων
10 5 [4/6] τ. δικαιοσύνην τὴν ἐκ τ. νόμου
6 [4/6] ἡ δὲ ἐκ πίστεως δικαιοσύνη οὕτως λέγει
7 [8] Χριστὸν ἐκ νεκρῶν ἀναγαγεῖν
9 [8] ὁ θεὸς αὐτὸν ἤγειρεν ἐκ νεκρῶν
17 [4/6] ἄρα ἡ πίστις ἐξ ἀκοῆς
11 1 [1] Ἰσραηλίτης εἰμί, ἐκ σπέρματος Ἀβραάμ
6 [4/6] εἰ δὲ χάριτι, οὐκέτι ἐξ ἔργων

Ro **11** 14 [13] κ. σώσω τινας ἐξ αὐτῶν
15 [8] τίς ἡ πρόσλημψις εἰ μὴ ζωὴ ἐκ νεκρῶν;
24 [5] ἐκ τ. κατὰ φύσιν ἐξεκόπης ἀγριελαίου
26 [3] Ἥξει ἐκ Σιὼν ὁ ῥυόμενος
בָּא לְצִיּוֹן גּוֹאֵל, Is. lix. 20
36 [4] ἐξ αὐτοῦ κ. δι' αὐτοῦ κ. εἰς αὐτὸν τὰ πάντα
12 18 [2] εἰ δυνατόν, τὸ ἐξ ὑμῶν . . . εἰρηνεύοντες
13 3 [6] ἕξεις ἔπαινον ἐξ αὐτῆς
11 [15] ὥρα ἤδη ὑμᾶς ἐξ ὕπνου ἐγερθῆναι
14 23 [4] οὐκ ἐκ πίστεως· πᾶν δὲ ὃ οὐκ ἐκ πίστεως ἁμαρτία ἐστίν
16 10 [5] ἀσπάσασθε τοὺς ἐκ τῶν Ἀριστοβούλου
11 [5] ἀσπάσασθε τοὺς ἐκ τῶν Ναρκίσσου
I Co **1** 30 [2/4] ἐξ αὐτοῦ δὲ ὑμεῖς ἐστε
2 12 [4] τὸ πνεῦμα τὸ ἐκ τ. θεοῦ
5 2 [3] ἵνα ἀρθῇ ἐκ μέσου ὑμῶν
10 [3/7] ἐπεὶ ὠφείλετε ἄρα ἐκ τ. κόσμου ἐξελθεῖν
13 [3] ἐξάρατε τ. πονηρὸν ἐξ ὑμῶν αὐτῶν
בִּעַרְתָּ הָרָע מִקִּרְבֶּךָ, Dt. xxiv. 7
7 5 [12] εἰ μήτι ἂν ἐκ συμφώνου πρὸς καιρόν
7 [4] ἕκαστος ἴδιον ἔχει χάρισμα ἐκ θεοῦ
8 6 [4] εἷς θεὸς ὁ πατήρ, ἐξ οὗ τὰ πάντα
9 7 [5] κ. ἐκ τ. γάλακτος τ. ποίμνης οὐκ ἐσθίει;
13 [3] οἱ τὰ ἱερὰ ἐργαζόμενοι [τὰ] ἐκ τ. ἱεροῦ ἐσθίουσιν
14 [6] τοῖς τὸ εὐαγγέλιον καταγγέλλουσιν ἐκ τ. εὐαγγελίου ζῆν
19 [15] Ἐλεύθερος γὰρ ὢν ἐκ πάντων
10 4 [4] ἔπινον γὰρ ἐκ πνευματικῆς ἀκολουθούσης πέτρας
17 [5] οἱ γὰρ πάντες ἐκ τ. ἑνὸς ἄρτου μετέχομεν
11 8 [4] οὐ γάρ ἐστιν ἀνὴρ ἐκ γυναικός, ἀλλὰ γυνὴ ἐξ ἀνδρός
12 [4] ὥσπερ γὰρ ἡ γυνὴ ἐκ τ. ἀνδρός
[4] τὰ δὲ πάντα ἐκ τ. θεοῦ
28 [5] οὕτως ἐκ τ. ἄρτου ἐσθιέτω κ. ἐκ τ. ποτηρίου πινέτω
12 15 [5, 5] Ὅτι οὐκ εἰμὶ χείρ, οὐκ εἰμὶ ἐκ τ. σώματος, οὐ παρὰ τοῦτο οὐκ ἔστιν ἐκ τ. σώματος
16 [5, 5] Ὅτι οὐκ εἰμὶ ὀφθαλμός, οὐκ εἰμὶ ἐκ τ. σώματος, οὐ παρὰ τοῦτο οὐκ ἔστιν ἐκ τ. σώματος
27 [11] Ὑμεῖς δὲ ἐστε σῶμα Χριστοῦ κ. μέλη ἐκ μέρους
13 9 [11, 11] ἐκ μέρους γὰρ γινώσκομεν κ. ἐκ μέρους προφητεύομεν
10 [11] τὸ ἐκ μέρους καταργηθήσεται
12 [11] ἄρτι γινώσκω ἐκ μέρους
15 6 [5] ἐξ ὧν οἱ πλείονες μένουσιν ἕως ἄρτι
12 [8] ὅτι ἐκ νεκρῶν ἐγήγερται
20 [8] Νυνὶ δὲ Χριστὸς ἐγήγερται ἐκ νεκρῶν
47 [4, 7] ὁ πρῶτος ἄνθρωπος ἐκ γῆς χοϊκός, ὁ δεύτερος ἄνθρωπος ἐξ οὐρανοῦ
II Co **1** 10 [13] ὃς ἐκ τηλικούτων θανάτων ἐρρύσατο ἡμᾶς
11 [2] ἵνα ἐκ πολλῶν προσώπων . . . εὐχαριστηθῇ ὑπὲρ ἡμῶν
2 2 [2] εἰ μὴ ὁ λυπούμενος ἐξ ἐμοῦ
4 [4/6] ἐκ γὰρ πολλῆς θλίψεως . . . ἔγραψα ὑμῖν
16 [4, 4] οἷς μὲν ὀσμὴ ἐκ θανάτου εἰς θάνατον, οἷς δὲ ὀσμὴ ἐκ ζωῆς εἰς ζωήν
17 [11, 4] ἀλλ' ὡς ἐξ εἰλικρινείας, ἀλλ' ὡς ἐκ θεοῦ

II Co **3** 1 [2] συστατικῶν ἐπιστολῶν πρὸς ὑμᾶς ἢ ἐξ ὑμῶν
5 [14] λογίσασθαί τι ὡς ἐξ ἑαυτῶν
[4] ἡ ἱκανότης ἡμῶν ἐκ τ. θεοῦ
4 6 [7] Ἐκ σκότους φῶς λάμψει
7 [4] ᾖ τ. θεοῦ κ. μὴ ἐξ ἡμῶν
5 1 [4] οἰκοδομὴν ἐκ θεοῦ ἔχομεν
2 [4] τὸ οἰκητήριον ἡμῶν τὸ ἐξ οὐρανοῦ
8 [15] εὐδοκοῦμεν μᾶλλον ἐκδημῆσαι ἐκ τ. σώματος
18 [4] τὰ δὲ πάντα ἐκ τ. θεοῦ
6 17 [3] ἐξέλθατε ἐκ μέσου αὐτῶν
צְאוּ מִתּוֹכָהּ, Is. lii. 11
7 9 [2] ἵνα ἐν μηδενὶ ζημιωθῆτε ἐξ ἡμῶν
8 7 [4] κ. τῇ ἐξ ἡμῶν ἐν ὑμῖν ἀγάπῃ, WH mg. ἐξ ὑμῶν ἐν ἡμῖν
11 [5/6] κ. τὸ ἐπιτελέσαι ἐκ τοῦ ἔχειν
13 [4] ἀλλ' ἐξ ἰσότητος
9 7 [4/6] μὴ ἐκ λύπης ἢ ἐξ ἀνάγκης
11 26 [2, 2] κινδύνοις ἐκ γένους, κινδύνοις ἐξ ἐθνῶν
12 6 [4] ἢ ἀκούει [τι] ἐξ ἐμοῦ
13 4 [15, 6] ἐσταυρώθη ἐξ ἀσθενείας, ἀλλα ζῇ ἐκ δυνάμεως θεοῦ
[6] ζήσομεν σὺν αὐτῷ ἐκ δυνάμεως θεοῦ
Ga **1** 1 [8] τ. ἐγείραντος αὐτὸν ἐκ νεκρῶν
4 [13] ὅπως ἐξέληται ἡμᾶς ἐκ τ. αἰῶνος
8 [3] κ. ἐὰν ἡμεῖς ἢ ἄγγελος ἐξ οὐρανοῦ
15 [12] ὁ ἀφορίσας με ἐκ κοιλίας μητρός μου
2 12 [4] φοβούμενος τοὺς ἐκ περιτομῆς
15 [4] Ἰουδαῖοι κ. οὐκ ἐξ ἐθνῶν ἁμαρτωλοί
16 [6] οὐ δικαιοῦται ἄνθρωπος ἐξ ἔργων νόμου
[4/6, 6] ἐκ πίστεως Χριστοῦ κ. οὐκ ἐξ ἔργων νόμου
[6] ἐξ ἔργων νόμου οὐ δικαιωθήσεται
3 2 [6, 6] ἐξ ἔργων νόμου τὸ πνεῦμα ἐλάβετε ἢ ἐξ ἀκοῆς πίστεως;
5 [6, 6] ἐξ ἔργων νόμου ἢ ἐξ ἀκοῆς πίστεως
7 [4] οἱ ἐκ πίστεως, οὗτοι υἱοί εἰσιν Ἀβραάμ
8 [4] ἐκ πίστεως δικαιοῖ τὰ ἔθνη ὁ θεός
9 [4] οἱ ἐκ πίστεως εὐλογοῦνται
10 [6] ὅσοι γὰρ ἐξ ἔργων νόμου εἰσὶν ὑπὸ κατάραν
3 11 [4/6] Ὁ δίκαιος ἐκ πίστεως ζήσεται, Hab. l.c.
12 [4] ὁ δὲ νόμος οὐκ τ. ἔστιν ἐκ πίστεως
13 [13] ἐξηγόρασεν ἐκ κατάρας τ. νόμου
18 [4, 4] εἰ γὰρ ἐκ νόμου ἡ κληρονομία, οὐκέτι ἐξ ἐπαγγελίας
21 [4] ὄντως ἐκ νόμου ἂν ἦν ἡ δικαιοσύνη, WH text ἐν νόμῳ
22 [4] ἵνα ἡ ἐπαγγελία ἐκ πίστεως Ἰησοῦ Χριστοῦ δοθῇ
24 [4] ἵνα ἐκ πίστεως δικαιωθῶμεν
4 4 [1] τ. υἱὸν αὐτοῦ, γενόμενον ἐκ γυναικός
22 [1, 1] ἕνα ἐκ τ. παιδίσκης κ. ἕνα ἐκ τ. ἐλευθέρας
23 [1, 1] ὁ μὲν ἐκ τ. παιδίσκης . . . ὁ δὲ ἐκ τ. ἐλευθέρας
5 5 [4] ἐκ πίστεως ἐλπίδα δικαιοσύνης ἀπεκδεχόμεθα
8 [2] ἡ πεισμονὴ οὐκ ἐκ τ. καλοῦντος ὑμᾶς
6 8 [7] ἐκ τ. σαρκὸς θερίσει φθοράν
[7] ἐκ τ. πνεύματος θερίσει ζωήν
Eph **1** 20 [8] ἐγείρας αὐτὸν ἐκ νεκρῶν
2 8 [2] κ. τοῦτο οὐκ ἐξ ὑμῶν, θεοῦ τὸ δῶρον

Eph **2** 9 [6] οὐκ ἐξ ἔργων, ἵνα μή τις καυχήσηται
3 15 [4] τ. πατέρα, ἐξ οὗ πᾶσα πατριὰ . . . ὀνομάζεται
4 16 [4] Χριστός, ἐξ οὗ πᾶν τὸ σῶμα συναρμολογούμενον
29 [3] πᾶς λόγος σαπρὸς ἐκ τ. στόματος ὑμῶν μὴ ἐκπορευέσθω
5 14 [8] κ. ἀνάστα ἐκ τ. νεκρῶν
6 6 [6] ποιοῦντες τὸ θέλημα τ. θεοῦ ἐκ ψυχῆς
Phl **1** 16 [4] οἱ μὲν ἐξ ἀγάπης
17 [4] οἱ δὲ ἐξ ἐριθείας
23 [6] συνέχομαι δὲ ἐκ τῶν δύο
3 5 [1, 1] ἐκ γένους Ἰσραήλ . . . Ἑβραῖος ἐξ Ἑβραίων
9 [6] δικαιοσύνην τὴν ἐκ νόμου
[4] τὴν ἐκ θεοῦ δικαιοσύνην
11 [8] εἰς τ. ἐξανάστασιν τὴν ἐκ νεκρῶν
20 [3] ἐξ οὗ κ. σωτῆρα ἀπεκδεχόμεθα
4 22 [5] μάλιστα δὲ οἱ ἐκ τῆς Καίσαρος οἰκίας
Col **1** 13 [13] ὃς ἐρρύσατο ἡμᾶς ἐκ τ. ἐξουσίας τ. σκότους
18 [8] πρωτότοκος ἐκ τ. νεκρῶν
2 12 [8] τ. θεοῦ τ. ἐγείραντος αὐτὸν ἐκ νεκρῶν
14 [7] κ. αὐτὸ ἦρκεν ἐκ τ. μέσου
19 [4] τ. κεφαλήν, ἐξ οὗ πᾶν τὸ σῶμα
3 8 [7] ἀπόθεσθε κ. ὑμεῖς τὰ πάντα . . . ἐκ τ. στόματος ὑμῶν
23 [6] ἐκ ψυχῆς ἐργάζεσθε
4 9 [4/5] σὺν Ὀνησίμῳ . . . ὅς ἐστιν ἐξ ὑμῶν
11 [4] οἱ ὄντες ἐκ περιτομῆς
12 [4/5] Ἐπαφρᾶς ὁ ἐξ ὑμῶν
16 [3] κ. τὴν ἐκ Λαοδικείας ἵνα κ. ὑμεῖς ἀναγνῶτε
ITh **1** 10 [3, 8] τ. υἱὸν αὐτοῦ ἐκ τ. οὐρανῶν, ὃν ἤγειρεν ἐκ [τ.] νεκρῶν
[13] τ. ῥυόμενον ἡμᾶς ἐκ τ. ὀργῆς
2 3 [4, 4] οὐκ ἐκ πλάνης οὐδὲ ἐξ ἀκαθαρσίας
6 [2] οὔτε ζητοῦντες ἐξ ἀνθρώπων δόξαν
IITh **2** 7 [7] ἕως ἐκ μέσου γένηται
ITi **1** 5 [4] ἀγάπη ἐκ καθαρᾶς καρδίας
6 4 [4/6] κ. λογομαχίας, ἐξ ὧν γίνεται φθόνος
IITi **2** 8 [8, 1] Χριστὸν ἐγηγερμένον ἐκ νεκρῶν, ἐκ σπέρματος Δαυίδ
22 [6] τ. ἐπικαλουμένων τ. κύριον ἐκ καθαρᾶς καρδίας
26 [13] κ. ἀνανήψωσιν ἐκ τῆς τ. διαβόλου παγίδος
3 6 [5] ἐκ τούτων γάρ εἰσιν οἱ ἐνδύνοντες εἰς τ. οἰκίας
11 [13] ἐκ πάντων με ἐρρύσατο ὁ κύριος
4 17 [13] κ. ἐρρύσθην ἐκ στόματος λέοντος
Tit **1** 10 [4] μάλιστα οἱ ἐκ τ. περιτομῆς
12 [5] εἶπέν τις ἐξ αὐτῶν
2 8 [11] ἵνα ὁ ἐξ ἐναντίας ἐντραπῇ
3 5 [6] οὐκ ἐξ ἔργων τῶν ἐν δικαιοσύνῃ
He **1** 13 [3] Κάθου ἐξ δεξιῶν μου, Ps. l.c.
2 11 [1] κ. οἱ ἁγιαζόμενοι ἐξ ἑνὸς πάντες
3 13 [5] ἵνα μὴ σκληρυνθῇ τις ἐξ ὑμῶν ἀπάτῃ
16 [3] οὐ πάντες οἱ ἐξελθόντες ἐξ Αἰγύπτου
4 1 [5] μήποτε . . . δοκῇ τις ἐξ ὑμῶν ὑστερηκέναι
5 1 [4] Πᾶς γὰρ ἀρχιερεὺς ἐξ ἀνθρώπων λαμβανόμενος
7 [13] τ. δυνάμενον σῴζειν αὐτὸν ἐκ θανάτου

He **7** 4 [5] Ἀβραὰμ ἔδωκεν ἐκ τ. ἀκροθινίων
5 [5] οἱ μὲν ἐκ τ. υἱῶν Λευί
[1] καίπερ ἐξεληλυθότας ἐκ τ. ὀσφύος Ἀβραάμ
6 [5] ὁ δὲ μὴ γενεαλογούμενος ἐξ αὐτῶν
12 [11] ἐξ ἀνάγκης κ. νόμου μετάθεσις
14 [4] ἐξ Ἰούδα ἀνατέταλκεν ὁ κύριος ἡμῶν
8 9 [3] ἐξαγαγεῖν αὐτοὺς ἐκ γῆς Αἰγύπτου
לְהוֹצִיאָם מֵאֶרֶץ מִצְרָיִם Jer. xxxi. 32
9 28 [10] ἐκ δευτέρου χωρὶς ἁμαρτίας ὀφθήσεται
10 38 [4/6] ὁ δὲ δίκαιός μου ἐκ πίστεως ζήσεται, Hab. l.c.
11 3 [4] μὴ ἐκ φαινομένων τὸ βλεπόμενον γεγονέναι
19 [8] κ. ἐκ νεκρῶν ἐγείρειν δυνατὸς ὁ θεός
35 [6] ἔλαβον γυναῖκες ἐξ ἀναστάσεως τ. νεκρούς
13 10 [7] θυσιαστήριον ἐξ οὗ φαγεῖν οὐκ ἔχουσιν ἐξουσίαν
20 [8] ὁ ἀναγαγὼν ἐκ νεκρῶν τ. ποιμένα τ. προβάτων
Ja **2** 16 [5] εἴπῃ δέ τις αὐτοῖς ἐξ ὑμῶν
18 [6] δείξω ἐκ τ. ἔργων μου τ. πίστιν
21 [6] Ἀβραὰμ . . . οὐκ ἐξ ἔργων ἐδικαιώθη
22 [6] ἐκ τ. ἔργων ἡ πίστις ἐτελειώθη
24 [6, 6] ἐξ ἔργων δικαιοῦται ἄνθρωπος κ. οὐκ ἐκ πίστεως μόνον
25 [6] Ῥαὰβ . . . ἐξ ἔργων ἐδικαιώθη
3 10 [3] ἐκ τ. αὐτοῦ στόματος ἐξέρχεται
11 [3] μήτι ἡ πηγὴ ἐκ τ. αὐτῆς ὀπῆς βρύει
13 [6] δειξάτω ἐκ τ. καλῆς ἀναστροφῆς
4 1 [4] ἐκ τ. ἡδονῶν ὑμῶν
5 20 [7, 13] ὁ ἐπιστρέψας ἁμαρτωλὸν ἐκ πλάνης ὁδοῦ αὐτοῦ σώσει ψυχὴν [αὐτοῦ] ἐκ θανάτου
IPe **1** 3 [8] δι' ἀναστάσεως Ἰησοῦ Χριστοῦ ἐκ νεκρῶν
18 [13] ἐλυτρώθητε ἐκ τ. ματαίας ὑμῶν ἀναστροφῆς
21 [8] τ. ἐγείραντα αὐτὸν ἐκ νεκρῶν
22 [4] ἐκ καρδίας ἀλλήλους ἀγαπήσατε
23 [4] ἀναγεγεννημένοι οὐκ ἐκ σπορᾶς φθαρτῆς
2 9 [7] τοῦ ἐκ σκότους ὑμᾶς καλέσαντος
12 [6] ἵνα . . . ἐκ τ. καλῶν ἔργων . . . δοξάσωσιν τ. θεόν
4 11 [6] ἐξ ἰσχύος ἧς χορηγεῖ ὁ θεός
IIPe **1** 18 [3] ταύτην τ. φωνὴν ἡμεῖς ἠκούσαμεν ἐξ οὐρανοῦ
2 8 [10] ἡμέραν ἐξ ἡμέρας
9 [13] οἶδεν κύριος εὐσεβεῖς ἐκ πειρασμοῦ ῥύεσθαι
21 [7] ὑποστρέψαι ἐκ τ. παραδοθείσης . . . ἐντολῆς
3 5 [4] κ. γῆ ἐξ ὕδατος . . . συνεστῶσα
IJo **2** 16 [4, 4] οὐκ ἔστιν ἐκ τ. πατρὸς ἀλλὰ ἐκ τ. κόσμου ἐστίν
19 [3, 4] ἐξ ἡμῶν ἐξῆλθαν, ἀλλ' οὐκ ἦσαν ἐξ ἡμῶν
[4] εἰ γὰρ ἐξ ἡμῶν ἦσαν
[4] οὐκ εἰσὶν πάντες ἐξ ἡμῶν
21 [4] πᾶν ψεῦδος ἐκ τ. ἀληθείας οὐκ ἔστιν
29 [4] πᾶς ὁ ποιῶν τ. δικαιοσύνην ἐξ αὐτοῦ γεγέννηται
3 8 [4] ὁ ποιῶν τ. ἁμαρτίαν ἐκ τ. διαβόλου ἐστίν
9 [4] Πᾶς ὁ γεγεννημένος ἐκ τ. θεοῦ

IJo 3 9 [4] ἐκ τ. θεοῦ γεγέννηται
10 [4] οὐκ ἔστιν ἐκ τ. θεοῦ
12 [4] οὐ καθὼς Κάϊν ἐκ τ. πονηροῦ ἦν
14 [15] μεταβεβήκαμεν ἐκ τ. θανάτου εἰς τ. ζωήν
19 [4] ὅτι ἐκ τ. ἀληθείας ἐσμέν
24 [2] ἐκ τ. πνεύματος οὗ ἡμῖν ἔδωκεν
4 1 [4] δοκιμάζετε τα πνεύματα εἰ ἐκ τ. θεοῦ ἐστιν
2 [4] πᾶν πνεῦμα ὃ ὁμολογεῖ . . . ἐκ τ. θεοῦ ἐστιν
3 [4] ἐκ τ. θεοῦ οὐκ ἔστιν
4 [4] ὑμεῖς ἐκ τ. θεοῦ ἐστε, τεκνία
5 [4] αὐτοὶ ἐκ τ. κόσμου εἰσίν
[4] διὰ τοῦτο ἐκ τ. κόσμου λαλοῦσιν
6 [4] ἡμεῖς ἐκ τ. θεοῦ ἐσμεν
[4] ὃς οὐκ ἔστιν ἐκ τ. θεοῦ οὐκ ἀκούει ἡμῶν
[6] ἐκ τούτου γινώσκομεν τὸ πνεῦμα
7 [4] ἡ ἀγάπη ἐκ τ. θεοῦ ἐστιν
[4] πᾶς ὁ ἀγαπῶν ἐκ τ. θεοῦ γεγέννηται
13 [5] ἐκ τ. πνεύματος αὐτοῦ δέδωκεν ἡμῖν
5 1 [4] Πᾶς ὁ πιστεύων . . . ἐκ τ. θεοῦ γεγέννηται
[4] ἀγαπᾷ [κ.] τ. γεγεννημένον ἐξ αὐτοῦ
4 [4] πᾶν τὸ γεγεννημένον ἐκ τ. θεοῦ νικᾷ τ. κόσμον
18 [4] πᾶς ὁ γεγεννημένος ἐκ τ. θεοῦ
[1] ὁ γεννηθεὶς ἐκ τ. θεοῦ τηρεῖ αὐτόν
19 [4] οἴδαμεν ὅτι ἐκ τ. θεοῦ ἐσμεν
II Jo 4 [5] εὕρηκα ἐκ τ. τέκνων σου περιπατοῦντας
III Jo 10 [15] κ. ἐκ τ. ἐκκλησίας ἐκβάλλει
Ju 5 [13] ὅτι [ὁ]κύριος ἅπαξ λαὸν ἐκ γῆς Αἰγύπτου σώσας
23 [13] οὓς δὲ σῴζετε ἐκ πυρὸς ἁρπάζοντες
Re 1 5 [13] κ. λύσαντι ἡμᾶς ἐκ τ. ἁμαρτιῶν
16 [3] ἐκ τ. στόματος αὐτοῦ ῥομφαία
2 5 [7] κινέσω τ. λυχνίαν σου ἐκ τ. τόπου αὐτῆς
7 [5] φαγεῖν ἐκ τ. ξύλου τ. ζωῆς
9 [2] τ. βλασφημίαν ἐκ τ. λεγόντων Ἰουδαίους εἶναι
10 [5] μέλλει βάλλειν ὁ διάβολος ἐξ ὑμῶν εἰς φυλακήν
11 [6] οὐ μὴ ἀδικηθῇ ἐκ τ. θανάτου
21 [15] οὐ θέλει μετανοῆσαι ἐκ τ. πορνείας
22 [15] ἐὰν μὴ μετανοήσωσιν ἐκ τ. ἔργων αὐτῆς
3 5 [7] οὐ μὴ ἐξαλείψω τὸ ὄνομα αὐτοῦ ἐκ τ. βίβλου
9 [4] διδῶ ἐκ τ. συναγωγῆς τ. Σατανᾶ
10 [12] κἀγώ σε τηρήσω ἐκ τ. ὥρας τ. πειρασμοῦ
12 [3] Ἰερουσαλήμ, ἡ καταβαίνουσα ἐκ τ. οὐρανοῦ
16 [7] ἐμέσαι ἐκ τ. στόματός μου
18 [6] χρυσίον πεπυρωμένον ἐκ πυρός
4 5 [3] ἐκ τ. θρόνου ἐκπορεύονται ἀστραπαί
5 5 [5] εἷς ἐκ τ. πρεσβυτέρων
[1] ὁ λέων ὁ ἐκ τ. φυλῆς Ἰούδα
7 [3] εἴληφεν ἐκ τ. δεξιᾶς τ. καθημένου
9 [5] ἐκ πάσης φυλῆς κ. γλώσσης κ. λαοῦ
6 1 [5] μίαν ἐκ τῶν ἑπτὰ σφραγίδων
[5] ἑνὸς ἐκ τ. τεσσάρων ζῴων
4 [3] λαβεῖν τ. εἰρήνην ἐκ τ. γῆς—WH [ἐκ]
10 [13] ἐκδικεῖς τὸ αἷμα ἡμῶν ἐκ τ. κατοικούντων
14 [3] ἐκ τ. τόπων αὐτῶν ἐκινήθησαν

Re 7 4 [5] ἐκ πάσης φυλῆς υἱῶν Ἰσραήλ
5 [5, 5, 5] ἐκ φυλῆς Ἰούδα . . . ἐκ φυλῆς Ῥουβήν . . . ἐκ φυλῆς Γάδ
6 [5, 5, 5] ἐκ φυλῆς Ἀσήρ . . . ἐκ φυλῆς Νεφθαλίμ . . . ἐκ φυλῆς Μανασσῆ
7 [5, 5, 5] ἐκ φυλῆς Συμεών . . . ἐκ φυλῆς Λευί . . . ἐκ φυλῆς Ἰσσαχάρ
8 [5, 5, 5] ἐκ φυλῆς Ζαβουλών . . . ἐκ φυλῆς Ἰωσήφ . . . ἐκ φυλῆς Βενιαμείν
9 [5] ἐκ παντὸς ἔθνους κ. φυλῶν κ. λαῶν
13 [5] ἀπεκρίθη εἷς ἐκ τ. πρεσβυτέρων
14 [13] οἱ ἐρχόμενοι ἐκ τ. θλίψεως τ. μεγάλης
17 [3] πᾶν δάκρυον ἐκ τ. ὀφθαλμῶν αὐτῶν
8 4 [3] ἐκ χειρὸς τ. ἀγγέλου
5 [5] ἐγέμισεν αὐτὸν ἐκ τ. πυρός
10 [3] ἔπεσεν ἐκ τ. οὐρανοῦ ἀστήρ
11 [6] πολλοὶ τ. ἀνθρώπων ἀπέθανον ἐκ τ. ὑδάτων
13 [6] Οὐαί . . . ἐκ τ. λοιπῶν φωνῶν
9 1 [3] εἶδον ἀστέρα ἐκ τ. οὐρανοῦ πεπτωκότα
2 [3] ἀνέβη καπνὸς ἐκ τ. φρέατος
[6] ἐσκοτώθη ὁ ἥλιος . . . ἐκ τ. καπνοῦ
3 [3] ἐκ τ. καπνοῦ ἐξῆλθον ἀκρίδες
13 [3] φωνὴν μίαν ἐκ τ. κεράτων τ. θυσιαστηρίου
17 [3] ἐκ τ. στομάτων αὐτῶν ἐκπορεύεται πῦρ
18 [6, 3] ἐκ τ. πυρός . . . τ. ἐκπορευομένου ἐκ τ. στομάτων
20 [7] οὐδὲ μετενόησαν ἐκ τ. ἔργων τ. χειρῶν
21 [7 (4)] οὐ μετενόησαν ἐκ τ. φόνων . . . ἐκ τ. φαρμάκων . . . ἐκ τ. πορνείας . . . ἐκ τ. κλεμμάτων
10 1 [3] ἄγγελον ἰσχυρὸν καταβαίνοντα ἐκ τ. οὐρανοῦ
4 [3] ἤκουσα φωνὴν ἐκ τ. οὐρανοῦ
8 [3] ἡ φωνὴ ἣν ἤκουσα ἐκ τ. οὐρανοῦ
10 [3] ἔλαβον τὸ βιβλαρίδιον ἐκ τ. χειρὸς τ. ἀγγέλου
11 5 [3] πῦρ ἐκπορεύεται ἐκ τ. στόματος αὐτῶν
7 [3] τὸ θηρίον τὸ ἀναβαῖνον ἐκ τ. ἀβύσσου
9 [5] βλέπουσιν ἐκ τ. λαῶν . . . τὸ πτῶμα αὐτῶν
11 [4] πνεῦμα ζωῆς ἐκ τ. θεοῦ εἰσῆλθεν
12 [3] ἤκουσαν φωνῆς μεγάλης ἐκ τ. οὐρανοῦ
12 15 [3] ἔβαλεν ὁ ὄφις ἐκ τ. στόματος . . . ὕδωρ
16 [3] τ. ποταμὸν ὃν ἔβαλεν ὁ δράκων ἐκ τ. στόματος
13 1 [3] εἶδον ἐκ τ. θαλάσσης θηρίον ἀναβαῖνον
3 [5] κ. μίαν ἐκ τ. κεφαλῶν αὐτοῦ
11 [3] ἄλλο θηρίον ἀναβαῖνον ἐκ τ. γῆς
13 [3] πῦρ . . . ἐκ τ. οὐρανοῦ καταβαίνειν
14 2 [3] ἤκουσα φωνὴν ἐκ τ. οὐρανοῦ
8 [5] ἣ ἐκ τ. οἴνου . . . πεπότικεν πάντα τὰ ἔθνη
10 [5] κ. αὐτὸς πίεται ἐκ τ. οἴνου
13 [3] ἤκουσα φωνῆς ἐκ τ. οὐρανοῦ
[13] ἵνα ἀναπαήσονται ἐκ τ. κόπων
15 [3] ἄλλος ἄγγελος ἐξῆλθεν ἐκ τ. ναοῦ
17 [3] ἄλλος ἄγγελος ἐξῆλθεν ἐκ τ. ναοῦ
18 [3] ἄλλος ἄγγελος ἐκ τ. θυσιαστηρίου
20 [3] ἐξῆλθεν αἷμα ἐκ τ. ληνοῦ
15 2 [13 (3)] τ. νικῶντας ἐκ τ. θηρίου κ. ἐκ τ. εἰκόνος αὐτοῦ κ. ἐκ τ. ἀριθμοῦ τ. ὀνόματος αὐτοῦ
6 [3] ἐξῆλθον οἱ ἑπτὰ ἄγγελοι . . . ἐκ τ. ναοῦ
7 [5] ἓν ἐκ τ. τεσσάρων ζῴων

Re 15 8 [4/6] ἐκ τ. δόξης τ. θεοῦ κ. ἐκ τ. δυνάμεως αὐτοῦ
16 1 [3] ἤκουσα μεγάλης φωνῆς ἐκ τ. ναοῦ
10 [6] ἐμασῶντο τ. γλώσσας αὐτῶν ἐκ τ. πόνου
11 [6, 6] ἐκ τ. πόνων αὐτῶν κ. ἐκ τ. ἑλκῶν αὐτῶν
[15] οὐ μετενόησαν ἐκ τ. ἔργων
13 [3 (3)] ἐκ τ. στόματος τ. δράκοντος κ. ἐκ τ. στόματος τ. θηρίου κ. ἐκ τ. στόματος τ. ψευδοπροφήτου
17 [3] ἐξῆλθεν φωνὴ μεγάλη ἐκ τ. ναοῦ
21 [3] χάλαζα μεγάλη . . . καταβαίνει ἐκ τ. οὐρανοῦ
[6] ἐβλασφήμησαν . . . ἐκ τ. πληγῆς
17 1 [5] εἷς ἐκ τ. ἑπτὰ ἀγγέλων
2 [6] ἐμεθύσθησαν . . . ἐκ τ. οἴνου τ. πορνείας
6 [6, 6] τ. γυναῖκα μεθύουσαν ἐκ τ. αἵματος τ. ἁγίων κ. ἐκ τ. αἵματος τ. μαρτύρων
8 [3] μέλλει ἀναβαίνειν ἐκ τ. ἀβύσσου
11 [5] ἐκ τῶν ἑπτά ἐστιν
18 1 [3] ἄγγελον καταβαίνοντα ἐκ τ. οὐρανοῦ
[6] ἡ γῆ ἐφωτίσθη ἐκ τ. δόξης
3 [5] ἐκ τ. οἴνου . . . πεπότικεν πάντα τὰ ἔθνη
[6] ἐκ τ. δυνάμεως τ. στρήνους αὐτῆς ἐπλούτησαν
4 [3] ἄλλην φωνὴν ἐκ τ. οὐρανοῦ
[3] Ἐξέλθατε, ὁ λαός μου, ἐξ αὐτῆς
[5] ἐκ τ. πληγῶν αὐτῆς ἵνα μὴ λάβητε
12 [4] πᾶν σκεῦος ἐκ ξύλου τιμιωτάτου
19 [5/6] ἐπλούτησαν . . . ἐκ τ. τιμιότητος αὐτῆς
20 [16] ἔκρινεν ὁ θεὸς τὸ κρίμα ὑμῶν ἐξ αὐτῆς
19 2 [16] ἐξεδίκησεν τὸ αἷμα . . . ἐκ χειρὸς αὐτῆς
5 [3] φωνὴ ἐκ τ. θρόνου TR—UBS, WH ἀπό
15 [3] ἐκ τ. στόματος αὐτοῦ ἐκπορεύεται ῥομφαία
21 [3] τ. ἐξελθούσῃ ἐκ τ. στόματος αὐτοῦ
[5] ἐχορτάσθησαν ἐκ τ. σαρκῶν αὐτῶν
20 1 [3] ἄγγελον καταβαίνοντα ἐκ τ. οὐρανοῦ
7 [3] λυθήσεται ὁ Σατανᾶς ἐκ τ. φυλακῆς
9 [3] κατέβη πῦρ ἐκ τ. οὐρανοῦ
12 [6] ἐκρίθησαν οἱ νεκροὶ ἐκ τ. γεγραμμένων
21 2 [3] τ. πόλιν . . . καταβαίνουσαν ἐκ τ. οὐρανοῦ
3 [3] ἤκουσα φωνῆς μεγάλης ἐκ τ. θρόνου
4 [3] ἐξαλείψει πᾶν δάκρυον ἐκ τ. ὀφθαλμῶν, WH mg. ἀπό
6 [4/5] δώσω ἐκ τ. πηγῆς τ. ὕδατος τ. ζωῆς
9 [5] εἷς ἐκ τῶν ἑπτὰ ἀγγέλων
10 [3] τ. πόλιν . . . καταβαίνουσαν ἐκ τ. οὐρανοῦ
21 [4] εἷς ἕκαστος . . . ἦν ἐξ ἑνὸς μαργαρίτου
22 1 [3] ποταμὸν . . . ἐκπορευόμενον ἐκ τ. θρόνου
19 [7] τὸ μέρος αὐτοῦ . . . ἐκ τ. πόλεως τ. ἁγίας

'ΕΝ

(see page 331)

(1) Local, **(2)** Time, **(3)** Among, **(4)** Within, **(5)** Instrumental, **(6)** Relational, **(7)** Metaphorically local or temporal, **(8)** Attendant circumstances or adverbial phrase, **(9)** Clothing, **(10)** Agent, **(11)** In Scripture, **(12)** ἐν οὐρανῷ, ἐν (τοῖς) οὐρανοῖς, ἐν ὑψίστοις, **(13)** ἐν τ. βασιλείᾳ τ. οὐρανῶν / τ. θεοῦ / τ. πατρός, **(14)** Semitism, **(15)** ἐν Χριστῷ / κυρίῳ etc., **(16)**=εἰς, **(17)** Indirect object, **(18)**Amounting to.

Mt 1 18 [1] εὑρέθη ἐν γαστρὶ ἔχουσα
20 [1] τὸ γὰρ ἐν αὐτῇ γεννηθέν
23 [1] ἰδοὺ ἡ παρθένος ἐν γαστρὶ ἕξει
הִנֵּה הָעַלְמָה הָרָה, Is. vii. 14
2 1 [1] ἐν Βηθλέεμ τ. Ἰουδαίας
[2] ἐν ἡμέραις Ἡρῴδου τ. βασιλέως
2 [1] τ. ἀστέρα ἐν τ. ἀνατολῇ
5 [1] Ἐν Βηθλέεμ τ. Ἰουδαίας
6 [3] ἐν τ. ἡγεμόσιν Ἰούδα
9 [1] ὁ ἀστὴρ ὃν εἶδον ἐν τ. ἀνατολῇ
16 [1] πάντας τ. παῖδας τοὺς ἐν Βηθλέεμ
[1] καὶ πᾶσι τ. ὁρίοις αὐτῆς
18 [1] Φωνὴ ἐν Ῥαμὰ ἠκούσθη
19 [1] ἄγγελος κυρίου φαίνεται . . . ἐν Αἰγύπτῳ
3 1 [2] Ἐν δὲ τ. ἡμέραις ἐκείναις
[1] ὁ βαπτιστὴς κηρύσσων ἐν τ. ἐρήμῳ
3 [1] Φωνὴ βοῶντος ἐν τ. ἐρήμῳ
קוֹל קוֹרֵא בַּמִּדְבָּר, Is. xl. 3
6 [1] ἐβαπτίζοντο ἐν τ. Ἰορδάνῃ ποταμῷ
9 [3/4] μὴ δόξητε λέγειν ἐν ἑαυτοῖς
11 [5] ἐγὼ μὲν ὑμᾶς βαπτίζω ἐν ὕδατι
[5] αὐτὸς ὑμᾶς βαπτίσει ἐν πνεύματι ἁγίῳ
12 [1] οὗ τ. πτύον ἐν τ. χειρὶ αὐτοῦ
17 [6] ὁ υἱός μου ὁ ἀγαπητός, ἐν ᾧ εὐδόκησα
4 13 [1] ἐν ὁρίοις Ζαβουλὼν καὶ Νεφθαλίμ
16 [7] ὁ λαὸς ὁ καθήμενος ἐν σκότει
[7] τοῖς καθημένοις ἐν χώρᾳ καὶ σκιᾷ θανάτου
21 [1] εἶδεν ἄλλους δύο ἀδελφοὺς . . . ἐν τ. πλοίῳ
23 [1] περιῆγεν ἐν ὅλῃ τ. Γαλιλαίᾳ
[1] διδάσκων ἐν τ. συναγωγαῖς αὐτῶν
[3] θεραπεύων πᾶσαν νόσον . . . ἐν τ. λαῷ
5 12 [12] ὁ μισθὸς ὑμῶν πολὺς ἐν τ. οὐρανοῖς
13 [5] ἐν τίνι ἁλισθήσεται;
15 [1] λάμπει πᾶσιν τοῖς ἐν τ. οἰκίᾳ
16 [12] τ. πατέρα ὑμῶν τὸν ἐν τ. οὐρανοῖς
19 [13] ἐλάχιστος κληθήσεται ἐν τ. βασιλείᾳ τ. οὐρανῶν
[13] μέγας κληθήσεται ἐν τ. βασιλείᾳ τ. οὐρανῶν
25 [1] ἕως ὅτου εἶ μετ' αὐτοῦ ἐν τ. ὁδῷ
28 [4] ἤδη ἐμοίχευσεν αὐτὴν ἐν τ. καρδίᾳ αὐτοῦ
34 [5] μὴ ὀμόσαι ὅλως· μήτε ἐν τ. οὐρανῷ
35 [5] μήτε ἐν τ. γῇ
36 [5] μήτε ἐν τ. κεφαλῇ σου ὀμόσῃς
45 [12] υἱοὶ τ. πατρὸς ὑμῶν τοῦ ἐν οὐρανοῖς
6 1 [12] παρὰ τ. πατρὶ ὑμῶν τῷ ἐν τ. οὐρανοῖς
2 [1, 1] ὥσπερ οἱ ὑποκριταὶ ποιοῦσιν ἐν τ. συναγωγαῖς κ. ἐν τ. ῥύμαις
4 [7] ὅπως ᾖ σου ἡ ἐλεημοσύνη ἐν τ. κρυπτῷ·
[7] καὶ ὁ πατήρ σου ὁ βλέπων ἐκ τ. κρυπτῷ
5 [1, 1] φιλοῦσιν ἐν τ. συναγωγαῖς κ. ἐν τ. γωνίαις . . . προσεύχεσθαι
6 [7] πρόσευξαι τ. πατρί σου τῷ ἐν τ. κρυπτῷ·
[7] κ. ὁ πατήρ σου ὁ βλέπων ἐν τ. κρυπτῷ
7 [5] ἐν τ. πολυλογίᾳ αὐτῶν εἰσακουσθήσονται
9 [12] Πάτερ ἡμῶν ὁ ἐν τ. οὐρανοῖς
10 [12] ὡς ἐν οὐρανῷ κ. ἐπὶ γῆς
18 [7] τ. πατρί σου τ. ἐν τ. κρυφαίῳ·
[7] κ. ὁ πατήρ σου ὁ βλέπων ἐν τ. κρυφαίῳ
20 [12] θησαυρίζετε δὲ ὑμῖν θησαυροὺς ἐν οὐρανῷ
23 [4] εἰ οὖν τ. φῶς τὸ ἐν σοὶ σκότος ἐστίν
29 [8/9] οὐδὲ Σολομὼν ἐν πάσῃ τ. δόξῃ αὐτοῦ

Mt 7 2 [5] ἐν ᾧ γὰρ κρίματι κρίνετε
[1?/5] ἐν ᾧ μέτρῳ μετρεῖτε
3 [1] τ. κάρφος τὸ ἐν τ. ὀφθαλμῷ τ. ἀδελφοῦ σου
[1] τὴν δὲ ἐν τ. σῷ ὀφθαλμῷ δοκόν
4 [1] ἰδοὺ ἡ δοκὸς ἐν τ. ὀφθαλμῷ σου
6 [5] μήποτε καταπατήσουσιν αὐτοὺς ἐν τ. ποσὶν αὐτῶν
11 [12] ὁ πατὴρ ὑμῶν ὁ ἐν τ. οὐρανοῖς
15 [9] οἵτινες ἔρχονται πρὸς ὑμᾶς ἐν ἐνδύμασιν προβάτων
21 [12] τοῦ πατρός μου τοῦ ἐν τ. οὐρανοῖς
22 [2] πολλοὶ ἐροῦσίν μοι ἐν ἐκείνῃ τ. ἡμέρᾳ
8 6 [1] ὁ παῖς μου βέβληται ἐν τ. οἰκίᾳ παραλυτικός
10 [3] παρ' οὐδενὶ τοσαύτην πίστιν ἐν τῷ Ἰσραὴλ εὗρον
11 [13] ἀνακλιθήσονται . . . ἐν τ. βασιλείᾳ τῶν οὐρανῶν
13 [2] ἰάθη ὁ παῖς [αὐτοῦ] ἐν τ. ὥρᾳ ἐκείνῃ
24 [1] σεισμὸς μέγας ἐγένετο ἐν τ. θαλάσσῃ
32 [1] καὶ ἀπέθανον ἐν τ. ὕδασιν,
9 3 [3/4] εἶπαν ἐν ἑαυτοῖς, Οὗτος βλασφημεῖ
4 [4] Ἱνατί ἐνθυμεῖσθε πονηρὰ ἐν τ. καρδίαις ὑμῶν;
10 [1] αὐτοῦ ἀνακειμένου ἐν τ. οἰκίᾳ
21 [4] ἔλεγεν γὰρ ἐν ἑαυτῇ
31 [1] ἐν ὅλῃ τ. γῇ ἐκείνῃ
33 [3] Οὐδέποτε ἐφάνη οὕτως ἐν τῷ Ἰσραήλ
34 [10] Ἐν τ. ἄρχοντι τ. δαιμονίων ἐκβάλλει τ. δαιμόνια
35 [1] διδάσκων ἐν τ. συναγωγαῖς αὐτῶν
10 11 [1] ἐξετάσετε τίς ἐν αὐτῇ ἄξιός ἐστιν
15 [2] ἀνεκτότερον ἔσται γῇ Σοδόμων κ. Γομόρρων ἐν ἡμέρᾳ κρίσεως
16 [3] ὡς πρόβατα ἐν μέσῳ λύκων
17 [1] ἐν τ. συναγωγαῖς αὐτῶν μαστιγώσουσιν ὑμᾶς
19 [2] δοθήσεται γὰρ ὑμῖν ἐκ ἐκείνῃ τ. ὥρᾳ τί λαλήσετε
20 [4/10?] τ. πνεῦμα τ. πατρὸς ὑμῶν τὸ λαλοῦν ἐν ὑμῖν
23 [1] ὅταν δὲ διώκωσιν ὑμᾶς ἐν τ. πόλει ταύτῃ
27 [7, 7] ὃ λέγω ὑμῖν ἐν τ. σκοτίᾳ, εἴπατε ἐν τ. φωτί
28 [1] κ. ψυχὴν κ. σῶμα ἀπολέσαι ἐν γεέννῃ
32 [6] Πᾶς οὖν ὅστις ὁμολογήσει ἐν ἐμοί
[6] ὁμολογήσω κἀγὼ ἐν αὐτῷ
[12] τ. πατρός μου τοῦ ἐν [τοῖς] οὐρανοῖς
33 [12] τ. πατρός μου τοῦ ἐν [τοῖς] οὐρανοῖς
11 1 [1] κηρύσσειν ἐν τ. πόλεσιν αὐτῶν
2 [1] Ὁ δὲ Ἰωάννης ἀκούσας ἐν τ. δεσμωτηρίῳ
6 [6] μακάριός ἐστιν ὃς ἐὰν μὴ σκανδαλισθῇ ἐν ἐμοί
8 [9] ἄνθρωπον ἐν μαλακοῖς ἠμφιεσμένον;
[1] ἐν τ. οἴκοις τ. βασιλέων εἰσίν
11 [3] οὐκ ἐγήγερται ἐν γεννητοῖς γυναικῶν μείζων Ἰωάννου
[17] ὁ δὲ μικρότερος ἐν τ. βασιλείᾳ τ. οὐρανῶν μείζων αὐτοῦ ἐστιν
16 [1] παιδίοις καθημένοις ἐν τ. ἀγοραῖς
20 [1] τὰς πόλεις ἐν αἷς ἐγένοντο αἱ πλεῖσται δυνάμεις αὐτοῦ

Mt **11** 21 [1,1] εἰ ἐν Τύρῳ καὶ Σιδῶνι ἐγένοντο αἱ δυνάμεις αἱ γενόμεναι ἐν ὑμῖν
[9] πάλαι ἂν ἐν σάκκῳ καὶ σποδῷ μετενόησαν
22 [2] ἀνεκτότερον ἔσται ἐν ἡμέρᾳ κρίσεως ἢ ὑμῖν
23 [1,1] εἰ ἐν Σοδόμοις ἐγενήθησαν αἱ δυνάμεις αἱ γενόμεναι ἐν σοί
24 [2] ἐν ἡμέρᾳ κρίσεως
25 [2] ἐν ἐκείνῳ τ. καιρῷ
12 1 [2] ἐν ἐκείνῳ τ. καιρῷ
2 [2] ὃ οὐκ ἔξεστιν ποιεῖν ἐν σαββάτῳ
5 [11] οὐκ ἀνέγνωτε ἐν τ. νόμῳ
[1] οἱ ἱερεῖς ἐν τ. ἱερῷ τὸ σάββατον βεβηλοῦσιν
19 [1] οὐδὲ ἀκούσει τις ἐν ταῖς πλατείαις τὴν φωνὴν αὐτοῦ
וְלֹא־יַשְׁמִיעַ בַּחוּץ קוֹלוֹ, Is. xlii. 2
24 [10] οὐκ ἐκβάλλει τὰ δαιμόνια εἰ μὴ ἐν τ. Βεελζεβούλ
27 [10] εἰ ἐγὼ ἐν Βεελζεβοὺλ ἐκβάλλω τὰ δαιμόνια,
[10] οἱ υἱοὶ ὑμῶν ἐν τίνι ἐκβάλλουσιν;
28 [10] εἰ δὲ ἐν πνεύματι θεοῦ ἐγὼ ἐκβάλλω τὰ δαιμόνια
32 [2, 2] οὔτε ἐν τούτῳ τ. αἰῶνι οὔτε ἐν τ. μέλλοντι
36 [2] ἀποδώσουσιν περὶ αὐτοῦ λόγον ἐν ἡμέρᾳ κρίσεως
40 [1] ἦν Ἰωνᾶς ἐν τ. κοιλίᾳ τοῦ κήτους
[1] ἔσται ὁ υἱὸς τοῦ ἀνθρώπου ἐν τ. καρδίᾳ τ. γῆς
41 [2] ἄνδρες Νινευῖται ἀναστήσονται ἐν τ. κρίσει
42 [2] βασίλισσα νότου ἐγερθήσεται ἐν τ. κρίσει
50 [12] τ. πατρός μου τοῦ ἐν οὐρανοῖς
13 1 [2] Ἐν τ. ἡμέρᾳ ἐκείνῃ
3 [5] ἐλάλησεν αὐτοῖς πολλὰ ἐν παραβολαῖς
4 [8] καὶ ἐν τῷ σπείρειν αὐτόν
10 [5] Διὰ τί ἐν παραβολαῖς λαλεῖς αὐτοῖς;
13 [5] ἐν παραβολαῖς αὐτοῖς λαλῶ
19 [7] ἁρπάζει τὸ ἐσπαρμένον ἐν τ. καρδίᾳ αὐτοῦ
21 [7] οὐκ ἔχει ῥίζαν ἐν ἑαυτῷ
24 [1] ἀνθρώπῳ σπείραντι καλὸν σπέρμα ἐν τ. ἀγρῷ αὐτοῦ
25 [8] ἐν δὲ τῷ καθεύδειν τ. ἀνθρώπους
27 [1] οὐχὶ καλὸν σπέρμα ἔσπειρας ἐν τ. σῷ ἀγρῷ;
30 [2] ἐν καιρῷ τ. θερισμοῦ
31 [1] ἄνθρωπος ἔσπειρεν ἐν τ. ἀγρῷ αὐτοῦ
32 [1] κατασκηνοῦν ἐν τ. κλάδοις αὐτοῦ
34 [5] ταῦτα πάντα ἐλάλησεν ὁ Ἰησοῦς ἐν παραβολαῖς
35 [5] Ἀνοίξω ἐν παραβολαῖς τὸ στόμα μου
אֶפְתְּחָה בְמָשָׁל פִּי, Ps. lxxviii. 2
40 [2] οὕτως ἔσται ἐτ τ. συντελείᾳ τ. αἰῶνος
43 [13] ὡς ὁ ἥλιος ἐν τ. βασιλείᾳ τ. πατρὸς αὐτῶν
44 [1] ὁμοία . . . θησαυρῷ κεκρυμμένῳ ἐν τ. ἀγρῷ
49 [2] οὕτως ἔσται ἐν τ. συντελείᾳ τ. αἰῶνος
54 [1] ἐδίδασκεν αὐτοὺς ἐν τ. συναγωγῇ αὐτῶν
57 [6] ἐσκανδαλίζοντο ἐν αὐτῷ
[7, 7] εἰ μὴ ἐν τ. πατρίδι καὶ ἐν τ. οἰκίᾳ αὐτοῦ
14 1 [2] Ἐν ἐκείνῳ τ. καιρῷ

Mt 14 2 [10] διὰ τοῦτο αἱ δυνάμεις ἐνεργοῦσιν ἐν αὐτῷ
3 [1] ὁ Ἡρῴδης . . . ἐν φυλακῇ ἀπέθετο
6 [1] ὠρχήσατο ἡ θυγάτηρ τ. Ἡρῳδιάδος ἐν τ. μέσῳ
10 [1] ἀπεκεφάλισεν τ. Ἰωάννην ἐν τ. φυλακῇ
13 [1/5] ἀνεχώρησεν ἐκεῖθεν ἐν πλοίῳ
33 [1] οἱ δὲ ἐν τ. πλοίῳ προσεκύνησαν αὐτῷ
15 32 [1] μήποτε ἐκλυθῶσιν ἐν τ. ὁδῷ
33 [1] πόθεν ἡμῖν ἐν ἐρημίᾳ ἄρτοι τοσοῦτοι
16 7 [3/4] οἱ δὲ διελογίζοντο ἐν ἑαυτοῖς
8 [3/4] Τί διαλογίζεσθε ἐν ἑαυτοῖς
17 [12] ὁ πατήρ μου ὁ ἐν τ. οὐρανοῖς
19 [12, 12] δεδεμένον ἐν τ. οὐρανοῖς . . . λελυμένον ἐν τ. οὐρανοῖς
27 [8] ἔρχεσθαι ἐν τ. δόξῃ τ. πατρὸς αὐτοῦ
28 [13] ἐρχόμενον ἐν τ. βασιλείᾳ αὐτοῦ
17 5 [6] ὁ υἱός μου ὁ ἀγαπητός, ἐν ᾧ εὐδόκησα
12 [6] ἐποίησαν ἐν αὐτῷ ὅσα ἠθέλησαν
21 [5] [οὐκ ἐκπορεύεται εἰ μὴ ἐν προσευχῇ
22 [1] Συστρεφομένων δὲ αὐτῶν ἐν τ. Γαλιλαίᾳ
18 1 [2] Ἐν ἐκείνῃ τ. ὥρᾳ
[13] Τίς ἄρα μείζων ἐστὶν ἐν τ. βασιλείᾳ τ. οὐρανῶν;
2 [3] ἔστησεν αὐτὸ ἐν μέσῳ αὐτῶν
4 [13] οὗτός ἐστιν ὁ μείζων ἐν τ. βασιλείᾳ τ. οὐρανῶν
6 [1] ἵνα . . . καταποντισθῇ ἐν τ. πελάγει τ. θαλάσσης
10 [12, 12] οἱ ἄγγελοι αὐτῶν ἐν οὐρανοῖς διὰ παντὸς βλέπουσι τὸ πρόσωπον τ. πατρός μου τοῦ ἐν οὐρανοῖς
14 [12] ἔμπροσθεν τ. πατρὸς ὑμῶν [μου WH] τοῦ ἐν οὐρανοῖς
18 [12, 12] δεδεμένα ἐν οὐρανῷ . . . λελυμένα ἐν οὐρανῷ
19 [12] παρὰ τ. πατρός μου τοῦ ἐν οὐρανοῖς
20 [3] ἐκεῖ εἰμι ἐν μέσῳ αὐτῶν
19 21 [12] ἕξεις θησαυρὸν ἐν οὐρανοῖς
28 [2] ἐν τ. παλιγγενεσίᾳ
20 3 [1] εἶδεν ἄλλους ἑστῶτας ἐν τ. ἀγορᾷ ἀργούς
15 [6] οὐκ ἔξεστίν μοι ὃ θέλω ποιῆσαι ἐν τ. ἐμοῖς;
17 [1] ἐν τ. ὁδῷ εἶπεν αὐτοῖς
21 [13] ἐν τ. βασιλείᾳ σου
26 [3] οὐχ οὕτως ἔσται [ἐστὶν WH] ἐν ὑμῖν
[3] ἀλλ' ὃς ἐὰν θέλῃ ἐν ὑμῖν μέγας γενέσθαι
27 [3] ὃς ἂν θέλῃ ἐν ὑμῖν εἶναι πρῶτος
21 8 [1] ἔστρωσαν ἑαυτῶν τὰ ἱμάτια ἐν τ. ὁδῷ
[1] κλάδους . . . ἐστρώννυον ἐν τ. ὁδῷ
9 [8] Εὐλογημένος ὁ ἐρχόμενος ἐν ὀνόματι κυρίου
בָּרוּךְ הַבָּא בְּשֵׁם יְהוָה Ps. cxviii. 26
[1] Ὡσαννὰ ἐν τ. ὑψίστοις
12 [1] πάντας τ. . . . ἀγοράζοντας ἐν τ. ἱερῷ
14 [1] προσῆλθον αὐτῷ τυφλοὶ καὶ χωλοὶ ἐν τ. ἱερῷ
15 [1] τ. παῖδας τ. κράζοντας ἐν τ. ἱερῷ
19 [1] οὐδὲν εὗρεν ἐν αὐτῇ εἰ μὴ φύλλα
22 [2/5] πάντα ὅσα ἂν αἰτήσητε ἐν τ. προσευχῇ
23 [5/6] Ἐν ποίᾳ ἐξουσίᾳ ταῦτα ποιεῖς;
24 [5/6] ὑμῖν ἐρῶ ἐν ποίᾳ ἐξουσίᾳ ταῦτα ποιῶ

Mt 21 25 [3] οἱ δὲ διελογίζοντο ἐν [παρ' WH mg.] ἑαυτοῖς
27 [5/6] Οὐδὲ ἐγὼ λέγω ὑμῖν ἐν ποίᾳ ἐξουσίᾳ ταῦτα ποιῶ
28 [1] ἐργάζου ἐν τ. ἀμπελῶνι
32 [8] ἦλθεν γὰρ Ἰωάννης πρὸς ὑμᾶς ἐν ὁδῷ δικαιοσύνης
33 [1] ὤρυξεν ἐν αὐτῷ ληνόν
38 [3] οἱ δὲ γεωργοὶ . . . εἶπον ἐν ἑαυτοῖς
41 [2] ἀποδώσουσιν αὐτῷ τ. καρποὺς ἐν τ. καιροῖς αὐτῶν
42 [11] Οὐδέποτε ἀνέγνωτε ἐν τ. γραφαῖς
[6] ἔστιν θαυμαστὴ ἐν ὀφθαλμοῖς ἡμῶν
הִיא נִפְלָאת בְּעֵינֵינוּ, Ps. cxviii. 23
22 1 [5] πάλιν εἶπεν ἐν παραβολαῖς αὐτοῖς
15 [5] ὅπως αὐτὸν παγιδεύσωσιν ἐν λόγῳ
16 [8] τ. ὁδὸν τοῦ θεοῦ ἐν ἀληθείᾳ διδάσκεις
23 [2] Ἐν ἐκείνῃ τ. ἡμέρᾳ
28 [2] ἐν τ. ἀναστάσει
30 [2] ἐν γὰρ τ. ἀναστάσει
[12] ὡς ἄγγελοι ἐν τ. οὐρανῷ εἰσιν
36 [11] ποία ἐντολὴ μεγάλη ἐν τ. νόμῳ;
37 [5(3)] ἐν ὅλῃ τ. καρδίᾳ σου κ. ἐν ὅλῃ τ. ψυχῇ σου κ. ἐν ὅλῃ τ. διανοίᾳ σου
בְּכָל־לְבָבְךָ וּבְכָל־נַפְשְׁךָ, Deut. vi. 5
40 [11] ἐν ταύταις ταῖς δυσὶν ἐντολαῖς ὅλος ὁ νόμος κρέμαται
43 [10] Δαυὶδ ἐν πνεύματι καλεῖ αὐτὸν κύριον
23 6 [1, 1] τ. πρωτοκλισίαν ἐν τ. δείπνοις κ. τ. πρωτοκαθεδρίας ἐν τ. συναγωγαῖς
7 [1] κ. τοὺς ἀσπασμοὺς ἐν τ. ἀγοραῖς
16 [6, 6] Ὃς ἂν ὀμόσῃ ἐν τ. ναῷ . . . ὃς δ' ἂν ὀμόσῃ ἐν τ. χρυσῷ τ. ναοῦ
18 [6, 6] Ὃς ἂν ὀμόσῃ ἐν τ. θυσιαστηρίῳ . . . ὃς δ' ἂν ὀμόσῃ ἐν τ. δώρῳ
20 [6(3)] ὁ οὖν ὀμόσας ἐν τ. θυσιαστηρίῳ ὀμνύει ἐν αὐτῷ κ. ἐν πᾶσι τοῖς ἐπάνω αὐτοῦ
21 [6(3)] ὁ ὀμόσας ἐν τ. ναῷ ὀμνύει ἐν αὐτῷ κ. ἐν τ. κατοικοῦντι αὐτόν
22 [6(3)] ὁ ὀμόσας ἐν τ. οὐρανῷ ὀμνύει ἐν τ. θρόνῳ τ. θεοῦ κ. ἐν τ. καθημένῳ ἐπάνω αὐτοῦ.
30 [2] Εἰ ἤμεθα ἐν τ. ἡμέραις τ. πατέρων ἡμῶν
[6] κοινωνοὶ ἐν τ. αἵματι τ. προφητῶν
34 [1] ἐξ αὐτῶν μαστιγώσετε ἐν τ. συναγωγαῖς ὑμῶν
39 [8] Εὐλογημένος ὁ ἐρχόμενος ἐν ὀνόματι κυρίου Ps. cxviii. 26, l.c.
24 14 [1] κηρυχθήσεται . . . ἐν ὅλῃ τ. οἰκουμένῃ
15 [1] τὸ βδέλυγμα . . . ἑστὸς ἐν τόπῳ ἁγίῳ
16 [1] τότε οἱ ἐν τ. Ἰουδαίᾳ φευγέτωσαν
18 [1] ὁ ἐν τ. ἀγρῷ μὴ ἐπιστρεψάτω
19 [1] οὐαὶ δὲ ταῖς ἐν γαστρὶ ἐχούσαις
[2] ἐν ἐκείναις τ. ἡμέραις
26 [1] Ἰδοὺ ἐν τ. ἐρήμῳ ἐστίν
[1] Ἰδοὺ ἐν τ. ταμείοις
30 [1] τότε φανήσεται τὸ σημεῖον . . . ἐν οὐρανῷ
38 [2] ἐν τ. ἡμέραις τ. πρὸ τ. κατακλυσμοῦ
40 [1] τότε δύο ἔσονται ἐν τ. ἀγρῷ
41 [6] δύο ἀλήθουσαι ἐν τ. μύλῳ
45 [2] τοῦ δοῦναι αὐτοῖς τ. τροφὴν ἐν καιρῷ
48 [4] ἐὰν δὲ εἴπῃ . . . ἐν τ. καρδίᾳ αὐτοῦ

Mt 24 50 [2,2] ἐν ἡμέρᾳ ᾗ οὐ προσδοκᾷ κ. ἐν ὥρᾳ ᾗ οὐ γινώσκει
25 4 [1] ἔλαβον ἔλαιον ἐν τ. ἀγγείοις
16 [5] ὁ τὰ πέντε τάλαντα λαβὼν ἠργάσατο ἐν αὐτοῖς
25 [1] ἔκρυψα τὸ τάλαντόν σου ἐν τ. γῇ
31 [8] Ὅταν δὲ ἔλθῃ ὁ υἱὸς τοῦ ἀνθρώπου ἐν τ. δόξῃ αὐτοῦ
36 [1] ἐν φυλακῇ ἤμην
39 [1] πότε δέ σε εἴδομεν . . . ἐν φυλακῇ
43 [1] ἀσθενὴς κ. ἐν φυλακῇ
44 [1] ἢ ἐν φυλακῇ
26 5 [2] Μὴ ἐν τ. ἑορτῇ
[3] ἵνα μὴ θόρυβος γένηται ἐν τ. λαῷ
6 [1] ἐν Βηθανίᾳ ἐν οἰκίᾳ Σίμωνος
13 [1] ἐν ὅλῳ τ. κόσμῳ
23 [1] Ὁ ἐμβάψας μετ᾽ ἐμοῦ τ. χεῖρα ἐν τ. τρυβλίῳ
29 [13] ἐν τ. βασιλείᾳ τ. πατρός μου
31 [6] σκανδαλισθήσεσθε ἐν ἐμοί
[2] ἐν τῇ νυκτὶ ταύτῃ
33 [6] Εἰ πάντες σκανδαλισθήσονται ἐν σοί
34 [2] ἐν ταύτῃ τ. νυκτί
52 [5] οἱ λαβόντες μάχαιραν ἐν μαχαίρῃ ἀπολοῦνται
55 [2] Ἐν ἐκείνῃ τ. ὥρᾳ
[1] ἐν τ. ἱερῷ ἐκαθεζόμην
69 [1] ἐκάθητο ἔξω ἐν τ. αὐλῇ
27 12 [8] ἐν τῷ κατηγορεῖσθαι αὐτόν
29 [1] ἐπέθηκαν . . . κάλαμον ἐν τ. δεξιᾷ αὐτοῦ
40 [2] ἐν τρισὶν ἡμέραις
56 [3] ἐν αἷς ἦν Μαρία
59 [5/9] ἐνετύλιξεν αὐτὸ ἐν [WH] σινδόνι καθαρᾷ
60 [1] ἐν τ. καινῷ αὐτοῦ μνημείῳ . . . ἐν τ. πέτρᾳ
28 18 [12] Ἐδόθη μοι πᾶσα ἐξουσία ἐν οὐρανῷ
Mk 1 2 [11] γέγραπται ἐν τ. Ἠσαΐᾳ
3 [1] Φωνὴ βοῶντος ἐν τ. ἐρήμῳ
קוֹל קוֹרֵא בַּמִּדְבָּר, Is. xl. 3
4 [1] βαπτίζων ἐν τ. ἐρήμῳ
5 [1] ἐβαπτίζοντο ὑπ᾽ αὐτοῦ ἐν τ. Ἰορδάνῃ ποταμῷ
8 [1/5] ἐγὼ ἐβάπτισα ὑμᾶς [ἐν] ὕδατι
[5] αὐτὸς δὲ βαπτίσει ὑμᾶς [ἐν] πνεύματι ἁγίῳ
9 [2] ἐν ἐκείναις τ. ἡμέραις
11 [6] ὁ υἱός μου ὁ ἀγαπητός, ἐν σοὶ εὐδόκησα
13 [1] ἦν ἐν τ. ἐρήμῳ τεσσαράκοντα ἡμέρας
15 [8/14] πιστεύετε ἐν τ. εὐαγγελίῳ
16 [1] ἀμφιβάλλοντας ἐν τ. θαλάσσῃ
19 [1] εἶδεν . . . καὶ αὐτοὺς ἐν τ. πλοίῳ
20 [1] ἀφέντες τ. πατέρα . . . ἐν τ. πλοίῳ
23 [1] καὶ εὐθὺς ἦν ἐν τ. συναγωγῇ αὐτῶν ἄνθρωπος
[14] ἄνθρωπος ἐν πνεύματι ἀκαθάρτῳ
2 1 [1] ἠκούσθη ὅτι ἐν οἴκῳ ἐστίν [εἰς οἶκον, WH mg.]
6 [4] διαλογιζόμενοι ἐν τ. καρδίαις αὐτῶν
8 [3/4] ὅτι οὕτως διαλογίζονται ἐν ἑαυτοῖς
[4] Τί ταῦτα διαλογίζεσθε ἐν τ. καρδίαις ὑμῶν;
15 [1] κατακεῖσθαι αὐτὸν ἐν τ. οἰκίᾳ αὐτοῦ
19 [2] ἐν ᾧ ὁ νυμφίος μετ᾽ αὐτῶν ἐστιν
20 [2] τότε νηστεύσουσιν ἐν ἐκείνῃ τ. ἡμέρᾳ
Mk 2 23 [2] ἐγένετο αὐτὸν ἐν τ. σάββασιν παραπορεύεσθαι
3 22 [10] ἐν τ. ἄρχοντι τ. δαιμονίων ἐκβάλλει τὰ δαιμόνια
23 [5] ἐν παραβολαῖς ἔλεγεν αὐτοῖς
4 1 [1] ὥστε αὐτὸν . . . καθῆσθαι ἐν τ. θαλάσσῃ
2 [5] ἐδίδασκεν αὐτοῖς ἐν παραβολαῖς πολλά
[5] ἔλεγεν αὐτοῖς ἐν τ. διδαχῇ αὐτοῦ
4 [8] ἐγένετο ἐν τῷ σπείρειν
4 [8,8] εἰς τριάκοντα καὶ ἐν ἑξήκοντα καὶ ἐν ἑκατόν WH [ἕν—UBS thrice, εἰς . . . ἕν . . . ἕν WH mg.]
11 [5] τοῖς ἔξω ἐν παραβολαῖς τὰ πάντα γίνεται
17 [7] οὐκ ἔχουσιν ῥίζαν ἐν ἑαυτοῖς
20 [14(3)] ἐν τριάκοντα κ. [ἐν] ἑξήκοντα κ. [ἐν] ἑκατόν—WH. [ἕν—UBS thrice, WH mg.]
24 [1/5] ἐν ᾧ μέτρῳ μετρεῖτε μετρηθήσεται ὑμῖν
28 [1] πλήρη σῖτον ἐν τ. στάχυϊ
4 30 [7] ἐν τίνι αὐτὴν παραβολῇ θῶμεν;
35 [2] ἐν ἐκείνῃ τ. ἡμέρᾳ
36 [1] ὡς ἦν ἐν τ. πλοίῳ
38 [1] αὐτὸς ἦν ἐν τ. πρύμνῃ
5 2 [14] ἄνθρωπος ἐν πνεύματι ἀκαθάρτῳ
3 [1] τ. κατοίκησιν εἶχεν ἐν τ. μνήμασιν
5 [1,1] ἐν τ. μνήμασιν κ. ἐν τ. ὄρεσιν
13 [1] ἐπνίγοντο ἐν τ. θαλάσσῃ
20 [1] ἤρξατο κηρύσσειν ἐν τ. Δεκαπόλει
21 [1] ἐν τ. πλοίῳ WH, – UBS
25 [14] γυνὴ οὖσα ἐν ῥύσει αἵματος
27 [3] ἐλθοῦσα ἐν τ. ὄχλῳ ὄπισθεν
30 [4] ὁ Ἰησοῦς ἐπιγνοὺς ἐν ἑαυτῷ
[3] ἐπιστραφεὶς ἐν τ. ὄχλῳ
6 2 [1] ἤρξατο διδάσκειν ἐν τ. συναγωγῇ
3 [6] ἐσκανδαλίζοντο ἐν αὐτῷ
4 [1] εἰ μὴ ἐν τ. πατρίδι αὐτοῦ
[3] κ. ἐν τ. συγγενεῦσιν αὐτοῦ
[1/3] κ. ἐν τ. οἰκίᾳ αὐτοῦ
14 [4/5] ἐνεργοῦσιν αἱ δυνάμεις ἐν αὐτῷ
17 [1] ἔδησεν αὐτὸν ἐν φυλακῇ
27 [1] ἀπεκεφάλισεν αὐτὸν ἐν τ. φυλακῇ
29 [1] ἔθηκαν αὐτὸ ἐν μνημείῳ
32 [1] ἀπῆλθον ἐν τ. πλοίῳ εἰς ἔρημον τόπον
47 [1] ἦν τὸ πλοῖον ἐν μέσῳ τ. θαλάσσης
48 [2] βασανιζομένους ἐν τῷ ἐλαύνειν
51 [4] ἐν ἑαυτοῖς ἐξίσταντο
56 [1] ἐν τ. ἀγοραῖς ἐτίθεσαν τ. ἀσθενοῦντας
8 1 [2] Ἐν ἐκείναις τ. ἡμέραις
3 [1] ἐκλυθήσονται ἐν τ. ὁδῷ
14 [1] εἰ μὴ ἕνα ἄρτον οὐκ εἶχον . . . ἐν τ. πλοίῳ
27 [1] ἐν τ. ὁδῷ ἐπηρώτα τ. μαθητὰς αὐτοῦ
38 [2] ἐν τ. γενεᾷ ταύτῃ
[8] ὅταν ἔλθῃ ἐν τ. δόξῃ τ. πατρὸς αὐτοῦ
9 1 [8] τ. βασιλείαν τ. θεοῦ ἐληλυθυῖαν ἐν δυνάμει
29 [5,5] ἐν οὐδενὶ δύναται ἐξελθεῖν εἰ μὴ ἐν προσευχῇ
33 [1] ἐν τ. οἰκίᾳ γενόμενος
[1] Τί ἐν τ. ὁδῷ διελογίζεσθε;
34 [1] διελέχθησαν ἐν τ. ὁδῷ τίς μείζων
36 [3] ἔστησεν αὐτὸ ἐν μέσῳ αὐτῶν
38 [5] εἴδομέν τινα ἐν τ. ὀνόματί σου ἐκβάλλοντα δαιμόνια

Mk **9** 41 [8] ἐν ὀνόματι ὅτι Χριστοῦ ἐστε
50 [5] ἐν τίνι αὐτὸ ἀρτύσετε;
[3] ἔχετε ἐν ἑαυτοῖς ἅλα
[3] καὶ εἰρηνεύετε ἐν ἀλλήλοις
10 21 [12] ἕξεις θησαυρὸν ἐν οὐρανῷ
30 [2] νῦν ἐν τ. καιρῷ τούτῳ
[2] ἐν τ. αἰῶνι τ. ἐρχομένῳ
32 [1] Ἦσαν δὲ ἐν τ. ὁδῷ
37 [8] Δὸς ἡμῖν ἵνα ... καθίσωμεν ἐν τ. δόξῃ σου
43 [3] οὐχ οὕτως δέ ἐστιν ἐν ὑμῖν
[3] ὃς ἂν θέλῃ μέγας γενέσθαι ἐν ὑμῖν
44 [3] ὃς ἂν θέλῃ ἐν ὑμῖν εἶναι πρῶτος
52 [1] ἠκολούθει αὐτῷ ἐν τ. ὁδῷ
11 9 [8] Εὐλογημένος ὁ ἐρχόμενος ἐν ὀνόματι Κυρίου
10 [12] Ὡσαννὰ ἐν τ. ὑψίστοις
13 [1] ἦλθεν εἰ ἄρα τι εὑρήσει ἐν αὐτῇ
15 [1] τ. ἀγοράζοντας ἐν τ. ἱερῷ
23 [4] καὶ μὴ διακριθῇ ἐν τ. καρδίᾳ αὐτοῦ
25 [12] ὁ πατὴρ ὑμῶν ὁ ἐν τοῖς οὐρανοῖς
[26 [12] ὁ πατὴρ ὑμῶν ὁ ἐν τ. οὐρανοῖς—UBS, WH
27 [1] ἐν τ. ἱερῷ περιπατοῦντος αὐτοῦ
28 [5] Ἐν ποίᾳ ἐξουσίᾳ ταῦτα ποιεῖς;
29 [5] ἐν ποίᾳ ἐξουσίᾳ ταῦτα ποιῶ
33 [5] Οὐ δὲ ἐγὼ λέγω ὑμῖν ἐν ποίᾳ ἐξουσίᾳ ταῦτα ποιῶ
12 1 [5] ἤρξατο αὐτοῖς ἐν παραβολαῖς λαλεῖν
11 [6] ἔστιν θαυμαστὴ ἐν ὀφθαλμοῖς ἡμῶν Ps cxviii. 23. l.c.
23 [2] ἐν τ. ἀναστάσει
25 [12] εἰσὶν ὡς ἄγγελοι ἐν τ. οὐρανοῖς
26 [11] οὐκ ἀνέγνωτε ἐν τ. βίβλῳ Μωϋσέως
35 [1] διδάσκων ἐν τ. ἱερῷ
36 [10] Δαυὶδ εἶπεν ἐν τ. πνεύματι τ. ἁγίῳ
38 [5] ἐν τ. διδαχῇ αὐτοῦ ἔλεγεν
[9] ἐν στολαῖς περιπατεῖν
[1] ἀσπασμοὺς ἐν τ. ἀγοραῖς
39 [1] πρωτοκαθεδρίας ἐν τ. συναγωγαῖς
[1] κ. πρωτοκλισίας ἐν τ. δείπνοις
13 11 [2] ἐν ἐκείνῃ τ. ὥρᾳ
14 [1] οἱ ἐν τ. Ἰουδαίᾳ
17 [1] ταῖς ἐν γαστρὶ ἐχούσαις
[2] ἐν ἐκείναις τ. ἡμέραις
24 [2] ἐν ἐκείναις τ. ἡμέραις
25 [12] αἱ δυνάμεις αἱ ἐν τ. οὐρανοῖς
צְבָא הַשָּׁמַיִם, Is. xxxiv. 4
26 [1] ἐρχόμενον ἐν νεφέλαις
עִם־עֲנָנֵי שְׁמַיָּא Dan. vii. 13
32 [12] οἱ ἄγγελοι ἐν οὐρανῷ
14 1 [5] πῶς αὐτὸν ἐν δόλῳ κρατήσαντες ἀποκτείνωσιν
2 [2] Μὴ ἐν τ. ἑορτῇ
3 [1] ὄντος αὐτοῦ ἐν Βηθανίᾳ
6 [6] καλὸν ἔργον ἠργάσατο ἐν ἐμοί
25 [13] ἐν τ. βασιλείᾳ τοῦ θεοῦ
49 [1] ἤμην πρὸς ὑμᾶς ἐν τ. ἱερῷ
66 [1] ὄντος τ. Πέτρου κάτω ἐν τ. αὐλῇ
15 7 [2] ἐν τ. στάσει φόνον πεποιήκεισαν
29 [2] ἐν τρισὶν ἡμέραις, [ἐν] WH
40 [3] γυναῖκες ... ἐν αἷς κ. Μαρία

Mk **15** 41 [1] ὅτε ἦν ἐν τ. Γαλιλαίᾳ
46 [1] ἔθηκεν αὐτὸν ἐν μνημείῳ
16 5 [1] νεανίσκον καθήμενον ἐν τ. δεξιοῖς
[12 [8] ἐφανερώθη ἐν ἑτέρᾳ μορφῇ
[17 [5] ἐν τῷ ὀνόματί μου δαιμόνια ἐκβαλοῦσιν
[18 [1/5] ἐν τ. χερσὶν ὄφεις ἀροῦσιν [UBS, WH]
Lu **1** 1 [3] τ. πεπληροφορημένων ἐν ἡμῖν πραγμάτων
5 [2] ἐν τ. ἡμέραις Ἡρῴδου
6 [7] πορευόμενοι ἐν πάσαις τ. ἐντολαῖς ... τ. κυρίου
7 [2] προβεβηκότες ἐν τ. ἡμέραις αὐτῶν ἦσαν
8 [2/8] Ἐγένετο δὲ ἐν τῷ ἱερατεύειν αὐτόν
[8] ἐν τ. τάξει τ. ἐφημερίας αὐτοῦ
17 [5] ἐν πνεύματι κ. δυνάμει Ἠλίου
[5/16] ἐπιστρέψαι ... ἀπειθεῖς ἐν φρονήσει δικαίων
18 [2] προβεβηκυῖα ἐν τ. ἡμέραις αὐτῆς
21 [2/5] ἐθαύμαζον ἐν τῷ χρονίζειν ... αὐτόν
[1] ἐν τ. ναῷ
22 [1] ὀπτασίαν ἑώρακεν ἐν τ. ναῷ
25 [2] ἐν ἡμέραις αἷς ἐπεῖδεν
[3] ἀφελεῖν ὄνειδός μου ἐν ἀνθρώποις
26 [2] Ἐν δὲ τ. μηνὶ τ. ἕκτῳ
[28 [3] εὐλογημένη σὺ ἐν γυναιξίν—UBS, WH
31 [1] συλλήμψῃ ἐν γαστρί
36 [2] συνείληφεν υἱὸν ἐν γήρει αὐτῆς
39 [2] ἐν τ. ἡμέραις ταύταις
41 [1] ἐσκίρτησεν τὸ βρέφος ἐν τ. κοιλίᾳ αὐτῆς
42 [3] Εὐλογημένη σὺ ἐν γυναιξίν
44 [5] ἐσκίρτησεν ἐν ἀγαλλιάσει
[1] τὸ βρέφος ἐν τ. κοιλίᾳ μου
51 [5] Ἐποίησεν κράτος ἐν βραχίονι αὐτοῦ
59 [2] ἐγένετο ἐν τ. ἡμέρᾳ τ. ὀγδόῃ
65 [1] ἐν ὅλῃ τ. ὀρεινῇ τ. Ἰουδαίας
66 [4] ἔθεντο ... ἐν τ. καρδίᾳ αὐτῶν
69 [7] ἐν οἴκῳ Δαυὶδ παιδὸς αὐτοῦ
75 [8] ἐν ὁσιότητι κ. δικαιοσύνῃ
77 [5] ἐν ἀφέσει ἁμαρτιῶν αὐτῶν
78 [5] ἐν οἷς ἐπισκέψεται ἡμᾶς ἀνατολή
79 [7] τ. ἐν σκότει καὶ σκιᾷ θανάτου καθημένοις
80 [1] ἦν ἐν τ. ἐρήμοις
2 1 [2] ἐν τ. ἡμέραις ἐκείναις
6 [2] ἐν τῷ εἶναι αὐτοὺς ἐκεῖ
7 [1] ἀνέκλινεν αὐτὸν ἐν φάτνῃ
[1] οὐκ ἦν αὐτοῖς τόπος ἐν τ. καταλύματι
8 [1] ποιμένες ἦσαν ἐν τ. χώρᾳ
11 [1] ἐν πόλει Δαυίδ
12 [1] κείμενον ἐν φάτνῃ
14 [12] Δόξα ἐν ὑψίστοις Θεῷ
[3] εἰρήνη ἐν ἀνθρώποις εὐδοκίας
16 [1] κείμενον ἐν τ. φάτνῃ
19 [4] συμβάλλουσα ἐν τ. καρδίᾳ αὐτῆς
21 [1] πρὸ τοῦ συλλημφθῆναι αὐτὸν ἐν τ. κοιλίᾳ
23 [11] γέγραπται ἐν νόμῳ κυρίου
24 [11] κατὰ τὸ εἰρημένον ἐν τ. νόμῳ κυρίου
25 [1] ἄνθρωπος ἦν ἐν Ἰερουσαλήμ
27 [10] ἦλθεν ἐν τ. πνεύματι
[2] ἐν τῷ εἰσαγαγεῖν τ. γονεῖς τὸ παιδίον
29 [8] ἀπολύεις τ. δοῦλόν σου ... ἐν εἰρήνῃ
34 [3] εἰς πτῶσιν καὶ ἀνάστασιν πολλῶν ἐν τ. Ἰσραήλ
36 [2] προβεβηκυῖα ἐν ἡμέραις πολλαῖς

Lu 2 43 [2] ἐν τῷ ὑποστρέφειν αὐτούς
[2] ὑπέμεινεν Ἰησοῦς ὁ παῖς ἐν Ἰερουσαλήμ
44 [3] νομίσαντες δὲ αὐτὸν εἶναι ἐν τ. συνοδίᾳ
46 [1] εὗρον αὐτὸν ἐν τ. ἱερῷ
[3] ἐν μέσῳ τ. διδασκάλων
49 [1/6] ἐν τοῖς τοῦ πατρός μου δεῖ εἶναί με
51 [4] ἐν τ. καρδίᾳ αὐτῆς
52 [8] προέκοπτεν [ἐν τῇ] σοφίᾳ—ἐν WH
3 1 [2] Ἐν ἔτει δὲ πεντεκαιδεκάτῳ
2 [1] ἐπὶ Ἰωάννην τὸν Ζαχαρίου υἱὸν ἐν τ. ἐρήμῳ
4 [11] γέγραπται ἐν βίβλῳ λόγων Ἠσαΐου
Φωνὴ βοῶντος ἐν τ. ἐρήμῳ
קוֹל קוֹרֵא בַּמִּדְבָּר, Is. xl. 3
8 [3/4] μὴ ἄρξησθε λέγειν ἐν ἑαυτοῖς
15 [4] διαλογιζομένων πάντων ἐν τ. καρδίαις αὐτῶν
16 [5] αὐτὸς ὑμᾶς βαπτίσει ἐν πνεύματι ἁγίῳ
17 [1] τὸ πτύον ἐν τ. χειρὶ αὐτοῦ
20 [1] κατέκλεισεν τ. Ἰωάννην ἐν φυλακῇ
21 [2] ἐν τῷ βαπτισθῆναι ἅπαντα τ. λαόν
22 [6] ὁ υἱός μου ὁ ἀγαπητός, ἐν σοὶ εὐδόκησα
4 1 [10, 1] ἤγετο ἐν τ. πνεύματι ἐν τ. ἐρήμῳ
2 [2] ἐν τ. ἡμέραις ἐκείναις
5 [2] ἐν στιγμῇ χρόνου
14 [5] ἐν τ. δυνάμει τ. πνεύματος
15 [1] ἐδίδασκεν ἐν τ. συναγωγαῖς αὐτῶν
16 [2] ἐν τ. ἡμέρᾳ τῶν σαββάτων
18 [5] ἀποστεῖλαι τεθραυσμένους ἐν ἀφέσει
וְשַׁלַּח רְצוּצִים חָפְשִׁים, Is. lviii. 6
20 [1] πάντων οἱ ὀφθαλμοὶ ἐν τ. συναγωγῇ
21 [7] πεπλήρωται ἡ γραφὴ αὕτη ἐν τ. ὠσὶν ὑμῶν
23 [1] ποίησον καὶ ὧδε ἐν τ. πατρίδι σου
24 [1] οὐδεὶς προφήτης δεκτός ἐστιν ἐν τ. πατρίδι αὐτοῦ
25 [2] ἐν τ. ἡμέραις Ἠλίου
27 [3] πολλοὶ λεπροὶ ἦσαν ἐν τ. Ἰσραήλ
28 [1] ἐπλήσθησαν πάντες θυμοῦ ἐν τ. συναγωγῇ
31 [2] ἦν διδάσκων αὐτοὺς ἐν τ. σάββασιν
32 [5] ἐν ἐξουσίᾳ ἦν ὁ λόγος αὐτοῦ
33 [1] ἐν τ. συναγωγῇ ἦν ἄνθρωπος
36 [5] ἐν ἐξουσίᾳ κ. δυνάμει ἐπιτάσσει
5 1 [8] ἐν τῷ τ. ὄχλον ἐπικεῖσθαι αὐτῷ
3 [1] ἐν τ. πλοίῳ—ἐκ τ. πλοίου UBS, WH
7 [1] τ. μετόχοις ἐν τ. ἑτέρῳ πλοίῳ
12 [2/8, 1] ἐν τῷ εἶναι αὐτὸν ἐν μιᾷ τ. πόλεων
16 [1] ἦν ὑποχωρῶν ἐν τ. ἐρήμοις
17 [2] ἐν μιᾷ τ. ἡμερῶν
22 [4] Τί διαλογίζεσθε ἐν τ. καρδίαις ὑμῶν;
29 [1] ἐν τ. οἰκίᾳ αὐτοῦ
34 [2] ἐν ᾧ ὁ νυμφίος μετ' αὐτῶν ἐστιν
35 [2] τότε νηστεύσουσιν ἐν ἐκείναις τ. ἡμέραις
6 1 [2] Ἐγένετο δὲ ἐν σαββάτῳ
6 [2] Ἐγένετο δὲ ἐν ἑτέρῳ σαββάτῳ
7 [2] εἰ ἐν τ. σαββάτῳ θεραπεύει
12 [2] ἐν τ. ἡμέραις ταύταις
[8] ἦν διανυκτερεύων ἐν τ. προσευχῇ
23 [2] χάρητε ἐν ἐκείνῃ τ. ἡμέρᾳ
[12] ὁ μισθὸς ὑμῶν πολὺς ἐν τ. οὐρανῷ

Lu 6 41 [1] τὸ κάρφος τὸ ἐν τ. ὀφθαλμῷ τ. ἀδελφοῦ σου
[1] τ. δὲ δοκὸν τὴν ἐν τ. ἰδίῳ ὀφθαλμῷ
42 [1] τὸ κάρφος τὸ ἐν τ. ὀφθαλμῷ σου
42 [1] τὴν ἐν τ. ὀφθαλμῷ σου δοκόν
[1] τὸ κάρφος τὸ ἐν τ. ὀφθαλμῷ τ. ἀδελφοῦ σου
7 9 [3] οὐδὲ ἐν τῷ Ἰσραὴλ τοσαύτην πίστιν εὗρον
11 [2] ἐγένετο ἐν τῷ ἑξῆς
16 [3] Προφήτης μέγας ἠγέρθη ἐν ἡμῖν
17 [1] ἐξῆλθεν ὁ λόγος οὗτος ἐν ὅλῃ τ. Ἰουδαίᾳ
21 [2] ἐν ἐκείνῃ τ. ὥρᾳ
23 [6] ὃς ἐὰν μὴ σκανδαλισθῇ ἐν ἐμοί
25 [9] ἄνθρωπον ἐν μαλακοῖς ἱματίοις ἠμφιεσμένον
[9] οἱ ἐν ἱματισμῷ ἐνδόξῳ
[1] ἐν τ. βασιλείοις εἰσίν
28 [3] μείζων ἐν γεννητοῖς γυναικῶν Ἰωάννου
[13] ἐν τ. βασιλείᾳ τ. Θεοῦ
32 [1] παιδίοις τοῖς ἐν ἀγορᾷ καθημένοις
37 [1] ἥτις ἐν τ. πόλει ἁμαρτωλός
[1] κατάκειται ἐν τ. οἰκίᾳ
39 [4] ὁ Φαρισαῖος . . . εἶπεν ἐν ἑαυτῷ
49 [3/4] ἤρξαντο οἱ συνανακείμενοι λέγειν ἐν ἑαυτοῖς
8 1 [2] ἐγένετο ἐν τῷ καθεξῆς
5 [8] ἐν τῷ σπείρειν αὐτόν
7 [1] ἔπεσεν ἐν μέσῳ τ. ἀκανθῶν
10 [5] τ. δὲ λοιποῖς ἐν παραβολαῖς
13 [2] ἐν καιρῷ πειρασμοῦ ἀφίστανται
15 [1] τὸ δὲ ἐν τ. καλῇ γῇ
[5] ἐν καρδίᾳ καλῇ κ. ἀγαθῇ ἀκούσαντες
[8] καρποφοροῦσιν ἐν ὑπομονῇ
22 [2] ἐν μιᾷ τ. ἡμερῶν
27 [1, 1] ἐν οἰκίᾳ οὐκ ἔμενεν ἀλλ' ἐν τ. μνήμασιν
32 [1] βοσκομένη ἐν τ. ὄρει
40 [8] Ἐν τῷ ὑποστρέφειν τ. Ἰησοῦν
42 [8] Ἐν δὲ τῷ ὑπάγειν αὐτόν
43 [8] γυνὴ οὖσα ἐν ῥύσει αἵματος
9 12 [1] ὧδε ἐν ἐρήμῳ τόπῳ ἐσμέν
18 [8] ἐν τῷ εἶναι αὐτὸν προσευχόμενον
26 [8] ὅταν ἔλθῃ ἐν τ. δόξῃ αὐτοῦ
29 [8] ἐγένετο ἐν τῷ προσεύχεσθαι αὐτόν
31 [8] ὀφθέντες ἐν δόξῃ
[1] ἤμελλεν πληροῦν ἐν Ἰερουσαλήμ
33 [8] ἐγένετο ἐν τῷ διαχωρίζεσθαι αὐτούς
34 [8] ἐφοβήθησαν δὲ ἐν τῷ εἰσελθεῖν αὐτούς
36 [8] ἐν τῷ γενέσθαι τ. φωνήν
[2] ἐν ἐκείναις τ. ἡμέραις
46 [3] Εἰσῆλθεν δὲ διαλογισμὸς ἐν αὐτοῖς
48 [3] ὁ γὰρ μικρότερος ἐν πᾶσιν ὑμῶν
49 [5] ἐν τ. ὀνόματί σου ἐκβάλλοντα δαιμόνια
51 [8] ἐν τῷ συμπληροῦσθαι τ. ἡμέρας
57 [1] πορευομένων αὐτῶν ἐν τ. ὁδῷ
10 3 [3] ὡς ἄρνας ἐν μέσῳ λύκων
7 [1] ἐν αὐτῇ δὲ τ. οἰκίᾳ μένετε
9 [1] θεραπεύετε τοὺς ἐν αὐτῇ ἀσθενεῖς
12 [2] ἐν τ. ἡμέρᾳ ἐκείνῃ
13 [1] ἐν Τύρῳ κ. Σιδῶνι
[1] αἱ δυνάμεις αἱ γενόμεναι ἐν ὑμῖν
[9] ἐν σακκῷ κ. σποδῷ καθήμενοι
14 [2] ἀνεκτότερον ἔσται ἐν τ. κρίσει
17 [5] ἐν τ. ὀνόματί σου

Lu **10** 20 [5] ἐν τούτῳ μὴ χαίρετε
[12] τὰ ὀνόματα ὑμῶν ἐγγέγραπται ἐν τ. οὐρανοῖς
21 [2] ἐν αὐτῇ τ. ὥρᾳ
[10] ἠγαλλιάσατο [ἐν] τ. πνεύματι τ. ἁγίῳ—ἐν WH
26 [11] Ἐν τ. νόμῳ τί γέγραπται;
27 [5,5] ἐν ὅλῃ τ. ψυχῇ σου κ. ἐν ὅλῃ τ. ἰσχύϊ σου
וּבְכָל־נַפְשְׁךָ וּבְכָל־מְאֹדֶךָ, Deut. vi. 5
[5] κ. ἐν ὅλῃ τῇ διανοίᾳ σου
31 [1] κατέβαινεν ἐν τ. ὁδῷ ἐκείνῃ—[ἐν] WH
35 [2] ἐν τῷ ἐπανέρχεσθαί με
38 [8] Ἐν τῷ πορεύεσθαι αὐτούς
11 1 [8,1] ἐν τῷ εἶναι αὐτὸν ἐν τόπῳ τινί
15 [10] Ἐν Βεελζεβοὺλ . . . ἐκβάλλει τὰ δαιμόνια
18 [10] λέγετε ἐν Βεελζεβοὺλ ἐκβάλλειν με τὰ δαιμόνια
19 [10] εἰ δὲ ἐγὼ ἐν Βεελζεβοὺλ ἐκβάλλω τὰ δαιμόνια
[10] οἱ υἱοὶ ὑμῶν ἐν τίνι ἐκβάλλουσιν;
20 [5] ἐν δακτύλῳ Θεοῦ ἐκβάλλω
21 [8] ἐν εἰρήνῃ ἐστὶν τὰ ὑπάρχοντα αὐτοῦ
27 [2] ἐν τῷ λέγειν αὐτὸν ταῦτα
31 [2] βασίλισσα νότου ἐγερήσεται ἐν τ. κρίσει
32 [2] ἄνδρες Νινευῖται ἀναστήσονται ἐν τ. κρίσει
35 [4] τὸ φῶς τὸ ἐν σοί
37 [2] Ἐν δὲ τῷ λαλῆσαι ἐρωτᾷ αὐτον Φαρισαῖος
43 [1] ἀγαπᾶτε τ. πρωτοκαθεδρίαν ἐν τ. συναγωγαῖς
[1] κ. τ. ἀσπασμοὺς ἐν τ. ἀγοραῖς
12 1 [2] Ἐν οἷς ἐπισυναχθεισῶν τ. μυριάδων τ. ὄχλου
3 [7] ὅσα ἐν τ. σκοτίᾳ εἴπατε ἐν τ. φωτὶ ἀκουσθήσεται
[1] ἐλαλήσατε ἐν τ. ταμείοις
8 [6] πᾶς ὃς ἂν ὁμολογήσῃ ἐν ἐμοί
[6] ὁ υἱὸς τ. ἀνθρώπου ὁμολογήσει ἐν αὐτῷ
12 [2] διδάξει ὑμᾶς ἐν αὐτῇ τ. ὥρᾳ
15 [5] οὐκ ἐν τῷ περισσεύειν τινὶ ἡ ζωὴ αὐτοῦ ἐστιν
17 [4] διελογίζετο ἐν ἑαυτῷ λέγων
27 [8/9] οὐδὲ Σολομὼν ἐν πάσῃ τ. δόξῃ αὐτοῦ
28 [1] εἰ δὲ ἐν ἀγρῷ τ. χόρτον . . . ὁ θεὸς οὕτως ἀμφιάζει
33 [12] θησαυρὸν ἀνέκλειπτον ἐν τ. οὐρανοῖς
38 [2,2] κἂν ἐν τ. δευτέρᾳ κἂν ἐν τ. τρίτῃ φυλακῇ
42 [2] τοῦ διδόναι ἐν καιρῷ [τὸ] σιτομέτριον
45 [4] ἐὰν δὲ εἴπῃ ὁ δοῦλος ἐκεῖνος ἐν τ. καρδίᾳ αὐτοῦ
46 [2,2] ἐν ἡμέρᾳ ᾗ οὐ προσδοκᾷ κ. ἐν ὥρᾳ ᾗ οὐ γινώσκει
51 [1] εἰρήνην . . . δοῦναι ἐν τ. γῇ
52 [7] πέντε ἐν ἑνὶ οἴκῳ
58 [1] ἐν τ. ὁδῷ δὸς ἐργασίαν
13 1 [2] ἐν αὐτῷ τ. καιρῷ
4 [1] ἔπεσεν ὁ πύργος ἐν τῷ Σιλωάμ
6 [1] πεφυτευμένην ἐν τ. ἀμπελῶνι αὐτοῦ
[1] ἦλθεν ζητῶν καρπὸν ἐν αὐτῇ
7 [1] ζητῶν καρπὸν ἐν τ. συκῇ ταύτῃ
10 [1] ἐν μιᾷ τ. συναγωγῶν
[2] ἐν τ. σάββασιν

Lu **13** 14 [2] Ἓξ ἡμέραι εἰσὶν ἐν αἷς δεῖ ἐργάζεσθαι
[2] ἐν αὐταῖς οὖν ἐρχόμενοι θεραπεύεσθε
19 [1] κατεσκήνωσεν ἐν τ. κλάδοις αὐτοῦ
26 [1] ἐν τ. πλατείαις ἡμῶν ἐδίδαξας
28 [13] πάντας τ. προφήτας ἐν τ. βασιλείᾳ τ. θεοῦ
29 [13] ἀνακλιθήσονται ἐν τ. βασιλείᾳ τ. θεοῦ
31 [2] Ἐν αὐτῇ τ. ὥρᾳ
35 [8] Εὐλογημένος ὁ ἐρχόμενος ἐν ὀνόματι κυρίου
בָּרוּךְ הַבָּא בְּשֵׁם יְהוָה, Ps. cxviii. 26
14 1 [8] ἐν τῷ ἐλθεῖν αὐτὸν εἰς οἶκόν τινος
5 [2] ἐν ἡμέρᾳ τ. σαββάτου
14 [2] ἐν τ. ἀναστάσει τ. δικαίων
15 [13] φάγεται ἄρτον ἐν τ. βασιλείᾳ τ. θεοῦ
31 [10] εἰ δυνατός ἐστιν ἐν δέκα χιλιάσιν ὑπαντῆσαι
34 [5] ἐν τίνι ἀρτυθήσεται;
15 4 [1] οὐ καταλείπει τὰ ἐνενήκοντα ἐν τ. ἐρήμῳ
7 [12] χαρὰ ἐν τ. οὐρανῷ ἔσται
25 [1] Ἦν δὲ ὁ υἱὸς αὐτοῦ ὁ πρεσβύτερος ἐν ἀγρῷ
16 3 [4] εἶπεν δὲ ἐν ἑαυτῷ ὁ οἰκονόμος
10 [6(4)] ὁ πιστὸς ἐν ἐλαχίστῳ κ. ἐν πολλῷ πιστός ἐστιν κ. ὁ ἐν ἐλαχίστῳ ἄδικος κ. ἐν πολλῷ ἄδικός ἐστιν
11 [6] ἐν τ. ἀδίκῳ μαμωνᾷ πιστοὶ οὐκ ἐγένεσθε
12 [6] ἐν τ. ἀλλοτρίῳ πιστοὶ οὐκ ἐγένεσθε
15 [3] τὸ ἐν ἀνθρώποις ὑψηλόν
23 [1] ἐν τ. ᾅδῃ
[8] ὑπάρχων ἐν βασάνοις
[1] Λάζαρον ἐν τ. κόλποις αὐτοῦ
24 [1] ὀδυνῶμαι ἐν τ. φλογὶ ταύτῃ
25 [2] ἀπέλαβες τὰ ἀγαθά σου ἐν τ. ζωῇ σου
26 [8] ἐν πᾶσι τούτοις
17 6 [1] φυτεύθητι ἐν τ. θαλάσσῃ
11 [2] ἐν τῷ πορεύεσθαι εἰς Ἰερουσαλήμ
14 [2] ἐν τῷ ὑπάγειν αὐτούς
24 [2] [ἐν τ. ἡμέρᾳ αὐτοῦ] WH mg.
26 [2] ἐν τ. ἡμέραις Νῶε
[2] ἐν τ. ἡμέραις τ. υἱοῦ τ. ἀνθρώπου
28 [2] ἐν τ. ἡμέραις Λώτ
31 [2] ἐν ἐκείνῃ τ. ἡμέρᾳ
[1] τὰ σκεύη αὐτοῦ ἐν τ. οἰκίᾳ
[1] ὁ ἐν ἀγρῷ ὁμοίως μὴ ἐπιστρεψάτω
36 [1] δύο ἐν ἀγρῷ
18 2 [1] Κριτής τις ἦν ἔν τινι πόλει
3 [1] χήρα δὲ ἦν ἐν τ. πόλει ἐκείνῃ
4 [4] εἶπεν ἐν ἑαυτῷ
8 [8] ποιήσει τ. ἐκδίκησιν αὐτῶν ἐν τάχει
22 [12] ἕξεις θησαυρὸν ἐν [τοῖς] οὐρανοῖς
30 [2] πολλαπλασίονα ἐν τ. καιρῷ τούτῳ
[2] καὶ ἐν τ. αἰῶνι τ. ἐρχομένῳ
35 [8] ἐν τῷ ἐγγίζειν αὐτὸν εἰς Ἰεριχώ
19 5 [1] ἐν τ. οἴκῳ σου δεῖ με μεῖναι
13 [2] Πραγματεύσασθε ἐν ᾧ ἔρχομαι
15 [8] ἐν τῷ ἐπανελθεῖν αὐτόν
17 [6] ἐν ἐλαχίστῳ πιστὸς ἐγένου
20 [1] ἀποκειμένην ἐν σουδαρίῳ
30 [1] ἐν ᾗ . . . εὑρήσετε πῶλον
36 [1] ὑπεστρώννυον τὰ ἱμάτια αὐτῶν ἐν τ. ὁδῷ
38 [8] Εὐλογημένος ὁ ἐρχόμενος ὁ βασιλεὺς ἐν ὀνόματι κυρίου, Ps. cxviii. 26

Lu 19 38 [12] ἐν οὐρανῷ εἰρήνη
[12] καὶ δόξα ἐν ὑψίστοις
42 [2] Εἰ ἔγνως ἐν τ. ἡμέρᾳ ταύτῃ
44 [1] καὶ τὰ τέκνα σου ἐν σοί
[1] οὐκ ἀφήσουσιν λίθον ἐπὶ λίθον ἐν σοί
47 [1] ἦν διδάσκων τὸ καθ' ἡμέραν ἐν τ. ἱερῷ
20 1 [2] ἐν μιᾷ τ. ἡμερῶν
[1] διδάσκοντες αὐτοῦ τ. λαὸν ἐν τ. ἱερῷ
2 [5/6] ἐν ποίᾳ ἐξουσίᾳ ταῦτα ποιεῖς
8 ἐν ποίᾳ ἐξουσίᾳ ταῦτα ποιῶ
19 [2] ἐν αὐτῇ τ. ὥρᾳ
33 [2] ἐν τ. ἀναστάσει
42 [11] Δαυὶδ λέγει ἐν βίβλῳ ψαλμῶν
46 [9] περιπατεῖν ἐν στολαῖς
[1] ἀσπασμοὺς ἐν τ. ἀγοραῖς
[1] πρωτοκαθεδρίας ἐν τ. συναγωγαῖς
[1] πρωτοκλισίας ἐν τ. δείπνοις
21 6 [2] ἡμέραι ἐν αἷς οὐκ ἀφήσεται λίθος
14 [4] θέτε οὖν ἐν τ. καρδίαις ὑμῶν
19 [5] ἐν τ. ὑπομονῇ ὑμῶν κτήσασθε τ. ψυχάς
21 [1] οἱ ἐν τ. Ἰουδαίᾳ
[1] οἱ ἐν μέσῳ αὐτῆς
[1] οἱ ἐν τ. χώραις
23 [1] ταῖς ἐν γαστρὶ ἐχούσαις
[2] ἐν ἐκείναις τ. ἡμέραις
25 [1] σημεῖα ἐν ἡλίῳ κ. σελήνῃ
[8] συνοχὴ ἐθνῶν ἐν ἀπορίᾳ
27 [1] ἐρχόμενον ἐν νεφέλῃ
עִם־עֲנָנֵי שְׁמַיָּא, Dan. vii. 13
34 [5] μήποτε βαρηθῶσιν ὑμῶν αἱ καρδίαι ἐν κραιπάλῃ κ. μέθῃ
36 [2] ἀγρυπνεῖτε δὲ ἐν παντὶ καιρῷ
37 [1] ἐν τ. ἱερῷ διδάσκων
38 [1] ὤρθριζεν πρὸς αὐτὸν ἐν τ. ἱερῷ
22 7 [2] [ἐν] ᾗ ἔδει θύεσθαι τὸ πάσχα
16 [13] ἕως ὅτου πληρωθῇ ἐν τ. βασιλείᾳ τ. θεοῦ
[20 [5] ἡ καινὴ διαθήκη ἐν τ. αἵματί μου
24 [3] Ἐγένετο δὲ κ. φιλονεικία ἐν αὐτοῖς
26 [3] ὁ μείζων ἐν ὑμῖν
27 [3] ἐγὼ δὲ ἐν μέσῳ ὑμῶν εἰμι ὡς ὁ διακονῶν
28 [8] μετ' ἐμοῦ ἐν τ. πειρασμοῖς μου
30 [13] ἐπὶ τ. τραπέζης μου ἐν τ. βασιλείᾳ μου
37 [6] τοῦτο τὸ γεγραμμένον δεῖ τελεσθῆναι ἐν ἐμοί
[44 [8] γενόμενος ἐν ἀγωνίᾳ
49 [5] εἰ πατάξομεν ἐν μαχαίρῃ;
53 [1] μεθ' ὑμῶν ἐν τ. ἱερῷ
55 [1] περιαψάντων δὲ πῦρ ἐν μέσῳ τ. αὐλῆς
23 4 [6] Οὐδὲν εὑρίσκω αἴτιον ἐν τ. ἀνθρώπῳ τούτῳ
7 [1] ὄντα κ. αὐτὸν ἐν Ἱεροσολύμοις
[2] ἐν ταύταις τ. ἡμέραις
9 [5] ἐπηρώτα δὲ αὐτὸν ἐν λόγοις ἱκανοῖς
12 [2] ἐν αὐτῇ τ. ἡμέρᾳ
[8] προϋπῆρχον ἐν ἔχθρᾳ ὄντες
14 [6] οὐθὲν εὗρον ἐν τ. ἀνθρώπῳ τούτῳ αἴτιον
19 [1] διὰ στάσιν τινὰ γενομένην ἐν τ. πόλει
[1/16] βληθεὶς ἐν τ. φυλακῇ
22 [6] οὐδὲν αἴτιον θανάτου εὗρον ἐν αὐτῷ
29 [2] ἔρχονται ἡμέραι ἐν αἷς ἐροῦσιν

Lu 23 31 [2, 2] εἰ ἐν τ. ὑγρῷ ξύλῳ ταῦτα ποιοῦσιν, ἐν τ. ξηρῷ τί γένηται;
40 [8] ἐν τ. αὐτῷ κρίματι εἶ
42 [13] ὅταν ἔλθῃς ἐν τ. βασιλείᾳ σου—εἰς WH
43 [1] μετ' ἐμοῦ ἔσῃ ἐν τ. παραδείσῳ
53 [1] ἔθηκεν αὐτὸν ἐν μνήματι λαξευτῷ
24 4 [2] ἐν τῷ ἀπορεῖσθαι αὐτὰς περὶ τούτου
[9] ἄνδρες δύο . . . ἐν ἐσθῆτι ἀστραπτούσῃ
6 [1] ἔτι ὢν ἐν τῇ Γαλιλαίᾳ
13 [2] ἐν αὐτῇ τ. ἡμέρᾳ
15 [8] ἐν τῷ ὁμιλεῖν αὐτούς
18 [1] τὰ γενόμενα ἐν αὐτῇ
[2] ἐν τ. ἡμέραις ταύταις
19 [5/8] δυνατὸς ἐν ἔργῳ κ. λόγῳ
27 [11] διερμήνυσεν αὐτοῖς ἐν πάσαις τ. γραφαῖς
30 [8] ἐν τῷ κατακλιθῆναι αὐτὸν μετ' αὐτῶν
32 [4] Οὐχὶ ἡ καρδία ἡμῶν καιομένη ἦν [ἐν ἡμῖν] —WH mg. ἐν ἡμῖν
[1] ὡς ἐλάλει ἡμῖν ἐν τ. ὁδῷ
35 [1] ἐξηγοῦντο τὰ ἐν τ. ὁδῷ
[2/5] ἐγνώσθη αὐτοῖς ἐν τ. κλάσει τ. ἄρτου
36 [1] ἔστη ἐν μέσῳ αὐτῶν
38 [4] διὰ τί λογισμοὶ ἀναβαίνουσιν ἐν τ. καρδίᾳ ὑμῶν;
44 [11] πάντα τὰ γεγραμμένα ἐν τ. νόμῳ Μωϋσέως
49 [1] ὑμεῖς δὲ καθίσατε ἐν τ. πόλει
51 [8] ἐν τῷ εὐλογεῖν αὐτὸν αὐτούς
53 [1] ἦσαν διὰ παντὸς ἐν τ. ἱερῷ
Jo 1 1 [2] Ἐν ἀρχῇ ἦν ὁ λόγος
2 [2] οὗτος ἦν ἐν ἀρχῇ πρὸς τ. θεόν
3-4 [10] ὃ γέγονεν ἐν αὐτῷ ζωὴ ἦν—[4] ὃ γέγονεν. ἐν αὐτῷ, WH mg.
5 [7] τὸ φῶς ἐν τ. σκοτίᾳ φαίνει
10 [1] ἐν τ. κόσμῳ ἦν
14 [3] ἐσκήνωσεν ἐν ἡμῖν
23 [1] φωνὴ βοῶντος ἐν τ. ἐρήμῳ
קוֹל קוֹרֵא בַּמִּדְבָּר, Is. xl. 3
26 [5] Ἐγὼ βαπτίζω ἐν ὕδατι
28 [1] Ταῦτα ἐν Βηθανίᾳ ἐγένετο
31 [5] ἦλθον ἐγὼ ἐν ὕδατι βαπτίζων
33 [5] ὁ πέμψας με βαπτίζειν ἐν ὕδατι
[5] ὁ βαπτίζων ἐν πνεύματι ἁγίῳ
45 [11] Ὃν ἔγραψεν Μωϋσῆς ἐν τ. νόμῳ
47 [4] Ἰσραηλίτης ἐν ᾧ δόλος οὐκ ἔστιν
2 1 [1] γάμος ἐγένετο ἐν Κανά
11 [1] Ταύτην ἐποίησεν ἀρχὴν τ. σημείων ὁ Ἰησοῦς ἐν Κανά
14 [1] εὗρεν ἐν τ. ἱερῷ τ. πωλοῦντας βόας
19 [2] ἐν τρισὶν ἡμέραις ἐγερῶ αὐτόν—[WH]
20 [2] ἐν τρισὶν ἡμέραις ἐγερεῖς αὐτόν;
23 [1, 2, 2] Ὡς δὲ ἦν ἐν τ. Ἱεροσολύμοις ἐν τ. πάσχα ἐν τ. ἑορτῇ
25 [4] ἐγίνωσκεν τί ἦν ἐν τ. ἀνθρώπῳ
3 12 [12] ὁ ὢν ἐν τ. οὐρανῷ – UBS, WH
14 [1] Μωϋσῆς ὕψωσεν τὸν ὄφιν ἐν τ. ἐρήμῳ
15 [10? 15? 16?] ἐν αὐτῷ ἔχῃ ζωὴν αἰώνιον
21 [10] ἐν θεῷ ἐστιν εἰργασμένα
23 [1] ὁ Ἰωάννης βαπτίζων ἐν Αἰνών
35 [17] πάντα δέδωκεν ἐν τ. χειρὶ αὐτοῦ
4 14 [4] γενήσεται ἐν αὐτῷ πηγὴ ὕδατος

Jo 4 20 [1] ἐν τ. ὄρει τούτῳ προσεκύνησαν
[1] ἐν Ἱεροσολύμοις ἐστὶν ὁ τόπος
21 [1] οὔτε ἐν τῷ ὄρει τούτῳ οὔτε ἐν Ἱεροσολύμοις
23 [5] ἐν πνεύματι κ. ἀληθείᾳ
24 [5] ἐν πνεύματι κ. ἀληθείᾳ δεῖ προσκυνεῖν
31 [2] Ἐν τ. μεταξύ
37 [6] ἐν γὰρ τούτῳ ὁ λόγος ἐστὶν ἀληθινός
44 [1] προφήτης ἐν τ. ἰδίᾳ πατρίδι τιμὴν οὐκ ἔχει
45 [1,2] ὅσα ἐποίησεν ἐν Ἱεροσολύμοις ἐν τ. ἑορτῇ
46 [1] ὁ υἱὸς ἠσθένει ἐν Καφαρναούμ
52 [2] τ. ὥραν . . . ἐν ᾗ κομψότερον ἔσχεν
53 [2,2] ἐν ἐκείνῃ τ. ὥρᾳ ἐν ᾗ εἶπεν αὐτῷ ὁ Ἰησοῦς — 1° WH
5 2 [1] ἐν τ. Ἱεροσολύμοις . . . κολυμβήθρα
3 [1] ἐν ταύταις κατέκειτο πλῆθος
[4 [1] κατέβαινεν ἐν τ. κολυμβήθρᾳ
5 [8] . . . ἔτη ἔχων ἐν τ. ἀσθενείᾳ αὐτοῦ
7 [2] ἐν ᾧ δὲ ἔρχομαι ἐγώ
9 [2] Ἦν δὲ σάββατον ἐν ἐκείνῃ τ. ἡμέρᾳ
13 [1] ὄχλου ὄντος ἐν τ. τόπῳ
14 [1] εὑρίσκει αὐτὸν ὁ Ἰησοῦς ἐν τ. ἱερῷ
16 [2] ὅτι ταῦτα ἐποίει ἐν σαββάτῳ
26 [4] ὁ πατὴρ ἔχει ζωὴν ἐν ἑαυτῷ
[4] καὶ τ. υἱῷ ἔδωκεν ζωὴν ἔχειν ἐν ἑαυτῷ
28 [2,1] ἔρχεται ὥρα ἐν ᾗ πάντες οἱ ἐν τ. μνημείοις
35 [7] ἀγαλλιαθῆναι πρὸς ὥραν ἐν τ. φωτὶ αὐτοῦ
38 [4] τ. λόγον αὐτοῦ οὐκ ἔχετε ἐν ὑμῖν
39 [5/11] ὑμεῖς δοκεῖτε ἐν αὐταῖς ζωὴν αἰώνιον ἔχειν
42 [4] τ. ἀγάπην τ. θεοῦ οὐκ ἔχετε ἐν ἑαυτοῖς
43 [10] ἐλήλυθα ἐν τ. ὀνόματι τ. πατρός μου
[10] ἐὰν ἄλλος ἔλθῃ ἐν τ. ὀνόματι τ. ἰδίῳ
6 10 [1] ἦν δὲ χόρτος πολὺς ἐν τ. τόπῳ
31 [1] τὸ μάννα ἔφαγον ἐν τ. ἐρήμῳ
39 [2] [ἐν] τ. ἐσχάτῃ ἡμέρᾳ, — WH
40 [2] [ἐν] τ. ἐσχάτῃ ἡμέρᾳ, — WH
44 [2] ἐν τ. ἐσχάτῃ ἡμέρᾳ
45 [11] ἔστιν γεγραμμένον ἐν τ. προφήταις
49 [1] ἔφαγον ἐν τ. ἐρήμῳ τὸ μάννα
53 [4] οὐκ ἔχετε ζωὴν ἐν ἑαυτοῖς
56 [15] ἐν ἐμοὶ μένει κἀγὼ ἐν αὐτῷ
59 [1] Ταῦτα εἶπεν ἐν συναγωγῇ
61 [4] εἰδὼς δὲ ὁ Ἰησοῦς ἐν ἑαυτῷ
7 1 [1,1] περιεπάτει ὁ Ἰησοῦς ἐν τ. Γαλιλαίᾳ· οὐ γὰρ ἤθελεν ἐν τ. Ἰουδαίᾳ περιπατεῖν
4 [7/8(2)] οὐδεὶς γάρ τι ἐν κρυπτῷ ποιεῖ καὶ ζητεῖ αὐτὸς ἐν παρρησίᾳ εἶναι
9 [1] ἔμεινεν ἐν τ, Γαλιλαίᾳ
10 [7/8] οὐ φανερῶς ἀλλ' ἐν κρυπτῷ
11 [1] ἐζήτουν αὐτὸν ἐν τ. ἑορτῇ
12 [3] γογγυσμὸς περὶ αὐτοῦ ἦν [πολὺς] ἐν τ. ὄχλῳ
18 [4] ἀδικία ἐν αὐτῷ οὐκ ἔστιν
22 [2] ἐν σαββάτῳ περιτέμνετε ἄνθρωπον,—[ἐν] WH
23 [2] εἰ περιτομὴν λαμβάνει ἄνθρωπος ἐν σαββάτῳ
[2] ὅλον ἄνθρωπον ὑγιῆ ἐποίησα ἐν σαββάτῳ

Jo 7 28 [1] ἔκραξεν οὖν ἐν τ. ἱερῷ
37 [2] Ἐν δὲ τ. ἐσχάτῃ ἡμέρᾳ . . . τ. ἑορτῆς
43 [3] σχίσμα οὖν ἐγένετο ἐν τ. ὄχλῳ
8 [3 [1] στήσαντες αὐτὴν ἐν μέσῳ
[5 [11] ἐν δὲ τ. νόμῳ ἡμῖν Μωϋσῆς ἐνετείλατο
[9 [1] καὶ ἡ γυνὴ ἐν μέσῳ οὖσα
12 [7] οὐ μὴ περιπατήσῃ ἐν τ. σκοτίᾳ
17 [11] καὶ ἐν τ. νόμῳ δὲ τ. ὑμετέρῳ
20 [1,1] ἐλάλησεν ἐν τῷ γαζοφυλακίῳ διδάσκων ἐν τ. ἱερῷ
21 [8] ἐν τ. ἁμαρτίᾳ ὑμῶν ἀποθανεῖσθε
24 [8] ὅτι ἀποθανεῖσθε ἐν τ. ἁμαρτίαις ὑμῶν
[8] ἀποθανεῖσθε ἐν τ. ἁμαρτίαις ὑμῶν
31 [7] Ἐὰν ὑμεῖς μείνητε ἐν τ. λόγῳ τ. ἐμῷ
35 [1] ὁ δὲ δοῦλος οὐ μένει ἐν τ. οἰκίᾳ
37 [4] ὁ λόγος ὁ ἐμὸς οὐ χωρεῖ ἐν ὑμῖν
44 [7] ἐν τ. ἀληθείᾳ οὐκ ἔστηκεν
[4] οὐκ ἔστιν ἀλήθεια ἐν αὐτῷ
9 3 [6] ἵνα φανερωθῇ τὰ ἔργα τ. θεοῦ ἐν αὐτῷ
5 [1] ὅταν ἐν τ. κόσμῳ ὦ
14 [2] ἦν δὲ σάββατον ἐν ᾗ ἡμέρᾳ
16 [3] σχίσμα ἦν ἐν αὐτοῖς
30 [8] Ἐν τούτῳ γὰρ τὸ θαυμαστόν ἐστιν
34 [8] Ἐν ἁμαρτίαις σὺ ἐγεννήθης ὅλος
10 19 [3] Σχίσμα πάλιν ἐγένετο ἐν τ. Ἰουδαίοις
22 [1] τὰ ἐγκαίνια ἐν τ. Ἱεροσολύμοις
23 [1,1] περιεπάτει ὁ Ἰησοῦς ἐν τ. ἱερῷ ἐν τ. στοᾷ
25 [5] τὰ ἔργα ἃ ἐγὼ ποιῶ ἐν τ. ὀνόματι τ. πατρός μου
34 [11] Οὐκ ἔστιν γεγραμμένον ἐν τ. νόμῳ ὑμῶν
38 [15] ὅτι ἐν ἐμοὶ ὁ πατὴρ κἀγὼ ἐν τ. πατρί
11 6 [1] ἔμεινεν ἐν ᾧ ἦν τόπῳ
9 [7] ἐάν τις περιπατῇ ἐν τ. ἡμέρᾳ
10 [7] ἐὰν δέ τις περιπατῇ ἐν τ. νυκτί
[4] τὸ φῶς οὐκ ἔστιν ἐν αὐτῷ
17 [1] τέσσαρας ἤδη ἡμέρας ἔχοντα ἐν τ. μνημείῳ
20 [1] Μαριὰμ δὲ ἐν τ. οἴκῳ ἐκαθέζετο
24 [2,2] ἀναστήσεται ἐν τ. ἀναστάσει ἐν τ. ἐσχάτῃ ἡμέρᾳ
30 [1] ἦν ἔτι ἐν τ. τόπῳ
31 [1] οἱ ὄντες μετ' αὐτῆς ἐν τ. οἰκίᾳ
38 [4] Ἰησοῦς οὖν πάλιν ἐμβριμώμενος ἐν ἑαυτῷ
54 [3] οὐκέτι παρρησίᾳ περιεπάτει ἐν τ. Ἰουδαίοις
56 [1] ἐν τ. ἱερῷ ἑστηκότες
12 13 [8] εὐλογημένος ὁ ἐρχόμενος ἐν ὀνόματι κυρίου
בָּרוּךְ הַבָּא בְּשֵׁם יְהוָה, Ps. cxviii. 26
20 [2] ἵνα προσκυνήσωσιν ἐν τ. ἑορτῇ
25 [1] ὁ μισῶν τὴν ψυχὴν αὐτοῦ ἐν τ. κόσμῳ τούτῳ
35 [3] τὸ φῶς ἐν ὑμῖν ἐστιν
[7] ὁ περιπατῶν ἐν τ. σκοτίᾳ
46 [7] πᾶς ὁ πιστεύων εἰς ἐμὲ ἐν τ. σκοτίᾳ μὴ μείνῃ
48 [2] ἐκεῖνος κρινεῖ αὐτὸν ἐν τ. ἐσχάτῃ ἡμέρᾳ
13 1 [1] ἀγαπήσας τ. ἰδίους τ. ἐν τ. κόσμῳ
23 [1] ἐν τ. κόλπῳ τ. Ἰησοῦ
31 [10] ὁ θεὸς ἐδοξάσθη ἐν αὐτῷ
32 [10] [εἰ ὁ θεὸς ἐδοξάσθη ἐν αὐτῷ]
[6/10] καὶ ὁ θεὸς δοξάσει αὐτὸν ἐν αὐτῷ

Jo 13 35 [5] ἐν τούτῳ γνώσονται πάντες
[3] ἐὰν ἀγάπην ἔχητε ἐν ἀλλήλοις
14 2 [7] ἐν τ. οἰκίᾳ τ. πατρός μου
10 [15, 15] ἐγὼ ἐν τῷ πατρὶ κ. ὁ πατὴρ ἐν ἐμοί ἐστιν
[15] ὁ δὲ πατὴρ ἐν ἐμοὶ μένων
11 [15, 15] ἐγὼ ἐν τ. πατρὶ κ. ὁ πατὴρ ἐν ἐμοί
13 [6] ὅ τι ἂν αἰτήσητε ἐν τ. ὀνόματί μου
[10] ἵνα δοξασθῇ ὁ πατὴρ ἐν τ. υἱῷ
14 [6] ἐάν τι αἰτήσητέ με ἐν τ. ὀνόματί μου
17 [4] τὸ πνεῦμα . . . ἐν ὑμῖν ἔστιν
20 [2] ἐν ἐκείνῃ τ. ἡμέρᾳ
[15, 15, 4] ἐγὼ ἐν τ. πατρί μου κ. ὑμεῖς ἐν ἐμοὶ κἀγὼ ἐν ὑμῖν
26 [6] ὃ πέμψει ὁ πατὴρ ἐν τ. ὀνόματί μου
30 [6] ἐν ἐμοὶ οὐκ ἔχει οὐδέν
15 2 [15] πᾶν κλῆμα ἐν ἐμοὶ μὴ φέρον καρπόν
4 [15, 4] μείνατε ἐν ἐμοί, κἀγὼ ἐν ὑμῖν
[1] ἐὰν μὴ μένῃ ἐν τ. ἀμπέλῳ
[15] ἐὰν μὴ ἐν ἐμοὶ μένητε
5 [15, 4] ὁ μένων ἐν ἐμοὶ κἀγὼ ἐν αὐτῷ
6 [15] ἐὰν μή τις μένῃ ἐν ἐμοί
7 [15, 4] ἐὰν μείνητε ἐν ἐμοὶ καὶ τα ῥήματά μου ἐν ὑμῖν μείνῃ
8 [5] ἐν τούτῳ ἐδοξάσθη ὁ πατήρ μου
9 [7] μείνατε ἐν τ. ἀγάπῃ τ. ἐμῇ
10 [7] μενεῖτε ἐν τ. ἀγάπῃ μου
[7] καὶ μένω αὐτοῦ ἐν τ. ἀγάπῃ
11 [4] ἵνα ἡ χαρὰ ἡ ἐμὴ ἐν ὑμῖν ᾖ
16 [6] ἵνα ὅ τι ἂν αἰτήσητε ἐν τ. ὀνόματί μου
24 [3] εἰ τὰ ἔργα μὴ ἐποίησα ἐν αὐτοῖς
25 [11] ὁ λόγος ὁ ἐν τ. νόμῳ αὐτῶν
16 13 [7] ὁδηγήσει ὑμᾶς ἐν τ. ἀληθείᾳ πάσῃ [εἰς, WH text]
23 [2] ἐν ἐκείνῃ τ. ἡμέρᾳ
[6] ἄν τι αἰτήσητε τ. πατέρα ἐν τ. ὀνόματί μου
24 [6] οὐκ ᾐτήσατε οὐδὲν ἐν τ. ὀνόματί μου
25 [5] Ταῦτα ἐν παροιμίαις λελάληκα ὑμῖν
[5] οὐκέτι ἐν παροιμίαις λαλήσω ὑμῖν
26 [2] ἐν ἐκείνῃ τ. ἡμέρᾳ
[6] ἐν τῷ ὀνόματί μου αἰτήσεσθε
29 [5] νῦν ἐν παρρησίᾳ λαλεῖς
30 [5] ἐν τούτῳ πιστεύομεν
33 [15] ἵνα ἐν ἐμοὶ εἰρήνην ἔχητε
[1] ἐν τ. κόσμῳ θλῖψιν ἔχετε
17 10 [10] καὶ δεδόξασμαι ἐν αὐτοῖς
11 [1] οὐκέτι εἰμὶ ἐν τ. κόσμῳ
[1] αὐτοὶ ἐν τ. κόσμῳ εἰσίν
[5] τήρησον αὐτοὺς ἐν τ. ὀνόματί σου
12 [5] ἐτήρουν αὐτοὺς ἐν τ. ὀνόματί σου
13 [1] ταῦτα λαλῶ ἐν τ, κόσμῳ
[4] ἵνα ἔχωσιν τ. χαρὰν τ. ἐμὴν πεπληρωμένην ἐν αὐτοῖς
17 [5] ἁγίασον αὐτοὺς ἐν τ. ἀληθείᾳ
19 [5] ἵνα ὦσιν κ. αὐτοὶ ἡγιασμένοι ἐν ἀληθείᾳ
21 [15, 15] καθὼς σύ, πάτερ, ἐν ἐμοὶ κἀγὼ ἐν σοί
[15] ἵνα κ. αὐτοὶ ἐν ἡμῖν ὦσιν
23 [4, 15] ἐγὼ ἐν αὐτοῖς κ. σὺ ἐν ἐμοί
26 [4] ἵνα ἡ ἀγάπη ἣν ἠγάπησάς με ἐν αὐτοῖς ᾖ κἀγὼ ἐν αὐτοῖς
18 20 [1, 1] ἐγὼ πάντοτε ἐδίδαξα ἐν συναγωγῇ ἐν τ. ἱερῷ

Jo 18 [7] ἐν κρυπτῷ ἐλάλησα οὐδέν
26 [1] Οὐκ ἐγώ σε εἶδον ἐν τ. κήπῳ
38 [6] Ἐγὼ οὐδεμίαν εὑρίσκω ἐν αὐτῷ αἰτίαν
39 [2] ἵνα ἕνα ἀπολύσω ὑμῖν ἐν τ. πάσχα, [ἐν] WH
19 4 [6] οὐδεμίαν αἰτίαν εὑρίσκω ἐν αὐτῷ
6 [6] οὐχ εὑρίσκω ἐν αὐτῷ αἰτίαν
31 [2] ἵνα μὴ μείνῃ ἐπὶ τ. σταυροῦ τὰ σώματα ἐν τ. σαββάτῳ
41 [1] ἦν δὲ ἐν τ. τόπῳ ὅπου ἐσταυρώθη κῆπος
[1] καὶ ἐν τ. κήπῳ μνημεῖον καινὸν ἐν ᾧ οὐδέπω . . .
20 12 [9] δύο ἀγγέλους ἐν λευκοῖς καθεζομένους
25 [1] Ἐὰν μὴ ἴδω ἐν τ. χερσὶν αὐτοῦ
30 [1] ἃ οὐκ ἔστιν γεγραμμένα ἐν τ. βιβλίῳ τούτῳ
31 [5] ἵνα πιστεύοντες ζωὴν ἔχητε ἐν τ. ὀνόματι αὐτοῦ
21 3 [2] ἐν ἐκείνῃ τ. νυκτί
20 [8] ἀνέπεσεν ἐν τ. δείπνῳ ἐπὶ τὸ στῆθος αὐτοῦ
Ac 1 3 [5] παρέστησεν ἑαυτὸν ζῶντα . . . ἐν πολλοῖς τεκμηρίοις
5 [5] ὑμεῖς δὲ ἐν πνεύματι βαπτισθήσεσθε
6 [2] ἐν τῷ χρόνῳ τούτῳ
7 [4/7] καιροὺς οὓς ὁ πατὴρ ἔθετο ἐν τ. ἰδίᾳ ἐξουσίᾳ
8 [1] ἔν τε Ἰερουσαλὴμ καὶ ἐν πάσῃ τ. Ἰουδαίᾳ, [ἐν²] WH
10 [9] ἰδοὺ ἄνδρες δύο . . . ἐν ἐσθήσεσι λευκαῖς
15 [2] ἐν τ. ἡμέραις ταύταις
[1] Πέτρος ἐν μέσῳ τ. ἀδελφῶν
17 [3] κατηριθμημένος ἦν ἐν ἡμῖν
20 [11] Γέγραπται γὰρ ἐν βίβλῳ ψαλμῶν
[1] μὴ ἔστω ὁ κατοικῶν ἐν αὐτῇ
בְּאָהֳלֵיהֶם אַל־יְהִי יֹשֵׁב, Ps. lxix. 25 (26 Heb.)
2 1 [2] ἐν τῷ συμπληροῦσθαι τ. ἡμέραν τ. πεντηκοστῆς
5 [1] Ἦσαν δὲ ἐν Ἰερουσαλὴμ κατοικοῦντες, [ἐν] WH
8 [8] τ. ἰδίᾳ διαλέκτῳ ἡμῶν ἐν ᾗ ἐγεννήθημεν
17 [2] καὶ ἔσται ἐν τ. ἐσχάταις ἡμέραις
18 [2] ἐν τ. ἡμέραις ἐκείναις
בַּיָּמִים הָהֵמָּה, Joel ii. 29 (Heb. iii. 2)
19 [12] καὶ δώσω τέρατα ἐν τ. οὐρανῷ ἄνω
וְנָתַתִּי מוֹפְתִים בַּשָּׁמַיִם, Joel ii. 30 (Heb. iii. 3)
22 [1] ἐποίησεν δι᾽ αὐτοῦ ὁ θεὸς ἐν μέσῳ ὑμῶν
29 [1] τὸ μνῆμα αὐτοῦ ἔστιν ἐν ἡμῖν
38 [6] ἐν τ. ὀνόματι Ἰησοῦ Χριστοῦ WH [ἐπί UBS]
41 [2] ἐν τ. ἡμέρᾳ ἐκείνῃ
46 [1] προσκαρτεροῦντες ὁμοθυμαδὸν ἐν τ. ἱερῷ
[8] ἐν ἀγαλλιάσει καὶ ἀφελότητι καρδίας
3 6 [5] ἐν τῷ ὀνόματι Ἰησοῦ Χριστοῦ . . . περιπάτει
25 [6/10] ἐν τ. σπέρματί σου ἐνευλογηθήσονται
וְהִתְבָּרְכוּ בְזַרְעֲךָ, Gen. xxii. 18
26 [5] εὐλογοῦντα ὑμᾶς ἐν τ. ἀποστρέφειν ἕκαστον
4 2 [6] καταγγέλλειν ἐν τ. Ἰησοῦ τ. ἀνάστασιν

Ac 4 5 [1] συναχθῆναι αὐτῶν τ. ἄρχοντας . . . ἐν Ἰερουσαλήμ
7 [1] στήσαντες αὐτοὺς ἐν τ. μέσῳ
[5,5] Ἐν ποίᾳ δυνάμει ἢ ἐν ποίῳ ὀνόματι
9 [5] ἐν τίνι οὗτος σέσωσται
10 [5] ἐν τ. ὀνόματι Ἰησοῦ Χριστοῦ
[5] ἐν τούτῳ οὗτος παρέστηκεν . . . ὑγιής
12 [10] οὐκ ἔστιν ἐν ἄλλῳ οὐδενὶ ἡ σωτηρία
[3] ὄνομα . . . τὸ δεδομένον ἐν ἀνθρώποις
[5] ἐν ᾧ δεῖ σωθῆναι ἡμᾶς
24 [1] πάντα τὰ ἐν αὐτοῖς
וְאֶת־כָּל־אֲשֶׁר בָּם, Ex. xx. 11
27 [1] συνήχθησαν . . . ἐν τ. πόλει ταύτῃ
30 [2] ἐν τῷ τ. χεῖρά σου ἐκτείνειν σε
31 [1] ἐσαλεύθη ὁ τόπος ἐν ᾧ ἦσαν συνηγμένοι
34 [3] οὐδὲ γὰρ ἐνδεής τις ἦν ἐν αὐτοῖς
5 4 [4/7] πραθὲν ἐν τ. σῇ ἐξουσίᾳ ὑπῆρχεν
[4] ἔθου ἐν τ. καρδίᾳ σου τὸ πρᾶγμα τοῦτο
12 [3] ἐγίνετο σημεῖα καὶ τέρατα πολλὰ ἐν τ. λαῷ
[1] ἦσαν . . . ἐν τ. Στοᾷ Σολομῶντος
18 [1] ἔθεντο αὐτοὺς ἐν τηρήσει δημοσίᾳ
20 [1] σταθέντες λαλεῖτε ἐν τ. ἱερῷ
22 [1] οὐχ εὗρον αὐτοὺς ἐν τ. φυλακῇ
23 [8] κεκλεισμένον ἐν πάσῃ ἀσφαλείᾳ
25 [1] οἱ ἄνδρες οὓς ἔθεσθε ἐν τ. φυλακῇ
[1] εἰσὶν ἐν τ. ἱερῷ ἑστῶτες
27 [1/3] ἔστησαν ἐν τ. συνεδρίῳ
32 ἐν αὐτῷ ἐσμεν μάρτυρες—WH mg., —UBS, WH
34 [1/3] ἀναστὰς δέ τις ἐν τ. συνεδρίῳ
37 [2] ἐν τ. ἡμέραις τ. ἀπογραφῆς
42 [1] ἐν τ. ἱέρῳ καὶ κατ᾿ οἶκον
6 1 [2] Ἐν δὲ τ. ἡμέραις ταύταις
[2/8] παρεθεωροῦντο ἐν τ. διακονίᾳ
7 [1] ἐπληθύνετο ὁ ἀριθμὸς τ. μαθητῶν ἐν Ἰερουσαλήμ
8 [3] ἐποίει τέρατα καὶ σημεῖα μεγάλα ἐν τ. λαῷ
15 [1] πάντες οἱ καθεζόμενοι ἐν τ. συνεδρίῳ
7 2 [1,1] ἐν τ. Μεσοποταμίᾳ . . . ἐν Χαρράν
4 [1] κατῴκησεν ἐν Χαρράν
5 [1] οὐκ ἔδωκεν αὐτῷ κληρονομίαν ἐν αὐτῇ
6 [1] ἐν γῇ ἀλλοτρίᾳ
בְּאֶרֶץ לֹא לָהֶם, Gen. xv. 13
7 [1] ἐν τῷ τόπῳ τούτῳ
עַל הָהָר הַזֶּה, Ex. iii. 12
13 [8] ἐν τ. δευτέρῳ ἀνεγνωρίσθη Ἰωσήφ
14 [18] ἐν ψυχαῖς ἑβδομήκοντα πέντε
16 [1] ἐτέθησαν ἐν τ. μνήματι
[1] ἐν Συχέμ
17 [1] ἐπληθύνθη ἐν Αἰγύπτῳ
20 [2] ἐν ᾧ καιρῷ ἐγεννήθη Μωϋσῆς
[1] ἀνετράφη μῆνας τρεῖς ἐν τῷ οἴκῳ τ. πατρός
22 [6] [ἐν] πάσῃ σοφίᾳ Αἰγυπτίων—WH
[6] δυνατὸς ἐν λόγοις
29 [5] ἔφυγεν δὲ Μωϋσῆς ἐν τ. λόγῳ τούτῳ
[1] ἐγένετο πάροικος ἐν γῇ Μαδιάμ
30 [1] ἐν τ. ἐρήμῳ τοῦ ὄρους Σινᾶ

Ac 7 [1] ἐν φλογὶ πυρός
בְּלַבַּת־אֵשׁ, Ex. iii. 2
34 [1] τ. κάκωσιν τ. λαοῦ μου τοῦ ἐν Αἰγύπτῳ
אֶת־עֳנִי עַמִּי אֲשֶׁר בְּמִצְרָיִם, Ex. iii. 7
35 [1] τ. ὀφθέντος αὐτῷ ἐν τῇ βάτῳ
36 [1(3)] ἐν γῇ Αἰγύπτῳ καὶ ἐν Ἐρυθρᾷ θαλάσσῃ καὶ ἐν τ. ἐρήμῳ
38 [3,1] ὁ γενόμενος ἐν τ. ἐκκλησίᾳ ἐν τ. ἐρήμῳ
[1] τοῦ λαλοῦντος αὐτῷ ἐν τ. ὄρει Σινᾶ
39 [4] ἐστράφησαν ἐν τ. καρδίαις αὐτῶν
41 [2] ἐν τ. ἡμέραις ἐκείναις
[6] εὐφραίνοντο ἐν τ. ἔργοις τ. χειρῶν αὐτῶν
42 [11] γέγραπται ἐν βίβλῳ τ. προφητῶν
[1] ἔτη τεσσαράκοντα ἐν τ. ἐρήμῳ
בַּמִּדְבָּר אַרְבָּעִים שָׁנָה, Am. v. 25
44 [1] ἦν τ. πατράσιν ἡμῶν ἐν τ. ἐρήμῳ
45 [8] ἐν τ. κατασχέσει τ. ἐθνῶν
48 [1] οὐχ ὁ ὕψιστος ἐν χειροποιήτοις κατοικεῖ
8 1 [2] ἐν ἐκείνῃ τ. ἡμέρᾳ
[1] τ. ἐκκλησίαν τ. ἐν Ἱεροσολύμοις
6 [2/5] ἐν τῷ ἀκούειν αὐτοὺς . . . τὰ σημεῖα
8 [1] ἐγένετο δὲ πολλὴ χαρὰ ἐν τ. πόλει ἐκείνῃ
9 [1] Σίμων προϋπῆρχεν ἐν τ. πόλει
14 [1] οἱ ἐν Ἱεροσολύμοις ἀπόστολοι
21 [6] οὐκ ἔστιν σοι μερὶς . . . ἐν τ. λόγῳ τούτῳ
33 [2/5] Ἐν τ. ταπεινώσει ἡ κρίσις αὐτοῦ ἤρθη, Is. liii. 8—LXX
9 3 [2] ἐν δὲ τῷ πορεύεσθαι ἐγένετο αὐτὸν ἐγγίζειν
10 [2] Ἦν δέ τις μαθητὴς ἐν Δαμασκῷ
[8] εἶπεν πρὸς αὐτὸν ἐν ὁράματι
11 [1] ζήτησον ἐν οἰκίᾳ Ἰούδα Σαῦλον
12 [8] καὶ εἶδεν ἄνδρα [ἐν ὁράματι], [WH]
13 [1] ὅσα κακὰ . . . ἐποίησεν ἐν Ἰερουσαλήμ
17 [1] ὁ ὀφθείς σοι ἐν τ. ὁδῷ
19 [1] μετὰ τ. ἐν Δαμασκῷ μαθητῶν
20 [1] εὐθέως ἐν τ. συναγωγαῖς ἐκήρυσσεν
21 [1] ὁ πορθήσας ἐν Ἰερουσαλήμ
22 [1] Ἰουδαίους τ. κατοικοῦντας ἐν Δαμασκῷ
25 [1/5] καθῆκαν αὐτὸν χαλάσαντες ἐν σπυρίδι
27 [1] πῶς ἐν τ. ὁδῷ εἶδεν τ. κύριον
[1/6] πῶς ἐν Δαμασκῷ ἐπαρρησιάσατο ἐν τ. ὀνόματι Ἰησοῦ
28 (29 RV, RSV, NEB)[6] παρρησιαζόμενος ἐν τ. ὀνόματι τ. κυρίου
36 [1] Ἐν Ἰόππῃ δέ τις ἦν μαθήτρια
37 [2] ἐν τ. ἡμέραις ἐκείναις
[1] ἔθηκαν ἐν ὑπερῴῳ
38 [1] ὅτι Πέτρος ἐστὶν ἐν αὐτῇ
43 [1] Ἐγένετο . . . μεῖναι ἐν Ἰόππῃ
10 1 [1] Ἀνὴρ δέ τις ἐν Καισαρείᾳ
3 [8] εἶδεν ἐν ὁράματι φανερῶς
12 [1] ἐν ᾧ ὑπῆρχεν πάντα τὰ τετράποδα
17 [4] ἐν ἑαυτῷ διηπόρει ὁ Πέτρος
30 [1] προσευχόμενος ἐν τ. οἴκῳ μου
[9] ἀνὴρ . . . ἐν ἐσθῆτι λαμπρᾷ
32 [1] ξενίζεται ἐν οἰκίᾳ Σίμωνος
35 [3] ἐν παντὶ ἔθνει ὁ φοβούμενος αὐτόν
39 [1] ἔν τε τ. χώρᾳ τῶν Ἰουδαίων κ. Ἰερουσαλήμ

Ac **10** 48 [6] προσέταξεν δὲ αὐτοὺς ἐν τ. ὀνόματι Ἰησοῦ Χριστοῦ
11 5 [1] Ἐγὼ ἤμην ἐν πόλει Ἰόππῃ
[8] εἶδον ἐν ἐκστάσει ὅραμα
11 [1] ἐπὶ τ. οἰκίαν ἐν ᾗ ἤμην
13 [1] εἶδεν τ. ἄγγελον ἐν τ. οἴκῳ αὐτοῦ
14 [5] ἐν οἷς σωθήσῃ
15 [2] ἐν δὲ τῷ ἄρξασθαί με λαλεῖν
[2] ὥσπερ κ. ἐφ' ἡμᾶς ἐν ἀρχῇ
16 [5] βαπτισθήσεσθε ἐν πνεύματι ἁγίῳ
22 [1] τ. ἐκκλησίας τ. οὔσης ἐν Ἰερουσαλὴμ
23 προσμένειν [ἐν] τ. κυρίῳ WH, – UBS
26 [3] συναχθῆναι ἐν τ. ἐκκλησίᾳ
[1] χρηματίσαι . . . ἐν Ἀντιοχείᾳ τ. μαθητὰς Χριστιανούς
27 [2] Ἐν ταύταις δὲ τ. ἡμέραις
29 [1] τ. κατοικοῦσιν ἐν τ. Ἰουδαίᾳ ἀδελφοῖς
12 5 [1] Πέτρος ἐτηρεῖτο ἐν τ. φυλακῇ
7 [1] φῶς ἔλαμψεν ἐν τ. οἰκήματι
[8] Ἀνάστα ἐν τάχει
11 [4] ὁ Πέτρος ἐν ἑαυτῷ γενόμενος
18 [3] τάραχος οὐκ ὀλίγος ἐν τ. σταρτιώταις
13 1 [1] Ἦσαν δὲ ἐν Ἀντιοχείᾳ . . . προφῆται
5 [1] κ. γενόμενοι ἐν Σαλαμῖνι
[1] κατήγγελλον τ. λόγον τ. θεοῦ ἐν τ. συναγωγαῖς
15 [4] εἴ τίς ἐστιν ἐν ὑμῖν λόγος παρακλήσεως
17 [2,1] τ. λαὸν ὕψωσεν ἐν τ. παροικίᾳ ἐν γῇ Αἰγύπτου
18 [1] ἐτροποφόρησεν αὐτοὺς ἐν τ. ἐρήμῳ
19 [1] καθελὼν ἔθνη ἑπτὰ ἐν γῇ Χανάαν
26 [3] οἱ ἐν ὑμῖν φοβούμενοι τ. θεόν
27 [1] οἱ γὰρ κατοικοῦντες ἐν Ἰερουσαλὴμ
33 [11] ἐν τ. ψαλμῷ γέγραπται
35 [11] κ. ἐν ἑτέρῳ λέγει
38 [39 WH] [5] οὐκ ἠδυνήθητε ἐν νόμῳ Μωϋσέως δικαιωθῆναι
39 [10/15] ἐν τούτῳ πᾶς ὁ πιστεύων δικαιοῦται
40 [11] τὸ εἰρημένον ἐν τ. προφήταις
41 [2] ἐν τ. ἡμέραις ὑμῶν
בִּימֵיכֶם, Hab. i. 5
14 1 [1] Ἐγένετο δὲ ἐν Ἰκονίῳ
8 [1] ἀνὴρ ἀδύνατος ἐν Λύστροις
15 [1] κ. πάντα τὰ ἐν αὐτοῖς
וְאֶת־כָּל־אֲשֶׁר־בָּם, Ex. xx. 11
16 [2] ὃς ἐν τ. παρῳχημέναις γενεαῖς εἴασεν
25 [1] κ. λαλήσαντες ἐν Πέργῃ τ. λόγον
15 7 [3] ἐν ὑμῖν ἐξελέξατο ὁ θεός
12 [3] ὅσα ἐποίησεν ὁ θεὸς . . . ἐν τ. ἔθνεσιν
21 [1] τ. κηρύσσοντας αὐτὸν ἔχει ἐν τ. συναγωγαῖς
22 [3] ἄνδρας ἡγουμένους ἐν τ. ἀδελφοῖς
35 [1] διέτριβον ἐν Ἀντιοχείᾳ
36 [1] κατὰ πόλιν πᾶσαν ἐν αἷς κατηγγείλαμεν
16 2 [1] ὑπο τῶν ἐν Λύστροις . . . ἀδελφῶν
3 [1] τ. Ἰουδαίους τ. ὄντας ἐν τ. τόποις ἐκείνοις
4 [1] ὑπὸ τ. ἀποστόλων . . . τῶν ἐν Ἱεροσολύμοις
6 [1] λαλῆσαι τ. λόγον ἐν τ. Ἀσίᾳ
12 [1] ἦμεν δὲ ἐν ταύτῃ τ. πόλει

Ac **16** 18 [5] Παραγγέλλω σοι ἐν ὀνόματι Ἰησοῦ Χριστοῦ
32 [1] σὺν πᾶσιν τοῖς ἐν τ. οἰκίᾳ αὐτοῦ
33 [2] ἐν ἐκείνῃ τ. ὥρᾳ τ. νυκτός
36 [8] πορεύεσθε ἐν εἰρήνῃ
17 11 [1] εὐγενέστεροι τῶν ἐν Θεσσαλονίκῃ
13 [1] ὅτι κ. ἐν Βεροίᾳ κατηγγέλη . . . ὁ λόγος
16 [1] Ἐν δὲ τ. Ἀθήναις
[4] παρωξύνετο τὸ πνεῦμα αὐτοῦ ἐν αὐτῷ
17 [1] διελέγετο μὲν οὖν ἐν τ. συναγωγῇ
[1] κ. ἐν τ. ἀγορᾷ
22 [1] Σταθεὶς δὲ ὁ Παῦλος ἐν μέσῳ
23 [1] βωμὸν ἐν ᾧ ἐπεγέγραπτο
24 [1] κ. πάντα τὰ ἐν αὐτῷ, Ex. xx. 11 l.c.
[1] οὐκ ἐν χειροποιήτοις ναοῖς κατοικεῖ
28 [15] Ἐν αὐτῷ γὰρ ζῶμεν
31 [2] ἔστησεν ἡμέραν ἐν ᾗ μέλλει κρίνειν
34 [3] τινὲς δὲ . . . ἐπίστευσαν, ἐν οἷς κ. Διονύσιος
18 4 [1] διελέγετο ἐν τ. συναγωγῇ
9 [2] εἶπεν δὲ ὁ κύριος ἐν νυκτί
10 [1] λαός ἐστί μοι πολὺς ἐν τ. πόλει ταύτῃ
11 [3] διδάσκων ἐν αὐτοῖς τ. λόγον
18 [1] κειράμενος ἐν Κεγχρεαῖς
24 [11] δυνατὸς ὢν ἐν τ. γραφαῖς
26 [1] ἤρξατο παρρησιάζεσθαι ἐν τ. συναγωγῇ
19 1 [2,1] ἐν τῷ τ. Ἀπολλῶ εἶναι ἐν Κορίνθῳ
9 [1] διαλεγόμενος ἐν τ. σχολῇ Τυράννου
16 [4] ὁ ἄνθρωπος . . . ἐν ᾧ ἦν τὸ πνεῦμα
21 [4/10] ἔθετο ὁ Παῦλος ἐν τ. πνεύματι
39 [3/10] ἐν τ. ἐννόμῳ ἐκκλησίᾳ ἐπιλυθήσεται
20 5 [1] ἔμενον ἡμᾶς ἐν Τρῳάδι
7 [2] Ἐν τ. μιᾷ τῶν σαββάτων
8 [1] λαμπάδες ἱκαναὶ ἐν τ. ὑπερῴῳ
10 [4] ἡ γὰρ ψυχὴ αὐτοῦ ἐν αὐτῷ ἐστιν
15 κ. μείναντες ἐν Τρωγυλλίῳ RV mg., NEB mg. – UBS, WH
16 [1] χρονοτριβῆσαι ἐν τ. Ἀσίᾳ
19 [5] ἐν τ. ἐπιβουλαῖς τ. Ἰουδαίων
22 [1] τὰ ἐν αὐτῇ συναντήσοντά μοι
25 [3] πάντες ἐν οἷς διῆλθον
26 [2] μαρτύρομαι ὑμῖν ἐν τ. σήμερον ἡμέρᾳ
28 [3] παντὶ τ. ποιμνίῳ ἐν ᾧ
32 [3] τ. κληρονομίαν ἐν τ. ἡγιασμένοις
21 11 [1] δησούσιν ἐν Ἰερουσαλὴμ οἱ Ἰουδαῖοι
19 [3] ὧν ἐποίησεν ὁ θεὸς ἐν τ. ἔθνεσιν
20 [3] πόσαι μυριάδες εἰσὶν ἐν τ. Ἰουδαίοις
27 [1] θεασάμενοι αὐτὸν ἐν τ. ἱερῷ
29 [1] προεωρακότες Τρόφιμον . . . ἐν τ. πόλει
34 [3] ἄλλοι δὲ ἄλλο τι ἐπεφώνουν ἐν τ. ὄχλῳ
22 3 [1] γεγεννημένος ἐν Ταρσῷ
[1] ἀνατεθραμμένος δὲ ἐν τ. πόλει ταύτῃ
17 [1] προσευχομένου μου ἐν τ. ἱερῷ
[8] γενέσθαι με ἐν ἐκστάσει
18 [8] ἔξελθε ἐν τάχει ἐξ Ἰερουσαλὴμ
23 6 [1] ἔκραζεν ἐν τ. συνεδρίῳ
9 [6] Οὐδὲν κακὸν εὑρίσκομεν ἐν τ. ἀνθρώπῳ τούτῳ
35 [1] κελεύσας ἐν τ. πραιτωρίῳ . . . φυλάσσεσθαι
24 12 [1,1] οὔτε ἐν τ. ἱερῷ . . . οὔτε ἐν τ. συναγωγαῖς
14 [11] τοῖς ἐν τ. προφήταις γεγραμμένοις

Ac **24** 16 [5] ἐν τούτῳ κ. αὐτὸς ἀσκῶ
18 [8,1] ἐν αἷς εὗρόν με ἡγνισμένον ἐν τ. ἱερῷ
21 [3] ἐκέκραξα ἐν αὐτοῖς ἑστώς
25 4 [8] ἑαυτὸν δὲ μέλλειν ἐν τάχει ἐκπορεύεσθαι
5 [3] Οἱ οὖν ἐν ὑμῖν . . . δυνατοί
[6] εἴ τί ἐστιν ἐν τ. ἀνδρὶ ἄτοπον
6 [3] Διατρίψας δὲ ἐν αὐτοῖς ἡμέρας
24 [1] ἔν τε Ἱεροσολύμοις κ. ἐνθάδε
26 4 [1] ἐν τ. ἔθνει μου ἔν τε Ἱεροσολύμοις
7 [8] ἐν ἐκτενείᾳ . . . λατρεῦον
10 [1] ὃ κ. ἐποίησα ἐν Ἱεροσολύμοις
[1] ἐν φυλακαῖς κατέκλεισα
12 [8] Ἐν οἷς πορευόμενος
18 [3] κλῆρον ἐν τ. ἡγιασμένοις
20 [1] τοῖς ἐν Δαμασκῷ πρῶτον
21 [1] συλλαβόμενοι [ὄντα] ἐν τ. ἱερῷ
26 [7] οὐ γάρ ἐστιν ἐν γωνίᾳ πεπραγμένον τοῦτο
28 [2/5] Ἐν ὀλίγῳ με πείθεις Χριστιανὸν ποιῆσαι
29 [2/5 (2)] κ. ἐν ὀλίγῳ κ. ἐν μεγάλῳ
27 7 [2] ἐν ἱκαναῖς δὲ ἡμέραις
21 [3] σταθεὶς ὁ Παῦλος ἐν μέσῳ αὐτῶν
27 [1] διαφερομένων ἡμῶν ἐν τ. Ἀδρίᾳ
31 [1] Ἐὰν μὴ οὗτοι μείνωσιν ἐν τ. πλοίῳ
37 [1] αἱ πᾶσαι ψυχαὶ ἐν τ. πλοίῳ
28 7 [1] Ἐν δὲ τοῖς περὶ τὸν τόπον
9 [1] οἱ λοιποὶ οἱ ἐν τ. νήσῳ
11 [1] ἀνήχθημεν ἐν πλοίῳ
18 [6] μηδεμίαν αἰτίαν θανάτου ὑπάρχειν ἐν ἐμοί
[29 [4] πολλὴν ἔχοντες ἐν ἑαυτοῖς συζήτησιν—UBS, WH

Ro **1** 2 [11] ἐν γραφαῖς ἁγίαις
4 [5] τοῦ ὁρισθέντος υἱοῦ θεοῦ ἐν δυνάμει
5 [3] ἐν πᾶσιν τ. ἔθνεσιν
6 [3] ἐν οἷς ἐστε κ. ὑμεῖς
7 [1] πᾶσιν τ. οὖσιν ἐν Ῥώμῃ
8 [1] ἐν ὅλῳ τ. κόσμῳ
9 [4] ᾧ λατρεύω ἐν τ. πνεύματί μου
[5/7] ἐν τ. εὐαγγελίῳ τ. υἱοῦ αὐτοῦ
10 [5] ἐν τ. θελήματι τ. θεοῦ
12 [3/10] συμπαρακληθῆναι ἐν ὑμῖν
[4] διὰ τῆς ἐν ἀλλήλοις πίστεως
13 [3] καὶ ἐν ὑμῖν καθὼς καὶ ἐν τ. λοιποῖς ἔθνεσιν
15 [1] ὑμῖν τοῖς ἐν Ῥώμῃ
17 [5] δικαιοσύνη γὰρ θεοῦ ἐν αὐτῷ ἀποκαλύπτεται
18 [5] ἀνθρώπων τῶν τ. ἀλήθειαν ἐν ἀδικίᾳ κατεχόντων
19 [3] τὸ γνωστὸν τ. θεοῦ φανερόν ἐστιν ἐν αὐτοῖς
21 [8] ἐματαιώθησαν ἐν τ. διαλογισμοῖς αὐτῶν
23 [14] ἐν ὁμοιώματι εἰκόνος
24 [6] παρέδωκεν αὐτοὺς ὁ θεὸς ἐν τ. ἐπιθυμίαις τ. καρδιῶν αὐτῶν εἰς ἀκαθαρσίαν
[3] τοῦ ἀτιμάζεσθαι τὰ σώματα αὐτῶν ἐν αὐτοῖς (αὑτοῖς WH)
25 [14] μετήλλαξαν τ. ἀλήθειαν τ. θεοῦ ἐν τ. ψεύδει
27 [5] ἐξεκαύθησαν ἐν τ. ὀρέξει αὐτῶν εἰς ἀλλήλους
[3] ἄρσενες ἐν ἄρσεσιν
[6] τ. ἀντιμισθίαν . . . ἐν ἑαυτοῖς ἀπολαμβάνοντες

Ro **1** 28 [2] οὐκ ἐδοκίμασαν τ. θεὸν ἔχειν ἐν ἐπιγνώσει
2 1 [5] ἐν ᾧ γὰρ κρίνεις τ. ἕτερον
5 [2] ἐν ἡμέρᾳ ὀργῆς
12 [6] ὅσοι ἐν νόμῳ ἥμαρτον
15 [4] γραπτὸν ἐν τ. καρδίαις αὐτῶν
16 [2] ἐν ᾗ ἡμέρᾳ κρίνει ὁ θεός
17 [6] καὶ καυχᾶσαι ἐν θεῷ
19 [7] φῶς τῶν ἐν σκότει
20 [7] ἔχοντα τ. μόρφωσιν . . . ἐν τ. νόμῳ
23 [6] ὃς ἐν νόμῳ καυχᾶσαι
24 [3] βλασφημεῖται ἐν τ. ἔθνεσιν
28 [7] οὐ γὰρ ὁ ἐν τ. φανερῷ Ἰουδαῖός ἐστιν
[1] οὐδὲ ἡ ἐν τ. φανερῷ ἐν σαρκὶ περιτομή
29 [7] ὁ ἐν τ. κρυπτῷ Ἰουδαῖος
[6] ἐν πνεύματι οὐ γράμματι
3 4 [5] Ὅπως ἂν δικαιωθῇς ἐν τ. λόγοις σου
[8] καὶ νικήσεις ἐν τῷ κρίνεσθαί σε
לְמַעַן־תִּצְדַּק בְּדָבְרֶךָ
תִּזְכֶּה בְשָׁפְטֶךָ, Ps. li. 6 (Heb.), 4 (Eng.)
3 7 [5] ἡ ἀλήθεια τ. θεοῦ ἐν τ. ἐμῷ ψεύσματι ἐπερίσσευσεν
16 [7] σύντριμμα κ. ταλαιπωρία ἐν τ. ὁδοῖς αὐτῶν
19 [6] τοῖς ἐν τ. νόμῳ λαλεῖ
24 [15] διὰ τ. ἀπολυτρώσεως τῆς ἐν Χριστῷ Ἰησοῦ
25 [5] ἐν τῷ αὐτοῦ αἵματι
26 [8] ἐν τ. ἀνοχῇ τ. θεοῦ
[2] ἐν τ. νῦν καιρῷ
4 10 [8] ἐγ περιτομῇ ὄντι ἢ ἐν ἀκροβυστίᾳ;
[8,8] οὐκ ἐν περιτομῇ ἀλλ' ἐν ἀκροβυστίᾳ
11 [8] τ. πίστεως τῆς ἐν τ. ἀκροβυστίᾳ
12 [8] τῆς ἐν ἀκροβυστίᾳ πίστεως
5 2 [7] τ. χάριν ταύτην ἐν ᾗ ἑστήκαμεν
3 [6] καυχώμεθα ἐν τ. θλίψεσιν
5 [4] ἡ ἀγάπη τοῦ θεοῦ ἐκκέχυται ἐν τ. καρδίαις ἡμῶν
9 [5] δικαιωθέντες νῦν ἐν τ. αἵματι αὐτοῦ
10 [5] σωθησόμεθα ἐν τ. ζωῇ αὐτοῦ
11 [6] καυχώμενοι ἐν τ. θεῷ
13 [7] ἁμαρτία ἦν ἐν κόσμῳ
15 [5] ἡ δωρεὰ ἐν χάριτι τῇ τ. ἑνὸς ἀνθρώπου
17 [5] εἰ γὰρ [ἐν WH mg.] τῷ τ. ἑνὸς παραπτώματι
[7] ἐν ζωῇ βασιλεύσουσιν
21 [5] ἐβασίλευσεν ἡ ἁμαρτία ἐν τ. θανάτῳ
6 2 [7] πῶς ἔτι ζήσομεν ἐν αὐτῇ;
4 [7] ἵνα . . . ἐν καινότητι ζωῆς περιπατήσωμεν
11 [15] ζῶντας δὲ τ. θεῷ ἐν Χριστῷ Ἰησοῦ
12 [4] ἐν τ. θνητῷ ὑμῶν σώματι
23 [15] ζωὴ αἰώνιος ἐν Χριστῷ Ἰησοῦ
7 5 [7] ὅτε γὰρ ἦμεν ἐν τ. σαρκί
[4] ἐνηργεῖτο ἐν τ. μέλεσιν ἡμῶν
6 [5] ἀποθανόντες ἐν ᾧ κατειχόμεθα
[6/8] ἐν καινότητι πνεύματος
8 [4] κατειργάσατο ἐν ἐμοὶ πᾶσαν ἐπιθυμίαν
17 [4] ἡ οἰκοῦσα ἐν ἐμοὶ ἁμαρτία
18 [4,4] οὐκ οἰκεῖ ἐν ἐμοί, τοῦτ' ἔστιν ἐν τ. σαρκί μου, ἀγαθόν
20 [4] ἡ οἰκοῦσα ἐν ἐμοὶ ἁμαρτία
23 [4] ἕτερον νόμον ἐν τ. μέλεσίν μου

Ro 7 5 [5] αἰχμαλωτίζοντά με ἐν [WH] τ. νόμῳ τ. ἁμαρτίας

8 1 [15] τοῖς ἐν Χριστῷ Ἰησοῦ

2 [15] τ. πνεύματος τ. ζωῆς ἐν Χριστῷ Ἰησοῦ

3 [6] ἐν ᾧ ἠσθένει διὰ τ. σαρκός

[7] ἐν ὁμοιώματι σαρκὸς ἁμαρτίας

[5] κατέκρινεν τ. ἁμαρτίαν ἐν τ. σαρκί

4 [4] ἵνα τὸ δικαίωμα τ. νόμου πληρωθῇ ἐν ἡμῖν

8 [7] οἱ δὲ ἐν σαρκὶ ὄντες

9 [7, 7] ὑμεῖς δὲ οὐκ ἐστὲ ἐν σαρκὶ ἀλλὰ ἐν πνεύματι,

[4] εἴπερ πνεῦμα θεοῦ οἰκεῖ ἐν ὑμῖν

10 [4] εἰ δὲ Χριστὸς ἐν ὑμῖν

11 [4] εἰ δὲ τὸ πνεῦμα . . . οἰκεῖ ἐν ὑμῖν

[4] τ. ἐνοικοῦντος αὐτοῦ πνεύματος ἐν ὑμῖν

15 [10] πνεῦμα υἱοθεσίας, ἐν ᾧ κράζομεν

23 [4] καὶ αὐτοὶ ἐν ἑαυτοῖς στενάζομεν

29 [3] πρωτότοκον ἐν πολλοῖς ἀδελφοῖς

34 [7] ἐν δεξιᾷ τ. θεοῦ

37 [8] ἐν τούτοις πᾶσιν ὑπερνικῶμεν

39 [15] τ. ἀγάπης τ. θεοῦ τῆς ἐν Χριστῷ Ἰησοῦ

9 1 [15] Ἀλήθειαν λέγω ἐν Χριστῷ

[10] συμμαρτυρούσης μοι τ. συνειδήσεώς μου ἐν πνεύματι ἁγίῳ

7 [6] Ἐν Ἰσαὰκ κληθήσεταί σοι σπέρμα

בְּיִצְחָק יִקָּרֵא לְךָ זָרַע, Gen. xxi. 12

17 [6] ὅπως ἐνδείξωμαι ἐν σοὶ τ. δύναμίν μου

[1] καὶ ὅπως διαγγελῇ τὸ ὄνομά μου ἐν πάσῃ τ. γῇ

בַּעֲבוּר זֹאת הֶעֱמַדְתִּיךָ בַּעֲבוּר הַרְאֹתְךָ אֶת־כֹּחִי וּלְמַעַן סַפֵּר שְׁמִי בְּכָל־הָאָרֶץ Ex. ix. 16

22 [8] ἤνεγκεν ἐν πολλῇ μακροθυμίᾳ σκεύη ὀργῆς

25 [11] ἐν τῷ Ὡσηὲ λέγει

26 [1] ἐν τ. τόπῳ οὗ ἐρρέθη αὐτοῖς

בִּמְקוֹם אֲשֶׁר יֵאָמֵר לָהֶם, Hos. ii. 1 (Heb.), i. 10 (Eng.)

33 [1] Ἰδοὺ τίθημι ἐν Σιὼν λίθον

הִנְנִי יִסַּד בְּצִיּוֹן אָבֶן, Is. xxviii. 16, cf. viii. 14

10 5 [5] ὁ ποιήσας ἄνθρωπος ζήσεται ἐν αὐτῇ

אֲשֶׁר יַעֲשֶׂה אֹתָם הָאָדָם וָחַי בָּהֶם, Lev. xviii. 5

6 [4] Μὴ εἴπῃς ἐν τ. καρδίᾳ σου

8 [4] ἐν τ. στόματί σου καὶ ἐν τ. καρδίᾳ σου

בְּפִיךָ וּבִלְבָבְךָ, Deut. xxx. 14

9 [5] ἐὰν ὁμολογήσῃς ἐν τ. στόματί σου

[4] καὶ πιστεύσῃς ἐν τ. καρδίᾳ σου

20 [3/10] Εὑρέθην [ἐν] [+WH mg.] τοῖς ἐμὲ μὴ ζητοῦσιν,

[3/6] ἐμφανὴς ἐγενόμην [ἐν WH mg.] τοῖς ἐμὲ μὴ ἐπερωτῶσιν

נִדְרַשְׁתִּי לְלוֹא שָׁאָלוּ נִמְצֵאתִי לְלֹא בִקְשֻׁנִי, Is. lxv. 1

11 2 [11] οὐκ οἴδατε ἐν Ἠλίᾳ τί λέγει ἡ γραφή;

5 [2] ἐν τῷ νῦν καιρῷ

17 [3] ἐνεκεντρίσθης ἐν αὐτοῖς

25 [4] ἵνα μὴ ἦτε [ἐν] [παρ' WH mg.] ἑαυτοῖς φρόνιμοι

Ro 12 3 [3] Λέγω . . . παντὶ τ. ὄντι ἐν ὑμῖν

4 [1] ἐν ἑνὶ σώματι πολλὰ μέλη ἔχομεν

5 [15] ἓν σῶμά ἐσμεν ἐν Χριστῷ

7 [6] εἴτε διακονίαν ἐν τ. διακονίᾳ

[6] εἴτε ὁ διδάσκων ἐν τ. διδασκαλίᾳ

8 [6] εἴτε ὁ παρακαλῶν ἐν τ. παρακλήσει

[5] ὁ μεταδιδοὺς ἐν ἁπλότητι

[5] ὁ προϊστάμενος ἐν σπουδῇ

[5] ὁ ἐλεῶν ἐν ἱλαρότητι

21 [5] νίκα ἐν τ. ἀγαθῷ τὸ κακόν

13 9 [11] ἐν τ. λόγῳ τούτῳ ἀνακεφαλαιοῦται

[11] [ἐν τῷ] Ἀγαπήσεις τὸν πλησίον σου

13 [2] ὡς ἐν ἡμέρᾳ εὐσχημόνως περιπατήσωμεν

14 5 [4] ἕκαστος ἐν τ. ἰδίῳ νοῒ πληροφορείσθω

14 [15] πέπεισμαι ἐν κυρίῳ Ἰησοῦ

17 [10] χαρὰ ἐν πνεύματι ἁγίῳ

18 [5] ὁ γὰρ ἐν τούτῳ δουλεύων τ. Χριστῷ

21 [5] μηδὲ ἐν ᾧ ὁ ἀδελφός σου προσκόπτει

22 [2/5] μακάριος ὁ μὴ κρίνων ἑαυτὸν ἐν ᾧ δοκιμάζει

15 5 [3] τὸ αὐτὸ φρονεῖν ἐν ἀλλήλοις

6 [5] ἵνα ὁμοθυμαδὸν ἐν ἑνὶ στόματι δοξάζητε τ. θεόν

9 [3] Διὰ τοῦτο ἐξομολογήσομαί σοι ἐν ἔθνεσιν

עַל־כֵּן אוֹדְךָ בַגּוֹיִם, Ps. xviii. 50 (Heb.), 49 (Eng.)

13 [5] πληρῶσαι ὑμᾶς πάσης χαρᾶς κ. εἰρήνης ἐν τῷ πιστεύειν

[5] εἰς τὸ περισσεύειν ὑμᾶς ἐν τ. ἐλπίδι

[5] ἐν δυνάμει πνεύματος ἁγίου

16 [10] ἡγιασμένη ἐν πνεύματι ἁγίῳ

17 [15] ἔχω οὖν [τὴν] καύχησιν ἐν Χριστῷ Ἰησοῦ

19 [5, 5] ἐν δυνάμει σημείων κ. τεράτων, ἐν δυνάμει πνεύματος

23 [1] μηκέτι τόπον ἔχων ἐν τ. κλίμασι τούτοις

26 [1] εἰς τ. πτωχοὺς τ. ἁγίων τῶν ἐν Ἰερουσαλήμ

27 [6] ἐν τ. σαρκικοῖς λειτουργῆσαι αὐτοῖς

29 [8] ἐν πληρώματι εὐλογίας Χριστοῦ ἐλεύσομαι

30 [2/5] συναγωνίσασθαί μοι ἐν τ. προσευχαῖς

31 [1] τ. ἀπειθούντων ἐν τ. Ἰουδαίᾳ

32 [8] ἐν χαρᾷ ἐλθὼν πρὸς ὑμᾶς

16 1 [1] διάκονον τ. ἐκκλησίας τ. ἐν Κεγχρεαῖς

2 [15] ἵνα προσδέξησθε αὐτὴν ἐν κυρίῳ

[6] ἐν ᾧ ἂν ὑμῶν χρῄζῃ πράγματι

3 [15] τ. συνεργούς μου ἐν Χριστῷ Ἰησοῦ

7 [3] οἵτινές εἰσιν ἐπίσημοι ἐν τ. ἀποστόλοις

[15] πρὸ ἐμοῦ γέγοναν ἐν Χριστῷ

8 [15] Ἀμπλιᾶτον τ. ἀγαπητόν μου ἐν κυρίῳ

9 [15] Οὐρβανὸν τ. συνεργὸν ἡμῶν ἐν Χριστῷ

10 [15] Ἀπελλῆν τ. δόκιμον ἐν Χριστῷ

11 [15] τ. ὄντας ἐν κυρίῳ

12 [15] τ. κοπιώσας ἐν κυρίῳ

[15] ἥτις πολλὰ ἐκοπίασεν ἐν κυρίῳ

13 [15] τὸν ἐκλεκτὸν ἐν κυρίῳ

16 [5] Ἀσπάσασθε ἀλλήλους ἐν φιλήματι ἁγίῳ

20 [8] συντρίψει τ. Σατανᾶν ὑπὸ τ. πόδας ὑμῶν ἐν τάχει

22 [15] Τέρτιος ὁ γράψας τ. ἐπιστολὴν ἐν κυρίῳ

ICo 1 2 [1] τ. ἐκκλησίᾳ . . . ἐν Κορίνθῳ

[15] ἡγιασμένοις ἐν Χριστῷ Ἰησοῦ

[1] ἐν παντὶ τόπῳ

4 [15] τ. δοθείσῃ ὑμῖν ἐν Χριστῷ Ἰησοῦ

ICo **1** 5 [6,15] ἐν παντὶ ἐπλουτίσθητε ἐν αὐτῷ
[6] ἐν παντὶ λόγῳ κ. πάσῃ γνώσει
6 [4] τὸ μαρτύριον τ. Χριστοῦ ἐβεβαιώθη ἐν ὑμῖν
7 [6] ὑμᾶς μὴ ὑστερεῖσθαι ἐν μηδενὶ χαρίσματι
8 [2] ἐν τ. ἡμέρᾳ τ. κυρίου ἡμῶν
10 [3] κ. μὴ ᾖ ἐν ὑμῖν σχίσματα
[6,6] κατηρτισμένοι ἐν τ. αὐτῷ νοΐ κ. ἐν τ. αὐτῇ γνώμῃ
11 [3] ἔριδες ἐν ὑμῖν εἰσιν
17 [5] οὐκ ἐν σοφίᾳ λόγου
21 [5] ἐν τ. σοφίᾳ τ. θεοῦ
30 [15] ἐξ αὐτοῦ δὲ ὑμεῖς ἐστε ἐν Χριστῷ Ἰησοῦ
31 [6] ὁ καυχώμενος ἐν κυρίῳ καυχάσθω
2 2 [3] οὐ γὰρ ἔκρινά τι εἰδέναι ἐν ὑμῖν
3 [8(3)] ἐν ἀσθενείᾳ κ. ἐν φόβῳ κ. ἐν τρόμῳ
4 [5,5] οὐκ ἐν πειθοῖ[ς] σοφίας [λόγοις] ἀλλ' ἐν ἀποδείξει
5 [6,6] μὴ ᾖ ἐν σοφίᾳ ἀνθρώπων ἀλλ' ἐν δυνάμει θεοῦ
6 [3] Σοφίαν δὲ λαλοῦμεν ἐν τ. τελείοις
7 [8] λαλοῦμεν θεοῦ σοφίαν ἐν μυστηρίῳ
11 [4] τὸ πνεῦμα τ. ἀνθρώπου τὸ ἐν αὐτῷ
13 [5,5] οὐκ ἐν διδακτοῖς ἀνθρωπίνης σοφίας λόγοις ἀλλ' ἐν διδακτοῖς πνεύματος
3 1 [15] ὡς νηπίοις ἐν Χριστῷ
3 [3] ὅπου γὰρ ἐν ὑμῖν ζῆλος
13 [5] ἐν πυρὶ ἀποκαλύπτεται
16 [4] τὸ πνεῦμα τ. θεοῦ οἰκεῖ ἐν ὑμῖν
18 [3] εἴ τις δοκεῖ σοφὸς εἶναι ἐν ὑμῖν
[2] ἐν τ. αἰῶνι τούτῳ
19 [8] Ὁ δρασσόμενος τ. σοφοὺς ἐν τ. πανουργίᾳ αὐτῶν

לֹכֵד חֲכָמִים בְּעָרְמָם, Job v. 13

21 [3] μηδεὶς καυχάσθω ἐν ἀνθρώποις
4 2 [6] ζητεῖται ἐν τ. οἰκονόμοις
4 [5] οὐκ ἐν τούτῳ δεδικαίωμαι
6 [6] ἵνα ἐν ἡμῖν μάθητε
10 [15] ὑμεῖς δὲ φρόνιμοι ἐν Χριστῷ
15 [15] ἐὰν γὰρ μυρίους παιδαγωγοὺς ἔχητε ἐν Χριστῷ
[15] ἐν γὰρ Χριστῷ . . . ὑμᾶς ἐγέννησα
17 [15] πιστὸν ἐν κυρίῳ
[15] τ. ὁδούς μου τὰς ἐν Χριστῷ
[3] ἐν πάσῃ ἐκκλησίᾳ διδάσκω
20 [5] οὐ γὰρ ἐν λόγῳ . . . ἀλλ' ἐν δυνάμει
21 [8,8] ἐν ῥάβδῳ ἔλθω πρὸς ὑμᾶς, ἢ ἐν ἀγάπῃ
5 1 [3] ἀκούεται ἐν ὑμῖν πορνεία
[3] ἥτις οὐδὲ ἐν τ. ἔθνεσιν
4 [5] ἐν τ. ὀνόματι τ. κυρίου
5 [2] ἐν τ. ἡμέρᾳ τ. κυρίου
8 [5(3)] μὴ ἐν ζύμῃ παλαιᾷ μηδὲ ἐν ζύμῃ κακίας . . . ἀλλ' ἐν ἀζύμοις εἰλικρινείας
9 [1] Ἔγραψα ὑμῖν ἐν τ. ἐπιστολῇ
6 2 [10] εἰ ἐν ὑμῖν κρίνεται ὁ κόσμος
4 [3] τ. ἐξουθενημένους ἐν τ. ἐκκλησίᾳ
5 [3] οὐκ ἔνι ἐν ὑμῖν οὐδεὶς σοφός
11 [5] ἐδικαιώθητε ἐν τ. ὀνόματι τ. κυρίου
[10] ἐν τ. πνεύματι τ. θεοῦ
19 [4] ναὸς τοῦ ἐν ὑμῖν ἁγίου πνεύματος
20 [4] δοξάσατε δὴ τ. θεὸν ἐν τ. σώματι ὑμῶν

ICo **7** 14 [10,10] ἡγίασται γὰρ ὁ ἀνὴρ . . . ἐν τ. γυναικί, κ. . . . ἡ γυνὴ . . . ἐν τ. ἀδελφῷ
15 [8] οὐ δεδούλωται . . . ἐν τ. τοιούτοις
[8] ἐν δὲ εἰρήνῃ κέκληκεν ὑμᾶς
17 [3] οὕτως ἐν τ. ἐκκλησίαις πάσαις
18 [8] ἐν ἀκροβυστίᾳ κέκληταί τις;
20 [6/8] ἐν τ. κλήσει ᾗ ἐκλήθη ἐν ταύτῃ μενέτω
22 [15] ὁ γὰρ ἐν κυρίῳ κληθεὶς δοῦλος
24 [6/8] ἕκαστος ἐν ᾧ ἐκλήθη . . . ἐν τούτῳ μενέτω
37 [4] ὃς δὲ ἕστηκεν ἐν τ. καρδίᾳ αὐτοῦ ἑδραῖος
[4] τοῦτο κέκρικεν ἐν τ. ἰδίᾳ καρδίᾳ
39 [15] μόνον ἐν κυρίῳ
8 4 [1] οὐδὲν εἴδωλον ἐν κόσμῳ
5 [12] εἴτε ἐν οὐρανῷ εἴτε ἐπὶ γῆς
7 [4] οὐκ ἐν πᾶσιν ἡ γνῶσις
10 [1] ἐν εἰδωλείῳ κατακείμενον
11 [5] ἀπόλλυται γὰρ ὁ ἀσθενῶν ἐν τ. σῇ γνώσει
9 1 [15] τὸ ἔργον μου ὑμεῖς ἐστε ἐν κυρίῳ
2 [15] ὑμεῖς ἐστε ἐν κυρίῳ
9 [11] ἐν γὰρ τῷ Μωϋσέως νόμῳ γέγραπται
15 [6] ἵνα οὕτως γένηται ἐν ἐμοί
18 [7] τ. ἐξουσίᾳ μου ἐν τ. εὐαγγελίῳ
24 [1] οἱ ἐν σταδίῳ τρέχοντες
10 2 [1,1] ἐν τ. νεφέλῃ κ. ἐν τ. θαλάσσῃ
5 [6] οὐκ ἐν τ. πλείοσιν αὐτῶν εὐδόκησεν ὁ θεός
[1] κατεστρώθησαν γὰρ ἐν τ. ἐρήμῳ
8 [2] ἐν μιᾷ ἡμέρᾳ, WH mg. – UBS
25 [1] Πᾶν τὸ ἐν μακέλλῳ πωλούμενον
11 11 [15] οὔτε ἀνὴρ χωρὶς γυναικὸς ἐν κυρίῳ
13 [10] ἐν ὑμῖν αὐτοῖς κρίνατε
18 [8] συνερχομένων ὑμῶν ἐν ἐκκλησίᾳ
[3] σχίσματα ἐν ὑμῖν ὑπάρχειν
19 [3] δεῖ . . . αἱρέσεις ἐν ὑμῖν εἶναι
[3] ἵνα [καὶ] οἱ δόκιμοι φανεροὶ γένωνται ἐν ὑμῖν
21 [2/8] δεῖπνον προλαμβάνει ἐν τῷ φαγεῖν
22 [6] ἐν τούτῳ οὐκ ἐπαινῶ
23 [2] ἐν τ. νυκτὶ ᾗ παρεδίδετο
25 [5] ἡ καινὴ διαθήκη ἐστὶν ἐν τ. ἐμῷ αἵματι
30 [3] ἐν ὑμῖν πολλοὶ ἀσθενεῖς
34 [1] ἐν οἴκῳ ἐσθιέτω
12 3 [10] οὐδεὶς ἐν πνεύματι θεοῦ λαλῶν
[10] εἰ μὴ ἐν πνεύματι ἁγίῳ
6 [6/8] ὁ ἐνεργῶν τὰ πάντα ἐν πᾶσιν
9 [10] πίστις ἐν τ. αὐτῷ πνεύματι
[10] χαρίσματα ἰαμάτων ἐν τ. ἑνὶ πνεύματι
13 [10/15] ἐν ἑνὶ πνεύματι . . . ἐβαπτίσθημεν
18 [1] ὁ θεὸς ἔθετο τὰ μέλη . . . ἐν τ. σώματι
25 [7] ἵνα μὴ ᾖ σχίσμα ἐν τ. σώματι
28 [7] οὓς μὲν ἔθετο ὁ θεὸς ἐν τ. ἐκκλησίᾳ
13 12 [8] βλέπομεν . . . ἐν αἰνίγματι
14 6 [5(4)] ἢ ἐν ἀποκαλύψει ἢ ἐν γνώσει ἢ ἐν προφητείᾳ ἢ ἐν διδαχῇ
10 [1] γένη φωνῶν εἰσιν ἐν κόσμῳ
11 [6] κ. ὁ λαλῶν ἐν ἐμοὶ βάρβαρος
16 [5] ἐὰν εὐλογῇς ἐν πνεύματι, [ἐν] WH
19 [3] ἐν ἐκκλησίᾳ θέλω . . . λαλῆσαι
[5] ἢ μυρίους λόγους ἐν γλώσσῃ
21 [11] ἐν τ. νόμῳ γέγραπται
[5,5] Ἐν ἑτερογλώσσοις κ. ἐν χείλεσιν ἑτέρων
בְּלַעֲגֵי שָׂפָה וּבְלָשׁוֹן אַחֶרֶת, Is. xxviii. 11

ICo 14 25 [3] Ὄντως ὁ θεὸς ἐν ὑμῖν ἐστιν
28 [3] σιγάτω ἐν ἐκκλησίᾳ
33 [3] Ὡς ἐν πάσαις τ. ἐκκλησίαις τ. ἁγίων
34 [3] αἱ γυναῖκες ἐν τ. ἐκκλησίαις σιγάτωσαν
35 [1] ἐν οἴκῳ . . . ἐπερωτάτωσαν
[3] αἰσχρὸν γάρ ἐστιν γυναικὶ λαλεῖν ἐν ἐκκλησίᾳ
15 1 [5/7] ἐν ᾧ κ. ἑστήκατε
3 [8] παρέδωκα γὰρ ὑμῖν ἐν πρώτοις
12 [3] πῶς λέγουσιν ἐν ὑμῖν τινες
17 [7] ἔτι ἐστὲ ἐν τ. ἁμαρτίαις ὑμῶν
18 [15] οἱ κοιμηθέντες ἐν Χριστῷ ἀπώλοντο
19 [2, 15] εἰ ἐν τ. ζωῇ ταύτῃ ἐν Χριστῷ ἠλπικότες ἐσμὲν μόνον
22 [15, 15] ὥσπερ γὰρ ἐν τ. Ἀδὰμ . . . οὕτως κ. ἐν τ. Χριστῷ
23 [6] ἕκαστος δὲ ἐν τ. ἰδίῳ τάγματι
[2] ἐν τ. παρουσίᾳ αὐτοῦ
28 [6/8] ἵνα ᾖ ὁ θεὸς [τὰ] πάντα ἐν πᾶσιν
31 [15] καύχησιν [ἀδελφοί,] ἣν ἔχω ἐν Χριστῷ
32 [1] ἐθηριομάχησα ἐν Ἐφέσῳ
41 [6] ἀστὴρ γὰρ ἀστέρος διαφέρει ἐν δόξῃ
42 [8, 8] σπείρεται ἐν φθορᾷ, ἐγείρεται ἐν ἀφθαρσίᾳ
43 [8, 8] σπείρεται ἐν ἀτιμίᾳ, ἐγείρεται ἐν δόξῃ
[8, 8] σπείρεται ἐν ἀσθενείᾳ, ἐγείρεται ἐν δυνάμει
52 [2(3)] ἐν ἀτόμῳ, ἐν ῥιπῇ ὀφθαλμοῦ, ἐν τ. ἐσχάτῃ σάλπιγγι
58 [8] περισσεύοντες ἐν τ. ἔργῳ τ. κυρίου
[15] οὐκ ἔστιν κενὸς ἐν κυρίῳ
16 7 [2] ὑμᾶς ἄρτι ἐν παρόδῳ ἰδεῖν
8 [1] Ἐπιμενῶ δὲ ἐν Ἐφέσῳ
11 [8] προπέμψατε δὲ αὐτὸν ἐν εἰρήνῃ
13 [7] στήκετε ἐν τ. πίστει
14 [8] πάντα ὑμῶν ἐν ἀγάπῃ γινέσθω
19 [15] ἀσπάζεται ὑμᾶς ἐν κυρίῳ
20 [5] Ἀσπάσασθε ἀλλήλους ἐν φιλήματι ἁγίῳ
24 [15] μετὰ πάντων ὑμῶν ἐν Χριστῷ
IICo 1 1 [1] τ. οὔσῃ ἐν Κορίνθῳ
[1] τ. οὖσιν ἐν ὅλῃ τ. Ἀχαΐᾳ
4 [8] τοὺς ἐν πάσῃ θλίψει
6 [8] ἐν ὑπομονῇ τ. αὐτῶν παθημάτων
8 [1] τ. θλίψεως ἡμῶν τ. γενομένης ἐν τ. Ἀσίᾳ
9 [4] ἐν ἑαυτοῖς τ. ἀπόκριμα τ. θανάτου ἐσχήκαμεν
12 [5] ἐν ἁπλότητι κ. εἰλικρινείᾳ τ. θεοῦ
[5, 5] οὐκ ἐν σοφίᾳ σαρκικῇ ἀλλ' ἐν χάριτι θεοῦ
[1] ἀνεστράφημεν ἐν τ. κόσμῳ
14 [2] ἐν τ. ἡμέρᾳ τ. κυρίου
19 [3] Χριστὸς ὁ ἐν ὑμῖν δι' ἡμῶν κηρυχθείς
[6/10/15] ἀλλὰ Ναὶ ἐν αὐτῷ γέγονεν
20 [6/10/15] ἐν αὐτῷ τὸ Ναί
22 [4] τ. ἀρραβῶνα τ. πνεύματος ἐν τ, καρδίαις ἡμῶν
2 1 [8] τὸ μὴ πάλιν ἐν λύπῃ πρὸς ὑμᾶς ἐλθεῖν
10 [6] δι' ὑμᾶς ἐν προσώπῳ Χριστοῦ
12 [15] θύρας μοι ἀνεῳγμένης ἐν κυρίῳ
14 [15] θριαμβεύοντι ἡμᾶς ἐν τ. Χριστῷ
[1] ἐν παντὶ τόπῳ
15 [6, 6] ἐν τ. σῳζομένοις κ. ἐν τ. ἀπολλυμένοις
17 [15] ἐν Χριστῷ λαλοῦμεν
3 2 [7] ἐγγεγραμμένη ἐν τ. καρδίαις ἡμῶν

IICo 3 3 [1, 7] οὐκ ἐν πλαξὶν λιθίναις ἀλλ' ἐν πλαξὶν καρδίας
7 [5] ἐν γράμμασιν ἐντετυπωμένη
[8] ἐγενήθη ἐν δόξῃ
8 [8] ἡ διακονία τ. πνεύματος ἔσται ἐν δόξῃ
10 [6] ἐν τούτῳ τ. μέρει
11 [7] πολλῷ μᾶλλον τὸ μένον ἐν δόξῃ
14 [15] ἐν Χριστῷ καταργεῖται
4 2 [8] μὴ περιπατοῦντες ἐν πανουργίᾳ
3 [3/4] ἐν τ. ἀπολλυμένοις ἐστὶν κεκαλυμμένον
4 [3/4] ἐν οἷς ὁ θεὸς τ. αἰῶνος τούτου
6 [4] ἔλαμψεν ἐν τ. καρδίαις ἡμῶν
[7] ἐν προσώπῳ Χριστοῦ
7 [1] ἐν ὀστρακίνοις σκεύεσιν
8 [8] ἐν παντὶ θλιβόμενοι
10 [1] τ. νέκρωσιν τ. Ἰησοῦ ἐν τ. σώματι περιφέροντες
[1] ἵνα κ. ἡ ζωὴ τ. Ἰησοῦ ἐν τ. σώματι ἡμῶν φανερωθῇ
11 [1] ἵνα κ. ἡ ζωὴ τ. Ἰησοῦ φανερωθῇ ἐν τ. θνητῇ σαρκί
12 [4, 4] ὥστε ὁ θάνατος ἐν ἡμῖν ἐνεργεῖται, ἡ δὲ ζωὴ ἐν ὑμῖν
5 1 [12] αἰώνιον ἐν τ. οὐρανοῖς
2 [1] ἐν τούτῳ στενάζομεν
4 [1] οἱ ὄντες ἐν τ. σκήνει στενάζομεν
6 [1] ἐνδημοῦντες ἐν τ. σώματι
11 [4] ἐλπίζω δὲ κ. ἐν τ. συνειδήσεσιν ὑμῶν πεφανερῶσθαι
12 [6, 6] τοὺς ἐν προσώπῳ καυχωμένους κ. μὴ ἐν καρδίᾳ
17 [15] εἴ τις ἐν Χριστῷ, καινὴ κτίσις
19 [10/15] θεὸς ἦν ἐν Χριστῷ κόσμον καταλλάσσων
[4] θέμενος ἐν ἡμῖν τ. λόγον τ. καταλλαγῆς
21 [15] ἵνα ἡμεῖς γενώμεθα δικαιοσύνη θεοῦ ἐν αὐτῷ
6 1 [2] ἐν ἡμέρᾳ σωτηρίας
וּבְיוֹם יְשׁוּעָה, Is. xlix. 8
3 [6] μηδεμίαν ἐν μηδενὶ διδόντες προσκοπήν
4 [5/8] ἐν παντὶ συνιστάνοντες ἑαυτούς
[5] ἐν ὑπομονῇ πολλῇ
[8(3)] ἐν θλίψεσιν, ἐν ἀνάγκαις, ἐν στενοχωρίαις
5 [8(3)] ἐν πληγαῖς, ἐν φυλακαῖς, ἐν ἀκαταστασίαις
[8(3)] ἐν κόποις, ἐν ἀγρυπνίαις, ἐν νηστείαις
6 [5(4)] ἐν ἁγνότητι, ἐν γνώσει, ἐν μακροθυμίᾳ, ἐν χρηστότητι
[10, 5] ἐν πνεύματι ἁγίῳ, ἐν ἀγάπῃ ἀνυποκρίτῳ
7 [5, 5] ἐν λόγῳ ἀληθείας, ἐν δυνάμει θεοῦ
12 [6] οὐ στενοχωρεῖσθε ἐν ἡμῖν
[4] στενοχωρεῖσθε δὲ ἐν τ. σπλάγχνοις ὑμῶν
16 [3] Ἐνοικήσω ἐν αὐτοῖς
וְנָתַתִּי מִשְׁכָּנִי בְּתוֹכְכֶם, Lev. xxvi. 11
7 1 [5/8] ἐπιτελοῦντες ἁγιωσύνην ἐν φόβῳ θεοῦ
3 [7] ἐν τ. καρδίαις ἡμῶν ἐστε
5 [8] ἐν παντὶ θλιβόμενοι
6 [5] ἐν τ. παρουσίᾳ Τίτου
7 [5, 5] οὐ μόνον δὲ ἐν τ. παρουσίᾳ αὐτοῦ ἀλλα κ. ἐν τ. παρακλήσει
8 [5] εἰ κ. ἐλύπησα ὑμᾶς ἐν τ. ἐπιστολῇ

IICo **7** 9 [5] ἵνα ἐν μηδενὶ ζημιωθῆτε ἐξ ἡμῶν
11 [6] ἐν παντὶ συνεστήσατε ἑαυτοὺς
14 [8] πάντα ἐν ἀληθείᾳ ἐλαλήσαμεν ὑμῖν
16 [6, 10] ἐν παντὶ θαρρῶ ἐν ὑμῖν
8 1 [3/17] τ. δεδομένην ἐν τ. ἐκκλησίαις
2 [5] ἐν πολλῇ δοκιμῇ θλίψεως
7 [6] ἐν παντὶ περισσεύετε
[3/4] τῇ ἐξ ἡμῶν ἐν ὑμῖν ἀγάπῃ
[6] ἵνα κ. ἐν ταύτῃ τ. χάριτι περισσεύητε
10 [6] γνώμην ἐν τούτῳ δίδωμι
14 [2] ἐν τῷ νῦν καιρῷ
16 [4] ἐν τ. καρδίᾳ Τίτου
18 [6] οὗ ὁ ἔπαινος ἐν τ. εὐαγγελίῳ
19 [8] συνέκδημος ἡμῶν ἐν τ. χάριτι ταύτῃ WH—σύν UBS
20 [6] ἐν τ. ἁδρότητι ταύτῃ
22 [8] ἐδοκιμάσαμεν ἐν πολλοῖς πολλάκις σπουδαῖον ὄντα
9 3 [6] ἐν τ. μέρει τούτῳ
4 [6] ἐν τ. ὑποστάσει ταύτῃ
8 [8] ἐν παντὶ πάντοτε πᾶσιν αὐτάρκειαν ἔχοντες
11 [5/8] ἐν παντὶ πλουτιζόμενοι
10 1 [3] ταπεινὸς ἐν ὑμῖν
3 [7] ἐν σαρκὶ γὰρ περιπατοῦντες
6 [8] ἐν ἑτοίμῳ ἔχοντες ἐκδικῆσαι
12 [3/4] αὐτοὶ ἐν ἑαυτοῖς ἑαυτοὺς μετροῦντες
14 [6] ἐφθάσαμεν ἐν τ. εὐαγγελίῳ
15 [6] καυχώμενοι ἐν ἀλλοτρίοις κόποις
[3/10] ἐν ὑμῖν μεγαλυνθῆναι
16 [1] οὐκ ἐν ἀλλοτρίῳ κανόνι
17 [6/15] Ὁ δὲ καυχώμενος ἐν κυρίῳ καυχάσθω
11 3 [5] ὁ ὄφις ἐξηπάτησεν Εὕαν ἐν τ. πανουργίᾳ αὐτοῦ
6 [5, 3/8] ἐν παντὶ φανερώσαντες ἐν πᾶσιν
9 [5] ἐν παντὶ ἀβαρῆ ἐμαυτὸν ὑμῖν ἐτήρησα
10 [4] ἔστιν ἀλήθεια Χριστοῦ ἐν ἐμοί
[1] ἐν τ. κλίμασιν τ. Ἀχαίας
12 [6] ἐν ᾧ καυχῶνται εὑρεθῶσιν καθὼς κ. ἡμεῖς
17 [8, 5] ὡς ἐν ἀφροσύνῃ, ἐν ταύτῃ τ. ὑποστάσει
21 [6] ἐν ᾧ δ' ἄν τις τολμᾷ
[8] ἐν ἀφροσύνῃ λέγω
23 [8(4)] ἐν κόποις ... ἐν φυλακαῖς ... ἐν πληγαῖς ... ἐν θανάτοις
25 [1] νυχθήμερον ἐν τ. βυθῷ
26 [1(4), 3] κινδύνοις ἐν πόλει ... ἐν ἐρημίᾳ ... ἐν θαλάσσῃ ... ἐν ψευδαδέλφοις
27 [8(4)] ἐν ἀγρυπνίαις ... ἐν λιμῷ ... ἐν νηστείαις ... ἐν ψύχει
32 [1] ἐν Δαμασκῷ ὁ ἐθνάρχης
33 [1] ἐν σαργάνῃ ἐχαλάσθην
12 2 [15] οἶδα ἄνθρωπον ἐν Χριστῷ
[7] εἴτε ἐν σώματι οὐκ οἶδα
3 [7] εἴτε ἐν σώματι εἴτε χωρὶς τ. σώματος
5 [6] εἰ μὴ ἐν τ. ἀσθενείαις
9 [8] ἡ γὰρ δύναμις ἐν ἀσθενείᾳ τελεῖται
[6] καυχήσομαι ἐν τ. ἀσθενείαις μου
10 [8(4)] εὐδοκῶ ἐν ἀσθενείαις, ἐν ὕβρεσιν, ἐν ἀνάγκαις, ἐν διωγμοῖς κ. στενοχωρίαις—ἐν στεν. WH mg.
12 [3, 5] κατειργάσθη ἐν ὑμῖν ἐν πάσῃ ὑπομονῇ
19 [15] κατέναντι θεοῦ ἐν Χριστῷ λαλοῦμεν
13 3 [4] τοῦ ἐν ἐμοὶ λαλοῦντος Χριστοῦ

IICo **13** 3 [3] ἀλλὰ δυνατεῖ ἐν ὑμῖν
4 [15] ἡμεῖς ἀσθενοῦμεν ἐν αὐτῷ
5 [6] εἰ ἐστὲ ἐν τ. πίστει
[4] ὅτι Χριστὸς Ἰησοῦς ἐν ὑμῖν
12 [5] ἀσπάσασθε ἀλλήλους ἐν ἁγίῳ φιλήματι
Ga **1** 6 [5] τ. καλέσαντος ὑμᾶς ἐν χάριτι [Χριστοῦ]
13 [7] τ. ἐμὴν ἀναστροφήν ποτε ἐν τ. Ἰουδαϊσμῷ
14 [7] προέκοπτον ἐν τ. Ἰουδαϊσμῷ
[3] πολλοὺς συνηλικιώτας ἐν τ. γένει μου
16 [4] ἀποκαλύψαι τ. υἱὸν αὐτοῦ ἐν ἐμοί
[3] ἵνα εὐαγγελίζωμαι αὐτὸν ἐν τ. ἔθνεσιν
22 [15] τ. ἐκκλησίαις τ. Ἰουδαίας ταῖς ἐν Χριστῷ
24 [10/6] ἐδόξαζον ἐν ἐμοὶ τ. θεόν
2 2 [3] τὸ εὐαγγέλιον ὃ κηρύσσω ἐν τ. ἔθνεσιν
4 [15] τ. ἐλευθερίαν ἡμῶν ἣν ἔχομεν ἐν Χριστῷ
17 [15] ζητοῦντες δικαιωθῆναι ἐν Χριστῷ
20 [4] ζῇ δὲ ἐν ἐμοὶ Χριστός
[7, 5] ὃ δὲ νῦν ζῶ ἐν σαρκί, ἐν πίστει ζῶ
3 5 [4] ἐνεργῶν δυνάμεις ἐν ὑμῖν
8 Ἐνευλογηθήσονται ἐν σοὶ πάντα τὰ ἔθνη וְנִבְרְכוּ בְךָ כֹּל מִשְׁפְּחֹת הָאֲדָמָה, Gen. xii. 3
10 [11] ἐν τ. βιβλίῳ τ. νόμου
11 [5] ἐν νόμῳ οὐδεὶς δικαιοῦται
12 [5] Ὁ ποιήσας αὐτὰ ζήσεται ἐν αὐτοῖς אֲשֶׁר יַעֲשֶׂה אֹתָם הָאָדָם וָחַי בָּהֶם, Lev. xviii. 5
14 [15] ἡ εὐλογία τοῦ Ἀβραὰμ γένηται ἐν Χριστῷ
19 [5] ἐν χειρὶ μεσίτου
21 [5] ὄντως ἐν νόμῳ ἂν ἦν ἡ δικαιοσύνη WH. ἐκ νόμου UBS
26 [15] υἱοὶ θεοῦ ἐστε ... ἐν Χριστῷ
28 [15] εἷς ἐστε ἐν Χριστῷ
4 14 [7] τ. πειρασμὸν ὑμῶν ἐν τ. σαρκί μου
18 [6] καλὸν δε ζηλοῦσθαι ἐν καλῷ πάντοτε
[2] μὴ μόνον ἐν τῷ παρεῖναί με
19 [4] μέχρις οὗ μορφωθῇ Χριστὸς ἐν ὑμῖν
20 [6] ἀποροῦμαι ἐν ὑμῖν
25 [1] ὄρος ἐστὶν ἐν τ. Ἀραβίᾳ
5 4 [5] οἵτινες ἐν νόμῳ δικαιοῦσθε
6 [15] ἐν γὰρ Χριστῷ Ἰησοῦ
10 [15] πέποιθα εἰς ὑμᾶς ἐν κυρίῳ
14 [5] νόμος ἐν ἑνὶ λόγῳ πεπλήρωται
[5] ἐν τῷ Ἀγαπήσεις τὸν πλησίον
6 1 [8] ἔν τινι παραπτώματι
[8] καταρτίζετε τ. τοιοῦτον ἐν πνεύματι πραΰτητος
6 [6] Κοινωνείτω ... ἐν πᾶσιν ἀγαθοῖς
12 [1/5] εὐπροσωπῆσαι ἐν σαρκί
13 [6] ἵνα ἐν τ. ὑμετέρᾳ σαρκὶ καυχήσωνται
14 [6] εἰ μὴ ἐν τ. σταυρῷ τ. κυρίου
17 [1] τὰ στίγματα τ. Ἰησοῦ ἐν τ. σώματί μου βαστάζω
Eph **1** 1 [1] τ. ἁγίοις τ. οὖσιν [ἐν Ἐφέσῳ]
[15] κ. πιστοῖς ἐν Χριστῷ
3 [5] ἐν πάσῃ εὐλογίᾳ πνευματικῇ
[12, 15] ἐν τ. ἐπουρανίοις ἐν Χριστῷ
4 [15] ἐξελέξατο ἡμᾶς ἐν αὐτῷ
[8] ἀμώμους κατενώπιον αὐτοῦ ἐν ἀγάπῃ,
[8] ἐν ἀγάπῃ προρίσας ἡμᾶς
6 [15] ἐχαρίτωσεν ἡμᾶς ἐν τ. ἠγαπημένῳ
7 [15] ἐν ᾧ ἔχομεν τ. ἀπολύτρωσιν

Eph 1 8 [5] ἐπερίσσευσεν εἰς ἡμᾶς ἐν πάσῃ σοφίᾳ
[5] ἐν πάσῃ σοφίᾳ κ. φρονήσει γνωρίσας ἡμῖν
9 [15] τ. εὐδοκίαν αὐτοῦ ἣν προέθετο ἐν αὐτῷ
10 [15] τὰ πάντα ἐν τ. Χριστῷ
[15, 15] ἐν αὐτῷ, 11 ἐν ᾧ κ. ἐκληρώθημεν
12 [15] τ. προηλπικότας ἐν τ. Χριστῷ
13 [15] ἐν ᾧ κ. ὑμεῖς ἀκούσαντες
[15] ἐν ᾧ . . . ἐσφραγίσθητε
15 [15] πίστιν ἐν τ. κυρίῳ
17 [5] ἐν ἐπιγνώσει αὐτοῦ
18 [8] τ. κληρονομίας αὐτοῦ ἐν τ. ἁγίοις
20 [15] ἣν ἐνήργησεν ἐν τ. Χριστῷ
[7, 12] καθίσας ἐν δεξιᾷ αὐτοῦ ἐν τ. ἐπουρανίοις
21 [2, 2] οὐ μόνον ἐν τ. αἰῶνι τούτῳ ἀλλὰ κ. ἐν τ. μέλλοντι
23 [8] τοῦ τὰ πάντα ἐν πᾶσιν πληρουμένου
2 2 [4] ἐν τ. υἱοῖς τ. ἀπειθείας
3 [8] ἐν οἷς κ. ἡμεῖς πάντες ἀνεστράφημεν
[8] ἐν τ. ἐπιθυμίαις τ. σαρκὸς ἡμῶν
4 [6] πλούσιος ὢν ἐν ἐλέει
5 [15] συνεζωοποίησεν ἐν τ. Χριστῷ WH mg.—ἐν UBS, WH txt
6 [12, 15] ἐν τ. ἐπουρανίοις ἐν Χριστῷ
7 ἐν τ. αἰῶσιν τ. ἐπερχομένοις
[5, 15] ἐν χρηστότητι ἐφ' ἡμᾶς ἐν Χριστῷ
10 [15] κτισθέντες ἐν Χριστῷ
[7] ἵνα ἐν αὐτοῖς περιπατήσωμεν
11 [7] ὑμεῖς τὰ ἔθνη ἐν σαρκί
[1] ὑπὸ τ. λεγομένης περιτομῆς ἐν σαρκί
12 [1] ἄθεοι ἐν τ. κόσμῳ
13 [15] νυνὶ δὲ ἐν Χριστῷ
[5] ἐν τ. αἵματι τ. Χριστοῦ
14-15 [5] ἐν τ. σαρκὶ αὐτοῦ . . . καταργήσας
[8] τ. νόμον τ. ἐντολῶν ἐν δόγμασιν
[15] ἵνα τ. δύο κτίσῃ ἐν αὐτῷ εἰς ἕνα
16 [7] τ. ἀμφοτέρους ἐν ἑνὶ σώματι
[5/15] ἀποκτείνας τ. ἔχθραν ἐν αὐτῷ
18 [15] οἱ ἀμφότεροι ἐν ἑνὶ πνεύματι
21 [15] ἐν ᾧ πᾶσα οἰκοδομή
[15] εἰς ναὸν ἅγιον ἐν κυρίῳ
22 [15] ἐν ᾧ κ. ὑμεῖς συνοικοδομεῖσθε
[10] εἰς κατοικητήριον τ. θεοῦ ἐν πνεύματι
3 3 [8] καθὼς προέγραψα ἐν ὀλίγῳ
4 [6] τ. σύνεσίν μου ἐν τ. μυστηρίῳ
5 [8/10] ἀπεκαλύφθη τ. ἁγίοις ἀποστόλοις . . . ἐν πνεύματι
6 [15] συμμέτοχα τ. ἐπαγγελίας ἐν Χριστῷ
9 [15] τ. ἀποκεκρυμμένου . . . ἐν τ. θεῷ
10 [12] τ. ἐξουσίαις ἐν τ. ἐπουρανίοις
11 [15] ἣν ἐποίησεν ἐν τ. Χριστῷ
12 [15] ἐν ᾧ ἔχομεν τ. παρρησίαν
13 [5] μὴ ἐγκακεῖν ἐν τ. θλίψεσίν μου
15 [12] πᾶσα πατριὰ ἐν οὐρανοῖς
17 [4] κατοικῆσαι τ. Χριστὸν . . . ἐν τ. καρδίαις ὑμῶν
17/18 [7] ἐν ἀγάπῃ ἐρριζωμένοι
20 [4] τ. δύναμιν τ. ἐνεργουμένην ἐν ἡμῖν
21 [4, 15] ἡ δόξα ἐν τ. ἐκκλησίᾳ κ. ἐν Χριστῷ
4 1 [15] ἐγὼ ὁ δέσμιος ἐν κυρίῳ
2 [5] ἀνεχόμενοι ἀλλήλων ἐν ἀγάπῃ
3 [5] ἐν τ. συνδέσμῳ τ. εἰρήνης
4 [8] ἐκλήθητε ἐν μιᾷ ἐλπίδι

Eph 4 6 [7] ὁ ἐπὶ πάντων . . . κ. ἐν πᾶσιν
14 [5] ἐν τ. κυβείᾳ τ. ἀνθρώπων ἐν πανουργίᾳ
15 [8] ἀληθεύοντες δὲ ἐν ἀγάπῃ
16 [5] ἐν μέτρῳ ἑνὸς ἑκάστου μέρους
[5/7] εἰς οἰκοδομὴν ἑαυτοῦ ἐν ἀγάπῃ
17 [15] μαρτύρομαι ἐν κυρίῳ
[8] τὰ ἔθνη περιπατεῖ ἐν ματαιότητι
18 [4] τ. ἄγνοιαν τ. οὖσαν ἐν αὐτοῖς
19 [8] εἰς ἐργασίαν ἀκαθαρσίας πάσης ἐν πλεονεξίᾳ
21 [15] ἐν αὐτῷ ἐδιδάχθητε
[15] καθώς ἐστιν ἀλήθεια ἐν τ. Ἰησοῦ
24 [8] τὸν κατὰ θεὸν κτισθέντα ἐν δικαιοσύνῃ
30 [5/10] ἐν ᾧ ἐσφραγίσθητε
32 [15] ὁ θεὸς ἐν Χριστῷ ἐχαρίσατο ὑμῖν
5 2 [7] περιπατεῖτε ἐν ἀγάπῃ
3 [3] μηδὲ ὀνομαζέσθω ἐν ὑμῖν
5 [13] κληρονομίαν ἐν τ. βασιλείᾳ τ. Χριστοῦ
8 [15] νῦν δὲ φῶς ἐν κυρίῳ
9 [7] καρπὸς τ. φωτὸς ἐν πάσῃ ἀγαθωσύνῃ
18 [5] οἴνῳ, ἐν ᾧ ἐστιν ἀσωτία
[10] πληροῦσθε ἐν πνεύματι
19 [5] λαλοῦντες ἑαυτοῖς [ἐν] ψαλμοῖς—ἐν WH txt
20 [6] ἐν ὀνόματι τ. κυρίου ἡμῶν
21 [5] ὑποτασσόμενοι ἀλλήλοις ἐν φόβῳ Χριστοῦ
24 [8] κ. αἱ γυναῖκες τ. ἀνδράσιν ἐν παντί
26 [5] καθαρίσας τ. λουτρῷ τ. ὕδατος ἐν ῥήματι
6 1 [15] ὑπακούετε τ. γονεῦσιν ὑμῶν ἐν κυρίῳ, [ἐν κυρίῳ] WH
2 [8] ἐντολὴ πρώτη ἐν ἐπαγγελίᾳ
4 [5] ἐν παιδείᾳ κ. νουθεσίᾳ κυρίου
5 [5/8] ἐν ἁπλότητι τ. καρδίας ὑμῶν
9 [12] ὁ κύριός ἐστιν ἐν οὐρανοῖς
10 [15, 5] ἐν δυναμοῦσθε ἐν κυρίῳ κ. ἐν τ. κράτει
12 [12] τὰ πνευματικὰ τ. πονηρίας ἐν τ. ἐπουρανίοις
13 [2] ἐν τ. ἡμέρᾳ τ. πονηρᾷ
14 [5] περιζωσάμενοι τ. ὀσφὺν ὑμῶν ἐν ἀληθείᾳ
15 [5] ἐν ἑτοιμασίᾳ τ. εὐαγγελίου τ. εἰρήνης
16 [8, 5] ἐν πᾶσιν ἀναλαβόντες τ. θυρεὸν τ. πίστεως, ἐν ᾧ δυνήσεσθε
18 [2, 10] ἐν παντὶ καιρῷ ἐν πνεύματι
[8] ἀγρυπνοῦντες ἐν πάσῃ προσκαρτερήσει
19 [8] λόγος ἐν ἀνοίξει τ. στόματός μου
[8] ἐν παρρησίᾳ γνωρίσαι
20 [8] ὑπὲρ οὗ πρεσβεύω ἐν ἁλύσει
[6] ἵνα ἐν αὐτῷ παρρησιάσωμαι
21 [15] πιστὸς διάκονος ἐν κυρίῳ
24 [8] τ. ἀγαπώντων τ. κύριον . . . ἐν ἀφθαρσίᾳ
Phl 1 1 [15] τ. ἁγίοις ἐν Χριστῷ
[1] τ. οὖσιν ἐν Φιλίπποις
4 [8] πάντοτε ἐν πάσῃ δεήσει μου
6 [3/4] ὁ ἐναρξάμενος ἐν ὑμῖν ἔργον ἀγαθόν
7 [4] τὸ ἔχειν με ἐν τ. καρδίᾳ ὑμᾶς
[2/8] ἔν τε τ. δεσμοῖς μου κ. ἐν τ. ἀπολογίᾳ
8 [5] ἐν σπλάγχνοις Χριστοῦ
9 [5/8] ἐν ἐπιγνώσει κ. πάσῃ αἰσθήσει
13 [15] φανεροὺς ἐν Χριστῷ γενέσθαι
[1/3] ἐν ὅλῳ τ. πραιτωρίῳ
14 [15] ἐν κυρίῳ πεποιθότας τ. δεσμοῖς μου
18 [5] ἐν τούτῳ χαίρω

Phl 1 20 [8] ἐν οὐδενὶ αἰσχυνθήσομαι
[5] ἐν πάσῃ παρρησίᾳ
[5] μεγαλυνθήσεται Χριστὸς ἐν τ. σώματί μου
22 [1] τὸ ζῆν ἐν σαρκί
26 [15, 6] ἵνα τὸ καύχημα ὑμῶν περισσεύῃ ἐν Χριστῷ Ἰησοῦ ἐν ἐμοί
27 [8] στήκετε ἐν ἑνὶ πνεύματι
28 [8] μὴ πτυρόμενοι ἐν μηδενί
30 [6] οἷον εἴδετε ἐν ἐμοὶ κ. νῦν ἀκούετε ἐν ἐμοί
2 1 [15] Εἴ τις οὖν παράκλησις ἐν Χριστῷ
5 [3/4, 15] τοῦτο φρονεῖτε ἐν ὑμῖν ὃ κ. ἐν Χριστῷ
6 [7] ἐν μορφῇ θεοῦ ὑπάρχων
7 [7] ἐν ὁμοιώματι ἀνθρώπων γενόμενος
10 [6] ἐν τ. ὀνόματι Ἰησοῦ
12 [2] μὴ ὡς ἐν τ. παρουσίᾳ μου μόνον
[2] πολλῷ μᾶλλον ἐν τ. ἀπουσίᾳ μου
13 [4] ὁ ἐνεργῶν ἐν ὑμῖν
15 [3, 1] ἐν οἷς φαίνεσθε ὡς φωστῆρες ἐν κόσμῳ
19 [15] Ἐλπίζω δὲ ἐν κυρίῳ
24 [15] πέποιθα δὲ ἐν κυρίῳ
29 [15] προσδέχεσθε οὖν αὐτὸν ἐν κυρίῳ
3 1 [15] χαίρετε ἐν κυρίῳ
3 [15] καυχώμενοι ἐν κυρίῳ
[6] οὐκ ἐν σαρκὶ πεποιθότες
4 [6] ἔχων πεποίθησιν κ. ἐν σαρκί
[6] πεποιθέναι ἐν σαρκί
6 [6] κατὰ δικαιοσύνην τὴν ἐν νόμῳ
9 [15] κ. εὑρεθῶ ἐν αὐτῷ
14 [15] τῆς ἄνω κλήσεως τ. θεοῦ ἐν Χριστῷ
19 [6] ἡ δόξα ἐν τ. αἰσχύνῃ αὐτῶν
20 [12] τὸ πολίτευμα ἐν οὐρανοῖς ὑπάρχει
4 1 [15] οὕτως στήκετε ἐν κυρίῳ
2 [15] τὸ αὐτὸ φρονεῖν ἐν κυρίῳ
3 [7] ἐν τ. εὐαγγελίῳ συνήθλησάν μοι
[7] ὧν τὰ ὀνόματα ἐν βίβλῳ ζωῆς
4 [15] Χαίρετε ἐν κυρίῳ πάντοτε
6 [8] ἐν παντὶ . . . τὰ αἰτήματα ὑμῶν γνωριζέσθω
7 [15] φρουρήσει τ. καρδίας ὑμῶν . . . ἐν Χριστῷ
9 [10] ἃ . . . εἴδετε ἐν ἐμοί
10 [15] Ἐχάρην δὲ ἐν κυρίῳ μεγάλως
11 [8] ἔμαθον ἐν οἷς εἰμι αὐτάρκης εἶναι
12 [8] ἐν παντὶ κ. ἐν πᾶσιν μεμύημαι
13 [10] πάντα ἰσχύω ἐν τ. ἐνδυναμοῦντί με
15 [2] ἐν ἀρχῇ τ. εὐαγγελίου
16 [1] ὅτι κ. ἐν Θεσσαλονίκῃ
19 [8, 15] τὸ πλοῦτος αὐτοῦ ἐν δόξῃ ἐν Χριστῷ
21 [15] Ἀσπάσασθε πάντα ἅγιον ἐν Χριστῷ
Col 1 2 [1, 15] τοῖς ἐν Κολοσσαῖς . . . ἀδελφοῖς ἐν Χριστῷ
4 [15] τὴν πίστιν ὑμῶν ἐν Χριστῷ
5 [12] τ. ἐλπίδα τ. ἀποκειμένην ὑμῖν ἐν τ. οὐρανοῖς
[5] ἣν προηκούσατε ἐν τ. λόγῳ τ. ἀληθείας
6 [1] ἐν παντὶ τ. κόσμῳ
[3] καθὼς κ. ἐν ὑμῖν
[8] ἐπέγνωτε τ. χάριν τ. θεοῦ ἐν ἀληθείᾳ
8 [10] δηλώσας ἡμῖν τὴν ὑμῶν ἀγάπην ἐν πνεύματι
9 [5] ἐν πάσῃ σοφίᾳ κ. συνέσει
10 [6] ἐν παντὶ ἔργῳ ἀγαθῷ
11 [5] ἐν πάσῃ δυνάμει δυναμούμενοι

Col 1 12 [7] τ. κλήρου τ. ἁγίων ἐν τ. φωτί
14 [15] ἐν ᾧ ἔχομεν τ. ἀπολύτρωσιν
16 [10/15] ἐν αὐτῷ ἐκτίσθη τὰ πάντα
[12] ἐν τ. οὐρανοῖς κ. ἐπὶ τ. γῆς
17 [15] τὰ πάντα ἐν αὐτῷ συνέστηκεν
18 [6] ἵνα γένηται ἐν πᾶσιν αὐτὸς πρωτεύων
19 [15] ἐν αὐτῷ εὐδόκησεν πᾶν τὸ πλήρωμα κατοικῆσαι
20 [12] εἴτε τὰ ἐν τ. οὐρανοῖς
21 [5/8] ἐν τ. ἔργοις τ. πονηροῖς
22 [5] ἐν τ. σώματι τ. σαρκὸς αὐτοῦ
23 [1/3] τ. κηρυχθέντος ἐν πάσῃ κτίσει
24 [5] χαίρω ἐν τ. παθήμασιν
[1/5] ἀνταναπληρῶ τα ὑστερήματα . . . ἐν τ. σαρκί μου
27 [3] τ. μυστηρίου τούτου ἐν τ. ἔθνεσιν
[4] ὅ ἐστιν Χριστὸς ἐν ὑμῖν
28 [5/6] διδάσκοντες πάντα ἄνθρωπον ἐν πάσῃ σοφίᾳ
[15] τέλειον ἐν Χριστῷ
29 [4/8] τ. ἐνέργειαν αὐτοῦ τ. ἐνεργουμένην ἐν ἐμοὶ ἐν δυνάμει
2 1 [1] κ. τῶν ἐν Λαοδικείᾳ
[7] τὸ πρόσωπόν μου ἐν σαρκί
2 [5/8] συμβιβασθέντες ἐν ἀγάπῃ
3 [15] Χριστοῦ, ἐν ᾧ εἰσιν πάντες οἱ θησαυροί
4 [5] ἵνα μηδεὶς ὑμᾶς παραλογίζηται ἐν πιθανολογίᾳ
6 [15] ἐν αὐτῷ περιπατεῖτε
7 [15] ἐρριζωμένοι κ. ἐποικοδομούμενοι ἐν αὐτῷ
[5/7] βεβαιούμενοι [ἐν] τ. πίστει—WH—ἐν
[7, 8] περισσεύοντες [ἐν αὐτῇ] ἐν εὐχαριστίᾳ—UBS—ἐν αὐτῇ
9 [15] ἐν αὐτῷ κατοικεῖ πᾶν τὸ πλήρωμα
10 [15] κ. ἐστὲ ἐν αὐτῷ πεπληρωμένοι
11 [15] ἐν ᾧ κ. περιετμήθητε
[5] ἐν τ. ἀπεκδύσει τ. σώματος
[5] ἐν τ. περιτομῇ τ. Χριστοῦ
12 [5, 15] συνταφέντες αὐτῷ ἐν τ. βαπτισμῷ, ἐν ᾧ κ. συνηγέρθητε
15 [8] ἐδειγμάτισεν ἐν παρρησίᾳ θριαμβεύσας
[15] θριαμβεύσας αὐτοὺς ἐν αὐτῷ
16 [6] ἐν βρώσει κ. ἐν πόσει ἢ ἐν μέρει ἑορτῆς
18 [8?] θέλων ἐν ταπεινοφροσύνῃ
20 [1] τί ὡς ζῶντες ἐν κόσμῳ δογματίζεσθε;
23 [8] λόγον μὲν ἔχοντα σοφίας ἐν ἐθελοθρησκίᾳ
[5] οὐκ ἐν τιμῇ τινι πρὸς πλησμονὴν τ. σαρκός
3 1 [7] ἐν δεξιᾷ τ. θεοῦ καθήμενος
3 [15] κέκρυπται σὺν τ. Χριστῷ ἐν τ. θεῷ
4 [8] σὺν αὐτῷ φανερωθήσεσθε ἐν δόξῃ
7 [3, 5] ἐν οἷς κ. ὑμεῖς περιεπατήσατέ ποτε ὅτε ἐζῆτε ἐν τούτοις
11 [8] ἀλλὰ [τὰ] πάντα κ. ἐν πᾶσιν Χριστός
15 [4] βραβευέτω ἐν τ. καρδίαις ὑμῶν
16 [3/4] ὁ λόγος τ. Χριστοῦ ἐνοικείτω ἐν ὑμῖν
[5] ἐν πάσῃ σοφίᾳ διδάσκοντες
[8, 4] ἐν χάριτι ᾄδοντες ἐν τ. καρδίαις ὑμῶν
17 [5] ὅ τι ἐὰν ποιῆτε ἐν λόγῳ ἢ ἐν ἔργῳ
[6] πάντα ἐν ὀνόματι κυρίου Ἰησοῦ
18 [15] ὡς ἀνῆκεν ἐν κυρίῳ
20 [15] τοῦτο γὰρ εὐάρεστόν ἐστιν ἐν κυρίῳ

Col 3 22 [5] μὴ ἐν ὀφθαλμοδουλίᾳ . . . ἀλλ' ἐν ἁπλότητι καρδίας
4 1 [12] κ. ὑμεῖς ἔχετε κύριον ἐν οὐρανῷ
2 [2, 8] γρηγοροῦντες ἐν αὐτῇ ἐν εὐχαριστίᾳ
5 [8] Ἐν σοφίᾳ περιπατεῖτε
6 [8] ὁ λόγος ὑμῶν πάντοτε ἐν χάριτι
7 [15] κ. σύνδουλος ἐν κυρίῳ
12 [5] ἀγωνιζόμενος ὑπὲρ ὑμῶν ἐν τ. προσευχαῖς
[5] πεπληροφορημένοι ἐν παντὶ θελήματι τ. θεοῦ
13 [1, 1] κ. τῶν ἐν Λαοδικείᾳ κ. τῶν ἐν Ἱεραπόλει
15 [1] τοὺς ἐν Λαοδικείᾳ ἀδελφοὺς
16 [3] ἵνα κ. ἐν τῇ Λαοδικέων ἐκκλησίᾳ ἀναγνωσθῇ
17 [15] Βλέπε τ. διακονίαν ἣν παρέλαβες ἐν κυρίῳ
ITh 1 1 [15] τ. ἐκκλησίᾳ Θεσσαλονικέων ἐν θεῷ πατρί
5 [5(4)] οὐκ . . . ἐν λόγῳ μόνον ἀλλὰ κ. ἐν δυνάμει ἐν πνεύματι ἁγίῳ κ. [ἐν] πληροφορίᾳ πολλῇ—WH – [ἐν]
[3] οἴδατε οἷοι ἐγενήθημεν [ἐν] ὑμῖν—WH txt – [ἐν]
6 [8] δεξάμενοι τ. λόγον ἐν θλίψει πολλῇ
7 [1, 1] ἐν τ. Μακεδονίᾳ κ. ἐν τ. Ἀχαΐᾳ
8 [1(3)] οὐ μόνον ἐν τ. Μακεδονίᾳ κ. [ἐν τ.] Ἀχαΐᾳ, ἀλλ' ἐν παντὶ τόπῳ—WH – [ἐν τ.]
2 2 [1] ὑβρισθέντες καθὼς οἴδατε ἐν Φιλίπποις
[10, 8] ἐπαρρησιασάμεθα ἐν τ. θεῷ ἡμῶν λαλῆσαι . . . τὸ εὐαγγέλιον . . . ἐν πολλῷ ἀγῶνι
3 [5] οὐδὲ ἐξ ἀκαθαρσίας οὐδὲ ἐν δόλῳ
5 [5, 5] οὔτε . . . ἐν λόγῳ κολακείας . . . οὔτε ἐν προφάσει πλεονεξίας
7 [8] δυνάμενοι ἐν βάρει εἶναι
[3] ἐγενήθημεν ἤπιοι ἐν μέσῳ ὑμῶν
13 [3/4] ὃς κ. ἐνεργεῖται ἐν ὑμῖν
14 [1, 15] τ. ἐκκλησιῶν τ. θεοῦ τ. οὐσῶν ἐν τ. Ἰουδαίᾳ ἐν Χριστῷ
17 [8] τὸ πρόσωπον ὑμῶν ἰδεῖν ἐν πολλῇ ἐπιθυμίᾳ
19 [2] ἐν τῇ αὐτοῦ παρουσίᾳ
3 1 [1] εὐδοκήσαμεν καταλειφθῆναι ἐν Ἀθήναις
2 [6] συνεργὸν τ. θεοῦ ἐν τ. εὐαγγελίῳ
3 [5/8] τὸ μηδένα σαίνεσθαι ἐν τ. θλίψεσιν ταύταις
8 [15] ἐὰν ὑμεῖς στήκετε ἐν κυρίῳ
13 [6] τ. καρδίας ἀμέμπτους ἐν ἁγιωσύνῃ
[2] ἐν τ. παρουσίᾳ τ. κυρίου ἡμῶν
4 1 [15] παρακαλοῦμεν ἐν κυρίῳ Ἰησοῦ
4 [8] τὸ ἑαυτοῦ σκεῦος κτᾶσθαι ἐν ἁγιασμῷ
5 [8] μὴ ἐν πάθει ἐπιθυμίας
6 [8] πλεονεκτεῖν ἐν τ. πράγματι τ. ἀδελφὸν αὐτοῦ
7 [8] ἀλλ' ἐν ἁγιασμῷ
10 [1] τ. ἀδελφοὺς [τοὺς] ἐν ὅλῃ τ. Μακεδονίᾳ
15 [5] Τοῦτο γὰρ ὑμῖν λέγομεν ἐν λόγῳ κυρίου
16 [8(3)] ἐν κελεύσματι, ἐν φωνῇ ἀρχαγγέλου κ. ἐν σάλπιγγι θεοῦ
[15] οἱ νεκροὶ ἐν Χριστῷ ἀναστήσονται
17 [1] ἁρπαγησόμεθα ἐν νεφέλαις
18 [5] παρακαλεῖτε ἀλλήλους ἐν τ. λόγοις τούτοις
5 2 [2] ὡς κλέπτης ἐν νυκτί

ITh 5 3 [1] ὥσπερ ἡ ὠδὶν τῇ ἐν γαστρὶ ἐχούσῃ
4 [7] οὐκ ἐστὲ ἐν σκότει
12 [3, 15] τ. κοπιῶντας ἐν ὑμῖν κ. προϊσταμένους ὑμῶν ἐν κυρίῳ
13 [8] κ. ἡγεῖσθαι αὐτοὺς ὑπερεκπερισσοῦ ἐν ἀγάπῃ
[3] εἰρηνεύετε ἐν ἑαυτοῖς
18 [8] ἐν παντὶ εὐχαριστεῖτε
[15] τοῦτο γὰρ τὸ θέλημα θεοῦ ἐν Χριστῷ
23 [2] ἐν τ. παρουσίᾳ τ. κυρίου ἡμῶν
26 [5] Ἀσπάσασθε τ. ἀδελφοὺς πάντας ἐν φιλήματι ἁγίῳ
IITh 1 1 [15] τ. ἐκκλησίᾳ Θεσσαλονικέων ἐν θεῷ πατρί
4 [6, 3] ὥστε αὐτοὺς ἡμᾶς ἐν ὑμῖν ἐγκαυχᾶσθαι ἐν τ. ἐκκλησίαις τ. θεοῦ
[8] ἐν πᾶσιν τ. διωγμοῖς ὑμῶν
7 [2] ἐν τ. ἀποκαλύψει τ. κυρίου Ἰησοῦ
8 [8] ἐν πυρὶ φλογός
10 [10, 10] ἐνδοξασθῆναι ἐν τ. ἁγίοις αὐτοῦ κ. θαυμασθῆναι ἐν πᾶσιν τ. πιστεύσασιν
[2] ἐν τ. ἡμέρᾳ ἐκείνῃ
11 [5/8] πληρώσῃ πᾶσαν εὐδοκίαν ἀγαθωσύνης ἐν δυνάμει
12 [3, 15] ὅπως ἐνδοξασθῇ τὸ ὄνομα τ. κυρίου . . . ἐν ὑμῖν, κ. ὑμεῖς ἐν αὐτῷ
2 6 [2] εἰς τὸ ἀποκαλυφθῆναι αὐτὸν τῷ ἑαυτοῦ καιρῷ
9 [8] ἡ παρουσία κατ' ἐνέργειαν τ. Σατανᾶ ἐν πάσῃ δυνάμει
10 [8] κ. ἐν πάσῃ ἀπάτῃ ἀδικίας
13 [5] ἐν ἁγιασμῷ πνεύματος κ. πίστει ἀληθείας
16 [5] κ. δοὺς παράκλησιν . . . ἐν χάριτι
17 [8] κ. στηρίξαι ἐν παντὶ ἔργῳ κ. λόγῳ ἀγαθῷ
3 4 [15] πεποίθαμεν δὲ ἐν κυρίῳ ἐφ' ὑμᾶς
6 [6] ἐν ὀνόματι τ. κυρίου Ἰησοῦ
7 [3] οὐκ ἠτακτήσαμεν ἐν ὑμῖν
8 [8] ἐν κόπῳ κ. μόχθῳ . . . ἐργαζόμενοι
11 [3] ἀκούομεν γάρ τινας περιπατοῦντας ἐν ὑμῖν ἀτάκτως
12 [15] παρακαλοῦμεν ἐν κυρίῳ Ἰησοῦ
16 [8] διὰ παντὸς ἐν παντὶ τρόπῳ
17 [1] σημεῖον ἐν πάσῃ ἐπιστολῇ
ITi 1 2 [6] Τιμοθέῳ γνησίῳ τέκνῳ ἐν πίστει
3 [1] προσμεῖναι ἐν Ἐφέσῳ
4 [5] οἰκονομίαν θεοῦ τὴν ἐν πίστει
13 [5/8] ὅτι ἀγνοῶν ἐποίησα ἐν ἀπιστίᾳ
14 [15] μετὰ πίστεως . . . τῆς ἐν Χριστῷ
16 [6] ἐν ἐμοὶ πρώτῳ ἐνδείξηται Χριστός
18 [6] ἵνα στρατεύῃ ἐν αὐταῖς τ. καλὴν στρατείαν
2 2 [8] πάντων τῶν ἐν ὑπεροχῇ ὄντων
[8] ἵνα . . . ἡσύχιον βίον διάγωμεν ἐν πάσῃ εὐσεβείᾳ
7 [8] διδάσκαλος ἐθνῶν ἐν πίστει
8 [1] προσεύχεσθαι τ. ἄνδρας ἐν παντὶ τόπῳ
9 [9] γυναῖκας ἐν καταστολῇ κοσμίῳ . . . μὴ ἐν πλέγμασιν
11 [8] γυνὴ ἐν ἡσυχίᾳ μανθανέτω ἐν πάσῃ ὑποταγῇ
12 [8] ἀλλ' εἶναι ἐν ἡσυχίᾳ
14 [8] γυνὴ ἐξαπατηθεῖσα ἐν παραβάσει γέγονεν
15 [8] ἐὰν μείνωσιν ἐν πίστει
3 4 [8] τέκνα ἔχοντα ἐν ὑποταγῇ

I Ti 3 9 [5] ἔχοντας τὸ μυστήριον τ. πίστεως ἐν καθαρᾷ συνειδήσει
11 [8] πιστὰς ἐν πᾶσιν
13 [6,15] πολλὴν παρρησίαν ἐν πίστει τῇ ἐν Χριστῷ
14 [8] ἐλπίζων ἐλθεῖν πρὸς σὲ τάχιον—ἐν τάχει, WH
15 [3] πῶς δεῖ ἐν οἴκῳ θεοῦ ἀναστρέφεσθαι
16 [1/7] ἐφανερώθη ἐν σαρκί
[10] ἐδικαιώθη ἐν πνεύματι
[3] ἐκηρύχθη ἐν ἔθνεσιν
[1] ἐπιστεύθη ἐν κόσμῳ
[8] ἀνελήμφθη ἐν δόξῃ
4 1 [2] ἐν ὑστέροις καιροῖς
2 [5] ἐν ὑποκρίσει ψευδολόγων
12 [5(5)] τύπος γίνου . . . ἐν λόγῳ, ἐν ἀναστροφῇ, ἐν ἀγάπῃ, ἐν πίστει, ἐν ἁγνείᾳ
14 [4] μὴ ἀμέλει τοῦ ἐν σοὶ χαρίσματος
15 [6] ἐν τούτοις ἴσθι
5 2 [5] νεωτέρας ὡς ἀδελφὰς ἐν πάσῃ ἁγνείᾳ
10 [6] ἐν ἔργοις καλοῖς μαρτυρουμένη
17 [5] οἱ κοπιῶντες ἐν λόγῳ
6 17 [2] Τοῖς πλουσίοις ἐν τῷ νῦν αἰῶνι
18 [5] πλουτεῖν ἐν ἔργοις καλοῖς
II Ti 1 1 [15] κατ' ἐπαγγελίαν ζωῆς τῆς ἐν Χριστῷ
3 [5] ᾧ λατρεύω . . . ἐν καθαρᾷ συνειδήσει
[2] τὴν περὶ σοῦ μνείαν ἐν τ. δεήσεσίν μου
5 [4] τῆς ἐν σοὶ ἀνυποκρίτου πίστεως
[4] ἐν τ. μάμμῃ σου Λωΐδι κ. τ. μητρί σου Εὐνίκῃ
[4] πέπεισμαι δὲ ὅτι κ. ἐν σοί
6 [4] τὸ χάρισμα τ. θεοῦ, ὅ ἐστιν ἐν σοί
9 [15] τ. δοθεῖσαν ἡμῖν ἐν Χριστῷ
13 [5/7, 15] ἤκουσας ἐν πίστει κ. ἀγάπῃ τ. ἐν Χριστῷ
17 [1] γενόμενος ἐν Ῥώμῃ
18 [2] ἐν ἐκείνῃ τ. ἡμέρᾳ
[1] ὅσα ἐν Ἐφέσῳ διηκόνησεν
2 1 [5,15] ἐνδυναμοῦ ἐν τ. χάριτι τῇ ἐν Χριστῷ
7 [6] δώσει γάρ σοι ὁ κύριος σύνεσιν ἐν πᾶσιν
9 [5] ἐν ᾧ κακοπαθῶ μέχρι δεσμῶν
10 [15] σωτηρίας . . . τῆς ἐν Χριστῷ
20 [1] Ἐν μεγάλῃ δὲ οἰκίᾳ
25 [5] ἐν πραΰτητι παιδεύοντα
3 1 [2] ἐν ἐσχάταις ἡμέραις
11 [1(3)] οἷά μοι ἐγένετο ἐν Ἀντιοχείᾳ, ἐν Ἰκονίῳ, ἐν Λύστροις
12 [15] ζῆν εὐσεβῶς ἐν Χριστῷ
14 [7] μένε ἐν οἷς ἔμαθες
15 [15] διὰ πίστεως τῆς ἐν Χριστῷ
16 [6] πρὸς παιδείαν τὴν ἐν δικαιοσύνῃ
4 2 [8] παρακάλεσον, ἐν πάσῃ μακροθυμίᾳ
5 [8] σὺ δὲ νῆφε ἐν πᾶσιν
8 [2] ἐν ἐκείνῃ τ. ἡμέρᾳ
13 [1] τὸν φαιλόνην ὃν ἀπέλιπον ἐν Τρῳάδι
16 [2] Ἐν τ. πρώτῃ μου ἀπολογίᾳ
20 [1, 1] Ἔραστος ἔμεινεν ἐν Κορίνθῳ, Τρόφιμον δὲ ἀπέλιπον ἐν Μιλήτῳ
Tit 1 3 [5] ἐφανέρωσεν . . . τ. λόγον αὐτοῦ ἐν κηρύγματι
5 [1] ἀπέλιπόν σε ἐν Κρήτῃ
6 [8] μὴ ἐν κατηγορίᾳ ἀσωτίας
Tit 1 9 [5] παρακαλεῖν ἐν τ. διδασκαλίᾳ τ. ὑγιαινούσῃ
13 [5] ἵνα ὑγιαίνωσιν ἐν τ. πίστει—WH [ἐν]
2 3 [6] ἐν καταστήματι ἱεροπρεπεῖς
7 [8] ἐν τ. διδασκαλίᾳ ἀφθορίαν
9 [8] δούλους . . . ὑποτάσσεσθαι ἐν πᾶσιν
10 [8] ἵνα τ. διδασκαλίαν . . . κοσμῶσιν ἐν πᾶσιν
12 [2] ἐν τῷ νῦν αἰῶνι
3 3 [8] ἐν κακίᾳ κ. φθόνῳ διάγοντες
5 [8] οὐκ ἐξ ἔργων τῶν ἐν δικαιοσύνῃ ἃ ἐποιήσαμεν
15 [6] Ἄσπασαι τ. φιλοῦντας ἡμᾶς ἐν πίστει
Phm 6 [5/8] ἐνεργὴς γένηται ἐν ἐπιγνώσει παντὸς ἀγαθοῦ
8 [15] πολλὴν ἐν Χριστῷ παρρησίαν ἔχων
10 [8] ὃν ἐγέννησα ἐν τ. δεσμοῖς Ὀνήσιμον
13 [8] ἵνα . . . διακονῇ ἐν τ. δεσμοῖς τ. εὐαγγελίου
16 [8,15] κ. ἐν σαρκὶ κ. ἐν κυρίῳ
20 [15] ἐγώ σου ὀναίμην ἐν κυρίῳ
[15] ἀνάπαυσόν μου τὰ σπλάγχνα ἐν Χριστῷ
23 [15] ὁ συναιχμάλωτός μου ἐν Χριστῷ
He 1 1 [10] λαλήσας τ. πατράσιν ἐν τ. προφήταις
2 [10] ἐλάλησεν ἡμῖν ἐν υἱῷ
3 [7,12] ἐκάθισεν ἐν δεξιᾷ τ. μεγαλωσύνης ἐν ὑψηλοῖς
2 8 [5] ἐν τῷ γὰρ ὑποτάξαι [αὐτῷ] τὰ πάντα
12 [3] ἐν μέσῳ ἐκκλησίας ὑμνήσω σε
בְּתוֹךְ קָהָל אֲהַלְלֶךָּ Ps. xxii. 22 (Heb. 23)
18 [5] ἐν ᾧ γὰρ πέπονθεν αὐτός
3 2 [3] ὡς κ. Μωϋσῆς ἐν ὅλῳ τ. οἴκῳ αὐτοῦ
מֹשֶׁה בְּכָל־בֵּיתִי, Num. xii. 7
5 [3] Μωϋσῆς μὲν πιστὸς ἐν ὅλῳ τ. οἴκῳ αὐτοῦ, Num. l.c.
8 [2] μὴ σκληρύνητε τ. καρδίας ὑμῶν ὡς ἐν τ. παραπικρασμῷ
אַל־תַּקְשׁוּ לְבַבְכֶם כִּמְרִיבָה Ps. xcv. 8
[1] κατὰ τ. ἡμέραν τ. πειρασμοῦ ἐν τ. ἐρήμῳ
כְּיוֹם מַסָּה בַּמִּדְבָּר Ps. xcv. 8
9 [5] οὗ ἐπείρασαν οἱ πατέρες ὑμῶν ἐν δοκιμασίᾳ
אֲשֶׁר נִסּוּנִי אֲבוֹתֵיכֶם בְּחָנוּנִי Ps. xcv. 9
11 [8] ὡς ὤμοσα ἐν τ. ὀργῇ μου
אֲשֶׁר נִשְׁבַּעְתִּי בְאַפִּי, Ps. xcv. 11
12 [4] μήποτε ἔσται ἔν τινι ὑμῶν καρδία πονηρά
[5] ἐν τῷ ἀποστῆναι ἀπὸ θεοῦ ζῶντος
15 [6] ἐν τῷ λέγεσθαι
[2] ὡς ἐν τ. παραπικρασμῷ, Ps. l.c.
17 [1] ὧν τὰ κῶλα ἔπεσεν ἐν τ. ἐρήμῳ
4 3 [8] Ὡς ὤμοσα ἐν τ. ὀργῇ μου, Ps. l.c.
4 [2] ἐν τ. ἡμέρᾳ τ. ἑβδόμῃ
בַּיּוֹם הַשְּׁבִיעִי, Gen. ii. 2
5 [11] κ. ἐν τούτῳ πάλιν
7 [10/11] ἐν Δαυὶδ λέγων
11 [5] ἵνα μὴ ἐν τ. αὐτῷ τις ὑποδείγματι πέσῃ τ. ἀπειθείας
5 6 [11] καθὼς κ. ἐν ἑτέρῳ λέγει
7 [2] ἐν τ. ἡμέραις τ. σαρκὸς αὐτοῦ
6 17 [8] ἐν ᾧ περισσότερον βουλόμενος ὁ θεός
18 [6] ἐν οἷς ἀδύνατον ψεύσασθαι [τ.] θεόν

He 7 10 [7] ἔτι γὰρ ἐν τ. ὀσφύϊ τ. πατρὸς ἦν
8 1 [7] ἐκάθισεν ἐν δεξιᾷ τ. θρόνου
5 [1] τ. τύπον τ. δειχθέντα σοι ἐν τ. ὄρει
בְּתַבְנִיתָם אֲשֶׁר־אַתָּה מָרְאֶה בָּהָר, Ex. xxv. 40
9 [2] ἐν ἡμέρᾳ ἐπιλαβομένου μου τ. χειρὸς αὐτῶν
בְּיוֹם הֶחֱזִיקִי בְיָדָם, Jer. xxxi. 32
[6] οὐκ ἐνέμειναν ἐν τ. διαθήκῃ μου
13 [5] ἐν τῷ λέγειν Καινὴν πεπαλαίωκεν τ. πρώτην
9 2 [1] σκηνὴ . . . ἐν ᾗ ἥ τε λυχνία
4 [1] τ. κιβωτὸν . . . ἐν ᾗ στάμνος χρυσῆ
22 [5] σχεδὸν ἐν αἵματι πάντα καθαρίζεται
23 [12] ὑποδείγματα τῶν ἐν τ. οὐρανοῖς
25 [8] εἰσέρχεται . . . ἐν αἵματι ἀλλοτρίῳ
10 3 [5] ἐν αὐταῖς ἀνάμνησις ἁμαρτιῶν
7 [11] ἐν κεφαλίδι βιβλίου γέγραπται περὶ ἐμοῦ
בִּמְגִלַּת־סֵפֶר כָּתוּב עָלָי, Ps. xl. 7 (Heb. 8)
10 [5] ἐν ᾧ θελήματι ἡγιασμένοι ἐσμέν
12 [7] ἐκάθισεν ἐν δεξιᾷ τ. θεοῦ
19 [5] ἐν τ. αἵματι Ἰησοῦ
22 [8] προσερχώμεθα . . . ἐν πληροφορίᾳ πίστεως
29 [5] τὸ αἷμα . . . ἐν ᾧ ἡγιάσθη
32 [2] τὰς πρότερον ἡμέρας, ἐν αἷς φωτισθέντες
38 [6] οὐκ εὐδοκεῖ ἡ ψυχή μου ἐν αὐτῷ
11 2 [5] ἐν ταύτῃ γὰρ ἐμαρτυρήθησαν οἱ πρεσβύτεροι
9 [1] ἐν σκηναῖς κατοικήσας
18 [6] Ἐν Ἰσαὰκ κληθήσεταί σοι σπέρμα
בְּיִצְחָק יִקָּרֵא לְךָ זָרַע, Gen. xxi. 12
19 [5] αὐτὸν κ. ἐν παραβολῇ ἐκομίσατο
34 [8] ἐγενήθησαν ἰσχυροὶ ἐν πολέμῳ
37 [5] ἐν φόνῳ μαχαίρης ἀπέθανον
[9, 9] περιῆλθον ἐν μηλωταῖς, ἐν αἰγείοις δέρμασιν
38 [1] ἐπὶ ἐρημίαις πλανώμενοι, WH mg. ἐν
12 2 [7] ἐν δεξιᾷ τε τ. θρόνου τ. θεοῦ κεκάθικεν
23 [12] ἀπογεγραμμένων ἐν οὐρανοῖς
13 3 [1/7] ὡς κ. αὐτοὶ ὄντες ἐν σώματι
4 [10] Τίμιος ὁ γάμος ἐν πᾶσιν
9 [5] οὐ βρώμασιν, ἐν οἷς οὐκ ὠφελήθησαν οἱ περιπατοῦντες
18 [8] ἐν πᾶσιν καλῶς θέλοντες ἀναστρέφεσθαι
20 [5] ὁ ἀναγαγὼν . . . ἐν αἵματι διαθήκης αἰωνίου
21 [5/6] καταρτίσαι ὑμᾶς ἐν παντὶ ἀγαθῷ
[4] ποιῶν ἐν ἡμῖν τὸ εὐάρεστον
Ja 1 1 [3] τ. δώδεκα φυλαῖς ταῖς ἐν τ. διασπορᾷ
4 [6] ἐν μηδενὶ λειπόμενοι
6 [5] αἰτείτω δὲ ἐν πίστει
8 [6] ἀκατάστατος ἐν πάσαις τ. ὁδοῖς αὐτοῦ
9 [6] καυχάσθω δὲ . . . ὁ ταπεινὸς ἐν τ. ὕψει αὐτοῦ
10 [6] ὁ δὲ πλούσιος ἐν τ. ταπεινώσει αὐτοῦ
11 [8] οὕτως κ. ὁ πλούσιος ἐν τ. πορείαις αὐτοῦ
21 [8] ἐν πραΰτητι δέξασθε τ. ἔμφυτον λόγον
23 [1] κατανοοῦντι τὸ πρόσωπον . . . ἐν ἐσόπτρῳ
25 [8] οὗτος μακάριος ἐν τ. ποιήσει αὐτοῦ ἔσται
Ja 1 27 [8] ἐπισκέπτεσθαι . . . χήρας ἐν τ. θλίψει αὐτῶν
2 1 [8] μὴ ἐν προσωπολημψίαις ἔχετε τ. πίστιν
2 [9] ἀνὴρ χρυσοδακτύλιος ἐν ἐσθῆτι λαμπρᾷ
[9] πτωχὸς ἐν ῥυπαρᾷ ἐσθῆτι
4 [3] οὐ διεκρίθητε ἐν ἑαυτοῖς
5 [6] πλουσίους ἐν πίστει
10 [6] πταίσῃ δὲ ἐν ἑνί
16 [8] Ὑπάγετε ἐν εἰρήνῃ
3 2 [5] εἴ τις ἐν λόγῳ οὐ πταίει
6 [3] ἡ γλῶσσα καθίσταται ἐν μέλεσιν ἡμῶν
9 [5, 5] ἐν αὐτῇ εὐλογοῦμεν τ. κύριον . . . κ. ἐν αὐτῇ καταρώμεθα
13 [3] Τίς σοφὸς . . . ἐν ὑμῖν;
[5] δειξάτω . . . τὰ ἔργα αὐτοῦ ἐν πραΰτητι σοφίας
14 [4] εἰ δὲ ζῆλον πικρὸν ἔχετε . . . ἐν τ. καρδίᾳ ὑμων
18 [7] καρπὸς δὲ δικαιοσύνης ἐν εἰρήνῃ σπείρεται
4 1 [3] πόθεν μάχαι ἐν ὑμῖν;
[1/7] ἐκ τ. ἡδονῶν ὑμῶν τ. στρατευομένων ἐν τ. μέλεσιν
3 [6] ἵνα ἐν τ. ἡδοναῖς ὑμων δαπανήσητε
5 [4] ὃ κατῴκισεν ἐν ὑμῖν
16 [6] καυχᾶσθε ἐν τ. ἀλαζονείαις ὑμῶν
5 3 [2] ἐθησαυρίσατε ἐν ἐσχάταις ἡμέραις
5 [2] ἐθρέψατε τ. καρδίας ὑμῶν ἐν ἡμέρᾳ σφαγῆς
10 [6] οἳ ἐλάλησαν ἐν τ. ὀνόματι κυρίου
13 [3] κακοπαθεῖ τις ἐν ὑμῖν;
14 [3] ἀσθενεῖ τις ἐν ὑμῖν;
[6] ἀλείψαντες ἐλαίῳ ἐν τ. ὀνόματι [τ.] κυρίου
19 [3] ἐάν τις ἐν ὑμῖν πλανηθῇ
IPe 1 2 [5/8] ἐν ἁγιασμῷ πνεύματος
4 [12] τετηρημένην ἐν οὐρανοῖς εἰς ὑμᾶς
5 [5] τοὺς ἐν δυνάμει θεοῦ φρουρουμένους
[2] ἀποκαλυφθῆναι ἐν καιρῷ ἐσχάτῳ
6 [6] ἐν ᾧ ἀγαλλιᾶσθε
[5] λυπηθέντες ἐν ποικίλοις πειρασμοῖς
7 [2] ἐν ἀποκαλύψει Ἰησοῦ Χριστοῦ
11 [4] τὸ ἐν αὐτοῖς πνεῦμα Χριστοῦ
13 [2] ἐν ἀποκαλύψει Ἰησοῦ Χριστοῦ
14 [2] ταῖς πρότερον ἐν τ. ἀγνοίᾳ ὑμῶν ἐπιθυμίαις
15 [8] ἅγιοι ἐν πάσῃ ἀναστροφῇ γενήθητε
17 [8] ἐν φόβῳ τὸν . . . χρόνον ἀναστράφητε
22 [5] ἐν τ. ὑπακοῇ τ. ἀληθείας
2 2 [5] ἵνα ἐν αὐτῷ αὐξηθῆτε εἰς σωτηρίαν
6 [11] διότι περιέχει ἐν γραφῇ
[1] Ἰδοὺ τίθημι ἐν Σιὼν λίθον
הִנְנִי יִסַּד בְּצִיּוֹן אָבֶן, Is. xxviii. 16
12 [3] τ. ἀναστροφὴν ὑμῶν ἐν τ. ἔθνεσιν καλήν
[2] ἐν ᾧ καταλαλοῦσιν ὑμῶν ὡς κακοποιῶν
[2] ἐν ἡμέρᾳ ἐπισκοπῆς
18 [8] Οἱ οἰκέται ὑποτασσόμενοι ἐν παντὶ φόβῳ
22 [7] οὐδὲ εὑρέθη δόλος ἐν τ. στόματι αὐτοῦ
וְלֹא מִרְמָה בְּפִיו, Is. liii. 9
24 [1] τ. ἁμαρτίας ἡμῶν αὐτὸς ἀνήνεγκεν ἐν τ. σώματι αὐτου
3 2 [8] τὴν ἐν φόβῳ ἁγνὴν ἀναστροφὴν ὑμῶν

IPe 3 4 [7] ἐν τ. ἀφθάρτῳ τ. πραέως κ. ἡσυχίου πνεύματος
15 [4] κύριον δὲ τ. Χριστὸν ἁγιάσατε ἐν τ. καρδίαις ὑμῶν
[4] λόγον περὶ τῆς ἐν ὑμῖν ἐλπίδος
16 [2] ἐν ᾧ καταλαλεῖσθε
[15] τ. ἀγαθὴν ἐν Χριστῷ ἀναστροφήν
19 [8, 1] ἐν ᾧ κ. τοῖς ἐν φυλακῇ πνεύμασιν πορευθεὶς ἐκήρυξεν
20 [2] ἐν ἡμέραις Νῶε
22 [7] ὅς ἐστιν ἐν δεξιᾷ [τ.] θεοῦ
4 2 [7] τ. ἐπίλοιπον ἐν σαρκὶ βιῶσαι χρόνον
3 [8] πεπορευμένους ἐν ἀσελγείαις
4 [5] ἐν ᾧ ξενίζονται μὴ συντρεχόντων ὑμῶν
11 [8] ἵνα ἐν πᾶσιν δοξάζηται ὁ θεός
12 μὴ ξενίζεσθε τῇ ἐν ὑμῖν πυρώσει
13 [2] ἐν τ. ἀποκαλύψει τ. δόξης αὐτοῦ
14 [6] εἰ ὀνειδίζεσθε ἐν ὀνόματι Χριστοῦ
16 [5] δοξαζέτω δὲ τ. θεὸν ἐν τ. ὀνόματι τούτῳ
19 [5/8] παρατιθέσθωσαν τ. ψυχὰς αὐτῶν ἐν ἀγαθοποιΐᾳ
5 1 [3] Πρεσβυτέρους οὖν ἐν ὑμῖν παρακαλῶ
2 [3] ποιμάνατε τὸ ἐν ὑμῖν ποίμνιον
6 [2] ἵνα ὑμᾶς ὑψώσῃ ἐν καιρῷ
9 [1] τῇ ἐν [τ.] κόσμῳ ὑμῶν ἀδελφότητι
10 [15] εἰς τ. αἰώνιον αὐτοῦ δόξαν ἐν Χριστῷ
13 [1] ἡ ἐν Βαβυλῶνι συνεκλεκτή
14 [5] ἀσπάσασθε ἀλλήλους ἐν φιλήματι ἀγάπης
[15] πᾶσιν τοῖς ἐν Χριστῷ

IIPe 1 1 [5] ἐν δικαιοσύνῃ τ. θεοῦ ἡμῶν
2 [5] πληθυνθείη ἐν ἐπιγνώσει τ. θεοῦ
4 [1, 5] ἀποφυγόντες τῆς ἐν τ. κόσμῳ ἐν ἐπιθυμίᾳ φθορᾶς
5 [5, 5] ἐπιχορηγήσετε ἐν τ. πίστει ὑμῶν τ. ἀρετήν, ἐν δὲ τ. ἀρετῇ τ. γνῶσιν
6 [5(3)] ἐν δὲ τ. γνώσει τ. ἐγκράτειαν, ἐν δὲ τ. ἐγκρατείᾳ τ. ὑπομονήν, ἐν δὲ τ. ὑπομονῇ τ. εὐσέβειαν
7 [2, 5] ἐν δὲ τ. εὐσεβείᾳ τ. φιλαδελφίαν, ἐν δὲ τ. φιλαδελφίᾳ τ. ἀγάπην
12 [6] ἐστηριγμένους ἐν τ. παρούσῃ ἀληθείᾳ
13 [7] ἐφ' ὅσον εἰμὶ ἐν τούτῳ τ. σκηνώματι
[5] διεγείρειν ὑμᾶς ἐν ὑπομνήσει
18 [1] σὺν αὐτῷ ὄντες ἐν τ. ἁγίῳ ὄρει
19 [1] λύχνῳ φαίνοντι ἐν αὐχμηρῷ τόπῳ
[4] φωσφόρος ἀνατείλῃ ἐν τ. καρδίαις ὑμῶν
2 1 [3, 3] ψευδοπροφῆται ἐν τ. λαῷ, ὡς κ. ἐν ὑμῖν ἔσονται
3 [8] ἐν πλεονεξίᾳ . . . ὑμᾶς ἐμπορεύσονται
7 [8] ὑπὸ τῆς τ. ἀθέσμων ἐν ἀσελγείᾳ ἀναστροφῆς
8 [3] ὁ δίκαιος ἐγκατοικῶν ἐν αὐτοῖς
10 [8] ἐν ἐπιθυμίᾳ μιασμοῦ πορευομένους
12 [6] ἐν οἷς ἀγνοοῦσιν βλασφημοῦντες
[6] ἐν τ. φθορᾷ αὐτῶν κ. φθαρήσονται
13 [2] τὴν ἐν ἡμέρᾳ τρυφήν
[5] ἐντρυφῶντες ἐν τ. ἀπάταις αὐτῶν
16 [5] ὑποζύγιον ἄφωνον ἐν ἀνθρώπου φωνῇ
18 [5] δελεάζουσιν ἐν ἐπιθυμίαις σαρκός
[8] τοὺς ἐν πλάνῃ ἀναστρεφομένους
20 [5] ἀποφυγόντες . . . ἐν ἐπιγνώσει τ. κυρίου

IIPe 3 1 [5, 5] ἐν αἷς διεγείρω ὑμῶν ἐν ὑπομνήσει τ. εἰλικρινῆ διάνοιαν
3 [5] ἐλεύσονται . . . ἐν ἐμπαιγμονῇ ἐμπαῖκται
10 [2] Ἥξει δὲ ἡμέρα . . . ἐν ᾗ οἱ οὐρανοὶ . . . παρελεύσονται
[1] κ. γῆ κ. τὰ ἐν αὐτῇ ἔργα
11 [8] ποταποὺς δεῖ ὑπάρχειν ὑμᾶς ἐν ἁγίαις ἀναστροφαῖς
13 [1] ἐν οἷς δικαιοσύνη κατοικεῖ
14 [8] σπουδάσατε . . . εὑρεθῆναι ἐν εἰρήνῃ
16 [1(3)] ὡς κ. ἐν πάσαις ἐπιστολαῖς λαλῶν ἐν αὐταῖς περὶ τούτων, ἐν αἷς ἐστιν δυσνόητα
18 [5/8] αὐξάνετε δὲ ἐν χάριτι

IJo 1 5 [7] σκοτία ἐν αὐτῷ οὐκ ἔστιν
6 [7] ἐν τ. σκότει περιπατῶμεν
7 [7, 7] ἐὰν δὲ ἐν τ. φωτὶ περιπατῶμεν ὡς αὐτός ἐστιν ἐν τ. φωτί
8 [4] ἡ ἀλήθεια οὐκ ἔστιν ἐν ἡμῖν
10 [4] ὁ λόγος αὐτοῦ οὐκ ἔστιν ἐν ἡμῖν
2 3 [5] ἐν τούτῳ γινώσκομεν
4 [4] ἐν τούτῳ ἡ ἀλήθεια οὐκ ἔστιν
5 [4] ἐν τούτῳ ἡ ἀγάπη τ. θεοῦ τετελείωται
[5, 15] ἐν τούτῳ γινώσκομεν ὅτι ἐν αὐτῷ ἐσμεν
6 [15] ὁ λέγων ἐν αὐτῷ μένειν
8 [6, 6] ὅ ἐστιν ἀληθὲς ἐν αὐτῷ κ. ἐν ὑμῖν
9 [7] ὁ λέγων ἐν τ. φωτὶ εἶναι
[7] ἐν τ. σκοτίᾳ ἐστὶν ἕως ἄρτι
10 [7, 4] ἐν τ. φωτὶ μένει, κ. σκάνδαλον ἐν αὐτῷ οὐκ ἔστιν
11 [7, 7] ἐν τ. σκοτίᾳ ἐστὶν κ. ἐν τ. σκοτίᾳ περιπατεῖ
14 [4] ὁ λόγος τ. θεοῦ ἐν ὑμῖν μένει
15 [1] μηδὲ τὰ ἐν τ. κόσμῳ
[4] οὐκ ἔστιν ἡ ἀγάπη τ. πατρὸς ἐν αὐτῷ
16 [1] πᾶν τὸ ἐν τ. κόσμῳ
24 [4] ὃ ἠκούσατε ἀπ' ἀρχῆς ἐν ὑμῖν μενέτω
[4] ἐὰν ἐν ὑμῖν μείνῃ ὃ ἀπ' ἀρχῆς ἠκούσατε
[15, 15] κ. ὑμεῖς ἐν τ. υἱῷ κ. ἐν τ. πατρὶ μενεῖτε, WH [ἐν] τ. πατρί
27 [4] ὃ ἐλάβετε ἀπ' αὐτοῦ μένει ἐν ὑμῖν
[15] καθὼς ἐδίδαξεν ὑμᾶς, μένετε ἐν αὐτῷ
28 [15] κ. νῦν, τεκνία, μένετε ἐν αὐτῷ
[2] ἐν τ. παρουσίᾳ αὐτοῦ
3 5 [4] κ. ἁμαρτία ἐν αὐτῷ οὐκ ἔστιν
6 [15] πᾶς ὁ ἐν αὐτῷ μένων οὐχ ἁμαρτάνει
9 [4] ὅτι σπέρμα αὐτοῦ ἐν αὐτῷ μένει
10 [5] ἐν τούτῳ φανερά ἐστιν τὰ τέκνα τ. θεοῦ
14 [7] ὁ μὴ ἀγαπῶν μένει ἐν τ. θανάτῳ
15 [4] οὐκ ἔχει ζωὴν αἰώνιον ἐν αὐτῷ μένουσαν
16 [5] ἐν τούτῳ ἐγνώκαμεν τ. ἀγάπην
17 [15] πῶς ἡ ἀγάπη τ. θεοῦ μένει ἐν αὐτῷ;
18 [5] ἀλλὰ ἐν ἔργῳ κ. ἀληθείᾳ
19 [5] ἐν τούτῳ γνωσόμεθα
24 [15, 4] ἐν αὐτῷ μένει κ. αὐτὸς ἐν αὐτῷ
[5, 4] ἐν τούτῳ γινώσκομεν ὅτι μένει ἐν ἡμῖν
4 2 [5] ἐν τούτῳ γινώσκετε τὸ πνεῦμα τ. θεοῦ
[1/7] Ἰησοῦν Χριστὸν ἐν σαρκὶ ἐληλυθότα
3 [1] κ. νῦν ἐν τ. κόσμῳ ἐστὶν ἤδη
4 [4, 1] μείζων ἐστὶν ὁ ἐν ὑμῖν ἢ ὁ ἐν τ. κόσμῳ
9 [5, 4] ἐν τούτῳ ἐφανερώθη ἡ ἀγάπη τ. θεοῦ ἐν ἡμῖν

IJo 4 10 [7] ἐν τούτῳ ἐστιν ἡ ἀγάπη
12 [4, 4] ὁ θεὸς ἐν ἡμῖν μένει κ. ἡ ἀγάπη αὐτοῦ τετελειωμένη ἐν ἡμῖν ἐστιν
13 [5] Ἐν τούτῳ γινώσκομεν
[15, 4] ἐν αὐτῷ μένομεν κ. αὐτὸς ἐν ἡμῖν
15 [4, 15] ὁ θεὸς ἐν αὐτῷ μένει κ. αὐτὸς ἐν τ. θεῷ
16 [6] τ. ἀγάπην ἣν ἔχει ὁ θεὸς ἐν ἡμῖν
[7, 15] ὁ μένων ἐν τ. ἀγάπῃ ἐν τ. θεῷ μένει
[4] ὁ θεὸς ἐν αὐτῷ μένει
17 [5] ἐν τούτῳ τετελείωται ἡ ἀγάπη
[2] ἐν τ. ἡμέρᾳ τ. κρίσεως
[1] κ. ἡμεῖς ἐσμεν ἐν τ. κόσμῳ τούτῳ
18 [7] φόβος οὐκ ἔστιν ἐν τ. ἀγάπῃ
[6] ὁ δὲ φοβούμενος οὐ τετελείωται ἐν τ. ἀγάπῃ
5 2 [5] ἐν τούτῳ γινώσκομεν
6 [5(3)] οὐκ ἐν τ. ὕδατι μόνον ἀλλ᾽ ἐν τ. ὕδατι κ. ἐν τ. αἵματι
10 [4] ἔχει τ. μαρτυρίαν ἐν αὐτῷ
11 [4] αὕτη ἡ ζωὴ ἐν τ. υἱῷ αὐτοῦ ἐστιν
19 [4/6] ὁ κόσμος ὅλος ἐν τ. πονηρῷ κεῖται
20 [15, 15] ἐσμὲν ἐν τ. ἀληθινῷ, ἐν τ. υἱῷ αὐτοῦ
IIJo 1 [8] οὓς ἐγὼ ἀγαπῶ ἐν ἀληθείᾳ
2 [4] διὰ τ. ἀλήθειαν τ. μένουσαν ἐν ἡμῖν
3 [8] ἐν ἀληθείᾳ κ. ἀγάπῃ
4 [8] περιπατοῦντας ἐν ἀληθείᾳ
6 [8] ἵνα ἐν αὐτῇ περιπατῆτε
7 [1/7] Ἰησοῦν Χριστὸν ἐρχόμενον ἐν σαρκί
9 [6/7] μὴ μένων ἐν τ. διδαχῇ τ. Χριστοῦ
[6/7] ὁ μένων ἐν τ. διδαχῇ
IIIJo 1 [8] ὃν ἐγὼ ἀγαπῶ ἐν ἀληθείᾳ
3 [8] καθὼς σὺ ἐν ἀληθείᾳ περιπατεῖς
4 [8] τὰ ἐμὰ τέκνα ἐν τ. ἀληθείᾳ περιπατοῦντα
Ju 1 [7/10] τοῖς ἐν θεῷ πατρὶ ἠγαπημένοις
10 [5] ἐν τούτοις φθείρονται
12 [1] οἱ ἐν τ. ἀγάπαις ὑμῶν σπιλάδες συνευωχούμενοι
14 [3/10] ἦλθεν κύριος ἐν ἁγίαις μυριάσιν αὐτοῦ
20 [10] ἐν πνεύματι ἁγίῳ προσευχόμενοι
21 [7] ἑαυτοὺς ἐν ἀγάπῃ θεοῦ τηρήσατε
23 [8] οὓς δὲ ἐλεᾶτε ἐν φόβῳ
24 [8] στῆσαι . . . ἀμώμους ἐν ἀγαλλιάσει
Re 1 1 [8] ἃ δεῖ γενέσθαι ἐν τάχει
3 [11] τηροῦντες τὰ ἐν αὐτῇ γεγραμμένα
4 [1] ταῖς ἑπτὰ ἐκκλησίαις ταῖς ἐν Ἀσίᾳ
5 [5] ἐν τ. αἵματι αὐτοῦ
9 [6, 15] συγκοινωνὸς ἐν τ. θλίψει κ. βασιλείᾳ κ. ὑπομονῇ ἐν Ἰησοῦ
[1] ἐν τ. νήσῳ τ. καλουμένῃ Πάτμῳ
10 [15, 2] ἐγενόμην ἐν πνεύματι ἐν τ. κυριακῇ ἡμέρᾳ
13 [1] ἐν μέσῳ τ. λυχνιῶν
15 [1] ὡς ἐν καμίνῳ πεπυρωμένης
16 [5] ἔχων ἐν τ. δεξιᾷ χειρὶ αὐτοῦ
[8] ὡς ὁ ἥλιος φαίνει ἐν τ. δυνάμει αὐτοῦ
2 1 [1] τῆς ἐν Ἐφέσῳ ἐκκλησίας
[5] ἐν τ. δεξιᾷ αὐτοῦ
[1] ἐν μέσῳ τῶν ἑπτὰ λυχνιῶν
7 [1] ὅ ἐστιν ἐν τ. παραδείσῳ τ. θεοῦ
8 [1] τῆς ἐν Σμύρνῃ ἐκκλησίας
12 [1] τῆς ἐν Περγάμῳ ἐκκλησίας
13 [2] ἐν τ. ἡμέραις Ἀντιπᾶς ὁ μάρτυς μου

Re 2 16 [5] πολεμήσω μετ᾽ αὐτῶν ἐν τ. ῥομφαίᾳ τ. στόματος
18 [1] τῆς ἐν Θυατίροις ἐκκλησίας
23 [5(14)] τὰ τέκνα αὐτῆς ἀποκτενῶ ἐν θανάτῳ
24 [1] τ. λοιποῖς τοῖς ἐν Θυατίροις
27 [5] ποιμανεῖ αὐτοὺς ἐν ῥάβδῳ σιδηρᾷ
תְּרֹעֵם בְּשֵׁבֶט בַּרְזֶל, Ps. ii. 9
3 1 [1] τῆς ἐν Σάρδεσιν ἐκκλησίας
4 [1] ἔχεις ὀλίγα ὀνόματα ἐν Σάρδεσιν
[9] περιπατήσουσιν μετ᾽ ἐμοῦ ἐν λευκοῖς
5 [9] περιβαλεῖται ἐν ἱματίοις λευκοῖς
7 [1] τῆς ἐν φιλαδελφείᾳ ἐκκλησίας
12 [1] ποιήσω αὐτὸν στῦλον ἐν τ. ναῷ τ. θεοῦ μου
14 [1] τῆς ἐν Λαοδικείᾳ ἐκκλησίας
21 [1] μετ᾽ ἐμοῦ ἐν τ. θρόνῳ μου
[1] μετὰ τ. πατρός μου ἐν τ. θρόνῳ αὐτοῦ
4 1 [12] θύρα ἠνεῳγμένη ἐν τ. οὐρανῷ
2 [15] ἐγενόμην ἐν πνεύματι
[12] θρόνος ἔκειτο ἐν τ. οὐρανῷ
4 [9] περιβεβλημένους ἐν ἱματίοις λευκοῖς—WH txt – ἐν
6 [1] ἐν μέσῳ τοῦ θρόνου
5 2 [5] ἄγγελον ἰσχυρὸν κηρύσσοντα ἐν φωνῇ μεγάλῃ
3 [12] οὐδεὶς ἐδύνατο ἐν τ. οὐρανῷ . . . ἀνοῖξαι τὸ βιβλίον
6 [1, 3] ἐν μέσῳ τ. θρόνου . . . κ. ἐν μέσῳ τ. πρεσβυτέρων
9 [5] ἠγόρασας τ. θεῷ ἐν τ. αἵματί σου
13 [12] πᾶν κτίσμα ὃ ἐν τ. οὐρανῷ
[1] κ. τὰ ἐν αὐτοῖς πάντα
6 5 ἔχων ζυγὸν ἐν τ. χειρὶ αὐτοῦ
6 [3] ἐν μέσῳ τ. τεσσάρων ζῴων
8 [5(3)] ἀποκτεῖναι ἐν ῥομφαίᾳ κ. ἐν λιμῷ κ. ἐν θανάτῳ
7 9 [1] κ. φοίνικες ἐν τ. χερσὶν αὐτῶν
14 [5] ἐλεύκαναν αὐτὰς ἐν τ. αἵματι τ. ἀρνίου
15 [1] ἡμέρας κ. νυκτὸς ἐν τ. ναῷ αὐτοῦ
8 1 [12] ἐγένετο σιγὴ ἐν τ. οὐρανῷ
7 [5] χάλαζα κ. πῦρ μεμιγμένα ἐν αἵματι
9 [1] τὸ τρίτον τ. κτισμάτων τῶν ἐν τ. θαλάσσῃ
13 [1] ἀετοῦ πετομένου ἐν μεσουρανήματι
9 6 [2] ἐν τ. ἡμέραις ἐκείναις
10 [1/5] ἐν τ. οὐραῖς αὐτῶν ἡ ἐξουσία
11 [7] ἐν τ. Ἑλληνικῇ ὄνομα ἔχει Ἀπολλύων
17 [7] εἶδον τ. ἵππους ἐν τ. ὁράσει
19 [1/5] ἐν τ. στόματι αὐτῶν κ. ἐν τ. οὐραῖς αὐτῶν
[5] ἐν αὐταῖς ἀδικοῦσιν
20 [5] οἳ οὐκ ἀπεκτάνθησαν ἐν τ. πληγαῖς ταύταις
10 2 [5] ἔχων ἐν τ. χειρὶ αὐτοῦ βιβλαρίδιον
6 [6] ὤμοσεν ἐν τ. ζῶντι εἰς τ. αἰῶνας
וַיִּשָּׁבַע בְּחֵי הָעוֹלָם, Dn. xii. 7
[1(3)] τ. οὐρανὸν κ. τὰ ἐν αὐτῷ κ. τ. γῆν κ. τὰ ἐν αὐτῇ κ. τ. θάλασσαν κ. τὰ ἐν αὐτῇ, WH [κ. τ. θάλασσαν . . . αὐτῇ]
7 [2] ἐν τ. ἡμέραις τ. φωνῆς τ. ἑβδόμου ἀγγέλου
8 [1] τὸ βιβλίον τὸ ἠνεῳγμένον ἐν τ. χειρὶ τ. ἀγγέλου
9 [1] ἐν τ. στόματί σου ἔσται γλυκύ

Re **10** 10 [1] ἦν ἐν τ. στόματί μου ὡς μέλι
11 1 [1] κ. τ. προσκυνοῦντας ἐν αὐτῷ
6 [5] πατάξαι τ. γῆν ἐν πάσῃ πληγῇ
11 [4] πνεῦμα ζωῆς ἐκ τ. θεοῦ εἰσῆλθεν ἐν αὐτοῖς, WH [ἐν]
12 [1] ἀνέβησαν εἰς τ. οὐρανὸν ἐν τ. νεφέλῃ
13 [2] ἐν ἐκείνῃ τ. ὥρᾳ ἐγένετο σεισμός
[5] ἀπεκτάνθησαν ἐν τ. σεισμῷ . . . χιλιάδες ἑπτά
15 [12] ἐγένοντο φωναὶ μεγάλαι ἐν τ. οὐρανῷ
19 [12] ἠνοίγη ὁ ναὸς τ. θεοῦ [ὁ] ἐν τ. οὐρανῷ, WH ὁ
[1] ὤφθη ἡ κιβωτὸς τ. διαθήκης αὐτοῦ ἐν τ. ναῷ
12 1 [12] σημεῖον μέγα ὤφθη ἐν τ. οὐρανῷ
2 [1] κ. ἐν γαστρὶ ἔχουσα
3 [12] ὤφθη ἄλλο σημεῖον ἐν τ. οὐρανῷ
5 [5] ποιμαίνειν πάντα τὰ ἔθνη ἐν ῥάβδῳ σιδηρᾷ, Ps. ii. 9 l.c.
7 [12] ἐγένετο πόλεμος ἐν τ. οὐρανῷ
8 [12] οὐδὲ τόπος εὑρέθη αὐτῶν ἔτι ἐν τ. οὐρανῷ
10 [12] ἤκουσα φωνὴν μεγάλην ἐν τ. οὐρανῷ
12 [12] οὐρανοὶ κ. οἱ ἐν αὐτοῖς οκηνοῦντες
13 6 [12] τοὺς ἐν τ. οὐρανῷ σκηνοῦντας
8 [7] οὗ οὐ γέγραπται . . . ἐν τ. βιβλίῳ τ. ζωῆς
10 [5, 5] εἴ τις ἐν μαχαίρῃ ἀποκτανθῆναι αὐτὸν ἐν μαχαίρῃ ἀποκτανθῆναι
וַאֲשֶׁר לַחֶרֶב לַחֶרֶב, Jer. xv. 2
12 [1] τ. γῆν κ. τοὺς ἐν αὐτῇ κατοικοῦντας
14 2 [5] κιθαρῳδῶν κιθαριζόντων ἐν τ. κιθάραις αὐτῶν
5 [1] κ. ἐν τ. στόματι αὐτῶν οὐχ εὑρέθη ψεῦδος
6 [1] ἄγγελον πετόμενον ἐν μεσουρανήματι
7 [5] λέγων ἐν φωνῇ μεγάλῃ
9 [5] ἄλλος . . . λέγων ἐν φωνῇ μεγάλῃ
10 [1] ἀκράτου ἐν τ. ποτηρίῳ τ. ὀργῆς αὐτοῦ
[1/5] βασανισθήσεται ἐν πυρὶ κ. θείῳ
13 [15] οἱ νεκροὶ οἱ ἐν κυρίῳ ἀποθνήσκοντες
14 [1] κ. ἐν τ. χειρὶ αὐτοῦ δρέπανον ὀξύ
15 [5] κράζων ἐν φωνῇ μεγάλῃ
17 [12] ἐκ τ. ναοῦ τοῦ ἐν τ. οὐρανῷ
15 1 [12] εἶδον ἄλλο σημεῖον ἐν τ. οὐρανῷ
[5] ἐν αὐταῖς ἐτελέσθη ὁ θυμὸς τ. θεοῦ
5 [12] ἠνοίγη ὁ ναὸς . . . ἐν τ. οὐρανῷ
16 3 [1] πᾶσα ψυχὴ ζωῆς ἀπέθανεν, τὰ ἐν τ. θαλάσσῃ
8 [5] καυματίσαι τ. ἀνθρώπους ἐν πυρί
17 3 [10] ἀπήνεγκέν με εἰς ἔρημον ἐν πνεύματι
4 [5] ἔχουσα ποτήριον χρυσοῦν ἐν τ. χειρί
16 [5] αὐτὴν κατακαύσουσιν ἐν πυρί, WH [ἐν]
18 2 [5] ἔκραξεν ἐν ἰσχυρᾷ φωνῇ
6 [7] ἐν τ. ποτηρίῳ ᾧ ἐκέρασεν κεράσατε αὐτῇ διπλοῦν
7 [4] ἐν τ. καρδίᾳ αὐτῆς λέγει
8 [2] ἐν μιᾷ ἡμέρᾳ ἥξουσιν αἱ πληγαί
[5] ἐν πυρὶ κατακαυθήσεται
16 [9] κεχρυσωμένη [ἐν] χρυσίῳ
19 [1] ἐν ᾗ ἐπλούτησαν πάντες οἱ ἔχοντες τὰ πλοῖα ἐν τ. θαλάσσῃ
22 [1] οὐ μὴ ἀκουσθῇ ἐν σοὶ ἔτι
[1] οὐ μὴ εὑρεθῇ ἐν σοὶ ἔτι

Re **18** 22 [1] οὐ μὴ ἀκουσθῇ ἐν σοὶ ἔτι
23 [1] οὐ μὴ φάνῃ ἐν σοὶ ἔτι
[1] οὐ μὴ ἀκουσθῇ ἐν σοὶ ἔτι
[5] ἐν τ. φαρμακείᾳ σου ἐπλανήθησαν
24 [1] ἐν αὐτῇ αἷμα προφητῶν . . . εὑρέθη
19 1 [12] φωνὴν μεγάλην ὄχλου πολλοῦ ἐν τ. οὐρανῷ
2 [5] ἔφθειρεν τ. γῆν ἐν τ. πορνείᾳ αὐτῆς
11 [5/8] ἐν δικαιοσύνῃ κρίνει κ. πολεμεῖ
14 [12] τὰ στρατεύματα [τὰ] ἐν τ. οὐρανῷ
15 [5] ἵνα ἐν αὐτῇ πατάξῃ τὰ ἔθνη
[5] ποιμανεῖ αὐτοὺς ἐν ῥάβδῳ σιδηρᾷ, Ps. ii. 9 l.c.
17 [1] ἄγγελον ἑστῶτα ἐν τ. ἡλίῳ
[5] ἔκραξεν ἐν φωνῇ μεγάλῃ
[1] τ. ὀρνέοις τ. πετομένοις ἐν μεσουρανήματι
20 [5] ἐν οἷς ἐπλάνησεν τ. λαβόντας τὸ χάραγμα
[5] εἰς τ. λίμνην τ. πυρὸς τ. καιομένης ἐν θείῳ
21 [5] οἱ λοιποὶ ἀπεκτάνθησαν ἐν τ. ῥομφαίᾳ
20 6 ὁ ἔχων μέρος ἐν τ. ἀναστάσει
8 [1] τὰ ἔθνη τὰ ἐν τ. τέσσαρσιν γωνίαις τ. γῆς
12 [7] ἐκ τ. γεγραμμένων ἐν τ. βιβλίοις
13 [1] ἔδωκεν ἡ θάλασσα τ. νεκροὺς τ. ἐν αὐτῇ
[1] κ. ὁ ᾅδης ἔδωκαν τ. νεκροὺς τοὺς ἐν αὐτοῖς
15 [7] εἴ τις οὐχ εὑρέθη ἐν τ. βίβλῳ τ. ζωῆς
21 8 [1] τὸ μέρος αὐτῶν ἐν τ. λίμνῃ τ. καιομένῃ πυρί
10 [10] ἀπήνεγκέν με ἐν πνεύματι
22 [1] ναὸν οὐκ εἶδον ἐν αὐτῇ
27 [7] οἱ γεγραμμένοι ἐν τ. βιβλίῳ τ. ζωῆς
22 2 [1] ἐν μέσῳ τ. πλατείας αὐτῆς
3 [1] ὁ θρόνος τ. θεοῦ . . . ἐν αὐτῇ ἔσται
6 [8] ἃ δεῖ γενέσθαι ἐν τάχει
16 [3] μαρτυρῆσαι ὑμῖν ταῦτα ἐπὶ τ. ἐκκλησίαις, WH mg. ἐν τ. ἐκκλ.
18 [7] τ. πληγὰς τ. γεγραμμένας ἐν τ. βιβλίῳ τούτῳ
19 [7] τ. γεγραμμένων ἐν τ. βιβλίῳ τούτῳ

ὍΤΙ

(see page 718)

(1) After word of seeing, hearing etc., (2) Cause or explanation, (3) After word of speaking, writing etc., (4) After word of thinking, knowing etc., (5) = Why?, (6) Result, (7) = ὅ τι

Mt **2** 16 [1] ἰδὼν ὅτι ἐνεπαίχθη ὑπὸ τ. μάγων
18 [2] κ. οὐκ ἤθελεν παρακληθῆναι, ὅτι οὐκ εἰσίν
מֵאֲנָה לְהִנָּחֵם עַל-בָּנֶיהָ כִּי אֵינֶנּוּ, Jer. xxxi. 15
22 [1] ἀκούσας δὲ ὅτι Ἀρχέλαος βασιλεύει τ. Ἰουδαίας
23 [3] ὅτι Ναζωραῖος κληθήσεται
3 9 [3] λέγω γὰρ ὑμῖν ὅτι δύναται ὁ θεός
4 6 [3] γέγραπται γὰρ ὅτι Τ. ἀγγέλοις αὐτοῦ ἐντελεῖται
12 [1] Ἀκούσας δὲ ὅτι Ἰωάννης παρεδόθη
5 3 [2] ὅτι αὐτῶν ἐστιν ἡ βασιλεία τ. οὐρανῶν
4 [2] ὅτι αὐτοὶ παρακληθήσονται
5 [2] ὅτι αὐτοὶ κληρονομήσουσιν τ. γῆν
6 [2] ὅτι αὐτοὶ χορτασθήσονται

Mt 5 7 [2] ὅτι αὐτοὶ ἐλεηθήσονται
8 [2] ὅτι αὐτοὶ τ. θεὸν ὄψονται
9 [2] ὅτι [αὐτοὶ] υἱοὶ θεοῦ κληθήσονται
10 [2] ὅτι αὐτῶν ἐστιν ἡ βασιλεία τ. οὐρανῶν
12 [2] ὅτι ὁ μισθὸς ὑμῶν πολὺς ἐν τ. οὐρανοῖς
17 [4] Μὴ νομίσητε ὅτι ἦλθον καταλῦσαι τ. νόμον
20 [3] ὅτι ἐὰν μὴ περισσεύσῃ ὑμῶν ἡ δικαιοσύνη
21 [1] Ἠκούσατε ὅτι ἐρρέθη τ. ἀρχαίοις
22 [3] ὅτι πᾶς ὁ ὀργιζόμενος τ. ἀδελφῷ αὐτοῦ
23 [4] κἀκεῖ μνησθῇς ὅτι ὁ ἀδελφός σου ἔχει τι κατὰ σοῦ
27 [1] Ἠκούσατε ὅτι ἐρρέθη Οὐ μοιχεύσεις
28 [3] ὅτι πᾶς ὁ βλέπων γυναῖκα πρὸς τὸ ἐπιθυμῆσαι
32 [3] ὅτι πᾶς ὁ ἀπολύων τ. γυναῖκα αὐτοῦ
33 [1] ἠκούσατε ὅτι ἐρρέθη τ. ἀρχαίοις
34 [2] ὅτι θρόνος ἐστὶν τ. θεοῦ
35 [2] ὅτι ὑποπόδιόν ἐστιν τ. ποδῶν αὐτοῦ
[2] ὅτι πόλις ἐστὶν τ. μεγάλου βασιλέως
36 [2] ὅτι οὐ δύνασαι μίαν τρίχα λευκὴν ποιῆσαι
38 [1] Ἠκούσατε ὅτι ἐρρέθη Ὀφθαλμὸν ἀντὶ ὀφθαλμοῦ
43 [1] Ἠκούσατε ὅτι ἐρρέθη Ἀγαπήσεις τ. πλησίον
45 [2] ὅτι τ. ἥλιον αὐτοῦ ἀνατέλλει
6 5 [2] ὅτι φιλοῦσιν . . . προσεύχεσθαι, ὅπως φανῶσιν
7 [4] δοκοῦσιν γὰρ ὅτι ἐν τ. πολυλογίᾳ αὐτῶν εἰσακουσθήσονται
[13 [2] ὅτι σοῦ ἐστιν ἡ βασιλεία, – UBS, WH
26 [1] ἐμβλέψατε εἰς τὰ πετεινὰ τ. οὐρανοῦ ὅτι οὐ σπείρουσιν
29 [3] λέγω δὲ ὑμῖν ὅτι οὐδὲ Σολομών
32 [4] οἶδεν γὰρ ὁ πατὴρ ὑμῶν . . . ὅτι χρῄζετε τούτων
7 13 [2] ὅτι πλατεῖα ἡ πύλη
14 [2] ὅτι στενὴ ἡ πύλη, UBS τί στενή
23 [3] ὁμολογήσω αὐτοῖς ὅτι Οὐδέποτε ἔγνων ὑμᾶς
8 11 [3] λέγω δὲ ὑμῖν ὅτι πολλοὶ . . . ἥξουσιν
27 [2] ὅτι κ. οἱ ἄνεμοι κ. ἡ θάλασσα αὐτῷ ὑπακούουσιν
9 6 [1] ἵνα δὲ εἰδῆτε ὅτι ἐξουσίαν ἔχει
18 [3] λέγων ὅτι Ἡ θυγάτηρ μου ἄρτι ἐτελεύτησεν
28 [4] Πιστεύετε ὅτι δύναμαι τοῦτο ποιῆσαι;
36 [2] ἐσπλαγχνίσθη περὶ αὐτῶν ὅτι ἦσαν ἐσκυλμένοι
10 7 [3] λέγοντες ὅτι Ἤγγικεν ἡ βασιλεία τ. οὐρανῶν
34 [4] Μὴ νομίσητε ὅτι ἦλθον βαλεῖν εἰρήνην
11 20 [2] ἤρξατο ὀνειδίζειν τ. πόλεις . . . ὅτι οὐ μετενόησαν
21 [2] ὅτι εἰ ἐν Τύρῳ κ. Σιδῶνι ἐγένοντο αἱ δυνάμεις
23 [2] ὅτι εἰ ἐν Σοδόμοις ἐγενήθησαν αἱ δυνάμεις
24 [3] λέγω ὑμῖν ὅτι γῇ Σοδόμων ἀνεκτότερον ἔσται
25 [2] ὅτι ἔκρυψας ταῦτα ἀπὸ σοφῶν
26 [2] ὅτι οὕτως εὐδοκία ἐγένετο ἔμπροσθέν σου
29 [2] ὅτι πραΰς εἰμι κ. ταπεινός

Mt 12 5 [1] ὅτι τ. σάββασιν οἱ ἱερεῖς . . . τὸ σάββατον βεβηλοῦσιν
6 [3] λέγω δὲ ὑμῖν ὅτι τ. ἱεροῦ μεῖζόν ἐστιν ὧδε
36 [3] ὅτι πᾶν ῥῆμα ἀργὸν . . . ἀποδώσουσι περὶ αὐτοῦ λόγον
41 [2] ὅτι μετενόησαν εἰς τὸ κήρυγμα Ἰωνᾶ
42 [2] ὅτι ἦλθεν ἐκ τ. περάτων τ. γῆς
13 11 [3] ὅτι Ὑμῖν δέδοται γνῶναι τὰ μυστήρια
13 [2] ὅτι βλέποντες οὐ βλέπουσιν
16 [2, 2] ὑμῶν δὲ μακάριοι οἱ ὀφθαλμοὶ ὅτι βλέπουσιν, κ. τὰ ὦτα ὑμῶν ὅτι ἀκούουσιν
17 [3] ὅτι πολλοὶ προφῆται κ. δίκαιοι ἐπεθύμησαν ἰδεῖν
14 5 [2] ὅτι ὡς προφήτην αὐτὸν εἶχον
26 [3] λέγοντες ὅτι Φάντασμά ἐστιν
15 12 [4] Οἶδας ὅτι οἱ Φαρισαῖοι . . . ἐσκανδαλίσθησαν;
17 [4] οὐ νοεῖτε ὅτι πᾶν τὸ εἰσπορευόμενον
23 [2] Ἀπόλυσον αὐτήν, ὅτι κράζει ὄπισθεν ἡμῶν
32 [2] ὅτι ἤδη ἡμέραι τρεῖς προσμένουσίν μοι
16 7 [3] λέγοντες ὅτι Ἄρτους οὐκ ἐλάβομεν
8 [3] Τί διαλογίζεσθε . . . ὅτι ἄρτους οὐκ ἔχετε;
11 [4] οὐ νοεῖτε ὅτι οὐ περὶ ἄρτων εἶπον ὑμῖν;
12 [4] τότε συνῆκαν ὅτι οὐκ εἶπεν προσέχειν ἀπὸ τ. ζύμης
17 [2] ὅτι σὰρξ κ. αἷμα οὐκ ἀπεκάλυψέν σοι
18 [3] κἀγὼ δέ σοι λέγω ὅτι σὺ εἶ Πέτρος
20 [3] ἵνα μηδενὶ εἴπωσιν ὅτι αὐτός ἐστιν ὁ Χριστός
21 [3] ὅτι δεῖ αὐτὸν εἰς Ἱεροσόλυμα ἀπελθεῖν
23 [2] ὅτι οὐ φρονεῖς τὰ τ. θεοῦ
28 [3] ἀμὴν λέγω ὑμῖν ὅτι εἰσίν τινες τ. ὧδε ἑστώτων
17 10 [3] οἱ γραμματεῖς λέγουσιν ὅτι Ἠλίαν δεῖ ἐλθεῖν
12 [3] λέγω δὲ ὑμῖν ὅτι Ἠλίας ἤδη ἦλθεν
13 [4] ὅτι περὶ Ἰωάννου τ. βαπτιστοῦ εἶπεν αὐτοῖς
15 [2] ἐλέησόν μου τ. υἱόν, ὅτι σεληνιάζεται
18 10 [3] λέγω γὰρ ὑμῖν ὅτι οἱ ἄγγελοι αὐτῶν . . . βλέπουσι
13 [3] ἀμὴν λέγω ὑμῖν ὅτι χαίρει ἐπ' αὐτῷ μᾶλλον
19 [3] λέγω ὑμῖν ὅτι ἐὰν δύο συμφωνήσωσιν
19 4 [3] Οὐκ ἀνέγνωτε ὅτι ὁ κτίσας ἀπ' ἀρχῆς
8 [3] λέγει αὐτοῖς ὅτι Μωϋσῆς . . . ἐπέτρεψεν
9 [3] λέγω δὲ ὑμῖν ὅτι ὃς ἂν ἀπολύσῃ τ. γυναῖκα, – WH mg.
23 [3] Ἀμὴν λέγω ὑμῖν ὅτι πλούσιος δυσκόλως εἰσελεύσεται
24 [3] λέγω ὑμῖν, εὐκοπώτερόν ἐστιν, WH mg. ὑμῖν ὅτι
28 [3] λέγω ὑμῖν ὅτι ὑμεῖς οἱ ἀκολουθήσαντές μοι
20 7 [2] λέγουσιν αὐτῷ Ὅτι οὐδεὶς ἡμᾶς ἐμισθώσατο
10 [4] ἐνόμισαν ὅτι πλεῖον λήμψονται
15 [2] ἢ ὁ ὀφθαλμός σου πονηρός ἐστιν ὅτι ἐγὼ ἀγαθός εἰμι;
25 [4] Οἴδατε ὅτι οἱ ἄρχοντες τ. ἐθνῶν κατακυριεύουσιν

Mt 20 30 [1] ἀκούσαντες ὅτι Ἰησοῦς παράγει
21 3 [3] ἐρεῖτε ὅτι Ὁ κύριος αὐτῶν χρείαν ἔχει
16 [3] οὐδέποτε ἀνέγνωτε ὅτι Ἐκ στόματος νηπίων
31 [3] ὅτι οἱ τελῶναι κ. αἱ πόρναι προάγουσιν ὑμᾶς
43 [3] λέγω ὑμῖν ὅτι ἀρθήσεται ἀφ' ὑμῶν, —ὅτι WH mg.
45 [4] ἔγνωσαν ὅτι περὶ αὐτῶν λέγει
22 16 [4] οἴδαμεν ὅτι ἀληθὴς εἶ
34 [1] ἀκούσαντες ὅτι ἐφίμωσεν τ. Σαδδουκαίους
23 10 [2] ὅτι καθηγητὴς ὑμῶν ἐστιν εἷς ὁ Χριστός
13(14) [2] ὅτι κλείετε τ. βασιλείαν τ. οὐρανῶν
14(13) [2] ὅτι κατεσθίετε τ. οἰκίας τ. χηρῶν, —UBS, WH
15 [2] ὅτι περιάγετε τ. θάλασσαν
23 [2] ὅτι ἀποδεκατοῦτε τὸ ἡδύοσμον
25 [2] ὅτι καθαρίζετε τὸ ἔξωθεν τ. ποτηρίου
27 [2] ὅτι παρομοιάζετε τάφοις κεκονιαμένοις
29 [2] ὅτι οἰκοδομεῖτε τ. τάφους τ. προφητῶν
31 [3] μαρτυρεῖτε ἑαυτοῖς ὅτι υἱοί ἐστε τ. φονευσάντων
24 23 [4] γινώσκετε ὅτι ἐγγὺς τὸ θέρος
33 [4] γινώσκετε ὅτι ἐγγύς ἐστιν ἐπὶ θύραις
34 [3] λέγω ὑμῖν ὅτι οὐ μὴ παρέλθῃ ἡ γενεὰ αὕτη
42 [4] ὅτι οὐκ οἴδατε ποίᾳ ἡμέρᾳ
43 [4] γινώσκετε ὅτι εἰ ᾔδει ὁ οἰκοδεσπότης
44 [2] ὅτι ᾗ δοκεῖτε ἡμέρᾳ
47 [3] ὅτι ἐπὶ πᾶσιν τ. ὑπάρχουσιν αὐτοῦ καταστήσει
25 8 [2] ὅτι αἱ λαμπάδες ἡμῶν σβέννυνται
13 [2] ὅτι οὐκ οἴδατε τ. ἡμέραν
24 [4] ἔγνων σε ὅτι σκληρὸς εἶ ἄνθρωπος
26 [4] ᾔδεις ὅτι θερίζω ὅπου οὐκ ἔσπειρα
26 2 [4] Οἴδατε ὅτι μετὰ δύο ἡμέρας τὸ πάσχα γίνεται
21 [3] λέγω ὑμῖν ὅτι εἷς ἐξ ὑμῶν παραδώσει με
34 [3] λέγω ὑμῖν ὅτι ἐν ταύτῃ τ. νυκτί
53 [4] ἢ δοκεῖς ὅτι οὐ δύναμαι παρακαλέσαι τ. πατέρα μου
54 [3] ὅτι οὕτως δεῖ γενέσθαι
72 [3] ἠρνήσατο μετὰ ὅρκου ὅτι Οὐκ οἶδα τ. ἄνθρωπον
74 [3] κ. ὀμνύειν ὅτι Οὐκ οἶδα τ. ἄνθρωπον
75 [3] Ἰησοῦ εἰρηκότος ὅτι Πρὶν ἀλέκτορα φωνῆσαι
27 3 [1] Τότε ἰδὼν Ἰούδας . . . ὅτι κατεκρίθη
18 [4] ᾔδει γὰρ ὅτι διὰ φθόνον παρέδωκαν αὐτόν
24 [1] ἰδὼν δὲ ὁ Πιλᾶτος ὅτι οὐδὲν ὠφελεῖ
43 [3] εἶπεν γὰρ ὅτι Θεοῦ εἰμι υἱός
47 [3] ἔλεγον ὅτι Ἠλίαν φωνεῖ οὗτος
63 [4] ἐμνήσθημεν ὅτι ἐκεῖνος ὁ πλάνος εἶπεν
28 5 [4] οἶδα γὰρ ὅτι Ἰησοῦν τ. ἐσταυρωμένον ζητεῖτε
7 [3] εἴπατε τ. μαθηταῖς αὐτοῦ ὅτι Ἠγέρθη
13 [3] Εἴπατε ὅτι Οἱ μαθηταὶ αὐτοῦ νυκτὸς ἐλθόντες
Mk 1 15 [3] κ. λέγων ὅτι Πεπλήρωται ὁ καιρός
34 [2] οὐκ ἤφιεν λαλεῖν τὰ δαιμόνια, ὅτι ᾔδεισαν αὐτόν
37 [3] λέγουσιν αὐτῷ ὅτι Πάντες ζητοῦσίν σε
40 [3] λέγων αὐτῷ ὅτι Ἐὰν θέλῃς δύνασαι

Mk 2 7 [5] Τί οὗτος οὕτως λαλεῖ; WH mg. Ὅτι
8 [4] ἐπιγνοὺς ὁ Ἰησοῦς . . . ὅτι οὕτως διαλογίζονται
10 [4] ἵνα δὲ εἰδῆτε ὅτι ἐξουσίαν ἔχει
12 [3] λέγοντας ὅτι Οὕτως οὐδέποτε εἴδομεν
16 [1] ἰδόντες ὅτι ἐσθίει μετὰ τ. ἁμαρτωλῶν
[5] Ὅτι μετὰ τ. τελωνῶν κ. ἁμαρτωλῶν ἐσθίει;
17 [3] λέγει αὐτοῖς [ὅτι] Οὐ χρείαν ἔχουσιν
3 11 [3] λέγοντες ὅτι Σὺ εἶ ὁ υἱὸς τ. θεοῦ
21 [3] ἔλεγον γὰρ ὅτι ἐξέστη
22 [3] ἔλεγον ὅτι Βεελζεβοὺλ ἔχει
[3] κ. ὅτι ἐν τ. ἄρχοντι τ. δαιμονίων
28 [3] λέγω ὑμῖν ὅτι πάντα ἀφεθήσεται
30 [2] ὅτι ἔλεγον, Πνεῦμα ἀκάθαρτον ἔχει
4 21 [3] ἔλεγεν αὐτοῖς ὅτι Μήτι ἔρχεται ὁ λύχνος— UBS—ὅτι
29 [2] ὅτι παρέστηκεν ὁ θερισμός
38 [2] οὐ μέλει σοι ὅτι ἀπολλύμεθα;
41 [2] ὅτι κ. ὁ ἄνεμος κ. ἡ θάλασσα ὑπακούει αὐτῷ
5 9 [2] Λεγιὼν ὄνομά μοι, ὅτι πολλοί ἐσμεν
23 [3] λέγων ὅτι Τὸ θυγάτριόν μου ἐσχάτως ἔχει
28 [3] ἔλεγεν γὰρ ὅτι Ἐὰν ἅψωμαι κἂν τ. ἱματίων
29 [4] ἔγνω τ. σώματι ὅτι ἴαται
35 [3] λέγοντες ὅτι Ἡ θυγάτηρ σου ἀπέθανεν
6 4 [3] κ. ἔλεγεν . . . ὅτι Οὐκ ἔστιν προφήτης ἄτιμος
14 [3] ἔλεγον ὅτι Ἰωάννης ὁ βαπτίζων ἐγήγερται
15 [3] ἄλλοι δὲ ἔλεγον ὅτι Ἠλίας ἐστίν
[3] ἄλλοι δὲ ἔλεγον ὅτι προφήτης
17 [2] ὅτι αὐτὴν ἐγάμησεν
18 [3] ἔλεγεν γὰρ . . . ὅτι Οὐκ ἔξεστίν σοι ἔχειν τ. γυναῖκα
23 [3] Ὅ τι ἐάν με αἰτήσῃς—WH txt Ὅτι, WH mg ὅτι Ὅ
34 [2] ὅτι ἦσαν ὡς πρόβατα μὴ ἔχοντα ποιμένα
35 [3] ἔλεγον ὅτι Ἔρημός ἐστιν ὁ τόπος
49 [4] ἔδοξαν ὅτι φάντασμά ἐστιν
55 [1] ὅπου ἤκουον ὅτι ἐστίν
7 2 [1] ὅτι κοιναῖς χερσίν . . . ἐσθίουσιν τ. ἄρτους
6 [3] ὡς γέγραπται ὅτι Οὗτος ὁ λαός
18 [4] οὐ νοεῖτε ὅτι πᾶν τὸ ἔξωθεν εἰσπορευόμενον
19 [2] ὅτι οὐκ εἰσπορεύεται αὐτοῦ εἰς τ. καρδίαν
20 [3] ἔλεγεν δὲ ὅτι Τὸ ἐκ τ. ἀνθρώπου ἐκπορευόμενον
8 2 [2] ὅτι . . . οὐκ ἔχουσιν τί φάγωσιν
4 [3] ὅτι Πόθεν τούτους δυνήσεταί τις ὧδε χορτάσαι
16 [3] διελογίζοντο . . . ὅτι Ἄρτους οὐκ ἔχομεν
17 [3] Τί διαλογίζεσθε ὅτι ἄρτους οὐκ ἔχετε;
24 [2] ὅτι ὡς δένδρα ὁρῶ περιπατοῦντας
28 [3] λέγοντες [ὅτι] Ἰωάννην τ. βαπτιστήν, WH ὅτι
[3] ἄλλοι δὲ ὅτι εἷς τ. προφητῶν
31 [3] ὅτι δεῖ τ. υἱὸν τ. ἀνθρώπου πολλὰ παθεῖν
33 [2] ὅτι οὐ φρονεῖς τὰ τ. θεοῦ
9 1 [3] λέγω ὑμῖν ὅτι εἰσίν τινες ὧδε τ. ἑστηκότων
11 [5,3] λέγοντες Ὅτι λέγουσιν οἱ γραμματεῖς ὅτι Ἠλίαν δεῖ ἐλθεῖν πρῶτον;
13 [3] λέγω ὑμῖν ὅτι κ. Ἠλίας ἐλήλυθεν
25 [1] ἰδὼν δὲ ὁ Ἰησοῦς ὅτι ἐπισυντρέχει ὄχλος

Mk 9 26 [3] ὥστε τ. πολλοὺς λέγειν ὅτι ἀπέθανεν
28 [5] Ὅτι ἡμεῖς οὐκ ἠδυνήθημεν ἐκβαλεῖν αὐτό;
31 [3] ἔλεγεν αὐτοῖς ὅτι Ὁ υἱὸς τ. ἀνθρώπου παραδίδοται
38 [2] ἐκωλύομεν αὐτὸν ὅτι οὐκ ἠκολούθει ἡμῖν, —WH mg.
41 [2] ἐν ὀνόματι ὅτι Χριστοῦ ἐστε
[3] λέγω ὑμῖν ὅτι οὐ μὴ ἀπολέσῃ τ. μισθόν
10 33 [3] ὅτι Ἰδοὺ ἀναβαίνομεν εἰς Ἱεροσόλυμα
42 [4] Οἴδατε ὅτι οἱ δοκοῦντες ἄρχειν τ. ἐθνῶν
47 [1] ἀκούσας ὅτι Ἰησοῦς ὁ Ναζαρηνός ἐστιν
11 17 [3] Οὐ γέγραπται ὅτι Ὁ οἶκός μου οἶκος προσευχῆς
23 [3] λέγω ὑμῖν ὅτι ὃς ἂν εἴπῃ τ. ὄρει τούτῳ
[4] ἀλλὰ πιστεύῃ ὅτι ὃ λαλεῖ γίνεται
24 [4] πιστεύετε ὅτι ἐλάβετε
32 [4] ἅπαντες γὰρ εἶχον ... ὅτι προφήτης ἦν
12 6 [3] λέγων ὅτι Ἐντραπήσονται τ. υἱόν μου
7 [3] εἶπαν ὅτι Οὗτός ἐστιν ὁ κληρονόμος
12 [4] ἔγνωσαν ὅτι πρὸς αὐτὸς τ. παραβολὴν εἶπεν
14 [4] οἴδαμεν ὅτι ἀληθὴς εἶ
19 [3] ἔγραψεν ὅτι ἐάν τινος ἀδελφὸς ἀποθάνῃ
26 [2] περὶ δὲ τ. νεκρῶν ὅτι ἐγείρονται
28 [1] ἰδὼν ὅτι καλῶς ἀπεκρίθη αὐτοῖς
29 [3] ἀπεκρίθη ὁ Ἰησοῦς ὅτι Πρώτη ἐστίν
32 [3] ἐπ' ἀληθείας εἶπες ὅτι εἷς ἐστιν
34 [1] ὁ Ἰησοῦς ἰδὼν [αὐτὸν] ὅτι νουνεχῶς ἀπεκρίθη, WH αὐτόν
35 [3] ὅτι ὁ Χριστὸς Δαυίδ ἐστιν
43 [3] Ἀμὴν λέγω ὑμῖν ὅτι ἡ χήρα αὕτη
13 6 [3] λέγοντες ὅτι Ἐγώ εἰμι
28 [4] γινώσκετε ὅτι ἐγγὺς τὸ θέρος ἐστίν
29 [4] γινώσκετε ὅτι ἐγγύς ἐστιν ἐπὶ θύραις
30 [3] λέγω ὑμῖν ὅτι οὐ μὴ παρέλθῃ ἡ γενεὰ αὕτη
14 14 [3] εἴπατε τ. οἰκοδεσπότῃ ὅτι Ὁ διδάσκαλος λέγει
18 [3] λέγω ὑμῖν ὅτι εἷς ἐξ ὑμῶν παραδώσει με
21 [2] ὅτι ὁ μὲν υἱὸς τ. ἀνθρώπου ὑπάγει
25 [3] ἀμὴν λέγω ὑμῖν ὅτι οὐκέτι οὐ μὴ πίω
27 [3, 2] λέγει αὐτοῖς ὁ Ἰησοῦς ὅτι Πάντες σκανδαλισθήσεσθε, ὅτι γέγραπται, Πατάξω τ. ποιμένα
30 [3] λέγω σοι ὅτι σὺ σήμερον ταύτῃ τ. νυκτί
58 [3, 3] ὅτι Ἡμεῖς ἠκούσαμεν αὐτοῦ λέγοντος ὅτι Ἐγὼ καταλύσω τ. ναόν
60 [5] τί οὗτοί σου καταμαρτυροῦσιν; WH mg. ὅτι
69 [3] ἤρξατο πάλιν λέγειν ... ὅτι Οὗτος ἐξ αὐτῶν ἐστιν
71 [3] κ. ὀμνύναι ὅτι Οὐκ οἶδα τ. ἄνθρωπον
72 [3] ὡς εἶπεν αὐτῷ ὁ Ἰησοῦς ὅτι Πρὶν ἀλέκτορα φωνῆσαι
15 10 [4] ἐγίνωσκεν γὰρ ὅτι διὰ φθόνον παραδεδώκεισαν
39 [1] Ἰδὼν δὲ ὁ κεντυρίων ... ὅτι οὕτως ἐξέπνευσεν
16 4 [1] θεωροῦσιν ὅτι ἀποκεκύλισται ὁ λίθος
7 [3] εἴπατε ... ὅτι Προάγει ὑμᾶς εἰς τ. Γαλιλαίαν
[11 [1] ἀκούσαντες ὅτι ζῇ ... ἠπίστησαν

Mk 16 [14 [2] ὅτι τ. θεασαμένοις αὐτὸν ... οὐκ ἐπίστευσαν
Lu 1 22 [4] ἐπέγνωσαν ὅτι ὀπτασίαν ἑώρακεν
25 [3] λέγουσα ὅτι Οὕτως μοι πεποίηκεν κύριος
37 [2] ὅτι οὐκ ἀδυνατήσει παρὰ τ. θεοῦ πᾶν ῥῆμα
45 [4] μακαρία ἡ πιστεύσασα ὅτι ἔσται τελείωσις
48 [2] ὅτι ἐπέβλεψεν ἐπὶ τ. ταπείνωσιν
49 [2] ὅτι ἐποίησέν μοι μεγάλα ὁ δυνατός
58 [1] ἤκουσαν ... ὅτι ἐμεγάλυνεν κύριος τὸ ἔλεος
61 [3] εἶπαν πρὸς αὐτὴν ὅτι Οὐδείς ἐστιν ἐκ τ. συγγενείας
68 [2] ὅτι ἐπεσκέψατο κ. ἐποίησεν λύτρωσιν
2 11 [2/3] ὅτι ἐτέχθη ὑμῖν σήμερον σωτήρ
23 [3] ὅτι Πᾶν ἄρσεν διανοῖγον μήτραν
30 [2] ὅτι εἶδον οἱ ὀφθαλμοί μου τὸ σωτήριόν σου
49 [2] Τί ὅτι ἐζητεῖτέ με;
[4] οὐκ ᾔδειτε ὅτι ἐν τοῖς τ. πατρός μου δεῖ εἶναί με;
3 8 [3] λέγω γὰρ ὑμῖν ὅτι δύναται ὁ θεός
4 4 [3] Γέγραπται γὰρ ὅτι Οὐκ ἐπ' ἄρτῳ μόνῳ
6 [2] ὅτι ἐμοὶ παραδέδοται
10 [3] γέγραπται γὰρ ὅτι Τ. ἀγγέλοις αὐτοῦ ἐντελεῖται
11 [3] κ. ὅτι Ἐπὶ χειρῶν ἀροῦσίν σε
12 [3] εἶπεν αὐτῷ ὁ Ἰησοῦς ὅτι Εἴρηται
21 [3] λέγειν πρὸς αὐτοὺς ὅτι Σήμερον πεπλήρωται
24 [3] λέγω ὑμῖν ὅτι οὐδεὶς προφήτης δεκτός ἐστιν
32 [2] ὅτι ἐν ἐξουσίᾳ ἦν ὁ λόγος αὐτοῦ
36 [2] ὅτι ἐν ἐξουσίᾳ κ. δυνάμει ἐπιτάσσει
41 [3] λέγοντα ὅτι Σὺ εἶ ὁ υἱὸς τ. θεοῦ
[2] ὅτι ᾔδεισαν τ. Χριστὸν αὐτὸν εἶναι
43 [3] ὅτι Κ. τ. ἑτέραις πόλεσιν εὐαγγελίσασθαί με δεῖ
[2] ὅτι ἐπὶ τοῦτο ἀπεστάλην
5 8 [2] ὅτι ἀνὴρ ἁμαρτωλός εἰμι, κύριε
24 [4] ὅτι ὁ υἱὸς τ. ἀνθρώπου ἐξουσίαν ἔχει
26 [3] λέγοντες ὅτι Εἴδομεν παράδοξα σήμερον
36 [3] ὅτι Οὐδεὶς ἐπίβλημα ἀπὸ ἱματίου καινοῦ
6 5 [3] ἔλεγεν αὐτοῖς ὅτι Κύριός ἐστιν, —ὅτι UBS, WH
19 ὅτι δύναμις παρ' αὐτοῦ ἐξήρχετο
20 [2] ὅτι ὑμετέρα ἐστὶν ἡ βασιλεία τ. θεοῦ
21 [2] ὅτι χορτασθήσεσθε
[2] ὅτι γελάσετε
24 [2] ὅτι ἀπέχετε τ. παράκλησιν ὑμῶν
25 [2] ὅτι πεινάσετε
[2] ὅτι πενθήσετε κ. κλαύσετε
35 [2] ὅτι αὐτὸς χρηστός ἐστιν ἐπὶ τ. ἀχαρίστους
7 4 [3] λέγοντες ὅτι ἄξιός ἐστιν ᾧ παρέξῃ τοῦτο
16 [3, 3] λέγοντες ὅτι Προφήτης μέγας ἠγέρθη ἐν ἡμῖν, κ. ὅτι Ἐπεσκέψατο ὁ θεὸς τ. λαὸν αὐτοῦ
22 [3] ὅτι τυφλοὶ ἀναβλέπουσιν, —ὅτι UBS, WH
37 [4] ἐπιγνοῦσα ὅτι κατάκειται ἐν τ. οἰκίᾳ
39 [2] ὅτι ἁμαρτωλός ἐστιν
43 [4] Ὑπολαμβάνω ὅτι ᾧ τὸ πλεῖον ἐχαρίσατο
47 [2] ὅτι ἠγάπησεν πολύ

Lu 8 25 [2] ὅτι κ. τ. ἀνέμοις ἐπιτάσσει
30 [2] Λεγιών, ὅτι εἰσῆλθεν δαιμόνια πολλὰ εἰς αὐτόν
37 [2] ὅτι φόβῳ μεγάλῳ συνείχοντο
42 [2] ὅτι θυγάτηρ μονογενὴς ἦν αὐτῷ
47 [1] ἰδοῦσα δὲ ἡ γυνὴ ὅτι οὐκ ἔλαθεν
49 [3] λέγων ὅτι Τέθνηκεν ἡ θυγάτηρ σου
53 [4] εἰδότες ὅτι ἀπέθανεν
9 7 [3] διὰ τὸ λέγεσθαι ὑπό τινων ὅτι Ἰωάννης ἠγέρθη
8 [3, 3] ὑπό τινων ὅτι Ἠλίας ἐφάνη, ἄλλων δὲ ὅτι προφήτης τις τ. ἀρχαίων ἀνέστη
12 [2] ὅτι ὧδε ἐν ἐρήμῳ τόπῳ ἐσμέν
19 [3] ἄλλοι δὲ ὅτι προφήτης τις . . . ἀνέστη
22 [3] εἰπὼν ὅτι Δεῖ τ. υἱὸν τ. ἀνθρώπου πολλὰ παθεῖν
38 [2] ὅτι μονογενής μοί ἐστιν
49 [2] ἐκωλύομεν αὐτὸν ὅτι οὐκ ἀκολουθεῖ
53 [2] ὅτι τὸ πρόσωπον αὐτοῦ ἦν πορευόμενον
10 11 [4] τοῦτο γινώσκετε ὅτι ἤγγικεν ἡ βασιλεία
12 [3] λέγω ὑμῖν ὅτι Σοδόμοις . . . ἀνεκτότερον ἔσται
13 [2] ὅτι εἰ ἐν Τύρῳ κ. Σιδῶνι ἐγενήθησαν αἱ δυνάμεις
20 [2] μὴ χαίρετε ὅτι τὰ πνεύματα ὑμῖν ὑποτάσσεται
[2] χαίρετε δὲ ὅτι τὰ ὀνόματα ὑμῶν ἐγγέγραπται
21 [2] ὅτι ἀπέκρυψας ταῦτα ἀπὸ σοφῶν
[2] ὅτι οὕτως εὐδοκία ἐγένετο ἔμπροσθέν σου
24 [3] λέγω γὰρ ὑμῖν ὅτι πολλοὶ προφῆται
40 [2] οὐ μέλει σοι ὅτι ἡ ἀδελφή μου μόνην με κατέλιπεν
11 18 [2] ὅτι λέγετε ἐν Βεελζεβοὺλ ἐκβάλλω τὰ δαιμόνια
31 [2] ὅτι ἦλθεν ἐκ τ. περάτων τ. γῆς
32 [2] ὅτι μετενόησαν εἰς τὸ κήρυγμα Ἰωνᾶ
38 [2] ἐθαύμασεν ὅτι οὐ πρῶτον ἐβαπτίσθη
42 [2] ὅτι ἀποδεκατοῦτε τὸ ἡδύοσμον
43 [2] ὅτι ἀγαπᾶτε τ. πρωτοκαθεδρίαν
44 [2] ὅτι ἐστὲ ὡς τὰ μνημεῖα τὰ ἄδηλα
46 [2] ὅτι φορτίζετε τ. ἀνθρώπους φορτία δυσβάστακτα
47 [2] ὅτι οἰκοδομεῖτε τὰ μνημεῖα τ. προφητῶν
48 [2] ὅτι αὐτοὶ μὲν ἀπέκτειναν αὐτούς
52 [2] ὅτι ἤρατε τ. κλεῖδα τ. γνώσεως
12 15 [2] ὅτι οὐκ ἐν τῷ περισσεύειν τινὶ ἡ ζωή
17 [2] Τί ποιήσω, ὅτι οὐκ ἔχω ποῦ συνάξω
24 [4] κατανοήσατε τ. κόρακας ὅτι οὐ σπείρουσιν
30 [4] ὁ πατὴρ οἶδεν ὅτι χρῄζετε τούτων
32 [2] ὅτι εὐδόκησεν ὁ πατὴρ ὑμῶν δοῦναι ὑμῖν
37 [3] ἀμὴν λέγω ὑμῖν ὅτι περιζώσεται
39 [4] τοῦτο δὲ γινώσκετε ὅτι εἰ ᾔδει ὁ οἰκοδεσπότης
40 [2] γίνεσθε ἕτοιμοι, ὅτι ᾗ ὥρᾳ οὐ δοκεῖτε
44 [3] ἀληθῶς λέγω ὑμῖν ὅτι ἐπὶ πᾶσιν τ. ὑπάρχουσιν
51 [4] δοκεῖτε ὅτι εἰρήνην παρεγενόμην δοῦναι
54 [3] εὐθέως λέγετε ὅτι Ὄμβρος ἔρχεται
55 [3] λέγετε ὅτι Καύσων ἔσται

Lu 13 2 [4, 2] Δοκεῖτε ὅτι οἱ Γαλιλαῖοι οὗτοι ἁμαρτωλοὶ . . . ἐγένοντο, ὅτι ταῦτα πεπόνθασιν;
4 [4] δοκεῖτε ὅτι αὐτοὶ ὀφειλέται ἐγένοντο
14 [2] ἀγανακτῶν ὅτι τ. σαββάτῳ ἐθεράπευσεν
[3] ἔλεγεν τ. ὄχλῳ ὅτι Ἓξ ἡμέραι εἰσίν
24 [2] ὅτι πολλοί, λέγω ὑμῖν, ζητήσουσιν εἰσελθεῖν
31 [2] ὅτι Ἡρῴδης θέλει σε ἀποκτεῖναι
33 [2] ὅτι οὐκ ἐνδέχεται προφήτην ἀπολέσθαι ἔξω
35 [3] λέγω [δὲ] ὑμῖν, οὐ μὴ ἴδητέ με—ὑμῖν, ὅτι οὐ μή, T.R.
14 11 ὅτι πᾶς ὁ ὑψῶν ἑαυτὸν ταπεινωθήσεται
14 [2] ὅτι οὐκ ἔχουσιν ἀνταποδοῦναί σοι
17 [2] Ἔρχεσθε, ὅτι ἤδη ἕτοιμά ἐστιν
24 [3] λέγω γὰρ ὑμῖν ὅτι οὐδεὶς τ. ἀνδρῶν ἐκείνων
30 [3] λέγοντες ὅτι Οὗτος ὁ ἄνθρωπος ἤρξατο
15 2 [3] λέγοντες ὅτι Οὗτος ἁμαρτωλοὺς προσδέχεται
6 [2] Συγχάρητέ μοι, ὅτι εὗρον τὸ πρόβατόν μου
7 [3] λέγω ὑμῖν ὅτι οὕτως χαρὰ . . . ἔσται
9 [2] Συγχάρητέ μοι, ὅτι εὗρον τ. δραχμήν
24 [2] ὅτι οὗτος ὁ υἱός μου νεκρὸς ἦν
27 [3] εἶπεν αὐτῷ ὅτι Ὁ ἀδελφός σου ἥκει
[2] ὅτι ὑγιαίνοντα αὐτὸν ἀπέλαβεν
32 [2] ὅτι ὁ ἀδελφός σου οὗτος νεκρὸς ἦν
16 3 [2] Τί ποιήσω, ὅτι ὁ κύριός μου ἀφαιρεῖται
8 [2] ἐπῄνεσεν ὁ κύριος . . . ὅτι φρονίμως ἐποίησεν
[2] ὅτι οἱ υἱοὶ τ. αἰῶνος τούτου φρονιμώτεροι
15 [2] ὅτι τὸ ἐν ἀνθρώποις ὑψηλὸν βδέλυγμα
24 [2] ὅτι ὀδυνῶμαι ἐν τ. φλογὶ ταύτῃ
25 [4] μνήσθητι ὅτι ἀπέλαβες τὰ ἀγαθά σου
17 9 [2] ὅτι ἐποίησεν τὰ διαταχθέντα
10 [3] λέγετε ὅτι Δοῦλοι ἀχρεῖοί ἐσμεν
15 [1] ἰδὼν ὅτι ἰάθη
18 8 [3] λέγω ὑμῖν ὅτι ποιήσει τ. ἐκδίκησιν
9 [4] τ. πεποιθότας ἐφ' ἑαυτοῖς ὅτι εἰσὶν δίκαιοι
11 [3] εὐχαριστῶ σοι ὅτι οὐκ εἰμὶ ὥσπερ οἱ λοιποί
14 [2] ὅτι πᾶς ὁ ὑψῶν ἑαυτὸν ταπεινωθήσεται
29 [3] λέγω ὑμῖν ὅτι οὐδείς ἐστιν ὃς ἀφῆκεν
37 [3] ἀπήγγειλαν αὐτῷ ὅτι Ἰησοῦς . . . παρέρχεται
19 3 [2] ὅτι τ. ἡλικίᾳ μικρὸς ἦν
4 [2] ὅτι ἐκείνης ἤμελλεν διέρχεσθαι
7 [3] λέγοντες ὅτι Παρὰ ἁμαρτωλῷ ἀνδρὶ εἰσῆλθεν καταλῦσαι
9 [3] εἶπεν . . . ὅτι Σήμερον σωτηρία τ. οἴκῳ τούτῳ ἐγένετο
11 [4] κ. δοκεῖν αὐτοὺς ὅτι παραχρῆμα μέλλει
17 [2] ὅτι ἐν ἐλαχίστῳ πιστὸς ἐγένου
21 [2] ἐφοβούμην γάρ σε, ὅτι ἄνθρωπος αὐστηρὸς εἶ
22 [4] ᾔδεις ὅτι ἐγὼ ἄνθρωπος αὐστηρός εἰμι
26 [3] λέγω ὑμῖν ὅτι παντὶ τ. ἔχοντι δοθήσεται
31 [3] ἐρεῖτε ὅτι Ὁ κύριος αὐτοῦ χρείαν ἔχει
34 [3] εἶπαν ὅτι Ὁ κύριος αὐτοῦ χρείαν ἔχει
40 [3] Λέγω ὑμῖν ὅτι ἐὰν οὗτοι σιωπήσουσιν—WH mg., – ὅτι WH txt UBS
42 [3] λέγων ὅτι Εἰ ἔγνως ἐν τ. ἡμέρᾳ ταύτῃ

Lu **19** 43 [2] ὅτι ἥξουσιν ἡμέραι ἐπὶ σέ
20 5 [3] λέγοντες ὅτι Ἐὰν εἴπωμεν, Ἐξ οὐρανοῦ
19 [4] ἔγνωσαν γὰρ ὅτι πρὸς αὐτοὺς εἶπεν
21 [4] οἴδαμεν ὅτι ὀρθῶς λέγεις
37 [3] ὅτι δὲ ἐγείρονται οἱ νεκροί
21 3 [3] λέγω ὑμῖν ὅτι ἡ χήρα αὕτη ἡ πτωχή
5 [3] ὅτι λίθοις καλοῖς κ. ἀναθήμασιν κεκόσμηται
20 [4] τότε γνῶτε ὅτι ἤγγικεν ἡ ἐρήμωσις αὐτῆς
22 [2] ὅτι ἡμέραι ἐκδικήσεως αὗταί εἰσιν
30 [4] γινώσκετε ὅτι ἤδη ἐγγὺς τὸ θέρος ἐστίν
31 [4] γινώσκετε ὅτι ἐγγύς ἐστιν ἡ βασιλεία
32 [3] λέγω ὑμῖν ὅτι οὐ μὴ παρέλθῃ ἡ γενεά
22 16 [3] λέγω γὰρ ὑμῖν ὅτι οὐ μὴ φάγω
18 [3] λέγω γὰρ ὑμῖν [ὅτι] οὐ μὴ πίω—WH – ὅτι
22 [2] ὅτι ὁ υἱὸς τ. ἀνθρώπου . . . πορεύεται
37 [3] λέγω γὰρ ὑμῖν ὅτι τοῦτο τὸ γεγραμμένον
61 [3] ὡς εἶπεν αὐτῷ ὅτι Πρὶν ἀλέκτορα φωνῆσαι
70 [2/3] Ὑμεῖς λέγετε ὅτι ἐγώ εἰμι
23 5 [3] λέγοντες ὅτι ἀνασείει τ. λαόν
7 [4] ἐπιγνοὺς ὅτι ἐκ τ. ἐξουσίας Ἡρῴδου ἐστίν
29 [2] ὅτι ἰδοὺ ἔρχονται ἡμέραι
31 [2] ὅτι εἰ ἐν τ. ὑγρῷ ξύλῳ ταῦτα ποιοῦσιν
40 [2] ὅτι ἐν τ. αὐτῷ κρίματι εἶ
24 7 [3] ὅτι δεῖ παραδοθῆναι εἰς χεῖρας ἀνθρώπων
21 [4] ἠλπίζομεν ὅτι αὐτός ἐστιν ὁ μέλλων λυτροῦσθαι
29 [2] Μεῖνον μεθ' ἡμῶν, ὅτι πρὸς ἑσπέραν ἐστίν
34 [3] λέγοντας ὅτι ὄντως ἠγέρθη ὁ κύριος
39 [1] ὅτι ἐγώ εἰμι αὐτός
[1] ὅτι πνεῦμα σάρκα κ. ὀστέα οὐκ ἔχει
44 [2/3] ὅτι δεῖ πληρωθῆναι πάντα τὰ γεγραμμένα
46 [3] κ. εἶπεν αὐτοῖς ὅτι Οὕτως γέγραπται

Jo **1** 15 [2] ὅτι πρῶτός μου ἦν
16 [2] ὅτι ἐκ τ. πληρώματος αὐτοῦ ἡμεῖς πάντες ἐλάβομεν
17 [2] ὅτι ὁ νόμος διὰ Μωϋσέως ἐδόθη
20 [3] ὡμολόγησεν ὅτι Ἐγὼ οὐκ εἰμὶ ὁ Χριστός
30 [2] ὅτι πρῶτός μου ἦν
32 [3] λέγων ὅτι Τεθέαμαι τὸ πνεῦμα
34 [3] μεμαρτύρηκα ὅτι οὗτός ἐστιν ὁ υἱὸς τ. ἀνθρώπου
50 [2, 3] Ὅτι εἶπόν σοι ὅτι εἶδόν σε
2 17 [4] Ἐμνήσθησαν οἱ μαθηταὶ αὐτοῦ ὅτι γεγραμμένον ἐστίν
18 [2] Τί σημεῖον δεικνύεις ἡμῖν, ὅτι ταῦτα ποιεῖς;
22 [4] ἐμνήσθησαν οἱ μαθηταὶ αὐτοῦ ὅτι τοῦτο ἔλεγεν
25 [2] κ. ὅτι οὐ χρείαν εἶχεν ἵνα τις μαρτυρήσῃ
3 2 [4] οἴδαμεν ὅτι ἀπὸ θεοῦ ἐλήλυθας
7 [4] μὴ θαυμάσῃς ὅτι εἶπόν σοι
11 [3] λέγω σοι ὅτι ὃ οἴδαμεν λαλοῦμεν
18 [2] ἤδη κέκριται, ὅτι μὴ πεπίστευκεν
19 [2] αὕτη δέ ἐστιν ἡ κρίσις, ὅτι τὸ φῶς ἐλήλυθεν
21 [2] ὅτι ἐν θεῷ ἐστιν εἰργασμένα
23 [2] ὅτι ὕδατα πολλὰ ἦν ἐκεῖ
28 [4, 3] μαρτυρεῖτε ὅτι εἶπον [ὅτι] Οὐκ εἰμὶ ἐγὼ ὁ Χριστός—WH – [ὅτι]

Jo **3** [3] ἀλλ' ὅτι Ἀπεσταλμένος εἰμί
33 [4] ἐσφράγισεν ὅτι ὁ θεὸς ἀληθής ἐστιν
4 1 [4, 1] ὅτι ἤκουσαν οἱ Φαρισαῖοι ὅτι Ἰησοῦς πλείονας μαθητὰς ποιεῖ
17 [3] Καλῶς εἶπες ὅτι Ἄνδρα οὐκ ἔχω
19 [1] θεωρῶ ὅτι προφήτης εἶ σύ
20 [3] λέγετε ὅτι ἐν Ἱεροσολύμοις ἐστὶν ὁ τόπος
21 [4] Πίστευέ μοι, γύναι, ὅτι ἔρχεται ὥρα
22 [2] ὅτι ἡ σωτηρία ἐκ τ. Ἰουδαίων ἐστίν
25 [4] Οἶδα ὅτι Μεσσίας ἔρχεται
27 [4] ἐθαύμαζον ὅτι μετὰ γυναικὸς ἐλάλει
35 [3] λέγετε ὅτι Ἔτι τετράμηνός ἐστιν
[2] θεάσασθε τ. χώρας ὅτι λευκαί εἰσιν
37 [3] ὁ λόγος ἐστὶν ἀληθινὸς ὅτι Ἄλλος ἐστὶν ὁ σπείρων
39 [3] μαρτυρούσης ὅτι Εἶπέν μοι πάντα
42 [3] ἔλεγον ὅτι Οὐκέτι διὰ τ. σὴν λαλιὰν πιστεύομεν
[4] οἴδαμεν ὅτι οὗτός ἐστιν ἀληθῶς ὁ σωτήρ
44 [3] ἐμαρτύρησεν ὅτι προφήτης . . . τιμὴν οὐκ ἔχει
47 [1] ἀκούσας ὅτι Ἰησοῦς ἥκει ἐκ τ. Ἰουδαίας
51 [3] λέγοντες ὅτι ὁ παῖς αὐτοῦ ζῇ
52 [3] εἶπαν οὖν αὐτῷ λέγοντες ὅτι Ἐχθὲς ὥραν ἑβδόμην
53 [4] ἔγνω οὖν ὁ πατὴρ ὅτι ἐν ἐκείνῃ τ. ὥρᾳ
5 6 [4] γνοὺς ὅτι πολὺν ἤδη χρόνον ἔχει
15 [3] ἀνήγγειλεν τ. Ἰουδαίοις ὅτι Ἰησοῦς ἐστιν
16 [2] ὅτι ταῦτα ἐποίει ἐν σαββάτῳ
18 [2] ὅτι οὐ μόνον ἔλυεν τὸ σάββατον
24 [3] λέγω ὑμῖν ὅτι ὁ τ. λόγον μου ἀκούων
25 [3] λέγω ὑμῖν ὅτι ἔρχεται ὥρα
27 [2] ὅτι υἱὸς ἀνθρώπου ἐστίν
28 [2] μὴ θαυμάζετε τοῦτο, ὅτι ἔρχεται ὥρα
30 [2] ὅτι οὐ ζητῶ τὸ θέλημα τὸ ἐμόν
32 [4] οἶδα ὅτι ἀληθής ἐστιν ἡ μαρτυρία
36 [3] μαρτυρεῖ περὶ ἐμοῦ ὅτι ὁ πατήρ με ἀπέσταλκεν
38 [2] ὅτι ὃν ἀπέστειλεν ἐκεῖνος . . . οὐ πιστεύετε
39 [2] ὅτι δοκεῖτε ἐν αὐτοῖς ζωὴν αἰώνιον ἔχειν
42 [2] ὅτι τ. ἀγάπην τ. θεοῦ οὐκ ἔχετε ἐν ἑαυτοῖς
45 [4] μὴ δοκεῖτε ὅτι ἐγὼ κατηγορήσω ὑμῶν
6 2 [2] ὅτι ἐθεώρουν τὰ σημεῖα ἃ ἐποίει
5 [1] θεασάμενος ὅτι πολὺς ὄχλος ἔρχεται
14 [3] ἔλεγον ὅτι Οὗτός ἐστιν ἀληθῶς ὁ προφήτης
15 [4] γνοὺς ὅτι μέλλουσιν ἔρχεσθαι
22 [1] εἶδον ὅτι πλοιάριον ἄλλο οὐκ ἦν ἐκεῖ
[1] κ. ὅτι οὐ συνεισῆλθεν
24 [1] εἶδεν ὁ ὄχλος ὅτι Ἰησοῦς οὐκ ἔστιν ἐκεῖ
26 [2, 2] οὐχ ὅτι εἴδετε σημεῖα ἀλλ' ὅτι ἐφάγετε
36 [3] εἶπον ὑμῖν ὅτι κ. ἑωράκατέ [με]
38 [2] ὅτι καταβέβηκα ἀπὸ τ. οὐρανοῦ
41 [2] ὅτι εἶπεν, Ἐγώ εἰμι ὁ ἄρτος
42 [3] λέγει ὅτι Ἐκ τ. οὐρανοῦ καταβέβηκα
46 [2] οὐχ ὅτι τ. πατέρα ἑώρακέν τις
61 [4] ὅτι γογγύζουσιν περὶ τούτου οἱ μαθηταί
65 [3] εἴρηκα ὑμῖν ὅτι οὐδεὶς δύναται ἐλθεῖν
69 [1] ἐγνώκαμεν ὅτι σὺ εἶ ὁ ἅγιος
7 1 [2] ὅτι ἐζήτουν αὐτὸν οἱ Ἰουδαῖοι ἀποκτεῖναι
7 [2, 3] ὅτι ἐγὼ μαρτυρῶ περὶ αὐτοῦ ὅτι τὰ ἔργα αὐτοῦ πονηρά ἐστιν
8 [2] ὅτι ὁ ἐμὸς καιρὸς οὔπω πεπλήρωται

Jo **7** 12 [3] οἱ μὲν ἔλεγον ὅτι Ἀγαθός ἐστιν
22 [2] οὐχ ὅτι ἐκ τ. Μωϋσέως ἐστίν
23 [2] ὅτι ὅλον ἄνθρωπον ὑγιῆ ἐποίησα
26 [4] ὅτι οὗτός ἐστιν ὁ Χριστός
29 [2] ἐγὼ οἶδα αὐτόν, ὅτι παρ' αὐτοῦ εἰμι
30 [2] ὅτι οὔπω ἐληλύθει ἡ ὥρα αὐτοῦ
35 [6] ὅτι ἡμεῖς οὐχ εὑρήσομεν αὐτόν
39 [2] ὅτι Ἰησοῦς οὐδέπω ἐδοξάσθη
40 [2] ἔλεγον [ὅτι] Οὗτός ἐστιν ὁ Χριστός—WH—ὅτι UBS
42 [3] ἡ γραφὴ εἶπεν ὅτι ἐκ τ. σπέρματος
52 [1] ἴδε ὅτι προφήτης ἐκ τ. Γαλιλαίας οὐκ ἐγείρεται
Jo **8** 14 [2] ὅτι οἶδα πόθεν ἦλθον
16 [2] ὅτι μόνος οὐκ εἰμί
17 [3] γέγραπται ὅτι δύο ἀνθρώπων ἡ μαρτυρία
20 [2] ὅτι οὔπω ἐληλύθει ἡ ὥρα αὐτοῦ
22 [2] ὅτι λέγει Ὅπου ἐγὼ ὑπάγω
24 [3] εἶπον οὖν ὑμῖν ὅτι ἀποθανεῖσθε
[4] ἐὰν γὰρ μὴ πιστεύσητε ὅτι ἐγώ εἰμι
25 [5] Τ. ἀρχὴν ὅτι κ. λαλῶ ὑμῖν; WH—UBS ὅ τι
27 [4] ὅτι τ. πατέρα αὐτοῖς ἔλεγεν
28 [4] τότε γνώσεσθε ὅτι ἐγώ εἰμι
29 [2] ὅτι ἐγω τὰ ἀρεστὰ αὐτῷ ποιῶ
33 [3] πῶς σὺ λέγεις ὅτι Ἐλεύθεροι γενήσεσθε;
34 [3] λέγω ὑμῖν ὅτι πᾶς ὁ ποιῶν τ. ἁμαρτίαν
37 [4] οἶδα ὅτι σπέρμα Ἀβραάμ ἐστε
[2] ὅτι ὁ λόγος ὁ ἐμὸς οὐ χωρεῖ ἐν ὑμῖν
43 [2] ὅτι οὐ δύνασθε ἀκούειν τ. λόγον τ. ἐμόν
44 [2] ὅτι οὐκ ἔστιν ἀλήθεια ἐν αὐτῷ
[2] ὅτι ψεύστης ἐστὶν κ. ὁ πατὴρ αὐτοῦ
45 [2] ὅτι τ. ἀλήθειαν λέγω, οὐ πιστεύετέ μοι
47 [2] ὅτι ἐκ τ. θεοῦ οὐκ ἐστέ
48 [3] λέγομεν ὅτι Σαμαρίτης εἶ
52 [4] Νῦν ἐγνώκαμεν ὅτι δαιμόνιον ἔχεις
54 [3] ὑμεῖς λέγετε ὅτι θεὸς ἡμῶν ἐστιν
55 [3] κἂν εἴπω ὅτι οὐκ οἶδα αὐτόν
9 8 [1/2] ὅτι προσαίτης ἦν
9 [3] ἄλλοι ἔλεγον ὅτι Οὗτός ἐστιν
[3] ἐκεῖνος ἔλεγεν ὅτι Ἐγώ εἰμι
11 [3] εἶπέν μοι ὅτι Ὕπαγε εἰς τ. Σιλωάμ
16 [2] ὅτι τὸ σάββατον οὐ τηρεῖ
17 [2] ὅτι ἠνέῳξέν σου τ. ὀφθαλμούς
[3] ὁ δὲ εἶπεν ὅτι Προφήτης ἐστίν
18 [4] Οὐκ ἐπίστευσαν . . . ὅτι ἦν τυφλός
19 [3] ὃν ὑμεῖς λέγετε ὅτι τυφλὸς ἐγεννήθη
20 [4, 4] Οἴδαμεν ὅτι οὗτός ἐστιν ὁ υἱὸς ἡμῶν κ. ὅτι τυφλὸς ἐγεννήθη
22 [2] ὅτι ἐφοβοῦντο τ. Ἰουδαίους
23 [3] οἱ γονεῖς αὐτοῦ εἶπαν ὅτι Ἡλικίαν ἔχει
24 [4] ἡμεῖς οἴδαμεν ὅτι οὗτος . . . ἁμαρτωλός ἐστιν
25 [4] ὅτι τυφλὸς ὢν ἄρτι βλέπω
29 [4] οἴδαμεν ὅτι Μωϋσεῖ λελάληκεν ὁ θεός
30 [2] ὅτι ὑμεῖς οὐκ οἴδατε πόθεν ἐστίν
31 [4] οἴδαμεν ὅτι ἁμαρτωλῶν ὁ θεὸς οὐκ ἀκούει
32 [1] ὅτι ἤνοιξέν τις ὀφθαλμοὺς τυφλοῦ
35 [1] Ἤκουσεν Ἰησοῦς ὅτι ἐξέβαλον αὐτόν
41 [3] νῦν δὲ λέγετε ὅτι Βλέπομεν
10 4 [2] ὅτι οἴδασιν τ. φωνὴν αὐτοῦ
5 [2] ὅτι οὐκ οἴδασιν τ. ἀλλοτρίων τ. φωνήν

Jo **10** 7 [3] λέγω ὑμῖν ὅτι ἐγώ εἰμι ἡ θύρα—WH—ὅτι
13 [2] ὅτι μισθωτός ἐστιν κ. οὐ μέλει αὐτῷ
17 [2] ὅτι ἐγω τίθημι τ. ψυχήν μου
26 [2] ὅτι οὐκ ἐστὲ ἐκ τ. προβάτων τ. ἐμῶν
33 [2] ὅτι σὺ ἄνθρωπος ὢν ποιεῖς σεαυτὸν θεόν
34 [3] ὅτι Ἐγὼ εἶπα, Θεοί ἐστε
36 [3, 2] λέγετε ὅτι Βλασφημεῖς, ὅτι εἶπον, Υἱὸς [τ.]θεοῦ εἰμι
38 [4] ἵνα γνῶτε . . . ὅτι ἐν ἐμοὶ ὁ πατήρ
41 [3] ἔλεγον ὅτι Ἰωάννης μὲν σημεῖον ἐποίησεν οὐδέν
11 6 [1] ὡς οὖν ἤκουσεν ὅτι ἀσθενεῖ
9 [2] ὅτι τὸ φῶς τ. κόσμου τούτου βλέπει
10 [2] ὅτι τὸ φῶς οὐκ ἔστιν ἐν αὐτῷ
13 [4] ἔδοξαν ὅτι περὶ τ. κοιμήσεως τ. ὕπνου λέγει
15 [2/4] κ. χαίρω δι' ὑμᾶς . . . ὅτι οὐκ ἤμην ἐκεῖ
20 [1] ὡς ἤκουσεν ὅτι Ἰησοῦς ἔρχεται
22 [4] οἶδα ὅτι ὅσα ἂν αἰτήσῃ τ. θεὸν δώσει σοι
24 [4] Οἶδα ὅτι ἀναστήσεται
27 [4] πεπίστευκα ὅτι σὺ εἶ ὁ Χριστός
31 [1] ἰδόντες τ. Μαριὰμ ὅτι ταχέως ἀνέστη
[4] δόξαντες ὅτι ὑπάγει εἰς τὸ μνημεῖον
40 [3] Οὐκ εἶπόν σοι ὅτι ἐὰν πιστεύσῃς
41 [2] εὐχαριστῶ σοι ὅτι ἤκουσάς μου
42 [4] ᾔδειν ὅτι πάντοτέ μου ἀκούεις
[4] ἵνα πιστεύσωσιν ὅτι σύ με ἀπέστειλας
47 [2] ὅτι οὗτος ὁ ἄνθρωπος πολλὰ ποιεῖ σημεῖα
50 [4] οὐδὲ λογίζεσθε ὅτι συμφέρει ὑμῖν
51 [3] ἐπροφήτευσεν ὅτι ἔμελλεν Ἰησοῦς ἀποθνήσκειν
56 [4] ὅτι οὐ μὴ ἔλθῃ εἰς τ. ἑορτήν
12 6 [2] οὐχ ὅτι περὶ τ. πτωχῶν ἔμελεν αὐτῷ
[2] ἀλλ' ὅτι κλέπτης ἦν
9 [4] Ἔγνω οὖν [ὁ] ὄχλος . . . ὅτι ἐκεῖ ἐστιν
11 [2] ὅτι πολλοὶ δι' αὐτὸν ὑπῆγον
12 [1] ἀκούσαντες ὅτι ἔρχεται ὁ Ἰησοῦς
16 [4] ἐμνήσθησαν ὅτι ταῦτα ἦν επ' αὐτῷ γεγραμμένα
18 [2] ὅτι ἤκουσαν τοῦτο αὐτὸν πεποιηκέναι
19 [1/4] Θεωρεῖτε ὅτι οὐκ ὠφελεῖτε οὐδέν
34 [1] ἠκούσαμεν . . . ὅτι ὁ Χριστὸς μένει εἰς τ. αἰῶνα
[3] λέγεις ὅτι δεῖ ὑψωθῆναι τ. υἱὸν τ. ἀνθρώπου
39 [2] ὅτι πάλιν εἶπεν Ἠσαΐας
41 [2] ὅτι εἶδεν τ. δόξαν αὐτοῦ
49 [2] ὅτι ἐγὼ ἐξ ἐμαυτοῦ οὐκ ἐλάλησα
50 [4] οἶδα ὅτι ἡ ἐντολὴ αὐτοῦ ζωὴ αἰώνιός ἐστιν
13 1 [4] εἰδὼς ὁ Ἰησοῦς ὅτι ἦλθεν ἡ ὥρα
3 [4] εἰδὼς ὅτι πάντα ἔδωκεν αὐτῷ ὁ πατήρ
[4] κ. ὅτι ἀπὸ θεοῦ ἐξῆλθεν
11 [3] εἶπεν ὅτι Οὐχὶ πάντες καθαροί ἐστε
19 [4] ἵνα πιστεύσητε . . . ὅτι ἐγώ εἰμι
21 [3] λέγω ὑμῖν ὅτι εἷς ἐξ ὑμῶν παραδώσει με
29 [4] τινὲς γὰρ ἐδόκουν . . . ὅτι λέγει αὐτῷ [ὁ] Ἰησοῦς
33 [3] καθὼς εἶπον . . . ὅτι Ὅπου ἐγὼ ὑπάγω
35 [4] γνώσονται πάντες ὅτι ἐμοὶ μαθηταί ἐστε
14 2 [2/3] εἶπον ἂν ὑμῖν ὅτι πορεύομαι ἑτοιμάσαι τόπον
10 [4] οὐ πιστεύεις ὅτι ἐγω ἐν τ. πατρί

Jo 14 11 [4] πιστεύετέ μοι ὅτι ἐγὼ ἐν τ. πατρί
12 [2] ὅτι ἐγὼ πρὸς τ. πατέρα πορεύομαι
17 [2] ὅτι οὐ θεωρεῖ αὐτὸ οὐδὲ γινώσκει
[2] γινώσκετε αὐτό, ὅτι παρ' ὑμῖν μένει
19 [2] ὅτι ἐγὼ ζῶ κ. ὑμεῖς ζήσετε
20 [4] γνώσεσθε ὑμεῖς ὅτι ἐγὼ ἐν τ. πατρί
22 [2] τί γέγονεν ὅτι ἡμῖν μέλλεις ἐμφανίζειν
28 [1] ἠκούσατε ὅτι ἐγὼ εἶπον ὑμῖν
[2/3] χάρητε ἄν, ὅτι πορεύομαι πρὸς τ. πατέρα
[2] ὅτι ὁ πατὴρ μείζων μού ἐστιν
31 [4] ἵνα γνῷ ὁ κόσμος ὅτι ἀγαπῶ τ. πατέρα
15 5 [2] ὅτι χωρὶς ἐμοῦ οὐ δύνασθε ποιεῖν οὐδεν
15 [2] ὅτι ὁ δοῦλος οὐκ οἶδεν
[2] ὅτι πάντα ἃ ἤκουσα . . . ἐγνώρισα ὑμῖν
18 [4] γινώσκετε ὅτι ἐμὲ πρῶτον ὑμῶν μεμίσηκεν
19 [2] ὅτι δὲ ἐκ τ. κόσμου οὐκ ἐστέ
21 [2] ὅτι οὐκ οἴδασιν τ. πέμψαντά με
25 [3] ὁ λόγος ὁ . . . γεγραμμένος ὅτι 'Εμίσησάν με δωρεάν
27 [2] ὅτι ἀπ' ἀρχῆς μετ' ἐμοῦ ἐστε
16 3 [2] ὅτι οὐκ ἔγνωσαν τ. πατέρα οὐδὲ ἐμέ
4 [2] ἵνα . . . μνημονεύητε αὐτῶν ὅτι ἐγὼ εἶπον ὑμῖν
[2] οὐκ εἶπον, ὅτι μεθ' ὑμῶν ἤμην
6 [2] ἀλλ' ὅτι ταῦτα λελάληκα ὑμῖν
9 [2] περὶ ἁμαρτίας μέν, ὅτι οὐ πιστεύουσιν εἰς ἐμέ
10 [2] ὅτι πρὸς τ. πατέρα ὑπάγω
11 [2] ὅτι ὁ ἄρχων τ. κόσμου τούτου κέκριται
14 [2] ὅτι ἐκ τ. ἐμοῦ λάμβανει
15 [3] εἶπον ὅτι ἐκ τ. ἐμοῦ λάμβανει
17 [2] κ., Ὅτι ὑπάγω πρὸς τ. πατέρα
19 [4] ἔγνω [ὁ] 'Ιησοῦς ὅτι ἤθελον αὐτὸν ἐρωτᾶν
[2] ὅτι εἶπον, Μικρὸν κ. οὐ θεωρεῖτέ με
20 [3] λέγω ὑμῖν ὅτι κλαύσετε κ. θρηνήσετε
21 [2] ὅτι ἦλθεν ἡ ὥρα αὐτῆς
[2] ὅτι ἐγεννήθη ἄνθρωπος εἰς τ. κόσμον
26 [3] οὐ λέγω ὑμῖν ὅτι ἐγὼ ἐρωτήσω
27 [2, 4] ὅτι ὑμεῖς ἐμὲ πεφιλήκατε κ. πεπιστεύκατε ὅτι ἐγὼ παρὰ [τ.] θεοῦ ἐξῆλθον
30 [4] νῦν οἴδαμεν ὅτι οἶδας πάντα
[4] πιστεύομεν ὅτι ἀπὸ θεοῦ ἐξῆλθες
32 [2] ὅτι ὁ πατὴρ μετ' ἐμοῦ ἐστιν
17 7 [4] νῦν ἔγνωκαν ὅτι πάντα . . . παρὰ σοῦ εἰσιν
8 [2] ὅτι τα ῥήματα ἃ ἔδωκάς μοι δέδωκα αὐτοῖς
[4] ἔγνωσαν ἀληθῶς ὅτι παρὰ σοῦ ἐξῆλθον
[4] κ. ἐπίστευσαν ὅτι σύ με ἀπέστειλας
9 [2] περὶ ὧν δέδωκάς μοι, ὅτι σοί εἰσιν
14 [2] ὅτι οὐκ εἰσὶν ἐκ τ. κόσμου
21 [4] ἵνα ὁ κόσμος πιστεύῃ ὅτι σύ με ἀπέστειλας
23 [4] ἵνα γινώσκῃ ὁ κόσμος ὅτι σύ με ἀπέστειλας
24 [2] ὅτι ἠγάπησάς με πρὸ καταβολῆς κόσμου
25 [4] οὗτοι ἔγνωσαν ὅτι σύ με ἀπέστειλας
18 2 [4] ᾔδει δὲ κ. 'Ιούδας . . . ὅτι πολλάκις συνήχθη 'Ιησοῦς
8 [3] Εἶπον ὑμῖν ὅτι ἐγώ εἰμι
9 [3] ὁ λόγος ὃν εἶπεν ὅτι Οὓς δέδωκάς μοι οὐκ ἀπώλεσα
14 [3] ὅτι συμφέρει ἕνα ἄνθρωπον ἀποθανεῖν
18 [2] ἀνθρακιὰν πεποιηκότες, ὅτι ψῦχος ἦν
37 [3] Σὺ λέγεις ὅτι βασιλεύς εἰμι
19 4 [4] ἵνα γνῶτε ὅτι οὐδεμίαν αἰτίαν εὑρίσκω

Jo 19 7 [2] ὅτι υἱὸν θεοῦ ἑαυτὸν ἐποίησεν
10 [4] οὐκ οἶδας ὅτι ἐξουσίαν ἔχω
20 [2] ὅτι ἐγγὺς ἦν ὁ τόπος τ. πόλεως
21 [3] ἀλλ' ὅτι ἐκεῖνος εἶπεν βασιλεύς εἰμι
28 [4] εἰδὼς ὁ 'Ιησοῦς ὅτι ἤδη πάντα τετέλεσται
35 [4] κ. ἐκεῖνος οἶδεν ὅτι ἀληθῆ λέγει
42 [2] ὅτι ἐγγὺς ἦν τὸ μνημεῖον
20 9 [3] τ. γραφὴν ὅτι δεῖ αὐτὸν ἐκ νεκρῶν ἀναστῆναι
13 [3/2] λέγει αὐτοῖς ὅτι Ἦραν τ. κύριόν μου, WH mg. Ὅτι ἦραν
14 [4] οὐκ ᾔδει ὅτι 'Ιησοῦς ἐστιν
15 [4] ἐκείνη δοκοῦσα ὅτι ὁ κηπουρός ἐστιν
18 [3] ἀγγέλλουσα τ. μαθηταῖς ὅτι 'Εώρακα τ. κύριον
29 [2] Ὅτι ἑώρακάς με πεπίστευκας;
31 [4] ἵνα πιστεύσητε ὅτι 'Ιησοῦς ἐστιν ὁ Χριστός
21 4 [4] οὐ μέντοι ᾔδεισαν οἱ μαθηταὶ ὅτι 'Ιησοῦς ἐστιν
7 [1] ἀκούσας ὅτι ὁ κύριός ἐστιν
12 [4] εἰδότες ὅτι ὁ κύριός ἐστιν
15 [4] σὺ οἶδας ὅτι φιλῶ σε
16 [4] σὺ οἶδας ὅτι φιλῶ σε
17 [2] ἐλυπήθη ὁ Πέτρος ὅτι εἶπεν αὐτῷ τὸ τρίτον
[4] σὺ γινώσκεις ὅτι φιλῶ σε
23 [3] ὅτι ὁ μαθητὴς ἐκεῖνος οὐκ ἀποθνήσκει
[3] οὐκ εἶπεν δὲ αὐτῷ ὁ 'Ιησοῦς ὅτι οὐκ ἀποθνησκει
24 [4] οἴδαμεν ὅτι ἀληθὴς αὐτοῦ ἡ μαρτυρία ἐστίν
Ac 1 5 [2] ὅτι 'Ιωάννης μὲν ἐβάπτισεν ὕδατι
17 [2] ὅτι κατηριθμημένος ἦν ἐν ἡμῖν
2 6 [2] ὅτι ἤκουον εἷς ἕκαστος τ. ἰδίᾳ διαλέκτῳ
13 [3] ἔλεγον ὅτι Γλεύκους μεμεστωμένοι εἰσίν
25 [2] ὅτι ἐκ δεξιῶν μού ἐστιν ἵνα μὴ σαλευθῶ
כִּי מִימִינִי בַּל־אֶמּוֹט, Ps. xvi. 8
27 [2] ὅτι οὐκ ἐγκαταλείψεις τ. ψυχήν μου εἰς ᾅδην
כִּי לֹא־תַעֲזֹב נַפְשִׁי לִשְׁאוֹל, Ps. xvi. 10
29 [3] ὅτι κ. ἐτελεύτησεν κ. ἐτάφη
30 [4] εἰδὼς ὅτι ὅρκῳ ὤμοσεν αὐτῷ ὁ θεός
31 [3] ἐλάλησεν . . . ὅτι οὔτε ἐγκατελείφθη εἰς ᾅδην
36 [4] γινωσκέτω . . . ὅτι κ. κύριον αὐτὸν κ. Χριστὸν ἐποίησεν
3 10 [1/2] ὅτι αὐτὸς ἦν ὁ πρὸς τ. ἐλεημοσύνην καθήμενος
17 [4] οἶδα ὅτι κατὰ ἄγνοιαν ἐπράξατε
22 [3] εἶπεν ὅτι Προφήτην ὑμῖν ἀναστήσει κύριος
4 10 [4] γνωστὸν ἔστω . . . ὅτι ἐν τ. ὀνόματι 'Ιησοῦ
13 [4] καταλαβόμενοι ὅτι ἄνθρωποι ἀγράμματοί εἰσιν
[4] ἐπεγίνωσκόν τε αὐτοὺς ὅτι σὺν τ. 'Ιησοῦ ἦσαν
16 [1] ὅτι μὲν γὰρ γνωστὸν σημεῖον γέγονεν
21 [2] ὅτι πάντες ἐδόξαζον τ. θεόν
5 4 [2] τί ὅτι ἔθου ἐν τ. καρδίᾳ σου
9 [2] Τί ὅτι συνεφωνήθη ὑμῖν πειράσαι
23 [3] λέγοντες ὅτι Τὸ δεσμωτήριον εὕρομεν

Ac **5** 25 [3] ἀπήγγειλεν αὐτοῖς ὅτι Ἰδοὺ οἱ ἄνδρες οὓς ἔθεσθε
38 [2] ὅτι ἐὰν ᾖ ἐξ ἀνθρώπων ἡ βουλὴ αὕτη
41 [2] ὅτι κατηξιώθησαν ὑπὲρ τ. ὀνόματος ἀτιμασθῆναι
6 1 [2/3] ὅτι παρεθεωροῦντο ἐν τ. διακονίᾳ . . . αἱ χῆραι
11 [3] λέγοντας ὅτι Ἀκηκόαμεν αὐτοῦ λαλοῦντος
14 [3] λέγοντος ὅτι Ἰησοῦς . . . καταλύσει τ. τόπον τοῦτον
7 6 [3] ἐλάλησεν . . . ὅτι ἔσται τὸ σπέρμα αὐτοῦ πάροικον
25 [4] ὅτι ὁ θεὸς διὰ χειρὸς αὐτοῦ δίδωσιν σωτηρίαν
8 14 [1] Ἀκούσαντες . . . ὅτι δέδεκται ἡ Σαμάρεια τ. λόγον
18 [1] ἰδὼν δὲ ὁ Σίμων ὅτι διὰ ἐπιθέσεως τ. χειρῶν
20 [2] ὅτι τ. δωρεὰν τ. θεοῦ ἐνόμισας διὰ χρημάτων κτᾶσθαι
33 [2] ὅτι αἴρεται ἀπὸ τ. γῆς ἡ ζωὴ αὐτοῦ

כִּי נִגְזַר מֵאֶרֶץ חַיִּים, Is. liii. 8

9 15 [2] Πορεύου, ὅτι σκεῦος ἐκλογῆς ἐστίν μοι
20 [2] ἐκήρυσσεν τ. Ἰησοῦν ὅτι οὗτός ἐστιν ὁ υἱός
22 [3] συμβιβάζων ὅτι οὗτός ἐστιν ὁ Χριστός
26 [4] μὴ πιστεύοντες ὅτι ἐστὶν μαθητής
27 [3] διηγήσατο αὐτοῖς . . . ὅτι ἐλάλησεν αὐτῷ
38 [1] ἀκούσαντες ὅτι Πέτρος ἐστὶν ἐν αὐτῇ
10 14 [2] ὅτι οὐδέποτε ἔφαγον πᾶν κοινόν
20 [2] ὅτι ἐγὼ ἀπέσταλκα αὐτούς
34 [4] καταλαμβάνομαι ὅτι οὐκ ἔστιν προσωπολήμπτης
38 [2] ὅτι ὁ θεὸς ἦν μετ' αὐτοῦ
42 [3] διαμαρτύρασθαι ὅτι οὗτός ἐστιν ὁ ὡρισμένος
45 [2] ὅτι κ. ἐπὶ τὰ ἔθνη ἡ δωρεὰ τ. πνεύματος
11 1 [1] ὅτι κ. τὰ ἔθνη ἐδέξαντο τ. λόγον τ. θεοῦ
3 [3] λέγοντες ὅτι Εἰσῆλθες πρὸς ἄνδρας ἀκροβυστίαν ἔχοντας
8 [2] ὅτι κοινὸν ἢ ἀκάθαρτον οὐδέποτε εἰσῆλθεν
24 [2] ὅτι ἦν ἀνὴρ ἀγαθός
12 3 [1] ἰδὼν δὲ ὅτι ἀρεστόν ἐστιν τ. Ἰουδαίοις
9 [4] οὐκ ᾔδει ὅτι ἀληθές ἐστιν τὸ γινόμενον
11 [4] Νῦν οἶδα ἀληθῶς ὅτι ἐξαπέστειλεν [ὁ] κύριος
13 33 [2] ὅτι ταύτην ὁ θεὸς ἐκπεπλήρωκεν
34 [2] ὅτι δὲ ἀνέστησεν αὐτὸν ἐκ νεκρῶν
[3] οὕτως εἴρηκεν ὅτι Δώσω ὑμῖν τὰ ὅσια
38 [4] ὅτι διὰ τούτου ὑμῖν ἄφεσις ἁμαρτιῶν
41 [2] ὅτι ἔργον ἐργάζομαι ἐγὼ ἐν τ. ἡμέραις ὑμῶν

כִּי־פֹעַל פֹּעֵל בִּימֵיכֶם, Hab. i. 5

14 9 [1] ἰδὼν ὅτι ἔχει πίστιν τοῦ σωθῆναι
22 [3] κ. ὅτι διὰ πολλῶν θλίψεων δεῖ
27 [3] κ. ὅτι ἤνοιξεν τ. ἔθνεσιν θύραν πίστεως
15 1 [3] ἐδίδασκον τ. ἀδελφοὺς ὅτι Ἐὰν μὴ περιτμηθῆτε
5 [3] λέγοντες ὅτι δεῖ περιτέμνειν αὐτούς
7 [4] ὑμεῖς ἐπίστασθε ὅτι ἀφ' ἡμερῶν ἀρχαίων

Ac **15** 24 [1] ἠκούσαμεν ὅτι τινὲς ἐξ ἡμῶν . . . ἐτάραξαν ὑμᾶς
16 3 [4] ᾔδεισαν γὰρ . . . ὅτι Ἕλλην ὑπῆρχεν
10 [4] συμβιβάζοντες ὅτι προσκέκληται ἡμᾶς ὁ θεός
19 [1] ἰδόντες δὲ οἱ κύριοι αὐτῆς ὅτι ἐξῆλθεν ἡ ἐλπίς
36 [3] ὅτι Ἀπέσταλκαν οἱ στρατηγοὶ ἵνα ἀπολυθῆτε
38 [1] ἀκούσαντες ὅτι Ῥωμαῖοί εἰσιν
17 3 [3] παρατιθέμενος ὅτι τ. Χριστὸν ἔδει παθεῖν
6 [3] βοῶντες ὅτι Οἱ τ. οἰκουμένην ἀναστατώσαντες
13 [4] ἔγνωσαν . . . ὅτι κ. ἐν τ. Βεροίᾳ κατηγγέλη
18 [2] ὅτι τ. Ἰησοῦν κ. τ. ἀνάστασιν εὐηγγελίζετο
18 13 [3] λέγοντες ὅτι Παρὰ τ. νόμον ἀναπείθει
19 21 [3] εἰπὼν ὅτι Μετὰ τὸ γενέσθαι με ἐκεῖ
25 [4] ἐπίστασθε ὅτι ἐκ ταύτης τ. ἐργασίας
26 [1] ἀκούετε ὅτι οὐ μόνον Ἐφέσου
[3] λέγων ὅτι οὐκ εἰσὶν θεοί
34 [4] ἐπιγνόντες δὲ ὅτι Ἰουδαῖός ἐστιν
20 23 [4, 3] πλὴν ὅτι τὸ πνεῦμα τὸ ἅγιον . . . διαμαρτύρεταί μοι λέγον ὅτι δεσμὰ . . . με μένουσιν
25 [4] οἶδα ὅτι οὐκέτι ὄψεσθε τὸ πρόσωπόν μου
26 [3] μαρτύρομαι . . . ὅτι καθαρός εἰμι
29 [4] οἶδα ὅτι εἰσελεύσονται . . . λύκοι βαρεῖς
31 [4] μνημονεύοντες ὅτι τριετίαν νύκτα κ. ἡμέραν
34 [4] γινώσκετε ὅτι τ. χρείαις μου . . . ὑπηρέτησαν αἱ χεῖρες
35 [3] ὅτι οὕτως κοπιῶντας δεῖ ἀντιλαμβάνεσθαι
[2] ὅτι αὐτὸς εἶπεν, Μακάριόν ἐστιν μᾶλλον διδόναι
38 [3] ὅτι οὐκέτι μέλλουσιν τὸ πρόσωπον αὐτοῦ θεωρεῖν
21 21 [3] κατηχήθησαν δὲ περὶ σοῦ ὅτι ἀποστασίαν διδάσκεις
22 [1] πάντως ἀκούσονται ὅτι ἐλήλυθας
24 [4] γνώσονται πάντες ὅτι . . . οὐδέν ἐστιν
29 [4] ὃν ἐνόμιζον ὅτι εἰς τὸ ἱερὸν εἰσήγαγεν ὁ Παῦλος
31 [3] ἀνέβη φάσις . . . ὅτι ὅλη συγχύννεται Ἰερουσαλήμ
22 2 [1] ἀκούσαντες δὲ ὅτι τ. Ἑβραΐδι διαλέκτῳ προσεφώνει
15 [2] ὅτι ἔσῃ μάρτυς αὐτῷ
19 [4] ἐπίστανται ὅτι ἐγὼ ἤμην φυλακίζων
21 [2] Πορεύου, ὅτι ἐγὼ εἰς ἔθνη μακρὰν ἐξαποστελῶ σε
29 [4] ἐπιγνοὺς ὅτι Ῥωμαῖός ἐστιν
23 5 [3] γέγραπται γὰρ ὅτι Ἄρχοντα τ. λαοῦ σου
6 [4] Γνοὺς δὲ ὁ Παῦλος ὅτι τὸ ἓν μέρος
20 [3] εἶπεν δὲ ὅτι Οἱ Ἰουδαῖοι συνέθεντο
22 [3] παραγγείλας μηδενὶ ἐκλαλῆσαι ὅτι ταῦτα ἐνεφάνισας
27 [4] μαθὼν ὅτι Ῥωμαῖός ἐστιν
34 [4] κ. πυθόμενος ὅτι ἀπὸ Κιλικίας
24 11 [4] ἐπιγνῶναι ὅτι οὐ πλείους εἰσίν μοι ἡμέραι δώδεκα
14 [3] ὁμολογῶ δὲ τοῦτό σοι ὅτι κατὰ τ. ὁδόν

Ac **24** 21 [3] ὅτι *Περὶ ἀναστάσεως νεκρῶν ἐγὼ κρίνομαι*
26 [4] ἐλπίζων ὅτι χρήματα δοθήσεται αὐτῷ
25 8 [3] ἀπολογουμένου ὅτι *Οὔτε εἰς τ. νόμον*
16 [3] ἀπεκρίθην ὅτι οὐκ ἔστιν ἔθος Ῥωμαίοις
26 5 [4] ὅτι κατὰ τ. ἀκριβεστάτην αἵρεσιν
27 [4] οἶδα ὅτι πιστεύεις
31 [3] λέγοντες ὅτι *Οὐδὲν θανάτου . . . ἄξιον πράσσει*
27 10 [1/4] θεωρῶ ὅτι μετὰ ὕβρεως κ. πολλῆς ζημίας
25 [4] ὅτι οὕτως ἔσται καθ' ὃν τρόπον λελάληται
28 1 [4] ἐπέγνωμεν ὅτι Μελίτη ἡ νῆσος καλεῖται
22 [4] γνωστὸν ἡμῖν ἐστιν ὅτι πανταχοῦ ἀντιλέγεται
25 [3] ῥῆμα ἓν ὅτι *Καλῶς τὸ πνεῦμα τὸ ἅγιον ἐλάλησεν*
28 [4] γνωστὸν οὖν ἔστω ὑμῖν ὅτι τ. ἔθνεσιν ἀπεστάλη

Ro **1** 8 [2] ὅτι ἡ πίστις ὑμῶν καταγγέλλεται
13 [4] ὅτι πολλάκις προεθέμην ἐλθεῖν πρὸς ὑμᾶς
32 [4] ὅτι οἱ τὰ τοιαῦτα πράσσοντες ἄξιοι θανάτου
2 2 [4] οἴδαμεν δὲ ὅτι τὸ κρίμα τ. θεοῦ ἐστιν
3 [4] ὅτι σὺ ἐκφεύξῃ τὸ κρίμα τ. θεοῦ
4 [4] ἀγνοῶν ὅτι τὸ χρηστὸν τ. θεοῦ . . . σε ἄγει
3 2 [2] ὅτι ἐπιστεύθησαν τὰ λόγια τ. θεοῦ
8 [3] λέγειν ὅτι *Ποιήσωμεν τὰ κακά*
10 [3] γέγραπται ὅτι *Οὐκ ἔστιν δίκαιος*
19 [4] Οἴδαμεν δὲ ὅτι ὅσα ὁ νόμος λέγει
4 17 [3] γέγραπται ὅτι *Πατέρα πολλῶν ἐθνῶν*
21 [4] ὅτι ὃ ἐπήγγελται δυνατός ἐστιν κ. ποιῆσαι
23 [3] Οὐκ ἐγράφη δὲ δι' αὐτὸν μόνον ὅτι *ἐλογίσθη αὐτῷ*
5 3 [4] εἰδότες ὅτι ἡ θλῖψις ὑπομονὴν κατεργάζεται
5 [2] ὅτι ἡ ἀγάπη τ. θεοῦ ἐκκέχυται
8 [2] ὅτι ἔτι ἁμαρτωλῶν ὄντων ἡμῶν
6 3 [4] ἀγνοεῖτε ὅτι ὅσοι ἐβαπτίσθημεν εἰς Χριστόν
6 [4] γινώσκοντες ὅτι ὁ παλαιὸς ἡμῶν ἄνθρωπος
8 [4] πιστεύομεν ὅτι κ. συζήσομεν αὐτῷ
9 [4] εἰδότες ὅτι Χριστὸς ἐγερθεὶς ἐκ νεκρῶν
15 [2] ἁμαρτήσωμεν ὅτι οὐκ ἐσμὲν ὑπὸ νόμον
16 [4] οὐκ οἴδατε ὅτι ᾧ παριστάνετε ἑαυτούς
17 [2] χάρις δὲ τ. θεῷ ὅτι ἦτε δοῦλοι
7 1 [4] Ἢ ἀγνοεῖτε . . . ὅτι ὁ νόμος κυριεύει
14 [4] οἴδαμεν γὰρ ὅτι ὁ νόμος πνευματικός
16 [2] σύμφημι τ. νόμῳ ὅτι καλός
18 [4] οἶδα γὰρ ὅτι οὐκ οἰκεῖ ἐν ἐμοί . . . ἀγαθόν
21 [2] ὅτι ἐμοὶ τὸ κακὸν παράκειται
8 16 [3] συμμαρτυρεῖ . . . ὅτι ἐσμὲν τέκνα θεοῦ
18 [4] Λογίζομαι γὰρ ὅτι οὐκ ἄξια τα παθήματα
21 [4] ὅτι κ. αὐτὴ ἡ κτίσις ἐλευθερωθήσεται
22 [4] οἴδαμεν γὰρ ὅτι πᾶσα ἡ κτίσις
27 [2] ὅτι κατὰ θεὸν ἐντυγχάνει ὑπὲρ ἁγίων
28 [4] οἴδαμεν δὲ ὅτι . . . πάντα συνεργεῖ εἰς ἀγαθόν
29 [2] ὅτι οὓς προέγνω, κ. προώρισεν
36 [3] γέγραπται ὅτι *Ἕνεκεν σοῦ θανατούμεθα*
38 [4] πέπεισμαι γὰρ ὅτι οὔτε θάνατος
9 2 [2] ὅτι λύπη μοί ἐστιν μεγάλη
6 [2] Οὐχ οἷον δὲ ὅτι ἐκπέπτωκεν ὁ λόγος

Ro **9** 7 [2] οὐδ' ὅτι εἰσὶν σπέρμα Ἀβραάμ, πάντες τέκνα
12 [3] ἐρρέθη αὐτῇ ὅτι *Ὁ μείζων δουλεύσει*
17 [3] λέγει γὰρ ἡ γραφὴ . . . ὅτι *Εἰς αὐτὸ τοῦτο*
30 [3] ὅτι ἔθνη . . . κατέλαβεν δικαιοσύνην
32 [2] ὅτι οὐκ ἐκ πίστεως ἀλλ' ὡς ἐξ ἔργων
10 2 [3] μαρτυρῶ γὰρ αὐτοῖς ὅτι ζῆλον θεοῦ ἔχουσιν
5 [3] ὅτι ὁ ποιήσας ἄνθρωπος ζήσεται ἐν αὐτῇ
9 [2] ὅτι ἐὰν ὁμολογήσῃς ἐν τ. στόματί σου
[3] ὅτι κύριος Ἰησοῦς WH txt—UBS, WH mg. κύριον Ἰησοῦν
[4] κ. πιστεύσῃς . . . ὅτι ὁ θεὸς αὐτὸν ἤγειρεν
11 25 [2] ὅτι πώρωσις ἀπὸ μέρους τ. Ἰσραὴλ γέγονεν
36 [2] ὅτι ἐξ αὐτοῦ κ. δι' αὐτοῦ κ. εἰς αὐτόν
13 11 [2] ὅτι ὥρα ἤδη ὑμᾶς ἐξ ὕπνου ἐγερθῆναι
14 11 [2] ὅτι ἐμοὶ κάμψει πᾶν γόνυ
כִּי־לִי תִּכְרַע כָּל־בֶּרֶךְ, Is. xlv. 23
14 [4] οἶδα . . . ὅτι οὐδὲν κοινὸν δι' ἑαυτοῦ
23 [2] ὅτι οὐκ ἐκ πίστεως
15 14 [4] ὅτι κ. αὐτοὶ μεστοί ἐστε ἀγαθωσύνης
29 [4] οἶδα δὲ ὅτι ἐρχόμενος πρὸς ὑμᾶς

1Co **1** 5 [2] ὅτι ἐν παντὶ ἐπλουτίσθητε ἐν αὐτῷ
11 [3] ὅτι ἔριδες ἐν ὑμῖν εἰσιν
12 [3] λέγω δὲ τοῦτο, ὅτι ἕκαστος ὑμῶν λέγει
14 [3/4] εὐχαριστῶ ὅτι οὐδένα ὑμῶν ἐβάπτισα
15 [3] ὅτι εἰς τὸ ἐμὸν ὄνομα ἐβαπτίσθητε
25 [2] ὅτι τὸ μωρὸν τ. θεοῦ σοφώτερον
26 [2] ὅτι οὐ πολλοὶ σοφοὶ κατὰ σάρκα
2 14 [2] ὅτι πνευματικῶς ἀνακρίνεται
3 13 [2] ὅτι ἐν πυρὶ ἀποκαλύπτεται
16 [4] οὐκ οἴδατε ὅτι ναὸς θεοῦ ἐστε
20 [4] ὅτι εἰσὶν μάταιοι
כִּי הֵמָּה הָבֶל, Ps. xciv. 11
4 9 [2] ὅτι θέατρον ἐγενήθημεν τ. κόσμῳ
5 6 [4] οὐκ οἴδατε ὅτι μικρὰ ζύμη . . . ζυμοῖ;
6 2 [4] οὐκ οἴδατε ὅτι οἱ ἅγιοι τ. κόσμον κρινοῦσιν;
3 [4] οὐκ οἴδατε ὅτι ἀγγέλους κρινοῦμεν;
7 [2] ὅτι κρίματα ἔχετε μεθ' ἑαυτῶν
9 [4] οὐκ οἴδατε ὅτι ἄδικοι θεοῦ βασιλείαν
15 [4] οὐκ οἴδατε ὅτι τὰ σώματα ὑμῶν
16 [4] οὐκ οἴδατε ὅτι ὁ κολλώμενος τ. πόρνῃ
19 [4] οὐκ οἴδατε ὅτι τὸ σῶμα ὑμῶν ναός
7 26 [4] ὅτι καλὸν ἀνθρώπῳ τὸ οὕτως εἶναι
8 1 [4] οἴδαμεν ὅτι πάντες γνῶσιν ἔχομεν
4 [4] οἴδαμεν ὅτι οὐδὲν εἴδωλον ἐν κόσμῳ
9 10 [2] ὅτι ὀφείλει ἐπ' ἐλπίδι ὁ ἀροτριῶν ἀροτριᾶν
13 [4] οὐκ οἴδατε ὅτι οἱ τὰ ἱερὰ ἐργαζόμενοι
24 [4] Οὐκ οἴδατε ὅτι οἱ ἐν σταδίῳ τρέχοντες
10 1 [4] ὅτι οἱ πατέρες ἡμῶν πάντες ὑπὸ τ. νεφέλην ἦσαν
17 [2] ὅτι εἷς ἄρτος, ἓν σῶμα οἱ πολλοί ἐσμεν
19 [3, 3] ὅτι εἰδωλόθυτόν τί ἐστιν; ἢ ὅτι εἴδωλόν τί ἐστιν;
20 [3] ἀλλ' ὅτι ἃ θύουσιν [τὰ ἔθνη], δαιμονίοις . . . θύουσιν
11 2 [2] Ἐπαινῶ δὲ ὑμᾶς ὅτι πάντα μου μέμνησθε
3 [4] εἰδέναι ὅτι παντὸς ἀνδρὸς ἡ κεφαλὴ ὁ Χριστός

ICo 11 14 [3] διδάσκει ὑμᾶς ὅτι ἀνὴρ μὲν ἐὰν κομᾷ
15 [2] ὅτι ἡ κόμη ἀντὶ περιβολαίου δέδοται
17 [2] ὅτι οὐκ εἰς τὸ κρεῖσσον . . . συνέρχεσθε
23 [3] ὅτι ὁ κύριος Ἰησοῦς ἐν τ. νυκτὶ ᾗ παρεδίδετο
12 2 [4] Οἴδατε ὅτι ὅτε ἔθνη ἦτε
3 [3] γνωρίζω ὑμῖν ὅτι οὐδεὶς ἐν πνεύματι θεοῦ
15 [2] Ὅτι οὐκ εἰμὶ χείρ, οὐκ εἰμὶ ἐκ τ. σώματος
16 [2] Ὅτι οὐκ εἰμὶ ὀφθαλμός, οὐκ εἰμί
14 21 [3] ἐν τ. νόμῳ γέγραπται ὅτι Ἐν ἑτερογλώσσοις
23 [3] οὐκ ἐροῦσιν ὅτι μαίνεσθε
25 [3] ἀπαγγέλλων ὅτι Ὄντως ὁ θεὸς ἐν ὑμῖν ἐστιν
37 [4] ἐπιγινωσκέτω . . . ὅτι κυρίου ἐστὶν ἐντολή
15 3 [3] ὅτι Χριστὸς ἀπέθανεν ὑπὲρ τ. ἁμαρτιῶν
4 [3,3] κ. ὅτι ἐτάφη, κ. ὅτι ἐγήγερται
5 [3] κ. ὅτι ὤφθη Κηφᾷ
12 [3] κηρύσσεται ὅτι ἐκ νεκρῶν ἐγήγερται
[3] πῶς λέγουσιν . . . ὅτι ἀνάστασις νεκρῶν οὐκ ἔστιν
15 [2,3] ὅτι ἐμαρτυρήσαμεν κατὰ τ. θεοῦ ὅτι ἤγειρεν τ. Χριστόν
27 [3] ὅταν δὲ εἴπῃ ὅτι πάντα ὑποτέτακται—WH mg.—ὅτι
[3] δῆλον ὅτι ἐκτὸς τ. ὑποτάξαντος αὐτῷ
50 [3] ὅτι σὰρξ κ. αἷμα βασιλείαν θεοῦ κληρονομῆσαι
58 [4] εἰδότες ὅτι ὁ κόπος ὑμῶν οὐκ ἔστιν κενός
16 15 [2] ὅτι ἐστὶν ἀπαρχὴ τ. Ἀχαΐας
17 [2] ὅτι τὸ ὑμέτερον ὑστέρημα οὗτοι ἀνεπλήρωσαν
IICo 1 5 [2] ὅτι καθὼς περισσεύει τὰ παθήματα τ. Χριστοῦ
7 [4] εἰδότες ὅτι ὡς κοινωνοί ἐστε
8 [4] ὅτι καθ' ὑπερβολὴν ὑπὲρ δύναμιν ἐβαρήθημεν
10 [4] εἰς ὃν ἠλπίκαμεν [ὅτι] κ. ἔτι ῥύσεται
12 [2] ὅτι ἐν ἁπλότητι κ. εἰλικρινείᾳ τ. θεοῦ
13 [4] ἐλπίζω δὲ ὅτι ἕως τέλους ἐπιγνώσεσθε
14 [4] ὅτι καύχημα ὑμῶν ἐσμεν
18 [2] πιστὸς δὲ ὁ θεὸς ὅτι ὁ λόγος ἡμῶν
23 [3] ὅτι φειδόμενος ὑμῶν οὐκέτι ἦλθον
24 [2] οὐχ ὅτι κυριεύομεν ὑμῶν τ. πίστεως
2 3 [4] πεποιθὼς . . . ὅτι ἡ ἐμὴ χαρὰ πάντων ὑμῶν ἐστιν
15 [2] ὅτι Χριστοῦ εὐωδία ἐσμέν
3 3 [4] φανερούμενοι ὅτι ἐστὲ ἐπιστολὴ Χριστοῦ
5 [2] οὐχ ὅτι ἀφ' ἑαυτῶν ἱκανοί ἐσμεν
14 [2/3] ὅτι ἐν Χριστῷ καταργεῖται
4 6 [2] ὅτι ὁ θεὸς ὁ εἰπών, Ἐκ σκότους φῶς
14 [4] εἰδότες ὅτι ὁ ἐγείρας τ. κύριον
5 1 [4] Οἴδαμεν γὰρ ὅτι ἐὰν ἡ ἐπίγειος ἡμῶν οἰκία
6 [4] εἰδότες ὅτι ἐνδημοῦντες ἐν τ. σώματι
14 [4] κρίναντας τοῦτο, ὅτι εἷς ὑπὲρ πάντων ἀπέθανεν
19 [2] ὡς ὅτι θεὸς ἦν ἐν Χριστῷ . . . καταλλάσσων
6 16 [3] εἶπεν ὁ θεὸς ὅτι Ἐνοικήσω ἐν αὐτοῖς

IICo 7 3 [3] προείρηκα γὰρ ὅτι ἐν τ. καρδίαις ἡμῶν ἐστε
8 [2] ὅτι εἰ κ. ἐλύπησα ὑμᾶς
[1] βλέπω ὅτι ἡ ἐπιστολὴ . . . ἐλύπησεν ὑμᾶς
9 [2,2] χαίρω, οὐχ ὅτι ἐλυπήθητε, ἀλλ' ὅτι ἐλυπήθητε εἰς μετάνοιαν
13 [2] ὅτι ἀναπέπαυται τὸ πνεῦμα αὐτοῦ
14 [2] ὅτι εἴ τι αὐτῷ ὑπὲρ ὑμῶν κεκαύχημαι
16 [2] χαίρω ὅτι ἐν παντὶ θαρρῶ ἐν ὑμῖν
8 2 [2] ὅτι ἐν πολλῇ δοκιμῇ θλίψεως
3 [2] ὅτι κατὰ δύναμιν, μαρτυρῶ, κ. παρὰ δύναμιν
9 [2] ὅτι δι' ὑμῶν ἐπτώχευσεν
17 [2] ὅτι τ. μὲν παράκλησιν ἐδέξατο
9 2 [3] ὅτι Ἀχαΐα παρεσκεύασται ἀπὸ πέρυσι
12 [2] ὅτι ἡ διακονία τ. λειτουργίας ταύτης
10 7 [4] ὅτι καθὼς αὐτὸς Χριστοῦ οὕτως κ. ἡμεῖς
10 [2] ὅτι Αἱ ἐπιστολαὶ μέν, φησίν, βαρεῖαι
11 [4] ὅτι οἷοί ἐσμεν τ. λόγῳ
11 7 [2] ὅτι δωρεὰν τὸ τ. θεοῦ εὐαγγέλιον εὐηγγελισάμην
10 [2] ὅτι ἡ καύχησις αὕτη οὐ φραγήσεται
11 [2] διὰ τί; ὅτι οὐκ ἀγαπῶ ὑμᾶς;
21 [3] κατὰ ἀτιμίαν λέγω, ὡς ὅτι ἡμεῖς ἠσθενήκαμεν
31 [4] ὁ θεὸς . . . οἶδεν . . . ὅτι οὐ ψεύδομαι
12 4 [4] ὅτι ἡρπάγη εἰς τ. παράδεισον
13 [2] εἰ μὴ ὅτι αὐτὸς ἐγὼ οὐ κατενάρκησα
19 [4] δοκεῖτε ὅτι ὑμῖν ἀπολογούμεθα;
13 2 [3] ὅτι ἐὰν ἔλθω εἰς τὸ πάλιν οὐ φείσομαι
5 [4] οὐκ ἐπιγινώσκετε . . . ὅτι Χριστὸς Ἰησοῦς ἐν ὑμῖν;
6 [4,4] ἐλπίζω δὲ ὅτι γνώσεσθε ὅτι ἡμεῖς οὐκ ἐσμὲν ἀδόκιμοι
Ga 1 6 [4] Θαυμάζω ὅτι οὕτως ταχέως μετατίθεσθε
11 [2] ὅτι οὐκ ἔστιν κατὰ ἄνθρωπον
13 [2] ὅτι καθ' ὑπερβολὴν ἐδίωκον τ. ἐκκλησίαν
20 [2] ἰδοὺ ἐνώπιον τ. θεοῦ ὅτι οὐ ψεύδομαι
23 [1] ἀκούοντες ἦσαν ὅτι Ὁ διώκων ἡμᾶς
2 7 [1] ἰδόντες ὅτι πεπίστευμαι τὸ εὐαγγέλιον
11 [2] ἀντέστην, ὅτι κατεγνωσμένος ἦν
14 [1] ὅτε εἶδον ὅτι οὐκ ὀρθοποδοῦσιν
16 [4] εἰδότες [δὲ] ὅτι οὐ δικαιοῦται
[2] ὅτι ἐξ ἔργων νόμου οὐ δικαιωθήσεται
3 7 [4] Γινώσκετε ἄρα ὅτι οἱ ἐκ πίστεως
8 [1] προϊδοῦσα δὲ ἡ γραφὴ ὅτι ἐκ πίστεως δικαιοῖ
[3] ὅτι Ἐνευλογηθήσονται ἐν σοὶ πάντα τὰ ἔθνη
10 [3] γέγραπται γὰρ ὅτι Ἐπικατάρατος
11 [2] ὅτι δὲ ἐν νόμῳ οὐδεὶς δικαιοῦται
[2] ὅτι Ὁ δίκαιος ἐκ πίστεως ζήσεται
13 [2] ὅτι γέγραπται, Ἐπικατάρατος
4 6 [2] Ὅτι δέ ἐστε υἱοί, ἐξαπέστειλεν ὁ θεός
12 [2] ὅτι κἀγὼ ὡς ὑμεῖς
13 [4] οἴδατε δὲ ὅτι δι' ἀσθένειαν τ. σαρκός
15 [3] μαρτυρῶ γὰρ ὑμῖν ὅτι εἰ δυνατόν
20 [2] ὅτι ἀποροῦμαι ἐν ὑμῖν
22 [3] γέγραπται γὰρ ὅτι Ἀβραὰμ δύο υἱοὺς ἔσχεν
27 [2] ὅτι πολλὰ τὰ τέκνα τ. ἐρήμου
כִּי־רַבִּים בְּנֵי־שׁוֹמֵמָה, Is. liv. 1

Ga 5 2 [3] λέγω ὑμῖν ὅτι ἐὰν περιτέμνησθε
3 [3] ὅτι ὀφειλέτης ἐστὶν ὅλον τ. νόμον ποιῆσαι
10 [4] πέποιθα . . . ὅτι οὐδὲν ἄλλο φρονήσετε
21 [3] προλέγω ὑμῖν . . . ὅτι οἱ τοιαῦτα πράσσοντες
6 8 [2] ὅτι ὁ σπείρων εἰς τ. σάρκα ἑαυτοῦ
Eph 2 11 [4] μνημονεύετε ὅτι ποτὲ ὑμεῖς τὰ ἔθνη
12 [4] ὅτι ἦτε τ. καιρῷ ἐκείνῳ χωρὶς Χριστοῦ
18 [2] ὅτι δι' αὐτοῦ ἔχομεν τ. προσαγωγήν
3 3 [2] [ὅτι] κατὰ ἀποκάλυψιν ἐγνωρίσθη μοι
4 9 [2] τί ἐστιν εἰ μὴ ὅτι κ. κατέβη
25 [2] ὅτι ἐσμὲν ἀλλήλων μέλη
5 5 [4] γινώσκοντες ὅτι πᾶς πόρνος ἢ ἀκάθαρτος
16 [2] ὅτι αἱ ἡμέραι πονηραί εἰσιν
23 [2] ὅτι ἀνήρ ἐστιν κεφαλὴ τ. γυναικός
30 [2] ὅτι μέλη ἐσμὲν τ. σώματος αὐτοῦ
6 8 [4] εἰδότες ὅτι ἕκαστος . . . κομίσεται παρὰ κυρίου
9 [4] εἰδότες ὅτι κ. αὐτῶν κ. ὑμῶν ὁ κύριός ἐστιν
12 [2] ὅτι οὐκ ἔστιν ἡμῖν ἡ πάλη πρὸς αἷμα
Phl 1 6 [4] πεποιθὼς αὐτὸ τοῦτο, ὅτι ὁ ἐναρξάμενος
12 [4] ὅτι τὰ κατ' ἐμὲ μᾶλλον εἰς προκοπήν
16 [4] εἰδότες ὅτι εἰς ἀπολογίαν . . . κεῖμαι
18 [2] πλὴν ὅτι παντὶ τρόπῳ . . . Χριστὸς καταγγέλλεται
19 [4] οἶδα γὰρ ὅτι τοῦτό μοι ἀποβήσεται
20 [4] ὅτι ἐν οὐδενὶ αἰσχυνθήσομαι
25 [4] οἶδα ὅτι μενῶ κ. παραμενῶ
27 [2] ὅτι στήκετε ἐν ἑνὶ πνεύματι
29 [2] ὅτι ὑμῖν ἐχαρίσθη τὸ ὑπὲρ Χριστοῦ
2 11 [3] ὅτι κύριος Ἰησοῦς Χριστός
16 [3] ὅτι οὐκ εἰς κενὸν ἔδραμον
22 [2] ὅτι ὡς πατρὶ τέκνον σὺν ἐμοὶ ἐδούλευσεν
24 [4] πέποιθα δὲ . . . ὅτι κ. αὐτὸς ταχέως ἐλεύσομαι
26 [1] ἠκούσατε ὅτι ἠσθένησεν
30 [2] ὅτι . . . μέχρι θανάτου ἤγγισεν
3 12 [2] Οὐχ ὅτι ἤδη ἔλαβον
4 10 [2] Ἐχάρην . . . ὅτι ἤδη ποτὲ ἀνεθάλετε
11 [2] οὐχ ὅτι καθ' ὑστέρησιν λέγω
15 [4] Οἴδατε . . . ὅτι ἐν ἀρχῇ τ. εὐαγγελίου
16 [2] ὅτι . . . εἰς τ. χρείαν μοι ἐπέμψατε
17 [2] οὐχ ὅτι ἐπιζητῶ τὸ δόμα
Col 1 16 [2] ὅτι ἐν αὐτῷ ἐκτίσθη τὰ πάντα
19 [2] ὅτι ἐν αὐτῷ εὐδόκησεν πᾶν τὸ πλήρωμα κατοικῆσαι
2 9 [2] ὅτι ἐν αὐτῷ κατοικεῖ πᾶν τὸ πλήρωμα
3 24 [4] εἰδότες ὅτι ἀπὸ κυρίου ἀπολήμψεσθε
4 1 [4] εἰδότες ὅτι κ. ὑμεῖς ἔχετε κύριον
13 [3] μαρτυρῶ γὰρ αὐτῷ ὅτι ἔχει πολὺν πόνον
ITh 1 5 [2] ὅτι τὸ εὐαγγέλιον ἡμῶν οὐκ ἐγενήθη . . . ἐν λόγῳ
2 1 [2] οἴδατε . . . τ. εἴσοδον . . . ὅτι οὐ κενὴ γέγονεν
13 [2] ὅτι . . . ἐδέξασθε οὐ λόγον ἀνθρώπων
14 [2] ὅτι τὰ αὐτὰ ἐπάθετε κ. ὑμεῖς
3 3 [4] οἴδατε ὅτι εἰς τοῦτο κείμεθα
4 [3] προελέγομεν ὑμῖν ὅτι μέλλομεν θλίβεσθαι
6 [3] κ. ὅτι ἔχετε μνείαν ἡμῶν ἀγαθήν
8 [2] ὅτι νῦν ζῶμεν ἐὰν ὑμεῖς στήκετε
4 14 [4] εἰ γὰρ πιστεύομεν ὅτι Ἰησοῦς ἀπέθανεν

ITh 4 15 [3] ὅτι ἡμεῖς οἱ ζῶντες
16 [2] ὅτι αὐτὸς ὁ κύριος ἐν κελεύσματι
5 2 [4] οἴδατε ὅτι ἡμέρα κυρίου ὡς κλέπτης
9 [2] ὅτι οὐκ ἔθετο ἡμᾶς ὁ θεὸς εἰς ὀργήν
IITh 1 3 [2] ὅτι ὑπεραυξάνει ἡ πίστις ὑμῶν
10 [2] ὅτι ἐπιστεύθη τὸ μαρτύριον ἡμῶν ἐφ' ὑμᾶς
2 2 [3] ὡς ὅτι ἐνέστηκεν ἡ ἡμέρα τ. κυρίου
3 [2] ὅτι ἐὰν μὴ ἔλθῃ ἡ ἀποστασία πρῶτον
4 [1/4] ἀποδεικνύντα ἑαυτὸν ὅτι ἔστιν θεός
5 [4] Οὐ μνημονεύετε ὅτι ἔτι ὢν πρὸς ὑμᾶς
13 [2] ὅτι εἵλατο ὑμᾶς ὁ θεὸς ἀπαρχήν
3 4 [4] ὅτι ἃ παραγγέλλομεν [κ.] ποιεῖτε
7 [2] ὅτι οὐκ ἠτακτήσαμεν ἐν ὑμῖν
9 [2] οὐχ ὅτι οὐκ ἔχομεν ἐξουσίαν
10 [3] ὅτι εἴ τις οὐ θέλει ἐργάζεσθαι
ITi 1 8 [4] Οἴδαμεν δὲ ὅτι καλὸς ὁ νόμος
9 [2] εἰδὼς τοῦτο, ὅτι δικαίῳ νόμος οὐ κεῖται
12 [2] ὅτι πιστόν με ἡγήσατο
13 [2] ἠλεήθην, ὅτι ἀγνοῶν ἐποίησα
15 [3] ὅτι Χριστὸς Ἰησοῦς ἦλθεν . . . ἁμαρτωλοὺς σῶσαι
4 1 [3] λέγει ὅτι ἐν ὑστέροις καιροῖς ἀποστήσονται
4 [2] ὅτι πᾶν κτίσμα θεοῦ καλόν
10 [2] ὅτι ἠλπίκαμεν ἐπὶ θεῷ ζῶντι
5 12 [2] ὅτι τ. πρώτην πίστιν ἠθέτησαν
6 2 [2] μὴ καταφρονείτωσαν, ὅτι ἀδελφοί εἰσιν
[2] δουλευέτωσαν, ὅτι πιστοί εἰσιν
7 [2] ὅτι οὐδὲ ἐξενεγκεῖν τι δυνάμεθα
IITi 1 5 [4] πέπεισμαι δὲ ὅτι κ. ἐν σοί
12 [4] πέπεισμαι ὅτι δυνατός ἐστιν
15 [2] Οἶδας τοῦτο, ὅτι ἀπεστράφησάν με πάντες
16 [2] ὅτι πολλάκις με ἀνέψυξεν
2 23 [4] εἰδὼς ὅτι γεννῶσιν μάχας
3 1 [2] Τοῦτο δὲ γίνωσκε, ὅτι ἐν ἐσχάταις ἡμέραις
15 [4] κ. ὅτι ἀπὸ βρέφους [τὰ] ἱερὰ γράμματα οἶδας
Tit 3 11 [4] εἰδὼς ὅτι ἐξέστραπται ὁ τοιοῦτος
Phm 7 [2] ὅτι τὰ σπλάγχνα τ. ἁγίων ἀναπέπαυται
19 [3] ἵνα μὴ λέγω σοι ὅτι κ. σεαυτόν μοι προσοφείλεις
21 [4] εἰδὼς ὅτι κ. ὑπὲρ ἃ λέγω ποιήσεις
22 [4] ἐλπίζω γὰρ ὅτι διὰ τ. προσευχῶν ὑμῶν
He 2 6 [2] Τί ἐστιν ἄνθρωπος ὅτι μιμνῄσκῃ αὐτοῦ
מָה־אֱנוֹשׁ כִּי תִזְכְּרֶנּוּ, Ps. viii. 5
3 19 [1] βλέπομεν ὅτι οὐκ ἠδυνήθησαν εἰσελθεῖν
7 8 [3] ἐκεῖ δὲ μαρτυρούμενος ὅτι ζῇ
14 [2] πρόδηλον γὰρ ὅτι ἐξ Ἰούδα ἀνατέταλκεν
17 [3] μαρτυρεῖται γὰρ ὅτι Σὺ ἱερεύς
8 9 [2] ὅτι αὐτοὶ οὐκ ἐνέμειναν ἐν τ. διαθήκῃ μου Jer. xxxi. 32 LXX (xxxviii. 32)
10 [2] ὅτι αὕτη ἡ διαθήκη ἣν διαθήσομαι
כִּי זֹאת הַבְּרִית אֲשֶׁר אֶכְרֹת, Jer. xxxi. 33
11 [2] ὅτι πάντες εἰδήσουσίν με
כִּי כוּלָּם יֵדְעוּ אוֹתִי, Jer. xxxi. 34
12 [2] ὅτι ἵλεως ἔσομαι τ. ἀδικίαις αὐτῶν
כִּי אֶסְלַח לַעֲוֺנָם, Jer. xxxi. 34
10 8 [3] λέγων ὅτι Θυσίας κ. προσφορὰς . . . οὐκ ἠθέλησας
11 6 [4] πιστεῦσαι γὰρ δεῖ . . . ὅτι ἔστιν

He 11 13 [4] ὁμολογήσαντες ὅτι ξένοι κ. παρεπίδημοί εἰσιν
14 [3] ἐμφανίζουσιν ὅτι πατρίδα ἐπιζητοῦσιν
18 [3] ἐλαλήθη ὅτι Ἐν Ἰσαὰκ κληθήσεται
19 [4] λογισάμενος ὅτι κ. ἐκ νεκρῶν ἐγείρειν
12 17 [4] ἴστε γὰρ ὅτι μετέπειτα θέλων
13 18 [4] πειθόμεθα γὰρ ὅτι καλὴν συνείδησιν ἔχομεν
Ja 1 3 [4] γινώσκοντες ὅτι τὸ δοκίμιον ὑμῶν τ. πίστεως
7 [4] μὴ γὰρ οἰέσθω . . . ὅτι λήμψεταί τι
10 [2] ὅτι ὡς ἄνθος χόρτου παρελεύσεται
12 [2] ὅτι δόκιμος γενόμενος λήμψεται
13 [3] μηδεὶς . . . λεγέτω ὅτι Ἀπὸ θεοῦ πειράζομαι
23 [2] ὅτι εἴ τις ἀκροατὴς λόγου ἐστίν
2 19 [4] σὺ πιστεύεις ὅτι εἷς θεός ἐστιν;
20 [4] θέλεις δὲ γνῶναι . . . ὅτι ἡ πίστις χωρὶς τ. ἔργων
22 [1] βλέπεις ὅτι ἡ πίστις συνήργει τ. ἔργοις
24 [1] ὁρᾶτε ὅτι ἐξ ἔργων δικαιοῦται
3 1 [4] εἰδότες ὅτι μεῖζον κρίμα λημψόμεθα
4 4 [4] οὐκ οἴδατε ὅτι ἡ φιλία τ. κόσμου ἔχθρα
5 [4] δοκεῖτε ὅτι κενῶς ἡ γραφὴ λέγει
5 8 ὅτι ἡ παρουσία τ. κόσμου ἤγγικεν
11 [2] ὅτι πολύσπλαγχνός ἐστιν ὁ κύριος
20 [4] γινώσκετε ὅτι ὁ ἐπιστρέψας ἁμαρτωλόν
IPe 1 12 [3] ἀπεκαλύφθη ὅτι οὐχ ἑαυτοῖς ὑμῖν δέ
16 [3,2] γέγραπται [ὅτι WH] Ἅγιοι ἔσεσθε ὅτι ἐγὼ ἅγιος
וִהְיִיתֶם קְדֹשִׁים כִּי קָדוֹשׁ אָנִי, Lev. xi. 44
18 [4] εἰδότες ὅτι οὐ φθαρτοῖς
2 3 [1] εἰ ἐγεύσασθε ὅτι χρηστὸς ὁ κύριος
טַעֲמוּ וּרְאוּ כִּי טוֹב יְהוָה, Ps. xxxiv. 8 (Heb. xxxiv. 9)
15 [2] ὅτι οὕτως ἐστὶν τὸ θέλημα τ. θεοῦ
21 [2] ὅτι κ. Χριστὸς ἔπαθεν ὑπὲρ ὑμῶν
3 9 [2] ὅτι εἰς τοῦτο ἐκλήθητε
12 [2] ὅτι ὀφθαλμοὶ κυρίου ἐπὶ δικαίους
18 [2] ὅτι κ. Χριστὸς ἅπαξ περὶ ἁμαρτιῶν . . . ἀπέθανεν
4 1 [2] ὅτι ὁ παθὼν σαρκὶ πέπαυται ἁμαρτίας
8 [2] ὅτι ἀγάπη καλύπτει πλῆθος ἁμαρτιῶν
14 [2] ὅτι τὸ τ. δόξης . . . ἐφ' ὑμᾶς ἀναπαύεται
17 [2] ὅτι ὁ καιρὸς τοῦ ἄρξασθαι τὸ κρίμα
5 5 [2] ὅτι Ὁ θεὸς ὑπερηφάνοις ἀντιτάσσεται
7 [2] ὅτι αὐτῷ μέλει περὶ ὑμῶν
IIPe 1 14 [4] εἰδὼς ὅτι ταχινή ἐστιν ἡ ἀπόθεσις
20 [2] ὅτι πᾶσα προφητεία γραφῆς
3 3 [2] ὅτι ἐλεύσονται ἐπ' ἐσχάτων τ. ἡμερῶν
5 [2] ὅτι οὐρανοὶ ἦσαν ἔκπαλαι κ. γῆ
8 [2] ὅτι μία ἡμέρα παρὰ κυρίῳ ὡς χίλια ἔτη
IJo 1 5 [2] ὅτι θεὸς φῶς ἐστιν
6 [3] Ἐὰν εἴπωμεν ὅτι κοινωνίαν ἔχομεν
8 [3] ἐὰν εἴπωμεν ὅτι ἁμαρτίαν οὐκ ἔχομεν
10 [3] ἐὰν εἴπωμεν ὅτι οὐχ ἡμαρτήκαμεν
2 3 [4] γινώσκομεν ὅτι ἐγνώκαμεν αὐτόν
4 [3] ὁ λέγων ὅτι Ἔγνωκα αὐτόν
5 [4] γινώσκομεν ὅτι ἐν αὐτῷ ἐσμεν
8 [2] ὅτι ἡ σκοτία παράγεται
11 [2] ὅτι ἡ σκοτία ἐτύφλωσεν τ. ὀφθαλμούς
12 [2] ὅτι ἀφέωνται ὑμῖν αἱ ἁμαρτίαι

IJo 2 13 [2] ὅτι ἐγνώκατε τὸν ἀπ' ἀρχῆς
[2] ὅτι νενικήκατε τ. πονηρόν
13/14 [2] ὅτι ἐγνώκατε τ. πατέρα
14 [2] ὅτι ἐγνώκατε τὸν ἀπ' ἀρχῆς
[2] ὅτι ἰσχυροί ἐστε
16 [2] ὅτι πᾶν τὸ ἐν τ. κόσμῳ . . . οὐκ ἔστιν ἐκ τ. πατρός
18 [1] ἠκούσατε ὅτι ἀντίχριστος ἔρχεται
[4] γινώσκομεν ὅτι ἐσχάτη ὥρα ἐστίν
19 [1] ἵνα φανερωθῶσιν ὅτι οὐκ εἰσὶν πάντες ἐξ ἡμῶν
21 [2,2,2] οὐκ ἔγραψα ὑμῖν ὅτι οὐκ οἴδατε τ. ἀλήθειαν, ἀλλ' ὅτι οἴδατε αὐτήν, κ. ὅτι πᾶν ψεῦδος ἐκ τ. ἀληθείας οὐκ ἔστιν
22 [3] ὁ ἀρνούμενος ὅτι Ἰησοῦς οὐκ ἔστιν ὁ Χριστός
29 [4,4] ἐὰν εἰδῆτε ὅτι δίκαιός ἐστιν, γινώσκετε ὅτι κ. πᾶς ὁ ποιῶν τ. δικαιοσύνην
3 1 [2] ὅτι οὐκ ἔγνω αὐτόν
2 [4] οἴδαμεν ὅτι . . . ὅμοιοι αὐτῷ ἐσόμεθα
[2] ὅτι ὀψόμεθα αὐτὸν καθώς ἐστιν
5 [4] οἴδατε ὅτι ἐκεῖνος ἐφανερώθη
8 [2] ὅτι ἀπ' ἀρχῆς ὁ διάβολος ἁμαρτάνει
9 [2] ὅτι σπέρμα αὐτοῦ ἐν αὐτῷ μένει
[2] ὅτι ἐκ τ. θεοῦ γεγέννηται
11 [2] Ὅτι αὕτη ἐστὶν ἡ ἀγγελία ἣν ἠκούσατε
12 [2] ὅτι τὰ ἔργα αὐτοῦ πονηρὰ ἦν
14 [4] οἴδαμεν ὅτι μεταβεβήκαμεν ἐκ τ. θανάτου
[2] ὅτι ἀγαπῶμεν τ. ἀδελφούς
15 [4] οἴδατε ὅτι πᾶς ἀνθρωποκτόνος οὐκ ἔχει
16 [2] ὅτι ἐκεῖνος . . . τ. ψυχὴν αὐτοῦ ἔθηκεν
19 [4] γνωσόμεθα ὅτι ἐκ τ. ἀληθείας ἐσμέν
20 [7/4] ὅτι ἐὰν καταγινώσκῃ ἡμῶν ἡ καρδία
[2] ὅτι μείζων ἐστὶν ὁ θεὸς τ. καρδίας ἡμῶν
22 [2] ὅτι τ. ἐντολὰς αὐτοῦ τηροῦμεν
24 [4] γινώσκομεν ὅτι μένει ἐν ἡμῖν
4 1 [2] ὅτι πολλοὶ ψευδοπροφῆται ἐξεληλύθασιν
3 [1] ὃ ἀκηκόατε ὅτι ἔρχεται
4 [2] ὅτι μείζων ἐστὶν ὁ ἐν ὑμῖν
7 [2] ὅτι ἡ ἀγάπη ἐκ τ. θεοῦ ἐστιν
8 [2] ὅτι ὁ θεὸς ἀγάπη ἐστίν
9 [2] ὅτι τ. υἱὸν αὐτοῦ . . . ἀπέσταλκεν ὁ θεός
10 [2,2] οὐχ ὅτι ἡμεῖς ἠγαπήκαμεν τ. θεόν, ἀλλ' ὅτι αὐτὸς ἠγάπησεν ἡμᾶς
13 [4] γινώσκομεν ὅτι ἐν αὐτῷ μένομεν
[2] ὅτι ἐκ τ. πνεύματος αὐτοῦ δέδωκεν ἡμῖν
14 [3] μαρτυροῦμεν ὅτι ὁ πατὴρ ἀπέσταλκεν
15 [3] ὃς ἐὰν ὁμολογήσῃ ὅτι Ἰησοῦς ἐστιν ὁ υἱός
17 [2] ὅτι καθὼς ἐκεῖνός ἐστιν κ. ἡμεῖς ἐσμεν
18 [2] ὅτι ὁ φόβος κόλασιν ἔχει
19 [2] ὅτι αὐτὸς πρῶτος ἠγάπησεν ἡμᾶς
20 [3] ἐάν τις εἴπῃ ὅτι Ἀγαπῶ τ. θεόν
5 1 [4] Πᾶς ὁ πιστεύων ὅτι Ἰησοῦς ἐστιν ὁ Χριστός
2 [4] γινώσκομεν ὅτι ἀγαπῶμεν τὰ τέκνα
4 [2] ὅτι πᾶν τὸ γεγεννημένον ἐκ τ. θεοῦ νικᾷ
5 [4] ὁ πιστεύων ὅτι Ἰησοῦς ἐστιν ὁ υἱός
6 [2] ὅτι τὸ πνεῦμά ἐστιν ἡ ἀλήθεια
7 [2] ὅτι τρεῖς εἰσιν οἱ μαρτυροῦντες
9 [2] ὅτι αὕτη ἐστὶν ἡ μαρτυρία τ. θεοῦ
[3] ὅτι μεμαρτύρηκεν περὶ τ. υἱοῦ αὐτοῦ
10 [2] ὅτι οὐ πεπίστευκεν εἰς τ. μαρτυρίαν

I Jo **5** 11 [2] ὅτι ζωὴν αἰώνιον ἔδωκεν ἡμῖν
13 [4] ἵνα εἰδῆτε ὅτι ζωὴν ἔχετε αἰώνιον
14 [2] ὅτι ἐάν τι αἰτώμεθα κατὰ τὸ θέλημα αὐτοῦ
15 [4] ἐὰν οἴδαμεν ὅτι ἀκούει ἡμῶν
[4] οἴδαμεν ὅτι ἔχομεν τὰ αἰτήματα
18 [4] Οἴδαμεν ὅτι πᾶς ὁ γεγεννημένος ἐκ τ. θεοῦ
19 [4] οἴδαμεν ὅτι ἐκ τ. θεοῦ ἐσμεν
20 [4] οἴδαμεν δὲ ὅτι ὁ υἱὸς τ. θεοῦ ἥκει
II Jo 4 [2] ὅτι εὕρηκα ἐκ τ. τέκνων σου περιπατοῦντας
7 [2] ὅτι πολλοὶ πλάνοι ἐξῆλθον εἰς τ. κόσμον
III Jo 12 [4] οἶδας ὅτι ἡ μαρτυρία ἡμῶν ἀληθής ἐστιν
Ju 5 [3] ὅτι Ἰησοῦς λαὸν ἐκ γῆς Αἰγύπτου σώσας
11 [2] ὅτι τ. ὁδῷ τ. Κάϊν ἐπορεύθησαν
18 [2] ὅτι ἔλεγον ὑμῖν Ἐπ' ἐσχάτου
Re **2** 2 [4] ὅτι οὐ δύνῃ βαστάσαι κακούς
4 [4] ἔχω κατὰ σοῦ ὅτι τ. ἀγάπην . . . ἀφῆκες
6 [2] ὅτι μισεῖς τὰ ἔργα τ. Νικολαϊτῶν
14 [2] ἔχω κατὰ σοῦ ὀλίγα, ὅτι ἔχεις ἐκεῖ κρατοῦντας—WH mg.— ὅτι
20 [4] ἔχω κατὰ σοῦ ὅτι ἀφεῖς τ. γυναῖκα Ἰεζάβελ
23 [4] γνώσονται . . . ὅτι ἐγώ εἰμι ὁ ἐραυνῶν
3 1 [2, 2] ὅτι ὄνομα ἔχεις ὅτι ζῇς
4 [2] ἐν λευκοῖς, ὅτι ἄξιοί εἰσιν
8 [2] ὅτι μικρὰν ἔχεις δύναμιν
9 [4] κ. γνῶσιν ὅτι ἐγὼ ἠγάπησά σε
10 [2] ὅτι ἐτήρησας τ. λόγον τ. ὑπομονῆς μου
15 [2] ὅτι οὔτε ψυχρὸς εἶ οὔτε ζεστός
16 [2] ὅτι χλιαρὸς εἶ κ. οὔτε ζεστὸς οὔτε ψυχρός
17 [2, 3] ὅτι λέγεις ὅτι Πλούσιός εἰμι
[4] οὐκ οἶδας ὅτι σὺ εἶ ὁ ταλαίπωρος
4 11 [2] ὅτι σὺ ἔκτισας τὰ πάντα
5 4 [2] ὅτι οὐδεὶς ἄξιος εὑρέθη ἀνοῖξαι
9 [2] ὅτι ἐσφάγης κ. ἠγόρασας τ. θεῷ
6 17 [2] ὅτι ἦλθεν ἡ ἡμέρα ἡ μεγάλη τ. ὀργῆς
7 17 [2] ὅτι τὸ ἀρνίον τὸ ἀνὰ μέσον τ. θρόνου ποιμανεῖ
8 11 [2] ἀπέθανον ἐκ τ. ὑδάτων, ὅτι ἐπικράνθησαν
10 6 [3] ὅτι χρόνος οὐκέτι ἔσται
11 2 [2] ὅτι ἐδόθη τ. ἔθνεσιν
10 [2] ὅτι οὗτοι οἱ δύο προφῆται ἐβασάνισαν
17 [2] ὅτι εἴληφας τ. δύναμίν σου τ. μεγάλην
12 10 [2] ὅτι ἐβλήθη ὁ κατήγωρ τ. ἀδελφῶν ἡμῶν
12 [2] ὅτι κατέβη ὁ διάβολος πρὸς ὑμᾶς
[4] εἰδὼς ὅτι ὀλίγον καιρὸν ἔχει
13 [1] εἶδεν ὁ δράκων ὅτι ἐβλήθη εἰς τ. γῆν
13 4 [2] ὅτι ἔδωκεν τ. ἐξουσίαν τ. θηρίῳ
14 7 [2] ὅτι ἦλθεν ἡ ὥρα τ. κρίσεως αὐτοῦ
15 [2] ὅτι ἦλθεν ἡ ὥρα θερίσαι
[2] ὅτι ἐξηράνθη ὁ θερισμὸς τ. γῆς
18 [2] ὅτι ἤκμασαν αἱ σταφυλαὶ αὐτῆς
15 1 [2] ὅτι ἐν αὐταῖς ἐτελέσθη ὁ θυμὸς τ. θεοῦ
4 [2] ὅτι μόνος ὅσιος
[2] ὅτι πάντα τὰ ἔθνη ἥξουσιν
[2] ὅτι τὰ δικαιώματά σου ἐφανερώθησαν
16 5 [2] Δίκαιος εἶ . . . ὅτι ταῦτα ἔκρινας
6 [2] ὅτι αἷμα ἁγίων κ. προφητῶν ἐξέχεαν
21 [2] ὅτι μεγάλη ἐστὶν ἡ πληγὴ αὐτῆς
17 8 [2] ὅτι ἦν κ. οὐκ ἔστιν κ. παρέσται
14 [2] ὅτι κύριος κυρίων ἐστὶν
Re **18** 3 [2] ὅτι ἐκ τ. οἴνου . . . πεπότικεν πάντα τὰ ἔθνη
5 [2] ὅτι ἐκολλήθησαν αὐτῆς αἱ ἁμαρτίαι
7 [2, 3] ὅτι ἐν τ. καρδίᾳ αὐτῆς λέγει ὅτι Κάθημαι βασίλισσα
8 [2] ὅτι ἰσχυρὸς κύριος ὁ θεός
10 [2] ὅτι μιᾷ ὥρᾳ ἦλθεν ἡ κρίσις σου
11 [2] ὅτι τ. γόμον αὐτῶν οὐδεὶς ἀγοράζει
16/17 [2] ὅτι μιᾷ ὥρᾳ ἠρημώθη ὁ τοσοῦτος πλοῦτος
19 [2] ὅτι μιᾷ ὥρᾳ ἠρημώθη
20 [2] ὅτι ἔκρινεν ὁ θεὸς τὸ κρίμα ὑμῶν
23 [2] ὅτι οἱ ἔμποροί σου ἦσαν οἱ μεγιστᾶνες
[2] ὅτι ἐν τ. φαρμακείᾳ σου ἐπλανήθησαν
19 2 [2] ὅτι ἀληθιναὶ κ. δίκαιαι αἱ κρίσεις αὐτοῦ
[2] ὅτι ἔκρινεν τ. πόρνην τ. μεγάλην
6 [2] ὅτι ἐβασίλευσεν κύριος
7 [2] ὅτι ἦλθεν ὁ γάμος τ. ἀρνίου
21 4 [2] [ὅτι] τὰ πρῶτα ἀπῆλθαν—ὅτι—WH txt
5 [2] Γράψον, ὅτι οὗτοι οἱ λόγοι πιστοὶ
22 5 [2] ὅτι κύριος ὁ θεὸς φωτίσει ἐπ' αὐτούς

ΟΥ῏Ν

(see page 726)

(1) Inference, (2) Consequent command or exhortation, (3) Consequent effect or response, (4) Inferential question, (5) Summary, (6) Adversative (but), (7) Continuation or resumption of narrative, (8) Continuation of discussion.

Mt **1** 17 [5] Πᾶσαι οὖν αἱ γενεαὶ ἀπὸ Ἀβραάμ
3 8 [2] ποιήσατε οὖν καρπὸν ἄξιον τ. μετανοίας
10 [3] πᾶν οὖν δένδρον μὴ ποιοῦν καρπὸν καλόν
5 19 [4] ὃς ἐὰν οὖν λύσῃ μίαν τ. ἐντολῶν τούτων
23 [2] ἐὰν οὖν προσφέρῃς τὸ δῶρόν σου
48 [2] Ἔσεσθε οὖν ὑμεῖς τέλειοι
6 2 [2] Ὅταν οὖν ποιῇς ἐλεημοσύνην
8 [2] μὴ οὖν ὁμοιωθῆτε αὐτοῖς
9 [2] Οὕτως οὖν προσεύχεσθε ὑμεῖς
22 [1] ἐὰν οὖν ᾖ ὁ ὀφθαλμός σου ἁπλοῦς
23 [1] εἰ οὖν τὸ φῶς τὸ ἐν σοὶ σκότος ἐστίν
31 [2] μὴ οὖν μεριμνήσητε λέγοντες
34 [2] μὴ οὖν μεριμνήσητε εἰς τὴν αὔριον
7 11 [1] εἰ οὖν ὑμεῖς . . . οἴδατε δόματα ἀγαθὰ διδόναι
12 [2] Πάντα οὖν ὅσα ἐὰν θέλητε . . . οὕτως κ. ὑμεῖς ποιεῖτε
24 [1] Πᾶς οὖν ὅστις ἀκούει μου τ. λόγους
9 38 [2] δεήθητε οὖν τ. κυρίου τ. θερισμοῦ
10 16 [2] γίνεσθε οὖν φρόνιμοι ὡς οἱ ὄφεις
26 [2] Μὴ οὖν φοβηθῆτε αὐτούς
31 [2] μὴ οὖν φοβεῖσθε· πολλῶν στρουθίων διαφέρετε
32 [1] Πᾶς οὖν ὅστις ὁμολογήσει ἐν ἐμοί
12 12 [1] πόσῳ οὖν διαφέρει ἄνθρωπος προβάτου
26 [4] πῶς οὖν σταθήσεται ἡ βασιλεία αὐτοῦ;
13 18 [2] Ὑμεῖς οὖν ἀκούσατε τ. παραβολήν
27 [3] πόθεν οὖν ἔχει ζιζάνια;
28 [2] Θέλεις οὖν ἀπελθόντες συλλέξωμεν αὐτά;
40 [1] ὥσπερ οὖν συλλέγεται τὰ ζιζάνια
56 [1] πόθεν οὖν τούτῳ ταῦτα πάντα;

Mt **14** 15 [1] ἀπόλυσον οὖν τ. ὄχλους, —οὖν UBS, WH txt
17 10 [4] Τί οὖν οἱ γραμματεῖς λέγουσιν
18 4 [1] ὅστις οὖν ταπεινώσει ἑαυτὸν ὡς τὸ παιδίον τοῦτο
26 [3] πεσὼν οὖν ὁ δοῦλος προσεκύνει αὐτῷ
29 [3] πεσὼν οὖν ὁ σύνδουλος αὐτοῦ παρεκάλει αὐτόν
31 [3] ἰδόντες οὖν οἱ σύνδουλοι αὐτοῦ τὰ γενόμενα
19 6 [1] ὃ οὖν ὁ θεὸς συνέζευξεν
7 [4] Τί οὖν Μωϋσῆς ἐνετείλατο δοῦναι βιβλίον ἀποστασίου
21 25 [4] Διὰ τί οὖν οὐκ ἐπιστεύσατε αὐτῷ;
40 [1] ὅταν οὖν ἔλθῃ ὁ κύριος τ. ἀμπελῶνος
22 9 [2] πορεύεσθε οὖν ἐπὶ τὰς διεξόδους τ. ὁδῶν
17 [2] εἰπὲ οὖν ἡμῖν τί σοι δοκεῖ
21 [2] Ἀπόδοτε οὖν τὰ Καίσαρος Καίσαρι
28 [4] ἐν τ. ἀναστάσει οὖν τίνος τῶν ἑπτὰ ἔσται γυνή;
43 [4] Πῶς οὖν Δαυὶδ ἐν πνεύματι καλεῖ αὐτὸν κύριον
45 [1] εἰ οὖν Δαυὶδ καλεῖ αὐτὸν κύριον
23 3 [2] πάντα οὖν ὅσα ἐὰν εἴπωσιν ὑμῖν ποιήσατε
20 [1] ὁ οὖν ὀμόσας ἐν τ. θυσιαστηρίῳ
24 15 [2] Ὅταν οὖν ἴδητε τὸ βδέλυγμα τ. ἐρημώσεως
26 [2] ἐὰν οὖν εἴπωσιν ὑμῖν . . . μὴ ἐξέλθητε
42 [2] γρηγορεῖτε οὖν, ὅτι οὐκ οἴδατε
25 13 [2] Γρηγορεῖτε οὖν, ὅτι οὐκ οἴδατε
27 [2] ἔδει σε οὖν βαλεῖν τὰ ἀργύριά μου τ. τραπεζίταις
28 [2] ἄρατε οὖν ἀπ' αὐτοῦ τὸ τάλαντον
26 54 [6] πῶς οὖν πληρωθῶσιν αἱ γραφαί
27 17 [3] συνηγμένων οὖν αὐτῶν εἶπεν αὐτοῖς ὁ Πιλᾶτος
22 [4] Τί οὖν ποιήσω Ἰησοῦν
64 [2] κέλευσον οὖν ἀσφαλισθῆναι τ. τάφον
28 19 [2] πορευθέντες οὖν μαθητεύσατε
Mk **3** 31 [7] Ἔρχονται οὖν οἱ ἀδελφοί, TR
10 9 [1] ὃ οὖν ὁ θεὸς συνέζευξεν
11 31 [4] Διὰ τί [οὖν] οὐκ ἐπιστεύσατε αὐτῷ;
12 9 [4] τί [οὖν] ποιήσει ὁ κύριος τ. ἀμπελῶνος; WH—οὖν
13 35 [2] γρηγορεῖτε οὖν, οὐκ οἴδατε γάρ
15 12 [4] Τί οὖν [θέλετε] ποιήσω
[**16** 19 [7] Ὁ μὲν οὖν κύριος [Ἰησοῦς]
Lu **3** 7 [7] Ἔλεγεν οὖν τ. ἐκπορευομένοι ὄχλοις
8 [2] ποιήσατε οὖν καρποὺς ἀξίους τ. μετανοίας
9 [3] πᾶν οὖν δένδρον μὴ ποιοῦν καρπὸν καλόν
10 [4] λέγοντες Τί οὖν ποιήσωμεν;
18 [7] Πολλὰ μὲν οὖν κ. ἕτερα παρακαλῶν
4 7 [3] σὺ οὖν ἐὰν προσκυνήσῃς ἐνώπιον ἐμοῦ
7 31 [4/7] Τίνι οὖν ὁμοιώσω τ. ἀνθρώπους
42 [4] τίς οὖν αὐτῶν πλεῖον ἀγαπήσει αὐτόν;
8 18 [2] βλέπετε οὖν πῶς ἀκούετε
10 2 [2] δεήθητε οὖν τ. κυρίου τ. θερισμοῦ
40 [2] εἰπὲ οὖν αὐτῇ ἵνα μοι συναντιλάβηται
11 13 [1] εἰ οὖν ὑμεῖς πονηροὶ ὑπάρχοντες οἴδατε
35 [2] σκόπει οὖν μὴ τὸ φῶς τὸ ἐν σοὶ σκότος ἐστίν
36 [5] εἰ οὖν τὸ σῶμά σου ὅλον φωτεινόν
12 26 [4] εἰ οὖν οὐδὲ ἐλάχιστον δύνασθε

Lu **13** 14 [2] ἐν αὐταῖς οὖν ἐρχόμενοι θεραπεύεσθε
14 33 [3] οὕτως οὖν πᾶς ἐξ ὑμῶν ὃς οὐκ ἀποτάσσεται
34 [7] Καλὸν οὖν τὸ ἅλας
16 11 [4] εἰ οὖν ἐν τ. ἀδίκῳ μαμωνᾷ πιστοὶ οὐκ ἐγένεσθε
27 [8] Ἐρωτῶ σε οὖν, πάτερ
19 12 [3] εἶπεν οὖν, Ἄνθρωπός τις εὐγενὴς ἐπορεύθη
20 15 [4] τί οὖν ποιήσει αὐτοῖς ὁ κύριος τ. ἀμπελῶνος;
17 [4/8] Τί οὖν ἐστιν τὸ γεγραμμένον τοῦτο
29 [7] ἑπτὰ οὖν ἀδελφοὶ ἦσαν
33 [4] ἡ γυνὴ οὖν ἐν τ. ἀναστάσει τίνος αὐτῶν γίνεται γυνή;
44 [1] Δαυὶδ οὖν κύριον αὐτὸν καλεῖ
21 7 [4] πότε οὖν ταῦτα ἔσται;
14 [2] θέτε οὖν ἐν τ. καρδίαις ὑμῶν μὴ προμελετᾶν
22 70 [4] Σὺ οὖν εἶ ὁ υἱὸς τ. θεοῦ;
23 16 [1] παιδεύσας οὖν αὐτὸν ἀπολύσω
22 [1] παιδεύσας οὖν αὐτὸν ἀπολύσω
Jo **1** 21 [4] κ. ἠρώτησαν αὐτόν, Τί οὖν σύ;
22 [4/8] εἶπαν οὖν αὐτῷ, Τίς εἶ;
25 [4] εἶπαν αὐτῷ, Τί οὖν βαπτίζεις
39 [3] ἦλθαν οὖν κ. εἶδαν ποῦ μένει
2 18 [3/7] ἀπεκρίθησαν οὖν οἱ Ἰουδαῖοι κ. εἶπαν
20 [8] εἶπαν οὖν οἱ Ἰουδαῖοι, Τεσσεράκοντα
22 [3] ὅτε οὖν ἠγέρθη ἐκ νεκρῶν, ἐμνήσθησαν
3 25 [3] Ἐγένετο οὖν ζήτησις ἐκ τ. μαθητῶν Ἰωάννου
29 [3] αὕτη οὖν ἡ χαρὰ ἡ ἐμὴ πεπλήρωται
4 1 [7] Ὡς οὖν ἔγνω ὁ Ἰησοῦς ὅτι ἤκουσαν οἱ Φαρισαῖοι
5 [7] ἔρχεται οὖν εἰς πόλιν τ. Σαμαρείας
6 [7] ὁ οὖν Ἰησοῦς κεκοπιακὼς ἐκ τ. ὁδοιπορίας
9 [8] λέγει οὖν αὐτῷ ἡ γυνὴ ἡ Σαμαρῖτις
11 [4] πόθεν οὖν ἔχεις τὸ ὕδωρ τὸ ζῶν;
28 [7] ἀφῆκεν οὖν τ. ὑδρίαν αὐτῆς
33 [8] ἔλεγον οὖν οἱ μαθηταὶ πρὸς ἀλλήλους
40 [3/7] ὡς οὖν ἦλθον πρὸς αὐτὸν οἱ Σαμαρῖται
45 [7] ὅτε οὖν ἦλθεν εἰς τ. Γαλιλαίαν
46 [7] Ἦλθεν οὖν πάλιν εἰς τ. Κανὰ τ. Γαλιλαίας
48 [8] εἶπεν οὖν ὁ Ἰησοῦς πρὸς αὐτόν
52 [8] ἐπύθετο οὖν τ. ὥραν παρ' αὐτῶν
[8] εἶπαν οὖν αὐτῷ ὅτι Ἐχθὲς
53 [3] ἔγνω οὖν ὁ πατὴρ ὅτι ἐν ἐκείνῃ τ. ὥρᾳ
5[4 [3] ὁ οὖν πρῶτος ἐμβὰς μετὰ τ. ταραχὴν—UBS, WH
10 [3] ἔλεγον οὖν οἱ Ἰουδαῖοι τ. τεθεραπευμένῳ
18 [3] διὰ τοῦτο οὖν μᾶλλον ἐζήτουν . . . ἀποκτεῖναι
19 [8] Ἀπεκρίνατο οὖν ὁ Ἰησοῦς
6 5 [7] ἐπάρας οὖν τ. ὀφθαλμοὺς ὁ Ἰησοῦς
10 [3] ἀνέπεσαν οὖν οἱ ἄνδρες
11 [7] ἔλαβεν οὖν τ. ἄρτους ὁ Ἰησοῦς
13 [3] συνήγαγον οὖν κ. ἐγέμισαν δώδεκα κοφίνους
14 [3] Οἱ οὖν ἄνθρωποι ἰδόντες ὃ ἐποίησεν
15 [3] Ἰησοῦς οὖν γνοὺς ὅτι μέλλουσιν ἔρχεσθαι
19 [3] ἐληλακότες οὖν ὡς σταδίους εἴκοσι πέντε
21 [3] ἤθελον οὖν λαβεῖν αὐτὸν εἰς τὸ πλοῖον
24 [3] ὅτε οὖν εἶδεν ὁ ὄχλος

Jo **6** 28 [8] εἶπον οὖν πρὸς αὐτόν, Τί ποιῶμεν
30 [8,4] εἶπον οὖν αὐτῷ Τί οὖν ποιεῖς σὺ σημεῖον
32 [8] εἶπεν οὖν αὐτοῖς ο Ἰησοῦς
34 [8] Εἶπον οὖν πρὸς αὐτόν, Κύριε
41 [3] Ἐγόγγυζον οὖν οἱ Ἰουδαῖοι
52 [3] Ἐμάχοντο οὖν πρὸς ἀλλήλους οἱ Ἰουδαῖοι
53 [8] εἶπεν οὖν αὐτοῖς ὁ Ἰησοῦς
60 [7] Πολλοὶ οὖν ἀκούσαντες ἐκ τ. μαθητῶν
62 [4] ἐὰν οὖν θεωρῆτε τ. υἱὸν τ. ἀνθρώπου ἀναβαίνοντα
66 [3] Ἐκ τούτου [οὖν] πολλοὶ ἐκ τ. μαθητῶν αὐτοῦ—WH— οὖν
67 [3] εἶπεν οὖν ὁ Ἰησοῦς τ. δώδεκα
7 3 [3] εἶπον οὖν πρὸς αὐτὸν οἱ ἀδελφοὶ αὐτοῦ
6 [8] λέγει οὖν αὐτοῖς ὁ Ἰησοῦς
11 [7] οἱ οὖν Ἰουδαῖοι ἐζήτουν αὐτὸν ἐν τ. ἑορτῇ
15 [3] ἐθαύμαζον οὖν οἱ Ἰουδαῖοι λέγοντες
16 [8] ἀπεκρίθη οὖν αὐτοῖς [ὁ] Ἰησοῦς
25 [8] Ἔλεγον οὖν τινες ἐκ τ. Ἱεροσολυμιτῶν
28 [8] ἔκραξεν οὖν ἐν τ. ἱερῷ διδάσκων ὁ Ἰησοῦς
30 [3] Ἐζήτουν οὖν αὐτὸν πιάσαι
33 [3] εἶπεν οὖν ὁ Ἰησοῦς
35 [8] εἶπον οὖν οἱ Ἰουδαῖοι προς ἑαυτούς
40 [7] Ἐκ τ. ὄχλου οὖν ἀκούσαντες τ. λόγων
43 [3] σχίσμα οὖν ἐγένετο ἐν τ. ὄχλῳ
45 [7] Ἦλθον οὖν οἱ ὑπηρέται πρὸς τ. ἀρχιερεῖς
47 [8] ἀπεκρίθησαν οὖν αὐτοῖς οἱ Φαρισαῖοι
8[5 [4/6] σὺ οὖν τί λέγεις;
12 [7] Πάλιν οὖν αὐτοῖς ἐλάλησεν ὁ Ἰησοῦς
13 [8] εἶπον οὖν αὐτῷ οἱ Φαρισαῖοι
19 [8] ἔλεγον οὖν αὐτῷ Ποῦ ἐστιν ὁ πατήρ σου;
21 [8] Εἶπεν οὖν πάλιν αὐτοῖς
22 [8] ἔλεγον οὖν οἱ Ἰουδαῖοι
24 [1] εἶπον οὖν ὑμῖν ὅτι ἀποθανεῖσθε
25 [8] ἔλεγον οὖν αὐτῷ Σὺ τίς εἶ;
28 [8] εἶπεν οὖν [αὐτοῖς] ὁ Ἰησοῦς
31 [7] Ἔλεγεν οὖν ὁ Ἰησοῦς πρὸς τ. πεπιστευκότας
36 [1] ἐὰν οὖν ὁ υἱὸς ὑμᾶς ἐλευθερώσῃ
38 [6] κ. ὑμεῖς οὖν ἃ ἠκούσατε παρὰ τ. πατρὸς ποιεῖτε
57 [8] εἶπον οὖν οἱ Ἰουδαῖοι πρὸς αὐτόν
59 [3] ἦραν οὖν λίθους ἵνα βάλωσιν
9 7 [3] ἀπῆλθεν οὖν κ. ἐνίψατο
8 [3] Οἱ οὖν γείτονες κ. οἱ θεωροῦντες
10 [8,4] ἔλεγον οὖν αὐτῷ Πῶς [οὖν] ἠνεῴχθησαν
11 [3] ἀπελθὼν οὖν κ. νιψάμενος ἀνέβλεψα
15 [7] πάλιν οὖν ἠρώτων αὐτόν
16 [8] ἔλεγον οὖν ἐκ τ. Φαρισαίων τινές
17 [8] λέγουσιν οὖν τ. τυφλῷ πάλιν
18 [6] Οὐκ ἐπίστευσαν οὖν οἱ Ἰουδαῖοι
19 [4] πῶς οὖν βλέπει ἄρτι;
20 [8] ἀπεκρίθησαν οὖν οἱ γονεῖς αὐτοῦ
24 [7] Ἐφώνησαν οὖν τ. ἄνθρωπον
25 [8] ἀπεκρίθη οὖν ἐκεῖνος
26 [8] εἶπον οὖν αὐτῷ, Τί ἐποίησέν σοι;
10 7 [8] Εἶπεν οὖν πάλιν ὁ Ἰησοῦς
24 [7] ἐκύκλωσαν οὖν αὐτὸν οἱ Ἰουδαῖοι
39 [3] Ἐζήτουν [οὖν] πάλιν αὐτὸν πιάσαι
11 3 [7] ἀπέστειλαν οὖν αἱ ἀδελφαὶ πρὸς αὐτόν
6 [3] ὡς οὖν ἤκουσεν ὅτι ἀσθενεῖ
12 [8] εἶπαν οὖν οἱ μαθηταὶ αὐτῷ

Jo **11** 14 [8] τότε οὖν εἶπεν αὐτοῖς ὁ Ἰησοῦς
16 [8] εἶπεν οὖν Θωμᾶς
17 [7] Ἐλθὼν οὖν ὁ Ἰησοῦς εὗρεν αὐτόν
20 [7] ἡ οὖν Μάρθα ὡς ἤκουσεν
21 [7] εἶπεν οὖν ἡ Μάρθα πρὸς τ. Ἰησοῦν
31 [3] οἱ οὖν Ἰουδαῖοι . . . ἠκολούθησαν αὐτῇ
32 [7] ἡ οὖν Μαριὰμ ὡς ἦλθεν ὅπου ἦν Ἰησοῦς
33 [7] Ἰησοῦς οὖν ὡς εἶδεν αὐτήν
36 [3] ἔλεγον οὖν οἱ Ἰουδαῖοι
38 [7] Ἰησοῦς οὖν πάλιν ἐμβριμώμενος
41 [3] ἦραν οὖν τ. λίθον
45 [3] πολλοὶ οὖν ἐκ τ. Ἰουδαίων . . . ἐπίστευσαν
47 [3] συνήγαγον οὖν οἱ ἀρχιερεῖς
53 [3] ἀπ' ἐκείνης οὖν τ. ὥρας ἐβουλεύσαντο
54 [3] Ὁ οὖν Ἰησοῦς οὐκέτι παρρησίᾳ περιεπάτει
56 [7] ἐζήτουν οὖν τ. Ἰησοῦν κ. ἔλεγον
12 1 [7] Ὁ οὖν Ἰησοῦς . . . ἦλθεν εἰς Βηθανίαν
2 [7] ἐποίησαν οὖν αὐτῷ δεῖπνον ἐκεῖ
3 [7] ἡ οὖν Μαριὰμ λαβοῦσα λίτραν μύρου
7 [6] εἶπεν οὖν ὁ Ἰησοῦς, Ἄφες αὐτήν
9 [7] Ἔγνω οὖν [ὁ] ὄχλος πολύς
17 [7] ἐμαρτύρει οὖν ὁ ὄχλος ὁ ὢν μετ' αὐτοῦ
19 [3] οἱ οὖν Φαρισαῖοι εἶπαν πρὸς ἑαυτούς
21 [7] οὗτοι οὖν προσῆλθον Φιλίππῳ
28 [3] ἦλθεν οὖν φωνὴ ἐκ τ. οὐρανοῦ
29 [3] ὁ οὖν ὄχλος ὁ ἑστώς, WH [οὖν]
34 [8] ἀπεκρίθη οὖν αὐτῷ ὁ ὄχλος
35 [8] εἶπεν οὖν αὐτοῖς ὁ Ἰησοῦς
50 [1] ἃ οὖν ἐγὼ λαλῶ, καθὼς εἴρηκέν μοι ὁ πατήρ
13 6 [7] ἔρχεται οὖν πρὸς Σίμωνα Πέτρον
12 [7] Ὅτε οὖν ἔνιψεν τ. πόδας αὐτῶν
14 [1] εἰ οὖν ἐγὼ ἔνιψα ὑμῶν τ. πόδας
24 [3] νεύει οὖν τούτῳ Σίμων Πέτρος
25 [3] ἀναπεσὼν οὖν ἐκεῖνος οὕτως ἐπὶ τὸ στῆθος
26 [3] βάψας οὖν τὸ ψωμίον [λαμβάνει κ.] δίδωσιν
27 [3] λέγει οὖν αὐτῷ ὁ Ἰησοῦς
30 [7] λαβὼν οὖν τὸ ψωμίον ἐκεῖνος ἐξῆλθεν
31 [7] Ὅτε οὖν ἐξῆλθεν λέγει Ἰησοῦς
16 17 [3] εἶπαν οὖν ἐκ τ. μαθητῶν αὐτοῦ
18 [3] ἔλεγον οὖν, Τί ἐστιν τοῦτο
22 [8] κ. ὑμεῖς οὖν νῦν μὲν λύπην ἔχετε
18 3 [7] ὁ οὖν Ἰούδας λαβὼν τ. σπεῖραν
4 [7] Ἰησοῦς οὖν εἰδὼς πάντα τὰ ἐρχόμενα
6 [7] ὡς οὖν εἶπεν αὐτοῖς, Ἐγώ εἰμι
7 [7] πάλιν οὖν ἐπηρώτησεν αὐτούς
8 [2] εἰ οὖν ἐμὲ ζητεῖτε, ἄφετε τούτους
10 [7] Σίμων οὖν Πέτρος ἔχων μάχαιραν
11 [2] εἶπεν οὖν ὁ Ἰησοῦς τ. Πέτρῳ
12 [7] Ἡ οὖν σπεῖρα κ. ὁ χιλίαρχος
16 [7] ἐξῆλθεν οὖν ὁ μαθητὴς ὁ ἄλλος
17 [7] λέγει οὖν τ. Πέτρῳ ἡ παιδίσκη
19 [7] Ὁ οὖν ἀρχιερεὺς ἠρώτησεν τ. Ἰησοῦν
24 [7] ἀπέστειλεν οὖν αὐτὸν ὁ Ἅννας δεδεμένον
25 [7] εἶπον οὖν αὐτῷ, Μὴ κ. σύ
27 [7] πάλιν οὖν ἠρνήσατο Πέτρος
28 [7] Ἄγουσιν οὖν τ. Ἰησοῦν ἀπὸ τ. Καϊάφα
29 [3] ἐξῆλθεν οὖν ὁ Πιλᾶτος ἔξω πρὸς αὐτούς
31 [8] εἶπεν οὖν αὐτοῖς ὁ Πιλᾶτος
[8] εἶπον [οὖν] αὐτῷ οἱ Ἰουδαῖοι—WH—οὖν
33 [7] Εἰσῆλθεν οὖν πάλιν εἰς τὸ πραιτώριον

Jo 18 37 [8] εἶπεν οὖν αὐτῷ ὁ Πιλᾶτος
39 [4] βούλεσθε οὖν ἀπολύσω ὑμῖν τ. βασιλέα
40 [8] ἐκραύγασαν οὖν πάλιν λέγοντες
19 1 [7] Τότε οὖν ἔλαβεν ὁ Πιλᾶτος τ. Ἰησοῦν
5 [7] ἐξῆλθεν οὖν ὁ Ἰησοῦς ἔξω
6 [3] ὅτε οὖν εἶδον αὐτὸν οἱ ἀρχιερεῖς
8 [3] Ὅτε οὖν ἤκουσεν ὁ Πιλᾶτος
10 [8] λέγει οὖν αὐτῷ ὁ Πιλᾶτος
13 [3] Ὁ οὖν Πιλᾶτος ἀκούσας τ. λόγων τούτων
16 [3] τότε οὖν παρέδωκεν αὐτὸν αὐτοῖς
[7] Παρέλαβον οὖν τ. Ἰησοῦν
20 [3] τοῦτον οὖν τ. τίτλον πολλοὶ ἀνέγνωσαν
21 [3] ἔλεγον οὖν τ. Πιλάτῳ οἱ ἀρχιερεῖς
23 [7] Οἱ οὖν στρατιῶται ὅτε ἐσταύρωσαν
24 [3] εἶπαν οὖν πρὸς ἀλλήλους
[7] Οἱ μὲν οὖν στρατιῶται ταῦτα ἐποίησαν
26 [3] Ἰησοῦς οὖν ἰδὼν τ. μητέρα
29 [3] σπόγγον οὖν μεστὸν τ. ὄξους . . . προσήνεγκαν
30 [7] ὅτε οὖν ἔλαβεν τὸ ὄξος
31 [7] Οἱ οὖν Ἰουδαῖοι . . . ἠρώτησαν τ. Πιλᾶτον
32 [3] ἦλθον οὖν οἱ στρατιῶται
38 [3] ἦλθεν οὖν κ. ἦρεν τὸ σῶμα αὐτοῦ
40 [7] ἔλαβον οὖν τὸ σῶμα τ. Ἰησοῦ
42 [7] ἐκεῖ οὖν . . . ἔθηκαν τ. Ἰησοῦν
20 2 [3] τρέχει οὖν κ. ἔρχεται πρὸς Σίμωνα
3 [3] Ἐξῆλθεν οὖν ὁ Πέτρος κ. ὁ ἄλλος μαθητής
6 [7] ἔρχεται οὖν κ. Σίμων Πέτρος
8 [7] τότε οὖν εἰσῆλθεν κ. ὁ ἄλλος
10 [7] ἀπῆλθον οὖν πάλιν πρὸς αὐτούς
11 [7] ὡς οὖν ἔκλαιεν παρέκυψεν
19 [7] Οὔσης οὖν ὀψίας τ. ἡμέρᾳ ἐκείνῃ
20 [3] ἐχάρησαν οὖν οἱ μαθηταὶ ἰδόντες τ. κύριον
21 [7] εἶπεν οὖν αὐτοῖς πάλιν
25 [3] ἔλεγον οὖν αὐτῷ οἱ ἄλλοι μαθηταί
30 [7] Πολλὰ μὲν οὖν κ. ἄλλα σημεῖα ἐποίησεν
21 5 [7] λέγει οὖν αὐτοῖς [ὁ] Ἰησοῦς
6 [3] ἔβαλον οὖν, κ. οὐκέτι αὐτὸ ἑλκύσαι ἴσχυον
7 [3] λέγει οὖν ὁ μαθητὴς ἐκεῖνος
[3] Σίμων οὖν Πέτρος . . . τ. ἐπενδύτην διεζώσατο
9 [7] ὡς οὖν ἀπέβησαν εἰς τ. γῆν
11 [3] ἀνέβη οὖν Σίμων Πέτρος κ. εἵλκυσεν
15 [7] Ὅτε οὖν ἠρίστησαν λέγει τ. Σίμωνι
21 [3] τοῦτον οὖν ἰδὼν ὁ Πέτρος λέγει
23 [7] ἐξῆλθεν οὖν οὗτος ὁ λόγος εἰς τ. ἀδελφούς
Ac 1 6 [8] Οἱ μὲν οὖν συνελθόντες ἠρώτων αὐτόν
18 [7] Οὗτος μὲν οὖν ἐκτήσατο χωρίον
21 [3] δεῖ οὖν τ. συνελθόντων ἡμῖν ἀνδρῶν
2 30 [8] προφήτης οὖν ὑπάρχων, κ. εἰδώς
33 [8] τ. δεξιᾷ οὖν τ. θεοῦ ὑψωθείς
36 [2] ἀσφαλῶς οὖν γινωσκέτω πᾶς οἶκος Ἰσραήλ
41 [3] οἱ μὲν οὖν ἀποδεξάμενοι τ. λόγον αὐτοῦ
3 19 [2] μετανοήσατε οὖν κ. ἐπιστρέψατε
5 41 [3] Οἱ μὲν οὖν ἐπορεύοντο χαίροντες
6 3 [2] ἐπισκέψασθε δέ, ἀδελφοί, ἄνδρας, TR οὖν
8 4 [7] Οἱ μὲν οὖν διασπαρέντες διῆλθον
22 [2] μετανόησον οὖν ἀπὸ τ. κακίας σου
25 [7] Οἱ μὲν οὖν διαμαρτυράμενοι
9 31 [7] Ἡ μὲν οὖν ἐκκλησία καθ' ὅλης τ. Ἰουδαίας
10 23 [3] εἰσκαλεσάμενος οὖν αὐτοὺς ἐξένισεν

Ac 10 29 [4] πυνθάνομαι οὖν τίνι λόγῳ μετεπέμψασθέ με;
32 [2] πέμψον οὖν εἰς Ἰόππην
33 [3] ἐξαυτῆς οὖν ἔπεμψα πρὸς σέ
[3] νῦν οὖν πάντες ἡμεῖς . . . πάρεσμεν ἀκοῦσαι
11 17 [1] εἰ οὖν τ. ἴσην δωρεὰν ἔδωκεν
19 [7] Οἱ μὲν οὖν διασπαρέντες . . . διῆλθον ἕως Φοινίκης
12 5 [7] ὁ μὲν οὖν Πέτρος ἐτηρεῖτο ἐν τ. φυλακῇ
13 4 [7] Αὐτοὶ μὲν οὖν ἐκπεμφθέντες ὑπὸ τ. ἁγίου πνεύματος
38 [1] γνωστὸν οὖν ἔστω ὑμῖν
40 [2] βλέπετε οὖν μὴ ἐπέλθῃ τὸ εἰρημένον
14 3 [7] ἱκανὸν μὲν οὖν χρόνον διέτριψαν
15 3 [7] Οἱ μὲν οὖν . . . διήρχοντο τήν τε Φοινίκην
10 [4] νῦν οὖν τί πειράζετε τ. θεόν
27 [3] ἀπεστάλκαμεν οὖν Ἰούδαν κ. Σίλαν
30 [7] Οἱ μὲν οὖν ἀπολυθέντες κατῆλθον
16 5 [3] αἱ μὲν οὖν ἐκκλησίαι ἐστηρεοῦντο
11 [7] ἀναχθέντες δὲ ἀπὸ Τρῳάδος, WH οὖν
36 [2] νῦν οὖν ἐξελθόντες πορεύεσθε ἐν εἰρήνῃ
17 12 [3] πολλοὶ μὲν οὖν ἐξ αὐτῶν ἐπίστευσαν
17 [3] διελέγετο μὲν οὖν ἐν τ. συναγωγῇ
20 [3] βουλόμεθα οὖν γνῶναι τίνα θέλει ταῦτα εἶναι
23 [3] ὃ οὖν ἀγνοοῦντες εὐσεβεῖτε
29 [1] γένος οὖν ὑπάρχοντες τ. θεοῦ
30 [6?,8] τοὺς μὲν οὖν χρόνους τ. ἀγνοίας ὑπεριδὼν ὁ θεός
19 3 [4] Εἰς τί οὖν ἐβαπτίσθητε;
32 [7] ἄλλοι μὲν οὖν ἄλλο τι ἔκραζον
36 [8] ἀναντιρρήτων οὖν ὄντων τούτων
38 [8] εἰ μὲν οὖν Δημήτριος κ. οἱ σὺν αὐτῷ
21 22 [4] τί οὖν ἐστιν; πάντως ἀκούσονται
23 [2] τοῦτο οὖν ποίησον ὅ σοι λέγομεν
22 29 [3] εὐθέως οὖν ἀπέστησαν ἀπ' αὐτοῦ
23 15 [2] νῦν οὖν ὑμεῖς ἐμφανίσατε τ. χιλιάρχῳ
18 [3] ὁ μὲν οὖν παραλαβὼν αὐτὸν ἤγαγεν
21 [6] σὺ οὖν μὴ πεισθῇς αὐτοῖς
22 [3] ὁ μὲν οὖν χιλίαρχος ἀπέλυσε τ. νεανίσκον
31 [7] Οἱ μὲν οὖν στρατιῶται . . . ἀναλαβόντες τ. Παῦλον
25 1 [7] Φῆστος οὖν ἐπιβὰς τ. ἐπαρχείᾳ
4 [6] ὁ μὲν οὖν Φῆστος ἀπεκρίθη
5 [2] Οἱ οὖν ἐν ὑμῖν, φησίν, δυνατοί
11 [8] εἰ μὲν οὖν ἀδικῶ κ. ἄξιον θανάτου πέπραχά τι
17 [3] συνελθόντων οὖν ἐνθάδε ἀναβολὴν μηδεμίαν ποιησάμενος
23 [7] Τῇ οὖν ἐπαύριον ἐλθόντος τ. Ἀγρίππα
26 4 [7] Τ. μὲν οὖν βίωσίν μου ἐκ νεότητος
9 [7] ἐγὼ μὲν οὖν ἔδοξα ἐμαυτῷ
22 [6] ἐπικουρίας οὖν τυχὼν τῆς ἀπὸ τ. θεοῦ
28 5 [6] ὁ μὲν οὖν ἀποτινάξας τὸ θηρίον
20 [3] διὰ ταύτην οὖν τ. αἰτίαν παρεκάλεσα ὑμᾶς
28 [2] γνωστὸν οὖν ἔστω ὑμῖν ὅτι τ. ἔθνεσιν ἀπεστάλη
Ro 2 21 [4] ὁ οὖν διδάσκων ἕτερον σεαυτὸν οὐ διδάσκεις;
26 [1] ἐὰν οὖν ἡ ἀκροβυστία τὰ δικαιώματα τ. νόμου φυλάσσῃ

Ro **3** 1 [4] Τί οὖν τὸ περισσὸν τ. Ἰουδαίου
9 [4] Τί οὖν; προεχόμεθα;
27 [4] Ποῦ οὖν ἡ καύχησις;
28 [8] λογιζόμεθα γὰρ δικαιοῦσθαι πίστει, WH mg. οὖν
31 [4] νόμον οὖν καταργοῦμεν διὰ τ. πίστεως;
4 1 [4] Τί οὖν ἐροῦμεν εὑρηκέναι Ἀβραάμ
9 [4] ὁ μακαρισμὸς οὖν οὗτος ἐπὶ τ. περιτομήν
10 [4] πῶς οὖν ἐλογίσθη;
5 1 [3] Δικαιωθέντες οὖν ἐκ πίστεως
9 [8] πολλῷ οὖν μᾶλλον δικαιωθέντες νῦν ἐν τ. αἵματι
18 [3] Ἄρα οὖν ὡς δι' ἑνὸς παραπτώματος
6 1 [4] Τί οὖν ἐροῦμεν;
4 [3] συνετάφημεν οὖν αὐτῷ διὰ τ. βαπτίσματος
12 [2] Μὴ οὖν βασιλευέτω ἡ ἁμαρτία
15 [4] Τί οὖν; ἁμαρτήσωμεν
21 [4] Τίνα οὖν καρπὸν εἴχετε τότε
7 3 [3] ἄρα οὖν ζῶντος τ. ἀνδρός
7 [4] Τί οὖν ἐροῦμεν; ὁ νόμος ἁμαρτία;
13 [4] Τὸ οὖν ἀγαθὸν ἐμοὶ ἐγένετο θάνατος;
25 [5] ἄρα οὖν αὐτὸς ἐγὼ τ. μὲν νοῒ δουλεύω
8 12 [3] Ἄρα οὖν, ἀδελφοί, ὀφειλέται ἐσμέν
31 [4] Τί οὖν ἐροῦμεν πρὸς ταῦτα;
9 14 [4] Τί οὖν ἐροῦμεν; μὴ ἀδικία παρὰ τ. θεῷ;
16 [1] ἄρα οὖν οὐ τ. θέλοντος
18 [1] ἄρα οὖν ὃν θέλει ἐλεεῖ
19 [8, 4] Ἐρεῖς μοι οὖν, Τί [οὖν] ἔτι μέμφεται; WH – [οὖν]
30 [4] Τί οὖν ἐροῦμεν; ὅτι ἔθνη . . . κατέλαβεν δικαιοσύνην
10 14 [6] Πῶς οὖν ἐπικαλέσωνται εἰς ὃν οὐκ ἐπίστευσαν;
11 1 [8] Λέγω οὖν, μὴ ἀπώσατο ὁ θεὸς τ. λαὸν αὐτοῦ;
5 [3] οὕτως οὖν κ. ἐν τ. νῦν καιρῷ λεῖμμα . . . γέγονεν
7 [4] τί οὖν; ὃ ἐπιζητεῖ Ἰσραήλ
11 [8] λέγω οὖν, μὴ ἔπταισαν ἵνα πέσωσιν;
13 [8] ἐφ' ὅσον μὲν οὖν εἰμι ἐγὼ ἐθνῶν ἀπόστολος
19 [6] ἐρεῖς οὖν, Ἐξεκλάσθησαν κλάδοι
22 [8] ἴδε οὖν χρηστότητα κ. ἀποτομίαν θεοῦ
12 1 [3] Παρακαλῶ οὖν ὑμᾶς, ἀδελφοί
13 10 [1] πλήρωμα οὖν νόμου ἡ ἀγάπη
12 [2] ἀποθώμεθα οὖν τὰ ἔργα τ. σκότους
14 8 [1] ἐάν τε οὖν ζῶμεν ἐάν τε ἀποθνήσκωμεν
12 [1] ἄρα [οὖν] ἕκαστος ἡμῶν περὶ ἑαυτοῦ λόγον δώσει
13 [2] Μηκέτι οὖν ἀλλήλους κρίνωμεν
16 [2] μὴ βλασφημείσθω οὖν ὑμῶν τὸ ἀγαθόν
19 [2] ἄρα οὖν τὰ τ. εἰρήνης διώκωμεν
15 17 [3] ἔχω οὖν [τ.] καύχησιν ἐν Χριστῷ
28 [3] τοῦτο οὖν ἐπιτελέσας . . . ἀπελεύσομαι δι' ὑμῶν
16 19 [3] ἐφ' ὑμῖν οὖν χαίρω
ICo **3** 5 [4] Τί οὖν ἐστιν Ἀπολλῶς;
4 16 [2] παρακαλῶ οὖν ὑμᾶς, μιμηταί μου γίνεσθε
6 4 [4] βιωτικὰ μὲν οὖν κριτήρια ἐὰν ἔχητε
7 [8] ἤδη μὲν [οὖν] ὅλως ἥττημα ὑμῖν ἐστιν— WH – [ ]
15 [4] ἄρας οὖν τὰ μέλη τ. Χριστοῦ

ICo **7** 26 [8] Νομίζω οὖν τοῦτο καλὸν ὑπάρχειν
8 4 [8] Περὶ τ. βρώσεως οὖν τ. εἰδωλοθύτων
9 18 [4] τίς οὖν μού ἐστιν ὁ μισθός;
25 [8] ἐκεῖνοι μὲν οὖν ἵνα φθαρτὸν στέφανον λάβωσιν
10 19 [4] τί οὖν φημι; ὅτι εἰδωλόθυτόν τί ἐστιν;
31 [2] εἴτε οὖν ἐσθίετε εἴτε πίνετε
11 20 [3/6] Συνερχομένων οὖν ὑμῶν ἐπὶ τὸ αὐτό
14 11 [3] ἐὰν οὖν μὴ εἰδῶ τ. δύναμιν τ. φωνῆς
15 [4] τί οὖν ἐστιν; προσεύξομαι τ. πνεύματι
23 [4] Ἐὰν οὖν συνέλθῃ ἡ ἐκκλησία ὅλη
26 [4] Τί οὖν ἐστιν, ἀδελφοί;
15 11 [3/6] εἴτε οὖν ἐγὼ εἴτε ἐκεῖνοι, οὕτως κηρύσσομεν
16 11 [2] μή τις οὖν αὐτὸν ἐξουθενήσῃ
18 [2] ἐπιγινώσκετε οὖν τ. τοιούτους
IICo **1** 17 [4] τοῦτο οὖν βουλόμενος μήτι ἄρα τ. ἐλαφρίᾳ ἐχρησάμην;
3 12 [3] Ἔχοντες οὖν τοιαύτην ἐλπίδα πολλῇ παρρησίᾳ χρώμεθα
5 6 [3] Θαρροῦντες οὖν πάντοτε κ. εἰδότες
11 [3] Εἰδότες οὖν τ. φόβον τ. κυρίου
20 [3] ὑπὲρ Χριστοῦ οὖν πρεσβεύομεν
7 1 [2] ταύτας οὖν ἔχοντες τ. ἐπαγγελίας, ἀγαπητοί
8 24 [2] τ. οὖν ἔνδειξιν τ. ἀγάπης ὑμῶν . . . ἐνδεικνύμενοι
9 5 [3] ἀναγκαῖον οὖν ἡγησάμην παρακαλέσαι τ. ἀδελφούς
11 15 [1] οὐ μέγα οὖν εἰ κ. οἱ διάκονοι αὐτοῦ μετασχηματίζονται
12 9 [3] ἥδιστα οὖν μᾶλλον καυχήσομαι
Ga **3** 5 [8] ὁ οὖν ἐπιχορηγῶν ὑμῖν τὸ πνεῦμα
19 [4] Τί οὖν ὁ νόμος; τ. παραβάσεων χάριν προσετέθη
21 [4] Ὁ οὖν νόμος κατὰ τ. ἐπαγγελιῶν [τ. θεοῦ];
4 15 [4] ποῦ οὖν ὁ μακαρισμὸς ὑμῶν;
5 1 [2] στήκετε οὖν κ. μὴ πάλιν . . . ἐνέχεσθε
6 10 [2] ἄρα οὖν ὡς καιρὸν ἔχομεν, ἐργαζώμεθα
Eph **2** 19 [3] ἄρα οὖν οὐκέτι ἐστὲ ξένοι κ. πάροικοι
4 1 [2] Παρακαλῶ οὖν ὑμᾶς ἐγὼ ὁ δέσμιος
17 [2] Τοῦτο οὖν λέγω κ. μαρτύρομαι
5 1 [2] γίνεσθε οὖν μιμηταὶ τ. θεοῦ
7 [2] μὴ οὖν γίνεσθε συμμέτοχοι αὐτῶν
15 [2] Βλέπετε οὖν ἀκριβῶς πῶς περιπατεῖτε
6 14 [2] στῆτε οὖν περιζωσάμενοι τ. ὀσφὺν ὑμῶν
Phl **2** 1 [2] Εἴ τις οὖν παράκλησις ἐν Χριστῷ
23 [3] τοῦτον μὲν οὖν ἐλπίζω πέμψαι
28 [3] σπουδαιοτέρως οὖν ἔπεμψα αὐτόν
29 [2] προσδέχεσθε οὖν αὐτὸν ἐν κυρίῳ
3 8 [8] ἀλλὰ μενοῦνγε κ. ἡγοῦμαι πάντα ζημίαν— WH μὲν οὖν γε
15 [2] Ὅσοι οὖν τέλειοι, τοῦτο φρονῶμεν
Col **2** 6 [2] Ὡς οὖν παρελάβετε τ. Χριστὸν Ἰησοῦν
16 [2] Μὴ οὖν τις ὑμᾶς κρινέτω ἐν βρώσει
3 1 [2] Εἰ οὖν συνηγέρθητε τ. Χριστῷ, τὰ ἄνω ζητεῖτε
5 [2] Νεκρώσατε οὖν τὰ μέλη
12 [2] Ἐνδύσασθε οὖν ὡς ἐκλεκτοὶ τ. θεοῦ
ITh **4** 1 [8] Λοιπὸν οὖν, ἀδελφοί, ἐρωτῶμεν ὑμᾶς— WH txt – οὖν

ITh **5** 6 [2] ἄρα οὖν μὴ καθεύδωμεν ὡς οἱ λοιποί

IITh **2** 15 [2] ἄρα οὖν, ἀδελφοί, στήκετε

ITi **2** 1 [2] Παρακαλῶ οὖν πρῶτον πάντων

8 [2] Βούλομαι οὖν προσεύχεσθαι τ. ἄνδρας

3 2 [2] δεῖ οὖν τ. ἐπίσκοπον ἀνεπίλημπτον εἶναι

5 14 [2] βούλομαι οὖν νεωτέρας γαμεῖν

IITi **1** 8 [2] μὴ οὖν ἐπαισχυνθῇς τὸ μαρτύριον τ. κυρίου

2 1 [2] Σὺ οὖν, τέκνον μου, ἐνδυναμοῦ ἐν τ. χάριτι

21 [1] ἐὰν οὖν τις ἐκκαθάρῃ ἑαυτὸν ἀπὸ τούτων

Phm 17 [1] Εἰ οὖν με ἔχεις κοινωνόν

He **2** 14 [1] ἐπεὶ οὖν τὰ παιδία κεκοινώνηκεν

4 1 [2] Φοβηθῶμεν οὖν μήποτε καταλειπομένης ἐπαγγελίας

3 [3] εἰσερχόμεθα γὰρ εἰς [τ.] κατάπαυσιν—WH mg. οὖν

6 [3] ἐπεὶ οὖν ἀπολείπεται τινὰς εἰσελθεῖν

11 [2] σπουδάσωμεν οὖν εἰσελθεῖν

14 [2] Ἔχοντες οὖν ἀρχιερέα μέγαν διεληλυθότα

16 [2] προσερχώμεθα οὖν μετὰ παρρησίας

7 11 [4] Εἰ μὲν οὖν τελείωσις διὰ τ. Λευιτικῆς ἱερωσύνης ἦν

8 4 [3] εἰ μὲν οὖν ἦν ἐπὶ γῆς, οὐδ᾽ ἂν ἦν ἱερεύς

9 1 [3] Εἶχε μὲν οὖν [κ.] ἡ πρώτη δικαιώματα

23 [3] Ἀνάγκη οὖν τὰ μὲν ὑποδείγματα . . . καθαρίζεσθαι

10 19 [2] Ἔχοντες οὖν, ἀδελφοί, παρρησίαν εἰς τ. εἴσοδον

35 [2] μὴ ἀποβάλητε οὖν τ. παρρησίαν ὑμῶν

13 15 [2] δι᾽ αὐτοῦ οὖν ἀναφέρωμεν θυσίαν—WH txt – οὖν

Ja **4** 4 [3] ὃς ἐὰν οὖν βουληθῇ φίλος εἶναι τ. κόσμου

7 [2] ὑποτάγητε οὖν τ. θεῷ

17 [1] εἰδότι οὖν καλὸν ποιεῖν κ. μὴ ποιοῦντι

5 7 [2] Μακροθυμήσατε οὖν, ἀδελφοί

16 [2] ἐξομολογεῖσθε οὖν ἀλλήλοις τ. ἁμαρτίας

IPe **2** 1 [2] Ἀποθέμενοι οὖν πᾶσαν κακίαν

7 [1] ὑμῖν οὖν ἡ τιμὴ τ. πιστεύουσιν

4 1 [3] Χριστοῦ οὖν παθόντος σαρκί

7 [2] σωφρονήσατε οὖν κ. νήψατε εἰς προσευχάς

5 1 [2] Πρεσβυτέρους οὖν ἐν ὑμῖν παρακαλῶ

6 [2] Ταπεινώθητε οὖν ὑπὸ τ. κραταιὰν χεῖρα τ. θεοῦ

IIPe **3** 11 [1] τούτων οὖν πάντων λυομένων—UBS, WH οὕτως

17 [2] Ὑμεῖς οὖν ἀγαπητοί, προγινώσκοντες φυλάσσεσθε

IIIJo 8 [2] ἡμεῖς οὖν ὀφείλομεν ὑπολαμβάνειν τ. τοιούτους

Re **1** 19 [2] γράψον οὖν ἃ εἶδες

2 5 [2] μνημόνευε οὖν πόθεν πέπτωκας

16 [2] μετανόησον οὖν

3 3 [2] μνημόνευε οὖν πῶς εἴληφας

[3] ἐὰν οὖν μὴ γρηγορήσῃς, ἥξω ὡς κλέπτης

19 [2] ζήλευε οὖν κ. μετανόησον

ΣΥ'Ν

(see page 916)

(1) Material association, (2) Personal association, (3) Associated facts or conditions, (4) Instrumental, (5) σὺν Χριστῷ etc.

Mt **25** 27 [1] ἐκομισάμην ἂν τὸ ἐμὸν σὺν τόκῳ

26 35 [2] Κἂν δέῃ με σὺν σοὶ ἀποθανεῖν

27 38 [2] σταυροῦνται σὺν αὐτῷ δύο λῃσταί

44 [2] οἱ λῃσταὶ οἱ συσταυρωθέντες σὺν αὐτῷ

Mk **2** 26 [2] ἔδωκεν κ. τοῖς σὺν αὐτῷ οὖσιν

4 10 [2] οἱ περὶ αὐτὸν σὺν τοῖς δώδεκα

8 34 [2] προσκαλεσάμενος τ. ὄχλον σὺν τ. μαθηταῖς

9 4 [2] ὤφθη αὐτοῖς Ἠλίας σὺν Μωϋσεῖ

15 27 [2] σὺν αὐτῷ σταυροῦσιν δύο λῃστάς

32 [2] οἱ συνεσταυρωμένοι σὺν αὐτῷ ὠνείδιζον

Lu **1** 56 [2] Ἔμεινεν δὲ Μαριὰμ σὺν αὐτῇ

2 5 [2] ἀπογράψασθαι σὺν Μαριάμ

13 [2] ἐγένετο σὺν τ. ἀγγέλῳ πλῆθος στρατιᾶς οὐρανίου

5 9 [2] αὐτὸν κ. πάντας τοὺς σὺν αὐτῷ

19 [1] καθῆκαν αὐτὸν σὺν τ. κλινιδίῳ

7 6 [2] ὁ δὲ Ἰησοῦς ἐπορεύετο σὺν αὐτοῖς

12 [2] κ. ὄχλος . . . ἦν σὺν αὐτῇ

8 1 [2] κ. οἱ δώδεκα σὺν αὐτῷ

38 [2] ἐδεῖτο δὲ αὐτοῦ ὁ ἀνὴρ . . . εἶναι σὺν αὐτῷ

45 [2] εἶπεν ὁ Πέτρος κ. οἱ σὺν αὐτῷ—UBS WH – οἱ σὺν αὐτῷ

51 [2] οὐκ ἀφῆκεν εἰσελθεῖν τινα σὺν αὐτῷ

9 32 [2] ὁ δὲ Πέτρος κ. οἱ σὺν αὐτῷ

19 23 [1] κἀγὼ ἐλθὼν σὺν τόκῳ ἂν αὐτὸ ἔπραξα

20 1 [2] κ. οἱ γραμματεῖς σὺν τ. πρεσβυτέροις

22 14 [2] ἀνέπεσεν κ. οἱ ἀπόστολοι σὺν αὐτῷ

56 [2] κ. οὗτος σὺν αὐτῷ ἦν

23 11 [2] ὁ Ἡρῴδης σὺν τ. στρατεύμασιν αὐτοῦ

32 [2] κακοῦργοι δύο σὺν αὐτῷ ἀναιρεθῆναι

24 10 [2] αἱ λοιπαὶ σὺν αὐταῖς ἔλεγον

21 [3] ἀλλά γε κ. σὺν πᾶσιν τούτοις

24 [2] ἀπῆλθόν τινες τῶν σὺν ἡμῖν

29 [2] εἰσῆλθεν τοῦ μεῖναι σὺν αὐτοῖς

33 [2] τοὺς ἕνδεκα κ. τοὺς σὺναὐτοῖς

44 [2] ἔτι ὢν σὺν ὑμῖν

Jo **12** 2 [2] εἷς ἦν ἐκ τ. ἀνακειμένων σὺν αὐτῷ

18 1 [2] Ἰησοῦς ἐξῆλθεν σὺν τ. μαθηταῖς αὐτοῦ

21 3 [2] Ἐρχόμεθα κ. ἡμεῖς σὺν σοί

Ac **1** 14 [2, 2] σὺν γυναιξὶν κ. Μαριὰμ . . . κ. σὺν τ. ἀδελφοῖς—UBS – σύν 2°

22 [2] σὺν ἡμῖν γενέσθαι ἕνα τούτων

2 14 [2] Σταθεὶς δὲ ὁ Πέτρος σὺν τοῖς ἕνδεκα

3 4 [2] ἀτενίσας δὲ Πέτρος εἰς αὐτὸν σὺν τ. Ἰωάννῃ

8 [2] εἰσῆλθεν σὺν αὐτοῖς εἰς τὸ ἱερόν

4 13 [2] ὅτι σὺν τ. Ἰησοῦ ἦσαν

14 [2] τόν τε ἄνθρωπον βλέποντες σὺν αὐτοῖς ἑστῶτα

27 [2] κ. Πόντιος Πιλᾶτος σὺν ἔθνεσιν

5 1 [2] Ἁνανίας ὀνόματι σὺν Σαπφείρῃ

17 [2] ὁ ἀρχιερεὺς κ. πάντες οἱ σὺν αὐτῷ

21 [2] ὁ ἀρχιερεὺς κ. οἱ σὺν αὐτῷ

26 [2] ὁ στρατηγὸς σὺν τ. ὑπηρέταις

7 35 [4] ἀπέσταλκεν σὺν χειρὶ ἀγγέλου

8 20 [2] Τὸ ἀργύριόν σου σὺν σοὶ εἴη εἰς ἀπώλειαν

31 [2] τ. Φίλιππον ἀναβάντα καθίσαι σὺν αὐτῷ

10 2 [2] φοβούμενος τ. θεὸν σὺν παντὶ τ. οἴκῳ

20 [2] πορεύου σὺν αὐτοῖς μηδὲν διακρινόμενος

23 [2] ἀναστὰς ἐξῆλθεν σὺν αὐτοῖς

11 12 [2] ἦλθον δὲ σὺν ἐμοὶ κ. οἱ ἓξ ἀδελφοί

13 7 [2] ὃς ἦν σὺν τ. ἀνθυπάτῳ

Ac **14** 4 [2, 2] οἱ μὲν ἦσαν σὺν τ. Ἰουδαίοις οἱ δὲ σὺν τ. ἀποστόλοις
5 [2] ὁρμὴ τ. ἐθνῶν . . . σὺν τ. ἄρχουσιν αὐτῶν
13 [2] ἐνέγκας σὺν τ. ὄχλοις ἤθελεν θύειν
20 [2] ἐξῆλθεν σὺν τ. Βαρναβᾷ εἰς Δέρβην
28 [2] διέτριβον δὲ χρόνον οὐκ ὀλίγον σὺν τ. μαθηταῖς
15 22 [2] τ. ἀποστόλοις κ. τ. πρεσβυτέροις σὺν ὅλῃ τ. ἐκκλησίᾳ
[2] πέμψαι εἰς Ἀντιόχειαν σὺν τ. Παύλῳ
25 [2] σὺν τ. ἀγαπητοῖς ἡμῶν Βαρναβᾷ κ. Παύλῳ
16 3 [2] τοῦτον ἠθέλησεν ὁ Παῦλος σὺν αὐτῷ ἐξελθεῖν
32 [2] σὺν πᾶσιν τοῖς ἐν τ. οἰκίᾳ αὐτοῦ
17 34 [2] κ. ἕτεροι σὺν αὐτοῖς
18 8 [2] ἐπίστευσεν τ. κυρίῳ σὺν ὅλῳ τ. οἴκῳ
18 [2] σὺν αὐτῷ Πρίσκιλλα κ. Ἀκύλας
19 38 [2] Δημήτριος κ. οἱ σὺν αὐτῷ τεχνῖται
20 36 [2] σὺν πᾶσιν αὐτοῖς προσηύξατο
21 5 [2] προπεμπόντων ἡμᾶς πάντων σὺν γυναιξί
16 [2] συνῆλθον δὲ κ. τ. μαθητῶν . . . σὺν ἡμῖν
18 [2] εἰσῄει ὁ Παῦλος σὺν ἡμῖν
24 [2] τούτους παραλαβὼν ἁγνίσθητι σὺν αὐτοῖς
26 [2] τ. ἐχομένῃ ἡμέρᾳ σὺν αὐτοῖς ἁγνισθείς
29 [2] Τρόφιμον τ. Ἐφέσιον ἐν τ. πόλει σὺν αὐτῷ
22 9 [2] οἱ δὲ σὺν ἐμοὶ ὄντες τὸ μὲν φῶς ἐθεάσαντο
23 15 [2] ἐμφανίσατε τ. χιλιάρχῳ σὺν τ. συνεδρίῳ
27 [2] ἐπιστὰς σὺν τ. στρατεύματι ἐξειλάμην
32 [2] ἐάσαντες τ. ἱππεῖς ἀπάρχεσθαι σὺν αὐτῷ
24 24 [2] ὁ Φῆλιξ σὺν Δρουσίλλῃ
25 23 [2] σύν τε χιλιάρχοις κ. ἀνδράσιν τ. κατ' ἐξοχήν
26 13 [2] κ. τοὺς σὺν ἐμοὶ πορευομένους
27 2 [2] ὄντος σὺν ἡμῖν Ἀριστάρχου
28 16 [2] σὺν τ. φυλάσσοντι αὐτὸν στρατιώτῃ
Ro **6** 8 [5] εἰ δὲ ἀπεθάνομεν σὺν Χριστῷ
8 32 [5] πῶς οὐχὶ κ. σὺν αὐτῷ τὰ πάντα
16 14 [2] κ. τ. σὺν αὐτοῖς ἀδελφούς
15 [2] κ. τ. σὺν αὐτοῖς πάντας ἁγίους
ICo **1** 2 [2] σὺν πᾶσιν τ. ἐπικαλουμένους τὸ ὄνομα
5 4 [4] σὺν τ. δυνάμει τ. κυρίου ἡμῶν Ἰησοῦ

ICo **10** 13 [3] ποιήσει σὺν τ. πειρασμῷ κ. τ. ἔκβασιν
11 32 [2] ἵνα μὴ σὺν τ. κόσμῳ κατακριθῶμεν
15 10 [2] ἡ χάρις τ. θεοῦ [ἡ] σὺν ἐμοί
16 4 [2] σὺν ἐμοὶ πορεύσονται
19 [2] σὺν τῇ κατ' οἶκον αὐτῶν ἐκκλησίᾳ
IICo **1** 1 [2] σὺν τ. ἁγίοις πᾶσιν
21 [2] ὁ δὲ βεβαιῶν ἡμᾶς σὺν ὑμῖν
4 14 [5, 2] κ. ἡμᾶς σὺν Ἰησοῦ ἐγερεῖ κ. παραστήσει σὺν ὑμῖν
8 19 [3] συνέκδημος ἡμῶν σὺν τ. χάριτι ταύτῃ, WH ἐν τ. χάριτι
9 4 [2] ἐὰν ἔλθωσιν σὺν ἐμοὶ Μακεδόνες
13 4 [5] ἀλλὰ ζήσομεν συν αὐτῷ
[5] ἡμεῖς ἀσθενοῦμεν ἐν αὐτῷ, WH mg. σὺν αὐτῷ
Ga **1** 2 [2] οἱ σὺν ἐμοὶ πάντες ἀδελφοί
2 3 [2] οὐδὲ Τίτος ὁ σὺν ἐμοί, Ἕλλην ὤν
3 9 [2] οἱ ἐκ πίστεως εὐλογοῦνται σὺν τ. πιστῷ Ἀβραάμ
5 24 [3] τ. σάρκα ἐσταύρωσαν σὺν τ. παθήμασιν
Eph **3** 18 [2] καταλαβέσθαι σὺν πᾶσιν τ. ἁγίοις
4 31 [3] ἀρθήτω ἀφ' ὑμῶν σὺν πάσῃ κακίᾳ
Phl **1** 1 [2] σὺν ἐπισκόποις κ. διακόνοις
23 [5] εἰς τὸ ἀναλῦσαι κ. σὺν Χριστῷ εἶναι
2 22 [2] ὡς πατρὶ τέκνον σὺν ἐμοὶ ἐδούλευσεν
4 21 [2] ἀσπάζονται ὑμᾶς οἱ σὺν ἐμοὶ ἀδελφοί
Col **2** 5 [2] τ. πνεύματι σὺν ὑμῖν εἰμι
13 [5] συνεζωοποίησεν ὑμᾶς σὺν αὐτῷ
20 [5] Εἰ ἀπεθάνετε σὺν Χριστῷ
3 3 [5] ἡ ζωὴ ὑμῶν κέκρυπται σὺν τ. Χριστῷ
4 [5] ὑμεῖς σὺν αὐτῷ φανερωθήσεσθε ἐν δόξῃ
9 [3] τ. παλαιὸν ἄνθρωπον σὺν τ. πράξεσιν
4 9 [2] σὺν Ὀνησίμῳ τ. πιστῷ . . . ἀδελφῷ
ITh **4** 14 [5] ὁ θεὸς τ. κοιμηθέντας . . . ἄξει σὺν αὐτῷ
17 [2] οἱ περιλειπόμενοι ἅμα σὺν αὐτοῖς ἁρπαγησόμεθα
[5] οὕτως πάντοτε σὺν κυρίῳ ἐσόμεθα
5 10 [5] ἅμα σὺν αὐτῷ ζήσομεν
Ja **1** 11 [3] ἀνέτειλεν γὰρ ὁ ἥλιος σὺν τ. καύσωνι
IIPe **1** 18 [2] σὺν αὐτῷ ὄντες ἐν τ. ἁγίῳ ὄρει